D1717558

RECHTSANWÄLTE

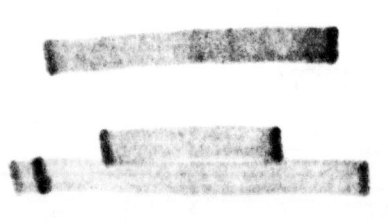

Stefan Lunk (Hrsg.)

AnwaltFormulare Arbeitsrecht

AnwaltFormulare

Arbeitsrecht

Schriftsätze · Verträge · Erläuterungen

3. Auflage 2017

Von
Rechtsanwalt und Fachanwalt
für Arbeitsrecht
Prof. Dr. Stefan Lunk, Hamburg

DeutscherAnwaltVerlag

Zitiervorschlag:
Lunk/*Bearbeiter*, AnwaltFormulare Arbeitsrecht, § 1 Rn 1

Hinweis
Die Ausführungen in diesem Werk wurden mit Sorgfalt und nach bestem Wissen erstellt. Sie stellen jedoch lediglich Arbeitshilfen und Anregungen für die Lösung typischer Fallgestaltungen dar. Die Eigenverantwortung für die Formulierung von Verträgen, Verfügungen und Schriftsätzen trägt der Benutzer. Herausgeber, Autoren und Verlag übernehmen keinerlei Haftung für die Richtigkeit und Vollständigkeit der in diesem Buch enthaltenen Ausführungen.

Anregungen und Kritik zu diesem Werk senden Sie bitte an
kontakt@anwaltverlag.de
Autoren und Verlag freuen sich auf Ihre Rückmeldung.

Copyright 2017 by Deutscher Anwaltverlag, Bonn
Satz: Reemers Publishing Services, Krefeld
Druck: Kösel GmbH & Co.KG, Krugzell
Umschlaggestaltung: gentura, Holger Neumann, Bochum
ISBN 978-3-8240-1460-6

Bibliografische Information der Deutschen Nationalbibliothek
Die Deutsche Nationalbibliothek verzeichnet diese Publikation in der Deutschen Nationalbibliografie; detaillierte bibliografische Daten sind im Internet über http://dnb.d-nb.de abrufbar.

Vorwort zur 3. Auflage

Seit dem Erscheinen der 2. Auflage 2014 gab es im Arbeitsrecht keinen Stillstand. Dies wirkt sich naturgemäß auch auf die Beratungspraxis aus. Muster und Formulare waren zu überarbeiten und neue Stichworte sowie Texte aufzunehmen. Exemplarisch sind die Bereiche Pflegezeit und Familienpflegezeit, Befristungsmöglichkeiten bei Weiterbeschäftigung jenseits der Regelaltersgrenze, die Auswirkungen des Mindestlohngesetzes (Ausschlussfristen, Praktikantenverträge, Sonderzahlungen etc.) oder das Thema Werkverträge/Arbeitnehmerüberlassung zu nennen. Darüber hinaus fanden wiederum Ergänzungen Eingang in das Werk, die auf praktische Erfahrungen der Autorinnen und Autoren zurückgehen. Zu nennen sind beispielsweise Vertragsmuster aus den Bereichen Interims-Management, Praktikum oder dualem Studium. Die zunehmende Bedeutung zweisprachiger (deutsch/englisch) Verträge haben wir in der Form entsprechender Standard-Arbeits-, GmbH-Geschäftsführer- und Aufhebungsverträge umgesetzt. Im kollektiven Arbeitsrecht sind hinzugekommen Muster zum Euro-Betriebsrat, zu § 103 BetrVG sowie über die Beauftragung von Gesamt- oder Konzernbetriebsräten. Der zunehmenden prozessualen Bedeutung des Unionsrechts trägt die Aufnahme eines Schriftsatzes im Vorabentscheidungsverfahren nach Art. 267 AEUV Rechnung.

Da unser Werk auch deshalb in der Praxis so gut aufgenommen wurde, weil es die jeweiligen Muster und Formulare mit knappen, aber durchweg aussagekräftigen Erläuterungen zur materiellen Rechtslage verknüpft, nahmen wir auch an dieser Stelle Ergänzungen vor. Die Stichworte Tarifeinheit, Compliance, Datenschutz und Social Media seien exemplarisch genannt.

Der Kreis der Autorinnen und Autoren blieb fast vollständig identisch. Ihnen allen sei auch dafür an dieser Stelle ebenso herzlich gedankt wie dem Deutschen Anwaltverlag und insbesondere der zuständigen Produktmanagerin, Frau Gräfer.

Wir alle sind zuversichtlich, dass auch die 3. Auflage der „AnwaltFormulare Arbeitsrecht" in der Praxis ebenso gut aufgenommen wird wie die Vorauflagen.

Hamburg, im Oktober 2016   Stefan Lunk

Vorwort zur 1. Auflage

Das Berufsbild des Juristen wandelt sich nicht nur im Arbeitsrecht. Stand früher der Forensiker im Fokus, der bei den Gerichten plädierende Kämpfer für die Rechte seiner Mandaten, so ist es heute zunehmend der gestaltend tätige Jurist. Denn die Aufgaben und damit das Anforderungsprofil haben sich gewandelt. Die Tendenz unserer Gesellschaft, immer komplexer werdende Sachverhalte in folglich immer komplexer werdenden Vertragswerken zu regeln, sowie die zunehmende Kodifizierung des Arbeitsrechts, insbesondere durch Anwendbarkeit der AGB-Kontrolle im Individualarbeitsrecht, fördern, ja verlangen diesen Wandel. Die Vertragsgestaltung ist zudem haftungträchtig, wie nicht zuletzt jedem bewusst ist, der ein Unterrichtungsschreiben nach § 613a Abs. 5 BGB zu entwerfen hatte. Schließlich ist die Vertragsgestaltung herausfordernd, muss man doch aufgrund der Langlebigkeit der eigenen Arbeitsprodukte Entwicklungen in Gesetzgebung und Rechtsprechung antizipieren. Dennoch haftet dem Kautelarjuristen – völlig zu Unrecht – der Hauch des Langweiligen an. Nicht die Robe, sondern der Ärmelschoner sei sein Erkennungszeichen.

Doch die Zeiten ändern sich. Nicht nur in Großkanzleien nimmt die Vertragsgestaltung heute bereits gegenüber der forensischen Tätigkeit einen viel größeren Umfang an. Auch in den Rechtsabteilungen und mittelständisch geprägten Kanzleien überwiegt im Arbeitsrecht der gestaltende Anteil. Den Universitäten ist diese Entwicklung nicht verborgen geblieben, wie die steigende Zahl von Lehrveranstaltungen zur Vertragsgestaltung belegt. Lediglich die – ansonsten teils ausufernde – arbeitsrechtliche Literatur spiegelt diese Entwicklung nicht wider. Zwar ist dieses Formularbuch aus der Reihe der AnwaltFormulare nicht das erste Buch seiner Art. Dennoch ist der Anteil von (arbeitsrechtlichen) Formularsammlungen gegenüber den klassischen Lehrbüchern und Kommentaren nach wie vor sehr gering. Angesichts der zunehmenden Bedeutung der „Kunst des Verträgeschreibens" dürfte sich dies jedoch ändern. Daher sind die 38 Autorinnen und Autoren dieses Buches zuversichtlich, dass die „AnwaltFormulare Arbeitsrecht" eine weitere Hilfestellung für die Praxis liefern. Nicht zuletzt aufgrund der Konzeption, bei der die Muster nicht losgelöst stehen, sondern mit praxisrelevanten Hinweisen und den rechtlichen Grundlagen verknüpft sind, so dass die Hinzuziehung eines Lehrbuches oder Kommentars teils überflüssig sein dürfte, hoffen die Autorinnen und Autoren sowie der Verlag auf eine positive Aufnahme des Buches durch die Praxis.

Alle haben ihre besonderen Erfahrungen in die jeweils bearbeiteten Muster einfließen lassen. So vergaß ich in meiner ersten einstweiligen Verfügung, für einen bestreikten Arbeitgeber eine „gerade" Zufahrtsgasse zum bestreikten Betrieb mit der Folge zu erwirken, dass die IG Metall zwar eine drei Meter breite, jedoch als Slalomkurs abgesteckte Gasse öffnete. Alle nahmen es gottlob mit Humor. So wie sich dieser Hinweis nun in meinem Muster wiederfindet, basieren auch die übrigen Beiträge auf den Erfahrungen der jeweiligen Bearbeiter. Praxisrelevanz in Verbindung mit weiterführenden und komprimierten Hinweisen zu den materiellen Problemen ist der Anspruch an das Buch. Anregungen aus der Praxis, Kritik und Verbesserungsvorschläge sind willkommen. Denn der Wettlauf zwischen dem Vertragsgestalter und dem (richterlichen Ersatz-)Gesetzgeber wird nicht enden.

Für die sehr engagierte Mitarbeit sowie insbesondere die Bereitschaft, Dritte an den eigenen Mustern teilhaben zu lassen, danke ich dem Kreis der Autorinnen und Autoren auch an dieser Stelle ganz herzlich. Dank schulden wir alle dem Deutschen Anwaltverlag, wobei wir stellvertretend Frau Krista Schneider nennen, für die gute Betreuung und Begleitung während der Erstellung dieses Formularbuches.

Hamburg, im Oktober 2010   Stefan Lunk

Autoren

1. Susanne A. Becker
Rechtsanwältin, Fachanwältin für Arbeitsrecht, Mediatorin, Lehrbeauftragte an der Hamburg School of Business Administration, Hamburg

2. Prof. Dr. Marion Bernhardt
Rechtsanwältin, Fachanwältin für Arbeitsrecht, CMS Hasche Sigle Rechtsanwälte Steuerberater mbB, Berlin
Honorarprofessorin an der Brandenburgisch-Technischen Universität Cottbus-Senftenberg

3. Dr. Martin Brock
Rechtsanwalt, Fachanwalt für Arbeitsrecht, Loschelder Rechtsanwälte Partnerschaftsgesellschaft mbB, Köln

4. Prof. Dr. Uwe Dathe
Professor an der Beuth Hochschule für Technik, Berlin

5. Dr. Gero Dietrich
Head of Corporate Labour & Employment, Drägerwerk AG & Co.KGaA, Lübeck

6. Dr. Angela Emmert
Rechtsanwältin, Fachanwältin für Arbeitsrecht, CMS Hasche Sigle Rechtsanwälte Steuerberater mbB, Köln

7. Dr. Stefan Fandel
Rechtsanwalt, Fachanwalt für Arbeitsrecht, Leiter Konzernrechtsabteilung, Merck Group, Darmstadt

8. Stefan Fischer
Rechtsanwalt, Fachanwalt für Arbeitsrecht, Kliemt & Vollstädt Fachanwälte für Arbeitsrecht, Berlin

9. Dr. Katja Francke
Rechtsanwältin, Fachanwältin für Arbeitsrecht, Brock Müller Ziegenbein Rechtsanwälte Partnerschaft mbB Notare, Kiel

10. Dr. Jan Grawe
Rechtsanwalt, Fachanwalt für Arbeitsrecht, Taylor Wessing Partnerschaftsgesellschaft mbH, Frankfurt am Main

11. Dr. Thomas Griebe
Rechtsanwalt, Fachanwalt für Arbeitsrecht, vangard Kanzlei für Arbeitsrecht, Hamburg

12. Dr. Detlef Grimm
Rechtsanwalt, Fachanwalt für Arbeitsrecht, Loschelder Rechtsanwälte Partnerschaftsgesellschaft mbB, Köln

13. Isabel Hexel
Rechtsanwältin, Fachanwältin für Arbeitsrecht, Oppenhoff & Partner Rechtsanwälte, Köln

14. Martina Hidalgo
Rechtsanwältin, Fachanwältin für Arbeitsrecht, CMS Hasche Sigle Rechtsanwälte Steuerberater mbB, München

15. Dr. Joachim Holthausen
Rechtsanwalt, Fachanwalt für Arbeitsrecht, Holthausen Maaß Steffan Rechtsanwälte, Fachanwälte i.P., Köln

16. Dr. Dede Kaya
Rechtsanwalt, Fachanwalt für Arbeitsrecht, Vice President Labour Relations Deutsche Bank AG, Frankfurt am Main

17. Peter Kiesgen
Rechtsanwalt und Notar, Fachanwalt für Arbeitsrecht, Fachanwalt für Versicherungsrecht, Danckelmann und Kerst, Frankfurt am Main

18. Prof. Dr. Michael Kliemt
Rechtsanwalt, Fachanwalt für Arbeitsrecht, Kliemt & Vollstädt Fachanwälte für Arbeitsrecht, Düsseldorf
Honorarprofessor an der Universität des Saarlandes

19. Dr. Uwe Langohr-Plato
Rechtsanwalt, Anwaltskanzlei Dr. Uwe Langohr-Plato, Köln

20. Dr. Tobias Leder LL.M. (Duke)
Rechtsanwalt, Fachanwalt für Arbeitsrecht, Latham & Watkins LLP, München

21. Prof. Dr. Stefan Lunk
Rechtsanwalt, Fachanwalt für Arbeitsrecht, Latham & Watkins LLP, Hamburg
Honorarprofessor an der Christian-Albrechts-Universität zu Kiel

22. Frank Meyer
Head of Social Policies & Industrial Relations, EADS Germany, München

23. Dr. Christian Müller LL.M. (Miami)
Rechtsanwalt, Fachanwalt für Arbeitsrecht, Müller Witten Partnerschaft von Rechtsanwälten mbB, Hamburg

24. Klaus Müller-Knapp
Rechtsanwalt, Fachanwalt für Arbeitsrecht, Müller-Knapp Hjort Wulff Fachanwälte für Arbeitsrecht, Hamburg

25. Dr. Evelyn Nau
Rechtsanwältin, Fachanwältin für Arbeitsrecht, Ebner Stolz Mönning Bachem Wirtschaftsprüfer Steuerberater Rechtsanwälte Partnerschaft mbB, Hamburg

26. Prof. Dr. Mathias Nebendahl
Rechtsanwalt und Notar, Fachanwalt für Arbeitsrecht, Fachanwalt für Medizinrecht, Fachanwalt für Verwaltungsrecht, Brock Müller Ziegenbein Rechtsanwälte Notare Partnerschaft mbB Notare, Kiel
Honorarprofessor an der Christian-Albrechts-Universität zu Kiel

27. Dr. Nathalie Oberthür
Rechtsanwältin, Fachanwältin für Arbeitsrecht, Fachanwältin für Sozialrecht, RPO Rechtsanwälte, Köln

28. Prof. Dr. Hartmut Oetker
Lehrstuhl für Bürgerliches Recht, Arbeitsrecht und Wirtschaftsrecht, Christian-Albrechts-Universität zu Kiel, Richter am Oberlandesgericht Thüringen

29. Dr. Stephan Osnabrügge
Rechtsanwalt, Fachanwalt für Arbeitsrecht, Pauly & Partner Rechtsanwälte, Fachanwälte für Arbeitsrecht Partnerschaftsgesellschaft, Bonn

30. Dr. Andrea Panzer-Heemeier
Rechtsanwältin, Fachanwältin für Arbeitsrecht, ARQIS Rechtsanwälte Partnerschaftsgesellschaft, Düsseldorf

31. Iris Renner

Rechtsanwältin, Fachanwältin für Arbeitsrecht, Syndikusrechtsanwältin, Abteilung Arbeitsrecht der Axel Springer SE, Berlin

32. Dr. Günther Roßmanith

Vorsitzender Richter am Hessischen Landesarbeitsgericht a.D., Frankfurt am Main

33. Dr. Dirk Schnelle

Rechtsanwalt, Fachanwalt für Arbeitsrecht, Latham & Watkins LLP, München

34. Steffen Schöne

Rechtsanwalt, Fachanwalt für Arbeitsrecht, KÜBLER Rechtsanwälte Insolvenzverwalter Wirtschaftsprüfer Steuerberater, Dresden

35. Christian Hendrik Scholz

Vorsitzender Richter am LAG Schleswig-Holstein, Kiel

36. Dr. Sebastian Schröder

Rechtsanwalt, HR Executive and Board Affairs, E.ON SE, Essen

37. Dr. Katrin Stamer

Rechtsanwältin, Fachanwältin für Arbeitsrecht, Gragert Stamer Partnerschaft von Rechtsanwälten mbB, Hamburg

38. Dr. Daniel Stolz

Richter am Landgericht, Landgericht Oldenburg

39. Dr. Norma Studt

Rechtsanwältin, Fachanwältin für Arbeitsrecht, Latham & Watkins LLP, Hamburg

40. Dr. Nele Urban

Rechtsanwältin, Fachanwältin für Arbeitsrecht, Urban Rechtsanwaltskanzlei, Köln

Lehrbeauftragte an der FOM Hochschule für Oekonomie & Management

41. Dr. Volker Vogt LL.M. (Bristol)

Rechtsanwalt, Fachanwalt für Arbeitsrecht, Schomerus & Partner Steuerberater Rechtsanwälte Wirtschaftsprüfer, Hamburg,

Lehrbeauftragter an der Hamburg School of Business Administration (HSBA)

42. Dr. Joachim Wichert

Rechtsanwalt, Fachanwalt für Arbeitsrecht, aclanz Rechtsanwälte Partnerschaft von Rechtsanwälten, Frankfurt am Main

43. Dr. Tina Witten

Rechtsanwältin, Fachanwältin für Arbeitsrecht, Müller Witten Partnerschaft von Rechtsanwälten mbB, Hamburg

44. Prof. Dr. Michael Worzalla

Rechtsanwalt, Fachanwalt für Arbeitsrecht, Schiefer Rechtsanwälte – Kanzlei für Arbeitsrecht, Düsseldorf

Professor an der EBZ Business School, University of Applied Sciences, Bochum

45. Julia Zange, LL.M.

Rechtsanwältin, Fachanwältin für Arbeitsrecht, Justiziarin (Assistant General Counsel) bei TE Connectivity Ltd., Darmstadt

Inhaltsverzeichnis

Vorwort zur 3. Auflage V
Vorwort zur 1. Auflage VI
Autoren VII
Klauselverzeichnis XV
Musterverzeichnis XIX
Literaturverzeichnis XXIX
Abkürzungsverzeichnis XXXV

§ 1a   Individualarbeitsrecht – Teil 1 1

A.   Die Anbahnung des Arbeitsverhältnisses 15
    I.   Stellenausschreibung 15
    II.   Bewerbungsverfahren 27
    III.   Formulierungsbeispiele/Muster 48

B.   Arbeitsvertrag 59
    I.   Allgemeine Erläuterungen zum Klausel ABC 59
    II.   Musterarbeitsvertrag 83
    III.   Musterarbeitsvertrag Leitende Angestellte 97
    IV.   Einzelne Arbeitsvertragsklauseln 108

§ 1b   Individualarbeitsrecht – Teil 2 581

A.   Einzelne Vertragstypen 589
    I.   Berufsausbildungsverhältnis/Fortbildung 589
    II.   Befristungen 603
    III.   Teilzeit 651
    IV.   Elternzeit, Pflegezeit, Familienpflegezeit 691
    V.   Altersteilzeit 700
    VI.   Mitarbeiter im Außendienst 720
    VII.   Heimarbeit 727
    VIII.   Telearbeit 731
    IX.   Trainee 738
    X.   Praxisintegrierendes duales Studium 742
    XI.   Praktikantenvertrag 757
    XII.   Dienstwagenüberlassung 761
    XIII.   Pkw-Überlassungspauschale/Car-Allowance 774
    XIV.   Wiedereingliederung 781
    XV.   Arbeitnehmerüberlassung 785
    XVI.   Entsendung 812
    XVII.   Chefarztvertrag 831
    XVIII.   Dienstvertrag/freie Mitarbeiter-Verträge 863
    XIX.   Geschäftsführer-Anstellungsvertrag 879
    XX.   Vorstandsvertrag 922

B.   Das nachvertragliche Wettbewerbsverbot 933
    I.   Nachvertragliches Wettbewerbsverbot für Arbeitnehmer 933
    II.   Nachvertragliches Wettbewerbsverbot für Organe 953

§ 1c   Individualarbeitsrecht – Teil 3 965

A.   Beendigung des Arbeitsverhältnisses 968
    I.   Allgemeines zur Kündigung 968

II. Ordentliche betriebsbedingte Kündigung 974
III. Ordentliche Kündigung außerhalb des KSchG 988
IV. Außerordentliche Kündigung 989
V. Ordentliche Änderungskündigung aus betriebsbedingten Gründen 993
VI. Außerordentliche Änderungskündigung 998
VII. Außerordentliche und hilfsweise ordentliche Beendigungskündigung 1000
VIII. Außerordentliche Kündigung mit sozialer Auslauffrist 1001
IX. Kündigung gegenüber Organmitgliedern (inkl. Abberufung und Beschlussfassung) 1001
X. Die Abmahnung. 1007
XI. Die Anfechtung des Arbeitsvertrages 1008
XII. Antrag nach § 9 Abs. 3 MuSchG 1010
XIII. Antrag nach § 18 Abs. 1 BEEG 1016
XIV. Antrag nach §§ 85, 87 SGB IX: Sonderkündigungsschutz für schwerbehinderte Menschen 1028
XV. Zwischen- und Schlusszeugnis 1042

B. Aufhebung und Abwicklung 1053
I. Typischer Sachverhalt 1054
II. Rechtliche Grundlagen 1054

§ 2 Kollektivarbeitsrecht 1119

A. Betriebsverfassungsrecht 1129
I. Allgemeine Betriebsratsarbeit 1129
II. Kosten und Ausstattung des Betriebsrats 1147
III. Betriebsratsstrukturen 1162
IV. Mitbestimmung in sozialen Angelegenheiten 1186
V. Mitbestimmung in personellen Angelegenheiten 1392
VI. Mitbestimmung in wirtschaftlichen Angelegenheiten 1478

B. Betriebsübergang und Umwandlung 1522
I. Betriebsübergang 1522
II. Arbeitsrechtliche Angaben bei Umwandlungstatbeständen 1551

C. Arbeitsrecht in der Insolvenz 1564
I. Das Arbeitsverhältnis in der Insolvenz 1564
II. Kollektives Arbeitsrecht in der Insolvenz 1578
III. Ansprüche des Arbeitnehmers aus dem Arbeitsverhältnis 1581

§ 3 Prozessrecht 1593

A. Klagen im Urteilsverfahren 1602
I. Kündigungsschutzklage 1602
II. Klageerwiderung im Kündigungsschutzprozess 1628
III. Rechtsmittel 1650

B. Anträge im Beschlussverfahren 1681
I. Anfechtung einer Betriebsratswahl 1681
II. Antrag auf Freistellung von Sachmittelkosten 1692
III. Antrag auf Erstattung von Schulungskosten 1702
IV. Antrag auf Gestattung der Hinzuziehung eines Rechtsanwalts als Sachverständigen 1711
V. Antrag des Betriebsrats auf Unterlassung und Ordnungsgeld gegen den Arbeitgeber wegen
grober Pflichtverletzung, § 23 BetrVG 1716
VI. Einfacher Antrag auf Zustimmung zur Einstellung nach § 99 BetrVG 1725
VII. Antrag auf Zustimmung zur Einstellung und Feststellung der Dringlichkeit einer vorläufigen
Einstellung nach §§ 99, 100 BetrVG; vorgeschalteter allgemeiner Feststellungsantrag 1731

VIII. Antrag des Betriebsrats auf Aufhebung einer personellen Maßnahme, § 101 BetrVG 1737

IX. Antrag des Arbeitgebers auf Entbindung von der Übernahmeverpflichtung von Amtsvertretern, § 78a BetrVG 1753

X. Antrag auf Einrichtung einer Einigungsstelle, § 100 ArbGG. 1766

XI. Anfechtung eines Einigungsstellenspruchs nach § 76 Abs. 5 BetrVG 1774

XII. Vorbeugender Unterlassungsanspruch des Betriebsrats, gerichtet auf Unterlassung mitbestimmungswidrigen Verhaltens durch den Arbeitgeber 1780

XIII. Rechtsmittel 1791

C. Zwangsvollstreckung und Vollstreckungsschutz. 1805

I. Allgemeines 1805

II. Vorläufige Vollstreckbarkeit 1805

III. Verfahren der Zwangsvollstreckung 1809

D. Einstweiliger Rechtsschutz 1815

I. Antrag auf Beschäftigung 1815

II. Schutzschrift des Arbeitgebers wegen zu erwartender Verfügungsanträge des Arbeitnehmers auf Weiterbeschäftigung 1822

III. Antrag auf Weiterbeschäftigung gemäß § 102 Abs. 5 BetrVG und Antrag auf Entbindung 1825

IV. Antrag des Betriebsrats auf Unterlassung einer Betriebsänderung durch den Arbeitgeber. 1832

V. Schutzschrift des Arbeitgebers gegen den Antrag des Betriebsrats im einstweiligen Verfügungsverfahren auf Unterlassung einer Betriebsänderung. 1843

VI. Antrag auf Erlass einer einstweiligen Verfügung gegen eine geplante Betriebsversammlung . . . 1851

VII. Antrag auf Unterlassung mitbestimmungswidrigen Verhaltens des Arbeitgebers. 1856

VIII. Antrag auf Erlass einer einstweiligen Verfügung wegen Behinderung/Beeinflussung der Betriebsratswahl durch den Arbeitgeber 1866

IX. Antrag auf Erlass einer einstweiligen Verfügung wegen unzulässiger Streichung eines Arbeitnehmers von der Wählerliste 1872

X. Einstweilige Verfügung auf Untersagung von Arbeitskampfmaßnahmen und Schutzschrift der Gewerkschaft in Verbindung mit einem Tarifsozialplan 1882

Stichwortverzeichnis 1897

Benutzerhinweise zur CD-ROM 1931

Klauselverzeichnis

Einzelne Arbeitsvertragsklauseln

1.	Abrufarbeit	108
2.	Abtretungsverbot	108
3.	Abwerbeverbot	112
4.	Änderung von Arbeitsbedingungen	119
5.	Aktienoptionen	119
6.	Allowances	131
7.	Altersteilzeit	131
8.	Anrechnung (Betriebszugehörigkeit, Krankheit und Urlaub)	131
9.	Anrechnungsvorbehalt Tariflohnerhöhung	136
10.	Anwesenheitsprämien (inklusive § 4a EFZG)	137
11.	Arbeitnehmererfindungen	143
12.	Arbeitnehmerüberlassung	144
13.	Arbeitsaufnahme	144
14.	Arbeitsbereitschaft	153
15.	Arbeitsort	154
16.	Arbeitsunfähigkeit	160
17.	Arbeitszeit	181
18.	Arbeitszeitkonten	188
19.	Ärztliche Untersuchung	188
20.	Aufschiebende und auflösende Bedingung	196
21.	Aufrechnungsverbot	200
22.	Aufwendungsersatz	205
23.	Ausbildung	213
24.	Aushilfe	213
25.	Auslandsentsendung	213
26.	Ausschlussfristen	213
27.	Befristung	219
28.	Befristung einzelner Arbeitsbedingungen	219
29.	Beratervertrag	223
30.	Bereitschaftsdienst	223
31.	Betriebliche Altersversorgung	225
32.	Öffnungsklauseln für Betriebsvereinbarungen	241
33.	Beurlaubung	243
34.	Beweislastvereinbarung	243
35.	Bezugnahme (Tarifverträge, Betriebsvereinbarung, Richtlinien etc.)	246
36.	Bonus	246
37.	Compliance	257
38.	Darlehen	263
39.	Datenschutz	269
40.	Dienstkleidung	277
41.	Dienstreise	281
42.	Dienstvertrag	284
43.	Dienstwagen/Pkw	284
44.	Direktionsrecht	285
45.	Direktversicherung	292
46.	Direktzusage	292
47.	E-Mail-/Internet-Nutzung	292
48.	Entgeltfortzahlung	298

49. Entgeltumwandlung 307
50. Entsendung 307
51. Fiktion 307
52. Fortbildungspflicht 313
53. Freistellung 314
54. Freie Mitarbeiter 319
55. Freiwilligkeitsvorbehalt 319
56. Gehaltsklausel (Anpassung) 323
57. Gerichtsstand 328
58. Geringfügig Beschäftigte 333
59. Geschenkannahme 333
60. Gleichstellungsabrede (Bezugnahme auf Tarifverträge) 337
61. Gratifikation 347
62. Haftung 347
63. Herausgabe 350
64. Home-Office 351
65. Incentive 354
66. Internet 354
67. Jahressonderleistung 354
68. Job-Sharing 354
69. Kündigungsfrist 355
70. Kündigungsgründe (vertragliche Vereinbarung absoluter Kündigungsgründe) . . . 360
71. Kündigung vor Dienstantritt 364
72. Kündigungsausschluss 364
73. Kündigungszugang 369
74. Kürzung von Leistungen 369
75. Kurzarbeit 369
76. Leiharbeit 372
77. Leistungsentgelt 372
78. Lohnfortzahlung 372
79. Mankovereinbarung 372
80. Mehrarbeit 380
81. Miles & More (Bonusmeilen in Vielfliegerprogrammen) 386
82. Nachvertragliches Wettbewerbsverbot 388
83. Nebentätigkeit 389
84. Non-Solicitation 391
85. Öffnungsklausel 391
86. Personalakte 391
87. Pfändung 399
88. Pkw 403
89. Portabilität 403
90. Praktikum 403
91. Prämie 403
92. Probezeit 403
93. Provision 410
94. Private Lebensführung/Freizeitverhalten 410
95. Rückgabe 425
96. Rückzahlung von Ausbildungskosten 430
97. Rufbereitschaft 436
98. Sabbatical 436
99. Salvatorische Klausel 436
100. Schadenspauschalierungen 442

101. Schriftform 443
102. Schweigepflicht 446
103. Social Media 446
104. Sonderurlaub 452
105. Sonderzahlung 456
106. Sozialversicherung 465
107. Sprachkenntnisse 472
108. Stock Option 474
109. Suspendierung 474
110. Tantieme 474
111. Tarifvertrags-Öffnungsklausel (Bezugnahmeklausel) 480
112. Teilzeit 489
113. Telearbeit 489
114. Trainee 489
115. Überstunden 489
116. Umzug 489
117. Urheberrechtsklauseln 494
118. Urlaub 501
119. Variable Vergütung 506
120. Verfallklausel 506
121. Verjährung 506
122. Vermögensbildung 509
123. Verschwiegenheit 510
124. Versetzung 519
125. Vertragssprache 529
126. Vertragsstrafe 535
127. Verweisung auf Tarifvertrag 539
128. Vollständigkeitsklausel 539
129. Vorbehaltsklausel 539
130. Vordienstzeit 539
131. Wartezeit (Kündigungsschutz) 539
132. Weihnachtsgeld 543
133. Weisungsrecht 543
134. Wettbewerbsverbot 551
135. Whistleblowing 557
136. Widerrufsvorbehalt 561
137. Wiedereingliederung 564
138. Wohnort 564
139. Zielvereinbarungen 565
140. Zugangsfiktion 571
141. Zulage 571
142. Zurückbehaltungsrechte 571

Musterverzeichnis

§ 1a Individualarbeitsrecht – Teil 1

A. Die Anbahnung des Arbeitsverhältnisses 15
  I. Stellenausschreibung 15
  II. Bewerbungsverfahren 27
  III. Formulierungsbeispiele/Muster 48
    Muster 1a.1: Checkliste zur Erstellung eines Anforderungsprofils für einen zu besetzenden Arbeitsplatz 48
    Muster 1a.2: Innerbetriebliche Stellenausschreibung 48
    Muster 1a.3: Auswertungsbogen für Bewerberbeurteilung 49
    Muster 1a.4: Einzelne Vertragsklauseln für Personalberaterverträge 51
    Muster 1a.5: Erklärung zum Datenschutz 51
    Muster 1a.6: Zwischenmitteilung an Stellenbewerber 52
    Muster 1a.7: Bewerberfragebogen/Angestelltenfragebogen 52
    Muster 1a.8: Einladungsschreiben mit/ohne Vorstellungskostenerstattung 55
    Muster 1a.9: Checkliste für Fragen im Vorstellungsgespräch 55
    Muster 1a.10: Einwilligung zur ärztlichen/psychologischen/graphologischen Untersuchung . 56
    Muster 1a.11: Ablehnungsschreiben in der Vorauswahl 56
    Muster 1a.12: Ablehnungsschreiben nach Initiativbewerbung 57
    Muster 1a.13: Ablehnungsschreiben nach Vorstellungsgespräch 57
    Muster 1a.14: Zusage 57
B. Arbeitsvertrag 59
  I. Allgemeine Erläuterungen zum Klausel ABC 59
  II. Musterarbeitsvertrag 83
    Muster 1a.15: Arbeitsvertrag 83
  III. Musterarbeitsvertrag Leitende Angestellte 97
    Muster 1a.16: Arbeitsvertrag für leitende Angestellte 97
  IV. Einzelne Arbeitsvertragsklauseln 108
    Muster 1a.17: Abwerbeverbot (Arbeitsvertrag) 118
    Muster 1a.18: Abwerbeverbot (Aufhebungs-/Abwicklungsvertrag) 118
    Muster 1a.19: Aktienoptionsplan 122
    Muster 1a.20: Anrechnungsvorbehalt 137
    Muster 1a.21: Anwesenheitsprämie 143
    Muster 1a.22: Beginn des Arbeitsverhältnisses 153
    Muster 1a.23: Arbeitsunfähigkeit 181
    Muster 1a.24: Arbeitszeit 187
    Muster 1a.25: Aufwendungsersatz 207
    Muster 1a.26: Ausschlussklausel 219
    Muster 1a.27: Befristete Verlängerung der wöchentlichen Arbeitszeit 223
    Muster 1a.28: Bereitschaftsdienst 225
    Muster 1a.29: Direktzusage – Zusage einer Versorgung durch den Arbeitgeber . . . 228
    Muster 1a.30: Direktversicherung – Zusage einer Versorgung durch Direktversicherung . . . 235
    Muster 1a.31: Entgeltumwandlung – Umwandlung von Barbezügen in eine Direktversicherung 239
    Muster 1a.32: Provisionsregelungen 247
    Muster 1a.33: Prämie 253
    Muster 1a.34: Zulagen 255
    Muster 1a.35: Incentive 256
    Muster 1a.36: Betriebsvereinbarung „Verhaltenskodex" 261
    Muster 1a.37: Arbeitgeberdarlehen 265
    Muster 1a.38: Darlehensrückzahlung 265
    Muster 1a.39: Darlehenszinsen 266
    Muster 1a.40: Schutzkleidung 280
    Muster 1a.41: Dienstkleidung allgemein, Kosten Arbeitnehmer 280
    Muster 1a.42: Dienstkleidung mit ci, Kosten Arbeitgeber 280
    Muster 1a.43: Dienstreisen 284
    Muster 1a.44: Verbot der privaten Nutzung 297

Muster 1a.45: Eingeschränkte Zulassung der privaten Nutzung. 298
Muster 1a.46: Dauer der Entgeltfortzahlung 299
Muster 1a.47: Anzeige- und Nachweispflicht 302
Muster 1a.48: Entgeltfortzahlung, Anspruchsübergang 305
Muster 1a.49: Zugangsfiktion 307
Muster 1a.50: Zustimmungsfiktion 311
Muster 1a.51: Freistellungsklausel im Arbeitsvertrag 319
Muster 1a.52: Freistellung im Kündigungsschreiben 319
Muster 1a.53: Freiwilligkeitsvorbehalt/Ausschluss einer betrieblichen Übung 323
Muster 1a.54: Gehaltsanpassungsklauseln 324
Muster 1a.55: Differenzierungsklauseln 327
Muster 1a.56: Spannenklauseln 327
Muster 1a.57: Home-Office 351
Muster 1a.58: Vereinbarung absoluter Kündigungsgründe 360
Muster 1a.59: Ausschluss bzw. Einschränkung des Kündigungsrechts 365
Muster 1a.60: Kurzarbeit 371
Muster 1a.61: Verschuldensunabhängige Haftung 376
Muster 1a.62: Verlagerung der Beweislast 379
Muster 1a.63: Anforderung und Vergütung von Überstunden. 382
Muster 1a.64: Arbeitsvertragsklausel zur Personalakte. 397
Muster 1a.65: Arbeitsvertragsklausel zur Aktualisierung (Anzeigeklausel) 397
Muster 1a.66: Geltendmachung eines Einsichtsrechts durch den Arbeitnehmer 398
Muster 1a.67: Geltendmachung eines Anspruchs auf Entfernung aus der Personalakte 398
Muster 1a.68: Geltendmachung des Anspruchs auf Gegendarstellung 399
Muster 1a.69: Lohnpfändung. 402
Muster 1a.70: Pflichtenklauseln für Hotelpersonal 422
Muster 1a.71: Pflichtenklauseln für Fußballspieler 423
Muster 1a.72: Dopingklausel 424
Muster 1a.73: Einwilligung in die Verwendung von Mitarbeiterfotos auf der Homepage des
               Arbeitgebers. 448
Muster 1a.74: Unbezahlter Sonderurlaub. 454
Muster 1a.75: Bezahlter Sonderurlaub 454
Muster 1a.76: Sonderzahlung 457
Muster 1a.77: Vereinbarungen zum sozialversicherungsrechtlichen Status 467
Muster 1a.78: Tantieme. 475
Muster 1a.79: Bezugnahmeklausel 488
Muster 1a.80: Umzugskostenerstattung. 490
Muster 1a.81: Urlaubsklauseln 505
Muster 1a.82: Vermögensbildung 510
Muster 1a.83: Verschwiegenheit. 518
Muster 1a.84: Vereinbarung des Arbeitsplatzes laut Arbeitsplatzbeschreibung. 528
Muster 1a.85: Versetzungsklauseln 529
Muster 1a.86: Wettbewerbsverbot. 557
Muster 1a.87: Code of Conduct 560
Muster 1a.88: Kurze Rahmenzielvereinbarung im Arbeitsvertrag 570
Muster 1a.89: Zurückbehaltungsrecht. 579

§ 1b Individualarbeitsrecht – Teil 2

A. **Einzelne Vertragstypen** 589
   I. **Berufsausbildungsverhältnis/Fortbildung** 589
      Muster 1b.1: Berufsausbildungsvertrag 590
   II. **Befristungen** 603
      Muster 1b.2: Aufhebungsvertrag zur befristeten Verlängerung der Erprobung 626
      Muster 1b.3: Beendigung einer Bestandsschutzstreitigkeit. 632
      Muster 1b.4: Prozessbeschäftigung 634
      Muster 1b.5: Pflegezeitvertretung (Zweckbefristung). 645
      Muster 1b.6: Mittelbare Pflegezeitvertretung. 645

III.	**Teilzeit**	651
	Muster 1b.7: Arbeitsvertrag für geringfügig Beschäftigte	688
	Muster 1b.8: Teilzeitverlangen	691
	Muster 1b.9: Verlängerungsverlangen	691
IV.	**Elternzeit, Pflegezeit, Familienpflegezeit**	691
	Muster 1b.10: Antrag auf Elternzeit	695
	Muster 1b.11: Antrag auf Pflegezeit	700
V.	**Altersteilzeit**	700
	Muster 1b.12: Altersteilzeitvertrag	716
VI.	**Mitarbeiter im Außendienst**	720
	Muster 1b.13: Anstellungsvertrag Außendienst	720
VII.	**Heimarbeit**	727
	Muster 1b.14: Arbeitsvertrag Heimarbeit	727
VIII.	**Telearbeit**	731
	Muster 1b.15: Arbeitsvertrag über Telearbeit	732
IX.	**Trainee**	738
	Muster 1b.16: Trainee-Vertrag	738
X.	**Praxisintegrierendes duales Studium**	742
	Muster 1b.17: Vertrag zur Durchführung eines praxisintegrierenden dualen Studiums	746
XI.	**Praktikantenvertrag**	757
	Muster 1b.18: Praktikantenvertrag	758
XII.	**Dienstwagenüberlassung**	761
	Muster 1b.19: Dienstwagenvertrag	762
XIII.	**Pkw-Überlassungspauschale/Car-Allowance**	774
	Muster 1b.20: Car-Allowance-Vereinbarung	776
XIV.	**Wiedereingliederung**	781
	Muster 1b.21: Wiedereingliederungsvereinbarung	782
XV.	**Arbeitnehmerüberlassung**	785
	Muster 1b.22: Vertrag zur Arbeitnehmerüberlassung	786
	Muster 1b.23: Anstellungsvertrag Verleiher/Leiharbeitnehmer	800
XVI.	**Entsendung**	812
	Muster 1b.24: Entsendungsvereinbarung	812
	Muster 1b.25: Stammhausbindungsvertrag	829
XVII.	**Chefarztvertrag**	831
	Muster 1b.26: Chefarzt-Dienstvertrag	833
XVIII.	**Dienstvertrag/freie Mitarbeiter-Verträge**	863
	Muster 1b.27: Vertrag über freie Mitarbeit	867
	Muster 1b.28: Handelsvertretervertrag	870
	Muster 1b.29: Beratervertrag	875
	Muster 1b.30: Interim Manager	877
XIX.	**Geschäftsführer-Anstellungsvertrag**	879
	Muster 1b.31: Geschäftsführervertrag	883
XX.	**Vorstandsvertrag**	922
	Muster 1b.32: Anstellungsvertrag Vorstandsmitglied	923
B.	**Das nachvertragliche Wettbewerbsverbot**	933
I.	**Nachvertragliches Wettbewerbsverbot für Arbeitnehmer**	933
	Muster 1b.33: Nachvertragliches unternehmensbezogenes Wettbewerbsverbot	942
	Muster 1b.34: Tätigkeitsbezogenes Wettbewerbsverbot	949
	Muster 1b.35: Allgemeine Mandantenschutzklausel	949
	Muster 1b.36: Mandantenübernahmeklausel	950
	Muster 1b.37: Verzicht gemäß § 75a HGB	951
	Muster 1b.38: Lossagung des Arbeitnehmers vom Wettbewerbsverbot	951
	Muster 1b.39: Lossagung des Arbeitgebers vom Wettbewerbsverbot	951
	Muster 1b.40: Antrag auf Erlass einer einstweiligen Unterlassungsverfügung	952
II.	**Nachvertragliches Wettbewerbsverbot für Organe**	953
	Muster 1b.41: Nachvertragliches Wettbewerbsverbot – Vorstandsmitglied	955
	Muster 1b.42: Nachvertragliches Wettbewerbsverbot – Anwendbarkeit der §§ 74 ff. HGB	963

§ 1c Individualarbeitsrecht – Teil 3

A. Beendigung des Arbeitsverhältnisses 968
   I.   **Allgemeines zur Kündigung** 968
       Muster 1c.1:   Kündigung 973
       Muster 1c.2:   Empfangsbestätigung 973
       Muster 1c.3:   Überbringerprotokoll 974
   II.   **Ordentliche betriebsbedingte Kündigung** 974
       Muster 1c.4:   Betriebsbedingtes Kündigungsschreiben 986
       Muster 1c.5:   Abfindungskündigung 987
   III.   **Ordentliche Kündigung außerhalb des KSchG** 988
       Muster 1c.6:   Ordentliche Kündigung außerhalb des KSchG 988
   IV.   **Außerordentliche Kündigung** 989
       Muster 1c.7:   Fristlose Kündigung 993
   V.   **Ordentliche Änderungskündigung aus betriebsbedingten Gründen** 993
       Muster 1c.8:   Betriebsbedingte Änderungskündigung 998
   VI.   **Außerordentliche Änderungskündigung** 998
       Muster 1c.9:   Fristlose Änderungskündigung 999
   VII.   **Außerordentliche und hilfsweise ordentliche Beendigungskündigung** 1000
       Muster 1c.10:   Fristlose, hilfsweise ordentliche Kündigung 1000
   VIII. **Außerordentliche Kündigung mit sozialer Auslauffrist** 1001
       Muster 1c.11:   Außerordentliche Kündigung mit sozialer Auslauffrist 1001
   IX.   **Kündigung gegenüber Organmitgliedern (inkl. Abberufung und Beschlussfassung)** 1001
       Muster 1c.12:   Ordentliche Kündigung 1005
       Muster 1c.13:   Außerordentliche Kündigung 1005
       Muster 1c.14:   Gesellschafterbeschluss zur Abberufung und Kündigung eines
                        GmbH-Geschäftsführers 1006
       Muster 1c.15:   Aufsichtsratsbeschluss zur Abberufung eines Vorstandsmitglieds 1007
   X.   **Die Abmahnung** 1007
       Muster 1c.16:   Abmahnung 1008
   XI.   **Die Anfechtung des Arbeitsvertrages** 1008
       Muster 1c.17:   Anfechtung des Arbeitsvertrages 1010
   XII.   **Antrag nach § 9 Abs. 3 MuSchG** 1010
       Muster 1c.18:   Antrag des Arbeitgebers auf Zustimmung zur Kündigung einer Schwangeren . 1014
   XIII. **Antrag nach § 18 Abs. 1 BEEG** 1016
       Muster 1c.19:   Antrag auf Zustimmung zur Kündigung eines Arbeitnehmers in Elternzeit . . . 1018
   XIV. **Antrag nach §§ 85, 87 SGB IX: Sonderkündigungsschutz für schwerbehinderte Menschen** 1028
       Muster 1c.20:   Antrag des Arbeitgebers auf Zustimmung zur Kündigung eines schwerbehinderten
                        Menschen/gleichgestellten behinderten Menschen 1036
       Muster 1c.21:   Widerspruch gegen die Zustimmung des Integrationsamtes 1037
   XV.   **Zwischen- und Schlusszeugnis** 1042
       Muster 1c.22:   Einfaches Zeugnis 1049
       Muster 1c.23:   Qualifiziertes Zeugnis mit überdurchschnittlicher Bewertung 1050
       Muster 1c.24:   Zwischenzeugnis mit durchschnittlicher Bewertung 1050
       Muster 1c.25:   Qualifiziertes Zeugnis mit unterdurchschnittlicher Bewertung 1051
       Muster 1c.26:   Klageantrag auf Erteilung eines Zeugnisses 1051
       Muster 1c.27:   Klage auf Berichtigung eines Zeugnisses 1052
B. Aufhebung und Abwicklung 1053
   I.   **Typischer Sachverhalt** 1054
   II.   **Rechtliche Grundlagen** 1054
       Muster 1c.28:   Aufhebungsvertrag 1099
       Muster 1c.29:   Kurzer Aufhebungsvertrag (Deutsch/Englisch) 1104
       Muster 1c.30:   Abfindungsangebot im Sinne von § 1a KSchG 1108
       Muster 1c.31:   Widerruf eines abgeschlossenen Aufhebungsvertrags 1109
       Muster 1c.32:   Abwicklungsvertrag 1109
       Muster 1c.33:   Unterbreitung eines Vergleichs durch die Parteien im schriftlichen Verfahren . 1110
       Muster 1c.34:   Zustimmung zu einem Vergleichsvorschlag im schriftlichen Verfahren 1111
       Muster 1c.35:   Annahme eines gerichtlichen Vergleichsvorschlags im schriftlichen Verfahren 1111
       Muster 1c.36:   Aufhebungsvertrag mit einem GmbH-Geschäftsführer 1112
       Muster 1c.37:   Aufhebungsvertrag mit einem AG-Vorstand 1116

§ 2 Kollektivarbeitsrecht

A. Betriebsverfassungsrecht 1129

  I. Allgemeine Betriebsratsarbeit 1129

    Muster 2.1:   (Gesamt-/Konzern-/Rahmen-)Betriebsvereinbarung [Nr. ...] über [Gegenstand] vom [Datum] 1130

    Muster 2.2:   Regelungsabrede zur Zusammenarbeit im Betrieb 1137

    Muster 2.3:   Geschäftsordnung des Betriebsrats 1138

    Muster 2.4:   Rahmenvereinbarung zur Übertragung von Aufgaben auf Arbeitsgruppen, § 28a BetrVG 1144

    Muster 2.5:   Betriebsvereinbarung zu Sprechstunden 1146

  II. Kosten und Ausstattung des Betriebsrats 1147

    Muster 2.6:   Freistellung von BR-Mitgliedern/Teilfreistellung gem. § 38 Abs. 1 S. 5 BetrVG 1149

    Muster 2.7:   Abmeldevereinbarung zu § 37 Abs. 2 BetrVG. 1150

    Muster 2.8:   Schreiben an Arbeitgeber wegen Kostenübernahme für Schulungsteilnahme gemäß §§ 37 Abs. 6, 40 Abs. 1 BetrVG. 1152

    Muster 2.9:   Beschluss des Betriebsrats zur Beauftragung eines Rechtsanwalts 1154

    Muster 2.10: Erwiderungsschreiben des Arbeitgebers zu einem Antrag des Betriebsrats auf Bereitstellung von Fachliteratur 1156

    Muster 2.11: Regelungsabrede zur technischen Ausstattung des Betriebsrats 1157

    Muster 2.12: Betriebsvereinbarung zur Budgetierung der Betriebsratskosten 1159

  III. Betriebsratsstrukturen 1162

    Muster 2.13: Führungsvereinbarung im gemeinsamen Betrieb i.S.d. § 1 Abs. 2 BetrVG . . . 1165

    Muster 2.14: Vereinbarung zur Trennung des gemeinsamen Betriebs 1167

    Muster 2.15: Betriebsvereinbarung zur Verlängerung des Übergangsmandats 1169

    Muster 2.16: Aufgabenübertragung auf den Gesamtbetriebsrat 1170

    Muster 2.17: Aufgabenübertragung auf den Gesamtbetriebsrat mit Zustimmung zur Folgedelegation an den Konzernbetriebsrat 1170

    Muster 2.18: Zusammengefasste Aufgabenübertragung mehrerer Betriebsräte auf den Gesamtbetriebsrat 1171

    Muster 2.19: Folgedelegation an den Konzernbetriebsrat 1172

    Muster 2.20: Beschluss des Gesamtbetriebsrats zur Errichtung eines Konzernbetriebsrats . . 1173

    Muster 2.21: Vereinbarung über die Errichtung und Ausgestaltung eines Europäischen Betriebsrates nach § 18 EBRG 1174

    Muster 2.22: Tarifvertrag gemäß § 3 Abs. 1 Nr. 1 lit. b) BetrVG 1180

    Muster 2.23: Tarifvertrag zur Bildung von Spartenbetriebsräten 1182

    Muster 2.24: Gemeinsamer Gesamtbetriebsrat mehrerer Unternehmen 1184

  IV. Mitbestimmung in sozialen Angelegenheiten 1186

    Muster 2.25: Betriebsvereinbarung Altersteilzeit (ATZ) 1214

    Muster 2.26: Betriebsvereinbarung zu flexibler Arbeitszeit/Langzeitkonten 1220

    Muster 2.27: Betriebsvereinbarung zur Vertrauensarbeitszeit 1235

    Muster 2.28: Betriebsvereinbarung Gleitzeit 1239

    Muster 2.29: Betriebsvereinbarung Überstunden 1247

    Muster 2.30: Betriebsvereinbarung Dienstpläne/Schichtarbeit/Rufbereitschaft/Bereitschaftsdienst 1251

    Muster 2.31: Betriebsvereinbarung Kurzarbeit 1266

    Muster 2.32: Betriebsvereinbarung Vergütung außertariflicher Angestellter 1271

    Muster 2.33: Betriebsvereinbarung über die Gewährung einer außertariflichen/übertariflichen Zulage 1276

    Muster 2.34: Betriebsvereinbarung Provision 1279

    Muster 2.35: Betriebsvereinbarung zu Zielvereinbarungen 1286

    Muster 2.36: Gesamtbetriebsvereinbarung EDV-Systeme und Schutz personenbezogener Daten. 1296

    Muster 2.37: Betriebsvereinbarung über die Nutzung der betrieblichen Telefonanlage/der Mobiltelefone 1312

    Muster 2.38: Betriebsvereinbarung zu Internet-, E-Mail- und Social-Media-Nutzung 1326

    Muster 2.39: Betriebsvereinbarung für die Sozialeinrichtung „Kantine". 1333

    Muster 2.40: Betriebsvereinbarung zur Betriebsordnung 1336

    Muster 2.41: Betriebsvereinbarung zur Arbeitsordnung 1341

Muster 2.42:   Betriebsvereinbarung zu Ethikrichtlinien   1355
Muster 2.43:   Betriebsvereinbarung über eine einheitliche Dienstkleidung   1361
Muster 2.44:   Musteranschreiben BEM   1374
Muster 2.45:   Einverständniserklärung BEM   1375
Muster 2.46:   Betriebsvereinbarung Betriebliches Eingliederungsmanagement   1376
Muster 2.47:   Betriebsvereinbarung über die Einführung eines betrieblichen Vorschlagswesens   1383
Muster 2.48:   Allgemeine Betriebsvereinbarung zum Urlaub   1390

V.   **Mitbestimmung in personellen Angelegenheiten**   1392
Muster 2.49:   Unterrichtung und Einholung der Zustimmung des Betriebsrats zu einer geplanten
                 Einstellung und Eingruppierung   1396
Muster 2.50:   Unterrichtung und Einholung der Zustimmung des Betriebsrats zu einer geplanten
                 Versetzung und Umgruppierung   1401
Muster 2.51:   Antwort des Betriebsrats zum Antrag auf Zustimmung zu einer geplanten
                 Einstellung/Eingruppierung oder Versetzung/Umgruppierung   1406
Muster 2.52:   Unterrichtung und Einholung der Zustimmung des Betriebsrats zu einer geplanten
                 Einstellung eines Leiharbeitnehmers   1410
Muster 2.53:   Unterrichtung über eine vorläufige Einstellung/Versetzung   1415
Muster 2.54:   Antwort des Betriebsrats auf Unterrichtung über eine vorläufige personelle
                 Maßnahme   1416
Muster 2.55:   Anhörung des BR zur Kündigung während der Wartezeit   1445
Muster 2.56:   Anhörung des BR gemäß § 102 BetrVG zur ordentlichen betriebsbedingten
                 Kündigung   1447
Muster 2.57:   Anhörung des BR gemäß § 102 BetrVG zur ordentlichen betriebsbedingten
                 Kündigung wegen Betriebsstilllegung   1449
Muster 2.58:   Anhörung des BR gemäß § 102 BetrVG zur betriebsbedingten
                 Änderungskündigung   1451
Muster 2.59:   Anhörung des BR nach § 102 BetrVG zur außerordentlichen, hilfsweise
                 ordentlichen verhaltensbedingten Verdachtskündigung   1454
Muster 2.60:   Anhörung BR gemäß § 102 BetrVG zur ordentlichen krankheitsbedingten
                 Kündigung   1457
Muster 2.61:   Antrag auf Zustimmung zur außerordentlichen Kündigung eines BR-Mitglieds
                 gemäß § 103 BetrVG   1462
Muster 2.62:   Antrag auf Ersetzung der Zustimmung des Betriebsrates zur außerordentlichen
                 Kündigung eines BR-Mitglieds gemäß § 103 BetrVG   1463
Muster 2.63:   Anhörung zur Kündigung eines Kündigungsgeschützten nach § 102 BetrVG im
                 Fall der Stilllegung einer Betriebsabteilung   1465
Muster 2.64:   Betriebsinterne Stellenausschreibung   1469
Muster 2.65:   Auswahlrichtlinie bei Kündigungen   1476

VI. **Mitbestimmung in wirtschaftlichen Angelegenheiten**   1478
Muster 2.66:   Interessenausgleich bei Betriebsstilllegung   1496
Muster 2.67:   Interessenausgleich bei Teilbetriebsstilllegung (einschließlich Namensliste
                 und Transfergesellschaft)   1497
Muster 2.68:   Interessenausgleich bei umfassender Reorganisation   1500
Muster 2.69:   Sozialplan   1509
Muster 2.70:   BQG/Transfergesellschaft   1519

B.   **Betriebsübergang und Umwandlung**   1522
I.   **Betriebsübergang**   1522
Muster 2.71:   Informationsschreiben nach § 613a Abs. 5 BGB   1547
Muster 2.72:   Empfangsbestätigung   1550
Muster 2.73:   Empfangsbestätigung und Verzichtserklärung   1551

II. **Arbeitsrechtliche Angaben bei Umwandlungstatbeständen**   1551
Muster 2.74:   Angaben im Umwandlungsvertrag   1561
Muster 2.75:   Zuleitung des Verschmelzungsvertrages an den Betriebsrat   1562
Muster 2.76:   Verkürzung der Zuleitungsfrist   1563

C.   **Arbeitsrecht in der Insolvenz**   1564
I.   **Das Arbeitsverhältnis in der Insolvenz**   1564
Muster 2.77:   Insolvenzeröffnungsbeschluss ohne allgemeines Verfügungsverbot   1566
Muster 2.78:   Aufnahme des Rechtsstreits nach Unterbrechung gemäß § 240 ZPO   1567
Muster 2.79:   Abmahnung durch den Arbeitnehmer   1570
Muster 2.80:   Unternehmenskaufvertrag zwischen Insolvenzverwalter und Erwerber – Auszug   1577

II. Kollektives Arbeitsrecht in der Insolvenz 1578
III. Ansprüche des Arbeitnehmers aus dem Arbeitsverhältnis. 1581
    Muster 2.81:   Klage auf Feststellung zur Insolvenztabelle 1583

§ 3 Prozessrecht

A. Klagen im Urteilsverfahren 1602
  I. Kündigungsschutzklage 1602
    Muster 3.1:   Einfache Kündigungsschutzklage 1604
    Muster 3.2:   Kündigungsschutzklage mit Weiterbeschäftigungsantrag und weiteren Anträgen 1613
    Muster 3.3:   Kündigungsschutzklage bei Änderungskündigung (nach Annahme des
                  Änderungsangebots unter dem Vorbehalt der gerichtlichen Überprüfung) . . . 1619
    Muster 3.4:   Kündigungsschutzklage und nachträgliche Zulassung 1621
    Muster 3.5:   Auflösungsantrag des Arbeitnehmers 1626
  II. Klageerwiderung im Kündigungsschutzprozess 1628
    Muster 3.6:   Klageerwiderung bei betriebsbedingter Kündigung (mit Auflösungsantrag) . . 1637
    Muster 3.7:   Klageerwiderung bei verhaltensbedingter Kündigung 1642
    Muster 3.8:   Klageerwiderung bei personenbedingter Kündigung 1647
  III. Rechtsmittel 1650
    Muster 3.9:   Berufungsschrift 1651
    Muster 3.10: Berufungsbegründungsschrift 1656
    Muster 3.11: Anschlussberufung. 1660
    Muster 3.12: Nichtzulassungsbeschwerde 1661
    Muster 3.13: Begründung der Nichtzulassungsbeschwerde 1663
    Muster 3.14: Revisionsschrift 1666
    Muster 3.15: Revisionsbegründung 1668
    Muster 3.16: Sofortige Beschwerde 1673
    Muster 3.17: Rechtsbeschwerde 1676
    Muster 3.18: Anhörungsrüge nach § 78a ArbGG 1677
B. Anträge im Beschlussverfahren 1681
  I. Anfechtung einer Betriebsratswahl 1681
    Muster 3.19: Anfechtung einer Betriebsratswahl 1690
  II. Antrag auf Freistellung von Sachmittelkosten 1692
    Muster 3.20: Antrag auf Übernahme bzw. Freistellung von Kosten i.S.d. § 40 Abs. 2 BetrVG 1700
  III. Antrag auf Erstattung von Schulungskosten 1702
    Muster 3.21: Antrag auf Erstattung von Schulungskosten gemäß § 37 Abs. 6 BetrVG 1709
  IV. Antrag auf Gestattung der Hinzuziehung eines Rechtsanwalts als Sachverständigen 1711
    Muster 3.22: Antrag auf Gestattung der Hinzuziehung eines Rechtsanwalts als
                  Sachverständigen. 1715
  V. Antrag des Betriebsrats auf Unterlassung und Ordnungsgeld gegen den Arbeitgeber
    wegen grober Pflichtverletzung, § 23 BetrVG 1716
    Muster 3.23: Antrag auf Untersagung von Überstunden 1722
    Muster 3.24: Antrag auf Teilnahme an Personalgesprächen 1723
  VI. Einfacher Antrag auf Zustimmung zur Einstellung nach § 99 BetrVG 1725
    Muster 3.25: Antrag auf Zustimmungsersetzung wegen einer Einstellung nach § 99 BetrVG 1729
  VII. Antrag auf Zustimmung zur Einstellung und Feststellung der Dringlichkeit einer vorläufigen
    Einstellung nach §§ 99, 100 BetrVG; vorgeschalteter allgemeiner Feststellungsantrag . . . 1731
    Muster 3.26: Antrag auf Zustimmung zur Einstellung und Feststellung der Dringlichkeit
                  einer vorläufigen Einstellung nach §§ 99, 100 BetrVG. 1735
  VIII. Antrag des Betriebsrats auf Aufhebung einer personellen Maßnahme, § 101 BetrVG . . . 1737
    Muster 3.27: Antrag auf Einleitung eines Beschlussverfahrens wegen Aufhebung einer
                  Einstellung 1742
    Muster 3.28: Antrag auf Einleitung eines Beschlussverfahrens wegen Untersagung der
                  Aufrechterhaltung einer personellen Maßnahme 1744
    Muster 3.29: Antrag auf Einleitung eines Beschlussverfahrens wegen Unterlassung von
                  mitbestimmungswidrigen Einstellungen 1746
    Muster 3.30: Antrag auf Einleitung eines Beschlussverfahrens wegen Aufhebung einer
                  Versetzung 1748
    Muster 3.31: Antrag bei vorläufiger Durchführung der personellen Maßnahme durch den
                  Arbeitgeber 1750

Muster 3.32: Antrag auf Einleitung eines Beschlussverfahrens wegen ordnungsgemäßer Beteiligung des Betriebsrats bei einer Eingruppierung 1752

IX. **Antrag des Arbeitgebers auf Entbindung von der Übernahmeverpflichtung von Amtsvertretern, § 78a BetrVG** 1753
Muster 3.33: Antrag auf Entbindung von der Übernahmeverpflichtung für Jugendvertreter . 1763

X. **Antrag auf Einrichtung einer Einigungsstelle, § 100 ArbGG** 1766
Muster 3.34: Antrag auf Einrichtung einer Einigungsstelle nach § 100 ArbGG 1772

XI. **Anfechtung eines Einigungsstellenspruchs nach § 76 Abs. 5 BetrVG** 1774
Muster 3.35: Antrag auf Anfechtung eines Einigungsstellenspruchs 1778

XII. **Vorbeugender Unterlassungsanspruch des Betriebsrats, gerichtet auf Unterlassung mitbestimmungswidrigen Verhaltens durch den Arbeitgeber** 1780
Muster 3.36: Antrag auf Untersagung des Aufbaus eines zu hohen Gleitzeitsaldos und der Überschreitung des Gleitzeitrahmens 1785
Muster 3.37: Untersagung der Anordnung, Anstecker an der Kleidung zu tragen. 1787
Muster 3.38: Antrag auf Untersagung der Anwendung eines Punkteschemas bei betriebsbedingter Kündigung ohne Betriebsratsbeteiligung 1789

XIII. **Rechtsmittel** 1791
Muster 3.39: Beschwerdeschrift 1792
Muster 3.40: Beschwerdebegründungsschrift. 1795
Muster 3.41: Nichtzulassungsbeschwerde. 1798
Muster 3.42: Rechtsbeschwerde mit Rechtsbeschwerdebegründung 1800

C. **Zwangsvollstreckung und Vollstreckungsschutz** 1805
I. **Allgemeines** 1805
II. **Vorläufige Vollstreckbarkeit** 1805
III. **Verfahren der Zwangsvollstreckung** 1809
Muster 3.43: Antrag auf Vollstreckung des Weiterbeschäftigungsanspruchs 1812
Muster 3.44: Zurückweisung des Antrages auf Vollstreckung des Weiterbeschäftigungsanspruchs 1813

D. **Einstweiliger Rechtsschutz** 1815
I. **Antrag auf Beschäftigung** 1815
Muster 3.45: Antrag auf Beschäftigung 1820
II. **Schutzschrift des Arbeitgebers wegen zu erwartender Verfügungsanträge des Arbeitnehmers auf Weiterbeschäftigung** 1822
Muster 3.46: Schutzschrift. 1823
III. **Antrag auf Weiterbeschäftigung gemäß § 102 Abs. 5 BetrVG und Antrag auf Entbindung** 1825
Muster 3.47: Antrag auf Weiterbeschäftigung 1827
Muster 3.48: Antrag auf Entbindung von der Weiterbeschäftigungspflicht 1830
IV. **Antrag des Betriebsrats auf Unterlassung einer Betriebsänderung durch den Arbeitgeber.** 1832
Muster 3.49: Antrag auf Erlass einer einstweiligen Verfügung im Beschlussverfahren wegen Unterlassung von Kündigungen 1837
Muster 3.50: Antrag auf Erlass einer einstweiligen Verfügung im Beschlussverfahren wegen Untersagung einer Abspaltung 1840
V. **Schutzschrift des Arbeitgebers gegen den Antrag des Betriebsrats im einstweiligen Verfügungsverfahren auf Unterlassung einer Betriebsänderung** 1843
Muster 3.51: Schutzschrift im Beschlussverfahren 1846
VI. **Antrag auf Erlass einer einstweiligen Verfügung gegen eine geplante Betriebsversammlung** 1851
Muster 3.52: Einstweilige Verfügung gegen eine geplante Betriebsversammlung 1855
VII. **Antrag auf Unterlassung mitbestimmungswidrigen Verhaltens des Arbeitgebers** 1856
Muster 3.53: Antrag auf Unterlassung der Beschäftigung im Rahmen von Überstunden . . . 1860
Muster 3.54: Antrag auf Untersagung der Anwendung eines Dienstplans 1862
Muster 3.55: Antrag auf Untersagung der elektronischen Bildaufzeichnung, Programmeinführung, Schließanlagenauswertung. 1864
VIII. **Antrag auf Erlass einer einstweiligen Verfügung wegen Behinderung/Beeinflussung der Betriebsratswahl durch den Arbeitgeber.** 1866
Muster 3.56: Einstweilige Verfügung auf Unterlassung von Beeinflussungen einer Betriebsratswahl 1870
IX. **Antrag auf Erlass einer einstweiligen Verfügung wegen unzulässiger Streichung eines Arbeitnehmers von der Wählerliste** 1872
Muster 3.57: Antrag auf Erlass einer einstweiligen Verfügung wegen unzulässiger Streichung eines Arbeitnehmers von der Wählerliste 1879

X. **Einstweilige Verfügung auf Untersagung von Arbeitskampfmaßnahmen und Schutzschrift der Gewerkschaft in Verbindung mit einem Tarifsozialplan** 1882

Muster 3.58: Einstweilige Verfügung auf Untersagung einzelner Arbeitskampfmaßnahmen . 1889

Muster 3.59: Schutzschrift einer Gewerkschaft wegen zu erwartender arbeitgeberseitiger Verfügungsanträge anlässlich eines von der Gewerkschaft geforderten Tarifsozialplanes 1893

Literaturverzeichnis

Annuß/Thüsing, Teilzeit- und Befristungsgesetz, 3. Aufl. 2012

Arens/Düwell/Wichert, Handbuch Umstrukturierung und Arbeitsrecht, 2. Aufl. 2013

Arnold/Gräfl/Imping, Teilzeit- und Befristungsgesetz, 4. Aufl. 2016

Ascheid/Preis/Schmidt, Kündigungsrecht, Großkommentar, 4. Aufl. 2012

Bader/Dörner/Mikosch/Schleusener/Schütz/Vossen, Gemeinschaftskommentar zum Arbeitsgerichtsgesetz Loseblattsammlung, 98. Ergänzungslieferung, Stand 04/2016

Baeck/Deutsch, Arbeitszeitgesetz, 3. Aufl. 2014

Bamberger/Roth, Kommentar zum Bürgerlichen Gesetzbuch, 3. Aufl. 2012

Bartone/Berger/Brösske, Personalrecht für die Praxis, 10. Aufl. 2008

Bauer/Krieger, Allgemeines Gleichbehandlungsgesetz, Kommentar, 4. Aufl. 2015

Bauer/Lingemann/Diller/Haußmann, Anwaltsformularbuch Arbeitsrecht, 5. Aufl. 2014

Baumbach/Hopt, HGB, Kommentar, 37. Aufl. 2016

Baumbach/Hueck, GmbH-Gesetz, Kommentar, 20. Aufl. 2013

Baumbach/Lauterbach/Albers/Hartmann, ZPO, Kommentar, 74. Aufl. 2015

Berkowsky, Die betriebsbedingte Kündigung, 6. Aufl. 2008

Berscheid, Arbeitsverhältnisse in der Insolvenz, 1999

Berscheid/Kunz/Brand/Nebeling, Praxis des Arbeitsrechts, 5. Aufl. 2016

Blomeyer/Rolfs/Otto, Betriebsrentengesetz, Kommentar zum Gesetz zur Verbesserung der betrieblichen Altersvorsorge, 6. Aufl. 2015

Boemke/Lembke, Arbeitnehmerüberlassungsgesetz, Kommentar, 3. Aufl. 2013

Brecht, Entgeltfortzahlung an Feiertagen und im Krankheitsfall, 2. Aufl. 2000

Buchner/Becker, Mutterschutzgesetz und Bundeselterngeld- und Elternzeitgesetz: MuSchG/BEEG, Kommentar, 8. Aufl. 2008

Bütefisch, Die Sozialauswahl, 2000

Buyer, Änderung der Unternehmensform, 10. Aufl. 2015

Clemenz/Kreft/Krause, AGB-Arbeitsrecht, Kommentar, 2013

Conze/Karb/Wölk, Personalbuch Arbeits- und Tarifrecht öffentlicher Dienst, 4. Aufl. 2014

Däubler, Arbeitskampfrecht, 3. Aufl. 2011 (zitiert: Däubler/*Bearbeiter*, Arbeitskampfrecht)

Däubler, Tarifvertragsgesetz, Kommentar, 4. Aufl. 2016 (zitiert: Däubler/*Bearbeiter*, TVG)

Däubler/Bertzbach, AGG, Kommentar, 3. Aufl. 2013

Däubler/Bonin/Deinert, AGB-Kontrolle im Arbeitsrecht, 4. Aufl. 2014 (zitiert: Däubler u.a./*Bearbeiter*)

Däubler/Hjort/Schubert/Wolmerath, Arbeitsrecht – Individualarbeitsrecht mit kollektivrechtlichen Bezügen – Handkommentar, 3. Aufl. 2013 (zitiert: HaKo-ArbR/*Bearbeiter*)

Däubler/Kittner/Klebe/Wedde, Betriebsverfassungsgesetz, Kommentar, 15. Aufl. 2016 (zitiert: DKKW/*Bearbeiter*)

Danko/Heckschen/Plesterninks, Umstrukturierungen im Unternehmen, 2002

Dieterich/Müller-Glöge/Preis/Schaub, Erfurter Kommentar zum Arbeitsrecht, 16. Aufl. 2016

Dörner/Luczak/Wildschütz/Baeck/Hoß, Handbuch des Fachanwalts Arbeitsrecht, 13. Aufl. 2015

Doetsch/Schnabel/Paulsdorff, Gesetz über die Fortzahlung des Arbeitsentgelts im Krankheitsfalle, 6. Aufl. 1983

Dornbusch/Fischermeier/Löwisch, Fachanwaltskommentar Arbeitsrecht, 6. Aufl. 2014

Düwell, Betriebsverfassungsgesetz, Handkommentar, 4. Aufl. 2014

Düwell/Lipke, ArbGG – Kommentar zum gesamten Arbeitsverfahrensrecht, 4. Aufl. 2016

Ebenroth/Boujong/Joost/Strohn, Handelsgesetzbuch: HGB, 3. Aufl. 2014 Bd. 1, 3. Aufl. 2015 Bd. 2

Erman/Westermann/Reimer, Bürgerliches Gesetzbuch, 14. Aufl. 2014

Etzel/Bader/Fischermeier/Friedrich/Gallner/Griebeling/Kreft/Link/Lipke/Rost/Spilger/Treber/Vogt/Weigand, Gemeinschaftskommentar zum Kündigungsschutzgesetz und zu sonstigen kündigungsschutzrechtlichen Vorschriften, 11. Aufl. 2016 (zitiert: GK/*Bearbeiter*)

Fitting/Engels/Schmidt/Trebinger/Linsenmaier, Betriebsverfassungsgesetz mit Wahlordnung, Handkommentar, 28. Aufl. 2016

Franke, Der außertarifliche Angestellte, 1991

Friedemann, Das Verfahren der Einigungsstelle für Interessenausgleich und Sozialplan, 1996

Gagel, SGB II/III, Grundsicherung und Arbeitsförderung, Kommentar, 62. Auflage 2016, 62. Ergänzungslieferung, Stand 06/2016

Gallner/Mestwerdt/Nägele, Kündigungsschutzrecht, Handkommentar, 5. Aufl. 2015

Galperin/Löwisch, Kommentar zum Betriebsverfassungsgesetz, Band I und II, 6. Aufl. 1982

Gamillscheg, Arbeitsrecht I, 8. Aufl. 2000

Gaul, Aktuelles Arbeitsrecht, Band 1 und Band 2, 2015 (zitiert: *Gaul*, Aktuelles Arbeitsrecht)

Gaul, Das Arbeitsrecht der Betriebs- und Unternehmensspaltung, 2. Auflage 2014

Germelmann/Matthes/Prütting, Arbeitsgerichtsgesetz, Kommentar, 8. Aufl. 2013 (zitiert: GMP/*Bearbeiter*)

Geyer/Knorr/Krasney, Entgeltfortzahlung Krankengeld Mutterschaftsgeld, Loseblatt, Stand Mai 2016

Goette/Habersack, MüKo zum Aktiengesetz, 4. Aufl. 2016 (zitiert: MüKo-AktG/*Bearbeiter*)

Gotthardt, Arbeitsrecht nach der Schuldrechtsreform, 2. Aufl. 2003

Goutier/Knopf/Tulloch, Kommentar zum Umwandlungsrecht, 2. Aufl. 2007

Gross/Thon/Ahmad/Woitaschek, Kommentar zum Betriebsverfassungsrecht, 2. Aufl. 2008

Grüll/Janert, Der Anstellungsvertrag mit leitenden Angestellten und Führungskräften, 14. Aufl. 1996

Grunsky/Waas/Benecke/Greiner, Arbeitsgerichtsgesetz, 8. Aufl. 2014

Hauck/Helml/Biebl, Arbeitsgerichtsgesetz, Kommentar, 4. Aufl. 2011

Henssler/Moll, AGB-Kontrolle vorformulierter Arbeitsbedingungen, 2011

Henssler/Willemsen/Kalb, Arbeitsrecht, Kommentar, 7. Aufl. 2016 (zitiert: HWK/*Bearbeiter*)

Herbst/Bertelsmann/Reiter, Arbeitsgerichtliches Beschlussverfahren, 2. Aufl. 1998

Hess, Insolvenzrecht Großkommentar, Band 1–3, 2007, 2. Aufl. 2013

Hess/Worzalla/Glock/Nicolai/Rose/Huke, BetrVG – Kommentar zum Betriebsverfassungsgesetz, 9. Aufl. 2014

Heussen/Hamm, Beck'sches Rechtsanwaltshandbuch, 11. Aufl. 2016

Höfer, BetrAVG Gesetz zur Verbesserung der betrieblichen Altersvorsorge, Kommentar, Loseblatt, Band I: Arbeitsrecht, 19. Aufl. 2016, 19. Ergänzungslieferung, Stand 04/16

Hoffmann-Becking/Gebele, Beck'sches Formularbuch Bürgerliches, Handels- und Wirtschaftsrecht, 12. Aufl. 2016

Hohmeister/Oppermann, Handkommentar zum Bundesurlaubsgesetz, 3. Aufl. 2013

Hohn/Romanovszky, Vorteilhafte Arbeitsverträge, 5. Aufl. 1994

v. Hoyningen-Huene/Linck, Kündigungsschutzgesetz, Kommentar, 15. Aufl. 2013

Hromadka, Änderung von Arbeitsbedingungen, 1990

Hromadka/Maschmann, Arbeitsrecht, Band 1, 6. Aufl. 2015 und Band 2, 6. Aufl. 2014

Hromadka/Schmitt-Rolfes, Der unbefristete Arbeitsvertrag, 2006

Hueck/Nipperdey, Lehrbuch des Arbeitsrechts, 7. Aufl. Band 1: 1963, Band 2, 1. Halbband: 1967, 2. Halbband: 1970

Hüffer/Koch, Aktiengesetz, 12. Aufl. 2016

Hümmerich/Boecken/Düwell, AnwaltKommentar Arbeitsrecht, 2. Aufl. 2010

Hümmerich/Lücke/Mauer, Arbeitsrecht – Vertragsgestaltung, Prozessführung, Personalrecht, Betriebsvereinbarungen, 8. Aufl. 2014

Hümmerich/Reufels, Gestaltung von Arbeitsverträgen, 3. Aufl. 2015

Hümmerich/Spirolke/Boecken, Das arbeitsrechtliche Mandat, 6. Aufl. 2012

Jacobs/Krause/Oetker/Schubert, Tarifvertragsrecht, 2. Aufl. 2013

Jäger/Röder/Heckelmann, Praxishandbuch Betriebsverfassungsrecht, 2003

Jauernig, BGB, Kommentar, 16. Aufl. 2015

Junker, Grundkurs Arbeitsrecht, 15. Aufl. 2016

Kaiser/Dunkl/Hold/Kleinsorge, Entgeltfortzahlungsgesetz, Kommentar, 5. Aufl. 2000

Kallmeyer, Umwandlungsgesetz, Kommentar, 5. Aufl. 2013

Kempen/Zachert, Tarifvertragsgesetz, Kommentar, 5. Aufl. 2014

Kiel/Koch, Die betriebsbedingte Kündigung, 2. Aufl. 2009

Kirchhof/Lwowski/Stürner, Münchener Kommentar zur Insolvenzordnung, Band 1: 3. Aufl. 2013, Band 2: 3. Aufl. 2013, Band 3: 3. Aufl. 2014 (zitiert: MüKo-InsO/*Bearbeiter*)

Kissel, Arbeitskampfrecht, 2002

Kisters-Kölkes/Berenz/Huber, BetrAVG, Kommentar, 7. Aufl. 2016

Kittner/Däubler/Zwanziger, Kündigungsschutzrecht, Kommentar für die Praxis zu Kündigungen und anderen Formen der Beendigung des Arbeitsverhältnisses, 9. Aufl. 2014 (zitiert: Kittner/*Bearbeiter*, KSchR)

Kittner/Zwanziger/Deinert, Arbeitsrecht, Handbuch für die Praxis, 8. Aufl. 2015

Körner/Leitherer/Mutschler, Kasseler Kommentar zum Sozialversicherungsrecht, Loseblatt, 90. Aufl. 2016, 90. Ergänzungslieferung, Stand 06/2016

Kolmhuber, Das neue Gleichbehandlungsgesetz für die Personalpraxis, 2006

Koller/Kindler/Roth/Morck, Handelsgesetzbuch HGB, Kommentar, 8. Aufl. 2015

Korinth, Einstweiliger Rechtsschutz im Arbeitsgerichtsverfahren, 3. Aufl. 2015

Kramer, Kündigungsvereinbarungen im Arbeitsvertrag, 1994

Kübler/Prütting, Das neue Insolvenzrecht, RWS-Dokumentation 18: Insolvenzordnung, Einführungsgesetz zur Insolvenzordnung, Band I, 1994 (zitiert: Kübler/Prütting/*Bearbeiter*)

Küstner/Thume, Handbuch des gesamten Vertriebsrechts, Band 1: Handelsvertreterrecht, 5. Aufl. 2016, Band 2: Ausgleichanspruch, 9. Aufl. 2014, Band 3: Vertriebsrecht, 4. Aufl. 2014

Küttner, Personalbuch 2016: Arbeitsrecht – Lohnsteuerrecht – Sozialversicherungsrecht, 23. Aufl. 2016

Kunz/Wedde, Entgeltfortzahlungsrecht, 4. Aufl. 2015

Lakies, Mindestlohngesetz, 2. Auflage 2015

Lakies, Vertragsgestaltung und AGB im Arbeitsrecht, 2. Aufl. 2011

Landmann/Rohmer, Gewerbeordnung und ergänzende Vorschriften: GewO, Loseblattsammlung Kommentar, 72. Aufl. 2016, 72. Ergänzungslieferung, Stand 03/2016

Langohr-Plato, Betriebliche Altersversorgung, 7. Aufl. 2016

Leinemann, Handbuch zum Arbeitsrecht, 2. Aufl. 2000, 411. Aktualisierung 2016, Stand 05/16

Leinemann/Linck, Urlaubsrecht, Kommentar, 2. Aufl. 2001

Leinemann/Wagner/Worzalla, Handbuch des Fachanwalts Arbeitsrecht, 4. Aufl. 2004 (zitiert: Leinemann u.a./*Bearbeiter*)

Lembke, Arbeitsvertrag für Führungskräfte, 5. Aufl. 2012

Lindemann, Flexible Gestaltung von Arbeitsbedingungen nach der Schuldrechtsreform, 2003

Lipke, Gratifikationen, Tantiemen, Sonderzulagen, 1982

Lipke/Steinmeyer/Vogt, Sonderleistungen im Arbeitsverhältnis, 2. Aufl. 1995

Löwisch/Kaiser, Betriebsverfassungsgesetz, Kommentar, 6. Aufl. 2010

Löwisch/Rieble, Tarifvertragsgesetz, Kommentar, 3. Aufl. 2012

Lunk, Die Betriebsversammlung – das Mitgliederorgan des Belegschaftsverbandes, 1991

Maunz/Dürig, Grundgesetz, Loseblattsammlung Kommentar, 77. Aufl. 2016, 77. Ergänzungslieferung, Stand 05/2016

Mayer, Arbeitsrecht, 2007

Meinel/Heyn/Herms, Teilzeit- und Befristungsgesetz, Kommentar, 5. Aufl. 2015

Moll, Münchener Anwaltshandbuch Arbeitsrecht, 3. Aufl. 2012

Musielak/Voit, Zivilprozessordnung mit Gerichtsverfassungsgesetz, 13. Auflage 2016

Nerlich/Kreplin, Münchener Anwaltshandbuch Sanierung und Insolvenz, 2. Aufl. 2012

Nerlich/Römermann, Insolvenzordnung, Loseblatt-Kommentar, 30. Aufl. 2016, Stand 29. Ergänzungslieferung 01/2016

Neumann/Biebl, Arbeitszeitgesetz, 16. Aufl. 2012

Neumann/Fenski/Kühn, Bundesurlaubsgesetz, Kommentar, 11. Aufl. 2016

Ostrowicz/Künzl/Schäfer, Handbuch des arbeitsgerichtlichen Verfahrens, 5. Aufl. 2014

Otto/Schwarze/Krause, Die Haftung des Arbeitnehmers, 4. Aufl. 2014

Palandt, Bürgerliches Gesetzbuch: BGB, 75. Aufl. 2016

Pauly/Osnabrügge, Handbuch Kündigungsrecht, 4. Aufl. 2014

Picot, Unternehmenskauf und Restrukturierung, 4. Aufl. 2013

Picot/Schnitker, Arbeitsrecht bei Unternehmenskauf und Restrukturierung, 2001

Preis, Der Arbeitsvertrag, 5. Aufl. 2015

Rebmann/Säcker, Münchener Kommentar zum Bürgerlichen Gesetzbuch, Bd. 2 §§ 241–432, 7. Aufl. 2016, Band 4: §§ 611–704 BGB, 6. Aufl. 2012 (zitiert: MüKo-BGB/*Bearbeiter*)

Reufels, Prozesstaktik im Arbeitsrecht, 3. Auflage 2015.

Richardi, Kommentar zum Betriebsverfassungsgesetz, 15. Aufl. 2016 (zitiert: Richardi/*Bearbeiter*)

Richardi/Wissmann/Wlotzke/Oetker, Münchener Handbuch zum Arbeitsrecht, Band 1: Individualarbeitsrecht I, Band 2: Kollektivarbeitsrecht/Sonderformen, 3. Aufl. 2009 (zitiert: MünchArbR/*Bearbeiter*)

Rieder, Gehaltsanpassung, 1994

Röder/Baeck, Interessenausgleich und Sozialplan, 5. Aufl. 2016

Röhricht/Graf v. Westfalen/Haas, HGB Kommentar, 4. Aufl. 2014

Römer, Interessenausgleich und Sozialplan bei Outsourcing und Auftragsneuvergabe, 2001

Rolfs/Giesen/Kreikebohm/Udsching, Arbeitsrecht, Schwerpunktkommentar, 2008

Roth/Altmeppen, GmbH-Gesetz, Kommentar, 8. Aufl. 2015

Säcker/Oetker, Grundlagen und Grenzen der Tarifautonomie, 1992

Saenger, Zivilprozessordnung, Handkommentar, 6. Aufl. 2015

Schaub, Arbeitsrechtliches Formular- und Verfahrenshandbuch, 11. Aufl. 2015 (zitiert: Schaub/*Bearbeiter*, Formulare ArbR)

Schaub, Arbeitsrechts-Handbuch, 16. Aufl. 2015 (zitiert: Schaub/*Bearbeiter*, ArbR-Hdb.)

Schmidt, Einkommensteuergesetz: EStG, 35. Aufl. 2016

Schmitt, Entgeltfortzahlungsgesetz und Aufwendungsausgleichsgesetz: EFZG AAG, 7. Aufl. 2012

Schmidt, Münchener Kommentar zum Handelsgesetzbuch: HGB, Bd. 1 §§ 1–104, 4. Aufl. 2016 (zitiert: MüKo-HGB/*Bearbeiter*)

Scholz, GmbHG, Kommentar, 11. Aufl. 2012/2015

Schwab, Beck'sches Personalhandbuch Bd. I: Arbeitsrechtslexikon, 93. Aufl. 2016, 93. Ergänzungslieferung, Stand 08/16

Schwab/Weth, Arbeitsgerichtsgesetz, Kommentar, 4. Aufl. 2015

Semler/Stengel, Umwandlungsgesetz, Kommentar, 3. Aufl. 2012

Sieg/Maschmann, Unternehmensumstrukturierung aus arbeitsrechtlicher Sicht, 2. Aufl. 2010

Stahlhacke/Preis/Vossen, Kündigung und Kündigungsschutz im Arbeitsverhältnis, 11. Aufl. 2015

Staub, Großkommentar Handelsgesetzbuch: HGB, 4. Aufl. 2014 (zitiert: Staub/*Bearbeiter*)

Staudinger, Bürgerliches Gesetzbuch, Buch II: Vorbem. zu § 611 ff., §§ 611–613 BGB, Neubearb. 2011

Stege/Weinspach/Schiefer, Betriebsverfassungsrecht – Handkommentar für die betriebliche Praxis, 9. Aufl. 2002

Stoffels, AGB-Recht, 3. Aufl. 2015

Thomas/Putzo, ZPO Kommentar, 37. Aufl. 2016

Thüsing, AGB-Kontrolle im Arbeitsrecht, 2007 (zitiert: *Thüsing*, AGB-Kontrolle)

Thüsing, Arbeitsrechtlicher Diskriminierungsschutz, 2. Aufl. 2013 (zitiert: *Thüsing*, Diskriminierungsschutz)

Thüsing/Laux/Lembke, KSchG Kommentar, 3. Aufl. 2014 (zitiert: Thüsing/Laux/Lembke/*Bearbeiter*)

Tschöpe, Arbeitsrecht Handbuch, 9. Aufl. 2015

Ulmer/Brandner/Hensen, AGB-Recht Kommentar, 12. Aufl. 2016

Vogelsang, Entgeltfortzahlung, 2003

Weber/Hoß/Burmester, Handbuch der Managerverträge, 2000

Weber/Oberthür, Rechtsberater für Arbeitgeber, 2000

Weth, Das arbeitsgerichtliche Beschlussverfahren, 1995

Widmann/Mayer, Umwandlungsrecht, Kommentar, Loseblatt, 155. Ergänzungslieferung, Stand 04/2016

Wiedemann, Tarifvertragsgesetz, Kommentar, 7. Aufl. 2007

Wiese/Kreutz/Oetker/Raab/Weber/Franzen/Gutzeit/Jacobs, Gemeinschaftskommentar zum Betriebsverfassungsgesetz, 10. Aufl. 2014 (zitiert: GK-BetrVG/*Bearbeiter*)

Willemsen/Hohenstatt/Schweibert/Seibt, Umstrukturierung und Übertragung von Unternehmen, 5. Aufl. 2016

Willikonsky, Kommentar zum Mutterschutzgesetz: MuSchG, Loseblattwerk, 63. Aktualisierung 2016, Stand 05/2016

Wimmer, Frankfurter Kommentar zur Insolvenzordnung, 8. Aufl. 2015

Wlotzke/Preis, Betriebsverfassungsgesetz, Kommentar, 4. Aufl. 2009

Wolf/Lindacher/Pfeiffer, AGB-Recht, 6. Aufl. 2013

Worzalla, Das neue AGG, 2006

Zirnbauer, Münchener Prozessformularbuch Arbeitsrecht, 4. Aufl. 2012

Zöller, Zivilprozessrecht Kommentar, 31. Aufl. 2016

Zöllner/Loritz/Hergenröder, Arbeitsrecht, 7. Aufl. 2015

Abkürzungsverzeichnis

a.A.	andere Auffassung		AFBG	Aufstiegsfortbildungsförderungs-gesetz
a.a.O.	am angegebenen Ort			
a.E.	am Ende		AFG	Arbeitsförderungsgesetz
a.F.	alte Fassung		AG	Aktiengesellschaft/ Die Aktienge-sellschaft (Zeitschr.)/ Amtsgericht/ Arbeitgeber/in/ Auftraggeber/in/ Ausführungsgesetz
a.M.	anderer Meinung			
AA	Agentur für Arbeit/Arbeitsamt/ Auswärtiges Amt			
AAG	Aufwendungsausgleichsgesetz		AGB	Allgemeine Geschäftsbedingungen
abgedr.	abgedruckt		AGG	Allgemeines Gleichbehandlungs-gesetz
ABl	Amtsblatt			
abl.	ablehnend		AGS	Anwaltsgebühren Spezial (Zeitschr.)
ABlEG	Amtsblatt der Europäischen Gemeinschaften		AiB	Arbeitsrecht im Betrieb (Zeitschr.)
			AktG	Aktiengesetz
Abs.	Absatz		AKRR	Annuß/Kühn/Rudolph/Rupp: EBRG. Kommentar
Abschn.	Abschnitt			
Abt.	Abteilung		AktStR	Aktuelles Steuerrecht (Zeitschr.)
abw.	abweichend		AktuellAR	Aktuelles Arbeitsrecht (Zeitschr.)
AcP	Archiv für die civilistische Praxis (Zeitschr.)		ALG	Arbeitslosengeld
			allg.	allgemein
ADAC	Allgemeiner Deutscher Automobil-Club e.V.		allg.M.	allgemeine Meinung
			AllGO	Allgemeine Gebührenordnung
AE	Arbeitsrechtliche Entscheidungen (Zeitschr.)/Arbeitserlaubnis		Alt.	Alternative
			AltEinKG	Alterseinkünftegesetz
AEnt	Arbeitnehmerentsendung		Altersteil-zeitG	Altersteilzeitgesetz
AEntG	Gesetz über zwingende Arbeits-bedingungen bei grenzüberschrei-tenden Dienstleistungen/Arbeitnehmer-Ent-sendegesetz			
			AltZertG	Gesetz über die Zertifizierung von Altersvorsorgeverträgen
			Amtl. Anz.	Amtlicher Anzeiger
AEO	Authorized Economic Operator		AN	Arbeitnehmer/in
AErfG	Gesetz über Arbeitnehmererfin-dungen		ÄndG	Änderungsgesetz
			AnfG	Anfechtungsgesetz
AEVO	Arbeitserlaubnisverordnung		Ang	Angestellte/r
AfA	Absetzung bzw. Abschreibung für Abnutzung		AngKSchG	Gesetz über die Fristen für die Kündigung von Angestellten
			Anh.	Anhang
AFB	Allgemeine Feuerversicherungs-Be-dingungen		Anm.	Anmerkung

AnwBl	Anwaltsblatt (Zeitschr.)
AnwG	Anwaltsgericht
AnwGH	Anwaltsgerichtshof
AöR	Archiv des öffentlichen Rechts (Zeitschr.)
AP	Arbeitsrechtliche Praxis (Entscheidungssammlung)
ArbG	Arbeitsgericht
ArbGG	Arbeitsgerichtsgesetz
AR-Blattei SD	Arbeitsrecht-Blattei, Systematische Darstellungen
AR-Blattei ES	Arbeitsrecht-Blattei, Entscheidungssammlung
ArblV	Arbeitslosenversicherung
Arb-MedVV	Verordnung zur arbeitsmedizinischen Vorsorge
ArbPlSchG	Arbeitsplatzschutzgesetz
ArbR	Arbeitsrecht
ArbR-Aktuell	Arbeitsrecht Aktuell. Informationen für die arbeitsrechtliche Praxis (Zeitschr.)
ArbRB	Der Arbeitsrechtsberater (Zeitschr.)
ArbR-BeschFG	Arbeitsrechtliches Beschäftigungsförderungsgesetz
ArbSchG	Arbeitsschutzgesetz
ArbStättV	Arbeitsstättenverordnung
ArbuR	Arbeit und Recht (Zeitschr.)
ArbZG	Arbeitszeitgesetz
ArbZRG	Arbeitszeitrechtsgesetz
ArEV	Arbeitsentgeltverordnung
arg.	argumentum
ARGE	Arbeitsgemeinschaft
ArGV	Verordnung über die Arbeitsgenehmigung für ausländische Arbeitnehmer
ARST	Arbeitsrecht in Stichworten (Zeitschr.)
Art.	Artikel

ASiG	Gesetz über Betriebsärzte, Sicherheitsingenieure und andere Fachkräfte für Arbeitssicherheit (Arbeitssicherheitsgesetz)
AT	Allgemeiner Teil
AÜ	Arbeitnehmerüberlassung
AuA	Arbeit und Arbeitsrecht (Zeitschr.)
AUB	Allgemeine Unfallversicherungsbedingungen
AuB	Arbeit und Beruf (Zeitschr.)
Aufl.	Auflage
AÜG	Gesetz zur Regelung der Arbeitnehmerüberlassung (Arbeitnehmerüberlassungsgesetz)
AuR	Arbeit und Recht (Zeitschr.)
AU-RL	Arbeitsunfähigkeits-Richtlinien
ausdr.	ausdrücklich
ausf.	ausführlich
AV	Ausführungsverordnung
AVB	Allgemeine Versicherungsbedingungen/Allgemeine Versorgungsbedingungen
AVBl	Amts- und Verordnungsblatt
AVE	Allgemeinverbindlicherklärung
AVG	Angestelltenversicherungsgesetz
AVmG	Altersvermögensgesetz
AVR	Arbeitsvertragsrichtlinien
Az.	Aktenzeichen
AZO	Arbeitszeitordnung
AZV	Arbeitszeitverordnung
BA	Betriebsausgaben/Blutalkohol/Bundesagentur für Arbeit/Bundesanstalt für Arbeit
BAföG	Bundesausbildungsförderungsgesetz
BAG	Bundesarbeitsgericht
BAGE	Entscheidungen des Bundesarbeitsgerichts (Entscheidungssammlung)
BAnz	Bundesanzeiger

BArbBl	Bundesarbeitsblatt
BÄO	Bundesärzteordnung
BAT	Bundes-Angestelltentarifvertrag
BAV	Bundesaufsichtsamt für das Versicherungswesen/Betriebliche Altersversorgung
Bay-ObLGZ	Entscheidungen des Bayerischen Obersten Landesgerichts in Zivilsachen
BazBV	Basiszinssatz-Bezugsgrößen-Verordnung
BB	Der Betriebs-Berater (Zeitschr.)
BBankG	Gesetz über die Deutsche Bundesbank
BBesG	Bundesbesoldungsgesetz
BBG	Bundesbeamtengesetz/Beitragsbemessungsgrenze
BBiG	Berufsbildungsgesetz
Bd.	Band
BDI	Bundesverband der Deutschen Industrie
BdiG	Bundesdisziplinargericht
BDSG	Gesetz zum Schutz vor Missbrauch personenbezogener Daten bei der Datenverarbeitung (Bundesdatenschutzgesetz)
BDSG-E	Entwurf eines Gesetzes zur Regelung des Beschäftigtendatenschutzes
BeckOK	Beck'scher Online-Kommentar
BeckRS	Beck-Rechtsprechung
beE	betriebsorganisatorisch eigenständige Einheit
BEEG	Gesetz zum Elterngeld und zur Elternzeit
BegrRE	Begründung Regierungsentwurf
Beil.	Beilage
Bekl.	Beklagte/r
BerHG	Beratungshilfegesetz
BerufsO	Berufsordnung

BErzGG	Gesetz über die Gewährung von Erziehungsgeld und Erziehungsurlaub (Bundeserziehungsgeldgesetz)
BeschFG	Beschäftigungsförderungsgesetz
Beschl.	Beschluss
Besch-SchutzG	Gesetz zum Schutz der Beschäftigten vor sexueller Belästigung am Arbeitsplatz (Beschäftigtenschutzgesetz)
bestr.	bestritten
BetrAV	Betriebliche Altersversorgung (Zeitschr.)
BetrAVG	Gesetz zur Verbesserung der betrieblichen Altersversorgung (Betriebsrentengesetz)
BetrR	Der Betriebsrat (Zeitschr.)
BetrSichV	Verordnung zur Rechtsvereinfachung im Bereich der Sicherheit und des Gesundheitsschutzes bei der Bereitstellung von Arbeitsmitteln und deren Benutzung bei der Arbeit, der Sicherheit beim Betrieb überwachungsbedürftiger Anlagen und der Organisation des betrieblichen Arbeitsschutzes
BetrVerf-ReformG	Gesetz zur Reform des Betriebsverfassungsgesetzes
BetrVG	Betriebsverfassungsgesetz
BeurkG	Beurkundungsgesetz
BewG	Bewertungsgesetz
BezG	Bezirksgericht
BfA	Bundesversicherungsanstalt für Angestellte
BfD	Bundesbeauftragter für den Datenschutz
BFDG	Bundesfreiwilligendienstgesetz
BFH	Bundesfinanzhof
BG	Berufsgenossenschaft/Die Berufsgenossenschaft. Zeitschrift für Arbeitssicherheit, Gesundheitsschutz und Unfallversicherung

BGB	Bürgerliches Gesetzbuch		Bl.	Blatt
BGBl I, II, III	Bundesgesetzblatt, mit Ziffer = Teil I, II, III		BMAS	Bundesministerium für Arbeit und Soziales
BGG	Gesetz zur Gleichstellung behinderter Menschen		BMF	Bundesministerium der Finanzen
			BMI	Bundesministerium des Innern
BGH	Bundesgerichtshof		BMJ	Bundesministerium der Justiz
BGH VGrS	Bundesgerichtshof, Vereinigter Großer Senat		BMT-G II	Bundesmanteltarifvertrag für Arbeiter gemeindlicher Verwaltungen und Betriebe
BGHR	BGH-Rechtsprechung			
BGHZ	Entscheidungen des Bundesgerichtshofes in Zivilsachen		BMWA	Bundesministerium für Arbeit und Wirtschaft
BGleiG	Gesetz für die Gleichstellung von Frauen und Männern in der Bundesverwaltung und in den Unternehmen und Gerichten des Bundes (Bundesgleichstellungsgesetz)		BNatSchG	Bundesnaturschutzgesetz
			BND	Bundesnachrichtendienst
			BNotO	Bundesnotarordnung
			BNVO	Bundesnebentätigkeitsverordnung
BGS	Bundesgrenzschutz		BORA	Berufsordnung für Rechtsanwälte
BGSG	Gesetz für den Bundesgrenzschutz		BörsenG	Börsengesetz
BGV	Berufsgenossenschaftliche Vorschriften für Sicherheit und Gesundheit bei der Arbeit		BOStB	Berufsordnung für Steuerberater
			BPatG	Bundespatentgericht
			BPersVG	Bundespersonalvertretungsgesetz
BHO	Bundeshaushaltsordnung		BpO	Betriebsprüfungsordnung
BildschirmarbeitsplatzVO	Verordnung über Sicherheit und Gesundheitsschutz bei der Arbeit an Bildschirmgeräten		BPR	Bezirkspersonalrat
			BR	Betriebsrat/Bundesrat
			BRAGO	Bundesrechtsanwaltsgebührenordnung
BImSchG	Bundes-Immissionsschutzgesetz			
BImSchV	Bundes-Immissionsschutzverordnung		BRAK	Bundesrechtsanwaltskammer
			BRAK-Mitt	Mitteilung der Bundesrechtsanwaltskammer
BiostoffVO	Verordnung über Sicherheit und Gesundheitsschutz bei Tätigkeiten mit Biologischen Arbeitsstoffen		BRAO	Bundesrechtsanwaltsordnung
			BR-Drucks	Bundesrats-Drucksache
BIP	Bruttoinlandsprodukt		BReg	Bundesregierung
BKA	Bundeskriminalamt		BRH	Bundesrechnungshof
BKartA	Bundeskartellamt		BRTV-Bau	Bundesrahmentarifvertrag Bau
BKatV	Bußgeldkatalogverordnung		BSeuchG	Bundesseuchengesetz
BKGG	Bundeskindergeldgesetz		BSG	Bundessozialgericht
BKK	Die Betriebskrankenkasse (Zeitschr.)		BSGE	Amtliche Sammlung der Entscheidungen des Bundessozialgerichts
BKR	Zeitschrift für Bank- und Kapitalmarktrecht		bspw.	beispielsweise
BKV	Berufskrankheiten-Verordnung		BStBl	Bundessteuerblatt

BT	Besonderer Teil/Bundestag
BT-Drucks	Bundestags-Drucksache
BtG	Betreuungsgesetz
BtGB	Betreuungsbehördengesetz
BtMG	Betäubungsmittelgesetz
BTÜ	Bedienstete der Technischen Überwachung
BUrlG	Bundesurlaubsgesetz
BÜVO	Beitragsübermittlungsverordnung
BuW	Betrieb und Wirtschaft (Zeitschr.)
BV	Betriebsvereinbarung/Bestandsverzeichnis
BVerfG	Bundesverfassungsgericht
BVerfGE	Entscheidungen des Bundesverfassungsgerichts
BVerfGG	Gesetz über das Bundesverfassungsgericht
BVerwG	Bundesverwaltungsgericht
BVerwGE	Entscheidungen des Bundesverwaltungsgerichts
BW	Baden-Württemberg
BWG	Bundeswahlgesetz
BWO	Bundeswahlordnung
BZA	Bundesverband Zeitarbeit Personaldienstleistungen e.V.
bzgl.	bezüglich
BZRG	Bundeszentralregistergesetz
bzw.	beziehungsweise
c.i.c.	culpa in contrahendo
ca.	circa
CB	Compliance Berater (Zeitschr.)
CC	Code civil
CCZ	Corporate Compliance Zeitschrift
d.h.	das heißt
DA	Dienstanweisungen der Bundesagentur für Arbeit
DAR	Deutsches Autorecht (Zeitschr.)

DArbR	Deutsches Arbeitsrecht (Zeitschr.)
DAV	Deutscher Anwaltverein
DB	Der Betrieb (Zeitschr.)
dB	Dezibel
DBA	Doppelbesteuerungsabkommen
DBW	Die Betriebswirtschaft (Zeitschr.)
DDR	Deutsche Demokratische Republik
ders.	derselbe
DGB	Deutscher Gewerkschaftsbund
DKKW	Däubler/Kittner/Klebe/Wedde
dies.	dieselbe/n
DIN	Deutsches Institut für Normung
DiskE	Diskussionsentwurf
Diss.	Dissertation
DJ	Deutsche Justiz (Zeitschr.)
DJT	Deutscher Juristentag
DJZ	Deutsche Juristen-Zeitung
DLW	Dörner/Luczak/Wildschütz/Baeck//Hoß: Handbuch des Fachanwalts Arbeitsrecht
DNotI	Deutsches Notarinstitut
DNotI-Report	Informationsdienst des Deutschen Notarinstituts
DNotV	Zeitschrift des Deutschen Notarvereins (ab 1933: Deutsche Notar-Zeitschrift)
DNotZ	Deutsche Notar-Zeitschrift
DÖV	Die Öffentliche Verwaltung (Zeitschr.)
DP	Deutsche Post
DPA	Deutsches Patentamt
DR	Deutsches Recht (Zeitschr.)
DRB	Deutscher Richterbund
DRdA	Das Recht der Arbeit (Zeitschr.)
DRiG	Deutsches Richtergesetz
DrittelbG	Drittbeteiligungsgesetz
DRiZ	Deutsche Richterzeitung
DRpfl	Deutsche Rechtspflege (Zeitschr.)

Druck-luftVO	Verordnung über Arbeiten in Druck-luft (Druckluftverordnung)
Drucks	Drucksache
DRV	Deutsche Rentenversicherung
DRZ	Deutsche Rechtszeitschrift (ab 1946)
DSB	Datenschutzbeauftragter
DStR	Deutsches Steuerrecht (Zeitschr.)
DStRE	DStR-Entscheidungsdienst
DStZ	Deutsche Steuer-Zeitung, Ausgabe A und B
DSWR	Datenverarbeitung Steuer, Wirtschaft, Recht
DuD	Datenschutz und Datensicherheit (Zeitschr.)
DV	Datenverarbeitung/Dienstvereinbarung/Durchführungsverordnung
DVBl	Deutsches Verwaltungsblatt (Zeitschr.)
e.G.	eingetragene Genossenschaft
e.V.	eingetragener Verein
ebd.	ebenda
EBR	Europäischer Betriebsrat
EBRG	Gesetz über Europäische Betriebsräte
EBV	Eigenbetriebsverordnung
EFG	Entscheidungen der Finanzgerichte
EFZG	Gesetz über die Zahlung des Arbeitsentgelts an Feiertagen und im Krankheitsfall (Entgeltfortzahlungsgesetz)
EG	Einführungsgesetz/Europäische Gemeinschaft
EGAktG	Einführungsgesetz zum Aktiengesetz
EGBGB	Einführungsgesetz zum Bürgerlichen Gesetzbuch
EGGVG	Einführungsgesetz zum Gerichtsverfassungsgesetz
EGH	Ehrengerichtshof der Rechtsanwaltskammer

EGHGB	Einführungsgesetz zum Handelsgesetzbuch
EGInsO	Einführungsgesetz zur Insolvenzordnung
EGMR	Europäischer Gerichtshof für Menschenrechte
EGStGB	Einführungsgesetz zum Strafgesetzbuch
EGStPO	Einführungsgesetz zur Strafprozessordnung
EGV	Vertrag zur Gründung der Europäischen Gemeinschaft
EGWech-selG	Einführungsgesetz zum Wechselgesetz
EGZPO	Einführungsgesetz zur Zivilprozessordnung
EheG	Ehegesetz
Einf.	Einführung
eingetr.	eingetragen
Eini-gungsV	Einigungsstellenverordnung/Einigungsvertrag
Einl.	Einleitung
einschl.	einschließlich
EKMR	Europäische Kommission für Menschenrechte
EL	Ergänzungslieferung
EMRK	Europäische Menschenrechtskonvention
Entsch.	Entscheidung
Entschl.	Entschluss
entspr.	entsprechend
Entw.	Entwurf
EPA	Europäisches Parlament
EPÜ	Europäisches Patentübereinkommen
ERA	Entgeltrahmenabkommen
ErfK	Erfurter Kommentar zum Arbeitsrecht
ErgBd	Ergänzungsband
Erkl.	Erklärung

Erl.	Erlass/Erläuterung
ES	Entscheidungssammlung
ESC	Europäische Sozialrechtscharta
ESt	Einkommensteuer
EStB	Der Ertrag-Steuer-Berater (Zeitschr.)
EStG	Einkommensteuergesetz
EStH	Einkommensteuerhinweise
EStR	Einkommensteuer-Richtlinien
etc.	et cetera
EU	Europäische Union
EU-DSGVO	EU-Datenschutz-Grundverordnung
EuG	Europäisches Gericht Erster Instanz
EuGH	Europäischer Gerichtshof
EuGH Slg.	Entscheidungssammlung des Europäischen Gerichtshofs
EuGHMR	Europäischer Gerichtshof für Menschenrechte
EUR	Euro
EuroEG	Gesetz zur Einführung des Euro
EUV	Vertrag über die Europäische Union
EuZW	Europäische Zeitschrift für Wirtschaftsrecht
EV	Eidesstattliche Versicherung
evtl.	eventuell
EWG	Europäische Wirtschaftsgemeinschaft
EWGV	Vertrag zur Gründung der Europäischen Wirtschaftsgemeinschaft
EWiR	Entscheidungen zum Wirtschaftsrecht
EWR	Europäischer Wirtschaftsraum
EWS	Europäisches Wirtschafts- und Steuerrecht (Zeitschr.)
EzA	Entscheidungssammlung zum Arbeitsrecht
EzA-SD	Entscheidungssammlung zum Arbeitsrecht-Schnelldienst
EZB	Europäische Zentralbank

f.; ff.	folgende; fortfolgende
FA	Fachanwalt Arbeitsrecht (Zeitschr.)/ Finanzamt
Fa.	Firma
FahrpersonalG	Gesetz über das Fahrpersonal von Kraftfahrzeugen und Straßenbahnen
FAK-ArbR	Fachanwaltskommentar Arbeitsrecht
FamFG	Gesetz über das Verfahren in Familiensachen und in den Angelegenheiten der freiwilligen Gerichtsbarkeit
FamG	Familiengericht
FamRZ	Zeitschrift für das gesamte Familienrecht
FAO	Fachanwaltsordnung
FD-ArbR	beck-fachdienst Arbeitsrecht
FernAbsG	Fernabsatzgesetz
FeV	Verordnung über die Zulassung von Personen zum Straßenverkehr (Fahrerlaubnis-Verordnung)
FF	Forum Familienrecht (Zeitschr.)
FG	Finanzgericht/Freiwillige Gerichtsbarkeit
FGG	Gesetz über die Angelegenheiten der freiwilligen Gerichtsbarkeit
FGO	Finanzgerichtsordnung
FinBeh	Finanzbehörde
FinMin	Finanzministerium
FinVerw	Finanzverwaltung
Fn	Fußnote
FreizügG/EU	Freizügigkeitsgesetz der EU
FS	Festschrift
GBA	Grundbuchamt
GBl	Gesetzblatt
GBO	Grundbuchordnung
GbR	Gesellschaft bürgerlichen Rechts
GBR	Gesamtbetriebsrat

GBV	Gesamtbetriebsratsvereinbarung
GdB	Grad der Behinderung
GDD	Gesellschaft für Datenschutz und Datensicherung e.V.
geänd.	geändert
geb.	geboren
GebO	Gebührenordnung
Gefahr-stoffVO	Verordnung zum Schutz vor Gefahr-stoffen
gem.	gemäß/gemeinsam
GenDG	Gesetz über genetische Unter-suchungen bei Menschen
GenS-taAnw	Generalstaatsanwalt
Ges.-Bgr.	Gesetzesbegründung
GewArch	Gewerbearchiv (Zeitschr.)
GewO	Gewerbeordnung
GewStG	Gewerbesteuergesetz
GewStR	Gewerbesteuerrichtlinien
GF	Geschäftsführer/in/ Grundfläche
GG	Grundgesetz
ggf./ggfls.	gegebenenfalls
GK	Gemeinschaftskommentar
GKG	Gerichtskostengesetz
GKV	gesetzliche Krankenversicherung
Gl.	Gläubiger/in
Gleich-berG	Gesetz über die Gleichberechtigung von Mann und Frau auf dem Gebiet des bürgerlichen Rechts
GmbH	Gesellschaft mit beschränkter Haf-tung
GmbHG	Gesetz betreffend die Gesellschaften mit beschränkter Haftung (GmbH-Gesetz)
GmbHR	GmbHRundschau (Zeitschr.)
GmbH-StB	Der GmbH-Steuer-Berater (Zeitschr.)
GmS-OGB	Gemeinsamer Senat der Obersten Gerichtshöfe des Bundes
GO	Gemeindeordnung/Geschäftsord-nung
GoA	Geschäftsführung ohne Auftrag
GPR	Gesamtpersonalrat
grds.	grundsätzlich
Grund-buchG	Grundbuchgesetz
GRUR	Gewerblicher Rechtsschutz und Ur-heberrecht (Zeitschr.)
GRZS	Großer Senat in Zivilsachen
GS	Großer Senat/Gedächtnisschrift
GSBV	Gesamtschwerbehindertenvertre-tung
GV	Gebührenverzeichnis
GVBl	Gesetz- und Verordnungsblatt
GVG	Gerichtsverfassungsgesetz
GvKostG	Gerichtsvollzieherkostengesetz
GWB	Gesetz gegen Wettbewerbs-beschränkungen
h.L.	herrschende Lehre
h.M.	herrschende Meinung
Habil.	Habilitation
HaftpflG	Haftpflichtgesetz
HAG	Heimarbeitsgesetz
Hdb.	Handbuch
HdwO	Handwerksordnung
HeimG	Heimgesetz
Hess.	Hessisches
HGB	Handelsgesetzbuch
HintO	Hinterlegungsordnung
Hinw.	Hinweis/e
HIV	Human Immunodeficiency Virus
HPR	Hauptpersonalrat
HReg	Handelsregister
HRG	Hochschulrahmengesetz
HRR	Höchstrichterliche Rechtsprechung (Zeitschr.)
Hrsg.	Herausgeber

XLII

hrsg.	herausgegeben		IPR	Internationales Privatrecht
HRV	Handelsregisterverfügung		IRG	Gesetz über die internationale Rechtshilfe in Strafsachen
Hs.	Halbsatz			
HWiG	Gesetz über den Widerruf von Haustürgeschäften		IStR	Internationales Steuerrecht. Zeitschrift für europäische und internationale Steuer- und Wirtschaftsberatung
HWK	Handwerkskammer/ Henssler/Willemsen/Kalb: Arbeitsrecht.Kommentar			
			IWB	Internationale Wirtschafts-Briefe (Zeitschr.)
HzA	Handbuch zum Arbeitsrecht			
			JA	Jugend- und Auszubildendenversammlung/Juristische Arbeitsblätter (Zeitschr.)
i.A.	im Auftrag			
i.d.F.	in der Fassung			
i.d.R.	in der Regel		JAO	Juristenausbildungsordnung
i.d.S.	in diesem Sinne		JArbSchG	Jugendarbeitsschutzgesetz
i.E.	im Ergebnis		JArb-SchUV	Jugendarbeitsschutzuntersuchungsverordnung
i.e.S.	im engeren Sinne			
i.G.	in Gründung		JArbSchV	Jugendarbeitsschutzverordnung
i.H.v.	in Höhe von		JAV	Jugend- und Auszubildendenvertretung
i.L.	in Liquidation			
i.R.d.	im Rahmen des/der		JA VollZO	Verordnung über den Vollzug des Jugendarrestes
i.S.d.	im Sinne des/der			
i.S.v.	im Sinne von		JBeitrO	Justizbeitreibungsordnung
i.Ü.	im Übrigen		JBl	Justizblatt
i.V.	in Vertretung		JFG	Jahrbuch der Freiwilligen Gerichtsbarkeit
i.V.m.	in Verbindung mit			
i.W.	in Worten		JG	Jugendgericht
i.w.S.	im weiteren Sinne		Jg.	Jahrgang
i. Vorb.	in Vorbereitung		JGG	Jugendgerichtsgesetz
IfSG	Gesetz zur Verhütung und Bekämpfung von Infektionskrankheiten beim Menschen		JÖSchG	Gesetz zum Schutz der Jugend in der Öffentlichkeit
			JR	Juristische Rundschau (Zeitschr.)
IGH	Internationaler Gerichtshof		JuMiG	Justizmitteilungsgesetz
IHK	Industrie- und Handelskammer		Jura	Juristische Ausbildung (Zeitschr.)
info also	Informationen zum Arbeitslosen- und Sozialhilferecht (Zeitschr.)		JurBüro	Juristisches Büro (Zeitschr.)
			jurisPR-ArbR	juris PraxisReport Arbeitsrecht
inkl.	inklusive			
insbes.	insbesondere		JuS	Juristische Schulung (Zeitschr.)
InsO	Insolvenzordnung		JuSchG	Jugendschutzgesetz
IP	Internetprotokoll		JW	Juristische Wochenschrift (Zeitschr.)
			JZ	Juristenzeitung (Zeitschr.)

K & R	Kommunikation & Recht (Zeitschr.)	Kunst-UrhRG	Gesetz betreffend das Urheberrecht an Werken der bildenden Künste und der Photographie
KAGG	Gesetz über Kapitalanlagegesellschaften		
Kap.	Kapitel	KV	Kassenärztliche Vereinigung/Kostenverzeichnis/Krankenversicherung
KAPO-VAZ	kapazitätsorientierte variable Arbeitszeit		
Kass-Komm SozialVR	Kasseler Kommentar Sozialversicherungsrecht	LAG	Landesarbeitsgericht/Lastenausgleichsgesetz
		LAGE	Entscheidungen der Landesarbeitsgerichte
KAUG	Konkursausfallgeld	LAGReport	Entscheidungen der Landesarbeitsgerichte (Zeitschr.)
KBR	Konzernbetriebsrat		
KBV	Konzernbetriebsvereinbarung	lfd.	laufend
KfH	Kammer für Handelssachen	LFZG	Lohnfortzahlungsgesetz
Kfz	Kraftfahrzeug	LG	Landgericht
KG	Kammergericht/Kommanditgesellschaft	LHO	Landeshaushaltsordnung/Leistungs- und Honorarordnung
KGaA	Kommanditgesellschaft auf Aktien	li. Sp.	linke Spalte
KindArbSchV	Kinderarbeitsschutzverordnung	lit.	litera (Buchstabe)
		Lit.	Literatur
KJ	Kritische Justiz (Zeitsch.)	Lj	Lebensjahr
Kj	Kalenderjahr	LKA	Landeskriminalamt
KO	Konkursordnung	LM	Lindenmaier/Möhrig u.a., Loseblatt, Nachschlagewerk des BGH
KOM	Kommission		
KonsG	Konsulargesetz	LohnFZG	Lohnfortzahlungsgesetz
KonTraG	Gesetz zur Kontrolle und Transparenz im Unternehmensbereich	LPartG	Landespartnerschaftsgesetz
		LPVG	Landespersonalvertretungsgesetz
KostO	Kostenordnung	LReg	Landesregierung
KR	Gemeinschaftskommentar zum Kündigungsschutzgesetz und zu sonstigen kündigungsschutzrechtlichen Vorschriften	LRG	Landesrundfunkgesetz
		LRH	Landesrechnungshof
		LRiG	Landesrichtergesetz
krit.	kritisch	LS	Leitsatz
KSBV	Konzernschwerbehindertenvertretung	LSG	Landessozialgericht
		LSt	Lohnsteuer
KSchG	Kündigungsschutzgesetz	LT-Drucks	Landtags-Drucksachen
KSchR	Kündigungsschutzrecht		
KStG	Körperschaftsteuergesetz	LV	Lebensversicherung
Künd	Kündigung	LVA	Landesversicherungsanstalt
KündFG	Kündigungsfristengesetz		

m. Anm.	mit Anmerkung
m.E.	meines Erachtens
M.M.	Mindermeinung
m.V.a.	mit Verweis auf
m.w.H.	mit weiteren Hinweisen
m.w.N.	mit weiteren Nachweisen
m.W.v.	mit Wirkung vom
MaBV	Makler- und Bauträgerverordnung
MarkenG	Markengesetz
MaschinenV	Maschinenverordnung
MdE	Minderung der Erwerbsfähigkeit
MDR	Monatsschrift für Deutsches Recht (Zeitschr.)
MDStV	Mediendienste-Staatsvertrag
MedR	Medizinrecht
MinBl	Ministerialblatt
mind.	mindestens
MiLoG	Gesetz zur Regelung eines allgemeinen Mindestlohns (Mindestlohngesetz)
MindArbBedG	Gesetz über die Festsetzung von Mindestarbeitsbedingungen
Mio.	Million
MitbestG	Gesetz über die Mitbestimmung der Arbeitnehmer
Mitt.	Mitteilungen
MittRhNotK	Mitteilungen der Rheinischen Notarkammer
Montan-MitbestErgG	Gesetz zur Ergänzung des Montanmitbestimmungsgesetzes
Montan-MitbestG	Gesetz über die Mitbestimmung der Arbeitnehmer in den Aufsichtsräten und Vorständen der Unternehmen des Bergbaus und der Eisen und Stahl erzeugenden Industrie
MT-Arb	Manteltarifvertrag für Arbeiter und Arbeiterinnen des Bundes
MTB II	Manteltarifvertrag für Arbeiter des Bundes
MTL II	Manteltarifvertrag für Arbeit der Länder
MTV	Manteltarifvertrag
MuSchG	Gesetz zum Schutze der erwerbstätigen Mutter (Mutterschutzgesetz)
MuSchRiV	Verordnung zum Schutze der Mütter am Arbeitsplatz (Mutterschutzrichtlinienverordnung)
MuSchV	Verordnung über den Mutterschutz für Beamtinnen
MüKo	Münchener Kommentar
MünchArbR	Münchener Handbuch zum Arbeitsrecht
Münch Hdb. GesR	Münchener Handbuch des Gesellschaftsrechts
MwSt	Mehrwertsteuer
n.F.	neue Fassung
n.r.	nicht rechtskräftig
n.v.	nicht veröffentlicht
NachlG	Nachlassgericht
NachweisG	Gesetz über den Nachweis der für ein Arbeitsverhältnis geltenden wesentlichen Bedingungen
ne.	nichtehelich
NEhelG	Gesetz über die rechtliche Stellung der nichtehelichen Kinder
NJ	Neue Justiz (Zeitschr.)
NJOZ	Neue Juristische Online-Zeitschrift
NJW	Neue Juristische Wochenschrift (Zeitschr.)
NJWE	NJW-Entscheidungsdienst
NJW-RR	NJW-Rechtsprechungs-Report
NomosK-ArbR	Däubler/Hjort/Schubert/Wolmerath: Arbeitsrecht. Handkommentar
NotBZ	Zeitschrift für die notarielle Beratungs- und Beurkundungspraxis
NPD	Nationaldemokratische Partei Deutschlands

Nr.	Nummer
NVersZ	Neue Zeitschrift für Versicherung und Recht
NVwZ	Neue Zeitschrift für Verwaltungsrecht
NVwZ-RR	NVwZ-Rechtsprechungs-Report
NW	Nordrhein-Westfalen
NWB	Neue Wirtschaftsbriefe (Zeitschr.)
NWVBl	Nordrhein-Westfälische Verwaltungsblätter
NWVerf	Nordrhein-Westfälische Landesverfassung
NZA	Neue Zeitschrift für Arbeitsrecht
NZA-RR	NZA-Rechtsprechungs-Report
NZG	Neue Zeitschrift für Gesellschaftsrecht
NZI	Neue Zeitschrift für Insolvenz- und Sanierungsrecht
NZS	Neue Zeitschrift für Sozialrecht
o.a.	oben angegeben/angeführt
o.Ä.	oder Ähnliches
o.g.	oben genannt
öAT	Zeitschrift für das öffentliche Arbeits- und Tarifrecht
OFD	Oberfinanzdirektion
OHG	Offene Handelsgesellschaft
OLG	Oberlandesgericht
OLGE	Entscheidungssammlung der Oberlandesgerichte
OLGR	OLG-Report
OVG	Oberverwaltungsgericht
OWi	Ordnungswidrigkeit
OWiG	Ordnungswidrigkeitengesetz
p.a.	pro anno
PartGG	Partnerschaftsgesellschaftsgesetz
PatG	Patentgesetz
PAuswG	Gesetz über Personalausweise
PBefG	Personenbeförderungsgesetz
PersR	Der Personalrat (Zeitschr.)
PersV	Die Personalvertretung (Zeitschr.)
PersVG	Personalvertretungsgesetz
Pflege-ArbbV	Verordnung über zwingende Arbeitsbedingungen für die Pflegebranche
PflegeV	Pflegeversicherung
PFlVG	Pflichtversicherungsgesetz
PHI	Produkt- und Umwelthaftpflicht international
PKH	Prozesskostenhilfe
PKV	Prozesskostenvorschuss
Pkw	Personenkraftwagen
PolG	Polizeigesetz
PR	Personalrat
PrKV	Preisklauselverordnung
ProdHaftG	Produkthaftungsgesetz
Prot.	Protokoll
PSA-V	Persönliche Schutzausrüstungsbenutzungs-Verordnung
PStG	Personenstandsgesetz
PSV	Pensionssicherungsverein
PSVaG	Pensionssicherungsverein auf Gegenseitigkeit
PublG	Publizitätsgesetz
pVV	positive Vertragsverletzung
PWW	Prütting/Wegen/Weinreich: BGB. Kommentar
r + s	Recht und Schaden (Zeitschr.)
RA	Rechtsanwalt
RabG	Gesetz über Preisnachlässe
RBerG	Rechtsberatungsgesetz
RdA	Recht der Arbeit (Zeitschr.)
RdErl	Runderlass
Rdn	interne Randnummer
RdSchr	Rundschreiben
RDV	Recht der Datenverarbeitung (Zeitschr.)

RefE	Referentenentwurf
re. Sp.	rechte Spalte
Recht	Das Recht (Zeitschr.)
rechtskr.	rechtskräftig
RechtsVO	Rechtsverordnung
Red.	Redaktion
Reg.	Regierung/Register
RegBl	Regierungsblatt
RegEntw	Regierungsentwurf
RG	Reichsgericht
RGBl	Reichsgesetzblatt
RGSt	Entscheidungen des Reichsgerichts in Strafsachen
RGZ	Entscheidungen des Reichsgerichts in Zivilsachen
Ri	Richter
RiA	Das Recht im Amt (Zeitschr.)
RiAG	Richter am Amtsgericht
RiStBV	Richtlinien für das Strafverfahren und das Bußgeldverfahren
RIW	Recht der Internationalen Wirtschaft (Zeitschr.)
RL	Richtlinie
Rn	externe Randnummer
RöntgenVO	Verordnung über den Schutz vor Schäden durch Röntgenstrahlen (Röntgenverordnung)
RPflAnpG	Rechtspflegeanpassungsgesetz
Rpfleger	Der Deutsche Rechtspfleger (Zeitschr.)
RPflG	Rechtspflegergesetz
RR	Rechtsprechungsreport
RRG	Rentenreformgesetz
Rs.	Rechtssache
Rspr.	Rechtsprechung
RStBl	Reichssteuerblatt
RTV	Rahmentarifvertrag
RÜ	Rechtsprechungsübersicht (Zeitschr.)

rückw.	rückwirkend
RuP	Recht und Politik (Zeitschr.)
RV	Rentenversicherung
RWS	Kommunikationsforum Recht-Wirtschaft-Steuern
RzK	Rechtsprechung zum Kündigungsrecht
S.	Satz/Seite
s.	siehe
SAE	Sammlung Arbeitsrechtlicher Entscheidungen (Zeitschr.)
SB	Sonderbeilage
SBG	Soldatenbeteiligungsgesetz
SBV	Schwerbehindertenvertretung
SCE	Societas Cooperative Europaea/ Europäische Genossenschaft
ScheckG	Scheckgesetz
SchuldR-ModG	Schuldrechtsmodernisierungsgesetz
Schwarz-ArbG	Gesetz zur Bekämpfung der Schwarzarbeit
Schwb-AwV	Schwerbehindertenausweisverordnung
SchwbG	Schwerbehindertengesetz
SE	Societas Europeae/Europäische Gesellschaft
SEBG	Societas Europeae-Beteiligungsgesetz
SeeaufgG	Seeaufgabengesetz
SEEG	Gesetz zur Einführung der Europäischen Gesellschaft
SeemG	Seemannsgesetz
SG	Soldatengesetz/Sozialgericht
SGb	Die Sozialgerichtsbarkeit (Zeitschr.)
SGB I	Sozialgesetzbuch Erstes Buch – Allgemeiner Teil –
SGB II	Sozialgesetzbuch Zweites Buch – Grundsicherung für Arbeitsuchende –

SGB III	Sozialgesetzbuch Drittes Buch – Arbeitsförderung –
SGB IV	Sozialgesetzbuch Viertes Buch – Gemeinsame Vorschriften für die Sozialversicherung –
SGB V	Sozialgesetzbuch Fünftes Buch – Gesetzliche Krankenversicherung –
SGB VI	Sozialgesetzbuch Sechstes Buch – Gesetzliche Rentenversicherung –
SGB VII	Sozialgesetzbuch Siebtes Buch – Gesetzliche Unfallversicherung –
SGB VIII	Sozialgesetzbuch Achtes Buch – Kinder- und Jugendhilfe –
SGB IX	Sozialgesetzbuch Neuntes Buch – Rehabilitation und Teilhabe behinderter Menschen –
SGB X	Sozialgesetzbuch Zehntes Buch – Sozialverwaltungsverfahren und Sozialdatenschutz –
SGB XI	Sozialgesetzbuch Elftes Buch – Soziale Pflegeversicherung –
SGB XII	Sozialgesetzbuch Zwölftes Buch – Sozialhilfe –
SGG	Sozialgerichtsgesetz
SigG	Signaturgesetz
Slg.	Sammlung
sog.	sogenannte/r/s
SozR	Sozialrecht, Entscheidungssammlung
SP	Schaden-Praxis (Zeitschr.)
Sp.	Spalte
SprAuG	Sprecherausschussgesetz
st. Rspr.	ständige Rechtsprechung
StA	Staatsanwaltschaft
StAZ	Das Standesamt. Zeitschrift für Standesamtswesen, Familienrecht, Staatsangehörigkeitsrecht, Personenstandsrecht, internationales Privatrecht des In- und Auslands
StB	Steuerberater/Der Steuerberater (Zeitschr.)

StBerG	Steuerberatungsgesetz
Stbg.	Steuerberatung
stfr	steuerfrei
StGB	Strafgesetzbuch
Stkl	Steuerklasse
stl	steuerlich
Stpfl	Steuerpflichtige/r
StPO	Strafprozessordnung
StR	Steuerrecht/Strafrecht
str.	streitig
StraFo	Strafverteidiger Forum (Zeitschr.)
StuB	Steuern und Bilanzen (Zeitschr.)
StuW	Steuer und Wirtschaft (Zeitschr.)
StV	Strafverteidiger/Der Strafverteidiger (Zeitschr.)
StVG	Straßenverkehrsgesetz
StVO	Straßenverkehrsordnung
StVZO	Straßenverkehrs-Zulassungs-Ordnung
SV	Sachverständige/r
SvEV	Sozialversicherungsentgeltverordnung
TDDSG	Gesetz über den Datenschutz bei Telediensten (Teledienstdatenschutzgesetz)
TDG	Gesetz über die Nutzung von Telediensten (Teledienstgesetz)
TierSchG	Tierschutzgesetz
TKG	Telekommunikationsgesetz
TKO	Telekommunikationsordnung
TKV	Telekommunikations-Kundenschutzverordnung
TL	Tariflohn
TV	Tarifvertrag
TVG	Tarifvertragsgesetz
TV-L	Tarifvertrag für den öffentlichen Dienst der Länder
TVO	Tarifvertragsordnung
TVöD	Tarifvertrag öffentlicher Dienst

TzBfG	Gesetz über Teilzeitarbeit und befristete Arbeitsverträge (Teilzeit- und Befristungsgesetz)
u.a.	unter anderem/und andere
u.Ä.	und Ähnliches
u.E.	unseres Erachtens
u.U.	unter Umständen
UÄndG	Unterhaltsänderungsgesetz
umstr.	umstritten
UmwG	Umwandlungsgesetz
UmwStG	Umwandlungssteuergesetz
Univ.	Universität
unstr.	unstreitig
unv.	unveröffentlicht
UrhG	Urherberrechtsgesetz
urspr.	ursprünglich
Urt.	Urteil
USt	Umsatzsteuer
UStG	Umsatzsteuergesetz
UStR	Umsatzsteuer-Richtlinien
usw.	und so weiter
UVG	Unterhaltsvorschussgesetz
UVV	Vorschriften über die Unfallverhütung
UWG	Gesetz gegen den unlauteren Wettbewerb
v.	vom
v.H.	vom Hundert
VA	Verwaltungsakt
VAG	Versicherungsaufsichtsgesetz
Var.	Variante
VBL	Versorgungsanstalt des Bundes und der Länder
VerbrKrG	Verbraucherkreditgesetz
VerbrKr-RL	Richtlinie zur Angleichung der Rechts- und Verwaltungsvorschriften der Mitgliedstaaten über den Verbraucherkredit

VereinsG	Gesetz zur Regelung des öffentlichen Vereinsrechts
verf.	verfasst
Verf.	Verfasser/Verfassung
VerfO	Verfahrensordnung
VerglO	Vergleichsordnung
VermBG	Gesetz zur Vermögensbildung der Arbeitnehmer
Veröff.	Veröffentlichung
Vers-AusglG	Gesetz über den Versorgungsausgleich
VersPrax	Versicherungspraxis (Zeitschr.)
VersR	Zeitschrift für Versicherungsrecht
Verz.	Verzeichnis
Verzug-RL	Richtlinie zur Bekämpfung von Zahlungsverzug im Geschäftsverkehr
Vfg.	Verfügung
VG	Verwaltungsgericht/Verwertungsgesellschaft
VGH	Verfassungsgerichtshof/Verwaltungsgerichtshof
vgl.	vergleiche
VGrS	Vereinigter Großer Senat
VO	Verordnung
VOB	Verdingungsordnung für Bauleistungen
VOBl	Verordnungsblatt
Vorbem.	Vorbemerkung
vorl.	vorläufig
VormG	Vormundschaftsgericht
Vorst.	Vorstehendem
VStG	Vermögensteuergesetz
VStR	Vermögensteuer-Richtlinien
VuR	Verbraucher und Recht (Zeitschr.)
VVaG	Versicherungsverein auf Gegenseitigkeit
VVG	Versicherungsvertragsgesetz

VW	Zeitschrift für die gesamte Versicherungswirtschaft	ZBVR	Zeitschrift für Betriebsverfassungsrecht
VwGO	Verwaltungsgerichtsordnung	Zeitschr.	Zeitschrift
VwVfG	Verwaltungsverfahrensgesetz	ZfA	Zeitschrift für Arbeitsrecht
VwVG	Verwaltungsvollstreckungsgesetz	ZfPR	Zeitschrift für Personalvertretungsrecht
VwZG	Verwaltungszustellungsgesetz		
Wahl-vereinfG	Gesetz zur Vereinfachung der Wahl der Arbeitnehmervertreter in den Aufsichtsrat	zfs	Zeitschrift für Schadensrecht
		ZfV	Zeitschrift für Versicherungswesen
WechselG	Wechselgesetz	ZGR	Zeitschrift für Unternehmens- und Gesellschaftsrecht
WEG	Wohnungseigentumsgesetz/Wohnungseigentümergemeinschaft	ZGS	Zeitschrift für das gesamte Schuldrecht
WGG	Wegfall der Geschäftsgrundlage/Wohnungsgemeinnützigkeitsgesetz	ZHR	Zeitschrift für das gesamte Handels- und Wirtschaftsrecht
WiB	Wirtschaftsrechtliche Beratung (Zeitschr.)	Ziff.	Ziffer
		ZInsO	Zeitschrift für das gesamte Insolvenzrecht
WiR	Wirtschaftsrecht (Zeitschr.)		
wistra	Zeitschrift für Wirtschaft, Steuer, Strafrecht	ZIP	Zeitschrift für Wirtschaftsrecht und Insolvenzpraxis
WM	Wertpapier-Mitteilungen (Zeitschr.)	zit.	zitiert
WO	Wahlordnung	ZMR	Zeitschrift für Miet- und Raumrecht
WPflG	Wehrpflichtgesetz	ZPO	Zivilprozessordnung
WRV	Weimarer Verfassung	ZTR	Zeitschrift für Tarifrecht
z.B.	zum Beispiel	ZUM	Zeitschrift für Urheber- und Medienrecht
z.H.	zu Händen		
z.T.	zum Teil	zust.	zustimmend
ZAP	Zeitschrift für die Anwaltspraxis	zzgl.	zuzüglich
ZAR	Zeitschrift für Ausländerrecht und Asylpolitik	zzt.	zurzeit

§ 1a Individualarbeitsrecht – Teil 1

Inhalt

	Rdn
A. Die Anbahnung des Arbeitsverhältnisses	1
I. Stellenausschreibung...................	1
1. Allgemeine Gleichbehandlung (AGG)	2
2. Gleichstellung	13
3. Teilzeit (TzBfG)....................	14
4. Schwerbehinderte (SGB IX)	15
5. Betriebsrat (§§ 80 Abs. 1 Nr. 1, Nr. 2a, 92 ff., 99 Abs. 1 BetrVG; § 15 Abs. 3 AGG)......................	19
6. Beschäftigungs- und Abschlussverbote	24
7. Erstellung eines Anforderungsprofils	26
a) Unmittelbare/mittelbare Diskriminierung........................	28
b) Rechtmäßiges Ziel..............	32
8. Stellenanzeige	35
a) Einschaltung Dritter	36
aa) Zurechnung	37
bb) Auskunft	41
b) Platzierung von Anzeigen	42
c) Gestaltungsempfehlung	43
II. Bewerbungsverfahren..................	45
1. Bewerbungsunterlagen	45
2. Vorstellungsgespräch..............	50
3. Fragerecht/Offenbarungspflicht	53
4. Gestuftes Frageverfahren...........	58
5. Beteiligung des Betriebsrats/Haftungsprivileg........................	61
6. Vorvertragliches Verhältnis	63
7. Dokumentation und Datenschutz....	66
a) Bisherige Rechtslage	66
b) Gesetzesentwurf zur Regelung des Beschäftigtendatenschutzes (BDSG-E)......................	68
c) EU-Datenschutz-Grundverordnung (EU-DSGVO).............	72
8. Einzelne Fragen	73
a) Alkohol/Drogen	73
b) Alter	75
c) Arbeits- und Aufenthaltserlaubnis................................	76
d) Befristetes Arbeitsverhältnis ohne Sachgrund.................	77
e) Behinderung/Schwerbehinderung	78
f) Beruflicher Werdegang/Ausbildung/frühere Arbeitsverhältnisse	83
g) Berufliche Verfügbarkeit/Nebentätigkeit	86
h) Familienstand/Heiratsabsichten/Kinderwunsch	88
i) Gehaltshöhe....................	90
j) Geschlecht/genetische Veranlagung.............................	91
k) Gesundheitszustand/Erkrankung	92
l) Gewerkschaftszugehörigkeit	98
m) Homosexualität	99
n) Raucher/Nichtraucher	100
o) Politische Einstellung/Parteizugehörigkeit	101
p) Religion.......................	102
q) Schwangerschaft................	103
r) Scientology	104
s) Sicherheit/Verfassungstreue.....	105
t) Vorstrafen/Führungszeugnis/Strafhaft......................	106
u) Wehrdienst/Zivildienst	110
v) Wettbewerbsverbote............	112
w) Wirtschaftliche Verhältnisse/Vermögen/Pfändungen	113
9. Testverfahren	114
10. Informationserhebung bei Dritten...	115
a) Backgroundchecks..............	116
b) Terrorismuslisten-Screening	120
c) Internetrecherche	121
d) Frühere Arbeitgeber	124
e) Ärztliche, psychologische oder graphologische Untersuchungen	127
11. Auswahl/Ablehnung................	131
III. **Formulierungsbeispiele/Muster**	135
B. Arbeitsvertrag............................	150
I. **Allgemeine Erläuterungen zum Klausel ABC**	150
1. Das Wesen des Arbeitsvertrages	150
a) Begriff des Arbeitsvertrages.....	151
b) Abgrenzung zu sonstigen Vertragstypen...................	153
2. Die Parteien des Arbeitsvertrags	157
a) Arbeitnehmerbegriff............	157
aa) Begriffsbestimmung	158
bb) Besondere Personengruppen	161
(1) Arbeiter und Angestellte	161
(2) Leitende Angestellte....	162
(3) Arbeitnehmerähnliche Personen	163
(4) Auszubildende, Volontäre, Praktikanten	164
(5) Heimarbeiter...........	165
b) Arbeitgeberbegriff.............	166
3. Die Formen des Arbeitsverhältnisses	167
a) Probearbeitsverhältnis	168
b) Teilzeit- und befristetes Arbeitsverhältnis.....................	169
c) Leiharbeitsverhältnis	170
d) Mittelbares Arbeitsverhältnis....	171
e) Gruppenarbeitsverhältnis........	172

	Rdn
4. Der Arbeitsvertrag als Verbraucher- vertrag	173
5. Die Inhaltskontrolle von Arbeitsver- trägen	174
a) Kontrolle vorformulierter Arbeitsvertragsbedingungen	175
aa) Gegenstand der AGB-Kon- trolle	175
bb) Vorliegen allgemeiner Geschäftsbedingungen	180
cc) Einbeziehung in den Arbeitsvertrag	183
dd) Unklarheitenregel	185
ee) Durchführung der Ange- messenheitskontrolle	186
(1) Umfang der Inhaltskon- trolle (§ 307 Abs. 3 BGB)	187
(2) Besondere Klauselver- bote der §§ 308, 309 BGB	191
(3) Angemessenheitskon- trolle gem. § 307 Abs. 1 S. 1, Abs. 2 BGB	192
(4) Transparenz- und Be- stimmtheitsgebot gem. § 307 Abs. 1 S. 2 BGB	196
ff) Berücksichtigung arbeits- rechtlicher Besonderheiten nach § 310 Abs. 4 S. 2 BGB	198
(1) Geltungsbereich des § 310 Abs. 4 S. 2 BGB	199
(2) Konkretisierung der ar- beitsrechtlichen Beson- derheiten	200
(3) „Angemessene" Berück- sichtigung der Beson- derheiten	203
gg) Rechtsfolgen der Nichtein- beziehung und Unwirksam- keit	204
(1) Verbot der geltungs- erhaltenden Reduktion	205
(2) Sog. blue-pencil-Test	207
(3) Ergänzende Vertrags- auslegung	208
(4) Vertrauensschutz bei Altverträgen	210
(5) Kein Schutz des Arbeit- gebers	212
b) Kontrolle von Einzelarbeits- bedingungen	213
II. Musterarbeitsvertrag	214
III. Musterarbeitsvertrag Leitende Ange- stellte	216
IV. Einzelne Arbeitsvertragsklauseln	217
1. Abrufarbeit	217
2. Abtretungsverbot	218
a) Allgemeines	218

	Rdn
b) Erscheinungsformen einzelver- traglicher Abtretungsverbote	219
c) Wirksamkeitsgrenzen	221
d) Folgen eines Verstoßes gegen das Abtretungsverbot	225
e) Formulierungsbeispiele	227
aa) Dingliches Abtretungs- verbot	227
bb) Schuldrechtliches Abtre- tungsverbot	228
3. Abwerbeverbot	229
a) Hintergrund	229
b) Rechtliche Grundlagen	232
aa) Allgemeines/Einleitung	232
bb) Vertragliches Abwerbever- bot für die Dauer des Ar- beitsverhältnisses	235
cc) Vertragliches Abwerbever- bot für die Zeit nach dem Ende des Arbeitsverhältnis- ses	242
(1) Verbot der Abwerbung bei eigener späterer Selbstständigkeit (eigen- nütziges Verbot)	245
(2) Verbot der Abwerbung für einen späteren Ar- beitgeber des Arbeitneh- mers (fremdnütziges Verbot)	248
dd) Einstellungsverbote	250
c) Muster	251
aa) Klausel im Rahmen eines Arbeitsvertrages	251
bb) Klausel im Rahmen eines Aufhebungs-/Abwicklungs- vertrages	252
4. Änderung von Arbeitsbedingungen	253
5. Aktienoptionen	254
a) Allgemeines	254
b) Aktienoptionsplan	259
c) Erläuterungen	260
aa) Ausgestaltung des Aktien- optionsplans	260
bb) Festlegung der Bezugs- berechtigten	261
cc) Umfang der Aktienoptionen	265
dd) Freiwilligkeit der Aktien- optionsgewährung	266
ee) Vereinbarung von Warte- und Haltefristen	267
ff) Festlegung von Ausübungs- zeiträumen	269
gg) Festlegung von Ausübungs- voraussetzungen	270
hh) Festlegung des Bezugs- preises	271

	Rdn
ii) Festlegung von Verfügungsbeschränkungen	272
jj) Festlegung von Verfallklauseln	274
6. Allowances	280
7. Altersteilzeit	281
8. Anrechnung (Betriebszugehörigkeit, Krankheit und Urlaub)	282
a) Allgemeines	282
b) Anrechnung anderweitiger Betriebszugehörigkeit	283
aa) Vereinbarung der Anrechnung	284
bb) Umfang der Anrechnungsvereinbarung	286
cc) Anrechnungsvereinbarung und Sozialauswahl	287
dd) Anrechnungsvereinbarung und Betriebliche Altersversorgung	288
c) Anrechnung auf Urlaub	289
d) Erläuterungen	290
aa) Dispositivität (nur) des vertraglichen Zusatzurlaubs	290
bb) Anrechnung von Krankheitstagen	291
cc) Anrechnung von Rehabilitationsmaßnahmen	294
9. Anrechnungsvorbehalt Tariflohnerhöhung	296
a) Erläuterungen	296
b) Musterformulierung	297
10. Anwesenheitsprämien (inklusive § 4a EFZG)	298
a) Allgemeines	298
b) Abgrenzung	304
aa) Fehlzeiten aus Krankheitsgründen	304
bb) Fehlzeiten aus anderen Gründen	305
c) Entwicklung der Rechtsprechung	309
d) Grenzen des Kürzungsrechts	312
e) Kollektivrechtliche Aspekte	320
f) Zusammenfassung	322
g) Klauseln	323
11. Arbeitnehmererfindungen	325
a) Allgemeines	325
b) Vertragsgestaltung außerhalb des Arbeitsrechts	326
c) Formulierungsbeispiel	327
12. Arbeitnehmerüberlassung	328
13. Arbeitsaufnahme	329
a) Arbeitsverhältnis und Arbeitsvertrag	329
aa) Vertragstheorie	329
bb) Arbeitsverhältnis aufgrund gesetzlicher Regelung	336
b) Beginn des Arbeitsverhältnisses; Tätigkeitsaufnahme; Einstellung	337
aa) Vereinbarter Beginn des Arbeitsverhältnisses und Nachweis	337
bb) Tätigkeitsaufnahme als Bedingung für Beginn des Arbeitsverhältnisses?	339
cc) Vertragsanbahnung	344
dd) Begriff der „Einstellung"	348
(1) Einstellung aufgrund Arbeitsvertrags	352
(2) Einstellung ohne Arbeitsvertrag	353
(3) Fehlende Zustimmung des Betriebsrats	354
c) Betriebszugehörigkeit	358
d) Kündigung vor vereinbarter Arbeitsaufnahme	365
e) Arbeitsaufnahme und Sozialversicherungsrecht: „Eintritt in das Beschäftigungsverhältnis"	370
f) Formulierungsbeispiel	374
14. Arbeitsbereitschaft	375
15. Arbeitsort	376
a) Allgemeines	376
aa) Arbeitsort ohne vertragliche Regelung: Direktionsrecht des Arbeitgebers?	377
bb) Vertragliche Festlegung des Arbeitsorts: Einschränkung des Direktionsrechts	383
cc) Vertragliche Erweiterung des Direktionsrechts hinsichtlich des Arbeitsorts	386
dd) Ausübungskontrolle	392
ee) Zusammenhang zwischen vertraglichen Regelungen zum Arbeitsort und Kündigungsschutz	396
ff) Wohnortklauseln	402
b) Formulierungsbeispiele	403
16. Arbeitsunfähigkeit	408
a) Begriff der „krankheitsbedingten Arbeitsunfähigkeit"	408
aa) Krankheit und Arbeitsunfähigkeit	409
bb) Teilarbeitsfähigkeit?	412
cc) Erwerbsminderung	415
b) Entgeltfortzahlung im Krankheitsfall	416
aa) Anspruch auf Entgeltfortzahlung	416
bb) Voraussetzungen für die Entgeltfortzahlung	419
(1) Vierwöchiger Bestand des Arbeitsverhältnisses	419

	Rdn
(2) Arbeitsunfähigkeit infolge Krankheit (sog. „Monokausalität")	420
(3) Kein Verschulden	422
(4) Arztbesuche	430
c) Entgeltfortzahlung bei Organ- oder Gewebespende	431
d) Dauer der Entgeltfortzahlung	435
e) Höhe des fortzuzahlenden Arbeitsentgelts	439
aa) Modifiziertes Entgeltausfallprinzip	439
(1) Zeitfaktor	442
(2) Geldfaktor	444
bb) Kürzung von Sondervergütungen	450
cc) Kollisionsregeln: Entgeltfortzahlung vs. Feiertage; Entgeltfortzahlung vs. Kurzarbeit	457
dd) Unabdingbarkeit und Günstigkeitsvergleich	460
f) Anzeige- und Nachweispflichten	466
aa) Normzweck	466
bb) Mitteilungspflichten	467
cc) Nachweispflichten: Vorlage einer Arbeitsunfähigkeitsbescheinigung	469
dd) Mitteilungs- und Nachweispflichten bei Erkrankung im Ausland	476
g) Forderungsübergang bei Dritthaftung	482
h) Leistungsverweigerungsrechte des Arbeitgebers	484
aa) Normzweck	484
bb) Verletzung der Mitteilungs- und Nachweispflichten	485
cc) Verhinderung des Anspruchsübergangs	486
dd) Kein Vertretenmüssen	488
i) Arbeitsunfähigkeit	489
17. Arbeitszeit	490
a) Allgemeines	490
aa) Dauer der Arbeitszeit	490
(1) Regelungsbefugnis der Arbeitsvertragsparteien	490
(2) Grenzen der Regelungsbefugnis	497
(3) Besonderheiten bei leitenden Angestellten	501
(4) Besonderheiten bei einem Arbeitsvertrag mit flexiblem Arbeitszeitanteil	503
(5) Besonderheiten bei der Kurzarbeit	510
bb) Lage der Arbeitszeit	514

	Rdn
(1) Direktionsrecht des Arbeitgebers	514
(2) Grenzen des Direktionsrechts	516
(3) Besonderheiten bei Schicht-, Nacht- und Sonntagsarbeit	519
(4) Besonderheiten bei Gleitzeit	521
b) Formulierungsbeispiele	524
18. Arbeitszeitkonten	525
19. Ärztliche Untersuchung	526
a) Allgemeines	526
aa) Pflichtuntersuchungen aufgrund von Gesetz bzw. Tarifvertrag	527
bb) Einstellungsuntersuchung	533
cc) Ärztliche Untersuchung im bestehenden Arbeitsverhältnis	543
b) Formulierungsbeispiele	550
20. Aufschiebende und auflösende Bedingung	551
a) Allgemeines	551
b) Wirksamkeitsvoraussetzungen	552
aa) Aufschiebende Bedingung	552
bb) Auflösende Bedingung	556
c) Formulierungsbeispiel	564
21. Aufrechnungsverbot	565
a) Einführung	565
b) Klauselvarianten	579
c) Hinweise und Anmerkungen	581
22. Aufwendungsersatz	584
a) Allgemeines	584
b) Aufwendungsersatz	588
c) Erläuterungen	589
aa) Vorstellungskosten	589
bb) Fahrten zwischen Wohnung und Arbeitsstätte	592
cc) Reisekosten	594
dd) Unfallschäden	595
ee) Sanktionen und Bußgelder	597
ff) Dienstbekleidung	598
gg) Erstattung von Berufsausübungskosten	602
23. Ausbildung	603
24. Aushilfe	604
25. Auslandsentsendung	605
26. Ausschlussfristen	606
a) Allgemeines	606
b) Erscheinungsformen	607
c) Wirksamkeitsgrenzen	608
aa) Reichweite der Ausschlussklausel	609
bb) Form der Geltendmachung des Anspruchs	613
cc) Überraschende Klauseln/ Transparenzgebot	615

	Rdn			Rdn
dd) Angemessenheitskontrolle..	616	34.	Beweislastvereinbarung	673
d) Formulierungsbeispiele..........	617		a) Allgemeines	673
27. Befristung...........................	618		b) Formulierungsbeispiele..........	675
28. Befristung einzelner Arbeitsbedin-			c) Erläuterungen...................	676
gungen	619		aa) Zulässigkeit von Tatsachen-	
a) Allgemeines	619		bestätigungen	676
b) Wirksamkeitsvoraussetzungen ..	620		bb) Bestätigung der gesundheit-	
aa) Inhaltliche Anforderungen..	620		lichen Eignung..............	677
bb) Formale Anforderungen	624		cc) Bestätigung des Empfangs	
c) Formulierungsbeispiel...........			einer Urkunde..............	678
29. Beratervertrag	625		dd) Bestätigung der rechtlichen	
30. Bereitschaftsdienst.................	626		Aufklärung.................	680
a) Abgrenzung zu anderen Arbeits-			ee) Bestätigung der Vollstän-	
zeitmodellen	627		digkeit eines Vertrages	681
b) Bereitschaftsdienst..............	629	35.	Bezugnahme (Tarifverträge, Be-	
c) Arbeitszeitrechtliche Bewertung	630		triebsvereinbarung, Richtlinien etc.)	683
d) Vergütung des Bereitschafts-		36.	Bonus..............................	684
dienstes	631		a) Allgemeines	684
e) Vertragsgestaltung..............	632		b) Provisionsregelungen...........	685
f) Bereitschaftsdienst..............	633		c) Erläuterungen...................	686
31. Betriebliche Altersversorgung.......	634		aa) Arbeitsvertragliche Provisi-	
a) Allgemeines	634		onsvereinbarung	686
b) Direktzusage – Zusage einer			bb) Provisionspflichtige	
Versorgung durch den Arbeit-			Geschäfte	688
geber...........................	645		cc) Entstehung des Provisions-	
c) Erläuterungen...................	646		anspruchs	689
aa) § 1 Wartezeit...............	646		dd) Höhe des Provisionssatzes..	692
bb) § 2 Versorgungsfälle.......	647		ee) Kausalität für den	
cc) § 3 Höhe der Versorgung...	648		Geschäftsabschluss	693
dd) § 4 Anrechenbare Dienst-			ff) Fälligkeit des Provisions-	
jahre........................	649		anspruchs	695
ee) § 5 Ruhegeldfähiges Ein-			gg) Rückzahlung von Provisi-	
kommen....................	650		ons(vorschuss)zahlungen ...	696
ff) § 9 Anpassung laufender			hh) Überhangprovisionen.......	697
Leistungen	651		ii) Änderung der Provisions-	
gg) § 10 Vorbehalte............	652		vereinbarung	698
hh) § 11 Rückdeckungsver-			jj) Auskunftsanspruch des	
sicherung...................	653		Arbeitnehmers	699
d) Direktversicherung – Zusage ei-			d) Prämienregelungen	700
ner Versorgung durch Direktver-			e) Erläuterungen...................	701
sicherung........................	654		aa) Grundsätze des	
e) Erläuterungen...................	655		Prämienlohns	701
aa) § 2 Versorgungsberechtigte	656		bb) Bezugsgröße des	
bb) § 3 Überschussanteile.......	658		Prämienlohns	704
cc) § 6 Beitragszahlung........	660		cc) Änderung des Prämienlohn-	
dd) § 7 Vorzeitige Beendigung			systems....................	705
des Arbeitsverhältnisses	661		dd) Gesetzliche Leistungslohn-	
f) Entgeltumwandlung – Umwand-			verbote	706
lung von Barbezügen in eine			f) Zulagen	707
Direktversicherung	662		g) Erläuterungen...................	708
g) Erläuterungen...................	663		aa) Grundlagen der Gewährung	
aa) Allgemeines................	663		von Zulagen................	708
bb) § 1 Entgeltverzicht.........	664		bb) Nachträgliche Abänderung	
32. Öffnungsklauseln für Betriebsver-			der Zulage.................	709
einbarungen........................	665		cc) Tätigkeitsbezogene Zulagen	710
a) Allgemeines	665		h) Incentive-Regelungen	711
b) Formulierungsbeispiele..........	669		i) Erläuterungen...................	712
33. Beurlaubung	672			

	Rdn
aa) Grundsätze der Incentive-Vergütung	712
bb) Steuer- und sozialversicherungsrechtliche Behandlung	714
cc) Freiwilligkeitsvorbehalt	715
37. Compliance	716
a) Allgemeines	716
b) Arbeitsrechtliche Compliance	717
c) Arbeitsrechtliche Implementierung von Compliance-Regeln	718
aa) Vereinbarung	719
bb) Direktionsrecht	720
cc) Betriebsvereinbarung	721
d) Muster: Betriebsvereinbarung „Verhaltenskodex"	722
38. Darlehen	723
a) Allgemeines	723
b) Arbeitgeberdarlehen	727
c) Erläuterungen	730
aa) Verzinslichkeit des Darlehens	730
bb) Regelung der Rückzahlungsverpflichtung	732
cc) Rückzahlungsverpflichtung bei Beendigung des Arbeitsverhältnisses	734
dd) Anpassung der Darlehensbedingungen bei Beendigung des Arbeitsverhältnisses	737
39. Datenschutz	739
a) Allgemeines	739
b) Datenerhebung, -verarbeitung und -nutzung für Zwecke des Beschäftigungsverhältnisses (§ 32 BDSG)	741
aa) Sachlicher Anwendungsbereich des § 32 Abs. 1 BDSG	742
bb) „Erforderlichkeit" der Datenerhebung, -verarbeitung und -nutzung i.S.d. § 32 Abs. 1 BDSG	743
cc) Prävention und Aufdeckung von Straftaten	748
c) Andere datenschutzrechtliche Erlaubnistatbestände	750
aa) Datenübermittlung an Dritte	751
bb) Anwendbarkeit des § 28 Abs. 1 S. 2 BDSG	752
d) Einwilligung gemäß § 4a BDSG	753
e) Mitbestimmung	757
f) Wahrung des Datengeheimnisses durch den Arbeitnehmer, § 5 BDSG	758
g) Formulierungsbeispiele	759
aa) Einwilligung gemäß § 4a BDSG	759

	Rdn
bb) Einwilligung gemäß § 4a BDSG für die Nutzung von Telekommunikationsanlagen	760
cc) Verpflichtungserklärung zur Wahrung des Datengeheimnisses nach § 5 BDSG	761
40. Dienstkleidung	762
a) Hintergrund	762
b) Rechtliche Grundlagen	764
aa) Verpflichtung zum Tragen von Dienstkleidung	764
bb) Regelungen zur Beschaffung von Dienstkleidung	767
cc) Kostentragung	770
c) Muster	776
41. Dienstreise	779
a) Hintergrund	779
b) Rechtliche Grundlagen	780
aa) Verpflichtung zur Durchführung von Dienstreisen	780
bb) Vergütungspflicht	782
cc) Arbeitszeitfragen	789
dd) Kostentragung	790
ee) Beteiligungsrechte des BR	793
c) Muster	794
42. Dienstvertrag	795
43. Dienstwagen/Pkw	796
44. Direktionsrecht	797
a) Einführung	797
b) Klauselvarianten	806
c) Hinweise und Anmerkungen:	809
aa) Einschränkung des Direktionsrechts	809
bb) Bestätigung des gesetzlichen Direktionsrechts	810
cc) Erweiterung des Direktionsrechts	811
dd) Entscheidung nach billigem Ermessen	812
45. Direktversicherung	813
46. Direktzusage	814
47. E-Mail-/Internet-Nutzung	815
a) E-Mail-/Internet-Nutzung durch Arbeitnehmer	815
b) Zulässigkeit der E-Mail-/Internet-Nutzung für dienstliche Zwecke	817
c) Unzulässigkeit der E-Mail-/Internet-Nutzung für private Zwecke	819
d) Vereinbarung über die E-Mail-/Internet-Nutzung im Arbeitsvertrag	822
e) Formulierungsbeispiele	829
aa) Verbot der privaten Nutzung	829
bb) Eingeschränkte Zulassung der privaten Nutzung	830

	Rdn			Rdn
48. Entgeltfortzahlung	831		dd) Inhaltliche Angemessenheit der Fiktionsvereinbarung	875
a) Allgemeines	831		52. Fortbildungspflicht	879
b) Dauer der Entgeltfortzahlung	832		53. Freistellung	880
c) Erläuterungen	833		a) Allgemeines	880
aa) Gesetzlicher Anspruch auf Entgeltfortzahlung	833		aa) Erscheinungsformen	880
bb) Wartezeit	834		bb) Urlaubsansprüche	883
cc) Verlängerung der Anspruchsdauer	835		cc) Anderweitiges Einkommen.	887
dd) Krankengeldzuschuss	838		dd) Vertragliches Wettbewerbsverbot	888
d) Anzeige- und Nachweispflichten	840		ee) Sozialversicherungsrechtliche Folgen	889
e) Erläuterungen	841		b) Wirksamkeitsgrenzen	891
aa) Gesetzliche Pflichten bei Arbeitsunfähigkeit	841		c) Formulierungsbeispiele	894
bb) Pflicht zur Anzeige der Arbeitsunfähigkeit	842		54. Freie Mitarbeiter	896
cc) Pflicht zum Nachweis der Arbeitsunfähigkeit	844		55. Freiwilligkeitsvorbehalt	897
			a) Allgemeines	897
dd) Anzeige- und Nachweispflicht bei Langzeiterkrankung	848		b) Wirksamkeitsvoraussetzungen	898
			aa) Inhaltliche Anforderungen.	899
f) Anspruchsübergang bei Schädigung durch Dritte	849		bb) Formale Anforderungen	902
g) Erläuterungen	850		c) Formulierungsbeispiel	905
aa) Anspruchsübergang bei Schädigung durch Dritte	850		56. Gehaltsklausel (Anpassung)	906
			a) Allgemeines	906
bb) Begrenzung des Anspruchsübergangs	852		b) Gehaltsanpassungsklauseln	908
			c) Erläuterungen	909
cc) Keine Benachteiligung durch Anspruchsübergang	855		aa) Verpflichtung zur Gehaltsüberprüfung	909
dd) Einwendungen gegen Schadensersatzanspruch	856		bb) Verpflichtung zur Gehaltsanpassung	912
ee) Mitwirkungspflichten des Arbeitnehmers	857		cc) Gehaltsanpassung durch Absenkung der Vergütung.	913
49. Entgeltumwandlung	858		dd) Spannungsklauseln	914
50. Entsendung	859		ee) Differenzierungs- und Abstandsklauseln	915
51. Fiktion	860		57. Gerichtsstand	916
a) Allgemeines	860		a) Allgemeines	916
b) Zugangsfiktion	861		b) Gesetzliche Regelungen der örtlichen Zuständigkeit	918
c) Erläuterungen	862		c) Gerichtsstandsklauseln außerhalb des Anwendungsbereichs der VO (EG) Nr. 44/2001	920
aa) Gesetzliche Regelung des Zugangs von Willenserklärungen	863		aa) Einzelvertragliche Klauseln	920
bb) Fiktion des Zugangs	864		bb) Tarifvertragliche Klauseln.	922
cc) Fiktion des Zugangs bei Zugangsvereitelung	865		cc) Formulierungsbeispiele für einzelvertragliche Klauseln.	925
dd) Verpflichtung zur Kenntnisnahme innerbetrieblicher Mitteilungen	869		d) Gerichtsstandsklauseln im Anwendungsbereichs der VO (EG) Nr. 44/2001	927
d) Erklärungs- und Zustimmungsfiktion	870		e) Schiedsvereinbarungen	931
e) Erläuterungen	871		58. Geringfügig Beschäftigte	932
aa) Vereinbarung der Fiktionswirkung	872		59. Geschenkannahme	933
			a) Allgemeines	933
bb) Hinweis auf die Fiktionswirkung	873		aa) Schmiergelder	934
			bb) Gelegenheitsgeschenke/Trinkgelder	936
cc) Angemessenheit der Erklärungsfrist	874		b) Formulierungsbeispiele	944
			60. Gleichstellungsabrede (Bezugnahme auf Tarifverträge)	947

	Rdn
a) Allgemeines	947
b) Erscheinungsformen	949
c) Rechtliche Rahmenbedingungen	952
aa) Allgemeines	952
bb) Einzelne Bezugnahmeklauseln	958
(1) Statische Bezugnahme	958
(2) Kleine dynamische Bezugnahme	961
(3) Gleichstellungsabrede	967
(4) Große dynamische Bezugnahme	972
(5) Tarifpluralität	973
d) Formulierungsbeispiele	975
61. Gratifikation	979
62. Haftung	980
a) Haftung des Arbeitnehmers	980
aa) Nichtleistung	981
bb) Schlechtleistung	982
cc) Personenschäden	985
b) Haftung des Arbeitgebers	986
c) Formulierungsbeispiel für haftungsmildernde Klauseln	988
63. Herausgabe	989
64. Home-Office	990
a) Einführung	990
b) Klauselvariante	992
c) Hinweise und Anmerkungen	993
aa) Festlegung des Arbeitszeitanteils	993
bb) Aufwandsentschädigung	994
cc) Datenschutz	995
dd) Bewertung der Wegzeiten	996
ee) Zutrittsrechte	997
ff) Beendigungsmöglichkeit	998
gg) Lohnsteuerrechtlicher Hinweis	999
65. Incentive	1000
66. Internet	1001
67. Jahressonderleistung	1002
68. Job-Sharing	1003
69. Kündigungsfrist	1004
a) Allgemeines	1004
b) Fristberechnung und Rechtsfolgen	1007
c) Sonderregelungen	1008
d) Massenentlassungsanzeige	1009
e) Einzelvertragliche Kündigungsbestimmungen	1010
f) Tarifvertragliche Kündigungsbestimmungen	1016
g) AGB-Kontrolle	1017
h) Formulierungsbeispiel	1018
70. Kündigungsgründe (vertragliche Vereinbarung absoluter Kündigungsgründe)	1019
a) Allgemeines	1019

	Rdn
b) Vereinbarung absoluter Kündigungsgründe	1020
c) Erläuterungen	1021
aa) Zwingende Wirkung des Kündigungsschutzrechts	1021
bb) Konkretisierung des Vertragsinhalts	1022
cc) Keine Begründung absoluter Kündigungsgründe	1023
dd) Kündigungsgrundvereinbarung als antizipierte Abmahnung	1025
ee) Verbot der Beweislastverschiebung	1027
71. Kündigung vor Dienstantritt	1028
72. Kündigungsausschluss	1029
a) Allgemeines	1029
b) Ausschluss bzw. Einschränkung des Kündigungsrechts	1030
c) Erläuterungen	1031
aa) Einschränkung des Rechts zur außerordentlichen Kündigung	1031
bb) Einschränkung des Rechts zur ordentlichen Kündigung	1033
cc) Altersbezogene Kündigungsbeschränkungen	1035
dd) Einseitige Kündigungsbeschränkung	1036
ee) Kündigung vor Dienstantritt	1039
ff) Auswirkung der Kündigungsbeschränkung auf die Sozialauswahl	1040
73. Kündigungszugang	1041
74. Kürzung von Leistungen	1042
75. Kurzarbeit	1043
a) Hintergrund	1043
b) Rechtliche Grundlagen	1046
c) Muster	1052
76. Leiharbeit	1053
77. Leistungsentgelt	1054
78. Lohnfortzahlung	1055
79. Mankovereinbarung	1056
a) Allgemeines	1056
aa) Rechtsprechung zur Mankohaftung	1057
bb) Darlegungs- und Beweislast	1061
cc) Vertragliche Regelung der Mankohaftung	1062
b) Verschuldensunabhängige Haftung	1063
c) Erläuterungen	1064
aa) Erfordernis ausdrücklicher Mankoabrede	1064
bb) Vereinbarung eines Mankogeldes	1065
cc) Begrenzung der Haftung auf das Mankogeld	1066

Rdn

dd) Keine Bemessung des Mankos durch Verrechnung..... 1068
ee) Haftung wegen schuldhaften
Verhaltens 1069
ff) Umfang des Verantwor-
tungsbereichs 1070
gg) Mitverschulden 1071
d) Verlagerung der Beweislast 1072
e) Erläuterungen.................. 1073
aa) Gesetzliche Vorgaben zur
Darlegungs- und Beweislast 1073
bb) Beweislastvereinbarungen
bei Gewährung von Manko-
geld 1076
cc) Vereinbarung über die
Schadenshöhe.............. 1077
80. Mehrarbeit....................... 1078
a) Allgemeines 1078
b) Anforderung und Vergütung von
Überstunden 1081
c) Erläuterungen.................. 1082
aa) Verpflichtung zur Leistung
von Überstunden........... 1082
bb) Verpflichtung zur Vergütung von Überstunden.... 1085
cc) Abgeltung von Überstunden
mit dem Gehalt 1088
dd) Ausgestaltung der Überstundenvergütung 1089
ee) Überstundenausgleich durch
Freizeitgewährung 1093
81. Miles & More (Bonusmeilen in
Vielfliegerprogrammen)............ 1094
a) Allgemeines 1094
b) Formulierungsbeispiele......... 1100
82. Nachvertragliches Wettbewerbsverbot.............................. 1102
83. Nebentätigkeit 1103
a) Grundsätzliche Zulässigkeit von
Nebentätigkeiten............... 1103
b) Vertragliche Begrenzung von
Nebentätigkeiten............... 1106
c) Formulierungsbeispiel.......... 1107
84. Non-Solicitation 1108
85. Öffnungsklausel 1109
86. Personalakte 1110
a) Hintergrund 1110
b) Rechtliche Grundlagen 1116
aa) Inhalte der Personalakte 1116
bb) Grundsätze der Führung der
Personalakte 1120
cc) Pflege der Personalakte..... 1126
(1) Mitteilungspflicht der
für die Personalbuchhal-
tung notwendigen Sozi-
aldaten 1127
(2) Mitteilungspflicht der
für eine Sozialauswahl

Rdn

bzw. zur Betriebsratsan-
hörung notwendigen
Daten................... 1129
(3) Entfernung von Inhalten
der Personalakte durch
den Arbeitgeber......... 1134
dd) Einsichtnahme in die Personalakte 1136
ee) Entfernung von Inhalten aus
der Personalakte 1139
ff) Hinzufügen von Inhalten ... 1142
gg) Löschen/Vernichten der
Personalakte 1143
c) Muster 1146
87. Pfändung......................... 1152
a) Allgemeines 1152
b) Erstattung von Lohnpfändungs-
kosten 1153
aa) Gesetzliche Erstattungs-
grundlage 1153
bb) Kollektivrechtliche Erstat-
tungsgrundlage............. 1154
cc) Erstattungsanspruch für
Kosten der Lohnpfändung
aus Arbeitsvertrag? 1156
c) Formulierungsbeispiel.......... 1162
88. Pkw 1163
89. Portabilität 1164
90. Praktikum........................ 1165
91. Prämie 1166
92. Probezeit......................... 1167
a) Allgemeines 1167
b) Art der Vereinbarung der Probezeit......................... 1170
aa) Befristetes Probearbeitsverhältnis.................... 1171
bb) Vorgeschaltete Probezeit im
Arbeitsverhältnis........... 1178
c) Dauer der Probezeit............ 1180
d) Kündigung in der Probezeit 1184
aa) Kündigung und Kündi-
gungsschutz............... 1184
bb) Kündigungsfristen......... 1185
cc) Anhörung Betriebsrat....... 1187
e) „Verlängerung" der Probezeit –
vorsorgliche Beendigung des
Arbeitsverhältnisses mit Wiedereinstellungszusage.............. 1188
f) Formulierungsvorschlag........ 1192
aa) Probezeitbefristung 1192
bb) Vorgeschaltete Probezeit ... 1193
93. Provision......................... 1194
94. Private Lebensführung/Freizeitver-
halten 1195
a) Allgemeines 1195
b) Vereinbarungen über Kündigungsgründe 1202

9

Rdn

aa) Vereinbarungen zur außerordentlichen Kündigung 1203
bb) Ordentliche Kündigung..... 1204
c) Einzelne Klauseltypen mit außerdienstlichem Bezug 1206
aa) Grundsätze.................. 1206
bb) Nebentätigkeit 1213
(1) Absolute Nebentätigkeitsverbote............. 1215
(2) Verbote mit Erlaubnisvorbehalt/Zustimmungsfiktion................... 1216
cc) Sicherung der Arbeitskraft . 1217
(1) Förderung der Gesundheit...................... 1217
(2) Sportliche Betätigung... 1219
dd) Äußeres Erscheinungsbild.. 1222
ee) Ansehen des Arbeitgebers in der öffentlichen Wahrnehmung...................... 1224
ff) Verfassungstreue 1228
gg) Straftaten außerhalb des Unternehmens 1229
hh) Tendenzbetriebe und Kirchen/Scientology 1231
ii) Besondere Berufsgruppen .. 1234
d) Klauselbeispiele 1238
e) Muster 1246
aa) Äußeres Erscheinungsbild bei Hotelpersonal 1246
bb) Fußballspieler............... 1247
cc) Sportler allgemein 1248
95. Rückgabe 1249
a) Einführung...................... 1249
aa) Sachenrechtliche Ansprüche 1250
(1) Ansprüche aus dem Eigentum............... 1251
(2) Ansprüche aus der Stellung als Besitzer 1253
bb) Schuldrechtlicher Anspruch 1254
cc) Fund...................... 1255
b) Klauselvarianten................ 1256
c) Hinweise und Anregungen 1258
96. Rückzahlung von Ausbildungskosten............................ 1261
a) Allgemeines 1261
b) Wirksamkeitsgrenzen............ 1263
aa) Gesetzliche Verbote 1263
bb) Unangemessene Benachteiligung 1264
(1) Vereinbarungsfähigkeit eines Rückzahlungsvorbehalts („Ob") 1264
(2) Ausgestaltung des Rückzahlungsvorbehalts („Wie") 1265
(3) Zeitpunkt der Vereinbarung („Wann") 1269

Rdn

c) Formulierungsvorschlag......... 1271
97. Rufbereitschaft 1272
98. Sabbatical........................ 1273
99. Salvatorische Klausel............... 1274
a) Allgemeines 1274
b) Aufrechterhaltung des Arbeitsvertrages bei der Unwirksamkeit einzelner Vertragsbestimmungen 1275
c) Schicksal der unwirksamen Vertragsregelung 1276
aa) Geltungserhaltende Reduktion?...................... 1277
bb) Ergänzende Vertragsauslegung...................... 1281
cc) Blue-Pencil-Test........... 1282
d) Ersetzungsklausel/Verhandlungspflicht der Parteien........ 1284
e) Formulierungsbeispiel........... 1286
100. Schadenspauschalierungen 1287
a) Allgemeines 1287
b) Wirksamkeitsvoraussetzungen .. 1288
101. Schriftform 1291
a) Allgemeines 1291
b) Die Wirksamkeit von Schriftformklauseln.................... 1294
aa) Vorformulierte Schriftformklauseln 1295
bb) Schriftformklauseln in Individualvereinbarungen....... 1297
cc) Formulierungsbeispiele..... 1298
102. Schweigepflicht.................... 1300
103. Social Media...................... 1301
a) Allgemeines 1301
b) Ausübung des Direktionsrechts . 1302
c) Kontrollrechte 1304
d) Verhalten und Auftreten in sozialen Netzwerken............. 1305
e) Verwendung von Mitarbeiterfotos auf der Homepage des Arbeitgebers...................... 1307
f) Bring your own device (BYOD) 1309
g) Social Media-Accounts.......... 1312
aa) Verfügungsgewalt über Daten nach Kündigung 1312
bb) Datenschutz und Follower auf Social Media-Kanälen.. 1314
104. Sonderurlaub...................... 1315
a) Einführung...................... 1315
b) Unbezahlter Sonderurlaub....... 1319
c) Bezahlter Sonderurlaub......... 1320
d) Hinweise und Anmerkungen: ... 1321
aa) Auswirkungen auf Sonderzahlungen/betriebliche Altersversorgung 1321
bb) Auswirkungen auf Betriebszugehörigkeitszeiten........ 1322
cc) Zweckbestimmung 1323

	Rdn
dd) Arbeitsunfähigkeit im Sonderurlaub	1324
ee) Vorzeitige Beendigung	1325
ff) Auswirkungen auf den gesetzlichen Mindesturlaub	1326
105. Sonderzahlung	1327
a) Allgemeines	1327
b) Muster: Sonderzahlung	1329
c) Erläuterungen	1330
aa) Zwecksetzung der Sonderzahlung	1330
bb) Auswirkung von Fehl- und Ruhenszeiten	1332
cc) Zulässigkeit von Bindungsklauseln	1334
(1) Rechtsnatur der Sonderzahlung	1335
(2) Transparenz der Bindungsklausel	1336
(3) Angemessenheit der Anspruchsvoraussetzungen	1338
(4) Angemessenes Maß der Bindungsdauer	1341
(5) Folgen unangemessener Bindung	1345
dd) Anrechnung von Sonderzahlungen auf den Mindestlohn	1346
106. Sozialversicherung	1347
a) Allgemeines	1347
b) Vereinbarungen über den sozialversicherungsrechtlichen Status	1353
c) Erläuterungen	1354
aa) Bestehen eines Beschäftigungsverhältnisses	1354
bb) Rechtsfolgen unzutreffender Beurteilung der Sozialversicherungspflicht	1357
cc) Vereinbarung statusbezogener Mitteilungspflichten	1359
dd) Durchführung des statusbezogenen Anfrageverfahrens	1364
ee) Vereinbarungen über Schwarzarbeit	1367
107. Sprachkenntnisse	1368
a) Allgemeines	1368
b) Formulierungsvorschläge	1371
108. Stock Option	1373
109. Suspendierung	1374
110. Tantieme	1375
a) Allgemeines	1375
b) Muster: Tantieme	1377
c) Erläuterungen	1378
aa) Bezugsgröße der Tantiemeberechnung	1378
bb) Ermessenstantieme	1385
cc) Vertraglich garantierte Mindesttantieme	1386

	Rdn
dd) Begrenzung der Tantiemehöhe	1387
ee) Festlegung weiterer Anspruchsvoraussetzungen	1389
ff) Fälligkeit der Tantieme	1391
gg) Auskunftsanspruch	1392
111. Tarifvertrags-Öffnungsklausel (Bezugnahmeklausel)	1393
a) Typischer Sachverhalt	1393
b) Rechtliche Grundlagen	1394
aa) Anwendbarkeit von Tarifverträgen	1394
bb) Arten von Bezugnahmeklauseln	1395
cc) Auslegung von Bezugnahmeklauseln in vor 2002 geschlossenen Verträgen	1398
dd) Auslegung von Bezugnahmeklauseln in nach 2002 geschlossenen Verträgen	1399
ee) Inhaltskontrolle der Bezugnahmeklausel	1404
ff) Inhaltskontrolle des (teilweise) in Bezug genommenen Tarifvertrages	1405
gg) Gestaltungsmöglichkeiten	1406
c) Zum Fall	1408
d) Bezugnahmeklausel	1409
112. Teilzeit	1410
113. Telearbeit	1411
114. Trainee	1412
115. Überstunden	1413
116. Umzug	1414
a) Allgemeines	1414
b) Umzugskostenerstattung	1417
c) Erläuterungen	1418
aa) Regelung der zu erstattenden Kosten	1419
bb) Rückzahlungsverpflichtung	1422
117. Urheberrechtsklauseln	1430
a) Allgemeines	1430
b) Geschützte Werke	1431
aa) Sprachwerke	1432
bb) Bildende Kunst	1433
c) Übertragung der Nutzungsrechte	1434
aa) Bezug des Werks zur Arbeitsaufgabe	1435
bb) Inhalt der Nutzungseinräumung an den Arbeitgeber	1437
cc) Nutzungsarten des Arbeitgebers	1438
dd) Zeitliche Dimension	1439
ee) Noch unbekannte Nutzungsarten	1440
ff) Schlussfolgerungen für die Vertragsgestaltung	1441
gg) Schriftform	1442

	Rdn			Rdn
hh) Besonderheiten bei Computerprogrammen	1443		cc) Dauer der Verschwiegenheitspflicht	1490
d) Urheberpersönlichkeitsrechte	1444		c) Nachvertragliche Verschwiegenheitspflicht	1492
e) Recht am eigenen Bild des Arbeitnehmers	1446		aa) Ohne vertragliche Regelung	1492
f) Vergütung	1447		bb) Ausdrückliche vertragliche Regelung	1495
g) Formulierungsbeispiele	1449		d) Verstoß gegen die Verschwiegenheitspflicht	1497
aa) Standardklausel zum Urheberrecht mit im Wesentlichen klarstellendem Charakter	1449		e) Verschwiegenheitspflicht und Whistleblowing	1503
bb) Rechteübertragung gem. § 31 Abs. 5 UrhG (Beispielsregelung)	1450		f) Besondere Personengruppen	1507
118. Urlaub	1451		g) Muster	1508
a) Allgemeines	1451		124. Versetzung	1510
b) Vertragliche Regelungsoptionen	1453		a) Versetzung als „Wechsel des Arbeitsplatzes"	1510
aa) Umfang des Urlaubsanspruchs	1454		b) Vertragsimmanentes Weisungsrecht und Versetzungsmöglichkeiten	1514
bb) Vertragliche Regelungen zum Mehrurlaub	1455		aa) Grundlagen und Grenzen des Direktionsrechts	1514
cc) Verkürzung der Wartezeit	1456		bb) Ausübung des Weisungsrechts im Einzelfall: Ausübungskontrolle	1515
dd) Übertragung von Urlaub	1457		c) Wirksamkeit von Versetzungsklauseln	1522
ee) Urlaub bei Beendigung des Arbeitsverhältnisses	1458		aa) Inhaltskontrolle, §§ 305 ff. BGB	1522
c) Formulierungsbeispiel	1460		bb) Versetzungsklauseln bezüglich der Art der Tätigkeit	1524
119. Variable Vergütung	1461		cc) Versetzungsklausel bezüglich des Ortes der Arbeitsleistung	1525
120. Verfallklausel	1462		d) Auswirkung von Versetzungsklauseln im Rahmen von Kündigungen	1531
121. Verjährung	1463		aa) Sozialauswahl	1532
a) Allgemeines	1463		bb) Weiterbeschäftigungsmöglichkeit	1534
b) Verjährungsvereinbarungen	1467		e) Negative Versetzungsklausel	1536
c) Erläuterungen	1468		f) Formulierungsbeispiele	1537
aa) Zulässigkeit von Verjährungsvereinbarungen	1468		g) Versetzungsklauseln betreffend den Arbeits-/Einsatzort	1538
bb) Erleichterung des Verjährungseintritts	1469		125. Vertragssprache	1539
cc) Erschwerung des Verjährungseintritts	1470		a) Einführung	1539
dd) Ausschluss der Verjährung bei Vorsatzhaftung	1471		aa) Sprachprobleme bei Abschluss des Arbeitsvertrages	1540
122. Vermögensbildung	1472		bb) Sprachprobleme bei Ausübung des Direktionsrechtes	1546
a) Allgemeines	1472		cc) Festlegung der Leistungssprache	1547
b) Vermögensbildung	1473		b) Klauselvarianten	1548
123. Verschwiegenheit	1474		c) Hinweise und Anmerkungen	1549
a) Allgemeines	1474		aa) Deutsch als Vertrags- und Verhandlungssprache	1549
b) Gegenstand und Umfang der Verschwiegenheitspflicht	1478		bb) Festlegung der Leistungssprache	1552
aa) Gegenstand der Verschwiegenheitspflicht	1478			
(1) Betriebs- und Geschäftsgeheimnisse	1479			
(2) Sonstige Tatsachen, die im Geheimhaltungsinteresse des Arbeitgebers liegen	1485			
bb) Erweiterung der Verschwiegenheitspflicht und Grenzen	1486			

	Rdn			Rdn
126. Vertragsstrafe	1553		(c) Inhaltliche Restriktion	1604
a) Allgemeines	1553		(2) Rechtsfolgen eines Verstoßes gegen § 60 Abs. 1 HGB	1609
b) Abgrenzung	1555			
c) Wirksamkeitsgrenzen	1556			
aa) Transparenz- und Bestimmtheitsgebot	1557		cc) Verbot für andere Arbeitnehmer	1613
bb) Grund für die Vertragsstrafe	1558		dd) Erweiterung des gesetzlichen Wettbewerbsverbotes	1615
cc) Zulässige Höhe der Vertragsstrafe	1559		ee) Vertragsstrafe	1616
d) Formulierungsvorschlag	1560		c) Muster	1621
127. Verweisung auf Tarifvertrag	1561	135. Whistleblowing		1622
128. Vollständigkeitsklausel	1562	a) Internes Whistleblowing		1622
129. Vorbehaltsklausel	1563	b) Externes Whistleblowing		1623
130. Vordienstzeit	1564	c) Betriebsverfassungs- und datenschutzrechtliche Konsequenzen		1626
131. Wartezeit (Kündigungsschutz)	1565			
a) Allgemeines	1565	d) Formulierungsvorschlag zur Aufnahme in einen sog. Code of Conduct		1627
aa) Erfüllung der Wartezeit	1566			
bb) Gesetzliche Anrechnungsvorschriften	1570	136. Widerrufsvorbehalt		1628
cc) Unabdingbarkeit	1571	a) Allgemeines		1628
b) Einschränkung der gesetzlichen Wartezeit	1573	b) Wirksamkeitsvoraussetzungen		1629
		aa) Inhaltliche Anforderungen		1630
c) Erläuterungen	1574	(1) Unzulässig: Eingriffe in den Kernbereich		1631
aa) Einschränkung der Wartezeit	1574			
bb) Konkludente Vereinbarung	1575	(2) Maßstäbe außerhalb des Kernbereichs		1633
cc) Vereinbarungen über die Probezeit	1576	bb) Formale Anforderungen		1634
132. Weihnachtsgeld	1577	c) Ausübungskontrolle		1635
133. Weisungsrecht	1578	d) Formulierungsbeispiele		1636
a) Allgemeines und Begriff	1578	137. Wiedereingliederung		1637
b) Inhalt des Direktionsrechts	1581	138. Wohnort		1638
aa) Konkretisierung der Arbeitspflicht	1582	139. Zielvereinbarungen		1639
		a) Allgemeines		1639
bb) Festlegung der Arbeitszeit	1585	b) Wirksamkeitsvoraussetzungen		1643
cc) Festlegung des Arbeitsorts	1586	aa) Verhältnis fester/variabler Vergütungsbestandteile		1646
c) Grenzen	1588			
aa) Grundrechte	1589	bb) Anpassung der Zielvereinbarungen		1648
bb) Gesetze	1590			
cc) Tarifvertrag, Betriebsvereinbarungen	1591	cc) Fehlzeiten des Arbeitnehmers		1649
dd) Arbeitsvertrag, AGB-Kontrolle	1592	dd) Eintritt/Ausscheiden während der Zielperiode		1650
ee) Mitbestimmung	1595	c) Rechtslage bei unterbliebener Zielvereinbarung		1652
ff) Überflüssige Änderungskündigung	1596			
d) Formulierungsbeispiele	1597	d) Formulierungsbeispiel		1653
134. Wettbewerbsverbot	1599	140. Zugangsfiktion		1654
a) Hintergrund	1599	141. Zulage		1655
b) Rechtliche Grundlagen	1600	142. Zurückbehaltungsrechte		1656
aa) Allgemeines	1600	a) Allgemeines		1656
bb) Kaufmännische Angestellte	1602	b) Das Zurückbehaltungsrecht des Arbeitnehmers		1657
(1) Anwendungsbereich des § 60 HGB	1602	aa) Zurückbehaltung der Arbeitsleistung		1657
(a) Personeller Anwendungsbereich	1602	bb) Einzelfälle/Beispiele		1659
		cc) Rechtswirkungen		1660
(b) Zeitlicher Anwendungsbereich	1603	c) Das Zurückbehaltungsrecht des Arbeitgebers		1661

	Rdn			Rdn
d) Ausschluss und Begrenzungen des Zurückbehaltungsrechts	1662		cc) Ausschluss kraft vertraglicher Vereinbarung	1668
aa) Allgemeines	1662		e) Formulierungsbeispiel	1670
bb) Einzelfälle	1663			

A. Die Anbahnung des Arbeitsverhältnisses

Literatur: *Adomeit/Mohr*, Verantwortung von Unternehmen für diskriminierende Stellenanzeigen durch Dritte, NJW 2007, 2522; *Annuß*, Das allgemeine Gleichbehandlungsgesetz im Arbeitsrecht, BB 2006, 1629; *Bauer/Baeck/Merten*, Scientology – Fragerecht des Arbeitgebers und Kündigungsmöglichkeiten, DB 1997, 2535; *Bauer/Evers*, Schadensersatz und Entschädigung bei Diskriminierung – Ein Fass ohne Boden?, NZA 2006, 893; *Block*, Neue Regelungen zur Corporate Governance gemäß Sarbanes-Oxley Act, BKR 2003, 774; *Braun*, Fragerecht und Auskunftspflicht – Neue Entwicklungen in Gesetzgebung und Rechtsprechung, MDR 2004, 69; *Brors*, Berechtigtes Informationsinteresse und Diskriminierungsverbot – Welche Fragen darf der Arbeitgeber bei Einstellung eines behinderten Bewerbers stellen?, DB 2003, 1734; *Diller*, AGG-Hopping durch Schwerbehinderte, NZA 2007, 1321; *ders.*, Einstellungsdiskriminierung durch Dritte, NZA 2007, 649; *ders.* AGG-Archiv: Die Schlussbilanz, NZA 2009, 1386; *Düwell*, Neu geregelt: Die Stellung der Schwerbehinderten im Arbeitsrecht, BB 2001, 1527; *Düwell/Brink*, Die EU-Datenschutz-Grundverordnung und der Beschäftigtendatenschutz, NZA 2016, 665; *Enge*, Online-Bewerbermanagement und AGG, AuA 2008, 154; *Ehrich*, Fragerecht des Arbeitgebers bei Einstellung und Folgen der Falschbeantwortung, DB 2000, 422; *Fischinger*, Die arbeitsrechtlichen Regelungen des Gendiagnostikgesetzes, NZA 2010, 65; *Forst*, Bewerberauswahl über soziale Netzwerke im Internet?, NZA 2010, 427; *ders.*, Die Rechte des Arbeitnehmers infolge einer rechtswidrigen Datenverarbeitung durch den Arbeitgeber, AuR 2010, 106; *Frintrup*, Psychologische Auswahl, AuA 2009, 164; *Genenger*, Das neue Gendiagnostikgesetz, NJW 2010, 113; *Greßlin*, Umgang mit Bewerberdaten – was geht und was geht nicht?, BB 2015, 117; *Großmann*, BehindertenR, 2003; *Hoppe/Fuhlrott*, Update Antidiskriminierungsrecht – Rechtsprechungs-Report 2015, Arb-Aktuell 2015, 4; *Joussen*, Si tacuisses – Der aktuelle Stand zum Fragerecht des Arbeitgebers nach einer Schwerbehinderung, NJW 2003, 2860; *Gruber*, Zwei problematische Punkte des AGG: Die Anforderung eines Passfotos und die Suche nach dem „muttersprachlichen Mitarbeiter (m/w)", NZA 2009, 1247; *Heyn/Meinel*, Rückenwind für Diskriminierungsklagen, NZA 2009, 20; *Jacobs*, Grundprobleme der Schadensersatzverpflichtung nach § 15 Abs. 2 AGG, RdA 2009, 193 ff.; *Kania/Merten*, Auswahl und Einstellung von Arbeitnehmern unter Geltung des AGG, ZIP 2007, 8; *Klak*, AIDS und die Folgen für das Arbeitsrecht, BB 1987, 1382; *Kleinebrink*, Inhaltliche Gestaltung von Personalfragebögen in Zeiten des Allgemeinen Gleichbehandlungsgesetzes (AGG) – Eine Risikoabwägung, ArbRB 2006, 374; *Krieger*, Rechtsmissbrauch durch „AGG-Hopping", EuZW 2016, 696; *Legerlotz*, Deutschkenntnisse als Anforderungen an einen Arbeitsplatz, ArbRB 2010, 153 ff.; *Löwisch*, Arbeitsrechtliche Fragen von AIDS-Erkrankung und AIDS-Infektion, DB 1987, 936; *Lorenz*, Nichtraucherschutz am Arbeitsplatz, DB 2003, 721; *Medem*, Beweis und Vermutung bei diskriminierender Einstellung, NZA 2007, 545; *Messingschlager*, „Sind Sie schwerbehindert?" – Das Ende einer (un)beliebten Frage, NZA 2003, 301; *Mohr*, Altersdiskriminierung durch Stellenausschreibung für „Young Professionals"?, NZA 2014, 459; *Novara*, Bewerberauswahl nach Kundenwünschen?, NZA 2015, 142; *Oberthür*, Delegation der AGG-Haftung bei externem Personalrecruitment, ArbRB 2007, 86; *Preis/Bender*, Recht und Zwang zur Lüge – Zwischen List, Tücke und Wohlwollen im Arbeitsleben, NZA 2005, 1321; *Richardi*, Arbeitsrechtliche Probleme bei Einstellung und Entlassung Aids-infizierter Arbeitnehmer, NZA 1988, 73; *Rittweger/Schmidt*, Allgemeines Gleichbehandlungsgesetz und Datenschutzrecht, FA 2006, 266; *Röder/Krieger*, Einführung in das neue Antidiskriminierungsrecht, FA 2006, 200; *Schrader*, Gestaltungsmöglichkeiten des Arbeitgebers nach Inkrafttreten des AGG, DB 2006, 2571; *Schriever*, Neue Löschungsfristen von Bewerberdaten – Von der Interessenabwägung zur Einwilligung -, BB 2011, 2680; *Stoffels*, Grundprobleme der Schadensersatzverpflichtung nach § 15 Abs. 1 AGG, RdA 2009, 204 ff.; *Thüsing/Lambrich*, Das Fragerecht des Arbeitgebers – aktuelle Probleme zu einem klassischen Thema, BB 2002, 1146; *Thum/Szczesny*, Background Checks im Einstellungsverfahren: Zulässigkeit und Risiken für Arbeitgeber, BB 2007, 2405; *von Tiling*, Stellenausschreibung und Bewerberauswahl nach dem neuen Bundesgleichstellungsgesetz, öAT 2015, 177; *Walker*, Der Entschädigungsanspruch nach § 15 Abs. 2 AGG, NZA 2009, 5 ff.; *Wichert/Zange*, AGG: Suche nach Berufsanfängern in Stellenanzeigen, DB 2007, 970; *Wisskirchen/Bissels*, Das Fragerecht des Arbeitgebers bei Einstellung unter Berücksichtigung des AGG, NZA 2007, 169; *Zeller*, Die arbeitsrechtlichen Aspekte des Personalfragebogens als Mittel der Personalauswahl, BB 1987, 1523; *Zimmer/Volk*, Allgemeines Gleichbehandlungsgesetz – Die Diskriminierungsmerkmale, FA 2006, 258.

I. Stellenausschreibung

Der Arbeitgeber, der im Zuge seiner Personalplanung eine Stelle schaffen oder besetzen will, hat sowohl im Vorfeld als auch im Auswahl- und Besetzungsverfahren vielfältige Gesichtspunkte zu bedenken. Schon bei den Vorüberlegungen einer Stellenausschreibung unterliegt der Arbeitgeber bestimmten gesetzlichen Verpflichtungen (z.B.: §§ 11, 7 AGG; § 7 Abs. 1 TzBfG; §§ 81 Abs. 1, 82 Abs. 2 SGB IX oder §§ 80, 92 ff.; 99 BetrVG) und muss Beschäftigungs- und Abschlussverbote ins Kalkül ziehen (z.B. aus §§ 5 Abs. 1, 7 JArbSchG, aus §§ 4 und 8 MuSchG, aus § 66 BBG oder aus §§ 3 und 9 ArbZG). **1**

1. Allgemeine Gleichbehandlung (AGG)

2 § 7 Abs. 1 AGG verbietet die Benachteiligung von Beschäftigten wegen der in § 1 AGG genannten Umstände, also Rasse, ethnische Herkunft,[1] Geschlecht, Religion/Weltanschauung, Behinderung, Alter sowie sexuelle Identität. Dieses Verbot **gilt auch im Bewerbungsverfahren**. Gem. § 11 AGG darf ein Arbeitsplatz nicht unter Verstoß gegen § 7 Abs. 1 AGG ausgeschrieben werden. Daneben gilt der Schutz vor Diskriminierung gem. § 6 Abs. 1 S. 2 AGG auch für Stellenbewerber.[2] Geschützt ist jede Ausschreibung einer Stelle für den in § 6 Abs. 1 AGG genannten Personenkreis, auch für die berufliche Aus- und Weiterbildung.[3] Konkret verboten sind gem. § 3 AGG fünf unterschiedliche Tatbestände, nämlich die unmittelbare und mittelbare Benachteiligung, die allgemeine und sexuelle Belästigung sowie die Anweisung zur Benachteiligung.

3 Das Verbot der Benachteiligung Behinderter geht über den Anwendungsbereich des § 81 Abs. 2 S. 1 SGB IX hinaus, gilt also nicht nur für Schwerbehinderte oder diesen Gleichgestellte, sondern auch für alle sonstigen behinderten Personen. Das AGG erfasst daher alle Einschränkungen, die auf physischen, psychischen oder geistigen Behinderungen beruhen, soweit sie ein Hindernis an der Teilnahme des Betreffenden am Berufsleben bilden.[4]

4 Im Zusammenhang mit den verpönten Merkmalen der Rasse bzw. der ethnischen Herkunft wird diskutiert, ob **Deutschkenntnisse** bzw. das Merkmal „**Muttersprachler (m/w)**" als Anforderungen an einen Arbeitsplatz zulässig sind.[5] Denn hierin könnte eine mittelbare Diskriminierung ausländischer Bewerber/innen liegen. Sind ausreichende Sprachkenntnisse aber zur Sicherung des Arbeitszwecks objektiv erforderlich, so wird eine mittelbare Diskriminierung regelmäßig ausscheiden.[6] Im internationalen Kontext dürfte es daher dem Redlichkeitsmaßstab entsprechen, wenn der Arbeitgeber qualifizierte Sprachkenntnisse als zwingendes Kriterium der Einstellung benennt. Das LAG Hamburg führt in einer Entscheidung vom 19.5.2015 aus, dass die Forderung nach qualifizierten Sprachkenntnissen „selbstverständlich und von der Rechtsordnung zu akzeptieren" sei.[7] Bis zu einer Entscheidung des BAG im anhängigen Revisionsverfahren (8 AZR 406/14) ist jedoch Vorsicht geboten. Allerdings kann bei Fehlen eines legitimen Ziels durchaus eine Diskriminierung durch den Arbeitgeber vorliegen.[8]

Die Ablehnung eines Bewerbers wegen dessen Herkunft aus den neuen Bundesländern („Ossi") hat allerdings keine Entschädigungspflicht nach dem AGG zur Folge, weil dies keine ethnische Herkunft im Sinne des Gesetzes ist.[9]

5 Eine Benachteiligung wegen eines der unter Schutz gestellten Gründe ist allerdings **nicht gänzlich unzulässig**, nämlich dann nicht, wenn eine wesentliche und entscheidende berufliche Anforderung sonst nicht erfüllbar wäre, sofern der verfolgte Zweck rechtmäßig und die berufliche Anforderung angemessen ist (§ 8 Abs. 1 AGG).

Dies soll vornehmlich Fälle der Authentizitätswahrung betreffen, z.B. die Besetzung der Rolle der „Julia" mit einer jungen weiblichen Schauspielerin oder die Vorführung von Damenmoden nur durch Frauen, bzw. von Herrenmoden nur durch Männer.[10]

---

1 ArbG Berlin, BB 2008, 115; LAG Hamburg, AuA 2008, 179.
2 Küttner/*Kreitner*, Nr. 84 Rn 2.
3 *Thüsing*, Diskriminierungsschutz, Rn 659.
4 BAG 3.4.2007, NZA 2007, 1098.
5 *Legerlotz*, ArbRB 2010, 153 ff.; *Gruber*, NZA 2009, 1247, 1248 f.
6 BAG 22.6.2011, NZA 2011, 1226.
7 LAG Hamburg 19.5.2015, ArbRAktuell 2015, 319.
8 LAG Nürnberg 5.10.2011, ArbRAktuell 2011, 644; *Gruber*, NZA 2009, 1247, 1248 f.
9 ArbG Stuttgart, 15.4.2010 – 17 Ca 890/09, ArbRB 2010, 142.
10 *Kania*/*Merten*, ZIP 2007, 8 ff. m.w.N.

Zulässig wäre aber beispielsweise auch die geschlechtsspezifische Ausschreibung der Stelle einer „Erzieherin im Mädcheninternat", wenn ein nicht unerheblicher Teil der Arbeit im Nachtdienst (25 %) zu absolvieren ist, bei dem auch Schlaf- und Waschräume sowie Toiletten der Internatsschülerinnen betreten werden müssen[11] oder die Beschränkung auf weibliche Bewerberinnen für die Stelle einer kommunalen Gleichstellungsbeauftragten, wenn sich das Beratungsangebot an Frauen in Problemlagen richtet, in denen die Betroffenen typischerweise zu einer Frau leichter Kontakt aufnehmen als zu einem Mann.[12]

Bloße Kundenwünsche dürften zur Rechtfertigung allerdings allenfalls dann ausreichen, wenn dies für den Bestand des Unternehmens wesentlich ist.[13]

Der/die abgelehnte Bewerber/in hat nach der aktuellen BAG-Rechtsprechung – jedenfalls in der **Privat-** **6** **wirtschaft** – keinen Anspruch auf **Auskunft** gegen den Arbeitgeber, ob dieser einen anderen Bewerber eingestellt hat und gegebenenfalls aufgrund welcher Kriterien. Dies hat der EuGH im Grundsatz bestätigt, trotzdem aber die Rechte abgelehnter Stellenbewerber gestärkt.[14] Denn eine Verweigerung von Auskünften könne zusammen mit anderen Umständen des Einzelfalls letztlich doch eine Diskriminierung vermuten lassen. Im Anschluss daran hat das BAG darauf hingewiesen, dass allein die Verweigerung einer Auskunft noch kein Indiz einer Diskriminierung i.S.d. § 22 AGG darstellt. Vielmehr muss der Anspruchsteller weitere Anhaltspunkte darlegen.[15] Es wird empfohlen, die Tätigkeitsmerkmale der ausgeschriebenen Stelle schon in der Ausschreibung möglichst breit aufzufächern, um so ein höheres Maß an Differenzierungskriterien für die Auswahl der Bewerber zu gewinnen. Das erleichtert dem Arbeitgeber in einem späteren Verfahren die Widerlegung einer vermuteten Diskriminierung.

Anders als in der Privatwirtschaft besteht im Arbeitsrecht des **öffentlichen Dienstes** ein grundsätzlicher **7** Anspruch auf den Zugang zu einem öffentlichen **Amt** (Art. 33 Abs. 2 GG).[16] Daher hat jeder **Deutsche** nach seiner Eignung, Befähigung und fachlichen Leistung gleichen Zugang zu einem öffentlichen Amt. Aus diesem Grund ist der öffentliche Dienstherr verpflichtet, die nicht genommenen Bewerber noch **vor der Besetzung** einer Stelle über ihre Ablehnung zu unterrichten.

Eine drohende Stellenbesetzung kann sodann im Wege einer **einstweiligen Anordnung** verhindert werden, da die Prüfung des Rechts des Antragstellers auf gleichen Zugang Vorrang vor dem dienstlichen Bedürfnis nach der Besetzung der Stelle habe.[17] Im Rahmen der Rechtfertigung seiner Auswahlentscheidung hat der öffentliche Arbeitgeber sodann die für ihn maßgeblichen Beweggründe darzulegen.

Wenn ein **öffentlicher Arbeitgeber** per Stellenausschreibung ankündigt, bei gleichwertiger Qualifikation vorrangig weibliche Bewerberinnen zu berücksichtigen, liegt darin jedenfalls dann keine geschlechtsbezogene Diskriminierung, wenn dies den Vorgaben des jeweiligen Landesgleichstellungsgesetzes entspricht.[18] Am 1.5.2015 ist das Gesetz für die Gleichstellung von Frauen und Männern in der Bundesverwaltung und in den Unternehmen und Gerichten des Bundes (Bundesgleichstellungsgesetz) in Kraft getreten (siehe Rdn 13).

Als Folgen von Verstößen gegen die Benachteiligungsverbote des AGG normiert das Gesetz in § 15 Abs. 1 **8** **Schadensersatzansprüche** und in § 15 Abs. 2 **Entschädigungsansprüche**. Ein Einstellungsanspruch besteht dagegen nicht (§ 15 Abs. 6 AGG).

11 LAG Rheinland-Pfalz, BeckRS 2008, 54134.
12 BAG 18.3.2010, NZA 2010, 872.
13 Vgl. dazu ausführlich *Novara*, NZA 2015, 142.
14 EuGH 19.4.2012, C-415/10 (Meister), NZA 2012, 493; 21.7.2011, C-104/10 – Kelly.
15 BAG 25.4.2013, NJOZ 2013, 1699.
16 BVerfG 19.9.1989 – 2 BvR 1576/88, NJW 1990, 501.
17 BVerfG 9.7.2002 – 2 BvQ 25/02, NVwZ 2002, 1367.
18 LAG Berlin-Brandenburg 14.11.2011, BeckRS 2011, 74349.

Den Schadensersatzanspruch aus § 15 Abs. 1 AGG[19] kann der/die Bestqualifizierte, aber nicht Eingestellte beanspruchen, während die Entschädigungsansprüche aus § 15 Abs. 2 AGG unabhängig von den tatsächlichen Erfolgsaussichten des/der Betreffenden im Bewerbungsverfahren bestehen. Letztere setzen also nicht voraus, dass er/sie bei benachteiligungsfreier Auswahl eingestellt worden wäre. Anspruchsberechtigt sind insoweit also auch Personen, die **keinen materiellen Schaden** erlitten haben.

9   Anwendungsvoraussetzung des § 15 Abs. 2 AGG[20] ist eine **subjektiv ernsthafte** Bewerbung[21] und die objektive Eignung der Bewerber/innen für die ausgeschriebene Stelle.[22] Ausgeschlossen sind mithin Scheinbewerbungen seitens sogenannter „AGG-Hopper", die nach der Ablehnung wegen angeblicher Diskriminierung Forderungen geltend machen.[23] Für eine nicht ernsthafte Bewerbung sprechen diverse Indizien, z.B. wenn sich jemand auf eine Vielzahl von Stellen bewirbt, ohne das erforderliche Qualifikationsprofil aufzuweisen oder wenn der/die Betreffende eine Verschlechterung gegenüber seinem/seiner aktuellen Tätigkeitsprofil zu erwarten hätte.[24] Die Frage, ob dieser Maßstab auch nach EG-Recht gilt, hat das BAG nunmehr dem EuGH zur Entscheidung vorgelegt.[25] Zunehmend häufiger begegnen Arbeitgeber der Inanspruchnahme auf Entschädigungszahlung mit dem **Einwand des Rechtsmissbrauchs.** Allerdings liegt allein in der Tatsache, dass ein Arbeitnehmer in einer Vielzahl von Verfahren bundesweit als so genannter AGG-Kläger auftritt, kein ausreichender Umstand, der die Bewerbung bei dem Arbeitgeber als subjektiv nicht ernsthaft und damit rechtsmissbräuchlich erscheinen lässt. Erforderlich ist, dass noch weitere Umstände hinzukommen, die das Vorgehen des Bewerbers als rechtsmissbräuchlich erkennen lassen.[26] Der EuGH hat in dem Vorabentscheidungsverfahren die Rechtsprechung des BAG zum Ausschluss von Entschädigungsansprüchen bei „AGG-Hopping" auch aus der unionsrechtlichen Perspektive bestätigt.[27] In seiner Entscheidung führt der EuGH aus, dass sich Personen, die nur um der Entschädigung willen den formalen Status eines Bewerbers anstreben, nicht auf den Schutz der RL 2000/78 und der RL 2006/54 berufen können. Darüber hinaus führt der EuGH aus, „AGG-Hoppern" entstehe mangels tatsächlicher Beschäftigungsabsicht gar kein materieller oder immaterieller Schaden.

10   Der Schadensersatzanspruch aus § 15 Abs. 1 AGG setzt gemäß Satz 2 der Vorschrift – die § 280 Abs. 1 S. 2 BGB nachgebildet ist – schuldhaftes Verhalten des Arbeitgebers (Vertretenmüssen) voraus. Dies gilt nicht für den Entschädigungsanspruch aus § 15 Abs. 2 AGG. Für letzteren haftet der Arbeitgeber verschuldensunabhängig. Der Entschädigungsanspruch unterscheidet sich damit systematisch von den Ersatzansprüchen aus §§ 253 Abs, 2 und 823 Abs. 1 BGB.[28] Unabhängig davon kommt ein Schadensersatzanspruch nur bei ernstgemeinten Bewerbungen in Betracht.[29]

Bei Anwendung **kollektivrechtlicher** Vereinbarungen kommt dem Arbeitgeber ein **Haftungsprivileg** aus § 15 Abs. 3 AGG zugute. Er haftet nämlich dann nur für qualifiziertes Verschulden, nämlich für Vorsatz und grobe Fahrlässigkeit.

§ 22 AGG erleichtert benachteiligten Personen den Nachweis der Kausalität zwischen Benachteiligungsmerkmal und Nachteil im Wege der Beweislastumkehr. Die Kausalität wird vermutet, wenn die vom Bewerber vorgetragenen Tatsachen aus objektiver Sicht mit überwiegender Wahrscheinlichkeit den Schluss zulassen, dass die Benachteiligung wegen des betreffenden Merkmals erfolgte. Dem Arbeitgeber obliegt

---

19 *Stoffels*, RdA 2009, 204 ff.
20 *Jacobs*, RdA 2009, 193 ff.
21 BAG 18.6.2015, NZA 2015, 1063; LAG 19.2.2014, NZA-RR 2014, 343.
22 BAG 24.1.2013, NZA 2013, 498, 501; Hessisches LAG 29.4.2015, BeckRS 2016, 66347; *Walker*, NZA 2009, 5, 6.
23 *Diller*, NZA 2007, 1321 ff.
24 *Diller* mit zahlreichen weiteren Nachweisen in NZA 2009, 1386 ff.; *Jacobs*, RdA 2009, 193, 198.
25 BAG 18.6.2015, NZA 2015, 1063.
26 LAG Hamburg 19.2.2014, NZA-RR 2014, 343; *Hoppe/Fuhlrott*, ArbAktuell 2015, 4, 7.
27 EuGH 28.7.2016, EuZW 2016, 699; siehe auch *Krieger,* EuZW 2016, 696, 698.
28 *Walker*, NZA 2009, 5, 6.
29 LAG Berlin-Brandenburg 31.10.2013, BeckRS 2014, 65616.

dann die volle Beweislast für das Nichtvorliegen einer Benachteiligung. Wird also per Stellenanzeige ein „junger" Bewerber oder eine „junge" Bewerberin gesucht und statt eines abgelehnten Bewerbers eine deutlich jüngere Person eingestellt, so besteht die grundsätzliche Vermutung einer Altersdiskriminierung.[30] Gleiches gilt für die Suche nach „Mitarbeitern zwischen 25 und 35 Jahren".[31] Werden in einer Stellenausschreibung für ein Traineeprogramm „Hochschulabsolventen/Young Professionells" gesucht und richtet sich die Ausschreibung ausdrücklich an „Berufsanfänger", so kann dies ein Indiz für die Vermutung einer unzulässigen altersbedingten Benachteiligung eines 36-jährigen Juristen mit Berufserfahrung darstellen, der nicht in das Bewerberauswahlverfahren einbezogen wurde.[32]

Da Körper- oder Gesundheitsverletzungen der Bewerber/innen in der Regel ausscheiden werden, geht es im Falle der Benachteiligung bei der Einstellung typischerweise um den Ersatz des **materiellen Schadens** sowie der Verletzung des **Persönlichkeitsrechts**. Für die Höhe des Ersatzanspruchs ist wie folgt zu differenzieren: **11**

Der **materielle Schaden** infolge einer Nichteinstellung des **bestqualifizierten** Bewerbers, also desjenigen, der diskriminierungsfrei hätte eingestellt werden müssen, ist aus § 15 Abs. 1 AGG zu ersetzen. Er folgt den allgemeinen Grundsätzen des § 249 BGB[33] und erfasst insbesondere den entgangenen Gewinn. Eine **Obergrenze besteht nicht**. Umstritten ist, ob der Schadensersatzanspruch auf Ausgleich des positiven oder des meist geringeren negativen Interesses gerichtet ist. Die Frage lautet also, ob der trotz bester Qualifikation benachteiligend abgewiesene Bewerber als Erfüllungsschaden den Verdienstausfall (ggf. bis zur Altersgrenze) geltend machen kann oder ob er auf den Ersatz des Vertrauensschadens zu verweisen ist.[34] Das LAG Berlin-Brandenburg[35] hatte im Falle einer diskriminierenden Nichtbeförderung einer Klägerin als Schadensersatz die betreffende Vergütungsdifferenz zugesprochen, und zwar unbegrenzt für die Zukunft. Das Urteil stieß auf starke Kritik[36]

Da eine Obergrenze des ersatzfähigen Schadens nicht besteht, kommt nach der gesetzlichen Regelung ein Entgeltersatz bis zur Pensionsgrenze durchaus in Betracht, begrenzt allerdings durch die Schadensminderungspflicht gem. § 254 Abs. 2 S. 1 BGB. Wird diese Rechtsfolge als zu weitgehend eingeschätzt, bleibt im Ergebnis nur der Rückgriff auf die zu § 628 Abs. 2 BGB entwickelten Grundsätze.[37]

Auch der Anspruch auf Ersatz des **immateriellen Schadens** wegen Verletzung des Persönlichkeitsrechts aus § 15 Abs. 2 AGG ist der Höhe nach **nicht begrenzt**.

Eine Ausnahme gilt nur für den in § 15 Abs. 2 S. 2 AGG geregelten Kreis von (nicht bestqualifizierten) Bewerbern, die also auch bei diskriminierungsfreier Auswahl nicht eingestellt worden wären. Für diese ist die Entschädigung der Höhe nach auf **3 Monatsgehälter** begrenzt, die die Höchstgrenze bilden, nicht aber den Regelfall.[38] Einheitliche bundesweite Bemessungsgrundsätze für den Regelfall haben sich bisher noch nicht herausgebildet. Obwohl das arithmetische Mittel bei genau 1,5 Monatsgehältern liegt, besteht eine Tendenz, im Regelfall von 2 Monatsgehältern auszugehen, was Abweichungen nach unten und nach oben erlaube. Es gibt aber auch – mit regionalen Unterschieden – Instanzgerichte, die sich an nur einem Monatsgehalt orientieren.[39] Bei dem Monatsgehalt ist von dem Bruttogehalt auszugehen, das der Bewerber

---

30 BAG 20.5.2010, NZA 2010, 1412.
31 BAG 23.8.2012, NZA 2013, 37.
32 BAG 24.1.2013, NZA 2013, 498, 501 f.; vgl. dazu *Mohr*, NZA 2014, 459 ff.
33 ErfK/*Schlachter*, § 15 AGG Rn 4.
34 *Stoffels*, RdA 2009, 204, 212 m.w.N.
35 LAG Berlin-Brandenburg 26.11.2008, NJOZ 2008, 5205.
36 *Heyn/Meinel*, NZA 2009, 20 ff.
37 BGH 16.7.2008, NJW 2008, 3436.
38 *Walker*, NZA 2009, 5, 9.
39 *Walker*, NZA 2009, 5, 10.

bei erfolgter Einstellung bzw. Beförderung hätte erzielen können; seine eigenen Vorstellungen sind insofern unbeachtlich.[40]

12 Für die Geltendmachung des Entschädigungsanspruchs gilt die zweistufige Ausschlussfrist des § 15 Abs. 4 AGG, § 61b Abs. 1 ArbGG. Nach dem LAG Rheinland-Pfalz gilt diese aber nicht für Erfüllungsansprüche.[41]

2. Gleichstellung

13 Am 1.5.2015 ist die Neufassung des „Gesetzes für die Gleichstellung von Frauen und Männern in der Bundesverwaltung und in den Unternehmen und Gerichten des Bundes" (Bundesgleichstellungsgesetz – BGleiG) in Kraft getreten. Ziel des Gesetzes ist die Verwirklichung der Gleichstellung von Frauen und Männern innerhalb der Bundesverwaltung. Die bisherigen Maßnahmen und Anforderungen sind hierzu ergänzt und präzisiert worden (§ 1 BGleiG).[42]

Der Geltungsbereich des BGleiG lässt sich in fünf Fallgruppen unterteilen: Bundesgerichte, Behörden und Verwaltungsstellen der unmittelbaren Bundesverwaltung, Körperschaften, Anstalten und Stiftungen des öffentlichen Rechts, Unternehmen der mittelbaren Bundesverwaltung und Unternehmen, die aus bundeseigener Verwaltung zukünftig privatisiert werden (§§ 2, 3 Nr. 5 BGleiG).

Gem. § 6 Ab. 1 S. 1 BGleiG müssen Ausschreibungen von Arbeitsplätzen geschlechtsneutral erfolgen. Darüber hinaus enthält § 6 BGleiG besondere Anforderungen für den Fall, dass in dem jeweiligen Bereich eine Unterrepräsentanz vorliegt.[43]

Außerdem sind die Besonderheiten der jeweiligen Landesgleichstellungsgesetze zu beachten.

3. Teilzeit (TzBfG)

14 Der Arbeitgeber ist gesetzlich verpflichtet, Arbeitsplätze, die er öffentlich oder innerhalb des Betriebs ausschreibt, auch als Teilzeitarbeitsplatz auszuschreiben, wenn sich der Arbeitsplatz dafür eignet (§ 7 Abs. 1 TzBfG). Die Beurteilung dieser Eignung obliegt nach überwiegender Meinung, die hierin eine unternehmerische Entscheidung erblickt, dem Arbeitgeber.[44] Dessen Entscheidung kann von den Arbeitsgerichten nicht auf ihre sachliche Rechtfertigung oder ihre Zweckmäßigkeit hin überprüft werden, sondern lediglich auf Rechtsmissbräuchlichkeit oder Willkür. Im Anwendungsbereich des BGleiG muss die Ausschreibung eines jeden Arbeitsplatzes – auch auf Vorgesetzten- und Leitungsebenen – gem. § 4 Abs. 1 S. 4 BGleiG den Hinweis enthalten, dass der Arbeitsplatz auch in Teilzeit besetzt werden kann, es sei denn, „zwingende dienstliche Belange" stehen entgegen. Die Anforderungen daran dürften noch strenger als an die „betrieblichen Gründe" i.S.d. § 8 Abs. 4 TzBfG sein.[45]

4. Schwerbehinderte (SGB IX)

15 Der Arbeitgeber hat, was die Alltagspraxis mitunter ignoriert, im Vorfeld einer Stellenausschreibung vielfältige Prüfungspflichten und Beteiligungsrechte aus §§ 81, 83 SGB IX zu beachten. Diese Förderpflichten

---

40 LAG Hamburg 3.4.2013 – 4 Ta 4/13 – juris.
41 LAG Rheinland-Pfalz 13.5.2015, NZA-RR 2015, 517; *Hoppe/Fuhlrott*, ArbAktuell 2015, 4, 6.
42 *Von Tiling*, öAT 2015, 177.
43 *Von Tiling*, öAT 2015, 177, 178 f.
44 Vgl. ArbG Hannover 13.1.2005, DB 2005, 896; zum Meinungsstand ErfK/*Preis*, § 7 TzBfG Rn 2.
45 *Von Tiling*, öAT 2015, 177, 178.

betreffen allerdings nur Arbeitgeber, die die **Schwerbehindertenquote** nicht erfüllen (§ 81 Abs. 1 S. 7 SGB IX).[46] Denn die S. 7–9 des § 81 Abs. 1 SGB IX stehen miteinander in unmittelbarem Zusammenhang und sind so zu lesen, als stünden sie in einem für sich getrennten Absatz. Jede andere Interpretation würde zu unsinnigen Ergebnissen führen.[47]

Im Geltungsbereich von §§ 81, 83 SGB IX ist zunächst bei jeder freien Stelle zu prüfen, ob diese mit einem **16** schwerbehinderten Menschen besetzt werden kann. Zu diesem Zweck hat der Arbeitgeber **frühzeitig** Verbindung mit der **Agentur für Arbeit** aufzunehmen.[48] Hierbei hat er weiter die **Schwerbehindertenvertretung** zu beteiligen sowie den **Betriebsrat/Personalrat** anzuhören (§ 81 Abs. 1 S. 4 ff. SGB IX). Diese Beteiligungsrechte betreffen schon die Prüfung nach § 81 Abs. 1 S. 1 SGB IX, setzen also zeitlich bereits im Stadium der **Vorbereitung** einer Stellenausschreibung an. Während die Anhörung des Betriebsrats/Personalrats im Wesentlichen durch wechselseitigen Informationsaustausch erfolgt, erfordert die Beteiligung der Schwerbehindertenvertretung nach § 95 Abs. 2 SGB IX die unverzügliche und umfassende Unterrichtung und Anhörung,[49] ggf. eine gemeinsame Erörterung unter Anhörung des schwerbehinderten Menschen sowie die Begründung der anschließenden Entscheidung gegenüber allen Beteiligten (§ 81 Abs. 1 S. 6–9 SGB IX).

Für **öffentliche Arbeitgeber** gelten erweiterte Förderpflichten. **17**

Im öffentlichen Dienst ist § 81 Abs. 2 S. 1 SGB IX a.F. gemeinschaftsrechtskonform auf alle Behinderten mit einem Grad von mindestens 30 % anzuwenden. Das gilt auch für die Beweislastregel des § 81 Abs. 2 S. 2 Nr. 1 S. 3 SGB IX a.F., nicht aber für § 82 S. 2 und S. 3 SGB IX, wonach der öffentliche Arbeitgeber **jeden** schwerbehinderten Bewerber zu einem **Vorstellungsgespräch** einzuladen hat,[50] es sei denn, er wäre offensichtlich ungeeignet.[51]

Ein Indiz für eine Benachteiligung i.S.v. § 22 AGG ist gegeben, wenn dem schwerbehinderten Bewerber zwar eine Einladung zu einen Vorstellungsgespräch in Aussicht gestellt wird, ihm gleichzeitig aber mitgeteilt wird, seine Bewerbung habe nach der „Papierform" nur eine geringe Aussicht auf Erfolg.[52] Ein Entschädigungsanspruch wegen Diskriminierung bei der Einstellung kommt in Betracht, wenn der Arbeitgeber zum Zeitpunkt der Einstellung weiß oder wissen muss, dass der Bewerber mit einem Grad von mindestens 30 % behindert ist.[53]

Ein Verstoß gegen die Einladungspflicht kann geheilt werden, wenn der öffentliche Arbeitgeber auf Beanstandung des Bewerbers dessen Bewerbung im noch laufenden Bewerbungsverfahren wieder aufnimmt und ihn zu einem Vorstellungsgespräch einlädt. Wird der Verstoß gegen § 82 S. 2 SGB IX geheilt, entfällt damit auch eine etwaige Indizwirkung i.S.v. § 22 AGG.[54]

Umstritten ist, ob Verstöße gegen §§ 81 f. SGB IX schon eine Benachteiligung i.S.d. §§ 3, 7 AGG darstellen **18** und damit automatisch den Entschädigungsanspruch nach § 15 Abs. 2 AGG auslösen,[55] oder ob – so die Tendenz in der Rechtsprechung[56] – ein solcher Verstoß als Indiz für eine Diskriminierung gem. § 22 AGG zu werten sei,[57] was zu einer **Umkehr der Beweislast** führt.

---

46 BAG 21.2.2013, NZA 2013, 840; 15.2.2005, NZA 2005, 870.

47 *Diller*, NZA 2007, 1321 ff., Fn 14.

48 BAG 13.10.2011, BeckRS 2012, 65090; 12.9.2006, NZA 2007, 507.

49 BAG 15.2.2005, NZA 2005, 870; *Düwell*, BB 2006, 1741, 1743.

50 BAG 16.9.2008, DB 2009, 177; BAG 16.12.2012, NZA 2012, 667.

51 BAG 16.2.2012, NZA 2012, 667; LAG Niedersachsen 3.4.2014, BeckRS 2014, 68664.

52 LAG Baden-Württemberg 3.11.2014, BeckRS 2015, 65540.

53 BAG 18.11.2008, BB 2010, 185.

54 LAG Köln 29.1.2009, BeckRS 2009, 67329; ArbG Hamburg 1.2.2011, NZA-RR 2011, 444.

55 So *Großmann*, S. 167, 170.

56 BAG 12.9.2006, NZA 2007, 507; BAG 15.2.2005, NZA 2005, 870.

57 *Medem*, NZA 2007, 545, 547; zum Meinungsstand *Diller*, NZA 2007, 1321 ff. m.w.N.

Im Ergebnis muss allen Arbeitgebern dringend angeraten werden, die Förderpflichten des § 81 SGB IX – auch wenn sie im Einzelfall mit erheblichem Bürokratismus verbunden sein sollten – peinlich genau einzuhalten. Denn in der Alltagspraxis tauchen auch schwerbehinderte Scheinbewerber als professionelle Diskriminierungskläger, sog. „AGG-Hopper", auf. Solche Scheinbewerber/innen weisen in ihrer Bewerbung – teilweise versteckt oder verklausuliert – auf ihre Behinderung hin und spekulieren darauf, dass der Arbeitgeber seinen Förderpflichten aus § 81 Abs. 1 und 2 SGB IX nicht nachkommt.[58] In diesem Zusammenhang ist allerdings zu beachten, dass ein Bewerber, der seine Eigenschaft als schwerbehinderter Mensch bei der Behandlung seiner Bewerbung berücksichtigt wissen will, den angestrebten Arbeitgeber über seine Anerkennung als Schwerbehinderter regelmäßig im Bewerbungsschreiben selbst zu unterrichten hat. Die bloße kommentarlose Beifügung einer Kopie des Schwerbehindertenausweises zu den umfangreichen Bewerbungsunterlagen genügt insoweit nicht.[59]

5. Betriebsrat (§§ 80 Abs. 1 Nr. 1, Nr. 2a, 92 ff., 99 Abs. 1 BetrVG; § 15 Abs. 3 AGG)

19   Nach § 92 Abs. 1 S. 1 BetrVG hat der Arbeitgeber den Betriebsrat über die Personalplanung, insbesondere über den gegenwärtigen und künftigen Personalbedarf sowie über die sich daraus ergebenden personellen Maßnahmen und Maßnahmen der Berufsbildung anhand von Unterlagen rechtzeitig und umfassend zu unterrichten. Zur Personalplanung gehören die Personalbedarfsplanung, die Personaldeckungsplanung, die Personalentwicklungsplanung und die Personaleinsatzplanung.[60] Verstöße werden als Ordnungswidrigkeiten behandelt (§ 121 BetrVG). Keine Unterrichtungspflicht besteht, wenn ein Beteiligungsrecht des Betriebsrats ersichtlich nicht in Betracht kommt. Das BAG prüft zweistufig, nämlich ob überhaupt eine Aufgabe des Betriebsrats betroffen ist und, falls das der Fall ist, ob im Einzelfall die begehrte Information zur Wahrnehmung der Aufgabe benötigt wird.[61]

20   Der Betriebsrat kann gem. § 93 BetrVG vorab eine **betriebsinterne** Stellenausschreibung verlangen, die mindestens eine Woche vor der Einstellung eines externen Bewerbers erfolgt sein muss; anderenfalls wäre ein Zustimmungsverweigerungsrecht aus § 99 Abs. 2 Nr. 5 BetrVG eröffnet. § 93 BetrVG findet auch im Falle der beabsichtigten Einstellung von Leiharbeitnehmern Anwendung, wenn der zu besetzende Arbeitsplatz vom Arbeitgeber dauerhaft für die Besetzung mit Leiharbeitnehmern vorgesehen ist.[62] Das LAG Schleswig-Holstein hat weiter gehend entschieden, dass der Betriebsrat gleichermaßen die Ausschreibung von Arbeitsplätzen verlangen kann, die nur kurzzeitig mit Leiharbeitnehmern besetzt werden sollen.[63] Das soll aber dann nicht gelten, wenn feststeht, dass mit Bewerbungen von im Betrieb beschäftigten Arbeitnehmern offenkundig nicht zu rechnen ist.[64] Auch wenn der Verstoß gegen § 99 BetrVG nicht den rechtswirksamen Vertragsabschluss gegenüber dem externen Bewerber behindert, darf der Arbeitgeber diesen dennoch nicht im Betrieb beschäftigen.[65] Solange der Arbeitgeber im Arbeitsvertrag keine Vorsorge trifft – z.B. durch eine aufschiebende oder auflösende Bedingung – riskiert er die Zahlung des Annahmeverzugsentgelts, ist aber zur Kündigung aus betriebsbedingten Gründen befugt, ggf. sogar – soweit der Arbeitnehmer bei Abschluss des Arbeitsvertrages über das Fehlen der Zustimmung des Betriebsrats informiert wurde – außerordentlich fristlos.[66]

---

58 *Diller*, NZA 2007, 1321 ff.; NZA 2009, 1386 ff.
59 BAG 18.9.2014, BeckRS 2014, 73585.
60 BAG 23.3.2010, NZA 2011, 811; 6.11.1990, NZA 1991, 358.
61 BAG 23.3.2010, NZA 2011,811.
62 BAG 1.2.2011, NZA 2011, 703.
63 LAG Schleswig-Holstein 29.2.2012, BeckRS 2014, 65692.
64 BAG 15.10.2013, NZA 2014, 214.
65 BAG 2.7.1980, EzA Nr. 28 zu § 99 BetrVG 1972; ErfK/*Kania*, § 99 BetrVG Rn 45.
66 Tschöpe/*Wisskirchen*, 1 C Rn 19 m.w.N.; ErfK/*Kania*, § 99 BetrVG Rn 45.

Der Betriebsrat hat gem. § 80 Abs. 1 Nr. 1, 2a BetrVG darauf zu achten, dass Stellenausschreibungen diskriminierungsfrei erfolgen. Eine benachteiligende Ausschreibung begründet nach h.M. allerdings kein Zustimmungsverweigerungsrecht des Betriebsrats aus § 99 Abs. 2 S. 1 BetrVG.[67] Allerdings hat der Betriebsrat dann, wenn eine Stellenausschreibung gegen das AGG verstößt, gem. §§ 17 Abs. 2 AGG, 23 Abs. 3 BetrVG einen Unterlassungsanspruch gegen den Arbeitgeber.[68]   **21**

Eine umfassende Erörterung der bundes- und landesrechtlichen Regelungen und Besonderheiten der **personalvertretungsrechtlichen Bestimmungen** würde den Rahmen dieser Darstellung sprengen.   **22**

Haftungsprivileg: Die Beteiligung des Betriebsrats kann für den Arbeitgeber auch erhebliche **Vorteile** ergeben. Nach § 15 Abs. 3 AGG ist der Arbeitgeber nämlich bei der Anwendung kollektiv-rechtlicher Vereinbarungen nur bei Vorsatz und grober Fahrlässigkeit schadensersatzpflichtig.   **23**

6. Beschäftigungs- und Abschlussverbote

Während Beschäftigungsverbote lediglich die Ausübung der Tätigkeit im bestehenden Arbeitsverhältnis untersagen, verhindern die Abschlussverbote bereits die Entstehung des Arbeitsverhältnisses durch eine entsprechende Personalauswahl unter den Bewerbern um einen freien Arbeitsplatz.[69] Die Vertragsfreiheit der Arbeitsvertragsparteien ist Schranken unterworfen. Gesetzliche Beschäftigungsverbote führen z.B. zur Nichtigkeit des Arbeitsvertrags (§ 134 BGB).[70] Praktisch bedeutsame gesetzliche Abschlussverbote stammen aus dem JArbSchG, das in §§ 5 Abs. 1, 7 die Beschäftigung von Kindern/Jugendlichen unter 15 Jahren verbietet, aus § 4 BBiG, der für Jugendliche nur bestimmte Ausbildungsberufe zulässt, aus §§ 4 und 8 MuSchG mit Tätigkeits- und Zeitbeschränkungen für werdende Mütter oder aus § 65 BBG, der Beamten die Ausübung einer Nebentätigkeit verbietet.   **24**

Hinzu treten vom BAG sanktionierte tarifvertragliche Abschlussverbote, die die Einstellung von Mitarbeitern teilweise von besonderen Qualifikationen abhängig machen.[71]

Des Weiteren sind Beschäftigungsverbote z.B. enthalten im ArbZG, das in §§ 3 und 9 Zeitgrenzen für Tages- und Wochenarbeitszeiten sowie für Sonn- und Feiertage regelt, im Fahrpersonalgesetz i.V.m. der Verordnung (EG) Nr. 561/2006, das Lenk- und Ruhezeiten im gewerblichen Kraftverkehr bestimmt und im SchwArbG, das die Leistung verbotener Schwarzarbeit untersagt.   **25**

7. Erstellung eines Anforderungsprofils

Ausgangspunkt des eigentlichen Ausschreibungsverfahrens ist die Erstellung eines Anforderungsprofils, in dem sinnvollerweise ausschließlich anforderungsrelevante Merkmale definiert werden. Hierbei dürfen die gem. § 7 AGG verpönten Merkmale nicht genannt werden, um schon in diesem Stadium eine mögliche Benachteiligung bestimmter Gruppen von Bewerbern zu unterbinden,[72] es sei denn, eine Ungleichbehandlung wäre nach den Maßstäben des AGG zulässig. Der Arbeitgeber wird zunächst eine vorhandene Stellenbeschreibung AGG-konform überarbeiten oder – bei Neuschaffung einer Stelle – ein Profil neu so erstellen, dass es frei von unmittelbaren oder mittelbaren Diskriminierungen ist. Arbeitgeber, die ausschließlich anforderungsentsprechende Auswahlkriterien erheben, schützen sich damit auch juristisch. Alles, was nicht   **26**

---

67 So zu § 611b BGB a.F. MüKo-BGB/*Müller-Glöge*, § 611b Rn 9; Hessisches LAG, NZA-RR 1995, 641; MünchArbR/*Matthes*, § 352 Rn 69; Tschöpe/*Wisskirchen* 1 C Rn 21 f.
68 BAG 18.8.2009, NZA 2010, 222.
69 Küttner/*Kreitner*, Nr. 101 Rn 3.
70 BAG 27.7.2010, BeckRS 2010, 71531.
71 Vgl. BAG 26.4.1990, NZA 1990, 850.
72 BT-Drucks 16/1780, 36.

unmittelbar mit den Anforderungen der Position in Zusammenhang steht, sollte nicht erhoben werden. Das vermeidet von vornherein, dass der Arbeitgeber Kenntnis von verpönten Merkmalen erhält. Wer z.B. auf ein Bewerbungsfoto verzichtet, dem kann nicht unterstellt werden, er habe eine erkennbare Behinderung, religiöse Orientierung oder Hautfarbe bei der Einstellungsentscheidung gewertet.[73]

Insbesondere im öffentlichen Dienst müssen zwingende Vorgaben eines Anforderungsprofils verbindlich und nachvollziehbar dokumentiert und für die Bewerber erkennbar festgelegt sein.[74] Konkrete Festlegungen empfehlen sich aber auch für die private Wirtschaft zur Verbesserung der Argumentationsbasis im Falle einer behaupteten Diskriminierung.

27　Nicht vom AGG verbotene Ungleichbehandlungen können allerdings aus anderen Gründen unzulässig sein, z.B. bei der Verletzung der persönlichen Handlungsfreiheit oder der Intimsphäre der betroffenen Bewerber.

a) Unmittelbare/mittelbare Diskriminierung

28　Unproblematisch erkennbar und daher leicht zu vermeiden ist eine direkte Anknüpfung an die Merkmale des AGG, während die Verwendung von **Umschreibungen** („Berufseinsteiger", „Muttersprachler" etc.) besondere Aufmerksamkeit erfordert.[75] Ein mittelbarer Bezug auf das Alter ergibt sich z.B. aus der Suche nach Studenten/Rentnern für Nebentätigkeiten. Das Kriterium der Muttersprache oder der Staatsangehörigkeit indiziert eher die Herkunft als die sprachlichen Fähigkeiten und sollte nach der Gesetzesbegründung daher vermieden werden.[76]

29　Neutrale, aber mittelbar benachteiligende Kriterien sind nur zulässig, wenn sie durch ein **rechtmäßiges Ziel** sachlich gerechtfertigt und die Mittel zur Erreichung dieses Ziels **angemessen und erforderlich** sind (§ 3 Abs. 2 AGG). „Gute Schreibmaschinenkenntnisse" für eine Schreibkraft stellen daher nach der Rechtsprechung keine mittelbare Diskriminierung wegen einer Behinderung dar.[77] Sportliche Anforderungen für Polizisten oder Belastungstests für Piloten dürften ebenfalls unproblematisch sein.

30　Die Problematik der mittelbaren Diskriminierung soll am Beispiel des Kriteriums des **Alters** erläutert werden. Stellenanzeigen dürfen nach dem AGG weder ausdrückliche Altersangaben noch „versteckte" Hinweise auf das gewünschte bzw. unerwünschte Alter enthalten. Ein dem Anschein nach neutrales Kriterium wie z.B. des „Berufsanfängers" führt etwa dann zu einer mittelbaren Benachteiligung wegen des Alters, wenn es geeignet ist, einen älteren Bewerber wegen seines Alters gegenüber einem jüngeren Mitbewerber zu benachteiligen (§ 3 Abs. 2 AGG).[78] Die in dieser Norm angelegte Gegenüberstellung verlangt, so die Gesetzesbegründung, die Bildung von **Vergleichsgruppen**, die die von dem benachteiligenden Merkmal berührten Personen einbeziehen müssen.[79] Die besondere Betroffenheit einer solchen Vergleichsgruppe drückt sich darin aus, dass diese Personen zahlenmäßig stärker durch die Verwendung des an sich neutralen Kriteriums beeinträchtigt sind als Personen, die dieses Merkmal nicht aufweisen.[80]

31　In Bezug auf die Eigenschaft „Berufsanfänger" könnte man als Vergleichsgruppen für die Bewerbung in einer Rechtsanwaltskanzlei/Rechtsabteilung eine Gruppe der unter 35jährigen und eine Gruppe der über 35jährigen Bewerber bilden.[81] Eine mittelbare Benachteiligung wäre zu bejahen, wenn Personen aus der älteren Gruppe im Bewerbungsverfahren – bei einer **hypothetischen Betrachtungsweise**[82] – wesentlich

---

73 *Frintrup*, AuA 2009, 164.
74 VGH Mannheim 4.8.2009, BeckRS 2009, 37238.
75 *Kania/Merten*, ZIP 2007, 8 ff.
76 BT-Drucks 16/1780, 34.
77 BAG 15.2.2005, NZA 2005, 870.
78 BAG 18.8.2009, NZA 2010, 222.
79 BT-Drucks 16/1780, 32; *Bauer/Göpfert/Krieger*, § 3 Rn 24; *Däubler/Berzbach/Schrader/Schubert*, § 3 Rn 40; *Kolmhuber*, S. 43; *Worzalla*, S. 57.
80 BAG 2.12.1992, DB 1993, 586; BAG 23.2.1994, AP Nr. 51 zu Art. 119 EWG-Vertrag.
81 *Wichert/Zange*, DB 2007, 970 ff.
82 EuGH 21.9.2000, NZS 2001, 254; BAG 18.8.2009, NZA 2010, 222; ErfK/*Schlachter*, § 3 AGG Rn 12.

seltener berücksichtigt würden als Bewerber aus der jüngeren Gruppe. Allerdings müssen greifbare Anhaltspunkte für die merkmalsbedingte Benachteiligung beigebracht werden, ggf. durch ein Sachverständigengutachten.[83] Erst wenn feststeht, ab welchem Alter in welcher Branche nicht mehr von einem Berufsanfänger gesprochen werden kann, wäre ein Indiz für eine mittelbare Diskriminierung von einem älteren Bewerber schlüssig vorgetragen.

b) Rechtmäßiges Ziel

Allerdings scheidet eine mittelbare Benachteiligung gem. § 3 Abs. 2 AGG schon **tatbestandlich** aus, wenn das betreffende Kriterium „durch ein **rechtmäßiges Ziel** sachlich gerechtfertigt ist und die Mittel zur Erreichung des Ziels angemessen und erforderlich sind".[84] Ist eine Ungleichbehandlung nicht nach § 3 Abs. 2 AGG zu rechtfertigen, kommt mithin auch keine Rechtfertigung nach §§ 8, 10 AGG in Betracht;[85] andererseits ist der Arbeitgeber nicht auf die Rechtfertigungsgründe der §§ 8, 10 AGG beschränkt,[86] weshalb der Tatbestand der mittelbaren Benachteiligung durch einen Rechtfertigungsgrund i.S.d. §§ 8, 10 AGG „erst recht" ausgeschlossen werden kann.[87]   **32**

Als rechtmäßiges Ziel kommen **fachlich-berufliche Gründe** in Betracht, wie z.B. die spezifische Prägung, die ein juristischer Berufsanfänger in einer Kanzlei erfährt, die erhöhte Aufnahmefähigkeit und Lernbereitschaft, die die Einarbeitung in bestimmte Fachgebiete erleichtern oder eine ausgewogene Alters- und Vergütungsstruktur. Auch können etwa die dem feuerwehrtechnischen Dienst obliegenden Aufgaben der Brandbekämpfung und der Personenrettung ein Einstellungshöchstalter von 30 Jahren rechtfertigen, da die unabdingbaren Anforderungen an die körperliche Fitness in aller Regel direkt mit dem Lebensalter verbunden sind.[88]   **33**

Das BVerfG hat in seiner maßgeblichen Entscheidung zu § 611b BGB als rechtmäßiges Ziel überdies das **Selbstbestimmungsrecht des Arbeitgebers** anerkannt.[89] Das BVerfG stellte dem Arbeitgeber frei, bei der Formulierung des Anforderungsprofils entweder auf größere Berufserfahrung abzustellen oder Berufsanfänger zu bevorzugen, die erst durch die Arbeit im jeweiligen Betrieb ihre Prägung erfahren.[90]

Bringt der Arbeitgeber mit der Ausschreibung einer Stelle für „Berufsanfänger" lediglich ein ausgewogenes personelles **Organisationskonzept** zum Ausdruck, so ist dieses Konzept sachlich gerechtfertigt durch ein rechtmäßiges Ziel und die eingesetzten Mittel sind angemessen und erforderlich i.S.v. § 3 Abs. 2 AGG. Das Kriterium des „Berufsanfängers" bedarf somit zunächst keiner gesonderten Rechtfertigung, da es den Tatbestand des § 3 Abs. 2 AGG ausschließt. Der Bewerber ist allerdings in einem solchen Fall nicht gehindert, **ernstliche Zweifel** an der Berechtigung des Organisationskonzeptes vorzubringen, z.B. wenn die Suche nach einem Berufsanfänger nur vorgeschoben ist und es dem Arbeitgeber stattdessen darauf ankommt, einen jungen Arbeitnehmer einzustellen. Das LAG Köln hat entschieden, dass eine Rechtsanwaltskanzlei, die einen Rechtsanwalt mit „null bis zwei Jahren Berufserfahrung" suchte, ältere Bewerber, die für die Stelle objektiv geeignet sind, mittelbar wegen ihres Alters benachteiligt habe. Die Diskriminierung könne nicht mit dem Hinweis gerechtfertigt werden, die Kanzlei habe das Ziel verfolgt, Personalkosten zu senken bzw. zu begrenzen.[91]   **34**

---

83 *Wichert/Zange*, DB 2007, 970 ff. m.w.N.
84 BAG 18.8.2009, NZA 2009, 974.
85 *Bauer/Göpfert/Krieger*, § 3 Rn 32.
86 *Wichert/Zange*, DB 2007, 970 ff. m.w.N.
87 *Wichert/Zange*, DB 2007, 970 ff.
88 EuGH 12.1.2010, NVwZ 2010, 244.
89 BVerfG 16.11.1993, DB 1994, 1292.
90 Vgl. auch EuGH 27.6.1990, DB 2006, 2350.
91 LAG Köln 20.11.2013, BeckRS 2014, 66362.

8. Stellenanzeige

35 Das Anforderungsprofil ist Grundlage der weiteren Personalsuche, sei es per Stellenanzeige, die der Arbeitgeber selbst oder mit Hilfe Dritter entwirft, produziert und platziert, sei es mit Hilfe von Personalberatern („Headhuntern"). Im gesamten Ausschreibungsverfahren sind die Verbote des AGG zu beachten (§ 11 AGG), ferner die Beteiligungsrechte des Betriebsrats/Personalrats (§§ 80 Abs. 1 Nr. 1, Nr. 2a, 92 ff., § 99 Abs. 1 BetrVG) bzw. der Schwerbehindertenvertretung (§§ 81, 82 SGB IX).

a) Einschaltung Dritter

36 Häufig beauftragen Arbeitgeber Dritte – z.B. die Bundesagentur für Arbeit, eine Werbeagentur oder einen Personalberater – mit der Gestaltung und Veröffentlichung von Stellenanzeigen. Unterlaufen solchen Dritten **diskriminierungsrelevante Fehler**, so stellt sich zunächst die materiell rechtliche Frage der Zurechnung sowie ferner unter prozessualem Blickwinkel die Frage von Auskunftspflichten.

aa) Zurechnung

37 § 11 AGG knüpft – adressatenneutral – an den Begriff der „Ausschreibung" an. Rechtlich handelt es sich bei einer **Ausschreibung** um eine **invitatio ad offerendum**, nämlich um die Bekanntgabe einer Einstellungsabsicht, die darauf ausgerichtet ist, neue Bewerber für ein Arbeitsverhältnis zu gewinnen.[92] Ob der Arbeitgeber die Ausschreibung selbst vornimmt oder sich der Unterstützung durch Dritte bedient, ist nach der Rechtsprechung des BAG[93] und des Bundesverfassungsgerichtes für die Frage der Zurechnung unerheblich, d.h. ein Verstoß des Dritten gegen § 7 Abs. 1 AGG ist dem Arbeitgeber regelmäßig zuzurechnen.[94] Gegen den Dritten können allerdings insoweit Regressansprüche bestehen.[95]

38 Der Entscheidung des Bundesverfassungsgerichts vom 21.9.2006 lag ein Fall zugrunde, in dem ein Unternehmen über die Internetseite einer Agentur für Arbeit Auszubildende als Industriekaufleute suchte. Die von der **Bundesagentur eigenständig gestaltete** und veröffentlichte Stellenausschreibung enthielt den Zusatz, dass männliche Bewerber bevorzugt würden. Der Arbeitgeber wurde nicht mit dem Argument gehört, er habe den Zusatz weder veranlasst, noch das Onlineangebot der Agentur für Arbeit durchgesehen und gebilligt. Das Bundesverfassungsgericht stellte dabei weniger auf die Zurechnungsnormen der §§ 278 und 831 BGB ab, sondern direkt auf den **Schutzzweck von Art. 3 Abs. 2 GG**. Arbeitgeber treffe, damit sie ihre Verantwortung für diskriminierungsfreie Ausschreibungen nicht auf Dritte abwälzen können, bei einer Fremdausschreibung immer die Sorgfaltspflicht, eine Stellenanzeige vor der Veröffentlichung auf ihre Ordnungsgemäßheit hin zu überwachen.[96]

39 Diese Auffassung ist in der Literatur auf erheblichen Widerspruch gestoßen, der zum Teil rechtsdogmatisch begründet wird,[97] zum Teil unter dem Blickwinkel des Empfängerhorizonts, nämlich danach, wer aus Sicht des Bewerbers der Herr des **Vorauswahlverfahrens** ist. War dies ein Personalberater, so solle nur dieser nach § 15 Abs. 2 AGG auf Entschädigung haften, nicht dagegen der Arbeitgeber.[98]

40 Grds. ist auch der Personalberater zur Beachtung des AGG verpflichtet;[99] auch insoweit gilt die Beweislastregel des § 22 AGG, wonach bereits eine aufgrund besonderer Umstände bloß **vermutete** unzulässige Benachteiligung durch den Personalberater die Haftung des **Arbeitgebers** auslöst, falls diesem der Gegenbeweis nicht gelingt. Der Arbeitgeber sollte den Personalberater daher zur Befolgung nicht nur der

---

92 *Thüsing*, Diskriminierungsschutz, Rn 660.
93 BAG 5.2.2004, NZA 2004, 540.
94 BVerfG 21.9.2006, NZA 2007, 195.
95 OLG Frankfurt 8.5.2014, NZA-RR 2014, 437.
96 So schon BAG 5.2.2004, NZA 2004, 540; *Worzalla*, S. 124; Däubler/Bertzbach/*Bertzbach*, § 22 Rn 41.
97 *Adomeit/Mohr*, NJW 2007, 2522.
98 *Diller*, NZA 2007, 649, 653.
99 *Annuß*, BB 2006, 1629; *Oberthür*, ArbRB 2007, 86 ff.

rechtlich zwingenden, sondern aller objektiv sinnvollen Verhaltensweisen anhalten, z.B. zur lückenlosen Dokumentation des Auswahlverfahrens und zur Aufbewahrung der Dokumentation über die gesetzliche Verjährungsfrist hinaus. Darüber hinaus sollte zwischen dem Personalberater und dem Arbeitgeber, welcher nach § 15 Abs. 2 AGG verschuldensunabhängig haftet, eine Haftungsregelung getroffen werden, die dem Arbeitgeber ermöglicht, den Personalberater und dessen Mitarbeiter in den ausgedehnten Haftungsumfang einzubeziehen.[100]

bb) Auskunft

Grds. hat der benachteiligte Bewerber keinen Anspruch von einer Personalagentur zu erfahren, welche Vorgaben der Arbeitgeber im Einzelnen gemacht hatte, zumal sich die Personalagentur typischerweise dem Auftraggeber gegenüber verpflichtet, solche Vorgaben nicht zu offenbaren. Zu Recht wird in der Literatur allerdings auf die Verpflichtung des Gesetzgebers hingewiesen, die europarechtlichen Richtlinien wirksam und in abschreckender Weise umzusetzen.[101] Aus **europarechtlichen Gründen** wird ein Auskunftsanspruch daher für geboten erachtet, damit sich ein Arbeitgeber im Bereich arbeitsrechtlicher EU-Richtlinien nicht durch formale Funktionsaufteilung seinen Pflichten entziehen kann.[102]   41

b) Platzierung von Anzeigen

Nicht nur die Stellenanzeige an sich, sondern auch **Art und Ort** ihrer Publikation können kritisch sein. Wer seine Stellenanzeige nur auf vorwiegend von Jugendlichen genutzten Websites oder in Zeitschriften mit spezifischem Adressatenkreis veröffentlicht, liefert u.U. Indiztatsachen für den Vorwurf einer Diskriminierung von ausgegrenzten Personengruppen.[103]   42

c) Gestaltungsempfehlung

Eine ideale Anzeigen-Musterformulierung kann es nicht geben, zu vielfältig sind die Anforderungen des jeweiligen Einzelfalls. Eine gute Stellenanzeige beschreibt – auf kleinem Raum – das Unternehmen verständlich, benennt die Stelle prägnant und zeichnet ein Bild der damit verbundenen Aufgaben; sie benennt außerdem ein konkretes und diskriminierungsfrei formuliertes Anforderungsprofil für den Bewerber, zeigt ihm auf, was er erwarten darf und benennt eine möglichst einfache Kontaktmöglichkeit zum Unternehmen.   43

Zu vermeiden sind doppel- oder mehrdeutige Kriterien und inhaltsleere Floskeln. Arbeitgeber, die dritte Dienstleister einschalten, sollten die Stellenanzeige vor der Veröffentlichung überprüfen, um die Bewerbungsvoraussetzungen sowie die mittelbare/unmittelbare Diskriminierungsneutralität zu kontrollieren.   44

II. Bewerbungsverfahren

1. Bewerbungsunterlagen

Im Rahmen seiner Informationsgewinnung veranlasst der Arbeitgeber Bewerber üblicherweise, Bewerbungsunterlagen mit einem Lebenslauf sowie Ausbildungs- und Arbeitszeugnissen einzureichen. Problematisch hieran ist, dass den bisher üblichen Unterlagen i.d.R. Rückschlüsse auf **diskriminierungsrelevante Umstände** entnommen werden können, z.B. im Hinblick auf das Geschlecht, das Alter oder die Konfession (Schulzeugnisse). Das Geschlecht ergibt sich vielfach – trotz des Wegfalls des Grundsatzes der Geschlechtsoffenkundigkeit[104] – schon aus dem Vornamen. Das Alter lässt sich anhand des Datums   45

---

100 *Oberthür*, ArbRB 2007, 86 ff.
101 Vgl. z.B.: Erwägungsgrund Nr. 19 der Richtlinie 2000/78/ABl Nr. L 303, S. 16, wonach die Mitgliedgliedstaaten „wirksame, verhältnismäßige und abschreckende Sanktionen" für den Fall von Diskriminierungen vorsehen müssen.
102 EuGH 7.12.1995, EzA Nr. 5 zu § 17 KSchG; *Diller*, NZA 2007, 649, 652.
103 Für die Zulässigkeit *Wisskirchen*, DB 2006, 1491, 1493; *Thüsing*, Diskriminierungsschutz, Rn 661; dagegen *Kania/Merten*, ZIP 2007, 8, 10; vermittelnd *Enge*, AuA 2008, 154.
104 BVerfG NJW 2009, 663; Palandt/*Götz*, Einf. vor § 1616 BGB Rn 10; a.A. KG 29.3.2006, StAZ 2007, 204.

der Schul- und Ausbildungsabschlüsse sowie der bisherigen Arbeitsstationen i.d.R. näherungsweise abschätzen. Gleichwohl ist die Anforderung von Zeugnissen und Lebensläufen auch unter dem AGG **sachlich gerechtfertigt**,[105] denn anders als über solche Referenzen kann der Arbeitgeber die Qualifikationen der Bewerber im Vorauswahlverfahren mit vertretbarem Aufwand nicht feststellen. Fotos dagegen sind in erhöhtem Maße diskriminierungsrelevant, denn sie bieten dem Arbeitgeber die Möglichkeit, diverse verpönte Merkmale zu prüfen, z.B. Alter, Hautfarbe (und damit u.U. Rasse bzw. ethnische Herkunft) und Geschlecht.[106] Auskünfte, die der Bewerber **ungefragt** von sich aus erteilt, darf der Arbeitgeber zur Kenntnis nehmen, ohne sich einem Diskriminierungsvorwurf auszusetzen.[107] Empfohlen wird daher, diskriminierungsrelevante Unterlagen nicht aktiv anzufordern, sondern nur die Möglichkeit zu bieten, einer Bewerbung Anlagen freiwillig beizufügen.[108]

46 Insbesondere in Fällen mit sehr vielen Bewerbungen kann es sich empfehlen, standardisierte Online-Bewerbungsformulare zu verwenden. Denn wenn Bewerber ihre Bewerbungsunterlagen nach eigenen Vorstellungen zusammenstellen, besteht zum einen die Gefahr, dass diese nicht hinreichend anforderungsbezogen ausfallen, zum anderen dass sie für den Auswahlprozess irrelevante, ggf. auch schädliche Angaben (z.B. verpönte Merkmale nach dem AGG) enthalten. Mit standardisierten Bewerbungsformularen kann der Arbeitgeber sicherstellen, nur die für die Vorauswahl relevanten Informationen zu erheben.[109]

47 Unterlagen abgewiesener Bewerber hat der Arbeitgeber i.d.R. zurückzugeben, denn sie verbleiben im Eigentum des Bewerbers. Etwas anderes gilt bei unverlangt eingehenden Bewerbungen. Auf diese braucht der Arbeitgeber nicht zu reagieren. Nur dann, wenn der Bewerber einen Freiumschlag beigelegt hat, sind unverlangt eingehende Bewerbungen zurückzusenden, wobei allerdings keine Rechtspflicht anzunehmen ist.[110] Arbeitgeber sollten grundsätzlich klare Verhältnisse schaffen, indem sie in Stellenanzeigen den **Hinweis** aufnehmen, dass Unterlagen nur zurückgeschickt werden, sofern ein frankierter Rückumschlag beigefügt ist.

48 Die Zurückbehaltung von Unterlagen kann sich auch deshalb empfehlen, weil ein wegen mutmaßlicher Diskriminierung in Anspruch genommener Arbeitgeber zu seiner Verteidigung Informationen zum abgewiesenen Bewerber benötigt, die er i.d.R. nur aus den übermittelten Unterlagen gewinnen kann. Hat er diese wieder aus der Hand gegeben, kann er im späteren Prozess seiner Darlegungs- und Beweislast nicht entsprechen,[111] sofern er nicht den zusätzlichen Aufwand getrieben hatte, die Unterlagen komplett abzulichten.

49 Datenschutzrechtliche Gesichtspunkte stehen der Speicherung von Bewerberdaten grundsätzlich nicht entgegen. Als Erlaubnistatbestand kommt die Wahrung eines berechtigten Interesses gem. § 28 Abs. 1 S. 1 Nr. 2 BDSG in Betracht.[112] Daten eingestellter Bewerber dürfen jedenfalls für die Dauer des Arbeitsverhältnisses gespeichert werden. Dagegen ist die konkrete Dauer der zulässigen Speicherung von Daten abgelehnter Bewerber umstritten. Allgemein anerkannt ist mittlerweile lediglich, dass eine Speicherung von Bewerberdaten über die Einstellungsentscheidung hinaus zulässig ist, wenn und solange noch mit Rechtsstreitigkeiten mit dem Bewerber, vor allem im Hinblick auf die Diskriminierungsverbote des AGG, zu rechnen ist.[113] Demgegenüber sieht § 32b des Entwurfs eines Gesetzes zur Regelung des Beschäftigtendatenschutzes (BDSG-E)[114] vor, dass Bewerberdaten umgehend zu löschen sind, wenn die

---

105 *Kania/Merten*, ZIP 2007, 8, 12.

106 *Gruber*, NZA 2009, 1247, 1248.

107 *Wisskirchen/Bissels*, NZA 2007, 169.

108 *Enge*, AuA 2008, 155.

109 *Frintrup*, AUA 2009, 165.

110 *Küttner/Poeche*, Nr. 132 Rn 3.

111 *Bauer/Göpfert/Krieger*, § 22 Rn 6 ff.; PWW/*Lingemann*, § 22 AGG Rn 4 ff.

112 *Rittweger/Schmidt*, FA 2006, 266, 267.

113 *Greßlin*, BB 2015, 117, 118 f.

114 BT-Drucks 17/4230; *Schriever*, BB 2011, 2680, 2682.

Bewerbung nicht zur Einstellung führt, es sei denn, der Bewerber hat in die Speicherung eingewilligt. Das BDSG-E ist jedoch zwischenzeitlich gestoppt worden.

2. Vorstellungsgespräch

Die **Kosten** eines vom Arbeitgeber veranlassten Vorstellungsgesprächs (Reisekosten, Verpflegung und ggf. Übernachtung) trägt unter dem Blickwinkel des Auftragsrechts **grds. der Arbeitgeber**,[115] es sei denn, er hat vorab klargestellt, dass Kosten nicht erstattet werden.[116] Etwas anderes gilt für Flugkosten, die üblicherweise nicht als erstattungsfähig angesehen werden.[117] Zeitaufwand ist dagegen nicht vom Arbeitgeber auszugleichen, da § 616 Abs. 1 BGB dem Bewerber einen Entgeltfortzahlungsanspruch gegen seinen bisherigen Arbeitgeber gewährt.[118]   **50**

Das Vorstellungsgespräch dient in erster Linie der Gewinnung eines persönlichen Eindrucks vom Bewerber. Hier werden nachvollziehbare und überprüfbare Entscheidungskriterien für die Rechtfertigung der Auswahlentscheidung geschaffen. In praktischer Hinsicht kann die Einladung zu einem Vorstellungsgespräch überdies die Indizwirkung einer gegen § 11 AGG oder gegen § 81 SGB IX verstoßenden Stellenausschreibung beseitigen. Denn hat sich z.B. ein Mann auf eine Stelle als „Sekretärin" beworben und wird dennoch zu einem Vorstellungsgespräch eingeladen, kann er kaum plausibel (§ 22 AGG) geltend machen, der Arbeitgeber sei offenbar an männlichen Bewerbern nicht interessiert.[119] Und schließlich bietet die Einladung zum Vorstellungsgespräch auch ein Selektionsmittel, um nicht ernst gemeinte Scheinbewerbungen sogenannter „AGG-Hopper" zu identifizieren. Denn der typische AGG-Hopper, der es gezielt auf eine Absage anlegt, wird ein Vorstellungsgespräch nicht wahrnehmen.[120]   **51**

Hat sich ein **schwerbehinderter Bewerber** bei einem **öffentlichen Arbeitgeber** beworben, so ist gem. § 82 SGB IX die Einladung zu einem Vorstellungsgespräch obligatorisch, es sei denn, der Bewerber wäre offensichtlich ungeeignet.   **52**

3. Fragerecht/Offenbarungspflicht

In Ergänzung zu den Bewerbungsunterlagen erhebt der Arbeitgeber im Lauf des Bewerbungsverfahrens sowie im Vorstellungsgespräch weitere Informationen. Er hat grds. das Recht, alle für ihn relevanten Informationen zu erfragen, soweit **schützenswerte Interessen des Bewerbers** dem nicht entgegenstehen. Zulässig sind aber nur Fragen, an deren wahrheitsgemäßer Beantwortung der Arbeitgeber ein **berechtigtes, billigenswertes und schutzwürdiges Interesse** hat und aufgrund dessen die Belange des Bewerbers zurücktreten müssen.[121] Ein solches Interesse ist regelmäßig nur anzunehmen, wenn die Beantwortung der Frage für den angestrebten Arbeitsplatz und die zu verrichtende Tätigkeit selbst **relevant** ist.[122] Unzulässig sind daher Fragen, die keine für das Arbeitsverhältnis bedeutsamen Informationen liefern.[123] Abzuwägen sind regelmäßig das betriebliche Interesse des Arbeitgebers und das Persönlichkeitsrecht des Arbeitnehmers.[124]   **53**

115 BAG 14.2.1977, AP Nr. 8 zu § 196 BGB; BAG 29.6.1988, NZA 1989, 468.
116 ArbG Kempten 12.4.1994, DB 1994, 1504; MüKo-BGB/*Henssler*, § 629 Rn 27.
117 ArbG Düssldorf 15.5.2012, NZA-RR 2012, 488.
118 MüKo-BGB/*Henssler*, § 629 Rn 24; Staudinger/*Preis*, § 629 BGB Rn 27; *Schaub/Linck*, ArbR-Hdb., § 25 Rn 23.
119 *Diller*, NZA 2009, 1386, 1389.
120 *Diller*, NZA 2009, 1386, 1391.
121 BAG 5.10.1995, NZA 1996, 371.
122 BAG 5.12.1957, AP Nr. 2 zu § 123 BGB.
123 *Wisskirchen/Bissels*, NZA 2007, 169 m.w.N.
124 BAG 13.6.2002, NZA 2003, 265.

54 Problematisch können Fragen, die bisher als zulässig galten, vor dem Hintergrund des AGG werden. Exemplarisch sei die Frage nach einer Alkohol- bzw. Drogenabhängigkeit herausgegriffen. Diese galt, zumal im sicherheitsrelevanten Bereich, bisher als zulässig, könnte aber unter dem Blickwinkel von §§ 1 Abs. 1, 7 Abs. 1 AGG auch eine Krankheit betreffen und damit als diskriminierungsrelevante Frage nach einer Behinderung verstanden werden. Das liegt schon deshalb nicht fern, weil eine Drogensucht nach der Rechtsprechung des BAG als Krankheit einzustufen ist.[125] Solange diese Zweifel von der Rechtsprechung nicht geklärt sind, sollten bei derartigen Fragen Augenmaß und Zurückhaltung geübt werden.

55 Wird eine zulässige Frage nicht wahrheitsgemäß beantwortet, so kann dies nicht nur zu Kündigungsrechten führen, sondern dem Arbeitgeber auch das Recht eröffnen, den Arbeitsvertrag wegen **arglistiger Täuschung anzufechten**. Dies ist deshalb von erheblicher praktischer Bedeutung, weil im Falle der Anfechtung viele Kündigungsvoraussetzungen nicht zu beachten sind, mithin eine erleichterte Möglichkeit der Lösung eines Arbeitsverhältnisses besteht. Die Anfechtung muss nach Kenntnis des Anfechtungsgrundes analog § 626 Abs. 2 BGB innerhalb von **zwei Wochen**[126] erfolgen, überdies ohne schuldhaftes Zögern, § 121 Abs. 1 BGB. Ein laufendes Arbeitsverhältnis wird nicht ex tunc, sondern ex nunc beendet.[127]

56 Eine **Offenbarungspflicht** des Bewerbers ohne eine entsprechende Frage des Arbeitgebers besteht nur bei Tatsachen, deren Mitteilung der Arbeitgeber nach Treu und Glauben auch ungefragt erwarten durfte, nämlich dann, wenn die betreffenden Umstände dem Arbeitnehmer die Erfüllung der vertraglichen Pflichten unmöglich machen oder wenn diese Umstände sonst für den Arbeitsplatz von ausschlaggebender Bedeutung sind.[128]

Dies gilt z.B. für eine demnächst anzutretende Haftstrafe,[129] bei einer Behinderung (jedenfalls nach bisheriger Rechtsprechung), aufgrund der der Bewerber die zu verrichtende Tätigkeit nicht leisten kann[130] oder bei Alkohol-/Drogenabhängigkeit im Falle der Bewerbung auf eine sicherheitsrelevante Position, z.B. Kraftfahrer, Pilot, Gerüstbauer.[131] Wird sich der Bewerber zum Zeitpunkt des Dienstantritts in Kur befinden, so wäre auch dies unaufgefordert mitzuteilen.[132] Einschlägige Wettbewerbsverbote, denen der Bewerber unterliegt, sind ebenfalls ungefragt zu offenbaren.[133]

57 In Einstellungsverfahren werden oft auch Fragen gestellt, die mit der ausgeschriebenen Tätigkeit wenig zu tun haben und eher persönlicher Natur sind. Die Frage nach seinen Hobbies oder dem Beruf des Ehepartners muss in aller Regel nicht beantwortet werden. Damit der Arbeitgeber aus der Nichtbeantwortung unzulässiger Fragen keine negativen Schlüsse zieht, wird dem Arbeitnehmer bei unzulässigen Fragen ein „**Recht zur Lüge**" zugebilligt, welches dem Notwehrrecht ähnelt und daher dem Arglisteinwand des Arbeitgebers entgegensteht.[134] Entsprechendes gilt auch nach der Neufassung des BGleiG weiterhin für die nach § 7 Abs. 2 BGleiG unzulässigen Fragen.[135]

125 BAG 14.1.2004, NJOZ 2005, 2735; *Tschöpe/Wisskirchen*, 1 C Rn 70b.
126 BAG 14.12.1979, NJW 1980, 1302.
127 *Tschöpe/Wisskirchen*, 1 C Rn 156 ff.
128 BAG 21.2.1991, NZA 1991, 719.
129 Küttner/*Kreitner*, Nr. 78 Rn 6.
130 BAG 1.8.1985, NZA 1986, 635.
131 *Tschöpe/Wisskirchen*, 1 C Rn 70.
132 Küttner/*Kreitner*, Nr. 78 Rn 8.
133 Küttner/*Kreitner*, Nr. 78 Rn 12.
134 *Preis/Bender*, NZA 2005, 1321, 1322; BAG 5.10.1995, NZA 1996, 371.
135 ErfK/*Preis*, § 611 BGB Rn 286; *von Tiling*, öAT 2015, 177, 179.

4. Gestuftes Frageverfahren

Der Arbeitgeber sollte zwischen denjenigen Angaben unterscheiden, die er im Rahmen des Bewerbungs-   58
verfahrens benötigt und weiteren Angaben, die ggf. später für ein laufendes Arbeitsverhältnis nötig werden.
Denn gerade Daten, die für die steuer- und sozialversicherungsrechtliche Behandlung von Bedeutung sind,
oder für eine eventuelle spätere Sozialauswahl, können im eigentlichen Bewerbungsverfahren benachtei-
ligungsrelevant werden.

Daher ist grds. zu empfehlen, die für den Arbeitgeber aus unterschiedlichen Gründen bedeutsamen Infor-   59
mationen in einem **zweistufigen Verfahren** zu erheben. Für die reine Personalsuche muss der Arbeitgeber
jedenfalls Fragen vermeiden, die eine Diskriminierung im Bewerbungsverfahren gem. § 11 AGG indizieren
könnten. Nach der Auswahlentscheidung kann der Arbeitgeber in einem **zweiten Fragebogen**, der ggf.
auch der Mitbestimmung des Betriebsrates unterliegt, weitere Informationen erheben. Auch auf der zweiten
Stufe muss aber der grundsätzliche Diskriminierungsschutz nach dem AGG berücksichtigt werden, da dessen Anwendungsbereich auch das praktische Tätigkeitsfeld, die berufliche Position sowie den beruflichen
Aufstieg erfasst.

Im Prozessfall kann ein Fragebogen, der unvorsichtige Fragen enthält, als schriftliches Diskriminierungs-   60
indiz gewertet werden, das dann über die Beweiserleichterung des § 22 AGG die volle Beweislast des Arbeitgebers für das Nichtvorliegen einer Diskriminierung auslöst. Es sollte daher erwogen werden, schon in
den Fragebogen **Erläuterungen über die lauteren Motive** der Erhebung bestimmter Daten einzufügen,
um das Risiko von Indizwirkungen zu mindern. Erläutert der Arbeitgeber schon hier ein schützenswertes
Interesse an der Erhebung bestimmter Angaben, so müsste ein Arbeitnehmer, um in den Genuss der Beweiserleichterung zu kommen, im Konfliktfall zusätzliche Indizien beibringen, um die Lauterkeit der beschriebenen Motivation zu erschüttern.[136]

5. Beteiligung des Betriebsrats/Haftungsprivileg

Gem. § 94 Abs. 1 BetrVG bedürfen Personalfragebögen der Zustimmung des Betriebsrats. Aber auch münd-   61
liche Befragungen (z.B. bei Tests oder Interviews) anhand von Checklisten, in denen die Antworten schriftlich festgehalten werden, sind mitbestimmungspflichtig.[137]

Seine Zustimmung kann der Betriebsrat gegenüber dem Arbeitgeber formlos erteilen. Die Erklärung muss   62
allerdings – wie auch sonst – auf einem Beschluss des Betriebsrats (§ 33 BetrVG) beruhen.[138] Möglich ist
auch der Abschluss einer formlosen **Regelungsabrede**[139] oder einer **Betriebsvereinbarung**.

Sicherheitshalber sollte der Weg über die Betriebsvereinbarung gewählt werden, denn dem Arbeitgeber
schafft ein kollektiv-rechtlich wirksam legitimierter Personalfragebogen ein erhebliches Stück Rechtssicherheit. Gem. § 15 Abs. 3 AGG haftet er nämlich für Diskriminierungen dann nur bei Vorsatz und grober
Fahrlässigkeit (**Haftungsprivileg**). Auch wenn dieses Privileg nach dem Wortlaut des § 15 Abs. 3 AGG
nur für die Zahlung einer Entschädigung und daher nur für Ansprüche nach § 15 Abs. 2 AGG gilt, wird in
der Literatur vertreten, dass die Haftungserleichterung auch § 15 Abs. 1 AGG erfassen müsse; denn die
„höhere Richtigkeitsgewähr" kollektivrechtlicher Regelungen,[140] die die Haftungserleichterung begründet, sei nicht von der Art des Schadensersatzes abhängig, der nach einer Verletzung begehrt wird.[141]

---

136 *Schrader*, DB 2006, 2571, 2572.
137 BAG 21.9.1993, NZA 1994, 375, 378.
138 *Richardi/Thüsing*, § 94 BetrVG Rn 43.
139 Dafür HSWG/*Glaubitz*, § 94 BetrVG Rn 38; Hessisches LAG 8.1.1991, DB 1992, 534.
140 BT-Drucks 16/1780, 38.
141 *Kleinebrink*, ArbRB 2006, 374, 376; *Bauer/Evers*, NZA 2006, 897.

Wurden die Beteiligungsrechte des Betriebsrats nicht gewahrt, so ist streitig, ob eine Verpflichtung des Bewerbers zu wahrheitsgemäßer Auskunft besteht.[142]

6. Vorvertragliches Verhältnis

63 Mit der Kontaktaufnahme zum Zwecke von Vertragsverhandlungen begründen die verhandelnden Parteien ein gesetzliches Schuldverhältnis, aus dem wechselseitige Treuepflichten (insbes. Auskunfts- und Rücksichtnahmepflichten) resultieren. Im Rahmen der Schuldrechtsmodernisierung hat der Gesetzgeber das zuvor aus den Grundsätzen der c.i.c. abgeleitete vorvertragliche Schuldverhältnis in § 311 Abs. 2 BGB gesetzlich normiert.

64 Schadensersatzansprüche aus der Verletzung von vorvertraglichen Pflichten (§ 280 Abs. 1 BGB) ergeben sich aus einem Abbruch der Vertragsverhandlungen in aller Regel nicht;[143] ausnahmsweise soll dies aber dann der Fall sein, wenn eine Seite aus unsachlichen oder willkürlichen Motiven die Verhandlungen abbricht, nachdem sie einen **qualifizierten Vertrauenstatbestand** geschaffen hatte.[144] Aber auch dann dürfte es schwierig sein, einen zurechenbaren Schaden darzulegen.

65 Schadensersatzansprüche können weiter aus der Verletzung von Aufklärungs- und Auskunftspflichten folgen, sofern Umstände betroffen sind, die für die andere Seite erkennbar von für den Vertragsschluss wesentlicher Bedeutung sind. Unzutreffende Tatsachenangaben, aufgrund derer die andere Seite zum Abschluss des Arbeitsvertrags veranlasst wird, führen neben Schadensersatzrisiken auch zu Anfechtungstatbeständen wegen arglistiger Täuschung.

Beide Seiten unterliegen überdies der Pflicht, mit den im Rahmen der Verhandlung erlangten Angaben der anderen Seite vertraulich umzugehen, soweit hieran ein berechtigtes Interesse des jeweiligen Verhandlungspartners besteht.

7. Dokumentation und Datenschutz

a) Bisherige Rechtslage

66 Der Arbeitgeber hat – schon wegen der Beweislastregel des § 22 AGG – ein manifestes Interesse an der Dokumentation des Auswahlprozesses, um erforderlichenfalls eine diskriminierungsfreie Auswahlentscheidung darlegen und beweisen zu können.[145] Die Dokumentation sollte sich zeitlich mindestens über die in § 15 Abs. 4 AGG geforderten zwei Monate erstrecken, den Zeitraum also, innerhalb dessen Bewerber nach Zugang der Ablehnung Zeit haben, Schadensersatz- bzw. Entschädigungsansprüche geltend zu machen.[146] Berücksichtigt werden sollte auch die Klagefrist aus § 61b Abs. 1 ArbGG, wonach eine Klage aus § 15 AGG nur innerhalb von drei Monaten nach der schriftlichen Geltendmachung des Anspruchs erhoben werden kann.

Dem – öffentlichen wie privatrechtlichen – Arbeitgeber ist daher dringend zu empfehlen, die Einwilligung der Bewerber zur Erhebung, Verarbeitung und Nutzung der im Auswahlverfahren relevanten personenbezogenen Daten einzuholen, soweit keine **gesetzliche Erlaubnis** vorliegt (§§ 1 Abs. 2, 2 Abs. 4, 4 Abs. 1 BDSG). Zuvor ist der Arbeitnehmer auf den Zweck der Datenverarbeitung hinzuweisen und auf die Folgen der Verweigerung (§ 4a Abs. 1 BDSG). Die Einwilligung ist vorab und in **Schriftform** einzuholen. Wird sie

---

142 Dafür: GK-BetrVG/*Kraft*, § 94 BetrVG Rn 50; dagegen: *Galperin/Löwisch*, § 94 BetrVG Rn 23; eingeschränkt dagegen: *Fitting*, § 94 BetrVG Rn 34.
143 BAG 14.11.1991, BeckRS 1991, 30739359.
144 BAG 15.5.1974, DB 1974, 2060; *Tschöpe/Wisskirchen*, Teil 1 C Rn 194 m.w.N.
145 Vgl. *Oberthür*, ArbRB 2007, 86 ff.
146 Vgl. *Frintrup*, AuA 2009, 165.

im Zusammenhang mit anderen schriftlichen Erklärungen erteilt, so ist sie besonders hervorzuheben. Besondere Arten personenbezogener Daten intimeren Charakters (§ 3 Abs. 9 BDSG), die vielfach auch den Schutzbereich des AGG betreffen, dürfen nur unter sehr eingeschränkten Voraussetzungen verarbeitet werden (§ 28 Abs. 6 BDSG).[147]

Erhebung, Verarbeitung und Nutzung personenbezogener Daten ist u.a. dann zulässig, wenn die Zweck- **67** bestimmung des Arbeitsverhältnisses oder eines vertragsähnlichen Verhältnisses (zu dem auch Anbahnungsverhältnisse zählen) betroffen ist (§ 28 Abs. 1 BDSG).

Die Verletzung der datenschutzrechtlichen Vorschriften zieht Schadensersatzrisiken nach sich (§§ 7, 8 BDSG). Ansprüche auf Ersatz immaterieller Schäden infolge der Verletzung des allgemeinen Persönlichkeitsrechts kann ein Bewerber dagegen nur aus § 823 BGB herleiten.[148]

b) Gesetzesentwurf zur Regelung des Beschäftigtendatenschutzes (BDSG-E)

Im August 2010 war ein Gesetzesentwurf zur Regelung des Beschäftigtendatenschutzes (BDSG-E) von der **68** Bundesregierung beschlossen worden, der das deutsche Bundesdatenschutzgesetz um einen Abschnitt zum Beschäftigtendatenschutz ergänzen sollte.[149] Der Gesetzesentwurf wurde zwar in den Bundestag eingebracht, jedoch nie verabschiedet. Zunächst wurde der Gesetzesentwurf unter anderem wegen der geplanten EU-Datenschutz-Grundverordnung vorerst ausgesetzt. Nach Inkrafttreten der EU-Datenschutzgrundverordnung am 25.5.2016 (siehe Rdn 72) bleibt abzuwarten, ob der Gesetzesentwurf weiter verfolgt wird. Aus diesem Grund soll nur kursorisch auf die Regelungen des BDSG-E eingegangen werden.

In das BDSG sollten u.a. in §§ 32 ff. Regelungen zur Datenerhebung vor Begründung eines Beschäftigungs- **69** verhältnisses (§ 32), zu ärztlichen Untersuchungen und Eignungstests vor Begründung eines Beschäftigungsverhältnisses (§ 32a) und zur Datenverarbeitung und -nutzung vor Begründung eines Beschäftigungsverhältnisses (§ 32b) eingefügt werden. Hinzu traten weitere Regelungen, die das laufende Beschäftigungsverhältnis betrafen.

Das Fragerecht des Arbeitgebers sollte in § 32 BDSG-E geregelt werden. Hiernach durfte der Arbeitgeber **70** den Namen, die Anschrift, die Telefonnummer und die Adresse der elektronischen Post eines Bewerbers vor Begründung eines Beschäftigungsverhältnisses erheben. Weitere personenbezogene Daten durfte er nach dem Gesetzesentwurf erheben, soweit die Kenntnis dieser Daten erforderlich ist, um die Eignung des Beschäftigten für die vorgesehene Tätigkeit festzustellen. Er durfte zu diesem Zweck insbesondere Daten erheben, deren Kenntnis für die Feststellung der fachlichen und persönlichen **Eignung des Bewerbers** für die vorgesehenen Tätigkeiten erforderlich ist.

§ 32 Abs. 2 BDSG-E sah eine Angleichung der Zulässigkeit der Erhebung von Daten über die rassische und **71** ethnische Herkunft, die Religion oder Weltanschauung, eine Behinderung, die sexuelle Identität, die Gesundheit, die Vermögensverhältnisse, Vorstrafen oder laufende Ermittlungsverfahren eines Bewerbers an die Regelungen des AGG vor.

c) EU-Datenschutz-Grundverordnung (EU-DSGVO)

Die EU-Datenschutz-Grundverordnung (EU-DSGVO)[150] trat am 25.5.2016 in Kraft. Anwendbar ist die **72** EU-DSGVO allerdings erst ab Ende Mai 2018. Die EU-DSGVO enthält zwar keinerlei spezifische, rechtsgestaltende Regelungen zum Beschäftigtendatenschutz. Allerdings werden Beschäftigte auch nach der EU-DSGVO innerhalb ihrer Arbeitsverhältnisse nicht rechtlos sein. So verweisen einzelne Vorschriften der EU-DSGVO (z.B.: Art. 9 EU-DSGVO) auf den Mitarbeiterdatenschutz und die allgemeinen Grundätze

---

147 *Rittweger/Schmidl*, FA 2006, 266.
148 *Forst*, AuR 2010, 106.
149 BT-Drucks 17/4230.
150 Verordnung (EU) 2016/679.

der Datenverarbeitung (Art. 5 EU-DSGVO) gelten selbstverständlich auch im Beschäftigtenverhältnis. Allerdings fehlt es an einer zentralen Regelungsvorschrift zu diesem Thema in der EU-DSGVO.

Die Regelungen der EU-DSGVO sind nicht abschließend, was sich aus der Regelung des Art. 88 EU-DSGVO ergibt, die eine Ermächtigung der Mitgliedsstaaten enthält, spezifischere Vorschriften für den Beschäftigtenkontext zu erlassen.[151] Ein Kernbestand der nach Art. 88 Abs. 1 EU-DSGVO zulässigen spezifischeren Regelungen hat bereits in § 32 BDSG seinen Niederschlag gefunden. Eine über die Regelung des § 32 BDSG hinausgehende, spezifische nationale Neuregelung des Beschäftigtendatenschutzes ist von der Sache her nicht nur rechtlich zulässig, sondern auch geboten.[152] Aufgrund des Anwendungsvorrangs der EU-DSGVO besteht für den deutschen Gesetzgeber die vordringliche Aufgabe, eine Bereinigung des nationalen Rechts, orientiert an der EU-DSGVO herbeizuführen. Der deutsche Gesetzgeber ist insoweit gehalten, bis Mitte 2018 ein Ausführungsgesetz zur EU-DSGVO zu schaffen, welches die Regelungsaufträge der EU-DSGVO erfüllt. Vor diesem Hintergrund bleibt die weitere Entwicklung abzuwarten.

8. Einzelne Fragen

a) Alkohol/Drogen

73 Die Frage nach einer **Alkohol- und/oder Drogenabhängigkeit** war bisher – im Gegensatz zu den bloßen Alkoholgewohnheiten, die die Privatsphäre des Bewerbers betreffen[153] – grds. zulässig.[154] Aus medizinischer Sicht handelt es sich um eine Krankheit, die auf negative Auswirkungen für die psychische und physische Leistungsfähigkeit schließen lässt, insbesondere bei gefährlichen oder sicherheitsrelevanten Tätigkeiten, z.B. Kraftfahrer, Pilot, Gerüstbauer etc.[155]

74 Problematisch ist die Frage allerdings vor dem Hintergrund des AGG, da eine Drogensucht von der Rechtsprechung als Krankheit eingestuft wird.[156] Denn trotz einer vom EuGH entwickelten begrifflichen Abgrenzung[157] bleiben auch nach Auffassung des EuGH Krankheiten denkbar, die besonders bei langer Dauer gleichzeitig eine Behinderung darstellen. Im Einzelfall kann die Frage nach bestimmten Erkrankungen eine Erkundigung nach einer Behinderung darstellen und eine Ungleichbehandlung i.S.d. AGG indizieren.[158] Bis zur endgültigen Klärung durch die Rechtsprechung ist daher nicht auszuschließen, dass hier eine Diskriminierung wegen einer Behinderung in Betracht kommt. Die Definition der Behinderung i.S.v. § 2 Abs. 1 S. 1 SGB IX ist jedenfalls sehr weit gefasst.[159] Einstweilen sollte die Frage auf die vorgenannten **sicherheitsrelevanten Fälle** beschränkt werden.[160]

b) Alter

75 Wegen des in §§ 1, 7 AGG enthaltenen Benachteiligungsverbots sind Fragen nach dem Alter heute grds. unzulässig. Eine mittelbare Benachteiligung könnte sich außerdem aus der Forderung nach einem Lichtbild ergeben.[161]

---

151 *Düwell/Brink*, NZA 2016, 665, 667.
152 *Düwell/Brink*, NZA 2016, 665, 668.
153 MünchArbR/*Buchner*, § 41 Rn 98; *Wisskirchen/Bissels*, NZA 2007, 169.
154 *Tschöpe/Wisskirchen*, Teil 1 C Rn 69 ff.; *Bengelsdorf*, NZA-RR 2004, 118.
155 MünchArbR/*Buchner*, § 30 Rn 314.
156 BAG 14.1.2004, NZA 2005, 839.
157 EuGH 11.7.2006, DB 2006, 1617.
158 BAG 17.12.2009, NZA 2010, 383.
159 BT-Drucks 16/1780, 31.
160 *Wisskirchen/Bissels*, NZA 2007, 169, 171.
161 ErfK/*Preis*, § 611 BGB Rn 275.

c) Arbeits- und Aufenthaltserlaubnis

Auch diese vor Inkrafttreten des AGG zulässige[162] Frage ist nun problematisch geworden. Da sie nur aus- 76
ländische Bewerber betrifft, könnte sie im Hinblick auf die Diskriminierungsmerkmale „ethnische Herkunft" bzw. „Rasse" relevant sein. Andererseits muss der Arbeitgeber klären dürfen, ob der Bewerber
die Arbeit überhaupt legal aufnehmen kann; beschäftigt er einen Ausländer ohne die erforderliche Erlaubnis, handelt er ordnungswidrig gem. § 404 Abs. 2 Nr. 3 und Abs. 3 SGB III. Daher dürfte es – vorbehaltlich
der Klärung durch die Rechtsprechung – in Zukunft zumindest zulässig sein zu erfragen, ob der Bewerber
aus den Alt-EU-Staaten/EWR-Staaten/Schweiz, den neuen zwölf EU-Beitrittsländern oder dem sonstigen
Ausland stammt.

d) Befristetes Arbeitsverhältnis ohne Sachgrund

Der Arbeitgeber hat ein berechtigtes Interesse an der Frage, ob zwischen ihm und dem Bewerber schon frü- 77
her einmal ein Beschäftigungsverhältnis bestanden hat, zumindest wenn der Abschluss eines befristeten Arbeitsverhältnisses in Rede steht.[163] Denn nach § 14 Abs. 2 S. 2 TzBfG ist die Befristung eines Arbeitsverhältnisses ohne Sachgrund nur zulässig, wenn nicht zuvor mit demselben Arbeitgeber ein Arbeitsverhältnis
bestanden hat.

e) Behinderung/Schwerbehinderung

Arbeitgeber dürfen Schwerbehinderte nicht wegen ihrer Behinderung benachteiligen (§ 81 Abs. 2 SGB IX). 78
Dennoch hat die bisherige Rechtsprechung[164] proklamiert, dass die Frage nach der Schwerbehinderung
stets zulässig war und wahrheitsgemäß beantwortet werden musste. Dieser Standpunkt will jedenfalls
dann nicht einleuchten, wenn es um eine Behinderung geht, die nicht arbeitsplatzrelevanter Natur ist, zumal
zwischen Behinderung und Schwerbehinderung seit Inkrafttreten des AGG **nicht mehr differenziert**
wird. Das AGG spricht in § 1 lediglich von Behinderung, worunter man nach der Rechtsprechung des
EuGH eine nicht nur vorübergehende Einschränkung versteht, die auf physische, geistige oder psychische
Beeinträchtigung zurückzuführen ist und die ein nicht nur vorübergehendes Hindernis für die Teilnahme
des Betreffenden am Berufsleben bildet.[165]

Jede Frage nach einer Behinderung ist grds. geeignet, einer verbotenen Benachteiligung Vorschub zu leis- 79
ten. Daher wird die Frage nach einer Schwerbehinderung im neueren Schrifttum unter Hinweis auf § 81
Abs. 2 SGB IX; § 1 AGG weitgehend für unzulässig gehalten,[166] jedenfalls soweit dieses Merkmal nicht
der ausdrücklichen **Förderung Behinderter** dient. Denn die bevorzugte Einstellung Behinderter wird angesichts § 71 SGB IX für ebenso zulässig erachtet, wie der Hinweis auf eine Bevorzugung Behinderter in
einer Stellenanzeige.[167]

Differenziert wird bei der wohl noch herrschenden Gegenmeinung danach, ob eine Behinderung sich auf die 80
Leistungsfähigkeit für den zu besetzenden Arbeitsplatz auswirke.[168] Auf die amtliche Anerkennung als
Schwerbehinderter, auf eine Gleichstellung oder auf ein laufendes Anerkennungsverfahren könne es nicht
ankommen, sondern stets nur auf eine zu erwartende arbeitsplatzrelevanten Minderleistung an sich.[169] Allerdings kommt nicht jede befürchtete Leistungsminderung in Betracht, wie die Entscheidung des EuGH

---

162 LAG Nürnberg 21.9.1994, NZA 1995, 228.
163 *Liebers/Thies*, A.VI.1. Rn 162; *Wisskirchen/Bissels*, NZA 2007, 169, 171.
164 BAG 25.3.1976, AP Nr. 19 zu § 123 BGB; BAG 1.8.1985, NZA 1986, 635; BAG 5.10.1995, NZA 1996, 371.
165 *Ferme*, NZA 2006, 939.
166 *Wisskirchen/Bissels*, NZA 2007, 169, 171; *Braun*, MDR 2004, 69; *Messingschlager*, NZA 2003, 301 ff.; *Joussen*, NJW 2003, 2860;
       Düwell, BB 2001, 1527; *Thüsing/Lambrich*, BB 2002, 1148; LAG Hamm 19.10.2006, jurisPR-ArbR 18/2007 Nr. 4; differenzierend
       Brors, DB 2003, 1734.
167 *Kania/Merten*, ZIP 2007, 8, 10.
168 *Schaub/Linck*, ArbR-Hdb., § 26 Rn 21 m.w.N.
169 St. Rspr., vgl. BAG 5.10.1995, NZA 1996, 371; BAG 3.12.1998, NZA 1999, 584.

vom 11.7.2006[170] zeigt. Die Befürchtung einer generell erhöhten **Krankheitsanfälligkeit** infolge einer Neurodermitis kann die Zurückweisung der ansonsten bestqualifizierten Bewerberin für eine Stelle in der Parkraumbewirtschaftung nicht begründen. Dies verstieß im entschiedenen Fall gegen das seinerzeitige EU-rechtliche Benachteiligungsverbot, das inzwischen in §§ 1, 7 Abs. 1 AGG gesetzlich geregelt ist.

81 Das BAG hat die Frage der Zulässigkeit für die Zeit bis zum Ablauf der 6-Monatsfrist des § 90 Abs. 1 Nr. 1 SGB IX in mehreren Entscheidungen offen gelassen.[171] Arbeitgebern ist **im Bewerbungsverfahren** daher im Ergebnis zu raten, mit der Frage nach einer Behinderung/Schwerbehinderung zurückhaltend umzugehen, da nicht damit zu rechnen ist, dass die bisherige Rechtsprechung unverändert fortgesetzt wird. **Nach der Einstellung** wird hingegen zu **differenzieren** sein, da die Frage nach einer Schwerbehinderung oder einer Gleichstellung nun kein Indiz für eine Benachteiligung mehr ist.[172] Überdies hat der Arbeitgeber bestimmte Rechte und Pflichten in diesem Zusammenhang zu beachten, z.B. die Pflicht zur Zahlung der Ausgleichsabgabe gem. §§ 71 ff. SGB IX oder die Einschaltung des Integrationsamtes vor einer Entlassung gem. § 87 SGB IX.

82 Fragen nach Krankheiten, die häufig zu einer Behinderung führen, können bei Ablehnung der Einstellung eine Diskriminierung wegen **vermuteter Behinderung** bedingen.[173] Denn nach § 7 Abs. 1 Hs. 2 AGG soll eine unzulässige Diskriminierung auch dann schon vorliegen, wenn der Arbeitgeber das Vorliegen eines Diskriminierungsmerkmals (z.B. einer Behinderung) auch nur annimmt.

f) Beruflicher Werdegang/Ausbildung/frühere Arbeitsverhältnisse

83 Fragen nach dem beruflichen Werdegang, nach der Ausbildung, nach Fähigkeiten und Kenntnissen sind grds. zulässig, da sie die fachliche Qualifikation des Bewerbers betreffen.[174] Hierunter fallen auch Ausbildungs- und Arbeitszeugnisse, Prüfungsnoten, Angaben über frühere Beschäftigungen und dortige Aufgaben, Unterbrechungen der Berufstätigkeit sowie Motive für die Bewerbung und Erwartungen an die neue Stelle.

84 Die Frage des Arbeitgebers nach den früheren Arbeitgebern und der Dauer der jeweiligen Beschäftigungsverhältnisse ist zulässig. Das gilt auch dann, wenn der Arbeitnehmer die Teilnahme an einer Entziehungstherapie verheimlichen und so seine Wiedereingliederung in das Arbeitsleben erreichen will.[175]

Als unbedenklich werden auch Fragen nach den früheren beruflichen Aufgaben des Bewerbers, seiner Motivation für den Arbeitsplatzwechsel und nach seinen beruflichen Plänen und Perspektiven eingeschätzt.[176]

85 Die Frage, ob sich der Bewerber aus einem intakten Arbeitsverhältnis bewirbt, oder ob die Beendigung bereits durch Kündigung oder in anderer Weise veranlasst wurde, ist zulässig.[177] Um im Falle einer späteren Ablehnung kein Indiz für eine Diskriminierung zu schaffen, wird empfohlen, nicht ausdrücklich nach dem Grund einer Arbeitgeberkündigung zu fragen, sondern sich auf die Beendigungsart (Arbeitgeber- oder Arbeitnehmerkündigung, Auflösungsvereinbarung) und ggf. auf die Frage nach einer verhaltensbedingten Kündigung zu beschränken.[178]

g) Berufliche Verfügbarkeit/Nebentätigkeit

86 Fragen zur räumlichen und zeitlichen Mobilität des Bewerbers (Außendienst, Schichtdienst, Einsatz an wechselnden Arbeitsorten) sind grds. zulässig, da sie das konkrete Arbeitsverhältnis betreffen und auch

---

170 EuGH 11.7.2006, BB 2006, 1640.
171 BAG 7.7.2011, NZA 2012, 34; 16.2.2012, NZA 2012, 555.
172 *Kleinebrink*, ArbRB 2006, 377.
173 BAG 17.12.2009, NZA 2010, 383.
174 BAG 12.2.1970, AP Nr. 17 zu § 123 BGB.
175 LAG Köln 13.11.1995, NZA-RR 1996, 403.
176 ArbR-Lexikon, Nr. 187 Rn 13.
177 MünchArbR/*Buchner*, § 30 Rn 270.
178 Liebers/*Thies*, A.IV.1. Rn 159.

nicht gegen Vorschriften des AGG verstoßen.[179] Diskutiert wird im Zusammenhang mit Schichtdienst allenfalls ein denkbarer Bezug zu dem Diskriminierungsmerkmal „Geschlecht" (z.B. Frau mit Kindern), was aber im Ergebnis für nicht einschlägig erachtet wird.[180]

Auch die Frage nach Nebentätigkeiten ist zulässig, wenn sich ein konkreter Bezug zur beruflichen Leis- 87
tungsfähigkeit des Bewerbers ergibt.[181] Da Konkurrenztätigkeiten bereits von Gesetzes wegen verboten sind (§ 60 HGB), steht ein diesbezügliches Fragerecht nicht in Zweifel.[182] Dasselbe gilt auch bei Vollzeitbeschäftigungen wegen der damit verbundenen Anforderungen an die körperliche und geistige Fitness des Arbeitnehmers, die durch eine zusätzliche Nebenbeschäftigung beeinträchtigt werden könnte.

h) Familienstand/Heiratsabsichten/Kinderwunsch

Die Frage nach dem Familienstand ist nur zulässig, sofern hieran ein berechtigtes Interesse des Arbeitgebers 88
besteht. Das dürfte sich im Bewerbungsverfahren kaum begründen lassen, anders dagegen nach der Einstellung, da der Arbeitgeber diese Angabe jetzt für die Gehaltsabrechnung zwingend benötigt. Hinzu tritt, dass in diesem Zusammenhang auch das Benachteiligungsmerkmal der sexuellen Orientierung betroffen sein kann,[183] z.B. im Fall einer gleichgeschlechtlichen Partnerschaft nach dem LPartG.[184]

Die Frage nach Heiratsabsichten ist als Eingriff in das Persönlichkeitsrecht des Bewerbers grundsätzlich 89
unzulässig, zumal die Beantwortung dieser Frage keine Erkenntnisse über die berufliche Eignung des Bewerbers gibt.[185] Das gilt ebenso für Fragen nach dem Kinderwunsch des Bewerbers. Unter dem Blickwinkel des AGG dürfte auch insoweit als mittelbares Diskriminierungsmerkmal die sexuelle Orientierung des Bewerbers betroffen sein.[186]

i) Gehaltshöhe

Die Frage nach der bisherigen Gehaltshöhe wird für zulässig erachtet, was allerdings dann nicht gelten soll, 90
wenn die bisherige Vergütung für die künftige Stelle keine Aussagekraft hat und der Bewerber sie auch nicht als Mindestvergütung gefordert hatte.[187]

j) Geschlecht/genetische Veranlagung

Die Frage nach dem wahren Geschlecht (Genomanalyse) war schon vor Inkrafttreten des AGG i.d.R. un- 91
zulässig.[188] Ausnahmen bestanden nur bei grundlegender Bedeutung der sexuellen Identität des Bewerbers für die zu besetzende Stelle. Angeführt werden hier stets die Standardbeispiele der Nackttänzerin oder dem jeweils weiblichen bzw. männlichen Model für Damen- bzw. Herrenbekleidung; hiervon einmal abgesehen hat das BAG die Frage für zulässig erachtet bei der Einstellung einer transsexuellen Arzthelferin in einer Frauenarztpraxis vor ihrer Geschlechtsumwandlung.[189]

Unzulässig weil unmittelbar benachteiligend ist die Frage nach der sexuellen Identität oder einer eingetragenen Lebenspartnerschaft (§ 3 Abs. 1 S. 1 AGG).[190]

---

179 Liebers/*Thies*, A.IV.1. Rn 154; ErfK/*Preis*, § 611 BGB Rn 275.
180 *Wisskirchen/Bissels*, NZA 2007, 169, 171.
181 *Tschöpe/Wisskirchen*, 1 C Rn 85; a.A. DLW/*Dörner*, B. Rn 272.
182 ErfK/*Preis*, § 611 BGB Rn 280; MünchArbR/*Buchner*, § 30 Rn 318.
183 ErfK/*Preis*, § 611 BGB Rn 275.
184 *Schaub/Linck*, ArbR-Hdb., § 26 Rn 22.
185 *Schaub/Linck*, ArbR-Hdb., § 26 Rn 25.
186 ErfK/*Preis*, § 611 BGB Rn 275; *Schaub/Linck*, ArbR-Hdb., § 26 Rn 21a.
187 BAG 19.5.1983, DB 1984, 298; ErfK/*Preis*, § 611 BGB Rn 279.
188 Transsexuellengesetz von 1980.
189 BAG 21.2.1991, NZA 1991, 719.
190 EuGH 1.4.2008, NJW 2008, 1649.

k) Gesundheitszustand/Erkrankung

92 Gesundheitszustand und Krankheiten betreffen die Intimsphäre eines Bewerbers und sind damit dem Fragerecht des Arbeitgebers weitgehend entzogen,[191] es sei denn, die nachgefragte Tatsache wäre für den Betrieb des Arbeitgebers oder die künftigen Arbeitskollegen von besonderem Interesse. Daher setzt das Fragerecht stets einen **besonderen Sachzusammenhang** mit der zu besetzenden Stelle voraus. Das ist z.B. im Falle epileptischer Krankheiten bei sicherheitsrelevanten Tätigkeiten der Fall, wenn ein möglicher krankheitsbedingter Ausfall Gefährdungen für den Betrieb, dessen Mitarbeiter oder Dritte mit sich bringt. Nach solchen konkret relevanten Krankheiten darf der Arbeitgeber fragen. Darüber hinaus bestehen Offenbarungspflichten bei Alkohol-/Drogenabhängigkeit im Falle der Bewerbung auf eine sicherheitsrelevante Position, z.B. Kraftfahrer, Pilot, Gerüstbauer[192] etc.

Fragen nach **ansteckenden Krankheiten**, vor denen Belegschaft und Kundenkreis bewahrt werden muss, sind wahrheitsgemäß zu beantworten; schwere Erkrankungen, die die Arbeitsleistung wegen der Ansteckungsgefahr oder der drohenden Ausfallerscheinungen dauerhaft oder regelmäßig behindern, sind auch ungefragt vom Bewerber zu offenbaren.[193]

93 In einigen Fällen ist der Arbeitgeber verpflichtet, z.B. nach § 43 IfSG, dafür Sorge zu tragen, dass sich seine Arbeitnehmer einer ärztlichen Einstellungsuntersuchung unterziehen. Das gilt bei ausdrücklicher oder konkludenter Zustimmung des Bewerbers auch für psychologische Tests, um Zweifel an der Eignung auszuschließen.[194]

94 Allerdings verbleibt bis zur Klärung durch die Rechtsprechung ein Wertungswiderspruch zum AGG im Falle von Krankheiten, die **gleichzeitig** eine **Behinderung** darstellen.[195] Der EuGH entwickelte zwar eine abgrenzende Definition, sieht aber dennoch in der Entscheidung vom 11.7.2006[196] Überschneidungsbereiche, in denen eine Erkrankung, besonders bei langer Dauer, gleichzeitig eine Behinderung darstellen kann.[197]

95 Im Falle von HIV ist zwischen **Aidserkrankung** und bloßer **HIV-Infektion** zu differenzieren. Wegen der erheblichen Einschränkungen der Leistungsfähigkeit ist die Frage nach einer bestehenden Aidserkrankung nach überwiegender Meinung zulässig,[198] während die HIV-Infektion nur dann wahrheitsgemäß anzugeben sein soll, wenn die persönliche Eignung des Bewerbers – z.B. im Krankenhaus- und Gesundheitswesen wegen der dort erhöhten Ansteckungsgefahr – betroffen ist.[199]

96 Sind Kur- oder Rehabilitationsmaßnahmen für die Zeit nach Arbeitsantritt beantragt, so wird durch deren Antritt die Verfügbarkeit des Arbeitnehmers eingeschränkt. Trotzdem wurde ein Fragerecht im Falle einer beantragten Reha-Maßnahme bei einem befristeten Arbeitsverhältnis von einem Jahr verneint.[200] Denn die Gewährung der Maßnahme und ihr Zeitpunkt stünden im Ermessen des Leistungsträgers, weshalb der Bewerber im Einstellungszeitpunkt nicht mit einer Arbeitsverhinderung habe rechnen müssen. Im Umkehrschluss besteht folglich bei bereits bewilligten Maßnahmen eine Offenbarungspflicht des Bewerbers.

97 Seit dem 24.4.2009 ist das Gendiagnostikgesetz[201] in Kraft. Es verbietet in § 19 genetische Untersuchungen und Analysen (§ 3 Nr. 1, 2 GenDG) vor und nach der Begründung eines Arbeitsverhältnisses. Die Regelung

---

191 BAG 7.6.1984, NZA 1985, 57.
192 Tschöpe/*Wisskirchen*, 1 C Rn 70.
193 BAG 7.2.1964, DB 1964, 555; Hessisches LAG 13.10.1972, DB 1972, 2359.
194 BAG 13.2.1964, AP Nr. 1 zu Art. 1 GG.
195 BAG 17.12.2009, NZA 2010, 383; 24.9.2009, NZA 2010, 159.
196 EuGH 11.7.2006, DB 2006, 1617.
197 Siehe auch EuGH 11.4.2013, NZA 2013, 553; BAG 19.12.2013, NZA 2014, 372.
198 *Löwisch*, DB 1987, 936 ff.; Richardi/*Thüsing*, § 94 BetrVG Rn 18; a.A. *Klak*, BB 1987, 1382; *Zeller*, BB 1987, 1523.
199 Richardi/*Thüsing*, § 94 BetrVG Rn 18; *Richardi*, NZA 1988, 73.
200 ArbG Limburg 9.4.1997, BB 1997, 2006; a.A. ArbR-Lexikon, Nr. 187, II. 3.
201 *Genenger*, NJW 2010, 113.

ist nicht dispositiv, so dass eine Einwilligung des Bewerbers bedeutungslos ist. Die herkömmlichen Untersuchungsmethoden berührt das GenDG dagegen nicht, und zwar auch dann nicht, wenn eine berufsrelevante Erkrankung auf einer genetischen Ursache beruht (z.B. Farbblindheit),[202] solange keine genetische Untersuchung i.S.v. § 3 Nr. 1 bzw. 2 GenDG durchgeführt wird.

§ 21 GenDG enthält ein dem AGG vergleichbares Benachteiligungsverbot dergestalt, dass eine Diskriminierung wegen einer für den Bewerber wegen seiner für ihn unabänderlichen genetischen Eigenschaften (oder die eines genetisch Verwandten) unzulässig ist. Die §§ 15 und 22 des AGG werden ausdrücklich für entsprechend anwendbar erklärt. Bei einem Verstoß ergeben sich daher dieselben Rechtsfolgen, die bereits oben zu § 15 AGG beschrieben sind, nämlich ein Schadensersatzanspruch für materielle Schäden und ein Entschädigungsanspruch für immaterielle Schäden. Ein Einstellungsanspruch besteht dagegen nicht (§ 15 Abs. 6 AGG).

l) Gewerkschaftszugehörigkeit

Die Frage ist im Grundsatz unzulässig.[203] Ausnahmen sollen bei bestehender Verbandsmitgliedschaft des **98** Arbeitgebers zur Überprüfung der Tarifbindung gelten,[204] was teilweise dahingehend eingeschränkt wird, dass diese Frage nur im bestehenden Arbeitsverhältnis erlaubt sein soll und auch nur dann, wenn der betreffende Arbeitnehmer die Tarifbindung für sich in Anspruch nehmen will.[205] Dem ist das BAG nicht gefolgt, weil die Beantwortung der Frage die Koalitionsfreiheit der betroffenen Gewerkschaft unzulässig einschränken kann.[206] Zulässig soll die Frage bei Einstellung eines leitenden Angestellten sein, der den Arbeitgeber vor der Arbeitnehmerschaft vertreten soll,[207] oder wenn es um den Aspekt der Gegnerfreiheit geht, z.B. bei der Einstellung eines Gewerkschaftsmitglieds in einem Arbeitgeberverband.[208]

m) Homosexualität

Eine Ungleichbehandlung wegen Homosexualität war als schwerer Eingriff in das Persönlichkeitsrecht **99** schon nach älterer Rechtsprechung grds. unzulässig.[209] Ein anerkennenswerter Bezug zur beruflichen Qualifikation oder Leistungsfähigkeit ergab sich nicht. Die Frage ist seit dem Inkrafttreten des AGG absolut unzulässig.

n) Raucher/Nichtraucher

Auch wenn die Frage, ob ein Bewerber raucht oder nicht, mit keinem der im AGG genannten Diskrimi- **100** nierungstatbeständen kollidiert, ist sie unzulässig,[210] denn sie betrifft die **Privatsphäre**. Der Arbeitgeber kann eventuell zu befürchtenden Störungen der Betriebsgemeinschaft und der anderen Mitarbeiter durch entsprechende Arbeitsanweisungen bzw. durch das Aussprechen von Rauchverboten entgegensteuern (vgl. § 5 ArbStättV v. 12.8.2004).[211] Dabei unterstellt die Rechtsprechung, dass ein Raucher sich an derartige Anweisungen hält. Aus diesem Grunde habe der Arbeitgeber kein legitimes Interesse an der Frage.[212] Anderes soll nur dann gelten, wenn **arbeitstechnische Zusammenhänge** (z.B. bei der Herstellung von Mikrochips) durch Rauchpartikel nachteilig beeinflusst werden, die in der Atemluft auch nach mehrstündiger Rauchpause nachweisbar bleiben.[213] Allerdings hielt der EU-Sozialkommissar Spidla die Stel-

---

202 *Fischinger*, NZA 2010, 65.
203 BAG 28.3.2000, NZA 2000, 1294; ErfK/*Preis*, § 611 BGB Rn 278.
204 Schaub/*Linck*, ArbR-Hdb., § 26 Rn 24 m.w.N..
205 Tschöpe/*Wisskirchen*, 1 C Rn 82.
206 BAG 18.11.2014, NZA 2015, 306.
207 Tschöpe/*Wisskirchen*, 1 C Rn 82.
208 Moll/*Melms*, § 9 Rn 44.
209 Vgl. z.B. BAG 23.6.1994, EzA § 242 BGB Nr. 39.
210 BVerwG 13.9.1884, NJW 1985, 876; Schaub/*Linck*, ArbR-Hdb. § 26, Rn 28; ErfK/*Preis*, § 611 BGB Rn 282.
211 BAG 17.2.1998, NZA 1998, 1231; *Lorenz*, DB 2003, 721.
212 HWK/*Thüsing*, § 123 BGB Rn 21.
213 Tschöpe/*Wisskirchen*, 1 C Rn 86.

lenanzeige eines Call-Center-Betreibers, der gezielt um Nichtraucher warb, auf eine parlamentarische Anfrage hin für zulässig.[214]

o) Politische Einstellung/Parteizugehörigkeit

101 Außer bei Tendenzbetrieben mit parteipolitischer Vorgabe (z.B. Parteien oder Verlage) ist die Frage unzulässig. Sie betrifft den geschützten Persönlichkeitsbereich des Bewerbers und den weltanschaulichen Bereich, der über § 1 AGG geschützt ist.[215]

Zulässig ist aber die Frage nach der Mitgliedschaft in einer verfassungsfeindlichen Organisation,[216] z.B. der NPD. Das gilt auch dann, wenn die Verfassungswidrigkeit der betreffenden Organisation noch nicht bewiesen ist.[217]

p) Religion

102 Die grund- und spezialgesetzlich geschützte Religionszugehörigkeit (Art. 3 Abs. 3 GG; Art. 140 GG i.V.m. Art. 136 Abs. 3 WRV; § 1 AGG) darf im Einstellungsverfahren grds. nicht erfragt werden, um eine mögliche Benachteiligung zu verhindern. Eine Ausnahme stellen aber auch hier **Tendenzbetriebe** dar (z.B. Kirchen, Krankenhäuser und Schulen in kirchlicher Trägerschaft, andere konfessionelle Einrichtungen). Sucht eine Kirche einen kirchlichen Funktionsträger, z.B. einen Pfarrer oder Religionslehrer, so darf sie nach der Konfession der Bewerber fragen; spielt die Konfession keine unmittelbare Rolle wie z.B. bei einer Bürokraft, beschränkt sich das Fragerecht auf eine loyale Einstellung des Bewerbers zu den von der religiösen Einrichtung verfolgten Zielen und Grundsätzen.[218]

Wo Leistungsverweigerungsrechte aus religiösen Gründen in Betracht kommen, z.B. bei einem Moslem, der aus religiösen Gründen keine Ladenregale mit Alkoholika befüllen will,[219] wird erwogen, dem Arbeitgeber bei der Einstellung ausnahmsweise ein entsprechendes Fragerecht zuzubilligen.[220]

Im **laufenden Arbeitsverhältnis** dagegen ist die Frage zulässig, ob der Arbeitnehmer einer Kirche angehört, die als Körperschaft des öffentlichen Rechts aufgrund des jeweiligen Landeskirchensteuergesetzes Kirchensteuer als öffentliche Abgaben erhebt, denn insoweit unterliegt der Arbeitgeber der Abführungspflicht.

q) Schwangerschaft

103 Das bekannteste Beispiel für die Unzulässigkeit einer Frage betrifft den Bestand einer Schwangerschaft; diese Frage ist **in allen erdenklichen Konstellationen** unzulässig.[221] Das gilt nach der Rechtsprechung des EuGH selbst dann, wenn der Bewerberin die Aufnahme der Tätigkeit wegen der Schutzvorschriften des MuSchG gar nicht oder nur kurzfristig möglich ist.[222] Dem hat sich auch das BAG angeschlossen.[223]

Das Anknüpfen an die Schwangerschaft ist zudem eine unmittelbare Benachteiligung gem. § 3 Abs. 1 S. 2 AGG.[224]

---

214 Tschöpe/*Wisskirchen*, 1 C Rn 87.
215 Schaub/*Linck*, ArbR-Hdb. § 26, Rn 29; ErfK/*Preis*, § 611 BGB Rn 278.
216 BAG 1.10.1986, AP Nr. 26 zu Art. 33 Abs. 2 GG; MünchArbR/*Buchner*, § 30 Rn 325.
217 BVerfG 22.5.1975, AP Nr. 2 zu Art. 33 Abs. 5 GG.
218 Tschöpe/*Wisskirchen*, 1 C Rn 89.
219 BAG 24.2.2011, NZA 2011, 1087.
220 Schaub/*Linck*, ArbR-Hdb. § 26, Rn 31.
221 BAG 6.2.2003, NZA 2003, 848; Preis/*Bender*, NZA 2005, 1321, 1322 mit zahlreichen weiteren Nachweisen.
222 EuGH 3.2.2000, NZA 2000, 255; 4.10.2001, NZA 2001, 1241.
223 BAG 6.2.2003, NZA 2003, 848.
224 ErfK/*Preis*, § 611 BGB Rn 274.

r) Scientology

Die Frage nach der Mitgliedschaft in der Scientology Organisation wurde **bisher** als **uneingeschränkt zu-** 104
lässig bewertet.[225] Nach der Rechtsprechung des BAG ist die „Scientology Kirche Hamburg e.V." keine
Religions- oder Weltanschauungsgemeinschaft i.S.d. Art. 4, 140 GG, Art. 137 WRV, sondern zielt auf
die Eroberung organisatorischer Schlüsselpositionen in Wirtschaft und Verwaltung und damit primär auf
wirtschaftlichen Erfolg. Da aus diesem Grund befürchtet wird, dass ein Scientology-Angehöriger persönliche Absichten in Bezug auf den Arbeitsplatz über die Interessen des Arbeitgebers stellt, hat der Arbeitgeber ein schützenswertes Interesse an der Klärung der Zugehörigkeitsfrage. Dies gilt insbesondere bei Vertrauenspositionen und sicherheitsrelevanten Bereichen,[226] aber auch im öffentlichen Dienst.[227]

Das BVerwG hat – allerdings ohne die Frage zu beantworten, ob Scientology eine Religionsgemeinschaft
sei – Scientology als Weltanschauungsgemeinschaft eingeordnet und unter den Schutz des Art. 4 Abs. 1
GG gestellt.[228] Auch wenn die Entscheidung im Schrifttum kritisiert wurde[229] ist ungewiss, ob sich die
Mitglieder dieser Organisation nicht auch auf §§ 7, 1 AGG berufen können,[230] auch wenn dies bisher eher
verneint wird.[231] Jedenfalls haben Gerichte in Frankreich und den USA Scientology als Religionsgemeinschaft anerkannt.[232] Es empfiehlt sich daher, die Frage nur bei der Besetzung von besonderen Vertrauenspositionen zu stellen.

Im **laufenden Arbeitsverhältnis** ist das Fragerecht zu Scientology **differenziert** zu betrachten. Nach einer
Entscheidung des Arbeitsgerichts München muss ein seit neun Jahren beschäftigter Arbeitnehmer ohne
konkreten Anlass einen Fragebogen über seine Scientology-Beziehung nicht ausfüllen.[233] Jugendbetreuer
dagegen, die für Scientology bei ihnen anvertrauten Jugendlichen werben, verstoßen gegen ihre arbeitsvertraglichen Pflichten,[234] ebenso wie Betriebsratsmitglieder soweit sie durch Scientology-Werbung innerhalb
und außerhalb der Arbeitszeit den Betriebsfrieden stören.[235]

s) Sicherheit/Verfassungstreue

Differenziert wird insoweit zwischen einer Tätigkeit im öffentlichen Dienst und in der privaten Wirtschaft. 105
Fragen des öffentlich-rechtlichen Arbeitgebers nach der Verfassungstreue eines Bewerbers werden als zulässig erachtet.[236] Das gilt auch für Fragen nach einer Mitarbeit im oder für das Ministerium für Staatssicherheit der DDR,[237] wobei es aber auf die Umstände des Einzelfalls ankommt, insbesondere auf die
Dauer der Mitarbeit und den zeitlichen Abstand.[238] Vorgänge, die vor dem Jahr 1970 abgeschlossen waren,
kommen nicht mehr in Betracht,[239] während ein zeitlicher Abstand von zehn Jahren relevant bleibt.[240] Die
bloße Unterzeichnung einer „IM-Erklärung" als Informant der Staatssicherheit wird als unschädlich angesehen.[241]

---

225 BAG 23.3.1995, NZA 1995, 823.
226 *Bauer/Baeck/Merten*, DB 1997, 2535.
227 BAG 1.10.1986, AP Nr. 26 zu Art. 33 Abs. 2 GG; MünchArbR/*Buchner*, § 30 Rn 147.
228 BVerwG 15. 12. 2005, NJW 2006, 1303.
229 Richardi/*Thüsing*, § 94 BetrVG Rn 17.
230 Liebers/*Thies*, A.IV.1. Rn 177.
231 *Zimmer/Volk*, FA 2006, 258; *Wisskirchen/Bissels*, NZA 2007, 173; differenzierend *Röder/Krieger*, FA 2006, 200.
232 Ausführlich m.w.H. Tschöpe/*Wisskirchen*, 1 C Rn 90 ff, 94; siehe auch Schaub/*Linck*, ArbR-Hdb. § 36, Rn 12.
233 ArbG München 24.10.2000, NZA-RR 2000, 296.
234 LAG Berlin 11.6.1997, DB 1997, 2542.
235 ArbG Ludwigshafen 12.5.1993, AiB 1995, 754.
236 BAG 17.5.1983, NJW 1984, 824.
237 BAG 13.6.1996, NZA 1997, 204.
238 BAG 4.12.1997, NZA 1998, 474.
239 BVerfG 8.7.1997, NZA 1997, 992.
240 BAG 16.12.2004, NZA 2006, 624.
241 Schaub/*Linck*, ArbR-Hdb., § 26 Rn 27, § 127 Rn 108 ff.

Eine ordnungsgemäße Befragung durch den öffentlichen Arbeitgeber zwecks Feststellung der Verfassungstreue – als Bestandteil der Eignung i.S.v. Art. 33 Abs. 2 GG – setzt nach der Rechtsprechung des BAG voraus, dass der Bewerber nach konkreten Umständen befragt wird, die gemäß den Anforderungen der ins Auge gefassten Tätigkeit einstellungsrelevant sind. Die allgemeine Frage, ob der Bewerber (irgend)einer verfassungsfeindlichen Organisation oder Partei angehört, werde dieser Vorgabe regelmäßig nicht gerecht.[242]

Für privatrechtliche Arbeitgeber ist die Frage nur bei einem **besonderen Sicherheitsbedürfnis** zulässig,[243] das einen konkreten Bezug zwischen der StaSi-Tätigkeit und dem beworbenen Arbeitsplatz voraussetze.[244]

t) Vorstrafen/Führungszeugnis/Strafhaft

106   Zurückliegende Vorstrafen berühren das zu begründende Arbeitsverhältnis nicht. Das Fragerecht besteht nur insoweit, wie eine **Vorstrafe** für den offenen **Arbeitsplatz relevant** ist.[245] Relevanz besteht insoweit nur, wenn und soweit die Art des zu besetzenden Arbeitsplatzes das Fehlen einer einschlägigen Vorstrafe erfordert, z.B. wenn sich ein mehrfach wegen Verkehrsdelikten Vorbestrafter als Kraftfahrer oder ein verurteilter Dieb und Hehler als Lagerhalter bewirbt.[246] Ob eine Vorstrafe im Rechtssinne vorliegt, bestimmt sich grds. nach § 53 Abs. 1 BZRG.

107   Die Vorlage eines polizeilichen Führungszeugnisses kann, obwohl sich so ein evtl. krimineller Hintergrund objektiv prüfen ließe, schon deshalb nicht gefordert werden, weil das Führungszeugnis auch Erkenntnisse über solche Straftatbestände gäbe, die zu dem Arbeitsverhältnis keinen Bezug haben.[247] Anders wird dies dagegen für Arbeitnehmer des öffentlichen Dienstes gesehen.[248] Soweit das Führungszeugnis zur Vorlage bei einer Behörde dient, wird diese es ohnehin direkt anfordern und auch auf dem Behördenweg erhalten.

108   Ohne konkreten Bezug der Verurteilung zur beabsichtigten Beschäftigung kommt ein weitergehendes Fragerecht nur dann in Betracht, wenn dem Bewerber eine **besondere Vertrauensstellung** oder eine **Führungsposition** eingeräumt werden soll.[249] Eine Differenzierung zwischen den Anforderungen des öffentlichen Dienstes und der Privatwirtschaft hat das BAG mehrfach abgelehnt.[250]

Eine **bevorstehende** Strafhaft hat der Bewerber allerdings ungefragt zu offenbaren,[251] denn diese betrifft in erster Linie seine künftige Verfügbarkeit und damit in aller Regel eine arbeitsvertragliche Hauptleistungspflicht des künftigen Arbeitnehmers.

109   Der öffentliche Arbeitgeber darf den Bewerber um ein öffentliches Amt nach anhängigen Ermittlungs- und Strafverfahren befragen, wenn ein solches Verfahren Zweifel an der persönlichen Eignung des Bewerbers für die in Aussicht genommene Tätigkeit begründen kann. Derartige Zweifel bestehen z.B., wenn bei einem Bewerber um die Stelle eines wissenschaftlichen Mitarbeiters an einem Lehrstuhl für Strafrecht, Strafprozessrecht und Urheberrecht, ein Strafverfahren wegen falscher Versicherung an Eides Statt gem. § 156 StGB anhängig ist.[252]

242 BAG 12.5.2011, NZA-RR 2012, 43.
243 ArbG Darmstadt 26.5.1994, BB 1994, 2495; MünchArbR/*Buchner*, § 30 Rn 33 m.w.N.
244 Tschöpe/*Wisskirchen*, 1 C Rn 102.
245 BAG 5.12.1957, AP Nr. 2 zu § 123 BGB; BAG 20.5.1999, DB 1999, 1859.
246 MünchArbR/*Buchner*, § 30, Rn 342.
247 BAG 20.5.1999, NZA 1999, 975.
248 Schaub/*Linck*, ArbR-Hdb., § 26 Rn 37.
249 MünchArbR/*Buchner*, § 30, Rn 343.
250 BAG 20.5.1999, DB 1999, 1859.
251 Hessisches LAG 7.8.1986, NZA 1987, 352; vgl. auch BAG 9.3.1995, NZA 1995, 777.
252 BAG 27.7.2005, NZA 2005, 1243.

u) Wehrdienst/Zivildienst

Fragen nach der Ableistung von Wehrdienst oder Zivildienst in der Vergangenheit sind unzulässig.[253] Denn sie könnten dazu dienen, die weltanschauliche oder politische Einstellung eines Bewerbers zu ermitteln. Damit berühren sie ein Diskriminierungsmerkmal des AGG sowie die grundgesetzlich geschützte Gewissensfreiheit. **110**

Die Frage, ob der Wehrdienst oder Zivildienst künftig noch **bevorsteht**, hat sich seit der Aussetzung der allgemeinen Wehrpflicht erübrigt (§ 2 WPflG n.F.). **111**

Im selben Zuge wurde allerdings der Bundesfreiwilligendienst (§ 1 BDFG) bzw. der freiwillige Wehrdienst (§ 54 WPflG n.F.) eingeführt. Hier gilt hinsichtlich des bereits abgeleisteten Wehrdienstes das oben Gesagte. Die Frage nach künftig anstehenden Wehrdienstzeiten dürfte in aller Regel schon deshalb von geringer Relevanz sein, weil solche – im Gegensatz zu den früheren Wehrpflichtzeiten – regelmäßig auf einem freiwilligen Entschluss des Bewerbers beruhen. Da Adressaten der §§ 1 BDFG bzw. 54 Abs. 1 WPflG n.F. „Frauen und Männer" sind, kommt eine Benachteiligung wegen des Geschlechts nach dem AGG insoweit grundsätzlich nicht in Betracht, so dass für die Frage nach anstehenden Wehrdienstzeiten die Klärung der Verfügbarkeit des Bewerbers im Vordergrund stehen dürfte. Das wiederum entspricht einem legitimen Interesse des Arbeitgebers, so dass, solange keine gerichtliche Klärung existiert, von der Zulässigkeit der Frage auszugehen sein dürfte.

Liegt dem Bewerber bereits ein **Einberufungsbescheid** vor, der den Arbeitsantritt be- oder verhindert, so hat er diesen – ähnlich wie eine bevorstehende Strafhaft – ungefragt von sich aus dem Arbeitgeber zu offenbaren.[254]

v) Wettbewerbsverbote

Die Frage, ob der Bewerber einem Wettbewerbsverbot aus einem früheren Arbeitsverhältnis unterliegt, ist zulässig. Zwar berührt ein solches Verbot nicht die Rechtswirksamkeit des neu zu schließenden Arbeitsvertrags, denn das Verbot verpflichtet den Arbeitnehmer nur schuldrechtlich dem früheren Arbeitgeber gegenüber. Ein dringendes Interesse des Arbeitgebers an der Existenz einer derartigen Verpflichtung liegt aber auf der Hand, denn nachvertragliche Wettbewerbsverbote sind i.d.R. mit empfindlichen Vertragsstrafen verbunden und können ggf. auch im Wege des **einstweiligen Rechtsschutzes** wirksam durchgesetzt werden. Daher muss der Arbeitgeber befürchten, dass ein Bewerber, der einem Wettbewerbsverbot unterliegt, die Arbeit nicht antreten oder bald wieder aufgeben könnte.[255] Z.T wird auch eine entsprechende Offenbarungspflicht angenommen.[256] **112**

w) Wirtschaftliche Verhältnisse/Vermögen/Pfändungen

Die Frage nach den Vermögensverhältnissen ist mangels eines berechtigten Interesses des Arbeitgebers regelmäßig unzulässig. Je nach dem Ausmaß der mit dem Arbeitsplatz verbundenen Verantwortung und dem erforderlichen Vertrauen, z.B. bei leitenden Angestellten, mag im Einzelfall etwas anderes gelten.[257] Die Frage nach Lohnpfändungen im bisherigen Arbeitsverhältnis ist in der Regel unzulässig.[258] Bringt die zu besetzende Position aber den selbstständigen Umgang mit Geld oder Waren bzw. der Betreuung von Vermögenswerten des Arbeitgebers oder dessen Kunden mit sich, besteht ein legitimes Interesse an der Feststellung der wirtschaftlichen Solidität des Bewerbers. Die Frage nach früheren Gehaltspfändungen ist z.B. bei der Besetzung der Stelle eines Kassierers, Finanzbuchhalters oder eines leitenden Angestellten mit **113**

---

253 ErfK/*Preis*, § 611 BGB Rn 273; Schaub/*Linck*, ArbR-Hdb., § 26 Rn 39.

254 MünchArbR/*Buchner*, § 30 Rn 361.

255 *Ehrich*, DB 2000, 422; MünchArbR/*Buchner*, § 30, Rn 317.

256 Schaub/*Linck*, ArbR-Hdb., § 26 Rn 40.

257 Schaub/*Linck*, ArbR-Hdb., § 26 Rn 34.

258 ArbG Berlin 16.7.1986, BB 1986, 1853; *Zeller*, BB 1987, 1522, 1533.

hoher wirtschaftlicher Verantwortung zulässig.[259] Anders ist dies bei Arbeitern und Angestellten des unteren und mittleren Verantwortungsbereichs.

9. Testverfahren

114   Durch Eignungstests und Assessment-Center wird versucht, spezifische Kenndaten von und über den Bewerber zu erhalten, z.B. zur Frage der Stressresistenz. Diese Auswahlverfahren bedürfen der Mitwirkung des Bewerbers und dürfen ohne dessen Einwilligung nicht durchgeführt werden.[260] I.d.R. wird ein Bewerber seine Zustimmung aber nicht verweigern.

Die bei derartigen Tests erzielten Ergebnisse unterliegen dem Datenschutz und sind daher vertraulich zu behandeln.

10. Informationserhebung bei Dritten

115   Der Arbeitgeber zieht in vielen Fällen weitere Erkenntnisse aus Angaben Dritter. Hierbei sind dieselben Schranken der Informationsgewinnung zu beachten wie bei dem direkten Fragerecht gegenüber dem Bewerber. Ein prinzipieller Unterschied besteht allerdings darin, dass der Bewerber nicht mehr Herr seiner Auskünfte ist, weil dem befragten Dritten ein Geheimhaltungsinteresse fehlt.

Die Nachforschung des einstellungswilligen Arbeitgebers bei Dritten ist rechtlich **grds. nicht zu beanstanden**. Der Befragte kann aber u.U. Persönlichkeitsrechte des Bewerbers durch seine Auskunft verletzen, und zwar je nach deren Inhalt.[261]

a) Backgroundchecks

116   Größere (insbesondere internationale) Unternehmen haben – oft unter dem Einfluss ausländischen Rechts – das Bedürfnis, erweiterte Erkenntnisse über Stellenbewerber zu erlangen oder erlangte Erkenntnisse zu überprüfen. Der US-amerikanische Sarbanes-Oxley Act[262] z.B. verpflichtet nicht nur börsennotierte US-Unternehmen, sondern auch deren ausländische Töchter, einen Ethik-Kodex einzuführen („Code of Ethics"), um moralisch integre Verhaltensweisen im Wirtschaftsleben zu fördern. In diesem Zusammenhang wird insbesondere der strafrechtliche Hintergrund von Bewerbern untersucht sowie deren finanzielle Situation, Gesundheitszustand und psychische Verfassung.[263]

Für derartige Backgroundchecks bestehen **dieselben Schranken** wie für die direkte Informationsgewinnung. Auch hier ist der Arbeitgeber auf Themen beschränkt, die in einem sachlich inneren Zusammenhang mit dem zu besetzenden Arbeitsplatz stehen, die für die Tätigkeit des Unternehmens von Bedeutung sind und die den geschützten Persönlichkeitsrechten des jeweiligen Bewerbers nicht zuwiderlaufen. Hiernach beschränkt sich der Anspruch auf die Beschaffung solcher Informationen, die bestätigen, ob der Bewerber die zulässigerweise gestellten Fragen wahrheitsgemäß beantwortet hat.

117   Die Vorlage eines polizeilichen Führungszeugnisses kann, obwohl sich so ein evtl. krimineller Hintergrund objektiv prüfen ließe, schon deshalb nicht gefordert werden, weil das Führungszeugnis auch Erkenntnisse über solche Straftatbestände gäbe, die zu dem Arbeitsverhältnis keinen Bezug haben.[264] Anders wird dies

---

259 BAG 25.4.1980, BeckRS 1980, 02869; *Wisskirchen/Bissels*, NZA 2007, 174; Schaub/*Linck*, ArbR-Hdb., § 26 Rn 26, 34.
260 ErfK/*Preis*, § 611 BGB Rn 308.
261 BAG 18.12.1984, EzA Nr. 2 zu § 611 BGB Persönlichkeitsrecht.
262 Vgl. hierzu *Block*, BKR 2003, 774; *Kersting*, ZIP 2003, 233.
263 Hierzu ausführlich *Thum/Szczesny*, BB 2007, 2405.
264 BAG 20.5.1999, NZA 1999, 975.

dagegen für Arbeitnehmer des öffentlichen Dienstes gesehen.[265] Soweit das Führungszeugnis zur Vorlage bei einer Behörde dient, wird diese es ohnehin direkt anfordern und auf dem Behördenweg erhalten.

Wirtschaftliche und finanzielle Verhältnisse eines Bewerbers dürfen nur dann hinterfragt werden, wenn dieser sich auf eine besondere Vertrauensposition oder auf eine leitende Stellung bewirbt.[266] Problematisch ist aber auch in diesem Zusammenhang, dass z.B. eine SCHUFA-Auskunft i.d.R. vom Bewerber nicht verlangt werden kann, weil diese in aller Regel – in standardisierter Form – mehr Informationen enthält als für den Arbeitsplatz relevant sind.   118

Ob ein Arbeitgeber im Bewerbungsverfahren medizinische Unterlagen oder Untersuchungen verlangen kann ist eine Frage der Abwägung zwischen dem Persönlichkeitsrecht des Bewerbers und dem Informationsrecht des Arbeitgebers. Das Fragerecht zu Krankheiten beschränkt sich auch insoweit auf Bereiche, die für die konkret in Aussicht genommene Beschäftigung relevant sind.[267]   119

b) Terrorismuslisten-Screening

Im Außenhandel tätige Unternehmen können zollrechtliche Erleichterungen beanspruchen, wenn sie den Status eines sog. zugelassenen Wirtschaftsbeteiligten (Authorized Economic Operator = AEO) erwerben. Dafür setzten verschiedene Zollverwaltungen voraus, dass ein AEO u.a. seine Mitarbeiter anhand der sog. Terrorismuslisten der EU überprüft werden. Diese Überprüfung hat der BFH zwischenzeitlich für zulässig erklärt.[268]   120

c) Internetrecherche

Bereits im Juni 2009 hat eine Umfrage bei 500 Unternehmen ergeben, dass fast 30 % der befragten Unternehmen Internetrecherchen zur Bewerberüberprüfung nutzen, und zwar um so intensiver, je größer das Unternehmen ist. Dieser Wert dürfte sich in der Zwischenzeit noch gesteigert haben. Dabei wird u.a. auch auf Daten aus sozialen Netzwerken zurückgegriffen.   121

Die AGB **freizeitorientierter Netzwerke** (z.B. Facebook) untersagen durchweg die Nutzung personenbezogener Daten zu kommerziellen Zwecken. Anders stellt sich die Lage bei **berufsorientierten Netzwerken** dar (z.B. XING oder LinkedIn), deren Zweck gerade in der beschäftigungsbezogenen Selbstdarstellung und in der Anbahnung beruflicher und geschäftlicher Kontakte besteht. Ist der Arbeitgeber selbst Mitglied des Netzwerks, so hat er in der Regel einen erweiterten Datenzugriff.

Der im Internet recherchierende Arbeitgeber unterliegt den Vorschriften des BDSG. Insbesondere benötigt er eine gesetzliche Erlaubnis oder eine Einwilligung des Bewerbers (§ 4 Abs. 2 BDSG). Als Erlaubnistatbestände für die Erhebung von Daten, die ohne Netzwerkmitgliedschaft des Arbeitgebers über Suchmaschinen frei zugänglich sind, kommen § 28 Abs. 1 S. 1 Nr. 3 bzw. § 28 Abs. 4 Nr. 2 BDSG in Betracht. Daten dagegen, die nur Mitgliedern zugänglich sind, dürfen nur in berufsorientierten Netzwerken erhoben werden, was über § 32 Abs. 1 1. Alt. BDSG zu rechtfertigen ist, falls man hier nicht sogar eine Einwilligung des Bewerbers unterstellen kann.[269]   122

Vor der Datenrecherche hat der Arbeitgeber den betrieblichen Datenschutzbeauftragten zu unterrichten (§ 4g Abs. 1 Nr. 1 BDSG) und – in Betrieben mit mehr als 20 Arbeitnehmern – dem Betriebsrat die Bewerbungsunterlagen einschließlich der Ergebnisse der Internetrecherche zugänglich zu machen (§§ 80 Abs. 2 S. 2, 99 Abs. 1 Nr. 1 BetrVG). Ein Mitbestimmungsrecht nach § 87 Abs. 1 Nr. 6 BetrVG besteht dagegen nicht, da Bewerber keine Arbeitnehmer i.S.d. BetrVG sind (§ 5 BetrVG).[270]

---

265 Schaub/*Linck*, ArbR-Hdb., § 26 Rn 37.
266 BAG 29.8.1980, BeckRS 1980, 02883.
267 BAG 7.6.1984, NZA 1985, 57; BAG 11.11.1993, NJW 1994, 1363.
268 BFH 19.6.2012, BeckRS 2012, 95804.
269 *Forst*, NZA 2010, 427.
270 *Forst*, NZA 2010, 427 m.w.N.

123   Missachtet der Arbeitgeber die gesetzlichen Grenzen des BDSG bzw. die AGB der Netzwerkbetreiber, so ist er letzteren gegenüber in entsprechender Anwendung von § 1004 BGB zur Unterlassung und ggf. aus §§ 280 Abs. 1, 241 Abs. 2 BGB zum Schadensersatz verpflichtet. Einen Schadensersatzanspruch hat grundsätzlich auch der Stellenbewerber (§§ 280 Abs. 1, 311 Abs. 2 BGB). Solange sich aber der Rechtsverstoß des Arbeitgebers nicht auf die verpönten Merkmale des AGG bezieht, bleibt der Bewerber sowohl für die haftungsbegründende als auch die haftungsausfüllende Kausalität in vollem Umfang darlegungs- und beweispflichtig, muss also den Nachweis führen, dass er anderenfalls eingestellt worden wäre. Eine Beweislastumkehr entsprechend § 15 AGG kommt ihm außerhalb des Geltungsbereichs des AGG nicht zugute.[271]

d) Frühere Arbeitgeber

124   Aus früheren Arbeitszeugnissen des Bewerbers kann der Arbeitgeber wegen der verklausulierten Zeugnissprache und dem Zwang zu wohlwollenden Formulierungen oft nur beschränkte Informationen gewinnen. Ein direkter Kontakt zum Zeugnisaussteller liegt nahe und wird in der Praxis oft gesucht und auch gewährt, zumal ein früherer Arbeitgeber – nach bestrittener Auffassung[272] – eine **Auskunft freier** gewähren können soll als ein Zeugnis. Von einem Zeugnis abweichende Aussagen darf der frühere Arbeitgeber allerdings im Falle einer vertraglichen Vereinbarung durch Aufhebungsvertrag oder gerichtlichen Vergleich nicht machen.[273]

125   Die Auskunft ist im Rahmen der vorstehend geschilderten Grundsätze zum Fragerecht ohne und sogar **gegen den Willen des Bewerbers** zulässig,[274] vorausgesetzt sie ist richtig.[275] Innerhalb der zum Fragerecht des Arbeitgebers entwickelten Grenzen ist anerkannt, dass das Informationsinteresse des einstellenden Arbeitgebers, insbesondere zur Qualifikation und zum Leistungsverhalten, das Interesse des Bewerbers an der Geheimhaltung seiner persönlichen Daten überwiegt.[276]

Personalakten dürfen frühere Arbeitgeber jedoch nicht ohne Einwilligung des Betroffenen herausgeben;[277] auch persönliche Daten, die nicht die Leistung und das Verhalten des Bewerbers betreffen, wie z.B. die seinerzeitigen vertraglichen Arbeitsbedingungen, muss der frühere Arbeitgeber vertraulich behandeln.[278]

126   Die datenschutzrechtlich zu beachtenden Pflichten ergeben sich infolge nachwirkender Fürsorgepflicht nur aus dem Arbeitsverhältnis zum ehemaligen Arbeitgeber. Daher riskiert bei einer Überschreitung des Auskunftserteilungsrechts allein dieser eine Verletzung des Persönlichkeitsrechts des Bewerbers.[279]

e) Ärztliche, psychologische oder graphologische Untersuchungen

127   Schützenswert ist nur das Interesse des Arbeitgebers an Informationen, die die körperliche/gesundheitliche Eignung des Bewerbers für die beworbene Stelle betreffen. Das gilt auch für psychologische Untersuchungen,[280] für graphologische Tests kann nichts anderes gelten. Da der Bewerber diese Frage aus eigener Kompetenz i.d.R. nicht (überzeugend) beantworten kann, hat der Arbeitgeber oft ein Interesse an einer unabhängigen ärztlichen Auskunft, die sich allerdings auf den Kreis der **beruflich geforderten Fähigkeiten** beschränken muss.[281]

---

271 *Forst*, NZA 2010, 427.
272 LAG Hamburg 16.8.1984, BB 1985, 804; abl. *Schulz*, NZA 1990, 717.
273 LAG Hamburg 16.8.1984, BB 1985, 804.
274 BAG 5.8.1976, EzA Nr. 8 zu § 630 BGB Heimarbeiter; BAG 18.12.1984, NZA 1985, 811; *Tschöpe/Wisskirchen*, 1 C Rn 143.
275 BAG 25.10.1957, AP Nr. 1 zu § 630 BGB.
276 MünchArbR/*Buchner*, § 30 Rn 429 ff.
277 BAG 18.12.1984, NZA 1985, 811.
278 MünchArbR/*Buchner*, § 30 Rn 429 ff.; BAG 18.12.1984, NZA 1985, 811.
279 MünchArbR/*Buchner*, § 30 Rn 436.
280 MünchArbR/*Buchner*, § 30 Rn 413.
281 *Däubler*, Gläserne Belegschaften, Rn 159.

Arbeitgeber des öffentlichen Diensts sind i.d.R. (z.B. aufgrund § 7 Abs. 1 BAT) zur Veranlassung einer Gesundheitsuntersuchung des Bewerbers verpflichtet. Gesundheitsuntersuchungen zu veranlassen ist mitunter aber auch für private Arbeitgeber obligatorisch (z.B. nach § 43 IfSG). Eine Untersuchung durch Dritte kann bei ausdrücklicher oder konkludenter Zustimmung eines Bewerbers auch psychologische und graphologische Tests umfassen, um Zweifel an der Eignung für die Ausschreibungsstelle zu beseitigen.[282] Ob die Vorlage eines handschriftlichen Lebenslaufs als stillschweigendes Einverständnis des Bewerbers mit einer graphologischen Untersuchung gewertet werden kann, ist eine Frage der Umstände des Einzelfalls.[283] **128**

Willigt der Bewerber in ärztliche Untersuchungen ein, die ein Arbeitgeber sonst nicht verlangen könnte, so ist dies weder unzulässig noch unwirksam.[284] Veranlasst ein Arbeitgeber dagegen psychologische oder graphologische Tests ohne die Einwilligung des Bewerbers, so führt dies zu einer Verletzung der Persönlichkeitsrechte des Bewerbers. Das gilt auch, wenn der Bewerber unzutreffend über die Qualifikation des Sachverständigen oder die Untersuchungsmethode informiert wird.[285] **129**

Problematisch ist seit Inkrafttreten des AGG die Abgrenzung einer chronischen Erkrankung von einer diskriminierungsrelevanten Behinderung, da die Grenzen fließend sind. Es ist daher ein zurückhaltender Umgang mit Einstellungsuntersuchungen anzuraten. **130**

11. Auswahl/Ablehnung

Gute Personalauswahl bedeutet, Unterschiede zwischen Bewerbern zu finden, anhand derer sich spätere Leistungsunterschiede vorhersagen lassen. Das beginnt bei der Formulierung des Anforderungsprofils, das sinnvoller Weise nur anforderungsrelevante Merkmale definiert. Zur Auswertung der erhobenen Informationen stehen in der Personalpsychologie bewährte Methoden zur Verfügung (z.B. das statistische Verfahren der Korrelationsanalyse), mittels derer die späteren beruflichen Leistungsunterschiede der Bewerber möglichst treffsicher vorhergesagt und eine verlässliche Begründung der Auswahlentscheidung erzielt werden kann.[286] **131**

Nach der Auswahl erfolgt die Information der Bewerber. Absagen müssen auf AGG-Relevanz geprüft werden. Die früher weit verbreitete Gewohnheit, abgelehnten Bewerbern mit einigen persönlichen Floskeln über die Enttäuschung hinweg zu helfen (z.B. „Es lag nicht an Ihrer Qualifikation …") muss unter der Geltung des AGG jetzt als riskant eingestuft werden („woran lag es denn dann?"). Je weniger Informationen eine Absage enthält, desto geringer ist die Gefahr, mit einer Aussage den Schutzbereich der verpönten Merkmale zu verletzen. Ob aber der – teilweise empfohlene – Verzicht auf jegliche Begründung die gewünschte Rechtssicherheit herbeiführt oder nicht gerade im Gegenteil die Nachfrage abgelehnter Aspiranten (und spontane Auskünfte am Telefon oder im Feedback-Gespräch) provoziert,[287] lässt sich kaum abschließend beantworten. **132**

Zu unterscheiden ist zwischen der Ablehnung vor und nach einem Vorstellungsgespräch, da in letzterem Fall eine Reihe von subjektiven Anhaltspunkten ohne Diskriminierungsrelevanz bekannt sein dürften (z.B. Verhalten im direkten Kontakt, Sicherheit im Auftreten, Darstellungsweise, persönliche „Chemie"). **133**

Die Ablehnung und insbesondere der ihr zugrunde liegende Auswahlprozess sollten **umfassend dokumentiert** werden, um gegen eventuelle Schadensersatzforderungen wegen vermuteter Diskriminierung gewappnet zu sein (zu den Grenzen der Dokumentationsbefugnis vgl. oben Rdn 66 f.). **134**

---

282 BAG 13.2.1964, AP Nr. 1 zu Art. 1 GG.
283 BAG 16.9.1982, EzA Nr. 22 zu § 123 BGB.
284 MünchArbR/*Buchner*, § 31 Rn 23.
285 MünchArR/*Buchner*, § 30 Rn 418.
286 *Frintrup*, AuA 2009, 164.
287 Vgl. *Enge*, AuA 2008, 156.

III. Formulierungsbeispiele/Muster

▼

135 Muster 1a.1: Checkliste zur Erstellung eines Anforderungsprofils für einen zu besetzenden Arbeitsplatz

- Tätigkeitsbezeichnung: ▨
- Abteilung: ▨
- Weisungsbefugnisse/hierarchische Eingliederung: ▨
- Vertretungsregelung in Urlaubs- und Krankheitsfällen:
  - aktiv: ▨
  - passiv: ▨
- Beschreibung aller anfallenden Arbeitsvorgänge und der dafür benötigten

  Fachkenntnisse und Fähigkeiten:

  Arbeitsvorgang 1): Mengenanteil in %: ▨; Zeitanteil in %: ▨

  Kenntnisse und Fähigkeiten: ▨

  Arbeitsvorgang 2): Mengenanteil in %: ▨; Zeitanteil in %: ▨

  Kenntnisse und Fähigkeiten: ▨

  Arbeitsvorgang 3): Mengenanteil in %: ▨; Zeitanteil in %: ▨

  Kenntnisse und Fähigkeiten: ▨

- **Entscheidungskompetenzen:**

  Selbstständige Leistungen: Anteil an Arbeitsvorgang 1) in % ▨

  Anteil an Arbeitsvorgang 2) in % ▨

  Anteil an Arbeitsvorgang 3) in % ▨

  Unselbstständige Leistungen: Anteil an Arbeitsvorgang 1) in % ▨

  Anteil an Arbeitsvorgang 2) in % ▨

  Anteil an Arbeitsvorgang 3) in % ▨

- **Bewertung der Arbeitsvorgänge** (ggf. anhand tariflicher Bewertungsmerkmale):

  ▨

▲

②

▼

136 Muster 1a.2: Innerbetriebliche Stellenausschreibung

Ausschreibung einer freien Stelle im Betrieb Nr. ▨

Wir beabsichtigen, die Stelle eines/r ▨ in unserer Abteilung ▨ in ▨ ab dem ▨ zu besetzen.

Aufgabenbeschreibung (sachlich): ▨

Anforderungsprofil (persönlich):

Kenntnisse/Fähigkeiten: ▨

Fachliche Voraussetzungen: ▭

Persönliche Voraussetzungen: ▭

Vergütung (ggf. tarifliche Eingruppierung): ▭

Ihre Bewerbung nebst Bewerbungsunterlagen (soweit nicht bereits in der Personalakte geführt) erbitten wir bis zum ▭ in der Personalabteilung zu Händen Hrn./Fr. ▭.

(Unterschrift)

(Personalreferent/in)

▲

▼

Muster 1a.3: Auswertungsbogen für Bewerberbeurteilung 137

1. Unterlagen

äußere Form	ordentlich ▭, strukturiert ▭, Formmängel ▭
Anschreiben	vorhanden ▭, nicht vorhanden ▭
Zeugnisse	vorhanden ▭, nicht vorhanden ▭
Lebenslauf	Übersichtlichkeit ▭
	Lücken ▭
	Widersprüchlichkeiten ▭
	Entwicklungsanalyse ▭
	Firmen-/Branchenanalyse ▭
Inhalt	Bewerbungsgrund ▭
	Aktuelle Tätigkeit ▭
	Eingehen auf Anzeigentext ▭
	Bewertungen ▭
Stil	konkret ▭, sachlich ▭, flüssig ▭, Satzbau ▭
	Rechtschreibung/Interpunktion ▭

2. Zeugnisse

	Vollständigkeit ▭, relevante Fächer ▭
	Notenspielraum ▭
	persönliche Bewertungen ▭

3. Qualifikationskriterien

	qualifiziert ▭
	überqualifiziert ▭
	unterqualifiziert ▭

4. Gehaltsvorstellung ▭

5. Verfügbarkeit ▭

6. **Persönlicher Eindruck**

äußere Erscheinung	Gepflegt , ungepflegt
Kleidung	geschmackvoll , elegant
	unangemessen , unsauber
Typ	sehr geeignet , mittlere Eignung sehr ungeeignet
Auftreten	souverän , selbstbewusst , kontaktfreudig ,
	Ungezwungen , aufgeregt , zurückhaltend ,
	freundlich , höflich , beflissen , unhöflich ,
	unsicher , gehemmt , unauffällig , kühl ,
mündlicher Ausdruck	Redegewandt , treffsicher , interessant ,
	gesprächig , schweigsam , geschwätzig ,
	gut artikuliert , klar , sicher , deutlich ,
	undeutlich , zögerlich ,
	schnell , langsam , laut , leise
Verständnis	sehr schnell , schnell ,
	langsam , sehr langsam
fachliche Eignung	sehr geeignet , gut geeignet ,
	weniger geeignet , nicht geeignet
Erfahrung	sehr erfahren , erfahren ,
	weniger erfahren ; Berufsanfänger
Sympathie	sympathisch , unsympathisch , unangenehm
Glaubwürdigkeit	glaubwürdig , unglaubwürdig , Schauspieler
Sonstiges	
Gesamteindruck	
Eignung	
Vereinbarungen	Bedenkzeit Bewerber bis
	Bedenkzeit Unternehmen bis
Vertragliche Absprachen	Eingangsgehalt
	Probezeit bis
	Urlaub
	Sonstiges

▲

▼

Muster 1a.4: Einzelne Vertragsklauseln für Personalberaterverträge

138

§1

Der Personalberater hat bei der Erfüllung der Pflichten aus diesem Beratungsvertrag die Bestimmungen des Allgemeinen Gleichbehandlungsgesetzes (AGG), des Gesetzes über Teilzeitarbeit und befristete Arbeitsverträge (TzBfG), des Sozialgesetzbuches IX (SGB IX) sowie des Bundesdatenschutzgesetzes (BDSG) zu beachten. Er hat jede unzulässige Benachteiligung und jedes Verhalten zu unterlassen, das die Vermutung einer unzulässigen Benachteiligung begründet. Der Personalberater steht dem Auftraggeber für das Verhalten der von ihm eingesetzten Personen ein.

§2

Der Personalberater ist verpflichtet, die bei der Durchführung des Vertrages anfallenden Dokumente, Entscheidungsprozesse und Verfahrensabläufe vollständig zu sammeln und nachvollziehbar zu dokumentieren, insbesondere Gegenstand, Durchführung und Ergebnis der jeweiligen Auswahlverfahren, der Gründe, die zur Ablehnung von Bewerbern führten und die an die Bewerber gemachten Mitteilungen. Der Personalberater hat den Zugang aller Ablehnungsmitteilungen nachweisbar zu dokumentieren. Der Personalberater ist verpflichtet, die vollständige Dokumentation für mindestens vier Jahre aufzubewahren und auf Verlangen an den Auftraggeber herauszugeben.

§3

Verstößt der Personalberater oder eine von ihm im Vertragsumfang eingesetzte Person gegen die Vertragspflichten, so ist er ungeachtet eines etwaigen Verschuldens verpflichtet, dem Auftraggeber jeden hierdurch verursachten Schaden zu ersetzen. Der Personalberater stellt den Auftraggeber insbes. von jeglichen Schadensersatzansprüchen frei, die sich aus dem AGG, dem TzBfG, dem SGB IX und dem BDSG ergeben, soweit diese auf einem Verstoß des Personalberaters gegen seine Pflichten aus diesem Beratungsvertrag beruhen.[288]

▲

Die folgende Einwilligung ist vorab und in **Schriftform** einzuholen. Wird sie im Zusammenhang mit anderen schriftlichen Erklärungen erteilt, so ist sie besonders hervorzuheben (vgl. dazu auch Rdn 739 ff.)

▼

Muster 1a.5: Erklärung zum Datenschutz

139

Sehr geehrte/r   ,

der Arbeitgeber/Personalberater beabsichtigt, Ihre personenbezogenen Daten zum Zwecke der Auswahl geeigneter Bewerber/innen im Rahmen der Bewerberauswahl und der Begründung eines Arbeitsverhältnisses bzw. nach dessen Begründung zum Zwecke der Verwaltung, Betreuung und Abwicklung des Arbeitsverhältnisses, zu Lohn- und Gehaltsbuchhaltungszwecken sowie zum Zwecke der Personalplanung und -entwicklung innerhalb des Unternehmens (ggf. des Konzerns) zu erheben, zu verarbeiten und zu nutzen. Ihre personenbezogenen Daten werden grds. vertraulich behandelt. Im Einzelnen geht es um   etc.

Der Arbeitgeber ist zur sozialversicherungsrechtlichen Einordnung seiner Arbeitnehmer und zur Abführung der Einkommenssteuer verpflichtet. Ihre persönlichen Daten sollen daher an die Sozialversicherungs- und Finanzbehörden bzw. an private Leistungsträger, z.B. Krankenversicherer, übermittelt werden; sie können auch an   sowie Tochtergesellschaften und verbundene Unternehmen inner- und außerhalb der EU übermittelt werden.

Die Erhebung, Verarbeitung, Nutzung und Übermittlung Ihrer personenbezogenen Daten erfolgt nach den Vorschriften des Bundesdatenschutzgesetzes. Die Empfänger übermittelter Daten werden, sofern diese

---

288 Zum Themenkomplex vgl. weiter *Oberthür*, ArbRB 2007, 86.

nicht schon von Gesetzes wegen zur Beachtung des Bundesdatenschutzgesetzes verpflichtet sind, vom Arbeitgeber/Personalberater angewiesen, die Daten den gesetzlichen Pflichten entsprechend zu behandeln.

Die Daten werden zentral bei ▒▒▒▒ gespeichert und ggf. verarbeitet. Zugriff auf die dort gespeicherten Daten haben der Personalberater/Arbeitgeber sowie die mit der Bearbeitung und Verwaltung betrauten Arbeitnehmer im Rahmen der Erfüllung der diesen übertragenen Aufgaben. Die betreffenden Mitarbeiter sind über die Verpflichtung zur Wahrung des Datenschutzes belehrt und entsprechend verpflichtet worden.

Der Personalberater/Arbeitgeber verpflichtet sich, die Daten zu löschen, sobald ihre Kenntnis nicht mehr benötigt wird.

Wir bitten Sie, zum Zeichen Ihres Einverständnisses, die nachfolgende Erklärung zu unterzeichnen und an uns zurückzureichen:

Ich bin damit einverstanden, dass meine personenbezogenen Daten in dem zuvor beschriebenen Zusammenhang und Umfang zum Zwecke der Anbahnung, Begründung und Verwaltung eines Arbeitsverhältnisses erhoben, verarbeitet, genutzt und übermittelt werden.

▒▒▒▒, den ▒▒▒▒   Einverstanden: ▒▒▒▒

Bewerber/Arbeitnehmer

⑥ ▲
▼

140   Muster 1a.6: Zwischenmitteilung an Stellenbewerber

Sehr geehrte/r ▒▒▒▒,

haben Sie vielen Dank für die Übersendung Ihrer Bewerbung und das damit zum Ausdruck gebrachte Interesse an unserem Unternehmen. Aufgrund der sehr guten Resonanz auf unsere Stellenanzeige werden wir etwas Zeit zur Sichtung der Eingänge benötigen. Sie hören zeitnah von uns.

(ggf.: Zur Beschleunigung des weiteren Auswahlprozesses fügen wir einen Bewerberfragebogen bei mit der Bitte, uns diesen ausgefüllt und – soweit aus Ihrer Sicht sinnvoll – mit ergänzenden Unterlagen möglichst umgehend zurückzusenden.)

Sollten Sie zwischenzeitlich Fragen zum Bewerbungsverfahren oder zur ausgeschriebenen Position haben, dürfen Sie sich gerne mit mir in Verbindung setzen.

Mit freundlichen Grüßen

(Unterschrift)

(Personalreferent/in)

⑦ ▲
▼

141   Muster 1a.7: Bewerberfragebogen/Angestelltenfragebogen

1. Fragenkatalog für Erhebungen des Arbeitgebers im laufenden Bewerbungsverfahren

Bewerbung als ▒▒▒▒ vom ▒▒▒▒

Persönliche Daten

■ Name, Vorname:

■ Adresse (Wohnort, Strasse):

■ Kontaktdaten (Tel, Fax, Email):

Bankverbindung

■ Bank/BLZ/Konto-Nr.

Ausbildung

■ Schule und Studium/Abschlüsse

■ Berufliche Ausbildung/Abschlüsse

■ Zusätzliche Ausbildung/Abschlüsse

■ arbeitsplatzrelevante Vorkenntnisse

■ Sonstige Befähigung und Vorkenntnisse

■ Fremdsprachen

  ▨ schriftlich (wenig bis verhandlungssicher)

  ▨ mündlich (wenig bis verhandlungssicher)

■ Fahrerlaubnisse[289] der Klassen ▨

Beruflicher Werdegang und aktuelle Beschäftigung

■ Tätigkeit als ▨ von ▨ bis ▨ bei ▨

■ Tätigkeit als ▨ von ▨ bis ▨ bei ▨

■ Tätigkeit als ▨ von ▨ bis ▨ bei ▨

■ Derzeit beschäftigt als ▨ bei ▨

■ Nebentätigkeit bei ▨, Arbeitszeiten ▨

■ Wettbewerbsverbot zugunsten ▨

■ Frühestmögliches Eintrittsdatum ▨

■ Vorbeschäftigung im Bewerbungsunternehmen[290]

■ Beschäftigung von Angehörigen in Konkurrenzunternehmen

Persönliche Angaben

■ Nationalität

  ▨ Alt-EU-Staaten/EWR-Staaten,[291] Schweiz: ja/nein

  ▨ Neue 12 EU-Beitrittsländer:[292] ja/nein

  ▨ Sonstiges Ausland: ja/nein

■ Wirtschaftliche Verhältnisse/Gehaltspfändungen/Abtretungen/EV (nur bei Bezug zur Bewerbungsstelle bzw. bei Vertrauensstellung)

■ Vorstrafen (nur bei Bezug zur Bewerbungsstelle bzw. bei Vertrauensstellung)

■ Aktuelles pol. Führungszeugnis

---

289 Nur zulässig, wenn für die berufliche Tätigkeit erforderlich.

290 Sinnvoll im Hinblick auf § 14 Abs. 2 TzBfG.

291 Deutschland, Belgien, Dänemark, Finnland, Frankreich, Griechenland, Großbritannien, Irland, Island, Italien, Liechtenstein, Luxemburg, Niederlande, Norwegen, Österreich, Portugal, Spanien, Schweden.

292 Bulgarien, Estland, Kroatien, Lettland, Litauen, Malta, Polen, Rumänien, Slowakische Republik, Slowenien, Tschechische Republik, Ungarn, Zypern.

- Frühere Tätigkeit für das MfS (nur bei konkretem Sicherheitsbezug)
- Zugehörigkeit zur Scientology-Organisation

Gesundheit

- Behinderung (nur soweit diese die Befähigung für den Bewerbungsarbeitsplatz konkret beeinträchtigt, oder wenn gezielt die Förderung Behinderter beabsichtigt ist)
- Aktuelle krankheitsbedingte Arbeitsunfähigkeit im Bewerbungsberuf
- Ansteckende Krankheit
- Krankheiten/Beschwerden, die die Ausübung des Bewerbungsberufs beeinträchtigen
- Ende des letzten Arbeitsverhältnisses aus Gesundheitsgründen (soweit diese den Bewerbungsarbeitsplatz betreffen)
- Alkohol- oder Drogenabhängigkeit (nur bei sicherheitsrelevanten Berufen)
- Bereitschaft zur ärztlichen Untersuchung/Schweigepflichtentbindung

Zeitlicher Einsatz

- Bevorstehender Haftstrafetermin
- Bewilligung einer Kur-/Rehabilitationsmaßnahme
- Vorliegender Einberufungsbescheid zum Wehr-/Ersatzdienst
- Vorhersehbare längere Arbeitsabwesenheit aus anderen Gründen
- Ggf. Bereitschaft zum Schichtdienst

Zusicherungen

- zur körperlichen und gesundheitlichen Befähigung, die Bewerbungstätigkeit künftig auszuüben
- zur Vollständigkeit und Richtigkeit der gemachten Angaben
- zur Kenntnis davon, dass bewusst falsche oder unvollständige Angaben zur Anfechtung des Arbeitsvertrages bzw. zur außerordentlichen Kündigung führen können

2. Fragenkatalog für Erhebungen des Arbeitgebers nach der Einstellung

Ergänzende Persönliche Daten

- Geburtsdatum, Geburtsort
- Geburtsname
- Familienstand/Bestehen einer eingetragenen Lebenspartnerschaft
- Nationalität
- Anzahl und Alter der Kinder
- Schwerbehinderung/Gleichstellung i.S.d. SGB IX

Angaben zur Besteuerung

- Zuständiges Finanzamt
- Ausstellende Gemeinde
- Lohnsteuerklasse
- Zugehörigkeit zu einer Kirche, für die Kirchensteuer abzuführen ist

Angaben zur Sozialversicherung

■ Krankenkasse/private Krankenversicherung

■ Mitglieds-/Versicherungsnummer

■ Kopie des SV-Ausweises/Mitgliedsbescheinigung

■ Im Falle einer privaten KV: Bescheinigung über Beitragshöhe

Diverse Angaben

■ Anzahl der Vorurlaubstage im laufenden Urlaubsjahr

■ Rentenanwartschaften/-bezug aus früherem Arbeitsverhältnis

▲

▼

Muster 1a.8: Einladungsschreiben mit/ohne Vorstellungskostenerstattung 142

Sehr geehrte/r ▓▓▓,

wir möchten uns für Ihre Bewerbung bedanken und würden uns freuen, Sie zu einem Vorstellungsgespräch in unserem Hause am ▓▓▓ um ▓▓▓ Uhr in ▓▓▓ begrüßen zu dürfen. Bitte geben Sie uns möglichst umgehend schriftlich bekannt, ob sich dieser Termin mit Ihrem Kalender vereinbaren lässt. Sollten Sie verhindert sein, bitten wir um telefonische Abstimmung eines anderen Termins mit unserer/m Frau/ Herrn ▓▓▓, Tel.: ▓▓▓.

Ihre Reisekosten können wir Ihnen leider nicht erstatten/erstatten wir im Umfang von ▓▓▓ EUR je gefahrenem Kilometer bzw. in Höhe der Kosten eines Tickets der Deutschen Bahn der ▓▓▓. Klasse.

Wir freuen uns auf Ihren Besuch.

Mit freundlichen Grüßen

(Unterschrift)

(Personalreferent/in)

▲

▼

Muster 1a.9: Checkliste für Fragen im Vorstellungsgespräch 143

■ Wie sind Sie auf unser Unternehmen aufmerksam geworden?

■ Welche Vorstellungen haben Sie von unserem Unternehmen und wie haben Sie sich darüber informiert?

■ Welche beruflichen Qualifikationen und Erfahrungen (auch branchenfremder Art) haben Sie?

■ Stehen Sie derzeit in Arbeit und bei welchen Arbeitgebern haben Sie bisher gearbeitet?

■ Warum möchten Sie den Arbeitgeber wechseln (ggf. warum endete Ihre letzte Beschäftigung)?

■ Wie stellen Sie sich Ihren neuen Arbeitsplatze vor (ggf. Erläuterung der zu vergebenden Aufgaben durch den Arbeitgeber)?

■ Sind Sie ein Teamarbeiter oder sehen Sie sich eher als Solist?

■ Welche Karriere- und Entwicklungsziele haben Sie (ggf. Zwischenziele formulieren)?

■ Welche Maßnahmen haben Sie zur Fortbildung ergriffen?

■ Was haben Sie bisher verdient und was möchten Sie bei uns verdienen?

■ Wie viel Urlaub möchten Sie (ggf. unter Hinweis auf betriebliche Üblichkeiten)?

■ Ab wann könnten Sie bei uns anfangen (ggf. müssen Sie eine Kündigungsfrist beachten)?

■ Stehen Sie uns uneingeschränkt zur Verfügung oder haben Sie im kommenden Jahr mit längeren Abwesenheitszeiten zu rechnen (ggf. betreiben Sie eine Nebentätigkeit)?

■ Unterliegen Sie Wettbewerbsbeschränkungen?

■ Haben Sie Fragen?

Optionale Fragen eher persönlicher Natur, die nicht oder nicht wahrheitsgemäß beantwortet werden müssen, aber die Chance zur Auflockerung des Gesprächs bieten:

■ Welche Hobbies haben Sie?

■ Treiben Sie Sport?

■ Wo machen Sie Urlaub?

Unzulässige Fragen:

■ Vgl. den Katalog einzelner Fragen (siehe oben Rdn 73 ff.)

144 **Muster 1a.10: Einwilligung zur ärztlichen/psychologischen/graphologischen Untersuchung**

Einwilligungserklärung

Ich bin damit einverstanden, mich aufgrund des Wunsches des Arbeitgebers einer werksärztlichen/vertrauensärztlichen/psychologischen/graphologischen Untersuchung zu unterziehen und entbinde den mit der Untersuchung beauftragten Arzt/Psychologen/graphologischen Sachverständigen von der Schweigepflicht, soweit es um die Frage meiner Eignung für den zu besetzenden Arbeitsplatz als ▨▨▨▨ bei ▨▨▨▨ geht (ggf. nähere Schilderung der Arbeitsanforderungen).

Diese Einwilligung steht unter der Voraussetzung, dass ich von allen Gutachten, Stellungnahmen und Auskünften, die aufgrund dieser Schweigepflichtentbindungserklärung gefertigt oder erteilt werden, vollständige Abschriften oder Inhaltsangaben erhalte.

▨▨▨▨, den ▨▨▨▨

Einverstanden: ▨▨▨▨ (Bewerber/Arbeitnehmer)

145 **Muster 1a.11: Ablehnungsschreiben in der Vorauswahl**

Sehr geehrte/r ▨▨▨▨,

haben Sie nochmals vielen Dank für die Übersendung Ihrer Bewerbung.

Ihre Unterlagen haben wir sorgfältig und intensiv geprüft. Zu unserem Bedauern müssen wir Ihnen jedoch mitteilen, dass wir Sie für die ausgeschriebene Position nicht berücksichtigen können (ggf. zurückhaltende und diskriminierungsneutrale Begründung, z.B.: weil Ihre fachliche Qualifikation nicht den gewünschten Erfordernissen entspricht/weil sich eine Vielzahl besser qualifizierter Bewerber/innen auf unsere Anzeige gemeldet hat).

Ihre eingereichten Bewerbungsunterlagen erhalten Sie zu unserer Entlastung im Original zurück.

Für Ihre weiteren persönlichen und beruflichen Pläne wünschen wir Ihnen alles Gute und viel Erfolg.

Mit freundlichen Grüßen

(Unterschrift)

(Personalreferent/in)

▲

▼

Muster 1a.12: Ablehnungsschreiben nach Initiativbewerbung

146

Sehr geehrte/r ▓▓▓▓▓▓ ,

wir möchten uns nochmals für die Zusendung Ihrer Bewerbung bedanken.

Ihre Unterlagen haben wir sorgfältig und gerne durchgesehen. Zu unserem Bedauern müssen wir Ihnen jedoch mitteilen, dass wir derzeit keine offene Position im Bereich ▓▓▓▓▓ zu besetzen haben.

Sollten wir zu einem anderen Zeitpunkt eine interessante Stelle ausgeschrieben haben, zögern Sie bitte nicht, sich erneut zu bewerben.

Ihre eingereichten Unterlagen erhalten Sie beiliegend zurück.

Für Ihre weiteren persönlichen und beruflichen Pläne wünschen wir Ihnen alles Gute und viel Erfolg.

Mit freundlichen Grüßen

(Unterschrift)

(Personalreferent/in)

▲

▼

Muster 1a.13: Ablehnungsschreiben nach Vorstellungsgespräch

147

Sehr geehrte/r ▓▓▓▓▓ ,

wir möchten uns nochmals für Ihre Bewerbung und das interessante Gespräch bedanken.

Zu unserem Bedauern müssen wir Ihnen jedoch mitteilen, dass wir Ihre Bewerbung nicht berücksichtigen konnten. (Ggf. zurückhaltende und diskriminierungsneutrale Begründung, z.B.: Unsere wechselseitigen Vorstellungen lagen wohl zu weit auseinander/Es fand sich nicht der erforderliche gemeinsame Ansatz).

Ihre eingereichten Bewerbungsunterlagen erhalten Sie zu unserer Entlastung im Original zurück.

Wir danken für Ihre Bewerbung und wünschen Ihnen für ihre weiteren persönlichen und beruflichen Pläne alles Gute und viel Erfolg.

Mit freundlichen Grüßen

(Unterschrift)

(Personalreferent/in)

▲

▼

Muster 1a.14: Zusage

148

Sehr geehrte/r ▓▓▓▓▓ ,

wir bedanken uns für das angenehme und aufschlussreiche Gespräch vom ▓▓▓▓▓ und freuen uns, Ihnen mitteilen zu können, dass wir uns für Sie entschieden haben. Wir möchten Sie ab dem ▓▓▓▓▓ herzlich als neuen Mitarbeiter von ▓▓▓▓▓ begrüßen.

Wir bitten Sie, mit uns einen Termin zur Unterzeichnung des Arbeitsvertrages zu vereinbaren. Bei dieser Gelegenheit möchten wir gern auch alle weitere Einzelheiten organisatorischer Art mit Ihnen besprechen (bzw.:

Wir fügen einen von uns unterzeichneten Arbeitsvertrag bei mit der Bitte, uns diesen unterschrieben zurückzusenden).

Wir freuen uns auf eine angenehme Zusammenarbeit.

Mit freundlichen Grüßen

(Unterschrift)

(Personalreferent/in)

149   Zur Beteiligung des Betriebsrats wird auf die weiteren Ausführungen (siehe § 2 Rdn 518 ff.) verwiesen.

B. Arbeitsvertrag

I. Allgemeine Erläuterungen zum Klausel ABC

Literatur: *Alvensleben/Schnabel*, Der Fremdgeschäftsführer im Spannungsfeld zwischen Arbeitgeberposition und Arbeitnehmereigenschaft, BB 2012, 774; *Annuß*, Grundstrukturen der AGB-Kontrolle von Arbeitsverträgen, BB 2006, 1333; *Bauer/Arnold/Zeh*, Widerruf von Arbeits- und Aufhebungsverträgen – Wirklich alles neu?, NZA 2016, 449; *Bayreuther*, Die Rolle des Tarifvertrags bei der AGB-Kontrolle von Arbeitsverträgen – Ein Beitrag zur Herausbildung normativer Beurteilungsmaßstäbe bei der Angemessenheitskontrolle von allgemeinen Geschäftsbedingungen in Arbeitsverträgen, RdA 2003, 81; *Bieder*, Richterliche Vertragshilfe durch ergänzende Auslegung vorformulierter Arbeitsvertragsbestimmungen, NZA-Beil. 3/2011, 142; *Brors*, „Neue" Probleme bei arbeitsvertraglichen Vertragsstrafeklauseln?, DB 2004, 1778; *Coester*, Das AGB-Recht in den Händen des BAG, in: FS Löwisch (2007), S. 57; *Däubler*, AGB-Kontrolle im Arbeitsrecht – Bilanz nach zehn Jahren, ZTR 2012, 543; *Diehn*, AGB-Kontrolle von arbeitsrechtlichen Verweisungsklauseln, NZA 2004, 129; *Diller*, Nachvertragliche Wettbewerbsverbote und AGB-Recht, NZA 2005, 250; *Fischer*, Die Fremdgeschäftsführerin und andere Organvertreter auf dem Weg zur Arbeitnehmereigenschaft, NJW 2011, 2329; *Fischinger/Werthmüller*, Der Aufhebungsvertrag im Irish Pub, NZA 2016, 193; *Forst*, GmbH-Fremdgeschäftsführer als Arbeitnehmer im Sinne des Unionsrechts, EuZW 2015, 664; *ders.*, Unterliegen Geschäftsführer dem Bundesurlaubsgesetz (BUrlG)?, GmbHR 2012, 821; *Fuhlrott*, Die rechtliche Stellung leitender Angestellter, ArbRAktuell 2011, 55; *Gehlhaar*, Die Rechtsprechung zu (ruhenden) Arbeitsverhältnissen von Organen juristischer Personen, NZA-RR 2009, 569; *Greiner*, Die Praktikantenregelung in § 22 MiLoG, NZA 2016, 594; *Hanau*, Gebremster Schub im Arbeitsrecht, NJW 2002, 1240; *Hanau/Hromadka*, Richterliche Kontrolle flexibler Entgeltregelungen in Allgemeinen Arbeitsbedingungen, NZA 2005, 73; *Hohenstatt/Naber*, Diskriminierungsschutz für Organmitglieder – Konsequenzen für die Vertragsgestaltung, ZIP 2012, 1989; *dies*, Sind Fremd-Geschäftsführer Arbeitnehmer im Sinne der Massenentlassungsrichtlinie?, NZA 2014, 637; *Hönn*, Zu den „Besonderheiten" des Arbeitsrechts, ZfA 2003, 325; *v. Hoyningen-Huene*, Inhaltskontrolle von kirchlichen Arbeitsvertragsbedingungen, in: FS Richardi (2007), S. 909; *Hromadka*, Arbeitnehmer oder freier Mitarbeiter?, NJW 2003, 1847; *Hümmerich*, Anwendbarkeit des § 308 Nr. 4 BGB auch bei freiwilligen Leistungen?, BB 2007, 1498; *Hunold*, Kontrolle arbeitsrechtlicher Absprachen nach der Schuldrechtsreform, NZA-RR 2006, 113; *Kamanabrou*, Eindeutig kein Widerrufsrecht bei Aufhebungsverträgen am Arbeitsplatz?, NZA 2016, 919; *Kliemt*, Altersgrenzen für Vorstandsmitglieder – noch rechtskonform?, RdA 2015, 232; *Koch*, Das nachvertragliche Wettbewerbsverbot im einseitig vorformulierten Arbeitsvertrag, RdA 2006, 28; *Leder/Scheuermann*, Schriftformklauseln in Arbeitsverträgen – das Ende einer betrieblichen Übung?, NZA 2008, 1222; *Linck* in: FS für Bauer 2010, Rechtsfolgen unwirksamer Allgemeiner Geschäftsbedingungen in Arbeitsverträgen, S. 645; *Leuchten*, Das neue Recht der Leiharbeit – Die wesentlichen Neuerungen im AÜG, NZA 2011, 608; *Löwisch*, Bundesarbeitsgericht und Recht der Allgemeinen Geschäftsbedingungen, in: FS Canaris (2007), S. 1403; *Lunk*, Der EuGH und die deutschen GmbH-Fremdgeschäftsführer – Auf dem Weg zum Arbeitnehmerstatus?, NZA 2015, 917; *Lunk/Leder*, Teilbefristungen – Neues Recht und alte Regeln?, NZA 2008, 504; *Lunk/Rodenbusch*, Der unionsrechtliche Arbeitnehmerbegriff und seine Auswirkungen auf das deutsche Recht, GmbHR 2012, 188; *Melms/Weck*, Rechtsprechungsübersicht zum Nachweisgesetz, RdA 2006, 171; *Morgenroth/Leder*, Die Besonderheiten des Arbeitsrechts im allgemeinen Zivilrecht, NJW 2004, 2797; *Oberthür*, Unionsrechtliche Impulse für den Kündigungsschutz von Organvertretern und Arbeitnehmerbegriff, NZA 2011, 253; *Ohlendorf/Salamon*, Die Aufrechterhaltung unwirksamer Formulararbeitsbedingungen – das Verhältnis des Verbots geltungserhaltender Reduktion zur ergänzenden Vertragsauslegung im Arbeitsrecht, RdA 2006, 281; *Otten*, Heimarbeit – ein Dauerrechtsverhältnis eigener Art, NZA 1995, 289; *Preis*, Arbeitsrecht, Verbraucherschutz und Inhaltskontrolle, Sonderbeilage zu NZA Heft 16/2003, S. 19; *ders.*, AGB-Recht und Arbeitsrecht, Sonderbeilage zu NZA Heft 3/2006, S. 115; *ders.*, Privatautonomie und das Recht der Allgemeinen Geschäftsbedingungen, in: FS Richardi (2007), S. 339; *Preis/Genenger*, Die unechte Direktionsrechtserweiterung, NZA 2008, 969; *Preis/Sagan*, Der GmbH-Geschäftsführer in der arbeits- und diskriminierungsrechtlichen Rechtsprechung des EuGH, BGH und BAG, ZGR 2013, 26; *Reiserer*, Arbeitnehmerschutz für Geschäftsführer?, DB 2011, 2262; *Reufels/Molle*, Diskriminierungsschutz von Organmitgliedern, NZA-RR 2011, 281; *Richardi*, Gestaltung der Arbeitsverträge durch Allgemeine Geschäftsbedingungen nach dem Schuldrechtsmodernisierungsgesetz, NZA 2002, 1057; *Ricken*, Betriebliche Übung und Vertragskontrolle im Arbeitsrecht, DB 2006, 1372; *Ritter*, AGB-Kontrolle kirchlicher Arbeitsvertragsrichtlinien?, NZA 2005, 447; *Rohlfing*, Zum arbeitsrechtlichen Status von (Honorar-)Lehrkräften, NZA 1999, 1027; *Schlewing*, Geltungserhaltende Reduktion und/oder ergänzende Vertragsauslegung im Rahmen der AGB-Kontrolle arbeitsvertraglicher Abreden?, RdA 2011, 92; *Schliemann*, Flucht aus dem Arbeitsverhältnis – falsche oder echte Selbstständigkeit?, RdA 1997, 322; *Schmidt*, Kündigungen im Rahmen des § 74 SGB V – Beendigung des Wiedereingliederungsverhältnisses sowie des Arbeitsverhältnisses, NZA 2007, 893; *Schnelle*, Die Berufsbildung der Volontäre und Praktikanten, 2010; *Schrader/Schubert*, Der „getarnte" Arbeitnehmer-Geschäftsführer, BB 2007, 1617; *Schüren*, Arbeitnehmerüberlassungsgesetz, Kommentar, 4. Aufl. 2010; *ders.*, Leiharbeit in Deutschland, RdA 2007, 231; *Singer*, Arbeitsvertragsgestaltung nach der Reform des BGB, RdA 2003, 194; *v. Steinau-Steinrück/Hurek*, Die im Arbeitsrecht geltenden Besonderheiten – Der Nebel lichtet sich!, NZA 2004, 965; *v. Steinau-Steinrück/Mosch*, Schwangere Geschäftsführerin: Managerin oder Arbeitnehmerin?, NJW-Spezial 2011, 178; *Stenslik*, Der Fremd-Geschäftsführer als Arbeitnehmer i.S.d. Unionsrechts, DStR 2015, 2334; *Stoffels*, Vertragsgestaltung nach der Schuldrechtsreform – eine Zwischenbilanz, Sonderbeilage zu NZA Heft 1/2004, S. 19; *ders.*, Altverträge nach der Schuldrechtsreform – Überlegungen zum Vertrauensschutz im Arbeitsvertragsrecht, NZA 2005, 726; *Thüsing*, Arbeitnehmerüberlassungsgesetz, Kommentar, 2. Auflage 2008; *ders.*, Inhaltskontrolle kirchlicher Arbeitsvertragsrichtlinien, ZTR 2005, 507; *ders.*, Unwirksamkeit und Teilbarkeit unangemessener AGB, BB 2006, 661; *ders.*, Angemessenheit durch Konsens – Zu den Grenzen der Richtigkeitsgewähr arbeitsvertraglicher Vereinbarungen, RdA 2005, 257; *Thüsing*, Was sind die Besonderheiten des Arbeitsrechts?, NZA 2002, 591, 592; *Thüsing/Leder*, Neues zur Inhaltskontrolle von Formulararbeitsverträgen, BB 2004, 42; *dies.*, Gestaltungsspielräume bei der Verwendung vorformulierter Arbeitsvertragsbedingungen – Allgemeine Grundsätze, BB 2005, 938; *Tiedemann/Triebel*, Warum dürfen sich Arbeitgeber nicht auf die Unwirksamkeit ihrer AGB-Vertragsklauseln berufen?, BB 2011, 1723; *Uffmann*, Die Unzumutbarkeitsschwelle als neue Voraussetzung einer ergänzenden Vertragsauslegung im Arbeitsrecht?, RdA 2011, 154; *Ulrici*, Betriebliche Übung und AGB-Kontrolle, BB 2005, 1902; *Vielmeier*, GmbH-Geschäftsführer als Arbeitnehmer im Rahmen der Massenentlassungsrichtlinie?, NJW 2014, 2678; *von Tiling*, Die Regelungen des Dritten Weges im System des weltlichen Arbeitsrechts, NZA 2007, 78; *Wank*, Der Fremdgeschäftsführer der GmbH als Arbeitnehmer, in: FS Wiedemann (2002), S. 587; *ders.*, Neuere Entwicklungen im Arbeitnehmerüberlassungsrecht, RdA 2003, 1; *Wank/ Maties*, Arbeitnehmer oder Gesellschaftsorgan oder Vereinsmitglied?, NZA 2007, 353; *Welti*, Das betriebliche Eingliederungsmanagement nach § 84 Abs. 2 SGB IX – sozial- und arbeitsrechtliche Aspekte, NZS 2006, 623; *Wensing/Niemann*, Vertragsstrafen in Formulararbeitsverträgen: § 307 BGB neben § 343 BGB? – Überlegungen zum Verhältnis von Wirksamkeits- und Ausübungskontrolle, NJW 2007, 401; *Willemsen/Grau*, Geltungserhaltende Reduktion und „Besonderheiten des Arbeitsrechts" – Zu den Rechtsfolgen unzulässiger Klauseln in Formulararbeitsverträgen, RdA 2003, 321; *Wisskirchen/Stühm*, Anspruch des Arbeitgebers auf Änderung von unwirksamen Klauseln in alten Arbeitsverträgen?, DB 2003, 2225; *Zimmermann*, Rechtsfolgen unwirksamer Allgemeiner Geschäftsbedingungen in Arbeitsverträgen, ArbRAktuell 2012, 105, 106

1. Das Wesen des Arbeitsvertrages

150 Das Arbeitsrecht ist fest verwurzelt im deutschen Privatrechtssystem. Der Gesetzgeber hat diese Tatsache im Rahmen der Modernisierung des Schuldrechts zuletzt noch einmal unterstrichen, indem er die AGB-Kontrolle auf Arbeitsverträge ausdehnte.[293] Gleichzeitig nimmt das Arbeitsrecht im Gefüge zivilrechtlicher Verträge aufgrund seines ausgeprägten, überwiegend zwingend ausgestalteten Arbeitnehmerschutzes, seiner uneinheitlichen, zersplitterten Kodifikation sowie der Bedeutung kollektiver Vereinbarungen eine Sonderstellung ein.[294] Diese macht die Frage, ob ein Vertragswerk diesem Regelungsregime zu unterstellen ist, praktisch außerordentlich bedeutsam.

a) Begriff des Arbeitsvertrages

151 Der Arbeitsvertrag ist ein Unterfall des in § 611 BGB geregelten Dienstvertrages (vgl. § 621 BGB). Letzterer zerfällt in zwei Grundtypen: In den sog. freien Dienstvertrag und den Arbeitsvertrag, der die Leistung abhängiger, unselbstständiger Dienste zum Gegenstand hat. Der Arbeitsvertrag ist ein **schuldrechtlicher Austauschvertrag**, dessen Hauptleistungspflichten in einem Gegenseitigkeitsverhältnis stehen.[295] Auf ihn finden neben dem Allgemeinen Teil des BGB auch die Vorschriften des allgemeinen Schuldrechts Anwendung, soweit diese nicht durch vorrangige arbeitsrechtliche Sonderregelungen verdrängt werden. Letzteres ist aufgrund des eng gewobenen Netzes arbeitsrechtlicher Schutzvorschriften häufig der Fall.

152 Der Arbeitsvertrag erschöpft sich nicht im einmaligen Austausch von Arbeitsleistung und Entgelt, sondern ist als **Dauerschuldverhältnis** angelegt. Seine Begründung ist grds. an keine **Form** gebunden, so dass auch mündlich oder konkludent geschlossene Arbeitsverträge möglich sind (klarstellend § 105 S. 1 GewO). Gesetzliche Ausnahmen von diesem Grundsatz bestehen für den Ausbildungsvertrag (§ 11 BBiG) sowie den Leiharbeitsvertrag (§ 12 Abs. 1 S. 1 AÜG). Formvorschriften sind daneben in Betriebsvereinbarungen und Tarifverträgen weit verbreitet; hier ist in jedem Einzelfall zu prüfen, ob ein deklaratorisches oder konstitutives Schriftformerfordernis gewollt war (siehe dazu Rdn 1291 ff.). Überdies verpflichtet § 2 Abs. 1 S. 1 NachwG den Arbeitgeber, spätestens einen Monat nach dem vereinbarten Beginn des Arbeitsverhältnisses die wesentlichen Vertragsbedingungen schriftlich niederzulegen, die Niederschrift zu unterzeichnen und dem Arbeitnehmer auszuhändigen. Hierbei handelt es sich um ein zwingendes, aber nicht konstitutives Formerfordernis; die Verletzung der Nachweispflichten kann jedoch

---

293 BT-Drucks 14/6857, S. 53 f.

294 Vgl. auch den von *Preis/Henssler* vorgelegten Diskussionsentwurf eines Arbeitsvertragsgesetzes, Sonderbeilage zu NZA Heft 21/2007, S. 21.

295 Zur überholten Lehre des personenrechtlichen Gemeinschaftsverhältnisses vgl. statt vieler *Hueck/Nipperdey*, Band I, S. 128 ff.

Schadenersatzansprüche des Arbeitnehmers begründen.[296] Kündigung und Auflösung des Arbeitsvertrages bedürfen nach § 623 BGB der Schriftform.[297]

b) Abgrenzung zu sonstigen Vertragstypen

Vom **freien Dienst- oder Mitarbeitervertrag** unterscheidet sich der Arbeitsvertrag durch die Unselbstständigkeit der Dienstleistung. Entscheidend ist, ob der zur Dienstleistung Verpflichtete als Arbeitnehmer zu qualifizieren ist (vgl. dazu Rdn 157 ff.). Bei einem **Werkvertrag** schuldet der Unternehmer gem. § 631 Abs. 2 BGB den Eintritt eines Erfolges, während der Arbeitnehmer nur das Tätigwerden als solches schuldet. Dass auch der Arbeitgeber regelmäßig ein Interesse an der Herbeiführung eines Erfolges hat, steht der Annahme eines Arbeitsvertrages nicht entgegen. Entscheidend ist, ob der Arbeitnehmer bereits für sein Bemühen um den Erfolgseintritt seinen Vergütungsanspruch erhalten soll. In diesem Fall wird er auch durch die Auferlegung einer Erfolgsvorgabe und der Bemessung seines Entgelts an derselben nicht dem Werkvertragsrecht unterstellt. Geschuldet wird weiterhin allein die Arbeitsleistung als solche, für die lediglich ein leistungsbezogenes Arbeitsentgelt erbracht wird.[298]

Erbringt ein Gesellschafter Dienste für seine Gesellschaft, ist bei der Qualifizierung des zugrunde liegenden **153** Rechtsverhältnisses nach der Quelle der Dienstpflicht zu unterscheiden. Den Gesellschaftern einer Personengesellschaft obliegt es kraft **Gesellschaftsvertrages**, die Erreichung eines gemeinsamen Zwecks zu fördern, insbesondere die vereinbarten Beiträge zu leisten (vgl. § 705 BGB). Die Beitragsleistung kann gem. § 706 Abs. 3 BGB auch in der Leistung von Diensten bestehen. Erfüllt der Gesellschafter mit der Dienstleistung diese gesellschaftsvertraglichen Pflichten, wird er nicht als Arbeitnehmer tätig. Dies schließt die zusätzliche Begründung eines gesonderten Arbeitsverhältnisses nicht aus.[299] Zu beachten ist jedoch, dass weitgehende gesellschaftsrechtliche Mitbestimmungsrechte des Gesellschafters seiner persönlichen Abhängigkeit und damit der Annahme seiner Arbeitnehmereigenschaft entgegenstehen können.[300] Zweifel, auf welcher Rechtsgrundlage ein Gesellschafter Dienste leistet, sind im Wege der am Leistungszweck orientierten Auslegung zu beheben.[301]

Bei dem **Anstellungsvertrag von Organmitgliedern** juristischer Personen handelt es sich nach h.M. bei **155** Entgeltlichkeit um einen Dienstvertrag, der eine Geschäftsbesorgung zum Gegenstand hat (§§ 611, 675 BGB) bzw. bei Unentgeltlichkeit um einen Auftrag.[302] Dem Umstand, dass Organmitglieder in § 17 Abs. 5 Nr. 1 KSchG, § 5 Abs. 2 Nr. 1 BetrVG sowie § 5 Abs. 1 S. 3 ArbGG gleichwohl ausdrücklich vom Arbeitnehmerbegriff ausgeschlossen werden, wird entnommen, dass zumindest Fremdgeschäftsführer Arbeitnehmer i.S. anderer arbeitsrechtlicher Gesetze sein können.[303] Das BAG beurteilt dies anhand der allgemeinen Kriterien des Arbeitnehmerbegriffs (siehe dazu Rdn 158 ff.). Ein GmbH-Geschäftsführer soll jedoch nur „in extremen Ausnahmefällen" als Arbeitnehmer zu qualifizieren sein.[304] Dem EuGH zufolge können dagegen, soweit der unionsrechtliche Arbeitnehmerbegriff Anwendung findet,[305] Organe ei-

---

296 BAG 21.2.2012, NZA 2012, 750, 753; ErfK/*Preis*, Einführung NachwG Rn 13. Siehe auch BAG 5.11.2003, NZA 2005, 64 betreffend die Wirksamkeit des Arbeitsvertrages. Zum Ganzen *Melms/Weck*, RdA 2006, 171, 174 ff.

297 Siehe auch BAG 19.4.2007, NZA 2007, 1227 zur Formbedürftigkeit des Verzichts auf Erhebung einer Kündigungsschutzklage.

298 HWK/*Thüsing*, Vor § 611 BGB Rn 9. Vgl. auch BGH 16.7.2002, NJW 2002, 3323, 3324 f.

299 BAG 17.9.2014, NZA 2014, 1293, 1295; BAG 20.4.2004, NZA 2004, 927, 928; BAG 6.5.1998, NZA 1998, 939, 940; BAG 9.1.1990, NZA 1990, 525.

300 ErfK/*Preis*, § 611 BGB Rn 18.

301 Vgl. HWK/*Thüsing*, Vor § 611 BGB Rn 13.

302 HansOLG Hamburg 18.1.2000, NZG 2000, 698; Baumbauch/Hueck/*Zöllner/Noack*, § 35 GmbHG Rn 172; Roth/*Altmeppen*, § 6 GmbHG Rn 73 f.

303 MüKo-BGB/*Müller-Glöge*, § 611 Rn 146; *Wank*, in: FS Wiedemann (2002), S. 587, 588 ff.

304 BAG 24.11.2005, NZA 2006, 366, 367. Näher *Schrader/Schubert*, BB 2007, 1617; *Wank/Maties*, NZA 2007, 353.

305 *Preis/Sagan*, ZGR 2013, 26; *Lunk/Rodenbusch*, GmbHR 2012, 188; *Forst*, GmbHR 2012, 821.

ner Kapitalgesellschaft als Arbeitnehmer anzusehen sein, soweit sie einer mittelbaren Weisungsabhängigkeit unterliegen.[306] Letzteres dürfte für Fremd- und Minderheitsgeschäftsführer einer GmbH gelten. Der Vorstand einer AG ist dagegen auch unionsrechtlich kein Arbeitnehmer.[307] Beim Abschluss seines Anstellungsvertrages soll ein Fremdgeschäftsführer als Verbraucher i.S.d. § 13 BGB handeln.[308] Mit dem Abschluss eines schriftlichen Geschäftsführerdienstvertrages endet im Zweifel ein vormals bestehender Arbeitsvertrag.[309] Das Arbeitsverhältnis lebt mit der späteren Abberufung als Geschäftsführer auch nicht wieder auf.[310]

156   Im Gegensatz zum unentgeltlichen **Auftrag** (§ 662 BGB) ist der Arbeitsvertrag auf eine Entgeltzahlung ausgerichtet (vgl. § 612 Abs. 1 BGB). Hat ein Dienstvertrag eine **Geschäftsbesorgung** zum Gegenstand, finden gem. § 675 Abs. 1 BGB einzelne Regelungen des Auftragsrechts entsprechende Anwendung. Der Streit, ob jedem Dienstvertrag ein Geschäftsbesorgungselement immanent ist,[311] ist für das Arbeitsrecht praktisch bedeutungslos, da dort die analoge Anwendung der genannten Vorschriften anerkannt ist.[312] Durch einen **Dienstverschaffungsvertrag** wird die Verpflichtung begründet, dem Vertragspartner die Dienste einer oder mehrerer Personen zu verschaffen. Sind die in Aussicht gestellten Dienste unselbstständiger Natur, haben sie also eine Arbeitsleistung zum Gegenstand, handelt es sich um eine Form der Arbeitnehmerüberlassung. Wird diese gewerbsmäßig betrieben, untersteht sie den Vorschriften des AÜG. Der Abschluss eines **Franchisingvertrags** steht der Annahme der Arbeitnehmereigenschaft des Franchisenehmers nicht zwangsläufig entgegen. Die konkrete Vertragsgestaltung ist entscheidend.[313] Das **Wiedereingliederungsverhältnis** nach § 74 SGB V wird dagegen vom BAG als Rechtsverhältnis eigener Art gewertet.[314]

2. Die Parteien des Arbeitsvertrags

a) Arbeitnehmerbegriff

157   Der Arbeitnehmerbegriff hat für das Arbeitsrecht zentrale Bedeutung. Nur solche Personen, die ihm unterfallen, kommen grds. in den Genuss des arbeitsrechtlichen Schutzes.

aa) Begriffsbestimmung

158   Eine gesetzliche Definition des Arbeitnehmerbegriffs existiert bis dato nicht. Nach der von Rechtsprechung und h.L. verwendeten Formel ist Arbeitnehmer, wer aufgrund eines privatrechtlichen Vertrags im Dienste eines anderen zur Leistung weisungsgebundener, fremdbestimmter Arbeit in persönlicher Abhängigkeit verpflichtet ist.[315] Damit muss zunächst ein **privatrechtlicher Vertrag** vorliegen. Beispielsweise bei Beamten, Richtern, Soldaten, Zivildienstleistenden oder Strafgefangenen scheitert die Annahme eines Arbeitsvertrages bereits an dieser Voraussetzung. Des Weiteren muss der Vertrag die **Leistung von Diensten** zum Gegenstand haben (zur Abgrenzung vgl. Rdn 153 ff.). Die größten praktischen Schwierigkeiten berei-

---

306 EuGH 11.11.2010, NZA 2011, 143 (Danosa), dazu: *Lunk/Rodenbusch,* GmbHR 2012, 188; *Alvensleben/Schnabel,* BB 2012, 774; *Reiserer,* DB 2011, 2262 und EuGH 9.7.2015 NZA 2015, 861 (Balkaya), dazu *Lunk,* NZA 2015, 917; *Forst,* EuZW 2015, 664.
307 *Kliemt,* RdA 2015, 232; *Hohenstatt/Naber,* ZIP 2012, 1989.
308 BAG 19.5.2010, NZA 2010, 939, 940.
309 BAG 4.2.2013, NZA 2013, 397, 398 f.; BAG 15.3.2011, NZA 2011, 874, 875; BAG 3.2.2009, NZA 2009, 669, 670; BAG 5.6.2008, NZA 2008, 1002, 1003; BAG 19.7.2007, NZA 2007, 1095. Vgl. auch *Gehlhaar,* NZA-RR 2009, 569.
310 BAG 15.3.2011, NZA 2011, 874, 875; BAG 3.2.2009, NZA 2009, 669, 670; BAG 5.6.2008, NZA 2008, 1002, 1003; BAG 24.11.2005, NZA 2006, 366, 368; BAG 14.6.2006, NZA 2006, 1154, 1155.
311 Ausf. Staudinger/*Martinek,* Vorbem. zu §§ 662 ff. BGB Rn 9 ff.
312 Vgl. etwa BAG 11.4.2006, NZA 2006, 1089 (für § 667 BGB) oder BAG 22.6.2011, NZA 2012, 91, 92 (für § 670 BGB).
313 BAG 16.7.1997, NZA 1997, 1126, 1127; BGH 27.1.2000, NZA 2000, 390, 391.
314 BAG 13.6.2006, NZA 2007, 91, 93; BAG 28.7.1999, NZA 1999, 1295. Siehe auch *M. Schmidt,* NZA 2007, 893; *Welti,* NZS 2006, 623.
315 St. Rspr. des BAG, siehe nur BAG 24.2.2016, NZA 2016, 758, 760; BAG 8.9.2015, NZA 2015, 1342, 1343; BAG 29.8.2012, NZA 2012, 1433, 1434; BAG 20.5.2009, NZA-RR 2010, 172, 173; BAG 14.3.2007, NZA-RR 2007, 424, 425; BAG 7.2.2007, AP Nr. 118 zu § 611 BGB Abhängigkeit.

tet das dritte Begriffsmerkmal: die **persönliche Abhängigkeit** des Dienstleistenden. Das BAG bedient sich zur Ausfüllung dieses Begriffsmerkmals eines typologischen Ansatzes: Es gebe kein Einzelmerkmal, das aus der Vielzahl möglicher Merkmale unverzichtbar vorliegen müsse, damit man von persönlicher Abhängigkeit sprechen könne.[316] Maßgeblich sei vielmehr das Gesamtbild der Tätigkeit.[317]

Als Ausgangspunkt dieser wertenden Betrachtung dient ein Umkehrschluss aus § 84 Abs. 1 S. 2 HGB. Un- **159** selbstständig und damit persönlich abhängig ist danach, wer nicht im Wesentlichen frei seine Tätigkeit gestalten und seine Arbeitszeit bestimmen kann. Das wichtigste Indiz für das Bestehen persönlicher Abhängigkeit ist damit die **Weisungsgebundenheit** des Dienstleistenden bezüglich der Art und Weise, der Zeit und Dauer sowie des Ortes der Dienstleistung.[318] Insbesondere die zeitliche Fixierung der zu erbringenden Dienste spricht stark für ein Arbeitsverhältnis. Gleiches gilt, wenn der Ort der Dienstleistung dem Bestimmungsrecht des Dienstleistenden entzogen ist.[319] Das Bestehen fachlicher Weisungsgebundenheit ist für den Arbeitsvertrag ebenfalls charakteristisch; ihr Fehlen spricht dagegen, insbesondere bei Diensten höherer Art, nicht zwangsläufig gegen die Arbeitnehmereigenschaft.[320] Als zusätzliches Indiz stellt das BAG auf die **Eingliederung in die fremde Arbeitsorganisation** ab.[321] Ständige Dienstbereitschaft, die Einordnung in Organisations-, Dienst- bzw. Produktionspläne oder die Angewiesenheit auf die Arbeitsmittel des Dienstherrn deuten auf ein Arbeitsverhältnis hin.[322] Das Merkmal der **Fremdnützigkeit der Leistung** hat das BAG dagegen in jüngerer Zeit nicht mehr aufgegriffen.[323] Im Zuge der geplanten Änderung des Arbeitnehmerüberlassungsgesetzes soll nunmehr der Arbeitnehmerbegriff einer **Legaldefinition in § 611a BGB n.F.** zugeführt werden.[324] Eine inhaltliche Änderung ist mit der Neuregelung nicht beabsichtigt, vielmehr würden die oben skizzierten Leitlinien der Rspr. gesetzlich verankert.

Erfüllt der Dienstverpflichtete die Voraussetzungen des Arbeitnehmerbegriffs, ist die **Bezeichnung des** **160** **Vertrages** – z.B. als freier Dienstvertrag – für die Qualifizierung des Vertragsverhältnisses unerheblich. Entscheidend ist stets die praktische Vertragsdurchführung, nicht die Bezeichnung.[325] Lässt die Durchführung des Vertrages jedoch keine eindeutige Zuordnung zu, ist die Entscheidung der Vertragsparteien für einen bestimmten Vertragstypus im Rahmen der erforderlichen Gesamtabwägung zu berücksichtigen.[326]

bb) Besondere Personengruppen
(1) Arbeiter und Angestellte

Die Abgrenzung von Arbeitern und Angestellten erfolgt vom Begriff des Angestellten her: Ein Arbeitneh- **161** mer, der nicht Angestellter ist, ist Arbeiter. Zur Bestimmung des Angestelltenbegriffs hat sich im Sozialversicherungsrecht eine Prüfungsfolge herausgebildet, die für das Arbeitsrecht fruchtbar gemacht werden

---

316 BAG 23.4.1980, AP Nr. 34 zu § 611 BGB Abhängigkeit. Grundsätzlich zustimmend HWK/*Thüsing*, Vor § 611 BGB Rn 40 f. Ablehnend ErfK/*Preis*, § 611 BGB Rn 54; MünchArbR/*Richardi*, § 16 Rn 45.

317 BAG 29.8.2012, NZA 2012, 1433, 1434; BAG 20.5.2009, NZA-RR 2010, 172, 173; BAG 4.12.2002, AP Nr. 115 zu § 611 BGB Abhängigkeit; BAG 19.11.1997, NZA 1998, 364, 366. Siehe auch BVerfG 20.5.1996, NZA 1996, 1063, 1063.

318 BAG 20.1.2010, AP Nr. 120 zu § 611 BGB Abhängigkeit; BAG 7.2.2007, AP Nr. 118 zu § 611 BGB Abhängigkeit; BAG 9.7.2003, NZA-RR 2004, 9, 10.

319 BAG 13.1.1983, NJW 1984, 1985, 1988.

320 BAG 26.5.1999, NZA 1999, 983, 984; BAG 19.11.1997, NZA 1998, 595, 596; BAG 30.11.1994, NZA 1995, 622, 623; *Rohlfing*, NZA 1999, 1027.

321 BAG 7.2.2007, AP Nr. 118 zu § 611 BGB Abhängigkeit; BAG 25.5.2005, AP Nr. 117 zu § 611 BGB Abhängigkeit. Kritisch zu diesem Merkmal bereits *Jacobi*, Grundlehren des Arbeitsrechts, 1927, S. 51 f. Aus jüngerer Zeit etwa *Schliemann*, RdA 1997, 322, 327; *Hromadka*, NJW 2003, 1847.

322 BAG 13.8.1980, AP Nr. 37 zu § 611 BGB Abhängigkeit; ErfK/*Preis*, § 611 BGB Rn 69.

323 Siehe noch BAG 15.3.1978, AP Nr. 26 zu § 611 BGB Abhängigkeit. Dies begrüßend Staudinger/*Richardi*/*Fischinger*, Vorbem zu §§ 611 ff. BGB Rn 243, im Gegensatz zu ErfK/*Preis*, § 611 BGB Rn 72.

324 .

325 BAG 9.6.2010, NZA 2010, 877, 879; BAG 20.5.2009, NZA-RR 2010, 172, 173; BAG 25.1.2007, NZA 2007, 580, 581; BAG 21.4.2005, AP Nr. 134 zu § 1 KSchG 1969 Betriebsbedingte Kündigung.

326 BAG 9.6.2010, NZA 2010, 877, 879.

kann. Als erste Orientierung dient danach die ehemals in **§ 133 Abs. 2 SGB VI** aufgeführte Liste typischer Angestelltenberufe sowie ergänzend der zur Vorgängervorschrift des § 3 AVG als RVO erlassene Berufsgruppenkatalog. Ansonsten entscheidet die Verkehrsauffassung unter Berücksichtigung des Gesamtbildes der Tätigkeit. Nach dem – heute überholten – Leitbild leistet ein **Angestellter** vorwiegend geistige Arbeit, ein **Arbeiter** verrichtet überwiegend körperliche Arbeit. Die Unterscheidung zwischen diesen beiden Arbeitnehmergruppen hat ihre Bedeutung ganz überwiegend eingebüßt. Allein die unterschiedliche Gruppenzugehörigkeit bildet keinen sachlichen Differenzierungsgrund für eine Ungleichbehandlung von Arbeitern und Angestellten.[327]

(2) Leitende Angestellte

162 Leitende Angestellte sind Arbeitnehmer, die in der betrieblichen Hierarchie zwischen dem Arbeitgeber bzw. seinen Organen bei juristischen Personen und der Arbeitnehmerschaft stehen, da ihnen teilweise die Ausübung von Arbeitgeberfunktionen übertragen worden ist. Sie nehmen deshalb an verschiedenen Punkten der Arbeitsrechtsordnung eine **Sonderstellung** ein. Beispielsweise gilt für leitende Angestellte statt des BetrVG das SprAuG (§ 5 Abs. 3 S. 1 BetrVG, § 1 Abs. 1 SprAuG), das ArbZG findet auf sie keine Anwendung (§ 18 Abs. 1 Nr. 1 ArbZG) und ihr Kündigungsschutz nach dem KSchG ist stark eingeschränkt (§ 14 Abs. 2 S. 2 KSchG). Das deutsche Arbeitsrecht kennt **keinen einheitlichen Begriff** des leitenden Angestellten. Maßgeblich ist das Verständnis der jeweiligen Norm. Als erste Orientierung kann der Gedanke gelten, dass ein leitender Angestellter unternehmerisch bedeutsame Aufgabe in einer Art und Weise wahrnimmt, die es der eigentlichen Unternehmensführung nicht mehr gestattet, an seinen Vorschlägen vorbeizugehen.[328] Von den leitenden Angestellten sind die **außertariflichen Angestellten** zu unterscheiden. Diese fallen aufgrund ihrer Tätigkeitsmerkmale oder ihrer Bezahlung nicht in den persönlichen Geltungsbereich des einschlägigen Tarifvertrags.[329] Dadurch wird allerdings nicht automatisch ihre Zugehörigkeit zur Gruppe der leitenden Angestellten begründet.

(3) Arbeitnehmerähnliche Personen

163 Arbeitnehmerähnliche Personen sind keine Arbeitnehmer, so dass arbeitsrechtliche Vorschriften auf sie grds. keine Anwendung finden. Verschiedene Gesetze schließen Angehörige dieser Personengruppe jedoch in ihren Schutz mit ein. Die Arbeitsgerichte sind z.B. gem. § 5 Abs. 1 S. 2 ArbGG auch für Klagen arbeitnehmerähnlicher Personen zuständig; das BUrlG findet nach § 2 S. 2 BUrlG Anwendung, das ArbSchG gem. § 2 Abs. 2 Nr. 3 ArbSchG. Eine allgemein gültige Begriffsdefinition der arbeitnehmerähnlichen Person existiert nicht. Kennzeichnend ist jedoch, dass sie von einem Unternehmer nicht persönlich, sondern allein **wirtschaftlich abhängig** sind sowie ihrer gesamten sozialen Stellung nach einem Arbeitnehmer vergleichbar **sozial schutzbedürftig** sind (vgl. § 12a Abs. 1 Nr. 1 TVG).[330]

(4) Auszubildende, Volontäre, Praktikanten

164 Der Auszubildende ist Arbeitnehmer. Zwischen ihm und dem Ausbildenden besteht ein **Berufsausbildungsvertrag**, auf den grds. die für den Arbeitsvertrag geltenden Rechtsvorschriften Anwendung finden (§ 10 Abs. 2 BBiG). Der Ausbildende muss den wesentlichen Vertragsinhalt vor Beginn der Berufsausbildung schriftlich niederlegen; sonst handelt er ordnungswidrig (§§ 11 Abs. 1 S. 1, 102 Abs. 1 Nr. 1 BBiG). **Volontäre** und **Praktikanten** können nach allgemeinen Grundsätzen als Arbeitnehmer oder freie Mitarbei-

327 Grundlegend BVerfG 16.11.1982, NJW 1983, 617. Siehe auch BAG 10.12.2002, NZA 2004, 321, 324.
328 BAG 29.6.2011, NZA-RR 2011, 647, 648; BAG 5.5.2010, NZA 2010, 955, 956; BAG 10.10.2007, AP Nr. 72 zu § 5 BetrVG 1972; BAG 11.1.1995, NZA 1995, 747, 749.
329 BAG 18.9.1973, NJW 1974, 333, 334; BAG 28.5.1974, AP Nr. 6 zu § 80 BetrVG 1972.
330 BAG 21.2.2007, NZA 2007, 699, 700; BAG 17.1.2006, NJOZ 2006, 3821, 3822; BAG 30.8.2000, NZA 2000, 1359, 1360.

ter einzuordnen sein.[331] Das am 1.1.2015 in Kraft getretene MiLoG[332] enthält in § 22 Abs. 1 S. 3 nunmehr erstmalig eine arbeitsrechtliche Definition des Praktikanten.[333] Befinden sich Praktikanten oder Volontäre in einem Anlernverhältnis i.S.d. § 26 BBiG, gelten die §§ 10–23 und 25 BBiG.

(5) Heimarbeiter

Heimarbeiter, Hausgewerbetreibende und Gleichgestellte werden durch das Heimarbeitsgesetz besonders   **165** geschützt. Das BAG sieht die in Heimarbeit Beschäftigten nicht als Arbeitnehmer an.[334]

b)   Arbeitgeberbegriff

Es existiert keine gesetzliche Definition des Arbeitgeberbegriffs. Einigkeit besteht jedoch, dass Arbeitgeber   **166** ist, wer mindestens einen Arbeitnehmer beschäftigt.[335]

3.   Die Formen des Arbeitsverhältnisses

Das unbefristete Vollzeitarbeitsverhältnis bildet den gesetzlichen Normalfall des Arbeitsvertrages. Dem   **167** Wunsch einer möglichst großen Flexibilisierung folgend, gewinnen in der Praxis andere Formen der Vertragsgestaltung zunehmend an Bedeutung.

a)   Probearbeitsverhältnis

Jedem Arbeitsverhältnis ist eine **„weiche"** gesetzliche **Probezeit** von sechs Monaten immanent. Denn vor   **168** Ablauf dieses Zeitraums greift der gesetzliche Kündigungsschutz nach dem KSchG nicht ein (§ 1 Abs. 1 KSchG). Zusätzlich können die Parteien während dieses Zeitraums durch Vereinbarung die Kündigungsfrist von vier Wochen (§ 622 Abs. 1 BGB) auf zwei Wochen verkürzen (§ 622 Abs. 3 BGB). In beiden Fällen geht das Arbeitsverhältnis mit Ablauf der sechs Monate automatisch in ein unbefristetes Arbeitsverhältnis über. Dies ist bei einer sog. **harten Probezeit** anders. Hier vereinbaren die Parteien ein befristetes Probearbeitsverhältnis (§ 14 Abs. 1 S. 2 Nr. 5 TzBfG). Mit Ablauf dieser Probezeit endet das Arbeitsverhältnis, sofern nicht ein neuer Arbeitsvertrag abgeschlossen wird. Für Berufsausbildungsverhältnisse ist eine Probezeit in § 20 BBiG zwingend vorgeschrieben.

b)   Teilzeit- und befristetes Arbeitsverhältnis

Teilzeit- und befristete Arbeitsverhältnisse sind vor allem im TzBfG geregelt. **Befristete Arbeitsverhält-**   **169** **nisse** enden mit Ablauf der Zeit, für die sie eingegangen wurden. Eine ordentliche Kündigung ist während ihrer Laufzeit nur möglich, wenn die Parteien dies vereinbart haben (§ 15 Abs. 3 TzBfG). Zulässig ist eine Befristung in zwei Fällen: Zum einen, falls sie aus sachlichem Grund gerechtfertigt ist und zum anderen, sofern sie nur für einen begrenzten Zeitraum erfolgt. Eine kalendermäßige Befristung ohne Sachgrund ist im Regelfall nur bis zur Dauer von zwei Jahren zulässig. Die Befristungsabrede bedarf zu ihrer Wirksamkeit der Schriftform; andernfalls kommt ein unbefristetes Arbeitsverhältnis zustande (§§ 14 Abs. 4, 16 S. 1 TzBfG). Die **Teilzeitarbeit** kennt verschiedene Erscheinungsformen. Neben starren Teilzeitregelungen mit verkürzter Tages- oder Wochenarbeitszeit existieren flexible Teilzeitmodelle wie z.B. die gleitende Arbeitszeit oder die Arbeit auf Abruf (§ 12 Abs. 1 S. 1 TzBfG). Auch die Altersteilzeit ist eine Form der Teilzeitbeschäftigung; sie ist im Altersteilzeitgesetz geregelt. Durch ein **Verbot der Diskriminierung** (§ 4 TzBfG) soll eine Benachteiligung von teilzeit- bzw. befristet Beschäftigten verhindert werden.

---

331 BAG 18.3.2014 – 9 AZR 740/13, Rn 20 f. –, juris; näher dazu *Schnelle*, S. 147 ff.
332 BGBl I S. 1348.
333 Dazu *Greiner*, NZA 2016, 594.
334 BAG 11.7.2006, NZA 2007, 1365, 1367; BAG 8.5.2007, BB 2007, 2298, 2299; *Otten*, NZA 1995, 289.
335 Siehe nur BAG 19.8.2004, NZA 2004, 1116, 1118; BAG 21.1.1999, NZA 1999, 539, 541. LAG Hamm 9.7 2015 – 2 Ta 673/14, juris.

c) Leiharbeitsverhältnis

170   Die Arbeitnehmerüberlassung ist durch ein Dreiecksverhältnis zwischen Verleiher, Entleiher und Leiharbeitnehmer gekennzeichnet.[336] Sie ist eine Form des drittbezogenen Personaleinsatzes.[337] Ein Arbeitsvertrag besteht bei ihr allein zwischen dem Verleiher und dem Leiharbeitnehmer. Ver- und Entleiher schließen einen Arbeitnehmerüberlassungsvertrag; dabei handelt es sich um einen Vertrag sui generis als Unterfall des Dienstverschaffungsvertrages. Wird die Arbeitnehmerüberlassung gewerblich betrieben, richtet sich ihre Zulässigkeit nach den Vorschriften des AÜG. Die gewerbsmäßige Arbeitnehmerüberlassung ist erlaubnisbedürftig (§ 1 Abs. 1 S. 1 AÜG). Mit dem Gesetzesentwurf der Bundesregierung zur Änderung des Arbeitnehmerüberlassungsgesetzes vom 2.6.2016 **soll die Leiharbeit grundlegend reformiert werden**. Ziel ist es, die Arbeitnehmerüberlassung auf ihre Kernfunktion zu orientieren, den Missbrauch von Leiharbeit zu verhindern und die Stellung der Leiharbeitnehmer zu stärken.[338]

d) Mittelbares Arbeitsverhältnis

171   Ein mittelbares Arbeitsverhältnis liegt vor, wenn ein Arbeitnehmer von einem Mittelsmann beschäftigt wird, der seinerseits selbst Arbeitnehmer eines Dritten ist, und die Arbeit mit Wissen des Dritten unmittelbar für diesen geleistet wird.[339] Das BAG misst die Zulässigkeit dieser Vertragskonstruktion daran, ob sie nicht zur Umgehung zwingenden Rechts eingesetzt wird.[340] Ihre praktische Bedeutung ist heute nur noch gering.[341]

e) Gruppenarbeitsverhältnis

172   Bei einem Arbeitsverhältnis können auf Arbeitnehmerseite mehrere natürliche Personen stehen. Müssen diese eine gemeinsame Arbeitsaufgabe erfüllen, schulden sie die Arbeitsleistung mithin nicht individuell nebeneinander, sondern gemeinsam als Gruppe, spricht man von einem Gruppenarbeitsverhältnis.[342] Man unterscheidet die vom Arbeitgeber zusammengestellte **Betriebsgruppe** von der **Eigengruppe**, in der sich Arbeitnehmer selbst organisiert und sich gemeinsam dem Arbeitgeber zum Abschluss des Arbeitsvertrages angeboten haben.[343] Letztere birgt kündigungsschutzrechtliche Zweifelsfragen sowohl hinsichtlich der Kündigungsbefugnis auf Arbeitnehmerseite wie auch der Frage, wann der Arbeitgeber der gesamten Gruppe kündigen darf.[344]

4. Der Arbeitsvertrag als Verbrauchervertrag

173   Der Arbeitsvertrag ist im Regelfall ein Verbrauchervertrag, d.h. ein Vertrag zwischen einem Arbeitgeber als Unternehmer i.S.d. § 14 BGB und einem Arbeitnehmer als Verbraucher i.S.d. § 13 BGB. Die **Verbrauchereigenschaft** des Arbeitnehmers wird vom BAG zu Recht bejaht.[345] Ebenso wird ein Arbeitgeber einen Arbeitsvertrag zumeist in seiner Eigenschaft als **Unternehmer** abschließen. Zwingend ist dies jedoch nicht:

---

336 Allg. *Leuchten*, NZA 2011, 608; *Schüren*, RdA 2007, 231; *Wank*, RdA 2003, 1.
337 Zur Abgrenzung vgl. ErfK/*Wank*, § 1 AÜG Rn 8 ff.; Schüren/*Hamann*, § 1 AÜG Rn 107 ff.; Thüsing/*Waas*, § 1 AÜG Rn 59 ff.
338 BR-Drucks 294/16, 2.6.2016, S. 2.
339 LAG Hamburg 27.2.2008 – 5 Sa 65/07, juris; BAG 24.6.2004, AP Nr. 278 zu § 613a BGB; BAG 11.4.2000, EzS 19/39.
340 BAG 24.6.2004, AP Nr. 278 zu § 613a BGB; BAG 21.2.1990, AP Nr. 57 zu § 611 BGB Abhängigkeit.
341 Näher ErfK/*Preis*, § 611 BGB Rn 172; HWK/*Thüsing*, Vor § 611 BGB Rn 116.
342 BAG 21.10.1971, AP Nr. 1 zu § 611 BGB Gruppenarbeitsverhältnis; LAG Sachsen-Anhalt 8.3.2000, NZA-RR 2000, 528, 529; MünchArbR/*Schüren*, § 317 Rn 4 ff.
343 LAG Sachsen-Anhalt 26.2.2004 – 6 Sa 474/03, juris; LAG Sachsen-Anhalt 8.3.2000, NZA-RR 2000, 528, 529; MünchArbR/*Schüren*, § 317 Rn 10 ff.; APS/*Preis*, Grundlagen F Rn 39 ff.; ErfK/*Preis*, § 611 BGB Rn 164 ff.
344 MüKo-BGB/*Hesse*, Vor § 620 BGB Rn 91 f.; APS/*Preis*, Grundlagen F Rn 44 ff.; KR/*Griebeling*, § 1 KSchG Rn 49 ff.
345 Grundlegend BAG 25.5.2005, NZA 2005, 1111, 1115; Siehe auch BVerfG 23.11.2006, NZA 2007, 85, 86. Aus jüngerer Zeit vgl. etwa BAG 7.10.2015, NZA 2016, 441, 444; BAG 27.6.2012, NZA 2012, 1147, 1147; BAG 16.5.2012, NZA 2012, 939, 940; BAG 14.1.2009, NZA 2009, 666, 667; BAG 25.8.2008, NZA 2009, 370, 373. In der Literatur war dies strittig, vgl. etwa *Preis*, Sonderbeilage zu NZA Heft 16/2003, S. 19, 21 ff.

Denkbar ist der Vertragsabschluss zu rein privaten Zwecken, bei welchem der Arbeitgeber weder in Ausübung seiner gewerblichen noch selbstständigen Tätigkeit handelt.[346] Liegt ein Verbrauchervertrag vor, führt dies zur Anwendbarkeit des **§ 310 Abs. 3 BGB** auf Arbeitsverträge (siehe dazu Rdn 181 f.). Das BAG verneinte unter Geltung von § 312 BGB a.F. zu Recht ein Widerrufsrecht des Arbeitnehmers bei Haustürgeschäften, wenn ein Aufhebungsvertrag am Arbeitsplatz geschlossenen wurde. Es fehle an dem für das Verbraucherwiderrufsrecht typischen Überraschungsmoments.[347] Mit der Neuregelung der §§ 312ff. BGB durch das am 13.6.2014 in Kraft getretene „Gesetz zur Umsetzung der Verbraucherrechtrichtlinie und zur Änderung des Gesetzes zur Regelung der Wohnungsvermittlung"[348] sind am Arbeitsplatz abgeschlossene Arbeits- oder Aufhebungsverträge schon dem Wortlaut nach nicht mehr widerruflich. **§ 312b Abs. 1 BGB** erfasst lediglich Vertragsabschlüsse, die „außerhalb von Geschäftsräumen" erfolgen und nimmt damit das Personalbüro des Arbeitgebers vom Anwendungsbereich der Vorschrift aus.[349] Der geänderte Wortlaut hat jedoch in der Literatur die Diskussion entfacht, ob nunmehr solche Verträge widerruflich sind, die nicht am Arbeitsplatz geschlossen werden.[350] Diese Frage ist zu verneinen, da es selbst bei Aufhebungsverträgen mit Abfindung an einer „entgeltlichen Leistung des Unternehmers" i.S.d. § 312 Abs. 1 BGB fehlt.[351] Die Einsortierung des Arbeitnehmers als Verbraucher führt ferner dazu, dass der Verzugszinssatz gem. **§ 288 Abs. 1 S. 2 BGB** fünf Prozentpunkte über dem Basiszinssatz beträgt.[352]

5. Die Inhaltskontrolle von Arbeitsverträgen

Seit der im Rahmen der Schuldrechtsreform erfolgten Einbeziehung des Arbeitsvertrags in den Geltungsbereich der §§ 305 ff. BGB ist bei der Inhaltskontrolle von Arbeitsverträgen zu differenzieren.[353] Jene Vertragsklauseln, die zugleich AGB darstellen, sind am Maßstab dieser Vorschriften zu messen (vgl. Rdn 183 ff.). Dort, wo dagegen echte Individualarbeitsvertragsbedingungen Verwendung finden, besteht ein Mehr an Vertragsfreiheit. Es gelten andere, weniger strenge Kontrollmaßstäbe (vgl. Rdn 213). | **174**

a) Kontrolle vorformulierter Arbeitsvertragsbedingungen
aa) Gegenstand der AGB-Kontrolle

Die §§ 305 ff. BGB sind auf **Arbeitsverträge** anwendbar. Dies folgt aus dem Wegfall der ehemals in § 23 Abs. 1 AGBG normierten arbeitsrechtlichen Bereichsausnahme, die diese Vertragswerke noch ausdrücklich aus dem Geltungsbereich des AGB-Gesetzes ausnahm. Gem. § 310 Abs. 4 S. 2 BGB ist bei der Anwendung auf Arbeitsverträge allerdings den „im Arbeitsrecht geltenden Besonderheiten" angemessen Rechnung zu tragen (siehe dazu Rdn 198 ff.). Dies kann im Einzelfall zu modifizierten Kontrollmaßstäben bei der Inhaltskontrolle führen. Das ist bei der Frage, ob die zu sonstigen zivilrechtlichen Verträgen ergangene Rechtsprechung auf Arbeitsverträge übertragbar ist, im Auge zu behalten. Für sonstige, lediglich **im Zusammenhang** mit dem Arbeitsverhältnis abgeschlossene Verträge, gilt diese Einschränkung nicht. Das AGB-Recht findet deshalb z.B. auf Kaufverträge über Werkwagen uneingeschränkte Anwendung. Werden Regelungen allerdings gerade in Hinblick auf das Arbeitsverhältnis vereinbart, z.B. in Darlehensverträgen | **175**

346 *Thüsing*, AGB-Kontrolle im Arbeitsrecht, Rn 48.
347 BAG 27.11.2003, NZA 2004, 597.
348 BGBl 2014, 3642.
349 So auch *Bauer/Arnold/Zeh*, NZA 2016, 449; a.A. *Kamanabrou*, NZA 2016, 919: Der Arbeitsplatz sei mit Blick auf den 21. Erwägungsgrund der Richtlinie 2011/83/EU, dem der Gesetzgeber auch in seiner Begründung zu § 312b Abs. 1 S. 1 Nr. 1 BGB folge, grundsätzlich kein Geschäftsraum i.S.d. § 312b BGB. Das Widerrufsrecht entfalle daher auch nach der neuen Rechtslage nur aus teleologischen Erwägungen.
350 *Fischinger/Werthmüller*, NZA 2016, 193; *Bauer/Arnold/Zeh*, NZA 2016, 449.
351 *Bauer/Arnold/Zeh*, NZA 2016, 449, 450 f.
352 Für eine einschränkende Auslegung des § 288 Abs. 2 BGB bereits BAG 23.2.2005, NZA 2005, 694, 697.
353 Ausf. *Thüsing/Leder*, BB 2005, 938.

zur Finanzierung von Ausbildungsmaßnahmen[354] oder Dienstwagenordnungen,[355] sind auch sie Arbeitsverträge i.S.d. § 310 Abs. 4 S. 2 BGB. Gleiches gilt für Verträge mit **arbeitnehmerähnlichen Personen**. Einer AGB-Kontrolle unterliegen auch **Aufhebungsverträge**, doch ist dort der Kontrollumfang umstritten.[356] **Kirchliche Arbeitsvertragsrichtlinien** unterliegen ebenso einer Überprüfung am Maßstab der §§ 305 ff. BGB.[357]

176 Keine Anwendung finden die §§ 305 ff. BGB dagegen auf **Tarifverträge, Betriebs- und Dienstvereinbarungen** (§ 310 Abs. 4 S. 1 BGB). Diese Kollektivvereinbarungen unterliegen selbst keiner (unmittelbaren) AGB-Kontrolle. Insoweit besteht die alte Bereichsausnahme fort. Hiervon zu trennen ist die Frage, ob die in einem Arbeitsvertrag enthaltene Bezugnahme auf diese Vereinbarungen die Tür zu einer (mittelbaren) Kontrolle der kollektiven Regelungen am Maßstab der §§ 305 ff. BGB zu öffnen vermag. Pauschale Antworten verbieten sich hier. Eine Lösung dieses Problems hat zwei Überlegungen zu berücksichtigen. Zum einen darf Kontrollfreiheit nur dort herrschen, wo die Richtigkeitsgewähr für den Inhalt der kollektiven Vereinbarung (fort-) besteht. Zum anderen folgt aus der Gleichstellungsanordnung des § 310 Abs. 4 S. 3 BGB, wonach diese Kollektivvereinbarungen Rechtsvorschriften i.S.v. § 307 Abs. 3 BGB gleichstehen, dass eine Inhaltskontrolle nur bei Abweichungen bzw. Ergänzungen dieser Regelungen möglich sein soll.

177 Man muss deshalb unterscheiden: Bei einer **Globalverweisung**, d.h. der Bezugnahme auf einen gesamten Tarifvertrag, verbietet sich solange eine Kontrolle der tarifvertraglichen Regelungen, wie auf den einschlägigen Tarifvertrag verwiesen wird.[358] Andernfalls würde das in § 310 Abs. 4 S. 1 BGB angeordnete Kontrollverbot von Tarifverträgen leer laufen. Eine mittelbare Tarifzäsur wäre die Folge. Ob die in Bezug genommenen Tarifregelungen zumindest einer **Transparenzkontrolle** gem. § 307 Abs. 3 S. 2 BGB i.V.m. § 307 Abs. 1 S. 2 BGB unterliegen, ist umstritten. Das BAG verneint dies jedenfalls bei Tarifgebundenheit des Arbeitgebers und wenn im Arbeitsvertrag auf denjenigen Tarifvertrag Bezug genommen wird, der für den Arbeitgeber kraft seiner Tarifbindung gilt.[359] Dies gelte unabhängig davon, ob der Arbeitnehmer Gewerkschaftsmitglied ist oder der Tarifvertrag allein kraft Bezugnahme Wirkung für das Arbeitsverhältnis entfaltet.

178 Die Richtigkeitsgewähr des Tarifvertrages endet aber dort, wo auf einen Tarifvertrag verwiesen wird, der selbst bei beiderseitiger Tarifgebundenheit nicht auf das Arbeitsverhältnis anwendbar wäre.[360] Bei der Bezugnahme auf branchen- oder ortsfremde Tarifverträge bleibt eine Inhaltskontrolle damit möglich.[361] Dasselbe gilt bei einer **Einzelverweisung** auf eine tarifvertragliche Bestimmung.[362] Umstritten ist die Behandlung von Verweisungen auf zusammengehörige Regelungskomplexe eines Tarifvertrages (sog. **Teilverweisung**). Das BAG erkennt den Ausschluss der AGB-Kontrolle grds. auch bei derartigen Verweisungen an: In einem Fall, in dem der Arbeitgeber die (einschlägigen) tariflichen Regelungen nur betreffend eine Sonderzuwendung einschließlich

354 BAG 23.1.2007, NZA 2007, 748, 749.
355 BAG 21.3.2012, NZA 2012, 616; BAG 19.12.2006, NZA 2007, 809, 810.
356 Ausf. *Thüsing*, AGB-Kontrolle im Arbeitsrecht, Rn 62 ff; siehe auch HWK/*Gotthardt*, Anh. §§ 305–310 BGB Rn 4 f.; *Bauer/Krieger/Arnold*, Arbeitsrechtliche Aufhebungsverträge, A Rn. 246 ff.
357 BAG 22.7 2010 – 6 AZR 170/08, juris; BAG 17.11.2005, NZA 2006, 872, 873. Anders *von Tiling*, NZA 2007, 78, 79; *Thüsing*, ZTR 2005, 507, 510; *Richardi*, NZA 2002, 1057, 1062 f.; *Ritter*, NZA 2005, 447 ff.; *v. Hoyningen-Huene*, in: FS Richardi (2007), S. 909, 918 ff.
358 BAG 18.9.2012, NZA 2013, 216, 218; BAG 28.6.2007, NZA 2007, 1049, 1051; BAG 25.4.2007, NZA 2007, 875, 877; ErfK/*Preis*, §§ 305–310 BGB Rn 13. Vgl. auch BAG 25.4.2007 – 6 AZR 622/06, n.v. betreffend die Kontrolle der einem Interessenausgleich- und Sozialplan als Anlage beigefügten Abwicklungsvereinbarung.
359 BAG 28.6.2007, NZA 2007, 1049, 1051. Anders ErfK/*Preis*, §§ 305–310 Rn 15 und 44.
360 S. auch BAG 18.9.2012, NZA 2013, 216, 218, wonach die Vermutung der Angemessenheit nicht nach der Kündigung des Tarifvertrages endet, jedenfalls solange dieser noch nachwirkt.
361 ErfK/*Preis*, §§ 305–310 BGB Rn 14; HWK/*Gotthardt*, § 307 BGB Rn 14. In diese Richtung auch BAG 25.4.2007, NZA 2007, 875, 877.
362 BAG 6.5.2009, NZA-RR 2009, 593, 594; HWK/*Gotthardt*, § 307 BGB Rn 14; ErfK/*Preis*, §§ 305–310 BGB Rn 16; *Diehn*, NZA 2004, 129, 131.

der Rückzahlungsbedingungen in Bezug nahm und diese Inbezugnahme auch nicht auf Dauer, sondern nur auf eine einmalige Leistung beschränkt erfolgte, unterstellte das BAG die Vorschriften zwar der Inhaltskontrolle.[363] Späteren Entscheidungen zufolge sollen die in Bezug genommenen (einschlägigen) Tarifbestimmungen dagegen dann kontrollfrei bleiben, wenn diese „ein geschlossenes Regelungssystem" enthalten.[364] Zuletzt ließ das Gericht den Umgang mit Teilverweisungen jedoch wieder offen.[365]

Wird in einem Arbeitsvertrag auf Tarifverträge, Betriebs- oder Dienstvereinbarungen Bezug genommen, **179** unterliegt diese **Bezugnahmeklausel** selbst der vollen AGB-Kontrolle. Für sie gilt nichts anderes als für sonstige arbeitsvertragliche Regelungen. Die Ausnahmevorschrift des § 310 Abs. 4 S. 1 BGB findet keine Anwendung.[366]

bb) Vorliegen allgemeiner Geschäftsbedingungen

Nur AGB unterliegen einer Kontrolle am Maßstab der §§ 305 ff. BGB. Ihr Vorliegen ist bei Arbeitsverträgen **180** der Regelfall. Es erfordert gem. § 305 Abs. 1 S. 1 BGB zunächst einer **Vertragsbedingung**. Dieser Begriff ist weit zu verstehen; auf den Inhalt der Regelung kommt es nicht an. Die Vertragsbedingung muss ferner **vorformuliert** sein. Bereits aus dem Inhalt und äußeren Erscheinungsbild des Vertrags kann sich ein vom Arbeitgeber zu widerlegender Anschein dafür ergeben, dass die Vertragsbedingungen zur Mehrfachverwendung formuliert worden sind.[367] Ihre schriftliche Fixierung vor Vertragsschluss ist nicht erforderlich.[368] Es genügt, wenn der Verwender eine Klausel „im Kopf gespeichert" hat und sie bei der Vertragsgestaltung erstmalig schriftlich niederlegt.[369] Ausreichend ist ebenso die Verwendung eines von dritter Seite vorformulierten Vertragsformulars.[370] Die Form der Vertragsbedingung ist gleichfalls ohne Bedeutung. Auch mündliche oder stillschweigende Abreden können AGB sein.[371] Deshalb unterliegen z.B. auch die Bedingungen einer – schriftlich nicht fixierten – betrieblichen Übung der AGB-Kontrolle.[372]

Die Vorformulierung muss weiterhin für eine **Vielzahl von Fällen** erfolgt sein. Hierfür reicht es aus, wenn **181** der Arbeitgeber oder ein Dritter die Absicht hat, die Vertragsbedingung für mindestens drei Vertragsabschlüsse zu verwenden.[373] Etwas anderes gilt bei Verbraucherverträgen. Dort unterliegen auch sog. **Einmalbedingungen** gem. § 310 Abs. 3 Nr. 2 BGB einer eingeschränkten AGB-Kontrolle. Dabei handelt es sich um solche Vertragsklauseln, die nur zur einmaligen Verwendung bestimmt sind, auf die der Arbeitnehmer aber aufgrund der Vorformulierung keinen Einfluss nehmen konnte. Eine die Kontrolle ausschließende Einflussnahmemöglichkeit des Arbeitnehmers erkennt das BAG nur unter strengen Voraussetzungen an: Der Arbeitgeber muss die Klausel ernsthaft zur Disposition stellen und dem Arbeitnehmer damit Gestal-

---

363 BAG 25.4.2007, NZA 2007, 875, 877 (10. Senat). Vgl. auch LAG Düsseldorf 25.7.2007 – 12 Sa 944/07, juris für den Fall, dass „im Übrigen" auf die für den Arbeitgeber geltenden Tarifverträge verwiesen wird. Das Schrifttum ist hier bisweilen strenger, vgl. etwa *Däubler* u.a./*Däubler*, § 310 BGB Rn 51 ff.; *Thüsing*, AGB-Kontrolle im Arbeitsrecht, Rn 189; *Diehn*, NZA 2004, 129, 131.

364 BAG 6.5.2009, NZA-RR 2009, 593, 594 (10. Senat). Siehe auch BAG 15.7.2009, NZA 2009, 1366, 1368 (5. Senat), wonach die Kontrollfreiheit „zumindest eine vollständige Übernahme abgrenzbarer Sachbereiche" voraussetzt.

365 BAG 18.9.2012, NZA 2013, 216, 218.

366 BAG 18.12.2014, NZA-RR 2016, 83; BAG 17.10.2007, NZA-RR 2008, 329; BAG 9.5.2007, DB 2008, 874; BAG 14.12.2005, NZA 2006, 607, 610.

367 St. Rspr. des BAG, vgl. etwa BAG 27.1.2016, NJW 2016, 1979, 1980; BAG 24.9.2014, NJW 2014, 3471, 3472; BAG 15.12.2011, NZA 2012, 674, 676; BAG 17.8.2011, NZA 2011, 1335, 1336; BAG 15.9.2009, NZA 2009, 1333, 1335; BAG 18.12.2008, NZA-RR 2009, 519, 520 f.

368 BGH 12.6.2001, NJW 2001, 2635, 2636.

369 BAG 16.5.2012, NZA 2012, 908, 909; BGH 19.5.2005, NJW 2005, 2543, 2544; BGH 10.3.1999, NJW 1999, 2180, 2181.

370 Siehe BAG 27.7.2005, NZA 2006, 40, 44. Auch kollektiv-rechtlich ausgehandelte Vertragsbedingungen, die dem Arbeitsvertrag beigefügt werden, können AGB sein, vgl. BAG 9.2.2011, NZA-RR 2012, 232, 235.

371 BAG 16.5.2012, NZA 2012, 908, 909; BAG 5.8.2009, NZA 2009, 1105, 1106; BAG 27. 8. 2008, NZA 2009, 49, 51; HWK/*Gotthardt*, § 305 BGB Rn 7.

372 BAG 16.5.2012, NZA 2012, 908, 909; BAG 5.8.2009, NZA 2009, 1105, 1106. BAG 27. 8. 2008, NZA 2009, 49, 51. Siehe auch *Ricken*, DB 2006, 1372, 1375; *Ulrici*, BB 2005, 1902.

373 BAG 28.5.2009, NZA 2009, 1337, 1338; BAG 18.12.2008, NZA-RR 2009, 519, 520; BAG 6.9.2007, NZA 2008, 219, 220; BAG 23.1.2007, NZA 2007, 748, 749.

tungsfreiheit zur Wahrung seiner Interessen einräumen.[374] Diese Rechtsprechung ist nicht unproblematisch. Sie bedingt im Ergebnis, dass es an einer Einflussnahmemöglichkeit nur fehlt, wenn gleichzeitig ein „Aushandeln" i.S.d. § 305 Abs. 1 S. 3 BGB vorliegt.[375] Im Schrifttum ist genau dies umstritten.[376]

182 Des Weiteren muss der Arbeitgeber als Verwender die Vertragsbedingung **stellen**. Bei Verbraucherverträgen wird dies gem. § 310 Abs. 3 Nr. 1 BGB vermutet, es sei denn, dass der Arbeitnehmer sie in den Vertrag eingeführt hat. Ansonsten ist ausschlaggebend, ob der Arbeitgeber die Einbeziehung der Vertragsbedingung konkret verlangt hat.[377] AGB liegen nicht vor, wenn die Vertragsbedingungen zwischen den Parteien **im Einzelnen ausgehandelt** sind, vgl. § 305 Abs. 1 S. 3 BGB. Dies wird selten der Fall sein. Bloßes Verhandeln genügt nicht. Kontrollfreie Individualabreden nimmt das BAG erst dann an, wenn der Arbeitgeber die betreffende Klausel inhaltlich ernsthaft zur Disposition stellt und dem Arbeitnehmer Gestaltungsfreiheit zur Wahrung eigener Interessen einräumt und zwar verbunden mit der realen Möglichkeit, die inhaltliche Ausgestaltung der Vertragsbedingung zu beeinflussen.[378] Dafür muss sich der Arbeitgeber deutlich und ernsthaft zu gewünschten Änderungen an der zu treffenden Vereinbarung bereit erklären.[379] Dem Arbeitnehmer muss dies bewusst sein.[380] Auf die fehlende Möglichkeit zur Einflussnahme kann allerdings nicht allein deshalb geschlossen werden, weil der ursprüngliche Text bestehen bleibt.[381] Die Befristung einer Arbeitszeitverringerung ist nicht allein deshalb ausgehandelt, weil sie auf den Wunsch des Arbeitnehmers erfolgte. Hinzukommen muss, dass der Arbeitnehmer die Verringerung der Arbeitszeit auch dann nur befristet vereinbart hätte, wenn ihm die unbefristete Verringerung angeboten worden wäre.[382] Entsprechendes gilt für die befristete Übertragung einer höherwertigen Tätigkeit.[383] Ein Gesamtvertrag kann zugleich auf AGB und individuell ausgehandelten Bestimmungen bestehen.[384]

cc) Einbeziehung in den Arbeitsvertrag

183 Die besonderen – positiven – Voraussetzungen des § 305 Abs. 2 und 3 BGB an die Einbeziehung von AGB finden auf Arbeitsverträge gem. § 310 Abs. 4 S. 2 HS 2 BGB ausdrücklich keine Anwendung. Damit scheidet eine analoge Anwendung dieser Vorschriften ebenfalls aus.[385] Es gelten insoweit die Regeln des allgemeinen Vertragsrechts. Als negative Einbeziehungsvoraussetzung normiert § 305c Abs. 1 BGB ein auch auf Arbeitsverträge anwendbares **Verbot überraschender Klauseln**. Überraschend ist eine Klausel danach unter zwei Voraussetzungen: Zum einen muss sie objektiv ungewöhnlich, zum anderen subjektiv überraschend sein.[386] Die **Ungewöhnlichkeit** einer Klausel kann aus ihrem Inhalt folgen, wenn dieser von den typischen Erwartungen der beteiligten Verkehrskreise abweicht.[387] Je belastender eine Vertragsbestimmung ist, umso eher ist das BAG geneigt, sie als ungewöhnlich zu klassifizieren.[388] Die Ungewöhn-

---

374 BAG 19.8.2015, NJOZ 2016, 226; BAG 11.12.2013, NZA 2014, 433,434; BAG 19.5.2010, NZA 2010, 939, 941; BAG 25.5.2005, NZA 2005, 1111, 1116.

375 BAG 12.12.2013, NZA 2014, 905, 907; BAG 19.5.2010, NZA 2010, 939, 941.

376 Vgl. Däubler u.a./ *Deinert*, § 310 BGB Rn 12 sowie *Thüsing*, AGB-Kontrolle im Arbeitsrecht, Rn 52.

377 Däubler u.a./*Deinert*, AGB-Kontrolle im Arbeitsrecht, § 305 BGB Rn 18.; HWK/*Gotthardt*, § 305 BGB Rn 6.

378 BAG 19.8 2015, NJOZ 2016, 226; BAG 12.12.2013, NZA 2014, 904; BAG 19.5.2010, NZA 2010, 939, 941; BAG 18.12.2008, NZA-RR 2009, 519, 521; BAG 6.9.2007, NZA 2008, 219, 220; BAG 27.7.2005, NZA 2006, 40, 44.

379 BAG 1.3.2006, NZA 2006, 746, 748; BAG 27.7.2005, NZA 2006, 40, 44. Siehe auch LAG Schleswig-Holstein 23.5.2007, NZA-RR 2007, 514, 516.

380 BAG 19.8 2015, NJOZ 2016, 226; BAG 12.12.2013, NZA 2014, 904.

381 BAG 12.12.2013, NZA 2014, 904.

382 BAG 10.12.2014, NZA 2015, 811, 813.

383 BAG 7.10.2015, NZA 2016, 441, 444.

384 BAG 19.5.2010, NZA 2010, 939, 941; BAG 18.12.2008, NZA-RR 2009, 519, 521.

385 Für § 305 Abs. 2 BGB: BAG 19.3.2014, NZA 2014, 1076, 1080; BAG 14.11.2012 – 5 AZR 107/11, juris; BAG 23.3.2011, NZA 2012, 396; 398 f.; BAG 6.5.2009, NZA-RR 2009, 593, 594, BAG 14.3.2007, NZA 2008, 45, 47.

386 BAG 16.5.2012, NZA 2012, 908, 909.

387 BAG 17.10.2012, AP Nr. 106 zu § 315 BGB; BAG 28.6.2007, NZA 2007, 1049, 1050; BGH 10. 9. 2002, NJW 2002, 3627.

388 BAG 17.10.2012, AP Nr. 106 zu § 315 BGB; BAG 26.9.2012, AP Nr. 105 zu § 315 BGB; BAG 19.8.2010, AP Nr. 49 zu § 307 BGB; BAG 28.5.2009, NZA 2009, 1337, 1339; BAG 14.8.2007, NZA 2008, 170, 171; BAG 27.7.2005, NZA 2006, 37, 39.

lichkeit kann ferner aus formellen Aspekten, d.h. dem äußeren Zuschnitt des Vertrages resultieren.[389] Die Rechtsprechung hat dies in Fällen angenommen, in denen die Klausel an „versteckter", d.h. unerwarteter Stelle im Vertrag platziert wurde.[390] Bei der Vertragsgestaltung kann es deshalb anzuraten sein, wichtige, für den Arbeitnehmer nachteilige Vertragsbestimmungen drucktechnisch durch Schriftart, Schriftgröße oder Fettdruck bzw. durch Unterstreichungen oder einen eigenen Paragraphen hervorzuheben.[391] Eine solche optische Hervorhebung ist allerdings verzichtbar, wenn der gesamte Vertragstext ein gleiches fließendes Schriftbild aufweist.[392] Neben der objektiven Ungewöhnlichkeit muss stets ein subjektives **Überraschungsmoment** beim Arbeitnehmer hinzutreten. Entscheidend ist, ob er die Klausel kannte oder mit ihr zumindest rechnen musste. Das BAG verneint dies, wenn der Bestimmung ein „Überrumpelungs- oder Übertölpelungseffekt" innewohnt.[393] Ein ausdrücklicher Hinweis des Arbeitgebers auf die Klausel soll das Überraschungsmoment beseitigen.[394] Im Arbeitsleben weit verbreitete Regelungen sind nicht überraschend.[395]

Nach diesen Grundsätzen soll eine **Altersgrenze**, die in allgemeinen Arbeitsbedingungen unter der Überschrift „Beendigung des Arbeitsverhältnisses" enthalten ist, keine überraschende Klausel darstellen.[396] Es sei nicht unüblich, dass für Arbeitnehmer eines Unternehmens eine einheitliche Altersgrenze gilt und diese in den für den Arbeitgeber geltenden Allgemeinen Arbeitsbedingungen enthalten ist. Auch hätte der Arbeitnehmer unter der gewählten Überschrift mit einer Altersgrenze rechnen müssen. Eine **Ausschlussfrist**, die sich in einem detaillierten Arbeitsvertrag neben anderen Regelungen unter der Überschrift „Schlussbestimmungen" befand, wurde dagegen als ungewöhnlich qualifiziert.[397] An dieser Stelle müsse ein verständiger Arbeitnehmer nicht mit dem Verfall von Ansprüchen bei nicht rechtzeitiger Geltendmachung rechnen. Dasselbe gelte für eine Klausel, die eine rückwirkende Vertragsänderung unter der Überschrift „Vertragsdauer und Kündigung" vorsieht.[398] Ebenso entschied das BAG in einem Fall, in dem anlässlich der Beendigung des Arbeitsverhältnisses einem Arbeitnehmer eine mit „Rückgabe Ihrer Unterlagen" überschriebene Erklärung übergeben worden war, die eine nicht besonders kenntlich gemachte **Ausgleichsquittung** enthielt.[399] Weist ein Arbeitsvertrag ein komplett einheitliches Schriftbild auf, dann soll selbst eine drucktechnisch nicht weiter hervorgehobene **Vertragsstrafevereinbarung** nicht überraschend sein, wenn sie in einem eigenen Paragraphen niedergelegt ist.[400] Entsprechendes soll für eine allein das vertragliche Wettbewerbsverbot absichernde und im Zusammenhang mit demselben geregelte Vertragsstrafe gelten, ungeachtet der Überschrift „Geheimhaltung und Wettbewerbsverbot."[401] Die arbeitsvertragliche **Bezugnahme** auf einschlägige Tarifverträge sei deshalb nicht überraschend, weil sie gerade den Erwartungen der Arbeitneh-

184

---

389 BAG 25.9.2014, NJW 2015, 1038.
390 BAG 19.2.2014, DB 2014, 1143; BAG 17.10.2012, AP Nr. 106 zu § 315 BGB; BAG 6.9.2007, NZA 2008, 219, 220; BAG 31.8.2005, NZA 2006, 324, 326. Siehe auch BAG 28.6.2007, NZA 2007, 1049, 1050.
391 Vgl. BAG 25.9.2014, NJW 2015, 1038. BAG 14.8.2007, NZA 2008, 170, 171; BAG 23.2.2005, BB 2005, 1795, 1800; LAG Schleswig-Holstein 2.2.2005, NZA-RR 2005, 351, 353.
392 BAG 25.8.2008, NZA 2009, 370, 372.
393 BAG 26.9.2012, AP Nr. 105 zu § 315 BGB; BAG 28.5.2009, NZA 2009, 1337, 1339; BAG 14.8.2007, NZA 2008, 170, 171; BAG 27.7.2005, NZA 2006, 37, 38; BAG 13.7.2005, AP Nr. 78 zu § 74 HGB.
394 BAG 26.9.2012, AP Nr. 105 zu § 315 BGB; BAG 8.8.2007, NZA 2008, 1208.
395 BAG 27.1.2016, NJW 2016, 1979, 1980; BAG 23.7.2014, NZA 2014, 1341; BAG 16.5.2012, NZA 2012, 908, 909; BAG 28.5.2009, NZA 2009, 1337, 1339.
396 BAG 27.7.2005, NZA 2006, 37, 39. Aus diskriminierungsrechtlicher Sicht vgl. EuGH 16.10.2007, NZA 2007, 1219.
397 BAG 31.8.2005, NZA 2006, 324, 326.
398 BAG 19.2.2014, AP AÜG § 10 Nr. 39.
399 BAG 25.9.2014, NZA 2015, 350, 351 f.; BAG 23.2.2005, NZA 2005, 1193, 1199 f.
400 LAG Schleswig-Holstein 2.2.2005, NZA-RR 2005, 351, 353. Zur Üblichkeit von Vertragsstrafen vgl. auch BAG 28.5.2009, NZA 2009, 1337, 1341.
401 BAG 14.8.2007, NZA 2008, 170, 171.

mer entspreche[402] bzw. im Arbeitsleben verbreitet sei.[403] Mit einer sog. Tarifwechselklausel müsse ein Arbeitnehmer ebenfalls rechnen.[404] Ebenso entspreche es einer im Arbeitsrecht gebräuchlichen und durchschaubaren Regelungstechnik, wenn eine Klausel einen Sachverhalt nur teilweise regelt und im Übrigen konkludent auf das **Gesetz** – z.B. auf § 106 S. 1 GewO – verweist.[405]

dd) Unklarheitenregel

185   Zweifel bei der Auslegung von AGB gehen gem. § 305c Abs. 2 BGB zu Lasten des Verwenders. Bei der Behandlung „unklarer" Klauseln ist diese sog. Unklarheitenregel von der Auslegung sowie vom Transparenzgebot des § 307 Abs. 1 S. 2 BGB abzugrenzen. Die **Auslegung** hat Vorrang.[406] Zu beachten ist dabei, dass AGB objektiv auszulegen sind, d.h. unter Ausblendung der Besonderheiten der jeweiligen Vertragsabschlusssituation und den individuellen Vorstellungen und Erwartungen der Vertragsparteien.[407] Ausschlaggebend ist, wie die Vertragsbedingungen von „verständigen und redlichen Vertragspartnern unter Abwägung der Interessen der normalerweise beteiligten Verkehrskreise verstanden werden, wobei die Verständnismöglichkeiten des durchschnittlichen Vertragspartners zugrunde zu legen sind."[408] Dabei ging das BAG bislang im Zusammenhang mit Ausschlussfristen davon aus, dass außergewöhnliche, bei Abschluss des Arbeitsvertrags nicht für regelungsbedürftig gehaltene Fälle von vornherein nicht unter die jeweilige Vertragsklausel fallen (näher dazu in Rdn 611). Ist das Auslegungsergebnis eindeutig, ist die Klausel mit diesem Inhalt der Angemessenheitskontrolle zu unterstellen. Kann ihr – spiegelbildlich – schlechterdings kein Sinn beigemessen werden, scheitert sie am **Transparenzgebot**.[409] Sind dagegen mehrere Auslegungsmöglichkeiten greifbar und rechtlich vertretbar, von denen keine den klaren Vorzug verdient, kommt die **Unklarheitenregel** zur Anwendung.[410] Es müssen, wie das BAG zu Recht formuliert, „erhebliche Zweifel" an der richtigen Auslegung bestehen.[411] Die entfernte Möglichkeit, zu einem anderen Ergebnis zu kommen, genügt nicht.[412] Die Unklarheitenregel beruht auf dem Gedanken, dass es Sache des Verwenders ist, die von ihm vorgegebenen Vertragsbedingungen klar und unmissverständlich zu formulieren.[413] Die Unklarheitenregel bezieht sich deshalb nur auf das Verständnis der AGB, nicht auf die Bedeutung unklarer Begleitumstände.[414] Bestehen Unklarheiten, muss der Arbeitgeber die ihm ungünstigste Auslegungsmöglichkeit gegen sich gelten lassen.[415]

---

402 BAG 18.3.2015, NZA 2015, 821; BAG 23.7.2014, NZA 2014, 1341; BAG 28.5.2009, AP Nr. 184 zu § 611 BGB Lehrer, Dozenten; BAG 28.6.2007, NZA 2007, 1049, 1050.

403 BAG 18.3.2015, NZA 2015, 821; BAG 23.7.2014, NZA 2014, 1341; BAG 23.3.2011, NZA 2012, 396, 398; BAG 6.5.2009, NZA-RR 2009, 593, 594.

404 BAG 21.11.2012, NZA 2013, 512, 514.

405 BAG 15.9.2009, NZA 2009, 1333, 1335. Siehe auch BAG 18.8.2009, NZA 2010, 503. Zu sog. Direktionsrechtserweiterungen siehe *Preis/Genenger*, NZA 2008, 969.

406 St. Rspr. des BAG, vgl. etwa BAG 14.11.2012 – 5 AZR 107/11, juris; BAG 15.9.2009, NZA 2009, 1333, 1335; BAG 24.10.2007, NZA 2008, 40, 41; BAG 10.1.2007, NZA 2007, 384, 385; BAG 9.11.2005, NZA 2006, 202, 204.

407 St. Rspr. des BAG, vgl. etwa BAG 21.1.2015, NJW 2015, 2364, 2365; BAG 9.6.2010, NZA 2010, 877, 880.

408 BAG 9.12.2015, NZA 2016, 695; BAG 14.9.2011, NZA 2012, 81, 82; BAG 24.10.2007, NZA 2008, 40, 41; BAG 17.1.2006, NZA 2006, 923, 925; BAG 7.12.2005, BB 2006, 829, 830 f.; BAG 9.11.2005, NZA 2006, 202, 203.

409 Vgl. auch BGH 25.1.2006, NJW 2006, 1059, 1060 („unklar oder unverständlich"). Außerhalb des Arbeitsrechts wird in diesen Fällen eine Einbeziehung der AGB bereits an § 305 Abs. 2 BGB scheitern.

410 BAG 9.12.2015, NZA 2016, 695; BAG 21.1.2015, NJW 2015, 2364, 2365; BAG 13.2.2013 – 5 AZR 2/12, juris; BAG 20.1.2010, NZA 2010, 445, 446; BAG 9.11.2005, BB 2006, 386, 388.

411 BAG 9.12.2015, NZA 2016, 695; BAG 21.1.2015, NJW 2015, 2364, 2365; BAG 20.2.2013, NZA 2013, 1015; BAG 19.10.2011, AP Nr. 61 zu § 307 BGB; BAG 9.6.2010, NZA 2010, 877, 880.

412 BAG 20.2.2013, NZA 2013, 1015; BAG 19.10.2011, AP Nr. 61 zu § 307 BGB; BAG 19.1.2011, NZA 2011, 631, 632.

413 BAG 26.9.2007, NZA 2008, 179, 180.

414 BAG 26.9.2007, NZA 2008, 179, 180.

415 BAG 20.2.2013, NZA 2013, 1015; BAG 19.10.2011, AP Nr. 61 zu § 307 BGB.

ee) Durchführung der Angemessenheitskontrolle

Die §§ 307–309 BGB bilden das Herzstück der Inhaltskontrolle. Die Überprüfung einer Vertragsklausel an-   **186** hand dieser Vorschriften hat einem bestimmten Prüfungsraster zu folgen. Zunächst ist sicherzustellen, dass die Vertragsbestimmung nicht gem. § 307 Abs. 3 S. 1 BGB einer entsprechenden Kontrolle entzogen ist. Anschließend ist sie zuerst an den Klauselverboten ohne Wertungsmöglichkeit (§ 309 BGB) zu messen, gefolgt von den Klauselverboten mit Wertungsmöglichkeit (§ 308 BGB). Erst danach ist sie ggf. einer allgemeinen Angemessenheitskontrolle am Maßstab des § 307 Abs. 1 S. 1 und Abs. 2 BGB zu unterziehen.

(1) Umfang der Inhaltskontrolle (§ 307 Abs. 3 BGB)

§ 307 Abs. 3 S. 1 BGB statuiert **zwei Schranken der Inhaltskontrolle**. Nach dieser Vorschrift gelten die   **187** §§ 307 Abs. 1 und 2, 308, 309 BGB nur für solche Vertragsbestimmungen, durch die von Rechtsvorschriften abweichende oder diese ergänzende Regelungen vereinbart werden. Der Begriff der Rechtsvorschriften wird weit ausgelegt. Das BAG unterstellt ihm auch ungeschriebene, allgemein anerkannte Rechtsgrundsätze.[416] Die Vorschrift bewirkt zweierlei. Sie nimmt zum einen rein **deklaratorische Klauseln**, die den Wortlaut einer Rechtsvorschrift lediglich wiederholen, von der Inhaltskontrolle aus.[417] Eine mittelbare Kontrolle von gesetzlichen Regelungen durch den Richter wird damit verhindert. Auch würde im Falle der Unwirksamkeit der Klausel gem. § 306 Abs. 2 BGB ohnehin das Gesetzesrecht an ihre Stelle treten. Zum anderen sind sog. **Leistungsbeschreibungen** und **Preisabreden** einer Inhaltskontrolle entzogen. Dies sind Klauseln, die den Art und Umfang der vertraglichen Hauptleistungspflichten unmittelbar festlegen, d.h. bestimmen, was und wie viel der eine Teil leisten soll und welchen Preis er dafür erhält.[418] Im Arbeitsrecht bleiben somit vor allem Klauseln, die Art und Umfang der Arbeitsleistung und das Arbeitsentgelt betreffen, kontrollfrei.[419] Denn es ist nicht die Aufgabe des Richters, den „gerechten Preis" zu bestimmen.[420]

In der Praxis bereitet es vielfach Schwierigkeiten, die Grenzen zwischen noch und nicht mehr kontrollfähi-   **188** gen Abreden zu bestimmen. Mit vielen Unwägbarkeiten ist etwa die insbesondere vom BGH praktizierte Abgrenzung zu den sog. **Preisnebenabreden** behaftet. Diese sind im Gegensatz zu reinen Preisabreden kontrollfähig.[421] Sie sollen solche Abreden erfassen, die zwar mittelbar Auswirkungen auf die Preisgestaltung haben, an deren Stelle aber, wenn eine wirksame vertragliche Regelung fehlt, dispositives Recht treten kann.[422] Ein auch im Arbeitsrecht relevanter Anwendungsfall dieser Judikatur betrifft Verzugszinsklauseln, die danach kontrollfähig bleiben.[423] Entsprechendes wird für Fälligkeitsklauseln gelten.[424] Ob eine Klausel, die eine Pauschalvergütung von Überstunden mit einer Abrede über die Befugnis des Arbeitgebers zur Anordnung von Überstunden kombiniert, eine kontrollfähige Preisnebenabrede ist, hat das BAG bislang offen gelassen.[425] Eine Regelung, wonach in der vereinbarten Monatsvergütung die ersten zwanzig Über-

---

416 BAG 16.1.2013, NJW 2013, 1020, 1022; BAG 9.6.2010, NZA 2010, 877, 880; BAG 25.4.2007, NZA 2007, 853; BAG 11.10.2006, NZA 2007, 87, 88; BAG 27.7.2005, NZA 2006, 539, 541.

417 BAG 7.10.2015, NZA 2016, 441, 444; BAG 10.12.2014, NZA 2015, 811, 813; BAG 9.2.2011, NZA-RR 2012, 232, 237; BAG 25.8.2010, NZA 2010, 1355, 1357 f.

418 BAG 7.10.2015, NZA 2016, 441, 444; BAG 10.12.2014, NZA 2015, 811, 813; BAG 9.2.2011, NZA-RR 2012, 232, 237; BAG 21.6.2011, NZA 2011, 1338, 1341; BAG 18.1.2006, AP Nr. 8 zu § 305 BGB.

419 BAG 21.11.2012, NZA 2013, 512, 515; BAG 16.5.2012, NZA 2012, 908, 910; BAG 19.1.2011, NZA 2011, 631, 632; BAG 14.3.2007, NZA 2008, 45, 47; BAG 31.8.2005, NZA 2006, 324, 328.

420 BAG 21.11.2012, NZA 2013, 512, 515; BAG 17.10.2012, NZA 2013, 266, 267; BAG 16.5.2012, NZA 2012, 908, 910; BAG 31.8.2005, NZA 2006, 324, 328.

421 BGH 15.5.2013, NVwZ-RR 2013, 807, 810; BAG 16.5.2012, NZA 2012, 908, 910; BGH 11.10.2007, BeckRS 2007, 17768; BGH 21.9.2005, NJW-RR 2005, 1717.

422 BGH 12.5.2004, NJW-RR 2004, 1206.

423 BGH 1.3.2000, NJW-RR 2000, 1077, 1078; BGH 11.12.1997, NJW 1998, 991, 992; BGH 31.1.1985, NJW 1986, 376, 377.

424 HWK/*Gotthardt*, § 307 BGB Rn 8.

425 BAG 16.5.2012, NZA 2012, 908, 910.

stunden monatlich „mit drin" seien, betreffe jedoch nur die (Mit-)Vergütung dieser Überstunden und sei damit als Hauptleistungsabrede kontrollfrei.[426]

189 Das BAG grenzt zudem – leider wenig trennscharf – von den Leistungsbeschreibungen solche Klauseln ab, die das **Hauptleistungsversprechen** nicht festlegen, sondern einschränken, verändern, ausgestalten oder **modifizieren**. Auch sie seien inhaltlich zu kontrollieren.[427] Deshalb handele es sich auch bei einer befristeten Arbeitszeiterhöhung um eine kontrollfähige Abrede.[428] Gegenstand der Inhaltskontrolle sei dort nicht die vereinbarte Erhöhung der Arbeitszeit und damit der Umfang der vom Arbeitnehmer zu erbringenden Arbeitsleistung als Hauptleistungspflicht aus dem Arbeitsverhältnis, sondern deren zeitliche Einschränkung durch die Befristung. Klauseln, die die Dauer der Probezeit festlegen, gehen über eine deklaratorische Wiedergabe von Rechtsvorschriften hinaus und sind daher einer Inhaltskontrolle nach den § 307 ff. BGB zugänglich.[429] Ferner misst das BAG Widerrufsvorbehalte am Maßstab der §§ 305 ff. BGB.[430] Gleiches gilt für eine Klausel, nach der dem Arbeitnehmer als Überhangprovision nur die Hälfte der vereinbarten Provision zusteht[431] bzw. für Regelungen über die Höhe von Versorgungsleistungen bei vorzeitigem Ausscheiden.[432]

190 In **§ 310 Abs. 4 S. 3 BGB** werden Tarifverträge, Betriebs- und Dienstvereinbarungen Rechtsvorschriften i.S.v. § 307 Abs. 3 BGB gleichgestellt. Hinter dieser **Gleichstellungsanordnung** verbergen sich zwei praxisrelevante Problemkreise. Zum einen wirft sie die Frage danach auf, ob die genannten Kollektivvereinbarungen bei einzelvertraglicher Bezugnahme mittelbarer Gegenstand der AGB-Kontrolle sein können (vgl. dazu Rdn 176 ff.). Diskutiert wird zum anderen, ob als Folge dieser Bestimmung Tarifverträge als Vergleichsmaßstab für die Inhaltskontrolle herangezogen werden können. Dies ist im Anschluss an die h.L. abzulehnen.[433] Eine Unterschreitung der tariflichen Vergütung kann deshalb keine unangemessene Benachteiligung i.S.v. § 307 BGB darstellen.[434] Das BAG hat es abgelehnt, einen gem. § 4 Abs. 5 TVG nachwirkenden Tarifvertrag als Kontrollmaßstab für eine Inhaltskontrolle heranzuziehen.[435]

(2) Besondere Klauselverbote der §§ 308, 309 BGB

191 Eine Reihe der in den §§ 308, 309 BGB kodifizierten besonderen Klauselverbote finden im Arbeitsrecht keine Anwendung, weil sie andere Sachverhalte betreffen. Soweit die übrigen Klauselverbote für die hier besprochenen Klauseln von Relevanz sind, wird auf sie im Rahmen der Erörterung der jeweiligen Vertragsbestimmung eingegangen.

(3) Angemessenheitskontrolle gem. § 307 Abs. 1 S. 1, Abs. 2 BGB

192 Der Gesetzgeber hat zwei Regelfälle unangemessener Benachteiligungen in **§ 307 Abs. 2 BGB** kodifiziert. Ihr Vorliegen ist vor einem Rückgriff auf die allgemeine Vorschrift des Abs. 1 zu prüfen. Die Abweichung

---

426 BAG 16.5.2012, NZA 2012, 908, 910.
427 BAG 15.9.2009 – 3 AZR 17/09, juris. BAG 25.4.2007, NZA 2007, 853, 853; BAG 27.7.2005, NZA 2006, 40, 45. Weiterführend *Preis*, in: FS Richardi (2007), S. 339, 345 ff.
428 BAG 7.10.2015 – 7 AZR 945/13, juris; BAG 15.12.2011, NZA 2012, 674, 676; BAG 8.8.2007, NZA 2008, 229, 230; BAG 18.1.2006, AP Nr. 8 zu § 305 BGB; BAG 27.7.2005, NZA 2006, 40, 45 f. Dazu auch *Lunk/Leder*, NZA 2008, 504; *Löwisch*, in: FS Canaris (2007), S. 1403, 1412. Ebenso zur befristeten Verringerung der Arbeitszeit BAG 10.12.2014, NZA 2015, 811, 813.
429 BAG 12.2.2015, NZA 2015, 737, 740 f.
430 BAG 16.4.2014, NZA 2014, 1277, 1282; BAG 21.3.2012, NZA 2012, 616; BAG 19.12.2006, NZA 2007, 809, 810; BAG 11.10.2006, NZA 2007, 87, 88 f. Anders bei Freiwilligkeitsvorbehalten, vgl. BAG 21.1.2009, NZA 2009, 310, 312. S. auch BAG 16.1.2013, NJW 2013, 1020 in Bezug auf ein einseitiges Leistungsbestimmungsrecht des Arbeitgebers über die Höhe einer Weihnachtsgratifikation.
431 BAG 20.2.2008, NZA 2008, 1124, 1126.
432 BAG 15.9.2009, NZA 2010, 164, 168.
433 *Bayreuther*, RdA 2003, 81; *Thüsing*, AGB-Kontrolle im Arbeitsrecht, Rn 75. Diff. Däubler u.a./*Däubler*, § 307 BGB Rn 276 ff.
434 Siehe aber BAG 11.10.2006, NZA 2007, 87, 89; BAG 12.1.2005, NZA 2005, 465, 467 zur tariflichen Vergütung als mögliche Flexibilisierungsgrenze von Widerrufsvorbehalten.
435 BAG 3.4.2007, NZA 2007, 1045, 1047.

von dem wesentlichen Grundgedanken einer gesetzlichen Regelung begründet nach der **Nr. 1** die Vermutung einer unangemessenen Benachteiligung. Der Begriff der „gesetzlichen Regelung" erfasst zuvorderst das **dispositive Recht**. Denn eine Abweichung von zwingendem Gesetzesrecht ist ohnehin unzulässig. Die Vorschrift verdankt ihre Existenz der Leitbildfunktion des dispositiven Rechts. Selbst abdingbares Gesetzesrecht enthält eine nach Ansicht des Normgebers optimale Auflösung von Interessenkonflikten, dessen wesentlicher Kern Schutz vor Änderungen durch Formularvertragsbedingungen verdient. Dies gilt insbesondere, wenn die Regelung nicht nur auf Zweckmäßigkeitsgesichtspunkten beruht, sondern eine Ausprägung des Gerechtigkeitsgebots darstellt.[436] In ihrem unmittelbaren Anwendungsbereich hat die Vorschrift angesichts des überwiegend zwingenden Charakters arbeitsrechtlicher Vorschriften keine große Bedeutung. Relevanz erlangt sie z.B. für die Bemessung der Länge von vertraglichen Ausschlussfristen (vgl. dazu Rdn 616). Die Vorschriften des gesetzlichen Verjährungsrechts bilden dort die maßgebliche „gesetzliche Regelung".[437] Größeres Gewicht erhält § 307 Abs. 2 Nr. 1 BGB im Arbeitsrecht dadurch, dass auch die von der Rechtsprechung entwickelten **ungeschriebenen Rechtssätze** sowie allgemein anerkannte Rechtsgrundsätze unter das Merkmal der „gesetzlichen Regelung" subsumierbar sind.[438] Zu letzteren zählt z.B. der Grundsatz „pacta sunt servanda".[439] Ein Kontinuitätsgebot zugunsten bisheriger Rechtsprechung folgt daraus nicht: Zum einen findet Richterrecht nicht insgesamt, sondern nur sein „wesentlicher Grundgedanke" nach der Schuldrechtsreform Berücksichtigung. Zum anderen ist es nicht länger alleiniger Kontrollmaßstab; die Vermutungswirkung des § 307 Abs. 2 Nr. 1 BGB kann durch eine Gesamtwürdigung aller Umstände widerlegt werden.[440] Dabei ist das Interesse des Arbeitgebers an der Aufrechterhaltung der Klausel mit dem Interesse des Arbeitnehmers an der Ersetzung der Klausel durch das Gesetz abzuwägen.[441]

Eine unangemessene Benachteiligung liegt nach § 307 Abs. 2 **Nr. 2** BGB im Zweifel auch dann vor, wenn wesentliche Rechte oder Pflichten, die sich aus der Natur des Vertrages ergeben, so eingeschränkt werden, dass die Erreichung des Vertragszwecks gefährdet ist. Dies ist z.B. bei Freistellungsklauseln anzunehmen, die dem Arbeitgeber die jederzeitige Freistellung des Arbeitnehmers auch im ungekündigten Arbeitsverhältnis gestatten.   **193**

Den letzten Prüfungsschritt der AGB-Kontrolle bildet die allgemeine Angemessenheitskontrolle gem. **§ 307 Abs. 1 S. 1 BGB**. Unwirksam ist eine Klausel danach, wenn sie den Arbeitnehmer entgegen den Geboten von Treu und Glauben unangemessen benachteiligt. Das BAG bejaht eine solche Benachteiligung dann, wenn der Arbeitgeber durch einseitige Vertragsgestaltung missbräuchlich eigene Interessen auf Kosten des Arbeitnehmers durchzusetzen versucht, ohne von vornherein auch dessen Belange hinreichend zu berücksichtigen und ihm einen angemessenen Ausgleich zuzugestehen.[442] Hinter dieser Formel verbirgt sich ein dreistufiges Prüfungsprogramm.[443] Zunächst muss ein rechtlich anerkanntes Interesse des Arbeitnehmers festgestellt werden. Dieses muss anschließend durch die Verwendung der Klausel im Arbeitsvertrag beeinträchtigt werden. Schließlich darf die Beeinträchtigung nicht durch begründete und billigenswerte Interessen des Arbeitgebers gerechtfertigt sein oder durch gleichwertige Vorteile ausgeglichen werden. Letzteres ist anhand einer umfassenden **Interessenabwägung** zu beurteilen, die den Kernpunkt der Prüfung   **194**

---

436 BAG 16.1.2013, NJW 2013, 1020, 1022; BAG 18.1.2012, NZA 2012, 561, 562; BAG 20.2.2008, NZA 2008, 1124; BAG 24.10.2007, NZA 2008, 40, 42; BAG 25.4.2007, NZA 2007, 853, 854.
437 BAG 28.9.2005, NZA 2006, 149, 152; BAG 25.5.2005, NZA 2005, 1111, 1113.
438 BAG 6.5.2009, NZA 2009, 783, 784; BAG 24.10.2007, NZA 2008, 40, 42; BAG 27.7.2005, NZA 2006, 539, 541; BAG 7.12.2005, NZA 2006, 423, 426. Näher *Thüsing/Leder*, BB 2005, 938. Kritisch *Stoffels*, AGB-Recht, Rn 510 ff.
439 St. Rspr des BAG, siehe etwa BAG 14.9.2011, NZA 2012, 81, 85; BAG 25.4.2007, NZA 2007, 853, 854.
440 Siehe zur Überwälzung des Betriebsrisikos *Gotthardt*, Arbeitsrecht nach der Schuldrechtsreform, Rn 321.
441 BAG 20.2.2008, NZA 2008, 1124.
442 St. Rspr. des BAG, s. etwa BAG 17.3.2016, NZA 2016 945, 948; BAG 7.10.2015, NJW 2016, 826, 829; BAG 10.12.2013, NZA 2015, 50; 54; BAG 20.3.2013, NZA 2013, 970; BAG 2.9.2009, NZA 2009, 1253, 1255; BAG 6.9.2007, NZA 2008, 219, 221; ähnlich auch BAG 7.10. 2015, NZA 2016, 441.
443 Vgl. *Thüsing/Leder*, BB 2005, 938, 941.

des § 307 BGB bildet. Für diese kann man sich als Leitbild an der Frage orientieren, ob die vertragliche Regelung noch Ausdruck einer ausgewogenen Vertragsgestaltung ist.[444] Verschiedene Kriterien können dafür von Belang sein.[445] Von Bedeutung sind vor allem die Art des Arbeitsvertrages, die damit verbundene Stellung des Arbeitnehmers, die sachgerechte Verteilung des Betriebs-, Wirtschafts- und Beschäftigungsrisikos, grundrechtliche Wertungen sowie eine mögliche Einschränkung des Rechts zur freien Kündigung. Zu berücksichtigen ist ebenfalls, ob eine Klausel im Rahmen der Anbahnung des Arbeitsverhältnisses oder anlässlich einer späteren Vertragsänderung vereinbart worden ist; im letzteren Fall ist der Arbeitnehmer weniger schutzwürdig.[446] Der Arbeitsvertrag ist auch in seiner Gesamtheit zu würdigen. Dabei sind summierende und kompensierende Effekte zu beachten.[447]

195 Bei der Prüfung ist ein **genereller**, typisierender, d.h. vom Einzelfall losgelöster **Maßstab** anzulegen.[448] Unerheblich ist, ob der Arbeitnehmer deshalb durch die Verwendung der Klausel unangemessen benachteiligt wird, weil sie gerade seiner Interessenlage nicht entspricht. Es sind allein die „typischen Interessen der beteiligten Verkehrskreise" in die Abwägung einzustellen.[449] Werden AGB gegenüber verschiedenen Verkehrskreisen – z.B. Berufsgruppen – verwendet, kann die Abwägung je nach Fallgruppe zu unterschiedlichen Ergebnissen führen.[450] Denkbar ist z.B., dass ein und dieselbe Klausel bei hoch bezahlten Arbeitnehmern zulässig ist, im Niedriglohnsektor dagegen eine unangemessene Benachteiligung darstellt. Die zusätzliche Berücksichtigung **konkret-individueller** Umstände erfolgt bei Verbraucherverträgen – also in den meisten Fällen – über **§ 310 Abs. 3 Nr. 3 BGB**. Zu diesen Umständen zählt das BAG insbesondere (1) persönliche Eigenschaften des individuellen Vertragspartners, die sich auf die Verhandlungsstärke auswirken, (2) Besonderheiten der konkreten Vertragsabschlusssituation, wie z.B. Überrumpelung oder Belehrung sowie (3) untypische Sonderinteressen des Vertragspartners.[451] Diese Begleitumstände ergänzen den generell-abstrakten Prüfungsmaßstab als zweite, nachgelagerte Wertungsebene. Ihre Berücksichtigung kann sich im konkreten Einzelfall in beide Richtungen auswirken: Sie kann ebenso zur Unwirksamkeit einer ansonsten wirksamen Klausel führen wie umgekehrt eine generell unwirksame Klausel ausnahmsweise vor dem Verdikt der Unwirksamkeit bewahren.[452]

(4) Transparenz- und Bestimmtheitsgebot gem. § 307 Abs. 1 S. 2 BGB

196 Eine unangemessene Benachteiligung des Arbeitnehmers kann sich gem. § 307 Abs. 1 S. 2 BGB auch daraus ergeben, dass die betreffende Bestimmung nicht klar und verständlich ist. Allgemein gesprochen verlangt dieses **Transparenzgebot**, dass ein Arbeitnehmer aus der jeweiligen Bestimmung ersehen kann „was auf ihn zukommt."[453] Entscheidend ist der Verständnishorizont eines durchschnittlichen, verständigen Arbeitnehmers.[454]

---

444 Siehe BAG 31.8.2005, NZA 2006, 324, 326.

445 BAG 8.8.2007, NZA 2008, 229, 230; HWK/*Gotthardt*, § 307 BGB Rn 23; ErfK/*Preis*, §§ 305–310 BGB Rn 45 ff.

446 Vgl. dazu BAG 7.10.2015, NZA 2016, 441, 445; BAG 28.5.2009, NZA 2009, 1337, 1341 sowie BAG 2.9.2009, NZA 2009, 1253, 1254 m. Anm. *Lunk/Leder*, EWiR 2009, 737.

447 BAG 28.5.2009, NZA 2009, 1337, 1340; BAG 6.9.2007, NZA 2008, 219, 222; BAG 4.3.2004, NZA 2004, 727, 733.

448 St. Rspr. des BAG, s. etwa BAG 7.10. 2015, NZA 2016, 441; BAG 10.12.2014, NZA 2015, 811, 814; BAG 20.3.2013, NZA 2013, 970; BAG 18.1.2012, NZA 2012, 561, 562; BAG 2.9.2009, NZA 2009, 1253, 1255; BAG 6.9.2007, NZA 2008, 219, 221; BAG 14.8.2007, NZA-RR 2008, 129, 132.

449 BAG 7.10. 2015, NJW 2016, 826; BAG 14.9.2011, NZA 2012, 81, 84.

450 BAG 28.5.2009, NZA 2009, 1337, 1340; BAG 25.8.2008, NZA 2009, 370, 373.

451 BAG 19.3.2014, BAGE 147, 342 Rn 68; BAG 21.8.2012, NZA 2012, 1428, 1430; BAG 14.1.2009, NZA 2009, 666, 667; BAG 25.8.2008, NZA 2009, 370, 373; BAG 31.8.2005, NZA 2006, 324, 328; *Stoffels*, AGB-Recht, Rn 478.

452 BAG 25.8.2008, NZA 2009, 370, 373; BAG 14.8.2007, NZA 2008, 170, 172.

453 BAG 27.1.2016, NJW 2016, 1979, 1981; BAG 21.1.2015, NJW 2015, 2364, 2366; BAG 30.9.2014, BAGE 149, 200 Rn 20; BAG 13.3.2013, NZA 2013, 680; BAG 16.5.2012, NZA 2012, 908, 909; BAG 5.8.2008, NZA 2009, 1105, 1106; BAG 11.10.2006, NZA 2007, 87, 89.

454 BAG 17.3.2016, NZA 2016, 945, 947; BAG 4.8.2015, NZA 2015, 1447, 1449f.; BAG 23.1.2014, NZA 2014, 777, 779; BAG 14.9.2011, NZA 2012, 81, 82; BAG 5.8.2008, NZA 2009, 1105, 1107. Siehe auch BAG 18.12.2008, NZA-RR 2009, 519, 523 („auf den aufmerksamen und sorgfältigen Teilnehmer am Wirtschaftsverkehr").

Eine Ausprägung des Transparenzgebots ist das **Bestimmtheitsgebot**. Es verlangt, dass die tatbestandlichen Voraussetzungen und Rechtsfolgen einer Klausel so genau beschrieben werden, dass für den Arbeitgeber keine ungerechtfertigten Beurteilungsspielräume entstehen und der Gefahr vorgebeugt wird, dass der Arbeitnehmer von der Durchsetzung bestehender Rechte abgehalten wird.[455]

Die Abfassung eines Arbeitsvertrags in einer anderen Sprache als der Muttersprache des Arbeitnehmers führt nicht automatisch zur Intransparenz.[456] Dasselbe gelte für die Verwendung englischer Begriffe oder einer deutsch-englischen Kunstsprache. Hier seien die beteiligten Verkehrskreise zu berücksichtigen, so dass jedenfalls bei einem internationalen IT-Unternehmen kein Verstoß gegen das Transparenzgebot vorliege.[457]   197

ff) Berücksichtigung arbeitsrechtlicher Besonderheiten nach § 310 Abs. 4 S. 2 BGB

Bei der Anwendung des AGB-Rechts auf Arbeitsverträge sind gem. § 310 Abs. 4 S. 2 BGB die „im Arbeitsrecht geltenden Besonderheiten" angemessen zu berücksichtigen. Diese Vorschrift bewirkt eigene, genuin arbeitsrechtliche Ergebnisse bei der Kontrolle vorformulierter Arbeitsvertragsbedingungen.   198

(1) Geltungsbereich des § 310 Abs. 4 S. 2 BGB

Die Vorschrift ist bei **allen Formulararbeitsverträgen** ungeachtet ihrer rechtlichen Ausgestaltung im Einzelfall sowie bei **sämtlichen Bestimmungen der §§ 305 ff. BGB** zu beachten.[458] Eine Beschränkung auf spezifische Bereiche des Arbeitsrechts, wie den kirchlichen Bereich oder auf befristete Arbeitsverhältnisse, findet nicht statt. Ebenso wenig machen arbeitsrechtliche Besonderheiten vor den Klauselverboten „ohne Wertungsmöglichkeit" des § 309 BGB Halt. Die amtliche Überschrift des § 309 BGB enthält nur den Hinweis an den Richter, dass die besonderen Umstände des Einzelfalls keine zusätzliche Wertungsinstanz eröffnen.[459]   199

(2) Konkretisierung der arbeitsrechtlichen Besonderheiten

Arbeitsrechtliche Besonderheiten sind nach Ansicht des BAG im Vergleich zu den Grundsätzen des Bürgerlichen Rechts und des Prozessrechts abweichende Regelungen.[460] Hinter dieser Aussage verbergen sich mehrere, zum Verständnis dieser Vorschrift wichtige, Interpretationshilfen. Zum einen sind damit nicht nur solche Normen erfasst, die ihren ausschließlichen Anwendungsbereich im Arbeitsrecht haben, sondern ebenfalls solche, die auch außerhalb des materiellen Arbeitsrechts, etwa im Dienstvertragsrecht, Anwendung finden. Arbeitsrechtliche Besonderheiten sind damit **nicht exklusiv** zu verstehen. Es reicht, wenn die entsprechende Norm „auch" eine Besonderheit des Arbeitsrechts ist. Das soll dann der Fall sein, wenn sich die Anwendung der Norm besonders auf dem Gebiet des Arbeitsrechts auswirkt. Dies hat das BAG für den in § 888 Abs. 3 ZPO normierten Ausschluss der Vollstreckbarkeit der Arbeitsleistung bejaht, denn im Wesentlichen begründe diese Regelung nur im Arbeitsrecht die Schutzlosigkeit des Dienstberechtigten.[461] Ebenso ist das verfassungsrechtlich garantierte Selbstbestimmungsrecht der Kirchen auch eine arbeitsrechtliche Besonderheit.[462]   200

---

455 BAG 21.1.2015, NJW 2015, 2364, 2366; BAG 30.9.2014, BAGE 149, 200 Rn 20; BAG 20.3.2013, NZA 2013, 970; BAG 20.2.2013; BAG 1.9.2010, NZA 2011, 575, 576; BAG 28.5.2009, NZA 2009, 1337, 1338; BAG 6.5.2009, NZA-RR 2009, 593, 594.

456 BAG 19.3.2014, NZA 2014, 1076.

457 BAG 20.8.2014, NZA 2014, 1333, 1335.

458 Grundlegend BAG 4.3.2004, NZA 2004, 727, 731. Siehe dazu *Morgenroth/Leder*, NJW 2004, 2797.

459 *Stoffels*, AGB-Recht, Rn 580.

460 Grundlegend BAG 4.3.2004, NZA 2004, 727, 732. *Singer*, RdA 2003, 194, 199.

461 BAG 18.8.2005, NZA 2006, 34, 36; BAG 4.3.2004, NZA 2004, 727, 731 f.

462 BAG 28.6.2012, NZA 2012, 1440, 1446; BAG 19.4.2012, AP Nr. 69 zu § 611 BGB Kirchendienst; BAG 17.11.2005, NZA 2006, 872, 874.

201   Besonderheiten des Arbeitsrechts können nicht nur **rechtlicher**, sondern auch **tatsächlicher Natur** sein.[463] Das BAG subsumiert selbst „tatsächliche Besonderheiten des Arbeitslebens" unter den Wortlaut des § 310 Abs. 4 S. 2 BGB. Diese erblickt es z.B. in der „seit langem ... im Arbeitsleben anerkanntermaßen besonders gebotenen raschen Klärung von Ansprüchen und der Bereinigung offener Streitpunkte".[464] Tatsächliche Besonderheiten bemüht das Gericht ebenfalls, wenn es im Rahmen der Bestimmung der angemessenen Länge einer arbeitsvertraglichen Ausschlussfrist auf eine Reihe kurzer gesetzlicher und tarifvertraglicher Fristen verweist.[465] Denn es ist nicht die einzelne – rechtliche – Fristbestimmung, die das Gericht als Besonderheit seiner Entscheidung zugrunde legt, sondern es sind sämtliche kurze Ausschlussfristen „in ihrer Gesamtheit". Angesprochen ist damit die weite Verbreitung bzw. die Üblichkeit entsprechender Fristbestimmungen und damit tatsächliche Umstände. Bei Rückzahlungsklauseln soll das Prognoserisiko des Arbeitgebers im Hinblick auf die Schwierigkeiten, einzelne Aus- und Fortbildungsmaßnahmen zu bewerten, eine arbeitsrechtliche Besonderheit sein, die zur Aufrechterhaltung der Klausel mit kürzerer Bindungsdauer führen kann.[466]

202   Auch **Richterrecht** ist Arbeitsrecht. Seine prinzipielle Berücksichtigung als arbeitsrechtliche Besonderheit ist deswegen weitgehend anerkannt.[467] Wie weit dieser Grundsatz trägt, ist derweil allerdings noch umstritten.[468] Ein Urteil allein, hierüber scheint Übereinkunft erzielt, schafft noch keine im Rahmen des § 310 Abs. 4 S. 2 BGB zu berücksichtigende arbeitsrechtliche Besonderheit. Es kommt vielmehr darauf an, ob tatsächlich Richterrecht vorliegt. Die klassischen Fallgestaltungen des Arbeitsrechts, z.B. die Arbeitnehmerhaftung, die Betriebsrisikolehre sowie die Rückzahlung von Ausbildungskosten, wird man hierzu zumindest zu rechnen haben.[469] Ein Gebot zur Beibehaltung der von der bisherigen Rechtsprechung entwickelten Lösungsansätze folgt hieraus nicht.[470]

(3) „Angemessene" Berücksichtigung der Besonderheiten

203   Allein das Bestehen arbeitsrechtlicher Besonderheiten führt nicht zum Ausschluss der AGB-Kontrolle. Das Gesetz verlangt lediglich deren „angemessene" Berücksichtigung. Dahinter verbirgt sich ein **Automatismusverbot**: Arbeitsrechtliche Besonderheiten können, müssen aber nicht zu einer Modifizierung der AGB-rechtlichen Vorschriften führen. Im Schrifttum wird bisweilen verlangt, dass nur ein wesentlicher Unterschied zwischen der im Zivilrecht und der im Arbeitsrecht bestehenden Rechtslage einen arbeitsrechtlichen Sonderweg erlaube.[471] Zum Teil wird eine Abwägung der widerstreitenden Interessen für erforderlich gehalten.[472]

gg) Rechtsfolgen der Nichteinbeziehung und Unwirksamkeit

204   Sind AGB ganz oder teilweise nicht Vertragsbestandteil geworden oder unwirksam, bleibt der Vertrag nach § 306 Abs. 1 BGB in Abweichung von der Auslegungsregel des § 139 BGB im Übrigen wirksam. Der Inhalt des Arbeitsvertrages richtet sich dann insoweit gem. § 306 Abs. 2 BGB nach den gesetzlichen Vorschriften.

---

463 BAG 14.1.2009, NZA 2009, 666, 669; BAG 11.4.2006, NZA 2006, 1149, 1151; BAG 25.5.2005, NZA 2005, 1111, 1113. Anders ErfK/*Preis*, §§ 305–310 Rn 11; *Thüsing*, NZA 2002, 591, 592; *ders.*, AGB-Kontrolle im Arbeitsrecht, Rn 109. Siehe auch *Morgenroth/Leder*, NJW 2004, 2797.
464 BAG 25.5.2005, NZA 2005, 1111, 1113 zur Vereinbarungsfähigkeit zweistufiger Ausschlussfristen mit § 309 Nr. 13 BGB.
465 BAG 28.9.2005, NZA 2006, 149, 152.
466 BAG 14.1.2009, NZA 2009, 666, 669.
467 LAG Berlin 30.3.2004, NZA-RR 2005, 20, 22; LAG Schleswig-Holstein 24.9.2003, NZA-RR 2004, 74, 76; *Hönn*, ZfA 2003, 325, 334; *Preis*, Sonderbeilage zu NZA Heft 16/2003, S. 19, 26; *Thüsing*, NZA 2002, 591, 593.
468 Näher dazu *Thüsing/Leder*, BB 2005, 938, 942 f.
469 LAG Schleswig-Holstein 24.9.2003, NZA-RR 2004, 74, 76.
470 BAG 27.7.2005, NZA 2006, 40, 45. *Thüsing/Leder*, BB 2005, 938, 942.
471 ErfK/*Preis*, §§ 305–310 BGB Rn 11; *Hönn*, ZfA 2003, 325, 356.
472 *v. Steinau-Steinrück/Hurek*, NZA 2004, 965, 966.

(1) Verbot der geltungserhaltenden Reduktion

Vor der Schuldrechtsreform neigte das BAG allerdings dazu, Klauseln, die über das Maß des Angemesse- 205
nen hinausschossen, nicht für insgesamt unwirksam zu erklären. Überlange Bindungszeiten von Rückzahlungsklauseln wurden beispielsweise auf ein angemessenes Maß zurückgeführt,[473] zu hohe Vertragsstrafen
herabgesetzt.[474] Der BGH dagegen ließ eine derartige geltungserhaltende Reduktion, d.h. die Rückführung
einer Klausel auf ein gerade noch angemessenes Maß, nicht zu.[475] Dieses Verbot der geltungserhaltenden
Reduktion gilt seit der Schuldrechtsreform auch für Formulararbeitsverträge.[476] Dies steht im Einklang mit
dem Gesetzeswortlaut des § 306 BGB, der eine teilweise Aufrechterhaltung unwirksamer Klauseln nicht
vorsieht und weist zudem das Risiko zu weit reichender Klauseln sachgerecht dem Arbeitgeber als Verwender zu. Das BAG hat deshalb eine unangemessen hohe Vertragsstrafe ebenso für **insgesamt unwirksam**
erklärt[477] wie eine zu kurz bemessende Ausschlussfrist[478] oder eine zu weit gefasste Rückzahlungsklausel.[479] Die Aufnahme einer salvatorischen Klausel in den Arbeitsvertrag führt zu keinem abweichenden Ergebnis.[480] Die praktischen Konsequenzen dieser Rechtsprechung reichen weit. An die Stelle der unwirksamen Bestimmung treten die gesetzlichen Vorschriften (§ 306 Abs. 2 BGB). Existiert für das in Frage
stehende Regelungsanliegen kein dispositives Recht, geht der Arbeitgeber im Regelfall leer aus. Die Vereinbarung einer zu hohen Vertragsstrafe führt beispielsweise dazu, dass der Arbeitgeber überhaupt keinen
Anspruch auf eine Vertragsstrafe hat, weil kraft Gesetzes keine Verpflichtung zur Zahlung einer solchen
besteht. Ebenso wenig bestehen gesetzliche Vorschriften, die anstelle einer unwirksamen Rückzahlungsklausel einen Rückzahlungsanspruch begründen könnten. Erschwerend kommt hinzu, dass selbst die zeitlich begrenzte Unangemessenheit einer Klausel zu ihrer gänzlichen Unwirksamkeit führen kann.

Bei **nachvertraglichen Wettbewerbsverboten** bleibt jedoch gem. § 74a Abs. 1 HGB auch in der Zukunft 206
eine geltungserhaltende Reduktion **zulässig**.[481] Nach dieser Vorschrift ist ein Wettbewerbsverbot insoweit
unverbindlich, als es nicht zum Schutze eines berechtigten geschäftlichen Interesses des Prinzipals dient
oder unter Berücksichtigung der gewährten Entschädigung nach Ort, Zeit oder Gegenstand eine unbillige
Erschwerung des Fortkommens des Gehilfen enthält. Die Vorschrift enthält – wie die Formulierung „insoweit" verdeutlicht – einen Fall der gesetzlich angeordneten geltungserhaltenden Reduktion: Ein aus den angeführten Gründen an sich unzulässiges Wettbewerbsverbot ist von Rechts wegen auf das noch erlaubte
Maß zurück zu führen.

(2) Sog. blue-pencil-Test

Sind zwei Teile einer Klausel **inhaltlich und sprachlich trennbar**, weil der unwirksame Teil ohne weiteres 207
gestrichen werden kann, ohne dass der Sinn des anderen Teils darunter leidet, soll nach dem sog. blue-pencil-Test die Klausel in ihrem wirksamen Teil aufrechterhalten bleiben.[482] Das BAG bemühte dieses Konstrukt erstmals zur teilweisen Aufrechterhaltung einer Vertragsstrafenklausel, die zumindest teilweise nach

---

473 BAG 6.9.1995, NJW 1996, 1916, 1918; BAG 3.10.1963, BB 1963, 1216.
474 BAG 26.9.1963, BB 1963, 1421; BAG 30.4.1971, BB 1971, 1103.
475 BGH 3.6.2004, NJW 2004, 2965, 2966; BGH 25.6.2003, NJW 2003, 2899.
476 Grundlegend BAG 4.3.2004, NZA 2004, 727, 734 m. Anm. *Thüsing/Leder*, EzA § 309 BGB 2002 Nr. 1. Siehe aus jüngerer Zeit etwa
    BAG 16.12.2014, AP BUrlG § 6 Nr. 6; BAG 26.1.2012, NZA 2012, 856, 858; BAG 13.12.2011, NZA 2012, 738, 740 f. Vgl. auch
    Schlewing, RdA 2011, 92; *Willemsen/Grau*, RdA 2003, 321, *Ohlendorf/Salamon*, RdA 2006, 281.
477 BAG 17.3.2016, NZA 2016, 945, 949; BAG 4.3.2004, NZA 2004, 727, 734. Siehe aber auch *Wensing/Niemann*, NJW 2007, 401.
478 BAG 25.5.2005, NZA 2005, 1111, 1114; BAG 28.9.2005, NZA 2006, 149, 153.
479 BAG 12.12.2013, NZA 2014, 905; BAG 14.1.2009, NZA 2009, 666, 668 f.; BAG 23.1.2007, NZA 2007, 748, 750; BAG 11.4.2006,
    NZA 2006, 1042, 1045.
480 BAG 13.12.2011, NZA 2012, 738, 741; BAG 25.5.2005, NZA 2005, 1111, 1115.
481 BAG 21.4.2010, NZA 2010, 1175, 1177; *Diller*, NZA 2005, 250, 251; *Hunold*, NZA-RR 2006, 113, 123; *Koch*, RdA 2006, 28, 32;
    Thüsing/Leder, BB 2004, 42, 47.
482 St. Rspr. vgl. etwa BAG 27.1.2016, NJW 2016, 1979, 1981; BAG 13.6.2012 – 7 AZR 519/10, juris; BAG 13.12.2011, NZA 2012,
    738, 741; BAG 14.9.2011, NZA 2012, 81, 83; BAG 18.5.2011, NZA 2011, 1289, 1290; BAG 25.8.2010, NZA 2010, 1355, 1358;
    Zimmermann, ArbRAktuell 2012, 105 f. mit Beispielen aus der Rspr. für Teilbarkeit bzw. fehlende Teilbarkeit.

§ 307 Abs. 1 BGB unwirksam war.[483] Der unzulässige Teil der Klausel könne ohne weiteres aus dem einschlägigen Paragraphen des Arbeitsvertrags herausgestrichen werden, wobei die restliche Regelung verständlich und wirksam bliebe. In solcher Weite überzeugt diese Rechtsprechung nicht. Denn sie birgt die Gefahr immer ausgefeilterer Formulierungen, um möglichst viele Einzelfälle ausdrücklich zu benennen, damit die Klausel dann soweit wie möglich aufrechterhalten werden kann.[484] Etwas anderes gilt jedoch, wenn inhaltlich verschiedene Abreden in einer Klausel nur äußerlich zusammengefasst sind, d.h. bei **nur formal verbundenen** AGB-Bestimmungen.[485] Letzteres hat das BAG zutreffend bei einer Klausel verneint, wonach der Arbeitnehmer zur Rückzahlung von Studiengebühren verpflichtet war, „wenn das Arbeitsverhältnis vorzeitig beendet wird, insbesondere wenn der Mitarbeiter das Arbeitsverhältnis selbst kündigt oder wenn das Arbeitsverhältnis vom Unternehmen aus einem Grund gekündigt wird, den der Mitarbeiter zu vertreten hat."[486] Der zu weit greifende Teil – „wenn das Arbeitsverhältnis vorzeitig beendet wird, insbesondere" – lässt sich zwar sprachlich von den beiden hinreichend bestimmten Beispielsfällen trennen. Inhaltlich sind beide Satzteile aber verbunden, da jeweils die Rückzahlungsverpflichtung in Rede steht. Dies ist bei einer zweistufigen Ausschlussfrist anders, wenn die erste und zweite Stufe in verschiedenen Sätzen geregelt sind und allein letztere zu lang bemessen ist. Die Unwirksamkeit der zweiten Stufe berührt dann nicht die Wirksamkeit der ersten Stufe.[487] Umgekehrt hat die Unwirksamkeit der ersten Stufe dagegen regelmäßig die Unwirksamkeit der zweiten Stufen zur Folge.[488] Unter Berufung auf den blue-pencil-Test hat das BAG darüber hinaus das Wort „ungekündigt" aus einer Stichtagsklausel gestrichen, mit der Folge, dass die Auszahlung eines Bonus nur noch das Bestehen des Arbeitsverhältnisses am Stichtag voraussetzte.[489] Dagegen fehlt es an einem abgrenzbaren Teil einer Vertragsklausel, wenn ein Klauselteil aufgrund seiner Verbindung mit einem anderen Klauselteil **intransparent** und damit unwirksam ist. Das hat das BAG für die Kombination eines Freiwilligkeitsvorbehalts mit einem Widerrufsvorbehalt („freiwillig und jederzeit widerruflich") entschieden.[490] Eine teilweise Aufrechterhaltung würde in einem solchen Fall die Grenze zum Verbot der geltungserhaltenden Reduktion überschreiten.

(3) Ergänzende Vertragsauslegung

208   Die ergänzende Vertragsauslegung nach §§ 133, 157 BGB ist ein Instrument zur Schließung von Lücken im Regelungsplan der Vertragsparteien, die nicht durch dispositives Gesetzesrecht geschlossen werden können.[491] Auch AGB sind einer solchen ergänzenden Auslegung grundsätzlich zugänglich.[492] Arbeitsrechtliche Besonderheiten, die einer Anwendung dieses Rechtsinstituts entgegenstehen könnten, bestehen nicht.[493] Freilich ist zu beachten: Eine ergänzende Vertragsauslegung ist nur unter eng umgrenzten Voraussetzungen möglich.[494] Dies gilt bereits für die Annahme einer **Regelungslücke**. Allein der durch die Unwirksamkeit einer Klausel bedingte Wegfall der Parteiregelung reicht hierfür nicht aus. Der 3. und 5. Senat des BAG verlangen zusätzlich, dass das Unterbleiben der Vertragsergänzung keine angemessene, den ty-

---

483 BAG 21.4.2005, BB 2005, 2822, 2824. Siehe aber auch BAG 23.9.2010, NZA 2011, 89, 90; BAG 25.9.2008, NZA 2009, 370, 377; BAG 18.12.2008, NZA-RR 2009, 519, 522 f.

484 Zutreffend *Thüsing*, BB 2006, 661, 662. Anders ErfK/*Preis*, §§ 305–310 BGB Rn 103.

485 BAG 13.12.2011, NZA 2012, 738, 741; BAG 23.1.2007, NZA 2007, 748, 750 f.; BAG 11.4.2006, NZA 2006, 1042, 1045. Siehe auch *Stoffels*, NZA 2005, 726, 727.

486 BAG 23.1.2007, NZA 2007, 748, 750. S. auch BAG 13.12.2011, NZA 2012, 738, 741.

487 BAG 12.3.2008, NZA 2008, 699, 699 f.

488 BAG 16.5.2012, NZA 2012, 971, 974; AGB-ArbR/*Klumpp*, § 307 Rn 126; *Lakies*, Vertragsgestaltung, Kap. 5 Rn 139.

489 BAG 6.5.2009, NZA 2009, 783, 784.

490 BAG 14.9.2011, NZA 2012, 81, 83.

491 BAG 23.1.2007, NZA 2007, 748, 751; Näher *Stoffels*, NZA 2005, 726, 729.

492 Grundlegend hierzu die Urteile des BGH zur Tagespreisklausel im Kfz-Neuwagenhandel BGH 1.2.1984, NJW 1984, 1177 und 1180.

493 BAG 25.4.2007 NZA 2007, 853, 855; BAG 11.10.2006, NZA 2007, 87, 90.

494 Näher *Bieder*, NZA-Beil. 3/2011, 142; *Schlewing*, RdA 2011, 92; *Stoffels*, Sonderbeilage zu NZA Heft 1/2004, S. 19, 26; *Uffmann*, RdA 2011, 154.

pischen Interessen der Vertragsparteien Rechnung tragende Lösung bietet.[495] Nach der strengeren Auffassung des 8., 9. und 10. Senats des BAG kommt eine ergänzende Vertragsauslegung erst dann in Betracht, wenn es für den Verwender darüber hinaus eine unzumutbare Härte i.S.v. § 306 Abs. 3 BGB wäre, an dem nicht ergänzten Vertrag festzuhalten.[496] Das sei nur dann der Fall, wenn die Vertragslücke eine „krasse Störung des Gleichgewichts" der Vertragspartner herbeiführen würde.[497] Diese Voraussetzungen verneinte das Gericht wiederholt betreffend zu weit gefasste Rückzahlungsklauseln[498] und Vertragsstrafen.[499] Weitere Voraussetzung für eine ergänzende Vertragsauslegung ist, dass kein geeignetes **dispositives Gesetzesrecht** zur Lückenfüllung vorhanden ist. Daran fehlt es bei einer unwirksamen Ausschlussfrist; es greifen die Verjährungsregeln der §§ 195 ff. BGB.[500] Anders ist dies im Falle der Unwirksamkeit der vertraglichen Arbeitszeitregelung.[501] Eine gesetzliche Arbeitszeitvorgabe existiert nicht.

Sind beide Voraussetzungen erfüllt, wird die Regelungslücke durch eine Rekonstruktion des **hypothetischen Parteiwillens** geschlossen. Es gilt dasjenige, dass die Parteien bei sachgerechter Abwägung ihrer beiderseitigen Interessen redlicherweise vereinbart hätten, wäre ihnen die Unwirksamkeit der Klausel bekannt gewesen.[502] Anzulegen ist somit ein objektiv-generalisierender Maßstab. Zu fragen ist, welche Regelung dem Willen und Interesse der typischerweise beteiligten Verkehrskreise entsprechen würde; auf die konkrete Interessenlage der beteiligten Parteien kommt es dagegen nicht an.[503] Im Gegensatz zu einer geltungserhaltenden Reduktion gilt also nicht das gerade noch zur Vermeidung der Unangemessenheit Zulässige. Herzustellen ist stattdessen ein den widerstrebenden Parteiinteressen gerecht werdender Ausgleich.[504] Dieser Ausgleich ist innerhalb des durch den Vertrag selbst gezogenen Rahmens zu suchen.[505] Das bedeutet zweierlei. Zum einen darf das Ergebnis der ergänzenden Vertragsauslegung nicht im Widerspruch zu dem im Vertrag ausgedrückten Parteiwillen stehen.[506] Zum anderen scheidet eine Lückenfüllung durch ergänzende Vertragsauslegung immer dann aus, wenn ausreichende Anhaltspunkte dafür fehlen, was die Parteien bei angemessener Abwägung ihrer berechtigten Interessen nach Treu und Glauben als redliche Vertragspartner vereinbart hätten.[507]

209

(4) Vertrauensschutz bei Altverträgen

Bedeutung erlangt der Grundsatz der ergänzenden Vertragsauslegung bei der Überführung von Arbeitsverträgen, die vor dem 1.1.2002 begründet worden sind, in neues Recht.[508] Enthält ein solcher Altvertrag einen

210

---

495 BAG 30.9.2014, NZA 2015, 231, 235; BAG 21.8.2012, NZA 2012, 1428, 1430 (3. Senat); BAG 13.12.2011, NZA 2012, 738, 741 (3. Senat); BAG 19.12.2007, NZA 2008, 464, 466 (5. Senat); BAG 28.11 2007, NZA 2008, 293, 295 (5. Senat); BAG 25.4.2007, NZA 2007, 853, 855 (5. Senat); ähnlich *Zimmermann*, ArbRAktuell 2012, 105, 106.

496 BAG 18.12.2008, NZA-RR 2009, 519, 525 (8. Senat), jetzt aber ohne Anknüpfung an § 306 Abs. 3 BGB BAG 17.3.2016, NZA 2016, 945, 949; BAG 11.2.2009, NZA 2009, 428, 431 (10. Senat); BAG 18.3.2014, NZA 2014, 957, 959; BAG NZA 2007, 809, 812 (9. Senat). Offen der 6. Senat, vgl. BAG 28.6.2012, NZA 2012, 1440, 1446 m.w.N.

497 BAG 18.12.2008, NZA-RR 2009, 519, 526; BAG 23.1.2007, NZA 2007, 748, 751; BAG 11.4.2006, NZA 2006, 1042, 1046.

498 BAG 18.3.2014, NZA 2014, 957, 959; BAG 13.12.2011, NZA 2012, 738, 741; BAG 23.1.2007, NZA 2007, 748, 751; BAG 11.4.2006, NZA 2006, 1042, 1045. Großzügiger aber BAG 14.1.2009, NZA 2009, 666, 669.

499 BAG 25.9.2008, NZA 2009, 370, 378.

500 BAG 19.12.2007, NZA 2008, 464; BAG 28.11.2007, NZA 2008, 293, 295; BAG 28.9.2005, NZA 2006, 149, 153; BAG 18.9.2005, NZA 2006, 149, 153.

501 BAG 7.12.2005, NZA 2006, 423, 428.

502 BAG 28.6.2012, NZA 2012, 1440, 1446; BAG 11.2.2009, NZA 2009, 428, 431; BAG 23.1.2007, NZA 2007, 748, 751; BAG 19.12.2006, NZA 2007, 809, 812.

503 BAG 25.4.2007, NZA 2007, 853, 855; BAG 11.10.2006, NZA 2007, 87, 90.

504 Ausf. zur Abgrenzung beider Rechtsinstitute *Ohlendorf/Salamon*, RdA 2006, 281.

505 BAG 28.6.2012, NZA 2012, 1440, 1446 (der Vertrag müsse „zu Ende gedacht werden"); BAG 12.12.2007, NJW 2008, 872, 875; BAG 24.10.2007, NZA 2008, 40, 44; BAG 13.11.2002, NZA 2003, 1039, 1041.

506 BAG 11.2.2009, NZA 2009, 428, 431; BAG 12.12.2007, NJW 2008, 872, 875; BAG 24.10.2007, NZA 2008, 40, 44; BAG 13.11.2002, NZA 2003, 1039, 1041.

507 BAG 24.10.2007, NZA 2008, 40, 45.

508 Hierzu bereits *Wisskirchen/Stühm*, DB 2003, 2225; *Hanau/Hromadka*, NZA 2005, 73, 78.

Widerrufsvorbehalt, der nicht den förmlichen Anforderungen genügt, die § 308 Nr. 4 BGB an solche Vereinbarungen stellt (vgl. dazu Rdn 1630), lässt der **5. Senat** des BAG diese Vertragsklausel nicht ersatzlos wegfallen.[509] Dies entnimmt das Gericht aus der verfassungskonformen, den Grundsatz der Verhältnismäßigkeit wahrenden Auslegung und Anwendung der §§ 305 ff. BGB. Denn eine Bindung des Arbeitgebers an die vereinbarte Leistung ohne Widerrufsmöglichkeit würde nach Ansicht des BAG unverhältnismäßig in die Privatautonomie eingreifen. Deshalb schloss das Gericht die entstandene Lücke im Wege der ergänzenden Vertragsauslegung: Im konkret zu entscheidenden Fall hätte es nahe gelegen, dass die Parteien bei Kenntnis der neuen gesetzlichen Anforderungen die Widerrufsmöglichkeit zumindest bei wirtschaftlichen Verlusten des Arbeitgebers vorgesehen hätten. Diesem Widerrufsgrund hätte der Arbeitnehmer „redlicherweise nicht widersprochen." Dagegen lässt der **9. Senat** bei solchen „Altfällen" eine ergänzende Vertragsauslegung nur dann zu, wenn der Arbeitgeber zumindest den Versuch unternommen hat, die nicht mehr den Anforderungen des § 308 Nr. 4 BGB entsprechende Widerrufsklausel der neuen Gesetzeslage anzupassen.[510] Auch der 10. Senat neigt dieser Auffassung zu.[511] Bei einer in einem Altvertrag enthaltenen, unverhältnismäßig hohen **Vertragsstrafe**, die entgegen bisheriger Rechtslage nicht mehr gem. § 343 BGB herabgesetzt werden kann, nahm das BAG dagegen keine ergänzende Vertragsauslegung vor.[512] Auch bei zu kurz bemessenen **Ausschlussfristen**[513] oder zu weit gefassten **Stichtagsklauseln**[514] gewährt das Gericht keinen Vertrauensschutz.

211 Diese **Differenzierung** zwischen formellen und materiellen Unwirksamkeitsgründen überzeugt vor allem deshalb, weil die Rekonstruktion des mutmaßlichen Parteiwillens im Fall des Widerrufsvorbehalts eine wirtschaftlich überzeugende ist: Konfrontiert mit der Wahl, entweder eine Leistung bis auf Widerruf bei „wirtschaftlichen Gründen" oder überhaupt nicht zu bekommen, erscheint die Wahl ersterer Alternative nahe liegend. Gleiches lässt sich z.B. bei einer inhaltlich zu weit reichenden Vertragsstrafe gerade nicht sagen. Selbst eine der Höhe nach noch angemessene Strafabrede wird nicht im Arbeitnehmerinteresse liegen, und die Faktoren, die ihn im Einzelfall dennoch zu ihrer Hinnahme bewogen hätten, sind der gerichtlichen Überprüfung im Nachhinein kaum zugänglich. Zudem ist das Arbeitgeberinteresse an der Verschonung von einer fortwährenden Zahlungsverpflichtung ungleich größer als am Erhalt einer einmaligen Vertragsstrafenzahlung. Vor dem Hintergrund der Rechtsprechung des 9. Senats ist jedem Arbeitgeber jedoch **dringend anzuraten**, seinen Arbeitnehmern neue, den Anforderungen des AGB-Rechts genügende Arbeitsverträge anzutragen; lehnen diese die Unterzeichnung ab, spricht viel dafür, dass sie damit ihr Recht verwirken, sich auf die formelle Unwirksamkeit einer Vertragsklausel berufen zu können.

(5) Kein Schutz des Arbeitgebers

212 Die Unwirksamkeit von AGB wirkt nur zulasten, nicht zugunsten des Arbeitgebers.[515] Die Inhaltskontrolle schafft lediglich einen Ausgleich für die einseitige Inanspruchnahme der Vertragsfreiheit. Sie dient nicht dem Schutz des Arbeitgebers vor den von ihm selbst vorformulierten Vertragsbedingungen.[516]

b) Kontrolle von Einzelarbeitsbedingungen

213 Seit der Geltung der §§ 305 ff. BGB für Formulararbeitsverträge ist eine allgemeine Kontrolle von Vertragsbedingungen auf ihre Angemessenheit nur noch bei Vorliegen von AGB durchzuführen. Dort, wo Vertrags-

---

509 BAG 20.4.2011, NZA 2011, 796, 797; BAG 11.10.2006, NZA 2007, 87, 90; BAG 12.1.2005, NZA 2005, 465, 468 m. Anm. *Bergwitz*, AP Nr. 1 zu § 308 BGB. Siehe aber auch BAG 19.12.2006, NZA 2007, 809.

510 BAG 19.12.2006, NZA 2007, 809, 812; BAG 11.4.2006, NZA 2006, 1042, 1046.

511 BAG 11.2.2009, NZA 2009, 428, 431; BAG 24.10.2007, NZA 2008, 40, 44.

512 BAG 4.3.2004, NZA 2004, 727, 734. Kritisch insoweit *Brors*, DB 2004, 1778, 1781. Für eine geltungserhaltende Reduktion siehe auch *Stoffels*, NZA 2005, 726, 728.

513 BAG 19.12.2007, NZA 2008, 464; BAG 28.11.2007, NZA 2008, 293, 295.

514 BAG 24.10.2007, NZA 2008, 40, 44.

515 Näher dazu *Tiedemann/Triebel*, BB 2011, 1723.

516 BAG 18.12.2008, NZA-RR 2009, 314, 317; BAG 28.3.2007, NZA 2007, 687, 689 f.; BAG 28.6.2006, NZA 2006, 1157, 1159.

klauseln hingegen im Einzelnen ausgehandelt sind (vgl. dazu Rdn 182), d.h. außerhalb des Anwendungsbereichs des AGB-Rechts, verbietet sich eine solche, dann etwa auf § 242 BGB gestützte, allgemeine Angemessenheitskontrolle.[517] Es herrscht dort fortan ein Mehr an Vertragsfreiheit, das mit einem größeren Gestaltungsspielraum einhergeht.[518] Zur Anwendung gelangen lediglich die allgemeinen Kontrollmechanismen des Arbeitsrechts. Dies sind zuvorderst die auf eine **reine Rechtskontrolle** abzielenden Vorschriften der §§ 134, 138 BGB, eingeschlossen des Verbots der Gesetzesumgehung. Hervorzuheben sind ferner das **Maßregelungsverbot** gem. § 612a BGB sowie eine von der Inhaltskontrolle strikt zu unterscheidende **Ausübungskontrolle** am Maßstab des § 315 Abs. 1 BGB.

II. Musterarbeitsvertrag

Vertiefende und ergänzende Formulierungsbeispiele sowie weitere Formulierungsalternativen finden sich bei den einzelnen Arbeitsvertragsklauseln in § 1a B. IV (siehe Rdn 212 ff.).   **214**

▼

Muster 1a.15: Arbeitsvertrag   **215**

Arbeitsvertrag	Contract of Employment
zwischen	between
▨,	▨,
▨ (*Adresse*)	▨ (*address*)
– im Folgenden: „Arbeitgeber" –	– hereinafter: „Employer" –
und	**and**
Herrn/Frau ▨,	Mr/Ms,
▨ (*Adresse*)	▨ (*address*)
– im Folgenden: „Arbeitnehmer" –	– hereinafter: „Employee" –

§ 1 Tätigkeit

§ 1 Activity

Variante 1: Klausel zur Einschränkung des Direktionsrechtes

Variant 1: Clause restricting the Employer's managerial authority

Der Arbeitnehmer wird ausschließlich mit Tätigkeiten eines ▨ beschäftigt.

The Employee will be employed exclusively for the activity of a ▨.

Variante 2: Das gesetzliche Direktionsrecht bestätigende Klausel

Variant 2: Clause confirming the Employer's managerial authority

Der Arbeitnehmer wird als ▨ eingestellt und zunächst mit den Tätigkeiten eines ▨ beschäftigt. Der Arbeitgeber ist berechtigt, dem Arbeitnehmer eine gleichwertige und gleich bezahlte Tätigkeit zuzuweisen.

The Employee will be employed as a ▨ and is initially entrusted with the activities of a ▨. The Employer is entitled to assign to the Employee other equivalent work with equal pay.

---

517 BAG 25.5.2005, NZA 2005, 1111, 1116.
518 Vgl. BAG 21.4.2009, NZA-RR 2010, 168. Ausf. hierzu *Thüsing/Leder*, BB 2005, 938, 940 f.; *Hanau*, NJW 2002, 1240, 1242.

Variante 3: Echte Erweiterung des Direktionsrechtes

Der Arbeitgeber wird als ▨ eingestellt und in die Vergütungsgruppe ▨ eingruppiert. Der Arbeitgeber ist berechtigt, dem Arbeitnehmer aus betrieblichen, wirtschaftlichen oder in der Person des Arbeitnehmers liegenden Gründen Tätigkeiten bis zur Vergütungsgruppe ▨ bei gleichbleibender Vergütungshöhe zuzuweisen. Die Zuweisung muss mit einer Ankündigungsfrist erfolgen, die der Kündigungsfrist einer im Zeitpunkt der Ankündigung ausgesprochenen ordentlichen Kündigung entspricht.

§ 2 Arbeitsort

Variante 1: Klausel zur Einschränkung des Direktionsrechts

Der Arbeitnehmer wird ausschließlich in ▨ tätig.

Variante 2: Das gesetzliche Direktionsrecht bestätigende Klausel

Der Arbeitnehmer wird in dem Betrieb ▨ eingestellt. Der Arbeitgeber ist berechtigt, den Arbeitnehmer auch in anderen Betrieben seines Unternehmens zu beschäftigen.

Variante 3: Klausel mit Einschränkung des Direktionsrechts zum Arbeitsort innerhalb eines bestimmten Umkreises

Arbeitsort ist ▨. Der Arbeitgeber ist berechtigt, den Arbeitnehmer auch an einen anderen Arbeitsort in einem Umkreis bis zu ▨ von ▨ zu versetzen. Dabei wird der Arbeitgeber die persönlichen Interessen des Arbeitnehmers angemessen berücksichtigen.

Variante 4: Klausel mit Erweiterung des Direktionsrechts zum Arbeitsort innerhalb Deutschlands und in das Ausland

Arbeitsort ist ▨. Der Arbeitgeber ist berechtigt, den Arbeitnehmer auch an einen anderen Arbeitsort innerhalb Deutschlands und an einen Standort des Arbeitgebers im Ausland zu versetzen. Dabei wird der Arbeitgeber die persönlichen Interessen des Arbeitnehmers ausreichend berücksichtigen. Dazu gehört, dass die örtliche Versetzung nur mit einer Ankündigungsfrist erfolgen darf, welcher der vom Arbeitgeber einzuhaltenden Frist für eine ordentliche Kündigung entspricht. Erfordert die örtliche Versetzung einen Umzug des Arbeitnehmers, so beträgt die Ankündigungsfrist für eine örtliche Versetzung sieben Monate zum Ende eines Kalendermonats. Die dem Arbeitnehmer aufgrund der örtlichen Versetzung entstehenden Kosten werden nach der zum jeweiligen Zeitpunkt geltenden betrieblichen Regelung

Variant 3: Factual expansion of the Employer's managerial authority

The Employee will be employed as a ▨ and is assigned to pay group ▨. The Employer is entitled to assign to the Employee work up to pay group ▨ with equal pay for operational or economic reasons or due to personal circumstances of the Employee. The assignment must be subject to an announcement period, which corresponds to the period of notice for ordinary termination applicable at the time of the announcement.

§ 2 Place of work

Variant 1: Clause restricting the Employer's managerial authority

The Employee will work exclusively in ▨.

Variant 2: Clause confirming the Employer's managerial authority

The Employee will work in the business establishment ▨. The Employer is entitled to employ the Employee in other business establishments of its enterprise as well.

Variant 3: Clause restricting the Employer's managerial authority regarding the place of work within a given radius.

The place of work is in ▨. The Employer is entitled to employ the Employee at another place of work within a radius of up to ▨ from ▨. In this context, the Employer shall take due account of the Employee's personal interests.

Variant 4: Clause extending the Employer's managerial authority regarding the place of work within Germany and abroad

The place of work is in ▨. The Employer is also entitled to employ the Employee at another place of work within Germany and at a location of the Employer abroad. In this context, the Employer shall take due account of the Employee's personal interests. This includes that local relocation must be subject to an announcement period, which corresponds to the period of notice for ordinary termination applicable to the Employer. If local relocation requires the Employee to move, the announcement period for relocation is seven months to the end of a calendar month. The costs incurred by the Employee as a result of the local relocation shall be reimbursed in accordance with the operational regulation applicable from time to time. If the Employee's job is eliminated for operational reasons, the Employer

erstattet. Bei einem betriebsbedingten Wegfall des Arbeitsplatzes des Arbeitnehmers verpflichtet sich der Arbeitgeber, dem Arbeitnehmer auch etwaige vergleichbare offene Stellen im Ausland anzubieten.

§ 3 Arbeitszeit

(1) Die regelmäßige wöchentliche Arbeitszeit beträgt ▓▓▓▓ Stunden ausschließlich der Pausen. Die Lage der Arbeitszeit bestimmt der Arbeitgeber nach billigem Ermessen.

(2) Der Arbeitnehmer ist bei Vorliegen betrieblicher Notwendigkeiten auf Anordnung des Arbeitgebers zur Leistung von Überstunden verpflichtet, soweit dadurch die gesetzlich zulässige Höchstarbeitszeit nicht überschritten wird. Bei der Anordnung von Überstunden wird der Arbeitgeber die berechtigten Belange des Arbeitnehmers angemessen berücksichtigen.

(3) Der Arbeitnehmer verpflichtet sich, auf Anordnung des Arbeitgebers Nacht-, Schicht- oder Sonntagarbeit zu leisten, soweit dies gesetzlich zulässig ist.

(4) Der Arbeitnehmer ist grundsätzlich zur Durchführung von Dienstreisen auf Weisung des Arbeitgebers verpflichtet. Besondere Belange des Arbeitnehmers, die der Durchführung einer solchen Dienstreise entgegenstehen, hat dieser dem Arbeitgeber rechtzeitig mitzuteilen.

(5) Bei Dienstreisen gilt nur die Zeit der dienstlichen Inanspruchnahme am auswärtigen Geschäftsort als vergütungspflichtige Arbeitszeit. Es wird jedoch für jeden Tag mindestens die regelmäßige Arbeitszeit vergütungspflichtig berücksichtigt.

(6) Die Kosten einer Dienstreise werden dem Arbeitnehmer nach den jeweils geltenden Reisekostenrichtlinien erstattet, in Ermangelung solcher Richtlinien auf Grundlage der vorgelegten Belege bis höchstens zur Grenze der steuerlichen Höchstsätze.

§ 4 Kurzarbeit

(1) Zur Vermeidung betriebsbedingter Kündigungen oder der Einstellung des Betriebs kann es erforderlich sein, Kurzarbeit durchzuführen. Für den Fall des Vorliegens eines erheblichen, vorübergehenden Arbeitsausfalls im Sinne § 170 Abs. 1 SGB III ist der Arbeitgeber daher berechtigt, Kurzarbeit anzuordnen. Der Arbeitnehmer erklärt für diesen Fall sein Einverständnis mit der Durchführung von Kurzarbeit und den damit verbundenen vorübergehenden Änderungen des Vertrags. Kurzarbeit wird dabei maximal für den Zeitraum durchgeführt werden, für den nach den jeweils aktuellen gesetzlichen Maßgaben die Zahlung von Kurzarbeitergeld durch die Agentur für Arbeit möglich ist.

undertakes to offer other equivalent job vacancies abroad to the Employee.

§ 3 Working hours

(1) The regular weekly working hours are ▓▓▓▓ hours excluding breaks. The Employer may determine the organisation of working hours at its reasonable discretion.

(2) If necessary for corporate reasons, the Employee is obliged to work overtime at the Employer's request, provided that the legally permissible maximum working hours are not exceeded. If overtime is requested, the Employer shall take due account of the Employee's justified interests.

(3) The Employee undertakes to work at night, in shifts or on Sundays to the extent permitted by law, if requested by the Employer.

(4) The Employee is essentially obliged to go on business trips at the Employer's request. The Employee has to notify the Employer promptly of any specific concerns that may preclude such a business trip.

(5) In the event of business trips, only the time worked at the external place of business is counted as payable working time. However, as a minimum the regular working hours are considered as payable for each day.

(6) The Employee is reimbursed for the costs of a business trip in accordance with the applicable travelling costs guidelines; in the absence of such guidelines, reimbursement is based on the receipts submitted up to the maximum rates allowed by tax laws.

§ 4 Short-time work

(1) In order to avoid redundancies for operational reasons or discontinuance of operations, it may be necessary to demand short-time work. In the event of a substantial, temporary lack of work within the meaning of section 170 (1) of Book III of the German Social Security Code (SGB III), the Employer is entitled to demand short-time work. In this case, the Employee shall agree to short-time work and to the related temporary changes to the contract. Short-time work may be demanded, as a maximum, for the period for which the employment agency may pay a short-time allowance in accordance with the most recent statutory requirements.

(2) Die Berechtigung zur Anordnung von Kurzarbeit besteht unabhängig davon, ob in der Person des Arbeitnehmers individuell die Voraussetzungen für die Zahlung von Kurzarbeitergeld vorliegen oder nicht.

(2) The authority to demand short-time work exists regardless of whether or not the individual circumstances of the Employee meet the requirements for payment of a short-time allowance.

(3) Leistet die Agentur für Arbeit kein Kurzarbeitergeld aus Gründen, die nicht durch den Arbeitnehmer veranlasst oder beeinflussbar sind, so zahlt der Arbeitgeber dem Arbeitnehmer für die Zeit der Kurzarbeit denjenigen Betrag, den der Arbeitnehmer ansonsten als Kurzarbeitergeld erhalten hätte.

(3) If the employment agency does not pay a short-time allowance for reasons that are not caused or cannot be influenced by the Employee, the Employer shall pay to the Employee for the time of short-time working the amount that the Employee would have received as short-time allowance.

(4) Ob Kurzarbeit angeordnet wird oder nicht, obliegt alleine der unternehmerischen Entscheidung des Arbeitgebers.

(4) The decision as to whether or not short-time work is requested is in the sole entrepreneurial discretion of the Employer.

§ 5 Laufzeit des Vertrages

§ 5 Term of the contract

Variante 1: Unbefristeter Vertrag

Variant 1: Indefinite contract

(1) Dieser Vertrag beginnt am ▒▒▒▒▒ und ist auf unbestimmte Dauer geschlossen.

(1) This contract commences on ▒▒▒▒▒ and is concluded for an indefinite term.

(2) Vor Beginn des Arbeitsverhältnisses ist die ordentliche Kündigung, gleich durch welche Partei, ausgeschlossen.

(2) Ordinary termination, regardless by which party, before the start of the employment is excluded.

(3) Die ersten sechs Monate des Arbeitsverhältnisses werden als Probezeit vereinbart. Die Probezeit endet somit am ▒▒▒▒▒. Während der Probezeit kann das Arbeitsverhältnis von beiden Parteien mit einer Frist von zwei Wochen gekündigt werden.

(3) The first six months of the employment are regarded as a trial period. Accordingly, the trial period ends on ▒▒▒▒▒. During the trial period, the employment can be terminated by either party with a period of notice of two weeks.

(4) Nach Ablauf der Probezeit kann das Arbeitsverhältnis von beiden Parteien mit einer Kündigungsfrist von ▒▒▒▒▒ Monaten zum Monatsende gekündigt werden. Eine Verlängerung der Kündigungsfrist aufgrund gesetzlicher oder tariflicher Bestimmungen, die zugunsten einer Partei gilt, gilt auch zugunsten der anderen Vertragspartei als vereinbart.

(4) After the trial period, the employment can be terminated by either party with a period of notice of ▒▒▒▒▒ months to the end of a month. An extension of the period of notice as a result of statutory or collectively agreed regulations, which applies to one party, shall also be deemed to be agreed for the benefit of the other party.

(5) Eine Kündigung bedarf zu ihrer Wirksamkeit der Schriftform.

(5) A notice of termination must be given in writing to become effective.

(6) Im Übrigen endet das Arbeitsverhältnis ohne Kündigung am letzten Tag desjenigen Monats, in dem der Arbeitnehmer die gesetzliche Altersgrenze erreicht hat.

(6) Otherwise, the employment ends, without separate notice of termination, on the last day of the month in which the Employee reaches the statutory age of retirement.

Variante 2: Auf Probezeit befristeter Vertrag

Variant 2: Contract limited for a trial period

(1) Dieser Vertrag beginnt am ▒▒▒▒▒ und ist auf die Dauer der Probezeit von sechs Monaten befristet.

(1) This contract commences on ▒▒▒▒▒ and is concluded for the term of the trial period of six months.

(2) Während der Probezeit können beide Parteien den Arbeitsvertrag unter der Einhaltung einer Kündigungsfrist von zwei Wochen kündigen.

(2) During the trial period, the employment contract can be terminated by either party with a period of notice of two weeks.

(3) Wird das Arbeitsverhältnis nach Ablauf der Probezeit einvernehmlich fortgesetzt, so geht es in ein Arbeitsverhältnis auf unbestimmte Zeit über, für das die gesetzlichen Kündigungsfristen gelten. Eine Verlängerung der für den Arbeitgeber maßgeblichen Kündigungsfrist gilt auch für den Arbeitnehmer.

(4) Eine Kündigung bedarf zu ihrer Wirksamkeit der Schriftform.

(5) Im Übrigen endet das Arbeitsverhältnis ohne Kündigung am letzten Tag desjenigen Monats, in dem der Arbeitnehmer die gesetzliche Altersgrenze erreicht hat.

Variante 3: Befristeter Vertrag ohne Probezeit

Dieser Vertrag beginnt am ▬▬▬ und ist auf die Dauer von ▬▬▬ (Laufzeit) Monaten befristet.

§ 6 Freistellung

Der Arbeitgeber ist berechtigt, den Arbeitnehmer unter Fortzahlung seiner Bezüge und unter Anrechnung der ihm zustehenden Urlaubsansprüche von der Arbeitsleistung freizustellen, wenn ein sachlicher Grund vorliegt. Ein sachlicher Grund liegt insbesondere im Falle der Kündigung des Arbeitsverhältnisses oder der Unmöglichkeit der Beschäftigung des Arbeitnehmers oder bei schweren, das Vertrauen beeinträchtigenden Vertragsverstößen des Arbeitnehmers vor. Der Arbeitnehmer hat sich während der Freistellung den Wert desjenigen anrechnen zu lassen, was er infolge des Unterbleibens der Dienstleistung erspart oder durch anderweitige Verwendung seiner Dienste erwirbt oder zu erwerben böswillig unterlässt. Der Arbeitnehmer bleibt auch im Falle seiner Freistellung an das vertragliche Wettbewerbsverbot bis zur rechtlichen Beendigung des Arbeitsverhältnisses gebunden.

§ 7 Vergütung

(1) Der Arbeitnehmer erhält als Vergütung ein Bruttomonatsgehalt in Höhe von EUR ▬▬▬ , zahlbar bargeldlos zum Monatsende.

(2) Die Gewährung von etwaigen Sonderleistungen (z.B. von Weihnachts- oder Urlaubsgeld) erfolgt freiwillig und ohne Einräumung eines Rechtsanspruchs. Ein Anspruch für die Zukunft wird auch durch wiederholte Gewährung nicht begründet. Es bleibt stattdessen im freien, unbeschränkten Ermessen des Arbeitgebers, eine ähnliche Leistung zukünftig zu erbringen.

(3) Der Arbeitnehmer verpflichtet sich, etwaig zu viel bezogene Vergütung an den Arbeitgeber vollumfänglich zurückzuzahlen. Der Einwand nach § 818 Abs. 3 BGB ist ausgeschlossen.

(3) If the employment is continued after the end of the trial period by mutual agreement, it becomes an indefinite employment governed by the statutory periods of notice. If the period of notice applicable to the Employer is extended, the extended period shall also apply to the Employee.

(4) A notice of termination must be given in writing to become effective.

(5) Otherwise, the employment ends, without separate notice of termination, on the last day of the month in which the Employee reaches the statutory age of retirement.

Variant 3: Fixed-term contract without trial period

This contract commences on ▬▬▬ and is concluded for a fixed term of ▬▬▬ (duration) months.

§ 6 Release from work

The Employer is entitled to release the Employee from work, if an objective reason exists, with continued pay of their remuneration and under consideration of any holiday entitlements. An objective reason is given, in particular, in the event of termination of the employment or impossibility of employing the Employee or in the event of serious contractual violations by the Employee affecting trust and confidence. During the period of release from work, the Employee must allow deduction of the value of any savings realised by him/her as a result of the services not being provided or of any proceeds realised through otherwise providing his/her services or fails to realise by acting with malicious intent. In the event of release from work, the Employee remains to be bound by the contractual prohibition to compete up to the end of the legal termination of the employment.

§ 7 Remuneration

(1) The Employee receives as remuneration a gross monthly salary of EUR ▬▬▬ , which is to be a noncash payment paid by the end of a month.

(2) Payments of any special benefits (e.g. Christmas or holiday bonus) are voluntary and do not confer a legal claim in this respect. Repeated payment also does not give rise to a claim for the future. Instead, it remains at the Employer's free and absolute discretion to pay such benefits in the future.

(3) The Employee undertakes to fully repay any excess remuneration received to the Employer. The objection pursuant to section 818 (3) of the German Civil Code (BGB) is excluded.

§ 8 Abtretungs- und Verpflichtungsverbot

(1) Die Abtretung und Verpfändung von Lohn-/Gehaltsansprüchen sowie von sonstigen Vergütungsansprüchen ist ausgeschlossen. Eine gleichwohl vorgenommene Abtretung oder Verpfändung ist unwirksam und wird vom Arbeitgeber nicht berücksichtigt.

(2) Ansprüche auf Lohn/Gehalt sowie auf sonstige Vergütungen dürfen nur nach vorheriger schriftlicher Zustimmung des Arbeitgebers abgetreten oder verpfändet werden. Eine ohne vorherige schriftliche Zustimmung vorgenommene Abtretung oder Verpfändung ist ein Arbeitsvertragsverstoß.

(3) Im Falle von Pfändungen ist der Arbeitgeber berechtigt, für jede einzelne Pfändung dem Arbeitnehmer pauschal 10 EUR in Rechnung zu stellen und von der nächsten Lohn-/Gehaltszahlung in Abzug zu bringen. Die Geltendmachung eines darüber hinaus gehenden Schadens behält sich der Arbeitgeber ausdrücklich vor. Dem Arbeitnehmer bleibt der Nachweis gestattet, dass ein Schaden oder Aufwand nicht entstanden ist oder lediglich in deutlich geringerem Umfang als dem des Pauschalbetrags.

§ 9 Schutzrechte

(1) Für die Behandlung von Diensterfindungen und technischen Verbesserungsvorschlägen gelten die Vorschriften des Gesetzes über Arbeitnehmererfindungen in ihrer jeweiligen Fassung sowie die hierzu ergangenen Richtlinien für die Vergütung von Arbeitnehmererfindungen im privaten Dienst.

(2) Für die übrigen Schutzrechte, insbesondere für alle etwaigen nach Urheber- und Geschmacksmuster rechtsschutzfähigen Arbeitsergebnisse, die der Arbeitnehmer während der Dauer seines Arbeitsverhältnisses während der Arbeitszeit oder, sofern sie einen Bezug zu seinen arbeitsvertraglichen Aufgaben haben, auch außerhalb seiner Arbeitszeit erstellt, überträgt der Arbeitnehmer dem Arbeitgeber die für die betrieblichen Zwecke notwendigen Nutzungsrechte. Dies ist im Regelfall das ausschließliche zeitlich, räumlich und inhaltlich unbeschränkte Nutzungs- und Verwertungsrecht. Die Übertragung des Nutzungs- und Bearbeitungsrechts umfasst auch die Erlaubnis zur Bearbeitung und Lizenzvergabe an Dritte.

(3) Soweit es für die betriebliche Nutzung erforderlich ist, überträgt der Arbeitnehmer im Rahmen der Vorschrift des § 31a UrhG dem Arbeitgeber auch die Rechte für sämtliche noch unbekannten Nutzungsarten.

§ 8 Prohibition of assignment and pledging

(1) Assignment and pledging of wage/salary claims as well as of any other remuneration claims are excluded. Any assignment or pledging in violation of this provision is ineffective and not accepted by the Employer.

(2) Claims for wage/salary as well as other remuneration may only be assigned or pledged with the Employer's prior written consent. Any assignment or pledging made without prior written consent constitutes a breach of the contract of employment.

(3) In the event of any attachments, the Employer is entitled to charge a flat fee of EUR 10 for each individual attachment and deduct it from the next wage/salary payment. The Employer expressly reserves the right to claim for additional losses beyond that amount. The Employee is entitled to prove that losses or expenses were not incurred or that they were significantly lower than the flat rate.

§ 9 Protective rights

(1) With respect to the treatment of job-related inventions and technical improvement proposals, the regulations of the Act on Employee Inventions as amended and any directives for the remuneration of employee inventions in the private sector shall apply.

(2) As regards any other protective rights, in particular any work results that are protectable as part of copyright and design patents and created by the Employee during the term of the employment during the working hours or, if they are related to his/her contractual tasks, outside the working hours, the Employee transfers to the Employer the rights of use required for operational purposes. Normally, this is an exclusive right of use and exploitation unlimited in terms of time, territory and contents. The transfer of the right of use and exploitation also includes permission to edit and to grant licenses to third parties.

(3) Insofar as required for operational utilisation, the Employee also transfers to the Employer the rights to all still unknown types of exploitation within the limits of the provisions of section 31a of the Copyright Act (UrhG).

(4) Die Rechteübertragung gilt, ohne dass ein zusätzlicher Vergütungsanspruch entsteht, auch für die Zeit nach Beendigung des Arbeitsverhältnisses.

(4) The transfer of rights also applies for the period after the end of the agreement, without this giving rise to a claim for additional remuneration.

(5) Sonstige urheberrechtsfähige Schöpfungen, die mit der Arbeitsaufgabe nicht in Verbindung stehen, sind von der Rechteübertragung nicht mit umfasst.

(5) Other protectable creations unrelated to the Employee's tasks are not included in the transfer of rights.

(6) Der Arbeitnehmer verzichtet, soweit dies nach dem Zweck der Rechteübertragung erforderlich ist, ausdrücklich auf sonstige ihm etwa als Urheber oder sonstigen Schutzrechtsinhaber zustehende Rechte an den Arbeitsergebnissen. Insbesondere ist der Arbeitgeber grundsätzlich nicht verpflichtet, vom Arbeitnehmer geschaffene Werke zu veröffentlichen. Er kann aus betrieblichen Gründen auf die Nennung des Arbeitnehmers als Urheber verzichten und die Werke, um sie betrieblich nutzen zu können, bearbeiten.

(6) Where necessary for the purpose of the transfer of rights, the Employee expressly waives any other rights in the work results they may have as the author or other holder of protective rights. In particular, the Employer is generally not obliged to publish any works created by the Employee. The Employer is entitled to waive naming the Employee as the author and to edit the works in order to use them for operational purposes.

(7) Für Computerprogramme gelten die gesonderten Vorschriften des § 69b UrhG.

(7) The separate provisions of section 69b UrhG shall apply to computer programmes.

(8) Die dem Arbeitnehmer für die Rechteübertragung zustehenden urheberrechtlichen Vergütungen sind im Rahmen der Rechteübertragung nach den vorstehenden Regelungen mit dem Grundentgelt abgegolten. Unberührt bleiben etwaige zusätzliche Vergütungsansprüche des Arbeitnehmers aus einer Werknutzung außerhalb des eigentlichen Betriebszwecks, gemäß § 32a UrhG (auffälliges Missverhältnis zu den Erträgen und der Nutzung des Werkes) sowie gemäß § 32b UrhG (Vergütung für später bekannte Nutzungsarten).

(8) The remuneration under copyright laws attributable to the Employee for the transfer of rights is deemed to be settled with the basic salary as part of the transfer of rights pursuant to the aforementioned provisions. This shall not affect any additional remuneration claims of the Employee resulting from an exploitation of the work outside the operational purpose, in accordance with section 32a UrhG (conspicuous disproportion to the proceeds and benefits derived from the exploitation of the work) as well as pursuant to section 32b UrhG (remuneration for any new types of exploitation).

§ 10 Sachbezüge; Auslagen

Auslagen (wie bspw. Reisekosten), die dem Arbeitnehmer im Rahmen seiner Tätigkeit entstehen, werden im erforderlichen Umfang in Höhe der tatsächlichen Aufwendungen erstattet. Die Erstattung erfolgt gegen Nachweis, wobei aufgewandte Kosten, die den Rahmen der umsatzsteuerlichen Kleinbetragsrechnung überschreiten, nur dann als Nachweis anerkannt werden, wenn eine ordnungsgemäß auf den Arbeitgeber ausgestellte Rechnung vorgelegt wird.

§ 10 Benefits in kind; expenses

Expenses (such as travel expenses) incurred by the Employee as part of their activity will be reimbursed to the necessary extent in the amount of the actual expenses incurred. These expenses are reimbursed against proof, whereby any costs exceeding the limit of the invoices for small amounts for VAT purposes will only be acknowledged if a proper invoice issued in the name of the Employer has been submitted.

§ 11 Urlaub

(1) Der Arbeitnehmer erhält kalenderjährlich Erholungsurlaub im Umfang von   Arbeitstagen.

§ 11 Holidays

(1) The Employee is granted holidays of   working days for each calendar year.

(2) Der den gesetzlichen Mindesturlaub in Höhe von 20 Arbeitstagen übersteigende Urlaub in Höhe von   Arbeitstagen verfällt – abweichend von den rechtlichen Vorgaben für den gesetzlichen Mindesturlaub – nach Ablauf des Übertragungszeitraums, wenn der Urlaub im Übertragungszeitraum wegen Arbeitsunfähigkeit des Arbeitnehmers nicht genommen werden kann.

(2) Holidays in excess of the statutory minimum holidays of 20 working days of   working days shall lapse – in deviation from the statutory requirements for statutory minimum holidays – after the end of the transfer period, if the holidays cannot be taken during the transfer period due to the Employee's disability to work.

89

(3) Mit der Erteilung von Urlaub wird bis zu dessen vollständiger Erfüllung zunächst der gesetzliche Mindesturlaubsanspruch erfüllt.

(3) When holidays are granted, initially the statutory minimum holiday entitlement is offset, until all holiday claims have been met.

(4) Der den gesetzlichen Mindesturlaub in Höhe von 20 Arbeitstagen übersteigende Urlaub in Höhe von ▮▮▮▮ Arbeitstagen kann vom Arbeitgeber aus wirtschaftlichen Gründen (z.B. Umgestaltung des Entgeltsystems oder ein Umsatzrückgang von mehr als 20 % über einen Zeitraum von drei Monaten im Verhältnis zum Umsatz derselben drei Monate des vorangegangen Kalenderjahres) mit sofortiger Wirkung widerrufen werden.

(4) The holidays in excess of the statutory minimum holidays of 20 working days of ▮▮▮▮ working days can be revoked by the Employer with immediate effect for economic reasons (e.g. restructuring of the remuneration system or a decline in turnover of more than 20% over a period of three months as compared to the turnover of the same three months in the previous calendar year).

(5) Kann der gesetzliche Urlaub wegen Beendigung des Arbeitsverhältnisses ganz oder teilweise nicht mehr gewährt werden, so ist er abzugelten. Für den gesetzlichen Urlaubsanspruch besteht ein Abgeltungsanspruch auch dann, wenn der Urlaub wegen krankheitsbedingter Arbeitsunfähigkeit nicht bis zum Ende des Kalenderjahres bzw. – für den Fall der Übertragung – bis zum 31. März des folgenden Kalenderjahres gewährt werden konnte. Eine Abgeltung des übergesetzlichen Urlaubs ist ausgeschlossen.

(5) If the statutory holidays cannot be taken in whole or in part due to the termination of the employment, the holiday claim is to be compensated for. As regards the statutory holiday entitlement, the compensation claim also exists if the holidays, because of absence due to illness, could not be granted by the end of the calendar year or – if holidays were transferred to the next year – by 31 March of the following calendar year. Compensation for holidays beyond the statutory limits is excluded.

(6) Ist im Zeitpunkt der Kündigung des Arbeitsverhältnisses der den gesetzlichen Mindesturlaub in Höhe von 20 Arbeitstagen übersteigende Urlaub in Höhe von ▮▮▮▮ noch nicht erfüllt, ist der Urlaub, soweit dies betrieblich möglich ist, während der Kündigungsfrist zu gewähren.

(6) If, by the date of termination of the employment, the ▮▮▮▮ holiday days in excess of the statutory minimum holidays of 20 working days have not been taken, the holidays are to be granted during the period of notice, insofar as possible in line with corporate interests.

(7) Der volle Urlaubsanspruch entsteht erstmalig nach dreimonatiger Betriebszugehörigkeit. Die Betriebszugehörigkeit wird durch unverschuldete Zeit der Nichtarbeit nicht unterbrochen.

(7) The full holiday entitlement only accrues after a period of employment of three months. The period of employment is not interrupted by any absence periods without the Employee's fault.

(8) Urlaub kann bis zum 31. März des nachfolgenden Kalenderjahres genommen werden.

(8) The holidays can be taken by 31 March of the following calendar year.

§ 12 Arbeitsverhinderung, Entgeltfortzahlung, Arbeitsunfähigkeit

§ 12 Inability to work, continued payment of salary, disability

(1) Krankheitsbedingte Arbeitsunfähigkeit sowie deren voraussichtliche Dauer hat der Arbeitnehmer bereits am ersten Tage der Arbeitsunfähigkeit durch eine ärztliche Arbeitsunfähigkeitsbescheinigung nachzuweisen. Eine Verlängerung der Arbeitsunfähigkeit ist dem Arbeitgeber spätestens am ersten Arbeitstag, der nicht mehr von der vorausgegangenen Arbeitsunfähigkeitsbescheinigung abgedeckt ist, bis 7.30 Uhr anzuzeigen und unverzüglich durch eine Folgebescheinigung nachzuweisen.

(1) The employee shall submit a medical certificate about their inability to work and the presumable duration to the Employer on the first day of the inability to work. The Employee is obliged to notify the Employer of an extended duration of the inability to work, which is no longer covered by the previous medical certificate, by 7:30 a.m. and give proof thereof by a follow-up certificate.

(2) Übersteigt die Dauer der Arbeitsunfähigkeit den Entgeltfortzahlungszeitraum, so ist der Arbeitnehmer verpflichtet, den Arbeitgeber regelmäßig darüber in Kenntnis zu setzen, wie lange die Arbeitsunfähigkeit noch andauert und wann mit der Wiederaufnahme der Arbeit zu rechnen ist.

(2) If the duration of the inability to work exceeds the term of continued pay of remuneration, the Employee is obliged to notify the Employer at regular intervals of how long the inability to work will last and when work is expected to be resumed.

(3) Bei krankheitsbedingter Arbeitsunfähigkeit wird die Vergütung nach Maßgabe der jeweils geltenden gesetzlichen Regelungen fortgezahlt.

§ 13 Internetnutzung

Variante 1: Klausel beim Verbot der privaten Nutzung

(1) Der Arbeitnehmer darf den betrieblichen Internetzugang und das betriebliche E-Mail-System ausschließlich für dienstliche Zwecke verwenden. Die Nutzung für private Zwecke ist nicht gestattet. Der Internetzugang darf nur mit der gültigen persönlichen Zugangsberechtigung genutzt werden. Diese Zugangsberechtigung in Form der Benutzerkennung und das dazugehörige Passwort dürfen nicht an andere weitergegeben werden.

(2) Fremde Dateien/Programme aus dem Internet oder von externen Datenträgern dürfen nicht auf dem Computer gespeichert, installiert oder eingesetzt werden. Auf den Einsatz von Virenschutzprogrammen ist zu achten. Werden Störungen auf dem Computer entdeckt, die auf einen Computervirus oder sonstige ausführbare Programmcodes hindeuten, muss unverzüglich der Systemadministrator informiert werden.

(3) Der Arbeitnehmer ist damit einverstanden, dass die Nutzung des betrieblichen Internetzugangs und E-Mail-Systems für die Dauer von maximal drei Monaten gespeichert und stichprobenartig überprüft wird, ob er das Verbot der privaten Nutzung und die vorstehenden Bestimmungen einhält. Der Arbeitnehmer erteilt hierzu seine Einwilligung gemäß § 4a BDSG in die damit verbundene Verarbeitung seiner persönlichen Daten. Diese Einwilligung kann vom Arbeitnehmer jederzeit widerrufen werden.

(4) Die Absender eingehender E-Mails hat der Arbeitnehmer im Falle seiner betrieblichen Abwesenheit durch die Einrichtung einer automatisierten Antwort per E-Mail über die Dauer der Abwesenheit, den zuständigen Vertreter und dessen Telefonnummer zu informieren.

(5) Ein Verstoß gegen das Verbot der privaten Nutzung oder die vorstehenden übrigen Bestimmungen berechtigt den Arbeitgeber zu arbeitsrechtlichen Sanktionen.

(3) In the event of an inability to work due to illness, the remuneration will continue to be paid in line with the applicable statutory regulations.

§ 13 Internet use

Variant 1: Clause with prohibition of private use

(1) The Employee may use the corporate internet connection and the corporate email system exclusively for operational purposes. Use for private purposes is not permitted. Internet access may only be used with the valid personal access authorisation. This access authorisation by way of a user name and associated password may not be disclosed to other persons.

(2) It is impermissible to save, install or deploy any third-party files/programmes from the internet or external data carriers. It is necessary to deploy antivirus programmes. If any disorders on a computer are identified, which indicate a computer virus or other executable programme codes, the system administrator must be notified immediately.

(3) The Employee agrees to use of the operational internet access and email system being saved for a maximum term of three months and randomly checked as to whether the prohibition of private use and the aforementioned provisions are being complied with. The Employee herewith grants consent pursuant to section 4a of the Federal Data Protection Act (BDSG) to the processing of personal data. The Employee may revoke consent at any time.

(4) In the event of the Employee's absence for operational reasons, they shall inform the sender of incoming emails by setting up an automated email response for the term of absence and indicate the name of their deputy and the deputy's phone number.

(5) Any violation of the prohibition of private use or of any other of the aforementioned provisions gives the Employer the right to impose labour-law sanctions.

91

Variante 2: Klausel bei eingeschränkter Zulassung der privaten Nutzung

(1) Der Arbeitnehmer darf den betrieblichen Internetzugang und das betriebliche E-Mail-System grundsätzlich nur für dienstliche Zwecke verwenden. Die private Nutzung ist nur außerhalb der Arbeitszeit (während der Pausen oder nach Dienstende) erlaubt. Sie darf pro Tag ▬▬▬ Minuten nicht überschreiten. Von ihm verfasste private E-Mails hat der Arbeitnehmer im Betreff ausdrücklich als solche zu kennzeichnen. Die Erlaubnis zur privaten Nutzung wird unter dem ausdrücklichen Vorbehalt eines jederzeitigen Widerrufs erteilt. Die Erlaubnis zur privaten Nutzung kann widerrufen werden, wenn eine missbräuchliche Nutzung, etwa durch Abruf von Seiten mit pornografischem Inhalt, Überschreitung der Nutzungsdauer, Eröffnung von Sicherheitsrisiken, festgestellt wurde.

(2) Der Internetzugang darf nur mit der gültigen persönlichen Zugangsberechtigung genutzt werden. Diese Zugangsberechtigung in Form der Benutzerkennung und das dazugehörige Passwort dürfen nicht an andere weitergegeben werden.

(3) Fremde Dateien/Programme aus dem Internet oder von externen Datenträgern dürfen nicht auf dem Computer gespeichert, installiert oder eingesetzt werden. Auf den Einsatz von Virenschutzprogrammen ist zu achten. Werden Störungen auf dem Computer entdeckt, die auf einen Computervirus oder sonstige ausführbare Programmcodes hindeuten, muss unverzüglich der Systemadministrator informiert werden.

(4) Das Abrufen, Anbieten oder Verbreiten von rechtswidrigen Inhalten, insbesondere solchen, die gegen datenschutz-, straf-, persönlichkeits-, lizenz- oder urheberrechtliche Bestimmungen verstoßen, ist unzulässig. Gleiches gilt für verfassungsfeindliche, diskriminierende oder pornografische Inhalte oder Abbildungen.

(5) Der Arbeitnehmer erteilt seine Einwilligung in die Filterung von eingehenden E-Mails, die Viren oder kommerzielle Werbung enthalten. Er ist damit einverstanden, dass die Nutzung des betrieblichen Internetzugangs und E-Mail-Systems für die Dauer von maximal drei Monaten gespeichert und stichprobenartig überprüft wird, ob er die vorstehenden Bestimmungen einhält. Der Arbeitnehmer erteilt hierzu seine Einwilligung gemäß § 4a BDSG in die damit verbundene Verarbeitung seiner persönlichen Daten. Diese Einwilligung kann vom Arbeitnehmer jederzeit widerrufen werden.

Variant 2: Clause with restricted permission of private use

(1) The Employee may use the corporate internet connection and the corporate email system generally for operational purposes. Private use is only permitted outside the working hours (during breaks or after official working hours). It may not exceed ▬▬▬ minutes. The Employee has to explicitly identify private emails as such in the reference line. Permission for private use is granted subject to the explicit reservation of withdrawal at any time. Permission for private use can be withdrawn if abuse has been identified, for example, by visiting websites with pornographic contents, exceeding the time of use or triggering security risks.

(2) Internet access may only be used with the valid personal access authorisation. This access authorisation by way of a user name and associated password may not be disclosed to other persons.

(3) It is impermissible to save, install or deploy any third-party files/programmes from the internet or external data carriers. It is necessary to deploy anti-virus programmes. If any disorders on a computer are identified, which indicate a computer virus or other executable programme codes, the system administrator must be notified immediately.

(4) Retrieving, providing or disseminating illegal content, in particular content that violates provisions of data protection laws, criminal laws, personal rights laws, licensing and copyright laws, is prohibited. The same applies to contents or illustrations that are anti-constitutional, discriminating or pornographic.

(5) The Employee grants consent to incoming emails containing viruses or commercial advertising being filtered out. The Employee agrees to use of the operational internet access and email system being saved for a maximum term of three months and randomly checked as to whether the aforementioned provisions are being complied with. The Employee herewith grants consent pursuant to section 4a of the Federal Data Protection Act (BDSG) to the processing of personal data. The Employee may revoke consent at any time.

(6) Die Absender eingehender E-Mails hat der Arbeitnehmer im Falle seiner betrieblichen Abwesenheit durch die Einrichtung einer automatisierten Antwort per E-Mail über die Dauer der Abwesenheit, den zuständigen Vertreter und dessen Telefonnummer zu informieren.

Verstöße gegen diese Regeln, insbesondere eine weitergehende private Nutzung von Internet und E-Mail, berechtigen den Arbeitgeber zu arbeitsrechtlichen Sanktionen.

§ 14 Bezugnahmeklausel

Variante 1: Statische Bezugnahme

Auf das Arbeitsverhältnis findet ergänzend der Tarifvertrag ▨ vom ▨ Anwendung. Spätere Änderungen dieses Tarifvertrages oder andere Tarifverträge finden auf das Arbeitsverhältnis nur dann Anwendung, wenn die Parteien dieses Vertrages dies ausdrücklich und schriftlich vereinbaren.

Variante 2: Kleine dynamische Bezugnahme

(1) Auf das Arbeitsverhältnis findet der Tarifvertrag ▨ in seiner jeweiligen Fassung Anwendung.

(2) Dies gilt auch für ergänzende Tarifverträge oder anderweitige betriebliche Abreden (z.B. Betriebsvereinbarungen), die aufgrund oder im Rahmen des in Satz 1 genannten Tarifvertrages abgeschlossen werden.

Variante 3: Gleichstellungsabrede

(1) Der Arbeitgeber ist kraft des Tarifrechts an folgende Tarifverträge gebunden: ▨ . Diese gelten in ihrer jeweiligen Fassung ergänzend auch für das zwischen den Parteien bestehende Arbeitsverhältnis, solange und soweit die Tarifgebundenheit des Arbeitgebers besteht. Auch hinsichtlich ihres Inhalts gelten die in Satz 1 genannten Tarifverträge nur soweit der Arbeitgeber aufgrund des Tarifrechts zu deren Anwendung verpflichtet ist.

(2) Für den Fall, dass der Arbeitgeber kraft des Tarifrechts an andere als die vorgenannten Tarifverträge gebunden ist, gelten ausschließlich diese für das Arbeitsverhältnis mit dem Inhalt, mit dem diese auch für tarifgebundene Arbeitnehmer gelten.

Variante 4: Große dynamische Bezugnahme

(1) Auf das Arbeitsverhältnis finden ergänzend die in dem Betrieb jeweils geltenden Tarifverträge Anwendung.

§ 14 Reference clause

Variant 1: Static reference

The employment is also subject to the collective wage agreement ▨ of ▨ . Subsequent changes in this collective wage agreement or any other collective wage agreements shall only apply to the employment relationship if agreed upon by the parties of this contract explicitly and in writing.

Variant 2: Minor dynamic reference

(1) The employment is subject to the collective wage agreement ▨ as amended.

(2) This also applies to supplementing collective wage agreements or other operational arrangements (e.g. plant agreements) that are concluded due to or as part of the collective wage agreement mentioned in sentence 1.

Variant 3: Equal treatment agreement

(1) In line with the collective bargaining law, the Employer is bound by the following collective wage agreements: ▨ . These shall apply in their most recent version as a supplement to the employment relationship existing between the parties, as long as and to the extent that the Employer is bound by collective wage agreements. The collective wage agreements set forth in sentence 1 and their contents shall only apply insofar as the Employer is obliged to their application in line with the collective bargaining law.

(2) In the event that the Employer is bound, due to collective bargaining laws, to collective wage agreements other than those mentioned above, these shall only apply to the employment relationship with such content that also applies to employees subject to collective wage agreements.

Variant 4: Major dynamic reference

(1) The employment relationship is also subject to the collective wage agreements ▨ applicable in the business establishment.

(2) Aufgrund der Tarifgebundenheit des Arbeitgebers finden auf das Arbeitsverhältnis ergänzend die deshalb in dem Betrieb jeweils geltenden Tarifverträge in ihrer jeweiligen Fassung sowie mit dem Inhalt Anwendung, der für tarifgebundene Arbeitnehmer kraft des Tarifrechts oder anderer gesetzlicher Vorschriften gilt.

§ 15 Genehmigungspflichtigkeit von Nebentätigkeiten

(1) Die Übernahme jeder Nebentätigkeit durch den Arbeitnehmer, unabhängig davon, ob sie entgeltlich oder unentgeltlich ist, bedarf der vorherigen schriftlichen Genehmigung des Arbeitgebers.

(2) Der Arbeitgeber erteilt die Genehmigung, wenn und soweit die Nebentätigkeit die Wahrung der dienstlichen Aufgaben des Arbeitnehmers zeitlich nicht behindert und sonstige berechtigte Interessen des Arbeitgebers nicht beeinträchtigt.

§ 16 Verschwiegenheit

(1) Der Arbeitnehmer ist verpflichtet, über sämtliche Betriebs- und Geschäftsgeheimnisse der Gesellschaft Stillschweigen zu bewahren. Zu den geheimhaltungsbedürftigen Betriebs- und Geschäftsgeheimnissen gehört insbesondere ▯ (*auf den konkreten Einzelfall angepasste Auflistung*).

(2) Nach Beendigung des Arbeitsverhältnisses besteht die Verpflichtung zur Verschwiegenheit hinsichtlich folgender Betriebs- und Geschäftsgeheimnisse fort: ▯

Alternativ: (2) *Der Arbeitnehmer verpflichtet sich, über die Beendigung des Arbeitsverhältnisses hinaus solche Betriebs- und Geschäftsgeheimnisse geheim zu halten, die für das Unternehmen besonders wichtig sind.*

(3) Im Zweifelsfall ist der Arbeitnehmer verpflichtet, eine Weisung der Geschäftsleitung einzuholen, ob eine bestimmte Tatsache vertraulich zu behandeln ist.

(4) Die Verschwiegenheitspflicht erstreckt sich auch auf die materiellen Details dieses Arbeitsvertrages, insbesondere die Vergütungsvereinbarung.

(5) Ein Verstoß gegen die Verschwiegenheitsverpflichtung kann eine Kündigung rechtfertigen sowie Schadensersatzpflichten auslösen.

(2) Since the Employer is bound by collective wage agreements, the employment relationship shall also be subject to the collective wage agreements as amended applicable in the business establishment and with such content that is applicable to employees subject to collective wage agreements due to the collective bargaining laws or other statutory provisions.

§ 15 Necessary approval of secondary activities

(1) Any secondary activity taken on by the Employee, irrespective of whether for remuneration or without remuneration, requires the Employer's prior written consent.

(2) The Employers consent is to be granted if and insofar as the Employee's time for their professional duties is not impaired by the secondary activity and any other justified interests of the Employer are not affected.

§ 16 Confidentiality

(1) The Employee is obliged to maintain secrecy with respect to all business and trade secrets of the company. The business and trade secrets subject to confidentiality include, in particular, ▯ (*list customised to the specific case*).

(2) After the end of the employment, the duty of confidentiality continues to exist regarding the following business and trade secrets: ▯ .

Alternatively: (2) *The Employee undertakes to maintain secrecy with respect to all business and trade secrets that are of particular importance to the company beyond the end of the employment relationship.*

(3) In a case of doubt, the Employee is obliged to obtain instructions from the management board as to whether a certain fact is to be treated as confidential.

(4) The duty of confidentiality also covers the material details of this contract of employment, in particular the remuneration agreement.

(5) A breach of a confidentiality duty may justify termination and trigger damage compensation obligations.

(6) Bei jedweder Verletzung dieser Verschwiegenheitsverpflichtung verpflichtet sich der Arbeitnehmer an den Arbeitgeber eine Vertragsstrafe in Höhe eines Bruttomonatsgrundgehaltes zu zahlen. Mehrere Verletzungshandlungen lösen jeweils gesonderte Vertragsstrafen aus, gegebenenfalls auch mehrfach innerhalb eines Monats.

(7) Die Geltendmachung von Schäden, die über die Vertragsstrafe hinausgehen behält sich der Arbeitgeber vor. Die Entrichtung der Vertragsstrafe enthebt den Arbeitnehmer zudem nicht von der Einhaltung der Verschwiegenheitsverpflichtung.

§ 17 Personalakte

Der Arbeitgeber führt für die Dauer des Arbeitsverhältnisses sowie nach seiner Beendigung zum Zwecke der Erfüllung aller gesetzlichen Pflichten eine Personalakte. In die Personalakte werden sämtliche für das Arbeitsverhältnis und seine Abwicklung erforderlichen Angaben zur Person des Arbeitnehmers aufgenommen. Die Aufnahme dient der Erfüllung aller arbeitgeberseitigen Pflichten im Rahmen des Arbeitsverhältnisses. Eine Weitergabe der Daten erfolgt ausschließlich im Rahmen der gesetzlichen Bestimmung an die Einzugsstellen der Sozialversicherung sowie das Finanzamt.

§ 18 Rückgabepflicht

Bei Beendigung des Arbeitsverhältnisses oder im Falle einer durch den Arbeitgeber erfolgenden Freistellung von der Verpflichtung zur Erbringung der Arbeitsleistung hat der Arbeitnehmer dem Arbeitgeber unverzüglich sämtliche die Angelegenheiten des Arbeitgebers betreffenden Gegenstände und Unterlagen, insbesondere Schlüssel, Bücher, Modelle, Pläne, Aufzeichnungen jeder Art einschließlich etwaiger Abschriften, Kopien oder Datenträger, die sich in seinem Besitz befinden, vollständig herauszugeben. Gleiches gilt auch während des Bestandes des Arbeitsverhältnisses nach ausdrücklichem Verlangen des Arbeitgebers. Dem Arbeitnehmer steht aus keinem Rechtsgrund ein Zurückbehaltungsrecht gegenüber dem Arbeitgeber an diesen Gegenständen und Unterlagen zu.

(6) In the event of a breach of this confidentiality duty, the Employee undertakes to pay a contractual penalty of one month's gross monthly salary to the Employer. Several breaches of contract will trigger separate contractual penalties, including several times within a month, if applicable.

(7) The Employer reserves the right to claim for additional loss beyond the contractual penalty. In addition, payment of the contractual penalty does not release the Employee from adhering to the confidentiality duty.

§ 17 Personnel file

The Employer will maintain a personnel file for the term of the employment and after its termination in order to meet all statutory obligations. All personal details of the Employee relating to the employment relationship and its treatment will be included in the personnel file. This serves to meet all obligations of the Employer in the context of the employment. Such details will only be disclosed within the limits of the statutory provisions to the social security collection agencies and to the tax office.

§ 18 Return obligation

At the end of the employment relationship or in the event of a release from the duty to work initiated by the Employer, the Employee has to return immediately and completely all items and documents relating to the Employer's matters, in particular keys, books, models, plans, records of any kind, including any reproductions, copies or data carriers in the Employee's possession. The same applies during an existing employment relationship if explicitly requested by the Employer. The Employee has no right of retention for whatsoever legal reason to these items and documents.

§ 19 Vertragsstrafe

Nimmt der Arbeitnehmer seine Tätigkeit nicht vertragsgemäß auf oder beendet er den Arbeitsvertrag vertragswidrig unter Missachtung der geltenden Kündigungsfristen, verwirkt er eine Vertragsstrafe. Dies gilt auch für den Fall, dass der Arbeitgeber durch schuldhaft vertragswidriges Verhalten des Arbeitnehmers zur fristlosen Kündigung des Arbeitsvertrages veranlasst wird. Die Höhe der Vertragsstrafe entspricht der Vergütung nach § 7 Abs. 1, die für den Zeitraum der jeweiligen Kündigungsfrist geschuldet ist; sie beträgt jedoch maximal ein Bruttomonatsgehalt nach § 7 Abs. 1. Der Arbeitgeber behält sich die Geltendmachung weiteren Schadens vor.

§ 20 Ausschlussfrist/Verfall der Ansprüche

Alle Ansprüche, die sich aus dem Arbeitsverhältnis ergeben, erlöschen, wenn sie nicht binnen einer Frist von drei Monaten nach ihrer Fälligkeit in Textform gegenüber der anderen Vertragspartei geltend gemacht werden. Wird der Anspruch innerhalb der vorgenannten Dreimonatsfrist geltend gemacht und lehnt die andere Vertragspartei die Erfüllung des Anspruchs schriftlich ab oder erklärt sie sich hierzu nicht innerhalb eines Monats nach Zugang der Geltendmachung des Anspruchs, erlischt der Anspruch auch dann, wenn er nicht binnen einer weiteren Frist von drei Monaten nach Ablehnung oder Ablauf der Einmonatsfrist gerichtlich geltend gemacht wird. Diese Ausschlussfrist gilt nicht für Ansprüche, auf die der Arbeitnehmer individualvertraglich nicht verzichten kann, wozu insbesondere der gesetzliche Mindestlohn zählt.

§ 21 Schlussbestimmungen

(1) Sollten einzelne Bestimmungen dieses Vertrags ganz oder teilweise unwirksam sein oder werden, bleibt die Wirksamkeit der übrigen Bestimmungen unberührt.

(2) Die Vertragsparteien sind im Falle einer unwirksamen Bestimmung verpflichtet, über eine wirksame und zumutbare Ersatzregelung zu verhandeln, die dem von den Vertragsparteien mit der unwirksamen Bestimmung verfolgten wirtschaftlichen Zweck möglichst nahe kommt.

(3) Jede Änderung oder Ergänzung dieses Arbeitsvertrages, die nicht durch eine individuelle Vereinbarung der Vertragsparteien erfolgt, bedarf zu ihrer Wirksamkeit der Schriftform. Dies gilt auch für Änderungen dieses Schriftformerfordernisses. Dies bedeutet, dass keine Ansprüche aufgrund betrieblicher Übung entstehen können.

(4) Der Arbeitnehmer bestätigt, eine beiderseits unterschriebene Fassung dieser Vereinbarung erhalten zu haben.

§ 19 Contractual penalty

If the Employee fails to start their activity in line with the contract or if they terminate the contract of employment in violation of the applicable periods of notice, they will incur a contractual penalty. This also applies if the Employer has a reason to terminate the contract without notice due to the Employee's behaviour contrary to the contract. The amount of the contractual penalty corresponds to the remuneration set forth in section 7 (1), which is owed during the relevant period of notice; however, it amounts to a maximum of one month's gross salary pursuant to section 7 (1). The Employer reserves the right to claim for any additional losses.

§ 20 Preclusive period/forfeiture of claims

All claims resulting from the employment shall lapse, if they are not brought forward within three months from the date on which they are accrued in text form vis-à-vis the other party to the contract. If the claim is brought forward within the aforementioned period of three months and if the other party to the contract rejects fulfilment of the claim in writing or does not provide a declaration within one month from receipt of the claim brought forward, the claim shall also lapse if it was not brought to court within an additional period of three months from rejection or expiry of the one-month period. This preclusive period does not apply to claims which cannot be waived by the Employee based on the individual contract of employment, which includes, in particular, the statutory minimum wage.

§ 21 Final provisions

(1) If individual provisions of this contract are or become invalid in whole or in part, the validity of the remaining provisions shall not be affected.

(2) In the event of an invalid provision, the parties undertake to negotiate an effective and tolerable substitute regulation that comes as close as possible to the economic purpose pursued by the parties with the invalid provision.

(3) Changes or supplements to this contract of employment, which are not based on an individual agreement between the contracting parties, must be made in writing to become effective. This shall also apply to any changes in this written form requirement. This means that no claims can be made on the basis of corporate practice.

(4) The Employee acknowledges that he/she has received a copy of this contract of employment signed by both parties.

(Ort/Datum)	_(Ort/Datum)_
Arbeitgeber,	_Arbeitnehmer_

vertreten durch

▲

III.   Musterarbeitsvertrag Leitende Angestellte

▼

Muster 1a.16: Arbeitsvertrag für leitende Angestellte   216

Arbeitsvertrag	Contract of Employment
zwischen	between
,	,
(Adresse)	_(address)_
– im Folgenden: „Arbeitgeber" –	– hereinafter: „Employer" –
und	**and**
Herrn/Frau ,	Mr/Ms,
(Adresse)	_(address)_
– im Folgenden: „Arbeitnehmer" –	– hereinafter: „Employee" –

§ 1 Tätigkeit

(1) Der Arbeitnehmer wird als   eingestellt und zunächst mit den Tätigkeiten eines   beschäftigt. Der Arbeitgeber ist berechtigt, dem Arbeitnehmer eine gleichwertige und gleich bezahlte Tätigkeit zuzuweisen.

(2) Der Arbeitnehmer ist leitender Angestellter im Sinne des § 5 Abs. 3 BetrVG.

§ 2 Arbeitsort

Variante 1: Das gesetzliche Direktionsrecht bestätigende Klausel

Der Arbeitnehmer wird in dem Betrieb   eingestellt. Der Arbeitgeber ist berechtigt, den Arbeitnehmer auch in anderen Betrieben seines Unternehmens zu beschäftigen.

§ 1 Activity

(1) The Employee will be employed as a   and is initially entrusted with the activities of a   . The Employer is entitled to assign to the Employee other equivalent work with equal pay.

(2) The Employee is an executive employee within the meaning of section 5 (3) of the German Works Constitution Act (BetrVG).

§ 2 Place of work

Variant 1: Clause confirming the Employer's managerial authority

The Employee will work in the business establishment   . The Employer is entitled to employ the Employee in other business establishments of its enterprise as well.

97

Variante 2: Klausel mit Erweiterung des Direktions-rechts zum Arbeitsort innerhalb Deutschlands und in das Ausland

Arbeitsort ist ▓▓▓▓. Der Arbeitgeber ist berechtigt, den Arbeitnehmer auch an einen anderen Arbeitsort innerhalb Deutschlands und an einen Standort des Arbeitgebers im Ausland zu versetzen. Dabei wird der Arbeitgeber die persönlichen Interessen des Arbeitnehmers ausreichend berücksichtigen. Dazu gehört, dass die örtliche Versetzung nur mit einer Ankündigungsfrist erfolgen darf, welcher der vom Arbeitgeber einzuhaltenden Frist für eine ordentliche Kündigung entspricht. Erfordert die örtliche Versetzung einen Umzug des Arbeitnehmers, so beträgt die Ankündigungsfrist für eine örtliche Versetzung sieben Monate zum Ende eines Kalendermonats. Die dem Arbeitnehmer aufgrund der örtlichen Versetzung entstehenden Kosten werden nach der zum jeweiligen Zeitpunkt geltenden betrieblichen Regelung erstattet. Bei einem betriebsbedingten Wegfall des Arbeitsplatzes des Arbeitnehmers verpflichtet sich der Arbeitgeber, dem Arbeitnehmer auch etwaige vergleichbare offene Stellen im Ausland anzubieten.

§ 3 Arbeitszeit

Die Dauer und die Lage der Arbeitszeit werden vom Arbeitgeber nach den betrieblichen Erfordernissen festgelegt. Die Arbeit ist regelmäßig von montags bis freitags zu leisten.

§ 4 Laufzeit des Vertrages

(1) Dieser Vertrag beginnt am ▓▓▓▓ und ist auf unbestimmte Dauer geschlossen.

(2) Vor Beginn des Arbeitsverhältnisses ist die ordentliche Kündigung, gleich durch welche Partei, ausgeschlossen.

(3) Die ersten sechs Monate des Arbeitsverhältnisses werden als Probezeit vereinbart. Die Probezeit endet somit am ▓▓▓▓. Während der Probezeit kann das Arbeitsverhältnis von beiden Parteien mit einer Frist von zwei Wochen gekündigt werden.

(4) Nach Ablauf der Probezeit kann das Arbeitsverhältnis von beiden Parteien mit einer Kündigungsfrist von ▓▓▓▓ Monaten zum Monatsende gekündigt werden. Eine Verlängerung der Kündigungsfrist aufgrund gesetzlicher oder tariflicher Bestimmungen, die zugunsten einer Partei gilt, gilt auch zugunsten der anderen Vertragspartei als vereinbart.

(5) Eine Kündigung bedarf zu ihrer Wirksamkeit der Schriftform.

Variant 2: Clause extending the Employer's managerial authority regarding the place of work within Germany and abroad

The place of work is in ▓▓▓▓. The Employer is also entitled to employ the Employee at another place of work within Germany and at a location of the Employer abroad. In this context, the Employer shall take due account of the Employee's personal interests. This includes that local relocation must be subject to an announcement period, which corresponds to the period of notice for ordinary termination applicable to the Employer. If local relocation requires the Employee to move, the announcement period for relocation is seven months to the end of a calendar month. The costs incurred by the Employee as a result of the local relocation shall be reimbursed in accordance with the operational regulation applicable from time to time. If the Employee's job is eliminated for operational reasons, the Employer undertakes to offer other equivalent job vacancies abroad to the Employee.

§ 3 Working hours

The Employer may determine the duration and organisation of working hours in accordance with operational requirements. Work is to be performed regularly from Monday to Friday.

§ 4 Term of the contract

(1) This contract commences on ▓▓▓▓ and is concluded for an indefinite term.

(2) Ordinary termination, regardless by which party, before the start of the employment is excluded.

(3) The first six months of the employment are regarded as a trial period. Accordingly, the trial period ends on ▓▓▓▓. During the trial period, the employment can be terminated by either party with a period of notice of two weeks.

(4) After the trial period, the employment can be terminated by either party with a period of notice of ▓▓▓▓ months to the end of a month. An extension of the period of notice as a result of statutory or collectively agreed regulations, which applies to one party, shall also be deemed to be agreed for the benefit of the other party.

(5) A notice of termination must be given in writing to become effective.

(6) Im Übrigen endet das Arbeitsverhältnis ohne Kündigung am letzten Tag desjenigen Monats, in dem der Arbeitnehmer die gesetzliche Altersgrenze erreicht hat.

§ 5 Freistellung

Der Arbeitgeber ist berechtigt, den Arbeitnehmer unter Fortzahlung seiner Bezüge und unter Anrechnung der ihm zustehenden Urlaubsansprüche von der Arbeitsleistung freizustellen, wenn ein sachlicher Grund vorliegt. Ein sachlicher Grund liegt insbesondere im Falle der Kündigung des Arbeitsverhältnisses oder der Unmöglichkeit der Beschäftigung des Arbeitnehmers oder bei schweren, das Vertrauen beeinträchtigenden Vertragsverstößen des Arbeitnehmers vor. Der Arbeitnehmer hat sich während der Freistellung den Wert desjenigen anrechnen zu lassen, was er infolge des Unterbleibens der Dienstleistung erspart oder durch anderweitige Verwendung seiner Dienste erwirbt oder zu erwerben böswillig unterlässt. Der Arbeitnehmer bleibt auch im Falle seiner Freistellung an das vertragliche Wettbewerbsverbot bis zur rechtlichen Beendigung des Arbeitsverhältnisses gebunden.

§ 6 Vergütung

(1) Der Arbeitnehmer erhält als Grundgehalt ein Bruttomonatsgehalt in Höhe von EUR ██████, zahlbar bargeldlos zum Monatsende. Zusätzlich erhält er eine variable Vergütung gemäß █████ (Anlage).

(2) Die Gewährung von etwaigen Sonderleistungen (z.B. von Weihnachts- oder Urlaubsgeld) erfolgt freiwillig und ohne Einräumung eines Rechtsanspruchs. Ein Anspruch für die Zukunft wird auch durch wiederholte Gewährung nicht begründet. Es bleibt stattdessen im freien, unbeschränkten Ermessen des Arbeitgebers, eine ähnliche Leistung zukünftig zu erbringen.

(3) Der Arbeitnehmer verpflichtet sich, etwaig zuviel bezogene Vergütung an den Arbeitgeber vollumfänglich zurückzuzahlen. Der Einwand nach § 818 Abs. 3 BGB ist ausgeschlossen.

(6) Otherwise, the employment ends, without separate notice of termination, on the last day of the month in which the Employee reaches the statutory age of retirement.

§ 5 Release from work

The Employer is entitled to release the Employee from work, if an objective reason exists, with continued pay of their remuneration and taking into account any holiday entitlements. An objective reason is given, in particular, in the event of termination of the employment or impossibility of employing the Employee or in the event of serious contractual violations by the Employee affecting trust and confidence. During the period of release from work, the Employee must allow deduction of the value of any savings realised by them as a result of the services not being provided or of any proceeds realised through otherwise providing their services or the Employee fails to realise by acting with malicious intent. In the event of release from work, the Employee remains to be bound by the contractual prohibition to compete up to the end of the legal termination of the employment.

§ 6 Remuneration

(1) The Employee receives as basic remuneration a gross monthly salary of EUR █████, which is to be paid non-cash by the end of a month. In addition, the Employee receives a variable remuneration in accordance with █████ (Annex).

(2) Payments of any special benefits (e.g. Christmas or holiday bonus) are voluntary and do not confer a legal claim in this respect. Repeated payment also does not give rise to a claim for the future. Instead, it remains at the Employer's free and absolute discretion whether to pay such benefits in the future.

(3) The Employee undertakes to repay any excess remuneration received fully to the Employer. The objection pursuant to section 818 (3) of the German Civil Code (BGB) is excluded.

99

(4) Der Arbeitnehmer erhält einen jährlichen Bonus nach Maßgabe folgender Bestimmungen: Der Bonus beträgt ▒▒▒▒ % des jährlichen Festgehalts, vorausgesetzt, die wirtschaftlichen Ziele des Arbeitgebers und die persönlichen Ziele des Arbeitnehmers werden jeweils zu 100 % erreicht. Andernfalls, das heißt bei einer Zielerreichung von weniger als 100 %, besteht kein Bonusanspruch. Werden die Ziele zu mehr als 100 % erreicht, steigt der Bonus in dem gleichen prozentualen Verhältnis. Der Bonus ist jedoch auf maximal ▒▒▒▒ % des jährlichen Festgehalts gedeckelt.Die wirtschaftlichen Ziele legt der Arbeitgeber für jedes Bonusjahr nach billigem Ermessen fest und teilt sie dem Arbeitnehmer rechtzeitig mit. Die persönlichen Ziele legen die Parteien für das jeweilige Bonusjahr in einer gesonderten Zielvereinbarung einvernehmlich fest. Die Parteien werden um eine Einigung bemüht sein. Kommt eine Einigung bis zum Ende des ersten Quartals des Bonusjahres nicht zu Stande, setzt der Arbeitgeber die persönlichen Ziele einseitig nach billigem Ermessen unter Berücksichtigung der beiderseitigen Interessen fest. Die Auszahlung des Bonus erfolgt spätestens Ende März des auf das jeweilige Bonusjahr folgenden Kalenderjahrs.

§ 7 Abtretungs- und Verpflichtungsverbot

(1) Die Abtretung und Verpfändung von Lohn-/Gehaltsansprüchen sowie von sonstigen Vergütungsansprüchen ist ausgeschlossen. Eine gleichwohl vorgenommene Abtretung oder Verpfändung ist unwirksam und wird vom Arbeitgeber nicht berücksichtigt.

(2) Ansprüche auf Lohn/Gehalt sowie auf sonstige Vergütungen dürfen nur nach vorheriger schriftlicher Zustimmung des Arbeitgebers abgetreten oder verpfändet werden. Eine ohne vorherige schriftliche Zustimmung vorgenommene Abtretung oder Verpfändung ist ein Arbeitsvertragsverstoß.

(3) Im Falle von Pfändungen ist der Arbeitgeber berechtigt, für jede einzelne Pfändung dem Arbeitnehmer pauschal 10 EUR in Rechnung zu stellen und von der nächsten Lohn-/Gehaltszahlung in Abzug zu bringen. Die Geltendmachung eines darüber hinaus gehenden Schadens behält sich der Arbeitgeber ausdrücklich vor. Dem Arbeitnehmer bleibt der Nachweis gestattet, dass ein Schaden oder Aufwand nicht entstanden ist oder lediglich in deutlich geringerem Umfang als dem des Pauschalbetrags.

(4) The Employee receives an annual bonus in accordance with the following provisions: The bonus amounts to ▒▒▒▒ % of the annual fixed salary, provided that the economic targets of the Employer and the personal targets of the Employee are achieved at 100%. Otherwise, i.e. if less than 100% of the targets is achieved, there is no bonus claim. If the targets are achieved by more than 100%, the bonus will increase in the same percentage ratio. However, the bonus is limited to a maximum of ▒▒▒▒ % of the annual fixed salary. The Employer will determine the economic targets for each bonus year at its reasonable discretion and will notify the Employee thereof in due time. The parties will determine the personal targets for the relevant bonus year in a separate target agreement. The parties will try to find an amicable agreement. If no such agreement is reached by the end of the first quarter of the bonus year, the Employer will determine the personal targets unilaterally at its equitable discretion, taking account of the mutual interests. The bonus will be paid, at the latest, at the end of March of the year following the relevant bonus year.

§ 7 Prohibition of assignment and pledging

(1) Assignment and pledging of wage/salary claims as well as of any other remuneration claims are excluded. Any assignment or pledging in violation of this provision is ineffective and not accepted by the Employer.

(2) Claims for wage/salary as well as other remuneration may only be assigned or pledged with the Employer's prior written consent. Any assignment or pledging made without prior written consent constitutes a breach of the contract of employment.

(3) In the event of any attachments, the Employer is entitled to charge a flat fee of EUR 10 for each individual attachment and deduct it from the next wage/salary payment. The Employer expressly reserves the right to claim for additional losses beyond that amount. The Employee is entitled to prove that losses or expenses were not incurred or that they were significantly lower than the flat rate.

§ 8 Dienstwagen

(1) Dem Arbeitnehmer wird ein Firmenfahrzeug, das in Größe und Ausstattung einem ▒▒▒ (Typ/Klasse des Firmenfahrzeugs) entspricht, zur dienstlichen und privaten Nutzung zur Verfügung gestellt. Der Arbeitnehmer wird jedoch etwaige aus der privaten Nutzung resultierenden und zu zahlenden Steuern tragen.

(2) Der Arbeitgeber behält sich vor, die Überlassung des Dienstwagens zu widerrufen, wenn und solange der Pkw für dienstliche Zwecke seitens des Arbeitnehmers nicht benötigt wird. Dies ist insbesondere dann der Fall, wenn der Arbeitnehmer nach Kündigung des Arbeitsverhältnisses von der Arbeitsleistung freigestellt wird. Im Falle der Ausübung des Widerrufs durch den Arbeitgeber ist der Arbeitnehmer nicht berechtigt, eine Nutzungsentschädigung oder Schadensersatz zu verlangen.

§ 9 Sachbezüge; Auslagen

Auslagen (wie bspw. Reisekosten), die dem Arbeitnehmer im Rahmen seiner Tätigkeit entstehen, werden im erforderlichen Umfang in Höhe der tatsächlichen Aufwendungen erstattet. Die Erstattung erfolgt gegen Nachweis, wobei aufgewandte Kosten, die den Rahmen der umsatzsteuerlichen Kleinbetragsrechnung überschreiten, nur dann als Nachweis anerkannt werden, wenn eine ordnungsgemäß auf den Arbeitgeber ausgestellte Rechnung vorgelegt wird.

§ 10 Genehmigungspflichtigkeit von Nebentätigkeiten

(1) Die Übernahme jeder Nebentätigkeit durch den Arbeitnehmer, unabhängig davon, ob sie entgeltlich oder unentgeltlich ist, bedarf der vorherigen schriftlichen Genehmigung des Arbeitgebers.

(2) Der Arbeitgeber erteilt die Genehmigung, wenn und soweit die Nebentätigkeit die Wahrung der dienstlichen Aufgaben des Arbeitnehmers zeitlich nicht behindert und sonstige berechtigte Interessen des Arbeitgebers nicht beeinträchtigt.

§ 11 Schutzrechte

(1) Für die Behandlung von Diensterfindungen und technischen Verbesserungsvorschlägen gelten die Vorschriften des Gesetzes über Arbeitnehmererfindungen in ihrer jeweiligen Fassung sowie die hierzu ergangenen Richtlinien für die Vergütung von Arbeitnehmererfindungen im privaten Dienst.

§ 8 Company car

(1) The Employee receives a company car, the size and equipment of which is equivalent to ▒▒▒ (type/class of the company car), for corporate and private use. However, the Employee shall bear any taxes resulting from private use.

(2) The Employer reserves the right to revoke the right to receive a company car if and as long as the car is not required for the Employee's operational services. This is the case, in particular, if the Employee is released from work after termination of the employment relationship. If the Employer exercises its right of revocation, the Employer is not entitled to demand compensation for use or damages.

§ 9 Benefits in kind; expenses

Expenses (such as travel expenses) incurred by the Employee as part of their activity will be reimbursed to the necessary extent in the amount of the actual expenses incurred. These expenses are reimbursed against proof, whereby any costs exceeding the limit of the invoices for small amounts for VAT purposes will only be acknowledged if a proper invoice issued in the name of the Employer has been submitted.

§ 10 Necessary approval of secondary activities

(1) Any secondary activity taken on by the Employee, irrespective of whether for remuneration or without remuneration, requires the Employer's prior written consent.

(2) The Employers consent is to be granted if and insofar as the Employee's time for their professional duties is not impaired by the secondary activity and any other justified interests of the Employer are not affected.

§ 11 Protective rights

(1) With respect to the treatment of job-related inventions and technical improvement proposals, the regulations of the Act on Employee Inventions as amended and any directives for the remuneration of employee inventions in the private sector shall apply.

(2) Für die übrigen Schutzrechte, insbesondere für alle etwaigen nach Urheber- und Geschmacksmuster rechtsschutzfähigen Arbeitsergebnisse, die der Arbeitnehmer während der Dauer seines Arbeitsverhältnisses während der Arbeitszeit oder, sofern sie einen Bezug zu seinen arbeitsvertraglichen Aufgaben haben, auch außerhalb seiner Arbeitszeit erstellt, überträgt der Arbeitnehmer dem Arbeitgeber die für die betrieblichen Zwecke notwendigen Nutzungsrechte. Dies ist im Regelfall das ausschließliche zeitlich, räumlich und inhaltlich unbeschränkte Nutzungs- und Verwertungsrecht. Die Übertragung des Nutzungs- und Bearbeitungsrechts umfasst auch die Erlaubnis zur Bearbeitung und Lizenzvergabe an Dritte.

(3) Soweit es für die betriebliche Nutzung erforderlich ist, überträgt der Arbeitnehmer im Rahmen der Vorschrift des § 31a UrhG dem Arbeitgeber auch die Rechte für sämtliche noch unbekannten Nutzungsarten.

(4) Die Rechteübertragung gilt, ohne dass ein zusätzlicher Vergütungsanspruch entsteht, auch für die Zeit nach Beendigung des Arbeitsverhältnisses.

(5) Sonstige urheberrechtsfähigen Schöpfungen, die mit der Arbeitsaufgabe nicht in Verbindung stehen, sind von der Rechteübertragung nicht mit umfasst.

(6) Der Arbeitnehmer verzichtet, soweit dies nach dem Zweck der Rechteübertragung erforderlich ist, ausdrücklich auf sonstige ihm etwa als Urheber oder sonstigen Schutzrechtsinhaber zustehenden Rechte an den Arbeitsergebnissen. Insbesondere ist der Arbeitgeber grundsätzlich nicht verpflichtet, vom Arbeitnehmer geschaffene Werke zu veröffentlichen. Er kann aus betrieblichen Gründen auf die Nennung des Arbeitnehmers als Urheber verzichten und die Werke, um sie betrieblich nutzen zu können, bearbeiten.

(7) Für Computerprogramme gelten die gesonderten Vorschriften des § 69b UrhG.

(8) Die dem Arbeitnehmer für die Rechteübertragung zustehenden urheberrechtlichen Vergütungen sind im Rahmen der Rechteübertragung nach den vorstehenden Regelungen mit dem Grundentgelt abgegolten. Unberührt bleiben etwaige zusätzliche Vergütungsansprüche des Arbeitnehmers aus einer Werknutzung außerhalb des eigentlichen Betriebszwecks, gemäß § 32a UrhG (auffälliges Missverhältnis zu den Erträgen und der Nutzung des Werkes) sowie gemäß § 32b UrhG (Vergütung für später bekannte Nutzungsarten).

(2) As regards any other protective rights, in particular any work results that are protectable as part of copyright and design patents and created by the Employee during the term of the employment during the working hours or, if they are related to the Employee's contractual tasks, outside the working hours, the Employee transfers to the Employer the rights of use required for operational purposes. Normally, this is an exclusive right of use and exploitation unlimited in terms of time, territory and contents. The transfer of the right of use and exploitation also includes permission to edit and to grant licenses to third parties.

(3) Insofar as required for operational utilisation, the Employee also transfers to the Employer the rights to all still unknown types of exploitation within the limits of the provisions of section 31a of the Copyright Act (UrhG).

(4) The transfer of rights also applies to the period after the end of the agreement, without this giving rise to a claim for additional remuneration.

(5) Other protectable creations unrelated to the Employee's tasks are not included in the transfer of rights.

(6) Where necessary for the purpose of the transfer of rights, the Employee expressly waives any other rights to the work results they may have as the author or other holder of protective rights. In particular, the Employer is generally not obliged to publish any works created by the Employee. The Employer is entitled to waive naming the Employee as the author and to edit the works in order to use them for operational purposes.

(7) The separate provisions of section 69b UrhG shall apply to computer programmes.

(8) The remuneration under copyright laws attributable to the Employee for the transfer of rights is deemed to be settled with the basic salary as part of the transfer of rights pursuant to the aforementioned provisions. This shall not affect any additional remuneration claims of the Employee resulting from an exploitation of the work outside the operational purpose, in accordance with section 32a UrhG (conspicuous disproportion to the proceeds and benefits derived from the exploitation of the work) as well as pursuant to section 32b UrhG (remuneration for any new types of exploitation).

§ 12 Urlaub

(1) Der Arbeitnehmer erhält kalenderjährlich Erholungsurlaub im Umfang von ▒▒▒▒ Arbeitstagen.

(2) Der den gesetzlichen Mindesturlaub in Höhe von 20 Arbeitstagen übersteigende Urlaub in Höhe von ▒▒▒▒ Arbeitstagen verfällt – abweichend von den rechtlichen Vorgaben für den gesetzlichen Mindesturlaub – nach Ablauf des Übertragungszeitraums, wenn der Urlaub im Übertragungszeitraum wegen Arbeitsunfähigkeit des Arbeitnehmers nicht genommen werden kann.

(3) Mit der Erteilung von Urlaub wird bis zu dessen vollständiger Erfüllung zunächst der gesetzliche Mindesturlaubsanspruch erfüllt.

(4) Der den gesetzlichen Mindesturlaub in Höhe von 20 Arbeitstagen übersteigende Urlaub in Höhe von ▒▒▒▒ Arbeitstagen kann vom Arbeitgeber aus wirtschaftlichen Gründen (z.B. Umgestaltung des Entgeltsystems oder ein Umsatzrückgang von mehr als 20 % über einen Zeitraum von drei Monaten im Verhältnis zum Umsatz derselben drei Monate des vorangegangen Kalenderjahres) mit sofortiger Wirkung widerrufen werden.

(5) Kann der gesetzliche Urlaub wegen Beendigung des Arbeitsverhältnisses ganz oder teilweise nicht mehr gewährt werden, so ist er abzugelten. Für den gesetzlichen Urlaubsanspruch besteht ein Abgeltungsanspruch auch dann, wenn der Urlaub wegen krankheitsbedingter Arbeitsunfähigkeit nicht bis zum Ende des Kalenderjahres bzw. – für den Fall der Übertragung – bis zum 31. März des folgenden Kalenderjahres gewährt werden konnte. Eine Abgeltung des übergesetzlichen Urlaubs ist ausgeschlossen.

(6) Ist im Zeitpunkt der Kündigung des Arbeitsverhältnisses der den gesetzlichen Mindesturlaub in Höhe von 20 Arbeitstagen übersteigende Urlaub in Höhe von ▒▒▒▒ noch nicht erfüllt, ist der Urlaub, soweit dies betrieblich möglich ist, während der Kündigungsfrist zu gewähren.

(7) Der volle Urlaubsanspruch entsteht erstmalig nach dreimonatiger Betriebszugehörigkeit. Die Betriebszugehörigkeit wird durch unverschuldete Zeit der Nichtarbeit nicht unterbrochen.

(8) Urlaub kann bis zum 31. März des nachfolgenden Kalenderjahres genommen werden.

§ 12 Holidays

(1) The Employee is granted holidays of ▒▒▒▒ working days for each calendar year.

(2) Holidays in excess of the statutory minimum holidays of 20 working days of ▒▒▒▒ working days shall lapse – in deviation from the statutory requirements for statutory minimum holidays – after the end of the transfer period, if the holidays cannot be taken during the transfer period due to the Employee's disability to work.

(3) When holidays are granted, initially the statutory minimum holiday entitlement is offset, until all holiday claims have been met.

(4) The holidays in excess of the statutory minimum holidays of 20 working days of ▒▒▒▒ working days can be revoked by the Employer with immediate effect for economic reasons (e.g. restructuring of the remuneration system or a decline in turnover of more than 20% over a period of three months as compared to the turnover of the same three months in the previous calendar year).

(5) If the statutory holidays cannot be taken in whole or in part due to the termination of the employment, the holiday claim is to be compensated for. As regards the statutory holiday entitlement, the compensation claim also exists if the holidays, because of absence due to illness, could not be granted by the end of the calendar year or – if holidays were transferred to the next year – by 31 March of the following calendar year. Compensation for holidays beyond the statutory limits is excluded.

(6) If, by the date of termination of the employment, the ▒▒▒▒ holiday days in excess of the statutory minimum holidays of 20 working days have not been taken, the holidays are to be granted during the period of notice, insofar as possible in line with corporate interests.

(7) The full holiday entitlement only accrues after a period of employment of three months. The period of employment is not interrupted by any absence periods without the Employee's fault.

(8) The holidays can be taken by 31 March of the following calendar year.

§ 13 Arbeitsverhinderung, Entgeltfortzahlung, Arbeitsunfähigkeit

(1) Krankheitsbedingte Arbeitsunfähigkeit sowie deren voraussichtliche Dauer hat der Arbeitnehmer bereits am ersten Tage der Arbeitsunfähigkeit durch eine ärztliche Arbeitsunfähigkeitsbescheinigung nachzuweisen. Eine Verlängerung der Arbeitsunfähigkeit ist dem Arbeitgeber spätestens am ersten Arbeitstag, der nicht mehr von der vorausgegangenen Arbeitsunfähigkeitsbescheinigung abgedeckt ist, bis ▒▒▒▒ Uhr anzuzeigen und unverzüglich durch eine Folgebescheinigung nachzuweisen.

(2) Übersteigt die Dauer der Arbeitsunfähigkeit den Entgeltfortzahlungszeitraum, so ist der Arbeitnehmer verpflichtet, den Arbeitgeber regelmäßig darüber in Kenntnis zu setzen, wie lange die Arbeitsunfähigkeit noch andauert und wann mit der Wiederaufnahme der Arbeit zu rechnen ist.

(3) Bei krankheitsbedingter Arbeitsunfähigkeit wird die Vergütung nach Maßgabe der jeweils geltenden gesetzlichen Regelungen fortgezahlt.

§ 14 Verschwiegenheit

(1) Der Arbeitnehmer ist verpflichtet, über sämtliche Betriebs- und Geschäftsgeheimnisse der Gesellschaft Stillschweigen zu bewahren. Zu den geheimhaltungsbedürftigen Betriebs- und Geschäftsgeheimnissen gehört insbesondere ▒▒▒▒ (*auf den konkreten Einzelfall angepasste Auflistung*)

(2) Nach Beendigung des Arbeitsverhältnisses besteht die Verpflichtung zur Verschwiegenheit hinsichtlich folgender Betriebs- und Geschäftsgeheimnisse fort: ▒▒▒▒

Alternativ: *(2) Der Arbeitnehmer verpflichtet sich, über die Beendigung des Arbeitsverhältnisses hinaus solche Betriebs- und Geschäftsgeheimnisse geheim zu halten, die für das Unternehmen besonders wichtig sind.*

(3) Im Zweifelsfall ist der Arbeitnehmer verpflichtet, eine Weisung der Geschäftsleitung einzuholen, ob eine bestimmte Tatsache weiterhin geheim zu halten ist.

(4) Die Verschwiegenheitspflicht erstreckt sich auch auf die materiellen Details dieses Arbeitsvertrages, insbesondere das Gehalt bzw. Einzelheiten der Vergütung, es sei denn, die Offenlegung ist zur Wahrnehmung geschützter Rechte erforderlich. Die Verschwiegenheitspflicht bezüglich der Vergütung gilt deshalb nicht für Gespräche zwischen den Arbeitnehmern dieses Unternehmens.

§ 13 Inability to work, continued payment of salary, disability

(1) The employee shall submit a medical certificate about their inability to work and the presumable duration to the Employer on the first day of the inability to work. The Employee is obliged to notify the Employer of an extended duration of the inability to work, which is no longer covered by the previous medical certificate, by ▒▒▒▒ a.m. and give proof thereof by a follow-up certificate.

(2) If the duration of the inability to work exceeds the term of continued pay of remuneration, the Employee is obliged to notify the Employer at regular intervals of how long the inability to work will last and when work is expected to be resumed.

(3) In the event of an inability to work due to illness, the remuneration will continue to be paid in line with the applicable statutory regulations.

§ 14 Confidentiality

(1) The Employee is obliged to maintain secrecy with respect to all business and trade secrets of the company. The business and trade secrets subject to confidentiality include, in particular, ▒▒▒▒ (*list customised to the specific case*).

(2) After the end of the employment, the duty of confidentiality continues to exist regarding the following business and trade secrets: ▒▒▒▒ ▒▒▒▒.

Alternatively: *(2) The Employee undertakes to maintain secrecy with respect to all business and trade secrets that are of particular importance to the company beyond the end of the employment.*

(3) In a case of doubt, the Employee is obliged to obtain an instruction from the management board as to whether a certain fact is still to be treated as confidential.

(4) The duty of confidentiality also covers the material details of this contract of employment, in particular regarding the salary or details of remuneration, unless disclosure is required to safeguard any protected rights. Therefore, the confidentiality duty regarding remuneration does not apply to discussions between employees of this company.

(5) Ein Verstoß gegen die Verschwiegenheitsverpflichtung kann die Kündigung des Arbeitsverhältnisses rechtfertigen sowie Schadensersatzpflichten und Unterlassungspflichten auslösen.

(6) Bei jedweder Verletzung dieser Verschwiegenheitsverpflichtung verpflichtet sich der Arbeitnehmer an den Arbeitgeber eine Vertragsstrafe in Höhe eines Bruttomonatsgrundgehaltes zu zahlen. Mehrere Verletzungshandlungen lösen jeweils gesonderte Vertragsstrafen aus, gegebenenfalls auch mehrfach innerhalb eines Monats.

(7) Die Gesellschaft behält sich die Geltendmachung von Schäden, die über die Vertragsstrafe hinausgehen, vor. Die Entrichtung der Vertragsstrafe enthebt den Arbeitnehmer zudem nicht von der Einhaltung der Verschwiegenheitsverpflichtung.

§ 15 Personalakte

Der Arbeitgeber führt für die Dauer des Arbeitsverhältnisses sowie nach seiner Beendigung zum Zwecke der Erfüllung aller gesetzlichen Pflichten eine Personalakte. In die Personalakte werden sämtliche für das Arbeitsverhältnis und seine Abwicklung erforderlichen Angaben zur Person des Arbeitnehmers aufgenommen. Die Aufnahme dient der Erfüllung aller arbeitgeberseitigen Pflichten im Rahmen des Arbeitsverhältnisses. Eine Weitergabe der Daten erfolgt ausschließlich im Rahmen der gesetzlichen Bestimmung an die Einzugsstellen der Sozialversicherung sowie das Finanzamt.

§ 16 Rückgabepflicht

Bei Beendigung des Arbeitsverhältnisses oder im Falle einer durch den Arbeitgeber erfolgenden Freistellung von der Verpflichtung zur Erbringung der Arbeitsleistung hat der Arbeitnehmer dem Arbeitgeber unverzüglich sämtliche die Angelegenheiten der Gesellschaft betreffenden Gegenstände und Unterlagen, insbesondere Schlüssel, Bücher, Modelle, Pläne, Aufzeichnungen jeder Art einschließlich etwaiger Abschriften, Kopien oder Datenträger, die sich in seinem Besitz befinden, vollständig herauszugeben. Gleiches gilt auch während des Bestandes des Arbeitsverhältnisses nach ausdrücklichem Verlangen des Arbeitgebers. Dem Arbeitnehmer steht aus keinem Rechtsgrund ein Zurückbehaltungsrecht gegenüber dem Arbeitgeber an diesen Gegenständen und Unterlagen zu.

(5) A breach of a confidentiality duty may justify termination of the employment and trigger damage compensation obligations and abstention obligations.

(6) In the event of a breach of this confidentiality duty, the Employee undertakes to pay a contractual penalty of one month's gross monthly salary to the Employer. Several breaches of contract will trigger separate contractual penalties, including several times within a month, if applicable.

(7) The Company reserves the right to claim for additional losses beyond the contractual penalty. In addition, payment of the contractual penalty does not release the Employee from adhering to the confidentiality duty.

§ 15 Personnel file

The Employer will maintain a personnel file for the term of the employment and after its termination in order to meet all statutory obligations. All personal details of the Employee relating to the employment relationship and its treatment will be included in the personnel file. This serves to meet all obligations of the Employer in the context of the employment relationship. Such details will only be disclosed within the limits of the statutory provisions to the social security collection agencies and to the tax office.

§ 16 Return obligation

At the end of the employment relationship or in the event of a release from the duty to work initiated by the Employer, the Employee has to return immediately and completely all items and documents relating to the company's matters, in particular keys, books, models, plans, records of any kind, including any reproductions, copies or data carriers in the Employee's possession. The same applies during an existing employment relationship if explicitly requested by the Employer. The Employee has no right of retention for whatsoever legal reason to these items and documents.

§ 17 Wettbewerbsverbot

(1) Der Arbeitnehmer ist verpflichtet, jede Tätigkeit zu unterlassen, die objektiv geeignet ist, fremden oder eigenen Wettbewerb zu fördern, unabhängig davon, ob dies auf eigene oder fremde Rechnung geschieht. Dies gilt auch für die Förderung von Wettbewerb im familiären, persönlichen oder privaten Umfeld. Jede direkte oder indirekte Tätigkeit für oder im Interesse von Konkurrenten, entgeltlich oder unentgeltlich, ist untersagt. Der Arbeitnehmer wird sich in keiner Form, weder mittelbar noch unmittelbar an Unternehmen, die mit der Gesellschaft oder einem ihr verbundenen Unternehmen im Wettbewerb stehen oder mit denen der Arbeitgeber Geschäftsverbindungen unterhält, beteiligen. Ausgenommen hiervon sind Beteiligungen bis zu maximal 5 %, sofern dies keine Stimmberechtigungen mit sich bringt.

(2) Ein Verstoß gegen dieses Wettbewerbsverbot kann den Arbeitgeber zu einer außerordentlichen Kündigung des Arbeitsvertrages berechtigen.

§ 18 Abwerbeverbot

(1) Macht der Arbeitnehmer sich im Anschluss an die Beendigung des Anstellungsverhältnisses selbstständig, so ist es ihm untersagt, durch aktives Ansprechen der Arbeitnehmer des Arbeitgebers, durch Überrumpelung oder übertriebenes Anlocken oder anderweitig die Arbeitnehmer des Arbeitgebers zur Vertragsbeendigung zu veranlassen (abzuwerben), soweit dies im Einzelfall wettbewerbswidrig ist, insbesondere nach § 4 Nr. 10 UWG. Es ist ihm des Weiteren verboten, Arbeitnehmer des Arbeitgebers zum Vertragsbruch zu verleiten.

(2) Darüber hinaus verpflichtet sich der Arbeitnehmer, während der Dauer und für einen Zeitraum von ░░░░░ Jahren nach Beendigung des Vertragsverhältnisses jede fremdnützige Abwerbung oder Beteiligung an der Abwerbung eines Mitarbeiters des Arbeitgebers für fremde Arbeitgeber zu unterlassen.

§ 19 Vertragsstrafe

(1) Nimmt der Arbeitnehmer seine Tätigkeit nicht vertragsgemäß auf oder beendet er den Arbeitsvertrag vertragswidrig unter Missachtung der geltenden Kündigungsfristen, verwirkt er eine Vertragsstrafe. Dies gilt auch für den Fall, dass der Arbeitgeber durch schuldhaft vertragswidriges Verhalten des Arbeitnehmers zur fristlosen Kündigung des Arbeitsvertrages veranlasst wird. Die Höhe der Vertragsstrafe entspricht der Vergütung nach § 6 Abs. 1, die für den Zeitraum der jeweiligen Kündigungsfrist geschuldet ist; sie beträgt jedoch maximal ein Bruttomonatsgehalt nach § 6 Abs. 1. Der Arbeitgeber behält sich die Geltendmachung weiteren Schadens vor.

§ 17 Prohibition to compete

(1) The Employee is obliged to refrain from any activity that is objectively suited to promoting the competitive status of the Employee or a third party, regardless of whether or not this is on their own account or that of a third-party. This also applies to promoting competition in the familial, personal or private environment. Any direct or indirect activity for or in the interest of competitors, with or without remuneration, is prohibited. The Employee is not entitled to participate in any form, whether directly or indirectly, in an enterprise that competes with the company or any of its affiliated companies or maintains business relationships with the Employer. Excluded therefrom are participations of up to 5%, provided that this does not result in any voting rights.

(2) A violation of this prohibition to compete may give the Employer the right to extraordinary termination of the contract of employment.

§ 18 Non-solicitation clause

(1) If the Employee sets up a self-employed business after the end of the employment, they are prohibited from causing other employees of the Employer to terminate their contracts by active addressing, overpowering or excessive soliciting or otherwise (solicitation), if this is anticompetitive in the individual case, in particular pursuant to section 4 No. 10 of the Act Against Unfair Competition (UWG). In addition, the Employee is prohibited from inducing employees of the Employer to breach a contract.

(2) Furthermore, the Employee undertakes, during the term of the employment and for a period of ░░░░░ beyond the end of the contract, to refrain from any solicitation or participation in solicitation of an employee of the Employer for third-party employers.

§ 19 Contractual penalty

(1) If the Employee fails to start their activity in line with the contract or if they terminate the contract of employment in violation of the applicable periods of notice, they will incur a contractual penalty. This also applies if the Employer has a reason to terminate the contract without notice due to the Employee's behaviour contrary to the contract. The amount of the contractual penalty corresponds to the remuneration set forth in section 6 (1), which is owed during the relevant period of notice; however, it amounts to a maximum of one month's gross salary pursuant to section 6 (1). The Employer reserves the right to claim for any additional losses.

(2) Die Verpflichtung zur Zahlung einer Vertragsstrafe entsteht ferner durch jede Handlung, mit welcher der Arbeitnehmer das Wettbewerbs- oder Abwerbeverbot des § 16 bzw. § 17 schuldhaft verletzt.

(3) Besteht die Verletzungshandlung im Falle des § 16 in der kapitalmäßigen Beteiligung an einem Wettbewerbsunternehmen oder der Eingehung eines Dauerschuldverhältnisses, ist die Vertragsstrafe für jeden angefangenen Monat, in dem diese Verletzungshandlung begangen wird, neu zu zahlen. Mehrere Verletzungshandlungen lösen jeweils gesonderte Vertragsstrafen aus, gegebenenfalls auch mehrfach innerhalb eines Monats. Erfolgen dagegen mehrere Verletzungshandlungen im Rahmen einer Dauerverletzung, sind sie von der für die Dauerverletzung verwirkten Vertragsstrafe mit umfasst.

(4) Die Entrichtung der Vertragsstrafe enthebt den Arbeitnehmer zudem nicht von der Einhaltung des Wettbewerbs- oder Abwerbeverbotes.

§ 20 Ausschlussfrist/Verfall der Ansprüche

Alle Ansprüche, die sich aus dem Arbeitsverhältnis ergeben, erlöschen, wenn sie nicht binnen einer Frist von drei Monaten nach ihrer Fälligkeit in Textform gegenüber der anderen Vertragspartei geltend gemacht werden. Wird der Anspruch innerhalb der vorgenannten Dreimonatsfrist geltend gemacht und lehnt die andere Vertragspartei die Erfüllung des Anspruchs schriftlich ab oder erklärt sie sich hierzu nicht innerhalb eines Monats nach Zugang der Geltendmachung des Anspruchs, erlischt der Anspruch auch dann, wenn er nicht binnen einer weiteren Frist von drei Monaten nach Ablehnung oder Ablauf der Einmonatsfrist gerichtlich geltend gemacht wird. Diese Ausschlussfrist gilt nicht für Ansprüche, auf die der Arbeitnehmer individualvertraglich nicht verzichten kann, wozu insbesondere der gesetzliche Mindestlohn zählt.

§ 21 Schlussbestimmungen

(1) Sollten einzelne Bestimmungen dieses Vertrags ganz oder teilweise unwirksam sein oder werden, bleibt die Wirksamkeit der übrigen Bestimmungen unberührt. Die Vertragsparteien sind im Falle einer unwirksamen Bestimmung verpflichtet, über eine wirksame und zumutbare Ersatzregelung zu verhandeln, die dem von den Vertragsparteien mit der unwirksamen Bestimmung verfolgten wirtschaftlichen Zweck möglichst nahe kommt.

(2) The obligation to pay a contractual penalty also arises by each act of the Employee, which culpably violates the prohibition of competition or solicitation pursuant to section 16 or section 17.

(3) If the contractual violation as defined in section 16 relates to the acquisition of an equity interest in a competitor enterprise or to the assumption of a continuing obligation, the contractual penalty becomes due and payable again for each month or part thereof, in which this violation has occurred. Several breaches of contract will trigger separate contractual penalties, including several times within a month, if applicable. However, if several violations occur as part of a permanent violation, these are covered by the contractual penalty incurred for the permanent violation.

(4) In addition, payment of the contractual penalty does not release the Employee from adhering to the prohibition of competition or solicitation.

§ 20 Preclusive period/forfeiture of claims

All claims resulting from the employment shall lapse, if they are not brought forward within three months from the date on which they are accrued in text form vis-à-vis the other party to the contract. If the claim is brought forward within the aforementioned period of three months and if the other party to the contract rejects fulfilment of the claim in writing or does not provide a declaration within one month from receipt of the claim brought forward, the claim shall also lapse if it was not brought to court within an additional period of three months from rejection or expiry of the one-month period. This preclusive period does not apply to claims which cannot be waived by the Employee based on the individual contract of employment, which includes, in particular, the statutory minimum wage.

§ 21 Final provisions

(1) If individual provisions of this contract are or become invalid in whole or in part, the validity of the remaining provisions shall not be affected. In the event of an invalid provision, the parties undertake to negotiate an effective and tolerable substitute regulation that comes as close as possible to the economic purpose pursued by the parties with the invalid provision.

(2) Jede Änderung oder Ergänzung dieses Arbeitsvertrages, die nicht durch eine individuelle Vereinbarung der Vertragsparteien erfolgt, bedarf zu ihrer Wirksamkeit der Schriftform. Dies gilt auch für Änderungen dieses Schriftformerfordernisses. Dies bedeutet, dass keine Ansprüche aufgrund betrieblicher Übung entstehen können.

(3) Der Arbeitnehmer bestätigt, eine beiderseits unterschriebene Fassung dieser Vereinbarung erhalten zu haben.

(2) Changes or supplements to this contract of employment, which are not based on an individual agreement between the contracting parties, must be made in writing to become effective. This shall also apply to any changes in this written form requirement. This means that no claims can be made on the basis of corporate practice.

(3) The Employee acknowledges that they have received a copy of this contract of employment signed by both parties.

▓▓▓▓ (Ort/Datum)

▓▓▓▓ Arbeitgeber,

vertreten durch ▓▓▓▓

▲

▓▓▓▓ (Ort/Datum)

▓▓▓▓ Arbeitnehmer

IV. Einzelne Arbeitsvertragsklauseln

1. Abrufarbeit

217 Zu diesem Stichwort finden sich unten im Kapitel zu den einzelnen Vertragstypen weitere Erläuterungen, dort Teilzeit (siehe § 1b Rdn 223 ff.).

2. Abtretungsverbot

Literatur: *Berkowsky*, Aktuelle Fragen aus dem Insolvenzarbeitsrecht – Dezember 2006/Januar 2007, NZI 2007, 155; *Biswas/Burkhard*, Neue BAG-Rechtsprechung zu der Kostentragung bei Lohnpfändungen, FA 2007, 261; *Flöther/Bräuer*, Die Abtretung künftiger Lohnforderungen in der Insolvenz des Arbeitnehmers – Wirksamkeit und Anfechtbarkeit der (Voraus-)Verfügung im Lichte des § 114 I InsO – Normanwendung zu Lasten der par condicio creditorum?, NZI 2006, 136; *Hunold*, Die aktuelle Rechtsprechung zur Inhaltskontrolle arbeitsrechtlicher Absprachen – AGB-Kontrolle, NZA-RR 2008, 449; *Schielke*, Kostentragung bei der Lohnpfändung, BB 2007, 378; *Schrader/Schubert*, AGB-Kontrolle von Arbeitsverträgen – Grundsätze der Inhaltskontrolle arbeitsvertraglicher Vereinbarungen (Teil 2): Gestaltung des Arbeitsverhältnisses, Vertragsstrafe und Ausschlussfristen, NZA-RR 2005, 225; *Seel*, Handlungsempfehlungen für den Arbeitgeber bei der Pfändung von Arbeitseinkommen, MDR 2011, 526.

a) Allgemeines

218 Gläubiger des Entgeltanspruchs ist grundsätzlich der Arbeitnehmer. Gleichwohl steht es jedem Arbeitnehmer frei, seinen Entgeltanspruch einem Dritten (teilweise) abzutreten.[519] Die damit für den Arbeitgeber verbundenen Nachteile liegen auf der Hand. So kann der „neue" Gläubiger den ihm abgetretenen Lohnanspruch fortan direkt einfordern, was beim Arbeitgeber zu zusätzlichem Verwaltungsaufwand und damit weiteren Kosten führt.[520] Zudem sieht sich der Arbeitgeber bei der Erfüllung der Entgeltansprüche nunmehr zwei Gläubigern gegenüber.

Der Arbeitslohn ist nach **§§ 400, 1274 Abs. 2 BGB** lediglich in den Pfändbarkeitsgrenzen abtretbar,[521] so dass sich auch bei der Berechnung Schwierigkeiten ergeben können.[522] Schließlich läuft der Arbeitgeber

---

519 Schaub/*Linck*, ArbR-Hdb., § 73 Rn 1; ErfK/*Preis*, § 611 Rn 460.

520 Däubler u.a./*Däubler*, AGB-Kontrolle im Arbeitsrecht, Anhang Rn 5; Preis/*Preis*, Arbeitsvertrag, II A 10 Rn 9.

521 Zur Unpfändbarkeit von Erschwerniszulagen VG Kassel 3.6.2013, BeckRS 2013, 52043; zur Unpfändbarkeit von Feiertags- und Wochenendzuschlägen vgl. LG Trier 12.5.2016, FD-ArbR 2016, 378687, Rechtsbeschwerde zugelassen; zur Unpfändbarkeit steuerfrei gewährter Nachtarbeitszuschläge vgl. BGH 29.6.2016, BeckRS 2016, 13028; zur Pfändbarkeit der Weihnachtsvergütung vgl. BAG 18.5.2016, NZA 2016, 840.

522 BAG 17.4.2013, NZA 2013, 859 zur sogenannten Nettomethode.

Gefahr, trotz Zahlung des Entgelts nicht von der Lohnzahlungspflicht frei zu werden, beispielsweise, weil die Abtretung unwirksam oder bereits überholt war.

Vor diesem Hintergrund finden sich in **Arbeitsverträgen** immer wieder Klauseln, die die Abtretbarkeit des Entgeltanspruchs ausschließen. Dies ist nach § 399 Alt. 2 BGB grundsätzlich rechtlich zulässig. Allerdings besteht Streit, ob die Abtretung von Lohnforderungen auch in Allgemeinen Geschäftsbedingungen wirksam ausgeschlossen werden kann (siehe hierzu Rdn 222).[523]

Neben arbeitsvertraglichen Klauseln kommen **kollektivrechtliche Regelungen** zum Ausschluss der Abtretbarkeit von Lohnforderungen in Tarifverträgen[524] oder Betriebsvereinbarungen[525] in Betracht, auf die hier indes nicht näher eingegangen wird.[526]

b) Erscheinungsformen einzelvertraglicher Abtretungsverbote

§ 399 BGB gestattet den Ausschluss der Abtretung von Lohn- und Gehaltsteilen sowohl durch eine ausdrückliche vertragliche Regelung im Arbeitsvertrag als auch durch eine Zusatzvereinbarung im Nachhinein.[527] Im Falle eines wirksamen Abtretungsverbots ist nach § 1274 Abs. 2 BGB zugleich die Verpfändung des Rechts ausgeschlossen.[528] | **219**

Ist die Abtretung dagegen nicht explizit ausgeschlossen, kann der Arbeitnehmer Abtretungen und Verpfändungen vornehmen. Auf einen wie auch immer gearteten stillschweigenden Ausschluss der Abtretbarkeit kann sich der Arbeitgeber nicht berufen.[529]

Abtretungsverbote sind in unterschiedlichen Erscheinungsformen möglich. In Betracht kommen **dingliche Abtretungsverbote**. | **220**

Dem Arbeitgeber ist es aber freilich unbenommen, nur ein **beschränktes, schuldrechtliches Abtretungsverbot** zu fordern, das eine wirksame Abtretung des Arbeitnehmers von einer Anzeige an den Arbeitgeber und/oder dessen Zustimmung abhängig macht.[530]

Weiter finden sich Regelungen, die eine Abtretung zum Ausgleich des damit verbundenen Mehraufwands an einen **pauschalierten oder prozentualen Kostenbeitrag** koppeln. Häufig beinhalten solche Regelungen einen angemessenen Mindestwert, behalten dem Arbeitgeber aber das Recht vor, höhere Kosten einzufordern, sofern tatsächlich höhere Kosten angefallen sind.[531] Fehlt es an einer solchen Regelung, besteht jedenfalls kein Anspruch auf Kostenersatz.[532]

---

523 Bejahend BGH 13.7.2006, DB 2006, 2345; Preis/*Preis*, Arbeitsvertrag, II A 10 Rn 11; Moll/*Melms*, § 10 Rn 139; Staudinger/*Coester*, § 307 Rn 350 ff.; a.A. Däubler u.a./*Däubler*, AGB-Kontrolle im Arbeitsrecht, Anhang Rn 6.

524 LAG Frankfurt 2.3.1971, DB 1972, 243; *Kauffmann*, DB 1972, 243; ErfK/*Preis* § 611 BGB Rn 462.

525 BAG 20.12.1957, AP Nr. 1 zu § 399 BGB; BAG 5.9.1960, AP Nr. 4 zu § 399 BGB; BAG 18.7.2006, NZA 2007, 462; *Kauffmann*, DB 1972, 243; ErfK/*Preis*, § 611 BGB Rn 462; *Seel*, MDR 2011, 526; zur arbeitsvertraglichen Bezugnahme auf ein umfassendes Lohn- und Abtretungsverbot in einer Betriebsvereinbarung „Arbeitsordnung" vgl. LAG Niedersachsen 16.6.2014, NZA-RR 2014, 524.

526 Vgl. dazu BAG 18.7.2006, NZA 2007, 462.

527 ErfK/*Preis*, § 611 BGB Rn 462; Kittner/Zwanziger/*Litzig*, § 43 Rn 6; MünchArbR/*Krause*, § 66 Rn 9.

528 Die Pfändung von Teilen des Arbeitseinkommens im Wege der Zwangsvollstreckung bleibt dagegen unberührt, vgl. § 851 Abs. 2 ZPO.

529 MüKo-BGB/*Roth/Kieninger*, § 399 Rn 35; ErfK/*Preis*, § 611 BGB Rn 462; MünchArbR/*Krause*, § 66 Rn 9; Preis/*Preis*, Arbeitsvertrag, II A 10 Rn 4; Kittner/Zwanziger/*Litzig*, § 43 Rn 6; Moll/*Boudon*, § 22 Rn 41.

530 BGH 31.10.1990, NJW 1991, 559; BGH 19.2.1992, NJW-RR 1992, 790; BAG 17.1.2012, Nr. 33 zu AP § 1 BetrAVG Lebensversicherung; MüKo-BGB/*Roth/Kieninger*, § 399 Rn 38; Erman/*Westermann*, § 399 Rn 2, 13; Preis/*Preis*, Arbeitsvertrag, II A 10 Rn 33 ff.

531 Bedenken gegen solche Klauseln äußert Preis/*Preis*, Arbeitsvertrag, II A 10 Rn 47 ff.

532 Moll/*Melms*, § 10 Rn 139.

c) Wirksamkeitsgrenzen

221 Weil Verbote der Abtretung von Lohnforderungen die Kreditfähigkeit eines Arbeitnehmers ganz erheblich einschränken können, stellt sich die Frage der Unwirksamkeit nach § 138 BGB. Ganz überwiegend wird indes angenommen, dass allein diese Einschränkung noch **keine Sittenwidrigkeit** begründet, zumal in der Praxis der Kreditvergabe die Lohnabtretung keine derartig entscheidende Rolle spielt, dass von ihr die Kreditfähigkeit eines Kunden tatsächlich abhinge.[533]

222 Lebhafter diskutiert wird dagegen die Frage, ob **Abtretungsverbote in Formulararbeitsverträgen** wirksam vereinbart werden können. Der BGH erachtet Abtretungsverbote in zivilrechtlichen Allgemeinen Geschäftsbedingungen nur dann für unwirksam nach § 307 Abs. 1 S. 1 BGB, wenn ein schützenswertes Interesse des Verwenders an dem Abtretungsverbot nicht besteht oder die berechtigten Belange des Vertragspartners an der freien Abtretbarkeit vertraglicher Ansprüche das entgegenstehende Interesse des Verwenders überwiegen.[534] Nach Maßgabe dieser Rechtssätze werden Abtretungsverbote in Formulararbeitsverträgen teilweise als generell unzulässig angesehen.[535] Dem kann nicht gefolgt werden. Die Praxis der Kreditvergabe vermag derartige berechtigte Belange des Vertragspartners nicht zu begründen. Wie erwähnt ist die Lohnabtretung hier nicht von derart entscheidender Bedeutung. Vielmehr hat der Arbeitgeber ein schützenswertes Interesse an einem vertraglichen Abtretungsausschluss, um sich vor dem mit Lohnabtretungen verbundenen Mehraufwand und den verbleibenden Risiken im Falle unwirksamer oder überholter Abtretungen zu schützen.[536] Zudem bilden die Pfändungsgrenzen beim Arbeitseinkommen und die damit verbundenen weiteren Schwierigkeiten eine arbeitsrechtliche Besonderheit im Sinne von § 310 Abs. 4 S. 2 Hs. 1 BGB, die es gerechtfertigt erscheinen lässt, Abtretungsverbote in Formulararbeitsverträgen im Grundsatz zu erlauben.

223 Unklar ist, ob dem **Arbeitnehmer in Formularverträgen** die mit **Lohnpfändungen** verbundenen **Kosten** für Mehraufwand des Arbeitgebers und dergleichen **auferlegt** werden dürfen. Auch hiergegen werden teilweise **grundsätzliche Bedenken** erhoben, weil der BGH entsprechende Klauseln in den Allgemeinen Geschäftsbedingungen von Kreditinstituten wegen Verstoßes gegen § 307 Abs. 2 Nr. 1 BGB für unwirksam erklärt hat.[537] Das BAG hat sich soweit ersichtlich noch nicht geäußert.[538]

Entsprechende Einwände werden gegen formularvertragliche Regelungen zur Kostenabwälzung bei **Verpfändung und Abtretung** vorgebracht.[539]

Will der Arbeitgeber gleichwohl versuchen, auch die Kosten einer Pfändung und/oder Verpfändung und Abtretung auf den Arbeitnehmer abwälzen, sollte angesichts dieser Risiken eine Abtretungsklausel in Formularverträgen besonders sorgfältig gestaltet werden. Dabei ist unbedingt darauf zu achten, dass jedenfalls das Abtretungsverbot ggf. mittels Anwendung des sog. **Blue-Pencil-Tests**[540] aufrechterhalten werden kann. Will man kein Risiko eingehen, ist von formularvertraglichen Regelungen zur Kostentragung Abstand zu nehmen.[541]

---

533 *Eidenmüller*, AcP 204 (2004), 457; Preis/*Preis*, Arbeitsvertrag, II A 10 Rn 11; vgl. dazu auch LAG Niedersachsen 16.6.2014, NZA-RR 2014, 524.

534 Vgl. zuletzt BGH 13.7.2006, NJW 2006, 3486.

535 Däubler u.a./*Däubler*, AGB-Kontrolle im Arbeitsrecht, Anhang Rn 6; *Lakies*, Rn 392 ff.

536 Schaub/*Linck*, § 35 Rn 54a; generell kritisch MüKo-BGB/*Roth/Kieninger*, § 399 Rn 33.

537 BGH 18.5.1999, NJW 1999, 2276; BGH 19.10.1999, DB 2000, 515; vgl. zum Streitstand Preis/*Preis*, Arbeitsvertrag, II A 10 Rn 45.

538 Vgl. aber BAG 18.7.2006, NZA 2007, 462.

539 Vgl. nur Preis/*Preis*, Arbeitsvertrag, II A 10 Rn 49.

540 Vgl. dazu nur BAG 21.4.2005, NZA 2005, 1053; ErfK/*Preis*, § 310 BGB Rn 103; ErfK/*Müller-Glöge*, § 345 BGB Rn 10.

541 So die Empfehlung bei Preis/*Preis*, Arbeitsvertrag, II A 10 Rn 45, 46 und 49, der auf die Möglichkeit einer Individualabrede verweist.

Entscheidet sich der Arbeitgeber für die Aufnahme einer formularvertraglichen Bestimmung zur Kosten- 224 tragungspflicht, sind jedenfalls die Regelungen in § 309 Nr. 5 BGB zu befolgen. Wird ein **Pauschbetrag** veranschlagt, droht Unwirksamkeit nach **§ 309 Nr. 5a BGB**. Hiernach ist in Allgemeinen Geschäftsbedingungen die Vereinbarung eines pauschalierten Anspruchs des Verwenders auf Schadenersatz unwirksam, wenn die Pauschale den in den geregelten Fällen nach dem gewöhnlichen Lauf der Dinge zu erwartenden Schaden übersteigt. Der Arbeitgeber ist daher gut beraten, keine zu hohe Pauschale zu wählen, sondern vorab die typischerweise entstehenden Kosten zu ermitteln. Von Regelungen, die dem Arbeitnehmer einen prozentualen Anteil der Pfändungssumme als Kostenpauschale auferlegen, ist abzuraten. Des Weiteren muss nach **§ 309 Nr. 5b BGB** dem anderen Vertragsteil ausdrücklich der **Nachweis** gestattet werden, ein Schaden sei überhaupt nicht entstanden oder wesentlich niedriger als die Pauschale.

d) Folgen eines Verstoßes gegen das Abtretungsverbot

Besteht nur ein **schuldrechtliches Abtretungsverbot**, wäre eine gleichwohl vorgenommene Abtretung 225 dennoch wirksam. In Betracht kommen dann lediglich **Schadensersatzansprüche** gegen den Arbeitnehmer aus dem Gesichtspunkt der Vertragsverletzung. Eine entgegen einem **dinglichen Abtretungsverbot** vorgenommene Abtretung ist dagegen **unwirksam** nach §§ 399, 134 BGB.[542] Sie muss vom Arbeitgeber ignoriert werden.[543] Zahlt ein Arbeitgeber an einen vermeintlichen Zessionar, obgleich die Abtretung unwirksam war, wird er durch die Zahlung nicht von seiner Entgeltzahlungspflicht befreit.[544] Allerdings ist der Arbeitgeber gut beraten, den vermeintlichen neuen Gläubiger von der Unwirksamkeit in Kenntnis zu setzen, andernfalls er sich möglicherweise Schadenersatzansprüchen ausgesetzt sieht.[545]

Im Übrigen besteht Einvernehmen, dass selbst mehrere Verstöße gegen ein Abtretungsverbot im Grundsatz 226 keine **verhaltensbedingte Kündigung** rechtfertigen können.[546] Anderes soll nur gelten, wenn besondere Umstände hinzukommen, die wesentliche Störungen im Arbeitsablauf nach sich ziehen.[547] Allerdings wird selbst in den geschilderten Ausnahmefällen eine Kündigung in der Regel nur nach **vorheriger Abmahnung** wirksam sein.[548]

e) Formulierungsbeispiele
aa) Dingliches Abtretungsverbot

Formulierungsbeispiel: Ausschluss der Abtretung und Verpfändung von Vergütungsansprüchen 227

Die Abtretung und Verpfändung von Lohn-/Gehaltsansprüchen sowie von sonstigen Vergütungsansprüchen ist ausgeschlossen. Eine gleichwohl vorgenommene Abtretung oder Verpfändung ist unwirksam und wird vom Arbeitgeber nicht berücksichtigt.

---

542 BGH 14.10.1963, WM 1963, 1297; BGH 12.5.1971, WM 1971, 740; BGH 31.10.1990, NJW 1991, 559; Erman/*Westermann*, § 399 Rn 3; vgl. dazu auch MüKo-BGB/*Roth/Kieninger*, § 399 Rn 40, wonach allerdings eine „inzwischen beachtliche Zahl von Autoren" dafür eintritt, dem Abtretungsverbot nur eine relative Wirkung im Verhältnis zum Schuldner zuzusprechen, der damit „über die Grenzen von § 407 BGB hinaus" an den Altgläubiger leisten können soll; gegenüber sonstigen Dritten, insbesondere Gläubiger des Zedenten, wäre die Abtretung dagegen wirksam. Auswirkungen auf die Praxis habe diese Auffassung bislang allerdings nicht.

543 Schaub/*Linck*, ArbR-Hdb., § 73 Rn 6.

544 Kittner/Zwanziger/*Litzig*, § 43 Rn 11; Moll/*Boudon*, § 22 Rn 44; MünchArbR/*Krause*, § 66 Rn 14.

545 Preis/*Preis*, Arbeitsvertrag, II A 10 Rn 20.

546 Schaub/*Linck*, ArbR-Hdb., § 127 Rn 61, 105; Preis/*Preis*, Arbeitsvertrag, II A 10 Rn 15.

547 BAG 4.11.1981, AP Nr. 4 zu § 1 KSchG 1969 Verhaltensbedingte Kündigung; vgl. aber auch BAG 15.10.1992, BeckRS 1992, 30742857; Preis/*Preis*, Arbeitsvertrag, II A 10 Rn 13 ff.

548 Preis/*Preis*, Arbeitsvertrag, II A 10 Rn 14; Schaub/*Linck*, § 127 Rn 105.

bb) Schuldrechtliches Abtretungsverbot

228

Formulierungsbeispiel: Zustimmungserfordernis und Kostentragung bei Verfügungen über Vergütungs-ansprüche

(1) Ansprüche auf Lohn/Gehalt sowie auf sonstige Vergütungen dürfen nur nach vorheriger schriftlicher Zustimmung des Arbeitgebers abgetreten oder verpfändet werden. Eine ohne vorherige schriftliche Zustimmung vorgenommene Abtretung oder Verpfändung ist ein Arbeitsvertragsverstoß.

(2) Im Falle von Verpfändungen oder Abtretungen ist der Arbeitgeber berechtigt, für jede einzelne Verpfändung oder Abtretung dem Arbeitnehmer/der Arbeitnehmerin pauschal 10 EUR in Rechnung zu stellen und von der nächsten Lohn-/Gehaltszahlung in Abzug zu bringen. Die Geltendmachung eines darüber hinaus gehenden Schadens behält sich der Arbeitgeber ausdrücklich vor. Dem Arbeitnehmer/Der Arbeitnehmerin bleibt der Nachweis gestattet, dass ein Schaden oder Aufwand nicht entstanden ist oder lediglich in deutlich geringerem Umfang als dem des Pauschalbetrags.

(3) Im Falle von Pfändungen ist der Arbeitgeber berechtigt, für jede einzelne Pfändung dem Arbeitnehmer/der Arbeitnehmerin pauschal 10 EUR in Rechnung zu stellen und von der nächsten Lohn-/Gehaltszahlung in Abzug zu bringen. Die Geltendmachung eines darüber hinausgehenden Schadens behält sich der Arbeitgeber ausdrücklich vor. Dem Arbeitnehmer/Der Arbeitnehmerin bleibt der Nachweis gestattet, dass ein Schaden oder Aufwand nicht entstanden ist oder lediglich in deutlich geringerem Umfang als dem des Pauschalbetrags.

3. Abwerbeverbot

Literatur: *Bauer/Diller*, Wettbewerbsverbote, 7. Aufl. 2015; *Boecken/Düwell/Diller/Haunau*, Nomos Kommentar Gesamtes Arbeitsrecht, 1. Aufl. 2016; *Harte-Bavendamm/Henning-Bodewig*, UWG, 4. Aufl. 2016; *Henssler/Willemsen/Kalb* Arbeitsrecht Kommentar, 7. Aufl. 2016; *Köhler/Bornkamm*, UWG, 34. Aufl. 2016; *Salger/Breitfeld*, Regelungen zum Schutz von betrieblichem Know-how – die Abwerbung von Mitarbeitern, BB 2004, Special 5/2004 – Unternehmensnachfolge, 2574; *Schloßer*, Effektiver Schutz der Belegschaft durch vertragliche Abwerbeverbote? BB 2003, 1382.

a) Hintergrund

229

In Zeiten der Verknappung des Gutes „Arbeitskraft" haben Arbeitgeber zunehmend ein Interesse daran, zu vermeiden, dass eigene Arbeitnehmer von Dritten abgeworben werden oder selber auf dem Weg in eine neue Beschäftigung Kollegen abwerben. Gerade im bestehenden Arbeitsverhältnis bietet die Nähe zu der funktionierenden und bekannten Arbeitsorganisation häufig Gelegenheit und Anreiz, sich für eine selbstständige oder angestellte spätere Tätigkeit personell auszustatten und somit vom Know-How des aktuellen Arbeitgebers zu profitieren. Aus der Praxis sind Fälle bekannt, in denen Unternehmen durch massenhafte Abwerbung spezialisierten Personals zugunsten von Mitbewerbern in Insolvenznähe gebracht worden sind.

230

Befindet sich der Abwerbende in einem Arbeitsverhältnis mit dem Arbeitgeber der Abgeworbenen, handelt er wettbewerbswidrig.[549] Das Abwerben von Mitarbeitern fremder Arbeitgeber ist demgegenüber nach ständiger Rechtsprechung als Teil des freien Wettbewerbs grundsätzlich erlaubt. Dies gilt erst dann nicht mehr, wenn wettbewerbsrechtlich unlautere Begleitumstände hinzukommen, insbesondere unlautere Mittel eingesetzt oder unlautere Zwecke verfolgt werden.[550] Erst wenn nicht das Abwerben alleine, sondern die Absicht zur Behinderung des Mitbewerbers oder dessen Schädigung nachgewiesen werden kann, greifen gesetzliche Tatbestände wie § 4 Nr. 10 UWG oder § 826 BGB. Für beide Fallgestaltungen gilt allerdings: Liegt nach allem ein rechtswidriges Abwerben vor, kann der Arbeitgeber schließlich noch an der Schadens-

---

549 LAG Düsseldorf 23.2.2010, 17 Sa 1133/08; Henssler/Willemsen/Kalb/*Diller* § 60 HGB, Rn 16.
550 BGH 11.1.2007, BGHZ 171, 73; BGH 9.2.2006, NZA 2006, 500; BGH 4.3.2004, BGHZ 158, 174; BAG 26.9.2012, NZA 2013, 152.

bezifferung scheitern, die trotz der gesetzlich an sich gegebenen Möglichkeit der Schätzung nach § 252 S. 2 BGB, § 287 Abs. 1 ZPO wegen der von der Rechtsprechung geforderten weitreichenden Mitteilung von Anknüpfungstatsachen hohen Anforderungen unterliegt.[551]

Vertragliche Klauseln zum Verbot der Abwerbung, die diese Schwierigkeiten aus Sicht des Arbeitgebers auflösen könnten, müssen sich an §§ 305 ff. BGB messen lassen und bergen zudem die Gefahr, bei zu weit gehender Einschränkung des Mitarbeiters die Wirkung eines nachvertraglichen Wettbewerbsverbotes zu entfalten. **231**

b) Rechtliche Grundlagen
aa) Allgemeines/Einleitung

Für die **Dauer des Arbeitsverhältnisses** besteht gemäß § 60 HGB ein allgemeines Wettbewerbsverbot zugunsten des Vertragsarbeitgebers.[552] § 60 HGB verbietet dabei den Betrieb eines eigenen Gewerbes und den Wettbewerb auf eigene oder fremde Rechnung. Soweit also klauselmäßig ein bestimmtes Verhalten des Arbeitnehmers für die Dauer des Arbeitsverhältnisses geregelt werden soll, ist dies zulässig, solange das in der Klausel konkretisierte Verhalten ein Verstoß gegen das vertragliche Wettbewerbsverbot wäre. Verbietet die Klausel hingegen weitergehend auch die Vorbereitung einer nicht dem Wettbewerbsverbot unterliegenden Tätigkeit, so greift sie unbillig in die **allgemeine Berufsausübungsfreiheit des Arbeitnehmers** zur Ausübung einer Nebentätigkeit und zur erlaubten Vorbereitung späterer Tätigkeiten ein und ist damit jedenfalls gemäß § 307 Abs. 2 BGB unwirksam. Für die Abgrenzung zwischen erlaubter Konkretisierung einer verbotenen Abwerbung von Kollegen im Hinblick auf eine spätere Tätigkeit einerseits und andererseits einem – unwirksamen – Verbot der allgemeinen Vorbereitung einer späteren eigenen Tätigkeit kommt es also auf die Konkretisierung der verbotenen Handlungen durch die Klausel an. **232**

Soweit sich das in der Vereinbarung verbotene Verhalten auf die **Zeit nach der Beendigung des Anstellungsverhältnisses** richtet, ist danach zu differenzieren, ob die Abwerbung von Kollegen oder das Ansprechen von Kunden für den Fall einer eigenen späteren Selbstständigkeit des ausscheidenden Arbeitnehmers verboten wird (**eigennütziges Abwerben**) oder (auch) die Abwerbung zugunsten eines späteren neuen Arbeitgebers des ausscheidenden Arbeitnehmers (**fremdnütziges Abwerben**). **233**

Schließlich ist danach zu differenzieren, ob Klauseln das aktive Abwerben von Arbeitnehmern verbieten oder vielmehr (nur) die Einstellung von ehemaligen Kollegen im Rahmen einer eigenen späteren Tätigkeit. Dieser Fall entspricht der vorweg genommenen Sperrabrede gemäß § 75f HGB. **234**

bb) Vertragliches Abwerbeverbot für die Dauer des Arbeitsverhältnisses

Nach der ständigen Rechtsprechung des BAG darf ein Arbeitnehmer, der sich selbstständig machen will, seine künftige Tätigkeit auch schon vor Beendigung des Arbeitsverhältnisses vorbereiten. § 60 Abs. 1 HGB verbietet ihm lediglich die Aufnahme der werbenden Tätigkeit, insbesondere also das Vorbereiten der Vermittlung und des Abschlusses von Konkurrenzgeschäften. Unzulässig sind aber solche Vorbereitungsmaßnahmen, die schon selbst als Teil der werbenden Tätigkeit aufzufassen sind. Allgemeine Vorbereitungshandlungen, die in die Interessen des Arbeitgebers nicht unmittelbar eingreifen, erfüllen die Voraussetzungen des § 60 Abs. 1 HGB hingegen nicht.[553] Ein arbeitsvertragliches Verbot solcher allgemeinen Vorbereitungshandlungen würde den Arbeitnehmer in seiner grundsätzlichen Berufsausübungsfreiheit nach Art. 12 Abs. 1 GG einschränken, ohne dass ein rechtliches Interesse des Arbeitgebers hieran bestünde. Die Unwirksamkeit eines solchen Verbots allgemeiner Vorbereitungshandlungen ergibt sich bereits aus § 307 Abs. 2 BGB, da es sich um eine unangemessene Benachteiligung entgegen dem wesentlichen Grund- **235**

---

551 Vgl. BAG 26.9.2012, NZA 2013, 152.
552 Vgl. z.B. BAG 26.9.2007, AP Nr. 4 zu § 61 HGB, LAG Düsseldorf 23.2.2010 – 17 Sa 1133/08.
553 Seit BAG 30.5.1978, BB 1079, 325.

gedanken der Berufsausübungsfreiheit handelt. Darüber hinaus ist eine solche Klausel aber auch nach Maßgabe der §§ 74, 74a HGB unverbindlich.[554] Denn das Verbot kommt einem nachvertraglichen Wettbewerbsverbot gleich, das mangels der Zusage einer Karenzentschädigung nichtig ist.(siehe auch § 1b Rdn 856)[555] Klauseln, die die Vorbereitung einer konkurrierenden Tätigkeit, z.B. das Ansprechen von Kollegen während der Dauer des Arbeitsverhältnisses verbieten, sind daher nur dann rechtlich zulässig, wenn sie ein ohnehin nach Maßgabe des § 60 HGB verbotenes Verhalten vertraglich konkretisieren bzw. die Grenzen des erlaubten Verhaltens festlegen.

236   Eine Grenze findet die Zulässigkeit von Vorbereitungshandlungen für eine spätere andere Tätigkeit dann, wenn diese einen **unmittelbaren nachteiligen Einfluss für die Geschäftstätigkeit des Arbeitgebers** mit sich bringt. Daher ist für die Abgrenzung der (noch) erlaubten Vorbereitungshandlung von der verbotenen Konkurrenztätigkeit entscheidend, ob durch das Handeln bereits unmittelbar in die **Geschäfts- und Wettbewerbsinteressen des Arbeitgebers** eingegriffen wird. Unzulässig ist beispielsweise die Kontaktaufnahme mit Kunden und anderen Vertragspartnern des Arbeitgebers, da hierdurch dessen Interessen noch während des Bestandes des Arbeitsverhältnisses unmittelbar gefährdet werden.[556] Erlaubt ist es einem Arbeitnehmer beispielsweise, Absprachen mit Konkurrenzunternehmen für ein Überwechseln nach Vertragsende zu treffen,[557] Waren zu kaufen oder Mitarbeiter anzuwerben, solange es sich nicht um Arbeitnehmer des aktuellen Arbeitgebers handelt,[558] Geschäftsräume für die eigene Tätigkeit nach Vertragsende anzumieten oder einen Arbeitsvertrag mit einem konkurrierenden Unternehmen abzuschließen, solange der Vertragsbeginn sich erst an das (mögliche) Ende mit dem bisherigen Arbeitgeber anschließt.

237   Demgegenüber stellen das **Abwerben von Kunden** des Arbeitgebers sowie insbesondere das **aktive Abwerben von Arbeitnehmern** des aktuellen Arbeitgebers für ein eigenes oder ein fremdes Gewerbe einen Eingriff in die geschützte Interessenssphäre des Arbeitgebers dar, der folglich auch arbeitsvertraglich untersagt werden kann. Es handelt sich bereits um eine Aufnahme der werbenden Tätigkeit noch während des laufenden Arbeitsverhältnisses und nicht mehr um eine Vorbereitungsmaßnahme. Solche Eingriffe in die Rechtssphäre des Arbeitgebers sind nach richtiger Ansicht als unmittelbare Gefährdung der Geschäftsinteressen des Arbeitgebers als Verstoß gegen das vertragliche Wettbewerbsverbot zu werten.[559] Soweit vertreten wird, dass über das schlichte Abwerben hinaus zusätzliche Umstände zu fordern sind, die die Abwerbung als sittenwidrig erscheinen lassen,[560] ist dem nicht zu folgen. Bereits die Tatsache des Eingriffs in die rechtliche Interessenssphäre des Arbeitgebers ist in Verbindung mit den arbeitsrechtlichen Treuepflichten als Vertragsverstoß zu werten; einer besonderen Sittenwidrigkeit bedarf es daher nicht. Dementsprechend kann das aktive Abwerben von Kollegen noch während der Dauer des Arbeitsverhältnisses vertraglich untersagt werden.

238   Der Zulässigkeit einer vertraglichen Untersagung des aktiven Abwerbens von Kollegen noch während der Dauer des Arbeitsverhältnisses stehen nicht die §§ 74 ff. HGB entgegen. Das Abwerbeverbot während der Dauer des Arbeitsverhältnisses richtet sich nicht darauf, dem Arbeitnehmer eine spätere Wettbewerbstätigkeit zu untersagen. Es richtet sich lediglich auf das Verbot, die Tätigkeit des Arbeitgebers durch aktives Tun noch während der Dauer des Arbeitsverhältnisses entgegen dem vertraglichen Wettbewerbsverbot zu be-

---

554 BGH 30.4.2014, DB 2014, 2223; Bauer/*Diller*, § 4 Rn 129.

555 Vgl. BAG 3.5.1994, DB 1995, 50; BAG 18.1.2000 – 9 ARZ 929/98, zit. nach juris; Pauly/Osnabrügge/*Osnabrügge*, § 16 Rn 36.

556 BAG 30.5.1978, AP Nr. 9 zu § 60 HGB; BAG 4.3.1981 – 7 AZR 185/79 – n.v., zit. nach juris; BAG 26.6.2008 – 2 AZR 190/07, NZA 2008, 1415; Henssler/Willemsen/Kalb/*Diller*, § 60 HGB Rn 16; NK-GA/*Reinhard*, § 60 HGB Rn 16.

557 Vgl. BAG 16.1.1975, AP Nr. 8 zu § 60 HGB.

558 Henssler/Willemsen/Kalb/Diller § 60 HGB, RN16.

559 BAG 26.9.2012, NZA 2013, 152; BAG 11.11.1980 – 6 AZR 292/78 – n.v., zit. nach juris; LAG Düsseldorf 23.2.2010, 17 Sa 1133/08; LAG Schleswig-Holstein 26.6.2012 – 1 Sa 443/11 – NZA-RR 2012, 515; NK-GA/*Reinhard*, § 60 HGB Rn 16.

560 Vgl. LAG Rheinland-Pfalz 7.2.1992, NZA 1993, 265; LAG Hamburg 21.12.1999 – 2 Sa 62/99 – n.v., zit. nach juris; Brandenburgisches OLG 6.3.2007 – 6 U 34/06, NZA-RR 2008, 79.

einträchtigen. Aus diesem Grunde bedarf es auch nicht der Vereinbarung einer **Karenzentschädigung** zur Wirksamkeit eines solchen vertraglichen Verbots.

Die Zulässigkeit eines vertraglichen Abwerbeverbots, das sich auf die Zeit der Dauer des Anstellungsver- **239** hältnisses bezieht, wird auch nicht durch **§ 75f HGB** eingeschränkt. Eine Anwendung des § 75f HGB auch auf Abwerbungsverbote widerspräche dem Regelungszweck des § 75f HGB. Denn § 75f HGB soll verhindern, dass der durch die §§ 74–75d HGB gewährte besondere Schutz des Arbeitnehmers bei Wettbewerbsverboten durch Sperrabreden zwischen Arbeitgebern indirekt ausgehöhlt wird.[561] Genau dies wird aber durch ein Abwerbeverbot, das den Schutz des aktuellen Arbeitgebers vor einem Eingriff in seine geschützte Interessensphäre betrifft, nicht bezweckt. Auch die anderen Arbeitnehmer werden durch eine entsprechende Klausel in ihrer grundsätzlichen Freiheit zum Arbeitsplatzwechsel auf Eigeninitiative nicht beeinträchtigt.[562]

In der Praxis kommt es darauf an, ob bereits ein Abwerben eines Mitarbeiters vorliegt oder bloß ein schlich- **240** tes Ansprechen, um eventuelle Präferenzen für eine spätere Abwerbung nach dem Ende des Anstellungsvertrages zu erfahren. Jedenfalls dann, wenn nach objektivierter Ansicht des angesprochenen Mitarbeiters nicht nur eine unverbindliche Interessensabfrage, sondern der aktive Versuch der Abwerbung vorliegt, indem das Angebot soweit konkretisiert ist, dass der angesprochene Arbeitnehmer in die Situation gebracht wird, die Arbeitsvertragsbedingungen bei dem bisherigen Arbeitgeber mit den möglichen bei dem neuen Arbeitgeber abzuwägen, liegt eine vertragswidrige Abwerbung vor.[563] In der praktischen Abgrenzung kommt es darauf an, ob es sich lediglich um ein „unverfängliches Geplauder" handelt, das nur den Zweck hat, dass man „mal darüber gesprochen hat", oder vielmehr um ein konkretes Angebot, das ernst zu nehmen ist.[564]

Für die **Klauselgestaltung** ist zu empfehlen, nicht nur ganz allgemein das Abwerben zu untersagen, son- **241** dern das konkret verbotene Verhalten ausdrücklich zu beschreiben. Die Festlegung eines konkreten verbotenen Verhaltens im Arbeitsvertrag führt zwar nicht zu einem absoluten Kündigungsgrund. Denn § 626 BGB kennt keinen absoluten Kündigungsgrund.[565] Möglich und zulässig ist es aber, einzelne Kündigungsgründe im Rahmen des § 626 Abs. 1 BGB zu konkretisieren. Einer derartigen Konkretisierung kommt zwar rechtlich keine ausschließende oder beschränkende Wirkung zu. Sie kann aber in der Praxis eine Art vorweggenommene Warnfunktion erfüllen.[566] Durch die Konkretisierung des verbotenen Verhaltens bereits im Vertrag wird daher die ansonsten nur durch eine Abmahnung zu erreichende Warnfunktion erfüllt, so dass im Falle des aktiven Abwerbens von Mitarbeitern eine sofortige außerordentliche Kündigung auch ohne vorherige Abmahnung denkbar ist.

cc) Vertragliches Abwerbeverbot für die Zeit nach dem Ende des Arbeitsverhältnisses

Von dem Verbot der Abwerbung von Kollegen während der Dauer des Arbeitsverhältnisses grundsätzlich **242** zu unterscheiden sind Abwerbeverbote für die Zeit nach dem Ende des Arbeitsverhältnisses. Anders als während der Dauer des Arbeitsverhältnisses gilt nach dem Ende des Arbeitsverhältnisses nicht mehr das allgemeine vertragliche Wettbewerbsverbot nach § 60 BGB. Mit dem Ende des Arbeitsverhältnisses **endet** gleichzeitig auch die **Pflicht des Arbeitnehmers zur Wettbewerbsenthaltung**. Der Arbeitgeber kann sich vor einer nachvertraglichen konkurrierenden Tätigkeit des Arbeitnehmers nur durch die Vereinbarung eines bezahlten und auf höchstens zwei Jahre befristeten **Wettbewerbsverbots** schützen. Eine Regelung in einem

---

561 MüKo-HGB/*von Hoyningen-Huene*, § 75f Rn 5.
562 NK-GA/*Reinhard*, § 75f HGB Rn 4.
563 Vgl. LAG Düsseldorf 12.1.2007 – 9 Sa 1637/05 – n.v., zit. nach juris; BAG 26.6.2008 – 2 AZR 190/07, NZA 2008, 1415; LAG Düsseldorf 23.2.2010 – 17 Sa 1133/08, n.v. Zu den Schwierigkeiten der Geltendmachung von Schadensersatz im Verletzungsfall siehe aber BAG 26.9.2012 – 10 AZR 370/10 – NZA 2013, 152.
564 So BAG 26.6.2008 – 2 AZR 190/07, NZA 2008, 1415.
565 Vgl. BAG 25.3.1976, AP Nr. 6 zu § 103 BetrVG 1972.
566 APS/*Dörner*, § 626 BGB Rn 15.

Aufhebungsvertrag, mit der dem Arbeitnehmer für die Zeit nach der Vertragsbeendigung der Wettbewerb untersagt wird, ist daher richtigerweise als nachvertragliches Wettbewerbsverbot auszulegen.[567] Fehlt es an einer rechtswirksamen Wettbewerbsabrede, kann der Arbeitnehmer wie jeder Dritte zu seinem ehemaligen Arbeitgeber in Wettbewerb treten. Hierbei kann er sein im Arbeitsverhältnis erworbenes Erfahrungswissen einschließlich der Kenntnis von Betriebs- oder Geschäftsgeheimnissen einsetzen und in den Kunden- und Arbeitnehmerkreis des Arbeitgebers eindringen.[568] Auch die Abwerbung einzelner ehemaliger Kollegen ist dann zulässig.

243 Ungeachtet dessen ist der Arbeitnehmer auch nachvertraglich nicht vollständig frei hinsichtlich möglicher Eingriffe in den rechtlichen Interessensbereich des Arbeitgebers. Zwar hat ein Unternehmer keinen Anspruch auf den Bestand seiner Mitarbeiter. Das Abwerben von Mitarbeitern eines Konkurrenten ist Teil des freien Wettbewerbs und als solches grundsätzlich erlaubt.[569] Dies gilt auch dann, wenn die Abwerbung bewusst und planmäßig erfolgt.[570] Treten allerdings besondere Umstände hinzu, kann das Abwerben von Mitarbeitern durch Mitbewerber, auch ehemalige Arbeitnehmer, im Einzelfall nach § 3 UWG oder § 4 Nr. 10 UWG **wettbewerbswidrig** sein. Hiervon ist jedenfalls dann auszugehen, wenn das betreffende Verhalten bei objektiver Würdigung der Umstände in erster Linie auf die Beeinträchtigung der wettbewerbsrechtlichen Entfaltung des Mitbewerbers und nicht auf die Förderung des eigenen Wettbewerbs gerichtet ist, oder wenn die Behinderung derart ist, dass der beeinträchtigende Mitbewerber seine Leistungen am Markt durch eigene Anstrengungen nicht mehr in angemessener Weise zur Geltung bringen kann, oder wenn unlautere Mittel oder Methodeneingesetzt werden.[571] Unlauter bedient sich der ausgeschiedene Mitarbeiter jedenfalls, wenn er die **Entscheidungsfreiheit der umworbenen Ex-Kollegen** ernsthaft beeinträchtigt, etwa durch Überrumpelung oder übertriebenes Anlocken.[572] Selbst ein zu Abwerbungszwecken geführtes Telefongespräch, das über eine bloße Kontaktaufnahme hinausgeht, kann bereits als wettbewerbswidrig beurteilt werden.[573]

244 Handelt der ausgeschiedene Mitarbeiter nicht wettbewerbswidrig, ist er grundsätzlich nicht an einer Abwerbung gehindert. Für die Frage, ob zur **einzelvertraglichen Änderung dieser Rechtslage** eine entsprechende arbeitsvertragliche Bindung zulässig ist, ist danach zu differenzieren, ob dem Arbeitnehmer eine Abwerbung im Rahmen einer späteren eigenen Selbstständigkeit verboten wird oder (auch) eine Abwerbung für einen späteren anderen Arbeitgeber.

(1) Verbot der Abwerbung bei eigener späterer Selbstständigkeit (eigennütziges Verbot)

245 Wird dem Arbeitnehmer bereits im Arbeitsvertrag pauschal die spätere **Abwerbung ehemaliger Kollegen** verboten oder gar konkret bezogen auf eine spätere eigene Selbstständigkeit des Arbeitnehmers, ist dies ein **Anwendungsfall des § 75f HGB.** Denn der bisherige Arbeitnehmer wird als selbstständiger Prinzipal tätig und verpflichtet sich in der Klausel, Arbeitnehmer des bisherigen Arbeitgebers nicht abzuwerben. Eine solche Klausel ist als nachvertragliches Wettbewerbsverbot auszulegen. Sie ist nach § 75f HGB **unverbindlich** und kann durch jede der beiden Parteien jederzeit und ohne Angabe von Gründen beendet werden. Es besteht weder ein Erfüllungszwang, noch kann der Rücktritt Schadensersatzansprüche auslösen.[574] Da der gesetzliche Rücktritt formlos, also auch durch konkludentes Handeln möglich ist, entfaltet eine entsprechende Klausel keinerlei Bindung. Wirbt der bisherige Arbeitnehmer entgegen der Klausel ehemalige Kollegen ab,

---

567 ArbG Berlin 11.2.2005 – 9 Ca 144/05, juris.
568 BAG 15.6.1993, AP Nr. 40 zu § 611 BGB Konkurrenzklausel; BAG 19.5.1998, AP Nr. 11 zu § 611 BGB Treuepflicht.
569 BGH 11.1.2007, NJW 2007, 2999.
570 OLG Brandenburg 6.3.2007, NZA-RR 2008, 79; Köhler/Bornkamm/*Köhler*, § 4 UWG Rn 10.105; Harte-Bavendamm/Henning-Bodewig/*Omsels*, § 4 Nr. 10 UWG Rn 28.
571 BGH 11.1.2007, NJW 2007, 2999; BAG 26.9.2012 – 10 AZR 370/10 – NZA 2013, 152.
572 Harte-Bavendamm/Henning-Bodewig/*Omsels*, § 4 Nr. 10 UWG Rn 26.
573 BGH 22.11.2007 – Direktansprache am Arbeitsplatz III, NJW 2008, 855 m.w.N.
574 Vgl. MüKo-HGB/*von Hoyningen-Huene*, § 75f HGB Rn 6; NK-GA/*Reinhard*, § 75f HGB Rn 5 f.

so liegt spätestens in der Abwerbung die konkludente Ausübung des Rücktritts nach § 75f HGB vor. Darüber hinaus kann eine entsprechende Klausel auch nach **§ 138 BGB** nichtig sein, wenn die Sperrabrede nicht auf einem berechtigten Interesse des Arbeitgebers im Sinne § 74a Abs. 1 HGB beruht.[575]

Eine Klausel, die dem Arbeitnehmer das **Abwerben von Kunden** des früheren Arbeitgebers untersagt, **246** stellt in aller Regel eine Wettbewerbsabrede i.S.d. § 74 HGB dar und löst somit die Karenzentschädigungspflicht aus. Die weitergehende Frage, ob eine Kundenschutzklausel nur zu einer wirtschaftlich nicht relevanten Beschränkung der beruflichen Betätigungsfreiheit des Mitarbeiters führt und demgemäß entschädigungslos vereinbart werden kann, beurteilt sich nach den Verhältnissen im Zeitpunkt des Vertragsabschlusses. Erforderlichenfalls ist durch eine Prognose zu ermitteln, ob der Mitarbeiter in wirtschaftlich nennenswertem Umfang in seiner beruflichen Tätigkeit eingeschränkt werden wird.[576]

Ein entsprechendes vertragliches Abwerbeverbot für die Zeit nach dem Ende des Arbeitsverhältnisses ist **247** also entschädigungslos nur insoweit zulässig, als hiermit der ohnehin nach §§ 3, 4 Nr. 10 UWG verbotene Bereich des wettbewerbswidrigen Eingriffs in den Arbeitnehmerbestand des bisherigen Arbeitgebers erfasst und konkretisiert wird. Dies ist z.B. der Fall für das Verbot der „putschartigen Übernahme", bei der keine ernsthafte Möglichkeit bleibt, gegen zu steuern.[577] Da ein solcher Eingriff aber bereits gesetzlich verboten ist, bedarf es keiner vertraglichen Regelung hierzu. Allenfalls kann im Rahmen eines Aufhebungsvertrages auf das Bestehen des gesetzlichen Verbotes unter Konkretisierung der Fallgestaltungen und unter Vereinbarung einer Vertragsstrafe zur Vermeidung der ansonsten immanent gegebenen Schwierigkeiten bei der Darlegung des Schadens[578] hingewiesen werden.

(2) Verbot der Abwerbung für einen späteren Arbeitgeber des Arbeitnehmers (fremdnütziges Verbot)

Beinhaltet die Klausel demgegenüber das Verbot, zugunsten eines neuen Arbeitgebers ehemalige Kollegen **248** abzuwerben, ist dies kein Anwendungsfall des § 75f HGB. Denn der ausscheidende Arbeitnehmer tritt seinem früheren Arbeitgeber nicht als selbstständig handelnder Prinzipal/Arbeitgeber entgegen. Zwar wird eine **analoge Anwendung des § 75f HGB** zumindest für den Fall erwogen, dass sich ein Dritter dem Arbeitgeber gegenüber verpflichtet, dessen Angestellte nach ihrem Ausscheiden nicht als selbstständige Unternehmer zu beschäftigen.[579] Der Regelungszweck des § 75f HGB, nämlich das Verhindern einer Aushöhlung der gesetzlichen Einschränkungen betreffend Wettbewerbsverbote durch Sperrabreden zwischen Arbeitgebern, erfordert aber keine entsprechende Anwendung auch auf das nachvertragliche Verhältnis zwischen Arbeitgeber und ehemaligem Arbeitnehmer. Soweit das Abwerben von Kunden betroffen ist, gelten die oben dargestellten Grundsätze zum eigennützigen Abwerben.

Eine entsprechende Klausel stellt allerdings eine Einschränkung der Wettbewerbsfreiheit des ausschei- **249** denden Arbeitnehmers insoweit dar, als dieser in seiner eigenen späteren beruflichen Tätigkeit bei einem anderen Arbeitgeber möglicherweise auch dadurch gefördert werden könnte, dass er für diesen Arbeitgeber ehemalige Kollegen abwirbt. Ein solches Verhalten allerdings trifft den Arbeitnehmer nicht in seiner grundsätzlichen Wettbewerbsfreiheit. Es handelt sich allenfalls um einen **Bagatellfall** im Randbereich des Anwendungsbereichs der §§ 74 ff. HGB, der wirtschaftlich unbedeutend ist und daher aus dem Anwendungsbereich der §§ 74 ff. HGB herausfällt. Ein solches Verbot kann der Arbeitgeber ent-

---

575 Vgl. MüKo-HGB/*von Hoyningen-Huene*, § 75f HGB Rn 8; NK-GA/*Reinhard*, § 75f HGB Rn 5.
576 LAG Köln 2.6.1999, NZA-RR 2000, 19.
577 Thüringer OLG 4.12.1996 – 2 U 902/96 – WRP 1997, 363; Harte-Bavendamm/Henning-Bodewig/*Omsels*, § 4 Nr. 10 UWG Rn 30.
578 Siehe hierzu BAG 26.9.2012 – 10 AZR 370/10 – NZA 2013, 152.
579 Vgl. MüKo-HGB/*von Hoyningen-Huene*, § 75f HGB Rn 4; NK-GA/*Reinhard*, § 75f HGB Rn 2.

schädigungslos vereinbaren.[580] Ist ein solches Verbot grundsätzlich zulässig, dann lässt es sich auch wirksam mit einer Vertragsstrafe verbinden.[581]

dd) Einstellungsverbote

250   Vereinbart der Arbeitgeber mit dem ausscheidenden Arbeitnehmer nicht ein Abwerbungsverbot, sondern das Verbot der Einstellung zuvor anderweitig ausgeschiedener Arbeitnehmer, ist dies stets ein **Anwendungsfall des § 75f HGB**. Aufgrund der grundsätzlichen Unverbindlichkeit ist eine entsprechende Klausel für den vereinbarenden Arbeitgeber sinnlos. Darüber hinaus wird ein solches Einstellungsverbot vereinzelt auch für grundsätzlich unwirksam gehalten. Denn es bestünde kein gerechtfertigtes Interesse daran, dass ausgeschiedene Mitarbeiter – ungeachtet aus welchem Grund sie ausgeschieden sind – nicht anschließend in einem Fremdunternehmen tätig werden können.[582] Auf Abreden zwischen Verleiher und Entleiher für die Zeit nach dem Ende des Leiharbeitsverhältnisses kommt § 9 Nr. 3 AÜG zur Anwendung.

c) Muster

aa) Klausel im Rahmen eines Arbeitsvertrages

251   **Muster 1a.17: Abwerbeverbot (Arbeitsvertrag)**

Dem Arbeitnehmer sind während der Dauer des Arbeitsverhältnisses Vorbereitungshandlungen in Bezug auf eine konkurrierende Unternehmung für die Zeit nach Beendigung des Anstellungsverhältnisses untersagt, soweit sich diese Vorbereitungshandlungen nicht darauf beschränken, lediglich wettbewerbsneutrale organisatorische Voraussetzungen zu schaffen (z.B. Anmietung von Räumen, Entwerfen von Businessplänen). Untersagt sind daher insbesondere die Kontaktaufnahme mit Kunden des Arbeitgebers zum Zweck deren Abwerbung für ein späteres eigenes Unternehmen sowie der Versuch der Abwerbung von Mitarbeitern des Arbeitgebers für ein späteres eigenes Unternehmen.

▲

bb) Klausel im Rahmen eines Aufhebungs-/Abwicklungsvertrages

252   **Muster 1a.18: Abwerbeverbot (Aufhebungs-/Abwicklungsvertrag)**

(1) Macht der Arbeitnehmer sich im Anschluss an die Beendigung des Anstellungsverhältnisses selbstständig, so ist es ihm untersagt, durch aktives Ansprechen der Arbeitnehmer des Arbeitgebers, durch Überrumpelung oder übertriebenes Anlocken oder anderweitig die Arbeitnehmer des Arbeitgebers zur Vertragsbeendigung zu veranlassen (abzuwerben), soweit dies im Einzelfall wettbewerbswidrig ist, insbesondere nach § 4 Nr. 10 UWG. Es ist ihm insbesondere verboten, Arbeitnehmer des Arbeitgebers zum Vertragsbruch zu verleiten.

(2) Darüber hinaus verpflichtet sich der Arbeitnehmer, während der Dauer und für einen Zeitraum von ▢ Jahren nach Beendigung des Vertragsverhältnisses jede fremdnützige Abwerbung oder Beteiligung an der Abwerbung eines Mitarbeiters des Arbeitgebers für fremde Arbeitgeber zu unterlassen. Er verpflichtet sich, für jeden Verstoß gegen dieses Verbot an den Arbeitgeber eine Vertragsstrafe in Höhe von ▢ EUR zu zahlen.

▲

580 *Bauer/Diller*, § 7 Rn 165a; *Salger/Breitfeld*, BB 2004 Special 5/2004 – Unternehmensnachfolge, 2574, 2581, *Schloßer*, BB 2003, 1382, 1387.
581 *Schloßer*, BB 2003, 1382, 1387.
582 OLG Düsseldorf 1.8.2003, I – 17 U 27/03, zit. nach juris.

4. Änderung von Arbeitsbedingungen

Zu diesem Stichwort finden sich unten im Kapitel zur Beendigung des Arbeitsverhältnisses weitere Erläu-   253
terungen, dort Änderungskündigung (siehe § 1c Rdn 108 ff.).

5. Aktienoptionen

Literatur: *Achleitner/Wollmert*, Stock Options, 2. Auflage 2002; *Aha*, Ausgewählte Gestaltungsmöglichkeiten bei Aktienoptionsplänen, BB 1997, 2225; *Baeck/Diller*, Arbeitsrechtliche Probleme bei Aktienoptionen und Belegschaftsaktien, DB 1998, 1405;
Bauer/Göpfert/v. Steinau-Steinrück, Aktienoptionen bei Betriebsübergang, ZIP 2001, 1129; *Baums*, Aktienoptionen für Vorstandsmitglieder, in: Festschrift für Carsten Peter Claussen; *Bredow, Felix*, Aktienoptionen und Aktienwertsteigerungsrechte: Organisationsrecht
in der Aktiengesellschaft und verbundenen Unternehmen, Diss. 2001; *Bredow, Günther*, Besteuerung eines geldwerten Vorteils aus der
Einräumung/Ausübung von „Stock Options", Anm. zu FG Köln, v. 9.9.1998, Az.: 11 K 5153/97, DStR 1999, 371; *Busch*, Aktienoptionspläne – arbeitsrechtliche Fragen, BB 2000, 1294; *Ege*, Programme für Aktienoptionen richtig umsetzen, AuA 2010, 574; *Ernst*, Aktienoptionen zur Führungskräftevergütung, Diss. 2003; *Feddersen/Pohl*, Die Praxis der Mitarbeiterbeteiligung seit Einführung des
KonTraG, AG 2001, 26; *Fröhlich*, Beteiligung am wirtschaftlichen Erfolg im Arbeitsverhältnis, ArbRB 2006, 246; *Harrer*, Mitarbei-
terbeteiligungen und Stock-Option-Pläne, 2. Auflage 2004; *Hergenröder*, Zielvereinbarungen, AR-Blattei SD 1855; *Hüffer*, Aktienbe-
zugsrechte als Bestandteil der Vergütung von Vorstandsmitgliedern und Mitarbeitern – gesellschaftsrechtliche Analyse, ZHR 161
(1997), 214; *Jäger*, Aktienoptionspläne in Recht und Praxis – eine Zwischenbilanz, DStR 1999, 28; *Jungen*, Mitarbeiterbeteiligung,
Gesellschafts- und arbeitsrechtliche Probleme im Zusammenhang mit Belegschaftsaktien und Aktienoptionen; Diss. 2000; *Kau/Leve-
renz*, Mitarbeiterbeteiligung und leistungsgerechte Vergütung durch Aktien-Options-Pläne, BB 1998, 2269; *Kessler/Sauter*, Handbuch
Stock Options 1. Auflage 2003; *Klahold*, Aktienoptionen als Vergütungselement, Diss. 1999; *Knoll*, Vorzeitige Ausübung bei Manager-
Optionen – steuerliche Verzerrung oder schlechtes Vorzeichen?, DB 1997, 2138; *Kohler*, Stock Options für Führungskräfte aus Sicht
der Praxis, ZHR 161 (1997), 246; *Lembke*, Die Ausgestaltung von Aktienoptionsplänen in arbeitsrechtlicher Hinsicht, BB 2001, 1469;
Legerlotz/Laber, Mitarbeiterbeteiligung durch Aktienoptionen, ArbRB 2001, 58; *dies.*, Arbeitsrechtliche Grundlagen bei betrieblichen
Arbeitnehmerbeteiligungen durch Aktienoptionen und Belegschaftsaktien, DStR 1999, 1658; *Lingemann/Diller/Mengel*, Aktienoptionen im internationalen Konzern – ein arbeitsrechtsfreier Raum?, NZA 2000, 1191; *Lutter*, Aktienoptionen für Führungskräfte – de lege
lata und de lege ferenda, ZIP 1997, 1; *Maletzky*, Verfallklauseln bei Aktienoptionen für Mitarbeiter, NZG 2003, 715; *Mauroschat*, Aktienoptionsprogramme – Arbeitsrechtliche Strukturen und Fragestellungen, 2005; *Mechlem/Melms*, Verfall- und Rückzahlungsklauseln bei Aktienoptionsplänen, DB 2000, 1614; *Müller/Berenz*, Entgeltfortzahlungsgesetz, 3. Aufl., 2001; *Müller-Bonnani/Nieroba*, Arbeitsrechtliche Aspekte konzernweiter Aktienoptionsprogramme, Der Konzern 2010, 143; *Nehls/Sudmeyer*, Zum Schicksal von
Aktienoptionen bei Betriebsübergang, ZIP 2002, 201; *Portner*, Besteuerung von Stock Options – Zeitpunkt der Bewertung des Sachbezugs, DB 2002, 235; *Pulz*, Personalbindung mit Aktienoptionen; BB 2004, 1107; *Reim*, Aktienoptionen aus AGB-rechtlicher Sicht, ZIP
2006, 1075; *Röder/Göpfert*, Aktien statt Gehalt, BB 2001, 2002; *Schanz*, Mitarbeiterbeteiligungsprogramme, NZA 2000, 626; *Scheuer*,
Aktienoptionen als Bestandteil der Arbeitnehmervergütung in den USA und in der Bundesrepublik Deutschland, Dissertation 2004;
Schnitker/Grau, Übergang und Anpassung von Rechten aus Aktienoptionsplänen bei Betriebsübergang nach § 613a BGB, BB 2002,
2497; *Stiegel*, Aktienoptionen als Vergütungselement aus arbeitsrechtlicher Sicht, Diss. 2007; *Willemsen/Müller-Bonnani*, Aktien-
optionen beim Betriebsübergang, ZIP 2003, 1177; *Vogel*, Aktienoptionsprogramm für nicht börsennotierte AG – Anforderungen an
Hauptversammlungsbeschlüsse, BB 2000, 937.

a) Allgemeines

Während internationale, insbesondere US-amerikanische Konzerne bereits seit Jahrzehnten Programme zur   254
Beteiligung der Mitarbeiter am Unternehmenserfolg unterhalten, ist die Vergütung durch Aktienoptionen (Stock Options) in deutschen Unternehmen verhältnismäßig neu.[583] Sie hat sich jedoch ungeachtet zwischenzeitlich eingetretener Schwächen an der Börse mittlerweile auch in deutschen Unternehmen etabliert
und erfreut sich nicht mehr nur in den obersten Führungsebenen, sondern zunehmend in allen Bereichen der
Belegschaft anhaltender Beliebtheit.[584]

Mitarbeiterbeteiligungsprogramme können auf verschiedene Weise ausgestaltet werden. Die traditio-   255
nelle **Belegschaftsaktie** wird als Stamm- oder Vorzugsaktie unmittelbar an die Mitarbeiter ausgegeben;
dies hat den Nachteil, dass das Unternehmen eigene Aktien halten oder auf dem Kapitalmarkt erwerben
muss. **Wandelschuldverschreibungen** werden demgegenüber vornehmlich zur Kapitalbeschaffung aus-

---

583 *Schnitker/Grau*, BB 2002, 2497; *v. Bredow*, S. 1; *Kohler*, ZHR 161, 246, 249; *Hüffer*, ZHR 161, 214, 215.
584 *Legerlotz/Laber*, ArbRB 2001, 58.

gegeben; der Inhaber einer Wandelschuldverschreibung erwirbt das Recht, den Rückzahlungsbetrag in Aktien umzuwandeln oder neben der Rückzahlung der Anleihe Aktien zu bestimmten Bedingungen zu erwerben. Mit der **Einräumung von Aktienoptionen** erhält der Mitarbeiter das Recht, Aktien am Unternehmen des Arbeitgebers oder eines mit diesem verbundenen Unternehmen in einer bestimmten Anzahl zu einem im Vorfeld festgelegten Preis (Bezugspreis) zu erwerben.[585] Liegt der Kurswert der Aktie im Zeitpunkt der Optionsausübung über dem Bezugspreis, profitiert der Mitarbeiter von den Kurssteigerungen, indem er die Aktien unter Marktwert erwirbt.[586] Im Gegensatz zu diesen **realen Aktienoptionen** (*naked warrants* oder *real stock options*) können jedoch auch **virtuelle Aktienoptionen** oder Aktienwertsteigerungsrechte (*stock appreciation rights* oder *phantom stock options*) gewährt werden.[587] In diesem Fall kommt es nicht zu einer echten Transaktion von Aktien; die begünstigten Mitarbeiter werden lediglich wirtschaftlich so gestellt, als hätten sie aufgrund entsprechender Optionsrechte Aktien erworben, indem die Differenz zwischen dem Bezugspreis und dem tatsächlichen Aktienkurs ausgezahlt wird.[588] Damit erfolgt keine echte Beteiligung des Mitarbeiters am Unternehmen, es kommt lediglich zu der Gewährung einer zusätzlichen, an der Entwicklung des Aktienkurses orientierten variablen Vergütung.[589] Virtuelle Aktienoptionsprogramme haben den Vorteil, dass der Auszahlungsbetrag als steuerlich abzugsfähiger Aufwand behandelt wird.[590] Gleichzeitig können sie jedoch einen erheblichen Liquiditätsabfluss bewirken,[591] so dass solche Programme nur für ausreichend leistungsfähige Unternehmen in Betracht kommen werden.

256   Die **rechtliche Grundlage für die Aufstellung eines Aktienoptionsprogramms** wurde mit Wirkung vom 1.5.1998 durch das Gesetz zur Kontrolle und Transparenz im Unternehmensbereich (**KonTraG**)[592] geschaffen, indem § 192 Abs. 2 Nr. 3 AktG erstmals die Möglichkeit eröffnete, Bezugsrechte an Arbeitnehmer und Mitglieder der Geschäftsführung auch aus einer bedingten Kapitalerhöhung zu gewähren. Auf dieser Grundlage können Aktienoptionspläne nach internationalem Vorbild auch in Deutschland aufgelegt werden, ohne den bislang erforderlichen Umweg über die Ausgabe von Wandel- oder Optionsanleihen beschreiten zu müssen.[593]

257   Aktienoptionsprogramme dienen verschiedenen **Zielsetzungen**. Wesentliche Zielrichtung ist regelmäßig die *shareholder value*, also die **Steigerung des Unternehmenswertes** zur Maximierung des Gewinns der Anteilseigner.[594] Durch die Beteiligung der Mitarbeiter an dem Unternehmen profitieren diese unmittelbar auch selbst von einer Steigerung des Unternehmenswertes.[595] Die Koppelung der Vergütung an die Entwicklung des Aktienkurses führt damit zu einem Gleichlauf der Interessen bei Anteilseignern und Mitarbeitern, so dass Motivation und Leistung der Mitarbeiter auf eine Steigerung des Unternehmenswertes gerichtet und damit i.S.d. Anteilseigner gesteuert werden. Die Mitarbeiter sollen durch unternehmenszielkongruentes Verhalten einen aktiven Beitrag zur Steigerung des Börsenkurses und damit der *shareholder value* leisten.[596] Zusätzlich können auch betriebswirtschaftliche Gründe zur Auflegung eines Aktienoptionsprogramms führen, um etwa die mit einer zusätzlichen Kapitalbeteiligung erzielbaren **Finanzierungseffekte** an den internationalen Kapitalmärkten zu nutzen.[597] Doch auch **personalpolitische Gründe** liegen der Aufstellung von Aktienoptionsprogrammen häufig zugrunde. Über die Beteiligung am Unternehmens-

585 Hümmerich/Lücke/Mauer/*Lücke*, § 2 Rn 276; *Lembke*, BB 2001, 1469.
586 Bauer u.a./*Lingemann*, S. 385.
587 Hümmerich/Lücke/Mauer/*Lücke*, § 2 Rn 298; *v. Bredow*, S. 80 ff.
588 Tschöpe/*Heiden*, Teil 2 A Rn 502; *Ernst*, S. 11; *Kau/Leverenz*, BB 1998, 2269, 2271.
589 *Kau/Leverenz*, BB 1998, 2269, 2271.
590 *Knoll*, DB 1997, 2140.
591 HWK/*Thüsing*, § 611 BGB Rn 127; *Feddersen/Pohl*, AG 2001, 26, 28.
592 Gesetz zur Kontrolle und Transparenz im Unternehmensbereich (KonTraG) vom 27.4.1998, BGBl 1998/I, 786.
593 *Schanz*, NZA 2000, 626; *Klahold*, S. 2; *Aha*, BB 1997, 2225.
594 *Scheuer*, S. 17; *Hüffer*, ZHR 161, 214, 216; *Jäger*, DStR 1999, 28.
595 *Baums*, in: FS Claussen, 1997, S. 7; *Scheuer*, S. 18; *Feddersen/Pohl*, AG 2001, 26; *Baeck/Diller*, DB 1998, 1405.
596 Tschöpe/*Heiden*, Teil 2 A Rn 502; *Reim*, ZIP 2006, 1075; *Ernst*, S. 21.
597 *Aha*, BB 1997, 2225; *Achleitner/Achleitner/Wichels*, S. 13; *Kohler*, ZHR 161, 246, 254.

erfolg kann das unternehmerische Denken und Handeln der Mitarbeiter wie auch die Übernahme zunehmender Führungsverantwortung gefördert werden, beides Faktoren, die als entscheidende Erfolgsfaktoren im internationalen Wettbewerb gelten.[598] Durch die Beteiligung am Unternehmen soll darüber hinaus eine gesteigerte Identifikation der Mitarbeiter mit dem Unternehmen[599] und dadurch deren langfristige Bindung an das Unternehmen erreicht werden,[600] was insbesondere in den forschungs- und entwicklungsintensiven Branchen von Bedeutung ist, die auf das Know-how entsprechend qualifizierter Mitarbeiter angewiesen sind.[601] Auch als Instrument der Personalbeschaffung können sich Aktienoptionsprogramme anbieten,[602] etwa in Branchen, in denen entsprechende Vergütungsbestandteile im internationalen Wettbewerb erwartet werden. Auch junge oder sanierungsbedürftige Unternehmen, denen die finanzielle Ausstattung für hohe Personalkosten fehlt, können durch attraktive Aktienoptionsprogramme Anreize für qualifizierte Mitarbeiter setzen,[603] die sie im „Kampf um die besten Köpfe"[604] ohne die mit der Gewährung einer marktüblichen Vergütung verbundene Belastung der Liquidität des Unternehmens[605] sonst nicht gewinnen könnten.

Die **Einführung eines Aktienoptionsprogramms** erfolgt auf gesellschafts- bzw. aktienrechtlicher Grundlage durch das zuständige Gesellschaftsorgan. In Umsetzung dieser Entscheidung obliegt es der Hauptversammlung,[606] die erforderlichen Kapitalmaßnahmen zu beschließen. Dies erfolgt regelmäßig durch eine bedingte Kapitalerhöhung gem. §§ 192 ff. AktG,[607] in deren Rahmen der Zweck der Kapitalerhöhung, der Kreis der Bezugsberechtigten, der Ausgabebetrag, die Aufteilung der Bezugsrechte, die Erfolgsziele, die Erwerbs- und Ausübungszeiträume und die Wartezeit für die erstmalige Ausübung festgelegt werden müssen,[608] § 193 Abs. 2 AktG. Weitergehende Optionsbedingungen und deren nähere Ausgestaltung im Rahmen der Kapitalbeschlüsse werden durch den Vorstand bzw. durch den Aufsichtsrat festgelegt.[609] Die Schaffung der gesellschaftsrechtlichen Grundlage für das Aktienoptionsprogramm begründet allerdings noch keinen Anspruch einzelner Mitarbeiter auf die Gewährung der Aktienoptionen;[610] dieser entsteht erst durch die **arbeitsrechtliche Umsetzung des Aktienoptionsprogramms** auf individual- oder kollektivvertraglicher Ebene. Anspruchsgrundlage für die Optionsgewährung ist bei Organvertretern und Führungskräften regelmäßig eine individualvertragliche Abrede;[611] erstreckt sich das Beteiligungsprogramm auf größere Teile der Belegschaft, so bieten sich auch Betriebsvereinbarungen oder Gesamtzusagen an. Wird das Aktienoptionsprogramm als kollektive Vergütungsform ausgestaltet, unterliegt die Ausgestaltung des Programms der Mitbestimmung des Betriebsrats gem. § 87 Abs. 1 Nr. 10 BetrVG, sofern nicht ausschließlich Organvertreter oder leitende Angestellte bezugsberechtigt sein sollen.[612] Die Einräumung der Aktienoption verschafft dem Arbeitnehmer jedoch lediglich einen Anspruch auf den Erwerb der Aktien, nicht aber die Aktien selbst. Die **Ausübung der Optionsrechte** durch den tatsächlichen Erwerb der Aktien erfolgt deshalb auf der Basis einer eigenständigen schuldrechtlichen Vereinbarung zwischen Arbeitnehmer und Arbeitgeber,[613] die kaufrechtlichen Grundsätzen folgt.[614] Wird die Vereinbarung über die Gewährung

258

---

598 *Achleitner/Achleitner/Wichels*, S. 13; *Schanz*, NZA 2000, 626.
599 *Jungen*, S. 165; *Kohler*, ZHR 161, 246, 251.
600 *Stiegel*, S. 54; *Lingemann/Diller/Mengel*, NZA 2000, 1191, 1192; *Reim*, ZIP 2006, 1075.
601 *Feddersen/Pohl*, AG 2001, 26; *Jäger*, DStR 1999, 28.
602 *Legerlotz/Laber*, DStR 1999, 1658; *Vogel*, BB 2000, 937.
603 *Achleitner/Achleitner/Wichels*, S. 13; *Scheuer*, S. 19; *Lembke*, BB 2001, 1469.
604 *Reim*, ZIP 2006, 1075.
605 *Kohler*, ZHR 161, 246, 256; *v. Bredow*, S. 94.
606 *Hüffer*, ZHR 161, 215, 224; *Willemsen/Müller-Bonanni*, ZIP 2003, 1177.
607 *Kohler*, ZHR 161, 246, 251; *Schnitker/Grau*, BB 2002, 2497; *Vogel*, BB 2000, 937.
608 HWK*Thüsing*, § 611 BGB Rn 132; *Lutter*, ZIP 1997, 1, 6; *Lembke*, BB 2001, 1469.
609 *Mechlem/Melms*, DB 2000, 1614.
610 *Nehls/Sudmeyer*, ZIP 2002, 201; *Schnitker/Grau*, BB 2002, 2497.
611 *Stiegel*, S. 205; *Legerlotz/Laber*, ArbRB 2001, 58.
612 *Ege*, AuA 2010, 574; *Baeck/Diller*, DB 1998, 1405, 1406; *Schanz*, NZA 2000, 626, 632; *Legerlotz/Laber*, DStR 1999, 1658, 1660.
613 *Lingemann/Diller/Mengel*, NZA 2000, 1191, 1193; *Bauer/Göpfert/v. Steinau-Steinrück*, ZIP 2001, 1129, 1130.
614 *Willemsen/Müller-Bonanni*, ZIP 2003, 1177, 1178; *Baeck/Diller*, DB 1998, 1405, 1406; *Schanz*, NZA 2000, 626, 632.

von Aktienoptionen nicht mit dem Arbeitgeber, sondern mit einem anderen Konzernunternehmen abgeschlossen, so können Ansprüche aus dieser Vereinbarung grundsätzlich nur gegenüber dem vertragsschließenden Konzernunternehmen geltend gemacht werden und werden nicht Bestandteil des Arbeitsverhältnisses mit einer Tochtergesellschaft dieses Konzernunternehmens. Der Vertrag über die Gewährung von Aktienoptionen steht rechtlich selbstständig neben dem Vertrag des Arbeitnehmers mit der Tochtergesellschaft, der regelmäßig nur das Motiv für den Abschluss eines Optionsgewährungsvertrags darstellt.[615]

b) Aktienoptionsplan

▼

259 ### Muster 1a.19: Aktienoptionsplan

Präambel

Die Hauptversammlung der Aktiengesellschaft (im Folgenden: AG) hat am ▓▓▓▓▓ gemäß § 192 Abs. 2 Nr. 3 AktG die Schaffung von bedingtem Kapital in Höhe von bis zu ▓▓▓▓▓ beschlossen und den Vorstand dazu ermächtigt, bis zum ▓▓▓▓▓ einmal oder mehrmals Optionsrechte für bis zu insgesamt ▓▓▓▓▓ Stück Aktien an leitende Angestellte und Führungskräfte der ersten drei Führungsebenen der AG auszugeben.

Mit dem Aktienoptionsprogramm sollen folgende Ziele erreicht werden:

■ stärkere Ausrichtung der Interessen der Bezugsberechtigten an den Interessen der Anteilseigner (Shareholder Value);

■ Anreiz für die Bezugsberechtigten, die Wertsteigerung des Unternehmens zu fördern;

■ Förderung der Integration von Konzernteilen in den Gesamtkonzern, da die Führungskräfte aller Konzerngesellschaften nach einem konzerneinheitlichen Optionsprogramm vergütet werden;

■ Schaffung einer international wettbewerbsfähigen Vergütungskomponente;

■ Erhöhung des Anteils variabler Vergütungsbestandteile und damit der Leistungsanreize für die Bezugsberechtigten;

■ Stärkung der Bindung der Bezugsberechtigten an die AG.

Den Bezugsberechtigten werden die Optionsrechte kraft einzelvertraglicher Vereinbarung nach Maßgabe der nachfolgenden Bestimmungen gewährt.

§ 1 Optionsrechtsgewährung

■ Der Bezugsberechtigte erwirbt durch einzelvertragliche Vereinbarung das Recht, die vereinbarte Anzahl von Stückaktien der AG zu einem festgelegten Bezugspreis zu erwerben, wenn die Ausübungsvoraussetzungen erfüllt sind.

■ Der Bezugspreis entspricht dem Basispreis zuzüglich eines Zuschlages von 15 %. Der Basispreis beträgt ▓▓▓▓▓ **oder** entspricht dem Börsenkurs der Aktie am Tag der vertraglichen Optionsgewährung **oder** entspricht dem durchschnittlichen Schlusskurs der Aktie an der Frankfurter Wertpapierbörse im elektronischen Xetra-Handel bzw. einem dieses ersetzende, vergleichbaren Handelssystem an den fünf der Optionsgewährung vorausgegangenen Börsentagen.

■ Jede Aktienoption berechtigt zum Erwerb einer Stückaktie der AG. Die Einräumung der Aktienoptionen erfolgt ohne Gegenleistung des Bezugsberechtigten.

■ Die Gewährung der Aktienoptionen erfolgt unter dem ausdrücklichen Vorbehalt der Freiwilligkeit. Auch bei wiederholter Einräumung von Aktienoptionsrechten erwirbt der Bezugsberechtigte keinen Rechtsanspruch auf künftige Leistungen.

---

615 BAG 16.1.2008, NZA 2008, 836; ArbG Ulm 13.1.2015 – 9 Ca 19/14.

§ 2 Laufzeit, Wartezeit und Ausübungszeiträume

■ Das Aktienoptionsprogramm besitzt eine Laufzeit von 10 Jahren, beginnend mit dem Tag der Gewährung der Aktienoptionen (Ausgabetag). Die Optionsrechte müssen innerhalb der vorgegebenen Laufzeit ausgeübt werden. Werden die Optionen nicht innerhalb der Laufzeit ausgeübt, verfallen sie ersatzlos.

■ Der Bezugsberechtigte kann die Optionsrechte erstmals nach Ablauf einer Wartezeit von vier Jahren ausüben. **oder:** *Der Bezugsberechtigte kann die Optionsrechte erstmals nach Ablauf einer Wartezeit von vier Jahren ausüben; die Ausübung ist zunächst beschränkt auf maximal ein Drittel der Optionsrechte. Nach Ablauf jeweils eines weiteren Jahres können die Optionsrechte für jeweils maximal ein weiteres Drittel der Optionen ausgeübt werden. Die Wartezeit beginnt mit der Einräumung der Optionsrechte.*

■ Die Aktienoptionen können zweimal jährlich innerhalb der Ausübungszeiträume ausgeübt werden. Die Ausübungszeiträume umfassen 15 Börsentage und beginnen mit dem ersten Börsentag nach der Veröffentlichung des Halbjahresberichts und des Jahresberichts der AG. Der Bezugsberechtigte erhält rechtzeitig eine schriftliche Information über Beginn und Ende des nächsten Ausübungszeitraums.

§ 3 Ausübungsvoraussetzungen

Die Ausübung der Optionen ist nur zulässig, wenn der Börsenkurs der Aktie (Schlusskurs im Xetra-Handel) den Börsenkurs bei Ausgabe der Optionen (Basispreis) in den letzten fünf Börsentagen vor Beginn des gewählten Ausübungszeitraums den für die Optionsrechte maßgeblichen Basispreis um mindestens 20 % überstiegen hat. Liegt zwischen der Ausgabe der Optionen und deren Ausübung ein Zeitraum von mehr als 5 Jahren, so erhöht sich die zur Ausübung erforderliche Kurssteigerung um 8 Prozentpunkte für das fünfte und jedes weitere Jahr.

§ 4 Ausübung der Optionen

Die Ausübung der Optionsrechte erfolgt durch schriftliche Erklärung gegenüber der AG. Sie kann nur durch den Optionsberechtigten selbst ausgeübt werden. In der Ausübungserklärung ist anzugeben, für welche Anzahl von Aktien die Optionsrechte ausgeübt werden; aus Gründen der Verwaltungsvereinfachung muss jede Tranche mindestens ░░░░░ Optionsrechte erfassen.

§ 5 Veräußerungsbeschränkungen und Haltefrist

■ Die Aktienoptionen sind nicht für den öffentlichen Handel bestimmt. Die Veräußerung, Verpfändung, Übertragung oder Abtretung der Aktienoptionen durch den Bezugsberechtigten ist unzulässig, ebenso jedwede anderweitige Verfügung über die Optionsrechte, die Gewährung einer Unterbeteiligung oder die Begründung eines Treuhandverhältnisses. Der Verstoß gegen diese Verfügungsbeschränkungen führt zum Verfall sämtlicher Optionsrechte.

■ Nach Ausübung der Optionsrechte ist der Bezugsberechtigte für einen Zeitraum von ░░░░ Monaten ab dem Tag der Ausübung nicht berechtigt, die Aktien zu veräußern.

§ 6 Ausschluss der Vererblichkeit

Die Optionsrechte sind höchstpersönlicher Natur und damit nicht vererblich.

§ 7 Beendigung des Arbeitsverhältnisses

■ Die Optionsrechte können von dem Bezugsberechtigten nur ausgeübt werden, solange dieser mit der AG in einem ungekündigten Anstellungsverhältnis steht; nicht ausgeübte Optionsrechte verfallen ersatzlos mit der Beendigung des Arbeitsverhältnisses.

■ Optionsrechte, deren Wartefrist im Zeitpunkt der Beendigung des Arbeitsverhältnisses bereits abgelaufen ist, unterliegen nicht der Verfallklausel gemäß Absatz 1. Diese können jedoch nur noch in den beiden auf die Beendigung des Arbeitsverhältnisses folgenden Ausübungszeiträumen ausgeübt werden.

▲

c) Erläuterungen

aa) Ausgestaltung des Aktienoptionsplans

Der **Aktienoptionsplan** kann vollumfänglich in den Anstellungsvertrag aufgenommen werden. Verbreitet **260** ist jedoch auch die vertragliche Verweisung auf die Bestimmungen eines allgemeinen Aktienoptionsprogramms, das durch die Bezugnahmeklausel Bestandteil des Anstellungsvertrages wird. In beiden Fällen unterliegen die Optionsbedingungen, sofern sie nicht ausnahmsweise individuell ausgehandelt oder in einer Betriebsvereinbarung enthalten sind, der Angemessenheitskontrolle nach § 307 BGB.[616]

bb) Festlegung der Bezugsberechtigten

261 Bei der Einführung und Ausgestaltung von Aktienoptionsmodellen ist der **allgemeine Gleichbehandlungsgrundsatz** zu wahren. Dieser untersagt die willkürliche Schlechterstellung einzelner Arbeitnehmer, wenn der Arbeitgeber Leistungen nach einem generalisierten Prinzip gewährt.[617] Die Gewährung von Optionsrechten in unterschiedlichem Umfang oder der gänzliche Ausschluss bestimmter Mitarbeiter(-gruppen) ist daher nur zulässig, wenn die Differenzierung auf sachlichen und billigenswerten Gründen beruht.[618]

262 Der **Kreis der begünstigten Mitarbeiter** kann ohne Verletzung des Gleichbehandlungsgrundsatzes nach allgemeinen Tätigkeitsmerkmalen festgelegt werden.[619] Insbesondere eine Abgrenzung nach Hierarchieebenen oder die Beschränkung der Optionsrechte auf die Führungsebenen (vgl. Präambel des Optionsplans) ist zulässig, da es i.d.R. nicht willkürlich ist, für höherwertige Aufgaben eine höhere oder anders geartete Vergütung zu gewähren.[620] Dabei muss die Gruppe der Anspruchsberechtigten klar abgrenzbar sein.[621] Innerhalb derselben Hierarchieebene bedarf eine Differenzierung der zusätzlichen Rechtfertigung; sachliche Differenzierungsgründe können sich dabei insbesondere aus der Qualifikation und Erfahrung sowie der Bedeutung der begünstigten Mitarbeiter für das Unternehmen ergeben.[622] Ebenso ist es zulässig, die Differenzierung anhand individueller Leistungskriterien vorzunehmen.[623] Auf individuell ausgehandelte Vergütungsabreden ist der Gleichbehandlungsgrundsatz generell nicht anwendbar, da hier der Grundsatz der Vertragsfreiheit gilt.[624]

263 Eine unterschiedliche Behandlung von Teilzeit- oder befristet Beschäftigten allein aufgrund der besonderen Vertragssituation ist wegen § 4 TzBfG ebenfalls nur mit sachlicher Rechtfertigung zulässig. Bei **Teilzeitkräften** rechtfertigt allein das unterschiedliche Arbeitsvolumen nicht den völligen Ausschluss aus einem Aktienoptionsprogramm.[625] Als Bestandteil der Vergütung[626] sind Aktienoptionen gem. § 4 Abs. 1 S. 2 TzBfG zumindest in dem Umfang zu gewähren, der dem Anteil der Arbeitszeit des Teilzeitbeschäftigten an der Arbeitszeit eines vergleichbaren vollzeitbeschäftigten Arbeitnehmers entspricht. Der Umfang der eingeräumten Aktienoptionen kann daher entsprechend dem tatsächlichen Arbeitsvolumen *pro rata* reduziert werden.[627] Auch **befristet beschäftigte Arbeitnehmer** profitieren von dem Benachteiligungsverbot des § 4 TzBfG. Während in der Vergangenheit angenommen wurde, dass bei befristet beschäftigten Arbeitnehmern der mit dem Optionsprogramm verbundene Zweck der Mitarbeiterbindung nicht erreicht werden könne und deshalb ein Ausschluss dieser Mitarbeiter aus dem Kreis der Bezugsberechtigten zulässig sei,[628] wird dies nach Inkrafttreten des § 4 TzBfG nicht mehr haltbar sein.[629] Auch befristet beschäftigte Arbeit-

---

616 *Stiegel*, S. 374; *Mauroschat*, S. 167 ff.; *Lembke*, BB 2001, 1449, 1472.

617 ErfK/*Preis*, § 611 Rn 505a.

618 *Lingemann/Diller/Mengel*, NZA 2000, 1191, 1196; *Stiegel*, S. 225.

619 *Schanz*, NZA 2000, 626, 633; *Legerlotz/Laber*, DStR 1999, 1658, 1662.

620 *Küttner/Röller*, Aktienoptionen Rn 8; *Buhr/Radtke*, DB 2001, 1882, 1886; *Schanz*, NZA 2000, 626, 634.

621 BAG 21.10.2009, NZA-RR 2010, 289.

622 *Harrer/Tepass/Lenzen*, Rn 428; vgl. auch BAG 15.5.2001, ZTR 2001, 569.

623 *Lingemann/Diller/Mengel*, NZA 2000, 1191, 1196; *Lembke*, BB 2001, 1469, 1471; *Baeck/Diller*, DB 1998, 1405, 1409; vgl. auch *Schaub/Linck*, § 78 Rn 31.

624 BAG 27.7.1988, AP Nr. 83 zu § 242 BGB Gleichbehandlung; *Scheuer*, S. 36.

625 A.A. für geringfügige Beschäftigte *Baeck/Diller*, DB 1998, 1405, 1408; *Röder/Göpfert*, BB 2001, 2001, 2003; *Buhr/Radtke*, DB 2001, 1882, 1886, wenn bei ratierlicher Kürzung der Wert der Ansprüche in keinem Verhältnis mehr zu dem Verwaltungs- und Kostenaufwand des Unternehmens steht. I.E. zust. *Küttner/Röller*, Aktienoptionen Rn 8; *Harrer/Tepass/Lenzen*, Rn 432.

626 *Lembke*, BB 2001, 1469, 1472; so schon *Baeck/Diller*, DB 1998, 1405, 1408.

627 Vgl. BAG 27.7.1988, AP Nr. 83 zu § 242 BGB Gleichbehandlung; *Harrer/Tepass/Lenzen*, Rn 430.

628 *Baeck/Diller*, DB 1998, 1405, 1409; *Legerlotz/Laber*, DStR 1999, 1658, 1661; *Schanz*, NZA 2000, 626, 634.

629 *Scheuer*, S. 37; *Legerlotz/Laber*, ArbRB 2001, 58.

Oberthür

nehmer haben daher in Abhängigkeit von dem Umfang der Beschäftigungsdauer innerhalb des Bemessungszeitraums einen anteiligen Anspruch auf die Gewährung von Aktienoptionen. Auch hier kann jedoch ein sachlicher Grund den Ausschluss rechtfertigen;[630] so entfällt ein anteiliger Anspruch, wenn die im Aktienoptionsplan vorgesehene Wartezeit aufgrund der Befristung nicht erfüllt wird oder die anteilige Gewährung von Optionsrechten objektiv unmöglich ist.[631]

Die anteilige Kürzung der Optionsrechte aufgrund von **Fehlzeiten** des grds. bezugsberechtigten Mitarbeiters beinhaltet demgegenüber keinen Verstoß gegen den allgemeinen Gleichbehandlungsgrundsatz, sondern ist wegen des Charakters der Aktienoptionen als Vergütung für erbrachte Arbeitsleistungen und Instrument zur Leistungssteigerung und Erhöhung der Produktivität gerechtfertigt.[632] Entsprechend den bei den Gratifikationen mit Mischcharakter entwickelten Grundsätzen (vgl. Rdn 704 f.), erfordert die Kürzung jedoch eine entsprechend **eindeutige und ausdrückliche Vereinbarung** der Vertragspartner.[633] Die Kürzungsvereinbarung muss transparent ausgestaltet sein und unmissverständlich diejenigen Ausfallzeiten benennen, auf die sie sich bezieht.[634]

cc) Umfang der Aktienoptionen

In welchem Umfang Aktienoptionen eingeräumt werden, obliegt in erster Linie der individuellen Vereinbarung der Parteien. Dabei sollte auf ein **angemessenes Verhältnis zwischen der Festvergütung und den Aktienoptionen** Wert gelegt werden.[635] Die variable Ausgestaltung der Vergütung durch die Einräumung von Aktienoptionen darf nicht dazu führen, dass die wirtschaftlichen Risiken des Unternehmens auf den Mitarbeiter abgewälzt werden und diesem im Falle des unternehmerischen Misserfolgs die angemessene Vergütung vorenthalten wird.[636] Darüber hinaus spiegelt der Aktienkurs, der auch von irrationalen Bewertungen des Kapitalmarktes abhängt, den objektiven Erfolg der unternehmerischen Tätigkeit nicht in verlässlicher Weise wieder.[637] Allerdings beinhalten Aktienoptionen nicht nur Risiken, sondern auch erhebliche Gewinnchancen für den Mitarbeiter, die sich mit anderen Formen der variablen Vergütung kaum realisieren lassen. Es erscheint daher gerechtfertigt, für das angemessene Verhältnis zwischen der festen und der variablen Vergütung einen großzügigeren Rahmen anzunehmen, der jedenfalls in oberen Führungspositionen einen Anteil von bis zu 50 % an der Gesamtvergütung vorsehen kann.[638] Die Grenze der Sittenwidrigkeit wird allerdings überschritten sein, wenn der Mitarbeiter unter Ausnutzung seiner wirtschaftlichen Unerfahrenheit erhebliche Anteile der üblichen Vergütung in Form von Aktienoptionen akzeptiert, ohne dass dem erkennbar eine mit der Geschäftsidee realisierbare Gewinnchance gegenüber steht.[639] Ebenso ist es aufgrund des darin liegenden Verstoßes gegen § 107 Abs. 2 GewO unzulässig, einen erheblichen Teil der vereinbarten Vergütung nicht in Geld, sondern durch die Gewährung von Aktienoptionen zu erbringen.[640]

dd) Freiwilligkeit der Aktienoptionsgewährung

Aktienoptionen können einmalig oder auch als wiederkehrender Vergütungsbestandteil gewährt werden. Denkbar ist es auch, Optionszusagen unter den ausdrücklichen **Vorbehalt der Freiwilligkeit** zu stellen (§ 1 Abs. 3 des Optionsplans), mit dem die Entstehung einer betrieblichen Übung oder sonstiger vertragli-

630 *Stiegel*, S. 351; *Lembke*, BB 2001, 1469, 1472.
631 *Harrer/Tepass/Lenzen*, Rn 432; *Scheuer*, S. 37.
632 *Baeck/Diller*, DB 1998, 1405, 1409; *Legerlotz/Laber*, ArbRB 2001, 58; *Schanz*, NZA 2000, 626, 634.
633 Hümmerich/Lücke/Mauer/*Lücke*, § 2 Rn 287; *Lembke*, BB 2001, 1469, 1472; *Legerlotz/Laber*, DStR 1999, 1658, 1662.
634 *Stiegel*, S. 186.
635 *Scheuer*, S. 27; vgl. auch *Busch*, BB 2000, 1294, 1295.
636 *Kessler/Sauter*, Rn 943; *Stiegel*, S. 322.
637 *Bauer/Göpfert*, BB 2001, 2002, 2005.
638 *Bauer/Göpfert*, BB 2001, 2002, 2005; ähnlich *Stiegel*, S. 331 bis zu einer Obergrenze von 35 %; *Kessler/Sauter*, Rn 946: 20 %.
639 *Bauer/Göpfert*, BB 2001, 2002, 2005.
640 LAG Düsseldorf 30.10.2008 – 5 Sa 977/08, DB 2009, 687 f.

cher Ansprüche ausgeschlossen wird[641] und dem Arbeitgeber die freie Entscheidung über die künftige Gewährung vergleichbarer Leistungen vorbehalten bleibt.[642] Gegen die Vereinbarung eines Freiwilligkeitsvorbehalts bestehen jedenfalls dann keine rechtlichen Bedenken, wenn die Aktienoptionen in Form einer zusätzlichen Vergütung gewährt werden, die neben die laufende monatliche Festvergütung tritt.[643]

ee) Vereinbarung von Warte- und Haltefristen

267   Mit der **Laufzeit** des Aktienoptionsprogramms (§ 2 Abs. 1 des Optionsplans) wird der Zeitraum, innerhalb dessen die Optionsrechte ausgeübt werden können, begrenzt. Dadurch wird die Planbarkeit des Programms für das Unternehmen erhöht.

268   Die **Wartezeit** (§ 2 Abs. 2 des Optionsplans) bestimmt demgegenüber den Zeitraum, der zwischen der Einräumung und der Ausübung der Optionsrechte eingehalten werden muss. Gem. § 193 Abs. 2 Nr. 4 AktG muss die Wartezeit im Falle einer bedingten Kapitalerhöhung **mindestens vier Jahre** betragen; damit sollen nur vorübergehend kurssteigernde Effekte, die nicht zu einer nachhaltigen Steigerung des Aktienkurses führen und damit dem Gedanken des *shareholder value* widersprechen, möglichst ausgeschlossen werden.[644] Grds. sollte die Dauer der Wartezeit stets so bemessen werden, dass eine längerfristige Verhaltenssteuerung der Bezugsberechtigten zugunsten einer nachhaltigen Steigerung des Aktienkurses möglich ist.[645] Eine **Höchstgrenze** der Wartezeit ist dabei aktienrechtlich nicht vorgeschrieben, doch darf die Länge der Wartefrist den Mitarbeiter nicht unangemessen benachteiligen. Unter der Geltung des § 193 Abs. 2 Nr. 4 AktG a.F.,[646] der eine Mindestwartezeit von lediglich zwei Jahren vorsah, wurde eine Wartezeit von bis zu drei Jahren allgemein,[647] teilweise auch eine Ausdehnung der Wartefrist auf fünf Jahre, noch als angemessen angesehen.[648] Angesichts der mittlerweile erkennbar auf längere Wartefristen ausgerichteten Intention des Gesetzgebers wird künftig auch eine deutlich längere Bindung möglich sein. Insbesondere können die Rechtsgrundsätze, die die Rechtsprechung hinsichtlich der Zulässigkeit von Bindungsfristen für Sonderzahlungen entwickelt hat (vgl. Rdn 1341 ff.), nicht auf Aktienoptionen übertragen werden, da diese einen ungleich größeren spekulativen Charakter aufweisen.[649]

Die Wartezeit kann **gestaffelt** werden, indem die Ausübung der Optionsrechte jeweils nur in Tranchen ermöglicht wird. Dies führt ebenfalls zu einer längerfristigen Bindung des Mitarbeiters und hat zusätzlich den Vorteil, dass übermäßige **Steuerbelastungen** des Mitarbeiters **vermieden** werden können. Die Besteuerung bei dem Mitarbeiter erfolgt nach dem Zuflussprinzip nicht bereits mit der Gewährung der Optionsrechte, sondern erst mit deren Ausübung, die die bloße Erwerbschance erstmals in einen tatsächlichen steuerbaren Vorteil verwandelt.[650] Besteuerungsgrundlage des mit der Optionsausübung erzielten Gewinns ist stets die Differenz zwischen dem Bezugspreis und dem tatsächlichen Marktwert der Aktien,[651] so dass sich bei anhaltend steigendem Aktienkurs mit der einmaligen Ausübung der Aktienoptionen nach langjähriger Bindungsdauer die Besteuerungsgrundlage gegenüber einer Ausübung in Tranchen erheblich erhöht.[652]

---

641 *Bauer* u.a./*Lingemann*, S. 522 Rn. 64; *Hergenröder*, AR-Blattei SD 1855 Rn 138.

642 *Scheuer*, S. 41; *Kau*/*Leverenz*, BB 1998, 2269, 2270.

643 BAG 25.4.2007, NZA 2007, 853.

644 *Achleitner*/*Weber*, S. 37; *Jungen*, S. 209; *Stiegel*, S. 141.

645 *Jungen*, S. 209; *Stiegel*, S. 141.

646 Geändert mit Wirkung vom 5.8.2009 durch das Gesetz zur Angemessenheit der Vorstandsvergütung („VorstAG" vom 10.7.2009, BGBl I 2009, 2509.

647 Begr RegE KonTraG, ZIP 1997, 2059, 2068; *Reim*, ZIP 2006, 1075, 1077: 2–3 Jahre; *Aha*, BB 1997, 2225: 3 Jahre.

648 *Tschöpe*/*Heiden*, Teil 2 A Rn 504; *Pulz*, BB 2004, 1107; *Hümmerich*/*Lücke*/*Mauer*/*Lücke*, § 2 Rn 287.

649 BAG 28.5.2008 – 10 AZR 351/07.

650 BFH 18.9.2012 – 6 R 90/10; *Jungen*, S. 238 ff.; *Legerlotz*/*Laber*, ArbRB 2001, 58, 59.

651 BFH 23.7.1999, DStR 1999, 1524; BFH 24.1.2001, NZA-RR 2001, 376.

652 *Feddersen*/*Pohl*, AG 2001, 26, 32.

ff) Festlegung von Ausübungszeiträumen

Nach Ablauf der Wartezeit kann die Ausübung der Optionsrechte zusätzlich dadurch beschränkt werden, 269
dass die Ausübung auf bestimmte Zeitfenster (**Ausübungszeiträume**) begrenzt wird (§ 2 Abs. 3 des Optionsplans). Dies verhindert, dass Bezugsberechtigte unter Verstoß gegen die insiderrechtlichen Bestimmungen insbesondere des § 14 WPHG einen Informationsvorsprung finanziell ausnutzen können.[653] Ausübungszeitfenster umfassen üblicherweise einen Zeitraum von wenigen Wochen, beginnend mit der Bekanntgabe interner Unternehmensdaten wie etwa die Feststellung der Quartals-, Halbjahres- oder Jahresergebnisse oder die Veröffentlichung des Geschäftsberichts.[654]

gg) Festlegung von Ausübungsvoraussetzungen

Neben den zeitlichen Vorgaben kann die Ausübung der Optionen auch an inhaltliche Voraussetzungen 270
(**Ausübungsvoraussetzungen**) gebunden werden (§ 3 des Optionsplans).[655] Materielle Ausübungsvoraussetzungen sollen ebenfalls einer nachhaltigen Steigerung des Unternehmenswertes dienen. Sie werden in dem Beschluss der Hauptversammlung gem. § 192 Abs. 2 Nr. 3 AktG festgelegt, können arbeitsvertraglich jedoch erweitert und präzisiert werden. Die Ausübungsvoraussetzungen orientieren sich in aller Regel an dem Umfang der Kurssteigerung,[656] können jedoch auch andere Erfolgsziele aus dem persönlichen Tätigkeitsbereich des Arbeitnehmers berücksichtigen. Die Erfolgsziele sollten sorgfältig abgewogen werden; sie müssen ausreichend anspruchsvoll sein, um einen optimalen Leistungsanreiz für den Arbeitnehmer zu bieten, dürfen jedoch zur Vermeidung von Frustrationseffekten bei Nichterreichbarkeit der Ziele nicht zu hoch angesetzt werden. Auch sollten die Erfolgsziele nicht zu besonders spekulativen und risikobehafteten Geschäften verleiten.[657] Insoweit kann sich eine Orientierung an der durchschnittlichen Kursentwicklung der Branche anbieten.[658]

Sind die Ausübungsvoraussetzungen erfüllt, ist die Ausübung der Optionsrechte in dem Zeitraum zwischen der Erreichung der Ausübungsvoraussetzungen und dem Ende der Laufzeit des Programms (§ 2 Abs. 1 des Optionsplans) jederzeit möglich.[659] Es steht dem Mitarbeiter jedoch frei, die Optionen auch tatsächlich auszuüben;[660] die Optionen berechtigen, verpflichten aber nicht zu dem Erwerb von Aktien.

hh) Festlegung des Bezugspreises

Mit **Ausübung der Optionsrechte** durch den Kauf der Aktien erwirbt der Bezugsberechtigte die Aktie un- 271
abhängig von dem aktuellen Marktwert zu dem festgelegten Bezugspreis. Der **Bezugspreis** kann dem Basispreis der Aktie entsprechen, wobei als **Basispreis** i.d.R. der Aktienkurs am Tag der Optionseinräumung festgelegt wird (§ 1 Abs. 1 des Optionsplans). Der Bezugspreis kann jedoch auch einen um einen bestimmten Betrag oder Prozentsatz erhöhten Basispreis darstellen; in diesem Fall profitieren die Mitarbeiter nicht vollumfänglich, sondern nur zu einem Teil von der Kurssteigerung der Aktie.

ii) Festlegung von Verfügungsbeschränkungen

Da die Gewährung von Aktienoptionen die Bindung des Arbeitnehmers an das Unternehmen verstärken sol- 272
len, werden die Verfügungsrechte des Bezugsberechtigten an den Optionsrechten regelmäßig durch **Verfügungsbeschränkungen** (§ 5 Abs. 1 des Optionsplans) zeitlich begrenzt oder gänzlich ausgeschlossen.[661] Zwar können die Verfügungsrechte des Mitarbeiters mit aktienrechtlicher Wirkung nur im Rahmen der

---

653 Kittner/Zwanziger/Deinert/*Litzig*, § 40 Rn 46; *Harrer/von Rosen/Leven*, Rn 20.

654 Tschöpe/*Heiden*, Teil 2 A Rn 502; *Aha*, BB 1997, 2225, 2227; *Baums*, in: FS Claussen, 1997, 18.

655 *Ernst*, S. 229; *Klahold*, S. 37 f.; *Mechlem/Melms*, DB 2000, 1614.

656 *Klahold*, S. 32: i.d.R. zwischen 10–20 % über dem Basiskurs.

657 *Feddersen/Pohl*, AG 2001, 26, 31; *Lembke*, BB 2001, 1469.

658 *Stiegel*, S. 137; *Aha*, BB 1997, 2225, 2226; *Feddersen/Pohl*, AG 2001, 26.

659 *Klahold*, S. 37.

660 Kittner/Zwanziger/Deinert/*Litzig*, § 40 Rn 46; *Kau/Leverenz*, BB 1998, 2269, 2270.

661 *Legerlotz/Laber*, DStR 1999, 1658, 1663; *Buhr/Radtke*, DB 2001, 1882, 1885.

zwingenden Bestimmungen der §§ 53a–75 AktG wirksam ausgeschlossen werden,[662] doch lässt sich einer Verfügung über die Optionsrechte auf schuldrechtlicher Basis begegnen. Schuldrechtliche Verfügungsbeschränkungen verhindern zwar nicht die dinglich wirksame Verfügung über die Option,[663] jedoch kann als Sanktion für den Verstoß gegen das Verfügungsverbot ein Verfall der Aktienoptionen oder auch eine Vertragsstrafe (vgl. hierzu Rdn 1553 ff.) vorgesehen werden.[664] Ebenso kann der Verstoß gegen die Verfügungsbeschränkungen arbeitsrechtliche Sanktionen nach sich ziehen. Gegen die Wirksamkeit zeitlich befristeter schuldrechtlicher Verfügungsbeschränkungen bestehen, wie das in § 399 BGB enthaltene Abtretungsverbot belegt, keine grundlegenden Bedenken.[665] Die Beschränkung der Verfügungsrechte ist vielmehr erforderlich,[666] da die mit dem Aktienoptionsprogramm angestrebten Leistungs-, Motivations- und Identifikationsanreize konterkariert würden, wenn die Bezugsberechtigten in die Lage versetzt würden, die Optionen vor Ablauf der Wartezeit anderweitig wirtschaftlich zu nutzen.[667] Auch Kurssicherungsgeschäfte mit Dritten sollten von dem Ausschluss erfasst werden, da diese wirtschaftlich einer Veräußerung der Optionsrechte gleichstehen.[668] Allerdings muss die Verfügungsbeschränkung angemessen ausgestaltet sein, was nach überwiegender Auffassung jedenfalls dann der Fall ist, wenn sie einen Zeitraum von nicht mehr als fünf Jahren umfasst.[669]

273 Weniger weit verbreitet[670] sind zusätzliche **Haltefristen** (§ 5 Abs. 2 des Optionsplans), mit denen die Verfügungsrechte des Arbeitnehmers über die Aktien nach Ausübung der Optionen weiter beschränkt werden.[671] Dadurch soll die Motivation des Arbeitnehmers auch weiterhin an der Entwicklung des Unternehmenswertes mitzuwirken, gesteigert und erhalten werden.[672] Auch die Haltefristen dürfen keine unangemessene Benachteiligung darstellen. Bei der Beurteilung der Angemessenheit sind sämtliche Bindungsfristen in der Gesamtschau zu bewerten, damit die Bindungsdauer insgesamt nicht unangemessen lang ist. Soweit jedoch die während der Wartezeit bestehenden Verfügungsbeschränkungen noch innerhalb einer angemessenen Grenze liegen, bleiben diese wirksam; erst eine den angemessenen Zeitraum überschreitende Haltefrist wäre dann unwirksam.[673]

jj) Festlegung von Verfallklauseln

274 **Verfallklauseln** führen bei Eintritt der vorgegebenen Voraussetzungen zu dem Verlust der dem Mitarbeiter gewährten Bezugsrechte.[674] Verfallklauseln, die die Ausübung der Aktienoptionen insbesondere von dem (Fort-)Bestand des Arbeitsverhältnisses im Zeitpunkt der Ausübung abhängig machen (§ 7 des Optionsplans), sind Bestandteil nahezu aller gängigen Aktienoptionspläne.[675]

275 Zweck der Verfallklauseln ist die Realisierung der mit dem Beteiligungsprogramm verbundenen Motivationsziele, die in einem beendeten Arbeitsverhältnis nicht mehr erreicht werden können.[676] Dementspre-

662 BayOLG 24.11.1988, NJW-RR 1989, 687; *Baeck/Diller*, DB 1998, 1405, 1407.
663 Ausführlich *Pulz*, BB 2004, 1107.
664 *Schanz*, NZA 2000, 626, 634.
665 *Baeck/Diller*, DB 1998, 1405, 1407; *Buhr/Radtke*, DB 2001, 1882, 1885.
666 *Baeck/Diller*, DB 1998, 1405, 1407; *Legerlotz/Laber*, DStR 1999, 1658, 1663.
667 *Scheuer*, S. 101; *Stiegel*, S. 380; *Kohler*, ZHR 161, 246, 252.
668 *Bredow*, DStR 1998, 371; *Klahold*, S. 39.
669 *Lingemann/Diller/Mengel*, NZA 2000, 1191, 1195; *Legerlotz/Laber*, DStR 1999, 1658, 1663; *Röder/Göpfert*, BB 2001, 2002; *Bauer/Lingemann*, S. 523 Rn 64; *Baeck/Diller*, DB 1998, 1405, 1407.
670 *Pulz*, BB 2004, 1107 (1109); *Klahold*, S. 39.
671 *Bauer/Göpfert/v. Steinau-Steinrück*, ZIP 2001, 1129, 1130; *Fröhlich*, ArbRB 2006, 246, 248; zwischen Aktienoptionen und Aktien differenzierend *Pulz*, BB 2004, 1107, 1108.
672 *Scheuer*, S. 145; *Reim*, ZIP 2006, 1075, 1079; *Jungen*, S. 211.
673 *Lingemann/Diller/Mengel*, NZA 2000, 1191, 1995.
674 *Scheuer*, S. 105.
675 *Stiegel*, S. 381; *Maletzky*, NZG 2003, 715; *Reim*, ZIP 2006, 1075, 1077.
676 *Kessler/Sauter*, Rn 937; *Legerlotz/Laber*, DStR 1999, 1658, 1663; *Jungen*, S. 216.

chend wird die Beendigung des Arbeitsverhältnisses durch den Wegfall der Optionsrechte faktisch sanktioniert,[677] indem der kaufrechtliche Anspruch auf die Übertragung der Aktien gem. § 158 Abs. 2 BGB unter die auflösende Bedingung der Verfallsvoraussetzungen gestellt wird.[678] Da die Einräumung der Aktienoptionen jedoch regelmäßig Bestandteil der arbeitsvertraglichen Vergütung ist und deren Wegfall zu einem nicht unerheblichen Einkommensverlust führen kann, sind Verfallklauseln nicht uneingeschränkt zulässig. Insbesondere würde eine Beurteilung allein unter kaufrechtlichen Gesichtspunkten dem arbeitsrechtlichen Rahmen der Optionsrechte insoweit nicht gerecht.[679] Vielmehr hängt die Beurteilung der Wirksamkeit einer Verfallklausel ähnlich wie bei anderen Sondervergütungen (vgl. Rdn 1338 ff.) von dem Zweck ab, der mit dem Aktienoptionsprogramm verfolgt wurde.[680]

Dienen die Optionsrechte ausschließlich der **Abgeltung einer bereits erbrachten Arbeitsleistung**, wird   **276** die Gegenleistung im laufenden Arbeitsverhältnis bereits erbracht; die Bezugsrechte sind mithin Entgelt im engeren Sinne gem. § 611 Abs. 1 BGB. Der Wegfall der bereits erdienten Möglichkeit eines späteren Ausübungsgewinns würde in diesem Fall das arbeitsvertragliche Verhältnis von Leistung und Gegenleistung und damit den Kernbereich des Arbeitsverhältnisses beeinträchtigen, so dass Verfallklauseln in diesem Zusammenhang stets zu einer unangemessenen Benachteiligung der Mitarbeiter führen.[681] I.d.R. handelt es sich bei Aktienoptionen jedoch um Entgelt im weiteren Sinne, da neben der Vergütung der bereits erbrachten Arbeitsleistung maßgeblich auch ein Anreiz zu künftiger Leistung und Betriebstreue gesetzt werden soll.[682] In diesem Fall ist die Vereinbarung einer Verfallklausel nicht von vornherein unwirksam.[683] Ihre Wirksamkeit hängt jedoch von der angemessenen Ausgestaltung der Verfallvoraussetzungen ab.

Der Verfall der Optionsrechte für den Fall der **Eigenkündigung des Arbeitnehmers** ist unter dem Aspekt   **277** des § 622 Abs. 6 BGB zu bewerten, der eine unzulässige Erschwerung der Kündigung des Arbeitnehmers und die damit verbundene übermäßige Beeinträchtigung der durch Art. 12 GG gewährleisteten Berufsfreiheit nicht zulässt.[684] Eine unzulässige Kündigungserschwerung liegt vor, wenn die Kündigung des Arbeitsverhältnisses für den Arbeitnehmer mit einem Vermögensopfer verbunden ist, dem der Arbeitgeber nicht in gleicher Weise unterliegt;[685] der Verlust bereits erworbener Ansprüche beinhaltet insoweit stets einen Verstoß gegen § 622 Abs. 6 BGB.[686] Entscheidend ist daher, zu welchem Zeitpunkt der Arbeitnehmer Ansprüche aus dem Aktienoptionsprogramm erwirbt. Dies wird regelmäßig anhand der **Ausübungsreife der Aktienoptionen** beurteilt, mithin danach, ob alle Voraussetzungen zur Ausübung der Aktienoption erfüllt sind. Fehlt es an der Ausübungsreife, etwa weil die Wartezeit noch nicht erfüllt oder die Ausübungsziele (noch) nicht erreicht wurden, sind die mit der Optionsgewährung verfolgten Ziele noch nicht erreicht. Da der Arbeitnehmer die Gegenleistung für die Gewährung der Aktienoptionen in diesem Fall noch nicht erbracht hat, ist ein Verfall der Optionen nicht ohne Weiteres unangemessen.[687] Allerdings wird zusätzlich eine **zeitliche Begrenzung** des Optionsverfalls für erforderlich erachtet, wobei überwiegend auf die Einhaltung der Wartezeit abgestellt wird.[688] Da mit der Wartezeit die Dauer der erforderlichen Bindung des Mitarbeiters an das Unternehmen festgelegt wird, hat dieser nach Ablauf der Wartezeit die geforderte Betriebstreue erbracht.[689]

677 Hümmerich/Lücke/Mauer/*Lücke*, § 2 Rn 228.
678 *Stiegel*, S. 381; Tschöpe/*Heiden*, Teil 2 A Rn 505.
679 *Scheuer*, S. 106; *Lingemann/Diller/Mengel*, NZA 2000, 1191, 1194.
680 *Harrer/Tepass/Lenzen*, Rn 458; *Kessler/Sauter*, Rn 938; *Schanz*, NZA 2000, 626, 634.
681 *Scheuer*, S. 108 f.; *Reim*, ZIP 2006, 1075, 1076; *Buhr/Radtke*, DB 2001, 1882, 1885; *Busch*, BB 2000, 1294, 1296.
682 *Pulz*, BB 2004, 1107, 1110; *Schnitker/Grau*, BB 2002, 2497, 2498; *Legerlotz/Laber*, DStR 1999, 1658, 1663.
683 *Harrer/Tepass/Lenzen*, Rn 458.
684 *Baeck/Diller*, DB 1998, 1405, 1407; *Maletzky*, NZG 2003, 715, 716.
685 BAG 27.4.1982, NJW 1983, 135; *Kessler/Sauter*, Rn 947.
686 Vgl. BAG 12.1.1973, AP Nr. 4 zu § 87a HGB; *Jungen*, S. 217.
687 *Scheuer*, S. 111.
688 *Harrer/Tepass/Lenzen*, Rn 458; *Mauroschat*, S. 178; *Maletzky*, NZG 2003, 715, 717; vgl. auch ArbG Düsseldorf 22.8.2005 – 7 Ca 2689/05, n.v.; a.A. *Legerlotz/Laber*, DStR 1999, 1658, 1664; *Lingemann/Diller/Mengel*, NZA 2000, 1191.
689 *Mechlem/Melms*, DB 2000, 1614, 1615; *Lembke*, BB 2001, 1469, 1473; *Scheuer*, S. 111.

Darüber hinaus führt der Ablauf der Wartezeit zu einer Konkretisierung des Vermögensvorteils, da die die Aktienoptionen mit Erreichen eines etwaigen Erfolgsziels jederzeit ausgeübt werden können.[690] Die Angemessenheit der Verfallklausel setzt daher voraus, dass die Unverfallbarkeit der Optionsrechte spätestens mit Ablauf der Wartezeit eintritt;[691] werden die Aktienoptionen in Tranchen ausgegeben, beginnt die zulässige Bindungsfrist jeweils mit Ausgabe der Optionsrechte, so dass eine gestaffelte Gewährung von Aktienoptionen die Möglichkeit einer zeitlichen Bindung des Mitarbeiters erweitert.[692] Eine Verfallklausel im Zusammenhang mit einer dreijährigen Wartezeit ist unter der Geltung des § 193 Abs. 2 Nr. 4 AktG a.F. für wirksam erachtet worden, wobei die Zulässigkeit einer fünfjährigen Bindungsdauer offen geblieben ist;[693] für eine über mehr als fünf Jahre andauernde Wartezeit hinaus sollte der Verfall der Optionsrechte nach bisheriger Auffassung aber nicht wirksam vereinbart werden können.[694] Hier hat die Änderung des § 183 Abs. 2 Nr. 4 AktG jedoch Spielraum für längere Bindungsfristen eröffnet. Ebenso bleibt es zulässig, die Ausübung der Optionsrechte an bestimmte Voraussetzungen zu knüpfen, indem etwa die Optionsausübung auf einen begrenzten **Zeitraum nach der Beendigung des Arbeitsverhältnisses** oder auf die nächsten Ausübungszeiträume beschränkt wird (§ 7 des Optionsplans). Lässt der Arbeitnehmer diese Ausübungsmöglichkeiten verstreichen, verfallen die Optionsrecht ersatzlos.[695]

278   Beruht die Beendigung des Arbeitsverhältnisses auf einer **Kündigung des Arbeitgebers**, ist der Verfall ausübungsreifer Optionsrechte, für die die Gegenleistung bereits erbracht wurde, ebenfalls unangemessen. Der Verfall nicht ausübungsreifer Optionen kann demgegenüber vereinbart werden, wobei nach überwiegender Auffassung in diesem Zusammenhang nicht nach dem **Grund für die Beendigung** differenziert werden muss.[696] Im Gegensatz zu anderen Sondervergütungen weisen Aktienoptionen hoch spekulativen Charakter auf, da sie keinen Vergütungsanspruch, sondern nur eine Chance auf zusätzliche Vergütungen eröffnen. Ein schutzwürdiges Vertrauen auf die künftige Steigerung des Aktienkurses kann nicht entstehen. Es ist daher weder treuwidrig noch unangemessen, die Gewährung künftiger Vorteile an die Beendigung des Arbeitsverhältnisses zu knüpfen. Auf den Grund für die Beendigung kommt es dabei nicht an, so dass der Verfall der Optionsrechte auch für den Fall der betriebsbedingten Kündigung vereinbart werden kann;[697] der Optionsverfall kommt in diesem Fall nur dann nicht zum Tragen, wenn dem Arbeitgeber ausnahmsweise treuwidriges Verhalten i.S.v. § 162 BGB vorzuwerfen wäre.[698] Ebenso ist es zulässig, den Verfall der Optionsrechte an den Übergang des Arbeitsverhältnisses gem. § 613a BGB auf ein anderes Unternehmen zu knüpfen.[699] Zu berücksichtigen ist aber, dass der Verfall voraussetzt, dass die Kündigung wirksam ist; im Falle einer arbeitgeberseitigen Kündigung bleibt es dem Arbeitnehmer unbenommen, das Optionsrecht unter Berufung auf die Unwirksamkeit der Kündigung auszuüben.[700]

279   Unzulässig wäre schließlich eine Regelung, die den Verfall ausübungsreifer Optionsrechte für den Fall vorsieht, dass der Mitarbeiter nach der Beendigung des Arbeitsverhältnisses eine **Wettbewerbstätigkeit** be-

---

690 *Mauroschat*, S. 179; vgl. auch *Willemsen/Müller-Bonanni*, ZIP 2003, 1177, 1182.

691 *Harrer/Tepass/Lenzen*, Rn 459; *Maletzky*, NZG 2003, 715, 717; wohl auch *Kessler/Sauter*, Rn 970 f.

692 *Scheuer*, S. 112; *Mechlem/Melms*, DB 2000, 1614, 1615.

693 ArbG Düsseldorf 22.8.2005 – 7 Ca 2689/05, n.v.

694 *Mauroschat*, S. 179; *Mechlem/Melms*, DB 2000, 1614, 1615; *Lembke*, BB 2001, 1469, 1473; auch *Baeck/Diller*, DB 1998, 1405, 1407; i.E. *Stiegel*, S. 434; *Schanz*, NZA 2000, 626, 634; *Pulz*, BB 2004, 1107, 1112; einschränkend *Reim*, ZIP 2006, 1075, 1079.

695 *Harrer/Tepass/Lenzen*, Rn 459; *Kessler/Sauter*, Rn 961; a.A. *Mauroschat*, S. 179, der auch solche Beschränkungen nicht zulassen will.

696 BAG 28.5.2008 – 10 AZR 351/07, AP Nr. 12 zu § 305 BGB.

697 ArbG Düsseldorf 22.8.2005 – 7 Ca 2689/05, n.v.; *Lingemann/Diller/Mengel*, NZA 2000, 1191, 1196; *Scheuer*, S. 114; auch *Pulz*, BB 2004, 1107, 1113; a.A. *Busch*, BB 2000, 1294, 1296, sowie BAG 23.1.2007, NZA 2007, 748, zu darlehensfinanzierten Ausbildungskosten.

698 *Mechlem/Melms*, DB 2000, 1294, 1296; *Lembke*, BB 2001, 1469, 1474.

699 LAG München 21.6.2007 – 2 Sa 1351/06, n.v.; BAG 12.2.2003, NZA 2003, 487.

700 OLG München 25.3.2009 – 7 U 4774/08, OLGR München 2009, 469 ff.

treibt. Als indirektes Wettbewerbsverbot sind derartige Regelungen unwirksam, wenn sie die Voraussetzungen der §§ 74 ff. HGB nicht einhalten.[701]

6. Allowances

Ausführungen hierzu finden sich unter dem Stichwort Aufwendungsersatz (siehe unten Rdn 584). **280**

7. Altersteilzeit

Ausführungen zur Altersteilzeit finden sich im Kapitel zu den einzelnen Vertragstypen (siehe § 1b Rdn 382 ff.). **281**

8. Anrechnung (Betriebszugehörigkeit, Krankheit und Urlaub)

Literatur: *Annuß*, Grundstrukturen der AGB-Kontrolle von Arbeitsverträgen, BB 2006, 1333; *Gaul/Süßbrich*, Die Bedeutung einer einzelvertraglichen Anrechnung vor Vordienstzeiten für die Sozialauswahl, ArbRB 2006, 54; *Kleinebrink*, Die Wartezeit im Kündigungsschutzgesetz in der Vertrags- und Beratungspraxis, ArbRB 2007, 214; *Künzl*, Probleme der Sozialauswahl bei betriebsbedingter Kündigung, ZTR 1996, 385.

a) Allgemeines

Anrechnungsvereinbarungen können in vielfältiger Weise getroffen werden. Von besonderer praktischer **282**
Relevanz sind dabei einerseits Vereinbarungen zur Anrechnung bestimmter Beschäftigungszeiten auf die Betriebszugehörigkeit, andererseits Vereinbarungen zur Anrechnung von Zeiten der Freistellung (vgl. Rdn 880 ff.), der Krankheit oder anderer Abwesenheitszeiten auf den Erholungsurlaub.

b) Anrechnung anderweitiger Betriebszugehörigkeit

Formulierungsbeispiele **283**

1. Die Betriebszugehörigkeit des Arbeitnehmers bei der XY GmbH wird angerechnet.
2. Auf die Betriebszugehörigkeit des Arbeitnehmers werden Betriebszugehörigkeitszeiten bei anderen Arbeitgebern des öffentlichen Dienstes angerechnet.
3. Die Betriebszugehörigkeit des Arbeitnehmers bei der XY GmbH wird angerechnet, soweit es bei der Anwendung des Kündigungsschutzgesetzes und der Bemessung der Kündigungsfristen auf die Dauer der Betriebszugehörigkeit ankommt.

aa) Vereinbarung der Anrechnung

Durch vertragliche Vereinbarung kann eine gesetzlich nicht berücksichtigungsfähige frühere **Beschäfti-** **284**
gungszeit bei demselben oder einem anderen Arbeitgeber auf die Dauer der Betriebszugehörigkeit **ange-**
rechnet werden.[702] Eine solche Regelung ist, da sie den Arbeitnehmer gegenüber der gesetzlichen Regelung begünstigt, uneingeschränkt zulässig[703] und insbesondere bei kooperativer oder konzernhafter Verbindung rechtlich selbstständiger Unternehmen üblich[704] (vgl. auch Rdn 1569). Eine Verpflichtung zur Anrechnung von Vorbeschäftigungszeiten besteht jedoch auch in diesen Fällen nicht.[705]

---

701 *Baeck/Diller*, DB 1998, 1405, 1408; *Legerlotz/Laber*, DStR 1999, 1658, 1664; *Buhr/Radtke*, DB 2001, 1882, 1886.
702 *Kleinebrink*, ArbRB 2007, 214, 216.
703 HWK/*Quecke*, § 1 KSchG Rn 18.
704 Vgl. Hessisches LAG 27.6.2001, LAGE § 1 BetrAVG Nr. 22.
705 BAG 18.9.2014 – 8 AZR 757/13; BAG 24.11.2005, ZIP 2006, 821; BAG 2.6.2005, DB 2006, 110; KR/*Griebeling/Rachor*, § 1 KSchG Rn 672; *v. Hoyningen-Huene/Krause*, § 1 Rn 968f.; *Künzl*, ZTR 1996, 385.

285   Auch ohne ausdrückliche Anrechnungsvereinbarung können die Umstände des Einzelfalls auf die Annahme einer **stillschweigenden Anrechnungsvereinbarung** schließen lassen.[706] Dies soll nach der Auffassung des BAG zwar nicht in jedem Fall gelten, in dem der Arbeitnehmer bereits außerhalb eines Arbeitsverhältnisses mit unveränderten Aufgaben für den Arbeitgeber tätig geworden ist; allerdings soll bspw. bei der Weiterbeschäftigung eines abberufenen Geschäftsführers in einem Arbeitsverhältnis im Zweifel eine Anrechnung der Beschäftigungszeit als Geschäftsführer auf die Wartezeit vereinbart sein, wenn dieser bereits früher als Arbeitnehmer tätig gewesen ist.[707] Auch die vertragliche „Übernahme" eines Arbeitsverhältnisses „mit gleichen Rechten und Pflichten" beinhaltet regelmäßig eine konkludente Anrechnungsvereinbarung.[708]

bb) Umfang der Anrechnungsvereinbarung

286   Die umfassende vertragliche Anrechnung früherer Betriebszugehörigkeiten (siehe oben Rdn 283, Beispiele 1 und 2) führt dazu, dass die angerechnete Betriebszugehörigkeit in allen Bereichen zu berücksichtigen ist, in denen es auf die Dauer der Betriebszugehörigkeit ankommen kann. Demgegenüber ist es auch zulässig, die Anrechnung früherer Beschäftigungszeiten nur für bestimmte gesetzliche Tatbestände (Wartezeit für die Anwendung des Kündigungsschutzgesetzes, Berechnung von Kündigungsfristen) oder auch nur für die Berechnung bestimmter arbeitgeberseitiger Leistungen (Sozialplanabfindungen, Ansprüche aus betrieblicher Altersversorgung) zu vereinbaren.[709] Sofern die Anrechnung nicht umfassend gelten soll, muss eine entsprechende Begrenzung ausdrücklich vereinbart sein (siehe oben Rdn 283, Beispiel 3).[710] Eine Auswirkung auf den Geltungsbereich des KSchG dahingehend, dass Anrechnungszeiten vor dem 31.12.2003 zu einem Status als „Alt-Arbeitnehmer" i.S.d. § 23 Abs. 1 KSchG führen, hat die Anrechnung von Betriebszugehörigkeitszeiten nicht.[711]

cc) Anrechnungsvereinbarung und Sozialauswahl

287   Die vertragliche Anrechnung früherer Betriebszugehörigkeiten kann bei der **Sozialauswahl** gem. § 1 Abs. 3 KSchG zu einer höheren sozialen Schutzwürdigkeit des Arbeitnehmers, zu dessen Gunsten die Anrechnung vereinbart wurde, und damit zu einer Verringerung des gesetzlichen Kündigungsschutzes anderer Arbeitnehmer führen. Die Berücksichtigung vertraglich erweiterter Betriebszugehörigkeitszeiten im Rahmen der Sozialauswahl wird deshalb nur dann zugelassen, wenn die sich zu Lasten eines anderen Arbeitnehmers auswirkende Anrechnungsvereinbarung ohne missbräuchliche Intention und nicht allein zur Umgehung der Sozialauswahl vereinbart wurde; zudem muss für die Anrechnung ein sachlicher Grund bestehen[712] (vgl. Rdn 1040).

dd) Anrechnungsvereinbarung und Betriebliche Altersversorgung

288   In der **betrieblichen Altersversorgung** kann die Anrechnung früherer Beschäftigungszeiten zu einer Besserstellung des Arbeitnehmers bei der Erfüllung der Anwartschaftszeit gem. § 1b BetrAVG wie auch bei der Höhe der Versorgungsleistungen führen. Im Falle der **Insolvenz** des Arbeitgebers ist allerdings zu berücksichtigen, dass der Pensionssicherungsverein gem. § 7 BetrAVG nur in die gesetzlich bestehende Versorgungsverpflichtung eintritt. Vertragliche Anrechnungsvereinbarungen besitzen deshalb nach ständiger

706   LAG Hamm 23.7.2009, AA 2010, 54.
707   BAG 24.11.2005, ZIP 2006, 821; *v. Hoyningen-Huene/Krause*, § 1 Rn 122.
708   LAG Düsseldorf 3.7.1998 – 11 (15) Sa 1839/97, zit. nach juris.
709   LAG Rheinland-Pfalz 19.1.2005 – 10 Sa 849/04, zit. nach juris; zur Auslegung von Anrechnungsvereinbarungen vgl. BAG 2.7.2009, NZA-RR 2010, 205.
710   LAG Rheinland-Pfalz 20.8.2014 – 4 Sa 443/13.
711   ArbG Freiburg 9.11.2011 – 3 Ca 121/11.
712   BAG 2.6.2005, DB 2006, 110; LAG Mecklenburg-Vorpommern 8.4.2014 – 5 Sa 207/13; LAG Köln 17.9.1998 – 10 Sa 631/98, zit. nach juris; *v. Hoyningen-Huene/Krause*, § 1 Rn 967; HWK/*Quecke*, § 1 KSchG Rn 369, 371; krit.: LAG Hamm 27.5.2002 – 8 Sa 134/02, zit. nach juris; *Gaul/Süßbrich*, ArbRB 2006, 54, 55.

Rechtsprechung nur in Ausnahmefällen Auswirkungen auf den gesetzlichen Insolvenzschutz, wenn auch die angerechnete Betriebszugehörigkeit von einer Versorgungszusage begleitet war und an das Arbeitsverhältnis, in dem die Anrechnung vereinbart wird, unmittelbar heranreicht.[713] Auch darf der Arbeitnehmer in dem Arbeitsverhältnis, dessen Dauer auf die Betriebszugehörigkeit angerechnet wurde, nicht bereits kraft Gesetzes eine unverfallbare Versorgungsanwartschaft erlangt haben, da anderenfalls die bei dem ersten Arbeitgeber zurückgelegte Betriebszugehörigkeit bei der Berechnung der Unverfallbarkeitsfristen doppelt berücksichtigt würde.[714] Führt die Anrechnungsvereinbarung zu einer materiellen Verbesserung der Versorgungsleistung, wird sie darüber hinaus unter dem Aspekt des Versicherungsmissbrauchs gem. § 7 Abs. 5 BetrAVG vorbehaltlich der dort genannten Ausnahmen nur berücksichtigt, wenn sie mehr als zwei Jahre vor Eintritt des Sicherungsfalls erfolgt ist.[715]

c) Anrechnung auf Urlaub

289

Variante 1

Erkrankt der Arbeitnehmer während des Urlaubs, so werden die Tage der Arbeitsunfähigkeit auf den Urlaubsanspruch angerechnet, wenn der Arbeitnehmer die Arbeitsunfähigkeit nicht unverzüglich anzeigt und durch ärztliche Bescheinigung nachweist. Dies gilt nicht für den gesetzlichen Mindesturlaub.

Variante 2

Der Arbeitnehmer erhält neben dem gesetzlichen Mindesturlaub einen zusätzlichen Urlaubsanspruch von zehn Arbeitstagen jährlich. Der Zusatzurlaub mindert sich um die Anzahl der Krankheitstage, die nicht durch eine ärztliche Arbeitsunfähigkeitsbescheinigung nachgewiesen sind, oder die an Tagen unmittelbar vor oder nach arbeitsfreien Tagen (z.B. Freischicht, Urlaub, Wochenende, Feiertag) auftreten.

Variante 3

Der Arbeitgeber ist berechtigt, von je fünf Tagen, an denen der Arbeitnehmer infolge einer Maßnahme der medizinischen Vorsorge oder Rehabilitation gem. § 9 EFZG an seiner Arbeitsleistung verhindert ist, die ersten zwei Tage auf den vertraglichen Zusatzurlaub anzurechnen; die angerechneten Tage gelten als Erholungsurlaub, so dass kein Anspruch auf Entgeltfortzahlung besteht. Dies gilt nicht, wenn der Arbeitnehmer arbeitsunfähig erkrankt oder wenn der unmittelbare Anschluss der Maßnahme an eine Krankenhausbehandlung medizinisch notwendig ist.

d) Erläuterungen
aa) Dispositivität (nur) des vertraglichen Zusatzurlaubs

Der gesetzliche **Mindesturlaub** für Arbeitnehmer beträgt gem. § 3 Abs. 1 BUrlG 24 Werktage. Dieser Anspruch ist gem. § 13 Abs. 1 BUrlG unabdingbar,[716] so dass diesbezügliche Regelungen zu Lasten der Arbeitnehmer weder einzel- noch tarifvertraglich wirksam vereinbart werden können. Regelungen über die Anrechnung anderweitiger Zeiten auf den Erholungsurlaub sind daher grds. unwirksam, wenn sie zu einer Verschlechterung des gesetzlichen Anspruchs auf Mindesturlaub führen. Gestaltungsmöglichkeiten bestehen allerdings, soweit der gesetzliche Mindesturlaub, wie in der Praxis üblich, arbeitsvertraglich erhöht wird. Urlaubsansprüche, die den gesetzlichen Mindesturlaub überschreiten, unterliegen grds. der vollen Disposition der Vertragsparteien.[717] Sollen auf den vertraglichen Zusatzurlaub jedoch Regelungen ange-

290

---

713 BAG 13.3.1990 – 3 AZR 506/88, n.v.; BAG 3.8.1978, AP Nr. 1 zu § 7 BetrAVG.

714 BAG 28.3.1995, AP Nr. 84 zu § 7 BetrAVG.

715 Vgl. hierzu HWK/*Schipp*, § 7 BetrAVG Rn 57 ff.

716 Ausführlich zur unionsrechtlichen Verankerung des Mindesturlaubsanspruchs BAG 7.8.2012, NZA 2012, 1216.

717 EuGH 3.5.2012 – C-337/10; BAG 19.1.2016 – 9 AZR 507/14; BAG 7.8.2012, NZA 2013, 104; BAG 18.10.2011, NZA 2012, 143; BAG 21.6.1968, AP Nr. 1 zu § 9 BUrlG.

wandt werden, die von den gesetzlichen Grundsätzen abweichen, müssen diese eindeutig vereinbart werden; anderenfalls ist das Bundesurlaubsgesetz im Zweifel auch auf den vertraglichen Zusatzurlaub anzuwenden.[718]

bb) Anrechnung von Krankheitstagen

291 Bei der **Anrechnung von Krankheits- und anderen Fehltagen** auf den Urlaubsanspruch des Arbeitnehmers handelt es sich maßgeblich um eine Frage der Erfüllungswirkung. Der Urlaubsanspruch wird grds. bereits durch die verbindliche Festlegung des Urlaubs durch den Arbeitgeber erfüllt. Entfällt während des festgelegten Urlaubs aus anderen Gründen die Arbeitspflicht, so wird dem Arbeitgeber die Urlaubsgewährung zwar unmöglich, § 275 BGB, der Urlaubsanspruch erlischt bei fehlendem Vertretenmüssen des Arbeitgebers jedoch ersatzlos. **Urlaubsstörende Ereignisse** fallen daher als Teil des persönlichen Lebensrisikos grds. in den Risikobereich des Arbeitnehmers;[719] sie werden auf den Urlaubsanspruch „angerechnet". Dies gilt nur dann nicht, wenn sich aus besonderen gesetzlichen Regelungen eine andere Risikoverteilung ergibt; so sind bspw. während des Urlaubs abzuleistende Einsatztage für das Technische Hilfswerk nicht auf den Urlaubsanspruch anzurechnen, da der Arbeitnehmer für den THW-Einsatz unter Fortzahlung der Vergütung freigestellt werden müsste und die Anrechnung gegen das Benachteiligungsverbot des § 3 THW-Helferrechtsgesetz verstoßen würde.[720] **Ausnahmen** gelten darüber hinaus in den Fällen, in denen das Gesetz die Anrechnung bestimmter Zeiten auf den Urlaubsanspruch ausdrücklich untersagt.

292 Erkrankt der Arbeitnehmer während des Urlaubs, so verbietet **§ 9 BUrlG** die Anrechnung der **Krankheitszeiten** auf den Urlaubsanspruch, wenn diese zur Arbeitsunfähigkeit führen und ärztlich nachgewiesen werden.[721] Dies gilt auch dann, wenn die Krankheit den Erholungszweck objektiv nicht beeinträchtigt.[722] Diese Regelung ist grds. zwingend und kann arbeitsvertraglich nicht zu Lasten des Arbeitnehmers modifiziert werden. Eine Regelung, die zur Begründung des Anspruchs auf Entgeltfortzahlung neben dem auch gesetzlich geforderten ärztlichen Nachweis zusätzlich die unverzügliche Anzeige der Arbeitsunfähigkeit fordert, wäre deshalb unwirksam, soweit sie sich auf den gesetzlichen Mindesturlaub bezieht.[723] Da sich das Gebot der Unabdingbarkeit in § 13 BUrlG allerdings nur auf den gesetzlichen Mindesturlaub bezieht, bleibt es zulässig, eine solche Regelung für darüber hinausgehende vertragliche Urlaubsansprüche zu vereinbaren.[724] Die Rechtsprechung hat in solchen Fällen bislang einen **Günstigkeitsvergleich** zwischen der gesetzlichen und der vertraglichen Regelung vorgenommen.[725] Stellte die vertragliche Regelung den Arbeitnehmer unter Berücksichtigung des vertraglichen Zusatzurlaubs insgesamt besser, war diese auch dann wirksam, wenn sie in einzelnen Punkten Abweichungen von den Vorgaben des Bundesurlaubsgesetzes zum Nachteil des Arbeitnehmers beinhaltete.[726] In Formularverträgen steht dem jedoch mittlerweile das **Verbot der geltungserhaltenden Reduktion** entgegen, das die weitest mögliche Aufrechterhaltung einer teilweise unzulässigen Klausel gerade verhindern soll.[727]

293 Anrechnungsregelungen, die über die gesetzlich vorgesehenen Anrechnungsmöglichkeiten hinausgehen, sind daher nur zulässig, wenn sie **ausdrücklich auf den vertraglichen Zusatzurlaub beschränkt** sind.

---

718 LAG Köln 10.11.1998, MDR 1999, 752; Preis/*Stoffels*, Arbeitsvertrag, II U 20 Rn 17; für tarifliche Urlaubsregelungen st. Rspr.: BAG 18.10.1990, AP Nr. 56 zu § 7 BUrlG Abgeltung; BAG 13.5.1982, AuB 1985, 258; BAG 7.11.1985, NZA 1986, 391.

719 BAG 10.5.2005, AP Nr. 4 zu § 8 BUrlG; BAG 21.1.1997, AP Nr. 15 zu § 9 BUrlG; gilt auch bei schwangerschaftsbedingtem Beschäftigungsverbot, BAG 9.8.1994, AP Nr. 19 zu § 7 BUrlG, und bei Erkrankung des Kindes im Urlaub, ArbG Berlin 17.6.2010, BB 2010, 1724.

720 BAG 10.5.2005, NZA 2006, 439.

721 BAG 18.3.2014 – 9 AZR 669/12.

722 ErfK/*Gallner*, § 9 BUrlG Rn 3.

723 ErfK/*Gallner*, § 9 BUrlG Rn 5; zur Zulässigkeit in einer tariflichen Regelung vgl. BAG 15.12.1987, ZTR 1988, 262.

724 Küttner/*Röller*, Urlaubsdauer Rn 19.

725 BAG 20.7.1961, AP Nr. 3 zu § 10 UrlaubsG Hamburg; BAG 25.11.1958, AP Nr. 1 zu § 10 UrlaubsG Hamburg.

726 BAG 26.11.1991 – 9 AZR 567/90, n.v.; BAG 15.3.1962, AP Nr. 1 zu § 6 UrlaubsG Niedersachsen.

727 BAG 23.1.2007, NZA 2007, 748; Palandt/*Grüneberg*, § 307 Rn 8; *Annuß*, BB 2006, 1333.

Nicht zu beanstanden wäre es dementsprechend, allein für diejenigen Urlaubstage, die über das gesetzliche Mindestmaß hinausgehen, eine Anrechnung von Krankheitszeiten zu vereinbaren. In der praktischen Umsetzung sollte dann jedoch spätestens bei der Gewährung des Urlaubs erkennbar sein, ob es sich um den gesetzlichen oder den vertraglichen Urlaub handelt; fehlt es an einer ausdrücklichen Bestimmung, wird mit der Urlaubsgewährung zunächst der gesetzliche Mindesturlaubsanspruch erfüllt.[728] Soweit die Anrechnung auch unabhängig von einer Anrechnungserklärung des Arbeitgebers erfolgt und insoweit von dessen Einfluss unabhängig ist, liegt auch ein unzulässiger Anrechnungsvorbehalt i.S.v. § 308 Nr. 4 BGB nicht vor.[729]

cc) Anrechnung von Rehabilitationsmaßnahmen

Auch **Maßnahmen der medizinischen Vorsorge und Rehabilitation** können gem. § 10 BUrlG nicht auf den (gesetzlichen Mindest-) Urlaub angerechnet werden, soweit für diese Maßnahmen Entgeltfortzahlung gem. § 9 EFZG zu leisten ist. § 10 BUrlG in der vom 1.10.1996 bis zum 31.12.1998 geltenden Fassung[730] hat eine Anrechnung medizinischer Maßnahmen auf den Erholungsurlaub zwar vorübergehend zugelassen, doch ist diese Regelung zum 1.1.1999[731] wieder aufgehoben worden. Eine diesbezügliche Anrechnungsregelung kann sich daher ebenfalls nur auf den vertraglichen Zusatzurlaub beziehen[732] oder die Anrechnung medizinischer Maßnahmen vorsehen, die nicht (mehr) der gesetzlichen Entgeltfortzahlung unterfallen.[733]

Die Regelung in dem vorstehenden Muster orientiert sich inhaltlich an § 10 BUrlG a.F., ist allerdings so ausgestaltet, dass sich der Arbeitgeber die Entscheidung über die einseitige Reduzierung des vereinbarten Urlaubsanspruchs vorbehält. Eine derartige Anrechnungsregelung muss in Formularverträgen den Anforderungen der **§§ 308 Nr. 4, 307 Abs. 1 BGB** auch dann genügen, wenn sie nur den vertraglichen Zusatzurlaub erfasst. Die Anrechnungsregelung ist daher nur wirksam, wenn dem Arbeitnehmer die Anrechnung unter Berücksichtigung der Interessen des Arbeitgebers zumutbar ist. Dies dürfte bei der vorliegenden Klausel zu bejahen sein, da zum einen eine vergleichbare Regelung seinerzeit vom Gesetzgeber selbst als angemessen angesehen worden ist, und zum anderen lediglich der vertragliche Zusatzurlaub betroffen ist. Zeiten der krankheitsbedingten Arbeitsunfähigkeit und medizinisch notwendiger Anschlussrehabilitationen sind von der Anrechnung ebenfalls ausgeschlossen, so dass die verbleibende Anrechnung dem Arbeitnehmer zumutbar ist. Zwar werden Änderungsvorbehalte, auf deren Grundlage die Vergütung des Arbeitnehmers objektiv abgesenkt werden kann, von der Rechtsprechung nur akzeptiert, soweit sie bei unsicherer Entwicklung der Verhältnisse als Instrument der Anpassung notwendig sind und insbesondere den Anlass, aus dem das Änderungsrecht besteht, möglichst konkret angeben.[734] Dies gilt jedoch nicht, wenn sich die Gesamtgegenleistung des Arbeitgebers, etwa bei der Anrechnung übertariflicher Zulagen auf Tariferhöhungen nicht ändert.[735] Dieselben Erwägungen lassen sich auch bei der Anrechnung auf Urlaubstage heranziehen; auch hier ist die Anrechnung auf einen konkreten und transparenten Aspekt reduziert.[736] Zur Vermeidung eines möglichen Verstoßes gegen § 308 Nr. 4 BGB empfiehlt es sich aber dennoch, an Stelle der einseitigen Anrechnungsbefugnis eine **automatische Minderung** des Urlaubsanspruchs zu vereinbaren.

294

295

728 BAG 7.8.2012, NZA 2013, 104.
729 Tschöpe/*Gross*, Teil 2 C Rn 176 f.
730 Eingeführt durch das Arbeitsrechtliche Gesetz zur Förderung von Wachstum und Beschäftigung vom 25.9.1996, BGBl I 1996, 1476.
731 Eingeführt durch das Gesetz zu Korrekturen in der Sozialversicherung und zur Sicherung der Arbeitnehmerrechte vom 19.12.1998, BGBl I 1998, 3843.
732 LAG Schleswig-Holstein 23.2.1999 – 3 Sa 682e/97, n.v.
733 Küttner/*Röller*, Urlaubsdauer Rn 18; LAG Niedersachsen 27.3.2015 – 10 Sa 1005/14 zu sog. „Erholungskuren".
734 BAG 11.10.2006, AP Nr. 6 zu § 308 BGB; BAG 12.1.2005, DB 2005, 669; BGH 19.10.1999, NJW 2000, 651.
735 BAG 30.5.2006, AP Nr. 23 zu § 77 BetrVG 1972 Tarifvorbehalt; BAG 1.3.2006, AP Nr. 3 zu § 308 BGB.
736 ErfK/*Preis*, §§ 305–310 BGB Rn 67, zur Anrechnung bei Tariferhöhungen.

9. Anrechnungsvorbehalt Tariflohnerhöhung

a) Erläuterungen

296 Tarifgebundene Arbeitgeber gewähren vielfach **übertarifliche Zulagen**. Wird später der Tariflohn erhöht, stellt sich die Frage, ob die Tariflohnerhöhung mit der Zulage verrechnet wird (Aufsaugung) oder ob die Zulage in voller Höhe weiter neben dem erhöhten Tariflohn zu zahlen ist (Aufstockung). Sieht der Arbeitsvertrag **keine ausdrückliche Regelung** vor, gilt folgendes: Im Regelfall darf der Arbeitgeber die Tariflohnerhöhung mit der Zulage verrechnen.[737] Denn eine übertarifliche Zulage greift nach der Rechtsprechung zukünftigen Tariflohnerhöhungen lediglich vor. Für den Arbeitgeber sei es dagegen nicht vorhersehbar, ob er bei künftigen Tariflohnerhöhungen weiter in der Lage sein wird, die bisher gewährte Zulage weiterhin in unveränderter Höhe zu leisten; dies sei dem Arbeitnehmer aufgrund der Bezeichnung der Zulage als „übertariflich" erkennbar.[738] Ist die Tariflohnerhöhung geringer als die übertarifliche Zulage, bleibt das Gehalt somit nominal unverändert. Es verschiebt sich allein das prozentuale Verhältnis von Tariflohn und übertariflicher Zulage. Die Anrechnung einer übertariflichen Zulage auf eine Erhöhung des allgemeinen Tariflohns soll ohne diesbezügliche vertragliche Regelung allerdings dann ausscheiden, wenn der Arbeitgeber mit der Zulage einen bestimmten Zweck verfolgt (sog. selbstständige Entgeltbestandteile).[739] Das ist insbesondere bei Erschwernis-, Leistungs- oder Funktionszulagen der Fall.

Die Aufnahme eines **ausdrücklichen Anrechnungsvorbehalts** in den Arbeitsvertrag ist unabhängig von der Art der Zulage anzuraten. Bei selbstständigen Entgeltbestandteilen wird eine Anrechnung hierdurch erst möglich. Der Anrechnungsvorbehalt selbst unterliegt bei solchen Zulagen einer Inhaltskontrolle nach § 308 Nr. 4 BGB.[740] Er ist für den Arbeitnehmer allerdings zumutbar, weil sich die vom Arbeitgeber versprochene Gegenleistung durch einen Anrechnungsvorbehalt nicht verändert.[741] Aber selbst dann, wenn der Arbeitgeber mit Zahlung der übertariflichen Zulage keinen eigenständigen Zweck verfolgt – und ein explizierter Anrechnungsvorbehalt damit nicht erforderlich wäre –, schafft eine solche Regelung Transparenz und vermeidet damit Auslegungsschwierigkeiten. Sie steuert vor allem die Erwartungshaltung der Arbeitnehmer und macht eine tatsächlich vorgenommene Anrechnung besser erklär- und nachvollziehbar. Der Anrechnungsvorbehalt unterliegt in diesen Fällen als bloße Bruttolohnabrede gemäß § 307 Abs. 3 S. 1 BGB keiner ABG-rechtlichen Inhalts-, sondern nur einer Transparenzkontrolle.[742]

Das BAG stellt keine hohen Anforderungen an die Transparenz des Anrechnungsvorbehalts. Die Bezeichnung als „anrechenbare betriebliche Ausgleichszulage" sei hinreichend klar und verständlich."[743] Die Anrechnungsgründe müssen in der Klausel ebenfalls nicht näher bestimmt werden.[744] Es ist allerdings nicht empfehlenswert, die Anrechenbarkeit auf „kommende" Tariflohnerhöhungen zu beschränken. In diesem Fall soll dem Arbeitgeber eine Anrechnungsbefugnis nur zustehen, wenn er von ihr bereits bei der erstmaligen Gehaltsabrechnung nach der Tariflohnerhöhung Gebrauch macht.[745]

Ob die Anrechnungserklärung des Arbeitgebers im Einzelfall einer **Billigkeitskontrolle nach § 315 Abs. 1 BGB** unterliegt, ist umstritten.[746] Dieser Streit wird sich im Regelfall nicht auswirken, weil das Arbeitsent-

---

737 BAG 18.5.2011, NZA 2011, 1289, 1292; BAG 23.9.2009, NJOZ 2010, 856, 857.
738 BAG 23.9.2009, NJOZ 2010, 856, 857. Kritisch dazu etwa *Klumpp*, in: Clemenz/Kreft/Krause, AGB Arbeitsrecht, § 307 BGB Rn 96; Preis/*Preis*, Der Arbeitsvertrag, II V 70 Rn 35.
739 BAG 18.5.2011, NZA 2011, 1289, 1292; BAG 23.9.2009, NJOZ 2010, 856, 857.
740 BAG 1.3.2006, NZA 2006, 746, 748.
741 BAG 1.3.2006, NZA 2006, 746, 748.
742 BAG 1.3.2006, NZA 2006, 746, 748.
743 BAG 1.3.2006, NZA 2006, 746, 748 f.
744 BAG 1.3.2006, NZA 2006, 746 (Leitsatz).
745 BAG 17.9.2003 NZA 2004, 437, 439.
746 Dafür z.B. ErfK/*Preis*, § 310 BGB Rn 66; Preis/*Preis*, Der Arbeitsvertrag, II V 70 Rn 38. Dagegen etwa HWK/*Thüsing*, § 611 BGB Rn 543.

gelt nominal unverändert bleibt, und eine Anrechnung schon allein deshalb nicht unbillig ist.[747] Bei der Ausübung seiner Anrechnungsbefugnis ist der Arbeitgeber allerdings an den allgemeinen **Gleichbehandlungsgrundsatz** gebunden und darf damit die Anrechnung nicht ohne sachlichen Grund auf bestimmte Arbeitnehmergruppen beschränken.[748] Ein etwaiges Mitbestimmungsrecht des Betriebsrats nach **§ 87 Abs. 1 Nr. 10 BetrVG** ist ebenfalls zu beachten.[749] Danach hat der Betriebsrat mitzubestimmen, wenn sich durch die Anrechnung die bisherigen Verteilungsrelationen ändern und innerhalb des vom Arbeitgeber mitbestimmungsfrei vorgegebenen Dotierungsrahmens ein Gestaltungsspielraum bleibt.[750] Die Anrechnung ist dagegen mitbestimmungsfrei, wenn die Tariferhöhung im Rahmen des rechtlich und tatsächlich Möglichen vollständig und gleichmäßig auf die übertarifliche Vergütung sämtlicher Arbeitnehmer angerechnet wird.[751]

b) Musterformulierung

Muster 1a.20: Anrechnungsvorbehalt   297

Die übertarifliche Zulage kann ganz oder teilweise auf eine Erhöhung des Tariflohns angerechnet werden. Erfolgt die tarifliche Anpassung rückwirkend, so ist auch eine rückwirkende Anrechnung möglich.

10. Anwesenheitsprämien (inklusive § 4a EFZG)

Literatur: *Hanau/Vossen*, Die Kürzung von Jahressonderzahlungen aufgrund fehlender Arbeitsleistung, DB 1992, 213; *Reinartz*, Einige Fragen und Lösungsvorschläge zu § 4a EFZG, NZA 2015, 83.

a) Allgemeines

Anwesenheitsprämien stellen einen Anreiz zu gesundheitsbewusstem und -förderndem Verhalten dar und   298
sollen leichtfertige Krankmeldungen unterbinden[752] bzw. einen Anreiz erzeugen, die Zahl der berechtigten oder unberechtigten Fehltage im Bezugszeitraum möglichst gering zu halten.[753] Sie sind **Sondervergütungen** (vgl. Rdn 300, 302 f.), die nicht die vertraglich vereinbarte Arbeitsleistung honorieren sollen, also kein laufendes Arbeitsentgelt darstellen. Sie werden als weitergehende zusätzliche Leistung vereinbart, ausgelobt oder schlicht gewährt, um Mehrbelastungen am Arbeitsplatz zu vermeiden, die sonst durch Vertretungsbedarf für abwesende Mitarbeiter entstehen.[754]

Sozialpolitisch sind Anwesenheitsprämien umstritten, weil die Prämien unabhängig davon gekürzt werden,   299
ob die betreffenden Fehlzeiten verschuldet oder unverschuldet eintraten. Im Zentrum der Rechtsprechung stand daher lange die Frage, ob und inwieweit Prämienkürzungen mit der Lohn- bzw. Entgeltfortzahlungspflicht im Krankheitsfall vereinbar sind. Der Gesetzgeber schloss sich aber letztlich dieser sozialpolitischen Kritik nicht an, sondern gestattet, wie § 4a EFZG zeigt, in bestimmten Grenzen die Kürzung aller Arten von Sondervergütungen auch in Krankheitsfällen.

---

747 BAG 18.5.2011, NZA 2011, 1289, 1292; ErfK/*Preis*, § 310 BGB Rn 66.

748 BAG 9.6.1982, NJW 1982, 2838; HWK/*Thüsing*, § 611 BGB Rn 543.

749 Näher dazu HWK/*Clemenz*, § 87 BetrVG Rn 193 ff.

750 BAG 1.3.2006, NZA 2006, 746, 749.

751 BAG 1.3.2006, NZA 2006, 746, 749; BAG 21.1.2003, AP Nr. 118 zu § 87 BetrVG 1972 Lohngestaltung.

752 BAG 26.9.2007 – 10 AZR 570/06, 10 AZR 568/06 und 569/06, NJW 2007, 3801.

753 BAG 21.1.2009 – 10 AZR 216/08, BeckRS 2008, 60434.

754 BAG 26.9.2001, AP Nr. 55 zu § 4 EFZG; DLW/*Dörner*, S. 503 Rn 941.

300 Der Begriff der „Sondervergütung" ist gesetzlich nicht definiert. Der Wortlaut des § 4a EFZG stellt aber klar, dass kürzungsrelevante Sondervergütungen nur vorliegen, wenn sie **zusätzlich** zum laufenden Arbeitsentgelt geleistet werden. Als kürzbare Sondervergütungen in diesem Sinne kommen grundsätzlich alle Leistungen in Betracht, die neben dem laufenden Arbeitsentgelt erbracht werden, also sowohl **freiwillige** Leistungen des Arbeitgebers, als auch solche, auf die ein **Rechtsanspruch** besteht.[755] Hierzu können z.B. Gratifikationen zählen sowie Kostenerstattungen, Wege- und Fahrtgelder, Lohnzuschläge und nicht zuletzt natürlich auch unmittelbare Anwesenheitsprämien.

301 Eine Anwesenheitsprämie kann in den Grenzen der Transparenz- und Inhaltskontrolle (§§ 305c Abs. 1, 307 BGB) als freiwillige Leistung gezahlt werden, auf die auch bei wiederholter Auszahlung kein Rechtsanspruch entsteht.[756] Vor dem Hintergrund der engen Grenzen, in denen das BAG[757] Freiwilligkeitsvorbehalte mittlerweile nur noch zulässt, empfiehlt es sich, bei jeder tatsächlichen Gewährung der Anwesenheitsprämie den Freiwilligkeitsvorbehalt zu wiederholen.

302 Ob eine Anwesenheitsprämie als Sondervergütung zu bewerten ist, hängt nicht von ihrer Bezeichnung, sondern von der zugrundeliegenden **Leistungsbestimmung** ab. Es kommt also auf den mit der Prämienzusage verfolgten **Zweck** an, unabhängig davon, ob dieser vertraglich vereinbart ist oder – bei freiwilligen Leistungen – einseitig vom Arbeitgeber bestimmt wurde.[758] Der Zweck der Prämienzahlung ist im Zweifel durch Auslegung der zugrundeliegenden Willenserklärungen zu ermitteln. Der Zweck kann außer in individualvertraglicher Weise auch durch kollektivrechtliche Maßnahmen bestimmt werden, z.B. auf Basis eines Tarifvertrages, einer Gesamtzusage, einer freiwilligen Betriebsvereinbarung oder aufgrund betrieblicher Übung.[759] Die Kürzung einer Anwesenheitsprämie ist stets nur zulässig, wenn die Prämienregelung ein solches Kürzungsrecht **ausdrücklich eröffnet**. Eine gesetzliche Regelung, aus der sich ein solches Kürzungsrecht ergibt, existiert nicht.

303 Ob eine Anwesenheitsprämie als **zusätzliche** und damit kürzbare Sondervergütung i.S.v. § 4a EFZG oder als laufendes – unkürzbares – Arbeitsentgelt anzusehen ist, kann sich auch aus den Umständen ihrer Gewährung (z.B. im Gehaltstakt oder als Einmalzahlung) und aus ihrer systematischen Stellung im Arbeitsvertrag (z.B. im Zusammenhang mit der Gehaltsregelung oder davon unabhängig an anderer Stelle) ergeben.[760]

b) Abgrenzung
aa) Fehlzeiten aus Krankheitsgründen

304 Hauptanwendungsfall der Vereinbarung einer Anwesenheitsprämie – und ihrer Kürzung – dürfte die Absicht sein, **krankheitsbedingte** Abwesenheitszeiten gering zu halten. Dieser Bereich ist seit 1996 gesetzlich geregelt, aktuell in § 4a EFZG. Der Regelung unterfallen auch bestimmte Vorsorge- und Rehabilitationsmaßnahmen, die in § 9 EFZG geregelt sind. § 4a EFZG ist zwingendes Recht und bestimmt Höchstgrenzen für Kürzungsregelungen, von denen nicht zuungunsten der Arbeitnehmer abgewichen werden darf (§ 12 EFZG). Ein Kürzungsrecht im Sinne einer Rechtsfolge eröffnet die Bestimmung aber nicht.[761] Es bedarf daher stets einer entsprechenden individual- oder kollektivrechtlichen **Ermächtigungsgrundlage**, z.B. einer ausdrücklichen Abrede über Inhalt und Reichweite des Kürzungsrechts im Rahmen eines Arbeitsvertrags oder einer Betriebsvereinbarung.

---

755 Schaub/*Linck*, ArbR-Hdb., § 79 Rn 5.
756 BAG 23.5.2007, AP Nr. 24 zu § 1 TVG Tarifverträge: Großhandel.
757 BAG 14.9.2011, DB 2012, 179.
758 Schaub/*Linck*, ArbR-Hdb., § 79 Rn 6.
759 ErfK/*Reinard*, § 4a EFZG Rn 5.
760 BAG 21.1.2009 – 10 AZR 216/08, BeckRS 2008, 60434; LAG Rheinland-Pfalz 14.10.2014 – 7 Sa 85/14, BeckRS 2014, 74103.
761 Schaub/*Linck*, ArbR-Hdb., § 79 Rn 4; *Reinartz*, NZA 2015, 83, 85.

bb) Fehlzeiten aus anderen Gründen

Von den Krankheitsfällen abzugrenzen sind Fehlzeiten, die auf anderen Ursachen beruhen und für die § 4a **305** EFZG daher **nicht gilt**. Die Grenzen bestimmen sich daher nicht nach dem EFZG, sondern nach der zu diesem Themenkomplex entwickelten Rechtsprechung.

Es kommen unberechtigte und berechtigte Fehlzeiten in Betracht. Kürzungsabreden sind hier weitgehend zulässig, je nach dem Inhalt der getroffenen Vereinbarung oder Zweckbestimmung.

Unberechtigte Fehlzeiten, z.B. infolge von Arbeitsverweigerung, stellen von vornherein keinen Anwen- **306** dungsfall von Anwesenheitsprämien und deren Kürzung dar. Wer unberechtigt fehlt, erwirbt schon keinen Entgeltanspruch, solange er keine Arbeitsleistung erbringt („kein Lohn ohne Arbeit"). Dasselbe gilt für Anwesenheitsprämien. Ein Kürzungsrecht wird hier aus dem Leistungszweck der Prämie gefolgt, ohne dass es einer vertraglichen Vereinbarung bedürfte.[762] Gleichwohl empfiehlt sich eine ausdrückliche Regelung aus Gründen der Klarstellung, was auch dem Anreizcharakter einer Anwesenheitsprämie Rechnung trägt.

Bei **berechtigten Fehlzeiten ohne Vergütungsanspruch**, z.B. bei Ruhen des Arbeitsverhältnisses, unbe- **307** zahltem Urlaub, Elternzeit,[763] Kurzarbeit oder Streik,[764] Wehr- oder Ersatzdienst[765] oder Krankheitszeiten ohne Anspruch auf Entgeltfortzahlung[766] kann eine Kürzung oder Streichung von Anwesenheitsprämien eintreten, je nach dem Inhalt der zugrundeliegenden Vereinbarung.

Bei **berechtigten Fehlzeiten mit Vergütungsanspruch**, z.B. bei Erholungsurlaub oder innerhalb der Mut- **308** terschutzfristen, muss eine Anwesenheitsprämie den abwesenden Arbeitnehmern bezahlt werden, weil diese während der Abwesenheit einen zwingend vorgeschriebenen Entgeltanspruch haben. Eine Kürzung von Anwesenheitsprämien kommt in diesen Fällen nicht in Betracht. Denn es wäre mit dem Schutzzweck des BUrlG bzw. des MuSchG unvereinbar, normativ oder vertraglich bestimmte zeitliche Freiräume zugleich als prämienschädliche Abwesenheitszeiten zu bewerten.[767] Die frühere Rechtsprechung des BAG, wonach eine Kürzung auch für Zeiten von Beschäftigungsverboten nach dem MuSchG zulässig sei,[768] dürfte nach der Entscheidung des EUGH vom 21.10.1999 und in der Folge ergangenen Entscheidungen der Instanzgerichte[769] nicht fortgeführt werden. Es ist mit Art. 141 EG unvereinbar, Mutterschutzzeiten als Kürzungstatbestand zu definieren.[770] Insoweit ist davon auszugehen, dass uneingeschränkt die Regeln maßgeblich sind, die das BAG in seiner Entscheidung vom 12.5.1993 entwickelt hat, wonach Fehlzeiten während der Mutterschutzfristen den Arbeitgeber nicht zur Kürzung von Sondervergütungen berechtigen.[771] Bislang ungeklärt ist die Frage, ob übergesetzliche Urlaubsansprüche als Sondervergütung i.S.v. § 4a EFZG anzusehen sind oder ob lediglich Zahlungsansprüche i.e.S. unter § 4a EFZG fallen.[772] Für den Fall, dass der Urlaubsanspruch in Natur der Linie des EuGH folgend zum geldwerten Vorteil wird, wird man die Kürzung des übergesetzlichen freiwilligen Urlaubs zulassen müssen.[773]

c) Entwicklung der Rechtsprechung

Das BAG hat seine Rechtsprechung zur Kürzung von Anwesenheitsprämien in der Vergangenheit wieder- **309** holt geändert. Die ältere Rechtsprechung erachtete Prämien als freiwillige soziale Leistungen für grundsätz-

---

762 Küttner/*Griese*, Kap. 19 Rn 9, 16.
763 Preis/*Peters-Lange*, Arbeitsvertrag, II S 40 Rn 54, 85 ff.
764 BAG 19.4.1995 und 10.5.1995, EzA Nr. 121 und 128 zu § 611 BGB Gratifikation, Prämie.
765 Preis/*Peters-Lange*, Arbeitsvertrag, II S 40 Rn 54, 85 ff.
766 BAG 14.9.1994, EzA Nr. 16 zu § 611 BGB Gratifikation, Prämie.
767 Küttner/*Griese*, Kap. 19 Rn 14 m.w.N; vgl. auch *Hanau/Vossen*, DB 1992, 213, 218, 220.
768 BAG 12.7.1995, AP Nr. 182 zu § 611 BGB Gratifikation.
769 EuGH 21.10.1999 – Rs. C 333/97, NZA 99, 1325; LAG Bremen 9.12.2004, LAGE Nr. 12 zu § 14 MuSchG.
770 ErfK/*Preis*, § 611 BGB Rn 545.
771 BAG 12.5.1993, AP Nr. 156 zu § 611 BGB Gratifikation; ErfK/*Reinard*, § 4a EFZG Rn 9.
772 So LAG Rheinland-Pfalz 1.3.2012 – 11 Sa 647/11, BeckRS 2012, 68203; offen gelassen BAG 15.10.2013, NZA-RR 2014, 234).
773 ErfK/*Reinhard*, § 4a EFZG Rn 8.

lich zulässig.[774] Später hielt das BAG die Prämienreduzierung für unvereinbar mit dem LohnFZG.[775] Im Jahr 1990 differenzierte es dann zwischen Jahresprämien[776] einerseits und monatlichen Prämien bzw. laufenden Vergütungsaufschlägen andererseits. Hiernach durften **jährlich** gezahlte und **freiwillig** gewährte Prämien, z.B. Weihnachtsgratifikationen, auch bei krankheitsbedingten Fehlzeiten gekürzt werden, allerdings nur bis zu 1/60 der Gesamtprämie pro Fehltag. Die Kürzungsmöglichkeit betraf auch Arbeitsunfälle.[777] Das BAG zog später sogar eine Kürzungsrate von 1/30 je Fehltag in Betracht, allerdings im Zusammenhang mit einer Betriebsvereinbarung.[778]

310   Der Gesetzgeber hat diese Rechtsprechung im Jahre 1996 aufgegriffen und in § 4a EFZG die Zulässigkeit und die Tatbestandsvoraussetzungen für Anwesenheitsprämien und deren Kürzung bei **krankheitsbedingten** Fehlzeiten gesetzlich geregelt. Zusätzlich gewährte Sondervergütungen dürfen hiernach für jeden Tag der Arbeitsunfähigkeit höchstens um ¼ des Arbeitsentgeltes gekürzt werden, welches im Jahresdurchschnitt auf einen Arbeitstag entfällt.

Auch im Anwendungsbereich von § 4a EFZG bedarf es stets einer **zusätzlichen** normativen oder vertraglichen Grundlage, die ein Kürzungsrecht eröffnet, z.B. in einem anderen Gesetz, einem Tarifvertrag, einer Betriebsvereinbarung oder einer vertraglichen Regelung. Die Kürzungsregelung muss **nicht ausdrücklich** formuliert sein, sondern kann z.B. auch dann angenommen werden, wenn eine Anwesenheitsprämie für ein Quartal nur unter der Bedingung gewährt wird, dass in diesem Zeitraum kein krankheitsbedingter Fehltag liegt.[779] Das BAG sah hierin eine den gesetzlichen Kürzungsmöglichkeiten entsprechende Regelung und sprach dem Arbeitnehmer nur einen zeitanteilig entsprechend gekürzten Anspruch auf die Anwesenheitsprämie zu.

311   Die jüngere Rechtsprechung tendiert wegen der seit der Schuldrechtsreform gebotenen Transparenz- und Inhaltskontrolle dazu, die Wirksamkeit der Kürzungsvereinbarung eng an die konkrete **Vorhersehbarkeit** der im jeweiligen Fall zu erwartenden Prämieneinbuße und deren **Bestimmtheit** zu knüpfen. Gefordert wird insbesondere die konkrete Prozentangabe der zu erwartenden Kürzung.[780]

d) Grenzen des Kürzungsrechts

312   § 4a EFZG bestimmt die Obergrenze der möglichen Kürzung von Sonderzahlungen im Anwendungsbereich dieses Gesetzes. Die Kürzungsgrenze ist im Gegensatz zur früheren Rechtsprechung nicht von der Höhe der Anwesenheits-Gesamtprämie abhängig (hiervon ⅙ bzw. ⅓), sondern vom **durchschnittlichen Bruttoverdienst** der letzten 12 Monate.[781] Das auf dieser Basis ermittelte durchschnittliche Tagesentgelt kann nach der gesetzlichen Regelung um maximal ¼ pro krankheitsbedingtem Fehltag gekürzt werden.

313   Allerdings kommt § 4a EFZG im Falle von **unberechtigten Fehlzeiten** (z.B. Arbeitsverweigerung) nicht zur Anwendung; mithin gelten auch dessen Kürzungsgrenzen insoweit nicht, was bei der Klauselgestaltung einen erweiterten Spielraum eröffnet.

314   Da das durchschnittliche Tagesarbeitsentgelt von der tatsächlichen Arbeitszeit der letzten 12 Monate abhängt, wird empfohlen,[782] die in jedem Falle erforderliche einzelvertragliche oder kollektivrechtliche **Kürzungsvereinbarung** an die Dauer der **vorgesehenen** Arbeitstage pro Jahr zu knüpfen. Das wären bei einer

---

774 BAG 15.5.1964, AP Nr. 35 zu § 611 BGB Gratifikation; BAG 30.3.1967, AP Nr. 58 zu § 611 BGB Gratifikation (Schwangerschaft).
775 BAG 11.2.1976, AP Nr. 10 zu § 611 BGB Anwesenheitsprämie; BAG 19.5.1982, AP Nr. 12 zu § 611 BGB Anwesenheitsprämie.
776 BAG 15.2.1990, AP Nr. 15 zu § 611 BGB Anwesenheitsprämie.
777 BAG 15.12.1999, AP Nr. 221 zu § 611 BGB Gratifikation.
778 BAG 26.10.1994, EzA Nr. 10 zu § 611 BGB Anwesenheitsprämie.
779 BAG 25.7.2001, EzA Nr. 2 zu § 4a EFZG.
780 BAG 7.8.2002, EzA Nr. 3 zu § 4a EFZG; LAG Hamm 7.3.2007, NZA-RR 2007, 629; LAG Rheinland-Pfalz 14.10.2014 – 7 Sa 85/14, BeckRS 2014, 74103.
781 Preis/*Peters-Lange*, Arbeitsvertrag, II S 40 Rn 63, 66.
782 Preis/*Peters-Lange*, Arbeitsvertrag, II S 40 Rn 67; Schaub/*Linck*, ArbR-Hdb., § 79 Rn 13.

Fünf-Tage-Woche 260 Arbeitstage (5 × 52 = 260). Die Grundformel zur Ermittlung des Kürzungsbetrags lautet daher:

Vereinbarter Kürzungsbetrag pro Fehltag = Jahreseinkommen: 260 × ¼

Verschiedentlich werden Urlaubswochen zusätzlich abgezogen, so dass sich der Divisor entsprechend verringert (z.B. bei 30 Urlaubstagen auf 230). Das wird wegen der auch im Urlaub fortlaufenden Entgeltfortzahlungspflicht im Schrifttum allerdings abgelehnt.[783] Außerdem eröffnet die Verwendung eines möglicherweise zu geringen Divisors Rechtsunsicherheiten, denn wenn der prozentuale Abzug die gesetzliche Höchstgrenze überschreitet, wäre die Kürzung insgesamt rechtswidrig. Denn eine geltungserhaltende Reduktion unwirksamer Klauseln findet im AGB-Recht nicht statt.[784]

Am Stichtag ist aus der Retrospektive die Summe der Fehltage zu ermitteln. Hierbei wird nach den o.a. Kriterien zwischen kürzungsrelevanten und -irrelevanten Zeiten nach den vorgenannten Kriterien unterschieden. Aus diesem Grund sollte der Kürzungsvereinbarung keine starre Formel, sondern eine hinreichend **flexible Regelung** zugrunde gelegt werden. 315

Aus Gründen der Praktikabilität ist für die Klauselgestaltung weiter zu empfehlen, die Obergrenzen des § 4a EFZG **einheitlich** festzuschreiben und zwar sowohl für Krankheitsfälle als auch für nicht-krankheitsbedingte berechtigte Fehlzeiten. Das EFZG enthält für Krankheitsfälle ohnehin zwingendes Recht; höhere Kürzungsquoten für nicht-krankheitsbedingte berechtigte Fehlzeiten würden die Dinge unnötig komplizieren. 316

Dies zeigt sich an einer Entscheidung des LAG Hamm vom 7.3.2007.[785] Das Gericht differenziert aus Gründen, die sich aus der Gestaltung des Arbeitsvertrags ergaben, zwischen einer Kürzung i.S.v. § 4a EFZG und einer Kürzung aus anderen Gründen. Der Arbeitsvertrag enthielt im zugrundeliegenden Fall zunächst eine allgemeine Regelung über „Sonderzuwendungen", die auch ein hinreichend bestimmtes Kürzungsrecht gem. § 4a EFZG eröffnete, sah aber in einer weiteren Regelung unter der Überschrift „Entgeltfortzahlung im Krankheitsfall" unter nochmaliger Bezugnahme auf § 4a EFZG vor, Sonderzuwendungen auch im Krankheitsfall „prozentual" zu kürzen. Die letztere Klausel wurde als nicht hinreichend bestimmt bewertet, da ein **Prozentsatz nicht angegeben** worden sei; der Rückgriff auf die an sich wirksame allgemeine Kürzungsklausel wurde verwehrt, weil diese nach dem Spezialitätsprinzip durch die (unzureichende) Klausel zur krankheitsbedingten Kürzung verdrängt werde. 317

Auch unter diesem Blickwinkel ist daher anzuraten, eine **einheitlich formulierte Kürzungsregelung** zu wählen und diese im Vertragsdokument nicht in direktem Zusammenhang mit den Gehaltsregelungen zu verorten, sondern an anderer Stelle.[786] Außerdem steht zu erwarten, dass die künftige Rechtsprechung aus § 4a EFZG nicht nur die Legaldefinition,[787] sondern auch die vom Gesetzgeber für den Krankheitsfall vorgegebenen Höchstgrenzen auf die verbleibenden Kürzungsfälle überträgt. 318

Höhere Kürzungsquoten rechtfertigen sich dagegen bei **unberechtigten Fehlzeiten** (vgl. oben Rdn 313). Hier ist ein **überproportionales** Kürzungsrecht möglich[788] und i.S.d. mit der Anwesenheitsprämie verfolgten Zwecks auch zielführend. Angemessen dürfte ein Betrag in Höhe eines vollen durchschnittlichen Tagesarbeitsentgelts für jeden Fehltag sein; diskutiert werden aber auch höhere Obergrenzen, z.B. die volle Kürzung einer monatlich gewährten Anwesenheitsprämie bereits bei einem einzigen unberechtig- 319

---

783 ErfK/*Reinard*, § 4a EFZG Rn 14; Schaub/*Linck*, ArbR-Hdb., § 79 Rn 13 m.w.N.
784 BAG 4.3.2004, NZA 2004, 727 m.w.N.
785 LAG Hamm 7.3.2007, NZA-RR 2007, 629.
786 BAG 21.1.2009 – 10 AZR 216/08, BeckRS 2008, 60434.
787 BAG 23.5.2007, AP Nr. 24 zu § 1 TVG Tarifverträge: Großhandel; BAG 24.11.2004, EzA Nr. 4 zu § 4 TVG Bankgewerbe, Rn 54.
788 Küttner/*Griese*, Kap. 19 Rn 9.

ten Fehltag im Monat.[789] Zu kurz dürfte daher der Vorschlag greifen, pro unberechtigtem Fehltag proportional 1/220 der Prämie zu kürzen,[790] weil dann im Ergebnis weniger gekürzt würde als bei berechtigter Abwesenheit.

> *Beispiel*
>
> Bei einer Anwesenheitsprämie in Höhe eines Monatsgehalts von 2.200 EUR und 22 Monatsarbeitstagen würde sich für berechtigte Abwesenheit eine Kürzungsobergrenze von 25 EUR errechnen (2.200 : 22 x ¼ = 25), während bei unberechtigter Abwesenheit nur 10 EUR gekürzt werden könnten (2.200 x 1/220 = 10), ein Wertungswiderspruch in sich.

e) Kollektivrechtliche Aspekte

320 Eine Regelung über das Verhältnis zu Tarifverträgen ist § 4a EFZG nicht zu entnehmen. Enthält ein vor Inkrafttreten des Gesetzes (1996) geschlossener Tarifvertrag eine andere Kürzungsobergrenze, so gilt nach dem Grundsatz des Tarifvorrangs diese Obergrenze, unabhängig davon, ob sie günstiger oder ungünstiger ist.[791] § 4a EFZG ist insoweit verfassungskonform zu reduzieren, da sonst ein Eingriff in die Tarifautonomie vorläge.[792] Spätere Regelungen müssen den Rahmen von § 4a EFZG dagegen einhalten, da von den zwingenden Normvorgaben auch durch kollektivrechtliche Regelungen nicht zum Nachteil der Arbeitnehmer abgewichen werden darf.[793] Zulässig ist nach dem Günstigkeitsprinzip allerdings die Regelung einer geringeren Kürzungsobergrenze.

321 In Betrieben mit Betriebsrat sind dessen **Mitbestimmungsrechte** nach § 87 Abs. 1 Nr. 10 BetrVG zu beachten, soweit nicht eine tarifliche Regelung besteht.[794] Denn es geht um eine Frage der betrieblichen Lohngestaltung.

f) Zusammenfassung

322 Anwesenheitsprämien und deren Kürzung wegen Fehlzeiten können grundsätzlich rechtswirksam gestaltet werden. Der Gestaltung bedarf es schon deshalb, weil keine gesetzliche Ermächtigungsgrundlage für Prämienkürzungen existiert. Beschränkungen der Gestaltungsfreiheit ergeben sich im Falle krankheitsbedingter Fehlzeiten durch § 4a EFZG im Hinblick auf die Kürzungsobergrenzen und auf den Anwendungsbereich, der auf zusätzliche Leistungen beschränkt ist. Außerhalb des Anwendungsbereichs des EFZG ergeben sich ähnliche Einschränkungen auf Basis der BAG-Rechtsprechung, die allerdings in der Vergangenheit andere Kürzungsobergrenzen und ein anderes Berechnungsmodell vorsah. Seit der Schuldrechtsmodernisierung stehen Anwesenheitsprämien zusätzlich auf dem Prüfstein der Transparenz- und Inhaltskontrolle, sofern sie – was der Regelfall sein dürfte – in Form von AGB vereinbart werden. Ihre Gestaltung stellt hohe Anforderungen an die Klarheit des Regelungsgegenstandes, die Vorhersehbarkeit der bezweckten Rechtsfolgen und die Angemessenheit der getroffenen Regelungen für den Arbeitnehmer.

g) Klauseln

323 Um die Kürzbarkeit nicht zu gefährden empfiehlt es sich, Anwesenheitsprämien im Arbeitsvertrag nicht bei den Bestimmungen über das Arbeitsentgelt zu verorten, sondern an systematisch anderer Stelle, ferner nicht im Takt der laufenden Gehaltszahlungen, sondern als Einmalzahlung aus besonderem Anlass.[795]

---

789 Küttner/*Griese*, Kap. 19 Rn 9.
790 Küttner/*Griese*, Kap. 19 Rn 16.
791 Schaub/*Linck*, ArbR-Hdb., § 79 Rn 15.
792 ErfK/*Reinhard*, § 4a EFZG Rn 16.
793 ErfK/*Reinhard*, § 4a EFZG Rn 17.
794 Küttner/*Griese*, Kap. 19 Rn 17.
795 BAG 21.1.2009 – 10 AZR 216/08, BeckRS 2008, 60434.

▼
Muster 1a.21: Anwesenheitsprämie

324

a) Anwesenheitsprämie

Alternative 1: Verpflichtend ohne Freiwilligkeitsvorbehalt, also mit Rechtsanspruch

Zusätzlich zum laufenden Arbeitsentgelt wird als Sondervergütung eine Anwesenheitsprämie in Höhe von ▮▮▮▮ EUR zum Jahresende (Stichtag) gezahlt. Die Zahlung erfolgt erstmalig nach einer ununterbrochenen Vertragsdauer von mindestens sechs Monaten.

Alternative 2: Formulierung bei beabsichtigtem Freiwilligkeitsvorbehalt

Zusätzlich zum laufenden Arbeitsentgelt wird als freiwillige Leistung – ohne jeden Rechtsanspruch – jeweils zum Jahresende festgelegt, ob als Sondervergütung eine Anwesenheitsprämie in Höhe von ▮▮▮▮ EUR zum Jahresende (Stichtag) gezahlt wird. Eine etwaige Zahlung erfolgt erstmalig nach einer ununterbrochenen Vertragsdauer von mindestens sechs Monaten.

b) Verminderung der Anwesenheitsprämie

Die Anwesenheitsprämie vermindert sich im Falle krankheitsbedingter Fehlzeiten sowie bei anderweitig bedingten rechtmäßigen Fehlzeiten, während der kein Vergütungsanspruch besteht, für jeden Fehltag um ¼ des Arbeitsentgelts eines durchschnittlichen Arbeitstags. Im Falle unberechtigter Fehlzeiten vermindert sich die Anwesenheitsprämie für jeden Fehltag um ein volles Arbeitsentgelt eines durchschnittlichen Arbeitstags.

Das durchschnittliche Arbeitsentgelt je Arbeitstag errechnet sich aus der Summe der letzten 12 Gehaltsabrechnungen vor dem Stichtag abzüglich der Jahresleistungen, des dem Arbeitnehmer gezahlten Aufwendungsersatzes, gezahlter Entgeltfortzahlungen und des Urlaubsentgelts; die so verminderte Summe wird geteilt durch die Zahl der in den vergangenen 12 Monaten tatsächlich geleisteten Arbeitstage.

c) Ausschluss der Minderung

Im Falle berechtigter Fehlzeiten, für die ein Vergütungsanspruch bestehen bleibt, insbesondere bei Erholungsurlaub oder innerhalb der Mutterschutzfristen, findet keine Kürzung der Anwesenheitsprämie statt.

11. Arbeitnehmererfindungen

Literatur: *Bartenbach/Volz*, Kommentar zum Gesetz über Arbeitnehmererfindungen, 5. Aufl. 2012; *Bartenbach/Volz*, Arbeitnehmererfindungen, 5. Aufl. 2010; *Busse/Keukenschrijver*, Patentgesetz, 7. Aufl. 2013; *Reimer/Schade/Schippel*, Kommentar zum Gesetz über Arbeitnehmererfindungen und deren Vergütungsrichtlinien, 8. Aufl. 2007.

a) Allgemeines

Für Arbeitnehmererfindungen gilt die **umfassende und zwingende Regelung** im **Arbeitnehmererfin-** 325
dungsgesetz (AErfG). Dessen Regelungen sind gemäß § 22 AErfG unabdingbar;[796] zulässig sind lediglich Vereinbarungen über Diensterfindungen nach ihrer Meldung, über freie Erfindungen und technische Verbesserungsvorschläge, ebenfalls nach ihrer Meldung. Diese Ausnahme eröffnet allerdings **keine Möglichkeit der vertraglichen Gestaltung**: Abreden dürfen nicht abstrakt im Voraus getroffen werden, sondern nur im jeweiligen Einzelfall nach der Meldung der Erfindung.[797] **Nicht zwingend** sind dagegen die **Ver-**

---

796 *Bartenbach/Volz*, AErfG, § 22 Rn 6 ff.; *Busse/Keukenschrijver*, PatG, § 22 AErfG Rn 3; Reimer/Schade/Schippel/*Rother*, AErfG, § 22 Rn 2.
797 *Bartenbach/Volz*, AErfG, § 22 Rn 34 f.; Reimer/Schade/Schippel/*Rother*, AErfG, § 22 Rn 2.

gütungsrichtlinien zum AErfG. Diese können abbedungen werden; dies darf jedoch nicht dazu führen, dass der Anspruch des Arbeitnehmers auf angemessene Vergütung verletzt wird.[798]

Ausführliche vertragliche Regelungen zu Arbeitnehmererfindungen sind daher aus Sicht des Arbeitgebers **weder erforderlich noch möglich**. Zudem schafft das AErfG für beide Seiten einen in der Praxis bewährten Ausgleich, indem dem Arbeitgeber die Rechte an Arbeitnehmererfindungen umfassend gesichert werden und im Gegenzug eine angemessene Vergütungspflicht zugunsten des Arbeitnehmers geregelt wird.

Bedeutung für die Vertragsgestaltung hat das Arbeitnehmererfindungsgesetz für **Urheberrechtsklauseln**, die die Gegenstände, für die das Arbeitnehmererfindungsgesetz gilt – patent- oder gebrauchsmusterfähige Entwicklungen (§ 2 AErfG) sowie technische Verbesserungsvorschläge (§ 3 AErfG) – nicht umfassen dürfen.

b)   Vertragsgestaltung außerhalb des Arbeitsrechts

326   **Erhebliche Bedeutung** hat eine Regelung allerdings in **Verträgen außerhalb des Arbeitsrechts**. Da das Arbeitnehmererfindungsgesetz lediglich für Arbeitnehmer gilt,[799] muss für Verträge mit **freien Mitarbeitern**[800] und **Geschäftsführern**[801] eine Regelung über Diensterfindungen getroffen werden. Einschränkungen durch das AErfG gelten nicht;[802] häufig wird pauschal dessen Geltung vereinbart.[803] Möglich ist aber auch eine Vorausabtretung künftiger Erfindungen bei gleichzeitiger Vereinbarung der Vergütungsrichtlinien zum AErfG.[804]

c)   Formulierungsbeispiel

327   Viele Arbeitsverträge enthalten klarstellende Klauseln:

> *Formulierungsbeispiel*
>
> Für Diensterfindungen gelten die Vorschriften des Gesetzes über Arbeitnehmererfindungen sowie die hierzu ergangenen Vergütungsrichtlinien in ihrer jeweiligen Fassung.

12.   Arbeitnehmerüberlassung

328   Ausführliche Erläuterungen hierzu finden sich im Kapitel zu den einzelnen Vertragstypen (siehe unten § 1b Rdn 572 ff.).

13.   Arbeitsaufnahme

Literatur: *Birk*, Das Nachweisgesetz zur Umsetzung der RL 91/533/EWG in das deutsche Recht, NZA 1996, 281; *Ehrich*, Die individualrechtlichen Auswirkungen der fehlenden Zustimmung des Betriebsrats i.S.v. § 99 BetrVG auf die Versetzung des Arbeitnehmers, NZA 1992, 731; *Joussen*, Die Kündigung eines Arbeitsverhältnisses vor Arbeitsantritt, NZA 2002, 1177; *Kursave*, Die Aufklärungspflicht des Arbeitgebers bei Abschluss von Arbeitsverträgen, NZA 1997, 245; *Matthes*, Die Rechtsstellung des ohne Zustimmung des Betriebsrats eingestellten Arbeitnehmers, DB 1974, 2007; *ders.*, Verfahrensrechtliche Fragen im Zusammenhang mit den Beteiligungs-

---

798 *Bartenbach/Volz*, AErfG, § 22 Rn 12; *Busse/Keukenschrijver*, PatG, § 22 AErfG Rn 3.

799 *Bartenbach/Volz*, AErfG, § 1 Rn 9 ff.

800 *Bartenbach/Volz*, AErfG, § 1 Rn 44; *Reimer/Schade/Schippel/Rother*, AErfG, § 1 Rn 3; *Busse/Keukenschrijver*, PatG; § 1 AErfG Rn 5.

801 BGH 22.10.1964, GRUR 1965; BGH 24.10.1989, GRUR 1990, 193; OLG Düsseldorf 10.6.1999, GRUR 2000, 49; *Reimer/Schade/Schippel/Rother*, AErfG, § 1 Rn 4.

802 BGH 16.1.1995 NJW 1995, 1158; *Reimer/Schade/Schippel/Rother*, AErfG, § 5 Rn 11; *Bartenbach/Volz*, AErfG, § 1 Rn 72.

803 BGH 10.5.1988, GRUR 1988, 762; *Bartenbach/Volz*, AErfG, § 1 Rn 73.

804 *Bartenbach/Volz*, AErfG, § 1 Rn 71.

rechten des Betriebsrats bei personellen Einzelmaßnahmen, DB 1989, 1285; *Richardi*, Formzwang im Arbeitsverhältnis, NZA 2001, 57; *Weber*, Materielle und prozessuale Folgen des Nachweisgesetzes bei Nichterteilung des Nachweises, NZA 2002, 641.

a) Arbeitsverhältnis und Arbeitsvertrag
aa) Vertragstheorie

Das Arbeitsverhältnis wird durch eine vertragliche Vereinbarung zwischen Arbeitgeber und Arbeitnehmer – den Arbeitsvertrag – begründet, also durch die rechtsgeschäftliche Einigung zwischen den Vertragsparteien (Angebot und Annahme, §§ BGB § 145 ff. BGB), sog. **Vertragstheorie**.[805] Durch den Arbeitsvertrag verpflichtet sich der Arbeitnehmer zur Erbringung der Arbeitsleistung, der Arbeitgeber zur Zahlung des zugesagten Arbeitsentgelts (§ 611 Abs. 1 BGB). Der Arbeitsvertrag ist Verpflichtungstatbestand und Rechtsgrund für die Erbringung der Arbeitsleistung und Vergütung – auch dann, wenn Gesetz, Tarifvertrag oder Betriebsvereinbarung den Inhalt des Arbeitsverhältnisses festlegen.[806] Von dem Arbeitsvertrag hängt ab, ob überhaupt ein Arbeitsverhältnis vorliegt. Daraus folgt heute unbestritten, dass die rechtsgeschäftliche Leistungsverpflichtung ausschließlich und allein durch den Arbeitsvertrag begründet wird. Das BAG hat das Erfordernis einer vertraglichen Begründung der Arbeitspflicht als Voraussetzung des Arbeitnehmerstatus auch zum Zwecke der Rechtswegbestimmung stets als unverzichtbar gehalten.[807] Auf einen Vertragsschluss kann allein dann verzichtet werden, wenn das Arbeitsverhältnis durch Gesetz oder aufgrund eines Gesetzes begründet wird (vgl. unten Rdn 336). 329

Die früher vertretene **Eingliederungstheorie**, nach der das Arbeitsverhältnis nicht durch Vertrag, sondern allein durch die faktische Eingliederung des Arbeitnehmers in den Betrieb des Arbeitgebers und in die bereits bestehende konkrete Gemeinschaft des Betriebes entsteht, ist überholt und wird, soweit ersichtlich, nicht mehr vertreten.[808] Hinter der Eingliederungstheorie stand die Lehre vom personenrechtlichen Gemeinschaftscharakter des Arbeitsverhältnisses, die dem Grundprinzip der privatautonomen Gestaltung von Arbeitsverhältnissen widerspricht.[809] 330

Für den Abschluss des Arbeitsvertrages gelten die Regeln der allgemeinen Rechtsgeschäftslehre. Voraussetzung sind zwei übereinstimmende Willenserklärungen, Angebot und Annahme, §§ 145 ff. BGB.[810] Dabei gilt der Grundsatz der Vertragsfreiheit, § 105 GewO. Arbeitgeber und Arbeitnehmer sind in ihrer Entscheidung frei, ob und mit wem sie ein Vertragsverhältnis eingehen wollen. 331

Die vertragliche Vereinbarung zur Erbringung der Arbeitsleistung gegen Entgelt ist zur wirksamen Begründung des Arbeitsverhältnisses ausreichend; ein **zusätzlicher faktischer Konstitutivakt (z.B. tatsächliche Arbeitsaufnahme) ist grundsätzlich nicht erforderlich.** Die Parteien können den Arbeitsvertrag jedoch **unter der aufschiebenden Bedingung der tatsächlichen Arbeits-/Tätigkeitsaufnahme** abschließen, § 158 Abs. 1 BGB (vgl. Rdn 340). 332

Der Arbeitsvertrag muss nicht schriftlich und auch nicht ausdrücklich geschlossen werden. Ein Arbeitsvertrag kann auch stillschweigend durch bloße **Tätigkeitsaufnahme** des Arbeitnehmers im Betrieb des Arbeitgebers zustande kommen, etwa wenn der Arbeitnehmer seine Tätigkeit aufnimmt und der Arbeitgeber die erbrachte Leistung als Arbeitsleistung entgegennimmt und vergütet.[811] 333

Wird ein nichtiger oder unwirksamer Arbeitsvertrag in Vollzug gesetzt, so kommen die Grundsätze über das **faktische Arbeitsverhältnis** zur Anwendung. Von einem „faktischen" (besser: „fehlerhaften") Arbeitsver- 334

805 BAG 14.12.1988, 5 AZR 661/86, über Juris; BAG 16.2.2000, NZA 2000, 385; MünchArbR/*Richardi/Buchner*, § 32 Rn 1; Schaub/*Linck*, ArbR-Hdb., § 29 Rn 8; MüKo-BGB/*Müller-Glöge*, § 611 Rn 151.
806 MünchArbR/*Richardi/Buchner*, § 32 Rn 1.
807 BAG, Urt. v. 14. 12. 1988, über juris.
808 Vgl. dazu: MünchArbR/*Richardi/Buchner*, § 32 Rn 2; Richardi/*Richardi*, § 5 BetrVG Rn 71.
809 MünchArbR/*Richardi/Buchner*, § 32 Rn 2f.
810 *Joussen*, NZA 2002, 1177.
811 BAG 30.1.1991, NZA 1992, 19.

hältnis wird gesprochen, wenn der Arbeitnehmer Arbeit ohne wirksame Vertragsgrundlage geleistet hat.[812] Der Begriff faktisches Arbeitsverhältnis ist missverständlich, weil es – entsprechend der Vertragstheorie – auch hier in jedem Falle eines, wenn auch gestörten, Vertragsschlusses bedarf.[813] Der fehlerhafte Arbeitsvertrag kommt also durch zwei übereinstimmende Willenserklärungen und nicht lediglich durch die Arbeitsleistung zustande. Grundlage des fehlerhaften Arbeitsverhältnisses ist ein geschlossener in Vollzug gesetzter Arbeitsvertrag, der von Anfang an wegen Rechtsverstoß (§§ 134, 138 BGB) nichtig oder rückwirkend wegen Anfechtung (§ 142 Abs. 1 BGB) vernichtet wird.[814] Wegen der Schwierigkeit der Rückabwicklung entstehen nach der Lehre vom fehlerhaften Arbeitsverhältnis quasi-vertragliche Ansprüche; das Arbeitsverhältnis wird für die Vergangenheit bzw. die Dauer der tatsächlichen Beschäftigung wie ein fehlerfrei zustande gekommenes Arbeitsverhältnis behandelt.

335 Anwendbar sind die Grundsätze des faktischen Arbeitsverhältnisses prinzipiell bei allen Nichtigkeitsgründen, etwa Geschäftsunfähigkeit des Arbeitnehmers, Formmangel, gesetzliche Verbote i.S.d. § 134 BGB, Nichtvorliegen öffentlich-rechtlicher Erlaubnisse, (etwa Arbeitserlaubnisse). Die Nichtigkeit eines Arbeitsverhältnisses hat in der Regel keine rückwirkende Kraft. Es ist für den Zeitraum, in dem es trotz der ihm anhaftenden Mängel in Funktion gesetzt war, wie ein fehlerfrei zustande gekommenes Arbeitsverhältnis zu behandeln. Ausnahmen bestehen bei bewusstem Verstoß beider Vertragsparteien gegen Strafgesetze und krasser Sittenwidrigkeit (§ 138 BGB) des Arbeitsvertragsinhalts. Dann wird die Anwendung der Grundsätze über das fehlerhafte Arbeitsverhältnis verneint; ebenso bei einseitigem bewusstem Verstoß gegen ein dem Schutz von Leben und Gesundheit dienendes gesetzliches Verbot, etwa Arzt ohne Approbation. Hier ist die Nichtigkeit des Arbeitsverhältnisses in vollem Umfang zu beachten; die erbrachten Leistungen werden nach Bereicherungsrecht rückabgewickelt.[815]

bb) Arbeitsverhältnis aufgrund gesetzlicher Regelung

336 Ein Arbeitsverhältnis kann ausnahmsweise aufgrund gesetzlicher Regelungen bzw. gesetzlicher Fiktion, und nicht aufgrund übereinstimmender Willenserklärungen entstehen.

Beispiele

■ § 78a Abs. 2 BetrVG/Verlangen der Weiterbeschäftigung: Begründung eines Arbeitsverhältnisses im Anschluss an ein Berufsausbildungsverhältnis bei Verlangen des Auszubildenden, der Mitglied in einem Betriebsverfassungsorgan ist. Mit Ausübung dieses Gestaltungsrechts wird kraft gesetzlicher Fiktion auch gegen den Willen des Arbeitgebers die Begründung eines unbefristeten Arbeitsverhältnisses herbeigeführt.[816]

■ § 10 Abs. 1 AÜG/Fingiertes Arbeitsverhältnis zwischen Leiharbeitnehmer und Verleiher: gesetzliche Fiktion eines Arbeitsverhältnisses zwischen Entleiher und Leiharbeitnehmer, wenn der Verleiher

---

812 ErfK/*Preis*, § 611 BGB Rn 145.
813 BAG 30.4.1997, NZA 1998, 199; BAG 16.2.2000, NZA 2000, 385; BAG 26.9.2007, NZA 2007, 1422.
814 BAG 14.1.1987, NVwZ 1988, 966.
815 BAG 3.11.2004, NZA 2005, 1409: Der Arbeitnehmer war im Universitätsklinikum mit den Tätigkeiten eines Arztes in Weiterbildung und mit denjenigen eines Arztes beschäftigt. Bei der Einstellung hatte er eine gefälschte Approbationsurkunde vorgelegt. Eine Zulassung als Arzt besaß er nie. Der Arbeitsvertrag der Parteien war gemäß § 134 BGB i.V.m. den §§ 2, 10 Bundesärzteordnung (BÄO) und den §§ 1, 2, 5 Heilpraktikergesetz nichtig. Nach diesen Grundsätzen kommt im Falle der von Anfang an fehlenden Approbation kein „faktisches Arbeitsverhältnis", sondern nur die rückwirkende Nichtigkeit in Betracht. Durch die strafbare Praktizierung des Arbeitsvertrags kann keine „Heilung" für die Vergangenheit eintreten; denn die Arbeitsleistung ist schon nach ihrer Art rechts- und gesetzeswidrig und eine Schutzwürdigkeit unter Vertrauensgesichtspunkten besteht nicht. Der Bekl. war sich der Strafbarkeit seines Tuns bewusst. Die durch das Verbotsgesetz beabsichtigte Spezial- und Generalprävention schließt es aus, wirksame vertragliche Ansprüche für die Vergangenheit anzuerkennen Steht der Zweck des Verbotsgesetzes, Leben und Gesundheit der Patienten zu schützen, einer Heilung des nichtigen Rechtsgeschäfts entgegen, ist die angemessene Rechtsfolge allein der Ausgleich nach Bereicherungsrecht.
816 ErfK/*Kania*, § 78a BetrVG Rn 4f; *Fitting u.a.*, § 78a Rn 29; GK-BetrVG/*Oetker*, § 78a Rn 50; Richardi/*Thüsing*, § 78a BetrVG Rn 21.

Becker/Zange

nicht über die erforderliche Erlaubnis verfügt oder wenn die Erlaubnis des Verleihers nach der Überlassung wegfällt. Das Vertragsverhältnis zwischen dem Verleiher und dem Leiharbeitnehmer ist dann gemäß § 9 Nr. 1 AÜG unwirksam, und zugleich wird ein Arbeitsverhältnis zum Entleiher begründet. Es entsteht ein vollwertiges Arbeitsverhältnis zwischen Leiharbeitnehmer und Entleiher. Die Regelung ist zwingend und dient dem Schutz der Leiharbeitnehmer. Die Begründung des Arbeitsverhältnisses beruht auf einer zwingenden Fiktion des Gesetzgebers. Eine vertragliche Einigung zwischen Entleiher und Leiharbeitnehmer ist nicht erforderlich. Die Wirkung der Fiktion tritt unabhängig vom Willen oder von der Kenntnis der Beteiligten ein. Auch wenn diese der Auffassung sind, es handele sich nicht um Arbeitnehmerüberlassung, sondern um einen Dienst- oder Werkvertrag oder wenn der Verleiher das Bestehen einer Erlaubnis vorgespiegelt oder den Wegfall der Erlaubnis nicht angezeigt hat, wird ein Arbeitsverhältnis zwischen Leiharbeitnehmer und Entleiher begründet.[817] Selbst gegen den Willen der Beteiligten tritt die gesetzliche Fiktion ein. Die Beteiligten können daher nicht vereinbaren, dass die Fiktion nicht eintritt. Eine Anfechtung des Arbeitsverhältnisses kommt ebenfalls nicht in Betracht, da das fingierte Arbeitsverhältnis nicht durch die Abgabe von Willenserklärungen zustande kommt. Im Gegensatz zu § 613a BGB steht dem Leiharbeitnehmer auch kein Widerspruchsrecht gegen die Begründung eines Arbeitsverhältnisses mit dem Entleiher zu.[818] Der Leiharbeitnehmer hat ein Recht zur Kündigung. Durch die anstehende Novellierung des Arbeitnehmerüberlassungsgesetzes sollen die Rechte der Leiharbeitnehmer und der Interessenvertretungen der Arbeitnehmer weiter gestärkt werden.

■ § 613a BGB/Betriebsübergang: Im Falle eines Betriebsübergangs tritt der Betriebserwerber kraft Gesetzes in das bestehende Arbeitsverhältnis ein, wenn der Arbeitnehmer nicht von seinem Widerspruchsrecht Gebrauch macht;

■ § 1922 Abs. 1 BGB/Universalsukzession: Beim Tod des Arbeitgebers geht das Arbeitsverhältnis im Wege der Universalsukzession auf dessen Erben über.

b) Beginn des Arbeitsverhältnisses; Tätigkeitsaufnahme; Einstellung
aa) Vereinbarter Beginn des Arbeitsverhältnisses und Nachweis

Bei Vertragsschluss muss Einvernehmen über den Beginn des Arbeitsverhältnisses bestehen. Typischerweise regelt der Arbeitsvertrag ein konkretes Datum für den Beginn des Arbeitsverhältnisses; auf das Datum des Abschlusses des Arbeitsvertrages kommt es nicht an. Das Arbeitsverhältnis beginnt nur dann mit Abschluss des Arbeitsvertrages, wenn der Arbeitnehmer seinen Dienst nach dem Willen der Vertragsparteien sofort aufnehmen soll. Soll er dagegen die Arbeit erst später antreten, so beginnt das Arbeitsverhältnis zu dem im Arbeitsvertrag vereinbarten Anfangstermin, und zwar auch dann, wenn die Arbeit nicht aufgenommen wird.[819]   **337**

Nach § 2 Abs. 1 S. 1 NachwG hat der Arbeitgeber spätestens einen Monat nach dem vereinbarten Beginn des Arbeitsverhältnisses die wesentlichen Vertragsbedingungen schriftlich niederzulegen, die Niederschrift zu unterzeichnen und dem Arbeitnehmer auszuhändigen. Die Monatsfrist zur Aushändigung beginnt nicht mit dem Abschluss des Arbeitsvertrages, sondern mit dem vereinbarten Beginn des Arbeitsverhältnisses.[820] In die Niederschrift ist unter anderem der Zeitpunkt des Beginns des Arbeitsverhältnisses aufzunehmen, § 2   **338**

---

817 BGH 8.11.1979, NJW 1980, 452; ErfK/*Wank* AÜG, § 10 Rn 3f; *Ulber*, AÜG, § 10 Rn 19; *Thüsing*, AÜG, § 10 Rn 11.

818 ErfK/*Wank*, § 10 AÜG Rn 8; *Schüren*, AÜG, § 10 Rn 41; a.A.: LAG Hessen 6.3.2001, NZA-RR 2002, 73: § 10 Abs. 1 S. 1 AÜG ist insoweit verfassungswidrig, als darin zwingend ein Arbeitsverhältnis mit dem Entleiher fingiert wird, weil dadurch Art 12 Abs. 1 GG – freie Wahl des Arbeitsplatzes – verletzt wird, und ist daher verfassungskonform dahingehend auszulegen, dass dem Arbeitnehmer ein Widerspruchsrecht gegen die Fiktion eines Arbeitsverhältnisses mit dem Entleiher zusteht.

819 Richardi/*Richardi*, § 5 BetrVG Rn 20f.

820 Landmann/Rohmer*Neumann*, Bd. II, NachweisG Rn 9; ErfK/*Preis*, § 2 NachweisG Rn 5.

Abs. 1 S. 2 Nr. 2 NachwG. Damit ist der Beginn des Arbeitsvertrages/Vertragsbeginn gemeint. Nicht entscheidend ist hingegen der Zeitpunkt der tatsächlichen Arbeitsaufnahme.[821]

bb) Tätigkeitsaufnahme als Bedingung für Beginn des Arbeitsverhältnisses?

339 Regelmäßig entspricht es dem Willen der Vertragsparteien, dass mit vereinbartem Beginn des Arbeitsverhältnisses der Arbeitnehmer auch seine Tätigkeit beginnt. Das vereinbarte Datum für den Beginn des Arbeitsverhältnisses soll mit dem Datum der tatsächlichen Arbeitsaufnahme („erster Arbeitstag") zusammenfallen.

340 Dies ist jedoch nicht zwingend erforderlich. Der vertraglich vereinbarte Beginn des Arbeitsverhältnisses ist rechtlich unabhängig von der faktischen Arbeitsaufnahme. Es besteht kein zwingender Gleichlauf. So kann es vorkommen, dass der Arbeitnehmer die vertraglich vereinbarte Tätigkeit erst nach Vertragsbeginn tatsächlich aufnimmt, etwa weil er arbeitsunfähig erkrankt ist, sich im Urlaub befindet oder vom Arbeitgeber aus anderen Gründen freigestellt wird. Die Wirksamkeit des Arbeitsvertrages wird hiervon nicht berührt. Insbesondere dort, wo das Datum des Vertragsbeginns ein Feiertag ist (z.B. 1. Januar, 1. Mai) wird die tatsächliche Arbeitsaufnahme regelmäßig von dem Beginn der Vertragslaufzeit abweichen.

341 Um das Auseinanderfallen von vertraglich vereinbartem Beginn des Arbeitsverhältnisses und tatsächlicher Arbeitsaufnahme/tatsächlichem Tätigkeitsbeginn zu vermeiden, kann das Arbeitsverhältnis unter die aufschiebende Bedingung der tatsächlichen Tätigkeitsaufnahme gestellt werden, § 158 Abs. 1 BGB. Der Arbeitsvertrag wird dann erst mit Eintritt der Bedingung – Tätigkeitsaufnahme – wirksam. Hierdurch dürfen jedoch zwingende Schutzgesetze der Arbeitnehmer nicht umgangen werden, z.B. § 3 Abs. 3 EntgeltfortzahlungsG.

342 Es ist anerkannt, dass ein Arbeitsverhältnis wirksam unter einer aufschiebenden Bedingung gemäß § 158 BGB abgeschlossen werden kann. Der Arbeitsvertrag wird dann erst wirksam, wenn die Bedingung eingetreten ist.[822] Die aufschiebende Bedingung ist zulässig und wird von den Beschränkungen des TzBfG nicht erfasst. Denn anders als bei der Befristung eines Arbeitsverhältnisses oder bei der Vereinbarung einer auflösenden Bedingung wird dem künftigen Arbeitnehmer durch eine aufschiebende Bedingung auch keine Rechtsposition genommen, die er bereits innehat.[823]

343 Zur Vermeidung von Zeiten andauernder Rechtsunsicherheit sollte zugleich ein konkretes Datum angegeben werden, zu dem die Arbeit spätestens aufgenommen sein muss, damit ein Arbeitsverhältnis zustande kommt.[824]

cc) Vertragsanbahnung

344 Für die Vertragsanbahnung gelten die allgemeinen Grundsätze des Schuldrechts, insbesondere § 311 BGB – vorvertragliches Schuldverhältnis.[825]

345 Dem Vertragsschluss können **Vorverhandlungen** vorausgehen. Diese sind noch nicht bindend, § 154 BGB. Vorverhandlungen können zur Ermittlung des Vertragsinhalts, wenn der Vertragstext hierzu nicht ausreicht, im Wege der Auslegung herangezogen werden.[826] Während der Vorverhandlungen entsteht nach § 311 Abs. 1 Nr. 1 BGB bereits ein vorvertragliches Schuldverhältnis mit den Pflichten des § 241 Abs. 2 BGB, woraus insb. Rücksichtnahmepflichten resultieren, deren Verletzung Schadensersatzansprüche aus § 280 BGB begründen können.[827]

---

821 ErfK/*Preis*, § 2 NachweisG Rn 12.
822 HK/*Tillmanns*, § 3 TzBfG Rn 25.
823 LAG Berlin 1.3.2002 – 6 Sa 2403/01, AuA 2002, 334.
824 Vgl. Ähnlich auch *Preis*, II a 60 Rn 5.
825 ErfK/*Preis*, § 611 BGB Rn 240.
826 BAG 27.1.1988, AP Nr. 6 zu § 620 BGB; ErfK/*Preis*, § 611 BGB Rn 250.
827 ErfK/*Preis*, § 611 BGB Rn 251, 260.

Bei Abschluss des Arbeitsvertrages können im Einzelfall Aufklärungspflichten des Arbeitgebers bestehen. Diese können auf der Fürsorgepflicht, einem vorvertraglichen Vertrauensverhältnis oder auf spezialgesetzlicher Informationspflicht beruhen. In der Regel wird eine Aufklärungspflicht nur bei Vorliegen besonderer Umstände bestehen, die bei überlegener Sachkunde, Sonderwissen des Arbeitgebers (z.B. bevorstehende Betriebsstilllegung, Mobbinggefahr) gegeben sein können. Als Rechtsfolge der Verletzung von Aufklärungspflichten kommen neben der Anfechtung Schadensersatzansprüche in Betracht (§ 311 Abs. 2 BGB i.V.m. §§ 241 Abs. 2, 280 Abs. 1 BGB).[828]   346

Das eigentliche Arbeitsverhältnis entsteht nach der Vertragstheorie jedenfalls erst mit Abschluss des Arbeitsvertrages.   347

dd) Begriff der „Einstellung"

Vom Abschluss des Arbeitsvertrags und der Arbeitsaufnahme ist der Begriff der „Einstellung" zu differenzieren.   348

Die Einstellung ist ein betriebsverfassungsrechtlicher Begriff und meint die Eingliederung in die Arbeitsorganisation des Unternehmens bzw. die Zuweisung eines Arbeitsbereichs innerhalb des Betriebs. Die Einstellung meint also nur die tatsächliche Beschäftigung im Betrieb, d.h. die Arbeitsaufnahme an einem bestimmten Arbeitsplatz, nicht jedoch den Abschluss des Arbeitsvertrages.[829]   349

Eine Einstellung liegt vor, wenn Personen (nicht nur Arbeitnehmer) **in den Betrieb eingegliedert** werden, um zusammen mit den im Betrieb schon beschäftigten Arbeitnehmern den arbeitstechnischen Zweck des Betriebes durch weisungsgebundene Tätigkeit zu verwirklichen. Auf das Rechtsverhältnis, in dem diese Personen zum Betriebsinhaber stehen, kommt es nicht an, so dass § 99 BetrVG auch bei der Einstellung von Nicht-Arbeitnehmern (etwa: freie Mitarbeiter, Leiharbeitnehmer) greift.[830]   350

Die Einstellung führt in Unternehmen mit in der Regel mehr als 20 wahlberechtigten Arbeitnehmern zu einem Mitbestimmungsrecht des Betriebsrats. Dieser hat jeder Einstellung zuzustimmen, § 99 BetrVG.   351

(1) Einstellung aufgrund Arbeitsvertrags

Jede Beschäftigung eines Arbeitnehmers im Betrieb ist grundsätzlich eine mitbestimmungspflichtige Einstellung im Sinne des § 99 BetrVG.[831] Das BAG stellt zwar auch bei der Einstellung aufgrund eines Arbeitsvertrages ausschließlich auf die tatsächliche Beschäftigung im Betrieb und nicht auf den Abschluss des Arbeitsvertrages ab; allerdings soll der Betriebsrat dort, wo die Beschäftigung im Betrieb aufgrund eines Arbeitsvertrages erfolgt, bereits vor Abschluss des Arbeitsvertrages zu beteiligen und seine Zustimmung zu der geplanten Beschäftigung einzuholen sein.[832] Damit wird im Interesse des Arbeitgebers vermieden, dass die Beschäftigung des Arbeitnehmers trotz eines formell wirksamen Arbeitsvertrages an der fehlenden Zustimmung des Betriebsrats Rat scheitert.   352

(2) Einstellung ohne Arbeitsvertrag

Eine mitbestimmungspflichtige Einstellung kann auch dort vorliegen, wo der Arbeitsvertrag unwirksam ist oder ein solcher gar nicht existiert. Auch die Eingliederung von Nichtarbeitnehmern in die betriebliche Tätigkeit wird erfasst, da das kollektive Interesse der Belegschaft unabhängig davon berührt wird, auf welcher vertraglichen Grundlage die in die betriebliche Arbeit eingeschalteten Personen tätig werden.[833] Entscheidend ist allein, ob „Personen in den Betrieb eingegliedert werden, um zusammen mit den im Betrieb schon   353

---

828 *Kursave*, NZA 1997, 245 mit Beispielen aus der Rechtsprechung; ErfK/*Preis*, § 611 BGB Rn 261.
829 BAG 27.7.1993, AP Nr. 6 zu § 620 BGB. ErfK/*Kursaver*, § 99 BetrVG Rn 4 m.w.N.
830 BAG 23.6.2010, NZA 2010, 1302; *Fitting u.a.*, § 99 BetrVG Rn 33.
831 ErfK/*Kania*, § 99 BetrVG Rn 5.
832 BAG 28.4.1992, BB 1992, 1852.
833 BAG 27.7.1993, AP Nr. 3 zu § 93 BetrVG; BAG 22.4.1997, NZA 1997, 1297; BAG 19.6.2001, AP Nr. 9 zu § 99 BetrVG; BAG 2.10.2007, NZA 2008, 244 zu Ein-Euro-Jobbern.

beschäftigten Arbeitnehmern den arbeitstechnischen Zweck des Betriebes durch weisungsgebundene Tätigkeit zu verwirklichen".[834]

(3) Fehlende Zustimmung des Betriebsrats

354 Die fehlende Zustimmung des Betriebsrats ist für die Wirksamkeit des der Beschäftigung zugrunde liegenden Arbeitsvertrages ohne Bedeutung und führt grundsätzlich auch nicht zur Unwirksamkeit des Arbeitsvertrages, sondern lediglich zu einem gegenüber dem Betriebsrat bestehenden Verbot, den Arbeitnehmer im Betrieb zu beschäftigen.[835] Der Arbeitnehmer ist daher, auch wenn die Zustimmung des Betriebsrats fehlt, dem Arbeitgeber gegenüber verpflichtet, die versprochene Arbeitsleistung zu erbringen.[836]

355 Eine ohne Zustimmung des Betriebsrats vollzogene Einstellung muss der Arbeitgeber rückgängig machen (aufheben); dies kann der Betriebsrat gemäß § 101 BetrVG gerichtlich geltend machen. Verweigert der Betriebsrat seine Zustimmung zur Einstellung, hat der Arbeitgeber jedoch die Möglichkeit, den Arbeitnehmer nach Anhörung des Betriebsrates bis zur arbeitsgerichtlichen Ersetzung von dessen Zustimmung **vorläufig** einzustellen, § 100 BetrVG. Wird sein Zustimmungsersetzungsantrag rechtskräftig zurückgewiesen, muss er gemäß § 100 Abs. 3 BetrVG binnen zwei Wochen die personelle Maßnahme **aufheben**.

356 Bei der aufzuhebenden Maßnahme handelt es sich um die Einstellung und nicht um den Abschluss des Arbeitsvertrages. Der Arbeitsvertrag endet also nicht automatisch; die der Beschäftigung zugrunde liegende arbeitsrechtliche Vereinbarung wird durch die gerichtliche Entscheidung in ihrer Wirksamkeit nicht berührt, sofern der Arbeitsvertrag nicht unter der auflösenden Bedingung der betriebsverfassungsrechtlichen Zulässigkeit der Einstellung gestanden hat.[837] Die Kündigung des Arbeitsvertrages wegen der fehlenden Zustimmung des Betriebsrats unterliegt allen Kündigungsschutzvorschriften, wird aber regelmäßig mit Rücksicht auf das bestehende Beschäftigungsverbot sozial gerechtfertigt sein.[838]

357 Der Arbeitnehmer kann daher zunächst nach § 615 BGB die **Fortzahlung des vereinbarten Arbeitsentgeltes** verlangen. Die Verpflichtung des Arbeitgebers zur Fortzahlung des Arbeitsentgeltes ohne Arbeitsleistung endet erst mit der wirksamen Beendigung des Arbeitsvertrages.

c) Betriebszugehörigkeit

358 Der Begriff der Betriebszugehörigkeit kennzeichnet den ununterbrochenen rechtlichen Bestand des Arbeitsverhältnisses bei demselben Arbeitgeber. Der Begriff ist in § 1 Abs. 1 KSchG (Wartezeit für die Erlangung des allgemeinen Kündigungsschutzes), § 622 Abs. 2 BGB (Berechnung der Kündigungsfristen) und § 4 BUrlG (Wartezeit für Erlangung des vollen Urlaubsanspruchs) einheitlich auszulegen.[839]

359 Die rechtliche **Unterbrechung** des Arbeitsverhältnisses – also Beendigung eines früheren und Begründung eines neuen Arbeitsverhältnisses – führt grundsätzlich zur Unterbrechung der Betriebszugehörigkeit, es sei denn, es besteht ein **enger sachlicher Zusammenhang** zwischen dem vorherigen und dem jetzigen Arbeitsverhältnis.

360 Die Betriebszugehörigkeit wird regelmäßig nicht unterbrochen, wenn das vorherige und das jetzige Arbeitsverhältnis ohne größere zeitliche Unterbrechung (wenige Tage oder wenige Wochen) unmittelbar aufeinanderfolgen und sich die Beschäftigung des Arbeitnehmers nahtlos fortsetzt. Dann ist typischerweise von einem „ununterbrochenen" Arbeitsverhältnis auszugehen.[840] Eine Anrechnung von Beschäftigungszeiten

834 BAG 20.4.1993, AP Nr. 106 zu § 99 BetrVG; BAG 17.7.1993, AP Nr. 3 zu § 93 BetrVG; ErfK/*Kania*, § 99 BetrVG Rn 5 (zur Darstellung der Rechtsprechungsentwicklung).
835 BAG 2.7.1980, AP Nr. 5 zu § 101 BetrVG; BAG 2.7.1980, NJW 1981, 703; BAG 25.6.1987, NZA 1988, 391; MünchArbR/*Matthes*, § 265 Rn 24; GK-BetrVG/*Kraft*, § 99 Rn 123; Richardi/*Thüsing*, § 99 BetrVG Rn 330; DKKW/*Bachner*, § 99 BetrVG Rn 216.
836 BAG 5.4.2001, NZA 2001, 892; MünchArbR/*Matthes*, § 265 Rn 24.
837 BAG 17.2.1983, NJW 1983, 1752.
838 MünchArbR/*Matthes*, § 265 Rn 35; Richadi/*Thüsing*, § 99 BetrVG Rn 332.
839 APS/*Dörner*, § 1 KSchG Rn 37; KR/*Griebeling*, § 1 KSchG Rn 108.
840 BAG 20.8.1998, EzA Nr. 50 zu § 1 KSchG; BAG 22.5.2003, NZA 2004, 399; BAG 19.6.2007, EzA Nr. 2 zu § 90 SGB IX.

aus einem vorangegangenen Arbeitsverhältnis kommt auch dann in Betracht, wenn das vorherige Vertragsverhältnis nicht deutschem, sondern ausländischem Arbeitsvertragsstatut unterlag.[841]

Für die Bewertung der Unterbrechung kommt es insbesondere auf Anlass und Dauer der Unterbrechung sowie auf die Art der Weiterbeschäftigung an. Je länger die Unterbrechung dauert, desto gewichtiger müssen die für den Zusammenhang sprechenden Gründe sein.[842] Ein Unterbrechungszeitraum von mehr als 3 Wochen dürfte stets „anrechnungsschädlich" sein und zur Unterbrechung der Betriebszugehörigkeit führen.[843]   361

Unabhängig von den faktischen Umständen der Unterbrechung können die Parteien eine **Anrechnungsvereinbarung** mit konstitutiver Wirkung treffen und die Anrechnung von Vorbeschäftigungszeiten – bei demselben oder einem anderen Arbeitgeber – vereinbaren.[844] Es steht ihnen auch frei, die Anrechnung jeweils nur für bestimmte Zwecke (Anwendung Kündigungsschutz; Berechnung Kündigungsfristen; etc.) zu vereinbaren.   362

Eine vereinbarte Anrechnung vorheriger Beschäftigungszeiten kann auch im Rahmen der **Sozialauswahl**   363
– zu Lasten anderer zu kündigender Arbeitnehmer – zu beachten sein. Zwar sind die Regelungen über die Sozialauswahl nicht dispositiv, und können nicht einzelvertraglich zugunsten bestimmter Arbeitnehmer gezielt verändert werden. Jedoch bleibt es zulässig, durch vertragliche Vereinbarung eine frühere Beschäftigungszeit (bei demselben Arbeitgeber oder bei einem anderen Unternehmen) auf die Betriebszugehörigkeitsdauer anzurechnen, auch wenn sich diese Vereinbarung im Rahmen der Sozialauswahl zu Lasten anderer zu kündigender Arbeitnehmer auswirkt. Diese Vereinbarung darf jedoch **nicht rechtsmissbräuchlich** sein und nicht allein eine **Umgehung der Sozialauswahl** bezwecken, und es muss ein sachlicher Grund für die Anrechnung bestehen, etwa wenn die Anerkennung der früheren Betriebszugehörigkeit vor dem Hintergrund eines streitigen Betriebsübergangs des Arbeitsverhältnisses auf den jetzigen Arbeitgeber erfolgt; denn hätte ein Betriebsübergang stattgefunden, wäre die frühere Betriebszugehörigkeit in jedem Fall zu berücksichtigen. Umgekehrt dürfte ein zeitlich enger Zusammenhang zwischen der Individualvereinbarung und dem Kündigungsereignis ein Indiz für einen fehlenden sachlichen Grund und für eine mögliche Umgehungsabsicht sein.[845]

Je nach den Umständen kann eine Anrechnungsvereinbarung auch in der Aufnahme eines beendeten Arbeitsverhältnisses zu den alten Bedingungen liegen. Dies ist etwa dann der Fall, wenn das beendete Arbeitsverhältnis auf Wunsch eines Kunden und unter Verzicht auf eine Probezeit wieder aufgenommen wird.[846] Vereinbaren die Parteien nach der Abberufung eines Geschäftsführers dessen Weiterbeschäftigung im Rahmen eines Arbeitsverhältnisses ohne wesentliche Änderung seiner Arbeitsaufgaben, ist die Beschäftigungszeit als Geschäftsführer regelmäßig auf das neue Arbeitsverhältnis anzurechnen.[847]   364

d) Kündigung vor vereinbarter Arbeitsaufnahme

Grundsätzlich kann ein Arbeitsvertrag unter Einhaltung der ordentlichen Kündigungsfrist oder aus wichtigem Grund schon in dem Zeitraum zwischen Abschluss des Arbeitsvertrags und vereinbartem Vertragsbeginn bzw. vereinbarter Arbeitsaufnahme gekündigt werden, es sei denn, die Parteien haben dies vertraglich ausgeschlossen.[848] Der vertragliche Ausschluss der **Kündigung vor Arbeitsbeginn** setzt eine ausdrückliche Vereinbarung der Parteien voraus; jedenfalls muss ein dahingehender beiderseitiger Wille aus den Umständen eindeutig erkennbar sein. Allein daraus, dass der Arbeitnehmer eine gut dotierte Stelle   365

---

841 BAG 7.7.2011, NZA 2012, 148.
842 BAG 10.5.1989, EzA Nr. 46 zu § 1 KSchG; BAG 20.8.1998, EzA Nr. 50 zu § 1 KSchG; BAG 22.5.2003, EzA Nr. 2 zu § 242 BGB Kündigung; BAG 19.6.2007, EzA Nr. 2 zu § 90 SGB IX.
843 BAG 2.6.2005, NZA 2006, 207; BAG 24.11.2005, DB 2006, 728; BAG 22.9.2005, NZA 2006, 429.
844 BAG 2.6.2005, NZA 2006, 207; BAG 24.11.2005, DB 2006, 728.
845 BAG 2.6.2005, NZA 2006, 207.
846 LAG Köln 15.12.2006, NZA-RR 2007, 293.
847 BAG 24.11.2005, NZA 2006, 366.
848 BAG 25.3.2004, NZA 2004, 1089; BAG 9.2.2006, NZA 2006, 1207.

aufgibt und sein Arbeitsverhältnis beendet, um ein neues Arbeitsverhältnis zu beginnen, kann noch nicht auf den Ausschluss des Kündigungsrechts durch den (neuen) Arbeitgeber geschlossen werden; anders bei der Abwerbung des Arbeitnehmers aus sicherer Stelle, der Zusage einer Dauerstellung, im Fall des ausdrücklichen Verzichts auf eine Probezeit und der sofortigen Einräumung von Kündigungsschutz.[849] Auch die Vereinbarung einer Vertragsstrafe für den Fall des Nichtantritts der Arbeit kann als Ausschluss der ordentlichen Kündigung vor Arbeitsbeginn ausgelegt werden.[850]

366   Der Ausschluss gilt nur für das Recht zur ordentlichen Kündigung; das Recht zur außerordentlichen Kündigung nach § 626 BGB ist unabdingbar, so dass bei Vorliegen der Voraussetzungen eine außerordentliche Kündigung vor Arbeitsbeginn stets möglich ist.[851]

367   Gleichfalls durch Auslegung der einzelvertraglichen Vereinbarung ist zu ermitteln, wann bei einer vor Arbeitsbeginn erklärten Kündigung der Lauf der **Kündigungsfrist** in Gang gesetzt wird, und ob die Parteien eine „auf die Dauer der vereinbarten Kündigungsfrist beschränkte Realisierung des Vertrages" bzw. eine gewisse Mindestbeschäftigung gewollt haben oder nicht. Vereinbaren die Parteien die kürzeste zulässige Kündigungsfrist, so spricht dies wohl gegen die mutmaßliche Vereinbarung einer Mindestbeschäftigungsdauer.[852]

368   Im Zweifel beginnt die Kündigungsfrist auch bei einer Kündigung vor Vertragsbeginn bereits mit Zugang des Kündigungsschreibens bei der anderen Partei zu laufen, und nicht erst mit dem vereinbarten Beginn des Arbeitsverhältnisses. Es bedarf somit deutlicher Hinweise, wenn die Kündigungsfrist erst von dem Tage der Arbeitsaufnahme an laufen soll.[853]

369   Beginnt die Kündigungsfrist bei einer vor Vertragsbeginn ausgesprochenen ordentlichen Kündigung ausnahmsweise erst in dem Zeitpunkt, zu dem **die „Aktualisierung des Arbeitsverhältnisses"** vereinbart war, ist für deren Berechnung auf den Zeitpunkt des vertraglich vereinbarten Beginns des Arbeitsverhältnisses und nicht darauf abzustellen, wann die Arbeit tatsächlich aufgenommen worden ist.[854]

e) Arbeitsaufnahme und Sozialversicherungsrecht: „Eintritt in das Beschäftigungsverhältnis"

370   Gemäß § 186 Abs. 1 SGB V beginnt die Mitgliedschaft versicherungspflichtiger Beschäftigter in der gesetzlichen Krankenversicherung „mit dem Tag des Eintritts in das Beschäftigungsverhältnis". Der Eintritt in das Beschäftigungsverhältnis ist jedenfalls bei tatsächlicher Beschäftigungsaufnahme zu bejahen. Ein „Eintritt in die Beschäftigung" kann aber auch vorliegen, wenn sich der Arbeitnehmer der Weisungsbefugnis des Arbeitgebers unterstellt und leistungsbereit ist, also im Zeitpunkt des vertraglichen Beginns des Arbeitsverhältnisses unabhängig davon, ob die Arbeit tatsächlich aufgenommen wird. Die Mitgliedschaft beginnt also auch dann, wenn zunächst eine Arbeitsaufnahme noch fehlt, etwa weil eine Freistellung oder Arbeitsunfähigkeit vorliegt.[855] Soll das Beschäftigungsverhältnis an einem arbeitsfreien Sonn- oder Feiertag beginnen, beginnt die Mitgliedschaft an diesem Tag, wenn der Eintritt in das Beschäftigungsverhältnis am nächstfolgenden Arbeitstag erfolgt.[856]

371   Wechselt ein Arbeitnehmer aus einem entgeltlichen Beschäftigungsverhältnis in „Kurzarbeit Null" bei einer Auffanggesellschaft, um „Struktur-Kurzarbeitergeld" zu erhalten, entsteht ein neues Pflichtversicherungsverhältnis, zumindest aber ändert sich das bisherige Versicherungsverhältnis wesentlich. Die Be-

---

849 BAG 9.5.1985, AP Nr. 4 zu § 620 BGB.
850 ErfK/*Müller-Glöge*, § 620 BGB Rn 69.
851 KR/*Fischermeier* § 626 BGB Rn 57; HaKo-KSchGKSchR Einl. Rn 95; ErfK/*Müller-Glöge*, § 620 BGB Rn 70.
852 BAG 9.5.1985, NZA 1986, 671; ErfK/*Müller-Glöge*, § 620 BGB Rn 72.
853 BAG 25.3.2004, NZA 2004, 1089; BAG 9.2.2006, NZA 2006, 1207; ErfK/*Müller-Glöge*, § 620 BGB Rn 71; APS/*Linck* § 622 BGB Rn 78; MüKo-BGB/*Hesse*, Vor § 620 Rn 125; *Joussen*, NZA 2002, 1177, 1180.
854 APS/*Linck*, § 622 BGB Rn 78a.
855 KassKomm SozVR/*Peters*, § 186 SGB V Rn 10; vgl. BT-Drucks 13/9741, S. 12.
856 Becker/Kingreen/*Michels*, SGB V § 186 Rn 5.

schäftigung in der Auffanggesellschaft im Rahmen der Strukturkurzarbeit Null genügt, um von einem Anstellungsverhältnis auszugehen.[857]

Die Rechtsfigur des „missglückten Arbeitsversuchs" ist aufgegeben. Die Versicherungspflicht beginnt mit dem Tag des Eintritts in die Beschäftigung, unabhängig vom Vorliegen des missglückten Arbeitsversuchs. Mit dieser Rechtsfigur wurde der Eintritt der Versicherungspflicht trotz Arbeitsaufnahme verneint, wenn der Arbeitnehmer zur Verrichtung der Arbeit gesundheitlich nicht in der Lage war und die Arbeit dementsprechend vor Ablauf einer wirtschaftlich ins Gewicht fallenden Zeit aufgeben musste.[858] Um Missbrauch auszuschließen, soll bei nur kurzzeitig ausgeübten und dann krankheitsbedingt aufgegebenen Arbeiten eine die Versicherungspflicht begründende „Beschäftigung" nicht vorliegen; dies gilt auch dort, wo ein Arbeitsverhältnis nur zum Schein oder in der Absicht begründet wird, die Tätigkeit unter Berufung auf die bestehende Arbeitsunfähigkeit nicht anzutreten.[859]

372

Der Zeitpunkt des Beginns des versicherungspflichtigen Beschäftigungsverhältnisses hat vor allem in der Gesetzlichen Krankenversicherung (GKV) zentrale Bedeutung; denn mit der Mitgliedschaft werden Leistungsansprüche – auch ex nunc, das heißt für schon bestehende Krankheiten – erworben. Es gibt in der Regel keinen Leistungsausschluss oder Wartezeiten. Zum anderen beginnt mit der Mitgliedschaft die Pflicht, Beiträge zu entrichten, sofern nicht ausnahmsweise Beitragsfreiheit besteht.[860]

373

f) Formulierungsbeispiel

▼

Muster 1a.22: Beginn des Arbeitsverhältnisses

374

§ xy Beginn des Arbeitsverhältnisses

Das Arbeitsverhältnis beginnt am ▓▓▓▓▓.

Alternativ: *Das Arbeitsverhältnis beginnt mit der Aufnahme der Tätigkeit des Arbeitnehmers als ▓▓▓▓ (Tätigkeitsbezeichnung); diese hat spätestens zum ▓▓▓▓ zu erfolgen.*

Alternativ (aufschiebende Bedingung): *Das Arbeitsverhältnis steht unter der Bedingung, dass der Arbeitnehmer seine Tätigkeit als (Tätigkeitsbezeichnung) spätestens zum ▓▓▓▓ aufnimmt.*

Ggf. bei Bestehen eines Betriebsrates: *Der Arbeitsvertrag steht unter der Bedingung, dass der Betriebsrat der Einstellung zustimmt. Für den Fall der Zustimmungsverweigerung wird der Arbeitgeber nach sachlichem Ermessen entscheiden, ob ein Antrag auf Zustimmungsersetzung beim Arbeitsgericht gestellt wird. Der Arbeitnehmer hat keinen Anspruch darauf, dass der Arbeitgeber ein gerichtliches Zustimmungsersetzungsverfahren einleitet.*

Ggf. Anrechnung von Vorbeschäftigungszeiten: *Die Dauer der Beschäftigungszeit im Unternehmen ▓▓▓▓ wird im vorliegenden Arbeitsverhältnis angerechnet. Dies gilt jedoch nur für Zwecke der Anwendung des Kündigungsschutzgesetzes/der Berechnung von Kündigungsfristen/etc., nicht für ▓▓▓▓.*

▲

14. Arbeitsbereitschaft

Ausführungen hierzu finden sich unter dem Stichwort Bereitschaftsdienst (siehe unten Rdn 626 ff.).

375

---

857 BSG 14.12.2006, NZS 2007, 552.
858 BSG 4.12.1997, NZS 1998, 234.
859 KassKomm SozVR/*Peters*, § 186 SGB V Rn 12.
860 KassKomm SozVR/*Peters*, § 186 SGB V Rn 2.

15. Arbeitsort

Literatur: *Dzida/Schramm*, Versetzungsklauseln: mehr Flexibilität für den Arbeitgeber, mehr Kündigungsschutz für den Arbeitnehmer, BB 2007, 1221; *Fliss*, Die örtliche Versetzung – Neue Regeln seit dem 11.4.2006?, NZA-RR 2008, 225; *Gaul/Bonanni*, Betriebsübergreifende Sozialauswahl und die Bedeutung von Versetzungsklauseln, NZA 2006, 289; *Hromadka*, Grenzen des Weisungsrechts – Zur Auslegung des § 106 GewO, NZA 2012, 233; *Hromadka/Schmitt-Rolfes*, Die AGB-Rechtsprechung des BAG zu Tätigkeit, Entgelt und Arbeitszeit, NJW 2007, 1777; *Hunold*, AGB-Kontrolle einer Versetzungsklausel, NZA 2007, 19; *ders.*, Die aktuelle Rechtsprechung zur Inhaltskontrolle arbeitsrechtlicher Absprachen – AGB-Kontrolle, NZA-RR 2008, 449; *ders.*, Neues zur Versetzungsklausel, AuA 2009, 33; *ders.*, Arbeitsort und Direktionsrecht bei Fehlen einer arbeitsvertraglichen Regelung, DB 2013, 636; *Lakies*, Das Weisungsrecht des Arbeitgebers (§ 106 GewO) – Inhalt und Grenzen, BB 2003, 364; *Novara/Römgens*, Kostenübernahme bei örtlicher Versetzung, NZA 2016, 668; *Preis/Genenger*, Die unechte Direktionserweiterung, NZA 2008, 969; *Preis/Wieg*, Weisungsrecht nach Inhalt, Ort und Zeit der Arbeitsleistung in einer mobilen Arbeitswelt, AuR 2016, 313; *Reinecke*, Weisungsrecht, Arbeitsvertrag und Arbeitsvertragskontrolle, NZA-RR 2013, 393; *Reiserer*, Der Versetzungsvorbehalt im Arbeitsvertrag – eine „Spielwiese" für den Arbeitgeber?, BB 2016, 184; *Salamon/Fuhlrott*, Die Festlegung des Arbeitsplatzes als Vorfrage der AGB-Kontrolle, NZA 2011, 839; *Seel*, Das Direktionsrecht des Arbeitgebers – Anforderungen an Versetzung und Änderungskündigung, MDR 2011, 901.

a) Allgemeines

376 Der Arbeitsort ist Gegenstand des Direktionsrechts (§ 106 GewO). Der Arbeitgeber kann den Ort der Arbeitsleistung nach billigem Ermessen bestimmen, soweit dieser nicht durch den Arbeitsvertrag, Bestimmungen einer Betriebsvereinbarung, eines anwendbaren Tarifvertrags oder gesetzliche Vorschriften festgelegt ist. Überraschenderweise gibt es hinsichtlich des Arbeitsortes – eigentlich eine Standardfrage – einige noch nicht abschließend geklärte Probleme. Das liegt daran, dass die maßgeblichen Vorschriften, zum einen § 106 GewO, zum anderen das inzwischen auch auf Arbeitsverträge anwendbare AGB-Recht, verhältnismäßig neu sind.

aa) Arbeitsort ohne vertragliche Regelung: Direktionsrecht des Arbeitgebers?

377 § 2 Abs. 1 Nr. 4 NachwG verpflichtet den Arbeitgeber, u.a. Folgendes in den Arbeitsvertrag aufzunehmen: *„der Arbeitsort oder, falls der Arbeitnehmer nicht nur an einem bestimmten Arbeitsort tätig sein soll, ein Hinweis darauf, dass der Arbeitnehmer an verschiedenen Orten beschäftigt werden kann"*. Enthält der Arbeitsvertrag dieser Verpflichtung zuwider keine ausdrückliche oder konkludente Festlegung des Arbeitsorts, so dürfte der Arbeitgeber ihn zwar grundsätzlich kraft seines Direktionsrechts bestimmen. Aber schon hier treten Fragen auf:

378 Ist der Arbeitsort beim Fehlen vertraglicher Regelungen (konkludent) festgelegt auf den Sitz des Betriebs, wo der Arbeitnehmer regelmäßig arbeitet?[861] Aufgrund mehrerer neuer BAG-Entscheidungen zu § 106 GewO kann eine solche konkludente Festlegung auf den Ort des Betriebssitzes in der Praxis nicht mehr angenommen werden.[862] Denn in diesen Entscheidungen wird das örtliche Direktionsrecht grundsätzlich weit gefasst. Das bloße Fehlen einer ausdrücklichen Festlegung des Arbeitsortes führt also noch nicht zu einer konkludenten Festlegung.

379 Allerdings liegen folgende Argumente für eine konkludente Festlegung nicht ganz fern: Kommt der Arbeitgeber seiner Verpflichtung aus § 2 Abs. 1 Nr. 4 NachwG, im Vertrag Angaben zum Arbeitsort zu machen, nicht nach, muss der Arbeitnehmer regelmäßig davon ausgehen, dass der Sitz des Betriebs maßgeblich ist.[863] Und nach § 269 Abs. 1 BGB ist der Leistungsort mangels anderer Anhaltspunkte am Betriebssitz.[864]

---

861 Für im Zweifel konkludente Festlegung auf den Betriebssitz: BAG 3.12.1985 – 4 AZR 325/84, NZA 1986, 366; *Lakies*, BB 2003, 264, 265; HWK/*Lembke*, § 106 GewO Rn 29. Gegen konkludente Festlegung auf den Betriebssitz: ArbG Berlin 28.6.2006 – 30 Ca 23055/05, BeckRS 2008, 52775; *Fliss*, NZA-RR 2008, 225, *Hromadka/Schmitt-Rolfes*, NJW 2007, 1777, 1779; *Preis/Genenger*, NZA 2008, 969, 971.

862 BAG 11.6.2006 – 9 AZR 557/05, NZA 2006, 1149; ähnlich BAG 13.3.2007, NJOZ 2008, 3160; BAG, 13.4.2010 – 9 AZR 96/09, NJOZ 2010, 2625; BAG 19.1.2011 – 10 AZR 738/09, NZA 2011, 631; BAG 13.6.2012 – 10 AZR 296/11, NZA 2012, 1154; BAG 28.8.2013 – 10 AZR 569/12, NZA-RR 2014, 181.

863 Dazu auch *Hunold*, NZA 2007, 19, 20.

864 So LAG Baden-Württemberg, 10.12.2010 – 18 Sa 33/10, BeckRS 2011, 68907; kritisch *Hunold*, DB 2013, 636, 637 f.

Deshalb sollte der Arbeitsvertrag immer angemessene Regelungen zum Arbeitsort enthalten, trotz der inzwischen toleranten Linie des BAG.

Fraglich ist ferner: Kann der Arbeitnehmer bei Fehlen ausdrücklicher wie konkludenter vertraglicher Regelungen mittels § 106 GewO im ganzen Bundesgebiet oder nur in einem gewissen Umkreis – etwa nur innerhalb der politischen Gemeinde oder aber bis zu 200 km – versetzt werden?.[865] Das BAG hat sich hierzu, soweit ersichtlich, noch nicht abschließend geäußert.[866] Allerdings spricht die tolerante Tendenz des BAG eher dafür, dass dann, wenn der Arbeitsvertrag keine Regelung zum Arbeitsort enthält, grundsätzlich bundesweit versetzt werden kann; Einschränkungen sind dann ausschließlich auf der Stufe der Ausübungskontrolle zu erwägen (vgl. unten Rdn 392 ff.). **380**

Klar dürfte dagegen sein, dass das arbeitsrechtliche Direktionsrecht nicht zu Versetzungen ins Ausland berechtigt. Hierzu bedarf es einer vertraglichen Erweiterung des Direktionsrechts. Das gilt auch für örtliche Versetzungen innerhalb des Bundesgebiets zu dem Betrieb eines Konzernunternehmens. Auch ein solcher Konzernversetzungsvorbehalt muss vertraglich gesondert vereinbart sein. **381**

Klar ist auch, dass es bei Arbeitnehmern, die kraft Tätigkeit an verschiedenen Arbeitsorten arbeiten, etwa Außendienst-, Bau- oder Montagemitarbeiter – keiner gesonderten Regelungen zum Arbeitsort bedarf. Die unterschiedlichen Arbeitsorte ergeben sich bereits aus der Position selbst.[867] Auch dann aber ist es sinnvoll, im Arbeitsvertrag eine Rahmenregelung zum Arbeitsort zu haben. **382**

bb) Vertragliche Festlegung des Arbeitsorts: Einschränkung des Direktionsrechts

Den Vertragsparteien steht es frei, das Direktionsrecht des Arbeitgebers einzuschränken und einen bestimmten Arbeitsort vertraglich festzulegen. Das kann im Interesse des Arbeitnehmers sein, weil er aus privaten Gründen jede einseitige örtliche Versetzung von vornherein vermeiden will. **383**

Aber auch der Arbeitgeber kann Interesse an einer solchen Festlegung haben. Damit verliert er zwar Flexibilität im laufenden Arbeitsverhältnis, er reduziert aber gleichzeitig die Risiken bei betriebsbedingten Kündigungen (vgl. dazu Rdn 396 ff.). **384**

Enthält der Arbeitsvertrag einen bestimmten Ort, an dem die Arbeit zu beginnen ist, so muss darin keine verbindliche Festschreibung des Arbeitsorts liegen; es kann sich auch um die schriftliche Fixierung der erstmaligen Ausübung des Weisungsrechts handeln.[868] Insofern kommt es auf eine Auslegung der Klausel an. Wer sicher gehen will, schließt im Arbeitsvertrag die örtliche Versetzung aus. Der bloße Umstand, dass ein Arbeitnehmer bislang stets an einem Arbeitsort gearbeitet hat, führt noch nicht zu einer Festlegung (Konkretisierung).[869] Dafür bedarf es weiterer Umstände, aufgrund dessen der Arbeitnehmer eine solche Festlegung schließen konnte. **385**

cc) Vertragliche Erweiterung des Direktionsrechts hinsichtlich des Arbeitsorts

Der Arbeitsvertrag kann auch das Direktionsrecht des Arbeitgebers erweitern. Hier tritt wiederum die Frage auf, wie weit das gesetzliche Direktionsrecht gemäß § 106 GewO reicht, welches im Arbeitsvertrag erwei- **386**

---

865 Ganzes Bundesgebiet: ArbG Berlin 28.6.2007 – 30 Ca 23055/05, BeckRS 2008, 52775; *Fliss*, NZA-RR 2008, 225, *Preis/Genenger*, NZA 2008, 969, 971; nur innerhalb eines gewissen örtlichen Umkreises: Hess. LAG 14.6.2007 – 11 Sa 296/06, BeckRS 2007, 45461 (270 km zu weit); LAG Hamm 11.12.2008 – 11 Sa 817/08, Info A 2009, 185 (200–250 km zu weit); nur innerhalb der politischen Gemeinde: *Hromadka*, NZA 2012, 233, 237 f.

866 Hierzu *Fliss*, NZA-RR 2008, 225, 227 f.

867 Preis/*Preis*, Arbeitsvertrag, II D 30 Rn 104; NK-GA/*Boecken/Pils*, § 106 GewO Rn 28.

868 BAG 28.8.2013 – 10 AZR 569/12, NZA-RR 2014, 181.

869 BAG 3.6.2004 – 2 AZR 577/03, NZA 2005, 175; BAG 13.3.2007 – 9 AZR 433/06, NJOZ 2008, 3160; BAG 13.6.2012 – 10 AZR 296/11, NZA 2012, 1154.

tert werden soll. Geht man davon aus, dass das gesetzliche Direktionsrecht grundsätzlich zu Versetzungen im ganzen Bundesgebiet ermächtigt, betrifft die Erweiterung des Direktionsrechts inhaltlich Versetzungen ins Ausland und solche zu anderen Konzernunternehmen. Ermächtigt das gesetzliche Direktionsrecht dagegen nur zu Versetzungen in einem gewissen Umkreis, so bedarf auch die Versetzung innerhalb des Bundesgebiets einer Erweiterung des gesetzlichen Direktionsrechts.

387 Die formularmäßige Erweiterung des Direktionsrechts unterliegt einer AGB-Kontrolle. Maßgeblich ist allerdings nicht § 308 Nr. 4 BGB, sondern § 307 Abs. 1 BGB.[870] Die Klausel darf also nicht intransparent und auch nicht überraschend im Sinne des § 305c BGB sein. Eine Angemessenheitskontrolle findet dagegen regelmäßig nicht statt; denn bei der Erweiterung des Weisungsrechts geht es um eine Hauptleistungspflicht des Arbeitsverhältnisses.[871]

388 Häufig findet sich folgende Gestaltung: Im Arbeitsvertrag wird der Arbeitsort zunächst festgelegt (Einschränkung des Direktionsrechts). Sodann wird geregelt, dass der Arbeitgeber berechtigt ist, den Arbeitnehmer örtlich zu versetzen (Erweiterung des Direktionsrechts).Dies ist keineswegs eine zweifelhafte, sondern eine zulässige Gestaltung. Sie beruht auf der Vorgabe des § 2 Abs. 1 Nr. 4 NachwG. Im Ergebnis wiederholt eine solche Klausel lediglich die Befugnisse aus § 106 GewO. Es handelt sich also nicht um eine „echte" Festlegung des Arbeitsortes.[872] Eine solche Gestaltung ist in der Regel AGB-fest.

389 Bei einer Erweiterung des gesetzlichen Direktionsrechts brauchen im Vertrag nicht die Gründe für eine künftige örtliche Versetzung angegeben werden.[873] Denn bei Vertragsschluss steht in der Regel noch nicht fest, welche betrieblichen Gründe für eine künftige Versetzung sprechen könnten. Zudem kann der Grund für eine örtliche Versetzung auch aus der Sphäre des Arbeitnehmers stammen (örtliche Versetzung aus personen- oder verhaltensbedingten Gründen). All dies kann und braucht nicht bei der Vertragsgestaltung festgelegt werden. Wohl aber sind diese Gesichtspunkte bei der Ausübungskontrolle zu beachten (siehe Rdn 392 ff.).

390 Fraglich ist, ob bereits der Arbeitsvertrag, wenn er die Versetzung an weit entfernte Orte in Deutschland zulässt, eine Ankündigungsfrist und Kostenregelungen für den Umzug festlegen muss. Nach einer Entscheidung des LAG Hamm hat der Arbeitsvertrag zumindest eine Ankündigungsfrist festzulegen; die Formulierung, dass bei Versetzung die persönlichen Belange des Arbeitnehmers berücksichtigt würden, reiche nicht aus.[874] Dem ist aber zu widersprechen. Nach zutreffender Auffassung, die mittlerweile auch das BAG vertritt, gehören diese Fragen nicht schon in den Arbeitsvertrag.[875] Vielmehr betrifft dies die gesonderte Frage, ob dem Arbeitnehmer entsprechende Kostenerstattungsansprüche zustehen; im Hinblick auf eine etwaige Ankündigungspflicht ist auf die Ausübungskontrolle zu verweisen (siehe unten Rdn 392 ff.). Es steht den Vertragsparteien natürlich frei, dennoch entsprechende Ankündigungsfristen oder Kostenregelungen schon im Arbeitsvertrag zu regeln.

---

870 BAG 13.3.2007 – 9 AZR 433/06, NJOZ 2008, 3160; LAG Hamm 11.12.2008 – 11 Sa 817/08, Info A 2009, 185; *Hunold*, NZA 2007, 19, 20; *Preis/Wieg*, AuR 2016, 313, 316.

871 BAG 19.1.2011 – 10 aZR 738/09, NZA 2011, 631; *Klumpp*, in: Clemenz/Kreft/Krause, AGB-Arbeitsrecht, § 307 Rn 177; a.M. *Wank*, RdA 2012, 139, 140.

872 Vgl. BAG, 13.4.2010 – 9 AZR 96/09, NJOZ 2010, 2625; BAG 19.1.2011 – 10 AZR 738/09, NZA 2011, 631; BAG 13.6.2012 – 10 AZR 296/11, NZA 2012, 1154; BAG 26.9.2012 – 10 AZR 311/11, NZA-RR 2013, 403. Dazu auch *Preis/Genenger*, NZA 2008, 969, 970, die den Inhalt solcher Klauseln als „unechte Direktionsrechtserweiterung" bezeichnen; *Salamon/Fuhlrott*, NZA 2011, 839; *Hunold*, DB 2013, 636; *Reinecke*, NZA-RR 2013, 393, 394.

873 BAG 11.4.2006 – 9 AZR 557/05, NZA 2006, 1149; BAG 13.3.2007 – 9 AZR 433/06, NJOZ 2008, 3160.

874 LAG Hamm 11.12.2008 – 11 Sa 817/08, BeckRS 2009, 53973.

875 So auch BAG 13.4.2010 – 9 AZR 36/09, NJOZ 2010, 2625, mit dem die Entscheidung des LAG Hamm (siehe vorangegangene FN) aufgehoben wurde; *Hunold*, AuA 2009, 337, 339; HWK/*Lembke*, § 106 GewO Rn 73; *Reiserer*, BB 2016, 184, 185.

Formularklauseln, die Versetzungen ins Ausland und Versetzungen zu Betrieben anderer Unternehmen in- **391** nerhalb des Konzerns zulassen, dürften formularvertraglich nicht ohne Weiteres zulässig sein.[876] Insoweit sollten zumindest nähere Regelungen zu den Voraussetzungen einer solchen Versetzung bereits im Vertrag enthalten sein. Letztlich wird man abwarten müssen, wie in Zukunft die BAG-Rechtsprechung solche weiten Versetzungsmöglichkeiten beurteilt.

dd) Ausübungskontrolle

Ist die Versetzung vom (vertraglich erweiterten) Direktionsrecht gedeckt, so bedarf es einer Ausübungskon- **392** trolle, §§ 106 S. 1 GewO, 315 BGB.[877] Die konkrete Versetzung muss billigem Ermessen entsprechen und die Interessen des Arbeitgebers an der Versetzung mit den Interessen des Arbeitnehmers an der Beibehaltung des bisherigen Arbeitsorts abwägen. Dabei trägt der Arbeitgeber, der sich auf die Wirksamkeit der Versetzung beruft, die Darlegungs- und Beweislast.[878]

Kriterien bei der Ausübungskontrolle sind auf der einen Seite die betrieblichen Bedürfnisse an einer Ver- **393** setzung gerade des betreffenden Arbeitnehmers. Auf der anderen Seite sind die privaten Belange des Arbeitnehmers in die Waagschale zu legen, etwa Vermeidung eines Umzugs aus nachvollziehbaren privaten Gründen (Alter, schulpflichtige Kinder, pflegebedürftige Angehörige etc.). Eine Sozialauswahl muss bei einer örtlichen Versetzung aus betriebsbedingten Gründen allerdings nicht durchgeführt werden.[879] Ist aufgrund der Ausübungskontrolle eine Versetzung nicht gerechtfertigt, muss der Arbeitnehmer möglicherweise mit einer betriebsbedingten (Änderungs-) Kündigung rechnen.

Die dem Arbeitnehmer durch den Wechsel des Arbeitsorts entstehenden Kosten wie Umzugskosten, er- **394** höhte Fahrtkosten etc. hat der Arbeitgeber nach § 670 BGB zu tragen.[880] Nach anderer Auffassung ist bei der Ausübungskontrolle zu berücksichtigen, ob der Arbeitgeber sich bereit erklärt, zumutbare Fristen zu gewähren und entstehende Kosten zu übernehmen.[881]

Strafversetzungen widersprechen stets der Ausübungskontrolle. So ist die Versetzung einer Mitarbeiterin in **395** Elternzeit ins Ausland (hier: London statt Frankfurt) rechtsmissbräuchlich.[882] Auch die örtliche Versetzung von ausschließlich ehemals befristet beschäftigten Arbeitnehmern – so sinnigerweise die Vorgehensweise der Bundesagentur für Arbeit – hält einer Ausübungskontrolle nicht stand.[883] Allerdings kann der Arbeitgeber eine örtliche Versetzung ins Auge fassen, um dadurch nicht anders lösbare Konflikte zwischen Arbeitnehmern zu begegnen.[884]

---

876 Ähnlich *Dzida/Schramm*, BB 2007, 1221, 1227; HWK/*Lembke*, § 106 GewO Rn 74; bei einer Flugbegleiterin hat das BAG eine Versetzungsklausel, die sich auch auf das Ausland erstreckt, nicht beanstandet, vgl. BAG 28.8.2013 – 10 AZR 569/12, NZA-RR 2014, 181; dagegen hält BAG 24.9.2015 – 2 AZR 3/14, NZA 2015, 1457 eine Versetzungsklausel in die Türkei für unwirksam, weil sie den Eindruck erweckte, dass eine Ausübungskontrolle nicht stattfinden muss.

877 Dazu etwa BAG 26.9.2012 – 10 AZR 275/09, NZA-RR 2013, 403; *Hunold*, DB 2013, 636, 637; *Reinecke*, NZA-RR 2013, 393, 397 ff.

878 BAG 21.7.2009 – 9 AZR 404/08, NZA 2009, 1369, 1371 f.

879 BAG 28.8.2013 – 10 AZR 569/12, NZA-RR 2014, 181; BAG 28.8.2013 – 10 AZR 537/12 – BeckRS 2013, 74858; NK-GA/*Boecken/Pils*, § 106 GewO Rn 36.

880 BAG 21.3.1973 – 4 AZR 187/72, BB 1973, 983; ErfK/*Preis*, § 611 BGB Rn 429; Küttner/*Griese*, Personalbuch 2016, „Umzugskosten Rn 4; a.M. BeckOK-Arbeitsrecht/*Tillmanns*, Stand: 15.3.2016, § 106 GewO Rn 25.

881 So der Vorschlag von *Novara/Römgens*, NZA 2016, 668, 670 f.; in diese Richtung wohl auch BeckOK-Arbeitsrecht/*Tillmanns*, Stand: 15.3.2016, § 106 GewO Rn 25.

882 Hess. LAG 15.2.2011 – 13 SaGa 1934/10, BB 2011, 832.

883 BAG 10.7.2013 – 10 AZR 915/12, BB 2013, 1780.

884 BAG 24.4.1996 – 5 AZR 1031/94, NZA 1996, 1088; LAG Schleswig/Holstein 2.5.2007 – 6 Sa 504/06, BeckRS 2007, 44710; Hess. LAG 24.10. 2011 – 16 Sa 711/11, BeckRS 2011, 79035; LAG Köln LAG Köln 22.11.2012 – 7 Sa 329/12, BeckRS 2013, 71649; *Reiserer*, BB 2016, 184, 186.

ee) Zusammenhang zwischen vertraglichen Regelungen zum Arbeitsort und Kündigungsschutz

396   Es kann einen bei der Vertragsgestaltung zu beachtenden Zusammenhang zwischen Versetzungsklausel und dem Schutz vor betriebsbedingten Kündigungen geben. Dies betrifft in erster Linie die Sozialauswahl.

397   Die Sozialauswahl erfolgt bekanntlich betriebsbezogen. Dabei erfasst der Betriebsbegriff des Kündigungs- rechts auch unselbstständige entfernte Betriebsteile.[885] Kann der Arbeitgeber kraft Direktionsrechts einen Arbeitnehmer auch an andere Betriebe versetzen, so wirkt sich das nicht auf den Kündigungsschutz aus. Denn auch bei einer Versetzungsbefugnis hinsichtlich anderer Betriebe im kündigungsrechtlichen Sinne wird die Sozialauswahl nicht auf diese erweitert.[886]

398   Einfluss auf den Kündigungsschutz kann es aber bei einer eindeutigen vertraglichen Festlegung des Arbeits- orts geben. Denn dann darf der Arbeitnehmer nicht einseitig an einen anderen Ort versetzt werden, auch wenn es dort einen Betriebsteil gibt, der im Sinne des KSchG noch dem Betrieb zuzuordnen ist. Dies sei an einem Beispiel verdeutlicht:

399   Der Arbeitsvertrag legt als Arbeitsort ausdrücklich Frankfurt am Main fest, ein Versetzungsvorbehalt ist nicht vorhanden. Das Unternehmen hat aber noch einen (unselbstständigen) Betriebsteil in Düsseldorf. Kündigungsrechtlich ist das ein Betrieb, denn § 4 BetrVG gilt nur für das Betriebsverfassungsrecht (siehe oben Rdn 397). In der Sozialauswahl kann der Arbeitnehmer aber nicht mit vergleichbaren Arbeitnehmern in Düsseldorf verglichen werden, weil er dorthin nicht einseitig versetzt werden kann. Bei diesem Arbeit- nehmer ist also die Sozialauswahl auf vergleichbare Arbeitnehmer am Standort Frankfurt beschränkt.

400   Das bedeutet: Die ausdrückliche Festlegung eines Arbeitsortes im Arbeitsvertrag kann bei betriebsbeding- ten Kündigungen die Sozialauswahl erleichtern.[887]

401   Lässt der Arbeitsvertrag eine örtliche Versetzung ins Ausland und zu Betrieben von Konzernunternehmen zu (= Erweiterung des Direktionsrechts), so kann auch dies zu einem weitergehenden Schutz des Arbeitneh- mers vor betriebsbedingten Kündigungen führen. Denn dann müssen möglicherweise nicht nur etwaige freie Ersatzarbeitsplätze in Deutschland, sondern auch solche im Ausland und Konzernunternehmen be- rücksichtigt werden, ehe betriebsbedingt gekündigt werden kann.[888] Auch dieser Zusammenhang sollte bei der Vertragsgestaltung berücksichtigt werden.

ff) Wohnortklauseln

402   Bisweilen sehen Arbeitsverträge vor, dass der Arbeitnehmer seinen Wohnsitz am Arbeitsort haben muss. Bei solchen Regelungen ist indes große Zurückhaltung geboten. Denn sie betreffen das außerdienstliche Verhalten des Arbeitnehmers und schränken sein durch Art. 2 Abs. 1 und Art. 11 GG garantiertes Recht auf freie Wahl des Wohnsitzes ein. Auch Art. 6 GG kann durch eine Wohnortklausel betroffen sein. Daher sind solche Klauseln in aller Regel als unangemessene Benachteiligung des Arbeitnehmers im Sinne von § 307 Abs. 1 BGB zu werten.[889] Selbst eine individualvertraglich vereinbarte Klausel dürfte regelmäßig sittenwidrig und daher unwirksam sein. Nur ausnahmsweise hält eine solche Klausel der rechtlichen Prü- fung stand. Dies ist dann der Fall, wenn sie sich aufgrund dringender berufsbedingter Bedürfnisse sachlich

---

885 Der kündigungsrechtliche Betriebsbegriff weicht vom betriebsverfassungsrechtlichen Betriebsbegriff ab. Weit entfernte, nicht selbstständig geleitete Betriebsteile werden im Kündigungsrecht dem Hauptbetrieb zugeordnet, vgl. BAG 3.6.2004 – 2 AZR 577/03, NZA 2005, 175.

886 BAG 2.6.2005 – 2 AZR 158/04, NZA 2005, 1175; BAG 15.12.2005 – 6 AZR 199/05, NZA 2006, 590; *Dzida/Schramm*, BB 2007, 1221, 1225 f.; *Gaul/Bonanni*, NZA 2006, 289, 291.

887 Vgl. zu diesem Gesichtspunkt: BAG 3.6.2004 – 2 AZR 577/03, NZA 2005, 175; LAG Frankfurt 31.10.2008 – 10 Sa 2096/06, BB 2009, 1142; *Dzida/Schramm*, BB 2007, 1221, 1226; *Gaul/Bonanni*, NZA 2006, 289, 290 f.; Preis/*Preis*, Arbeitsvertrag, II D 30 Rn 6 ff.

888 BAG 23.11.2004 – 2 AZR 24/04, NZA 2005, 929; zurückhaltend jetzt BAG 24.9.2015 – 2 AZR 3/14, NZA 2015, 1457.

889 NK-GA/*Brors*, § 611 BGB Rn 497.

rechtfertigen lässt. Dies kann etwa bei einem Hausmeister, einem Lokalredakteur, einem Feuerwehrmann oder einer Gemeindereferentin für den pastoralen Dienst der Fall sein.[890] Auch bei einem Chefarzt mag aufgrund seiner hervorgehobenen Stellung und erwartbarer Notfallsituationen eine Residenzpflicht am Ort des Krankenhauses sachlich gerechtfertigt sein. Ist eine solche Wohnortklausel ausnahmsweise wirksam vereinbart, so kann ein (beharrlicher) Verstoß des Arbeitnehmers auch eine verhaltensbedingte Kündigung rechtfertigen.[891] Auf der anderen Seite hat der Arbeitgeber bei einer wirksamen Wohnsitzklausel etwaige Umzugskosten des Arbeitnehmers zu ersetzen; Anspruchsgrundlage ist § 670 BGB.[892]

b) Formulierungsbeispiele

Klausel mit Festlegung des Arbeitsorts   403

Arbeitsort ist Frankfurt am Main. Eine örtliche Versetzung durch den Arbeitgeber ist nur innerhalb von Frankfurt am Main möglich.

Klausel mit Einschränkung des Direktionsrechts zum Arbeitsort innerhalb eines bestimmten Umkreises   404

Arbeitsort ist Frankfurt am Main. Der Arbeitgeber ist berechtigt, den Arbeitnehmer auch an einen anderen Arbeitsort in einem Umkreis bis zu 200 km von Frankfurt am Main zu versetzen. Dabei wird der Arbeitgeber die persönlichen Interessen des Arbeitnehmers angemessen berücksichtigen.

Klausel mit Direktionsrecht zum Arbeitsort innerhalb Deutschlands   405

Arbeitsort ist Frankfurt am Main. Der Arbeitgeber ist berechtigt, den Arbeitnehmer auch an einen anderen Arbeitsort innerhalb Deutschlands zu versetzen. Dabei wird der Arbeitgeber die persönlichen Interessen des Arbeitnehmers angemessen berücksichtigen.

Klausel mit Erweiterung des Direktionsrechts zum Arbeitsort innerhalb Deutschlands und in das Ausland   406

Arbeitsort ist Frankfurt am Main. Der Arbeitgeber ist berechtigt, den Arbeitnehmer auch an einen anderen Arbeitsort innerhalb Deutschlands und an einen Standort des Arbeitgebers im Ausland zu versetzen. Dabei wird der Arbeitgeber die persönlichen Interessen des Arbeitnehmers ausreichend berücksichtigen. Dazu gehört, dass die örtliche Versetzung nur mit einer Ankündigungsfrist erfolgen darf, welcher der vom Arbeitgeber einzuhaltenden Frist für eine ordentliche Kündigung entspricht. Erfordert die örtliche Versetzung einen Umzug des Arbeitnehmers, so beträgt die Ankündigungsfrist für eine örtliche Versetzung sieben Monate zum Ende eines Kalendermonats. Die dem Arbeitnehmer aufgrund der örtlichen Versetzung entstehenden Kosten werden nach der zum jeweiligen Zeitpunkt geltenden betrieblichen Regelung erstattet. Bei einem betriebsbedingten Wegfall des Arbeitsplatzes des Arbeitnehmers verpflichtet sich der Arbeitgeber, dem Arbeitnehmer auch etwaige vergleichbare offene Stellen im Ausland anzubieten.

Klausel Residenzpflicht   407

Die Parteien sind sich darüber einig, dass der Arbeitnehmer aufgrund der Besonderheiten des Arbeitsverhältnisses in der Nähe seines Arbeitsortes wohnen muss. Der Arbeitnehmer wird daher während der Dauer des Arbeitsverhältnisses einen Wohnort haben, der maximal … km vom Arbeitsort entfernt ist.

---

890 BAG 7.6.2006 – 4 AZR 316/05, NZA 2007, 343 (Hausmeister); LAG München 9.1.1991 – 5 Sa 31/90, NZA 1991, 821 (Feuerwehrmann eines Kernkraftwerkes); LAG Hamm 13.8.2009 – 16 Sa 1045/08, BeckRS 2009, 68991 (Gemeindereferentin).
891 LAG München 9.1.1991 – 5 Sa 31/90, NZA 1991, 821; Schaub/*Linck*, § 133 Rn 55; NK-GA/*Kerwer*, § 1 KSchG Rn 1072.
892 Küttner/*Griese*, Personalbuch 2016, „Umzugskosten Rn 3; *Novara*/*Römgens*, NZA 2016, 668, 670.

16. Arbeitsunfähigkeit

Literatur: *Bauer/Diller*, In Sachen Paletta endlich alles paletti, NZA 2000, 711; *Berenz*, Aktuelle Probleme bei der Entgeltfortzahlung im Krankheitsfall, DB 1995, 2166; *Boecken*, Probleme der Entgeltfortzahlung im Krankheitsfall, NZA 1999, 673; *ders.*, Entgeltfortzahlung bei nebentätigkeitsbedingtem Arbeitsunfall bzw. Unfall, NZA 2001, 233; *Brenner*, Entgeltfortzahlung und Dritthaftung, DB 1999, 482; *Diller*, Krankfeiern seit 1.6.1994 schwieriger? Das neue Entgeltfortzahlungsgesetz, NJW 1994, 1690; *Dornbusch/Ahner*, Urlaubsanspruch und Urlaubsabgeltung bei fortdauernder Arbeitsunfähigkeit des Arbeitnehmers, NZA 2009, 180; *Gaul/Dieter*, Missbrauch einer krankheitsbedingten Arbeitsunfähigkeit, NZA 1993, 865; *Gaumann*, Anordnung der vorzeitigen Vorlage einer Arbeitsunfähigkeitsbescheinigung nach § 5 I 3 EFZG – Ein mitbestimmungspflichtiger Tatbestand?, FA 2001, 72; *Gaumann/Schafft*, Anspruch auf Entgeltfortzahlung bei Kündigung aus Anlass der Erkrankung innerhalb der Wartezeit des § 3 III EFZG?, NZA 2000, 811; *Gotthardt*, Leistungsbefreiung bei Krankheit des Arbeitnehmers nach § 275 Abs. 1 oder 3 BGB – Einordnung und praktische Folgen, DB 2002, 2049; *Greiner*, Krankengeld und Entgeltfortzahlung bei Organ- oder Gewebespende, NZS 2013, 241; *Grobys*, Urlaub und Krankheit – die Karten sind neu gemischt!, NJW 2009, 2177; *Höser*, Dienstwagennutzung bei Arbeitsunfähigkeit, BB 2012, 573; *Houben*, Trifft den Arbeitnehmer eine vertragliche Pflicht, sich gesund zu halten?, NZA 2000, 128; *Iraschko-Luscher/Kiekenbeck*, Welche Krankheitsdaten darf der Arbeitgeber von seinem Mitarbeiter abfragen?, NZA 2009, 1239; *Kleinebrink*, Die materielle und prozessuale Bedeutung von Verschlimmerungsattesten, NZA 2002, 716; *Kleinebrink*, Die neue Arbeitsunfähigkeitsbescheinigung und ihre materielle Bedeutung, ArbRB 2016, 47; *von Koppenfeh*, Die Entgeltfortzahlung im Krankheitsfall an der Schnittstelle zwischen Arbeits- und Sozialrecht, NZS 2002, 241; *Kühn*, Die Vermeidung prozessualer Risiken bei Zweifeln an der Arbeitsunfähigkeit, NZA 2012, 1249; *Lambeck*, Zum Beweiswert ärztlicher Arbeitsunfähigkeitsbescheinigungen im Entgeltfortzahlungsprozess, NZA 1990, 90; *Leinemann*, Der urlaubsrechtliche und der entgeltfortzahlungsrechtliche Freischichttag, BB 1998, 1414; *Lepke*, Pflichtverletzungen des Arbeitnehmers bei Krankheit als Kündigungsgrund, NZA 1995, 1084; *Lepke*, Krankheitsbegriff im Arbeitsrecht, NZA-RR 1999, 57; *Lingemann*, Wartezeit bei Entgeltfortzahlung für übernommenen Auszubildenden, BB 2004, 783; *Link/Flachmeyer*, Ersatz des Verdienstausfalls von Organspendern, AuA 2002, 509; *Löwisch/Beck*, Keine Entgeltfortzahlung bei Schönheitsoperationen, BB 2007, 1960; *Marburger*, Neu geregelt: Entgeltfortzahlung im Krankheitsfall, BB 1994, 1417; *Mauer/Schüßler*, Mitbestimmungsrechte bei Krankmeldung, FA 2000, 211; *Merkel*, Arbeiten während Arbeitsunfähigkeit – (l)egal?, DB 2012, 2691; *Müller-Glöge*, Aktuelle Rechtsprechung zum Recht der Entgeltfortzahlung im Krankheitsfall, RdA 2006, 105; *Neumann*, Soziale Absicherung von Organspendern, NJW 2013, 1401; *Reinecke*, Krankheit und Arbeitsunfähigkeit – die zentralen Begriffe des Rechts der Entgeltfortzahlung, DB 1998, 130; *Schaub*, Entgeltfortzahlung in neuem (alten) Gewand?, NZA 1999, 177; *Schäfer*, Pflicht zu gesundheitsförderndem Verhalten, NZA 1992, 529; *Schliemann/König*, Ärztliches Beschäftigungsverbot und krankheitsbedingte Arbeitsunfähigkeit der werdenden Mutter, NZA 1998, 1030; *Schmitt*, Vom Wert vertrauensärztlicher Untersuchungen, AuA 1999, 210; *Stähler*, Voraussetzungen des Annahmeverzugs bei Arbeitsunfähigkeit des Arbeitnehmers, NZA-RR 2012, 117; *Stück/Wein*, Die ärztliche Untersuchung des Arbeitnehmers – Voraussetzungen, Inhalt, Rechtsfolgen, NZA-RR 2005, 505; *Stückmann*, Teilarbeits(un)fähigkeit und Entgeltfortzahlung, DB 1998, 1662; *Stückmann*, Einfluss der Arbeitgeber auf Senkung des Krankenstandes, AuA 1998, 224; *ders.*, Teilarbeits(un)fähigkeit und Entgeltfortzahlung, DB 1998, 1662; *ders.*, Selbstverschuldete Arbeitsunfähigkeit – spart nur der Zufall Kosten?, DB 1996, 1822; *ders.*, Krankfeiern" und „Krankschreiben" – Überlegungen zur Entgeltfortzahlung im Krankheitsfalle, NZS 1994, 529; *ders.*, Arbeiten trotz AUB: Wer entscheidet darüber?, AuA 1996, 197; *Subatzus*, Beweiswert von EU-Arbeitsunfähigkeitsbescheinigungen, DB 2004, 1631; *ders.*, Wenn der Mitarbeiter Krankheit vortäuscht – Kündigung, AuA 2002, 174; *Waltermann*, Entgeltfortzahlung bei Arbeitsunfällen und Berufskrankheiten nach neuem Recht, NZA 97, 177; *Wirges*, Überstundenvergütung als regelmäßiges Arbeitsentgelt?, DB 2003, 1576; *Worzalla*, Die Anzeige- und Nachweispflicht nach § 5 Abs. 1 EFZG, NZA 1996, 61; *Zietsch*, Zur Frage der Lohnfortzahlung im Krankheitsfall bei Job-Sharing, NZA 1997, 526.

a) Begriff der „krankheitsbedingten Arbeitsunfähigkeit"

408 Das Entgeltfortzahlungsgesetz (EFZG) regelt unter anderem die Fortzahlung des Arbeitsentgelts im Krankheitsfall. Die gesetzliche Entgeltfortzahlung bei Krankheit knüpft daran an, dass der Arbeitnehmer „durch Arbeitsunfähigkeit infolge Krankheit an seiner Arbeitsleistung verhindert wird, ohne dass ihn ein Verschulden trifft"; in diesem Fall hat der Arbeitnehmer einen Anspruch gegen den Arbeitgeber auf Entgeltfortzahlung bis zur Dauer von 6 Wochen.

aa) Krankheit und Arbeitsunfähigkeit

409 Das EFZG knüpft Rechtsfolgen an die „Arbeitsunfähigkeit infolge Krankheit". Krankheit und Arbeitsunfähigkeit kennzeichnen zwei nicht deckungsgleiche Sachverhalte. Krankheit ist jeder „regelwidrige Körper- oder Geisteszustand".[893] Das Erfordernis einer Heilbehandlung ist nicht (mehr) maßgebend.[894] Nicht jede Krankheit führt zur Arbeitsunfähigkeit. Eine krankheitsbedingte Arbeitsunfähigkeit ist erst gegeben, wenn

---

893 BAG 9.4.2014, NZA 2014, 719; BAG 26.7.1989, NZA 1990, 141; BAG 7.8.1991, NZA 1992, 62; ErfK/*Reinhard*, § 3 EFZG Rn 5.
894 BAG 9.4.2014, NZA 2014, 719; ErfK/*Reinhard*, § 3 EFZG Rn 7.

der Arbeitnehmer infolge der Krankheit seine vertraglich geschuldete Tätigkeit nicht mehr ausüben kann, oder bis auf Weiteres nicht ausüben soll, weil ansonsten die Heilung nach ärztlicher Prognose verhindert oder verzögert würde (Verschlimmerungsgefahr).[895] Im Übrigen muss sich ein arbeitsunfähig erkrankter Arbeitnehmer stets auch außerdienstlich so verhalten, dass er bald wieder gesund wird und an seinen Arbeitsplatz zurückkehren kann, und hat alles zu unterlassen, was seine Genesung verzögern könnte. Eine schwerwiegende Verletzung dieser Rücksichtnahmepflicht kann eine fristlose Kündigung rechtfertigen.[896] Maßgebend für die Arbeitsunfähigkeit ist nicht erst der gesundheitliche Zusammenbruch, sondern eine vom Arzt nach objektiven Maßstäben vorzunehmende Bewertung. Die subjektive Wertung des betroffenen Arbeitnehmers ist nicht ausschlaggebend.[897]

Im Recht der gesetzlichen Krankenversicherung sind die vom Bundesausschuss der Ärzte und Krankenkassen verabschiedeten **Arbeitsunfähigkeit-Richtlinien** ("AU-RL") maßgeblich.[898]   410

Keine Arbeitsunfähigkeit liegt vor, wenn der Arbeitnehmer zwar erkrankt ist, die Erkrankung ihn aber nicht   411
daran hindert, im Rahmen seines Arbeitsverhältnisses eine konkrete andere Arbeitsaufgabe voll zu erfüllen bzw. er an einem anderen Arbeitsplatz voll eingesetzt werden kann. Voraussetzung ist, dass der Arbeitgeber nach den arbeitsvertraglichen Regelungen berechtigt ist, vorübergehend die andere Tätigkeit zuzuweisen, oder der Arbeitnehmer der Zuweisung der anderen Tätigkeit zustimmt. Handelt es sich bei der Zuweisung des anderen Arbeitsbereichs um eine Versetzung i.S.d. § 99 BetrVG, ist außerdem die Zustimmung des Betriebsrats erforderlich. Die Möglichkeit alternativer Einsatzmöglichkeiten hat auch der anordnende Arzt zu bedenken und ggf. zu erfragen, bevor er dem erkrankten Arbeitnehmer eine Arbeitsunfähigkeitsbescheinigung ausstellt. In der Praxis findet diese Ermittlung kaum statt, zumal der Arbeitnehmer selbst oft gar nicht wissen wird, welche anderweitigen Beschäftigungen zugewiesen werden könnten, und umgekehrt der Arbeitgeber keine Kenntnis vom Gesundheitszustand oder Grund der Krankheit hat. Diesen Missstand könnte man nur beseitigen, wenn es zu einem Informationsaustausch zwischen Arzt und Arbeitgeber käme.[899]

bb) Teilarbeitsfähigkeit?

Abzugrenzen von der Frage der Arbeitsunfähigkeit am konkreten Arbeitsplatz ist nach teilweise vertretener   412
Auffassung die sogenannte Teil-Arbeitsunfähigkeit. Diese soll vorliegen, wenn der Arbeitnehmer trotz Erkrankung die arbeitsvertraglich geschuldeten Tätigkeiten –teilweise noch erbringen kann, wenn auch in geringerem zeitlichen Umfang oder unter Herausnahme einzelner Arbeitsschritte, die wegen der Erkrankung punktuell nicht ausgeführt werden können.[900]

---

895 BAG 26.7.1989, NZA 1990, 140; BAG 7.8.1991, NZA 1992, 69. So soll etwa bei einer in Abständen von 1–2 Wochen vorbeugend durchgeführten ambulanten Bestrahlungstherapie gegen eine in unberechenbaren Schüben auftretende erbliche Krankheit (Schuppenflechte) Arbeitsunfähigkeit auch dann vorliegen, wenn der Arbeitnehmer zwar bei den einzelnen Behandlungen nicht arbeitsunfähig ist, das Unterlassen der Behandlung seinen Zustand aber in absehbar naher Zeit zur Arbeitsunfähigkeit zu verschlechtern droht, siehe BAG 9.1.1985, NZA 1985, 562.

896 BAG 2.3.2006, NZA-RR 2006, 636: Ein pflichtwidriges Verhalten eines Arbeitnehmers kann vorliegen, wenn er bei bescheinigter Arbeitsunfähigkeit den Heilungserfolg durch gesundheitswidriges Verhalten gefährdet. Dies ist der Fall, wenn er Freizeitaktivitäten nachgeht, die mit der Arbeitsunfähigkeit nur schwer in Einklang zu bringen sind (hier: Skifahren in Zermatt während einer attestierten Arbeitsunfähigkeit).

897 BAG 26.7.1989, NZA 1990, 140: Ob ein Arbeitnehmer durch Arbeitsunfähigkeit infolge Krankheit an der Arbeitsleistung verhindert ist, ist nach objektiven medizinischen Kriterien zu beurteilen. Die subjektive Beurteilung der Arbeitsvertragsparteien ist dafür nicht maßgeblich. Es kommt für das Vorliegen der Arbeitsunfähigkeit auch nicht auf die Kenntnis der Arbeitsvertragsparteien an.

898 Vgl. "Richtlinien des Gemeinsamen Bundesausschusses über die Beurteilung der Arbeitsunfähigkeit und die Maßnahmen zur stufenweisen Wiedereingliederung nach § 92 Abs. 1 S. 2 Nr. 7 SGB V" in der Fassung vom 14.11.2013, zuletzt geändert am 17.12.2015", siehe auch www.g-ba.de/informationen/richtlinien. Diese Richtlinien haben gemäß ihres § 1 Abs. 2 zum Ziel, ein qualitativ hochwertiges, bundesweit standardisiertes Verfahren für die Praxis zu etablieren, das den Informationsaustausch und die Zusammenarbeit zwischen Vertragsarzt, Krankenkasse und Medizinischem Dienst verbessert.

899 ErfK/*Reinhard*, § 3 EFZG Rn 11.

900 MüKo-BGB/*Müller-Glöge*, § 616 BGB Rn 9; *Stückmann*, DB 1998, 1662.

413 Das BAG erkennt eine solche „Teilarbeitsunfähigkeit" im Rahmen des EFZG jedoch nicht an.[901] Es gilt das **Alles-oder-Nichts-Prinzip**: der Arbeitnehmer ist entweder voll arbeitsfähig oder voll arbeitsunfähig, niemals teilweise arbeitsfähig. Dies hat zur Folge, dass auch eine nur reduzierte Arbeitsfähigkeit („Teilarbeitsunfähigkeit") entgeltfortzahlungsrechtlich zur vollen Arbeitsunfähigkeit führt. Auch der „nur" vermindert Arbeitsfähige ist im Sinne der einschlägigen entgeltfortzahlungsrechtlichen Regelungen vollständig arbeitsunfähig, eben weil er die konkrete vertraglich geschuldete Arbeitsleistung nicht voll erfüllen kann. Der Arbeitgeber kann auch nicht eine Teiltätigkeit verlangen und umgekehrt einen Teil der Entgeltfortzahlung verweigern.[902] Jedoch soll eine abweichende Vereinbarung der Arbeitsvertragsparteien im Rahmen der geltenden Gesetze und Tarifverträge möglich sein.[903] Zu beachten ist insoweit aber, dass hierunter nach Ansicht des BAG nicht die Fälle fallen sollen, in denen der Arbeitnehmer eine volle Arbeitsleistung erbringen kann und lediglich gehindert ist, der gesamten Bandbreite der arbeitsvertraglich an sich möglichen Leistungsbestimmungen gerecht zu werden.[904]

414 An diesem Alles-oder-Nichts-Prinzip ändern auch die Regelungen zur stufenweisen Wiedereingliederung (§ 74 SGB V) nichts. Danach soll der Arzt, wenn arbeitsunfähige Versicherte nach ärztlicher Feststellung ihre bisherige Tätigkeit teilweise verrichten können und durch eine stufenweise Wiederaufnahme ihrer Tätigkeit voraussichtlich besser wieder in das Erwerbsleben eingegliedert werden können, auf der Bescheinigung über die Arbeitsunfähigkeit Art und Umfang der (noch oder wieder) möglichen Tätigkeit angeben. Während einer stufenweisen Wiedereingliederung bleibt der Arbeitnehmer voll arbeitsunfähig, und wird nicht arbeitsfähig, auch nicht teilweise.[905] Während der stufenweisen Wiedereingliederung liegt kein Arbeitsverhältnis vor. Es handelt sich vielmehr um ein Rechtsverhältnis eigener Art, das durch freie Vereinbarung zwischen den Arbeitsvertragsparteien zustande kommt (§ 305 BGB). Die gegenseitigen Hauptleistungspflichten (Arbeitsentgelt; Leistung) **ruhen**; es bestehen lediglich Schutz- und Nebenpflichten.[906] Die Krankenkasse bleibt weiterhin zur Zahlung des vollen Krankengeldes verpflichtet.

cc) Erwerbsminderung

415 Eine mit der Erkrankung verbundene Erwerbsminderung im Sinne des Rentenversicherungsrechts (§ 43 SGB VI) schließt die krankheitsbedingte Arbeitsunfähigkeit nicht aus. Die Regelungen der Entgeltfortzahlung werden durch das Sozialversicherungsrecht nicht verdrängt. Vielmehr sind die arbeitsrechtlichen Voraussetzungen einer krankheitsbedingten Arbeitsunfähigkeit und die sozialrechtlichen Voraussetzungen einer Erwerbsminderung unabhängig voneinander zu prüfen. Der Arbeitgeber hat bei Vorliegen der Voraussetzungen Entgeltfortzahlung nach dem EFZG zu leisten, auch wenn mit der krankheitsbedingten Arbeitsunfähigkeit zugleich eine Erwerbsminderung im Sinne des Rentenversicherungsrechts verbunden ist.[907]

---

901 BAG 29.1.1992, NZA 1992, 643; BAG 9.4.2014, NZA 2014, 719; BAG 13.6.2006, NZA 2007, 91; BAG 25.10.1973, DB 1974, 342; auch: LAG Berlin 27.6.1990, BeckRS 1990 30455523; LAG Rheinland Pfalz 4.11.1991, NZA 1992, 169; ErfK/*Reinhard*, § 3 EFZG Rn 12; Staudinger/*Oetker*, § 616 BGB Rn 233.

902 ErfK/*Reinhard*, § 3 EFZG Rn 12.

903 LAG Berlin 27.6.1990, BeckRS 1990 30455523; ErfK/*Reinhard*, § 3 EFZG Rn 12.

904 BAG 9.4.2014, NZA 2014, 719 hins. der Nachtdienstuntauglichkeit einer Krankenschwester: Der Arbeitgeber müsse dann im Rahmen des § 106 GewO nach Möglichkeit berücksichtigen, dass der Arbeitnehmer aus Gründen seiner Gesundheit nicht (mehr) in der Lage sei, alle an sich geschuldeten Tätigkeiten vollumfänglich auszuführen. Die vorgenannte Entscheidung ist allerdings in erster Linie zum Beschäftigungsanspruch und zum Annahmeverzug und nicht unmittelbar zur Entgeltfortzahlung im Krankheitsfall ergangen.

905 BAG 29.1.1992, NZA 1992, 643; BAG 19.4.1994, NZA 1995, 123; Schaub/*Linck*, ArbR-Hdb., § 98 Rn 13.

906 LAG Berlin 27.6.1990, BeckRS 1990 30455523; *v. Hoyningen-Huene*, NZA 1992, 49, 55.

907 BAG 29.9.2004, NZA 2005, 225: Es besteht kein Grund, den Arbeitgeber bei besonders schweren Erkrankungen des Arbeitnehmers, die sogar eine zeitweise oder dauernde volle Erwerbsminderung zur Folge haben, von den sozialen Verpflichtungen des Entgeltfortzahlungsgesetzes freizustellen.; auch: Schaub/*Linck*, ArbR-Hdb., § 98 Rn 29; ErfK/*Reinhard*, § 3 EFZG Rn 9; MüKoBGB/*Müller-Glöge*, § 3 EFZG Rn 7.

b) Entgeltfortzahlung im Krankheitsfall
aa) Anspruch auf Entgeltfortzahlung

Der Arbeitnehmer, der wegen Arbeitsunfähigkeit infolge Krankheit an seiner Arbeitsleistung verhindert ist, **416** ohne dass ihn ein Verschulden trifft, behält seinen Anspruch gegen den Arbeitgeber auf Arbeitsentgelt bis zur Dauer von 6 Wochen, § 3 EFZG (gesetzliche Entgeltfortzahlung). In diesem Zeitraum ist er nicht auf Leistungen der gesetzlichen oder privaten Krankenversicherung angewiesen. Die Vorschrift ist zwingend. Von ihr kann nicht zu Ungunsten des Arbeitnehmers abgewichen werden, § 12 EFZG – Unabdingbarkeit (siehe Rdn 460). Allenfalls können in gewissem Umfang Sondervergütungen gekürzt werden, § 4a EFZG (siehe Rdn 450).

Der gesetzliche Entgeltfortzahlungsanspruch im Krankheitsfall ist inhaltlich der aufrecht erhaltene Ver- **417** gütungsanspruch, und teilt dessen rechtliches Schicksal. Dementsprechend können trotz Unabdingbarkeit Entgeltfortzahlungsansprüche kraft einer tariflichen oder vertraglichen Ausschlussfrist nach Ablauf bestimmter Fristen erlöschen.[908]

Für Arbeitgeber, die in der Regel nicht mehr als 30 Arbeitnehmer beschäftigen, mildert das Aufwendungs- **418** ausgleichsgesetz (AAG) die mit der Entgeltfortzahlung verbundenen Belastungen. Hier werden bis zu 80 % der Entgeltfortzahlungskosten von den Krankenkassen erstattet, die sich wiederum aus Umlagen aller durch das Gesetz begünstigten Arbeitgeber refinanzieren (sog. „U1-Verfahren"; Höhe der Erstattung je nach Umlagesatz).

bb) Voraussetzungen für die Entgeltfortzahlung
(1) Vierwöchiger Bestand des Arbeitsverhältnisses

Der Anspruch auf Entgeltfortzahlung im Krankheitsfalle entsteht erstmals nach 4-wöchiger ununterbroche- **419** ner Dauer des Arbeitsverhältnisses, § 3 Abs. 3 EFZG. Ausreichend für die Erfüllung dieser Wartezeit ist der rechtliche Bestand des Arbeitsverhältnisses; eine tatsächliche Beschäftigung ist nicht notwendig.[909] So erhält der nach Beginn des Arbeitsverhältnisses dauerhaft erkrankte Arbeitnehmer einen Anspruch vom ersten Tag der 5. Woche für die gesetzlich vorgesehene Dauer (6 Wochen), auch wenn er in den ersten 4 Wochen keine Arbeitsleistung erbringen konnte.[910]

(2) Arbeitsunfähigkeit infolge Krankheit (sog. „Monokausalität")

Weiterhin muss die krankheitsbedingte Arbeitsunfähigkeit die alleinige Ursache für die Arbeitsverhin- **420** derung sein (sog. „**Monokausalität**").[911] Der Arbeitnehmer hat nur dann Anspruch auf Entgeltfortzahlung, wenn er ohne Erkrankung gearbeitet hätte und arbeiten hätte können.[912] Wäre die Arbeit im maßgeblichen Zeitraum (auch) aus einem anderen Grund nicht geleistet worden, besteht kein Anspruch auf Entgeltfortzahlung. Von diesem Grundsatz kann allenfalls durch Tarifvertrag abgewichen werden.[913]

Folgende Sachverhalte führen ebenfalls zu einer – bezahlten oder unbezahlten – Freistellung und können **421** unter Umständen die Entgeltfortzahlung nach EFZG ausschließen:

■ **Urlaub:** Urlaub und Entgeltfortzahlung schließen sich aus. Während des Urlaubs erhält der Arbeitnehmer sog. Urlaubsentgelt. Erkrankt der Arbeitnehmer während des Urlaubs, tritt an Stelle des Urlaubsentgelts die Entgeltfortzahlung. Die durch ärztliches Zeugnis nachgewiesenen Tage der Arbeitsunfä-

---

908 BAG 16.1.2001, NZA 2002, 746.
909 BAG 26.5.1999, NZA 1999, 1273; Schaub/*Linck*, ArbR-Hdb., § 98 Rn 46.
910 BAG 26.5.1999, NZA 1999, 1273; BAG 16.1.2002, NZA 2002, 1163; ErfK/*Reinhard*, § 3 EFZG Rn 33; *Bauer/Lingemann* BB 1996, Beil. 17, 8; a.A. *Gaumann/Schafft* NZA 2000, 811: Bei einer kündigungsbedingten Beendigung des Arbeitsverhältnisses durch den Arbeitgeber aus Anlass der Arbeitsunfähigkeit innerhalb der Wartezeit des § 3 Abs. 3 EFZG soll dem Arbeitnehmer kein Anspruch auf Entgeltfortzahlung zustehen; § 8 Abs. 1 EFZG soll bei einer Kündigung in dieser Phase keine Anwendung finden.
911 BAG 28.1.2004, NZA 2005, 656; BAG 24.3.2004, NZA 2004, 1042; ErfK/*Reinhard*, § 3 EFZG Rn 14.
912 BAG 25.2.2004, EzA 12 zu § 3 EFZG.
913 BAG 9.10.2002, NZA 2003, 978; ErfK/*Reinhard*, § 3 EFZG Rn 14.

higkeit werden auf den Jahresurlaub nicht angerechnet, § 9 BUrlG.[914] Das gilt auch während eines sog. Betriebsurlaubs.[915] Anders nur bei unbezahltem Sonderurlaub; der Arbeitnehmer, der sich ohne Vergütung von den Arbeitspflichten hat befreien lassen, kann keine Entgeltfortzahlung verlangen, wenn er während dieser Zeit erkrankt.[916]

■ **Streikteilnahme:** Beteiligt sich ein Arbeitnehmer an einem Streik, hat er für die Zeit der Arbeitsniederlegung keinen Anspruch auf das Arbeitsentgelt. Arbeitsleistung und Arbeitsentgelt stehen in einem Gegenseitigkeitsverhältnis (§ 611 BGB); die Nichterbringung der Arbeitsleistung hat zur Folge, dass der Anspruch auf die Gegenleistung entfällt (§ 326 BGB). Wenn der Arbeitnehmer während des Streiks erkrankt, hat er dementsprechend auch keinen Entgeltfortzahlungsanspruch nach dem EFZG. Umgekehrt behält der Arbeitnehmer seinen Anspruch auf Entgeltfortzahlung, wenn er bereits arbeitsunfähig erkrankt war, bevor der Streik gegen den Arbeitgeber begann, solange er sich nicht am Streik beteiligt.[917]

■ **Aussperrung:** Im Fall der Aussperrung werden die werden die beiderseitigen Rechte und Pflichten aus dem Arbeitsverhältnis suspendiert. Der Entgeltfortzahlungsanspruch des Arbeitnehmers, der arbeitsunfähig erkrankt war, entfällt, da die Arbeitsunfähigkeit nicht die alleinige Ursache für die Arbeitsverhinderung und den Verdienstausfall ist; auch bei voller Arbeitsfähigkeit hätte der Arbeitnehmer aufgrund der Aussperrung kein Entgelt erhalten.[918]

■ **Aufenthaltserlaubnis:** Fehlt einem ausländischen Arbeitnehmer die für eine Beschäftigung in Deutschland erforderliche Aufenthaltserlaubnis nach dem AufenthaltsG und steht fest, dass der Arbeitgeber dem Verbot folgend den Arbeitnehmer nicht beschäftigt hätte, ist bei Arbeitsunfähigkeit kein Entgeltfortzahlungsanspruch gegeben. Dasselbe gilt für die Fälle der fehlenden Arbeitserlaubnis bei EU-Neubürgern nach den §§ 284 ff. SGB III (sog. Arbeitsgenehmigung-EU für Staatsangehörige der neuen EU-Mitgliedstaaten).[919]

■ **Beschäftigungsverbot:** Unterliegt eine werdende Mutter einem der krankheitsunabhängigen Beschäftigungsverbote, wie sie in § 11 MuSchG genannt sind, so erhält sie grundsätzlich keine Entgeltfortzahlung nach dem EFZG, sondern Vergütung nach § 11 MuSchG („Mutterschutzlohn").[920]

■ **Kurzarbeit:** Ruht aufgrund von Kurzarbeit die Arbeit im Betrieb des Arbeitgebers vollständig, so ist nicht die Arbeitsunfähigkeit die Ursache für die Arbeitsverhinderung, sondern die Kurzarbeit. Der Arbeitnehmer erhält dann bei Erkrankung keine Entgeltfortzahlung, sondern Krankengeld in Höhe des Kurzarbeitergeldes. Bei Verkürzung der Arbeitszeit gilt dasselbe für die durch Kurzarbeit ausgefallene Zeit; im Übrigen erhält der Erkrankte Entgeltfortzahlung[921] (siehe auch Rdn 458 ff.).

■ **Annahmeverzug:** Befindet sich der Arbeitgeber im Annahmeverzug und erkrankt nunmehr der Arbeitnehmer, etwa während der Dauer eines Kündigungsschutzprozesses, so endet der Annahmeverzug des Arbeitgebers, weil der Arbeitnehmer jetzt seine Arbeitskraft nicht ordnungsgemäß anbieten kann. Zugleich wird damit diese Ursache der Arbeitsverhinderung beseitigt; die Arbeitsunfähigkeit ist damit die alleinige Ursache für die Arbeitsverhinderung. Es entsteht ein Entgeltfortzahlungsanspruch.[922]

■ **Feiertag**: Die Kollisionsregel des § 4 Abs. 2 EFZG regelt das Zusammentreffen von Arbeitsunfähigkeit und Feiertag (siehe dazu Rdn 457).

---

914 ErfK/*Reinhard*, § 3 EFZG Rn 15.
915 LAG Niedersachsen: Urt. v. 21.11.2008, BeckRS 2009, 52336.
916 BAG 25.5.1983, AP Nr. 53 zu § 1 LohnFG.
917 BAG 15.1.1991, NZA 1991, 604; BAG 1.10.1991, NZA 1992, 163..
918 BAG 7.6.1988, NZA 1988, 890.
919 ErfK/*Reinhard*, § 3 EFZG Rn 18.
920 BAG 13.2.2002, NZA 2002, 738; dazu ausführlich: *Schliemann/König*, NZA 1998, 1030.
921 ErfK/*Reinhard*, § 3 EFZG Rn 20.
922 ErfK/*Reinhard*, § 3 EFZG Rn 21.

(3) Kein Verschulden

Der Anspruch auf Entgeltfortzahlung im Krankheitsfalle setzt weiter voraus, dass die Arbeitsunfähigkeit **422** ohne Verschulden des Arbeitnehmers eingetreten ist, § 3 Abs. 1 EFZG. Ein Verschulden schließt die Entgeltfortzahlung aus. Verschulden meint ein Verhalten, bei dem es sich um einen **groben Verstoß** gegen das eigene Interesse eines verständigen Menschen handelt.[923] Plakativ wird auch von einem **Verschulden gegen sich selbst** gesprochen. Bloß leichtsinniges Verhalten erfüllt den Tatbestand noch nicht, sondern nur ein besonders leichtfertiges oder vorsätzliches Verhalten.[924]

Unfälle sind verschuldet, wenn sie durch einen gröblichen Verstoß gegen das von einem verständigen Men- **423** schen zu erwartende Verhalten herbeigeführt sind. Für das Verschulden ist unerheblich, ob der Unfall sich in der Freizeit, bei Nachbarschaftshilfe oder einer Nebentätigkeit ereignet hat.[925] Unfälle, die auf Alkoholmissbrauch zurückzuführen sind, sind regelmäßig verschuldet.[926]

- Bei **Arbeitsunfällen** (vgl. §§ 7–9 SGB VII) ist ein Verschulden dann anzunehmen, wenn der Arbeitnehmer die Vorgaben der Unfallverhütungsvorschriften[927] oder die seiner Sicherheit dienenden Anordnungen des Arbeitgebers in grober Weise missachtet und es deshalb zu einem Unfall mit anschließender Arbeitsunfähigkeit kommt.[928]
- Bei **Sportunfällen** soll es nicht darauf ankommen, ob die Sportart für sich gesehen gefährlich oder ungefährlich ist, sondern ausschließlich darauf, ob der verletzte Arbeitnehmer besonders leichtfertig gegen die anerkannten Regeln des Sports verstoßen hat oder ob er sich an dem Sport überhaupt oder in einer Weise beteiligt hat, die seinen bisherigen Ausbildungsstand und/oder seine Kräfte übersteigt. Verschuldet sind Sportunfälle, wenn die eigene Leistungsfähigkeit erkennbar überschritten wird oder wenn gegen die anerkannten Regeln des Sports verstoßen wird.[929]
- Bei **Verkehrsunfällen** liegt ein den Entgeltfortzahlungsanspruch ausschließendes Verschulden vor, wenn der Arbeitnehmer die Verkehrsregeln vorsätzlich oder in besonders grober Weise fahrlässig missachtet, etwa: Telefonieren während der Fahrt ohne Freisprecheinrichtung[930] oder Trunkenheit am Steuer, wenn der Unfall aufgrund der Alkoholisierung verursacht wird.[931]

Die **Abhängigkeit** von Alkohol, Nikotin, Drogen oder Tabletten ist eine Krankheit. Die darauf beruhende **424** Arbeitsunfähigkeit ist nicht unbedingt selbstverschuldet. Maßgeblich ist, welche Ursachen zur Abhängigkeit geführt haben und inwieweit sie dem Arbeitnehmer als Verschulden im Sinne des EFZG angelastet werden können. Der Arbeitnehmer ist zur Mitwirkung verpflichtet. Er hat die zur Erkrankung führenden Umstände, die ein Verschulden ausschließen können, zu offenbaren. Das Risiko der Unaufklärbarkeit geht zu Lasten des Arbeitgebers, da er die Beweislast trägt.[932] Der Rückfall nach einer stationären Behandlung und umfangreicher Aufklärung kann nach teilweise vertretener Auffassung zwar ein wichtiges Indiz für ein Verschulden des Arbeitnehmers im Sinne des EFZG sein.[933] Das BAG geht neuerdings jedoch davon aus, dass bei einem Rückfall nach einer erfolgreich durchgeführten Therapie sich die Multikausalität der Alkoholabhängigkeit häufig in den Ursachen eines Rückfalls widerspiegeln und deshalb ein schuldhaftes Verhalten im entgeltfortzahlungsrechtlichen Sinn nicht festzustellen sein wird.[934] Da es jedoch keine gesicherten wis-

---

923 BAG 11.3.1987, NZA 1987, 452; BAG 30.3.1988, NZA 1988, 537.
924 ErfK/*Reinhard*, § 3 EFZG Rn 23.
925 Schaub/*Linck*, ArbR-Hdb., § 98 Rn 31.
926 BAG 11.3.1987, DB 1987, 1495; BAG 30.3.1988, NZA 1988, 537.
927 LAG Hamm 7.3.2007, BeckRS 2007, 44243.
928 Schaub/*Linck*, ArbR-Hdb., § 98 Rn 32.
929 Schaub/*Linck*, ArbR-Hdb., § 98 Rn 34; ErfK/*Reinhard*, § 3 EFZG Rn 26.
930 BAG 12.11.1998, AP Nr. 117 zu § 611 BGB; LAG Hessen 23.7.1997, NZA-RR 1999, 15; Schaub/*Linck*, ArbR-Hdb., § 98 Rn 33.
931 LAG Hessen 23.7.1997, NZA-RR 1999, 15.
932 BAG 7.8.1991, NZA 1992, 69, ErfK/*Reinhard*, § 3 EFZG Rn 27; Schaub/*Linck*, ArbR-Hdb., § 98 Rn 35.
933 Vgl. ErfK/*Reinhard*, § 3 EFZG Rn 27; für echte Umkehr der Beweislast: MüKoBGB/*Müller-Glöge*, § 3 EFZG Rn 43.
934 BAG 18.3.2015, NZA 2015, 801.

senschaftlichen Erkenntnisse gebe, die in diesem Fall ein Verschulden im Sinne des § 3 EFZG generell ausschließen würden, könne nur ein fachmedizinisches Gutachten genauen Aufschluss über die willentliche Herbeiführung des Rückfalls geben.[935]

425   Die Auseinandersetzung darüber, ob ein Arbeitnehmer, der als Organspender als unvermeidliche Begleiterscheinung (auch bei einem komplikationslosen Eingriff) Krankheit und Arbeitsunfähigkeit in Kauf nimmt, einen Entgeltfortzahlungsanspruch hat, ist durch die Neuregelung des § 3a EFZG überholt (siehe Rdn 431 ff.).

426   Medizinische Eingriffe, die eine bestehende Unfruchtbarkeit beseitigen sollen bzw. eine künstliche Befruchtung, die zur Arbeitsunfähigkeit führen, lösen einen Anspruch auf Entgeltfortzahlung aus. Ein Verschulden wird verneint, da derartige Eingriffe keinen Verstoß gegen die eigenen Interessen eines verständigen Menschen darstellen.[936]

427   Eine Arbeitsunfähigkeit, die infolge eines medizinisch nicht indizierten Eingriffs wie einer Schönheitsoperation, eines Piercings oder Tätowierung auftritt, schließt die Entgeltfortzahlung aus. Der Arbeitnehmer nimmt bei derartigen Eingriffen Komplikationen bewusst in Kauf, und handelt wider seine eigenen Interessen und damit schuldhaft im Sinne des EFZG.[937]

428   Hat der Arbeitnehmer die Arbeitsverhinderung infolge Krankheit in diesem Sinne verschuldet, entfällt der Entgeltfortzahlungsanspruch gegen den Arbeitgeber. Bereits erbrachte Entgeltfortzahlung ist nach den Regeln der ungerechtfertigten Bereicherung zurückzugewähren (§ 812 BGB: „ohne Rechtsgrund"). Der Einwand der Entreicherung (§ 818 Abs. 3 BGB) dürfte wegen Bösgläubigkeit des Arbeitnehmers ausgeschlossen sein.[938]

429   Das Verschulden ist gemäß § 3 Abs. 1 EFZG eine anspruchshindernde Einwendung bzw. Ausschlusstatbestand (Formulierung: „…, ohne dass …"). Die Darlegungs- und Beweislast für die Tatsachen, die ein Verschulden begründen, liegt demnach beim Arbeitgeber: er hat Tatsachen vorzutragen, aus denen sich der Ausschlusstatbestand ergibt. Da der Arbeitgeber in der Regel keine genauen Kenntnisse über die Geschehensabläufe hat, ist er auf die Mitwirkung des Arbeitnehmers angewiesen. Den Arbeitnehmer trifft eine prozessuale Mitwirkungspflicht. Kommt der Arbeitnehmer seiner Mitwirkungspflicht nicht nach, ist von einem Verschulden im Sinne des EFZG (Verschulden gegen sich selbst) ausgegangen werden, und ist die Arbeitsunfähigkeit verschuldet. Der Anspruch auf Entgeltfortzahlung ist dann ausgeschlossen.[939]

(4) Arztbesuche

430   **Arztbesuche und ambulante Behandlungen** sind nur dann entgeltfortzahlungspflichtig, wenn der Arbeitnehmer während der Zeit bereits arbeitsunfähig erkrankt war. Von diesen Fallgestaltungen zu unterscheiden sind die Arztbesuche, die nach der Terminplanung des Arztes oder wegen der ungünstigen Lage von Krankenhaus oder Praxis nur während der Arbeitszeit stattfinden können, führen – wenn der Arbeitnehmer nicht

---

935   BAG 18.3.2015, NZA 2015, 801.

936   ErfK/*Reinhard*, § 3 EFZG Rn 28; a.A. *Müller-Roden*, NZA 1989, 128: Die Sterilität einer Person ist nicht als Krankheit im arbeitsrechtlich relevanten Sinn einzustufen. Der Arbeitnehmer wird an der Erfüllung seiner arbeitsvertraglichen Pflichten weder gehindert noch ist ihm dies unzumutbar. Die künstliche Befruchtung kann nicht als Heilbehandlung angesehen werden und somit auch keine einer Krankheit vorbeugende Maßnahme darstellen. Die Vornahme einer künstlichen Befruchtung dient der Erfüllung höchstpersönlicher Wünsche des Betroffenen und der Verwirklichung dessen Selbstbestimmungsrechts. Die Pflicht des Arbeitgebers zur Entgeltfortzahlung im Krankheitsfall oder zur bezahlten Freistellung besteht daher grundsätzlich nicht.

937   ErfK/*Reinhard*, § 3 EFZG Rn 28; im Ergebnis ebenso: *Löwisch/Beck*, BB 2007, 1960, unter Hinweis auf § 52 SGB V: Leistungsbeschränkung bei Selbstverschulden. „Es wäre widersprüchlich, müsste ein Arbeitgeber bei Komplikationen medizinisch nicht indizierter Eingriffe sechs Wochen lang Entgeltfortzahlung leisten und könnte die Krankenkasse dann nach Ablauf der sechs Wochen die Zahlung von Krankengeld versagen."

938   Schaub/*Linck*, ArbR-Hdb., § 98 Rn 41.

939   ErfK/*Dörner/Reinhard*, § 3 EFZG Rn 32; Schaub/*Linck*, ArbR-Hdb., § 98 Rn 42.

zugleich arbeitsunfähig erkrankt ist – nicht zu einem Anspruch auf Entgeltfortzahlung nach § 3 EFZG, sondern allenfalls nach § 616 BGB.[940]

c) Entgeltfortzahlung bei Organ- oder Gewebespende

§ 3a EFZG wurde neu eingefügt durch das Gesetz zur Änderung des Transplantationsgesetzes vom **431** 21.7.2012. Danach hat ein Arbeitnehmer für die Dauer der Arbeitsunfähigkeit infolge einer Organ-/Gewebespende oder einer Blutspende zur Separation von Blutstammzellen oder anderen Blutbestandteilen einen Entgeltfortzahlungsanspruch gegen den Arbeitgeber bis zur Dauer von 6 Wochen. Es findet ein Gleichlauf mit der Arbeitsunfähigkeit infolge Krankheit statt. § 3a EFZG stellt dabei allein auf die „Verhinderung" an der Arbeitsleistung ab. Ein krankheitsgleicher Zustand ist mithin nicht vorauszusetzen.

Vor Einführung dieser Vorschrift stand dem Arbeitnehmer, der Organe, Gewebe oder Blut zur Separation **432** von Blutstammzellen oder anderen Blutbestandteilen spendete, jedenfalls bei einem komplikationslosen Eingriff kein Entgeltfortzahlungsanspruch zu, entweder weil die Arbeitsunfähigkeit nicht infolge Krankheit auftrat, oder weil er die Arbeitsunfähigkeit selbst verschuldet hatte.[941] Das BAG kam zum selben Ergebnis, mit der Begründung, dass der Arbeitgeber nur das „allgemeine Krankheitsrisiko" tragen solle.[942] Der Organspender war auch bislang nicht schutzlos gestellt; er konnte sich an die Krankenkasse des versicherten Organempfängers wenden und dort seinen Verdienstausfall als Kosten der Heilbehandlung reklamieren.[943]

§ 3a Abs. 2 EFZG sieht nunmehr Erstattung zugunsten des Arbeitgebers vor. Danach sind dem Arbeitgeber **433** von der Krankenkasse des Empfängers von Organen oder Geweben das an den Arbeitnehmer fortgezahlte Arbeitsentgelt sowie die hierauf entfallenden Arbeitgeberbeiträge zur Sozialversicherung und zur betrieblichen Altersversorgung auf Antrag zu erstatten. Die Kostenentlastung verfolgt das Ziel, auch beim Arbeitgeber die Akzeptanz für Organspenden zu erhöhen und damit insg. den Schutz des Spenders von Organen und Geweben abzusichern.[944] Es wird an die bestehende Rechtspraxis angeknüpft, dem Organspender den Ausfall von Arbeitseinkünften zu erstatten; diese Erstattung erfolgt nunmehr „übers Dreieck", unter Einbeziehung des Arbeitgebers.[945] Erstattungsverpflichteter ist der Versicherungsträger, der die Kosten für die Krankenbehandlung des Empfängers des Spenderorgans/Spendergewebes trägt (gesetzliche Krankenkasse oder private Krankenversicherung).

Die Erstattung erfolgt nicht automatisch, sondern ist vom Arbeitgeber zu beantragen. Zur Absicherung des **434** Erstattungsanspruchs regelt § 3a EFZG, dass der Arbeitnehmer unverzüglich die zur Geltendmachung des Erstattungsanspruchs erforderlichen Angaben zu machen hat. Da eine Lebendorganspende regelmäßig mit entsprechender Vorbereitung verbunden ist, wird der Arbeitnehmer die notwendigen Informationen spätestens mit Erbringung der Entgeltfortzahlung liefern können.[946]

d) Dauer der Entgeltfortzahlung

Der Anspruch auf Entgeltfortzahlung besteht für die Zeit der Arbeitsunfähigkeit bis zur Dauer von **435** 6 Wochen, sofern nicht eine günstigere Regelung besteht.[947] Dem 6-Wochen-Zeitraum entsprechen 42 Kalendertage, unabhängig davon, welche Tage in diesem Zeitraum als Arbeitstage ausgefallen sind; zu den 42 Tagen zählen demnach auch alle Sonn- und Feiertage, freien Tage aufgrund eines Schichtplans, aufgrund Freizeitausgleichs etc.[948]

---

940 BAG 7.3.1990, NZA 1990, 567; Staudinger/*Oetker*, § 616 BGB Rn 227.
941 Vgl. zur seinerzeitigen Rechtslage ErfK/*Dörner*, 12. Auflage 2012, § 3 EFZG Rn 10.
942 BAG 6.8.1986, NZA 1987, 487.
943 BAG 6.8.1986, NZA 1987, 487.
944 BT-Drucks 17/9773 S. 34.
945 ErfK/*Reinhard*, § 3a EFZG Rn 5.
946 ErfK/*Reinhard*, § 3a EFZG Rn 8.
947 BAG 23.1.2008, NZA 2008, 595: zu einer vermeintlich günstigeren Vereinbarung in einem gerichtlichen Vergleich.
948 ErfK/*Reinhard*, § 3 EFZG Rn 34.

Der Anspruchszeitraum wird nicht dadurch erschöpft, dass das Arbeitsverhältnis bei Beginn der Arbeitsunfähigkeit des Arbeitnehmers ruht. Während dieser Zeit entfallen die wechselseitigen Rechte und Pflichten der Vertragsparteien mit der Folge, dass der Arbeitnehmer keinen Anspruch auf Entgeltfortzahlung hat und damit auch der Anspruchszeitraum unberührt bleibt. Der Sechs-Wochen-Zeitraum beginnt dann erst mit der tatsächlichen Verhinderung an der Arbeitsleistung infolge der Krankheit; das ist der Zeitpunkt der „Aktualisierung des Arbeitsverhältnisses".[949]

436 Wird dem Arbeitnehmer nach dem Ende der Arbeitsunfähigkeit erneut arbeitsunfähig krank, kommt es für den erneuten Anspruch auf Entgeltfortzahlung darauf an, ob die Arbeitsunfähigkeit auf derselben Krankheit beruht oder ob eine andere Krankheit Auslöser für die Arbeitsverhinderung ist.

- Hat die erneute Arbeitsunfähigkeit eine andere Krankheitsursache, hat der Arbeitnehmer den „normalen" Anspruch auf Entgeltfortzahlung für die Dauer von bis zu 6 Wochen, § 3 Abs. 1 EFZG.
- Wird der Arbeitnehmer aufgrund derselben Krankheit erneut arbeitsunfähig (sog. Fortsetzungserkrankung), erhält er Entgeltfortzahlung nur dann, wenn er entweder vor der erneuten Erkrankung mindestens 6 Monate nicht infolge derselben Krankheit arbeitsunfähig war, oder eine Frist von 12 Monaten abgelaufen ist, § 3 Abs. 1 S. 2 EFZG.

Für die Entgeltfortzahlung bei der Spende von Organen und Gewebe gilt diese Vorschrift entsprechend, § 3a Abs. 1 S. 2 EFZG.

437 Für das Vorliegen einer den Anspruch ausschließenden Fortsetzungserkrankung gilt eine **abgestufte Darlegungslast**. Da der Arbeitgeber keine Kenntnis von den Umständen der Krankheitsursache hat, hat zunächst der Arbeitnehmer, der innerhalb der Zeiträume des § 3 Abs. 1 S. 2 BGB (6 bzw. 12 Monate) arbeitsunfähig erkrankt, zunächst darzulegen, dass keine Fortsetzungserkrankung sondern eine neue Krankheit vorliegt.[950] Hierzu kann er eine ärztliche Bescheinigung vorlegen, und ggf. den Arzt von der Schweigepflicht entbinden.[951] Die Folgen der Nichterweislichkeit einer Fortsetzungserkrankung (sog. „non-liquet") sind jedoch vom Arbeitgeber zu tragen, da er die Beweislast für die Fortsetzungserkrankung trägt.[952]

438 Der Anspruch auf Entgeltfortzahlung endet mit dem Zeitpunkt, den der behandelnde Arzt als letzten Tag der Arbeitsunfähigkeit bezeichnet, spätestens mit Ablauf des 42. Kalendertags (6 Wochen). Endet das Arbeitsverhältnis während des Zeitraums der Arbeitsunfähigkeit, so endet grundsätzlich auch der Entgeltfortzahlungsanspruch. Eine Ausnahme sieht § 8 EFZG bei der Kündigung des Arbeitsverhältnisses „aus Anlass der Arbeitsunfähigkeit" vor: der Anspruch auf Fortzahlung des Arbeitsentgelts wird dann nicht berührt. Die Sicherung geht allerdings inhaltlich und zeitlich nicht weiter als bei der Entgeltfortzahlung im bestehenden Arbeitsverhältnis. So endet die Verpflichtung des Arbeitgebers spätestens nach 6 Wochen, und wird auch nicht durch eine hinzutretende Krankheit verlängert (Einheit des Verhinderungsfalls).[953]

e) Höhe des fortzuzahlenden Arbeitsentgelts
aa) Modifiziertes Entgeltausfallprinzip

439 Nach § 4 EFZG ist dem Arbeitnehmer während der Dauer der Entgeltfortzahlung das ihm zustehende Arbeitsentgelt bei der für ihn maßgebenden regelmäßigen Arbeitszeit fortzuzahlen.

440 Das EFZG legt für die Bemessung der Entgeltfortzahlung grundsätzlich das **Entgeltausfallprinzip** zugrunde. Entgeltausfallprinzip bedeutet, dass der Arbeitnehmer so zu stellen ist, als hätte er gearbeitet (Fortzahlung des regelmäßigen Arbeitsentgelts). Es greift auf eine Fiktion zurück und fragt, was ein Arbeitnehmer verdient hätte, wenn er nicht an seiner Leistungserbringung gehindert wäre.

---

949 BAG 29.9.2004, NZA 2005, 225.
950 BAG 13.7.2005, BB 2005, 2642.
951 ErfK/*Reinhard*, § 3 EFZG Rn 44.
952 Hessisches LAG 20.2.2008 – 6 Sa 859/06, zit. nach juris; ErfK/*Reinhard*, § 3 EFZG Rn 44.
953 ErfK/*Reinhard*, § 8 EFZG Rn 1.

Becker/Zange

Jedoch gilt das Entgeltausfallprinzip nicht ohne Einschränkungen, sondern als modifiziertes Entgeltausfallprinzip. Zum einen wird auf die regelmäßige Arbeitszeit abgestellt. Außerdem werden (fiktive) Überstunden aus der Berechnung des Entgelts herausgenommen.[954]

Abzugrenzen ist das Entgeltausfallprinzip vom sog **Referenzprinzip**, wie es etwa im Bundesurlaubsgesetz (§ 11 BUrlG) oder im Mutterschutzgesetz (§ 11 MuSchG) gilt. Es stellt auf einen zurückliegenden Zeitraum ab, und knüpft regelmäßig daran an, was ein Arbeitnehmer tatsächlich verdient hat, bevor er durch ein Ereignis an seiner Arbeitsleistung gehindert war.

Für die Berechnung der Höhe der Entgeltfortzahlung ist die für den Arbeitnehmer maßgebliche regelmäßige   441
Arbeitszeit (Zeitfaktor) und das dem Arbeitnehmer für diese Arbeitszeit zustehende Arbeitsentgelt (Geldfaktor) zu bestimmen. Bei einer verstetigten Arbeitszeit und verstetigter monatlicher Vergütung bereitet die Berechnung der Entgeltfortzahlung keine besonderen Schwierigkeiten; dann wird das regelmäßige monatliche Gehalt für die Dauer von bis zu 6 Wochen durchgezahlt.[955]

Erhält der Arbeitnehmer eine Stundenvergütung, ist der Stundensatz mit den während der Arbeitsunfähigkeit ausgefallenen Stunden zu multiplizieren.

(1) Zeitfaktor

Der Zeitfaktor bestimmt sich nach der für den Arbeitnehmer maßgeblichen regelmäßigen Arbeitszeit; diese   442
richtet sich allein nach den **individuellen** und nicht nach den betrieblichen Verhältnissen.[956] Maßgebend ist die tatsächliche Arbeitszeit, also das „gelebte Rechtsverhältnis" als Ausdruck des wirklichen Parteiwillens, und nicht der Vertragstext.[957] Überstunden sind bei der Feststellung der regelmäßigen Arbeitszeit nicht (mehr) zu berücksichtigen, § 4 Abs. 1a EFZG.[958]

Auf die Wirksamkeit der für die individuelle Arbeitszeit maßgeblichen Rechtsgrundlage kommt es nicht an.   443
So kann auch eine unter Verletzung des Arbeitszeitrechts zustande gekommene konkludente Erhöhung der täglichen Arbeitsverpflichtung von Bedeutung sein. Etwaige gesetzliche oder tarifvertragliche Höchstarbeitsgrenzen dienen dem Schutz des Arbeitnehmers, bewahren den Arbeitgeber jedoch nicht vor der Pflicht, die darüber hinausgehende Arbeitszeit zu vergüten.[959]

Bei wechselnder Arbeitszeit ist zur Bestimmung der „regelmäßigen Arbeitszeit" eine vergangenheitsbezogene Betrachtung zulässig und geboten. Die regelmäßige Arbeitszeit bemisst sich dann nach dem Durchschnitt der vergangenen 12 Monate.[960] Ausfallzeiten (z.B. Urlaub und Krankheit) bleiben unberücksichtigt. Hat das Arbeitsverhältnis bei Beginn der Arbeitsunfähigkeit weniger als ein Jahr gedauert, ist dessen gesamter Zeitraum maßgebend.[961]

Der Arbeitnehmer genügt seiner Darlegungslast zu der maßgebenden regelmäßigen Arbeitszeit, wenn er den Arbeitszeitdurchschnitt der vergangenen 12 Monate darlegt. Das Maß der zu fordernden Substantiierung richtet sich nach der Einlassung des Arbeitgebers: Überstunden hat der Arbeitgeber entsprechend der Fassung des § 4 Abs. 1a EFZG einzuwenden. Der Arbeitgeber trägt für die Minderung der zu berücksichtigenden durchschnittlichen Arbeitszeit die Darlegungs- und Beweislast.[962]

---

954 BAG 21.11.2001, RdA 2003, 48 mit Anm. *Schmitt*; Schaub/*Linck*, ArbR-Hdb., § 98 Rn 75, 81.

955 BAG 26.6.2002, BB 2002, 2236.

956 BAG 24.3.2004, NZA 2004,1042.

957 BAG 21.11.2001, NZA 2002, 439.

958 BAG 26.6.2002, NZA 2003, 156; ErfK/*Reinhard*, § 4 EFZG Rn 7.

959 BAG 26.6.2002, BB 2002, 2236; ErfK/ *Reinhard*, § 4 EFZG Rn 6.

960 Schaub/*Linck*, ArbR-Hdb., § 98 Rn 76.

961 BAG 21.11.2001, NZA 2002, 439; BAG 26. 6. 2002, NZA 2003, 156; Schaub/*Linck*, ArbR-Hdb., § 98 Rn 76.

962 BAG 9.7.2003 – 5 AZR 610/01, n.v.; Schaub/*Linck*, ArbR-Hdb., § 98 Rn 79.

(2) Geldfaktor

444 Der Geldfaktor bestimmt sich nach dem vereinbarten Brutto-Entgelt; Arbeitsentgelt im Sinne des EFZG ist demnach die Brutto-Vergütung, die der Arbeitnehmer als Gegenleistung für seine erbrachte Arbeitsleistung erhält, sog. **Bruttolohnprinzip**.[963]

Werden **Naturalleistungen** als Gegenleistung für die erbrachte Arbeit gewährt, so handelt es sich um Arbeitsentgelt i.S.d. § 4 EFZG. Diese sind während des Zeitraums der Entgeltfortzahlung weiter zu entrichten oder in bar nach den Werten der Sozialversicherungsentgeltverordnung zu vergüten.[964] Beispiele: Nahrungsmittel, „Haustrunk" im Brauereigewerbe, Kohledeputat im Steinkohlebergbau, sowie auch zur privaten Nutzung überlassenes Dienstfahrzeug und Mobiltelefon.

445 Nach Ablauf der Entgeltfortzahlungspflicht kann der Arbeitgeber etwa einen zur Privatnutzung überlassenen Dienstwagen herausverlangen und das Recht zur Privatnutzung entschädigungslos entziehen, ohne dass es der Vereinbarung eines entsprechenden Widerrufsvorbehalts bedarf.[965]

446 Das zusätzlich für Mehrarbeit/Überstunden gezahlte Arbeitsentgelt (Grundvergütung und Überstundenzuschlag) ist nicht als Entgeltfortzahlung zu leisten, § 4 Abs. 1a EFZG. Wird ein festes Monatsgehalt gezahlt, das die tariflichen Überstundenzuschläge enthält, ist das nach § 4 fortzuzahlende Entgelt um diesen Teilbetrag zu mindern.[966]

447 Kein Arbeitsentgelt und ebenfalls ausdrücklich von der Fortzahlung ausgenommen sind Leistungen des Arbeitgebers, die ausschließlich gezahlt werden, wenn der Arbeitnehmer Aufwendungen hat und diese während der Arbeitsunfähigkeit nicht anfallen (können), § 4 Abs. 1a EFZG. So gehören Reisekosten und Spesen nur im Ausnahmefall zum fortzuzahlenden Entgelt, nämlich wenn sie pauschaliert ohne Rücksicht auf die Ausgaben für Reisen, Unterkunft und Verpflegung gezahlt werden. Im Regelfall handelt es sich jedoch um nicht fortzuzahlende Aufwendungen nach § 4 Abs. 1a S. 1 EFZG.[967]

448 Aktienoptionen sowie andere, unmittelbar von der Konzernmutter gewährte Leistungen und Incentives (wie Boni, Aktien, Phantom Stocks, Stock Appreciation Rights oder virtuelle Aktienoptionen), die direkt von der Konzernmutter an Arbeitnehmer ihrer Tochtergesellschaften gewährt werden, stellen grundsätzlich weder im Verhältnis zur Konzernmutter noch im Verhältnis zur jeweiligen Tochtergesellschaft Arbeitsentgelt im arbeitsrechtlichen Sinne dar. Leistungen aus dem Aktienoptionsplan gehören dann nicht zum Arbeitsentgelt im Sinne des § 4 EFZG und verändern nicht den Geldfaktor.[968]

449 **Vermögenswirksame Leistungen** des Arbeitgebers nach dem Fünften Vermögensbildungsgesetz in Form eines laufenden Zuschusses sind Teil des monatlichen Entgelts und bei Krankheit weiter zu zahlen.[969]

---

963 Schaub/*Linck*, ArbR-Hdb., § 98 Rn 80; ErfK/*Reinhard* § 4 EFZG Rn 11 unter Verweis auf BAG 31.5.1978, AP Nr. 9 § 2 LohnFG.

964 MüKo-BGB/*Müller-Glöge*, § 4 EFZG Rn 17. Die Sozialversicherungsentgeltverordnung (SvEV) dient der Vereinfachung des Einzugs der Sozialversicherungsbeiträge. Sie wurde vom Bundesministerium für Arbeit und Soziales aufgrund der Ermächtigung in § 17 Abs. 1 SGB IV erlassen und trat am 1.1.2007 in Kraft. Die SvEV löste die frühere Sachbezugsverordnung und die Arbeitsentgeltverordnung (ArEV) ab und fasste ihren Inhalt in einer einheitlichen Verordnung zusammen. In der SvEV wird definiert, welche Leistungen des Arbeitgebers bei der Bemessung der Sozialversicherungsbeiträge nicht angesetzt werden. In Anlehnung an das Steuerrecht gehören dazu insbesondere die meisten steuerfreien Lohnzuschläge. Daneben legt die SvEV fest, mit welchem Wert der Arbeitgeber Kost und Wohnung, die er einen Beschäftigten unentgeltlich zur Verfügung stellt, bei der Verbeitragung des Arbeitsentgelts zu berücksichtigen hat.

965 BAG 14.12.2010, NZA 2011, 569.

966 BAG 21.11.2001, NZA 2002, 439; BAG 26.6.2002, NZA 2003, 156.

967 MüKoBGB/*Müller-Glöge*, § 4 EFZG Rn 19.

968 MüKoBGB/*Müller-Glöge*, § 4 EFZG Rn 19; *Annuß/Lembke*, BB 2003, 2230; vgl. auch: BAG 12.2.2003, NZA 2003, 487; BAG 16.1.2008, NZA 2008, 836; *Schnitker/Grau*, BB 2002, 2497; *v. Steinau-Steinrück*, NZA 2003, 473, 474; a.A. *Tappert*, NZA 2002, 1188; *Lipinski/Melms*, BB 2003, 150, 154.

969 BAG 26.22.2003, BB 2003, 1622; MüKo-BGB/*Müller-Glöge* § 4 EFZG Rn 13.

bb) Kürzung von Sondervergütungen

Vereinbarungen, die eine Kürzung von Sondervergütungen bei krankheitsbedingten Fehlzeiten vorsehen, **450** sind zulässig, wenn die Kürzung maximal ein Viertel des arbeitstäglichen Verdienstes pro Tag der Arbeitsunfähigkeit beträgt, § 4a EFZG.[970] Die Norm bestätigt, dass es kein allgemeines Rechtsprinzip gibt, wonach der Anspruch auf eine Sonderleistung entfällt, wenn während des Bezugszeitraums keine Arbeitsleistung erbracht wird. In jedem Fall bedarf es dazu einer Kürzungsvereinbarung.[971]

§ 4a EFZG ist selbst keine Rechtsgrundlage für die Kürzung von Sondervergütungen, sondern macht Vor- **451** gaben für zulässige **Vereinbarungen** über die Kürzung von Sondervergütungen. Die Kürzungsmöglichkeit muss „**vereinbart**" sein. Der Begriff „**Vereinbarung**" ist umfassend gemeint. Hierzu gehören neben dem Arbeitsvertrag auch die Gesamtzusage, die betriebliche Übung,[972] die Betriebsvereinbarung und der Tarifvertrag.[973] Will ein Arbeitgeber also wegen krankheitsbedingter Fehlzeiten eine Sondervergütung kürzen, so kann er sich nicht auf das Gesetz berufen, sondern er bedarf einer normativen oder vertraglichen Kürzungsgrundlage.

Die individualvertraglichen Kürzungsvoraussetzungen unterliegen der AGB-Kontrolle und insbesondere dem Transparenzgebot des § 307 Abs. 1 S. 2 BGB. Um wirksam zu sein, muss die Kürzungsvereinbarung die Angabe enthalten, in welcher Höhe die Kürzung vorzunehmen ist, etwa die konkrete Prozentangabe der Kürzung; andernfalls ist die Kürzungsvereinbarung unwirksam, § 307 Abs. 1 S. 2 BGB.[974]

Bei den anrechnungsfähigen bzw. kürzungsfähigen **Sondervergütungen** handelt es sich um Leistungen, **452** die der Arbeitgeber „zusätzlich zum laufenden Arbeitsentgelt erbringt" (Legaldefinition). Es sind Leistungen, die aus besonderem Anlass oder Grund erbracht werden, und gerade nicht als Gegenleistung für eine bestimmte Leistung innerhalb eines bestimmten Zeitraums. Ungeklärt bleibt trotz der Legaldefinition, welches Entgelt „laufend" ist und welches als Sondervergütung angesehen werden kann, insbesondere ob nur Einmalleistungen oder auch vielfache Zahlungen darunter zu verstehen sind.[975] Das laufende Arbeitsentgelt, also die vereinbarte Vergütung für bestimmte Zeitabschnitte oder für eine bestimmte Leistung innerhalb einer genau bemessenen Zeit wird von § 4a EFZG nicht berührt. § 4a EFZG soll alle nicht der normalen vertraglichen Abrechnungsperiode unterworfenen, rechtlich geschuldeten Geldleistungen des Arbeitgebers erfassen.[976] Zu den Sondervergütungen gehören etwa (je nach Ausgestaltung): Anwesenheitsprämien, Weihnachtsgratifikationen, Jahresabschlussprämien, Jahresabschlusszahlungen, Jahressonderleistungen, Weihnachtsgelder oder Sonderzuwendungen.[977] Wirklich freiwillige Leistungen unterfallen unmittelbar nicht § 4a EFZG, weil über sie keine „Vereinbarung" geschlossen wird und auf sie kein Rechtsanspruch

---

970 Die Vorschrift wurde durch das arbeitsrechtliche Gesetz zur Förderung von Wachstum und Beschäftigung (Arbeitsrechtliches Beschäftigungsförderungsgesetz) vom 25.9.1996 ins EFZG eingefügt. Zweck der gesetzlichen Regelung ist es, einerseits klarzustellen, dass eine Kürzung von Sondervergütungen auch für krankheitsbedingte Fehltage grundsätzlich zulässig ist, andererseits jedoch nicht unbeschränkt erfolgen kann. Es soll verhindert werden, dass bereits geringe krankheitsbedingte Fehlzeiten zu einer unangemessen hohen Kürzung oder sogar zum Wegfall der gesamten Sondervergütung führen (BT-Drucks 13/4612 S 16). Ein völliger Wegfall der Leistung hätte einen Sanktionscharakter, der nicht mehr vom schutzwerten Interessenbereich des Arbeitgebers gedeckt wäre (siehe BT-Drucks 13/4612 S 11 und 16; BAG 25.7.2001, BB 2001, 2587). In der Rechtsprechung des BAG waren vor der Gesetzesänderung 1996 Grundsätze über die Zulässigkeit der Kürzung von Sondervergütungen, welche die Anwesenheit des Arbeitnehmers fördern und honorieren sollen, aufgestellt worden. Ein völliger Wegfall einer die Anwesenheit steuernden Prämie im Fall kürzerer Krankheitszeiten wurde als unbillig und die Grenze der Vertragsfreiheit überschreitend erachtet (BAG 15.2.1990, BB 1990, 1275; BAG 26.10.1994, BB 1995, 312; BG 6.12.1995, BB 1996, 1383).
971 ErfK/*Reinhard*, § 4a EFZG Rn 2.
972 BAG 26.10.1994, NZA 1995, 266.
973 BAG 24.5.1995, NZA 1996, 31; vgl. auch ErfK/*Reinhard*, § 4a EFZG Rn 4.
974 LAG Hamm 7.3.2007, NZA-RR 2007, 629.
975 ErfK/*Reinhard*, § 4a EFZG Rn 5; *Preis*, NJW 1996, 3369: „Ärgerlich, dass der Gesetzgeber den schillernden Begriff der Sondervergütungen verwendet."
976 BAG 26.9.2001, NZA 2002, 387; BAG 25.7.2001, BB 2001, 2587; MüKo-BGB/*Müller-Glöge*, § 4a EFZG Rn 6; ErfK/*Reinhard*, § 4a EFZG Rn 8.
977 MüKo-BGB/*Müller-Glöge*, § 4a EFZG Rn 6; ErfK/*Reinhard*, § 4a EFZG Rn 8.

besteht. Wird etwa ohne besondere Rechtsgrundlage einem einzelnen Arbeitnehmer wiederholt zu Weihnachten eine Gratifikation in Höhe von 50 % des Novemberlohns gezahlt, also mangels kollektiven Bezugs keine betriebliche Übung begründet, lässt dies keinen einzelvertraglichen Anspruch auf entsprechende Zahlung in einem Kalenderjahr entstehen, in dem wegen Arbeitsunfähigkeit des Arbeitnehmers kein Anspruch auf Vergütung bestanden hat.[978]

453 Bislang ungeklärt ist, ob **übergesetzliche Urlaubsansprüche** Sondervergütungen darstellen. Die Vereinbarung zur Kürzung von übergesetzlichen Urlaubsansprüchen wegen krankheitsbedingter Fehlzeiten des Arbeitnehmers soll dem Anwendungsbereich des § 4a EFZG zumindest dann unterfallen, wenn der Urlaubsanspruch mit einem Anspruch auf ein zusätzliches Urlaubsgeld akzessorisch verknüpft ist und der Urlaub dadurch eine geldwerte Leistung beinhaltet.[979]

454 Ob **Bonuszahlungen** aus Zielvereinbarungen „Sondervergütung" im Sinne des § 4a EFZG sind, ist unklar.[980] Wenn die Bonuszahlung an die Leistung anknüpft, kann sie wohl nicht als Sondervergütung eingeordnet werden; eine Kürzung nach § 4a EFZG dürfte dann ausscheiden.[981] Geht es um Zeiten außerhalb der gesetzlichen Entgeltfortzahlungspflicht, ist jedenfalls eine proportionale Kürzung des Bonusanspruchs für jene Zeiten zulässig, in denen der Arbeitnehmer keine Arbeitsleistung erbringt.[982]

455 Sog. **Anwesenheitsprämien** können anrechnungsfähige Sonderleistungen sein.[983] Eine Anwesenheitsprämie ist eine Geldleistung, mit der ein Anreiz geboten wird, dass der Arbeitnehmer die Zahl seiner Fehltage (im Bezugszeitraum) möglichst gering hält, indem jeder Fehltag zum Verlust eines Teils der Sonderzahlung führt. Sie kommt in zwei Formen vor: Einmal als Prämie für jeden einzelnen Tag, an dem der Arbeitnehmer seine Arbeit aufnimmt, sowie als Einmalleistung zu einem bestimmten Zeitpunkt, meist zum Monats-, Quartals- oder Jahresende (auch als eine Weihnachtsgratifikation mit Elementen der Anwesenheitsprämie).[984]

456 Es ist für die Anwendbarkeit von § 4a EFZG unerheblich, ob rechtstechnisch die **Kürzung einer Sondervergütung** oder umgekehrt eine Anspruchsvoraussetzung geregelt wird, die zu demselben Ergebnis wie eine Kürzungsregelung führt. Gewährt etwa der Arbeitgeber eine Anwesenheitsprämie für ein Quartal nur dann, wenn in diesem Zeitraum kein krankheitsbedingter Fehltag liegt, enthält diese Zusage die Kürzung einer Sondervergütung im Sinne von § 4a EFZG. Dem Arbeitnehmer steht deshalb im Falle krankheitsbedingter Fehlzeiten ein der gesetzlichen Kürzungsmöglichkeit entsprechender, anteiliger Anspruch auf die Anwesenheitsprämie zu.[985] Unterliegt aber die Kürzungsvereinbarung den Vorschriften der §§ 305 ff. BGB, was regelmäßig der Fall sein wird, so kommt eine solche geltungserhaltende Reduktion allerdings nicht in Betracht.[986]

cc) Kollisionsregeln: Entgeltfortzahlung vs. Feiertage; Entgeltfortzahlung vs. Kurzarbeit

457 Das Entgeltfortzahlungsgesetz regelt auch die Entgeltzahlung an **Feiertagen**. Der Arbeitgeber hat dem Arbeitnehmer gemäß § 2 Abs. 1 EFZG das Arbeitsentgelt fortzuzahlen, wenn Arbeitszeit infolge eines gesetzlichen Feiertags ausfällt. Für den Fall, dass krankheitsbedingte Arbeitsunfähigkeit und ein **Feiertag** zusammentreffen, enthält § 4 Abs. 2 EFZG eine Kollisionsregel. Danach ist der Arbeitgeber zur Fortzahlung des

---

978 BAG 24.9.2003, NZA 2003, 1387.

979 LAG Rheinland-Pfalz 1.3.2012 – Az. 11 Sa 647/11, BeckRS 2012, 68203, in der Revisionsinstanz von BAG 15.10.2013, NZA-RR 2014, 234, offen gelassen.

980 Krit. *Annuß*, NZA 2007, 290; dagegen: ErfK/*Reinhard*, § 4a EFZG Rn 8; für Einordnung als kürzungsfähige Sondervergütung: *Simon/Lindemann*, BB 2002, 1807.

981 *Annuß*, NZA 2007, 290; *Riesenhuber/v. Steinau-Steinrück*, NZA 2005, 785.

982 *Annuß*, NZA 2007, 290.

983 Vgl. dazu: BAG 15.2.1990, NZA 1990, 601.

984 ErfK/*Reinhard*, § 4a EFZG Rn 3, 8.

985 BAG 25.7.2001, BB 2001, 2587; MüKo-BGB/*Müller-Glöge*, § 4a EFZG Rn 11.

986 LAG Hamm 13.1.2011, NZA-RR 2011, 289.

Arbeitsentgelts nach § 3 Abs. 1 EFZG verpflichtet, wobei die Höhe der Vergütung sich nach den Regeln des Feiertagsrechts (vgl. § 2 EFZG) bestimmt. Es ist das Arbeitsentgelt zu zahlen, das ohne den Arbeitsausfall zu zahlen gewesen wäre; somit sind etwaige Feiertagszuschläge zu berücksichtigen.[987]

Eine weitere Kollisionsregel enthält § 4 Abs. 3 EFZG für den Fall, dass krankheitsbedingte Arbeitsunfähigkeit und **Kurzarbeit** zusammentreffen. Danach ist, wenn in dem Betrieb verkürzt gearbeitet wird und deshalb das Arbeitsentgelt des Arbeitnehmers im Falle seiner Arbeitsfähigkeit gemindert würde, die verkürzte Arbeitszeit die für den Arbeitnehmer maßgebende regelmäßige Arbeitszeit zur Berechnung der Höhe des fortzuzahlenden Arbeitsentgelts anzusehen. Im Fall der Kurzarbeit bemisst sich das fortzuzahlende Arbeitsentgelt grundsätzlich nach Maßgabe der verkürzten Arbeitszeit (Zeitfaktor). Es kommt danach nicht auf die regelmäßige Arbeitszeit, sondern auf die (vorübergehende) Kürzung der Arbeitszeit an.[988] Für die durch die Kurzarbeit betroffenen **Ausfallstunden** hat der Arbeitnehmer einen Anspruch gegen die Bundesagentur für Arbeit auf Zahlung von Kurzarbeitergeld nach den sozialrechtlichen Bestimmungen des §§ 95 ff. SGB III. Die verbleibenden Stunden werden wie üblich als Zeitfaktor der Berechnung der EFZ zugrunde gelegt.[989] Wird Kurzarbeitergeld durch die Bundesagentur für Arbeit gewährt, so bestimmt § 98 Abs. 2 SGB III, dass auch für Arbeitnehmer, die während des Bezugs von Kurzarbeitergeld arbeitsunfähig werden, die persönlichen Voraussetzungen für den Anspruch auf Kurzarbeitergeld erfüllt sind, so lange Anspruch auf Fortzahlung des Arbeitsentgelts im Krankheitsfall besteht oder ohne dem Arbeitsausfall bestehen würde. Der arbeitsunfähige Arbeitnehmer wird so gestellt, als wäre er nicht arbeitsunfähig und erwirbt einen entsprechenden Anspruch auf Zahlung von Kurzarbeitergeld.

458

Bei der Kollision von Kurzarbeit, krankheitsbedingter Arbeitsunfähigkeit und Arbeitsbefreiung aufgrund eines Feiertages ist die Regelung zur Entgeltfortzahlung an Feiertagen maßgeblich, § 4 Abs. 3 S. 2 EFZG. Der Arbeitnehmer erhält für den Feiertag kein Kurzarbeitergeld, sondern erhält Feiertagsentgelt von seinem Arbeitgeber. Allerdings kann er Feiertagsentgelt nur in Höhe des Kurzarbeitergelds beanspruchen, das er bezogen hätte, wenn kein Feiertag gewesen wäre. Dies entspricht dem Betrag, den der Arbeitnehmer von der Bundesagentur für Arbeit als Kurzarbeitergeld bekommen hätte, wenn er nicht arbeitsunfähig krank gewesen wäre.[990]

459

dd) Unabdingbarkeit und Günstigkeitsvergleich

Von den Bestimmungen des Entgeltfortzahlungsgesetzes kann nicht zum Nachteil der Arbeitnehmer abgewichen werden, § 12 EFZG (**Unabdingbarkeit**). Das Abweichungsverbot sichert den gesetzlichen Mindeststandard auf dem Gebiet der Entgeltfortzahlung im Krankheitsfall und an Feiertagen. Der Grundsatz der Unabdingbarkeit wird in § 4 Abs. 4 EFZG nur insoweit durchbrochen, dass Tarifvertragsparteien eine von den Vorschriften des EFZG abweichende **Bemessungsgrundlage** des fortzuzahlenden Arbeitsentgelts festlegen können.

460

Möglich ist, von den Bestimmungen **zugunsten** der Arbeitnehmer abzuweichen, z.B. günstigere Regelung zur Höhe der Entgeltfortzahlung[991] oder zur Dauer des Entgeltfortzahlungszeitraums (Verlängerung). Bei dem Günstigkeitsvergleich ist nur die jeweilige Abweichung von der gesetzlichen Vorgabe zu betrachten; Vergünstigungen in einem anderen Bereich der Entgeltfortzahlung sind nicht einzubeziehen.[992] Eine Kompensation der ungünstigeren Abweichung mit einer günstigeren Abweichung findet nicht statt. So kann Ein-

461

---

987 BAG 1.12.2004, NZA 2005, 1315; ErfK/*Reinhard*, § 4 EFZG Rn 20.
988 ErfK/*Reinhard*, § 4 EFZG Rn 21.
989 ErfK/*Reinhard*, § 4 EFZG Rn 21.
990 ErfK/*Reinhard*, § 4 EFZG Rn 22; BeckOK/*Ricken*, § 4 EFZG Rn 29.
991 BAG 1.12.2004, AuR 2005,28.
992 BAG 22.8.2001, NZA 2002, 610.

führung von Karenztagen nicht mit der Verlängerung des Entgeltfortzahlungszeitraums verglichen und als insgesamt günstigere Regelung bewertet werden.[993]

462 Beispiele für ungünstigere Abweichungen sind: Verpflichtung zur Hergabe einer weiteren Arbeitsunfähigkeitsbescheinigung, die Verpflichtung zum Aufsuchen eines bestimmten Arztes, die Einstellung von Unterbrechungszeiten in den 6-Wochen-Zeitraum,[994] längere Wartezeit als Anspruchsvoraussetzung, Ausgleich der im Rahmen flexibler Arbeitszeit entstandenen Zeitschuld allein durch tatsächliche Arbeitsleistungen, nicht durch Zeiten der Arbeitsunfähigkeit wegen Krankheit,[995] Umwandlung der Leistungsverweigerungsrechte des Arbeitgebers in dauerhafte Leistungsverweigerungsrechte nach Ablauf einer bestimmten Frist.[996]

463 Entsprechend den für die jeweilige Rechtsgrundlage geltenden Regeln können günstigere Regelungen ohne Weiteres wieder auf das gesetzliche Maß zurückgeführt werden. So begründen etwa Ansprüche aus einer Betriebsvereinbarung über eine längerfristige Entgeltfortzahlung im Krankheitsfall keinen rechtlich geschützten Besitzstand für den Arbeitnehmer; die Verschlechterung der Ansprüche durch eine nachfolgende Betriebsvereinbarung ist rechtlich in der Regel unbedenklich.[997]

464 Der Anspruch auf Entgeltfortzahlung kann nicht im Voraus ausgeschlossen oder beschränkt werden. Das gilt im bestehenden Arbeitsverhältnis ebenso wie im Zusammenhang mit der Beendigung.

465 Ein Erlassvertrag im Zusammenhang mit einem Vergleich über eine aus Anlass der Arbeitsunfähigkeit ausgesprochene Kündigung ist wegen der nach § 8 EFZG fortdauernden Ansprüche auf Entgeltfortzahlung nicht wirksam.[998] Allerdings können die Arbeitsvertragsparteien alle zukünftigen Ansprüche fällig stellen und damit eine andere tatsächliche Ausgangslage schaffen; dann wird nicht mehr über künftige Ansprüche im Voraus, sondern nur über bestehende Ansprüche verfügt; ein Erlassvertrag ist dann wirksam. Dies gilt sowohl bei Beendigung des Arbeitsverhältnisses[999] als auch während des laufenden Arbeitsverhältnisses.[1000]

Nicht möglich sind Vereinbarungen, die die Entgeltfortzahlung und ihren Inhalt grundsätzlich Frage stellen. Jedoch kann der Arbeitnehmer weiterhin über Entgeltansprüche verfügen und damit etwa auch rechtswirksam auf die Durchsetzung eines fälligen Entgeltfortzahlungsanspruchs verzichten.[1001] Jederzeit zulässig ist der Abschluss eines sog. Tatsachenvergleichs, weil dadurch nicht von den Vorschriften des Gesetzes abgewichen wird.[1002]

f) Anzeige- und Nachweispflichten
aa) Normzweck

466 Die Regelungen in § 5 EFZG konkretisieren die Nebenpflichten des Arbeitnehmers im Krankheitsfall: dies sind vornehmlich Anzeige- (Benachrichtigung, Information) und Nachweispflichten (Beibringung einer Bescheinigung). Diese Pflichten dienen dazu, der missbräuchlichen Inanspruchnahme des Entgeltfortzahlungsrechts entgegenzuwirken. Die Einhaltung der Pflichten nach § 5 EFZG gehört allerdings nicht zu den anspruchsbegründenden Voraussetzungen für den Entgeltfortzahlungsanspruch nach § 3 EFZG, sondern

---

993 ErfK/*Reinhard*, § 12 EFZG Rn 7.
994 BAG 22.8.2001, NZA 2002, 610.
995 BAG 13. 2. 2002, NZA 2002, 683.
996 ErfK/*Reinhard*, § 12 EFZG Rn 8.
997 BAG 15.11.2000, NZA 2001, 900.
998 BAG 20.8.1980, NJW 1981, 1061.
999 BAG 20.8.1980, NJW 1981, 1061.
1000 BAG 25. 5. 2005, NZA 2005, 1111.
1001 ErfK/*Reinhard*, § 12 EFZG Rn 5.
1002 ErfK/*Reinhard*, § 12 EFZG Rn 5; MüKoBGB/*Müller-Glöge*, § 12 EFZG Rn 9.

berechtigt den Arbeitgeber lediglich dazu, die Fortzahlung des Arbeitsentgelts zeitweilig zu verweigern, § 7 EFZG.[1003]

bb) Mitteilungspflichten

Gemäß § 5 Abs. 1 EFZG ist der Arbeitnehmer verpflichtet, bei jeder zur Arbeitsunfähigkeit führenden Krankheit dem Arbeitgeber **die Arbeitsunfähigkeit und deren voraussichtliche Dauer** unverzüglich mitzuteilen. **467**

Die Benachrichtigung hat „unverzüglich" (ohne schuldhaftes Zögern, § 121 BGB) zu erfolgen. Unverzüglich meint, dass der Arbeitnehmer den Arbeitgeber so schnell zu informieren hat, wie es nach den Umständen des Einzelfalls möglich ist. Das erfordert im Regelfall eine telefonische Nachricht zu Beginn der betrieblichen Arbeitszeit am ersten Krankheitstag. Er darf nicht mit der Anzeige zuwarten, bis eine ärztliche Diagnose vorliegt.[1004]

Eine besondere **Form** ist für die Mitteilung der Arbeitsunfähigkeit nicht vorgesehen. Es ist grundsätzlich auf Kommunikationsmittel zurückzugreifen, die sicherstellen, dass der Arbeitgeber zu Beginn des 1. Tages der Arbeitsunfähigkeit hiervon Kenntnis erlangt. In der Praxis ist wohl die telefonische Krankmeldung die übliche Form. Es kommen wohl auch E-Mail und SMS in Betracht.[1005]

Adressat der Mitteilung ist „der Arbeitgeber". In der Praxis genügt wohl die Mitteilung an einen vom Arbeitgeber zur Entgegennahme von derartigen Erklärungen autorisierten Mitarbeiter, was sich aus dem betrieblichen Organisationsplan ergibt. Fehlt eine ausdrückliche Regelung über einen bestimmten Adressaten, muss ein Vorgesetzter oder die Personalabteilung benachrichtigt werden. Keine Benachrichtigungsempfänger sind Kollegen, Betriebsratsmitglieder, Telefonisten, Pförtner und andere Betriebsangehörige.[1006] **468**

Der Inhalt der Mitteilung ist gesetzlich nicht vorgeschrieben und sowohl hinsichtlich der Arbeitsunfähigkeit als auch deren Dauer abhängig vom Kenntnisstand des Arbeitnehmers, insbesondere ob er bereits ärztlichen Rat eingeholt hat. Der Arbeitnehmer darf zunächst seine eigene Einschätzung mitteilen. Nach dem Arztbesuch muss er seine Angaben entsprechend der Mitteilung des Arztes präzisieren.[1007]

Grundsätzlich ist der Arbeitnehmer nicht verpflichtet, sich zur Art der Erkrankung und deren Ursache zu äußern.[1008] Ausnahmen bestehen bei Erkrankungen, die Schutzmaßnahmen des Arbeitgebers für andere erfordern (insb. ansteckende Krankheiten), bei Fortsetzungserkrankungen, die Einfluss auf die Entgeltfortzahlungspflicht haben (siehe Rdn 436 f.) und bei einer Arbeitsunfähigkeit aufgrund Schädigung durch einen Dritten (siehe Rdn 482 f.).[1009] Über seinen eigenen Verursachungsbeitrag braucht der Arbeitnehmer keine Mitteilung zu machen, auch wenn ein Anspruchsausschluss nach § 3 Abs. 1 EFZG in Betracht kommt.[1010]

Bei einer Fortdauer der Arbeitsunfähigkeit über den zunächst angegebenen (bescheinigten) Termin hinaus, ist der Arbeitnehmer erneut zur unverzüglichen Mitteilung verpflichtet (§ 5 Abs. 1 S. 1 EFZG analog).[1011]

cc) Nachweispflichten: Vorlage einer Arbeitsunfähigkeitsbescheinigung

Dauert die Arbeitsunfähigkeit länger als **3 Kalendertage**, so hat der Arbeitnehmer an dem **darauffolgenden Arbeitstag** eine Bescheinigung über das Bestehen der Arbeitsunfähigkeit und deren voraussichtliche Dauer vorzulegen, § 5 Abs. 1 S. 2 EFZG. Kalendertage sind alle Tage eines Jahres. Der Begriff des Arbeits- **469**

1003 BAG 19.2.1997, NZA 1997, 652.
1004 ErfK/*Reinhard*, § 5 EFZG Rn 5; MüKo-BGB/*Müller-Glöge*, § 5 EFZG Rn 4.
1005 BeckOK/*Ricken*, § 5 EFZG Rn 3.
1006 ErfK/*Reinhard*, § 5 EFZG Rn 8; MüKo-BGB/*Müller-Glöge*, § 5 EFZG Rn 6.
1007 ErfK/*Reinhard*, § 5 EFZG Rn 5; MüKo-BGB/*Müller-Glöge*, § 5 EFZG Rn 7.
1008 Staudinger/*Oetker*, § 616 BGB Rn 335; ErfK/*Reinhard*, § 5 EFZG Rn 5.
1009 ErfK/*Reinhard*, § 5 EFZG Rn 5.
1010 MüKo-BGB/*Müller-Glöge*, § 5 EFZG Rn 8.
1011 MüKo-BGB/*Müller-Glöge*, § 5 EFZG Rn 9.

tages hingegen ist umstritten. Teilweise wird vertreten, dass er subjektiv, also nach der individuellen Arbeitsverpflichtung des erkrankten Arbeitnehmers zu bestimmen ist.[1012] Wohl überwiegend wird hingegen auf die Tage abgestellt, in denen im Betrieb üblicherweise gearbeitet wird.[1013] Bei individueller Betrachtung kann auch der Samstag und im Einzelfall auch der Sonntag (bei vollkontinuierlicher Betriebsarbeitszeit) Übergabetag für die Arbeitsunfähigkeitsbescheinigung sein, wenn der Arbeitnehmer an diesem Tag eine Arbeitsverpflichtung hatte. Zur Klarstellung und zur Vermeidung von Streitigkeiten empfiehlt es sich, eine ausdrückliche Regelung dazu zu treffen, ob „Arbeitstag" im Einzelfall den Arbeitstag meint, an dem der Arbeitnehmer individuell (nach seiner Schichteinteilung bzw. individueller Arbeitszeitregelung) zur Arbeitsleistung verpflichtet wäre, oder ob auf Tage abgestellt wird, in denen im Betrieb üblicherweise gearbeitet wird.

470　Der Arbeitnehmer muss die Arbeitsunfähigkeitsbescheinigung früher vorlegen, wenn der Arbeitgeber dies verlangt. Nach § 5 Abs. 1 S. 3 EFZG ist der Arbeitgeber berechtigt, die Vorlage einer ärztlichen Bescheinigung schon von dem ersten Tag der Erkrankung an zu verlangen. Die Ausübung dieses Rechts steht im freien, nicht im gebundenen Ermessen des Arbeitgebers und ist nicht an besondere Voraussetzungen geknüpft. Das Verlangen des Arbeitgebers wird keiner Billigkeitskontrolle unterworfen, und er ist keinem Begründungszwang ausgesetzt.[1014] Jedoch darf die Aufforderung zur frühen Vorlage der Arbeitsunfähigkeitsbescheinigung nicht schikanös oder willkürlich erfolgen und weder gegen den allgemeinen Gleichbehandlungsgrundsatz noch gegen Diskriminierungsverbote verstoßen.[1015]

Die Aufforderung zur frühen Vorlage der Arbeitsunfähigkeitsbescheinigung im Einzelfall erfolgt mangels kollektiven Tatbestands ohne Beteiligung des Betriebsrats.[1016] Trifft der Arbeitgeber generelle Anordnungen über die frühere Vorlage von Arbeitsunfähigkeitsbescheinigungen, hat der Betriebsrat ein Mitbestimmungsrecht nach § 87 Abs. 1 Nr. 1 BetrVG.[1017]

471　Das Verlangen kann antizipiert und allgemein abstrakt vor der Erkrankung durch vertragliche Vereinbarung gestellt sein.[1018] Eine solche Regelung in AGB ist nicht unangemessen i.S.v. § 307 Abs. 1 BGB.[1019]

Ist das Verlangen gestellt, so muss die Bescheinigung noch am ersten Tag der Arbeitsunfähigkeit dem Arbeitgeber übergeben werden, jedenfalls am nächsten Tag, sofern nur der erste Fehltag von der Bescheinigung abgedeckt ist und eine Übergabe am ersten Tag weder möglich noch zumutbar war.[1020]

472　Die Ausstellung der Arbeitsunfähigkeitsbescheinigung obliegt dem Arzt. Er muss die Tatsache der Arbeitsunfähigkeit (nicht nur der Erkrankung) sowie die Dauer der Arbeitsunfähigkeit testieren. Fehlt eine dieser Angaben, so darf der Arbeitgeber sie zurückweisen und den Arbeitnehmer auffordern, eine ordnungsgemäße Bescheinigung beizubringen[1021] (zur Leistungsverweigerung in einem solchen Fall, vgl. Rdn 485). Die Arbeitsunfähigkeitsbescheinigung enthält keine Angaben über die Ursache der Arbeitsunfähigkeit und die zugrundeliegende Erkrankung.[1022]

1012 ErfK/*Reinhard*, § 5 EFZG Rn 11; BeckOK/*Ricken*, § 5 EFZG Rn 14; *Berenz*, DB 1995, 2166, 2169; *Diller*, NJW 1994, 1690.

1013 Staudinger/*Oetker*, § 616 BGB Rn 350; *Schliemann*, AuR 1994, 317, 323; *Lepke*, NZA 1995, 1084, 1086.

1014 BAG 14.11.2012, NZA 2013, 322; ErfK/*Reinhard*, § 5 EFZG Rn 12; MüKo-BGB/*Müller-Glöge*, § 5 EFZG Rn 12; Schaub/*Linck*, § 98 Rn 100; HWK/*Schliemann*, § 5 EFZG Rn 36; a.A. (für Billigkeitskontrolle): Staudinger/*Oetker*, BGB, § 616 Rn 355; *Boecken*, NZA 1999, 673.

1015 BAG 14.11.2012, NZA 2013, 322.

1016 LAG Hessen 17.9.2008, BeckRS 2008, 57685; ErfK/*Reinhard*, § 5 EFZG Rn 12; MüKo-BGB/*Müller-Glöge*, § 5 EFZG Rn 13; *Diller*, NJW 1994, 1690, 1691; *Marburger* BB 1994,1417, 1421; *Worzalla*, NZA 1996, 61, 65.

1017 BAG 25.1.2000, NZA 2000, 665.

1018 BAG 1.10.1997, NZA 1998, 369.

1019 Schaub/*Linck*, ArbR-Hdb., § 98 Rn 100; *Schrader/Schubert*, NZA-RR 2005, 225, 227.

1020 MüKo-BGB/*Müller-Glöge*, § 5 EFZG Rn 15; ErfK/*Reinhard*, § 5 EFZG Rn 12.

1021 ErfK/*Reinhard*, § 5 EFZG Rn 13.

1022 BAG 19.3.1986, NJW 1986, 2901; MüKo-BGB/*Müller-Glöge* § 5 EFZG Rn 17.

Die Arbeitsunfähigkeitsbescheinigung muss von einem approbierten Arzt ausgestellt sein; die Bescheinigung von ärztlichem Hilfspersonal oder eines Heilpraktikers genügt nicht.[1023] Der Arbeitnehmer hat die freie Wahl, welchen Arzt er aufsuchen will; der gesetzlich Versicherte muss auch keinen Kassenarzt aufsuchen.[1024] Der Arbeitnehmer kann nicht gezwungen werden, sich an einen bestimmten Arzt wie den Betriebs- oder Werksarzt zu wenden. Das kann auch nicht in Verträgen und Vereinbarungen verabredet oder bestimmt werden.[1025] **473**

Dauert die Arbeitsunfähigkeit länger als zunächst bescheinigt, hat der Arbeitnehmer unverzüglich[1026] eine neue Bescheinigung (**Folgebescheinigung**) vorzulegen. Die Pflicht zur Vorlage von Folgebescheinigungen besteht auch nach Ablauf des Entgeltfortzahlungszeitraums fort.[1027] Seit dem 1.1.2016 enthalten die Ausfertigungen der Arbeitsunfähigkeitsbescheinigung, die für die Krankenkasse und den versicherten Arbeitnehmer bestimmt sind, ebenso wie der Vordruck, der beim behandelnden Arzt verbleibt, am Ende ein neues Kästchen „ab 7. AU-Woche oder sonstiger Krankengeldfall".[1028] **474**

Kommt der Arbeitnehmer seinen gesetzlichen Nachweispflichten nicht nach, kann der Arbeitgeber die Fortzahlung des Arbeitsentgelts verweigern (**Leistungsverweigerungsrecht** nach § 7 Abs. 1 Nr. 1 EFZG, siehe Rdn 485). Im Wiederholungsfall droht ihm eine verhaltensbedingte Kündigung.[1029] **475**

dd) Mitteilungs- und Nachweispflichten bei Erkrankung im Ausland

Bei einer im Ausland auftretenden Arbeitsunfähigkeit ergeben sich aus § 5 Abs. 2 EFZG modifizierte Pflichten. Der Arbeitnehmer hat dem Arbeitgeber die Arbeitsunfähigkeit, deren voraussichtliche Dauer sowie auch die Adresse am Aufenthaltsort in der schnellstmöglichen Art der Übermittlung **mitzuteilen**. Das sind in der Regel E-Mail, Telefon oder Telefax. Nach den gesetzlichen Bestimmungen hat der Arbeitgeber die Kosten der Nachrichtenübermittlung zu übernehmen, es besteht also ein Erstattungsanspruch des Arbeitnehmers. Darüber hinaus muss der Arbeitnehmer, wenn er gesetzlich versichert ist, auch seine Krankenkasse über die Arbeitsunfähigkeit und deren voraussichtliche Dauer informieren. **476**

Kehrt der arbeitsunfähige Arbeitnehmer ins Inland zurück, hat er die Rückkehr dem Arbeitgeber und der Krankenkasse mitzuteilen, § 5 Abs. 2 S. 7 EFZG. Diese Mitteilungspflicht betreffend die Rückkehr besteht unabhängig davon, ob die Arbeitsunfähigkeit andauert oder nicht. Gegenüber dem Arbeitgeber wird die Pflicht regelmäßig dadurch erfüllt, dass der Arbeitnehmer sich zur Arbeitsaufnahme meldet. Nur wenn er noch andauernden, vom Arbeitgeber gewährten Urlaub hat oder ein anderer Tatbestand vorliegt, der den AN von der Arbeitspflicht befreit, muss er eine gesonderte Rückkehrmeldung abgeben.[1030]

Das Gesetz normiert keine besonderen Nachweispflichten bei einer Erkrankung im Ausland; somit finden die für die Erkrankung im Inland geltenden Vorschriften Anwendung. Der Arbeitnehmer kann die Arbeitsunfähigkeitsbescheinigung in der Originalfassung überreichen, die regelmäßig in der Landessprache ausgestellt sein dürfte; für eine ggf. notwendige Übersetzung hat er nicht zu sorgen.[1031] Somit ist der Arbeitgeber gehalten, sich selbst eine Übersetzung anzufertigen. **477**

1023 ErfK/*Reinhard*, § 5 EFZG Rn 13; Staudinger/*Oetker*, § 616 BGB Rn 361; *Lepke*, NZA 1995, 1084, 1086.

1024 ErfK/*Reinhard*, § 5 EFZG Rn 13.

1025 ErfK/*Reinhard*, § 5 EFZG Rn 13; Schaub/*Linck*, ArbR-Hdb., § 98 Rn 104; wohl a.A.: MüKo-BGB/*Müller-Glöge*, § 5 EFZG Rn 16: „In den Grenzen der Vertragskontrolle (§§ 305 ff. BGB) können die Arbeitsvertragsparteien Konkretisierungen vereinbaren."

1026 MüKo-BGB/*Müller-Glöge*, § 5 EFZG Rn 20; differenzierend: Schaub/*Linck*, ArbR-Hdb., § 98 Rn 108; ErfK/*Reinhard*, § 5 EFZG Rn 19.

1027 LAG Sachsen-Anhalt 24.4.1996, NZA1997, 772.

1028 Vgl. zu den neuen Vordrucken *Kleinebrink*, ArbRB 2016, 47.

1029 BAG 31.8.1989, NZA 1990, 433; LAG Köln 7.1.2008 – 14 Sa 1311/07, n.v.

1030 ErfK/*Reinhard*, § 5 EFZG Rn 25.

1031 ErfK/*Reinhard*, § 5 EFZG Rn 26; MüKo-BGB/*Müller-Glöge*, § 5 EFZG Rn 25; a.A. *Berenz*, DB 1995, 1462, 1463.

§ 5 Abs. 2 S. 5 EFZG gestattet die Einführung und Durchführung eines vereinfachten Verfahrens bei Anzeige und Nachweis einer Arbeitsunfähigkeit im Ausland für den gesetzlich Versicherten, sofern es sich bei dem ausländischen Staat um ein Mitglied der EU oder um einen Staat handelt, mit denen ein Sozialversicherungsabkommen besteht. Wenn der Arbeitnehmer das in Art. 18 der VO 574/72/EWG bzw. in den Merkblättern der Krankenversicherungen näher beschriebene Verfahren über Meldung, Nachweis und Überprüfung der Arbeitsunfähigkeit befolgt, so ist den gesetzlichen Nachweispflichten Genüge getan.[1032]

478 Früher wurde uneingeschränkt davon ausgegangen, dass im Ausland erstellte Arbeitsunfähigkeitsbescheinigungen denselben Beweiswert haben wie Bescheinigungen der in Deutschland tätigen Ärzte. Danach hatte der Arbeitgeber die Tatsache der Arbeitsunfähigkeit infolge Krankheit im Regelfall hinzunehmen, konnte dem Entgeltfortzahlungsverlangen aber auch alle Tatsachen entgegenhalten, die er bei einer Arbeitsunfähigkeitsbescheinigung im Inland hätte vorbringen können, insbesondere die Tatsache, dass der im Ausland die Arbeitsunfähigkeit bescheinigende Arzt eine Unterscheidung zwischen Arbeitsunfähigkeit und Krankheit nicht beachtet habe. War die tatsächliche Vermutung auf diese Weise erschüttert, musste der Arbeitnehmer weitere Tatsachen darlegen und ggf. beweisen.[1033]

479 Der EuGH entschied mit seinem Urteil „Paletta I"[1034] auf Vorlage des Arbeitsgerichts Lörrach, dass die Entgeltfortzahlung eine Leistung im Sinne der VO (EWG) 1408/71[1035] („VO") sei. Demnach war der Arbeitgeber als der zuständige Träger in tatsächlicher und rechtlicher Hinsicht an die vom Träger des Wohnorts getroffenen ärztlichen Feststellungen über den Eintritt und die Dauer der Arbeitsunfähigkeit gebunden, Art. 18 VO.[1036] Damit erfuhr die in den Ländern der EU ausgestellte Arbeitsunfähigkeitsbescheinigung eine erhebliche Aufwertung, die zu einer Ungleichbehandlung von im EU-Ausland erkrankten Arbeitnehmern einerseits und im Inland oder sonstigen Ausland erkrankten Arbeitnehmern anderseits führte.[1037]

480 In der Paletta II-Entscheidung[1038] korrigierte der EuGH die vorherige Entscheidung nur geringfügig: dem Arbeitgeber verbleibe die Möglichkeit, nachzuweisen, dass der Arbeitnehmer missbräuchlich oder betrügerisch eine gem. Art. 18 VO festgestellte Arbeitsunfähigkeit gemeldet habe, ohne krank gewesen zu sein. Dagegen sei es nicht mit Art. 18 VO vereinbar, wenn der Arbeitnehmer zusätzlichen Beweis für die durch ärztliche Bescheinigung belegte Arbeitsunfähigkeit erbringen müsse, wenn der Arbeitgeber Umstände darlege und beweise, die zu ernsthaften Zweifeln an der Arbeitsunfähigkeit Anlass geben. Dies hätte für den Arbeitnehmer, der in einem anderen als dem zuständigen Mitgliedstaat arbeitsunfähig geworden ist, Beweisschwierigkeiten zur Folge, die das Gemeinschaftsrecht gerade vermeiden wolle.

Die Entscheidung ist unbefriedigend. Das gilt insbesondere wegen der unterschiedlichen Möglichkeiten, den Beweiswert von inländischen Arbeitsunfähigkeitsbescheinigungen und solchen aus der EU zu erschüttern.[1039]

1032 ErfK/*Reinhard*, § 5 EFZG Rn 27; MüKo-BGB/*Müller-Glöge*, § 5 EFZG Rn 26.

1033 ErfK/*Reinhard*, § 5 EFZG Rn 28.

1034 EuGH 3.6.1992 (Paletta I), NZA 1992, 735.

1035 Verordnung (EWG) Nr. 1408/71 des Rates vom 14.6.1971 zur Anwendung der Systeme der sozialen Sicherheit auf Arbeitnehmer und Selbstständige sowie deren Familienangehörige, die innerhalb der Gemeinschaft zu- und abwandern. „Soziale Sicherheits-VO". Die EWG-VO Nr. 1408/71 wurde zum 1.5.2010 durch die VO (EG) Nr. 883/2004 i.V.m. der VO (EG) Nr. 987/2009 abgelöst.

1036 EuGH 3.6.1992 (Paletta I), NZA 1992, 735.

1037 ErfK/*Reinhard*, § 5 EFZG Rn 28.

1038 EuGH 2.5.1996 (Paletta II), NZA 1996, 635.

1039 ErfK/*Reinhard*, § 5 EFZG Rn 28; *Abele*, NZA 1996, 631; *Preis*, ZIP 1995, 891; *Bauer/Diller*, NZA 2000, 711.

An den Nachweis der betrügerischen oder rechtsmissbräuchlichen Inanspruchnahme von Entgeltfortzahlung bei einer im Ausland erstellten Arbeitsunfähigkeitsbescheinigung dürfen keine zu hohen Anforderungen gestellt werden; auch ein Indizienbeweis muss möglich sein.[1040] **481**

g) Forderungsübergang bei Dritthaftung

§ 6 EFZG ordnet für den Fall, dass die zur Arbeitsunfähigkeit führende Krankheit von einem Dritten verursacht wird und der geschädigte Arbeitnehmer gegen den Dritten einen Ersatzanspruch hat, einen gesetzlichen Forderungsübergang („cessio legis") zugunsten des Arbeitgebers an. Der Forderungsübergang verhindert, dass der Arbeitnehmer einen doppelten finanziellen Ausgleich erhält (Schadensersatzanspruch zusätzlich zum Entgeltfortzahlungsanspruch). Außerdem soll der Schädiger oder sein Versicherer nicht von der gesetzlichen Pflicht des Arbeitgebers zur Entgeltfortzahlung profitieren. **482**

Nicht jeder denkbare Anspruch eines Arbeitnehmers gegen einen Schädiger geht auf den Arbeitgeber über. Der Ersatzanspruch muss auf gesetzlichen Vorschriften beruhen und den Verdienstausfall betreffen. Eine cessio legis tritt **nicht** hinsichtlich anderer Schäden ein, die der Arbeitnehmer anlässlich des seine Arbeitsfähigkeit beinträchtigenden Schadensfalls hat, etwa materielle Schäden, Heilungskosten, Schmerzensgeldansprüche.

Der Arbeitnehmer ist verpflichtet, dem Arbeitgeber den Sachverhalt zu schildern, wie es zu seiner Arbeitsunfähigkeit gekommen ist, wenn ein Dritter als (Mit-)Verursacher in Betracht kommt. Die Pflicht zur Mitteilung bezieht sich nur auf die Tatsachen, die für die Geltendmachung des übergehenden Anspruchs benötigt werden, nicht aber auf die Tatsachen, die der Arbeitnehmer hinsichtlich seines weiteren Schadens geltend machen will. So sind auch die aufgenommenen Daten des Schädigers, seiner Versicherung, der Zeugen und der polizeilichen Ermittlung mitzuteilen, nicht aber die Art der Verletzung und der Umfang des Sachschadens.[1041] **483**

Die Angaben sind dem Arbeitgeber **unverzüglich** (ohne schuldhaftes Zögern, § 121 BGB) zu übermitteln. Der Arbeitgeber kann die Entgeltfortzahlung verweigern, wenn der Arbeitnehmer seiner Mitteilungspflicht nicht nachkommt.[1042]

h) Leistungsverweigerungsrechte des Arbeitgebers
aa) Normzweck

§ 7 EFZG gibt dem Arbeitgeber das Recht, die Entgeltfortzahlung vorübergehend oder dauerhaft zu verweigern, wenn der Arbeitnehmer seinen **Obliegenheiten** nicht nachkommt. Unberührt von den Vorschriften dieser Norm bleiben die Möglichkeiten des Arbeitgebers, auf eine Pflichtverletzung des Arbeitnehmers in Zusammenhang mit der krankheitsbedingten Arbeitsunfähigkeit arbeitsvertraglich und kündigungsrechtlich zu reagieren.[1043] **484**

1040 BAG 19.2.1997, NZA 1997, 652, NZA 19.2.1997, NZA 1997, 705; LAG Baden-Württemberg, NZAS-RR 2000, 514: Das LAG sah aufgrund der massiven und sich überschneidenden Arbeitsunfähigkeitszeiten der 4 Familienmitglieder der Familie Paletta den Beweis als geführt an, dass die aus dem Auslandsurlaub stammenden Arbeitsunfähigkeitsbescheinigungen nicht richtig sein konnten. Dem Arbeitnehmer könne jedoch nicht der Gegenbeweis abgeschnitten werden, dass er tatsächlich doch erkrankt war. Aus diesem Grund beschloss das LAG, gegenbeweislich die vom Arbeitnehmer als Zeugen für seine Erkrankung benannten italienischen Ärzte im Wege eines Rechtshilfeersuchens vernehmen zu lassen. Da der eine Arzt jedoch verstorben war und sich der Zweite an nichts mehr erinnern konnte, konnte der Gegenbeweis nicht mit Erfolg geführt werden. Die Paletta-Klage wurde abgewiesen. *Bauer/Diller*, NZA 2000, 711.
1041 ErfK/*Reinhard*, § 6 EFZG Rn 17; Schaub/*Linck*, ArbR-Hdb., § 98 Rn 138.
1042 ErfK/*Reinhard*, § 6 EFZG Rn 18.
1043 Staudinger/*Oetker*, § 616 BGB Rn 562, 564; *Worzalla* NZA 1996, 61, 67.

bb) Verletzung der Mitteilungs- und Nachweispflichten

485 Der Arbeitgeber ist berechtigt, die Fortzahlung des Arbeitsentgelts zu **verweigern**, solange der Arbeitnehmer die ärztliche Bescheinigung nicht vorlegt oder – bei einer Erkrankung im Ausland – die Pflicht zur unverzüglichen Mitteilung nicht erfüllt, § 7 Abs. 1 Nr. 1 EFZG.[1044]

Das Leistungsverweigerungsrecht setzt voraus, dass entweder keine ärztliche Arbeitsunfähigkeitsbescheinigung vorgelegt wird, oder eine solche zwar vorgelegt wird, jedoch inhaltlich nicht den Mindestanforderungen des § 5 Abs. 1 EFZG entspricht, also etwa: keine Angabe zur Arbeitsunfähigkeit und der voraussichtlichen Dauer enthält.[1045]

Bei Erkrankung im Ausland besteht das Leistungsverweigerungsrecht des Arbeitsgebers nicht nur bei Verletzung der Nachweispflichten (Vorlage Arbeitsunfähigkeitsbescheinigung), sondern bereits dann, wenn der Arbeitnehmer seinen Anzeige-/Mitteilungspflichten nicht nachkommt.[1046] Bei der Prüfung des Verschuldens sind die Besonderheiten einer Erkrankung im Ausland zu beachten; so wird sich der Arbeitnehmer in diesen Fällen nach § 7 Abs. 2 EFZG („nicht zu vertreten") leichter entlasten können als bei einer Arbeitsunfähigkeit im Inland. So ist etwa der verspätete Eingang der Arbeitsunfähigkeit dann vom Arbeitnehmer nicht zu vertreten, wenn er sie schnellstmöglich auf den Postweg gebracht hat.[1047]

Der Arbeitgeber kann nur solange die Entgeltfortzahlung verweigern, wie der Arbeitnehmer seinen Pflichten nicht nachkommt. Sobald der Arbeitnehmer seine Pflichten erfüllt, erlischt das Leistungsverweigerungsrecht und hat der Arbeitnehmer einen durchsetzbaren Anspruch auf die Entgeltfortzahlung. Frühestens zu diesem Zeitpunkt können auch der Schuldnerverzug des Arbeitgebers und damit eine Verzinsungspflicht einsetzen.[1048] Umgekehrt gibt es bei andauernder Nichtvorlage der Bescheinigung oder Nichterfüllung der Mitteilungspflichten auf Dauer keine Entgeltfortzahlung.[1049]

Ein Leistungsverweigerungsrecht besteht jedoch auch bei fehlender Bescheinigung dann nicht, wenn die krankheitsbedingte Arbeitsunfähigkeit unstreitig vorliegt[1050] oder in anderer Weise als durch Vorlage der Arbeitsunfähigkeitsbescheinigung bewiesen ist.[1051]

cc) Verhinderung des Anspruchsübergangs

486 Dem Arbeitgeber entsteht ein weiteres Leistungsverweigerungsrecht, wenn der Arbeitnehmer den gesetzlichen Forderungsübergang bei Dritthaftung verhindert, § 7 Abs. 1 Nr. 2 EFZG. Das ist der Fall, wenn der Arbeitnehmer über seinen Schadensersatzanspruch gegenüber dem Schädiger verfügt, z.B. durch Verzicht, Abtretung, Abschluss eines Vergleichs oder wenn er trotz Aufforderung des Arbeitgebers seine Mitteilungspflichten nicht erfüllt und nicht die zur Geltendmachung des Ersatzanspruches erforderlichen Angaben macht.[1052]

487 Der Arbeitgeber erhält ein dauerhaftes Leistungsverweigerungsrecht, wenn der Arbeitnehmer endgültig über seine Ersatzforderung verfügt hat und damit der Ausgleich zwischen Arbeitgeber und Schädiger rechtlich verhindert ist. Das Recht ist nur **vorläufig**, wenn der Arbeitnehmer seine Mitteilungs-/Informationspflichten nach § 6 Abs. 2 EFZG verspätet erfüllt. Das Recht zur endgültigen Leistungsverweigerung besteht grundsätzlich in voller Höhe. Hat der Arbeitnehmer nur über einen Teil des Anspruchs verfügt, reduziert sich das Leistungsverweigerungsrecht auf die Summe, die der verhinderten Forderung entspricht.[1053]

1044 ErfK/*Reinhard*, § 7 EFZG Rn 4; Schaub/*Linck*, ArbR-Hdb., § 98 Rn 140f.
1045 MüKo-BGB/*Müller-Glöge* § 7 EFZG Rn 4; Staudinger/*Oetker*, § 616 BGB Rn 570; ErfK/*Reinhard*, § 7 EFZG Rn 5.
1046 ErfK/*Reinhard*, § 7 EFZG Rn 7; Staudinger/*Oetker*, § 616 BGB Rn 565; Schaub/*Linck*, ArbR-Hdb., § 98 Rn 141.
1047 ErfK/*Reinhard*, § 7 EFZG Rn 7.
1048 MüKo-BGB/*Müller-Glöge*, § 7 EFZG Rn 7.
1049 MüKo-BGB/*Müller-Glöge*, § 7 EFZG Rn 7.
1050 BAG 12.6.1996, NZA 1997, 191.
1051 BAG 1.10.1997, NZA 1998, 372.
1052 MüKo-BGB/*Müller-Glöge*, § 7 EFZG Rn 11; Staudinger/*Oetker*, § 616 BGB Rn 573ff.
1053 MüKo-BGB/*Müller-Glöge*, § 7 EFZG Rn 12; a.A.: ErfK/*Reinhard*, § 7 EFZG Rn 13.

dd) Kein Vertretenmüssen

Dem Arbeitgeber kommt kein Leistungsverweigerungsrecht zu, wenn der Arbeitnehmer die Pflichtverletzung **nicht zu vertreten** hat. Maßstab ist § 276 Abs. 1 BGB. Damit darf der Arbeitnehmer hinsichtlich der Pflichtverletzung weder vorsätzlich noch fahrlässig handeln; es genügt jeder Grad von Fahrlässigkeit. Das Verschulden von Erfüllungsgehilfen des Arbeitnehmers (z.B. Erklärungsboten) wird nach § 278 BGB zugerechnet. Der behandelnde Arzt ist jedoch **kein Erfüllungsgehilfe** des Arbeitnehmers; der Arzt wird nur zur Erstellung der Arbeitsunfähigkeitsbescheinigung eingeschaltet, und nicht zur Erfüllung der den Arbeitnehmer treffenden Pflicht zur Vorlage der Arbeitsunfähigkeitsbescheinigung. Der Arbeitnehmer schuldet allein die Vorlage der Arbeitsunfähigkeitsbescheinigung, nicht deren Erstellung.[1054]   **488**

Dabei trägt der Arbeitnehmer die volle Darlegungs- und Beweislast dafür, dass ihn **kein Verschulden** trifft.[1055]

i) Arbeitsunfähigkeit

Muster 1a.23: Arbeitsunfähigkeit   **489**

§ xy Erkrankung/Krankheitsbedingte Arbeitsunfähigkeit

(1) Der Mitarbeiter hat in jedem Fall einer unvorhergesehenen, insbesondere einer krankheits- oder unfallbedingten Abwesenheit die Gesellschaft **unverzüglich** hierüber sowie über den Grund und die voraussichtliche Dauer seiner Abwesenheit zu informieren; die Information hat regelmäßig per telefonischer Nachricht an ▮▮▮▮▮ (*Fachvorgesetzten/Teamleiter/an den in der Funktion „Jobtitel" tätigen Mitarbeiter*) oder an die Personalabteilung zu erfolgen. Dabei hat der Mitarbeiter die Gesellschaft auf etwaige während seiner Arbeitsverhinderung anstehende dringliche Arbeiten hinzuweisen.

(2) Dauert die Arbeitsunfähigkeit aufgrund Krankheit oder Unfall länger als 3 Kalendertage, hat der Mitarbeiter eine ärztliche Bescheinigung über das Bestehen der Arbeitsunfähigkeit sowie deren voraussichtliche Dauer spätestens an dem auf den 3. Kalendertag folgenden Arbeitstag vorzulegen. „Arbeitstag" ist der Tag, an dem der Mitarbeiter, wäre er nicht arbeitsunfähig erkrankt, nach den individuell für ihn geltenden Arbeitszeitvereinbarungen zur Arbeit erscheinen müsste. (***Alternativ:*** *Als „Arbeitstag" gilt jeder Tag, an dem im Betrieb üblicherweise gearbeitet wird; derzeit also die Tage Montag bis Freitag.*) Die Gesellschaft ist berechtigt, ohne Angaben von Gründen die Vorlage der Arbeitsunfähigkeitsbescheinigung früher zu verlangen; für diesen Fall ist die Bescheinigung am Tag des Verlangens bzw. spätestens an dem darauffolgenden Arbeitstag vorzulegen.

Solange die Arbeitsunfähigkeitsbescheinigung nicht vorliegt, ist die Gesellschaft berechtigt, die Fortzahlung des Entgelts zu verweigern.

(3) Die Gesellschaft leistet bei Vorliegen der gesetzlichen Voraussetzungen für die Zeit der Arbeitsunfähigkeit bis zur Dauer von 6 Wochen Entgeltfortzahlung.

(4) Leistungen, die zusätzlich zum laufenden Arbeitsentgelt erbracht werden (Sondervergütungen) werden für jeden Tag der Arbeitsunfähigkeit um ein Viertel des Arbeitsentgelts, das im Jahresdurchschnitt auf einen Arbeitstag entfällt, gekürzt.

17. Arbeitszeit

Literatur: *Bauer/Günther*, Heute lang, morgen kurz, DB 2006, 950; *dies.*, Ungelöste Probleme bei Einführung von Kurzarbeit, BB 2009, 662; *Decruppe/Utess*, Arbeitszeitpolitik durch die Judikatur?, AuR 2006, 347; *Forst*, Null-Stunden-Verträge, NZA 2014, 998; *Hohenstatt/Schramm*, Neue Gestaltungsmöglichkeiten zur Flexibilisierung der Arbeitszeit, NZA 2007, 238; *Hümmerich*, Gestaltung von Ar-

---

1054 MüKo-BGB/*Müller-Glöge*, § 7 EFZG Rn 13.
1055 ErfK/*Reinhard*, § 7 EFZG Rn 18.

beitsverträgen nach der Schuldrechtsreform, NZA 2003, 753; *Hunold*, Die Rechtsprechung zum Direktionsrecht des Arbeitgebers, NZA-RR 2001, 337; *Kleinebrink*, Die Vergütung von Zeiten einer Dienstreise, DB 2016, 2114; *Müller/Deeg*, Kurzarbeitsklauseln in Arbeitsverträgen, ArbRAktuell, 2010, 209; *Preis*, Unangemessene Benachteiligung des Arbeitnehmers durch Vereinbarung einer Durchschnittsarbeitszeit, RdA 2012, 101; *Preis*, Flexicurity und Abrufarbeit – Flexible Arbeitsvertragsgestaltung zwischen 0 und 260 Stunden?, RdA 2015, 244; *Preis/Lindemann*, Änderungsvorbehalte – Das BAG durchschlägt den gordischen Knoten, NZA 2006, 632; *Preis/Ulber*, Direktionsrecht und Sonntagsarbeit, NZA 2010, 729; *Reinecke*, Flexibilisierung der Arbeitszeit im Arbeitgeber- und Arbeitnehmerinteresse – ein Rechtsprechungsbericht, BB Special zu BB 2008, Heft 14, S. 21; *ders.*, Weisungsrecht, Arbeitsvertrag und Arbeitsvertragskontrolle – Rechtsprechung des BAG nach der Schuldrechtsreform, NZA-RR 2013, 393; *Schmitt-Rolfes*, Bedarfsarbeit wieder erlaubt, AuA 2006, 319; *Simon/Rein*, Comeback der Kurzarbeit?, AuA 2013, 455; *Wisskirchen/Bissels*, Arbeiten, wenn Arbeit da ist – Möglichkeiten und Grenzen der Vereinbarungsbefugnis zur Lage der Arbeitszeit, NZA 2006, Beilage 1, S. 24.

a) Allgemeines
aa) Dauer der Arbeitszeit
(1) Regelungsbefugnis der Arbeitsvertragsparteien

490 Gemäß § 611 Abs. 1 BGB ist der Arbeitnehmer zur Leistung der versprochenen Dienste verpflichtet. Die Zeit, innerhalb derer er seine versprochenen Dienste zu leisten hat (= Dauer der Arbeitszeit), betrifft die **Hauptpflicht des Arbeitnehmers**. Sie unterliegt grundsätzlich **nicht dem Direktionsrecht des Arbeitgebers nach § 106 GewO**.[1056] Denn damit würden die zwingenden Regelungen über die Änderungskündigung umgangen.[1057]

491 Von diesem Grundsatz gibt es allerdings Ausnahmen: Der Arbeitsvertrag kann einen gewissen Spielraum zur Erhöhung und Verringerung der Arbeitszeit vorsehen (vgl. Rdn 503 ff., 524); er kann die Verpflichtung zur Ableistung von Überstunden enthalten und enthält sie regelmäßig auch (vgl. Rdn 1078 ff.); und er kann die Befugnis des Arbeitgebers zur Anordnung von Bereitschaftsdienst regeln (vgl. Rdn 626 ff.).

492 Die Dauer der Arbeitszeit wird in der Regel ausdrücklich im Arbeitsvertrag festgelegt, und zwar als **Wochenarbeitszeit**. Zwingend ist das allerdings nicht. Der Arbeitsvertrag kann auch die tägliche Arbeitszeit oder die Monats- oder sogar Jahresarbeitszeit festlegen. Auch die Vereinbarung einer durchschnittlichen Arbeitszeit (Beispiel: „im monatlichen Durchschnitt 150 Stunden") ist möglich; dann muss aber auch der Zeitraum, innerhalb dessen der Durchschnitt erreicht sein muss, im Arbeitsvertrag eindeutig festgelegt sein.[1058] Andernfalls ist die Klausel intransparent im Sinne des § 307 Abs. 1 S. 2 BGB.[1059] Koppelt eine Klausel die Dauer der Arbeitszeit ausschließlich an den Arbeitsanfall, so stellt diese Gestaltung eine unangemessene Benachteiligung des Arbeitnehmers im Sinne des § 307 Abs. 1 Satz 1 BGB dar.[1060] Allerdings kann der Arbeitsvertrag einen gewissen Anteil der Arbeitszeit flexibilisieren (siehe unten Rdn 503 ff., 524). Von solchen Gestaltungen sind die Arbeit auf Abruf (siehe § 1b Rdn 297) und befristete Bedarfsarbeitsverhältnisse abzugrenzen; deren Zulässigkeit richtet sich nach §§ 12, 14 TzBfG.[1061]

493 Die Dauer der Arbeitszeit gehört zu den Arbeitsbedingungen, die gemäß § 2 Abs. 1 Nr. 7 des NachwG schriftlich niederzulegen sind. Enthält der Arbeitsvertrag dennoch keine ausdrücklichen Regelungen zur Dauer der Arbeitszeit, so muss er ausgelegt werden. In aller Regel schuldet der Arbeitnehmer dann die **betriebsübliche Arbeitszeit**.[1062] Eine Auslegung kann auch ergeben, dass eine wöchentliche Arbeitszeit von

---

1056 NK-GA/*Brors*, § 611 BGB Rn 506; Erf/*Preis*, § 611 BGB Rn 656; HWK/*Thüsing*, § 611 BGB Rn 307.
1057 BAG 12.12.1984 – 7 AZR 509/83, AP Nr. 6 zu § 2 KSchG 1969.
1058 BAG 21.6.2011 – 9 AZR 236/10, DB 2011, 2441; LAG Köln 11.11.2009 – 9 Sa 584/09, BeckRS 2010, 67735; kritisch zur Begründung der zitierten Entscheidung des BAG: *Preis*, RdA 2012, 101.
1059 BAG 21.6.2011 – 9 AZR 236/10, DB 2011, 2441.
1060 LAG Düsseldorf, 17.4.2012 – 8 Sa 1334/11, NZA-RR 2012, 563; LAG Düsseldorf, 19.8.2015 – 7 Sa 233/15 – BeckRS 2015, 72691.
1061 Hierzu *Oberthür*, ArbRB 2013, 120.
1062 BAG 15.5.2013, BeckRS 2013, 71556; LAG Baden-Württemberg 28.10.1991 – 4 b Sa 27/91, LAGE Nr. 16 zu § 77 BetrVG 1972; Küttner/*Poeche*, Personalbuch 2016, „Arbeitszeit", Rn 29.

40 Stunden geschuldet ist.[1063] Zudem ist bei Fehlen einer (wirksamen) Vereinbarung über die Arbeitszeit im Zweifel von einem Voll- und nicht von einem Teilzeitarbeitsverhältnis auszugehen.[1064]

Bisweilen ist streitig, ob **notwendige Vorbereitungshandlungen** wie **Waschen** und **Umziehen** zur Arbeitszeit gehören und vergütet werden müssen. Solcher Streit wird von vornherein vermieden, wenn der Arbeitsvertrag, falls solche Fragen eine Rolle spielen können, dazu Regelungen enthält. Ohne solche Regelungen gehören Vorbereitungshandlungen grundsätzlich nicht zur vergütungspflichtigen Arbeitszeit.[1065] Dies kann aber anders sein, wenn im Interesse des Arbeitgebers Dienstkleidung getragen wird und ein Umziehen wegen der Art der Dienstkleidung nur im Betrieb erfolgen kann.[1066]   494

Auch die Behandlung von **Dienstreisen** außerhalb der Arbeitszeit kann Probleme aufwerfen. Das kommt vor allem bei Vertriebsmitarbeitern oder leitenden Mitarbeitern vor. Deshalb ist eine ausdrückliche arbeitsvertragliche Regelung sinnvoll (vgl. Rdn 779 ff.).   495

Schließlich enthalten die meisten Arbeitsverträge auch noch Klauseln zur Leistung von **Überstunden** (siehe im Einzelnen Rdn 1078 ff.).   496

(2) Grenzen der Regelungsbefugnis

Die Regelungsmöglichkeiten der Parteien über die Dauer der Arbeitszeit sind durch einige Vorgaben beschränkt. Im Geltungsbereich eines **Tarifvertrags** sind dessen Regelungen zur Dauer der Arbeitszeit maßgeblich. Ob der Arbeitsvertrag davon nach oben abweichen darf, ist ungeklärt. Dafür kommt es auf die Interpretation des Günstigkeitsprinzips des § 4 Abs. 3 TVG an.[1067] Eine Abweichung von dem Tarifvertrag nach oben ist aber bei außertariflichen Mitarbeitern oder leitenden Angestellten möglich. Mittels **Betriebsvereinbarung** kann die Dauer der Arbeitszeit nicht festgelegt werden, dies wäre ein unzulässiger Eingriff in die Dispositionsbefugnis der Vertragsparteien und ein Verstoß gegen § 77 Abs. 3 BetrVG.[1068]   497

Der Arbeitsvertrag muss die zwingenden Vorgaben des **ArbZG** beachten. Hinsichtlich der Dauer der Arbeitszeit sieht § 3 ArbZG vor, dass die werktägliche Arbeitszeit nicht mehr als 8 Stunden betragen darf; sie kann bis auf 10 Stunden verlängert werden, wenn dies innerhalb von 6 Kalendermonaten oder 24 Wochen ausgeglichen wird. Das ArbZG geht also von einer **48-Stunden-Woche** aus. Sonderregelungen bestehen für Jugendliche (§ 8 JArbSchG), Auszubildende (§ 17 Abs. 3 BBiG), werdende und stillende Mütter (§ 8 MuSchG).   498

Zu berücksichtigen ist allerdings, dass „Arbeitszeit" im Sinne des ArbZG nicht gleich „Arbeitszeit" im Sinne des Arbeitsvertrags ist. Dies zeigt sich etwa bei Dienstreisen innerhalb der Arbeitszeit, die vertraglich als Arbeitszeit zu werten sind, nicht aber zwingend als „Arbeitszeit" im Sinne des Arbeitszeitgesetzes.[1069]   499

Schließlich unterliegen solche Klauseln über die Dauer der Arbeitszeit einer AGB-Kontrolle. Da die Dauer der Arbeitszeit eine Hauptleistungspflicht des Arbeitnehmers beschreibt, ist sie grundsätzlich einer AGB-rechtlichen Angemessenheitskontrolle entzogen, § 307 Abs. 3 S. 1 BGB. Allerdings behandelt die Recht-   500

1063 BAG 25.3.2015 – 5 AZR 602/13, NZA 2015, 1002.
1064 BAG 8.10.2008 – 5 AZR 155/08, BeckRS 2009, 66291; BAG 21.6.2011 – 9 AZR 236/10, DB 2011, 2441; anders aber BAG 24.9.2014 – 5 AZR 1024/12, NZA 2014, 1328, wenn der Vertrag bei Arbeit auf Abruf keine Angaben zur Arbeitszeitdauer enthält; dazu kritisch *Hamann/Rudnik*, jurisPR-Arbeitsrecht, 48/2014 Anm. 1; wie das BAG aber LAG Düsseldorf, 19.8.2015 – 7 Sa 233/15, BeckRS 2015, 72691.
1065 BAG 11.10.2000 – 5 AZR 122/99, NZA 2001, 458; BAG 22.3.1995 – 5 AZR 934/93, AP Nr. 8 zu § 611 BGB Arbeitszeit.
1066 BAG 10.11.2009 – 1 ABR 54/08, NZA-RR 2010, 301; BAG 19.9.2012 – 5 AZR 678/11, BAG 19.3.2014 – 5 AZR 954/12, NZA 2014, 787: vgl. auch *Diepold/Stelzer*, AuA 2013, 428, 429 f.
1067 Streitig, vgl. HWK/*Thüsing*, § 611 BGB Rn 309 m.w.N.
1068 Vgl. Richardi/*Richardi*, BetrVG, § 87 Rn 261 ff.;NK-GA/*Schwarze*, § 87 BetrVG Rn 89.
1069 Hierzu BAG 11.7.2007 – 3 AZR 15/07, DB 2007, 115; NK-GA/*Wichert*, § 2 ArbZG Rn 21 ff.; vgl. auch *Kleinebrink*, DB 2016, 2114, 2116 ff.

sprechung Flexibilisierungsklauseln nicht selten als kontrollfähige Nebenbestimmung.[1070] In jedem Fall unterliegen Klauseln über die Dauer der Arbeitszeit einer Transparenzkontrolle.

(3) Besonderheiten bei leitenden Angestellten

501 **Leitende Angestellte** im Sinne des § 5 Abs. 3 BetrVG unterfallen nicht dem ArbZG, das bestimmt dessen § 18 Abs. 1 Nr. 1 ArbZG. Der Arbeitsvertrag kann dann auch über dessen Vorgaben hinausgehen.

502 Nicht selten findet sich in Arbeitsverträgen die Regelung, dass der leitende Angestellte seine **ganze Arbeitskraft** in den Dienst des Unternehmens stellt. Es wird also, ähnlich wie bei Geschäftsführeranstellungsverträgen, keine feste Dauer der Arbeitszeit vereinbart. Oder die Arbeitszeit wird **aufgabenbezogen** definiert, also ohne Angabe der Wochenarbeitszeit. Das hat den Vorteil, dass das Unternehmen keine Überstundenvergütung schuldet. Denn: Wenn der leitende Angestellte von vornherein seine ganze Arbeitskraft schuldet, kann nicht zwischen vertraglicher Arbeitszeit und Überstunden unterschieden werden. Bei **außertariflichen Angestellten** sind allerdings die Grenzen des ArbZG zu beachten.

(4) Besonderheiten bei einem Arbeitsvertrag mit flexiblem Arbeitszeitanteil

503 Lange Zeit wurde aus § 12 TzBfG geschlossen, dass der Arbeitgeber von vornherein kein Recht hat, die Arbeitszeit einseitig zu verändern.[1071] Das BAG sieht das inzwischen ausdrücklich anders.[1072] Danach kann der Arbeitsvertrag die Arbeitszeit in einen festen Teil und einen **zusätzlichen abrufbaren Teil** aufspalten. Allerdings setzt § 307 Abs. 1 BGB dieser Flexibilisierungsmöglichkeit Grenzen. Der abrufbare Teil darf nicht mehr als 25 % der Arbeitszeit betragen. Diese Grenze von **25 %** verwendet das BAG auch in anderen Zusammenhängen, etwa zur Bestimmung des widerruflichen Bestandteils des Gehalts.[1073] Möglich ist es auch, eine feste Arbeitszeit mit **Verringerungsmöglichkeit** zu vereinbaren. Die Verringerungsmöglichkeit darf bis zu **20 %** der Arbeitszeit betragen.[1074] Auch wenn das BAG in seiner einschlägigen Entscheidung das nicht ausdrücklich ausgesprochen hat: Es dürfte nichts dagegen einzuwenden sein, wenn man die beiden Möglichkeiten kombiniert und feste Arbeitszeit mit **gleichzeitiger Erhöhungs- und Verringerungsmöglichkeit** vereinbart.[1075] Allerdings geht das nicht auf die Art, dass der flexible Teil 45 % (25 % + 20 %) beträgt; vielmehr darf bei der Kombination der flexible Teil insgesamt nicht mehr als **25 % der Mindestarbeitszeit** betragen.[1076]

504 Zur Verdeutlichung dieser Prozentzahlen soll folgendes Beispiel dienen: Beträgt die Arbeitszeit **30 Stunden**, so kann der Arbeitsvertrag wie folgt flexibilisieren:

- Erhöhung um **25 % = 7,5 Stunden**, Höchstarbeitszeit (ohne Überstunden) 37,5 Stunden
- Verringerung um **20 % = 6 Stunden**, also Mindestarbeitszeit 24 Stunden
- Kombination von Erhöhung und Verringerung: Erhöhung um 5 Stunden bis auf 35 Stunden; Verringerung um 2 Stunden auf 28 Stunden; flexibler Anteil **25 % der Mindestarbeitszeit von 28 Stunden = 7 Stunden**

505 Diese Entscheidung des BAG war sehr umstritten und wurde als Durchbruch gefeiert oder als Sündenfall beklagt.[1077] Mittlerweile aber ist Ruhe eingekehrt. Das Ergebnis des BAG beruht auf einer nachvollzieh-

---

1070 Vgl. zum Ganzen AGB-ArbR/*Klumpp*, § 307 Rn 98 m.w.N.; *Preis*, RdA 2012, 101.

1071 BAG 12.12.1984 – 7 AZR 509/83, NZA 1985, 321; *Decruppe/Utess*, AuR 2006, 347 f., dort auch weitere Nachweise zum damaligen Meinungsstand.

1072 BAG 7.12.2005 – 5 AZR 535/04, NZA 2006, 423, 426; die Entscheidung wurde durch das BVerfG 23.11.2006 – 1 BvR 1909/06, BeckRS 2006, 27475, ausdrücklich bestätigt.

1073 BAG 12.1.2005 – 5 AZR 364/04, AP Nr. 1 zu § 308 BGB; vgl. auch *Preis/Lindemann*, NZA 2006, 632, 633 f.

1074 BAG 7.12.2005 – 5 AZR 535/04, NZA 2006, 423, 426.

1075 *Bauer/Günther*, DB 2006, 950, 951; *Schmitt-Rolfes*, AUA 2006, 319.

1076 *Bauer/Günther*, DB 2006, 950, 951.

1077 Zustimmend etwa *Bauer/Günther*, DB 2006, 950; *Preis/Lindemann*, NZA 2006, 635; ablehnend etwa *Decruppe/Utess*, AuR 2006, 347.

baren Abwägung des Flexibilisierungsinteresses des Arbeitgebers und des Bestandsinteresses des Arbeitnehmers. Bis auf Weiteres kann sich die vertragsgestaltende Praxis jedenfalls auf dieses Flexibilisierungsinstrument einstellen. In einer späteren Entscheidung hat das BAG sogar einen höheren Flexibilisierungsanteil für AGB festgehalten.[1078] Zugrunde lag aber eine besondere Sachverhaltskonstellation (Durchführung eines sozialverträglichen Personalabbaus), so dass diese Entscheidung nicht verallgemeinert werden kann.

Bei der Anforderung für den flexiblen Teil der Arbeitszeit sollte § 12 Abs. 2 TzBfG beachtet werden.[1079] **506** Der Arbeitnehmer muss sich auf die höhere oder geringere Arbeitszeit einstellen können. Der Arbeitgeber muss dies also 4 Werktage vorher ankündigen. Dies sollte auch ausdrücklich so im Arbeitsvertrag stehen. Eine kurzfristigere Erhöhung oder Verringerung der Arbeitszeit ist natürlich möglich, wenn der Arbeitnehmer im konkreten Fall damit einverstanden ist.

In seiner einschlägigen Entscheidung verlangt das BAG nicht, dass der Arbeitsvertrag (wirtschaftliche oder **507** finanzielle) Gründe für die Erhöhung oder Verringerung der Arbeitszeit enthalten muss.[1080] Daher sollte die entsprechende Klausel auch keine Gründe nennen. Das könnte sonst als Beschränkung der Flexibilisierungsmöglichkeit verstanden werden.

Auch bei einem Arbeitsvertrag mit einem flexiblen Arbeitszeitanteil kann vereinbart werden, dass der Arbeitnehmer **Überstunden** zu leisten hat.[1081] Allerdings ist darauf zu achten, dass im Vertrag der abrufbare **508** Teil und die Überstunden deutlich unterschieden werden.[1082]

In der Praxis finden sich bisweilen sog. **Null-Stunden-Verträge**, etwa bei Aushilfen.[1083] In der Regel gibt es **509** einen Rahmenvertrag, der keinerlei Stunden festlegt oder garantiert. Zwei Grundvarianten lassen sich unterscheiden: Zum einen ein Rahmenvertrag, der den Arbeitnehmer zur Arbeitsleistung nicht verpflichtet, sondern ihm die Entscheidung offen lässt. Zum anderen ein Rahmenvertrag, welcher den Arbeitnehmer zur Arbeit auf Abruf verpflichtet, aber die Stundenzahl offenhält. Insbesondere der zweite Fall ist juristisch problematisch, weil er das Annahmeverzugsrisiko auf den Arbeitnehmer abwälzt und § 12 Abs. 1 TzBfG unterläuft. Eine solche Gestaltung ist also aus juristischen Gründen nicht empfehlenswert.

(5) Besonderheiten bei der Kurzarbeit

Kurzarbeit ist die vorübergehende Verkürzung der Arbeitszeit in einem Betrieb oder einer Betriebsabteilung. Sie dient der Entlastung des Unternehmens durch Senkung von Personalkosten und zum Erhalt von **510** Arbeitsplätzen.[1084]

Kurzarbeit kann **nicht** aufgrund des arbeitsrechtlichen **Direktionsrechts** eingeführt werden.[1085] Es bedarf **511** einer gesonderten Rechtsgrundlage. Das kann ein Tarifvertrag oder auch eine Betriebsvereinbarung (vgl. § 2 Rdn 232 ff.) sein. Für eine Betriebsvereinbarung, die Kurzarbeit ermöglicht, verlangt das BAG: Es sind mindestens die Bestimmung von Beginn und Dauer der Kurzarbeit, die Regelung der Lage und Verteilung der Arbeitszeit sowie die Auswahl der betroffenen Arbeitnehmer erforderlich.[1086]

1078 BAG 14.8.2007 – 9 AZR 18/07, NZA 2008, 1194: 75 % der Mindestarbeitszeit; dazu AGB-ArbR/*Klumpp*, § 307 Rn 101; Reinecke.

1079 *Hohenstatt/Schramm*, NZA 2007, 238, 239; *Wisskirchen/Bissels*, NZA 2006, Beilage 1, 24, 26.

1080 BAG 7.12.2005 – 5 AZR 535/04 NZA 2006, 423, 426; so auch *Hohenstatt/Schramm*, NZA 2007, 238, 239; AGB-ArbR/*Klumpp*, § 307 Rn 102 hält aus Transparenzerwägungen zumindest eine Minimalbegründung im Arbeitsvertrag für erforderlich: „bedarfsbedingte Gründe". Dies ist aber so allgemein, dass es die Klausel auch nicht transparenter macht.

1081 BAG 7.12.2005 – 5 AZR 535/04 NZA 2006, 423, 426.

1082 *Hohenstatt/Schramm*, NZA 2007, 238, 239.

1083 Hierzu *Forst*, NZA 2014, 998; *Preis*, RdA 2015, 244.

1084 Küttner/*Kreitner*, Personalbuch 2016, Kurzarbeit Rn 1; vgl. auch *Simon/Rein*, AuA 2013, 455.

1085 Allgemeine Auffassung, vgl. BAG 16.12.2008 – 9 AZR 164/08, NZA 2009, 689; NK-GA/*Brors*, § 611 Rn 525; ErfK/*Preis*, § 611 BGB Rn 658.

1086 BAG 18.11.2015 – 5 AZR 491/14, NZA 2016, 565.

512   Ob der Arbeitsvertrag dem Arbeitgeber das Recht einräumen kann, einseitig Kurzarbeit einzuführen, ist fraglich. Das könnte eine Umgehung zwingenden Kündigungsschutzrechtes und einen Verstoß gegen § 307 Abs. 1 BGB darstellen.[1087] Knüpft aber der Arbeitsvertrag die Einführung von Kurzarbeit an die Voraussetzungen des § 169 Abs. 3 SGB III für die Gewährung von Kurzarbeitergeld, so sollte dies wirksam sein.[1088] Auch eine angemessene Ankündigungsfrist hilft bei der AGB-Kontrolle.[1089] Es werden 2 oder 3 Wochen empfohlen.[1090]

Höchstrichterlich ist dies aber alles noch nicht bestätigt. Das LAG Berlin-Brandenburg hält eine Kurzarbeitsklausel unter AGB-rechtlichen Gesichtspunkten nur dann für wirksam, wenn sie eine Ankündigungsfrist festlegt, Regelungen über Umfang und Ausmaß der Kurzarbeit enthält, Festlegung des betroffenen Personenkreises trifft, Art und Weise der Einbeziehung des Personenkreises beschreibt.[1091]

513   Eine Kurzarbeitsklausel ist auch sinnvoll. Denn zur Kurzarbeit braucht der Arbeitgeber, wenn kein Tarifvertrag oder keine Betriebsvereinbarung sie zulässt, das Einverständnis des Arbeitnehmers. Auch wenn im Arbeitsvertrag eine Kurzarbeitsklausel vereinbart ist, muss bei der Einführung von Kurzarbeit das Mitbestimmungsrecht des Betriebsrats beachtet werden.

bb) Lage der Arbeitszeit
(1) Direktionsrecht des Arbeitgebers

514   Die Lage der Arbeitszeit bestimmt der Arbeitgeber kraft seines Direktionsrechts, § 106 GewO. Der Arbeitsvertrag braucht also dazu keine Regelung zu enthalten.[1092] Legt der Arbeitsvertrag allerdings die Lage der Arbeitszeit fest, so ist insofern kein Platz mehr für das Direktionsrecht des Arbeitgebers. Er ist an die Regelung des Arbeitsvertrags gebunden. Eine Änderung kann nur durch Änderungskündigung oder mit Zustimmung des Arbeitnehmers erreicht werden.

515   Bisweilen streiten sich die Arbeitsvertragsparteien darüber, ob sich die Lage der Arbeitszeit durch eine lange andauernde Praxis konkretisiert hat und der Arbeitgeber daran gebunden ist, als sei dies im Arbeitsvertrag so festgeschrieben. Die Rechtsprechung ist sehr zurückhaltend.[1093] Selbst jahrelange einheitliche Handhabung führt keine **Konkretisierung der Arbeitszeit** herbei. Vielmehr muss dafür zusätzlich ein dem Arbeitgeber zuzurechnender Vertrauenstatbestand geschaffen worden sein, aufgrund dessen der Arbeitnehmer die Beibehaltung der bisherigen Praxis erwarten kann. Dies ist nur selten der Fall.

(2) Grenzen des Direktionsrechts

516   Auch hinsichtlich der Lage der Arbeitszeit, wie etwa in Bezug auf Pausenregelungen, sind etwaige Vorgaben aus einschlägigen Tarifverträgen zu beachten. Auch das Arbeitszeitgesetz enthält einige Vorgaben, wie etwa in § 4 ArbZG über notwendige Pausen und in § 5 ArbZG über Ruhezeiten. Insofern ist das Direktionsrecht des Arbeitgebers also beschränkt.

517   Zudem hat der Arbeitgeber das Mitbestimmungsrecht des Betriebsrats aus § 87 Abs. 1 Nr. 2 BetrVG zu beachten. In Betrieben mit Betriebsrat gibt es häufig Betriebsvereinbarungen über die Lage der Arbeitszeit.

1087 LAG Berlin-Brandenburg 7.10.2010 – 2 Sa 1230/10, DB 2011, 420; *Hümmerich*, NZA 2003, 753, 764; ErfK/*Preis*, § 611 BGB Rn 658 m.w.N.; *Müller/Deeg*, ArbRAktuell 2010, 209.

1088 So auch Preis/*Preis*, Arbeitsvertrag, II A 90 Rn 79; *Bauer/Günther*, BB 2009, 662, 664 f.; a.M. LAG Berlin-Brandenburg 7.10.2010 – 2 Sa 1230/10, DB 2011, 420.

1089 LAG Berlin-Brandenburg 7.10.2010 – 2 Sa 1230/10, DB 2011, 420; AGB-ArbR/*Klumpp*, § 307 Rn 105.

1090 Für 2 Wochen: *Simon/Rein*, AuA 2013, 455, 458; für 3 Wochen: *Müller/Deeg*, ArbRAktuell 2010, 209; *Bauer/Günther*, BB 2009, 662, 664 f.

1091 LAG Berlin-Brandenburg 7.10.2010 – 2 Sa 1230/10, DB 2011, 420; LAG Berlin-Brandenburg 19.1.2011 – 17 Sa 2153/10, BeckRS 2011, 69844; vgl. auch AGB-ArbR/*Klumpp*, § 307 Rn 105; Küttner/*Kreitner*, Personalbuch 2016, Kurzarbeit, Rn 5; *Simon/Rein*, AuA 2013, 455, 458 f.

1092 BAG 23.9.2004 – 6 AZR 567/03, NZA 2005, 360.

1093 BAG 23.9.2004 – 6 AZR 567/03, NZA 2005, 360; BAG 7.12.2000 – 6 AZR 444/99, NZA 2001, 780; vgl. auch NK-GA/*Boecken/Pils*, § 106 GewO Rn 53; *Hunold*, NZA-RR 2001, 337, 339 ff.; *Reinecke*, NZA-RR 2013, 393, 395.

Ansonsten unterliegt auch das Direktionsrecht für die Lage der Arbeitszeit den allgemeinen Grenzen. Insbesondere muss es nach billigem Ermessen ausgeübt werden, das ergibt sich unmittelbar aus dem Wortlaut des § 106 GewO.[1094] Der Arbeitgeber hat bei der Bestimmung der Lage der Arbeitszeit also auch die Interessen des Arbeitnehmers zu berücksichtigen. **518**

(3) Besonderheiten bei Schicht-, Nacht- und Sonntagsarbeit

Schicht-, Nacht- und Sonntagsarbeit sind Sonderfälle. Kommen Arbeiten zu solchen Zeiten in Betracht, **519** sollte der Arbeitsvertrag ausdrücklich vorsehen, dass der Arbeitgeber dies im Rahmen seines Direktionsrechts anordnen darf. Anderenfalls können derartige Anweisungen durchaus zweifelhaft sein.[1095] Zwar hat das BAG unlängst entschieden, dass es für die Anordnung von Sonn- und Feiertagsarbeit keiner ausdrücklichen Regelung bedarf.[1096] Dennoch kann die klarstellende Aufnahme einer entsprechenden Klausel hilfreich sein.

Auch bei Schicht-, Nacht- und Sonntagsarbeit sind einschränkende Regelungen in einschlägigen Tarifver- **520** trägen zu beachten. Zudem enthält das ArbZG Vorgaben, die das Direktionsrecht des Arbeitgebers einschränken. Wegen der Einzelheiten sei auf §§ 6, 7, 9, 10, 11, 12, 13 ArbZG und die einschlägigen Kommentierungen hierzu verwiesen. Zu beachten ist auch, dass der Arbeitgeber unter den Voraussetzungen des § 6 Abs. 5 ArbZG bei Nachtarbeit einen Nachtarbeitsausgleich schuldet.[1097]

(4) Besonderheiten bei Gleitzeit

Der Arbeitsvertrag kann auch eine Gleitzeit vorsehen.[1098] Üblicherweise wird eine **Kernarbeitszeit**, in **521** welcher der Arbeitnehmer auf jeden Fall anwesend sein muss, und eine **Gleitzeit** vereinbart. Um eine solche arbeitsvertragliche Regelung abändern zu können, sollte der Arbeitsvertrag einen entsprechenden Vorbehalt enthalten.

Gleitzeitregelungen unterliegen der Mitbestimmung des Betriebsrats (§ 87 Abs. 1 Nr. 2 BetrVG). Häufig **522** existiert eine Betriebsvereinbarung, welche die Gleitzeit ausgestaltet (vgl. hierzu § 2 Rdn 206 ff.).

Enthält der Arbeitsvertrag keine Gleitzeitregelung und gibt es auch keine Betriebsvereinbarung darüber, **523** muss sich der Arbeitnehmer an die vom Arbeitgeber vorgegebenen Zeiten halten. Er kann also nicht früher kommen oder später gehen und so die Arbeitszeiten eigenmächtig bestimmen.

b) Formulierungsbeispiele

 24

Muster 1a.24: Arbeitszeit **524**

Standardklausel

(1) Die regelmäßige wöchentliche Arbeitszeit beträgt 40 Stunden ausschließlich der Pausen. Die Lage der Arbeitszeit bestimmt der Arbeitgeber nach billigem Ermessen.

(2) Klausel Überstunden (siehe unten Rdn 1081).

(3) Klausel Dienstreisezeit außerhalb der Arbeitszeit (siehe unten Rdn 794)

(4) Der Arbeitnehmer verpflichtet sich, auf Anordnung des Arbeitgebers Nacht-, Schicht- oder Sonntagarbeit zu leisten, soweit dies gesetzlich zulässig ist.

1094 Dazu etwa *Reinecke*, NZA-RR 2013, 393, 397 ff.
1095 NK-GA/*Brors*, § 611 BGB Rn 524; *Wisskirchen/Bissels*, NZA 2006, Beilage 1, 24, 30 f. für Schichtarbeit.
1096 BAG 15.9.2009 – 7 AZR 757/08, NZA 2009, 133; kritisch *Preis/Ulber*, NZA 2010, 729.
1097 Dazu NK-GA/*Wichert*, § 6 ArbZG Rn 43 ff.
1098 *Wisskirchen/Bissels*, NZA 2006, Beilage 1, 24, 26.

(5) Der Arbeitnehmer verpflichtet sich, auf Anordnung des Arbeitgebers Kurzarbeit zu leisten, wenn ein erheblicher Arbeitsausfall vorliegt, der auf wirtschaftlichen Gründen oder einem unabwendbaren Ereignis beruht, und der Arbeitsausfall der Arbeitsverwaltung angezeigt ist (§§ 169 ff SGB III). Die Kurzarbeit ist 2 Wochen vorher schriftlich anzukündigen. Bei Kurzarbeit verringert sich die Vergütung anteilig.[1099]

Alternative: Klausel mit eingeschränktem Direktionsrecht zur Lage der Arbeitszeit

(1) Die regelmäßige wöchentliche Arbeitszeit beträgt 40 Stunden ausschließlich der Pausen. Diese wird der Arbeitnehmer an folgenden Wochentagen ableisten: Montag von ▓▓▓▓▓ bis ▓▓▓▓▓; Dienstag von ▓▓▓▓▓ bis ▓▓▓▓▓; Mittwoch von ▓▓▓▓▓ bis ▓▓▓▓▓; Donnerstag von ▓▓▓▓▓ bis ▓▓▓▓▓; Freitag von ▓▓▓▓▓ bis ▓▓▓▓▓.

Alternative: Klausel mit Verweis auf Betriebsvereinbarung zur Lage der Arbeitszeit

(1) Die regelmäßige wöchentliche Arbeitszeit beträgt 40 Stunden ausschließlich der Pausen. Die Lage der Arbeitszeit wird durch die jeweils gültige Betriebsvereinbarung, ersatzweise durch Weisung des Arbeitgebers bestimmt.

Alternative: Klausel mit flexiblem Arbeitszeitanteil, Erhöhungsmöglichkeit

(1) Die regelmäßige wöchentliche Arbeitszeit beträgt 30 Stunden ausschließlich der Pausen. Der Arbeitnehmer verpflichtet sich, nach Aufforderung des Arbeitgebers bis zu 37,5 Stunden wöchentlich zu arbeiten. Die Aufforderung des Arbeitgebers über die Dauer und Lage der Arbeitszeit erfolgt spätestens 4 Werktage im Voraus. Bei einer Erhöhung der Arbeitszeit erhöht sich die Vergütung entsprechend.

Alternative: Klausel mit flexiblem Arbeitszeitanteil, Verringerungsmöglichkeit

(1) Die regelmäßige wöchentliche Arbeitszeit beträgt 30 Stunden ausschließlich der Pausen. Der Arbeitnehmer verpflichtet sich, nach Aufforderung des Arbeitgebers weniger als 30 Stunden wöchentlich zu arbeiten. Eine Arbeitszeit von 24 Stunden wöchentlich wird dabei nicht unterschritten. Die Aufforderung des Arbeitgebers über die Dauer und Lage der Arbeitszeit erfolgt spätestens 4 Werktage im Voraus. Bei einer Verringerung der Arbeitszeit verringert sich die Vergütung entsprechend.

Alternative: Klausel mit flexiblem Arbeitszeitanteil, Kombination von Erhöhungs- und Verringerungsmöglichkeit

(1) Die regelmäßige wöchentliche Arbeitszeit beträgt 30 Stunden ausschließlich der Pausen. Der Arbeitnehmer verpflichtet sich, nach Aufforderung des Arbeitgebers von 28 bis zu 35 Stunden wöchentlich zu arbeiten. Die Aufforderung des Arbeitgebers über die Dauer und Lage der Arbeitszeit erfolgt spätestens 4 Werktage im Voraus. Bei einer Erhöhung der Arbeitszeit erhöht sich die Vergütung entsprechend, bei einer Verringerung der Arbeitszeit verringert sich die Vergütung entsprechend.

▲

18. Arbeitszeitkonten

525　Ausführungen hierzu finden sich unter § 2 Rdn 184 ff.

19. Ärztliche Untersuchung

Literatur: *Aligbe*, Die Mitwirkungspflichten des Arbeitnehmers bei Einstellungs- und Eignungsuntersuchungen, ArbRAktuell 2015, 115; *ders.*, Die Einstellungsuntersuchung als auflösende Bedingung im Arbeitsvertrag, ArbRAktuell 2015, 542; *Bayreuther*, Einstellungsuntersuchungen, Fragerecht und geplantes Beschäftigtendatenschutzgesetz, NZA 2010, 679; *Beckschulze*, Die arbeitsmedizinische Untersuchung – Vorsorge oder Eignung?, BB 2014, 1013; *Beckschulze/Natzel*, Das neue Beschäftigtendatenschutzgesetz, BB 2010, 2368; *Behrens*, Eignungsuntersuchungen und Datenschutz, NZA 2014, 401; *Braun*, Fragerecht und Auskunftspflicht – Neue Entwicklungen in Gesetzgebung und Rechtsprechung, MDR 2004, 69; *Brors*, Berechtigtes Informationsinteresse und Diskriminierungsverbot – Welche Fragen darf der Arbeitgeber bei der Einstellung eines behinderten Bewerbers stellen?, DB 2003, 1734; *Diller*, Krankfeiern seit

---

1099　Das LAG Berlin-Brandenburg 7.10.2010 – 2 Sa 1230/10, DB 2011, 420 verlangt weitere Detaillierung in der Klausel. Dies ist höchstrichterlich aber noch nicht bestätigt; vgl. auch *Simon/Rein*, AuA 2013, 455, 458 f.

1.6.1994 schwieriger? Das neue Entgeltfortzahlungsgesetz, NJW 1994, 1690; *Diller/Powietzka*, Drogenscreening und Arbeitsrecht, NZA 2001, 1227; *Düwell*, Neu geregelt: Die Stellung der Schwerbehinderten im Arbeitsrecht, BB 2001, 1527; *Fischinger*, Die arbeitsrechtlichen Regelungen des Gendiagnostikgesetzes, NZA 2010, 65; *Golücke*, Das neue Gendiagnostikgesetz, AuA 2010, 82; *Joussen*, Si tacuisses – Der aktuelle Stand zum Fragerecht des Arbeitgebers nach einer Schwerbehinderung, NJW 2003, 2860; *Kania/Merten*, Auswahl und Einstellung von Arbeitnehmern unter Geltung des AGG, ZIP 2007, 8; *Keller*, Die ärztliche Untersuchung des Arbeitnehmers im Rahmen des Arbeitsverhältnisses, NZA 1988, 561; *Klak*, Aids und die Folgen für das Arbeitsrecht, BB 1987, 1382; *Künzl/Oberländer*, Sucht und Prävention im Betrieb, AuA 2005, Sonderausgabe; *Lepke*, Kündigung bei Krankheit, 13. Aufl. 2009; *Messingschlager*, „Sind Sie schwerbehindert?" – Das Ende einer (un)beliebten Frage, NZA 2003, 301; *Löwisch*, Arbeitsrechtliche Fragen und AIDS – Erkrankung und AIDS – Infektion, DB 1987, 936; *Notz*, Zulässigkeit und Grenzen ärztlicher Untersuchungen von Arbeitnehmern, 1991; *Preis/Bender*, Recht und Zwang zur Lüge – Zwischen List, Tücke und Wohlwollen im Arbeitsleben, NZA 2005, 1321; *Schwanitz*, Deutscher Bundestag, Stenographischer Bericht, 183. Sitzung, S. 19628; BT-Drucks 16/10532, S. 37; *Sibben*, Vergütungspflicht des Arbeitgebers für die Freistellung zur Meldung beim Arbeitsamt, DB 2003, 826; *Stück/Wein*, Die ärztliche Untersuchung des Arbeitnehmers – Voraussetzungen, Inhalt und Rechtsfolgen, NZA-RR 2005, 505; *Thüsing/Lambrich*, Das Fragerecht des Arbeitgebers – aktuelle Probleme zu einem klassischen Thema, BB 2002, 1146; *Zeller*, Die arbeitsrechtlichen Aspekte des Personalfragebogens als Mittel der Personalauswahl, BB 1987, 1522.

a) Allgemeines

Arbeitgeber haben aus verschiedenen Gründen ein Interesse, den Gesundheitszustand ihrer Arbeitnehmer 526
ärztlich überprüfen zu lassen, sei es, um gesetzlichen Pflichten zu entsprechen, sei es, um die Arbeitsfähigkeit zu gewährleisten oder sei es um eine behauptete Arbeitsunfähigkeit überprüfbar zu machen. Das allgemeine Persönlichkeitsrecht schützt Arbeitnehmer aber vor schrankenloser Erhebung und Weitergabe von Befunden über ihren Gesundheitszustand. Schutzobjekt ist die Privatsphäre, die alle Informationen privater Natur[1100] umfasst. Gleichwohl können Arbeitnehmer von Gesetzes wegen, durch Tarifvertrag oder aufgrund individualvertraglicher Abreden verpflichtet sein, sich vor oder/und während des Arbeitsverhältnisses ärztlich untersuchen zu lassen. Eine Untersuchungspflicht kann auch als nebenvertragliche Pflicht begründet sein.

Der Umfang der Pflicht des Arbeitnehmers zur Gestattung von Gesundheitsuntersuchungen und zur Offenbarung der Ergebnisse gegenüber dem Arbeitgeber wird definiert durch das Fragerecht des Arbeitgebers einerseits, die Offenbarungspflicht des Arbeitnehmers andererseits und durch die Anforderungen des konkret betroffenen Arbeitsplatzes. Ein Informationsinteresse des Arbeitgebers besteht nur im Hinblick auf die Geeignetheit des Arbeitnehmers für die in Aussicht gestellte Stelle[1101] oder – im bestehenden Arbeitsverhältnis – bezüglich des Fortbestandes der Eignung und/oder der Arbeitsfähigkeit.

aa) Pflichtuntersuchungen aufgrund von Gesetz bzw. Tarifvertrag

Ein Bedarf für eine vertragliche Regelung besteht nicht, soweit sich Untersuchungspflichten aus **Gesetzen** 527
und **Verordnungen** bzw. aus **Tarifverträgen** ergeben.

Seit dem 24.12.2008 ist die **Verordnung zur arbeitsmedizinischen Vorsorge** (ArbMedVV) in Kraft, die 528
die zuvor verstreuten verschiedenen Rechtsvorschriften zusammenfasst (GefahrstoffVO, BiostoffVO, Gentechnik-SicherheitsVO, Lärm- und Vibrations-ArbeitsschutzVO, DruckluftVO, BildschirmarbeitsplatzVO, BGV A 4). Allerdings gelten die berufsgenossenschaftlichen Vorschriften der BGV A 4 fort für die arbeitsmedizinische Vorsorgeuntersuchung von ehrenamtlichen Einsatzkräften der Bundesrepublik Deutschland, z.B. bei den freiwilligen Feuerwehren und den Hilfsorganisationen, denn diese werden nicht von dem Anwendungsbereich der ArbMedVV erfasst. Die Erste Verordnung zur Änderung der ArbMedVV aus dem Jahr 2013[1102] bewirkt weitere Rechtsklarheit, insbesondere zur Abgrenzung von arbeitsmedizinischer Vorsorge und Eignungsuntersuchungen. Eignungsuntersuchungen lassen sich nicht auf die Rechtsgrundlage der ArbMedVV stützen (§ 2 Abs. 1 Nr. 5 ArbMedVV).

1100 BVerfGE 101, 361, 382 ff.
1101 BAG 7.6.1984, NZA 1985, 57.
1102 BGBl I, S. 3882; ArbMedVV 2013.

529 Die ArbMedVV regelt in ihrem § 4 die sog. **Pflichtvorsorge**, ferner in § 5 die sog. **Angebotsvorsorge** und in § 5a die sog. **Wunschvorsorge**. Untersuchungen im Rahmen der arbeitsmedizinischen Vorsorge sind ausschließlich auf freiwilliger Basis und unter der Voraussetzung, dass der Arbeitnehmer diese nicht ablehnt, zulässig (§ 2 Abs. 1 Nr. 3 ArbMedVV).[1103] Allerdings muss die Pflichtvorsorge bei bestimmten besonders gefährdenden Tätigkeiten als Erst- und Nachvorsorge veranlasst werden und ist **Beschäftigungsvoraussetzung**, das heißt, dass eine entsprechende Tätigkeit ohne Teilnahme des Arbeitnehmers an der Pflichtvorsorge nicht durchgeführt werden darf (§ 4 Abs. 2 ArbMedVV). Eine Erwähnung im Arbeitsvertrag kann in diesen Fällen zum Zwecke der Klarstellung sinnvoll sein.

Der Arbeitgeber ist gemäß § 3 Abs. 4 ArbMedVV überdies verpflichtet, eine **Vorsorgekartei** zu führen, in der Angaben über Anlass, Tag und Ergebnis jeder Untersuchung archiviert werden. Durch die Änderung des ArbMedVV wurde das Erfordernis zum Führen einer Vorsorgekartei durch den Arbeitgeber auf alle Arten der Vorsorge ausgedehnt. Damit einher geht nach der Änderung der ArbMedVV die Pflicht des Arztes, die Vorsorgebescheinigung nun bei allen Arten der Vorsorge und damit anders als bisher nicht nur in Fällen der Pflichtvorsorge auszustellen. Die Vorsorgebescheinigung darf allerdings nur noch folgende Angaben enthalten: Vorsorgeanlass, Tag der arbeitsmedizinischen Vorsorge und ärztliche Beurteilung, wann eine weitere arbeitsmedizinische Vorsorge angezeigt ist (§ 6 Abs. 3 Nr. 3 ArbMedVV). Eine Mitteilung des Ergebnisses der Vorsorgemaßnahme ist allerdings nicht mit aufzunehmen. Folge ist ein Aufleben der Diskussion um die rechtlichen Grundlagen von Eignungsuntersuchungen.

530 Weitere Pflichtuntersuchungen ergeben sich u.a. aus § 43 Abs. 1 IfSG für Personal beim Umgang mit Lebensmitteln, aus § 37 RöntgenVO, § 60 Strahlenschutzverordnung, aus der Fahrerlaubnis-Verordnung (Anl. 5 zu §§ 11 und 48 FeV), aus § 32 ff. JArbSchG, § 81 SeemG oder aus § 5 Abs. 1 S. 2 EFZG.

531 Untersuchungspflichten können auch auf **tarifvertraglicher Basis** beruhen, z.B. auf § 7 BAT, der Pflichtuntersuchungen sowohl vor der Einstellung als auch – unter den dort geregelten Voraussetzungen – im laufenden Arbeitsverhältnis regelt. Dagegen ist im TVöD bzw. im TV-L die Einstellungsuntersuchung nicht mehr vorgesehen, wohl aber – im laufenden Arbeitsverhältnis – eine Pflichtuntersuchung aus begründetem Anlass (§ 3 Abs. 4 TVöD bzw. § 3 Abs. 5 TV-L).

532 Soweit eine ärztliche Untersuchung gesetzlich/tarifvertraglich vorgeschrieben ist, kann der Arbeitgeber den Arzt bestimmen,[1104] soweit nicht eine Verständigung mit der Arbeitnehmervertretung erforderlich ist (vgl. z.B. § 3 Abs. 4 S. 2 TVöD).[1105] In Betracht kommen neben Werksärzten Amtsärzte oder auch frei praktizierende Ärzte, sofern deren fachliche Eignung gewährleistet ist. Der Hausarzt des Arbeitnehmers scheidet insoweit allerdings aus.[1106]

Anders ist es dagegen bei einer ärztlichen Untersuchung aufgrund von § 5 Abs. 1 S. 2 EFZG. Hier gilt der Grundsatz der freien Arztwahl,[1107] von dem allerdings bei begründeter Veranlassung in den Grenzen der Zumutbarkeit wiederum Ausnahmen zugunsten einer arbeitgeberseitigen Arztwahl gemacht werden.[1108]

bb) Einstellungsuntersuchung

533 Im Zusammenhang mit der Begründung von Arbeitsverhältnissen wünschen Arbeitgeber Einstellungsuntersuchungen häufig auch jenseits gesetzlicher oder tarifvertraglicher Untersuchungspflichten. Dem Bewerber auf eine Stelle steht es vollkommen frei, ob er sich einer ärztlichen Einstellungsuntersuchung unterzieht oder nicht. Aus diesem Grund können hier keine rechtlichen Verpflichtungen abgeleitet werden,

---

1103 *Behrens*, NZA 2014, 401, 401 f.; *Beckschulze*, BB 2014, 1013, 1014.
1104 Dornbusch, FAK-ArbR, § 611 BGB Rn 76.
1105 *Lepke*, Rn 595 m.w.N.
1106 *Lepke*, Rn 595 m.w.N.
1107 BSGE 53, 144; *Lepke*, Rn 594 m.w.N.
1108 *Lepke*, Rn 596 mit sehr zahlreichen w.N.

welche z.B. zu einem Schadenersatz führen können.[1109] Solche Untersuchungen setzen daher das **Einverständnis** des Bewerbers voraus. Das Freiwilligkeitserfordernis wird allerdings in der Praxis stark relativiert, weil eine Verweigerung der Gesundheitsuntersuchung wohl regelmäßig den Misserfolg des Bewerbungsverfahrens nach sich ziehen dürfte.

Einstellungsuntersuchungen sind grundsätzlich zulässig,[1110] denn der damit verbundene Eingriff in Persönlichkeitsrechte des Arbeitnehmers[1111] ist gerechtfertigt, sofern der Arbeitgeber seine **Einstellungsentscheidung** von der gesundheitlichen bzw. körperlichen **Eignung abhängig** macht.[1112] Ein berechtigtes Interesse des Arbeitgebers an einer gesundheitlichen Untersuchung des Bewerbers setzt aber voraus, dass die Untersuchung sich an den Anforderungen des Arbeitsplatzes orientiert[1113] und dass die Untersuchung von einem fachlich qualifizierten Arzt vorgenommen wird.

Nachdem ein Regierungsentwurf v. 25.8.2010[1114] für ein Gesetz vorgelegt wurde, mit dem zahlreiche Bestimmungen zum Beschäftigtendatenschutz in das BDSG aufgenommen werden sollen, kam das Vorhaben ins Stocken.[1115] Auch wenn der Entwurf bislang nicht verabschiedet wurde, so prägt er die Diskussion entscheidend. Vor diesem Hintergrund ist davon auszugehen, dass eine künftige Regelung darauf basieren wird. Geregelt werden soll u.a. auch das Fragerecht des Arbeitgebers nach dem Gesundheitszustand des Arbeitnehmers oder dem Vorliegen einer Behinderung (vgl. Rdn 78 ff.) anlässlich der Einstellungsentscheidung. 534

§ 32a BDSG RefE enthält Regelungen zu ärztlichen Untersuchungen und Eignungstests vor Begründung eines Arbeitsverhältnisses. § 32a Abs. 2 BDSG RefE sieht vor, dass Angaben über etwaige Behinderungen nur tätigkeitsbezogen erhoben werden dürfen ungeachtet der Frage, ob es sich dabei um eine „schwere" oder „einfache" Behinderung handelt. Fragen nach dem Gesundheitszustand sollen nur noch unter den gleichen Voraussetzungen zulässig sein.[1116]

Erweist sich eine Krankheit als Behinderung, was häufig der Fall sein kann, darf der Bewerber nur dann zurückgesetzt werden, wenn ihm damit gleichzeitig eine wesentliche und entscheidende Eigenschaft für die bezweckte Tätigkeit abgeht (vgl. § 8 AGG). Denselben Einschränkungen unterliegen nach dem RefE Fragen nach „einfachen" Krankheiten.

Sind aber Fragen nach Erkrankungen künftig nur noch in engen Grenzen zulässig, so könnte sich, worauf im Schrifttum[1117] hingewiesen wird, ein Wertungswiderspruch zur Zulässigkeit einer Einstellungsuntersuchung ergeben. Denn da der untersuchende Arzt in seiner Anamnese des Bewerbers keinen rechtlichen Beschränkungen unterliegt, ist keineswegs ausgeschlossen, dass er bei seiner Beurteilung der gesundheitlichen Eignung Informationen zu Krankheiten oder Behinderungen berücksichtigt, nach denen der Arbeitgeber selbst nie hätte fragen dürfen.

Mit der Einwilligung in die Untersuchung entbindet der Bewerber den Arzt stillschweigend von der Schweigepflicht. Eine ausdrückliche Regelung empfiehlt sich aus Gründen der Rechtssicherheit gleichwohl. Da die Untersuchung allerdings zweckgebunden ist, unterliegt der Arzt weiterhin seiner Schweigepflicht hinsichtlich solcher Umstände, die die Tauglichkeit des Probanden für den jeweiligen Arbeitsplatz nicht betreffen. Diesbezügliche Erkenntnisse darf der Arzt nicht an den Arbeitgeber weitergeben.[1118] Welche gesund- 535

1109 *Aligbe*, ArbRAktuell 2015, 115, 118; ErfK/*Preis*, § 611 BGB Rn 294 f.
1110 BAG 25.6.1992, NZA 1993, 81; BAG 6.11.1997, BB 1998, 592; *Keller*, NZA 1988, 561.
1111 ErfK/*Schmidt*, Art. 2 GG Rn 101 f.; *Behrens*, NZA 2014, 401, 403.
1112 *Keller*, NZA 1988, 561.
1113 *Fischinger*, NZA 2010, 65; *Behrens*, NZA 2014, 401, 404.
1114 BT-Drucks 17/4230.
1115 *Beckschulze/Natzel*, BB 2010, 2368.
1116 *Bayreuther*, NZA 2010, 679 ff.
1117 *Bayreuther*, NZA 2010, 682.
1118 Schaub/*Schaub*, ArbR-Hdb., § 24 Rn 12; *Keller*, NZA 1988, 561, 563 f.; *Aligbe*, ArbRAktuell 2015, 115, 117.

heitlichen Anforderungen der zu besetzende Arbeitsplatz stellt, beurteilt der mit der Untersuchung befasste Arzt.[1119] Es empfiehlt sich aus Arbeitgebersicht, den Arzt hinreichend über den vorgesehenen Einsatz zu informieren.

536 Problematisch sind Einstellungsuntersuchungen immer dann, wenn Erkenntnisse aus dem **geschützten Privatbereich** des Bewerbers verfügbar gemacht werden, wie z.B. zu Behinderungen, dem Umgang mit Alkohol, Drogen und Tabak, oder zum Bestand einer Schwangerschaft. Informationen über eine Schwangerschaft gehen den Arbeitgeber grundsätzlich nichts an. Diesbezügliche Fragen – und natürlich erst recht ärztliche Untersuchungsergebnisse – sind für den Arbeitgeber **in allen erdenklichen Konstellationen tabu.**[1120] Das gilt nach der Rechtsprechung des EuGH selbst dann, wenn der Bewerberin die Aufnahme der Tätigkeit wegen der Schutzvorschriften des MuSchG gar nicht oder nur kurzfristig möglich ist.[1121]

537 Erhebliche Unsicherheiten bestehen seit **Inkrafttreten des AGG,** weil das Benachteiligungsmerkmal der **Behinderung** nicht sauber von einer bloßen **Erkrankung** zu trennen ist. Zwar entwickelte der EuGH eine abgrenzende Definition, sieht aber dennoch in der Entscheidung vom 11.7.2006[1122] Überschneidungsbereiche, in denen eine Erkrankung, besonders bei langer Dauer, gleichzeitig eine Behinderung darstellen kann. Die vom EuGH entwickelte und mit der Entscheidung vom 11.4.2013 konkretisierte Definition ist zudem nicht deckungsgleich mit der Definition des Bundesarbeitsgerichts.[1123]

Da Arbeitgeber Schwerbehinderte nicht benachteiligen dürfen (§ 81 Abs. 2 SGB IX) ist jede Erkenntnis über eine Behinderung grundsätzlich geeignet, einer verbotenen Benachteiligung auch im Sinne des AGG Vorschub zu leisten. Im neueren Schrifttum wird daher schon die bloße Frage nach einer Behinderung unter Hinweis auf § 81 Abs. 2 SGB IX, § 1 AGG weitgehend für unzulässig gehalten,[1124] jedenfalls soweit dieses Merkmal nicht der ausdrücklichen **Förderung Behinderter** dient. Denn die bevorzugte Einstellung Behinderter wird angesichts § 71 SGB IX für ebenso zulässig erachtet, wie der Hinweis auf eine Bevorzugung Behinderter in einer Stellenanzeige.[1125]

Da unter dem Geltungsbereich des AGG nicht mehr zwischen Behinderung und Schwerbehinderung differenziert wird (vgl. § 1 AGG) sind Erkenntnisse über Behinderungen, die sich aufgrund einer ärztlichen Einstellungsuntersuchung ergeben, im Ergebnis **hoch problematisch.** Bis zur Entwicklung einer tragfähigen Rechtsprechung kann für individualvertragliche Untersuchungsvereinbarungen aus Gründen der Gestaltungssicherheit nur empfohlen werden, von einem eher weiten Begriff der Behinderung auszugehen, der Krankheitsfälle, zumindest chronische, mit umfasst.

538 Allerdings können Arbeitgeber das Risiko, sich einer Entschädigungsverpflichtung unter dem AGG auszusetzen, durch **kollektivrechtliche Maßnahmen,** z.B. Betriebsvereinbarungen, verringern (§ 15 Abs. 3 AGG).

539 Gleichwohl verbleiben im Anwendungsbereich des AGG auch beim Fehlen kollektivrechtlicher Vereinbarungen Fälle, in denen ein objektiver und auch schützenswerter Erkenntnisbedarf des Arbeitgebers besteht. Das ist dann anzunehmen, wenn ein **besonderer Sachzusammenhang** mit der Art der auszuübenden Tätigkeit besteht, der eine **wesentliche und entscheidende berufliche Anforderung** i.S.v. § 8 Abs. 1 AGG betrifft. In Betracht kämen hier etwa Alkohol- bzw. Drogenabhängigkeiten oder epileptischen Krankheiten bei gefährlichen oder sicherheitsrelevanten Tätigkeiten, wie Kraftfahrer, Pilot, Gerüstbauer etc.[1126] Bei sol-

---

1119 *Keller*, NZA 1988, 561, 562; *Behrens*, NZA 2014, 401, 402.

1120 *Preis/Bender*, NZA 2005, 1321, 1322 mit zahlreichen weiteren Nachweisen.

1121 EuGH 4.10.2001, NZA 2001, 1241.

1122 EuGH 11.7.2006 – C-13/05, DB 2006, 1617.

1123 EuGH 11.4.2013 – C-13/05, NZA 2013, 553; BAG 19.12.2013, NZA 2014, 372.

1124 *Braun*, MDR 2004, 69; *Messingschlager*, NZA 2003, 301 ff.; *Joussen* NJW 2003, 2860; *Düwell*, BB 2001, 1527; *Thüsing/Lambrich*, BB 2002, 1148; LAG Hamm 19.10.2006, juris PR-ArbR 18/2007 Nr. 4; differenzierend *Brors*, BB 2003, 1734.

1125 *Kania/Merten*, ZIP 2007, 8, 10.

1126 MünchArbR/*Buchner*, § 41 RZ 99; *Tschöpe/Wisskirchen*, 1 C Rn 70; differenzierend *Diller/Powietzka*, NZA 2001, 1227.

chen konkret relevanten Krankheiten besteht nicht nur ein Fragerecht des Arbeitgebers, sondern es wird sogar eine Offenbarungspflicht des Stellenbewerbers angenommen.[1127] Auch Gesundheitsuntersuchungen können daher in solchen Fällen zulässigerweise gefordert werden.

Dasselbe gilt für **ansteckende Krankheiten**, vor denen Belegschaft und Kundenkreis bewahrt werden müssen. Diesbezügliche Fragen hat der Bewerber wahrheitsgemäß zu beantworten, schwere Erkrankungen, die die Arbeitsleistung wegen der Ansteckungsgefahr oder der drohenden Ausfallerscheinungen dauerhaft oder regelmäßig behindern, hat er sogar ungefragt zu offenbaren.[1128] Auch insoweit besteht ein berechtigtes Informationsbedürfnis des Arbeitgebers. **540**

Im Falle von HIV differenzieren das BAG[1129] und das Schrifttum zwischen **Aidserkrankung** und bloßer **HIV-Infektion**. Wegen der erheblichen Einschränkungen der Leistungsfähigkeit ist die Frage nach einer bestehenden Aidserkrankung nach überwiegender Meinung zulässig,[1130] während die HIV-Infektion nur dann wahrheitsgemäß anzugeben sein soll, wenn die persönliche Eignung des Bewerbers – z.B. im Krankenhaus- und Gesundheitswesen wegen der dort erhöhten Ansteckungsgefahr – betroffen ist.[1131] Diesen Anforderungen an das Fragerecht müssen daher ebenfalls Gesundheitsuntersuchungen entsprechen, deren Zulässigkeit grundsätzlich einen konkreten Arbeitsplatzbezug voraussetzt.

Gendiagnostische Untersuchungen darf der Arbeitgeber vor und während des Arbeitsverhältnisses nicht veranlassen (vgl. auch Rdn 548 f., Rdn 97). **541**

Ein Arbeitsvertrag kann auch unter der Voraussetzung der gesundheitlichen Eignung i.S. einer **aufschiebenden Bedingung** geschlossen werden, sofern das Fragerecht des Arbeitgebers nicht überschritten[1132] und der Schutzbereich des AGG nicht verletzt wird. Der Vereinbarung einer **auflösenden Bedingung** dagegen, die etwa dann eingreift, wenn die gesundheitliche Eignung später wegfällt, stehen erhebliche Bedenken gegenüber. Zwar sind, wie § 21 TzBfG zeigt, auflösend bedingte Arbeitsverträge prinzipiell möglich. Allerdings bedarf eine auflösende Bedingung stets eines sachlichen Grundes. Der Eintritt einer Krankheit wird jedoch nicht als zulässiger Befristungsgrund angesehen, da es sich in der Regel um einen vorübergehenden Zustand handelt,[1133] was auch bei Suchterkrankungen der Fall sein soll.[1134] Der Wirksamkeit einer solchen Klausel stünde neben den Regelungen des AGG auch § 134 BGB entgegen,[1135] weil damit geradezu zwangsläufig eine Umgehung der Kündigungsschutzvorschriften[1136] sowie der Entgeltfortzahlungspflicht im Krankheitsfall verbunden wäre. **542**

cc) Ärztliche Untersuchung im bestehenden Arbeitsverhältnis

Erkrankt ein Arbeitnehmer während des Bestandes des Arbeitsverhältnisses, so ist er nach § 5 Abs. 1 S. 1 EFZG verpflichtet, dem Arbeitgeber die Arbeitsunfähigkeit und deren voraussichtliche Dauer unverzüglich, also ohne schuldhaftes Zögern, mitzuteilen (§ 121 Abs. 1 BGB). Unter den Voraussetzungen des § 5 Abs. 1 S. 2 EFZG hat der Arbeitnehmer dem Arbeitgeber eine Bescheinigung über das Bestehen einer krankheitsbedingten Arbeitsunfähigkeit, deren voraussichtlicher Dauer und ggf. über Folgeerkrankungen **543**

1127 Tschöpe/*Wisskirchen*, 1 C Rn 70.
1128 BAG 7.2.1964, DB 1964, 555; LAG Hessen, DB 1972, 2359.
1129 BAG 19.12.2013, NZA 2014, 372.
1130 *Löwisch*, DB 1987, 936 ff; DLW/*Dörner*, B Rn 241 f; *Richardi*, § 94 BetrVG Rn 14; a.A. *Klak*, BB 1987, 1382; *Zeller*, BB 1987, 1522, 1523.
1131 *Beckschulze/Natzel*, BB 2010, 2368; *Richardi*, § 94 BetrVG Rn 14; *ders.*, NZA 1988, 73 ff.
1132 *Notz*, S. 47.
1133 Schaub/*Koch*, ArbR-Hdb., § 38 Rn 39; LAG Baden-Württemberg 15.10.1990, BB 1991, 209.
1134 *Künzl/Oberländer*, AuA 2005, Sonderausgabe S. 18.
1135 BAG 6.9.1989, NZA 1990, 147 f.
1136 *Aligbe*, ArbRAktuell 2015, 542.

vorzulegen. Es handelt sich damit um eine **Pflichtuntersuchung**, der sich der Arbeitnehmer von Gesetzes wegen zu unterziehen hat; er ist aber in der Wahl des Arztes weitgehend frei.[1137]

Eine Nachweispflicht besteht vorbehaltlich einer abweichenden vertraglichen Vereinbarung während der ersten drei Kalendertage in der Regel nicht. Der Arbeitgeber ist aber berechtigt, die Vorlage einer ärztlichen Bescheinigung auch früher zu verlangen (§ 5 Abs. 1 S. 3 EFZG), z.B. schon am ersten Tag der Arbeitsunfähigkeit.

544   *Praxistipp*

In der Praxis wird vielfach berichtet, dass Ärzte dazu tendieren, die Prognose der zu erwartenden Arbeitsunfähigkeit pauschal auf das Ende der jeweiligen Woche zu datieren. Angesichts dessen kann es aus Sicht des Arbeitgebers durchaus sinnvoll sein, von der Möglichkeit einer früheren Vorlage der Arbeitsunfähigkeitsbescheinigung keinen Gebrauch zu machen, weil ansonsten der Ausfall des Arbeitnehmers für die komplette Woche zu befürchten ist.

545   Bei **Erkrankungen im Ausland** treffen den Arbeitnehmer die erweiterten Mitteilungs- und Nachweispflichten aus § 5 Abs. 2 EFZG. Die Benachrichtigung muss dem Arbeitgeber zeitgleich zugehen, also z.B. durch Telefon, Telefax, E-Mail o.Ä.[1138] Daneben bestehen dieselben Nachweispflichten wie bei einer Inlandserkrankung.[1139]

546   Grundsätzlich kann die Verpflichtung eines Arbeitnehmers, sich auf Verlangen des Arbeitgebers regelmäßig während der Dauer des laufenden Arbeitsverhältnisses ärztlich untersuchen zu lassen, einzelarbeitsvertraglich vereinbart werden.[1140] Ohne besonderen Anlass ist der Arbeitnehmer aber nicht verpflichtet, Eingriffe in seine körperliche Integrität zu dulden, wie sie oftmals mit ärztlichen Untersuchungen verbunden sind.[1141] Eine **allgemeine Untersuchungsklausel** auf Verlangen des Arbeitgebers erfordert daher, sofern sie überhaupt wirksam vereinbart werden kann, überwiegende berechtigte Interessen des Arbeitgebers.[1142] Solche können z.B. in Fällen berührt sein, in denen es um die Arbeitssicherheit geht und in denen gewährleistet sein muss, dass hinreichende körperliche Leistungsfähigkeit besteht. Sie eignen sich daher nur für vereinzelte Anwendungsfälle, z.B. Kraftfahrer, Pilot, Gerüstbauer etc.[1143]

547   Grundsätzlich gelten für krankheitsbedingte Arbeitsverhinderungen die Regelungen des EFZG. Bei **vorübergehender Verhinderung,** z.B. im Falle von Arztbesuchen, bei denen Arbeitsunfähigkeit nicht vorliegt, bestimmt § 616 BGB, dass für die hierdurch entstehende persönliche Verhinderung der Vergütungsanspruch nicht erlischt, sofern die Verhinderung eine „verhältnismäßig nicht erhebliche Zeit" nicht überschreitet. Kann der Arztbesuch **außerhalb der Arbeitszeit** stattfinden, so hat sich der Arbeitnehmer um einen solchen Termin zu bemühen.[1144] Erforderlich ist allerdings stets, dass der Arztbesuch medizinisch notwendig ist.[1145] § 616 BGB ist durch TV, BV oder Individualvertrag abdingbar.[1146]

548   Grundsätzlich unzulässig ist nach dem Gendiagnostikgesetz, das im Jahr 2010 in Kraft trat,[1147] die Veranlassung der Untersuchung von genetischen Eigenschaften durch den Arbeitgeber (§§ 19, 20 GenDG), auch bereits bei Stellenbewerbungen. Nach der gesetzlichen Definition des § 3 Nr. 4 GenDG sind genetische

---

1137 *Lepke*, Rn 594 ff m. sehr zahlreichen w.N.

1138 *Diller*, NJW 1994, 1690, 1693; LAG Köln 12.5.2000, NZA-RR 2001; *Schmitt*, § 5 EFZG Rn 141.

1139 *Lepke*, Rn 607 m.w.N.

1140 BAG 27.9.2012, NJOZ 2013, 718; *Behrens*, NZA 2014, 401, 406.

1141 *Stück/Wein*, NZA-RR 2005, 505.

1142 BAG 6.11.1997, NZA 1998, 326.

1143 MünchArbR/*Buchner*, § 41 RZ 99; *Tschöpe/Wisskirchen*, 1 C Rn 70; differenzierend *Diller/Powietzka*, NZA 2001, 1227.

1144 *Dornbusch*, FAK-ArbR, § 616 BGB Rn 10 m.w.N.

1145 BAG 27.6.1990, NZA 1990, 894.

1146 BAG 13.12.2001, NZA 2002, 1105; BAG 25.10.1973, DB 1974, 343; *Sibben*, DB 2003, 826.

1147 *Golücke*, AuA 2010, 82.

Eigenschaften alle ererbten oder während der Befruchtung oder bis zur Geburt erworbenen vom Menschen stammenden Erbinformationen.

Daraus wiederum folgt aber, dass z.B. nachträglich eintretende genetische Veränderungen, z.B. durch Strahlung, nicht unter das Verbot genetischer Untersuchungen fallen, weshalb ein „genetisches Monitoring" – etwa zur Krebsvorsorge am Arbeitsplatz – oder virale Untersuchungen (Antikörpertests) nicht unter die Verbote des § 19 GenDG fallen.[1148] Auch für herkömmliche Untersuchungen gelten weiterhin die bisherigen Maßstäbe.[1149]

Vergleichbar dem AGG enthalten §§ 4 bzw. 21 Abs. 1 GenDG Diskriminierungsverbote bezüglich genetischer Eigenschaften, deren Verletzung Schadensersatzansprüche aus §§ 15 bzw. 22 AGG auslösen (§ 21 Abs. 2 GenDG). Dem benachteiligten Bewerber/Arbeitnehmer können Ansprüche auf Ersatz materieller bzw. immaterieller Schäden zustehen (vgl. Rdn 97). **549**

b) Formulierungsbeispiele

Klausel bei Vorliegen von Untersuchungspflichten aufgrund von Gesetz bzw. Tarifvertrag **550**

Dem/Der Arbeitnehmer/in ist bekannt, dass er/sie sich aufgrund von § (...) (*gesetzliche/tarifvertragliche Regelung*) einer ärztlichen Einstellungsuntersuchung/regelmäßigen ärztlichen Pflichtuntersuchungen unterziehen muss. Das Arbeitsverhältnis steht unter der aufschiebenden Bedingung gesundheitlicher Eignung für die vorgesehene Tätigkeit. Der/Die Arbeitnehmer/in entbindet den/die untersuchende/n Arzt/Ärztin gegenüber dem Arbeitgeber von der ärztlichen Schweigepflicht, soweit es zur Beurteilung der Beschäftigungsvoraussetzungen erforderlich ist.

Einstellungsklausel bei Nichtbestehen von gesetzlichen/tarifvertraglichen Untersuchungspflichten

Der Abschluss des Arbeitsvertrags steht unter der Voraussetzung der gesundheitlichen Eignung des/der Arbeitnehmers/in für die vorgesehene Tätigkeit als ... (*erforderlichenfalls sollten nähere Erläuterungen für den/die untersuchende/n Arzt/Ärztin in einem gesonderten Schreiben erfolgen, um den Arbeitsvertrag nicht zu überfrachten*). Der/Die Arbeitnehmer/in versichert, dass ihm/ihr keine Umstände gesundheitlicher Natur bekannt sind, die dem künftigen Einsatz entgegenstehen. Er/Sie ist bereit, sich einer Untersuchung durch unsere/n Werksarzt/ärztin (*bzw. eine/n vom Arbeitgeber benannte/n Vertrauensarzt/ärztin*) zu unterziehen. Er/Sie entbindet den/die Arzt/Ärztin schon jetzt von seiner Schweigepflicht gegenüber dem Arbeitgeber, soweit Umstände betroffen sind, die die gesundheitliche Eignung für die vorgesehene Tätigkeit betreffen.

Untersuchungsklausel (in Anlehnung an § 3 Abs. 4 TVöD) zur Gewährleistung der Arbeitssicherheit in besonderen Fällen (z.B. bei sicherheitsrelevanter Tätigkeit als Kraftfahrer, Pilot, Gerüstbauer etc)

Der Arbeitgeber ist im Falle eines wichtigen Grundes befugt, die/den Arbeitnehmer/in zu verpflichten, durch Bescheinigung eines/r vom Arbeitgeber zu benennenden Vertrauensarztes/-ärztin nachzuweisen, dass sie/er zur Leistung der arbeitsvertraglich geschuldeten Tätigkeit gesundheitlich in der Lage ist. Die Kosten dieser Untersuchung trägt der Arbeitgeber.[1150]

Umfassende Klausel zum Nachweis der Arbeitsunfähigkeit

Der Arbeitnehmer ist verpflichtet, jede Arbeitsverhinderung und ihre voraussichtliche Dauer dem Arbeitgeber unverzüglich anzuzeigen und dabei gleichzeitig auf etwaige vordringlich zu erledigende Aufgaben hinzuweisen.

1148 *Golücke*, AuA 2010, 82 ff.
1149 Vgl. *Schwanitz*, Deutscher Bundestag, Stenographischer Bericht, 183. Sitzung, S. 19628; BT-Dr 16/10532, S. 37 r.Sp.
1150 Vgl. auch MünchArbR/*Buchner*, § 41 RZ 99; Tschöpe/*Wisskirchen*, 1 C Rn 70; differenzierend *Diller/Powietzka*, NZA 2001, 1227.

Im Falle der Arbeitsunfähigkeit infolge Krankheit ist der Arbeitnehmer verpflichtet, spätestens am drit-ten Arbeitstag eine ärztliche Bescheinigung über die Arbeitsunfähigkeit und deren voraussichtliche Dauer vorzulegen. Der Arbeitgeber kann die Vorlage der ärztlichen Bescheinigung früher verlangen.

Ist der Arbeitnehmer unverschuldet arbeitsunfähig erkrankt, hat er Anspruch auf Entgeltfortzahlung ge-genüber dem Arbeitgeber nach Maßgabe der gesetzlichen Bestimmungen.

Klausel zur vorübergehenden Arbeitsverhinderung

Ist der Arbeitnehmer vorübergehend gehindert, die Dienstleistung zu erbringen, so entfällt der auf diesen Zeitraum entfallende Anspruch auf die Arbeitsvergütung, auch wenn die Arbeitsverhinderung nur un-wesentlich ist. § 616 BGB findet insoweit keine Anwendung.

20. Aufschiebende und auflösende Bedingung

Literatur: *Bauer*, Befristete Arbeitsverträge unter neuen Vorzeichen, BB 2001, 2526; *Bayreuther*, Formlose Weiterbeschäftigung wäh-rend des Kündigungsschutzrechtsstreits – Grundstein für ein unbefristetes Arbeitsverhältnis?, DB 2003, 1736; *Dollmann*, Chancen und Risiken im Umgang mit dem allgemeinen Weiterbeschäftigungsanspruch in Bestandsschutzstreitigkeiten, BB 2003, 2681; *Ehrich*, Die Zulässigkeit von auflösenden Bedingungen in Arbeitsverträgen, DB 1992, 1186; *Hromadka*, Befristete und bedingte Arbeitsverhältnisse neu geregelt, BB 2001, 621; *Joch/Klichowski*, Die Vereinbarung auflösender Bedingungen in Darstellerverträgen – Kunstfreiheit als Sachgrund, NZA 2004, 302; *Kliemt*, Das neue Befristungsrecht, NZA 2001, 296; *Linsenmaier*, Befristung und Bedingung – Ein Über-blick über die aktuelle Rechtsprechung des Siebten Senats des BAG unter besonderer Berücksichtigung des Unionsrechts und des natio-nalen Verfassungsrechts, RdA 2012, 193; *Ricken*, Annahmeverzug und Prozessbeschäftigung während des Kündigungsschutzrechts-streits, NZA 2005, 323; *van den Woldenberg*, Rechtliche Grenzen einer vorzeitigen Beendigung des Arbeitsverhältnisses ohne Kündigung, NZA 1999, 1033.

a) Allgemeines

551   Ein Arbeitsvertrag kann unter einer aufschiebenden oder auflösenden Bedingung stehen. Während er bei der aufschiebenden Bedingung erst zustande kommt, wenn ein bestimmtes Ereignis eintritt, besteht er bei der auflösenden Bedingung zunächst, endet aber bei Eintritt der Bedingung.

b) Wirksamkeitsvoraussetzungen
aa) Aufschiebende Bedingung

552   Die Begründung des Arbeitsverhältnisses kann gemäß § 158 Abs. 1 BGB von dem Eintritt eines bestimmten Ereignisses abhängig gemacht werden (**aufschiebende Bedingung**).[1151]

553   Erstaunlicherweise finden sich in Literatur und Schrifttum kaum Ausführungen zur Zulässigkeit von auf-schiebenden Bedingungen bei einem Arbeitsvertrag. Der **Vorbehalt** einer **erfolgreichen Teilnahme an ei-nem Assessment-Center** soll unbedenklich sein, wenn der Arbeitgeber das Arbeitsverhältnis ohnehin kün-digen durfte.[1152] Dies scheint der richtige Ansatz zu sein: Ein Arbeitnehmer, dessen Arbeitsverhältnis unter einer aufschiebenden Bedingung steht, hat – anders als bei einem unbefristeten, befristeten oder auflösend bedingten Arbeitsvertrag – grundsätzlich noch keine Rechtsposition inne. Entsprechend dürften aufschie-bende Bedingungen in der Regel zulässig sein. Anders liegt es, wenn die Parteien ausnahmsweise schon von Vornherein die Kündigung während der Anfangsphase des Arbeitsverhältnisses ausgeschlossen haben. Denn dann hat der Arbeitnehmer im Zweifel Vertrauensschutz in Bezug auf den Bestand des Arbeitsverhält-nisses erlangt. Danach dürfte auch die aufschiebende Bedingung des **Nachweises eines Aufenthaltstitels zur Ausübung einer Beschäftigung** für die Wirksamkeit eines Arbeitsvertrags mit ausländischen Beschäf-

---

1151 DLW/*Dörner*, Kap. 2 C Rn 440.
1152 LAG Berlin 1.3.2002 – 6 Sa 2403/01; auch DLW/*Dörner*, Kap. 2 C Rn 440.

tigten zulässig sein, während die Befristung eines Arbeitsverhältnisses für die Dauer des Aufenthaltstitels regelmäßig unwirksam ist.[1153]

Typische Einzelfälle der aufschiebenden Bedingung sind: 554

- Zustimmung des BR oder PR zur Einstellung;[1154]
- Ergebnis einer ärztlichen Untersuchung;[1155]
- Nichtausübung eines Widerspruchsrechts in einem zur Begründung eines Arbeitsvertrages führenden gerichtlichen Vergleichs;[1156]
- Eintritt eines Gesellschafterwechsels.[1157]

Unter **AGB-Gesichtspunkten** spielt außerdem die konkrete Vertragsgestaltung eine wesentliche Rolle. 555 Denn jedenfalls wenn Vertragsklauseln überraschend bzw. so ungewöhnlich sind, dass der Arbeitnehmer nicht mit ihnen zu rechnen braucht, sind sie unwirksam. Wenn etwa die Durchführung eines Assessment-Centers für die Berufsgruppe des Bewerbers durchaus üblich ist, ist die entsprechende aufschiebende Bedingung der erfolgreichen Absolvierung dieses Assessment-Centers in einem Arbeitsvertrag per se nicht überraschend oder ungewöhnlich.[1158]

bb) Auflösende Bedingung

Die Beendigung eines Arbeitsverhältnisses kann von dem Eintritt eines bestimmten Ereignisses abhängig 556 gemacht werden (**auflösende Bedingung**).

§ 21 TzBfG regelt auflösend bedingte Arbeitsverträge in Konkretisierung von § 158 Abs. 2 BGB. Der 557 auflösend bedingte Arbeitsvertrag endet dadurch, dass ein **unsicheres zukünftiges Ereignis** eintritt.[1159] Die **Abgrenzung** zwischen der Zweckbefristung nach § 14 Abs. 1 TzBfG und der auflösenden Bedingung gemäß § 21 TzBfG ist gelegentlich schwierig, wenngleich wegen der Verweise auf die entsprechend anwendbaren Regelungen des Befristungsrechts nicht immer von praktischer Bedeutung.[1160] Im Unterschied zu einem zweckbefristeten Arbeitsvertrag, bei dem nur der Zeitpunkt des Endes des Arbeitsverhältnisses ungewiss ist, ist bei einem auflösend bedingten Arbeitsverhältnis der Eintritt des zukünftigen Ereignisses selbst ungewiss.[1161] Bei der Zweckbefristung ist also zwar bei Vertragsschluss unsicher, wann ein bestimmtes vertragsbeendendes Ereignis eintritt; klar ist jedoch, dass es eintritt und damit die Zweckerreichung. Eine Bedingung liegt vor, je unsicherer der Eintritt eines solchen vertragsbeendenden Ereignisses ist.[1162] Zur Abgrenzung: Bei der typischerweise in Arbeitsverträgen vereinbarten Beendigung des Arbeitsverhältnisses mit der Vollendung des Lebensjahres, in dem Alterspension bezogen werden kann, handelt es sich dem BAG zufolge um eine (zulässige) **Befristung** (vgl. § 1b Rdn 107 f.).[1163] Die Beendigung des Arbeitsvertrags bei etwaigem Eintritt der **Berufsunfähigkeit** ist dagegen regelmäßig **auflösende Bedingung**.[1164]

1153 BAG 12.1.2000, NZA 2000, 722.
1154 BAG 13.6.2007, AP Nr. 7 zu § 17 TzBfG.
1155 Für die fliegerärztliche Untersuchung: LAG München 21.12.2006 – 4 Sa 960/06.
1156 BAG 13.6.2007, AP Nr. 7 zu § 17 TzBfG.
1157 LAG Berlin-Brandenburg 23.4.2008 – 15 Sa 193/08.
1158 LAG Berlin 1.3.2002 – 6 Sa 2403/01.
1159 *Kliemt*, NZA 2001, 296; ErfK/*Müller-Glöge*, § 21 TzBfG Rn 2; Arnold/Gräfl/*Rambach*, § 21 TzBfG Rn 2.
1160 *Bauer*, BB 2001, 2526.
1161 BAG 22.10.2003, NZA 2004, 1275; vgl. auch Gesetzesbegründung, BT-Drucks 14/4374, S. 21 f.
1162 *Kliemt*, NZA 2001, 296; AnwK-ArbR/*Böhm*, § 3 TzBfG Rn 17.
1163 BAG 14.8.2002, NZA 2003, 1397; BAG 19.11.2003, NZA 2004, 1336; BAG 27.7.2005, NZA 2006, 37.
1164 BAG 31.7.2002, NZA 2003, 620.

558   Die auflösende Bedingung steht der Befristung mit Sachgrund nach § 14 Abs. 1 TzBfG gleich.[1165] Denn gemäß § 21 TzBfG, der spezielle Regelungen nicht enthält, **gelten** für den auflösend bedingten Arbeitsvertrag **folgende Vorschriften entsprechend**:

- § 4 Abs. 2 TzBfG – Diskriminierungsverbot (vgl. § 1b Rdn 50);
- § 5 TzBfG – Benachteiligungsverbot (vgl. § 1b Rdn 50);
- § 14 Abs. 1 und 4 TzBfG – Sachgrundbefristung und Schriftform (vgl. Rdn 559 f., 562, § 1b Rdn 37, 52 ff.);
- § 15 Abs. 2, 3 und 5 TzBfG – Auslauffrist, Möglichkeit der ordentlichen Kündigung und Folgen der Fortsetzung des Arbeitsverhältnisses (vgl. § 1b Rdn 21, 33);
- §§ 16–20 TzBfG – Folgen unwirksamer Befristung, Anrufung des Arbeitsgerichts, Information über unbefristete Arbeitsplätze, Aus- und Weiterbildung und Information der Arbeitnehmervertretung (vgl. § 1b Rdn 46 ff.)

§§ 22, 23 TzBfG (Gemeinsame Vorschriften) finden auch ohne Verweis Anwendung auf die auflösende Bedingung.[1166]

559   Durch die Verweisung auf die Sachgrundbefristung gemäß **§ 14 Abs. 1 TzBfG** bedarf auch die auflösende Bedingung zu ihrer Wirksamkeit immer eines **sachlichen Grundes**. Ohne Sachgrund ist die auflösende Bedingung unwirksam, was sich aus der fehlenden Verweisung auf §§ 14 Abs. 2, 2a und 3 TzBfG ergibt. Einer besonderen Prüfung, ob der Kündigungsschutz umgangen werden kann, bedarf es nicht[1167] (vgl. auch § 1b Rdn 23). Als Sachgrund kommen vor allem in der Person des Arbeitnehmers liegende Gründe gemäß § 14 Abs. 1 Nr. 6 TzBfG in Betracht (vgl. § 1b Rdn 105 ff.)

560   **Typische Einzelfälle** der auflösenden Bedingung sind:

- Ungekürzte **Alters- bzw. Versorgungsrente**;[1168]
- Rente wegen **Berufsunfähigkeit/Erwerbsunfähigkeit/Erwerbsminderung** – im Einzelfall ist nach dem BAG – auch unter Berücksichtigung von tariflichen Vorschriften wie § 59 BAT und § 37 MTV-DP-AG – zu beachten, ob der Arbeitnehmer noch die vertraglich geschuldete Leistung erbringen kann, anderweitig weiterbeschäftigt werden kann oder entsprechende Mitteilungen gegenüber dem Arbeitgeber macht;[1169]
- Wegfall des **Vertretungsbedarfs** – ggf. in Kombination mit Zeitbefristung (vgl. § 1b Rdn 35)[1170]
- Wegfall einer **Fernsehrolle** aus künstlerischen Erwägungen;[1171]
- **Fluguntauglichkeit** fliegenden Personals;[1172]
- Entzug einer besonderen **Genehmigung**, z.B. der Wacherlaubnis oder der Einsatzgenehmigung für einen Wachmann durch die US-Streitkräfte;[1173]

1165 BAG 4.12.2002, NZA 2003, 611; ErfK/*Müller-Glöge*, § 21 TzBfG Rn 3; *Hromadka*, BB 2001, 621; *Kliemt*, NZA 2001, 296; a.A. APS/*Backhaus*, § 21 TzBfG Rn 12 („strengerer Maßstab").

1166 *Meinel/Heyn/Herms*, § 21 TzBfG Rn 6.

1167 BAG 6.11.2003, NZA 2005, 218; Arnold/Gräfl/*Rambach*, § 21 TzBfG Rn 7.

1168 BAG 20.2.2008 – 7 AZR 990/06, n.v.; BAG 6.12.2000, NZA 2001, 792; BAG 26.9.2001, NZA 2002, 584 (Ls.).

1169 BAG 27.7.2011, NJOZ 2012, 1277; BAG 6.4.2011, NJW 2011, 2748; BAG 21.1.2009, NZA-RR 2010, 38; BAG 15.3.2006, BB 2006, 2760; BAG 1.12.2004, NZA 2006, 211; BAG 31.7.2002, NZA 2003, 620; BAG 23.2.2000, NZA 2000, 776; ErfK/*Müller-Glöge*, § 21 TzBfG Rn 6.

1170 BAG 29.6.2011, NZA 2011, 1346.

1171 BAG 2.7.2003, NZA 2004, 311; dazu *Joch/Klichowski*, NZA 2004, 302.

1172 BAG 16.10.2008, AP Nr. 53 zu § 14 TzBfG; BAG 11.10.1995, NZA 1996, 1212.

1173 BAG 19.3.2008, AP Nr. 5 zu § 21 TzBfG; BAG 25.8.1999, NZA 2000, 656.

- **Klassenerhalt** im Profisport;[1174]
- **Weiterbeschäftigung während Kündigungsrechtsstreits** nach Ablauf der Kündigungsfrist bis zur rechtskräftigen Abweisung der Klage des Arbeitnehmers.[1175] Dagegen stellt die Weiterbeschäftigung nach erstinstanzlicher Verurteilung des Arbeitgebers aufgrund vorläufig vollstreckbaren Weiterbeschäftigungsurteils zur Abwendung der Zwangsvollstreckung eine Prozessbeschäftigung dar, keine auflösende Bedingung,[1176] so dass hierfür weder ein Sachgrund nach § 14 Abs. 1 TzBfG vorliegen muss, noch die Schriftform aus § 14 Abs. 4 TzBfG gilt oder der Arbeitgeber zur Beendigung die Mitteilung nach § 15 Abs. 2 TzBfG verfassen muss. Eine Zweckbefristung liegt vor, wenn die Parteien die Weiterbeschäftigung des Arbeitnehmers nach Ablauf der Kündigungsfrist bis zum rechtskräftigen Abschluss des Kündigungsschutzverfahrens vereinbaren.[1177]
- **Zustimmungsverweigerung** der Arbeitnehmervertretung **zur Einstellung.**[1178]

Bei **schwer behinderten Menschen** bedarf die Beendigung des Arbeitsverhältnisses durch auflösende Bedingung ohne Kündigung im Falle der teilweisen Erwerbsminderung, der Erwerbsminderung auf Zeit, der Berufsunfähigkeit oder der Erwerbsunfähigkeit auf Zeit gemäß § 92 SGB IX der **Zustimmung des Integrationsamts**. § 92 SGB IX gilt dagegen nicht bei der Bewilligung einer unbefristeten Erwerbsminderungsrente.[1179]   **561**

Für die auflösende Bedingung gilt die **Schriftform** des § 14 Abs. 4 TzBfG. (Zu den Einzelheiten vgl. § 1b Rdn 37) Dies bedeutet z.B. auch, dass die Weiterbeschäftigung des Arbeitnehmers während des Kündigungsschutzrechtsstreits bis zur rechtskräftigen Abweisung der Klage des Arbeitnehmers nicht wirksam auflösend bedingt durch eine einseitige Anweisung des Arbeitgebers erfolgen kann, sondern vielmehr einer beiderseits vor Antritt der Weiterbeschäftigung über den Ablauf der Kündigungsfrist hinaus unterzeichneten Vereinbarung bedarf.[1180]   **562**

Wie befristete Verträge unterliegt auch der auflösend bedingte Vertrag gemäß § 15 Abs. 3 TzBfG nur dann der **ordentlichen Kündigung**, wenn das ordentliche Kündigungsrecht **ausdrücklich** vertraglich festgelegt wird oder im anwendbaren Tarifvertrag vereinbart ist (vgl. § 1b Rdn 46). Gerade die auflösende Bedingung ist oft auf die Beendigung von langjährigen Arbeitsverhältnissen gerichtet (etwa im Fall der Erwerbsunfähigkeit).[1181] Daher ist in diesen Fällen bei der Vertragsgestaltung daran zu denken, die ordentliche Kündigungsmöglichkeit zu regeln, falls dies nicht im Ausnahmefall einmal unerwünscht ist. Ob ansonsten aus verfassungsrechtlichen Gründen § 15 Abs. 4 TzBfG trotz des fehlenden Verweises in § 21 TzBfG (entsprechend) gilt, ist streitig.[1182]   **563**

1174 BAG 4.12.2002, NZA 2003, 611; ErfK/*Müller-Glöge*, § 21 TzBfG Rn 4a.
1175 BAG 19.1.2005 – 7 AZR 113/04; BAG 4.9.1986, NZA 1987, 376; LAG Hamm 16.1.2003, NZA-RR 2003, 468; *Dollmann*, BB 2003, 2681; *Ricken*, NZA 2005, 323 (der allerdings in Abweichung von der h.M. bereits die Regelungen über den Annahmeverzug aus §§ 615 S. 2 BGB, 11 KSchG für einen ausreichenden Sachgrund hält); a.A. KR/*Fischermeier*, § 625 BGB Rn 34; *Bayreuther*, DB 2003, 1736.
1176 BAG 10.3.1987, NZA 1987, 373; LAG Niedersachsen 27.9.2005, NZA-RR 2006, 179; APS/*Backhaus*, § 21 TzBfG Rn 47; Annuß/Thüsing/*Annuß*, § 21 TzBfG Rn 25.
1177 BAG 22.10.2003, NZA 2004, 1275.
1178 BAG 17.2.1983, AP Nr. 74 zu § 620 BGB Befristeter Arbeitsvertrag; *Meinel/Heyn/Herms*, § 21 TzBfG Rn 18; Annuß/Thüsing/ *Annuß*, § 21 TzBfG Rn 25.
1179 BAG 3.9.2003, NZA 2004, 328; ErfK/*Müller-Glöge*, § 21 TzBfG Rn 6a.
1180 BAG 22.10.2003, NZA 2004, 1275; *Dollmann*, BB 2003, 2681; *Ricken*, NZA 2005, 323.
1181 ErfK/*Müller-Glöge*, § 21 TzBfG Rn 7; APS/*Backhaus*, § 21 TzBfG Rn 32.
1182 Dafür: APS/*Backhaus*, § 21 TzBfG Rn 33; ErfK/*Müller-Glöge*, § 15 TzBfG Rn 19; dagegen: *Meinel/Heyn/Herms*, § 21 TzBfG Rn 6; Annuß/Thüsing/*Annuß*, § 21 TzBfG Rn 6 (aber Anwendbarkeit von § 624 BGB); KR/*Lipke*, § 15 TzBfG Rn 44 (auch keine Anwendbarkeit von § 624 BGB).

c) Formulierungsbeispiel

564   *Auflösende Bedingung wegen Rentenbezugs*

Das Arbeitsverhältnis ist auflösend bedingt; es endet automatisch und ohne, dass es einer Kündigung bedarf, mit Ablauf des Monats, in dem der Arbeitnehmer das gesetzliche Regelrentenalter vollendet.

21. Aufrechnungsverbot

Literatur: *Nebendahl*, Arbeitsrechtslexikon, Stichwort: Aufrechnung, Stand: 91. EL Dezember 2015.

a) Einführung

565   Das in den §§ 387 ff. BGB geregelte Rechtsinstitut der Aufrechnung ist grundsätzlich auch auf Ansprüche aus dem Arbeitsverhältnis anwendbar.

Nach § 389 BGB führt die Aufrechnung dazu, dass sowohl die Hauptforderung, das ist die Forderung, gegenüber der der Aufrechnende die Aufrechnung erklärt, als auch die Gegenforderung, das ist die Forderung des Aufrechnenden gegen den Aufrechnungsempfänger, mit der die Aufrechnung erklärt wird, soweit sich die Forderungen aufrechenbar gegenüberstehen, als in dem Zeitpunkt erloschen gelten, in welchem sie sich erstmalig zur Aufrechnung geeignet einander gegenüber gestanden haben. Die Aufrechnung hat insoweit Erfüllungswirkung.

566   Nicht um eine Aufrechnung handelt es sich bei Vorschuss- oder Abschlagszahlungen.[1183] Sowohl die Vorschusszahlung, die im Vorgriff auf einen noch nicht fälligen Vergütungsanspruch geleistet wird, als auch die Abschlagszahlung, die eine Teilzahlung auf einen bereits fälligen Vergütungsanspruch darstellt, bewirken unmittelbar die Erfüllung des Vergütungsanspruches, so dass für eine Aufrechnungslage kein Raum ist. Ebenfalls nicht um eine Aufrechnung geht es bei der sog. Vergütungseinbehaltung, bei der der Arbeitgeber aufgrund besonderer vertraglicher Vereinbarung oder sonstiger Rechtsgründe berechtigt ist, einen Teil der Vergütung einzubehalten und anderweitig zu verwenden. Auch die Anrechnung anderweitigen Einkommens auf den Vergütungsanspruch stellt keine Aufrechnung dar, sondern bewirkt von Gesetzes wegen (§§ 615 ff. BGB) eine Anspruchskürzung.[1184] Schließlich bildet auch die Realisierung der gesetzlichen Verpflichtung zur Einbehaltung und Abführung der Lohnsteuer und des Arbeitnehmeranteils an den Sozialversicherungsbeiträgen keinen Fall der Aufrechnung.[1185] Auf diese Rechtsinstitute finden daher auch die einschränkenden Bestimmungen für die Zulässigkeit einer Aufrechnung keine Anwendung.

567   Zur Wirksamkeit einer Aufrechnung müssen sowohl personenbezogene als auch gegenstandsbezogene Voraussetzungen erfüllt sein. Außerdem bedarf es einer Aufrechnungserklärung. Die Aufrechnung darf schließlich nicht verboten sein oder gegen die Grundsätze von Treu und Glauben verstoßen.

568   Die personenbezogenen Voraussetzungen einer Aufrechnung ergeben sich aus dem Erfordernis der **Gegenseitigkeit der Forderungen**. Danach muss grundsätzlich eine wechselseitige Personenidentität im Hinblick auf die Haupt- und die Gegenforderung zwischen Gläubiger und Schuldner in Bezug auf den Aufrechnenden und den Aufrechnungsempfänger bestehen. Der Aufrechnende muss daher zugleich Schuldner der Hauptforderung und Gläubiger der Gegenforderung sein. Umgekehrt muss der Aufrechnungsempfänger Gläubiger der Hauptforderung und Schuldner der Gegenforderung sein. Die Gegenseitigkeit ist zwar im Verhältnis des Vergütungsanspruches des Arbeitnehmers mit einem Erstattungsanspruch des Arbeitgebers wegen fehlerhaft berechneter und daher nachträglich vom Finanzamt eingeforderter Lohnsteuer, nicht aber

---

1183 Schaub/*Linck*, ArbR-Hdb., § 70 Rn 12 f.; ArbR-Lexikon/*Nebendahl*, Stichwort Aufrechnung, VI.1.
1184 Schaub/*Linck*, ArbR-Hdb., § 73 Rn 18; ErfK/*Preis*, § 611 BGB Rn 457; ArbR-Lexikon/*Nebendahl*, Stichwort Aufrechnung, VI.3.
1185 ArbR-Lexikon/*Nebendahl*, Stichwort Aufrechnung, VI.4.

im Verhältnis zum Erstattungsanspruch des Arbeitnehmers aufgrund eines durchgeführten Lohnsteuerjahresausgleiches gegeben.[1186]

Nur ausnahmsweise kommt eine **Aufrechnung auch bei nicht bestehender Personenidentität nach § 406 BGB** in Betracht, wenn der Aufrechnungsempfänger die Forderung vor Erklärung der Aufrechnung an einen Dritten abgetreten hat und der Schuldner der Hauptforderung, also der Aufrechnende, beim Erwerb der Gegenforderung von der Abtretung keine Kenntnis gehabt hat und seine Gegenforderung erst nach Erlangung der Kenntnis von der Abtretung und später als die abgetretene Hauptforderung fällig geworden ist. Im Arbeitsverhältnis kann diese Situation insbesondere im Zusammenhang mit der Vorausabtretung von Arbeitsentgeltansprüchen durch den Arbeitnehmer an Dritte auftreten.[1187] Mit dieser Regelung wird dem Schuldner die Aufrechnungsbefugnis erhalten, wenn die Aufrechnungslage bereits bestanden hat, als der Schuldner von der Abtretung Kenntnis erlangt hat oder wenn sich aus der bei Kenntniserlangung bereits bestehenden Rechtslage ohne die Abtretung bis zur Fälligkeit der abgetretenen Forderung eine Aufrechnungslage entwickelt hätte.[1188]

Die gegenständlichen Anforderungen an die Aufrechnungslage ergeben sich aus dem **Gebot der Gleichartigkeit** der wechselseitigen Forderungen in § 387 BGB. Die Gleichartigkeit ist regelmäßig nur bei Geld- oder Gattungsschulden gegeben,[1189] wobei im Arbeitsverhältnis letzteres kaum eine Rolle spielt. Wechselseitige Geldforderungen in unterschiedlichen Währungen sind grds. nicht gleichartig. Die Aufrechnung ist in derartigen Fällen nur dann möglich, wenn dem Schuldner eine Ersetzungsbefugnis nach § 244 Abs. 1 BGB zusteht.[1190] Die Gleichartigkeit fehlt auch z.B. im Verhältnis des Vergütungsanspruches des Arbeitnehmers im Vergleich zu Ansprüchen des Arbeitgebers, die auf die Herausgabe von im Eigentum des Arbeitgebers stehenden Gegenständen, Unterlagen etc. gerichtet sind.   **569**

Die Aufrechnung erfordert weiter, dass die **Gegenforderung**, mit der die Aufrechnung erklärt wird, **erzwingbar, fällig und einredefrei** ist, der Aufrechnende also die ihm gebührende Leistung fordern kann. Diese Voraussetzung schützt den Aufrechnungsempfänger vor vorzeitiger und damit unberechtigter Inanspruchnahme.[1191] Die **Hauptforderung**, gegenüber der die Aufrechnung erklärt wird, muss demgegenüber nur **erfüllbar** sein, also bewirkt werden dürfen. Damit ist sichergestellt, dass dem Aufrechnungsempfänger keine Leistung aufgedrängt wird, die er (noch) nicht empfangen will.[1192] Nicht erforderlich ist, dass die wechselseitig in die Aufrechnung einbezogenen Forderungen in gleicher Höhe bestehen. Erfüllungswirkung entfaltet die Aufrechnung nur in der Höhe, in der sich beide Forderungen gegenüberstehen.   **570**

Die Aufrechnung muss vom Aufrechnenden gegenüber dem Aufrechnungsempfänger gemäß § 388 BGB, im Ausnahmefall des § 406 BGB gegenüber dem Zessionar erklärt werden. Bei der Aufrechnung handelt es sich um eine **einseitige, empfangsbedürftige Willenserklärung**, die nach § 388 S. 2 BGB bedingungs- und befristungsfeindlich ist.[1193] Die Aufrechnungserklärung kann auch konkludent abgegeben werden, wenn sich aus dem Verhalten des Aufrechnenden ein entsprechender Wille entnehmen lässt. Problematisch ist in diesem Zusammenhang allerdings häufig die erforderliche Bestimmbarkeit der in die Aufrechnung einbezogenen Forderungen. Die Aufrechnung kann auch Gegenstand einer vertraglichen Aufrechnungsvereinbarung zwischen den an der Aufrechnung beteiligten Personen sein. In einer solchen Vereinbarung kann auch auf das Gleichartigkeitserfordernis, z.B. bei Geldforderungen in unterschiedlichen Währungen verzichtet werden.   **571**

1186 Schaub/*Linck*, ArbR-Hdb., § 73 Rn 14.
1187 Dazu Schaub/*Linck*, ArbR-Hdb., § 73 Rn 11; BGH 9.4.1990, NJW 1990, 2544.
1188 Palandt/*Grüneberg*, § 406 BGB Rn 1.
1189 Palandt/*Grüneberg*, § 387 BGB Rn 9.
1190 Palandt/*Grüneberg*, § 387 BGB Rn 9.
1191 Palandt/*Grüneberg*, § 387 BGB Rn 11.
1192 Palandt/*Grüneberg*, § 387 BGB Rn 12.
1193 Schaub/*Linck*, ArbR-Hdb., § 73 Rn 8; ArbR-Lexikon/*Nebendahl*, Stichwort Aufrechnung, I.

572 **Gegenstand einer Aufrechnung** können im Arbeitsverhältnis grundsätzlich alle auf Zahlung gerichteten Ansprüche von Arbeitgeber oder Arbeitnehmer sein, sofern nicht ein gesetzliches oder vertragliches Aufrechnungsverbot besteht. So kann der Arbeitgeber grundsätzlich mit allen denkbaren, ihm gegen den Arbeitnehmer zustehenden Zahlungsansprüchen gegenüber Zahlungsforderungen des Arbeitnehmers aufrechnen. Der häufigste Fall der Aufrechnung des Arbeitgebers dürfte sich gegen Vergütungsforderungen des Arbeitnehmers richten. Bezugspunkt der Aufrechnung ist in diesem Fall grundsätzlich die abgerechnete Netto-Vergütungsforderung, weil eine Aufrechnung gegen Bruttovergütungsansprüche gegen § 394 BGB verstößt.[1194] Nur in Ausnahmefällen kommt im Falle einer Überzahlung durch den Arbeitgeber eine Aufrechnung mit einer Bruttorückzahlungsforderung gegen einen Brutto-Vergütungsanspruch des Arbeitnehmers in Betracht, wenn insoweit Gleichwertigkeit besteht. Das ist der Fall, wenn die Sozialversicherungsbeiträge auf die sich gegenüberstehenden Forderungen unverändert bleiben und durch die Aufrechnung die sozialversicherungsrechtlichen Beitragsbemessungsgrenzen nicht tangiert werden.[1195] Geeignete Forderungen des Arbeitnehmers, gegen die die Aufrechnung durch den Arbeitgeber erklärt werden kann, sind darüber hinaus der Anspruch auf Entgeltfortzahlung im Krankheitsfall, Zahlung des Urlaubsentgeltes oder auf Urlaubsabgeltung, auf Feiertagsvergütung oder auf Gewährung einer Abfindung wegen des Verlustes des Arbeitsplatzes. Auch mit dem Anspruch des Arbeitgebers auf Rückzahlung eines Arbeitgeberdarlehens kann der Arbeitgeber die Aufrechnung erklären. Demgegenüber kommt eine Aufrechnung gegen einen Anspruch auf Gewährung des zusätzlichen Urlaubsgeldes wegen der Pfändungsschutzvorschrift in § 850a Nr. 2 ZPO nicht in Betracht.[1196] Auch eine Aufrechnung gegenüber dem Anspruch eines Arbeitnehmers auf Gewährung vermögenswirksamer Leistungen ist wegen fehlender Gleichartigkeit nicht möglich.[1197]

573 Ausgeschlossen ist eine Aufrechnung allerdings, wenn der Aufrechnung ein **Aufrechnungsverbot** entgegensteht. Die entsprechenden Aufrechnungsverbote gelten in gleicher Weise auch für vertragliche Aufrechnungsvereinbarungen.

Ein Aufrechnungsverbot kann zunächst aus den zivilprozessualen Pfändungsschutzbestimmungen der §§ 850 ff. ZPO folgen. Nach § 394 BGB ist die **Aufrechnung gegen unpfändbare Forderungen** nämlich ausgeschlossen. Hieraus folgt, dass gegenüber einer Vergütungsforderung nur in der Höhe aufgerechnet werden darf, in der diese pfändbar ist. Der unpfändbare Teil des Arbeitsentgeltanspruches kann dem Arbeitnehmer auch nicht im Wege einer Aufrechnung genommen werden, selbst wenn dem Arbeitgeber gegen den Arbeitnehmer höhere Zahlungsansprüche zustehen.[1198] Hat der Arbeitgeber Vergütungsvorauszahlungen an den Arbeitnehmer geleistet, werden diese auf den unpfändbaren Teil des Vergütungsanspruchs des Arbeitnehmers für den jeweiligen Zahlungszeitraum angerechnet. Ausnahmsweise kann sich der Arbeitnehmer auf das Aufrechnungsverbot nicht berufen, wenn die Gegenforderung des aufrechnenden Arbeitgebers aus einer unerlaubten Handlung oder vorsätzlichen Vertragsverletzung des Arbeitnehmers/Aufrechnungsempfängers stammt und im Rahmen einer Abwägung aller Umstände des Einzelfalls festgestellt werden kann, dass es dem Gebot von Treu und Glauben widersprechen würde, den Arbeitgeber trotz der unerlaubten Handlung bzw. vorsätzlichen Vertragsverletzung auf den pfändbaren Teil des Arbeitsentgeltanspruches zu verweisen.[1199] Auf jeden Fall muss dem Arbeitnehmer aber das nach den §§ 850d, 850 f Abs. 2 ZPO zu ermittelnde Existenzminimum verbleiben. Nach der Rechtsprechung des BAG[1200] ist eine über die Grenzen

---

1194 BAG 12.12.2012, AP Nr. 19 zu § 615 BGB.
1195 Schaub/*Linck*, ArbR-Hdb., § 73 Rn 9, § 74 Rn 13; ErfK/*Preis*, § 611 BGB Rn 450.
1196 ArbR-Lexikon/*Nebendahl*, Stichwort Aufrechnung, II.1.
1197 ArbR-Lexikon/*Nebendahl*, Stichwort Aufrechnung, II.1.
1198 ErfK/*Preis*, § 611 BGB Rn 451.
1199 BAG 16.6.1960, AP Nr. 8 zu § 394 BGB; BAG 28.8.1964, AP Nr. 9 zu § 394 BGB; BAG 18.3.1997, NZA 1997, 1108; BAG 13.11.2012, NZA 2013, 1279; Schaub/*Linck*, ArbR-Hdb., § 73 Rn 12; ErfK/*Preis*, § 611 BGB Rn 451.
1200 BAG 28.8.1968, AP Nr. 9 zu § 394 BGB.

des Existenzminimums hinausgehende Aufrechnung mit Schadensersatzansprüchen aus unerlaubter Handlung zulässig, wenn der Arbeitnehmer aus dem Arbeitsverhältnis ausgeschieden ist.

Ein weiteres Aufrechnungsverbot enthält § 393 BGB, wonach die Aufrechnung gegen eine Hauptforderung, **574** die aus einer **vorsätzlich begangenen unerlaubten Handlung** stammt, unzulässig ist. Dies gilt gleichermaßen für Forderungen des Arbeitgebers wie des Arbeitnehmers. Hiermit soll dem Täter einer unerlaubten Handlung die Möglichkeit genommen werden, sich den finanziellen Folgen der unerlaubten Handlung durch schlichte Aufrechnung zu entziehen. Dem Geschädigten der unerlaubten Handlung, also dem Gläubiger der Forderung aus der unerlaubten Handlung, bleibt es selbstverständlich unbenommen, mit dieser Forderung gegen eine auf anderen Rechtsgründen beruhende Forderung aufzurechnen. Eine Ausnahme von dem Verbot der Aufrechnung gegen Forderungen aus vorsätzlich begangenen unerlaubten Handlungen besteht, wenn sowohl die Haupt- als auch die Gegenforderung aus der gleichen unerlaubten Handlung – z.B. einer Prügelei zwischen Arbeitgeber und Arbeitnehmer – herrühren, nicht aber schon dann, wenn unterschiedliche unerlaubte Handlungen der Rechtsgrund der jeweiligen Forderung sind.

Ein gesetzliches Aufrechnungsverbot folgt des Weiteren aus § 107 Abs. 2 S. 2 GewO bezüglich Forderungen des Arbeitgebers aus dem Arbeitnehmer rechtswidrig gegen Kredit überlassenen Waren.[1201] Demgegenüber folgt aus der in § 107 Abs. 1 BGB normierten Verpflichtung, das Arbeitsentgelt in EUR zu bezahlen, kein Aufrechnungsverbot, weil diese Verpflichtung nur verhindern soll, dem Arbeitnehmer das Absatzrisiko des Arbeitgebers zu überlasten.

Ein Aufrechnungsverbot kann sich schließlich aus dem **Grundsatz von Treu und Glauben** ergeben,[1202] **575** wobei es jeweils auf die Umstände des Einzelfalls ankommt.

Eine wirksame Aufrechnung ist schließlich auch dann ausgeschlossen, wenn die Forderung, mit der auf- **576** gerechnet werden soll, wegen einer tariflichen Ausschluss- oder Verfallfrist[1203] verfallen ist oder mit einer Einrede i.S.v. § 390 BGB behaftet ist, ohne dass die Einrede ausdrücklich erhoben werden müsste.[1204] Eine Ausnahme gilt nur hinsichtlich der **Einrede der Verjährung**. Nach § 215 BGB schließt die Verjährung die Aufrechnung nämlich nicht aus, wenn der Anspruch zum Zeitpunkt des erstmaligen Bestehens der Aufrechnungslage noch nicht verjährt war, die Haupt- und Gegenforderungen sich mithin zu einem Zeitpunkt aufrechenbar gegenüber gestanden haben, als noch keine Verjährung eingetreten war.[1205] Hat der Aufrechnende vor Ablauf einer Ausschlussfrist die Aufrechnung wirksam erklärt, muss die Forderung gegenüber der aufgerechnet worden ist, nicht mehr in der für die Wahrung der Ausschlussfrist vorgeschriebenen Form geltend gemacht werden, weil die Forderung in Folge der Aufrechnung bereits erloschen ist.

Nicht aufrechenbar sind schließlich auch **gepfändete Forderungen**, sofern nicht ausnahmsweise die Aus- **577** nahmeregelung des § 392 BGB eingreift.

Neben den gesetzlichen Aufrechnungsverboten kann sich ein Aufrechnungsverbot auch aus tarifvertragli- **578** chen Regelungen, seltener auch aus den Regelungen einer Betriebsvereinbarung ergeben. Daneben kann ein **Aufrechnungsverbot einzelvertraglich vereinbart** werden. Die Vereinbarung kann sowohl stillschweigend als auch ausdrücklich getroffen werden.

Ein Bedürfnis nach der ausdrücklichen Vereinbarung eines einzelvertraglichen Aufrechnungsverbotes kann aus Sicht des Arbeitgebers insbesondere dann bestehen, wenn der Arbeitnehmer aufgrund seiner Tätigkeit mit dem Einzug von Forderungen des Arbeitgebers gegen Dritte betraut ist, wie dies z.B. bei Außendiensttätigkeiten oder im Gaststättengewerbe der Fall sein kann. In dieser Situation besteht ein Interesse des

---

1201 ErfK/*Preis*, § 611 BGB Rn 453; ArbR-Lexikon/*Nebendahl*, Stichwort Aufrechnung, II.2..
1202 Dazu ArbR-Lexikon/*Nebendahl*, Stichwort Aufrechnung, III.5.; ErfK/*Preis*, § 611 BGB Rn 453 mit dem Beispiel des Reisegeldes von Außendienstmitarbeitern.
1203 Die für die Verjährung geltenden Regelungen sind nicht entsprechend anwendbar, vgl. ErfK/*Preis*, § 611 BGB Rn 455.
1204 BAG 30.3.1973, AP Nr. 4 zu § 390 BGB.
1205 Dazu Schaub/*Linck*, ArbR-Hdb., § 73 Rn 13.

Arbeitgebers sicherzustellen, dass der Arbeitnehmer die für den Arbeitgeber eingezogenen Geldbeträge tatsächlich und ungekürzt an den Arbeitgeber abführt.

Seitens des Arbeitnehmers kann ein Interesse an einem Aufrechnungsverbot insbesondere im Zusammenhang mit der Beendigung des Arbeitsverhältnisses bestehen, wenn der Arbeitnehmer sicherstellen will, dass er eine zugesagte Abfindung tatsächlich in ungekürzter Höhe erhält. Diesen Konstellationen sollen die nachfolgenden Klauselvarianten Rechnung tragen.

b) Klauselvarianten

579   *Klausel 1*

Der Arbeitnehmer ist verpflichtet, die von ihm eingezogenen Beträge unverzüglich und ungekürzt an den Arbeitgeber abzuführen. Ihm steht weder ein Zurückbehaltungsrecht noch die Berechtigung zur Aufrechnung mit Forderungen jedweder Art, die ihm dem Arbeitgeber gegenüber zustehen, zu, sofern nicht die Forderung des Arbeitnehmers, wegen der das Zurückbehaltungsrecht geltend gemacht wird oder mit der die Aufrechnung erklärt werden soll, unbestritten oder rechtskräftig festgestellt ist.

580   *Klausel 2*

Der Arbeitgeber ist nicht berechtigt, gegenüber der Forderung des Arbeitnehmers auf Zahlung der vereinbarten Abfindung mit eigenen Forderungen jedweder Art aufzurechnen, sofern nicht die Forderung des Arbeitgebers, mit der die Aufrechnung erklärt werden soll, unbestritten oder rechtskräftig festgestellt ist. Dem Arbeitgeber steht insoweit auch kein Zurückbehaltungsrecht zu.

c) Hinweise und Anmerkungen

581   Die Klausel 1 (siehe oben Rdn 579) ist für die Fallkonstellation vorgesehen, in der der Arbeitnehmer aufgrund seiner arbeitsvertraglich geschuldeten Tätigkeit bei Dritten, insbesondere Kunden des Arbeitgebers, Bargeldbeträge auf **Forderungen einzieht, die dem Arbeitgeber zustehen**. Die Klausel soll sicherstellen, dass der Arbeitnehmer diese eingezogenen Beträge ungekürzt an den Arbeitgeber abführt und die eingezogenen Beträge nicht unter Hinweis auf eine angeblich bestehende Aufrechnungslage oder ein entsprechendes Zurückbehaltungsrecht einbehält. Es empfiehlt sich, diese Klausel in Arbeitsverträgen mit Arbeitnehmern, denen eine entsprechende Inkassoberechtigung übertragen ist, aufzunehmen.

582   Klausel 2 sollte in Fallkonstellationen Verwendung finden, in denen dem Arbeitnehmer vom Arbeitgeber eine bestimmte Zahlung zugesagt ist und sichergestellt werden muss, dass der Arbeitnehmer die Zahlung auch tatsächlich erhält. Häufig wird dies im Zusammenhang mit dem **Abschluss von Aufhebungsverträgen oder Vergleichsregelungen** im Zusammenhang mit der Auflösung des Arbeitsverhältnisses in Betracht kommen. Sinnvoll ist die Verwendung der Klausel 2 (siehe oben Rdn 580) auch bei sonstigen Zahlungszusagen, auf deren vollständigen Erhalt der Arbeitnehmer angewiesen ist, wie z.B. bei Vorschusszahlungen oder hinsichtlich des Auszahlungsanspruches eines vom Arbeitgeber zugesagten Arbeitgeberdarlehens. In diesen Situationen hat der Arbeitnehmer ein Interesse daran, eine zugesagte Abfindung oder sonstige finanzielle Leistungen des Arbeitgebers ungekürzt zu erhalten. Es bietet sich daher an, die vorgeschlagene Klausel in die der Zahlungszusage zugrundeliegende Vereinbarung aufzunehmen, wobei die Klausel naturgemäß an die konkrete Vertragssituation angepasst werden muss. Insbesondere ist es erforderlich, denjenigen Anspruch, der durch das Aufrechnungsverbot gesichert werden soll, möglichst konkret zu bezeichnen. Anstelle des in der Vertragsklausel 2 benannten Abfindungsanspruchs muss dann der entsprechend vor einer Aufrechnung zu schützende Anspruch konkret bezeichnet werden.

583   Die Verwendung der vorformulierten Klauseln führt dazu, dass die Klauseln als allgemeine Geschäftsbedingungen der **AGB-Kontrolle** nach den §§ 305 ff. BGB unterfallen. Es ist deshalb auf jeden Fall das auch im Arbeitsrecht geltende Klauselverbot des § 309 Nr. 3 BGB zu berücksichtigen, wonach eine Bestim-

mung in allgemeinen Geschäftsbedingungen unwirksam ist, durch die dem Vertragspartner des Verwenders die Befugnis genommen wird, mit einer unbestrittenen oder rechtskräftig festgestellten Forderung aufzurechnen.[1206] Dem soll die in den beiden Klauseln enthaltene Einschränkung hinsichtlich derartiger Forderungen Rechnung tragen. Zu berücksichtigen ist auch das das Zurückbehaltungsrecht betreffende Klauselverbot in § 309 Nr. 2 lit. b) BGB. Insoweit wird auf die Ausführungen zur Rückgabeklausel (siehe Rdn 1249 ff.) verwiesen.

22. Aufwendungsersatz

Literatur: Boemke, Nebenpflichten des Arbeitgebers, AR-Blattei SD 1225; *Brill*, Zum Anspruch des Arbeitnehmers auf Arbeits-, Berufs-, Dienst- und Schutzkleidung, BB 1975, 1076; *Förschner*, Der Verkehrsunfall im Arbeitsverhältnis, DAR 2001, 16; *Frieges*, Der Anspruch des Arbeitnehmers auf Ersatz selbstverschuldeter Eigen-Sachschäden, NZA 1995, 403; *Göpfert/Wilke*, Nutzung privater Smartphones für dienstliche Zwecke, BZA 2012, 765; *Hagemeier*, Ersatzansprüche gegen den Arbeitgeber wegen Schäden, die der Arbeitnehmer auf einer Dienstfahrt an seinem Pkw erleidet, DB 1977, 2047; *Heilmann*, Vier Fragen zu Sicherheitskleidung, Dienstkleidung und Waschzeit, AiB 1994, 7; *Hohn*, Zur Arbeitgeberhaftung für Unfallschäden auf Dienstfahrten des Arbeitnehmers mit eigenem Pkw, DB 1978, 865; *Holly/Friedhofen*, Die Abwälzung von Geldstrafen auf den Arbeitgeber, NZA 1992, 145; *Hunold*, Dienstreise- und Wegezeit, Rechtsfragen um Dienst- und Privatfahrzeuge des Arbeitnehmers, AR-Blattei SD 590; *Laber/Klein*, Bewerbung und dann?, ArbRB 2002, 171; *Laws*, Arbeits- und steuerrechtliche Betrachtung der Übernahme von Bußgeldern durch den Arbeitgeber, DAR 2010, 691; *Loritz*, Die Dienstreise des Arbeitnehmers, NZA 1997, 1188; *Matthes*, Auswärtszulage (Auslösung), AR-Blattei SD 360; *Nägele*, Probleme bei Einsatz von Dienstfahrzeugen, NZA 1992, 1196; *Novara/Römgens*, Kostenübernahme bei örtlicher Versetzung, NZA 2016, 668; *Salamon/Koch*, Die Darlegungs- und Beweislast des Arbeitnehmers bei der Gefährdungshaftung des Arbeitgebers, NZA 2012, 658; *Sandmann*, Kosten für Ersatz von Dienstkleidung; Anmerkung zum Urteil des BAG v. 9.5.1998, SAE 1999, 152; *Schwab*, Die Haftung des Arbeitgebers, AiB 446; *Werxhausen*, Anmerkung zu BAG 23.11.2006 – 8 AZR 701/05, ArbRB 2007, 131.

a) Allgemeines

Beruflich bedingte Aufwendungen entstehen oftmals bereits vor oder im Zusammenhang mit der Begründung eines Arbeitsverhältnisses, etwa durch Bewerbungs-, Vorstellungs- und Umzugskosten (vgl. hierzu Rdn 1415 ff.). Auch während des laufenden Arbeitsverhältnisses können Aufwendungen vielfältiger Natur entstehen. Neben den bewusst erbrachten **Vermögensaufwendungen**, wie sie typischerweise etwa bei Bewirtungs-, Reise- und Übernachtungskosten, bei der Beschaffung von Arbeitsmitteln und Arbeitskleidung oder der Nutzung eigener Räumlichkeiten vorliegen, können auch unfreiwillig erlittene **Sach- und Vermögensschäden** des Arbeitnehmers ersatzfähige Aufwendungen darstellen, die von dem Arbeitgeber auszugleichen sind.[1207]

584

Die grds. **Ersatzfähigkeit** beruflich bedingter Aufwendungen ergibt sich auch ohne vertragliche Regelung aus einer entsprechenden Anwendung der **§§ 675, 670 BGB**.[1208] Es handelt sich bei berufsbedingten Aufwendungen um eine freiwillige Aufopferung von Vermögenswerten im Interesse eines anderen,[1209] die wie eine unentgeltliche Geschäftsbesorgung zu behandeln[1210] und dementsprechend von dem Arbeitgeber als demjenigen zu erstatten sind, in dessen Interesse die Aufwendungen erbracht worden sind. § 670 BGB enthält insoweit einen allgemeinen Rechtsgrundsatz, der auch im Arbeitsrecht grds. Anwendung findet.[1211] Der Aufwendungsersatz hängt jedoch davon ab, dass die im Fremdinteresse erbrachten Aufwendungen nicht anderweitig vergütet werden;[1212] ein Anspruch auf Aufwendungsersatz besteht daher nicht, wenn

585

1206 Dazu ArbR-Lexikon/*Nebendahl*, Stichwort Aufrechnung, III.3.; ErfK/*Preis*, §§ 305–310 BGB Rn 79.

1207 ErfK/*Preis*, § 611 BGB Rn 554; Küttner/*Griese*, Aufwendungsersatz Rn 1.

1208 BAG 20.9.2011, NJW 2012, 797; BAG 27.10.1998, NZA 1999, 381; Tschöpe/*Heiden*, Teil II A Rn 850.

1209 BAG 19.5.1998, NZA 1999, 38; Palandt/*Grüneberg*, § 256 BGB Rn 1.

1210 BAG 10.11.1961, AuR 1962, 157; MünchArbR/*Reichold*, § 85 Rn 35.; *Loritz*, NZA 1997, 1188.

1211 BAG 14.10.2003, NZA 2004, 604.

1212 BAG 10.11.1961, DB 1962, 169; BAG 1.2.1963, AP Nr. 10 zu § 670 BGB; BAG 21.8.1985, NZA 1986, 324.

die Aufwendungen aufgrund vertraglicher Vereinbarung durch das Arbeitsentgelt bereits mit abgegolten sind.[1213] Voraussetzung des **gesetzlichen Anspruchs auf Aufwendungsersatz** ist im Übrigen allein, dass die Aufwendungen bei der Ausführung der dem Arbeitnehmer übertragenen Tätigkeit, auf Veranlassung des Arbeitgebers oder als notwendige Folge der Arbeitsausführung entstanden und nicht der allgemeinen Lebensführung des Arbeitnehmers zuzurechnen sind.[1214] Ob die Aufwendungen objektiv erforderlich gewesen sind, ist für den Erstattungsanspruch unerheblich; ausreichend ist, dass der Arbeitnehmer sie subjektiv für erforderlich halten durfte.[1215] Für vorhersehbare Aufwendungen kann der Arbeitnehmer einen entsprechenden **Vorschuss** verlangen,[1216] da es nicht zu den arbeitsvertraglichen Pflichten des Arbeitnehmers gehört, eigenes Vermögen für betriebliche Zwecke zu verauslagen.

586 Der Aufwendungsersatz ist, soweit die Aufwendungen ausschließlich oder zumindest weit überwiegend durch die Belange des Arbeitgebers bedingt und nicht den allgemeinen Lebenshaltungskosten des Arbeitnehmers zuzurechnen sind,[1217] ein echter **durchlaufender Posten**;[1218] er ist damit keine Gegenleistung für die Arbeitsleistung des Arbeitnehmers und insoweit auch dann nicht als Arbeitsentgelt anzusehen, wenn er pauschaliert gewährt wird.[1219] Der Aufwendungsersatz ist deshalb weder im Krankheitsfall fortzuzahlen,[1220] noch unterliegt er der Lohnsteuer- und Sozialversicherungspflicht.[1221] Auch die allgemeinen Vorschriften über die Zwangsvollstreckung in das Arbeitsentgelt sind nicht anwendbar; der Aufwendungsersatz gehört vielmehr als Aufwandsentschädigung i.S.d. § 850a Nr. 3 ZPO zu den unpfändbaren Bezügen.[1222] Gleichermaßen ist (echter) Aufwendungsersatz weder eine wesentliche Arbeitsbedingung i.S.v. § 10 Abs. 4 AÜG[1223] noch ist er auf Mindestlohnansprüche anzurechnen.[1224]

587 Die gesetzliche Verpflichtung des Arbeitgebers zum Ersatz von Aufwendungen kann vertraglich modifiziert oder ausgeschlossen werden.[1225] § 670 BGB ist **dispositives Recht**, so dass arbeitsvertragliche Vereinbarungen über die Erstattungsfähigkeit von Aufwendungen in weitem Umfang zulässig sind. Sie dienen insbesondere der Rechtssicherheit über Art und Umfang der erstattungsfähigen Aufwendungen, können die gesetzlichen Ersatzansprüche jedoch ebenso erweitern wie begrenzen. Auch durch betriebliche Übung kann ein über § 670 BGB hinausgehender Erstattungsanspruch begründet werden.[1226]

1213 ErfK/*Preis*, § 611 BGB Rn 556; *Loritz*, NZA 1997, 1188.

1214 BAG 12.3.2013 – 9 AZR 455/11; BAG 12.4.2011, AP Nr. 35 zu § 670 BGB (häusliches Arbeitszimmer); Hessisches LAG 21.4.2015 – 15 Sa 1062/14, zit. nach juris (Führungszeugnis); LAG Hamm 27.2.2015 – 1 Sa 1437/14, zit. nach juris; LAG Rheinland-Pfalz 30.1.2014, ArbuR 2015, 108 (arbeitsmedizinische Vorsorgeuntersuchung); MünchArbR/*Reichold*, §85 Rn 35; *Bauer* u.a./*Lingemann*, S. 513; *Göpfert/Wilke*, NZA 2012, 765.

1215 BAG 14.2.1996, AP Nr. 5 zu § 611 BGB Aufwandsentschädigung; *Schaub/Koch*, ArbR-Hdb., § 82 Rn 1.

1216 *Hromadka/Maschmann*, § 9 Rn 24; *Tschöpe/Heiden*, Teil II A Rn 855.

1217 BFH 10.6.1966, AP Nr. 8 zu § 9 EStG; BFH 2.10.1968, DStZ 1969, 211.

1218 *Preis/Peters-Lange*, Arbeitsvertrag, II A 115 Rn 1 ff.

1219 MünchArbR/*Reichold*, §85 Rn 36.

1220 BAG 13.5.2015, NZA 2015, 1127; HWK/*Thüsing*, § 611 BGB Rn 271.

1221 Anderes gilt bei der Erstattung privat veranlasster Aufwendungen, etwa der Kosten für die Fahrten zwischen Wohnung und Arbeitsstätte, vgl. LAG Schleswig-Holstein 16.1.2008, EzA-SD 2008, Nr. 7.

1222 MünchArbR/*Krause*, §67 Rn 83.

1223 BAG 13.3.2013, NZA 2013, 1226; BAG 24.9.2014, AP Nr 47 zu § 10 AÜG; BAG 19.2.2014, AP Nr 38 zu § 10 AÜG; LAG Mecklenburg-Vorpommern 22.12.2015, zit. nach juris; LAG Baden-Württemberg 16.5.2014, LAGE § 10 AÜG Nr 13.

1224 BAG 18.11.2015, 5 AZR 761/13, n.v; BAG 19.8.2015, NZA 2016, 183.

1225 HWK/*Thüsing*, § 611 Rn 271.

1226 LAG Düsseldorf 13.4.2007, NZA-RR 2007, 405.

b) Aufwendungsersatz

Muster 1a.25: Aufwendungsersatz

588

Erstattung Vorstellungskosten

Vorstellungskosten werden nach Maßgabe der nachfolgenden Bestimmungen erstattet:

Soweit Sie mit Ihrem Privatfahrzeug anreisen, erstatten wir Ihnen eine Kilometerpauschale von ▓▓▓▓ EUR je gefahrenen Kilometer zwischen Ihrem Wohnort und unserem Betriebssitz. Bei Anreise mit der Deutschen Bahn erstatten wir gegen Vorlage der Fahrkarte die Kosten für die 2. Klasse. Wenn Sie eine Übernachtung wünschen, bitten wir Sie, uns dies rechtzeitig mitzuteilen. Wir werden dann das Notwendige auf unsere Kosten vor Ort veranlassen. Verpflegungskosten übernehmen wir gegen Vorlage von Quittungen in Höhe von maximal ▓▓▓▓ EUR. Darüber hinaus erstatten wir keine Auslagen.

Fahrtkostenzuschuss

Der Arbeitnehmer hat Anspruch auf einen Fahrtkostenzuschuss von pauschal ▓▓▓▓ EUR brutto monatlich für die Fahrten zwischen Wohnung und Arbeitsstätte. Der Anspruch auf die Zuschusszahlung entfällt, wenn der Arbeitnehmer in einem Monat weniger als fünfzehn Tage im Betrieb anwesend ist. Bei einer Veränderung der Fahrtstrecke durch einen Umzug des Arbeitgebers oder des Arbeitnehmer, wird der Fahrtkostenzuschuss entsprechend angepasst.

Erstattung Reisekosten

Reisekosten, die dem Arbeitnehmer in Ausübung seiner Tätigkeit entstehen, werden in dem erforderlichen Umfang in Höhe der tatsächlichen Aufwendungen erstattet. Die Erstattung erfolgt gegen Vorlage eines schriftlichen Nachweises; bei Kosten, deren Höhe den Rahmen der umsatzsteuerlichen Kleinbetragsrechnung überschreitet, wird als Nachweis ausschließlich eine auf den Arbeitgeber ausgestellte Rechnung, die den steuerrechtlichen Anforderungen genügt, anerkannt.

Als Fahrtkosten werden bei der Nutzung eines privaten Fahrzeugs ▓▓▓▓ EUR je gefahrenem Kilometer, bei der Nutzung öffentlicher Verkehrsmittel die tatsächlichen Kosten für die 2. Klasse bzw. bei Flugreisen der economy class erstattet. Übernachtungskosten sollen einen Betrag von ▓▓▓▓ EUR/Nacht nicht überschreiten und werden abzüglich etwaiger Frühstückskosten erstattet. Ein Anspruch auf die Erstattung weitergehender Aufwendungen besteht nicht.

Dienstbekleidung

Der Arbeitnehmer verpflichtet sich, die von dem Arbeitgeber zur Verfügung gestellte Dienstkleidung zu tragen und diese pfleglich zu behandeln. Die Kosten für Beschaffung, Pflege und Reinigung trägt der Arbeitgeber; der Arbeitnehmer beteiligt sich an diesen Kosten mit einem monatlichen Betrag von ▓▓▓▓ EUR, der von der Vergütung des Arbeitnehmers in Abzug gebracht wird. Die Verpflichtung zur Kostenbeteiligung entfällt für Zeiten, in denen der Arbeitnehmer keine Arbeitsleistung erbringt.

Soweit der Arbeitnehmer besondere Schutzkleidung zu tragen angewiesen ist, wird diese von dem Arbeitgeber unentgeltlich zur Verfügung gestellt. Eine Verpflichtung des Arbeitnehmers zur Kostenbeteiligung besteht nicht.

Erstattung Berufsausübungskosten

Der Arbeitgeber erstattet dem Arbeitnehmer die jährlich an die Steuerberaterkammer zu entrichtenden Beiträge.

c) Erläuterungen
aa) Vorstellungskosten

589 Die Kosten, die der Arbeitnehmer zur **Wahrnehmung eines Vorstellungsgesprächs** aufwendet, sind gem. § 670 BGB auch ohne besondere Vereinbarung zu erstatten, soweit der Bewerber diese den Umständen nach für erforderlich halten durfte.[1227] Dies gilt auch, wenn die Aufforderung zur Wahrnehmung eines Vorstellungsgesprächs auf eine Initiativbewerbung des Arbeitnehmers zurückgeht, und selbst dann, wenn der Bewerber nicht ausdrücklich zur persönlichen Vorstellung gebeten wurde, sondern sich auf eigene Anregung, aber mit Wissen und Einverständnis des potentiellen Arbeitgebers persönlich vorstellt.[1228] Ob der Bewerber tatsächlich eingestellt wird, ist für den Erstattungsanspruch unerheblich.[1229] Ebenso muss der Arbeitgeber nutzlose Aufwendungen tragen, allerdings nur, wenn das Vorstellungsgespräch aus Gründen, die dem Arbeitgeber zuzurechnen sind, tatsächlich nicht zustande kommt.[1230]

590 Erstattungsfähig sind grds. nur erforderliche und angemessene Aufwendungen. Hierzu gehören Reise- und Übernachtungskosten in angemessenem Umfang sowie die erforderlichen Verpflegungsmehraufwendungen.[1231] Ein Anspruch auf die Erstattung von Verdienstausfallkosten besteht demgegenüber nicht.

591 Der Anspruch auf Kostenerstattung kann von Seiten des Arbeitgebers inhaltlich begrenzt oder auch vollständig **ausgeschlossen** werden.[1232] Dies erfordert allerdings eine ausdrückliche Erklärung im Vorfeld, die spätestens mit der Einladung zu dem Vorstellungsgespräch verbunden werden sollte.

bb) Fahrten zwischen Wohnung und Arbeitsstätte

592 Die **Fahrten zwischen Wohnung und Arbeitsstätte** sind grds. nicht dem betrieblichen Bereich, sondern dem **privaten Lebensbereich** des Arbeitnehmers zuzuordnen. Dementsprechend ist weder die für diese Fahrten aufgewandte Zeit (sog. Wegezeit) als Arbeitszeit zu vergüten,[1233] noch sind die auf diesen Wegen entstehenden Fahrtkosten gem. § 670 BGB erstattungsfähig. Diese Kosten müssen von dem Arbeitnehmer aus dem Arbeitsentgelt selbst bestritten werden, sofern nicht eine anderweitige vertragliche Vereinbarung getroffen[1234] oder eine betriebliche Übung begründet wird.[1235] Wird eine arbeitsvertragliche Erstattungsregelung getroffen, kann sich diese konkret auf die tatsächlich gefahrenen Kilometer beziehen, im Interesse einer Verwaltungsvereinfachung allerdings auch einen pauschalen Fahrtkostenzuschuss beinhalten. Darüber hinaus sollte bei der Vertragsgestaltung darauf geachtet werden, dass die Zahlung eines pauschal berechneten Zuschusses davon abhängig gemacht wird, dass die Fahrtkosten auch tatsächlich entstanden sind.

593 Wird dem Arbeitnehmer während des laufenden Arbeitsverhältnisses ein anderer als der bislang übliche Einsatzort zugewiesen, oder gehören Fahrten zu auswärtigen Arbeitsstätten zu dem üblichen Tätigkeitsbild des Arbeitnehmers, sind die Fahrten zwischen Wohnung und Einsatzort demgegenüber **betrieblich veranlasst**, die dadurch entstandenen Kosten somit auch erstattungsfähig.[1236] In diesem Fall sind ebenso wie bei der am üblichen Arbeitsort beginnenden Dienstfahrt nicht nur die Fahrtkosten[1237] und Verpflegungsaufwendungen, soweit sie über die normalen Verpflegungskosten am Arbeitsplatz hinausgehen, sondern unter Umständen auch die Kosten für eine auswärtige Übernachtung erstattungsfähig, wenn diese zur

1227 BAG 29.6.1988, NZA 1989, 468.
1228 LAG Nürnberg 25.7.1995, LAGE Nr. 12 zu § 670 BGB.
1229 ArbG Köln 20.5.2005, NZA-RR 2005, 577.
1230 LAG Rheinland-Pfalz 7.2.2012, AA 2012, 128; ArbG Solingen 10.5.1980, ARST 1981, 29; *Laber/Klein*, ArbRB 2002, 171.
1231 ArbG Düsseldorf 15.5.2012, NZA-RR 2012, 488; ArbG Berlin 25.6.1975, DB 1975, 1609.
1232 ArbG Kempten 12.4.1994, BB 1994, 1504.
1233 BAG 8.12.1960, RdA 1961, 96; ErfK/*Preis*, § 611 BGB Rn 558.
1234 *Bauer* u.a./*Lingemann*, S 513*Loritz*, NZA 1997, 1188, 1194.
1235 BAG 20.10.2015 – 9 AZR 655/14, zit. nach juris.
1236 LAG Düsseldorf 23.1.2008, LAGE Nr. 2 zu § 611 BGB 2002 Überarbeit; LAG Köln 24.10.2006 – 13 Sa 881/06, NZA-RR 2007, 345; a.A. LAG Hamm 16.7.2008 – 2 Sa 1797/97, zit. nach juris; LAG Rheinland-Pfalz 8.9.2009 – 1 Sa 331/09, zit. nach juris; *Novara/Römgens*, NZA 2016, 668.
1237 *Schaub/Koch*, ArbR-Hdb., § 82 Rn 5.

ordnungsgemäßen Ausführung der Tätigkeit erforderlich sind.[1238] Der **vertragliche Ausschluss** dieses Ersatzanspruchs ist aufgrund der Dispositivität des § 670 BGB grds. möglich. Allerdings darf durch eine solche Vereinbarung nicht das wirtschaftliche Risiko des Arbeitgebers auf den Arbeitnehmer übertragen werden. Dieses Risiko beinhaltet die Übernahme derjenigen Kosten, die allein dadurch entstehen, dass dem Arbeitnehmer – etwa bei der Arbeitnehmerüberlassung[1239] oder im Außendienst – häufig wechselnde Einsatzorte zugewiesen werden. Vereinbarungen, die bei Tätigkeiten an regelmäßig wechselnden Einsatzorten den gesetzlichen Aufwendungsersatz ohne jede Gegenleistung ausschließen, benachteiligen den Arbeitnehmer unangemessen und sind daher gem. § 307 Abs. 1 S. 2 BGB unwirksam.[1240] Allerdings bleibt es auch insoweit zulässig, die Kostenerstattung zu begrenzen, der vollständige Ausgleich der tatsächlich entstehenden Kosten ist nicht zwingend geboten.[1241] Eine betriebliche Übung zur Fahrtkostenerstattung, die eine Erstattung in Höhe von 0,30 EUR pro Entfernungskilometer ab dem 21. Entfernungskilometer bezogen auf die Strecke zwischen dem Wohnort des Arbeitnehmers und dem Entleiherbetrieb beinhaltet, wurde bspw. für wirksam erachtet.[1242]

cc) Reisekosten

Bei dienstlich veranlassten **Reisekosten** sind gem. § 670 BGB grds. die tatsächlich entstandenen Aufwendungen erstattungsfähig.

594

Dabei empfiehlt sich, bei der **Nutzung öffentlicher Verkehrsmittel** eine eindeutige Regelung zum Umfang der erstattungsfähigen Kosten zu treffen, um Streitigkeiten über die Angemessenheit etwa der Nutzung der 1. Klasse zu vermeiden. Bei der **Nutzung eines privaten Fahrzeugs** zu dienstlichen Zwecken ergibt sich aus § 670 BGB ein Anspruch (lediglich) auf Ersatz der tatsächlich entstandenen Kosten. Erstattungsfähig sind daher ohne vertragliche Regelung nur die tatsächlich entstandenen Treibstoffkosten, nicht allerdings die von der Fahrleistung unabhängigen allgemeinen Betriebskosten des Fahrzeugs.[1243] Dementsprechend kann eine Erstattung der Aufwendungen auch nicht auf der Basis der steuerrechtlichen Kilometerpauschalen verlangt werden, da diese sämtliche mit dem Betrieb des Fahrzeugs verbundenen Betriebskosten beinhalten.[1244] Für die praktische Handhabung ist die Kostenerstattung auf tatsächlicher Basis allerdings weitgehend ungeeignet; bei der Erstattung von Treibstoffkosten bspw. ist kaum zu ermitteln, in welchem Umfang diese für eine kürzere Dienstfahrt angefallen sind. Vorzuziehen ist daher eine vertragliche Erstattungsregelung, die sich an den steuerlichen Pauschbeträgen orientiert. Sie hat darüber hinaus den Vorteil, dass mit der steuerlichen Pauschale auch weitergehende mit dem Betrieb des Fahrzeugs verbundenen Aufwendungen des Arbeitnehmers abgedeckt sind; Aufwendungen des Arbeitnehmers wie die unfallbedingte Anhebung der Versicherungsbeiträge sind damit vorbehaltlich einer anderslautenden Vereinbarung[1245] gleichermaßen abgegolten; lediglich hinsichtlich außergewöhnlicher Kosten etwa bei unfallbedingtem Sachschaden können neben dem Pauschbetrag weitergehende Ersatzansprüche geltend gemacht werden.[1246]

1238 BAG 14.2.1996, AP Nr. 5 zu § 611 BGB Aufwandsentschädigung.
1239 LAG Hamm 13.1.2016 – 5 Sa 1437/15, zit. nach juris; LAG Niedersachsen 20.12.2013, LAGE § 670 BGB 2002 Nr 5; LAG Hamm 30.6.2011, LAGE § 4 TVG Ausschlussfrist Nr. 58; die Erstattungspflicht verneinend LAG Rheinland-Pfalz 8.9.2009, AuA 2010, 378; LAG Hamm 16.7.2008, AE 2008, 273.
1240 LAG Hamm 13.1.2016 – 5 Sa 1437/15, zit. nach juris; LAG Düsseldorf 30.7.2009 – 15 Sa 268/09, FA 2010, 23.
1241 LAG Baden-Württemberg 15.8.2001 – 12 Sa 50/01, n.v.
1242 LAG Niedersachsen 20.12.2013 – 6 Sa 392/13, zit. nach juris.
1243 Küttner/*Griese*, Aufwendungsersatz Rn 3; *Loritz*, NZA 1997, 1188.
1244 BFH 21.6.1991, BB 1991, 2137.
1245 *Förschner*, DAR 2001, 16, 18.
1246 BAG 30.4.1992, NZA 1993, 262; BAG 3.3.1983, NJW 1984, 198; ErfK/*Preis*, § 619a BGB Rn 90.

dd) Unfallschäden

595 Erleidet der Arbeitnehmer im Rahmen der Berufsausübung unfreiwillig Schäden an seinem Eigentum, insbesondere bei einem **Verkehrsunfall** mit dem eigenen Fahrzeug, hängt die Erstattungsfähigkeit des erlittenen Schadens davon ab, ob der Arbeitnehmer das Fahrzeug zu dienstlichen Zwecken aufgrund einer Vereinbarung mit dem Arbeitgeber oder zumindest mit dessen Billigung eingesetzt hat, oder ob der Einsatz ohne den Willen des Arbeitgebers erfolgt ist.[1247] Im erstgenannten Fall ist der Arbeitgeber entsprechend § 670 BGB zum Ersatz eines Unfallschadens verpflichtet, wenn der Einsatz ohne besondere Vergütung erfolgte, auch wenn den Arbeitgeber an dem Unfall kein Verschulden trifft.[1248] Dienstliche Zwecke sind dabei stets dann gegeben, wenn der Arbeitgeber ohne den Einsatz des Arbeitnehmerfahrzeugs ein eigenes Fahrzeug hätte einsetzen und damit die Unfallgefahr tragen müssen.[1249] Dies ist der Fall, wenn der Arbeitnehmer auf die Nutzung eines Fahrzeugs zur ordnungsgemäßen Bewältigung seiner Arbeitsaufgaben angewiesen ist oder dieses mit Billigung des Arbeitgebers einsetzt,[1250] nicht jedoch, wenn er sich mit der Nutzung des Fahrzeugs die Erfüllung seiner Aufgaben lediglich erleichtern will.[1251] Fahrzeugschäden werden dem Betätigungsbereich des Arbeitgebers nicht nur dann zugerechnet, wenn diese auf einer Dienstfahrt eintreten, sondern auch in den Zeiten, während derer der Arbeitnehmer das Fahrzeug im Interesse des Arbeitgebers für weitere Dienstfahrten vorhält.[1252]

596 Ein Ersatzanspruch entfällt jedoch, wenn ein Verkehrsunfall dem **privaten Lebensbereich** des Arbeitnehmers zuzuordnen ist. Unfallschäden auf den Weg zwischen Wohnung und Arbeitsstätte sind daher nicht zu ersetzen; auch das Abstellen des Fahrzeugs auf dem Betriebsparkplatz ist dem Dienst vorgelagert und erfolgt nicht zu dessen Ausübung.[1253] Allerdings wird die dienstliche Veranlassung einer Fahrt mit dem privaten Fahrzeug nicht dadurch beseitigt, dass der Schadenseintritt durch Umstände aus der Sphäre des Arbeitnehmers mit verursacht worden ist. Betrieblich veranlasste Unfallschäden sind folglich auch dann zu ersetzen, wenn der Unfall maßgeblich auf einem die Verkehrstauglichkeit des Fahrzeugs einschränkenden oder sogar ausschließenden Mangel beruhte; auch technische Defekte des Fahrzeugs oder ein persönliches Fehlverhalten des Arbeitnehmers führen nicht dazu, dass das Unfallrisiko anlässlich einer Dienstfahrt dem persönlichen Lebensbereich des Arbeitnehmers zugeordnet werden könnte.[1254] Eigenes Verschulden des Arbeitnehmers kann jedoch in entsprechender Anwendung des **§ 254 BGB** im Zusammenhang mit den Grundsätzen der begrenzten Arbeitnehmerhaftung anspruchsmindernd berücksichtigt werden.[1255] Da der Arbeitnehmer durch die Einbringung eigener Sachmittel nicht besser gestellt sein soll als er bei der Beschädigung betriebseigener Sachmittel stünde, kann ein Ersatzanspruch nur in dem Umfang bestehen, in dem der Arbeitgeber nach den Grundsätzen des innerbetrieblichen Schadenausgleichs eine Beschädigung seiner eigenen Sachmittel hinzunehmen hätte;[1256] die Beweislast für das fehlende Verschulden trägt der Arbeitnehmer.[1257] Da das Schadensrisiko des Arbeitgebers dementsprechend durch die Nutzung älterer oder mängelbehafteter Privatfahrzeuge überproportional ansteigen kann, sollte insbesondere bei umfangreicher dienstlicher Reisetätigkeit die Nutzung öffentlicher Verkehrsmittel, die Bereitstellung eines Dienstfahr-

1247 BAG 8.5.1980, AP Nr. 6 zu § 611 BGB Gefährdungshaftung des Arbeitgebers; *Nägele*, NZA 1997, 1196.

1248 Hessisches LAG 2.9.2008 – 13 Sa 442/08, zit. nach juris; BAG 14.12.1995, AP Nr. 13 zu § 611 BGB Gefährdungshaftung des Arbeitgebers; BAG 10.11.1961, DB 1962, 169.

1249 LAG Schleswig-Holstein 8.12.2010 – 6 Sa 350/10; LAG München 15.12.2009, LAGE Nr. 3 zu § 670 BGB 2002; BAG 8.5.1980, AP Nr. 6 zu § 611 BGB Gefährdungshaftung des Arbeitgebers.

1250 LAG Düsseldorf 22.10.2014 – 12 Sa 617/14, zit. nach juris; BAG 28.10.2010, AP Nr. 43 zu § 611 BGB Haftung des Arbeitgebers.

1251 *Frieges*, NZA 1995, 403; *Förschner*, DAR 2001, 16, 18.

1252 BAG 14.12.1995, NZA 1996, 417; *Nägele*, NZA 1997, 1196.

1253 BAG 25.5.2000, AP Nr. 8 zu § 611 BGB Parkplatz; Thüringer LAG 25.4.2006, LAGE Nr. 1 zu § 670 BGB 2002.

1254 BAG 23.11.2006, NJW 2007, 1486.

1255 LAG Rheinland-Pfalz 23.4.2013, EzTöD 100 § 3 TVöD-AT Aufwendungsersatz Nr 4; LAG Hamburg 9.4.2009, AuA 2010, 48; BAG 8.5.1980, AP Nr. 6 zu § 611 BGB Gefährdungshaftung des Arbeitgebers.

1256 BAG 22.6.2011, AP Nr. 45 zu § 611 BGB Haftung des Arbeitgebers.

1257 BAG 28.10.2010, AP Nr. 43 zu § 611 BGB Haftung des Arbeitgebers; *Salamon/Koch*, NZA 2012, 658.

zeugs oder die Einbeziehung des Fahrzeugs in eine betriebliche Unfallversicherung erwogen werden. Alternativ besteht die Möglichkeit, die Nutzung des Privatfahrzeugs bei gleichzeitigem Ausschluss weitergehender Ersatzansprüche angemessen zu vergüten.[1258] Zwar sind mit der Vereinbarung einer Kostenerstattung nach Maßgabe der steuerlichen Kilometerpauschalen etwaige Unfallschäden noch nicht abgegolten,[1259] doch kann (tarif-)vertraglich vereinbart werden, dass eine Kilometerpauschale auch die Aufwendungen für eine Fahrzeugvollversicherung einschließt und der Arbeitnehmer verpflichtet ist, diese bei einem Kaskoschaden in Anspruch zu nehmen.[1260] Der Ausschluss jedweder Kostenerstattung für Unfallschäden dürfte den Arbeitnehmer jedoch unangemessen benachteiligen und damit gegen § 307 Abs. 1 BGB verstoßen.

ee) Sanktionen und Bußgelder

Arbeitnehmer, die in besonderem Maße am Straßenverkehr teilnehmen, bspw. Kurier-, Taxi- oder LKW-Fahrer, tragen ein gesteigertes Risiko, bußgeldbewehrte Verkehrsordnungswidrigkeiten etwa durch Fahrfehler, Parkverstöße oder sogar verkehrsbezogene Straftaten zu begehen. Anlass für das **verkehrsbezogene Fehlverhalten** kann dabei durchaus die Verfolgung arbeitgeberseitiger Interessen sein, indem etwa Geschwindigkeitsbegrenzungen über- und gesetzlich vorgegebene Ruhezeiten unterschritten werden, um möglichst viele Aufträge erledigen zu können. Dennoch besteht aus § 670 BGB kein Anspruch gegen den Arbeitgeber auf die Erstattung verkehrsrechtlicher Sanktionen.[1261] Gleiches gilt für den Ausgleich der auf einem Fahrverbot beruhenden finanziellen Nachteile. Ein Arbeitnehmer, der eine Straftat oder Ordnungswidrigkeit begangen hat, hat die gegen ihn verhängte Sanktion nach deren Sinn und Zweck grds. selbst zu tragen und damit auch eine etwaige Geldstrafe oder Geldbuße aus eigenem Vermögen aufzubringen.[1262] Die finanzielle Belastung derartiger Sanktionen kann auch durch vertragliche Vereinbarungen nicht wirksam auf den Arbeitgeber verlagert werden. Vertragliche Vereinbarungen, die bereits vor der Begehung einer Ordnungswidrigkeit oder Straftat die Übernahme der Kosten durch den Arbeitgeber vorsehen, sind mit der Rechtsordnung nicht vereinbar. Ein Arbeitgeber, der einen Arbeitnehmer im eigenen wirtschaftlichen Interesse zur Vernachlässigung von Verkehrsvorschriften verleitet, indem er von vornherein die Übernahme etwaiger Geldstrafen und Geldbußen zusagt, handelt unverantwortlich nicht nur gegenüber dem Arbeitnehmer, dessen Gesundheit er gefährdet, sondern auch gegenüber der allgemeinen Verkehrssicherheit.[1263] Eine dementsprechende vertragliche Vereinbarung wäre gem. § 138 BGB sittenwidrig und daher nichtig.[1264] Denkbar ist jedoch eine Schadensersatzpflicht des Arbeitgebers, wenn dessen Arbeitsanordnungen zwangsläufig zu der Verhängung eines Bußgeldes führen mussten und es dem Arbeitnehmer nicht zumutbar gewesen ist, sich diesen zu widersetzen.[1265]

Übernimmt der Arbeitgeber dennoch die Zahlung von Straf- oder Bußgeldern, so handelt es sich hierbei um Arbeitslohn, der der Lohnsteuer und der Sozialversicherungspflicht unterliegt;[1266] dies gilt jedenfalls dann, wenn nicht ausnahmsweise die Zahlung im überwiegenden eigenbetrieblichen Interesse des Arbeitgebers liegt.[1267]

1258 *Werxhausen*, ArbRB 2007, 131.

1259 BAG 14.12.1995, AP Nr. 13 zu § 611 BGB Gefährdungshaftung des Arbeitgebers; *Hagemeier*, DB 1977, 2047; *Hohn*, DB 1978, 866.

1260 LAG Düsseldorf 22.10.2014, NZA-RR 2015, 219.

1261 ErfK/*Preis*, § 611 BGB Rn 562; Küttner/*Griese*, Aufwendungsersatz Rn 18.

1262 LAG Rheinland-Pfalz 10.4.2008 – 10 Sa 892/06, zit. nach juris; ArbG Düsseldorf 22.12.2009, MedR 2010, 257; *Laws*, DAR 2010, 691.

1263 BAG 25.1.2001, NZA 2001, 653.

1264 MünchArbR/*Reichold*, § 85 Rn 42; *Holly/Friedhofen*, NZA 1992, 145, 149 ff.

1265 LAG Hamm, 11.07.2013 – 8 Sa 502/13, zit. nach juris.

1266 Sächsisches LSG 4.10.2007 – L 1 B 321/06, n.v.; differenzierend BFH 7.7.2004, NZA-RR 2005, 267.

1267 BSG 1.12.2009 – B 12 R 8/08 R, SGb 2010, 78.

ff) Dienstbekleidung

598 Die Erstattungsfähigkeit der Anschaffungs- und Reinigungskosten für **Dienstbekleidung** des Arbeitnehmers gem. § 670 BGB ist abhängig von dem Zweck, dem die Kleidung zu dienen bestimmt ist. Zu unterscheiden ist dabei zwischen Arbeits- und Schutzbekleidung.[1268]

599 **Schutzbekleidung** soll den Arbeitnehmer vor den besonderen Einflüssen oder Gefahren am Arbeitsplatz, mithin vor Temperatur, Nässe, Lärm, gefährlichen Gasen oder Stoffen oder anderen gesundheitlichen Gefahren schützen oder ist aus Gründen der Hygiene erforderlich. Ist aufgrund von Unfallverhütungs- oder Hygieneschutzvorschriften das Tragen entsprechender Schutzkleidung vorgegeben, so ist diese gem. §§ 618, 619 BGB von dem Arbeitgeber auf eigene Kosten zu beschaffen und bereitzustellen. Kommt der Arbeitgeber dieser Verpflichtung nicht nach, handelt ein Arbeitnehmer, der die Schutzkleidung selbst beschafft, im Interesse des Arbeitgebers; er kann, sofern er die Selbstbeschaffung für erforderlich halten durfte, den Ersatz der aufgewandten Kosten gem. § 670 BGB verlangen.[1269] Dieser Anspruch kann vertraglich nicht abbedungen werden. Denn wenn auch der Erstattungsanspruch aus § 670 BGB dispositiv ist, handelt es sich bei § 619 BGB um zwingendes Recht; eine Vereinbarung, mit der dem Arbeitnehmer die Kostenlast für die erforderliche Schutzkleidung auferlegt werden soll, wäre daher unwirksam.[1270]

Auch die Kosten für die Reinigung der Schutzkleidung hat der Arbeitgeber zu tragen.[1271] Eine Kostenbeteiligung des Arbeitnehmers ist allenfalls dann zulässig, wenn dieser die Schutzkleidung auch privat nutzen kann.[1272]

600 Einfache **Arbeitsbekleidung** (auch Berufs- oder Dienstbekleidung), also die während der Arbeit zu tragende Bekleidung ohne besonderen Schutzcharakter, hat der Arbeitnehmer demgegenüber grds. auf eigene Kosten selbst zu beschaffen, zu reinigen[1273] und bei Verschleiß zu ersetzen. Gesetzliche Regelungen, die den Arbeitgeber zur Bereitstellung von Arbeitskleidung oder zur Übernahme der hierzu erforderlichen Kosten verpflichten, bestehen auch dann nicht, wenn mit der Arbeitskleidung ein dem Arbeitgeberinteresse dienendes einheitliches Bekleidungsbild geschaffen werden soll.[1274] Da der Arbeitnehmer nur in seiner Kleidung der Arbeitspflicht genügen kann und deshalb mit deren natürlichen Verschleiß rechnen muss, gehört die Bereitstellung der Arbeitskleidung zur selbstverständlichen Einsatzpflicht des Arbeitnehmers, die durch die Vergütung mit abgegolten ist und keinen Erstattungsanspruch aus § 670 BGB auslöst. Auch die Ersatzbeschaffung eines von dem Arbeitgeber bereitgestellten Kleidungsstücks begründet jedenfalls dann keinen Anspruch auf Aufwendungsersatz, wenn dem Arbeitnehmer dadurch keine höheren Kosten entstehen, als dies bei der Nutzung selbst ausgewählter Kleidung der Fall gewesen wäre.[1275]

601 Eine differenzierte Betrachtung ist jedoch geboten, wenn der Arbeitnehmer verpflichtet wird, eine besondere, **uniforme Dienstbekleidung** zu tragen, die maßgeblich der Außendarstellung des Arbeitgebers zu dienen bestimmt ist. Deren Beschaffung und Erhaltung liegt im betrieblichen Interesse, so dass ein Aufwendungsersatzanspruch gegen den Arbeitgeber grds. besteht. Dieser Anspruch wird in der Praxis regelmäßig durch eine **Kostenbeteiligung des Arbeitnehmers** modifiziert. Die Zulässigkeit einer derartigen Kostenbelastung des Arbeitnehmers hängt im Einzelfall von dem Umfang des von diesem erlangten Gebrauchsvorteils ab; entscheidend ist insbesondere, ob der Arbeitnehmer die Dienstbekleidung auch außerhalb der Arbeitszeit nutzen kann, oder ob er durch die Nutzung der Dienstkleidung zumindest Aufwendungen

1268 *Brill*, BB 1975, 1076.
1269 BAG 19.5.1998, AP Nr. 31 zu § 670 BGB; BAG 18.8.1982, DB 1983, 234.
1270 LAG Niedersachsen 11.6.2002, LAGReport 2003, 289; *Heilmann*, AiB 1994, 7.
1271 LAG Düsseldorf 26.4.2001, NZA-RR 2001, 409.
1272 BAG 21.8.1985, NZA 1986, 324.
1273 Hessisches LAG 31.5.2011 – 19 Sa 1753/10.
1274 *Schaub/Koch*, ArbR-Hdb., § 82 Rn 20 ff.
1275 BAG 13.2.2007, NZA 2007, 640; BAG 19.5.1998, AP Nr. 31 zu § 670 BGB.

für eigene Kleidung erspart.[1276] Ist dies nicht der Fall, ist die Abwälzung der Bekleidungskosten auf den Arbeitnehmer unangemessen i.S.v. § 307 Abs. 1 BGB. Ebenso verstößt eine vertragliche Regelung, mit der die pauschalierten Kosten für die Reinigung und Wiederbeschaffung der arbeitgeberseitig gestellten Arbeitskleidung auch für Zeiträume erhoben wird, in denen der Arbeitnehmer etwa wegen Urlaub oder Krankheit von der Arbeitsleistung befreit oder nicht verpflichtet ist, die Berufskleidung zu tragen, gegen § 307 Abs. 1 BGB.[1277]

gg) Erstattung von Berufsausübungskosten

Aufwendungen, die der **persönlichen Lebensführung** des Arbeitnehmers zuzurechnen sind, werden auch   602
dann nicht von dem gesetzlichen Aufwendungsersatzanspruch erfasst, wenn sie in engem Zusammenhang mit der beruflichen Tätigkeit des Arbeitnehmers stehen. Hierzu gehören etwa die Kosten, die durch den Erwerb einer Fahrerlaubnis oder einer sog. Fahrerkarte für den digitalen Fahrtenschreiber entstehen,[1278] ebenso die Kosten für die zulassungsbegründende Mitgliedschaft in Steuerberater- oder Rechtsanwaltskammern. Der Erwerb derartiger Erlaubnisse versetzt den Arbeitnehmer überhaupt erst in die Lage, die arbeitsvertraglich geschuldete Tätigkeit auszuüben. Soweit nicht eine vertragliche Erstattungsregelung getroffen wird, besteht daher in diesen Fällen kein Erstattungsanspruch gegen den Arbeitgeber.

23. Ausbildung

Ausführungen zur Berufsausbildung/Fortbildung finden sich unten im Kapitel zu den einzelnen Vertrags-   603
typen (siehe § 1b Rdn 1 ff.).

24. Aushilfe

Ausführungen hierzu finden sich im Kapitel zu den einzelnen Vertragstypen (siehe unten § 1b Rdn 52 ff.).   604

25. Auslandsentsendung

Ausführungen hierzu finden sich im Kapitel zu den einzelnen Vertragstypen (siehe unten § 1b Rdn 645 ff.).   605

26. Ausschlussfristen

Literatur: *Bayreuther*, Vertragskontrolle im Arbeitsrecht nach der Entscheidung des BAG zur Zulässigkeit zweistufiger Ausschlussfristen, NZA 2005, 1337; *Däubler*, AGB-Kontrolle im Arbeitsrecht – Bilanz nach zehn Jahren, ZTR 2012, 543; *Hönn*, Zu den „Besonderheiten" des Arbeitsrechts, ZfA 2003, 325; *Hunold*, Arbeitsvertragliche Ausschlussfristen, AuA 2006, 22; *Jacobs/Naber*, Arbeitsvertrag als Verbrauchervertrag – zweistufige Ausschlussfristen in Formulararbeitsverträgen, RdA 2006, 181; *Krause*, Vereinbarte Ausschlussfristen (Teil 1), RdA 2004, 36; *ders.*, Vereinbarte Ausschlussfristen (Teil 2), RdA 2004, 106; *Kraushaar*, Noch einmal: Zulässigkeit und Länge einzelvertraglicher Ausschlussfristen nach der Reform des Schuldrechts, ArbuR 2006, 386; *Lakies*, AGB-Kontrolle: Ausschlussfristen vor dem Aus?, NZA 2004, 569; *Laskawy*, Ausschlussfristen im Arbeitsrecht: Verständnis und Missverständnisse, DB 2003, 1325; *Lembke*, Mindestlohngesetz – erste Rechtsprechung und praktische Erfahrungen, NZA 2016, 1; *Lunk/Leder*, Der Arbeitsvertrag – Einzelne Vertragsklauseln, NJW 2016, 1292; *Lunk/Seidler*, Neue Formvorschriften für Anzeigen und Erklärungen – (ungewollte?) Auswirkungen im Arbeitsrecht, NJW 2016, 2153; *Matthiessen/Shea*, Wirksamkeit von tariflichen und arbeitsvertraglichen Ausschlussklauseln nach der Schuldrechtsreform?, DB 2004, 1366; *Preis/Roloff*, Die Inhaltskontrolle vertraglicher Ausschlussfristen, RdA 2005, 144; *Reinecke*, Die gerichtliche Kontrolle von Ausschlussfristen nach dem Schuldrechtsmodernisierungsgesetz, BB 2005, 378; *Singer*, Arbeitsvertragsgestaltung nach der Reform des BGB, RdA 2003, 194; *Thüsing/Leder*, Gestaltungsspielräume bei der Verwendung vorformulierter Arbeitsvertragsbedingungen – Besondere Klauseln, BB 2005, 1563.

1276 *Sandmann*, SAE 1999, 152, 156.
1277 LAG Niedersachsen 16.7.2007 – 9 Sa 1894/06, n.v.
1278 BAG 16.10.2007, AuR 2007, 387; LAG Düsseldorf 30.1.2007 – 3 Sa 1225/06, n.v.

a) Allgemeines

606 Ausschlussfristen bewirken, dass ein Anspruch erlischt, wenn er nicht innerhalb einer bestimmten Frist geltend gemacht wird. Sie dienen damit gleichsam der Rechtssicherheit und dem Rechtsfrieden.[1279] Der Schuldner erlangt nach Ablauf der Frist Gewissheit darüber, dass er nicht länger mit Ansprüchen seines Gläubigers zu rechnen braucht. Von der Verjährung unterscheiden sich Ausschlussfristen in zwei wichtigen Punkten: Während die Verjährung als Einrede ausgestaltet ist und dem Schuldner dementsprechend lediglich ein Leistungsverweigerungsrecht gibt (§ 214 Abs. 1 BGB), hat der Ablauf einer Ausschlussfrist rechtsvernichtende Wirkung und ist deshalb vom Arbeitsgericht von Amts wegen zu berücksichtigen.[1280] Zudem unterschreiten Ausschlussfristen die regelmäßige Verjährungsfrist von drei Jahren (§ 195 BGB) in der Praxis zumeist deutlich. Beide Gesichtspunkte nimmt die Rechtsprechung zum Anlass einer strengen Kontrolle entsprechender Vereinbarungen.

b) Erscheinungsformen

607 Ausschlussfristen sind in unterschiedlichen Erscheinungsformen denkbar. **Einseitige Ausschlussfristen**, die nur für den Arbeitnehmer zum Anspruchsverlust führen, widersprechen einer ausgewogenen Vertragsgestaltung. Sie benachteiligen den Arbeitnehmer unangemessen und sind deshalb in Formulararbeitsverträgen stets nach § 307 Abs. 1 S. 1 BGB unwirksam.[1281] **Zweiseitige Ausschlussfristen**, die für Arbeitnehmer und Arbeitgeber gleichsam gelten, können dagegen wirksam vereinbart werden.[1282] Dies gilt sowohl für **einstufige Ausschlussfristen**, die zum Erlöschen eines Anspruchs führen, wenn dieser nicht innerhalb der vereinbarten Frist geltend gemacht wird, wie für **zweistufige Ausschlussfristen**. Von letzteren wird gesprochen, wenn es nach der erfolglosen Geltendmachung des Anspruchs gegenüber dem Vertragspartner (= 1. Stufe) noch der Klageerhebung (= 2. Stufe) bedarf, um den Anspruch vor dem Erlöschen zu bewahren.

c) Wirksamkeitsgrenzen

608 Bei der Gestaltung von Ausschlussklauseln in Formulararbeitsverträgen ist deshalb neben der Reichweite der Klausel – welche Ansprüche sollen erfasst werden? – das Hauptaugenmerk auf das Gebot transparenter Vertragsgestaltung sowie auf die Länge der Ausschlussfrist und deren Beginn zu richten. Die **besonderen Klauselverbote der §§ 308, 309 BGB** blieben bislang ohne praktische Relevanz. Der § 308 Nr. 3 BGB gilt nicht für Dauerschuldverhältnisse; praktische Anwendungsfälle der §§ 308 Nr. 4 BGB, 309 Nr. 6 BGB auf Ausschlussfristen sind im Arbeitsrecht nicht auszumachen. Das in § 309 Nr. 7 BGB normierte Verbot von Haftungsausschlüssen bei Verletzung von Leben, Körper, Gesundheit und bei grobem Verschulden findet auf Ausschlussfristen keine Anwendung. In der Obliegenheit der fristgerechten Geltendmachung eines Anspruchs liegt nach richtiger Auffassung weder ein Haftungsausschluss noch eine Haftungsbegrenzung.[1283] § 309 Nr. 13 BGB steht zweistufigen Ausschlussfristen nicht entgegen (näher siehe Rdn 614). Die Berufung des Arbeitgebers auf eine Ausschlussfrist kann im Einzelfall gegen **Treu und Glauben** verstoßen und deshalb unzulässig sein.[1284]

1279 BAG 19.9.2012, NZA 2013, 156, 158; BAG 20.4.2012, NZA 2012, 982, 984; AGB-ArbR/*Klumpp*, § 307 Rn 112; *Lakies*, Vertragsgestaltung und AGB im Arbeitsrecht, Kap. 5 Rn 99; *Steinau-Reinrück/Vernunft*, Rn 107.

1280 BAG 20.4.2012, NZA 2012, 982, 984; BAG 22.1.2008, NZA-RR 2008, 525, 527.

1281 BAG 31.8.2005, NZA 2006, 324, 326; BAG 2.3.2004, NZA 2004, 852, 857; dazu AGB-ArbR/*Klumpp*, § 307 Rn 122; *Henssler/Moll*, S. 102; *Lakies*, Vertragsgestaltung und AGB im Arbeitsrecht, Kap. 5 Rn 121: *Steinau-Steinrück/Vernunft*, Rn 110; Hümmerich/Reufels/*Mengel*, Rn 1062; *Lakies*, Inhaltskontrolle von Arbeitsverträgen, Rn 604.

1282 BAG 22.8.2012, ZIP 2013, 86, 87; BAG 1.3.2006, NZA 2006, 783, 784; BAG 2.3.2004, NZA 2004, 852, 857.

1283 BAG (5. Senat) 25.5.2005, NZA 2005, 1111, 1113; BAG (5. Senat) 28.9.2005, NZA 2006, 149, 152. Nicht entschieden werden musste diese Frage von BAG (8. Senat) 20.6.2013, NZA 2013, 1265, 1267, weil das Gericht bereits im Wege der Auslegung zu dem Ergebnis gelangte, dass Schadenersatzansprüche der in § 309 Nr. 7 BGB bezeichneten Art von der Ausschlussklausel nicht umfasst wurden. Siehe bereits *Thüsing/Leder*, BB 2005, 1563, 1566 f.; AGB-ArbR/*Klumpp*, § 307 Rn 114. A.A. BGH 29.5.2013, NJW 2013, 2584, 2585. *Preis/Roloff*, RdA 2005, 144, 146 f.; *Lakies*, Vertragsgestaltung und AGB im Arbeitsrecht, Kap. 5 Rn 114.

1284 BAG 8.12.2011, NZA 2012, 808, 810; BAG 18.11.2004, NZA 2005, 516, 519; LAG Rheinland-Pfalz 13.7.2007 – 6 Sa 315/07, juris.

aa) Reichweite der Ausschlussklausel

Ausschlussfristen müssen nicht auf Ansprüche „aus dem Arbeitsverhältnis" begrenzt werden. Bezieht sich **609** die Klausel auf Ansprüche, die mit dem Arbeitsverhältnis **„in Verbindung stehen"**, werden alle Ansprüche erfasst, die mit dem Arbeitsverhältnis tatsächlich oder rechtlich zusammenhängen.[1285] Sollen nach dem Wortlaut der Ausschlussklausel alle „gegenseitigen Ansprüche" verfallen, werden dadurch nicht nur synallagmatische Ansprüche, sondern ebenso Ansprüche erfasst, die nicht von einer Gegenleistung abhängen.[1286] Unproblematisch können Ausschlussklauseln einzelvertragliche und abdingbare gesetzliche Rechte erfassen. Das BAG lässt daneben auch den Verfall **unabdingbarer gesetzlicher Ansprüche** zu.[1287] Im Schrifttum ist dies umstritten.[1288] Gemeint sind Ansprüche aus zwingendem Recht, von denen der Arbeitgeber nicht zulasten des Arbeitnehmers abweichen kann (siehe dagegen Rdn 610 zu unverzichtbaren Ansprüchen). Die Unabdingbarkeit des Entgeltfortzahlungsanspruchs gem. § 12 EFZG steht seinem Verfall etwa nicht entgegen.[1289] Der Grund liegt darin, dass Ausschlussfristen nicht die Entstehung und den Inhalt der Rechte des Arbeitnehmers regeln, sondern lediglich ihren zeitlichen Bestand, mit anderen Worten: Der Entgeltfortzahlungsanspruch entsteht zunächst und dies in voller Höhe; erst in der Folge geht er aufgrund nicht fristgemäßer Geltendmachung wieder unter. Der Anspruch auf Urlaubsabgeltung kann nach Aufgabe der Surrogatstheorie ebenfalls selbst hinsichtlich des gesetzlichen Mindesturlaubs einer Ausschlussfrist unterworfen werden.[1290]

Auf eine Reihe von Ansprüchen kann ein Arbeitnehmer nicht wirksam verzichten (**unverzichtbare Ansprüche**). **610** Solche Ansprüche können auch nicht einer Ausschlussklausel unterworfen werden. So darf eine Ausschlussklausel etwa die Haftung wegen Vorsatzes nicht verkürzen.[1291] Das folgt aus §§ 276 Abs. 3, 202 Abs. 1 BGB. Das Verbot, einem Schuldner die Haftung wegen Vorsatzes im Voraus zu erlassen, würde leer laufen, ließe man Ausschlussfristen für Ansprüche aus Vorsatzhaftung zu. Ansprüche eines Arbeitnehmers, die auf einer Betriebsvereinbarung beruhen, können durch eine arbeitsvertragliche Ausschlussklausel ebenfalls nicht zum Erlöschen gebracht werden (§ 77 Abs. 4 S. 4 BetrVG). Ausschlussfristen für die Geltendmachung tariflicher Rechte können nach § 4 Abs. 4 S. 3 TVG wirksam nur in einem Tarifvertrag vereinbart werden. Sperrwirkung gegenüber einzelvertraglichen Ausschlussklauseln entfaltet diese Bestimmung nach zutreffender Ansicht allerdings nur im Fall beiderseitiger Tarifgebundenheit.[1292] Ihr Schutzzweck ist auf kollektivrechtlich begründete Rechte beschränkt. Gelten tarifliche Rechte in einem Arbeitsverhältnis dagegen allein aufgrund arbeitsvertraglicher Bezugnahme, werden diese Rechte von einer arbeitsvertraglichen Ausschlussklausel mit umfasst. Unverzichtbar ist auch der Anspruch auf den gesetzlichen Mindestlohn (vgl. § 3 S. 1 MiLoG).

Hiervon zu unterscheiden ist die Frage, ob solche unverzichtbaren Ansprüche zur Vermeidung der Unwirk- **611** samkeit der Klausel **ausdrücklich** vom Geltungsbereich der Ausschlussklausel **ausgenommen** werden müssen. Nach bisheriger Ansicht des BAG war eine zwischen den Parteien des Arbeitsvertrags vereinbarte Ausschlussfrist regelmäßig dahin auszulegen, dass sie nur die von den Parteien für regelungsbedürftig gehaltenen Fälle erfasst.[1293] Ohne besondere Hinweise im Einzelfall sei eine Anwendung auch auf die Fälle,

---

1285 BAG 19.1.2011, NJW 2011, 2381, 2383; näher zur Reichweite ErfK/*Preis*, §§ 194–218 BGB Rn 48 f.

1286 BAG 20.4.2012, NZA 2012, 982, 984.

1287 BAG 13. 3. 2013, NZA 2013, 680, 684; BAG 9.8.2011, NZA 2011, 1421, 1424.

1288 Dafür: *Krause*, RdA 2004, 36, 42 f.; MünchArbR/*Krause*, § 64 Rn 19; *Schaub/Treber*, § 209 Rn 15;AGB-ArbR/*Klumpp*, § 307 Rn 114. Dagegen: Preis/*Preis*, II A 150 Rn 31.

1289 BAG 25.5.2005, NZA 2005, 1111, 1112.

1290 Für tarifliche Ausschlussfristen BAG 9.8.2011, NZA 2011, 1421, 1423; BAG 13.12.2011, NZA 2012, 514; BAG 21.2.2012, NZA 2012, 750, 752.

1291 BAG 25.5.2005, NZA 2005, 1111, 1112; dazu *Jacobs/Naber*, RdA 2006, 181, 182. BAG 28.9.2005, NZA 2006, 149, 151; vgl. auch BAG 18.8.2011 – 8 AZR 187/10, juris; *Henssler/Moll*, S. 101; *Lakies*, Vertragsgestaltung und AGB im Arbeitsrecht, Kap. 5 Rn 113.

1292 ErfK/*Preis*, § 218 BGB Rn 42.

1293 BAG 20.6.2013, NZA 2013, 1265, 1267; BAG 25.5.2005, NZA 2005, 1111,1112.

die durch zwingende gesetzliche Verbote oder Gebote geregelt sind, regelmäßig gerade nicht gewollt. Ansprüche aus Vorsatzhaftung (§§ 202 Abs. 1 BGB, 276 Abs. 3 BGB oder § 104 I SBG VII) seien deshalb von einer vertraglich vereinbarten Ausschlussklausel nicht erfasst.[1294] Gleiches gelte für Schadenersatzansprüche aus der Verletzung des Lebens, des Körpers oder der Gesundheit.[1295] Damit verstoßen Ausschlussfristen weder gegen § 309 Nr. 7a) BGB noch gegen § 309 Nr. 7b) BGB. Erstrecke sich die Ausschlussfrist auf einen unverzichtbaren Anspruch, führe dies ebenfalls nicht zur Unwirksamkeit der Ausschlussfrist. Ausschlussklauseln seien hinsichtlich der Art der erfassten Ansprüche teilbar. Zu weit reichende Klauseln seien deshalb nicht insgesamt unwirksam, sondern im Rahmen des § 139 BGB **lediglich teilnichtig**.[1296] Ein Verstoß gegen das Verbot der geltungserhaltenden Reduktion liege darin nicht.[1297]

612　Diese Rechtsprechung des BAG steht seit Langem in der **Kritik**. Einige Instanzgerichte verweigern ihr offen die Gefolgschaft.[1298] Diese Kritik hat seit dem Inkrafttreten des Mindestlohngesetzes Rückenwind erhalten. Sie fußt auf mehreren Säulen: Zunächst wird darauf verwiesen, das BAG habe seine am Sinn und Zweck der Ausschlussfrist orientierte Auslegung damit begründet, dass die Parteien bei der Vereinbarung einer Ausschlussfrist vor allem an laufende Entgeltansprüche denken würden, nicht aber an praktische Ausnahmefälle wie die Verkürzung der Haftung wegen Vorsatzes oder Schadenersatzansprüche für Personenschäden.[1299] Beim Anspruch auf Mindestlohn handele es sich demgegenüber gerade um derartige laufende Entgeltansprüche.[1300] Schadensersatzansprüche seien ebenfalls „weder außergewöhnlich noch fernliegend oder zahlenmäßig belanglos."[1301] Die Wirksamkeit allumfassend formulierter Ausschlussfristen scheitere zudem an ihrer fehlenden Transparenz.[1302] Das **BAG** scheint sich in einer bislang nur als Pressemitteilung veröffentlichten Entscheidung dieser Kritik **angeschlossen** zu haben – zumindest was die ausdrückliche Herausnahme der Mindestlohnansprüche aus einer Ausschlussfrist betrifft.[1303] Eine vom Arbeitgeber formularvertraglich gestellte Ausschlussfristenregelung, die auch den Anspruch auf das Mindestentgelt nach § 2 der Verordnung über zwingende Arbeitsbedingungen für die Pflegebranche (PflegeArbbV) erfasst, verstoße im Anwendungsbereich dieser Verordnung gegen § 9 S. 3 in Verbindung mit § 13 AEntG. Der Anspruch des Klägers auf das Mindestentgelt nach § 2 PflegeArbbV sei deshalb nicht wegen Versäumung der vertraglichen Ausschlussfrist erloschen. Für andere Ansprüche könne die Klausel nicht aufrechterhalten werden, weil dem das Transparenzgebot des § 307 Abs. 1 S. 2 BGB entgegenstünde. Ob sich hieraus entnehmen lässt, dass fortan sämtliche unverzichtbaren Ansprüche aus Transparenzgründen ausdrücklich vom Geltungsbereich der Klausel ausgenommen werden müssen (und nicht nur Ansprüche auf einen gesetzlich geregelten Mindestlohn), bleibt abzuwarten.

1294 BAG 20.6.2013, NZA 2013, 1265, 1267; BAG 25.5.2005, NZA 2005, 1111,1112. A.A. LAG Hamm 9.9.2014 – 14 Sa 389/13, juris; Schaub/*Vogelsang*, § 66 Rn 47 lehnt bez. des Mindestlohnes eine Einschränkung der Klausel entgegen deren eindeutigen Wortlaut ab.

1295 BAG 20.6.2013, NZA 2013, 1265, 1267. A.A. LAG Hamm 25.11.2014 – 14 Sa 463/14, juris.

1296 Vgl. BAG 28.9.2005, NZA 2006, 149, 151; BAG 25.5.2005, NZA 2005, 1111, 1112; *Steinau-Steinrück/Vernunft*, Rn 110; Suckow u.a./*Striegel*, Der vorformulierte Arbeitsvertrag, Rn 435. A.A. LAG Hamm 25.11.2014 – 14 Sa 463/14; hins. § 309 Nr. 7 BGB Hümmerich/Reufels/*Mengel*, Rn 1075; *Lakies*, Inhaltskontrolle von Arbeitsverträgen, Rn 599; Däubler u.a./*Bonin*, § 306 BGB Rn 18b.; kritisch auch Däubler u.a./*Däubler*, Anhang Rn 95.

1297 Vgl. BAG 28.9.2005, NZA 2006, 149, 151; BAG 25.5.2005, NZA 2005, 1111, 1112.

1298 Etwa LAG Hamm 25.11.2014 – 14 Sa 463/14, juris; LAG Hamm 9.9.2014 – 14 Sa 389/13, juris; LAG Niedersachsen 17.9.2015 – 6 Sa 1328/14, juris.

1299 Vgl. LAG Niedersachsen 17.9.2015 – 6 Sa 1328/14, juris.

1300 LAG Niedersachsen 17.9.2015 – 6 Sa 1328/14, juris zum Anspruch auf Mindestentgelt nach der Pflegearbeitsbedingungenverordnung; so auch *Riechert/Nimmerjahn*, § 3 MiLoG Rn 17 unter Verweis auf BAG 20.6.2013, NZA 2013, 1265, 1267; Schaub/*Vogelsang*, § 66 Rn 47.

1301 LAG Hamm 9.9.2014 – 14 Sa 389/14, juris.

1302 LAG Niedersachsen 17.9.2015 – 6 Sa 1328/14, juris; ArbG Berlin 6.11.2015 – 28 Ca 9517/15, juris.

1303 Pressemitteilung vom 24.8.2016 (Nr. 44/16).

bb) Form der Geltendmachung des Anspruchs

Im Zuge des Gesetzes zur Verbesserung der zivilrechtlichen Durchsetzung von verbraucherschützenden Vorschriften des Datenschutzrechts vom 17.2.2016 wurde **§ 309 Nr. 13 BGB** neu gefasst. Die Vorschrift ist seitdem für vertragliche Ausschlussfristen relevant: Bei Verträgen, die **nach dem 30.9.2016** geschlossen werden, können Anzeigen oder Erklärungen, die gegenüber dem Arbeitgeber oder einem Dritten abzugeben sind, nicht mehr an eine strengere Form als die **Textform** geknüpft werden (§ 309 Nr. 13b BGB);[1304] das Gesetz sah insoweit bislang Schriftform vor. Die Textform regelt § 126b BGB. Sie ist gewahrt, wenn eine lesbare Erklärung, in der die Person des Erklärenden genannt ist, auf einem dauerhaften Datenträger (z.B. per Fax, E-Mail oder SMS) abgegeben wird. Insbesondere eine unterschriebene Erklärung ist damit zur Wahrung der ersten Stufe einer Ausschlussfrist nicht erforderlich. Im Ergebnis ist das nichts Neues: Schon bislang genügte zur Wahrung der in einer vertraglichen Ausschlussfrist verlangten Schriftform nach § 127 Abs. 2 BGB im Zweifel die „telekommunikative Übermittlung."[1305] In der Praxis sollte ungeachtet dessen im Vertrag nunmehr ausdrücklich an die Textform angeknüpft werden.[1306]

613

Zweistufige Ausschlussfristen stellen keine besondere Form der Geltendmachung dar und verstoßen deshalb nicht gegen § 309 Nr. 13 Var. 1 oder Var. 2 BGB.[1307] Die Klageerhebung (**= zweite Stufe**) ist keine Erklärung oder Anzeige, die dem Arbeitgeber gegenüber abzugeben ist. Adressat ist das Gericht; dieses wiederum ist aber nicht Dritter i.S.d Vorschrift.[1308] Selbst wenn man in der klageweisen Geltendmachung eine strengere Form als die Schriftform (Nr. 13 Var. 1) sähe oder die Klageerhebung als ein besonderes Zugangserfordernis (Nr. 13 Var. 2) auffasste, so geböte es jedenfalls die angemessene Berücksichtigung der im Arbeitsrecht geltenden Besonderheiten i.S.d. § 310 Abs. 4 S. 2 BGB, diese Anforderung für zulässig zu erachten. Denn nur auf diese Weise kann der im Arbeitsleben gebotenen schnellen Klärung etwaiger Ansprüche angemessen Rechnung getragen werden.[1309]

614

cc) Überraschende Klauseln/Transparenzgebot

Eine Ausschlussfrist, die am Ende eines detaillierten Arbeitsvertrages unter der Überschrift „Schlussbestimmungen" enthalten ist, ist überraschend gem. § 305c Abs. 1 BGB und wird damit nicht Vertragsbestandteil.[1310] Gleiches gilt bei der Überschrift „Lohnberechnung und Zahlung".[1311] Dem Wortlaut der Ausschlussklausel muss zudem eindeutig zu entnehmen sein, dass Ansprüche bei nicht ordnungsgemäßer Geltendmachung erlöschen;[1312] hierfür soll nach Ansicht des BAG die Überschrift „Ausschlussfrist" gemeinsam mit der zwingenden Anordnung der Klageerhebung genügen.[1313] Entspricht die Klausel diesen Anforderungen nicht, ist sie intransparent und deshalb gem. § 307 Abs. 1 S. 2 BGB unwirksam (im Übrigen vgl. Rdn 196). Nimmt der Arbeitsvertrag Bezug auf eine tarifvertragliche Ausschlussklausel, die unter be-

615

1304 Zur Frage, wie Altverträge zu behandeln sind, die nach dem 30.9.2016 angepasst werden, siehe *Lunk/Seidler*, NJW 2016, 2153, 2154.

1305 Siehe auch *Lunk/Seidler*, NJW 2016, 2153, 2154.

1306 *Wagner/Wagner*, BB 2016, 707, 710; *Lingemann/Otte*, NZA 2016, 519; *Lunk/Leder*, NJW 2016, 1292, 1293.

1307 St. Rspr. seit BAG 25.5.2005, NZA 2005, 1111, 1113. Ebenso *Bayreuther*, NZA 2005, 1337; *Thüsing/Leder*, BB 2005, 1563, 1564 f.; AGB-ArbR/*Schlewing*, § 309 Rn 162; *Steinau-Steinrück/Vernunft*, Rn 115; Hümmerich/Reufels/*Mengel*, Rn 1079. A.A. Däubler u.a./*Däubler*, § 309 Nr. 13 Rn 6; *Hönn*, ZfA 2003, 325, 340 f.; *Reinecke*, BB 2005, 378, 382; *Singer*, RdA 2003, 194, 201 differenzierend *Lakies*, Vertragsgestaltung und AGB im Arbeitsrecht, Kap. 5 Rn 133 f.

1308 *Thüsing/Leder*, BB 2005, 1563, 1564.

1309 BAG 25.5.2005, NZA 2005, 1111, 1113 m.w.N,

1310 BAG 31.8.2005, NZA 2006, 324, 326; Suckow u.a./*Striegel*, Der vorformulierte Arbeitsvertrag, Rn 420; *Richter*, ArbRAktuell 2014, 193, 194.

1311 BAG 29.11.1995, AP AGB-Gesetz § 3 Nr. 1; Suckow u.a./*Striegel*, Der vorformulierte Arbeitsvertrag, Rn 420.

1312 Henssler/Moll, S. 103; AGB-ArbR/*Klumpp*, § 307 Rn 125; *Lakies*, Vertragsgestaltung und AGB im Arbeitsrecht, Kap. 5 Rn 110; Däubler u.a./*Däubler*, § 305c BGB Rn 37.

1313 BAG 24.9.2014 – 5 AZR 506/12, juris; BAG 31.8.2005, NZA 2006, 324, 326; BAG 25.5.2005, NZA 2005, 1111, 1113; Suckow u.a./*Striegel*, Der vorformulierte Arbeitsvertrag, Rn 438.

stimmten Umständen alternativ gelten soll, so ist dem Arbeitnehmer dagegen ein Textvergleich zumutbar,[1314] sofern der Tarifvertrag eindeutig bezeichnet ist.[1315] Ein Verstoß gegen das Transparenzgebot liegt nicht vor.

dd) Angemessenheitskontrolle

616   Im Mittelpunkt der allgemeinen Angemessenheitskontrolle nach § 307 BGB (siehe dazu Rdn 192 ff.) steht bei Ausschlussklauseln die Frage nach der zulässigen (Mindest-) **Länge der Ausschlussfrist**. Da verschiedene arbeitsrechtliche Vorschriften wie etwa § 626 Abs. 2 BGB, § 9 Abs. 1 s. 1 MuSchG, §§ 4, 7 KSchG, § 17 TzBfG, § 15 Abs. 4 AGG, § 61b Abs. 1 ArbGG verhältnismäßig kurze Fristen vorsehen, kann man es als eine gegenüber dem allgemeinen Zivilrecht im Arbeitsrecht geltende Besonderheit ansehen, Rechtspositionen zeitnah geltend zu machen. Dies gilt jedoch zum Schutze des Gläubigers nicht grenzenlos: Nach Ansicht des BAG sind Fristen von weniger als drei Monaten unangemessen kurz. Zur Begründung bezieht sich das Gericht auf die Drei-Monats-Frist des § 61b Abs. 1 ArbGG, die im Durchschnitt üblicher tariflicher Ausschlussfristen liegt und bei einer Gesamtbetrachtung geeignet ist. Sie gelte sowohl für die erste Stufe[1316] als auch für eine eventuelle zweite Stufe.[1317] Kürzere Fristen seien mit wesentlichen Grundgedanken des gesetzlichen Verjährungsrechts nicht vereinbar und schränkten wesentliche Rechte, die sich aus der Natur des Arbeitsvertrages ergeben, so ein, dass die Erreichung des Vertragszwecks nach § 307 Abs. 2 Nr. 1 BGB gefährdet sei. Bei der Vertragsgestaltung ist überdies zu beachten, dass übermäßig lange Ausschlussfristen zur Unwirksamkeit der Ausschlussfrist führen. Eine geltungserhaltende Reduktion (siehe dazu Rdn 205 f.) findet ebenso wenig statt wie eine ergänzende Vertragsauslegung (vgl. Rdn 208 f.). Das gilt auch für vor dem 1.1.2002 abgeschlossene Arbeitsverträge.[1318] Ist bei einer zweistufigen Ausschlussfrist die zweite Stufe wegen einer zu kurzen Frist zur gerichtlichen Geltendmachung unwirksam, kann die erste Stufe nach den Grundsätzen des sog. **blue-pencil-Tests** (siehe hierzu Rdn 207) dennoch wirksam sein.[1319] Die Unwirksamkeit der ersten Stufe hat dagegen regelmäßig die Unwirksamkeit der zweiten Stufe zur Folge.[1320] Denn es fehlt dann zumeist an einem Anknüpfungspunkt für den Fristbeginn der zweiten Stufe.

Der festgelegte **Beginn der Ausschlussfrist** muss mit der Wertung des § 199 Abs. 1 Nr. 1 und Nr. 2 BGB vereinbar sein.[1321] Danach beginnt die regelmäßige Verjährungsfrist nicht allein schon mit der Entstehung des Anspruchs, sondern erst dann, wenn der Gläubiger zusätzlich von den anspruchsbegründenden Umständen und der Person des Schuldners Kenntnis erlangt oder ohne grobe Fahrlässigkeit erlangen müsste. Dieser Kombination aus subjektiven und objektiven Elementen wird auch eine Ausschlussklausel gerecht, die schlechterdings an „die **Fälligkeit**" der geltend zu machenden Ansprüche anknüpft.[1322] In der BAG-Rechtsprechung wird der Fälligkeitsbegriff bei Ausschlussfristen nämlich subjektiv interpretiert. Die Frist beginnt danach, „sobald sich der Gläubiger den erforderlichen groben Überblick ohne schuldhaftes Zögern verschaffen und seine Forderung wenigstens annähernd beziffern kann".[1323] Diese Rechtsprechung stellt eine arbeitsrechtliche Besonderheit dar (vgl. dazu Rdn 198 ff.). Unwirksam sind hingegen Klauseln, die

---

1314 BAG 24.9.2014 – 5 AZR 506/12, Rn 24 f, juris.
1315 BAG 19.2.2014, NZA 2014, 1097, 1100.
1316 BAG 19.12.2007, NZA 2008, 464; BAG 28.9.2005, NZA 2006, 149, 152 f; BAG 16.5.2012, NZA 2012, 971, 973; a.A. AGB-ArbR/
      Klumpp, § 307 Rn 118 wonach im Einzelfall für die zweite Stufe eine Frist von zwei Monaten angemessen sein könnte; vgl. hierzu
      auch *Jacobs/Naber*, RdA 2006, 181, 186.
1317 BAG 24.9.2014 – 5 AZR 506/12, juris; BAG 28.11.2007, NZA 2008, 293, 294; BAG 25.5.2005, NZA 2005, 1111, 1114.
1318 BAG 19.12.2007, NZA 2008, 464; BAG 28.11.2007, NZA 2008, 293, 294 f.
1319 BAG 24.9.2014 – 5 AZR 506/12, juris; BAG 12.3.2008, NZA 2008, 699, 699 f; *Henssler/Moll*, S. 101; Suckow u.a./*Striegel*, Der
      vorformulierte Arbeitsvertrag, Rn 444.
1320 BAG 16.5.2012, NZA 2012, 971, 974; AGB-ArbR/*Klumpp*, § 307 Rn 126; *Lakies*, Vertragsgestaltung und AGB im Arbeitsrecht,
      Kap. 5 Rn 139.
1321 AGB-ArbR/*Klumpp*, § 307 Rn 119; *Lakies*, Vertragsgestaltung und AGB im Arbeitsrecht, Kap. 5 Rn 118 f.
1322 BAG 19.2.2014, NZA 2014, 1097, 1099; BAG 28.9.2005, NZA 2006, 149, 153; *Henssler/Moll*, S. 103 f.; die ausdrückliche Auf-
      nahme eines subjektiven Elements empfiehlt *Lakies*, Inhaltskontrolle von Arbeitsverträgen, Rn 603.
1323 BAG 20.6.2002, NZA 2003, 268, 271; BAG 26.5.1981, NJW 1981, 2487. Siehe auch BAG 27.2.2002, BB 2002, 2285, 2286 f.

für den Beginn der Ausschlussfrist allein auf die **Beendigung des Arbeitsverhältnisses** abstellen.[1324] Sie benachteiligen den Arbeitnehmer gem. § 307 Abs. 1 S. 1 BGB unangemessen, weil sie vom Leitbild des § 199 Abs. 1 BGB abweichen, ohne dass arbeitsrechtliche Besonderheiten diese Abweichung zu rechtfertigen vermögen. Der Lauf einer arbeitsvertraglichen Ausschlussfrist wird nicht analog **§ 207 Abs. 1 BGB** gehemmt.[1325] Nach dieser Vorschrift ist die Verjährung von Ansprüchen zwischen Ehegatten gehemmt, solange die Ehe besteht.

d) Formulierungsbeispiele

Muster 1a.26: Ausschlussklausel

617

Alle Ansprüche, die sich aus dem Arbeitsverhältnis ergeben, erlöschen, wenn sie nicht binnen einer Frist von 3 Monaten nach ihrer Fälligkeit in Textform gegenüber der anderen Vertragspartei geltend gemacht werden. Diese Ausschlussfrist gilt nicht für Ansprüche, auf die der Arbeitnehmer individualvertraglich nicht verzichten kann, wozu insbesondere der gesetzliche Mindestlohn zählt.

Variante

Alle Ansprüche, die sich aus dem Arbeitsverhältnis ergeben, erlöschen, wenn sie nicht binnen einer Frist von 3 Monaten nach ihrer Fälligkeit in Textform gegenüber der anderen Vertragspartei geltend gemacht werden. Wird der Anspruch innerhalb der vorgenannten 3-Monatsfrist geltend gemacht und lehnt die andere Vertragspartei die Erfüllung des Anspruchs schriftlich ab oder erklärt sie sich hierzu nicht innerhalb eines Monats nach Zugang der Geltendmachung des Anspruchs, erlischt der Anspruch auch dann, wenn er nicht binnen einer weiteren Frist von 3 Monaten nach Ablehnung oder Ablauf der 1-Monatsfrist gerichtlich geltend gemacht wird. Diese Ausschlussfrist gilt nicht für Ansprüche, auf die der Arbeitnehmer individualvertraglich nicht verzichten kann, wozu insbesondere der gesetzliche Mindestlohn zählt.

27. Befristung

Ausführliche Erläuterungen zu diesem Stichwort finden sich im Kapitel zu den einzelnen Vertragstypen (siehe unten § 1b Rdn 21 ff.). 618

28. Befristung einzelner Arbeitsbedingungen

Literatur: *Bayreuther*, Vorbehalte in der arbeitsrechtlichen Vertragsgestaltung – Wie viel Flexibilität soll das AGB-Recht zulassen?, ZfA 2011, 45; *Däubler*, AGB-Kontrolle im Arbeitsrecht – Bilanz nach zehn Jahren, ZTR 2012, 543; *Fleddermann*, Die Befristung einzelner Arbeitsbedingungen (Teil1), ArbRAktuell 2015, 367; *ders.*, Die Befristung einzelner Arbeitsbedingungen (Teil2), ArbRAktuell 2015, 392; *Hanau*, Neueste Rechtsprechung zum flexiblen Arbeitsverhältnis: Erfurter Allerlei oder neues Rezept?, ZIP 2005, 1661; *Hanau/Hromadka*, Richterliche Kontrolle flexibler Entgeltregelungen in Allgemeinen Arbeitsbedingungen, NZA 2005, 73; *Hohenstatt/Schramm*, Neue Gestaltungsmöglichkeiten zur Flexibilisierung der Arbeitszeit, NZA 2007, 238; *Lunk/Leder*, Teilbefristungen – Neues Recht und alte Regeln?, NZA 2008, 504; *dies.*, EWiR 2009, 737; *Maschmann*, Die Befristung einzelner Arbeitsbedingungen, RdA 2005, 212; *Preis/Bender*, Die Befristung einzelner Arbeitsbedingungen – Kontrolle durch Gesetz oder Richterrecht?, NZA-RR 2005, 337; *Preis/Lindemann*, Änderungsvorbehalte – Das BAG durchschlägt den gordischen Knoten, NZA 2006, 632; *Schmalenberg*, Befristung von einzelnen Vertragsbedingungen, FS 25 Jahre ARGE Arbeitsrecht im DAV (2006), S. 155; *Schmidt*, Neues zur Teilbefristung – Das TzBfG im Gewand der AGB-Kontrolle, NZA 2014, 760; *Thüsing*, Angemessenheit durch Konsens – Zu den Grenzen der Richtigkeitsgewähr arbeitsvertraglicher Vereinbarungen, RdA 2005, 257; *Thüsing/Leder*, Gestaltungsspielräume bei der Verwendung vorformulierter Arbeitsvertragsbedingungen – Besondere Klauseln, BB 2005, 1563; *Wank*, Änderung von Arbeitsbedingungen, NZA-Beil. 2012, 41; *Willemsen/Grau*, Alternative Instrumente zur Entgeltflexibilisierung im Standardarbeitsvertrag, NZA 2005, 1137; *Willemsen/Jansen*, Die Befristung von Entgeltbestandteilen als Alternative zu Widerrufs- und Freiwilligkeitsvorbehalten, RdA 2010, 1.

1324 BAG 1.3.2006, NZA 2006, 783, 784; so auch *Henssler/Moll*, S. 104; *Lakies*, Vertragsgestaltung und AGB im Arbeitsrecht, Kap. 5 Rn 116; a.A. AGB-ArbR/*Klumpp*, § 307 Rn 119.
1325 LAG Baden-Württemberg 26.2.2007, DB 2007, 1310.

a) Allgemeines

619   Befristungsabreden sind neben Widerrufs- (siehe dazu Rdn 1628 ff.) oder Freiwilligkeitsvorbehalten (siehe dazu Rdn 897 ff.) ein weiteres Instrument zur **flexiblen Gestaltung von Arbeitsverträgen**. Ein Arbeitsvertrag kann nämlich nicht nur insgesamt befristet abgeschlossen werden. Vereinbart werden kann auch, dass lediglich einzelne Arbeitsbedingungen für eine kalendermäßig bestimmte Dauer oder bis zum Erreichen eines bestimmten Zwecks gelten sollen. Dies gilt für Haupt- und Nebenpflichten gleichermaßen. Ein gewichtiger **Vorteil** von Befristungsabreden ist, dass sie Flexibilität auch innerhalb des sog. Kernbereichs eines Arbeitsverhältnisses erlauben. Widerrufsvorbehalte sind dort nicht zulässig (vgl. hierzu Rdn 1631 f.), Freiwilligkeitsvorbehalte nur, sofern sie Sonderleistungen betreffen (vgl. hierzu Rdn 899 f.). Auf der anderen Seite müssen sich die Vertragsparteien bereits bei der Vereinbarung der befristeten Leistung Gedanken über ihre Dauer machen; hierin liegt ein entscheidender **Nachteil** gegenüber Widerrufs- oder Freiwilligkeitsvorbehalten. Diese gestatten es, auch auf solche zukünftigen Umstände reagieren zu können, deren Eintreten sich im Zeitpunkt des Vertragsschlusses noch nicht abzeichnete.

b) Wirksamkeitsvoraussetzungen
aa) Inhaltliche Anforderungen

620   In einem **Formulararbeitsvertrag** ist die Befristung einzelner Arbeitsbedingungen allgemein immer dann unwirksam, wenn die Abwägung der Interessen beider Vertragspartner zu dem Ergebnis führt, dass der Arbeitnehmer durch die Befristung unangemessen benachteiligt wird. Dies folgt aus **§ 307 Abs. 1 S. 1 BGB**. Das BAG wendet diese Vorschrift auf die Befristung von Haupt- und Nebenpflichten gleichermaßen an.[1326] Innerhalb der vorzunehmenden Interessenabwägung berücksichtigt das Gericht, ob Umstände vorliegen, die die Befristung des Arbeitsvertrags insgesamt nach **§ 14 Abs. 1 TzBfG** rechtfertigen würden.[1327] Sofern dies der Fall ist, wird ein Arbeitnehmer nach Ansicht des BAG durch die Teilbefristung nur bei Vorliegen „außergewöhnlicher Umstände" benachteiligt.[1328] Außergewöhnliche Umstände hat das BAG bislang allerdings noch in keiner Entscheidung angenommen, jedoch dann für möglich gehalten, wenn bei Abschluss einer befristeten Arbeitszeiterhöhung „ein Sachverhalt nach § 9 TzBfG vorlag."[1329] Dies wird sich verallgemeinern lassen: Eine unangemessene Benachteiligung liegt immer dann vor, wenn ein Arbeitnehmer bei der Vereinbarung einer Teilbefristung einen Anspruch auf unbefristete Gewährung der jeweiligen Arbeitsbedingung geltend gemacht hat und ihm dieser Anspruch im Zeitpunkt des Abschlusses der Teilbefristung auch zustand. Dies hat das BAG für die Befristung einer Arbeitszeitverringerung bestätigt: Durch eine solche Vereinbarung werde der Arbeitnehmer nur dann unangemessen benachteiligt, wenn er die unbefristete Verringerung der Arbeitszeit geltend gemacht hatte und die Voraussetzungen des § 8 TzBfG vorlagen; andernfalls sei die Befristung wirksam.[1330] Bei der Vereinbarung einer **auflösenden Bedingung** hinsichtlich einzelner Arbeitsbedingungen gelten dieselben Grundsätze wie bei Teilbefristungen.[1331]

621   Bei mehreren, hintereinander geschalteten Teilbefristungen ist die gerichtliche Kontrolle auf die jeweils **letzte Befristungsabrede** beschränkt. Es anderes gilt nur, wenn die Parteien in einer nachfolgenden Ver-

---

1326 BAG 8.8.2007, NZA 2008, 229, 230; BAG 27.7.2005, NZA 2006, 40, 45; *Preis/Bender*, NZA-RR 2005, 337, 340; *Maschmann*, RdA 2005, 212, 220. Anders *Thüsing/Leder*, BB 2005, 1563, 1568; *Thüsing*, RdA 2005, 257, 265. Siehe dazu auch *Lunk/Leder*, NZA 2008, 504.

1327 BAG 23.3.2016, NZA 2016, 881, 885; BAG 7.10.2015, NZA 2016, 441, 445; BAG 10.12.2014, NZA 2015, 811, 814; BAG 15.12.2011, NZA 2012, 674, 676; BAG 2.9.2009, NZA 2009, 1253, 1255 mit Anm. *Lunk/Leder*, EWiR 2009, 737; BAG 8.8.2007, NZA 2008, 229. Anklänge bereits bei BAG 18.1.2006, AP § 305 BGB Nr. 8.

1328 BAG 7.10.2015, NZA 2016, 441, 445; BAG 15.12.2011, NZA 2012, 674, 676. Näher differenzierend *Willemsen/Jansen*, RdA 2010, 1, 6 f.

1329 BAG 15.12.2011, NZA 2012, 674, 677; BAG 2.9.2009, NZA 2009, 1253, 1256 mit Anm. *Lunk/Leder*, EWiR 2009, 737.

1330 BAG 10.12.2014, NZA 2015, 811, 814 f.

1331 BAG 16.5.2012, ZTR 2012, 513, 514; BAG 18.5.2011, NZA 2011, 1289, 1291.

einbarung zur Befristung der Arbeitsvertragsbedingung dem Arbeitnehmer – ausdrücklich oder konkludent – das Recht vorbehalten, die Wirksamkeit der vorangegangenen Befristung überprüfen zu lassen.[1332]

Einen festen, Teilbefristungen per se vorenthaltenen **Kernbereich** gibt es nicht.[1333] Dementsprechend hat das BAG für den Fall einer befristeten Arbeitszeiterhöhung festgestellt, dass der Umfang der Arbeitszeiterhöhung „nicht von ausschlaggebender Bedeutung" sei.[1334] Im Regelfall sind damit Befristungen einzelner Arbeitsbedingungen immer dann zulässig, wenn auch der gesamte Arbeitsvertrag nach § 14 Abs. 1 TzBfG befristet werden könnte.[1335]   **622**

Das BAG brauchte bislang nicht die Frage zu entscheiden, ob eine unangemessene Benachteiligung gem. § 307 Abs. 1 S. 1 BGB auch dann im Regelfall ausscheidet, wenn die Befristung des gesamten Arbeitstrages aus anderen Gründen zulässig ist. Im Schrifttum ist diese Frage umstritten.[1336] Die besseren Argumente sprechen dafür, auch in den Fällen des **§ 14 Abs. 2 und 3 TzBfG** eine Teilbefristung zuzulassen, sofern keine „außergewöhnlichen Umstände" entgegenstehen.[1337] Auch bei Vorliegen der Voraussetzungen dieser Vorschriften besteht typischerweise ein gegenüber dem Bestandsschutzinteresse des Arbeitnehmers höher zu bewertendes Interesse des Arbeitgebers an der Beendigung des Arbeitsverhältnisses durch die Befristung. Für einen solchen Gleichklang spricht, dass die Befristung einzelner Arbeitsbedingungen nicht schwieriger als die Befristung des gesamten Arbeitsvertrages sein darf (Erst-Recht-Schluss).[1338]   **623**

Kann die Teilbefristung nicht auf einen Sachverhalt gestützt werden, der zugleich die Befristung des gesamten Arbeitsvertrages rechtfertigen würde, ist zweierlei zu beachten.[1339] Erstens sind Teilbefristungen auch **außerhalb** der Wertungen **des TzBfG** möglich. Eine Teilbefristung ist deshalb keineswegs allein deshalb unwirksam, weil die Befristung nicht auf Umständen beruht, die eine Befristung des ganzen Arbeitsvertrages gerechtfertigt hätten.[1340] Damit gilt: Umstände, die die Befristung des Arbeitsvertrages an sich rechtfertigen, indizieren die Rechtmäßigkeit einer Teilbefristung; das Fehlen solcher Umstände ist dagegen kein Indiz für eine unangemessene Benachteiligung (siehe aber sogleich zur befristeten Arbeitszeiterhöhung). Zweitens existiert auch in diesem Bereich kein Kernbereich, der – vergleichbar mit der Rechtsprechung zu Widerrufvorbehalten (siehe dazu Rdn 1631 f.) – einer Teilbefristung ausnahmslos vorenthalten wäre. Das schließt jedoch nicht aus, die Höhe der befristeten Arbeitszeit bzw. des Entgelts als einen unter mehreren Posten mit in die Waagschale der Abwägung zu werfen.[1341] Das BAG geht einen Schritt weiter: Bei einer befristeten **Arbeitszeiterhöhung** „in einem erheblichen Umfang" müssten Umstände vorliegen, die die Befristung des Arbeitsvertrages insgesamt rechtfertigen würden.[1342] Eine Arbeitszeiterhöhung in erheblichem Umfang liegt in der Regel vor, wenn sich das Aufstockungsvolumen auf mindestens 25 % eines entsprechenden Vollzeitarbeitsverhältnisses beläuft.[1343] In solchen Fällen findet § 14 TzBfG im Ergebnis somit analoge Anwendung. Als Begründung dient die dem TzBfG zugrunde liegende Wertung: Die längerfristige Lebensplanung werde dem Arbeitnehmer nicht schon allein durch den Abschluss eines unbefriste-

---

1332 BAG 23.3.2016, NZA 2016, 881, 885; BAG 7.10.2015, NZA 2016, 441, 444.

1333 *Lunk/Leder*, NZA 2008, 504.

1334 BAG 8.8.2007, NZA 2008, 229, 230; zu den ggf. steigenden Anforderungen an die Angemessenheitsprüfung vgl. jedoch BAG 15.12.2011, NZA 2012, 674, 677.

1335 Kritisch *Schmidt*, NZA 2014, 760, 762.

1336 Dafür: *Hanau/Hromadka*, NZA 2005, 73, 77; *Lunk/Leder*, NZA 2008, 504; *Thüsing*, RdA 2005, 257, 265; Dagegen: *Schmalenberg*, FS 25 Jahre ARGE Arbeitsrecht im DAV, S. 155, 167 f.; *Preis/Bender*, NZA-RR 2005, 337, 341 f.; *Maschmann*, RdA 2005, 212, 215; *Hohenstatt/Schramm*, NZA 2007, 238, 244.

1337 Ausf. dazu *Lunk/Leder*, NZA 2008, 504. A.A. etwa *Willemsen/Jansen*, RdA 2010, 1, 5; *Schmidt*, NZA 2014, 2014, 760, 763.

1338 So auch *Henssler/Moll*, S. 60; differenzierend AGB-ArbR/*Klumpp*, § 307 Rn 145.

1339 Hierzu bereits *Lunk/Leder*, NZA 2008, 504.

1340 BAG 7.10.2015, NZA 2016, 441, 445; *Schmidt*, NZA 2014, 760, 762.

1341 *Lunk/Leder*, NZA 2008, 504, 508; *Preis/Bender*, NZA-RR 2005, 337, 341.

1342 BAG 23.3.2016, NZA 2016, 881, 886; BAG 7.10.2015, NZA 2016, 441, 445; BAG 15.12.2011, NZA 2012, 674, 677 mit krit. Anm. *Dzida*, NJW 2012, 2302 und *Lunk*, AP Nr. 89 zu § 14 TzBfG.

1343 BAG 23.3.2016, NZA 2016, 881, 887.

ten Arbeitsvertrages ermöglicht, sondern nur dann, wenn auch der Umfang der Arbeitszeit unbefristet vereinbart werde.[1344] Bei einer befristeten **Arbeitszeitverringerung** ist solche zusätzliche Rechtfertigung dagegen nicht erforderlich.[1345] Eine derartige Befristung gefährdet das dauerhafte Einkommen nicht, sondern sichert es im Gegenteil dadurch, dass sich die Arbeitszeit nach Ablauf der Befristung automatisch auf das vorherige Niveau erhöht. Der Arbeitnehmer ist damit nicht auf einen Anspruch nach § 9 TzBfG angewiesen, um zur vorherigen Arbeitszeit zurückzukehren. Eine unangemessene Benachteiligung liegt in diesen Fällen nur dann vor, wenn der Arbeitnehmer bei Abschluss der befristeten Arbeitszeitverringerung gleichzeitig die unbefristete Herabsetzung seiner Arbeitszeit verlangte und ihm entsprechender Anspruch nach § 8 TzBfG tatsächlich zustand. Die befristete **Übertragung einer höherwertigen Tätigkeit** liegt zwischen diesen Fällen. Im Regelfall müssen zur Angemessenheit der Befristung keine Umstände vorliegen, die zugleich die Befristung des gesamten Vertrages rechtfertigen würden. Die Sicherung eines bestimmten Auskommens könne „allenfalls" dann beeinträchtigt sein, wenn die befristete Tätigkeitsübertragung mit einer ebenso befristeten und erheblichen Anhebung der Vergütung verbunden ist.[1346] Wer als Arbeitgeber einem Arbeitnehmer eine bestimmte, höherwertige Tätigkeit interimsweise übertragen möchte, sollte die Vergütung deshalb allenfalls moderat anpassen. Ebenso ist zu berücksichtigen, ob die Befristung erst bei Abschluss des Arbeitsvertrages oder nachträglich erfolgte bzw. Leistungen befristet werden, die im Gegenseitigkeitsverhältnis stehen oder sonstige Arbeitsbedingungen betreffen. Keine Rolle spielt es dagegen, ob das Arbeitsverhältnis dem Anwendungsbereich des KSchG unterfällt. Unangemessen benachteiligen können Teilbefristungen den Arbeitnehmer deshalb auch vor Ablauf der Wartezeit (§ 1 Abs. 1 KSchG) und in Kleinbetrieben (§ 23 KSchG).[1347]

bb) Formale Anforderungen

624 Aus der Befristungsabrede muss eindeutig erkennbar sein, dass die konkrete Vertragsbedingung nicht auf Dauer gelten, sondern zu einem bestimmten Zeitpunkt wieder entfallen soll. Dies verlangt das Transparenzgebot des § 307 Abs. 1 S. 2 BGB. Der die Befristung rechtfertigende **Sachgrund** muss bei einer kalendermäßigen Befristung im Arbeitsvertrag allerdings nicht genannt werden.[1348] Dies ist deshalb gerechtfertigt, weil im Falle des Widerrufs erst die Auflistung der möglichen Widerrufsgründe dem Arbeitnehmer Aufschluss darüber gibt, unter welchen Voraussetzungen er mit dem Widerruf der Leistung zu rechnen hat. Bei einer Befristung hingegen weiß der Arbeitnehmer bereits ab Vertragsabschluss, wie lange die Leistung erbracht werden soll. Lediglich bei Zweckbefristungen, bei denen der Beendigungszeitpunkt sich erst aus dem mit der Befristung verfolgten Zweck ergibt, muss der Zweck der Befristung in der Klausel angegeben werden.[1349] Die **Schriftform** des § 14 Abs. 4 TzBfG gilt für die Befristung einzelner Arbeitsbedingungen ebenso wenig wie die **Klagefrist** des § 17 TzBfG.[1350]

1344 BAG 23.3.2016, NZA 2016, 881, 886; BAG 10.12.2014, NZA 2015, 811, 814.

1345 BAG 10.12.2014, NZA 2015, 811, 814.

1346 BAG 7.10.2015, NZA 2016, 441, 444 (in konkreten Fall verneint für eine Gehaltssteigerung von ca. 9 %).

1347 Abweichend *Schmalenberg*, FS 25 Jahre ARGE Arbeitsrecht im DAV, S. 155, 167 f.

1348 BAG 10.12.2014, NZA 2015, 811, 815; BAG 2.9.2009, NZA 2009, 1253, 1254 f. mit Anm. *Lunk/Leder*, EWiR 2009, 735. Ebenso *Hanau*, ZIP 2005, 1661, 1665; *Hohenstatt/Schramm*, NZA 2007, 238, 243; *Lunk/Leder*, NZA 2008, 504, 508. *Fleddermann*, ArbRAktuell 2015, 367, 367f. Anders Däubler u.a./*Bonin*, § 307 Rn 208b; *Preis/Lindemann*, NZA 2006, 632, 637 f.; *Henssler/Moll*, S. 59; offen gelassen von BAG 18.5.2011, NZA 2011, 1289, 1291.

1349 AnwK-ArbR/*Studt*, § 14 TzBfG Rn 152.

1350 BAG 10.12.2014, NZA 2015, 811, 814 zur Schriftform und BAG 7.10.2015, NZA 2016, 441, 443; BAG 15.12.2011, NZA 2012, 674, 675 zur Klagefrist; *Lakies*, Vertragsgestaltung und AGB im Arbeitsrecht, Kap. 4 Rn 85; *Fleddermann*, ArbRAktuell 2015, 367.

c) Formulierungsbeispiel

▼

Muster 1a.27: Befristete Verlängerung der wöchentlichen Arbeitszeit
Ergänzung zum Arbeitsvertrag

Die Parteien sind sich einig, dass die in § ▭▭▭ (*Ziffer*) des Arbeitsvertrags vom ▭▭▭ (*Datum*) vereinbarte regelmäßige Arbeitszeit von bislang 30 Wochenstunden bis zur Rückkehr von Herrn/Frau ▭▭▭ (*Name*) aus der Elternzeit, längstens jedoch bis zum ▭▭▭ (*Datum*), unter entsprechender Erhöhung der
Vergütung auf 40 Wochenstunden erhöht wird (§ 14 Abs. 1 S. 2 Nr. 3 TzBfG).

▲

29. Beratervertrag

Ausführliche Erläuterungen zu diesem Stichwort finden sich im Kapitel zu den einzelnen Vertragstypen, **625**
dort Dienstvertrag (siehe unten § 1b Rdn 765 ff.).

30. Bereitschaftsdienst

Für Zeiten, in denen keine volle Beanspruchung des Arbeitnehmers durch die Dienstaufgaben erfolgt, wur- **626**
den verschiedene **Arbeitszeitmodelle** entwickelt. Es wird differenziert zwischen Rufbereitschaft, Arbeitsbereitschaft und Bereitschaftsdienst, die sich jeweils im Grad der Beanspruchung des Arbeitnehmers unterscheiden.

a) Abgrenzung zu anderen Arbeitszeitmodellen

Die stärkste Inanspruchnahme des Arbeitnehmers liegt bei der **Arbeitsbereitschaft** vor; nach der Definition **627**
des BAG ist dies die wache **Aufmerksamkeit** im Zustand der Entspannung.[1351] Typisch für die Arbeitsbereitschaft ist, dass der Arbeitnehmer selbstständig von sich aus die Arbeit wieder aufnehmen muss.[1352]
Aufgrund der geforderten Aufmerksamkeit wird die Arbeitsbereitschaft arbeitszeitrechtlich (vgl. § 7
Abs. 1 Nr. 1a ArbZG) und vergütungsrechtlich[1353] als Arbeitszeit gewertet.

Bei der **Rufbereitschaft** ist der Arbeitnehmer nicht verpflichtet, sich am Arbeitsplatz aufzuhalten und zu **628**
arbeiten; er kann seinen **Aufenthaltsort** grundsätzlich **frei wählen**. Der Arbeitnehmer ist allerdings verpflichtet, auf Aufforderung des Arbeitgebers binnen angemessener Zeit die Arbeit aufzunehmen.[1354] Arbeitszeitrechtlich ist die Rufbereitschaft als solche keine Arbeitszeit, Arbeitszeit liegt lediglich für die
Zeiten vor, in denen der Arbeitnehmer tatsächlich auf Abruf des Arbeitgebers tätig wird.[1355] Rufbereitschaft ist grundsätzlich als besondere Leistung des Arbeitnehmers zu vergüten; die bloße Ruhenszeit kann
jedoch geringer entlohnt werden als Vollarbeit, Zeiten tatsächlicher Arbeitsleistung sind grds. voll zu vergüten.[1356]

b) Bereitschaftsdienst

Zwischen diesen beiden Formen liegt der **Bereitschaftsdienst**: Der Arbeitnehmer muss sich an einem vom **629**
Arbeitgeber vorgegebenen Standort, in der Regel im Betrieb, aufhalten, ist jedoch nicht verpflichtet zu ar-

---

1351 BAG 10.1.1991, AP Nr. 4 zu § 8 MTB II.
1352 ErfK/*Wank*, § 2 ArbZG Rn 21.
1353 BAG 28.11.1973, AP Nr. 2 zu § 19 MTB II; BAG 30.1.1985, AP Nr. 2 zu § 35 BAT.
1354 BAG 18.2.2003, AP Nr. 12 zu § 611 BGB; BAG 16.3.2004, AP Nr. 2 zu § 2 ArbZG.
1355 ErfK/*Wank*, § 3 ArbZG Rn 30.
1356 BAG 28.1.2004, NZA 2004, 656.

beiten und muss erst auf Aufforderung des Arbeitgebers tätig werden.[1357] Der Unterschied zur Rufbereitschaft liegt in der **eingeschränkten Wahl des Aufenthaltsortes**,[1358] der Unterschied zur Arbeitsbereitschaft liegt darin, dass ein **Zustand der Aufmerksamkeit nicht erforderlich** ist: Während des Bereitschaftsdienstes darf der Arbeitnehmer beispielsweise auch schlafen, während der Arbeitsbereitschaft nicht.[1359] Auch kurze Reaktionszeiten von 90 Sekunden schließen die Annahme von Bereitschaftsdienst nicht aus, wenn der Arbeitnehmer erst auf Aufforderung tätig werden muss.[1360]

c) Arbeitszeitrechtliche Bewertung

630 **Arbeitszeitrechtlich** steht nunmehr aufgrund diverser Entscheidungen des EuGH – auf Grundlage der „Simap-Entscheidung" – sowie des übernehmenden Urteils des BAG im Gegensatz zur vorherigen Rechtslage fest, dass **Bereitschaftsdienst** – unabhängig von der tatsächlichen Inanspruchnahme des Arbeitnehmers – **Arbeitszeit im Sinne des Arbeitszeitgesetzes** ist.[1361] Die vor allem im Gesundheitsbereich problematischen Folgen dieser arbeitszeitrechtlichen Neubewertung des Bereitschaftsdienstes wurden durch Abweichungsmöglichkeiten des Arbeitszeitgesetzes (§ 7 ArbZG) und ergänzender Tarifverträge zumindest eingedämmt. Die Möglichkeiten, von den Vorgaben des Arbeitszeitgesetzes abzuweichen, bestehen jedoch lediglich für tarifliche Regelungen und auf Grundlage einer tariflichen Regelung in einer Betriebs- oder Dienstvereinbarung, rein arbeitsvertragliche Lösungen scheiden aus.[1362]

d) Vergütung des Bereitschaftsdienstes

631 Anders ist die Rechtslage im Hinblick auf die **Vergütung des Bereitschaftsdienstes**: Die arbeitszeitrechtliche Einordnung als Vollarbeit bindet die Parteien bei der Festlegung der Vergütung für den Bereitschaftsdienst nicht.[1363] Allerdings hat das BAG Richtlinien aufgestellt.[1364] Für die Gestaltung der Vergütung verlangt das BAG, dass **Zeiten der tatsächlichen Inanspruchnahme** während des Bereitschaftsdienstes als **Vollarbeit vergütet** werden; aber auch der **Bereitschaftsdienst als solcher** ist zu **vergüten**, da der Arbeitnehmer auch in der Ruhezeit eine Leistung gegenüber dem Arbeitgeber erbringt, da er in seinem Aufenthalt beschränkt ist und mit jederzeitiger Arbeitsaufnahme rechnen muss. Die Vergütung für die Leistung des **Bereitschaftsdienstes** als solche kann jedoch **niedriger bemessen** werden als für **Vollarbeit**. Im Ergebnis hielt das Bundesarbeitsgericht eine **Pauschalierungsabrede** für Bereitschaftsdienst bei weniger als 50 % Heranziehung zur Tätigkeit mit 68 % der Vergütung der regulären Tätigkeit für rechtmäßig. Ggf. zu berücksichtigen ist auch ein möglicher Ausgleich für Bereitschaftsdienst in den Nachtstunden gem. § 6 Abs. 5 ArbZG.[1365] Zuletzt hat das BAG an die Vereinbarung einer pauschalen Abgeltung von Bereitschaftsdiensten strenge Transparenzanforderungen, insbesondere hinsichtlich der Erkennbarkeit des Umfangs des abgegoltenen Bereitschaftsdienstes, gestellt; eine solche Unwirksamkeit ergreift allerdings nur die Klauseln zum Bereitschaftsdienst, so dass dieser nach gesetzlichen Regeln gesondert zu vergüten ist, nicht jedoch die gesamte Entgeltregelung.[1366]

Bereitschaftsdienst ist bereits als solcher **mit dem Mindestlohn zu vergüten** – das gilt sowohl für den allgemeinen Mindestlohn nach dem MiLoG[1367] als auch für spezielle Mindestentgelte auf Grundlage des

---

1357 BAG 18.2.2003, NZA 2003, 742; *Baeck/Deutsch*,, § 2 ArbZG Rn 41.
1358 BAG 16.3.2004, AP Nr. 2 zu § 2 ArbZG; *Neumann/Biebl*, § 7 ArbZG Rn 14.
1359 *Neumann/Biebl*, § 7 ArbZG Rn 13.
1360 BAG 12.12.2012, 5 AZR 918/11, juris.
1361 EuGH 3.10.2000, NZA 2000, 1227; EuGH 9.9.2003, NZA 2003, 1019; BAG 18.2.2003, NZA 2003, 742; ErfK/*Wank*, § 3 ArbZG Rn 23 ff.
1362 *Baeck/Deutsch*, § 7 ArbZG Rn 44.
1363 BAG18.2.2003, NZA 2003, 742.
1364 BAG 20.1.2004, AP Nr. 10 zu § 611 BGB Bereitschaftsdienst.
1365 BAG 18.5.2011, NZA-RR 2011, 1972.
1366 BAG 18.11.2015 – 5 AZR 751/13; juris.
1367 BAG 19.11.2014 – 5 AZR 1101/02, juris; LAG Köln 15.10.2015 – 8 Sa 540/15, juris; BAG 29.6.2016 – 5 AZR 716/15, juris.

AEntG, etwa für die Pflegebranche.[1368] Allerdings kann der Mindestlohnanspruch bereits dadurch erfüllt werden, dass das regelmäßige Monatsentgelt, auf die Gesamtarbeitsstunden (also einschließlich des Bereitschaftsdienstes) umgerechnet, den gesetzlichen Mindestlohn übersteigt.[1369]

e) Vertragsgestaltung

In der Vertragsgestaltung für den Bereitschaftsdienst ist zunächst die grundlegende Verpflichtung des Arbeitnehmers, diese Sonderform der Arbeit zu leisten, zu vereinbaren. Hinsichtlich der konkreten Heranziehung sind dann allerdings ggf. die Beteiligungsrechte des Betriebsrats zu beachten.[1370]   **632**

Beim Bereitschaftsdienst geregelt werden sollte auch die Frage der Vergütung, da ansonsten die übliche Vergütung gem. § 612 BGB geschuldet ist. Möglich sind hier zwei Modelle: Zum einen die pauschale Vergütung des Bereitschaftsdienstes mit genauer Abrechnung der Zeiten der tatsächlichen Inanspruchnahme zum anderen Pauschalierungsmodelle. Letztere überwiegen in der Praxis, um aufwendige Abrechnungen zu vermeiden.

f) Bereitschaftsdienst

Muster 1a.28: Bereitschaftsdienst   **633**

Der Arbeitnehmer ist verpflichtet, auf Anordnung des Arbeitgebers im arbeitszeitrechtlich zulässigen Rahmen auch Bereitschafts- bzw. Rufbereitschaftsdienst zu erbringen. Der Bereitschaftsdienst wird, wenn die Zeiten der tatsächlichen Heranziehung zur Arbeitsleistung durchschnittlich unter 50 % liegen, pauschal mit 70 % des Arbeitsentgelts für reguläre Arbeitszeit abgerechnet; liegt die Inanspruchnahme des Arbeitnehmers über 50 %, wird der Bereitschaftsdienst wie Vollarbeit vergütet.

31. Betriebliche Altersversorgung

Literatur: Hanau/Arteaga/Rieble/Veit, Entgeltumwandlung, 3. Aufl. 2014; *Höfer,* Gesetz zur Verbesserung der betrieblichen Altersversorgung Band I (Arbeitsrecht), 18. Aufl. 2015, *Langohr-Plato,* Betriebliche Altersversorgung, 7. Aufl. 2016, *Kemper/Kisters-Kölkes,* Arbeitsrechtliche Grundzüge der betrieblichen Altersversorgung, 8. Aufl. 2015; *Blomeyer/Rolfs/Otto,* BetrAVG, 6. Aufl. 2015.

a) Allgemeines

Betriebliche Altersversorgung sind Leistungen der Alters-, Invaliditäts- oder Hinterbliebenenversorgung, die einem Arbeitnehmer aus Anlass seines Arbeitsverhältnisses vom Arbeitgeber zugesagt werden (§ 1 Abs. 1 Betriebsrentengesetz – BetrAVG). Für sie gilt das Betriebsrentengesetz (BetrAVG), bei dem es sich um ein sog. „Arbeitnehmerschutzgesetz" handelt, so dass dessen Bestimmungen zwingend zu beachten sind. Steuer- und sozialversicherungsrechtliche Bestimmungen sind in den jeweiligen Spezialgesetzen enthalten. Das Betriebsrentengesetz definiert verschiedene **Durchführungswege, Zusagearten und Finanzierungsmöglichkeiten** der betrieblichen Altersversorgung (§ 1 Abs. 2 BetrAVG, § 1b BetrAVG) und regelt insbesondere   **634**

■ Arbeitgeberfinanzierte Altersversorgung (§ 1 Abs. 1 BetrAVG)   **635**

■ Altersversorgung durch **Entgeltumwandlung** (§ 1a BetrAVG)

■ die **Unverfallbarkeit** und Berechnung der Anwartschaft bei Ausscheiden vor einem Versorgungsfall (§ 1b; 2 BetrAVG)

1368 BAG 18.11.2015 – 5 AZR 761/13, juris.
1369 LAG Köln 15.10.2015 – 8 Sa 540/15, juris; bestätigt durch BAG 29.6.2016 – 5 AZR 716/15, juris.
1370 ErfK/*Kania,* § 87 BetrVG Rn 29.

- die **Abfindung** von Anwartschaften (§ 3 BetrAVG)
- und **Übertragung** von Anwartschaften – **Portabilität** (§ 4 BetrAVG)
- die **Anrechnung** von anderen Versorgungsbezügen (§ 5 BetrAVG)
- den Anspruch auf **vorzeitige Altersleistung** (§ 6 BetrAVG)
- die **Insolvenzsicherung** (§§ 7–15 BetrAVG) sowie
- die Anpassung laufender Leistungen (§ 16 BetrAVG)

636 Diese Bestimmungen gelten nach § 17 Abs. 1 BetrAVG auch für Personen, die nicht Arbeitnehmer sind, wenn ihnen Versorgungsleistungen aus Anlass ihrer Tätigkeit für ein Unternehmen zugesagt worden sind, d.h. auch für **Organe eines Unternehmens, sofern sie nicht aufgrund einer Beteiligung am Kapital des Unternehmens als beherrschend und damit als Unternehmer zu qualifizieren sind**. Die Bestimmungen über die Entgeltumwandlung gelten für diesen Personenkreis allerdings nur, wenn sie in der gesetzlichen Rentenversicherung pflichtversichert sind.

637 Grundsätzlich ist der Arbeitgeber **frei**, ob, in welcher Form und in welcher Höhe er betriebliche Altersversorgung gewährt (zum Anspruch auf **Entgeltumwandlung** siehe Rdn 663). Ein Anspruch auf betriebliche Altersversorgung setzt deshalb grundsätzlich eine **Versorgungszusage** des Arbeitgebers voraus, die ihrem Inhalt nach frei verhandelt werden kann. Ein Anspruch kann allerdings auch aus **betrieblicher Übung** entstehen, z.B. wenn ein Arbeitgeber üblicherweise Arbeitnehmern, die im Rentenalter ausscheiden, anschließend eine Betriebsrente zahlt. Auch der **Gleichbehandlungsgrundsatz** kann Versorgungsansprüche begründen. Das gilt dann, wenn ein Arbeitnehmer oder eine Gruppe von Arbeitnehmern ohne sachlichen Grund von Versorgungszusagen ausgeschlossen sind.

638 Das **AGG** gilt nach der Rechtsprechung des BAG auch für die betriebliche Altersversorgung – und zwar nach § 6 Abs. 1 S. 2 AGG auch für ausgeschiedene Beschäftigte.[1371] Gemäß § 2 Abs. 2 S. 2 AGG gilt für die betriebliche Altersversorgung das Betriebsrentengesetz. Deshalb werden Regelungen des Betriebsrentengesetzes über Unterscheidungen, die Bezug zu den in § 1 AGG erwähnten Merkmalen haben, vom AGG nicht berührt. Das gilt z.B. hinsichtlich der an das Merkmal „Alter" anknüpfenden Vorschriften zur gesetzlichen Unverfallbarkeit. In zeitlicher Hinsicht setzt die Anwendung des am 18.8.2006 in Kraft getretenen AGG voraus, dass unter seinem zeitlichen Geltungsbereich ein Rechtsverhältnis bestand.[1372] Allerdings ist nicht erforderlich, dass das Arbeitsverhältnis noch fortbesteht. Ausreichend ist vielmehr, wenn der Arbeitnehmer mit unverfallbaren Anwartschaften aus dem Arbeitsverhältnis ausgeschieden oder Betriebsrentner ist und das damit begründete Anwartschafts- oder Versorgungsverhältnis bei oder nach Inkrafttreten des AGG noch besteht bzw. bestand.[1373] Konsequenzen im Sinne einer Änderung der Rechtsprechung zu bestimmten Klauseln gegenüber der bisher geltenden Rechtslage haben sich daraus bisher nicht ergeben.[1374] Auch die neuen Vorschriften zum Recht der Allgemeinen Geschäftsbedingungen insbesondere die **Unklarheitenregel**, wie sie jetzt in § 305c Abs. 2 BGB normiert ist, hat das BAG schon früher entwickelt und angewandt.[1375] Entsprechendes gilt für das Verbot überraschender Klauseln.[1376]

639 Betriebliche Altersversorgung kann **unmittelbar** erfolgen, indem der Arbeitgeber selbst die Versorgung verspricht (**Direktzusage**, siehe Rdn 645). Sie kann auch **mittelbar** durch Einschaltung von Versorgungsträgern, wie **Pensionskassen**, Pensionsfonds, **Unterstützungskassen** oder **Direktversicherungen** (siehe Rdn 654) durchgeführt werden. Auch wenn Versorgungsträger eingeschaltet sind, muss der Arbeitgeber für die Leistung einstehen (sog. „Verschaffungsanspruch", § 1 Abs. 1 S. 3 BetrAVG). Bei der Wahl des

---

1371 BAG 11.12.2007 – 3 AZR 249/06, NZA 2008, 532; BAG 17.4.2012 – 3 AZR 481/10, NZA 2012, 929.
1372 BAG 12.11.2013 – 3 AZR 356/12, NZA 2014, 848; BAG 18.3.2014 – 3 AZR 69/12, NZA 2014, 606.
1373 BAG 17.4.2012 – 3 AZR 481/10, NZA 2012, 929.
1374 Das Urteil des BAG vom 11.12.2007 ist ein Beispiel dafür, dass sich aus dem arbeitsrechtlichen Gleichbehandlungsgrundsatz die gleichen Folgen wie aus dem AGG ergeben.
1375 U.a. BAG 19.2.2002 – 3 AZR 299/01, EZA Nr. 79 zu § 1 BetrAVG zu II. 3. a) der Gründe m.w.N.
1376 Vgl. dazu BAG 23.9.2003 – 3 AZR 551/02, EZA Nr. 1 zu § 305c BGB 2002.

Durchführungsweges sind steuer-, sozialversicherungs- und betriebswirtschaftliche Gesichtspunkte zu berücksichtigen.[1377]

Die **Gestaltungsformen** von Ruhegeldzusagen sind vielfältig (siehe Rdn 645 ff.). Es kann für den Versorgungsfall ein bestimmtes Kapital oder eine laufende Rente zugesagt werden. Die Leistungen sind im Allgemeinen abhängig von der Dauer der Betriebszugehörigkeit und beziehen sich meist auf das Einkommen. Wegen der langfristigen Folgen ist eine präzise Bestimmung aller Faktoren, von denen der Anspruch und die Höhe auf zukünftige Versorgungsleistungen abhängen, wichtig. **640**

Wird eine Rente zugesagt, ist zu entscheiden, ob für diese die **Anrechnung** anderer Versorgungsbezüge, insbesondere der gesetzlichen Rente, eine Rolle spielen soll. Eine Anrechnung kann in der Weise erfolgen, dass eine **Gesamtversorgung** (siehe Rdn 645, 648 Alt. 5) zugesagt wird, auf die die gesetzliche Rente oder ähnliche Versorgungsleistungen angerechnet werden, die mindestens zur Hälfte auf Beiträgen oder Zuschüssen des Arbeitgebers beruhen. Solche Gesamtversorgungssysteme sind kaum noch gebräuchlich, da der Arbeitgeber dadurch gezwungen ist, Absenkungen der anderen Versorgungssysteme auszugleichen, er gewissermaßen eine Ausfallbürgschaft stellt. **Anrechnungsklauseln** können auch zu einer Höchstbegrenzung von Renten verwendet werden, indem festgelegt wird, dass der Betriebsrentenanspruch zusammen mit einer anrechenbaren Versorgungsleistung – etwa der gesetzlichen Rente – einen bestimmten Prozentsatz des letzten Gehaltes nicht übersteigen darf. **641**

Betriebliche Altersversorgung kann **642**

- **einzelvertraglich** vereinbart werden,
- der Belegschaft oder bestimmten Gruppen insgesamt zugesagt werden, indem eine Versorgungsordnung bekannt gemacht wird oder einheitliche Versorgungsbestimmungen jeweils einzelvertraglich vereinbart werden (**Gesamtzusage** bzw. **einzelvertragliche Einheitsregelung**),
- durch Abschluss einer **Betriebsvereinbarung** mit dem Betriebsrat festgelegt werden
- oder auch auf einem Tarifvertrag beruhen. Derartige Versorgungs-Tarifverträge finden sich vor allem im Bereich der Entgeltumwandlung, aber auch im öffentlichen Dienst.

Grundsätzlich unterliegt eine kollektive Versorgungszusage (Gesamtzusage, einzelvertragliche Einheitsregelung) hinsichtlich ihrer Ausgestaltung der **Mitbestimmung** des Betriebsrats.[1378] Allerdings ist der Arbeitgeber frei zu entscheiden, ob er eine von ihm finanzierte Altersversorgung einführt, welche Mittel er dafür zur Verfügung stellt (**Dotierungsrahmen**), auf welchem Weg die Versorgung durchgeführt werden soll und welche Personengruppen begünstigt werden sollen.[1379] **643**

Seit dem 1.1.2002 haben alle Arbeitnehmer, die in der gesetzlichen Rentenversicherung pflichtversichert sind (§ 17 Abs. 1 S. 3 BetrAVG) gemäß § 1a BetrAVG einen **Anspruch** auf betriebliche Altersversorgung durch **Entgeltumwandlung**. Eine Entgeltumwandlung liegt vor, wenn künftige Entgeltansprüche in eine wertgleiche Anwartschaft auf Versorgungsleistungen umgewandelt werden (§ 1 Abs. 2 Nr. 3 BetrAVG). Der Arbeitnehmer kann nach § 1a Abs. 1 BetrAVG vom Arbeitgeber verlangen, dass von seinen künftigen Entgeltansprüchen bis zu 4 % der jeweiligen Beitragsbemessungsgrenze in der allgemeinen Rentenversicherung durch Entgeltumwandlung für seine betriebliche Altersversorgung verwendet werden. Die Durchführung ist durch Vereinbarung zu regeln. Insoweit kommt auch eine **Mitbestimmung** des Betriebsrates in Betracht.[1380] Soweit bereits eine durch Entgeltumwandlung finanzierte betriebliche Altersversorgung besteht, wird diese auf den Rechtsanspruch angerechnet, der sich dann ggf. nur noch auf einen Differenzbetrag beschränkt, wenn die bestehende Entgeltumwandlung den Höchstbetrag von 4 % der BBG nicht **644**

1377 Vgl. *Langohr-Plato*, Rn 90 ff.
1378 BAG 16.9.1986, BB 1987, 265 ff.
1379 Vgl. BAG 21.1.2003 – 3 AZR 30/02, DB 2003, 2130; BAG 29.7.2003 – 3 ABR 34/02, DB 2004, 883; *Molkenbur/Roßmanith*, AuR 1990, 333; *Blomeyer/Rolfs/Otto*, BetrAVG, Anh § 1 Rn 406 ff.; *Langohr-Plato*, Rn 1661 ff.
1380 *Höfer*, Kap. 8, Rn 89 ff.

ausschöpft. Ist der Arbeitgeber zu einer Durchführung über einen Pensionsfonds oder eine Pensionskasse bereit, ist die betriebliche Altersversorgung dort durchzuführen. Ansonsten kann der Arbeitnehmer verlangen, dass der Arbeitgeber für ihn eine **Direktversicherung** abschließt. Bei einer Durchführung über einen **Pensionsfonds**, eine **Pensionskasse** oder eine Direktversicherung kann der Arbeitnehmer verlangen, dass die Voraussetzung für eine Förderung nach den §§ 10a, 82 Abs. 2 des EStG („Riester-Förderung") erfüllt werden. Allerdings kann auch die Durchführung durch eine unmittelbare Versorgungszusage oder Zusagen einer Unterstützungskasse, die nicht gefördert werden, im Ergebnis attraktiv sein.[1381]

b) Direktzusage – Zusage einer Versorgung durch den Arbeitgeber

645   Muster 1a.29: Direktzusage – Zusage einer Versorgung durch den Arbeitgeber

Ruhegeldvereinbarung

zwischen ▓▓▓▓ (*Name, Adresse Firma*)

– nachstehend: Arbeitgeber –

und ▓▓▓▓ (*Name, Adresse*)

– nachstehend: Mitarbeiter –

Die Gewährung von Alters-, Invaliden- und Hinterbliebenenversorgung durch den Arbeitgeber wird nach Maßgabe der folgenden Bestimmungen vereinbart:

§ 1 Wartezeit

Versorgungsleistungen werden nur gewährt, wenn der Mitarbeiter bei Eintritt des Versorgungsfalles mindestens fünf Jahre in den Diensten des Arbeitgebers gestanden hat.

§ 2 Versorgungsfälle

(1) Altersrente gewährt der Arbeitgeber dem Mitarbeiter, wenn er mit Erreichen der in der gesetzlichen Rentenversicherung vorgesehenen Altersgrenze aus den Diensten des Arbeitgebers scheidet. Altersrente wird auch gewährt, wenn der Mitarbeiter nach Maßgabe des § 6 BetrAVG die Altersrente aus der gesetzlichen Rentenversicherung vor Vollendung der Altersgrenze als Vollrente in Anspruch nimmt.

(2a) Invaliditätsrente gewährt der Arbeitgeber dem Mitarbeiter, wenn bei ihm volle Erwerbsminderung vorliegt, die nicht arbeitsmarktbedingt ist und der Mitarbeiter aus den Diensten des Arbeitgebers geschieden ist.

Alternativ: *Invaliditätsrente gewährt der Arbeitgeber dem Mitarbeiter, wenn bei ihm volle oder teilweise Erwerbsminderung vorliegt, die nicht arbeitsmarktbedingt ist, das Arbeitsverhältnis beendet ist oder ruht und keine Entgelt- oder Entgeltfortzahlungsansprüche bestehen. Die Invaliditätsrente wird nur solange wie die gesetzliche Erwerbsminderungsrente gezahlt.*

(2b) Erwerbsminderung liegt vor, wenn sie durch gesetzlichen Rentenbescheid festgestellt ist. Kann ein Bescheid der gesetzlichen Rentenversicherung nicht erlangt werden, weil keine Mitgliedschaft in dieser besteht, wird die Erwerbsminderung entsprechend den gesetzlichen Bestimmungen aufgrund eines Gutachtens eines vom Arbeitgeber benannten Vertrauensarztes festgestellt.

(3) Hinterbliebenenversorgung wird gewährt, wenn der Mitarbeiter während des Bestehens des Arbeitsverhältnisses oder während des Bezugs von Altersrente verstirbt. Sie wird nur dem Partner des Mitarbeiters gewährt, mit dem zuletzt eine Ehe oder eingetragene Lebenspartnerschaft während des Bestehens des Arbeitsverhältnisses bestand. Im Falle einer Wiederverheiratung erlischt der Anspruch auf die Hinterbliebenenrente. Waisenrente erhalten die Kinder des Mitarbeiters, die während des Bestandes des Arbeitsverhältnisses geboren wurden und von ihm unterhalten wurden. Die Waisenrente wird bis zum Abschluss der Ausbildung des Kindes, längstens bis zum 25. Lebensjahr gewährt.

1381 Vgl. im Einzelnen: *Kemper u.a.*, § 1a BetrAVG Rn 45.

Alternativ zu S. 2 und 3: *Die Hinterbliebenenversorgung ist ausgeschlossen für Personen, zu denen eine familienrechtliche Beziehung erst nach Eintritt eines Versorgungsfalles begründet wurde.*

§ 3 Höhe der Versorgung

(1) **Alternative 1:**

Die Alters- und Invaliditätsrente beträgt für jedes anrechenbare Dienstjahr x EUR.

Alternative 2:

Die Alters- und Invaliditätsrente beträgt für jedes anrechenbare Dienstjahr 0,5 v.H. des ruhegeldfähigen Einkommens.

Alternative 3:

Die Alters- und Invaliditätsrente beträgt für jedes anrechenbare Dienstjahr 0,5 % des ruhegehaltsfähigen Einkommens bis zur Beitragsbemessungsgrenze sowie 1,75 % des ruhegehaltsfähigen Einkommens über der Beitragsbemessungsgrenze.

Alternative 4:

Die Alters- und Invaliditätsrente beträgt für jedes anrechenbare Dienstjahr 0,5 % des im jeweiligen anrechenbaren Dienstjahr zustehenden ruhegehaltsfähigen Einkommens.

Alternative 5:

Die Alters- oder Invaliditätsrente beträgt 1,7 % des letzten ruhegeldfähigen Einkommens unter Anrechnung von Renten aus der gesetzlichen Rentenversicherung, soweit sie auf Pflichtbeiträgen des Arbeitgebers und des Arbeitnehmers beruhen, und sonstiger Versorgungsbezüge, die mindestens zur Hälfte auf Beiträgen oder Zuschüssen des Arbeitgebers beruhen.

(2) Die Witwen-/Witwerrente beträgt 60 % des Versorgungsanspruchs, auf den der Mitarbeiter bei seinem Tode Anspruch hatte. Die Waisenrente beträgt 15 % des Versorgungsanspruchs auf den der Mitarbeiter bei seinem Tode Anspruch hatte. Die Rentenansprüche der Hinterbliebenen dürfen den Rentenanspruch des Mitarbeiters nicht übersteigen. Sie werden ggf. entsprechend gekürzt.

(3) Die Höhe der Gesamtversorgung wird durch einen Versorgungsausgleich nicht berührt. Er gilt als nicht erfolgt, wenn er zu einer Erhöhung des Betriebsrentenanspruchs führen würde.

(4) Nimmt der Mitarbeiter Altersrente vor Vollendung der Altersgrenze in Anspruch, wird die Versorgungsleistung für jeden Monat der vorzeitigen Inanspruchnahme um *0,5 %* gekürzt (versicherungsmathematischer Abschlag).

§ 4 Anrechenbare Dienstjahre

Anrechenbar sind alle vollen Dienstjahre, die der Mitarbeiter ununterbrochen in Diensten des Arbeitgebers gestanden hat.

Ergänzung 1:

Es werden maximal 30 Dienstjahre berücksichtigt.

Ergänzung 2:

Die Vordienstzeit vom ▨ bis ▨ /bei ▨ wird auf die Wartezeit, für die Unverfallbarkeit (Dauer der Versorgungszusage) und für die Höhe der Rente angerechnet.

§ 5 Ruhegeldfähiges Einkommen

(1) Ruhegeldfähiges Einkommen ist das regelmäßige Monatsgehalt. Nicht zum regelmäßigen Monatsgehalt zählen vermögenswirksame Leistungen, Zuschläge, Sachleistungen (z.B. Dienstwagen), Einmalzahlungen, zusätzliche Monatsgehälter (z.B. 13.) und variable Bezüge wie Boni, Überstundenvergütung und Provisionen.

(2) Das letzte ruhegeldfähige Einkommen errechnet sich aus dem Durchschnitt der regelmäßigen Monatsgehälter der letzten 36 Monate vor Eintritt des Versorgungsfalles. Dabei bleiben Zeiten außer Betracht, in denen der Mitarbeiter kein Gehalt bezog, es sei denn, dass er dies zu vertreten hatte.

(3) Bei Teilzeitbeschäftigung wird immer das einer Vollzeitbeschäftigung entsprechende Monatsgehalt zugrunde gelegt und nach dem Grad der Beschäftigung bezogen auf sämtliche anrechenbare Dienstjahre quotiert. Dies gilt auch im Falle von Altersteilzeit.

§ 6 Unverfallbarkeit

Scheidet der Arbeitnehmer vor Eintritt eines Versorgungsfalles aus den Diensten des Arbeitgebers aus, so bleibt seine Anwartschaft auf Versorgungsleistungen gemäß den Vorschriften des Gesetzes zur Verbesserung der betrieblichen Altersversorgung (Betriebsrentengesetz) bestehen.

§ 7 Zahlung der Versorgungsleistungen

(1) Die Zahlung der Altersrente beginnt mit Ablauf des Monats, in dem der Mitarbeiter Altersrente aus der gesetzlichen Rentenversicherung als Vollrente beanspruchen kann und zum Zwecke des Bezugs von Altersrente aus dem Arbeitsverhältnis ausgeschieden ist.

(2) Die Zahlung der Rente wegen verminderter Erwerbsfähigkeit beginnt mit dem Ablauf des Monats, der auf den Eintritt des Versorgungsfalls folgt.

(3) Witwen-, Renten- oder Waisenrente werden mit Ablauf des Monats des Todes des zuletzt verstorbenen Versorgungsberechtigten gezahlt.

(4) Die Renten werden monatlich nachträglich gezahlt.

(5) Die Zahlungen enden mit Ablauf des Monats, in dem ein Versorgungsberechtigter verstirbt. Bei Waisen mit Ende der Ausbildung spätestens mit Vollendung des 25. Lebensjahres.

(6) Der Anspruch auf Rente wegen verminderter Erwerbsfähigkeit endet mit Ablauf des Monats, in dem die verminderte Erwerbsfähigkeit endet. Überzahlte Renten gelten als Vorschüsse und sind zurückzuzahlen.

(7) Der Anspruch auf Zahlung von Versorgungsleistungen ruht jedenfalls solange das Gehalt des Mitarbeiters weitergezahlt wird.

§ 8 Auskunftspflichten

Der Mitarbeiter und versorgungsberechtigte Hinterbliebene sind verpflichtet, alle Auskünfte zu erteilen und entsprechende Unterlagen und Rentenbescheide vorzulegen, die zur Prüfung des Anspruchs und seiner Berechnung erforderlich sind und alle Änderungen mitzuteilen, die auf Bestand oder Höhe des Versorgungsanspruchs Einfluss haben können.

§ 9 Anpassung laufender Leistungen

Die laufenden Leistungen werden jährlich um eins vom Hundert angepasst.

Alternative:

Eine Anpassung laufender Leistungen erfolgt nur im Rahmen der gesetzlichen Verpflichtung nach § 16 BetrAVG und unter Berücksichtigung der dort genannten Voraussetzungen, insbesondere unter Berücksichtigung der wirtschaftlichen Lage des Arbeitgebers.

§ 10 Vorbehalte

(1) Der Arbeitgeber behält sich vor, die Leistungen zu kürzen oder einzustellen, wenn die bei Erteilung der Pensionszusage maßgebenden Verhältnisse sich nachhaltig so wesentlich geändert haben, dass dem Arbeitgeber die Aufrechterhaltung der zugesagten Leistungen auch unter objektiver Beachtung der Belange des Mitarbeiters nicht mehr zugemutet werden kann.

(2) Der Arbeitgeber behält sich vor, die zugesagten Leistungen zu kürzen oder einzustellen, wenn der Personenkreis, die Beiträge, die Leistungen oder das Pensionierungsalter bei der gesetzlichen Sozialversicherung oder anderen Versorgungseinrichtungen mit Rechtsanspruch sich wesentlich ändern.

(3) Der Arbeitgeber behält sich vor, die zugesagten Leistungen zu kürzen oder einzustellen, wenn der Mitarbeiter Handlungen begeht, die in grober Weise gegen Treu und Glauben verstoßen oder zu einer fristlosen Entlastung berechtigen würden.

(4) Der Anspruch auf Versorgungsleistungen richtet sich nach den jeweiligen Bestimmungen über betriebliche Altersversorgung in Tarifverträgen oder Betriebsvereinbarungen, die für den Arbeitgeber gelten oder gelten werden.

§ 11 Rückdeckungsversicherung

Der Arbeitgeber ist berechtigt zur Deckung seiner Versorgungsverpflichtungen eine Rückdeckungsversicherung auf das Leben des Mitarbeiters abzuschließen. Der Mitarbeiter erteilt der Versicherung alle erforderlichen Auskünfte und wirkt soweit erforderlich beim Abschluss mit. Die Rechte aus der Rückdeckungsversicherung stehen ausschließlich dem Arbeitgeber zu.

§ 12 Insolvenzsicherung

Die laufenden Leistungen und die unverfallbar gewordenen Versorgungsanwartschaften sind nach Maßgabe der §§ 7 bis 15 BetrAVG und der Versicherungsbedingungen des Pensions-Sicherungs-Vereins a.G. gegen eine eventuelle Zahlungsunfähigkeit des Unternehmens abgesichert.

§ 13 Versorgungsausgleich

(1) Im Falle einer Scheidung eines versorgungsberechtigten Mitarbeiters wird dem Familiengericht in dem Verfahren zum Versorgungsausgleich gemäß §§ 45, 39 ff. VersAusglG der ermittelte Ehezeitanteil des Versorgunganrechts mitgeteilt und ein Vorschlag für die Bestimmung des Ausgleichswerts unterbreitet.

(2) Der Versorgungsausgleich erfolgt grundsätzlich in Form der externen Teilung gemäß § 14 i.V.m. § 17 VersAusglG, sofern das Anrecht für den Ausgleichsberechtigten durch Beitragszahlung an die Versorgungsausgleichskasse oder einen anderen, vom Ausgleichsberechtigten benannten Versorgungsträger begründet werden kann.0*/0

Lediglich für den Fall, dass der Ausgleichswert als Kapitalbetrag am Ende der Ehezeit oberhalb der Beitragsbemessungsgrenze in der allgemeinen Rentenversicherung nach den §§ 159, 160 SGB VI liegt und der Ausgleichsberechtigte in diesem Fall der externen Teilung nicht zustimmt, wird eine interne Teilung nach § 10 VersAusglG durchgeführt.

(3) Nähere Einzelheiten regelt die vom Unternehmen aufgestellte Teilungsordnung, die Inhalt dieser Versorgungsordnung wird.

§ 14 Datenschutzklausel

Das betriebliche Versorgungswerk wird von einem unabhängigen Sachverständigen (versicherungs-mathematischen Gutachter) beraten und betreut. Dieser Gutachter speichert die zur Erfüllung seines Auftrages benötigten personenbezogenen Daten der Versorgungsanwärter und Leistungsempfänger. Hierbei handelt es sich ausschließlich um solche Daten, die zur Erstellung bilanzieller Gutachten, zur Berechnung der dem Pensions-Sicherungs-Verein (PSV) mitzuteilenden Bemessungsgrundlage für die gesetzliche Insolvenzsicherung oder zur internen Renten- bzw. Anwartschaftsberechnung erforderlich sind. Der Gutachter hat sich vertraglich zur vertraulichen Behandlung dieser Daten verpflichtet und ist an die Bestimmungen des Bundesdatenschutzgesetzes gebunden.

c) Erläuterungen
aa) § 1 Wartezeit

Eine Wartezeit kann, muss aber nicht vorgesehen werden. Sie wirkt sich insbesondere aus, wenn eine Invaliditäts- oder Hinterbliebenenversorgung zugesagt ist. Erst nach Ablauf der Wartezeit entsteht der Anspruch auf die Versorgungsleistung. D.h. bei Invalidität innerhalb der ersten 5 Jahre nach Erteilung der Versorgungszusage oder bei Tod des Arbeitnehmers in diesem Zeitraum entstünden keine Versorgungsansprüche. Es ist zu prüfen, ob das gewollt ist.

646

Die Wartezeit auf mehr als 5 Jahre zu erstrecken, ist wenig sinnvoll. Hat die Versorgungszusage mindestens 5 Jahre bestanden und ist der Arbeitnehmer dann 25 Jahre alt, ist die Versorgungsanwartschaft unverfallbar gemäß § 1b Abs. 1 BetrAVG. Die Wartezeit kann dann gemäß § 1b Abs. 1 S. 5 BetrAVG auch nach Beendigung des Arbeitsverhältnisses und auch noch nach Eintritt des Versorgungsfalles erfüllt werden.[1382]

bb) § 2 Versorgungsfälle

647 (1) Eine Anknüpfung an die **Altersgrenze der gesetzlichen Rentenversicherung (gRV),** am Besten durch eine entsprechende dynamische Verweisung auf die jeweils geltende Altersgrenze in der gRV, ist am unproblematischsten. Abweichende Altersgrenzen haben auch Auswirkungen auf die Berechnung der Höhe der unverfallbaren Anwartschaft nach § 2 Abs. 1 BetrAVG. Der 2. Satz wiederholt letztlich die Bestimmung des § 6 BetrAVG.

(2) Invaliditätsrente kann, muss aber nicht zugesagt werden. Die Definition bezieht sich auf § 43 SGB VI. Die Einschränkung hinsichtlich der Arbeitsmarktbedingtheit betrifft die Fälle, in denen bei einer nur **teilweisen** Erwerbsminderung die gesetzliche Rentenversicherung eine volle Erwerbsminderung bei Fehlen ausreichender Arbeitsplätzen für teilweise Erwerbsgeminderte feststellen kann

Die Beendigung des Arbeitsverhältnisses auch bei der Invaliditätsrente als Voraussetzung der Leistung vorzusehen, ist zwar grundsätzlich zulässig,[1383] aber seit der Reform der gesetzlichen Invalidenrenten ab 1.1.2001 nicht mehr unproblematisch.[1384] Seit dieser Zeit werden Erwerbsminderungsrenten grundsätzlich nur noch **zeitlich befristet** geleistet und zwar zunächst längstens für drei Jahre. Das kann dazu führen, dass ein Arbeitnehmer nicht mehr ohne weiteres bereit sein wird, bei Eintritt der Invalidität sein Arbeitsverhältnis zu beenden. Andererseits erhält er vor seinem Ausscheiden keine betriebliche Invalidenrente.

Deshalb kann sich die **Alternative** empfehlen.[1385] Die Alternative ist auch zu wählen, wenn **bei teilweiser Erwerbsminderung** – die an Stelle der früheren **Berufsunfähigkeit** getreten ist – Invaliditätsrente gewährt werden soll.[1386]

(3) Hinterbliebenenversorgung kann, muss aber nicht gewährt werden. Die Ansprüche für Hinterbliebene können auf diejenige beschränkt werden, deren familienrechtliche Beziehungen zum Arbeitnehmer bereits **während** des Arbeitsverhältnisses bestanden.[1387] Damit wird die Hinterbliebenenversorgung auf den Personenkreis beschränkt, von denen der Arbeitgeber während des laufenden Arbeitsverhältnisses erfahren hat. Das kann auch wichtig sein für versicherungsmathematische Erwägungen, die für den Umfang der zu bildenden Rückstellungen bedeutsam sein können.

Sollen allein **Versorgungsehen** nicht begünstigt werden, kann die Alternative gewählt werden. Anerkannt sind in der Rechtsprechung weiter sog. altersunabhängige Spätehenklauseln,[1388] Mindestehedauerklauseln,[1389] Altersdifferenzklauseln[1390] und Mindestaltersklauseln.[1391] Von einer Formulierung solcher Klauseln wurde abgesehen, da sie immer weniger gebräuchlich sind und einladen können, sie unter europarechtlichen Gesichtspunkten oder nach dem AGG erneut einer gerichtlichen Überprüfung zu unterziehen.

1382 BAG 18.3.1986 – 3 AZR 641/84, DB 1986, 1930; BAG 28.2.1989 – 3 AZR 470/87, DB 1989, 1579.
1383 BAG 5.6.1984 – 3 AZR 376/82 unter II. der Gründe, DB 1984, 2412.
1384 *Höfer*, Kap. 7, Rn 84, 63 ff.
1385 *Höfer*, Kap. 7, Rn 63 ff.
1386 Vgl. dazu BAG 9.10.2012 – 3 AZR 539/10; DB, 2013, 942.
1387 BAG 19.12.2003 – 3 AZR 186/00, DB 2001, 2303.
1388 BAG 4.8.2015 – 3 AZR 137/13, NZA 2015, 1447 ; BAG v. 15.10.2013 – 3 AZR 653/11, NZA 2014, 308 und 3 AZR 294/11, NZA 2014, 1203; *Langohr-Plato*, ZAP Fach 17R, S. 805.
1389 BAG 11.8.1987 – 3 AZR 6/86, DB 1988, 3747.
1390 BAG 18.7.1972 – 3 AZR 472/71, DB 1972, 2067; BVerfG 11.9.1997 – 1 BvR 92/79, AP Nr. 182 zu § 242 BGB Ruhegehalt; kritisch zu einer Klausel mit geringer Altersdifferenz: LAG Hessen 12.3.1997 – 8 Sa 177/96 unter II. 2. b) bb) der Gründe, DB 1997, 2182; vgl. hierzu auch: *Langohr-Plato*, ZAP Fach 17R, S. 808, der insoweit eine gestaffelte Anspruchsberechnung empfiehlt.
1391 BAG 19.2.2002 – 3 AZR 99/01, DB 2002, 1459.

Sollen auch Familienmitglieder, die **zukünftig** hinzukommen – nach Ausscheiden oder Pensionierung – unbeschränkt in den Genuss der erdienten Betriebsrente kommen, sind alle aufgeführten Klauseln und Beschränkungen zu vermeiden.

Eingetragene Lebenspartnerschaften zwischen zwei Personen gleichen Geschlechts sind nach dem Lebenspartnerschaftsgesetz vom 1.8.2001 weitgehend der Ehe gleichgestellt. Sie sind in die Hinterbliebenenversorgung der gesetzlichen Rentenversicherung einbezogen (§ 46 Abs. 4 SGB VI). Auch in der betrieblichen Altersversorgung sind Lebenspartner mit Eheleuten gleichzustellen.[1392] Ein Ausschluss von Lebenspartnern ist unter verfassungsrechtlichen und europarechtlichen Gesichtspunkten nicht zulässig, wenn und soweit Ehepartnern Hinterbliebenenversorgung zugesagt ist.[1393]

cc) § 3 Höhe der Versorgung

(1) Die aufgeführten Alternativen sind keineswegs abschließend, sondern führen einige typische Gestaltungsformen an. 648

Alternative 1:

Ein einfaches, in seiner reinen Form allerdings in keiner Weise dynamisches Modell. Um dieses Modell der Gehaltsentwicklung anzupassen, kann der **Festbetrag** jeweils entsprechend verändert werden.

Alternative 2:

Bei diesem Modell folgt die Anwartschaft **dynamisch** dem Einkommen. Die **Versorgungslücke** zwischen gesetzlicher und anderen Renten soll geschlossen werden und ein angemessenes Versorgungsniveau erreicht werden. Die Leistungen aus der gesetzlichen Rentenversicherung dürften nach Abzug der Beiträge zur Krankenversicherung der Rentner vor Steuern etwa 50 % des zuletzt bezogenen Bruttogehaltes erreichen.[1394] Bei einem Prozentsatz von 0,5 ergäbe sich nach 40 Dienstjahren ein Rentenanspruch von 20 %, zusammen mit der gesetzlichen Rente ein **Rentenniveau** von 70 % des letzten Bruttogehalts. Ein Versorgungsniveau von 70 % kann insbesondere dann angemessen und ausreichend sein, wenn andere Versorgungsleistungen, insbesondere aufgrund privater Vorsorge, hinzutreten.

Wird die Anzahl der anrechenbaren Dienstjahre begrenzt, ist dies bei der Festsetzung des Prozentsatzes zu beachten. So ergibt sich bei einer Begrenzung auf 30 Dienstjahre bei 0,7 % eine Rente von 21 %.

Alternative 3:

Gespaltene Rentenformel:[1395] Der Teil des Einkommens, der über der Beitragsbemessungsgrenze gesetzlichen Rentenversicherung liegt, ist durch deren Leistungen in keiner Weise abgedeckt, die Versorgungslücke beträgt insofern 100 % – von sonstigen Versorgungsbezüge abgesehen. Für diesen Teil des Einkommens zahlt der Arbeitgeber auch keine Beiträge zur gesetzlichen Rentenversicherung. Deshalb ist insbesondere bei höheren Einkommen eine Formel gebräuchlich, die für diesen Teil des Einkommens einen höheren Prozentsatz vorsieht. Bei 1,75 % für das Einkommen über der Beitragsbemessungsgrenze ergäbe sich dafür nach 40 Dienstjahren eine Rente von 70 %.

Alternative 4:

Bausteinsystem: Bei diesem System wird für den Mitarbeiter in jedem Jahr der anrechenbaren Dienstzeit ein **Versorgungsbaustein** ermittelt. Dafür können statt der hier eingesetzten Alternative 2 auch die Alternativen 1 und 3 entsprechend verwendet werden. Die Summe der Bausteine ergibt die Versorgungsleistung. Diese ist jederzeit kalkulierbar. Das Bausteinsystem erfreut sich wachsender Beliebtheit.

1392 BAG 11.12.2012 – 3 AZR 684/10 – DB 2013,1063.
1393 Vgl. auch BAG 15.9.2009 – 3 AZR 797/08 – DB 2010,231 bei Einschränkung für Verheiratete.
1394 Vgl.; *Langohr-Plato*, Rn 9.
1395 Zur gespaltenen Rentenformel: BAG 23.4.2013 – 3 AZR 475/11; HessLAG 28.3.2012 -8 Sa 1292/11.

Alternative 5:

Gesamtversorgungssystem: Bei einem Prozentsatz von 1,75 ergäbe sich eine Versorgungsleistung von 70 % des letzten Einkommens, auf das Renten, die zur Hälfte auf Beiträgen oder Zuschüssen des Arbeitgebers beruhen, angerechnet werden. Die **Anrechnung** ist zulässig gemäß § 5 Abs. 2 BetrAVG. Die vom Arbeitgeber zu erbringende Leistung hängt davon ab, wie hoch die gesetzliche Rente oder die sonstigen anrechenbaren Bezüge im Versorgungsfall sind. Den Arbeitgeber trifft damit gewissermaßen eine Ausfallbürgschaft. Gesamtversorgungssysteme sind aufgrund der Entwicklung in der gesetzlichen Rentenversicherung und des kaum vorhersehbaren tatsächlichen Aufwandes für sie ungebräuchlich geworden und, soweit sie bestanden, durch andere Versorgungssysteme weitgehend abgelöst worden.

(3) Diese Klausel ist erforderlich nur für Alternative 5.

(4) Üblicher **versicherungsmathematischer Abschlag** bei vorzeitiger Inanspruchnahme der Betriebsrente nach § 6 BetrAVG. Wichtig ist, dass ein solcher Abschlag ausdrücklich in der Versorgungsvereinbarung vereinbart wird. Nur dann kann er auch leistungsmindernd berücksichtigt werden.[1396]

dd) § 4 Anrechenbare Dienstjahre

649   Der Hinweis auf den Arbeitgeber, der hier ausdrücklich genannt werden sollte, ist wichtig, wenn das Arbeitsverhältnis aufgrund Betriebsüberganges weitergeführt wurde und nur die Jahre beim aufnehmenden Betrieb gezählt werden sollen (siehe auch Alternative 2).

Ergänzung 1: Eine Begrenzung der anrechenbaren Dienstjahre führt zu einem Maximalbetrag der Rente und ist in den Alternativen 2, 3 und 5 des § 3 bei der Festsetzung des Prozentsatzes zu berücksichtigen. Bei der Alternative 4 (Bausteine) entspricht eine solche Begrenzung nicht dem Konzept.

Ergänzung 2: Wenn **Vordienstzeiten** aus einer früheren Betriebszugehörigkeit oder bei einem anderen Unternehmen angerechnet werden, ist wichtig, festzulegen, wofür.

ee) § 5 Ruhegeldfähiges Einkommen

650   Die genaue Bestimmung des ruhegeldfähigen Einkommens ist wichtig. Sollen Nebenleistungen und variable Züge ausgeschlossen werden, genügt die Einschränkung auf das „regelmäßige" Monatsgehalt nicht, um Streitigkeiten zu vermeiden. Sind **variable Bezüge** ausgeschlossen, werden insbesondere Provisionen und Überstunden für die Berechnung der Rente nicht berücksichtigt.[1397] Sollen bestimmte Zahlungen oder Gehaltsbestandteile eingezogen werden, empfiehlt es sich umgekehrt, diese ausdrücklich zu benennen.

Die Quotierung bei Teilzeitbeschäftigung (Abs. 3 in § 5 des obigen Musters) ist einerseits erforderlich, um eine Benachteiligung bei Teilzeitbeschäftigung am Ende des Arbeitsverhältnisses zu verhindern. Sie stellt andererseits keine Diskriminierung von Teilzeitbeschäftigten oder wegen des Geschlechts dar.[1398] Die ausdrückliche Erwähnung der Altersteilzeit ist erforderlich, will man nicht riskieren, dass die Altersteilzeit wie Vollzeit behandelt wird.[1399]

ff) § 9 Anpassung laufender Leistungen

651   Die Klausel entspricht § 16 Abs. 3 Nr. 1 BetrAVG und erspart eine **Anpassungsüberprüfung** nach § 16 Abs. 1 BetrAVG und bietet sowohl Arbeitgeber wie Mitarbeiter eine planbare und sichere Anpassung der laufenden Renten. Bei der Anpassungsüberprüfung nach § 16 Abs. 1 BetrAVG wäre alle 3 Jahre die

---

1396   *Langohr-Plato*, Rn 722 ff.

1397   BAG 17.2.1998 – 3 AZR 578/96, DB 1989, 1239; BAG 24.1.2006 – 3 AZR 479/04, AP Nr. 27 zu § 77 BetrVG 1972 Betriebsvereinbarung zu II. 2. der Gründe; BAG 18.10.2005 – 3 AZR 48/05, DB 2006, 224 zu Zuschlägen für Sonntags-, Feiertags- und Nachtarbeit; vgl. weiter zur Auslegung von Bestimmungen des versorgungsfähigen Entgelts: BAG 13.11.2012 – 3 AZR 557/10; BAG 19.4.2011 – 3 AZR 272/09.

1398   BAG 28.5.2013 – 3 AZR 266/11.

1399   BAG 17.4.2012 – 3 AZR 280/10 – BetrAV 2012, 632; BAG 19.5.2015 – 3 AZR 770/13 – juris Datenbank.

Rente entsprechend dem Anstieg des Verbraucherpreisindexes anzupassen, allerdings unter Berücksichtigung der wirtschaftlichen Lage des Arbeitgebers und mit der Obergrenze des Anstiegs der Nettolöhne vergleichbarer Arbeitnehmergruppen.

gg) § 10 Vorbehalte

(1), (2) und (3): Diese Vorbehalte entsprechend den steuerunschädlichen Mustervorbehalten und haben **652** keine weitergehende Bedeutung als die Grundsätze des Wegfalls der Geschäftsgrundlage oder § 242 BGB.

(4) Diese Klausel enthält einen dynamischen Verweis auf geltende kollektivrechtliche Regelungen und bewirkt, dass die Zusage sich entsprechend diesen ändert und zukünftig durch Betriebsvereinbarungen abgeändert werden kann.

hh) § 11 Rückdeckungsversicherung

Ermöglicht dem Arbeitgeber die Finanzierung der Versorgungszusage über eine Rückdeckungsversiche- **653** rung. Gemäß § 150 VVG ist die Einwilligung des Versicherten für den Abschluss einer Lebensversicherung immer dann erforderlich, wenn die Versicherung als Einzelvertrag abgeschlossen wird.

d) Direktversicherung – Zusage einer Versorgung durch Direktversicherung

▼

Muster 1a.30: Direktversicherung – Zusage einer Versorgung durch Direktversicherung   654

Versorgungszusage

Fa. ▨▨▨▨ *(Name, Adresse Firma)*

– im Folgenden: „Arbeitgeber" –

gewährt

Frau/Herrn ▨▨▨▨ *(Name, Adresse)*

– im Folgenden: „Mitarbeiter" –

betriebliche Altersversorgung durch Abschluss einer Lebensversicherung auf das Leben des Mitarbeiters/ der Mitarbeiterin mit einem monatlichen/jährlichen Beitrag von ▨▨▨▨ EUR. Die Versorgung erfolgt ausschließlich im Wege einer beitragsorientierten Leistungszusage i.S.v. § 1 Abs. 2 Nr. 1 BetrAVG. Es gelten die jeweiligen Bedingungen des Versicherungs-vertrages.

Im Übrigen wird vereinbart:

§ 1 Bezugsberechtigung:

(1) Aus der Versicherung ist der Mitarbeiter/die Mitarbeiterin sowohl für den Todes- als auch für den Erlebensfall bezugsberechtigt.

Das Bezugsrecht ist nicht übertragbar und nicht belastbar.

(2) Das Bezugsrecht ist unwiderruflich.

Alternativ: *Das Bezugsrecht ist unter den nachstehenden Vorbehalten unwiderruflich: Dem Arbeitgeber bleibt das Recht vorbehalten, alle Versicherungsleistungen in Anspruch zu nehmen, wenn das Arbeitsverhältnis vor Eintritt des Versicherungsfalles endet, es sei denn, der Mitarbeiter/die Mitarbeiterin hat zu diesem Zeitpunkt das 25. Lebensjahr vollendet und die Versorgungszusage für den Mitarbeiter/die Mitarbeiterin hat mindestens fünf Jahre bestanden.*

§ 2 Versorgungsberechtigte

Im Todesfall ist die Versicherungsleistung in folgender Rangfolge zu zahlen:

(a) an den hinterbliebenen Ehegatten/hinterbliebenen Lebenspartner nach dem Lebenspartnerschaftsgesetz des Mitarbeiters, *alternativ:* an den Lebensgefährten/die Lebensgefährtin, sofern diese(r) dem Arbeitgeber namentlich benannt worden ist und ein gemeinsamer Haushalt bestanden hat

Name:

Anschrift:

Geburtsdatum:

(b) an die Kinder zu gleichen Teilen.

§ 3 Überschussanteile

Die Überschussanteile/Gewinnanteile werden sowohl in der Anwartschafts-, als auch in der Leistungsphase zur Erhöhung der Versicherungsleistung verwandt.

§ 4 Auszahlung

Die Versicherungsleistungen werden über den Arbeitgeber ausgezahlt.

§ 5 Beitragszahlung

Die Beiträge zur Lebensversicherung zahlt der Arbeitgeber.

Die Beitragszahlungspflicht des Arbeitgebers entfällt, wenn das Arbeitsverhältnis ohne Anspruch auf Arbeitsentgelt fortbesteht. Die Beitragszahlungspflicht des Arbeitgebers entfällt insbesondere auch dann, wenn die Pflichten aus dem Arbeitsverhältnis kraft Gesetzes oder kraft vertraglicher Vereinbarung suspendiert sind und eine Entgeltfortzahlungspflicht des Arbeitgebers nicht besteht, so z.B. bei der Inanspruchnahme von Erziehungsurlaub oder sonstigem unbezahlten Urlaub, sowie nach Ablauf der gesetzlichen/tarifvertraglichen Lohnfortzahlungsverpflichtung im Krankheitsfall für die Dauer der Krankheit.

In einem solchen Fall wird dem Arbeitnehmer die Möglichkeit eingeräumt, die Direktversicherung in Höhe des Arbeitgeberbeitrages mit eigenen Beiträgen fortzuführen. Macht der Mitarbeiter von dieser Möglichkeit keinen Gebrauch, wird der Versicherungsvertrag für den Zeitraum, in dem der Arbeitnehmer keine Gehaltszahlungen erhält, durch die Direktversicherung beitragsfrei gestellt. Hierdurch würde sich der aus dem Versicherungsvertrag bei Versicherungsabschluss ergebende Versicherungsschutz ebenso reduzieren, wie die sich aus der Versorgungszusage des Unternehmens ergebenden Versorgungsleistungen.

Die Beitragszahlungspflicht endet spätestens mit Beendigung des Arbeitsverhältnisses.

§ 6 Leistungsumfang und -voraussetzungen

(1) Der Umfang der Versorgungsleistungen und die Voraussetzungen für deren Inanspruchnahme ergeben sich aus dem Inhalt dieser Vereinbarung sowie dem Versicherungsschein und den Allgemeinen Versicherungsbedingungen des Lebensversicherers in ihrer jeweils geltenden Fassung („dynamische Verweisung"), die der Arbeitnehmer als Kopie erhält.

(2) Soweit die Versorgungsleistungen der Direktversicherung auf Eigenbeiträgen des Mitarbeiters (Fortzahlung bei ruhendem Arbeitsverhältnis) beruhen, gelten diese im Sinne des § 1 Abs. 2 Nr. 4 BetrAVG als umfasst.

(3) Im Falle einer Scheidung eines versorgungsberechtigten Mitarbeiters wird dem Familiengericht in dem Verfahren zum Versorgungsausgleich gemäß §§ 45, 39 ff. VersAusglG der ermittelte Ehezeitanteil des Versorgunganrechts mitgeteilt und ein Vorschlag für die Bestimmung des Ausgleichswerts unterbreitet.

Die Teilung erfolgt grundsätzlich im Wege der internen Teilung.

Nähere Einzelheiten regelt die Teilungsordnung des Lebensversicherers, die Inhalt dieser Versorgungsvereinbarung wird.

§ 7 Flexible Altersgrenze

Nimmt der Mitarbeiter/die Mitarbeiterin die betriebliche Altersversorgung nach § 6 BetrAVG vorzeitig in Anspruch, so richtet sich die Höhe der Versicherungsleistung nach dem Geschäftsplan des Versicherers. Nach Vollendung des 58. Lebensjahres kann die Höhe der Versicherung bei der Lebensversicherung erfragt werden.

§ 8 Vorzeitige Beendigung des Arbeitsverhältnisses

(1) Bei Ausscheiden des Mitarbeiters/der Mitarbeiterin aus den Diensten des Arbeitgebers ist die Versorgung auf die von dem Versicherer aufgrund des Versicherungsvertrages zu erbringenden Versicherungsleistungen begrenzt.

Ergänzung bei alternativem Vorbehalt in Ziffer 2: *wenn die Anwartschaft unverfallbar ist gemäß § 1b BetrAVG.*

(2) Der Arbeitgeber wird innerhalb von drei Monaten eine eventuelle Vorauszahlung rückgängig machen und etwaige Beitragsrückstände ausgleichen. Die Versicherung wird auf den Mitarbeiter/die Mitarbeiterin übertragen. Der Vertrag kann als Einzelversicherung bei der Lebensversicherung nach deren Bedingungen mit eigenen Beiträgen des Mitarbeiters/der Mitarbeiterin von diesem/dieser weiter geführt werden. Eine Abtretung, Beleihung oder ein Rückkauf ist insoweit unzulässig, als die Versicherung auf Beiträgen des Unternehmens beruht.

§ 9 Auftragsdatenverarbeitung durch den Lebensversicherer

Der Lebensversicherer ist als Versorgungsträger zugleich auch zur sozialversicherungsrechtlichen Abwicklung der betrieblichen Altersversorgung verpflichtet. Die insoweit erforderlichen personenbezogenen Daten werden an den Lebensversicherer im Rahmen einer geschützten und verschlüsselten Datenübertragung weitergegeben. Der Lebensversicherer hat sich vertraglich zur Speicherung und Verarbeitung dieser Daten ausschließlich gemäß dieser Betriebsvereinbarung und den gesetzlichen Bestimmungen des BDSG zu verpflichten.

e) Erläuterungen

Bei der Zusage einer Versorgung durch Direktversicherung kann man sich auch auf den ersten Satz beschränken und im Übrigen auf die Bedingungen des **Versicherungsvertrages** verweisen. Die Versicherer bieten eine Reihe von Produkten für die betriebliche Altersversorgung an, die die üblichen Regelungen enthalten. **655**

Wird eine **Versorgungszusage** über eine Direktversicherung – wie im Muster – vereinbart, die nicht allein auf den **Versicherungsvertrag** verweist, ist sicherzustellen, dass die Bestimmungen in beiden **übereinstimmen**. Für das so genannte „**Versicherungsverhältnis**" zwischen der Versicherung und dem Arbeitgeber als Versicherungsnehmer sind nämlich allein der Versicherungsvertrag und das Versicherungsvertragsgesetz maßgebend, während im „**Versorgungsverhältnis**" zwischen Arbeitgeber und Mitarbeiter die Versorgungszusage und das Betriebsrentengesetz maßgeblich sind. Für das in der Versorgungszusage Versprochene hat der Arbeitgeber **einzustehen**, andererseits gilt im Versicherungsverhältnis gegenüber der Lebensversicherung nur der Versicherungsvertrag. Anhand der im Folgenden aufgeführten Bestimmungen und Alternativen kann geprüft und sichergestellt werden, dass die gewollte Gestaltung übereinstimmend in Versicherungs- und Versorgungsverhältnis gewährleistet ist.

aa) § 2 Versorgungsberechtigte

Grundsätzlich kann der Versicherungsnehmer nach § 159 VVG das **Bezugsrecht** jederzeit widerrufen. Dieses **Widerrufsrecht** wird durch Eintritt der Unverfallbarkeit nach § 1b BetrAVG nicht berührt. Auch wenn der Widerruf des Bezugsrechts nach § 1b Abs. 2 BetrAVG unzulässig ist, berührt das seine Wirksamkeit im Versicherungsverhältnis nicht.[1400] Entscheidend für die Stellung des Versorgungsberechtigten insbesondere im Konkurs des Arbeitgebers ist deshalb die Ausgestaltung des Bezugsrechts. Nur wenn es unwiderruflich ist oder wie in der Alternative vorgesehen unter bestimmten Bedingungen unwiderruflich wird, hat der Arbeitnehmer im Konkurs des Arbeitgebers ein Aussonderungsrecht.[1401] **656**

1400 BAG 8.6.1999 – 3 AZR 136/98 zu B. I. 2. b), cc) der Entscheidungsgründe, DB 1999, 2069; *Höfer* Rn 2985.

1401 Vgl. den Vorlagebeschluss des BAG wegen Abweichung von der Rechtsprechung des BGH zur Widerruflichkeit im Konkurs: BAG 22.5.2007 – 3 AZR 334/06(A), BB 2007, 2779 – erledigt: Gem. Senat d. obersten Gerichtshöfe des Bundes 8.3.2010 – GmS-OBG 2/07; nachfolgend BAG 15.6.2010 – 3 AZR 334/06.

657 Die **Alternative** stellt ein „eingeschränkt unwiderrufliches Bezugsrecht" dar. Das unwiderrufliche Bezugsrecht ist hier durch den Vorbehalt eingeschränkt worden, dass die Voraussetzungen der gesetzlichen Unverfallbarkeit eingetreten sind. Bis dies der Fall ist, kann der Arbeitgeber noch frei über die Versicherung verfügen. Nach Eintritt der Unverfallbarkeit ist das Bezugsrecht unverfallbar und der Mitarbeiter kann im Konkurs des Arbeitgebers die Aussonderung verlangen.[1402]

> *Hinweis*
>
> **Unwiderruflichkeit** oder eingeschränkte **Unwiderruflichkeit** muss im **Versicherungsvertrag** enthalten sein. Nur dann macht sie einen Widerruf gegenüber der Versicherung unwirksam. Der Ausschluss des Widerrufs allein im Vertrag zwischen Arbeitgeber und Mitarbeiter hat keinen Ausschluss des Widerrufs im Verhältnis zur Versicherung zur Folge.[1403]

bb) § 3 Überschussanteile

658 **Überschussanteile** entstehen bei Lebensversicherungen regelmäßig dadurch, dass die Beitragskalkulation einen niedrigeren Zinsertrag einrechnet, als er regelmäßig erzielt wird. Diese Überschüsse stehen den Versicherten zu und können als Beitragsrückerstattung oder – in der Regel – zur **Erhöhung der Versicherungsleistung** verwendet werden. Der Arbeitgeber kann als Versicherungsnehmer grundsätzlich frei darüber entscheiden, ob die Überschussanteile ihm oder dem Mitarbeiter zustehen sollen.[1404] Enthält ein Versorgungsversprechen keine Regelung darüber, wem die Überschussanteile aus einer Lebensversicherung zufallen, kommt der entsprechende Zuwachs der Versicherungssumme der versorgungsberechtigten Arbeitnehmer zugute.[1405] Eine eindeutige Regelung sollte getroffen werden.

659 Werden allerdings die Überschüsse nicht zur Leistungserhöhung verwendet, so ist bei einem vorzeitigen Ausscheiden des Mitarbeiters die in § 7 des Musters vorgesehene sog. „versicherungsrechtliche Lösung" (= Mitgabe des Versicherungsvertrages)[1406] ausgeschlossen,[1407] so dass der Arbeitgeber dann eine unverfallbare Anwartschaft zu verwalten hat. In der Praxis will man genau das aber regelmäßig vermeiden.

> *Hinweis*
>
> Es ist darauf zu achten, dass **Übereinstimmung** zwischen Versicherungsvertrag und Versorgungszusage besteht.

cc) § 6 Beitragszahlung

660 Ist der Arbeitgeber von der Pflicht zur Zahlung des Arbeitsentgelts befreit, weil das Arbeitsverhältnis **ruht**, dann ist er grundsätzlich auch nicht verpflichtet, zusätzliche Entgeltleistungen zu erbringen.[1408]

dd) § 7 Vorzeitige Beendigung des Arbeitsverhältnisses

661 Diese Bestimmung entspricht der „**versicherungsrechtlichen Lösung**" des § 2 Abs. 2 S. 2 BetrAVG. Dadurch wird ausgeschlossen, dass der Arbeitgeber für eine Differenz zwischen der bei Ausscheiden des Arbeitnehmers erreichten Versicherungsleistung und einem nach § 2 Abs. 1 BetrAVG ratierlich berechneten Anspruch einzustehen hat.[1409]

1402 Vgl. BAG 26.6.1990 – 3 AZR 651/88, DB 1990, 2474.
1403 Vgl. BAG 22.5.2007 – 3 AZR 334/06, BB 2007, 2779 mit weiteren Nachweisen; OLG Hamm 15.11.1990 – 27 O 66/90, ZIP 1990, 1603.
1404 Hessisches LAG 6.2.2008 – 8/14 Sa 2014/06; LAG Hamm 20.1.1998 – 6 Sa 922/97, DB 1998, 631; LAG Hamm 10.11.1987 – 6 Sa 2047/86, DB 1988, 507.
1405 Hessisches LAG 6.2.2008 – 8/14 Sa 2014/06; LAG Hamm vom 20.1.1998 – 6 Sa 922/97, DB 1998, 631; LAG Hamm 10.11.1987 – 6 Sa 2047/86, DB 1988, 507.
1406 Vgl. hierzu: *Langohr-Plato*, Rn 442 ff.
1407 BAG 12.2.2013 – 3 AZR 99/11.
1408 BAG 15.2.1994 – 3 AZR 708/93, DB 1994, 1479.
1409 Vgl. im Einzelnen *Kemper/Kisters-Kölkes*, Rn 244, 245.

f) Entgeltumwandlung – Umwandlung von Barbezügen in eine Direktversicherung

▼

Muster 1a.31: Entgeltumwandlung – Umwandlung von Barbezügen in eine Direktversicherung   **662**

Zwischen ▨▨▨ (*Name, Adresse Firma*)

– im Folgenden „Arbeitgeber" –

und

▨▨▨ (*Name, Adresse*)

– im Folgenden: „Mitarbeiter" –

wird in Abänderung des Anstellungsvertrages vom ▨▨▨ (*Datum*)

mit Wirkung vom ▨▨▨ (*Datum*) folgendes vereinbart:

§ 1 Entgeltverzicht

Der Mitarbeiter verzichtet teilweise auf seinen Anspruch auf laufendes Gehalt (*alternativ: eine Einmalzahlung*) in Höhe eines Betrages von ▨▨▨ EUR monatlich (*alternativ: jährlich fällig jeweils zum* ▨▨▨ *Datum*), erstmals zum ▨▨▨ (*Datum*).

§ 2 Versorgungszusage

Für den Entgeltverzicht sagt der Arbeitgeber dem Mitarbeiter wertgleiche Versorgungsleistungen der betrieblichen Altersversorgung zu. Zu diesem Zweck schließt der Arbeitgeber eine Versicherung auf das Leben des Mitarbeiters ab und leistet Beiträge in Höhe des Entgeltverzichts zu diesem Versicherungsvertrag.

§ 3 Entgeltumwandlung

Die Entgeltumwandlung erfolgt

Alternative 1: *aus dem Bruttogehalt. Die Direktversicherungsbeiträge sind steuerfrei im Rahmen des § 3 Nr. 63 EStG. Den Steuerfreibetrag des § 3 Nr. 63 EStG übersteigende Beiträge unterliegen der Besteuerung als Arbeitslohn, die anfallende Steuer trägt der Mitarbeiter.*

Alternative 2: *aus dem Nettogehalt, um die Voraussetzungen für eine steuerliche Förderung nach den §§ 10a, 82 Abs. 2 EStG zu schaffen.*

Der Mitarbeiter wird darauf hingewiesen, dass eine gewisse Minderung der Sozialversicherungsansprüche eintritt, soweit durch den Entgeltverzicht das sozialversicherungspflichtige Arbeitseinkommen reduziert wird.

§ 4 Erhalt der Bemessungsgrundlage

Das bisherige ungekürzte Gehalt bleibt weiterhin Bemessungsgrundlage für künftige Erhöhungen des Gehalts oder andere entgeltabhängige Arbeitgeberleistungen (wie z.B. Weihnachtsgeld, Tantiemen, Jubiläumszuwendungen, betriebliche Altersversorgung).

§ 5 Sonstige betriebliche Altersversorgung

Bestehende Versorgungszusagen bleiben in jeder Hinsicht unberührt.

§ 6 Lebensversicherung

Vom Arbeitgeber als Versicherungsnehmer wird eine Lebensversicherung nach Tarif ▨▨▨ auf das Leben des Mitarbeiters bei der ▨▨▨-Versicherung abgeschlossen. Beginn und Ablauf des Versicherungsvertrages werden auf den ▨▨▨ (*Datum*) und den ▨▨▨ (*Datum*) festgelegt.

Der Versicherer wird unwiderruflich angewiesen, den Mitarbeiter im Falle von Prämienrückständen spätestens ab Einleitung des Mahnverfahrens schriftlich über den Zahlungsrückstand zu informieren. Der Mitarbeiter hat dem Versicherer seine Anschrift unter Angabe der Versicherungsnummer jeweils mitzuteilen.

§ 7 Zeiten ohne Entgeltanspruch

Der Arbeitgeber wird die Versicherungsprämien in der vereinbarten Höhe solange und insoweit entrichten, als er zur Zahlung der Bezüge aus dem Anstellungsverhältnis verpflichtet ist. Besteht das Anstellungsverhältnis fort ohne Entgeltanspruch, ist der Arbeitgeber nicht verpflichtet Prämien an den Versicherer zu zahlen. Der Arbeitgeber wird den Mitarbeiter über die Unterbrechung der Beitragszahlung informieren. Die Versicherung kann vom Mitarbeiter dann mit eigenen Beiträgen fortgesetzt werden.

§ 8 Bezugsberechtigung

Dem Mitarbeiter wird mit Beginn der Entgeltumwandlung ein unwiderrufliches Bezugsrecht an den Versicherungsleistungen eingeräumt.

Im Todesfall ist die Versicherungsleistung in folgender Rangfolge zu zahlen:

(a) an den hinterbliebenen Ehegatten/hinterbliebenen Lebenspartner nach dem Lebenspartnerschaftsgesetz des Mitarbeiters,

(b) an die Kinder zu gleichen Teilen.

alternativ: an den Lebensgefährten/die Lebensgefährtin, sofern diese(r) namentlich benannt wird und ein gemeinsamer Haushalt besteht.

Name:

Anschrift:

Geburtsdatum:

§ 9 Überschussverwendung und Anpassung

Sowohl in der Anwartschafts-, als auch in der Rentenbezugsphase werden sämtliche Überschussanteile ausschließlich zur Erhöhung der laufenden Leistung verwendet. Eine weitere Anpassung laufender Rentenzahlungen entfällt gemäß § 16 Abs. 3 Nr. 3 BetrAVG.

§ 10 Verfügungsverbot

Eine Verpfändung, Abtretung oder Beleihung der Versicherung durch den Arbeitgeber wird unwiderruflich ausgeschlossen.

§ 11 Vorzeitige Beendigung des Arbeitsverhältnisses

Endet das Arbeitsverhältnis des Mitarbeiters mit dem Arbeitgeber vor Eintritt des Versicherungsfalles, hat der Mitarbeiter das Recht die Versicherung mit eigenen Beiträgen fortzuführen. Der Mitarbeiter hat das Recht zur Fortsetzung der Versicherung innerhalb von sechs Monaten nach Ausscheiden geltend zu machen. Die Ansprüche des Mitarbeiters sind auf die nach dem Versicherungsvertrag zu erbringenden Leistungen begrenzt. Der Arbeitgeber wird innerhalb von drei Monaten etwaige Beitragsrückstände ausgleichen.

Die Ansprüche aus dem Versicherungsvertrag darf der ausgeschiedene Mitarbeiter nach Maßgabe des § 2 Abs. 2 S. 4 und 5 BetrAVG nicht abtreten oder beleihen und den Rückkaufwert nicht in Anspruch nehmen. Im Falle einer Kündigung wird die Versicherung in eine prämienfreie Versicherung umgewandelt.

§ 12 Schlussbestimmung

Im Übrigen gelten die Bestimmungen des Versicherungsvertrages und die diesen ergänzenden Bestimmungen.

Die Vereinbarung steht unter der Bedingung, dass der Versicherungsvertrag zustande kommt. Verlangt der Versicherer einen Leistungsausschluss oder einen Risikozuschlag, ist das Einverständnis beider Vertragsparteien erforderlich.

▲

g) Erläuterungen
aa) Allgemeines

Der Anspruch auf betriebliche Altersversorgung durch Entgeltumwandlung ist geregelt in § 1a BetrAVG **663** sowie hinsichtlich der Unverfallbarkeit in § 1b Abs. 5 BetrAVG. Daraus ergibt sich das Recht des Arbeitnehmers in Zeiten, in denen das Arbeitsverhältnis ohne Entgeltzahlung fortbesteht, die Versicherung oder Versorgung mit eigenen Beiträgen fortzusetzen (Ziffer 7), die Unwiderruflich des Bezugsrechts (Ziffer 8), das Verbot der Verpfändung, Abtretung oder Beleihung durch den Arbeitgeber (Ziffer 11) und das Recht bei vorzeitiger Beendigung die Fortsetzung der Versicherung oder Versorgung mit eigenen Beiträgen einzuräumen.

Die Durchführung von Entgeltumwandlungen durch Abschluss einer Direktversicherung ist der wohl gebräuchlichste Weg und kann nach § 1a Abs. 1 S. 3 BetrAVG vom Arbeitnehmer auch verlangt werden. Für die anderen Versorgungswege kann das Muster durch entsprechende Anpassung, insbesondere der Ziffern 2 und 6 verwendet werden.[1410]

bb) § 1 Entgeltverzicht

Hier ist einzusetzen, in welcher Höhe auf laufendes Gehalt oder auf eine bestimmte Einmalzahlung, wie **664** Weihnachtsgeld, Urlaubsgeld, Prämien oder Gewinnbeteiligungen verzichtet wird. Es darf nur auf erdiente, aber noch nicht fällig gewordene Anteile für eine Entgeltumwandlungsvereinbarung verzichtet werden.

32. Öffnungsklauseln für Betriebsvereinbarungen

Literatur: *Hromadka*, Entgeltänderung durch Betriebsvereinbarung?, NZA-Beilage 4/2014, 136; *Linsenmaier*, Arbeitsvertrag und Betriebsvereinbarung – Kompetenz und Konkurrenz, RdA 2014, 336; *Meinel/Kiehn*, Kollektivvertragsoffene Allgemeine Geschäftsbedingungen – Zur Kritik an dem Urteil des 1. Senats des BAG vom 5.3.2013, NZA 2014, 509; *Preis*, Probleme der Bezugnahme auf Allgemeine Arbeitsbedingungen und Betriebsvereinbarungen, NZA 2010, 361; *Preis/Ulber*, Die Wiederbelebung des Ablösungs- und Ordnungsprinzips?, NZA 2014, 6; *Rieble/Schul*, Arbeitsvertragliche Bezugnahme auf Betriebsvereinbarungen, RdA 2006, 339.

a) Allgemeines

Betriebsvereinbarungen gelten unmittelbar und zwingend für alle Arbeitnehmer des Betriebs, ausgenom- **665** men leitende Angestellte. Dies legt § 77 Abs. 4 BetrVG fest. Uneingeschränkt gilt dies für Bestimmungen einer Betriebsvereinbarung, welche die arbeitsvertragliche Position des jeweiligen Arbeitnehmers verbessern. Auch Bestimmungen einer Betriebsvereinbarung, welche Gegenstände betreffen, die der Arbeitsvertrag selbst nicht regelt, sind ohne weiteres auf die Arbeitsverhältnisse anwendbar.[1411] Für solche Bestimmungen einer Betriebsvereinbarung bedarf es also keiner Öffnungsklausel.

Anders ist es, wenn eine Betriebsvereinbarung die arbeitsvertragliche Position der Arbeitnehmer ver- **666** schlechtert. In einem solchen Fall gilt das **Günstigkeitsprinzip**. Es führt dazu, dass sich die Arbeitnehmer auf die – durch einen **individuellen Günstigkeitsvergleich** ermittelte – günstigere arbeitsvertragliche Position berufen können.[1412]

Allerdings ist beim Günstigkeitsprinzip zu differenzieren: Arbeitsvertragliche Sozialleistungen, die auf einer betrieblichen Einheitsregelung beruhen, etwa auf einer Gesamtzusage oder betrieblichen Übung, können grundsätzlich durch eine spätere Betriebsvereinbarung geändert werden, wenn die Änderung bei kollektiver Betrachtung nicht ungünstiger ist (**kollektiver Günstigkeitsvergleich**).[1413] Darüber hinaus hat

---

1410 Siehe bei *Hanau u.a.*, Entgeltumwandlung, Rn 1365 ff.
1411 *Fitting* u.a., § 77 Rn 196; *Linsenmaier*, RdA 2014, 336, 337.
1412 BAG 5.8.2009, NZA 2009, 1105; ErfK/*Kania*, § 77 Rn 68; NK-GA/*Schwarze*, § 77 BetrVG Rn 47.
1413 BAG 16.9.1986, NZA 1987, 168; BAG 17.6.2003, NZA 2004, 1110; Richardi/*Richardi*, § 77 Rn 153 ff.; kritisch etwa GK-BetrVG/ *Kreutz*, § 77 Rn 275; NK-GA/*Schwarze*, § 77 BetrVG Rn 50; zurückhaltender BAG 5.8.2009, NZA 2009, 1105.

das BAG in einem neueren Urteil sogar anklingen lassen, dass arbeitsvertragliche Ansprüche, die auf allgemeinen Arbeitsbedingungen beruhen, von vornherein betriebsvereinbarungsoffen seien und daher durch spätere Betriebsvereinbarungen auch zuungunsten der Arbeitnehmer abgeändert werden könnten.[1414] Der entsprechende Orientierungssatz der Entscheidung lautet: „Die Arbeitsvertragsparteien können ihre vertraglichen Absprachen dahingehend gestalten, dass sie einer Abänderung durch betriebliche Normen unterliegen. Das kann ausdrücklich oder bei entsprechenden Begleitumständen konkludent erfolgen. Eine solche konkludente Vereinbarung ist regelmäßig anzunehmen, wenn der Vertragsgegenstand in Allgemeinen Geschäftsbedingungen enthalten ist und einen kollektiven Bezug hat." Ob dieser Entscheidung zuzustimmen ist und auch auf andere Regelungen mit kollektivem Bezug zu übertragen ist, es insbesondere noch eines kollektiven Günstigkeitsvergleichs bedarf, ist im Schrifttum stark umstritten.[1415]

667 Nach allgemeiner Auffassung kann der Arbeitsvertrag selbst regeln, dass die Ansprüche des Arbeitnehmers **betriebsvereinbarungsoffen** sind.[1416] Dann können die vertraglichen Ansprüche durch Betriebsvereinbarung auch verschlechtert werden, ein Günstigkeitsvergleich, gleich welcher Art, findet nicht statt. Gerade auch wegen der etwas unübersichtlichen Rechtsprechung ist eine solche Regelung zu empfehlen. Allerdings muss eine solche Klausel AGB-fest formuliert sein und insbesondere der Unklarheitenregelung des § 305c Abs. 2 BGB und dem Transparenzgebot des § 307 Abs. 1 BGB genügen.[1417] Daher reicht eine bloße Bezugnahme auf die im Betrieb geltenden Betriebsvereinbarungen nicht aus.[1418] **Vielmehr ist erforderlich, dass der Arbeitsvertrag gerade auch die mögliche Verschlechterung durch Betriebsvereinbarungen benennt.** Ist diese Voraussetzung eingehalten, kann der Arbeitsvertrag generell betriebsvereinbarungsoffen gestaltet werden. Es ist also nicht erforderlich, dass die die betriebsvereinbarungsoffenen Regelungen des Arbeitsvertrags enumerativ aufgeführt sind.[1419] Allerdings wird insofern auch ein strengerer Maßstab vertreten.[1420] Wer größtmögliche Sicherheit bevorzugt, legt daher ausdrücklich die vertraglichen Regelungen fest, welche betriebsvereinbarungsoffen sind.

668 Ein informierter und verhandlungsstarker Arbeitnehmer kann auf einer Regelung bestehen, welche die Verschlechterung durch Betriebsvereinbarungen ausschließt. Auch eine solche Regelung sollte dann auch ausdrücklich in den Vertrag aufgenommen werden.[1421]

b) Formulierungsbeispiele

669 *Klausel mit genereller Öffnung*

Die Parteien sind sich einig, dass auf das Arbeitsverhältnis die für den Betrieb einschlägigen Betriebsvereinbarungen (einschließlich etwaiger Gesamt- und Konzernbetriebsvereinbarungen) in ihrer jeweils gültigen Fassung anwendbar sind. Dies gilt auch dann, wenn die betroffenen vertraglichen Regelungen günstiger sind. In dem Fall gehen also die Betriebsvereinbarungen (einschließlich etwaiger Gesamt- und Konzernbetriebsvereinbarungen) den betroffenen günstigeren vertraglichen Regelungen vor.

Die Betriebsvereinbarungen (einschließlich etwaiger Gesamt- und Konzernbetriebsvereinbarungen) können bei der Personalabteilung, beim Betriebsrat oder im firmeneigenen Intranet unter ▇▇▇▇ eingesehen werden.

1414 BAG 5.3.2013, NZA 2013, 916; vgl. auch BAG 10.3.2015, NZA-RR 2015, 371.
1415 Vgl. *Hromadka*, NZA-Beilage 4/2014, 136; *Linsenmaier*, RdA 2014, 336; *Meinel/Kiehn*, NZA 2014, 509; *Preis/Ulber*, NZA 2014, 6.
1416 BAG 16.11.2011, NZA 2012, 349; ErfK/*Kania*, § 77 BetrVG Rn 79; HWK/*Gaul*, § 77 Rn 68; NK-GA/*Schwarze*, § 77 BetrVG Rn 52; *Linsenmaier*, RdA 2014, 336, 341 f.
1417 BAG 5.8.2009, NZA 2009, 1105; HWK/*Gaul*, § 77 BetrVG Rn 68; *Rieble/Schul*, RdA 2006, 339, 344; *Preis*, NZA 2010, 361, 366.
1418 *Rieble/Schul*, RdA 2006, 339, 343 f.; *Fitting u.a.*, § 77 Rn 198.
1419 *Preis*, NZA 2010, 361, 366; *Preis/Preis*, Der Arbeitsvertrag, II O 10 Rn 8.
1420 LAG Köln 22.4.2008, BeckRS 2009, 505276.
1421 Vgl. BAG 17.7.2012, NZA 2013, 338; HWK/*Gaul*, § 77 BetrVG Rn 68.

Klausel mit Öffnung für konkrete Vertragsregelungen **670**

Die Parteien sind sich einig, dass auf das Arbeitsverhältnis die für den Betrieb einschlägigen Betriebsvereinbarungen (einschließlich etwaiger Gesamt- und Konzernbetriebsvereinbarungen) in ihrer jeweils gültigen Fassung anwendbar sind. Dies gilt für die Regelungen in §§   dieses Arbeitsvertrags auch dann, wenn diese günstiger sind. In dem Fall gehen also die Betriebsvereinbarungen (einschließlich etwaiger Gesamt- und Konzernbetriebsvereinbarungen) den betroffenen günstigeren §§   dieses Arbeitsvertrags vor.

Die Betriebsvereinbarungen (einschließlich etwaiger Gesamt- und Konzernbetriebsvereinbarungen) können bei der Personalabteilung, beim Betriebsrat oder im firmeneigenen Intranet unter   eingesehen werden.

Klausel, welche den Arbeitsvertrag betriebsvereinbarungsfest gestaltet **671**

Die Parteien sind sich einig, dass auf das Arbeitsverhältnis die für den Betrieb einschlägigen Betriebsvereinbarungen (einschließlich etwaiger Gesamt- und Konzernbetriebsvereinbarungen) in ihrer jeweils gültigen Fassung anwendbar sind. Dies gilt nicht, wenn die betroffenen vertraglichen Regelungen günstiger sind.

Die Betriebsvereinbarungen (einschließlich etwaiger Gesamt- und Konzernbetriebsvereinbarungen) können bei der Personalabteilung, beim Betriebsrat oder im firmeneigenen Intranet unter   eingesehen werden.

33. Beurlaubung

Ausführungen hierzu finden sich unter dem Stichwort Freistellung (siehe unten Rdn 880 ff.). **672**

34. Beweislastvereinbarung

Literatur: *Deinert*, Mankohaftung, RdA 2000, 22; *Henssler*, Arbeitsrecht und Schuldrechtsreform, RdA 2002, 129; *Kliemt*, Formerfordernisse im Arbeitsverhältnis, 1995; *Zeller*, Die Einstellungsuntersuchung, BB 1987, 2439.

a) Allgemeines

Beweislastvereinbarungen dienen der Veränderung der gesetzlichen oder richterrechtlich entwickelten **673** Darlegungs- und Beweislast im weitesten Sinne, indem sie die Beweislast umkehren, die Beweisführung erleichtern oder erschweren, oder den Beweis bestimmter Tatsachen gänzlich ausschließen. Als Prozessvereinbarungen sind Vereinbarungen über eine Abweichung von den geltenden Beweislastregelungen grds. zulässig.[1422] Allerdings sind die Regelungen zur Beweislastverteilung letztlich Ausdruck eines materiellen Gerechtigkeitsgebots,[1423] so dass hiervon abweichende Beweislastvereinbarungen nicht schrankenlos möglich sind. Im Arbeitsrecht ergibt sich eine Begrenzung bereits aus der häufig fehlenden Dispositivität der betreffenden Norm, da zwingendes Arbeitnehmerschutzrecht auch durch Beweislastvereinbarungen nicht eingeschränkt oder beseitigt werden kann. Seit der Schuldrechtsreform ist zusätzlich das Klauselverbot des § 309 Nr. 12 BGB zu beachten, dessen Anwendung auch arbeitsrechtliche Besonderheiten nicht entgegenstehen.[1424]

1422 BGH 13.5.1974, BB 1974, 759; BAG 29.1.1985, AP Nr. 87 zu § 611 BGB Haftung des Arbeitnehmers.
1423 Preis/*Stoffels*, Arbeitsvertrag, Teil II M 10 Rn 14; *Deinert*, RdA 2000, 22; Palandt/*Grüneberg*, § 309 BGB Rn 106.
1424 HWK/*Gotthardt/Roloff*, § 310 BGB Rn 21; *Henssler*, RdA 2002, 129; ErfK/*Preis*, §§ 305–310 Rn 80.

674 Verbreitet sind Beweislastvereinbarungen insbesondere im Zusammenhang mit der Haftung des Arbeitneh-mers (vgl. hierzu Rdn 1073 ff.). Auch die vertragliche Fingierung bestimmter Tatsachen (vgl. hierzu Rdn 860 ff.) beinhaltet eine Form der Beweislastvereinbarung, da sie dem Vertragspartner den Beweis des Gegenteils auferlegt. Üblich sind schließlich auch Tatsachenbestätigungen, die bestimmte Erklärungen des Vertragspartners zum Gegenstand des Vertrages machen sollen.

b) Formulierungsbeispiele

675 *Tatsachenbestätigung*

Der Arbeitnehmer erklärt ausdrücklich, dass seine Eignung für die arbeitsvertraglich geschuldete Tätig-keit nicht durch gesundheitliche Einschränkungen gemindert ist.

Variante 1

Der Arbeitnehmer bestätigt mit seiner Unterschrift, eine vom Arbeitgeber unterzeichnete Ausfertigung des Vertrages erhalten zu haben.

Variante 2

Mündliche Nebenabreden wurden nicht getroffen.

c) Erläuterungen
aa) Zulässigkeit von Tatsachenbestätigungen

676 **Tatsachenbestätigungen** sollen bewirken, dass eine bestimmte Erklärung, ein Rechtsverhältnis oder ein bestimmtes Wissen als zutreffende Tatsache unterstellt wird.[1425] Sie sind in Formularverträgen aufgrund des absoluten Klauselverbots in § 309 Nr. 12 S. 1 lit. b BGB immer dann unzulässig, wenn sie die **Beweislast** des Vertragspartners **nachteilig verändern**. Dies ist nach dem Schutzzweck der Norm nicht nur bei einer echten Beweislastumkehr der Fall, sondern bereits dann, wenn die Beweislast faktisch zum Nachteil des Arbeitnehmers verschoben wird. Eine Beweislastverschiebung kann jedoch nur bei Tatsachen von rechtlich erheblicher Auswirkung eintreten. Damit hängt die Wirksamkeit einer Tatsachenbestätigung von der recht-lichen Relevanz der bestätigten Tatsache ab; fehlt es hieran, ist die Klausel zwar wirksam, aber überflüssig, da sie lediglich deklaratorischen Inhalt besitzt.

bb) Bestätigung der gesundheitlichen Eignung

677 Die **Bestätigung der gesundheitlichen Eignung** soll dem Arbeitgeber die Anfechtung des Arbeitsvertrages erleichtern, wenn sich nachträglich herausstellen sollte, dass die Eignung des Arbeitnehmers bereits bei Ver-tragsschluss objektiv gefehlt hat. Da durch diese Tatsachenbehauptung eine entsprechende Erklärung des Ar-beitnehmers unterstellt wird, ist die Beweissituation des Arbeitgebers verbessert, der anderenfalls eine arglis-tige Täuschung durch den Arbeitnehmer anderweitig darlegen und beweisen müsste. In Formularverträgen ist eine solche Bestätigung daher unwirksam,[1426] obgleich diesbezügliche Fragen des Arbeitgebers nach bisheri-ger Rechtsprechung[1427] von einem berechtigten Interesse getragen sind und wahrheitsgemäß beantwortet wer-den müssen, sofern sie nicht ausnahmsweise eine Erkundigung nach einer Behinderung beinhalten.[1428] Als Al-ternative bietet sich an, den Arbeitnehmer die Frage nach seiner gesundheitlichen Eignung außerhalb des

---

1425 BGH 14.1.1999, ZIP 1999, 1887; Palandt/*Grüneberg*, § 309 BGB Rn 107 m.w.N.
1426 Preis/*Preis*, Arbeitsvertrag, Teil II B 30 Rn 35.
1427 BAG 11.11.1993, NZA 1994, 407; BAG 7.6.1984, NZA 1985, 57.
1428 BAG 17.12.2009, NZA 2010, 383.

Arbeitsvertrages in einem Fragebogen beantworten zu lassen, oder den Arbeitsvertrag insgesamt unter die Bedingung einer positiven ärztlichen Einstellungsuntersuchung[1429] zu stellen.[1430]

cc) Bestätigung des Empfangs einer Urkunde

Mit der **Empfangsbestätigung** bestätigt der Arbeitnehmer, eine vom Arbeitgeber unterzeichnete Vertrags-   678
ausfertigung tatsächlich erhalten zu haben. In Fällen, in denen die Aushändigung einer Vertragsausfertigung an den Arbeitnehmer Voraussetzung für das wirksame Zustandekommen des Vertrages ist, kann die Tatsachenbestätigung daher die Beweislage des Arbeitnehmers verschlechtern, so dass sie ebenfalls unwirksam ist.[1431] Dies gilt etwa für die Vereinbarung eines nachvertraglichen Wettbewerbsverbots, das gem. § 74 HGB erst mit der Aushändigung der unterzeichneten Vertragsurkunde an den Arbeitnehmer wirksam wird. Der Arbeitsvertrag selbst wird zwar unabhängig von der Aushändigung der Vertragsurkunde wirksam, doch kann die unterlassene Aushändigung dazu führen, dass dem Arbeitnehmer der gem. § 2 S. 1 NachwG erforderliche Nachweis der wesentlichen Vertragsbedingungen nicht übergeben wurde. Auch insoweit verschlechtert sich die Beweissituation des Arbeitnehmers mit der Folge der Unwirksamkeit der Klausel. Nur wenn die Aushändigung einer Vertragsausfertigung keine rechtliche Relevanz besitzt, ist eine entsprechende Tatsachenbestätigung unwirksam.[1432]

Eine **Ausnahme** von dem Grundsatz der Unwirksamkeit einer formularmäßigen Empfangsbestätigung gilt   679
nur dann, wenn die Empfangsbestätigung außerhalb des eigentlichen Vertrages abgegeben und gem. § 309 Nr. 12 S. 2 BGB mit einer **eigenständigen Unterschrift** bzw. qualifizierten elektronischen Signatur versehen wird. Soll daher eine wirksame Empfangsbestätigung eingeholt werden, muss diese von dem unterzeichneten Vertragstext deutlich abgegrenzt sein; die Aufnahme in ein gesondertes Schriftstück ist nicht erforderlich, aber empfehlenswert.

dd) Bestätigung der rechtlichen Aufklärung

Aufklärungsklauseln finden sich häufig in Aufhebungsverträgen; mit ihnen soll bestätigt werden, dass der   680
Arbeitnehmer über die rechtlichen Folgen des Vertragsschlusses aufgeklärt worden ist. Vergleichbar sind Formulierungen, mit denen der Arbeitnehmer bestätigt, Gelegenheit zur eigenen Unterrichtung oder zur Inanspruchnahme einer Bedenkzeit gehabt zu haben. Auch diese Regelungen können die Beweissituation des Arbeitnehmers verschlechtern. Zwar treffen den Arbeitgeber bei dem Abschluss eines Aufhebungsvertrages keine allgemeinen Aufklärungs- und Beratungspflichten, da der Arbeitnehmer grds. selbst für die Wahrnehmung seiner Interessen zu sorgen hat.[1433] Allerdings können sich Aufklärungspflichten des Arbeitgebers ergeben, wenn eine Vereinbarung auf die Initiative des Arbeitgebers und in dessen Interesse zustande kommt oder wenn die vorgeschlagene Vertragsgestaltung eine besondere Gefahrenquelle für die Rechtsstellung des Arbeitnehmers eröffnet.[1434] In einem solchen Fall verhindert die Aufklärungsklausel die Berufung des Arbeitnehmers auf eine unterbliebene oder fehlerhafte Aufklärung, so dass sie ebenfalls als unwirksam anzusehen ist.[1435] Vorzugswürdig ist deshalb die Beschränkung auf den Hinweis, dass zur Erteilung rechtsverbindlicher Auskünfte über die steuer- und sozialversicherungsrechtlichen Auswirkun-

---

1429 LAG Hamm 12.9.2006, PflR 2007, 81; *Zeller*, BB 1987, 2439.
1430 Einschränkungen des Fragerechts und der Einstellungsuntersuchung sind möglicherweise durch eine Neuregelung des Arbeitnehmerdatenschutzes zu erwarten. Gesundheitsdaten sollen nach dem bislang vorliegenden Gesetzentwurf gem. § 32a BDSG nur noch erhoben werden dürfen, wenn sie eine wesentliche und entscheidende berufliche Anforderung für die auszuübende Tätigkeit darstellen.
1431 HWK/*Gotthard/Roloff*, § 309 BGB Rn 16; Preis/*Preis*, Arbeitsvertrag, Teil II B 30 Rn 32.
1432 OLG Köln 16.1.2002 – 17 W 201/01, n.v.
1433 BAG 16.11.2005, AP Nr. 2 zu § 8 ATG; BAG 11.12.2001, AP Nr. 2 zu § 1 BetrAVG Auskunft.
1434 BAG 15.4.2014, AP Nr. 47 zu § 1 BetrAVG Auslegung; LAG München 8.2.2016 – 9 Sa 823/15, zit. nach juris; BAG 22.1.2009, NZA 2009, 608; BAG 12.12.2002, AP Nr. 25 zu § 611 BGB Haftung des Arbeitgebers; BAG 13.11.1996, AP Nr. 4 zu § 620 BGB Aufhebungsvertrag.
1435 HWK/*Gotthard/Roloff*, § 309 BGB Rn 15.

gen einer Aufhebungsvereinbarung allein die Finanzverwaltung bzw. die zuständigen Sozialversicherungsträger berufen sind.

ee) Bestätigung der Vollständigkeit eines Vertrages

681   **Vollständigkeitsklauseln** sollen die Tatsache bestätigen, dass neben dem schriftlichen Vertrag keine mündlichen Nebenabreden getroffen worden sind.[1436] Sie werden von dem Klauselverbot des § 309 Nr. 12 BGB nicht erfasst, da sie lediglich die ohnehin bestehende Beweislastverteilung wiederholen und damit für den Arbeitnehmer keine nachteiligen Folgen zeigen. Eine Vollständigkeitsklausel gibt lediglich die ohnehin bestehende Vermutung der Vollständigkeit und Richtigkeit der schriftlichen Vertragsurkunde[1437] wieder und besitzt damit keinen eigenständigen Aussagegehalt, der die bestehende Beweislast verändern könnte.[1438] Eine solche Regelung hält der Inhaltskontrolle auch anhand der Generalklausel des § 307 Abs. 1 S. 1 BGB stand. Zwar ist denkbar, dass sie den Arbeitnehmer faktisch davon abhält, sich auf eine dennoch getroffene Nebenabrede überhaupt zu berufen; eine insoweit mögliche abschreckende Wirkung ist jedoch nicht von so erheblichem Gewicht, dass sie bereits als treuwidrige Benachteiligung angesehen werden müsste.[1439]

682   Voraussetzung für die Zulässigkeit einer Vollständigkeitsklausel ist allerdings, dass dem Arbeitnehmer der **Gegenbeweis** anderweitiger Abreden **offen steht**.[1440] Dies ist nach dem Wortlaut der obenstehenden Klausel der Fall; eine Auslegung der Klausel dahingehend, dass dem Arbeitnehmer der Gegenbeweis abgeschnitten sein soll, ist mangels entsprechender Klarstellung bereits wegen § 305c Abs. 2 BGB nicht möglich. Soll mit einer Vollständigkeitsklausel jedoch der Gegenbeweis des Arbeitnehmers ausgeschlossen oder erschwert werden, so handelt es sich um eine dann gem. § 309 Nr. 12 S. 1 BGB unzulässige Erschwerung der Beweisführung.[1441]

35.   Bezugnahme (Tarifverträge, Betriebsvereinbarung, Richtlinien etc.)

683   Ausführungen hierzu finden sich unter dem Stichwort Tarifvertrags-Öffnungsklausel (siehe unten Rdn 947 ff.).

36.   Bonus

Literatur: *Bieder*, Überzahlung von Arbeitsentgelt und formularvertraglicher Ausschluss des Entreicherungseinwands, DB 2006, 1318; *Bonanni/Köhler*, Anrechnung übertariflicher Zulagen, ArbRB 2009, 24; *Diepold*, Die leistungsbezogene Vergütung, Diss. 2004; *Ebert/Hitz*, Die WM-Loge im Visier der Finanzverwaltung? Rahmenbedingungen bei der Gewährung von Incentive-Leistungen, ArbRB 2005, 334; *Fischer*, Incentive-Reisen als Arbeitslohn, BB 1985, 250; *Fischer/Schröder*, Neue Wege der Entgeltgestaltung, 1. Auflage 2002; *Groeger*, Arbeitsvertragliche Vereinbarungen über Sondervergütungen, ArbRB 2010, 156; *Kleinebrink*, Vertragliche Flexibilisierung der Höhe des Arbeitsentgelts durch Anrechnung von Tariferhöhungen, ArbRB 2005, 122; *Lang/Meine/Ohl*, Handbuch Arbeit Entgelt Leistung, 3. Auflage 2001; *Lindemann*, Flexible Gestaltung von Arbeitsbedingungen nach der Schuldrechtsreform, Diss. 2003; *Lindemann/Simon*, Flexible Bonusregelungen im Arbeitsvertrag, BB 2002, 1807; *Lipke*, Gratifikationen, Tantiemen, Sonderzulagen, 1. Auflage 1982; *Lipke/Steinmeyer/Vogt*, Sonderleistungen im Arbeitsverhältnis; 2. Auflage 1995; *Richardt*, Arbeitsvertragliche Flexibilisierung von Entgeltbedingungen, Diss. 1998.

a)   Allgemeines

684   Der Begriff des Bonus erfasst jene zusätzlichen Entgeltbestandteile, die als monatliche oder jährliche Zahlungen neben der regelmäßigen Festvergütung gewährt werden. Obgleich dieser Begriff uneinheitlich ge-

---

1436 LAG Rheinland-Pfalz 18.5.2006, AE 2007, 241.
1437 Palandt/*Ellenberger*, § 125 BGB Rn 20; BGH 14.10.1999, MittRHNotK 2000, 201; BAG 9.2.1995, NZA 1996, 249.
1438 BGH 19.6.1985, NJW 1985, 2329; ErfK/*Preis*, §§ 305–310 BGB Rn 80.
1439 BGH 14.1.1999, ZIP 1999, 1887; LG Frankfurt 17.7.1997, VuR 1998, 205.
1440 LAG Rheinland-Pfalz 16.1.2014 – 5 Sa 273/13, zit. nach juris.
1441 AG Hamburg 13.4.1987, NJW 1987, 2022.

nutzt wird, werden als Bonus maßgeblich variable, **leistungsbezogene Vergütungsformen** wie Tantiemen (vgl. Rdn 1375 ff.), Zielvergütungen (vgl. Rdn 1639 ff.) sowie Prämien-, Zulagen und Provisionsregelungen bezeichnet. Dabei sind Boni in Form von Geldleistungen üblich, doch erfreuen sich auch Sachleistungen zunehmender Beliebtheit. Schließlich werden auch Sonderzahlungen, die die Arbeitsleistung und/oder die Betriebstreue des Arbeitnehmers honorieren sollen (vgl. Rdn 1327 ff.), bisweilen als Bonus bezeichnet.

b) Provisionsregelungen

▼

Muster 1a.32: Provisionsregelungen

685

Provision, Anspruch

Der Arbeitnehmer hat einen Anspruch auf Provision für alle von ihm vermittelten (*alternativ: für alle in seinem Bezirk abgeschlossenen*) Geschäfte.

Provision, Entstehung

Der Provisionsanspruch entsteht, wenn und soweit der Arbeitgeber das Geschäft ausgeführt hat; führt der Arbeitgeber das Geschäft nicht aus, entfällt der Provisionsanspruch, wenn und soweit die Nichtausführung auf Gründen beruht, die von dem Arbeitgeber nicht zu vertreten sind. Die Ausführung des Geschäfts ist dem Arbeitgeber insbesondere dann nicht zuzumuten, wenn aufgrund objektiver Umstände zu besorgen ist, dass der Kunde seinen Zahlungsverpflichtungen nicht nachkommen wird.

Variante 1

Der Provisionsanspruch entfällt, wenn feststeht, dass der Kunde seine Zahlungsverpflichtung nicht erfüllt. Der Arbeitgeber ist verpflichtet, die Zahlungsforderung gerichtlich geltend zu machen, es sei denn, die gerichtliche Geltendmachung hat angesichts der mangelnden finanziellen Leistungsfähigkeit des Kunden voraussichtlich nur geringe Aussicht auf wirtschaftlichen Erfolg oder ist dem Arbeitgeber aus anderen Gründen nicht zuzumuten. Zahlungen, die der Arbeitnehmer auf den entfallenen Provisionsanspruch bereits erhalten hat, sind an den Arbeitgeber zurück zu zahlen.

Variante 2

Der Provisionsanspruch entsteht, wenn und soweit der Kunde seine Zahlungsverpflichtung erfüllt hat. Der Arbeitnehmer kann einen Provisionsvorschuss in Höhe von _____ % der vollständigen Provision verlangen, sobald der Arbeitgeber das Geschäft ausführt. Der Vorschuss ist zurück zu zahlen, wenn der Provisionsanspruch nicht binnen eines Zeitraums von sechs Monaten unbedingt entsteht.

Provision, Höhe

Die Provisionen werden aus unterschiedlichen Provisionssätzen berechnet und zu einem einheitlichen Provisionsbetrag addiert. Dabei beträgt die Provision aus dem Vertragswert

bis _____ EUR	_____ % des Nettowertes,	
ab _____ EUR	_____ % des Nettowertes,	
ab _____ EUR	_____ % des Nettowertes,	
ab _____ EUR	_____ % des Nettowertes,	
ab _____ EUR	_____ % des Nettowertes.	

Nettowert ist der Kaufpreis der Lieferung ohne Umsatzsteuer oder Nebenkosten wie Verpackung, Transportkosten und Versicherung. Der Provisionsanspruch wird durch Preisnachlässe, die erst nach Vermittlung des Geschäfts vereinbart werden, nicht gemindert.

Provision, Vorschuss

Der Arbeitnehmer erhält einen Provisionsvorschuss von monatlich ▨▨▨ EUR. Die Vorschusszahlungen sind zurück zu zahlen, wenn und soweit die innerhalb eines Kalenderjahres verdienten Provisionen die Höhe der Vorschusszahlungen nicht erreichen.

Provision, Garantie

Dem Arbeitnehmer wird ein monatlicher Mindestverdienst (Fixum) von ▨▨▨ EUR garantiert. Die monatlich erzielten Provisionsansprüche werden auf das Fixum angerechnet.

Provision, Teilung

Sind mehrere Arbeitnehmer provisionsberechtigt, so entsteht der Provisionsanspruch insgesamt nur in Höhe einer einfachen Provision. Die Provision wird auf die beteiligten Mitarbeiter aufgeteilt. Die anteilige Festlegung des jeweiligen Provisionsanspruchs erfolgt unter Wahrung billigen Ermessens durch den Arbeitgeber; dabei ist insbesondere der jeweilige Beitrag der Arbeitnehmer an Zustandekommen und Abwicklung des Geschäfts zu berücksichtigen.

Provision, Abrechnung

Über den Provisionsanspruch ist monatlich abzurechnen. Der Provisionsanspruch wird am letzten Tag des Monats fällig, in dem über den Anspruch abzurechnen ist.

Überhangprovision

Der Arbeitnehmer erhält für ein Geschäft, das erst nach seinem Ausscheiden abgeschlossen wird, eine Provision nur dann, wenn der Geschäftsabschluss überwiegend auf seine Tätigkeit zurückzuführen ist und das Geschäft innerhalb von drei Monaten nach seinem Ausscheiden abgeschlossen wird, oder wenn das Angebot des Kunden auf Abschluss des Geschäfts vor der Beendigung des Arbeitsverhältnisses eingegangen ist. Ist ein anderer Arbeitnehmer ebenfalls an dem Zustandekommen des Geschäfts beteiligt gewesen, wird die Provision nach billigem Ermessen auf die beteiligten Arbeitnehmer aufgeteilt.

Provision, Auskunftsanspruch

Zur Prüfung seiner Provisionsansprüche ist der Arbeitnehmer berechtigt, Einsicht in die Geschäftsbücher zu nehmen. Die Einsicht kann in begründeten Fällen verweigert werden; in diesem Fall muss die Einsicht durch einen von dem Arbeitnehmer bestimmten Steuerberater oder Wirtschaftsprüfer gestattet werden.

c) Erläuterungen

aa) Arbeitsvertragliche Provisionsvereinbarung

686 **Provisionen** sind als leistungsbezogene Vergütung i.d.R. unmittelbar mit der individuellen Arbeitsleistung des Arbeitnehmers verbunden.[1442] Mit der Provision wird der Arbeitnehmer an den von ihm zumindest mit vermittelten Geschäften prozentual beteiligt. Die Provision vergütet damit nicht allein die Arbeitsleistung an sich, sondern v.a. deren **Erfolg**.[1443] Provisionen stellen die typische Vergütung in Handelsvertreterverhältnissen dar. Jedoch kann auch mit angestellten Handlungsgehilfen und anderen Arbeitnehmern eine Provisionsvereinbarung getroffen werden. Vorbehaltlich anderweitiger Vereinbarungen kommen in diesen Fällen gem. §§ 65, 87 ff. HGB die für Handelsvertreter geltenden Bestimmungen entsprechend zur Anwendung,[1444] die jedoch einzelvertraglich modifiziert werden können.[1445]

687 Die Vergütung kann auch im Rahmen eines Arbeitsverhältnisses allein auf erfolgsabhängige Provisionen beschränkt werden. Vergütungsabreden, die eine Festvergütung ausschließen, sind AGB-rechtlich nicht

---

1442 *Richardt*, S. 145.
1443 Tschöpe/*Heiden*, Teil 2 A Rn 416.
1444 ErfK/*Oetker*, § 65 HGB Rn 4 f.; *Bauer* u.a./*Lingemann*, S. 362.
1445 MünchArbR/*Krause*, § 58 Rn 2ff.

zu beanstanden,[1446] sofern sie hinreichend transparent ausgestaltet sind.[1447] Sittenwidrig ist der Ausschluss einer Mindestvergütung nur dann, wenn von vornherein feststeht, dass durch die vereinbarte Provisionsvergütung keine angemessene Vergütung erzielt werden kann.[1448] Dennoch sind Vergütungsmodelle, die ein **Fixgehalt** mit Provisionsansprüchen kombinieren, weiter verbreitet,[1449] da sie zumindest eine erfolgsunabhängige Mindestvergütung und die Ansprüche des Arbeitnehmers auf den gesetzlichen Mindestlohn[1450] sicherstellen. Sieht die Provisionsvereinbarung laufende monatliche Zahlungen vor, sollte stets eindeutig bestimmt sein, ob es sich hierbei um ein Festgehalt, eine Provisionsgarantie oder einen bloßen Provisionsvorschuss handelt; diesbezügliche Zweifel gehen in Formularverträgen gem. § 305c Abs. 2 BGB zu Lasten des Arbeitgebers.[1451] Ergibt die Vertragsauslegung, dass eine monatliche **Mindestprovision** garantiert ist, ist im Zweifel ausgeschlossen, Minderverdienste eines Monats mit überschießenden Provisionsansprüchen anderer Monate zu verrechnen.[1452] Ist eine solche Verrechnung gewollt, muss der Ausgleich auf einen längeren Zeitraum, etwa ein Geschäftsjahr, ausgedehnt werden.

bb) Provisionspflichtige Geschäfte

Ein Anspruch auf Provision besteht nur, wenn eine vertragliche Provisionsabrede getroffen wurde.[1453] Wesentlicher Bestandteil der Provisionsabrede ist dabei die Festlegung der **provisionspflichtigen Geschäfte**. Durch die **Vermittlungsprovision** werden diejenigen Geschäfte provisioniert, die auf die Vermittlungstätigkeit des Provisionsberechtigten selbst unmittelbar zurückzuführen sind, während die **Abschluss- oder Bezirksprovision** das Zustandekommen von Geschäften mit Kunden eines bestimmten, dem Arbeitnehmer zugewiesenen Bezirks oder Kundenstamms honoriert.[1454] Aus Arbeitnehmersicht ist zu beachten, dass bei Vereinbarung einer reinen Vermittlungsprovision kein Kunden- oder Gebietsschutz besteht; in diesem Fall kann auch der Arbeitgeber selbst oder durch Dritte Geschäfte mit den Kunden des Arbeitnehmers abschließen, an denen der Arbeitnehmer nicht beteiligt wird. Die Vereinbarung einer Bezirksprovision muss ausdrücklich vereinbart werden; allein die Zuweisung eines bestimmten Kundenkreises begründet mangels eindeutiger Vereinbarung keinen Kundenschutz.[1455]

688

cc) Entstehung des Provisionsanspruchs

Der Provisionsanspruch entsteht gem. § 87a Abs. 1 S. 1 HGB mit der **Ausführung des Geschäfts**, also mit der vollständigen Erfüllung der dem Arbeitgeber aus dem Geschäft obliegenden vertraglichen Leistungspflichten. Wird das Geschäft trotz erfolgreicher Vermittlung ganz oder teilweise nicht durchgeführt, lässt dies den Provisionsanspruch gem. § 87a Abs. 3 HGB unberührt, wenn der Arbeitgeber die Nichtdurchführung zu vertreten hat. Lehnt der Arbeitgeber die Durchführung des vermittelten Geschäfts ab, wozu er grds. berechtigt ist, so lässt auch dies den Provisionsanspruch des Arbeitnehmers nur dann entfallen, wenn dem Arbeitgeber die Durchführung des Geschäfts nicht zumutbar ist.[1456] Stellt sich nachträglich heraus, dass der Kunde ungeachtet der Ausführung des Geschäfts durch den Arbeitgeber nicht leistet, entfällt der Provisionsanspruch; der Arbeitnehmer ist gem. § 87a Abs. 2 HGB zur Erstattung bereits erfolgter Provisionszahlungen

689

1446 BAG 9.6.2010, NZA 2010, 877; LAG Rheinland-Pfalz 14.11.2012 – 8 Sa 230/12.
1447 LAG Niedersachsen 5.6.2012 – 1 Sa 5/12.
1448 BAG 16.2.2012, ArbRB 2012, 69; Hessisches LAG 12.12.2012 – 12 Sa 234/12; LAG Hamm 27.9.2012 – 15 Sa 938/12; LAG Berlin-Brandenburg 26.3.2010 – 13 Sa 321/10, zit. nach juris; LAG Köln 16.2.2009 – 2 Sa 824/08, zit. nach juris; LAG Rheinland-Pfalz 12.7.2007 – 2 Sa 101/07, n.v.; BAG 20.6.1989, NZA 1989, 843; HWK/*Diller*, § 65 HGB Rn 5; a.A. LAG Hamm 16.10.1989, ZIP 1990, 880, MünchArbR/*Krause*, § 58 Rn 4, die eine Mindestvergütung fordern.
1449 *Lindemann*, S. 320; Tschöpe/*Heiden*, Teil 2 A Rn 401.
1450 Vgl. dazu ArbG Berlin 30.10.2015 – 28 Ca 7745/15, zit. nach juris.
1451 LAG Rheinland-Pfalz 23.8.2007 – 9 Sa 210/07, n.v.
1452 BAG 23.9.1975, EzA Nr. 3 zu § 65 HGB.
1453 LAG Rheinland-Pfalz 3.3.2005 – 4 Sa 910/04, n.v.; HWK/*Diller*, § 65 HGB Rn 2.
1454 LAG Hamm 2.10.1991, LAGE Nr. 1 zu § 65 HGB; ErfK/*Oetker*, § 65 HGB Rn 1.
1455 ErfK/*Oetker*, § 87 HGB Rn 16; a.A. für Handelsvertreter EuGH 14.12.1996, EWS 1997, 52.
1456 BAG 9.12.1966, AP Nr. 2 zu § 87a HGB.

verpflichtet. Die Nichtleistung des Kunden muss feststehen, was der Arbeitgeber darlegen und beweisen muss; eine hiervon zu Lasten des Arbeitnehmers abweichende Vereinbarung wäre unwirksam.[1457]

690 Die Abhängigkeit des Provisionsanspruchs von der arbeitgeberseitigen Ausführung des Geschäfts ist abdingbar.[1458] Dementsprechend kann zugunsten des Arbeitnehmers vereinbart werden, dass der Provisionsanspruch bereits mit **Abschluss des Geschäftes** entstehen soll. Abgeschlossen ist ein Geschäft, wenn der Vertrag zwischen dem Arbeitgeber und dem Kunden rechtswirksam zustande gekommen ist. Auf die Ausführung des Geschäfts kommt es für den Provisionsanspruch in diesem Fall nicht mehr an. Lediglich die Nichtigkeit des Vertrages sowie dessen Anfechtung oder Widerruf lassen den Provisionsanspruch nachträglich entfallen; in diesen Fällen kann der Arbeitgeber eine bereits gezahlte Provision nach bereicherungsrechtlichen Grundsätzen herausverlangen.[1459]

691 Aus Arbeitgebersicht ist es demgegenüber günstiger, den unbedingten Provisionsanspruch erst mit der **Ausführung des Geschäfts durch den Kunden**, also mit Zahlung des Kaufpreises entstehen zu lassen. Auch diese in der Praxis weit verbreitete Vertragsgestaltung ist bislang als zulässig angesehen worden. Der Arbeitnehmer soll in diesem Fall mit Durchführung des Geschäfts gem. § 87a Abs. 1 S. 2 HGB Anspruch auf einen **Provisionsvorschuss** in angemessener Höhe haben;[1460] steht jedoch fest, dass der Kunde das Geschäft nicht ausführen wird, soll **der Provisionsanspruch** endgültig **entfallen**. Der Provisionsanspruch wäre insoweit auflösend bedingt, wobei die bloße Zahlungsverweigerung durch den Kunden die Annahme einer endgültigen Nichterfüllung noch nicht rechtfertigt; dem Arbeitgeber ist es zumutbar, rechtliche Schritte gegen den säumigen Kunden zu ergreifen, wenn diese erfolgversprechend erscheinen.[1461] Ob an dieser Auffassung auch für formularvertragliche Provisionsvereinbarungen festgehalten werden kann, ist allerdings zweifelhaft; sie wälzt das Risiko einer Insolvenz des Kunden und damit das unternehmerische Risiko des Arbeitgebers einseitig auf den Arbeitnehmer ab und dürfte damit eine unangemessene Benachteiligung i.S.v. § 307 Abs. 1 BGB beinhalten.[1462]

dd) Höhe des Provisionssatzes

692 Die **Bestimmung des Provisionssatzes** unterliegt der freien Vereinbarung der Parteien. Häufig werden die Provisionssätze mit steigendem Vertragswert degressiv gestaffelt, wobei der gestaffelte Provisionssatz den gesamten oder auch nur einen Teil des Vertragswertes erfassen kann. Zusätzlich sollte geregelt sein, dass die Provision auf der Basis des reinen Nettowarenwertes ohne Einbeziehung von Nebenkosten und Umsatzsteuer berechnet wird, da anderenfalls objektiv nicht erzielte Umsätze provisioniert werden müssen.[1463]

ee) Kausalität für den Geschäftsabschluss

693 Enthält die vertragliche Vereinbarung keine besonderen Bestimmungen über die Entstehung der Provision, so kann der Arbeitnehmer eine Provision grds. auch dann verlangen, wenn seine **Tätigkeit** für das Zustandekommen des Geschäfts nicht allein **kausal**, sondern nur mitursächlich war.[1464] Da die Provision keine tätigkeits-, sondern eine erfolgsbezogene Vergütung ist, hängt ihre Entstehung nicht von Maß und Umfang der Tätigkeit des Arbeitnehmers ab, sondern allein davon, ob der geschäftliche Erfolg eintritt.[1465] Ob dieser Erfolg ursächlich auch auf dem Beitrag des Arbeitnehmers beruht, ist anhand der Anforderungen zu beurteilen, die nach den Vertragsbedingungen an die Mitwirkung des Arbeitnehmers gestellt werden dürfen.[1466]

1457 LAG Hamm 21.4.2015 – 14 Sa 1249/14.
1458 BAG 17.5.1962, AP Nr. 2 zu § 65 HGB.
1459 BAG 14.3.2000, DB 2000, 1334.
1460 LAG München 27.9.1990, VersR 1992, 183.
1461 BGH 29.2.1972, BB 1972, 594.
1462 LAG Schleswig-Holstein 16.4.2013 – 1 Sa 290/12.
1463 BGH 28.6.1973, DB 1973, 1740.
1464 BAG 28.2.1984, AP Nr. 5 zu § 87 HGB; LAG München 13.8.2009, AuA 2009, 724; LAG Köln 23.10.2006, NZA-RR 2007, 236.
1465 ErfK/*Oetker*, § 87 HGB Rn 7.
1466 BAG 22.1.1971, AP Nr. 2 zu § 87 HGB.

Dementsprechend hat jeder Arbeitnehmer, dem ein Provisionsanspruch zugesagt wurde, Anspruch auf den vollen Provisionsanspruch, wenn das erstrebte Geschäft zustande kommt.[1467]

Sind mehrere Arbeitnehmer an denselben provisionspflichtigen Geschäften beteiligt, empfiehlt sich daher eine Regelung zur **Auflösung von Provisionskollisionen**, der sich die Begrenzung der Provisionsansprüche klar und unzweifelhaft entnehmen lassen muss.[1468] Zulässig ist es, den Provisionsanspruch davon abhängig machen, dass der Beitrag des provisionsberechtigten Arbeitnehmers an dem Zustandekommen des Geschäfts allein oder zumindest überwiegend kausal gewesen sein muss; in diesem Fall erhält nur ein Arbeitnehmer die volle Provision. Alternativ kann eine anteilige Aufteilung der Provision auf mehrere Arbeitnehmer vereinbart werden; unterschiedliche Beiträge der Arbeitnehmer können so angemessen honoriert werden. **694**

ff) Fälligkeit des Provisionsanspruchs

Vorbehaltlich einer eigenständigen Regelung zur **Fälligkeit** des Provisionsanspruchs wird der Provisionsanspruch gem. § 87a Abs. 1 HGB mit der Ausführung des Geschäfts durch den Arbeitgeber zur Auszahlung fällig. Wird der Fälligkeitszeitpunkt vertraglich auf einen späteren Zeitpunkt verlagert, hat der Arbeitnehmer Anspruch auf einen angemessenen Provisionsvorschuss und spätestens mit der Ausführung des Geschäfts durch den Kunden Anspruch auf die volle Provision. Unzulässig ist es jedoch, die Fälligkeit der Provision von der Zahlung des Kunden abhängig zu machen; dies würde den Provisionsanspruch des Arbeitnehmers von dem von ihm nicht beeinflussbaren Verhalten des Arbeitgebers und des Kunden abhängig machen und zudem das Insolvenzrisiko des Kunden auf den Arbeitnehmer verlagern.[1469] Auf den Bestand des Provisionsanspruchs hat die Fälligkeitsregelung keine Auswirkungen; endet das Arbeitsverhältnis, bevor der Provisionsanspruch fällig geworden ist, bleibt der Provisionsanspruch wegen § 87 Abs. 1 S. 1 HGB erhalten. **695**

gg) Rückzahlung von Provisions(vorschuss)zahlungen

Provisionsvorschüsse sind grds. zurück zu zahlen, wenn und soweit die tatsächlich verdienten Provisionen die Provisionsvorschüsse nicht erreichen. Dies ergibt sich auch ohne vertragliche Vereinbarung aus §§ 812 ff. BGB;[1470] derjenige, der Geld als Vorschuss erhalten hat, ist verpflichtet, den Vorschuss zurückzuzahlen, wenn und soweit die bevorschusste Forderung nicht entsteht.[1471] Dabei hat der Arbeitgeber darzulegen, für welches Geschäft ein Provisionsvorschuss in welcher Höhe gezahlt wurde, inwieweit es nicht zur Leistung des Kunden gekommen ist und welche Auswirkungen dies nach welchen vertraglichen Vereinbarungen der Parteien auf den Provisionsanspruch des Vermittlers hat;[1472] im Gegenzug hat der Arbeitnehmer die Entstehung des bevorschussten Provisionsanspruchs darzulegen und zu beweisen.[1473] Eine entsprechende Rückzahlungsverpflichtung besteht für Provisionsansprüche, die aufgrund unterbliebener Durchführung des Geschäfts nachträglich entfallen. Eine vertragliche Regelung der Rückzahlungspflicht unterliegt deshalb nicht der Inhaltskontrolle gem. § 307 Abs. 3 S. 1 BGB, da es sich nicht um eine von Rechtsvorschriften abweichende Vereinbarung handelt.[1474] Allerdings muss sich aus der Vereinbarung hin- **696**

1467 BAG 3.6.1998, NZA 1999, 306; ErfK/*Oetker*, § 87 HGB Rn 9.
1468 LAG Köln 23.10.2006, NZA-RR 2007, 236.
1469 LAG Schleswig-Holstein 16.4.2013 – ArbR 2013, 343.
1470 BAG 14.3.2000, NZA 2000, 827; BAG 20.6.1989, NZA 1989, 843; LAG Schleswig-Holstein 6.12.2011, 1 Sa 13a/11; LAG Rheinland-Pfalz, 21.12.2006 – 11 Sa 686/06, n.v.; LAG Rheinland-Pfalz 21.12.2006 – 11 Sa 686/06, zit. nach juris.
1471 BAG 9.6.2010 – 5 AZR 332/09; BAG 20.6.1989, BB 1989, 2333; BAG 28.6.1965, AP Nr. 3 zu § 614 BGB Gehaltsvorschuss.
1472 BAG 21.1.2015 – 10 AZR 84/14.
1473 LAG Niedersachsen 26.2.2007 – 9 Sa 1560/06, zit. nach juris; LAG Rheinland-Pfalz 29.6.2004 – 5 Sa 465/02, n.v.
1474 LAG Berlin-Brandenburg 26.3.2010 – 13 Sa 321/10; LAG Hamm 3.11.2009 – 14 Sa 1690/08; LAG München 30.9.2008 – 6 Sa 697/07.

reichend klar ergeben, dass lediglich ein Provisionsvorschuss, nicht hingegen eine (wenn auch anrechenbare) Mindestprovision gezahlt wird.[1475]

Zu berücksichtigen ist, dass sich die Rückzahlungsverpflichtung des Arbeitnehmers grundsätzlich nach bereicherungsrechtlichen Grundsätzen richtet; dies ermöglicht den Einwand der Entreicherung des erstattungspflichtigen Arbeitnehmers gem. § 818 Abs. 3 BGB, dessen Abbedingung zwar individualvertraglich möglich ist, im Rahmen eines Formularvertrages jedoch Zweifeln begegnet.[1476] Eine vom Bereicherungsrecht unabhängige Rückzahlungsverpflichtung ergibt sich aus § 87a Abs. 2 HGB i.V.m. §§ 346 ff BGB nur für den Fall, dass der Provisionsanspruch bereits mit Ausführung des Geschäfts durch den Arbeitgeber entsteht. Eine entsprechende Anwendung des § 87a Abs. 2 HGB entfällt in anderen Fällen der Rückzahlungsverpflichtung, da diese Vorschrift nur das besondere Risiko des vorleistungspflichtigen Arbeitgebers ausgleichen soll.[1477] Es bietet sich deshalb an, die Rückzahlungsverpflichtungen des Arbeitnehmers ausdrücklich in die Provisionsvereinbarung aufzunehmen, um eine vom Bereicherungsrecht unabhängige vertragliche Anspruchsgrundlage zu schaffen.[1478]

hh) Überhangprovisionen

697 Provisionsansprüche können auch nach Beendigung des Arbeitsverhältnisses noch entstehen, wenn ein später abgeschlossenes oder ausgeführtes Geschäft maßgeblich noch auf der Vermittlungstätigkeit des Arbeitnehmers beruht (sog. **Abverkaufs- oder Überhangprovision**). Der Anspruch auf die Überhangprovision gem. § 87 Abs. 1 S. 1 HGB entsteht für Geschäfte, die noch während des bestehenden Arbeitsverhältnisses abgeschlossen, aber erst nach dessen Beendigung ausgeführt werden. Für Geschäfte, die erst nach Beendigung des Arbeitsverhältnisses abgeschlossen werden, richtet sich der Anspruch auf die Überhangprovision nach § 87 Abs. 3 HGB. Nach bisheriger Rechtsprechung des BAG war ungeachtet der grundsätzlichen Dispositivität des § 87 HGB davon auszugehen, dass der Anspruch aus § 87 Abs. 3 HGB nicht abdingbar ist, da dem Handlungsgehilfen im Gegensatz zu dem selbstständigen Handelsvertreter ein Ausgleichsanspruch gem. § 89b HGB nicht zusteht. Der Anspruch aus § 87 Abs. 1 S. 1 HGB sollte nur aus sachlichem Grund abbedungen werden können;[1479] anerkannt wurde insoweit auch eine kompensatorische Vertragsgestaltung dahingehend, dass in den ersten Monaten des Arbeitsverhältnisses, in denen eigene Geschäftserfolge von dem Arbeitnehmer i.d.R. noch nicht erzielt werden können, Provisionen aus den von dem Vorgänger vermittelten Geschäften oder Mindestprovisionen gezahlt wurden.[1480] Ob an dieser Rechtsprechung künftig festgehalten wird, hat das BAG mittlerweile ausdrücklich offen gelassen, da einiges dafür spreche, die Ansprüche auf Überhangprovision einheitlich zu behandeln.[1481] Überdies ist in Formularverträgen darüber hinaus gem. § 307 Abs. 1 BGB auf die inhaltliche Angemessenheit der vertraglichen Vereinbarung zu achten.[1482] Eine Kürzung der Überhangprovision auf die Hälfte ist nach Auffassung des BAG bspw. dann unzulässig, wenn diejenigen Arbeitsleistungen, die den Provisionsanspruch begründen, bereits vollständig erbracht sind, der zeitliche Abstand zwischen der Beendigung des Arbeitsverhältnisses und dem Entstehen des Provisionsanspruchs unangemessen kurz ist, und wenn nicht nach dem Grund für die Beendigung des Arbeitsverhältnisses differenziert wird. Die vertragliche Einschränkung der Überhangprovision wird damit kaum noch wirksam vereinbart werden können; selbst die vertragliche Konkretisierung der

1475 LAG Rheinland-Pfalz 26.1.2015 – 2 Sa 397/14, zit. nach juris.
1476 *Bieder*, DB 2006, 1318.
1477 BAG 14.3.2000, NZA 2000, 827.
1478 BAG 20.6.1989, NZA 1989, 843; kritisch hierzu *Bieder*, DB 2006, 1318.
1479 BAG 26.11.1985 – 3 AZR 214/84; BAG 20.7.1973, AP Nr. 7 zu § 65 HGB.
1480 LAG Köln 13.3.2002 – 7 Sa 828/01, n.v.; BAG 20.7.1973, AP Nr. 7 zu § 65 HGB.
1481 BAG 20.2.2008, NZA 2008, 1124.
1482 BGH 10.12.1997, DB 1998, 720.

„angemessenen Frist" gem. § 87 Abs. 3 HGB kann eine unangemessene Benachteiligung des Arbeitnehmers darstellen.[1483]

ii) Änderung der Provisionsvereinbarung

Die nachträgliche Änderung einer Provisionsvereinbarung ist, sofern eine einvernehmliche Regelung nicht, auch nicht stillschweigend,[1484] getroffen werden kann, regelmäßig nur durch den Ausspruch einer Änderungskündigung möglich. Die Vereinbarung eines **Änderungsvorbehalts** zugunsten des Arbeitgebers etwa dahingehend, dass sich die Provisionssätze nach den „jeweils geltenden Provisionsbestimmungen" oder die zu betreuenden Kunden „nach den arbeitgeberseitigen Festlegungen" richten sollen, ist zwar grds. zulässig; dieser Änderungsvorbehalt stellt jedoch eine Form des Widerrufs dar, der in Formularverträgen nur innerhalb der Grenzen des § 308 Nr. 4 BGB zulässig ist[1485] (vgl. hierzu Rdn 1630 ff.). Ein Änderungsvorbehalt hinsichtlich der Provisionssätze ist daher insbesondere nur dann zulässig, wenn der Provisionsanteil maximal 25 % der Gesamtvergütung darstellt.[1486]

698

jj) Auskunftsanspruch des Arbeitnehmers

Zur Durchsetzung seiner Provisionsansprüche steht dem Arbeitnehmer ein **Anspruch auf Auskunft** und Erteilung eines Buchauszuges zu, der im Wege der Stufenklage geltend gemacht werden[1487] und als unvertretbare Handlung vollstreckt werden kann.[1488] Die vertragliche Modifikation dieses Anspruchs ist zur Wahrung der berechtigten Belange des Arbeitgebers zulässig, sofern sie die Anspruchsverfolgung nicht vereitelt oder unangemessen erschwert

699

d) Prämienregelungen

Muster 1a.33: Prämie

700

Zusätzlich zu der regelmäßigen Grundvergütung erhält der Arbeitnehmer eine Prämie in Höhe von ▓▓▓▓ EUR brutto für jeden Tag, an dem in seiner Arbeitsgruppe mehr als ▓▓▓▓ Produktionsteile hergestellt werden. Die Prämie wird nur gezahlt, wenn die Ausschussquote ▓▓▓▓ % des täglichen Produktionsvolumens nicht überschreitet.

Variante

Der Arbeitnehmer erhält eine Leistungsprämie von ▓▓▓▓ EUR brutto für jeden von ihm betreuten Auftrag, der entsprechend den Kundenvorgaben termingerecht ausgeführt wird.

e) Erläuterungen
aa) Grundsätze des Prämienlohns

Prämienlohn kann leistungsunabhängige Verhaltensanreize setzen, indem eine Prämie etwa für geringe Fehlzeiten (vgl. hierzu Rdn 298 ff.) oder für Pünktlichkeit gewährt wird.[1489] Regelmäßig soll mit der Vereinbarung eines **Prämienlohns** jedoch eine höhere Vergütung unmittelbar dafür gewährt werden, dass der Arbeitnehmer eine **gesteigerte quantitative oder qualitative Leistung** erbringt. Grundlage des Prä-

701

1483 LAG Berlin-Brandenburg 8.5.2015, EzA-SD 2015, Nr. 25, 11.
1484 LAG Rheinland-Pfalz 14.7.2015 – 6 Sa 409/14, zit. nach juris.
1485 BAG 12.1.2005, NZA 2005, 465; *Küttner/Griese*, Provision Rn 4.
1486 Hessisches LAG 3.7.2008 – 14 Sa 1863/07, zit. nach juris; LAG München 22.8.2007 – 11 Sa 1168/06, n.v.
1487 LAG Rheinland-Pfalz 14.7.2015 – 6 Sa 409/14, zit. nach juris; LAG Mecklenburg-Vorpommern 15.11.2005 – 5 Sa 4/05, n.v.
1488 Hessisches LAG 30.11.2015 – 10 Ta 328/15, zit. nach juris.
1489 *Schaub/Vogelsang*, ArbR-Hdb § 63 Rn 53; *Hromadka/Maschmann*, § 7 Rn 50.

mienlohns ist damit die individuelle Bewertung der Leistung des Arbeitnehmers, indem dessen tatsächlich erbrachte Leistung der erwarteten „Normalleistung" gegenübergestellt wird.[1490]

702   Zur Ermittlung der Lohngrundlage muss daher zunächst die **Normalleistung definiert** werden, anhand derer die individuelle Arbeitsleistung des Arbeitnehmers gemessen werden kann. Diese kann statistisch auf der Basis von Erfahrungs- oder Durchschnittsleistungen, aber auch arbeitswissenschaftlich ermittelt werden.[1491] Prämienlohnsysteme sind etwa von *Halsey, Rowan* oder *Gantt* entwickelt worden, die sich v.a. durch unterschiedlich ausgestaltete Prämienlohnkurven unterscheiden.[1492] Die Lohnkurve kann proportional oder antiproportional im Verhältnis zu der Bezugsgröße ansteigen, gestaffelt, degressiv oder auch progressiv ausgestaltet werden.[1493] Die Wahl des angewandten Systems hängt davon ab, welche Leistungsanreize mit dem Prämienlohn gesetzt werden sollen.[1494] Zu beachten ist dabei, dass die definierte Normalleistung eine abstrakte Berechnungsgröße zur Bemessung der Vergütung ist; sie ist deshalb nicht mit der sich aus § 611 BGB ergebenden Leistungspflicht des Arbeitnehmers gleichzusetzen. Dennoch kann eine vertragswidrige Minderleistung vorliegen, wenn der Arbeitnehmer die Arbeit nicht unter angemessener Anspannung seiner Kräfte und Fähigkeiten leistet und deshalb die Normalleistung nicht erreicht.[1495]

703   Der Prämienlohn kann als zusätzlicher Vergütungsbestandteil neben der regelmäßigen Festvergütung („**kombinierter Prämienlohn**") oder ausschließlich als **selbstständiger Prämienlohn** ohne zusätzliche Festvergütung ausgestaltet werden.[1496] Der selbstständige Prämienlohn sollte jedoch mit einer **Mindestlohngarantie** verbunden werden, um eine ausreichende Vergütungsabsicherung und gleichzeitig die Erfüllung des Mindestlohnanspruchs zu gewährleisten; im Gegenzug bietet sich die Bestimmung einer Obergrenze an, um zu verhindern, dass durch einen übermäßigen Vergütungsanreiz eine gesundheitsschädliche Überbeanspruchung des Arbeitnehmers provoziert wird.[1497]

bb) Bezugsgröße des Prämienlohns

704   Als **Bezugsgröße** des Prämienlohns kann jeder Umstand herangezogen werden, der von dem Arbeitnehmer beeinflusst werden kann. Typische Bezugsgröße ist dabei wie auch bei der Akkordvergütung die Arbeitsmenge (Mengenprämie) und die für deren Bewältigung aufgewandte Zeit; auch die Qualität der Arbeitsleistung (Qualitätsprämie), die Optimierung der Arbeitsabläufe und Maschinenlaufzeiten, die Einsparung von Rohstoff- oder Energiekosten (Ersparnisprämie), die Verringerung der Ausschussquote oder die Einhaltung von Terminvorgaben können jedoch als Grundlage für eine Prämienvereinbarung herangezogen werden.[1498] Um eine einseitige Leistungsausrichtung zu vermeiden, können sich auch **Mischformen** anbieten, indem etwa eine Mengenprämie mit Aspekten der Arbeitsqualität verbunden wird, um eine Steigerung der Arbeitsquote zu Lasten der Ausschussquote zu vermeiden.[1499] Ebenso kann der Prämienlohn als **Einzel- oder Gruppenprämie** ausgestaltet werden, indem die Leistung entweder des einzelnen Arbeitnehmers oder einer Arbeitnehmergruppe bewertet wird.

cc) Änderung des Prämienlohnsystems

705   Der **Wechsel von Prämien- in Zeitlohn** und umgekehrt kann von dem Arbeitgeber nicht einseitig angeordnet werden, da mit der Vergütung der dem Kündigungsschutz unterfallende Kernbereich des Arbeitsver-

---

1490 BAG 13.9.1983, AuR 1984, 92.

1491 ErfK/*Preis*, § 611 BGB Rn 395.

1492 MünchArbR/*Krause*, § 57 Rn 32.

1493 *Schaub/Vogelsang*, ArbR-Hdb., § 63 Rn 54.

1494 *.Diepold*, S. 51; detaillierte Übersicht bei *Fischer/Schröder*, S. 111 f.

1495 BAG 17.1.2008, NZA 2008, 693; BAG 11.12.2003, NZA 2004, 784; BAG 20.3.1969, DB 1969, 1154.

1496 MünchArbR/*Krause*, § 57 Rn 40; *Lindemann/Simon*, BB 2002, 1807.

1497 Kittner/Zwanziger/Deinert/*Stumpf*, § 32 Rn 30; *Meine/OhlRohnert*, S.276.

1498 *Lindemann*, S. 320 f.

1499 Tschöpe/*Heiden*, Teil 2A Rn 410.

hältnisses betroffen ist. Dies gilt i.d.R. auch bei der Versetzung eines Arbeitnehmers auf einen Arbeitsplatz, der einem anderen Entlohnungssystem unterfällt. Die Versetzung auf einen Arbeitsplatz, an dem der Arbeitnehmer weniger Lohn erzielt als bisher, ist von dem arbeitgeberseitigen Direktionsrecht regelmäßig nicht gedeckt. Wird der Arbeitnehmer zur Vermeidung einer krankheitsbedingten Kündigung allerdings in eine andere Abteilung versetzt, kann er verpflichtet sein, die Zahlung nach dem dortigen Zeitlohn hinzunehmen, auch wenn er in der ursprünglichen Abteilung mit Akkordlohn vergütet worden ist.[1500] Die Versetzung auf einen Arbeitsplatz, an dem andere Prämiensätze gelten, ist auch dann zulässig, wenn an diesem Arbeitsplatz derselbe Ecklohn gezahlt wird; führt die Umsetzung aufgrund der erforderlichen Einarbeitung zu einer vorübergehenden Minderung des erzielten Leistungslohnes, ist dies die notwendige Folge des Leistungslohnsystems und von dem Arbeitnehmer daher hinzunehmen.[1501] Dabei ist zu beachten, dass der Wechsel von Zeit- zu Prämienlohn ebenso wie der Wechsel innerhalb verschiedener Prämienlohnsysteme bei veränderten Arbeitsbedingungen eine mitbestimmungspflichtige Versetzung i.S.d. § 99 BetrVG darstellen kann.[1502]

dd) Gesetzliche Leistungslohnverbote

Für bestimmte, besonders schutzbedürftige Arbeitnehmergruppen ist die Vereinbarung eines Prämienlohns **706** **untersagt**, soweit es sich um eine von dem Arbeitstempo abhängige Vergütung handelt.[1503] Dies gilt etwa für Jugendliche (§ 23 Abs. 1 JArbSchG), für schwangere Frauen (§ 4 MuSchG) und für Fahrpersonal (§ 3 FahrpersonalG).

f) Zulagen

Muster 1a.34: Zulagen **707**

Der Arbeitnehmer erhält eine außertarifliche Zulage in Höhe von ▮▮▮▮▮ EUR brutto monatlich. Die Zulage kann auf künftige Erhöhungen des Tarifgehalts oder künftige tarifliche Einmalzahlungen ganz oder zum Teil angerechnet werden.

Variante

Der Arbeitnehmer erhält für die Tätigkeit im Dreischichtbetrieb eine Schichtzulage von ▮▮▮▮▮ EUR täglich; diese Zulage wird nur gezahlt, solange die Tätigkeit tatsächlich ausgeübt wird.

g) Erläuterungen
aa) Grundlagen der Gewährung von Zulagen

Die Aufspaltung der Vergütung in ein Festgehalt und eine Zulage kann unterschiedlichen Zwecken dienen. **708** Denkbar ist, dass der Arbeitgeber etwa durch die Gewährung einer außertariflichen Zulage Leistungen über dem tariflichen Niveau erbringen oder dem Arbeitnehmer aufgrund von Engpässen auf dem Arbeitsmarkt eine über das betriebliche Vergütungsniveau hinausgehende individuelle Arbeitsmarktzulage gewähren will. Auch kann vereinbart werden, dass die Zulage im Gegensatz zu dem Festgehalt bei der Bemessung anderer vergütungsabhängiger Leistungen, etwa dem Weihnachtsgeld oder der betrieblichen Altersversorgung, nicht berücksichtigt wird.

1500 LAG Nürnberg 21.1.2003, NZA-RR 2003, 413.
1501 LAG Düsseldorf 21.7.1970, DB 1970, 1933.
1502 BAG 22.4.1997, NZA 1997, 1358.
1503 MünchArbR/*Krause* § 57 Rn 34.

bb) Nachträgliche Abänderung der Zulage

709   Die Vereinbarung einer Zulage kann in begrenztem Umfang auch der **Variabilisierung der Vergütung** dienen. Ausdrücklich so bezeichnete außer- oder **übertarifliche Zulagen** etwa können auch ohne ausdrückliche Anrechnungsregelung auf Erhöhungen des Tariflohns angerechnet werden.[1504] In Formularverträgen sollte die Möglichkeit der Anrechnung dennoch stets mit aufgenommen werden, um Zweifel an der Auslegung zu vermeiden. Von dieser Anrechnungsmöglichkeit abgesehen, kann sich der Arbeitgeber nachträglich nur begrenzt von der Zahlungsverpflichtung lösen. Jedenfalls in Formularverträgen ist es nicht zulässig, laufende monatliche Zulagen unter den **Vorbehalt der Freiwilligkeit** zu stellen, da dies dem Zweck des Arbeitsvertrages widerspricht und den Arbeitnehmer unangemessen benachteiligt. Der Ausschluss des Rechtsanspruchs widerspricht dem Prinzip der Vertragsbindung und löst die synallagmatische Verknüpfung der Hauptleistungspflichten. Die Möglichkeit, die Zulage jederzeit grundlos und ohne jegliche Erklärung einzustellen, beeinträchtigt die Interessen des Arbeitnehmers grundlegend, unabhängig von der Höhe der Zulage und unabhängig davon, ob der Arbeitgeber die Zulage ohne den Freiwilligkeitsvorbehalt nicht gewährt hätte.[1505]

Allerdings kann die Gewährung der Zulage unter den Vorbehalt eines späteren Widerrufs gestellt werden; dieser muss jedoch den Anforderungen an die inhaltliche Angemessenheitskontrolle genügen (vgl. hierzu Rdn 1630 ff.).[1506]

cc) Tätigkeitsbezogene Zulagen

710   Besondere **Tätigkeits- oder Verantwortungszulagen** zeichnen sich durch die Anknüpfung an den konkreten Tätigkeits- oder Verantwortungsbereich des Arbeitnehmers aus. Mit derartigen Zulagen sollen besondere Belastungen honoriert werden, die sich etwa aus den erschwerten Umständen der Arbeitserbringung (z.B. Schicht- oder Gefahrenzulage, Pflegezulage) oder aus der besonderen Verantwortung ergeben, der der Arbeitnehmer zu genügen hat (z.B. Kassenführungszulage).[1507] In diesen Fällen ist die Ausübung der Tätigkeit Anspruchsvoraussetzung für die Zulage, so dass diese bei entsprechendem Vorbehalt ersatzlos entfällt, wenn dem Arbeitnehmer zulässigerweise eine andere Tätigkeit zugewiesen wird,[1508] nicht aber, wenn der Arbeitnehmer wegen Urlaub oder Krankheit keine Arbeitsleistung erbringt.[1509]

h)   Incentive-Regelungen

711   **Muster 1a.35: Incentive**

   1. Für das Jahr 2016 lädt der Arbeitgeber alle Vertriebsmitarbeiter, die das festgelegte Verkaufsziel um mehr als ▮▮▮▮ % überschreiten, zur Teilnahme an einer einwöchigen Incentive-Reise nach Sardinien ein. Die Kosten der Reise einschließlich der hierauf entfallenden Steuern und Sozialversicherungsbeiträge trägt der Arbeitgeber.

   2. Die Auslobung der Incentive-Reise ist auf das genannte Jahr beschränkt. Ein Rechtsanspruch auf vergleichbare Leistungen in den Folgejahren besteht nicht.

▲

1504 BAG 19.4.2012, NZA-RR 2012, 525; BAG 27.8.2008, NZA 2009, 49; BAG 1.3.2006, NZA 2006, 746; BAG 14.8.2001 – 1 AZR
      744/00; 74; *Kleinebrink*, ArbRB 2005, 122; *Groeger*, ArbRB 2010, 156; a.A. *Bonanni/Koehler*, ArbRB 2009, 24. Die Anrechnung
      kann jedoch mitbestimmungspflichtig sein, s.a. BAG 10.3.2009, NZA 2009, 684.
1505 BAG 25.4.2007, NZA 2007, 853.
1506 BAG 1.3.2006, NZA 2006, 746.
1507 BAG 17.12.2015, EzA-SD 2016, Nr. 5, 22.
1508 BAG 7.12.1989 – 6 AZR 250/88, n.v.; BAG 29.5.1985, AP Nr. 1 zu § 62 BMT-G II.
1509 BAG 9.12.1998, NZA 1999, 998.

i) Erläuterungen

aa) Grundsätze der Incentive-Vergütung

Auch **Incentive-Systeme**, die als Geld- oder Sachleistung ausgestaltet werden können, beinhalten eine 712
Form der Bonusleistung. Dabei stellt etwa das sog. Mid Term Incentive eine zielabhängige variable Vergütung dar, die von den individuellen Leistungen des Arbeitnehmers abhängt (vgl. hierzu Rdn 1639 ff.).
Häufiger anzutreffen sind bei Incentive-Vergütungen jedoch Sachleistungen, etwa die Gewährung von Incentive-Reisen, Einladungen zu Event- oder Sportveranstaltungen, besondere Sachwerte[1510] oder die Vergabe von Goldmünzen, die der Arbeitgeber ausloben, anbieten oder als Losgewinn ausschreiben kann.[1511]
Entscheidet sich der Arbeitgeber für diese Form der Sondervergütung, so ist er an die einmal ausgelobten
oder angebotenen Leistungsvoraussetzungen gem. § 657 BGB gebunden.[1512] Ebenso ist denkbar, dass ein
Vertragspartner des Arbeitgebers für bestimmte Vermittlungsleistungen ein Incentive auslobt; reicht der
Arbeitgeber dieses Versprechen an seine Arbeitnehmer weiter, haben diese bei Erfüllung der Voraussetzungen keinen Anspruch gegen den Arbeitgeber, sondern gemäß § 328 Abs. 1 BGB nur gegen das versprechende Unternehmen.[1513]

Zweck des Incentive ist es, die Mitarbeiter zu motivieren und für besondere Verkaufserfolge oder außer- 713
ordentliche Leistungen zu belohnen.[1514] Zusätzlich soll insbesondere bei Incentive-Reisen oder Veranstaltungen durch das gemeinsame Erlebnis die Identifikation mit dem Unternehmen und die Gemeinschaft mit
den Kollegen gesteigert und gestärkt werden.

bb) Steuer- und sozialversicherungsrechtliche Behandlung

Incentiveveranstaltungen weisen im Gegensatz zu dienstlich veranlassten Reisen und Veranstaltungen ei- 714
nen ausschließlich freizeitorientierten Charakter auf, wobei als Reiseziele oftmals besonders ansprechende
Ziele gewählt werden. In diesem Zusammenhang stellt die Ankündigung des Arbeitgebers, bei der Reise
„gehe alles auf Firmenkosten", eine Nettolohnvereinbarung dar.[1515] Da der Wert der Reise als Arbeitsentgelt steuer- und beitragspflichtig sein kann,[1516] hat der Arbeitgeber in diesem Fall auch Steuern und Beiträge zu tragen.[1517] Zwar ist es gleichermaßen zulässig, die Beitragslast bei dem Arbeitnehmer zu belassen,
doch würde dadurch die Attraktivität des Incentive oftmals erheblich geschmälert.

cc) Freiwilligkeitsvorbehalt

Die Auslobung eines Incentive sollte stets mit einem ausdrücklichen **Freiwilligkeitsvorbehalt** versehen 715
werden. Anderenfalls besteht die Gefahr, dass bei wiederholter vorbehaltloser Gewährung eine betriebliche
Übung entsteht, von der sich der Arbeitgeber nicht mehr einseitig lösen kann.

37. Compliance

Literatur: *Dzida/Förster*, Beginn der 2-Wochen-Frist bei Compliance Untersuchungen, NZA-RR 2015, 561; *Eylert*, Kündigung nach
heimlicher Arbeitnehmerüberwachung, NZA-Beilage 2015, 100; *Groß/Benecke*, Druck von Dritten nach Compliance-Verstößen, BB
2015, 693; *Hohmuth*, Die arbeitsrechtliche Implementierung von Compliance-Pflichten, BB 2014, 3061; *Koschker*, Die Auftraggeberhaftung des MiLoG als Herausforderung für die Corporate Compliance, CB 2015, 269; *Mengel*, Compliance und Arbeitsrecht, München
2009; *Mengel/Hagemeister*, Compliance und arbeitsrechtliche Implementierung im Unternehmen, BB 2007, 1386; *Runkel*, Die Wei-

---

1510 LAG Hamm 16.1.2012, 7 Sa 976/11: Rolex Submariner.
1511 Küttner/*Griese*, Incentivereisen Rn 1; *Ebert/Hitz*, ArbRB 2005, 334; *Fischer*, BB 1985, 250.
1512 Küttner/*Griese*, Incentivereisen Rn 1.
1513 LAG Berlin 17.5.2002 – 19 Sa 327/02, n.v.
1514 LAG Düsseldorf 7.2.1990, BB 1990, 709.
1515 LAG Düsseldorf 7.2.1990, BB 1990, 709; *Ebert/Hitz*, ArbRB 2005, 334.
1516 Niedersächsisches FG 24.9.2008 – 4 K 12244/05, zit. nach juris; BSG 26.10.1988, SozR 2100 § 14 Nr. 19.
1517 Zur steuer- und sozialversicherungsrechtlichen Behandlung vgl. Küttner/*Thomas*, Incentivereisen Rn 4 ff., sowie *Ebert/Hitz*,
ArbRB 2005, 334.

sungsgebundenheit des Compliance Officers, BB 2016, 1012; *Schrader/Mahler*, Interne Ermittlungen des Arbeitgebers und Auskunftsgrenzen des Arbeitnehmers, NZA-RR 2016, 57; *Schröder*, Geschenke erhalten die Freundschaft, ArbRAktuell 2014, 529; *Stück*, Compliance und Mitbestimmung, ArbRAktuell 2015, 337; *Thüsing*, Beschäftigtendatenschutz und Compliance, 2. Aufl. München 2014;
Thannisch/Pütz/Giertz, Compliance aus gewerkschaftlicher Sicht, CCZ 2015, 194

a) Allgemeines

716 Der Begriff „Compliance" stammt aus dem amerikanischen Recht und beschreibt, dass sich Unternehmen
gesetzeskonform und rechtmäßig verhalten. Gegenstand von Compliance ist damit die Sicherstellung
rechtskonformen Handelns durch das Management. Bei Compliance handelt es sich um ein unternehmens-
internes System und eine betriebliche Organisation zum Management des rechtskonformen Verhaltens der
Mitarbeiter und des Unternehmens. Damit haben Compliance-Regelungen insbesondere eine Schutzfunk-
tion für das Unternehmen und seine Verantwortungsträger. In Deutschland ist die praktische Bedeutung unternehmensinterner Compliance-Organisation unter dem Einfluss aus den USA, aber vor allem auch vor
dem Hintergrund von Strafverfahren zu strukturellen Korruptionssachverhalten enorm gewachsen.[1518]

Dabei ist der Corporate Governance Codex hierbei von besonderer Bedeutung. Er stellt einen sog. „Code of
Best-Practice" dar; der Begriff der Compliance wird unter Nr. 4.1.3 dahingehend definiert, dass der Vorstand für die Einhaltung der gesetzlichen Bestimmungen und der unternehmensinternen Richtlinien zu sorgen sowie auf deren Beachtung durch die Konzernunternehmen hinzuwirken hat[1519]

Arbeitsrechtlich hat Compliance zwei Dimensionen: Erstens zählt Arbeitsrecht zu den Gegenständen von
Compliance, d.h. zu den Regeln, deren Einhaltung das Unternehmen zur Vermeidung von Verstößen gegen
öffentliches Recht oder Strafrecht achten muss, wie etwa das Arbeitszeitrecht, das Arbeitssicherheits- und
Arbeitsschutzrecht, das Arbeitnehmerdatenschutzrecht, das Arbeitnehmerüberlassungsrecht, das Aufent-
haltsrecht und insbesondere das Sozialversicherungs- sowie das Lohnsteuerrecht. Nur ausnahmsweise zählen dazu Regeln des Privatrechts, wie z.B. das Gleichbehandlungsrecht nach dem AGG oder das Recht des
Persönlichkeitsrechtsschutzes.[1520] Zweitens stellt das Arbeitsrecht die rechtlichen Instrumente zur Verfügung, mit denen Unternehmen verbindlich gegenüber ihren Mitarbeitern Compliance-Regeln einführen.
Auch bei der Kontrolle von Compliance-Regeln und bei der Reaktion auf Verstöße wird das Arbeitsrecht
mit seinen Instrumentarien herangezogen. Insofern ist das Arbeitsrecht entscheidend für die Verfahren und
die Arbeit der Compliance-Organisation im Unternehmen.

b) Arbeitsrechtliche Compliance

717 Im Rahmen einer arbeitsrechtlichen Compliance ist eine sorgfältige Risikoanalyse erforderlich, die sowohl
von der Branche als auch von den Besonderheiten des konkreten Unternehmens beeinflusst wird. Erst dann
ist feststellbar, welche Regeln vom Unternehmen zu beachten sind.[1521] Bei allen arbeitsrechtlichen Com-
pliancemaßnahmen ist insbesondere das allgemeine Persönlichkeitsrecht des Arbeitnehmers zu beachten,
das seine Ausprägung im AGG findet. Wesentlich für ein wirksames Compliance Konzept ist zudem das
Bestimmen klarer Zuständigkeiten und Kompetenzen, bis hin zur Ernennung eines verantwortlichen **Com-
pliance-Officers.**

Die Implementierung neuer Verhaltensregeln als wesentlicher Bestandteil einer Compliance Struktur ist dabei besonders entscheidend. In diesem Zusammenhang ist besonders die Einführung von **Ethik-/Verhal-
tensregeln** (code of conduct) genau zu prüfen, ihre Rechtmäßigkeit kann problematisch sein.[1522] Hier bedarf es einer genauen Kontrolle der Regeln am Maßstab des individuellen Persönlichkeitsrechts. Zu

---

1518 *Mengel*, in Grobys/Panzer, Compliance Rn 2.
1519 Aktuelle Fassung: http://www.dcgk.de/de/.
1520 *Mengel*, in Grobys/Panzer, Compliance Rn 3.
1521 Eingehend zum Pflichtenkatalog: Thüsing, § Rn 6 ff.
1522 BAG 22.7.2008 – 1 ABR 40/07, NZA 2008, 1248.

weitgehend sind etwa Vorgaben, die ausschließlich den privaten Bereich des Arbeitnehmers betreffen, ohne sich im betrieblichen Bereich auszuwirken, denn das außerdienstliche Verhalten des Arbeitnehmers ist den Weisungen des Arbeitgebers entzogen. Das gilt etwa für Klauseln, die Mitarbeitern eines Unternehmens allgemein verbieten, gemeinsam auszugehen oder private Liebesbeziehungen zu unterhalten. Anderseits besteht ein berechtigtes Interesse des Arbeitgebers im Einzelfall zu entscheiden, ob Lebenspartner weisungsabhängig miteinander arbeiten sollen und er muss daher erfahren, ob eine solche Beziehung vorliegt. Erst recht gilt das im Verhältnis von Ausbilder zu Auszubildenden.[1523]

Zur nachhaltigen Implementierung von Compliance-Strukturen sind regelmäßige – und auch wiederholte – **Schulungen** unerlässlich. Das AGG kennt konkrete Schulungsvorgaben: nach § 12 Abs. 1 AGG ist der Arbeitgeber verpflichtet, Diskriminierungen proaktiv zu verhindern. Eine geeignete Schulung gilt nach § 12 Abs. 2 S. 2 AGG als Erfüllung dieser Pflicht.[1524]

Entscheidend für eine wirksame arbeitsrechtliche Compliance ist jedoch nicht nur deren Einführung, sondern die konsequente Überwachung, ob die Vorgaben eingehalten werden. Geeignet ist dazu die klassische Revision zur Prüfung von Geschäftsvorgängen. Die Revision sollte dabei sorgfältig dokumentiert werden, um sich gegen etwaige Vorwürfe struktureller Missstände wehren zu können.[1525] Ein weiteres Instrumentarium, um die Einhaltung der arbeitsrechtlichen Compliance zu gewährleisten, ist ein internes Hinweisgeber-System (**Whistleblowing**-Hotline). Dabei handelt es sich regelmäßig um ein organisiertes System zur Meldung von Pflichtverletzungen und Regelverstößen. Mitarbeiter und ggf. externe Dritte werden zur Meldung von Verdachtsmomenten oder sonstigen Tatsachen zu Verstößen aufgefordert.[1526] Die Rechtmäßigkeit von Whistleblowing-Klauseln ist jedoch immer durch eine einzelfallbezogene Prüfung zu reflektieren. So ist eine generelle, jegliche – auch unwesentliche – Vorkommnisse betreffende Meldepflicht unverhältnismäßig. Es entspricht aber auch der Rechtsprechung des BAG, dass der Arbeitnehmer aufgrund arbeitsvertraglichen Nebenpflichten zur Rücksichtnahme verpflichtet ist und den Arbeitgeber über alle wesentlichen Vorkommnisse im Betrieb informieren muss, umso Schaden des Arbeitgebers zu verhindern.[1527] Deswegen dürften Fragen, die in unmittelbarem Zusammenhang mit dem konkreten Arbeits- und betrieblichen Ordnungsverhalten des Arbeitnehmers stehen, in aller Regel rechtmäßig und deren Beantwortung dem Arbeitnehmer zumutbar sein.[1528] Keinesfalls muss sich der Arbeitnehmer aber selbst bezichtigen, sonst müsste er Tatsachen liefern, die seine eigene Kündigung rechtfertigen könnten. Eine derartige arbeitsvertragliche Nebenpflicht existiert nicht.[1529] Dem steht jedoch nicht entgegen, dass bei einer Einstellung Fragen nach einem laufenden Ermittlungsverfahren zulässig sein können, wenn es den konkreten Arbeitsbereich des Bewerbers betrifft. Fragen, die in unmittelbarem Zusammenhang mit dem konkreten Arbeits- oder betrieblichen Ordnungsverhalten des Arbeitnehmers stehen sind regelmäßig rechtmäßig.[1530] Hoch brisant in diesem Zusammenhang sind Fragen der Zulässigkeit der **Videoüberwachung** am Arbeitsplatz sowie die **Kontrolle von E-Mails und Telefondaten**. Grundsätzlich ist die Beachtung des Datenschutzes bei der Prüfung von elektronischen Daten von entscheidender Bedeutung (siehe Datenschutz Rdn 739 ff.).

Sehr komplexe Sachverhalte können zum Gegenstand einer umfassenden, **unternehmensinternen Untersuchung** (Internal Investigation) gemacht werden. Dabei werden häufig externe Dritte (Wirtschaftsprüfer/

1523 *Mengel/Hagemeister*, BB 2007, 1386.
1524 Mengel, in Grobys/Panzer, Compliance Rn 5.
1525 *Mengel*, in Grobys/Panzer, Compliance Rn 6.
1526 *Mengel*, in Grobys/Panzer, Compliance Rn 6.
1527 BAG 07.12.06 – 2 AZR 400/05, NZA 2007, 502.
1528 *Kreitner*, in: Küttner, Compliance Rn 6 m.w.N.
1529 BAG 23.10.2008 – 2 AZR 483/07, NZA-RR 2009, 362.
1530 *Kreitner*, in: Küttner, Compliance Rn 6.

Anwälte) mit der Untersuchung betraut. Nach Ermittlung des Sachverhalts und bei Feststellung von Compliance Verstößen ist häufig über arbeitsrechtliche Maßnahmen, wie Kündigungen und Schadensersatzforderungen (siehe Haftung Rdn 980 ff.) zu entscheiden.[1531]

c) Arbeitsrechtliche Implementierung von Compliance-Regeln

718   Der Arbeitgeber kann Compliance-Richtlinien auf individual- oder kollektivrechtlichem Weg einführen. Die Entscheidung zwischen beiden Wegen kann nur einzelfallbezogen getroffen werden und hängt im Wesentlichen von der Unternehmens- bzw. Betriebsstruktur sowie den vorhandenen arbeitsvertraglichen Vorgaben ab.[1532] Individualarbeitsrechtlich ist die Einführung durch arbeitsvertragliche Vereinbarung oder durch Direktionsrecht möglich. Kollektivrechtlich stehen die Betriebsvereinbarung oder die formlose Regelungsabrede zur Verfügung.

aa) Vereinbarung

719   Compliance-Regelungen können immer durch Vereinbarung zwischen Arbeitgeber und Arbeitnehmer implementiert werden. Dabei sind die AGB-rechtlichen Vorgaben zu beachten. In der Praxis ist dieser Weg jedoch – insbesondere für größere Unternehmen – mit erheblichem Aufwand verbunden, da es einer ausdrücklichen schriftlichen Zustimmung jedes Arbeitnehmers bedarf.

bb) Direktionsrecht

720   Der für Arbeitgeber einfachste Weg, Compliance-Vorgaben umzusetzen, ist es, sie zum Gegenstand von Weisungen aufgrund des Direktionsrechts nach § 106 GewO zu machen. Allerdings ist die Ausübung des Direktionsrechts an enge Grenzen gebunden. Entscheidende Grenze bildet dabei der Arbeitsvertrag. Es ist stets zu beachten, dass das Weisungsrecht dem Arbeitgeber lediglich gestattet, die im Arbeitsvertrag bereits rahmenmäßig umschriebenen Pflichten zu konkretisieren. Nicht zulässig ist es daher, durch Weisung völlig neue Pflichten zu begründen. Jede einzelne Compliance-Bestimmung muss daher sorgfältig daraufhin untersucht werden, ob ihre Durchsetzung per Direktionsrecht erfolgen kann. Nach wohl überwiegender Ansicht ist es z.B. nur in beschränktem Umfang möglich, zulasten der Arbeitnehmer bestehende Anzeigepflichten im Rahmen von Hinweisgebersystemen gegenüber dem Arbeitgeber einseitig durch Erteilung einer entsprechenden Weisung auszudehnen.[1533]

cc) Betriebsvereinbarung

721   Wenn es im Unternehmen einen Betriebsrat gibt, ist der Abschluss einer Betriebsvereinbarung der effizienteste Weg um Compliance-Regeln einzuführen. Auf diesem Weg werden ggf. bestehende Mitbestimmungsrechte des Betriebsrats gewahrt. Außerdem gelten sie unmittelbar für alle Arbeitsverhältnisse, mit Ausnahme der der leitenden Angestellten. Zudem sind Betriebsvereinbarungen leichter änderbar, da wegen des Ablösungsprinzips neue Betriebsvereinbarungen älteren vorgehen.

d) Muster: Betriebsvereinbarung „Verhaltenskodex"

722   Die nachfolgende Musterbetriebsvereinbarung angelehnt an: *Spirolke*, in Hümmerich: Arbeitsrecht, § 5 Rn 120.

1531 *Mengel*, in Grobys/Panzer, Compliance Rn 7.
1532 *Hohmuth*, BB 2014, 3061.
1533 *Hohmuth*, BB 2014, 3061, 3062.

▼

Muster 1a.36: Betriebsvereinbarung „Verhaltenskodex"

Zwischen

der Firma

und

dem Betriebsrat der Firma wird folgende Betriebsvereinbarung zur Compliance im Unternehmen geschlossen:

Präambel

Die Integrität und der gute Ruf unseres Unternehmens liegen auch in den Händen unserer Mitarbeiter. Ehrlichkeit und Fairness, Gesetzes- und Rechtstreue müssen den Umgang miteinander im Unternehmen genauso bestimmen wie den Umgang mit Kunden und Geschäftspartnern. Ziel dieser Betriebsvereinbarung ist es, Situationen vorzubeugen, die die Integrität unseres Verhaltens in Frage stellen können, und Rahmenbedingungen zu schaffen, die die Korruption und ähnliche Gesetzesverstöße zu verhindern helfen.

§ 1 Geltungsbereich

Diese Betriebsvereinbarung gilt für alle Mitarbeiterinnen und Mitarbeiter des Betriebes einschließlich der Auszubildenden.

§ 2 Soziale Umgangsformen

Unser Anliegen ist es, durch die Pflege eines sozialen und verantwortungsvollen Umgangs ein vertrauensvolles und partnerschaftliches Arbeitsklima zu fördern und aufrecht zu erhalten. Alle Mitarbeiter sehen es als ihre Pflicht an, Benachteiligungen – auch mittelbare – aus Gründen der Rasse, der ethnischen Herkunft, des Geschlechts, der Religion oder Weltanschauung, einer Behinderung, des Alters oder der sexuellen Identität zu verhindern. Ebenso werden Verhaltensweisen wie Bossing, Mobbing, Diskriminierung, Belästigungen jeglicher Art, Gewalt oder deren Androhung und anderes soziales Fehlverhalten nicht geduldet und umgehend unterbunden

§ 3 Fordern, Annehmen und Gewähren von Geschenken

(1) Das Annehmen und Gewähren von Geldgeschenken oder sonstigen finanziellen Vorteilen von Dritten ist ausnahmslos untersagt. Dazu zählen auch Spenden für eine „Kaffeekasse", die Gewährung von Rabatten und Preisnachlässen bei privat bezogenen Waren oder Dienstleistungen, Einladungen zu Veranstaltungen und Werbegeschenke. Werbegeschenke im Wert von bis zu 5 EUR sind hiervon ausgenommen.

(2) Firmen, die Geldgeschenke oder Sachgeschenke mit einem mutmaßlichen Wert von mehr als 25 EUR anbieten, sind dem Compliance-Beauftragten zu melden. Ein zugesandtes Geschenk, das dem Annahmeverbot nach Abs. 1 unterliegt, ist an den Compliance-Beauftragten zusammen mit einem etwaigen Anschreiben weiterzuleiten.

(3) Der Compliance-Beauftragte entscheidet über die weitere Verwendung. Es ist zu entscheiden, ob das Geschenk an Behörden herauszugeben ist oder dem Schenker zurückgegeben werden kann. Scheiden beide Möglichkeiten aus, ist das Geschenk zu verwerten und der Erlös einer gemeinnützigen Organisation zu spenden.

(4) Vor der Annahme von Einladungen zu Kundenveranstaltungen, Freizeitereignissen und Ähnlichem ist die Zustimmung des Vorgesetzten und des Compliance-Beauftragten einzuholen. Der Mitarbeiter ist auf den möglicherweise zu versteuernden geldwerten Vorteil des Besuchs einer solchen Veranstaltung hinzuweisen.

(5) Gelegentliche Bewirtungen sind im üblichen Rahmen (kein Luxus-Restaurant, keine übermäßigen alkoholischen Getränke etc.) gestattet. Der Mitarbeiter teilt dem Compliance-Beauftragten im Nachgang den Umstand der Bewirtung, den Anlass, den Einladenden und die Lokalität mit.

(6) Das Fordern jeglicher Zuwendungen außerhalb des schriftlichen Vertrages mit einem Geschäftspartner ist unzulässig.

§ 4 Verbot Compliance-widriger Weisungen

Es ist verboten, unterstellte Mitarbeiter anzuweisen, Dritte, insbesondere Kunden und/oder Lieferanten, durch Gewährung von persönlichen Vorteilen (Bestechung) zum Abschluss von Geschäften mit der Firma zu bewegen. Erfolgen solche Anweisungen gleichwohl, so gelten folgende Regelungen:

- Die unterstellten Mitarbeiter sind verpflichtet und berechtigt, hierzu den Compliance-Beauftragten zu kontaktieren und unverzüglich und vollständig über den Sachverhalt aufzuklären. Andere Mitarbeiter der Firma sind berechtigt, den Compliance-Beauftragten hierüber zu informieren.

- Die Firma ist verpflichtet, hierauf mit angemessenen Sanktionen gegenüber dem Vorgesetzten zu reagieren.

- Zugunsten der den Sachverhalt anzeigenden Mitarbeiter gilt die Beweisregelung des § 619a BGB entsprechend. Sanktionen wegen der Anzeige beim Compliance-Beauftragten sind in jedem Fall ausgeschlossen.

- Unterlassen Mitarbeiter eine rechtzeitige Anzeige beim Compliance-Beauftragten, so können Sanktionen gegenüber den Mitarbeitern wegen des Compliance-Verstoßes nur erfolgen, soweit die Firma zuvor den Vorgesetzten, der die Weisung erteilt hat, sanktioniert hat.

§ 5 Geschäfte mit nahestehenden Personen

Den Mitarbeitern ist es untersagt, in eigenen Angelegenheiten oder in Angelegenheiten ihnen nahestehender Personen für das Unternehmen tätig zu werden. In solchen Fällen hat der Mitarbeiter den Vorgesetzten zu informieren, der entscheidet, welcher Mitarbeiter für das Unternehmen den Geschäftsvorfall bearbeitet. Nahestehende Personen in diesem Sinne sind insbesondere Ehepartner, nichteheliche Lebenspartner, nichteingetragene und eingetragene Lebenspartner, Geschwister, Geschwister der Ehe- oder Lebenspartner sowie Verwandte und Verschwägerte gerader Linie (z.B. Eltern, Schwiegereltern, Großeltern, Kinder, Schwiegerkinder, Enkel). Auch nicht verwandte Personen können eine nahestehende Person sein, bei der das Näheverhältnis einen Interessenkonflikt begründet, wenn enge persönliche bzw. freundschaftliche Kontakte bestehen. Im Zweifel ist stets der Vorgesetzte zu informieren, der bei Bedarf den Compliance-Beauftragten hinzuziehen kann.

§ 6 Private Vertragsabschlüsse mit Kunden, Lieferanten, Geschäftspartnern

Mitarbeiter haben bei privaten Geschäftsabschlüssen mit Kunden, Lieferanten und Geschäftspartnern des Unternehmens, soweit sie von der Geschäftsverbindung Kenntnis haben, ihren Vorgesetzten zu unterrichten.

§ 7 Kapitalbeteiligung

Kapitalbeteiligungen von Mitarbeitern und deren Ehe- und Lebenspartnern an den Unternehmen von Geschäftspartnern und Wettbewerbern sind der Unternehmensleitung (Personalabteilung) schriftlich anzuzeigen. Diese Anzeigepflicht besteht nicht beim Erwerb von börsengängigen Werten oder reinen Vermögensanlagen, die keinen Einfluss auf das Unternehmen bewirken.

§ 8 Nebentätigkeit

Mitarbeiter sind verpflichtet, Nebentätigkeiten vor deren Aufnahme der Unternehmensleitung (Personalabteilung) schriftlich anzuzeigen. Nebentätigkeiten, die im Wettbewerb zu Geschäftstätigkeiten des Unternehmens stehen, sind untersagt. Bestehen Anhaltspunkte, dass durch die Nebentätigkeit die Interessen des Unternehmens beeinträchtigt werden oder sonstige gesetzliche oder arbeitsvertragliche Verpflichtungen verletzt werden, ist das Unternehmen berechtigt, die Nebentätigkeit zu untersagen.

§ 9 Korruptionsbekämpfung

(1) Korruption bezeichnet den Missbrauch einer betrieblichen Funktion zur Erlangung eines persönlichen Vorteils oder eines Vorteils für Dritte.

(2) Mitarbeiter sollen korruptes Verhalten von Kollegen oder Geschäftspartnern dem Compliance-Beauftragten mitteilen. Alle eingehenden Hinweise werden vertraulich behandelt. Kein Mitarbeiter, der in redlicher

Absicht Mitteilung von einem Korruptionsverdacht oder von sonstigen Sachverhalten gegenüber dem Compliance-Beauftragten macht, muss Nachteile befürchten, auch dann nicht, wenn sich der Verdacht als unbegründet erweist.

§ 10 Compliance-Beauftragter

(1) Für die Umsetzung der Betriebsvereinbarung wird ein Compliance-Beauftragter ernannt, auf den sich die Unternehmensleitung und der Betriebsrat verständigen. Der Compliance-Beauftragte hat eine weisungsunabhängige und objektive Bearbeitung aller an ihn gerichteten Anliegen zu gewährleisten. Er darf wegen dieser Tätigkeit nicht benachteiligt werden.

(2) Stellt der Compliance-Beauftragte einen hinreichenden Anfangsverdacht des Verstoßes gegen die betrieblichen Regelungen fest, informiert er die Unternehmensleitung und den Betriebsrat. Der Compliance-Beauftragte wahrt die zugesicherte Vertraulichkeit hinsichtlich der Namen der Informanten, es sei denn, der Informant erteilt ausdrücklich seine Zustimmung, dass der Name an die Unternehmensleitung und den Betriebsrat weitergegeben werden darf.

§ 11 Sanktionen

Ein Verstoß gegen die Regelungen dieser Betriebsvereinbarung kann unter Berücksichtigung aller Aspekte des Einzelfalls zu arbeitsrechtlichen Maßnahmen (Ermahnungen, Abmahnungen) bis hin zur fristlosen Kündigung, zu Schadensersatzforderungen und anderen rechtlichen Konsequenzen, z.B. einer Strafanzeige, führen.

§ 12 Durchführungspflicht der Firma

Die Firma ist verpflichtet, eine Compliance-konforme Arbeitsweise aller Mitarbeiter sowie der Geschäftsführung zu gewährleisten. Weist die Firma Mitarbeiter zu einem Compliance-widrigen Verhalten an oder duldet sie ein solches, insbesondere trotz Unterrichtung über Verstöße durch den Compliance-Beauftragten, so steht dem Betriebsrat ein Anspruch auf Einhaltung dieser Betriebsvereinbarung und der Compliance-Regelungen gegenüber der Firma zu.

§ 13 Laufzeit

Die Betriebsvereinbarung tritt mit Unterzeichnung in Kraft. Sie kann mit einer Frist von drei Monaten gekündigt werden. Im Falle der Kündigung wirkt die Betriebsvereinbarung nach. Kommt eine Einigung über eine Neuregelung nicht zustande, entscheidet die Einigungsstelle.

38. Darlehen

Literatur: *Bauer*, Einführung in die Vertragsgestaltung im Arbeitsrecht, JuS 1999, 452; *Blomeyer/Buchner*, Rückzahlungsklauseln im Arbeitsrecht, 1969; *Gamillscheg*, Darlehen, AR-Blattei SD 570; *Jany*, Ansprüche aus dem Arbeitsverhältnis und Arbeitgeberdarlehen, JR 2010, 367; *Hunold*, Ausgewählte Rechtsprechung zur Vertragskontrolle im Arbeitsverhältnis, NZA-RR 2002, 225; *Kania*, Nichtarbeitsrechtliche Beziehungen zwischen Arbeitgeber und Arbeitnehmer, Diss. 1989; *Jesse/Schellen*, Arbeitgeberdarlehen und Vorschuss, 1. Auflage 1990; *Kleinebrink*, Vertragliche Gestaltung eines Arbeitgeberdarlehens, ArbRB 2010, 382; *Kurz/Schellen*, Zu Rechtsfragen bei der Gewährung von Arbeitgeberdarlehen, Aktuelle Aspekte des Arbeitsrechts, in: Fest- und Jubiläumsschrift für Dieter Gaul, 1987; *Lakies*, AGB-Kontrolle im Arbeitsrecht, AR-Blattei SD 35; *Preis*, Grundfragen der Vertragsgestaltung im Arbeitsrecht, Habil. 1993; *Schrader/Schubert*, AGB-Kontrolle von Arbeitsverträgen, NZA-RR 2005, 225; *Stier*, Behandlung von Arbeitgeberdarlehen in der Entgeltabrechnung – Zinsersparnisse als geldwerter Vorteil, NWB – Beilage 2015 Heft 40, 3 – 10; *Voßkuhl*, Lohnsteuerliche Behandlung zinsgünstiger Darlehen und ähnlicher Vorteile an Arbeitnehmer, insbesondere von Kreditinstituten, DStR 1998, 12; *Willemsen*, Einbeziehung nicht-arbeitsrechtlicher Verträge in das Arbeitsverhältnis, in: Festschrift für Herbert Wiedemann, 2002.

a) Allgemeines

Im Rahmen eines Darlehensvertrages wird dem Darlehensnehmer Kapital zur vorübergehenden Nutzung **723** überlassen.[1534] Auch wenn ein Darlehensvertrag mit Rücksicht auf den Bestand eines Arbeitsverhältnisses

---

[1534] BAG 19.3.2009, NZA 2009, 896; MünchArbR/*Krause*, § 60 Rn. 15; *Gamillscheg*, AR-Blattei SD 570 Rn 3; HWK/*Thüsing*, § 611 BGB Rn 153.

zwischen Arbeitgeber und Arbeitnehmer geschlossen wird, gelten grds. die allgemeinen Bestimmungen der §§ 488 ff. BGB.

Bei dem **Arbeitgeberdarlehen** erfolgt die Darlehensgewährung an den Arbeitnehmer von dem Arbeitgeber selbst oder von einer zu einer juristischen Person verselbstständigten Sozialeinrichtung des Arbeitgebers. Dabei unterfällt die geschäftsmäßige Gewährung von Darlehen (auch) an die eigenen Arbeitnehmer zu allgemeinen marktüblichen Konditionen nicht dem Begriff des Arbeitgeberdarlehens im engeren Sinne, da dieser Vertrag unverbunden und selbstständig neben dem Arbeitsverhältnis steht.[1535] Demgegenüber werden dem Arbeitnehmer im Rahmen eines echten Arbeitgeberdarlehens typischerweise Sonderkonditionen eingeräumt, die regelmäßig in einer zinslosen oder zumindest zinsvergünstigten Überlassung des Darlehens bestehen.[1536] Auch ein Verzicht des Arbeitgebers auf eine Sicherung des Darlehens oder die Vereinbarung einer nachrangigen Sicherung ist typischer Bestandteil des Arbeitgeberdarlehens,[1537] mit dem der finanzielle Spielraum des Arbeitnehmers gegenüber anderen Kreditgebern erweitert werden kann. Arbeitgeberdarlehen werden insbesondere in größeren Unternehmen als besondere Sozialleistung gewährt, um die Betriebstreue der Arbeitnehmer zu belohnen, die Bindung an das Unternehmen zu stärken und eine zusätzliche Vergütungsmöglichkeit zu eröffnen.[1538] Auch die individuelle Notlage eines Arbeitnehmers führt bisweilen zu einer entsprechenden Darlehensvereinbarung.

724   Das Arbeitgeberdarlehen ist von der **Vorschuss- oder Abschlagszahlung** abzugrenzen. Die Zahlung eines Vorschusses beinhaltet die Vorauszahlung auf das künftig zu erzielende oder fällig werdende Arbeitsentgelt,[1539] die Abschlagszahlung eine Zahlung auf bereits fällige Entgeltansprüche, deren Abrechnung noch aussteht.[1540] Vorschüssen und Abschlagszahlungen ist gemeinsam, dass mit ihnen der Vergütungsanspruch des Arbeitnehmers erfüllt wird, auch wenn dieser noch nicht entstanden oder abgerechnet worden ist.[1541] Zahlungen aus einem Arbeitgeberdarlehen sind demgegenüber unabhängig von gegenwärtigen oder künftigen Entgeltansprüchen.[1542] Ist unklar, ob dem Arbeitnehmer ein Darlehen oder ein Vorschuss gewährt wurde, so spricht die Vermutung für ein Darlehen, wenn der Betrag die zu erwartende Entgeltzahlung erheblich übersteigt und überdies zu einem Zweck gewährt wurde, der mit den normalen Bezügen nicht oder nicht sofort erreicht werden kann, und zu dessen Befriedigung üblicherweise Kreditmittel in Anspruch genommen werden.[1543] Für das Arbeitgeberdarlehen ist zudem charakteristisch, dass es losgelöst von dem zu erwartenden Arbeitsentgelt gezahlt und von einer Vereinbarung zur Rückzahlung in monatlichen Raten getragen wird.[1544]

725   Weniger verbreitet sind **Arbeitnehmerdarlehen**, mit denen dem Arbeitgeber von der Belegschaft Kapital zur Verfügung gestellt wird. Mit der Gewährung von Arbeitnehmerdarlehen soll in aller Regel wirtschaftlichen Schwierigkeiten des Arbeitgebers begegnet werden, motiviert durch die Hoffnung auf eine dauerhafte Erhaltung des Arbeitsplatzes. Bei dem Arbeitnehmerdarlehen wird zumeist nicht gesondertes Kapital des Arbeitnehmers zur Verfügung gestellt, sondern ein Teil des Arbeitsentgelts als Darlehen überlassen.[1545] Dabei ist das Arbeitnehmerdarlehen von der bloßen **Stundung** des Arbeitsentgelts abzugrenzen; nicht eindeutige Vereinbarungen sind nach dem wirklichen Willen der Parteien auszulegen. Soll das dem Arbeitgeber überlassene Entgelt verzinst werden, spricht dies für eine Darlehensvereinbarung. Verbleiben Zwei-

---

1535 *Willemsen*, in: FS Wiedemann, 2002, 645, 647; Preis/*Stoffels*, Arbeitsvertrag, II D 10 Rn 1.
1536 *Kurz/Schellen*, in: FS Gaul, 1987, S. 122.
1537 *Kania*, S. 8.
1538 *Jesse/Schellen*, S. 4; MünchArbR/*Krause*, § 60 Rn 16, 25.
1539 BAG 25.9.2002, AR-Blattei ES 1010.6 Nr. 3.
1540 LAG München 16.11.2011 – 10 Sa 476/11; Küttner/*Griese*, Arbeitgeberdarlehen, Rn 1; Schaub/*Linck*, ArbR-Hdb., § 70 Rn 12.
1541 BAG 11.2.1987, WM 1987, 769.
1542 *Bauer u.a./Lingemann*, S. 516.
1543 LAG Düsseldorf 14.7.1955, AP Nr. 1 zu § 614 BGB Gehaltsvorschuss.
1544 LAG Rheinland-Pfalz 23.8.2011 – 3 Sa 125/11.
1545 *Gamillscheg*, AR-Blattei SD 570 Rn 93; vgl. dazu LAG Baden-Württemberg 18.7.2011 – 15 Sa 110/10.

fel an dem Inhalt der Vereinbarung, ist eine bloße Stundung anzunehmen, da mangels entsprechender Vereinbarung nicht angenommen werden kann, dass sich die Parteien den darlehensrechtlichen Kündigungsregeln des § 488 Abs. 3 BGB unterwerfen wollten.[1546] Die Zinseinkünfte, die der Arbeitnehmer durch die Darlehensgewährung erzielt, sind auch dann nicht Bestandteil des Arbeitsentgelts, wenn sie den marktüblichen Zinssatz überschreiten.[1547]

Ungeachtet der engen Verbindung des Darlehensvertrages zu dem Bestand des Arbeitsverhältnisses bleibt **726** das Arbeitgeberdarlehen ein **rechtlich selbstständiges Rechtsverhältnis** außerhalb des Arbeitsrechts.[1548] Der Arbeitnehmer ist bei Abschluss eines Arbeitgeberdarlehens als Verbraucher anzusehen, so dass die Verbraucherschutznormen der §§ 492 ff. BGB Anwendung finden, sofern nicht ein Darlehen zu Zinsen unter den marktüblichen, in den jeweiligen Monatsberichten der Deutschen Bundesbank ausgewiesenen Zinsen vereinbart wurde, § 491 Abs. 2 Nr. 2 BGB. Vorformulierte Darlehensvereinbarungen unterliegen darüber hinaus der Inhaltskontrolle nach Maßgabe der §§ 305 ff. BGB.[1549]

b) Arbeitgeberdarlehen

▼

Muster 1a.37: Arbeitgeberdarlehen **727**

Der Arbeitgeber gewährt dem Arbeitnehmer im Hinblick auf das bestehende Arbeitsverhältnis ein verzinsliches Darlehen in Höhe von ▨▨▨▨ EUR. Das Darlehen ist mit ▨▨▨▨ % p.a. zu verzinsen. Der dadurch entstehende Zinsvorteil ist von dem Arbeitnehmer als Sachbezug zu versteuern; die auf den Sachbezug entfallende Lohnsteuer wird von der monatlichen Vergütung des Arbeitnehmers in Abzug gebracht.

▲

▼

Muster 1a.38: Darlehensrückzahlung **728**

Die Rückzahlung des Darlehens erfolgt in monatlichen Raten von ▨▨▨▨ EUR, beginnend mit dem ▨▨▨▨. Die Zinsen werden monatlich berechnet und sind jeweils in dem folgenden Monat zu zahlen. Zins- und Tilgungsleistungen werden im jeweiligen Fälligkeitsmonat gleichzeitig mit dem Vergütungsanspruch des Arbeitnehmers zur Zahlung fällig. Die Forderungen des Arbeitgebers aus dem Darlehensvertrag werden unter Berücksichtigung der §§ 805 ff. ZPO gegen die jeweils fälligen Vergütungsansprüche des Arbeitnehmers aufgerechnet. Führt die Aufrechnung nicht oder nicht vollständig zu einer Erfüllung des Anspruchs aus dem Darlehensvertrag, so ist der Arbeitnehmer verpflichtet, Zins- und Tilgungsleistungen anderweitig zu erfüllen.

Variante 1

Wird das Arbeitsverhältnis vor der vollständigen Tilgung der Darlehenssumme durch Kündigung des Arbeitnehmers oder durch Kündigung des Arbeitgebers aus Gründen, die in der Person oder in dem Verhalten des Arbeitnehmers liegen, beendet, so wird die zu diesem Zeitpunkt noch nicht getilgte Darlehenssumme mit der Beendigung des Arbeitsverhältnisses zur sofortigen und vollständigen Rückzahlung fällig. Im Falle der Kündigung durch den Arbeitnehmer entfällt die Pflicht zur vorzeitigen Rückzahlung, wenn die Kündigung durch vertragswidriges Verhalten des Arbeitgebers veranlasst wurde.

▲

1546 *Jesse/Schellen*, S. 154.
1547 Kittner/*Schoof*, KSchR, § 30 Rn 82.
1548 BAG 19.11.2011, NZA 2011, 1129; BAG 21.1.2010, DB 2010, 675; BAG 23.9.1992, AiB 1993, 468; LAG Rheinland-Pfalz 14.7.2011, AA 2012, 18; LAG Hamm 23.7.2010 – 7 Sa 524/10: LAG Hamm 19.2.1993, DB 1994, 1243; LAG Hamm 28.4.1995, NZA-RR 1996, 286.
1549 BAG 23.1.2007, NZA 2007, 748; BAG 15.3.2005, DB 2005, 1388; BAG 26.5.1993, AP § 23 AGB-Gesetz Nr. 3; *Lakies*, AR-Blattei SD 35 Rn 301; *Hunold*, NZA-RR 2002, 225.

729 **Muster 1a.39: Darlehenszinsen**

Das Darlehen ist mit einem Zinssatz von ▓▓▓▓▓ % p.a. zu verzinsen. Dieser Zinssatz liegt unter dem derzeit marktüblichen Zinssatz von ▓▓▓▓▓ % p.a. Endet das Arbeitsverhältnis vor der vollständigen Tilgung der Darlehenssumme, so ist das Darlehen ab dem Zeitpunkt der Beendigung des Arbeitsverhältnisses für die Zukunft mit einem Zinssatz von ▓▓▓▓▓ % p.a. zu verzinsen. Die übrigen Bestimmungen der Darlehensvereinbarung bleiben unberührt.

c) Erläuterungen
aa) Verzinslichkeit des Darlehens

730 Das dem Arbeitnehmer gewährte **Arbeitgeberdarlehen** kann verzinslich oder unverzinslich ausgestaltet werden. Soll das Darlehen verzinst werden, ist eine entsprechende Vereinbarung erforderlich; wird eine Vereinbarung über die Entrichtung von **Darlehenszinsen** nicht getroffen, hat der Arbeitgeber keinen Anspruch auf Zinszahlungen.[1550]

731 Darlehen, die zinslos oder zu geringeren als den marktüblichen Zinsen gewährt werden, begründen einen geldwerten Vorteil des Arbeitnehmers, der **als Sachbezug zu versteuern** ist.[1551] Die Vorgaben für die steuerliche Behandlung der Sachbezüge durch die Finanzverwaltung ergeben sich aus dem Rundschreiben des BMF vom 19.5.2015. Die sich aus dem Arbeitgeberdarlehen ergebenden Zinsvorteile sind demnach zu versteuern, wenn die Summe der noch nicht getilgten Darlehen am Ende des Lohnzahlungszeitraums 2.600 EUR übersteigt. Für die Ermittlung des Zinsvorteils ist zwischen einer Bewertung nach § 8 Abs. 2 EStG (z.B. der Arbeitnehmer eines Einzelhändlers erhält ein zinsverbilligtes Arbeitgeberdarlehen) und einer Bewertung nach § 8 Abs. 3 S. 1 EStG (z.B. der Arbeitnehmer eines Finanzunternehmens erhält ein zinsverbilligtes Arbeitgeberdarlehen mit Ansatz des Rabatt-Freibetrags von 1.080 EUR) zu unterscheiden. Ein steuerbarer Sachbezug liegt allerdings auch dann nicht vor, wenn der marktübliche Zinssatz (Maßstabszinssatz) nicht unterschritten wird.[1552]

Setzt der Zinssatz des vergleichbaren Darlehens eines Dritten eine Sicherheitenbestellung, etwa eine Grundschuldbestellung voraus, ist der Verzicht des Arbeitgebers auf eine solche Bestellung ebenfalls ein steuerpflichtiger geldwerter Vorteil; in dessen Bewertung werden insbesondere die üblichen Kosten und Gebühren des Grundbuchamts und des Notars für eine dingliche Sicherung des Arbeitgeberdarlehens einbezogen.[1553]

bb) Regelung der Rückzahlungsverpflichtung

732 Das Darlehen ist vorbehaltlich einer entsprechenden Vereinbarung gem. § 488 Abs. 3 BGB erst nach Kündigung des Darlehensvertrages zur **Rückzahlung** fällig. Da dies in aller Regel nicht den Interessen der Parteien entspricht, sollte ein fester Tilgungsplan vereinbart werden, der die Rückzahlungsverpflichtungen des Arbeitnehmers eindeutig und ausreichend transparent festlegt.

733 Insbesondere wenn das Darlehen nicht oder nur durch nachrangige Sicherheiten abgesichert wird, sollte bei der Vertragsgestaltung darauf geachtet werden, dass zur Erfüllung der Rückzahlungsverpflichtung der unmittelbare Zugriff auf das Arbeitseinkommen des Arbeitnehmers ermöglicht wird.[1554] Hierzu bietet sich eine **Aufrechnungsvereinbarung** an, die den Arbeitgeber berechtigt, Zins- und Tilgungsraten jeweils

---

1550 *Bauer u.a./Lingemann*, S. 516; Küttner/*Griese*, Arbeitgeberdarlehen Rn 5; *Kleinebrink*, ArbRB 2010, 382.
1551 *Stier*, NWB – Beilage 2015 Heft 40, 3 – 10; *Voßkuhl*, DStR 1998, 12; FG Hamburg 10.2.2005, DStRE 2005, 742.
1552 BFH 4.5.2006, DStR 2006, 1594.
1553 Rundschreiben des BMF vom 19.5.2015.
1554 *Gamillscheg*, AR-Blattei SD 570 Rn 32.

bei Fälligkeit einzubehalten. Anders als bei einer Vorschusszahlung, die mit dem Vergütungsanspruch uneingeschränkt verrechnet werden kann,[1555] sind dabei die individuellen Pfändungsfreigrenzen des Arbeitnehmers zu beachten, so dass die monatlichen Raten nicht zu hoch bemessen werden sollten. Zwar steht dem Arbeitgeber das Recht zur Aufrechnung gem. § 387 BGB auch ohne vertragliche Vereinbarung zu, doch wird durch die vertragliche Aufrechnungsvereinbarung eine jeweils gesonderte Aufrechnungserklärung des Arbeitgebers entbehrlich und dem Arbeitnehmer die Möglichkeit genommen, seine Vergütungsansprüche gegen andere Forderungen des Arbeitgebers aufzurechnen.[1556] Bei Abschluss der Anrechnungsvereinbarung sollte darüber hinaus sichergestellt sein, dass die Zins- und Tilgungsansprüche des Arbeitgebers jeweils vor oder zumindest gleichzeitig mit dem Vergütungsanspruch des Arbeitnehmers entstehen und fällig werden; nur in diesem Fall genießt die Aufrechnungsvereinbarung Vorrang vor einer etwaigen Lohnpfändung Dritter, so dass eine erstrangige Bedienung der Darlehensforderung sichergestellt wird.[1557]

cc) Rückzahlungsverpflichtung bei Beendigung des Arbeitsverhältnisses

Aus der rechtlichen Selbstständigkeit des Arbeitgeberdarlehens folgt, dass das Darlehen mit der **Beendigung des Arbeitsverhältnisses** nicht ohne Weiteres zur Rückzahlung fällig wird.[1558] Der Bestand des Arbeitsverhältnisses ist i.d.R. weder eine wesentliche Geschäftsgrundlage des Darlehensvertrages, noch berechtigt dessen Beendigung den Arbeitgeber zur außerordentlichen Kündigung des Darlehensvertrages.[1559] Fehlt eine diesbezügliche Vereinbarung, ist deshalb im Zweifel davon auszugehen, dass der Bestand der Darlehensvereinbarung von der Beendigung des Arbeitsverhältnisses unberührt und die Vertragsparteien an die vereinbarten Darlehenskonditionen gebunden bleiben.[1560] Ein Recht zur ordentlichen Kündigung des Darlehensvertrages gem. §§ 488 Abs. 3, 489 BGB besteht dabei nur dann, wenn keine Vereinbarungen über die Laufzeit des Vertrages und die Rückzahlungsmodalitäten getroffen worden sind,[1561] da diese regelmäßig einen stillschweigenden Ausschluss der ordentlichen Kündigung beinhalten.[1562]

734

Soll daher das Arbeitgeberdarlehen mit der Beendigung des Arbeitsverhältnisses zur Rückzahlung fällig werden, bedarf dies einer hinreichend klaren Regelung. Allerdings müssen die Darlehensbedingungen, soweit sie in einem Formularvertrag enthalten sind, der gesetzlichen **Inhaltskontrolle** standhalten. Dabei entspricht die Rückzahlung des Darlehens im Falle der Beendigung des Arbeitsverhältnisses grds. einem berechtigten Interesse des Arbeitgebers,[1563] da die mit der Darlehensgewährung verbundenen Zielsetzungen in einem beendeten Arbeitsverhältnis regelmäßig nicht mehr verwirklicht werden können und das Kapital des Arbeitgebers damit in unwirtschaftlicher Weise gebunden wird. Allerdings muss bei der Gestaltung der Darlehensbedingungen auch den berechtigten Interessen des Arbeitnehmers Rechnung getragen werden; dabei werden im Wesentlichen dieselben Maßstäbe herangezogen, die auch sonst an die Vereinbarung von Rückzahlungsklauseln gestellt werden (vgl. hierzu Rdn 1329 ff., 1422 ff., 584 ff.). Durch die Tilgungsverpflichtung im Falle der Beendigung des Arbeitsverhältnisses wird der Arbeitnehmer demnach dann nicht unangemessen benachteiligt, wenn die Beendigung seiner eigenen Entscheidung entspricht oder in einer von ihm zu vertretender Weise verursacht wurde.[1564] Für den Fall einer ordentlichen Eigenkündigung des Arbeitnehmers oder einer verhaltensbedingten Kündigung des Arbeitgebers bestehen daher keine Be-

735

1555 BAG 11.2.1987, WM 1987, 769.
1556 *Jesse/Schellen*, S. 80; Preis/*Stoffels*, Arbeitsvertrag, II D 10 Rn 10; *Kleinebrink*, ArbRB 2010, 382.
1557 BAG 10.10.1966, AP Nr. 2 zu § 392 BGB; LAG Hamm 23.3.1993, KKZ 1994, 224.
1558 BAG 5.3.1964, DB 1964, 737; Kittner/*Schoof*, § 30 Rn 86.
1559 BAG 23.9.1992, NZA 1993, 936; LAG Tübingen 15.7.1969, DB 1969, 1850.
1560 Tschöpe/*Heiden*, Teil 2 A Rn 511; Küttner/*Griese*, Arbeitgeberdarlehen Rn 6.
1561 Palandt/*Weidenhoff*, § 488 BGB Rn 26; *Jesse/Schellen*, S. 85.
1562 *Gamillscheg*, AR-Blattei SD 570 Rn 44.
1563 Schrader/*Schubert*, NZA-RR 2005, 225; *Kania*, S. 37; *Bauer*, JuS 1999, 452.
1564 BAG 27.6.1984 – 5 AZR 43/83, n.v.; *Kania*, S. 35 f.; *Kurz/Schellen*, in: FS Gaul, 1987, S. 121, 131 ff.; *Gamillscheg*, AR-Blattei SD 570 Rn 73.

denken gegen eine entsprechende Tilgungsbestimmung.[1565] Im Falle der betriebsbedingten Kündigung des Arbeitgebers nimmt der Arbeitnehmer demgegenüber keinen Einfluss auf die Beendigung des Arbeitsverhältnisses;[1566] vielmehr wird er durch die Tilgungsbestimmung zusätzlich benachteiligt, da er mit dem Arbeitsverhältnis in aller Regel auch seine wirtschaftliche Existenzgrundlage verliert. Dies spricht dafür, eine Bestimmung zur vorzeitigen Darlehenstilgung in diesen Fällen als unangemessen anzusehen.[1567]

736 Die Vereinbarung einer unbedingten Rückzahlungsverpflichtung für den Fall der Beendigung des Arbeitsverhältnisses, die nicht nach dem Anlass der Beendigung differenziert, kann vor diesem Hintergrund einer Angemessenheitskontrolle nicht standhalten.[1568] Die Rückzahlungsverpflichtung sollte deshalb auf diejenigen Fälle beschränkt werden, in denen die Beendigung des Arbeitsverhältnisses in die Verantwortungssphäre des Arbeitnehmers fällt. Die durch vertragswidriges Verhalten des Arbeitgebers veranlasste Eigenkündigung darf ebenfalls nicht zur Rückzahlungsverpflichtung führen,[1569] wobei der vorstehende Regelungsvorschlag die Beweislast hierfür dem Arbeitnehmer auferlegt. Zweifel hinsichtlich der Angemessenheit der Rückzahlungsverpflichtung verbleiben für den Fall der personenbedingten Kündigung; allerdings ist die Klausel insoweit teilbar, so dass sie im Falle der Unwirksamkeit der Rückzahlungsverpflichtung für diesen Fall mit dem verbleibenden Inhalt Bestand haben kann, § 306 Abs. 1 BGB.

dd) Anpassung der Darlehensbedingungen bei Beendigung des Arbeitsverhältnisses

737 Denkbar ist auch, eine **Anpassung der Darlehensbedingungen** für den Fall zu vereinbaren, dass die Beendigung des Arbeitsverhältnisses nicht zur Rückzahlung des Darlehens führt.

Dabei ist es grds. zulässig, für die Zukunft den Wegfall der während des Arbeitsverhältnisses eingeräumten Sonderkonditionen bei gleichzeitiger Erhöhung des Zinssatzes auf das **marktübliche Niveau** zu vereinbaren;[1570] in diesem Fall kommt das Verbraucherschutzrecht gem. §§ 492 ff. BGB wieder zur Anwendung.[1571] Eine dementsprechende **Zinsanpassungsklausel** soll dennoch eine unangemessene Benachteiligung des Arbeitnehmers beinhalten, wenn nicht von Anfang an abzusehen ist, wie hoch die Effektivverzinsung im Falle des Ausscheidens des Arbeitnehmers sein wird,[1572] da anderenfalls dem Arbeitnehmer das alleinige Risiko der Zinsentwicklung aufgebürdet wird.[1573]

738 Die Darlehensvereinbarung muss daher den im Falle der Beendigung des Arbeitsverhältnisses geltenden Zinssatz hinreichend transparent festlegen. Dabei ist es unzulässig, eine rückwirkende Beseitigung der vereinbarten Sonderkonditionen zu vereinbaren.[1574] Anderenfalls würde dem Arbeitnehmer eine Leistung nachträglich entzogen, für die er durch die bisherige Betriebstreue bereits eine Gegenleistung erbracht hat;[1575] das Kündigungsrecht des Arbeitnehmers würde dadurch unzumutbar erschwert.[1576] Zulässig ist demgegenüber eine Regelung, die den im Falle der Beendigung des Arbeitsverhältnisses geltenden Zinssatz

1565 A.A; ebenso noch *Schaub/Linck*, ArbR-Hdb., § 70 Rn 21.
1566 *Bauer u.a./Lingemann*, S. 516; *Kania*, S. 37 f.
1567 *Schaub/Linck*, ArbR-Hdb., § 70 Rn 21 (auch für personenbedingte Kündigung); *Gamillscheg*, AR-Blattei SD 570 Rn 68; a.A. Münch-ArbR/*Krause*, § 60 Rn 27; *Kleinebrink*, ArbRB 2010, 382.
1568 BAG 12.12.2013, NZA 2014, 905;LAG Hamm 25.11.2014, ArbR 2015, 185; Sächsisches LAG 20.7.2012 – 3 Sa 71/12; BAG 23.1.2007, NZA 2007, 748 zu darlehensfinanzierten Ausbildungskosten; ebenso Tschöpe/*Heiden*, Teil 2 A Rn 548.
1569 BAG 12.12.2013, NZA 2014, 905; BAG 24.2.1964, AP Nr. 1 zu § 607 BGB.
1570 BAG 23.2.1999, AP Nr. 4 zu § 611 BGB Arbeitnehmerdarlehen; Preis/*Stoffels*, Arbeitsvertrag, II D 10 Rn 22; *Jesse/Schellen*, S. 107.
1571 Tschöpe/*Heiden*, Teil 2 A Rn 512.
1572 LAG Saarbrücken 29.4.1987, ZIP 1988, 192; vgl. auch BAG 26.5.1993, NZA 1993, 1029.
1573 BAG 23.2.1999, AP Nr. 4 zu § 611 BGB Arbeitnehmerdarlehen.
1574 *Kania*, S. 37; *Kurz/Schellen*, in: FS Gaul, 1987, S. 121, 137.
1575 *Jesse/Schellen*, S. 107; *Blomeyer/Buchner*, S. 92.
1576 BAG 27.6.1984 – 5 AZR 43/83, n.v.; Preis/*Stoffels*, Arbeitsvertrag, II D 10 Rn 23; *Gamillscheg*, AR-Blattei SD 570 Rn 76; Küttner/*Griese*, Arbeitgeberdarlehen Rn 9.

konkret vorgibt[1577] und den Arbeitnehmer dabei nicht schlechter stellt als einen Dritten, der im Zeitpunkt der Darlehensvereinbarung einen vergleichbaren Vertrag zu marktüblichen Bedingungen geschlossen hätte.[1578]

39. Datenschutz

Literatur: *Bauer/Herzberg*, Arbeitsrechtliche Probleme in Konzernen mit Matrixstrukturen, NZA 2011, 713; *Bausewein*, Arbeitgeber-Persönlichkeitstests – datenschutzrechtlich zulässig?, ArbRAktuell 2014, 556, 607; *Beckschulze*, Eignungsuntersuchungen und Datenschutz, NZA 2014, 401; *Böhm/Wybitul*, Arbeitnehmerdaten in der Cloud, ArbRAktuell 2015, 539; *Besgen/Prinz*, Handbuch Internet Arbeitsrecht, 3. Aufl. 2012; *Bissels/Ziegelmayer/Kiehn*, Gesucht, gefunden, angesprochen: Rechtliche Tücken des „Active Sourcing", BB 2013, 2869; *Braun/Wybitul*, Übermittlung von Arbeitnehmerdaten bei Due Diligence – Rechtliche Anforderungen und Gestaltungsmöglichkeiten, BB 2008, 782; *Byers/Pracka*, Die Zulässigkeit der Videoüberwachung am Arbeitsplatz, BB 2013, 760; *Determann*, Soziale Netzwerke in der Arbeitswelt – Ein Leitfaden für die Praxis, BB 2013, 181; *Franck/Krause*, Datenschutzrechtliche Aspekte des Mindestlohngesetzes, DB 2015, 1285; *Gola/Schomerus*, BDSG, 12. Aufl. 2015; *Ginal/Heinemann-Deihl*, Transfer von Beschäftigtendaten in das Ausland, ArbRAktuell 2015, 568; *Gola/Wronka*, Handbuch zum Arbeitnehmerdatenschutz, 6. Aufl. 2013; *Göpfert/Wilke*, Nutzung privater Smartphones für dienstliche Zwecke, NZA 2012, 765; *Greßlin*, Umgang mit Bewerberdaten – was geht und was geht nicht?, BB 2015, 117; *Kopp/Sokoll*, Wearables am Arbeitsplatz, NZA 2015, 1352; *Jordan/Bissels/Löw*, Arbeitnehmerkontrolle im Call-Center durch Silent Monitoring und Voice Recording, BB 2008, 226; *Joussen*, Die Zulässigkeit von vorbeugenden Torkontrollen nach dem neuen BDSG, NZA 2010, 254; *Kort*, Arbeitnehmerdatenschutz gemäß der EU-Datenschutz-Grundverordnung, DB 2016, 711; *ders.* Das Dreiecksverhältnis von Betriebsrat, betrieblichem Datenschutzbeauftragten und Aufsichtsbehörde beim Arbeitnehmer-Datenschutz, NZA 2015, 1345; *Klug/Gola*, Die Entwicklung des Datenschutzrechts im ersten/zweiten Halbjahr 2015, NJW 2015, 2628; 2016, 691; *Kraus/Tiedemann*, Outsourcing – Beteiligung des Betriebsrats und Überblick über Datenschutz-Fragen, ArbRB 2007, 207; *Liedtke*, Wie wirksam schützen Gesetz und Rechtsprechung personenbezogene Daten in Unternehmen?, NZA-RR 2008, 505; *Lunk*, Prozessuale Verwertungsverbote im Arbeitsrecht, NZA 2009, 457; *Lützeler/Kopp*, HR mit System: Bewerbermanagement-Tools, ArbRAktuell 2015, 491; *Marquardt/Sörup,* Auswirkungen der EU-Datenschutz-Grundverordnung auf die Datenverarbeitung im Beschäftigungskontext, ArbRAktuell 2016, 103, *Maschmann*, Compliance versus Datenschutz, NZA-Beil. 2012, 50; *Nink/Müller*, Beschäftigtendaten im Konzern – Wie die Mutter so die Tochter?, ZD 2012, 505; *Panzer-Heemeier*, Der Zugriff auf dienstliche E-Mails, DuD 2012, 48; *Rose/Taeger*, Zum Stand des deutschen und europäischen Beschäftigtendatenschutzes, BB 2016, 819; *Schaffland/Wiltfang*, BDSG, Losebl. (Stand Feb. 2016); *Schrader/Mahler*, Interne Ermittlungen des Arbeitgebers und Auskunftsgrenzen, NZA-RR 2016, 1; *Schröder*, Arbeitnehmerdatenschutz beim Fleetmanagement – Mitbestimmungspflichtigkeit bei der Datenübermittlung, ZD 2013, 13; *Sörup/Marquardt*, Auswirkungen der EU-Datenschutzgrundverordnung auf die Datenverarbeitung im Beschäftigtenkontext, ArbRAktuell 2016, 103; *Taeger/Gabel*, BDSG, 2. Aufl. 2013, *Thüsing*, Arbeitnehmerdatenschutz und Compliance, 2. Aufl. 2014; *ders.* Datenschutz im Arbeitsverhältnis, Kritische Gedanken zum neuen § 32 BDSG, NZA 2009, 865; *Wybitul*, Wie viel Arbeitnehmerdatenschutz ist „erforderlich"?, BB 2010, 1085.

a) Allgemeines

Für die Erhebung, Verarbeitung und Nutzung personenbezogener Daten für Zwecke des Beschäftigungsverhältnisses gelten die Beschränkungen des Bundesdatenschutzgesetzes (BDSG). Nach § 1 Abs. 2 BDSG findet das Gesetz Anwendung auf die Erhebung, Verarbeitung und Nutzung personenbezogener Daten durch öffentliche und durch nicht öffentliche Stellen. Privat-rechtlich organisierte Arbeitgeber sind nicht öffentliche Stellen, § 2 Abs. 4 BDSG. Maßgeblich für die Gestaltung von Klauseln zum Datenschutz in Arbeitsverträgen ist, dass die Erhebung, Verarbeitung und Nutzung personenbezogener Daten nur zulässig ist, soweit das BDSG oder eine andere Rechtsvorschrift dies erlaubt oder anordnet oder der Betroffene eingewilligt hat (§ 4 Abs. 1 BDSG). Jede Datenverarbeitung und -nutzung bedarf entweder einer Rechtsgrundlage oder der ausdrücklichen Einwilligung des Betroffenen. **739**

Zukünftig wird die EU-Datenschutzgrundverordnung (DS-GVO) weitgehend an die Stelle des BDSG treten.[1579] Die DS-GVO ist – wie das BDSG – als Verbot mit Erlaubnisvorbehalt ausgestaltet. § 32 BDSG wird weiterhin anwendbar sein, auch Betriebsvereinbarungen bleiben als Erlaubnistatbestand möglich. **740**

1577 *Preis*, Vertragsgestaltung im Arbeitsrecht, 559 FD I a 185; ErfK/*Preis*, § 611 BGB Rn 426.
1578 BAG 23.2.1999, AP § 611 BGB Arbeitnehmerdarlehen Nr. 4.
1579 Die DS-GVO wurde am 14.4.2015 verabschiedet, nach einer Umsetzungsfrist von zwei Jahren gilt ab Mai 2018 in der EU ein einheitliches Datenschutzrecht.

b) Datenerhebung, -verarbeitung und -nutzung für Zwecke des Beschäftigungsverhältnisses (§ 32 BDSG)

741   § 32 BDSG ist der zentrale Erlaubnistatbestand des Arbeitnehmerdatenschutzes. § 32 BDSG regelt die Erhebung, Verarbeitung und Nutzung personenbezogener Daten für Zwecke des Beschäftigungsverhältnisses. Gemäß § 32 Abs. 1 S. 1 BDSG ist die Erhebung, Verarbeitung und Nutzung personenbezogener Daten von Beschäftigten für Zwecke des Beschäftigungsverhältnisses zulässig, wenn dies für die Entscheidung über die Begründung eines Beschäftigungsverhältnisses oder nach Begründung des Beschäftigungsverhältnisses für dessen Durchführung oder Beendigung erforderlich ist. Über diese Generalklausel hinaus ist gemäß § 32 Abs. 1 S. 2 BDSG die Erhebung, Verarbeitung oder Nutzung personenbezogener Daten eines Beschäftigten zulässig, wenn sie aufgrund zu dokumentierender tatsächlicher Anhaltspunkte zur Aufdeckung von im Beschäftigungsverhältnis begangener Straftaten erforderlich ist und das schutzwürdige Interesse des Arbeitnehmers an dem Ausschluss der Datennutzung nicht überwiegt, diese insbesondere nicht unverhältnismäßig ist.

aa) Sachlicher Anwendungsbereich des § 32 Abs. 1 BDSG

742   § 32 Abs. 1 BDSG gilt für jede Form der Datenerhebung, -verarbeitung und -nutzung. Er gilt auch für nicht automatisiert verarbeitete Daten. Erfasst sind damit alle Formen der Datenerhebung im Arbeitsverhältnis, auch tatsächliches Handeln oder belangloses Fragen.

bb) „Erforderlichkeit" der Datenerhebung, -verarbeitung und -nutzung i.S.d. § 32 Abs. 1 BDSG

743   Nach § 32 Abs. 1 S. 1 BDSG muss die Datenerhebung, -verarbeitung und -nutzung für die Begründung des Beschäftigungsverhältnisses, für dessen Durchführung oder Beendigung **erforderlich** sein. Der Gesetzgeber beabsichtigte bei der Einführung des § 32 BDSG lediglich die bislang von der Rechtsprechung erarbeiteten Grundsätze des Datenschutzes im Arbeitsverhältnis zusammenzufassen. Teilweise wird vertreten, der Begriff „erforderlich" im Vergleich zum „dienen" des § 28 BDSG a.F. habe zu einer Verschärfung des Prüfungsmaßstabes geführt. Herrschend wird mittlerweile vertreten, dass der neue Wortlaut keine inhaltliche Änderung der Rechtslage darstellt, sondern ein Bestätigung der bisherigen Auslegung. Nach bisheriger Rechtsprechung muss die Erhebung, Verarbeitung oder Nutzung von Arbeitnehmerdaten zu Erfüllung gesetzlicher, kollektivrechtlicher oder einzelvertraglicher Pflichten oder zur Wahrnehmung vertraglicher Rechte geeignet und erforderlich sein.[1580]

744   Für die **Begründung eines Arbeitsverhältnisses** sind etwa allgemeine Intelligenztests, die Erstellung von Persönlichkeitsprofilen, Stressinterviews sowie Genomanalysen wegen eines übermäßigen Eingriffs in die Persönlichkeitssphäre des Arbeitnehmers unzulässig. Die Frage nach Gewerkschaftszugehörigkeit, Schwangerschaft[1581] und politischen oder religiösen Aktivitäten (Ausnahmen gelten für Tendenzunternehmen) ist vor Abschluss des Arbeitsvertrages untersagt. Berechtigt ist das Interesse des Arbeitgebers an der engeren familiären Situation des Bewerbers und an seinem beruflichen Werdegang. So darf er auch nach Nebentätigkeiten und noch bestehenden Beschäftigungsverhältnissen (§§ 7 SGB V, 5 Abs. 2 SGB VI) fragen. Fragen nach dem Gesundheitszustand sowie einer etwaigen Körperbehinderung sind nur insoweit zulässig, als der Einsatz auf dem vorgesehenen Arbeitsplatz gefährdet ist. Unterzieht sich ein Bewerber einer betriebsärztlichen Untersuchung, unterliegen die Ergebnisse und die Befunde der ärztlichen Schweigepflicht.[1582] Bewerberdaten dürfen nur bis zum Zeitpunkt der Entscheidung verwendet werden. Danach sind sie zu sperren, bis gewiss ist, dass keine Rechtsstreite mehr drohen. Sie sind dann zu vernichten oder dem Bewerber zurückzugeben.[1583] Ein Arbeitgeber ist einem abgelehnten Bewerber nicht zur Mittei-

---

1580 *Grobys/Panzer*, Datenschutz?Rn 16.
1581 BAG 15.10.1992 – 2 AZR 227/92, AP Nr. 8 zu § 611a BGB.
1582 ErfK/*Wank*, § 32 BDSG, Rn 12 m.w.N.
1583 ErfK/*Wank*, § 32 BDSG, Rn 16.

lung darüber verpflichtet, ob die Stelle mit einem anderen Bewerber besetzt worden ist.[1584] Sollen Bewerberdaten in einem Bewerberpool gespeichert werden, bedarf es einer ausdrücklichen Einwilligung des Bewerbers. Auch beim „Active Sourcing", d.h. potenzielle Arbeitnehmer werden in sozialen Netzwerken identifiziert und kontaktiert, sind datenschutzrechtliche Vorgaben zu beachten. Bei der Nutzung von berufsorientierten Netzwerken ist die Erhebung und Verarbeitung von Daten gemäß § 28 Abs. 1 S. 1 Nr. 3 Alt.1 BDSG zulässig,[1585] bei eher freizeitorientierten Netzwerken gilt das nicht.

Für die **Durchführung eines Arbeitsverhältnisses** rechtfertigte es bislang die Zweckbestimmung des Arbeitsverhältnisses, Daten des Arbeitnehmers zu Geschlecht, Familienstand, Schule, Ausbildung, Fachschulausbildung, Studium, Abschlüssen sowie zu Sprachkenntnissen zu speichern.[1586] Diese Daten sind für den Personaleinsatz und die Personalauswahl unabdingbar. Bei der – auch manuellen – Führung von Personalakten sind die datenschutzrechtlichen Vorgaben zu beachten. Von besonderer praktischer Bedeutung ist zudem die Erhebung von Daten zum Leistungsverhalten von Arbeitnehmern. Grundsätzlich war die Erhebung und Speicherung von Leistungskontrollen rechtlich möglich, allerdings ist eine permanente Überwachung wegen des damit verbundenen unverhältnismäßigen Eingriffs in das Persönlichkeitsrecht unzulässig.[1587] Die Überwachung des Aufenthaltsortes mittels mobiler technischer Geräte (GPS oder RFID) ist grundsätzlich unzulässig, Ausnahmen können aber bei dem Einsatz von Wachpersonal in Betracht kommen. Gemäß § 6c Abs. 1 BDSG ist der Betroffene bei dem Einsatz mobiler personenbezogener Speicher- und Verarbeitungsmedien über Funktionsweise, Art der zu verarbeitenden Daten sowie seine Datenschutzrechte zu informieren. Bei dem Einsatz von Videoüberwachung in öffentlichen Räumen sind die Vorgaben der §§ 6a ff. BDSG einzuhalten. Eine rechtswidrige heimliche Videoüberwachung im öffentlich zugänglichen Bereich (§ 6b Abs. 2 BDSG) führt nicht dazu, dass die Ergebnisse der Überwachung im Kündigungsschutzprozess gegen den überführten Arbeitnehmer nicht verwandt werden dürfen.[1588] Fragen nach dem Gesundheitszustand sind insoweit zulässig, als sie für die Verwendung auf dem konkreten Arbeitsplatz von Relevanz sind und Arbeitgeber nur so überprüfen können, ob sie ihren Verpflichtungen nach dem SGB IX nachkommen. Krankheitsbedingte Fehlzeiten dürfen für die Gehaltsabrechnung, aber auch für Datenläufe mittels derer für den Einzelnen Aussagen über krankheitsbedingte, attestfreie sowie unentschuldigte Fehlzeiten erarbeitet werden sollen, gespeichert werden.[1589] Erforderlich ist es auch eine Abmahnung in der Personalakte zu verwahren, sofern sie auf zutreffenden Tatsachen beruht und einen objektiven Verstoß gegen arbeitsvertragliche Pflichten missbilligt.[1590]

Grundsätzlich ist der Arbeitgeber zur Erfassung von **Telefondaten** berechtigt.[1591] Soweit eine Betriebsvereinbarung die Erfassung von Zielnummern von Telefongesprächen, die Arbeitnehmer aus dem Betrieb heraus geführt haben, vorsieht, bildet diese die Rechtsgrundlage für die Speicherung der entsprechenden Telefondaten und geht damit als spezielle Rechtsvorschrift dem BDSG vor. Gegen eine Betriebsvereinbarung, die die Erfassung der vollen Zielnummer bei Dienstgesprächen und Privatgesprächen aus dienstlichem Anlass erlaubt, besteht jedenfalls dann keine Bedenken, wenn daneben Privatgespräche geführt werden dürfen, bei denen die Zielnummer nicht erfasst wird.[1592] Die Erfassung der äußeren Gesprächsdaten (Zeitpunkt, Dauer, Vorwahl) ist bereits aus Gründen der Kostenkontrolle und Abrechnung zulässig, ob hingegen die Speicherung der Zielnummer von externen Gesprächspartnern datenschutzrechtlich zulässig ist, hat das

745

746

1584 EuGH 19.4.2012 – C-415/10, NZA 2012, 493.
1585 *Bissels/Ziegelmayer/Kiehn,* BB 2013, 2869, 2870.
1586 BAG 22.10.1986 – 5 AZR 660/85, AP Nr. 2 zu § 23 BDSG.
1587 BAG 26.3.1991 – 1 ABR 26/90, AP Nr. 21 zu § 87 BetrVG 1972 Überwachung.
1588 BAG 21.6.2012 – 2 AZR 153/11, NZA 2012, 1025.
1589 BAG 11.3.1986 – 1 ABR 12/84, DB 1986, 1469.
1590 BAG 19.7.2012 – 2 AZR 782/11, NJW 2013, 808.
1591 BAG 27.5.1986 – 1 ABR 48/84, NZA 1986, 643.
1592 BAG 27.5.1986 – 1 ABR 48/84, NZA 1986, 643.

Bundesarbeitsgericht bislang offengelassen.[1593] Es empfiehlt sich daher, nur die Vorwahl und einen Teil der Rufnummer zu speichern. Erlaubt der Arbeitgeber die private Nutzung des dienstlichen Telefons gilt der Arbeitgeber als Telekommunikationsanbieter im Sinne des TKG. Er hat das Fernmeldegeheimnis nach § 88 ff. TKG zu beachten, was Kontroll- und Zugriffsmöglichkeiten erheblich beschränkt.[1594] Der Zugriff auf Gesprächsinhalte, z.b. durch nicht vorher mitgeteiltes Mithören und Aufnehmen, ist unzulässig. Eine Überwachung kommt nur in Betracht, wenn der Arbeitnehmer zuvor eingewilligt hat oder eine notwehr- oder notstandsähnliche Lage besteht. Eine gesetzliche Regelung gilt jedoch für Banken durch die Mindest-anforderungen an das Risikomanagement („MaRisk").[1595] Die für Telefongespräche entwickelten Grund-sätze gelten für **elektronische Kommunikation** – z.B. E-Mails – entsprechend.[1596] Dienstliche E-Mails dürfen eingesehen werden, erlaubt private E-Mails aufgrund von §§ 88 ff. TKG nicht. Auch wenn ein Ar-beitgeber seinen Arbeitnehmern die private Nutzung des Internets gestattet, ist er als Anbieter einer Tele-kommunikationsdienstleistung dem Fernsprechgeheimnis der §§ 88 ff. TKG unterworfen.[1597] Dienstliche Daten im Rahmen von „Bring your own device" unterliegen § 32 Abs. 1 BDSG; private Daten dürfen nicht erfasst werden.[1598]

747   Für die **Beendigung des Beschäftigungsverhältnisses** darf der Arbeitgeber alle Daten speichern und nut-zen, die für die einseitige oder einvernehmliche Beendigung des Arbeitsverhältnisses sowie für seine Ab-wicklung erforderlich sind. Einem ausgeschiedenen Arbeitnehmer hat das BAG einen nicht von einem be-sonderen Interesse abhängigen Anspruch auf Einsichtnahme in die bei dem ehemaligen Arbeitgeber weiter aufbewahrte Personalakte gewährt.[1599] Hat der Arbeitgeber befugt Bilder von Beschäftigten in das Internet eingestellt, kann der Mitarbeiter nach seinem Ausscheiden deren Löschung verlangen.

cc) Prävention und Aufdeckung von Straftaten

748   § 32 Abs. 1 S. 2 BDSG sieht vor, dass zur Aufdeckung von Straftaten personenbezogene Daten erhoben, verarbeitet oder genutzt werden dürfen, wenn zu dokumentierende tatsächliche Anhaltspunkte bestehen, dass die Datennutzung zur Aufdeckung von im Beschäftigungsverhältnis begangener Straftaten erforder-lich ist und das schutzwürdige Interesse des Beschäftigten an der Datennutzung nicht überwiegt, insbeson-dere Art und Ausmaß im Hinblick auf den Anlass nicht unverhältnismäßig sind. Anders als in S. 1 sind hier die widerstreitenden Rechtsgüter abzuwägen, auf der einen Seite das allgemeine Persönlichkeitsrecht des Arbeitnehmers, auf der anderen Seite die Schwere der Straftat und die Intensität des Verdachts. Das Bundes-verfassungsgericht hat für den öffentlich-rechtlichen Bereich Richtlinien aufgestellt: Das Gewicht eines Eingriffs hängt davon ab, welche Inhalte von dem Eingriff erfasst werden, insbesondere welchen Grad an Persönlichkeitsrelevanz die betroffenen Daten je für sich und in ihrer Verknüpfung mit anderen aufwei-sen und auf welchem Wege die Inhalte erlangt werden. Grundsätzlich führt die Heimlichkeit einer Maß-nahme zur Erhöhung ihrer Intensität.[1600] Voraussetzung für eine Erhebung nach Satz 2 ist, dass tatsäch-lichen Anhaltspunkte existieren.[1601] Der konkrete Tatverdacht ist aktenkundig zu machen. Schaden, Verdächtigtenkreis sowie Indizien müssen dokumentiert werden.

749   Der Wortlaut des § 32 Abs. 1 S. 2 BDSG erfasst nur Maßnahmen zur Aufklärung bereits begangener Straf-taten; nicht erfasst von dieser Regelung sind präventive Maßnahmen wie der gesamte Bereich der Com-pliance. Der Gesetzesbegründung zufolge ist „die Zulässigkeit von Maßnahmen, die zur Verhinderung

---

1593 BAG 27.5.1986 – 1 ABR 48/84, NZA 1986, 643.
1594 *Panzer-Heemeier*, DuD 2012, 48; a.A. LAG Berlin-Brandenburg 16.2.2011 – 5 Sa 2132/10, NZA-RR 2011, 342.
1595 *Lunk*, NZA 2009, 457.
1596 ErfK/*Wank*, § 28 BDSG, Rn 19 m.w.N.
1597 *Panzer-Heemeier*, DuD 2012, 48; a.A. LAG Berlin-Brandenburg 16.2.2011 – 5 Sa 2132/10, NZA-RR 2011, 342.
1598 *Göpfert/Wilke*, NZA 2012, 765.
1599 BAG 16.11.2010 – 9 AZR 573/09, NZA 2011, 453.
1600 BVerfG 4.4.2006 – 1 BvR 518/02, NJW 2006, 1939.
1601 *Joussen*, NZA 2010, 254, 256 f.

von Straftaten oder sonstigen Rechtsverstößen, die im Zusammenhang mit dem Beschäftigungsverhältnis stehen, erforderlich sind, nach Satz 1 zu beurteilen.[1602] Trotz des unklaren Gesetzeswortlauts ist der gesamte Bereich der Compliance und effektiven Korruptionsbekämpfung, etwa durch Whistleblowing, ausweislich der Gesetzesbegründung nach § 32 Abs. 1 S. 1 BDSG zulässig. Das bedeutet, dass für präventive Maßnahmen kein Anfangsverdacht nach Satz 2 bestehen muss. Auf Grund des systematischen Zusammenhangs zu § 32 Abs. 1 S. 2 BDSG wird jedoch auch für präventive Maßnahmen eine Verhältnismäßigkeitsprüfung geboten sein.[1603] Gleiches gilt für die Datenverarbeitung zur Aufdeckung von Vertragsbrüchen, die keine Straftaten sind, und Ordnungswidrigkeiten. Sollte für Compliance-Maßnahmen die Schwelle des § 32 Abs. 1 S. 1 BDSG nicht erreicht werden, so könnten ausländische Vorgaben im Wege der Abwägung unter § 28 Abs. 1 S. 1 Nr. 2 BDSG subsumiert werden. Sollte ein externes Callcenter mit einer Ethikhotline betraut werden, ohne dass die Aufgabe gemäß § 11 BDSG übertragen wird, so findet zudem der strengere § 29 BDSG Anwendung.

c) Andere datenschutzrechtliche Erlaubnistatbestände

§ 32 BDSG verdrängt lediglich § 28 Abs. 1 S. 1 Nr. 1 BDSG. Die übrigen Datenschutzvorschriften, die eine **750** Datenerhebung, -verarbeitung oder -nutzung erlauben oder anordnen, werden durch § 32 BDSG nicht verdrängt.[1604] Dazu gehören die Regelung zur Datenerhebung oder Übermittlung zur Wahrung berechtigter Interessen des Arbeitgebers (§ 28 Abs. 1 S. 1 Nr. 2 BDSG) und über die Datenübermittlung und -nutzung zur Wahrung berechtigter Interessen eines Dritten (§ 28 Abs. 3 S. 1 Nr. 1 BDSG).[1605] Diese Erlaubnistatbestände werden zunehmend Bedeutung erlangen, wenn die Datenverarbeitung keinen unmittelbaren Zusammenhang mit den Zwecken des Beschäftigungsverhältnisses aufweist. So kann ein Datenabgleich mit einer Terrorismusliste zwecks Erlangung des ARO-Zertifikats nach § 28 Abs. 1 Nr. 2 BDSG zulässig sein.[1606]

aa) Datenübermittlung an Dritte

Eine Datenübermittlung liegt vor, wenn die verantwortliche Stelle gespeicherte oder durch Datenverarbei- **751** tung gewonnene personenbezogene Daten an einen **Dritten** bekannt gibt. Dritter ist gemäß § 3 Abs. 8 S. 2 BDSG jede Person oder Stelle außerhalb der verantwortlichen Stelle. Dies ist innerhalb eines Konzerns jeder andere Rechtsträger. Ein Konzernprivileg kennt der Arbeitnehmerdatenschutz nicht. Die Datenübermittlung ist gemäß § 3 Abs. 8 S. 3 BDSG von der Weitergabe von Daten im Rahmen einer Auftragsdatenverarbeitung (§ 11 BDSG) abzugrenzen. Bei der Auftragsdatenverarbeitung hat der Arbeitgeber weiterhin die Verfügungsgewalt über die Daten und ist daher für die Einhaltung gesetzlicher Standards verantwortlich. Regelmäßig stellt die Nutzung von Cloud-Diensten eine Auftragsdatenverarbeitung dar.[1607]

§ 32 Abs. 1 BDSG regelt das Übermitteln von Daten an Dritte dem Wortlaut der Norm nach nicht. Die Zulässigkeit von Datenübermittlung im Arbeitsverhältnis dürfte sich deswegen nach § 28 Abs. 1 Nr. 2 BDSG richten.[1608] Zulässig im Rahmen der arbeitsvertraglichen Zweckbestimmung ist die Datenweitergabe an die kontoführende Bank zum Zwecke der unbaren Gehaltszahlung. In Betracht kommt auch die Übermittlung personenbezogener Daten an potentielle Unternehmenskäufer im Rahmen einer arbeitsrechtlichen Due Diligence. Nach § 1 Abs. 3 S. 1 2. Hs. KSchG ist der Arbeitgeber verpflichtet, einem gekündigten Arbeitnehmer auf Verlangen die Sozialdaten aller aus Sicht des klagenden Arbeitnehmers vergleichbaren Mitarbeiter bekanntzugeben. Zulässig dürfte auch die Datenweitergabe an eine zugunsten des Arbeitnehmers abge-

---

1602 BT-Drucks 16/13657, S, 36.
1603 *Thüsing*, NZA 2009, 865.
1604 BT-Drucks 16/13657, S. 20.
1605 Ausführlich: *Thüsing*, NZA 2009, 865, 869.
1606 FG Düsseldorf 1.6.2011 – 4 K 3063/10 Z, BeckRS 2011, 96019.
1607 *Böhm/Wybitul*, ArbRAktuell 2015, 539, 540.
1608 A.A. *Grobys/Panzer*, Datenschutz, Rn 38.

schlossene Versicherung oder die Datenübermittlung zum Zwecke der gerichtlichen Verfolgung arbeitsvertraglicher Ansprüche sein. Innerhalb eines echten Leiharbeitsverhältnisses darf der Verleiher den Entleiher über den Verliehenen informieren. Grundsätzlich ist zudem die Betriebsvereinbarung zur Regelung der Weitergabe von Daten bei Konzernsachverhalten das probate Mittel.[1609]

Bei der Übermittlung von Daten ins Ausland gilt, dass die Übermittlung in andere EU-Staaten sowie EWR-Staaten nach § 4b BDSG denselben Regelungen unterliegt wie bei einer Übermittlung innerhalb Deutschlands. Hinsichtlich der Übermittlung in Drittstaaten gilt, dass sie dann zu unterbleiben hat, wenn dort kein ausreichendes Datenschutzniveau gewährleistet ist. Ein ausreichendes Schutzniveau wird etwa für die USA seit der Unwirksamkeit von Safe-Harbour nicht mehr anerkannt.[1610]

bb) Anwendbarkeit des § 28 Abs. 1 S. 2 BDSG

752   Nach Auffassung des Gesetzgebers soll auch § 28 Abs. 1 S. 2 BDSG von § 32 BDSG verdrängt werden.[1611] Das würde jedoch zu einer Verschlechterung des Arbeitnehmerdatenschutzes führen. Nach § 28 Abs. 1 S. 2 BDSG muss konkret bestimmt werden, welcher Zweck mit der Datennutzung verfolgt werden soll, eine bloße Datenerhebung ins Blaue hinein soll so verhindert werden. Die reine Durchführung des Beschäftigungsverhältnisses ist keine konkrete Zwecksetzung.[1612] Dieser Rückschritt kollidiert mit dem gesetzgeberischen Ziel, den Arbeitnehmerdatenschutz zu verbessern. Der Wortlaut des § 32 BDSG gebietet keine Nichtanwendung des § 28 Abs. 1 S. 2 BDSG, so dass weiterhin von einer Geltung des § 28 Abs. 1 S. 2 BDSG im Arbeitsverhältnis auszugehen ist.[1613]

d) Einwilligung gemäß § 4a BDSG

753   Die Datenerhebung oder -verwendung aufgrund einer freiwillig erteilten, schriftlichen Einwilligung des Beschäftigten (§ 4a BDSG) wird von § 32 BDSG nicht ausgeschlossen; das BDSG enthält hinsichtlich der Möglichkeit zur Einwilligung „keine Bereichsausnahme für das Arbeitsrecht".[1614]

754   Erhebt, speichert, verändert, übermittelt oder nutzt der Arbeitgeber personenbezogene Daten seiner Arbeitnehmer ohne dass es für das Beschäftigungsverhältnis erforderlich oder ohne dass eine Rechtfertigung nach § 28 Abs. 1 S. 1 Nr. 2 oder § 28 Abs. 3 S. 1 Nr. 1 BDSG möglich ist, bedürfen derartige Vorgänge mangels gesetzlicher Ermächtigung der **Einwilligung des Betroffenen**. Beispiele hierfür sind etwa die Datenübermittlung zur Managementpotentialermittlung von der Konzerntochter an die Konzernmutter, die Übermittlung von Arbeitnehmerdaten an die betriebseigene Krankenkasse zu Werbezwecken oder die Datenübermittlung an die Konzernmutter um Unternehmensaktien von der Konzernmutter bevorzugt erhalten zu können.

755   Eine Einwilligung zur Erhebung, Verarbeitung und Nutzung personenbezogener Daten ist nach § 4a BDSG nur zulässig, wenn sie auf einer freien Entscheidung des Betroffenen beruht. Sie muss **freiwillig** und unzweideutig erklärt werden. (§ 4a Abs. 1 S. 1 BDSG) Auch im Arbeitsverhältnis ist es Arbeitnehmern grundsätzlich möglich, frei und ohne Druck zu entscheiden, ob sie einer Datenerhebung und -verarbeitung zustimmen.[1615] Freiwilligkeit scheidet jedoch aus, wenn Anhaltspunkte für Zwang bestehen. Der Arbeitnehmer muss eine echte Wahl zwischen Abgabe und Ablehnung der Einwilligungserklärung haben und seine Einwilligung jederzeit widerrufen können, hier sind die Umstände des Einzelfalls maßgeblich.[1616] Es muss ge-

1609 *Bauer/Herzberg*, NZA 2011, 73, 715.
1610 *Grobys/Panzer*, Datenschutz, Rn 40, *Ginal/Heinemann-Deihl*, ArbRAktuell 2015, 568.
1611 BT-Drucks 16/13567, S. 20.
1612 *Thüsing*, NZA 2009, 865, 869.
1613 ErfK/*Wank*, § 32 BDSG, Rn 3; *Joussen*, NZA 2010, 254, 257; *Thüsing*, NZA 2009, 865, 869.
1614 *Taeger/Gabel/Taeger*, § 4a BDSG, Rn 58 ff m.w.N.
1615 *Taeger/Gabel/Taeger*, § 4a BDSG, Rn 58 ff m.w.N.
1616 Eingehend zu Einwilligungen, die Voraussetzungen für den Abschluss des Arbeitsvertrages („Koppelungsverbot") sind: *Gola/Wronka*, Rn 271 ff.

prüft werden, ob die freie Entscheidung des Arbeitnehmers aufgrund der wirtschaftlichen und sozialen Gegebenheiten möglich war. Vor diesem Hintergrund ist abzuraten, datenschutzrechtliche Einwilligungen unmittelbar bei Begründung des Arbeitsverhältnisses einzuholen oder sie gar zum Bestandteil des Arbeitsvertrages zu machen. Durch eine Einwilligung darf das Fragerecht des Arbeitgebers nicht erweitert werden; so darf ein Arbeitgeber nicht über die Einwilligung des Arbeitnehmers Informationen erlangen und verarbeiten, die ihm nach den für das Arbeitsrecht geltenden Grundsätzen unzugänglich sein sollen.

Die Einwilligung ist im Voraus einzuholen und bedarf der Schriftform, soweit nicht wegen besonderer Umstände eine andere Form angemessen ist (§ 4a Abs. 1 S. 3 BDSG). Soll die Einwilligung zusammen mit anderen Erklärungen schriftlich erteilt werden, ist sie besonders hervorzuheben. (§ 4a Abs. 1 S. 4 BDSG), das gilt insbesondere für in AGB enthaltene Klauseln. Der Arbeitgeber hat den Arbeitnehmer über den Zweck der Datenverarbeitung aufzuklären. Eine pauschale Einwilligung, die die Zweckbestimmung der beabsichtigten Datenverwendung oder die Empfänger einer beabsichtigten Datenübermittlung nicht nennt, ist unzulässig. Vielmehr muss die Einwilligung so bestimmt sein, dass die Art der personenbezogenen Daten und der Zweck der Erhebung oder Verwendung sowie im Fall der Übermittlung etwaige Empfänger hinreichend genau benannt werden. Ein Hinweis darauf, welche Folgen eine Verweigerung der Einwilligung hat, hat nur zur erfolgen, wenn es nach den Umständen des Einzelfalles erforderlich ist oder der Betroffene danach verlangt. Die Einwilligung ist jederzeit **widerrufbar**. **756**

e) Mitbestimmung

Informations- und Kontrollbefugnisse des kollektiven Arbeitsrechts ergänzen das individuelle Arbeitnehmerdatenschutzrecht. Vor allem die Mitbestimmung bei technischen Leistungs- und Verhaltenskontrollen durch automatisierte Personaldatenverarbeitung (§ 87 Abs. 1 Nr. 6 BetrVG, § 75 Abs. 3 Nr. 17 BPersVG), die Mitbestimmung bei formalisierter Personaldatenerhebung unter Verwendung von Personalfragebögen (§ 94 Abs. 1 BetrVG, §§ 75 Abs. 3 Nr. 8, 76 Abs. 2 Nr. 2 BPersVG) sowie bei der Anwendung von Beurteilungsgrundsätzen und Auswahlrichtlinien (§ 94 Abs. 2, 95 BetrVG, §§ 75 Abs. 3 Nr. 9, 76 Abs. 2 Nr. 3, 8 BPersVG) kommen in Betracht. Insbesondere das Mitbestimmungsrecht nach § 87 Abs. 1 Nr. 6 BetrVG gilt es zu beachten, da nach Auffassung des BAG die bloße Möglichkeit, dass die Programme allein oder in Verbindung mit weiteren Daten und Umständen zur Überwachung des Arbeits- und Leistungsverhalten genutzt werden, genügt.[1617] Die Beachtung von Beteiligungsrechten ist Wirksamkeits- und Rechtmäßigkeitsvoraussetzung der einzelnen Datenerhebungs- und Datenverarbeitungsmaßnahme;[1618] ein Beweisverwertungsverbot folgt jedoch nicht zwingend aus dem Verstoß gegen betriebsverfassungsrechtliche Beteiligungsrechte.[1619] **757**

f) Wahrung des Datengeheimnisses durch den Arbeitnehmer, § 5 BDSG

Der Arbeitgeber ist nach § 5 BDSG verpflichtet, **organisatorische Vorkehrungen** zu treffen, um eine unzulässige Datenspeicherung, -nutzung oder -übermittlung durch seine Arbeitnehmer auszuschließen. Deswegen müssen Arbeitnehmer, die mit der Verarbeitung von Daten betraut sind, auf das Datengeheimnis nach § 5 BDSG verpflichtet werden. Betroffen sind vor allem Mitarbeiter mit Datenverarbeitungsbefugnissen, aber auch das alleinige Erheben oder Nutzen von Daten ist nach dem Sinn der Norm als Erfassen zu werten.[1620] Den Arbeitnehmern ist jedwede unbefugte Verarbeitung und Nutzung der ihnen „anvertrauten" Daten verboten; eine Nutzung ist in jedem Fall unbefugt, wenn sie rechtswidrig ist. Die Rechtswidrigkeit kann sich aus datenschutzrechtlichen Normen ergeben, aber auch aufgrund anderer **758**

1617 BAG 6.12.1983 -2 AZR 537/06, AP Nr. 7 zu § 87 BetrVG 1972 Überwachung.
1618 ErfK/*Wank*, § 28 BDSG, Rn 7.
1619 BAG 13.12.2007 – 2 AZR 537/06, NZA 2008, 1008; *Lunk*, NZA 2009, 457, 463.
1620 *Gola/Schomerus*, § 5 BDSG, Rn 5.

rechtlicher Vorgaben.[1621] Die **Verpflichtungserklärung** nach § 5 BDSG kann Inhalt des Arbeitsvertrages oder einer gesonderten Erklärung sein. Sie sollte die Grundkenntnisse der mit dem Arbeitsplatz verbundenen Verantwortlichkeiten vermitteln.

g) Formulierungsbeispiele
aa) Einwilligung gemäß § 4a BDSG

759

Beispiel

Der Arbeitnehmer ist damit einverstanden, dass der Arbeitgeber die für (…) (*genaue Beschreibung des Verwendungszwecks*) relevanten Daten, insbesondere Angaben zu (…) erhebt, verarbeitet und nutzt sowie an die (…) (*genaue Beschreibung der Stelle, die die Daten erhält*) weitergibt.

Der Arbeitnehmer erteilt insoweit seine Einwilligung gemäß § 4a BDSG. Der Arbeitnehmer kann diese Einwilligung jederzeit ohne Angaben von Gründen widerrufen.

bb) Einwilligung gemäß § 4a BDSG für die Nutzung von Telekommunikationsanlagen

760

Beispiel

Der Arbeitgeber ist berechtigt, die Nutzung der Telekommunikationsanlagen (Telefon – mobil und stationär –, Internet und E-Mail) für die Dauer von maximal drei Monaten zu speichern, um die Einhaltung der im Unternehmen geltenden Bestimmungen zur Nutzung der Telekommunikationsanlagen zu überprüfen.

Der Arbeitnehmer erteilt insoweit seine Einwilligung gemäß § 4a BDSG in die hiermit verbundene Verarbeitung persönlicher Daten. Der Arbeitnehmer kann die Einwilligung jederzeit widerrufen.[1622]

cc) Verpflichtungserklärung zur Wahrung des Datengeheimnisses nach § 5 BDSG

761

Beispiel:

Der Verpflichtete wurde heute darüber belehrt, dass es den bei der Datenverarbeitung beschäftigten Personen untersagt ist, personenbezogene Daten unbefugt zu erheben, zu verarbeiten oder zu nutzen (Datengeheimnis). Er/Sie wurde auf die Wahrung des Datengeheimnisses verpflichtet. Diese Verpflichtung besteht auch nach Beendigung der Tätigkeit fort. Verstöße gegen das Datengeheimnis können nach § 43 BDSG mit Bußgeld und nach § 44 BDSG mit Geld- oder Freiheitsstrafe geahndet werden. Eine Verletzung des Datengeheimnisses kann zugleich eine Verletzung von arbeitsvertraglichen Pflichten oder spezieller Geheimhaltungspflichten darstellen.

Unterschrift der verantwortlichen Stelle

Ich bestätige diese Verpflichtung. Ein Exemplar der Verpflichtung sowie ein Merkblatt mit Erläuterungen und dem Text der §§ 5, 43 und 44 BDSG habe ich erhalten.

Unterschrift des Verpflichteten

1621 AnwK-ArbR/*Gola*, § 5 BDSG, Rn 5.
1622 Preis/*Preis*, Arbeitsvertrag, II I 10, Rn 25; ausführliche Mustereinwilligung s. *Thüsing*, § 5, Rn 37–39.

40. Dienstkleidung

a) Hintergrund

Der Arbeitgeber kann aus unterschiedlichen Gründen ein Interesse daran haben, den Arbeitnehmer zum 762
Tragen von Dienstkleidung zu verpflichten. Dies kann zum einen ein Interesse an **Corporate Identity** sein,
z.B. in Kaufhäusern, Apotheken, etc. Zum anderen kann auch ein **Wiedererkennungsinteresse** aus anderen
Gründen zugrunde liegen. So haben beispielsweise die Betreiber von Verkehrsbetrieben ein Interesse daran,
ihr Personal mit einheitlichen Uniformen auszustatten, die es als Ansprechpartner für Kunden, aber auch als
Berechtigte z.B. zur Kontrolle von Fahrscheinen ausweist. Schließlich kann die Verpflichtung zum Tragen
von Arbeitskleidung auch Gründe des Arbeitsschutzes haben.

Verpflichtungen zum Tragen von Dienstkleidung greifen in das **allgemeine Persönlichkeitsrecht** des Ar- 763
beitnehmers nach Art. 2 Abs. 1 GG ein und bedürfen daher einer Ermächtigung des Arbeitgebers. Eine solche Ermächtigung kann im Rahmen eines Arbeitsvertrages geschaffen werden, selbstverständlich aber auch
im Rahmen einer Betriebsvereinbarung. Soweit der Arbeitsschutz betroffen ist, besteht die Ermächtigung
des Arbeitgebers zur Anordnung entsprechender Maßnahmen bereits aufgrund § 15 Abs. 1, 2 ArbSchG. Das
Tragen von Dienstkleidung kann allerdings auch aufgrund des gesetzlichen Weisungsrechts nach § 106
GewO angeordnet werden.[1623] Verstöße gegen eine solche Weisung können zur Kündigung des Arbeitsverhältnisses führen.[1624]

b) Rechtliche Grundlagen
aa) Verpflichtung zum Tragen von Dienstkleidung

Auszugehen ist von der **grundsätzlichen Freiheit des Arbeitnehmers**, bei der Arbeit die Kleidung der per- 764
sönlichen Wahl zu tragen.[1625] Dieser grundsätzlichen Freiheit des Arbeitnehmers kann aber aufgrund entsprechender vertraglicher Regelung unter Berücksichtigung der vertraglichen Rücksichtnahmepflicht kraft
§ 241 Abs. 2 BGB eine Schranke gesetzt werden. Voraussetzung ist, dass **berechtigte Arbeitgeberinteressen** berührt sind.[1626]

Soll der Arbeitnehmer also im Rahmen des Arbeitsvertrages verpflichtet werden, bestimmte Dienstklei- 765
dung zu tragen, so ist eine solche Verpflichtung nur **unter Abwägung der widerstreitenden Interessen**
zulässig und auch nur dann, wenn ein weniger einschränkendes Mittel zur Erreichung des verfolgten
Zwecks nicht zur Verfügung steht.[1627] Grundsätzlich ist es Sache des Arbeitgebers, den Betriebsablauf
zu organisieren, wozu auch gehört, zu entscheiden, in welcher Art und Weise seine Mitarbeiter den Kunden
gegenüber treten sollen und damit auch, ob und wenn ja welche Dienstkleidung der Arbeitnehmer zu tragen
hat.[1628] Als Ausdruck der grundlegenden Organisationsfreiheit des Arbeitgebers, die keinen inhaltlichen
Fremdeingriffen ausgesetzt ist, wiegt eine betriebliche Festlegung in der Interessensabwägung schwer, solange der Arbeitgeber überhaupt ein nachvollziehbares Interesse an einer einheitlichen Kleidung hat. So hat
beispielsweise das BAG schon das betriebliche Interesse an einem dem Betriebszweck entsprechenden „gehobenen Erscheinungsbild" ausreichen lassen, die Arbeitnehmer verpflichten zu dürfen, einen „mitter-
nachtsblauen oder schwarzen Anzug oder ein entsprechendes Kostüm, weiße Hemden und schwarze
Schuhe zu tragen".[1629]

1623 LAG Rheinland-Pfalz 21.10.2013 – 5 Sa 252/13, zitiert nach juris.
1624 ArbG Cottbus 20.3.2012, AA 2012, 170.
1625 BAG 13.2.2007, NZA 2007, 640.
1626 MünchArbR/*Reichert*, § 49 Rn 29.
1627 BAG 13.2.2007, NZA 2007, 640; MünchArbR/*Reichert*, § 49 Rn 29.
1628 BAG 10.10.2002, NZA 2003, 483.
1629 BAG 13.2.2007, NZA 2007, 640.

766   Die Anordnung zum Tragen der Dienstkleidung ist aber nur dann rechtmäßig, wenn sie die grundsätzliche Handlungsfreiheit des Arbeitnehmers in **erforderlicher** und **angemessener Weise** einschränkt, also die besonderen Interessen des Arbeitnehmers berücksichtigt sind und die arbeitgeberseitige Maßnahme zur Erreichung des gewollten Zwecks **erforderlich** ist. Hiernach ist in jedem Einzelfall zu prüfen, ob es ein **milderes Mittel** zur Erreichung des gewünschten Zweckes gegeben hätte.[1630] Darüber hinaus sind die arbeitnehmerseitigen Interessen zu berücksichtigen. So hat das Bundesarbeitsgericht eine Arbeitnehmerin, die entgegen der Weisung des Arbeitgebers ein islamisches Kopftuch getragen hat, das Tragen dieses Kopftuchs unter Berücksichtigung der religiösen Interessen der Arbeitnehmerin gestattet, nachdem die berechtigten Interessen des Arbeitgebers (Kaufhausbetreiber) nicht durchgreifend genug waren, um die grundrechtlich geschützten Interessen der Arbeitnehmerin zurück zu drängen.[1631] Darüber hinaus kann auch die einzelne Anordnung in ihrer Intensität **unverhältnismäßig** sein. So hat beispielsweise das Bundesverwaltungsgericht eine Regelung einer obersten Dienstbehörde, wonach uniformierte Polizeibeamte die Haare maximal in Hemdkragenlänge zu tragen hatten, für unzulässig erklärt, da sie zu intensiv in die private Lebenssphäre des Beamten eingriffe.[1632] Wenn dies bereits für Beamte in einem besonderen Dienstverhältnis gilt, so gilt dies erst recht für Arbeitnehmer in einem privatrechtlich begründeten Anstellungsverhältnis. Das arbeitgeberseitige Interesse an einem insgesamt „gepflegten äußeren Erscheinungsbild" hat das Bundesarbeitsgericht allerdings für berechtigt erklärt.[1633]

bb) Regelungen zur Beschaffung von Dienstkleidung

767   Dienstkleidung muss nicht unbedingt **durch den Arbeitgeber** beschafft werden. Zwar ist dies insbesondere bei stark individualisierter Dienstkleidung, die z.B. mit Logos, etc. bestickt ist, üblich. Denkbar sind aber auch Regelungen, wonach die Arbeitnehmer lediglich eine Vorgabe hinsichtlich Farbe und Schnitt erhalten und im Übrigen die Dienstkleidung selber beschaffen dürfen/müssen. Eine solche Regelung in Arbeitsverträgen unterliegt grundsätzlich wie auch die Verpflichtung zum Tragen insgesamt der Rechtskontrolle. Die Regelung greift in die allgemeine Handlungsfreiheit des Arbeitnehmers nach Art. 2 Abs. 1 GG ein. Sie muss zur Erreichung des gewünschten Ziels – bspw. des einheitlichen Auftritts aller Arbeitnehmer– geeignet und erforderlich sein und ein berechtigtes arbeitgeberseitiges Interesse verfolgen. Die Verpflichtung zur **Selbstbeschaffung von Dienstkleidung** ist zur Erreichung der Zwecke jedenfalls geeignet, wenn sie hinreichend konkretisiert ist. Sie ist erforderlich, wenn es kein milderes Mittel gibt. Hierzu hat sich die Rechtsprechung grundsätzlich auf den Standpunkt gestellt, dass die Möglichkeit der Beschaffung durch den Arbeitgeber selber kein grundsätzlich milderes Mittel gegenüber der Selbstbeschaffung durch den Arbeitnehmer ist. Denn die Selbstbeschaffung durch den Arbeitnehmer bringt den Vorteil mit sich, dass der Arbeitnehmer die Möglichkeit erhält, seine individuellen Vorstellungen einzubringen und insbesondere Hersteller, Schnitt, Material, Verkaufsgeschäft und damit gegebenenfalls auch den Preis selber bestimmen zu können.[1634] Aus diesem Grunde ist die Selbstbeschaffung bereits grundsätzlich nicht vergleichbar mit der Beschaffung durch den Arbeitgeber.

768   Eine Regelung, die die Arbeitnehmer zur Selbstbeschaffung verpflichtet, ist in der Regel auch **verhältnismäßig**. Die mit ihr einhergehenden Verpflichtungen zum Verbrauch von Freizeit für die Beschaffung und gegebenenfalls zur Vorlage der notwendigen Kosten stehen nach der Rechtsprechung in der Regel in einem angemessenen Verhältnis zu der hiermit einhergehenden weiteren Möglichkeit, nämlich eben Einfluss auf die Auswahl des Materials etc. zu nehmen.[1635]

1630 BAG 13.2.2007, NZA 2007, 640.
1631 BAG 10.10.2002, NZA 2003, 483.
1632 BVerwG 2.3.2006, NVwZ-RR 2007, 781.
1633 BAG 13.2.2007, NZA 2007, 640.
1634 BAG 13.2.2007. NZA 2007, 640.
1635 BAG 13.2.2007. NZA 2007, 640.

Dient die Dienstkleidung ausschließlich funktionalen Zwecken im Sinne des **Arbeitsschutzes**, wird der Arbeitgeber in der Regel ein eigenes Interesse daran haben, die Kleidung selbst zur Verfügung zu stellen oder zumindest konkret Herstellertyp und Anforderungen nach DIN/CE festzulegen. Hierzu ist der Arbeitgeber aufgrund seiner grundsätzlichen Verantwortlichkeiten aus dem Arbeitsschutzrecht berechtigt. **769**

cc) Kostentragung

Hinsichtlich der Kosten der Arbeitskleidung ist danach zu differenzieren, ob die Arbeitskleidung aus zwingenden Gründen des **Arbeitsschutzes** zu tragen ist oder aufgrund **sonstiger Interessen des Arbeitgebers**. **770**

Handelt es sich um eine dem **Gesundheitsschutz** dienende und aus Gründen des **Arbeitsschutzes** zwingend zu tragende Kleidung, so trifft die grundsätzliche Kostentragungspflicht **den Arbeitgeber**.[1636] Das Interesse an der Schutzkleidung liegt einseitig beim Arbeitgeber, der hiermit den gesetzlichen Bestimmungen Folge leistet.[1637] Eine **Übertragung der Kostentragungspflicht** auf den Arbeitnehmer widerspricht der gesetzlichen Pflichtenverteilung und ist daher grundsätzlich nach § 307 Abs. 2 BGB unwirksam. Beschafft der Arbeitnehmer die Kleidung selber, steht ihm nach § 670 BGB ein Anspruch auf Kostenausgleich durch den Arbeitgeber zu.[1638] Die Vereinbarung einer Kostenbeteiligung des Arbeitnehmers ist allenfalls dann zulässig, wenn er die Schutzkleidung auch privat nutzen kann.[1639] **771**

Dient das Tragen von Arbeitskleidung allerdings nicht der Erfüllung gesetzlicher Auflagen, sondern **sonstigen Interessen**, liegt die Kostenlast grundsätzlich beim Arbeitnehmer. Aufgrund des Arbeitsvertrages ist der Arbeitnehmer zur Übernahme der daran festgelegten Funktion innerhalb eines bestimmten Arbeits- oder Lebensbereichs verpflichtet. Er schuldet daher ein Gesamtverhalten, das darauf ausgerichtet ist, nach Maßgabe der von ihm übernommenen Aufgabe die berechtigten Interessen des Arbeitgebers nicht zu schädigen und sie im Rahmen des Zumutbaren wahrzunehmen. Dies gilt insbesondere auch in den Fällen, in denen der Arbeitgeber auf Kunden und deren Vorstellungen Rücksicht zu nehmen hat und dazu auf ein bestimmtes äußeres Erscheinungsbild seines Personals angewiesen ist. Deshalb kann der Arbeitnehmer auch nur in einer **seiner Arbeitsaufgabe genügenden Kleidung** seiner arbeitsvertraglichen Verpflichtung genügen. Die damit verbundenen Aufwendungen obliegen dem Arbeitnehmer. Sie sind durch die Vergütung mit abgegolten.[1640] **772**

Der vorgenannte Grundsatz gilt allerdings nur so lange, wie der Arbeitgeber **nur grundsätzliche Vorgaben** zur Kleidung macht und der Arbeitnehmer darüber hinaus seinen individuellen Vorstellungen folgen und deren Material und gegebenenfalls auch die Farbe innerhalb des durch die jeweilige Arbeitsaufgabe vorgegebenen Rahmens selbst bestimmen kann.[1641] Ordnet der Arbeitsvertrag nur eine bestimmte angemessene Dienstkleidung unter Angabe bestimmter Bekleidungskomponenten an (z.B. Anzug, Hemd, Krawatte in angemessenen und nicht schreienden Farben), so trifft die Kostentragungspflicht den Arbeitnehmer, der ja ohnehin „angezogen" zur Arbeit erscheinen müsste. Greift der Arbeitgeber darüber hinaus aber weiter in die Freiheiten des Arbeitnehmers ein und schreibt **detaillierte Dienstkleidung** vor, deren **privater Wert** vernachlässigbar ist oder gar nicht existiert, so hat der Arbeitgeber auch die Kosten zu tragen. **773**

Entscheidend für die **Abgrenzung der Kostentragungspflicht** ist, ob das Tragen der Dienstkleidung in der Freizeit wegen des besonderen Erscheinungsbildes für den Arbeitnehmer möglich ist bzw. von einem gesteigerten Gebrauchswert ist oder nicht. So hat beispielsweise das LAG Niedersachsen eine Kostenbeteiligung des Arbeitnehmers für unwirksam erachtet, wenn der Arbeitnehmer durch die Überlassung der Kleidung keinen für das private Leben geldwerten Vorteil erlangte. Zwar handelte es sich in diesem Fall um **774**

1636 BAG 19.5.1998, NZA 1999, 38.
1637 BAG 19.5.1998, NZA 1999, 38, BAG 18.8.1982, DB 1983, 234.
1638 BAG 19.5.1998, NZA 1999, 38.
1639 BAG 21.8.1985, AP Nr. 19 zu § 618 BGB; LAG Niedersachsen 16.7.2007, NZA-RR 2008, 12.
1640 BAG 13.2.2003, NZA 2003, 1196, 1198.
1641 BAG 13.2.2003, NZA 2003, 1196, 1198.

Kleidung, die auch grundsätzlich in der Freizeit getragen werden konnte (Schürzen), das Gericht stellte aber fest, dass das Tragen solcher Kleidung weitgehend aus der Mode gekommen sei, sodass der Arbeitnehmer lediglich einen minimalen Gebrauchsvorteil erlangte und zudem die Logos die Arbeitgebers eingestickt seien.[1642] Regelt vor einem solchen Hintergrund ein Arbeitsvertrag die Kostentragung des Arbeitnehmers, so verstößt dies gegen § 307 Abs. 1 BGB, da es sich um eine unangemessene Benachteiligung handelt.[1643]

775 Überlässt der Arbeitgeber dem Arbeitnehmer Berufskleidung kostenlos, so ist dies nach § 3 Nr. 31 EStG **steuerfrei** und nach § 1 der Arbeitsentgeltverordnung **sozialversicherungsfrei**. Auch insoweit gilt allerdings, dass die Überlassung von Kleidung, die der Arbeitnehmer vollwertig in seiner Freizeit tragen kann, zur Annahme eines steuerpflichtigen und sozialpflichtigen Arbeitsentgelts führen kann. Es gilt eine **Vermutung für die Annahme einer typischen Berufskleidung**, wenn nicht das Gegenteil offensichtlich ist. Zu einer solchen typischen Berufskleidung gehören insbesondere Kleidungsstücke, die als Arbeitsschutzkleidung auf die jeweils ausgeübte Berufstätigkeit zugeschnitten sind oder nach ihrer z.B. uniformartigen Beschaffenheit oder aufgrund dauerhaft angebrachter Kennzeichnung durch Firmenembleme objektiv eine berufliche Funktion erfüllen.[1644] Trägt also der Arbeitgeber die Kosten und soll eine Lohnsteuerfreiheit erreicht werden, so sollte die Arbeitskleidung im Zweifel mit Firmenemblemen oder anderweitig als zum Arbeitgeber gehörend gekennzeichnet werden. In diesem Falle kommt dann aber eine Überbürdung der Kostentragungslast auf den Arbeitnehmer ebenfalls nicht in Betracht.

c) Muster

▼

776 **Muster 1a.40: Schutzkleidung**

Der Arbeitnehmer ist verpflichtet, die vom Arbeitgeber zur Verfügung gestellte Schutzkleidung zu tragen. Das Ablegen der Schutzkleidung insgesamt oder in Teilen während der Dauer der Arbeitsleistung ist ausdrücklich untersagt. Die Kosten der Schutzkleidung und der Reinigung trägt der Arbeitgeber.

▲

▼

777 **Muster 1a.41: Dienstkleidung allgemein, Kosten Arbeitnehmer**

(1) Der Arbeitnehmer ist verpflichtet, sich entsprechend dem gehobenen Erscheinungsbild des Hauses zu kleiden. Hierzu gehört eine vollständige Bekleidung einschließlich eines Anzugs (gedeckte Farbgebung, blau, grau, anthrazit oder schwarz), eines Hemdes (Langarm, weiß oder blau) sowie einer Krawatte in einem konservativen Erscheinungsbild, insbesondere also ohne Aufdruck von Motiven. Die Kleidung hat sauber und einwandfrei zu sein. Darüber hinaus ist der Arbeitnehmer verpflichtet, das vom Arbeitgeber bereitgestellte Namensschild zu tragen.

(2) Die Kosten der Dienstkleidung und der Reinigung trägt der Arbeitnehmer.

▲

▼

778 **Muster 1a.42: Dienstkleidung mit ci, Kosten Arbeitgeber**

(1) Der Arbeitnehmer ist verpflichtet, die dem corporate identity (ci) des Arbeitgebers entsprechende Dienstkleidung zu tragen. Diese Dienstkleidung stellt der Arbeitgeber auf seine Kosten zur Verfügung. Die Ergänzung der Dienstkleidung durch persönliche Kleidungsstücke ist grundsätzlich untersagt. Im Einzelfall kann die Ergänzung der Dienstkleidung durch den jeweiligen Vorgesetzten zugelassen werden.

(2) Der Arbeitnehmer ist verpflichtet, die Dienstkleidung in einem sauberen, ordentlichen Zustand zu halten. Die Kosten der Reinigung der Dienstkleidung trägt der Arbeitnehmer.

1642 LAG Niedersachsen 16.7.2007, NZA-RR 2008, 12; vgl. LAG Düsseldorf 26.4.2001, NZA-RR 2001, 409.
1643 LAG Niedersachsen 16.7.2007, NZA-RR 2008, 12.
1644 LStR zu § 3 EStG R 3.31.

(3) Der Austausch der zur Verfügung gestellten Dienstkleidung erfolgt in regelmäßigen Abständen. Der Arbeitnehmer hat die zuvor überlassene Dienstkleidung im Austausch gegen die neue Dienstkleidung zurück zu geben.

▲

41. Dienstreise

a) Hintergrund

In einer zunehmend flexiblen Arbeitswelt, in der sich Arbeitgeber häufig nicht mehr ausschließlich an einem Ort ansiedeln oder zumindest aufgrund der durch das Internet verbreiteten Vertriebswege ihre Kunden auch überregional bedienen, sind die meisten Arbeitgeber darauf angewiesen, dass die Arbeitnehmer Dienstreisen unternehmen. Von der Dienstreise zu unterscheiden ist der Weg von und zur Arbeitsstätte, der grundsätzlich Privatsache des Arbeitnehmers ist. Eine Dienstreise ist per definitionem eine Fahrt des Arbeitnehmers an einen oder mehrere auswärtige Orte, bei denen es sich nicht um die reguläre Arbeitsstätte handelt, an denen aber ein Dienstgeschäft zu erledigen ist.[1645] Unerheblich ist hierbei, ob der Arbeitnehmer die Dienstreise von seiner Wohnung aus oder vom Sitz des Arbeitgebers bzw. seiner sonstigen Arbeitsstätte aus antritt.[1646] Eine Dienstreise enthält typischerweise drei Phasen, nämlich die Reisezeiten (Hin- und Rückreise), die Zeit der Wahrnehmung des Dienstgeschäfts sowie etwaige nicht mit Dienstgeschäften ausgefüllte Zeiten am Zielort der Reise (z.B. Übernachtung). **779**

Zur rechtlichen Beurteilung ist danach zu differenzieren, ob ein Arbeitnehmer überhaupt verpflichtet ist, eine Dienstreise zu unternehmen, wie die Zeit der Reise arbeitszeitrechtlich und vergütungsrechtlich zu behandeln ist und ob der Betriebsrat gegebenenfalls ein Mitbestimmungsrecht hat.

b) Rechtliche Grundlagen
aa) Verpflichtung zur Durchführung von Dienstreisen

Arbeitnehmer sind selbst dann zur Durchführung von Dienstreisen verpflichtet, wenn der Arbeitsvertrag dies nicht ausdrücklich vorsieht. Der Arbeitgeber ist berechtigt, im Rahmen seines **Direktionsrechts nach § 106 GewO** die Durchführung einer Dienstreise anzuordnen. Denn angesichts der sich seit Jahren verstärkenden Entwicklungen im Wirtschaftsleben, die erhöhte Flexibilität fordert, ist nach der Rechtsprechung grundsätzlich jeder Arbeitnehmer verpflichtet, im Rahmen der solchermaßen definierten Üblichkeit Dienstreisen zu unternehmen.[1647] Erst recht kann also eine Verpflichtung zur Ableistung von Dienstreisen in den Arbeitsvertrag ausdrücklich aufgenommen werden. Es handelt sich insoweit um eine Konkretisierung der ohnehin gegebenen Verpflichtungen des Arbeitnehmers und damit nicht um eine unbillige Beeinträchtigung der Handlungsfreiheit des Arbeitnehmers gemäß § 307 Abs. 1 BGB. **780**

Die konkrete Anordnung der Dienstreisen erfolgt durch den Arbeitgeber im Rahmen seines Direktionsrechts nach § 106 GewO. Diese Anordnung muss die Interessen des Arbeitnehmers berücksichtigen und im Übrigen verhältnismäßig sein (Ausübungsermessen). Etwaige in der Person des Arbeitnehmers liegende entgegenstehende Belange sind also genauso wie besondere Umstände des Einzelfalles, z.B. Betreuungspflichten etc. in die **Interessensabwägung** einzustellen. **781**

bb) Vergütungspflicht

Ordnet der Arbeitgeber an, dass der Arbeitnehmer seine Arbeit an einem anderen Ort als dem Üblichen zu verrichten hat, so **konkretisiert** er hiermit gegenüber dem Arbeitnehmer die zu erbringenden **Arbeitsleistung**. Er legt fest, dass der Arbeitnehmer eine bestimmte Aufgabe außerhalb des normalen Arbeitsortes zu erbringen hat. Damit weist er ihn zugleich an, zum Zielort zu reisen und dort zu arbeiten. Schließlich trifft er **782**

1645 Vgl. BAG 23.7.1996, AP Nr. 26 zu § 87 BetrVG 1972 Ordnung des Betriebes; BAG 14.11.2006, NZA 2007, 458.
1646 BAG 11.7.2006, NZA 2007, 155.
1647 BAG 14.11.2006, NZA 2007, 458.

auch eine zeitliche Bestimmung, indem er den voraussichtlichen Beginn und das voraussichtliche Ende des auswärtigen Dienstgeschäfts und damit zugleich mittelbar die Reisezeiten festlegt.[1648] Alleine aus der Tatsache, dass der Arbeitgeber sein Direktionsrecht ausübt, kann aber nicht der Schluss gezogen werden, dass sämtliche Dienstreisezeiten auch vergütungspflichtig sind.[1649] Vielmehr ist zu differenzieren:

783 Weist der Arbeitgeber den Arbeitnehmer **während der üblichen Dienstzeit** an, eine Reise von seinem Dienstort an einen anderen Ort zu unternehmen und dort ein Dienstgeschäft auszuführen, so ist die **Reisezeit** Arbeitszeit in dienstvertraglicher Hinsicht und somit **vergütungspflichtig**.[1650]

784 Weist der Arbeitgeber den Arbeitnehmer an, seinen Dienst einen **vollständigen Tag** oder **mehrere Tage** an einem anderen Ort zu verrichten, so vermischen sich die Wegzeiten des Arbeitnehmers von seiner Wohnstätte zum Dienstort und Aspekte der Dienstreise. Allerdings findet keine Aufteilung dieser Zeiten statt. In der Anweisung, die Arbeit an einem anderen Ort als üblich aufzunehmen, liegt eine Zuweisung einer abweichenden Arbeitsstätte gemäß § 106 GewO. Der Arbeitnehmer hat also den Weg von seiner Wohnung zu diesem auswärtigen Dienstort **als Wegezeit** zurück zu legen. Es handelt sich nicht um eine vergütungspflichtige Arbeitszeit. Eine Ausnahme hierzu gilt dann, wenn der Arbeitgeber den Arbeitnehmer anweist, die Zeiten **mit bestimmten Inhalten** zu füllen, z.B. also im Zug oder Flugzeug zu arbeiten. In einem solchen Fall liegt wiederum die Anordnung einer Arbeit vor, was die Wegezeiten vergütungspflichtig macht.[1651] Muss ein Arbeitnehmer, der üblicherweise in Frankfurt arbeitet, also an einem bestimmten Tag morgens um 08:00 Uhr seine Arbeit in Berlin antreten und dort einen Termin für den Arbeitgeber wahrnehmen, so beginnt die vergütungspflichtige Arbeitszeit des Arbeitnehmers um 08:00 Uhr in Berlin und nicht etwa bereits um 06:00 Uhr beim Verlassen seines Wohnorts auf dem Weg zum Flughafen. Anders ist dies nur dann, wenn der Arbeitnehmer verpflichtet ist, sich auf dem Weg auf den Termin vorzubereiten.

785 Dauert die Dienstreise **länger als einen Tag**, so ist – wie auch beim Aufenthalt am üblichen Dienstort – nach vergütungspflichtigen Zeiten und Freizeit zu differenzieren. Zeiten, in denen der Arbeitnehmer an seinem vom üblichen Arbeitsort abweichenden Dienstort keine Arbeitsleistung zu erbringen hat, sondern frei ist zur Erledigung von Tätigkeiten des persönlichen Lebensbereichs (Essen, Einkaufen, Besichtigungen), sind nicht vergütungspflichtig, sondern Freizeit. Hieran ändert auch nichts der Umstand, dass der Arbeitnehmer ohne die entsprechende Weisung des Arbeitgebers seine Freizeit nicht an diesem Ort zu dieser Zeit verbracht hätte.

786 Einen arbeitsrechtlichen Grundsatz dergestalt, dass an einem Tag mindestens diejenige Zeit vergütungspflichtig wäre, die der Arbeitnehmer an seinem üblichen Dienstort mit Arbeiten verbracht hätte, gibt es nicht. Allerdings wird dies im Ergebnis regelmäßig so sein. Denn weist der Arbeitgeber den Arbeitnehmer an, seine Arbeit an einem bestimmten Tag an einem anderen Ort aufzunehmen als üblich und legt die Zeit so fest, dass die Arbeitszeit an dem auswärtigen Dienstort nicht der Dauer der regelmäßigen Arbeitszeit am üblichen Dienstort entspricht, so wird hiermit in der Regel nicht eine „Minuszeit" bzw. eine Gehaltskürzung beabsichtigt sein. Eine solche Anweisung würde die besonderen Interessen des Arbeitnehmers nicht berücksichtigen und das Betriebsrisiko in unbilliger Weise auf den Arbeitnehmer verlagern; sie wäre unwirksam. Tatsächlich wird eine solche Anweisung des Arbeitgebers stets so auszulegen sein, dass jedenfalls der Anteil an der (Rück-)Reisezeit, die der Arbeitnehmer ansonsten auch an seinem üblichen Dienstsitz mit Arbeit verbracht hätte, als Arbeit vergütet wird. Im Einzelfall können damit Teile der reinen Wegezeit durchaus vergütungspflichtig sein, und zwar bis zur Grenze der regelmäßigen täglichen Arbeitszeit.

1648 BAG 11.7.2006, NZA 2007, 155.
1649 So aber: Küttner/*Griese*, Dienstreise Rn 4.
1650 Schaub/*Linck*, ArbR-Hdb., § 45 Rn 61a,
1651 BAG 11.7.2006, NZA 2007, 155; Schaub/*Linck*, ArbR-Hdb., § 45 Rn 61a.

Beispiel: endet der Berliner Termin (Rdn 784) bestimmungsgemäß um 14.00 Uhr und ist anschließend die Rückreise angesetzt, von der der Arbeitnehmer um 18.00 Uhr zu Hause ankommt, dann ist an diesem Tag gleichwohl die Regelarbeitszeit vergütungspflichtig, nicht weniger, aber auch nicht mehr.

Tarifvertragliche Rechtsgrundlagen konkretisieren diese grundsätzlichen arbeitsrechtlichen Erwägungen häufig dergestalt, dass zwar grundsätzlich nur die reine Arbeitszeit vor Ort als vergütungspflichtige Arbeitszeit gewertet wird, mindestens aber die Zeit, die der Arbeitnehmer regelmäßig an seinem üblichen Dienstsitz gearbeitet hätte (vgl. z.B. § 17 Abs. 2 BAT; § 6 Abs. 9.1 TVöD-V, § 44 Abs. 2 TVöD-BT-V). 787

Für die Vertragsgestaltung empfiehlt es sich, schon aus Gründen der Klarstellung die Vergütungspflicht für Dienstreisezeiten ausdrücklich zu regeln, und zwar entsprechend den vorgenannten arbeitsrechtlichen Grundsätzen. 788

cc) Arbeitszeitfragen

Arbeitszeitrechtlich gelten Reisezeiten nicht als Arbeitszeit i.S.v. § 2 Abs. 1 ArbZG, wenn der Arbeitgeber lediglich die Benutzung eines Verkehrsmittels vorgibt, dem Arbeitnehmer aber im Übrigen überlassen bleibt, wie der die Zeit nutzt.[1652] Erst recht gilt dies natürlich, wenn der Arbeitgeber überhaupt keine Vorgaben hinsichtlich der Verkehrsmittel oder der Arbeitspflicht während der Reise macht. Das Arbeitszeitrecht differenziert hinsichtlich der Zeiten nach dem Grad der Beanspruchung des Arbeitnehmers. Hieran gemessen sind die reinen Reisezeiten **Ruhezeit** im Sinne des Arbeitszeitschutzrechts.[1653] Weist der Arbeitgeber hingegen den Arbeitnehmer an, während der Reisezeit bestimmte Tätigkeiten auszuführen, so handelt es sich arbeitszeitrechtlich um **Arbeitszeit.** 789

dd) Kostentragung

Die Kosten einer Dienstreise hat der Arbeitgeber gemäß **§ 670 BGB** zu tragen. Zwar wäre ein Verzicht auf Kostenerstattungsansprüche grundsätzlich zulässig, nicht jedoch pauschaliert im Rahmen eines Arbeitsvertrages, da hierdurch eine unbillige, weil für den Arbeitnehmer nicht konkret berechenbare Abweichung von den gesetzlichen Grundsätzen geschaffen würde, § 307 Abs. 2 BGB. 790

Etwas anderes gilt hinsichtlich der Auslagen, insbesondere der Reisekosten nur dann, wenn es gerade Gegenstand der Arbeitsleistung ist, an mehreren regelmäßigen Arbeitsstätten tätig zu werden. Dies kann entweder ausdrücklich im Arbeitsvertrag so festgelegt sein, sich aus dem Arbeitsvertrag in seinem Zusammenhang ergeben oder aus dem Gepräge des Berufsbildes zu schließen sein. Eine sog. **Einsatzwechseltätigkeit** liegt vor, wenn typischerweise nur an ständig wechselnden Tätigkeitsstellen gearbeitet wird, d.h. wenn das Berufsbild dadurch geprägt ist, dass der jeweilige berufliche Mittelpunkt nicht stationär ist, sondern stetig wechselnd. Schon dann aber, wenn sich aus dem Arbeitsvertrag ergibt, dass der Arbeitnehmer an einer auswärtigen Betriebsstätte eingesetzt ist, jedoch auch Arbeitsaufgaben an einer anderen Betriebsstätte, z.B. dem Hauptsitz zu erbringen hat, liegen zwei Dienstsitze vor. Der Weg von der Heimatstätte zur Aufnahme der Arbeit ist damit nicht auslagenersatzpflichtig, und zwar unabhängig davon, an welchen der beiden Orte der Arbeitnehmer reist. Reist er allerdings morgens an einen Dienstort und wird dann von diesem zu dem anderen Dienstort geschickt, ist der Weg zwischen den Dienstorten auslagenersatzpflichtig. 791

Die **Höhe der Erstattung** richtet sich gemäß § 670 BGB grundsätzlich nach den tatsächlichen Aufwendungen. Es empfiehlt sich, die maximale Erstattungshöhe arbeitsvertraglich zu begrenzen. Existiert keine entsprechende Reisekostenrichtlinie bei dem Arbeitgeber, bietet es sich an, eine Erstattung ausschließlich auf Grundlage der tatsächlich verauslagten Beträge gegen Vorlage der Belege unter Angabe einer Höchstgrenze vorzunehmen. Die Höchstgrenze kann z.B. der steuerfreie Ersatz von Aufwendungen nach den jeweiligen Lohnsteuerrichtlinien sein, je nach Art des Arbeitsverhältnisses aber auch höher liegen. 792

1652 BAG 11.7.2006, NZA 2007, 155.
1653 BAG 11.7.2006, NZA 2007, 155.

ee) Beteiligungsrechte des BR

793   Die Anordnung einer Dienstreise ist nicht mitbestimmungspflichtig. Solange das Reisen nicht zu den vertraglichen Hauptpflichten gehört, erbringt der Arbeitnehmer durch das bloße Reisen keine Arbeitszeit i.S.d. § 87 Abs. 1 Nr. 2 BetrVG. **„Arbeit" in betriebsverfassungsrechtlicher Hinsicht** ist eine Tätigkeit, die als solche der Befriedigung eines fremden Bedürfnisses dient.[1654] Mit dem Reisen als solchem sind keine Tätigkeiten verbunden, die im Interesse des Arbeitgebers ausgeübt werden. Aus diesem Grunde ist solange, wie der Arbeitgeber nicht anweist, die Reisezeit mit anderweitigen Aufgaben zu füllen, die bloße Zeit der Reise keine Arbeitszeit i.S.d. § 87 Abs. 1 Nr. 2 BetrVG. Der Arbeitgeber nimmt dementsprechend auch keine Arbeitsleistung entgegen, wenn er den Antritt der Dienstreise durch den Arbeitnehmer vor Beginn der üblichen regulären Arbeitszeit duldet.[1655] Die Anordnung einer entsprechenden Dienstreise ist daher auch dann nicht als Veränderung der betriebsüblichen Arbeitszeit gesondert mitbestimmungspflichtig, wenn der Arbeitnehmer, um die Arbeit an dem festgelegten Termin am festgelegten Ort aufnehmen zu können, vor Beginn seiner üblichen Arbeitszeit die Reise antritt. Anders ist dies dann, wenn der Arbeitnehmer verpflichtet wird, die Reisezeit mit bestimmten Aufgaben zu füllen, sich also z.B. im Zug vorbereiten muss. In diesem Fall liegt die Anordnung von Arbeit auch während der Reisezeit vor. Die Mitbestimmungspflicht entscheidet sich dann über die Frage des kollektiven Tatbestandes und daraus, ob dies zu Überstunden führt oder nicht.

c)   Muster

794   **Muster 1a.43: Dienstreisen**

(1) Der Arbeitnehmer ist grundsätzlich zur Durchführung von Dienstreisen auf Weisung des Arbeitgebers verpflichtet. Besondere Belange des Arbeitnehmers, die der Durchführung einer solchen Dienstreise entgegenstehen, hat dieser dem Arbeitgeber rechtzeitig mitzuteilen.

(2) Bei Dienstreisen gilt nur die Zeit der dienstlichen Inanspruchnahme am auswärtigen Geschäftsort als vergütungspflichtige Arbeitszeit. Es wird jedoch für jeden Tag, an dem eine Reise und eine tatsächliche Arbeitsleistung am auswärtigen Ort zusammen treffen, mindestens die regelmäßige Arbeitszeit vergütungspflichtig berücksichtigt.

(3) Die Kosten einer Dienstreise werden dem Arbeitnehmer nach den jeweils geltenden Reisekostenrichtlinien erstattet, in Ermangelung solcher Richtlinien auf Grundlage der vorgelegten Belege bis höchstens zur Grenze der steuerlichen Höchstsätze.

42.   Dienstvertrag

795   Zu diesem Stichwort finden sich unten im Kapitel zu den einzelnen Vertragstypen weitere Erläuterungen (siehe § 1b Rdn 765 ff.).

43.   Dienstwagen/Pkw

796   Zu diesem Stichwort finden sich unten im Kapitel zu den einzelnen Vertragstypen ausführliche Erläuterungen, dort Dienstwagenüberlassung (siehe § 1b Rdn 511 ff.).

1654 BAG 11.10.2000, BAGE 96, 45; BAG 14.11.2006, NZA 2007, 458.
1655 BAG 14.11.2006, NZA 2007, 458.

44. Direktionsrecht

Literatur: *Bauer/Opolony*, Arbeitsrechtliche Änderungen in der Gewerbeordnung, BB 2002, 1590; *Boemke*, (Un-) Verbindlichkeit unbilliger Arbeitgeberweisungen, NZA 2013, 6; *Dzida/Schramm*, Versetzungsklauseln: mehr Flexibilität für den Arbeitgeber, mehr Kündigungsschutz für den Arbeitnehmer, BB 2007, 1221; *Fliss*, Die örtliche Versetzung – Neue Regeln seit dem 11.4.2006?, NZA-RR 2008, 225; *Hennige*, Rechtliche Folgewirkungen schlüssigen Verhaltens der Arbeitsvertragsparteien, NZA 1999, 281; *Hromadka/Schmitt-Rolfes*, Die AGB-Rechtsprechung zu Tätigkeit, Entgelt und Arbeitszeit, NJW 2007, 1777; *Hunold*, AGB-Kontrolle einer Versetzungsklausel, NZA 2007, 19; *Kühn*, Rechtsfolgen rechtswidriger Weisungen, NZA 2015, 10; *Lakies*, Das Weisungsrecht des Arbeitgebers (§ 106 GewO) – Inhalt und Grenzen, BB 2003, 364; *Preis/Genenger*, Die unechte Direktionsrechterweiterung, NZA 2008, 969; *Preis/Ulber*, Direktionsrecht und Sonntagsarbeit, NZA 2010, 729; *Preis*, Unbillige Weisungsrechte und überflüssige Änderungskündigungen, NZA 2015, 1; *Reuter*, Das Gewissen des Arbeitnehmers als Grenze des Direktionsrechtes des Arbeitgebers, BB 1986, 385; *Wisskirchen*, Novellierung arbeitsrechtlicher Vorschriften in der Gewerbeordnung, DB 2002, 1886.

a) Einführung

Wesensmerkmal eines jeden Arbeitsverhältnisses ist das Recht des Arbeitgebers, dem Arbeitnehmer arbeitsleistungsbezogene und die Ordnung bzw. das Verhalten des Arbeitnehmers im Betrieb betreffende Weisungen zu erteilen.[1656] Dieses Recht wird als **Direktionsrecht oder Weisungsrecht** des Arbeitgebers bezeichnet und ist in § 106 GewO gesetzlich normiert.   797

Nach dieser Vorschrift kann der Arbeitgeber Inhalt, Ort und Zeit der Arbeitsleistung nach billigem Ermessen näher bestimmen, soweit diese Arbeitsbedingungen nicht durch den Arbeitsvertrag, Bestimmungen einer Betriebsvereinbarung, eines anwendbaren Tarifvertrages oder gesetzliche Vorschriften festgelegt oder begrenzt sind. Im Rahmen der durch Gesetz, Tarifvertrag oder Betriebsvereinbarung sowie durch arbeitsvertragliche Regelung gezogenen Grenzen kann der Arbeitgeber aufgrund seines Direktionsrechtes die arbeitsvertragliche Leistungspflicht des Arbeitnehmers unter Beachtung billigen Ermessens gemäß § 315 Abs. 1 BGB nach Zeit, Ort und Art festlegen. Der Arbeitgeber kann allerdings nicht mittels einseitiger Ausübung des Direktionsrechtes die vereinbarte Arbeitsvergütung ändern, insbesondere herabsetzen.[1657] Er kann den Arbeitnehmer mit diesem Instrument auch nicht zur Teilnahme an Personalgesprächen zwingen, die Themen zum Gegenstand haben, die ihrerseits nicht mittels des Direktionsrechtes umgesetzt werden können,[1658] insbesondere nicht dazu dienen, die arbeitsvertraglichen Leistungs- und Verhaltenspflichten des Arbeitnehmers zu konkretisieren.[1659]

Die **gesetzlichen Grenzen des arbeitgeberseitigen Direktionsrechtes** werden zum einen durch strafrechtliche, ordnungswidrigkeitenrechtliche und öffentlich-rechtliche Vorschriften begründet. Der Arbeitgeber ist aufgrund seines Direktionsrechtes nicht berechtigt, dem Arbeitnehmer Anweisungen zu erteilen, die Straftaten oder Ordnungswidrigkeiten begründen würden. Unzulässig ist es danach z.B., gegenüber einem Berufskraftfahrer Arbeitszeiten anzuordnen, die zu einer Überschreitung der gesetzlichen Lenkzeitobergrenzen führen oder die gegen ein gesetzliches Sonntagsfahrverbot verstoßen. Ebenso unzulässig wäre eine Weisung gegenüber einem Berufsfußballspieler, ein Fußballspiel absichtlich zu verlieren, wenn dies zum Zweck der Wettmanipulation geschieht. Einschränkungen des Direktionsrechtes finden sich auch in arbeitsrechtlichen Schutzgesetzen, z.B. in den Bestimmungen über Arbeitszeitgrenzen im ArbZG, in den Regelungen über Arbeitsverbote bei Schwangerschaft in § 4 MuSchG oder in Regelungen, die dem Schutz jugendlicher Arbeitnehmer dienen (vgl. § 22 JArbSchG). Einer schwangeren Arbeitnehmerin, die einem Beschäftigungsverbot unterliegt, können allerdings zumutbare Ersatztätigkeiten, die von dem Beschäftigungsverbot nicht berührt sind, zugewiesen werden. Zu berücksichtigen   798

1656 Dazu allgemein Schaub/*Linck*, ArbR-Hdb., § 45 Rn 14; ErfK/*Preis*, § 106 GewO Rn 2.

1657 Schaub/*Linck*, ArbR-HdB., § 45 Rn 14.

1658 BAG 23.6.2009, NZA 2009, 1011, zu einem Personalgespräch über eine Vertragsänderung.

1659 BAG 23.8.2012, NZA 2013, 268, zu einer arbeitgeberseitigen Anordnung, die persönliche Steuererklärung durch einen von dem Arbeitgeber vorgegebenen Steuerberater erstellen zu lassen.

sind in diesem Zusammenhang auch berufsgenossenschaftliche Unfallverhütungsvorschriften, technische Arbeitssicherheitsvorschriften etc.

799   Die Einschränkung des Direktionsrechtes des Arbeitgebers kann sich auch daraus ergeben, dass der Arbeitgeber den Arbeitnehmer nicht durch die Arbeitgeberweisung in einen vom Arbeitnehmer nachvollziehbar dargelegten, ernsthaften und für den Arbeitnehmer unvermeidbaren **Gewissenskonflikt** bringen darf, weil der Arbeitgeber dadurch grundrechtlich gewährleistete Schutzpositionen des Arbeitnehmers beeinträchtigt.[1660] In diesen Fällen ist eine trotzdem erteilte Weisung wegen Überschreitung des Direktionsrechtes für den Arbeitnehmer nicht bindend. Es kann sich ein Leistungsverweigerungsrecht des Arbeitnehmers aus § 275 Abs. 3 BGB ergeben,[1661] wenn der Arbeitnehmer nachvollziehbar darlegt, dass ihm die zugewiesene Tätigkeit aufgrund einer in seiner Person liegenden, subjektiven Gewissensnot nicht zuzumuten ist, sofern der Gewissenskonflikt des Arbeitnehmers unter Berücksichtigung aller Umstände des Einzelfalles, insbesondere der Voraussehbarkeit des Konfliktes für den Arbeitnehmer, der Auswirkungen auf die betriebliche Organisation des Arbeitgebers und der Häufigkeit der auftretenden Kollisionsfälle das Interesse des Arbeitgebers an dem vorgesehenen Einsatz überwiegt. In aller Regel entfällt in derartigen Konstellationen allerdings auch der Vergütungsanspruch des Arbeitnehmers, sofern es dem Arbeitgeber nicht möglich ist, dem Arbeitnehmer eine anderweitige Tätigkeit zuzuweisen (vgl. § 326 Abs. 1 BGB). Probleme treten auf, wenn von dem Arbeitgeber der durch seine Weisung entstehende Gewissenskonflikt nicht erkannt wird. In diesem Fall darf der Arbeitnehmer nicht einfach die Arbeitsleistung verweigern. Er hat vielmehr auf den Gewissenskonflikt hinzuweisen. Der Arbeitgeber kann sodann sein Ermessen unter Berücksichtigung der neuen Erkenntnisse noch einmal ausüben.[1662] Tritt der Gewissenskonflikt überhaupt erst nach Erteilung der Arbeitgeberweisung auf, ist diese wirksam, weil es auf die Rechtslage bei Erteilung der Weisung ankommt. Ggf. kann in derartigen Fällen ein Leistungsverweigerungsrecht nach § 275 Abs. 3 BGB bestehen.

800   In **Tarifverträgen** finden sich häufig Bestimmungen, die den Arbeitgeber hinsichtlich des konkreten Einsatzes eines Arbeitnehmers einschränken, so z.B. bei Versetzungen oder im Hinblick auf die Art der übertragenen Arbeit. Das Direktionsrecht erweiternde tarifvertragliche Klauseln sind demgegenüber nur in engen Grenzen zulässig.[1663] Häufig anzutreffen sind tarifliche Regelungen, die die Anordnung von Überstunden oder Mehrarbeit sowie von Bereitschaftsdienst oder Rufbereitschaft ermöglichen. Eine die Einführung von Kurzarbeit gestattende Tarifregelung muss die Voraussetzung, den Umfang und die Höchstdauer der Kurzarbeit benennen.[1664] Die tarifvertragliche Gestattung der vorübergehenden Zuweisung einer unterwertigen Beschäftigung durch den Arbeitgeber muss nach Grund und Umfang an konkrete Voraussetzungen geknüpft werden.[1665] In Tarifverträgen des öffentlichen Dienstes üblich und zulässig sind demgegenüber das Direktionsrecht erweiternde Tarifregelungen, die es dem (öffentlichen) Arbeitgeber gestatten, nach Übertragung eines bisher im Rahmen der öffentlichen Verwaltung durchgeführten Aufgabenbereiches auf einen Privaten (sog. Outsourcing) den Arbeitnehmer unter Aufrechterhaltung des Arbeitsverhältnisses dem nunmehr die Aufgabe durchführenden privaten Arbeitgeber zu gestellen, also dem Arbeitnehmer Tätigkeiten bei einem Dritten zuzuweisen, der nicht Arbeitgeber ist. Ob eine solche – dauerhaft angelegte – Gestellung arbeitnehmerüberlassungsrechtlich zulässig ist, ist umstritten, soll aber in der

---

1660 BAG 20.12.1984, NZA 1986, 21; BAG 24.5.1989, NZA 1990, 144; BAG 22.5.2003, AP Nr. 18 zu § 1 KSchG 1969 – Wartezeit; Schaub/*Linck*, ArbR-Hdb., § 45 Rn 30; *Reuter*, BB 1986, 385.
1661 Zum Verhältnis einer unzulässigen Ausübung des Direktionsrechtes zu dem Leistungsverweigerungsrecht aus § 275 Abs. 3 BGB, vgl. BAG 24.2.2011,1087.
1662 Zu der Problematik, Schaub/*Linck*, ArbR-HdB., § 45 Rn 41.
1663 Schaub/*Linck*, ArbR-Hdb., § 45 Rn 27 f.
1664 BAG 18.10.1994, NZA 1995, 1064.
1665 BAG 23.9.2004, NZA 2005, 475.

bevorstehenden Novelle des AÜG ausdrücklich im Sinne der Zulässigkeit einer dauerhaften Gestellung klargestellt werden.[1666]

Betriebsverfassungsrechtliche Regelungen können ebenfalls zu einer Einschränkung des Direktionsrechtes führen. Zu verweisen ist z.B. auf die Bestimmung in § 81 BetrVG, die dem Arbeitgeber eine Unterrichtungs- und Erörterungspflicht auferlegt, vor deren Erfüllung auf das Direktionsrecht gestützte Einzelmaßnahmen ggf. unzulässig sein können. Darüber hinaus wird das arbeitgeberseitige Direktionsrecht in sozialen Angelegenheiten durch das Mitbestimmungsrecht des Betriebsrates nach § 87 Abs. 1 BetrVG sowie in personellen Angelegenheiten durch die Beteiligung des Betriebsrates nach § 99 BetrVG „abgeschwächt". **801**

Von besonderer Bedeutung ist die **arbeitsvertragliche Regelung des Direktionsrechtes**. Zu denken ist einerseits an stillschweigende oder konkludente Beschränkungen des Direktionsrechtes.[1667] Die Beschränkung kann stillschweigend im Zusammenhang mit dem Abschluss des Arbeitsvertrages erfolgen. Dies ist im Wege der Vertragsauslegung zu ermitteln. In Betracht kommt darüber hinaus, dass es im Laufe eines Arbeitsverhältnisses, also zeitlich nach dem Vertragsschluss zu einer nachträglichen Beschränkung des Direktionsrechtes kommt. Allerdings ergibt sich allein aus dem Umstand, dass ein Arbeitnehmer für eine längere, ggf. auch sehr lange Zeit mit einer bestimmten Tätigkeit[1668] betraut war, an einem bestimmten Ort[1669] eingesetzt war oder zu bestimmten täglichen Arbeitszeiten[1670] gearbeitet hat, noch nicht eine entsprechende konkludente vertragliche Konkretisierung auf diese Arbeitsbedingungen. Um eine Konkretisierung annehmen zu können, müssen vielmehr Umstände hinzukommen, die nach Vertragsschluss eingetreten sein müssen und aus denen der Arbeitnehmer berechtigterweise und unter Berücksichtigung von Treu und Glauben schließen kann, dass es dem Willen des Arbeitgebers entspricht, diese Regelung auch künftig unverändert beizubehalten.[1671] Für den Bereich des öffentlichen Dienstes entspricht es ständiger Rechtsprechung,[1672] dass eine solche Konkretisierung nur ausnahmsweise in Betracht kommt, weil der öffentliche Arbeitgeber regelmäßig nur den Willen hat, sich entsprechend den gesetzlichen und kollektiv-rechtlichen Vorgaben zu verhalten. **802**

Von besonderem Interesse sind im vorliegenden Zusammenhang **ausdrückliche vertragliche Regelungen,**[1673] die das Direktionsrecht des Arbeitgebers betreffen. Derartige Klauseln entfalten eine für Arbeitgeber und Arbeitnehmer jeweils zwiespältige Wirkung.[1674] Die Reichweite des arbeitgeberseitigen Direktionsrechtes wirkt sich im Falle einer betriebsbedingten Kündigung nämlich unmittelbar auf die Abgrenzung des Kreises der in die Sozialauswahl einzubeziehenden Arbeitnehmer aus. Je weiter das arbeitgeberseitige Direktionsrecht ist, desto breiter ist der Kreis der Arbeitsplätze, die dem Arbeitnehmer nach Wegfall seines konkreten Arbeitsplatzes übertragen werden können. Dies wiederum führt dazu, dass der Kreis der in die Sozialauswahl einzubeziehenden Arbeitnehmer entsprechend weit zu fassen ist. Umgekehrt führt ein stark beschränktes arbeitgeberseitiges Direktionsrecht hinsichtlich des Ortes, der Zeit oder des Inhaltes des Arbeitsverhältnisses zu einer entsprechend engen Umschreibung des Kreises der vergleichbaren und daher in die Sozialauswahl bei einer betriebsbedingten Kündigung einzubeziehenden Arbeitnehmer. **803**

1666 Vgl. den Regelungsvorschlag in Art. 1, Nr. 1, d), cc) zu § 1 Abs. 3 Nrn. 2b und 2c des Regierungsentwurfes zum AÜG vom 17.2.2016.

1667 Dazu Schaub/*Linck*, ArbR-Hdb., § 45 Rn 15; ErfK/*Preis*, § 106 GewO Rn 4a ff.

1668 BAG 19.7.2012, NZA 2012, 1038; BAG 13.3.2007, AP Nr. 26 zu § 307 BGB

1669 BAG 28.8.2013, NZA-RR 2014, 181; BAG 7.12.2000, NZA 2001, 780; BAG 29.10.1997, NZA 1998, 329.

1670 BAG 19.7.2012, NZA 2012, 1038; LAG Köln 26.7.2002, LAGE Nr. 1 zu § 611 BGB 2002 – Direktionsrecht; LAG Hamm 30.6.1994, LAGE Nr. 17 zu § 611 BGB – Direktionsrecht.

1671 Dazu BAG 17.8.2011, NZA 2012, 265 und allgemein Schaub/*Linck*, ArbR-Hdb., § 45 Rn 4, 11 f.

1672 BAG 21.1.2004, NZA 2005, 61; dazu *Hennige*, NZA 1999, 281.

1673 Aus der jüngeren Rechtsprechung vgl. BAG 11.4.2006, NZA 2006, 1149; BAG 9.5.2006, NZA 2007, 145; BAG 13.6.2007, NZA 2007, 974.

1674 Vgl. bspw. BAG 11.4.2006, NZA 2006, 1149; *Dzida/Schramm*, BB 2007, 1221.

Zu unterscheiden sind im Rahmen der vertraglichen Bestimmungen über das Direktionsrecht Klauseln, die eine Einschränkung des in § 106 GewO normierten Direktionsrechtes des Arbeitgebers enthalten, Regelungen, die das gesetzlich vorgegebene Direktionsrecht lediglich klarstellend beschreiben und Klauseln, durch die die durch § 106 GewO gezogenen Grenzen des arbeitgeberseitigen Direktionsrechtes erweitert werden sollen.[1675] Für diese unterschiedlichen Fallkonstellationen werden die nachfolgenden Klauseln vorgeschlagen.

804   Selbstverständlich unterliegen die Klauseln als allgemeine Geschäftsbedingungen – allerdings in unterschiedlicher Weise – der **AGB-rechtlichen Überprüfung**. Wegen der Einzelheiten ist auf die nachfolgenden Anmerkungen und Hinweise zu verweisen. Ist eine Vertragsklausel AGB-rechtlich zu beanstanden, so führt dies zur Unwirksamkeit der Klausel. Eine geltungserhaltende Reduktion der Klausel kommt nicht in Betracht.[1676] Bei einer das Direktionsrecht einschränkenden Klausel führt dies im Ergebnis zu einer Erweiterung des Direktionsrechtes auf das in § 106 GewO geregelte Maß. Eine lediglich klarstellende, auf § 106 GewO verweisende Klausel, die wegen Verstoßes gegen das Transparenzgebot nach § 307 Abs. 1 S. 2 BGB oder die Unklarheitenregelung in § 305c Abs. 1 BGB unwirksam sein kann, ist ebenfalls unanwendbar. Dies führt im Ergebnis ebenfalls zur Anwendbarkeit des § 106 GewO. Erweist sich eine das Direktionsrecht erweiternde Klausel als unwirksam, ist diese nicht anwendbar. Der Verwender fällt auf die gesetzliche Regelung des § 106 GewO zurück.

805   Erweist sich die Klausel AGB-rechtlich als wirksam, muss der Arbeitgeber bei der konkreten Anwendung im Einzelfall sein Direktionsrecht nach § 315 Abs. 1 BGB unter **Berücksichtigung billigen Ermessens** ausüben.[1677] Der Arbeitgeber muss dabei nicht nur die wesentlichen Umstände des Einzelfalles erfassen und miteinander abwägen, sondern auch die berechtigten Interessen des Arbeitnehmers sowie verfassungsmäßige Wertentscheidungen in die Entscheidung einbeziehen.[1678] Zu berücksichtigen sind daher neben den betrieblichen Interessen insbesondere durch Art. 6 GG grundrechtlich geschützte aus der familiären Situation des Arbeitnehmers herrührende Belange oder dessen durch Art. 9 Abs. 3 GG abgesicherte, aus der gewerkschaftlichen Betätigung des Arbeitnehmers folgenden Interessen. Ebenfalls zwingend zu berücksichtigen sind die Diskriminierungsverbote des AGG.[1679] Nicht durch grundrechtliche Gewährleistungen gesicherte außervertragliche Belange der Vertragsparteien sind demgegenüber in aller Regel unberücksichtigt zu lassen.[1680] Erfordert die Ausübung des Direktionsrechtes eine Auswahl zwischen mehreren Arbeitnehmern, ist der Arbeitgeber nicht verpflichtet, die Grundsätze für die Sozialauswahl bei betriebsbedingten Kündigungen zugrunde zu legen.[1681] Die Ausübung billigen Ermessens unterliegt der gerichtlichen Kontrolle nach § 315 Abs. 3 S. 2 BGB insoweit, als das Gericht prüft, ob der Arbeitgeber die wesentlichen Umstände des Sachverhalts vollständig erfasst und abgewogen hat und dabei keine unter Berücksichtigung der wechselseitigen Interessen unbillige Entscheidung getroffen hat.[1682]

Erweist sich eine auf das Direktionsrecht gestützte Weisung als unbillig, hat der Arbeitnehmer nach der Rechtsprechung des BAG trotzdem die Weisung zu befolgen, bis die Unbilligkeit rechtskräftig festgestellt ist.[1683] Diese Rechtsprechung wird weitgehend für bedenklich gehalten, weil der Arbeitnehmer hierdurch

---

1675 Zu dieser grundlegenden Differenzierung *Preis/Genenger*, NZA 2008, 969.
1676 *Preis/Genenger*, NZA 2008, 969.
1677 BAG 11.4.2006, NZA 2006, 1149; *Preis/Genenger*, NZA 2008, 969; *Dzida/Schramm*, BB 2007, 1221.
1678 BAG 11.4.2006, NZA 2006, 1149.
1679 Dazu Schaub/*Linck*, ArbR-HdB. § 45 Rn 17.
1680 So ausdrücklich Schaub/*Linck*, Arb-Hdb. § 45 Rn 6; anders aber BAG 17.8.2011, NZA 2012, 265 „Abwägung aller Umstände des Einzelfalls".
1681 BAG 23.9.2004, NZA 2005, 359.
1682 BAG 11.4.2006, NZA 2006, 1149; BAG NZA 2001, 780.
1683 BAG 22.2.2012, NZA 2012, 858.

bei unbilligen Weisungen weitestgehend rechtlos gestellt wird.[1684] Richtigerweise wird man eine unbillige Weisung als für den Arbeitnehmer unverbindlich bewerten müssen. Die Nichteinhaltung einer solchen Weisung berechtigt den Arbeitgeber dementsprechend nicht zu einer verhaltensbedingten Kündigung.[1685]

b) Klauselvarianten

Klauseln zur Einschränkung des Direktionsrechtes **806**

(1) Arbeitsort

Der Arbeitnehmer wird als (…) (*Aufgabenbereich*) eingestellt und zunächst mit den Tätigkeiten eines (…) (*konkrete Angabe der Tätigkeit*) beschäftigt. Er wird ausschließlich in (…) (*Arbeitsort*) tätig.

(2) Inhalt der Tätigkeit

Der Arbeitnehmer wird ausschließlich mit Tätigkeiten eines (…) (*konkrete Angabe der Tätigkeit*) beschäftigt.

(3) Zeit der Tätigkeit

Der Arbeitnehmer erbringt seine Arbeitsleistung montags bis donnerstags von (…) Uhr bis (…) Uhr.

Das gesetzliche Direktionsrecht bestätigende Klauseln **807**

(1) Arbeitsort

Der Arbeitnehmer wird in dem Betrieb (…) eingestellt. Der Arbeitgeber ist berechtigt, den Arbeitnehmer auch in anderen Betrieben seines Unternehmens zu beschäftigen.

(2) Inhalt der Tätigkeit

Der Arbeitnehmer wird als (…) (*Bezeichnung des Aufgabenbereiches*) eingestellt und zunächst mit den Tätigkeiten eines (…) (*konkrete Angabe der Tätigkeit*) beschäftigt. Der Arbeitgeber ist berechtigt, dem Arbeitnehmer eine gleichwertige und gleich bezahlte Tätigkeit zuzuweisen.

(3) Umfassende Verweisung auf § 106 GewO

Der Arbeitnehmer wird als (…) (*Aufgabenbereich*) eingestellt. Das Weisungsrecht des Arbeitgebers in Bezug auf den Ort der Arbeitsleistung, den Inhalt der Arbeitspflicht und die Lage der Arbeitszeit richtet sich nach § 106 GewO.

Echte Erweiterung des Direktionsrechtes **808**

Der Arbeitgeber wird als (…) (*Aufgabenbereich*) eingestellt und in die Vergütungsgruppe (…) eingruppiert. Der Arbeitgeber ist berechtigt, dem Arbeitnehmer aus betrieblichen, wirtschaftlichen oder in der Person des Arbeitnehmers liegenden Gründen Tätigkeiten bis zur Vergütungsgruppe (…) (*höchstens zwei Vergütungsgruppen niedriger*) bei gleichbleibender Vergütungshöhe zuzuweisen. Die Zuweisung muss mit einer Ankündigungsfrist erfolgen, die der Kündigungsfrist einer im Zeitpunkt der Ankündigung ausgesprochenen ordentlichen Kündigung entspricht.

1684 Schaub/*Linck*, ArbR-HdB., § 45 Rn 19; ErfK/*Preis,* § 106 GewO Rn 7a; *Kühn*, NZA 2015, 10; *Preis*, NZA 2015, 1; *Boemke*, NZA 2013, 6.
1685 Zum Ganzen Schaub/*Linck*, ArbR-HdB., § 45 Rn 19–20a.

c) Hinweise und Anmerkungen:
aa) Einschränkung des Direktionsrechts

809 Die Klauselvarianten (siehe oben Rdn 806) dienen zur **Einschränkung des** dem Arbeitgeber nach § 106 GewO zukommenden **Direktionsrechtes** hinsichtlich Arbeitsort, Inhalt der Tätigkeit oder zeitlicher Lage der Tätigkeit. Selbstverständlich können die Klauseln auch kombiniert werden.

Die vorgeschlagene Klausel (1) führt insbesondere durch das Wort „ausschließlich" dazu, dass der angegebene Ort als vertraglicher Arbeitsort vereinbart wird. Demgegenüber kann eine bloße Ortsangabe im Arbeitsvertrag ohne weitere Hinweise einerseits als konkrete Festlegung des Arbeitsortes, andererseits aber auch als bloße Beschreibung des ersten Tätigkeitsortes verstanden werden.[1686] In einem solchen Fall ist der vertragliche Regelungswille der Parteien durch Auslegung zu ermitteln. Zur Vermeidung von Auslegungsschwierigkeiten ist deshalb eine Klarstellung des Gewollten auf jeden Fall zu empfehlen. Ohne eine vertragliche Einschränkung hinsichtlich des Arbeitsortes wäre der Arbeitgeber berechtigt, den Arbeitnehmer in jedem seiner Betriebe in Deutschland einzusetzen.[1687] Demgegenüber ist eine Versetzung in das Ausland in aller Regel nur auf der Grundlage einer (ausdrücklichen oder stillschweigenden) vertraglichen Vereinbarung einer entsprechenden Versetzbarkeit auf der Basis des arbeitgeberseitigen Direktionsrechtes möglich. Eine diesbezügliche stillschweigende Versetzungsregelung kann sich z.B. der Art der geschuldeten Tätigkeit entnehmen lassen, wenn diese bereits bei Vertragsschluss auch eine Auslandstätigkeit erwarten lässt (z.B. Montagetätigkeiten, Vertretertätigkeiten).

Die Klausel führt dazu, dass der Einsatz ausschließlich an dem vereinbarten Arbeitsort erfolgen darf. Will der Arbeitgeber den Arbeitnehmer an einen anderen Ort versetzen, muss er dies durch Änderungsvereinbarung oder Änderungskündigung umsetzen. Gleiches gilt auch für den Inhalt der Tätigkeit gemäß Klausel (2). Nach dieser Klausel ist der Arbeitnehmer ausschließlich zu den in der Klausel vereinbarten Tätigkeiten verpflichtet. Änderungen können nur mittels Änderungsvereinbarung oder Änderungskündigung durchgesetzt werden. Allerdings beschränkt sich bei betriebsbedingten Kündigungen die Vergleichbarkeit des Arbeitnehmers ausschließlich auf Arbeitnehmer, die genau die vertraglich vereinbarte Tätigkeit ausüben.

Die Klausel (3) ist eine Klausel, die im Interesse eines teilzeitbeschäftigten Arbeitnehmers liegen kann, der aus in seiner Person liegenden Gründen an einer konkreten Lage der Arbeitszeit interessiert ist. Denkbar ist dies z.B. in Fällen eines „Zweitarbeitsverhältnisses" oder in Fällen, in denen der Arbeitnehmer z.B. wegen Kindererziehung oder der Betreuung pflegebedürftiger Verwandter auf die vertragliche Fixierung der Lage der Arbeitszeit angewiesen ist.

In der Regel sind derartige, das Direktionsrecht einschränkende Klauseln nicht zu empfehlen. Für den Arbeitgeber gilt dies schon deshalb, weil derartige Einschränkungen ihm die für eine wirtschaftliche Betriebsführung notwendige Flexibilität bei zukünftig notwendig werdenden organisatorischen Veränderungen nehmen. Für Arbeitnehmer kommen die Klauseln ausnahmsweise dann in Betracht, wenn persönliche Umstände eine vergleichbare Fixierung notwendig machen.

bb) Bestätigung des gesetzlichen Direktionsrechts

810 Das gesetzlich normierte Direktionsrecht lediglich **bestätigende Klauseln** (siehe oben Rdn 807) sind genau genommen überflüssig. Dasjenige, was sich bereits aus dem Gesetz ergibt, muss nämlich im Arbeitsvertrag nicht vertraglich vereinbart werden.[1688] Es reicht daher durchaus aus, im Arbeitsvertrag lediglich eine weite Tätigkeitsbeschreibung aufzunehmen und keinerlei Aussagen zur Reichweite des Direktionsrechtes zu treffen. In diesem Fall ergibt sich das Direktionsrecht unmittelbar aus § 106 GewO. Eine derartige Regelung

1686 Schaub/*Linck*, ArR-HdB., § 45 Rn 22, will in diesem Fall i.d.R. von einer vertraglich bindenden Festlegung des Arbeitsortes ausgehen.

1687 So BAG 13.4.2010, DB 2010, 2805; BAG 11.4.2006, NZA 2006, 1149; *Fliss*, NZA-RR 2008, 225; *Preis/Genenger*, NZA 2008, 969; ErfK/*Preis*, § 106 GewO Rn 16; Schaub/*Linck*, ArbR-Hdb., § 45 Rn 25.

1688 So ausdrücklich *Preis/Genenger*, NZA 2008, 969 zur sog. „unechten Direktionsrechtserweiterung".

eines weiten Einsatzbereiches unterfällt auch nicht der AGB-Kontrolle auf Angemessenheit nach § 307 Abs. 3 S. 1 BGB. Die Regelung kann AGB-rechtlich nur nach Maßgabe der Unklarheitenregelung in § 305c Abs. 2 BGB und der Transparenzkontrolle in § 307 Abs. 1 S. 2 BGB kontrolliert werden.[1689] Gleiches gilt auch für die unter (3) vorgeschlagene Klausel, in der lediglich – deklaratorisch – auf die gesetzlichen Grenzen des Direktionsrechtes des Arbeitgebers in § 106 GewO verwiesen wird.

In gleicher Weise sind auch vertragliche Regelungen zu behandeln, die die zunächst vertraglich geschuldete Arbeitsverpflichtung hinsichtlich Arbeitsort oder Inhalt der Tätigkeit einschränken, anschließend aber durch einen **Versetzungsvorbehalt** wieder auf den durch § 106 GewO gezogenen Rahmen erweitern. Diesen Weg gehen die unter Ziffer (1) und (2) vorgeschlagenen Klauseln. Auch diese Klauseln schreiben lediglich das arbeitgeberseitige Direktionsrecht in den durch § 106 GewO gezogenen Grenzen fest. Dies wiederum führt dazu, dass auch diese Klauseln nicht einer Billigkeitskontrolle nach § 307 Abs. 1 S. 1 BGB zu unterziehen sind, sondern nach § 307 Abs. 3 S. 1 BGB der Inhaltskontrolle entzogen sind. Die Klauseln sind lediglich AGB-rechtlich im Hinblick auf eine ausreichende Transparenz nach § 307 Abs. 1 S. 2 BGB und unter Berücksichtigung der Unklarheitenregelung in § 305c Abs. 2 BGB zu untersuchen.

Bei derartigen das Direktionsrecht lediglich bestätigenden Klauseln ist es auch AGB-rechtlich nicht erforderlich, Ankündigungsfristen für die Ausübung des Direktionsrechtes oder – hinsichtlich des Ortes der Tätigkeit – Vorgaben zu der höchst zulässigen Entfernung zwischen bisherigem und zukünftigen Arbeitsort vertraglich zu regeln.

cc) Erweiterung des Direktionsrechts

Problematisch sind die Klauseln, mit denen das **Direktionsrecht** des Arbeitgebers über den gesetzlich durch § 106 GewO gezogenen Rahmen hinaus **erweitert** werden sollen. Derartige Klauseln (siehe oben Rdn 808) unterliegen im vollen Umfang der AGB-rechtlichen Billigkeitskontrolle nach § 307 Abs. 1 S. 1 BGB sowie der Unklarheitenregelung in § 305c Abs. 2 BGB und dem Transparenzerfordernis nach § 307 Abs. 1 S. 2 BGB.

811

Von besonderer Bedeutung ist dies im Zusammenhang mit Klauseln, nach denen der Arbeitgeber berechtigt sein soll, dem Arbeitnehmer eine **geringwertigere als die vertraglich vereinbarte Tätigkeit** zuzuweisen. Ob eine konkrete Arbeitszuweisung eine geringwertigere Tätigkeit enthält, ist durch einen wertenden Vergleich mit der vertraglich vereinbarten Tätigkeit zu ermitteln, wobei einerseits die betrieblichen Hierarchiestrukturen und andererseits die gesellschaftliche Bewertung der Art der Tätigkeit zu berücksichtigen sind. Eine Zuweisung geringwertiger Tätigkeiten ist auf der Grundlage des arbeitgeberseitigen Direktionsrechtes aus § 106 GewO ohne eine vertragliche Erweiterung selbst dann nicht möglich, wenn die bisherige Vergütungshöhe dauerhaft garantiert wird.[1690] Ohne eine entsprechende Vertragsklausel muss ein Arbeitnehmer geringwertigere Tätigkeiten nur ausnahmsweise in sog. Not- oder Katastrophenfällen wahrnehmen. Es spricht einiges dafür, dass eine Klausel, die den Arbeitgeber nicht nur berechtigt, eine geringwertigere Tätigkeit zuzuweisen, sondern darüber hinaus auch noch die Vergütung abzusenken, unbillig ist,[1691] weil sie auf eine Umgehung der Voraussetzungen für eine Änderungskündigung hinausläuft. Grundsätzlich zulässig dürfte demgegenüber eine Klausel sein, die dem Arbeitgeber die Berechtigung verschafft, dem Arbeitnehmer eine geringwertigere Tätigkeit zuzuweisen, wenn gleichzeitig die Vergütungshöhe garantiert wird.[1692]

1689 BAG 25.8.2010, NZA 2012, 1355; BAG 13.4.2010, DB 2010, 2805; BAG 13.6.2007, NZA 2007, 974; *Preis/Genenger*, NZA 2008, 969.

1690 BAG 30.8.1995, NZA 1996, 440; BAG 29.10.1997, ZTR 1998, 187; Schaub/*Linck*, ArbR-Hdb., § 45 Rn 32; ErfK/*Preis*, § 106 GewO Rn 13; *Preis/Genenger*, NZA 2008, 969; *Dzida/Schramm*, BB 2007, 1221;. *Hromadka/Schmitt-Rolfes*, NJW 2007, 1777.

1691 So *Dzida/Schramm*, BB 2007, 1221; ErfK/*Preis*, §§ 305–310 BGB Rn 55a; offen gelassen bei *Preis/Genenger*, NZA 2008, 969; vgl. auch BAG 25.8.2010, NZA 2010, 1355.

1692 *Preis/Genenger*, NZA 2008, 969; *Dzida/Schramm*, BB 2007, 1221; wohl auch *Hromadka/Schmitt-Rolfes*, NJW 2007, 1777; undeutlich insoweit BAG 9.5.2006, NZA 2007, 145; a.A. *Lakies*, BB 2003, 366.

Zudem muss zur Vermeidung der Unbilligkeit, aber auch der Intransparenz der Klausel eine Grenze fest-gelegt werden, die bei der Zuweisung einer geringwertigeren Tätigkeit nicht unterschritten werden darf. Es bietet sich an, dies – wie in der entsprechenden Klausel (siehe Rdn 808) vorgeschlagen – durch Benen-nung entsprechender tariflicher Vergütungsgruppen vorzusehen. Die Grenze muss so gewählt werden, dass die dem Arbeitnehmer übertragene Tätigkeit ihrem Vergütungsniveau nach um höchstens 20 % des bishe-rigen Vergütungsniveaus[1693] niedriger bewertet sein darf (wobei allerdings die alte Vergütung der Höhe nach fortzuzahlen ist).

Umstritten ist, ob in der Vertragsklausel der **Grund für die Übertragung geringwertiger Tätigkeiten** an-gegeben sein muss.[1694] Der Hinweis auf wirtschaftliche bzw. betriebliche Gründe dürfte insoweit insbeson-dere auch deshalb ausreichen,[1695] weil das BAG[1696] – allerdings in anderem Zusammenhang – zutreffend darauf hingewiesen hat, dass eine Aufzählung aller in möglicherweise ferner Zukunft einmal in Betracht kommenden Gründe auf Schwierigkeiten tatsächlicher Art stößt und die Angabe detaillierter Gründe für den Arbeitnehmer auch keinen größeren Informationsgehalt hat, als das die Versetzungsgründe aus der Sphäre des Arbeitgebers (wirtschaftliche oder betriebliche Gründe) oder seiner eigenen Sphäre (persönliche Gründe) stammen können.

dd) Entscheidung nach billigem Ermessen

812 Bei der Anwendung jeder der vereinbarten Klausel im Einzelfall ist natürlich zu berücksichtigen, dass die Ausübung des Direktionsrechtes nach § 315 Abs. 1 BGB unter Beachtung billigen Ermessens zu erfolgen hat. Selbst dann, wenn die vereinbarte Vertragsklausel nach Durchführung der AGB-Kontrolle rechtswirk-sam ist, muss auch die **Entscheidung im Einzelfall billigem Ermessen** entsprechen. Hierzu muss der Ar-beitgeber die wesentlichen Umstände des Einzelfalles zur Kenntnis nehmen, miteinander abwägen und da-bei auch die berechtigten Interessen des Arbeitnehmers angemessen berücksichtigen. Die angemessene Berücksichtigung der beiderseitigen Interessen ist wiederum nach § 315 Abs. 3 S. 2 BGB gerichtlich über-prüfbar.

45. Direktversicherung

813 Zu dieser Klausel erfolgen die Erläuterungen unter dem Stichwort Betriebliche Altersversorgung (siehe Rdn 634 ff.).

46. Direktzusage

814 Zu dieser Klausel erfolgen die Erläuterungen unter dem Stichwort Betriebliche Altersversorgung (siehe Rdn 634 ff.).

47. E-Mail-/Internet-Nutzung

Literatur: *Barton*, Betriebliche Übung und private Nutzung des Internetarbeitsplatzes, NZA 2006, 460; *Beckschulze*, Internet-, Intranet- und E-Mail-Einsatz am Arbeitsplatz, DB 2003, 2777; *Brink/Wirtz*, Kontrolle des Arbeitgebers bei (unerlaubter) Internetnutzung der Be-schäftigten, ArbRAktuell 2016, 255; *Däubler*, Nutzung des Internet durch Arbeitnehmer, K&R 2000, 323; *Ernst*, Der Arbeitgeber, die

---

1693 ErfK/*Preis*, §§ 305–310 BGB Rn 55a.
1694 Dazu *Preis/Genenger*, NZA 2008, 969; *Dzida/Schramm*, BB 2007, 1221; *Hromadka/Schmitt-Rolfes*, NJW 2007, 1777; ErfK/*Preis*, §§ 305–310 BGB Rn 55a.
1695 So auch *Dzida/Schramm*, BB 2007, 1221, vgl. auch BAG 12.1.2005, NZA 2005, 465.
1696 BAG 11.4.2006, NZA 2006, 1149.

E-Mail und das Internet, NZA 2002, 585; *Fülbier/Splittgerber*, Keine (Fernmelde-)Geheimnisse vor dem Arbeitgeber?, NJW 2012, 1995; *Hanau/Hoeren/Andres*, Private Internetnutzung durch Arbeitnehmer, 2003; *Heilmann/Tege*, Informationstechnologie im Unternehmen, AuA 2001, 52; *Kaya*, Nutzung betrieblicher E-Mail- und Intranet-Systeme für gewerkschaftliche Zwecke, 2007; *Kramer*, Internetnutzung als Kündigungsgrund, NZA 2004, 457; *ders.*, Kündigung wegen privater Internetnutzung, NZA 2006, 194; *Kratz/Gubbels*, Beweisverwertungsverbote bei privater Internetnutzung am Arbeitsplatz, NZA 2009, 652; *Kronisch*, Privates Internet-Surfen am Arbeitsplatz, AuA 1999, 550; *Lindemann/Simon*, Betriebsvereinbarungen zur E-Mail-, Internet- und Intranet-Nutzung, BB 2001, 1950; *Mengel*, Kontrolle der E-Mail- und Internetkommunikation am Arbeitsplatz, BB 2004, 2014; *Schmidl*, E-Mail-Filterung am Arbeitsplatz, MMR 2005, 343; *Seel*, Aktuelles zum Umgang mit Emails und Internet im Arbeitsverhältnis – Was sind die Folgen privater Nutzungsmöglichkeit?, öAT 2013, 4; *Waltermann*, Anspruch auf private Internetnutzung durch betriebliche Übung?, NZA 2007, 529; *Weißnicht*, Die Nutzung des Internet am Arbeitsplatz, MMR 2003, 448.

a) E-Mail-/Internet-Nutzung durch Arbeitnehmer

Die Nutzung von Internet und E-Mail durch Arbeitnehmer ist in den Unternehmen weit verbreitet. Die **815** Arbeitnehmer kommunizieren per E-Mail untereinander und mit externen Dritten. Über den Internetzugang haben sie Zugriff auf weltweit verfügbare Informationen und Dateien. Diese Nutzungsmöglichkeiten werden von den Arbeitnehmern häufig auch zur Verfolgung privater Zwecke wahrgenommen. Die durch die private E-Mail-/Internet-Nutzung verursachten Kosten wurden in Deutschland einst auf etwa 50 Milliarden EUR jährlich geschätzt.[1697] Neben den Kosten, etwa aus dem Verlust von Arbeitszeit, können aus der privaten E-Mail-/Internet-Nutzung auch erhebliche Sicherheitsrisiken resultieren. Werden von den Arbeitnehmern im Rahmen der privaten Internet-Nutzung soziale Netzwerke wie Facebook, Twitter oder Xing genutzt, ist das Risiko besonders groß, dass vertrauliche Informationen oder geschützte Daten an die Öffentlichkeit gelangen. Näheres zur Nutzung von sozialen Netzwerken unter Rdn 1301 ff.

Nutzen die Arbeitnehmer Internet und E-Mail für private Zwecke, entstehen in der Praxis zahlreiche arbeits- **816** rechtliche Probleme und Streitigkeiten, über die immer häufiger die Gerichte entscheiden müssen.[1698] Zu einigen Fragen, etwa zum Kündigungsrecht wegen einer unzulässigen privaten Internet-Nutzung durch Arbeitnehmer, existiert bereits eine gefestigte Rechtsprechung des BAG.[1699] Da aber längst nicht alle Fragen im Zusammenhang mit der E-Mail- und Internet-Nutzung durch Arbeitnehmer höchstrichterlich geklärt sind, sollten die Arbeitsvertragsparteien möglichst im Vorfeld klären, welche Handlungen erlaubt und welche verboten sein sollen. Eine klare Regelung hierzu dient nicht nur dem Arbeitgeber, sondern auch den Interessen des Arbeitnehmers, der bei ihrer Befolgung nicht der Gefahr von Abmahnung oder Kündigung ausgesetzt wird.

b) Zulässigkeit der E-Mail-/Internet-Nutzung für dienstliche Zwecke

Fehlen entsprechende Regelungen zur Zulässigkeit der Nutzung von Internet und E-Mail durch Arbeitneh- **817** mer, kommt auch im Arbeitsverhältnis § 903 S. 1 BGB zur Anwendung.[1700] Danach kann der Eigentümer einer Sache, soweit nicht das Gesetz oder Rechte Dritter entgegenstehen, mit der Sache nach Belieben verfahren und andere von jeder Einwirkung ausschließen. Als Eigentümer des betrieblichen Internetzugangs und E-Mail-Systems kann der Arbeitgeber frei darüber entscheiden und bestimmen, ob und in welchem

---

1697 Bonner Informationsdienst Neues Arbeitsrecht für Vorgesetzte nach Auswertung mehrerer Studien, unter http://www.heise.de/newsticker/data/ad-09.02.03–003/.
1698 LAG Köln 15.12.2003, NZA-RR 2004, 527; LAG Köln 17.2.2004, NZA-RR 2005, 136; LAG Köln 18.7.2012, MMR 2013, 478; LAG Hamm 7.4.2006, NZA-RR 2007, 20; LAG Nürnberg 26.10.2004, CR 2006, 61; LAG Rheinland-Pfalz 12.7.2004, MMR 2005, 176; LAG Rheinland-Pfalz 9.5.2005, NZA-RR 2005, 634; LAG Rheinland-Pfalz 26.2.2010, NZA-RR 2010, 297; LAG Schleswig-Holstein 27.6.2006, BB 2006, 2140; LAG Niedersachsen 31.5.2010 – 12 Sa 875/09, BeckRS 2010, 70504; ArbG Frankfurt a.M. 2.1.2002, NZA 2002, 1093; ArbG Wesel 21.3.2001, NZA 2001, 786; ArbG Düsseldorf 1.8.2001, NZA 2001, 1386.
1699 BAG 7.7.2005, NZA 2006, 98; BAG 12.1.2006, NZA 2006, 980; BAG 27.4.2006, NZA 2006, 977; BAG 31.5.2007, NZA 2007, 922; BAG 19.4.2012, MMR 2013, 199.
1700 *Kaya*, S. 119.

Umfang er anderen Personen die Nutzung erlaubt.[1701] Er kann deshalb jede Nutzung durch Dritte, damit auch durch seine eigenen Mitarbeiter grundsätzlich untersagen.[1702]

818 Räumt der Arbeitgeber einem Mitarbeiter die Möglichkeit zur Nutzung von Internet und E-Mail ein, ist von einer grundsätzlich zulässigen Verwendung auszugehen, wenn der Arbeitnehmer diese zur Verfolgung dienstlicher Zwecke einsetzt.[1703] Eine dienstliche Nutzung liegt immer dann vor, wenn ein spezifischer Bezug zu den dienstlichen Aufgaben des Arbeitnehmers besteht, diese also durch das Tun des Arbeitnehmers gefördert werden sollen.[1704] Der Arbeitnehmer muss die Absicht verfolgen, durch die Nutzung die von ihm geforderten Arbeitsleistungen zu erbringen.[1705] Unter die dienstliche Nutzung fällt auch ein privater Kontakt aus dienstlichem Anlass, etwa die Mitteilung an Familienangehörige, dass sich die Heimkehr aus dienstlichen Gründen verzögert.[1706] Alle anderen Formen der Nutzung haben nichtdienstlichen Charakter; sie werden der Verfolgung privater Zwecke zugeordnet.[1707]

c) Unzulässigkeit der E-Mail-/Internet-Nutzung für private Zwecke

819 Gesetzliche Bestimmungen, die Arbeitnehmern die Nutzung von Internet und E-Mail für private Zwecke ausdrücklich erlauben, bestehen nicht. Daher richtet sich die Zulässigkeit der privaten Nutzung i.d.R. nach dem jeweiligen Arbeitsvertrag oder einer gegebenenfalls vorhandenen Betriebsvereinbarung. Häufig enthalten jedoch weder Arbeitsverträge ausdrückliche Regelungen noch bestehen entsprechende Betriebsvereinbarungen. In diesen Fällen kommt der Grundsatz zur Anwendung, dass der Internetzugang und das E-Mail-System Betriebsmittel sind, die der Arbeitgeber seinen Mitarbeitern zur Erfüllung ihrer arbeitsvertraglichen Pflichten zur Verfügung stellt.[1708] Da die Verfolgung privater Zwecke nicht der Erfüllung arbeitsvertraglicher Pflichten dient und der Arbeitsvertrag sie grundsätzlich nicht dazu berechtigt, Betriebsmittel ihres Arbeitgebers für eigene Zwecke zu verwenden,[1709] besteht für die Arbeitnehmer auch ohne ein ausdrückliches Verbot des Arbeitgebers kein Recht zur privaten Nutzung.[1710] Ohne Erlaubnis des Arbeitgebers stellt das **Verbot der privaten Nutzung** damit den **Regelfall**[1711] und die dennoch erfolgende private Nutzung betrieblicher IuK-Technologien eine Verletzung der arbeitsvertraglichen Pflichten der Arbeitnehmer dar.[1712] Das BAG hat dies in seiner Grundsatzentscheidung vom 7.7.2005 bestätigt und ausgeführt, dass bei fehlender ausdrücklicher Gestattung oder Duldung durch den Arbeitgeber die private Nutzung des Internets unzulässig sei.[1713]

820 Diese Rechtsprechung hat das BAG in weiteren Entscheidungen gefestigt und im Falle der privaten Nutzung als einen Grund für eine verhaltensbedingte Kündigung durch den Arbeitgeber angesehen:[1714]

- ■ das Herunterladen einer erheblichen Menge von Daten aus dem Internet auf betriebliche Datensysteme („unbefugter Download"), insbesondere wenn damit einerseits die Gefahr möglicher Vireninfizierungen oder anderer Störungen des betrieblichen Systems verbunden sein kann oder andererseits von sol-

---

1701 *Hanau/Hoeren/Andres*, S. 19; *Heilmann/Tege*, AuA 2001, 52, 55; *Kronisch*, AuA 1999, 550; *Seel*, öAT 2013, 4.
1702 *Beckschulze*, DB 2003, 2777; *Ernst*, NZA 2002, 585; *Heilmann/Tege*, AuA 2001, 52, 55; *Lindemann/Simon*, BB 2001, 1950, 1953; *Schmidl*, MMR 2005, 343, 344.
1703 *Däubler*, K&R 2000, 323, 327.
1704 *Weißnicht*, MMR 2003, 448.
1705 *Däubler*, K&R 2000, 323, 324.
1706 *Weißnicht*, MMR 2003, 448.
1707 *Hanau/Hoeren/Andres*, S. 19; *Kramer*, NZA 2004, 457, 458.
1708 Vgl. *Mengel*, BB 2004, 2014.
1709 *Heilmann/Tege*, AuA 2001, 52, 55; *Lindemann/Simon*, BB 2001, 1950, 1953.
1710 *Däubler*, K&R 2000, 323, 324; *Ernst*, NZA 2002, 585, 586; *Hanau/Hoeren/Andres*, S. 22; *Kramer*, NZA 2004, 457, 458; *Mengel*, BB 2004, 2014; *Schmidl*, MMR 2005, 343, 344.
1711 *Beckschulze*, DB 2003, 2777; *Ernst*, NZA 2002, 585, 586; *Kramer*, NZA 2006, 194, 196; *Mengel*, BB 2004, 2014.
1712 *Däubler*, K&R 2000, 323, 327; *Kramer*, NZA 2004, 457, 460.
1713 BAG 7.7.2005, NZA 2006, 98, 100.
1714 BAG 12.1.2006, NZA 2006, 980; BAG 27.4.2006, NZA 2006, 977; BAG 31.5.2007, NZA 2007, 922, 924.

chen Daten, bei deren Rückverfolgung es zu möglichen Rufschädigungen des Arbeitgebers kommen kann, bspw. weil strafbare oder pornografische Darstellungen heruntergeladen werden;

- die private Nutzung des vom Arbeitgeber zur Verfügung gestellten Internetzugangs als solche, weil durch sie dem Arbeitgeber möglicherweise zusätzliche Kosten entstehen können und der Arbeitnehmer jedenfalls die Betriebsmittel unberechtigterweise in Anspruch genommen hat;
- die private Internet-Nutzung **während der Arbeitszeit**, weil der Arbeitnehmer während des Surfens im Internet seine arbeitsvertraglich geschuldete Arbeitsleistung nicht erbringt und dadurch seiner Arbeitspflicht nicht nachkommt und sie verletzt.

Eine solche verhaltensbedingte Kündigung setzt grundsätzlich eine Abmahnung voraus, insbesondere **821** dann, wenn eine klare Regelung zum Verbot der Privatnutzung fehlt.[1715] Auch wenn der Arbeitgeber die Privatnutzung nicht ausdrücklich verboten hat, kann er nach Ansicht des BAG zur außerordentlichen Kündigung sogar ohne vorherige Abmahnung berechtigt sein, wenn der Arbeitnehmer das Internet während der Arbeitszeit in erheblichem Umfang („ausschweifend") nutzt und damit seine arbeitsvertraglichen Pflichten erheblich verletzt.[1716]

d) Vereinbarung über die E-Mail-/Internet-Nutzung im Arbeitsvertrag

Angesichts dieser Ausgangssituation könnte angenommen werden, dass eine Regelung, insbesondere ein **822** ausdrückliches Verbot nicht erforderlich ist, wenn der Arbeitnehmer den Internetzugang oder das E-Mail-System nicht privat nutzen soll. Eine ausdrückliche Regelung ist gleichwohl dringend zu empfehlen, da die stattfindende private Nutzung ohne eine Klarstellung seitens des Arbeitgebers auch als Duldung einer entsprechenden Nutzung gewertet werden und dazu führen kann, dass eine betriebliche Übung entsteht. Eine derartige betriebliche Übung soll nach einer in der Literatur verbreiteten Ansicht die Zulässigkeit der privaten Nutzung von Internet und E-Mail durch die Arbeitnehmer begründen können.[1717]

Eine betriebliche Übung liegt allgemein vor, wenn der Arbeitgeber bestimmte Verhaltensweisen regel- **823** mäßig wiederholt, aus denen die Arbeitnehmer schließen können, dass ihnen die aufgrund dieser Verhaltensweisen gewährten Leistungen oder Vergünstigungen auch in Zukunft erhalten bleiben sollen.[1718] Von einer Gestattung der privaten Nutzung von Internet und E-Mail aufgrund betrieblicher Übung ist nach den hierzu in der Literatur vertretenen Ansichten auszugehen, wenn der Arbeitgeber von dieser Art der Nutzung Kenntnis hatte oder diese für ihn erkennbar war und er sie über einen längeren Zeitraum, von i.d.R. sechs bis zwölf Monaten, widerspruchslos hingenommen hat.[1719] Außerdem müssen die Arbeitnehmer darauf vertraut haben, dass sie auch in der Zukunft diese Technologien privat nutzen dürfen.[1720] Dagegen hat sich die Rechtsprechung, soweit ersichtlich, mit der Zulässigkeit der privaten Nutzung aufgrund betrieblicher Übung noch nicht beschäftigt.

Auch wenn es zweifelhaft erscheint, aus einer bloßen Duldung der privaten Nutzung durch den Arbeitgeber **824** auf eine Rechtsbindung durch betriebliche Übung zu schließen,[1721] sollte eine Streitigkeit über diese Frage vermieden und bereits im Arbeitsvertrag eindeutig geregelt werden, ob und in welchem Umfang der Arbeitnehmer den betrieblichen Internetzugang oder das betriebliche E-Mail-System privat nutzen darf. Das LAG Köln hat in diesem Zusammenhang ausgeführt, es sei Organisationsaufgabe des Arbeitgebers, die Nutzung

---

1715 BAG 19.4.2012, MMR 2013, 199; LAG Köln 15.12.2003, NZA-RR 2004, 527.
1716 BAG 31.5.2007, NZA 2007, 922.
1717 *Barton*, NZA 2006, 460, 461; *Ernst*, NZA 2002, 585, 586; *Hanau/Hoeren/Andres*, S. 22; ablehnend etwa *Fülbier/Splittgerber*, NJW 2012, 1995, 1998.
1718 BAG 16.4.1997, NZA 1998, 423.
1719 *Kramer*, NZA 2004, 457, 459.
1720 *Hanau/Hoeren/Andres*, S. 22.
1721 *Fülbier/Splittgerber*, NJW 2012, 1995, 1998; *Waltermann*, NZA 2007, 529.

des betrieblichen Computersystems klar zu definieren und den Arbeitnehmern im Einzelnen vor Augen zu führen, welche Tatbestände verboten und welche erlaubt sind.[1722]

825 Vor einer solchen Regelung muss es dem Arbeitgeber klar sein, dass er die einmal begründete Erlaubnis zur privaten Nutzung im Regelfall nur durch eine Änderungsvereinbarung oder eine Änderungskündigung wieder rückgängig machen kann. Im Falle eines wirksamen Freiwilligkeitsvorbehalts kommt auch eine entsprechende Erklärung, bei einem wirksamen Widerrufsvorbehalt die Widerrufserklärung in Betracht.[1723] Ist die Nutzungserlaubnis durch eine betriebliche Übung begründet worden, könnte theoretisch auch an eine gegenläufige betriebliche Übung gedacht werden, die aber in der Praxis kaum gelingen[1724] und vom BAG zumindest im Hinblick auf Gratifikationen nicht mehr anerkannt wird.[1725]

826 Eine Erlaubnis zur privaten Nutzung könnte auch wesentliche Auswirkungen auf die Kontrollbefugnisse des Arbeitgebers haben. Der Arbeitgeber hat i.d.R. ein berechtigtes Interesse zu überprüfen, für welche Zwecke seine Mitarbeiter den betrieblichen Internetzugang und das betriebliche E-Mail-System nutzen und ob sie ihrer Pflicht zur Erbringung der Arbeitsleistung während der Arbeitszeit nachkommen. Gestattet er seinen Mitarbeitern die private Nutzung, dann sollen nach einer in der Literatur verbreiteten Ansicht die speziellen datenschutzrechtlichen Regelungen des TKG i.R.d. Arbeitsverhältnisse zur Anwendung kommen.[1726] Die Folge davon wäre eine Verpflichtung des Arbeitgebers zur Wahrung des Fernmeldegeheimnisses beim Versand und Empfang privater E-Mails, welches durch § 88 Abs. 2 TKG geschützt ist.[1727] Nach dieser Vorschrift ist jeder Diensteanbieter zur Wahrung des Fernmeldegeheimnisses verpflichtet. Diensteanbieter ist nach § 3 Nr. 6 TKG jeder, der geschäftsmäßig Telekommunikationsdienste erbringt. Die geschäftsmäßige Erbringung wird in § 3 Nr. 10 TKG als das nachhaltige Angebot von Telekommunikation für Dritte mit oder ohne Gewinnerzielungsabsicht definiert. Ein Arbeitgeber, der seinen Mitarbeitern die private Nutzung des betrieblichen E-Mail-Systems gestatte, erbringe einen Telekommunikationsdienst, da er Dritten, den Arbeitnehmern, dauerhaft solche Dienste anbiete.[1728] Speichern die Mitarbeiter im Falle der Erlaubnis zur privaten Nutzung des Internets auf dem dienstlichen Computer Dateien mit pornografischem Inhalt, die sie aus dem Internet heruntergeladen haben, soll der Arbeitgeber nach einer Entscheidung des ArbG Gelsenkirchen[1729] nicht berechtigt sein, die Dateien zu öffnen und sie im Prozess zur Begründung einer darauf gestützten Kündigung zu verwerten. Dagegen vertreten das LAG Niedersachsen[1730] und der VGH Kassel[1731] die Ansicht, dass der Zugriff des Arbeitgebers auf die im Posteingang oder sonst dem dienstlichen Computer gespeicherten E-Mails und deren Verwertung im Prozess auch im Falle der Erlaubnis zur privaten Nutzung nicht durch das Fernmeldegeheimnis beschränkt werden. Auch nach einer viel beachteten Entscheidung des LAG Berlin-Brandenburg[1732] wird der Arbeitgeber nicht allein dadurch zum Diensteanbieter im Sinne des TKG, dass er seinen Mitarbeitern gestattet, einen dienstlichen E-Mail-Account privat zu nutzen. Belassen die Mitarbeiter die eingehenden E-Mails im Posteingang bzw. die versendeten im Postausgang, so unterliege der Zugriff des Arbeitgebers auf diese Daten nicht den rechtlichen Beschränkungen des Fernmeldegeheimnisses. Nach dieser Rechtsprechung

---

1722 LAG Köln 15.12.2003, NZA-RR 2004, 527.
1723 *Barton*, NZA 2006, 460, 463.
1724 *Barton*, NZA 2006, 460, 465.
1725 BAG 18.3.2009, NZA 2009, 601.
1726 *Hanau/Hoeren/Andres*, S. 41; *Schmidl*, MMR 2005, 343, 344.
1727 Eine Verletzung des Fernmeldegeheimnisses soll nach *Kratz/Gubbels*, NZA 2009, 652, 656, zu einem Beweisverwertungsverbot im Prozess führen.
1728 *Brink/Wirtz*, ArbRAktuell 2016, 255, 256; *Hanau/Hoeren/Andres*, S. 41; *Schmidl*, MMR 2005, 343, 344.
1729 ArbG Gelsenkirchen 5.4.2007 – 5 Ca 381/06, n.v.
1730 LAG Niedersachsen 31.5.2010 – 12 Sa 875/09, BeckRS 2010, 70504.
1731 VGH Kassel 19.5.2009, NJW 2009, 2470.
1732 LAG Berlin-Brandenburg 16.2.2011, NZA-RR 2011, 342.

wären die Daten jedenfalls nach Beendigung des Übertragungsvorgangs nicht mehr durch das Fernmeldegeheimnis, sondern vielmehr entsprechend den nachfolgenden Grundsätzen geschützt.

Gestattet der Arbeitgeber die Nutzung ausschließlich für dienstliche Zwecke, dann fehlt es an einem Angebot für Dritte; das TKG ist nicht anwendbar.[1733] In diesem Fall muss er das Fernmeldegeheimnis nach § 88 Abs. 2 TKG nicht beachten, wenn er die Nutzung durch seine Mitarbeiter kontrollieren möchte.[1734] Er muss lediglich auf das allgemeine Persönlichkeitsrecht der Arbeitnehmer aus Art. 2 Abs. 1 i.V.m. Art. 1 Abs. 1 GG und die subsidiären Vorschriften des BDSG Rücksicht nehmen, die nach § 1 Abs. 2 Nr. 3 BDSG auch für private Arbeitgeber gelten. Die Zulässigkeit der Erhebung und Verarbeitung der Daten hängt in diesem Fall nach § 32 Abs. 1 BDSG insbesondere davon ab, ob sie zur Durchführung des Beschäftigungsverhältnisses oder – bei Vorliegen weiterer Voraussetzungen – Aufdeckung von Straftaten erforderlich sind.
827

Daneben kann sich die Zulässigkeit einer Überwachung der E-Mail-/Internet-Nutzung durch den Arbeitgeber gem. § 4 Abs. 1 BDSG auch aus einer Einwilligung des Arbeitnehmers ergeben. Nach dem Entwurf eines Beschäftigtendatenschutzgesetzes[1735] sollte eine Einwilligung im Arbeitsverhältnis weitgehend unzulässig werden. Der Gesetzesentwurf wurde jedoch nicht weiterverfolgt. Die auch nach Inkrafttreten der EU-DSGVO in 2018 grundsätzlich zulässige Einwilligung kann der Arbeitnehmer direkt im Arbeitsvertrag erteilen. Dabei müssen allerdings die besonderen Anforderungen von Art. 7 Abs. 2 EU-DSGVO bzw. des § 4a Abs. 1 S. 4 BDSG eingehalten werden, wonach die Einwilligungserklärung besonders hervorgehoben werden muss, wenn sie gemeinsam mit anderen Erklärungen abgegeben wird. Zu diesem Zweck sollte im Arbeitsvertrag die Klausel zur Einwilligung vom übrigen Text abgesetzt und in Fettschrift dargestellt werden. Weiterhin wäre der Arbeitnehmer gemäß Art. 7 Abs. 3 EU-DSGVO auf sein Recht hinzuweisen, seine Einwilligung jederzeit widerrufen zu können.
828

e) Formulierungsbeispiele
aa) Verbot der privaten Nutzung

Muster 1a.44: Verbot der privaten Nutzung
829

Der Arbeitnehmer darf den betrieblichen Internetzugang und das betriebliche E-Mail-System ausschließlich für dienstliche Zwecke verwenden. Die Nutzung für private Zwecke ist nicht gestattet. Der Internetzugang darf nur mit der gültigen persönlichen Zugangsberechtigung genutzt werden. Diese Zugangsberechtigung in Form der Benutzerkennung und das dazugehörige Passwort dürfen nicht an andere weitergegeben werden.

Fremde Dateien/Programme aus dem Internet oder von externen Datenträgern dürfen nicht auf dem Computer gespeichert, installiert oder eingesetzt werden. Auf den Einsatz von Virenschutzprogrammen ist zu achten. Werden Störungen auf dem Computer entdeckt, die auf einen Computervirus oder sonstige ausführbare Programmcodes hindeuten, muss unverzüglich der Systemadministrator informiert werden.

Der Arbeitnehmer ist damit einverstanden, dass die Nutzung des betrieblichen Internetzugangs und E-Mail-Systems für die Dauer von maximal drei Monaten gespeichert und stichprobenartig überprüft wird, ob er das Verbot der privaten Nutzung und die vorstehenden Bestimmungen einhält. **Der Arbeitnehmer erteilt hierzu seine Einwilligung gemäß § 4a BDSG in die damit verbundene Verarbeitung seiner persönlichen Daten.** Diese Einwilligung kann vom Arbeitnehmer jederzeit widerrufen werden.

Die Absender eingehender E-Mails hat der Arbeitnehmer im Falle seiner betrieblichen Abwesenheit durch die Einrichtung einer automatisierten Antwort per E-Mail über die Dauer der Abwesenheit, den zuständigen Vertreter und dessen Telefonnummer zu informieren.

1733 *Beckschulze*, DB 2003, 2777, 2780; *Ernst*, NZA 2002, 585, 588; *Mengel*, BB 2004, 2014, 2016.
1734 *Mengel*, BB 2004, 2014, 2016.
1735 BT-Drucks 17/4230.

Ein Verstoß gegen das Verbot der privaten Nutzung oder die vorstehenden übrigen Bestimmungen berechtigt den Arbeitgeber zu arbeitsrechtlichen Sanktionen.

▲

45   **bb) Eingeschränkte Zulassung der privaten Nutzung**

▼

830   **Muster 1a.45: Eingeschränkte Zulassung der privaten Nutzung**

Der Arbeitnehmer darf den betrieblichen Internetzugang und das betriebliche E-Mail-System grundsätzlich nur für dienstliche Zwecke verwenden. Die private Nutzung ist nur außerhalb der Arbeitszeit (während der Pausen oder nach Dienstende) erlaubt. Sie darf pro Tag ▨▨▨▨▨ Minuten nicht überschreiten. Von ihm verfasste private E-Mails hat der Arbeitnehmer im Betreff ausdrücklich als solche zu kennzeichnen. Die Erlaubnis zur privaten Nutzung wird unter dem ausdrücklichen Vorbehalt eines jederzeitigen Widerrufs erteilt. Die Erlaubnis zur privaten Nutzung kann widerrufen werden, wenn eine missbräuchliche Nutzung, etwa durch Abruf von Seiten mit pornografischem Inhalt, Überschreitung der Nutzungsdauer, Eröffnung von Sicherheitsrisiken, festgestellt wurde.

Der Internetzugang darf nur mit der gültigen persönlichen Zugangsberechtigung genutzt werden. Diese Zugangsberechtigung in Form der Benutzerkennung und das dazugehörige Passwort dürfen nicht an andere weitergegeben werden.

Fremde Dateien/Programme aus dem Internet oder von externen Datenträgern dürfen nicht auf dem Computer gespeichert, installiert oder eingesetzt werden. Auf den Einsatz von Virenschutzprogrammen ist zu achten. Werden Störungen auf dem Computer entdeckt, die auf einen Computervirus oder sonstige ausführbare Programmcodes hindeuten, muss unverzüglich der Systemadministrator informiert werden.

Das Abrufen, Anbieten oder Verbreiten von rechtswidrigen Inhalten, insbesondere solchen, die gegen datenschutz-, straf-, persönlichkeits-, lizenz- oder urheberrechtliche Bestimmungen verstoßen, ist unzulässig. Gleiches gilt für verfassungsfeindliche, diskriminierende oder pornografische Inhalte oder Abbildungen.

Der Arbeitnehmer erteilt seine Einwilligung in die Filterung von eingehenden E-Mails, die Viren oder kommerzielle Werbung enthalten. Er ist damit einverstanden, dass die Nutzung des betrieblichen Internetzugangs und E-Mail-Systems für die Dauer von maximal drei Monaten gespeichert und stichprobenartig überprüft wird, ob er die vorstehenden Bestimmungen einhält. **Der Arbeitnehmer erteilt hierzu seine Einwilligung gemäß § 4a BDSG in die damit verbundene Verarbeitung seiner persönlichen Daten.** Diese Einwilligung kann vom Arbeitnehmer jederzeit widerrufen werden.

Die Absender eingehender E-Mails hat der Arbeitnehmer im Falle seiner betrieblichen Abwesenheit durch die Einrichtung einer automatisierten Antwort per E-Mail über die Dauer der Abwesenheit, den zuständigen Vertreter und dessen Telefonnummer zu informieren.

Verstöße gegen diese Regeln, insbesondere eine weitergehende private Nutzung von Internet und E-Mail, berechtigen den Arbeitgeber zu arbeitsrechtlichen Sanktionen.

▲

48. Entgeltfortzahlung

Literatur: *Angel*, Probleme der Arbeitsunfähigkeitsbescheinigung, Diss. 2000; *Brenner*, Entgeltfortzahlung und Dritthaftung, DB 1999, 482; *Hanau/Kramer*, Zweifel an der Arbeitsunfähigkeit, DB 1995, 94; *Harth*, Die Neuregelung der Entgeltfortzahlung im Krankheitsfall, Diss. 2000; *Johann/Walthierer*, Die Krankmeldung des Arbeitnehmers in der betrieblichen Praxis, ArbRB 2009, 12; *Kleinebrink*, Vertragliche Regelungen im Zusammenhang mit der Entgeltfortzahlung im Krankheitsfall, ArbRB 2007, 186; *Kleinebrink*, Betriebsvereinbarung zur Regelung des Verhaltens bei krankheitsbedingter Arbeitsunfähigkeit, ArbRB 2012, 247; *Kramer*, Die Vorlage der Arbeitsunfähigkeitsbescheinigung, BB 1996, 1662; *Lepke*, Pflichtverletzung des Arbeitnehmers bei Krankheit als Kündigungsgrund, NZA 1995, 1084; *Müller/Berenz*, Entgeltfortzahlungsgesetz, 3. Auflage 2001; *Range-Ditz*, Arbeitsunfähigkeit – was kann vertraglich vereinbart werden?, ArbRB 2003, 218; *Schaub*, Rechtsfragen der Arbeitsunfähigkeitsbescheinigung nach dem Entgeltfortzahlungsgesetz, BB 1994, 1629; *Schliemann*, Neues und Bekanntes im Entgeltfortzahlungsgesetz, AuR 1994, 317; *Schmitt*, Die Neuregelung der Entgeltfortzahlung im Krankheitsfall, RdA 1996, 5; *Schulte/Karlsfeld*, Anzeige- und Nachweispflichten bei krankheitsbedingter Arbeitsunfähigkeit, ArbRB 2011, 341; *Worzalla*, Arbeitsverträge gestalten, 2004; *ders.*, Die Anzeige- und Nachweispflicht nach § 5 I EFZG, NZA 1996, 61.

a) Allgemeines

Die Verpflichtung zur Fortzahlung des Arbeitsentgelts für Zeiten krankheitsbedingter Arbeitsunfähigkeit 831 ist mit dem Entgeltfortzahlungsgesetz weitgehend abschließend geregelt. Dauer und Höhe der Entgeltfortzahlung sind einzelvertraglich unabdingbar, auf die gesetzlichen Ansprüche kann gem. § 12 EFZG im Voraus nicht wirksam verzichtet werden.[1736] Zulässig ist insoweit nur die vertragliche Verbesserung der Rechtsstellung des Arbeitnehmers, etwa durch eine Verlängerung der Anspruchsdauer oder durch die Gewährung eines Krankengeldzuschusses. Abweichende Regelungen zum Nachteil des Arbeitnehmers sind nur im Rahmen eines Tarifvertrages und auch dann nur hinsichtlich der der Entgeltfortzahlung zugrundeliegenden Bemessungsgrundlage zulässig,[1737] wobei auf eine solche Regelung gem. § 4 Abs. 4 EFZG auch einzelvertraglich Bezug genommen werden kann. Andere vertragliche Vereinbarungen über die Dauer und Höhe der Entgeltfortzahlung sind nur zulässig, soweit sie eine Besserstellung des Arbeitnehmers beinhalten. Verschlechterungen, wie etwa die Verpflichtung zur kostenlosen Nacharbeit krankheitsbedingter Fehlzeiten,[1738] sind unwirksam. Auch eine kompensatorische Gestaltung etwa in dem Sinne, dass zum Ausgleich für die Verkürzung des Entgeltfortzahlungszeitraums auf die Einhaltung einer Wartezeit verzichtet wird, ist nicht zulässig,[1739] so dass die vertraglichen Gestaltungsmöglichkeiten insoweit beschränkt sind. Begrenzt zulässig ist eine vom Gesetz abweichende Vertragsgestaltung allerdings im Zusammenhang mit der Vorlage einer ärztlichen Bescheinigung. Darüber hinaus besteht Regelungsbedarf im Zusammenhang mit einer durch Dritte schuldhaft verursachten Arbeitsunfähigkeit. Hier kann durch sachgerechte Vertragsgestaltung der Regress des Arbeitgebers, der dem verletzten Arbeitnehmer Entgeltfortzahlung geleistet hat, gegenüber dem Schädiger erleichtert werden.

b) Dauer der Entgeltfortzahlung

Muster 1a.46: Dauer der Entgeltfortzahlung

832

Variante 1

Bei krankheitsbedingter Arbeitsunfähigkeit wird die Vergütung nach Maßgabe der jeweils geltenden gesetzlichen Regelungen fortgezahlt.

Variante 2

Wird der Arbeitnehmer infolge krankheitsbedingter Arbeitsunfähigkeit an der Arbeitsleistung gehindert, ohne dass ihn ein Verschulden daran trifft, so hat er für die Dauer von sechs Wochen Anspruch auf Entgeltfortzahlung. Die Anspruchsdauer erhöht sich nach einer Betriebszugehörigkeit von fünf Jahren auf neun Wochen, von zehn Jahren auf zwölf Wochen und von 15 Jahren auf 18 Wochen. Der Anspruch gemäß Satz 2 besteht nicht, wenn und soweit der Arbeitnehmer einen Anspruch auf Krankengeld, Verletztengeld oder vergleichbare Sozialleistungen hat.

Krankengeldzuschuss

Wird der Arbeitnehmer infolge krankheitsbedingter Arbeitsunfähigkeit an der Arbeitsleistung gehindert, ohne dass ihn ein Verschulden trifft, so hat er für die Dauer von sechs Wochen Anspruch auf Entgeltfortzahlung. Nach Ablauf des Entgeltfortzahlungszeitraums erhält der Arbeitnehmer für die Zeit, in der ihm Krankengeld oder entsprechende gesetzliche Leistungen gezahlt werden, einen Krankengeldzuschuss in Höhe des Unterschiedsbetrages zwischen dem Krankengeld und dem bisherigen Nettoentgelt. Ist der Arbeitnehmer privat krankenversichert, ist bei der Berechnung des Krankengeldzuschusses der Krankengeldhöchstsatz, der ihm bei einer Pflichtversicherung in der gesetzlichen Krankenversicherung zustünde, zugrunde zu legen.

1736 BAG 13.5.2015 – 10 AZR 495/14; ErfK/ /*Reinhard*, § 12 EFZG Rn 5.
1737 BAG 18.11.2009 – 5 AZR 975/08, n.v.; LAG Sachsen-Anhalt 15.9.2011 – 3 Sa 141/10; LAG Köln 27.4.2009 – 5 Sa 1362/08, n.v.
1738 BAG 26.9.2001, NZA 2002, 387.
1739 BAG 22.8.2001, AP Nr. 11 zu § 3 EntgeltFG; ErfK/*Reinhard*, § 12 EFZG Rn 5.

c) Erläuterungen
aa) Gesetzlicher Anspruch auf Entgeltfortzahlung

833   Gem. **§ 3 Abs. 1 EFZG** hat ein Arbeitnehmer im Falle krankheitsbedingter Arbeitsunfähigkeit (vgl. hierzu Rdn 408 ff.) Anspruch auf Entgeltfortzahlung für die Dauer von sechs Wochen. Entsprechende Regelungen zur Dauer der Entgeltfortzahlung sind insoweit nur deklaratorischer Natur. Unterschiede in der Beurteilung können sich allerdings ergeben, wenn die gesetzlichen Bestimmungen zur Entgeltfortzahlung eine Änderung erfahren sollten. So stellte sich anlässlich der vorübergehenden gesetzlichen Absenkung[1740] der Entgeltfortzahlung auf 80 % die Frage, ob den bestehenden Regelungen, die durchgehend eine Entgeltfortzahlung von 100 % vorsahen, ein konstitutiver oder nur ein deklaratorischer Charakter im Sinne einer Verweisung zukam.[1741] Da nicht abzusehen ist, ob in diesem Bereich zukünftig mit gesetzlichen Änderungen zu rechnen ist, ist zu empfehlen, bei der Vertragsgestaltung erkennbar zu machen, dass Maßstab stets die jeweils geltende gesetzliche Regelung sein soll.

bb) Wartezeit

834   Der Anspruch auf Entgeltfortzahlung entsteht gem. § 3 Abs. 3 EFZG in der seit dem 1.10.1996 geltenden Fassung[1742] erstmals nach **vierwöchiger ununterbrochener Betriebszugehörigkeit**. Entscheidend ist dabei allein der rechtliche Bestand des Arbeitsverhältnisses; nicht notwendig ist, dass der Arbeitnehmer während dieses Zeitraums auch tatsächlich beschäftigt worden ist.[1743] Erkrankt der Arbeitnehmer innerhalb der Wartezeit, steht ihm bei längerer Erkrankung nach Vollendung der Wartezeit der volle Anspruch auf Entgeltfortzahlung zu; die in die Wartezeit fallenden Krankheitstage sind auf den Entgeltfortzahlungszeitraum nicht anzurechnen.[1744] Die wartezeitbedingte Einschränkung der Entgeltfortzahlung findet auch dann Anwendung, wenn sie in der vertraglichen Regelung nicht explizit genannt wird, da die Auslegung regelmäßig ergeben wird, dass die Bestimmungen des EFZG ergänzende Anwendung finden sollen.[1745] Vorsorglich sollte bei umfangreicher eigenständiger Regelung der Entgeltfortzahlung der Anspruchsausschluss dennoch aufgenommen oder ergänzend auf die gesetzlichen Bestimmungen verwiesen werden, damit nicht im Wege der Auslegung eine abschließende konstitutive Regelung unter Ausschluss des § 3 Abs. 3 EFZG angenommen wird. Ein ausdrücklicher oder konkludenter Verzicht auf die Wartezeit ist zwar grds. zulässig, aus der Sicht des Arbeitgebers allerdings angesichts der noch kurzen Beschäftigungsdauer nicht empfehlenswert.

cc) Verlängerung der Anspruchsdauer

835   Eine **Verlängerung der Anspruchsdauer** wird typischerweise in Führungspositionen vereinbart, in Anlehnung an die üblichen Vertragsbedingungen der Geschäftsführer und Vorstände, die nicht unter den Anwendungsbereich des EFZG fallen und deshalb eine Entgeltfortzahlung nur dann beanspruchen können, wenn diese vertraglich vereinbart ist.[1746] Ebenfalls verbreitet ist eine gestaffelte Verlängerung der Anspruchsdauer in Abhängigkeit von der Dauer der Betriebszugehörigkeit. In diesem Fall dient die Verbesserung der Entgeltfortzahlung auch der Honorierung längerer Betriebstreue; die damit möglicherweise verbundene mittelbare Benachteiligung jüngerer Arbeitnehmer ist, sofern die Regelung angemessen aus-

---

1740 Eingeführt zum 1.10.1996 durch das Arbeitsrechtliche Gesetz zur Förderung von Wachstum und Beschäftigung vom 25.9.1996, BGBl I 1996, 1476; aufgehoben zum 1.1.1999 durch das Gesetz zu Korrekturen in der Sozialversicherung und zur Sicherung der Arbeitnehmerrechte vom 19.12.1998, BGBl I 1998, 3843.

1741 Vgl. hierzu aus der Rechtsprechung BAG 16.6.1998, NZA 1998, 1288; BAG 1.7.1998, NZA 1999, 43 (deklaratorische Regelung); BAG 16.6.1998, NZA 1998, 1343; BAG 26.8.1998, NZA 1999, 497 (konstitutive Regelung).

1742 Eingeführt durch das Arbeitsrechtliche Gesetz zur Förderung von Wachstum und Beschäftigung vom 25.9.1996, BGBl I 1996, 1476.

1743 *Schaub/Linck*, ArbR-Hdb., § 98 Rn 46; *Tschöpe/Grimm*, Teil 2 B Rn 121.

1744 BAG 26.5.1999, DB 1999, 2268; *Schaub/Linck*, ArbR-Hdb., § 98 Rn 46.

1745 BAG 12.12.2001, BB 2002, 1966.

1746 Preis/*Preis*, Arbeitsvertrag, II E 20 Rn 8.

gestaltet ist, auch im Hinblick auf § 10 S. 2 Nr. 1 AGG nicht zu beanstanden, da mit der altersbedingt abnehmenden Leistungsfähigkeit erfahrungsgemäß längere Krankheitszeiten und damit ein erhöhtes Schutzbedürfnis älterer Arbeitnehmer gegeben ist.

Bei der Vertragsgestaltung muss jedoch, um interessengerechte Lösungen zu finden, zusätzlich die **sozial-** **836** **versicherungsrechtliche Situation des Arbeitnehmers** berücksichtigt werden. Arbeitnehmer, die freiwillig gesetzlich oder privat krankenversichert sind, können ihren Anspruch auf Krankengeld regelmäßig an die verlängerten Leistungen des Arbeitgebers anpassen, so dass der Arbeitnehmer in diesen Fällen von einer Anspruchsverlängerung uneingeschränkt profitiert. Gesetzlich pflichtversicherte Arbeitnehmer haben demgegenüber grds. schon ab dem ersten Tag nach Feststellung der Arbeitsunfähigkeit Anspruch auf Krankengeld. Dieses beläuft sich gem. § 47 SGB V auf 70 % des bisherigen Bruttogehalts, maximal auf 90 % des bisherigen Nettogehalts, jeweils begrenzt durch die gesetzliche Beitragsbemessungsgrenze.[1747] Der Anspruch auf Krankengeld ruht jedoch gem. § 49 Abs. 1 Nr. 1 SGB V, soweit und solange der Arbeitnehmer in diesem Zeitraum Arbeitsentgelt erhält. Verlängerte Entgeltfortzahlungen des Arbeitgebers an gesetzlich versicherte Arbeitnehmer mit Krankengeldanspruch entlasten daher vornehmlich die Krankenkasse, während der Arbeitnehmer nur von der das Krankengeld übersteigenden Zahlung profitiert. Die Zahlungen des Arbeitgebers bis zur Höhe des Krankengeldes sind darüber hinaus in vollem Umfang beitragspflichtig, wohingegen Zuschüsse des Arbeitgebers zum Krankengeld gem. § 23c SGB IV beitragsfrei sind, soweit sie gemeinsam mit dem Krankengeld das bisherige Nettogehalt des Arbeitnehmers nicht übersteigen, und deshalb auch nicht zu einem Ruhen des Krankengeldanspruchs gem. § 49 Abs. 1 Nr. 1 SGB V führen. Jedenfalls bei pflichtversicherten Arbeitnehmern sollte deshalb eine vertragliche Erweiterung der Entgeltfortzahlung nur denjenigen Teil des Entgeltausfalls abdecken, der nicht ohnehin bereits von dem Krankengeldanspruch abgedeckt wird. Dadurch wird die wirtschaftliche Grundlage des erkrankten Arbeitnehmers zusätzlich gesichert, ohne dass der an sich leistungspflichtige Sozialversicherungsträger auf Kosten des Arbeitgebers entlastet wird.

Zur Einbeziehung der Krankengeldleistungen wird teilweise empfohlen, die „**Anrechnung**" etwa geleis- **837** teten Krankengeldes auf den Entgeltfortzahlungsanspruch zu vereinbaren. Bei dieser Gestaltung wird allerdings ein zunächst unbegrenzter Anspruch des Arbeitnehmers auf die Entgeltfortzahlung begründet; dieser führt zum Ruhen des Anspruchs auf Krankengeld gem. § 49 Abs. 1 Nr. 1 SGB V, so dass ein anrechenbarer Anspruch auf Krankengeld von vornherein nicht entstehen kann. Die Vertragsgestaltung muss deshalb sicherstellen, dass ein **Anspruch** gegen den Arbeitnehmer von vornherein **nur in Höhe des Differenzbetrages** begründet wird. Dabei ist allerdings auch darauf zu achten, dass die Anspruchseinschränkung hinsichtlich der Krankengeldzahlung nicht auch den (unabdingbaren) Zeitraum der gesetzlichen Entgeltfortzahlung erfassen darf; anderenfalls besteht wegen der inhaltlichen Unteilbarkeit der Anrechnungsregelung die Gefahr, dass die Anspruchsbegrenzung unwirksam ist, ohne dass dies wegen § 306 BGB die Vereinbarung der längeren Entgeltfortzahlungsdauer beeinträchtigen müsste.

dd) Krankengeldzuschuss

Vorzugswürdig auch im Interesse einer eindeutigen Vertragsgestaltung ist grds. die Vereinbarung eines **838** **Krankengeldzuschusses**. Dieser beinhaltet unzweifelhaft eine Zusatzleistung i.S.v. § 23c SGB IV, so dass der Anspruch auf Krankengeld dadurch nicht beeinträchtigt wird. Ob durch den Krankengeldzuschuss ein voller oder nur anteiliger, etwa auf 80 % oder 90 % des Nettoentgelts beschränkter Nettoausgleich erzielt werden soll, ist dabei eine Frage der Gestaltungsentscheidung. Allerdings hat ein anteiliger Nettoausgleich nur bei Arbeitnehmern mit hohem Einkommen nennenswerte Auswirkungen, da das Krankengeld bereits bis zu 90 % des bisherigen Nettogehalts abdeckt, sofern das Entgelt des Arbeitnehmers unter der Beitrags-

---

1747 Die Beitragsbemessungsgrenze in der gesetzlichen Krankenversicherung beträgt in 2013 47.250 EUR jährlich bzw. 3.937,50 EUR monatlich.

bemessungsgrenze liegt. Ein Krankengeldzuschuss, der keinen vollen Nettoausgleich beinhaltet, ist daher allenfalls bei Arbeitnehmern mit entsprechend hohem Einkommen sinnvoll.

Bei der Bewertung des Nettoausgleichs ist zusätzlich zu beachten, dass bei der Berechnung des Krankengeldzuschusses in der vorstehenden Musterformulierung auf die Gesamtleistung des Sozialversicherungsträgers, mithin auf das **Bruttokrankengeld** abgestellt wird.[1748] Aus diesem müssen jedoch Arbeitnehmerbeiträge zur Sozialversicherung entrichtet werden, so dass das verbleibende Nettokrankengeld und der Krankengeldzuschuss gemeinsam geringer sind als die bisherige volle Nettovergütung. Soll ein vollständiger Nettoausgleich erreicht werden, muss bei der Regelung zur Berechnung des Krankengeldzuschusses ausdrücklich auf das an den Arbeitnehmer tatsächlich ausgezahlte Nettokrankengeld abgestellt werden.

839 Für Arbeitnehmer, die nicht in der gesetzlichen Krankenversicherung versichert sind, bietet sich schließlich an, bei der Berechnung des Krankengeldzuschusses nicht auf die individuellen Leistungen der **privaten Krankenversicherung** abzustellen, da anderenfalls der Arbeitnehmer durch eine entsprechende Gestaltung des Versicherungsvertrages Einfluss auf die Höhe des arbeitgeberseitigen Krankengeldzuschusses nehmen könnte. Sachgerecht ist es deshalb, auf die Höhe des Krankengeldes abzustellen, das der Arbeitnehmer erzielen würde, wenn er in der gesetzlichen Krankenversicherung pflichtversichert wäre.

d) Anzeige- und Nachweispflichten

840 **Muster 1a.47: Anzeige- und Nachweispflicht**

Arbeitsunfähigkeit, Anzeigepflicht 1

Erkrankt der Arbeitnehmer oder kann er aus anderen Gründen seine Arbeit nicht antreten, so hat er dem Arbeitgeber die Begründung für seine Abwesenheit und deren voraussichtliche Dauer unverzüglich, spätestens aber bis ▨▨▨▨▨ Uhr des ersten Fehltages, in geeigneter Weise mitzuteilen.

Arbeitsunfähigkeit, Nachweispflicht 1

Krankheitsbedingte Arbeitsunfähigkeit sowie deren voraussichtliche Dauer hat der Arbeitnehmer bereits am ersten Tage der Arbeitsunfähigkeit durch eine ärztliche Arbeitsunfähigkeitsbescheinigung nachzuweisen. Eine Verlängerung der Arbeitsunfähigkeit ist dem Arbeitgeber spätestens am ersten Arbeitstag, der nicht mehr von der vorausgegangenen Arbeitsunfähigkeitsbescheinigung abgedeckt ist, bis ▨▨▨▨▨ Uhr anzuzeigen und unverzüglich durch eine Folgebescheinigung nachzuweisen.

Arbeitsunfähigkeit, Anzeigepflicht 2

Übersteigt die Dauer der Arbeitsunfähigkeit den Entgeltfortzahlungszeitraum, so ist der Arbeitnehmer zusätzlich verpflichtet, den Arbeitgeber regelmäßig, mindestens quartalsweise, darüber in Kenntnis zu setzen, wie lange die Arbeitsunfähigkeit voraussichtlich noch andauert und wann mit der Wiederaufnahme der Arbeit zu rechnen ist.

e) Erläuterungen
aa) Gesetzliche Pflichten bei Arbeitsunfähigkeit

841 Die Anzeige- und Nachweispflichten des Arbeitnehmers im Falle einer krankheitsbedingten Arbeitsunfähigkeit sind in **§ 5 EFZG** gesetzlich geregelt. Die Pflichtenstellungen dienen unterschiedlichen Zwecksetzungen und stehen deshalb eigenständig nebeneinander. Während die Anzeigepflicht dazu dient, dem Arbeitgeber die Abstimmung der Personalplanung auf den Ausfall des erkrankten Arbeitnehmers zu ermöglichen,[1749] soll die Pflicht zum Nachweis der Erkrankung dem Missbrauch des Entgeltfortzahlungsrechts

---

1748 BAG 19.10.2011 – 5 AZR 138/10; BAG 13.2.2002, AP Nr. 82 zu § 1 TVG Tarifverträge: Einzelhandel.
1749 *Angel*, S. 89; *Worzalla*, NZA 1996, 61, 62.

begegnen und unberechtigte Fehlzeiten verhindern.[1750] Anzeige- und Nachweispflichten bestehen unabhängig davon, ob der Arbeitnehmer einen Anspruch auf Entgeltfortzahlung besitzt.[1751]

bb) Pflicht zur Anzeige der Arbeitsunfähigkeit

Die **Anzeige der Arbeitsunfähigkeit** hat im Interesse der Dispositionsfähigkeit des Arbeitgebers gem. § 5 **842** Abs. 1 S. 1 EFZG unverzüglich, d.h. ohne schuldhaftes Zögern zu erfolgen.[1752] Inhalt der Anzeige ist die Information über die Tatsache der Arbeitsunfähigkeit und deren voraussichtlicher Dauer.[1753] Zur Benennung von Art und Ursache der Erkrankung ist der Arbeitnehmer grds. nicht verpflichtet;[1754] eine erweiterte Mitteilungspflicht kann sich allerdings ergeben, wenn der Arbeitgeber aufgrund der Krankheitsursache besondere Schutzmaßnahmen ergreifen muss, wenn eine Fortsetzungserkrankung i.S.v. § 3 Abs. 1 S. 2 EFZG mit Auswirkungen auf den Entgeltfortzahlungsanspruch besteht,[1755] oder wenn die Krankheit durch den Arbeitnehmer oder einen Dritten schuldhaft verursacht wurde.[1756]

Die Missachtung der Anzeigepflicht beinhaltet eine Verletzung der vertraglichen Nebenpflichten, die den **843** Arbeitgeber nicht nur berechtigt, den Arbeitnehmer abzumahnen und im Wiederholungsfalle eine ordentliche Kündigung auszusprechen,[1757] sondern auch Schadensersatzansprüche des Arbeitgebers auslösen kann.[1758] Dies gilt auch ohne eigenständige vertragliche Regelung, da die Anzeigepflicht gesetzlich normiert ist. Dennoch sind vertragliche Regelungen zur Prävention wie auch zur Vermeidung von Missverständnissen empfehlenswert[1759] und gerade im gewerblichen Bereich, in dem Fehlzeiten unmittelbare Auswirkungen auf die betrieblichen Abläufe haben, weit verbreitet. Im Rahmen der Vertragsgestaltung kann die Anzeigepflicht von den Vertragsparteien darüber hinaus so präzise wie nötig ausgestaltet und auch zeitlich vor den individuellen Arbeitsbeginn verlagert werden.[1760]

cc) Pflicht zum Nachweis der Arbeitsunfähigkeit

Dauert die Arbeitsunfähigkeit länger als drei Tage, ist der Arbeitnehmer gem. § 5 Abs. 1 S. 2 EFZG ver- **844** pflichtet, spätestens am darauffolgenden Arbeitstag, d.h. am vierten Krankheitstag, eine **ärztliche Arbeitsunfähigkeitsbescheinigung** vorzulegen.[1761] Aus der Bescheinigung müssen sich das Vorliegen der Arbeitsunfähigkeit sowie deren voraussichtliche Dauer ergeben; auch muss erkennbar sein, ob es sich um eine Erst- oder Folgebescheinigung handelt.[1762]

Die Pflicht, eine krankheitsbedingte Arbeitsunfähigkeit durch ärztliche Bescheinigung nachzuweisen, kann **845** gem. § 5 Abs. 1 S. 3 EFZG verschärft werden. Zulässig ist es daher, die Vorlage einer ärztlichen Arbeitsunfähigkeitsbescheinigung bereits **ab dem ersten Tag** der Arbeitsunfähigkeit oder für Krankheitszeiten, die weniger als drei Tage andauern, zu verlangen.[1763] Dieses Verlangen kann individuell in jedem Krankheitsfall erhoben werden;[1764] bei entsprechendem Bedarf ist allerdings eine allgemeine arbeitsvertragliche Regelung, die die Pflichtenstellung des Arbeitnehmers unmissverständlich konkretisiert, vorzuziehen. Da-

---

1750 ErfK/*Dörner/Reinhard*, § 5 EFZG Rn 6.
1751 LAG Sachsen-Anhalt 24.4.1996, BB 1996, 2307; ErfK/ /*Reinhard*, § 5 EFZG Rn 3.
1752 *Johann/Walthierer*, ArbRB 2009, 12.
1753 BAG 15.1.1986, NZA 1987, 93; Preis/*Preis*, Arbeitsvertrag, II A 40 Rn 5.
1754 *Schmitt*, § 5 Rn 29 ff.; *Lepke*, NZA 1995, 1084, 1087; *Kleinebrink*, ArbRB 2007, 186, 188.
1755 Zur Darlegungs- und Beweislast des Arbeitnehmers vgl. BAG 25.5.2016 – 5 AZR 318/15.
1756 ErfK/ /*Reinhard*, § 5 EZFG Rn 5.
1757 BAG 7.12.1988, AP Nr. 26 zu § 1 KSchG 1969 Verhaltensbedingte Kündigung; BAG 31.8.1989, DB 1990, 790; LAG Rheinland-Pfalz 10.7.2014 – 5 Sa 63/14.
1758 *Angel*, S. 101; *Hanau/Kramer*, DB 1995, 94.
1759 *Range-Ditz*, ArbRB 2003, 218, 219.
1760 Hümmerich/Lücke/Mauer/*Mauer*, § 6 Rn 305.
1761 *Kramer*, BB 1996, 1662 ff.; *Schaub*, BB 1994, 1629.
1762 Küttner/*Griese*, Arbeitsunfähigkeitsbescheinigung Rn 1.
1763 BAG 1.10.1997, NZA 1998, 485; *Range-Ditz*, ArbRB 2003, 218, 219; *Schliemann*, AuR 1994, 317, 322; *Schaub*, BB 1994, 1629.
1764 BAG 14.11.2012, NZA 2013, 322; ErfK/ /*Reinhard*, § 5 EFZG Rn 9.

bei ist zu berücksichtigen, dass eine allgemeingültige Modifikation der Verpflichtung zur Vorlage einer Arbeitsunfähigkeitsbescheinigung die betriebliche Ordnung i.S.v. § 87 Abs. 1 Nr. 1 BetrVG betrifft und deshalb nur wirksam ist, wenn die Zustimmung des Betriebsrats vorliegt.[1765]

846 Nur unzureichend gesetzlich geregelt ist die Pflichtenstellung des Arbeitnehmers, wenn die **Arbeitsunfähigkeit** über den ärztlich bescheinigten Zeitraum **andauert**. Gem. § 5 Abs. 1 S. 4 EFZG muss der Arbeitnehmer nach Ablauf der bescheinigten Krankheitsdauer eine neue ärztliche Bescheinigung vorlegen; jedoch enthält die gesetzliche Regelung keine Vorgaben darüber, wann diese Bescheinigung vorzulegen ist und ob den Arbeitnehmer zusätzliche Anzeigepflichten treffen.[1766] Überwiegend wird deshalb angenommen, dass die Anzeigepflichten des § 5 Abs. 1 EFZG im Falle einer Folgeerkrankung entsprechend anzuwenden sind.[1767] Ergänzend sollten geeignete Regelungen klarstellend in den Arbeitsvertrag aufgenommen werden; sie begegnen den berechtigten Interessen des Arbeitgebers, auch bei längerer Arbeitsunfähigkeit auf die Fehlzeiten reagieren zu können.

847 Die Nachweispflicht besteht unabhängig von einem etwaigen **Anspruch** des Arbeitnehmers **auf Entgeltfortzahlung**;[1768] ihre Verletzung kann auf diesen jedoch unmittelbare Auswirkungen haben. Der Arbeitnehmer hat die Tatsache der krankheitsbedingten Arbeitsunfähigkeit darzulegen und zu beweisen. Dieser Nachweis wird regelmäßig durch die Vorlage der ärztlichen Arbeitsunfähigkeitsbescheinigung geführt,[1769] der, soweit sie ordnungsgemäß und in Übereinstimmung mit den sog. Arbeitsunfähigkeitsrichtlinien[1770] ausgestellt wurde, ein hoher Beweiswert zukommt,[1771] der nur durch besondere Umstände des Einzelfalls erschüttert werden kann.[1772] Verletzt der Arbeitnehmer schuldhaft seine Nachweispflicht, ist der Arbeitgeber gem. § 7 Abs. 1 Nr. 1 EFZG berechtigt, die Entgeltfortzahlung vorläufig zu verweigern; dieses **Zurückbehaltungsrecht** endet allerdings, wenn der Arbeitnehmer eine Arbeitsunfähigkeitsbescheinigung nachreicht oder den Nachweis der krankheitsbedingten Arbeitsunfähigkeit anderweitig, etwa durch Aussage des behandelnden Arztes führt.[1773]

dd) Anzeige- und Nachweispflicht bei Langzeiterkrankung

848 Im Falle einer **Langzeiterkrankung** ist das Dispositionsinteresse des Arbeitgebers besonders beeinträchtigt, da er den damit verbundenen Beeinträchtigungen der betrieblichen Abläufe nur dann sachgerecht begegnen kann, wenn er die Abwesenheitsdauer und den Zeitpunkt der voraussichtlichen Wiederaufnahme der Tätigkeit einigermaßen zuverlässig einschätzen kann. Das in der Arbeitsunfähigkeitsbescheinigung genannte Datum ist dabei keine zuverlässige Quelle, da diese keine langfristige Prognose beinhaltet.[1774] Aus diesem Grund kann es sich anbieten, zusätzliche Informationspflichten über die voraussichtliche Dauer der Arbeitsunfähigkeit zu begründen.

1765 BAG 25.1.2000, DB 2000, 1128; LAG Köln 21.8.2013 – 11 Ta 87/13; LAG Nürnberg 7.3.2012 – 2 TaBV 60/10.
1766 ErfK/*Reinhard*, § 5 EFZG Rn 19; *Angel*, S. 126.
1767 *Bauer u.a./Lingemann*, S. 656 Rn 9; HWK/*Schliemann*, § 5 EFZG Rn 25; *Schliemann*, AuR 1994, 317, 322; *Lepke*, NZA 1995, 1084, 1087.
1768 *Bauer u.a./Lingemann*, S.656 Rn 8.
1769 BAG 19.2.1997, DB 1997, 1237; BAG 1.10.1997, AP Nr. 5 zu § 5 EntgeltFG.
1770 Richtlinien des Bundesausschusses der Ärzte und Krankenkassen vom 1.1.1992, RdA 1992, 208.
1771 LAG Rheinland-Pfalz 13.1.2015 – 8 Sa 373/14; Hessisches LAG 14.6.2007 – 11 Sa 296/06, n.v.; BAG 1.10.1997, NZA 1998, 369; BAG 15.7.1992, NZA 1993, 23.
1772 LAG Rheinland-Pfalz 24.6.2010 – 11 Sa 178/10; LAG Hamm 28.10.2009 – 3 Sa 579/09, n.v.; LAG Rheinland-Pfalz 26.10.2009 – 5 Sa 484/09, n.v.; LAG Niedersachsen 7.5.2007 – 6 Sa 1045/05, n.v.
1773 BAG 1.10.1997, AP Nr. 5 zu § 5 EntgeltFG.
1774 *Kleinebrink*, ArbRB 2007, 186, 188.

f) Anspruchsübergang bei Schädigung durch Dritte

▼

Muster 1a.48: Entgeltfortzahlung, Anspruchsübergang 849

■ Beruht die krankheitsbedingte Arbeitsunfähigkeit auf einem Ereignis, aus dem dem Arbeitnehmer kraft Gesetzes Schadensersatzansprüche gegen einen Dritten zustehen, werden die Ansprüche des Arbeitnehmers auf Ersatz des Verdienstausfalls in Höhe der tatsächlich geleisteten Entgeltfortzahlung einschließlich der hierauf entrichteten Arbeitgeberanteile an den Beiträgen zur Sozialversicherung auch insoweit an den Arbeitgeber abgetreten, wie dessen Leistungen die gesetzlich vorgesehenen Leistungen übersteigen. Der Arbeitnehmer ist verpflichtet, auf Anforderung eine schriftliche Abtretungserklärung zu unterzeichnen, dem Arbeitgeber die zur Erhebung der Ansprüche erforderlichen Auskünfte unverzüglich zu erteilen und schriftliche Unterlagen in Kopie zu übergeben.

■ Handelt es sich bei dem Schadensereignis um einen Verkehrsunfall, hat der Arbeitnehmer dem Arbeitgeber unverzüglich einen schriftlichen Bericht über den Unfallablauf, die Namen und Anschriften der Unfallbeteiligten sowie Name, Anschrift und Vertragsnummer der Haftpflichtversicherung der anderen Unfallbeteiligten sowie etwaige Erklärungen der Beteiligten nach dem Unfall zu übergeben.

▲

g) Erläuterungen
aa) Anspruchsübergang bei Schädigung durch Dritte

Der Anspruch auf Entgeltfortzahlung gem. § 3 EFZG besteht, soweit die Krankheit nicht durch den Arbeit- 850
nehmer selbst schuldhaft verursacht worden ist, unabhängig von der Ursache der Erkrankung. Ist die Erkrankung jedoch schuldhaft von einem Dritten verursacht, stehen dem Arbeitnehmer regelmäßig gesetzliche Schadensersatzansprüche gegen den Schadensverursacher zu, die auch einen Verdienstausfallschaden umfassen. Dieser Anspruch besteht unabhängig von der Verpflichtung des Arbeitgebers, Entgeltfortzahlung zu leisten, auch wenn dem Arbeitnehmer aufgrund der Entgeltfortzahlung faktisch kein Schaden entstanden ist.[1775] Da die Entgeltfortzahlung aber weder den Schädiger entlasten noch zu einer doppelten Schadenskompensation bei dem Arbeitnehmer führen soll,[1776] begründet § 6 Abs. 1 EFZG einen **gesetzlichen Übergang des Schadensersatzanspruchs** wegen des Verdienstausfalls auf den Arbeitgeber in dem Umfang, in dem dieser Entgeltfortzahlung geleistet und darauf entfallende Arbeitgeberanteile an den Beiträgen zur Sozialversicherung getragen hat.

Der Anspruchsübergang erfolgt kraft Gesetzes in Form einer *cessio legis*. Vor Inkrafttreten des EFZG war 851
ein vergleichbarer gesetzlicher Forderungsübergang in § 4 LFZG nur bei der Verletzung von Arbeitern vorgesehen; für Angestellte fehlte eine vergleichbare Regelung, so dass der Zugriff auf den Schädiger in diesen Fällen nur auf der Basis einer vertraglich vereinbarten Abtretung möglich war. Der Forderungsübergang in § 6 Abs. 1 EFZG erfasst jedoch alle Arbeitnehmer gleichermaßen,[1777] so dass die vertraglich vereinbarte **Abtretung** im Hinblick auf die gesetzlichen Leistungen der Entgeltfortzahlung lediglich deklaratorischen Charakter besitzt. Erbringt der Arbeitgeber allerdings Leistungen, die den gesetzlichen Entgeltfortzahlungsanspruch übersteigen, indem etwa die Anspruchsdauer über den gesetzlichen Sechswochenzeitraum verlängert oder ein Krankengeldzuschuss geleistet wird, bedarf es einer ausdrücklichen vertraglichen Abtretungsvereinbarung, da der gesetzliche Forderungsübergang auf die gesetzlichen Leistungen nach dem EFZG begrenzt ist.[1778]

1775 BGH 22.6.1956, BGHZ 21, 112; *Müller/Berenz*, § 6 EFZG Rn 2.
1776 ErfK/ /*Reinhard*, § 6 EFZG Rn 1.
1777 ErfK/ /*Reinhard*, § 6 EFZG Rn 6.
1778 ErfK/*Reinhard*, § 6 EFZG Rn 11; MünchArbR/*Schlachter*, § 76 Rn 9; HWK/*Schliemann*, § 6 EFZG Rn 15; a.A. OLG Koblenz 14.7.1993, MDR 1994, 386; OLG Düsseldorf 29.6.1976, DB 1976, 1776, für den Fall der Lohnfortzahlung trotz selbst verschuldeter Arbeitsunfähigkeit.

bb) Begrenzung des Anspruchsübergangs

852 Der Forderungsübergang ist begrenzt, wenn das Schadenereignis durch einen **Familienangehörigen** oder **Arbeitskollegen** verursacht worden ist.

853 Lebt der Schädiger als Familienangehöriger im Zeitpunkt des Schadensereignisses mit dem Arbeitnehmer in häuslicher Gemeinschaft, ist gem. § 116 Abs. 6 S. 1 SGB X und § 67 VVG bei nicht vorsätzlicher Schädigung ein Forderungsübergang auf Sozialleistungsträger und Versicherungsunternehmen ausgeschlossen, um die wirtschaftliche Einheit der Familie nicht mit den fahrlässigen Handlungen eines Angehörigen zu belasten.[1779] Diese Regelungen werden auch im Rahmen des § 6 EFZG entsprechend angewandt.[1780]

854 Wird die Verletzung im Rahmen einer betrieblichen Tätigkeit durch einen anderen Arbeitnehmer verursacht, greift der Haftungsausschluss gem. § 105 SGB VII ein, sofern der Schaden nicht vorsätzlich oder im Rahmen eines Wegeunfalls verursacht wurde.[1781] Ein Ersatzanspruch, der auf den Arbeitgeber übergeleitet werden könnte, besteht in diesem Fall nicht.

cc) Keine Benachteiligung durch Anspruchsübergang

855 Der Forderungsübergang darf gem. § 6 Abs. 3 EFZG nicht zu einer **Benachteiligung des Arbeitnehmers** führen. Kann der Arbeitgeber die übergegangene Forderung nicht realisieren, etwa wegen des Eingreifens gesetzlicher Haftungsbeschränkungen oder aufgrund unzureichender finanzieller Leistungsfähigkeit des Schädigers, geht dies nicht zu Lasten des Arbeitnehmers.[1782] Dem Arbeitnehmer gebührt insoweit ein Befriedigungsvorrecht gegenüber dem Arbeitgeber,[1783] die Forderungen des Arbeitnehmers etwa wegen des Ausgleichs von Sach- oder immateriellen Schäden genießen Vorrang.[1784] Ein Rückgriff gegen den Arbeitnehmer ist insoweit unzulässig und kann wegen des damit verbundenen Verstoßes gegen die zwingenden Regelungen des EFZG auch nicht durch vertragliche Vereinbarung begründet werden.

dd) Einwendungen gegen Schadensersatzanspruch

856 Der Schädiger kann der übergegangenen Forderungen gem. § 412 BGB i.V.m. § 404 BGB alle **Einwendungen** entgegenhalten, die auch dem Arbeitnehmer gegenüber erhoben werden könnten. Ist dem Arbeitnehmer an dem erlittenen Schaden ein **Mitverschulden** anzulasten, führt der Mitverschuldensanteil zu einer Begrenzung auch des auf den Arbeitgeber übergegangenen Schadensersatzanspruchs;[1785] der Rückgriff des Arbeitgebers auf den Schädiger ist in diesem Fall um den Mitverschuldensanteil des Arbeitnehmers reduziert. Führt das Mitverschulden des Arbeitnehmers dazu, dass ein Anspruch auf Entgeltfortzahlung gegen den Arbeitgeber gem. § 3 Abs. 1 EFZG vollständig entfällt, ist auch für einen Forderungsübergang auf den Arbeitgeber kein Raum, selbst wenn der Arbeitgeber die Entgeltfortzahlung ohne Rechtsgrund tatsächlich geleistet hat.[1786]

ee) Mitwirkungspflichten des Arbeitnehmers

857 Die **Mitwirkungspflichten des Arbeitnehmers**, die dem Arbeitgeber bei einer entgeltfortzahlungsrelevanten Schädigung durch einen Dritten die Durchsetzung der übergegangenen Forderung erleichtern sollen, sind ebenfalls gesetzlich geregelt; gem. § 6 Abs. 2 EFZG hat der Arbeitnehmer dem Arbeitgeber unverzüglich sämtliche Angaben zu machen, die dieser zur Prüfung des Anspruchsübergangs und der Schadenshöhe benötigt. Hierzu gehören Angaben zum Schadensereignis, zur Schadensursache, sowie Name und Anschrift des Dritten und etwaiger Zeugen, nicht jedoch Angaben über die Art der Verletzung und den Umfang des

---

1779 ErfK/*Reinhard*, § 6 EFZG Rn 7.
1780 BGH 4.3.1976, DB 1976, 874; ErfK/*Reinhard*, § 6 EFZG Rn 7.
1781 HWK/*Schliemann*, § 6 EFZG Rn 9; *Schmitt*, § 6 EFZG Rn 29 ff.
1782 Tschöpe/*Grimm*, Teil 2 B Rn 196.
1783 *Müller*/*Berenz*, § 6 Rn 20; *Harth*, S. 34.
1784 *Geyer*/*Knorr*/*Krasney*, § 6 Rn 61; *Kunz*/*Wedde*, § 6 Rn 54.
1785 *Müller*/*Berenz*, § 6 EFZG Rn 12; Kittner/Zwanziger/Deinert/*Stumpf*, § 39 Rn 286.
1786 *Kaiser u.a.*/*Kleinsorge*, § 6 Rn 25; *Kunz*/*Wedde*, § 6 Rn 36; a.A. OLG Koblenz 14.7.1993, MDR 1994, 386; OLG Düsseldorf 29.6.1976, DB 1976, 1776.

eigenen Sachschadens.[1787] Auch polizeiliche Ermittlungsergebnisse und sonstige Beweisurkunden sind dem Arbeitgeber zugänglich zu machen.[1788] Die diesbezüglich in Nr. 1 und 2 des Musters enthaltenen Mitwirkungspflichten ergeben sich daher bereits aus dem Gesetz; zur Präzisierung der dem Arbeitnehmer obliegenden Pflichten sind entsprechende Regelungen jedoch zulässig und sinnvoll.

49. Entgeltumwandlung

Ausführungen hierzu finden sich unter dem Stichwort Betriebliche Altersversorgung (siehe oben Rdn 634 ff.).   **858**

50. Entsendung

Ausführungen hierzu finden sich im Kapitel zu den einzelnen Vertragstypen (siehe unten § 1b Rdn 645 ff.).   **859**

51. Fiktion

Literatur: *Beck*, Die Erklärung von Kündigung und Abmahnung durch den Arbeitgeber, Diss. 1996; *Boudon*, AGB-Kontrolle – neue Regeln für den Entwurf von Arbeitsverträgen, ArbRB 2003, 150; *Gaul/Otto*, Zugangsprobleme bei Kündigungen, ArbRB 2003, 306; *Hümmerich*, Gestaltung von Arbeitsverträgen nach der Schuldrechtsreform, NZA 2003, 753; *Mauer, Müller*, Der Kündigungszugang in der arbeitsrechtlichen Praxis, FA 2012, 356; Zugangsfiktionen von Kündigungserklärungen in Arbeitsverträgen, DB 2002, 1442; *Zeller-Müller*, Auswirkungen der Schuldrechtsreform auf die Inhaltskontrolle von Arbeitsverträgen und auf Aufhebungsverträge, Diss. 2003.

a) Allgemeines

Gesetzliche oder vertragliche Fiktionsregelungen dienen der **Fingierung von Tatsachen oder Rechtswirkungen**, bisweilen auch beider Aspekte. Die Fiktion von Tatsachen oder Rechtsfolgen findet sich in zahlreichen arbeitsrechtlichen Bestimmungen. So fingiert bspw. § 7 KSchG die Rechtswirksamkeit einer nicht rechtzeitig gerichtlich angegriffenen Kündigung, § 8 Abs. 5 S. 2 TzBfG fingiert bei nicht form- oder fristgerechter Ablehnung die Zustimmung des Arbeitgebers zu einer beantragten Teilzeittätigkeit. In vergleichbarer Weise kann auch auf arbeitsvertraglicher Basis vereinbart werden, dass unter bestimmten Umständen eine Tatsache oder Rechtsfolge fingiert werden soll. Aufgrund der Bedeutung einer Fiktion für den Vertragspartner ist die Zulässigkeit entsprechender Vereinbarungen in Formularverträgen jedoch begrenzt. Die Fiktion einer Tatsache fällt dabei unter die Sonderregelung des § 309 Nr. 12 BGB (vgl. Rdn 676 ff.). Erklärungs- oder Zugangsfiktionen unterfallen demgegenüber den relativen Klauselverboten der § 308 Nr. 5 und 6 BGB.   **860**

b) Zugangsfiktion

 Muster 1a.49: Zugangsfiktion   **861**

Zugangsfiktion bei Kündigung

Die schriftliche Kündigung des Arbeitsvertrages durch den Arbeitgeber gilt mit Ablauf des dritten Tages nach Aufgabe zur Post als zugegangen, es sei denn, der Zugang ist nicht oder zu einem späteren Zeitpunkt erfolgt.

Zugangsfiktion bei Zugangsvereitelung

Der Arbeitnehmer ist verpflichtet, dem Arbeitgeber jede beabsichtigte Änderung seiner Wohnanschrift und den Zeitpunkt des Wohnsitzwechsels unverzüglich anzuzeigen. Verstößt der Arbeitnehmer gegen diese An-

---

1787 ErfK/*Reinhard*, § 6 EFZG Rn 17; *Schmitt*, § 6 Rn 59.
1788 *Schaub/Linck*, ArbR-Hdb., § 98 Rn 138; *Geyer/Knorr/Krasney*, § 6 Rn 52 f.

zeigepflicht, gelten schriftliche Erklärungen des Arbeitgebers als dem Arbeitnehmer zu dem Zeitpunkt zugegangen, zu dem der Zugang an der dem Arbeitgeber zuletzt mitgeteilten Wohnanschrift bewirkt wird.

Zugangsfiktion über das Intranet

Der Arbeitnehmer ist verpflichtet, die „Aktuellen Informationen" im Intranet täglich zur Kenntnis zu nehmen. Dort eingestellte Erklärungen gehen dem Arbeitnehmer spätestens am Folgetag zu.

▲

c) Erläuterungen

862 Zugangsprobleme stellen sich im Arbeitsrecht in vielfältiger Weise, besonders aber im Zusammenhang mit einer Kündigungserklärung des Arbeitgebers. Als einseitige empfangsbedürftige Willenserklärung wird die Kündigung erst mit ihrem Zugang bei dem Erklärungsempfänger wirksam. Auch der **Zeitpunkt des Zugangs** ist von erheblicher Bedeutung, nicht nur für den Lauf der Kündigungsfrist oder der Klagefrist, sondern bspw. auch für die Einhaltung der Kündigungserklärungsfrist des § 626 Abs. 2 BGB oder den Ablauf der Wartezeit gem. § 1 Abs. 1 KSchG. Damit besteht ein virulentes Interesse insbesondere des Arbeitgebers, den Zeitpunkt des Zugangs möglichst präzise bestimmen und im Kündigungsschutzprozess auch beweisen zu können.

aa) Gesetzliche Regelung des Zugangs von Willenserklärungen

863 Der durch die persönliche Übergabe der Kündigungserklärung bewirkte **Zugang unter Anwesenden** lässt sich durch Zeugenbeweis oder die Einholung einer Empfangsbestätigung des Arbeitnehmers i.d.R. zuverlässig nachweisen. In diesem Fall ist der Zugang bereits mit der Übergabe des Kündigungsschreibens an den Arbeitnehmer bewirkt, unabhängig davon, ob und wann es von diesem tatsächlich gelesen wird. Auch wenn die Mitnahme des Schreibens verweigert und das Schriftstück ungeöffnet zurückgegeben wird, bleibt der Zugang bewirkt.[1789] Demgegenüber bereitet der **Zugang unter Abwesenden** häufig größere Probleme. Zwar kann auch in diesem Fall der Zugang ohne tatsächliche Kenntnisnahme des Arbeitnehmers von dem Inhalt der übermittelten Erklärung bewirkt werden; die gegenüber einem Abwesenden abgegebene Erklärung geht diesem bereits dann zu, wenn und sobald sie in die tatsächliche Verfügungsgewalt des Empfängers oder eines empfangsberechtigten Dritten gelangt ist und für den Empfänger unter gewöhnlichen Verhältnissen die Möglichkeit besteht, von dem Inhalt der Erklärung Kenntnis zu nehmen.[1790] Damit bewirkt bspw. der Einwurf in den Briefkasten des Empfängers den Zugang, wobei der Zugangszeitpunkt davon abhängt, wann mit der Leerung des Briefkastens zu rechnen ist.[1791] Ein verlässlicher Nachweis des Zugangs lässt sich jedoch häufig nur dadurch erreichen, dass das Schreiben von einem Boten des Arbeitgebers oder einem Kurierdienst persönlich eingeworfen wird; die Versendung mit einfacher Post, aber auch mit postalischem Einschreiben bietet demgegenüber einen nur begrenzt verlässlich verwertbaren Zugangsnachweis.[1792] Auch besteht die Gefahr, dass der Erklärungsempfänger den Zugang einer Kündigungserklärung insbesondere dann zu vereiteln sucht, wenn diese bereits erwartet wird. Aus diesem Grund wird bei der Vertragsgestaltung häufig versucht, drohenden Zugangsproblemen mit der vertraglichen Vereinbarung einer Zugangsfiktion zu begegnen. Die **gesetzlichen Zugangsbestimmungen**, insbesondere die §§ 130, 132 BGB, sind **dispositiv**, so dass im Wege der vertraglichen Vereinbarung grds. auf das Erfordernis des Zugangs verzichtet oder Zugangserleichterungen vereinbart werden können.[1793] In Formularverträgen ist die Vereinbarung einer Zugangsfiktion jedoch nur begrenzt möglich.

1789 BAG 7.1.2004 – 2 AZR 388/03 – n.v.; BAG 4.11.2004, NZA 2005, 513; BAG 16.2.1983, BB 1983, 1921.
1790 BAG 22.3.2012, NZA 2012, 1320; BAG 2.3.1989, NJW 1989, 2213; LAG Rheinland-Pfalz 14.12.2015 – 3 Sa 467/15.
1791 BAG 8.12.1983, NZA 1984, 31.
1792 LAG Köln – 22.11.2010 – 5 Sa 900/10; LAG Köln 4.8.2009 – 10 Sa 84/09; LAG Hamm 5.8.2009 – 3 Sa 1677/08; *Gaul/Otto*, ArbRB 2003, 306.
1793 LAG Baden-Württemberg 8.7.2004, LAGReport 2005, 201; BGH 7.6.1995, DB 1995, 2467; Palandt/*Ellenberger*, § 130 BGB Rn 19.

bb) Fiktion des Zugangs

Gem. **§ 308 Nr. 6 BGB**, der auch im Arbeitsrecht uneingeschränkt Anwendung findet,[1794] ist eine Bestimmung unwirksam, die vorsieht, dass eine **Erklärung** des Verwenders **von besonderer Bedeutung** dem anderen Vertragsteil als zugegangen gilt. Erklärungen „von besonderer Bedeutung" sind dabei v.a. solche, die für den Empfänger mit nachteiligen Rechtsfolgen verbunden sind,[1795] insbesondere also Widerrufserklärungen, Abmahnungen, Nichtverlängerungsmitteilungen i.S.v. § 15 Abs. 2 TzBfG und Kündigungserklärungen. 864

Die Vereinbarung einer Zugangsfiktion ist daher zwar für Erklärungen von untergeordneter Bedeutung zulässig, doch besteht insoweit regelmäßig kein gestalterisches Interesse. Eine Regelung, mit der der **Zugang einer Kündigungserklärung** oder anderer wesentlicher Erklärungen fingiert werden soll, ist demgegenüber in Formularverträgen gem. § 308 Nr. 6 BGB grds. unwirksam.[1796] Dies lässt sich auch nicht dadurch umgehen, dass die Zugangsfiktion nicht uneingeschränkt gilt, sondern dem Erklärungsempfänger entsprechend der ersten Variante des vorstehenden Musters die Möglichkeit zur **Widerlegung der Fiktion** durch den Nachweis des nicht oder zu einem späteren Zeitpunkt erfolgten Zugangs eingeräumt wird. Eine solche Regelung bürdet nach ihrem gesetzlichen Vorbild etwa in § 41 Abs. 2 VwVfG, § 4 VwZG, § 122 Abs. 2 AO dem Empfänger auf, zumindest Tatsachen vorzutragen, die schlüssig auf einen nicht oder zumindest später erfolgten Zugang hindeuten und damit Zweifel an der Zugangsvermutung begründen.[1797] Die Beweislast für den (nicht erfolgten) Zugang der Kündigungserklärung wird damit auf den Empfänger verlagert, was in Formularverträgen auch im Hinblick auf das Verbot nachteiliger Beweislastvereinbarung gem. § 309 Nr. 12 BGB unzulässig ist (vgl. Rdn 673 ff.). Eine solche Regelung kann daher für den Zugang von Schriftstücken mit untergeordneter Bedeutung getroffen werden, nicht aber für den Zugang von Kündigungen und anderen wesentlichen Schriftstücken.

cc) Fiktion des Zugangs bei Zugangsvereitelung

Mit der zweiten Variante des vorstehenden Musters soll nicht der Zugang an sich, sondern der **Zugang „in den Machtbereich"** des Arbeitnehmers fingiert werden. Wird eine Willenserklärung an einen von dem Arbeitnehmer bereits aufgegebenen Wohnsitz gerichtet, ist dort ein Zugang – jedenfalls vorbehaltlich der tatsächlichen Kenntnisnahme des Arbeitnehmers – nicht mehr möglich, da dieser nicht mehr zu dem Machtbereich des Erklärungsempfängers gehört und deshalb bei gewöhnlichem Verlauf der Dinge mit einer Kenntnisnahme dort nicht mehr gerechnet werden kann. Der Zugang kann daher regelmäßig nur an dem aktuellen Wohnsitz des Arbeitnehmers bewirkt werden. 865

Allerdings wird überwiegend angenommen, dass dem Arbeitnehmer eine arbeitsvertragliche Nebenpflicht obliegt, dem Arbeitgeber einen Wohnsitzwechsel anzuzeigen.[1798] Unterlässt der Arbeitnehmer eine entsprechende Mitteilung und scheitert deshalb ein Zugang an der bisherigen Anschrift, so kann dies auch ohne entsprechende vertragliche Regelung als **Zugangsvereitelung** zu werten sein, so dass sich der Arbeitnehmer auf den nicht oder nicht rechtzeitig erfolgten Zugang nicht mehr berufen kann. Entsprechendes soll gelten, wenn das Namensschild an dem bisherigen Hausbriefkasten nicht entfernt wird.[1799] Vor diesem Hintergrund wird teilweise angenommen, dass die vorstehende Regelung ausnahmsweise zulässig sein soll, da die Zugangsfiktion in diesen Fällen nicht, wie es gem. § 307 Abs. 3 BGB für die Inhaltskontrolle erforderlich 866

1794 ErfK/*Preis*, § 305–310 BGB Rn 101; *Mauer*, DB 2002, 1442, 1445.
1795 OLG Oldenburg 27.3.1992, WM 1992, 1181.
1796 Preis/*Preis*, Arbeitsvertrag, II Z 10 Rn 13 f.; *Mauer*, DB 2002, 1442; 1446; *Hümmerich*, NZA 2003, 753, 764; *Gotthardt*, Rn 294; *Zeller-Müller*, S. 210.
1797 BFH 30.11.2006 – XI B 13/06, n.v.; BFH 17.6.1997 – IX R 79/95, n.v.
1798 BAG 18.2.1977, AP Nr. 10 zu § 130 BGB.
1799 ArbG Gelsenkirchen 10.8.1994, EzA Nr. 25 zu § 130 BGB.

ist, von den gesetzlichen Bestimmungen abweiche, sondern lediglich die ohnehin geltende Rechtslage wiedergebe.[1800]

867   Die Annahme einer Zugangsvereitelung ist allerdings an strenge Voraussetzungen geknüpft. So muss zwar ein Erklärungsempfänger, der den Zugang einer Kündigung verzögert, deren Zugang zu einem früheren Zeitpunkt gegen sich gelten lassen, wenn es ihm nach Treu und Glauben verwehrt ist, sich auf eine Verspätung des Zugangs zu berufen, für die er selbst durch sein Verhalten die alleinige Ursache gesetzt hat.[1801] Eine Zugangsvereitelung wird deshalb bspw. angenommen, wenn der Arbeitnehmer dem Arbeitgeber bereits zu Beginn des Arbeitsverhältnisses eine unzutreffende Anschrift mitteilt und die fehlerhaften Angaben auch bei der Einreichung mehrerer Arbeitsunfähigkeitsbescheinigungen nicht berichtigt.[1802] Eine treuwidrige Vereitelung des Zugangs liegt jedoch nur dann vor, wenn das Zugangshindernis allein dem Empfänger zuzurechnen ist, der Erklärende mit einem solchen Hindernis nicht zu rechnen brauchte und er nach Kenntnis der zugangshindernden Umstände den Zugang unverzüglich erneut bewirkt.[1803] Auch wird eine Zugangsvereitelung häufig nur dann angenommen, wenn der Erklärungsempfänger damit rechnen musste, dass ihm eine entsprechende Erklärung übermittelt werden soll.[1804] Weiterhin ist zu bedenken, dass die Annahme einer Zugangsvereitelung stets der Einbettung in die **Umstände des Einzelfalls** bedarf. Insoweit ist bislang ungeklärt, wann der Arbeitnehmer einen Wohnsitzwechsel anzuzeigen hat[1805] und ob die unterlassene Anzeige auch dann als Zugangsvereitelung zu werten ist, wenn der Arbeitnehmer mit dem Zugang einer schriftlichen Erklärung nicht rechnen musste.[1806] Weiterhin ist eine ausreichende Anzeige des Wohnungswechsels auch ohne ausdrücklichen Hinweis an den Arbeitgeber in der Einreichung einer Arbeitsunfähigkeitsbescheinigung gesehen worden, in der die neue Anschrift aufgeführt war.[1807] Diese Umstände lassen sich mit einer vertraglichen Klausel kaum erfassen. Es ist daher zumindest zweifelhaft, ob eine Fiktion entsprechend der zweiten Mustervariante, die für den Zugang einer Erklärung den Zugang an dem letzten dem Arbeitgeber bekannten Wohnsitz ausreichen lässt, tatsächlich nur die objektive Rechtslage wiedergibt, oder nicht vielmehr eine Verschärfung der gesetzlichen Anforderungen beinhaltet. Nur im erstgenannten Fall unterläge sie als rein deklaratorische Regelung nicht der gesetzlichen Inhaltskontrolle; anderenfalls wäre sie nach dem eindeutigen Wortlaut des § 308 Nr. 6 BGB als formularmäßige Vereinbarung einer Zugangsfiktion unwirksam.[1808]

868   Ungeachtet dieser Streitfrage ist jedenfalls zu empfehlen, die in dem vorstehenden Muster ebenfalls enthaltene vertragliche Vereinbarung einer **Verpflichtung des Arbeitnehmers**, einen beabsichtigten oder erfolgten **Wohnsitzwechsel** unter Angabe der neuen Wohnanschrift unverzüglich **anzuzeigen**, aufzunehmen. Die Verletzung dieser Vertragspflicht kann im Einzelfall auch ohne die vertragliche Zugangsfiktion unter Hinweis auf § 242 BGB die Berufung auf eine Zugangsvereitelung durch den Arbeitnehmer erleichtern. Da der Regelungskomplex inhaltlich teilbar ist („blue-pencil-test"), bleibt die Anzeigeverpflichtung auch dann wirksam, wenn die Zugangsfiktion als unwirksam erachtet werden sollte.

1800 Preis/*Preis*, Arbeitsvertrag, II Z 10 Rn 19; a.A. *Boudon*, ArbRB 2003, 150, 153.
1801 Palandt/*Ellenberger*, § 130 BGB Rn 18.
1802 BAG 22.9.2005, NZA 2006, 204; vgl. aber BGH 7.10.2010, NJW-RR 2011, 233.
1803 BAG 22.9.2005, NZA 2006, 204; BAG 22.9.1983 – 2 AZR 23/82, n.v.; LAG Hamburg 8.4.2015 – 5 Sa 61/14; LAG Rheinland-Pfalz 26.11.2007 – 9 Ta 240/07, n.v.: LAG Rheinland-Pfalz 22.3.2007 – 4 Sa 395/06, n.v.; LAG München 15.12.2004, LAGReport 2005, 206; *Gaul/Otto*, ArbRB 2003, 306.
1804 LAG Rheinland-Pfalz 23.3.2012 – 9 Sa 698/10; LAG München 15.12.2004, LAGReport 2005, 206.
1805 LAG Köln 17.8.2001 – 7 Ta 47/01, n.v.: Mitteilung nach erfolgtem Umzug ausreichend.
1806 Offen gelassen von BAG 22.9.2005, NZA 2006, 204.
1807 BAG 18.2.1977, AP Nr. 10 zu § 130 BGB.
1808 Palandt/*Grüneberg*, § 308 BGB Rn 33; BayObLG 28.12.1979, BB 1980, 283.

dd) Verpflichtung zur Kenntnisnahme innerbetrieblicher Mitteilungen

Auch Regelungen, die den Zugang von Mitteilungen des Arbeitgebers, die am **Schwarzen Brett** oder im **869** **Intranet** veröffentlicht werden, fingieren sollen, unterliegen dem Klauselverbot des § 308 Nr. 6 BGB. Insbesondere stellen weder das Intranet noch das Schwarze Brett Einrichtungen dar, die i.S.d. Zugangsrechtsprechung als „Machtbereich" des Arbeitnehmers zu qualifizieren wären.[1809] Dementsprechend ist die in der dritten Mustervariante enthaltene Verpflichtung des Arbeitnehmers, derartige Erklärungen zur Kenntnis zu nehmen, zwar wirksam; ein Verstoß gegen die insoweit bestehende arbeitsvertragliche Nebenpflicht begründet jedoch keine Zugangsfiktion, sondern – bei schuldhaftem Handeln des Arbeitnehmers – allenfalls Schadensersatzansprüche des Arbeitgebers. Die mit der Kenntnisnahmeverpflichtung verbundene vertragliche Zugangsfiktion ist unwirksam.[1810]

d) Erklärungs- und Zustimmungsfiktion

▼

Muster 1a.50: Zustimmungsfiktion **870**

Variante 1

Die vereinbarten Provisionssätze können um bis zu ███████ % abgesenkt werden. Ändert der Arbeitgeber die Provisionssätze, so werden die geänderten Provisionssätze verbindlich, wenn der Arbeitnehmer nicht innerhalb von sechs Wochen nach Mitteilung der Neufestsetzung, die auch den Hinweis auf die Folgen der Fristversäumnis enthalten muss, schriftlich widerspricht.

Variante 2

Ein Angebot des Arbeitgebers zur einvernehmlichen Änderung des Arbeitsvertrages gilt als angenommen, wenn der Arbeitnehmer seine Tätigkeit unter den geänderten Arbeitsbedingungen für mindestens einen Monat fortsetzt, ohne der Änderung zu widersprechen. Der Arbeitgeber verpflichtet sich, den Arbeitnehmer mit Beginn der Widerspruchsfrist auf diese Rechtsfolge besonders hinzuweisen.

Variante 3

Eine Abmahnung wird als berechtigt anerkannt, wenn der Arbeitnehmer dieser nicht binnen einer Frist von drei Wochen widerspricht. Der Arbeitgeber verpflichtet sich, den Arbeitnehmer in der Abmahnung auf die Möglichkeit des Widerspruchs und die Folgen des unterlassenen Widerspruchs besonders hinzuweisen.

▲

e) Erläuterungen

Der Grundsatz, dass **Schweigen im Rechtsverkehr** keine rechtsgeschäftliche Willenserklärung darstellt, **871** gehört zu den wesentlichen Prinzipien des Schuldrechts.[1811] Von diesem Grundsatz wird abgewichen, wenn dem tatsächlichen Verhalten eines Vertragspartners ein bestimmter Erklärungswert zugewiesen wird, so dass entsprechenden Vereinbarungen in Formularverträgen durch **§ 308 Nr. 5 BGB** enge Grenzen gesetzt sind. Regelungen, die die Abgabe oder Nichtabgabe einer Erklärung des Vertragspartners fingieren, wenn dieser eine bestimmte Handlung vornimmt oder unterlässt, sind demgemäß in Formularverträgen nur wirksam, wenn sich der Arbeitgeber bereits in der Vertragsklausel verpflichtet hat, den Arbeitnehmer mit Fristbeginn auf die Bedeutung seines Verhaltens gesondert hinzuweisen.[1812] Doch auch dann tritt die Fiktion nur ein, wenn der **Hinweis auf die Fiktionswirkung** tatsächlich erteilt und dem Arbeitnehmer überdies eine **angemessene Frist** zur Abgabe einer ausdrücklichen Erklärung eingeräumt worden ist.

1809 LAG Rheinland-Pfalz 19.11.1999, NZA-RR 2000, 409.
1810 Hümmerich/Lücke/Mauer/*Wisswede*, § 1 Rn 86.
1811 Palandt/*Ellenberger*, Einf v § 116 BGB Rn 7.
1812 LAG Köln 16.1.2007 – 9 Sa 1011/06, n.v.

aa) Vereinbarung der Fiktionswirkung

872   Die Begründung einer Fiktionswirkung muss durch **zweiseitigen Vertrag** erfolgen; sie kann ohne entsprechende arbeitsvertragliche Regelung nicht einseitig vom Arbeitgeber hergestellt werden. Denkbar wäre eine einseitige Fiktionsbegründung etwa bei der Erteilung einer Abmahnung oder bei der Information über einen Betriebsübergang gem. § 613a BGB, bei dem ein endgültiger Verzicht auf das Widerspruchsrecht nach Ablauf einer bestimmten Zeit fingiert werden könnte.[1813] In diesen Fällen fehlt es jedoch an einer vertraglichen Grundlage, ohne die die Fiktionswirkung nicht eintreten kann.[1814] Der nicht von einer entsprechenden Vereinbarung getragene Hinweis auf eine Fiktionswirkung entfaltet daher keine rechtlichen Wirkungen. Insbesondere die Erklärungsfiktion bei Erteilung einer Abmahnung kann allerdings entsprechend dem vorstehenden Muster vorsorglich in den Arbeitsvertrag aufgenommen werden; durch einen deutlichen Hinweis auf die Fiktionswirkung in dem Abmahnungsschreiben ist dann den Anforderungen des § 308 Nr. 5 BGB Genüge getan.[1815]

bb) Hinweis auf die Fiktionswirkung

873   Der **Hinweis auf die Fiktionswirkung** muss in einer Form erfolgen, die unter normalen Umständen eine Kenntnisnahme durch den Arbeitnehmer erwarten lässt.[1816] Ist die Fiktionswirkung im Arbeitsvertrag vereinbart, unterlässt der Arbeitgeber allerdings bei Fristbeginn den gesonderten Hinweis, ist die Klausel zwar wirksam, die Fiktionswirkung tritt jedoch nicht ein.[1817]

cc) Angemessenheit der Erklärungsfrist

874   Der Eintritt der Fiktionswirkung setzt schließlich voraus, dass dem Arbeitnehmer eine **angemessene Frist** zur Abgabe einer ausdrücklichen Erklärung eingeräumt wird. Die erforderliche Länge einer als angemessen anzusehenden Frist richtet sich nach dem Inhalt der jeweiligen Regelung. Ausgehend davon, dass dem Arbeitnehmer einerseits eine ausreichende Zeitspanne zur Überlegung und Erklärung zugebilligt werden muss, dass andererseits aber im Arbeitsrecht kurze Fristen zur Rechtswahrung üblich und auch vom Gesetz selbst in zahlreichen Regelungen vorgesehen sind,[1818] dürfte in Anlehnung an § 4 KSchG in vielen Fällen eine Frist von drei Wochen erforderlich aber auch ausreichend sein. Entscheidend ist, innerhalb welchen Zeitraums nach der Verkehrsanschauung ein Widerspruch berechtigterweise erwartet werden kann. Dieser Anforderung ist in den vorstehenden Beispielen genügt.

dd) Inhaltliche Angemessenheit der Fiktionsvereinbarung

875   Die Einhaltung der Anforderungen des § 308 Nr. 5 BGB an eine formularmäßige Erklärungsfiktion führt allerdings nicht dazu, dass die betreffende Klausel keiner weitergehenden Inhaltskontrolle mehr unterliegt. Insbesondere die inhaltliche Angemessenheit gem. § 307 BGB bedarf der Überprüfung; Regelungen, die aufgrund ihrer inhaltlichen Unangemessenheit formularmäßig nicht wirksam vereinbart werden können, lassen sich auch nicht im Wege der Erklärungsfiktion in den Vertrag einbeziehen.[1819]

876   Erforderlich ist deshalb, dass der Arbeitgeber ein **berechtigtes Interesse** an der Vereinbarung einer Erklärungsfiktion hat. Im Zivilrecht wird ein solches Interesse insbesondere im Bereich der Massenverwaltung bejaht.[1820] Ein vergleichbares Interesse ist auch im Arbeitsrecht anzuerkennen, wenn etwa der Arbeitgeber im Wege der Erklärungsfiktion neue Arbeitsbedingungen für eine größere Zahl von Arbeitnehmern umset-

---

1813 *Boudon*, ArbRB 2003, 150.
1814 BAG 18.3.2009, NZA 2009, 601, zur Unzulässigkeit einer gegenläufigen betrieblichen Übung; BGH 4.10.1984, NJW 1985, 617; OLG Köln 27.4.1988, MDR 1988, 778.
1815 Hümmerich/Lücke/Mauer/*Wisswede*, § 1 Rn 87.
1816 BGH 4.10.1984, NJW 1985, 617.
1817 MüKo-BGB/*Wurmnest*, § 308 Nr. 5 Rn 14.
1818 BAG 28.9.2005, AP Nr. 7 zu § 307 BGB.
1819 OLG Frankfurt 8.2.2007 – 1 U 184/06, n.v.; BGH 9.11.1989, NJW 1990, 761.
1820 BGH 9.11.1989, NJW 1990, 761.

zen will; in diesem Fall entspringt die Erklärungsfiktion angesichts der Vielzahl der zu behandelnden Fälle einem berechtigten organisatorischen Bedürfnis, diese durch Fiktionen möglichst einfach zu bewältigen. Zwar ist in der zivilrechtlichen Rechtsprechung angenommen worden, dass es eine unangemessene Benachteiligung darstelle, wenn eine zum Vertragsschluss notwendige Willenserklärung durch eine Fiktion ersetzt werde;[1821] dies kann jedoch im Rahmen des auf Dauer angelegten Arbeitsverhältnisses, bei dem wegen der Ungewissheit der wirtschaftlichen Entwicklung des Unternehmens und der allgemeinen Entwicklung des Arbeitsverhältnisses ein Bedürfnis nach Anpassung an geänderte Bedingungen anerkannt ist,[1822] zumindest dann nicht gelten, wenn es nicht um den erstmaligen Vertragsabschluss, sondern um eine inhaltliche Änderung geht. Auch bei der Vereinbarung einer Anerkennungsfiktion für Abmahnungen dürfte ein berechtigtes Interesse des Arbeitgebers anzuerkennen sein. Sie gewährleistet Rechtssicherheit über die für beide Vertragsparteien erhebliche Frage der Berechtigung der arbeitsrechtlichen Sanktion, die für den Arbeitgeber auf andere Weise nicht erreichbar ist, da der Anspruch auf Entfernung der Abmahnung nicht von vertraglichen Ausschlussfristen erfasst wird[1823] und der Arbeitnehmer nach ständiger Rechtsprechung berechtigt ist, die Abmahnung auch erst im Zusammenhang mit einer später erklärten Kündigung in Frage zu stellen.[1824]

Soweit mit der Erklärungsfiktion eine **Änderung der Vergütungsstruktur** herbeigeführt werden soll, ist die inhaltliche Angemessenheit besonders eingehend zu prüfen.[1825] Da die arbeitgeberseitig vorgesehene Änderung jedoch nicht einseitig, sondern mit dem (wenn auch ggf. fingierten) Einverständnis des Arbeitnehmers zustande kommt, dürfen an solche Vereinbarungen allerdings nicht dieselben Anforderungen gestellt werden wie an die Vereinbarung eines Freiwilligkeits- und Widerrufsvorbehalts (vgl. hierzu Rdn 1630 ff.); Letztere müssen einer strengeren Inhaltskontrolle unterliegen, da sich der Arbeitnehmer gegen die Änderung auch durch ausdrücklichen Widerspruch nicht wehren kann. **877**

Schließlich ist auch das **Transparenzgebot** des § 307 Abs. 1 S. 2 BGB zu beachten. Dessen Einhaltung kann insbesondere bei der zweiten Variante der Musterformulierung zweifelhaft sein, da diese jeden denkbaren Fall möglicher Vertragsänderungen erfasst. Der Arbeitnehmer kann sich in diesem Fall nicht von vornherein auf etwaige Änderungen einstellen. Allerdings wird er durch den gesonderten Hinweis auf die Rechtsfolgen vor einer möglichen Überrumpelung in ausreichendem Maße geschützt. Die Klausel zeichnet letztlich die Situation nach, in der der Arbeitgeber dem Arbeitnehmer ein (nachteiliges) Vertragsangebot unterbreitet. In diesen Fällen ist anerkannt, dass, sofern sich die Änderung unmittelbar auf das Arbeitsverhältnis auswirkt, in der widerspruchslosen Weiterarbeit des Arbeitnehmers eine stillschweigende Annahmeerklärung gem. § 151 BGB liegen kann, da er aufgrund der Änderung Anlass hätte, dieser sofort zu widersprechen.[1826] Die Klausel ist damit jedenfalls unter Berücksichtigung der Besonderheiten des auf längere Dauer angelegten Arbeitsverhältnisses gem. § 310 Abs. 4 S. 2 BGB ebenfalls anzuerkennen.[1827] **878**

52. Fortbildungspflicht

Ausführliche Erläuterungen zu diesem Stichwort finden sich im Kapitel zu den einzelnen Vertragstypen (siehe unten § 1b Rdn 1 ff.). **879**

1821 AG Bergisch Gladbach 2.2.1988, NJW-RR 1988, 956.
1822 BAG 11.10.2006, AP Nr. 6 zu § 308 BGB.
1823 BAG 14.12.1994, AP Nr. 15 zu § 611 BGB Abmahnung.
1824 BAG 13.3.1987, AP Nr. 18 zu § 1 KSchG 1969 Verhaltensbedingte Kündigung; ErfK/*Müller-Glöge*, § 626 BGB Rn 35.
1825 Vgl. auch OLG Koblenz 30.9.2010, CR 2011, 471.
1826 BAG 18.3.2009, NZA 2009, 601; LAG Hamm 11.3.2005 – 13 Sa 1948/04, n.v.; BAG 1.8.2001, AP Nr. 20 zu § 157 BGB.
1827 HWK/*Gotthardt*, § 309 BGB Rn 6; ablehnend OLG Frankfurt 8.2.2007 – 1 U 184/06, n.v.

53. Freistellung

Literatur: *Bauer*, „Spielregeln" für die Freistellung von Arbeitnehmern, NZA 2007, 409; *Bauer/Krieger*, Freistellungsvereinbarungen: Neue sozialversicherungsrechtliche Spielregeln – Rechtsfolgen, Kritik, Alternativen, DB 2005, 2242; *Beckmann*, Rechtsschutz bei Freistellung des Arbeitnehmers/Geschäftsführers, NZA 2004, 1131; *Bergwitz*, Beschäftigungsverhältnis bei Freistellung, NZA 2009, 518; *Fischer*, Die formularmäßige Abbedingung des Beschäftigungsanspruchs des Arbeitnehmers während der Kündigungsfrist, NZA 2004, 233; *Fröhlich*, Inhaltskontrolle bei arbeitsvertraglichem Freistellungsvorbehalt, ArbRB 2006, 84; *Göpfert/Fellenberg*, Schmerzensgeld wegen Freistellung im Arbeitsverhältnis?, BB 2011, 1912; *Kappenhagen*, Vertragsklauseln zur Freistellung des Arbeitnehmers nach Kündigung, FA 2007, 167; *Knospe*, Die Vereinbarung sozialversicherungsrechtlich zulässiger Freistellungen von der Arbeitsleistung, NJW 2006, 3676; *Kramer*, Gestaltung einer Freistellung von der Arbeit, DB 2008, 2538; *Lembke*, Sozialversicherungsrechtliche Fragen bei der Beendigung von Beschäftigungsverhältnissen, BB 2009, 2594; *Lindemann/Simon*, Die Freistellung von der Arbeitspflicht – neue Risiken und Nebenwirkungen, BB 2005, 2462; *Lingemann/Steinhauser*, Der Kündigungsschutzprozess in der Praxis – Beschäftigungsanspruch, NJW 2014, 1428; *Meier*, Freistellung als Urlaubsgewährung, NZA 2002, 873; *Meyer*, Der Freistellungsvertrag, NZA 2011, 1249; *Nägele*, Anrechnung von Zwischenverdienst in der Freistellungsphase nach erfolgter Kündigung, BB 2003, 45; *Ohlendorf/Salamon*, Freistellungsvorbehalte im Lichte des Schuldrechtsmodernisierungsgesetzes, NZA 2008, 856; *Panzer*, Sozialversicherungsrechtliche Auswirkungen der Beendigung von Arbeitsverhältnissen, NJW 2010, 11; *Richter/Lange*, Kontrolle von Freistellungs- und Ausschlussklauseln in Arbeitsverträgen mit Fußballbundesliga-Trainern, NZA-RR 2012, 57.

a) Allgemeines
aa) Erscheinungsformen

880   Die Freistellung führt zur Suspendierung der Hauptleistungspflichten aus dem Arbeitsverhältnis und beseitigt den Beschäftigungsanspruch des Arbeitnehmers. Bei der **unentgeltlichen** Freistellung entfällt die Vergütungspflicht des Arbeitgebers. Erfolgt die Freistellung dagegen **entgeltlich**, behält der Arbeitnehmer seinen Vergütungsanspruch, er ist aber während des Freistellungszeitraums weder zur Arbeit verpflichtet noch berechtigt.[1828]

881   Ein Arbeitnehmer hat ebenso wenig einen allgemeinen Freistellungsanspruch wie ein Arbeitgeber ein allgemeines **einseitiges** Freistellungsrecht. Stets bedarf es einer entsprechenden Vereinbarung oder einer gesetzlichen bzw. kollektivrechtlichen Rechtsgrundlage. Bezahlte Freistellung kann ein Arbeitnehmer z.B. im Falle seiner vorübergehenden Verhinderung zur Arbeitsleistung verlangen (§ 616 BGB). Ein Recht auf unbezahlte Freistellung besteht etwa bei der Pflege naher Angehöriger (§§ 2–4 PflegeZG, § 2 FPfZG) oder gemäß den Vorschriften zur Elternzeit (§§ 15 f. BEEG). Die Rechtsprechung gibt einem Arbeitgeber ein einseitiges Recht zur bezahlten Freistellung des Arbeitnehmers, wenn die Abwägung der beiderseitigen Interessen ergibt, dass die Interessen des Arbeitgebers schutzwürdiger als jene des Arbeitnehmers sind.[1829]

882   **Einvernehmliche** entgeltliche Freistellungen sind vor allem in Aufhebungsverträgen oder gerichtlichen Vergleichen weit verbreitet. Vorsorge für etwaige Freistellungen kann auch bereits im Arbeitsvertrag getroffen werden; hierdurch kann insbesondere die im Beendigungszeitraum bestehende Unsicherheit über das Bestehen eines einseitigen Freistellungsrechts vermieden werden.

bb) Urlaubsansprüche

883   Häufig sollen mit der Freistellung – insbesondere, wenn diese bis zur Beendigung des Arbeitsverhältnisses erfolgt – zugleich bestehende (Rest-) Urlaubsansprüche erfüllt werden. Dies setzt zunächst voraus, dass der Arbeitgeber hinreichend **deutlich** erkennen lässt, dass durch die Freistellung der Urlaubsanspruch erfüllt werden soll.[1830] Außerdem darf die Freistellung für die Zeit der Urlaubserteilung nicht widerruflich erfol-

---

1828 BAG 23.1.2008, NZA 2008, 595.
1829 BAG 19.8.1976, AP Nr. 4 zu § 611 BGB Beschäftigungspflicht; BAG GS 27.2.1985, AP Nr. 14 zu § 611 BGB Beschäftigungspflicht. Für den Fall der betriebsbedingten Kündigung vgl. LAG Hamm 18.9.2003, NZA-RR 2004, 244; LAG München 19.8.1992, NZA 1993, 1130; ArbG Stralsund 11.8.2004, NZA-RR 2005, 23.
1830 BAG 10.2.2015, NZA 2015, 998, 999; BAG 17.5.2011, NZA 2011, 1032, 1034; BAG 24.3.2009, NZA 2009, 538, 540; BAG 20.1.2009, AP Nr. 91 zu § 7 BUrlG Abgeltung; LAG Hamm 11.10.2011 – 14 Sa 543/11, juris; Suckow u.a./*Suckow*, Rn 534; Däubler u.a./*Däubler*, Anhang Rn 221.

gen. Denn nur die **unwiderrufliche** Freistellung verbraucht den Urlaubsanspruch.[1831] Die Unwiderruflichkeit muss allerdings nicht gesondert erklärt werden. Erfolgt die Freistellung ausdrücklich weder widerruflich noch unwiderruflich, aber in Anrechnung auf bestehende Urlaubsansprüche, liegt eine unwiderrufliche Freistellung vor, weil die Unwiderruflichkeit Rechtsfolge der Urlaubserteilung ist.[1832] Dagegen reicht es nicht aus, wenn der Arbeitnehmer widerruflich unter Anrechnung auf bestehende Urlaubsansprüche freigestellt wird; in diesem Fall behält der Arbeitnehmer seinen Anspruch auf Urlaubsabgeltung. Das gleiche gilt, wenn der Arbeitnehmer lediglich unwiderruflich, aber nicht in Anrechnung der Urlaubsansprüche, freigestellt wird. Möglich ist auch, den Arbeitnehmer bis zur Erfüllung der noch bestehenden Urlaubsansprüche unwiderruflich, im Übrigen widerruflich freizustellen.

Eine Freistellung unter Anrechnung auf den Urlaubsanspruch kann auch **vorsorglich** für den Fall der Unwirksamkeit einer ausgesprochenen ordentlichen oder außerordentlichen Kündigung erklärt werden.[1833] Nach neuerer Rechtsprechung des BAG gewährt ein Arbeitgeber durch die Freistellungserklärung in einem Kündigungsschreiben allerdings nur dann wirksam Urlaub, wenn er dem Arbeitnehmer die **Urlaubsvergütung** vor Antritt des Urlaubs zahlt oder vorbehaltlos zusagt.[1834] Für den Regelfall – Ausspruch einer ordentlichen Kündigung und Freistellung bis zum Ablauf der Kündigungsfrist – bleibt dies ohne Konsequenz. Denn die Freistellung erfolgt in diesem Fall ohnehin entgeltlich, d.h. unter Fortzahlung der vertragsgemäßen Vergütung und damit erhält der Arbeitnehmer auch die ihm zustehende Urlaubsvergütung. Relevant wird diese Rechtsprechung allerdings zum einen in dem Fall, dass der Arbeitgeber fristlos sowie hilfsweise ordentlich kündigt und dabei den Arbeitnehmer gleichzeitig für die Dauer der Kündigungsfrist der **vorsorglichen ordentlichen Kündigung** freistellt. In diesem Fall muss der Arbeitgeber ausdrücklich die vorbehaltlose Zahlung der Urlaubsvergütung in dem Kündigungsschreiben zusagen, d.h. unabhängig von der Wirksamkeit der fristlosen Kündigung. Der Arbeitnehmer kann dann bei Antritt seines Urlaubs die Vergütung verlangen; nur wenn der Arbeitgeber diese leistet, wird der Urlaub verbraucht. Es reicht dagegen nicht aus, wenn dem Arbeitnehmer erst nach der rechtskräftigen Entscheidung über seine Kündigungsschutzklage ein Anspruch auf Urlaubsvergütung zuerkannt wird. Der Arbeitnehmer wäre dann in unzumutbarer Weise in seiner Urlaubsgestaltung eingeschränkt, da er bei Urlaubsantritt nicht wüsste, ob ihm Urlaubsentgelt gezahlt wird.[1835] Diese Rechtsprechung wird zum anderen relevant, wenn der Arbeitgeber nach Ausspruch einer ordentlichen Kündigung den Arbeitnehmer nicht nur bis zum Ablauf der Kündigungsfrist freistellt, sondern auch **während des fortdauernden Kündigungsschutzprozesses**. Auch in diesem Fall können die (möglichen) Urlaubsansprüche nur bei Zahlung der Urlaubsvergütung erledigt werden.

884

Besondere Achtsamkeit ist bei einer **Kündigung mit jahresübergreifender Kündigungsfrist** geboten. Spricht der Arbeitgeber z.B. im Dezember eine Kündigung zum 31. März des Folgejahres aus, und stellt er den Arbeitnehmer unter Anrechnung seiner verbleibenden Urlaubsansprüche frei, wird damit neben dem Resturlaub aus dem laufenden Kalenderjahr nur der Teilurlaub bis zum 31. März des Folgejahres erledigt (3/12) des Jahresurlaubes, vgl. § 5 Abs. 1 lit. c) BUrlG. Erweist sich die Kündigung später als unwirksam, verbleiben dem Arbeitnehmer Resturlaubsansprüche für das Folgejahr (9/12 des Jahresurlaubs).[1836] Will der Arbeitgeber dies vermeiden, muss er eindeutig erklären, dass mit der Freistellung zugleich der Anspruch auf den Vollurlaub für das Folgejahr erledigt werden soll.[1837]

885

1831 BAG 10.2.2015, NZA 2015, 998, 999; BAG 16.7.2013, NJW-Spezial, 2013, 659; 14.3.2006, AP Nr. 32 zu § 7 BUrlG; Däubler u.a./*Däubler*, Anhang Rn 221.
1832 BAG 14.3.2006, AP Nr. 32 zu § 7 BUrlG.
1833 BAG 19.1.2016, BeckRS 2016, 71524; BAG 10.2.2015, NZA 2015, 998, 999 f.
1834 Erstmals BAG 10.2.2015, NZA 2015, 998, 999 f. Ebenso BAG 19.1.2016, BeckRS 2016, 71524.
1835 BAG 19.1.2016, BeckRS 2016, 71524.
1836 Vgl. BAG 17.5.2011, NZA 2011, 1032.
1837 BAG 17.5.2011, NZA 2011, 1032, 1034; *Lingemann/Steinhauser*, NJW 2014, 1428, 1429.

886 Die Erfüllung des Urlaubsanspruchs durch eine entsprechende Freistellungserklärung ist zudem nur möglich, wenn den Arbeitnehmer überhaupt eine **Arbeitspflicht** im fraglichen Zeitraum traf.[1838] Wenn und solange der Arbeitnehmer während des Freistellungszeitraums arbeitsunfähig krank ist, wird er automatisch gem. § 275 Abs. 1 BGB von seiner Pflicht zur Arbeitsleistung frei; er kann dann nicht mehr durch Urlaubserteilung von seiner Arbeitspflicht befreit werden.[1839]

cc) Anderweitiges Einkommen

887 Ein Arbeitnehmer muss sich den während seiner entgeltlichen Freistellung erzielten oder böswillig nicht erzielten anderweitigen Verdienst gem. § 615 S. 2 BGB anrechnen lassen, wenn sich der Arbeitgeber im Annahmeverzug befindet. Dies ist bei **einseitiger** Freistellung des Arbeitnehmers regelmäßig der Fall. Die zur Begründung des Annahmeverzugs notwendige Ablehnung der geschuldeten Arbeitsleistung durch den Arbeitgeber (§ 293 BGB) liegt in der Freistellungserklärung selbst. Nur soweit mit der Freistellung zugleich der Urlaubsanspruch erfüllt wird, scheidet mangels Arbeitspflicht der Annahmeverzug aus. Stellt der Arbeitgeber den Arbeitnehmer unter Anrechnung der Urlaubsansprüche von der Arbeitsleistung frei, ist nach Ansicht des BAG in der Regel davon auszugehen, dass der Arbeitgeber dem Arbeitnehmer die zeitliche Festlegung der Urlaubszeit überlässt, im Übrigen die Annahme der Arbeitsleistung des Arbeitnehmers ablehnt und so gem. § 293 BGB in Annahmeverzug gerät.[1840] Ein zur Begründung des Annahmeverzugs gem. § 295 BGB grds. erforderliches wörtliches Angebot der Arbeitsleistung durch den Arbeitnehmer ist zumindest bei unwiderruflicher Freistellung entbehrlich.[1841] Bei widerruflicher Freistellung sollte nichts anderes gelten. Auch dort wäre ein Angebot reiner Formalismus.[1842] Bei einer **einvernehmlichen** Freistellung liegt mangels eines Leistungsrechts des Arbeitnehmers kein Annahmeverzug des Arbeitgebers vor. Die Anrechnung anderweitiger Verdienste muss deshalb gesondert vereinbart werden.[1843]

dd) Vertragliches Wettbewerbsverbot

888 Nach Ansicht des BAG **verzichtet** ein Arbeitgeber im Falle der Freistellung mit der Möglichkeit der Verdienstanrechnung auf die Einhaltung des vertraglichen Wettbewerbsverbots. Einen abweichenden Willen müsse der Arbeitgeber in der Freistellungserklärung zum Ausdruck zu bringen.[1844]

ee) Sozialversicherungsrechtliche Folgen

889 Durch die Freistellung des Arbeitnehmers wird das sozialversicherungsrechtliche **Beschäftigungsverhältnis** i.S.d. § 7 Abs. 1 S. 1 SGB IV nicht beendet. Es besteht vielmehr bis zur rechtlichen Beendigung des Arbeitsverhältnisses fort. Dies gilt sowohl für die einseitige[1845] als auch für die einvernehmliche[1846] Freistellung. Unerheblich ist ferner, ob die Freistellung widerruflich oder unwiderruflich erfolgt. Wird ein Arbeitnehmer nach Ausspruch einer Kündigung bzw. Abschluss eines Aufhebungsvertrages oder gerichtlichen Vergleichs bis zum Ablauf der Kündigungsfrist unter Fortzahlung der Vergütung von der Ar-

1838 BAG 10.2.2015, NZA 2015, 998, 999; BAG 18.3.2014, BeckRS 2014, 70342; BAG 18.3.2014, BeckRS 2014, 70816.
1839 BAG 18.3.2014, BeckRS 2014, 70342.
1840 BAG 6.9.2006, NZA 2007, 36, 38.
1841 BAG 6.9.2006, NZA 2007, 36, 38.
1842 *Bauer*, NZA 2007, 409, 410.
1843 BAG 19.3.2002, NZA 2002, 1055 (LS); Küttner/*Kreitner*, Personalhandbuch, Freistellung von der Arbeit, Rn 23. Siehe auch *Bauer*, NZA 2007, 409, 411.
1844 BAG 6.9.2006, NZA 2007, 36, 38; s. auch BAG 17.10.2012, NZA 2013, 207, 208 wonach der Arbeitgeber grds. ein berechtigtes Interesse an der Einhaltung des Wettbewerbsverbotes habe, eine andere Auslegung aber „denkbar" sei, wenn die Anrechnung anderweitigen Verdienstes ausdrücklich vereinbart ist.
1845 BSG 24.9.2008, NZA-RR 2009, 269, 270.
1846 BSG 11.12.2014, NZS 2015, 314, 315 f.; BSG 24.9.2008, NZA-RR 2009, 272, 273.

beitspflicht freigestellt, bleibt er deshalb bis zum Ende des Arbeitsverhältnisses sozialversicherungspflichtig.[1847]

Von dieser (fortbestehenden) Beschäftigung im **beitragsrechtlichen Sinn** ist die – vor allem für den Bezug 890 von Arbeitslosengeld relevante – Beschäftigung im **leistungsrechtlichen Sinn** zu unterscheiden.[1848] Letztere endet, sobald der Arbeitnehmer tatsächlich nicht mehr beschäftigt wird.[1849] Mit dieser (leistungsrechtlichen) Beschäftigungslosigkeit entsteht – bei Vorliegen der weiteren Voraussetzungen – der Anspruch auf Arbeitslosengeld (vgl. §§ 117–119 SGB III). Dieser ruht gem. § 143 Abs. 1 SGB III solange der Arbeitnehmer Arbeitsentgelt erhält oder zu beanspruchen hat. Eine etwaige Sperrzeit bei Arbeitsaufgabe (§ 144 Abs. 1 S. 2 Nr. 1 SGB III) beginnt bereits mit dem ersten Tag einer einvernehmlichen Freistellung.[1850]

b) Wirksamkeitsgrenzen

Freistellungsklauseln **zugunsten des Arbeitnehmers**, die diesem lediglich einen über seine gesetzlichen 891 bzw. kollektivrechtlichen Rechte hinausgreifenden Anspruch auf entgeltliche oder unentgeltliche Freistellung gewähren, sind in Arbeitsverträgen ohne weiteres zulässig. Die AGB-rechtliche Zulässigkeit von Freistellungsklauseln **zulasten des Arbeitnehmers**, d.h. von Abreden, die dem Arbeitgeber ein einseitiges Freistellungsrecht einräumen, ist dagegen problematisch. Formularvertragliche, unentgeltliche Freistellungsklauseln wird man als generell unzulässig anzusehen haben; sie sind einem Arbeitnehmer wegen des damit verbundenen Eingriffs in das Synallagma unzumutbar (§ 308 Nr. 4 BGB).

Im **ungekündigten Arbeitsverhältnis** ist im Übrigen zu beachten, dass den Arbeitnehmer nicht nur eine Pflicht zur vertragsgemäßen Leistung trifft, sondern dieser überdies ein Recht auf vertragsgemäße Beschäftigung hat.[1851] Dieser Anspruch auf tatsächliche Beschäftigung ist zwar durch individuelle Parteivereinbarung abdingbar,[1852] gleichzeitig kommt ihm innerhalb des Arbeitsverhältnisses aber eine gesteigerte Bedeutung zu. Das BAG sieht die Beschäftigungspflicht im allgemeinen Persönlichkeitsrecht des Arbeitnehmers fundiert (Art. 1 i.V.m. Art. 2 Abs. 1 GG) und betont, dass die tatsächliche Beschäftigung das Selbstwertgefühl sowie die Achtung und Wertschätzung des Arbeitnehmers wesentlich mitbestimmt.[1853] Dem entspricht es, dass die Rechtsprechung dem Arbeitgeber ein Recht auf Freistellung ohne vertragliche Vereinbarung nur zubilligt, sofern der Arbeitgeber sich auf überwiegende schützenswerte Interessen berufen kann.[1854] Diese Rechtslage ändert sich im **gekündigten Arbeitsverhältnis**. Ist eine Kündigungsschutzklage anhängig, über die bei Ablauf der Kündigungsfrist noch nicht rechtskräftig entschieden ist, steht dem Arbeitnehmer ein vorläufiger, sog. allgemeiner Weiterbeschäftigungsanspruch nur bei offensichtlich unwirksamer Kündigung oder Obsiegen in erster Instanz zu.[1855] Unter den Voraussetzungen des § 102 Abs. 5 BetrVG besteht ferner ein besonderer, betriebsverfassungsrechtlicher Weiterbeschäftigungsanspruch bis zum rechtskräftigen Abschluss der Kündigungsschutzklage.

1847 Siehe auch das Besprechungsergebnis der Spitzenverbände in der Sozialversicherung vom 30./31.3.2009 (TOP 2), mit dem sich die Sozialversicherungsträger der BSG Rechtsprechung ausdrücklich angeschlossen haben.

1848 Näher hierzu etwa *Bergwitz*, NZA 2009, 518, 520 f.; *Panzer*, NJW 2010, 11.

1849 BSG 24.9.2008, NZA-RR 2009, 269, 271.

1850 *Lembke*, BB 2009, 2594, 2599; *Panzer*, NJW 2010, 11, 16.

1851 Grundlegend BAG 10.11.1955, AP Nr. 2 zu § 611 BGB Beschäftigungspflicht; Hümmerich/Reufels/*Mengel*, Rn 2180. Siehe auch *Thüsing/Leder*, BB 2005, 1563, 1569.

1852 BAG GS 7.2.1985, BB 1985, 1978, 1980; LAG Köln 20.2.2006, NZA-RR 2006, 342. Für tarifvertragliche Abbedingung auch BAG 27.2.2002, NZA 2202, 1099. Stahlhacke/Preis/Vossen/*Preis*, Rn 26; Küttner/*Kania*, Beschäftigungsanspruch, Rn 2; AGB-ArbR/*Klumpp*, § 307 Rn 183.

1853 BAG 19.8.1976, AP Nr. 4 zu § 611 BGB Beschäftigungspflicht; BAG GS 27.2.1985, AP Nr. 14 zu § 611 BGB Beschäftigungspflicht.

1854 Grundlegend BAG GS 27.2.1985, AP Nr. 14 zu § 611 BGB Beschäftigungspflicht. BAG 10.2.2004, NZA 2004, 606, 611; AGB-ArbR/*Klumpp*, § 307 Rn 183; *Lakies*, Vertragsgestaltung und AGB im Arbeitsrecht, Kap. 5 Rn 235.

1855 Grundlegend BAG GS 27.2.1985, AP Nr. 14 zu § 611 BGB Beschäftigungspflicht.

892 Dieser Rechtsprechung ist im Rahmen der nach **§ 307 Abs. 1 S. 1, Abs. 2 Nr. 2 BGB** durchzuführenden Interessenabwägung Rechnung zu tragen. Eine formularvertragliche voraussetzungslose Freistellungsmöglichkeit ist mit der grundrechtlichen Fundierung des Beschäftigungsanspruchs nicht vereinbar und benachteiligt den Arbeitnehmer daher unangemessen.[1856] Daraus darf allerdings nicht der Schluss gezogen werden, dass Freistellungsklauseln in Formulararbeitsverträgen generell unzulässig sind.[1857] Hierdurch würde der Abdingbarkeit des Beschäftigungsanspruchs nicht genügend Rechnung getragen werden. Außerdem wäre es widersprüchlich, die einvernehmliche, wenn auch in AGB vorformulierte, Freistellungsoption strengeren Maßstäben zu unterwerfen als das einseitige Freistellungsrecht des Arbeitgebers. Deshalb ist ein berechtigtes Arbeitgeberinteresse an der Freistellung in Gestalt eines **sachlichen**[1858] **oder wichtigen**[1859] **Grundes** notwendig, aber auch hinreichend.[1860] Ob dieses generell bei einer Freistellung „für den Fall der Kündigung" gegeben ist, ist umstritten.[1861] Bis zur endgültigen Klärung durch das BAG sollte in der Freistellungsklausel deshalb nicht an eine Kündigung als alleinigen Freistellungstatbestand angeknüpft werden. Stattdessen empfiehlt es sich, die „nicht offensichtlich unwirksame Kündigung" als eine mögliche Konkretisierung des sachlichen Grundes mit im Klauseltext zu berücksichtigen. Problematisch sind ferner Freistellungen nach Ablauf der Kündigungsfrist. Bisweilen wird in Freistellungsklauseln, die sich auf den betriebsverfassungsrechtlichen bzw. allgemeinen Weiterbeschäftigungsanspruch erstrecken, ohne weiteres eine unangemessene Benachteiligung des Arbeitnehmers erblickt.[1862] Dieser Befund erscheint insoweit nicht stimmig, als er zur Folge hätte, dass der Weiterbeschäftigungsanspruch ein höheres Gewicht als der Beschäftigungsanspruch erhielte; ein Arbeitnehmer wäre mit anderen Worten im gekündigten Arbeitsverhältnis stärker geschützt als im ungekündigten. Der Umstand, dass die Weiterbeschäftigungsansprüche materiell Teil des Kündigungsschutzes sind, ändert daran m.E. nichts.

893 Die Freistellung selbst darf im Einzelfall überdies nicht maßregelnd i.S.d. § 612a BGB sein, d.h. sie darf nicht als Reaktion auf ein vom Arbeitgeber missbilligtes rechtmäßiges Verhalten des Arbeitnehmers erfolgen. Zu beachten ist ferner, dass die Freistellung der **Ausübungskontrolle** nach § 315 BGB unterliegt.[1863]

1856 Vgl. etwa ErfK/*Preis*, § 611 BGB Rn 568; a.A. *Kappenhagen*, FA 2007, 167.

1857 So aber ArbG Frankfurt 19.11.2003, NZA-RR 2004, 409, 410; *Lakies*, Inhaltskontrolle von Arbeitsverträgen, Rn 684; *Fischer*, NZA 2004, 233, 235. Tendenziell auch *Beckmann*, NZA 2004, 1131 f.; Eine Übersicht über den Meinungsstand bietet Suckow u.a./*Striegel*, Rn 525 ff; für eine Freistellung nur in besonderen Fällen AGB-ArbR/*Klumpp*, § 307 Rn 184.

1858 HWK/*Gotthardt/Roloff*, Anh. §§ 305–310 BGB Rn 18; Suckow u.a./*Striegel*, Rn 530; AGB-ArbR/*Klumpp*, § 307 Rn 184; Küttner/*Kania*, Beschäftigungsanspruch, Rn 5; *Fröhlich*, ArbRB 2006, 84, 85; *Thüsing*, AGB-Kontrolle im Arbeitsrecht, Rn 307; HWK/*Thüsing*, § 611 BGB Rn 176; *Thüsing/Leder*, BB 2005, 1563, 1569; AGB-ArbR/*Klumpp*, § 307 Rn 184. Siehe auch *Worzalla*, NZA Beilage 3/2006, 122, 129; Preis/*Preis*, Arbeitsvertrag, II F 10 Rn 9.

1859 Preis/*Preis*, Arbeitsvertrag, II F 10 Rn 9; Stahlhacke/Preis/Vossen/*Preis*, Rn 26; Däubler u.a./*Däubler*, Anhang Rn 219, wobei § 626 BGB erfüllt sein müsse. Außerdem sei Unzumutbarkeit der Weiterbeschäftigung zu verlangen; AGB-ArbR/*Klumpp*, § 307 Rn 184 hält wichtige Gründe hingegen nicht für erforderlich.

1860 Detailliert *Ohlendorf/Salamon*, NZA 2008, 856, 859 f.

1861 Offengelassen in LAG Hamm 13.2.2015, NZA-RR 2015, 460, 462 f., jedoch mit umfangreicher Übersicht über die instanzliche Rechtsprechung und einzelne Ansichten, die überwiegend von einer Zulässigkeit – teils mit Einschränkungen – ausgehen; Dafür LAG Köln 20.2.2006, BB 2006, 2137 (LS);Suckow u.a./*Striegel*, Rn 522, 528; *Bauer*, NZA 2007, 409, 412; HWK/*Gotthardt*, Anh. §§ 305–310 BGB Rn 18 (mit der Einschränkung, dass die Kündigung nicht „grundlos" erfolgt sein darf); Küttner/*Kania*, Beschäftigungsanspruch, Rn 6; ErfK/*Müller-Glöge*, § 620 BGB Rn 43a; HWK/*Thüsing*, § 611 BGB Rn 177. Dagegen LAG Hessen 14.3.2011, NZA-RR 2011, 419, 421; *Beckmann*, NZA 2004, 1131, 1132; *Fischer*, NZA 2004, 233, 236; *Hümmerich*, NZA 2003, 753, 763; AGB-ArbR/*Klumpp*, § 307 Rn 184; *Lakies*, Vertragsgestaltung und AGB im Arbeitsrecht, Kap. 5 Rn 236; ErfK/*Preis*, § 611 BGB Rn 570; *Thüsing*, AGB-Kontrolle im Arbeitsrecht, Rn 307; Däubler u.a./*Däubler*, Anhang Rn 218, verlangt wichtige Gründe entsprechend § 626 BGB. Diese müssten in der Klausel namentlich aufgeführt werden. Die Formulierung „sachliche Gründe" verstoße hingegen gegen das Transparenzprinzip.

1862 LAG Baden-Württemberg 5.1.2007, NZA-RR 2007, 406, 411; LAG Baden-Württemberg 26.1.2007 – 18 Sa 44/06, juris; *Fischer*, NZA 2004, 233, 235.

1863 LAG München 7.5.2003, LAGE Nr. 2 zu § 307 BGB 2002; LAG Hamm 3.2.2004, NZA-RR 2005, 358; *Bauer*, NZA 2007, 409, 412; HWK/*Thüsing*, § 611 BGB Rn 176; *Hunold*, NZA-RR 2006, 113, 117 f.

c) Formulierungsbeispiele

▼

Muster 1a.51: Freistellungsklausel im Arbeitsvertrag

894

Der Arbeitgeber ist berechtigt, den Arbeitnehmer unter Fortzahlung seiner Bezüge und unter Anrechnung der ihm zustehenden Urlaubsansprüche von der Arbeitsleistung freizustellen, wenn ein sachlicher Grund vorliegt. Ein sachlicher Grund liegt insbesondere in folgenden Fällen vor: Ausspruch einer nicht offensichtlich unwirksamen Kündigung, Unmöglichkeit der Beschäftigung des Arbeitnehmers oder nach einem schweren, das Vertrauen beeinträchtigenden Vertragsverstoß des Arbeitnehmers. Der Arbeitnehmer hat sich während der Freistellung den Wert desjenigen anrechnen zu lassen, was er infolge des Unterbleibens der Dienstleistung erspart oder durch anderweitige Verwendung seiner Dienste erwirbt oder zu erwerben böswillig unterlässt. Der Arbeitnehmer bleibt auch im Falle seiner Freistellung an das vertragliche Wettbewerbsverbot bis zur rechtlichen Beendigung des Arbeitsverhältnisses gebunden.

▲

▼

Muster 1a.52: Freistellung im Kündigungsschreiben

895

Sehr geehrte(r) Frau/Herr ░░░░░░ (*Name*),

hiermit kündigen wir das mit Ihnen bestehende Arbeitsverhältnis ordentlich und fristgerecht zum nächstzulässigen Termin. Das ist nach unserer Berechnung der 31. März ░░░░░ (*Jahr*) („Beendigungsdatum").

Gleichzeitig stellen wir Sie mit sofortiger Wirkung unter Fortzahlung Ihrer vertraglichen Bezüge und unter Anrechnung der Ihnen noch zustehenden Urlaubs- und Freizeitausgleichsansprüche bis zum Beendigungsdatum von der Verpflichtung zur Arbeitsleistung unwiderruflich frei. Mit der Freistellung wird vorsorglich auch der volle Urlaubsanspruch für das Jahr ░░░░░ (*Jahr*) erfüllt.

▲

54. Freie Mitarbeiter

Ausführliche Erläuterungen zu diesem Stichwort finden sich im Kapitel zu den einzelnen Vertragstypen, dort Dienstvertrag (siehe unten § 1b Rdn 765 ff.).

896

55. Freiwilligkeitsvorbehalt

Literatur: *Annuß*, Gedanken zum Freiwilligkeitsvorbehalt im vorformulierten Arbeitsvertrag, FS Picker 2010, 861; *Bauer/Medem*, Rettet den Freiwilligkeitsvorbehalt – oder schafft eine Alternative!, NZA 2012, 894; *Bayreuther*, Vorbehalte in der arbeitsrechtlichen Vertragsgestaltung – Wie viel Flexibilität soll das AGB-Recht zulassen?, ZfA 2011, 45; *ders.*, Widerrufs-, Freiwilligkeits- und Anrechnungsvorbehalte – geklärte und ungeklärte Fragen der aktuellen Rechtsprechung des BAG zu arbeitsvertraglichen Vorbehalten, ZIP 2007, 2009; *ders.*, Freiwilligkeitsvorbehalte: Zulässig, aber überflüssig?, BB 2009, 102; *Bieder*, Arbeitsvertragliche Gestaltungsspielräume für die Entgeltflexibilisierung, NZA 2007, 1135; *Däubler*, AGB-Kontrolle im Arbeitsrecht – Bilanz nach zehn Jahren, ZTR 2012, 543; *Franzen* in GS Zachert 2010, Inhaltskontrolle von Änderungsvorbehalten in Arbeitsverträgen, 286; *Heiden*, Neue Entwicklungen im Recht der Sonderzahlungen, RdA 2012, 225; *Hromadka*, Was bleibt vom vertraglichen Freiwilligkeitsvorbehalt?, DB 2012, 1037; *ders.*, Vertragsänderung durch bloßen Zeitablauf?, DB 2012, 1096; *Hromadka/Schmitt-Rolfes*, Die AGB-Rechtsprechung des BAG zu Tätigkeit, Entgelt und Arbeitszeit, NJW 2007, 1777; *Krause* in FS Bauer 2010, Freiwilligkeitsvorbehalte im Lichte von allgemeiner Rechtsgeschäftslehre und AGB-Kontrolle, 577; *Leder*, Aktuelles zur Flexibilisierung von Arbeitsbedingungen, RdA 2010, 93; *Lembke*, Die Gestaltung von Vergütungsvereinbarungen, NJW 2010, 257; *Lingemann/Gotham*, Freiwilligkeits-, Stichtags- und Rückzahlungsregelungen bei Bonusvereinbarungen – was geht noch?, NZA 2008, 509; *dies.*, Freiwillige Leistungen des Arbeitgebers – gibt es sie noch?, DB 2007, 1754; *Lingemann/Pfister/Otte*, Ermessen bei Gratifikation und Vergütung als Alternative zum Freiwilligkeitsvorbehalt, NZA 2015, 65; *Mikosch* in FS Düwell 2011, Die betriebliche Übung bei Arbeitgeberleistungen, insbesondere bei Sondervergütungen – Eine Skizze, 115; *Niebling*, Formularmäßige Freiwilligkeitsvorbehalte im Arbeitsrecht – Kernfragen der AGB-Kontrolle im Arbeitsrecht, NJW 2013, 3011; *Preis/Lindemann*, Änderungsvorbehalte – Das BAG durchschlägt den gordischen Knoten, NZA 2006, 632; *Preis/Sagan*, Der Freiwilligkeitsvorbehalt im Fadenkreuz der Rechtsgeschäftslehre, NZA 2012, 697; *dies.*, Wider die Wiederbelebung des Freiwilligkeitsvorbehalts!, NZA 2012, 1077; *Reinecke*, Zur AGB-Kontrolle von Arbeitsentgeltvereinbarungen, BB 2008, 554; *Reiserer*, Flexible Vergütungsmodelle – AGB-Kontrolle, Gestaltungsvarianten, NZA 2007, 1249; *dies.*, Atmendes Entgelt, atmende Arbeitszeit, NZA-Beil. 2010, 39; *Richter*, Arbeitsvertragliche Standardregelungen auf dem Prüfstand (Teil 2), ArbRAktuell 2014, 193; *Schäfer*,

Neues zu Möglichkeiten und Grenzen des Freiwilligkeitsvorbehalts, öAT 2013, 243; *Schmiedl*, Freiwilligkeits- und Widerrufsvorbehalt – überkommene Rechtsinstitute?, NZA 2006, 1195; *Schrader/Müller*, Flexible Vergütungsvereinbarungen – Welche Spielräume lassen Gesetz und Rechtsprechung des Bundesarbeitsgerichtes?, RdA 2007, 145; *Schramm*, Die Zulässigkeit von Freiwilligkeitsvorbehalten in Arbeitsverträgen, NZA 2007, 1325; *Strick*, Freiwilligkeitsvorbehalt und Widerrufsvorbehalt – Der Wille als Bedingung, NZA 2005, 723; *Wank*, Änderung von Arbeitsbedingungen, NZA-Beil. 2012, 41; *Stöhr/Illner*, Die Inhaltskontrolle von Arbeitsverträgen, JuS 2015, 299; *Worzalla*, Der Freiwilligkeitsvorbehalt bei Sonderzahlungen, SAE 2012, 92.

a) Allgemeines

897   Der Freiwilligkeitsvorbehalt hat seine praktische Bedeutung weitgehend verloren. Dabei verspricht er von allen Änderungsvorbehalten die größte Freiheit. Er stellt die Gewährung einer Leistung in das **freie Ermessen des Arbeitgebers**. Im Gegensatz zu einem Widerrufsvorbehalt, der dem Arbeitnehmer solange einen Anspruch auf Gewährung der Leistung einräumt, bis der Arbeitgeber von seinem Widerrufsrecht ordnungsgemäß Gebrauch macht (siehe dazu Rdn 1628 ff.), **hindert** der Freiwilligkeitsvorbehalt bereits **das Entstehen eines Anspruchs**.[1864] Der Arbeitgeber ist deshalb frei, die Leistung jederzeit und ohne gesonderte Erklärungshandlung einzustellen. Eine Bindung für die Zukunft besteht nicht. Die Rechtsprechung erkennt den Freiwilligkeitsvorbehalt allerdings nur in Ausnahmefällen als legitimes Gestaltungsmittel an. Er ist unverändert ein wirksames Instrument zur **Verhinderung einer betrieblichen Übung**.[1865] Ein Mehr an Entgeltflexibilisierung lässt sich mit ihm nicht verwirklichen. Bei der Vertragsgestaltung ist stattdessen auf andere Änderungsvorbehalte – etwa den Widerrufsvorbehalt oder die Teilbefristung – zurückzugreifen. Eine Alternative ist zudem die Zahlung von Ermessensboni: In diesem Fall räumt der Arbeitgeber einen Rechtsanspruch auf einen Bonus ein, behält sich aber vor, die Höhe nach billigem Ermessen zu bestimmen.[1866]

b) Wirksamkeitsvoraussetzungen

898   Bei Freiwilligkeitsvorbehalten ist die Frage, welche Leistungen des Arbeitgebers überhaupt mit einem entsprechenden Vorbehalt versehen werden dürfen, von den formalen Anforderungen zu trennen, die bei der Formulierung der Klausel zu beachten sind.

aa) Inhaltliche Anforderungen

899   Im Schrifttum wurden Freiwilligkeitsvorbehalte betreffend das Arbeitsentgelt im engeren Sinne im Gefolge eines Urteils des **5. Senats** aus dem Jahr 2007[1867] ganz überwiegend für unzulässig erachtet.[1868] Sowohl Bestandteile des Grundgehalts als auch zusätzliche regelmäßige Zahlungen, mit denen der Arbeitgeber die Arbeitsleistung abgelten möchte, sollten nicht wirksam mit einem Freiwilligkeitsvorbehalt verbunden werden können. Der Umfang der jeweiligen Leistung war dabei unerheblich. Jüngeren Entscheidungen des **10. Senats** zufolge soll es für die Wirksamkeit eines Freiwilligkeitsvorbehalts jedoch weder auf den vom Arbeitgeber mit der Leistung verfolgten Zweck[1869] – Honorierung der Betriebstreue oder Abgeltung der Arbeitsleistung – noch auf die Höhe der Zahlung[1870] ankommen. Selbst Arbeitsentgelt im engeren Sinn kann somit freiwillig gewährt werden und zwar ungeachtet der Höhe der Zahlung bzw. ihres prozentualen

---

1864 BAG 21.1.2009, NZA 2009, 310, 312; *Lakies*, Vertragsgestaltung und AGB im Arbeitsrecht, Kap. 5 Rn 249; *Henssler/Moll*, S. 28. Dadurch, dass der Rechtsanspruch auf die Leistung von vornherein ausgeschlossen wird, fehlt es auch an einer *versprochenen* Leistung i.S.d. § 308 Nr. 4 BGB, vgl. zuletzt, BAG 8. 12. 2010, NZA 2011, 628 630.

1865 BAG 15.5.2012, NZA 2012, 1279,1289; BAG 14.9.2011, NZA 2012, 81, 82; BAG 18.3.2009, NZA 2009, 535, 536; BAG 30.7.2008, NZA 2008, 1173, 1176; *Wank*, NZA-Beil. 2012, 41; *Lakies*, Inhaltskontrolle von Arbeitsverträgen, Rn 687; ausführlich *Henssler/Moll*, S. 35.

1866 BAG 19.3.2014, NZA 2014, 595, 599; BAG 16.1.2013, NZA 2013, 1013; BAG 29.8.2012, NZA 2013, 148, 149. Dazu auch *Lingemann/Pfister/Otte*, NZA 2015, 65; *Lakies*, Inhaltskontrolle von Arbeitsverträgen, Rn 703; *Schäfer*, öAT 2013, 243, 245.

1867 BAG 25.4.2007, NZA 2007, 853.

1868 *Lingemann/Gotham*, DB 2007, 1754; *Preis/Lindemann*, NZA 2006, 632, 637; *Schramm*, NZA 2007, 1325; *Schrader/Müller*, RdA 2007, 145, 149; *Thüsing*, AGB-Kontrolle im Arbeitsrecht, 2007, Rn 270.

1869 Grundlegend BAG 30.7.2008, NZA 2008, 1173, 1177 f. Siehe auch BAG 14.9.2011, NZA 2012, 81, 82 f.; BAG 8.12.2010, NZA 2011, 628, 630; BAG 21.1.2009, NZA 2009, 310, 312.

1870 BAG 14. 9. 2011, NZA 2012, 81, 84f.; 18.3.2009, NZA 2009, 535, 536 f = BB 2009, 1366 m. Anm. *Leder*; krit. *Bayreuther*, BB 2009, 102, 103 f.

Anteils an der Gesamtvergütung. Die bei Widerrufsvorbehalten bestehende Unantastbarkeit des Kernbereiches (vgl. dazu Rdn 1631 f.) existiert beim Freiwilligkeitsvorbehalt nicht. In materieller Hinsicht entscheidet allein der Auszahlungszeitpunkt über die Zulässigkeit der freiwilligen Leistung: Nicht bei **laufendem Arbeitsentgelt**, sondern nur bei zeitlich davon getrennten **Sonderzahlungen** kann ein Arbeitgeber den Rechtsanspruch auf die Leistung ausschließen.[1871]

Wo die **Grenze** zwischen Sonderzahlung und laufendem Arbeitsentgelt verläuft, ist offen.[1872] Nach Ansicht **900** des BAG ist eine allgemein gültige Abgrenzung nicht möglich.[1873] Bis eine Konkretisierung durch die Gerichte erfolgt, lässt sich deshalb nur über die äußersten Grenzen Auskunft geben: Erfolgt die Vergütung monatlich, ist die einmal im Jahr gewährte Zusatzvergütung als Sonderzahlung, die ebenfalls monatlich ausgezahlte zusätzliche Leistung dagegen als laufendes Arbeitsentgelt zu qualifizieren.[1874] Zahlungen, die aus einem bestimmten Anlass, z.B. einem Jubiläum oder an Weihnachten, erfolgen, sind gleichfalls Sonderzahlungen.[1875] In welchen Intervallen das laufende Arbeitsentgelt gezahlt wird, spielt dann keine Rolle.

Ein Freiwilligkeitsvorbehalt, der alle zukünftigen Leistungen unabhängig von ihrer Art und ihrem Entste- **901** hungsgrund erfasst („**Generalvorbehalt**"), soll Arbeitnehmer regelmäßig unangemessen benachteiligen und deshalb **unwirksam** sein.[1876] Der 10. Senat hat in seiner Entscheidung vom 14.9.2011 Bedenken daran geäußert, ob ein allgemeiner Freiwilligkeitsvorbehalt im Arbeitsvertrag überhaupt das Entstehen eines Anspruchs verhindern kann, wenn später Leistungen – ggf. über einen längeren Zeitraum[1877] – vorbehaltlos erbracht werden.[1878] Jedenfalls dürften vertraglich vereinbarte Freiwilligkeitsvorbehalte sich nicht auf das laufende Arbeitsentgelt erstrecken und wegen § 305b BGB keine ausdrücklichen vertraglichen Einzelabreden erfassen.[1879] Für die Praxis empfiehlt sich ein zweistufiges Vorgehen: Im Arbeitsvertrag sollte ein allgemeiner Freiwilligkeitsvorbehalt verankert werden, der sich auf Sonderleistungen beschränkt und Individualabreden den Vorrang belässt. Darüber hinaus sollte bei jeder späteren Gewährung einer „freiwilligen" Sonderleistung erneut ein **konkreter Freiwilligkeitsvorbehalt** erklärt bzw. auf den vertraglich formulierten Vorbehalt Bezug genommen werden.

bb) Formale Anforderungen

Ein Freiwilligkeitsvorbehalt muss eindeutig formuliert sein. Eindeutig ist die Formulierung, dass eine Leis- **902** tung freiwillig und **ohne Einräumung eines Rechtsanspruchs für die Zukunft** gewährt wird.[1880] Unzureichend ist dagegen der bloße Hinweis auf die Freiwilligkeit einer Leistung („als freiwillige Sonderleistung"), weil dies auch so verstanden werden kann, dass der Arbeitgeber lediglich weder gesetzlich noch tarifvertraglich oder betriebsverfassungsrechtlich zu ihrer Gewährung verpflichtet ist.[1881] Aus dem glei-

---

1871 BAG 14.9.2011, NZA 2012, 81, 82 f.; BAG 8.12.2010, NZA 2011, 628, 630; BAG 30.7.2008, NZA 2008, 1173, 1177 f. Näher dazu *Leder*, RdA 2010, 93, 95 f.; *Lakies*, Vertragsgestaltung, Kap. 5 Rn 258.

1872 Vgl. dazu AGB-ArbR/*Klumpp*, § 307 Rn 191 f.; *Lakies*, Vertragsgestaltung und AGB im Arbeitsrecht, Kap. 5 Rn 259; *Henssler/Moll*, S. 30 f.

1873 BAG 30.7.2008, NZA 2008, 1173, 1178.

1874 Kritisch Suckow/Striegel/Niemann/*Suckow*, Rn 551; *Lakies*, Inhaltskontrolle von Arbeitsverträgen, Rn 700; Däubler/Bonin/Deinert/*Bonin*, § 307 BGB Rn 200a; Clemenz/Kreft/Krause/*Klumpp*, § 307 Rn 191.

1875 BAG 30.7.2008, NZA 2008, 1173, 1178; *Bayreuther*, BB 2009, 102. A.A. *Lakies*, Vertragsgestaltung, Kap. 5 Rn 259.

1876 BAG 13.11.2013, NZA 2014, 368, 372; BAG 14.9.2011, NZA 2012, 81, 83 f.; ausführlich AGB-ArbR/*Brühler*, § 307 Rn 188 f; *Preis/Sagan*, NZA 2012, 1077; *Bauer/v. Medem*, NZA 2012, 894; *Niebling*, NJW 2013, 3011.

1877 Im Fall des BAG erfolgte die vorbehaltlose Zahlung über 20 Jahre hinweg.

1878 Vgl. dazu *Hromadka*, DB 2012, 1037; *Bauer/von Medem,* NZA 2012 894, 895.

1879 BAG 14.9.2011, NZA 2012, 81, 84. So auch BAG 19.3.2014, NZA 2014, 595, 601; BAG 13.11.2013, NZA 2014, 368, 372. Kritisch in Bezug § 305b BGB AGB-ArbR/*Brühler*, § 308 Rn 49.

1880 Vgl. BAG 15.5.2012, NZA 2012, 1279, 1289 zur Verhinderung eines Anspruchs auf Abschluss eines Versorgungsvertrags aus betrieblicher Übung.

1881 BAG 20.2.2013, NZA 2013, 1015; BAG 14.9.2011, NZA 2012, 81, 83; BAG 21.1.2009, NZA 2009, 310, 311; BAG 30.7.2008, NZA 2008, 1173, 1178; BAG 1.3.2006, NZA 2006, 746, 748; *Lakies*, Vertragsgestaltung, und AGB im Arbeitsrecht Kap. 5 Rn 243; *Henssler/Moll*, S. 33 f.

chen Grund genügt der Zusatz, eine Leistung erfolge „ohne jede rechtliche Verpflichtung", nicht, um den zukünftigen Ausschluss eines Anspruchs hinreichend deutlich zu machen.[1882] In der **Kombination mit einem Widerrufsvorbehalt** (z.B. „freiwillig und unter dem Vorbehalt jederzeitigen Widerrufs") liegt regelmäßig ein zur Unwirksamkeit der Klausel führender Verstoß gegen das Transparenzgebot (§ 307 Abs. 1 S. 2 BGB).[1883]

903 Zu weitgehend sind die vom BAG gestellten Anforderungen an das Transparenzgebot. Ein Freiwilligkeitsvorbehalt ist nach der Rechtsprechung im Regelfall unwirksam, wenn der Arbeitsvertrag gleichzeitig diejenigen Sonderleistungen nach Voraussetzung und Höhe präzise formuliert, die derzeit im Betrieb auf Grundlage eben jenes Freiwilligkeitsvorbehalts gewährt werden.[1884] Das Bemühen des Arbeitgebers um erhöhte Transparenz (= Benennung der „freiwilligen" Leistungen) erweist sich damit als kontraproduktiv. Denn das BAG folgert aus der Benennung von Sonderleistungen im Arbeitsvertrag regelmäßig, dass dem Arbeitnehmer ein Anspruch auf diese Leistungen gewährt werden soll. Dieser „Anspruch" widerspricht – insoweit folgerichtig – dem Freiwilligkeitsvorbehalt und bedingt dessen Unwirksamkeit (§ 307 Abs. 1 S. 2 BGB). Der Ansatz des BAG überzeugt nicht. Inhaltlich zusammenhängende Regelungen werden dadurch ohne Not künstlich „seziert" und es wird vorschnell ein Rechtsanspruch bejaht, wo auch aus Arbeitnehmersicht keiner begründet werden sollte. Widersprüchlich und damit intransparent soll nach dieser Rechtsprechung ein Freiwilligkeitsvorbehalt betreffend eine Bonuszahlung bereits dann sein, wenn gleichzeitig im Arbeitsvertrag bestimmt ist, dass dem Arbeitnehmer „ein Bonus **gezahlt** wird", er „einen Bonus **erhält**", „am üblichen Bonussystem **teilnimmt**" oder „der **Anspruch** auf Zahlung des Bonus" bei Ausscheiden vor einem bestimmten Stichtag wieder entfällt.[1885] Gleiches gilt, wenn laut Arbeitsvertrag ein Weihnachtsgeld **„zur Zeit gewährt"** wird[1886] oder sich nach einem Klammerzusatz zum Freiwilligkeitsvorbehalt nach einem Tarifvertrag „richtet".[1887] Die Bezeichnung als **„13. Gehalt"** spreche ebenfalls für einen Anspruch.[1888] Intransparent soll ein Freiwilligkeitsvorbehalt darüber hinaus sein, wenn er die **Höhe der Sonderleistung** konkret bestimmt (z.B. „Weihnachtsgratifikation in Höhe eines Bruttomonatsgehalts") oder die **Voraussetzungen für die Zahlung** präzise formuliert.[1889] Das Verhalten eines Arbeitnehmers darf mit anderen Worten nicht gesteuert und seine Leistung nicht beeinflusst werden, wenn eine Bindung des Arbeitgebers für die Zukunft vermieden werden soll. Ein leistungsabhängiger Bonus kann deshalb nicht wirksam mit einem Freiwilligkeitsvorbehalt verknüpft werden. Wird eine Leistung im Arbeitsvertrag „gewährt", ist eine anschließende Regelung, wonach die Gewährung davon abhängig ist, dass sie für das betreffende Jahr von der Geschäftsführung beschlossen und schriftlich mitgeteilt wird, intransparent und damit unwirksam.[1890]

904 Das Transparenzgebot erfordert nicht, dass in der Klausel die **Gründe** für die Ausübung des Freiwilligkeitsvorbehalts genannt werden.[1891] Denn es liegt gerade in seiner Natur, dass die Leistung jederzeit voraussetzungslos einstellbar ist. Eine **Ankündigung** des Arbeitgebers, dass er die Leistung zukünftig

1882 BAG 8.12.2010, NZA 2011, 628, 631; Däubler/Bonin/Deinert/*Bonin*, § 307 BGB Rn 197.
1883 BAG 14.9.2011, NZA 2012, 81, 83; noch offengelassen in BAG 8.12.2010, NZA 2011, 628, 631; *Richter*, ArbRAktuell 2014, 193; krit. AGB-ArbR/*Klumpp*, § 307 Rn 194; *Stöhr/Illner*, JuS 2015, 299, 301.
1884 BAG 20.2.2013, NZA 2013, 1015; LAG Köln, 7.5.2015, BeckRS 2016, 65188.
1885 BAG 24.10.2007, NZA 2008, 40, 42. Vgl. auch BAG 20.2.2013, NZA 2013, 1015; BAG 10.12.2008, AP Nr. 40 zu § 307 BGB; BAG 30.7.2008, NZA 2008, 1173, 1179.
1886 BAG 20.2.2013, NZA 2013, 1015.
1887 BAG 20.1.2010, NZA 2010, 445, 446.
1888 BAG 14.9.2011, NZA 2012, 81, 82.
1889 BAG 20.2.2013, NZA 2013, 1015; BAG 30.7.2008, NZA 2008, 1173, 1178. So bereits *Thüsing*, AGB-Kontrolle im Arbeitsrecht, 2007, Rn 270; Hümmerich/Reufels/*Schiefer*, Rn 4121.
1890 LAG Hamburg 11.6.2015 – 7 Sa 5/15, juris.
1891 BAG 30.7.2008, NZA 2008, 1173, 1175; Suckow/Striegel/Niemann/*Suckow*, Rn 557. A.A. *Schrader/Müller*, RdA 2007, 145, 149. Vgl. auch *Preis/Lindemann*, NZA 2006, 632, 636.

einstellen werde, ist ebenfalls nicht erforderlich,[1892] ebensowenig eine Frist binnen derer die Einstellung erfolgen müsste.[1893]

c) Formulierungsbeispiel

▼

Muster 1a.53: Freiwilligkeitsvorbehalt/Ausschluss einer betrieblichen Übung   905

Klausel zur Aufnahme in den Arbeitsvertrag:

Gewährt der Arbeitgeber zusätzlich zum laufenden Arbeitsentgelt weitere, mit dem Arbeitnehmer nicht ausdrücklich individuell vereinbarte Sonderleistungen (z.B. Weihnachts- oder Urlaubsgeld), erfolgt dies freiwillig und ohne Einräumung eines Rechtsanspruchs für die Zukunft. Ein Anspruch für die Zukunft wird auch durch wiederholte Gewährung nicht begründet. Es bleibt stattdessen im freien, unbeschränkten Ermessen des Arbeitgebers, eine ähnliche Leistung zukünftig zu erbringen. Das Entstehen einer betrieblichen Übung ist bezüglich solcher Sonderleistungen damit ausgeschlossen.

Zusätzlicher Hinweis auf den Freiwilligkeitscharakter bei der jeweiligen Auszahlung:

Die Gewährung dieses Weihnachtsgeldes erfolgt gemäß § x des Arbeitsvertrages freiwillig und ohne Einräumung eines Rechtsanspruchs für die Zukunft. Der Arbeitgeber wird nächstes Jahr frei entscheiden, ob und in welcher Höhe erneut ein Weihnachtsgeld gewährt wird.

▲

56. Gehaltsklausel (Anpassung)

Literatur: *Bauer/Arnold*, Rote Karte für qualifizierte Differenzierungsklauseln, NZA 2011, 945; *Eich*, Anpassungsüberprüfung bei Gehältern von außertariflichen und leitenden Angestellten?, BB 1978, 210; *Franzen,* Vorteilsregelungen für Gewerkschaftsmitglieder, RdA 2006, 1; *Greiner*, Weil nicht sein kann, was nicht sein darf, NZA 2016, 10; *Hromadka*, Änderung von Arbeitsbedingungen, RdA 1992, 234; *Hunold*, Außertarifliche Angestellte: Gehalt, Arbeitszeit, Betriebsrat, NZA-RR 2010, 505; *Kocher*, Differenzierungsklauseln: Neue Orientierungen, NZA 2009, 119; *Löwisch*, Differenzierungsklauseln im öffentlichen Dienst?, NZA 2011, 187; *Lunk/Stolz*, Die Bezüge des GmbH-Geschäftsführers in der Krise, NZA 2010, 121; *Richardi*, Gewerkschaftszugehörigkeit als Maßstab für die Verteilungsgerechtigkeit im Betrieb, NZA 2010, 417.

a) Allgemeines

Die Zahlung der vereinbarten Vergütung ist vornehmliche Hauptleistungspflicht des Arbeitgebers aus dem   906
Arbeitsverhältnis. Zusammensetzung und Höhe des Arbeitsentgelts sind arbeitsvertraglich oder im schriftlichen Nachweis gem. § 2 Abs. 1 Nr. 6 NachwG festgelegt, wobei statische Vergütungsregelungen in der Praxis überwiegen. Diese tragen weder der persönlichen Entwicklung des Arbeitnehmers noch der allgemeinen Kaufkraftentwicklung Rechnung. Arbeitnehmer, die tariflichen Bestimmungen unterliegen, profitieren i.d.R. von den regelmäßigen Erhöhungen des Tarifgehalts. Arbeitnehmer, die bei einem nicht tarifgebundenen Arbeitgeber beschäftigt sind, aber auch Arbeitnehmer, die sich aufgrund ihrer Position außerhalb des persönlichen Geltungsbereichs eines Tarifvertrages befinden,[1894] ebenso Organvertreter wie GmbH-Geschäftsführer und Vorstände von Aktiengesellschaften können eine Anpassung ihrer Vergütung demgegenüber i.d.R. nur durch individuelle Vergütungsverhandlungen realisieren.

Eine gesetzliche Verpflichtung, die Vergütungsstruktur zu überprüfen und ggf. anzupassen, besteht grund-   907
sätzlich nicht,[1895] auch dann nicht, wenn der Arbeitgeber in den Jahren zuvor regelmäßig eine Anpassung

---

1892 BAG 30.7.2008, NZA 2008, 1173, 1175.

1893 Suckow/Striegel/Niemann/*Suckow*, Rn 557.

1894 Küttner/*Kania*, AT-Angestellte, Rn 6.

1895 *Weber/Hoß/Burmester*, Teil 2 Rn 124; Schaub/*Vogelsang*, ArbR-Hdb., § 14 Rn 1 ff.

vorgenommen hat.[1896] Allenfalls das Erfordernis der Wahrung eines tariflich bestimmten Mindestabstands zwischen den tariflichen und außertariflichen Arbeitnehmern kann einen Anpassungsanspruch begründen.[1897] Eine betriebliche Übung auf Gehaltsanpassung wird nur in Ausnahmefällen angenommen,[1898] ebenso ein Anspruch auf der Grundlage des allgemeinen Gleichbehandlungsanspruchs.[1899] Ein Anspruch des Arbeitnehmers auf Überprüfung und Anpassung der Vergütung kann sich daher in aller Regel nur aus einer entsprechenden vertraglichen Vereinbarung ergeben.[1900]

b) Gehaltsanpassungsklauseln

908   ## Muster 1a.54: Gehaltsanpassungsklauseln

Gehaltsüberprüfung

Der Arbeitgeber verpflichtet sich, das vereinbarte Arbeitsentgelt jährlich daraufhin zu überprüfen, ob eine Gehaltsanpassung vorgenommen wird.

Gehaltsanpassung

Der Arbeitgeber verpflichtet sich, das vereinbarte Arbeitsentgelt des Arbeitnehmers jährlich auf seine Angemessenheit hin zu überprüfen. Die Entscheidung über eine Anpassung der Vergütung liegt im Ermessen des Arbeitgebers; bei dieser Entscheidung werden die wirtschaftliche Situation des Unternehmens, die Entwicklung der Tarifgehälter innerhalb der Branche sowie die Leistungen des Arbeitnehmers angemessen berücksichtigt.

Variante 1

Das Arbeitsentgelt wird zukünftig mindestens entsprechend der Entwicklung der in der Branche des Arbeitgebers geltenden tariflichen Vergütung angepasst.

Variante 2

Das Arbeitsentgelt wird mindestens alle zwei Jahre an die allgemeine Inflationsrate angepasst, sofern die Leistungen des Arbeitnehmers eine Gehaltsanpassung rechtfertigen.

Variante 3

Das Gehalt des Arbeitnehmers wird in jährlichem Abstand unter Berücksichtigung der persönlichen Leistungen des Arbeitnehmers und der wirtschaftlichen Entwicklung des Unternehmens angepasst. Eine Absenkung der Vergütung ist dabei ausgeschlossen.

Variante 4

Das Jahresgehalt des Arbeitnehmers wird zukünftig entsprechend der Gehaltsentwicklung in der höchsten tariflichen Entgeltgruppe angepasst.

1896 BAG 4.9.1985, NZA 1986, 521.
1897 BAG 11.2.1998, AiB 1998, 533; LAG Düsseldorf 27.7.1999 – 16 (3) Sa 213/99, zit. nach juris; ArbG Köln 29.1.2015 – 11 Ca 3810/14; Küttner/*Kania*, AT-Angestellte, Rn 6; *Hunold*, NZA-RR 2010, 505.
1898 BAG 19.10.2012, NZA-RR 2012, 344; BAG 9.2.2005 – 5 AZR 284/04; BAG 3.11.2004 – 5 AZR 73/04, n.v; BAG 16.1.2002, NZA 2002, 632; LAG Niedersachsen 10.4.2015 – 6 Sa 1501/14; LAG Hamm 16.5.2012 – 10 Sa 974/11.
1899 BAG 23.2.2011, NZA 2011, 693; BAG 17.3.2010, 5 AZR 168/09; LAG Baden-Württemberg 29.11.2012 – 3 Sa 71/12; LAG Niedersachsen 20.6.2008 – 12 Sa 35/08, n.v.; LAG Hamm 12.2.2008, NZA 2008, 845; LAG Baden-Württemberg 12.2.2008 – 8 Sa 34/07, n.v.; LAG Schleswig-Holstein 23.1.2008 – 6 Sa 151/07, n.v.; LAG München 20.12.2007 – 4 Sa 624/05, n.v.; Hessisches LAG 15.11.2007 – 5 Sa 18/16/06, n.v.; LAG Rheinland-Pfalz 20.7.2006 – 4 Sa 325/06, n.v.
1900 Preis/*Greiner*, II G 10 Rn 2.

c) Erläuterungen
aa) Verpflichtung zur Gehaltsüberprüfung

Mit einer sog. **Überprüfungsklausel** (Gehaltsüberprüfung) verpflichtet sich der Arbeitgeber lediglich zu einer Überprüfung des Arbeitsentgelts. Ein Anspruch des Arbeitnehmers auf Anpassung der Vergütung ergibt sich daraus noch nicht; für den Arbeitgeber sind reine Überprüfungsklauseln daher regelmäßig attraktiver als eine vertraglich begründete Verpflichtung zur Gehaltserhöhung, die ihn unabhängig von der künftigen wirtschaftlichen Lage des Unternehmens für die Zukunft bindet. 909

Die Vereinbarung einer Überprüfungsklausel ist grds. zulässig. Die Regelung verstößt insbesondere nicht gegen das in § 308 Nr. 4 BGB normierte Verbot, die versprochene Leistung in unzumutbarer Weise zu ändern oder von ihr abzuweichen. Der Vorbehalt des Verwenders, die eigene Leistung zu erhöhen, fällt nicht in den Schutzbereich des § 308 Nr. 4 BGB, solange sich die Leistungspflichten des Arbeitnehmers nicht ändern.[1901] Allerdings muss sich im Hinblick auf den Bestimmtheitsgrundsatz und das Transparenzgebot des § 307 Abs. 1 BGB aus der Klausel unzweideutig ergeben, dass lediglich eine Überprüfung der Vergütungshöhe gewollt ist, mit der nicht zwingend auch eine Anpassung einhergehen soll; eine Verpflichtung zur „Überprüfung und ggf. Anpassung" soll dabei bereits einen Anpassungsanspruch begründen.[1902] 910

Die Entscheidung, ob auf die Gehaltsüberprüfung eine Gehaltsanpassung folgt, muss grds. im Rahmen billigen Ermessens getroffen werden. Werden in die Überprüfungsklausel objektive Kriterien aufgenommen, anhand derer die Überprüfung vorgenommen wird (Gehaltsanpassung), erhöht dies die Transparenz der Ermessensentscheidung und beugt Zweifeln an der Angemessenheit der Klausel vor. Allerdings ist zu berücksichtigen, dass die Aufnahme konkreter Ermessenskriterien auch die argumentative Position des Arbeitnehmers verstärkt, aus der Überprüfungsverpflichtung eine Anpassungsverpflichtung herzuleiten.[1903] 911

bb) Verpflichtung zur Gehaltsanpassung

Eine Regelung, die den Arbeitgeber nicht nur zur Überprüfung, sondern auch zur **Anpassung des Gehalts** verpflichtet, begrenzt den diesbezüglichen Entscheidungsspielraum des Arbeitgebers. Soweit die Anpassungsverpflichtung hinreichend transparent ausgestaltet ist, bestehen auch insoweit grds. keine Wirksamkeitsbedenken. 912

Denkbar ist dabei die Festlegung einer festen, etwa prozentual festgelegten Anpassungsgröße, oder die Anpassung entsprechend der tariflichen Entwicklung der Vergütung in der Branche des Arbeitgebers (Gehaltsanpassung). Gehaltsanpassungsklauseln, die eine Gehaltserhöhung anhand bestimmter Indices vorsehen, sind jedoch wegen **§ 1 des Preisangaben- und Preisklauselgesetzes** in der seit dem 14.9.2007 geltenden Fassung[1904] (ehemals § 2 PreisKlG) nur begrenzt zulässig. Gem. § 1 PreisKlG darf der Betrag von Geldschulden nicht unmittelbar durch den Preis oder Wert anderer Güter oder Leistungen bestimmt werden, die mit den vereinbarten Gütern oder Leistungen nicht vergleichbar sind. Eine Regelung, die die Gehaltsanpassung ausschließlich von der Inflationsrate oder der Entwicklung des Verbraucherpreisindexes abhängig macht, wäre deshalb unwirksam. Ausnahmen gelten gem. § 1 Abs. 2 PreisKlG allerdings für Vertragsklauseln, die dem Arbeitgeber für die Bestimmung der Anpassung einen Ermessensspielraum belassen, der es ermöglicht, die neue Vergütungshöhe nach Billigkeitsgrundsätzen zu bestimmen (sog. Leistungsvorbehaltsklauseln). Diesen Anforderungen wird etwa dadurch genügt, dass die Anpassung der Vergütung zumindest auch von den persönlichen Leistungen des Arbeitnehmers abhängig gemacht

---

1901 BAG 9.11.2005, DB 2006, 1061.
1902 LAG Berlin-Brandenburg 23.3.2012 – 6 Sa 40/12.
1903 *Weber/Hoß/Burmester*, Teil 2 Rn 126.
1904 Geändert durch das Zweite Gesetz zum Abbau bürokratischer Hemmnisse in der mittelständischen Wirtschaft (MEG II) vom 13.6.2007, BGBl I 2007, 2246.

wird (Gehaltsanpassung).[1905] Der für Gehaltsanpassungsklauseln früher zu beachtende § 2 PreisKlG, der ein Indexierungsverbot mit Genehmigungsvorbehalt beinhaltete, ist mittlerweile ersatzlos entfallen.

cc) Gehaltsanpassung durch Absenkung der Vergütung

913   Anpassungsklauseln, die eine **Anpassung der Vergütung nach unten** vorsehen, sind rechtlich bedenklich, da die Vergütung des Arbeitnehmers zu den vertraglichen Hauptleistungspflichten gehört, die der einseitigen Veränderung durch den Arbeitgeber weitgehend entzogen sind.[1906] Der Arbeitnehmer hat grds. nicht die unternehmerischen Risiken des Arbeitgebers zu tragen, so dass Erfolg oder Misserfolg des Unternehmens keine unmittelbare Auswirkung auf die Vergütungssituation haben dürfen. Außerhalb tarifvertraglicher Regelungen kann eine Gehaltsanpassung nach unten daher nicht wirksam vereinbart werden.[1907] Gehaltsanpassungsklauseln sind daher regelmäßig dahingehend auszulegen, dass nur eine Gehaltserhöhung, nicht aber eine Kürzung in Frage kommt.[1908] Ergibt die Überprüfung der Vergütungssituation, dass eine Gehaltsabsenkung angezeigt wäre, bleibt die Vergütung dennoch unverändert bestehen, wenn auch eine Erhöhung unterbleiben muss. Im Interesse der vertraglichen Transparenz kann dies ausdrücklich festgelegt werden (Gehaltsanpassung).

dd) Spannungsklauseln

914   **Spannungsklauseln** (Gehaltsanpassung) dienen der Wahrung des Gehaltsgefüges zwischen tariflichen und außertariflichen Arbeitnehmern. Durch sie wird gewährleistet, dass das Gehalt des außertariflichen Angestellten – oder des Geschäftsführers[1909] – jeweils in dem gleichen Verhältnis angehoben wird, wie sich das Tarifgehalt der Angestellten der höchsten Tarifgruppe erhöht. Da sich aus dem Tarifvertrag selbst kein Anpassungsanspruch des außertariflichen Angestellten ergeben kann,[1910] begründet diese Regelung einen eigenständigen arbeitsvertraglichen Anspruch des Angestellten auf eine entsprechende Anpassung der Vergütung.[1911] In diesem Rahmen wird auch eine Absenkung des Gehalts für zulässig erachtet, wenn die Tarifvertragsparteien diese beschlossen haben,[1912] da in diesem Fall kein willkürlicher Eingriff des Arbeitgebers in die Vergütungssituation vorliegen kann. Ebenfalls wirksam ist die Vereinbarung einer gegenüber der tariflichen Entwicklung reduzierten Anpassung, wenn diese die Grenzen billigen Ermessens nach § 315 BGB wahrt.[1913]

ee) Differenzierungs- und Abstandsklauseln

915   Differenzierungsklauseln sollen die unterschiedliche Behandlung von Gewerkschaftsmitgliedern und nicht-organisierten Arbeitnehmern (sog. „Außenseiter") ermöglichen. Auch wenn Tarifverträge vorbehaltlich einer Allgemeinverbindlicherklärung gemäß § 5 TVG gemäß § 3 Abs. 1 TVG Anwendung nur auf die Arbeitsverhältnisse der unmittelbar tarifgebundenen Tarifparteien finden, bleibt es dem Arbeitgeber unbenommen, die für ihn geltenden Tarifverträge auch auf die Arbeitsverhältnisse der nicht-organisierten Arbeitnehmer anzuwenden. Von gewerkschaftlich erkämpfen Vorteilen profitieren dann auch Arbeitnehmer, die die tarifschließende Gewerkschaft nicht durch ihre Mitgliedschaft unterstützen. Aus diesem Grund werden in dem Tarifvertrag häufig sog. einfache Differenzierungsklauseln getroffen, die die Mitgliedschaft in der tarifschließenden Gewerkschaft zum Tatbestandsmerkmal eines bestimmten Anspruchs machen.

1905 Hessisches LAG 23.6.2003, NZA-RR 2004, 184.
1906 Preis/*Greiner*, Arbeitsvertrag, II G 10 Rn 4.
1907 *Hromadka*, RdA 1992, 234, 236; Hümmerich/Lücke/Mauer/*Lücke*, § 1 Rn 82.; *Hümmerich*, AnwBl 1999, 9, 11; eine Ausnahme gilt allenfalls für die Vorstände von Aktiengesellschaften und GmbH-Geschäftsführer, deren Vergütung bei rückläufiger Ertragskraft des Unternehmens ggf. auch ohne vertragliche Regelung abgesenkt werden kann, vgl. hierzu *Lunk/Stolz*, NZA 2010, 121.
1908 OLG Naumburg 16.4.2003, GmbHR 2004, 423.
1909 Hümmerich/Lücke/Mauer/*Lücke*, § 1 Rn 436.
1910 *Eich*, BB 1978, 210, 211.
1911 *Weber/Hoß/Burmester*, Teil 2 Rn 128.
1912 Preis/*Greiner*, Arbeitsvertrag, II G 10 Rn 8.
1913 *Rieder/Bopp*, S. 17.

Weitere Formen von (qualifizierten) Differenzierungsklauseln sind unter den Bezeichnungen „Tarifausschlussklausel" und „Spannenklausel" bzw. „Abstandklausel" geläufig.[1914] Der Unterschied zu den „einfachen Differenzierungsklauseln" besteht bei diesen Erscheinungsformen darin, dass sie jeweils regulierend auf die Vertragspraxis des tarifgebundenen Arbeitgebers mit nicht-organisierten Arbeitnehmern Einfluss nehmen wollen. Die „Tarifausschlussklausel" will dem tarifgebundenen Arbeitgeber verbieten, die tariflich allein den Gewerkschaftsmitgliedern vorbehaltene Leistung auch an Außenseiter zu erbringen. Die „Abstands- oder Spannenklausel" lässt eine solche Vereinbarung des Arbeitgebers mit den Außenseitern zu, begründet für diesen Fall jedoch einen zusätzlichen Anspruch für die organisierten Arbeitnehmer in Höhe der bei Tarifabschluss vorausgesetzten Differenz zwischen den Ansprüchen der nicht organisierten und denjenigen der – durch die Differenzierungsklausel zusätzlich bedachten – organisierten Arbeitnehmer.[1915]

▼

Muster 1a.55: Differenzierungsklauseln

Arbeitnehmer, die Mitglied der Gewerkschaft sind, erhalten zusätzlich zu dem jährlichen Weihnachtsgeld einen Betrag in Höhe von 1.500 EUR brutto, der im November zur Auszahlung kommt.

▲
▼

Muster 1a.56: Spannenklauseln

Gewährt der Arbeitgeber Arbeitnehmern, die nicht Mitglied der Gewerkschaft sind, eine der Leistung nach Ziffer 1 entsprechende Leistung so erhöht sich für die Arbeitnehmer, die Mitglied der Gewerkschaft sind, die Arbeitgeberleistung entsprechend.

▲

Als Maßstab für die Zulässigkeit von Differenzierungsklauseln gilt die sog. **negative Koalitionsfreiheit",** insbesondere der Außenseiter. Das Recht, einer Koalition fern zu bleiben, wird im Kern nicht in Frage gestellt. Ebenso unbestritten ist es aber auch, dass die Mitgliedschaft in einer Koalition nicht folgenlos bleibt, und dass von den rechtlichen Folgen der koalitionsmäßigen Organisierung eines Arbeitgebers oder eines Arbeitnehmers für Außenseiter auch ein gewisser Anreiz ausgehen kann, selbst Mitglied der Koalition zu werden.[1916] Zuletzt hat das Bundesverfassungsgericht in seiner Entscheidung vom 11.7.2006 darauf hingewiesen, dass Art. 9 Abs. 3 GG den Nicht-Organisierten lediglich vor einem Zwang oder Druck schützt, einer Koalition beizutreten; ein von der Regelung ausgehender bloßer Anreiz zum Beitritt erfülle diese Voraussetzung nicht.[1917] Eine allgemein akzeptierte abstrakte Grenze zwischen dem, was noch zulässiger Anreiz zum Gewerkschaftsbeitritt ist, und dem, was als unzulässiger Druck oder gar Zwang zu solchem Verhalten anzusehen ist, ist nicht zu erkennen.

Einfache Differenzierungsklauseln können nach neuerer Rechtsprechung des BAG bereits strukturell keinen unzulässigen unmittelbaren Druck auf Außenseiter ausüben und begegnen deshalb keinen grundsätzlichen rechtlichen Bedenken. Die Normsetzungskompetenz der Tarifvertragsparteien sei ohnehin auf ihre Mitglieder beschränkt, so dass die normative Wirkung einer Tarifregelung auf Außenseiter ausgeschlossen sei; die Vertragsfreiheit des Arbeitgebers und der nicht oder anders organisierten Arbeitnehmer werde durch eine solche Tarifregelung nicht eingeschränkt, da es diesen unbenommen bleibe, ihre vertraglichen Beziehungen frei zu gestalten und bspw. arbeitsvertraglich eine der Tarifregelung entsprechende

1914 Vgl. zur Terminologie umfassend *Franzen*, RdA 2006, 1.
1915 BAG v. 18.3.2009 – 4 AZR 64/08.
1916 BVerfG v. 20.7. 1971 – 1 BvR 13/69.
1917 BVerfG 11.7. 2006 – 1 BvL 4/00.

Vereinbarung zu treffen.[1918] Ein Anspruch auf die tariflichen Leistungen besteht in diesem Fall für nicht-organisierte Arbeitnehmer auch dann nicht, wenn der Anwendungsbereich des Tarifvertrages durch arbeitsvertragliche Verweisung im Sinne einer sog. Gleichstellungsabrede grundsätzlich eröffnet ist.[1919] Allerdings dürfen Differenzierungsklauseln auch inhaltlich keinen unangemessenen Druck auf die Außenseiter ausüben; sie dürfen deshalb jedenfalls in der Regel nicht an den Regelungen des Austauschverhältnisses von Leistung und Gegenleistung anknüpfen, die Grundlage des laufenden Lebensunterhaltes sind, und die im Arbeitsleben jedenfalls regelmäßig als Maßstab für die Bemessung der angemessenen und üblichen Arbeitsbedingungen dienen. Und auch Sonderleistungen, die außerhalb des Austauschverhältnisses liegen, dürfen nicht eine Höhe erreichen, dass sie dieses Verhältnis im wirtschaftlichen Ergebnis maßgeblich beeinflussen.[1920]

Eine Differenzierung nicht zwischen Mitgliedern einer Gewerkschaft einerseits und „Außenseitern" andererseits, sondern zwischen verschiedenen Gruppen von Mitgliedern der Gewerkschaft wird angenommen, wenn die Gewerkschaftszugehörigkeit zu einem bestimmten Zeitpunkt verlangt wird. Sie kann etwa darin bestehen, dass besondere sozialplanähnliche Leistungen nur für Gewerkschaftsmitglieder erbracht werden, die zu einem bestimmten **Stichtag** Mitglied der Gewerkschaft gewesen sind. Eine solche Differenzierung ist zulässig, wenn der Stichtag nicht willkürlich gewählt wird, sondern für ihn ein sachlicher Grund besteht.[1921]

Weiterhin unzulässig sollen demgegenüber sog. **Spannen- oder Abstandsklauseln** sein. Diese sollen einfache Differenzierungsklauseln dadurch absichern, dass der Arbeitgeber, der die eigentlich den Gewerkschaftsmitgliedern vorbehaltene Leistung (freiwillig) auch an Außenseiter erbringt, eine entsprechende zusätzliche Leistung auch an Gewerkschaftsmitglieder erbringen muss. Eine solche Regelung erfasst nach Auffassung des BAG den außertariflichen Bereich, der nicht der Regelungsmacht der Tarifvertragsparteien unterfällt.[1922] Sie würde zudem die grundsätzlich zulässige[1923] arbeitsvertragliche Gleichstellung von Außenseitern mit Gewerkschaftsmitgliedern unmöglich machen und damit in unzulässiger Weise in die Vertragsfreiheit des Arbeitgebers und der nicht oder anders organisierten Arbeitnehmer eingreifen.[1924] In der Literatur werden demgegenüber zumindest schuldrechtliche Kollektivvereinbarungen, die dem Arbeitgeber verbieten, bestimmte tarifvertragliche Leistungen auch Außenseitern zuzubilligen, teilweise für möglich erachtet, wenn damit nur „milder Druck" zum Gewerkschaftsbeitritt einher geht.[1925]

57. Gerichtsstand

Literatur: *Bergwitz,* Der besondere Gerichtsstand des Arbeitsortes (§ 48 I a ArbGG), NZA 2008, 433; *Däubler,* Die internationale Zuständigkeit der deutschen Arbeitsgerichte, NZA 2003, 1297; *Domröse,* Der gewöhnliche Arbeitsort des Arbeitnehmers als besonderer Gerichtsstand im arbeitsgerichtlichen Urteilsverfahren, DB 2008, 1626; *Franken/Natter/Rieker,* Die Novellierung des Arbeitsgerichtsgesetzes und des § 5 KSchG durch das SGGArbGG-Änderungsgesetz, NZA 2008, 377; *Günther/Pfister,* Arbeitsverträge mit internationalen Bezügen – Teil 1: Rechtswahl und Gerichtsstandsvereinbarungen, ArbRAktuell 2014, 215; *Junker,* Internationale Zuständigkeit und anwendbares Recht in Arbeitssachen – Eine Einführung für die Praxis, NZA 2005, 199; *Künzl,* Der Gerichtsstand des regelmäßigen Arbeitsortes (§ 48 Abs. 1a ArbGG), ArbRAktuell 2009, 59; *Mävers,* Die Vereinbarung von Gerichtsstandswahlklauseln, ArbRAktuell 2010, 87; *Mankowski,* Gerichtsstandsvereinbarungen in Tarifverträgen und Art. 23 EuGVVO, NZA 2009, 584; *Markovska,* Zwingende

---

1918 BAG v. 23.3.2011, AP Nr. 147 zu Art. 9 GG; kritisch *Greiner,* NZA 2016, 10; *Löwisch,* NZA 2011, 187.

1919 BAG v.18.3.2009 – 4 AZR 64/08; anders noch BAG GS v. 29.11.1967, AP Nr. 13 zu Art. 9 GG: „tarifvertragliche Selbsterhaltungsmaßnahme".

1920 BAG v.18.3.2009 – 4 AZR 64/08.

1921 BAG v. 15.4.2015 – 4 AZR 796/13; BAG v. 21.8.2013 – 4 AZR 861/11; BAG 5.9.2012 – 4 AZR 696/10.

1922 BAG GS 29.11.1967, AP Nr. 13 zu Art. 9 GG.

1923 BAG 18.3.2009, AP Nr. 41 zu § 3 TVG; *Richardi,* NZA 2010, 417; *Bauer/Arnold,* NZA 2009, 1169.

1924 BAG 23.3.2011, AP Nr. 147 zu Art. 9 GG; ebenso *Bauer/Arnold,* NZA 2011, 945.

1925 ErfK/*Linsenmaier,* Art. 9 GG, Rn 34; *Kocher,* NZA 2009, 187; a.A. *Richardi,* NZA 2010, 417.

Bestimmungen als Schranken der Rechtswahl im Arbeitskollisionsrecht, RdA 2007, 352; *Müller*, Der Gerichtsstand des Erfüllungsortes bei arbeitsgerichtlichen Klagen von Außendienstmitarbeitern, BB 2002, 1094; *Oppertshäuser*, Das Internationale Privat- und Zivilprozessrecht im Spiegel arbeitsgerichtlicher Rechtsprechung, NZA-RR 2000, 393; *Reinhard/Böggemann*, Gesetz zur Änderung des Sozialgerichtsgesetzes und des Arbeitsgerichtsgesetzes – Änderungen des ArbGG, NJW 2008, 1263; *von Steinau-Steinrück/Hurek*, Arbeitsvertragsgestaltung, 2007; *Thüsing*, Rechtsfragen grenzüberschreitender Arbeitsverhältnisse, NZA 2003, 1303; *Weers-Hermanns*, Gerichtsstand für Außendienstmitarbeiter mit Home-Office, NZA 2010, 492.

a) Allgemeines

Mit einer Gerichtsstandsklausel wird durch Vertrag ein an sich unzuständiges Gericht als zuständiges Gericht vereinbart, sog. **Prorogation**.[1926]   **916**

Dabei ist zwischen zwei verschiedenen Arten von Gerichtsstandsklauseln zu unterscheiden. Zunächst sind Vereinbarungen bzgl. des **Rechtswegs** möglich. So können nach § 2 Abs. 4 ArbGG durch Vereinbarung bürgerliche Rechtsstreitigkeiten zwischen juristischen Personen des Privatrechts und Personen, die kraft Gesetzes allein oder als Mitglieder des Vertretungsorgans der juristischen Person zu deren Vertretung berufen und damit keine Arbeitnehmer nach § 5 Abs. 1 S. 2 ArbGG sind, gleichwohl vor die Gerichte für Arbeitssachen gebracht werden.[1927] Praktisch relevanter sind indessen Vereinbarungen über die **örtliche Zuständigkeit**.

Grundsätzlich sind auch für arbeitsrechtliche Streitigkeiten Gerichtsstandsklauseln denkbar, mittels derer   **917** Abweichungen von den gesetzlichen Regelungen bzgl. der Zuständigkeit des Gerichts vereinbart werden.[1928] Indessen sind solche Regelungen nur in den **Grenzen** der §§ 38 ff. ZPO sowie – bei bestimmten internationalen Streitigkeiten – des Art. 21 VO (EG) Nr. 44/2001 zulässig.[1929]

b) Gesetzliche Regelungen der örtlichen Zuständigkeit

Gemäß § 46 Abs. 2 ArbGG richtet sich die örtliche Zuständigkeit bei arbeitsgerichtlichen Streitigkeiten   **918** grundsätzlich nach den Vorschriften der §§ 12 bis 40 ZPO.[1930] Mithin bestimmt sich der **allgemeine Gerichtsstand** im Regelfall durch den Wohnsitz des beklagten Arbeitnehmers bzw. des beklagten Arbeitgebers.[1931] Ist der Arbeitgeber eine juristische Person (§ 17 ZPO) oder in der Rechtsform der OHG oder KG organisiert, bestimmt sich die örtliche Zuständigkeit nach dem Ort des Sitzes.[1932]

Neben den allgemeinen Gerichtsstand kann in bestimmten Fällen ein weiterer **besonderer Gerichtsstand aus der ZPO** treten. In Betracht kommen vor allem die besonderen Gerichtsstände des Erfüllungsortes (§ 29 ZPO), der Niederlassung (§ 21 ZPO),[1933] der unerlaubten Handlung (§ 32 ZPO) sowie der Widerklage (§ 33 ZPO).[1934]

Kommen mehrere Gerichtstände in Frage, kann der Kläger einen **Gerichtsstand wählen** (§ 35 ZPO).[1935]

Das ArbGG selbst enthält wenige **eigenständige Regelungen** zur örtlichen Zuständigkeit. **§ 48 Abs. 2**   **919** **ArbGG** ermöglicht tarifvertragliche Zuständigkeitsregelungen, **§ 82 ArbGG** regelt die örtliche Zuständig-

---

1926 ErfK/*Koch*, § 48 ArbGG Rn 22; Preis/*Lindemann*, Arbeitsvertrag, II G 20 Rn 1.

1927 Preis/*Lindemann*, Arbeitsvertrag, II G 20 Rn 2; zur Zuständigkeit der Arbeitsgerichte nach Beendigung der Organstellung eines Geschäftsführers vgl. BAG 3.12.2014, NZA 2015, 180 und BAG 22.10.2014, NZA 2015, 60.

1928 BAG 15.11.1972, AP Nr. 1 zu § 38 ZPO; Grunsky/*Benecke*, § 48 ArbGG Rn 27; *Vollkommer*, RdA 1974, 206; Germelmann u.a./ *Germelmann*, § 48 ArbGG Rn 54; Moll/*Boudon*, § 22 Rn 133.

1929 Klar zu trennen von Gerichtsstandsvereinbarungen sind Vereinbarungen über das anwendbare Recht, vgl. hierzu ErfK/*Schlachter*, Art. 9 Rom I-VO Rn 5. Allerdings kann eine Gerichtsstandsvereinbarung im Rahmen einer Rechtswahl unwirksam nach Art. 8 Abs. 1 S. 2 Rom I-VO sein (so BAG 10.4.2014, BeckRS 2014, 71952 zum früheren Art. 30 Abs. 1 EGBGB).

1930 BAG 15.11.1972, AP Nr. 1 zu § 38 ZPO; ErfK/*Koch*, § 48 ArbGG Rn 22; Preis/*Lindemann*, Arbeitsvertrag, II G 20 Rn 3; Moll/ *Boudon* § 22 Rn 125; Moll/*Ziemann/Ulrich*, § 77 Rn 209.

1931 ErfK/*Koch*, § 48 ArbGG Rn 19; Moll/*Boudon*, § 22 Rn 126; Moll/*Ziemann/Ulrich*, § 77 Rn 212.

1932 Zöller/*Vollkommer*, § 17 ZPO Rn 4 f.; Preis/*Lindemann*, Arbeitsvertrag, II G 20 Rn 3; Moll/*Boudon*, § 20 Rn 125.

1933 Moll/*Ziemann/Ulrich*, § 77 Rn 213.

1934 Tschöpe/*Rolfs*, Teil 5 B Rn 159; ErfK/*Koch*, § 48 ArbGG Rn 20 f.; Preis/*Lindemann*, Arbeitsvertrag, II G 20 Rn 3.

1935 HWK/*Kalb*, § 2 ArbGG Rn 151; ErfK/*Koch*, § 48 ArbGG Rn 19; Moll/*Ziemann/Ulrich*, § 77 Rn 226.

keit bei Beschlussverfahren.[1936] Jüngeren Datums sind die Vorschriften in **§ 61b Abs. 2 ArbGG** für Klagen wegen Benachteiligung sowie in **§ 48 Abs. 1a ArbGG**, wonach im Urteilsverfahren auch das Arbeitsgericht zuständig ist, **in** dessen Bezirk der Arbeitnehmer gewöhnlich seine Arbeit verrichtet oder zuletzt gewöhnlich verrichtet hat.[1937] Lässt sich ein solcher gewöhnlicher Arbeitsort nicht ermitteln, ist das Arbeitsgericht zuständig, **von** dessen Bezirk aus der Arbeitnehmer gewöhnlich seine Arbeit verrichtet oder zuletzt gewöhnlich verrichtet hat, vgl. § 48 Abs. 1a S. 2 ArbGG. Die Regelung kommt Arbeitnehmern zu Gute, die ihre Arbeit nicht am Firmensitz oder aber zu Hause leisten.[1938]

c) Gerichtsstandsklauseln außerhalb des Anwendungsbereichs der VO (EG) Nr. 44/2001
aa) Einzelvertragliche Klauseln

920 Bei Gerichtsstandsklauseln ohne Auslandsbezug oder mit Auslandsbezug zu Staaten, die dem Anwendungsbereich der VO (EG) 44/2001 nicht unterfallen, sind die Grenzen der **§ 38 ff. ZPO** maßgeblich.[1939] Die dortigen Regelungen lassen in arbeitsrechtlichen Angelegenheiten freilich nur **wenig Raum** für wirksame Gerichtsstandsvereinbarungen. So gestattet § 38 ZPO Abs. 1 ZPO Abreden zwischen Kaufleuten oder juristischen Personen des öffentlichen Rechts oder öffentlich-rechtlichen Sondervermögen. § 38 Abs. 2 ZPO ermöglicht Gerichtsstandsvereinbarungen, wenn mindestens eine der Vertragsparteien keinen allgemeinen Gerichtsstand im Inland hat.[1940] Weiter möglich sind **schriftliche** Abreden, die nach Entstehen einer Streitigkeit (§ 38 Abs. 3 Nr. 1 ZPO)[1941] oder für den Fall getroffen werden, dass die im Klageweg in Anspruch zu nehmende Partei (beispielsweise als Wanderarbeitnehmer) nach Vertragsschluss ihren Wohnsitz oder gewöhnlichen Aufenthaltsort aus dem Geltungsbereich der ZPO verlegt oder ihr Wohnsitz oder gewöhnlicher Aufenthalt im Zeitpunkt der Klagerhebung nicht bekannt ist (§ 38 Abs. 3 Nr. 2 ZPO).[1942]

Die aufgezeigten Grenzen der Gerichtsstandsvereinbarungen im Arbeitsrecht können nicht durch eine vom gesetzlichen Gerichtsstand abweichende Vereinbarung des Erfüllungsorts als Gerichtsstand umgangen werden.[1943] **§ 29 Abs. 2 ZPO** eröffnet diese Möglichkeit ebenfalls lediglich Kaufleuten, juristischen Personen des öffentlichen Rechts oder öffentlich-rechtlichen Sondervermögen.[1944] Seit Einführung des **Gerichtsstands des Arbeitsortes gemäß § 48 Abs. 1a ArbGG** kommt Erfüllungsortvereinbarungen ohnehin keine prozessuale Bedeutung mehr zu, weil der Arbeitnehmer ungeachtet des Erfüllungsorts der ihm geschuldeten Gegenleistung an dem für seinen Arbeitsort zuständigen Gericht klagen kann (siehe hierzu Rdn 919).

921 Folge der engen Grenzen der ZPO ist eine grundsätzliche, zwingende Unzulässigkeit von **Gerichtsstandsvereinbarungen in Arbeitsverträgen**.[1945] Gleichwohl getroffenen Vereinbarungen sind **grundsätzlich unwirksam** nach § 134 BGB. Soweit eine Klausel ausnahmsweise in den Grenzen des § 38 Abs. 2 und 3

1936 Zur örtlichen Zuständigkeit bei Verfahren hinsichtlich der Tariffähigkeit und der Tarifzuständigkeit einer Vereinigung nach § 2a Abs. 1 Nr. 4 ArbGG vgl. § 97 Abs. 2 ArbGG; zur Zuständigkeit bei Verfahren hinsichtlich der Wirksamkeit einer Allgemeinverbindlicherklärung oder bestimmter Rechtsverordnungen nach § 2a Abs. 1 Nr. 5 ArbGG vgl. § 98 Abs. 2 ArbGG.
1937 Wenn der Arbeitnehmer von seinem Wohnsitz aus zu unterschiedlichen Einsatzorten fährt, begründet dies keinen Gerichtsstand nach § 48 Abs. 1a ArbGG am Wohnsitzort des Arbeitnehmers, ArbG Schwerin 28.8.2015 – 6 Ca 1368/15 (Juris).
1938 HWK/*Ziemann*, § 48 ArbGG Rn 83a; zum Gerichtsstand bei Außendienstmitarbeitern mit einer arbeitsvertraglichen Home-Office-Regelung *Weers-Hermanns*, NZA 2010, 492.
1939 Germelmann u.a./*Germelmann*, § 48 ArbGG Rn 55 ff.; Moll/*Boudon*, § 22 Rn 133; Moll/*Ziemann/Ulrich*, § 77 Rn 227.
1940 Vgl. dazu LAG Berlin 27.2.2009, BeckRS 2009, 60538.
1941 GK-ArbGG/*Schütz*, § 2 Rn 251; Germelmann u.a./*Germelmann*, § 48 ArbGG Rn 56; Grunsky § 2 ArbGG Rn 45.
1942 Moll/*Boudon*, § 22 Rn 132; Germelmann u.a./*Germelmann*, § 48 ArbGG Rn 57; Preis/*Lindemann*, Arbeitsvertrag, II G 20 Rn 5; Grunsky, § 2 ArbGG Rn 46.
1943 Rechtlich zulässig sind aber materiell-rechtliche Vereinbarungen über den Arbeitsort.
1944 Moll/*Boudon*, § 22 Rn 133; Moll/*Ziemann/Ulrich*, § 77 Rn 227; Thomas/Putzo/*Hüßtege*, § 29 Rn 10, § 38 Rn 7.
1945 Grunsky/*Benecke*, § 48 ArbGG Rn 27 und Rn 32; Moll/*Boewer*, § 48 Rn 23; HWK/*Kalb*, § 2 Rn 152; Preis/*Lindemann*, Arbeitsvertrag, II G 20 Rn 6.

ZPO in Betracht kommt, ist bei Formularverträgen vor allem das Gebot transparenter Vertragsgestaltung zu beachten. Weiter ist auf die Einhaltung des Schriftformerfordernisses nach **§ 126 Abs. 2 BGB** zu achten[1946] (zum Ausschluss einzelvertraglicher Gerichtsstandsvereinbarungen bei tarifvertraglicher Prorogation siehe Rdn 924).

bb) Tarifvertragliche Klauseln

Ungleich größer sind die Möglichkeiten für die Vereinbarung von Gerichtsstandsklauseln in den normativen Teilen von Tarifverträgen. § 48 Abs. 2 ArbGG gestattet es den Tarifvertragsparteien, in bestimmten Fällen die Zuständigkeit eines an sich örtlich unzuständigen Arbeitsgerichts festzulegen. In Betracht kommt dies für bürgerliche Rechtsstreitigkeiten zwischen Arbeitnehmern und Arbeitgebern aus einem Arbeitsverhältnis und aus Verhandlungen über die Eingehung eines Arbeitsverhältnisses, das sich nach einem Tarifvertrag bestimmt. Weiter besteht diese Möglichkeit für bürgerliche Rechtsstreitigkeiten aus dem Verhältnis einer gemeinsamen Einrichtung der Tarifvertragsparteien zu den Arbeitnehmern oder Arbeitgebern.   **922**

Von solchen tarifvertraglichen Vereinbarungen umfasst sind vor allem **Kündigungsschutzprozesse**.[1947]

Eine tarifvertragliche Prorogation findet freilich nur Anwendung, wenn beide Arbeitsvertragsparteien nach § 3 TVG tarifgebunden sind, der Tarifvertrag für **allgemeinverbindlich** erklärt wurde (§ 5 TVG) oder eine **einzelvertragliche Inbezugnahme** erfolgt ist, vgl. § 48 Abs. 2 S. 2 ArbGG.[1948] Eine einzelvertragliche Inbezugnahme kommt indessen nur im Geltungsbereich des jeweiligen Tarifvertrags in Betracht. Der Tarifvertrag müsste also in räumlicher, fachlicher und persönlicher Hinsicht zur Anwendung gelangen. Zudem muss der gesamte Tarifvertrag in Bezug genommen sein. Nicht möglich ist also eine beschränkte Bezugnahme auf die tarifliche Prorogation.[1949]   **923**

Besteht im Falle einer tarifvertraglichen ausschließlichen Prorogation beiderseitige Tarifbindung bzw. Allgemeinverbindlichkeitserklärung, scheidet eine Vereinbarung über den Gerichtsstand auf einzelvertraglicher Ebene aus. Es ist den Parteien in solchen Fällen nicht einmal möglich, den eigentlichen gesetzlichen Gerichtsstand zu wählen.[1950]   **924**

cc) Formulierungsbeispiele für einzelvertragliche Klauseln

Gerichtsstandsvereinbarung gemäß § 38 Abs. 2 ZPO   **925**

Für den Fall, dass der Arbeitnehmer keinen Wohnsitz in der Bundesrepublik Deutschland hat, vereinbaren die Arbeitsvertragsparteien den Ort des Sitzes des Arbeitgebers, also (…) (*Ort*), als Gerichtsstand.

Gerichtsstandsvereinbarung gemäß § 38 Abs. 3 ZPO   **926**

Für den Fall, dass der Arbeitnehmer seinen Wohnsitz oder gewöhnlichen Aufenthaltsort aus der Bundesrepublik Deutschland verlegt oder der Wohnsitz oder gewöhnliche Aufenthaltsort des Arbeitnehmers im Zeitpunkt der Klagerhebung nicht bekannt ist, vereinbaren die Arbeitsvertragsparteien den Ort des Sitzes des Arbeitgebers, also (…) (*Ort*), als Gerichtsstand.

1946 Zwar hat der BGH die Frage, ob § 38 Abs. 2 und 3 ZPO gesetzliche Schriftform verlangen, ausdrücklich offen gelassen, vgl. BGH 14.11.1991, NJW 1993, 1070; gleichwohl empfiehlt sich die Einhaltung des gesetzlichen Schriftformerfordernisses.
1947 Moll/*Boewer*, § 48 Rn 24.
1948 ErfK/*Koch*, § 48 ArbGG Rn 23; Preis/*Lindemann*, Arbeitsvertrag, II G 20 Rn 8 f.; Moll/*Boewer*, § 48 Rn 24; Moll/*Ziemann/Ulrich*, § 77 Rn 228.
1949 Germelmann u.a./*Germelmann*, § 48 ArbGG Rn 140; ErfK/*Koch*, § 48 ArbGG Rn 23; Moll/*Ziemann/Ulrich, § 77 Rn 229*; Preis/*Lindemann*, Arbeitsvertrag, II G 20 Rn 9.
1950 LAG Düsseldorf 2.5.1967, AP Nr. 18 zu § 1 TVG; Preis/*Lindemann*, Arbeitsvertrag, II G 20 Rn 10.

d)   Gerichtsstandsklauseln im Anwendungsbereichs der VO (EG) Nr. 44/2001

927   Bei arbeitsrechtlichen Streitigkeiten zwischen Angehörigen von Mitgliedstaaten der Europäischen Union galt seit dem 1.3.2002 die Verordnung (EG) Nr. 44/2001 des Rates über die gerichtliche Zuständigkeit und die Anerkennung und Vollstreckung von Entscheidungen in Zivil- und Handelssachen vom 22.12.2000 („Brüssel I").[1951] Das EuGVÜ findet seither nur noch im Verhältnis zu den ihm beigetretenen Nicht-EU-Staaten Anwendung, wobei die hier relevanten Vorschriften nahezu identisch mit den jeweiligen Vorschriften der VO (EG) 44/2001 sind.[1952] Die Verordnung (EG) Nr. 44/2001 wurde zum 10.1.2015 durch die Verordnung (EU) Nr. 1215/2012 abgelöst.[1953] Die Bestimmungen der Art. 18 ff. (EG) Nr. 44/2001 hinsichtlich der Zuständigkeit für individuelle Arbeitsverträge sind nun in Art. 20 ff (EU) 1215/12 untergebracht.

928   Die Verordnung (EU) Nr. 1215/2012 regelt im Grundsatz Fragen der internationalen Zuständigkeit.[1954] So schreibt etwa Art. 22 zugunsten des Arbeitnehmers fest, dass **Klagen eines Arbeitgebers** nur vor Gerichten des Mitgliedsstaates erhoben werden können, in dem der Arbeitnehmer seinen Wohnsitz hat.[1955] Der Arbeitnehmer kann den **Arbeitgeber** wiederum nach Art. 21 der Verordnung vor den Gerichten des Mitglieds-staats **verklagen**, in dem der Arbeitgeber seinen Wohnsitz hat, oder in einem anderen Mitgliedstaat vor dem Gericht des Ortes, an dem der Arbeitnehmer gewöhnlich seine Arbeit verrichtet oder zuletzt gewöhn-lich verrichtet hat, oder wenn der Arbeitnehmer seine Arbeit gewöhnlich nicht in ein und demselben Staat verrichtet oder verrichtet hat, vor dem Gericht des Ortes, an dem sich die Niederlassung, die den Arbeitneh-mer eingestellt hat, befindet bzw. befand. Eine Widerklage kann nach Art. 22 Abs. 2 der Verordnung dann an dem Gericht erhoben werden, an dem der Arbeitnehmer selbst geklagt hatte.

929   Gleichwohl eröffnet Art. 23 der Verordnung in engen Grenzen Möglichkeiten zur Vereinbarung eines be-stimmten Gerichts in einem Mitgliedstaat.[1956] Demnach kann eine abweichende Vereinbarung nach der Entstehung der Streitigkeit getroffen werden oder aber, wenn sie dem **Arbeitnehmer** die Befugnis ein-räumt, andere Gerichte anzurufen. Prorogierte Gerichtsstände können in letzterem Falle also nur dem Ar-beitnehmer einen **zusätzlichen Gerichtsstand** verschaffen. Der Arbeitgeber hat von einer solchen Verein-barung nicht viel.

930   Möchten die Arbeitsvertragsparteien dennoch von der Möglichkeit nach Art. 23 der Verordnung Gebrauch machen, setzt dies voraus, dass der Arbeitsvertrag **Auslandsbezug** hat und wenigstens eine Partei einen (Wohn-)Sitz oder eine Niederlassung in einem EU-Mitgliedstaat hat. Es kommt nicht nur die Vereinbarung eines Gerichts eines Mitgliedstaates, sondern auch von Gerichten außerhalb der Union (Drittstaaten) in Be-tracht, solange die Zuständigkeiten nach der Verordnung lediglich erweitert werden.[1957] Die Vereinbarung muss im Übrigen nach Art. 25 Abs. 1 S. 3 lit. a) der Verordnung **schriftlich** getroffen oder nach mündlicher Vereinbarung schriftlich bestätigt werden. Ein Schriftformerfordernis nach § 126 Abs. 2 BGB besteht indes nicht.[1958] Vielmehr eröffnet Art. 25 Abs. 2 der Verordnung sogar die Möglichkeit zur Verwendung solcher Kommunikationsmittel, die keine handschriftliche Unterzeichnung gestatten.[1959]

1951 Näheres dazu siehe Germelmann u.a./*Germelmann*, § 48 ArbGG Rn 59; *Däubler*, NZA 2003, 1297 ff.; Zöller/*Geimer*, ZPO, An-hang I.

1952 *Junker*, NZA 2005, 199.

1953 ABl L 351 vom 20.12.2012, S. 1.

1954 Germelmann u.a./ *Schlewing*, § 1 ArbGG Rn 23 ff; zur Vorabentscheidung über die internationale Zuständigkeit der deutschen Gerichtsbarkeit vgl. BAG 20.10.2015, NZA 2016, 254.

1955 Eine Widerklage kann allerdings auch vor dem Gericht erhoben werden, bei dem der Arbeitnehmer selbst Klage erhoben hatte, vgl. Art. 22 Abs. 2 VO (EU) Nr. 1215/2012 (früher Art. 20 Abs. 2 VO (EG) Nr. 44/2001).

1956 BAG 20.12.2012, BeckRS 2013, 69141.

1957 EuGH 19.7.2012, NZA 2012, 935.

1958 So für Art. 23 Abs. 1 S. 3 lit. a) (EG) 44/2001 Preis/*Lindemann*, Arbeitsvertrag, II G 20 Rn 34.

1959 Ein Vorschlag für eine Musterformulierung findet sich bei *Mävers*, ArbRAktuell 2010, 87. Er lautet: „*Soweit gesetzlich zulässig, ist Gerichtsstand für Klagen aus und in Zusammenhang mit dieser Vereinbarung … [Ort der Fa. oder Niederlassung]* ".

e) Schiedsvereinbarungen

Aufgrund der Regelung in § 4 ArbGG sind Schiedsvereinbarungen im Arbeitsrecht – von wenigen Ausnahmen abgesehen[1960] – grundsätzlich unzulässig.[1961] Hiernach kann die Arbeitsgerichtsbarkeit lediglich in den Fällen des § 2 Abs. 1 und 2 ArbGG nach Maßgabe der §§ 101–110 ArbGG ausgeschlossen werden.[1962] Die Befugnis zum wirksamen Abschluss einer Schiedsvereinbarung steht demnach einzig den **Tarifvertragsparteien** zu und ist beschränkt auf Streitgegenstände des Urteilsverfahrens.[1963]

931

58. Geringfügig Beschäftigte

Zu diesem Stichwort finden sich unten im Kapitel zu den einzelnen Vertragstypen weitere Erläuterungen, dort Teilzeit (siehe § 1b Rdn 223 ff., 319 ff.).

932

59. Geschenkannahme

Literatur: *Block*, Neue Regelungen zur Corporate Governance gemäß Sarbanes-Oxley Act, BKR 2003, 774 ff.; *Kersting*, Können Deutsche Unternehmen das Gesetz befolgen?, ZIP 2003, 233 ff.; *Lempke*, Das Mindestlohngesetz und seine Auswirkungen auf die arbeitsrechtliche Praxis, NZA 2015, 70; *Littmann/Bitz/Pust*, Das Einkommensteuerrecht, Loseblattsammlung, 72. Erg.-Lfg. November 2006; *Mengel*, Compliance und Arbeitsrecht, 1. Aufl. 2009; *Schöne*, Die Novellierung der Gewerbeordnung und die Auswirkungen auf das Arbeitsrecht, NZA 2002, 829; *Schönke/Schröder*, Strafgesetzbuch, Kommentar, 28. Aufl. 2010; *Schuster/Darsow*, Einführung von Ethikrichtlinien durch Direktionsrecht, NZA 2005, 273; *Sittard*, Das neue MiLoG: Mindestlohnberechnung und zivilrechtliche Folgen von Mindestlohnverstößen, RdA 2015, 99; *Wobst*, Mindestlohn und Trinkgeld, RdA 2016, 110.

a) Allgemeines

Die Annahme von Geschenken ist in vielen Arbeitsverträgen untersagt, um der Korruption vorzubeugen. Zu unterscheiden ist zwischen der Annahme von **Schmiergeldern** und von sog. gebräuchlichen **Gelegenheitsgeschenken** bzw. **Trinkgeldern**.

933

aa) Schmiergelder

Schmiergelder sind grundsätzlich verboten. § 299 StGB stellt die Bestechlichkeit und Bestechung im geschäftlichen Verkehr unter Strafe, also das Fordern, das Sich-Versprechen-Lassen und die Annahme eines Vorteils als Gegenleistung für eine unlautere Bevorzugung oder in der Hoffnung auf eine solche. Zwar ist grundsätzlich jeder Vorteil strafrechtlich relevant, es sollen aber Trinkgelder und branchenübliche Gelegenheitsgeschenke auszunehmen sein.[1964]

934

Hierbei kann es zu Abgrenzungsproblemen kommen, die erhebliche Auswirkungen auf das Arbeitsverhältnis haben. Denn auch ohne eine ausdrückliche vertragliche Vereinbarung ist die Entgegennahme von Schmiergeldern arbeitsvertragswidrig. Sie eröffnet nicht nur **Kündigungsmöglichkeiten**,[1965] sondern führt auch zu Herausgabeansprüchen des Arbeitgebers gegen den Arbeitnehmer wegen **unerlaubter Eigengeschäftsführung** (§ 687 Abs. 2 BGB) und zu Ersatzansprüchen wegen **vorsätzlicher sittenwidriger Schädigung** (§ 826 BGB).[1966]

935

1960 Vgl. zur Ausnahme nach § 101 Abs. 2 ArbGG BAG v. 28.1.2009, NZA-RR 2009, 465; BAG 25.2.2009, AP Nr. 60 zu § 611 BGB Bühnenengagementvertrag.
1961 HWK/*Kalb*, § 4 ArbGG Rn 1; ErfK/*Koch*, § 4 ArbGG Rn 1; MünchArbR/*Jacobs* § 347 Rn 1.
1962 BAG 27.10.1987, NZA 1988, 207; BAG 6.8.1997, NZA 1998, 220; Schwab/Weth/*Zimmerling* § 101 Rn 6, 28, m.w.N.
1963 HWK/*Kalb*, § 4 ArbGG Rn 2 f.
1964 ErfK/*Müller-Glöge*, § 626 BGB Rn 98.
1965 BAG 21.6.2001, NZA 2002, 232; BAG 17.8.1972, BAGE 24, 401, 408; MünchArbR/*Reichold*, § 48 Rn 58; LAG Düsseldorf 14.11.2005, DB 2006, 162 ff.; ArbG Wuppertal 15.6.2005, NZA-RR 2005, 476–481.
1966 Hessisches LAG 25.1.2008 – 10 Sa 1195/06, zit. nach juris.

Infolge der klaren gesetzlichen Regelung sind arbeitsvertragliche Schmiergeld-Verbotsklauseln ungebräuchlich.

bb) Gelegenheitsgeschenke/Trinkgelder

936 Nicht strafrechtswürdig und damit grundsätzlich nicht verboten ist die Annahme von üblichen Trinkgeldern oder kleinen Geschenken zum Zeichen der Verbundenheit (z.B. anlässlich Weihnachten oder Neujahr). Hierbei handelt es sich nach der Rechtsprechung um in der Wirtschaft **übliche Gelegenheitsgeschenke** (z.B. Kugelschreiber, Kalender, Feuerzeuge oder auch die Einladung zu einem bürgerlichen Mittagessen)[1967] mit denen kein Einfluss auf das Verhalten der Mitarbeiter genommen werde.[1968] Das Trinkgeld darf nach Umfang und Zweckbestimmung nicht den Charakter eines Schmiergeldes haben.[1969] Das BAG sah die Grenze zum Schmiergeld jedenfalls als überschritten an bei einer zehnmaligen Zahlung von jeweils 100 DM innerhalb von vier Jahren.[1970] Gleichwohl bleibt die Abgrenzung schwierig, denn objektive Wertobergrenzen existieren nicht.

937 Anhaltspunkte für eine Bagatellgrenze könnten z.B. aus dem EStG übernommen werden. Als **steuerrechtlich irrelevant** behandelt werden Geschenke an Dritte im Wert von bis zu 35 EUR (§ 4 Abs. 5 Nr. 1 EStG) bzw. Aufmerksamkeiten an Arbeitnehmer bis zu 40 EUR (§ 19 Abs. 1 EStG i.V.m. LStR R 73). Die Finanzverwaltung sieht hierin aber keine strikte Freigrenze, sondern nur einen Anhaltspunkt für die Beurteilung des Charakters der Zuwendung (**Nichtbeanstandungsgrenze**). Neben dem Wert sind weitere Umstände, wie Anlass und Rahmen, aber auch der Gegenstand der Zuwendung zu würdigen.[1971]

938 In unternehmensinternen **Ethikrichtlinien**, die zur Förderung moralisch integrer Verhaltensweisen im Wirtschaftsleben zunehmend eingeführt werden, finden sich – falls die Geschenkannahme dort nicht vollständig untersagt wird – Wertobergrenzen zwischen 30 EUR und 100 EUR.

939 **Betriebsratsmitgliedern** ist in Ausübung ihrer Tätigkeit die Annahme jedweder Geschenke verboten, weil dies den Tatbestand einer unzulässigen Begünstigung i.S.v. § 78 BetrVG erfüllt. Das gilt sowohl für Geschenke des Arbeitgebers als auch von dritter Seite.[1972] Aus Gründen der Vorsicht sollten Betriebsratsmitglieder jeden bösen Anschein vermeiden und Geschenke ausnahmslos zurückweisen.

940 **Trinkgelder** sind im Dienstleistungsgewerbe (z.B. Gaststätten, Taxi, Friseur) üblich, während deren Annahme bei Behörden oder öffentlich-rechtlich Beliehenen (z.B. TÜV) pflichtwidrig ist.[1973] Ein Trinkgeld ist ein Geldbetrag, den ein Dritter **ohne rechtliche Verpflichtung** einem Arbeitnehmer zusätzlich zu einer dem Arbeitgeber geschuldeten Leistung zahlt, § 107 Abs. 3 S. 2 GewO. Der Arbeitgeber ist verpflichtet, von Dritten erlangte Geldbeträge, die von dem Dritten erkennbar mit der Zweckbestimmung als Trinkgeld überlassen werden, an die begünstigten Arbeitnehmer weiterzuleiten. Ist den Arbeitnehmern die genaue Höhe der Trinkgeldeinnahmen nicht bekannt, ist der Arbeitgeber zur Auskunft verpflichtet.[1974]

Trinkgelder gehören arbeitsrechtlich nicht zum Arbeitsverdienst, weil auf sie i.d.R. mangels arbeitsvertraglicher Vereinbarung kein Anspruch besteht. Trinkgelder stellen vorbehaltlich anderweitiger vertraglicher Vereinbarungen keinen Teil des Arbeitsentgelts in Form eines Sachbezugs dar. Arbeitnehmer können solche Trinkgelder ohne Anrechnung auf den Mindestlohn **steuerfrei (§ 3 Nr. 51 EStG)** entgegennehmen.[1975]

1967 Schönke/Schröder/*Heine*, § 299 StGB Rn 20.
1968 LAG Düsseldorf 14.11.2005, DB 2006, 162 ff.
1969 Küttner/*Griese*, Nr. 406 Rn 1.
1970 BAG 15.11.2001, AP Nr. 175 zu § 626 BGB.
1971 Littmann/Bitz/Pust/*Barein*, § 19 EStG Rn 249; Schönke/Schröder/*Heine*, § 299 Rn 20.
1972 DKK/*Buschmann*, § 78 Rn 26.
1973 ErfK/*Preis*, § 611 BGB Rn 511.
1974 ArbG Gelsenkirchen 21.1.2014 – 1 Ca 1603/13, zit. nach juris.
1975 ErfK/*Franzen*, § 1 MiLoG Rn 7.

Dagegen können Trinkgelder aufgrund einer ausdrücklichen vertraglichen Vereinbarung in den Grenzen des § 107 Abs. 2 GewO Teil des Arbeitsverdienstes werden und sind dann wie Sachbezüge zu behandeln. Allerdings kann die Zahlung eines regelmäßigen Arbeitsentgelts bzw. des allgemeinen gesetzlichen Mindestlohns wegen des Trinkgeldes nicht ausgeschlossen werden (§ 107 Abs. 3 S. 1 GewO). Die vollständige Anrechnung des Arbeitsverdienstes ist damit nicht zulässig.[1976] Besteht ein Anspruch auf eine tarifliche Vergütung, so bleibt das Trinkgeld als freiwillige Zuwendung insoweit immer unberücksichtigt, d.h. eine tarifliche Mindestvergütung kann weder ganz noch teilweise mit dem zu erwartenden oder erzielten Trinkgeld verrechnet werden, sondern muss ungekürzt ausgezahlt werden.[1977] Demgegenüber dürfte die Anrechnung des Trinkgeldes auf den gesetzlichen Mindestlohn zulässig sein.[1978] Anders gewendet: Zulässig ist demnach eine Vertragsgestaltung, wonach Trinkgelder ganz oder teilweise auf das Festgehalt angerechnet werden können, solange nicht in tarifliche Mindestlöhne eingegriffen wird. Ein vollständiger Gehaltsausschluss, den § 107 Abs. 3 GewO untersagt, ist mit einer solchen Anrechnungsregel jedenfalls nicht verbunden.[1979] Da das Trinkgeld in diesen Fällen vertraglicher Vergütungsbestandteil ist, ist der Arbeitnehmer gegenüber dem Arbeitgeber zur Auskunft über die Höhe der erhaltenen Trinkgelder verpflichtet.[1980]

Werden Geschenkannahmeverbote kollektivrechtlich in Ethikrichtlinien und Verhaltenskodices geregelt, so ist kaum noch umstritten, inwieweit deren Einführung der **Mitbestimmung des Betriebsrats** nach § 87 BetrVG unterliegt. Das LAG Düsseldorf stellte in seiner Wal-Mart-Entscheidung vom 14.11.2005[1981] darauf ab, ob derartige Richtlinien die Annahme **jeglicher** Zuwendung verbieten und somit Regelungen treffen, die über den gesetzlich verbotenen Bereich hinausgehen. Solche Bestimmungen regeln nach Auffassung der LAG Düsseldorf und Köln sowie des überwiegenden Teils des Schrifttums[1982] jedenfalls insoweit das Verhalten der Arbeitnehmer im Betrieb (§ 87 Abs. 1 S. 1 Nr. 1 BetrVG), als festgelegt wird, ob und in welchem Wert die Arbeitnehmer gebräuchliche Werbegeschenke behalten dürfen, wann sie sie an den Lieferanten zurückgeben, wann sie sie an den Arbeitgeber herausgeben müssen und schließlich in welchen Fällen der Vorgesetzte informiert werden muss. Denn in solchen Fällen beschränkt sich die Regelung nicht auf den durch das Direktionsrecht abgedeckten Bereich, sondern regelt das Verhalten der Arbeitnehmer ganz allgemein.[1983]

941

Mitbestimmungspflichtig ist auch eine **Lohngestaltung**, bei der Trinkgelder auf den Monatslohn angerechnet werden. Denn es handelt sich insoweit um eine Frage der betrieblichen Lohngestaltung gem. § 87 Abs. 1 Nr. 10 BetrVG. Der erforderliche kollektive Bezug liegt vor, wenn Grund und Höhe der Lohnzahlung von allgemeinen Merkmalen abhängig gemacht werden, die von einer Mehrzahl der Arbeitnehmer im Betrieb erfüllt werden können.[1984] Die Anzahl der betroffenen Arbeitnehmer ist aber immer nur ein Indiz. Auch wenn die eigentliche Lohnhöhe nicht mitbestimmt ist,[1985] zählen zu den **mitbestimmten Entlohnungsgrundsätzen** u.a. auch die Gesichtspunkte, nach denen Vergütungsbestandteile berechnet und bemessen werden sollen.[1986]

942

1976 ErfK/*Preis*, § 611 BGB Rn 512.
1977 ErfK/*Preis*, § 611 BGB Rn 511; Küttner/*Griese*, Nr. 406 Rn 2; Schaub/*Linck,* ArbR-Hdb., § 68 Rn 20.
1978 ErfK/*Franzen*, § 1 MiloG Rn 7; *Sittard*, RdA 2015, 99; *Wobst*, RdA 2016, 110; a.A. *Lempke*, NZA 2015, 70.
1979 *Schöne*, NZA 2002, 829, 832.
1980 Küttner/*Griese*, Nr. 406 Rn 5; ErfK/*Preis*, § 611 BGB Rn 512.
1981 LAG Düsseldorf 14.11.2005, DB 2006, 162 ff.
1982 LAG Düsseldorf 14.11.2005, DB 2006, 162 ff; LAG Köln 20.6.1984, DB 1984, 2202; ErfK/*Kania*, § 87 BetrVG Rn 21a; HaKo-BetrVG/*Kohte*, § 87 Rn 35; a.A. HSWG/*Worzalla*, § 87 BetrVG Rn 114; GK-BetrVG/*Wiese*, § 87 Rn 227; differenzierend in 11. Aufl. Richardi/*Richardi*, § 87 BetrVG Rn 195; *Schuster*/*Darsow*, NZA 2005, 274 ff.
1983 LAG Köln 20.6.1984, DB 1984, 2202; a.A. *Mengel*, Rn 34.
1984 ErfK/*Kania*, § 87 BetrVG Rn 99.
1985 BAG 30.10.2001, NZA 2002, 920.
1986 BAG 29.3.1977, AP Nr. 1 zu § 87 BetrVG 1972 Provision.

943 Zur Vermeidung von Grauzonen empfehlen sich einheitliche Regelungen, z.B. ein generelles Verbot oder die generelle Einführung der Genehmigungspflichtigkeit von Gelegenheitsgeschenken. Der öffentliche Dienst z.B. statuiert uneingeschränkte Anzeige- und Genehmigungspflichtigkeiten für Belohnungen und Geschenke in § 10 BAT bzw. in § 3 Abs. 2 TVöD-AT.

b) Formulierungsbeispiele

944 *Anzeige- und Genehmigungsregel entsprechend § 10 BAT/§ 3 Abs. 2 TVöD-AT*

Der Arbeitnehmer darf von Dritten Belohnungen, Geschenke, Provisionen oder sonstige Vergünstigungen in Bezug auf seine Tätigkeit nicht annehmen. Ausnahmen sind nur mit Zustimmung des Arbeitgebers möglich. Werden dem Arbeitnehmer solche Vergünstigungen angeboten, hat er dies dem Arbeitgeber unverzüglich anzuzeigen.

945 *Anzeige- und Herausgaberegelung*

Der Arbeitnehmer hat sämtliche Geschenke und sonstige Zuwendungen, die ihm von Dritten mit Rücksicht auf das Arbeitsverhältnis zugewendet werden, dem Arbeitgeber unverzüglich anzuzeigen und die betreffende Zuwendung an diesen herauszugeben.

Mögliche Ausnahmeregelung:

Ausgenommen von der Herausgabepflicht sind gebräuchliche Gelegenheitsgeschenke, deren Wert den Betrag von (…) EUR im Einzelfall und von (…) EUR insgesamt pro Jahr nicht übersteigt. Die Anzeigepflicht besteht auch in diesen Fällen fort.

946 *Trinkgelder*

Dem Arbeitnehmer ist gestattet, Trinkgelder in üblichem Umfang von den Gästen entgegenzunehmen.

Alternativ: Der Arbeitnehmer erhält ein monatlich nachschüssig zahlbares Festgehalt von (…) EUR, auf das die im Bezugsmonat vereinnahmten Trinkgelder angerechnet werden. Die Höhe der vereinnahmten Trinkgelder ist dem Arbeitgeber jeweils mit der Abrechnung der Tageseinnahmen bekannt zu geben.

Variante bei Nichtanrechnung auf tariflichen bzw. gesetzlichen Mindestlohn:

Alternativ: Der Arbeitnehmer erhält ein monatlich nachschüssig zahlbares Festgehalt von (…) EUR, auf das die im Bezugsmonat vereinnahmten Trinkgelder bis zur Höhe von maximal (…) EUR (Differenz zwischen tatsächlichem Lohn und tariflichem bzw. gesetzlichem Mindestlohn) angerechnet werden. Soweit die Trinkgelder den Anrechnungsbetrag übersteigen, stehen sie dem Arbeitnehmer zu.

Die Höhe der vereinnahmten Trinkgelder ist dem Arbeitgeber jeweils mit der Abrechnung der Tageseinnahmen bekannt zu geben.

Geschenke

Mitarbeiter, Zulieferer, Partner und andere Dritte, die für das Unternehmen auftreten, sollten keine Geschenke und keine Bewirtung geben oder annehmen, wenn diese das Urteilsvermögen des Empfängers beeinflussen oder als Beeinflussung angesehen werden können.

Oder:

Es ist Ihnen nicht erlaubt, von einem Lieferanten, potentiellen Lieferanten oder einer anderen Person, von der Sie annehmen, dass diese Person dadurch Einfluss auf eine Geschäftsentscheidung oder Transaktion unseres Unternehmens nehmen möchte, Geschenke zu fordern, anzufragen oder anzunehmen. Jedes Geschenk von einem Lieferanten muss unter Angabe dieser Richtlinie zurückgegeben werden. Sofern die Rückgabe unmöglich ist, geht das Geschenk in das Eigentum des Unternehmens über. Jedes Angebot über ein Geschenk ist dem Vorgesetzten zu melden.

60. Gleichstellungsabrede (Bezugnahme auf Tarifverträge)

Literatur: *Bauer/Günther*, Bezugnahmeklauseln bei Verbandswechsel und Betriebsübergang – ein Irrgarten?, NZA 2008, 6; *Bayreuther*, „Hinauskündigung" von Bezugnahmeklauseln, DB 2007, 166; *ders.*, Die AGB-Kontrolle der Tarifwechselklausel, Festschrift für Kreutz, 2010, S. 29; *ders.*, Generelle Verpflichtung zur Aufnahme von Bezugnahmeklauseln durch betriebliche Mitbestimmung, BB 2010, 2177; *ders.*, Die Auslegung „offener" Bezugnahmeklauseln nach dem Auftreten von Tarifpluralitäten, Festschrift für Bepler, 2012, S. 15; *Betz*, Die Inbezugnahme tarifvertraglicher Regelungen im Wege der betrieblichen Übung, BB 2010, 2045; *Brecht-Heintzmann/Lewek*, Von der Gleichstellungs- zur Ungleichstellungsabrede?, ZTR 2007, 127; *Clemenz*, Arbeitsvertragliche Bezugnahme auf Tarifverträge – ein Paradigmenwechsel mit offenen Fragen, NZA 2007, 769; *Franzen*, Die geänderte Rechtsprechung zur Auslegung von arbeitsvertraglichen Bezugnahmeklauseln als Herausforderung für die Vertragsgestaltung, Festschrift zum 50-jährigen Bestehen der Zusatzversorgungskasse des Baugewerbes, 2007, S. 57; *Gäbeler*, Die Auslegung von Bezugnahmeklauseln bei Tarifpluralität, 2014; *Gaul/Naumann*, Gestaltungsrisiken bei der arbeitsvertraglichen Bezugnahme auf Tarifverträge, DB 2007, 2594; *Giesen*, Bezugnahmeklauseln – Auslegung, Formulierung und Änderung, NZA 2006, 625; *ders.*, Die Auslegung von Bezugnahmeklauseln im Konflikt um Tarifanwendung und Tarifvermeidung, ZfA 2010, 657; *Günther*, Arbeitsvertragliche Bezugnahmeklauseln auf dem Prüfstand, ZTR 2011, 203; *Hartmann*, Die Rechtsprechung des Europäischen Gerichtshofs zu dynamischen Bezugnahmeklauseln im Betriebsübergang, EuZA 2015, 203; *Heine*, Die Auslegung arbeitsvertraglicher Bezugnahmeklauseln im Wandel der Rechtsprechung, 2013; *Heinlein*, Statik statt Dynamik beim Betriebsübergang?, NJW 2008, 321; *Höpfner*, Vertrauensschutz bei Änderung der Rechtsprechung zu arbeitsvertraglichen Bezugnahmeklauseln, NZA 2008, 91; *Jacobs*, Die arbeitsvertragliche Bezugnahme auf Tarifverträge bei Betriebsübergang, Festschrift für Birk, 2008, S. 243; *ders.*, Bezugnahmeklauseln als Stolperstein beim Betriebsübergang, BB 2011, 2037; *Jacobs/E. M. Willemsen*, Arbeitsvertragliche Bezugnahmeklauseln im Wandel der Rechtsprechung, ArbRGeg. Bd. 45 (2008), 47; *Kania/Seitz*, Die Entdynamisierung von Bezugnahmeklauseln, RdA 2015, 228; *Klebeck*, Unklarheiten bei arbeitsvertraglicher Bezugnahmeklausel, NZA 2006, 15; *Klein*, Das Schicksal dynamischer Bezugnahmeklauseln bei Betriebsübergang – Korrekturmöglichkeit durch EuGH, NZA 2016, 410; *Klingebiel*, Arbeitsvertragliche Bezugnahmeklauseln bei Aufgabe der Tarifeinheit im Betrieb, 2009; *Korinth*, Inhalts- und Transparenzkontrolle von arbeitsvertraglich in Bezug genommenen Tarifverträgen, ArbRB 2007, 21; *Lingemann*, Kleine dynamische Bezugnahmeklausel bei Änderung der Tarifbindung, Festschrift zum 25-jährigen Bestehen der Arbeitsgemeinschaft Arbeitsrecht im DAV, 2006, S. 71; *Lobinger*, Ewige Dynamik?, Festschrift für v. Hoyningen-Huene, 2014, S. 271; *Meinel/Herms*, Änderung der BAG-Rechtsprechung zu Bezugnahmeklauseln in Arbeitsverträgen, DB 2006, 1429; *Möller/Welkoborsky*, Bezugnahmeklauseln unter Berücksichtigung des Wechsels vom BAT zum TVöD, NZA 2006, 1382; *Mückl*, Alemo-Herron – Ende der Dynamik einer Bezugnahmeklausel bei Betriebsübergang, ZIP 2014, 207; *Naber/Krois*, EuGH zum Schicksal von Bezugnahmeklauseln bei Betriebsübergang, ZESAR 2014, 121; *Nicolai*, EuGH bestätigt statische Weitergeltung von Tarifnormen nach Betriebsübergang, DB 2006, 670; *Olbertz*, Gleichstellungsabrede – Gestaltungsmöglichkeiten und -notwendigkeiten für die betriebliche Praxis, BB 2007, 2737; *Preis/Greiner*, Vertragsgestaltung bei Bezugnahmeklauseln nach der Rechtsprechungsänderung des BAG, NZA 2007, 1073; *Reinecke*, Vertragliche Bezugnahme auf Tarifverträge in der neueren Rechtsprechung des Bundesarbeitsgerichts, BB 2006, 2637; *Röller/Wißmann*, Tarifbindung und arbeitsvertragliche Bezugnahme, Festschrift für Küttner, 2006, S. 465; *Sagan*, Die Vorlage des BAG in Asklepios: Eine späte Antwort auf Werhof und Alemo-Herron, ZESAR 2016, 116; *Scharff*, Auswirkungen eines Betriebsübergangs auf arbeitsvertragliche Bezugnahmeklauseln, DB 2016, 1315; *Schaub*, Die individualvertragliche Bezugnahme auf Tarifvertragsrecht, Festschrift für Buchner, 2009, S. 787; *ders.*, Die individualvertragliche Bezugnahme auf Tarifvertrag, PersV 2010, 95; *Schwab*, Auslegung und Inhalt arbeitsvertraglicher Bezugnahmen auf Tarifverträge, 2007; *Simon/Kock/Halbsgut*, Dynamische Bezugnahmeklausel als Gleichstellungsabrede – Vertrauensschutz für alle „Altverträge", BB 2006, 2354; *Sittard/Ulbrich*, Zur Rechtsprechungsänderung bei der Auslegung von Bezugnahmeklauseln, ZTR 2006, 458; *Spiegelberger*, Vertrauensschutz light – das Urt. v. 18.4.2007 zur Gleichstellungsabrede, NZA 2007, 1086; *Sutschet*, Werhof reloaded, RdA 2013, 28; *Thüsing*, Europarechtliche Bezüge der Bezugnahmeklausel, NZA 2006, 473; *E. M. Willemsen*, Die arbeitsvertragliche Bezugnahme auf den Tarifvertrag bei Tarifwechsel, 2009.

a) Allgemeines

In Formulararbeitsverträgen entspricht es verbreiteter Praxis, für die zwischen den Parteien maßgebenden **947** Arbeitsbedingungen ergänzend auf Tarifverträge Bezug zu nehmen. Zugleich erfüllt der Arbeitgeber mit der Aufnahme einer derartigen Klausel seine Pflicht aus § 2 Abs. 1 S. 2 Nr. 10 NachwG, in dem Arbeitsnachweis auf die für das Arbeitsverhältnis geltenden Tarifverträge hinzuweisen. Durch eine derartige Klausel entsteht keine Tarifgebundenheit im Sinne des Tarifrechts, sie bewirkt lediglich die schuldrechtliche

Bindung der Parteien des Arbeitsvertrages an den Inhalt des Tarifvertrages;[1987] den auf diese Weise in Bezug genommenen Tarifnormen fehlt insbesondere die zwingende Wirkung für das Arbeitsverhältnis.

948 Bezugnahmeklauseln führen nach ständiger Rechtsprechung des BAG **stets** zu einer **konstitutiven Geltung** des Tarifvertrages für das Arbeitsverhältnis. Das gilt auch, wenn dieser für die Parteien des Arbeitsvertrages kraft Tarifgebundenheit gemäß den §§ 3 Abs. 1, 4 Abs. 1 TVG oder wegen seiner Allgemeinverbindlichkeit (§ 5 Abs. 4 TVG) unmittelbar und zwingend gilt. In diesem Fall beruht die Geltung der Tarifbestimmungen für das Arbeitsverhältnis auf einer doppelten Rechtsgrundlage: Erstens kraft des Tarifrechts und zweitens als Vertragsrecht.[1988] Von Bedeutung ist dieser doppelte Geltungsgrund vor allem, wenn die kraft des Tarifrechts bestehende Bindung an den Tarifvertrag zu einem späteren Zeitpunkt entfällt (Verbandsaustritt, Betriebsinhaberwechsel).[1989] Die auf dem Vertragsrecht beruhende Bindung an den Tarifvertrag bleibt hiervon unberührt,[1990] sofern diese nicht mit der tarifrechtlichen Bindung im Sinne einer auflösenden Bedingung verknüpft ist.

b) Erscheinungsformen

949 In inhaltlicher Hinsicht kann die Bezugnahme auf Tarifverträge in vielfältigen Varianten eingesetzt werden. Das gilt bereits für den **Gegenstand des Bezugsobjekts**. Denkbar ist die Verweisung sowohl im Hinblick auf einzelne Tarifverträge (z.B. einen Manteltarifvertrag) als aber auch auf ein Bündel von Tarifverträgen (Tarifwerk). In Betracht kommt zudem auch eine Beschränkung der Bezugnahme auf einzelne Vorschriften oder Abschnitte eines Tarifvertrages (z.B. Bemessung des bei Krankheit und Urlaub fort zu zahlenden Arbeitsentgelts, Kündigungsfristen).[1991] Ferner kann sich die Bezugnahme auf abgelaufene Tarifverträge erstrecken,[1992] was bedeutsam ist, wenn die Bezugnahmeklausel während des Stadiums der Nachwirkung (§ 4 Abs. 5 TVG) in ein neu begründetes Arbeitsverhältnis aufgenommen werden soll.

950 Problematisch ist vor allem die **Dynamik der Bezugnahme**, die in der neueren Rechtsprechung in zahlreichen Urteilen thematisiert wird. Diese hat zwei Komponenten: Eine zeitliche und eine inhaltliche. In zeitlicher Hinsicht kann sich die Bezugnahme auf die Tarifverträge in einer bestimmten Fassung beschränken (**statische Bezugnahme**) oder aber auf deren jeweilige Fassung erstrecken, so dass spätere Änderungen des Tarifvertrages automatisch Inhalt des Arbeitsverhältnisses werden.[1993] Ist eine derartige Dynamik gewollt, so kommen in inhaltlicher Hinsicht zwei Varianten in Betracht. Erstens die Benennung eines bestimmten fachlich und räumlich konkretisierten Tarifvertrages (**kleine dynamische Bezugnahmeklausel**), zweitens eine auch in fachlicher Hinsicht offene Formulierung, die insbesondere spätere Veränderungen im Hinblick auf den für den Betrieb einschlägigen Tarifvertrag nachvollziehen soll (**große dynamische Bezugnahme**). Die letztgenannte Klausel kann bei **nichttarifgebundenen Arbeitgebern** bedeutsam sein, wenn in dem Arbeitsvertrag auf Verbandstarifverträge verwiesen wird und später die Anwendung eines Firmentarifvertrages in Frage steht. Entsprechendes gilt bei einer Betriebsveräußerung, wenn der Erwerber an einen anderen als den in Bezug genommenen Tarifvertrag gebunden ist.[1994]

1987 BAG 22.2.2012, AP Nr. 109 zu § 1 TVG Bezugnahme auf Tarifvertrag sowie zuvor BAG 22.10.2008, AP Nr. 66 zu § 1 TVG Bezugnahme auf Tarifvertrag; BAG 22.10.2008, AP Nr. 67 zu § 1 TVG Bezugnahme auf Tarifvertrag; BAG 23.3.2005, AP Nr. 29 zu § 1 TVG Tarifkonkurrenz; BAG 24.11.2004, AP Nr. 70 zu § 242 BGB Betriebliche Übung.

1988 So z.B. BAG 20.4.2012, AP Nr. 58 zu § 7 BUrlG; BAG 24.2.2010, AP Nr. 75 zu § 1 TVG Bezugnahme auf Tarifvertrag; BAG 29.8.2007, AP Nr. 61 zu § 1 TVG Bezugnahme auf Tarifvertrag; BAG 17.1.2006, AP Nr. 40 zu § 1 TVG Bezugnahme auf Tarifvertrag; BAG 19.3.2003, AP Nr. 33 zu § 1 TVG Bezugnahme auf Tarifvertrag.

1989 Exemplarisch für Betriebsinhaberwechsel BAG 24.2.2010, AP Nr. 75 zu § 1 TVG Bezugnahme auf Tarifvertrag.

1990 Exemplarisch für Betriebsinhaberwechsel BAG 29.8.2007, AP Nr. 61 zu § 1 TVG Bezugnahme auf Tarifvertrag.

1991 Exemplarisch für den Regelungskomplex Urlaub BAG 17.1.2006, AP Nr. 40 zu § 1 TVG Bezugnahme auf Tarifvertrag.

1992 BAG 9.12.2009, AP Nr. 48 zu § 3 TVG; BAG 5.6.2007, AP Nr. 57 zu § 1 TVG Bezugnahme auf Tarifvertrag; BAG 20.9.2006, AP Nr. 44 zu § 1 TVG Bezugnahme auf Tarifvertrag.

1993 Zuletzt BAG 18.5.2011, AP Nr. 89 zu § 1 TVG Bezugnahme auf Tarifvertrag; BAG 23.3.2011, AP Nr. 88 zu § 1 TVG Bezugnahme auf Tarifvertrag sowie exemplarisch auch BAG 26.9.2007, AP Nr. 58 zu § 1 TVG Bezugnahme auf Tarifvertrag.

1994 BAG 29.8.2007, AP Nr. 61 zu § 1 TVG Bezugnahme auf Tarifvertrag.

Oetker

Bei **tarifgebundenen Arbeitgebern** gilt dies ebenfalls,[1995] wobei noch ein etwaiger Tarifwechsel infolge 951
eines veränderten Betriebszwecks sowie der Verbandsaustritt oder -wechsel als Anwendungsfall hinzutritt.
Wird die Bezugnahmeklausel von tarifgebundenen Arbeitgebern verwendet, so bezweckt diese aus Sicht
des Arbeitgebers in erster Linie eine **Gleichstellung** der nicht kraft Tarifrechts an den Tarifvertrag gebundenen Arbeitnehmer (ohne oder anderweitige Verbandsmitgliedschaft) mit denen, die kraft Mitgliedschaft
in der Tarifvertragspartei auf Arbeitnehmerseite an diesen gebunden sind. Für eine derartige Vertragsgestaltung hat sich die Bezeichnung „**Gleichstellungsabrede**" eingebürgert. Das gilt nicht nur, wenn auf das gesamte Tarifwerk Bezug genommen wird, sondern auch, wenn sich die Bezugnahme auf einen einzelnen Tarifvertrag oder einzelne Tarifbestimmungen beschränkt.[1996]

c) Rechtliche Rahmenbedingungen
aa) Allgemeines

Für die konkrete Formulierung einer Bezugnahmeklausel gilt insbesondere bei nicht tarifgebundenen Par- 952
teien im Ausgangspunkt die **Vertragsfreiheit**; bei tarifgebundenen Arbeitgebern ist jedoch die zwingende
Wirkung der Tarifnormen (§ 4 Abs. 1 TVG) zu beachten, gegenüber der sich die Bezugnahmeabrede nur im
Fall einer ausdrücklichen Gestattung oder einem günstigeren Inhalt des in Bezug genommenen Tarifvertrages (§ 4 Abs. 3 TVG) durchsetzen kann. Die Vertragsfreiheit ist allerdings eingeschränkt, wenn der Arbeitgeber die Bezugnahmeklausel – ggf. auch bei nur einmalig beabsichtigter Verwendung (§ 310 Abs. 3 Nr. 2
BGB)[1997] – **vorformuliert** hat, da diese der **Einbeziehungs- und Inhaltskontrolle** nach dem **AGB-Recht**
(§§ 305–310 BGB) unterliegt.[1998] Dies kann nur dadurch verhindert werden, indem der Inhalt der Klausel
individuell ausgehandelt wird, was aber vom Arbeitgeber als Verwender zu beweisen ist.[1999]

Vom Arbeitgeber vorformulierte Bezugnahmeklauseln werden nur dann Bestandteil des Arbeitsvertrages, 953
wenn deren Inhalt aus Sicht eines objektiven Betrachters **nicht überraschend** ist (§ 305c Abs. 1 BGB),[2000]
wie bei einer Bezugnahme auf den für den Betrieb fachlich und räumlich einschlägigen Tarifvertrag. Etwas
anderes kommt hingegen in Betracht, wenn dies nicht der Fall ist (Verweisung auf anderes Tarifgebiet bei
konzernabhängigen Tochterunternehmen oder Betriebsstätten außerhalb des räumlichen Geltungsbereichs,
fachlich nicht einschlägiger Tarifvertrag). Vertragsinhalt wird die Klausel in derartigen Fällen jedenfalls
dann, wenn der Arbeitgeber den Arbeitnehmer hierauf gesondert hingewiesen hat und sich dies (aus Beweisgründen) bestätigen lässt.

Vor allem muss die vom Arbeitgeber vorformulierte Klausel auch einer Inhaltskontrolle nach den 954
§§ 307–309 BGB standhalten. Bei dieser ist zwischen der konkreten Bezugnahmeklausel auf der einen
und der jeweils in Bezug genommenen Tarifbestimmung auf der anderen Seite zu unterscheiden. Für
sich genommen ist die Bezugnahmeklausel zwar nicht nach § 310 Abs. 4 S. 1 BGB von der AGB-Kontrolle
befreit,[2001] stellt aber in der Regel keine unangemessene Benachteiligung im Sinne des § 307 Abs. 1 S. 1
BGB dar; zu beachten sind jedoch die allgemeinen Anforderungen einer Transparenzkontrolle (§ 307
Abs. 1 S. 2 BGB).[2002] Eine Inhaltskontrolle der in Bezug genommenen Tarifbestimmungen entfällt nach

---

1995 Siehe exemplarisch für „ergänzenden" Sanierungsvertrag BAG 14.12.2005, AP Nr. 37 zu § 1 TVG Bezugnahme auf Tarifvertrag
     (ebenso BAG 23.1.2008, AP Nr. 63 zu § 1 TVG Bezugnahme auf Tarifvertrag) sowie andererseits BAG 15.3.2006, AP Nr. 38 zu § 1
     TVG Bezugnahme auf Tarifvertrag.
1996 BAG 11.12.2013, AP Nr. 125 zu § 1 TVG Bezugnahme auf Tarifvertrag.
1997 Zur Verbrauchereigenschaft des Arbeitnehmers im Rahmen von § 310 Abs. 3 BGB BAG 25.5.2005, AP Nr. 1 zu § 310 BGB.
1998 BAG 9.5.2007, AP Nr. 9 zu § 305c BGB.
1999 BGH 9.10.1986, NJW-RR 1987, 144, 145.
2000 BAG 9.5.2007, AP Nr. 9 zu § 305c BGB.
2001 BAG 15.4.2008, AP Nr. 38 zu § 1 TVG Altersteilzeit.
2002 Exemplarisch für die Überprüfung am Maßstab des Transparenzgebots BAG 14.3.2007, AP Nr. 45 zu § 1 TVG Bezugnahme auf
     Tarifvertrag. Danach steht auch § 307 Abs. 1 S. 2 BGB einer dynamischen Verweisung nicht entgegen (BAG 20.4.2012, AP Nr. 58
     zu § 7 BUrlG; BAG 23.3.2011, AP Nr. 88 zu § 1 Bezugnahme auf Tarifvertrag). Das gilt selbst dann, wenn der Arbeitnehmer nicht
     der tarifschließenden Gewerkschaft angehört (BAG 28.6.2007, AP Nr. 27 zu § 307 BGB).

allgemeiner Ansicht stets, wenn ein Tarifvertrag insgesamt in Bezug genommen wird, der bei unterstellter Tarifgebundenheit kraft Tarifrechts auf das Arbeitsverhältnis Anwendung finden würde. In diesem Fall strahlt die Herausnahme des Tarifvertrages aus der AGB-Kontrolle (§ 310 Abs. 4 S. 1 BGB) auch auf den arbeitsvertraglich in Bezug genommenen Tarifvertrag aus.[2003] Eine vollständige Inhaltskontrolle erfolgt jedoch nach herrschender Meinung, wenn ein fachlich oder räumlich fremder Tarifvertrag oder lediglich einzelne Tarifbestimmungen bzw. Abschnitte eines Tarifvertrages in Bezug genommen werden.[2004] Abweichendes gilt nach vorzugswürdiger Ansicht lediglich im Anwendungsbereich des tarifdispositiven Gesetzesrechts.[2005]

955 Hält die Klausel in einem vorformulierten Arbeitsvertrag einer AGB-rechtlichen Einbeziehungs- und Inhaltskontrolle stand, so sind bei deren **Auslegung** nicht die Vorstellungen des Arbeitgebers maßgeblich, sondern vielmehr ist – auch schon nach allgemeinem Vertragsrecht – auf die Sicht eines verständigen Erklärungsempfängers abzustellen (= Arbeitnehmer).[2006] Bei vorformulierten Klauseln ist zudem zu beachten, dass diese **objektiv** auszulegen sind[2007] und **verbleibende Zweifel** zu Lasten des Verwenders (= Arbeitgebers) gehen (§ 305c Abs. 2 BGB),[2008] sofern nach einer objektiven Auslegung wegen mindestens zwei rechtlich vertretbarer Auslegungen überhaupt Zweifel verblieben sind.[2009] Die Kurskorrektur in der Rechtsprechung des BAG zum Inhalt einer als kleine Bezugnahme formulierten Gleichstellungsabrede, die der 4. Senat in seinem Urt. v. 14.12.2005[2010] ankündigte und mit Urt. v. 18.4.2007[2011] vollzog, zeigt allerdings, dass der Klauselverwender die Abwesenheit von Zweifeln nicht sicher steuern kann.[2012] Ihm obliegt es deshalb, die Bezugnahme auf den Tarifvertrag so zu formulieren, dass bei einem evtl. entscheidenden Gericht keine Zweifel am Inhalt der Klausel verbleiben.[2013]

956 Angesichts des vorstehend skizzierten Variantenreichtums muss bei der Formulierung einer Bezugnahmeklausel – entgegen häufig zu beobachtender Praxis – größtmögliche Sorgfalt obwalten. Dabei ist in einem **ersten Schritt** Klarheit darüber zu verschaffen, ob in dem Arbeitsvertrag überhaupt auf einen Tarifvertrag Bezug genommen werden soll. Erst wenn dies bejaht wird, ist in einem **zweiten Schritt** exakt zu klären, in welchem Umfang eine vertragliche Bindung an Tarifverträge gewollt ist. Das gilt insbesondere für die inhaltliche und/oder zeitliche Dynamik, da sich der Arbeitgeber hiervon ausschließlich mit den vertragsrechtlichen Instrumentarien befreien kann, was wegen einer in der Praxis kaum in Betracht kommenden Änderungskündigung letztlich zu einvernehmlichen Vertragsänderungen zwingt.

957 Das Hauptproblem in der Vertragspraxis besteht darin, den gewollten Inhalt der Bezugnahme so präzise zu formulieren, dass die konkrete Klausel keine Auslegungszweifel aufwirft. Nur so kann vermieden werden,

---

2003 Siehe statt aller BAG 18.9.2012, AP Nr. 96 zu § 7 BUrlG Abgeltung sowie zuvor BAG 28.6.2007, AP Nr. 27 zu § 307 BGB.

2004 Wiedemann/*Oetker*, § 3 TVG Rn 342.

2005 Wiedemann/*Oetker*, § 3 TVG Rn 343.

2006 So ausdrücklich bereits BAG 18.4.2007, AP Nr. 53 zu § 1 TVG Bezugnahme auf Tarifvertrag sowie nachfolgend z.B. BAG 23.3.2011, AP Nr. 88 zu § 1 TVG Bezugnahme auf Tarifvertrag; BAG 6.7.2011, AP Nr. 90 zu § 1 TVG Bezugnahme auf Tarifvertrag; BAG 20.4.2012, AP Nr. 58 zu § 7 BUrlG.

2007 Siehe z.B. BAG 17.1.2006, AP Nr. 40 zu § 1 TVG Bezugnahme auf Tarifvertrag.

2008 Exemplarisch BAG 17.1.2006, AP Nr. 40 zu § 1 TVG Bezugnahme auf Tarifvertrag.

2009 BAG 13.2.2013, AP Nr. 119 zu § 1 TVG Bezugnahme auf Tarifvertrag; BAG 20.4.2012, AP Nr. 58 zu § 7 BUrlG; BAG 27.1.2010, AP Nr. 74 zu § 1 TVG Bezugnahme auf Tarifvertrag; BAG 26.9.2007, AP Nr. 58 zu § 1 TVG Bezugnahme auf Tarifvertrag; BAG 18.4.2007, AP Nr. 54 zu § 1 TVG Bezugnahme auf Tarifvertrag; BAG 17.1.2006, AP Nr. 40 zu § 1 TVG Bezugnahme auf Tarifvertrag; treffend im Ansatz bereits BAG 19.3.2003, AP Nr. 33 zu § 1 TVG Bezugnahme auf Tarifvertrag.

2010 AP Nr. 39 zu § 1 TVG Bezugnahme auf Tarifvertrag; wiederholt von BAG 20.9.2006, AP Nr. 41 zu § 1 TVG Bezugnahme auf Tarifvertrag.

2011 AP Nr. 53 zu § 1 TVG Bezugnahme auf Tarifvertrag; nachfolgend z.B. BAG 22.10.2008, AP Nr. 67 zu § 1 TVG Bezugnahme auf Tarifvertrag; BAG 6.7.2011, AP Nr. 90 zu § 1 TVG Bezugnahme auf Tarifvertrag.

2012 Siehe einerseits noch BAG 19.3.2003, AP Nr. 33 zu § 1 TVG Bezugnahme auf Tarifvertrag; andererseits BAG 14.12.2005, AP Nr. 39 zu § 1 TVG Bezugnahme auf Tarifvertrag; BAG 18.4.2007, AP Nr. 53 zu § 1 TVG Bezugnahme auf Tarifvertrag.

2013 Siehe BAG 29.8.2007, AP Nr. 61 zu § 1 TVG Bezugnahme auf Tarifvertrag; BAG 18.4.2007, AP Nr. 53 zu § 1 TVG Bezugnahme auf Tarifvertrag.

dass eine als statisch gewollte Klausel von der Rechtsprechung als dynamische Bezugnahme behandelt wird oder aus einer gewollten kleinen dynamischen Bezugnahmeklausel (überraschend) eine große dynamische Bezugnahmeklausel wird. Entsprechendes gilt, wenn einzelne Tarifverträge eines Tarifwerkes aus der Verweisung ausgeklammert werden sollen; auch in diesem Fall ist die Einschränkung für einen Erklärungsempfänger hinreichend klar zum Ausdruck zu bringen.[2014] Hierfür genügt es allerdings, dass die in Bezug genommenen Tarifverträge ausdrücklich benannt werden. Hierdurch sind im Umkehrschluss andere Tarifverträge ausgeklammert, selbst wenn diese die benannten Tarifverträge ergänzen.[2015]

bb) Einzelne Bezugnahmeklauseln
(1) Statische Bezugnahme

Die Formulierung einer statischen Bezugnahmeklausel bereitet vor allem deshalb Schwierigkeiten, weil das **BAG** davon ausgeht, dass **im Zweifel** von den Parteien eine jedenfalls in **zeitlicher** Hinsicht **dynamische Bezugnahme** gewollt ist.[2016] Dies soll selbst dann gelten, wenn die Bezugnahme keine sog. Jeweiligkeitsklausel enthält.[2017] Überzeugend ist dies jedoch allenfalls bei tarifgebundenen Arbeitgebern und wenn die Bezugnahme für den Arbeitnehmer erkennbar die Funktion einer Gleichstellungsabrede hat.[2018] Ob die Benennung eines konkreten Tarifvertrages auch bei der Hinzufügung eines **konkreten Abschlussdatums** („in der Fassung vom …") für sich allein ausreicht, um eine zeitliche Dynamik auszuschließen,[2019] steht nach der derzeitigen Rechtsprechung des BAG nicht sicher fest.[2020] Hierfür bedarf es im Lichte der neueren Rechtsprechung des BAG wohl ausdrücklicher Anhaltspunkte im Wortlaut der Bezugnahmeklausel, da nur dann sichergestellt ist, dass auch für den Arbeitnehmer erkennbar eine Dynamik ausgeschlossen sein soll. In Betracht kommt hierfür ein **klarstellender Zusatz**, nach dem die Anwendung späterer oder anderer Tarifverträge der ausdrücklichen und schriftlichen Abrede der Parteien bedarf (siehe Rdn 973). Die Aufnahme eines derartigen Vorbehalts bietet sich als Alternative zu einem gleichfalls in Erwägung zu ziehenden Widerrufsvorbehalt[2021] im Hinblick auf die Dynamik an.

Zu beachten bleibt allerdings, dass auch ein vorformulierter Vertrag jederzeit mündlich abgeändert werden kann und dies selbst eine doppelte Schriftformklausel – nach der Rechtsprechung des BAG[2022] – nicht ausschließt. Dies kann in der Praxis stets dann zu Problemen führen, wenn der Arbeitgeber tarifgebunden ist, da er kraft des Tarifrechts zur Anwendung der Tarifverträge in ihrer jeweiligen Fassung gezwungen ist. Wenn er in diesem Fall auch bei den nichttarifgebundenen Arbeitnehmern den Tarifvertrag in der geänderten Fassung ohne vorherige ausdrückliche Abrede anwendet, dann ist dies im Hinblick auf den Empfängerhorizont (= Arbeitnehmer) mit der Gefahr verbunden, dass der in die Bezugnahmeklausel aufgenommene Ausschluss einer Dynamik konkludent aufgehoben worden ist.[2023] Vor einer derartigen Auslegung seines Erklärungsverhaltens kann sich der Arbeitgeber nur schützen, wenn er die Anwendung des neuen (geänderten)

958

959

2014 Exemplarisch BAG 11.12.2012, AP Nr. 61 zu § 1 TVG Altersteilzeit; BAG 12.12.2006, AP Nr. 67 zu § 1 BetrAVG Zusatzversorgungskassen.

2015 BAG 13.5.2015, AP Nr. 130 TVG Bezugnahme auf Tarifvertrag; BAG 11.12.2012, AP Nr. 61 zu § 1 TVG Altersteilzeit.

2016 BAG 26.9.2001, AP Nr. 21 zu § 1 TVG Bezugnahme auf Tarifvertrag sowie zuletzt BAG 23.3.2011, AP Nr. 88 zu § 1 TVG Bezugnahme auf Tarifvertrag; BAG 18.5.2011, AP Nr. 89 zu § 1 TVG Bezugnahme auf Tarifvertrag.

2017 So z.B. BAG 20.4.2012, AP Nr. 58 zu § 7 BUrlG; BAG 14.3.2007, AP Nr. 45 zu § 1 TVG Bezugnahme auf Tarifvertrag; BAG 17.1.2006, AP Nr. 40 zu § 1 TVG Bezugnahme auf Tarifvertrag; BAG 26.9.2001, AP Nr. 21 zu § 1 TVG Bezugnahme auf Tarifvertrag.

2018 Siehe BAG 20.4.2012, AP Nr. 58 zu § 7 BUrlG.

2019 So der Vorschlag von *Olbertz*, BB 2007, 2737, 2740.

2020 Siehe aber die Andeutungen BAG 17.1.2006, AP Nr. 40 zu § 1 TVG Bezugnahme auf Tarifvertrag, wonach die zeitliche Dynamik wegen der fehlenden Angabe einer konkret nach Datum festgelegten Fassung des Tarifvertrag in der Regel gilt; in dieser Richtung nachfolgend auch BAG 20.4.2012, AP Nr. 58 zu § 7 BUrlG; BAG 25.2.2015, AP Nr. 126 zu § 1 TVG Bezugnahme auf Tarifvertrag.

2021 Ablehnend dazu *Preis/Greiner*, NZA 2007, 1073, 1078.

2022 Siehe BAG 20.5.2008, AP Nr. 35 zu § 307 BGB.

2023 Dazu z.B. BAG 18.4.2012, AP Nr. 112 zu § 1 TVG Bezugnahme auf Tarifvertrag.

Tarifvertrages mit dem Arbeitnehmer zuvor schriftlich vereinbart oder eindeutige Erklärungen abgibt, die auf einen fehlenden Bindungswillen für die Zukunft hinweisen.[2024]

960 Der vorstehend skizzierte Vorbehalt kann sich aus Sicht des Arbeitgebers allerdings als nachteilig erweisen, wenn der ausdrücklich benannte Tarifvertrag nachfolgend geändert wird und hierdurch die Arbeitsbedingungen des Arbeitnehmers verschlechtert werden (z.B. Verlängerung der Arbeitszeit, Absenkung von Vergütungsbestandteilen). Entsprechendes gilt, wenn infolge geänderter tatsächlicher Verhältnisse ein anderer Tarifvertrag im Betrieb zur Anwendung gelangen soll. In Betracht kommt dies bei einem nachfolgenden Verbandsbeitritt oder -wechsel, dem Abschluss eines Firmentarifvertrages bei Bezugnahme auf einen Verbandstarifvertrag sowie einem Betriebs(teil-)übergang. In diesen Konstellationen passt sich die Bezugnahme aufgrund ihrer statischen Formulierung nicht mehr automatisch an die geänderte tarifrechtliche Situation im Betrieb an.[2025] Dieser Nachteil kann jedoch in Kauf genommen werden, da der Arbeitnehmer jedenfalls wegen etwaiger Erhöhungen der im Tarifvertrag festgelegten Vergütung regelmäßig ein Interesse daran hat, den geänderten Tarifvertrag zur Anwendung zu bringen, und deshalb zu einer Neufassung der Bezugnahmeklausel bereit sein wird.

(2) Kleine dynamische Bezugnahme

961 Im Hinblick auf die Formulierung bereitet eine kleine dynamische Bezugnahmeklausel vergleichsweise geringe Probleme, da die mit ihr gewünschte zeitliche Dynamik durch die Aufnahme einer Jeweiligkeitsklausel herbeigeführt werden kann (siehe Rdn 975).[2026] Als zweckmäßig erweist sich angesichts der in Tarifverträgen zunehmend aufgenommenen Öffnungsklauseln zugunsten betrieblicher Regelungen jedenfalls aus Gründen der Klarstellung ein Zusatz, der auch ergänzende betriebliche Abreden einbezieht (siehe Rdn 975).

962 Die Aufnahme einer kleinen dynamischen Bezugnahme ist allerdings mit der Konsequenz verbunden, dass der benannte Tarifvertrag seine zeitliche Dynamik nach der neueren Rechtsprechung auch dann behält, wenn Änderungen im Hinblick auf die kraft Tarifrechts anzuwendenden Bestimmungen eintreten. Dies kann sowohl auf einem nachfolgenden Verbandsbeitritt des bislang nicht tarifgebundenen Arbeitgebers beruhen, als aber auch bei tarifgebundenen Arbeitgebern relevant sein, wenn aufgrund des Tarifrechts ein anderer Tarifvertrag mit abweichendem fachlichen Geltungsbereich zur Anwendung kommt oder aber bei alleiniger Anwendung des Gesetzes die bisher kraft des Tarifrechts angewendeten Tarifbestimmungen ihre zeitliche Dynamik verlieren.

963 Bei **tarifgebundenen Arbeitgebern** kommt die Anwendung eines anderen Tarifvertrages insbesondere bei einer Änderung des Betriebszwecks bzw. des Unternehmensgegenstandes oder aber bei einem Betriebs(teil-)übergang in Betracht, wenn bei dem Erwerber tarifrechtlich ein anderer Tarifvertrag zur Anwendung gelangt. In zeitlicher Hinsicht ist insbesondere der Ablauf des Tarifvertrages, der Verbandsaustritt sowie abermals der Betriebs(teil-)übergang problematisch, da ohne dynamische Bezugnahme die bislang tarifrechtlich anzuwendenden Tarifverträge lediglich statisch für das Arbeitsverhältnis fort gelten.

964 Nach den von der neueren Rechtsprechung des BAG angelegten Maßstäben schließt die ausdrückliche Benennung der anzuwendenden Tarifverträge die Anwendung anderer Tarifverträge mit abweichendem fachlichem Geltungsbereich allein aufgrund der Bezugnahmeklausel aus. Das gilt grundsätzlich auch für die tarifgebundenen Arbeitnehmer,[2027] sofern nicht der kraft Tarifrechts anzuwendende Tarifvertrag für sie günstiger ist.[2028] Soll etwas anderes gelten, so bedarf es in der Regel einer Ergänzung der kleinen dyna-

---

2024 Siehe z.B. BAG 25.4.2007, AP Nr. 29 zu §§ 22, 23 BAT Zuwendungs-TV.

2025 Zum Sonderfall des Firmentarifvertrages bei Bezugnahme auf Verbandstarifvertrag siehe aber BAG 23.1.2008, AP Nr. 63 zu § 1 TVG Bezugnahme auf Tarifvertrag; BAG 7.7.2010, AP Nr. 77 zu § 1 TVG Bezugnahme auf Tarifvertrag.

2026 BAG 20.5.2012, AP Nr. 113 zu § 1 TVG Bezugnahme auf Tarifvertrag.

2027 BAG 29.8.2007, AP Nr. 61 zu § 1 TVG Bezugnahme auf Tarifvertrag.

2028 Zur Anwendung des Günstigkeitsprinzips siehe BAG 29.8.2007, AP Nr. 61 zu § 1 TVG Bezugnahme auf Tarifvertrag.

mischen Bezugnahme- durch eine **Tarifwechselklausel** (siehe Rdn 977).[2029] Das BAG schließt eine entsprechende Auslegung kleiner dynamischer Bezugnahmeklauseln zwar auch ohne ausdrückliche Abrede nicht generell aus, verlangt hierfür aber besondere Umstände, die grundsätzlich in dem Vertragstext einen Niederschlag finden müssen.[2030] Eine ergänzende Auslegung der Bezugnahmeklausel ist ausschließlich in dem Sonderfall anerkannt, dass der in einer Klausel ausdrücklich benannte Tarifvertrag durch einen anderen Tarifvertrag ersetzt wird (**Tarifsukzession**), was insbesondere bei der Inbezugnahme des BAT zu einer Ersetzung durch den TVöD führt.[2031] Auslegungszweifel lassen sich für derartige Konstellationen vermeiden, indem die inhaltliche Bezugnahme auf „ersetzende Tarifverträge" ausgedehnt wird.[2032]

Andererseits genießt auch der tarifgebundene Arbeitnehmer bei tarifgebundenen Arbeitgebern im Hinblick auf die Dynamik nach der neueren Rechtsprechung des BAG insofern einen Bestandsschutz, dass spätere Fassungen des Tarifvertrages auch dann zur Anwendung gelangen, wenn dies ohne Bezugnahmeklausel nicht der Fall wäre, also insbesondere bei einem Verbandsaustritt des Arbeitgebers (oder des Arbeitnehmers) sowie bei einem Betriebsinhaberwechsel, da die Tarifnormen bei diesem gemäß § 613a Abs. 1 S. 2 BGB lediglich in ihrer bislang maßgebenden Fassung Inhalt des Arbeitsverhältnisses werden. Die letztgenannte Rechtsfolge des § 3 Abs. 3 TVG bzw. des § 613a Abs. 1 S. 2 BGB wird deshalb auch bei tarifgebundenen Arbeitnehmern durch die (zeitliche) Dynamik der Bezugnahme außer Kraft gesetzt (sog. **unbedingte zeitdynamische Verweisung**).[2033] Entsprechendes gilt, wenn der in Bezug genommene Tarifvertrag in das Nachwirkungsstadium eintritt, die Bezugnahmeklausel jedoch dynamisch auf den Tarifvertrag in seiner jeweiligen Fassung verweist.[2034] Eine andere Bewertung einer kleinen dynamischen Bezugnahmeklausel kommt nur dann in Betracht, wenn die Tarifgebundenheit des Arbeitgebers zur auflösenden Bedingung der Bezugnahme gemacht wird.[2035] Vor dem Hintergrund der Rechtsprechung des BAG ist dies im Text der Klausel hinreichend deutlich zum Ausdruck zu bringen.

965

Die ggf. im Wege der Auslegung gewonnene Dynamik der Bezugnahme, die den Betriebserwerber auch an nach Betriebsübergang abgeschlossene Tarifverträge bindet, ist durch die Rechtsprechung des EuGH in der Rechtssache *Alemo-Herron* in Frage gestellt, da der Erwerber hiernach nicht an Tarifverträge gebunden sein dürfe, wenn er an den Verhandlungen der nach dem Übergang abgeschlossenen Tarifverträge nicht teilnehmen konnte.[2036] Das zur Rechtslage in Großbritannien ergangene Judikat wurde teilweise dahin verstanden, das der Erwerber selbst dann nur an die bei Betriebsübergang für das Arbeitsverhältnis geltenden Tarifverträge statisch gebunden ist, wenn die normative Bindung an den Tarifvertrag durch eine schuldvertragliche dynamische Bezugnahme ergänzt wird. Das BAG hat sich dieser Sichtweise wegen des anderen (vertraglichen) Geltungsgrundes sowie den Besonderheiten der Rechtslage in Großbritannien nicht angeschlossen und die Rechtsfrage dem EuGH zur Entscheidung vorgelegt.[2037]

966

2029 BAG 21.11.2012, AP Nr. 1 zu § 123 UmwG sowie zuvor BAG 29.8.2007, AP Nr. 61 zu § 1 TVG Bezugnahme auf Tarifvertrag.

2030 BAG 22.10.2008, AP Nr. 66 zu § 1 TVG Bezugnahme auf Tarifvertrag sowie nachfolgend BAG 17.11.2010, AP Nr. 391 zu § 613a BGB; BAG 16.5.2012, AP Nr. 113 zu § 1 TVG Bezugnahme auf Tarifvertrag.

2031 Siehe BAG 25.2.2015, AP Nr. 129 zu § 1 TVG Bezugnahme auf Tarifvertrag; BAG 21.8.2013, AP Nr. 124 zu § 1 TVG Bezugnahme auf Tarifvertrag; BAG 3.7.2013, AP Nr. 123 zu § 1 TVG Bezugnahme auf Tarifvertrag; BAG 18.4.2012, AP Nr. 112 zu § 1 TVG Bezugnahme auf Tarifvertrag; BAG 19.5.2012, AP Nr. 76 zu § 1 TVG Bezugnahme auf Tarifvertrag.

2032 BAG 18.4.2012, AP Nr. 112 zu § 1 TVG Bezugnahme auf Tarifvertrag; s. auch BAG 20.5.2012, AP Nr. 113 zu § 1 TVG Bezugnahme auf Tarifvertrag.

2033 BAG 24.2.2010, AP Nr. 75 zu § 1 TVG Bezugnahme auf Tarifvertrag; BAG 22.10.2008, AP Nr. 67 zu § 1 TVG Bezugnahme auf Tarifvertrag.

2034 Siehe BAG 20.9.2006, AP Nr. 41 zu § 1 TVG Bezugnahme auf Tarifvertrag.

2035 BAG 16.5.2012, AP Nr. 113 zu § 1 TVG Bezugnahme auf Tarifvertrag; BAG 24.2.2010, AP Nr. 75 zu § 1 TVG Bezugnahme auf Tarifvertrag; 22.10. 2008, AP Nr. 67 zu § 1 TVG Bezugnahme auf Tarifvertrag.

2036 EuGH 18.7.2013, AP Nr. 10 zu Richtlinie 2001/23/EG.

2037 BAG 17.6.2015, NZA 2016, 373 ff.

(3) Gleichstellungsabrede

967 Der vorstehend skizzierte Nachteil einer kleinen Bezugnahmeklausel in Gestalt einer auch für die tarifgebundenen Arbeitnehmer eintretenden Entkopplung von der kraft Gesetzes maßgebenden tariflichen Situation hatte die ältere Rechtsprechung des BAG dadurch vermieden, indem sie eine kleine dynamische Bezugnahmeklausel bei tarifgebundenen Arbeitgebern[2038] im Sinne einer **Gleichstellungsabrede** ausgelegt hatte.[2039] Trotz des auf eine zeitliche Dynamik abzielenden Wortlauts trat ein Verlust der Dynamik ein, wenn dies aufgrund des Tarifrechts der Fall war (Verbandsaustritt [§ 3 Abs. 3 TVG], Nachwirkung [§ 4 Abs. 5 TVG], Betriebsübergang [§ 613a Abs. 1 S. 2 BGB]). Die Anpassung sollte selbst dann gelten, wenn ein anderer Tarifvertrag mit abweichendem Geltungsbereich kraft Tarifrechts anzuwenden war bzw. bei nichttarifgebundenen Erwerbern im Fall eines Betriebsübergangs eine tarifrechtliche Bindung an Tarifverträge vollständig entfiel. Diese Auslegung der kleinen dynamischen Bezugnahmeklausel im Sinne einer Gleichstellungsabrede hat das BAG mit Urt. v. 18.4.2007[2040] ausdrücklich aufgegeben, wendet diese jedoch aus Gründen des **Vertrauensschutzes** noch bei Bezugnahmeklauseln an, die **vor dem 1.1.2002** vereinbart worden sind.[2041]

968 Ein **Vertrauensschutz entfällt**, wenn die Vertragsparteien das Arbeitsverhältnis (z.B. infolge eines Betriebsübergangs) nach dem Stichtag auf eine neue vertragliche Grundlage gestellt haben.[2042] Das gilt selbst dann, wenn die Arbeitsbedingungen des neuen Vertrages weitgehend mit denen eines vor dem Stichtag abgeschlossenen Vertrages übereinstimmen. Das BAG verlangt von den Parteien deshalb eine ausdrückliche Abrede, wenn es bezüglich einer in dem neuen Arbeitsvertrag aufgenommenen kleinen dynamischen Bezugnahme bei den für Altverträge maßgebenden Auslegungsgrundsätzen bleiben soll. Besonderer Sorgfalt bedarf es bei nach dem Stichtag vereinbarten **Vertragsänderungen**. Diese stellen die Auslegung einer kleinen dynamischen Bezugnahmeklausel im Sinne einer Gleichstellungsabrede jedenfalls dann in Frage, wenn die Klausel zum Gegenstand der rechtsgeschäftlichen Willensbildung der Parteien gemacht worden ist.[2043] Das ist nach der Rechtsprechung des BAG nicht nur der Fall, wenn der Änderungsvertrag selbst „die Tarifverträge in ihrer jeweiligen Fassung zum Bestandteil der Vereinbarung" erhebt,[2044] sondern auch dann, wenn der Änderungsvertrag die Abrede enthält, dass „alle anderen Vereinbarungen aus dem Anstellungsvertrag unberührt bleiben".[2045] Bei der Änderung von sog. Altverträgen empfiehlt es sich deshalb – wenn es

2038 Aber auch nur bei diesen. Bei nicht tarifgebundenen Arbeitgebern verneinte das BAG hingegen den Charakter der dynamischen Verweisung als Gleichstellungsabrede (siehe BAG 1.12.2004, AP Nr. 34 zu § 1 TVG Bezugnahme auf Tarifverträge; nochmals BAG 5.6.2007, AP Nr. 57 zu § 1 TVG Bezugnahme auf Tarifvertrag sowie nachfolgend BAG 21.10.2009, NZA-RR 2010, 361, 363 f.; BAG 5.9.2012, AP Nr. 53 zu § 3 TVG; BAG 11.12.2012, AP Nr. 61 zu § 1 TVG Altersteilzeit).

2039 So noch BAG 26.9.2001, AP Nr. 21 zu § 1 TVG Bezugnahme auf Tarifvertrag; BAG 27.11.2002, AP Nr. 29 zu § 1 TVG Bezugnahme auf Tarifvertrag; BAG 19.3.2003, AP Nr. 33 zu § 1 TVG Bezugnahme auf Tarifvertrag.

2040 AP Nr. 53 zu § 1 TVG Bezugnahme auf Tarifvertrag; bestätigt von BAG 22.10.2008, AP Nr. 67 zu § 1 TVG Bezugnahme auf Tarifvertrag; BAG 6.7.2011, AP Nr. 91 zu § 1 TVG Bezugnahme auf Tarifvertrag.

2041 Siehe BAG 14.12.2005, AP Nr. 39 zu § 1 TVG Bezugnahme auf Tarifvertrag; BAG 15.3.2006, AP Nr. 9 zu § 2 TVG Firmentarifvertrag; BAG 18.4.2007, AP Nr. 53 zu § 1 TVG Bezugnahme auf Tarifvertrag; BAG 18.4.2007, AP Nr. 54 zu § 1 TVG Bezugnahme auf Tarifvertrag; BAG 22.10.2008, AP Nr. 66 zu § 1 TVG Bezugnahme auf Tarifvertrag; BAG 22.10.2008, AP Nr. 67 zu § 1 TVG Bezugnahme auf Tarifvertrag; BAG 20.12.2008, AP Nr. 68 zu § 1 TVG Bezugnahme auf Tarifvertrag; BAG 26.8.2009, AP Nr. 69 zu § 1 TVG Bezugnahme auf Tarifvertrag; BAG 18.11.2009, AP Nr. 70 zu § 1 TVG Bezugnahme auf Tarifvertrag; BAG 24.2.2010, AP Nr. 75 zu § 1 TVG Bezugnahme auf Tarifvertrag; BAG 17.10.2010, AP Nr. 85 zu § 1 TVG Bezugnahme auf Tarifvertrag; BAG 5.9.2012, AP Nr. 117 zu § 1 TVG Bezugnahme auf Tarifvertrag; BAG 11.12.2013, AP Nr. 125 zu § 1 TVG Bezugnahme auf Tarifvertrag.

2042 BAG 22.10.2008, AP Nr. 67 zu § 1 TVG Bezugnahme auf Tarifvertrag.

2043 BAG 13.5.2015, AP Nr. 130 zu § 1 TVG Bezugnahme auf Tarifvertrag; BAG 20.5.2012, AP Nr. 113 zu § 1 TVG Bezugnahme auf Tarifvertrag; BAG 19.10.2011, AP Nr. 93 zu § 1 TVG Bezugnahme auf Tarifvertrag; BAG 24.2.2010, AP Nr. 75 zu § 1 TVG Bezugnahme auf Tarifvertrag; BAG 18.11.2009, AP Nr. 70 zu § 1 TVG Bezugnahme auf Tarifvertrag.

2044 So die Abrede bei BAG 24.2.2010, DB 2010, 1593 (Rn 25 ff.).

2045 BAG 13.5.2015, AP Nr. 130 zu § 1 TVG Bezugnahme auf Tarifvertrag; BAG 19.10.2011, AP Nr. 93 zu § 1 TVG Bezugnahme auf Tarifvertrag; BAG 18.11.2009, AP Nr. 70 zu § 1 TVG Bezugnahme auf Tarifvertrag.

bei der Auslegung als Gleichstellungsabrede im Sinne der früheren Rechtsprechung bleiben soll – die Abrede ausschließlich auf die geänderten Arbeitsbedingungen zu beschränken.[2046]

Bei **nach dem 1.1.2002** in den Arbeitsvertrag aufgenommenen Bezugnahmeklauseln verlangt das BAG in seiner neueren Rechtsprechung ausdrückliche und insbesondere für den Arbeitnehmer erkennbare Anhaltspunkte in dem Wortlaut der Bezugnahmeklausel, aus dem sich der Zweck einer Gleichstellung der nichttarifgebundenen Arbeitnehmer mit den tarifgebundenen Arbeitnehmern ergibt. Hierfür ist jedenfalls erforderlich, dass die Tarifgebundenheit des Arbeitgebers für den Arbeitnehmer im Sinne einer auflösenden Bedingung erkennbar ist[2047] und die Tarifverträge nur deshalb auf das Arbeitsverhältnis Anwendung finden, solange und soweit der Arbeitgeber tarifgebunden ist (siehe Rdn 977). **969**

Eine derartige Formulierung der Bezugnahmeklausel bringt zwar die gewollte Gleichstellung mit den tarifgebundenen Arbeitnehmern hinreichend deutlich zum Ausdruck, ist allerdings aufgrund ihrer Knappheit nicht vor Einwendungen abgeschirmt, die auf das Transparenzgebot (§ 307 Abs. 1 S. 2 BGB) gestützt werden (siehe Rdn 972). Vor allem aber erstreckt sich die Bezugnahme lediglich auf diejenigen Tarifverträge (in ihrer jeweiligen Fassung), die bei Abschluss des Arbeitsvertrages für die Arbeitsverhältnisse der tarifgebundenen Arbeitnehmer anzuwenden sind. Einen kraft Tarifrechts eintretenden Tarifwechsel erfasst eine Bezugnahmeklausel mit dem vorstehenden Inhalt nicht. **970**

Neben der Aufnahme einer großen dynamischen Bezugnahmeklausel kann der Arbeitgeber einen Tarifwechsel angesichts der neueren Rechtsprechung des BAG nur dadurch erfassen, indem er eine kleine dynamische Bezugnahmeklausel um eine **Tarifwechselklausel** ergänzt.[2048] Diese muss jedenfalls den auch für den Arbeitnehmer erkennbaren Willen zum Ausdruck bringen, dass es zu einem Tarifwechsel kommen kann und für diesen Fall die kraft des Tarifrechts in dem Betrieb geltenden Tarifverträge zur Anwendung gelangen sollen (siehe Rdn 977). **971**

(4) Große dynamische Bezugnahme

Ein Höchstmaß an Flexibilität wird durch die Aufnahme einer großen dynamischen Bezugnahmeklausel erreicht (siehe Rdn 978). Trotz ihrer Unbestimmtheit im Hinblick auf das Bezugsobjekt halten sie einer AGB-Kontrolle stand.[2049] Nicht zuletzt im Hinblick auf die Diskussion zu § 2 Abs. 1 S. 2 Nr. 10 NachwG könnte sich empfehlen, jedenfalls die bei Abschluss des Arbeitsvertrages geltenden Tarifverträge informationshalber im Anschluss aufzulisten. Um jedoch zu verhindern, dass die Klausel in diesem Fall als kleine dynamische Bezugnahmeklausel missverstanden wird, sollte eine entsprechende Aufzählung mit dem Zusatz „dies sind zur Zeit …" eingeleitet werden. Ferner könnte sich zur Klarstellung empfehlen, eine bezweckte Gleichstellung mit den tarifgebundenen Arbeitnehmern ausdrücklich aufzunehmen (siehe Rdn 978). **972**

(5) Tarifpluralität

Besondere Probleme wirft die Formulierung einer Bezugnahmeklausel auf, wenn in dem Betrieb unterschiedliche Tarifverträge für die Arbeitsverhältnisse zur Anwendung kommen können. In dieser Konstellation führt die Aufnahme einer großen dynamischen Bezugnahmeklausel zu gravierenden Auslegungs- **973**

2046 Exemplarisch BAG 19.10.2011, AP Nr. 93 zu § 1 TVG Bezugnahme auf Tarifvertrag.
2047 Auch die neue Rechtsprechung des BAG schließt eine Auslegung der dynamischen Bezugnahme im Sinne einer Gleichstellungsabrede nicht aus Rechtsgründen aus, sondern vielmehr müssen sich hierfür – entgegen der früheren Rechtsprechung – im Vertragswortlaut oder in den Umständen, die den Vertragsschluss begleiten, Anhaltspunkte finden lassen (so BAG 14.12.2005, AP Nr. 39 zu § 1 TVG Bezugnahme auf Tarifvertrag; BAG 20.9.2006, AP Nr. 41 zu § 1 TVG Bezugnahme auf Tarifvertrag; BAG 20.10.2008, AP Nr. 67 zu § 1 TVG Bezugnahme auf Tarifvertrag; BAG 24.2.2010, AP Nr. 75 zu § 1 TVG Bezugnahme auf Tarifvertrag).
2048 BAG 29.8.2007, AP Nr. 61 zu § 1 TVG Bezugnahme auf Tarifvertrag; siehe bereits auch BAG 16.10.2002, AP Nr. 22 zu § 1 TVG Bezugnahme auf Tarifvertrag.
2049 Siehe BAG 21.11.2012, AP Nr. 1 zu § 123 UmwG.

problemen, da unklar ist, welcher Tarifvertrag tatsächlich für das Arbeitsverhältnis gilt.[2050] In diesem Fall empfiehlt es sich, stets den konkret anzuwendenden Tarifvertrag zu benennen,[2051] sei es in Gestalt einer kleinen dynamischen Bezugnahmeklausel, sei es als statische Bezugnahme.

974 Benennen die Vertragsparteien bei bestehender Tarifpluralität im Betrieb den anzuwendenden Tarifvertrag, dann gilt dieser selbst dann für das Arbeitsverhältnis, wenn es sich um den Tarifvertrag einer Minderheitsgewerkschaft handelt, da § 4a Abs. 2 TVG dessen Rechtswirksamkeit nicht in Frage stellt und die Kollisionsnorm des § 4a Abs. 2 S. 2 TVG nicht zur Anwendung gelangt, weil die Bindung des Arbeitgebers an den Tarifvertrag der Minderheitsgewerkschaft nicht nur durch § 3 Abs. 1 TVG, sondern zusätzlich durch die schuldrechtliche Absprache vermittelt wird. Auch der Zweck des § 4a Abs. 2 S. 2 TVG untersagt den Arbeitsvertragsparteien nicht, für das Arbeitsverhältnis einen Tarifvertrag zur Anwendung zu bringen, der nach § 4a Abs. 2 S. 2 TVG verdrängt wird. Anders ist die Rechtslage bei einer offen formulierten Bezugnahmeklausel, die den im Betrieb jeweils maßgebenden Tarifvertrag zur Anwendung bringt. In dieser Konstellation beeinflusst ein nach § 4a Abs. 2 TVG eingreifender Vorrang des Mehrheitstarifvertrages auch die Auslegung der Bezugnahmeklausel, so dass für das Arbeitsverhältnis ausschließlich der Tarifvertrag der Mehrheitsgewerkschaft zur Anwendung kommt.

d) Formulierungsbeispiele

975   *Statische Bezugnahme*

Auf das Arbeitsverhältnis findet ergänzend der Tarifvertrag (…) (*genaue Bezeichnung des bzw. der Tarifverträge*) vom (…) (*Datum des Abschlusses*) Anwendung. Spätere Änderungen dieses Tarifvertrages oder andere Tarifverträge finden auf das Arbeitsverhältnis nur dann Anwendung, wenn die Parteien dieses Vertrages dies ausdrücklich und schriftlich vereinbaren.

976   *Kleine dynamische Bezugnahme*

(1) Auf das Arbeitsverhältnis findet der Tarifvertrag (…) (*genaue Bezeichnung*) in seiner jeweiligen Fassung Anwendung.

(2) Dies gilt auch für ergänzende Tarifverträge oder anderweitige betriebliche Abreden (z.B. Betriebsvereinbarungen), die aufgrund oder im Rahmen des in Satz 1 genannten Tarifvertrages abgeschlossen werden.

977   *Gleichstellungsabrede*

(1) Der Arbeitgeber ist kraft des Tarifrechts an folgende Tarifverträge gebunden: (…) (*Aufzählung*). Diese gelten in ihrer jeweiligen Fassung ergänzend auch für das zwischen den Parteien bestehende Arbeitsverhältnis, solange und soweit die Tarifgebundenheit des Arbeitgebers besteht. Auch hinsichtlich ihres Inhalts gelten die in Satz 1 genannten Tarifverträge nur soweit der Arbeitgeber aufgrund des Tarifrechts zu deren Anwendung verpflichtet ist.[2052]

2050 Zur Notwendigkeit einer ergänzenden Auslegung der Bezugnahmeklausel in derartigen Konstellationen BAG 9.6.2011, AP Nr. 81 zu § 1 TVG Bezugnahme auf Tarifvertrag; BAG 9.6.2011, AP Nr. 80 zu § 1 TVG Bezugnahme auf Tarifvertrag.

2051 *Preis/Greiner*, NZA 2007, 1073, 1076; dazu auch *Bayreuther* in: Festschrift für Bepler, 2012, S. 15 ff.

2052 Teilweise wird im Schrifttum vorgeschlagen, auch die Sachverhalte zu nennen, die zum Ende der Tarifgebundenheit bzw. zum Eintritt der statischen Wirkung führen. So z.B. *Olbertz*, BB 2007, 2737, 2740; in dieser Richtung auch der sehr detaillierte Vorschlag von *Preis/Greiner*, NZA 2007, 1073, 1079.

(2) Für den Fall, dass der Arbeitgeber kraft des Tarifrechts an andere als die vorgenannten Tarifverträge gebunden ist, gelten ausschließlich diese für das Arbeitsverhältnis mit dem Inhalt, mit dem diese auch für tarifgebundene Arbeitnehmer gelten.[2053]

Große dynamische Bezugnahme   **978**

(1) Auf das Arbeitsverhältnis finden ergänzend die in dem Betrieb jeweils geltenden Tarifverträge Anwendung.

(2) Aufgrund der Tarifgebundenheit des Arbeitgebers finden auf das Arbeitsverhältnis ergänzend die deshalb in dem Betrieb jeweils geltenden Tarifverträge in ihrer jeweiligen Fassung sowie mit dem Inhalt Anwendung, der für tarifgebundene Arbeitnehmer kraft des Tarifrechts oder anderer gesetzlicher Vorschriften gilt.

61. Gratifikation

Zu dieser Klausel erfolgen die Erläuterungen unter dem Stichwort Bonus (siehe oben Rdn 684 ff.).   **979**

62. Haftung

Literatur: *Bieder*, Einschränkungen der privilegierten Arbeitnehmerhaftung für leitende Angestellte, DB 2008, 638; *Bürkle/Fecker*, Business Judgement Rule: Unternehmerischer Haftungsfreiraum für leitende Angestellte, NZA 2007, 589; *Hanau/Rolfs*, Abschied von der gefahrgeneigten Arbeit, NJW 1994, 1439; *Joussen*, Der persönliche Anwendungsbereich der Arbeitnehmerhaftung, RdA 2006, 129; *Krasney*, Haftungsbeschränkungen bei Verursachung von Arbeitsunfällen (Teil 1), NZS 2004, 7; *Krause*, Geklärte und ungeklärte Probleme der Arbeitnehmerhaftung, NZA 2003, 577; *Salomon/Koch*, Die Darlegungs- und Beweislast des Arbeitnehmers bei der Gefährdungshaftung des Arbeitgebers; NZA 2012, 658; *Schwab*, Die Schadenshaftung im Arbeitsverhältnis – Eine Übersicht – 1. Teil: Die Haftung des Arbeitnehmers, NZA-RR 2006, 449; *ders.*, Die Schadenshaftung im Arbeitsverhältnis – Eine Übersicht – 2. Teil: Die Haftung des Arbeitgebers, NZA-RR 2006, 505; *Schwab*, Haftung im Arbeitsverhältnis – 1. Teil: Die Haftung des Arbeitnehmers, NZA-RR 2016, 173; Waltermann, Risikozuweisung nach den Grundsätzen der beschränkten Arbeitnehmerhaftung, RdA 2005, 98; *ders.*, Haftungsfreistellung bei Personenschäden – Grenzfälle und neue Rechtsprechung, NJW 2004, 901.

a) Haftung des Arbeitnehmers

Bereits bei der Schaffung des BGB war gefordert worden, die Arbeitnehmerhaftung auf eine gesetzliche   **980** Grundlage zu stellen.[2054] Der Gesetzgeber ist dem bis heute nicht nachgekommen.[2055] Der im Zuge der Schuldrechtsreform neu geschaffene § 619a BGB enthält lediglich eine von § 280 Abs. 1 S. 2 BGB abweichende Beweislastverteilung; der Arbeitgeber hat nicht nur die Pflichtverletzung, sondern auch das Verschulden des Arbeitnehmers zu beweisen. Doch selbst bei nachgewiesenem Verschulden haftet ein Arbeitnehmer nicht ohne Weiteres auf den vollen Schaden. Vielmehr ist nach der Art der Pflichtverletzung zu differenzieren.

aa) Nichtleistung

Tritt ein Arbeitnehmer die Arbeit nicht an, beendet er das Arbeitsverhältnis vorzeitig oder leistet er aus sons-   **981** tigen Gründen nicht die geschuldete Arbeit und wird dadurch vertragsbrüchig, greifen die allgemeinen zivilrechtlichen Haftungsregeln. Danach entfällt zunächst die **Vergütungspflicht** des Arbeitgebers. Weiterhin kann dieser seinen Anspruch auf **Arbeitsleistung** einklagen; die Verurteilung des Arbeitnehmers zur

---

2053 Ähnlich *Olbertz*, BB 2007, 2737, 2740; *Gaul/Naumann*, DB 2007, 2594, 2598.
2054 Vgl. die stenographischen Berichte zu den Verhandlungen des Deutschen Reichstags, IV. Session 1895/97, Band 5, S. 3846.
2055 Siehe auch § 98 des von *Henssler/Preis* vorgelegten Diskussionsentwurfs eines Arbeitsvertragsgesetzes, Sonderbeilage zu NZA Heft 21/2007, S. 21.

Arbeitsleistung ist nach §§ 62 Abs. 2 S. 1 ArbGG i.V.m. 888 Abs. 3 ZPO jedoch **nicht vollstreckbar**.[2056] Deshalb empfiehlt es sich für Arbeitgeber, vor Gericht zugleich zu beantragen, dass der Arbeitnehmer für den Fall, dass er die Arbeit nicht binnen einer bestimmten Frist aufgenommen hat, zur Zahlung einer vom Arbeitsgericht nach freiem Ermessen festzusetzenden **Entschädigung** zu verurteilen ist (§ 61 Abs. 2 S. 1 ArbGG). Diese Entschädigung darf jedoch den Schaden, den der Arbeitgeber durch den Arbeitsvertragsbruch erlitten hat, nicht übersteigen.[2057] Der Arbeitgeber kann von einem vertragsbrüchigen Arbeitnehmer auch unmittelbar **Schadensersatz** verlangen. Schadensersatzansprüche können sich grundsätzlich aus §§ 280, 281, 283 BGB ergeben. Nimmt der Arbeitgeber das Verhalten des Arbeitnehmers zum Anlass einer außerordentlichen Kündigung, kommt in Ergänzung § 628 Abs. 2 BGB in Betracht. Der Nachweis eines konkreten Schadens wird oftmals aber nicht zu führen sein.[2058] Das Interesse des Arbeitgebers daran, dass der Arbeitnehmer die versprochene Arbeit tatsächlich leistet, lässt sich daher am effektivsten mit einer Vertragsstrafe absichern (siehe dazu Rdn 1553 ff.).[2059] Besonderheiten gelten bei **Berufsausbildungsverhältnissen**. Dort trifft § 23 BBiG eine Sonderregelung betreffend Schadensersatz und nach § 12 Abs. 2 Nr. 2 BBiG ist die Vereinbarung einer Vertragsstrafe nichtig.

bb) Schlechtleistung

982   Ein Arbeitnehmer haftet im Falle der Schlechtleistung seinem Arbeitgeber nicht zwangsläufig auf den vollen Schaden. Bei betrieblich veranlasster Tätigkeit kommt vielmehr eine Begrenzung der Arbeitnehmerhaftung durch die richterrechtlichen Grundsätze zur Haftungserleichterung im Arbeitsrecht, den sog. **innerbetrieblichen Schadensausgleich**, zum Tragen.[2060] Betrieblich veranlasst sind alle Tätigkeiten, die einem Arbeitnehmer arbeitsvertraglich übertragen worden sind oder die er im Interesse des Arbeitgebers für den Betrieb ausführt.[2061] Das Handeln braucht dabei nicht zum eigentlichen Aufgabenbereich des Arbeitnehmers zu gehören und kann außerhalb der Arbeitszeit erfolgen. Der betriebliche Zusammenhang wird auch nicht dadurch unterbrochen, dass der Arbeitnehmer bei Ausführung der Tätigkeit seine Verhaltenspflichten grob fahrlässig oder vorsätzlich verletzt.[2062] Bei in diesem Sinne betrieblich veranlassten Tätigkeiten wird das allgemeine Haftungsregime des BGB modifiziert. Der Arbeitgeber muss sich analog § 254 BGB die Betriebsgefahr seines Unternehmens zurechnen lassen und deshalb – je nach Verschuldensgrad des Arbeitnehmers – einen Teil des entstandenen Schadens selbst tragen.[2063]

983   Grundsätzlich gilt: Der Arbeitnehmer haftet nicht bei leichtester Fahrlässigkeit, anteilig bei mittlerer (= „normaler") Fahrlässigkeit und i.d.R. voll bei grober Fahrlässigkeit und bei Vorsatz.[2064] Kommt nicht der Arbeitgeber, sondern ein außenstehender Dritter – z.B. ein Kunde – zu Schaden, haftet der Arbeitnehmer diesem nach allgemeinen zivilrechtlichen Grundsätzen grundsätzlich voll. Im Innenverhältnis zu seinem

---

2056 Zur einstweiligen Verfügung vgl. Küttner/*Griese*, Vertragsbruch, Rn 3 f.

2057 Hauck/*Helml*, § 61 ArbGG Rn 14.

2058 Vgl. dazu *Heinze*, NZA 1994, 244, 247 f.; *Kraft*, NZA 1989, 777, 779.

2059 Siehe dazu auch *Leder/Morgenroth*, NZA 2002, 952, 954 f; *v. Steinau-Steinrück/Vernunft*, Rn 272 f.

2060 Siehe grundlegend BAG GS 25.9.1957, NJW 1958, 235 zur gefahrgeneigten Arbeit und BAG GS 27.9.1994, BB 1994, 2205 mit Anm. *Hanau/Rolfs*, NJW 1994, 1439 zum Übergang zur betrieblich veranlassten Arbeit. Aus jüngerer Zeit BAG 13.12.2012, NZA 2013, 622; BAG 28.10.2010, NZA 2011, 345; *Krause*, NZA 2003, 577.

2061 BAG 28.10.2010, NZA 2011, 345, 347; BAG 18.1.2007, NZA 2007, 1230, 1233.

2062 BAG 28.10.2010, NZA 2011, 345, 347.

2063 MünchArbR/*Reichold*, § 51 Rn 35 ff.; Küttner/*Griese*, Arbeitnehmerhaftung, Rn 11 ff.; *Schwab*, NZA-RR 2006, 449, 450 f.; *Waltermann*, RdA 2005, 98. Speziell zum Anwendungsbereich *Joussen*, RdA 2006, 129; *Bürkle/Fecker*, NZA 2007, 589; *Bieder*, DB 2008, 638.

2064 BAG 15.11.2012, NJW-Spezial 2013, 210; BAG 22.6.2011, NZA 2012, 91, 94; BAG 28.10.2010, NZA 2011, 406, 409; BAG 28.10.2010, NZA 2011, 345, 347; BAG 18.1.2007, NZA 2007, 1230, 1233.

Arbeitgeber kann dem Arbeitnehmer allerdings ein Freistellungsanspruch zustehen, wenn und soweit er diesem nach den Grundsätzen zum innerbetrieblichen Schadensausgleich nicht haften würde.[2065]

Das BAG hält bis in die Gegenwart an der These fest, bei den Grundsätzen zur Haftungserleichterung im Arbeitsrecht handele es sich um **„einseitig zwingendes Arbeitnehmerschutzrecht"**, das weder individual- noch kollektivvertraglich zu Ungunsten des Arbeitnehmers abbedungen werden dürfe.[2066] Hiervon sollte mit Einbeziehung des Arbeitsvertrages in den Geltungsbereich der §§ 305 ff. BGB Abstand genommen werden.[2067] Seit der Schuldrechtsreform besteht dort kein Raum für gesetzesvertretendes Richterrecht mehr, wo eine AGB-rechtliche Inhaltskontrolle möglich ist. Zudem ist es stimmiger, diese Rechtsprechung als Leitbild im Rahmen der AGB-Kontrolle, nicht aber als eigenständigen Prüfungsansatz daneben fortwirken zu lassen. Dies bietet die Chance zur Vereinheitlichung der Haftungsmaßstäbe und schließt Modifikationen der Haftungsgrundsätze dort nicht länger a priori aus, wo sie bei einer Gesamtbetrachtung des Haftungsrisikos durchaus sinnvoll sind. Nach Ansicht des BAG sind **haftungsverschärfende Klauseln**, also Abreden, die den Arbeitnehmer einem strengeren Haftungsregime (z.B. einer Garantiehaftung) unterstellen, jedoch **unzulässig. Haftungsmildernde Klauseln**, d.h. eine für den Arbeitnehmer günstige Abweichung von den Grundsätzen zur Haftungserleichterung im Arbeitsrecht, bleiben dagegen **möglich**. Deshalb kann z.B. vereinbart werden, dass der Arbeitnehmer nur für vorsätzliche Pflichtverletzungen oder bis zum Erreichen einer bestimmten Summe[2068] haften soll.

984

cc) Personenschäden

Schädigt ein Arbeitnehmer einen Arbeitskollegen bei betrieblicher Tätigkeit, kann seine Haftung für den Personenschaden (einschließlich Schmerzensgeld) gem. **§ 105 Abs. 1 SGB VII** ausgeschlossen sein.[2069] Dieser Haftungsausschluss kommt zum Zuge, wenn der Personenschaden auf einem Versicherungsfall (§ 7 SGB VII) beruht und der Arbeitnehmer diesen nicht vorsätzlich[2070] und nicht auf einem gem. § 8 Abs. 2 Nr. 1–4 SGB VII versicherten Weg herbeigeführt hat. Der geschädigte Arbeitnehmer ist dann auf Leistungen aus der gesetzlichen Unfallversicherung verwiesen. Verursacht ein Arbeitnehmer einen Personenschaden seines Arbeitgebers, kommt er gemäß § 105 Abs. 2 SGB VII gleichsam in den Genuss eines Haftungsausschlusses. Unter den Voraussetzungen des **§ 110 SGB VII** ist der schädigende Arbeitnehmer jedoch dem Regress des Sozialversicherungsträgers ausgesetzt.[2071]

985

b) Haftung des Arbeitgebers

Auch die Haftung des Arbeitgebers gegenüber seinen Arbeitnehmern weist Besonderheiten im Vergleich zu den allgemeinen Grundsätzen des BGB auf.[2072] Bei **Personenschäden** ist der Haftungsausschluss des § 104 SGB VII zu beachten.[2073] Ausgeschlossen ist danach insbesondere die Arbeitgeberhaftung für Schäden, die deshalb entstehen, weil ein Arbeitnehmer infolge eines Arbeitsunfalls verletzt oder getötet wird, den der

986

2065 BAG 23.6.1988, NZA 1989, 181; BAG 27.10.2005, NZA 2006, 257, 258; ErfK/*Preis*, § 619a Rn 26; HWK/*Krause*, § 619a BGB Rn 62; Küttner/*Griese*, Arbeitnehmerhaftung, Rn 20; Schaub/*Linck*, § 59 Rn 56; Hümmerich/Reufels/*Borgmann*, Rn 2664; *Schwab*, NZA-RR 2016, 173, 177.

2066 BAG 5.2.2004, BB 2004, 1507.

2067 ErfK/*Preis*, § 619a BGB Rn 11; *Thüsing/Leder*, BB 2005, 1563, 1569; im Ergebnis auch *Lakies*, Vertragsgestaltung und AGB im Arbeitsrecht, Kap. 5 Rn 273 f. Anders Erman/*Belling*, § 619a BGB Rn 11b; MüKo-BGB/*Henssler*, § 619a Rn 13; BeckOK/*Hesse*, § 619a BGB Rn 16; *Waltermann*, RdA 2005, 98, 108.

2068 *Lakies*, Vertragsgestaltung und AGB im Arbeitsrecht, Kap. 5 Rn 274.

2069 BAG 19.2.2009, NZA-RR 2010, 123, 125; BAG 25.10.2007, NZA 2008, 223, 227; BAG 22.4.2004, NZA 2005, 163. Näher *Waltermann*, NJW 2004, 901.

2070 Der Vorsatz muss nicht nur die Handlung, sondern auch den Handlungserfolg erfassen, vgl. BAG 2.3.1989 – 8 AZR 416/87, juris; BGH 8.3.2012, NZS 2012, 546, 548; LAG Rheinland-Pfalz 15.5.2014 – 5 Sa 72/14, juris.

2071 Siehe dazu *Krasney*, NZS 2004, 68, 73 ff.

2072 Einen Überblick aus jüngerer Zeit gibt *Schwab*, NZA-RR 2006, 505.

2073 BAG 19.8.2004, AP Nr. 4 zu § 104 SGB VII; BAG 24.6.2004, AP Nr. 2 zu § 104 SGB VII; näher *Krasney*, NZS 2004, 7; *Waltermann*, NJW 2004, 901; zur Vorgängervorschrift § 636 RVO s. BAG 28.4.2011, NZA-RR 2012, 290.

Arbeitgeber nicht vorsätzlich und nicht auf einem gem. § 8 Abs. 2 Nr. 1–4 SGB VII versicherten Weg herbeigeführt hat. Der verletzte Arbeitnehmer bzw. seine Hinterbliebenen erhalten stattdessen Leistungen aus der gesetzlichen Unfallversicherung. Für arbeitsbedingte, unabgegoltene **Sachschäden** haftet der Arbeitgeber analog § 670 BGB **verschuldensunabhängig**.[2074] Erfasst sind Schäden an eigenen Sachen des Arbeitnehmers, die der Arbeitnehmer im Rahmen der Erbringung der geschuldeten Dienste erleidet, sofern der Schaden nicht seinem privaten Lebensbereich, sondern dem Betätigungsbereich des Arbeitgebers zuzurechnen ist und auch nicht bereits mit der Vergütung abgegolten wurde. Ob von diesem Grundsatz zulasten des Arbeitnehmers abgewichen werden kann, hat das BAG offen gelassen.[2075] Richtigerweise wird man in Klauseln, die eine Haftung des Arbeitgebers für solche Sachschäden ganz ausschließen oder nur bei Verschulden des Arbeitgebers zulassen, eine unangemessene Benachteiligung des Arbeitnehmers erblicken müssen, sofern dem Arbeitnehmer nicht eine besondere Vergütung zum Ausgleich des Verlust- und Beschädigungsrisikos gewährt wird.[2076] Allerdings soll der Arbeitnehmer durch die Verwendung eigener Sachen nicht bessergestellt werden als er bei der Verwendung von Sachen des Arbeitgebers stünde. Ein Ersatzanspruch analog § 670 BGB besteht deshalb nur in dem Umfang, in dem der Arbeitgeber eine Beschädigung seiner eigenen Sache nach den Grundsätzen zum innerbetrieblichen Schadensausgleich hinzunehmen hätte.[2077] Vollen Schadenersatz kann der Arbeitnehmer somit nur in Fällen beanspruchen, in denen ihn kein Verschulden trifft oder ihm nur leichteste Fahrlässigkeit angelastet werden kann.

987   Für sonstige Schäden an Sachen des Arbeitnehmers – d.h. außerhalb des Anwendungsbereichs von § 670 BGB – haftet der Arbeitgeber nur **verschuldensabhängig**. Von der Haftung wegen Vorsatzes kann sich ein Arbeitgeber nicht im Voraus freizeichnen (§ 276 Abs. 3 BGB). Entsprechendes gilt bei Formulararbeitsverträgen gem. § 309 Nr. 7b BGB betreffend den Ausschluss der Haftung für grobe Fahrlässigkeit. Aber auch im Bereich einfacher Fahrlässigkeit wird eine Abbedingung der Haftung überwiegend nur in Ausnahmefällen – etwa beim Vorliegen gewichtiger Gründe – zugelassen.[2078]

c)   Formulierungsbeispiel für haftungsmildernde Klauseln

988   *Haftungsmilderung*

Für Schäden, die dem Arbeitgeber aufgrund einer Verletzung der in § (…) (Ziffer) genannten Verpflichtungen entstehen, haftet der Arbeitnehmer nur bei Vorsatz oder grober Fahrlässigkeit.

Variante

Bei betrieblich veranlasster Tätigkeit haftet der Arbeitnehmer bei einer vorsätzlichen Pflichtverletzung für den gesamten verursachten Schaden. Für grob fahrlässig verursachte Schäden haftet der Arbeitnehmer maximal in Höhe von (…) (Anzahl) Monatsgehältern, bei normaler Fahrlässigkeit maximal in Höhe von (…) (Anzahl) Monatsgehältern. Bei leichtester Fahrlässigkeit haftet der Arbeitnehmer nicht.

63.   Herausgabe

989   Ausführungen hierzu finden sich unter dem Stichwort Rückgabe (siehe unten Rdn 1249 ff.).

2074 Grundlegend BAG GS 10.11.1961, NJW 1962, 411; siehe auch BAG 22.6.2011, NZA 2012, 91, 92; BAG 28.10.2010, NZA 2011, 406, 408; ErfK/*Preis*, § 619a BGB Rn 76 ff.; Schaub/*Linck*, § 60 Rn 2; Hümmerich/Reufels/*Borgmann*, Rn 2656.

2075 BAG 27.1.2000, NZA 2000, 727, 730.

2076 Siehe dazu auch ErfK/*Preis*, § 619a BGB Rn 94. Die steuerliche Wegstreckenentschädigung (Kilometergeld) z.B. stellt keine besondere Vergütung im Sinne der Rspr. dar, weil sie lediglich die normalen Betriebs- und Unterhaltskosten des Fahrzeugs abgilt, nicht aber eventuelle Reparaturkosten, *Schwab*, NZA-RR 2016, 230, 234.

2077 BAG 22.6.2011, NZA 2012, 91, 93; BAG 28.10.2010, NZA 2011, 406, 408 f.

2078 Preis/*Stoffels*, II H 10 Rn 6.

64. Home-Office

Literatur: *Eismann*, Lohnsteuerrechtliche Behandlung der Fahrten zwischen Home-Office und weiterer Arbeitsstätte, DStr 2008, 1083; *Körner*, Telearbeit – neue Form der Erwerbsarbeit, alte Regeln?, NZA 1999, 1190; *Intemann*, Telearbeitsplatz und häusliches Arbeitszimmer, NZA 2014, 956; *Macher*, Häusliches Arbeitszimmer bei Außendienstmitarbeitern, NZA 2003, 844; *Weers-Hermanns*, Gerichtsstand für Außendienstmitarbeiter mit Home-Office, NZA 2010, 492.

a) Einführung

Während bei Außendienstmitarbeitern die Nutzung eines Home-Office seit langer Zeit üblich ist, gewinnt die Vereinbarung über die Errichtung eines Home-Office beim Abschluss von Arbeitsverhältnissen auch mit anderen Arbeitnehmern, vor allem im Dienstleistungssektor, zunehmend an Bedeutung. Nicht nur die sich ändernden gesellschaftlichen Verhältnisse und die Abkehr von der „klassischen" Rollenverteilung in einer Partnerschaft, sondern auch die zunehmend geforderte Flexibilität weckt vor allem häufig auf Arbeitnehmerseite den Wunsch, einen Teil seiner Arbeitsleistung von einem Home-Office aus erbringen zu können. Dank elektronischer Kommunikationsmittel und -wege ist die Erbringung der Arbeitsleistung von einem anderen Ort als der Dienststätte aus auch häufig möglich. Für den Arbeitgeber hat die Zustimmung zu einer Home-Office-Regelung nicht nur den Vorteil einer höheren Zufriedenheit des Arbeitnehmers, vielmehr kann eine solche Vereinbarung auch erhebliche Kostenvorteile bringen, z.B. wenn der Arbeitsplatz des Arbeitnehmers in der Betriebsstätte, während dieser im Home-Office arbeitet, anderweitig genutzt werden kann. Auch entfallen ggf. zu erstattende Fahrtkosten und Fahrtzeiten. **990**

Gesetzliche Regelungen über die Errichtung und Ausgestaltung eines Home-Office gibt es – außer im HeimarbeitsG – kaum. Eine detaillierte vertragliche Regelung bei einer beabsichtigten Nutzung eines Home-Office ist daher dringend geboten. Zur Vermeidung von Streitigkeiten bedarf es insbesondere einer Regelung über den Umfang der Arbeitszeit, die in einem Home-Office erbracht werden kann, der zu zahlenden Aufwandsentschädigung für die Nutzung der arbeitnehmereigenen Betriebsmittel und der Kosten für die Errichtung eines Home-Office. Des Weiteren muss bei der Errichtung eines Home-Office auf die Einhaltung der betrieblichen und gesetzlichen Datenschutz- und sonstigen Arbeitsschutzbestimmungen geachtet werden. **991**

Zu beachten ist, dass die Vereinbarung eines Home-Office im Hinblick auf die Regelung des § 48 Abs. 1a S. 2 ArbGG Auswirkungen auf den Gerichtsstand hat, wenn der Arbeitnehmer gewöhnlich vom Home-Office aus seine Tätigkeit verrichtet.[2079] In diesem Fall kann der Arbeitnehmer bei Streitigkeiten aus dem Arbeitsverhältnis auch an dem Ort seines Home-Office klagen.

b) Klauselvariante

▼

Muster 1a.57: Home-Office **992**

(1) Dem Arbeitnehmer ist es gestattet, bis zu _____ % seiner wöchentlichen Arbeitszeit von einem Home-Office aus zu erbringen.

(2) Der Arbeitnehmer verpflichtet sich, ein Home-Office, in dem er die anfallenden Büro- und Verwaltungsarbeiten verrichten kann, nach Maßgabe der nachfolgenden Bestimmungen zu errichten.

(a) Der Arbeitnehmer stellt in seiner Privatwohnung in _____ (Ort) einen abschließbaren Raum von _____ qm zur Verfügung, in dem die Ausübung der geschuldeten Arbeit technisch unter Beachtung der gesetzlichen Arbeitnehmerschutzvorschriften möglich ist.

2079 Siehe hierzu ArbG Oldenburg 30.9.2009, NZA 2010, 527; LAG Hessen 26.8.2008 – 4 Ta 308/08, zit. nach juris; *Weers-Hermanns*, NZA 2010, 492.

(b) Der Arbeitgeber stellt die erforderlichen technischen Einrichtungsgegenstände zur Verfügung, insbesondere

- Laptop

- PC,

- Faxgerät,

- ▨

(c) Dem Arbeitnehmer ist es untersagt, die vom Arbeitgeber zur Verfügung gestellten Gegenstände zu privaten Zwecken zu nutzen oder Dritten zugänglich zu machen.

(d) Der Arbeitnehmer ist verpflichtet, den Arbeitgeber unverzüglich nach Kenntniserlangung von etwaigen Störungen an den ihm zur Verfügung gestellten Gegenständen zu benachrichtigen.

(e) Der Arbeitnehmer verpflichtet sich, die betrieblichen und geschäftlichen Informationen vor dem Zugriff Dritter, insbesondere auch von den in seinem Haushalt aufenthaltlichen Personen, zu schützen, so dass diese nicht von Dritten abgefragt, diesen zur Kenntnis gereicht und/oder auf andere Weise zugänglich werden können.

(3) Der Arbeitgeber zahlt an den Arbeitnehmer für die mit dem Home-Office verbundenen Aufwendungen eine monatliche Pauschale von ▨ EUR als Aufwendungsersatz. Damit sind sämtliche Aufwendungen des Arbeitnehmers für die Nutzung des Home-Office, insbesondere für Räumlichkeiten, die anteilig entstehenden Energieverbrauchskosten pp., abgegolten.

(4) Der Arbeitnehmer verpflichtet sich, soweit dies aus sachlichen oder betrieblichen Gründen erforderlich ist, dem Arbeitgeber, dem Datenschutzbeauftragten des Arbeitgebers, der Fachkraft für Arbeitssicherheit und dem Vorsitzenden des Betriebsrates Zugang zu dem Home-Office zu gestatten. Der Arbeitnehmer sichert zu, dass die mit ihm in häuslicher Gemeinschaft lebenden Personen mit dem Zutrittsrecht einverstanden sind.

(5) Die Fahrtzeiten des Arbeitnehmers zwischen Home-Office und Betriebsstätte gelten nicht als Arbeitszeit. Beim Besuch eines Kunden vom Home-Office aus wird eine Fahrtzeit ab ▨ km als Arbeitszeit gerechnet.

(6) Der Arbeitgeber ist bei Vorliegen betrieblicher Gründe und nach Abwägung mit den Interessen des Arbeitnehmers berechtigt, den Arbeitnehmer anzuweisen, seine Arbeit wieder ausschließlich in der Betriebsstätte zu erbringen. Hierbei ist eine Ankündigungsfrist von ▨ Wochen einzuhalten.

▲

c)   Hinweise und Anmerkungen
aa) Festlegung des Arbeitszeitanteils

993   Der Aufnahme einer Klausel über den korrekten **Anteil der Arbeitszeit**, die der Arbeitnehmer in seinem Home-Office verrichten kann, bedarf es dann nicht, wenn (z.B. bei Vertriebsmitarbeiter) feststeht, dass sämtliche Verwaltungstätigkeiten, die mit einer Vertriebstätigkeit in einem Zusammenhang stehen, im Home-Office verrichtet werden. In diesem Fall kann die Regelung in Nr. 1 der Klauselvariante entfallen.

bb) Aufwandsentschädigung

994   Ein Vermögensopfer des Arbeitnehmers im Interesse des Arbeitgebers kann eine Entschädigungspflicht des Arbeitgebers nach § 670 BGB auslösen. Um Streitigkeiten über den Inhalt der Entschädigungspflicht zu vermeiden, sollte daher eine Regelung darüber getroffen werden, ob und in welcher Höhe der Arbeitnehmer dafür, dass er seinen privaten Wohnraum für die Errichtung eines Home-Office zur Verfügung stellt, eine Entschädigung erhält. Fehlt eine solche Regelung, steht dem Arbeitnehmer in der Regel ein **Aufwandsentschädigungsanspruch** aus § 670 BGB zu, weil er durch die Bereitstellung des privaten Wohnraums ein Vermögensopfer im Interesse des Arbeitgebers erbringt.[2080] Ein solches Vermögensopfer nimmt die Recht-

---

2080 BAG 14.10.2003, NZA 2003, 604 ff.

sprechung bereits dann an, wenn der Arbeitnehmer seine häusliche Einrichtung für den Arbeitgeber zur Verfügung stellt und auf die Privatnutzung der Wohnfläche verzichtet. Nach Ansicht des BAG löst bereits die ständige Nutzung von mindestens 8 qm Wohnraum im Interesse des Arbeitgebers eine solche Entschädigungspflicht aus.[2081] Danach kann der Arbeitnehmer zumindest dann, wenn er z.B. für die Lagerung von Akten, Betriebsmaterialien oder das Aufstellen eines PC privaten Wohnraum zur Verfügung stellt, von dem Arbeitgeber eine Entschädigung verlangen, deren Höhe die Parteien vertraglich festlegen sollten. Als Anhaltspunkt für die Höhe der Nutzungsentschädigung dürfte der örtliche Mietwert nebst Nebenkosten ein angemessener Anhaltspunkt sein.[2082] Um zu vermeiden, dass in einem arbeitsgerichtlichen Verfahren Streit über die Größe der für das Home-Office erforderlichen Fläche entsteht, sollte auch diese vertraglich festgelegt werden.

cc) Datenschutz

Da sich im häuslichen Bereich eines Arbeitnehmers auch betriebsfremde Personen aufhalten können, bedarf es zur Einhaltung des **Datenschutzes**, insbesondere zum Schutz der geschäftlichen/betrieblichen Daten einer Regelung darüber, wie die Unterlagen/Einrichtungsgegenstände des Home-Office vor dem Zugriff Dritter geschützt werden können.[2083] Sofern dies räumlich möglich ist, dürfte die Abschließbarkeit eines Raumes zur Sicherstellung dieser Vorgaben ein geeignetes Mittel sein. Beschränkt sich die Ausstattung des Home-Office auf einen PC/Laptop und andere elektronische Medien, kann dem Erfordernis des Datenschutzes auch dadurch Rechnung getragen werden, dass sich der Arbeitnehmer verpflichtet, die Gerätschaften vor dem Zugriff Dritter durch geeignete Maßnahmen zu sichern (z.B. Nichtweitergabe der für den Zugang der Software notwendigen Passworte).

995

dd) Bewertung der Wegzeiten

Bei der Errichtung eines Home-Office stellt sich häufig die Frage, ob und inwieweit **Wegzeiten** als vergütungsrechtliche Arbeitszeit zu bewerten sind.[2084] Nach der höchstrichterlichen Rechtsprechung sind Wegzeiten des Arbeitnehmers von seiner Wohnung zum Arbeitsort und zurück in der Regel keine Arbeitszeiten und damit nicht vergütungspflichtig.[2085] Hingegen können Fahrtzeiten, die der Arbeitnehmer von der Betriebsstätte zu einem Kunden zurücklegt, als vergütungspflichtige Arbeitszeit angesehen werden. Bei einer direkten Anreise des Arbeitnehmers vom Home-Office aus zum Kunden ist es sachgerecht, nur die Fahrtzeit als vergütungspflichtige Arbeitszeit anzurechnen, die der Arbeitnehmer abzüglich der fiktiv ersparten privaten Fahrt zwischen Home-Office und Betriebsstätte zurücklegt. Fehlt eine Vereinbarung hierüber, können Fahrtzeiten vom Home-Office aus zum Kunden unter Umständen als vergütungspflichtige Arbeitszeit angesehen werden.[2086]

996

ee) Zutrittsrechte

Da der Arbeitgeber nach überwiegend vertretener Literaturmeinung auch bei einer Tätigkeit im Home-Office den Arbeitsschutz vollumfänglich zu gewährleisten hat, muss der Arbeitgeber die Möglichkeit haben, die Einhaltung von Arbeitsschutzvorschriften am häuslichen Arbeitsplatz kontrollieren zu können.[2087] Aufgrund des grundgesetzlichen Schutzes der Wohnung durch Artikel 13 GG kann ohne Aufnahme einer entsprechenden Klausel über die Einräumung eines Zutrittsrechtes nicht von einer konkludenten Zustimmung

997

2081 BAG 14.10.2003, NZA 2003, 604 ff.
2082 Nach der BAG-Rechtsprechung sind Erhaltungsaufwendungen nicht zu berücksichtigen, weil diese auch ohne Nutzung im Interesse des Arbeitgebers entstehen (BAG 14.10.2003, NZA 2003, 604).
2083 Mengel/*Mengel*, Compliance und Arbeitsrecht, Kap. 9 Arbeitssicherheit/Arbeitsschutz, Rn 21.
2084 Zuletzt BAG 22.4.2009, DB 2009, 1602 f.; BAG 14.11.2006, AP Nr. 121 zu § 87 BetrVG 1972 Arbeitszeit.
2085 U.a. LAG Düsseldorf, 23.1.2008, LAGE Nr. 1 zu § 611 BGB 2002 Wegzeit; BAG 8.12.1960, AP Nr. 1 zu § 611 BGB Wegzeit.
2086 BAG 22.4.2009, DB 2009, 1602 f.; LAG Düsseldorf, 23.1.2008, LAGE § 611 BGB 2002 Wegzeit Nr. 1.
2087 Landmann/*Wiebauer*, § 1 ArbSchG Rn 58.

des Arbeitnehmers zu einem Zutrittsrecht des Arbeitgebers zum Home-Office in den privaten Räumen ausgegangen werden.[2088]

ff) Beendigungsmöglichkeit

998 Das Recht des Arbeitgebers zur **Beendigung** der **Home-Office-Tätigkeit** in Formular-Arbeitsverträgen ist an den Bestimmungen der §§ 305 ff. BGB zu messen. Die Rechtsprechung geht davon aus, dass für das Recht zur Beendigung einer Home-Office-Regelung in Form von alternierender Telearbeit nicht die Anforderungen des § 2 KSchG einzuhalten sind, d.h. die Beendigung muss nicht sozial gerechtfertigt sein. Die Voraussetzungen für die Beendigung der Home-Office-Tätigkeit haben sich nach der Rechtsprechung aber an dem gesetzlichen Leitbild des § 106 S. 1 GewO zu orientieren. Insoweit sind bei der Ausübung des einseitigen Weisungsrechtes des Arbeitgebers zum Arbeitsort und dementsprechend auch bei der Weisung zur Beendigung der Home-Office-Tätigkeit und zur Rückkehr in die Betriebsstätte die Grenzen billigen Ermessens einzuhalten.[2089]

gg) Lohnsteuerrechtlicher Hinweis

999 Besonderes Augenmerk ist bei der Errichtung eines Home-Office auf die korrekte lohnsteuerrechtliche Behandlung der Aufwendungen des Arbeitnehmers und des vom Arbeitgeber zu zahlenden Aufwendungsersatzes zu richten.[2090] Nach § 9 Abs. 5, § 4 Abs. 5 S. 1 Nr. 6b S. 1 EStG kann ein Steuerpflichtiger grundsätzlich Aufwendungen für ein häusliches Arbeitszimmer nicht als Werbungskosten abziehen. Etwas anderes gilt dann, wenn für die betriebliche oder berufliche Tätigkeit ein anderer Arbeitsplatz nicht zur Verfügung steht (§ 4 Abs. 5 S. 1 Nr. 6b S. 2 EStG).[2091] In den Fällen, in denen der Arbeitnehmer auf den Home-Office-Arbeitsplatz angewiesen ist, weil ihm im Betrieb kein anderer Arbeitsplatz zur Verfügung steht, den er in dem konkret erforderlichen Umfang tatsächlich nutzen kann, können Kosten für ein häusliches Arbeitszimmer bis zu einem Betrag von 1.250 EUR jährlich als Werbungskosten berücksichtigt werden.[2092]

65. Incentive

1000 Ausführungen hierzu finden sich unter dem Stichwort Bonus (siehe oben Rdn 684 ff.).

66. Internet

1001 Ausführungen hierzu finden sich unter dem Stichwort E-Mail/Internetnutzung (siehe oben Rdn 815 ff.).

67. Jahressonderleistung

1002 Ausführungen hierzu finden sich unter dem Stichwort Bonus (siehe oben Rdn 684 ff.).

68. Job-Sharing

1003 Ausführliche Erläuterungen zu diesem Stichwort finden sich im Kapitel zu den einzelnen Vertragstypen, dort Teilzeit (siehe unten § 1b Rdn 223 ff., 310 ff.).

2088 *Rieble/Picker,* ZfA 2013, 383, 401; *Körner,* NZA 1999, 1190, 1191; a.A. *Peter,* DB 1998, 573, 575.
2089 LAG Düsseldorf 10.9.2014 – 12 Sa 505/14, zit. nach juris.
2090 Zur einkommensteuerrechtlichen Behandlung der Aufwendungen für ein Home-Office: siehe *Eismann,* DStR 2008, 1083, 1084; BMF, DStR 2004, 224; *Macher,* NZA 2003, 844; SG Rheinland-Pfalz, 1.7.2002, 5 K 1821/99.
2091 BFH 26.2.2014 – IV R 40/12, DStR 2014, 1079.
2092 *Intemann,* NZA 2014, 956; BFH 26.2.2014 – VI R 40/12, NZA-RR 2014, 434.

69. Kündigungsfrist

Literatur: *Annuß*, Das Verbot der Altersdiskriminierung als unmittelbar geltendes Recht, BB 2006, 325; *Bauer/Arnold*, Kann die Geltung des Kündigungsschutzgesetzes für GmbH-Geschäftsführer vereinbart werden?, ZIP 2010, 709; *Bauer/Krieger*, Die Sperrfrist bei der Massenentlassungsanzeige – Mindestkündigungsfrist oder zwingende Vorlaufzeit vor dem Ausspruch von Kündigungen? NZA 2009, 174; *Bauer/von Medem*, Kücükdeveci = Mangold hoch zwei? Europäische Grundrechte verdrängen deutsches Arbeitsrecht, ZIP 2010, 449; *Dewender*, Einbeziehung der fehlerhaft berechneten Kündigungsfrist in die Klagefrist nach § 4 Satz 1 KSchG?, DB 2005, 337; *Diller*, § 622 BGB und Quartalskündigungsfristen, NZA 2000, 293; *Drüll/Schmitte*, Kündigungsfristen im Baugewerbe, NZA 1994, 398; *Eisemann*, Kündigungsfrist und Klagefrist, NZA 2011, 601; *Fischer*, Die formularmäßige Abbedingung des Beschäftigungsanspruchs des Arbeitnehmers während der Kündigungsfrist, NZA 2004, 233; *Fleddermann*, Ausspruch einer Kündigung mit zu kurzer Kündigungsfrist, ArbRAktuell 2011, 347; *Gaul/Koehler*, Kücükdeveci: Der Beginn der Jagd auf Entschädigung?, BB 2010, 503; *Kamanabrou*, Europarechtskonformer Schutz vor Benachteiligungen bei Kündigungen, RdA 2007, 199; *Kolbe*, Kücükdeveci und tarifliche Altersgrenzen, BB 2010, 501; *Mareck*, Kündigungsschreiben: Fehler können teuer werden, AA 2016, 16; *Persch*, Anwendung des arbeitsrechtlichen Günstigkeitsprinzips auf die Länge von Kündigungsfristen, BB 2010, 181; *Preis/Temming*, Der EuGH, das BVerfG und der Gesetzgeber – Lehren aus Mangold II, NZA 2010, 185; *Schleusener*, Europarechts- und Grundgesetzwidrigkeit von § 622 II 2 BGB, NZA 2007, 359; *Springer*, Wirksame Kündigung: Achtung bei Erklärung, Termin und Zustellung der Kündigung!, BB 2012, 1477, *Tavakoli/Westhauser*, Vorlegen oder Durchentscheiden? – Kompetenzüberschreitung nationaler Gerichte bei Berechnung der Kündigungsfrist gem. § 622 BGB?, DB 2008, 702; *Temming*, Der Fall Palacios: Kehrtwende im Recht der Altersdiskriminierung?, NZA 2007, 1193; *Wackerbarth/Kreße*, Das Verwerfungsmonopol des BVerfG – Überlegungen nach der Kücükdeveci-Entscheidung des EuGH, EuZW 2010, 252; *Wensing/Hesse*, Die Vereinbarung längerer Kündigungsfristen im Arbeitsvertrag, NZA 2009, 1309.

a) Allgemeines

Anders als die außerordentliche und fristlose Kündigung muss im Falle einer ordentlichen, also fristgemäßen Kündigung gleich durch welche Partei des Arbeitsvertrags die maßgebliche Kündigungsfrist eingehalten werden. Dies gilt unabhängig von der Anwendbarkeit des Kündigungsschutzgesetzes. **1004**

Die maßgebliche Kündigungsfrist ergibt sich entweder aus dem Arbeitsvertrag, einem Tarifvertrag oder aus **§ 622 BGB.**

Nach § 622 Abs. 1 BGB ist die gesetzliche Kündigungsfrist nur während der ersten zwei Jahre des Arbeitsverhältnisses für die arbeitgeber- und die arbeitnehmerseitige Kündigung gleich. Sie beträgt vier Wochen, und zwar entweder zum 15. oder zum Ende eines Monats. Diese Grundkündigungsfrist soll dem jeweiligen Vertragspartner hinreichend Zeit geben, auf die Kündigung zu reagieren.[2093]

Im Falle der Vereinbarung einer **Probezeit** kann das Arbeitsverhältnis mit einer verkürzten Frist von zwei Wochen zu jedem Termin gekündigt werden. Nach § 622 Abs. 3 BGB darf die Probezeit längstens sechs Monate betragen. Von der Probezeit zu unterscheiden ist die sechsmonatige Wartezeit für den Kündigungsschutz nach § 1 KSchG. Anders als diese gesetzliche Wartezeit muss die Probezeit nach § 622 Abs. 3 BGB mit der Folge der verkürzten Kündigungsfrist ausdrücklich vereinbart werden.[2094] **1005**

Die vereinbarte Probezeit muss sich innerhalb der von § 622 Abs. 3 BGB vorgegebenen Höchstgrenze von sechs Monaten halten.

Die in einem Formulararbeitsvertrag vereinbarte **Probezeitdauer** von sechs Monaten unterliegt gemäß § 307 Abs. 3 S. 1 BGB **nicht** der **Inhaltskontrolle** nach § 307 Abs. 1 S. 1 BGB. Durch die formularmäßige Vereinbarung einer für beide Vertragsteile gleichermaßen geltenden sechsmonatigen Probezeit nutzen die Parteien lediglich die gesetzlich zur Verfügung stehenden Möglichkeiten und weichen hiervon nicht ab.[2095]

Bewegt sich die vereinbarte Dauer der Probezeit im Rahmen des § 622 Abs. 3 BGB, findet infolgedessen eine einzelfallbezogene Angemessenheitsprüfung der vereinbarten Dauer der Probezeit nicht statt (zu tarif-

---

[2093] APS/*Linck*, § 622 BGB Rn 11.
[2094] Zur Frage, wann in dem ausdrücklichen Verzicht auf eine Probezeit eine Abbedingung der Wartezeit des § 1 Abs. 1 KSchG gesehen werden kann, vgl. ArbG Hamburg 22.8.2012, BeckRS 2013, 68733; zur Wartezeit bei einer Vorbeschäftigung als Leiharbeitnehmer vgl. BAG v. 20.2.2014, NZA 2014, 1083.
[2095] BAG 24.1.2008, NZA 2008, 521.

vertraglichen Abweichungen vgl. Rdn 1016). Selbst in einem auf ein Jahr befristeten Arbeitsverhältnis für eine relativ einfache Tätigkeit als Transportmitarbeiter kann daher eine sechsmonatige Probezeit vereinbart werden.[2096] Zur Probezeitbefristung siehe Rdn 1017.

1006 Besteht das Arbeitsverhältnis zwei Jahre oder länger, verlängert sich die Kündigungsfrist für den Arbeitgeber nach Maßgabe des § 622 Abs. 2 BGB, und zwar auf maximal sieben Monate zum Monatsende[2097] nach 20-jährigem Bestehen des Arbeitsverhältnisses. Für die Berechnung der **Beschäftigungsdauer** ist allein der rechtliche Bestand des Arbeitsverhältnisses maßgeblich, rein tatsächliche Unterbrechungen bleiben unberücksichtigt.[2098] Kommt es indessen zu einer rechtlichen Unterbrechung des Arbeitsverhältnisses, werden Zeiten früherer Arbeitsverhältnisse bei demselben Arbeitgeber nur eingerechnet, wenn diese in einem engen sachlichen Zusammenhang zum aktuellen Arbeitsverhältnis stehen.[2099]

Maßgeblich ist im Übrigen die Dauer der Beschäftigung im Zeitpunkt des Zugangs der Kündigung.[2100] Für die Berechnung der Beschäftigungsdauer schreibt **§ 622 Abs. 2 S. 2 BGB** fest, dass Zeiten, die vor der Vollendung des 25. Lebensjahres des Arbeitnehmers liegen, nicht berücksichtigt werden. Mit seiner Entscheidung in der Rechtssache Kücükdeveci[2101] hat der EuGH klargestellt, dass die nach § 622 Abs. 2 S. 2 BGB zu unterbleibende Berücksichtigung von Betriebszugehörigkeitszeiten vor Vollendung des 25. Lebensjahres bei der Berechnung von Kündigungsfristen mit dem Verbot einer Diskriminierung wegen des Alters nicht vereinbar sei. Die Gerichte seien gehalten, diese Regelung „erforderlichenfalls unangewendet zu lassen". Der Anwendungsvorrang des Unionsrechts führt dazu, dass sich die Kündigungsfrist nunmehr allein nach § 622 Abs. 2 S. 1 BGB berechnet. § 622 Abs. 2 S. 2 BGB ist auf Kündigungen, die nach dem 2.12.2006 erfolgt sind, nach Maßgabe der Rechtsprechung des Bundesarbeitsgerichts nicht mehr anwendbar.[2102] Für die Verlängerung der Kündigungsfrist kommt es infolgedessen gemäß § 622 Abs. 2 S. 1 BGB ausschließlich auf die Dauer der Betriebszugehörigkeit an. Einem Arbeitgeber, der sich nach dem 2.12.2006 auf die Anwendbarkeit des § 622 Abs. 2 S. 2 BGB verlassen hatte, ist kein Vertrauensschutz zu gewähren.[2103]

b) Fristberechnung und Rechtsfolgen

1007 Für die Berechnung der Kündigungsfristen gelten die allgemeinen Fristenregelungen in §§ 186 ff. BGB, das maßgebende Ereignis für den Fristbeginn im Sinne von § 187 BGB ist der Zugang[2104] der Kündigung.[2105] Wahrt der in der Kündigung genannte Zeitpunkt der Beendigung des Arbeitsverhältnisses die einschlägige Kündigungsfrist nicht, kommt eine Umdeutung der Kündigung in eine Kündigung zum nächstzulässigen Zeitpunkt in Betracht.[2106] Ähnliches gilt, falls die im Arbeitsvertrag vereinbarte Kündigungsfrist die ge-

---

2096 BAG 24.1.2008, NZA 2008, 521.

2097 BAG 12.7.2007, AP Nr. 32 zu § 17 KSchG 1969.

2098 HWK/*Bittner*, § 622 BGB Rn 33; KR/*Spilger*, § 622 BGB Rn 69 f.; APS/*Linck*, § 622 BGB Rn 56 ff.

2099 BAG 18.9.2004, NZA 2004, 319; HWK/*Bittner*, § 622 BGB Rn 34; MüKo-BGB/*Hesse* § 622 BGB Rn 27; APS/*Linck*, § 622 BGB Rn 58.

2100 APS/*Linck*, § 622 BGB Rn 54; MüKo-BGB/*Hesse* § 622 BGB Rn 25; ErfK/*Müller-Glöge*, § 622 BGB Rn 9; KR/*Spilger*, § 622 BGB Rn 59; HWK/*Bittner*, § 622 BGB Rn 33.

2101 EuGH 19.1.2010, NZA 2010, 85; zur Unwirksamkeit einer festen, von der Betriebszugehörigkeit unabhängigen Kündigungsfrist in einem befristeten Arbeitsvertrag vgl. EuGH 13.3.2014, NZA 2014, 421.

2102 BAG 1.9.2010, NZA 2010, 1409; BAG 9.9.2010, NZA 2011, 343.

2103 BAG 9.9.2010, NZA 2011, 343; hierzu ausführlich KR/*Spilger*, § 622 BGB Rn 60 ff.

2104 Nähere Einzelheiten zu Fragen des Zugangs: KR/*Spilger*, § 622 BGB Rn 145.

2105 MüKo-BGB/*Hesse* § 622 BGB Rn 35; HWK/*Bittner*, § 622 BGB Rn 126; APS/*Linck*, § 622 BGB Rn 37 ff.; ErfK/*Müller-Glöge*, § 622 BGB Rn 11; KR/*Spilger*, § 622 BGB Rn 142.

2106 BAG 18.4.1985, AP Nr. 20 zu § 622 BGB; einschränkend BAG 1.9.2010, NZA 2010, 1409, weshalb eine arbeitgeberseitige Kündigung folgende Formulierung enthalten sollte: „Hiermit kündigen wir das mit Ihnen bestehende Arbeitsverhältnis ordentlich unter Einhaltung der gesetzlichen (alternativ: arbeitsvertraglich vereinbarten/tariflichen) Kündigungsfrist zum nächstmöglichen Zeitpunkt. Dies ist unseres Erachtens der (Datum)."; *Hromadka*, BB 1993, 2372; KR/*Spilger*, § 622 BGB Rn 163; APS/*Linck*, § 622 BGB Rn 66a; ErfK/*Müller-Glöge*, § 622 BGB Rn 12; zur Zulässigkeit einer Kündigung „zum nächstmöglichen Termin" ohne Angabe des Termins vgl. BAG v. 20.1.2016, NZA 2016, 485.

setzliche Kündigungsfrist unzulässig unterschreitet. In einem solchen Fall greifen nach §§ 134, 139 BGB die gesetzlichen Fristen.[2107]

c) Sonderregelungen

Die Kündigungsfristen für unabhängige Dienstverträge folgen grundsätzlich aus § 621 BGB. Für die Kündigung des Anstellungsverhältnisses von Organmitgliedern kommt die Anwendung der Frist des § 621 Nr. 3 BGB im Falle einer Kapitalbeteiligung in Betracht.[2108] **1008**

Im Übrigen bestehen für bestimmte Beschäftigungsverhältnisse **Sonderregelungen**. So gelten für das Berufsausbildungsverhältnis § 22 BBiG und für schwerbehinderte Menschen bei Vorliegen der Voraussetzungen des § 90 Abs. 1 Nr. 1 SGB IX die Mindestkündigungsfrist gem. § 86 SGB IV. Für die arbeitnehmerseitige Kündigung zum Ende der Elternzeit gilt § 19 BEEG. Für Heimarbeiter greift § 29 Abs. 3, Abs. 4 HAG, für Heuerverhältnisse § 66 SeeArbG. In Leiharbeitsverhältnissen gilt § 11 Abs. 4 S. 1 AÜG, wonach § 622 Abs. 5 Nr. 1 BGB auf Arbeitsverhältnisse zwischen Verleihern und Leiharbeitnehmern nicht anzuwenden ist. Im Insolvenzfall kommt eine verkürzte Kündigungsfrist nach § 113 InsO in Betracht.

d) Massenentlassungsanzeige

Bei Erreichen der Schwellenwerte des § 17 KSchG ist der Arbeitgeber zur Erstattung einer **Massenentlassungsanzeige** bei der Agentur für Arbeit verpflichtet.[2109] Zu den Voraussetzungen und Rechtsfolgen wird an dieser Stelle auf die einschlägige Kommentarliteratur verwiesen. Hervorzuheben ist, dass die Entlassungssperre nach § 18 Abs. 1 KSchG weder den Ausspruch der Kündigung nach der Anzeige der Massenentlassung während des Laufs der Sperrfrist nach § 18 Abs. 1 oder Abs. 2 KSchG hindert, noch die Sperrfrist die gesetzlichen Kündigungsfristen verlängert.[2110] **1009**

e) Einzelvertragliche Kündigungsbestimmungen

Eine Verkürzung der gesetzlichen Kündigungsfristen für die arbeitgeberseitige Kündigung sowie eine Verlängerung der gesetzlichen Probezeitdauer von höchstens sechs Monaten durch **einzelvertragliche Regelung** sind grundsätzlich unwirksam.[2111] Zu beachten sind allerdings die Möglichkeiten zur Vereinbarung einer kürzeren Kündigungsfrist im Falle von **Aushilfstätigkeiten**, § 622 Abs. 5 Nr. 1 BGB, sowie in **Kleinbetrieben**, § 622 Abs. 5 Nr. 2 BGB.[2112] **1010**

Möglich ist demgegenüber die einzelvertragliche **Verlängerung** der Kündigungsfristen, vgl. § 622 Abs. 5 S. 3 BGB. Eine vor diesem Hintergrund zulässige Verlängerung der Kündigungsfristen stellen etwa sog. **Gleichbehandlungsklauseln** dar, wonach die verlängerten Fristen nach § 622 Abs. 2 BGB über die gesetzliche Regelung hinaus auch für arbeitnehmerseitige Kündigungen zur Anwendung gelangen.[2113] Eine einzelvertragliche Vereinbarung einer bestimmten Kündigungsfrist und eines bestimmten Kündigungstermins **1011**

2107 APS/*Linck*, § 622 BGB Rn 183 f.; HWK/*Bittner*, § 622 BGB Rn 107; ErfK/*Müller-Glöge*, § 622 BGB Rn 34; KR/*Spilger*, § 622 BGB Rn 174 ff.

2108 Vgl. nur ErfK/*Müller-Glöge*, § 621 BGB Rn 4; *Bauer*, BB 1994, 844.

2109 Dazu *Bauer/Krieger*, NZA 2009, 174.

2110 BAG 6.11.2008, BB 2009, 725.

2111 Vgl. nur KR/*Spilger*, § 622 BGB Rn 176; Preis/*Preis*, Arbeitsvertrag, II K 10 Rn 49; HWK/*Bittner*, § 622 BGB Rn 96; APS/*Linck*, § 622 BGB Rn 145; ErfK/*Müller-Glöge*, § 622 BGB Rn 34 zur Europarechtskonformität von § 622 Abs. 3 BGB vgl. KR/*Spilger*, § 622 BGB Rn 176 unter Hinweis auf EuGH 13.3.2014, NZA 2014, 421.

2112 Näheres hierzu: HWK/*Bittner*, § 622 BGB Rn 109 ff., 114 ff.; KR/*Spilger*, § 622 BGB Rn 195 ff., 169 ff.; APS/*Linck*, § 622 BGB Rn 146 ff., 159 ff.; ErfK/*Müller-Glöge*, § 622 BGB Rn 16, 18. § 622 Abs. 5 BGB betrifft nur die Grundkündigungsfrist nach § 622 Abs. 1 BGB, LAG Rheinland-Pfalz 8.2.2012, BeckRS 2012, 71807; zur Europarechtskonformität von § 622 Abs. 5 Nr. 1 BGB vgl. KR/*Spilger*, § 622 BGB Rn 182 unter Hinweis auf EuGH 13.3.2014, NZA 2014, 421; zum Privathaushalt als Betrieb i.S.v. § 622 Abs. 2 BGB vgl. LAG Baden-Württemberg 26.6.2015, NZA-RR 2016, 17.

2113 MüKo-BGB/*Hesse*, § 622 BGB Rn 24; HWK/*Bittner*, § 622 BGB Rn 31; Preis/*Preis*, Arbeitsvertrag, II K 10 Rn 73.

ist in der Regel als Einheit zu betrachten. Für den Günstigkeitsvergleich zwischen vertraglicher und gesetzlicher Regelung ist diese „Einheit" ins Verhältnis zur gesetzlichen Regelung zu setzen.[2114]

Bei Verlängerungen der Kündigungsfristen greift die gesetzliche **Höchstbindungsdauer** nach § 624 BGB.[2115] Ist das Anstellungsverhältnis demnach für die Lebenszeit eines Arbeitnehmers oder für längere Zeit als fünf Jahre eingegangen, kann es vom Arbeitnehmer nach dem Ablauf von **fünf Jahren** gekündigt werden, und zwar mit einer Frist von **sechs Monaten**, § 624 S. 2 BGB.

1012   Weiter denkbar ist eine arbeitgeberseitige Kündigung unter Zugrundelegung einer längeren Kündigungsfrist als der einschlägigen – vereinbarten oder gesetzlichen – Kündigungsfrist. Von diesem Instrument wird vielfach vor Ablauf der **Wartezeit** nach § 1 Abs. 1 KSchG Gebrauch gemacht, einerseits, um dem Arbeitnehmer eine zusätzliche Bewährung zu ermöglichen, andererseits, um die Entstehung von Kündigungsschutz zu vermeiden, sollte sich der Arbeitnehmer weiterhin nicht bewähren.

Nach Ansicht des BAG ist es **nicht rechtsmissbräuchlich**, wenn der Arbeitgeber, der die sechsmonatige Probezeit nicht als bestanden ansieht, anstatt das Arbeitsverhältnis innerhalb der Wartezeit nach § 1 Abs. 1 KSchG mit der kurzen Probezeitkündigungsfrist zu beenden, dem Arbeitnehmer eine Bewährungschance gibt, indem er mit einer **überschaubaren, längeren Kündigungsfrist** kündigt und dem Arbeitnehmer für den Fall seiner Bewährung die Wiedereinstellung zusagt. Diese Grundsätze gelten nach Ansicht des BAG für einen entsprechenden Aufhebungsvertrag.[2116]

1013   Zulässig sind des Weiteren Vereinbarungen, wonach **Beschäftigungszeiten** für die Berechnung der Kündigungsfrist angerechnet werden, die qua gesetzlicher Regelung bei der Kalkulation außer Betracht blieben.[2117] Auf diese Weise greifen mittelbar längere Kündigungsfristen nach § 622 BGB.

1014   Im Grundsatz zulässig ist die Kündigung vor Dienstantritt, und zwar sowohl die außerordentliche und fristlose als auch die fristgemäße Kündigung.[2118] Üblich sind indes vertragliche **Vereinbarungen**, wonach die **Kündigung vor Dienstantritt ausgeschlossen** ist. Der vertragliche Ausschluss setzte dabei bisher voraus, dass die Parteien das Kündigungsrecht entweder ausdrücklich ausgeschlossen haben oder ein dahingehender beiderseitiger Wille eindeutig erkennbar ist.[2119] Im Hinblick auf § 305c Abs. 2 BGB ist in einem formularmäßigen Arbeitsvertrag auf einen eindeutigen Kündigungsausschluss zu achten.

1015   Bei der Vereinbarung zulässiger Abweichungen ist stets das in § 622 Abs. 6 BGB enthaltene **Erschwerungsverbot** zu beachten. Für die arbeitnehmerseitige Kündigung dürfen demnach keine längeren Fristen vereinbart werden als für die arbeitgeberseitige Kündigung.

Nach Auffassung des LAG Hamm verstößt eine Vereinbarung, mittels derer lediglich die arbeitnehmerseitige Kündigung vor Dienstantritt ausgeschlossen werden soll, gegen § 622 Abs. 6 BGB mit der Folge der Unwirksamkeit der Regelung.[2120]

Über den Wortlaut des § 622 Abs. 6 BGB hinaus dürfen Kündigungen für einen Arbeitnehmer in jeder Hinsicht nicht schwerer sein als für den Arbeitgeber.[2121] Infolgedessen können auch faktische Kündigungserschwerungen für den Arbeitnehmer unzulässig sein.[2122]

2114 BAG 29.1.2015, NZA 2015, 673; vgl. dazu auch die Anm. von *Grobys/v. Steinau-Steinrück*, NJW-Spezial 2015, 308.

2115 Preis/*Preis*, Arbeitsvertrag, II K 10 Rn 61; zur Unwirksamkeit einer einzelvertraglichen Kündigungsfrist von drei Jahren zum Monatsende vgl. Sächsisches LAG 19.1.2016 – 3 Sa 406/15.

2116 BAG 7.3.2002, NZA 2002, 1000.

2117 Preis/*Preis*, Arbeitsvertrag, II K 10 Rn 64.

2118 APS/*Linck*, Grundl. E. Rn 21, § 622 BGB Rn 69 ff.; KR/*Spilger*, § 622 BGB Rn 148.

2119 BAG 2.11.1978, AP Nr. 3 zu § 620 BGB.

2120 LAG Hamm 15.3.1989, DB 1989, 1191.

2121 HWK/*Bittner*, § 622 BGB Rn 59; APS/*Linck*, § 622 BGB Rn 173; MünchArbR/*Wank*, § 97 Rn 16.

2122 Vgl. nur BAG 20.8.1996, AP Nr. 9 zu § 87 HGB für Verdiensteinbußen im Falle von Kündigungen; zu Stichtagsklauseln für Sonderzahlungen vgl. BAG 13.11.2013, NZA 2014, 368.

f) Tarifvertragliche Kündigungsbestimmungen

Weiter sind die genannten Bestimmungen nach § 622 Abs. 4 S. 1 BGB **tarifdispositiv**. In Betracht kommt **1016** sowohl eine **Verkürzung** als auch eine **Verlängerung** der gesetzlichen Fristen aufgrund eines Tarifvertrags.

Die Tarifvertragsparteien sind dabei an die Regelung in § 622 Abs. 6 BGB gebunden, wonach für die Kündigung des Arbeitsverhältnisses durch den Arbeitnehmer keine längere Frist vereinbart werden darf, als für die Kündigung durch den Arbeitgeber.

Im Geltungsbereich eines solchen Tarifvertrags gelten die abweichenden tarifvertraglichen Bestimmungen zwischen nicht tarifgebundenen Arbeitgebern und Arbeitnehmern, wenn ihre Anwendung zwischen ihnen vereinbart ist, vgl. § 622 Abs. 4 S. 2 BGB.

Die **Tariföffnungsklausel** betrifft nicht nur die Kündigungsfristen, sondern umfasst auch Regelungen hinsichtlich der Kündigungstermine und der Voraussetzungen, unter denen der Anspruch auf verlängerte Kündigungsfristen entsteht.[2123] Allerdings sind tarifvertragliche Kündigungsvorschriften, die zur Berechnung der Kündigungsfristen auf § 622 Abs. 2 S. 2 BGB verweisen, unwirksam.[2124]

g) AGB-Kontrolle

Formularmäßige Kündigungsbestimmungen müssen einer AGB-Kontrolle nach §§ 305–310 BGB standhalten.[2125] Besonderes Augenmerk ist auf das Transparenzgebot nach § 307 Abs. 1 S. 2 BGB sowie auf das Verbot überraschender Klauseln nach § 305c BGB zu richten. Regelungen müssen demnach einfach und klar verständlich formuliert sein.[2126] **1017**

Auf Grundlage von § 305c BGB hielt das BAG die Vereinbarung einer **Probezeitbefristung** im Rahmen eines ohnehin befristeten Arbeitsvertrags mangels hinreichender Erkennbarkeit für unwirksam.[2127] Wenngleich es grundsätzlich zulässig ist, im Rahmen eines befristeten Arbeitsverhältnisses zugleich eine Probezeitbefristung zu vereinbaren,[2128] ist diese weitere Befristung dann nicht Vertragsbestandteil geworden, wenn sie ohne jede drucktechnische Hervorhebung im Vertrag festgehalten wird.[2129]

h) Formulierungsbeispiel

Ausschluss der Kündigung vor Dienstantritt; Probezeit; Kündigungsfristen; gesetzliche Altersgrenze **1018**

(1) Vor Beginn des Arbeitsverhältnisses ist die ordentliche Kündigung, gleich durch welche Partei, ausgeschlossen.

(2) Die ersten 6 Monate des Arbeitsverhältnisses werden als Probezeit vereinbart. Die Probezeit beginnt am (…) *(Datum)* und endet am (…) *(Datum)*. Während der Probezeit kann das Arbeitsverhältnis von beiden Parteien mit einer Frist von 2 Wochen gekündigt werden.

(3) Nach Ablauf der Probezeit kann das Arbeitsverhältnis von beiden Parteien mit einer Kündigungsfrist von 3 Monaten zum Monatsende gekündigt werden. Eine Verlängerung der Kündigungsfrist aufgrund gesetzlicher oder tariflicher Bestimmungen, die zugunsten einer Partei gilt, gilt auch zugunsten der anderen Vertragspartei als vereinbart.

2123 BAG 4.7.2001, AP Nr. 59 zu § 622 BGB.
2124 BAG 29.9.2011, AP Nr. 67 zu § 622 BGB.
2125 KR/*Spilger*, § 622 BGB Rn 325.
2126 KR/*Spilger*, § 622 BGB Rn 326 und 327.
2127 BAG 16.4.2008, NJW 2008, 2279; *Blomeyer*, NJW 2008, 2812.
2128 Stahlhacke/*Preis*, Rn 487.
2129 BAG 16.4.2008, NJW 2008, 2279; *Blomeyer*, NJW 2008, 2812.

(4) Im Übrigen endet das Arbeitsverhältnis ohne Kündigung am letzten Tag desjenigen Monats, in dem der Arbeitnehmer die gesetzliche Altersgrenze erreicht hat.

70. Kündigungsgründe (vertragliche Vereinbarung absoluter Kündigungsgründe)

Literatur: *Kania/Kramer*, Unkündbarkeitsvereinbarungen in Arbeitsverträgen, Betriebsvereinbarungen und Tarifverträgen, RdA 1995, 287; *Kleinebrink*, Vertragliche Vereinbarungen zum Kündigungsgrund, ArbRB 2007, 120; *Wisskirchen/Bissels/Schumacher*, „Vorweggenommene Abmahnung" – statt des Mantras der unentbehrlichen Abmahnung, BB 2012, 1473.

a) Allgemeines

1019 Die Kündigung des Arbeitsverhältnisses durch den Arbeitgeber bedarf regelmäßig eines die Kündigung rechtfertigenden Grundes. Eine außerordentliche Kündigung ist gem. § 626 Abs. 1 BGB nur aus wichtigem Grund zulässig, wenn dieser die Fortsetzung des Arbeitsverhältnisses auch nur für die Dauer der ordentlichen Kündigungsfrist als unzumutbar erscheinen lässt, wohingegen eine ordentliche Kündigung zumindest im Anwendungsbereich des § 1 Abs. 2 KSchG der sozialen Rechtfertigung bedarf. Die Rechtsprechung hat zwar diese unbestimmten Rechtsbegriffe im Rahmen einer umfangreichen Kasuistik mit Leben gefüllt, doch bleibt der Ausspruch einer Kündigung für den Arbeitgeber nicht zuletzt aufgrund der stets erforderlichen Berücksichtigung der Umstände des Einzelfalls mit einer nicht unerheblichen Rechtsunsicherheit behaftet. Maßgebliches Ziel der vertraglichen Vereinbarung absoluter Kündigungsgründe ist es einerseits, dieser Rechtsunsicherheit entgegenzuwirken und für bestimmte Sachverhalte ein Kündigungsrecht des Arbeitgebers zu fixieren; andererseits soll der Arbeitnehmer durch die Betonung der kündigungsrechtlichen Relevanz präventiv von entsprechenden Verhaltensweisen abgehalten werden. Die rechtliche Wirkung derartiger Vereinbarungen ist allerdings begrenzt.

b) Vereinbarung absoluter Kündigungsgründe

1020 **Muster 1a.58: Vereinbarung absoluter Kündigungsgründe**

Kündigung wegen Verletzung von Arbeitnehmerpflichten

Der Arbeitgeber ist zur fristlosen Kündigung des Arbeitsverhältnisses berechtigt, wenn die Kasse des Arbeitnehmers einen Fehlbetrag von mehr als ████ EUR aufweist.

Variante

Das Arbeitsverhältnis kann ordentlich gekündigt werden, wenn der Arbeitnehmer in drei aufeinanderfolgenden Jahren mehr als ████ Tage jährlich arbeitsunfähig erkrankt ist.

Kündigung wegen außerbetrieblicher Umstände

Eine auf schuldhaftes Verhalten zurückzuführende Überschuldung des Angestellten gilt als wichtiger Grund zur Auflösung des Arbeitsverhältnisses und berechtigt die Bank zur außerordentlichen Kündigung.

Variante

Dem Arbeitnehmer ist es untersagt, illegale Drogen einzunehmen und unter Drogen- oder Alkoholeinfluss ein Fahrzeug zu führen. Ein Verstoß gegen diese Verpflichtung berechtigt den Arbeitgeber auch ohne vorherige Abmahnung zum Ausspruch einer ordentlichen Kündigung.

c) Erläuterungen

aa) Zwingende Wirkung des Kündigungsschutzrechts

Die Bestimmungen des KSchG sind einseitig zwingendes Arbeitnehmerschutzrecht und können deshalb nicht zum Nachteil des Arbeitnehmers abgeändert werden.[2130] § 626 BGB ist nach allgemeiner Auffassung sogar beidseitig zwingend, da auch der Arbeitgeber auf das Recht, eine unzumutbare vertragliche Bindung zu beenden, nicht wirksam verzichten kann[2131] (vgl. Rdn 1031 ff.). Der Arbeitnehmer kann auf den ihm zustehenden Kündigungsschutz daher nicht durch vertragliche Vereinbarung im Voraus verzichten, sondern erst dann, wenn die Kündigung tatsächlich erklärt worden ist.[2132] Vertragliche Vereinbarungen über die Zulässigkeit einer Kündigung eines Arbeitsverhältnisses sind daher unwirksam, wenn und soweit sie für den Arbeitnehmer eine Beschränkung des gesetzlichen Kündigungsschutzes beinhalten. **1021**

bb) Konkretisierung des Vertragsinhalts

Die vertragliche Vereinbarung eines Kündigungsgrundes beinhaltet zunächst eine **Konkretisierung der vertraglichen Pflichten** des Arbeitnehmers. **1022**

Mit dem Ausspruch einer Kündigung reagiert der Arbeitgeber auf Störungen des Arbeitsverhältnisses, so dass auch nur Umstände, die einen Bezug zu dem Arbeitsverhältnis aufweisen, Anlass zur Kündigung geben können.[2133] Durch die Vereinbarung eines besonderen Kündigungsgrundes dokumentiert daher der Arbeitgeber, dass ein bestimmtes Verhalten Bestandteil der arbeitsvertraglichen Pflichtenstellung ist. Dementsprechend beziehen sich vereinbarte Kündigungsgründe regelmäßig auf typische arbeitsvertragliche Pflichtenstellungen des Arbeitnehmers. Die Erweiterung möglicher Kündigungsgründe auf außerbetriebliche Umstände, insbesondere aus dem persönlichen Bereich des Arbeitnehmers, ist grds. ebenfalls möglich, soweit der Arbeitgeber hierfür ein berechtigtes Interesse für sich in Anspruch nehmen kann.[2134] So kann ein kirchlicher Arbeitgeber verlangen, dass eine Arbeitnehmerin die wesentlichen Grundsätze der kirchlichen Lehre einhält.[2135] Auch andere berechtigte Interessen des Arbeitgebers können das Privatleben des Arbeitnehmers tangieren, wenn dieser etwa von einem Straßenbahnfahrer Alkoholabstinenz vor einem Arbeitseinsatz[2136] oder von einem Sportler einen Verzicht auf Doping[2137] fordert. In diesen Fällen können auch Verhaltensweisen aus dem privaten Bereich des Arbeitnehmers in die arbeitsvertragliche Pflichtenstellung einbezogen werden. Nur wenn das geforderte Verhalten keinen Bezug zu dem Arbeitsverhältnis aufweist, verstößt die Begründung einer besonderen Verhaltenspflicht gegen das Persönlichkeitsrecht des Arbeitnehmers gem. Art. 1 Abs. 1, 2 Abs. 1 GG. Unzulässig wäre es daher bspw., dem Arbeitnehmer zu untersagen, private Beziehungen mit anderen Arbeitnehmern zu unterhalten;[2138] derartige vertragliche Vereinbarungen können die arbeitsvertragliche Pflichtenstellung nicht in einer kündigungsrechtlich relevanten Weise erweitern.[2139] Auch das Gebot einer Drogen- und Alkoholabstinenz ist nur zulässig, soweit das außerdienstliche Verhalten des Arbeitnehmers in einem sachlichen Bezug zu dessen arbeitsvertraglichen Aufgaben steht.

2130 BAG 11.3.1976, AP Nr. 1 zu § 95 BetrVG 1972; *v. Hoyningen-Huene/Linck*, § 1 Rn 22; KR/*Griebeling/Rachor*, § 1 KSchG Rn 31.

2131 BAG 8.4.2003, NZA 2003, 856; BAG 27.6.2002, AP Nr. 4 zu § 55 BAT; BAG 5.2.1998, AP Nr. 143 zu § 626 BGB; ErfK/*Müller-Glöge*, § 626 BGB Rn 220; *Kania/Kramer*, RdA 1995, 287; APS/*Dörner/Vossen*, § 626 BGB Rn 7.

2132 LAG Hamm 4.3.2005, EzA-SD 2006, Nr. 12, 16; LAG München 29.10.1987, DB 1988, 506; *v. Hoyningen-Huene/Linck*, § 1 Rn 25, 28; zur Angemessenheit eines formulämäßigen Klageverzichts vgl. BAG 6.9.2007, DB 2008, 411.

2133 Hessisches LAG 2.10.2007 – 3 Sa 1550/06, zit. nach juris; HWK/*Quecke*, § 1 KSchG Rn 179, 225.

2134 LAG München 2.10.1970, ARST 1972, 40.

2135 BAG 25.5.1988, AP Nr. 36 zu Art. 140 GG; BVerfG 4.6.1985, AP Nr. 24 zu Art. 140 GG; ArbG Düsseldorf 5.6.2009 – 13 Ca 98/09, zit. nach juris; zur Begrenzung der Loyalitätserwartungen kirchlicher Arbeitgeber vgl. aber BAG 8.9.2011, NZA 2012, 443 und EGMR 3.2.2011 – 18136/02, EGMR 23.9.2010 – 425/03 „Obst" und EGMR 1620/03 „Schüth".

2136 LAG Rheinland-Pfalz 20.12.1999, EzBAT § 53 BAT Verhaltensbedingte Kündigung Nr. 51.

2137 Sächsisches LAG 16.9.2005 – 2 Sa 318/04, n.v.

2138 LAG Düsseldorf 14.11.2005, NZA-RR 2006, 81.

2139 Preis/*Preis*, Arbeitsvertrag, II A 160 Rn 3.

cc) Keine Begründung absoluter Kündigungsgründe

1023 Vereinbarungen über besondere Kündigungsgründe sehen zudem regelmäßig vor, dass bei Eintritt des vereinbarten Kündigungsgrundes eine Kündigung ohne weitere Voraussetzung zulässig sein soll. Derartige **absolute Kündigungsgründe** kennt das Gesetz nur ausnahmsweise noch bei den Arbeitsverhältnissen der Seeleute in § 67 SeemG.[2140] § 626 Abs. 1 BGB und § 1 Abs. 2 KSchG beinhalten demgegenüber bloße **Generalklauseln**, anhand derer das Vorliegen der Kündigungsberechtigung im jeweiligen Einzelfall überprüft werden muss.[2141] So ist bei der außerordentlichen Kündigung zunächst zu beurteilen, ob ein Sachverhalt vorliegt, der grds. geeignet ist, einen wichtigen Grund darzustellen. Auch wenn dies der Fall ist, muss in einem zweiten Schritt stets überprüft werden, ob der an sich vorliegende Kündigungsgrund auch im konkreten Einzelfall eine außerordentliche Beendigung des Arbeitsverhältnisses rechtfertigt.[2142] Dies erfordert eine umfassende Interessenabwägung, bei der das Beendigungsinteresse des Arbeitgebers mit dem Bestandsinteresse des Arbeitnehmers abgewogen wird.[2143] Auch die ordentliche Kündigung steht grds. unter dem Vorbehalt einer Interessenabwägung. Da eine Kündigung gegen das Verhältnismäßigkeitsprinzip verstoßen würde, wenn sie nicht als *ultima ratio* erforderlich und geboten wäre, sind auch bei einer ordentlichen Kündigung stets die wechselseitigen Interessen der Vertragsparteien abwägend in einen angemessenen Ausgleich zu bringen.[2144]

1024 Eine Erweiterung des außerordentlichen Kündigungsrechts über die Vorgaben des § 626 Abs. 1 BGB hinaus verstößt daher nicht nur gegen die unabdingbaren gesetzlichen Mindestkündigungsfristen des § 622 BGB; die vertragliche Festlegung absoluter Kündigungsgründe würde zudem auch das zwingende Erfordernis der abschließenden Interessenabwägung umgehen.[2145] Letzteres gilt gleichermaßen für die vertragliche Vereinbarung von Gründen, die die ordentliche Kündigung rechtfertigen sollen. Den Arbeitsvertragsparteien ist es daher nicht möglich, Gründe, bei deren Vorliegen unabhängig von den Umständen des Einzelfalls eine (außerordentliche oder ordentliche) Kündigung des Arbeitgebers stets zulässig sein soll, vertraglich zu vereinbaren.[2146]

Vor diesem Hintergrund sind die in den vorstehenden Musterformulierungen vereinbarten Kündigungsgründe für sich allein nicht ausreichend, um eine außerordentliche oder ordentliche Kündigung materiell rechtfertigen zu können. Zwar können die dort genannten Sachverhalte im Einzelfall geeignet sein, einen Kündigungsgrund darzustellen, doch kann mit ihnen das **Erfordernis einer Verhältnismäßigkeitsprüfung** nicht wirksam abbedungen werden. Vielmehr ist ungeachtet der Vereinbarung besonderer Kündigungsgründe nicht nur eine Interessenabwägung durchzuführen, sondern unter Berücksichtigung der Umstände des Einzelfalls auch zu prüfen, ob nicht die Kündigung durch mildere Maßnahmen wie eine Abmahnung oder Änderungskündigung vermieden werden könnte.

2140 BAG 16.1.2003, AP Nr. 2 zu § 67 SeemG; BAG 30.11.1978, AP Nr. 1 zu § 64 SeemG.

2141 BAG 10.6.2010 – 2 AZR 541/09, n.v.; LAG Schleswig-Holstein 8.4.2010 – 4 Sa 474/09, zit. nach juris; LAG Rheinland-Pfalz 25.2.2008 – 5 Sa 639/07, zit. nach juris.

2142 BAG 24.3.2011 – 2 AZR 282/10; BAG 27.4.2006, NZA 2006, 1033; BAG 16.12.2004, AP Nr. 191 zu § 626 BGB.

2143 BAG 25.10.2012, NZA 2013, 319; BAG 27.9.2012, BB 2013, 1076; BAG 27.4.2006, AP Nr. 203 zu § 626 BGB; BAG 16.12.2004, AP Nr. 191 zu § 626 BGB.

2144 BAG 10.1.2006, AP Nr. 54 zu § 1 KSchG 1969 Verhaltensbedingte Kündigung; BAG 22.2.1980, AP Nr. 6 zu § 1 KSchG 1969 Krankheit; ErfK/*Oetker*, § 1 KSchG Rn 74 ff.; KR/*Griebling/Rachor*, § 1 KSchG Rn 210.

2145 BAG 22.11.1973, AP Nr. 67 zu § 626 BGB m. Anm. *Küchenhoff*; BAG 17.4.1956, AP Nr. 8 zu § 626 BGB; v. *Hoyningen-Huene/Linck*, § 1 Rn 23; APS/*Dörner/Vossen*, § 1 KSchG Rn 5; a.A. BGH 7.7.1988, NJW-RR 1988, 1381; BGH 20.10.1955, BB 1956, 95.

2146 Hümmerich/Lücke/Mauer/*Regh*, § 4 Rn 3 ff.; *Kleinebrink*, ArbRB 2007, 120, 121.

dd) Kündigungsgrundvereinbarung als antizipierte Abmahnung

Die Vereinbarung absoluter Kündigungsgründe muss dennoch kündigungsrechtlich nicht ohne jede Auswirkung bleiben. Mit Blick auf den Umstand, dass bei verhaltensbedingten Kündigungsgründen in aller Regel eine vorherige Abmahnung erforderlich ist,[2147] ist es insbesondere denkbar, in einem vereinbarten Kündigungsgrund eine Form der **antizipierten Abmahnung**[2148] zu sehen. Zwar enthält eine abstrakte vertragliche Regelung nicht die pointierte Warnfunktion, die eine individualisierte, auf ein konkretes Fehlverhalten des Arbeitnehmers bezogene vorweggenommene Abmahnung entfaltet,[2149] so dass eine entsprechende vertragliche Regelung der Abmahnung nicht uneingeschränkt gleichgestellt werden kann.[2150] Nach allgemeiner Auffassung ist eine Abmahnung jedoch dann nicht mehr erforderlich, wenn für den Arbeitnehmer von vornherein erkennbar war, dass der Arbeitgeber das gezeigte Verhalten auf keinen Fall dulden werde.[2151] Eine solche Erkennbarkeit kann durch die Vereinbarung besonderer Kündigungsgründe hergestellt werden, da in ihr deutlich zum Ausdruck kommt, welche Verhaltensweisen der Arbeitgeber als für den Fortbestand des Arbeitsverhältnisses besonders bedeutsam einstuft.[2152] Ist dem Arbeitnehmer aufgrund der vertraglichen Regelung bekannt, dass der Arbeitgeber einen bestimmten Sachverhalt als absoluten Kündigungsgrund ansieht, wird ihm gleichermaßen bewusst sein, dass eine Duldung durch den Arbeitgeber nicht zu erwarten ist. Im Einzelfall kann daher die Vereinbarung eines absoluten Kündigungsgrundes dazu führen, dass eine Abmahnung vor Ausspruch der Kündigung nicht mehr erforderlich ist.[2153]

1025

Zumindest aber kann sich die Vereinbarung eines absoluten Kündigungsgrundes bei der abschließenden **Interessenabwägung** zu Lasten des Arbeitnehmers auswirken.[2154] Die Vereinbarung, dass ein bestimmter Umstand einen Grund zur fristlosen Entlassung bilden solle, gibt immerhin einen Anhalt dafür, dass dieser Umstand für die Durchführung des Vertrages eine maßgebende Bedeutung hat und damit als Grund für eine vorzeitige Beendigung besonders wichtig erscheint. Dies darf bei der Abwägung der wechselseitigen Interessen nicht unberücksichtigt bleiben und kann die Abwägungsschwerpunkte entsprechend verlagern. Allerdings hat das BAG in einer Entscheidung von 24.6.2004 sehr betont darauf abgestellt, dass die dort zu beurteilende Kündigungsregelung in einem Tarifvertrag enthalten war; ob auch individualvertragliche Vereinbarungen in gleicher Weise Einfluss auf die Interessenabwägung nehmen können, ist bislang nicht abschließend geklärt.[2155]

1026

ee) Verbot der Beweislastverschiebung

In Formularverträgen ist zusätzlich das Klauselverbot des § 309 Nr. 12 S. 1 lit. b BGB zu beachten (vgl. hierzu Rdn 673 ff.), das Bestimmungen untersagt, mit denen die **Beweislast** zum Nachteil des Arbeitnehmers **verändert** wird. Folgt man der vorstehend dargestellten Auffassung, dass die Aufnahme absoluter Kündigungsgründe zu einer Verschiebung der kündigungsrechtlichen Bewertung im Rahmen der Verhältnismäßigkeitsprüfung führen kann, so verbessert dies die Beweissituation des Arbeitgebers, der entsprechende Wertmaßstäbe darzulegen und zu beweisen hat. Diese Überlegung könnte der Berücksichtigung for-

1027

2147 BAG 19.11.2015 – 2 AZR 217/15; BAG 25.10.2012, NZA 2013, 319; BAG 4.6.1997, DB 1997, 2386; LAG Schleswig-Holstein 10.1.2006, NZA-RR 2006, 240.

2148 Vgl. hierzu *Wisskirchen/Bissels/Schumacher*, BB 2012, 1473.

2149 Vgl. hierzu BAG 5.4.2001, AP Nr. 32 zu § 99 BetrVG 1972 Einstellung; LAG Hamm 12.9.1996, LAGE § 626 BGB Nr. 105.

2150 *Hümmerich/Lücke/Mauer/Mauer*, § 6 Rn 490; Preis/*Preis*, Arbeitsvertrag, II K 10 Rn 23; APS/*Dörner/Vossen*, § 626 Rn 15.

2151 BAG 19.4.2012, NZA-RR 2012, 567; BAG 10.2.1999, AP Nr. 42 zu § 15 KSchG 1969; BAG 31.3.1993, AP Nr. 32 zu § 626 BGB Ausschlussfrist; LAG Schleswig-Holstein 14.8.2007, AuR 2007, 403; HWK/*Quecke*, § 1 KSchG Rn 187.

2152 Preis/*Preis*, Arbeitsvertrag, II K 10 Rn 22; *Kleinebrink*, ArbRB 2007, 120, 122.

2153 LAG Berlin-Brandenburg 30.3.2012 – 10 Sa 2272/11; LAG Berlin-Brandenburg 26.11.2010 – 10 Sa 1823/10; LAG Hamm 3.4.2008 – 15 Sa 2149/07; LAG Hamm 16.12.1982, BB 1983, 1601; zustimmend nur für eng begrenzte Ausnahmefälle LAG Düsseldorf 15.8.2012, 12 Sa 697/12; HWK/*Quecke*, § 1 KSchG Rn 192.

2154 BAG 24.6.2004, APNr. 180 zu § 626 BGB; BAG 15.10.1992, EzA Nr. 45 zu § 1 KSchG Verhaltensbedingte Kündigung; BAG 22.11.1973, AP Nr. 6 zu § 626 BGB m. Anm. *Küchenhoff*; BAG 17.4.1956, AP Nr. 8 zu § 626 BGB; LAG Nürnberg 26.4.2001, BB 2001, 1906.

2155 Ablehnend *Kleinebrink*, ArbRB 2007, 120.

mularvertraglich vereinbarter Kündigungsgründe zu Lasten des Arbeitnehmers entgegenstehen. Eine **Alternative** zur Vereinbarung besonderer Kündigungsgründe kann deshalb darin liegen, diejenigen arbeitsvertraglichen Pflichten, die für den Arbeitgeber von besonderer Bedeutung sind, auch ohne den Bezug zum Kündigungsrecht vertraglich besonders zu betonen, um die bestehende Pflichtenstellung zu dokumentieren.[2156] Die gewünschte Präventionswirkung lässt sich auch auf diese Weise herstellen.

71. Kündigung vor Dienstantritt

1028   Ausführungen hierzu finden sich unter dem Stichwort Arbeitsaufnahme (siehe oben Rdn 329 ff.).

72. Kündigungsausschluss

Literatur: *Adam*, Abschied vom „Unkündbaren"?, NZA 1999, 846; *Berger*, Zulässigkeit eines gewerkschaftlichen Zustimmungsvorbehalts zu Kündigungen, NZA 2015, 208; *Bonanni/Niklas*, Die Kündigung vor Dienstantritt, ArbRB 2008, 249; *Diller*, Warum man die Kündigung vor Arbeitsantritt nicht ausschließen sollte, ArbRB 2003, 221; *Gamillscheg*, Der zweiseitig-zwingende Charakter des § 626 BGB, AuR 1981, 105; *Gaul/Bonanni*, Ausgewählte Probleme der ordentlichen Unkündbarkeit, ArbRB 2007, 116; *Gaul/Naumann*, Kündigungen unter Berücksichtigung des Allgemeinen Gleichbehandlungsgesetzes, ArbRB 2007, 15; *Gaul/Süßbrich*, Die Bedeutung einer einzelvertraglichen Anrechnung von Vordienstzeiten für die Sozialauswahl, ArbRB 2006, 54; *Geller*, Der vertragliche Ausschluss der ordentlichen Kündigung, Diss. 2001; *Joussen*, Die Kündigung eines Arbeitsverhältnisses vor Arbeitsantritt, NZA 2002, 1177; *Kania/Kramer*, Unkündbarkeitsvereinbarungen in Arbeitsverträgen, Betriebsvereinbarungen und Tarifverträgen, RdA 1995, 287; *Kleinbrink*, Vertragliche Vereinbarungen zum Kündigungsgrund, ArbRB 2007, 120; *Legerlotz*, Das ungewollte Arbeitsverhältnis, ArbRB 2003, 92; *Linck*, Die soziale Auswahl bei betriebsbedingter Kündigung, AR-Blattei SD 1020.1.2; *Linck/Scholz*, Die Kündigung „unkündbarer" Arbeitnehmer, AR-Blattei SD 1010.7; *Mues*, Beschäftigungsgarantie und Sozialauswahl, ArbRB 2003, 209; *Müller*, Kündigungsrecht – Sozialauswahl in der Unternehmensumstrukturierung, MDR 2002, 491; *Oetker*, Arbeitsrechtlicher Kündigungsschutz und Tarifautonomie, ZfA 2001, 287; *Papier*, Der verfassungsrechtliche Rahmen für Privatautonomie im Arbeitsrecht, RdA 1989, 138; *Pauly*, Unkündbarkeitsvereinbarungen in Arbeitsverträgen – Kündigung trotz Ausschlusses der Kündigung, AuR 1997, 94; *Preis*, Der Kündigungsschutz außerhalb des KSchG, NZA 1997, 1256; *Rieble*, Betriebliche versus tarifliche Unkündbarkeit, NZA 2003, 1243; *Stein*, Pacta sunt servanca? – Der Wert tariflicher Unkündbarkeitsregelungen, DB 2013, 1299; *Weinbrenner/Lerch*, Auswirkungen individualrechtlicher Unkündbarkeitsregelungen auf die Sozialauswahl, NZA 2011, 1388.

a) Allgemeines

1029   Der gesetzliche Kündigungsschutz begrenzt das Recht zur Kündigung eines Arbeitsvertrages lediglich für den Arbeitgeber. Arbeitnehmer können ihren Arbeitsvertrag grds. ohne jede Begründung zumindest ordentlich unter Einhaltung der geltenden Kündigungsfrist kündigen, sofern sie nicht im Rahmen eines befristeten Arbeitsverhältnisses tätig sind, in dem die ordentliche Kündigung gem. § 15 Abs. 3 TzBfG nur bei entsprechender vertraglicher Vereinbarung zulässig ist. Bei Arbeitnehmern, die aufgrund ihrer Qualifikation für den Arbeitgeber von besonderer Bedeutung sind, kann deshalb aus Arbeitgebersicht ein Interesse daran bestehen, die ordentliche Kündigung auszuschließen oder zumindest zu beschränken. Aus Arbeitnehmersicht bietet der vertragliche Ausschluss bestimmter Kündigungsarten einen über die gesetzlichen Vorgaben hinausgehenden Bestandsschutz, der insbesondere dann vereinbart wird, wenn der Arbeitnehmer in den Vertragsverhandlungen eine starke Verhandlungsposition besitzt. Die vertragliche Vereinbarung von Kündigungsbeschränkungen ist nach dem Grundsatz der Vertragsfreiheit grds. zulässig; auch an die Zustimmung des Betriebsrats oder der Gewerkschaft kann der Ausspruch einer Kündigung gebunden werden.[2157] Voraussetzung ist allerdings, dass die Kündigungsbeschränkung zwingenden Rechtsgrundsätzen nicht widerspricht.[2158]

2156 Preis/*Preis*, Arbeitsvertrag, II K 10 Rn 25; *Kleinbrink*, ArbRB 2007, 120.
2157 BAG 24.2.2011 – 2 AZR 830/09; krit. *Berger*, NZA 2015, 208.
2158 Preis/*Preis*, Arbeitsvertrag, II K 10 Rn 1.

b) Ausschluss bzw. Einschränkung des Kündigungsrechts

▼

Muster 1a.59: Ausschluss bzw. Einschränkung des Kündigungsrechts 1030

Ausschluss der außerordentlichen Kündigung aus betriebsbedingten Gründen

Dem Arbeitnehmer kann nur aus Gründen, die in seiner Person oder seinem Verhalten begründet liegen, außerordentlich gekündigt werden. Die außerordentliche Kündigung aus betriebsbedingten Gründen ist ausgeschlossen.

Beschränkung des Rechts zur ordentlichen Kündigung

Die ordentliche Kündigung des Arbeitsverhältnisses ist ausgeschlossen/ist frühestens nach Ablauf von ▓▓▓▓ Jahren zulässig/kann mit einer Frist von ▓▓▓▓ Monaten zum Ablauf eines Kalenderjahres/ kann nicht in dem Zeitraum vom ▓▓▓▓ bis zum ▓▓▓▓ eines Jahres erklärt werden.

Altersbezogene Kündigungsbeschränkung

Arbeitnehmer, die das ▓▓▓▓ Lebensjahr vollendet und eine Betriebszugehörigkeit von ▓▓▓▓ Jahren erreicht haben, können ordentlich nicht gekündigt werden.

Kündigung vor Dienstantritt

Vor Dienstantritt ist die ordentliche Kündigung ausgeschlossen.

c) Erläuterungen

aa) Einschränkung des Rechts zur außerordentlichen Kündigung

Das **Recht zur außerordentlichen Kündigung** aus wichtigem Grund kann nach allgemeiner Auffas- 1031 sung[2159] auch **einzelvertraglich nicht ausgeschlossen** werden. Die Möglichkeit, sich von einem mit unzumutbaren Belastungen verbundenen Vertragsverhältnis lösen zu können, ist unabdingbar, und zwar für Arbeitnehmer und Arbeitgeber gleichermaßen.[2160] Dies gilt nicht nur für personen- oder verhaltensbedingte Kündigungen, bei denen der wichtige Grund aus der Sphäre des Vertragspartners stammt, sondern auch für betriebsbedingte Kündigungen des Arbeitgebers. Zu den verfassungsrechtlich geschützten Freiheitsrechten gehört auch das der Berufsfreiheit des Art. 12 Abs. 1 GG immanente Recht des Arbeitgebers, Arbeitsverhältnisse zu begründen und zu beenden; da dem Arbeitgeber die Möglichkeit verbleiben muss, seine unternehmerische Betätigung aufzugeben oder einzuschränken, benötigt er zur Umsetzung einer solchen unternehmerischen Entscheidung auch die Möglichkeit, Arbeitsverhältnisse wirksam beenden zu können.[2161] Kündigungsbeschränkungen, die diese Entscheidungsfreiheit beseitigen wollten, sind daher bereits aus verfassungsrechtlichen Gründen nicht haltbar.[2162]

Der in dem Muster vorgesehene Ausschluss der außerordentlichen betriebsbedingten Kündigung ist daher 1032 nicht uneingeschränkt wirksam. Dem Arbeitgeber kann durch ein vertragliches Kündigungsverbot nichts evident Unzumutbares oder Unmögliches aufgebürdet werden. Eine solche Regelung ist daher einschränkend dahingehend auszulegen, dass sie bei Vorliegen eines objektiv wichtigen Grundes keine Geltung erlangt.[2163] Damit rechtfertigt zwar nicht jede unternehmerische Entscheidung, die zu einem Wegfall des Ar-

---

2159 BAG 22.11.2012 – 2 AZR 673/11; BAG 10.5.2007, DB 2007, 2488; BAG 27.6.2002, BB 2003, 314; BAG 6.11.1956, AP Nr. 14 zu § 626 BGB; ErfK/*Müller-Glöge*, § 626 BGB Rn 196; APS/*Dörner/Vossen*, § 626 BGB Rn 7; *Oetker*, ZfA 2001, 287.

2160 Hessisches LAG 20.9.1999, NZA-RR 2000, 413; APS/*Dörner/Vossen*, § 626 BGB Rn Rn 9; *Pauly*, AuR 1997, 94, 95; a.A. *Gamillscheg*, AuR 1981, 105.

2161 BAG 22.11.2012 – 2 AZR 673/11;a.A. *Stein*, DB 2013, 1299 im Falle unternehmerischer Entscheidungen ohne äußeren Sachzwang.

2162 BAG 5.2.1998, NZA 1998, 771; *Papier*, RdA 1989, 138.

2163 BAG 24.6.2004, AiB 2005, 129; BAG 5.2.1998, NZA 1998, 771.

beitsplatzes führt, eine außerordentliche betriebsbedingte Kündigung; dennoch kommt in Ausnahmefällen eine außerordentliche betriebsbedingte Kündigung unter Einhaltung einer sozialen Auslauffrist in Betracht, wenn eine ordentliche Kündigung ausgeschlossen und dem Arbeitgeber die Fortsetzung eines sinnentleerten Arbeitsverhältnisses über viele Jahre hinweg unzumutbar ist.[2164] Für derartige Ausnahmefälle kann der Ausschluss des außerordentlichen Kündigungsrechts nicht wirksam vereinbart werden.[2165]

bb) Einschränkung des Rechts zur ordentlichen Kündigung

1033 Demgegenüber wird der vertragliche **Ausschluss** oder die Beschränkung **der ordentlichen Kündigung** grundsätzlich als zulässig erachtet.[2166] Die Beschränkung des Kündigungsrechts des Arbeitgebers ist als Erweiterung des gesetzlichen Kündigungsschutzes ohnehin grds. zulässig.[2167] Für den Arbeitnehmer beinhaltet der Ausschluss der ordentlichen Kündigung zwar eine Einschränkung gegenüber den gesetzlichen Vorgaben, doch ist die Zulässigkeit einer solchen Vereinbarung im Rahmen der Privatautonomie ebenfalls anzuerkennen.[2168] Eine übermäßige Einschränkung der Berufsfreiheit des Arbeitnehmers wird dadurch verhindert, dass dem Arbeitnehmer, der ein langfristiges Arbeitsverhältnis eingegangen ist, durch § 15 Abs. 4 TzBfG nach Ablauf von fünf Jahren ein gesetzliches Kündigungsrecht eingeräumt wird.[2169] Dieses Kündigungsrecht besteht nicht nur bei befristeten Arbeitsverträgen, sondern auch bei dauerhaftem Ausschluss der ordentlichen Kündigung;[2170] es soll den Arbeitnehmer davor bewahren, seine beruflichen Freiheitsinteressen in unangemessener, aus sozialpolitischen und volkswirtschaftlichen Gründen nicht gewünschter Weise einzuschränken.[2171] Unter Berücksichtigung der Bindungsinteressen des Arbeitgebers hat der Gesetzgeber dem Arbeitnehmer das besondere Kündigungsrecht erst nach fünfjähriger Dauer des Arbeitsverhältnisses eingeräumt und dieses zudem mit einer Kündigungsfrist von sechs Monaten verbunden.[2172] Dieses Kündigungsrecht ist gem. § 22 TzBfG zwingend ausgestaltet und kann auch vertraglich nicht abbedungen werden. Für den Arbeitgeber ist ein vergleichbares Kündigungsrecht indes nicht gegeben; er kann sich von einem ordentlich nicht kündbaren Arbeitsvertrag daher nur dann lösen, wenn die Voraussetzungen einer außerordentlichen Kündigung aus wichtigem Grund gegeben sind.[2173]

Weitergehende Einschränkungen der Vertragsgestaltung können sich jedoch ergeben, wenn die Kündigungsbeschränkung in einem Formularvertrag vereinbart wird. Eine übermäßige Einschränkung des Kündigungsrechts kann den Arbeitnehmer auch dann i.S.v. § 307 Abs. 1 BGB unangemessen benachteiligen, wenn die Bindungsdauer des § 15 Abs. 4 TzBfG unterschritten bleibt, soweit die den Interessen des Arbeitgebers entsprechende Bindungsdauer nicht anderweitig kompensiert wird.[2174]

1034 Eine Beschränkung des Rechts zur ordentlichen Kündigung ist daher zulässig, soweit sie nicht einseitig die Interessen des Arbeitgebers bedient und den Arbeitnehmer dadurch unangemessen benachteiligt. Denkbar ist dabei neben dem vollständigen Ausschluss der ordentlichen Kündigung auch der zeitlich begrenzte Kündigungsausschluss oder die Beschränkung der Kündigung auf bestimmte Kündigungstermine, etwa um eine Kündigung des Arbeitnehmers in den Zeiten hoher Arbeitsbelastung (Weihnachtsgeschäft, Jahresabschluss

---

2164 *Gaul/Bonnani*, ArbRB 2007, 116.

2165 HWK/*Sandmann*, § 626 BGB Rn 47; KR/*Griebeling/Rachor*, § 1 KSchG Rn 157.

2166 Küttner/*Eisemann*, Kündigung, allgemein Rn 18; *Kania/Kramer*, RdA 1995, 287; *Pauly*, AuR 1997, 94, 95; krit. *Adam*, NZA 1999, 846 ff.

2167 *Geller*, S. 2.

2168 *Kleinebrink*, ArbRB 2007, 120, 121.

2169 *Kania/Kramer*, RdA 1995, 287, 288.

2170 KR/*Fischermeier*, § 624 BGB Rn 11.

2171 Erman/*D. W. Belling*, § 624 BGB Rn 1; KR/*Fischermeier*, § 624 BGB Rn 1; MüKo-BGB/*Henssler*, § 624 Rn 1.

2172 BAG 24.10.1996, NZA 1997, 597, 600.

2173 BAG 25.3.2004, BB 2004, 2303; *Kleinebrink*, ArbRB 2007, 120, 121.

2174 LAG München 22.8.2007 – 11 Sa 1277/06: Kündigung mit einer Frist von sechs Monaten jeweils zum Ablauf eines Vier-Jahres-Zeitraums.

etc.) auszuschließen.[2175] Der Wille zum Ausschluss der ordentlichen Kündigung muss allerdings eindeutig und unmissverständlich zum Ausdruck kommen.[2176] Allein die Zusage einer „Dauerstellung" oder „Lebensstellung" lässt im Zweifel noch nicht den Schluss zu, dass das Recht zur ordentlichen Kündigung ausgeschlossen sein soll.[2177]

cc) Altersbezogene Kündigungsbeschränkungen

Kündigungsbeschränkungen, die von Alter und Betriebszugehörigkeit des Arbeitnehmers abhängen, sind darüber hinaus an dem **Verbot der Altersdiskriminierung** zu messen. Nach § 10 S. 3 Nr. 7 AGG a.F. sollten individual- oder kollektivrechtliche Vereinbarungen der Unkündbarkeit (nur) zulässig sein, soweit dadurch nicht der Kündigungsschutz anderer Beschäftigter im Rahmen der Sozialauswahl grob fehlerhaft gemindert war. Diese mit dem Allgemeinen Gleichbehandlungsgesetz[2178] zum 18.8.2006 in Kraft getretene Regelung ist jedoch bereits zum 12.12.2006[2179] wieder aufgehoben worden, da nach dem Willen des Gesetzgebers die Regelungen des Allgemeinen Gleichbehandlungsgesetzes gem. § 2 Abs. 4 AGG auf Kündigungen keine Anwendungen finden sollten und die Regelung zur Sozialauswahl bei Unkündbarkeit daher als Redaktionsversehen angesehen wurde. Nach überwiegender Auffassung führt dies nicht zur generellen Unzulässigkeit altersbezogener Kündigungsbeschränkungen;[2180] die Vorgaben des AGG sind jedoch ungeachtet des § 2 Abs. 4 AGG zur Konkretisierung des Begriffs der Sozialwidrigkeit heranzuziehen,[2181] so dass auch Kündigungsbeschränkungen hieran zu messen sind.[2182] Nach der Generalklausel des § 10 S. 1 und 2 AGG[2183] muss die Regelung daher nicht nur ein legitimes Ziel verfolgen, sondern auch erforderlich und – unter Berücksichtigung der Interessen jüngerer Arbeitnehmer – angemessen sein. Gerade der letztgenannte Punkt dürfte der Zulässigkeit einer Regelung, die bei älteren Arbeitnehmern bereits nach wenigen Jahren der Betriebszugehörigkeit eine ordentliche Unkündbarkeit begründet, häufig entgegenstehen.[2184] Das BAG hat erwogen, die Unwirksamkeit einer Kündigungsbeschränkung entsprechend § 10 S. 3 Nr. 7 AGG a.F. dann anzunehmen, wenn ihre Anwendung zur groben Fehlerhaftigkeit der Sozialauswahl führen würde.[2185] Dem Arbeitgeber kommen diese Erwägungen allerdings nicht zugute; er kann sich auf eine Unwirksamkeit der Klausel gegenüber dem begünstigten Arbeitnehmer nicht berufen, da diese nicht insgesamt unwirksam, sondern nur insoweit einzuschränken ist, als eine Sozialauswahl bei Herausnahme der unkündbaren Arbeitnehmer grob fehlerhaft würde.[2186]

dd) Einseitige Kündigungsbeschränkung

Die Vereinbarung eines **einseitigen Kündigungsausschlusses** ist nicht uneingeschränkt zulässig.

Die einseitige **Beschränkung des arbeitgeberseitigen Kündigungsrechts** ist grds. unbedenklich. Zwar ist das außerordentliche Kündigungsrecht für beide Vertragsparteien unabdingbarer Bestandteil der arbeitsvertraglichen Bindung, doch unterliegt das ordentliche Kündigungsrecht des Arbeitgebers vielfältigen gesetzlichen Einschränkungen. Dies spiegelt das erhöhte Interesse des Arbeitnehmers an dem Fortbestand sei-

1035

1036

1037

2175 LAG Köln 16.11.2001, MDR 2002, 830.

2176 Preis/*Preis*, Arbeitsvertrag, II K 10 Rn 36; *Linck/Scholz*, AR-Blattei SD 1010.7 Rn 44.

2177 Küttner/*Eisemann*, Kündigung, allgemein Rn 19; ErfK/*Müller-Glöge*, § 622 BGB Rn 48; differenzierend *Kania/Kramer*, RdA 1995, 287, 292.

2178 Art. 1 des Gesetzes zur Umsetzung europäischer Richtlinien zur Verwirklichung des Grundsatzes der Gleichbehandlung vom 14.8.2006, BGBl I 2006, 1897.

2179 Aufgehoben durch das Zweite Gesetz zur Änderung des Betriebsrentengesetzes, BGBl I 2006, 2742.

2180 ErfK/*Schlachter*, § 10 AGG Rn 4.

2181 BAG 6.11.2008, NZA 2009, 361.

2182 KR/*Griebeling/Rachor*, § 1 KSchG Rn 665d.

2183 Deren Gemeinschaftsrechtskonformität bejahend BAG 5.11.2009, NZA 2010, 457.

2184 *Gaul/Naumann*, ArbRB 2007, 15.

2185 BAG 5.6.2008, NZA 2008, 1120.

2186 LAG Baden-Württemberg 9.12.2011, 20 Sa 85/10.

nes Arbeitsverhältnisses wieder. So ist etwa das ordentliche Kündigungsrecht des Arbeitgebers gem. § 1 Abs. 2 KSchG an das Vorliegen einer sozialen Rechtfertigung gebunden, ohne dass die ordentliche Kündigung des Arbeitnehmers vergleichbaren Einschränkungen unterworfen wäre. Auch die Länge der Kündigungsfristen ist vom Gesetz nicht einheitlich ausgestaltet; während die einheitliche Grundkündigungsfrist des § 622 Abs. 1 BGB das Dispositionsinteresse beider Parteien zu schützen bestimmt ist, verlängert § 622 Abs. 2 BGB die Kündigungsfristen nach mehrjähriger Beschäftigung nur für die Kündigung des Arbeitgebers. Ausweislich der gesetzgeberischen Intention ist daher die einseitige Besserstellung des Arbeitnehmers durchaus zulässig. Das Kündigungsrecht des Arbeitgebers kann daher an engere Voraussetzungen geknüpft werden als das des Arbeitnehmers,[2187] so dass auch der einseitige Ausschluss der ordentlichen Kündigung des Arbeitgebers keinen rechtlichen Bedenken begegnet,[2188] sofern nicht die Kündigungseinschränkung im Einzelfall – etwa aufgrund einer gesundheitlichen Zwangslage des Arbeitgebers[2189] – sittenwidrig ist.

1038 Der Beschränkung des Kündigungsrechts allein **zu Lasten des Arbeitnehmers** ist demgegenüber unzulässig. Nicht nur die Regelung der Kündigungsfristen in § 622 Abs. 2 BGB, auch das Benachteiligungsverbot des § 622 Abs. 6 BGB belegen, dass die arbeitnehmerschützende Intention wesentliches Element des Kündigungsrechts ist. Dabei verbietet § 622 Abs. 6 BGB nach allgemeiner Auffassung nicht nur die Vereinbarung längerer Kündigungsfristen zu Lasten des Arbeitnehmers, sondern über seinen Wortlaut hinaus auch jede andere einseitige Benachteiligung des Arbeitnehmers im Zusammenhang mit der Kündigung.[2190]

ee) Kündigung vor Dienstantritt

1039 Verbreitet sind Regelungen, mit denen die ordentliche **Kündigung vor Dienstantritt**, mithin vor dem vereinbarten Beginn des Arbeitsverhältnisses ausgeschlossen werden sollen. Sie dienen v.a. der Sicherheit des Arbeitgebers; da insbesondere gut qualifizierte Bewerber häufig auch nach dem verbindlichen Abschluss eines Arbeitsvertrages prüfen, ob sich nicht eine noch günstigere Anstellung finden lässt, soll durch den Kündigungsausschluss dem „Abspringen" des Bewerbers und der damit verbundenen Notwendigkeit eines erneuten Bewerbungsverfahrens vorgebeugt werden.[2191] Eine solche Regelung ist grds. zulässig.[2192] In der Praxis hat sich die Regelung allerdings auch aus Arbeitgebersicht nicht bewährt.[2193] Tritt der Bewerber die Arbeitsstelle vertragswidrig nicht an, kann der Arbeitgeber zwar Schadensersatz verlangen, doch erstreckt sich dieser nicht auf die Kosten des erneuten Bewerbungsverfahrens; diese wären i.d.R. auch bei ordentlicher Kündigung nach Dienstantritt entstanden.[2194] Insoweit ist das Kündigungsverbot allenfalls i.V.m. mit einer Vertragsstrafe (vgl. Rdn 1553 ff.) sinnvoll,[2195] wobei die Vereinbarung einer Vertragsstrafe den vertraglichen Ausschluss der vorvertraglichen Kündigung indizieren kann.[2196] Für den Arbeitgeber steht allerdings zumeist nicht die finanzielle Kompensation, sondern die Besetzung der freien Stelle im Vordergrund. Sein Interesse ist daher primär darauf gerichtet, möglichst zeitnah von der Abkehr eines neu eingestellten Arbeitnehmers Kenntnis zu erlangen, um rechtzeitig Ersatz zu finden; dies wird durch ein vorvertragliches Kündigungsverbot eher konterkariert. Auch der Arbeitnehmer hat an dem Ausschluss der vorvertraglichen

---

2187 *Kania/Kramer*, RdA 1995, 287, 292; *Preis*, NZA 1997, 1256, 1259.
2188 *Kleinebrink*, ArbRB 2007, 120, 121; *Gaul/Süßbrich*, ArbRB 2006, 54, 55.
2189 BAG 25.3.2004, BB 2004, 2303.
2190 BAG 6.9.1989, AP Nr. 27 zu § 622 BGB; LAG Hamm 15.3.1989, DB 1989, 1191; ErfK/*Müller-Glöge*, § 622 BGB Rn 43; Preis/ *Preis*, Arbeitsvertrag, II K 10 Rn 29; APS/*Linck*, § 622 Rn 173.
2191 *Legerlotz*, ArbRB 2003, 92.
2192 BAG 14.12.1988 – 5 AZR 10/88, n.v.; *Joussen*, NZA 2002, 1177.
2193 *Diller*, ArbRB 2003, 221.
2194 BAG 23.3.1984, NZA 1984, 122; BAG 26.3.1981, NJW 1981, 2430; *Bonanni/Niklas*, ArbRB 2008, 249.
2195 LAG Düsseldorf 15.7.2009, LAGE Nr. 1 zu § 339 BGB 2002.
2196 BAG 14.12.1988 – 5 AZR 10/88, n.v.; BAG 21.7.1982 – 5 AZR 549/80, n.v.

Kündigung kein vertieftes Interesse, da der Arbeitgeber vorbehaltlich einer abweichenden Regelung (vgl. hierzu Rdn 1565 ff.) jedenfalls nach Dienstantritt auch ohne soziale Rechtfertigung ordentlich kündigen könnte. Von der Vereinbarung eines Kündigungsausschlusses vor Dienstantritt wird daher eher abgeraten. Es bleibt dann bei der allgemeinen Möglichkeit zur ordentlichen Kündigung unter Einhaltung der allgemeinen Kündigungsfrist.[2197]

ff) Auswirkung der Kündigungsbeschränkung auf die Sozialauswahl

Zu beachten ist, dass sich der vertragliche Ausschluss der ordentlichen Kündigung bei dem Wegfall von **1040** Arbeitsplätzen zum Nachteil anderer Arbeitnehmer auswirken kann, da ordentlich unkündbare Arbeitnehmer im Falle einer betriebsbedingten Kündigung nicht in die **Sozialauswahl** einzubeziehen sind.[2198] Die gesetzlichen Regelungen zur Sozialauswahl sind jedoch unabdingbar, so dass die Berücksichtigungsfähigkeit vertraglicher Kündigungsbeschränkungen im Rahmen des § 1 Abs. 3 KSchG mit gewichtigen Argumenten in Frage gestellt wird.[2199] Zwar werden nach überwiegender Auffassung vertragliche Kündigungsbeschränkungen im Rahmen der Sozialauswahl zumindest dann berücksichtigt, wenn sie von einem sachlichen Grund getragen sind.[2200] Fehlt es jedoch an einem sachlichen Grund oder soll gar mit dem vertraglichen Kündigungsverbot gezielt die Sozialauswahl zu Lasten eines anderen Arbeitnehmers beeinflusst werden, ist die Vereinbarung missbräuchlich,[2201] wobei der Missbrauch insbesondere durch einen engen zeitlichen Zusammenhang zwischen der Vereinbarung und dem Kündigungsereignis indiziert wird.[2202] Auch wenn der Kündigungsausschluss zu einer extremen Verwerfung in der Sozialauswahl führen würde, kann eine unionsrechtskonforme Auslegung im Einzelfall zu dessen relativer Unwirksamkeit gegenüber dem sozial schutzwürdigeren Arbeitnehmer führen.[2203] Bei Unkündbarkeitsvereinbarungen mit kollektivem Bezug sollte daher neben dem Alter stets auch eine längere Betriebszugehörigkeitsdauer vorausgesetzt werden, um grobe Verwerfungen in der Sozialauswahl zu vermeiden.

73. Kündigungszugang

Ausführungen hierzu finden sich unter dem Stichwort Fiktion (siehe oben Rdn 861 ff.). **1041**

74. Kürzung von Leistungen

Ausführungen hierzu finden sich unter dem Stichwort Widerrufsvorbehalt (siehe unten Rdn 1628 ff.). **1042**

75. Kurzarbeit

Literatur: *Bauer/Günther*, Ungelöste Probleme bei Einführung von Kurzarbeit, BB 2009, 662 ff.; *Bauer/Kern*, Wechselwirkung zwischen Kurzarbeit und Urlaub, NZA 2009, 925; *Dendorfer/Krebs*, Kurzarbeit und Kurzarbeitergeld-Überblick unter Berücksichtigung des Konjunkturpakets II, DB 2009, 902; *Kleinebrink*, In der Krise: Arbeitsrechtliche Möglichkeiten zur Verringerung des Volumens der Arbeitszeit, DB 2009, 342; *Osnabrügge*, Kurzarbeit aktuell, 2009; *Seitz/Reiche*, Flexibilisierung von Arbeitsbedingungen in der Krise, BB 2009, 1862; *Wahlig/Jeschke*, Betriebsbedingte Kündigung versus Kurzarbeit, NZA 2010, 607.

2197 BAG 25.3.2004, NZA 2004, 1089.
2198 APS/*Kiel*, § 1 KSchG Rn 708; auch: *Adam*, NZA 1999, 846, 848.
2199 ErfK/*Oetker*, § 1 KSchG Rn 301; *Gaul/Süßbrich*, ArbRB 2006, 54 ff.; *Rieble*, NZA 2003, 1243; *Kania/Kramer*, RdA 1995, 287, 288; *Pauly*, AuR 1997, 94, 96.
2200 BAG 2.6.2005, NZA 2006, 207; LAG Rheinland-Pfalz 18.2.2011 – 9 Sa 417/10; *Preis/Preis*, Arbeitsvertrag, II K 10 Rn 31; KR/ *Griebeling/Rachor*, § 1 KSchG Rn 665d; *Kleinebrink*, ArbRB 2007, 120, 121; *Mues*, ArbRB 2003, 209; a.A. *Weinbrenner/Lerch*, NZA 2011, 1388.
2201 Sächsisches LAG 10.10.2001, NZA 2002, 905; *Müller*, MDR 2002, 491, 495.
2202 BAG 2.6.2005, NZA 2006, 207.
2203 BAG 5.6.2008, NZA 2008, 1120.

a) Hintergrund

1043 Unter „Kurzarbeit" wird allgemein eine **temporäre Verkürzung der Arbeitszeit** gegenüber der regelmäßigen individuellen Arbeitszeit bei gleichzeitigem **Entfall des auf die Verkürzung entfallenden Entgelts** verstanden. Diese Verkürzung der Arbeitszeit kann von einer stundenweisen Verkürzung an einem oder mehreren Tagen der Woche oder des Monats bis hin zur so genannten „Kurzarbeit Null", also der vollständigen Einstellung der Arbeit für einen definierten Zeitraum, reichen.

1044 Der Begriff der Kurzarbeit ist eng verbunden mit dem **Kurzarbeitergeld**. Hierbei handelt es sich um eine Versicherungsleistung der Bundesagentur für Arbeit, die jedoch nicht dem unmittelbar betroffenen Arbeitnehmer gegenüber erbracht wird, sondern gegenüber dem Arbeitgeber zur Auszahlung an die Arbeitnehmer.

1045 Der Arbeitgeber bedarf, um für eine bestimmte Dauer die Dauer der Arbeitszeit zu reduzieren und damit einhergehend auch das Arbeitsentgelt zu kürzen, einer **Rechtsgrundlage**. Dies kann ein Tarifvertrag sein, eine Betriebsvereinbarung oder der Arbeitsvertrag selber. Soweit ein Betriebsrat existiert, wird die Einführung von Kurzarbeit in der Regel durch Betriebsvereinbarung geregelt. Denn in der Anordnung von Kurzarbeit liegt zugleich eine Änderung der betrieblich üblichen Arbeitszeit, sodass die Anordnung von Kurzarbeit gemäß § 87 Abs. 1 Nr. 3 BetrVG mitbestimmungspflichtig ist.

b) Rechtliche Grundlagen

1046 Die Frage, ob **Kurzarbeitsklauseln in Arbeitsverträgen** grundsätzlich zulässig sind, ist höchstrichterlich noch nicht geklärt. In ihnen liegt die einseitige arbeitgeberseitige Befugnis zum – wenn auch nur temporären – Eingriff in die gegenseitigen Hauptleistungspflichten, was angesichts des Umstandes, dass das Betriebsrisiko grundsätzlich beim Arbeitgeber liegt, bedenklich ist. Die Rechtsprechung hat bereits in mehreren Fällen Bestrebungen der Arbeitgeber, Teile des **Betriebsrisikos** auf den Arbeitnehmer zu verlagern, eng eingegrenzt. So sind beispielsweise Widerrufsklauseln zur Flexibilisierung der Arbeitszeit unter Berücksichtigung der Kontrolle allgemeiner Geschäftsbedingungen engen Grenzen unterworfen.[2204] Würde man diese Grundsätze auf das Thema Kurzarbeit anwenden, so wäre eine Absenkung der Arbeitszeit und damit einhergehend des Arbeitsentgelts um maximal 20 % möglich („Absenkung von oben nach unten").[2205]

1047 Die Rechtsprechung des BAG zu einseitigen Widerrufs- und Flexibilisierungsklauseln ist aber auf eine Klausel zu Kurzarbeit nicht anzuwenden.[2206] Arbeitsvertragsklauseln, die das unternehmerische Risiko verlagern, sind zwar grundsätzlich Gegenstand der **Kontrolle allgemeiner Geschäftsbedingungen** nach §§ 305 ff. BGB. Bei dem Konstrukt der Kurzarbeit handelt es sich aber um **Besonderheiten des Arbeitsrechts**, die angemessen gemäß § 310 Abs. 4 S. 2 BGB bei der Anwendung der Kontrollinstrumente zu berücksichtigen sind. Maßgeblicher Anknüpfungspunkt für die „Besonderheiten des Arbeitsrechts" i.S.d. § 310 Abs. 4 S. 2 BGB ist die objektiv-tatbestandlich bestehende besondere **vorübergehende betriebliche Situation**, in der der Arbeitnehmer sozialrechtlich Entgeltersatzleistungen in Anspruch nehmen kann und deswegen der Arbeitgeber berechtigt ist, Kurzarbeit anzuordnen. Auch wenn diese sozialrechtlichen Regelungen keinen unmittelbaren arbeitsrechtlichen Durchschlag finden, definiert der Gesetzgeber doch in den §§ 95 ff. SGB III eine Situation, in der der Arbeitgeber sich nach der **grundsätzlichen Wertung des Gesetzgebers** in einer Ausnahmesituation befindet, die typischerweise nur im Rahmen eines Arbeitsverhältnisses eintreten kann. In dieser gesetzlich bestimmten Situation gibt es also „Besonderheiten", für die das Recht ein „**Kriseninstrument**" zur Verfügung stellt. Der Gesetzgeber hat damit die grundlegende Wertung getroffen, das Betriebsrisiko in dieser Situation nicht einseitig beim Arbeitgeber zu belassen. Dies rechtfertigt,

---

2204 Vgl. BAG 7.12.2005, BB 2006, 829.
2205 Vgl. BAG 7.12.2005, BB 2006, 829; *Bauer/Günther*, BB 2009, 662, 664.
2206 So auch *Bauer/Günther*, BB 2009, 662, 664; *Osnabrügge*, Kurzarbeit, § 2 Rn 20.

aufgrund der arbeitsrechtlichen Besonderheiten die durch die Rechtsprechung konkretisierten Grenzen von Änderungsvorbehalten in der betrieblichen Situation der Kurzarbeit nicht anzuwenden.[2207]

Kein maßgeblicher Anknüpfungspunkt für die Besonderheiten des Arbeitsrechts kann dagegen die Frage sein, ob der konkrete Arbeitnehmer berechtigt ist, **Kurzarbeitergeld** in Anspruch zu nehmen. Denn der Gesetzgeber will lediglich einen bestimmten Einkommens-Mindeststandard in einer definierten, objektiv vorliegenden Ausnahmesituation wahren. Die Wertung des Gesetzgebers, ob der individuelle Arbeitnehmer aufgrund seiner Einkommenslage schutzbedürftig ist oder nicht, hat deshalb nichts mit der objektiv im Betrieb vorliegenden Situation zu tun, an die auch die Berechtigung des Arbeitgebers, überhaupt Kurzarbeit anordnen zu dürfen, anknüpft. Aus diesem Grunde ist es nicht notwendig, im Rahmen der arbeitsvertraglichen Kurzarbeits-Klausel festzulegen, dass Kurzarbeit individuell nur dann angeordnet werden darf, wenn der Arbeitnehmer auch berechtigt ist, Kurzarbeitergeld zu beziehen.[2208] **1048**

Um den Besonderheiten des Arbeitsrechts hinreichend Rechnung zu tragen und nicht unter dem Vorwand, die besondere Situation der Kurzarbeit regeln zu wollen, das Betriebsrisiko unbillig zu verschieben, muss eine wirksame Vertragsklausel vor dem Hintergrund der §§ 307, 310 BGB jedoch die **betriebliche Situation**, in der der Arbeitgeber berechtigt sein soll, die Arbeitszeit und das Arbeitsentgelt zu vermindern, objektiv definieren. Es bietet sich hierzu die Definition des Gesetzgebers in den §§ 95–103 SGB III an, konkret ein „erheblicher Arbeitsausfall" gemäß § 96 Abs. 1 SGB III. Darüber hinaus muss zur Vermeidung einer unangemessenen Benachteiligung (§ 307 Abs. 2 BGB) ein Einkommensausgleich für den Fall enthalten sein, dass Kurzarbeitergeld nicht gezahlt wird. **1049**

Die Anordnung der Kurzarbeitsklausel im Arbeitsvertrag muss berücksichtigen, dass der Arbeitsvertrag gemäß § 305c Abs. 1 BGB auch einer **Transparenzkontrolle** unterliegt. Da die Kurzarbeitsklausel Fragen der Arbeitszeit regelt, sollte die Klausel auch unter der Überschrift „Arbeitszeit" oder unter der Überschrift „Kurzarbeit" angeordnet sein.[2209] **1050**

Jenseits des individuellen Arbeitsvertrages kann die nötige Rechtsgrundlage für die Durchführung von Kurzarbeit und somit die Änderung der Arbeitsverträge hinsichtlich der Arbeitszeit und der Lohnzahlungspflicht für die Dauer der Kurzarbeitsperiode ohne Rücksicht auf den Willen der Arbeitnehmer durch eine förmliche **Betriebsvereinbarung** nach § 77 Abs. 2 BetrVG herbeigeführt werden. Sie wirkt gemäß § 77 Abs. 4 BetrVG unmittelbar und zwingend auf die Arbeitsverhältnisse ein.[2210] Eine Betriebsvereinbarung über die Einführung von Kurzarbeit im Sinne des § 87 Abs. 1 Nr. 3 BetrVG setzt voraus, dass diese Betriebsvereinbarung den mitbestimmungspflichtigen Gegenstand selbst im Wesentlichen regelt. Die Betriebsvereinbarung muss die sich daraus ergebenden Rechte und Pflichten so deutlich regeln, dass diese für die Arbeitnehmer zuverlässig zu erkennen sind. Erforderlich sind mindestens die Bestimmung von Beginn und Dauer der Kurzarbeit, die Regelung der Lage und Verteilung der Arbeitszeit sowie die Auswahl der betroffenen Arbeitnehmer.[2211] **1051**

c) Muster

Muster 1a.60: Kurzarbeit **1052**

(1) Zur Vermeidung betriebsbedingter Kündigungen oder der Einstellung des Betriebs kann es erforderlich sein, Kurzarbeit durchzuführen. Für den Fall des Vorliegens eines erheblichen, vorübergehenden Arbeitsausfalls i.S.d. § 96 SGB III ist der Arbeitgeber daher berechtigt, Kurzarbeit anzuordnen. Der Arbeitnehmer

60

2207 I.E. ebenso: *Dendorfer/Krebs*, DB 2009, 902, 903.
2208 So auch *Bauer/Günther*, BB 2009, 662, 66.
2209 Vgl. *Bauer/Günther*, BB 2009, 662, 665.
2210 LAG Rheinland-Pfalz 12.8.2010 – 10 Sa 160/10, juris.
2211 BAG 18.11.2015, NZA 2016, 565; ArbG Hagen 9.10.2012 – 1 Ca 1420/12, juris.

erklärt für diesen Fall sein Einverständnis mit der Durchführung von Kurzarbeit und den damit verbundenen vorübergehenden Änderungen des Vertrags. Kurzarbeit wird dabei maximal für den Zeitraum durchgeführt werden, für den nach den jeweils aktuellen gesetzlichen Maßgaben die Zahlung von Kurzarbeitergeld durch die Agentur für Arbeit möglich ist.

(2) Die Berechtigung zur Anordnung von Kurzarbeit besteht unabhängig davon, ob in der Person des Arbeitnehmers individuell die Voraussetzungen für die Zahlung von Kurzarbeitergeld vorliegen oder nicht.

(3) Leistet die Agentur für Arbeit kein Kurzarbeitergeld aus Gründen, die nicht durch den Arbeitnehmer veranlasst oder beeinflussbar sind, so zahlt der Arbeitgeber dem Arbeitnehmer für die Zeit der Kurzarbeit denjenigen Betrag, den der Arbeitnehmer ansonsten als Kurzarbeitergeld erhalten hätte.

(4) Ob Kurzarbeit angeordnet wird oder nicht, obliegt alleine der unternehmerischen Entscheidung des Arbeitgebers.

76. Leiharbeit

1053 Erläuterungen hierzu finden sich im Kapitel zu den einzelnen Vertragstypen, dort Arbeitnehmerüberlassung (siehe § 1b Rdn 572 ff.).

77. Leistungsentgelt

1054 Erläuterungen hierzu finden sich oben unter dem Stichwort „Bonus" (siehe Rdn 684 ff.).

78. Lohnfortzahlung

1055 Erläuterungen hierzu finden sich unter dem Stichwort Entgeltfortzahlung (siehe oben Rdn 831 ff.).

79. Mankovereinbarung

Literatur: *Boemke*, Mankohaftung, SAE 2000, 6; *Canaris*, Zu Fragen der Beweislastverteilung bei der sogenannten Mankohaftung, AP Nr. 49 zu § 611 BGB Haftung des Arbeitnehmers; *Däubler*, Die Auswirkungen der Schuldrechtsmodernisierung auf das Arbeitsrecht, NZA 2001, 1329; *Dedek*, Die Beweislastverteilung nach § 619a BGB, ZGS 2002, 320; *Deinert*, Mankohaftung, RdA 2000, 22; *ders.*, Mankohaftung einer Ladenverwalterin, AuR 2001, 26; *Gerhardt*, Haftung des Arbeitnehmers, AP Nr. 64 zu § 611 BGB Haftung des Arbeitnehmers; *Gotthardt*, Der Arbeitsvertrag auf dem AGB-rechtlichen Prüfstand, ZIP 2002, 277; *Henssler*, Arbeitsrecht und Schuldrechtsreform, RdA 2002, 129; *Hueck*, Zur Wirksamkeit einer sogenannten Mankoabrede und zur Beweislastverteilung bei der allgemeinen Mankohaftung, AP Nr. 54 zu § 611 BGB Haftung des Arbeitnehmers; *Krause*, Geklärte und ungeklärte Probleme der Arbeitnehmerhaftung, NZA 2003, 577; *Lansnicker/Schwirtzek*, Neuordnung der Mankohaftung, BB 1999, 259; *Mache*, Mankohaftung, Anm. zu BAG vom 17.9.1998, AuR 1999, 118; *Oberthür*, Vertragliche Ausgestaltung der Mankohaftung – nichts geht mehr?, ArbRB 2007, 369; *Oetker*, Neues zur Arbeitnehmerhaftung durch § 619a BGB?, BB 2002, 43; *Preis/Kellermann*, Haftung eines Geldtransportfahrers, SAE 1998, 133; *Reinecke*, Die Mankohaftung des Arbeitnehmers, ZfA 1976, 215; *Schumacher*, Die privilegierte Haftung des Arbeitnehmers, Diss 2012; *Schwab*, Haftung im Arbeitsverhältnis – 1. Teil: Die Haftung des Arbeitnehmers, NZA-RR 2016, 173; *ders.*, Die Haftung des Arbeitnehmers, AiB 2012, 391; *Schwirtzek*, Arbeitnehmerhaftung für Fehlbeträge und Fehlbestände, Neue Perspektiven für Mankoabreden?, AuA 2003, Nr. 3, 20; *ders.*, Mankoabreden nach der Schuldrechtsreform – Zurück in die Zukunft!, NZA 2005, 437; *Steindorff*, Zu den Voraussetzungen einer Kontrollpflicht eines Arbeitnehmers gegenüber Kollegen und zur Frage der Haftungsbeschränkung wegen Organisationsverschuldens des Arbeitgebers, AP Nr. 57 zu § 611 BGB Haftung des Arbeitnehmers; *Walker*, Die eingeschränkte Haftung des Arbeitnehmers unter Berücksichtigung der Schuldrechtsmodernisierung, JuS 2002, 736; *Waltermann*, Risikozuweisung nach den Grundsätzen der beschränkten Arbeitnehmerhaftung, RdA 2005, 98.

a) Allgemeines

1056 Die Mankohaftung bezeichnet eine besondere Form der **Schadenshaftung**, in deren Rahmen der Arbeitnehmer für **Fehlbestände** in einem ihm vom Arbeitgeber anvertrauten Kassen-, Geld- oder Warenbestand einzustehen hat.

aa) Rechtsprechung zur Mankohaftung

Die Grundsätze der **gesetzlichen Mankohaftung** beruhen auf einer wechselvollen, von der Literatur stets   **1057**
kritisch begleiteten Rechtsprechung, die ihren vorläufigen Höhepunkt in zwei Entscheidungen des BAG
vom 17.9.1998[2212] und 2.12.1999[2213] gefunden hat. Wesentliche Fragestellung ist bei der Mankohaftung
neben dem Haftungsumfang die sachgerechte Verteilung der Darlegungs- und Beweislast zwischen Arbeitgeber und Arbeitnehmer. Die Rechtsprechung geht hierbei von einem **zweiteiligen Haftungskonzept** aus,
das maßgeblich nach der Stellung des Arbeitnehmers differenziert. So sollen bei einem Arbeitnehmer, dem
ein Kassen- oder Warenbestand in der Weise zur eigenen Verwaltung derart übertragen wurde, dass er alleinigen Zugang zu diesem hat und selbstständig darüber disponieren kann, neben den arbeitsrechtlichen
Bestimmungen die Vorschriften über die Verwahrung und den Auftrag, insbesondere §§ 667, 688 BGB
zur Anwendung kommen. Demgemäß soll der Arbeitnehmer die Herausgabe des Bestandes oder seines
wirtschaftlichen Surrogats als Hauptleistungspflicht schulden; ist er hierzu nicht in der Lage, soll ein
Fall der Unmöglichkeit vorliegen, der den Arbeitnehmer gem. §§ 280 Abs. 1, 3, 283 BGB zum Schadensersatz verpflichtet.[2214] Fehlt es demgegenüber an einer derartigen Selbstständigkeit des Arbeitnehmers, soll
sich die Haftung für einen Fehlbestand aus § 281 Abs. 1 S. 1 BGB ergeben, wenn der Fehlbestand Begleiterscheinung einer Schlechtleistung des Arbeitnehmers ist.[2215]

Diese Unterscheidung hatte in der Vergangenheit Auswirkung auf den Haftungsumfang, da die Grundsätze   **1058**
der beschränkten Arbeitnehmerhaftung (vgl. hierzu Rdn 980 ff.) im Falle der Unmöglichkeit nicht angewandt wurden,[2216] v.a. aber auch auf die Verteilung der Darlegungs- und Beweislast. Bei einer Haftung wegen Unmöglichkeit ließ die Rechtsprechung genügen, wenn der Arbeitgeber die Überlassung des Geld- oder
Warenbestandes an den Arbeitnehmer darlegen konnte; der weitergehende Nachweis einer Pflichtwidrigkeit hinsichtlich der Unmöglichkeit der Herausgabe war dann nicht mehr erforderlich. Auch hatte sich der
Arbeitnehmer gem. § 282 BGB a.F. von dem Vorwurf des Verschuldens zu entlasten.[2217] Demgegenüber
oblag bei der einfachen Schlechtleistung dem Arbeitgeber die volle Darlegungs- und Beweislast nicht nur
hinsichtlich der Pflichtverletzung, sondern auch des Verschuldens. Zwar wurde in den Fällen, in denen der
Arbeitnehmer die alleinige Verfügungsgewalt über den Geld- oder Warenbestand besaß, ein entsprechender
Anscheinsbeweis zugunsten des Arbeitgebers angenommen, nicht aber eine Beweislastumkehr. Der Arbeitnehmer musste daher nicht den vollen Entlastungsbeweis führen, sondern lediglich den Anscheinsbeweis
erschüttern; dabei genügte es, wenn der Arbeitnehmer die ernsthafte Möglichkeit eines die Haftung ausschließenden Geschehensverlaufs darlegen konnte, um die Beweislast wieder auf den Arbeitgeber zu verlagern.[2218]

Auch die neuere Rechtsprechung hat trotz erheblicher Kritik[2219] im Grundsatz an dem zweiteiligen Haf-   **1059**
tungskonzept festgehalten, wenn sie sich auch mittlerweile in der Annahme einer entsprechenden Pflichtenstellung des Arbeitnehmers außerordentlich restriktiv zeigt. Zur Begründung einer besonderen Pflichten-

---

2212 BAG 17.9.1998, NZA 1999, 141.

2213 BAG 2.12.1999, NZA 2000, 715.

2214 BAG 2.12.1999, NZA 2000, 715; BAG 17.9.1998, NZA 1999, 141; kritisch etwa Küttner/*Griese*, Fehlgeldentschädigung, Rn 10;
ErfK/*Preis*, § 619a BGB Rn 30; *Deinert*, RdA 2000, 22.

2215 BAG 15.11.2004, ArbRB 2002, 127.

2216 BAG 13.3.1964, AP Nr. 32 zu § 611 BGB Haftung des Arbeitnehmers; BAG 26.1.1971, AP Nr. 64 zu § 611 BGB Haftung des
Arbeitnehmers; BAG 3.8.1971, AP Nr. 67 zu § 611 BGB Haftung des Arbeitnehmers; *Walker*, JuS 2002, 736; MünchArbR/*Reichold*, § 51 Rn 71, 105; a.A. bereits *Reinecke*, ZfA 1976, 215.

2217 BAG 6.6.1984, AP Nr. 1 zu § 11a TV Angestellte Bundespost; LAG Düsseldorf 23.6.1966, BB 1966, 1145; krit. hierzu etwa *Preis*/
Kellermann, SAE 1998, 133; *Deinert*, AuR 2001, 26.

2218 *Deinert*, RdA 2000, 22.

2219 *Boemke*, SAE 2000, 6; *Deinert*, AuR 2001, 26; *Deinert*, RdA 2000, 22; *Preis*/*Kellermann*, SAE 1998, 133; *Reinecke*, ZfA 1976,
215.

stellung wird mittlerweile gefordert, dass der Arbeitnehmer hinsichtlich des Geld- oder Warenbestandes die Stellung eines unmittelbaren Besitzers erlangt hat. Dafür soll der alleinige Zugang zu dem Bestand und dessen selbstständige Verwaltung durch den Arbeitnehmer nicht mehr ausreichen,[2220] ebenso wenig eine nur eingeschränkte vorübergehende Sachherrschaft in Anwesenheit von Vorgesetzten.[2221] Erforderlich sei vielmehr, dass der Arbeitnehmer wirtschaftliche Überlegungen anzustellen und selbstständig Entscheidungen über die Verwendung des ihm anvertrauten Bestandes zu treffen hat,[2222] indem ihm bspw. eigene Vertriebsbemühungen oder Werbemaßnahmen obliegen und er Preise nicht nur berechnen, sondern auch selbstständig kalkulieren muss.[2223] Allein unter diesen Voraussetzungen habe der Arbeitnehmer einen eigenständigen Spielraum, der es rechtfertige, ihm die volle Verantwortung für die Herausgabe des verwalteten Bestandes aufzuerlegen.

1060   Die **praktischen Auswirkungen** des zweiteiligen Haftungskonzepts sind mittlerweile nicht nur wegen der hohen Anforderungen, die an die Annahme einer vertraglichen Herausgabeverpflichtung gestellt werden, begrenzt. Dies beruht zum einen darauf, dass der Haftungsmaßstab unabhängig von dem Haftungsgrund einheitlich zu bewerten ist. Das BAG hat bei der Bewertung der gesetzlichen Mankohaftung die seit 1994 geänderte Rechtsprechung des Großen Senats zur Arbeitnehmerhaftung[2224] umgesetzt und die Grundsätze der eingeschränkten Arbeitnehmerhaftung einheitlich auch auf die Mankohaftung angewandt.[2225] Der begrenzte Haftungsmaßstab erfasst damit Fälle der Unmöglichkeit ebenso wie Fälle der Schlechtleistung, so dass es für den Umfang der Arbeitnehmerhaftung nicht mehr auf den Haftungsgrund ankommt.[2226] Zum anderen ist nicht anzunehmen, dass an der unterschiedlichen Beurteilung der Darlegungs- und Beweislast noch festgehalten werden kann. Bereits in der Entscheidung vom 17.9.1998[2227] hat der 8. Senat die Anwendung des § 282 BGB a.F. im Rahmen der Arbeitnehmerhaftung generell ausgeschlossen; dies erfasst notwendigerweise auch eine Haftung wegen Unmöglichkeit.[2228] Die Verlagerung der Darlegungs- und Beweislast auf den Arbeitgeber wurde überdies mit der Einführung des § 619a BGB zum 1.1.2002 bestätigt, ohne dass insoweit eine Unterscheidung nach dem Haftungsgrund vorgenommen worden ist. Zwar wird insbesondere unter Hinweis auf die Begründung des Gesetzgebers[2229] überwiegend angenommen, dass durch § 619a BGB lediglich „die bislang von der Rechtsprechung entwickelten Grundsätze zur Verteilung der Darlegungs- und Beweislast aufrechterhalten" werden sollten,[2230] doch lässt sich dies allenfalls mit einer teleologischen Reduktion des § 619a BGB erreichen.[2231] Der klare Wortlaut des § 619a BGB spricht demgegenüber für eine generelle Verlagerung der Darlegungs- und Beweislast auf den Arbeitgeber.

bb) Darlegungs- und Beweislast

1061   Im Rahmen der gesetzlichen Mankohaftung sind daher unabhängig von der Haftungsgrundlage die von der Rechtsprechung entwickelten **Grundsätze der Darlegungs- und Beweislast** zu berücksichtigen. Demnach

---

2220 So die frühere Rechtsprechung: BAG 11.11.1969, AP Nr. 49 zu § 611 BGB Haftung des Arbeitnehmers m. Anm. *Canaris*; BAG 27.2.1970, AP Nr. 54 zu § 611 BGB Haftung des Arbeitnehmers m. zust. Anm. *Hueck*.
2221 LAG Nürnberg 23.6.1998, LAGE § 611 BGB Arbeitnehmerhaftung Nr. 25 (Geldbearbeiter).
2222 BAG 29.1.1985, NZA 1986, 23; LAG Baden-Württemberg 19.9.2001 – 17 Sa 9/01, n.v.; BAG 22.11.1973, AP Nr. 67 zu § 626 BGB.
2223 BAG 2.12.1999, NZA 2000, 715; BAG 17.9.1998, NZA 1999, 141; noch weitergehend wird teilweise verlangt, dass der Arbeitnehmer hinsichtlich der überlassenen Gegenstände keinem Weisungsrecht unterliegt: HWK/*Krause*, § 619a BGB Rn 48.
2224 BAG GS 27.9.1994, AP Nr. 103 zu § 611 BGB Haftung des Arbeitnehmers.
2225 BAG 17.9.1998, NZA 1999, 141; BAG 22.5.1997, AP Nr. 1 zu § 611 BGB Mankohaftung.
2226 *Preis/Kellermann*, SAE 1998, 133; a.A. offenbar *Walker*, JuS 2002, 736.
2227 BAG 17.9.1998, NZA 1999, 141.
2228 *Boemke*, SAE 2000, 6; *Preis/Kellermann*, SAE 1998, 133.
2229 BT-Drucks 14/7052, 204.
2230 LAG Niedersachsen 5.9.2005, MDR 2006, 592; *Walker*, JuS 2002, 736; *Oetker*, BB 1999, 43; wohl auch *Dedek*, ZGS 2002, 320; offen gelassen von LAG Nürnberg 23.6.1998, LAGE § 611 BGB Arbeitnehmerhaftung Nr. 25.
2231 So *Henssler*, RdA 2002, 129; dagegen *Gotthardt*, ZIP 2002, 277.

hat der Arbeitgeber darzulegen, dass das Manko auf einer schuldhaften Pflichtverletzung des Arbeitnehmers beruht.[2232] Nur sofern der Arbeitnehmer eine – vom Arbeitgeber zu beweisende[2233] – alleinige Zugriffsmöglichkeit auf den ihm anvertrauten Kassen- oder Warenbestand besitzt, besteht bei Fehlbeständen ein Anscheinsbeweis dafür, dass der Arbeitnehmer seine Leistungspflichten verletzt hat. Weiterhin muss der Arbeitgeber darlegen, ob und in welchem Umfang der Arbeitnehmer schuldhaft gehandelt hat; dabei ist ein Fehlbestand auch bei pflichtwidrigem Handeln des Arbeitnehmers allenfalls einfache Fahrlässigkeit, nicht aber grobe Fahrlässigkeit oder gar vorsätzliches Handeln zu indizieren geeignet.[2234] Um keine unzumutbaren Anforderungen an die Darlegungslast des Arbeitgebers zu stellen, trifft den Arbeitnehmer sodann die sekundäre Behauptungslast, die auch durch § 619a BGB nicht ausgeschlossen wird.[2235] Soweit der Geschehensverlauf in der alleinigen Wahrnehmungssphäre des Arbeitnehmers liegt, muss er diesen im Hinblick auf die in § 138 ZPO normierte Verpflichtung zur vollständigen und wahrheitsgemäßen Erklärung über tatsächliche Umstände spätestens im Prozess darlegen; er muss zumindest eine hinreichende Wahrscheinlichkeit für einen Geschehensablauf dartun, der die Wertung ermöglicht, dass der Fehlbestand jedenfalls nicht auf eine fahrlässige Pflichtverletzung zurückzuführen ist.[2236] Bleibt dann streitig, ob bestimmte Tatsachen vorliegen oder nicht, geht dies bei Nichtaufklärbarkeit des Sachverhalts zu Lasten des Arbeitgebers.[2237]

cc) Vertragliche Regelung der Mankohaftung

Die Beweissituation im Rahmen der gesetzlichen Mankohaftung bürdet dem Arbeitgeber damit umfangreiche Nachweispflichten auf, die dieser aufgrund mangelhaften Einblicks in die dem Arbeitnehmer überlassenen Bestände häufig nicht erfüllen kann. Die **vertragliche Regelung der Mankohaftung** zielt deshalb darauf ab, eine weitergehende Haftungsgrundlage zu schaffen, indem entweder eine verschuldensunabhängige Haftung des Arbeitnehmers begründet oder zumindest die Darlegungs- und Beweislast auf diesen verlagert wird. Die Beurteilung der Zulässigkeit solcher Regelungen durch die Rechtsprechung war schon in der Vergangenheit uneinheitlich. In älteren Entscheidungen wurden vertragliche Mankoregelungen allein anhand der Generalklauseln der §§ 138, 242 BGB überprüft, ihre Zulässigkeit immer dann bejaht, wenn eine „sinnvolle, den Eigenarten des Betriebes und der Tätigkeit des Arbeitnehmers angepasste Beweislastverteilung oder eine vom Verschulden des Arbeitnehmers unabhängige Haftung für Fehlbeträge" begründet wurde, die „in seinem Arbeits- und Kontrollbereich vorkommen", und eine finanzielle Entschädigung, das sog. Mankogeld oder eine entsprechend erhöhte Vergütung, gezahlt wurde, die einen angemessenen Ausgleich zu den von dem Arbeitnehmer übernommenen Risiken darzustellen geeignet war.[2238] Mit der Entscheidung vom 17.9.1998 hat der nunmehr für Haftungsfragen allein zuständige 8. Senat des BAG diese Rechtspre-

1062

2232 BAG 2.12.1999, NZA 2000, 715; BAG 22.5.1997, AP Nr. 1 zu § 611 BGB Mankohaftung; LAG Köln 29.5.2015 – 4 Sa 136/15; LAG Sachsen-Anhalt 9.6.2011 – 3 Sa 95/10; LAG Baden-Württemberg 19.9.2001 – 17 Sa 9/01, n.v.; Hessisches LAG 20.8.1980 – 10/7 Sa 909/78, n.v.; LAG München 26.4.1973, AMBl BY 1974, C10; *Otto/Krause*, § 13 Rn 28, Rn 195; MünchArbR/*Reichold*, § 52 Rn 83; *Oetker*, BB 1999, 43.

2233 LAG München 2.4.2008 – 11 Sa 917/07, n.v.; LAG Rheinland-Pfalz 11.1.2008 – 9 Sa 462/07, n.v.; LAG Schleswig-Holstein 8.2.2002 – 1 Sa 293/00, n.v.; BAG 6.6.1984, AP Nr. 1 zu § 11a TV Ang Bundespost; BAG 11.11.1969, AP Nr. 49 zu § 611 BGB Haftung des Arbeitnehmers.

2234 BAG 22.5.1997, AP Nr. 1 zu § 611 BGB Mankohaftung; BAG 30.8.1966, NJW 1967, 269.

2235 *Oetker*, BB 1999, 43.

2236 BAG 28.10.2010, NZA 2011, 406; BAG 6.6.1984, AP Nr. 1 zu § 11a TV Ang Bundespost; BAG 29.8.1984 – 7 AZR 572/81, n.v.; LAG Düsseldorf 23.6.1966, BB 1966, 1145.

2237 LAG Baden-Württemberg 27.11.2002 – 12 Sa 118/01, n.v.; BAG 6.6.1984, AP Nr. 1 zu § 11a TV Ang Bundespost; *Reineke*, ZfA 1976, 215.

2238 BAG 29.1.1985, AP Nr. 87 zu § 611 BGB Haftung des Arbeitnehmers; BAG 15.1.1985 – 3 AZR 120/82, n.v.; BAG 22.11.1973, AP Nr. 67 zu § 626 BGB; BAG 27.2.1970, AP Nr. 54 zu § 611 BGB Haftung des Arbeitnehmers; LAG Berlin 16.1.1959, EK 1959, 4, 163.

chung jedoch präzisiert. Ausgehend von der Annahme, dass es sich bei den nun auch auf die Mankohaftung anwendbaren Grundsätzen der eingeschränkten Arbeitnehmerhaftung um einseitig zwingendes Arbeitnehmerschutzrecht handelt,[2239] kann von diesen durch eine individualvertragliche Mankoregelung nicht mehr abgewichen, die Haftung des Arbeitnehmers daher nicht über die allgemeinen haftungsrechtlichen Grundsätze hinaus verschärft werden, sofern nicht gleichzeitig im Wege einer **kompensatorischen Vertragsgestaltung**[2240] der Nachteil der verschärften Haftung zumindest durch einen finanziellen Vorteil aufgewogen wird. Zusätzliche Einschränkungen ergeben sich seit dem 1.1.2002 aus der mit der Schuldrechtsreform eingeführten gesetzlichen Inhaltskontrolle arbeitsrechtlicher Formularverträge, die wegen § 310 Abs. 3 BGB auf nahezu alle Arbeitsverträge Anwendung findet.[2241] Vertragliche Regelungen zur Verschärfung der gesetzlichen Mankohaftung sind daher nur noch in begrenztem Umfang zulässig.

b) Verschuldensunabhängige Haftung

▼

1063   **Muster 1a.61: Verschuldensunabhängige Haftung**

■ Der Filialleiter erhält eine Vergütung in Höhe von ▮▮▮▮ % des im Vormonat erzielten Nettoumsatzes. Zusätzlich erhält er ▮▮▮▮ % des im Vormonat erzielten Nettoumsatzes als Mankogeld.

■ Der Kassen- und Warenbestand wird jährlich zum 31. Dezember durch eine Inventur festgestellt. Eine Verrechnung von Inventurfehlbeträgen und Inventurüberschüssen findet nicht statt.

■ Der Filialleiter ist verpflichtet, etwaige Inventurfehlbeträge unabhängig von einem Verschulden in vollem Umfang zu erstatten. Die Erstattungspflicht innerhalb des jährlichen Abrechnungszeitraums ist begrenzt auf den Betrag, den der Filialleiter in den zwölf der Feststellung des Inventurfehlbetrages vorangegangenen Monaten als Mankogeld erhalten hat; diese Begrenzung entfällt bei einer verschuldensabhängigen Haftung des Filialleiters.

■ Die Haftung des Filialleiters entfällt in dem Umfang, in dem der Arbeitgeber den Fehlbetrag selbst zu vertreten hat (§ 254 BGB).

▲

c) Erläuterungen
aa) Erfordernis ausdrücklicher Mankoabrede

1064   Vertragliche Mankoabreden in arbeitsrechtlichen Formularverträgen, die von den Grundsätzen der gesetzlichen Mankohaftung abweichen, unterliegen der **gesetzlichen Inhaltskontrolle** gem. §§ 305 ff. BGB. Demgemäß steht das in § 307 Abs. 1 S. 2 BGB verankerte Transparenzgebot einer Vertragsgestaltung entgegen, aus der sich die für den Arbeitnehmer bestehenden Belastungen nicht klar und unmissverständlich ergeben. Voraussetzung für eine über das gesetzliche Maß hinausgehende Mankohaftung ist damit eine **ausdrückliche vertragliche Abrede**, die eine transparente Regelung der Haftungsmaßstäbe beinhaltet. Soweit in der Vergangenheit demgegenüber ausnahmsweise auch die stillschweigende Vereinbarung einer Mankoabrede angenommen wurde, wenn sich dies aus der Art der Beschäftigung und einer entsprechend zusätzlich gewährten Mankovergütung ergab,[2242] lässt sich dies nicht mehr aufrechterhalten.

2239 BAG 5.2.2004, NZA 2004, 649; BAG 2.12.1999, NZA 2000, 715; Erman/*Belling*, § 619a BGB Rn 11; HWK/*Krause*, § 619a BGB Rn 51; *Schwab*, NZA-RR 2016, 173; *Schwab*, AiB 2012, 391; *Waltermann*, RdA 2005, 98; *Däubler*, NZA 2001, 1329; *Lansnicker/Schwirtzek*, BB 1999, 259; differenzierend noch *Krause*, NZA 2003, 577; a.A. ErfK/*Preis*, §§ 305–310 BGB Rn 85; *Schwirtzek*, NZA 2005, 437.
2240 Preis/*Stoffels*, Arbeitsvertrag, Teil II M 10 Rn 11.
2241 HWK/*Gotthardt/Roloff*, § 310 BGB Rn 3.
2242 *Deinert*, RdA 2000, 22; zweifelnd LAG Nürnberg 26.6.1998, LAGE § 611 BGB Arbeitnehmerhaftung Nr. 25; abl. BAG 27.2.1970, AP Nr. 54 zu § 611 BGB Haftung des Arbeitnehmers.

bb) Vereinbarung eines Mankogeldes

Da durch die Mankoabrede ein Teil des Betriebsrisikos von dem Arbeitgeber auf den Arbeitnehmer verlagert wird, ist diese nur wirksam, wenn der Arbeitnehmer eine angemessene Gegenleistung in Form eines Mankogeldes oder eines entsprechend erhöhten Gehalts erhält.[2243] Dabei war in der Vergangenheit ausreichend, dass das **Mankogeld** dem Durchschnitt des nach dem regelmäßigen Lauf der Dinge zu erwartenden Mankos entspricht. Dass es dabei im Einzelfall zu Ersatzleistungen des Arbeitnehmers kommen konnte, die durch das Mankogeld nicht gedeckt waren, hat die Rechtsprechung als dem Wesen der Mankohaftung innewohnendes Merkmal anerkannt; dies wurde solange als unschädlich angesehen, wie die typischerweise zu erwartenden Verluste mit dem Mankogeld gedeckt werden konnten.[2244] Seitdem die Rechtsprechung jedoch die Grundsätze des innerbetrieblichen Schadensausgleichs auch in Mankofällen als zwingendes Arbeitnehmerschutzrecht ansieht, darf die Erstattungsverpflichtung des Arbeitnehmers auch bei untypisch hohen Schäden nicht mehr über die Summe der gezahlten Mankogelder hinausgehen.[2245] Dementsprechend kann auch die Vereinbarung einer über das Mankogeld hinausgehenden „angemessenen" Haftungshöchstgrenze, wie sie von *Schwirtzek* vorgeschlagen worden ist,[2246] nicht empfohlen werden. Zusätzlich ist zu beachten, dass die Mankovereinbarung nicht zu einer Unterschreitung der Tarifvergütung führen darf.[2247] Eine echte Haftungsverschärfung lässt sich deshalb mit einer Mankovereinbarung nicht mehr erzielen; vielmehr erhält der Arbeitnehmer für seine (haftungsrechtlich überobligatorische) Aufmerksamkeit eine zusätzliche finanzielle Vergütung, derer er im Falle eines Mankos wieder verlustig geht.

1065

cc) Begrenzung der Haftung auf das Mankogeld

Nicht abschließend geklärt ist die Frage, welche **Summe der gezahlten Mankogelder** als angemessene Begrenzung der Erstattungspflicht angesehen werden kann. Das BAG hat betont, dass sich aus gesetzlichen Vorschriften kein Hinderungsgrund für die Vereinbarung mittel- oder langfristiger Ausgleichungszeiträume von bspw. einem Kalenderjahr ergebe.[2248] Dabei muss jedoch sichergestellt sein, dass die Haftungshöchstgrenze den gesamten Abrechnungszeitraum erfasst; hieran orientiert sich die vorstehende Klausel. Unzulässig dürfte es auch sein, den Erstattungsbetrag auf die Summe der während des Arbeitsverhältnisses insgesamt gezahlten Mankogelder zu erstrecken.[2249] Zwar wäre damit der Ansatz der Rechtsprechung gewahrt, dem Arbeitnehmer keine über den Verlust des Mankogeldes hinausgehenden Nachteile zuzumuten. Allerdings würde eine solche Regelung gerade bei langjährigen Arbeitsverhältnissen dazu führen, dass der Arbeitnehmer durch einen Moment der Unachtsamkeit die finanzielle Entschädigung für die in den vergangenen Jahren getragene Verantwortung verlieren könnte. Insbesondere vor dem Hintergrund des § 307 Abs. 1 S. 1 BGB ist nicht davon auszugehen, dass eine solche Regelung von der Rechtsprechung akzeptiert wird. Ob darüber hinaus eine Haftungsbegrenzung vorgenommen werden muss, wenn der Arbeitnehmer während des Ausgleichszeitraums aus dem Arbeitsverhältnis ausscheidet, hat das BAG bislang offen gelassen.[2250]

1066

Die **Begrenzung des Haftungsumfangs** für den Fall der verschuldensunabhängigen Haftung muss sich unmittelbar aus der Mankoabrede selbst ergeben. Aus dem Transparenzgebot des § 307 Abs. 1 S. 2 BGB ergibt sich, dass eine vertragliche Bestimmung klar und verständlich formuliert sein muss. Die Klausel muss die Angemessenheit und Zumutbarkeit erkennen lassen und sowohl Tatbestand als auch Rechtsfolgen so genau

1067

2243 LAG Rheinland-Pfalz 29.10.2015, 3 Sa 464/14; LAG Köln 1.3.2002, NZA-RR 2003, 20.
2244 BAG 15.1.1985 – 3 AZR 120/82, n.v.
2245 BAG 17.9.1998, NZA 1999, 141; BAG 2.12.1999, NZA 2000, 715; abl. HWK/*Gotthardt*, Anh. §§ 305–310 BGB Rn 2; ErfK/*Preis*, §§ 305–310 BGB Rn 88; *Schwirtzek*, NZA 2005, 437.
2246 *Schwirtzek*, NZA 2005, 437: bis 25 % des Bruttoentgelts im Ausgleichszeitraum; *ders.*, AuA 2003, 20.
2247 Küttner/*Griese*, Fehlgeldentschädigung Rn 6; krit. *Deinert*, RdA 2000, 22.
2248 BAG 17.9.1998, NZA 1999, 141.
2249 Ebenso *Deinert*, RdA 2000, 22.
2250 BAG 2.12.1999, NZA 2000, 715.

bezeichnen, dass für den Arbeitgeber keine ungerechtfertigten Beurteilungsspielräume bestehen.[2251] Fehlt es an einer erkennbaren Haftungsbegrenzung, ist die Klausel deshalb insgesamt unwirksam; eine geltungserhaltende Reduktion kommt nach allgemeinen Grundsätzen nicht mehr in Betracht.[2252] Allerdings kann für Altverträge, die vor dem 1.1.2002 abgeschlossen wurden, durch eine ergänzende Vertragsauslegung Vertrauensschutz gewährt werden.[2253]

dd) Keine Bemessung des Mankos durch Verrechnung

1068 Die Mankovereinbarung darf keine Anreize setzen, Dritte zu benachteiligen. Eine Klausel, die die **Verrechnung** eines festgestellten Mankos mit anderweitig erzielten Überschüssen zulassen würde, wäre deshalb gem. § 138 BGB nichtig.[2254]

ee) Haftung wegen schuldhaften Verhaltens

1069 Zulässig ist es, Haftungsfälle wegen **schuldhaften Verhaltens** des Arbeitnehmers aus dem Anwendungsbereich der vertraglichen Mankoabrede auszunehmen.[2255] Anderenfalls würde der vorsätzlich oder nicht nur leicht fahrlässig handelnde Arbeitnehmer durch die Vereinbarung einer Mankoabrede unangemessen begünstigt. Die gesetzliche Mankohaftung wird daher durch eine vertragliche Regelung nicht eingeschränkt; im Interesse der Transparenz sollte dies ausdrücklich klargestellt werden.

ff) Umfang des Verantwortungsbereichs

1070 In der Entscheidung vom 17.9.1998 hat das BAG die Zulässigkeit einer vertraglichen Verschärfung der gesetzlichen Mankohaftung noch auf solche Bereiche beschränkt, die der Arbeitnehmer uneingeschränkt kontrollieren kann; sofern neben dem Arbeitnehmer noch andere Personen Zugriff auf Geld- oder Warenbestände des Arbeitgebers hätten, beinhalte demgegenüber die Mankohaftung eine unzulässige Verlagerung des Arbeitgeberrisikos.[2256] Davon ist der 8. Senat jedoch bereits mit Urt. v. 2.12.1999 abgerückt. Da der Arbeitnehmer durch die vertragliche Vereinbarung nicht einer gesetzlich nicht vorgesehenen Haftung ausgesetzt wird, sondern nur die „Erfolgsprämie" der Mankovergütung verlieren kann, darf die Mankoabrede auch **nicht voll beherrschbare Umstände und Risiken** wie die Beaufsichtigung von Mitarbeitern und Hilfskräften einschließen.[2257] Eine vertragliche Mankohaftung kann daher auch begründet werden, wenn Dritte Zugriff auf die zu sichernden Bestände haben, allerdings nur, wenn der Arbeitnehmer diese in zumutbarer Weise überwachen kann.[2258] Die Abwälzung von Risiken auf den Arbeitnehmer, die von diesem nicht mehr beherrschbar sind, bleibt demgegenüber auch weiterhin unzulässig.[2259]

gg) Mitverschulden

1071 § 254 BGB findet auch im Rahmen der Mankohaftung Anwendung, so dass die Haftung des Arbeitnehmers um einen etwaigen **Mitverschuldensanteil des Arbeitgebers** zu reduzieren ist. Das Vorliegen eines etwaigen Mitverschuldens ist von Amts wegen zu überprüfen;[2260] es kann sich insbesondere aus organisatorischen Mängeln ergeben, die die Entstehung von Fehlbeständen nicht ausreichend verhindern,[2261] aber

---

2251 BAG 31.8.2005, NZA 2006, 324.

2252 *Deinert*, AuR 2001, 26; a.A. noch *Mache*, AuR 1999, 117.

2253 BAG 11.10.2006, NZA 2007, 87 zum Widerrufsvorbehalt.

2254 HWK/*Krause*, § 619a Rn 54; *Krause*, Anm. zu BAG, AP Nr. 3 zu §§ 611 BGB Mankohaftung; *Otto/Schwarze*, Rn 299; *Deinert*, RdA 2000, 22, will dem Arbeitnehmer mangels objektivem Schaden des Arbeitgebers den Einwand des § 242 BGB belassen.

2255 BAG 17.9.1998, NZA 1999, 141.

2256 BAG 17.9.1998, NZA 1999, 141.

2257 BAG 2.12.1999, NZA 2000, 715.

2258 BAG 22.11.1973, AP Nr. 67 zu § 626 BGB.

2259 HWK/*Krause*, § 619a BGB Rn 52.

2260 BAG 27.2.1970, AP Nr. 54 zu § 611 BGB Haftung des Arbeitnehmers m. Anm. *Hueck*; BAG 26.1.1971, AP Nr. 64 zu § 611 BGB Haftung des Arbeitnehmers m. Anm. *Gerhardt*.

2261 *Deinert*, RdA 2001, 22.

auch aus der ungenügenden Überwachung des Arbeitnehmers selbst.[2262] Vereinbarungen, die die Berufung auf § 254 BGB ausschließen wollen, sind unwirksam.[2263] Der Einwand des Mitverschuldens ist allerdings bei vorsätzlicher Veruntreuung ausgeschlossen.[2264]

d) Verlagerung der Beweislast

62

Muster 1a.62: Verlagerung der Beweislast

1072

Mankohaftung, Beweislast

Der Arbeitnehmer ist für die ordnungsgemäße Kassenführung verantwortlich. Ergibt sich bei der Feststellung des Kassenbestandes ein Fehlbetrag, so stellt dies eine Pflichtverletzung dar; der Arbeitnehmer hat hierfür in vollem Umfang einzustehen, sofern er nicht nachweist, dass er nicht grob fahrlässig gehandelt hat.

Variante

Die Ergebnisse der in Anwesenheit des Arbeitnehmers durchgeführten Inventur sind für die Feststellung eines Fehlbestandes verbindlich.

Mankohaftung, Schaden

Für Fehlbestände in seinem Warenbestand haftet der Arbeitnehmer in Höhe des jeweils geltenden Wiederverkaufspreises, soweit er nicht einen geringeren Schaden nachweist.

e) Erläuterungen

aa) Gesetzliche Vorgaben zur Darlegungs- und Beweislast

Da die einleitend dargestellte Verteilung der Darlegungs- und Beweislast, die mit § 619a BGB bestätigt worden ist, nach Auffassung des BAG jedenfalls zugunsten des Arbeitnehmers zwingend ausgestaltet ist,[2265] kann von diesen Grundsätzen arbeitsvertraglich nicht zum Nachteil des Arbeitnehmers abgewichen werden. In Formularverträgen steht einer Verlagerung der Beweislast überdies § 309 Nr. 12 BGB entgegen, demgemäß von gesetzlichen oder richterrechtlichen Beweislastregeln[2266] nicht zum Nachteil des Arbeitnehmers abgewichen werden darf (vgl. Rdn 673 ff.). Für den Arbeitnehmer nachteilige vertragliche Regelungen zur Beweisverteilung sind daher auch in Mankofällen nur zulässig, soweit sie die materielle Rechtslage widerspiegeln. 1073

Mit dem Beispiel „Mankohaftung, Beweislast" wird eine Beweisregelung in zweifacher Hinsicht getroffen. Der Fehlbestand in der Kasse des Arbeitnehmers soll das Vorliegen einer Pflichtwidrigkeit indizieren; zugleich wird dem Arbeitnehmer hinsichtlich des Verschuldens der **Entlastungsnachweis** auferlegt. Beides widerspricht der gesetzlichen Verteilung der Darlegungs- und Beweislast, die durch die überwiegend als unabdingbar angesehene Regelung des § 619a BGB bestätigt worden ist:[2267] Das Indiz einer Pflichtverletzung kann aus dem Fehlbestand allenfalls hergeleitet werden, wenn der Arbeitnehmer alleinigen Zugang zu dieser hatte; dies darzulegen, obliegt aber dem Arbeitgeber. Der Arbeitgeber hat gleichermaßen das Ver- 1074

2262 BAG 27.2.1970, AP Nr. 54 zu § 611 BGB Haftung des Arbeitnehmers m. Anm. *Hueck*; BAG 18.6.1970, AP Nr. 57 zu § 611 BGB Haftung des Arbeitnehmers m. Anm. *Steindorff*.

2263 HWK/*Krause*, § 619a BGB Rn 53; MünchArbR/*Reichold*, § 51 Rn 72; BAG 27.2.1970, LAGE § 276 BGB Nr. 2; BAG 26.11.1971, AP Nr. 64 zu § 611 BGB Haftung des Arbeitnehmers.

2264 OLG Koblenz 13.1.2006, WM 2006, 1452; BAG 26.1.1971, AP Nr. 64 zu § 611 BGB Haftung des Arbeitnehmers m. Anm. *Gerhardt*.

2265 BAG 2.12.1999, NZA 2000, 715; HWK/*Krause*, § 619a BGB Rn 46; *Deinert*, RdA 2000, 22; a.A. ErfK/*Preis*, § 619a BGB Rn 21.

2266 Palandt/*Grüneberg*, § 309 BGB Rn 106.

2267 Palandt/*Grüneberg*, § 309 BGB Rn 107; *Däubler*, NZA 2001, 1329; a.A. ErfK/*Preis*, § 619a BGB Rn 21; *Henssler*, RdA 2002, 129.

schulden des Arbeitnehmers und dabei insbesondere die den Grad des Verschuldens ausmachenden Tatsachen darzulegen und ggf. zu beweisen.[2268] Auch wenn daher in der Vergangenheit Vereinbarungen, nach denen sich der Arbeitnehmer bei Eintritt eines Fehlbestandes entlasten muss, als wirksam angesehen worden sind,[2269] lässt sich diese Auffassung nicht mehr aufrechterhalten.

1075   Mit dem Beispiel „Mankohaftung, Beweislast, Variante" soll dem Arbeitgeber der ihm obliegende[2270] Nachweis, dass ein Manko überhaupt eingetreten ist, erleichtert werden, indem dem Arbeitnehmer das **Bestreiten des Fehlbetrages** unter bestimmten Voraussetzungen abgeschnitten wird. Auch diese in der Vergangenheit anerkannte[2271] Regelung verschlechtert die Beweissituation des Arbeitnehmers gegenüber der gesetzlichen Arbeitnehmerhaftung und ist deshalb nicht uneingeschränkt zulässig.[2272] Sollen die Inventurfeststellungen verbindlich gelten, sollte der Arbeitnehmer an dieser beteiligt und eine anschließende Erklärung des Arbeitnehmers über die Richtigkeit der Inventurergebnisse eingeholt werden.

bb) Beweislastvereinbarungen bei Gewährung von Mankogeld

1076   Beweislastvereinbarungen in der vorstehenden Form sind jedoch dann als zulässig anzusehen, wenn gleichzeitig ein **Mankogeld** vereinbart und die Haftung auf die Höhe des Mankogeldes beschränkt ist; da in diesem Rahmen sogar die verschuldensunabhängige Einstandspflicht des Arbeitnehmers für einen Fehlbestand vereinbart werden könnte, ist nicht einzusehen, der den Arbeitnehmer weniger belastenden Vereinbarung einer Beweisverteilung die Anerkennung zu versagen.[2273] Schließlich tritt in diesem Fall eine Beweislastverteilung zum Nachteil des Arbeitnehmers jedenfalls im Hinblick auf die gesetzliche Haftung nicht ein, da eine über das Mankogeld hinausgehende, echte Haftung des Arbeitnehmers gerade nicht begründet wird. Eine solche Regelung ist auch in Formularverträgen wirksam; da es sich nicht um eine Vereinbarung über die gesetzliche Beweislast handelt, kommt § 309 Nr. 12 BGB, der insoweit einer teleologischen Reduktion unterliegt, nicht zur Anwendung.[2274]

cc) Vereinbarung über die Schadenshöhe

1077   Die dritte Klauselvariante soll die Höhe des ersatzfähigen Schadens festlegen. Die Regelung entspricht § 252 BGB, der als gesetzliche Beweiserleichterung die **Ersatzfähigkeit des entgangenen Gewinns** klarstellend betont, und beinhaltet insoweit keine nachteilige Abweichung von der materiellen Rechtslage, da es im Handelsverkehr dem gewöhnlichen Lauf der Dinge entspricht, dass Ware zu geltenden Marktpreisen auch tatsächlich verkauft werden kann.[2275] Die Klausel ist daher wirksam. Unzulässig, da von der gesetzlichen Regelung abweichend,[2276] wäre demgegenüber eine Regelung, mit der dem Arbeitnehmer der Einwand, dass der entgangene Gewinn im konkreten Einzelfall nicht realisiert worden wäre, abgeschnitten wird.

80. Mehrarbeit

Literatur: *Boudon*, AGB-Kontrolle – neue Regeln für den Entwurf von Arbeitsverträgen, ArbRB 2003, 150; *Gaul/Bonanni*, Überstundenvergütung bei AT-Angestellten, ArbRB 2002, 307; *Hümmerich*, Gestaltung von Arbeitsverträgen nach der Schuldrechtsreform, NZA

2268 BAG 22.5.1997, AP Nr. 1 zu § 611 BGB Mankohaftung; BAG 29.1.1985, AP Nr. 87 zu § 611 BGB Haftung des Arbeitnehmers; LAG Niedersachsen 5.9.2005, MDR 2006, 592.
2269 BAG 13.2.1974, AP Nr. 77 zu § 611 BGB Haftung des Arbeitnehmers.
2270 BAG 13.2.1974, AP Nr. 77 zu § 611 BGB Haftung des Arbeitnehmers; Küttner/*Griese*, Fehlgeldentschädigung, Rn 17.
2271 BAG 13.2.1974, AP Nr. 77 zu § 611 BGB Haftung des Arbeitnehmers.
2272 Preis/*Stoffels*, Arbeitsvertrag, Teil II M 10 Rn 19.
2273 HWK/*Krause*, § 619a BGB Rn 53; a.A. *Deinert*, RdA 2000, 22.
2274 Palandt/*Grüneberg*, § 309 BGB Rn 106 ff.; a.A. *Boemke*, SAE 2000, 6.
2275 BGH 2.3.1988, NJW 1988, 2234; LAG Hamm 26.10.2000, ZTR 2001, 138; a.A. bei ausreichenden Warenbeständen (Ersatz nur des Wiederbeschaffungswertes): *Deinert*, AuR 2001, 26; ähnlich Preis/*Stoffels*, Arbeitsvertrag, Teil II M 10 Rn 21, und LAG Düsseldorf 14.5.1974, DB 1974, 2115, das jedoch die Zulässigkeit einer abweichenden Vereinbarung andeutet.
2276 Palandt/*Grüneberg*, § 252 BGB Rn 7.

2003, 753; *Hümmerich/Rech*, Antizipierte Einwilligung in Überstunden durch arbeitsvertragliche Mehrarbeitsabgeltungsklauseln?, NZA 1999, 1132; *Kleinebrink*, Vertragliche Regelungen zur Vergütung von Überstunden nach der Reform des Schuldrechts, ArbRB 2006, 21; *Lindemann*, Flexible Gestaltung von Arbeitsbedingungen nach der Schuldrechtsreform, Diss. 2003; *Lelley/Kaufmann*, AGB-Kontrolle von Arbeitsverträgen, FA 2006, 7; *Moderegger*, Überstunden vergüten oder nicht vergüten, ArbRB 2012, 308; *Preis*, AGB-Recht und Arbeitsrecht, NZA 2006 Beilage 3, 115; *Schrader/Schubert*, AGB-Kontrolle von Arbeitsverträgen, NZA-RR 2005, 225; *Schramm/Kuhnke*, Neue Grundsätze des BAG zur Überstundenvergütung, NZA 2012, 127; *Schreiner/Kuhn*, Gerichtliche Durchsetzung von Mehrarbeitsvergütung, ArbRB 2009, 153; *Seel*, Wirksamkeit von Überstundenregelungen in Formulararbeitsverträgen, DB 2005, 1330; *Striegel*, Zeit ist Geld, ArbRB 2004, 317; *Thüsing/Leder*, Gestaltungsspielräume bei der Verwendung vorformulierter Arbeitsvertragsbedingungen – Besondere Klauseln, BB 2005, 1563; *Worzalla*, Die Wirksamkeit einzelner Arbeitsvertragsklauseln nach der Schuldrechtsreform, NZA 2006, Beilage 3, 122.

a) Allgemeines

Die Anordnung von Mehrarbeit ermöglicht es dem Arbeitgeber, flexibel auf zeitweise erhöhten Arbeitsanfall etwa durch konjunkturellen Aufschwung oder durch Personalengpässe zu reagieren. Neben der **Anordnungsbefugnis** des Arbeitgebers ist dabei v.a. die Frage der **Vergütung** der zusätzlichen Arbeitsleistung maßgeblicher Schwerpunkt der Vertragsgestaltung.   **1078**

In Rechtsprechung und Literatur werden die Begriffe Mehrarbeit, Überstunden und Überarbeit uneinheitlich verwandt,[2277] auch der Gesetzgeber selbst verwendet etwa in § 11 Abs. 1 BUrlG und § 4 Abs. 1a S. 1 EFZG den Begriff der Überstunden, in § 8 Abs. 1 MuSchG, § 124 SGB IX oder § 179 Abs. 1 SGB III demgegenüber den Begriff der Mehrarbeit. Richtigerweise muss zur sachgerechten **Abgrenzung** der Begriffe zunächst der **Begriff der** regelmäßigen **Arbeitszeit** bestimmt werden. Arbeitszeit ist gem. § 2 Abs. 1 S. 1 ArbZG die Zeit von Beginn bis zum Ende der Arbeit, unter Ausschluss gesetzlich vorgesehener Ruhepausen. Die nach dem Arbeitszeitgesetz höchstzulässige Arbeitszeit beträgt dabei – vorbehaltlich anderslautender kollektivrechtlicher Regelungen – gem. § 3 ArbZG werktäglich acht Stunden, mithin 48 Stunden wöchentlich; eine Verlängerung der 0,0-Arbeitszeit auf zehn Stunden täglich bzw. 60 Stunden wöchentlich ist zulässig, wenn innerhalb von sechs Kalendermonaten oder 24 Wochen die zulässige Höchstarbeitszeit im Durchschnitt eingehalten wird. Innerhalb der gesetzlich zulässigen Höchstarbeitszeit ergibt sich die individuelle regelmäßige Arbeitszeit eines Arbeitnehmers aus den für ihn geltenden individual- oder kollektivvertraglichen Regelungen. Hiervon ausgehend beinhaltet der Begriff der **Mehrarbeit** diejenige Arbeitszeit, die die gesetzlich zulässige Höchstarbeitszeit von acht Stunden täglich bzw. 48 Stunden wöchentlich überschreitet.[2278] **Überstunden** sind demgegenüber diejenigen Arbeitszeiten, die die für das Arbeitsverhältnis geltende regelmäßige tarifliche, betriebliche oder individualvertragliche Arbeitszeit des Arbeitnehmers überschreiten.[2279] Wird Mehrarbeit geleistet, beinhaltet dies somit stets auch die Ableistung von Überstunden.[2280]   **1079**

Individualvertragliche Vereinbarungen über den Umfang der gesetzlichen Höchstarbeitszeit sind gem. § 7 ArbZG grds. unzulässig, so dass sich entsprechende Vereinbarungen stets nur auf eine Verlängerung der individuellen Arbeitszeit durch Überstunden beziehen können. Bei der Auslegung ist jedoch zu berücksichtigen, dass eine synonyme Verwendung beider Begriffe für diejenigen Arbeitszeiten, die vorübergehend die individuelle Arbeitszeit überschreiten, weit verbreitet ist.[2281]   **1080**

2277 BAG 16.6.2004, ZTR 2004, 526; LAG Niedersachen 16.1.2006, LAGE Nr. 6 zu § 4 EntgeltfortzG.
2278 BAG 21.11.2006, NZA 2007, 446; BAG 3.12.2002, DB 2004, 1621; *Seel*, DB 2005, 1330.
2279 BAG 14.8.2007, ZTR 2008, 152; BAG 21.11.2001, NZA 2002, 439; Tschöpe/*Rinck*, Teil 2 A Rn 82.
2280 *Kleinebrink*, ArbRB 2006, 21; *Lindemann*, S. 265.
2281 *Hromadka/Schmitt-Rolfes*, S. 78; Bauer u.a./*Lingemann*, M 12.8.1. Fn 3.

b) Anforderung und Vergütung von Überstunden

1081 Muster 1a.63: Anforderung und Vergütung von Überstunden

Anforderung von Überstunden

Der Arbeitnehmer ist auf Anordnung des Arbeitgebers zur Leistung von Überstunden verpflichtet, soweit dadurch die gesetzlich zulässige Höchstarbeitszeit nicht überschritten wird. Bei der Anordnung von Überstunden wird der Arbeitgeber die berechtigten Belange des Arbeitnehmers angemessen berücksichtigen.

Vergütung von Überstunden

Überstunden werden nur vergütet, wenn sie auf ausdrückliche Anordnung des Vorgesetzten erbracht werden und der zeitliche Umfang der geleisteten Überstunden von dem Vorgesetzten schriftlich bestätigt wird.

Variante 1

Für seine Tätigkeit erhält der Angestellte ein Jahresgehalt von ▮▮▮▮▮▮ EUR, zahlbar in zwölf monatlichen Raten. Mit dieser Vergütung sind auch etwaige Überstunden abgegolten.

Variante 2

Mit der regelmäßigen Vergütung sind monatlich bis zu ▮▮▮▮▮▮ Überstunden abgegolten; darüber hinausgehende Überstunden werden mit dem regelmäßigen Stundenlohn vergütet.

Variante 3

Überstunden werden mit 1/169 der regelmäßigen monatlichen Vergütung zuzüglich eines Zuschlages von ▮▮▮▮▮▮ % vergütet.

Variante 4

Zur Abgeltung etwaiger Überstunden erhält der Arbeitnehmer monatlich eine Pauschalzahlung in Höhe von ▮▮▮▮▮▮ EUR brutto, mit der bis zu ▮▮▮▮▮▮ Überstunden im Monat abgegolten sind; sollten weitergehende Überstunden erforderlich werden, werden diese durch Freizeitgewährung ausgeglichen.

Variante 5

Zur Abgeltung etwaiger Überstunden erhält der Arbeitnehmer monatlich eine Pauschalzahlung in Höhe von ▮▮▮▮▮▮ EUR brutto. Diese Vereinbarung zur Pauschalabgeltung kann von beiden Parteien mit einer Frist von einem Monat zum Monatsende gekündigt werden; in diesem Fall werden künftig geleistete Überstunden durch den Arbeitgeber mit dem regelmäßigen Stundenlohn individuell vergütet oder durch Freizeit ausgeglichen.

c) Erläuterungen

aa) Verpflichtung zur Leistung von Überstunden

1082   Eine gesetzliche **Verpflichtung** des Arbeitnehmers **zur Leistung von Überstunden** besteht grds. nicht. Wird die Verpflichtung zur Leistung von Überstunden daher nicht auf individual- oder kollektivvertraglicher Ebene begründet, ist der Arbeitnehmer nur in Notfällen oder unter sonst außergewöhnlichen Umständen zur Erbringung von Überstunden verpflichtet.[2282] Die Anordnung von Überstunden ist insbesondere nicht bereits auf der Grundlage arbeitgeberseitigen Direktionsrechtes möglich, da dieses nur innerhalb des Rahmens der bestehenden arbeitsvertraglichen Verpflichtungen besteht; dies gilt auch dann, wenn der Arbeitsvertrag Regelungen zur Vergütung von erbrachten Überstunden beinhaltet.[2283]

2282 ArbG Leipzig 4.2.2003, NZA-RR 2003, 365; *Schreiner/Kuhn*, ArbRB 2009, 153; *Thüsing/Leder*, BB 2005, 1563; *Schrader/Schubert*, NZA-RR, 2005, 225.
2283 ErfK/*Preis*, §§ 305–310 BGB Rn 91; Küttner/*Poeche*, Überstunden Rn 4; *Hümmerich/Rech*, NZA 1999, 1132.

Die Verpflichtung zur Erbringung von Überstunden muss daher, sofern nicht entsprechende kollektivrecht- **1083** liche Regelungen bestehen, **arbeitsvertraglich vereinbart** werden. Fehlt eine solche Vereinbarung, ist der Arbeitnehmer nicht verpflichtet, einer Überstundenanordnung des Arbeitgebers Folge zu leisten; er kann zudem einen Anspruch auf Unterlassung der unberechtigten Anordnung geltend machen.[2284] Bei wirksamer Vereinbarung einer Anordnungsbefugnis im Arbeitsvertrag ist der Arbeitgeber demgegenüber berechtigt, den Arbeitnehmer jederzeit und ohne Einhaltung einer Ankündigungsfrist zur Leistung von Überstunden anzuweisen.[2285]

In Formularverträgen unterliegt die Vereinbarung einer Anordnungsbefugnis des Arbeitgebers der gesetz- **1084** lichen Inhaltskontrolle.[2286] Zwar ist der Umfang der vertraglich geschuldeten Arbeitszeit als Bestandteil der Leistungsbeschreibung einer Angemessenheitskontrolle entzogen, nicht aber eine Vertragsbedingung, die eine einseitige Modifikation dieser Leistungsbeschreibung ermöglichen soll.[2287] Problematisch sind daher Regelungen, die dem Arbeitgeber ohne weitere Einschränkung die Befugnis zur unbegrenzten Anordnung von Überstunden einräumen, ohne dass der Arbeitnehmer die Voraussetzungen und den Umfang seiner Überstundenverpflichtung konkret abschätzen kann. Ob eine bedingungslose Verpflichtung zur Leistung von Überstunden der Inhaltskontrolle standhält, ist daher zumindest zweifelhaft.[2288] Zu empfehlen ist deshalb, die Gründe für die Anordnung von Überstunden sowie deren zeitlichen Umfang zu bestimmen.[2289] Dass der Arbeitgeber bei der Anordnung von Überstunden auch die berechtigten Belange des Arbeitnehmers zu berücksichtigen hat, ergibt sich bereits aus § 315 BGB i.V.m. § 106 GewO.[2290]

bb) Verpflichtung zur Vergütung von Überstunden

Eine gesetzliche Regelung zur **Vergütung von Überstunden** besteht gem. § 17 Abs. 3 BBiG nur für Aus- **1085** zubildende; eine vergleichbare Regelung für Arbeitnehmer existiert nicht.[2291] Eine Verpflichtung zur Vergütung von Überstunden ergibt sich auch nicht mehr aus dem ArbZG. Anders als die zum 1.7.1994 außer Kraft getretene Arbeitszeitordnung, die in § 15 ArbZO für bestimmte Mehrarbeitszeiten einen „Anspruch auf eine angemessene Vergütung über den Lohn für die regelmäßige Arbeitszeit hinaus" begründete, beinhaltet das ArbZG im Hinblick auf die Länge der Arbeitszeit lediglich Schutznormen zugunsten der Arbeitnehmer; es enthält für Überstunden oder Mehrarbeit weder eine Vergütungsregelung[2292] noch lässt sich – etwa aus einer entsprechenden Anwendung des § 6 Abs. 5 ArbZG – ein Anspruch auf Überstundenzuschläge herleiten.

Dennoch kann sich bei fehlender – oder unwirksamer – arbeitsvertraglicher Regelung ein Vergütungs- **1086** anspruch aus § 612 Abs. 1 BGB ergeben. Danach gilt eine Vergütung als stillschweigend vereinbart, wenn die Dienstleistung den Umständen nach nur gegen eine Vergütung zu erwarten ist. Das Bestehen einer solchen **Vergütungserwartung**, die sich auch auf übliche Überstundenzuschläge beziehen kann,[2293] ist anhand eines objektiven Maßstabs unter Berücksichtigung der Verkehrssitte, der Art, des Umfangs und der Dauer der Dienstleistung sowie der Stellung der Beteiligten zueinander festzustellen.[2294] Sie kann sich insbesondere daraus ergeben, dass in dem jeweiligen Wirtschaftsbereich Tarifverträge gelten, die für vergleichbare Arbeiten eine Vergütung von Überstunden vorsehen[2295] und ist deshalb faktisch die Regel.

2284 LAG Rheinland-Pfalz 22.7.2009 – 7 Sa 171/09.
2285 Hümmerich/Lücke/Mauer/*Regh*, § 4 Rn 524; a.A. zur Ankündigungsfrist ArbG Frankfurt 26.11.1998, NZA-RR 1999, 357.
2286 LAG Hamm 11.7.2007 – 6 Sa 410/07; *Lakies*, AR-Blattei SD 35.
2287 *Preis*, NZA 2006, Beilage 3, 115.
2288 *Worzalla*, NZA 2006, Beilage 3, 122.
2289 *Hromadka/Schmitt-Rolfes*, S. 79; Hümmerich/Lücke/Mauer/*Mauer*, § 6 Rn 367.
2290 BAG 28.11.1984, DB 1985, 183; ErfK/*Preis*, § 611 BGB Rn 663.
2291 Küttner/*Poeche*, Überstunden Rn 9.
2292 ErfK/*Preis*, § 611 BGB Rn 486 ff., 665.
2293 Küttner/*Poeche*, Überstunden Rn 9; Schaub/*Linck*, ArbR-Hdb., § 69 Rn 14.
2294 BAG 27.6.2012, NZA 20121, 1147; BAG 22.2.2012, NZA 2012, 861; HWK/*Thüsing*, § 611 Rn 135.
2295 BAG 17.8.2011, NZA 2011, 1335.

An einer berechtigten Vergütungserwartung wird es jedoch fehlen, wenn ein Teil der Arbeitsvergütung arbeitszeitunabhängig und erfolgsbezogen ausgestaltet ist,[2296] wenn Dienste höherer Art geschuldet sind,[2297] oder insgesamt eine deutlich herausgehobene, die Beitragsbemessungsgrenze der gesetzlichen Rentenversicherung überschreitende Vergütung gezahlt wird.[2298]

1087 Die Darlegungs- und Beweislast für einen Anspruch auf Überstundenvergütung liegt grds. bei dem Arbeitnehmer.[2299] Dabei genügt zunächst, darzulegen, an welchen Tagen der Arbeitnehmer von wann bis wann Arbeit geleistet oder sich auf Weisung des Arbeitgebers zur Arbeit bereitgehalten hat; im Sinne einer abgestuften Darlegungs- und Beweislast hat dann der Arbeitgeber im Einzelnen vorzutragen, welche Arbeiten er dem Arbeitnehmer zugewiesen hat und an welchen Tagen der Arbeitnehmer von wann bis wann diesen Weisungen – nicht – nachgekommen ist.[2300] Um derartige Auseinandersetzungen zu vermeiden, aber auch um unnötige Überstunden zu vermeiden[2301] und die Überprüfung der tatsächlich geleisteten Arbeit zu erleichtern, kann der Anspruch auf Überstundenvergütung arbeitsvertraglich an **formelle Bedingungen** gebunden werden. Eine Vereinbarung, dass Überstunden vorab zu genehmigen sind, damit sie vergütungswirksam werden können, schützt auch den Arbeitnehmer auch davor, dass seine Erwartung fehlschlagen kann, etwaige von ihm aus eigenem Antrieb geleistete Überstunden würden nachträglich durch den Arbeitgeber genehmigt oder geduldet.[2302] Vereitelt der Arbeitgeber allerdings die Einhaltung der vertraglichen Vorgaben etwa durch eine hiervon abweichende betriebliche Organisation, kann er sich auf die vertragliche Vereinbarung mit Blick auf § 242 BGB nicht berufen. Umgekehrt soll der Arbeitgeber bei einem von ihm selbst geführten System der Arbeitszeiterfassung nicht einwenden können, die erbrachten Überstunden seien nicht geduldet gewesen.[2303]

cc) Abgeltung von Überstunden mit dem Gehalt

1088 Arbeitsvertragliche Vereinbarungen dahingehend, dass **Überstunden** mit dem regelmäßigen Gehalt **abgegolten** sein sollen, sind allgemein verbreitet und beinhalten damit kein Überraschungsmoment i.S.d. § 305c BGB.[2304] Allerdings ist eine pauschale Abgeltungsvereinbarung nur dann transparent i.S.d. § 307 Abs. 1 S. 2 BGB, wenn sich aus dem Arbeitsvertrag unmittelbar ergibt, welche Arbeitsleistungen in welchem zeitlichen Umfang von ihr erfasst werden sollen;[2305] die Anzahl der abgegoltenen Überstunden muss deshalb vertraglich festgelegt werden.[2306] Die **inhaltliche Angemessenheit** der Abgeltungsvereinbarung unterliegt gem. § 307 Abs. 3 BGB keiner gerichtlichen Überprüfung, wenn allein die Vergütung der Überstunden geregelt wird;[2307] es handelt sich dann um eine Hauptleistungspflicht, deren Zulässigkeit nur unter dem Aspekt der Sittenwidrigkeit zu überprüfen ist. Allein die Vereinbarung, dass bestimmte Arbeitsstunden

---

2296 BAG 21.9.2011, NZA 2012, 145.

2297 BAG 17.8.2011, NZA 2011, 1335; ErfK/*Preis*, § 612 BGB Rn 18; HWK/*Thüsing*, § 612 BGB Rn 23; *Kleinebrink*, ArbRB 2006, 21; *Seel*, DB 2005, 1330; *Gaul/Bonanni*, ArbRB 2002, 307.

2298 BAG 22.2.2012, NZA 2012, 861.

2299 Ausführlich dazu *Moderegger*, ArbRB 2012, 308; *Schreiner/Kuhn*, ArbRB 2009, 153.

2300 BAG 23.9.2015, 5 AZR 626/13; BAG 16.5.2012, NZA 2012, 939; vgl. zur Darlegungs- und Beweislast auch Hessisches LAG 10.11.2015, 15 Sa 476/15; LAG Rheinland-Pfalz 18.10.2012 – 10 Sa 297/12; LAG Hamm 7.9.2012 – 7 Sa 699/12; LAG Rheinland-Pfalz 26.7.2012 – 2 Sa 220/12.

2301 *Schrader/Schubert*, NZA-RR 2005, 225.

2302 LAG Köln 8.10.2015 – 7 Sa 304/15; zu den Anforderungen an die Angemessenheit einer solchen Klausel vgl. LAG Köln 11.9.2015, 4 Sa 425/15.

2303 ArbG Berlin 2.11.2012 – 28 Ca 13586/12.

2304 BAG 16.5.2012, NZA 2012, 939.

2305 *Boudon*, ArbRB 2003, 150; *Worzalla*, NZA 2006, Beilage 3, 122; *Hümmerich/Lücke/Mauer/Regh*, § 4 Rn 524, Arbeitsverträge, Teil 1 Rn 2554; *Schrader/Schubert*, NZA-RR 2005, 225.

2306 BAG 16.5.2012, NZA 2012, 939; BAG 22.2.2012, NZA 2012, 861; BAG 17.8.2011, NZA 2011, 1335; BAG 1.9.2010, NZA 2011, 575.

2307 BAG 16.5.2012, NZA 2012, 1752.

nicht vergütet werden, begründet dabei noch nicht den Vorwurf der Sittenwidrigkeit; es ist vielmehr das gesamte Gefüge von Leistung und Gegenleistung zu bewerten.[2308] Ist die Vergütungsregelung allerdings kombiniert mit einer Anordnungsbefugnis des Arbeitgebers, ist davon auszugehen, dass es sich um eine kontrollfähige Nebenabrede handelt, die der Angemessenheitskontrolle unterliegt.[2309] Wird dem Arbeitgeber das Recht eingeräumt, Überstunden anzuordnen, ohne dass hierfür eine gesonderte Vergütung gewährt wird, begründet dies ein Recht zur einseitigen Leistungsänderung i.S.d. § 308 Nr. 4 BGB, da der Arbeitgeber zwar nicht die absolute Höhe der Vergütung, wohl aber das Verhältnis zwischen Arbeitszeit und Vergütung ändert und damit einseitig in das vertragliche Gegenseitigkeitsverhältnis eingreift.[2310] Inhaltlich angemessen wird eine umfassende Abgeltungsklausel nur dann sein, wenn aufgrund der Art der Arbeitsleistung eine Vergütungserwartung für Überstunden nicht besteht,[2311] oder wenn die Abgeltungsklausel das arbeitsvertragliche Gegenleistungsverhältnis nicht unangemessen verschiebt; bei Vollzeitbeschäftigten dürfte insoweit eine Abgeltung von drei bis vier Überstunden wöchentlich noch angemessen sein.[2312]

dd) Ausgestaltung der Überstundenvergütung

Die **Vergütung der geleisteten Überstunden** lässt sich auf unterschiedliche Weise gestalten; die Entscheidung für ein bestimmtes Vergütungsmodell hängt dabei von den betrieblichen Bedürfnissen ab. **1089**

Insoweit ist es möglich, Überstunden entsprechend dem **tatsächlich erbrachten Umfang** stundenweise zu vergüten. Dabei muss die Vergütung für die Überstunden nicht dem Stundensatz entsprechen, der für die regelmäßige Arbeitszeit gezahlt wird. Zulässig ist auch eine über- oder (innerhalb der Grenzen des § 138 BGB)[2313] unterproportionale Vergütung.[2314] Diese Vergütungsform bietet sich insbesondere dann an, wenn eine geregelte Arbeitszeiterfassung durchgeführt wird, die es ermöglicht, erbrachte Überstunden auch tatsächlich nachzuvollziehen. **1090**

Denkbar ist auch eine **pauschale Vergütung** der geleisteten Überstunden; diese hat den Vorteil, dass auf eine exakte Arbeitszeiterfassung verzichtet werden kann,[2315] und verhindert, dass der Arbeitgeber nachträglich mit einer „Spitzabrechnung"[2316] konfrontiert wird. Pauschale Vergütungsvereinbarungen sind grds. zulässig, ein allgemeiner Rechtsgrundsatz, dass jede Überstunde individuell vergütet werden muss, besteht nicht.[2317] Die Vereinbarung muss aber unter Berücksichtigung der vorstehenden Ausführungen (siehe Rdn 1084) hinreichend transparent sein; eine Klausel zur Pauschalvergütung von Überstunden ist nur klar und verständlich, wenn sich aus dem Arbeitsvertrag selbst ergibt, welche Arbeitsleistung in welchem zeitlichen Umfang von ihr erfasst werden soll.[2318] Im Falle der Kombination mit einer einseitigen Anordnungsbefugnis muss die Regelung auch inhaltlich angemessen sein. Bei kombinierten Anordnungs- und Vergütungsklauseln sollte daher Wert darauf gelegt werden, dass die Pauschalzahlung einen insgesamt angemessenen Ausgleich für die geleisteten Überstunden darstellt. Dabei begründet die Pauschalzahlung **1091**

2308 BAG 17.10.2012, NZA 2013, 266.

2309 LAG Hamm 18.3.2009, LAGE § 307 BGB 2002 Nr. 18, LAG Hamm 11.7.2007, AE 2007, 312; LAG Köln 20.12.2001 – 6 Sa 965/01, n.v.; *Hümmerich/Rech*, NZA 1999, 1132; offen gelassen von BAG 16.5.2012, NZA 2012, 1752.

2310 LAG Köln 20.12.2001, AuR 2002, 193; *Lelley/Kaufmann*, FA 2006, 7.

2311 *Kleinebrink*, ArbRB 2006, 21; *Gaul/Bonanni*, ArbRB 2002, 307; ErfK/*Preis*, § 611 BGB Rn 665; *Seel*, DB 2005, 1330; Hümmerich/Lücke/Mauer/*Regh*, § 4 Rn 524; Tschöpe/*Heiden* Teil 2 A Rn 371; a.A. *Kleinebrink*, ArbRB 2006, 21; offengelassen BAG 28.9.2005, NZA 2006, 149.

2312 LAG Hamm 22.5.2012 – 19 Sa 1720/11 (10 Stunden monatlich).

2313 BAG 17.10.2012, NZA 2013, 266; *Seel*, DB 2005, 1330.

2314 *Hromadka/Schmitt-Rolfes*, S. 90 f.

2315 Zur Aufzeichnungspflicht von Mehrarbeit vgl. aber § 16 Abs. 2 ArbZG.

2316 *Kleinebrink*, ArbRB 2006, 21.

2317 BAG 16.5.2012, NZA 2012, 908; LAG Köln 7.9.1989, NZA 1990, 349.

2318 BAG 18.11.2015 – 5 AZR 751/13; LAG Hamm 30.1.2016, 5 Sa 1437/15.

nicht bereits dann eine unangemessene Benachteiligung des Arbeitnehmers, wenn die Überstunden mit einem geringeren Entgelt vergütet werden als die regelmäßigen Arbeitsstunden, da die Pauschale auch bei fehlender Leistung von Überstunden gezahlt wird und insoweit auch für den Arbeitnehmer Vorteile begründet. Ausreichend ist es daher, wenn die Höhe der Pauschalzahlung angesichts der Anzahl der tatsächlich geleisteten Überstunden bei längerfristiger Beurteilung einen insgesamt noch angemessenen Ausgleich darstellt.[2319]

1092　Die Vereinbarung einer Pauschalzahlung hat allerdings den Nachteil, dass eine Änderung der Verhältnisse oftmals eine **Anpassung der Vereinbarung** erforderlich machen wird. Dem kann durch eine entsprechende Anpassungsvereinbarung Rechnung getragen werden, die den Übergang von der Pauschalzahlung zur individuellen Abgeltung der Überstunden erlaubt, wenn das Verhältnis zwischen Überstunden und Pauschalzahlung für eine Vertragspartei nicht mehr angemessen erscheint.[2320] Eine Begrenzung der abgegoltenen Überstunden aus Gründen der Angemessenheit ist in diesem Fall nicht erforderlich, da der Arbeitnehmer eine etwaige Unangemessenheit durch den Übergang zur konkreten Abrechnung jederzeit beseitigen kann.[2321] Dabei dürfte die Berechtigung des Arbeitgebers, die Überstunden wahlweise durch Geld oder Freizeit auszugleichen, der Angemessenheitskontrolle gem. § 307 BGB ebenfalls standhalten, da beide Ausgleichsmöglichkeiten gleichwertig sind.[2322] Bei der Ausübung des Wahlrechts hat der Arbeitgeber jedoch gem. § 315 BGB billiges Ermessen zu wahren, und dabei insbesondere die Freistellung so rechtzeitig anzukündigen, dass der Arbeitnehmer diese auch sinnvoll nutzen kann.[2323]

ee) Überstundenausgleich durch Freizeitgewährung

1093　An Stelle einer finanziellen Abgeltung der geleisteten Überstunden kann der Ausgleich von Überstunden auch durch die Gewährung eines entsprechenden **Freizeitausgleichs** erfolgen, wenn dies arbeitsvertraglich vereinbart ist.[2324] Auf dem Freizeitausgleich basieren auch zahlreiche der in der Praxis in vielfältiger Weise angewandten Arbeitszeitmodelle, indem etwa durch Gleitzeitmodelle, Arbeitszeitkonten oder die Vereinbarung von Jahresarbeitszeiten[2325] ein Ausgleich vorübergehend ansteigender Arbeitszeit durch Freizeit erfolgt; dies erhöht regelmäßig nicht nur die Flexibilität des Arbeitgebers durch den bedarfsgerechten Einsatz der Mitarbeiter, sondern ermöglicht auch den Arbeitnehmern, ihre Arbeitszeiten besser mit ihren individuellen Lebensplänen in Einklang zu bringen. Allerdings kann der Arbeitgeber einen Freizeitausgleich zur Abgeltung von Überstunden nicht einseitig anordnen, wenn eine einzelvertragliche Vergütungsabrede ohne entsprechende Ersetzungsbefugnis besteht.[2326]

81. Miles & More (Bonusmeilen in Vielfliegerprogrammen)

Literatur: *Bauer/Krets,* „Miles & More" auf dem arbeitsrechtlichen Prüfstand, BB 2002, 2066 ff.; *Hülbach,* Bonusmeilen gebühren dem Arbeitgeber, ArbRB 2006, 324; *Konetzny,* Steuerliche Behandlung von Bonusmeilen, veröffentlicht unter http://einkommensteuer.suite101.de/article.cfm/steuerliche_behandlung_von_bonusmeilen#ixzz0so4SpOdD; *Schneider,* Bonusmeilen für Vielflieger – Herausgabeanspruch des Arbeitgebers?, AiB 2007, 58 ff.

2319 Preis/*Preis,* Arbeitsvertrag, II M 20 Rn 31; *Kleinebrink,* ArbRB 2006, 21.

2320 *Gaul/Bonanni,* ArbRB 2002, 307.

2321 *Kleinebrink,* ArbRB 2006, 21.

2322 Zum gesetzlichen Wahlrecht gem. § 6 Abs. 5 ArbZG vgl. BAG 31.8.2005, NZA 2006, 324.

2323 BAG 17.1.1995, DB 1995, 1413.

2324 BAG 21.3.2012, NZA 2012, 870; LAG Düsseldorf 6.6.2006 – 16 (18) Sa 167/06, n.v.; BAG 17.1.1995, DB 1995, 1413; LAG Köln 20.5.1992, LAGE Nr. 1 zu § 611 BGB Mehrarbeit; ErfK/*Preis,* § 611 BGB Rn 667.

2325 Vgl. *Striegel,* ArbRB 2004, 317.

2326 BAG 18.9.2001, BB 2002, 359; BAG 14.10.1997 – 7 AZR 562/96, n.v.

a) Allgemeines

Aufgrund der Entscheidung des BAG vom 11.4.2006[2327] ist die zuvor umstrittene Frage[2328] geklärt, wem **1094** Bonusmeilen aus Geschäftsflügen zustehen. Wenn ein Arbeitnehmer in einem Vielfliegerprogramm bei einer Luftverkehrsgesellschaft auf vom Arbeitgeber bezahlten Reisen Bonusmeilen erwirbt, kann der Arbeitgeber die Bonusmeilen für sich beanspruchen und diese vom Arbeitnehmer herausverlangen, es sei denn, arbeitsvertraglich wäre eine andere Absprache getroffen worden. Es kommt nicht darauf an, welche Zwecke die Airline mit dem Bonusmeilenprogramm verfolgt (z.B. den Aufbau einer persönlichen Bindung zum Fluggast), ob dem Arbeitnehmer die Bonusmeilen persönlich gewährt wurden oder ob sie übertragbar sind.

Die Herausgabepflicht des Arbeitnehmers folgt aus § 667 Alt. 2 BGB. Hiernach ist der Beauftragte – einem **1095** solchen vergleichbar wird der Arbeitnehmer gewertet – verpflichtet, seinem Auftraggeber alles herauszugeben, was er **aus der Geschäftsbesorgung** erlangt. Die Herausgabepflicht gilt für alle Vorteile, soweit sie dem Arbeitnehmer von einem Dritten nicht nur bei Gelegenheit, sondern aufgrund eines **inneren Zusammenhangs** mit dem geführten Geschäft gewährt werden. Es gilt der Grundsatz, dass demjenigen, für dessen Rechnung und damit auch auf dessen Kosten ein Anderer Geschäfte führt, die gesamten Vorteile aus diesen Geschäften gebühren. Gleichgültig ist, ob die Airline die Bonusmeilen ausschließlich dem Vielflieger persönlich zukommen lassen wollte. Die Herausgabepflicht umfasst auch die für den Beauftragten persönlich bestimmten Vorteile.

Denkbar wäre nach der Rechtsprechung aber, dass ein Arbeitnehmer seine Bonusmeilen für den Privat- **1096** gebrauch behalten darf, wenn im Anstellungsbetrieb eine entsprechende **betriebliche Übung** besteht. Für eine solche bot der entschiedene Fall aber keine hinreichenden Anhaltspunkte. Es fehlte nach den Feststellungen des BAG an dem zur Annahme einer betrieblichen Übung erforderlichen **kollektiven Bezug**. Mangels allgemeinverbindlicher Regel, ab welcher Anzahl von Leistungen ein Arbeitnehmer auf die künftige Fortgewährung schließen darf, sind im Einzelfall die Art, Dauer und Intensität sowie der Inhalt der Leistung unter Berücksichtigung des Verhältnisses der Anwendungsfälle zur Gesamtbelegschaftsstärke bzw. Stärke der begünstigten Gruppe zu berücksichtigen.[2329]

Die Entscheidung des BAG lässt damit Spielraum für die Darlegung von Tatsachen, aus denen im Einzelfall **1097** auf den erforderlichen kollektiven Bezug geschlossen werden könnte.[2330] Für die Praxis empfiehlt sich daher eine eindeutige **vertragliche Vereinbarung**, um von vornherein klarzustellen, ob Bonusmeilen dem Arbeitnehmer oder dem Arbeitgeber zustehen sollen.

Beteiligungsrechte des Betriebsrats sind in aller Regel **nicht berührt**, auch wenn sich Berührungspunkte **1098** zwischen einer betrieblichen Übung und der Mitbestimmung nach § 87 Abs. 1 Nr. 10 BetrVG ergeben könnten. Fragen der betrieblichen Lohngestaltung wären aber nur betroffen, wenn ein Arbeitgeber Bonusmeilen als Entgeltbestandteil zuwenden und hierüber besondere betriebliche Entlohnungs- bzw. Verteilungsgrundsätze errichten will.[2331]

Werden auf Dienstreisen angesammelte Bonusmeilen vom Arbeitnehmer für private Flugreisen genutzt, so **1099** handelt es sich um eine arbeitgeberseitige Sachzuwendung, die zu einem **steuerpflichtigen** geldwerten Vorteil führt (§ 38 Abs. 1 S. 3 EStG). Dessen Höhe bestimmt sich nach dem üblichen Endpreis am Abgabeort (§ 8 Abs. 2 S. 1 EStG). Bei Bonusmeilen ist dies der tarifgemäße Flugpreis für die gutgeschriebenen Freimeilen. Es gilt jedoch ein Freibetrag von derzeit 1.080 EUR (§ 3 Nr. 38 EStG).

2327 BAG 11.4.2006, NZA 2006, 1089; so auch: LAG Hamburg, 26.6 2013 – 5 Sa 110/12, zit. nach juris; LAG Hamburg 5.2.2014 – 6 Sa 94/13, zit. nach juris.
2328 *Bauer/Krets*, BB 2002, 2066 ff. m.w.N.
2329 *Hülbach*, ArbRB 2006, 324.
2330 *Schneider*, AiB 2007, 58 ff.
2331 *Schneider*, AiB 2007, 58 ff.

Der Arbeitnehmer ist verpflichtet, dem Arbeitgeber den Wert der privat genutzten Bonusmeilen bekannt zu geben, damit dieser in die Lage versetzt wird, die darauf entfallende Lohnsteuer einzubehalten und pflichtgemäß an das Finanzamt abzuführen. Macht der Arbeitnehmer keine oder erkennbar unrichtige Angaben zur Nutzung der Bonusmeilen, so trifft den Arbeitgeber eine entsprechende Hinweispflicht gegenüber dem Finanzamt (§ 38 Abs. 4 S. 3 EStG).[2332]

Mitunter nehmen Fluggesellschaften ihren Kunden die Steuerlast ab. Dann gilt zwar kein Freibetrag, jedoch ein pauschaler Steuersatz von nur 2,25 % (§ 37a Abs. 1 EStG) plus Solidaritätszuschlag und Kirchensteuer. Sozialversicherungsbeiträge fallen bei der pauschalen Versteuerung nicht an, weil die Abgabenpflicht der Steuerpflicht folgt.

b) Formulierungsbeispiele

1100

Arbeitgeberfreundliche Variante

Erwirbt der Arbeitnehmer im Zusammenhang mit vom Arbeitgeber bezahlten Reisen Ansprüche auf Bonusmeilen oder sonstige Vergünstigungen von Luftverkehrsgesellschaften, Autovermietern oder anderen Leistungsträgern (z.B. Miles & More-Programm), so hat er diese im Falle ihrer Übertragbarkeit an den Arbeitgeber zu dessen freier Verfügung bzw. an dessen Geheißpersonen herauszugeben. Sollten derartige Vergünstigungen nicht übertragbar sein, so hat er diese ausschließlich für weitere dienstliche Flüge zu nutzen.

Die Verwendung für ein Upgrade in eine höhere Klasse (z.B. First oder Business) ist nicht zulässig. Bei Beendigung des Arbeitsverhältnisses hat der Arbeitnehmer etwaige Bonusguthaben rechtzeitig an den Arbeitgeber bzw. dessen Geheißpersonen herauszugeben; sollten derartige Bonusansprüche nicht übertragbar sein, so verfallen sie. Ein persönliches Verwertungsrecht des Arbeitnehmers besteht nicht.

Die Wirksamkeit dieser Vereinbarung wird nicht davon beeinflusst, gegenüber wem und mit welcher Leistungsbestimmung die Luftverkehrsgesellschaft oder der weitere Leistungsträger die betreffende Vergünstigung erteilt.

1101

Arbeitnehmerfreundliche Variante

Der Arbeitnehmer kann Ansprüche auf Bonusmeilen oder sonstige Vergünstigungen, die ihm von Luftverkehrsgesellschaften, Autovermietern oder anderen Leistungsträgern im Zusammenhang mit vom Arbeitgeber bezahlten Dienstreisen persönlich gewährt werden (z.B. im Rahmen des Miles & More-Programms), unbeschränkt für sich und seine Geheißpersonen nutzen.

Fallen im Zusammenhang mit der Leistungsgewährung Steuern an, so trägt diese der Arbeitnehmer. Der Arbeitnehmer hat dem Arbeitgeber den Wert der privat genutzten Bonusmeilen bzw. der gewährten sonstigen Vergünstigungen unverzüglich nach deren Anfall bekanntzugeben und auf Anforderung nachzuweisen.

82. Nachvertragliches Wettbewerbsverbot

1102   Erläuterungen hierzu erfolgen in einem eigenen Kapitel (siehe unten § 1b Rdn 846 ff.).

2332 *Konetzny*, Steuerliche Behandlung von Bonusmeilen.

83. Nebentätigkeit

Literatur: *Braun*, Zulässigkeit, Grenzen und Probleme der Nebentätigkeit, DB 2003, 2282; *ders.*, Arbeitsrechtliche Rahmenbedingungen der Nebenbeschäftigung, AuR 2004, 47; *Gaul/Khanian*, Zulässigkeit und Grenzen arbeitsrechtlicher Regelungen zur Beschränkung von Nebentätigkeiten, MDR 2006, 68; *Hunold*, Rechtsprechung zur Nebentätigkeit des Arbeitnehmers, NZA-RR 2002, 505; *Lunk/Leder*, Der Arbeitsvertrag – Einzelne Vertragsklauseln, NJW 2016, 1292, 1292; *Richter*, Arbeitsvertragliche Standardregelungen auf dem Prüfstand (Teil 1), ArbRAktuell 2014, 141; *Wertheimer/Krug*, Rechtsfragen zur Nebentätigkeit von Arbeitnehmern, BB 2000, 1462.

a) Grundsätzliche Zulässigkeit von Nebentätigkeiten

Unter einer Nebentätigkeit versteht man sämtliche Tätigkeiten, die ein Arbeitnehmer außerhalb seiner Arbeitszeit erbringt. Ob eine solche Tätigkeit entgeltlich oder unentgeltlich erfolgt, ist ebenso unerheblich wie der Umstand, ob der Arbeitnehmer dabei selbstständig oder unselbstständig tätig wird. Ein Arbeitgeber kann derartige Nebentätigkeiten im Grundsatz bereits deshalb nicht verbieten, weil sie außerhalb des Arbeitsverhältnisses im privaten Bereich des Arbeitnehmers stattfinden; dieser Bereich ist dem regelnden Zugriff des Arbeitgebers entzogen. Daraus folgt, dass Nebentätigkeiten **grundsätzlich zulässig** sind, d.h. einem Arbeitnehmer nicht wirksam verboten werden können.   1103

Nebentätigkeiten können allerdings dem privaten Lebensbereich des Arbeitnehmers entwachsen und zu nicht unerheblichen Beeinträchtigungen des Arbeitsverhältnisses führen. In diesem Fall sind sie **unzulässig**. Dies kommt insbesondere dann in Betracht, wenn der Arbeitnehmer für einen Wettbewerber tätig wird und dadurch gegen das jedem Arbeitsverhältnis immanente Wettbewerbsverbot[2333] verstößt.[2334] Gleiches gilt, wenn der Arbeitnehmer eine Nebentätigkeit ausübt, die mit der geschuldeten Arbeitsleistung zeitlich oder aus anderen Gründen unvereinbar ist.[2335] Letzteres ist z.B. der Fall, wenn die vertraglich vereinbarte Arbeitsleistung unter der Nebentätigkeit leidet.[2336] Richtigerweise begründet jede nicht gänzlich unerhebliche Beeinträchtigung der Arbeitskraft ein **berechtigtes Interesse** des Arbeitgebers zur Untersagung der Nebentätigkeit. Eine Beeinträchtigung der Wahrnehmung des Arbeitgebers in der Öffentlichkeit kann für sich allein genommen dagegen nur in Ausnahmefällen zur Unzulässigkeit der Nebentätigkeit führen.[2337] Diese kann sich jedoch aus einem Verstoß gegen gesetzliche Vorschriften ergeben. Dies ist z.B. der Fall, wenn aufgrund der Nebentätigkeit die zeitlichen Höchstgrenzen nach dem ArbZG überschritten werden oder die Nebentätigkeit eine dem Urlaubszweck widersprechende Erwerbstätigkeit darstellt (§ 8 BUrlG).[2338]   1104

Der Arbeitgeber kann die **Unterlassung** unzulässiger Nebentätigkeit verlangen und den Arbeitnehmer diesbezüglich **abmahnen**.[2339] Bei entsprechend gewichtigen Verstößen des Arbeitnehmers kommt zudem eine Kündigung des Arbeitsverhältnisses in Betracht, die in schwerwiegenden Fällen auch als fristlose Kündigung gerechtfertigt sein kann.[2340]   1105

2333 BAG 24.3.2010, NZA 2010, 693, 694; BAG 26.6.2008, NZA 2008, 1415, 1416; BAG 25.10.2007, NJW 2008, 1466, 1468; LAG Rheinland-Pfalz 24.8.2012 – 9 Sa 80/12, juris.

2334 BAG 13.5.2015, NZA 2016, 116, 118 f.; BAG 23.10.2014, NZA 2015, 429, 431; BAG 24.3.2010, NZA 2010, 693, 694 (zur Beschränkung auf unmittelbare Konkurrenztätigkeiten); BAG 21.9.1999, NZA 2000, 723, 724; LAG Rheinland-Pfalz 24.8.2012 – 9 Sa 80/12, *Lakies*, Vertragsgestaltung und AGB im Arbeitsrecht, Kap. 5 Rn 313 ff.

2335 BAG 13.5.2015, NZA 2016, 116, 118; BAG 18.1.1996, NZA 1997, 41, 42; BAG 6.9.1990, NZA 1991, 221, 223; LAG Düsseldorf 15.8.2012 – 12 Sa 697/12, juris. Siehe auch BAG 21 9.1999, NZA 2000, 723, 724.

2336 BAG 13.5.2015, NZA 2016, 116, 118.

2337 Vgl. BAG 28.2.2002, AP Nr. 1 zu § 5 AVR Caritasverband (zur Nebentätigkeit des in einem Krankenhaus beschäftigten Krankenpflegers als Leichenbestatter). S. auch BAG 13.5.2015, NZA 2016, 116, 119 (wenn die Nebentätigkeit geeignet ist, „Loyalität und Integrität des Arbeitnehmers zu zerstören"); Däubler u.a./*Däubler*, Anhang Rn 349.

2338 *Steinau-Steinrück/Vernunft*, Rn 257; Hümmerich/Reufels/*Mengel*, Rn 3095, 3099; Däubler u.a./*Däubler*, Anhang Rn 344, 346.

2339 Zur Abmahnung vgl. BAG 30.5.1996, NZA 1997, 145, 148; BAG 11.12.2001, NZA 2002, 965, 967.

2340 BAG 18.9.2008, NZA-RR 2009, 393, 396 für den öffentlichen Dienst; LAG Düsseldorf 15.8.2012 – 12 Sa 697/12, juris; LAG Hamm 30.9.2011, MMR 2012, 264, 266.

b) Vertragliche Begrenzung von Nebentätigkeiten

1106 Das Recht eines Arbeitnehmers zur Ausübung von Nebentätigkeiten kann einzelvertraglich begrenzt werden. Der Regelungsbefugnis des Arbeitgebers sind jedoch von Verfassungs wegen **enge Grenzen** gesetzt. Soweit die Nebentätigkeit beruflicher Natur ist, kann sich der Arbeitnehmer auf das Grundrecht der freien Berufswahl berufen (Art. 12 Abs. 1 GG).[2341] Diese schützt nicht nur die Ausübung eines Haupt-, sondern auch eines Nebenberufs bzw. von beruflicher Nebentätigkeit.[2342] Nichtberufliche Tätigkeiten sind durch das Recht auf freie Entfaltung der Persönlichkeit (Art. GG Artikel 2 GG Artikel 2 Absatz I GG) geschützt.[2343] Allerdings ist auch von Verfassungs wegen anerkannt, dass Nebentätigkeiten prinzipiell nicht die Vernachlässigung oder Beeinträchtigung hauptberuflicher Pflichten erlauben.[2344] Diese Wertung ist im Rahmen der allgemeinen Angemessenheitskontrolle gem. § 307 Abs. 1 S. 1 BGB zu berücksichtigen.[2345] Ein generelles Verbot von Nebentätigkeiten benachteiligt den Arbeitnehmer deshalb unangemessen.[2346] Zulässig sind jedoch Klauseln, die die Aufnahme einer Nebentätigkeit von der **Einwilligung des Arbeitgebers** abhängig machen, soweit die Einwilligung nur bei einer Beeinträchtigung betrieblicher Interessen durch die Nebentätigkeit versagt werden kann.[2347] Ob der Kreis schützenswerter betrieblicher Interessen im Rahmen einer vertraglichen Vereinbarung weiter gezogen werden kann, als jene Interessen, die einem Arbeitgeber ohnehin die Untersagung einer Nebentätigkeit gestatten (siehe oben Rdn 1104), ist zweifelhaft. Im Ergebnis verbessert ein Einwilligungsvorbehalt für Nebentätigkeiten die Rechtsposition des Arbeitgebers nur dadurch, dass der Arbeitnehmer solche Tätigkeiten vor ihrer Aufnahme dem Arbeitgeber anzuzeigen hat. Das ermöglicht dem Arbeitgeber bereits im Vorfeld die Prüfung, ob betriebliche Interessen betroffen sein können. Die **unterlassene Anzeige** der Nebentätigkeit berechtigt den Arbeitgeber zur Abmahnung[2348] und zwar selbst dann, wenn der Arbeitnehmer einen Anspruch auf Erteilung der Zustimmung zur Ausübung der Nebentätigkeit hatte.[2349] Hat der Arbeitnehmer jedoch objektiv betrachtet einen Anspruch auf Erlaubnis der Nebentätigkeit und hat er diese dem Arbeitgeber auch angezeigt, so muss er mit der Aufnahme nicht bis zur abschließenden gerichtlichen Klärung zuwarten.[2350]

c) Formulierungsbeispiel

1107 *Zustimmungspflichtigkeit von Nebentätigkeiten*

(1) Die Übernahme jeder Nebentätigkeit durch den Arbeitnehmer, unabhängig davon, ob sie entgeltlich oder unentgeltlich ist, bedarf der vorherigen schriftlichen Zustimmung des Arbeitgebers.

(2) Der Arbeitgeber erteilt seine Zustimmung, wenn und soweit die Nebentätigkeit die Wahrung der vertraglichen Aufgaben des Arbeitnehmers zeitlich nicht behindert und auch sonstige berechtigte Interessen des Arbeitgebers nicht beeinträchtigt.

2341 BAG 13.5.2015, NZA 2016, 116, 118.
2342 BVerfG 16.3.2004, NVwZ 2004, 597, 599; BVerfG 4.11.1992, NJW 1993, 317, 318; Maunz/Dürig/*Scholz*, Art. 12 GG Rn 216, 294; Jarass/Pieroth/*Jarass*, Art. 12 GG Rn 7.
2343 BAG 13.5.2015, NZA 2016, 116, 118.
2344 Maunz/Dürig/*Scholz*, Art. 12 GG Rn 216, 294; zum Beamtenrecht vgl. BVerfG 25.11.1980, NJW 1981, 971, 974.
2345 Vgl. zur Beachtung grundrechtlich geschützter Positionen etwa BAG 15.9.2009, NJW 2010, 550, 553.
2346 BAG 6.9.1990, NZA 1991, 221, 223; ErfK/*Preis*, § 611 BGB Rn 728; *Lakies*, Vertragsgestaltung und AGB im Arbeitsrecht, Kap. 5 Rn. 322; *Steinau-Steinrück/Vernunft*, Rn 260; *Lakies*, Inhaltskontrolle von Arbeitsverträgen, Rn 772; weiter AGB-ArbR/*Klumpp*, § 307 Rn 200 und MünchArbR/*Reichhold*, § 49 Rn 58, die für Führungskräfte ein absolutes Nebentätigkeitsverbot für zulässig halten.
2347 BAG 13.3.2003, NZA 2003, 976, 977; BAG 11.12.2001, NZA 2002, 965, 967. Ebenso HWK/*Thüsing*, § 611 BGB Rn 371; Däubler u.a./*Däubler*, Anhang Rn 355; a.A. ErfK/*Preis*, § 611 BGB Rn 728; *Lakies*, Vertragsgestaltung und AGB im Arbeitsrecht, Kap. 5 Rn 322; *Lakies*, Inhaltskontrolle von Arbeitsverträgen, Rn 775; differenzierend AGB-ArbR/*Klumpp*, § 307 Rn 202.
2348 Hümmerich/Reufels/*Mengel*, Rn 3120; Däubler u.a./*Däubler*, Rn 355.
2349 BAG 11.12.2001, NZA 2002, 965, 967; HWK/*Thüsing*, § 611 BGB Rn 375.
2350 BAG 13.5.2015, NZA 2016, 116, 121.

84. Non-Solicitation

Ausführungen hierzu finden sich unter dem Stichwort Abwerbeverbot (siehe oben Rdn 229 ff.).　1108

85. Öffnungsklausel

Ausführungen hierzu finden sich unter dem Stichwort Tarifvertrags-Öffnungsklausel (siehe unten　1109
Rdn 1393 ff.).

86. Personalakte

Literatur: *Bader*, Die gerichtsfeste betriebsbedingte Kündigung, NZA Beil 2/2010, 85; *Gola/Wronke*, Handbuch Arbeitnehmerdatenschutz, 6. Aufl. 2013; *Herfs-Röttgen*, Rechtsfragen rund um die Personalakte, NZA 2013, 478

a)　Hintergrund

Der Begriff der Personalakte ist gesetzlich nicht definiert. Unter Personalakten im **formellen Sinn** sind die-　1110
jenigen Schriftstücke und Unterlagen zu verstehen, welche der Arbeitgeber als „Personalakte" führt und die
diesen als Bei-, Neben- oder Sonderakten zugeordnet sind. Personalakten im **materiellen Sinne** sind eine
Sammlung von Urkunden und Vorgängen, die die persönlichen und dienstlichen Verhältnisse des Bediensteten betreffen und in einem inneren Zusammenhang mit dem Dienstverhältnis stehen.[2351]

Eine gesetzliche **Pflicht des Arbeitgebers, Personalakten** zu führen, gibt es als solche nicht. Allerdings ist　1111
der Arbeitgeber aufgrund diverser gesetzlicher Bestimmungen verpflichtet, ordnungsgemäß Buch zu führen über Vorgänge, die die Abwicklung des Arbeitsverhältnisses und die bestehenden öffentlich-rechtlichen
Pflichten des Arbeitgebers betreffen. So ist der Arbeitgeber nach § 28d SGB IV verpflichtet, den Gesamtsozialversicherungsbeitrag abzuführen und folglich gem. § 28f SGB IV auch verpflichtet, entsprechende
Aufzeichnungen getrennt nach Kalenderjahren und Arbeitnehmern zu führen und diese bis zum Ablauf
des auf die letzte Prüfung nach § 28p SGB IV folgenden Kalenderjahres geordnet aufzubewahren. Entsprechend Verpflichtungen bestehen auch in steuerlicher Hinsicht (§ 147 AO) sowie nach § 257 HGB.

Wenn der Arbeitgeber Personalakten führt, sind sie äußerlich erkennbar in Ordner, Heften oder Blattsamm-　1112
lungen zu führen, entsprechend zu kennzeichnen und nach der Art ihrer Registrierung oder Aufbewahrung
als zueinander gehörend zu bezeichnen.[2352]

Führt der Arbeitgeber eine Personalakte, muss dies den Grundsätzen von **Richtigkeit, Vollständigkeit,**　1113
Transparenz und Vertraulichkeit folgen, vgl. hierzu Rdn 1120 ff. Der Arbeitgeber ist deshalb darauf verwiesen, auch im Laufe des Arbeitsverhältnisses Aktualisierungen durch den Arbeitnehmer zu erhalten.

Das Führen der Personalakte unterliegt den **datenschutzrechtlichen Vorgaben** des BDSG. Personalakten　1114
können sowohl in Papierform als auch in elektronischer Form geführt werden. Relevante Unterschiede ergeben sich auch in datenschutzrechtlicher Hinsicht nicht. Die bisweilen vertretene Auffassung, es mache
hierzu einen Unterschied, ob die **Personalakten in Papierform oder elektronisch** geführt werden[2353]
ist nach dem BDSG nicht zutreffend. Auch das Führen von Papierakten unterliegt den Maßgaben des
BDSG, § 1 Abs. 2 Nr. 3 BDSG. Der Arbeitgeber benötigt zum Führen der Personalakten allerdings keine
Einwilligung des Arbeitnehmers, solange die Führung zum Zwecke des Beschäftigungsverhältnisses erfolgt, § 32 BDSG. Dies gilt nicht, wenn über die sonst üblichen Daten hinaus besonders sensitive personenbezogene Daten wie Gesundheitsdaten betroffen sind, § 3 Abs. 9 BDSG. Auch wenn eine Einwilligung im

---

2351 BAG 7.5.1980 – 4 AZR 214/78, juris; BAG 16.11.2010 – 9 AZR 573/09, NZA 2011, 453.
2352 BAG 16.11.2010 – 9 AZR 573/09, NZA 2011, 453.
2353 Küttner/*Pöche*, Personalbuch 2016, Personalakte Rn. 4.

Regelfall nicht gesondert erforderlich ist, bedarf es doch der Information über die verantwortliche Stelle, die Zweckbestimmung der Erhebung, Verarbeitung oder Nutzung und die Kategorien von Empfängern, sofern eine Übermittlung an Dritte erfolgt, § 4 Abs. 3 BDSG. Werden zu einem späteren Zeitpunkt weitere Inhalte in die Personalakte aufgenommen, ist der Beschäftigte gem. § 33 BDSG hierüber zu unterrichten.

1115   Personalakten enthalten sensible und die Persönlichkeitsrechte berührende Daten. Hierauf aufbauend ergeben sich abgestufte **Einsichts-, Korrektur- oder Beseitigungsrechte**, vgl. hierzu Rdn 1136 ff.

b) Rechtliche Grundlagen
aa) Inhalte der Personalakte

1116   Der zulässige Inhalt der Personalakte bestimmt sich sowohl unter dem Aspekt des Persönlichkeitsrechtes als auch unter dem Aspekt des Datenschutzes nach dem Zweck der Speicherung. Die Aufnahme in die Personalakte ist insoweit zulässig, als dies für die Entscheidung über die Begründung eines Beschäftigungsverhältnisses oder nach Begründung des Beschäftigungsverhältnisses für dessen Durchführung oder Beendigung erforderlich ist. Inhaltlich soll die Personalakte möglichst lückenlos über die Person des Arbeitnehmers und seine dienstliche Laufbahn Aufschluss geben.[2354] Zulässige Inhalte können daher neben der Bewerbung des Beschäftigten alle im laufenden Arbeitsvertrag relevanten Vorgänge wie die laufenden Abrechnungsunterlagen, Beurteilungen des Beschäftigten, Ermahnungen, Abmahnungen bis hin zur Kündigung oder zu Aufhebungsverträgen sein. Auch das Zeugnis ist Bestandteil der Personalakte.

1117   Eine Grenze findet das Recht auf Aufnahme von Vorgängen in die Personalakte sowie des Belassens in der Personalakte dort, wo die **Persönlichkeitsrechte des Arbeitnehmers** überwiegen oder besondere datenschutzrechtliche Bestimmungen entgegenstehen. So dürfen Informationen über Beschäftigte, die nicht unmittelbar das Beschäftigungsverhältnis betreffen, nicht aufgenommen werden. Erhält ein Arbeitgeber beispielsweise von anonymer Seite Informationen über das Privatleben seines Arbeitnehmers, dürfen diese nicht zur Personalakte genommen werden.

1118   Während die Aufnahme solcher Inhalte, die zur Abwicklung des Beschäftigungsverhältnisses erforderlich sind, nach § 32 BDSG keiner gesonderten Einwilligung bedarf, ist dies anders, wenn es sich um **besondere Arten personenbezogener Daten** nach § 3 Abs. 9 BDSG handelt, insbesondere um Gesundheitsdaten. In diesem Fall ist eine gesonderte Einwilligung des Beschäftigten erforderlich, die sich nach § 4a Abs. 3 BDSG ausdrücklich auf diese Daten beziehen muss. Dies dürfte insbesondere auch für Untersuchungsergebnisse durch den Betriebsarzt gelten.

1119   Auch wenn die Einwilligung vorliegt, müssen besondere Arten personenbezogener Daten im Rahmen der Personalaktenführung gesondert geschützt werden. Sie sind vor unbefugter zufälliger Kenntnisnahme durch Einschränkung des Kreises der Informationsberechtigten zu schützen. In Betracht kommt insbesondere, die Daten in einem gesonderten, verschlossenen Umschlag zu verwahren.[2355] Aus diesem Grunde empfiehlt es sich z.B., im Rahmen eines betrieblichen Eingliederungsmanagements (bEM) die bei dieser Gelegenheit zusätzlich erhobenen, die Gesundheit des Beschäftigten betreffenden Daten in einem gesonderten Umschlag zu verwahren und im Zuge der Einladung zu dem bEM hierauf auch gesondert hinzuweisen.

bb) Grundsätze der Führung der Personalakte

1120   Die Personalaktenführung muss den Grundsätzen der Richtigkeit, Vollständigkeit, Transparenz und Vertraulichkeit entsprechen. Der Grundsatz der **Richtigkeit** der Personalakte fordert, dass alle in der Personalakte enthaltenen Tatsachen wahr und aktuell sind.[2356] Was „unrichtig" ist, wirft bisweilen objektiv Probleme auf. Im Falle der Entfernung einer Abmahnung aus der Personalakte kommt es beispielsweise

---

2354 BAG 12.9.2006 -9 AZR 271/06, NZA 2007, 269; BAG 7.9.88 – 5 AZR 625/87, NZA 1989, 272.
2355 BAG 12.9.2006 – 9 AZR 271/06, NZA 2007, 269.
2356 BAG 18.11.2008 – 9 AZR 865/07, NZA 2009, 206; BAG 13.4.1988 – 5 AZR 537/86, NZA 1988, 654.

alleine darauf an, ob der erhobene Vorwurf objektiv gerechtfertigt ist, nicht aber darauf, ob das beanstandete Verhalten dem Arbeitnehmer auch subjektiv vorgeworfen werden kann.[2357]

Der Grundsatz der **Vollständigkeit** verlangt, dass zusammengehörende Sachverhalte auch in sich vollstän- **1121** dig und deshalb nicht die Wahrheit verzerrend dargestellt werden. Dies verlangt bereits die Achtung des Persönlichkeitsrechts des Arbeitnehmers, auch wenn es hierzu keine dem Beamtenrecht entsprechende Vorschrift gibt (vgl. § 106 Abs. 1 BBG). Vollständig in diesem Sinne bedeutet auch, dass die materielle Personalakte vollständig „in einem Paket" geführt sein muss. Es dürfen keine Teile in Geheimakten oder Nebenakten ausgelagert werden. Unmittelbarer Ausfluss des Prinzips der Vollständigkeit ist das Recht des Beschäftigten, die Aufnahme bestimmter Tatsachen in die Personalakte zu verlangen (§ 83 Abs. 2 BetrVG, vgl. Rdn 1142).

Die Gebote der Richtigkeit und Vollständigkeit berechtigen den Arbeitgeber, im Rahmen der Pflege der **1122** Personalakten beispielsweise durch vertragliche Regelungen die Aktualisierung der Daten vom Arbeitnehmer einzufordern, vgl. Rdn 1126.

Der Grundsatz der **Transparenz der Personalakte** trägt ebenfalls dem Persönlichkeitsrecht des Beschäf- **1123** tigten Rechnung. Transparenz bezieht sich dabei nicht auf jedermann, sondern in erster Linie auf den Beschäftigten selber. Insoweit ist das Transparenzgebot spezialgesetzlich in **§ 83 Abs. 1 BetrVG** normiert.

Der Grundsatz der **Vertraulichkeit** schließlich erfordert, dass die Personalakten gegenüber nicht Berech- **1124** tigten verschlossen bleiben müssen. Der Arbeitgeber ist verpflichtet, ein sinnvolles **Zugriffskonzept** zu entwickeln, das gewährleistet, dass nur im Rahmen der tatsächlichen dienstlichen Pflichten und der Erforderlichkeit auch ein Zugriff stattfindet. Dieser Zugriff ist auf das unbedingt erforderliche Maß zu beschränken. Zu diesem Zwecke sind Personalakten verschlossen zu verwahren und der Zugriff zu kontrollieren. Das Recht des Beschäftigten auf Vertraulichkeit seiner Personalakten resultiert unmittelbar aus dem informationellen Selbstbestimmungsrecht, das Ausfluss des allgemeinen Persönlichkeitsrechtes ist. Verletzt der Arbeitgeber innerhalb des Arbeitsverhältnisses das Persönlichkeitsrecht des Arbeitnehmers, so liegt darin zugleich auch ein Verstoß gegen seine arbeitsvertraglichen Pflichten.[2358]

Die vorstehenden Grundsätze gelten auch dann, wenn die Personalakten elektronisch geführt werden. In **1125** diesem Falle verlangen die Prinzipien zur Führung der Personalakte darüber hinaus auch eine ordnungsgemäße **Datensicherung und eine Datenarchivierung.**

cc) Pflege der Personalakte

Sämtliche Einträge in die Personalakte müssen **aktuell** gehalten werden, um zum Zwecke der Abwicklung **1126** des Arbeitsverhältnisses nutzbar zu sein. Der Arbeitgeber benötigt zur Abwicklung des Anstellungsverhältnisses obligatorisch soziale Daten des Arbeitnehmers, z.B. zur Anmeldung bei der Sozialversicherung, der steuerlichen Behandlung usw. Darüber hinaus benötigt der Arbeitgeber zur Durchführung der Sozialauswahl im Vorfeld betriebsbedingter Kündigungen Daten, die ihm nur dann bekannt sein können, wenn der Arbeitnehmer sie ihm zuvor mitgeteilt hat.

(1) Mitteilungspflicht der für die Personalbuchhaltung notwendigen Sozialdaten

Bestimmte Daten benötigt der Arbeitgeber zur ordnungsgemäßen An- und Abmeldung des Arbeitnehmers **1127** zur Sozialversicherung sowie zur ordnungsgemäßen steuerlichen Abwicklung. Aus diesem Grunde verpflichtet § 28o SGB IV den Arbeitnehmer ausdrücklich, seine Sozialdaten mitzuteilen. § 28o SGB IV ist damit eines der Gesetze, aufgrund derer auch gem. der EU Datenschutz-Grundverordnung eine Speicherung der Beschäftigtendaten erfolgen darf (§ 88 EU-Datenschutz-Grundverordnung). Dies entspricht der Zweckbindung gem. § 32 Abs. 1 BDSG.

2357 BAG 7.9.1988 – 5 AZR 625/87, NZA 1989, 272.
2358 BAG 4.4.1990 – 5 AZR 299/89, BAGE 64,308.

1128 Da der Arbeitnehmer bereits aufgrund gesetzlicher Bestimmungen zur Mitteilung der Daten verpflichtet ist, kann er auch – gesetzeswiederholend – im Vertragstext verpflichtet werden, diese Daten mitzuteilen und jeweils zu aktualisieren. Verstößt ein Arbeitnehmer gegen die Bestimmung der Klausel sowie des § 28o SGB IV, kann eine **Schadensersatzpflicht** gemäß § 28g S. 4 SGB IV entstehen. Voraussetzung ist allerdings stets ein hierdurch kausal entstandener Schaden, was auch die Betrachtung des alternativen rechtmäßigen Verhaltens voraussetzt.[2359]

(2) Mitteilungspflicht der für eine Sozialauswahl bzw. zur Betriebsratsanhörung notwendigen Daten

1129 Neben der sozialversicherungsrechtlichen Abwicklung des Anstellungsverhältnisses benötigt der Arbeitgeber noch für andere Zwecke Daten des Arbeitnehmers. Dies gilt insbesondere für eventuelle **Anhörungen des Betriebsrats**, z.B. nach § 102 BetrVG, sowie für die Durchführung der Sozialauswahl im Vorfeld von Kündigungen.

1130 Gemäß § 102 BetrVG hat der Arbeitgeber dem Betriebsrat zur Bezeichnung der Person des betroffenen Arbeitnehmers die grundlegenden sozialen Daten mitzuteilen, sofern dies für die Kündigung relevant ist. Hierzu gehören die grundlegenden Daten des Arbeitnehmers, wie Alter, Familienstand, Kinderzahl, Beschäftigungsdauer, sowie Umstände, die einen besonderen Kündigungsschutz begründen.[2360] Die Mitteilungspflicht des Arbeitgebers bei der Betriebsratsanhörung gemäß § 102 Abs. 1 BetrVG ist subjektiv determiniert. Der Betriebsrat ist schon dann ordnungsgemäß angehört worden, wenn der Arbeitgeber ihm die aus seiner Sicht tragenden Kündigungsgründe mitgeteilt und die ihm bekannten Daten bekannt gegeben hat. Deshalb ist der Arbeitgeber im Rahmen der Betriebsratsanhörung nicht verpflichtet, die Richtigkeit bereits dokumentierter Daten zu überprüfen.[2361] Der Arbeitgeber ist berechtigt, mangels anderweitiger Kenntnisse von den Eintragungen in der Lohnsteuerkarte auszugehen, hat dies dann aber gegenüber dem Betriebsrat zu kennzeichnen.[2362]

1131 Verändern sich die Sozialdaten auf Seiten des Arbeitnehmers, ist es grundsätzlich die Obliegenheit des Arbeitnehmers, für die Unterrichtung des Arbeitgebers Sorge zu tragen.[2363] Sowohl im Rahmen der Rechtsprechung zur Durchführung der Betriebsratsanhörung,[2364] wie auch im Rahmen der Rechtsprechung zur Sozialauswahl[2365] wird aber deutlich, dass sich der Arbeitgeber nur „**im Normalfall**" auf die ihm bekannten sozialen Daten berufen bzw. sich nur „grundsätzlich" hierauf verlassen darf. Lässt sich nachweisen, dass dem Arbeitgeber anderweitige Daten bekannt sind, er an den bekannten Daten erhebliche Zweifel haben musste oder irgendeinen Anlass zu der Annahme haben kann, dass die Daten nicht zutreffen könnten, darf der Arbeitgeber sich nicht auf diese Daten verlassen. Für einzelne Sozialdaten, die im Rahmen der Kündigung zu berücksichtigen sind, z.B. im Rahmen der Unterhaltspflichten die Frage des Doppelverdienstes,[2366] sind die ohnehin beim Arbeitgeber vorhandenen Daten, z.B. die Lohnsteuerkarte, überhaupt nicht aussagekräftig. Da es im Kündigungsschutzverfahren auf die wahren sozialen Daten ankommt und nicht auf die dokumentierten,[2367] läuft der Arbeitgeber stets ein erhebliches Risiko, wenn er lediglich auf die dokumentierten Daten vertraut. Neben dem stets immanenten Risiko, dass irgendwelche Anhaltspunkte aufgedeckt werden, aufgrund derer der Arbeitgeber nicht hätte vertrauen dürfen, stellt sich dann auch die Frage

2359 Vgl. hierzu BAG 27.4.1995 – 8 AZR 382/94, NZA 1995, 935.
2360 Richardi/*Thüsing*, § 102 BetrVG Rn 51.
2361 BAG 24.11.2005 AP Nr. 43 zu § 1 KSchG 1969 Krankheit; BAG 6.7.2006, AP Nr. 80 zu § 1 KSchG 1969.
2362 BAG 24.11.2005, AP Nr. 43 zu § 1 KSchG 1969 Krankheit; BAG 6.7.2006, AP Nr. 80 zu § 1 KSchG 1969; ArbG Bielefeld 25.4.2007, NZA-RR 2007, 466.
2363 BAG 29.1.1997, NZA 1997, 813; BAG 24.11.2005, AP Nr. 43 zu § 1 KSchG 1969 Krankheit; *Bader*, NZA Beil. 2/2010, 85, 90.
2364 Vgl. z.B. BAG 6.7.2006, AP Nr. 80 zu § 1 KSchG 1969 Rn 18; BAG 24.11.2005, AP Nr. 43 zu § 1 KSchG 1969 Krankheit Rn 17.
2365 Vgl. LAG Düsseldorf 4.11.2004, DB 2005, 454; LAG Hamm 29.3.1985 – 2 Sa 560/85, zit. nach juris.
2366 Vgl. hierzu KR/*Griebeling*, § 1 KSchG Rn 676 ff.
2367 BAG 17.1.2008, NZA-RR 2008, 571.

der Aussagekraft der vorhandenen Datenträger.[2368] Letztlich bieten selbst die gespeicherten und verwendeten lohnsteuerlichen Merkmale nur einen „wichtigen Anhaltspunkt".[2369]

Während die höchstrichterliche Rechtsprechung den **Vertrauensgrundsatz** zur Befriedigung der „Bedürfnisse der Praxis" in den Vordergrund stellt und am Grundsatz festhält, dass der Arbeitgeber auf die bei ihm bekannten Daten vertrauen darf,[2370] wird gerade vor den Obergerichten häufig die Frage des grundsätzlichen „**Vertrauen-Dürfens**" diskutiert und in Frage gestellt.[2371] Entgegen der Rechtsprechung des BAG wird teilweise vertreten, den Arbeitgeber treffe eine generelle anlassgebundene **Erkundigungspflicht** hinsichtlich zumindest ergänzender Daten wie den Unterhaltspflichten.[2372] Diese Ansicht ist abzulehnen. Die Sozialdaten sind im alleinigen Einflussbereich des Arbeitnehmers liegende Kenntnisse. Für deren Mitteilung ist nach richtiger Ansicht der Arbeitnehmer verantwortlich. Alleine der Umstand, dass es in objektiv-rechtlicher Hinsicht auf die tatsächlich bestehenden Daten ankommt, kann nicht dazu führen, dass die rein prozedurale Frage zulasten des Arbeitgebers aufgelöst wird. Zudem steht die Ansicht, die eine generelle Erkundigungspflicht des Arbeitgebers vertritt, im Widerspruch zu dem Grundsatz, dass lediglich im Falle einer Verdachtskündigung der Arbeitnehmer zur Sachverhaltsaufklärung angehört werden muss.[2373] **1132**

Festzuhalten ist daher, dass sich der Arbeitgeber **grundsätzlich auf die mitgeteilten Daten verlassen kann**. Da der Umstand der Mitteilungsobliegenheit aber nicht jedem Arbeitnehmer bekannt sein muss und überdies nicht abzusehen ist, ob sich in der Rechtsprechung nicht doch die Ansicht durchsetzt, dass eine Erkundigungspflicht besteht, empfiehlt sich gleichwohl die Aufnahme einer entsprechenden Mitteilungsklausel in den Arbeitsvertrag. Eine solche Mitteilungsklausel weicht nicht von gesetzlichen Bestimmungen ab und benachteiligt den Arbeitnehmer daher nicht unbillig im Sinne von § 307 Abs. 2 BGB. Wie gezeigt weist sie den Arbeitnehmer lediglich auf eine **bestehende Obliegenheit** hin und erweitert dessen rechtlichen Handlungsspielraum bzw. Erkenntnishorizont. Sie ist daher insoweit zulässig, als die mitzuteilenden Daten im Rahmen der rechtlichen Handlungsmöglichkeiten des Arbeitgebers benötigt werden, insbesondere also zur Anhörung des Betriebsrats und zur Durchführung einer Sozialauswahl. **1133**

(3) Entfernung von Inhalten der Personalakte durch den Arbeitgeber

Um dem Grundsatz der Wahrheit der Personalakte gerecht zu werden, kann der Arbeitgeber jederzeit Teile der Personalakte, die entweder nach seiner erneuten Beurteilung zu Unrecht aufgenommen worden sind oder mittlerweile überholt oder unwahr geworden sind, eigeninitiativ beseitigen. Ihn trifft keine Verpflichtung, den Arbeitnehmer über eine solche Bereinigung der Personalakten gesondert zu informieren. **1134**

Verpflichtet ist der Arbeitgeber stets, solche Inhalte der Personalakten zu bereinigen, die entweder verfahrensfehlerhaft in die Personalakte geraten sind, unvollständig oder unwahr sind oder geworden sind. Da die Personalakten nur insoweit Inhalte enthalten dürfen, wie sie zur Abwicklung des weiteren Arbeitsverhältnisses erforderlich sind, ist der Arbeitgeber auch berechtigt, solche Inhalte zu entfernen, die für die weitere Beurteilung des Arbeitnehmers überflüssig geworden sind.[2374] Auch hierüber muss der Beschäftigte nicht informiert werden. **1135**

dd) Einsichtnahme in die Personalakte

Jeder Beschäftigte hat einen individuellen **Anspruch auf Einsichtnahme** in die ihn betreffende Personalakte. Dieser Anspruch ist in § 83 Abs. 1 BetrVG normiert, und er besteht unabhängig davon, ob im Betrieb **1136**

2368 LAG Düsseldorf 4.11.2004, DB 2005, 454; LAG Hamm 29.3.1985 – 2 Sa 560/85, LAGE Nr. 1 zu § 1 KSchG Soziale Auswahl.
2369 Vgl. zur Lohnsteuerkarte: BAG 17.1.2008, NZA-RR 2008, 571.
2370 BAG 17.1.2008, NZA-RR 2008, 571.
2371 Vgl. z.B. LAG Hamm 28.6.2010, juris.
2372 LAG Rheinland-Pfalz 12.7.2006, NZA-RR 2007, 247; APS/*Kiel* § 1 KSchG Rn 725; Kittner/*Kittner*, KSchR, § 1 KSchG Rn 483.
2373 Vgl. KR/*Griebeling*, § 1 KSchG Rn 678d.
2374 BAG 13.4.1988 – 5 AZR 537/86, juris.

ein Betriebsrat gewählt ist oder nicht.[2375] Das Einsichtsrecht besteht während der Arbeitszeit und ist grundsätzlich höchstpersönlich. Allerdings kann der Beschäftigte einen Bevollmächtigten hinzuziehen oder das Recht durch einen Bevollmächtigten ausüben lassen. Das Gesetz sieht keine Einschränkung des Einsichtsrechtes vor. Legt jedoch die Häufigkeit der Inanspruchnahme einen Rechtsmissbrauch nahe, kann § 242 BGB der Geltendmachung des Einsichtsrechtes entgegenstehen.

1137   § 83 Abs. 1 BetrVG gewährleistet lediglich das Recht auf Einsicht in die Personalakte. Der Arbeitnehmer hat die Möglichkeit, sich bei Gelegenheit der Einsicht Notizen zu machen und – auf eigene Kosten – **Fotokopien** zu fertigen, sofern diese Möglichkeit organisatorisch vor Ort besteht.[2376] Bereits vom Wortsinn her umfasst § 83 BetrVG aber kein Recht auf Überlassung der Personalakte bzw. Entfernung der Personalakte aus den Geschäftsräumen des Arbeitgebers.

1138   Das Recht des Arbeitnehmers aus § 83 BetrVG beschränkt sich grundsätzlich auf die Zeit während der Dauer des Arbeitsverhältnisses. Darüber hinaus hat der Arbeitnehmer gemäß § 241 Abs. 2 BGB i.V.m. Art. 2 Abs. 1 und Art. 1 Abs. 1 GG auch **nach Beendigung des Arbeitsverhältnisses** Anspruch auf Einsicht in seine vom ehemaligen Arbeitgeber weiter aufbewahrte Personalakte. Dieser nachvertragliche Anspruch setzt nicht voraus, dass der Arbeitnehmer ein konkretes berechtigtes Interesse darlegt. Der Arbeitnehmer kann seine über das Ende des Arbeitsverhältnisses hinaus fortbestehenden Rechte auf Beseitigung oder Korrektur unrichtiger Daten in seiner Personalakte nur geltend machen, wenn er von deren Inhalt Kenntnis hat. Schon das begründet ein Einsichtsrecht.[2377]

ee) Entfernung von Inhalten aus der Personalakte

1139   Jedem Beschäftigten steht unabhängig von seinen Rechten aus § 83 BetrVG ein Recht auf Entfernung **unrichtiger Angaben** aus der Personalakte zu. Dies folgt aus der allgemeinen Fürsorgepflicht des Arbeitgebers, die auf dem Gedanken von Treu und Glauben beruht.[2378]

1140   Im Ausnahmefall kann der Arbeitgeber auch verpflichtet sein, solche Vorgänge aus der Personalakte zu entfernen, die auf einem **wahren Sachverhalt** beruhen. Dies gilt dann, wenn der Sachverhalt für die weitere Beurteilung des Arbeitnehmers überflüssig geworden ist und ihn in seiner beruflichen Entwicklungsmöglichkeit fortwirkend beeinträchtigen kann,[2379] sowie dann, wenn eine Interessenabwägung ergibt, dass eine weitere Aufbewahrung zu unzumutbaren beruflichen Nachteilen führt und der beurkundete Vorgang für das Arbeitsverhältnis rechtlich bedeutungslos geworden ist. Zwar rechtfertigt alleine der Verbleib eines durch die Ereignisse überholten und deshalb überflüssigen Vorgangs in der Personalakte noch nicht den Anspruch auf Entfernung dieses Aktenbestandteiles. Jedenfalls dann aber, wenn der überholte Bestandteil zukünftige Nachteile begründen kann, kann die Entfernung verlangt werden.[2380]

1141   Der Entfernungsanspruch kann – sofern notwendig, arbeitsgerichtlich durchgesetzt werden.

ff) Hinzufügen von Inhalten

1142   Jeder Arbeitnehmer hat gem. § 83 Abs. 2 BetrVG einen Anspruch darauf, dass schriftliche Erklärungen von ihm zum Inhalt der Personalakte gemacht werden. Voraussetzung ist, dass sich diese auf den Inhalt der Personalakten beziehen. Der typische Anwendungsfall ist die Aufnahme einer **Gegendarstellung** zu einer in die Personalakte aufgenommenen Ermahnung oder Abmahnung. Auch dieser Anspruch kann gerichtlich durchgesetzt werden. § 83 BetrVG gilt unabhängig davon, ob im Betrieb ein Betriebsrat gebildet ist oder nicht.

2375 HaKo-BetrVG/*Lakies*, § 83 Rn 2; *Fitting*, BetrVG, § 83 Rn 10.
2376 LAG Niedersachsen 31.3.1981 – 2 Sa 79/80, DB 1981, 1623.
2377 BAG 16.11.2010 – 9 AZR 573/09, BAGE 136, 156.
2378 BAG 27.11.1985 – 5 AZR 101/84, BAG AP Nr. 93 zu § 611 BGB Fürsorgepflicht; BAG 18.11.2008 – 9 AZR 865/07, NZR 2009, 206.
2379 BAG 13.4.1988 – 5 AZR 537/86, NZA 1988, 654.
2380 BAG 7.9.1988 – 5 AZR 625/87, NZA 1989, 272.

gg) Löschen/Vernichten der Personalakte

Der Arbeitgeber ist grundsätzlich berechtigt, die Personalakte auch nach dem Ende des Arbeitsverhältnisses **1143** aufzubewahren. Die im Eigentum des Arbeitnehmers stehenden Originalunterlagen sind diesem auszuhändigen. Eine **Pflicht zur Fortführung der Personalakte** besteht aber nur insoweit, als spezialgesetzliche Bestimmungen dies vorsehen. Solche Bestimmungen sind § 257 HBG betreffend den Arbeitslohn (6 Jahre), § 147 Abs. 3 AO betreffend die steuerliche Behandlung (6 Jahre) sowie § 28f Abs. 1 SGB IV betreffend die sozialversicherungsrechtliche Abwicklung (bis zum Ablauf des auf die letzte Prüfung folgenden Kalenderjahres).

Im Hinblick auf etwaige nachlaufende Forderungen des Beschäftigten ist es zweckmäßig und empfehlens- **1144** wert, die Personalakte mindestens für die Dauer der Verjährungsfrist (3 Jahre beginnend mit dem Ende des Kalenderjahres, in das das Ende des Arbeitsverhältnisses fällt) aufzubewahren. Sind Betriebsrentenansprüche aus einer den Arbeitgeber treffenden Versorgungszusage tangiert, muss die Personalakte letztlich bis zum Tode aller Anspruchsberechtigten verwahrt werden, soweit die Betriebsrentenansprüche betroffen sind.

Ist die Personalakte oder sind einzelne Inhalte unter keinem denkbaren Gesichtspunkt mehr für nachlau- **1145** fende Zwecke des Arbeitsverhältnisses notwendig, besteht gem. § 35 Abs. 2 Nr. 3 BDSG eine **Löschungsverpflichtung**. Im Falle der physischen Führung der Personalakten in Papierform bedeutet dies, dass entweder sämtliche personenbezogenen Daten endgültig zu schwärzen oder die gesamten Inhalte zu vernichten sind.

c) Muster

Beschäftigte sind gem. § 4 Abs. 3 BDSG über die Erhebung personenbezogener Daten zu informieren, so- **1146** fern sie nicht bereits auf andere Weise Kenntnis hiervon erlangt haben. Es empfiehlt sich, in den Arbeitsvertrag einen entsprechenden Hinweis aufzunehmen, um den Pflichten aus § 4 Abs. 3 BDSG gerecht zu werden.

Muster 1a.64: Arbeitsvertragsklausel zur Personalakte

(...) Der Arbeitgeber führt für die Dauer des Arbeitsverhältnisses sowie nach seiner Beendigung zum Zwecke der Erfüllung aller gesetzlichen Pflichten eine Personalakte. In die Personalakte werden sämtliche für das Arbeitsverhältnis und seine Abwicklung erforderlichen Angaben zur Person des Arbeitnehmers aufgenommen. Die Aufnahme dient der Erfüllung aller arbeitgeberseitigen Pflichten im Rahmen des Arbeitsverhältnisses. Eine Weitergabe der Daten erfolgt ausschließlich im Rahmen der gesetzlichen Bestimmung an die Einzugsstellen der Träger der Sozialversicherungen sowie das Finanzamt.

Der Arbeitgeber kann bereits vertraglich die Pflicht des Arbeitnehmers festhalten, die Beschäftigtendaten **1147** zu aktualisieren.

Muster 1a.65: Arbeitsvertragsklausel zur Aktualisierung (Anzeigeklausel)

(1) Der Arbeitnehmer hat dem Arbeitgeber alle zur Durchführung des Meldeverfahrens und der Beitragszahlung erforderlichen Angaben zu machen und, soweit erforderlich, Unterlagen vorzulegen.

(2) Der Arbeitnehmer hat dem Arbeitgeber zu Beginn des Arbeitsverhältnisses solche Umstände mitzuteilen, die für die Beurteilung der sozialen Schutzbedürftigkeit des Arbeitnehmers z.B. im Sinne der §§ 1 KSchG, 1 ff. SGB IX von Bedeutung sind. Mitzuteilen sind insbesondere: Familienstand, Anzahl der unterhaltsberechtigten Kinder; sonstige unterhaltsberechtigten Personen.

(3) Der Arbeitnehmer hat dem Arbeitgeber während der Dauer des Arbeitsverhältnisses jegliche Veränderung seiner persönlichen Daten mitzuteilen, soweit diese zur Abwicklung des Arbeitsverhältnisses, insbesondere für die Durchführung des sozialversicherungsrechtlichen Meldeverfahrens, notwendig sind. Auf einfaches Anfordern des Arbeitgebers sind die notwendigen Unterlagen vorzulegen. Mitzuteilen sind insbesondere: Änderungen des Namens, des Wohnortes, der Steuerklasse, des Familienstandes (Heirat, Scheidung, Tod des Partners), Geburt oder Tod von Kindern; Adoption von Kindern, Wechsel der Krankenkasse, der Eintritt einer dauerhaften oder vorübergehenden Erwerbsunfähigkeit.

▲

1148 Dem Arbeitnehmer steht gem. § 83 Abs. 1 BetrVG ein Einsichtsrecht in die über ihn geführte Personalakte zu. Er kann hierzu ein Mitglied des Betriebsrates hinzuziehen, sofern ein solcher gebildet ist. Das Recht des § 83 BetrVG ist nicht davon abhängig, dass im Betrieb überhaupt ein Betriebsrat gebildet ist. Zu den weiteren Details vergleiche Rdn 1136 ff.

▼

1149 **Muster 1a.66: Geltendmachung eines Einsichtsrechts durch den Arbeitnehmer**

Sehr geehrte Damen und Herren,

hiermit mache ich von meinem Recht auf Einsicht in die Personalakte gem. § 83 BetrVG Gebrauch und verlange, in die über mich geführte Personalakte Einsicht zu nehmen. Ich beabsichtige, hierzu ein Mitglied des Betriebsrates hinzuzuziehen.

Bitte teilen Sie mir mit, wann die Einsichtnahme in die Personalakte gewährt wird. Ich bitte ebenfalls um Mitteilung, ob vor Ort ein Kopiergerät zur Verfügung steht, sodass ich in die Lage versetzt werde, mir (auf eigene Kosten) Kopien aus der Personalakte zu fertigen.

Mit freundlichen Grüßen

(*Arbeitnehmer*)

▲

1150 Der Arbeitnehmer hat Anspruch auf Entfernung solcher Inhalte der Personalakte, die unwahr geworden sind oder die für die weitere Abwicklung des Arbeitsverhältnisses nicht mehr relevant und gleichzeitig geeignet sind, ihn in seinen Persönlichkeitsrechten zu verletzen, vgl. Rdn 1139 ff.

▼

Muster 1a.67: Geltendmachung eines Anspruchs auf Entfernung aus der Personalakte

Sehr geehrte Damen und Herren,

bei Gelegenheit der Einsicht in meine Personalakte habe ich festgestellt, dass sich in dieser Personalakte eine auf den ▨▨▨ datierte Abmahnung befindet. Mit dieser Abmahnung wird mir vorgeworfen, zu mehreren Zeitpunkten, die in der Abmahnung nicht näher bezeichnet werden, in erheblichem Umfang zu spät zur Arbeit gekommen zu sein. Diese Vorwürfe sind unzutreffend. Sie sind darüber hinaus auch nicht so hinreichend substantiiert, dass ich mich sinnvoll dazu einlassen könnte. Richtig ist vielmehr, dass ich pünktlich zur Arbeit komme. Verspätungen treten allenfalls dann auf, wenn ich am Vorabend bis spät in die Nacht hinein am Arbeitsplatz gearbeitet habe und das Arbeitszeitgesetz mich deshalb zwingt, die Ruhezeit einzuhalten oder ich aus Gründen höherer Gewalt zu spät komme, z.B. weil die öffentlichen Verkehrsmittel sich verspätet haben.

Ich möchte darauf hinweisen, dass die bei der Personalakte befindliche Abmahnung nach der Rechtsprechung des Bundesarbeitsgerichtes schon deshalb zu entfernen ist, weil sie nicht hinreichend konkretisiert ist und deshalb den Gegenstand des Vorwurfes nicht erkennen lässt.

Mir steht als Ausfluss meiner Persönlichkeitsrechte ein Anspruch auf Entfernung unrichtiger Inhalte aus der Personalakte zu. Die Abmahnung vom ▨▨▨ erweckt den Eindruck, als habe der Arbeitgeber ordnungsgemäß und wirksam ein vertragswidriges Verhalten gerügt. Dies ist jedoch nicht zutreffend.

Ich fordere Sie deshalb auf, die Abmahnung vom ▨▨▨ aus der Personalakte endgültig zu entfernen. Bitte bestätigen Sie mir, dass die Entfernung vorgenommen worden ist, und zwar bis spätestens zum ▨▨▨ (*Frist*). Sollte die Frist nicht eingehalten werden, sehe ich mich gezwungen, einen Rechtsanwalt mit der weiteren Durchsetzung meiner Rechte zu beauftragen.

Mit freundlichen Grüßen

(*Arbeitnehmer*)

▲

Gem. § 83 Abs. 2 BetrVG steht jedem Arbeitnehmer das Recht zu, Erklärungen zum Inhalt der Personalakte **1151** zu machen, sofern sich diese auf den Inhalt der Personalakte beziehen.

▼

Muster 1a.68: Geltendmachung des Anspruchs auf Gegendarstellung

Sehr geehrte Damen und Herren,

bei Gelegenheit der Einsicht in die Personalakte habe ich festgestellt, dass sich in der Personalakte eine Ermahnung mit dem Vorwurf befindet, ich habe am ▨▨▨ entgegen einer ausdrücklichen Weisung meiner Vorgesetzten den Arbeitsplatz verlassen und mich dabei arbeitsvertragswidrig verhalten.

Der dargestellte Sachverhalt ist falsch. Richtig ist, dass ich am ▨▨▨ den Arbeitsplatz bereits 20 Minuten vor dem Ende der Regelarbeitszeit verlassen habe. Dies erfolgte aber nicht eigenmächtig oder gar entgegen einer ausdrücklichen Absprache. Vielmehr habe ich mit meiner Vorgesetzten, Frau ▨▨▨, das vorzeitige Gehen ausdrücklich abgesprochen. Grund des vorzeitigen Gehens war, dass mein minderjähriges Kind ▨▨▨, ▨▨▨ Jahre, aufgrund einer im Kindergarten erlittenen Verletzung aus dem Kindergarten abgeholt werden musste. Zu dieser Abholung stand keine andere Person zur Verfügung, sodass ich gezwungen war, die Arbeit einzustellen und mein Kind abzuholen. Diese Notsituation habe ich zuvor auch mit meiner Vorgesetzten, Frau ▨▨▨, besprochen und sie hat mir ausdrücklich erlaubt, den Arbeitsplatz zu verlassen, um mein Kind abzuholen. Besprochen hatten wir, dass ich die nicht gearbeitete Zeit kurzfristig durch entsprechende Überarbeit nachhole. Dies habe ich auch getan.

Ich habe deshalb mit dem vorstehenden Verhalten meinen Arbeitsvertrag nicht verletzt. Da mir gegen eine Ermahnung keine wirksamen Gegenrechte zustehen und ich auch keinen Rechtsstreit über die Entfernung einer Ermahnung aus der Personalakte führen möchte, fordere ich Sie hiermit auf, gem. § 83 Abs. 2 BetrVG mein heutiges Schreiben als Gegendarstellung zu der Personalakte zu nehmen.

Ich bitte um eine ausdrückliche Bestätigung, dass das Schreiben zur Personalakte genommen worden ist. Hierfür erlaube ich mir, eine Frist bis zum ▨▨▨ zu notieren.

Mit freundlichen Grüßen

(*Arbeitnehmer*)

87. Pfändung

Literatur: *Bengelsdorf*, Pfändung und Abtretung von Lohn, 2. Aufl. 2002; *Biswas/Burghard*, BAG-Rechtsprechung zu der Kostentragung bei Lohnpfändungen, FA 2007, 261; *Hannewald*, Wer trägt die Bearbeitungskosten einer Lohnpfändung?, NZA 2001, 19; *Linsenmaier*, Normsetzung der Betriebsparteien und Individualrechte der Arbeitnehmer, RdA 2008, 1; *Marly*, Kostenerstattung und Tätigkeitsvergütung für Auskünfte des Drittschuldners bei Pfändungs- und Überweisungsbeschlüssen, BB 1999, 1990; *Schielke*, Kostentragung bei der Lohnpfändung, BB 2007, 378; *Schrader/Schubert*, AGB-Kontrolle von Arbeitsverträgen – Grundsätze der Inhaltskontrolle arbeitsvertraglicher Vereinbarungen (Teil 2), NZA-RR 2005, 225.

a) Allgemeines

Die Lohnansprüche des Arbeitnehmers gegen den Arbeitgeber können von einem Gläubiger gepfändet wer- **1152** den. In der vollstreckungsrechtlichen Begrifflichkeit ist der Arbeitnehmer der Schuldner und der Arbeitgeber der Drittschuldner. Die Pfändung und Überweisung des Lohnanspruchs hat folgende Rechtsfolgen: der Arbeitgeber – als Drittschuldner – darf, soweit die Pfändung reicht, den Lohn nicht mehr an den Arbeitnehmer – als Schuldner – zahlen; der Gläubiger kann über die gepfändete und überwiesene Lohnforderung verfügen, sie also einziehen, abtreten usw. Umgekehrt kann der Arbeitnehmer über die gepfändete Lohnforderung selbst nicht mehr verfügen, eine Verfügung wäre gegenüber seinem Gläubiger unwirksam.

Der Aufwand für den Arbeitgeber ist nicht unerheblich:

- Der Arbeitgeber hat sich innerhalb von 2 Wochen nach Zustellung des Pfändungsbeschlusses über die ihm nach § 840 ZPO gestellten Fragen zu erklären (sog. **Drittschuldnererklärung**).
- Er hat festzustellen, ob und ggf. in welcher Höhe durch die Pfändung das Arbeitseinkommen gepfändet worden ist; er hat die Rechtswirksamkeit des Pfändungsbeschlusses zu prüfen, den pfändbaren Betrag zu berechnen und dabei die relevanten Pfändungsfreigrenzen zu berücksichtigen.
- Der Arbeitgeber hat dann den unpfändbaren Betrag an den Arbeitnehmer auszuzahlen, und den gepfändeten Lohnbetrag dem Gläubiger zu übersenden. Zahlt der Arbeitgeber dem Arbeitnehmer den Lohn weiter aus ohne Berücksichtigung des Pfändungs- und Überweisungsbeschlusses, ist diese Zahlung dem Gläubiger gegenüber unwirksam, d.h. er kann weiterhin Zahlung der gepfändeten Lohnforderung verlangen. Der Arbeitgeber ist dann auf den Rückforderungsanspruch nach § 812 BGB gegen den Arbeitnehmer angewiesen.
- Im Falle einer Mehrzahl von Pfändungs- und Überweisungsbeschlüssen hat der Arbeitgeber zudem den Rang der jeweiligen Gläubiger zu ermitteln.

Lohnpfändungen und deren administrative Bearbeitung sind also für Arbeitgeber mit nicht unerheblichem Zeit- und Personalaufwand verbunden, und die Kosten dafür sollen auf den Arbeitnehmer verlagert werden (Kostenerstattung).

b)   Erstattung von Lohnpfändungskosten
aa) Gesetzliche Erstattungsgrundlage

1153   Der Arbeitgeber hat keinen gesetzlichen Anspruch gegen den Arbeitnehmer auf Erstattung der Kosten für die Bearbeitung von Lohn- und Gehaltspfändungen. Ein solcher Anspruch folgt weder aus den Vorschriften der ZPO (etwa § 788 Abs. 1 ZPO, § 840 Abs. 1 ZPO), noch aus den Bestimmungen des BGB (etwa Geschäftsbesorgung ohne Auftrag, §§ 670, 683 BGB). Ebenso wenig soll sich ein Erstattungsanspruch aus einer Verletzung vertraglicher Pflichten durch den Arbeitnehmer oder den Grundsätzen der Drittschadensliquidation ergeben.[2381] Gegenüber dem Gläubiger befindet sich der Arbeitnehmer (Schuldner) zwar spätestens seit seiner Verurteilung in Verzug. Die Bearbeitungskosten sind prozessual betrachtet auch **Kosten der Zwangsvollstreckung**, die gem. § 788 ZPO grundsätzlich der Schuldner (= Arbeitnehmer) zu tragen hat. Diese Vorschrift gilt aber nur im Verhältnis zwischen Gläubiger und Schuldner, nicht für Aufwendungen des Drittschuldners. Die Möglichkeit einer **Drittschadensliquidation** der beim Arbeitgeber als Drittschuldner entstandenen Bearbeitungskosten durch den Gläubiger und der damit verbundenen Abtretung der für die Bearbeitung entstandenen und nachgewiesenen Aufwendungen verneint das BAG.[2382]

2381 BAG 18.7.2006, NZA 2007, 462.
2382 BAG 18.7.2006, NZA 2007, 462; anders in Österreich, siehe § 292h Exekutionsordnung: „Dem Drittschuldner steht für die Berechnung des unpfändbaren Teils einer beschränkt pfändbaren Geldforderung bei der ersten Zahlung an den betreibenden Gläubiger 2 % von dem dem betreibenden Gläubiger zu zahlenden Betrag, höchstens jedoch 8 EUR, bei den weiteren Zahlungen 1 %, höchstens jedoch 4 EUR zu. Dieser Betrag ist von dem dem Verpflichteten zustehenden Betrag einzubehalten, sofern dadurch der unpfändbare Betrag nicht geschmälert wird; sonst von dem dem betreibenden Gläubiger zustehenden Betrag."

bb) Kollektivrechtliche Erstattungsgrundlage

Ein Erstattungsanspruch des Arbeitgebers für die Kosten der Pfändungsbearbeitung kann nicht (mehr) **1154** durch Betriebsvereinbarung begründet werden. das BAG hat nämlich die Regelung eines Kostenerstattungsanspruchs in einer **Betriebsvereinbarung** für unwirksam erklärt.[2383]

Die Kostenerstattung bei Lohnpfändungen ist nicht vom Regelungsumfang der zwingenden Mitbestimmungstatbestände des § 87 Abs. 1 BetrVG erfasst. Weder geht es um Ordnungsverhalten im Sinne des § 87 Abs. 1 Nr. 1 BetrVG, denn die Kostenerstattung regelt nicht das betriebliche Zusammenleben und Zusammenwirken der Arbeitnehmer. Vielmehr geht es um Vermögensangelegenheiten. Diese sind Teil des mitbestimmungsfreien außerdienstlichen Verhaltens der Arbeitnehmer.

Eine „Bearbeitungsgebühr" für Gehaltspfändungen betrifft auch weder Zeit noch Ort und Art der Auszahlung des Arbeitsentgelts nach § 87 Abs. 1 Nr. 4 BetrVG.

Ein Kostenerstattungsanspruch kann auch nicht durch freiwillige Betriebsvereinbarung nach § 88 BetrVG begründet werden, da diese Vorschrift keinen Eingriff in individuelle Rechtspositionen der Arbeitnehmer gestattet. Zwar kommt den Betriebsparteien grundsätzlich eine umfassende Regelungskompetenz in sozialen Angelegenheiten zu, soweit der Gegenstand nicht nach § 77 Abs. 3 BetrVG durch Tarifvertrag geregelt ist oder üblicherweise geregelt wird. Grenzen der Regelungskompetenz ergeben sich aber insbesondere aus der ihnen nach § 75 Abs. BetrVG obliegenden Verpflichtung, die freie Entfaltung der Persönlichkeit der im Betrieb beschäftigten Arbeitnehmer zu schützen und zu fördern. Lohnverwendungsbestimmungen, die den Arbeitnehmer ausschließlich belasten, sind danach unzulässig. Sie führen zu Einschränkungen der dem Arbeitnehmer zustehenden Freiheit, über seinen Lohn zu verfügen, und greifen auf diese Weise in dessen außerbetriebliche Lebensgestaltung ein.[2384]

Kostenerstattungsansprüche für die Bearbeitung von Pfändungen können aber wohl in **Tarifverträgen** ge- **1155** regelt werden. Denn Kostenerstattungsregelungen sind Teil der materiellen Arbeitsbedingungen, und als solche können sie als Inhaltsnormen des Tarifvertrags vereinbart werden.[2385]

cc) Erstattungsanspruch für Kosten der Lohnpfändung aus Arbeitsvertrag?

Ob eine Verpflichtung des Arbeitnehmers zur pauschalierten Erstattung der Kosten von Lohnpfändungen in **1156** einem Formulararbeitsvertrag wirksam vereinbart werden kann, ist weiter umstritten.[2386] Jedenfalls besteht ein berechtigtes und legitimes Interesse des Arbeitgebers, einen Ausgleich für die zusätzlichen Aufwendungen im Rahmen der Bearbeitung von Pfändungen zu erhalten. Soweit ersichtlich, gibt es bislang jedoch keine Instanzrechtsprechung zur Frage der Wirksamkeit von Erstattungsklauseln in Arbeitsverträgen, und somit wird eine Entscheidung des BAG noch auf sich warten lassen.

Lediglich im Bereich von Banken-AGB gibt es eine Entscheidung des BGH aus dem Jahr 1999, wonach die **1157** pauschale Überwälzung von Kosten für die Bearbeitung von Pfändungen durch die Allgemeinen Geschäftsbedingungen einer Bank unwirksam sein soll.[2387] Begründung: Jeder Rechtsunterworfene habe seine gesetzlichen Verpflichtungen zu erfüllen, ohne dafür ein gesondertes Entgelt verlangen zu können. Die Bearbeitung von Pfändungs- und Überweisungsbeschlüssen stelle für den Drittschuldner die Erfüllung einer (eigenen) gesetzlichen Verpflichtung dar, und dafür könne kein „gesondertes Entgelt" verlangt werden; dies sei mit den **wesentlichen Grundgedanken** der gesetzlichen Regelung unvereinbar (vgl. jetzt § 307 Abs. 2 Nr. 1 BGB).

2383 BAG 18.7.2006, NZA 2007, 462.
2384 BAG 18.7.2006, NZA 2007, 462.
2385 So wohl im Ergebnis auch *Biswas/Burghard*, FA 2007, 261, 263.
2386 Siehe dazu: Schaub/*Koch*, § 88 Rn 8; *Hannewald*, NZA 2001, 19; *Schrader/Schubert*, NZA-RR 2005, 225, 226 f.; a.A.: *Schielke*, BB 2007, 378; Preis/*Preis*, Arbeitsvertrag II. A. 10 Rn 40 ff. (Kostenüberwälzung durch Individualvereinbarung).
2387 BGH 19.10.1999, NJW 2000, 651; BGH 18.5.1999, NJW 1999, 2276.

Diese Argumentation wird zum Teil im Arbeitsrecht angenommen. Dann bestünde für den Arbeitgeber keine Möglichkeit, eine Erstattungsregel für Kosten der Lohnpfändung in einem Formulararbeitsvertrag zu vereinbaren.[2388]

1158 Jedoch besagt der allgemeine Grundsatz im Zwangsvollstreckungsrecht, dass der Schuldner die **Kosten der Zwangsvollstreckung** tragen muss, § 788 ZPO. Dieses allgemeine Prinzip muss auf die Drittschuldnerstellung übertragen werden können, zumal der Drittschuldner – also der Arbeitgeber – im Interesse sowohl des Schuldners (also des Arbeitnehmers) als auch des Gläubigers handelt.[2389]

1159 Zum Teil werden Kostentragungsklauseln jedoch gemäß § 309 Nr. 5 BGB (Unwirksamkeit einer Pauschalierung von Schadensersatz in AGB) für unwirksam erklärt.[2390] Zwar ist eine Kostenpauschale zur Erstattung von Bearbeitungskosten für Lohnpfändungen kein Schadensersatz-, sondern ein Aufwendungsersatzanspruch aus dem Auftragsrecht; § 309 Nr. 5 BGB findet dafür jedoch analog Anwendung.[2391] Danach wäre die Vereinbarung von Kostenpauschalen zur Pfändungsbearbeitung unwirksam.

1160 Es kann derzeit nicht abschließend beurteilt werden, ob eine Kostenregelung vor dem BAG Bestand haben würde oder nicht. Eine Kostentragungsklausel wird in jedem Fall an § 307 Abs. 2 Nr. 1 BGB („wesentliche Grundgedanken"), sowie auch an § 309 Nr. 5 BGB zu messen sein.

1161 Bis Klarheit durch das BAG geschaffen wird, werden Kostenreglungen nach wie vor in Standardarbeitsverträgen aufgenommen. Das Risiko im Fall der Unwirksamkeit einer solchen Kostenerstattungsklausel ist schließlich überschaubar: Im Zweifel kann der Arbeitgeber schlicht den Erstattungsanspruch nicht realisieren.

Um eine Erstattungsklausel „so wirksam wie möglich" zu machen, sind folgende Aspekte zu beachten: die Pauschale soll den nach dem gewöhnlichen Lauf der Dinge zu erwartenden Schaden/Aufwand nicht übersteigen, (§ 309 Nr. 5a BGB), und dem Arbeitnehmer soll der Nachweis gestattet bleiben, dass kein oder nur ein erheblich geringerer Schaden/Aufwand als die Pauschale entstanden ist (§ 309 Nr. 5b BGB). Zudem sollte die Kostenregel in jedem Fall klar und verständlich geregelt sein (§ 307 Abs. 1 S. 2 BGB).[2392]

c) Formulierungsbeispiel

1162 Muster 1a.69: Lohnpfändung

Zur Deckung der Kosten für die Bearbeitung von Lohn- und Gehaltspfändungen macht die Gesellschaft pauschale Beträge geltend. Die Bearbeitungskosten betragen je Bearbeitungsvorgang 3 EUR pro Pfändung, sowie 3 EUR für jedes zusätzliche Schreiben, und 2 EUR für jede Überweisung. Die Gesellschaft wird die Bearbeitungskosten bei der nächsten Gehaltszahlung von dem an den Arbeitnehmer auszuzahlenden Nettobetrag einbehalten; dies gilt nicht, soweit dadurch der unpfändbare Teil des Gehalts geschmälert wird.

Dem Arbeitnehmer ist zum Nachweis berechtigt, der Gesellschaft sei durch die Pfändung kein Schaden/Aufwand oder ein wesentlich geringerer Schaden/Aufwand als die vereinbarte Pauschale entstanden. Dann findet keine bzw. eine Kostentragung im nachgewiesenen geringeren Umfang durch den Arbeitnehmer statt.[2393]

2388 *Schielke*, BB 2007, 378, 380; auch keine Prozentpauschalen wg. § 309 Nr. 5 BGB: *Schrader/Schubert*, NZA-RR 2005, 225, 227.
2389 *Biswas/Burghard*, FA 2007, 261, 263; *Schielke*, BB 2007, 378, 379; *Hannewald*, NZA 2001, 19; *Hümmerich*, NZA 2003, 753, 754.
2390 *Schrader/Schubert*, NZA-RR 2005, 225, 227; *Schielke*, BB 2007, 378, 279; *Hümmerich*, NZA 2003, 753, 754; Preis/*Preis*, II A 10 Rn 49.
2391 BGH 9.7.1992, NJW 1992, 3163.
2392 Hümmerich/Reufels/*Schiefer*, § 1 A II Rn 371 A.
2393 Ähnlich auch: Bauer u.a./*Lingemann*, M 2.1. 24 ff.

88. Pkw

Ausführliche Erläuterungen zu diesen Stichwort finden sich im Kapitel zu den einzelnen Vertragstypen, dort Dienstwagenüberlassung (siehe unten § 1b Rdn 511 ff.).   **1163**

89. Portabilität

Ausführungen hierzu finden sich unter dem Stichwort Betriebliche Altersversorgung (siehe oben Rdn 634 ff.).   **1164**

90. Praktikum

Ausführliche Erläuterungen zu diesem Stichwort finden sich im Kapitel zu den einzelnen Vertragstypen, dort Praktikantenvertrag (siehe § 1b Rdn 505 ff.).   **1165**

91. Prämie

Ausführungen hierzu finden sich unter dem Stichwort Bonus (siehe oben Rdn 684 ff.).   **1166**

92. Probezeit

Literatur: *Bauschke*, Arbeitsrechtliche und beamtenrechtliche Aspekte der Probezeit, ZTR 1994, 47; *Berger-Delhey*, Probezeit und Wartezeit- Synonyme oder Antinomie?, BB 1989, 977; *ders.*, Zwei Jahre zur Probe?, ZTR 2006, 74; *Betzbach*, Zur Zulässigkeit von sog. Einfühlungsverhältnissen, FA 2002, 340; *Bitzer*, Verlängerung der Probezeit, AuA 2003, 16; *Blomeyer*, Aktuelle Rechtsprobleme der Probezeit, NJW 2008, 2812; *Eschenauer*, Probezeit, AuA 2002, 24; *Hromadka*, Rechtsfragen zum Kündigungsfristengesetz, BB 1993, 2372; *Lembke*, Neue Wege zur Verlängerung der Probezeit, DB 2002, 2648; *Preis/Kliemt*, Das Probearbeitsverhältnis, AR-Blattei: Probearbeitsverhältnis (SD 1270), 1994; *Wilhelm*, Verlängerte Probezeit und Kündigungsschutz, NZA 2001, 818.

a) Allgemeines

Die Probezeit zu Beginn eines Arbeitsverhältnisses dient beiden Vertragsparteien – Arbeitgeber und Arbeitnehmer – zur Erprobung, um herauszufinden, ob sie sich eine auf lange Dauer angelegte Zusammenarbeit vorstellen können. Für den Arbeitgeber geht es in erster Linie darum, über den Eindruck im Bewerbungsverfahren hinaus die Eignung und Befähigung des neuen Mitarbeiters zu eruieren und zu testen. Für den Arbeitnehmer geht es darum, zu erkennen, ob er sich in dem Betrieb und mit den neuen Kollegen usw. „wohlfühlt" und sich mit seinen Aufgaben identifizieren kann.   **1167**

Das Arbeitsverhältnis während der Probezeit – sog. „**Probearbeitsverhältnis**" – ist ein „normales" Arbeitsverhältnis mit allen gegenseitigen Rechten und Pflichten. Der Arbeitnehmer ist zur vertragsgemäßen Erbringung der Arbeitsleistung verpflichtet und erhält dafür das vereinbarte Gehalt, § 611 BGB. Zum Teil gelten jedoch besondere Regeln, die überwiegend nichts mit dem Zweck der Erprobung zu tun haben, sondern vorwiegend mit dem „Erdienen" von Ansprüchen bzw. Erreichen eines Sozialschutzes. Beispiele sind: **1168**

- § 4 BUrlG: voller Urlaubsanspruch erst nach Wartezeit von 6 Monaten;
- § 3 Abs. 3 EFZG: Entgeltfortzahlung im Krankheitsfalle erst nach 4-wöchigem Bestand des Arbeitsverhältnisses;
- § 1 Abs. 1 KSchG: Kündigungsschutz erst nach 6 Monaten (Wartefrist);
- § 8 Abs. 1 TzBfG: Anspruch auf Verringerung der Arbeitszeit erst nach 6 Monaten;
- § 90 SGB IX: Sonderkündigungsschutz für schwerbehinderte Menschen erstmalig nach 6 Monaten.

Zu unterscheiden vom Probearbeitsverhältnis ist das sog. **Einfühlungsverhältnis**. Der Arbeitgeber will dem potentiellen (zukünftigen) Mitarbeiter das Kennenlernen des Arbeitsplatzes ermöglichen. Der Kan-   **1169** didat wird dazu in den Betrieb aufgenommen, ohne jedoch zur Arbeitsleistung verpflichtet zu sein. Er unterliegt keinem Direktionsrecht, sondern lediglich dem Hausrecht des potentiellen Arbeitgebers. Im Gegenzug ist der Arbeitgeber auch nicht zu einer Vergütungszahlung verpflichtet, und zwar selbst dann nicht, wenn der Arbeitnehmer verwertbare oder nützliche Tätigkeiten verrichtet hat.[2394]

b) Art der Vereinbarung der Probezeit

1170 Ein Probearbeitsverhältnis kann auf zwei Arten zustande kommen:

- als befristetes Probearbeitsverhältnis oder
- als unbefristetes Arbeitsverhältnis mit vorgeschalteter Probezeit (Normalfall).

> *Hinweis*
>
> In der Praxis nutzen Arbeitgeber häufig auch die **sachgrundlose Befristung** nach § 14 Abs. 2 TzBfG (bei einer Erstanstellung) zur Erprobung bis zur maximalen Dauer von zwei Jahren und vereinbaren zudem eine Probezeit gemäß § 622 Abs. 3 BGB. Dabei handelt es sich nicht um ein „Probearbeitsverhältnis" im engeren Sinne

aa) Befristetes Probearbeitsverhältnis

1171 Ein befristetes Probearbeitsverhältnis ist ein Arbeitsverhältnis, das für die Dauer der Erprobung **befristet** ist. Die Erprobung ist als Sachgrund einer Befristung ausdrücklich anerkannt, § 14 Abs. 1 Nr. 5 TzBfG.

Die Befristungsvereinbarung unterliegt der **Schriftform**, § 14 Abs. 4 TzBfG. Der zugrunde liegende sachliche Grund – Erprobungszweck – ist objektive Wirksamkeitsvoraussetzung für die Befristung. Der Erprobungszweck muss zur Wirksamkeit der Befristung jedoch nicht ausdrücklich im Vertrag genannt oder schriftlich fixiert werden.[2395]

Das Gesetz nennt keine Höchstfrist. Im Allgemeinen werden nach dem Vorbild des § 1 Abs. 1 KSchG (sog. Wartezeit für Kündigungsschutz) und der Kündigungsfristenregelung für Kündigungen während der Probezeit (§ 622 Abs. 3 BGB) sechs Monate ausreichen.[2396]

Die befristete Verlängerung einer Probezeit ist rechtlich nicht ausgeschlossen.[2397] Kann der Arbeitgeber Eignung und Leistung eines Arbeitnehmers wegen der besonderen Anforderungen des Arbeitsplatzes innerhalb von sechs Monaten nicht genügend beurteilen, darf eine längere Probezeit vereinbart werden, ggf. durch nachträgliche befristete Verlängerung der Probezeit.[2398]

1172 Die Regelung zur Probezeitbefristung in einem Standardarbeitsvertrag kann jedoch überraschend im Sinne des § 305c Abs. 1 BGB und damit unwirksam sein, etwa wenn die Befristung zum Ablauf der Probezeit an einer „unpassenden" bzw. überraschenden Stelle im Arbeitsvertrag – etwa in der Regelung zum Beginn des Arbeitsverhältnisses und nicht in der Regelung zur Beendigung des Arbeitsverhältnisses enthalten ist, und der Arbeitsvertrag auch sonst die Probezeitbefristung nicht besonders hervorhebt. Im Übrigen kann auch ein Verstoß gegen das Transparenzgebot gemäß § 307 Abs. 1 S. 2 BGB vorliegen, wenn die gleichzeitige Vereinbarung sonstiger Arbeitsbedingungen die Fortführung des Arbeitsverhältnisses über die Probezeit hinaus voraussetzen, etwa die Regelungen zur Beendigung des Arbeitsverhältnisses bei Erreichen des Rentenalters, verlängerte Kündigungsfristen oder etwaige Rückzahlungspflichten bei Ausscheiden vor dem 31. März des Folgejahrs.[2399]

2394 LAG Hamm 24.5.1989, DB 1989, 1974; Schaub/*Koch*, ArbR-Hdb., § 41 Rn 2.
2395 BAG 23.6.2004, NZA 2004, 1333 unter Aufgabe der früheren Rechtsprechung; BAG 26.7.2006, NZA 2007, 34; ErfK/*Müller-Glöge*, § 14 TzBfG Rn 20, 21.
2396 BAG 2.6.2010 NZA 2010, 1293.
2397 BAG 12.9.1996, NZA 1997, 841; ErfK/*Müller-Glöge*, § 14 TzBfG Rn 49.
2398 BAG 12.9.1996, NZA 1997, 841; auch BAG 2.6.2010, NZA 2010, 1293: 12 Monate wegen psychisch begründeter Leistungsdefizite.
2399 LAG Berlin-Brandenburg 15.1.2013, Az. 16 Sa 1829/12, BeckRS 2013, 70093.

Auch eine „**Doppelbefristung**" – sechsmonatige Probezeitbefristung in einem auf ein Jahr befristeten Arbeitsvertrag – ist möglich. Die zusätzliche Probezeitbefristung – also zusätzlich zur eigentlichen Befristung – muss drucktechnisch besonders hervorgehoben werden, andernfalls wird sie als überraschende Klausel nicht Vertragsbestandteil, § 305c Abs. 1 BGB.[2400]   **1173**

Das befristete Probearbeitsverhältnis endet **automatisch durch Zeitablauf**, ohne dass es einer Kündigung bedarf. Dies gilt unabhängig von einer Zweckerreichung, also auch dann, wenn sich der Arbeitnehmer auf der Stelle bewährt hat. Nur wenn das Arbeitsverhältnis nach Fristablauf einvernehmlich bzw. mit Wissen des Arbeitgebers fortgesetzt wird, gilt es als auf unbestimmte Zeit geschlossen, wenn der Arbeitgeber nicht unverzüglich widerspricht, § 15 Abs. 5 TzBfG.   **1174**

Praxishinweis

Der Arbeitgeber muss den Ablauf der Probezeitbefristung im Auge behalten, um die Umwandlung in ein unbefristetes Arbeitsverhältnis zu vermeiden.

Die automatische Beendigung mit Ablauf der Befristung bzw. mit Erreichen des Zwecks – ohne Kündigung – hat für den Arbeitgeber mehrere Vorteile: **1175**

- Da eine Kündigung nicht erforderlich ist, sind besondere Kündigungsbeschränkungen (z.B. Sonderkündigungsschutz bei Schwangerschaft, § 9 MuSchG; Sonderkündigungsschutz bei Schwerbehinderung – nach Ablauf von sechs Monaten, § 85 SGB IX) nicht einschlägig.
- Mangels Kündigung entfällt auch die Betriebsratsanhörung vor Beendigung des Arbeitsverhältnisses nach § 102 BetrVG.
- Mangels Kündigungstatbestand hat der Arbeitnehmer grundsätzlich auch nicht die Möglichkeit zur Erhebung einer Kündigungsschutzklage.

Während der Dauer des befristeten Probearbeitsverhältnisses ist eine ordentliche **Kündigung** nur möglich, wenn diese einzelvertraglich oder im anwendbaren Tarifvertrag **vereinbart** ist, § 15 Abs. 3 TzBfG. Die außerordentliche Kündigung ist dagegen jederzeit möglich. Umstritten ist, ob an den wichtigen Grund strengere oder weniger strenge Anforderungen zu stellen sind.[2401]   **1176**

Praxishinweis   **1177**

Für den Arbeitgeber besteht grundsätzlich keine Pflicht, das Arbeitsverhältnis nach Ablauf der (Probezeit-) Befristung zu verlängern, unabhängig vom „Bestehen" der Probezeit. Im Anwendungsbereich des AGG ist jedoch besondere Vorsicht geboten, etwa wenn das befristete (Probe-) Arbeitsverhältnis mit einer schwangeren Arbeitnehmerin nicht verlängert wird. Wird das Arbeitsverhältnis **wegen** der Schwangerschaft nicht verlängert, dürfte dies eine unzulässige Benachteiligung wegen des Geschlechts darstellen, die zu Ersatzansprüchen der Arbeitnehmerin gemäß § 15 AGG führen kann.[2402] Wegen der besonderen Beweislastregel des § 22 AGG muss die Arbeitnehmerin zunächst lediglich Indiztatsachen beweisen, die vermuten lassen, die Nichtverlängerung des Arbeitsvertrages erfolge etwa wegen der Schwangerschaft.[2403] Der Arbeitgeber sollte also eine Nichtverlängerung eines befristeten (Probe-)Arbeitsverhältnisses stets mit sachlichen Gründen, insbesondere der mangelnden Eignung und Befähigung des Arbeitnehmers belegen können.

2400 BAG 16.4.2008, NZA 2008, 876: die Probezeitbefristung in einem Formulararbeitsvertrag war als überraschende Klausel unwirksam; neben einer drucktechnisch hervorgehobenen Befristung für die Dauer eines Jahres gab es im nachfolgenden Text ohne drucktechnische Hervorhebung eine weitere Befristung des Arbeitsvertrags zum Ablauf der sechsmonatigen Probezeit.

2401 Vgl. dazu: *Wilhelm*, NZA 2001, 818, 820; Schaub/*Koch*, ArbR-Hdb., § 41 Rn 12.

2402 ArbG Mainz 2.9.2008 – 3 Ca 1133/08, zit. nach juris: Anspruch auf Schadensersatz wegen entgangenen Arbeitseinkommens i.H.v. drei Monatsgehältern, zusätzlich auf angemessene Entschädigung wegen Benachteiligung nach dem AGG.

2403 Im Fall: Auf die telefonische Anfrage der Mutter der Arbeitnehmerin nach den Gründen für die Nichtverlängerung hatte der Vorgesetzte mitgeteilt, Grund für die Nichtverlängerung des Arbeitsvertrages sei die Schwangerschaft.

bb) Vorgeschaltete Probezeit im Arbeitsverhältnis

1178 Die Probezeit kann in einem unbefristeten Arbeitsverhältnis auch in Form einer **besonderen Kündigungsregelung** vereinbart werden, dergestalt, dass während der ersten sechs Monate des Arbeitsverhältnisses eine kurze Kündigungsfrist von zwei Wochen ohne festen Kündigungstermin für beide Parteien gelten soll, § 622 Abs. 3 BGB.

1179 Eine solche vereinfachte Kündigungsmöglichkeit während der ersten sechs Monate des Arbeitsverhältnisses kann auch in einem befristeten Arbeitsverhältnis vereinbart werden.[2404]

Zur Beendigung eines unbefristeten/befristeten Arbeitsverhältnisses während der vorgeschalteten Probezeit muss dann in jedem Fall eine Kündigung ausgesprochen werden. Die Kündigung ist jedoch dadurch erleichtert, dass in den ersten sechs Monaten des Arbeitsverhältnisses noch kein allgemeiner Kündigungsschutz nach dem KSchG besteht, sog. Wartezeit nach § 1 Abs. 1 KSchG. Eine soziale Rechtfertigung ist für die Kündigung in den ersten sechs Monaten des Arbeitsverhältnisses also nicht erforderlich. Der Betriebsrat ist jedoch auch bei einer Probezeitkündigung anzuhören, § 102 Abs. 1 BetrVG (siehe hierzu Rdn 1187).

Hinweis

Wenn auch während der ersten sechs Monate des Arbeitsverhältnisses noch kein allgemeiner Kündigungsschutz Anwendung findet, können doch bereits Sonderkündigungsschutztatbestände greifen, etwa Kündigungsverbot während einer Schwangerschaft (§ 9 MuSchG) sowie während einer Pflegezeit (§ 5 PflegeZG).

Der Sonderkündigungsschutz für schwerbehinderte Menschen gilt jedoch ebenfalls erst nach sechsmonatigem Bestand des Arbeitsverhältnisses, vgl. § 90 Abs. 1 Nr. 1 SGB IX („Ausnahmen").

c) Dauer der Probezeit

1180 Eine bestimmte Dauer (Mindest- oder Höchstdauer) für die Probezeit ist gesetzlich nicht festgelegt.

Praxishinweis

Eine Ausnahme gilt für Berufsausbildungsverhältnisse, bei denen die Probezeit mindestens einen Monat und höchstens vier Monate betragen darf, § 20 BBiG.

1181 Erprobungszweck und Erprobungsdauer müssen in einem angemessenen Verhältnis stehen. Bei einfachen Tätigkeiten wird eine Probezeit von drei bis vier Monaten für angemessen erachtet.[2405] Unabhängig von einzelfallbezogenen Umständen wird eine Probezeit von sechs Monaten als allgemein zulässig angesehen.[2406] Dafür spricht die gesetzliche Normierung der Sechs-Monats-Frist in § 1 Abs. 1 KSchG (Wartezeit für das Eingreifen des allgemeinen Kündigungsschutzes), und in § 622 Abs. 3 BGB (besondere Kündigungsfrist während der Probezeit bis zur Dauer von sechs Monaten).[2407]

1182 In **Ausnahmefällen** kann eine Probezeit für eine **längere Dauer als sechs Monate** (bis zu 12 bzw. 18 Monaten) in Betracht kommen, um eine angemessene Einschätzung zu ermöglichen, ob der Mitarbeiter den entsprechenden Anforderungen des Arbeitsplatzes gewachsen ist. So etwa bei besonders anspruchsvol-

---

2404 BAG 4.7.2001, NZA 2002, 288; LAG Köln 21.7.2004, BB 2005, 896; a.A. Kittner/*Däubler*, KSchR, § 14 TzBfG Rn 83.
2405 *Wilhelm*, NZA 2001, 818, 819.
2406 Vgl. ErfK/*Müller-Glöge*, TzBfG § 14 Rn 49a; *Wilhelm*, NZA 2001, 818, 819; Schaub/*Koch*, ArbR-Hdb., § 41 Rn 9.
2407 Kittner/*Däubler*, § 14 TzBfG Rn 88; vgl. auch *Hromadka*, BB 1993, 2372, 2374: In keinem Fall darf die Probezeit für eine längere Zeit vereinbart werden, als zur Erprobung für die betreffende Tätigkeit aufgrund der besonderen Umstände des Einzelfalles (mangelnde Erfahrung, längere Berufsunterbrechung, fehlende Spezialkenntnisse) erforderlich ist.

len Aufgaben,[2408] im künstlerischen oder wissenschaftlichen Bereich,[2409] wenn der Arbeitnehmer zuvor für eine längere Zeit nicht mehr in seinem Beruf tätig war, wenn aufgrund besonderer Umstände die Vertrauenswürdigkeit des Arbeitnehmers festgestellt werden muss,[2410] oder wenn sich aufgrund besonderer Umstände die zunächst vereinbarte Probezeit als nicht ausreichend erweist.[2411]

Eine Probezeit von sechs Monaten unterliegt keiner Angemessenheitskontrolle nach § 307 Abs. 1 BGB,   **1183**
auch wenn sie in einem Standard-Arbeitsvertrag vereinbart ist. Mit der vertraglich bestimmten Probezeit von sechs Monaten nutzen die Parteien lediglich den ihnen gesetzlich zur Verfügung gestellten Rahmen aus, vgl. § 622 Abs. 3 BGB. Mithin fehlt es an der Abweichung von Rechtsvorschriften gemäß § 307 Abs. 3 S. 1 BGB, die Voraussetzung für eine Inhaltskontrolle nach § 307 Abs. 1 BGB ist.[2412]

d) Kündigung in der Probezeit
aa) Kündigung und Kündigungsschutz

Innerhalb der ersten sechs Monate eines Arbeitsverhältnisses unterliegt dieses noch nicht dem allgemeinen   **1184**
Kündigungsschutz, Umkehrschluss aus § 1 Abs. 1 KSchG. Somit ist eine ordentliche Kündigung in diesem Zeitraum im Allgemeinen unproblematisch. Nach Ablauf von sechs Monaten bedarf eine Kündigung der sozialen Rechtfertigung nach § 1 Abs. 2 KSchG, vorausgesetzt, das Kündigungsschutzgesetz ist anwendbar (Beschäftigung von regelmäßig mehr als zehn Arbeitnehmern i.S.d. § 23 Abs. 1 KSchG)

bb) Kündigungsfristen

Die gesetzliche Kündigungsfrist für die ordentliche Kündigung eines Arbeitsverhältnisses beträgt vier Wo-   **1185**
chen zum 15. oder zum Ende des Kalendermonats, § 622 Abs. 1 BGB.

Während einer vereinbarten Probezeit, maximal für die Dauer von sechs Monaten, beträgt die Kündigungsfrist jedoch nur zwei Wochen, § 622 Abs. 3 BGB. Ein Kündigungstermin ist nicht einzuhalten.[2413] Voraussetzung für die Anwendung der verkürzten Kündigungsfrist ist, dass eine Probezeit vereinbart ist.

- Die verkürzte Zwei-Wochen-Kündigungsfrist gilt typischerweise in einem unbefristeten Arbeitsverhältnis mit vorgeschalteter Probezeit.
- Ist in einem befristeten Probearbeitsverhältnis die ordentliche Kündigung vorbehalten, § 15 Abs. 3 TzBfG, soll ebenfalls die kurze Kündigungsfrist von zwei Wochen gemäß § 622 Abs. 3 BGB gelten.[2414]

Arbeitgeber und Arbeitnehmer können auch für die Dauer der Probezeit eine längere Kündigungsfrist ver-   **1186**
einbaren,[2415] jedoch keine kürzere Kündigungsfrist.[2416] Nur die Tarifvertragsparteien können die Kündigungsfrist während der Probezeit abkürzen (§ 622 Abs. 4 BGB), und im Geltungsbereich eines Tarifvertrages können die Arbeitsvertragsparteien dann durch Bezugnahme auf den Tarifvertrag die kürzeren Kündigungsfristen zur Geltung bringen (§ 622 Abs. 4 S. 2 BGB).

Überschreitet die Probezeit die Dauer von sechs Monaten, so verlängert sich – auch noch in der sogenannten „Probezeit" – die Kündigungsfrist gemäß § 622 Abs. 1 BGB auf vier Wochen zum 15. oder zum Ende eines Kalendermonats.

2408 BAG 31.8.1994, AP Nr. 163 zu § 620 BGB.

2409 BAG 15.8.1984, NJW 1985, 2158, Orchestermusiker: Probezeit von 18 Monaten war angemessen. Es lasse sich erst über einen längeren Zeitraum hinweg feststellen, ob etwa die Spielweise des Musikers mit dem übrigen Klangkörper harmoniert; *Wilhelm*, NZA 2001, 818, 819.

2410 Schaub/*Koch*, ArbR-Hdb., § 40 Rn 34 m.w.N.

2411 BAG 15.1.1981, NJW 1982, 2628, jedoch ArbG Mainz 10.4.1980, BB 1980, 781: keine Verlängerung der Probezeit im Ausbildungsverhältnis bei Blockunterricht; *Wilhelm*, NZA 2001, 818, 819 mit Nachweisen.

2412 BAG 24.1.2008, AuA 2008, 562.

2413 BAG 13.12. 2007, NZA 2008, 403.

2414 BAG 13.12.2007, NZA 2008, 403; ErfK/*Müller-Glöge*, § 622 BGB Rn 15.

2415 ErfK/*Müller-Glöge*, § 622 BGB Rn 15.

2416 LAG Rheinland-Pfalz 6.12.2006, AuA 2007, 369.

cc) Anhörung Betriebsrat

1187 Existiert im Betrieb ein Betriebsrat, so ist dieser vor Ausspruch der Kündigung anzuhören und ihm sind die Gründe für die Kündigung mitzuteilen, § 102 BetrVG. Die Anhörung des Betriebsrats und Mitteilung der Kündigungsgründe ist formale Wirksamkeitsvoraussetzung für jede Kündigung.

> *Hinweis*
>
> Die Anhörungspflicht besteht – entgegen einem verbreiteten Irrtum auf Arbeitgeberseite – auch bei einer Kündigung während der Probezeit, also wenn das Arbeitsverhältnis noch gar nicht unter das Kündigungsschutzgesetz fällt.[2417] Ohne ordnungsgemäße Anhörung des Betriebsrats ist die Kündigung formal unwirksam.

Der Arbeitgeber muss dem Betriebsrat jeweils diejenigen Gründe mitteilen, die nach seiner subjektiven Sicht die Kündigung rechtfertigen und für seinen Kündigungsentschluss maßgebend sind. Wenn es um eine Kündigung eines Arbeitsverhältnisses geht, für welches (noch) kein Kündigungsschutz besteht, so ist die Substantiierungspflicht gegenüber dem Betriebsrat nicht an den Merkmalen der (noch) nicht erforderlichen Kündigungsgründe (etwa: soziale Rechtfertigung im Sinne des § 1 KSchG), sondern daran zu messen, welche Umstände oder subjektiven Vorstellungen zum Kündigungsentschluss geführt haben. Hat der Arbeitgeber keine Gründe oder wird sein Kündigungsentschluss allein von subjektiven, durch Tatsachen nicht belegbaren Vorstellungen bestimmt, so reicht die Unterrichtung über diese Vorstellungen aus.[2418]

Dabei soll es bei einer Probezeitkündigung ausreichen, wenn der Arbeitgeber dem Betriebsrat seine **subjektiven Wertungen** mitteilt, die ihn zur Kündigung veranlassen.[2419]

e) „Verlängerung" der Probezeit – vorsorgliche Beendigung des Arbeitsverhältnisses mit Wiedereinstellungszusage

1188 Nicht immer reicht eine Probezeit von sechs Monaten aus, damit sich der Arbeitgeber ein abschließendes Bild über die fachliche und persönliche Eignung des Arbeitnehmers verschaffen kann. Dann besteht das Bedürfnis, die Probezeit zu verlängern. Problematisch ist, dass der Arbeitnehmer nach sechsmonatigem Bestand des Arbeitsverhältnisses – sofern im Betrieb regelmäßig mehr als zehn Arbeitnehmer i.S.d. § 23 Abs. 1 KSchG beschäftigt sind – den umfassenden Kündigungsschutz des Kündigungsschutzgesetzes (KSchG) erlangt. Damit wird eine Kündigung zu einem späteren Zeitpunkt erschwert, da diese nunmehr der sozialen Rechtfertigung i.S.d. § 1 Abs. 2 KSchG bedarf. Eine vereinbarte Verlängerung der Probezeit hilft dann nicht weiter.

1189 Eine erweiterte bzw. nachträgliche **Befristung** zur weiteren Erprobung ist ebenfalls mit Risiken behaftet. Zwar ist die Erprobung als sachlicher Befristungsgrund in § 14 Abs. 1 Nr. 5 TzBfG normiert, jedoch besteht angesichts der gesetzlichen Wertung von § 622 Abs. 3 BGB und des § 1 Abs. 1 KSchG für eine über sechs Monate hinaus andauernde Probezeit ein besonderer Rechtfertigungsbedarf.[2420] Die Befristung eines Arbeitsvertrags ist nicht nach § 14 Abs. 1 S. 2 Nr. 5 TzBfG gerechtfertigt, wenn die vereinbarte Dauer der Erprobungszeit in keinem angemessenen Verhältnis zu der in Aussicht genommenen Tätigkeit steht. Im Allgemeinen reichen sechs Monate Erprobungszeit aus. Einschlägige Tarifverträge können Anhaltspunkte geben, welche Probezeit angemessen ist. Längere Befristungen zur Erprobung aufgrund besonderer Einzel-

---

2417 ErfK/*Kania*, § 102 BetrVG Rn 1.

2418 LAG Rheinland-Pfalz 30.11.2011 – 8 Sa 408/11, BeckRS 2012, 68374 unter Verweis auf BAG 18.5.1994, NZA 1995, 24.

2419 BAG 3.12.1998, NZA 1999, 477; LAG Rheinland-Pfalz 30.11.2011 – 8 Sa 408/11, BeckRS 2012, 68374 unter Verweis auf BAG 18.5.1994, NZA 1995, 24.

2420 Vgl. dazu aus der Rechtsprechung: BAG 15.8.1984, NJW 1985, 2158 (Kündigung Orchestermusiker); *Lembke*, DB 2002, 2648; *Wilhelm*, NZA 2001, 818, 819; ErfK/*Müller-Glöge*, § 14 TzBfG Rn 49a, je mit Hinweis darauf, dass grundsätzlich eine Dauer von sechs Monaten als zulässig angesehen wird.

fallumstände sind möglich. Der berechtigte Wunsch des Arbeitgebers, die Eignung eines Arbeitnehmers zu erproben, kann nicht losgelöst von dessen für die Arbeitsleistung relevanten persönlichen Fähigkeiten betrachtet werden. Gezielte tätigkeitsbegleitende Unterstützungsmaßnahmen – beispielsweise durch eine Arbeitsassistenz – können auch eine länger als sechs Monate andauernde Erprobungsdauer rechtfertigen.[2421]

Eine reine Zeitbefristung bis zur Dauer von zwei Jahren (§ 14 Abs. 2 S. 1 TzBfG) bedarf keines sachlichen Grundes. Diese Art der Befristung ist jedoch nur möglich, wenn nicht mit demselben Arbeitgeber in den letzten drei Jahren vor Abschluss der Befristung[2422] ein Arbeitsverhältnis bestanden hat („Bereits-Zuvor-Arbeitsverhältnis", § 14 Abs. 2 S. 2 TzBfG).

Eine faktische Verlängerung der Probezeit über sechs Monate hinaus, ohne dem Arbeitnehmer zugleich den umfassenden Bestandsschutz nach dem KSchG zu verschaffen, ist über einen „Umweg" möglich: Das Arbeitsverhältnis wird vor Erlangung des allgemeinen Kündigungsschutzes (also vor Ablauf von sechs Monaten) vorsorglich – durch ordentliche Kündigung oder Aufhebungsvertrag – **beendet**. Die Beendigung erfolgt dann nicht mit der kurzen gesetzlichen Probezeitkündigungsfrist von zwei Wochen gemäß § 622 Abs. 3 BGB, sondern mit einer verlängerten Auslauf-/Kündigungsfrist. Während dieser verlängerten Auslauffrist ist der Arbeitnehmer nach wie vor tätig und kann weiter erprobt werden. Für den Fall seiner Bewährung wird ihm eine **Wiedereinstellungszusage** gegeben.[2423]
1190

Die Auslauffrist muss angemessen und überschaubar bleiben, um eine **Befristungskontrolle** und eine etwaige Unwirksamkeit wegen unzulässiger Befristung zu vermeiden. Ist nämlich die Auslauffrist zu lang, ist der Aufhebungsvertrag seinem Regelungsgehalt nach nicht auf die Beendigung, sondern tatsächlich auf die befristete Fortsetzung des Arbeitsverhältnisses gerichtet; diese Befristung bedarf zur Wirksamkeit eines sachlichen Grundes i.S.d. § 14 Abs. 1 TzBfG, andernfalls gilt das Arbeitsverhältnis als auf unbestimmte Dauer geschlossen.[2424]
1191

Die Auslauffrist soll unterhalb der längsten einschlägigen (tariflichen oder gesetzlichen) Kündigungsfrist liegen, und darf nicht allein oder überwiegend dem Interesse des Arbeitgebers dienen.[2425] Somit kann im Fall der Anwendbarkeit der gesetzlichen Kündigungsfristen eine Kündigung mit einer Auslauffrist von bis zu **sieben Monaten** zum Monatsende (vgl. § 622 Abs. 2 Nr. 7 BGB) zulässig sein.[2426]

Praxishinweis

Bestehen Anhaltspunkte dafür, dass der Arbeitgeber tatsächlich keine weitere Erprobung, sondern vielmehr eine Befristung bezweckt (vgl. § 14 Abs. 2 S. 2 TzBfG), ist eine Umgehung des Kündigungsschutzes anzunehmen; die Beendigung wäre dann an § 1 KSchG zu messen. Dient die Kündigungsfrist hingegen der weiteren Erprobung des Arbeitnehmers und ist sie zu diesem Zweck objektiv angemessen, liegt die Verlängerung der Frist auch im Interesse des Arbeitnehmers und ist nicht zu beanstanden.[2427] Es ist ratsam, die für den Fall der Bewährung geltende aufschiebend bedingte **Wiedereinstellungszusage** klar zu formulieren, da diese den **Zweck** der weiteren Erprobung (und damit das Interesse

---

2421 BAG 2.6.2010, NZA 2010, 1293.

2422 Siehe dazu: BAG 21. 9. 2011, NZA 2012, 255.

2423 BAG 7.3.2002, NZA 2002, 1000: Die Arbeitsvertragsparteien schlossen vor Ablauf der Probezeit einen **Aufhebungsvertrag**, der eine Beendigung des Arbeitsverhältnisses vier Monate nach Ablauf der ursprünglich vereinbarten Probezeit vorsah. Des Weiteren vereinbarten die Parteien, dass der Aufhebungsvertrag im Fall der Bewährung des Arbeitnehmers „zurückgenommen" werde. Vgl. dazu: *Lembke*, DB 2002, 2648.

2424 Vgl. dazu: BAG 12.1.2000, DB 2000, 1183: der Aufhebungsvertrag sah ein Beendigungsdatum in knapp drei Jahren nach Vertragsabschluss vor und enthielt auch sonst keine üblichen Beendigungsvereinbarungen.

2425 So das BAG 3.7.2002, NZA 2002, 1000.

2426 *Lembke*, DB 2002, 2648, 2649.

2427 *Lembke*, DB 2002, 2648, 2649.

des Arbeitnehmers an der Verlängerung der Kündigungsfrist) dokumentiert.[2428] Jedenfalls eine Dauer von vier Monaten für die Auslauf- bzw. Kündigungsfrist dürfte zulässig sein.[2429] Die somit insgesamt zur Verfügung stehende Probezeit von zehn Monaten sollte ausreichen, um den Arbeitnehmer einschätzen zu können.

f) Formulierungsvorschlag
aa) Probezeitbefristung

1192 *§ x Dauer des Arbeitsverhältnisses/Probezeit/Kündigung*

Der Arbeitsvertrag beginnt am (…) und ist für die Dauer der Probezeit von (…) *(sechs)* Monaten befristet. Es endet mit Ablauf des (…) *(Datum)*, ohne dass es einer Kündigung bedarf. Während der Probezeit können beide Parteien den Arbeitsvertrag unter Einhaltung einer Kündigungsfrist von zwei Wochen kündigen. Wird das Arbeitsverhältnis nach Ablauf der Probezeit einvernehmlich fortgesetzt, so geht es in ein Arbeitsverhältnis auf unbestimmte Zeit zu den in diesem Arbeitsvertrag geregelten Bedingungen über, für welches die gesetzlichen Kündigungsfristen gelten.

Alternativ: (…) *für welches eine Kündigungsfrist von (…) Monaten zum Monatsende gilt.*

bb) Vorgeschaltete Probezeit

1193 *§ x Dauer des Arbeitsverhältnisses/Probezeit/Kündigung*

Der Arbeitsvertrag beginnt am (…) *(Datum)* und wird für unbestimmte Zeit geschlossen. Die ersten sechs Monate gelten als Probezeit. Während der Probezeit kann der Arbeitsvertrag unter Einhaltung einer Kündigungsfrist von zwei Wochen gekündigt werden. Nach Ablauf der Probezeit gelten die gesetzlichen Kündigungsfristen.

Alternativ: *gilt eine Kündigungsfrist von (…) Monaten zum Monatsende.*

93. Provision

1194 Erläuterungen hierzu finden sich unter dem Stichwort „Bonus" (siehe oben Rdn 684 ff.).

94. Private Lebensführung/Freizeitverhalten

Literatur: *Bauer/Baeck/Merten*, Scientology – Fragerecht des Arbeitgebers und Kündigungsmöglichkeiten, DB 1997, 2535; *Block*, Neue Regelungen zur Corporate Governance gemäß Sarbanes-Oxley Act, BKR 2003, 774 ff.; *Bronhofer*, Rufschädigungen durch Arbeitnehmer, AuA 2010, 161; *Fritzweiler*, Praxishandbuch Sportrecht, 2. Aufl. 2006; *Glöckner*, Nebentätigkeitsverbote im Individualarbeitsrecht, 1993; *Hunold*, Rechtsprechung zur Nebentätigkeit des Arbeitnehmers, NZA-RR 2002, 505; *Kersting*, Können Deutsche Unternehmen das Gesetz befolgen?, ZIP 2003, 233 ff.; *Kleinebrink*, Besonderheiten bei der Vertragsgestaltung mit einem Lizenzspieler im Profifußball, ArbRB 2008, 14; *ders.*, Vertragliche Vereinbarungen zum Kündigungsgrund, ArbRB 2007, 120; *Kursawe*, Öffentliche Kritik am Arbeitgeber, ArbRB 2010, 21 ff.; *Lorenz*, Allgemeine und arbeitsvertragliche Beschränkungen von Nebentätigkeiten, ArbRB 2008, 26; *Polzer/Powietzka*, Rechtsextremismus als Kündigungsgrund?, NZA 2000, 970; *Röder/Krieger*, Einführung in das neue Antidiskriminierungsrecht, FA 2006, 200; *Wisskirchen/Bissels*, Das Fragerecht des Arbeitgebers bei Einstellung unter Berücksichtigung des AGG, NZA 2007, 169 ff.; *Zimmer/Volk*, Allgemeines Gleichbehandlungsgesetz – Die Diskriminierungsmerkmale, FA 2006, 258.

a) Allgemeines

1195 Privatleben und Freizeitverhalten der Arbeitnehmer sind **tabu** und gehen den Arbeitgeber im Grundsatz nichts an. Das BAG hat entschieden, dass ein Arbeitnehmer nicht verpflichtet ist, ein ordentliches Leben

---

2428 *Lembke*, DB 2002, 2648, 2649.
2429 So im Fall BAG 7.3.2002, NZA 2002, 1000.

zu führen und sich auf diesem Wege seine Arbeitsfähigkeit zu erhalten.[2430] **Gesundheits- und genesungsförderndes Verhalten** kann dagegen auch in der Freizeit vom Arbeitnehmer gefordert werden.[2431]

Verhaltens- oder Unterlassungsverpflichtungen spielen aber dann eine Rolle, wenn sich **privates Verhalten** auf den **betrieblichen Bereich** auswirkt und dort zu **Störungen** führt,[2432] sei es im Leistungsbereich, im Bereich der betrieblichen Verbundenheit aller Mitarbeiter, im personalen Vertrauensbereich oder im Unternehmensbereich.[2433] Auswirkungen der arbeitsvertraglichen Pflichten auf den Privatbereich sind umso eher hinzunehmen, je näher sie der eigentlichen Leistungspflicht des Arbeitnehmers sind,[2434] z.B. bei beruflich bedingten Reisen, bei denen die Freizeit nicht zu Hause verbracht werden kann oder bei dienstlichen Vorschriften über das äußere Erscheinungsbild. Umgekehrt kann ein bestimmtes Freizeitverhalten umso weniger verlangt werden, je geringer der sachliche Bezug zur Arbeitspflicht ausfällt.   **1196**

Die **Religionszugehörigkeit** ist grund- und spezialgesetzlich **geschützt** (Art. 3 Abs. 3 GG; Art. 140 GG i.V.m. Art. 136 Abs. 3 WRV; § 1 AGG) und kann daher mit wenigen Ausnahmen – Kirchen und Kirchenbetriebe – (siehe oben Rdn 102) nicht Regelungsgegenstand arbeitsvertraglicher Klauseln sein.   **1197**

Schwierig zu bewerten ist die Zugehörigkeit zur **Scientology Organisation**, da nach der Rechtsprechung des BAG die „Scientology Kirche Hamburg e.V." keine Religions- oder Weltanschauungsgemeinschaft i.S.d. Art. 4, 140 GG, Art. 137 WRV ist[2435] (siehe oben Rdn 104). Ob diese Auffassung Bestand hat, oder unter dem gesamteuropäischen Antidiskriminierungsrecht eine andere Beurteilung erfordert, ist bisher ungewiss, wird aber eher verneint,[2436] auch wenn Gerichte in Spanien, Frankreich und den USA Scientology als Religionsgemeinschaft anerkannt haben.[2437] Das BAG hat die Frage in einer späteren Entscheidung ausdrücklich offen gelassen.[2438] Bedenken gegen arbeitsvertragliche Regelungen bestehen außerdem im Hinblick auf den Schutz der Weltanschauung in § 1 AGG.[2439]   **1198**

Im **öffentlichen Dienst** war die Rechtsprechung zunächst strenger als im privaten Sektor. Deshalb konnte die dienstliche Verwendbarkeit hier leichter durch außerdienstliche Vorgänge beeinflusst werden.[2440] Nach der Neuregelung des Tarifrechts besteht für die Beschäftigten des öffentlichen Dienstes dagegen nicht mehr die besondere Pflicht, ihr gesamtes privates Verhalten so einzurichten, dass das Ansehen des öffentlichen Arbeitgebers nicht beeinträchtigt wird. Die außer Kraft getretenen Regelungen des § 8 Abs. 1 S. 1 BAT und des § 8 Abs. 8 S. 1 MTArb sahen für Angestellte und Arbeiter vor, dass sie sich auch außerdienstlich so zu verhalten hatten, wie es von Angehörigen des öffentlichen Dienstes erwartet werden konnte. Diese Regelungen sind in die seit dem 1.10.2005 geltenden Tarifwerke für den öffentlichen Dienst nicht übernommen worden. § 41 TVöD-BT-V hat den früheren Verhaltensmaßstab aufgegeben. Darüberhinausgehende Anforderungen an die private Lebensführung stellt der TVöD nicht mehr. Die Tarifvertragsparteien – und damit auch die Arbeitgeber – haben für die Arbeitnehmer des öffentlichen Dienstes außer der Pflicht nach § 41 S. 2 TVöD-BT-V ersichtlich keine weitergehenden Verhaltenspflichten mehr begründen wollen, als diese auch   **1199**

2430 BAG 23.6.1994, NZA 1994, 1080;

2431 BAG 26.8.1993, NZA 1994, 63; BAG 13.11.1979, AP Nr. 5 zu § 1 KSchG 1969 Krankheit.

2432 BAG 28.10.2010, NZA 2011, 112; BAG 23.6.1994, NZA 1994, 1080; BAG 2.3.2006, AP Nr. 14 zu § 626 BGB Krankheit; BAG 8.6.2000, AP Nr. 163 zu § 626 BGB; BAG 23.8.2013, NZA 2013, 268.

2433 BAG 6.6.1984, 20.9.1984, 24.9.1987, AP Nr. 11, 13, 19 zu § 1 KSchG Verhaltensbedingte Kündigung; LAG Hamm 14.1.1998, NZA 1999, 546; LAG Baden-Württemberg 19.10.1993, NZA 94, 175.

2434 MünchArbR/*Reichold*, § 49 Rn 47 f.

2435 BAG 22.3.1995, NZA 1995, 823.

2436 Schaub/*Linck*, ArbR-Hdb., § 36 Rn 12; *Zimmer/Volk*, FA 2006, 258; *Wisskirchen/Bissels*, NZA 2007, 173; differenzierend *Röder/Krieger*, FA 2006, 200.

2437 Ausführlich m.w.H. Tschöpe/*Wisskirchen*, 1 C Rn 90 ff., 94; *Wiedemann/Thüsing*, DB 2002, 466 m.w.N. zu den Gerichtsentscheidungen.

2438 BAG 26.9.2002, NZA 2002, 1412.

2439 BVerwG 15.12.2005, NJW 2006, 1303.

2440 BAG 8.6.2000, NZA 2000, 1282, 1283; BAG 21.6.2001, NZA 2002, 1030; ArbG Passau 11.12.1997, NZA 1998, 427.

für Beschäftigte in der Privatwirtschaft gelten.[2441] Ungerechtfertigt war aber auch bereits vor der Änderung des Tarifrechts die Kündigung einer Grundschullehrerin wegen einer praktizierten sexuellen Neigung, nämlich des Betriebs eines Swingerclubs in der Freizeit ohne Bezug zum dienstlichen Bereich.[2442]

Außerdienstliches Verhalten von Beamten ist nur disziplinarwürdig, wenn es zur Beeinträchtigung des berufserforderlichen Vertrauens führen kann. Dies ist insbesondere bei vorsätzlich begangenen Straftaten sowie bei Vorliegen eines Bezuges zwischen dem Pflichtenverstoß und dem Amt des Beamten anzunehmen, z.B. der Besitz kinderpornographischer Bild- und Videodateien.[2443]

1200 In **Tendenzunternehmen** (vgl. § 118 BetrVG) gelten Besonderheiten. Arbeitnehmer dürfen sich nicht gegensätzlich zum jeweiligen Tendenzbezug des Arbeitgebers verhalten oder diesen gefährden.[2444] Auch **Kirchen** und **Religionsgemeinschaften** sind berechtigt, strengere Loyalitätsanforderungen an die Mitarbeiter ihrer Betriebe zu stellen.[2445] Erforderlich ist aber stets eine umfassende Abwägung der rechtlich geschützten Interessen der Beteiligten, die im Einzelfall auch zu Lasten des Tendenzunternehmens gehen kann.[2446]

1201 Außerbetriebliches Verhalten kann nicht durch **kollektivrechtliche** Instrumente geregelt werden. Nach überwiegender Auffassung ist der private Lebensbereich der Regelungskompetenz der Tarifvertragsparteien und Betriebspartner als sog. „kollektivfreier Individualbereich" entzogen.[2447]

Allerdings werden Regelungen, die das äußere Erscheinungsbild von Arbeitnehmern während der Dienstzeiten betreffen, oft durch **Betriebsvereinbarungen** getroffen. Arbeitnehmer mit ständigem Kundenkontakt, z.B. im Hotelbereich, haben oft eine Vielzahl von Vorschriften zu beachten, die weit in den privaten Bereich hineinspielen, z.B. über die Haarfrisur, Tätowierungen und Piercings, Barttracht, Ohrringe, Fingernägel etc. Diese Vorschriften erzeugen natürlich Reflexwirkungen[2448] auf den Freizeitbereich, die aber wegen ihres direkten Arbeitsplatzbezuges i.d.R. nicht zu beanstanden sind. Betriebsvereinbarungen unterliegen nicht der Inhaltskontrolle gem. §§ 305 ff. BGB; allerdings findet eine betriebsverfassungsrechtliche Kontrolle nach Maßstab von § 75 BetrVG statt, die sich nicht wesentlich von den Maßstäben der §§ 305 ff. BGB unterscheidet.[2449]

b) Vereinbarungen über Kündigungsgründe

1202 Führt außerdienstliches Verhalten von Arbeitnehmern zu betrieblich relevanten Störungen, so wird dies in Rspr. und Lit. vornehmlich unter kündigungsrechtlichen Aspekten erörtert. Dies offenbart den Stellenwert **arbeitsvertraglicher Vereinbarungen** über private Verhaltens- oder Unterlassungspflichten. Sie definieren kündigungsrelevante Umstände bereits im Vorgriff, sind ihrem Wesen nach also **vertragliche Vereinbarungen zu Kündigungsgründen**. Als mögliche Sanktionen für Zuwiderhandlungen kommen neben der Kündigung auch Vertragsstrafen in Betracht.

2441 BAG 28.10.2010, NZA 2011, 112.

2442 LAG Hamm 19.1.2001, AuR 2002, 433.

2443 BVerwG 18.6.2015, NVwZ 2015, 1680, 1681.

2444 BVerfG 4.6.1985, BVerfGE 70, 138; BAG 23.10.2008, NZA-RR 2009, 362, 364; LAG Berlin 6.12.1982, EzA Nr. 11 zu § 1 KSchG Tendenzbetrieb.

2445 BVerfG 4.6.1985, BVerfGE 70, 138 = AP Nr. 24 zu Art. 140 GG; Schaub/*Linck*, ArbR-Hdb., § 184 Rn 1.

2446 BAG 8.9.2011, NZA 2012, 443.

2447 Dafür: BAG 28.5.2002, AP Nr. 39 zu § 87 BetrVG 1972 Ordnung des Betriebes; HaKo-BetrVG/*Lorenz*, § 77 Rn 38; *Wiedemann*, Einl. Rn 465; *Polzer/Powietzka*, NZA 2000, 975; dagegen: Kempen/*Kempen*, Grundlagen Rn 186 f.; Richardi, § 77 BetrVG Rn 97 ff.

2448 MünchArbR/*Reichold*, § 49 Rn 47.

2449 BAG 11.7.2000, NZA 2001, 462 (Kantinenessen); BAG 18.7.2006, BAGE 119, 122 (Kostenpflicht bei Lohnpfändungen).

aa) Vereinbarungen zur außerordentlichen Kündigung

Sowohl die Bestimmungen zur außerordentlichen Kündigung als auch zu den Mindestkündigungsfristen sind **zwingendes Recht**.[2450] Die Arbeitsvertragsparteien können daher weder außerordentliche Kündigungsgründe ausschließen, was gegen § 626 BGB verstieße, noch solche zusätzlich definieren, was eine Verkürzung der Mindestkündigungsfristen implizierte und ein Verstoß gegen § 622 BGB wäre. Erweiterte Regelungsmöglichkeiten billigt das BAG aber den Tarifvertragsparteien zu, die einzelne Kündigungstatbestände näher bestimmen und verdeutlichen dürfen.[2451]

1203

Vereinbarungen über zusätzliche Kündigungsgründe für eine außerordentliche Kündigung kollidieren aber dann nicht mit § 622 BGB, wenn die Mindestkündigungsfristen unangetastet bleiben. Solche Vereinbarungen sind dennoch gefährlich, weil sie den Umkehrschluss gestatten, dass nicht geregelte Gründe für die Arbeitsvertragsparteien weniger bedeutsam waren.[2452]

bb) Ordentliche Kündigung

Für Vereinbarungen zu ordentlichen Kündigungsgründen sind die Grenzen weiter gesteckt. Da das Kündigungsschutzrecht in vielerlei Hinsicht nur für den Arbeitgeber zwingend ist, kann zugunsten der Arbeitnehmer i.d.R. von den rechtlichen Vorgaben einzelvertraglich oder kollektivrechtlich abgewichen werden, z.B. durch den **beiderseitigen** (synchronen) Ausschluss der ordentlichen Kündigung.[2453] Ein einseitiger Ausschluss der ordentlichen Kündigung scheitert an der Synchronisierungspflicht des § 622 Abs. 6 BGB, den die Rspr. über seinen Wortlaut hinaus auf alle Arten von Kündigungserschwernissen anwendet.[2454]

1204

Die Vereinbarung von Kündigungsgründen zu Lasten des Arbeitnehmers (sog. absolute Kündigungsgründe) ist wegen des zwingenden Charakters des KSchG nicht zulässig.[2455] Insbesondere ändert ihre Vereinbarung nichts an der **Notwendigkeit einer Abmahnung**. Absolute Kündigungsgründe können allenfalls im Rahmen der Interessenabwägung Berücksichtigung finden, die bei einer verhaltensbedingten Kündigung stets vorzunehmen ist.[2456] Sie verdeutlichen die Bedeutung, die die Parteien diesen Umständen schon bei Vertragsschluss zugemessen hatten.

1205

c) Einzelne Klauseltypen mit außerdienstlichem Bezug
aa) Grundsätze

Es haben sich Fallgruppen für typische Klauselinhalte herausgebildet, die die außerdienstliche Betätigung in der Freizeit betreffen, z.B. über die Zulässigkeit einer Nebenbeschäftigung, die Erhaltung und Sicherung der Arbeitsfähigkeit, das äußere Erscheinungsbild des Arbeitnehmers und den Schutz des Ansehens des Arbeitgebers in der öffentlichen Wahrnehmung. Die Wirksamkeit von Klauseln mit außerdienstlichem Bezug wird durch das allgemeine Persönlichkeitsrecht, Art. 2 Abs. 1 i.V.m. Art. 1 Abs. 1 GG, beschränkt und hängt stark vom Einzelfall ab.

1206

Im **Grundsatz** kann gesagt werden,[2457] dass Verhaltens- und Unterlassungspflichten im Privatbereich umso eher wirksam vereinbart werden können,

1207

2450 BAG 24.6.2004, AP Nr. 180 zu § 626 BGB; BAG 22.11.1973, EzA Nr. 33 zu § 622 BGB.
2451 BAG 24.6.2004, AP Nr. 180 zu § 626 BGB.
2452 *Kleinbrink*, ArbRB 2007, 120.
2453 Preis/*Preis*, Arbeitsvertrag, II K 10 Rn 27.
2454 BAG 6.9.1989, NZA 1990, 147; ErfK/*Müller-Glöge*, § 622 BGB Rn 43 f.
2455 BAG 11.3.1976, BB 1976, 883; *Kleinbrink*, ArbRB 2007, 121.
2456 BAG 24.6.2004, AP Nr. 180 zu § 626 BGB.
2457 *Glöckner*, § 8 I 5 c; Preis/*Preis*, Arbeitsvertrag, II A 160 Rn 19; *Fritzweiler*, 3 Rn 23.

- je höher das Risiko einer betrieblichen Störung ist,
- je schwerer die Konsequenzen eines hierdurch verursachten Schadens für den Arbeitgeber oder betroffene Dritte wiegen und
- je weniger individuelle Mühe das Befolgen der Verhaltens- bzw. Unterlassungspflicht den Arbeitnehmer kostet.

1208 Auch wenn die Schonung der Persönlichkeitsrechte grundsätzlich im Vordergrund steht, reduziert sich der arbeitsrechtsfreie Raum der privaten Lebensführung, sobald ein beeinträchtigender Bezug zum Arbeitsverhältnis vorhanden ist.[2458]

1209 Arbeitsvertragliche Vereinbarungen über die private Lebensführung, die i.d.R. nicht im Wege individuellen Aushandelns, sondern in Form von **AGB** Vertragsbestandteil werden, unterliegen der **Billigkeitskontrolle** durch die Rechtsprechung gem. §§ 305 Abs. 1, 307 BGB. Im Grundsatz geht es zunächst um eine allgemeine, nicht auf die Besonderheiten des Einzelfalls bezogene Angemessenheitsprüfung, bei der allerdings im Arbeitsleben Differenzierungsmöglichkeiten durch §§ 13, 310 Abs. 3 BGB eröffnet sind. Nach der Rechtsprechung des BAG sind bei der Beurteilung einer unangemessenen Benachteiligung nach § 307 Abs. 1 und 2 BGB auch die den **Vertragsschluss begleitenden** Umstände zu berücksichtigen.[2459] Zu den konkret-individuellen Begleitumständen gehören über den Wortlaut von § 310 Abs. 4 BGB hinaus[2460] nicht nur rechtliche, sondern auch die mit dem Arbeitsverhältnis verbundenen tatsächlichen Besonderheiten und Gewohnheiten, mithin

- die persönlichen Eigenschaften des individuellen Vertragspartners, die sich auf die Verhandlungsstärke auswirken,
- Besonderheiten des konkreten Vertragsabschlusses (z.B. Überrumpeln, Belehren) sowie
- etwaige untypische Sonderinteressen des Vertragspartners.

1210 Die Berücksichtigung dieser Umstände kann, so das BAG, sowohl zur Unwirksamkeit einer nach generell-abstrakter Betrachtung wirksamen Klausel als auch zur Wirksamkeit einer nach typisierter Inhaltskontrolle unwirksamen Klausel führen.[2461]

1211 Im Rahmen der Inhaltskontrolle sind die Interessen des AGB-Verwenders abzuwägen gegenüber den Interessen der typischerweise beteiligten Vertragspartner. Dabei sind Art und Gegenstand, Zweck und besondere Eigenart des jeweiligen Geschäfts zu berücksichtigen. Werden AGB für unterschiedliche Arten von Geschäften oder gegenüber unterschiedlichen Verkehrskreisen verwendet, deren Interessen, Verhältnisse oder Schutzbedürftigkeit unterschiedlich gelagert sind, kann die Abwägung zu gruppentypisch unterschiedlichen Ergebnissen führen.[2462] Unangemessen ist jede Beeinträchtigung eines rechtlich anerkannten Interesses eines Arbeitnehmers, die nicht durch begründete und billigenswerte Interessen des Arbeitgebers gerechtfertigt ist oder durch gleichwertige Vorteile ausgeglichen wird. Bei der stets erforderlichen wechselseitigen Abwägung der beteiligten Interessen sind auch die Grundrechte der Beteiligten zu beachten.[2463]

1212 Vertragsklauseln müssen i.Ü. der **Transparenzkontrolle** standhalten, also so konkret formuliert sein, dass die betroffenen Arbeitnehmer Umfang und Tragweite der ihnen auferlegten Verhaltenspflichten **konkret erkennen** können.[2464] Verstöße gegen das Transparenzgebot bzw. unangemessene Benachteiligungen führen nach § 307 Abs. 1 BGB zur Unwirksamkeit. Eine geltungserhaltende Reduktion findet nicht statt.[2465]

2458 *Hümmerich/Schiefer*, Arbeitsverträge, § 1 Rn 2218, 2220.
2459 BAG 31.8.2005, BB 2006, 443; BAG 25.5.2005, NZA 2005, 1111, 1115.
2460 BAG 25.5.2005, NZA 2005, 1111, 1115.
2461 BAG 31.8.2005, BB 2006, 443.
2462 BAG 27.7.2005, NZA 2006, 40.
2463 BAG 18.8.2005, NZA 2006, 34.
2464 BAG 31.8.2005, BB 2006, 443.
2465 BAG 4.3.2004, NZA 2004, 727 m.w.N.

bb) Nebentätigkeit

Während des Bestandes des Arbeitsvertrags ist dem Arbeitnehmer verboten, in der Freizeit in **Wettbewerb** 1213
zum eigenen Arbeitgeber zu treten. Das Verbot folgt aus § 60 HGB bzw. aus der allgemeinen Treuepflicht
des Arbeitnehmers.[2466] Einer gesonderten Wettbewerbsverzichtsabrede bedarf es daher nicht.

Erlaubnisfrei sind dagegen Nebenbeschäftigungen, die nicht mit einer Konkurrenztätigkeit verbunden 1214
sind. Das folgt für Nebentätigkeiten beruflicher Natur aus Art. 12 Abs. 1 GG; andere entgeltliche oder unentgeltliche Tätigkeiten sind nach Art. 2 Abs. 1 GG genehmigungsfrei.[2467] Es können sich allerdings Einschränkungen aus nachrangigen Gesetzen und Tarifverträgen ergeben, z.B. aus § 15 Abs. 4 S. 3 BEEG, aus
§§ 64 ff. BBG oder aus § 11 BAT bzw. § 3 Abs. 3 TvÖD. Zu beachten sind auch die Höchstzeitenvorgaben
des ArbZG bzw. das Arbeitsverbot aus § 8 BUrlG.

Das Recht des Arbeitnehmers zur Ausübung einer Nebentätigkeit kann in den Grenzen der AGB-Kontrolle
gem. §§ 305 ff. BGB und unter Beachtung der nachfolgenden Grundsätze durch **vertragliche Regelungen
beschränkt** werden.[2468]

(1) Absolute Nebentätigkeitsverbote

Absolute Nebentätigkeitsverbote sind unwirksam,[2469] weil sie den Arbeitnehmer unangemessen benachtei- 1215
ligen. Für ein tarifvertraglich begründetes partielles Nebentätigkeitsverbot kann etwas anderes gelten. Denn
wenn z.B. ein vollzeitig beschäftigter Busfahrer auch in der Freizeit als Kfz-Führer tätig sein will, würde er
zwangsläufig mit den Lenkzeitenvorschriften des Fahrpersonalgesetzes in Konflikt geraten,[2470] was wiederum seine Arbeitspflichten als Busfahrer nachteilig berühren würde.

(2) Verbote mit Erlaubnisvorbehalt/Zustimmungsfiktion

Regelungen, wonach der Arbeitnehmer vor Aufnahme einer Nebentätigkeit die Zustimmung des Arbeit- 1216
gebers einzuholen hat, sind zulässig, denn sie dienen nur dazu, dem Arbeitgeber rechtzeitig die Prüfung eines eventuellen Interessenkonflikts zu ermöglichen.[2471] Die Erlaubnis ist zu erteilen, wenn keine berechtigten Interessen des Arbeitgebers entgegenstehen; diese Folge sollte in der Klausel zum **Ausdruck**
gebracht werden, um Unklarheiten auf Arbeitnehmerseite zu vermeiden. Empfohlen wird überdies, eine
solche Formulierung mit einer Erlaubnisfiktion zu verbinden, die nach ungenutztem Verstreichen einer kurzen Widerspruchsfrist von z.B. 2–4 Wochen die Erlaubnis fingiert und damit zu schneller Rechtssicherheit
führt.[2472]

cc) Sicherung der Arbeitskraft

(1) Förderung der Gesundheit

Das BAG hat entschieden, dass der Arbeitnehmer weder zu einem ordentlichen Lebenswandel noch zur Er- 1217
haltung seiner Arbeitsfähigkeit verpflichtet sei.[2473] Allerdings erkannte es eine arbeitsvertragliche Pflicht
zu **gesundheits- und genesungsförderndem Verhalten,**[2474] die ein Arbeitnehmer verletzt, wenn er in un-
verständlicher und leichtfertiger Weise gröblich gegen die von einem verständigen Menschen zu erwartenden Eigeninteressen verstößt.[2475]

2466 BAG 21.11.1996, NZA 1997, 713; BAG 24.6.1999, AP Nr. 5 zu § 611 BGB Nebentätigkeit; *Hunold*, NZA-RR 2002, 508 Rn 4.
2467 BAG 24.6.1999, AP Nr. 5 zu § 611 BGB Nebentätigkeit.
2468 *Lorenz*, ArbRB 2008, 26.
2469 BAG 3.12.1970, BB 1971, 397; BAG 6.7.1990, AP Nr. 47 zu § 615 BGB; BAG 26.6.2001, NZA 2002, 98; Preis/*Rolfs*, Arbeitsvertrag, II N 10 Rn 26.
2470 BAG 26.6.2001, DB 2001, 2657.
2471 BAG 11.12.2001, NZA 2002, 965; kritische Anmerkung von *Buchner*, RdA 2003, 177.
2472 *Lorenz*, ArbRB 2008, 29 m.w.N.
2473 BAG 23.6.1994, NZA 1994, 1080.
2474 BAG 26.8.1993, NZA 1994, 63.
2475 BAG 23.11.1971, DB 1972, 395.

1218 Es macht wenig Sinn, durch arbeitsvertragliche Klauseln ein grob selbstgefährdendes Verhalten zu verbieten. Denn Arbeitnehmer verstoßen bei grob fahrlässiger Selbstschädigung auch ohne ausdrückliche Vertragskautelen gegen ihre Pflichten.[2476] Zur Sanktionierung genügen die allgemeinen Regelungen des KSchG bzw. des EFZG. Das gilt z.B. für grob fahrlässige Verkehrsunfälle infolge stark überhöhter Geschwindigkeit,[2477] Rotlichtverstöße,[2478] Unfälle infolge Trunkenheit[2479] oder Teilnahme an einer Rauferei.[2480] Der Umstand, dass Freizeitverhaltensklauseln zum Thema der grob fahrlässigen Selbstschädigung bisher nicht Gegenstand der höchstrichterlichen Rechtsprechung waren, unterstreicht ihre geringe praktische Bedeutung.

(2) Sportliche Betätigung

1219 Größere Bedeutung erlangen in der Praxis Klauseln, mit denen die sportliche Freizeitbetätigung geregelt wird. Sportliche Betätigung sieht die Rechtsprechung grundsätzlich nicht als eine Gefährdung der Arbeitskraft an, sondern im Gegenteil als **gesundheitsförderlich**. Das gilt auch für landläufig als gefährlich eingeschätzte Sportarten wie Amateurboxen,[2481] Motorradrennen[2482] oder Drachenfliegen.[2483] „Besonders gefährlich" und damit potentiell selbstgefährdend sind nach Auffassung des BAG nur solche Sportarten, bei denen das Verletzungsrisiko bei objektiver Betrachtung so groß ist, dass auch ein gut ausgebildeter Sportler bei sorgfältiger Beachtung aller Regeln das Risiko nicht beherrschen kann,[2484] worunter z.B. Kickboxen fallen soll.[2485]

1220 Da sportliche Betätigung also in aller Regel nicht als selbstgefährdend geahndet werden kann, besteht ein praktisches Bedürfnis an expliziten vertraglichen Sportverboten für Arbeitnehmer in schwer ersetzbaren Funktionen (z.B. Manager, Profisportler, Film- und Bühnenkünstler), bei denen sich ein verletzungs- oder krankheitsbedingter Ausfall unverhältnismäßig nachteilig auf die betrieblichen Abläufe auswirken würde.

Problematisch sind Vereinbarungen, in denen Arbeitnehmern die Pflicht auferlegt wird, sich körperlich fit zu halten und z.B. Ausgleichs- oder Fitnesssport zu treiben, dies ist i.d.R. eine ausschließliche Privatentscheidung. Auch liegt der betriebliche Bezug hier nicht gerade auf der Hand. Begründungsvorteile hätte etwa ein Hersteller oder Vertreiber von Sportausrüstungen oder gymnastischen Geräten, da seine Repräsentanten in der Öffentlichkeit oft als Botschafter für die Qualität der eigenen Erzeugnisse angesehen werden. Erwogen wird auch ein Hinweis auf eine firmeninterne Qualitätsphilosophie, die sich in einer permanenten Steigerung bzw. Erhaltung der Leistungsfähigkeit des Firmenteams als arbeitsvertraglicher Nebenpflicht ausdrücken könnte.[2486]

1221 Je **hervorgehobener** die Position des Arbeitnehmers ist, desto eher wird den Arbeitsvertragsparteien das Recht zugestanden, sich privatautonom auch über die Grenzen eines beiderseits akzeptierten Freizeitverhaltens zu verständigen[2487] und diesbezügliche Abreden in das vertragliche Pflichtengefüge aufzunehmen. Ob hieraus eine unangemessene Benachteiligung i.S.v. § 307 Abs. 2 BGB resultiert, ist eine Frage der Einzelfallprüfung anhand der von der Rechtsprechung erarbeiteten Kriterien.[2488] Es empfiehlt sich jedenfalls, ver-

---

2476 *Hümmerich/Schiefer*, Arbeitsverträge, § 1 Rn 2269 f.
2477 BAG 5.4.1962, DB 1962, 971.
2478 BGH 8.7.1992, NJW 1992, 2418.
2479 BAG 11.3.1987, BB 1987, 1389; ArbG Berlin 20.5.1980, BB 1980, 1858.
2480 LAG Köln 22.6.1988, DB 1988, 1703.
2481 BAG 1.12.1976, AP Nr. 42 zu § 1 LFZG
2482 BAG 25.2.1972, AP Nr. 18 zu § 1 LFZG
2483 BAG 7.10.1981, DB 1982, 706.
2484 BAG 7.10.1981, EzA Nr. 60 zu § 1 LFZG.
2485 ArbG Hagen 5.9.1989, NZA 1990, 311.
2486 *Hümmerich/Schiefer*, Arbeitsverträge, § 1 Rn 2286.
2487 *Hümmerich/Schiefer*, Arbeitsverträge, § 1 Rn 2277.
2488 BAG 31.8.2005, BB 2006, 443; BAG 25.5.2005, NZA 2005, 1111, 1115.

botene Sportarten ausdrücklich zu benennen, da die Verwendung des Oberbegriffs „gefährliche Sportarten" nach den vorstehenden Erläuterungen für eine nähere Eingrenzung des auszuschließenden Risikos nicht tauglich ist.

dd) Äußeres Erscheinungsbild

Das äußere Erscheinungsbild ist ein grundgesetzlich geschützter Ausdruck der Persönlichkeit. Daher gilt **1222** auch hier, dass ein Arbeitgeber nur im Falle eines **sachlichen Bezugs** zur Arbeitspflicht und nach gehöriger Interessenabwägung Einfluss auf das äußere Erscheinungsbild des Arbeitnehmers in der Freizeit nehmen darf. Dabei sind außerdienstliche Verhaltenspflichten einer vertraglichen Regelung umso eher zugänglich, je stärker der Arbeitnehmer in der Öffentlichkeit steht. Auch wenn außerberufliche Bekleidungsvorschriften bei Allerweltstätigkeiten unzulässig sein dürften, kann mit einem Profisportler durchaus vereinbart werden, in der Öffentlichkeit bei bestimmten Anlässen Bekleidung eines bestimmten Herstellers – i.d.R. eines Sponsors – zu tragen. Manager eines Herren-Oberbekleidungsherstellers können durchaus verpflichtet werden, auch in der Freizeit Artikel aus dem Arbeitgebersortiment zu tragen. Den Ausgleich für die hierdurch eintretenden Einschränkungen in der privaten Betätigungsfreiheit bildet das in diesen Fällen vom Arbeitgeber gezahlte in aller Regel überdurchschnittliche Gehalt.[2489]

Ein Hotelportier in einer internationalen Kette wird Vorschriften über die Art der Haarfrisur oder des Bartes, **1223** Tätowierungen an sichtbaren Stellen oder das Tragen von Ohrschmuck klaglos hinnehmen müssen. Wenn aber ein Model verpflichtet werden soll, ein bestimmtes Körpergewicht oder bestimmte äußerliche Körpermerkmale beizubehalten, kann die Grenze zur unangemessenen Einschränkung der Persönlichkeitsrechte trotz eines eindeutigen sachlichen Bezugs zu den arbeitsvertraglichen Pflichten überschritten sein.[2490] Die Zulässigkeit solcher Regelungen, die i.d.R. in Gestalt von AGB vereinbart werden, ist auch hier stets eine Frage der Einzelfallprüfung.[2491]

ee) Ansehen des Arbeitgebers in der öffentlichen Wahrnehmung

Das Grundrecht der Meinungsäußerungsfreiheit macht nicht vor dem Arbeitsverhältnis halt. Äußerungen **1224** von Arbeitnehmern in der Öffentlichkeit – etwa vor der Kamera aus Anlass eines Streiks oder bei Meinungsumfragen auf offener Straße – sind daher grundsätzlich zulässig, auch wenn damit sachliche Kritik verbunden ist. Grenzenlos ist diese Freiheit natürlich nicht, der Arbeitgeber ist durch Art. 5 Abs. 2 GG gegen Schmähkritik oder Formalbeleidigungen geschützt.[2492]

Arbeitnehmer sind auch ohne besondere vertragliche Abrede infolge ihrer Loyalitätspflicht gehalten, den **1225** Ruf des Arbeitgebers nicht zu schädigen. Ein Krankenpfleger darf z.B. nicht nebenberuflich als Bestatter tätig sein.[2493] Das Anstellungsunternehmen genießt aber auch ausdrücklichen gesetzlichen Schutz, z.B. durch §§ 824, 241 Abs. 2 BGB oder in Wettbewerbsfällen durch § 14 UWG bzw. § 826 BGB. Einer gesonderten vertraglichen Abrede bedarf es daher nicht. Freizeitrelevante Klauseln zur Sicherung des Rufs des Arbeitgebers haben eher appellativen Charakter.

Verschiedentlich sind Arbeitgeber bestrebt, Rufwahrungsklauseln dahingehend zu erweitern, dass der Ar- **1226** beitnehmer verpflichtet sein soll, auch seinen eigenen **privaten Ruf** zu wahren. Derartige Vereinbarungen bedürfen stets eines konkreten betrieblichen Bezugs und dürfen für den Arbeitnehmer nicht unzumutbar sein.[2494] Ein betrieblicher Bezug setzt voraus, dass der betreffende Arbeitnehmer in der Öffentlichkeit mit dem Arbeitgeber identifiziert wird. Das ist einerseits bei direkten Repräsentanten des Arbeitgebers der Fall, also bei Vorständen, Geschäftsführern und leitenden Angestellten, andererseits bei Persönlichkei-

---

2489 *Hümmerich/Schiefer*, Arbeitsverträge, § 1 Rn 2277.
2490 Preis/*Preis*, Arbeitsvertrag, II A 160 Rn 16; a.A. *Hümmerich/Schiefer*, Arbeitsverträge, § 1 Rn 2281.
2491 BAG 31.8.2005, BB 2006, 443; BAG 25.5.2005, NZA 2005, 1111, 1115.
2492 *Kursawe*, ArbRB 2010, 21 ff.; *Bronhofer*, AuA 2010, 161 m.w.N.
2493 BAG 28.2.2002, EzA Nr. 7 zu § 611 BGB Nebentätigkeit.
2494 ArbG Passau 11.12.1997, NZA 1998, 427.

ten der Zeitgeschichte, die sich in einem Anstellungsverhältnis befinden. Je exponierter ein solcher Arbeitnehmer in der Öffentlichkeit steht, desto eher kann ein privater Rufverlust eine negative betriebliche Auswirkung haben. Anders gewendet: Rufwahrungsklauseln mit privatem Bezug sollten zurückhaltend verwendet werden.

1227 Börsennotierte Unternehmen in den USA sind aufgrund des Sarbanes-Oxley Act[2495] verpflichtet, einen **Ethik-Kodex** einzuführen ("Code of Ethics"), um moralisch integere Verhaltensweisen im Wirtschaftsleben zu fördern. Unter US-Recht gilt diese Pflicht auch für ausländische Tochterunternehmen. Deutsche Töchter US-amerikanischer Konzerne können sich einem entsprechenden Diktat ihrer Konzernleitung kaum entziehen. Bezieht ein Ethik-Kodex auch das private Verhalten von Arbeitnehmern mit ein, z.B. durch das Verbot privater Beziehungen zwischen Beschäftigten,[2496] wird dies nach deutschem Recht – von wenigen Funktionsträgern abgesehen – unverhältnismäßig und damit unzulässig sein.

ff) Verfassungstreue

1228 Im laufenden Arbeitsverhältnis darf ein Beschäftigter des öffentlichen Dienstes den Staat, die Verfassung oder deren Organe weder beseitigen, noch beschimpfen oder verächtlich machen. Das gilt gleichermaßen für den dienstlichen wie den außerdienstlichen Bereich. Bei Zuwiderhandlungen kann eine Kündigung aus Gründen im Verhalten des Arbeitnehmers gerechtfertigt sein, wenn die außerdienstlichen Aktivitäten zu konkreten Störungen im Arbeitsverhältnis führen.[2497] Verbreitet ein Arbeitnehmer über das Internet einen Demonstrationsaufruf, dessen Verfasser bei sachgerechter Deutung der in dem Aufruf enthaltenen Äußerungen für einen gewaltsamen Umsturz eintreten, berechtigt dies, so das BAG, zu der Annahme, der Arbeitnehmer bringe das für seine Beschäftigung im Dienst der Finanzverwaltung eines Bundeslandes erforderliche Mindestmaß an Verfassungstreue nicht auf.

gg) Straftaten außerhalb des Unternehmens

1229 Außerdienstliche Straftaten eines Arbeitnehmers können seine persönliche Eignung für die vertraglich geschuldete Tätigkeit beeinträchtigen, wenn ein betrieblicher Bezug dazu besteht. So kann der dringende Verdacht einer Teilnahme einer Bankangestellten an Geldwäschegeschäften eine außerordentliche fristlose Kündigung rechtfertigen.[2498] Die Interessen eines öffentlichen Arbeitgebers können z.B. nachhaltig beeinträchtigt sein und eine Kündigung rechtfertigen, wenn ein Arbeitnehmer wegen Zuhälterei verurteilt wurde.[2499] Den erforderlichen betrieblichen Bezug sah das BAG in dem Hinweis des Arbeitnehmers im Prozess auf sein – auch in der Presse wiedergegebenes – Tatmotiv, nämlich das aus seiner Sicht zu niedrige Gehalt bei der Kommune. Kündigungsrelevant für den öffentlichen Arbeitgeber ist auch ein vorsätzliches Tötungsdelikt eines Mitarbeiters, ohne dass es einer Abmahnung bedarf.[2500] Maßgeblich ist allerdings nicht die strafrechtliche Wertung, sondern die Schwere der Vertragspflichtverletzung[2501] bzw. der hiermit verbundene Vertrauensverlust.[2502]

1230 Ergibt sich dagegen kein betrieblicher Bezug, so können außerdienstliche Straftaten – auch im öffentlichen Dienst – nur noch am Maßstab des § 241 Abs. 2 BGB gemessen werden. Hiernach ist jede Partei zur Rücksichtnahme auf die Rechte, Rechtsgüter und Interessen ihres Vertragspartners verpflichtet.[2503]

2495 Vgl. hierzu *Block*, BKR 2003, 774 ff.; *Kersting*, ZIP 2003, 233 ff; Richardi/*Richardi*, § 77 Rn 88.
2496 LAG Düsseldorf 14.11.2005, NZA-RR 2006, 81 (Wal-Mart); HaKo-BetrVG/*Lorenz*, § 77 Rn 38.
2497 BAG 6.9.2012, BeckRS 2013, 67118.
2498 LAG Berlin-Brandenburg, NZA-RR 2015, 241.
2499 BAG 10.9.2009, NZA 2010, 220; BAG 28.10.2010, NZA 2011, 112; *Bronhofer*, AuA 2010, 161.
2500 BAG 8.6.2000, NZA 2000, 1282, 1283.
2501 BAG 12.5.2010, NZA 2010, 1348; BAG 24.11.2005, NZA 2006, 484.
2502 BAG 16.12.2010, NZA 2011, 571; BAG 10.6.2010, NZA 2010, 1227.
2503 BAG 27.1.2011, NJW 2011, 2231; BAG 28.10.2010, NZA 2011, 307; 10.9.2009 – 2 AZR 257/08, AP Nr. 60 zu § 1 KSchG 1969 Verhaltensbedingte Kündigung.

Hieraus folgt im Grundsatz, dass der Arbeitgeber strafrechtlich relevante Kritik (z.B. Schmähkritik, unwahre tatsächliche Behauptungen) nicht hinnehmen muss.[2504] Als arbeitgeberseitige Reaktionsmöglichkeiten steht das übliche arbeitsrechtliche Instrumentarium zur Verfügung, bestehend aus der Abmahnung und der ordentlichen oder außerordentlichen verhaltensbedingten Kündigung, je nach dem Gewicht des Vorfalls. Natürlich kommt auch eine strafrechtliche Verfolgung in Betracht.

hh) Tendenzbetriebe und Kirchen/Scientology

Vornehmlich in Tendenzbetrieben, Kirchen und kirchlichen Einrichtungen wird eine außerdienstliche Interessenwahrung eine größere Rolle spielen. Die Loyalitätspflicht zwingt den Arbeitnehmer zur Rücksichtnahme auf die Tendenz des Arbeitgebers, also insbesondere auf dessen konfessionelle, wissenschaftliche oder künstlerische Ziele.[2505] Auf diese Ziele sollte eine Vertragsklausel konkreten Bezug nehmen. **1231**

Einer gesonderten Betrachtung bedarf die Zugehörigkeit zur **Scientology Organisation** bzw. die „Scientology Kirche Hamburg e.V.", die nach der Rechtsprechung des BAG keine Religions- oder Weltanschauungsgemeinschaft i.S.d. Art. 4, 140 GG, Art. 137 WRV ist.[2506] Sie zielt auf die Eroberung organisatorischer Schlüsselpositionen in Wirtschaft und Verwaltung und damit primär auf wirtschaftlichen Erfolg ab. Da aus diesem Grund befürchtet wird, dass ein Scientology-Angehöriger persönliche Absichten in Bezug auf den Arbeitsplatz über die Interessen des Arbeitgebers stellt, wurde dem Arbeitgeber im Zuge der Vertragsanbahnung (vgl. oben Rdn 104) ein uneingeschränktes schützenswertes Interesse an der Klärung der Zugehörigkeitsfrage zugebilligt.[2507] Dies gilt insbesondere bei Vertrauenspositionen und sicherheitsrelevanten Bereichen,[2508] aber auch im öffentlichen Dienst.[2509] **1232**

Das BVerwG hat – allerdings ohne die Frage zu beantworten, ob Scientology eine Religionsgemeinschaft sei – Scientology als Weltanschauungsgemeinschaft eingeordnet und unter den Schutz des Art. 4 Abs. 1 GG gestellt.[2510] Auch wenn die Entscheidung im Schrifttum kritisiert wurde,[2511] ist ungewiss, ob sich die Mitglieder dieser Organisation nicht auch auf §§ 7 und 1 AGG berufen können,[2512] auch wenn dies bisher eher verneint wird.[2513] Jedenfalls haben Gerichte in Frankreich und den USA Scientology als Religionsgemeinschaft anerkannt.[2514] Es empfiehlt sich daher, die Frage nur bei der Besetzung von besonderen Vertrauenspositionen zu stellen. Zukünftig könnte Literaturstimmen zufolge[2515] das Fragerecht unter dem Blickwinkel des AGG eine Neubewertung notwendig machen wegen des dort normierten Diskriminierungsverbotes hinsichtlich Religion und Weltanschauung.

Im **laufenden Arbeitsverhältnis** ist das Fragerecht zu Scientology **differenziert** zu betrachten. Nach einer Entscheidung des ArbG München muss ein seit neun Jahren beschäftigter Arbeitnehmer ohne konkreten Anlass einen Fragebogen über seine Scientology-Beziehung nicht ausfüllen.[2516] Jugendbetreuer dagegen, die für Scientology bei ihnen anvertrauten Jugendlichen werben, verstoßen gegen ihre arbeits-

---

2504 *Kursawe*, ArbRB 2010, 21 ff.
2505 BVerfG 4.6.1985, AP Nr. 24 zu Art. 140 GG; LAG Hamm 24.7.1981, ARST 1983, 29; Tschöpe/*Schmalenberg*, 2 A Rn 246.
2506 BAG 23.3.1995, NZA 1995, 823.
2507 BAG 23.3.1995, NZA 1995, 823.
2508 *Bauer/Baeck/Merten*, DB 1997, 2535.
2509 BAG 1.10.1986, AP Nr. 26 zu Art. 33 Abs. 2 GG; MünchArbR/*Buchner*, § 30 Rn 147.
2510 BVerwG 15.12.2005, NJW 2006, 1303.
2511 Richardi/*Thüsing*, § 94 BetrVG Rn 17.
2512 Liebers/*Thies*, A.IV.1. Rn 177.
2513 *Schaub/Linck*, ArbR-Hdb., § 36 Rn 12; *Zimmer/Volk*, FA 2006, 258; *Wisskirchen/Bissels*, NZA 2007, 173; differenzierend *Röder/Krieger*, FA 2006, 200.
2514 Ausführlich m.w.H. Tschöpe/*Wisskirchen*, 1 C Rn 90 ff, 94.
2515 Richardi/*Thüsing*, § 94 BetrVG Rn 17.
2516 ArbG München 24.10.2000, NZA-RR 2001, 296.

vertraglichen Pflichten,[2517] ebenso wie Betriebsratsmitglieder, soweit sie durch Scientology-Werbung innerhalb und außerhalb der Arbeitszeit den Betriebsfrieden stören.[2518]

1233   Wenn die Frage nach der Scientology-Zugehörigkeit ein zulässiges Auswahlkriterium bei der Vertrags-anbahnung ist, so muss sie konsequenterweise auch ein zulässiger Gegenstand vertraglicher Vereinbarun-gen sein können. Insoweit kommen die allgemeinen Grundsätze zur Anwendung, wonach eine evtl. Mitgliedschaft sich nachteilig auf das Arbeitsverhältnis auswirken und dort zu verhältnismäßig schwer-wiegenden Störungen führen müsste (vgl. oben Rdn 1207).

Zu beachten ist bei der Formulierung einer Vertragsklausel, dass Mitglieder der Scientology Organisation aus eigener Sichtweise sich nur dann wahrheitsgemäß erklären müssen, wenn sie Angaben über eine Mit-gliedschaft in der IAS (International Association of Scientologists) bzw. darüber machen sollen, ob sie die Techniken/Technologien oder Lehren von L. Ron Hubbard anwenden.[2519]

ii) Besondere Berufsgruppen

1234   Bei Verantwortungsträgern im **Risiko- und Sicherheitsbereich** mit gesteigerter Allgemeinverantwortung, z.B. Fahrzeugführer im Personentransport, Piloten, Betriebstechnikern in Kraftwerken und Petrochemie etc. wird oft ein zeitweiliger Verzicht auf Alkohol- und Drogenkonsum vor Antritt der Tätigkeit gefordert. Vereinbarungen hierüber sind unproblematisch, denn die Pflicht zur Enthaltsamkeit während der Arbeits-zeit folgt insoweit bereits aus den allgemeinen Vertragsregeln bzw. aus einschlägigen Gesetzen.[2520] Die Vertragspflicht umfasst als Reflexwirkungen der ohnehin bestehenden arbeitsvertraglichen Pflichten[2521] auch eine ausreichende Abstinenzzeit vor dem Dienstantritt.

1235   **Profisportler, Schauspieler, Musiker, Fernsehschaffende** und vergleichbare Berufsgruppen stehen we-niger in der Allgemeinverantwortung als im Allgemeininteresse, das sich meist auf bestimmte vorher fest-stehende Zeitpunkte fokussiert. Hieraus ergeben sich – mit anderer Begründung – ähnliche Interessen des Arbeitgebers, die darauf abzielen, die bestmögliche Leistung an den festgelegten Terminen abrufen zu kön-nen. Hier kann aus Arbeitgebersicht der Freizeitbereich nicht ausgeklammert werden.

1236   Im Fokus stehen z.B. Tabak-, Alkohol-, Doping- und Drogenverbote, Wettverbote für Sportler, Verbote von bestimmten gefährlichen Sportarten oder Strapazen, andererseits Pflichten zur ausreichenden Gesundheits- und Fitnessvorsorge, möglicherweise auch die Pflicht zur Konsultierung bestimmter Fach- oder Verbands-ärzte, Mitwirkung an bestimmten Werbe- oder sonstigen Veranstaltungen und vielerlei weitere Umstände, die den Erfolg der vereinbarten Arbeitsleistung positiv oder negativ beeinflussen könnten.

1237   Diesbezügliche Vertragsregelungen zum außerdienstlichen Verhalten sind möglich, wenn das **Schadens-risiko** für den Arbeitgeber bzw. für Dritte groß ist und die **Entbehrungen**, die vom Arbeitnehmer gefor-dert werden, zumutbar sind.[2522] In die Interessenabwägung wird einfließen müssen, dass Arbeitnehmer der hier betroffenen Gruppe höhere Einschränkungen der Privatsphäre schon angesichts ihrer i.d.R. weit überdurchschnittlichen Gehälter eher hinnehmen müssen. Auch besteht ein arbeitsmedizinisch nachweis-barer Bezug zwischen der zeitgenau geschuldeten beruflichen Höchstleistung und einer gesunden pri-vaten Lebensführung.

2517 LAG Berlin 11.6.1997, DB 1997, 2542.
2518 ArbG Ludwigshafen 12.5.1993, AiB 1995, 754.
2519 Tschöpe/*Wisskirchen*, 1 C Rn 95.
2520 *Hümmerich/Reufels*, Arbeitsverträge, § 1 Rn 1457.
2521 MünchArbR/*Reichold*, § 49 Rn 47.
2522 *Glöckner*, § 8 I 5 c; Preis/*Preis*, Arbeitsvertrag, II A 160 Rn 19; *Fritzweiler*, 3 Rn 23 m.w.N.; *Kleinebrink*, ArbRB 2008, 17.

d) Klauselbeispiele

Die folgende Klausel ist angelehnt an § 8 Abs. 1 BAT bzw. § 41 TVöD BT-V

1238

> *Allgemeines Verhalten incl. Tendenzträger-Unternehmen*
>
> Die im Rahmen des Arbeitsvertrages geschuldete Leistung ist gewissenhaft und ordnungsgemäß aus-zuführen und die Interessen des Arbeitgebers sind nach besten Kräften zu fördern und zu vertreten.
>
> Der Arbeitnehmer hat auch im außerdienstlichen Bereich diese Grundsätze zu berücksichtigen und sich so zu verhalten, dass das Ansehen des Arbeitgebers in der Öffentlichkeit nicht beeinträchtigt wird. Er muss sich durch sein gesamtes Verhalten (…) (*zur freiheitlich demokratischen Grundordnung im Sinne des Grundgesetzes/zur christlichen Sitte/zu den konfessionellen Zielen des Arbeitgebers/zu den politi-schen Zielen des Arbeitgebers/zu den koalitionspolitischen Zielen des Arbeitgebers/zu den karitativen Zielen des Arbeitgebers/zu den erzieherischen Zielen des Arbeitgebers/zu den wissenschaftlichen Zielen des Arbeitgebers/zu den künstlerischen Zielen des Arbeitgebers*) bekennen.

1239

> *Nebentätigkeit – Verbot mit Erlaubnisvorbehalt*
>
> Nebentätigkeiten bedürfen der vorherigen Zustimmung des Arbeitgebers. Die Zustimmung ist zu ertei-len, wenn die Nebentätigkeit die Wahrnehmung der arbeitsvertraglichen Aufgaben in zeitlicher Hinsicht nicht behindert und sonstige berechtigte Interessen des Arbeitgebers nicht entgegenstehen.

> *Nebentätigkeit – Ergänzungsklausel Erlaubnisfiktion*
>
> Der Arbeitgeber hat die Entscheidung über den Zustimmungsantrag des Arbeitnehmers innerhalb von zwei Wochen nach Eingang des Antrags zu treffen. Wird dem Arbeitnehmer die Entscheidung nicht in-nerhalb dieser Frist mitgeteilt, so gilt die Zustimmung als erteilt.

1240

> *Sicherung der Arbeitskraft –Sportverbote*
>
> Der Arbeitnehmer (…) (*Manager, Sportler, Schauspieler etc.*) verpflichtet sich, während des Anstel-lungsverhältnisses (…) (*der Filmproduktion etc.*) auf das Alpine Skifahren sowie auf die Teilnahme an Motorsportveranstaltungen (…) (*bzw. auf*) zu verzichten.

Der folgende Formulierungsvorschlag ist angelehnt an einen Vorschlag von *Hümmerich*;[2523] hier sollen durch einen Hinweis auf die zugrundeliegende Firmenphilosophie vertragliche Nebenpflichten begründet werden:

1241

> *Sicherung der Arbeitskraft – Fitness*
>
> Der Manager ist mit Ausnahme von Verhinderungsfällen aus dringendem Anlass verpflichtet, während des Anstellungsverhältnisses allwöchentlich (…) mal an einem für die Erhaltung der Gesundheit geeig-neten Fitnesstraining teilzunehmen, das vom Arbeitgeber organisiert und finanziert wird. Das Fitness-programm ist Teil der Unternehmensphilosophie.

1242

> *Äußeres Erscheinungsbild – Sportler*
>
> Der Sportler ist als Imagebotschafter des Arbeitgebers verpflichtet bei allen Auftritten in der Öffentlich-keit, insbesondere im Fernsehen und bei Presseveranstaltungen, Ehrungen, Autogrammstunden etc. die

---

2523 *Hümmerich/Reufels*, Arbeitsverträge, § 1 Rn 2282, 2285.

vom Arbeitgeber oder über diesen gestellte Sportkleidung (Sportanzüge, Reisekleidung, Fußbekleidung sowie alle sonstigen Bekleidungs- und Ausrüstungsgegenstände) entsprechend der jeweiligen Weisung des Arbeitgebers zu tragen. Das gilt auch, soweit derartige Veranstaltungen außerhalb der regelmäßigen Arbeitszeit anfallen oder über diese hinausdauern. Der Arbeitgeber behält sich vor, die von ihm gestellte Sportkleidung mit Werbung zu versehen.

1243 *Äußeres Erscheinungsbild – Manager eines Uhrenherstellers*

Der Arbeitgeber stattet den Manager mit folgenden Produkten aus der aktuellen Kollektion aus: (…)

Es ist dem Manager untersagt, eine Uhr aus dem Sortiment eines anderen Herstellers zu tragen. Diese Verpflichtung gilt auch außerhalb der Dienststunden.

1244 *Scientology*

Dem Arbeitnehmer ist bekannt, dass der Arbeitgeber die Ziele der „Scientology Kirche Hamburg e.V." bzw. der IAS (International Association of Scientologists) ablehnt. Er bestätigt, dass er nicht in Seminaren oder Kursen nach der Technologie und den Methoden von L. Ron Hubbard geschult wurde bzw. wird, dass er nicht nach den sog. Techniken bzw. Technologien oder Lehren von L. Ron Hubbard arbeitet oder sie verbreitet und dass er solches auch in Zukunft unterlassen wird. Bei einem Verstoß gegen diese Vereinbarung ist der Arbeitgeber nach voriger Abmahnung berechtigt das Arbeitsverhältnis zu kündigen, ggf. auch im Wege der außerordentlichen Kündigung. Weitergehende Rechte bleiben unberührt.

1245 *Arbeitnehmer mit sicherheitsrelevanter Tätigkeit*

Dem Arbeitnehmer (…) (*Pilot/Busfahrer/Kraftwerks-Betriebsingenieur*) ist die Einnahme illegaler Drogen strikt untersagt. Er verpflichtet sich, mindestens acht Stunden vor Beginn seiner Tätigkeit (bei Piloten 12 bzw. 24 Stunden[2524]) keine alkoholischen Getränke zu sich zu nehmen.

e) Muster
aa) Äußeres Erscheinungsbild bei Hotelpersonal

1246 Hier gibt es in der Praxis umfassende Pflichtenklauseln mit Regelungen, die auch in die private Lebensführung hineinreichen. Eine solche Regelung könnte trotz ihres Freizeitbezuges auch durch Betriebsvereinbarung erzielt werden, da sie direkt nur betriebliche Belange regelt. Die Reflexwirkungen auf den Privatbereich[2525] sind vom Hotelpersonal i.d.R. hinzunehmen.

▼

Muster 1a.70: Pflichtenklauseln für Hotelpersonal

Dienstliches Verhalten: Der/die Arbeitnehmer/in hat stets auf ein gepflegtes Äußeres zu achten. Tägliche Körperpflege ist Voraussetzung sowie das Tragen frischer Kleidung, Mundhygiene (frischer Atem) und saubere Hände sowie Fingernägel. Nasenringe, Fußkettchen sowie sichtbare Piercings sind nicht gestattet. Tätowierungen dürfen nicht sichtbar getragen werden.

Haare: Das Haar muss über den gesamten Tag ordentlich und sauber aussehen und gut sitzen. Es muss eine „natürliche" Farbe besitzen, d.h. eine Farbe, die natürlich gewachsen sein könnte. Auffällige Strähnen oder Glitzereffekte im Haar sind nicht zulässig. Die Haarfrisuren dürfen die Augen nicht verdecken. Das Haar

---

2524 § 2 Abs. 3 DV Luft VZO, Anlage 15 Ziff. 12 (Einnahme von verschreibungspflichtigen und nicht verschreibungspflichtigen Medikamenten, alternative Behandlungsverfahren und Alkohol) i.V.m. JAR-FCL3.040, 3.115.
2525 MünchArbR/*Reichold*, § 49 Rn 47.

darf nicht feucht aussehen; „Wet-Look-Frisuren" sind nicht erlaubt. „Dreadlock-Frisuren" (aus dünnen Haarsträhnen geflochtene Zöpfe) sind nicht erlaubt.

Für Herren gilt darüber hinaus: Eine gründliche tägliche Rasur ist Voraussetzung. Dreitage-, Spitz-, Voll- oder Ziegenbärte sowie lange, über die Höhe des halben Ohrs hinausreichende Koteletten sind nicht erlaubt. Lange Haare über den Hemdkragen hinaus sind nicht erlaubt. Haare dürfen nicht ins Gesicht fallen.

Fingernägel: Die Fingernägel müssen gepflegt und maßvoll in der Länge sein. Weibliches Personal darf Nagellack nur in konservativen Farbtönen auftragen (ausschließlich einfarbig). Männliches Personal darf keinen farbigen Nagellack tragen. Im Umgang mit Lebensmitteln müssen Fingernägel kurz und ohne Nagellack getragen werden.

Schmuck: Erlaubt ist dezenter und unauffälliger Schmuck/Modeschmuck. Große herabhängende Ohrringe oder extreme Formen sind nicht erwünscht. Für männliches Personal ist das Tragen von Ohrringen nicht zulässig.

bb) Fußballspieler

Hier existieren in der Praxis weitreichende Pflichtenklauseln mit Regelungen, die teilweise mehr als nur reflexhaft[2526] in die private Lebensführung hineinreichen und im Wege von AGB vereinbart werden (die Musterklausel entspricht weitgehend § 2 des Musterarbeitsvertrags der Deutschen Fußball Liga[2527]). Die Zulässigkeit jeder einzelnen Klausel und aller Klauseln in ihrer Gesamtsicht richtet sich entsprechend der vorstehenden Erläuterungen[2528] nach den Gegebenheiten des Einzelfalls (vgl. oben Rdn 1206 ff.): **1247**

Muster 1a.71: Pflichtenklauseln für Fußballspieler

Der Spieler verpflichtet sich, seine ganze Kraft und seine sportliche Leistungsfähigkeit uneingeschränkt für den Club einzusetzen, alles zu tun, um sie zu erhalten und zu steigern und alles zu unterlassen, was ihr vor und bei Veranstaltungen des Clubs abträglich sein könnte. Gemäß diesen Grundsätzen ist der Spieler insbesondere verpflichtet

a) an allen Spielen und Lehrgängen des Clubs, an jedem Training – gleich ob allgemein vorgesehen oder besonders angeordnet –, an allen Spielerbesprechungen und an allen sonstigen der Spiel- und Wettkampfvorbereitung dienenden Veranstaltungen teilzunehmen. Dies gilt auch, wenn ein Mitwirken als Spieler oder Ersatzspieler nicht in Betracht kommt. Der Spieler ist bei entsprechender Anweisung auch verpflichtet, an Spielen oder am Training der zweiten Mannschaft des Clubs teilzunehmen, falls diese in der Oberliga oder einer höheren Spielklasse spielt;

b) sich im Falle einer beruflich relevanten Verletzung oder Erkrankung im Rahmen seiner Tätigkeit als Lizenzspieler bei dem vom Club benannten Arzt unverzüglich vorzustellen;

c) sich den sportmedizinisch oder sporttherapeutisch indizierten Maßnahmen, die durch vom Club beauftrage Personen angeordnet werden, umfassend zu unterziehen. Zu diesem Zweck entbindet der Spieler den jeweils behandelnden Arzt gegenüber dem geschäftsführenden Organ des Clubs ausdrücklich von seiner ärztlichen Schweigepflicht, soweit es sich um Informationen handelt, die für das Arbeitsverhältnis von Relevanz sind;

d) an Reisen im In- und Ausland, unter Nutzung der vom Club bestimmten Verkehrsmittel teilzunehmen, sofern dem nicht ausnahmsweise wichtige gesundheitliche Gründe entgegenstehen;

e) an allen Darstellungen und Publikationen des Clubs oder der Spieler zum Zwecke der Öffentlichkeitsarbeit für den Club, insbesondere in Fernsehen, Hörfunk und Presse sowie bei öffentlichen Anlässen, Ehrungen, Veranstaltungen, Autogrammstunden etc. teilzunehmen bzw. mitzuwirken. Bei diesen und bei den unter a) genannten Veranstaltungen ist die vom Club gestellte Sportkleidung (Clubanzüge, Reisekleidung, Spielkleidung, Trainings- und Spielschuhe sowie alle sonstigen Bekleidungs- und Ausrüs-

---

2526 MünchArbR/*Reichold*, § 49 Rn 47.
2527 *Fritzweiler*, Anhang C Vertragmuster Nr. 2, S. 845 ff., Musterarbeitsvertrag der Deutschen Fußball Liga (DFL).
2528 BAG 31.8.2005, BB 2006, 443; BAG 25.5.2005, NZA 2005, 1111, 1115.

tungsgegenstände) entsprechend der jeweiligen Weisung des Clubs zu tragen. Der Club behält sich vor, die von ihm gestellte Sportkleidung mit Werbung zu versehen;

f) von Sponsoren des Clubs zur Verfügung gestellte Gebrauchsgüter (z.B. Kraftfahrzeuge) bei dienstlichen Anlässen ausnahmslos und bei privaten Unternehmungen regelmäßig zu nutzen;

g) Werbung für andere Partner als die des Clubs, auch durch oder auf der Bekleidung, nur mit vorheriger Zustimmung des Clubs zu betreiben. Der Club kann diese Zustimmung insbesondere dann verweigern, wenn durch Werbemaßnahmen des Spielers berechtigte Interessen des Clubs beeinträchtigt würden. Dies ist insbesondere der Fall, wenn der Spieler beabsichtigt, Werbung für Unternehmen zu betreiben, die in Konkurrenz zu den Partnern des Clubs stehen. Eine einmal gegebene Zustimmung kann widerrufen werden, sofern sachliche Gründe hierfür vorliegen.

h) sich in der Öffentlichkeit oder privat so zu verhalten, dass das Ansehen des Clubs, der Verbände und des Fußballsports allgemein nicht beeinträchtigt wird. Stellungnahmen in der Öffentlichkeit, insbesondere Interviews für Fernsehen, Hörfunk und Presse, bedürfen, soweit sie im Zusammenhang mit dem Spielbetrieb, dem Club oder dem Arbeitsverhältnis stehen, der vorherigen Zustimmung des Clubs jedenfalls dann, wenn der Spieler Gelegenheit hatte, diese zuvor einzuholen. Gegenüber außenstehenden Personen ist jegliche Äußerung über innere Clubangelegenheiten, insbesondere über den Spiel- und Trainingsbetrieb, zu unterlassen; dies gilt auch nach der Beendigung des Arbeitsverhältnisses;

i) sich auf alle sportlichen Veranstaltungen des Clubs gewissenhaft vorzubereiten. Dazu gehört insbesondere, den Anweisungen des Trainers bezüglich der Lebensführung Folge zu leisten, sofern sie sich auf die sportliche Leistungsfähigkeit des Spielers beziehen;

j) sich im Falle einer Vermittlung nur der Dienste eines Rechtsanwalts oder einer Person, die sich im Besitz einer von einem Mitgliedsverband der FIFA ausgestellten Spielervermittlerlizenz befindet, zu bedienen;

k) es zu unterlassen, auf Spiele (auch einzelne Spielaktionen), Ergebnisse oder Tabellenplatzierungen der Liga, für die der Club zum jeweiligen Zeitpunkt lizenziert ist, Wetteinsätze zu platzieren oder dies über Dritte zu tun;

l) es zu unterlassen, Siegprämien von clubfremden Personen anzunehmen.

Der Spieler versichert ausdrücklich, dass er weder direkt noch indirekt über Anteile und/oder über Optionen für Anteile an lizenzierten Kapitalgesellschaften der deutschen Lizenzligen verfügt oder solche Anteile bzw. Optionen während der Dauer dieses Vertrages auch nicht erwerben wird. Der Erwerb von Aktien des eigenen Clubs ist gestattet. Es besteht in diesem Fall eine Anzeigepflicht gegenüber dem Club und dem Ligaverband bzw. der DFL Deutsche Fußball Liga GmbH.

cc) Sportler allgemein

1248 Diese Klausel entspricht ebenfalls weitgehend dem Musterarbeitsvertrag der Deutschen Fußball Liga,[2529] § 2a:

Muster 1a.72: Dopingklausel

a) Doping ist verboten. Der Spieler erkennt die nationalen und internationalen Anti-Doping-Bestimmungen – insbesondere die Anti-Doping-Richtlinien des DFB und deren Anhänge, das UEFA-Dopingreglement sowie das FIFA-Reglement für die Dopingkontrollen bei FIFA-Wettbewerben und außerhalb von Wettbewerben – in ihrer jeweils gültigen Fassung ausdrücklich als für ihn verbindlich an. Er unterwirft sich insbesondere auch den Bestimmungen der durch die Anti-Doping-Kommission des DFB angeordneten Doping- und der durch die NADA angeordneten Trainingskontrollen.

2529 *Fritzweiler*, Anhang C Vertragsmuster Nr. 2, S. 845 ff., Musterarbeitsvertrag der Deutschen Fußball Liga (DFL).

b) Als Doping im Sinne dieses Vertrages gilt insbesondere:

das Vorhandensein einer verbotenen Substanz oder ihrer Metaboliten oder diagnostischen Marker in einer dem Körper des Spielers entnommenen Probe; die Verwendung oder verursachte Verwendung einer verbotenen Substanz oder Methode; die Weigerung, sich nach der Aufforderung gemäß der Anti-Doping-Richtlinien der Entnahme einer Probe zu unterziehen; ein Fernbleiben von der Probeentnahme ohne zwingenden Grund oder eine anderweitige Umgehung der Probeentnahme; die Verletzung der Anforderungen hinsichtlich der Verfügbarkeit des Spielers für Dopingkontrollen außerhalb von Wettbewerbsspielen einschließlich der Unterlassung, Angaben zum Aufenthaltsort zu liefern sowie verpasste Kontrollen, die aufgrund von zumutbaren Regeln angekündigt werden; die Manipulation eines Teils einer Dopingkontrolle oder der Versuch einer solchen Manipulation; der Besitz von und der Handel mit verbotenen Substanzen und Methoden; die Verabreichung einer verbotenen Substanz oder Methode an einen Spieler sowie die Unterstützung, Anstiftung, Beihilfe, Vertuschung und jede andere Art von Mittäterschaft im Zusammenhang mit einem Verstoß oder versuchten Verstoß gegen Anti-Doping-Vorschriften.

c) Die Parteien sehen in einem Verstoß des Spielers gegen die Anti-Doping-Vorschriften, der eine rechtskräftige Spielsperre des Spielers zur Folge hat, übereinstimmend einen wichtigen Grund, der es ausschließlich dem Club erlaubt, das Vertragsverhältnis außerordentlich und fristlos zu kündigen.

▲

95. Rückgabe

Literatur: *Lippert*, Übertragbarkeit der Rechtsprechung des BGH zum Urheberrecht an Ausgrabungsunterlagen auf Krankenunterlagen?, NJW 1993, 769; *Ulrici*, Das Recht am Arbeitsergebnis, RdA 2009, 92.

a) Einführung

Im Laufe eines Arbeitsverhältnisses gelangt unvermeidbar eine Vielzahl von Gegenständen, die im Eigentum des Arbeitgebers stehen, wie z.B. Schlüssel, Bücher, Geschäftsunterlagen, Ergebnisse der Arbeitsleistung des Arbeitnehmers, Mobiltelefone, Laptops etc., in den Herrschaftsbereich bzw. Zugriff des Arbeitnehmers. Dies kann dadurch geschehen, dass der Arbeitgeber dem Arbeitnehmer den Gegenstand bewusst überlässt, dass die Nutzung durch den Arbeitnehmer zur Erfüllung der dem Arbeitnehmer obliegenden Arbeitsverpflichtung notwendig ist oder dass der Arbeitnehmer sich den Gegenstand ohne oder gegen den Willen des Arbeitgebers verschafft. Darüber hinaus kann der Arbeitnehmer – berechtigt oder unberechtigt – von Geschäftsunterlagen oder geschäftlichen Informationen Kopien in Papierform oder auf Datenträgern angefertigt oder erhalten haben. Schließlich können Gegenstände, aber auch Immaterialgüterrechte in Folge der Tätigkeit eines Arbeitnehmers neu entstehen oder durch Be- oder Verarbeitung ihren Charakter verändern. Immer dann, wenn der Arbeitgeber die Herausgabe dieser Gegenstände und Unterlagen verlangt, stellt sich die Frage nach der Berechtigung des Verlangens und eventuellen Gegenrechten des Arbeitnehmers. In diesem Spannungsfeld ist die Regelung über die Rückgabeklausel angesiedelt. | **1249**

aa) Sachenrechtliche Ansprüche

Unabhängig von einer vertraglich vereinbarten Rückgabepflicht kann ein Herausgabeanspruch des Arbeitgebers auf **sachenrechtliche Anspruchsgrundlagen**, § 985 BGB – Herausgabeanspruch des Eigentümers – bzw. § 861 Abs. 1 BGB – Herausgabeanspruch des Besitzers wegen Besitzentziehung – gestützt werden. | **1250**

(1) Ansprüche aus dem Eigentum

Der erstgenannte Anspruch setzt die **Eigentümerstellung des Arbeitgebers** an dem herausverlangten Gegenstand voraus. Diese Voraussetzung ist bei Gegenständen und Unterlagen sowie Schlüsseln für die Betriebsräume, Arbeitsmitteln, die der Arbeitgeber dem Arbeitnehmer überlassen hat, wie beispielsweise einem Diktiergerät, einem Laptop o.ä., auch bei geschäftlichen Unterlagen, die dem Arbeitnehmer vom Arbeitgeber übergeben worden sind, regelmäßig ohne weiteres erfüllt. | **1251**

Zweifel bestehen allerdings, wenn der Herausgabeanspruch sich auf Gegenstände bezieht, die der Arbeitnehmer bearbeitet oder überhaupt erst erstellt hat, wie z.B. der vom Tischler gebaute Schrank oder die vom angestellten Arzt erstellte Krankenakte. Erschöpft sich der Bearbeitungsbeitrag des Arbeitnehmers in schlichten Tätigkeiten an dem Gegenstand oder einer geringfügigen Bearbeitung, wird hierdurch die ursprüngliche Eigentümerstellung des Arbeitgebers an dem dem Arbeitnehmer zur Verfügung gestellten Gegenstand nicht berührt. Anders verhält es sich aber, wenn der Gegenstand entweder überhaupt erst hergestellt wird oder im erheblichen Umfang verarbeitet wird, wobei durch die **Verarbeitung oder Umbildung** ein neuer Gegenstand entsteht. Dies setzt nach § 950 Abs. 1 BGB voraus, dass durch eine bewusste menschliche oder menschlich gesteuerte Arbeitsleistung eine neue bewegliche Sache mit nicht unerheblich gesteigertem Wert entsteht, wobei die Neuheit unter Berücksichtigung der Verkehrsauffassung aufgrund eines Vergleiches des Ausgangsproduktes und des hergestellten Gegenstandes zu ermitteln ist. Der erforderliche gesteigerte Verarbeitungswert ist durch einen Vergleich des Wertes des neu hergestellten Gegenstandes mit dem Wert des oder der Ausgangsprodukte zu ermitteln; auf den Wert der reinen Arbeitsleistung kommt es nicht an. Zwischenergebnisse eines mehrstufigen Herstellungsprozesses reichen insoweit ebenso wenig aus, wie eine reine Wertsteigerung eines ansonsten unveränderten Gegenstandes.

In dieser Konstellation sieht § 950 Abs. 1 BGB grundsätzlich vor, dass derjenige, der die Verarbeitung oder Umbildung durchführt, das Eigentum an der neuen Sache erwirbt. Dies wirft die Problematik auf, ob der den Gegenstand bearbeitende Arbeitnehmer oder der Arbeitgeber Eigentümer des neuen Produktes ist. Diese Frage beantwortet sich danach, wer **Hersteller des Gegenstandes im Rechtssinne** ist. Im Regelfall wird dies auch dann, wenn der Arbeitnehmer den Gegenstand bearbeitet, der Arbeitgeber sein, weil es gerade arbeitsvertragliche Pflicht des Arbeitnehmers ist, im Eigentum des Arbeitgebers stehende Sachen zu bearbeiten, wobei der Arbeitgeber das mit der Herstellung verbundene Wirtschaftsrisiko trägt.[2530] Dies gilt grundsätzlich auch für die Produktion in Heimarbeit[2531] und erst recht, wenn die Herstellung des Gegenstandes nicht durch den Arbeitnehmer allein, sondern in einem arbeitsteiligen Arbeitsprozess durch mehrere Arbeitnehmer gemeinschaftlich erfolgt. Unerheblich ist, ob der Arbeitsvertrag rechtswirksam zustande gekommen ist, oder der Arbeitnehmer geschäftsunfähig ist bzw. das Arbeitsergebnis mit dem Willen herstellt, für sich selbst zu erwerben. Entscheidend ist vielmehr die objektive Eingliederung in den vom Arbeitgeber gesteuerten Produktionsprozess.

Probleme treten allerdings auf, wenn entweder das Einwirkungsrecht des Arbeitgebers auf den Verarbeitungsvorgang gering ist oder zweifelhaft ist, ob durch die Tätigkeiten des Arbeitnehmers überhaupt Sachen im Rechtssinne entstehen.[2532] Zu der erstgenannten Kategorie gehören beispielsweise die ärztlichen Dokumentationen,[2533] während zu der zweitgenannten Kategorie insbesondere die Erstellung von Computerprogrammen oder anderen Dateien zu zählen sind. Hier ist die Eigentümerstellung des Arbeitgebers zumindest zweifelhaft.

Daneben scheidet der Eigentumsherausgabeanspruch des Arbeitgebers immer dann aus, wenn der Arbeitgeber zu keiner Zeit, also auch nicht vor der Verarbeitung Eigentümer des Gegenstandes gewesen ist. Denkbar ist dies z.B. wenn es sich bei den entsprechenden Gegenständen um im Eigentum eines Dritten stehende Gegenstände handelt, was bei Arbeitsmitteln gar nicht selten der Fall sein wird. Problematische Fallkonstellationen bestehen in diesem Zusammenhang im Hinblick auf **Aufzeichnungen des Arbeitnehmers**. Ob diese zu den im Eigentum des Arbeitgebers stehenden Geschäftsunterlagen oder zu den im Eigentum des Arbeitnehmers stehenden privaten Unterlagen gehören, ist jeweils im Einzelfall unter Berücksichtigung aller Umstände insbesondere der Zweckbestimmung des jeweiligen Dokumentes zu klären. Regelmäßig nicht

---

2530 Schaub/*Koch*, ArbR-Hdb., § 113 Rn 10; MüKo-BGB/*Füller*, § 950 Rn 24 m.w.N.; *Ulrici*, RdA 2009, 92.

2531 MüKo-BGB/*Füller*, § 950 Rn 24.

2532 Schaub/*Koch*, ArbR-Hdb., § 113 Rn 10 m.w.N.

2533 Zu dem Eigentumsrecht an Patientendokumentationen siehe BGH 26.10.1951, NJW 1952, 661; Palandt/*Bassenge*, § 950 BGB Rn 7; *Lippert*, NJW 1993, 769; anders bei den Forschungsakten eines Universitätsprofessors, BGH 27.9.1990, NJW 1991, 1480.

zum Eigentum des Arbeitgebers gehört das von einem Gesellen für die Meisterprüfung hergestellte „Meisterstück" oder das im Rahmen einer Berufsausbildung hergestellte Prüfungsstück. Diese Gegenstände erwerben die „Hersteller", der Geselle oder Auszubildende, zu Eigentum.[2534]

Der Herausgabeanspruch des Eigentümers aus § 985 Abs. 1 BGB setzt weiter voraus, dass der Anspruchsgegner nicht seinerseits gemäß § 986 Abs. 1 BGB ein Recht zum Besitz hat. Dabei ist wiederum zu differenzieren. Bei Gegenständen, die der Arbeitgeber dem Arbeitnehmer bewusst überlassen hat, ist der Arbeitnehmer nur **Besitzdiener i.S.v. § 855 BGB** im Hinblick auf den Gegenstand, der den Besitz für den Arbeitgeber vermittelt.[2535] Anders verhält es sich bei den Gegenständen, die der Arbeitgeber dem Arbeitnehmer zum Besitz überlassen hat und an denen der Arbeitnehmer tatsächlich Besitz begründet hat. Hier kann sich ein **Recht des Arbeitnehmers zum Besitz** beispielsweise aus einer vertraglichen Vereinbarung ergeben, z.B. in Bezug auf einen Dienstwagen oder ein Diensttelefon, ggf. auch aus der dem Arbeitnehmer aufgrund des Arbeitsvertrages obliegenden Arbeitsverpflichtung. Letzteres ist z.B. denkbar, wenn der Arbeitnehmer den vom Arbeitgeber überlassenen Gegenstand zwingend zur Erfüllung der ihm obliegenden Arbeitsverpflichtung benötigt. Im Regelfall wird allerdings auch hier nur eine Besitzdienerschaft anzunehmen sein und der Arbeitnehmer besitzrechtlich nicht berechtigt sein, das Verlangen des Arbeitgebers nach Herausgabe des Gegenstandes abzulehnen. Der Arbeitgeber, der dem Arbeitnehmer das für die Erbringung der Arbeitsleistung erforderliche Arbeitsmittel entzieht und ihn hierdurch außer Stande setzt, die geschuldete Arbeitsleistung zu erbringen, wird durch ein solches Verhalten jedoch die Voraussetzungen des Arbeitgeberannahmeverzuges begründen, so dass er dem Arbeitnehmer zur Vergütungszahlung verpflichtet bleibt, obwohl der Arbeitnehmer keine Arbeitsleistung erbringen kann.

Bei Gegenständen, die der Arbeitnehmer ohne oder gegen den Willen des Arbeitgebers an sich gebracht hat, oder bezüglich derer der Arbeitnehmer den ursprünglich bestehenden Willen, für den Arbeitgeber als Besitzdiener besitzen zu wollen, nachträglich aufgegeben hat, so dass das Besitzdienerverhältnis erloschen ist, ist der Arbeitnehmer zwar regelmäßig Besitzer. Dem Arbeitnehmer steht in diesen Fällen aber kein Recht zum Besitz zu.

Besondere Schwierigkeiten treten in Konstellationen auf, in denen Arbeitnehmer aus völlig anderen, mit dem Arbeitsverhältnis nicht im Zusammenhang stehenden Gründen **Rechte an dem Gegenstand** geltend machen. Denkbar ist dies z.B., wenn der Arbeitnehmer auf dem ihm vom Arbeitgeber zur Verfügung gestellten Laptop oder sonstigen Datenträgern eigene private Dateien erstellt oder geladen hat oder wenn der Arbeitnehmer auf ihm zur Verfügung gestellten Schriftstücken private Aufzeichnungen vorgenommen hat bzw. hat vornehmen lassen. Als Beispielsfall mag hier das Autogramm eines berühmten Künstlers auf einer dem Arbeitgeber gehörenden Arbeitsunterlage dienen. Ob in solchen Fällen ein dem Eigentumsherausgabeanspruch entgegenstehendes Recht zum Besitz des Arbeitnehmers i.S.v. § 986 Abs. 1 BGB begründet ist, ist jeweils unter Berücksichtigung aller Umstände des Einzelfalles zu entscheiden.

(2) Ansprüche aus der Stellung als Besitzer

Der zweite sachenrechtliche Herausgabeanspruch, nämlich der **Herausgabeanspruch des Besitzers**, dem der Besitz durch verbotene Eigenmacht entzogen worden ist, setzt nach § 861 Abs. 1 BGB zunächst voraus, dass der Arbeitgeber Besitzer des entzogenen Gegenstandes gewesen ist. Diese Voraussetzung dürfte regelmäßig in Fallkonstellationen, in denen der Arbeitnehmer den Gegenstand gegen oder ohne den Willen des Arbeitgebers an sich genommen hat, zu bejahen sein. Auch bei den Gegenständen, die der Arbeitgeber dem Arbeitnehmer zum Zwecke der Erbringung der Dienstleistung überlassen hat, ist der Arbeitgeber in der Regel Besitzer, während der Arbeitnehmer lediglich Besitzdiener i.S.v. § 855 BGB ist, weil er den Weisungen

1252

1253

2534 Schaub/*Koch*, ArbR-Hdb., § 113 Rn 10; LAG München 8.8.2002, NZA-RR 2003, 187; offen gelassen LAG Schleswig-Holstein 14.2.2006, NZA-RR 2006, 461.

2535 Schaub/*Koch*, ArbR-Hdb., § 113 Rn 5.

des Besitzers, also des Arbeitgebers, im Hinblick auf die Sache Folge zu leisten hat.[2536] Problematisch sind demgegenüber die Fallgestaltungen, in denen der Gegenstand überhaupt erst durch die Arbeitsleistung des Arbeitnehmers entsteht. Auch hier wird man im Regelfall davon ausgehen können, dass mit der Entstehung der Arbeitgeber Besitzer wird, während der Arbeitnehmer lediglich Besitzdiener ist. Ein unmittelbarer Besitz des Arbeitnehmers kann nur dann angenommen werden, wenn dieser den alleinigen Zugang zu der Sache inne hat und diese selbstständig zu verwalten hat. Hierzu muss er praktische Überlegungen anstellen und Entscheidungen über die Verwendung der Sache zu treffen haben.[2537]

Der Anspruch aus § 861 Abs. 1 BGB setzt weiter voraus, dass der Arbeitnehmer dem Arbeitgeber den Besitz mit **verbotener Eigenmacht**, also widerrechtlich entzogen hat. Diese Voraussetzung kann bei dem Arbeitnehmer vom Arbeitgeber zur Verfügung gestellten Gegenständen vorliegen, wenn der Arbeitnehmer den Gegenstand bewusst und gewollt aus dem Herrschaftsbereich und Zugriff des Arbeitgebers entfernt hat, also den ursprünglich von ihm als Besitzdiener innegehabten Gegenstand dem Arbeitgeber mit dem Willen entzieht, eigenen unmittelbaren Besitz zu begründen und so das Besitzdiener-Verhältnis durch verbotene Eigenmacht in einen unmittelbaren widerrechtlichen Besitz verwandelt. Denkbar sind auch Konstellationen, in denen sich der Arbeitnehmer durch verbotene Eigenmacht erstmalig Besitz an vorher im unmittelbaren Besitz des Arbeitgebers befindlichen Gegenständen verschafft, indem er sie widerrechtlich wegnimmt. Insgesamt hat der besitzrechtliche Herausgabeanspruch aus § 861 Abs. 1 BGB im Arbeitsleben eine eher geringe Bedeutung.

bb) Schuldrechtlicher Anspruch

1254   Neben die sachenrechtlichen Ansprüche kann als Drittes ein **schuldrechtlicher Herausgabeanspruch** aus einer analogen Anwendung des § 667 BGB treten.[2538] Die Vorschrift des § 667 BGB ist im Arbeitsverhältnis grundsätzlich analog anwendbar.[2539] Sie begründet eine Pflicht zur Herausgabe bezogen auf alle in Vollzug des Arbeitsverhältnisses erlangten Gegenstände einschließlich aller Vorteile, die der Arbeitnehmer aufgrund eines inneren Zusammenhangs mit dem geführten Geschäft erhalten hat. Hierzu gehören auch Bonuspunkte für Vielflieger[2540] oder vom Arbeitnehmer rechtswidrig empfangene Schmiergelder.[2541] Der aus einer analogen Anwendung des § 667 BGB folgende Herausgabeanspruch erfasst sowohl die dem Arbeitnehmer vom Arbeitgeber übergebenen Gegenstände als auch die vom Arbeitnehmer in Erfüllung seiner Arbeitspflicht geschaffenen Gegenstände.

Im Regelfall geben die gesetzlichen Anspruchsgrundlagen dem Arbeitgeber ausreichende Mittel an die Hand, um die dem Arbeitnehmer überlassenen Gegenstände oder die vom Arbeitnehmer erarbeiteten Gegenstände herauszuverlangen. Ungeachtet dessen ist die **Vereinbarung einer Rückgabeklausel zu empfehlen**, um zum einen die oben dargestellten Zweifelsfälle soweit als möglich zu erfassen und zum anderen eventuelle Zurückbehaltungsrechte des Arbeitnehmers aus anderen Rechtsgründen – soweit rechtlich möglich – auszuschließen.

cc) Fund

1255   Eine Sonderkonstellation tritt auf, wenn der Arbeitnehmer im Zusammenhang mit der Erbringung der Arbeitsleitung einen Gegenstand findet, den der Arbeitgeber, ein Arbeitskollege oder ein Dritter verloren hat. Der Finder erwirbt nach § 973 Abs. 1, 2 BGB sechs Monate nach Anzeige des Fundes beim Fundbüro, bei geringwertigen Fundsachen mit einem Wert von bis zu 10,00 EUR sechs Monate nach dem Fundereignis Eigentum an dem Fundgegenstand, sofern nicht vorher der Berechtigte dem Finder bekannt geworden ist

---

2536 So auch BAG 17.9.1998, NJW 1999, 1049; Schaub/*Koch*, ArbR-Hdb., § 113 Rn 5.
2537 BAG 17.9.1998, NJW 1999, 1049; BAG 29.1.1985, NZA 1986, 23.
2538 Dazu ErfK/*Preis*, § 611 BGB Rn 23.
2539 BAG 16.6.1976, AP Nr. 8 zu § 611 BGB Treuepflicht; BAG 11.4.2006, AP Nr. 1 zu § 667 BGB; ErfK/*Preis*, § 611 BGB Rn 23.
2540 BAG 11.4.2006, AP Nr. 1 zu § 667 BGB.
2541 BAG 14.7.1961, NJW 1961, 2036; ErfK/*Preis*, § 611 BGB Rn 23.

oder dieser sein Recht bei der zuständigen Stelle, dem Fundbüro, angemeldet hat. Auch wenn der Arbeitnehmer den Gegenstand anlässlich der Erbringung der Arbeitsleistung gefunden hat, ist die Rechtsstellung des Finders grundsätzlich dem Arbeitgeber zuzuweisen, weil der Arbeitnehmer insoweit aufgrund des bestehenden Bezuges zu der Erbringung der Arbeitsleistung nur Besitzdiener ist, der Arbeitgeber aber unmittelbarer Besitzer an dem Fundgegenstand wird.[2542] Der Eigentumserwerb an der Fundsache nach § 973 BGB tritt daher unmittelbar beim Arbeitgeber ein.

b) Klauselvarianten

Klausel 1 1256

Bei Beendigung des Arbeitsverhältnisses oder im Falle einer durch den Arbeitgeber erfolgenden Freistellung von der Verpflichtung zur Erbringung der Arbeitsleistung hat der Arbeitnehmer dem Arbeitgeber unverzüglich sämtliche die Angelegenheiten des Arbeitgebers betreffenden Gegenstände und Unterlagen, insbesondere Schlüssel, Bücher, Modelle, Pläne, Aufzeichnungen jeder Art einschließlich etwaiger Abschriften, Kopien oder Datenträger, die sich in seinem Besitz befinden, vollständig herauszugeben. Gleiches gilt auch während des Bestandes des Arbeitsverhältnisses nach ausdrücklichem Verlangen des Arbeitgebers. Dem Arbeitnehmer steht aus keinem Rechtsgrund ein Zurückbehaltungsrecht gegenüber dem Arbeitgeber an diesen Gegenständen oder Unterlagen zu.

Klausel 2 1257

Der Arbeitnehmer verpflichtet sich, unverzüglich sämtliche die Angelegenheiten des Arbeitgebers betreffenden Gegenstände und Unterlagen, insbesondere Schlüssel, Bücher, Modelle, Pläne, Aufzeichnungen jeder Art einschließlich etwaiger Abschriften, Kopien oder Datenträger, die sich in seinem Besitz befinden, vollständig an den Arbeitgeber herauszugeben. Dem Arbeitnehmer steht aus keinem Rechtsgrund ein Zurückbehaltungsrecht gegenüber dem Arbeitgeber an diesen Gegenständen und Unterlagen zu.

c) Hinweise und Anregungen

Klausel 1 kann als Bestandteil des Arbeitsvertrages bereits zu Beginn des Arbeitsverhältnisses vereinbart werden. Demgegenüber ist Klausel 2 zur Aufnahme in einen Aufhebungsvertrag zur Regelung der Herausgabepflichten des Arbeitnehmers bei Beendigung des Arbeitsverhältnisses gedacht. 1258

Wird die Klausel als Bestandteil des Anstellungsvertrages verwendet, sollte auf jeden Fall die Herausgabepflicht nicht nur für den **Fall der Beendigung des Arbeitsverhältnisses**, sondern auch für den **Fall der Freistellung** geregelt werden, weil der Zeitpunkt der rechtlichen Beendigung des Arbeitsverhältnisses und der Zeitpunkt der tatsächlichen Beendigung der Tätigkeit des Arbeitnehmers für den Arbeitgeber in Folge einer durch den Arbeitgeber erfolgenden Freistellung zum Teil deutlich auseinanderfallen können. Der Arbeitgeber hat typischerweise ein berechtigtes Interesse daran, die dem Arbeitnehmer überlassenen oder im Besitz des Arbeitnehmers befindlichen Gegenstände zum letztgenannten Zeitpunkt, also bei tatsächlicher Beendigung der Arbeitsleistung des Arbeitnehmers zurückzuerhalten. Um den Streit darüber zu vermeiden, ob ein Herausgabeanspruch bei Beendigung des Arbeitsverhältnisses auch schon zum Zeitpunkt des Ausspruches der Kündigung geltend gemacht werden kann oder erst mit dem Ende der Kündigungsfrist, sollte auf jeden Fall entsprechend dem Formulierungsvorschlag in Satz 2 der Klausel 1 das Recht des Arbeitgebers vorbehalten werden, die Herausgabe auch während des Bestandes des Arbeitsverhältnisses ausdrücklich verlangen zu können.

2542 Zu einer Sonderkonstellation (Schatzfund) BGH 20.1.1988, NJW 1988, 1204.

1259   Die jeweils in Satz 1 der Klauseln aufgezählten Gegenstände – Schlüssel, Bücher, Modelle, Pläne, Aufzeichnungen jeder Art – sind lediglich beispielhaft gemeint. Selbstverständlich müssen diese Beispiele an die **Besonderheiten des jeweiligen Arbeitsverhältnisses** angepasst werden. Es empfiehlt sich daher, bei Aufnahme der Klausel in den Arbeitsvertrag zu prüfen, ob dem Arbeitnehmer wesentliche Betriebsmittel überlassen werden müssen. Ist dies der Fall, sollten diese in der Klausel ausdrücklich Erwähnung finden.

Verwendet man die Klausel 2 in einer **Aufhebungsvereinbarung**, dürfte es geboten sein, besonders wichtige Gegenstände, die der Arbeitnehmer herausgeben soll, konkret zu bezeichnen. Es muss darauf geachtet werden, dass die Bezeichnung so genau erfolgt, dass eine Individualisierung möglich ist, weil nur dann die Vereinbarung als Vollstreckungsgrundlage dienen kann. Dies kann z.B. durch Angabe von Gerätenummern oder anderen für die eindeutige Identifikation geeigneten Kriterien geschehen.

1260   Der Ausschluss des Zurückbehaltungsrechtes ist zur Sicherung der Wirkungsweise der Klausel sinnvoll. Allerdings muss darauf geachtet werden, dass nach § 309 Nr. 2b BGB der **Ausschluss oder die Einschränkung von Zurückbehaltungsrechten in Allgemeinen Geschäftsbedingungen**, soweit sie auf demselben Vertragsverhältnis beruhen, generell unwirksam ist. In formularmäßig verwandten Arbeitsvertragsmustern wird man daher den Ausschluss des Zurückbehaltungsrechtes gegen die Herausgabeansprüche nicht wirksam vereinbaren können. Das gilt trotz des Umstandes, dass dem Arbeitnehmer nicht etwa ein ihm ggf. zustehendes Zurückbehaltungsrecht genommen, sondern nur dahingehend eingeschränkt wird, dass es gegen Herausgabeansprüche nicht mehr geltend gemacht werden kann. Die AGB-rechtliche Unwirksamkeit des Ausschlusses des Zurückbehaltungsrechtes erfasst die Herausgabeklausel im Übrigen nicht, weil die Klausel teilbar ist und daher nach der „blue pencil-Regel"[2543] ersatzlos gestrichen werden kann, ohne dass die übrige Regelung ihren Sinn verliert. In individuell ausgehandelten Arbeitsverträgen, auf die die AGB-Vorschriften der §§ 305–310 BGB keine Anwendung finden, kann demgegenüber der Ausschluss des Zurückbehaltungsrechtes ohne weiteres vereinbart werden.

Bei der Verwendung der Klausel 2 gilt Entsprechendes. Sie kann daher unbedenklich Verwendung finden, wenn die Aufhebungsvereinbarung einschließlich der Herausgabeklausel individuell ausgehandelt ist, während AGB-rechtliche Bedenken nach § 309 Nr. 2b) BGB bestehen, wenn der **Aufhebungsvertrag als Allgemeine Geschäftsbedingung** zu qualifizieren ist. Dies kann bei vom Arbeitgeber musterhaft verwendeten Aufhebungsverträgen durchaus der Fall sein. In einem gerichtlichen Vergleich niedergelegte Aufhebungsvereinbarungen dürften demgegenüber in aller Regel individuell ausgehandelt sein und nicht unter die AGB-Kontrolle fallen, so dass in diesem Fall der Ausschluss des Zurückbehaltungsrechtes wirksam vereinbart werden kann.

96. Rückzahlung von Ausbildungskosten

Literatur: *Däubler*, AGB-Kontrolle im Arbeitsrecht – Bilanz nach zehn Jahren, ZTR 2012, 543; *Dimsic*, Rückzahlung von Fortbildungskosten, RdA 2016, 106; *Dorth*, Gestaltungsgrenzen bei Aus- und Fortbildungskosten betreffenden Rückzahlungsklauseln, RdA 2013, 287; *Elking*, Rückzahlungsklauseln bei Fortbildungskosten – die aktuellen Anforderungen der Rechtsprechung BB 2014, 885; *Düwell/Ebeling*, Rückzahlung von verauslagten Bildungsinvestitionen, DB 2008, 406; *Greßlin/Römermann*, Arbeitsrechtliche Gestaltungsmöglichkeiten zum Schutz von betrieblichem Know-how, BB 2016, 1461, *Günther*, Rückzahlungsklauseln in Arbeitsverträgen, öAT 2014, 137; *Hoffmann*, Rückzahlungsklauseln bei Fortbildungskosten – Anforderungen, Rechtsfolgenproblematik und Vertrauensschutz, NZA-RR 2015, 337; *Hoß*, Finanzierung von Fortbildungskosten durch den Arbeitgeber – Zulässigkeit von Rückzahlungsklauseln, MDR 2000, 1115; *Jesgarzewski*, Rückzahlungsvereinbarungen für Fortbildungskosten, BB 2011, 1594; *Klinkhammer/Peters*, Fortbildungsvereinbarungen – eine nützliche Investition mit Risiken, ArbRAktuell 2015, 369; *Lakies*, AGB-Kontrolle von Rückzahlungsvereinbarungen über Weiterbildungskosten, BB 2004, 1903; *Meier/Schulz*, Die Rückzahlung von Ausbildungskosten bei vorzeitiger oder erfolgloser Beendigung der Ausbildung, NZA 1996, 742; *Olbertz/Sturm*, Rückzahlungsvereinbarungen für Fortbildungskosten – welche

---

2543 Dazu BAG 21.4.2005, NZA 2005, 1053; BAG 12.3.2008, NZA 2008, 699; ErfK/*Preis*, § 305–310 BGB Rn 103.

Spielregeln gelten?, GWR 2015, 510; *Rischar*, Arbeitsrechtliche Klauseln zur Rückzahlung von Fortbildungskosten, BB 2002, 2550; *Schmidt*, Die Beteiligung der Arbeitnehmer an den Kosten der beruflichen Bildung – Umfang und Grenzen der Vertragsgestaltung, NZA 2004, 1002; *Schmidt/Radermacher*, Rückzahlung von arbeitgeberseitig verauslagten Fortbildungskosten, MDR 2014, 316; *Schönhöft*, Rückzahlungsverpflichtungen in Fortbildungsvereinbarungen, NZA-RR 2009, 625; *Straube*, Inhaltskontrolle von Rückzahlungsklauseln für Ausbildungskosten, NZA-RR 2012, 505; *Zeranski*, Rückzahlung von Ausbildungskosten bei Kündigung des Arbeitsverhältnisses, NJW 2000, 336; *Zundel*, Wirksamkeit arbeitsvertraglicher Klauseln insbesondere unter dem Aspekt der AGB-Kontrolle, NJW 2006, 1237.

a) Allgemeines

In unserer heutigen Gesellschaft ist die fortlaufende Aus-, Fort-, und Weiterbildung in Anbetracht der sich beständig wandelnden Arbeitsanforderungen wichtiger als je zuvor. Die Spannbreite dieser Maßnahmen ist beträchtlich: Sie reicht von der einstündigen Schulung über mehrtägige Lehrgänge bis hin zur Finanzierung des gesamten Studiums oder der sog. Musterberechtigung zum Fliegen eines Verkehrsflugzeugs. Übernimmt der Arbeitgeber nicht unerhebliche Kosten, dann tut er dies regelmäßig in der Erwartung, dass die erhöhte Qualifikation des Arbeitnehmers seinem Unternehmen zumindest für einen bestimmten Zeitraum zu Gute kommen wird; die **Kosten** sollen sich **amortisieren**. Diesem Interesse dienen Rückzahlungsklauseln, die den Arbeitnehmer im Falle seines frühzeitigen Ausscheidens zur (anteiligen) Rückzahlung der Bildungskosten verpflichten. Dabei gilt zu beachten, dass der Arbeitnehmer seinerseits Schutz vor überlangen Bindungen verdient. Die verfassungsrechtlich gewährleistete **Berufsfreiheit** (Art. 12 GG), die auch das Recht einschließt, nicht (mehr) für einen Arbeitgeber zu arbeiten, verlangt dies.[2544] Die Rückzahlungsklausel darf deshalb nicht zu einer übermäßigen Bindung führen.   **1261**

Eine Bindung des Arbeitnehmers kann prinzipiell auch durch die **Vereinbarung längerer Kündigungsfristen** und deren Absicherung durch eine Vertragsstrafe geschehen.[2545] Ein solcher Weg wird in der Praxis aber zumeist weniger geeignet sein: Denn zum einen führt diese Lösung auch zu einer verstärkten Bindung des Arbeitgebers, weil für die Kündigung eines Arbeitsverhältnisses durch den Arbeitnehmer keine längere Kündigungsfrist vereinbart werden darf als für die Kündigung durch den Arbeitgeber (§ 622 Abs. 6 BGB). Zum anderen ist die Vertragsstrafe bei Kosten, die ein Bruttomonatsgehalt übersteigen, kein sicheres Gestaltungsmittel (siehe dazu unten Rdn 1559). Ohne Weiteres zulässig ist die **Gewährung eines Darlehens** zur Finanzierung der Ausbildungskosten. Sobald die Höhe der Darlehensschuld jedoch an den Fortbestand des Arbeitsverhältnisses geknüpft ist, kontrolliert die Rechtsprechung die Vereinbarung anhand der zu den Rückzahlungsklauseln entwickelten Maßstäbe.[2546]   **1262**

b) Wirksamkeitsgrenzen
aa) Gesetzliche Verbote

Eine Erstattung von Ausbildungskosten ist in **Berufsausbildungsverhältnissen** ausgeschlossen (§ 12 Abs. 1 S. 1, Abs. 2 Nr. 1 BBiG), sofern es um Maßnahmen geht, die dem betrieblichen Bereich – im Gegensatz zum schulischen Bereich – zuzurechnen sind.[2547]   **1263**

bb) Unangemessene Benachteiligung
(1) Vereinbarungsfähigkeit eines Rückzahlungsvorbehalts („Ob")

Der Vorbehalt der Rückzahlung der Kosten ist nur zulässig, wenn der Arbeitnehmer durch die Maßnahme eine angemessene Gegenleistung für die Rückzahlungsverpflichtung erhalten hat.[2548] Ein solcher **geldwer-**   **1264**

2544 BVerfGE 7, 397, 401; Maunz/Dürig/*Scholz*, Art. 12 GG, Rn 288; *Henssler/Moll*, S. 50; *Lakies*, Vertragsgestaltung und AGB im Arbeitsrecht, Kap. 5 Rn 353, 359 ff.; AGB-ArbR/*Klumpp*, § 307 Rn 210.

2545 Vgl. dazu BAG 24.7.1991, NZA 1992, 405, 407.

2546 BAG 18.3.2014, NZA 2014, 957, 958; BAG 23.1.2007, NZA 2007, 748, 749. Siehe auch BAG 18.11.2008, NZA 2009, 435, 438; BAG 18.3.2008, NZA 2008, 1004 sowie *Düwell/Ebeling*, DB 2008, 406, 410 m.w.N.

2547 BAG 18.11.2008, NZA 2009, 435, 438; LAG Köln 3.4.2014, BeckRS 2014, 73608; *Günther*, öAT 2014, 137, 138.

2548 BAG 13.12.2011, NZA 2012, 738, 740; BAG 14.1.2009, NZA 2009, 666, 668; BAG 5.6.2007, NZA-RR 2008, 107, 108; BAG 11.4.2006, NZA 2006, 1042, 1044.

ter Vorteil kann insbesondere in einer Verbesserung der Chancen des Arbeitnehmers auf dem Arbeitsmarkt,[2549] der Schaffung von realistischen beruflichen Aufstiegsmöglichkeiten,[2550] oder in der Einstufung in eine höhere Vergütungsgruppe[2551] liegen. Gleiches gilt, wenn die Weiterbildung erst die Voraussetzungen schafft, einen konkreten Arbeitsplatz bekleiden zu können.[2552] Dagegen reicht es nicht aus, wenn lediglich vorhandene Kenntnisse und Fertigkeiten aufgefrischt oder vertieft werden bzw. an vom Arbeitgeber veranlasste neuere betriebliche Gegebenheiten angepasst werden.[2553] Ein Rückzahlungsvorbehalt beeinträchtigt in diesen Fällen den Arbeitnehmer unangemessen i.S.d. § 307 Abs. 1 S. 1 BGB und ist damit unwirksam. Er scheidet auch dort aus, wo der Arbeitgeber **gesetzlich** zum Tragen der Ausbildungskosten verpflichtet ist.[2554] Dies ist beispielsweise bei der Schulung von Betriebsräten der Fall (§§ 37 Abs. 6, 7 i.V.m. § 40 Abs. 1 BetrVG).

(2) Ausgestaltung des Rückzahlungsvorbehalts („Wie")

1265 Die Ausgestaltung der Rückzahlungsklausel darf nicht zu einer übermäßigen Bindung des Arbeitnehmers an seinen Arbeitgeber führen. Die Vorteile der Ausbildung und die Dauer der Bindung müssen in einem angemessenen Verhältnis zueinander stehen.[2555] Die Rechtsprechung bemisst die maximal zulässige **Bindungsdauer** in Abhängigkeit zur Dauer der Bildungsmaßnahme und der Qualität der durch sie erworbenen Qualifikation. Folgende **Leitlinien** dienen als Orientierungsmaßstab für den Regelfall: Bei einer Ausbildungsdauer von bis zu einem Monat und bei bezahlter Freistellung während der Fortbildungsmaßnahme ist eine Bindungsdauer von bis zu sechs Monaten zulässig, bei einer Ausbildungsdauer von bis zu zwei Monaten eine einjährige Bindung und bei einer Ausbildungsdauer von drei bis vier Monaten eine zweijährige Bindung.[2556] Beträgt die Ausbildungsdauer zwischen sechs und zwölf Monaten, eine Bindungsdauer von 36 Monaten zulässig.[2557] Eine fünfjährige Bindungsdauer setzt eine mehr als zwei Jahre andauernde Fortbildungsmaßnahme voraus.[2558] Über fünf Jahre hinausreichende Bindungsfristen sind wegen § 624 BGB unwirksam.[2559] Findet die Fortbildung nur in stunden- oder tageweisen Abschnitten statt, dann ist die tatsächlich aufgewendete Ausbildungszeit in ein Verhältnis zur Gesamtarbeitszeit zu setzen.[2560] Wird eine Fortbildungsmaßnahme in mehreren Abschnitten durchgeführt, so sind die zwischen den einzelnen Abschnitten liegenden Zeiträume bei der Berechnung der Gesamtdauer der Fortbildungsmaßnahme nicht mitzurechnen.[2561] Gewonnen ist damit nur ein Schema für den Regelfall; letztentscheidend sind stets die **Umstände des Einzelfalls**. Danach kann auch bei kürzerer Ausbildung eine längere Bindung zulässig sein,

---

2549 BAG 19.1.2011, NZA 2012, 85, 89; BAG 21.7.2005, NZA 2006, 542, 543; BAG 11.4.1990, NZA 1991, 178, 179; LAG Rheinland-Pfalz 3.3.2015 – Sa 561/14; *Lakies*, Vertragsgestaltung und AGB im Arbeitsrecht, Kap. 5 Rn 364; *Hoffmann*, NZA-RR 2015, 337, 338; *Klinkhammer/Peters*, ArbRAktuell 2015, 369, 371.

2550 BAG 21.11.2001, NZA 2002, 551, 553; BAG 23.2.1983, AP Nr. 6 zu § 611 BGB Ausbildungsbeihilfe m. Anm. *Pleyer*; LAG Rheinland-Pfalz 6.10.2005 – 4 Sa 376/05, juris; *Hoffmann*, NZA-RR 2015, 337, 338.

2551 BAG 19.1.2011, NZA 2012, 85, 89; BAG 14.1.2009, NZA 2009, 666, 668; BAG 21.7.2005, NZA 2006, 542, 544.

2552 BAG 21.11.2001 NZA 2002, 551, 553 f.; *Hoffmann*, NZA-RR 2015, 337, 338; *Elking*, BB 2014, 885, 888.

2553 BAG 5.12.2002, NZA 2003, 559, 560; BAG 16.3.1994, NZA 1994, 937, 940; AGB-ArbR/*Klumpp*, § 307 Rn 209; *Lakies*, Vertragsgestaltung und AGB im Arbeitsrecht, Kap. 5 Rn 365; *Lakies*, BB 2004, 1903, 1907; Küttner/*Poeche*, Rückzahlungsklausel, Rn 9; *Hoffmann*, NZA-RR 2015, 337, 338; a.A. *Schmidt/Radermacher, MDR* 2014, 316, 319.

2554 Däubler u.a./*Deinert*, § 307 BGB Rn 103; *Thüsing*, AGB-Kontrolle im Arbeitsrecht, Rn 338.

2555 BAG 18.3.2014, NZA 2014, 957, 958; BAG 21.7.2005, NZA 2006, 542, 543.

2556 BAG 19.1.2011, NZA 2012, 85, 89; BAG 14.1.2009, NZA 2009, 666, 668.

2557 BAG 19.1.2011, NZA 2012, 85, 89; BAG 14.1.2009, NZA 2009, 666, 668; BAG 5.6.2007, NZA-RR 2008, 107, 109; BAG 21.7.2005, NZA 2006, 542, 544.

2558 BAG 19.1.2011, NZA 2012, 85, 89; BAG 14.1.2009, NZA 2009, 666, 668; BAG 12.12.1979, AP Nr. 4 zu § 611 BGB Ausbildungsbeihilfe; BAG 8.5.1974, NJW 1974, 2151.

2559 Küttner/*Poeche*, Rückzahlungsklausel, Rn 10.

2560 BAG 21.7.2005, NZA 2006, 542, 544.

2561 BAG 6.9.1995, NZA 1996, 314, 316.

wenn der Arbeitgeber ganz erhebliche Mittel aufwendet oder die Teilnahme an der Fortbildung dem Arbeitnehmer überdurchschnittlich große Vorteile bringt.[2562] Klauseln mit zu langer Bindungsdauer werden nicht auf das noch zulässige Maß reduziert, sondern sind **insgesamt unwirksam**.[2563] Unter Umständen ist jedoch ausnahmsweise eine beschränkte Aufrechterhaltung der Klausel per ergänzender Vertragsauslegung möglich (vgl. hierzu oben Rdn 208 f.).[2564] Der Fortbildungsvertrag als solcher bleibt dagegen von der Unwirksamkeit der Klausel unberührt. Er ist Rechtsgrund i.S.d. § 812 Abs. 1 S. 1 Var. 1 BGB, so dass keine gesetzliche Rückzahlungsverpflichtung besteht.[2565] Ein **Bereicherungsanspruch** wegen Zweckverfehlung nach § 812 Abs. 1 S. 2 Var. 2 BGB ist ebenfalls ausgeschlossen.[2566] Ein Arbeitgeber kann die aufgewendeten Ausbildungskosten bei unwirksamer Rückzahlungsklausel auch nicht als **Schadenersatz** gem. § 280 BGB wegen der vorzeitigen Kündigung des Arbeitsvertrages liquidieren.[2567]

Der Rückzahlungsklausel muss des Weiteren eindeutig zu entnehmen sein, in welchen Fällen den Arbeitnehmer die Rückzahlungslast treffen soll. Dieser **Rückzahlungsgrund** darf nicht zu weit gefasst sein. Der Arbeitnehmer muss es stets in der Hand haben, der Rückzahlungspflicht durch eigene Betriebstreue zu entgehen.[2568] Die Rückzahlungspflicht darf nur an Gründe anknüpfen, die der Sphäre des Arbeitnehmers zuzurechnen sind. Rückzahlungsklauseln, die eine Zahlungspflicht dagegen auch für Fälle vorsehen, in denen die Beendigung des Arbeitsverhältnisses durch den Arbeitgeber veranlasst wurde, sind zu weit und somit gem. § 307 Abs. 1 S. 1 BGB insgesamt unwirksam.[2569] Zulässig ist die Vereinbarung eines Rückzahlungsvorbehalts für den Fall, dass der Arbeitnehmer das Arbeitsverhältnis durch eine **eigene Kündigung** beendet, ohne dass der Arbeitgeber hierfür seinerseits durch vertragswidriges Verhalten einen wichtigen Grund gesetzt hat.[2570] Nichts anderes gilt, wenn auf Veranlassung des Arbeitnehmers das Arbeitsverhältnis **einvernehmlich aufgehoben** wird. Spricht dagegen der Arbeitgeber die Kündigung aus, ist nach dem Kündigungsgrund zu differenzieren. Unzulässig ist eine Rückzahlungspflicht für den Fall der **betriebsbedingten** Kündigung.[2571] Entsprechendes gilt für eine **personenbedingte** Vertragsbeendigung, da es der Arbeitnehmer auch in diesem Fall nicht in der Hand hat, die Rückzahlungspflicht durch eigenes Verhalten zu vermeiden.[2572] Kündigt der Arbeitgeber dagegen (ordentlich oder außerordentlich) aus **verhaltensbedingten**

1266

2562 BAG 14.1.2009, NZA 2009, 666, 668; BAG 21.7.2005, NZA 2006, 542, 544; BAG 5.12.2002, NZA 2003, 559, 560; *Hoffmann*, NZA-RR 2015, 337, 339.

2563 BAG 14.1.2009, NZA 2009, 666, 668 f.; *Lakies*, BB 2004, 1903, 1909; Küttner/*Poeche*, Rückzahlungsklausel, Rn 13; *Henssler/ Moll*, S. 46; *Lakies*, Vertragsgestaltung und AGB im Arbeitsrecht, Kap. 5 Rn 378 ff.; AGB-ArbR/*Klumpp*, § 307 Rn 218; *Schmidt*, NZA 2004, 1002, 1010; *Zundel*, NJW 2006, 1237, 1241.

2564 Bejaht von BAG 14.1.2009, NZA 2009, 666, 669, wo das Gericht die gänzliche Unwirksamkeit der Klausel als unzumutbare Härte ansah, weil es für den Arbeitgeber objektiv schwierig war, die rechtlich zulässige Bindungsdauer zu bestimmen und weil die vereinbarte Bindungsdauer die zulässige nicht wesentlich überschritten hatte. Gegen eine ergänzende Vertragsauslegung im konkreten Fall jedoch BAG 18.3.2014, NZA 2014, 957, 959 und BAG 6.8.2013, NZA 2013, 1361, 1363. Vgl. dazu auch Küttner/*Poeche*, Rückzahlungsklausel, Rn 13; *Henssler/Moll*, S. 46; *Lakies*, Vertragsgestaltung und AGB im Arbeitsrecht, Kap. 5 Rn 381.

2565 BAG 6.8.2013, NZA 2013, 1361, 1363; BAG 28.5.2013, NZA 2013, 1419, 1421.

2566 BAG 28.5.2013, NZA 2013, 1419, 1421.

2567 BAG 28.5.2013, NZA 2013, 1419, 1420.

2568 BAG 18.3.2014, NZA 2014, 957, 958; BAG 28.5.2013, NZA 2013, 1419, 1420; BAG 13.12.2011, NZA 2012, 738, 740; BAG 18.11.2008, NZA 2009, 435, 439; BAG 18.3.2008, NZA 2008, 1004, 1007; BAG 11.4.2006, NZA 2006, 1042, 1044; BAG 24.6.2004, NZA 2004, 1035, 1036. S. auch AGB-ArbR/*Klumpp*, § 307 Rn 213.

2569 BAG 18.3.2014, NZA 2014, 957, 958; BAG 28.5.2013, NZA 2013, 1419, 1420; BAG 19.1.2011, NZA 2012, 85, 89; BAG 18.11.2008, NZA 2009, 435, 439; BAG 23.1.2007, NZA 2007, 748, 749; BAG 11.4.2006, NZA 2006, 1042, 1045. S. auch *Dimsic*, RdA 2016, 106, 107; *Dorth*, RdA 2013, 287, 298. *Greßlin/Römermann*, BB 2016, 1461, 1463.

2570 Zur Veranlassung der Eigenkündigung durch den Arbeitgeber vgl. BAG 18.3.2014, NZA 2014, 957, 958; BAG 28.5.2013, NZA 2013, 1419, 1420; BAG 13.12.2011, NZA 2012, 738, 739 f.

2571 BAG 19.1.2011, NZA 2012, 85, 89; BAG 18.11.2008, NZA 2009, 435, 439; BAG 23.1.2007, NZA 2007, 748, 749; BAG 11.4.2006, NZA 2006, 1042, 1044; BAG 6.5.1998, NJW 1999, 443; *Zeranski*, NJW 2000, 336; nach dem Verschulden differenziernd: *Hoffmann*, NZA-RR 2015, 337, 341; zur Kündigung aus *betrieblichen* Gründen infolge krankheitsbedingten Ausfalls *Dimsic*, RdA 2016, 106, 107.

2572 BAG 24.6.2004, NZA 2004, 1035, 1036; Däubler u.a./*Deinert*, § 307 BGB Rn 122, für die krankheitsbedingte Kündigung *Olbertz/ Sturm*, GWR 2015, 510, 512; *Hoffmann*, NZA-RR 2015, 337, 341.

Gründen, darf eine Kostenerstattung vorgesehen werden.[2573] Eine Klausel, wonach die Rückzahlung geschuldet war, „wenn das Arbeitsverhältnis vorzeitig beendet wird, insbesondere wenn der Mitarbeiter das Arbeitsverhältnis selbst kündigt oder wenn das Arbeitsverhältnis vom Unternehmen aus einem Grund gekündigt wird, den der Mitarbeiter zu vertreten hat" sah das BAG als unwirksam an, weil die beiden Beispielsfälle die sonst zu weit gefasste Klausel nicht einschränkend konkretisieren.[2574] Eine solche Klausel kann auch nicht mit Hilfe des sog. blue-pencil-Tests aufrechterhalten werden (siehe dazu oben Rdn 207). Ist der Anwendungsbereich des KSchG nicht eröffnet, soll es darauf ankommen, ob ein verständiger Arbeitgeber, dem an einer Investition in die Fortbildung des Arbeitnehmers gelegen ist, aufgrund des Verhaltens des Arbeitnehmers eine Kündigung ausgesprochen hätte.[2575] Eine Erstattungspflicht kann nicht nur für den Fall vorgesehen werden, dass das Arbeitsverhältnis nach Abschluss der Ausbildungsmaßnahme beendet wird, sondern im Grundsatz ebenso für den Fall, dass der Arbeitnehmer die **Maßnahme abbricht** und sodann vorzeitig aus dem Arbeitsverhältnis ausscheidet.[2576] Jedoch besteht keine Erstattungspflicht, wenn der Arbeitgeber nicht bereit ist, den Arbeitnehmer im Anschluss an die Ausbildungsmaßnahme seiner Ausbildung entsprechend zu beschäftigen.[2577] In diesem Fall hat der Arbeitnehmer keine Möglichkeit, der Rückzahlungsverpflichtung durch eigene Betriebstreue zu entgehen. Eine Erstattungspflicht im Falle des Nichterreichens des Ausbildungsziels besteht für den Arbeitnehmer nur dann, wenn er das Ziel verschuldet nicht erreicht hat.[2578]

1267 Die **Höhe des Rückzahlungsbetrages** ist begrenzt.[2579] Der Arbeitgeber darf zum einen nicht mehr als die Kosten verlangen, die er tatsächlich aufgewandt hat;[2580] eine Verzinsung kann nicht vereinbart werden.[2581] Zum anderen schuldet der Arbeitnehmer höchstens den vereinbarten Betrag und zwar selbst dann, wenn die Kosten der Aus- oder Weiterbildung höher liegen.[2582] Des Weiteren darf ein Arbeitnehmer nicht mit der Rückzahlung der anteiligen Arbeitgeberbeiträge zur Sozialversicherung auf das während der Ausbildungsmaßnahme weiter bezogene Gehalt belastet werden (§ 32 SGB I i.V.m. §§ 20, 22 SGB IV).[2583] Im Übrigen ist die **Staffelung** des Rückzahlungsbetrages zeitanteilig zur Bindungsdauer für die Interessenabwägung ein mit entscheidender Gesichtspunkt.[2584] Für die Annahme einer sachgerechten Kündigungsbeschränkung reicht es bei mehrjährigen Bindungsfristen aus, wenn sich die Rückzahlungspflicht jährlich verringert. Bei einer Bindung von einem Jahr ist dagegen eine monatliche oder quartalsweise Staffelung erforderlich.[2585]

1268 Die Rückzahlungsklausel muss die entstehenden **Kosten** dem Grunde und der Höhe nach im Rahmen des Möglichen und Zumutbaren angeben.[2586] Das verlangt das **Transparenzgebot**.[2587] Erforderlich ist die genaue und abschließende Bezeichnung der einzelnen Positionen, aus denen sich die Gesamtforderung zu-

---

2573 BAG 24.6.2004, NZA 2004, 1035, 1036; *Hoß*, MDR 2000, 1115, 1119; *Thüsing*, AGB-Kontrolle im Arbeitsrecht, Rn 348; *Zeranski*, NJW 2000, 336, 337.

2574 BAG 23.1.2007, NZA 2007, 748, 750.

2575 BAG 24.6.2004, NZA 2004, 1035, 1036 f.; AGB-ArbR/*Klumpp*, § 307 Rn 213.

2576 BAG 19.1.2011, NZA 2012, 85, 90; *Lakies*, BB 2004, 1903, 1908; *Thüsing*, AGB-Kontrolle im Arbeitsrecht, Rn 336 und 349; *Däubler* u.a./*Deinert*, § 307 BGB Rn 124. Näher *Meier/Schulz*, NZA 1996, 742.

2577 BAG 18.11.2008, NZA 2009, 435, 439; BAG 18.3.2008, NZA 2008, 1004, 1007.

2578 LAG Niedersachsen, 29.10.2014, ArbRAktuell 2015, 357 m. Anm. Dr. Georg-R. *Schulz*; AGB-ArbR/*Klumpp*, § 307 Rn 214; ErfK/*Preis*, § 611 BGB Rn 439; *Dimsic,* RdA 2016. 106, 110.

2579 BAG 16.3.1994, NZA 1994, 937.

2580 *Lakies*, Inhaltskontrolle von Arbeitsverträgen, Rn. 803; AGB-ArbR/*Klumpp*, § 307 Rn 212.

2581 AGB-ArbR/*Klumpp*, § 307 Rn 212; *Thüsing*, AGB-Kontrolle im Arbeitsrecht, Rn 345.

2582 BAG 21.7.2005, NZA 2006, 542, 544; *Dorth*, RdA 2013, 287, 296.

2583 BAG 17.11.2005, NZA 2006, 872, 875.

2584 BAG 23.4.1986, NZA 1986, 741; *Greßlin/Römermann*, BB 2016, 1461, 1463.

2585 Siehe auch *Düwell/Ebeling*, DB 2008, 406, 410; Preis/*Stoffels*, II A 120 Rn 49; *Günther*, öAT 2014, 137, 139.

2586 Erstmals BAG 21.8.2012, NZA 2012, 1428, 1430. S. auch LAG Rheinland-Pfalz, 31.7.2014 – 3 Sa 203/14, juris; *Klinkhammer/Peters*, ArbRAktuell 2015, 369, 371; *Dimsic*, RdA 2016, 106, 108; *Elking*, BB 2014, 885, 890.

2587 BAG 6.8.2013, NZA 2013, 1361,1362; BAG 21.8.2012, NZA 2012, 1428, 1430.

sammensetzen soll, und die Angabe, nach welchen Parametern die einzelnen Positionen berechnet werden.[2588] Wenn ein Arbeitgeber – wie häufig – bei Abschluss der Fortbildungsvereinbarung die Kosten noch nicht exakt beziffern kann, muss er zumindest ihre Art (Lehrgangskosten, Fahrtkosten, Übernachtungskosten etc.) und ihre Berechnungsgrundlage (z.B. Kilometerpauschale für Fahrtkosten, Tagessätze für Übernachtungs- und Verpflegungskosten, Netto- oder Bruttosumme bei Lohnfortzahlungskosten) soweit wie möglich bezeichnen, damit der Arbeitnehmer sein Rückzahlungsrisiko abschätzen kann.[2589]

(3) Zeitpunkt der Vereinbarung („Wann")

Wird die Rückzahlungsvereinbarung **vor Beginn der Maßnahme** getroffen, kann es in besonders gelagerten Ausnahmefällen erforderlich sein, dem Arbeitnehmer eine Rücktrittsfrist einzuräumen, innerhalb derer er ohne Kosten von der Ausbildungsmaßnahme Abstand nehmen kann.[2590] Denkbar ist dies bei langfristigen Maßnahmen, die sich vom bisherigen Tätigkeitsbereich des Arbeitnehmers deutlich unterscheiden, so dass eine „Erprobungsphase" objektiv geboten erscheint. Allerdings kann der Arbeitgeber dem Arbeitnehmer selbst in solchen Fällen vor Beginn der Maßnahme Möglichkeiten bieten, sich über seine Eignung für die Ausbildungsmaßnahme Klarheit zu verschaffen. Ein Rücktrittsrecht ist dann verzichtbar. **1269**

In älteren Entscheidungen hat das BAG für den Fall, dass die Rückzahlung erst **nach begonnener Ausbildung** vereinbart wird, vom Arbeitgeber verlangt, dem Arbeitnehmer eine angemessene Überlegungsfrist einzuräumen, innerhalb derer er sich ohne Kostenrisiko entscheiden kann, ob er die Ausbildung fortsetzen oder aufgeben will.[2591] Mittlerweile geht das BAG zumindest für Weiterbildungen innerhalb eines Berufsfeldes davon aus, dass das Fehlen einer Überlegungsfrist den Arbeitnehmer nicht unangemessen benachteiligt.[2592] Dies müsste aber richtigerweise auch für Weiterbildungen außerhalb des Berufsfeldes angenommen werden. **1270**

c) Formulierungsvorschlag

§ (…) (*Ziffer*) Höhe der Ausbildungskosten **1271**

Die Kosten für (…) (*Bezeichnung der Maßnahme*) werden insgesamt voraussichtlich ca. (…) EUR betragen und sich aus den folgenden Positionen zusammensetzen:

(…) (*einzelne Positionen nach Art und Höhe spezifizieren*)

§ (…) (*Ziffer*) Rückzahlung der Ausbildungskosten

Der Arbeitnehmer hat dem Arbeitgeber die tatsächlich angefallenen Ausbildungskosten, höchstens jedoch den in § (…) (*Ziffer*) genannten Betrag zu erstatten, wenn der Arbeitnehmer innerhalb von (…) (*12*) Monaten nach dem Abschluss der Ausbildungsmaßnahme durch Eigenkündigung aus dem Arbeitsverhältnis ausscheidet. Das gilt nicht, wenn der Arbeitgeber durch eigenes vertragswidriges Verhalten die Eigenkündigung des Arbeitnehmers veranlasst hat bzw. trotz Aufforderung durch den Arbeitnehmer diesen nicht entsprechend seiner Ausbildung beschäftigt. Der Arbeitnehmer hat die Ausbildungskosten ferner zurückzuzahlen, wenn ihm aus verhaltensbedingten oder wichtigen, von ihm zu vertretenden Gründen, gekündigt wird und er daraufhin innerhalb des vorgenannten Zeitraums aus dem Arbeitsver-

---

2588 BAG 6.8.2013, NZA 2013, 1361,1362.
2589 BAG 6.8.2013, NZA 2013, 1361,1362; BAG 21.8.2012, NZA 2012, 1428, 1430; LAG Nürnberg, 20.8.2014 NZA-RR 2015, 123, 124.
2590 Zur Überlegungsfrist vgl. auch BAG 19.1.2011, NZA 2012, 85, 88 f.; zur Überlegungsfrist und Möglichkeit der Kostenabschätzung als Mittel zur Vermeidung unzulässigen Drucks auf den Arbeitnehmer vgl. auch *Schmidt/Radermacher*, MDR 2014, 316, 317.
2591 BAG 20.2.1975, AP Nr. 2 zu § 611 BGB Ausbildungsbeihilfe; BAG 19.3.1980, AP Nr. 5 zu § 611 BGB Ausbildungsbeihilfe. Offen BAG 13.12.2011, NZA 2012, 738, 740. Vgl. auch *Lakies*, BB 2004, 1903, 1905.
2592 BAG 19.1.2011, NZA 2012, 85, 89; *Dimsic*, RdA 2016, 106, 110.

hältnis ausscheidet. Der Rückzahlungsbetrag mindert sich für jeden vollen Monat der Beschäftigung nach Abschluss der Ausbildungsmaßnahme um (…) (*1/12*) des Gesamtbetrages.

97. Rufbereitschaft

1272   Nähere Erläuterungen zur Rufbereitschaft finden sich unter dem Stichwort „Bereitschaftsdienst" (siehe oben Rdn 626 ff.).

98. Sabbatical

1273   Erläuterungen hierzu finden sich weiter unten unter dem Stichwort „Sonderurlaub" (siehe Rdn 1315 ff.).

99. Salvatorische Klausel

Literatur: *Annuß*, AGB-Kontrolle im Arbeitsrecht: Wo geht die Reise hin?, BB 2002, 458, 462; *Bayreuther*, Das Verbot der geltungserhaltenden Reduktion im Arbeitsrecht, NZA 2004, 953; *Hanau/Hromadka*, Richterliche Kontrolle flexibler Entgeltregelungen in Allgemeinen Arbeitsbedingungen, NZA 2005, 73; *Hromadka*, Schuldrechtsmodernisierung und Vertragskontrolle im Arbeitsrecht, NJW 2002, 2523; *Lingemann*, Allgemeine Geschäftsbedingungen und Arbeitsvertrag, NZA 2002, 181; *Matthiessen*, Arbeitsvertragliche Ausschlussfristen und das Klauselverbot des § 309 Nr. 7 BGB, NZA 2007, 361; *Michalski*, Funktion, Arten und Rechtswirkungen von Ersetzungsklauseln, NZG 1998, 7; *Michalski/Römermann*, Die Wirksamkeit der salvatorischen Klauseln, NJW 1994, 886; *Ohlendorf/Salamon*, Die Aufrechterhaltung unwirksamer Formulararbeitsbedingungen – das Verhältnis des Verbots geltungserhaltender Reduktion zur ergänzenden Vertragsauslegung im Arbeitsrecht RdA 2006, 281; *Schrader/Schubert*, AGB-Kontrolle von Arbeitsverträgen Teil 2, NZA-RR 2005, 225; *Stoffels*, Vertragsgestaltung nach der Schuldrechtsreform – eine Zwischenbilanz, Sonderbeil. NZA 1/2004, 19; *Thüsing*, Unwirksamkeit und Teilbarkeit unangemessener AGB, BB 2006, 661; *Thüsing/Leder*, Gestaltungsspielräume bei der Verwendung vorformulierter Arbeitsvertragsbedingungen, BB 2005, 938.

a) Allgemeines

1274   Mit einer salvatorischen Klausel (lat. salvatorius: „bewahrend", „erhaltend") soll erreicht werden, einen Vertrag aufrechtzuerhalten, wenn sich herausstellt, dass einzelne Vertragsbestandteile unwirksam sind oder der Vertrag lückenhaft ist. Eine salvatorische Klausel gibt es in unterschiedlichen Varianten, die jeweils unterschiedliche Zwecke verfolgen. Bei der sog. **„Reduktionsklausel"** soll eine unwirksame Vertragsregelung nach entsprechender Reduzierung so weit wie möglich aufrechterhalten bleiben, es findet also eine geltungserhaltende Reduktion statt. Bei der sog. **„Ersetzungsklausel"** soll eine unwirksame Vertragsregelung durch eine wirtschaftlich gleichwertige, dabei wirksame Regelung ersetzt werden. Die sog. **Teilnichtigkeitsklausel** regelt, dass im Fall des Wegfalls einer unwirksamen Vertragsregelung der Vertrag im Übrigen aufrechterhalten bleibt.[2593]

Im Arbeitsverhältnis kommen alle Formen der salvatorischen Klausel vor.

Im Grundsatz bleibt der Arbeitsvertrag auch bei der Unwirksamkeit einzelner Vertragsbestimmungen aufrechterhalten (vgl. hierzu Rdn 1275 ff.). Die unwirksame Vertragsbestimmung wird entweder reduziert oder ersetzt oder entfällt ersatzlos (siehe hierzu Rdn 1276 ff.). Die Parteien können sich auch verpflichten, in diesem Fall über eine angemessene Ersatzregelung neu zu verhandeln (siehe hierzu Rdn 1284 ff.).

b) Aufrechterhaltung des Arbeitsvertrages bei der Unwirksamkeit einzelner Vertragsbestimmungen

1275   Eine sog. Teilnichtigkeitsklausel bestimmt, dass bei Nichtigkeit einzelner Regelungen, der Vertrag im Übrigen aufrechterhalten bleibt. Die Teilnichtigkeit soll im Zweifel nicht zur Gesamtnichtigkeit führen.

2593 Hümmerich/Reufels/*Borgmann*, § 1 Rn 3178 ff.; *Hromadka*/Schmitt-Rolfes, B. § 30; ErfK/*Preis*, § 310 BGB Rn 95.

Vertragliche Teilnichtigkeitsklauseln sind weitgehend überflüssig, da § 306 Abs. 1 BGB eine kodifizierte Teilnichtigkeitsklausel enthält. Danach bleibt der Vertrag wirksam, auch wenn einzelne Vertragsbestimmungen unwirksam sind. § 306 Abs. 1 BGB enthält eine vorrangige Sonderregel zu § 139 BGB, wonach im Zweifel das gesamte Geschäft als nichtig anzusehen ist (Gesamtnichtigkeit).[2594]

Die Grundregel der Gesamtnichtigkeit war im Arbeitsvertragsrecht jedoch schon vor der Schuldrechtsreform weitgehend umgekehrt worden. Die Aufrechterhaltung des Arbeitsvertrages wurde entweder aus § 139 S. 2 BGB abgeleitet: Danach soll nicht das gesamte Rechtsgeschäft nichtig sein, wenn anzunehmen ist, dass es auch ohne den nichtigen Teil vorgenommen sein würde. Teilweise wurde die Grundregel des § 139 BGB auch unter Anwendung des § 242 BGB begrenzt oder mit Hinweis auf den Zweck der jeweiligen Verbotsnorm für nicht anwendbar erklärt.[2595] Der Arbeitsvertrag blieb dann trotz Unwirksamkeit einzelner Regelungen wirksam, wenn ein Verstoß gegen arbeitnehmerschützende Vorschriften vorlag. Hauptanwendungsfall zur Aufrechterhaltung des Arbeitsvertrages trotz Nichtigkeit einzelner Vertragsbestimmungen war der Zweck der Verbotsnorm, der im Arbeitsrecht generell der Arbeitnehmerschutz ist; auch darüber hinaus gebietet der Schutzzweck der Norm nur selten die Gesamtnichtigkeit des Arbeitsvertrags.[2596]

Beispiele

Schwarzlohnabrede

Die Abrede, die Arbeitsvergütung ohne Berücksichtigung von Steuern und Sozialversicherungsbeiträgen („schwarz") auszuzahlen, ist nur insoweit unwirksam, als ein Verstoß gegen ein gesetzliches Verbot (§§ 266a, 263 StGB) vorliegt, also nur die spezifische Abrede, Steuern und Sozialversicherungsbeiträge nicht abzuführen. Der Arbeitsvertrag an sich sowie die Vergütungsabrede bleiben jedoch wirksam. Eine Erstreckung der Nichtigkeitsfolge auf das vertragliche Grundverhältnis würde dem Schutzzweck entgegenstehen, weil ohne Erfüllungsanspruch des Arbeitnehmers tatsächlich weder Sozialversicherungsbeiträge noch Steuern anfallen. Dadurch würde nur einseitig der Arbeitnehmer belastet.[2597]

Verstoß gegen öffentlich-rechtliche Schutznormen

Nur in Ausnahmefällen kam es zur Gesamtnichtigkeit, etwa bei Verstößen gegen öffentlich-rechtliche Schutznormen, die sich gegen den Vertrag insgesamt richten.[2598]

c) Schicksal der unwirksamen Vertragsregelung

§ 306 Abs. 2 BGB bestimmt, dass sich der Inhalt des Vertrages nach den gesetzlichen Vorschriften richtet, „soweit Bestimmungen unwirksam sind". Darin kommt der Grundsatz der Lückenfüllung durch dispositives Recht zum Ausdruck. Zuvor jedoch ist zu prüfen, ob die unwirksame Klausel in irgendeiner Form noch aufrechterhalten bleiben kann.

1276

2594 BeckOK/*Jacobs*, § 306 BGB Rn 5.

2595 ErfK/*Preis*, § 611 BGB Rn 342.

2596 ErfK/*Preis*, § 611 BGB Rn 342 m.w.N.

2597 BAG 26.2.2003, NZA 2004, 313: Die Schwarzgeldabrede selbst ist wegen Verstoßes gegen Strafgesetze unwirksam, §§ 266a, 263 StGB, § 370 AO. Dadurch wird den geschützten Interessen der Solidargemeinschaft und des Fiskus genügt. Eine Erstreckung der Nichtigkeitsfolge auf das vertragliche Grundverhältnis würde dem Schutzzweck entgegenlaufen, weil ohne Erfüllungsanspruch des Arbeitnehmers weder Sozialversicherungsbeiträge noch Steuern anfallen. Hierdurch würde nur einseitig der Arbeitnehmer belastet. Erst wenn die Absicht, Steuern und Sozialversicherungsbeiträge zu hinterziehen, Hauptzweck der Vereinbarung wäre, könnte eine Gesamtnichtigkeit angenommen werden; BAG 24.3.2004, EzA Nr. 2 zu § 134 BGB 2002: Gesamtnichtigkeit, wenn kein Arbeitsvertrag vorliegt.

2598 BAG 8.9.1988, AP Nr. 2 zu § 4 MuSchG: Einstellung einer Schwangeren für Arbeiten, die nach dem MuSchG verboten sind; LAG Niedersachsen 29.8.1995, AP Nr. 9 zu § 134 BGB: Überschreitung der arbeitszeitrechtlichen Grenzen; ErfK/*Preis*, § 611 BGB Rn 342.

aa) Geltungserhaltende Reduktion?

1277 Eine **geltungserhaltende** Reduktion dient dazu, eine unangemessene oder unwirksame Klausel auf das zulässige Maß zu reduzieren, um damit die Geltung so weit wie möglich zu erhalten.

1278 Zum Teil sieht das Gesetz die Aufrechterhaltung unwirksamer Abreden ausdrücklich vor.

> *Beispiel 1: § 89 Abs. 2 S. 2 HGB, Kündigungsfristen bei Handelsvertreterverträgen*
>
> Werden die gesetzlichen Kündigungsfristen verlängert, darf die Kündigungsfrist für den Unternehmer nicht kürzer sein als für den Handelsvertreter. Vereinbaren die Parteien dennoch für den Unternehmer eine kürzere Kündigungsfrist als für den Handelsvertreter, gilt nach der **Fiktion** des § 89 Abs. 2 Satz 2 HGB die für den Handelsvertreter vereinbarte längere Kündigungsfrist auch für den Unternehmer.

> *Beispiel 2: § 74a Abs. 1 S. 2 HGB/unverbindliches Wettbewerbsverbot*
>
> Das Wettbewerbsverbot ist nur **insoweit** unverbindlich, wie es die Grenzen des § 74a HGB überschreitet. Soweit sich dieses im zulässigen Rahmen hält, bleibt es wirksam und muss vom Arbeitnehmer eingehalten werden. Es findet also eine geltungserhaltende Reduktion statt.[2599] Ist etwa der Arbeitnehmer für das Gebiet der gesamten Bundesrepublik gesperrt, so kann es auf ein Bundesland zu reduzieren sein.[2600]

Im Übrigen gilt auch im Arbeitsrecht das **Verbot der geltungserhaltenden Reduktion**, § 306 Abs. 2 BGB.[2601] Danach richtet sich bei Unwirksamkeit einer Bestimmung der Inhalt des Vertrages nach den gesetzlichen Vorschriften. Der Arbeitgeber als Verwender vorformulierter Verträge kann also nicht ungefährdet bis zur Grenze dessen gehen, was zu seinen Gunsten in gerade noch vertretbarer Weise angeführt werden kann, sondern soll das Risiko einer vollständigen Klauselunwirksamkeit tragen („Alles-oder-Nichts-Prinzip").[2602]

1279 Das BAG nahm vor Inkrafttreten des Schuldrechtsmodernisierungsgesetzes einzelfallbezogen eine geltungserhaltende Reduktion an. Beispielsweise wurde:

- eine überhöhte Bindungsdauer bei der Verpflichtung zur Rückzahlung von Fortbildungskosten geltungserhaltend auf ein angemessenes Maß herabgesetzt.[2603]
- eine unangemessen niedrige Ausbildungsvergütung geltungserhaltend auf ein angemessenes Maß angehoben.[2604]
- eine Rückzahlungsklausel über Sondergratifikationen angepasst.[2605]

Andere Verstöße führten zur vollen Unwirksamkeit, ohne dass eine geltungserhaltende Reduktion stattfand. Beispielsweise führte:

- eine unklare Regelung zur Karenzentschädigung zur Unwirksamkeit des Wettbewerbsverbots insgesamt.[2606]

2599 ErfK/*Oetker*, § 74a HGB Rn 5; BAG 21.4.2010, NZA 2010, 1175; LAG Baden-Württemberg 30.1.2008, NZA-RR 2008, 508.
2600 LAG Hamm, 14.4.2003, NZA-RR 2003, 513.
2601 BAG 4.3.2004, NZA 2004, 727: keine Reduktion einer Vertragsstrafenklausel; BAG 12.1.2005, NZA 2005, 465; BAG 25.5.2005, NZA 2005, 1111; ErfK/*Preis*, § 310 BGB Rn 104; *Lingemann*, NZA 2002, 181, 187; a.A. etwa *Hromadka*, NJW 2002, 2523, 2529.
2602 ErfK/*Preis*, §§ 305–310 BGB Rn 104; aA etwa: *Lingemann*, NZA 2002, 181, 187; *Hromadka*, NJW 2002, 2523, BAG 4.3.2004, NZA 2004, 727; *Annuß*, BB 2002, 458, 461; MüKo-BGB/*Basedow*, § 310 Rn 92; *Thüsing*, NZA 2002, 594. BAG 12.1.2004, NZA 2005, 465.
2603 BAG 11.4.1984, NZA 1984, 288: Herabsetzung der Bindungsdauer von fünf auf drei Jahre.
2604 BAG 30.9.1998, NZA 1999, 265.
2605 BAG 20.3.1974, NZA 1974, 1671.
2606 BAG 5.9.1995, NZA 1996, 700: Die Vereinbarung über ein nachvertragliches Wettbewerbsverbot muß so eindeutig formuliert sein, dass aus Sicht des Arbeitnehmers kein vernünftiger Zweifel über den Anspruch auf Karenzentschädigung bestehen kann. Das gilt insbesondere, wenn sich der Arbeitgeber vorbehält, das Wettbewerbsverbot nachträglich sachlich und örtlich zu beschränken oder die Beschäftigung bei einem bestimmten Arbeitgeber freizugeben. Andernfalls ist die Vereinbarung unwirksam.

■ eine überraschende Ausschlussklausel insgesamt zur Unwirksamkeit.[2607]

Das BAG lehnt seit der Schuldrechtsreform eine geltungserhaltende Reduktion ab. Ist eine Vertragsstrafe in einem Formulararbeitsvertrag zu hoch, kann diese nicht mehr auf ein zulässiges Maß reduziert werden. Auch der Rechtsgedanke des § 343 BGB kann nicht zu einer Herabsetzung der Vertragsstrafe auf das angemessene Maß führen.[2608]

Sog. **Reduktionsklauseln** im Arbeitsvertrag sehen eine geltungserhaltende Reduktion, wie sie das Gesetz verbietet, vor: Danach gilt bei Unwirksamkeit einer Bestimmung diejenige wirksame Bestimmung als vereinbart, die der unwirksamen Bestimmung wirtschaftlich am Nächsten kommt. Reduktionsklauseln sind jedenfalls in Formulararbeitsverträgen unwirksam.[2609] So kann etwa eine zu kurz bemessene Ausschlussfrist durch eine salvatorische Klausel nicht gerettet werden; diese ist unwirksam. Jedoch kann sich der Verwender nicht auf die Unwirksamkeit seiner AGB berufen.[2610]   **1280**

In Individualvereinbarungen jedoch ist eine Reduktionsklausel weiterhin empfehlenswert. Es spricht nichts dagegen, dass das BAG seine frühere Rechtsprechung zur Zulässigkeit geltungserhaltender Reduktion jedenfalls bei Individualvereinbarungen weiterhin anwendet.[2611] Wird dann etwa eine Ausschlussfrist als zu kurz angesehen, würde an die Stelle der zu kurzen Frist die angemessene Frist treten („das nächstliegende rechtlich zulässige Maß").

Im Fall einer zulässigen Reduktionsklausel fiele dann dem Gericht die Entscheidung darüber zu, was dem Willen der Parteien in zulässiger Weise entspricht. Nicht immer wird ein Gericht diese Aufgabe leisten können.[2612]

bb) Ergänzende Vertragsauslegung

§ 306 Abs. 2 BGB bestimmt, dass sich der Inhalt des Vertrages dort, wo Bestimmungen nicht Vertragsbestandteil geworden oder unwirksam sind, nach den gesetzlichen Vorschriften richtet. Der Rückgriff auf dispositives Recht bedeutet die Anwendung der sachlich einschlägigen Vorschriften, dazu zählt auch das sogenannte Richterrecht.[2613]   **1281**

An die Stelle der unwirksamen Klausel tritt dann die Gestaltung, die die Parteien bei einer angemessenen Abwägung der beiderseitigen Interessen nach Treu und Glauben als redliche Vertragsparteien vereinbart hätten, wenn ihnen die Unwirksamkeit der Geschäftsbedingung bekannt gewesen wäre.[2614]

> *Beispiel 1*
> Das BAG hat eine ergänzende Vertragsauslegung bei der Unwirksamkeit einer Vereinbarung zur Arbeitszeit (Abrufarbeit) bejaht.[2615]

2607 BAG 29.11.1995, NZA 1996, 702: Eine vertragliche Ausschlussfrist wird nicht Vertragsinhalt, wenn sie der Verwender ohne besonderen Hinweis und ohne drucktechnische Hervorhebung unter falscher oder missverständlicher Überschrift einordnet.
2608 BAG BAG 4.3.2004, NZA 2004, 727.
2609 Hümmerich/Reufels/*Borgmann*, § 1 Rn 3178 ff.
2610 BAG 25.5.2005, NZA 2005, 1111; BAG 19.12.2007, NZA 2008, 465; BAG 27.10.2005, NZA 2006, 257; BGH 8.5.2007, NJW 2007, 3568, 3570.
2611 Hümmerich/Reufels/*Borgmann*, § 1 Rn 3178 ff.
2612 Preis/*Preis*, IIS10 Rn 4; Hümmerich/Reufels/*Borgmann*, § 1 Rn 3178 ff.; weiterführend: *Michalski*, NZG 1998, 7.
2613 BeckOK/*Jacobs*, § 306 BGB Rn 14; *Gotthardt*, ZIP 2002, 277.
2614 ErfK/*Preis*, § 310 BGB Rn 104; BeckOK/*Jacobs*, § 306 BGB Rn 15.
2615 BAG 7.12.2005, NZA 2006, 423, 428: Ein Rückgriff auf § 12 Abs. 1 S. 3 TzBfG (10 Stunden/Woche) kam nicht in Betracht, da die Parteien offenkundig eine deutlich längere Mindestarbeitszeit (mindestens 30 Stunden) gewollt hatten; die Fiktion einer wöchentlichen Arbeitszeit von 10 Stunden war nicht interessengerecht.

> *Beispiel 2*
>
> Im Fall einer unwirksamen Ausschlussklausel (unangemessen kurze Ausschlussfrist: 2 Monate) hat das BAG eine ergänzende Vertragsauslegung zuletzt verneint.[2616] Die Klausel mit der Ausschlussfrist war unwirksam. Eine ergänzende Vertragsauslegung kam nicht in Betracht. Die gesetzlichen Verjährungsregeln würden den typischen Interessen der Vertragspartner (nämlich die Herstellung von Rechtsfrieden und Rechtssicherheit) ausreichend Rechnung tragen. Jedoch kann sich der Arbeitgeber als Verwender hierauf nicht zu seinen Gunsten berufen.

cc) Blue-Pencil-Test

1282 Bevor man entsprechend § 306 Abs. 2 BGB zur Lückenfüllung durch dispositives Recht gelangt, ist zu prüfen ob die unwirksame Klausel ungeachtet des AGB-Verstoßes zumindest teilweise aufrechterhalten werden kann. Das ist der Fall, wenn die Klausel nach Streichung ihres unwirksamen Teils in ihrem anderen Teil einen selbstständigen grammatikalischen Sinn behält; dieser Teil soll dann wirksam bleiben, sog. „geltungserhaltende Klauselabgrenzung".[2617]

Die Arbeitsgerichte haben sich dazu mittlerweile den vom BGH anerkannten Blue-Pencil-Test[2618] zu Eigen gemacht. Danach bleibt eine Klausel soweit aufrechterhalten, wie sie bei Streichung des unwirksamen Teils (Streichung „mit einem blauen Stift") noch eine selbstständige, für sich genommen sinnvolle und verständliche, Regelung bildet.[2619] Enthält eine Klausel mehrere sachliche Regelungen, bleibt sie bestehen, soweit der unzulässige Teil sprachlich eindeutig abtrennbar und die verbleibende Regelung weiterhin verständlich ist.[2620]

Sprachliche Unteilbarkeit spricht für inhaltliche Unteilbarkeit. Sprachliche Teilbarkeit ist umgekehrt ein Indiz für inhaltliche Teilbarkeit. Grenze ist die Umgehung des Verbots der geltungserhaltenden Reduktion: Es muss geprüft werden, ob etwa eine gekünstelte Aufspaltung der Klausel vorliegt. Ferner darf der Sinngehalt und der Zweck der Klausel durch die Streichung nicht völlig verändert werden. Schließlich kann in Fällen, in denen die Intransparenz gerade aus der Kombination mehrerer Klauseln besteht, eine Streichung nicht erfolgen, nur um die Klausel „transparent" zu machen. Denn damit würde die Schwelle zur geltungserhaltenden Reduktion überschritten.[2621]

1283
> *Beispiel 1*
>
> Eine Vertragsstrafenregelung kann geteilt werden, wenn die Klausel mehrere auslösende Pflichtverletzungen bezeichnet, die zur Verwirkung der Vertragsstrafe führen, wovon eine zu unbestimmt ist. Jede auslösende Pflichtverletzung muss so klar bezeichnet sein, dass sich der Versprechende in seinem Verhalten darauf einstellen kann. Wenn die verbleibende Regelung ohne den gestrichenen Teil verständlich bleibt, kann die unzulässige Vertragsstrafenregelung herausgestrichen werden, und die restliche Regelung bleibt nach dem „bluepencil-test" wirksam.[2622]

2616 BAG 28.11.2007, NZA 2008, 293.

2617 BeckOK/*Jacobs*, § 306 Rn 7; *Willemsen/Grau*, RdA 2003, 321.

2618 BGH 28.5.1984, NJW 1984, 2816.

2619 BAG 21.4.2005, NZA 2005, 1053; BAG 19.12.2006, NZA 2007, 809; BAG 12.3.2008, NZA 2008, 699; ErfK/*Preis*, § 310 BGB Rn 103; Kritisch: Däubler u.a./*Dorndorf/Bonin*, § 306 Rn 12a.

2620 BAG 18.5.2011, NZA 2011, 1289.

2621 BAG 14.9.2011, NZA 2012, 81; ErfK/Preis, § 310 BGB Rn 103.

2622 BAG 21.4.2005 NZA 2005, 1053, 1056: Diese Vertragsstrafenregelung ist gemäß § 307 Abs. 1 BGB unwirksam, soweit die Vertragsstrafe für den Fall verwirkt ist, dass der Arbeitnehmer durch schuldhaftes vertragswidriges Verhalten den Arbeitgeber zur fristlosen Kündigung des Arbeitsverhältnisses veranlasst. Die Verwirkung der vereinbarten Vertragsstrafe durch „schuldhaft vertragswidriges Verhalten des Arbeitnehmers, das den Arbeitgeber zur fristlosen Kündigung des Arbeitsverhältnisses veranlasst", ist nicht klar und verständlich, weil die Pflichtverletzungen nicht hinreichend bestimmt sind. Von der Unwirksamkeit wird die Vertragsstrafenregelung nicht erfasst, soweit sie an den Nichtantritt des Arbeitsverhältnisses oder die Lösung des Arbeitsverhältnisses unter Vertragsbruch anknüpft; kritisch *Thüsing*, BB 2006, 661, 663.

Beispiel 2

Bei einer zweistufigen Ausschlussfrist führt die Unwirksamkeit der zweiten Stufe (zu kurze Frist – ein Monat – für die gerichtliche Geltendmachung eines Anspruchs nach Ablehnung) nicht zur Unwirksamkeit der gesamten Klausel, wenn eine sinnvolle und eigenständige Regelung zur ersten Stufe (schriftliche Geltendmachung innerhalb von drei Monaten nach Fälligkeit) verbleibt.[2623] Die zweite Stufe der Ausschlussfrist kann gestrichen werden, ohne dass dadurch die Verpflichtung der Parteien, ihre Ansprüche innerhalb von drei Monaten schriftlich geltend zu machen, sinnlos oder unverständlich wäre.

d) Ersetzungsklausel/Verhandlungspflicht der Parteien

Mit einer sog. Ersetzungsklausel verpflichten sich die Parteien, rechtsunwirksame Bestimmungen durch solche Regelungen zu ersetzen, die dem ursprünglich verfolgten Zweck wirtschaftlich am nächsten kommen, entweder durch Einräumung eines einseitigen Leistungsbestimmungsrechts für den Arbeitgeber, oder indem sich beide Parteien verpflichten, eine wirksame Ersatzbestimmung zu vereinbaren.   **1284**

Die Verhandlungspflicht ist die Pflicht der Parteien, an Verhandlungen mitzuwirken, um das Ersetzungsziel und daher den Inhalt der abzugebenden Willenserklärungen genau festzulegen. Im Einzelnen bedeutet das:[2624]

■ Diejenige Partei, die die Anpassung begehrt, trägt die Beweislast für das Vorliegen der Anpassungsvoraussetzungen.

■ Es besteht die Pflicht, sich überhaupt auf Verhandlungen einzulassen.

■ Darüber hinaus bestehen Informationspflichten im Hinblick auf das Verhandlungsziel.

■ Die Parteien sind verpflichtet, eigene Angebote zu machen sowie die Angebote der Gegenseite ernsthaft zu prüfen, und die Verhandlungen nicht treuwidrig zu verzögern.

Die Ersetzungspflicht ist darauf gerichtet, das Verhandlungsergebnis in Form eines Abänderungsvertrages niederzulegen. Sie beinhaltet damit die Verpflichtung, Neuverhandlungen und damit ein Angebot zum Abschluss eines Änderungsvertrages abzugeben. Entsprechend dem Sinn und Zweck der Neuverhandlungsklausel, die Rechtsfolgen der Unwirksamkeit einer Vertragsbestimmung zu vermeiden, sind die Parteien verpflichtet, den Änderungsvertrag mit Wirkung für die Vergangenheit zu schließen. Die Ersetzung der unwirksamen Klausel erfolgt also „nahtlos".

Kommt eine Vertragspartei ihrer Neuverhandlungspflicht nicht rechtzeitig oder nur ungenügend nach, hat die andere Partei möglicherweise Ansprüche auf Schadensersatz aus Verzug und Vertragsverletzung. Für die gerichtliche Durchsetzung des „Anspruchs auf Verhandlung" muss die andere Partei ggf. zunächst auf Abgabe einer Willenserklärung in Anspruch genommen werden (§ 894 ZPO); danach kann dann aus dem geänderten Vertrag geklagt werden. Aus Gründen der Prozessökonomie sollen Ansprüche auf Ersetzung und aus Ersetzung im Rahmen einer objektiven Klagehäufung (§ 260 ZPO) gleichzeitig geltend gemacht werden.[2625]

2623 BAG 12.3.2008, NZA 2008, 699: Hinsichtlich der ersten Stufe der Verfallklausel war die von der Rechtsprechung angenommene Untergrenze von drei Monaten gewahrt; die zweite Stufe der Verfallklausel war mit einem Monat zu kurz und daher unwirksam. Die Unwirksamkeit der zweiten Stufe führte allerdings nicht zum ersatzlosen Wegfall der gesamten Klausel, denn diese ist teilbar. Im vorliegenden Fall sind die erste und zweite Stufe der Ausschlussfrist in unterschiedlichen Sätzen der Verfallklausel geregelt. Beide Regelungskomplexe sind sachlich eindeutig voneinander abgrenzbar, und die zweite Stufe kann vollständig gestrichen werden, ohne dass dadurch die Verpflichtung der Parteien, ihre Ansprüche innerhalb von drei Monaten schriftlich geltend zu machen, sinnlos oder unverständlich wäre. Auch: BAG 25.5.2005, NZA 2005, 1111; *Preis/Roloff*, RdA 2005, 144, 158.

2624 Siehe dazu ausführlich: *Michalski*, NZG 1998, 7.

2625 *Michalski*, NZG 1998, 7.

1285 Jedenfalls in **Individualverträgen** dürften Ersetzungsklauseln wirksam sein.[2626] In jedem Fall sollte die Ersetzungszuständigkeit geregelt werden, weil es gerade die Aufgabe von Ersetzungsklauseln ist, die Risiken der richterlichen Lückenausfüllung zu verhindern. Ohne eine Regelung der Ersetzungszuständigkeit würden gerade wieder Auslegungsschwierigkeiten auftauchen, und es bestünde wiederum eine ausfüllungsbedürftige Vertragslücke.

Die Ersetzungszuständigkeit kann einer Vertragspartei oder einem Dritten auferlegt werden; der Bestimmungsberechtigte kann dann bis zur Grenze seines Ermessensspielraums gehen (§ 315 BGB). Das vereinbarte Ersetzungsverfahren dürfte schneller ablaufen als das Klageverfahren auf gerichtliche Ersetzung (§ 315 Abs. 3 S. 2 BGB, § 319 Abs. 1 S. 2 BGB). Das Bestimmungsrecht kann einem Dritten eingeräumt werden (etwa: Schiedsgutachter der zuständigen Industrie- und Handelskammer oder eines Berufsverbandes). Die Leistungsbestimmung eines Dritten ist gerichtlich nur auf offenbare Unbilligkeit zu überprüfen, § 319 Abs. 1 BGB. Vor der Entscheidung durch Dritte können vorhandene sachkundige Personen (z.B. Rechtsanwälte oder Wirtschaftsberater) als Schiedsgutachter in der Ersetzungsklausel vorgesehen oder deren Bestellung ermöglicht werden. Es soll ein gewisser Einigungsdruck, aber keine Pflicht zur Verhandlung oder gar Ersetzung entstehen, wie sie die Neuverhandlungsklausel vorsieht.[2627]

e) Formulierungsbeispiel

1286 *§ x Salvatorische Klausel*

(1) Sollten einzelne Bestimmungen dieses Vertrags ganz oder teilweise unwirksam sein oder werden, bleibt die Wirksamkeit der übrigen Bestimmungen unberührt.

(2) Die Vertragsparteien verpflichten sich für den Fall der Unwirksamkeit einer Bestimmung, ohne schuldhaftes Zögern über eine wirksame und zumutbare Ersatzregelung zu verhandeln, die dem von den Vertragsparteien mit der unwirksamen Bestimmung verfolgten wirtschaftlichen Zweck möglichst nahe kommt.

Optional:

(3) Kommt innerhalb einer Frist von (…) eine Einigung der Parteien über die Ersatzregelung nicht zustande, entscheidet ein fachkundiger Schiedsgutachter, der, soweit sich die Parteien nicht innerhalb der Frist (…) über die Person eines Dritten einigen, auf Antrag der einen oder anderen Partei von der zuständigen Industrie- und Handelskammer zu benennen ist.

100. Schadenspauschalierungen

a) Allgemeines

1287 Eine Schadenspauschalierung dient der vereinfachten Durchsetzung eines möglichen Schadensersatzanspruchs, indem sie dessen Höhe unabhängig von den konkreten Umständen des Einzelfalls im Vorhinein nach generellen Maßstäben beziffert.[2628] Die Abgrenzung zur Vertragsstrafe gestaltet sich mitunter schwierig (siehe hierzu Rdn 1553 ff.), ist aufgrund der unterschiedlichen Rechtmäßigkeitsanforderungen im Regelfall aber unerlässlich.[2629]

2626 Hümmerich/Reufels/*Borgmann*, § 1 Rn 3178 ff.
2627 *Michalski*, NZG 1998, 7, 14; kritisch Preis/*Preis*, IIS10 Rn 11ff. m.w.N.
2628 ErfK/*Müller-Glöge*, §§ 339–345 BGB Rn 4; *Thüsing*, AGB-Kontrolle im Arbeitsrecht, Rn 365; *Lakies*, Vertragsgestaltung und AGB im Arbeitsrecht, Kap. 5 Rn 396; *ders.*, Inhaltskontrolle von Arbeitsverträgen, Rn 816; Suckow u.a./*Suckow*, Rn 840.
2629 Däubler u.a./*Däubler*, § 309 Nr. 5 Rn 2.

b) Wirksamkeitsvoraussetzungen

Schadenspauschalierungen im **Berufsausbildungsverhältnis** sind nichtig (§ 12 Abs. 2 Nr. 4 BBiG). In For- **1288**
mulararbeitsverträgen stellt das absolute Klauselverbot des § 309 Nr. 5 BGB die größte Hürde dar. Danach
sind zunächst generell überhöhte Schadenspauschalen ohne Wertungsmöglichkeit unwirksam (**§ 309 Nr. 5a
BGB**). Um solche handelt es sich, wenn die Pauschale den in den geregelten Fällen nach dem gewöhnlichen
Lauf der Dinge zu erwartenden Schaden oder die gewöhnlich eintretende Wertminderung übersteigt. Die
Pauschale muss dem realen Schaden möglichst nahe kommen.[2630] Des Weiteren sind Schadenspauschalierungen gem. § 309 Nr. 5b BGB nur dann wirksam, wenn dem anderen Vertragsteil – im Regelfall also dem
Arbeitnehmer – ausdrücklich der Nachweis gestattet ist, ein Schaden oder eine Wertminderung sei überhaupt nicht entstanden oder wesentlich niedriger als die Pauschale.[2631] Arbeitsrechtliche Besonderheiten
stehen der Anwendung des § 309 Nr. 5 BGB auf das Arbeitsverhältnis nicht entgegen.[2632]

Die Vereinbarung einer Schadenspauschale darf nicht zur Umgehung der richterrechtlichen Grundsätze zur **1289**
Haftungserleichterung im Arbeitsrecht führen (siehe dazu Rdn 980 ff.).[2633] Die Pauschalierung eines Schadens, der dem Arbeitgeber aufgrund einer **Schlechtleistung** des Arbeitnehmers entstehen könnte, ist deshalb allein für den Fall vorsätzlichen Handelns zulässig; die Pauschale darf allerdings nicht so niedrig angesetzt werden, dass sie auf eine unerlaubte Beschränkung der Haftung wegen Vorsatzes hinausläuft (§ 276
Abs. 3 BGB). Bei leichter Fahrlässigkeit haftet der Arbeitnehmer dagegen nicht; eine Schadenspauschale
wäre hier unzulässig. Soweit – bei mittlerer bzw. grober Fahrlässigkeit – eine bloß anteilige Arbeitnehmerhaftung in Betracht kommt, kann dem Arbeitnehmer ebenfalls nicht pauschal ein bestimmter Schadens-
betrag aufgebürdet werden. Denkbar ist es dagegen, einen Schaden zu pauschalieren, seine Verteilung zwischen den Parteien aber anhand der Grundsätze zur Arbeitnehmerhaftung vorzunehmen. Unzulässig ist
jedoch, dem Arbeitnehmer im Falle der Schlechterfüllung gem. § 309 Nr. 5b BGB den Entlastungsbeweis
aufzuerlegen.[2634]

In Anbetracht der strengen Wirksamkeitsvoraussetzungen an Schadenspauschalierungen und der Schwie- **1290**
rigkeit, einen etwaigen Schaden möglichst exakt im Vorhinein zu beziffern, wird von der Verwendung entsprechender Klauseln abgeraten. Im Regelfall ist die Vereinbarung einer Vertragsstrafe (siehe hierzu
Rdn 1553 ff.) vorzugswürdig.

101. Schriftform

Literatur: *Bieder*, Zur Verwendung „qualifizierter" Schriftformklauseln in Formulararbeitsverträgen, SAE 2007, 379; *Bloching/Ortolf*,
Schriftformklauseln in der Rechtsprechung von BGH und BAG – Zukunfts- oder Auslaufmodell, insbesondere beim Schutz gegen betriebliche Übungen?, NJW 2009, 3393; *dies.*, Ist die Schriftform ergänzungsbedürftig?, BB 2011, 2571; *Däubler*, AGB-Kontrolle im Arbeitsrecht – Bilanz nach zehn Jahren, ZTR 2012, 543; *Hromadka*, Schriftformklauseln in Arbeitsverträgen, DB 2004, 1261; *Hümmerich*,
Gestaltung von Arbeitsverträgen nach der Schuldrechtsreform, NZA 2003, 753; *Leder/Scheuermann*, Schriftformklauseln in Arbeitsverträgen – das Ende einer betrieblichen Übung?, NZA 2008, 1222; *Lingemann*, Allgemeine Geschäftsbedingungen und Arbeitsvertrag,
NZA 2002, 181; *Lingemann/Otte*, Der neue § 309 Nr. 13 BGB – Das Ende des schriftlichen Geltendmachens arbeitsvertraglicher Aus-
schlussfristen, NZA 2016, 519, 520; *Löw*, Die gewillkürte Schriftform im Arbeitsvertrag, MDR 2006, 12; *Lunk/Leder*, Der Arbeitsvertrag
– Einzelne Vertragsklauseln, NJW 2016, 1292; *Lunk/Seidler*, Neue Formvorschriften für Anzeigen und Erklärungen – (ungewollte?)
Auswirkungen im Arbeitsrecht, NJW 2016, 2153; *Ostermeier*, Die Wirksamkeit von AGB-Schriftformklauseln, ZGS 2007, 260; *Preis*,
Der langsame Tod der Freiwilligkeitsvorbehalte und die Grenzen betrieblicher Übung, NZA 2009, 281; *ders./Roloff*, Die neueste Ent-
wicklung der Vertragsinhaltskontrolle im Arbeitsrecht – Zwischenbilanz und Ausblick-, ZfA 2007, 43; *Richardi*, Gestaltung der Arbeits-

---

2630 *Thüsing*, AGB-Kontrolle im Arbeitsrecht, Rn 367; *Lakies*, Inhaltskontrolle von Arbeitsverträgen, Rn 819. Vgl. auch BGH
    18.2.2015, NJW-RR 2015, 690;;
2631 Vgl. BAG 27.7.2010, NZA 2010, 1237, 1241 zur analogen Anwendung auf eine Ablösungsentschädigung.
2632 ErfK/*Müller-Glöge*, §§ 339–345 BGB Rn 4; Däubler u.a./*Däubler*, § 309 Nr. 5 Rn 3; AGB-ArbR/*Schlewing*, § 309 Rn 65; *Lakies*,
    Inhaltskontrolle von Arbeitsverträgen, Rn 817; *Reichold*, ZTR 2002, 207.
2633 AGB-ArbR/*Schlewing*, § 309 Rn 67; *Lakies*, Vertragsgestaltung und AGB im Arbeitsrecht, Kap. 5 Rn 397; *ders.*, Inhaltskontrolle
    von Arbeitsverträgen, Rn 818.
2634 Däubler u.a./*Däubler*, § 309 Nr. 5 Rn 6. Wohl a.A. *Lakies*, Inhaltskontrolle von Arbeitsverträgen, Rn 820.

verträge durch Allgemeine Geschäftsbedingungen nach dem Schuldrechtsmodernisierungsgesetz, NZA 2002, 1059; *Roloff*, Vertrags-änderungen und Schriftformklauseln, NZA 2004, 1191; *Sutschet*, Anm. zu BAG 20.5.2008 – 9 AZR 382/07, RdA 2009, 386; *Thüsing*, Vom Ende einer betrieblichen Übung, NZA 2005, 718; *Ulrici*, Betriebliche Übung und AGB-Kontrolle, BB 2005, 1902.

a) Allgemeines

1291 Der Abschluss und die Änderung eines Arbeitsvertrages bedarf grundsätzlich keiner besonderen Form (siehe oben Rdn 152). **Formerfordernisse** können sich aber aus besonderen gesetzlichen Vorschriften ergeben. Praktische Bedeutung hat allein die Schriftform (§ 126 BGB). Dieser bedarf z.B. die Befristung eines Arbeitsvertrages (§ 14 Abs. 4 TzBfG) oder dessen Beendigung durch Kündigung oder Auflösungsvertrag (§ 623 BGB). Gleiches gilt für ein nachvertragliches Wettbewerbsverbot (§ 110 S. 2 GewO i.V.m. § 74 Abs. 1 HGB). Die Nichteinhaltung einer gesetzlichen Formvorschrift führt grds. zur Nichtigkeit des Rechts-geschäfts (§ 125 S. 1 BGB). Formerfordernisse können auch Tarifverträge und Betriebsvereinbarungen enthalten. Dort ist im Wege der Auslegung zu ermitteln, ob ein deklaratorisches oder konstitutives Formerfor-dernis gewollt ist.[2635]

1292 In Arbeitsverträgen wird häufig vereinbart, dass Änderungen des Arbeitsvertrages nur schriftlich erfolgen können.[2636] Soll eine solche Klausel allein der Beweissicherung dienen, sind auch mündliche Vertragsände-rungen wirksam (**deklaratorische Schriftformklausel**).[2637] Jede Partei hat dann jedoch einen Anspruch gegen ihren Vertragspartner auf Nachholung der Form zur Beweiserleichterung.[2638] Eine **konstitutive Schriftformklausel** liegt dagegen vor, wenn die Parteien die Wirksamkeit von Änderungen des Arbeitsver-trages an die Beachtung der Schriftform knüpfen wollen, mit der Folge, dass mündliche Vertragsänderun-gen unwirksam sein sollen.[2639] Welche Art Schriftformklausel von den Parteien gewollt ist, ist im Wege der Vertragsauslegung zu ermitteln. Kommt diese zu keinem eindeutigen Ergebnis, ist gem. § 125 S. 2 BGB ein konstitutives Formerfordernis anzunehmen.[2640]

1293 Konstitutive Schriftformklauseln sind in zwei Varianten denkbar: **Einfache Schriftformklauseln** schrei-ben vor, dass jede Änderung des Arbeitsvertrages der Schriftform bedarf.[2641] Noch weiter greifen **doppelte (qualifizierte) Schriftformklauseln**. Diese bestimmen nicht nur, dass Vertragsänderungen der Schriftform bedürfen, sondern legen zugleich fest, dass auch dieses Erfordernis nur im Wege einer schriftlichen Verein-barung beseitigt werden kann.[2642]

b) Die Wirksamkeit von Schriftformklauseln

1294 Die Verwendung von Schriftformklauseln in Arbeitsverträgen ist weit verbreitet. Unproblematisch zuläs-sig ist allerdings lediglich die Verwendung von deklaratorischen Schriftformklauseln. Die Zulässigkeit konstitutiver Schriftformklauseln ist dagegen umstritten. Bei der Verabschiedung des AGB-Gesetzes wurde bewusst von einem absoluten Verbot solcher Abreden Abstand genommen und es der Rechtspre-chung anheimgestellt, die Grenzen für derartige Klauseln zu entwickeln.[2643] Keine Änderungen für Schriftformklauseln hat m.E. das Gesetz zur Verbesserung der zivilrechtlichen Durchsetzung von ver-braucherschützenden Vorschriften des Datenschutzrechts vom 17.2.2016 gebracht.[2644] Im Zuge dieses Gesetzes wurde **§ 309 Nr. 13 BGB** neu gefasst. Bei Verträgen, die **nach dem 30.9.2016** geschlossen wer-

---

2635 Zu den Einzelheiten vgl. BAG 18.9.2002, AP Nr. 59 zu § 242 BGB betriebliche Übung; *Hromadka*, DB 2004, 1261, 1266; HWK/*Thüsing*, § 611 BGB Rn 42.
2636 Zu den Anforderungen an die gewillkürte Schriftform vgl. *Bloching/Ortolf*, BB 2011, 2571.
2637 Vgl. BGH 21.2.1996, NJW 1996, 2501; BAG 10.6.2000, NZA 1989, 21; Schaub/*Linck*, ArbR-Hdb., § 32 Rn 47.
2638 Siehe dazu MüKo-BGB/*Einsele*, § 125 Rn 69; *Thüsing*, AGB-Kontrolle im Arbeitsrecht, Rn 369.
2639 Siehe dazu MüKo-BGB/*Einsele*, § 125 Rn 69; Schaub/*Linck*, ArbR-Hdb., § 32 Rn 47; *Löw*, MDR 2006, 12, 13.
2640 Eine Soll-Formulierung spricht für eine nur deklaratorische Klausel, vgl. *Hromadka*, DB 2004, 1261, 1266 unter Hinweis auf die Formulierung des § 2 I S. 1 NachwG; Suckow u.a./*Striegel*, Rn 745; *Hümmerich/Reufels/Schiefer*, Rn 3206.
2641 *Schmidt*, in: Ulmer/Brandner/Hensen, Teil 3 (9) Rn 1; Staudinger/*Schlosser*, § 305b BGB Rn 39.
2642 ErfK/*Preis*, § 127 BGB Rn 41a; Schaub/*Linck*, ArbR-Hdb., § 32 Rn 56; *Hromadka*, DB 2004, 1261, 1263.
2643 MüKo-BGB/*Basedow*, § 305b Rn 11; Staudinger/*Schlosser*, § 305b BGB Rn 39; *Roloff*, NZA 2004, 1191, 1197.
2644 BGBl 2016 I Nr. 8 vom 23.2.2016, S. 233.

den, können Anzeigen oder Erklärungen, die gegenüber dem Arbeitgeber abzugeben sind, nicht mehr an eine strengere Form als die Textform geknüpft werden. Diese Vorschrift gilt jedoch nur für einseitige Erklärungen des Arbeitnehmers gegenüber dem Arbeitgeber als Verwender. Vertragliche Abreden – und damit Änderungen und Ergänzungen des Arbeitsvertrags – werden nicht erfasst, ebenso wenig einseitige Erklärungen des Arbeitgebers.[2645]

aa) Vorformulierte Schriftformklauseln

Schriftformklauseln sind wegen des **Vorrangs der Individualabrede** nach § 305b BGB i.d.R. **rechtlich wirkungslos**.[2646] Denn das BAG hat sowohl für einfache[2647] als auch für doppelte[2648] Schriftformklauseln entschieden, dass individuelle Abreden der Schriftformklausel vorgehen. Schriftformklauseln können folglich nicht die Wirksamkeit entgegenstehender mündlicher Abreden verhindern.[2649] Unerheblich ist dabei, ob die Parteien mit der mündlichen Absprache eine Änderung der Schriftformklausel beabsichtigt haben oder sich der Kollision mit derselben überhaupt bewusst waren.[2650] Es reicht aus, dass sie mit der mündlichen Vereinbarung rechtsverbindliche Regelungen schaffen wollen.[2651] Die Wirkung von Schriftformklauseln ist insofern lediglich appellativer Natur.

1295

Eine doppelte – nicht: einfache[2652] – Schriftformklausel kann allerdings die **Entstehung einer betrieblichen Übung** verhindern.[2653] Eine betriebliche Übung ist nämlich keine Individualabrede, die gem. § 305b BGB automatischen Vorrang vor der Schriftformklausel hätte.[2654] Dies setzt allerdings die Wirksamkeit der doppelten Schriftformklausel voraus. **Unangemessen benachteiligend** sind solche Klauseln gem. § 307 Abs. 1 S. 1 BGB insbesondere, wenn sie bei dem Arbeitnehmer den Eindruck erwecken, dass mündliche, individuelle Abreden wegen des Verstoßes gegen das Schriftformerfordernis unwirksam seien.[2655] In einem solchen Fall wird der Arbeitnehmer über die wahre Rechtslage, d.h. den Vorrang der Individualabrede nach § 305b BGB getäuscht.[2656] Deshalb ist bei der Formulierung entsprechender Klauseln darauf zu achten, dass individuelle Vereinbarungen ausdrücklich vom Schriftformerfordernis ausgenommen werden.[2657] Ob doppelte Schriftformklauseln einen Anwendungsbereich außerhalb der Verhinderung von betrieblichen Übungen haben, ist noch offen.[2658]

1296

2645 *Lunk/Leder*, NJW 2016, 1292; *Lingemann/Otte*, NZA 2016, 519, 520; S. auch *Lunk/Seidler*, NJW 2016, 2153, 2155, die als Überdies-Argument die Rechtsklarheit (vgl. § 2 Abs. 1 NachwG) als spezifisch arbeitsrechtliches Erfordernis und damit Besonderheit i.S.d. § 310 Abs. 4 BGB anführen; offenlassend *Wagner/Wagner*, BB 2016, 707, 710.

2646 *Lakies*, Vertragsgestaltung und AGB im Arbeitsrecht, Kap. 1 Rn 103, 109.

2647 BAG 15.5.2012, NZA 2012, 1279, 1289; BAG 14.9.2011, NZA 2012, 81, 82; BAG 19.12.2007, NZA 2008, 464; BAG 25.4.2007, NZA 2007, 801, 803.

2648 BAG 20.5.2008, NZA 2008, 1233 (LS 1).

2649 Näher hierzu AGB-ArbR/*Clemenz*, § 305b Rn 22 f; *Lakies*, Inhaltskontrolle von Arbeitsverträgen, Rn 93 ff; AGB-ArbR/*Klumpp*, § 307 Rn 234.

2650 BAG 15.5.2012, NZA 2012, 1279, 1289; BAG 14.9.2011, NZA 2012, 81, 82; BAG 25.4.2007, NZA 2007, 801, 803; BAG 27.7.2005, NZA 2006, 40, 43.

2651 Bereits BAG 10.1.1989, NZA 1989, 797, 798.

2652 BAG 15.5.2012, NZA 2012, 1279, 1289; BAG 14.9.2011, NZA 2012, 81, 82; BAG 24.6.2003, NZA 2003, 1145, 1147.

2653 BAG 29.9.2011, NZA 2012, 628, 633; BAG 20.5.2008, NZA 2008, 1233, 1236; siehe auch schon BAG 24.6.2003, NZA 2003, 1145. Ausf. AGB-ArbR/*Klumpp*, § 307 Rn 232, 234.

2654 BAG 20.5.2008, NZA 2008, 1233, 1236; BAG 6.9.2007, NZA 2008, 219, 220; BAG 27.7.2005, NZA 2006, 40, 44; HWK/*Gotthard*, § 305b BGB Rn 1; AGB-ArbR/*Klumpp*, § 307 Rn 234;Suckow u.a./*Striegel*, Rn 754. Dagegen z.B. Preis/*Preis*, Arbeitsvertrag, II S 30, Rn 13; *Roloff*, NZA 2004, 1191, 1197.

2655 Vgl. dazu näher *Leder/Scheuermann*, NZA 2008, 1222, 1223 f; Suckow u.a./*Striegel*, Rn 749 f.; Däubler u.a./*Däubler*, § 305b Rn 12; *Hümmerich/Reufels/Schiefer*, Rn 3207, 3211; *Wagner/Wagner*, BB 2016, 707.

2656 Siehe auch *Hromadka*, DB 2004, 1261, 1264; *Preis/Roloff*, ZfA 2007, 43, 67 f.; Däubler u.a./*Däubler*, § 305b Rn 12; *Hümmerich*, NZA 2003, 753, 764; *Richardi*, NZA 2002, 1057, 1059; *Lakies*, Vertragsgestaltung und AGB im Arbeitsrecht, Kap. 1 Rn 110; *Henssler/Moll*, S. 90; AGB-ArbR/*Klumpp*, § 307 Rn 233.

2657 Vgl. etwa *Bloching/Ortolf*, NJW 2009, 3393, 3396; *Lakies*, Inhaltskontrolle von Arbeitsverträgen, Rn 101; *Preis*, NZA 2009, 281, 286.

2658 Näher *Leder/Scheuermann*, NZA 2008, 1222, 1223 f.

bb) Schriftformklauseln in Individualvereinbarungen

1297 In **Individualvereinbarungen** können einfache und doppelte Schriftformklauseln dagegen **wirksam** vereinbart werden.[2659] Allerdings ist zu beachten, dass mittels **einfacher Schriftformklauseln** im Ergebnis kein konstitutives Schriftformerfordernis erreichbar ist. Eine so vereinbarte Schriftform kann mündlich jederzeit wieder abbedungen werden und zwar selbst dann, wenn den Parteien das Formerfordernis überhaupt nicht bewusst war.[2660] Aus einer einfachen Schriftformklausel kann sich aber ein Beweisvorteil für denjenigen ergeben, der sich auf das Nichtvorhandensein einer mündlichen Abrede beruft.[2661] Anders entscheidet das BAG bei **doppelten Schriftformklauseln**. Diese stünden einer die Schriftform nicht wahrenden Vereinbarung entgegen, da die Parteien durch einvernehmliches Aushandeln gerade der doppelten Schriftformklausel gezeigt haben, dass sie auf die Schriftformklausel besonderen Wert legen.[2662]

cc) Formulierungsbeispiele

1298 *Einfache Schriftformklausel*

Jede Änderung dieses Arbeitsvertrages bedarf zu ihrer Wirksamkeit der Schriftform.

1299 *Doppelte Schriftformklausel*

Jede Änderung oder Ergänzung dieses Arbeitsvertrags, die nicht durch eine individuelle Vereinbarung der Vertragsparteien erfolgt, bedarf zu ihrer Wirksamkeit der Schriftform. Dies gilt auch für Änderungen dieses Schriftformerfordernisses. Dies bedeutet, dass keine Ansprüche aufgrund betrieblicher Übung entstehen können.

102. Schweigepflicht

1300 Erläuterungen zur Schweigepflichtklausel finden sich weiter unten unter dem Stichwort „Verschwiegenheit" (siehe Rdn 1474 ff.).

103. Social Media

Literatur: *Arning/Moos*, Bring Your Own Device, DB 2013, 2607; *Bissels/Lützeler/Wisskirchen*, Facebook, Twitter & Co.: Das Web 2.0 als arbeitsrechtliches Problem, BB 2010, 2433; *Byers/Mößner*, Die Nutzung des Web 2.0 am Arbeitsplatz: Fluch und Segen für den Arbeitgeber, BB 2012, 1665; *Conrad/Schneider*, Einsatz privater IT im Unternehmen – Kein privater USB-Stick, aber „Bring your own device" (BYOD)?, ZD 2011, 153; *Ernst*, Social Networks in Unternehmen – Wem gehört der Account nach der Kündigung?; CR 2012, 276; *Göpfert/Wilke*, Nutzung privater Smartphones für dienstliche Zwecke, NZA 2012, 765; *Hoeren/Sieber/Holznagel*, Handbuch Multimedia-Recht – Rechtsfragen des elektronischen Geschäftsverkehrs, 42. Auflage 2015; *Hoffmann-Remy/Tödtmann*, Sicherung der Arbeitgeberrechte an Social Media-Kontakten, NZA 2016, 792; *Oberwetter*, Soziale Netzwerke im Fadenkreuz des Arbeitsrechts, NJW 2011, 417; *Röhrborn/Lang*, Zunehmend sorgloser Umgang mit mobilen Geräten – ein unbeherrschbares Risiko für den Arbeitgeber? BB 2015, 2357; *Rosenbaum/Tölle*, Aktuelle rechtliche Probleme im Bereich Social Media – Überblick über die Entscheidungen der Jahre 2011 und 2012, MMR 2013, 209; *Thüsing/Wurth*, Social Media im Betrieb – Arbeitsrecht und Compliance, 2015; *Zintl/Naumann*, Verhalten von Arbeitnehmern im Bereich Social Media, NJW-Spezial 2013, 306.

a) Allgemeines

1301 Die berufliche und private Nutzung von Social Media in Unternehmen hat in den letzten Jahren zunehmend an Relevanz gewonnen. Denn sie kann sowohl vor Begründung eines Arbeitsverhältnisses, während des Ar-

---

2659 Däubler u.a./*Däubler*, § 305b Rn 12.
2660 BAG 25.4.2007, NZA 2007, 801, 803; BAG 24.6.2003, NZA 2003, 1145.
2661 LAG Rheinland Pfalz 14.11.2006 – 5 Sa 463/06, juris; Siehe auch *Thüsing*, AGB-Kontrolle im Arbeitsrecht, Rn 378; *Hromadka*, DB 2004, 1261, 1262.
2662 BAG 24.6.2003, NZA 2003, 1145; Dagegen *Roloff*, NZA 2004, 1191, 1194; Soergel/*Hefermehl*, § 125 BGB Rn 33.

beitsverhältnisses als auch für die Beendigung eine Rolle spielen. Da die gesetzlichen Vorschriften für diesen Bereich unzureichend sind, kann Unternehmen nur empfohlen werden, passgenaue Regelungen in einer mit dem Betriebsrat ausgehandelten Social-Media-Vereinbarung festzulegen (siehe dazu § 2 Rdn 398).

b) Ausübung des Direktionsrechts

Eine sehr praxisrelevante Frage ist, ob der Arbeitgeber die Nutzung von Social Media insgesamt verbieten **1302** oder zur dienstlichen Nutzung anordnen kann. Eine generelle und umfassende Untersagung der Nutzung, die sich auch auf die Freizeit der Arbeitnehmer bezieht, kommt nicht in Betracht. Zwar hat der Arbeitgeber ein Interesse daran, seine Arbeitnehmer dem Zugriff von Headhuntern oder Personaldienstleistern (z.B. über XING oder LinkedIn) zu entziehen. Allerdings ist durch die allgemeine Handlungsfreiheit und die Berufsfreiheit auch das Recht des Arbeitnehmers geschützt, ein soziales Netzwerk zur Darstellung der beruflichen Qualifikation zu nutzen.[2663] Der Arbeitgeber kann aber – wie die private Internetnutzung generell – die Nutzung von Social Media am Arbeitsplatz untersagen.

Auch eine generelle Verpflichtung zur Nutzung – unabhängig von der tatsächlichen Tätigkeit – ist nicht möglich. Denn der Mitarbeiter gibt bereits bei der Registrierung seine personenbezogenen Daten preis, die über das öffentlich Sichtbare hinausgehen.[2664] Eine zwingende Verpflichtung zur Nutzung von Social Media beeinträchtigt daher das informationelle Selbstbestimmungsrecht des Arbeitnehmers. Dies kann auch nicht durch das Interesse des Arbeitgebers an einem besonders „modernen" oder einheitlichen Auftritt des Unternehmens nach außen gerechtfertigt werden.

Allerdings kann der Arbeitgeber bestimmen, in welchem Umfang Social Media in seinem Unternehmen **1303** eingesetzt werden. In Betracht kommt beispielsweise die Beschränkung der dienstlichen Nutzung von Social Media auf einzelne Abteilungen (Unternehmenspräsentation/PR, Recruiting, Kundenakquise etc.). Ebenso kann der Arbeitgeber bestimmen, in welcher Weise beispielsweise dienstliche Nachrichten dokumentiert werden sollen und wie eine dienstliche Kontaktaufnahme mit bekannten oder unbekannten Personen zu erfolgen hat. In diesem Fall stellen die Accounts in der Regel Arbeitsmittel dar, die nach Beendigung des Arbeitsverhältnisses dem Arbeitgeber zustehen. Das gilt insbesondere für die dienstlichen Kontakte sowie die aus dienstlichem Anlass erhaltenen und versendeten Nachrichten.[2665]

c) Kontrollrechte

Ist die dienstliche Nutzung von Social Media erlaubt und sogar erwünscht, erstreckt sich das grundsätzliche **1304** Kontrollrecht des Arbeitgebers auch auf dieses Arbeitsmittel. Für die Kontrolle der dienstlich erhaltenen und empfangenen Nachrichten sind die Grundsätze über die E-Mail-Kontrolle entsprechend anwendbar (siehe § 2 Rdn 360 ff.). So darf etwa im Falle eines Arbeitszeitbetruges der Arbeitgeber Einsicht in den elektronischen Kalender (Outlook-Kalender) des Arbeitnehmers nehmen, wenn dieser den Kalender ungestattet auch für private Einträge nutzt. Es besteht kein grundsätzliches Beweisverwertungsverbot an dem Kalender. Bei einer Einsicht in als privat markierte Einträge im elektronischen Kalender des Arbeitnehmers ist die Rechtmäßigkeit des Eingriffs nach § 32 Abs. 1 S. 2 BDSG zu überprüfen.[2666] Ist die private Nutzung hingegen gestattet, gelten die Regelungen zur Kontrolle der E-Mails entsprechend; eine Kontrolle ist dann nur noch bei Verdacht auf schweren Missbrauch zulässig (siehe § 2 Rdn 370 ff.). Deshalb empfiehlt es sich, auch hier lediglich die dienstliche Nutzung zu gestatten.

2663 *Oberwetter*, NJW 2011, 417, 418; *Byers/Mößner*, BB 2012, 1665, 1669.
2664 *Oberwetter*, NJW 2011, 417, 418.
2665 *Byers/Mößner*, BB 2012, 1665, 1670.
2666 LAG Rheinland-Pfalz 25.11.2014, DB 2015, 1905.

d) Verhalten und Auftreten in sozialen Netzwerken

1305 Der Arbeitnehmer darf bei Nutzung von Social Media grundsätzlich selbst entscheiden, wie er sich präsentiert. Allerdings gelten sowohl gesetzliche Vorschriften wie auch arbeitsvertragliche Nebenpflichten fort, wenn sich der Arbeitnehmer im Zusammenhang mit seinem Arbeitsverhältnis oder seinem Arbeitgeber äußert.[2667] Zwar kann sich der Arbeitnehmer auch in diesem Fall auf die Meinungsfreiheit berufen, so dass er sich nicht ausschließlich positiv über diesen äußern muss. Überschreitet er jedoch die Grenzen einer schweren Beleidigung, so kann ihm die ordentliche oder außerordentliche Kündigung drohen.[2668] Um dies den Arbeitnehmern zu verdeutlichen, können in eine Social-Media-Vereinbarung auch Verhaltens- und Handlungsempfehlungen aufgenommen werden.

1306 Äußert sich ein Arbeitnehmer etwa in einem „Tweet" abfällig über den Arbeitgeber, so stellt sich häufig die Frage, ob und wie dies zu sanktionieren ist. Grobe Beleidigungen im Hinblick auf den Arbeitgeber, die Kollegen oder geschäftliche Kontakte des Arbeitgebers, die nicht mehr von Art. 5 GG gedeckt sind und nach ihrem Inhalt und ihrer Form eine erhebliche ehrverletzende Äußerung darstellen, können zur ordentlichen, im Einzelfall auch zur außerordentlichen, Kündigung berechtigen.[2669] Die allgemeine Zugänglichkeit von Twitter steht der Annahme von Äußerungen im vertraulichen Bereich entgegen und ist zulasten des Arbeitnehmers zu berücksichtigen.[2670] Ein weiterer Themenkomplex erstreckt sich auf die Preisgabe von Geschäftsgeheimnissen und Whistleblowing über den Kurznachrichtendienst. Der Verrat von Betriebs- und Geschäftsgeheimnissen über Twitter an einen Marktkonkurrenten, kann die außerordentliche Kündigung des Arbeitnehmers rechtfertigen.[2671]

e) Verwendung von Mitarbeiterfotos auf der Homepage des Arbeitgebers

1307 Eine ohne Einschränkung erteilte Einwilligung des Arbeitnehmers in die Veröffentlichung eines ihn zeigenden Firmenwerbefilms auf der Homepage des Arbeitgebers erlischt nicht automatisch mit dem Ende des Beschäftigungsverhältnisses. Arbeitnehmer können ihre einmal wirksam erteilte Einwilligung nicht allein aus Anlass der **Beendigung des Arbeitsverhältnisses** widerrufen. Sie kann aber dann widerrufen werden, wenn der Arbeitnehmer einen plausiblen Grund für seinen Widerruf anführt. Insbesondere muss der Arbeitnehmer darlegen, warum er nunmehr sein Recht auf informationelle Selbstbestimmung gegenläufig ausüben will.[2672]

▼

1308 **Muster 1a.73: Einwilligung in die Verwendung von Mitarbeiterfotos auf der Homepage des Arbeitgebers**

Einwilligungserklärung über die Verwendung von Mitarbeiterfotos auf der Homepage des Arbeitgebers

Zwischen

(*Firma, gesetzliche Vertretung und Anschrift des Arbeitgebers*)

– nachfolgend „Arbeitgeber" genannt –

und

(*Vorname, Name, Anschrift des Arbeitnehmers*)

– nachfolgend „Arbeitnehmer" genannt –

2667 *Byers/Mößner*, BB 2012, 1665, 1666; *Oberwetter*, NJW 2011, 417, 419; *Rosenbaum/Tölle*, MMR 2013, 209, 210.
2668 LAG Hamm 10.10.2012, ZD 2013, 93.
2669 BAG 27.9.2012, BeckRS 2013, 68175; *Zintl/Naumann*, NJW-Spezial 2013, 306.
2670 LAG Hamm 10.10.2012, BeckRS 2012, 74357.
2671 *Bissels/Lützeler/Wisskirchen*, BB 2010, 2433, 2435.
2672 BAG 11.12.2014, NJW 2015, 2140; BAG 19.2.2015, RDV 2015, 148.

Die Einwilligungserklärung hat Fotografien, die den Arbeitnehmer zeigen, zum Gegenstand.

Der Arbeitnehmer willigt in die Verwendung der Fotografien zu folgendem Verwendungs-zweck ein:

Veröffentlichung im Internet zur ▨▨▨ *(stets den konkreten Verwendungszweck einfügen: z.B. Verwendung des Mitarbeiterfotos zur visuellen Darstellung des Kundenbetreuers neben den öffentlich zugänglichen Kontaktdaten für die Dauer des Arbeitsverhältnisses, spezielle Werbezwecke des Arbeitgebers).*

Der Arbeitnehmer erklärt sein Einverständnis mit der (unentgeltlichen) Verwendung der Fotografien seiner Person ausschließlich für den oben beschriebenen konkreten Verwendungszweck. Eine Verwendung der Fotografien für andere als die beschriebenen Zwecke oder ein Überlassen der Aufnahmen an Dritte ist dem Arbeitgeber ist nicht gestattet.

(Ort, Datum)   *(Ort, Datum)*

(Unterschrift des Arbeitgebers)   *(Unterschrift des Arbeitnehmers)*

▲

f) Bring your own device (BYOD)

1309   Aus den USA stammend ist der Trend nach Europa gelangt, dass Arbeitnehmer Arbeit nicht mehr wie hergebracht auf den zu diesem Zweck bereitgestellten Arbeitsmaterialien erbringen, sondern vielmehr ihr eigenes mobiles Datengerät (Laptop, Tablet, Smartphone und andere mobile Geräte) für die Arbeit verwenden.[2673] Das Konzept von BYOD sieht den **Einsatz privater mobiler Endgeräte sowie privater Software** (z.B. Apps oder Datenbanken[2674]) zu Arbeitszwecken vor. Angesichts dieses neuen Trends steht der Arbeitgeber, der möglicherweise vor einigen Jahren noch vehement den Einsatz privater USB-Sticks aus Furcht vor Viren und Malware untersagt hat, und heute die Kostenvorteile und das moderne Ansehen von BYOD schätzt, vor der Schwierigkeit zu entscheiden, wie sich der Einsatz privater IT im Unternehmen datenschutz- und lizenzkonform realisieren lässt.[2675]

Rechtsgrundlage für die Einführung von BYOD kann nicht das arbeitgeberliche Direktionsrecht sein.[2676] Nach § 106 GewO lassen sich nämlich nur Inhalt, Ort und Zeit der Arbeitsleistung, sowie die betriebliche Ordnung und das Verhalten von Arbeitnehmern im Betrieb näher bestimmen. Der Arbeitgeber hat zudem die Arbeitsmittel bereitzustellen und kann grundsätzlich nicht den Arbeitgeber dazu verpflichten, diese zur Arbeit mitzubringen. Die Implementierung von BYOD bedarf einer ausdrücklichen **arbeitsvertraglichen Regelung**.[2677] Auch der Abschluss einer Betriebsvereinbarung ist in der Sache empfehlenswert.[2678] Die Einführung und Durchführung von BYOD unterliegt gem. § 87 Abs. 1 Nr. 1, 2 und 6 BetrVG dem kollektivrechtlichen Mitbestimmungsrecht.[2679]

1310   Probleme bei der Einbringung privater IT in den Arbeitsprozess bestehen vor allem in Hinblick auf den Datenschutz, die Datensicherung und den Verlust der eingebrachten Geräte oder Software und die damit einhergehenden erheblichen Sicherheitsrisiken. Bei den verwendeten Geräten und der eingebrachten Software muss der Arbeitgeber für die Einhaltung der Datensicherheit gem. § 9 BDSG sorgen.[2680] Um ein unzulässiges Eindringen in die Privatsphäre des Arbeitnehmers zu verhindern, empfiehlt sich der Abschluss einer

---

2673 *Göpfert/Wilke*, NZA 2012, 765, 766;

2674 *Conrad/Schneider*, ZD 2011, 153.

2675 *Arning/Moos*, DB 2013, 2607.

2676 *Forst* in: Thüsing/Wurth, II Nr. 4, Rn 110; *Däubler* in: Däubler/Bonin/Deinert, AGB-Kontrolle im Arbeitsrecht, Anh. Rn 132.

2677 *Röhrborn/Lang*, BB 2015, 2357, 2361; *Forst* in: Thüsing/Wurth, II Nr. 4, Rn 112; *Däubler* in: Däubler/Bonin/Deinert, AGB-Kontrolle im Arbeitsrecht, Anh. Rn 133.

2678 *Däubler* in: Däubler/Bonin/Deinert, AGB-Kontrolle im Arbeitsrecht, Anh. Rn 136.

2679 *Röhrborn/Lang*, BB 2015, 2357, 2361; *Forst* in: Thüsing/Wurth, II Nr. 4, Rn 113.

2680 *Forst* in: Thüsing/Wurth, II Nr. 4, Rn 120; *Däubler* in: Däubler/Bonin/Deinert, AGB-Kontrolle im Arbeitsrecht, Anh. Rn 127, 138.

Betriebsvereinbarung, in der die technische Trennung von dienstlichen und privaten Daten geregelt wird.[2681] Zum anderen sind Regelungen darüber zu treffen, mit welchem Pauschalbetrag der Arbeitgeber die Nutzung des Privatgerätes abgilt. Ist dieser zu gering, stehen dem Arbeitnehmer u.U. Ersatzansprüche zu.[2682] Des Weiteren ist der Umfang der Nutzung klar in einer Nutzungsvereinbarung zu regeln. Darin liegt eine notwendige Vorkehrung für den Arbeitgeber, um die Haftung im Schadensfalle zu begrenzen.[2683] Um den Anforderungen des § 9 BDSG gerecht zu werden, müssen Arbeitgeber sicherstellen, dass unternehmensfremde Dritte wie Familie und Freunde oder eben auch Unbefugte wie Finder oder Diebe keinen Zugriff auf die Daten haben, Malware nicht in das System gelangen kann, das Ausspähen der Daten durch Konkurrenten ausgeschlossen ist und die Daten nicht durch Nutzung einer (unsicheren) Public Cloud verwundbar werden. Exemplarisch für den Fall des Verlustes oder des Diebstahls[2684] besteht die Verpflichtung des Arbeitgebers darin, geeignete Methoden zur Fernlöschung der Daten bereitzuhalten sowie die regelmäßige automatische Datensicherung auf unternehmenseigenen Servern sicherzustellen.[2685] Darüber hinaus muss der Arbeitgeber gewährleisten, dass auch die Dauer der Datenspeicherung den gesetzlichen Anforderungen an Dokumentations- und Aufbewahrungsfristen genügt (§ 256 HGB und § 147 AO).[2686] Ferner bietet es sich an, eine Geräteversicherung abzuschließen, über die im Falle des Verlustes ein Ersatzgerät für den Arbeitnehmer beschafft werden kann.[2687]

1311   Es ist aktuell unklar, wer das Verfügungsrecht über die auf dem Gerät vorhandenen Daten innehat.[2688] Eine weitere Schwierigkeit besteht im Fall der Verdachtskündigung. Der Arbeitgeber kann jedenfalls nicht das Privatgerät des Arbeitnehmers herausverlangen, wenn keine andere Möglichkeit der Aufklärung besteht. Nach § 866 BGB ist eine Wegnahme im Wege der Selbsthilfe ausdrücklich ausgeschlossen.[2689] In dieser Konstellation ist der Arbeitgeber alleine auf die uneingeschränkte Mitwirkung des Arbeitnehmers an seiner eigenen Überführung angewiesen.

g) Social Media-Accounts

aa) Verfügungsgewalt über Daten nach Kündigung

1312   Im Falle der beruflichen Verwendung privater Arbeitnehmer-Accounts in vollständig berufsorientierten (Xing, LinkedIn) bzw. teilweise berufsorientierten (Facebook, Twitter) sozialen Netzwerken stellt sich die Frage, wem an den Accounts nach dem Ausscheiden des Arbeitnehmers rechtlich die **Verfügungsgewalt über die Daten** zusteht. Die Frage nach dem Schicksal des Accounts ist insbesondere dann interessant, wenn es sich um einen Account mit weitem Wirkungsradius handelt. Häufig hat der Account dem Arbeitgeber auch großen Nutzen beschert, etwa bei der Neukundenakquise, bei der Pflege bestehender Kontakte oder aber auch bei der direkten Kundenkommunikation. Weil der Account dadurch einen wirtschaftlichen Wert für den Arbeitgeber hat, möchte er nach dem Weggang des Arbeitnehmers den Kanal auch dementsprechend weiter nutzen, auf die dort gespeicherten Daten (z.B. Vertriebskontakte) zugreifen, aber auch gleichzeitig den ehemaligen Arbeitnehmer dauerhaft und endgültig von der Nutzungsmöglichkeit des Accounts ausschließen.

2681 *Däubler* in: Däubler/Bonin/Deinert, AGB-Kontrolle im Arbeitsrecht, Anh. Rn 139.

2682 *Röhrborn/Lang*, BB 2015, 2357, 2361.

2683 *Röhrborn/Lang*, BB 2015, 2357, 2361.

2684 Allein im Jahr 2013 wurden in Deutschland etwa 230.000 Handy als gestohlen gemeldet, laut einer Antwort der Bundesregierung auf eine Kleine Anfrage der Abgeordneten Korte, Hahn und Jelpke u.a.; wobei in ca. 47 % der Fälle Unternehmensdaten unbefugten Dritten zugänglich werden, vgl. *Röhrborn/Lang*, BB 2015, 2357 m.w.N.

2685 *Däubler* in: Däubler/Bonin/Deinert, AGB-Kontrolle im Arbeitsrecht, Anh. Rn 142, 144.

2686 *Forst* in: Thüsing/Wurth, II Nr. 4, Rn 107.

2687 *Forst* in: Thüsing/Wurth, II Nr. 4, Rn 124; *Röhrborn/Lang*, BB 2015, 2357, 2361.

2688 *Forst* in: Thüsing/Wurth, II Nr. 4, Rn 107.

2689 *Däubler* in: Däubler/Bonin/Deinert, AGB-Kontrolle im Arbeitsrecht, Anh. Rn 147.

Die Klärung der Frage des Schicksals von Social-Media-Accounts unterscheidet sich von den Grundsätzen zur E-Mail-Nutzung, denn anders als bei Unternehmensservern hat der Arbeitgeber hier keinen Zugriff auf die Daten selbst, da diese in der Regel auf ausländischen Servern, derer sich die sozialen Netzwerke bedienen, liegen dürften.[2690]

In analoger Anwendung des **§ 667 BGB** muss der Arbeitnehmer an den Arbeitgeber als nachwirkende arbeitsvertragliche Nebenpflicht alles herausgeben, was er während des Arbeitsverhältnisses erlangt hat. Ein Zurückbehaltungsanspruch nach § 273 BGB wegen anderer Ansprüche aus dem Arbeitsverhältnis besteht in der Regel nicht.[2691] Klassicherweise fielen hierunter die von einem Arbeitnehmer angefertigte Kundendatei[2692] und Kundendaten.[2693] Es stellt sich in der digitalisierten Arbeitswelt die Frage, ob der Arbeitnehmer ebenso die Pflicht hat, über die physische Übergabe von Arbeitsmitteln hinaus, die im Account enthaltenen Informationen bzw. den gesamten Account herauszugeben. Eine Herausgabpflicht besteht nur dann, wenn der Arbeitgeber Inhaber des Accounts ist. Das scheidet naturgemäß bei rein privat genutzten Accounts generell aus.[2694] Rein dienstlich genutzte Accounts, für die eine geschäftliche E-Mail-Adresse zur Registrierung verwendet und der Geschäftssitz als Adresse angegeben wurde, und für die der Arbeitgeber ggf. für anfallende Kosten aufkommt, sind nur dem Arbeitgeber zuzuordnen und an diesen nach § 667 BGB analog herauszugeben. Die Übergabe wird faktisch durch die Übermittlung der Zugangsdaten vollzogen. Von großer praktischer Relevanz sind die Fälle von Accounts, die sowohl Gegenstand der privaten als auch der beruflichen Nutzung sind. Die Einordnung in privat oder geschäftlich erfolgt hier anhand des äußeren Erscheinungsbildes.[2695] Je nach Gesamtbetrachtung werden diese bei der Beendigung des Arbeitsverhältnisses im Ergebnis wie rein private Accounts behandelt,[2696] so dass der Arbeitgeber nur die Übertragung der Kundendaten einschließlich der geschäftlichen Korrespondenz verlangen kann.[2697] Oder aber die vorgenommene Wertung begründet das Bestehen eines rein geschäftlichen Accounts. Der Arbeitnehmer muss dann vor der Übergabe die Möglichkeit haben, rein Privates aus dem Account zu löschen.[2698] Ein Recht, die privaten Kontakte des Arbeitnehmers und seine private Korrespondent einzusehen, hat der Arbeitgeber regelmäßig nicht.[2699]

Praxishinweis

Es empfiehlt sich daher bereits frühzeitig den Fall der Beendigung des Arbeitsverhältnisses und das Schicksal von Daten in sozialen Netzwerken zu regeln. So kann etwa in die arbeitsvertragliche Herausgabeklausel aufgenommen werden, dass jedenfalls in die nicht eindeutig privat während des Arbeitsverhältnisses begründeten Kontakte ein Einsichtsrecht des Arbeitgebers besteht und Verfahren zur Bewertung festgelegt werden.[2700]

In Bezug auf die Frage, wem der Account-Name nach einer Kündigung „gehört" gilt Folgendes: Accounts, die den Namen des Arbeitgebers tragen, dürften immer dann dem Arbeitgeber „gehören", wenn sich aus dem Namen die Arbeitgeberbezogenheit herauslesen lässt, denn diese werden offensichtlich nur für und im Namen des Unternehmens gepflegt und fortgeschrieben. **1313**

2690 *Ernst*, CR 2012, 276, 278.
2691 BAG 14.12.2011, NZA 2012, 501.
2692 LAG Hamm, 26.2.1991, ARSt 1991, 182 f.
2693 BGH 28.1.1993, BB 1993, 818 ff.
2694 *Solmecke* in: Hoeren/Sieber/Holznagel, Teil 21.1 Social Media, Rn 79.
2695 *Däubler* in: Däubler/Bonin/Deinert, AGB-Kontrolle im Arbeitsrecht, Anh. Rn 259.
2696 *Solmecke* in: Hoeren/Sieber/Holznagel, Teil 21.1 Social Media Rn 81.
2697 *Bissels/Lützeler/Wisskirchen*, BB 2010, 2433, 2438; *Hoffmann-Remy/Tödtmann*, NZA 2016, 792, 793 f.
2698 *Bissels/Lützeler/Wisskirchen*, BB 2010, 2433, 2438; *Hoffmann-Remy/Tödtmann*, NZA 2016, 792, 794.
2699 *Hoffmann-Remy/Tödtmann*, NZA 2016, 792, 793 f.
2700 Vgl. *Hoffmann-Remy/Tödtmann*, NZA 2016, 792, 798.

Wenn der Arbeitgeber den Arbeitnehmer dazu veranlasst für ihn dienstlich auf Social Media-Kanälen aktiv zu sein, aber nicht unter Verwendung des Unternehmensnamens, so kann auch dieser Account-Name dem Arbeitgeber zustehen. Allerdings dürfte gegen eine weitere Verwendung des Account-Namens mit dem Klarnamen des Arbeitnehmers nach der Beendigung des Arbeitsverhältnisses das Persönlichkeitsrecht sprechen.[2701]

bb) Datenschutz und Follower auf Social Media-Kanälen

1314 Follower sind im Social-Media-Profil gespeicherte Kundendaten.[2702] Die Verfügungsgewalt an diesen Daten richtet sich nach den bereits für die Social-Media-Kanäle dargelegten Grundsätzen.

Die datenschutzrechtliche Seite stellt sich so dar, dass Follower eines privaten Accounts ihre persönlichen Daten dem privaten Account-Inhaber zugänglich machen, indem sie ihm folgen. Die Follower eines gewerblichen Twitter-Accounts stellen hingegen dem den Account unterhaltenden Unternehmen ihre persönlichen Daten zur Verfügung, und gerade nicht dem Arbeitnehmer, der den Account betreut und aktualisiert. Sollte das Unternehmen dann einen vormals privaten Kanal nutzen, um Werbung zu verbreiten, stellt sich im Rahmen von § 7 UWG auch das Problem der unzumutbaren Belästigung, da dem Unternehmen die erforderliche Einwilligung nach §§ 4, 4a BDSG fehlt.[2703]

104. Sonderurlaub

Literatur: *Faßhauer*, Rechtsfragen zur unbezahlten Freistellung, NZA 1986, 453; *von Hoyningen-Huene*, Die unbezahlte Freistellung von Arbeit, NJW 1981, 713; *Koss*, BAG: Erholungsurlaub bei unbezahltem Sonderurlaub, BB 2015, 256 *Krohn*, Der unbezahlte Sonderurlaub in arbeits- und sozialversicherungsrechtlicher Hinsicht, 1981.

a) Einführung

1315 Nicht nur persönliche Gründe, wie beispielsweise der Wunsch nach Freistellung für die Pflege eines Angehörigen, einer verlängerten Betreuungszeit für Kinder über die im Bundeselterngeld- und ElternzeitG geregelten Zeiten hinaus, die Wahrnehmung von Ehrenämtern, insbesondere politischen Funktionen, ein geplanter längerer Auslandsaufenthalt oder eine vom Arbeitnehmer gewünschte zeitintensive Fortbildung, sondern auch betriebliche Gründe (z.B. Werksschließungen bei Betriebsferien) können auf Arbeitnehmer- und/oder Arbeitgeberseite den Wunsch zum Abschluss einer Vereinbarung über die Gewährung von Sonderurlaub auslösen.[2704]

1316 Sonderurlaub ist die Vereinbarung einer Freistellung von der Arbeitsverpflichtung über die gesetzlich geregelten Fälle des Erholungsurlaubs hinaus. Denkbar ist zum einen der bezahlte Sonderurlaub mit Vergütungsfortzahlung, der in der Regel nur bei einem Bedürfnis des Arbeitgebers nach Freistellung, z.B. bei beabsichtigten Betriebsschließungen zwischen mehreren Feiertagen oder während der Ferienzeit/produktionsschwachen Zeit oder bei einer Vereinbarung zum Ausgleich ungewöhnlicher Mehrarbeit, in Betracht kommen dürfte. Äußert hingegen der Arbeitnehmer den Wunsch auf Befreiung von der Arbeitsverpflichtung aus persönlichen Gründen, z.B. für die Wahrnehmung staatsbürgerlicher Pflichten oder einen längeren Auslandsaufenthalt, ist der Abschluss einer Regelung über unbezahlten Sonderurlaub in der Regel ein geeignetes Instrument, um diesem Bedürfnis Rechnung zu tragen.

2701 *Ernst*, CR 2012, 276, 280.
2702 *Hoffmann-Remy/Tödtmann*, NZA 2016, 792; vgl. zudem *Ernst*, CR 2012, 276, 278 unter Verweis auf die prominente Gerichtsentscheidung PhoneDog LLC v. Noah Kravitz, US District Court Northern Carolina, No. C 11–03474 MEJ,
2703 *Ernst*, CR 2012, 276, 278 f.
2704 Beispiele: siehe *Krohn*, S. 32.

Unbezahlter Sonderurlaub ist die Arbeitsbefreiung des Arbeitnehmers, ohne dass während der Freistellungszeit ein Vergütungsanspruch des Arbeitnehmers besteht. Einige Fälle des unbezahlten Sonderurlaubs sind gesetzlich geregelt, z.B. in § 1 ArbPlSchG oder Art. 48 GG. Daneben gibt es vereinzelt auch tarifvertragliche Regelungen, z.B. § 28 TVöD-AT. Die Norm gewährt den im öffentlichen Dienst des Bundes/der Kommunen beschäftigten Arbeitnehmern einen Anspruch auf unbezahlten Urlaub, wenn ein wichtiger Grund vorliegt und die betrieblichen oder dienstlichen Verhältnisse es gestatten.[2705] Auch Betriebsvereinbarungen können Regelungen über die Gewährung von Sonderurlaub enthalten.[2706] Der wohl häufigste Fall ist die Gewährung von Sonderurlaub aufgrund individualvertraglicher Vereinbarung. **1317**

Klar hervorgehen sollten aus der Regelung folgende Punkte:

- für welchen konkreten Zeitraum wird Sonderurlaub gewährt;
- welchen Zweck verfolgt der Sonderurlaub;
- wird der Sonderurlaub mit oder ohne Vergütungsfortzahlung gewährt;
- inwieweit wirkt sich der Sonderurlaub auf sonstige Ansprüche des Arbeitnehmers, z.B. Gratifikationen, betriebliche Altersversorgung aus;
- ob eine Verlängerungsoption oder ein Rückkehrrecht für eine der Vertragsparteien eingeräumt werden soll;
- ob der vertragliche Mehrurlaub für die Dauer Sonderurlaubs auf den gesetzlichen Mindesturlaubsanspruch gekürzt werden soll.

Streitig ist, ob Arbeitnehmer über die gesetzlichen, tarifvertraglichen oder die in einer Betriebsvereinbarung geregelten Fälle hinaus einen Anspruch auf Gewährung unbezahlten Sonderurlaubs geltend machen können.[2707] Die Begründung eines solchen Anspruches aus der arbeitgeberseitigen Fürsorgepflicht[2708] dürfte die Ausnahme sein.[2709] Die Rechtsprechung und arbeitsrechtliche Literatur ist in diesen Fällen eher zurückhaltend.[2710] Denkbar ist die Begründung eines Anspruches auf Gewährung unbezahlten Sonderurlaubs aus betrieblicher Übung oder Gleichbehandlung, wenn es betriebsüblich ist, dass auf Wunsch eines Arbeitnehmers Sonderurlaub gewährt wird.[2711]

Unter **bezahltem Sonderurlaub** versteht man alle Arten von Arbeitsbefreiung, bei denen der Arbeitgeber seiner Vergütungspflicht weiterhin nachkommt, der Arbeitnehmer aber von seiner Arbeitsverpflichtung befreit ist.[2712] Neben einer Vielzahl gesetzlich geregelter Fälle sind die häufigsten Fälle der Gewährung bezahlten Sonderurlaubs in einer Betriebsvereinbarung, z.B. für die Dauer der Werksferien/vorübergehenden Werksschließung, geregelt. Denkbar ist aber der Abschluss einer individualvertraglichen Vereinbarung über die Gewährung von Sonderurlaub mit Vergütungsfortzahlung. Da während eines solchen Sonderurlaubs nur die Arbeitsverpflichtung des Arbeitnehmers, nicht aber die Vergütungsverpflichtung des Arbeitgebers ruht, wird die Dauer der Betriebszugehörigkeitszeit hierdurch nicht unterbrochen. **1318**

2705 Siehe hierzu BAG 30.10.2001, BAGE 99, 274 ff., AP Nr. 1 zu § 55 MTArb.

2706 Allgemeine Grundsätze über die Gewährung von Sonderurlaub sind nach § 87 Abs. 1 Ziff. 5 BetrVG mitbestimmungspflichtig, vgl. Schaub/Koch/*Schaub*, Arbeitsrecht von A–Z, Sonderurlaub. Hingegen ist die Gewährung von Sonderurlaub im Einzelfall mitbestimmungsfrei möglich.

2707 *Krohn*, S. 48, 49; *v. Hoyningen-Huene*, NJW 1981, 713, 715.

2708 *Krohn*, S. 48. m.w.N.; *Faßhauer*, NZA 1986, 453, 454; *v. Hoyningen-Huene*, NJW 1981, 713, 716.

2709 MünchArbR/*Reichold*, § 37 Rn 28; ErfK/*Preis*, § 611 BGB Rn 692.

2710 BAG 8.5.2001, NZA 2002, 160; BAG 29.11.1995, AP Nr. 1 zu § 10 GleichstellungsG Berlin; BAG 20.7.1977, AP Nr. 47 zu § 616 BGB; *Koss*, BB 2015, 556.

2711 *V. Hoyningen-Huene*, NJW 1981, 713, 715.

2712 Z.B. § 629 BGB, Bildungsurlaub nach den entsprechenden landesgesetzlichen Regelungen; weitere Beispiele bei *Krohn*, S. 37.

b)   Unbezahlter Sonderurlaub

▼

1319   Muster 1a.74: Unbezahlter Sonderurlaub

(1) Dem Arbeitnehmer wird in der Zeit von ▨▨▨▨▨ bis zum ▨▨▨▨▨ unbezahlter Sonderurlaub gewährt (Zweck: ▨▨▨▨▨).

(2) Während des Sonderurlaubs ruht das zwischen den Parteien bestehende Arbeitsverhältnis. Infolgedessen entfallen sämtliche Arbeitsverpflichtungen des Arbeitnehmers und sämtliche Entgeltzahlungspflichten des Arbeitgebers, einschließlich der Verpflichtung zur Zahlung von ▨▨▨▨▨ (*z.B. Gratifikationen, Beiträge zur betrieblichen Altersversorgung, Prämienzahlungen/Tantiemezahlungen pp.*).

(3) Ein Anspruch auf Entgeltfortzahlung im Falle des Eintritts einer Arbeitsunfähigkeit während des Sonderurlaubs besteht nicht. Eine Arbeitsunfähigkeit während des Sonderurlaubs berührt die Länge des Sonderurlaubs nicht und begründet keinen Anspruch auf Verlängerung.

(4) Der Arbeitnehmer wird darauf hingewiesen, dass er während des Sonderurlaubs selbst für seine soziale Absicherung (Krankenversicherung, Pflegeversicherung, Rentenversicherung, Arbeitslosenversicherung) Sorge tragen muss, soweit der Versicherungsschutz durch den Fortfall der Entgeltzahlungspflicht des Arbeitgebers entfällt.

(5) Die Aufnahme einer Tätigkeit bei einem anderen Arbeitgeber während des Sonderurlaubs bedarf der Zustimmung des Arbeitgebers.

(6) Eine vorzeitige Beendigung des Sonderurlaubs kann nur einvernehmlich vereinbart werden. Ein Anspruch des Arbeitnehmers hierauf besteht nicht.

(7) Beginnt oder endet der Sonderurlaub im Laufe des Kalenderjahres, hat der Arbeitnehmer einen Urlaubsanspruch in Höhe von 1/12 des vertraglich vereinbarten Jahresurlaubs für jeden vollen Kalendermonat, in dem das Arbeitsverhältnis nicht infolge des Sonderurlaubs ruhte. Der gesetzliche/tarifliche Mindesturlaubsanspruch des Arbeitnehmers bleibt hiervon unberührt.

▲

c)   Bezahlter Sonderurlaub

▼

1320   Muster 1a.75: Bezahlter Sonderurlaub

(1) Dem Arbeitnehmer wird in der Zeit von ▨▨▨▨▨ bis zum ▨▨▨▨▨ bezahlter Sonderurlaub gewährt (Zweck: ▨▨▨▨▨).

(2) Während des Sonderurlaubs ist der Arbeitnehmer von der Erbringung der Arbeitsverpflichtung freigestellt. Der Arbeitgeber ist verpflichtet, dem Arbeitnehmer weiterhin die vertraglich geschuldete Vergütung zu zahlen, mit Ausnahme des Anspruchs auf ▨▨▨▨▨ (*z.B. Gratifikationen, Beiträge zur betrieblichen Altersversorgung, Prämienzahlungen/Tantiemezahlungen pp.*).

(3) Eine vorzeitige Beendigung oder Verlängerung des Sonderurlaubs kann nur einvernehmlich vereinbart werden. Ein Anspruch hierauf besteht nicht, es sei denn, der Arbeitnehmer erkrankt während des Sonderurlaubs und wäre infolge dessen an der Erbringung der Arbeitsleistung gehindert. In diesem Fall verlängert sich der Sonderurlaub auf Verlangen des Arbeitnehmers um die Zeit der Arbeitsunfähigkeit. Der Arbeitnehmer ist verpflichtet, eine Arbeitsunfähigkeit entsprechend den Vorschriften des Entgeltfortzahlungsgesetzes in der jeweils geltenden Fassung unverzüglich anzuzeigen und nachzuweisen.

▲

d)   Hinweise und Anmerkungen:

aa)   Auswirkungen auf Sonderzahlungen/betriebliche Altersversorgung

1321   Die Frage, ob bzw. wie sich der Sonderurlaub auf den Anspruch des Arbeitnehmers auf **Sonderzahlungen**, z.B. auf Prämien-/Tantiemezahlungen oder die **betriebliche Altersversorgung** auswirkt, hängt davon ab, ob der jeweilige Tatbestand der anspruchsbegründenden Norm an die Erbringung der Arbeitsleistung oder den Bestand des Arbeitsverhältnisses anknüpft. Um Unklarheiten über das Bestehen solcher Sonderzahlungsansprüche zu vermeiden, sollte in der vertraglichen Vereinbarung über die Gewährung des Sonderurlaubs auch hierüber eine Regelung aufgenommen werden. Zu achten ist darauf, dass durch eine solche Regelung keine zwingenden gesetzlichen oder tariflichen Ansprüche, die an den Bestand des Arbeitsverhältnisses anknüpfen, abgeschnitten werden dürfen, unabhängig davon, ob der Arbeitnehmer eine Arbeitsleistung erbracht hat oder nicht (z.B. Treueprämien).[2713]

bb) Auswirkungen auf Betriebszugehörigkeitszeiten

Da auch der unbezahlte Sonderurlaub die **Betriebszugehörigkeitszeit** nicht unterbricht, führt die Sonderurlaubsregelung z.B. bei der Bemessung der Länge der Kündigungsfrist im Rahmen des § 622 BGB nicht zu einer Verkürzung der maßgebenden Betriebszugehörigkeitszeit um die Dauer des Sonderurlaubs.   **1322**

cc) Zweckbestimmung

Um Auslegungsschwierigkeiten zu vermeiden, sollte der **Zweck** des Sonderurlaubs mit in die Vereinbarung über die Gewährung von Sonderurlaub aufgenommen werden. Wollen die Parteien den Ausnahmecharakter der Regelung zum Ausdruck bringen und besteht auf Arbeitgeberseite das Bedürfnis, das Entstehen eines Anspruchs aus betrieblicher Übung oder Gleichbehandlung zu verhindern, empfiehlt es sich, den Zweck des Sonderurlaubs möglichst individuell zu formulieren.   **1323**

dd) Arbeitsunfähigkeit im Sonderurlaub

Da zumindest im Schrifttum problematisiert wird, ob bei der **Erkrankung** eines Arbeitnehmers während der Dauer des unbezahlten Sonderurlaubs eine Unterbrechung des Sonderurlaubs mit der Folge des Entstehens eines Entgeltfortzahlungsanspruches begründet wird[2714] oder ein Anspruch auf Verlängerung des Sonderurlaubs um den Zeitraum der Erkrankung entstehen kann, sollte dieser Fall ausdrücklich geregelt werden. Das BAG hat eine Vereinbarung über den Ausschluss des Anspruchs auf Verlängerung des Sonderurlaubs in diesen Fällen für zulässig erachtet, wenn ausdrücklich das Ruhen des Arbeitsverhältnisses in der Regelung über den unbezahlten Sonderurlaub vereinbart wird.[2715] Im Hinblick auf die Regelungen der §§ 310 Abs. 4 S. 2, 307 Abs. 2 Nr. 1 BGB bestehen an der Aufnahme einer solchen Ausschlussklausel in vorformulierten Vertragsbedingungen jedenfalls dann keine Bedenken, wenn der Zweck des Sonderurlaubs nicht der Erholung des Arbeitnehmers dient und der Zweck damit mit dem Gedanken des § 1 BUrlG nicht vergleichbar ist.   **1324**

Im Falle der Vereinbarung eines bezahlten Sonderurlaubs hängt die Frage, ob eine Erkrankung des Arbeitnehmers während des bezahlten Sonderurlaubs Einfluss auf die Dauer des Sonderurlaubs hat, vom Zweck des Sonderurlaubs ab. Dient dieser dem Interesse des Arbeitnehmers auf Erholung oder sonstigen Ausgleich für Mehrarbeit am Arbeitsplatz, dürfte eine analoge Anwendung des § 9 BUrlG naheliegen, weil bei einer Erkrankung während des Sonderurlaubs der von den Parteien verfolgte Zweck nicht erreicht werden kann. In anderen Fällen hingegen, insbesondere dann, wenn die Gewährung des bezahlten Sonderurlaubs im Interesse des Arbeitgebers liegt, ist für eine analoge Anwendung des § 9 BUrlG kein Raum. In die Vereinbarung sollte daher neben dem Zweck des Sonderurlaubs auch eine Vereinbarung aufgenommen werden, wie sich die Arbeitsunfähigkeit auf die Dauer des Sonderurlaubs auswirkt.

ee) Vorzeitige Beendigung

Der Arbeitgeber ist in der Regel nur dann verpflichtet, der **vorzeitigen Beendigung** eines unbezahlten Sonderurlaubs zuzustimmen, wenn diese Möglichkeit tarifvertraglich oder einzelvertraglich vereinbart ist. Eine Pflicht zur Einwilligung in die vorzeitige Beendigung des Sonderurlaubs aufgrund arbeitsrechtlicher Für-   **1325**

2713 BAG 8.3.1994, AP Nr. 5 zu § 47 SchwbG 1987.
2714 Siehe hierzu *Krohn*, S. 60 ff.
2715 BAG 25.5.1983, BAGE 43, 1 ff., DB 1993, 2526; BAG 17.11.1977, AP Nr. 8 zu § 9 BurlG.

sorgepflicht kann auch ohne tarifvertragliche oder einzelvertragliche Vereinbarung dann bestehen, wenn dem Arbeitgeber die Beschäftigung des Arbeitnehmers möglich und zumutbar ist und wenn der Grund für die Bewilligung des Sonderurlaubs weggefallen ist oder schwerwiegende negative Veränderungen in den wirtschaftlichen Verhältnissen des Arbeitnehmers eingetreten sind.[2716]

ff) Auswirkungen auf den gesetzlichen Mindesturlaub

1326 Nach höchstrichterlicher Rechtsprechung hindert die Suspendierung der wechselseitigen Hauptpflichten aus dem Arbeitsverhältnis während des unbezahlten Sonderurlaubs das Entstehen des gesetzlichen Mindesturlaubsanspruches nicht.[2717] Das BAG begründet dies damit, dass durch die Vereinbarung über das Ruhen des Arbeitsverhältnisses zwar die Pflicht zur Arbeitsleistung suspendiert wird, nicht aber ein Teilzeitarbeitsverhältnis mit einer Arbeitszeit von „0 Tagen" begründet wird. Die gesetzlichen Vorschriften, beispielsweise in § 17 Abs. 1 BBiG, die eine Kürzungsmöglichkeit des gesetzlichen Mindesturlaubsanspruches vorsehen, seien, so das BAG, nicht Ausdruck eines allgemeinen Rechtsgedankens, der eine Kürzungsmöglichkeit bei Suspendierung der Arbeitsverpflichtung vorsieht.[2718] Nach der hier vertretenen Ansicht hindert die Unabdingbarkeit des gesetzlichen Mindesturlaubsanspruches in § 13 indes die Kürzung des vertraglichen Mehrurlaubsanspruches, der über den gesetzlichen Mindesturlaubsanspruch hinausgeht, für die Dauer des Sonderurlaubs, nicht.[2719]

105. Sonderzahlung

Literatur: *Baeck/Winzer*, Neuere Entwicklungen im Arbeitsrecht, NZG 2012, 657; *Bayreuther*, Der gesetzliche Mindestlohn, NZA 2014, 865; *ders.*, Rechtsfragen des Mindestlohns in der betrieblichen und anwaltlichen Praxis – ein Update, NZA 2015, 385; *Diepold*, Die leistungsbezogene Vergütung, Diss. 2004; *Freihube*, Neue Spielregeln für arbeitsvertragliche Vereinbarungen von Sonderzahlungen, DB 2008, 124; *Gaul*, Sonderleistungen und Fehlzeiten, Diss. 1993; *Groeger*, Arbeitsvertragliche Vereinbarungen über Sondervergütungen, ArbRB 2010, 156; *Hanau/Vossen*, Die Kürzung von Jahressonderzahlung aufgrund fehlender Arbeitsleistung, DB 1992, 213; *Heiden*, Neue Entwicklungen im Recht der Sonderzahlungen, RdA 2012, 225; *Heins/Leder*, Stichtagsklauseln und Bonuszusagen – unvereinbar?, NZA 2014, 520; *Hunold*, Ausgewählte Rechtsprechung zur Vertragskontrolle im Arbeitsverhältnis, NZA-RR 2002, 225; *Laber/Reinartz*, Flexibilität und Zielvereinbarungen, ArbRB 2008, 125; *Lakies*, Neue Rechtsprechung zu Flexibilisierungsvarianten bei Sonderzuwendungen, ArbR 2013, 251; ders., AGB-Kontrolle von Sonderzahlungen, ArbR 2012, 306; *Lembke*, Das MiLoG und seine Auswirkungen auf die arbeitsrechtliche Praxis, NZA 2015, 70; *ders.*, Mindestlohngesetz – erste Rechtsprechung und praktische Erfahrungen, NZA 2016, 1; *Lingemann/Gotham*, Freiwilligkeits-, Stichtags- und Rückzahlungsregelungen bei Bonusvereinbarungen, NZA 2008, 509; *Löw*, Weihnachtsgeld, Boni & Co, AuA 2012, 717; *Mestwerth*, Feinjustierung oder Neuausrichtung? – Aktuelle Rechtsprechung des BAG zur vertraglichen Ausgestaltung von Sonderzahlungen, ArbR 2012, 547; *Oberthür/Becker*, Drum prüfe wer sich ewig bindet – Bindungsklauseln im Wandel der Rechtsprechung, ArbRB 2008, 215; *Reichold*, Vom Bleibegeld zur Stilllegungsprämie?, DB 1988, 498; *Reinecke*, Neue Regeln für Sonderzahlungen, BB 2013, 437 *Röhsler*, Gratifikation, AR-Blattei SD 820; *Salamon*, Bestandsabhängige Vergütungsgestaltung, NZA 2013, 590; *ders.*, Das Ende von Sonderzahlungen mit Mischcharakter?, NZA 2011, 1328; *Schaub*, Aktuelle Rechtsfragen der Sonderzuwendungen des Arbeitgebers, ZIP 1994, 921; *Schiefer*, Die schwierige Handhabung der Jahressonderzahlungen, NZA-RR 2000, 561; *Schrader/Schubert*, AGB-Kontrolle von Arbeitsverträgen, NZA-RR 2005, 169; *Schwarz*, Sonderzahlungen: Ausfall und Kürzungen bei Fehlzeiten, NZA 1996, 571; *Sowka*, Die Kürzung von Sonderzuwendungen wegen Fehlzeiten, NZA 1993, 783; *Zundel*, Wirksamkeit arbeitsvertraglicher Klauseln insbesondere unter dem Aspekt der AGB-Kontrolle, NJW 2006, 1237.

a) Allgemeines

1327 Der Begriff der Sonderzahlung umfasst alle Leistungen des Arbeitgebers, die nicht im unmittelbaren arbeitsvertraglichen Austauschverhältnis stehen. Es handelt sich regelmäßig um Einmalzahlungen, die nicht mit der laufenden monatlichen Vergütung ausgezahlt, sondern aus bestimmtem Anlass oder zu bestimmten Terminen zusätzlich gewährt werden. Die Bezeichnungen der in der Praxis vorkommenden Sonderzahlun-

---

2716 BAG 6.9.1994 – 9 AZR 221/93, DB 1994, 1862.
2717 BAG 6.5.2014, NZA 2014, 959.
2718 BAG 6.5.2014, NZA 2014, 959, 961; LAG Brandenburg 15.5.2012 – 3 Sa 230/12, zit.nach juris.
2719 Str., abl. *Koss*, BB 2015, 256.

gen sind vielfältig. Verbreitet ist die Bezeichnung der Sonderzahlung etwa als 13. Gehalt, Jahressonderleistung, Jahresabschlussprämie, Gratifikation, Weihnachts- oder Urlaubsgeld, als Jubiläumszuwendung oder als Anwesenheits- und Treueprämie (vgl. hierzu Rdn 298 ff.).[2720]

Sonderzahlungen sind Arbeitsvergütung im steuer- und sozialversicherungsrechtlichen Sinn und keine Schenkung des Arbeitgebers. Häufig dienen sie dennoch nicht bzw. zumindest nicht ausschließlich der Vergütung der erbrachten Arbeitsleistung, sondern sollen maßgeblich auch die (bisherige und zukünftige) Betriebstreue des Arbeitnehmers honorieren. **1328**

b) Muster: Sonderzahlung

▼

Muster 1a.76: Sonderzahlung   1329

Variante 1

Der Arbeitnehmer erhält ein zusätzliches Weihnachtsgeld in Höhe eines vollen Bruttomonatsgehalts, welches mit der Vergütung für den Monat November zur Auszahlung fällig wird.

Variante 2: Entgeltcharakter 1

Der Arbeitnehmer erhält zusätzlich zu der monatlichen Vergütung ein mit dem Novembergehalt zahlbares 13. Monatsgehalt. Im Jahr des Ein- und Austritts wird das 13. Monatsgehalt entsprechend der tatsächlichen Beschäftigungsdauer anteilig gezahlt.

Variante 3: Entgeltcharakter 2

Der Arbeitnehmer erhält für das Jahr ▮▮▮▮ mit der Novembervergütung ▮▮▮▮ % des monatlichen Bruttogehalts als Weihnachtsgeld. Die Sonderzahlung reduziert sich um 1/12 für jeden Monat, in dem der Arbeitnehmer nicht für mindestens ▮▮▮ Tage Anspruch auf Entgelt oder Entgeltfortzahlung hatte.

Variante 4: Mischcharakter

Der Arbeitnehmer erhält für das Jahr ▮▮▮▮ mit der Novembervergütung ▮▮▮▮ % des monatlichen Bruttogehalts als Weihnachtsgeld, wenn das Arbeitsverhältnis zu diesem Zeitpunkt besteht. Die Sonderzahlung reduziert sich um 1/12 für jeden Monat, in dem der Arbeitnehmer nicht für mindestens ▮▮▮ Tage Anspruch auf Entgelt oder Entgeltfortzahlung hatte.

Variante 5: Stichtag 1

Der Arbeitnehmer erhält in Anerkennung seiner Betriebstreue mit der Novembervergütung ▮▮▮▮ % des monatlichen Bruttogehalts als Weihnachtsgeld. Der Anspruch auf Weihnachtsgeld steht unter der Bedingung, dass das Arbeitsverhältnis am 30.11. seit mindestens drei Monaten besteht und zu diesem Zeitpunkt weder gekündigt ist noch durch einen bereits abgeschlossenen Aufhebungsvertrag beendet wird. Eine (auch anteilige) Zahlung bei Nichterfüllung dieser Voraussetzungen ist ausgeschlossen.

Variante 6: Stichtag 2

Der Arbeitnehmer erhält für jedes Geschäftsjahr eine variable Sonderzahlung, deren Höhe von maximal 20 % der jährlichen Festvergütung zu 40 % von individuellen und zu 60 % von unternehmerischen Zielen abhängt. Der Zahlungsanspruch entfällt, wenn das Arbeitsverhältnis vor Ablauf des jeweiligen Geschäftsjahres endet

Variante 7: Rückzahlung 1

Das Weihnachtsgeld ist zurückzuzahlen, wenn das Arbeitsverhältnis vor dem 31. März des Folgejahres durch eigene Kündigung des Arbeitnehmers, die nicht von einem arbeitgeberseitig zu vertretenden wichtigen Grund getragen ist, oder durch Kündigung des Arbeitgebers aus personen- oder verhaltensbedingten Gründen beendet wird. Der Abschluss eines Aufhebungsvertrages steht dem Ausspruch einer Kündigung gleich.

2720 *Lipke/Steinmeyer/Vogt*, S. 33 Rn 1; *Schaub/Linck*, ArbR-Hdb., § 78 Rn 1; *Schwarz*, NZA 1999, 571.

Variante 8: Rückzahlung 2

Die Arbeitnehmerin erhält eine jährliche Sonderzahlung in Höhe von ▨▨▨▨▨ EUR. Die Sonderzahlung ist im Dezember zur Auszahlung fällig. Die Sonderzahlung ist zurückzuzahlen, wenn die Arbeitnehmerin das Arbeitsverhältnis vor dem 30.06. des Folgejahres selbst kündigt, es sei denn, die Kündigung beruht auf vertragswidrigem Verhalten des Arbeitgebers, oder wenn der Arbeitgeber das Arbeitsverhältnis aus einem Grund kündigt, der in der Person oder in dem Verhalten der Arbeitnehmerin begründet liegt.

▲

c) Erläuterungen
aa) Zwecksetzung der Sonderzahlung

1330   Die Einordnung der Sonderzahlung in eine solche mit Entgelt- und/oder Gratifikationscharakter ist maßgebliches Kriterium für die Beurteilung zahlreicher mit der Sonderzahlung im Zusammenhang stehender rechtlicher Fragestellungen.

Reinen **Entgeltcharakter** haben Sonderzahlungen, mit denen ausschließlich die im Bemessungszeitraum erbrachte Arbeitsleistung des Arbeitnehmers vergütet werden soll.[2721] In diesem Fall entsteht der Anspruch auf die Sonderzahlung bereits im Laufe des Bezugszeitraums entsprechend der zurückgelegten Dauer und Arbeitsleistung und wird lediglich zu einem bestimmten späteren Zeitpunkt insgesamt fällig.[2722] Reinen **Gratifikationscharakter** haben demgegenüber Sonderzahlungen, die unabhängig von der erbrachten Arbeitsleistung allein die Betriebstreue des Arbeitnehmers belohnen wollen. Die **Sonderzahlung mit Mischcharakter** soll beide Elemente verbinden und sowohl die bereits erbrachte Arbeitsleistung und Betriebstreue belohnen als auch einen Anreiz für künftige Betriebstreue setzen.[2723] Die praktische Bedeutung der Sonderzahlung mit Mischcharakter ist aufgrund der begrenzten Zulässigkeit hierauf bezogener formularvertraglicher Bindungsklauseln (vgl. Rdn 1334) allerdings nur noch gering.

1331   Ist die Zwecksetzung der Sonderzahlung im Vertrag nicht ausdrücklich benannt, ist sie unter Berücksichtigung aller Umstände des Einzelfalls im Wege der Auslegung zu ermitteln.[2724] Der **sprachlichen Bezeichnung** kommt dabei angesichts des in der Praxis völlig uneinheitlichen Sprachgebrauchs keine entscheidende Bedeutung zu. Zwar sprechen Begriffe wie Sonderzahlung, Gratifikation, Weihnachtsgeld, Jahressonderleistung oder Urlaubsgeld für den Gratifikationscharakter einer Leistung, während der Begriff des 13. Monatsgehalts eher auf eine reine Entgeltzahlung hindeutet. Allerdings kann auch ein „Weihnachtsgeld", das im systematischen Zusammenhang mit der Vergütungsregelung steht, als reiner Vergütungsbestandteil gewertet werden.[2725] Der sprachlichen Bezeichnung der Sonderzahlung kommt daher allenfalls geringer Indizcharakter zu.[2726] Maßgeblich sind vielmehr die **vertraglichen Gesamtumstände**. Die Zwecksetzung ergibt sich dabei vor allem aus den tatsächlichen und rechtlichen Voraussetzungen, von deren Vorliegen und Erfüllung die Zahlung abhängig gemacht wird,[2727] aber auch aus der **systematischen Verortung** der Regelung innerhalb des Vertrages.[2728]

Der **Entgeltcharakter** einer Sonderzahlung wird vornehmlich dadurch betont, dass der Zahlungsanspruch unmittelbar von der Arbeitsleistung abhängt, dass er im Jahr des Ein- und Austritts anteilig gewährt wird

2721 BAG 7.11.1991, EzA Nr. 87 zu § 611 BGB Gratifikation, Prämie; *HWK/Thüsing*, § 611 BGB Rn 103.
2722 BAG 19.4.1995, AP Nr. 172 zu § 611 BGB Gratifikation.
2723 LAG Rheinland-Pfalz 4.6.2008 – 8 Sa 75/08, zit. nach juris; BAG 2.9.1992, EzA § 611 BGB Gratifikation, Prämie Nr. 95; BAG 25.4.1991, AP Nr. 137 zu § 611 BGB Gratifikation.
2724 BAG 16.3.1994, NZA 1994, 747; BAG 24.10.1990, DB 1991, 446; BAG 13.6.1991, EzA Nr. 86 zu § 611 BGB Gratifikation, Prämie.
2725 BAG 21.5.2003, EzA Nr. 8 zu § 611 BGB 2002 Gratifikation, Prämie; BAG 24.10.1990, DB 1991, 446; LAG Düsseldorf 24.1.1990, LAGE Nr. 3 zu § 611 BGB Gratifikation; *Diepold*, S. 48; *Hromadka/Schmitt-Rolfes*, S. 99.
2726 BAG 28.3.2007, NZA 2007, 687; BAG 13.6.1991, EzA Nr. 86 zu § 611 BGB Gratifikation, Prämie; LAG Rheinland-Pfalz 4.6.2008 – 8 Sa 75/08, zit. nach juris.
2727 BAG 20.10.2011, NZA 2012, 680; BAG 1.4.2009, NZA 2009, 1409; LAG Rheinland-Pfalz 4.6.2008 – 8 Sa 75/08, zit. nach juris.
2728 BAG 21.5.2003 – 10 AZR 408/02, zit. nach juris.

und für Zeiten, in denen kein Entgeltanspruch besteht, entfällt. Demgegenüber ergibt sich der **Gratifikationscharakter** einer Sonderzahlung aus der Bindung des Arbeitnehmers an das Arbeitsverhältnis, die durch Wartezeiten, Stichtags- und Rückzahlungsklauseln erreicht wird. Will der Arbeitgeber mit der Sonderzahlung andere Ziele als die Vergütung der Arbeitsleistung verfolgen, muss dies deutlich aus der ggf. konkludent getroffenen arbeitsvertraglichen Abrede hervorgehen.[2729]

bb) Auswirkung von Fehl- und Ruhenszeiten

Handelt es sich bei der Sonderzahlung um einen reinen Entgeltanspruch, so teilt diese das Schicksal der übrigen Vergütung des Arbeitnehmers. So ist die Sonderzahlung etwa bei der Entgeltfortzahlung bei Krankheit und Mutterschutz zu berücksichtigen.[2730] Scheidet der Arbeitnehmer vor der vereinbarten Fälligkeit der Leistung aus dem Arbeitsverhältnis aus, so steht ihm ein (nur) anteiliger Anspruch auf die Sonderzahlung zu.[2731] Entfällt demgegenüber die Pflicht des Arbeitgebers zur Entgeltfortzahlung, etwa bei lang andauernder Krankheit oder bei Ruhen des Arbeitsverhältnisses während der Elternzeit oder des Wehrdienstes, so besteht auch kein Anspruch auf die Sonderzahlung.[2732] Der Grundsatz der pro-rata-Leistung muss vertraglich nicht festgelegt werden,[2733] da er sich bereits aus dem vertraglichen Austauschverhältnis von Vergütung und Arbeitsleistung ergibt.[2734] Zur Betonung des Entgeltcharakters einer Sonderzahlung sollte er dennoch in die vertragliche Vereinbarung mit aufgenommen werden. **1332**

Eine Sonderzahlung mit Gratifikationscharakter ist demgegenüber grds. unabhängig von dem Umfang der tatsächlich erbrachten Arbeitsleistung. Eine Sonderzahlung, die die Betriebstreue zu belohnen bestimmt ist, ist auch für Zeiten zu zahlen, in denen keine Arbeitsleistung erbracht wurde oder in denen das Arbeitsverhältnis geruht hat, etwa während der Elternzeit oder bei Krankheit nach Ablauf der Entgeltfortzahlung.[2735] Dies gilt selbst dann, wenn im Bezugszeitraum überhaupt keine Arbeitsleistung erbracht worden ist;[2736] eine einseitige Kürzung für Fehlzeiten ist bei Sonderzahlungen mit reinem Gratifikationscharakter ausgeschlossen.[2737] Allerdings kann zur Betonung des Entgeltcharakters der Leistung ein Kürzungsrecht für Zeiträume ohne Anspruch auf Arbeitsentgelt zulässigerweise vereinbart werden (vgl. hierzu auch Rdn 298 ff.).[2738] Voraussetzung des Zahlungsanspruchs ist in der Regel nur der Bestand des Arbeitsverhältnisses zu einem bestimmten Stichtag. Endet allerdings das Arbeitsverhältnis vor dem vereinbarten Stichtag, so entsteht vorbehaltlich einer anderweitigen Vereinbarung kein, auch kein anteiliger Anspruch auf die Sonderzahlung.[2739] **1333**

cc) Zulässigkeit von Bindungsklauseln

Soll mit der Sonderzahlung die Betriebstreue des Arbeitnehmers honoriert werden, lässt sich dies mit sog. Bindungsklauseln erreichen. Dabei beinhaltet die **Stichtagsklausel** eine aufschiebende Bedingung dahingehend, dass der Anspruch auf die Sonderzahlung nur entsteht, wenn das Arbeitsverhältnis zu einem be- **1334**

2729 BAG 13.5.2015, NZA 2015, 992.
2730 BAG 24.10.1990, DB 1991, 446; BAG 10.1.1991, BB 1991, 1045; *Schiefer*, NZA-RR 2000, 561, 564.
2731 BAG 28.3.2007, NZA 2007, 687; BAG 24.10.1990, AP Nr. 135 zu § 611 BGB Gratifikaton; HWK/*Thüsing*, § 611 BGB Rn 103; *Schiefer*, NZA-RR 2000, 561; *Lipke/Steinmeyer/Vogt*, Rn 16.
2732 BAG 21.3.2001, BB 2001, 1363; BAG 24.10.1990, AP Nr. 135 zu § 611 BGB Gratifikation.
2733 BAG 21.3.2001, BB 2001, 1363; *Hromadka/Schmitt-Rolfes*, S. 100; *Tschöpe/Heiden*, Teil 2 A Rn 460.
2734 Preis/*Preis*, Arbeitsvertrag, II S 40 Rn 24; *Schwarz*, NZA 1996, 571, 574; *Röhsler*, AR-Blattei SD 820 Rn 188.
2735 BAG 10.12.2008, NZA 2009, 258; Küttner/*Griese*, Einmalzahlungen Rn 19.
2736 LAG Düsseldorf 28.10.1992, AiB 1993, 63; ErfK/*Preis*, § 611 BGB Rn 541.
2737 BAG 5.8.1992, DB 1992, 2348; BAG 16.3.1994, AP Nr. 162 zu § 611 BGB Gratifikation; Preis/*Preis*, Arbeitsvertrag, II S 40 Rn 65; *Sowka*, NZA 1993, 783, 784; *Hanau/Vossen*, DB 1992, 213, 218; *Schaub*, ZIP 1994, 921, 926.
2738 BAG 10.2.1993, NZA 1993, 803.
2739 BAG 10.12.2008, NZA 2009, 322; LAG Köln 21.1.2005, MDR 2005, 1060; BAG 7.11.1991, BB 1992, 142; Bauer u.a./*Lingemann*, S. 510 Rn 29; Küttner/*Griese*, Einmalzahlungen Rn 10; *Gaul*, S. 167.

stimmten Zeitpunkt noch besteht[2740] oder, weitergehend, dass die Beendigung des Arbeitsverhältnisses auch nicht durch eine Befristung,[2741] den Ausspruch einer Kündigung oder den Abschluss eines Aufhebungsvertrages vorbereitet ist.[2742] Die Stichtagsklausel wird zudem häufig mit einer Wartefrist verbunden, die am Stichtag bereits abgelaufen sein muss.[2743] Eine **Rückzahlungsklausel** sieht demgegenüber eine auflösende Bedingung vor, indem ein bereits entstandener und erfüllter Anspruch auf die Sonderzahlung nachträglich entfällt, weil das Arbeitsverhältnis zu einem späteren Zeitpunkt endet. Bindungsklauseln ist immanent, dass sie die Entscheidung des Arbeitnehmers, das Arbeitsverhältnis zu beenden, beeinflussen können und sollen; sie unterliegen deshalb der Inhaltskontrolle gem. § 307 BGB, da der Arbeitnehmer in seiner durch Art. 12 GG garantierten Berufsfreiheit nicht in unzulässiger Weise eingeschränkt werden darf.[2744]

(1) Rechtsnatur der Sonderzahlung

1335 Bindungsklauseln sind grundsätzlich unzulässig, wenn die Sonderzahlung reinen Entgeltcharakter besitzt (vgl. auch Rdn 1330 ff.).[2745] Demgegenüber war es nach früherer Rechtsprechung[2746] zulässig, Sonderzahlungen mit Entgeltcharakter durch die Vereinbarung von Bindungsklauseln Mischcharakter zu verleihen und damit auch den Motivationszweck der Sonderzahlung zu betonen. Nach neuerer Rechtsprechung stehen jedoch Bindungsklauseln, die Sonderzahlungen mit Entgeltcharakter erfassen, im Widerspruch zu dem Grundgedanken des § 611 Abs. 1 BGB; die Vorenthaltung einer bereits verdienten Arbeitsvergütung ist demnach stets ein unangemessenes Mittel, die selbstbestimmte Arbeitsplatzaufgabe zu verzögern oder zu verhindern. Mit ihr sind Belastungen für den Arbeitnehmer verbunden, die auch unter Berücksichtigung der berechtigten Interessen eines Arbeitgebers nicht zu rechtfertigen sind. Eine Sonderzahlung, die zumindest auch Vergütung für bereits erbrachte Arbeitsleistung darstellt, kann deshalb nicht mehr von dem Bestand des Arbeitsverhältnisses zu einem Zeitpunkt inner- oder außerhalb des Bezugszeitraums, in dem die Arbeitsleistung erbracht wurde, abhängig gemacht werden.[2747] Bindungsklauseln, die über den Bezugszeitraum hinausreichen, können deshalb nur noch für Sonderzahlungen mit reinem Gratifikationscharakter vereinbart werden,[2748] wobei das BAG bereits angedeutet hat, Sonderzahlungen, die mindestens 25 % der Gesamtvergütung ausmachen, den Charakter als reine Gratifikation absprechen zu wollen.[2749] Allerdings muss es auch weiterhin zulässig sein, bei Mitarbeitern, deren Tätigkeit unmittelbaren Einfluss auf das Unternehmensergebnis hat, den Messzeitraum für die variable Vergütung im Interesse einer nachhaltigen Unternehmensentwicklung über mehrere Jahre zu erstrecken, wie dies § 87 Abs. 1 S. 3 AktG für Vorstandsmitglieder und die Instituts-Vergütungsverordnung[2750] für Mitarbeiter im Kredit- und Versicherungswesen vorsehen.

2740 BAG 4.5.1999, AP Nr. 214 zu § 611 BGB Gratifikation; BAG 8.3.1995, AP Nr. 184 zu § 611 BGB Gratifikation; LAG Köln 25.10.2002, NZA-RR 2003, 479; Tschöpe/*Heiden*, Teil 2 A Rn 463.

2741 Kritisch zu diesem Ausschlusskriterium LAG Rheinland-Pfalz 24.4.2008 – 11 Sa 87/08, zit. nach juris.

2742 BAG 7.12.1989, BB 1990, 925; BAG 12.3.1997 – 10 AZR 559/96, n.v.

2743 BAG 27.10.2004, EzA Nr. 5 zu § 4 TVG Gebäudereinigerhandwerk; Preis/*Preis*, Arbeitsvertrag, II S 40 Rn 35.

2744 BAG 18.1.2012, NZA 2012, 561; BAG 24.10.2007, NZA 2008, 40.

2745 BAG 13.9.1974, AP Nr. 84 zu § 611 BGB Gratifikation; *Hromadka/Schmitt-Rolfes*, S. 99; Preis/*Preis*, Arbeitsvertrag, II S 40 Rn 42.

2746 BAG 28.3.2007, NZA 2007, 687.

2747 BAG 13.11.2013, NZA 2014, 368; BAG 14.11.2012, DB 2013, 346; BAG 18.1.2012, NZA 2012; BAG 6.5.2009, NZA 2009, 783; ebenso BAG 5.7.2011, AP Nr. 139 zu § 87 BetrVG 1972 Lohngestaltung, für eine in einer Betriebsvereinbarung enthaltene Bindungsklausel; LAG Köln 21.1.2015 – 11 Sa 753/14; LAG München 14.8.2014 – 4 Sa 549/13; ausführlich dazu *Heins/Leder*, NZA 2014, 520; *Reinecke*, BB 2013, 437; *Heiden*, RdA 2012, 225; *Baeck/Winzer*, NZG 2012, 657; *Lakies*, ArbR 2012, 306; kritisch *Salamon*, NZA 2013, 590; *Salamon*, NZA 2011, 1328.

2748 BAG 18.1.2012, NZA 2012, 620; LAG Düsseldorf 28.8.2012, 17 Sa 542/12.

2749 BAG 18.1.2012, NZA 2012, 561.

2750 Verordnung über die aufsichtsrechtlichen Anforderungen an Vergütungssysteme von Instituten vom 6.10.2010, BGBl 2010 I, 1374.

(2) Transparenz der Bindungsklausel

Bindungsklauseln müssen regelmäßig ausdrücklich arbeitsvertraglich vereinbart sein. Dies gilt für Stich- **1336** tags- und Rückzahlungsklauseln gleichermaßen, die bloße Festlegung eines Fälligkeitszeitpunktes allein beinhaltet bspw. noch keine Stichtagsregelung.[2751] Allerdings ist denkbar, dass sich aus dem Gesamtzusammenhang ein der Regelung immanenter Stichtag ergibt. So wird etwa angenommen, dass die Bezeichnung einer Sonderzahlung als Weihnachtsgeld eine Stichtagsregelung dahingehend beinhaltet, dass das Arbeitsverhältnis an Weihnachten bzw. an dem jeweiligen Fälligkeitstag noch bestehen muss.[2752] Dieser Auslegung soll auch das Transparenzgebot des § 307 Abs. 1 S. 2 BGB nicht entgegenstehen.[2753] Da Zweifel zu Lasten des Arbeitgebers gehen, ist jedoch stets eine eindeutige Regelung vorzuziehen.

Der Sachverhalt, der zu dem Wegfall des Anspruchs führen soll, muss in der Bindungsklausel ebenfalls ein- **1337** deutig bestimmt sein. Stellt die Stichtagsregelung auf den „ungekündigten Fortbestand" des Arbeitsverhältnisses ab, beseitigt ein Aufhebungsvertrag, eine Befristung oder die Auflösung des Arbeitsverhältnisses durch das Arbeitsgericht gem. § 9 KSchG den Anspruch auf die Sonderzahlung nicht.[2754] Eine Rückzahlung für den Fall der „Kündigung" des Arbeitsverhältnisses erfasst eine Beendigung aufgrund einer Befristung auch dann nicht, wenn der Arbeitnehmer ein Angebot zur Fortsetzung des Arbeitnehmers abgelehnt hat.[2755] Grundsätzlich gehen Auslegungszweifel, so auch bei der Bezugnahme auf eine Beendigung des Arbeitsverhältnisses „aus vom Arbeitnehmer zu vertretenden Gründen", zu Lasten des Arbeitgebers.[2756]

(3) Angemessenheit der Anspruchsvoraussetzungen

Inhaltlich unterliegt die vereinbarte Bedingung der Angemessenheitskontrolle. Maßgebliche Frage ist da- **1338** bei, ob – und wie – nach der **Veranlassung des Bedingungseintritts** differenziert werden muss. Insoweit herrscht weitgehend Konsens, dass eine Bindungsklausel, die keine **Differenzierung** hinsichtlich der Veranlassung der Beendigung des Arbeitsverhältnisses trifft, den Arbeitnehmer unangemessen benachteiligt. Dem Arbeitnehmer muss die Möglichkeit verbleiben, durch eigenes Verhalten Einfluss auf den Bestand des Zahlungsanspruchs zu nehmen.[2757] Beruht die Beendigung des Arbeitsverhältnisses auf Gründen, die im **Verantwortungsbereich des Arbeitnehmers** liegen, insbesondere bei einer (nicht arbeitgeberseitig veranlassten) Eigenkündigung oder einer verhaltensbedingten Kündigung des Arbeitgebers, bestehen gegen die Versagung der Sonderzahlung keine Bedenken.[2758] Demgegenüber ist es unangemessen, dem Arbeitnehmer den Anspruch zu verwehren, wenn die Eigenkündigung des Arbeitnehmers durch vertragswidriges Verhalten des Arbeitnehmers veranlasst ist.

Zweifel bestehen indes in den Fällen, in denen der Anlass der Beendigung keinen Schuldvorwurf begründet, **1339** jedoch dem **Risikobereich** eines der Vertragspartner zuzuordnen ist. Dies gilt insbesondere im Hinblick auf die **betriebsbedingte Beendigung** des Arbeitsverhältnisses. Bindungsklauseln, die an eine betriebsbedingte Kündigung anknüpfen, sind in der Vergangenheit grundsätzlich für zulässig erachtet worden,[2759] da der Zweck, künftige Betriebstreue zu belohnen und den Arbeitnehmer zu engagierter Mitarbeit zu moti-

---

2751 *Lipke/Steinmeyer/Vogt*, Rn 117.

2752 LAG Köln 24.9.2007 – 14 Sa 539/07, zit. nach juris; BAG 30.3.1994, AP Nr. 161 zu § 611 BGB Gratifikation; *Lipke/Steinmeyer/ Vogt*, Rn 115.

2753 BAG 10.12.2008, NZA 2009, 322; LAG Köln 24.9.2007 – 14 Sa 539/07, zit. nach juris; zweifelnd *Oberthür/Becker*, ArbRB 2008, 215.

2754 BAG 6.10.1993, AR-Blattei ES 820 Nr. 116; BAG 7.10.1992, AiB 1993, 189; *Schiefer*, NZA-RR 2000, 561.

2755 BAG 28.3.2007, NZA 2007, 687.

2756 LAG Düsseldorf 22.4.2009 – 7 Sa 1628/08, zit. nach juris.

2757 LAG München 26.5.2009 – 6 Sa 1135/08; LAG Hamm 5.2.2009 – 8 Sa 1665/08; LAG München 24.1.2008 – 4 Sa 781/07; LAG Rheinland-Pfalz 13.7.2007 – 6 Sa 315/07: jeweils zit. nach juris.

2758 LAG Hamm 5.2.2009 – 8 Sa 1665/08, zit. nach juris.

2759 BAG 28.3.2007, NZA 2007, 687; BAG 4.5.1999, NZA 1999, 1053; BAG 19.11.1992, AP Nr. 147 zu § 611 BGB Gratifikation; BAG 25.4.1991, DB 1991, 1574; offengelassen BAG 24.10.2007, DB 2008, 126; a.A. ArbG Frankfurt 31.3.1999, NZA-RR 2000, 22; *Reichhold*, DB 1988, 498.

vieren, bei bereits ausgeschiedenen oder alsbald ausscheidenden Arbeitnehmern auch dann nicht erfüllt werden kann, wenn die Beendigung des Arbeitsverhältnisses von dem Arbeitgeber selbst veranlasst ist.[2760] Die Kritik an dieser Rechtsprechung[2761] ist bei der Beurteilung vergleichbarer Klauseln im Zusammenhang mit der Rückzahlung von Ausbildungskosten nach Inkrafttreten der §§ 305 ff BGB aufgegriffen worden.[2762] Das BAG betont in diesem Zusammenhang, dass ein ausgewogener Interessenausgleich nur dann erreicht wird, wenn es der Arbeitnehmer in der Hand habe, der Rückzahlungspflicht durch eigene Betriebstreue zu entgehen; sei der Grund für die Beendigung demgegenüber ausschließlich dem Verantwortungs- und Risikobereich des Arbeitgebers zuzuordnen, dürfe dieser keine Rückzahlungspflicht auslösen.[2763] Diese Grundsätze sind richtigerweise auch bei Sonderzahlungen anzuwenden. Das BAG hat diese Frage zwar bislang offen gelassen, in mehreren **obiter dicta**[2764] jedoch ausgeführt, dass es jedenfalls bei Sonderzahlungen, die mindestens 25 % der Gesamtvergütung ausmachen, kaum interessengerecht sein kann, dem Arbeitnehmer im Falle einer nicht in seinen Verantwortungsbereich fallenden Kündigung einen ganz wesentlichen Teil seiner Vergütung vorzuenthalten. Demnach sollte bei Sonderzahlungen der Anspruchsausschluss nicht für betriebsbedingte Kündigungen vorgesehen werden.[2765] Auch die Beendigung des Arbeitsverhältnisses aufgrund einer **Befristung** dürfte kein zulässiges Ausschlusskriterium darstellen.[2766] Denkbar ist allerdings, für diese Fälle eine **zeitanteilige Zahlung** vorzusehen und so dem Einwand der Unangemessenheit zu begegnen.[2767]

1340   Zweifel über die Reichweite zulässiger Vertragsgestaltung bestehen auch bei der Beendigung des Arbeitsverhältnisses aus **personenbedingten Gründen**, insbesondere bei Krankheit oder Tod des Arbeitnehmers. Ausgehend von der Gewichtung nach Verantwortungsbereichen müssten diese zulässige Ausschlusskriterien sein. Das BAG hat jedenfalls die Geltung einer Stichtagsklausel nicht deshalb verneint, weil der Arbeitnehmer vor Erreichen des Stichtages verstorben war.[2768] Nach anderer Auffassung soll die Vereinbarung einer Rückzahlungsklausel bei „Ausscheiden aufgrund eines in der Person des Arbeitnehmers liegenden Grundes" intransparent sein.[2769]

(4) Angemessenes Maß der Bindungsdauer

1341   Wenn es auch grds. zulässig ist, den Anspruch auf eine Sonderzahlung ohne Entgeltcharakter daran zu knüpfen, dass das Arbeitsverhältnis am Auszahlungstag oder auch zu einem späteren Zeitpunkt noch besteht,[2770] ist doch diese Bindung auf die durch Art. 12 Abs. 1 GG geschützte Berufsfreiheit des Arbeitnehmers Einfluss zu nehmen bestimmt und geeignet. Die **Bindungsdauer** darf deshalb nicht unangemessen lang sein.[2771] Für die zulässige Bindungsdauer ist nach bisheriger Rechtsprechung die **Höhe der Sonderzahlung** maßgeblich.[2772] Im Grundsatz gilt: je höher die Sonderzahlung, desto länger ist die zulässige Bindungsdauer.[2773]

2760 BAG 12.1.2000 – 10 AZR 928/98, zit. nach juris; BAG 4.5.1999, NZA 1999, 1053; BAG 8.3.1995, NZA 1996, 418.

2761 ArbG Frankfurt 31.3.1999 – 2 Ca 559/99, NZA-RR 2000, 22; *Reichhold*, DB 1988, 498.

2762 BAG 6.5.1998 – 5 AZR 535/97, zit. nach juris.

2763 BAG 18.3.2014 – 9 AZR 545/12; BAG 23.1.2007 – 9 AZR 482/06; BAG 11.4.2006 – 9 AZR 610/05; ebenso LAG Sachsen-Anhalt 8.2.2007 – 9 Sa 376/06; LAG Hamm 23.8.2005 – 19 Sa 286/05; ArbG Karlsruhe vom 25.4.2006 – 6 Ca 19/06: jeweils zit. nach juris.

2764 BAG 18.1.2012, NZA 2012, 561; BAG 6.5.2009, NZA 2009, 783; BAG 24.10.2007 – 10 AZR 825/06, zit. nach juris.

2765 Ebenso LAG München 26.5.2009 – 6 Sa 1135/08, zit. nach juris; LAG Hamm 5.2.2009 – 8 Sa 1665/08; LAG München 24.1.2008 – 4 Sa 781/07; LAG Rheinland-Pfalz 13.7.2007 – 6 Sa 315/07, zit. nach juris.

2766 LAG Rheinland-Pfalz 24.4.2008 – 11 Sa 87/08, zit. nach juris.

2767 LAG Köln 8.2.2010 – 5 Sa 1204/09, zit. nach juris.

2768 BAG 6.5.2009, NZA 2009, 1601; a.A. noch LAG Düsseldorf 16.4.2008 – 12 Sa 2180/07, zit. nach juris.

2769 LAG Rheinland-Pfalz – 3 Sa 574/14.

2770 BAG 6.5.2009, NZA 2009, 1601; LAG Düsseldorf 17.11.2009 – 17 Sa 97/09, zit. nach juris.

2771 *Zundel*, NJW 2006, 1237;.

2772 BAG 28.4.2004, NZA 2004, 924; BAG 21.5.2003, NZA 2003, 1032.

2773 *Hromadka/Schmitt-Rolfes*, S. 101.

Bei der Bemessung der zulässigen Bindungsdauer wurde bislang zwischen Stichtags- und **Rückzahlungs-** **1342** **klauseln** differenziert. Bei Rückzahlungsklauseln gilt folgende **Abstufung**: Eine geringe Sonderzahlung bis zu einem Betrag von 100 EUR rechtfertigt keinerlei Bindung.[2774] Eine am Jahresende gezahlte Zuwendung, die diesen Betrag übersteigt, einen Monatsbezug des Arbeitnehmers jedoch nicht erreicht, kann den Arbeitnehmer bis zum 31. März des Folgejahres binden;[2775] dabei ist unschädlich, wenn die Auszahlung bereits im November erfolgt.[2776] Die Rückzahlungsverpflichtung entsteht in diesem Fall nur dann, wenn der Arbeitnehmer *vor* dem 31. März ausscheidet, nicht aber, wenn die Kündigung das Arbeitsverhältnis *zum* 31. März beendet.[2777] Erreicht die Sonderzahlung den Betrag eines Monatsgehalts, ist eine Bindung des Arbeitnehmers über den 31. März hinaus bis zum nächstmöglichen Kündigungstermin zulässig.[2778] Beträgt die Sonderzahlung mehr als ein Monatsgehalt aber weniger als zwei Monatsgehälter, kann eine Bindung bis zum 30. Juni des Folgejahres vereinbart werden, wenn der Arbeitnehmer bis zu diesem Zeitpunkt mehrere Möglichkeiten zur Kündigung hatte.[2779] Eine noch weitergehende Bindung des Arbeitnehmers kommt nur in Ausnahmefällen in Betracht, wenn die Sonderzahlung ein Monatsgehalt erheblich übersteigt und eine eindrucksvolle und beachtliche Zuwendung darstellt.[2780] Bei der Beurteilung der zulässigen Bindungsdauer kommt es grds. auf den Zeitpunkt der Auszahlung der Sonderzahlung an. Die vorstehenden Grundsätze gelten daher entsprechend auch für ein im Mai ausgezahltes **Urlaubsgeld**. Wird eine Sonderzahlung in mehreren **Teilbeträgen** geleistet, hängt die zulässige Bindungsdauer nicht von der Summe der Sonderzahlungen ab, sondern von der Höhe des jeweiligen Auszahlungsbetrages.[2781]

Etwas großzügiger konnte bislang die Bindungsdauer bei **Stichtagsregelungen** bemessen werden, da die **1343** damit verbundene Belastung des Arbeitnehmers geringer ist. Die Bindungswirkung einer Regelung, die das Entstehen eines Anspruchs von vornherein verhindert und damit nur die Erwartung einer zusätzlichen Leistung enttäuscht, ist auch dann, wenn eine Bindung des Arbeitnehmers über den Bezugszeitraum hinaus erreicht werden soll, geringer als bei einem Arbeitnehmer, der zur Rückzahlung einer möglicherweise bereits verbrauchten Leistung verpflichtet wird.[2782] So ist etwa eine im Ergebnis halbjährige Bindung bei einer Sonderzahlung in Höhe eines Monatsgehalts als zulässig angesehen worden.[2783]

Ob an diesem **unterschiedlichen Maßstab** für Stichtags- und Rückzahlungsklauseln auch unter der Geltung der §§ 305 ff. BGB festzuhalten ist, hat das BAG mittlerweile ausdrücklich offen gelassen.[2784] Problematisch ist zudem, dass sich die Angemessenheit des Verhältnisses zwischen der Höhe der Sonderzahlung und der Länge der Bindungsdauer in ihr Gegenteil verkehrt, wenn die Sonderzahlung einen wesentlichen Anteil an der Vergütung des Arbeitnehmers ausmacht und gerade dadurch zur Rechtfertigung einer langen Vertragsbindung herangezogen soll. Richtigerweise wird man deshalb davon ausgehen müssen, dass Sonderzahlungen, die mehr als 25 % der Gesamtvergütung darstellen, nicht wirksam mit einer Bindungsklausel verbunden werden können (vgl. Rdn 1339). Für geringere Sonderzahlungen sollten vorsorglich die für Rückzahlungsklauseln entwickelten Grenzen eingehalten werden.

2774 BAG 17.3.1982, DB 1982, 2144.

2775 BAG 25.4.2007, NZA 2007, 875; BAG 9.6.1993, NZA 1993, 935; BAG 28.1.1981, BB 1981, 1217; LAG Rheinland-Pfalz 10.2.2009 – 3 Sa 537/08.

2776 BAG 15.3.1973, BAGE 25, 102.

2777 BAG 21.5.2003, MDR 2003, 1297.

2778 BAG 28.4.2004, NZA 2004, 924; BAG 21.5.2003, MDR 2003, 1297; BAG 10.5.1962, NJW 1962, 1537; Preis/*Preis*, Arbeitsvertrag, II S 40 Rn 98; Bauer u.a./*Lingemann*, S. 75 Rn 100g.

2779 Tschöpe/*Heiden*, Teil 2 A Rn 469; *Schaub/Linck*, ArbR-Hdb., § 78 Rn 49.

2780 BAG 27.10.1978, DB 1979, 898.

2781 BAG 21.5.2003, MDR 2003, 1297.

2782 BAG 30.11.1989 – 6 AZR 21/88, n.v.

2783 BAG 30.11.1989 – 6 AZR 21/88, n.v.

2784 BAG 24.10.2007, DB 2008, 126.

1344 Zusätzlich ist zu berücksichtigen, dass die Angemessenheitskontrolle einer Bindungsklausel nur dann vorgenommen werden kann, wenn im Zeitpunkt des Vertragsschlusses die **Höhe der Sonderzahlung** und damit die zulässige Bindungsdauer **bekannt** ist.[2785] Sonderzahlungen, deren Höhe ungewiss ist, können daher nur dann mit einer Bindungsklausel verbunden werden, wenn die Höhe der Sonderzahlung zumindest in Form eines Mindestbetrages oder eines Betragsrahmens vorgegeben ist.[2786]

(5) Folgen unangemessener Bindung

1345 Beinhaltet die Bindungsklausel eine nach den vorstehenden Grundsätzen unangemessene Benachteiligung des Arbeitnehmers, ist die Klausel **insgesamt unwirksam**. Sie kann wegen des Verbots der geltungserhaltenden Reduktion nicht auf das noch zulässige Maß zurückgeführt werden.[2787] In Zweifelsfällen sollte die Bindungsklausel daher grundsätzlich **teilbar** ausgestaltet werden, damit im Falle der Unwirksamkeit eines Teils der Regelung der verbleibende Regelungsinhalt bestehen bleiben kann („blue pencil test").[2788]

dd) Anrechnung von Sonderzahlungen auf den Mindestlohn

1346 Mit der Einführung des Mindestlohngesetzes (MiLoG) zum 16.8.2014 hat sich die Frage ergeben, ob und in welchem Umfang Sonderzahlungen auf den gesetzlichen Mindestlohn gemäß § 1 Abs. 2 MiLoG angerechnet werden können.

Dabei stellt sich zunächst die Frage, ob der Mindestlohn stundenbezogen zu leisten ist oder ob auch eine Durchschnittsbetrachtung zulässig ist. Nach h.M. ist den Anforderungen des MiLoG auch dann genügt, wenn nicht explizit eine Stundenvergütung vereinbart ist, solange im jeweiligen Fälligkeitszeitraum gemäß § 2 Abs. 1 MiLoG die Vergütung des Arbeitnehmers insgesamt den gesetzlichen Mindestlohn erreicht. Welche Zahlungen dabei auf den Mindestlohn angerechnet werden können, ist bislang nicht in allen Details geklärt. Nach überwiegender Auffassung kann hierzu auf die Rechtsprechung des EuGH zur Entsenderichtlinie 96/71/EG zurückgegriffen werden.[2789] Demnach können alle Vergütungsbestandteile in den Mindestlohn einbezogen werden, die das Verhältnis zwischen der Leistung des Arbeitnehmers und der Gegenleistung, die er dafür erhält, nicht verändern.[2790] Das BAG geht von einer Anrechnung aus, wenn der Zweck der Leistung des Arbeitgebers mit dem Zweck des Mindestlohnes „funktionell gleichwertig" ist, wenn also die Zahlung des Arbeitgebers die „normale Arbeitsleistung" des Arbeitnehmers abgelten soll.[2791]

Sonderzahlungen sind deshalb zum einen nur dann mindestlohnwirksam, wenn sie zumindest auch die Arbeitsleistung des Arbeitnehmers vergüten sollen, nicht aber, wenn sie als reine Gratifikation lediglich die Betriebstreue honorieren sollen.[2792] Zum anderen können nur monatlich verstetigte, mindestens aber in den Fälligkeitszeitraum des § 2 Abs. 1 MiLoG fallende Zahlungen als mindestlohnwirksam angesehen werden.[2793] Sonderzahlungen, die monatlich unwiderruflich ausgezahlt werden, sind damit auf den Mindestlohn anzurechnen.[2794] Sonderzahlungen, die nur ein- oder zweimal jährlich ausgezahlt werden, können demgegenüber zwar ebenfalls Entgeltcharakter besitzen, wegen der Fälligkeitsregelung des § 2 Abs. 1 MiLoG allerdings nur insoweit als Bestandteil des Mindestlohns berücksichtigt werden, wie die Auszahlung in den jeweiligen Referenzzeitraum fällt. Ist als Referenzzeitraum der jeweilige Kalendermonat zu be-

---

2785 BAG 24.10.2007, DB 2008, 126: LAG München 24.1.2008 – 4 Sa 781/07; LAG Niedersachsen 1.4.2008 – 1 Sa 1023/07, zit. nach juris.

2786 *Oberthür/Becker*, ArbRB 2008, 215; *Laber/Reinartz*, ArbRB 2008, 125.

2787 BAG 24.10.2007, DB 2008, 126; BAG 23.1.2007, EzA Nr. 19 zu § 307 BGB 2002; *Hunold*, NZA-RR 2002, 225, 230.

2788 *Oberthür/Becker*, ArbRB 2008, 215.

2789 ErfK/*Franzen*, MiLoG § 1 Rn 11; *Däubler*, NJW 2014, 1924.

2790 EuGH 14.4.2005, NZA 2005, 773; EuGH 7.11.2013, NZA 2013, 1359.

2791 BAG 18.4.2012, NZA 2013, 392; BAG 16.4.2014, NZA 2014, 1277.

2792 LAG Hamm 14.1.2016 – 18 Sa 1279/15; LAG-Berlin Brandenburg 2.10.2015 – 9 Sa 570/15; ArbG Herne 7.7.2015 – 3 Ca 684/15.

2793 ArbG Stuttgart 10.3.2016 – 11 Ca 6834/15.

2794 LAG Hamm 14.1.2016 – 18 Sa 1279/15; LAG Berlin-Brandenburg 2.10.2015 – 9 Sa 570/15; *Bayreuther*, NZA 2015, 385; 389; *Lembke*, NZA 2016, 1; BT-Drucks 18/1558, S. 67.

trachten, kann z.B. ein im Juni gezahltes Urlaubsgeld nur für die Mindestlohnansprüche im Juni berücksichtigt werden, nicht jedoch für die Mindestlohnansprüche im Mai oder Juli.[2795]

Die nachträgliche Umwandlung einmaliger Sonderzahlungen in mindestlohnwirksame monatliche Leistungen ist nur in engen Grenzen möglich. Eine hierauf gerichtete Änderungskündigung müsste den strengen Anforderungen an eine Änderungskündigung zur Entgeltreduzierung genügen.[2796] Eine arbeitsvertragliche Änderungsvereinbarung, sofern sie im Rahmen allgemeiner Vertragsbedingungen erfolgt und in unmittelbarem zeitlichem Zusammenhang zu der Einführung des gesetzlichen Mindestlohns erfolgt ist, könnte an § 3 S. 1 MiLoG zu messen sein,[2797] möglicherweise zudem gegen § 307 BGB verstoßen. Die nachträgliche „Zwölftelung" einer arbeitsvertraglich vereinbarten Sonderzahlung durch Betriebsvereinbarung ist demgegenüber zulässig, wenn die Sonderzahlung kollektiven Bezug aufweist.[2798]

106. Sozialversicherung

Literatur: *Bachmann*, Ist Schwarzlohn immer Nettolohn?, Stbg 2007, 65; *Bieback*, Das neue Anfrageverfahren bei der Feststellung der Sozialversicherungspflicht, BB 2000, 873; *Kazmierczak*, Die Neuregelung der geringfügigen Beschäftigungsverhältnisse zum 1. April 2003, NZS 2003, 186; *Kolmhuber*, Verdecktes Arbeitsverhältnis – Rückabwicklung nach Statusurteil, ArbRB 2003, 12; *Merten*, § 7a SGB IV: Statusverfahren erlaubt keine Elementenfeststellung, SGb 2010, 271; *Moderegger*, Risikominimierung bei der Beschäftigung von freien Mitarbeitern, ArbRB 2010, 376; *Ohle*, Statusverfahren von freien Mitarbeitern bei Presse, Rundfunk und Fernsehen, ArbRB 2006, 371; *Reiserer/Freckmann*, Scheinselbstständigkeit – heute noch ein schillernder Rechtsbegriff, NJW 2003, 182; *Reufels/Litterscheid*, Arbeitsrechtliche Probleme durch Schwarzgeldabreden, ArbRB 2005, 89.

a) Allgemeines

Versicherungspflichtig in den einzelnen Zweigen der gesetzlichen Sozialversicherung ist, wer gegen Arbeitsentgelt beschäftigt wird.[2799] Der Begriff der Beschäftigung erfasst gem. **§ 7 Abs. 1 SGB IV** die nichtselbstständige Arbeit, insbesondere in einem Arbeitsverhältnis. Im Rahmen eines Arbeitsverhältnisses ist daher stets auch ein sozialversicherungspflichtiges Beschäftigungsverhältnis gegeben, wenn auch der grds. weiter reichende Begriff der Beschäftigung abhängige Beschäftigungsformen auch außerhalb eines Arbeitsverhältnisses erfassen kann. **1347**

Die durch eine abhängige Beschäftigung begründete **Sozialversicherungspflicht** führt regelmäßig auch zur **Beitragspflicht**, wobei die Höhe der zu entrichtenden Beiträge von der Höhe der geschuldeten Vergütung, der Beitragsbemessungsgrenze und den Beitragssätzen abhängt. Für die Feststellung, ob ein sozialversicherungspflichtiges Beschäftigungsverhältnis vorliegt, für die richtige Berechnung der Beiträge und für deren Entrichtung an die Einzugsstelle ist gem. §§ 28d, 28e SGB IV allein der Arbeitgeber verantwortlich.[2800] Einzugsstelle für den Gesamtsozialversicherungsbeitrag eines Arbeitnehmers ist gem. § 28h Abs. 1 SGB IV die Krankenkasse, bei der die Krankenversicherung des Arbeitnehmers durchgeführt wird; dieser sind unaufgefordert schriftliche Beitragsnachweise zu übermitteln, § 28f Abs. 3 S. 1 SGB IV, und die Beitragszahlungen zur Verfügung zu stellen. Dabei ist die Fälligkeit der Beitragszahlung gem. § 23 SGB IV mit Wirkung zum 1.1.2006 vorverlegt worden.[2801] Während in der Vergangenheit die Beitragszahlung nachträglich bis zum 15. des Folgemonats erfolgen konnte, sind die Beiträge mittlerweile am drittletzten Bankarbeitstag des Monats, in dem die Beschäftigung ausgeübt worden ist, in voraussichtlicher Höhe der Beitragsschuld fällig; etwaige Restbeträge sind mit dem nächsten Fälligkeitstermin zu entrichten. Unterlässt **1348**

2795 *Lembke*, NZA 2015, 70; *Bayreuther*, NZA 2015, 385.
2796 LAG Berlin-Brandenburg 2.10.2015 – 9 Sa 570/15 und 25.9.2015 – 8 Sa 677/15.
2797 LAG Hamm 14.1.2016 – 18 Sa 1279/15.
2798 BAG 25.5.2016 – 5 AZR 135/16; LAG Berlin-Brandenburg 12.1.2016 – 19 Sa 1851/15.
2799 § 25 Abs. 1 SGB III, § 5 Abs. 1 Nr. 1 SGB V, § 1 Nr. 1 SGB VI, § 2 Abs. 1 Nr. 1 SGB VII, § 20 Abs. 1 Nr. 1 SGB XI.
2800 *Küttner/Griese*, Sozialversicherungsbeiträge Rn 1.
2801 Gesetz zur Änderung des Vierten und Sechsten Buches des Sozialgesetzbuchs vom 3.8.2005, BGBl I 2005, 2269.

der Arbeitgeber pflichtwidrig die Abführung von Sozialversicherungsbeiträgen, kann er sich nach § 266a StGB wegen des Vorenthaltens und Veruntreuens von Arbeitsentgelt strafbar machen.[2802]

Bemessungsgrundlage für den Gesamtsozialversicherungsbeitrag ist das Arbeitsentgelt aus der versicherungspflichtigen Beschäftigung (§§ 342 SGB III, 226 Abs. 1 S. 1 Nr. 1 SGB V, 162 Nr. 1 SGB VI, 57 Abs. 1 SGB XI). Dabei gilt für die Bestimmung des beitragspflichtigen Arbeitsentgelts gemäß §§ 22, 23 SGB IV das Entstehungsprinzip, nicht das Zuflussprinzip. Entscheidend für die Beitragshöhe ist demnach das geschuldete Arbeitsentgelt, nicht das tatsächlich ausgezahlte.[2803] Zahlt der Arbeitgeber den gesetzlichen Mindestlohn deshalb nicht oder nicht vollständig aus, verringert dies nicht die aus dem Mindestlohn zu berechnende Beitragsschuld.[2804] Soweit der Arbeitgeber als Generalunternehmer gemäß § 13 MiLoG i.V.m. § 14 AEntG für die Mindestlohnansprüche der Arbeitnehmer von Subunternehmern haftet, bezieht sich dies allerdings nur auf die Nettolohnforderung.[2805]

1349 Die Beiträge werden von dem Beschäftigten und dem Arbeitgeber anteilig getragen.[2806] Da der Arbeitgeber im Außenverhältnis gegenüber den Trägern der Sozialversicherung alleiniger Beitragsschuldner ist, hat er gem. § 28g S. 1 SGB IV gegen den Arbeitnehmer einen Anspruch auf den von diesem zu tragenden Teil des Gesamtsozialversicherungsbeitrages. Dieser Anspruch kann nur durch Abzug vom Arbeitsentgelt geltend gemacht werden. Ein unterbliebener **Beitragsabzug** kann – unter Beachtung der Pfändungsfreigrenzen – grds. nur bei den folgenden drei Lohn- oder Gehaltszahlungen nachgeholt werden;[2807] ein späterer Abzug ist nur dann zulässig, wenn der Beitragsabzug ohne Verschulden des Arbeitgebers – etwa aufgrund einer unzutreffenden Auskunft der Einzugsstelle – unterblieben ist; in diesem Fall ist der Beitragsabzug entsprechend der Verjährungsfrist des § 25 Abs. 1 SGB IV innerhalb den folgenden vier Jahren vorzunehmen.[2808] Diese Grundsätze gelten auch für den vom Arbeitnehmer allein zu tragenden besonderen Beitrag zur gesetzlichen Krankenversicherung gem. § 241a Abs. 1 SGB V.[2809]

1350 Auch bei schuldlosem Unterlassen des rechtzeitigen Beitragsabzugs kann der Erstattungsanspruch des Arbeitgebers grundsätzlich nur durch den Abzug vom Lohn des Arbeitnehmers realisiert werden.[2810] Dieser begrenzte Beitragsabzug soll den Arbeitnehmer vor dem Auflaufen hoher Beitragsforderungen und späterer Erstattungsforderungen des Arbeitgebers bewahren. Der Arbeitnehmer soll im laufenden Arbeitsverhältnis darauf vertrauen können, dass seine Entgeltansprüche nicht mit Beitragsabzügen aus länger zurückliegenden Abrechnungsperioden belastet werden.[2811] Bei beendetem Arbeitsverhältnis kann der Arbeitgeber seinen Erstattungsanspruch daher grundsätzlich nicht mehr realisieren.[2812]

1351 Ausnahmsweise gewährt **§ 28g S. 4 SGB IV** eine von dem Beitragsabzugsverfahren unabhängige Möglichkeit zur Durchsetzung des Erstattungsanspruchs, wenn der Arbeitnehmer seine ihm gegenüber dem Arbeitgeber obliegenden **Mitteilungspflichten** nach § 28o Abs. 1 SGB IV in vorsätzlicher oder grob fahrlässiger Weise verletzt und dadurch die fehlende Beitragszahlung mit verursacht hat.[2813] Der Arbeitnehmer ist gem.

2802 BGH 12.6.2012, DStR 2012, 2451, BGH 7.10.2009, NStZ 2010, 337; *Reufels/Litterscheid*, ArbRB 2005, 89; zum Schadensersatzanspruch des Geschäftsführers gegenüber den Sozialversicherungsträgern vgl. BGH 18.12.2012, NJW 2013, 1304.
2803 BSG 7.5.2014 – B 12 R 18/11 R.
2804 LAG Berlin-Brandenburg 29.1.2016 – L 1 KR 26/14.
2805 BAG 17.8.2011 – 5 AZR 490/10.
2806 § 346 Abs. 1 SGB III, § 249 Abs. 1 SGB V, § 168 Abs. 1 Nr. 1 SGB VI, § 58 Abs. 1 SGB XI; anders in der gesetzlichen Unfallversicherung, in der der Arbeitgeber alleiniger Beitragsschuldner ist, § 160 Abs. 1 SGB VII.
2807 KassKomm/*Wehrhahn*, § 28g SGB IV Rn 8.
2808 BSG 25.10.1990, NZA 1991, 493.
2809 LAG Niedersachsen 29.10.2008 – 15 Sa 1901/07, zit. nach juris.
2810 *Kolmhuber*, ArbRB 2003, 12.
2811 BAG 1.2.2006, ZMV 2006, 164; LAG Rheinland-Pfalz 26.8.1999, ArbuR 2000, 76.
2812 LAG Rheinland-Pfalz 29.1.2010 – 9 Sa 580/09, zit. nach juris; LAG Schleswig-Holstein 18.1.2005 – 2 Sa 501/04, n.v.; LAG Düsseldorf 7.2.1995, LAGE Nr. 4 zu § 28g SGB IV; *Ohle*, ArbRB 2006, 371.
2813 Preis/*Rolfs*, Beschäftigung, geringfügige II B 20 Rn 34; KassKomm/*Wehrhahn*, § 28g SGB IV Rn 14a; Küttner/*Griese*, Sozialversicherungsbeiträge, Rn 6; vgl. auch LAG Köln 25.1.1996, Die Beiträge 1997, 165.

§ 28o SGB IV verpflichtet, dem Arbeitgeber die zur Durchführung des Meldeverfahrens und der Beitragszahlung erforderlichen Angaben zu machen, ggf. unter Vorlage aller hierfür erforderlichen Unterlagen. Übt der Versicherte mehrere Beschäftigungen aus, so besteht die Auskunfts- und Vorlagepflicht nach § 28o Abs. 1 SGB IV gegenüber allen beteiligten Arbeitgebern. Von dieser Pflicht umfasst ist auch die Verpflichtung zur unaufgeforderten Mitteilung etwaiger während des Beschäftigungsverhältnisses eintretenden Änderungen; diese sind dem Arbeitgeber unaufgefordert mitzuteilen, wenn sie erkennbar für die Versicherungspflicht relevant sind, insbesondere wenn frühere Angaben nicht mehr zutreffen.[2814]

Die gesetzliche Versicherungspflicht steht nicht zur Disposition der Arbeitsvertragsparteien.[2815] Die gesetzlichen Regelungen des Beitragsabzugs sind deshalb **unabdingbar**; Vereinbarungen, die zum Nachteil des Arbeitnehmers von den sozialversicherungsrechtlichen Bestimmungen abweichen, sind gem. § 32 SGB I grds. unwirksam. Die Möglichkeiten der Vertragsgestaltung im Zusammenhang mit der sozialversicherungsrechtlichen Behandlung eines Arbeitsverhältnisses sind daher außerordentlich begrenzt.   1352

b) Vereinbarungen über den sozialversicherungsrechtlichen Status

▼

Muster 1a.77: Vereinbarungen zum sozialversicherungsrechtlichen Status   1353

Sozialversicherungsfreie Beschäftigung

Die Vertragspartner sind darüber einig, dass zwischen ihnen kein versicherungspflichtiges Beschäftigungsverhältnis begründet wird. Eine über den Umfang dieser Vereinbarung hinausgehende persönliche, wirtschaftliche oder soziale Abhängigkeit wird nicht begründet. Der Auftragnehmer unterliegt bei der Durchführung der übertragenen Tätigkeiten nicht den Weisungen des Auftraggebers. Er ist in der Gestaltung seiner Tätigkeit frei und entscheidet im Rahmen der vertraglichen Vereinbarungen selbstständig über Zeit, Ort und inhaltliche Ausgestaltung seiner Tätigkeit.

Von dem Abschluss eines Arbeitsvertrages ist von den Vertragspartnern in Ausübung ihrer Vertragsfreiheit bewusst abgesehen worden. Eine Umgehung arbeits- oder sozialrechtlicher Schutzvorschriften ist dadurch nicht beabsichtigt; dem freien Mitarbeiter soll vielmehr die von ihm gewünschte volle Entscheidungsfreiheit über die Verwertung seiner Arbeitskraft belassen werden.

Statusbezogene Mitteilungspflichten

Der Mitarbeiter ist verpflichtet, der Gesellschaft jede Änderung seiner persönlichen Verhältnisse, insbesondere solche, die sich auf die Steuer- und Sozialversicherungspflicht des Mitarbeiters auswirken können, unverzüglich mitzuteilen und durch geeignete Unterlagen zu belegen. Eine Verletzung dieser Mitteilungspflicht kann Schadensersatzansprüche der Gesellschaft gegenüber dem Mitarbeiter nach sich ziehen.

Durchführung des statusbezogenen Anfrageverfahrens

Der Arbeitgeber wird zur Bestimmung des sozialversicherungsrechtlichen Status des Mitarbeiters binnen eines Monats nach Aufnahme der Tätigkeit ein Anfrageverfahren gemäß § 7a SGB IV einleiten. Der Mitarbeiter verpflichtet sich, für den Zeitraum zwischen der Aufnahme der Tätigkeit und der bestandskräftigen Entscheidung über die Statusanfrage eine Absicherung gegen das finanzielle Risiko von Krankheit und zur Altersvorsorge vorzunehmen, die nach Art und Höhe den Leistungen der gesetzlichen Krankenversicherung und der gesetzlichen Rentenversicherung entspricht. Der Mitarbeiter stimmt hiermit zu, dass im Falle der Feststellung einer versicherungspflichtigen Beschäftigung die Versicherungspflicht erst mit Bekanntgabe der Entscheidung eintritt.

▲

2814 LAG Köln 21.2.2006, AR-Blattei ES 1400 Nr. 77; KassKomm/*Wehrhahn*, § 28o SGB IV Rn 2.
2815 BAG 15.11.2012, NZA 2013, 568.

c) Erläuterungen

aa) Bestehen eines Beschäftigungsverhältnisses

1354 Das Bestehen eines Beschäftigungsverhältnisses und damit der **Eintritt der Sozialversicherungspflicht** kann vertraglich nur begrenzt beeinflusst werden. Nach ständiger Rechtsprechung ist Arbeitnehmer und damit versicherungspflichtig, wer eine Leistung auf der Grundlage eines privatrechtlichen Vertrages, gegen Entgelt und im Rahmen einer von Dritten bestimmten Arbeitsorganisation erbringt. Dabei zeigt sich die Eingliederung in eine fremde Arbeitsorganisation insbesondere darin, dass der Beschäftigte dem Weisungsrecht des Arbeitgebers unterliegt, das Inhalt, Durchführung, Zeit, Dauer und Ort der Tätigkeit betrifft.[2816] Demgegenüber ist selbstständig, wer im Wesentlichen frei seine Tätigkeit gestalten und seine Arbeitszeit bestimmen kann.[2817] Die weitgehend **weisungsunabhängige Ausübung der Tätigkeit** und die **eigenverantwortliche Bestimmung der Arbeitszeit** sind daher wesentliche Abgrenzungsmerkmale. Eine etwaige wirtschaftliche Abhängigkeit oder die Tätigkeit nur für einen Auftraggeber ist demgegenüber für die Annahme der Arbeitnehmereigenschaft unerheblich.[2818] Die Kriterien des BSG zur Feststellung einer abhängigen Beschäftigung sind mit diesen Maßstäben im Wesentlichen identisch; maßgeblich ist auch hier, wie § 7 Abs. 1 S. 2 SGB IV ausdrücklich betont, die persönliche Abhängigkeit des Beschäftigten, d.h. die Eingliederung in den Betrieb und die Unterordnung unter das Weisungsrecht des Arbeitgebers in Bezug auf Zeit, Dauer, Ort und Art der Arbeitsausführung.[2819]

1355 Die Prüfung, ob eine abhängige Beschäftigung vorliegt, erfolgt grundsätzlich anhand der getroffenen vertraglichen Vereinbarungen.[2820] Entscheidend ist letztendlich allerdings die **konkrete Durchführung des Vertrages;**[2821] weicht die Vertragsdurchführung von den formellen Vertragsbestimmungen ab, spricht dies für einen abweichenden Parteiwillen.[2822] Allein die vertragliche Gestaltung einer selbstständigen Tätigkeit vermag die Versicherungspflicht nicht auszuschließen, wenn die tatsächliche Vertragsdurchführung in persönlicher Abhängigkeit erfolgt,[2823] so dass es nicht ausreicht, das Vertragsformular „beurteilungssicher" auszugestalten. Die dem Mitarbeiter vertraglich eingeräumten Rechte müssen ihm auch tatsächlich gewährt werden. Faktische Beschränkungen können, auch wenn sie nicht vertraglich fixiert werden, die Selbstständigkeit beseitigen. Dem im Vertrag dokumentierten Willen, kein sozialversicherungspflichtiges Beschäftigungsverhältnis begründen zu wollen, kommt aber zumindest dann indizielle Bedeutung zu, wenn dieser den sonstigen tatsächlichen Verhältnissen nicht offensichtlich widerspricht und durch weitere Aspekte gestützt wird.[2824]

1356 Zu beachten ist dabei auch, dass der sozialversicherungsrechtliche Status für den **Bestand des Arbeitsverhältnisses** grds. unerheblich ist. Der Wegfall der Sozialversicherungsfreiheit rechtfertigt daher nicht den Ausspruch einer personenbedingten Kündigung, sondern allenfalls eine Anpassung des Arbeitsvertrages, soweit die Änderung des sozialversicherungsrechtlichen Status eine wesentliche Störung der Geschäftsgrundlage darstellt.[2825]

2816 BSG 13.3.2015 – B 12 KR 17/13 R; BAG 29.8.2012, NZA 2012, 1433; BAG 15.2.2012, NZA 2012, 731; BAG 20.1.2010, DB 2010, 788; BAG 6.7.1995, BB 1995, 1964.

2817 BAG 16.2.1994, AP Nr. 15 zu § 611 BGB Rundfunk; BAG 16.7.1997, NZA 1998, 368; BAG 19.11.1997, NZA 1998, 364.

2818 BAG 15.2.2012, NZA 2012, 733; BAG 15.12.1999, BB 2000, 1837.

2819 BSG 10.8.2000, SozR 3–2400 § 7 Nr. 15; BSG 4.6.1998, SozR 3–2400 § 7 Nr. 13; LSG Nordrhein-Westfalen 14.3.2012 – L 8 R 121/09; LSG Berlin-Brandenburg 28.1.2009 – L 9 KR 101/03, n.v.

2820 LSG Rheinland-Pfalz 31.3.2010 – L 6 3/09, n.v.

2821 BAG 12.9.1996, NZA 1997, 194.

2822 BSG 28.5.2008 – B 12 KR 13/07 R, USK 2008–45; LSG Nordrhein-Westfalen 10.6.2009 – L 16 R 53/08, n.v.; *Moderegger*, ArbRB 2010, 376.

2823 Preis/*Rolfs*, Arbeitsvertrag, I D Rn 8.

2824 BSG 28.5.2008 – B 12 KR 13/07 R, USK 2008–45.

2825 BAG 18.1.2007, NZA 2007, 680; zur kündigungsrechtlichen Relevanz des Studentenstatus vgl. aber BAG 18.9.2008, NZA 2009, 425.

bb) Rechtsfolgen unzutreffender Beurteilung der Sozialversicherungspflicht

Die **unzutreffende sozialversicherungsrechtliche Behandlung** eines Arbeitsverhältnisses hat für die Ver- **1357** tragsparteien weitreichende Folgen. Stellt sich nachträglich heraus, dass entgegen der Vorstellungen der Parteien ein Beschäftigungsverhältnis i.S.v. § 7 Abs. 1 S. 1 SGB IV vorliegt, obliegt dem Arbeitgeber die rückwirkende Beitragszahlung einschließlich der auf die Beiträge entfallenden Arbeitnehmeranteile.[2826] Die rückwirkende Beitragspflicht verjährt erst nach vier Jahren; ist die Beitragszahlung vorsätzlich unterblieben, unterliegt die Beitragsnachforderung lediglich einer dreißigjährigen Verjährungsfrist, § 25 Abs. 1 SGB IV. Die Beitragsnachforderung kann daher für den Arbeitgeber existenzgefährdende Ausmaße erreichen, insbesondere vor dem Hintergrund, dass die Realisierung des Erstattungsanspruchs hinsichtlich der Arbeitnehmeranteile durch den begrenzten Beitragsabzug erschwert wird.

Dieses Risiko kann auch durch eine vertragliche Regelung nicht gemindert werden. Die vertragliche Belas- **1358** tung des Arbeitnehmers mit den Arbeitgeberanteilen ist grds. nicht möglich.[2827] Da gesetzlich eine Übernahme der Arbeitgeberanteile an dem Gesamtsozialversicherungsbeitrag durch den Arbeitnehmer nicht vorgesehen ist, kann diese wegen § 32 Abs. 1 SGB I auch vertraglich nicht in zulässiger Weise vereinbart werden. Auch die Belastung des Arbeitnehmers mit den Arbeitnehmeranteilen über die gesetzlichen Bestimmungen hinaus beinhaltet eine unzulässige Benachteiligung des Arbeitnehmers; eine arbeitsvertragliche Erweiterung des Lohnabzugsverfahrens ist daher ebenso unzulässig.[2828] Vereinbarungen, mit denen für den Fall der nachträglichen Feststellung der Beitragspflicht der Arbeitnehmer allein mit der Beitragszahlung belastet werden soll, sind daher nicht nur unwirksam, sondern können darüber hinaus den Verdacht begründen, dass der Arbeitgeber seine Beitragspflicht zumindest für möglich gehalten und die Beitragszahlung dadurch bedingt vorsätzlich unterlassen hat; auch in diesem Fall gilt für rückständige Beitragspflichten die dreißigjährige Verjährungsfrist.[2829] Von derartigen Vereinbarungen ist daher dringend abzuraten.

cc) Vereinbarung statusbezogener Mitteilungspflichten

Obgleich eine Verpflichtung des Arbeitnehmers zur Beitragsübernahme über die gesetzlichen Vorgaben **1359** hinaus auf arbeitsvertraglicher Basis nicht wirksam begründet werden kann, kann die vertragliche Gestaltung die gesetzlich bestehenden Regressmöglichkeiten des Arbeitgebers zumindest verbessern.

Verletzt der Arbeitnehmer die durch § 28o SGB IV begründeten **Mitteilungspflichten**, kann der Arbeit- **1360** geber die Erstattung der Arbeitnehmeranteile auch außerhalb des Lohnabzugsverfahrens verlangen, § 28g S. 4 SGB IV. Die Auskunfts- und Vorlagepflicht besteht auch ohne entsprechende Aufforderung durch den Arbeitgeber. Die Regelung in dem vorstehenden Muster ist daher nur deklaratorischer Natur, führt dem Arbeitnehmer die bestehende Pflichtenstellung jedoch nochmals vor Augen und rechtfertigt i.d.R. die Annahme einer zumindest grob fahrlässigen Pflichtverletzung.[2830]

Die vertragliche Konkretisierung der Mitteilungspflichten ist v.a. in denjenigen Fällen zu empfehlen, in de- **1361** nen der Arbeitgeber zur sachgerechten Beurteilung der Versicherungspflicht auf die Angaben des Arbeitnehmers angewiesen ist, weil dieser ungeachtet der Ausübung einer abhängigen Beschäftigung ausnahmsweise nicht oder nicht in allen Versicherungszweigen der Versicherungspflicht unterliegt. Dies gilt etwa für Studenten, v.a. aber für geringfügig Beschäftigte. **Geringfügig Beschäftigte** unterliegen auch in einer abhängigen Beschäftigung nicht der Sozialversicherungspflicht;[2831] der Arbeitgeber hat lediglich pauschale Sozialversicherungsbeiträge zu entrichten. Übt der Arbeitnehmer jedoch mehrere geringfügige Beschäfti-

---

2826 Die Übernahme der Arbeitnehmeranteile dabei nur dann keine lohnsteuerpflichtige Zuwendung an den Arbeitnehmer, wenn die Beitragsentrichtung nicht bewusst unterblieben ist, BFH 13.9.2007, BB 2007, 2551.
2827 LAG Schleswig-Holstein 18.1.2005 – 2 Sa 501/04, n.v.; LAG Rheinland-Pfalz 26.8.1999, AuR 2000, 76; LAG Köln 28.1.1994 – 4 (2) Sa 970/93, n.v.
2828 Preis/*Rolfs*, Arbeitsvertrag, I D Rn 1 ff.
2829 Vgl. dazu BSG 21.6.1990, DB 1992, 2090.
2830 LAG Köln 21.2.2006, AR-Blattei ES 1400 Nr. 77.
2831 Küttner/*Schlegel*, Geringfügige Beschäftigung Rn 27.

gungen aus, die gem. § 8 Abs. 2 SGB IV zusammenzurechnen sind, unterliegt der Arbeitnehmer in allen Beschäftigungen der Sozialversicherungspflicht. Eine Zusammenrechnung erfolgt auch dann, wenn der Arbeitnehmer neben einer versicherungspflichtigen (Haupt-) Beschäftigung mehr als eine geringfügige Beschäftigung i.S.v. § 8 Abs. 1 Nr. 1 SGB IV ausübt.[2832] In diesem Fall bleibt nach Auffassung der Spitzenverbände nur die zeitlich zuerst aufgenommene geringfügige Beschäftigung versicherungsfrei, während in dem nachfolgenden Beschäftigungsverhältnis Beiträge zur Sozialversicherung zu entrichten sind.[2833] Auch die Unkenntnis des Arbeitgebers von anderen Beschäftigungsverhältnissen des geringfügig Beschäftigten ändert nichts an dem Eintritt der Versicherungspflicht; der Arbeitgeber haftet unabhängig von seiner Kenntnis anteilig für die Beiträge aus dem mit ihm bestehenden Beschäftigungsverhältnis.[2834] Er kann auch bei ordnungsgemäßer Meldung der Beschäftigung allein aufgrund einer Untätigkeit der Einzugsstelle nicht darauf vertrauen, dass ein Beitragseinzug unterbleibt; schützenswertes Vertrauen kann nur dadurch hergestellt werden, dass eine positive Entscheidung der Einzugsstelle über die Versicherungspflicht eingeholt wird.[2835] Allerdings ist das **Risiko der rückwirkenden Beitragsverpflichtung** durch § 8 Abs. 2 S. 3 SGB IV bei geringfügig Beschäftigten dadurch gemildert, dass die Versicherungspflicht erst mit dem Tag der Bekanntgabe der Feststellung, dass keine geringfügige versicherungsfreie Beschäftigung mehr vorliegt, eintritt;[2836] dies gilt auch dann, wenn der Arbeitgeber vorsätzlich oder grob fahrlässig unterlassen hat, den Sachverhalt für die versicherungsrechtliche Beurteilung etwa durch Befragung des Arbeitnehmers aufzuklären.[2837]

1362   Die Mitteilungspflicht des Arbeitnehmers aus § 28o SGB IV ist nicht bereits dann verletzt, wenn dieser die Höhe der Einkünfte aus einem anderen Beschäftigungsverhältnis nicht ungefragt offenbart, sofern dem Arbeitgeber jedenfalls der Bestand des zweiten Beschäftigungsverhältnisses bekannt ist.[2838] Um den erweiterten Beitragsregress zu gewährleisten, sollte von dem Arbeitnehmer daher konkret Auskunft über den Bestand anderer Beschäftigungsverhältnisse und über die Höhe der hieraus erzielten Einkünfte verlangt werden; bei wahrheitswidriger Beantwortung ist sichergestellt, dass die Erstattung der Arbeitnehmeranteile an den Sozialversicherungsbeiträgen auch außerhalb des Lohnabzugsverfahrens verlangt werden kann. Da formularmäßigen Erklärungen in vorformulierten Verträgen jedoch das Verbot des § 309 Nr. 12 BGB entgegensteht (vgl. Rdn 676), sollten entsprechende Erklärungen außerhalb des Vertrages, ggf. im Rahmen eines Personalfragebogens eingeholt werden.

1363   Auch die Verletzung der Mitteilungspflicht gem. § 28o SGB IV führt allerdings nicht dazu, dass der Arbeitnehmer auch die **Arbeitgeberanteile** an den Sozialversicherungsbeiträgen zu erstatten hätte. Diese Regelung soll nicht den Arbeitgeber vor dem Entstehen einer Beitragspflicht schützen, sondern lediglich die Voraussetzungen für die ordnungsgemäße Abwicklung und Erfüllung der gesetzlichen Beitragspflichten schaffen; die Verletzung der sozialrechtlichen Meldepflicht kann daher auch keinen deliktischen Anspruch des Arbeitgebers gegen den Arbeitnehmer nach § 823 Abs. 2 BGB begründen.[2839] Auch ein Nebentätigkeitsverbot zur Vermeidung der Sozialversicherungspflicht wäre nichtig.[2840] Ob die bewusste Täuschung des Arbeitgebers durch die wahrheitswidrige Beantwortung eines konkreten Auskunftsverlangens zu einer anderen Beurteilung führt, ist bislang nicht abschließend geklärt. In diesen Fällen ist zumindest ein Schadensersatzanspruch wegen sittenwidriger Täuschung gem. § 826 BGB in Betracht zu ziehen. Während teil-

2832 ErfK/*Rolfs*, §§ 8, SGB IV Rn 18.
2833 Preis/*Rolfs*, Arbeitsvertrag, II B 20 Rn 21; *Kazmierczak*, NZS 2003, 186, 188.
2834 BSG 23.2.1988, SozR 2100 § 8 Nr. 5; LSG Schleswig-Holstein 10.6.2003, NZS 2004, 432.
2835 LSG Schleswig-Holstein 10.6.2003, NZS 2004, 432.
2836 ErfK/*Rolfs*, §§ 8, 8a SGB IV Rn 22.
2837 Bayerisches LSG 22.10.2008 – L 13 KN 16/08; LSG Baden-Württemberg 9.4.2008 – L 5 R 2125/07; SG Leipzig 13.5.2009 – S 8 KR 382/08.
2838 LAG Schleswig-Holstein 21.9.2004 – 2 Sa 250/04, n.v.
2839 BAG 27.4.1995, NZA 1995, 935.
2840 LAG Köln 28.1.1994 – 4 (2) Sa 970/93, n.v.; BAG 18.11.1988, AP Nr. 3 zu § 611 BGB Doppelarbeitsverhältnis.

weise angenommen wird, dass § 28g SGB IV als Spezialvorschrift allgemeine deliktische Schadensersatz-ansprüche und damit auch § 826 BGB generell ausschließt,[2841] wurde ein Erstattungsanspruch von anderen Gerichten bejaht.[2842] Das BAG hat diese Frage bislang offen gelassen.[2843]

dd) Durchführung des statusbezogenen Anfrageverfahrens

Bestehen Zweifel an der zutreffenden Statusbeurteilung des Mitarbeiters, kann sich der Arbeitgeber letzt-lich nur durch **Einschaltung der Sozialversicherungsträger** vor nachträglichen Beitragszahlungen wirk-sam schützen. Dabei bietet sich v.a. die Einleitung eines **statusbezogenen Anfrageverfahrens gem. § 7a SGB IV**[2844] an, das auch nach Beendigung des Beschäftigungsverhältnisses noch durchgeführt werden kann.[2845] In diesem Verfahren, das nur zulässig ist, solange über die Versicherungspflicht noch nicht be-standskräftig entschieden wurde,[2846] entscheidet die Deutsche Rentenversicherung Bund auf Antrag eines der Vertragspartner unter Berücksichtigung aller Umstände des Einzelfalls nicht nur über das Bestehen ei-nes Beschäftigungsverhältnisses,[2847] sondern insgesamt über die Versicherungspflicht. Im Gegensatz zu der Statusentscheidung im Rahmen einer regelmäßigen Betriebsprüfung hat dieses Verfahren den Vorteil, dass die **Versicherungspflicht erst mit Bekanntgabe der Entscheidung** eintritt, wenn das Statusverfah-ren binnen eines Monats nach Aufnahme der Beschäftigung eingeleitet wird,[2848] der Beschäftigte dem spä-teren Beginn der Versicherungspflicht zustimmt und in der Zwischenzeit eine den gesetzlichen Versiche-rungssystemen entsprechende Absicherung des Arbeitnehmers gegen Krankheit und Alter bestanden hat, § 7a Abs. 6 SGB IV. Außerhalb dieses Anfrageverfahrens wird die Versicherungspflicht bei Vorliegen der-selben Voraussetzungen nur dann auf den Zeitpunkt der Bekanntgabe verlagert, wenn nicht einer der Par-teien Vorsatz oder grobe Fahrlässigkeit hinsichtlich der fehlerhaften Statusbeurteilung vorzuwerfen ist, § 7b SGB IV.

1364

Durch das Anfrageverfahren kann der Arbeitgeber daher die Beitragsrisiken für die Vergangenheit mini-mieren. Dazu ist jedoch die **Zustimmung des Arbeitnehmers** erforderlich. Ob diese Zustimmung bereits im Rahmen des Arbeitsvertrags wirksam erteilt werden kann, ist von der Rechtsprechung bislang nicht ab-schließend geklärt.[2849] Eine Nichtigkeit gem. § 32 Abs. 1 SGB I ist jedenfalls nicht zwingend, da etwaige versicherungsrechtliche Nachteile, die der Arbeitnehmer durch den späteren Eintritt der Versicherungs-pflicht erleiden mag, auch bei einer späteren Zustimmungserklärung eintreten würden. In Formularverträ-gen dürfte eine vorformulierte Zustimmungserklärung jedoch als Tatsachenbetätigung mit dem Klauselver-bot des § 309 Nr. 12 BGB kollidieren (vgl. Rdn 676). Die Zustimmungserklärung sollte daher vorsorglich außerhalb eines Formularvertrages individuell eingeholt werden.

1365

Alternativ besteht in Zweifelsfällen für den Arbeitgeber die Möglichkeit, den Arbeitnehmer als versiche-rungspflichtig Beschäftigten zu behandeln und die Beiträge unter Einbehaltung des Arbeitnehmeranteils bis zu einer statusbezogenen Entscheidung an die Einzugsstelle abzuführen; auch in diesem Fall kann das Anfrageverfahren gem. § 7a SGB IV durchgeführt werden.[2850] Stellt sich nachträglich heraus, dass eine Versicherungspflicht nicht bestand, werden die Beiträge jeweils anteilig an Arbeitgeber und Arbeit-nehmer erstattet.

1366

2841 LAG Köln 28.1.1994 – 4 (2) Sa 970/93, n.v.

2842 Hessisches LAG 12.10.1992 – 10 Sa 360/92, n.v.; LAG Rheinland-Pfalz 14.10.1992 – 2 Sa 315/92, n.v.

2843 BAG 27.4.1995, NZA 1995, 935; BAG 18.11.1988, DB 1989, 781; BAG 3.4.1958, AuR 1959, 157.

2844 Eingeführt durch das Gesetz zur Förderung der Selbstständigkeit vom 20.12.1999, BGBl I 2000, 2.

2845 BSG 4.6.2009, SozR 4–2400 § 7a Nr. 3.

2846 Sächsisches LSG 14.8.2006 – L 1 B 205/05 KR-PKH, n.v.

2847 BSG 4.6.2009 – B 12 R 6/08 R, USK 2009–72 m. Anm. *Merten*, SGb 2010, 217; BSG 11.3.2009, SozR 4–2400 § 7a Nr. 2 m. krit. Anm. *Plagemann*, EWiR 2009, 689.

2848 Dazu ausführlich *Bieback*, BB 2000, 873; *Reiserer/Freckmann*, NJW 2003, 182.

2849 Zustimmend *Weber/Oberthür*, S. 25; ablehnend Preis/*Rolfs*, Arbeitsvertrag, I D Rn 2 f.

2850 LSG Baden-Württemberg 23.3.2010 – L 11 R 5564/08, n.v.

ee) Vereinbarungen über Schwarzarbeit

1367 **Schwarzarbeit** liegt vor, wenn die Arbeitsvertragsparteien – i.d.R. konkludent – vereinbaren, dass die die Beschäftigung ohne Meldung an die Einzugsstelle und die Finanzverwaltung und damit ohne die Entrichtung von Steuern und Beiträgen erfolgen soll. In diesem Fall ist zwar die Vereinbarung der Schwarzarbeit nichtig, der Arbeitsvertrag im Übrigen bleibt jedoch wirksam.[2851] Gem. § 14 Abs. 2 S. 2 SGB IV gilt bei Schwarzgeldabreden ein Nettoarbeitsentgelt als vereinbart. Wie bei einer echten Nettolohnvereinbarung wird dabei das tatsächlich gezahlte Entgelt im sog. Abtastverfahren in ein hypothetisches Bruttoarbeitsentgelt hochgerechnet.[2852] Für die Verteilung der Beitragslast gelten die vorstehenden Ausführungen entsprechend.

107. Sprachkenntnisse

Literatur: *Boemke/Schönfelder*, Arbeitsvertragsschluss mit sprachunkundigen Arbeitnehmern, NZA 2015, 1222; *Greßlin*, Nichtberücksichtigung bei Einstellungen wegen unzureichender Deutschkenntnisse keine Diskriminierung nach dem AGG, BB 2008, 115; *Herbert/Oberrath*, Beherrschung und Verwendung der deutschen Sprache bei der Begründung des Arbeitsverhältnisses, DB 2009, 2434; *dies.*, Beherrschung und Verwendung der deutschen Sprache bei Durchführung und Beendigung des Arbeitsverhältnisses, DB 2010, 391; *dies.*, Betriebsrat und Sprache, NZA 2012, 1260; *Hinrichs/Stütze*, Die Sprache im Arbeitsverhältnis nach fünf Jahren AGG: Eine Bestandsaufnahme, NZA-RR 2011, 113; *Hunold*, Abmahnung und Kündigung wegen Leistungs- und/oder Qualifikationsdefiziten des Mitarbeiters – Eine aktuelle Bestandsaufnahme, NZA-RR 2014, 169; *Latzel*, Sprachanforderungen an Arbeitnehmer und Leistungsstörung, RdA 2013, 73; *Moll/Reichel*, „Green Card" – Verfahren, Voraussetzungen und arbeitsrechtliche Fragen, RdA 2001, 308; *Mückl/Butz*, Fremdsprache als arbeitsrechtliches Risiko, ArbRAktuell 2013, 34; *Rieble*, Sprache und Sprachrisiko im Arbeitsrecht, FS Löwisch, 2007, S. 229; *Temming*, Verstehen Sie Deutsch? Sprachenunkenntnis beim Vertragsschluss und bei der AGB-Kontrolle, GPR 2016, 38

a) Allgemeines

1368 Die Beherrschung einer Sprache kann in unterschiedlichen Zusammenhängen arbeitsrechtliche Relevanz erlangen.[2853] Anlass für Streitigkeiten kann bereits die **Vertragssprache** bieten. Gemeint ist jene Sprache, in der die Parteien ihr Arbeitsverhältnis begründen, gestalten und beenden. Die Vertragssprache ist relevant zur Beantwortung der Frage, ob der Arbeitgeber oder der Arbeitnehmer die rechtlichen Nachteile zu tragen hat, die entstehen können, wenn der Arbeitnehmer die Bedeutung einseitiger Willenserklärungen oder von Rechtsgeschäften mangels hinreichender Sprachkenntnisse nicht richtig erfasst. Bezüglich der damit angesprochenen **Verteilung des Sprachrisikos** gilt Folgendes: Der Abschluss und die Änderung von **Arbeitsverträgen** ist selbst dann in deutscher Sprache zulässig, wenn der betroffene Arbeitnehmer dieser nur unvollkommen mächtig ist.[2854] Dies überzeugt deshalb, weil im Abschluss des schriftlichen, in deutscher Sprache ausgefertigten Vertrages zugleich die konkludente Wahl von Deutsch als Vertragssprache liegt.[2855] Auch eine Pflicht zur Übersetzung der AGB besteht in diesem Fall nicht.[2856] Das gleiche gilt, wenn die Verhandlungs- und die Vertragssprache auseinander fallen. Für diesen Fall wird zwar vertreten, dass AGB nur dann Vertragsbestandteil werden sollen, wenn der Verbraucher der Vertragssprache mächtig ist.[2857] Die

2851 BAG 26.2.2003, NZA 2004, 313; vgl. auch BGH 21.12.2000, BB 2001, 385; *Reufels/Litterscheid*, ArbRB 2005, 89.
2852 Küttner/*Schlegel*, Schwarzarbeit Rn 39; krit. *Bachmann*, Stbg 2007, 65; a.A. zur früheren Rechtslage BSG 22.9.1988, SozR 2100 § 14 Nr. 22.
2853 Zur Anfechtung einer Betriebsratswahl vgl. BAG 13.10.2004, AP Nr. 1 zu § 2 WahlO BetrVG 1972. Allg. zum Thema „Betriebsrat und Sprache" *Herbert/Oberrath*, NZA 2012, 1260.
2854 BAG 19.3.2014, NZA 2014, 1076, 1079; Schaub/*Koch*, ArbR-Hdb., § 27 Rn 35; *Moll/Reichel*, RdA 2001, 308, 314; Küttner/*Röller*, Personalhandbuch, Ausländer, Rn 9. Siehe dazu auch LAG Frankfurt 7.6.1974, BB 1975, 788.
2855 S. auch LAG Rheinland-Pfalz 2.2.2012 – 11 Sa 569/11, juris; LAG Niedersachsen 18.3.2005, NZA-RR 2005, 401, 402.
2856 BGH 10.3.1983, NJW 1983, 1489.
2857 *H. Schmidt*, in: Ulmer/Brandner/Hensen, Anh. § 305 BGB Rn 14; *Moll/Reichel*, RdA 2001, 308, 314; *Temming*, GPR 2016, 38, 43f.; *Boemke/Schönfelder*, NZA 2015, 1222, 1225. Diese gehen zudem (auf S. 1227 f.) davon aus, dass die Sprachdefizite des anderen Teils nach § 307 Abs. 1 S. 2 BGB in seiner europarechtskonformen Auslegung inhaltlich angemessen berücksichtigt werden müssen.

Gegenauffassung – der sich das BAG angeschlossen hat[2858] – betont dagegen zu Recht, dass das Unterzeichnen eines Vertrags in Unkenntnis seines Inhalts in den Risikobereich des Arbeitnehmers fällt und dieser daher das Sprachrisiko zu tragen habe.[2859] Der des Deutschen nicht mächtige Arbeitnehmer muss sich behandeln lassen wie eine Person, die einen Vertrag ungelesen unterschreibt.[2860] Insbesondere ist es unerheblich, ob die Vertragsverhandlungen in einer anderen als der Vertragssprache geführt wurden.[2861] Für ihn nachteilige Klauseln – wie z.B. Ausschlussfristen – muss ein Arbeitnehmer somit gegen sich gelten lassen, selbst wenn er sie mangels Kenntnis der deutschen Sprache nicht verstanden hat.[2862] Eine allgemeine **Übersetzungspflicht des Arbeitgebers** besteht, abgesehen von gesetzlich normierten Ausnahmetatbeständen (z.B. § 11 Abs. 2 S. 2 AÜG, § 2 Abs. 5 WO), nicht.

Das BAG hat es in einer älteren Entscheidung als vertretbar erachtet, den Zugang einer **Abmahnung** erst **1369** nach Ablauf einer angemessenen Zeitspanne anzunehmen, die bei verkehrsüblicher Sorgfalt für den sprachunkundigen Arbeitnehmer erforderlich ist, um eine Übersetzung zu erlangen.[2863] Die Wirksamkeit einer **Ausgleichsquittung** wird überwiegend ebenfalls davon abhängig gemacht, dass der Arbeitnehmer sie verstanden hat.[2864] Auch bei Kündigungserklärungen wird vertreten, dass die **Kündigung** erst nach Ablauf einer angemessenen Übersetzungsfrist wirksam wird.[2865] Nach anderer Ansicht soll die Kündigung dagegen bereits mit ihrem Zugang wirksam werden.[2866] Zum Teil wird auch vertreten, dass einseitige Willenserklärungen, die ein Arbeitnehmer mangels ausreichender Sprachkenntnisse nicht versteht, generell unwirksam seien.[2867] Das **BAG** hat nunmehr zu Recht klargestellt, dass einseitige Willenserklärungen dem Arbeitnehmer auch dann zugehen, wenn dieser der deutschen Sprache nicht mächtig ist.[2868] Das gilt nicht nur für den Zugang des Arbeitsvertragsangebots, sondern auch für die Kündigung und – entsprechend – für den Zugang einer Abmahnung. Das gebietet die Rechtssicherheit.

Eine Sprache wird nicht als Vertragssprache, sondern als **Leistungssprache** relevant, wenn ihre Kenntnis **1370** ein Qualifikationsmerkmal für die geschuldete Tätigkeit ist. Der Arbeitnehmer hat seine Arbeitsleistung dann (auch) in einer bestimmten Sprache zu erbringen.[2869] Das Vorhandensein entsprechender Sprachkenntnisse kann ein Arbeitgeber sich vertraglich bestätigen lassen. Hierin liegt jedenfalls dann keine verbotene mittelbare **Diskriminierung** wegen der Rasse oder ethnischen Herkunft, wenn die Beherrschung der Fremdsprache einen hinreichenden Bezug zur Tätigkeit des Arbeitnehmers hat.[2870] Fehlen die Sprachkenntnisse und damit die fachliche Qualifikation, ist dies grds. ein personenbedingter Kündigungsgrund,[2871] vorausgesetzt die Erforderlichkeit der Sprachkenntnisse ist offensichtlich bzw. der Arbeitgeber

---

2858 BAG 19.3.2014, NZA 2014, 1076, 1080.

2859 LAG Rheinland-Pfalz 2.2.2012 – 11 Sa 569/11, juris;s. auch *Rieble*, in: FS Löwisch, S. 229, 239.

2860 BAG 19.3.2014, NZA 2014, 1076, 1079; LAG Rheinland-Pfalz 2.2.2012 – 11 Sa 569/11, juris; LAG Niedersachsen 18.3.2005, NZA-RR 2005, 401, 402; zust. *Worzalla*, ZfA, 2015, 523, 532.

2861 BAG 19.3.2014, NZA 2014, 1076, 1080.

2862 LAG Rheinland-Pfalz 2.2.2012 – 11 Sa 569/11, juris; LAG Niedersachsen 18.3.2005, NZA-RR 2005, 401, 402.

2863 BAG 9.8.1984, NZA 1985, 124, 125.

2864 LAG Köln 24.11.1999, MDR 2000, 528; LAG Frankfurt 6.2.1974, BB 1975, 562; Küttner/*Röller*, Personalhandbuch, Ausländer, Rn 13.

2865 LAG Hamm 4.1.1979, NJW 1979, 2488; LAG 24.3.1988, AP Nr. 9 zu § 5 KSchG 1969; *Becker-Schaffner*, BB 1998, 422, 423; Küttner/*Eisemann*, Personalhandbuch, Kündigung allgemein, Rn 53.

2866 LAG Hamburg, LAGE § 130 BGB Nr. 16; LAG Köln 24.3.1988, NJW 1988, 1870, 1871; KR/*Friedrich/Klose*, § 4 KSchG Rn 136; APS/*Preis*, Grundlagen D Rn 43; Küttner/*Röller*, Personalhandbuch, Ausländer, Rn 13 m.w.N.

2867 Schaub/*Koch*, ArbR-Hdb., § 27 Rn 35.

2868 BAG 19.3.2014, NZA 2014, 1076, 1080.

2869 Ausf. *Latzel*, RdA 2013, 73.

2870 BAG 22.6.2011, NZA 2011, 1226, 1230; BAG 28.1.2010, NZA 2010, 625 = BB 2010, 1733 m. Anm. *Leder*; siehe dazu auch ArbG Berlin 26.9.2007 – 14 Ca 10356/07, juris m. Anm. *Greßlin*, BB 2008, 115 und *Hinrichs/Stütze*, NZA-RR 2011, 113; siehe auch LAG Rheinland-Pfalz 16.4.2015 – 5 Sa 638/14, juris; *Hunold*, NZA-RR 2014, 169, 173.

2871 BAG 28.1.2010, NZA 2010, 625 = BB 2010, 1733 m. Anm. *Leder*; *Rieble*, in: FS Löwisch, S. 229, 246; *Herbert/Oberrath*, DB 2010, 391, 394; Siehe auch LAG Hessen 19.7.1999, MDR 2000, 403.

kann sie darlegen.[2872] Im Rahmen der anzustellenden Interessenabwägung ist dann zu Ungunsten des Arbeitnehmers zu berücksichtigen, dass ihm aufgrund der Zusicherung der Sprachkenntnisse die große Bedeutung derselben für das Arbeitsverhältnis bewusst war.[2873] Es ist auch denkbar, die Vertragssprache während des laufenden Arbeitsverhältnisses zu ändern oder Anforderungen an Sprachkenntnisse anzupassen.[2874] Ist dies im Wege des Direktionsrechts nicht möglich,[2875] kommt eine Änderungs- bzw. Beendigungskündigung in Frage.[2876]

b) Formulierungsvorschläge

1371   *Sprachkenntnisse, Vertragssprache*

Der Arbeitnehmer bestätigt, die für die Durchführung und Beendigung des Arbeitsverhältnisses notwendigen Kenntnisse der deutschen Sprache zu besitzen. Den Arbeitsvertrag hat der Arbeitnehmer gelesen und verstanden; von der ihm angebotenen Möglichkeit einer Übersetzung in seine Muttersprache hat er keinen Gebrauch gemacht.

1372   *Sprachkenntnisse, Leistungssprache*

Der Arbeitnehmer ist sich bewusst, dass die fließende Beherrschung der englischen Sprache in Wort und Schrift eine unabdingbare Voraussetzung für diese Position ist und versichert, die englische Sprache fließend in Wort und Schrift zu beherrschen.

108. Stock Option

1373 Erläuterungen hierzu befinden sich unter dem Stichwort Aktienoptionen (siehe oben Rdn 254 ff.).

109. Suspendierung

1374 Erläuterungen hierzu befinden sich unter dem Stichwort Freistellung (siehe oben Rdn 880 ff.).

110. Tantieme

Literatur: *Becker-Schaffner*, Die Rechtsprechung zur Gewinnbeteiligung, AuR 1991, 304; *Krienke/Schnell*, VorstAG und weitere Neuregelungen als Reaktion auf die Finanzkrise, NZA 2010, 135; *Lingemann/Pfister/Otte*, Ermessen bei Gratifikation und Vergütung als Alternative, NZA 2015, 65; *Salamon*, Variable Vergütung: Anpassung von Zielen während des Bezugszeitraums, NZA 2015, 1089.

a) Allgemeines

1375 Die Tantieme gehört zu den erfolgsbezogenen variablen Vergütungsbestandteilen, mit denen zusätzlich zu der regelmäßigen Bruttovergütung ein Vergütungsanreiz gesetzt werden kann.[2877] Bei der echten Tantieme handelt es sich um eine Erfolgsbeteiligung, die prozentual nach dem Unternehmensgewinn berechnet wird.[2878] Die Tantieme ist Arbeitsentgelt i.S.v. § 611 S. 1 BGB, allerdings nicht unmittelbar leistungs-

---

2872 LAG Rheinland-Pfalz 16.4.2015 – 5 Sa 638/14, juris.
2873 Siehe auch Braun/Wisskirchen/*Wolf*, Konzernarbeitsrecht, Teil II Abschn. 4 Rn 501 ff; *Günther*, ArbRAktuell 2010, 285, 287.
2874 Siehe hierzu etwa *Vogt/Oltmanns*, NZA 2014, 181.
2875 Denkbar wäre auch eine entsprechende Klausel im Vertrag. Eine solche findet sich etwa bei *Hunold*, NZA-RR 2014, 169, 173.
2876 Braun/Wisskirchen/*Wolf*, Konzernarbeitsrecht, Teil II Abschn. 4 Rn 503.
2877 Hümmerich/Lücke/Mauer/*Regh*, § 4 Rn 625; MünchArbR/*Krause*, § 58 Rn 42.
2878 BAG 3.5.2006, NZA-RR 2006, 582; *Junker*, Rn 233; *Hromadka/Marschmann*, § 7 Rn 39.

bezogen, da sie nicht an die individuelle Leistung des Arbeitnehmers geknüpft ist.[2879] Ziel der Tantieme ist es, Anreize für den Arbeitnehmer zu setzen, sich durch die eigene Arbeitsleistung für das Unternehmen einzusetzen und damit zu einem insgesamt positiven Unternehmensergebnis beizutragen.[2880] Typischerweise finden sich Tantiemevereinbarungen in den Arbeitsverträgen von Führungskräften und leitenden Angestellten.

Entscheidend für die Einordnung einer Vergütung als Tantieme sind nicht die von den Parteien im Arbeitsvertrag gewählten Bezeichnungen, sondern die tatsächlichen und rechtlichen Voraussetzungen, unter denen die Leistung gewährt wird.[2881] Auch Sonderzahlungen, die in keinem Verhältnis zu dem Unternehmensergebnis stehen (vgl. Rdn 1327 ff.) werden bisweilen als Tantieme („Jahresabschlusstantieme") bezeichnet, ebenso Vergütungsformen, die auf die individuellen Leistungen des Arbeitnehmers („Umsatztantieme") abstellen (vgl. Rdn 684 ff.) oder variable Vergütungen, die von der Erreichung bestimmter Ziele abhängen[2882] (vgl. Rdn 1639 ff.). Demgegenüber finden sich gewinnabhängige Tantiemeregelungen auch unter der Bezeichnung Bonus oder Sonderzahlung wieder.

1376

b) Muster: Tantieme

Muster 1a.78: Tantieme

1377

Variante 1

Neben der Festvergütung erhält der Arbeitnehmer eine erfolgsabhängige Vergütung in Form einer jährlichen Tantieme in Höhe von ▒▒▒▒ % des handelsrechtlichen Gewinns, vermindert um einen Verlustvortrag aus dem Vorjahr und um die Beträge, die nach Gesetz oder Satzung aus dem Jahresüberschuss in die Gewinnrücklagen einzustellen sind.

Variante 2

Neben der Festvergütung erhält der Arbeitnehmer eine erfolgsabhängige Vergütung in Form einer jährlichen Tantieme in Höhe von ▒▒▒▒ % des körperschaftsteuerlichen Gewinns vor Abzug der Tantieme und anderer Gewinnbeteiligungen. Steuerrechtliche Rückstellungen und deren nachträgliche Auflösung werden bei der Berechnung der Tantieme nicht berücksichtigt.

Variante 3

Der Arbeitnehmer erhält eine jährliche Tantieme, deren Höhe in das Ermessen des Arbeitgebers gestellt ist. Kriterien für die Ausübung des Ermessens sind insbesondere das Betriebsergebnis und die Leistungen des Arbeitnehmers.

Variante 4

Im ersten Jahr der Tätigkeit wird die Tantieme mit einem Betrag von ▒▒▒▒ EUR p.a. garantiert.

Variante 5

Beginnt oder endet das Arbeitsverhältnis oder erfolgt eine Freistellung während des laufenden Kalenderjahres, so wird die Tantieme pro rata temporis für den Zeitraum bis zur Beendigung der tatsächlichen Beschäftigung gezahlt.

2879 *Lipke*, S. 6.
2880 BAG 8.9.1998, AR-Blattei ES 790 Nr. 6; *Becker-Schaffner*, AuR 1991, 304.
2881 BAG 12.2.2003, AP Nr. 3 zu § 611 BGB Tantieme.
2882 LAG Düsseldorf 28.7.2006, DB 2006, 2635.

c) Erläuterungen

aa) Bezugsgröße der Tantiemeberechnung

1378 Die Höhe und konkrete Berechnung der Tantieme bestimmen sich nach den vertraglichen Abreden,[2883] die insoweit zur Vermeidung von Auseinandersetzungen eindeutige Regelungen enthalten sollten. Fehlt eine ausdrückliche Regelung der Tantiemehöhe, so ist gem. § 612 Abs. 2 BGB die für ähnliche Sachverhalte üblicherweise gewährte und angemessene Tantieme zu leisten.[2884] Der Arbeitnehmer kann auch aufgrund konkludenter Abrede einen vertraglichen Anspruch auf eine Tantieme dem Grunde nach erwerben, über deren Höhe der Arbeitgeber gemäß § 315 BGB nach billigem Ermessen zu entscheiden hat.[2885]

1379 Für die Vorstandsmitglieder von Aktiengesellschaften bestimmte **§ 86 Abs. 2 AktG** a.F., dass sich eine variable Vergütung in Form einer Beteiligung am Jahresgewinn der Gesellschaft nach dem Jahresüberschuss berechnet, vermindert um einen Verlustvortrag aus dem Vorjahr und um die Beträge, die nach Gesetz oder Satzung aus dem Jahresüberschuss in Gewinnrücklagen einzustellen sind. Für GmbH-Geschäftsführer und Arbeitnehmer existierte eine vergleichbare Regelung nicht, wenn auch die aktienrechtlichen Grundsätze bei Vertragsgestaltung und -auslegung häufig herangezogen wurde. Die Vorschrift wurde mit Inkrafttreten des Transparenz- und Publizitätsgesetzes[2886] zum 26.7.2002 ersatzlos aufgehoben, da sie als überflüssig und in der Praxis als wenig tauglich erachtet wurde. Dennoch finden sich in Tantiemevereinbarungen häufig noch entsprechende Regelungen.

1380 Stellt die Tantiemevereinbarung entsprechend § 86 Abs. 2 AktG a.F. auf den Jahresüberschuss als Berechnungsgrundlage ab, handelt es sich im Zweifel um den **handelsrechtlichen Jahresüberschuss gem.** § 266 Abs. 3 A.V. HGB (Bilanz) bzw. gemäß § 275 Abs. 2 Nr. 20 bzw. Abs. 3 Nr. 19 HGB (Gewinn- und Verlustrechnung). Verlustvorträge aus den Vorjahren sind bei einer solchen Vereinbarung nach überwiegender Auffassung nicht ohne Weiteres vom Jahresüberschuss abzusetzen,[2887] so dass, falls deren Berücksichtigung gewünscht ist, eine entsprechende Regelung aufgenommen werden muss. Allerdings soll eine auch ohne ausdrückliche Einschränkung formulierte Tantiemevereinbarung dahingehend auszulegen sein, dass die Gewährung einer ergebnisabhängigen Tantieme für die Geschäftsführung dann nicht zu zahlen ist, wenn das eigentlich defizitäre Jahresergebnis nicht durch einen der Gesellschaft zufließenden Gewinn, sondern allein durch die Veräußerung von Gesellschaftsvermögen ausgeglichen wird.[2888]

1381 Auf den steuerlichen Gewinn wird zur Berechnung der Tantieme nur dann abgestellt, wenn dies ausdrücklich vereinbart ist.[2889] So ist es zulässig, den „steuerlichen Reingewinn", mithin den zu versteuernden Gewinn als Berechnungsgrundlage heranzuziehen.[2890] Insoweit wird überwiegend eine Berechnung auf der Basis des **körperschaftssteuerlichen Gewinns** empfohlen. Verlustvorträge werden in diesem Fall gewinnmindernd berücksichtigt. In diesem Fall sollte jedoch klargestellt werden, ob die Tantiemezahlungen der Berechnungsgrundlage hinzuzurechnen sind, da diese anderenfalls als Betriebsausgaben die Tantiemezahlung zu Lasten des Arbeitnehmers verringern. Auch steuerrechtliche Rückstellungen und deren nachträgliche Auflösung verzerren das tatsächliche unternehmerische Ergebnis und sollten deshalb bei der Berechnung außer Acht bleiben.

2883 MünchArbR/*Krause*, § 58 Rn 44.

2884 Schaub/*Vogelsang*, ArbR-Hdb., § 76 Rn 3.

2885 BAG 17.4.2013 – 10 AZR 251/12.

2886 Gesetz zu weiteren Reformen des Aktien- und Bilanzrechts, zu Transparenz und Publizität (TranspPublG), BGBl I 2002, 2681.

2887 ErfK/*Preis*, § 611 BGB Rn 499; a.A. *Kaiser*, AR-Blattei, Angestellte 2, 70.2 Rn 144, und die gesellschaftsrechtliche Auffassung: *Baumbach/Hopt*, § 59 Rn 60.

2888 Hanseatisches OLG 7.7. 2015 – 11 U 192/14.

2889 *Lipke*, S. 154; *Becker-Schaffner*, AuR 1991, 304, 305.

2890 LAG Niedersachsen 6.2.2006, NZA-RR 2006, 369.

In gleicher Weise werden bei der Anknüpfung der Tantieme an den **Deckungsbeitrag 2** Abschreibungen **1382** und Rückstellungen als Fixkosten im Ergebnis tantiememindernd berücksichtigt, was bei der Vertragsgestaltung bedacht werden sollte.

Denkbar ist auch, die Tantieme an den erzielten **Umsatz** zu koppeln. Dies führt allerdings zu einer verzerr- **1383** ten Erfolgsbetrachtung, da die Einnahmesituation völlig unabhängig von der Kostenbelastung bewertet wird; darüber hinaus besteht die Gefahr, dass mit einer umsatzabhängigen Tantieme eine Motivation zur Umsatzsteigerung ohne Rücksicht auf die damit verbundenen Kosten und die sonstigen Interessen des Unternehmens gesetzt wird. Eine solche Regelung wird daher allenfalls dann in Betracht kommen, wenn das Unternehmen etwa aufgrund hoher Investitionen in absehbarer Zeit keine Gewinne erzielen wird. Auch in diesem Fall lassen sich jedoch mit gewinnabhängigen Tantiemen sachgerechte Ergebnisse erzielen, indem etwa bestimmte Investitionsausgaben bei der Berechnung des Gewinns unberücksichtigt bleiben.

In Reaktion auf die weltweite Krise der Finanzmärkte, als deren Ursache u.a. sachwidrige Vergütungssys- **1384** teme angesehen wurden, steht die Ausgestaltung variabler Vergütungssysteme nun auch im Fokus verschiedener Regelungsvorgaben. Für **Vorstände von Aktiengesellschaften** bestimmt § 87 Abs. 2 AktG,[2891] dass die Gesamtbezüge in einem angemessenen Verhältnis zu den Aufgaben und Leistungen des Vorstandsmitglieds und zur Lage der Gesellschaft stehen und die übliche Vergütung nicht überschreiten sollen. Bei börsennotierten Gesellschaften ist die Vergütungsstruktur auf eine **nachhaltige Unternehmensentwicklung** auszurichten. Variable Vergütungsbestandteile sollen daher eine mehrjährige Bemessungsgrundlage haben, für außerordentliche Entwicklungen soll der Aufsichtsrat eine Begrenzungsmöglichkeit vereinbaren.

Finanzdienstleistungs- und Versicherungsunternehmen unterliegen zusätzlich den Vorgaben der Bundesanstalt für Finanzdienstleistungsaufsicht (BaFin),[2892] die mit der Verordnung über die aufsichtsrechtlichen Anforderungen an Vergütungssysteme von Instituten[2893] vorgibt, dass die Vergütungssysteme auch von Mitarbeitern unterhalb der Leitungsebene so ausgestaltet sein müssen, dass schädliche Anreize zur Eingehung unverhältnismäßig hoher Risiken vermieden werden müssen. Variable Vergütungen sollen deshalb eine mehrjährige Bemessungsgrundlage haben. Vergleichbare Empfehlungen zur nachhaltigen Wertschöpfung beinhalten der Deutsche Corporate Governance Kodex und die Empfehlung der EU-Kommission zur Vergütungspolitik im Finanzdienstleistungssektor vom 30.4.2009.[2894]

Außerhalb ihres unmittelbaren Anwendungsbereiches sind diese Regelungen nicht unmittelbar zwingend. Die Ausgestaltung der Vergütungssysteme insbesondere für Führungskräfte und Mitarbeiter mit risikoträchtigen Aufgaben an einer nachhaltigen Entwicklung des Unternehmens dürfte jedoch der Sorgfalt eines gewissenhaften Kaufmanns entsprechen, die von jedem Unternehmensleiter zu beachten ist, der nicht Eigentümer ist und daher fremde Vermögensinteressen zu wahren hat.[2895] Tantiemeregelungen sollten daher auch unterhalb der Vorstandsebene an langfristigen und nachhaltigen Zielen ausgerichtet werden und nicht zur Eingehung unangemessener Risiken verleiten.[2896] Demnach sollten feste und variable Vergütungsbestandteile in ein angemessenes Verhältnis gebracht und die Bemessungsparameter der variablen Vergütung nicht durch außergewöhnliche Ereignisse oder volatile Buchgewinne beeinflusst werden. Mindes-

---

2891 Geändert mit Wirkung vom 5.8.2009 durch das Gesetz zur Angemessenheit der Vorstandsvergütung („VorstAG" vom 10.7.2009, BGBl I 2009, 2509).
2892 Vgl. auch den Gesetzentwurf über die aufsichtsrechtlichen Anforderungen an die Vergütungssysteme von Instituten und Versicherungsunternehmen, BT-Drucks 17/1291.
2893 Verordnung über die aufsichtsrechtlichen Anforderungen an Vergütungssysteme von Instituten vom 6.10.2010, BGBl 2010 I, S. 1374.
2894 Empfehlung der EU-Kommission zur Vergütungspolitik im Finanzdienstleistungssektor (2009/384/EG), ABlEG Nr. L 120 v. 15.5.2009: drei- bis fünfjährige Bemessungszeiträume. Vgl. auch die Empfehlung der EU-Kommission zur Regelung der Vergütung von Mitgliedern der Unternehmensleitung börsennotierter Gesellschaften (2009/385/EG), ABlEG Nr. L 120 v. 15.5.2009.
2895 *Gaul*, Aktuelles Arbeitsrecht 2/2009, S. 396.
2896 *Krienke/Schnell*, NZA 2010, 135.

tens ein Teil der variablen Vergütung sollte darüber hinaus an einen mehrjährigen Bemessungszeitraum gekoppelt sein.

bb) Ermessenstantieme

1385 Schließlich besteht die Möglichkeit, die Höhe der Tantieme in das **Ermessen des Arbeitgebers** zu stellen, der die Höhe der Tantieme dann nach billigem Ermessen gem. § 315 BGB festzusetzen hat.[2897] Kriterien für die Ausübung des Ermessens sind dabei insbesondere das wirtschaftliche Ergebnis und der von dem Arbeitnehmer hierzu geleistete Beitrag; werden in der Tantiemeregelung die für die Ermessensausübung maßgeblichen Kriterien festgelegt, kann der Arbeitgeber von diesen grds. nicht nachträglich abweichen.[2898] Eine solche Regelung bietet dem Arbeitgeber einen weiten Entscheidungsspielraum, beinhaltet für den Arbeitnehmer allerdings eine erhebliche Rechtsunsicherheit, da die Tantieme nicht von messbaren Kriterien abhängig gemacht wird. Die sachgerechte Ausfüllung des bestehenden Ermessensspielraums unterliegt jedoch der vollen gerichtlichen Kontrolle.[2899]

cc) Vertraglich garantierte Mindesttantieme

1386 Vertraglich garantierte **Mindesttantiemen** geben keinen Anreiz zur Förderung der nachhaltigen Wertschöpfung eines Unternehmens und sollten daher vermieden werden. Angemessen kann eine Garantie allerdings für das erste Jahr der Tätigkeit sein, wenn sich das Unternehmen in einer Aufbau- oder Sanierungsphase befindet. Eine garantierte Fest- oder Mindesttantieme ist auch dann zu zahlen, wenn das Unternehmen keinen Gewinn erwirtschaftet hat;[2900] damit soll sichergestellt sein, dass die Aufbauleistungen des Arbeitnehmers auch dann angemessen honoriert werden, wenn sich diese noch nicht in einem positiven Unternehmensergebnis niederschlagen (können). Ist die Tantieme erkennbar für einen Jahreszeitraum vorgesehen, ist sie bei unterjährigem Eintritt nur anteilig zu gewähren.[2901] Werden im Anschluss an eine nur für das Jahr des Eintritts vereinbarte Tantiemezahlung in den Folgejahren Tantiemezahlungen erbracht, kann die Auslegung ergeben, dass der Arbeitgeber konkludent einen Tantiemeanspruch dem Grunde nach begründet und sich lediglich vorbehalten hat, über dessen Höhe gemäß § 315 BGB jährlich neu zu bestimmen.[2902]

dd) Begrenzung der Tantiemehöhe

1387 Eine **Höchstgrenze** für Tantiemezahlungen besteht nicht. Bei Vorständen von Aktiengesellschaften darf die Tantieme gem. § 87 Abs. 1 AktG jedoch nicht dazu führen, dass die Vergütung insgesamt als unangemessen hoch anzusehen ist.

1388 Bei Angestellten oder Geschäftsführern, die gleichzeitig **Gesellschafter** des Unternehmens oder mit diesen verwandt sind, muss die Tantiemevereinbarung darüber hinaus einem Fremdvergleich dahingehend standhalten, dass die Tantiemeregelung den marktüblichen Bedingungen entspricht. Ist dies nicht der Fall, etwa wenn die Tantieme in der Höhe nicht begrenzt und die Berechnungsgrundlage keinen Bezug zu der Tätigkeit des Arbeitnehmers aufweist,[2903] der Tantiemeanteil einen Anteil von 25 % an den Gesamtbezügen überschreitet[2904] oder die Summe der gezahlten Tantiemen 50 % des Jahresüberschusses übersteigen,[2905]

2897 BAG 16.1.2013, NJW 2013, 1020; LAG Nürnberg 23.7.2002, NZA-RR 2003, 411; *Lingemann/Pfister/Otte*, Ermessen bei Gratifikation und Vergütung als Alternative, NZA 2015, 65.

2898 BAG 11.12.2013, 10 AZR 364/13; BAG 29.8.2012, NZA 2013, 148; *Salamon*, NZA 2015, 1089, empfiehlt deshalb einen ausdrücklichen Anpassungsvorbehalt..

2899 BAG 14.11.2012, DB 2013, 346; BAG 12.10.2011, NZA 2012, 450.

2900 OLG Celle 29.8.2007 – 3 U 37/07, n.v.; LG Hannover 3.1.1983, ZIP 1983, 448; ErfK/*Preis*, § 611 BGB Rn 497.

2901 LAG Rheinland-Pfalz 29.6.2006 – 6 Sa 206/06, n.v.

2902 BAG 17.4.2013 – 10 AZR 251/12.

2903 BFH 9.7.2007 – I B 123/06, n.v.; FG München 20.4.2004 – 7 V 563/04, zit. nach juris.

2904 Körperschaftsteuer-Richtlinien, Abschnitt 33.

2905 BFH 30.1.1985, DB 1985, 1216.

besteht die Gefahr, dass die Tantiemezahlungen steuerlich als **verdeckte Gewinnausschüttungen** behandelt werden.

ee) Festlegung weiterer Anspruchsvoraussetzungen

Eine Tantieme ist **echter Vergütungsbestandteil** und damit in ihrem Bestand ausschließlich von der Arbeitsleistung innerhalb des Bezugszeitraums abhängig (vgl. auch Rdn 684 ff.). Die Bindung der Tantiemezahlung an eine bestimmte Beschäftigungsdauer oder an den Fortbestand des Arbeitsverhältnisses über den Bezugszeitraum hinaus ist daher unzulässig,[2906] ebenso eine Vereinbarung dahingehend, dass der Tantiemeanspruch bei unterjährigem Ausscheiden gänzlich entfällt (aber zur Ausgestaltung von Stichtagsregelungen vgl. Rdn 1334 ff.). Scheidet der Arbeitnehmer vor Ablauf des Bezugszeitraums aus dem Arbeitsverhältnis aus, kann ihm daher eine zeitanteilige Leistung zustehen.[2907] Deren Bestimmung erfolgt im Zweifel anhand des am Ende des Geschäftsjahres angefallenen Jahresüberschusses und nicht anhand des sich zum Zeitpunkt des tatsächlichen Ausscheidens ergebenden (anteiligen) Überschusses.[2908] Ist der Arbeitnehmer demgegenüber während des vollen Leistungszeitraums arbeitsunfähig erkrankt, ohne dass ihm ein Anspruch auf Entgeltfortzahlung zusteht, so entfällt auch der Tantiemeanspruch.[2909] Auch der Vorbehalt einer Dividendenausschüttung für die Zahlung der Tantieme ist nicht unangemessen benachteiligend.[2910] Schließlich ist es aber auch zulässig, eine Tantiemevereinbarung mit mehrjährigem Bezugszeitraum zu wählen, die bei vorzeitigem Ausscheiden des Arbeitnehmers den Tantiemeanspruch vollständig entfallen lässt.[2911] **1389**

Im Falle einer **Freistellung** des Arbeitnehmers gehört der Tantiemeanspruch grds. zu der gem. § 615 S. 1 BGB fortzuzahlenden Vergütung, deren Höhe in Ermangelung anderweitiger Anhaltspunkte erforderlichenfalls gem. § 287 ZPO zu schätzen ist.[2912] Denkbar ist jedoch auch, für Zeiten der Freistellung lediglich die Fortzahlung der Festvergütung zu vereinbaren. Die Zulässigkeit einer solchen Regelung ist bislang nicht abschließend geklärt. Im Hinblick auf die grundsätzliche Abdingbarkeit des § 615 S. 1 BGB ist davon auszugehen, dass die individuelle Regelung der Vergütung für Zeiten der Freistellung grds. zulässig ist. In Formularverträgen ist allerdings das Gebot der Angemessenheit zu beachten; während die Rechtsprechung bislang bereits eine Abwägung der wechselseitigen Interessen forderte,[2913] ergibt sich nunmehr aus § 307 Abs. 1 BGB, dass die Regelung den Arbeitnehmer nicht unangemessen benachteiligen darf. Bei dieser Abwägung ist aus Arbeitgebersicht zu berücksichtigen, dass eine erfolgsabhängige Vergütung ihren Zweck in einem Zeitraum, in dem der Arbeitnehmer objektiv nichts zu dem Erfolg beigetragen hat, nicht erreichen kann. Aus Arbeitnehmersicht kann dies jedoch insbesondere bei langen Kündigungsfristen auch dann zu empfindlichen Gehaltseinbußen führen, wenn der Arbeitnehmer zu der Freistellung keinen Anlass gegeben hat. Weiter ist zu bedenken, dass die Freistellungsregelung keine unzulässige Umgehung des KSchG dahingehend beinhalten darf, dass ungeachtet des Fortbestandes des Arbeitsverhältnisses die Vergütungspflicht entfällt.[2914] Insoweit ist der Ausschluss der Gewinnbeteiligung für Zeiten der Freistellung allenfalls dann als zulässig anzusehen, wenn die Tantieme nicht mehr als 25 % der Gesamtvergütung ausmacht; anderen- **1390**

2906 BAG 14.11.2012, DB 2013, 346; BAG 12.1.1973, AR-Blattei ES 1280 Nr. 17; *Lipke*, S. 162; *Becker-Schaffner*, AuR 1991, 304, 309.

2907 LAG Düsseldorf 19.7.2012, AA 2012, 198; LAG Düsseldorf 3.2.2012 – 6 Sa 1081/11; LAG Düsseldorf 23.7.2003 – 12 Sa 260/03, n.v.; BAG 3.6.1958, AP Nr. 9 zu § 59 HGB.

2908 LAG Sachsen-Anhalt 6.5.2003 – 11 Sa 560/02, n.v.

2909 BAG 3.5.2006, NZA-RR 2006, 582; BAG 8.9.1998, DB 1999, 696.

2910 BAG 18.1.2012, NZA 2012, 499.

2911 LAG Köln 23.4.2015, 7 Sa 975/14.

2912 LAG Hamm 24.11.2004, LAGReport 2005, 165.

2913 BAG 13.8.1980, DB 1981, 479.

2914 ErfK/*Preis*, § 615 BGB Rn 8.

falls greift die Entgeltabsenkung unzulässig in den Kernbereich der wechselseitigen Vertragspflichten und damit in den kündigungsrechtlich geschützten Bereich ein.[2915]

ff) Fälligkeit der Tantieme

1391 Die Tantieme wird – vorbehaltlich anderweitiger Abreden – fällig, wenn die Handelsbilanz festgestellt ist[2916] oder bei ordnungsgemäßem Geschäftsgang hätte festgestellt werden können.[2917] Empfehlenswert ist insoweit stets die Aufnahme einer eindeutigen **Fälligkeitsregelung**.

gg) Auskunftsanspruch

1392 Verfügt der Arbeitnehmer nicht über die zur Berechnung der Tantieme erforderlichen Informationen, steht ihm gem. §§ 157, 242 BGB ein **Auskunftsanspruch** gegen den Arbeitgeber über die Höhe der Bemessungsgrundlage zu.[2918] Ein Anspruch auf Vorlage von Belegen besteht zwar nicht ohne Weiteres,[2919] doch muss der Arbeitnehmer die Möglichkeit haben, die erteilte Auskunft inhaltlich zu verifizieren.[2920]

111. Tarifvertrags-Öffnungsklausel (Bezugnahmeklausel)

Literatur: *Bauer/Günther*, Bezugnahmeklauseln bei Verbandswechsel und Betriebsübergang – Ein Irrgarten?, NZA 2008, 6; *Bayreuther*, Bezugnahmeklauseln und Tarifpluralität am Beispiel der Tarifmehrheit in Kliniken und Krankenhäusern, NZA 2009, 935; *Clemenz*, Arbeitsvertragliche Bezugnahme auf Tarifverträge – ein Paradigmenwechsel mit offenen Fragen, NZA 2007, 769; *Deinert*, Arbeitsrechtliche Herausforderungen einer veränderten Gewerkschaftslandschaft, NZA 2009, 1176; *Franzen*, in Erfurter Kommentar zum Arbeitsrecht, 16. Aufl. 2016, § 3 TVG Rn 29–44; *Gaul/Ludwig*, Uneingeschränkte AGB-Kontrolle bei dynamischer Bezugnahme im Arbeitsvertrag bei arbeitgeberseitigen Regelungswerken, BB 2010, 55; *Giesen*, Bezugnahmeklauseln – Auslegung, Formulierung und Änderung, NZA 2006, 625; *Heinlein*, Statik statt Dynamik beim Betriebsübergang? Gleichstellungsabrede und Übergang des Arbeitsverhältnisses auf den nicht tarifgebundenen Erwerber, NJW 2008, 321; *Insam/Plümpe*, Keine Flucht mehr in den Firmentarifvertrag?, DB 2008, 1265; *Jordan/Bissel*, Gilt „der jeweils anwendbare Tarifvertrag in der jeweils gültigen Fassung" noch? – Wirksamkeit von großen dynamischen Bezugnahmeklauseln, NZA 2010, 71; *Melot de Beauregard*, Fluch und Segen arbeitsvertraglicher Verweisungen auf Tarifverträge, NJW 2006, 2522; *Otto*, Arbeitsvertragliche Bezugnahmeklauseln und Änderungen der Tarifgeltung, 2006; *Preis*, AGB-Recht und Arbeitsrecht, NZA Beilage 2006, 115; *Preis/Greiner*, Vertragsgestaltung bei Bezugnahmeklauseln nach der Rechtsprechungsänderung des BAG, NZA 2007, 1073; *Schlewing*, Vertragsgestaltung – Auslegung, Unklarheitenregelung, geltungserhaltende Reduktion, blue-pencil-Test, ergänzende Vertragsauslegung und Verweisungsklauseln, NZA-Beilage 2012, 33; *Schrader*, Die arbeitsvertragliche Bezugnahme auf Tarifverträge, BB 2005, 714; *Sutschet*, Bezugnahmeklausel kraft betrieblicher Übung, NZA 2008, 679; *v. Vogel/Oelkers*, Tarifliche Bezugnahmeklauseln in der Praxis, NJW-Spezial 2006, 369.

a) Typischer Sachverhalt

1393 Die X-AG beschäftigt 1.000 Arbeitnehmer. Sie ist Mitglied im Arbeitgeberverband Gesamtmetall. Für sie gilt der „Verbandstarifvertrag …". Dieser sieht in seiner Fassung vom 1.1.2010 einen monatlichen Durchschnittsverdienst von 3.200 EUR vor, so dass sich die monatliche Gesamtlohnsumme auf rund 3,2 Mio. EUR beläuft.

Bei der X-AG finden sich drei Typen von Arbeitsverträgen mit Bezugnahmeklauseln, die alle nach dem 1.1.2002 geschlossen wurden. Im ersten Typus findet sich die Klausel „Es gilt der „Verbandstarifvertrag …" in der Fassung vom 1.1.2005". Der zweite Vertragstypus enthält die Klausel: „Es gilt der „Verbandstarifvertrag …" in der jeweils gültigen Fassung." Drittens wurde formuliert: „Es gelten die im Betrieb der X-AG gültigen Tarifverträge in ihrer jeweils gültigen Fassung …". Diese Klausel lässt im Fortgang deutlich

---

2915 Ebenso ArbG Paderborn 25.2.2011 – 3 Ca 1633/10; vgl. auch LAG Hamm 11.10.2011, SpuRt 2012, 163; BAG 7.12.2005, NZA 2006, 423; BAG 12.1.2005, NZA 2005, 465.

2916 LAG Tübingen 31.3.1969, DB 1969, 1023.

2917 MünchArbR/*Krause*, § 58 Rn 48; *Schaub/Vogelsang*, ArbR-Hdb., § 76 Rn 7.

2918 *Schaub*/Vogelsang, ArbR-Hdb., § 76 Rn 6.

2919 LAG Hamm 26.11.2004, AuA 2005, 240; BAG 7.7.1960, ArbuSozR 1960, 238; *Becker-Schaffner*, AuR 1991, 304, 306.

2920 HWK/*Thüsing*, § 611 Rn 123.

erkennen, dass eine Gleichstellung von organisierten und nicht bzw. anders organisierten Arbeitnehmern im Betrieb der X-AG bezweckt wird und enthält eine Regelung hinsichtlich eines möglichen Tarifwechsels der X-AG.

Da zu erwarten ist, dass in den folgenden Jahren ein höherer monatlicher Durchschnittsverdienst zu zahlen sein wird, erwägt die X-AG, aus dem Arbeitgeberverband Gesamtmetall auszutreten. Stattdessen plant sie, dem Arbeitgeberverband Groß- und Außenhandel beizutreten. Der Justiziar der X-AG fragt, welche Schwierigkeiten bei einem Austritt aus dem Arbeitgeberverband mit Blick auf die bei der X-AG verwendeten Verträge zu erwarten sind.[2921]

b) Rechtliche Grundlagen
aa) Anwendbarkeit von Tarifverträgen

Tarifverträge können nach ihrem Regelungsgegenstand[2922] und nach ihren Parteien[2923] unterschieden werden.[2924] Eine Tarifbindung entsteht kollektivrechtlich grundsätzlich dadurch, dass Arbeitgeber und Arbeitnehmer Mitglieder im Arbeitgeberverband bzw. in der Gewerkschaft sind[2925] oder dass der Tarifvertrag gemäß § 5 TVG durch das Bundesministerium für Arbeit und Soziales für allgemeinverbindlich erklärt wird.[2926]

1394

Davon getrennt zu betrachten ist die individualvertragliche Bezugnahme auf einen oder auch auf mehrere Tarifverträge bzw. auf einzelne Teile von Tarifverträgen. Diese Bezugnahme kann entweder ausdrücklich oder nach allgemeiner Ansicht auch konkludent bzw. durch betriebliche Übung[2927] erfolgen. Der einbezogene Tarifvertrag wirkt allein schuldrechtlich kraft privatautonomer Vereinbarung. Die Bezugnahme führt also nicht dazu, dass der Arbeitgeber damit zugleich auch kollektivrechtlich im Sinne der §§ 3 ff. TVG gebunden wäre.[2928]

Die Gründe für die Verwendung von Bezugnahmeklauseln in Arbeitsverträgen sind vielfältig. Der tarifgebundene Arbeitgeber kann mit ihr für alle Arbeitnehmer – ungeachtet ihrer Gewerkschaftszugehörigkeit – einheitliche Arbeitsbedingungen schaffen. Teilweise werden Bezugnahmeklauseln auch verwendet, um Anreize zu verringern, dass Arbeitnehmer der Gewerkschaft beitreten. Die Klausel erleichtert die Arbeitsvertragsgestaltung. Schließlich ermöglicht eine partielle Bezugnahme vom (tarifdispositiven) Gesetzesrecht abzuweichen, was im Wettbewerb um qualifizierte Arbeitnehmer sinnvoll sein kann. Die Aufnahme von Bezugnahmeklauseln in Arbeitsverträge birgt jedoch auch etliche, nicht zuletzt wirtschaftliche Risiken für den Arbeitgeber. Rechtlich bereiten Bezugnahmeklauseln an verschiedenen Stellen Probleme: Abgesehen von der hier primär interessierenden Vertragsgestaltung können sie im Falle eines Austritts aus dem Arbeitgeberverband, im öffentlichen Dienstrecht,[2929] bei Kündigungen, bei Umwandlungen, Unternehmenskäufen[2930] oder Insolvenzfällen[2931] relevant werden.

2921 Weitere Fallstudien *Bauer*/*Günther*, NZA 2008, 6, 8 ff.; *Bauer*, NZA-Beil. 2009, 5, 12 f.
2922 Z.B. Regelung allgemeiner Arbeitsbedingungen (meistens im Flächen-/Manteltarifvertrag) oder Regelungen von einzelnen Leistungen (meistens in Spezialtarifverträgen).
2923 Verbandstarifvertrag und Haus-/Firmentarifvertrag.
2924 Zu den einzelnen Arten Däubler/*Reim*/*Nebe*, § 1 TVG Rn 67 ff.; *Kissel*, § 8 Rn 36 ff.
2925 Bei Haustarifverträgen schließt ein einzelner Arbeitgeber direkt mit der Gewerkschaft den Vertrag ab.
2926 Die Liste der allgemeinverbindlich erklärten Tarifverträge findet sich auf der Homepage des Bundesministeriums für Arbeit und Soziales http://www.bmas.de/DE/Themen/Arbeitsrecht/Tarifvertraege/allgemeinverbindliche-tarifvertraege.html (besucht am 10.10.2016).
2927 Hierzu *Suchtset*, NZA 2008, 679 ff.; ErfK/*Franzen*, § 3 TVG Rn 30; Jacobs/Krause/*Oetker*, § 6 Rn 217; Däubler/*Lorenz*, § 3 TVG Rn 272 f.
2928 So BAG 7.12.1977 – 4 AZR 474/76, AP Nr. 9 zu § 4 TVG Nachwirkung; statt vieler ErfK/*Franzen*, § 3 TVG Rn 32 f.; vgl. zur historischen Entwicklung Däubler/*Lorenz*, § 3 TVG Rn 223; *v. Hoyningen-Huene*, RdA 1974, 138 ff.
2929 Vgl. *Conze*, Rn 884 sowie jeweils § 2 der Muster Bund, VKA und TdL (Rn 262 ff.).
2930 Vgl. APS/*Steffan*, § 613a BGB Rn 141 ff.
2931 Vgl. *Hohenstatt*, NZA 2010, 23 ff.; vgl. Nerlich/Kreplin/*Althaus*, § 16 Rn 202 f. und 287 ff.

bb) Arten von Bezugnahmeklauseln

1395 Herkömmlich wird zwischen statischen und dynamischen Klauseln unterschieden.[2932] **Statische Klauseln** nehmen auf einen bestimmten, hinsichtlich der geltenden Fassung präzise bezeichneten Tarifvertrag Bezug, so dass künftige Änderungen des Tarifvertrages keine Auswirkungen auf das Arbeitsverhältnis haben. **Dynamische Klauseln** verweisen im Grundsatz als **kleine dynamische Klauseln** auf die Fassung des jeweils gültigen Tarifvertrags und als **große dynamische Klauseln** auf die jeweilig gültigen Fassungen der jeweils einschlägigen Tarifverträge. Diese Typologie besagt allerdings nichts über ihre rechtliche Wirkung, da hierfür allein die **einzelfallbezogene Auslegung** der Klausel **entscheidend** ist.[2933] Zudem wird zwischen Global- und Teil- und Einzelverweisen differenziert. Die Vertragsfreiheit erlaubt natürlich auch eine Kombination, so z.B. halbdynamische Verweisungen oder Verweisungen auf mehrgliedrige Tarifverträge (d.h. dass mindestens auf einer Seite mehrere Tarifvertragsparteien auftreten oder ein Spitzenverband einen Tarifvertrag im Namen seiner Mitgliedsverbände abschließt oder sich eine weitere Partei einem bereits bestehenden Tarifvertrag anschließt[2934]).

1396 Bei der Wahl dynamischer Bezugnahmeklauseln ist insbesondere zu bedenken, dass damit auch eine Dynamik hinsichtlich der rechtlichen und tatsächlichen Bewertung insbesondere dann verbunden sein kann, wenn sich später Änderungen der Verbandszugehörigkeit oder des Geschäftsbereichs und damit des sachlich anwendbaren Tarifvertrages ergeben oder ein Betriebs(teil)übergang stattfindet. Die große dynamische Bezugnahmeklausel ist regelmäßig als sogenannte Tarifwechselklausel auszulegen, bei der die Dynamik der Verweisung auch zukünftige Änderungen der Tarifbindung des Arbeitgebers mitberücksichtigt.[2935] Die Bezugnahme in Form der statischen oder kleinen dynamischen Klausel kann dagegen nicht in eine Verweisung auf einen anderen Tarifvertrag umgedeutet werden.[2936]

1397 Welches Regelungsmodell im Einzelfall zweckdienlich ist, hängt nicht zuletzt von der wirtschaftlichen Situation des Arbeitgebers ab. So kann z.B. ein individualvertraglicher Verweis auf große Tarifwerke angesichts deren Komplexität einen Arbeitgeber eines kleinen oder mittleren Betriebes vor kaum zu bewältigende Aufgaben stellen. Andererseits kann bei Betrieben mit großer Innovationskraft und entsprechend schnellem Wechsel des Geschäftsfeldes eine große dynamische Bezugnahmeklausel attraktiv sein. Auch mit Blick auf mögliche Umstrukturierungen können entsprechende Klauselgestaltungen sinnvoll sein.

cc) Auslegung von Bezugnahmeklauseln in vor 2002 geschlossenen Verträgen

1398 Vor der Rechtsprechungsänderung Ende 2005 legte das BAG Bezugnahmeklauseln primär nach ihrem Zweck aus, wonach die nicht bzw. anders tarifgebundenen Arbeitnehmern mit tarifgebundenen Arbeitnehmern gleichgestellt werden sollten („**Gleichstellungszweck**").[2937] **Im Zweifel** sollte die Klausel daher **dynamisch** verstanden werden.[2938] Trat beispielsweise ein ursprünglich tarifgebundener Arbeitgeber aus dem Tarifvertrag aus, sollte sich die ursprünglich dynamisch interpretierte Klausel grundsätzlich in eine statische Verweisung umwandeln.[2939] Bei Betriebsübergang sollte die Klausel als statische Verweisung ausgelegt werden, wenn der Betriebserwerber eine andere Tarifbindung hatte.[2940] Entsprechendes sollte bei

---

2932 Statt vieler *Bauer/Günther*, NZA 2008, 6; *Clemenz*, NZA 2007, 769; *Annuß*, ZfA 2005, 405, 411 ff.; ErfK/*Franzen*, § 3 TVG Rn 36; Jacobs/Krause/*Oetker*, § 6 Rn 220 ff.

2933 ErfK/*Franzen*, § 3 TVG Rn 36.

2934 Däubler/*Reim/Nebe*, § 1 TVG Rn 78.

2935 BAG 22.10.2008 – 4 AZR 784/07, NZA 2009, 151.

2936 BAG 13.11.2002 – 4 AZR 393/01, NZA 2003, 1039.

2937 Zur älteren Rspr. BAG 14.12.2005 – 4 AZR 536/04, NZA 2006, 607, 608, Rn 14 m.w.N.; *Klebeck*, NZA 2006, 15 ff.

2938 Vgl. BAG 14.12.2005 – 4 AZR 536/04, NZA 2006, 607, 608, Rn 14; statt vieler zur Auslegung Jacobs/Krause/*Oetker*, § 6 Rn 193 ff.; *Löwisch/Rieble*, § 3 TVG Rn 597.

2939 Vgl. BAG 26.11.2002 – 4 AZR 663/01, NZA 2003, 805; *Löwisch/Rieble*, § 3 TVG Rn 538 ff.; *Clemenz*, NZA 2007, 769.

2940 BAG 16.10.2002 – 4 AZR 467/01, NZA 2003, 390; *Clemenz*, NZA 2007, 769; kritisch zu dieser Auslegung *Melot de Beauregard*, NJW 2006, 2522, 2525 [unvereinbar mit der Rspr. des EuGH].

Herauswachsen aus dem Tarifvertrag gelten.[2941] Diese Auslegung gilt nicht nur für **vor dem 1.1.2002** geschlossene Altverträge, sondern auch für Bezugnahme auf Tarifverträge qua betrieblicher Übung.[2942] Der Stichtag 1.1.2002 ist aufgrund der Schuldrechtsmodernisierung eingeführt und teilweise kritisiert worden.[2943]

dd) Auslegung von Bezugnahmeklauseln in nach 2002 geschlossenen Verträgen

Das BAG kündigte 2005[2944] eine Änderung der Rechtsprechung zur Auslegung für **nach dem 1.1.2002** ge-   **1399**
schlossene Verträge an, da hierfür insbesondere die §§ 305 ff. BGB gelten, und setzt diese im Jahr 2007[2945] ausdrücklich in Bezug auf kleine dynamische Klauseln um: Nunmehr soll bei der Auslegung der Bezugnahmeklausel primär auf den **Wortlaut** und die den Vertragsabschluss begleitenden Umstände abgestellt werden, d.h. nicht mehr auf den vormals vordringlich zu berücksichtigenden Gleichstellungszweck.[2946] Inwieweit sich die Rechtsprechungsänderung auch auf die große dynamische Klausel bezieht, ist streitig,[2947] doch wird überwiegend auch hier eine präzise Formulierung mit Blick auf die typischen Problemfelder (vor allem Branchen-/Verbandswechsel) gefordert.[2948] Nichtsdestotrotz bereitet eine **präzise Formulierung** von Bezugnahmeklauseln insbesondere wegen §§ 305c, 307 BGB nicht selten **Schwierigkeiten**. Bei formulararbeitsvertraglicher Verwendung von Bezugnahmeklauseln gehen Unklarheiten nach wie vor[2949] grundsätzlich zu Lasten des Verwenders. Wird etwa nicht deutlich, wie und in welchem (zeitlichen) Umfang verwiesen wird, nimmt das BAG **im Zweifel** eine **dynamische Verweisung** an,[2950] wobei bisher ungeklärt ist, ob dies auch dann gilt, wenn eine statische Verweisung für den Arbeitnehmer günstiger wäre.[2951]

Bezugnahmen auf Tarifverträge werden deshalb nach neuerer Rspr. für nicht nur rein deklaratorisch, sondern im Zweifel für **konstitutiv** gehalten, unabhängig von der tariflichen Bindung der Parteien.[2952] Soll also wegen § 2 Abs. 1 S. 2 Nr. 10 NachwG lediglich ein deklaratorischer Hinweis über die tarifliche Lage „im Übrigen" in den Vertrag aufgenommen werden, muss dieser deklaratorische Hinweis hinreichend deutlich werden.[2953]

2941 Hierzu etwa *Clemenz*, NZA 2007, 769 f.

2942 *Sutschet*, NZA 2008, 679, 687 mit Hinweis, dass u.U. die betriebliche Übung vorteilhafter sein kann.

2943 BAG 14.12.2005 – 4 AZR 536/04, NZA 2006, 607, 610, Rn 24 ff.; *Clemenz*, NZA 2007, 769, 771 und 773; *Höpfner*, NZA 2008, 420, 421 ff.; *ders.* NZA 2008, 91, 92 ff. (kritisch zur Stichtagsregelung).

2944 BAG 14.12.2005 – 4 AZR 536/04, NZA 2008, 607 ff.

2945 BAG 17.4.2007 – 4 AZR 652/05, NZA 2007, 965.

2946 BAG 14.12.2005 – 4 AZR 536/04, NZA 2006, 607, 609 ff., Rn 19 ff.; BAG 17.4.2007 – 4 AZR 652/05, NZA 2007, 965; BAG 22.10.2008 – 4 AZR 793/07, AP Nr. 67 zu § 1 TVG Bezugnahme auf Tarifvertrag; BAG 22.10.2008 – 4 AZR 784/07, NZA 2009, 151; differenzierend *Greiner*, NZA 2009, 877, 883 (der Wortlaut ist nicht in jedem Fall eine strikte Grenze).

2947 *Jordan/Bissel*, NZA 2010, 71 ff.

2948 Insoweit auch einschränkend *Jordan/Bissel*, NZA 2010, 71, 75; *Thüsing/Lambrich*, NZA 2002, 1361, 1465; *Bauer/Günther*, NZA 2008, 6, 11; *Isam/Plümpe*, DB 2008, 1265, 1267; *Giesen*, NZA 2006, 625, 629 f.; *Zerres*, NJW 2006, 3533, 3537; *Preis/Greiner*, NZA 2007, 1073, 1079; *Klebeck*, NZA 2006, 15.

2949 Krit. *Giesen*, NZA 2006, 625, 627 (Bezugnahmeklausel als Besonderheit des Arbeitsrechts); BAG 24.9.2008 – 6 AZR 76/07, NZA 2009, 154, 155; dagegen BAG 29.8.2007 – 4 AZR 767/06, NZA 2008, 364; krit. *Greiner*, NZA 2009, 877, 881 f.; *Jordan/Bissel*, NZA 2010, 71 ff.

2950 BAG 14.12.2005 – 4 AZR 536/04, NZA 2006, 607, 610, Rn 22.

2951 Für eine Auslegung des jeweils Günstigeren BAG 29.8.2007 – 4 AZR 767/06, NZA 2008, 364; *Däubler*, NZA-Beil. 2006, 133, 138; *Giesen*, NZA 2006, 625, 627; *ErfK/Franzen*, § 3 TVG Rn 36 ff.; a.A. BAG 24.9.2008 – 4 AZR 76/07, NZA 2009, 154, 155; im Ergebnis zustimmend *Greiner*, NZA 2009, 877, 881 f.

2952 Vgl. *ErfK/Franzen*, § 3 TVG Rn 33; *Däubler/Lorenz*, § 3 TVG Rn 225; *Bauer/Günther*, NZA 2008, 6, 9; *Thüsing/Lambrich*, RdA 2002, 192, 201 f.; im Falle einer Tarifbindung gilt das Günstigkeitsprinzip, BAG 29.8.2007 – 4 AZR 767/06, NZA 2008, 364; anders noch BAG 23.3.2005 – 4 AZR 203/04, NZA 2005, 1003.

2953 Zur „Im Übrigen"-Formulierung *ErfK/Franzen*, § 3 TVG Rn 33; *ErfK/Preis*, § 2 NachwG Rn 23 ff.; *Staudinger/Coester*, § 310 BGB Rn 113.

1400 Wer eine inhaltlich-zeitliche Dynamik verhindern will, muss den in Bezug genommenen Tarifvertrag datumsmäßig exakt konkretisieren.[2954] In einem solchen Fall sollte es vermieden werden, dass die statische Klausel als dynamische gelebt wird, d.h. neue Tarifverträge nachvollzogen werden, da ansonsten eine konkludente Änderung der statischen Klausel in eine dynamische Klausel in Betracht kommt.[2955]

Ist dagegen eine inhaltlich-zeitliche Dynamik gewollt, sollte jedenfalls der **Gleichstellungszweck ausdrücklich formuliert** werden, damit dieser bei der Auslegung mitberücksichtigt werden kann.[2956] Je nachdem, ob die Klausel auch für Verbands- und Zuständigkeitswechsel bzw. sogar für Betriebsübergänge gelten soll, muss sie diesbezüglich **„differenzierten Gestaltungswillen"** erkennen lassen.[2957] Ansonsten kann die Auslegung ergeben, dass beispielsweise eine ursprünglich deklaratorisch verfasste Klausel bei Verbandsaustritt konstitutiv gilt und damit Tarifgebundenheit „bis in alle Ewigkeit" fingiert.[2958]

1401 Die **Formulierung** der Bezugnahmeklausel muss so **eindeutig** sein, dass eine andere Auslegung nicht in Betracht kommt; vom Wortlaut der Bezugnahmeklausel abweichende Regelungsziele können bei der Auslegung nur berücksichtigt werden, wenn sie für den Vertragspartner hinreichend zum Ausdruck kommen.[2959] Eine auf einen Verbandstarifvertrag verweisende Klausel kann daher nicht ohne weitere Anhaltspunkte als auch auf einen Firmentarifvertrag verweisende Klausel ausgelegt werden.[2960] Auch bei Bezugnahme auf „einschlägige Tarifverträge" ist nicht zuletzt wegen § 2 Abs. 1 S. 2 Nr. 10 NachwG Vorsicht geboten.[2961] Die in Bezug genommenen Tarifverträge sind möglichst genau nach Kenntnis des Arbeitgebers zu bezeichnen.[2962] Schließlich muss der Umfang der Bezugnahme insbesondere auch mit Blick auf eine mögliche Tarifsukzession klar sein.[2963]

1402 Wird ein Altvertrag nachträglich geändert, so ist für die rechtliche Beurteilung entscheidend, ob die Bezugnahmeklausel erneut zum Gegenstand der rechtsgeschäftlichen Willensbildung gemacht worden ist. Die Annahme eines Altvertrages und eine damit verbundene Rechtsfolgenkorrektur unter dem Gesichtspunkt des Vertrauensschutzes sind demnach ausgeschlossen, wenn ausdrücklich festgehalten wird, dass alle sonstigen Bestimmungen des Arbeitsvertrages unberührt bleiben. Denn damit haben die Parteien zum Ausdruck gebracht, dass sie an den zuvor getroffenen Regelungen festhalten, die dann jedoch der neuen Rechtsprechung unterliegen.[2964] Etwas anderes gilt, wenn vereinbart wird, dass es „bei den bisherigen Arbeitsbedingungen bleibt". Denn diese Aussage bezieht sich nur auf die Arbeitsbedingungen selbst, so dass die vertraglichen Abreden nicht zum Gegenstand der rechtsgeschäftlichen Willenserklärung gemacht werden.[2965]

1403 Seit einiger Zeit wird diskutiert, ob das BAG seine Rechtsprechung zu Neuverträgen überdenken muss:[2966] Der EuGH entschied in einem Vorabentscheidungsgesuch (**„Alemo-Herron-Entscheidung"**[2967]), Art. 3 der Richtlinie 2001/23/EG sei dahingehend auszulegen, dass es einem Mitgliedstaat verwehrt ist vorzuse-

---

2954 Vgl. BAG 9.11.2005 – 5 AZR 128/05, NZA 2006, 202: Auslegung einer Vergütungsklausel mit Verweis auf Tarifgruppe eines Tarifvertrages als dynamische Klausel; ErfK/*Franzen*, § 3 TVG Rn 36.
2955 Hierzu krit. *Greiner*, NZA 2009, 877 und 881 f.; *Höpfner*, NZA 2008, 91, 93.
2956 So ausdrücklich BAG 14.12.2005 – 4 AZR 536/04, NZA 2005, 607, 609; *Clemenz*, NZA 2007, 769, 771; *Bauer/Günther*, NZA 2008, 6, 7; zur Formulierung „unabhängig von der Gewerkschaftsangehörigkeit" (so *Schliemann*, ZTR 2004, 502, 508) krit. *Preis/Greiner* NZA 2007, 1073, 1076.
2957 BAG 14.12.2005 – 4 AZR 536/04, NZA 2006, 607, 609; hierzu siehe *Clemenz*, NZA 2007, 772; *Klebeck*, NZA 2006, 15, 19; kritisch bezüglich dieser Anforderungen *Jordan/Bissel*, NZA 2010, 71 ff.
2958 *Vogel/Oelkers*, NJW-Spezial 2006, 369; *Rieble/Klebeck*, BB 2006, 885, 890; Staudinger/*Coester*, § 310 BGB Rn 98.
2959 BAG 18.4.2007 – 4 AZR 652/05, NZA 2007, 965.
2960 ErfK/*Franzen*, § 3 TVG Rn 42.
2961 Vgl. bereits Jacobs/Krause/*Oetker*, § 6 Rn 228 ff. zu Auslegungsfragen.
2962 *Preis/Greiner*, NZA 2007, 1073, 1079.
2963 *Greiner*, NZA 2009, 877, 878 f.; *Klebeck*, NZA 2006, 15 ff.
2964 BAG 18.11.2009 – 4 AZR 514/08, NZA 2010, 170.
2965 BAG 19.10.2011 – 4 AZR 811/09, NJOZ 2012, 493.
2966 Jacobs/Frieling, EuZW 2013, 737; Anmerkung von Haußmann, ArbRAktuell 2013, 350355; Willemsen/Grau, NJW 2014, 12.
2967 EuGH 18.7.2013 – C-426/11, NZA 2013, 835.

hen, dass im Falle eines Unternehmensübergangs dynamische Bezugnahmeklauseln durchsetzbar sind, wenn es dem Erwerber verwehrt ist, an den Verhandlungen über nach dem Übergang abgeschlossene Kollektivverträge teilzunehmen. Nach Abwägung der Arbeitnehmer- und Arbeitgeberinteressen räumte der EuGH den Arbeitgeberinteressen den Vorrang ein. Die Vertragsfreiheit des Erwerbers sei durch die fehlende Tarifparteifähigkeit so erheblich reduziert, dass es zu einer nicht hinnehmbaren Beeinträchtigung des Wesensgehalts seines Rechts auf unternehmerische Freiheit komme. Ihm werde der Handlungsspielraum zur Anpassung der Lage, die für die Fortsetzung seiner Tätigkeit erforderlich sei, genommen. Der EuGH führt damit seine Rechtsprechung fort (**„Werhof-Entscheidung"**).[2968]

Das BAG hat zur Klärung der durch die Alemo-Herron-Entscheidung aufgeworfenen Rechtsfragen zwei Verfahren dem EuGH zur Vorabentscheidung nach Art. 267 AEUV vorgelegt, sowie vier weitere Verfahren bis zur Entscheidung des EuGH ausgesetzt. Es bleibt bei seiner aktuellen Einschätzung, dass ein Betriebserwerber nach einem Betriebsübergang an eine vertragliche dynamische Bezugnahmeklausel gebunden ist, auch wenn der Erwerber mangels Mitgliedschaft in der tarifschließenden Koalition auf die künftigen Tarifverhandlungen keinen Einfluss nehmen kann.[2969] Mit seiner Vorlage beim EuGH fragt das BAG an, ob diese Auslegung des § 613a Abs. 1 BGB mit Art. 3 RL 2001/23/EG und Art. 16 GRC vereinbar ist. Auf eine zeitnahe Klarstellung aus Luxemburg ist zu hoffen.

ee) Inhaltskontrolle der Bezugnahmeklausel

Die **Formulierung** der Bezugnahmeklausel unterliegt uneingeschränkt der **Kontrolle nach §§ 305 ff. BGB**.[2970] Ein Verstoß gegen das Transparenzgebot ist etwa denkbar, wenn auf fachlich und räumlich nicht einschlägige Tarifverträge verwiesen wird oder – bei inhaltlicher Dynamik – der Verweis auf den geänderten Tarifvertrag nunmehr überraschend ist.[2971] Ein weiteres Beispiel ist die Bezugnahme auf mehrgliedrige Tarifverträge. Aus der Bezugnahmeklausel selbst und den arbeitsvertraglichen Regelungen muss sich eindeutig ergeben, unter welchen Voraussetzungen welcher der genannten Tarifverträge auf das Arbeitsverhältnis Anwendung finden soll.[2972] Ansonsten besteht die Gefahr der Intransparenz und damit der Unwirksamkeit der Bezugnahme nach § 307 Abs. 1 S. 2 BGB. Denn ob trotz des Grundsatzes des Verbots der geltungserhaltenden Reduktion eine ergänzende Vertragsauslegung möglich ist, ist ungeklärt.[2973] Wegen der ansonsten bestehenden Gefahr einer Irreführung des Arbeitnehmers sollte klargestellt werden, dass die Bezugnahmeklausel nicht gilt, soweit auf das Arbeitsverhältnis Tarifvorschriften aufgrund Tarifgebundenheit und/oder kraft gesetzlicher Anordnung anzuwenden sind.[2974]

1404

ff) Inhaltskontrolle des (teilweise) in Bezug genommenen Tarifvertrages

Schwierig zu beantworten ist, in welchen Grenzen eine **Inhaltskontrolle des in Bezug genommenen Tarifvertrages** stattfindet. Grundsätzlich gilt für den Tarifvertrag als Bezugnahmeobjekt das Privileg des § 310 Abs. 4 BGB, wonach der Tarifvertrag grundsätzlich einen angemessenen Interessenausgleich darstellt und daher einzelne Klauseln nicht kontrolliert werden sollen.[2975] Wird auf einen einbezogenen ein-

1405

2968 EuGH 9.3.2006 – C-499/04, BB 2006, 891.

2969 BAG 17.6.15 – 4 AZR 61/14, BeckRS 2016, 65925.

2970 Die Möglichkeit der Kenntnisnahme des in Bezug genommenen Tarifvertrags reicht aus, st. Rspr., jüngst BAG 28.6.2007 – 6 AZR 750/06, NZA 2007, 1049; krit. aber ErfK/*Preis*, § 3 NachwG Rn 23 und § 310 BGB Rn 15, 26; auf eine klare, übersichtliche Formulierung ist zu achten, statt vieler *Jordan/Bissel*, NZA 2010, 71, 72; *Schlewing*, NZA-Beilage 2012, 33, 39.

2971 Jacobs/Krause/*Oetker*, § 6 Rn 223 ff.

2972 LAG Düsseldorf 5.6.2012 – 8 Sa 213/12; LAG Schleswig-Holstein 4.10.2012, 5 Sa 402/11.

2973 Dafür etwa *Witt*, NZA 2004, 135, 138; *Thüsing/Lambrich*, NZA 2002, 1361; *Löwisch/Rieble*, § 3 TVG Rn 543 ff.; Däubler/*Lorenz*, § 3 TVG Rn 219.

2974 *Giesen*, NZA 2006, 625.

2975 Vgl. BT-Drucks 14/6857 S. 54; statt vieler MüKo-BGB/*Müller-Glöge*, § 611 BGB Rn 68; Staudinger/*Coester*, § 307 BGB Rn 294.

schlägigen oder auf einen normativ geltenden Tarifvertrag als Ganzes verwiesen, findet keine Inhaltskontrolle statt.[2976] Vor dem Hintergrund des Zwecks des § 310 Abs. 4 BGB wird dies teilweise anders gesehen, wenn auf einen zeitlich/sachlich nicht einschlägigen bzw. unwirksamen Tarifvertrag verwiesen wird[2977] oder wenn das Unternehmen aus dem Anwendungsbereich des einbezogenen Tarifvertrages hinausgewachsen ist.[2978]

Hinsichtlich der übrigen Fälle, insbesondere der **Teilverweise**, ist zu **differenzieren**: Verweise auf einzelne, **punktuelle Regeln** unterfallen grundsätzlich den §§ 305 ff. BGB;[2979] Bezugnahmen auf abgrenzbare, geschlossene **Teilkomplexe „mit partieller Richtigkeitsgewähr"** (z.B. „Urlaub") nach wohl noch überwiegender Ansicht dagegen nicht.[2980] Dennoch ist ein **Teilverweis risikobehaftet**: Einerseits geht die insoweit parallele Rechtsprechung zur Teilbezugnahme auf die VOB/B bereits von einer vollen Überprüfbarkeit der Regelungen aus.[2981] Andererseits besteht das Risiko, dass beispielsweise ein Verweis auf Bestimmungen zum Jahresurlaub auch das Urlaubsentgelt oder auf wesentliche Arbeitsbedingungen sogar den gesamten Tarifvertrag umfasst, wenn dies nicht eindeutig formuliert ist.[2982]

gg) Gestaltungsmöglichkeiten

1406 Dynamische Klauseln müssen insbesondere für Zuständigkeits-, Verbandswechsel oder Betriebsübergänge einen differenzierten Gestaltungswillen erkennen lassen.[2983] Bei tarifgebundenen Arbeitgebern kann eine Regelung über den **Wechsel** bzw. über das **Ende der Tarifbindung** (z.B. nach einem Verbandsaustritt und -wechsel,[2984] nach einem Betriebsübergang,[2985] oder nach Tarifwegfall aufgrund von Unternehmensrestrukturierungen)[2986] empfehlenswert sein, wobei eine Aufgliederung hinsichtlich der einzelnen Vorgänge einer generell gefassten Klausel mit lediglich exemplarischer Aufzählung[2987] aus Klarheitsgründen vorzuziehen ist. Bei Bezugnahmeklauseln mit Regelungen für den Fall des Betriebsübergangs ist jedoch regelmäßig deren mögliche abschreckende Wirkung auf den Arbeitnehmer zu beachten. Arbeitgeber können auch bei veränderten wirtschaftlichen Bedingungen ein Interesse haben, die dynamische Verweisung

2976 BAG 28.6.2007 – 6 AZR 750/06, NZA 2007, 1049; statt vieler Rolfs u.a./*Jacobs*, § 307 Rn 20 ff.; ErfK/*Preis*, § 310 BGB Rn 13; *Schlewing*, NZA-Beilage 2012, 3, 40.
2977 *Richardi*, NZA 2002, 1057, 1061 f.; Staudinger/*Coester*, § 307 Rn 297 und 300; ErfK/*Franzen*, § 3 TVG Rn 34; ErfK/*Preis*, § 310 BGB Rn 14; Jacobs/Krause/*Oetker*, § 6 Rn 223 ff., 228 ff.; zur Bezugnahme auf beamtenrechtliche Bestimmungen BAG 24.11.1993 – 5 AZR 153/93, NZA 1994, 759.
2978 *Clemenz*, NZA 2007, 769, 772 (fehlender Branchenbezug); *Henssler*, RdA 2002, 129, 136; *Gotthardt*, ZIP 2002, 277, 281.
2979 *Thüsing/Lambrich*, NZA 2002, 1361, 1363 f.; differenzierend ErfK/*Preis*, § 310 BGB Rn 18.
2980 In diese Richtung BAG 17.1.2006 – 9 AZR 41/05, NZA 2006, 923; BAG 13.11.2002 – 4 AZR 393/01, NZA 2003, 1039; *Hanau*, NZA 2005, 489; *Diehn*, NZA 2004, 129, 131; *Gaul*, ZfA 2003, 75, 88 f.; a.A. *Däubler*, NZA 2001, 1329, 1335; *Reinecke*, NZA-Beil. 2000, 23, 29; differenzierend ErfK/*Preis*, § 310 BGB Rn 17 f.; offen *Gotthardt*, ZIP 2002, 277, 281.
2981 BGH 22.1.2004 – VII ZR 419/02, NJW 2004, 1597; Staudinger/*Coester*, § 307 Rn 300; ErfK/*Preis*, § 310 BGB Rn 19.
2982 Hierzu BAG 17.1.2006 – 9 AZR 41/05, NZA 2006, 923; BAG 9.11.2005 – 5 AZR 128/05, NZA 2006, 202; BAG 17.11.1998 – 9 AZR 584/97, NZA 1999, 938; BAG 19.1.1999 – 1 AZR 606/98, NZA 1999, 879; Jacobs/Krause/*Oetker*, § 6 Rn 223 ff., 228 ff.
2983 Teilweise a.A. mit Blick auf große dynamische Klauseln *Jordan/Bissel*, NZA 2010, 71 ff.
2984 Vgl. §§ 3 Abs. 3, 4 Abs. 5 TVG; *Preis/Greiner*, NZA 2007, 1073, 1079; *Giesen*, NZA 2006, 625; *Klebeck*, NZA 2006, 15, 20; *Bauer/Günther*, NZA 2008, 6, 7; ErfK/*Franzen*, § 3 TVG Rn 40 (als Tarifwechselklausel ist nur eine große dynamische Klausel zu interpretieren); krit. auch *Jordan/Bissel*, NZA 2010, 71, 72 ff.
2985 ErfK/*Franzen*, § 3 TVG Rn 41 ff.; *Hohenstatt*, NZA 2010, 23 ff.; *Jacobs*, NZA-Beil. 2009, 45, 51.
2986 Vgl. § 613a Abs. 1 S. 2–4 BGB; äußerst str.: nur Anwendung des neuen Tarifvertrages bei Tarifwechselklausel, auch aus Gründen des Bestandsschutzes, *Jacobs*, NZA-Beil. 2009, 45, 54; *Hümmerich/Mäßen*, NZA 2005, 961; a.A. Tarifwechsel als Fall des Tarifersatzes *Fieberg*, NZA 2005, 1226; *Möller/Welkoborsky*, NZA 2006 1382; *Werthebach*, NZA 2005, 1224; hierzu ErfK/*Franzen*, § 3 TVG Rn 42; *Greiner*, NZA 2009, 877, 879 ff.; zur Transparenz einer solchen Klausel *Heinlein*, NJW 2008, 321, 326; *Jordan/Bissel*, NZA 2010, 71, 73 halten eine große dynamische Klausel für genügend transparent.
2987 Etwa *Olbertz*, BB 2007, 2737, 2739 ff.

durch **Widerruf** innerhalb einer bestimmten Frist zu beenden, d.h. zu einer statischen Verweisung zurückzukehren. Hier sind jedoch die §§ 307, 308 Nr. 4 BGB zu beachten.[2988]

Eine **Abänderung** einer arbeitsvertraglich vereinbarten Bezugnahmeklausel ist grundsätzlich nur im Wege **1407**
der einvernehmlichen Vertragsänderung möglich.[2989] Die Möglichkeit einer negativen betrieblichen
Übung wird abgelehnt.[2990] Eine **Änderungskündigung** dürfte meist an der sozialen Rechtfertigung **scheitern**, da das alleinige Interesse an einer Vereinheitlichung der Arbeitsbedingungen nicht ausreicht.[2991]

c) Zum Fall

Hinsichtlich des Beispielsfalls ergeben sich folgende Gesichtspunkte: Unabhängig von kollektivrecht- **1408**
lichen Problemen infolge eines Austritts aus dem Arbeitgeberverband, insbesondere hinsichtlich der Nachbindung und Nachwirkung des Verbandstarifvertrages (vgl. §§ 3 Abs. 1, 4 Abs. 5 TVG), muss der Arbeitgeber die individualvertraglichen Bezugnahmen auf den Tarifvertrag beachten, um einem „bösen
Erwachen" vorzubeugen.

Nach Aufgabe der am Gleichstellungszweck orientierten Rspr. des BAG ist für die Auslegung von Bezugnahmeklauseln in nach dem 1.1.2002 geschlossenen Verträgen primär der Wortlaut entscheidend. Demzufolge dürfte die im Vertragstyp 1 verwendete Formulierung als statische Klausel anzusehen sein. Der
dort genannte Verbandstarifvertrag gilt in der Fassung vom 1.1.2005 qua schuldrechtlicher Einbeziehung
unabhängig vom Austritt des Arbeitgebers statisch weiter.

Die im Vertragstyp 2 verwendete Klausel wird als kleine dynamische Klausel auszulegen sein, wonach stets
die aktuelle Fassung gelten soll. Ein Verbandswechsel ändert nichts an der schuldrechtlichen Weitergeltung
des Tarifvertrages. Wäre der Gleichstellungszweck deutlich aus der Klausel hervorgegangen, dürfte eine
statische Weitergeltung des zum Zeitpunkt des Austritts aus dem Arbeitnehmerverbandes geltenden Ver-
bandstarifvertrags anzunehmen sein.[2992]

Die im Vertragstypus 3 verwendete Klausel dürfte als große dynamische Klausel verstanden werden, die
deutlich den Gleichstellungszweck und den Fall des Tarifwechsels umfasst. In diesem Fall[2993] dürfte es
zur Geltung des neuen, für die X-AG günstigen Tarifvertrags kommen.[2994]

d) Bezugnahmeklausel

Die Bezugnahmeklausel stellt regelmäßig den § 2 eines Arbeitsvertrages dar, dies ist jedoch nicht zwingend. **1409**
Es ist allerdings aufgrund von § 305c Abs. 1 BGB auf eine ansprechende, optisch übersichtliche Gestaltung
des Vertrages zu achten.[2995]

2988 *Preis/Greiner*, NZA 2007, 1073, 1078 f.; *Giesen*, NZA 2006, 625; *Klebeck*, NZA 2006, 15, 20; ErfK/*Franzen*, § 3 TVG Rn 44;
einen Verstoß gegen § 308 Nr. 4 BGB nimmt insbesondere *Reinecke*, BB 2006, 2637, 2645 an; a.A. *Jacobs*, NZA-Beil. 2009,
52; *Jordan/Bissel*, NZA 2010, 71, 74.

2989 Zur Frage, wie Bezugnahmeklauseln auszulegen sind, die nach einer Vertragsänderung nach 2002 unverändert blieben, BAG
18.11.2009 – 4 AZR 514/08, BeckRS 2010, 65524.

2990 Jacobs/Krause/*Oetker*, § 6 Rn 235.

2991 Str. Jacobs/Krause/*Oetker*, § 6 Rn 236; *Möller*, NZA 2006, 579; a.A. *Giesen*, NZA 2006, 625; *Olbertz*, BB 2007, 2737, 2741.

2992 *Bauer/Günther*, NZA 2008, 6, 9.

2993 Str. ist, ob auch eine dynamische Verweisung auf den neuen Tarifvertrag gilt, wenn der Gleichstellungszweck nicht hervorgeht;
vgl. hierzu *Jordan/Bissel*, NZA 2010, 71, 75.

2994 *Bauer/Günther*, NZA 2008, 6, 9 f.

2995 *Jordan/Bissel*, NZA 2010, 71, 72.

▼

Muster 1a.79: Bezugnahmeklausel

Variante 1: Statische Bezugnahme

§ 2. Anwendbarkeit des Tarifvertrages ▨▨▨ (*Bezeichnung TV*)

Auf das Arbeitsverhältnis findet der Tarifvertrag ▨▨▨ (*genaue Bezeichnung erforderlich*) in seiner Fassung vom ▨▨▨ (*genaue Angabe erforderlich, damit keine Dynamik angenommen werden kann*) Anwendung. Der Arbeitnehmer hat keinen Anspruch auf Weitergabe künftiger Tarifänderungen. Sätze 1 und 2 gelten nur, soweit nicht im Folgenden anderes vereinbart ist.

Variante. 2: Kleine dynamische Bezugnahme

§ 2. Bezugnahmeklausel

(1) Diese Klausel findet Anwendung, soweit der Arbeitnehmer an bei dem Arbeitgeber geltende Tarifverträge mangels Gewerkschaftsmitgliedschaft nicht normativ gebunden ist. Die Klausel bezweckt die Gleichstellung nicht organisierter mit organisierten Arbeitnehmern.

(2) Das Arbeitsverhältnis bestimmt sich nach dem Tarifvertrag ▨▨▨ (*genaue Bezeichnung erforderlich*) und den diesen ergänzenden, ändernden und ersetzenden Tarifverträgen in ihren jeweils gültigen Fassungen. Satz 1 dieses Absatzes gilt nur, soweit nicht im Folgenden anderes vereinbart ist.

(3) Entfällt jegliche Tarifbindung des Arbeitgebers, gelten die zu diesem Zeitpunkt gemäß Absatz 2 anwendbaren Tarifverträge statisch in der zuletzt gültigen Fassung fort, soweit sie nicht durch andere Abmachungen ersetzt werden. Der Arbeitgeber wird dem Arbeitnehmer jeweils mitteilen, wenn seine Tarifbindung endet.

(4) Der Arbeitgeber kann nach billigem Ermessen aus wirtschaftlichen Gründen den Ergänzungen, Änderungen oder Ablösungen der im Absatz 2 genannten Tarifverträge innerhalb von vier Wochen nach ihrem Inkrafttreten durch schriftliche Erklärung widersprechen. Der Widerspruch bewirkt, dass die vor dem Inkrafttreten der Ergänzung, Änderung oder Ablösungsvereinbarung jeweils gültige Fassung statisch auf das Arbeitsverhältnis Anwendung findet. Der Arbeitnehmer hat dann keinen Anspruch auf Weitergabe künftiger Tarifentwicklungen.

Variante 3: Große dynamische Klausel

§ 2. Bezugnahmeklausel

(1) Diese Klausel findet Anwendung, soweit der Arbeitnehmer an bei dem Arbeitgeber geltende Tarifverträge mangels Gewerkschaftsmitgliedschaft nicht normativ gebunden ist. Die Klausel bezweckt die Gleichstellung nicht organisierter mit organisierten Arbeitnehmern.

(2) Das Arbeitsverhältnis bestimmt sich nach den im Betrieb oder Betriebsteil jeweils (fachlich und betrieblich) einschlägigen geltenden Tarifverträgen in ihren jeweils gültigen Fassungen, soweit nicht im Folgenden anderes vereinbart ist. Derzeit sind dies nach Kenntnis des Arbeitgebers die Tarifverträge ▨▨▨ (*genaue Bezeichnung*) und ▨▨▨ (*genaue Bezeichnung*). Die Bezugnahme nach Satz 1 des Absatzes 2 erfasst auch den künftigen Wechsel zu einem anderen Tarifwerk, insbesondere einer anderen Branche, aber auch einer anderen Gewerkschaft. Der Arbeitgeber wird entsprechend dem Nachweisgesetz (§ 2 Abs. 1 S. 2 Nr. 10 Nachweisgesetz) auf jeden Wechsel schriftlich pauschal hinweisen.

(3) Kommen nach dieser Regelung unterschiedliche Tarifverträge in Betracht, so ist die Auswahl des anzuwendenden Tarifvertrages nach den Regeln zur Tarifkonkurrenz zu bestimmen.

(4) Entfällt jegliche Tarifbindung des Arbeitgebers, gelten die zu diesem Zeitpunkt gemäß Absatz 2 anwendbaren Tarifverträge statisch in der zuletzt gültigen Fassung fort, soweit sie nicht durch andere Abmachungen ersetzt werden. Der Arbeitgeber wird dem Arbeitnehmer jeweils mitteilen, wenn seine Tarifbindung endet.

(5) Der Arbeitgeber kann nach billigem Ermessen aus wirtschaftlichen Gründen den Ergänzungen, Änderungen oder Ablösungen der im Absatz 2 genannten Tarifverträge innerhalb von vier Wochen nach ihrem Inkrafttreten durch schriftliche Erklärung widersprechen. Der Widerspruch bewirkt, dass die vor dem Inkraft-

treten der Ergänzung, Änderung oder Ablösungsvereinbarung jeweils gültige Fassung statisch auf das Arbeitsverhältnis Anwendung findet. Der Arbeitnehmer hat dann keinen Anspruch auf Weitergabe künftiger Tarifentwicklungen.

112. Teilzeit

Ausführliche Erläuterungen zur Teilzeit befinden sich im Kapitel zu den einzelnen Vertragstypen (siehe § 1b Rdn 223 ff.). **1410**

113. Telearbeit

Ausführliche Erläuterungen zu diesem Stichwort befinden sich im Kapitel zu den einzelnen Vertragstypen (siehe unten § 1b Rdn 460 ff.). **1411**

114. Trainee

Ausführungen hierzu befinden sich im Kapitel zu den einzelnen Vertragstypen (siehe § 1b Rdn 470 ff.). **1412**

115. Überstunden

Erläuterungen zu diesem Stichwort befinden sich oben unter dem Stichwort „Mehrarbeit" (siehe Rdn 1079 ff.). **1413**

116. Umzug

Literatur: *Gotthardt*, Einsatz von Arbeitnehmern im Ausland – Arbeitsrechtliche Probleme und praktische Hinweise für die Vertragsgestaltung, MDR 2001, 961; *Oberthür/Becker*, Bindungsklauseln im Wandel der Rechtsprechung, ArbRB 2008, 215; *Säcker*, Umzugskostenerstattung, SAE 1976, 72.

a) Allgemeines

Die mit langen Anfahrtswegen zwischen Wohnsitz und Arbeitsort verbundenen Belastungen des Arbeitnehmers können erheblich sein. Überlegungen zugunsten einer **Verlagerung des Wohnsitzes** in die Nähe des Arbeitsplatzes stellen sich deshalb häufig, nicht nur bei der Begründung eines neuen, sondern auch bei überörtlichen Versetzungen oder Verlagerungen des Betriebssitzes während des laufenden Arbeitsverhältnisses. Auch die arbeitsvertragliche Verpflichtung zur Wohnsitznahme am Arbeitsort (vgl. Rdn 376 ff.) kann einen Umzug erforderlich machen. **1414**

Die Wahl des Wohnsitzes wird regelmäßig dem Privatbereich des Arbeitnehmers zugeordnet,[2996] so dass Umzugskosten grds. auch dann von dem Arbeitnehmer aufzubringen sind, wenn der Umzug maßgeblich beruflich motiviert ist. Ein gesetzlicher Anspruch gegen den Arbeitgeber auf **Erstattung der Umzugskosten** gem. § 670 BGB (vgl. Rdn 585 ff.) besteht nur in Ausnahmefällen, wenn der Umzug aus betrieblich veranlassten Gründen notwendig geworden ist, dem Arbeitnehmer ein tägliches Pendeln nicht zugemutet werden kann[2997] und er daher die umzugsbedingten Aufwendungen für erforderlich halten durfte.[2998] Ein gesetzlich begründeter Anspruch auf Ersatz der Umzugskosten kann daher bei überörtlicher Versetzung **1415**

2996 HWK/*Thüsing*, § 611 BGB Rn 476.
2997 Küttner/*Griese*, Umzugskosten Rn 5; Schaub/*Koch*, ArbR-Hdb., § 82 Rn 13.
2998 BAG 21.3.1973, BB 1973, 983;

des Arbeitnehmers oder bei einer Verlagerung des Betriebssitzes in Betracht kommen,[2999] nicht aber bei einer auf der alleinigen Initiative des Arbeitnehmers beruhenden Versetzung[3000] oder bei einem Umzug zum Zwecke der erstmaligen Aufnahme einer neuen Arbeitsstelle.[3001]

1416   Da allerdings aus der Sicht des Arbeitgebers ein erhebliches Interesse an einem betriebsnahen Wohnsitz der Arbeitnehmer besteht, werden Umzugskosten in der betrieblichen Praxis von dem Arbeitgeber häufig auch unabhängig von den gesetzlichen Voraussetzungen auf der Basis individual- oder kollektivvertraglicher Vereinbarungen übernommen.[3002] Auch kann die Übernahme der Umzugskosten im Rahmen der betrieblichen Personalbeschaffung notwendig sein, um potentielle Arbeitnehmer zum Stellenwechsel zu veranlassen oder qualifizierte Arbeitnehmer auch aus weiter entfernten Einzugsgebieten zu gewinnen.[3003] Auch unter dem Aspekt der Gleichbehandlung kann sich ein Erstattungsanspruch ergeben, wenn die Kostenübernahme im Betrieb allgemein üblich ist.[3004]

b) Umzugskostenerstattung

▼

1417 **Muster 1a.80: Umzugskostenerstattung**

■ Nimmt der Arbeitnehmer die Verlagerung des Arbeitsortes/die Aufnahme seiner Tätigkeit zum Anlass, umzuziehen, und befindet sich der Wohnort des Arbeitnehmers nach dem Umzug erstmals in einem Umkreis von ▨ km des Arbeitsortes, so werden die im Zusammenhang mit dem Umzug anfallenden Transportkosten (einschließlich der Verpackung des Transportguts) gegen Nachweis auf Basis des kostengünstigsten Angebots erstattet. Zu diesem Zweck hat der Arbeitnehmer ▨ Angebote einzuholen und vor der Auftragserteilung dem Arbeitgeber zur Entscheidung vorzulegen.

■ Erbringt der Arbeitnehmer den Transport in Eigenleistung, werden die im Zusammenhang mit dem Umzug entstehenden Kosten gegen Rechnungsvorlage bis zu einem Höchstbetrag von ▨ EUR erstattet. Eigene Arbeitsleistungen des Arbeitnehmers werden im Rahmen des vorgenannten Betrages mit einem Stundensatz von ▨ EUR berücksichtigt.

■ Der Arbeitnehmer erhält zum Ausgleich für die umzugsbedingten Aufwendungen einen Pauschalbetrag in Höhe von ▨ EUR. Mit diesem Betrag sind alle umzugsbedingten Aufwendungen abgegolten.

■ Der Arbeitnehmer hat Anspruch auf die Erstattung doppelter Mietaufwendungen für die Dauer von maximal ▨ Monaten, wenn aufgrund der einzuhaltenden Kündigungsfristen ein nahtloser Umzug nicht möglich ist. In diesem Rahmen erstattet der Arbeitgeber dem Arbeitnehmer gegen Nachweis die Nettokaltmiete der bisherigen Wohnung einschließlich der monatlichen Betriebskostenvorauszahlungen.

■ Kommt es bis zu dem Vollzug des Umzuges zu einer Trennung des Arbeitnehmers von seiner Familie, so hat der Arbeitnehmer für die Dauer von maximal ▨ Monaten Anspruch auf einen Fahrtkostenzuschuss für eine wöchentliche Pendelfahrt zwischen dem bisherigen und dem neuen Wohnsitz. Die Kostenübernahme ist begrenzt auf den Betrag, der bei Nutzung des günstigsten öffentlichen Verkehrsmittels entsteht.

■ Endet das Arbeitsverhältnis innerhalb von 24 Monaten nach dem Tag des Umzuges, so hat der Arbeitnehmer die erstatteten Umzugskosten bis zu einem Betrag von ▨ EUR zurückzuzahlen. Die Rückzahlungsverpflichtung reduziert sich um 1/24 der zu erstattenden Umzugskosten für jeden Monat, den das Arbeitsverhältnis innerhalb der zweijährigen Bindungsdauer bestanden hat. Die Rückzahlungsverpflichtung besteht nur, wenn das Arbeitsverhältnis durch Eigenkündigung des Arbeitnehmers, die nicht

2999 MünchArbR/*Glaser*, § 26 Rn 82.
3000 BAG 18.3.1992, DB 1992, 1891.
3001 Schaub/*Koch*, ArbR-Hdb., § 82 Rn 13.
3002 ErfK/*Preis*, § 611 BGB Rn 428.
3003 Preis/*Stoffels*, Arbeitsvertrag, II U 10 Rn 4.
3004 ErfK/*Preis*, § 611 BGB Rn 430.

von einem arbeitgeberseitig zu vertretenden wichtigen Grund getragen ist, oder durch arbeitgeberseitige verhaltensbedingte Kündigung beendet wird.

c) Erläuterungen

Bei der inhaltlichen Ausgestaltung einer arbeitsvertraglichen Regelung zur Umzugskostenerstattung ob- **1418** liegt es grds. den Parteien, den Leistungsumfang individuell festzulegen. Dabei ist auf eine möglichst eindeutige Vertragsgestaltung Wert zu legen; Zweifel bei der Auslegung einer Klausel gehen gem. § 305c Abs. 2 BGB zu Lasten des Arbeitgebers. Bei der Entsendung eines Arbeitnehmers in das Ausland ist dementsprechend aufgrund verbleibender Zweifel die arbeitgeberseitige Zusage der Umzugskostenerstattung dahin ausgelegt worden, dass auch die Kosten des Rückzugs erfasst sein sollten, da eine andere oder begrenzte Kostenübernahme nicht ausdrücklich vereinbart war.[3005]

aa) Regelung der zu erstattenden Kosten

Bei der Übernahme von Umzugskosten stehen die **Transportkosten** des Hausrats im Vordergrund. Eine **1419** diesbezügliche Regelung sollte entsprechend der vorstehenden Musterformulierung sicherstellen, dass sich der Arbeitnehmer um ein möglichst preisgünstiges Speditionsangebot bemüht. Ebenso sollte eindeutig geregelt sein, ob sich die Kostenerstattung auf den reinen Transport beschränkt oder ob auch weitergehende Leistungen wie das Ein- und Auspacken des Hausrats durch das Speditionsunternehmen von dem Arbeitgeber übernommen werden. **Eigene Arbeitsleistungen des Arbeitnehmers** werden dabei i.d.R. nicht vergütet; da die individuelle Organisation eines Umzuges meist jedoch preisgünstiger ist als das Angebot gewerblicher Transportunternehmen, kann durch eine Regelung zur Abgeltung der Arbeitnehmerleistungen ein entsprechender Anreiz gesetzt werden.

Denkbar ist auch, dem Arbeitnehmer einen **Pauschalbetrag** zur Verfügung zu stellen, aus dem dieser die **1420** Umzugskosten eigenverantwortlich bestreiten kann. Dies hat für den Arbeitgeber den Vorteil einer erleichterten Abwicklung, führt allerdings i.d.R. zu höheren Aufwendungen, als dies bei Übernahme der tatsächlich nachgewiesenen Kosten der Fall wäre.

Neben den Transportkosten entstehen in aller Regel weitere umzugsbedingte Kosten, deren Übernahme im **1421** Rahmen einer entsprechenden vertraglichen Regelung vereinbart werden kann. Denkbar ist etwa die Übernahme doppelter Mietkosten oder die Finanzierung von Familienheimfahrten. Ebenso kann die Erstattung von Verpflegungsmehraufwendungen, Makler- und Renovierungskosten, Kosten für die Anschaffung von Gardinen und Bodenbelägen in der neuen Wohnung, Meldegebühren und sonstige Aufwendungen vereinbart werden.

bb) Rückzahlungsverpflichtung

Die Übernahme der Umzugskosten kann mit einer **Verpflichtung** des Arbeitnehmers **zur Rückzahlung** der **1422** arbeitgeberseitig aufgewandten Kosten verbunden werden. Dies gilt jedenfalls dann, wenn die Übernahme der Umzugskosten allein auf einer entsprechenden vertraglichen Vereinbarung beruht; ist der Arbeitgeber ausnahmsweise bereits aus § 670 BGB zur Kostenübernahme verpflichtet, wird eine Begrenzung des Erstattungsanspruchs durch eine Rückzahlungsklausel ungeachtet der grundsätzlichen Dispositivität des § 670 BGB regelmäßig für unwirksam erachtet.[3006]

Voraussetzung einer wirksamen Rückzahlungsverpflichtung ist zunächst eine entsprechende **Verein-** **1423** **barung**, die ausdrücklich getroffen und für den Arbeitnehmer hinreichend transparent sein muss.[3007] Die

---

3005 BAG 26.7.1995, NJW 1996, 741; *Gotthardt*, MDR 2001, 961, 968.
3006 BAG 21.3.1973, DB 1973, 1509; Preis/*Stoffels*, Arbeitsvertrag, II U 10 Rn 2.
3007 BAG 22.8.1990 – 5 AZR 556/89, n.v.; Bauer u.a./*Lingemann*, S. 74 Rn 100e.

zu erstattenden Kosten müssen nach Grunde und Höhe im Rahmen des Möglichen konkret angegeben werden.[3008] Ob die Höhe der von der Rückzahlungsverpflichtung erfassten Kosten begrenzt sein muss, ist bislang nicht abschließend geklärt; nicht zu beanstanden ist jedenfalls eine Rückzahlungsverpflichtung, die sich auf einen Betrag von nicht mehr als einem Monatsgehalt bezieht.[3009]

1424 Die Rückzahlungsvereinbarung unterliegt darüber hinaus der gerichtlichen **Rechts- und Inhaltskontrolle**.[3010] Sie darf im Hinblick auf § 622 Abs. 6 BGB keine übermäßige Einschränkung des arbeitnehmerseitigen Kündigungsrechts beinhalten. In Formularverträgen ist darüber hinaus erforderlich, dass die Interessen des Arbeitnehmers gem. § 307 Abs. 1 BGB angemessen berücksichtigt werden. Eine Rückzahlungsverpflichtung ist daher nur wirksam, wenn die wechselseitigen Interessen der Parteien in einen angemessenen Ausgleich gebracht werden. Voraussetzung einer wirksamen Vertragsgestaltung ist dabei v.a. der Verzicht auf eine unangemessen lange **Bindungsdauer**. Denn während der Arbeitgeber ein Interesse daran hat, die Arbeitskraft, in die er mit der Zusage der Übernahme der Umzugskosten investiert hat, möglichst lange in Anspruch zu nehmen, beinhaltet die Rückzahlungsverpflichtung für den Arbeitnehmer eine Bindung an das Arbeitsverhältnis, die im Hinblick auf die verfassungsrechtlich geschützte Freiheit der Berufsausübung nur in zeitlich begrenztem Umfang zulässig ist.[3011] Welche Bindungsdauer insoweit noch angemessen ist, hängt maßgeblich von den Umständen des Einzelfalls ab. Entscheidend ist, wer die maßgeblichen Vorteile aus dem Umzug erlangt hat und ob dem Arbeitnehmer durch den Umzug dauerhaft berufliche Vorteile erwachsen sind;[3012] auch die Höhe der zu erstattenden Kosten ist zu berücksichtigen. Eine Bindungsdauer von fünf Jahren wird allgemein als unangemessen lang erachtet.[3013] Grds. wird die zulässige Bindungsdauer bei **maximal drei Jahren** liegen,[3014] wobei sich dieser Zeitraum im Einzelfall auch noch weiter verkürzen kann. Dient etwa der Umzug maßgeblich den Interessen des Arbeitgebers[3015] oder soll mit der Übernahme der Umzugskosten ein besonderer Anreiz zum Wechsel des Wohnsitzes geschaffen werden, wird die zulässige Bindungsdauer bei maximal zwei Jahren liegen.[3016]

1425 Das die Rückzahlungsverpflichtung begründende **Ereignis** muss arbeitsvertraglich ebenfalls exakt bestimmt werden. Hängt die Rückzahlungsverpflichtung von der „Kündigung" des Arbeitsverhältnisses ab, erfasst dies nicht die Beendigung des Arbeitsverhältnisses durch Befristung oder Aufhebungsvertrag. Auch kann nicht jedes Beendigungsereignis zur Begründung einer Rückzahlungsverpflichtung herangezogen werden. Beendigungsgründe, die dem Risikobereich des Arbeitgebers zuzuordnen sind, sind nicht geeignet, eine inhaltlich angemessene Rückzahlungsverpflichtung zu begründen, da der Arbeitnehmer auf diese keinen Einfluss zu nehmen in der Lage ist.[3017] Weder eine betriebsbedingte Kündigung des Arbeitgebers[3018] oder eine Kündigung in der Probezeit[3019] noch eine von dem Arbeitgeber veranlasste außerordentliche Kündigung des Arbeitnehmers kann daher zur Begründung einer Rückzahlungsverpflichtung herangezogen werden. Ebenso dürfte es unzulässig sein, eine Rückzahlungspflicht auf das krankheits-

---

3008 BAG 21.8.2012, EzA § 307 BGB 2002 Nr. 58.
3009 BAG 24.2.1975, BB 1975, 702.
3010 Hümmerich/Lücke/Maurer/*Lücke*, § 2 Rn 230.
3011 Bauer u.a./*Lingemann*, S.72 Rn 100.
3012 Preis/*Stoffels*, Arbeitsvertrag, II U 10 Rn 17; *Oberthür/Becker*, ArbRB 2008, 215.
3013 LAG Düsseldorf 23.12.1971, DB 1972, 1587; ErfK/*Preis*, § 611 BGB Rn 431.
3014 BAG 22.8.1990 – 5 AZR 556/89, n.v.; BAG 24.2.1975, AP Nr. 50 zu Art. 12 GG; Hessisches LAG 29.3.1993, Mitbestimmung 1994, Nr. 2, 59.
3015 LAG Düsseldorf 3.12.1971, DB 1972, 1587.
3016 Preis/*Stoffels*, Arbeitsvertrag, II U 10 Rn 18.
3017 Hessisches LAG 18.7.2014 – 10 Sa 187/13, zit. nach juris; BAG 28.5.2013, NZA 2013, 1419; BAG 13.12.2011, NZA 2012, 738; BAG 18.11.2008, NZA 2009, 435; BAG 23.1.2007, NZA 2007, 748; BAG 11.4.2006, NZA 2006, 1042, zur Rückzahlung von Fortbildungskosten.
3018 BAG 24.6.2004, NZA 2004, 1035; BAG 6.5.1998, NZA 1999, 79.
3019 ArbG Hagen 16.12.1976, DB 1977, 870.

oder sonst personenbedingte Ausscheiden des Arbeitnehmers zu stützen;[3020] in diesem Fall liegt das Beendigungsereignis zwar nicht im Verantwortungsbereich des Arbeitgebers, doch kann der Arbeitnehmer die Entstehung der Rückzahlungsverpflichtung auch hier nicht beeinflussen.[3021] Ebenso kann eine Beendigung des Arbeitsverhältnisses aufgrund einer vereinbarten Befristung zur Begründung der Rückzahlungsverpflichtung nur dann herangezogen werden, wenn die Nichtverlängerung des Arbeitsverhältnisses auf verhaltensbedingten Gründen beruht.

Schließlich muss auch der **Umfang der Rückzahlungsverpflichtung** eindeutig bestimmt werden. Die Erstattungspflicht kann grds. auf sämtliche Aufwendungen des Arbeitgebers einschließlich aller Nebenleistungen bezogen werden,[3022] darf diese jedoch nicht überschreiten, da die Rückzahlungsverpflichtung dadurch den Charakter einer unzulässigen Vertragsstrafe erhalten würde.[3023] Darüber hinaus ist zu beachten, dass der Arbeitgeber die Vorteile des Umzugs mit zunehmender Dauer des Arbeitsverhältnisses tatsächlich abschöpft. Die Verpflichtung zur vollständigen Rückzahlung kann den Arbeitnehmer mit zunehmender Dauer der Beschäftigung daher unangemessen benachteiligen. Zwar ist in der Vergangenheit angenommen worden, dass eine **Staffelung der Rückzahlungsverpflichtung**, wie in der Mustervorlage vorgesehen, nicht grds. Voraussetzung einer wirksamen Rückzahlungsverpflichtung ist.[3024] Auch heute wird teilweise noch angenommen, dass eine Staffelung jedenfalls dann nicht zwingend ist, wenn die aufgewandten Kosten ein Monatsgehalt des Arbeitnehmers nicht überschreiten und der Umzug zumindest auch dessen eigenen Interessen gedient hat.[3025] Sofern allerdings auch der Arbeitgeber von dem Umzug profitiert hat, ist jedenfalls für Formularverträge davon auszugehen, dass nur mit einer Staffelung ein angemessener Interessenausgleich erzielt werden kann.[3026] Die Rückzahlungsverpflichtung sollte daher grds. so ausgestaltet werden, dass sich der Rückzahlungsanspruch mit zunehmender Dauer der Betriebszugehörigkeit ratierlich mindert; neben der hier vorgeschlagenen monatlichen Staffelung dürfte auch eine jährliche oder halbjährliche Staffelung noch innerhalb des angemessenen Rahmens liegen.[3027]

Rückzahlungsklauseln, die die vorstehenden Anforderungen nicht beachten, sind inhaltlich unangemessen und damit gem. § 307 Abs. 1 BGB unwirksam.[3028] Eine Rückführung der unangemessenen Klausel auf das noch zulässige Maß ist aufgrund des **Verbots der geltungserhaltenden Reduktion** jedenfalls in Formularverträgen grds. nicht möglich. Dementsprechend kann eine Rückzahlungsklausel, die nicht ausreichend nach dem Beendigungsgrund differenziert, nicht mehr dahingehend ausgelegt werden, dass sie für den Fall einer betriebsbedingten Kündigung keine Anwendung finden soll.[3029] Allerdings kann eine übermäßig lange Bindungsdauer im Wege der ergänzenden Vertragsauslegung auf das noch zulässige Maß zurückgeführt werden, wenn es aufgrund der gebotenen einzelfallbezogenen Betrachtung für den Arbeitgeber schwierig war, die zulässige Bindungsdauer zu bestimmen.[3030] Dies gilt allerdings nicht, wenn die gewählte Bindungsdauer von vornherein nicht in Betracht kam.[3031]

Die Anforderungen, die an die Angemessenheit einer Rückzahlungsklausel gestellt werden, können nicht dadurch umgangen werden, dass dem Arbeitnehmer entsprechend ein zinsloses, nach Ablauf einer be-

1426

1427

1428

3020 Küttner/*Griese*, Umzugskosten Rn 9; a.A. ErfK/*Preis*, § 611 BGB Rn 549; offengelassen von BAG 14.3.1984 – 5 AZR 217/82, n.v.
3021 BAG 24.6.2004, NZA 2004, 1035.
3022 ErfK/*Preis*, § 611 BGB Rn 431.
3023 Preis/*Stoffels*, Arbeitsvertrag, II U 10 Rn 20; ErfK/*Preis*, § 611 BGB Rn 431.
3024 BAG 24.2.1975, AP Nr. 50 zu Art. 12 GG; LAG Schleswig-Holstein 15.12.1972, AP Nr. 1 zu § 611 BGB Umzugskosten.
3025 Schaub/*Koch*, ArbR-Hdb., § 82 Rn 14.
3026 ArbG Karlsruhe 9.9.2003 – 2 Ca 178/03, n.v.; *Säcker*, SAE 1976, 72, 74; *Blomeyer*, Anm. zu BAG AP Nr. 50 zu Art. 12 GG.
3027 BAG 23.4.1986, DB 1986, 2135.
3028 BAG 21.8.2012, EzA § 307 BGB 2002 Nr. 58.
3029 BAG 23.1.2007, NZA 2007, 748; a.A. noch LAG Düsseldorf 1.4.1975, EzA § 157 BGB.
3030 BAG 14.1.2009, NZA 2009, 666; a.A. Küttner/*Griese*, Umzugskosten Rn 9.
3031 BAG 15.9.2009, NZA 2010, 342.

stimmten Zeit nicht mehr rückzahlbares **Darlehen** zur Verfügung gestellt wird.[3032] Eine solche Regelung unterliegt denselben Anforderungen wie eine Rückzahlungsklausel, da allein die rechtliche Konstruktion einer zu demselben wirtschaftlichen Ergebnis führenden Vereinbarung keinen Einfluss auf die rechtliche Beurteilung haben kann.[3033]

1429 Die Erstattungsleistungen des Arbeitgebers sind gem. § 3 Nr. 13 und 16 EStG **steuerfrei**, wenn und soweit sie bei dem Arbeitnehmer gem. § 9 EStG als Werbungskosten berücksichtigt werden könnten.[3034] Steuerfrei – und damit gem. § 14 SGB IV i.V.m. § 1 Abs. 1 Nr. 1 SvEV beitragsfrei – sind daher nur solche Leistungen, die den Umfang der erstattungsfähigen Leistungen nach dem Bundesumzugskostengesetz[3035] nicht überschreiten.

117. Urheberrechtsklauseln

Literatur: *Berger/Wündisch*, Urhebervertragsrecht, 2. Aufl., 2015; *Dreier/Schulze*, Urheberrechtsgesetz, 5. Aufl., 2015; *Fromm/Nordemann*, Urheberrecht, 11. Aufl., 2014; *Fuchs*, Arbeitnehmerurhebervertragsrecht, 2005; *Loewenheim*, Handbuch des Urheberrechts, 2. Aufl., 2010; *Möhring/Nicolini*, Urheberrechtsgesetz, 2. Aufl. 2000; *Schricker/Loewenheim*, Urheberrecht, 4. Aufl., 2010; *Wandtke/Bullinger*, Praxiskommentar zum Urheberrecht, 4. Aufl. 2014.

a) Allgemeines

1430 Viele Arbeitsverträge enthalten keine **Urheberrechtsklauseln** oder beschränken sich auf die Verwendung einer Standardklausel in der Hoffnung, dass diese die relevanten Fälle schon mit umfassen werde.[3036] Dass dies häufig sogar ausreichend ist, liegt auch an der gesetzlichen Regelung, die sachgerecht ist. Allerdings sind sich viele Arbeitgeber und Arbeitnehmer der tatsächlichen Relevanz des Themas auch nicht bewusst, da ihnen nicht bekannt ist, in welchem Umfang auch in einem Normalarbeitsverhältnis Urheberrechte entstehen können.

Urheberrechtlich geschützt sind nicht nur Kunstwerke der Literatur, Musik oder Malerei, sondern auch **sämtliche persönlichen geistigen Schöpfungen**, die diese Gestaltungshöhe nicht erreichen.[3037] Für den Urheberrechtsschutz reicht es bereits aus, dass die Individualität auf ein Minimum beschränkt ist. Auch die so genannte **„kleine Münze"**, die ein Minimum an Individualität aufweist, kann noch unter die Schutzfähigkeit fallen[3038] – Urheberrechtsschutz wurde schon bejaht für Datenbanken,[3039] Formulare[3040] und Kataloge.[3041] Für den Arbeitgeber stellen sich dann die Fragen, wie er die urheberrechtsgeschützten Werke nutzen kann und ob er diese Nutzung vergüten muss.

b) Geschützte Werke

1431 Welche Werke nach dem Urheberrechtsgesetz geschützt werden können, wird in § 2 Abs. 1 UrhG beispielhaft aufgelistet. Für das **Arbeitnehmerurheberrecht** sind vor allem bedeutsam die **Sprachwerke, die bildenden Werke, die Lichtbildwerke** sowie die **Darstellungen wissenschaftlicher oder technischer Art**,

---

3032 Preis/*Stoffels*, Arbeitsvertrag, II U 10 Rn 24.

3033 LAG Schleswig-Holstein 25.5.2005, BB 2006, 560; LAG Düsseldorf 3.12.1971, DB 1972, 1587.

3034 BFH 12.4.2007, DB 2007, 1334; BFH 27.5.1994, DB 1995, 76; Küttner/*Seidel*, Umzugskosten Rn 12 ff.

3035 Vgl. ergänzend die Richtlinie R 9.9 Lohnsteuerrichtlinien-LStR (Umzugskosten) sowie die hierzu ergangenen BMF-Schreiben vom 23.2.2010, 1.10.2012 und 6.10.2014 zur steuerlichen Anerkennung von Umzugskosten.

3036 *Berger/Wündisch*, § 15 Rn 13.

3037 *Dreier/Schulze*, § 2 UrhG Rn 3.

3038 BGH 9.5.1985, GRUR 1985, 1041; BGH 17.4.1986, GRUR 1986, 739; BGH 12.3.1987, GRUR 1987, 704; BGH 10.10.1991, GRUR 1993, 34; *Dreier/Schulze*, § 2 UrhG Rn 3; Loewenheim/*Loewenheim*, § 6 Rn 17; zu neueren Entwicklungen und der Forderung, die Schutzgrenze weiter zu senken, vgl. *Wandtke*, GRUR 2002, 1; Möhring/Nicolini/*Stahlberg*, § 2 UrhG Rn 81.

3039 OLG Düsseldorf 29.6.1999, MMR 1999, 729; *Dreier/Schulze*, § 2 UrhG Rn 101.

3040 BGH 10.12.1979, GRUR 1980, 227; BGH 10.4.2002, GRUR 2002, 958.

3041 LG München I 13.7.1984, GRUR 1984, 737.

da diese häufig auch im Rahmen eines normalen Arbeitsverhältnisses entstehen – wie weit dies gehen kann, wird durch die nachfolgenden Ausführungen deutlich. Eine **Sonderstellung** nehmen **Computerprogramme** ein. Diese sind ebenfalls als urheberrechtsfähige Werke geschützt, § 69b UrhG trifft jedoch eine sehr arbeitgeberfreundliche Sonderregelung zur Übertragung der Urheberrechte.

aa) Sprachwerke

Die arbeitsrechtlich größte Relevanz haben **Sprachwerke**. Bei diesen wird auch die **kleine Münze** urheberrechtlich **umfassend geschützt**, so dass nur **geringe Anforderungen** an die hinreichende **Individualität** gestellt werden.[3042] Für wissenschaftliche Werke wurde daher Urheberrechtsschutz bereits bejaht bei Anwaltsschriftsätzen,[3043] Allgemeinen Geschäftsbedingungen, Rechtsgutachten oder selbst für die Formulierung von Leitsätzen zu Gerichtsentscheidungen.[3044] Lediglich dort, wo eine übliche Ausdrucksweise verwandt wird und daher die für den Urheberrechtsschutz verlangte hinreichende Individualität nicht erreicht wird, sondern der Text im rein handwerksmäßigen verbleibt, wird Urheberrechtsschutz verneint.[3045]

Für Texte im Rahmen der normalen geschäftlichen Korrespondenz wird von der Rechtsprechung danach differenziert, inwieweit tatsächlich eine individuelle Gestaltung vorliegt. Reine Sachtexte, die sich ohne gesonderte individuelle Gestaltung lediglich auf die Wiedergabe von Tatsachen und Abläufen konzentrieren, sind nicht schutzfähig. Eine besondere Gestaltung kann dagegen bereits zur Schutzfähigkeit führen.[3046] Im Einzelfall wurde immer wieder auch solchen Texten Schutzfähigkeit zugesprochen: seien es Weisungen für Straßen- oder Brückenbau[3047] oder die Darstellung eines Fonds.

Gerade besonders gelungene und daher für den Arbeitgeber wertvolle Werke eines Arbeitnehmers können eine deutlich individuelle Gestaltung aufweisen und daher urheberrechtlich geschützt sein.

1432

bb) Bildende Kunst

Deutlich anders ist die Rechtslage im Bereich der **bildenden Kunst**. Zwar wird im Bereich der **reinen Kunst** an die **Gestaltungshöhe** nur ein **geringer Anspruch** gestellt,[3048] die im Arbeitsablauf häufigeren Werke der **angewandten Kunst** jedoch unterliegen für ihre Schutzfähigkeit nach Urheberrecht einem **hohen Anspruch für die kleine Münze**.[3049] Bei der grafischen Gestaltung, insbesondere auch Layoutaufgaben, ist die **Rechtsprechung streng** und hat beispielsweise für Logos häufig einen **Urheberrechtschutz abgelehnt**[3050] – ebenso wie für ein **Zeitschriftlayout** und Bildschirmseiten einer **Homepage**, für Werbebanner oder **Produktdesigns**.[3051]

Bei **Lichtbildwerken**, etwa Fotos, wird dagegen bereits die **kleine Münze umfassend geschützt**, so dass auch **Gebrauchsfotos**, die Mitarbeiter anfertigen, **urheberrechtlich geschützt** sein können.[3052] Das Gleiche gilt für Darstellungen wissenschaftlicher oder technischer Art. Auch hier wird nur ein geringes Maß an eigenschöpferischer Gestaltung verlangt.[3053]

1433

3042 OLG Nürnberg 27.3.2001, GRUR-RR 2001, 225, *Dreier/Schulze*, § 2 UrhG Rn 85.
3043 BGH 17.4.1986, GRUR 1986, 739; OLG München 13.6.1991, ZUM 1992, 97.
3044 OLG Köln 14.1.2000, GRUR 2000, 414.
3045 Loewenheim/*Loewenheim*, § 6 Rn 18; *Dreier/Schulze*, § 2 UrhG Rn 96.
3046 *Dreier/Schulze*, § 2 UrhG Rn 99 f.; *Wandtke/Bullinger*, § 2 UrhG Rn 56.
3047 OLG Köln 27.6.2003, GRUR 2004, 142.
3048 BGH 22.6.1995, GRUR 1995, 581; *Dreier/Schulze*, § 2 UrhG Rn 152; *Wandtke/Bullinger*, § 2 UrhG Rn 86.
3049 BGH 22.6.1995, GRUR 1995, 581; BGH 17.4.2004, GRUR 2004, 941; *Wandtke/Bullinger*, § 2 UrhG Rn 97.
3050 OLG Köln 19.9.1986, GRUR 1986, 889; vgl. aber auch OLG Naumburg 7.4.2005, NJW-RR 2006, 480.
3051 *Dreier/Schulze*, § 2 UrhG Rn 164; *Wandtke/Bullinger*, § 2 UrhG Rn 102.
3052 BGH 15.12.1999, ZUM 2000, 232; *Wandtke/Bullinger*, § 2 UrhG Rn 118; Loewenheim/*Nordemann*, § 9 Rn 118; *Dreier/Schulze*, § 2 UrhG Rn 195.
3053 BGH 23.6.2005, WRP 2005, 1173; BGH 16.1.1997, GRUR 1997, 459; BGH 10.10.1991, GRUR 1993, 34; BGH 28.2.1991, GRUR 1991, 529; *Wandtke/Bullinger*, § 2 UrhG Rn 139; Loewenheim/*Schulze*, § 9 Rn 197.

c) Übertragung der Nutzungsrechte

1434 Die jeweiligen Urheberrechte entstehen automatisch von Gesetzes wegen beim jeweiligen Schöpfer (Urheber ist gem. § 7 UrhG der Schöpfer des Werkes); das heißt beim Arbeitnehmer, der die Arbeitsleistung erbringt.[3054] Der Arbeitgeber muss sich daher vom Arbeitnehmer, um das Werk nutzen zu können, Nutzungsrechte übertragen lassen.[3055] Das Urheberrecht selbst ist gem. § 29 S. 2 UrhG nicht übertragbar.

Die **Verpflichtung des Arbeitnehmers zur Einräumung der Nutzungsrechte** ergibt sich nach der allgemeinen **Zweckübertragungsregel** in Verbindung mit §§ 43, 31 Abs. 5 UrhG aus dem **Inhalt des Arbeitsverhältnisses**.[3056] Danach sind dem Arbeitgeber als Dienstherrn die **Nutzungsrechte** insoweit **einzuräumen** bzw. im Wege der Vorausverfügung insoweit eingeräumt, wie dieser sie für seine **betrieblichen oder dienstlichen Zwecke benötigt**.[3057] Maßgeblich sind derjenige Betrieb, in dem der Arbeitnehmer angestellt und für den er tätig ist und der Betriebszweck im Zeitpunkt des Rechteübergangs.[3058]

aa) Bezug des Werks zur Arbeitsaufgabe

1435 Es besteht Einigkeit, dass **Pflichtwerke**, die der Arbeitgeber „in Erfüllung der Verpflichtungen aus dem Arbeits- oder Dienstverhältnis" geschaffen hat, der **Zweckübertragungsregel unterliegen**. Für das Merkmal der „Erfüllung der Verpflichtung aus dem Arbeitsverhältnis" kann nicht allein an Ort und Zeit der Tätigkeit angeknüpft werden. Es ist nicht Voraussetzung für die Rechteübertragung, dass die Werke während der Arbeitszeit geschaffen werden. Kreativität ist nicht an Arbeitszeiten gebunden.[3059] Wenn der Arbeitnehmer ein Werk in seiner Freizeit schafft, das dennoch einen Bezug zu seiner Arbeitsleistung hat, unterliegen diese Werke in der Freizeit auch der Übertragung. Maßgeblich sind die betriebliche Funktion des Arbeitnehmers, sein Berufsfeld sowie die Verwendbarkeit des Werkes für den Arbeitgeber. Entscheidend ist der **innere Zusammenhang** zwischen der **arbeitsvertraglichen Verpflichtung** und der **Werkschöpfung**.[3060]

1436 Dagegen unterliegen **freie Werke**, die in **keinerlei Beziehung zum Arbeitsverhältnis** stehen, auch dann nicht der Zweckübertragungstheorie, wenn diese bei Gelegenheit – auch während der Arbeitszeit verfasst – geschaffen wurden.[3061] Das vom Arbeitnehmer während der Arbeitszeit verfasste Gedicht wird, wenn nicht aus besonderen Gründen einer betrieblichen Verwertbarkeit unterliegt, grundsätzlich von der Zweckübertragungslehre nicht erfasst. Der Arbeitnehmer ist zur Einräumung von Nutzungsrechten nicht verpflichtet.

In diesem Zusammenhang wird diskutiert, ob dem Arbeitgeber ein Recht zustehen kann, das der Arbeitnehmer eine – vergütungspflichtige – Anbietungspflicht hinsichtlich des Werkes hat; aus den gesetzlichen Vorschriften begründen lässt sich eine solche Anbietungspflicht jedoch nur schwer.[3062]

bb) Inhalt der Nutzungseinräumung an den Arbeitgeber

1437 Gemäß § 31 Abs. 1 S. 2 UrhG kann das Nutzungsrecht als einfaches oder ausschließliches Recht eingeräumt werden. Aus Wettbewerbsgesichtspunkten liegt es im Interesse des Arbeitgebers, dass er die geschaffenen Werke ausschließlich verwerten kann. Der **Arbeitgeber** erwirbt daher im Zweifel **ausschließ-**

3054 *Dreier/Schulze*, § 7 UrhG Rn 2; *Wandtke/Bullinger*, § 7 UrhG Rn 9.
3055 *Wandtke/Bullinger*, § 7 UrhG Rn 9.
3056 BGH 10.5.1984, GRUR 1985, 129; BAG 13.9.1983, GRUR 1984, 429; BGH 3.3.2005, GRUR 2005, 860; Schricker/*Rojahn*, § 43 UrhG Rn 40; *Dreier/Schulze*, § 43 UrhG Rn 18 ff.; *Wandtke/Bullinger*, § 43 UrhG Rn 50; Möhring/Nicolini/*Spautz*, § 43 UrhG Rn 8; MünchArbR-*Sack*, § 100 Rn 38.
3057 *Wandtke/Bullinger*, § 43 UrhG Rn 55 ff.
3058 *Dreier/Schulze*, § 43 UrhG Rn 20; Schricker/*Rojahn*, § 43 UrhG Rn 53; aA *Wandtke/Bullinger*, § 43 UrhG Rn 76.
3059 *Wandtke/Bullinger*, § 43 UrhG Rn 20; Schricker/*Rojahn*, § 43 UrhG Rn 23.
3060 BGH 24.10.2000, GRUR 2001, 155; Fromm/Nordemann//*Vinck*, § 69b UrhG Rn 4; Loewenheim/*Nordemann*, § 63 Rn 14.
3061 BGH 28.4.1971, GRUR 1972, 713; BGH 27.9.1990, GRUR 1991, 523;*Wandtke/Bullinger*, § 43 UrhG Rn 23, 26.
3062 *Wandtke/Bullinger*, § 43 UrhG Rn 31; a.A. Loewenheim/*Nordemann*, § 63 Rn 27.

liche **Nutzungsrechte**.[3063] Damit erwirbt der Arbeitgeber auch das **negative Verbotsrecht** und kann Urheberrechtsverletzungen durch Dritte verfolgen.

cc) Nutzungsarten des Arbeitgebers

Gemäß § 31 Abs. 5 UrhG bestimmt sich nach dem von den beiden Partnern zugrunde gelegten **Vertragszweck**, auf welche **Nutzungsarten** sich die Einräumung eines Nutzungsrechts erstreckt. Hierbei wird urheberfreundlich – und daher arbeitgeberfeindlich – insoweit verfahren, als der Grundsatz gilt, dass der Urheber im Zweifel **keine weitergehenden Rechte** überträgt, als es der **Zweck der Verfügung** erfordert.[3064] Dem Urheber sollen seine Rechte so weit wie möglich erhalten bleiben. Diese Frage ist deshalb von hoher Relevanz, da die Gerichte rigide und eng zwischen einzelnen Nutzungsarten differenzieren.[3065]   **1438**

Die Rechteübertragung an Dritte sowie die Möglichkeit der Einräumung einfacher Nutzungsrechte an Dritte (§§ 34, 35 UrhG) gelten auch im Rahmen der Zweckübertragungstheorie als jedenfalls stillschweigend zugestanden.[3066]

dd) Zeitliche Dimension

Von der Zweckübertragungsregel erfasst werden nur **während der Laufzeit des Arbeitsverhältnisses** geschaffene Werke; vor oder nach dem Arbeitsverhältnis geschaffene Werke werden nicht mit umfasst.[3067] Ansichten, die die Nutzungsdauer auf den Zeitraum des Arbeitsverhältnisses beschränken,[3068] sind abzulehnen.   **1439**

ee) Noch unbekannte Nutzungsarten

Wenn ein Arbeitgeber auch **zukünftige noch unbekannte Nutzungsarten** in die arbeitsvertragliche Regelung einbeziehen möchte, muss er die **neue Regelung des § 31a UrhG** berücksichtigen. Die Regelung des § 31a UrhG über die Rechteeinräumung für unbekannte Nutzungsarten, die ergänzt wird durch § 32c UrhG für die Vergütung der später bekannten Nutzungsarten, sind auch im Rahmen des § 43 UrhG für Arbeitsverhältnisse anwendbar. Die Rechteübertragung bedarf der Schriftform.   **1440**

ff) Schlussfolgerungen für die Vertragsgestaltung

Im Bereich der **Urheberrechte**, die im **Normalarbeitsverhältnis** entstehen, wird der **Umfang der Rechteübertragung** häufig nicht wirklich relevant. Anders ist dies jedoch in den Arbeitsrechtsbereichen, in denen eine **besondere Urheberrechtsrelevanz** besteht, da Arbeitnehmer von vornherein als **Kreative** eingestellt worden sind und, gegebenenfalls sogar über den Bereich der kleinen Münze hinaus, urheberrechtlich geschützte Werke schaffen sollen. Hier ist es nicht mehr ausreichend, sich auf die allgemeine Zweckübertragungsregel zu verlassen, so dass eine eingehende vertragliche Regelung erforderlich ist.   **1441**

Bei der Vertragsgestaltung sollte man sich nicht auf eine pauschale Urheberrechtsklausel beschränken. Alle Umstände des Vertrages, etwa auch die Tätigkeits- und Aufgabenbeschreibung des Arbeitnehmers, können für die Ausfüllung der Zweckübertragungsregel wichtige Hinweise geben.[3069] Bei einem Arbeitnehmer, der ausdrücklich als Aufgabe auch zur Erstellung von Katalogtexten eingestellt wurde, wird man eine Rechteübertragung leichter bejahen können, als bei einem Arbeitnehmer, der lediglich als „kaufmännischer Angestellter" eingestellt wurde.

3063 BGH 22.2.1974, GRUR 1974, 480; Schricker/*Rojahn*, § 43 UrhG Rn 51; *Wandtke/Bullinger*, § 43 UrhG Rn 73.
3064 BGH 22.9.1983, GRUR 1984, 119; BGH 10.10.2002, GRUR 2003, 234; *Dreier/Schulze*, § 31 UrhG Rn 110; vgl. aber auch § 43 UrhG Rn 20; Schricker/*Rojahn*, § 43 UrhG Rn 20.
3065 BGH 19.1.2006, GRUR 2006, 319; BGH 19.5.2005, GRUR 2005, 937.
3066 *Wandtke/Bullinger*, § 43 UrhG Rn 57.
3067 *Dreier/Schulze*, § 43 UrhG Rn 20.
3068 *Wandtke/Bullinger*, § 43 UrhG Rn 76, a.A. *Dreier/Schulze*, § 43 UrhG Rn 20.
3069 *Berger/Wündisch*, § 15 Rn 13.

Es ist vertraglich auch möglich, über die engen **Grenzen der Vertragszweckregel hinaus** eine **Übertragung von Nutzungsrechten** zu vereinbaren. Hierzu fordert § 31 Abs. 1 Nr. 5 UrhG jedoch, dass die **Nutzungsarten „ausdrücklich einzeln bezeichnet"** sein müssen. Pauschale Formulierungen des Inhalts „alle denkbaren Nutzungsarten" reichen hierfür nicht aus.[3070] Zumindest im kreativen Bereich, bei dem häufig Urheberrechte entstehen, werden daher umfangreichere Kataloge der übertragenen Nutzungsrechte in die Verträge aufgenommen. Standardklauseln, die pauschal eine umfassende Rechteübertragung vorsehen, können bestenfalls als Auslegungsindiz im Rahmen der Zweckübertragungsregel von Bedeutung sein.

gg) Schriftform

1442 Für die **Vorausverfügung über Urheberrechte**, wie dies regelmäßig in Arbeitsverträgen vorliegt, bestimmt **§ 40 Abs. 1 S. 1 UrhG die Schriftform**. Hierzu wird häufig vertreten, dass die Wahrung der Schriftform im Rahmen des Arbeitsverhältnisses gemäß § 43 UrhG nicht erforderlich sei.[3071] Im Hinblick auf die Bedeutung der Warnfunktion ist das kaum nachvollziehbar. Wenn in einen Vertrag eine ausdrückliche **Urheberrechtsklausel** aufgenommen wird, sollte auch die **Schriftform** eingehalten werden.[3072]

hh) Besonderheiten bei Computerprogrammen

1443 Um dem Arbeitgeber eine umfassende Verwertung von **Computerprogrammen** zu ermöglichen, bestimmt § 69b UrhG **über die Wertungen der Zweckübertragungsregel hinaus**, dass ausschließlich der **Arbeitgeber** zur Ausübung aller **vermögensrechtlichen Befugnisse** an dem Computerprogramm berechtigt ist. Dies bedeutet eine umfassende gesetzliche Übertragung sämtlicher ausschließlichen Nutzungsrechte gemäß § 69c UrhG. Nicht mit umfasst sind Urheberpersönlichkeitsrechte.[3073] Die **Arbeitsvertragsgestaltung** für **Programmierer** wird durch die weit reichende Regelung des § 69b UrhG deutlich **erleichtert**.

d) Urheberpersönlichkeitsrechte

1444 Der unverzichtbare (§ 29 UrhG) **Kern der Urheberrechte** sind die **Urheberpersönlichkeitsrechte**, die der besonderen Beziehung des Urhebers zu seinem schöpferischen Werk Rechnung tragen. Die **Urheberpersönlichkeitsrechte** sind eine **selbstständige Erscheinungsform** des **allgemeinen Persönlichkeitsrechts**. Sie sind, wie das Urheberrecht selbst, **weder übertragbar noch verzichtbar**. Allerdings ergeben sich im Arbeitsverhältnis Einschränkungen des Urheberpersönlichkeitsrechts. Gegen die Interessen des Urhebers stehen die **Nutzungs- und Verwertungsinteressen** des Arbeitgebers, die in einer Einzelfallabwägung zu einem Ausgleich zu bringen sind. In diese Abwägung ist auch die Schöpfungshöhe einzubeziehen. Allerdings darf die Abwägung nicht zum Ergebnis haben, dass die Urheberpersönlichkeitsrechte in ihrem Kern verletzt werden.[3074]

1445 Die für das Arbeitsverhältnis wichtigsten Urheberpersönlichkeitsrechte sind das **Veröffentlichungsrecht** (§ 12 UrhG), das **Namensnennungsrecht** (§ 13 UrhG), das **Änderungsverbot** (§§ 14, 39 UrhG), **Rückrufsrechte** (§§ 41, 42 UrhG) sowie das **Zugangsrecht** (§ 25 UrhG). Hierzu finden sich in Verträgen häufig Formulierungen, die die Urheberpersönlichkeitsrechte pauschal und grundsätzlich ausschließen. Rechtlich sind diese nichts wert. Sie können höchstens faktisch die Erwartungen des Arbeitnehmers an die Achtung der Urheberpersönlichkeitsrechte durch den Arbeitgeber herabsetzen.

Bei arbeitsvertraglichen Regelungen ist regelmäßig selbst dort, wo das Gesetz, etwa zum Änderungsrecht des § 39 UrhG, Regelungen zulässt, der Vertragsgestaltung eine Schranke gesetzt. Möglich sind lediglich

---

3070 BGH 21.11.1958, GRUR 1959, 200; *Dreier/Schulze*, § 31 UrhG Rn 106; *Wandtke/Bullinger*, § 31 UrhG Rn 47; *Loewenheim/Nordemann*, § 63 Rn 79.
3071 *Dreier/Schulze*, § 43 UrhG Rn 19.
3072 *Fuchs*, S. 71 ff.; *Wandtke/Bullinger*, § 43 UrhG Rn 48.
3073 *Dreier/Schulze*, § 69b UrhG Rn 3.
3074 *Dreier/Schulze*, § 43 UrhG Rn 34 ff.; *Wandtke/Bullinger*, § 43 UrhG Rn 84 ff.; *Loewenheim/Nordemann*, § 63 Rn 58 ff.

Vereinbarungen über konkrete Änderungen, die der Arbeitgeber am Werk vornimmt. Nicht wirksam sind dagegen pauschale Vereinbarungen, die den Arbeitgeber zu beliebigen Änderungen des Werkes berechtigen.[3075]

Die an der rechtlichen Wirksamkeit orientierte Vertragsgestaltung muss sich daher darauf beschränken, die vorzunehmende Abwägung und deren Ergebnis im Regelfall klarzustellen.

e) Recht am eigenen Bild des Arbeitnehmers

Zuletzt in den Blick geraten ist die Frage, wie das Recht am eigenen Bild gem. § 22, 23 KunstUrhG im   **1446** Arbeitsrecht zu schützen ist; streitträchtig ist hier die Veröffentlichung von Fotos oder Filmen, die (auch) den Arbeitnehmer zeigen in Broschüren oder auf Homepages des Unternehmens nach dem Ausscheiden des Arbeitnehmers. Das BAG hat hierzu grundlegend entschieden, dass der Arbeitnehmer frei darin ist, ob er die Zustimmung zur Anfertigung und Nutzung solcher Aufnahmen erteilt; eine Einwilligung muss schriftlich erfolgen. Das Einverständnis endet allerdings – wenn das Bild oder der Film lediglich Illustrationszwecken dient und nicht auf die individuelle Person des Arbeitnehmers Bezug nimmt – nicht mit dem Ende des Arbeitsverhältnisses; der Widerruf der Einwilligung durch den Arbeitnehmer bedarf eines Grundes.[3076]

f) Vergütung

Möglicher Streitpunkt zwischen Arbeitgeber und Arbeitnehmer wird weniger die Frage der **Rechteüber-**   **1447** **tragung** als solche sein, sondern vielmehr die Frage der **Vergütung**. Der Arbeitgeber sieht mit dem **verein-barten Entgelt** die vollständige Arbeitsleistung des Arbeitnehmers und damit auch die **Übertragung der Rechte** als abgegolten an. Der Arbeitnehmer und Urheber wird dagegen für gesonderte Leistungen auch eine gesonderte Vergütung wünschen.

Tatsächlich besteht bislang über das **Verhältnis von Arbeitsentgelt und urheberrechtlicher Vergütung**   **1448** nach § 32 UrhG **kaum Einigkeit**. Die herrschende Meinung, der wohl grundsätzlich auch die Rechtsprechung zuneigt, befürwortet die so genannte **Abgeltungstheorie**, nach der mit dem Arbeitsentgelt grundsätzlich die urheberrechtlichen Ansprüche gemäß §§ 32 UrhG ff. abgegolten sind.[3077] Die dagegen zunehmend in Stellung gebrachte **Trennungstheorie** betont den **grundlegenden Unterschied** zwischen dem **Arbeits-entgelt** und der **urheberrechtlichen Vergütung**: Es könne lediglich vertraglich vereinbart werden, dass das urheberrechtliche Nutzungsentgelt in einer arbeitsrechtlich ausgewiesenen Vergütung enthalten sein könne; dies gelte jedoch lediglich für eine ausdrückliche schriftliche Regelung, nicht jedoch für eine stillschweigende Vereinbarung.[3078]

Praktisch sind die Unterschiede zwischen beiden Auffassungen jedoch nicht überzubewerten. Insbesondere die **§§ 32a und 32c UrhG**, die **weitere Urheberrechtsvergütungen** vorsehen können, finden auch im Arbeitsverhältnis bei abweichender Vereinbarung Anwendung.

Es empfiehlt sich daher, in den Arbeitsverträgen festzulegen, dass die Rechteübertragung im Rahmen der Zweckübertragungslehre mit der Grundvergütung abgegolten ist. Zugleich muss klargestellt werden, dass damit der Anspruch des Arbeitnehmers auf angemessene Vergütung gem. § 32a UrhG nicht ausgeschlossen ist und sich weitere Ansprüche des Arbeitnehmers ergeben können.

3075 *Dreier/Schulze*, § 39 UrhG Rn 11; Fromm/Nordemann/*Vinck*, § 39 UrhG Rn 2.
3076 BAG 19.2.2015 – 8 AZR 1011/13, juris.
3077 BGH 24.10.2000, GRUR 2001, 155; *Dreier/Schulze*, § 43 UrhG Rn 30; *Bayreuther*, GRUR 2003, 570;
3078 *Wandtke/Bullinger*, § 43 UrhG Rn 136 ff.; *Fuchs*, S. 173 ff.

g) Formulierungsbeispiele
aa) Standardklausel zum Urheberrecht mit im Wesentlichen klarstellendem Charakter

1449　*Formulierungsbeispiel*

Für die Behandlung von Diensterfindungen und technischen Verbesserungsvorschlägen gelten die Vorschriften des Gesetzes über Arbeitnehmererfindungen in ihrer jeweiligen Fassung sowie die hierzu ergangenen Richtlinien für die Vergütung von Arbeitnehmererfindungen im privaten Dienst.

Für die übrigen Schutzrechte, insbesondere für alle etwaigen nach Urheber- und Geschmacksmuster rechtsschutzfähigen Arbeitsergebnisse, die der Arbeitnehmer während der Dauer seines Arbeitsverhältnisses während der Arbeitszeit oder, sofern sie einen Bezug zu seinen arbeitsvertraglichen Aufgaben haben, auch außerhalb seiner Arbeitszeit erstellt, überträgt der Arbeitnehmer dem Arbeitgeber die für die betrieblichen Zwecke notwendigen Nutzungsrechte. Dies ist im Regelfall das ausschließliche, zeitlich, räumlich und inhaltlich unbeschränkte Nutzungs- und Verwertungsrecht. Die Übertragung des Nutzungs- und Bearbeitungsrechts umfasst auch die Erlaubnis zur Bearbeitung und Lizenzvergabe an Dritte.

Soweit es für die betriebliche Nutzung erforderlich ist, überträgt der Arbeitnehmer im Rahmen der Vorschrift des § 31a UrhG dem Arbeitgeber auch die Rechte für sämtliche noch unbekannten Nutzungsarten.

Die Rechteübertragung gilt, ohne dass ein zusätzlicher Vergütungsanspruch entsteht, auch für die Zeit nach Beendigung des Arbeitsverhältnisses.

Sonstige urheberrechtsfähige Schöpfungen, die mit der Arbeitsaufgabe nicht in Verbindung stehen, sind von der Rechteübertragung nicht mit umfasst.

Der Arbeitnehmer verzichtet, soweit dies nach dem Zweck der Rechteübertragung erforderlich ist, ausdrücklich auf sonstige ihm etwa als Urheber oder sonstigen Schutzrechtsinhaber zustehende Rechte an den Arbeitsergebnissen. Insbesondere ist der Arbeitgeber grundsätzlich nicht verpflichtet, vom Arbeitnehmer geschaffene Werke zu veröffentlichen. Er kann aus betrieblichen Gründen auf die Nennung des Arbeitnehmers als Urheber verzichten und die Werke, um sie betrieblich nutzen zu können, bearbeiten.

Für Computerprogramme gelten die gesonderten Vorschriften des § 69b UrhG.

Die dem Arbeitnehmer für die Rechteübertragung zustehenden urheberrechtlichen Vergütungen sind im Rahmen der Rechteübertragung nach den vorstehenden Regelungen mit dem Grundentgelt abgegolten. Unberührt bleiben etwaige zusätzliche Vergütungsansprüche des Arbeitnehmers aus einer Werknutzung außerhalb des eigentlichen Betriebszwecks, gemäß § 32a UrhG (auffälliges Missverhältnis zu den Erträgen und der Nutzung des Werkes) sowie gemäß § 32b UrhG (Vergütung für später bekannte Nutzungsarten).

bb) Rechteübertragung gem. § 31 Abs. 5 UrhG (Beispielsregelung)

1450　*Formulierungsbeispiel*

Für die übrigen Schutzrechte, insbesondere für alle etwaigen nach Urheber- und Geschmacksmuster rechtsschutzfähigen Arbeitsergebnisse, die der Arbeitnehmer während der Dauer seines Arbeitsverhältnisses während der Arbeitszeit oder, sofern sie einen Bezug zu seinen arbeitsvertraglichen Aufgaben haben, auch außerhalb seiner Arbeitszeit erstellt, überträgt der Arbeitnehmer dem Arbeitgeber die für die betrieblichen Zwecke notwendigen Nutzungsrechte. Dies ist im Regelfall das ausschließliche zeitlich, räumlich und inhaltlich unbeschränkte Nutzungs- und Verwertungsrecht. Die Übertragung des Nutzungs- und Bearbeitungsrechts umfasst auch die Erlaubnis zur Bearbeitung und Lizenzvergabe an Dritte.

Soweit es für die betriebliche Nutzung erforderlich ist, überträgt der Arbeitnehmer im Rahmen der Vorschrift des § 31a UrhG dem Arbeitgeber auch die Rechte für sämtliche noch unbekannten Nutzungsarten.

Die Rechtsübertragung gilt, ohne dass ein zusätzlicher Vergütungsanspruch entsteht, auch für die Zeit nach Beendigung des Arbeitsverhältnisses.

Sonstige urheberrechtsfähige Schöpfungen, die mit der Arbeitsaufgabe nicht in Verbindung stehen, sind von der Rechteübertragung nicht mit umfasst.

Die Einräumung erstreckt sich insbesondere auf:

(1) das Vervielfältigungsrecht gemäß § 16 UrhG,

(2) das Verbreitungsrecht gemäß § 17 UrhG,

(3) das Recht zur öffentliche Zugänglichmachung gemäß § 19a UrhG,

(4) das Recht zur Wiedergabe durch Bildträger gemäß § 22 UrhG,

(5) das Recht zur Bearbeitung und Umgestaltung gemäß § 23 UrhG,

(6) das Recht an Lichtbildern gemäß § 72 UrhG;

(7) das Recht, das Werk und die durch das Werk begründeten Ausstattung einschließlich ihrer wesentlichen fotografischen, zeichnerischen oder sonstigen Umsetzung im Zusammenhang mit anderen Produkten oder Dienstleistungen jeder Art und jeder Branche zum Zwecke der Verkaufsförderung (Imagetransfer) zu nutzen und so gestaltete und versehene Produkte sowie zur Werbung für diese Produkte und Dienstleistungen zu verwenden und nach eigenem Ermessen Markenanmeldungen durchzuführen sowie gesetzliche Schutzrechte zu erwerben;

(8) das Recht, das Werk allein oder im Rahmen anderer Werke und Nutzungsformen in körperlicher oder unkörperlicher Form zu archivieren und in Sammlungen und/oder Datenbanken aufzunehmen und Dritten den Zugang zu dem Werk (in welcher Form auch immer) zu gestatten;

(9) alle sonstigen durch Verwertungsgesellschaften wahrgenommenen Rechte nach deren Satzung, Wahrnehmungsauftrag und Verteilungsplan, soweit eine Übertragung dieser Rechte gemäß entsprechenden Bestimmungen gesetzlich zulässig ist."

118. Urlaub

Literatur: *Abele*, Geschwindigkeit ist keine Hexerei, RdA 2009, 312; *Bauer/von Medem*, Von Schultz-Hoff zu Schulte – der EuGH erweist sich als lernfähig, NZA 2012, 113; *Bayreuther*, Übertragung von Urlaub bei längerer Arbeitsunfähigkeit nach dem KHS-Urteil des EuGH, DB 2011, 2848; *Düwell/Pulz*, Urlaubsansprüche in der Insolvenz, NZA 2008, 786; *Franzen*, Zeitliche Begrenzung der Urlaubsansprüche langzeiterkrankter Arbeitnehmer, NZA 2011,1403; *Gehlhaar*, Das BAG, der EuGH und der Urlaub, NJW 2012, 271; *Genenger*, Urlaubsabgeltung bei zweiter Elternzeit, Anm. zu AP Nr. 12 zu § 17 BErzGG; *Glatzel*, Aktuelle Rechtsprechung zum Urlaubsrecht, NZA-RR 2015, 393; *dies.* Urlaubsabgeltung – Aufgabe der Surrogationstheorie, NZA 2012, 621; *Grosse-Brockhoff/Tielmann*, Update Urlaubsrecht: Verbleibende Gestaltungsmöglichkeiten für Arbeitgeber, GWR 2012, 552; *Hilgenstock*, Eine Kehrtwende nach Schultz-Hoff? ArbRAktuell 2012, 239; *Höpfner*, Das deutsche Urlaubsrecht in Europa – Zwischen Vollharmonisierung und Koexistenz, RdA 2013, 16, 65; *Plüm*, Wohin im Urlaub?, NZA 2013, 11; *Polzer/Kafka*, Verfallbare und unverfallbare Urlaubsansprüche, NJW 2015, 2289; *Powietzka/Christ*, Urlaubsanspruch im ruhenden Arbeitsverhältnis – oder doch nicht?, NZA 2013, 18; *Pötters/Stiebert*, Der schleichende Tod der Surrogationstheorie, NZA 2013, 1334; *Richter*, Rechtliche Probleme beim Zusammentreffen von Krankheit und Urlaub, ArbRAktuell 2015, 417; *Schwarz-Seeberger*, Urlaubsabgeltung bei zweiter Elternzeit, ZMV 2009, 50; *Seel*, Erst arbeitsunfähig, dann Urlaub? – Eine Übersicht über die Vorgaben des EuGH und BAG, MDR 2013, 133; *Schubert*, Der Urlaubsabgeltungsanspruch nach dem Abschied von der Surrogationsthese, RdA 2014, 9; *Thüsing/Pötters/Stiebert*, Neues aus Luxemburg; Aktuelle Rechtsprechung des EuGH zu den Diskriminierungsverboten und zum Urlaubsrecht, RdA 2012, 281; *Wesemann*, Das Urlaubsrecht vor dem Hintergrund aktueller Rechtsprechung, ArbRAktuell 2014, 480; *Wicht*, Urlaub im ruhenden Arbeitsverhältnis, BB 2012, 1349.

a) Allgemeines

Jeder Arbeitnehmer hat nach § 1 des Bundesurlaubsgesetz (BUrlG) in jedem Kalenderjahr Anspruch auf **1451** bezahlten Erholungsurlaub. Zweck des Urlaubs ist die gesetzlich gesicherte Möglichkeit für einen Arbeitnehmer, die ihm eingeräumte Freizeit selbstbestimmt zur Erholung zu nutzen. Maßgeblich für die Gewährung von Urlaub ist das Bundesurlaubsgesetz. Der gesetzliche Mindesturlaub beträgt 24 Werktage (§ 3 Abs. 1 BUrlG). Das BUrlG geht von sechs Werktagen pro Woche aus, so dass sich der gesetzliche Mindesturlaub auf vier Wochen beläuft. Der **gesetzliche Mindesturlaubsanspruch** ist **unabdingbar** und kann weder durch Tarifvertrag, Betriebsvereinbarung noch durch Arbeitsvertrag zu Ungunsten des Arbeitnehmers abgeändert werden (§ 13 Abs. 1 BUrlG). Teilzeitbeschäftigte, die regelmäßig an weniger Arbeitstagen einer Woche als ein vollzeitbeschäftigter Arbeitnehmer beschäftigt sind, haben entsprechend der Zahl der für sie maßgeblichen Arbeitstage ebenso Anspruch auf Erholungsurlaub wie vollzeitbeschäftigte Arbeitnehmer.[3079] Nach § 4 BUrlG entsteht der volle Urlaubsanspruch erstmalig nach Ablauf einer sechsmonatigen Wartezeit. Für das Entstehen des Urlaubsanspruchs ist grundsätzlich allein das Bestehen eines Arbeitsverhältnisses Voraussetzung;[3080] das bedeutet, dass Urlaubsansprüche auch in einem ruhenden Arbeitsverhältnis entstehen können.[3081] Scheidet ein Arbeitnehmer während oder mit Ablauf dieser Wartezeit aus dem Arbeitsverhältnis aus, hat er lediglich einen Anspruch auf Teilurlaub nach § 5 BUrlG.[3082] Der Anspruch auf Teilurlaub entsteht, wenn das Arbeitsverhältnis mindestens einen vollen Monat bestanden hat (§ 5 Abs. 1 BUrlG).

1452 Grundsätzlich ist der Urlaub an das Kalenderjahr gebunden, § 7 Abs. 3 BUrlG. Eine **Übertragung** des Urlaubs auf das nächste Kalenderjahr ist nach § 7 Abs. 3 S. 2 BUrlG nur dann zulässig, wenn dringende betriebliche oder in der Person des Arbeitnehmers liegende Gründe die Übertragung rechtfertigen.

Der Urlaubsanspruch erlischt nicht, wenn der Arbeitnehmer bis zum Ende des Urlaubsjahres und/oder eines Übertragungszeitraums von drei Monaten nach diesem Zeitpunkt erkrankt und deshalb arbeitsunfähig ist. Der Anspruch geht jedoch auch bei fortbestehender Arbeitsunfähigkeit nach Ablauf eines Übertragungszeitraums von 15 Monaten nach dem Ende des Urlaubsjahres unter.[3083] Das bedeutet, wenn ein Arbeitnehmer aus gesundheitlichen Gründen an seiner Arbeitsleistung gehindert ist, verfallen seine gesetzlichen Urlaubsansprüche aufgrund unionskonformer Auslegung des § 7 Abs. 3 Satz 3 BurlG 15 Monate nach Ablauf des Urlaubsjahres.[3084]

Kann ein Arbeitnehmer seinen Urlaub wegen Beendigung des Arbeitsverhältnisses ganz oder teilweise nicht nehmen, hat er nach § 7 Abs. 4 BUrlG einen Anspruch auf Urlaubsabgeltung in Geld. Der **Urlaubsabgeltungsanspruch** ist ein reiner Geldanspruch und unterfällt deswegen nicht dem Fristenregime des BUrlG.[3085] Die Erfüllbarkeit des Urlaubsabgeltungsanspruchs hängt nicht von der Arbeitsfähigkeit des Arbeitnehmers ab. Der Anspruch unterliegt nicht den Regelungen des § 7 Abs. 3 BUrlG. Der Abgeltungsanspruch entsteht mit der Beendigung des Arbeitsverhältnisses; dabei spielt grundsätzlich die Art der Beendigung keine Rolle. Auch wenn das Arbeitsverhältnis durch Tod des Arbeitnehmers endet, entsteht nunmehr ein Abgeltungsanspruch.[3086] Der Abgeltungsanspruch als reiner Geldanspruch kann sowohl tariflichen als auch arbeitsvertraglichen Ausschlussfristen unterliegen.[3087]

Die Berechnung des Abgeltungsanspruchs für jeden einzelnen abzugeltenden Urlaubstag richtet sich nach § 11 BUrlG. Es entspricht damit dem Arbeitsentgelt, das dem Arbeitnehmer während der Gewährung von Urlaub gezahlt worden wäre.

3079 Zum Urlaubsanspruch beim Wechsel von Vollzeit zu Teilzeit: EuGH „Tirol" 22.4.2010 – C 486/08, NZA 2010, 557; „Brandes" 13.6.2013 – C 415/12, NZA 2013, 775.
3080 BAG 7.8.2012 – 9 AZR 353/10, NZA 2012,1216.
3081 BAG 7.8.2012 – 9 AZR 353/10, NZA 2012,1216; einschränkend: EuGH 8.11.2012 – C-229/11, C-230/1, NZA 2012, 1273; zum Streitstand: *Powietzka/Christ*, NZA 2013, 18.
3082 Zum Urlaubsanspruch beim Arbeitgeberwechsel im Kalenderjahr: BAG 16.12.2014 – 9 AZR 295/13, NZA 2015, 827.
3083 BAG 7.8.2012 – 9 AZR 353/10, NZA 2012, 1216; ausführlich zu der Rechtsprechungsentwicklung im Urlaubsrecht in den jüngsten Jahren: Höpfner, RdA 2013, 16, 65.
3084 BAG 7.8.2012 – 9 AZR 353/10, NZA 2012, 1216; im Anschluss an EuGH 22.11.2011 – C-214/10, NZA 2011, 1333.
3085 BAG 19.6.2012 – 9 AZR 652/10, NZA 2012, 1087; mit dieser Entscheidung hat das BAG die bislang vertretene Surrogationstheorie vollständig aufgegeben.
3086 EuGH 12.6.2014 – C-118/13, NZA 2014, 651; anders noch: BAG 20.9.2011 – 9 AZR 416/10, NZA 2012, 326.
3087 BAG 9.8.2011 – 9 AZR 475/10, NZA 2012, 166; siehe Kapitel § 1 BIV Nr. 26 Ausschlussklausel.

Urban

b) Vertragliche Regelungsoptionen

Lange waren arbeitsvertragliche Regelungen zum Urlaub knapp und beschränkten sich auf Bestimmungen zum Umfang des Urlaubs. Das lag an den engmaschigen Vorgaben des Bundesurlaubsgesetzes von denen nur zugunsten des Arbeitnehmers abgewichen werden darf (§ 13 Abs. 1 S. 3 BUrlG), da die Vorgaben des BUrlG urlaubsrechtliche Mindestpositionen sind. Seit der Schultz-Hoff Entscheidung des EuGH[3088] und dem daraus resultierenden Risiko, dass sich Urlaubsansprüche ggf. auch über Jahre hinweg aufaddieren konnten, wurden in Arbeitsverträgen verstärkt Regelungen zum übergesetzlichen Mehrurlaub aufgenommen. Nachdem das BAG entschieden hat, dass Urlaubsansprüche selbst bei fortdauernder Arbeitsunfähigkeit auch ohne besondere (tarif-) vertragliche Gestaltung spätestens nach Ablauf von 15 Monaten nach Ende des Urlaubsjahres verfallen, ist dieses Risiko beseitigt. **1453**

In der arbeitsvertraglichen Praxis kommen nunmehr Regeln zum Umfang des Urlaubs, zum Mehrurlaub, zur Verkürzung der Wartezeit, zur Übertragbarkeit des Urlaubs sowie zur Handhabung des Urlaubs bei Beendigung des Arbeitsverhältnisses in Betracht.

aa) Umfang des Urlaubsanspruchs

Der gesetzliche Mindesturlaub beträgt 24 Werktage bezogen auf eine Sechs-Tage Woche (§ 3 Abs. 1 BUrlG); dies entspricht vier Wochen Urlaub. In der betrieblichen Praxis ist die Gewährung von 30 Werktagen (= fünf Wochen Urlaub) üblich; diese Regelung sehen auch viele Tarifverträge vor. In Arbeitsverträgen empfiehlt sich, die Anzahl der Urlaubstage in tatsächlichen Arbeitstagen anzugeben. So werden Missverständnisse darüber vermieden, ob die Anzahl der Urlaubstage den Samstag mit umfasst. Nach § 2 Abs. 1 Nr. 8 NachwG ist die Dauer des jährlichen Erholungsurlaubs in die vom Arbeitgeber anzufertigende Niederschrift über die wesentlichen Vertragsbedingungen aufzunehmen. **1454**

bb) Vertragliche Regelungen zum Mehrurlaub

Mehrurlaub, das heißt, der das gesetzlich vorgesehene Mindestmaß an Urlaubstagen übersteigende Urlaub, **unterliegt nicht dem Dispositionsverbot** des § 13 Abs. 1 S. 3 BUrlG. Die Arbeitsvertragsparteien sind frei für diesen Urlaubsanteil Regelungen zu vereinbaren, die von den Vorgaben des gesetzlichen Urlaubsrechts abweichen und für den Arbeitnehmer ungünstiger sind. Der vertragliche Urlaubsanspruch kann – in den Grenzen des AGB-Rechts – frei ausgestaltet werden.[3089] Ein Regelungswillen, der zwischen gesetzlichen und vertraglichen Ansprüchen unterscheidet, muss klar hervortreten.[3090] **1455**

Die Arbeitsvertragsparteien sind daher frei, beliebige Voraussetzungen an Entstehung und Verfall von Mehrurlaubsansprüchen zu stellen, solange diese klar und verständlich sind. Möglich ist die Vereinbarung von kürzeren Verfallfristen für den Mehrurlaub, wenn dieser infolge von Arbeitsunfähigkeit nicht genommen werden konnte – hierzu: Formulierungsbeispiel 2 Verfall von Mehrurlaub (siehe unten Rdn 1460). Das bietet sich bei einem nicht unerheblichen vertraglichen Zusatzurlaub an. Andernfalls teilen die vertraglichen Ansprüche das Schicksal des gesetzlichen Mindesturlaubs und verfallen bei andauernder Arbeitsunfähigkeit erst 15 Monate nach Ende des Urlaubsjahres. Eine arbeitsvertragliche Regelung, nach der ein vertraglicher Zusatzurlaub nicht für Zeiten des Ruhens des Arbeitsverhältnisses entstehen soll, ist zwar zulässig, aber dann nicht erforderlich, wenn der Zusatzurlaub ohnehin einer eigenen Verfallklausel unterliegt.[3091]

Vertragliche Tilgungsbestimmungen, wonach zunächst der vertragliche Mehrurlaub erfüllt wird, sind nach neuster Rechtsprechung des BAG nicht mehr möglich.[3092]

3088 EuGH 20.1.2009 – C 350/06, C 520/06, C 350/06, C 520/06, NZA 2009, 495; BAG 24.3.2009 – 9 AZR 983/07, NZA 2009, 538–547: Änderung der Rechtsprechung des BAG infolge der Entscheidung des EuGH vom 20.1.2009.

3089 EuGH 3.5.2012 – C-337/10, NJW 2012, 2420.

3090 BAG 4.5 2010 – 9 AZR 183/09, NZA 2010, 1011.

3091 *Grosse-Brockhoff/Tielmann*, GWR 2012, 552.

3092 BAG 7.8.2012 – 9 AZR 760/10, NZA 2013, 104.

Aufgenommen werden sollte eine Regelung, die eine Abgeltung von vertraglichem Mehrurlaub ausschließt.[3093] Gestaltbar ist schließlich auch ein Widerruf von Mehrurlaub aus wirtschaftlichen Gründen.[3094]

cc) Verkürzung der Wartezeit

1456 Der volle Urlaubsanspruch entsteht erstmalig nach sechsmonatigem Bestehen des Arbeitsverhältnisses (§ 4 BUrlG). Der Arbeitnehmer muss die Wartezeit in einem fortdauernden Arbeitsverhältnis nur einmal absolvieren.[3095] Scheidet der Arbeitnehmer vor Vollendung der sechsmonatigen Wartezeit aus dem Arbeitsverhältnis aus, hat er lediglich Anspruch auf Teilurlaub. Krankheit verlängert die Wartezeit nicht; das gilt auch dann, wenn der Arbeitnehmer die gesamten sechs Monate krank war. Wird hingegen das Arbeitsverhältnis innerhalb der Wartezeit rechtlich unterbrochen (z.B. durch Kündigung oder Aufhebungsvertrag) und wird es dann wieder fortgesetzt, so beginnt die Wartezeit neu. Besteht hingegen das Arbeitsverhältnis fort, wird die Zeit des Ruhens des Arbeitsverhältnisses bei der Berechnung der Wartezeit mitgezählt.

Den Arbeitsvertragsparteien steht es frei, von der gesetzlichen Wartezeit zugunsten des Arbeitnehmers abzuweichen. So kann im Arbeitsvertrag die Wartezeit verkürzt werden. Daneben kann im Arbeitsvertrag der deklaratorischen Hinweis aufgenommen werden, dass Zeiten der Unterbrechung der Arbeitsleistung ohne Auswirkungen auf die Wartezeit sind. Möglich ist jedoch, für den arbeitsvertraglich eingeräumten Mehrurlaub die Wartezeit zu verlängern.

dd) Übertragung von Urlaub

1457 Nach § 1 BUrlG hat jeder Arbeitnehmer in jedem Kalenderjahr Anspruch auf Erholungsurlaub. Nach Auffassung des Bundesarbeitsgerichts entsteht der Urlaubsanspruch mit Beginn des Kalenderjahres und erlischt mit seinem Ende.[3096] Gemäß § 7 Abs. 3 S. 2 und S. 3 BUrlG ist eine Übertragung auf die nächsten drei Monate des folgenden Kalenderjahres möglich, wenn die Erfüllung des Urlaubsanspruchs **aus dringenden betrieblichen oder in der Person des Arbeitnehmers liegenden Gründen** im laufenden Kalenderjahr nicht möglich war. Der Urlaub wird kraft Gesetzes übertragen, es bedarf nicht einer mitwirkenden Handlung des Arbeitgebers.[3097] Um Streitigkeit zu vermeiden, ob die Übertragungsvoraussetzungen vorliegen, kann im Arbeitsvertrag vereinbart werden, dass nicht genommener Urlaub – unabhängig vom Vorliegen der Voraussetzungen des § 7 Abs. 3 S. 2 BUrlG – auf die ersten drei Monate des folgenden Kalenderjahres übertragen wird. Eine solche Klausel ist zulässig, da zugunsten des Arbeitnehmers von § 7 Abs. 3 BUrlG abgewichen wird und das Erlöschen des Urlaubanspruches zum 31.12. ausgeschlossen wird.[3098] In Tarifverträgen ist eine solche Regelung weit verbreitet.

ee) Urlaub bei Beendigung des Arbeitsverhältnisses

1458 Mit Ausspruch der Kündigung stellt sich regelmäßig die Frage, wie mit noch ausstehendem Urlaub zu verfahren ist. Ist der Urlaubszeitpunkt bereits vor Ausspruch der Kündigung auf einen Zeitpunkt nach Ablauf der Kündigungsfrist gelegt, ist die Festlegung hinfällig, wenn die Beendigung des Arbeitsverhältnisses fest steht. Wird hingegen ein Bestandsschutzstreit geführt, teilt die bereits erfolgte Urlaubsgewährung das Schicksal der Kündigung. Ist die Kündigung rechtswirksam, endet das Arbeitsverhältnis mit Ablauf der Kündigungsfrist, so dass die bereits erfolgte Festlegung gegenstandslos ist. War die Kündigung rechtsunwirksam, besteht das Arbeitsverhältnis fort, so dass dem Arbeitnehmer für die ursprünglich vorgesehene Urlaubszeit Entgelt nach § 11 BurlG zusteht.

3093 Siehe: Formulierungsbeispiele (5) Keine Urlaubsabgeltung des Mehrurlaubs, (6) Gewährung von Mehrurlaub während der Kündigungsfrist.

3094 Siehe: Formulierungsbeispiel (4) Widerrufsvorbehalt für Mehrurlaub.

3095 BAG 18.3.2003 – 9 AZR 190/02, NZA 2003, 1111.

3096 BAG 13.5.1982 – 6 AZR 360/80, EzA Nr. 25 zu § 7 BUrlG; BAG 7.12.1993 – 9 AZR 683/92, EzA Nr. 91 zu § 7 BUrlG.

3097 *Leinemann/Linck*, § 7 BUrlG, Rn 104.

3098 BAG 9.5.1995 – 9 AZR 552/93, NZA 1996, 149.

Ist der Urlaub nach Ausspruch einer ordentlichen Kündigung noch nicht erteilt, kann der Arbeitgeber Urlaub in der Kündigungsfrist gewähren, um Abgeltungsansprüche zu vermeiden.[3099] Ein solches Vorgehen entspricht dem Grundsatz des Vorrangs der Urlaubsgewährung vor der Urlaubsabgeltung. Es kann jedoch im Einzelfall unzumutbar sein, wenn ein berechtigtes Interesse der Urlaubsfestsetzung entgegensteht, etwa wenn bereits eine Urlaubsreise für einen festen Termin nach Beendigung des Arbeitsverhältnisses gebucht ist.[3100]

1459

Unklar ist, ob bereits im Arbeitsvertrag für den Fall der Beendigung des Arbeitsverhältnisses vereinbart werden kann, dass der Arbeitnehmer verpflichtet ist, noch ausstehenden Urlaub während der Kündigungsfrist zu nehmen. Nach Rechtsprechung des Bundesarbeitsgerichts ist eine solche Regelung jedenfalls hinsichtlich des vertraglich gewährten Mehrurlaubs zulässig.[3101] Hinsichtlich des gesetzlichen Urlaubsanspruches dürfte eine solche Regelung gegen § 307 Abs. 2 Nr. 1 BGB verstoßen, weil sie dem gesetzlichen Grundgedanken widerspricht, wonach nach § 7 Abs. 1 BUrlG bei der zeitlichen Festlegung des Urlaubs die Urlaubswünsche des Arbeitnehmers zu berücksichtigen sind.[3102]

c) Formulierungsbeispiel

▼

Muster 1a.81: Urlaubsklauseln

1460

(1) Gewährung von Mehrurlaub

Der Arbeitnehmer hat Anspruch auf einen gesetzlichen Mindesturlaub von 20 Arbeitstagen, ausgehend von einer 5-Tage-Woche. Der Arbeitgeber gewährt dem Arbeitnehmer zusätzlich einen Urlaubsanspruch von weiteren ░░░░░░ Arbeitstagen.

(2) Verfall von Mehrurlaub

Der den gesetzlichen Mindesturlaub in Höhe von 20 Arbeitstagen übersteigende Urlaub in Höhe von ░░░░░ Arbeitstagen verfällt – abweichend von den rechtlichen Vorgaben für den gesetzlichen Mindesturlaub – nach Ablauf des Übertragungszeitraums, wenn der Urlaub im Übertragungszeitraum wegen Arbeitsunfähigkeit des Arbeitnehmers nicht genommen werden kann.

(3) Widerrufsvorbehalt für Mehrurlaub

Der den gesetzlichen Mindesturlaub in Höhe von 20 Arbeitstagen übersteigende Urlaub in Höhe von ░░░░░ Arbeitstagen kann vom Arbeitgeber aus wirtschaftlichen Gründen (*z.B. Umgestaltung des Entgeltsystems oder ein Umsatzrückgang von mehr als 20 % über einen Zeitraum von drei Monaten im Verhältnis zum Umsatz derselben drei Monate des vorangegangen Kalenderjahres*) mit sofortiger Wirkung widerrufen werden.

(4) Keine Urlaubsabgeltung des Mehrurlaubs

Kann der gesetzliche Urlaub wegen Beendigung des Arbeitsverhältnisses ganz oder teilweise nicht mehr gewährt werden, so ist er abzugelten. Eine Abgeltung des übergesetzlichen Urlaubs ist ausgeschlossen.

(5) Gewährung von Mehrurlaub während der Kündigungsfrist

Ist im Zeitpunkt der Kündigung des Arbeitsverhältnisses der den gesetzlichen Mindesturlaub in Höhe von 20 Arbeitstagen übersteigende Urlaub in Höhe von ░░░░░ noch nicht erfüllt, ist der Urlaub, soweit dies betrieblich möglich ist, während der Kündigungsfrist zu gewähren.

(6) Verkürzung der Wartezeit

Der volle Urlaubsanspruch entsteht erstmalig nach dreimonatiger Betriebszugehörigkeit. Die Betriebszugehörigkeit wird durch unverschuldete Zeit der Nichtarbeit nicht unterbrochen.

3099 BAG 14.3.2006 – 9 AZR 11/05, NZA 2006, 1008.

3100 Preis/*Stoffels*, Arbeitsvertrag, II U 20 Rn 43.

3101 BAG 22.9.1992 – 9 AZR 483/91, NZA 1993, 406.

3102 Preis/*Stoffels*, Arbeitsvertrag, II U 20 Rn 46.

(7) Übertragung von Urlaub

Urlaub kann bis zum 31. März des nachfolgenden Kalenderjahres genommen werden.

▲

119. Variable Vergütung

1461   Erläuterungen hierzu finden sich unter dem Stichwort „Bonus" (siehe oben Rdn 684 ff.).

120. Verfallklausel

1462   Erläuterungen hierzu finden sich unter dem Stichwort „Ausschlussfristen" (siehe oben Rdn 606 ff.).

121. Verjährung

Literatur: *Däubler*, Die Auswirkungen der Schuldrechtsmodernisierung auf das Arbeitsrecht, NZA 2001, 1329; *Gaul/Koehler*, Tarifunfähigkeit der CGZP, ArbRB 2011, 114 *Heinrichs*, Entwurf eines Schuldrechtsmodernisierungsgesetzes: Neuregelung des Verjährungsrechts, BB 2001, 1417; *Kainz*, Verjährungsvereinbarungen auf dem Prüfstand, BauR 2004, 1696; *Krämer*, Anpassung der Verjährungsvorschriften an die Schuldrechtsmodernisierung, ZAP Fach 2, 413; *Matthiessen/Shea*, Wirksamkeit von tariflichen und arbeitsvertraglichen Ausschlussfristen nach der Schuldrechtsreform, DB 2004, 1366; *Nägele/Chwalisz*, Schuldrechtsreform – Das Ende arbeitsvertraglicher Ausschlussfristen, MDR 2002, 1341; *Schüren*, Verjährung von Nachzahlungsansprüchen der Leiharbeitnehmer nach Feststellung der Tarifunfähigkeit der CGZP, AuR 2011, 142; *Stoffels*, Die Verjährung von Equal-Pay-Ansprüchen, NZA 2011, 1057; *Zeller-Müller*, Auswirkungen der Schuldrechtsreform auf die Inhaltskontrolle von Arbeitsverträgen und Aufhebungsverträgen, Dissertation 2004.

a) Allgemeines

1463   Die Verjährung begründet für den Schuldner das Recht, die geschuldete Leistung nach Ablauf eines bestimmten Zeitraums dauerhaft zu verweigern.[3103] Zweck der Verjährungsvorschriften ist es dabei, den **Rechtsfrieden** und die Sicherheit des Rechtsverkehrs durch einen angemessenen Ausgleich von Gläubiger- und Schuldnerinteressen zu fördern.[3104] Der Gläubiger soll die Möglichkeit besitzen, seinen Anspruch innerhalb einer ausreichenden Zeitspanne geltend zu machen, während andererseits der Schuldner vor den Nachteilen bewahrt werden soll, die sich mit übermäßigem Zeitablauf aus einer drohenden Beweisnot und dem möglichem Verlust von Regressansprüchen gegen Dritte ergeben können.[3105]

1464   Das Verjährungsrecht hat durch das **Schuldrechtsmodernisierungsgesetz**,[3106] das zum 1.1.2002 in Kraft getreten ist,[3107] mit entsprechenden Auswirkungen auch auf arbeitsvertragliche Ansprüche eine grundlegende Novellierung erfahren.[3108] Das Gesetz kombiniert in den §§ 195, 199 BGB eine kenntnisabhängige (relative) regelmäßige Verjährungsfrist von 3 Jahren mit einer kenntnisunabhängigen (absoluten) Höchstfrist von 10 bzw. 30 Jahren.[3109] Die frühere regelmäßige Verjährungsfrist von 30 Jahren ist damit auf drei Jahre reduziert worden; diese Verjährungsfrist gilt, unabhängig von der Anspruchsgrundlage, nunmehr einheitlich auch für alle Ansprüche aus dem Arbeitsverhältnis, die in der Vergangenheit unterschiedlich langen Verjährungsfristen unterlagen. Zudem knüpft der Beginn der Verjährungsfrist nicht mehr nur an das objektive Element der Anspruchsentstehung durch Eintritt der Fälligkeit an, sondern gem. § 199 Abs. 1 BGB sub-

---

3103 Palandt/*Ellenberger*, Überbl. v. § 194 BGB Rn 5; *Zimmermann*, JuS 1984, 409, 421.
3104 BAG 24.6.2015, NZA 2015, 1256; BGH 8.1.1986, DB 1986, 582; *Nägele/Chwalisz*, MDR 2002, 1341, 1345.
3105 *Däubler*, NZA 2001, 1329, 1330.
3106 Gesetz zur Modernisierung des Schuldrechts vom 26.11.2001, BGBl I 2001, 3138.
3107 Zur Übergangsregelung des Art. 229 § 6 EGBGB vgl. BAG 19.1.2010, AP Nr. 2 zu § 611 BGB Arbeitgeberdarlehen.
3108 *Heinrichs*, BB 2001, 1417; *Zimmermann u.a.*, JZ 2001, 684; *Mansel/Budzikiewicz*, Jura 2003, 1.
3109 Palandt/*Ellenberger*, § 199 BGB Rn 1.

jektiv auch an die Kenntnis bzw. das Kennenmüssen des Schuldners von den anspruchsbegründenden Umständen und der Person des Schuldners.[3110] Dabei genügt jedoch die Kenntnis von den anspruchsbegründenden Tatsachen; eine möglicherweise fehlerhafte rechtliche Bewertung ist für den Eintritt der Verjährung unerheblich.[3111] Die Verjährungsfrist beginnt darüber hinaus erst mit Ablauf des Jahres, in dem alle Voraussetzungen für den Verjährungsbeginn vorliegen („Ultimoverjährung"). Dies soll den Rechtsverkehr erleichtern und eine auf das Jahresende konzentrierte Fristenkontrolle ermöglichen.[3112]

Während arbeitsvertragliche Ausschlussfristen (vgl. Rdn 606 ff.) als rechtsvernichtende Einwendung in einem Rechtsstreit von Amts wegen zu beachten sind,[3113] muss die Verjährung als **Einrede** von dem Schuldner ausdrücklich geltend gemacht werden.[3114] Die Berücksichtigung der Verjährung von Amts wegen ist daher unzulässig; der richterliche Hinweis auf die Möglichkeit der Verjährungseinrede begründet dementsprechend den Verdacht mangelnder Unparteilichkeit und kann den Vorwurf der Befangenheit rechtfertigen.[3115]   **1465**

Die zivilrechtlichen Verjährungsfristen haben im Arbeitsrecht eine erheblich geringere Bedeutung als im allgemeinen Zivilrecht. Grund hierfür sind die in Tarifverträgen, Betriebsvereinbarungen und Arbeitsverträgen weit verbreiteten **vertraglichen Ausschlussfristen**, mit denen die Geltendmachung von Ansprüchen aus dem Arbeitsverhältnis auf einen wesentlich kürzeren Zeitraum begrenzt wird, als in den gesetzlichen Verjährungsfristen vorgesehen ist. Vereinbarungen über eine Modifikation der Verjährung sind daher in arbeitsvertraglichen Vereinbarungen von eher untergeordneter Bedeutung.   **1466**

b) Verjährungsvereinbarungen

Formulierungsbeispiele   **1467**

- Ansprüche aus dem Arbeitsverhältnis verjähren innerhalb von sechs Monaten. Die Verjährung beginnt mit der Fälligkeit des Anspruchs, frühestens aber mit der Kenntnis des Anspruchsinhabers von der Entstehung des Anspruchs.
- Für Ansprüche, die sich aus einer Haftung wegen Vorsatzes ergeben, bleibt es bei der gesetzlichen Verjährungsfrist.
- Ansprüche aus dem Arbeitsverhältnis verjähren nach Ablauf von 30 Jahren. Die gesetzlichen Bestimmungen zum Beginn der Verjährung bleiben unberührt.

c) Erläuterungen
aa) Zulässigkeit von Verjährungsvereinbarungen

Im Gegensatz zur früheren Rechtslage[3116] sind **Vereinbarungen über die Verjährung** gem. § 202 BGB grds. **zulässig**, unabhängig davon, ob der Eintritt der Verjährung erleichtert oder erschwert werden soll. Dementsprechend können Verjährungsfristen einzelvertraglich verkürzt oder verlängert werden; ebenso ist es zulässig, den Fristbeginn abweichend zu regeln oder die Tatbestände, die zu einer Hemmung oder Unterbrechung der Verjährung führen, zu modifizieren.[3117] Verjährungsmodifizierende Vereinbarungen in   **1468**

3110 BAG 23.8.2012, NZA 2013, 227.
3111 BAG 17.12.2014, NZA 2015, 479; BAG 13.3.2013 – 5 AZR 424/12; LAG Rheinland-Pfalz 9.7.2015 – 2 Sa 428/14, zit. nach juris; LAG Berlin-Brandenburg 26.10.2012, DB 2013, 235; *Stoffels*, NZA 2012, *Gaul/Koehler*, ArbRB 2011, 114; a.A. LAG Niedersachsen 8.10.2012 – 13 Sa 1532/11; *Schüren*, AuR 2011, 142.
3112 *Däubler*, NZA 2001, 1329, 1330; *Mansel/Budzikiewicz*, Jura 2003, 1, 5.
3113 BAG 30.10.2008, NZA 2009, 864; ArbG Siegen 9.3.2015 – 3 Ca 1030/14, zit. nach juris; ErfK/*Preis*, §§ 194–218 BGB Rn 33.
3114 Schaub/*Koch*, ArbR-Hdb., § 82 Rn 2.
3115 Küttner/*Schmidt*, Verjährung Rn 1.
3116 *Heinrichs*, BB 2001, 1417, 1422; *Mansel/Budzikiewicz*, Jura 2003, 1, 11.
3117 Palandt/*Ellenberger*, § 202 Rn 4.

vorformulierten Arbeitsverträgen unterliegen jedoch der gesetzlichen Inhaltskontrolle gem. §§ 305–310 BGB.[3118] Die Interessen des Arbeitnehmers dürfen daher durch die Vereinbarung nicht unangemessen beeinträchtigt werden,[3119] was insbesondere dann zu besorgen ist, wenn die Durchsetzung eines Anspruchs in unzumutbarer Weise beeinträchtigt wird.[3120]

bb) Erleichterung des Verjährungseintritts

1469 Die Erleichterung der Verjährung wird insbesondere durch die **Verkürzung der Verjährungsfristen** erreicht. Dabei ist eine unangemessene Benachteiligung nicht erst dann anzunehmen, wenn dem Vertragspartner die Anspruchsverfolgung weitgehend unmöglich gemacht wird, sondern bereits dann, wenn sie die Prüfung der Sach- und Rechtslage unangemessen behindert.[3121] Sehr kurze Verjährungsfristen begründen die Gefahr einer nicht zu rechtfertigenden Beschneidung wohl erworbener Ansprüche und können deshalb eine unangemessene Benachteiligung darstellen. Auch soll der Arbeitnehmer nicht dazu gezwungen werden, zur Durchsetzung seiner Ansprüche vorschnell rechtliche Schritte gegen den Arbeitgeber einleiten zu müssen.[3122] Vor diesem Hintergrund wird in Übereinstimmung mit der zivilrechtlichen Rechtsprechung[3123] teilweise empfohlen, die Verjährungsfrist auf nicht weniger als sechs Monate zu verkürzen.[3124] Im Hinblick auf die besondere Interessenlage im Arbeitsrecht, das in allen Bereichen verhältnismäßig kurze Fristen zur Geltendmachung von Rechtspositionen vorsieht, hat die arbeitsgerichtliche Rechtsprechung für Ausschlussfristen allerdings eine **Frist von drei Monaten** als erforderlich, aber auch ausreichend angesehen;[3125] dieser Zeitraum wird daher auch bei einer Verkürzung der regelmäßigen Verjährung ausreichen. Die Vereinbarung kürzerer Verjährungsfristen ist demgegenüber unzulässig; wegen des Verbotes der geltungserhaltenden Reduktion kann eine unangemessen kurze Frist auch nicht auf den gerade noch zulässigen Regelungsgehalt angepasst werden.[3126]

cc) Erschwerung des Verjährungseintritts

1470 Verjährungsmodifizierende Vereinbarungen können demgegenüber auch vorsehen, dass die Verjährungsfristen verlängert oder die Berufung auf die Verjährung insgesamt ausgeschlossen sein soll.

Der arbeitsvertragliche **Verzicht** auf die Einrede der Verjährung war nach früherem Recht gem. § 225 S. 1 BGB a.F. unwirksam,[3127] wenn auch ein unwirksamer Verzicht den Einwand unzulässiger Rechtsausübung gem. § 242 BGB begründen konnte, wenn der Schuldner die Verjährungseinrede erhob, obwohl er bei dem Gläubiger das berechtigte Vertrauen erweckt hatte, sich nicht auf die Verjährung zu berufen und dadurch den Gläubiger von der rechtzeitigen Klageerhebung abgehalten hatte.[3128] An dieser Einschätzung ist bislang auch nach Inkrafttreten der Schuldrechtsreform festgehalten worden.[3129] Demgegenüber geht der BGH davon aus, dass nach neuem Recht auf die Einrede der Verjährung auch schon vor deren Eintritt wirksam verzichtet werden kann;[3130] Bedenken gegen die Wirksamkeit einer dem neuen Recht unterfallenden Verzichtsvereinbarung hat auch das BAG nicht geäußert.[3131] Die grundsätzliche Zulässigkeit eines Verjäh-

---

3118 ErfK/*Preis*, §§ 194–218 BGB Rn 27; Tschöpe/*Wisskirchen*, Teil 1 D Rn 144 f.
3119 BGH 21.12.1987, BB 1988, 647; Tschöpe/*Wisskirchen*, Teil 1 D Rn 144.
3120 ErfK/*Preis*, §§ 194–218 BGB Rn 28.
3121 BGH 20.4.1993, NZV 1993, 344; BGH 8.3.1984, BGHZ 90, 273.
3122 Tschöpe/*Wisskirchen*, Teil 1 D Rn 144.
3123 BGH 19.5.1988, BGHZ 104, 292; BGH 10.5.1990, ZIP 1990, 1469.
3124 ErfK/*Preis*, §§ 194–218 BGB Rn 28.
3125 BAG 28.9.2005, NZA 2006, 149, zu arbeitsvertraglichen Ausschlussfristen.
3126 BAG 28.9.2005, NZA 2006, 149; *Nägele/Chwalisz*, MDR 2002, 1341, 1343.
3127 BAG 19.1.2010, AP Nr. 2 zu § 611 BGB Arbeitgeberdarlehen; BGH 6.12.1990, NJW 1991, 974; BGH 8.1.1986, DB 1986, 582.
3128 BGH 18.9.2007, BB 2007, 2591; BGH 4.11.1997, NJW 1998, 902; allgemein zur Treuwidrigkeit der Erhebung der Verjährungseinrede BAG 7.11.2007, NZA-RR 2008, 399.
3129 Küttner/*Schmidt*, Verjährung Rn 22; ErfK/*Preis*, §§ 194–218 BGB Rn 26.
3130 BGH 18.9.2007, BB 2007, 2591.
3131 BAG 19.1.2010, BB 2010, 1276.

rungsverzichts ist daher anzuerkennen.[3132] Allerdings darf gem. § 202 Abs. 2 BGB die Verjährung nicht über eine Verjährungsfrist von 30 Jahren ab dem gesetzlichen Verjährungsbeginn hinaus erschwert werden. Eine Verzichtserklärung, die keine entsprechende zeitliche Einschränkung beinhaltet, soll zwar nicht unwirksam, sondern bei Fehlen anderweitiger Anhaltspunkte dahin auszulegen sein, dass die Grenzen des § 202 Abs. 2 BGB eingehalten werden sollen.[3133] Im Rahmen eines Formularvertrages sollte eine entsprechende Einschränkung jedoch stets mit aufgenommen werden, um dem Transparenzgebot des § 307 Abs. 1 S. 2 BGB Rechnung zu tragen; zur Vermeidung von Bedenken gegen die Wirksamkeit einer Verzichtsvereinbarung ist zudem die Vereinbarung einer § 202 Abs. 2 BGB entsprechenden Verjährungsfrist einer Verzichtsvereinbarung vorzuziehen.

dd) Ausschluss der Verjährung bei Vorsatzhaftung

Die Verjährung von Ansprüchen aus einer **Haftung wegen Vorsatzes** kann gem. § 202 Abs. 1 BGB nicht **1471** durch Rechtsgeschäft ausgeschlossen werden. Erst dies gewährleistet die uneingeschränkte Geltung des in § 276 Abs. 3 BGB enthaltenen Verbots, die Vorsatzhaftung durch vertragliche Vereinbarungen einzuschränken[3134] mit dem die uneingeschränkte Geltung von Haftungsansprüchen aus vorsätzlichen Schädigungen gewährleistet werden soll.[3135]

Eine vertragliche Verjährungsbeschränkung, die auch Ansprüche wegen Vorsatzes erfasst, ist daher unwirksam. Zwar geht die arbeitsrechtliche Rechtsprechung bislang noch überwiegend davon aus, dass Verjährungsvereinbarungen, die die Vorsatzhaftung von ihrem Geltungsbereich nicht ausdrücklich ausnehmen, teilbar sind, so dass unter Aufrechterhaltung der Verjährungsvereinbarung für alle übrigen Ansprüche lediglich eine Teilnichtigkeit angenommen wird;[3136] dennoch sollte eine klarstellende Begrenzung der Verjährungsvereinbarung entsprechend der vorstehenden Musterformulierung in die Vereinbarung mit aufgenommen werden, um dem Einwand einer Umgehung des Verbots der geltungserhaltenden Reduktion begegnen zu können.

122. Vermögensbildung

a) Allgemeines

Arbeitsvertragliche Regelungen zur **Vermögensbildung** sind für die Arbeitsvertragsparteien regelmäßig **1472** nur soweit interessant, als diese **staatlich gefördert** werden: durch Zuschüsse bzw. durch privilegierte **steuer- und sozialversicherungsrechtliche Behandlung**. Dementsprechend bemisst sich auch der Wert der Arbeitgeberzusagen auf vermögenswirksame Leistungen nach den staatlichen Fördermöglichkeiten. Die starke Einschränkung eines Anspruchs auf **Arbeitnehmersparzulage** in § 13 Abs. 1 5. VermBG macht die Vereinbarung vermögenswirksamer Leistungen zunehmend **unattraktiv**.

Bei der Entgeltumwandlung ist zu differenzieren zwischen den vom Arbeitgeber freiwillig[3137] zugesagten **zusätzlichen vermögenswirksamen Leistungen** gemäß § 10 5. VermBG und dem Anspruch des Arbeitnehmers auf Abschluss eines Vertrages über die vermögenswirksame Anlage von Teilen des Arbeitslohns gemäß § 11 Abs. 1 5. VermBG. Letzteres ist ein gesetzlicher Anspruch, der keiner besonderen Regelung bedarf, regelungsbedürftig ist alleine die Zusage zusätzlicher vermögenswirksamer Leistungen.

3132 Palandt/*Ellenberger*, § 202 BGB Rn 7.
3133 BGH 18.9.2007, BB 2007, 2591; KG Berlin 5.6.2008, ZEV 2008, 481.
3134 BAG 25.5.2005, NZA 2005, 1111.
3135 BAG 28.9.2005, AP Nr. 7 zu § 307 BGB.
3136 BAG 16.5.2007, AP Nr. 5 zu § 611 BGB Mobbing; BAG 25.5.2005, NZA 2005, 1111; a.A. LAG Hamm 1.8.2014, NZA-RR 2014, 580; ArbG Berlin 6.11.2015 – 28 Ca 9517/15; ArbG Stralsund 27.4.2004, DB 2004, 1368; *Matthiessen/Shea*, DB 2004, 1366; ebenso *Nägele/Chwalisz*, MDR 2002, 1341.
3137 Vgl. Küttner/*Röller*, Vermögenswirksame Leistungen, Rn 15.

Sinnvoll ist diese nur für Arbeitnehmer, die überhaupt Anspruch auf Arbeitnehmersparzulage gemäß § 13 5. VermBG haben können: Der Arbeitnehmer darf, abhängig von der Ablageform, die Einkommensgrenze von 20.000 EUR bzw. 17.900 EUR und, bei einer Zusammenveranlagung von Ehegatten, 40.000 EUR bzw. 35.800 EUR, jährlich nicht überschreiten.

b) Vermögensbildung

1473 **Muster 1a.82: Vermögensbildung**

Der Mitarbeiter erhält vermögenswirksame Leistungen nach dem 5. Vermögensbildungsgesetz in Höhe von monatlich EUR   für jeden Kalendermonat, in dem der Mitarbeiter Anspruch auf Arbeitsentgelt hat. Bei Teilzeitarbeit erfolgt eine zeitanteilige Kürzung der vermögenswirksamen Leistungen. Voraussetzung für die Auszahlung der Leistungen ist, dass der Arbeitnehmer einen entsprechenden Vertrag nachweist; der Mitarbeiter kann hierbei zwischen den in § 2 5. Vermögensbildungsgesetz vorgesehenen vermögenswirksamen Anlagen frei wählen. Der Mitarbeiter willigt in die Datenübertragung an die Finanzbehörden gem. § 15 Abs. 1 des 5. Vermögensbildungsgesetzes ein.[3138] Für den Fall, dass die Gesellschaft aufgrund Tarifvertrag oder Betriebsvereinbarung zur Zahlung von vermögenswirksamen Leistungen verpflichtet ist, kann sie die aus dieser Vereinbarung an die Mitarbeiter zu zahlenden Leistungen auf die aus Tarifvertrag oder Betriebsvereinbarung resultierenden Leistungen anrechnen.

Ggf. Widerrufsvorbehalt:

Die Gesellschaft ist dazu berechtigt, die Verpflichtung zur Gewährung von vermögenswirksamen Leistungen nach   (Bezeichnung der vertraglichen Regelungen) jederzeit für die Zukunft zum Ablauf eines Kalendermonats aus sachlichen Gründen, insbesondere

■ *wegen der wirtschaftlichen Entwicklung der Gesellschaft,*

■ *der Leistung oder des Verhaltens des Mitarbeiters*

■ *wenn sich die gesetzlichen Rahmenbedingungen für die Gewährung vermögenswirksamer Leistungen, insbesondere die Arbeitnehmersparzulage, so ändern, dass der verfolgte Zweck wegfällt sowie bei Ersatz der vermögenswirksamen Leistungen durch eine anderen Form der Vermögensbildung oder Altersversorgung.*

zu widerrufen, soweit dies dem Mitarbeiter zumutbar ist.

123. Verschwiegenheit

Literatur: *Abraham*, Whistleblowing – Neue Chancen für eine Kurswende!?, ZRP 2012, 11; *Bauer/Diller*, Wettbewerbsverbote 2015; *Benecke/Pils*, Arbeitsplatzwechsel nach Abwerbung: Rechtsprobleme des „Headhunting", NZA-RR 2005, 561; *Breitfeld/Salger*, Regelungen zum Schutz von betrieblichen Know-how – die Sicherung von Geschäfts- und Betriebsgeheimnissen, BB 2005, 154; *Busekist/Fahrig*, Whistleblowing und der Schutz von Hinweisgebern, BB 2013, 119; *Däubler*, Die Schweigepflicht des Betriebsarztes – ein Stück wirksamer Datenschutz?, BB 1989, 282; *Gach/Rützel*, Verschwiegenheitspflicht und Behördenanzeigen von Arbeitnehmern, BB 1997, 1959; *Gaul*, Die nachvertragliche Geheimhaltungspflicht eines ausgeschiedenen Arbeitnehmers, NZA 1988, 225; *ders.*, Auswirkungen des rechtsgeschäftlich begründeten Betriebsüberganges auf nachwirkende Wettbewerbsvereinbarungen und Geheimhaltungspflichten, NZA 1989, 697; *Herbert/Oberrath*, Schweigen ist Gold? – Rechtliche Vorgaben für den Umgang des Arbeitnehmers mit seiner Kenntnis über Rechtsverstöße im Betrieb, NZA 2005, 193; *Hunold*, Rechtsprechung zum nachvertraglichen Wettbewerbsverbot, NZA-RR 2007, 617; *Kunz*, Betriebs- und Geschäftsgeheimnisse und Wettbewerbsverbot während der Dauer und nach Beendigung des Anstellungsverhältnisses, DB 1993, 2482; *Kunz*, Geheimhaltungspflichten nach dem Ausscheiden von Mitarbeitern, WiB 1995, 414; *Kunz*, Musterklauseln zur nachvertraglichen Geheimhaltungspflicht, WiB 1995, 445; *Leuchten*, Der gesetzliche Schutz für Whistleblower rückt näher, ZRP 2012, 142; *Mautz/Löblich*, Nachvertraglicher Verrat von Betriebs- und Geschäftsgeheimnissen, MDR 2000, 67; *Mayer*, Geschäfts-

---

3138 Vgl. die Änderung des § 15 durch Art. 18 des Gesetzes zur Umsetzung der Amtshilferichtlinie sowie zur Änderung steuerlicher Vorschriften vom 26.6.2013.

und Betriebsgeheimnis oder Geheimniskrämerei?, GRUR 2011, 884; *Molkenbur*, Pflicht zur Geheimniswahrung nach Ende des Arbeitsverhältnisses?, BB 1990, 1196; *Müller*, Whistleblowing – Ein Kündigungsgrund?, NZA 2002, 424; *Otto*, Verrat von Betriebs- und Geschäftsgeheimnissen, § 17 UWG, wistra 1988, 125; *Preis/Reinfeld*, Schweigepflicht und Anzeigerecht im Arbeitsverhältnis, ArbuR 1989, 361; *Richters/Wodtke*, Schutz von Betriebsgeheimnissen aus Unternehmenssicht – „Verhinderung von Know-how Abfluss durch eigene Mitarbeiter"; NZA-RR 2003, 281; *Sander*, Schutz nicht offenbarter betrieblicher Informationen nach der Beendigung des Arbeitsverhältnisses im deutschen und amerikanischen Recht, GRUR-Int 2013, 217; *Schrader/Schubert*, AGB-Kontrolle von Arbeitsverträgen – Grundsätze der Inhaltskontrolle arbeitsvertraglicher Vereinbarungen (Teil 2): Gestaltung des Arbeitsverhältnisses, Vertragsstrafe und Ausschlussfristen, NZA-RR 2005, 225; *Schramm*, Neue Herausforderungen bei der Gestaltung von Vertragsstrafenklauseln, NJW 2008, 1494; *Wertheimer*, Bezahlte Karenz oder entschädigungslose Wettbewerbsenthaltung des ausgeschiedenen Arbeitnehmers, BB 1999, 1600; *Wolff*, Der verfassungsrechtliche Schutz der Betriebs- und Geschäftsgeheimnisse, NJW 1997, 98.

a) Allgemeines

Auch ohne ausdrückliche vertragliche Regelung ist ein Arbeitnehmer aufgrund der dem Arbeitsvertrag immanenten Treuepflicht (§ 242 BGB) während des Bestehens des Arbeitsverhältnisses grundsätzlich zur Verschwiegenheit verpflichtet.[3139] Neben dieser vertraglichen Treuepflicht ergibt sich die Verschwiegenheitspflicht als arbeitsvertragliche Nebenpflicht auch aus den §§ 823 Abs. 1 und 2, 826 BGB, §§ 1, 17 UWG.[3140] Eine nachvertragliche Verschwiegenheitspflicht muss hingegen – in aller Regel – ausdrücklich vereinbart werden. Doch auch bezüglich der vertraglichen Verschwiegenheitspflicht bietet sich eine ausdrückliche arbeitsvertragliche Klausel an, um insbesondere dem Arbeitnehmer den Umfang zu verdeutlichen und gegebenenfalls auch auf mögliche Konsequenzen hinzuweisen. **1474**

Spezielle Geheimhaltungspflichten in Bezug auf Arbeitnehmererfindungen ergeben sich aus § 24 ArbnErfG. Der Arbeitgeber hat Erfindungen geheim zu halten, solange die berechtigten Belange des Arbeitnehmers dies erfordern, § 24 Abs. 1 ArbnErfG; der Arbeitnehmer hat sie geheim zu halten, solange sie nicht frei geworden sind, § 24 Abs. 2 ArbnErfG. **1475**

Zum Teil ergeben sich weitergehende Verschwiegenheitspflichten aus spezialgesetzlichen Regelungen. So bestehen für Betriebsratsmitglieder Verschwiegenheitspflichten nach §§ 79, 99 Abs. 1 S. 3 BetrVG, für Personalratsmitglieder nach § 10 BPersVG. Auszubildende sind gem. § 9 Nr. 6 BBiG zur Wahrung von Betriebs- und Geschäftsgeheimnissen verpflichtet. Arbeitnehmern bei dem Träger der Insolvenzsicherung ist die Geheimhaltung gesetzlich auferlegt (§ 15 BetrAVG). Gleiches gilt für Beschäftigte der Sozialversicherungsträger, die nicht nur personenbezogene Daten von Arbeitnehmern, sondern auch Betriebs- und Geschäftsgeheimnisse geheim halten müssen (§ 35 SGB I). **1476**

Der Geheimnisschutz kann schließlich durch Tarifvertrag geregelt sein. **1477**

b) Gegenstand und Umfang der Verschwiegenheitspflicht
aa) Gegenstand der Verschwiegenheitspflicht

Die Verschwiegenheitspflicht bezieht sich zunächst auf **Betriebs- und Geschäftsgeheimnisse**. Darüber hinaus umfasst sie auch alle Vorgänge und Tatsachen, die dem Arbeitnehmer im Zusammenhang mit seiner Stellung im Betrieb bekannt geworden sind und deren Geheimhaltung im Interesse des Arbeitgebers liegt, wie z.B. persönliche Umstände, Verhaltensweisen des Arbeitgebers (auch Gesetzesverstöße) oder Kenntnisse über Kollegen.[3141] **1478**

3139 BAG 25.8.1966, AP Nr. 1 zu § 611 BGB Schweigepflicht; ErfK/*Preis*, § 611 BGB Rn 710.
3140 Preis/*Rolfs*, II V 20 Rn 6.
3141 Erman/*Hanau*, § 611 BGB Rn 498; MünchArbR/*Reichold*, § 48 Rn 33 ff.

(1) Betriebs- und Geschäftsgeheimnisse

1479   Die Begrifflichkeit des Betriebs- und Geschäftsgeheimnisses ist nicht gesetzlich definiert. Sie wird vorausgesetzt in § 17 Abs. 1 UWG. Ein Betriebs- und Geschäftsgeheimnis liegt nach herrschender Meinung vor, wenn Tatsachen

- im Zusammenhang mit einem Geschäftsbetrieb,
- die nur einem eng begrenzten Personenkreis bekannt sind und
- nicht offenkundig sind,
- nach dem Willen des Arbeitgebers
- aufgrund eines berechtigten wirtschaftlichen Interesses geheim gehalten werden.[3142]

1480   Der Begriff der Tatsachen, die im Zusammenhang mit einem Geschäftsbetrieb stehen, wird sehr weit gefasst. Unter **Geschäftsgeheimnis** versteht man in aller Regel **Tatsachen kaufmännischer Art** und unter **Betriebsgeheimnis Tatsachen technischer/personeller Art**.[3143] Es kann sich dabei beispielsweise um folgende Tatsachen handeln: Produktionseinrichtungen, betriebliche Abläufe, Computersoftware, Personaleinsatz, Preis- und Kundenlisten, -gebiete und -pläne, Warenbezugsquellen, der Bereich des Rechnungswesens, Ereignisse im Wettbewerbsbereich, Informationen des Personalbereichs, etc.[3144]

1481   Das Betriebs- oder Geschäftsgeheimnis darf weiterhin nur einem **eng begrenzten Personenkreis bekannt** sein. Allerdings kommt es auf die genaue Anzahl der Personen, denen das Geheimnis bekannt ist, nicht weiter an.[3145] Die Mitwisser müssen jedoch einen geschlossenen Kreis bilden.

1482   **Offenkundig** und damit nicht von der Verschwiegenheitspflicht betroffen sind Tatsachen, wenn sie von jedermann ohne größere Schwierigkeiten in Erfahrung gebracht werden können. Die tatsächliche Kenntnis ist jedoch nicht erforderlich, es genügt die bloße Möglichkeit der Kenntniserlangung.[3146] Dies kann beispielsweise dadurch der Fall sein, dass die Tatsache in allgemein zugänglichen Veröffentlichungen enthalten ist. Auch der Umstand, dass das Unternehmensgeheimnis dem Stand der Technik entspricht (vgl. § 3 PatG), führt zur Offenkundigkeit.[3147] Nicht offenkundig ist eine Tatsache jedoch dann, wenn nur ein ausgebildeter Fachmann sie mit Anstrengungen mittleren Schwierigkeitsgrades ermitteln kann und die sinnvolle Verwendung zahlreicher Details der Tatsache nicht ohne besondere Kenntnis und erst nach entsprechenden Überlegungen und Untersuchungen möglich ist.[3148]

1483   Weiterhin muss die unbekannte Tatsache nach dem **Willen des Arbeitgebers geheim zu halten** sein. Dies kann sich durch eine ausdrückliche Erklärung des Arbeitgebers ergeben. Allerdings ist auch konkludentes Verhalten ausreichend, wenn für den Arbeitnehmer ausreichend ersichtlich ist, dass ein Geheimhaltungswille besteht.[3149] In Betracht kommen hierbei Kennzeichnungen von Tatsachen als vertraulich oder das unter Verschluss halten.

1484   Schließlich muss der Arbeitgeber an der Geheimhaltung ein **berechtigtes wirtschaftliches Interesse** haben. Da dieses Kriterium dem Willküraausschluss dient, kann es nicht subjektiv beurteilt werden. Es kommt vielmehr auf eine objektive Beurteilung an.[3150] Demnach sind spürbare Auswirkungen der Bekanntgabe des Betriebs- und Geschäftsgeheimnisses auf die Wettbewerbsfähigkeit des Unternehmens entscheidend.[3151]

3142 BAG 16.3.1982, AP Nr. 1 zu § 611 BGB Betriebsgeheimnis; *Hunold*, NZA-RR 2007, 617, 619.

3143 BAG 15.12.1987, AP Nr. 5 zu § 611 Betriebsgeheimnis; Schaub/*Linck*, ArbR-Hdb., § 53 Rn 48; *Mayer*, GRUR 2011, 884.

3144 Staudinger/*Richardi/Fischinger*, § 611 Rn 647; MünchArbR/*Reichold*, § 48 Rn 34.

3145 MünchArbR/*Reichold*, § 48 Rn 35; *Richters/Wodtke*, NZA-RR 2003, 281, 282.

3146 BAG 16.3.1982, AP Nr. 1 zu § 611 BGB Betriebsgeheimnis; *Mayer*, GRUR 2011, 884, 885.

3147 Küttner/*Kania*, Verschwiegenheitspflicht Rn 4.

3148 BAG 16.3.1982, AP Nr. 1 zu § 611 BGB Betriebsgeheimnis; *Richters/Wodtke*, NZA-RR 2003, 281, 282.

3149 ErfK/*Preis*, § 611 BGB Rn 711; *Richters/Wodtke*, NZA-RR 2003, 281, 282.

3150 Schaub/*Linck*, ArbR-Hdb., § 53 Rn 51; vgl. *Gaul*, NZA 1988, 225, 227.

3151 MünchArbR/*Reichold*, § 48 Rn 36.

(2) Sonstige Tatsachen, die im Geheimhaltungsinteresse des Arbeitgebers liegen

Die vertragliche Verschwiegenheitpflicht ist jedoch nicht ausschließlich auf Betriebs- und Geschäfts- **1485** geheimnisse im Sinne des § 17 UWG beschränkt. Sie umfasst vielmehr auch sonstige Vorgänge und Tatsachen, an deren Geheimhaltung der Arbeitgeber ein berechtigtes Interesse hat und die dem Arbeitnehmer im Zusammenhang mit seiner Stellung im Betrieb bekannt geworden sind, beispielsweise persönliche Umstände und Verhaltensweisen des Arbeitgebers.[3152]

bb) Erweiterung der Verschwiegenheitspflicht und Grenzen

Eine Erweiterung der Verschwiegenheitpflichten durch Arbeitsvertrag ist möglich, jedoch nur innerhalb **1486** der allgemeinen Grenzen des § 307 BGB (AGB-Kontrolle) und der §§ 134 und 138 BGB.[3153] Die Erweiterung muss in jedem Fall von berechtigten wirtschaftlichen Interessen des Arbeitgebers gedeckt sein.[3154]

Geheimhaltungsklauseln, durch die sich der Arbeitnehmer zur Geheimhaltung aller ihm bekannt gewordenen geschäftlichen und betrieblichen Tatsachen verpflichtet (sog. „All-Klauseln"), gehen über das anzuerkennende berechtigte Arbeitgeberinteresse hinaus. Eine solche Klausel ist unverhältnismäßig und nach § 138 Abs. 1 BGB bzw. § 307 Abs. 1 BGB nichtig.[3155]

Hingegen sind sachlich beschränkte Geheimhaltungsklauseln zulässig. Sie sehen eine Eingrenzung auf ver- **1487** trauliche Angelegenheiten vor, an deren Geheimhaltung das Unternehmen ein berechtigtes Interesse hat, welches gegenüber dem Interesse des Arbeitnehmers an seinem beruflichen Fortkommen überwiegt.[3156]

Besteht an der Geheimhaltung einzelner, besonders wichtiger Geheimnisse ein gesteigertes Interesse, empfiehlt es sich, diese ausdrücklich im Vertrag zu nennen.[3157]

Verschwiegenheitsklauseln finden sich vor allem über persönliche Rechtsverhältnisse des Arbeitnehmers **1488** selbst, z.B. seine Gehaltsbezüge. Insoweit kann der Bruch der Verschwiegenheit eine ordentliche Kündigung rechtfertigen, wenn der Arbeitgeber an der Geheimhaltung ein berechtigtes Interesse hatte.[3158]

Die Verschwiegenheitpflicht besteht jedoch nicht, wenn der Arbeitnehmer zur Offenbarung seines Einkommens gegenüber Behörden verpflichtet ist; etwa zur Erlangung sozialer Leistungen, oder wenn die Angaben für eine anderweitige Stellensuche erforderlich sind.[3159]

Ferner ist eine Klausel nach § 307 BGB unwirksam, nach der sich der Arbeitnehmer verpflichtet, über seine **1489** Arbeitsvergütung auch gegenüber Arbeitskollegen Verschwiegenheit zu bewahren.[3160] Eine solche Klausel hindert den Arbeitnehmer daran, Verstöße gegen den Gleichbehandlungsgrundsatz im Rahmen der Lohngestaltung gegenüber dem Arbeitgeber erfolgreich geltend zu machen. Denn die einzige Möglichkeit für den Arbeitnehmer festzustellen, ob er Ansprüche aus dem Gleichbehandlungsgrundsatz hinsichtlich seiner Lohnhöhe hat, ist das Gespräch mit Arbeitskollegen. Ein solches Gespräch ist nur erfolgreich, wenn der Arbeitnehmer selbst auch bereit ist, über seine eigene Lohngestaltung Auskunft zu geben. Könnte man ihm

---

3152 Staudinger/*Richardi/Fischinger*, § 611 BGB Rn 648; *Richters/Wodtke*, NZA-RR 2003, 283.

3153 *Richters/Wodtke*, NZA-RR 2003, 281, 283; Schaub/*Linck*, ArbR-Hdb., § 53 Rn 50.

3154 Preis/*Rolfs*, II V 20 Rn 31; *Richters/Wodtke*, NZA-RR 2003, 281, 282.

3155 LAG Hamm 5.10.1988, DB 1989, 793; *Benecke/Pils*, NZA-RR 2005, 561, 567; *Gach/Rützel*, BB 1997, 1959, 1962.

3156 *Gaul*, NZA 1988, 230; *Kunz*, DB 1993, 2482; *Richters/Wodtke*, NZA-RR 2003, 281, 288; *Preis/Reinfeld*, ArbuR 1989, 361, 363.

3157 BAG 16.3.1982, AP Nr. 1 zu § 611 BGB Betriebsgeheimnis.

3158 Schaub/*Linck*, ArbR-Hdb., § 53 Rn 50; vgl. auch BAG 26.2.1987, NZA 1988, 63: Der Betriebsrat hatte Brutto-Durchschnittsgehälter, Gehaltsspannen und übertarifliche Zulagen veröffentlicht und damit gegen § 79 Abs. 1 BetrVG verstoßen, da er Betriebs- oder Geschäftsgeheimnisse offenbarte. Leitsätze des BAG: Der Arbeitgeber kann gemäß § 79 Abs. 1 1 BetrVG vom Betriebsrat und von den einzelnen Betriebsratsmitgliedern die Unterlassung der Offenbarung und Verwertung von Betriebs- oder Geschäftsgeheimnissen verlangen. Die Lohn- und Gehaltsdaten sind Teil der betriebswirtschaftlichen Kalkulation über Umsätze und Gewinnmöglichkeiten und können – unter Berücksichtigung der Besonderheiten des betroffenen Unternehmensbereiches – ein Geschäftsgeheimnis darstellen.

3159 *Preis/Reinfeld*, ArbuR 1989, 361, 365.

3160 LAG Mecklenburg-Vorpommern 21.10.2009, BeckRS 2010, 74409.

derartige Gespräche wirksam verbieten, hätte der Arbeitnehmer kein erfolgversprechendes Mittel, Ansprüche wegen Verletzung des Gleichbehandlungsgrundsatzes im Rahmen der Lohngestaltung gerichtlich geltend zu machen. Ferner verstößt die Pflicht auch gegen die Koalitionsfreiheit nach Art. 9 Abs. 3 GG, da sie auch Mitteilungen über die Lohnhöhe gegenüber der Gewerkschaft verhindert, deren Mitglied der betroffene Arbeitnehmer sein könnte. Sinnvolle Arbeitskämpfe gegen ein Unternehmen wären so nicht möglich, da die Gewerkschaft die Lohnstruktur nicht in Erfahrung bringen kann.

cc) Dauer der Verschwiegenheitspflicht

1490 Die Pflicht zur Geheimhaltung und Verschwiegenheit besteht während der gesamten Dauer des Arbeitsverhältnisses als vertragliche Nebenpflicht.[3161] Sie beginnt grundsätzlich mit dem Abschluss des Arbeitsvertrages und dauert jedenfalls bis zur rechtlichen Beendigung des Arbeitsverhältnisses.[3162] Bei einer tatsächlichen Beendigung des Arbeitsverhältnisses wirkt die Verschwiegenheitspflicht bis zu seinem rechtlichen Ablauf fort.[3163]

1491 Geheimhaltungspflichten können im Einzelfall auch im vorvertraglichen Stadium entstehen, wenn ausnahmsweise schon vor Abschluss des Arbeitsvertrages, etwa im Zuge der Einstellungsverhandlungen, ein besonderes Vertrauensverhältnis zwischen den zukünftigen Vertragsparteien begründet wurde. Man spricht von so genannten „vorvertraglichen Geheimhaltungspflichten". Verstöße hiergegen werden in der Regel durch das Rechtsinstitut der „culpa in contrahendo" (c.i.c.) gelöst. Voraussetzung für einen Ersatzanspruch ist ein echtes Verschulden des künftigen Vertragspartners; dieses dürfte in der Regel zu verneinen sein.[3164]

c) Nachvertragliche Verschwiegenheitspflicht
aa) Ohne vertragliche Regelung

1492 Die Verschwiegenheitspflicht endet mit dem rechtlichen Ende des Arbeitsverhältnisses. Grundsätzlich kann also der Arbeitnehmer nach Beendigung des Arbeitsverhältnisses das erworbene Wissen/Kenntnisse zu eigenem Nutzen verwenden.[3165] Daher verletzt ein Arbeitnehmer seine aus dem Arbeitsverhältnis nachwirkende Verschwiegenheitspflicht nicht, wenn er sein Erfahrungswissen für eine Beschäftigung im Dienst eines Wettbewerbers nutzt.[3166]

1493 Nur in Ausnahmefällen ist ein Arbeitnehmer auch ohne Vereinbarung aufgrund nachwirkender Treuepflichten zur Verschwiegenheit auch nach Beendigung des Arbeitsverhältnisses verpflichtet, nämlich bezüglich echter Geschäfts- und Betriebsgeheimnisse, sog. nachvertragliche Geheimhaltungspflicht.[3167] Es muss sich um Tatsachen handeln, die dem Arbeitnehmer auch nach längerer Zeit noch einwandfrei als geschützte Geheimnisse erkennbar sind.[3168]

1494 Keinesfalls jedoch folgt aus den nachwirkenden Geheimhaltungspflichten eine Verpflichtung, die Kunden des Arbeitgebers nicht zu umwerben. Will der Arbeitgeber dies verhindern, muss er ein Wettbewerbsverbot nach den Regeln der §§ 74 ff. HGB vereinbaren.[3169]

3161 MünchArbR/*Reichold*, § 48 Rn 43 ff.; *Salger/Breitfeld*, BB 2005, 154, 155.
3162 Schaub/*Linck*, ArbR-Hdb., § 53 Rn 52.
3163 Staudinger/*Richardi/Fischinger*, § 611 Rn 656; MünchArbR/*Reichold*, § 48 Rn 43.
3164 Preis/*Preis*, II V 20 Rn 8.
3165 BAG 19.5.1988, NZA 1999, 200; *Gaul*, NZA 1988, 225; *Hunold*, NZA-RR 2007, 617, 619; MünchArbR/*Reichold*, § 48 Rn 44.
3166 BAG 19.5.1998, NZA 1999, 200.
3167 BAG 15.12.1987, BB 1988, 980; BAG 16.3.1982, BB 1982, 1792 (Thrombosol-Entscheidung); BAG 15.6.1993, DB 1994, 887; BAG 19.5.1988, NZA 1999, 200; *Gaul*, NZA 1988, 225, 227; *Hunold*, NZA-RR 2007, 617, 619.
3168 Vgl. *Gaul*, NZA 1988, 225, 227.
3169 BAG 15.12.1987, BB 1988, 980; BAG 15.6.1993, DB 1994, 887; BAG 19.5.1998, NZA 1999, 200.

bb) Ausdrückliche vertragliche Regelung

Eine nachvertragliche Verschwiegenheitspflicht bezüglich sonstiger Tatsachen im Geheimhaltungsinteresse des Arbeitgebers kann durch einzelvertragliche Regelung vereinbart werden.[3170] Allerdings ist Vorsicht geboten. Grundsätzlich kann zwar eine nachvertragliche Verschwiegenheitsvereinbarung ohne Karenzentschädigung wirksam vereinbart werden; denn die Pflicht, auch nach Beendigung des Arbeitsverhältnisses Verschwiegenheit über geheimhaltungsbedürftige Tatsachen des ehemaligen Arbeitgebers zu wahren, schränkt für sich gesehen die Berufs-/Wettbewerbsfreiheit des Arbeitnehmers noch nicht in unzulässiger Weise ein, er kann ja weiter freien Wettbewerb betreiben.[3171] Jedoch kann bei zu weiter Fassung einer derartigen nachvertraglichen Verschwiegenheitspflicht nach Ansicht des BAG eine unzulässige Umgehung der Regelung für nachvertragliche Wettbewerbsverbote vorliegen.[3172] So ist z.B. die Verpflichtung des im Weinhandel tätigen Außendienstmitarbeiters, Kundennamen auch nach Vertragsende in keiner Weise zu verwenden, als Wettbewerbsabrede im Sinne der §§ 74 ff. HGB zu werten, die zu ihrer Verbindlichkeit eine Entschädigungsvereinbarung voraussetzt.[3173] Auf jeden Fall unzulässig ist eine vertragliche, entschädigungslose Verschwiegenheitsverpflichtung, wenn sie sich unterschiedslos auf alle Geschäftsvorgänge bezieht und dem Arbeitnehmer generell das Umwerben von Kunden des früheren Arbeitgebers oder eine Verwertung von im vorangegangenen Arbeitsverhältnis erworbenem fachlichem Wissen verwehrt.[3174] Denn nach dem Ende des Arbeitsverhältnisses ist dem Arbeitnehmer grundsätzlich eine Konkurrenztätigkeit gestattet.[3175] Soll dies verhindert werden, bedarf es einer entsprechenden Karenzentschädigung. Ebenso ist eine nachvertragliche Verschwiegenheitsverpflichtung unzulässig, wenn sie den Arbeitnehmer daran hindert, eigene Rechte, insbesondere gegenüber seinem Arbeitgeber, wahrzunehmen.[3176] Nachvertragliche Verschwiegenheitsverpflichtungen sollten daher individuell an die jeweilige Situation angepasst werden. Für den Arbeitgeber ist es unabdingbar genau zu formulieren, um eine Unwirksamkeit der entsprechenden nachvertraglichen Verpflichtung zu vermeiden.

1495

Im Ergebnis sind Verschwiegenheitsklauseln sachlich und zeitlich sinnvoll zu begrenzen. Eine nachvertragliche Verschwiegenheitspflicht ist jedenfalls in Bezug auf Tatsachen, die für das Bestehen des Unternehmens besonders wichtig sind und an deren Geheimhaltung der Arbeitgeber ein überwiegendes Interesse hat, wirksam, auch ohne Zusage einer Entschädigung.[3177] Allerdings ist bei der Formulierung einer solchen Klausel darauf zu achten, dass sie einerseits das jeweilige Geschäfts- oder Betriebsgeheimnis möglichst genau bezeichnet und andererseits die beruflichen Möglichkeiten des Arbeitnehmers nicht zu stark einschränkt. Nur so wird die Gefahr gebannt, dass die Verschwiegenheitsklausel nicht als unwirksames, weil dauerhaft und entschädigungslos vereinbartes, Berufsverbot angesehen wird.

1496

> *Praxishinweis*
>
> Auch die wirksame nachvertragliche Verschwiegenheitspflicht hindert den Arbeitnehmer nicht, nach der Beendigung des Arbeitsverhältnisses in Wettbewerb zu seinem (ehemaligen) Arbeitgeber zu treten; er muss lediglich über die geheimhaltungspflichtigen Umstände Stillschweigen bewahren. Eine nachvertragliche Verschwiegenheits- sowie eine nachvertragliche Treuepflicht des Arbeitnehmers begrün-

---

3170 ErfK/*Müller-Glöge*, § 345 BGB Rn 21; Staudinger/*Richardi*/*Fischinger*, § 611 BGB Rn 658; Schaub/*Linck*, ArbR-Hdb., § 53 Rn 53; vgl. *Schramm*, NJW 2008, 1494.
3171 BAG 16.3.1982, AP Nr. 1 zu § 611 BGB Betriebsgeheimnis.
3172 BAG 15.6.1993, NZA 1994, 502; vgl. *Gaul*, NZA 1988, 225, 229.
3173 BAG 15.12.1987, NJW 1988, 502 f.; *Hunold*, NZA-RR 2007, 617, 619.
3174 BAG 19.5.1988, BB 1999, 212; *Richters*/*Wodtke*, NZA-RR 2003, 281, 282.
3175 BAG 15.12.1987, NJW 1988, 1686, 1687; BAG 19.5.1998, NZA 1999, 200.
3176 BAG 13.2.1996, AP Nr. 13 zu § 611 BGB Schweigepflicht.
3177 *Richters*/*Wodtke*, NZA-RR 2003, 281, 288.

den für den Arbeitgeber regelmäßig keine Ansprüche auf Unterlassung von Wettbewerbshandlungen gegen den ausgeschiedenen Arbeitnehmer.[3178]

d) Verstoß gegen die Verschwiegenheitspflicht

1497 Bei einem Verstoß gegen die Verschwiegenheitspflicht kann der Arbeitgeber zunächst Unterlassung verlangen. Bei der entsprechenden **Unterlassungsklage** muss die geheim zu haltende Tatsache hinreichend genau bezeichnet werden.[3179] Im Antrag muss das Geheimnis genau bezeichnet werden.[3180] In aller Regel wird in einem derartigen Verfahren auch der Ausschluss der Öffentlichkeit beantragt, um die drohende Gefahr des Bekanntwerdens des genauer zu bezeichnenden Geheimnisses zu verhindern.

1498 Weiterhin steht dem Arbeitgeber bei einer schuldhaften Verletzung der Verschwiegenheitsverpflichtung grundsätzlich ein **Schadensersatzanspruch** gemäß § 823 Abs. 1, 2 BGB in Verbindung mit § 17 UWG, §§ 826 BGB, 1 UWG oder § 280 BGB (positive Vertragsverletzung) zu. Bei einer Schadensersatzklage muss der Arbeitgeber selbstverständlich den konkret eingetretenen Schaden sowie die Kausalität zwischen Pflichtverletzung des Arbeitnehmers und des Eintritts des Schadens darlegen und beweisen. Zur Vorbereitung einer Schadensersatzklage kann der Arbeitgeber vom Arbeitnehmer Auskunft verlangen. Dieser Anspruch ist im Wege der Stufenklage (§ 255 ZPO) mit der Schadensersatzklage zu verbinden.[3181]

1499 Der Schaden, der dem Arbeitgeber entsteht, kann u.U. im Wege der Lizenzanalogie berechnet werden; statt konkreter Berechnungen des entgangenen Gewinns kann der Arbeitgeber die Lizenzgebühren verlangen, die bei einer Lizenzvergabe erzielt worden wären.[3182]

1500 Die Verletzung von Geheimhaltungs-/Verschwiegenheitspflichten kann je nach den Umständen einen verhaltensbedingten Grund für eine ordentliche oder auch außerordentliche **Kündigung** (ggf. Verdachtskündigung) darstellen.[3183]

1501 Schließlich ist die Verletzung der Geheimhaltungspflicht (Geheimnisverrat und Betriebsspionage) nach § 17 UWG strafbewehrt (Freiheitsstrafe bis zu drei Jahren oder Geldstrafe). Ergänzend findet § 1 UWG Anwendung; ein Verstoß dagegen kann ebenfalls Unterlassungs- und Schadensersatzansprüche nach sich ziehen.

1502 Da oftmals die rechtlichen Möglichkeiten einen Verstoß gegen die Verschwiegenheitspflicht nicht ausreichend ausschließen bzw. sanktionieren können, wird häufig in diesem Zusammenhang eine **Vertragsstrafe** vereinbart. Bezüglich der Möglichkeit der Vereinbarung einer Vertragsstrafe sowie der rechtlichen Schwierigkeiten wird auf die Ausführungen zum Wettbewerbsverbot (siehe Rdn 1616 ff.) verwiesen.

e) Verschwiegenheitspflicht und Whistleblowing

1503 Bei einer rechtswidrigen oder strafbaren Handlung des Arbeitgebers ist der Arbeitnehmer nur dann berechtigt, Strafanzeige zu erstatten oder ein behördliches Verfahren (z.B. beim Finanzamt, Aufsichtsämtern etc.) einzuleiten, wenn er vorher eine innerbetriebliche Klärung versucht hat. Eine „verfrühte" Strafanzeige kann – unter Berücksichtigung der besonderen Pflichtenkollision – einen wichtigen Grund für eine fristlose Kün-

3178 BAG 19.5.1998, NZA 1999, 200; *Hunold*, NZA-RR 2007, 617, 619.
3179 BAG 25.4.1998, AP Nr. 7 zu § 611 BGB Betriebsgeheimnis.
3180 BAG 25.4.1989, NZA 1989, 860.
3181 MünchArbR/*Reichold*, § 48 Rn 46.
3182 BAG 24.6.1986, NZA 1986, 781.
3183 BAG 26.9.1990 – 2 AZR 602/89, zit. nach juris; HWK/*Quecke* § 1 KSchG Rn 248; vgl. LAG Köln 29.9.1982, DB 1983, 124: Das unbefugte Abfragen einer Geheimliste vom Computer stellt im Fall eines Programmierers einen kündigungserheblichen Vertragsverstoß dar; LAG Köln 29.9.1982, DB 1983, 124; LAG Düsseldorf 9.7.1975, DB 1976, 1112.

digung darstellen.[3184] Etwas anderes gilt bei schweren Straftaten oder wenn sich die strafbare oder ordnungswidrige Handlung gegen den Arbeitnehmer selbst richtet.[3185]

Berechtigte (Straf-)Anzeigen sind jedenfalls nicht von der Pflicht zur Geheimhaltung erfasst.[3186] Hat der **1504** Arbeitgeber Kenntnis von den Missständen erlangt und sorgt nicht unverzüglich für Abhilfe, besitzt er kein schützenswertes Vertrauen mehr in die Verschwiegenheit des Arbeitnehmers.[3187] Letztlich statuiert auch die arbeitsrechtliche Treuepflicht keine absolute Verschwiegenheitspflicht, sondern erfordert eine Abwägung der berechtigten Interessen beider Seiten.[3188]

Im Jahr 2011 musste sich der EGMR mit einer Kündigung wegen Whistleblowing auseinandersetzen (Fall **1505** „Heinisch").[3189] Schwerpunkt der Entscheidung war die Beurteilung, ob die Einschaltung öffentlicher Stellen zulässig gewesen ist.

Die als Altenpflegerin beschäftigte Arbeitnehmerin machte (vermeintliche) Mängel in der Personalausstattung und bei den Pflegestandards in der Pflegeeinrichtung geltend, und dass Pflegeleistungen nicht korrekt dokumentiert würden. Die Geschäftsleitung des Altenheims wies die Vorwürfe zurück. Darauf erstattete die Arbeitnehmerin Strafanzeige wegen besonders schweren Betrugs nach § 263 Abs. 3 StGB und verfasste dazu auch ein Flugblatt. Das Ermittlungsverfahren gegen die Betreiber des Altenheims wurde schließlich nach § 170 Abs. 2 StPO eingestellt. Das LAG gab der Arbeitgeberin Recht. Das BAG wies die Nichtzulassungsbeschwerde zurück. Das BVerfG nahm die hiergegen erhobene Verfassungsbeschwerde nicht zur Entscheidung an. Daraufhin rief die gekündigte Altenpflegerin den EGMR an und rügte dort einen Verstoß gegen Art. 10 EMRK.

Unstreitig handelte es sich bei der Strafanzeige der gekündigten Altenpflegerin um „Whistleblowing" – also die Offenlegung von Missständen in Unternehmen oder Institutionen durch einen Beschäftigten. Damit fiel die Strafanzeige in den Geltungsbereich von Art. 10 EMRK, der die Meinungsfreiheit garantiert.

Ob die Meinungsfreiheit verletzt ist, ist nach Ansicht des EGMR in einer Abwägung zwischen den Interessen des Arbeitgebers, dem Recht des Arbeitnehmers auf freie Meinungsäußerung sowie dem öffentlichen Interesse an der Information zu ermitteln. Eine Kündigung aufgrund der Anprangerung von Missständen kann ein Eingriff in das Recht auf Freiheit der Meinungsäußerung darstellen. Umgekehrt kann eine Strafanzeige gegen den Arbeitgeber aber auch einen wichtigen Grund für eine fristlose Kündigung darstellen, wenn der Arbeitnehmer die Pflicht zur Loyalität und Vertraulichkeit verletzt habe, etwa indem er die Informationen „vorschnell" an die Öffentlichkeit leitet. Bei der Interessenabwägung sei zu prüfen, ob an der Information ein öffentliches Interesse bestehe und ob sie fundiert sei. Der Whistleblower müsse grundsätzlich selbst prüfen, ob seine Informationen genau und zuverlässig sind und welcher Schaden beim Arbeitgeber entstehen kann. Anders als die deutschen Gerichte hatte der EGMR keine Zweifel an den guten Absichten der Mitarbeiterin. Es treffe zwar zu, dass das Strafverfahren eingestellt worden sei, von einer Person, die eine Strafanzeige erstatte, könne jedoch nicht erwartet werden, dass sie vorhersieht, ob eine Ermittlung zu einer Verurteilung führe oder eingestellt werde.

3184 LAG Frankfurt 12.2.1987, DB 1987, 1696; LAG Köln 23.2.1996, NZA-RR 96, 330; einschränkend LAG Hessen 27.11.2001, NZA-RR 02, 637; *von Busekist/Fahrig*, BB 2013, 119, 121 ff.

3185 BAG 7.12.2006, NZA 2007, 502; BAG 3.7.2003, NZA 2004,427; *Herbert/Oberrath*, NZA 2005, 193; vgl. auch: Neuregelung des § 612a BGB geplant, „Anzeigenrecht", siehe www.bundestag.de. Vorgesehen ist ein ausdrückliches Recht von Beschäftigten, Rechtsverstöße im Unternehmen gegenüber Behörden anzuzeigen, ohne arbeitsrechtliche Sanktionen (insb. Kündigung) fürchten zu müssen.

3186 *Gach/Rützel*, BB 1997, 1959, 1962.

3187 BAG 3.7.2003, NZA 2004, 427; MünchArbR/*Reichold*, § 48 Rn 41 f.

3188 *Gach/Rützel*, BB 1997, 1959, 1962.

3189 EGMR 21.7.2011, NZA 2011, 1269, *Abraham*, ZRP 2012, 11; *Wybitul*, ZD-Aktuell 2011, 9; *Bauer*, ArbR Aktuell 2011, 404.

Nach Ansicht des EGMR hatten es die deutschen Gerichte versäumt, einen angemessenen Ausgleich zwischen den Belangen des Arbeitgebers und dem Recht der Arbeitnehmerin auf freie Meinungsäußerung herzustellen. Dies sei ein Verstoß gegen Art. 10 EMRK.

1506   Aufgrund der Entscheidung des EGMR rückte das Thema Whistleblowing wieder verstärkt in das öffentliche und politische Bewusstsein. Die SPD-Bundestagsfraktion legte 2012 den Entwurf eines Gesetzes zum Schutz von Hinweisgebern – Whistleblowern – (Hinweisgeberschutzgesetz – HinwGebSchG) vor. Ziel des Gesetzes sollte sein, die Rahmenbedingungen für Hinweise von Beschäftigten über innerbetriebliche Missstände zu regeln, und Benachteiligungen von Hinweisgebern zu verhindern und zu beseitigen, unter gleichzeitiger Wahrung der Rechte des Arbeitgebers (Schadensersatzpflicht bei leichtfertig falschem Hinweis).[3190] Der Gesetzesentwurf wurde 2013 abgelehnt.[3191] Aktuell blieb das Thema durch den Whistleblower Edward Snowden, der die NSA-Affäre auslöste. Ende 2014 wurde u.a. von der Fraktion Bündnis 90/Die Grünen ein Entwurf eines Gesetzes zur Förderung von Transparenz und zum Diskriminierungsschutz von Hinweisgeberinnen und Hinweisgebern (Whistleblower-Schutzgesetz) eingebracht.[3192] Der Gesetzesentwurf wurde im Jahr 2015 ebenfalls abgelehnt.[3193]

f) Besondere Personengruppen

1507   Weitergehende Verschwiegenheitspflichten bestehen für Mitglieder der Geschäftsführung der GmbH (nach GmbHG), für den Vorstand einer Aktiengesellschaft und Mitglieder des Aufsichtsrates (u.a. §§ 93 Abs. 1 S. 3, 116, 395 AktG), sowie für Betriebsräte (§ 79 BetrVG).

Der Verschwiegenheitspflicht unterliegen nach § 79 Abs. 1 BetrVG sämtliche Mitglieder des Betriebsrats, sowie andere Organe der Betriebsverfassung in ähnlichen Stellungen (Jugend- und Auszubildendenvertreter, Mitglieder des Wirtschaftsausschusses, der Einigungsstelle, usw.). Durch § 80 Abs. 4 BetrVG wird die Verschwiegenheitspflicht auf Auskunftspersonen und Sachverständige erstreckt. Für die Schwerbehindertenvertretung gilt daneben § 96 Abs. 2 SGB IX, und für Arbeitnehmervertreter im Aufsichtsrat die besonderen gesellschaftsrechtlichen Regelungen (z.B. §§ 116, 93 Abs. 1 S. 2 AktG). Für Anwälte, die vom Betriebsrat als Verfahrens- oder Prozessbevollmächtigte hinzugezogen werden, gilt § 203 Abs. 1 Nr. 3 StGB.

g) Muster

1508   Die Rechtsprechung des Bundesarbeitsgerichts zwingt dazu, Verschwiegenheitsverpflichtungen auf den Einzelfall angepasst und einschränkend zu formulieren. Lediglich bei einer derartigen Vorgehensweise kann sichergestellt werden, dass eine entsprechende Klausel wirksam ist. Allerdings kann es aus taktischen Gründen häufig ratsam sein, voraussichtlich unwirksame sogenannte „All-Klauseln" aufzunehmen. Diese würden gegebenenfalls einer gerichtlichen Überprüfung nicht standhalten. Allerdings kann in einer Vielzahl von Fällen erreicht werden, dass sich die Mitarbeiter faktisch an eine – gegebenenfalls auch zu weitgehende – Verschwiegenheitsverpflichtung halten. Im Folgenden soll jedoch ein Muster für eine wirksame Verschwiegenheitsverpflichtung dargestellt werden:

▼

1509   **Muster 1a.83: Verschwiegenheit**

(1) Der Mitarbeiter ist verpflichtet, über sämtliche Betriebs- und Geschäftsgeheimnisse der Gesellschaft Stillschweigen zu bewahren. Zu den geheimhaltungsbedürftigen Betriebs- und Geschäftsgeheimnissen gehören insbesondere ▭▭▭▭ (*auf den konkreten Einzelfall angepasste Auflistung*).

3190 BT-Drucks 17/8567; zu den Anforderungen einer gesetzlichen Regelung auch *Leuchten*, ZRP 2012, 142.
3191 http://dipbt.bundestag.de/extrakt/ba/WP17/421/42182.html (abgerufen am 10.10.2016).
3192 BT-Drucks 18/3039.
3193 http://dipbt.bundestag.de/extrakt/ba/WP18/632/63279.html (abgerufen am 10.10.2016).

(2) Nach Beendigung des Arbeitsverhältnisses besteht die Verpflichtung zur Verschwiegenheit hinsichtlich folgender Betriebs- und Geschäftsgeheimnisse fort:

Alternativ: *(2) Der Mitarbeiter verpflichtet sich, über die Beendigung des Arbeitsverhältnisses hinaus solche Betriebs- und Geschäftsgeheimnisse geheim zu halten, die für das Unternehmen besonders wichtig sind.*

(3) Im Zweifel ist der Mitarbeiter verpflichtet, eine Weisung der Geschäftsleitung einzuholen, ob eine bestimmte Tatsache weiterhin geheim zu halten ist.

(4) Die Verschwiegenheitspflicht erstreckt sich auch auf die materiellen Details dieses Arbeitsvertrages, insbesondere das Gehalt bzw. Einzelheiten der Vergütung, es sei denn, die Offenlegung ist zur Wahrnehmung geschützter Rechte erforderlich. Die Verschwiegenheitspflicht bezüglich der Vergütung gilt deshalb nicht für Gespräche zwischen den Arbeitnehmern dieses Unternehmens.

(5) Ein Verstoß gegen die Verschwiegenheitsverpflichtung kann die Kündigung des Arbeitsverhältnisses rechtfertigen sowie Schadensersatzpflichten und Unterlassungspflichten auslösen.

(6) Bei jedweder Verletzung dieser Verschwiegenheitsverpflichtung verpflichtet sich der Mitarbeiter an die Gesellschaft eine Vertragsstrafe in Höhe eines Bruttomonatsgrundgehaltes zu zahlen. Mehrere Verletzungshandlungen lösen jeweils gesonderte Vertragsstrafen aus, gegebenenfalls auch mehrfach innerhalb eines Monats.

(7) Die Gesellschaft behält sich die Geltendmachung von Schäden, die über die Vertragsstrafe hinausgehen, vor. Die Entrichtung der Vertragsstrafe enthebt den Mitarbeiter zudem nicht von der Einhaltung der Verschwiegenheitsverpflichtung.

▲

124. Versetzung

Literatur: *Dzida/Schramm,* Versetzungsklauseln: mehr Flexibilität für den Arbeitgeber, mehr Kündigungsschutz für den Arbeitnehmer, BB 2007, 1221; *Gaul/Bonanni,* Betriebsübergreifende Sozialauswahl und die Bedeutung von Versetzungsklauseln, NZA 2006, 289; *Hromadka,* Das allgemeine Weisungsrecht, DB 1995, 2601; *ders.,* Grenzen des Weisungsrechts, NZA 2012, 233; *Hunold,* Die Rechtsprechung zum Direktionsrecht des Arbeitgebers, NZA-RR 2001, 337; *ders.,* AGB-Kontrolle einer Versetzungsklausel, NZA 2007, 19; *Lakies,* Das Weisungsrecht des Arbeitgebers (§ 106 GewO) – Inhalt und Grenzen, BB 2003, 364; *Langer/Greiner,* Hemmnis bei der Kündigung, AuA 2005, 642; *Lingemann/von Steinau-Steinrück,* Konzernversetzung und Kündigungsschutz, DB 1999, 2161; *Maschmann,* Abordnung und Versetzung im Konzern., RdA 1996, 24; *Oelkers/Schmidt,* Das Direktionsrecht des Arbeitgebers, NJW-Spezial 2006 Heft 10, 465; *Repey,* Konkludente Vertragsänderung bei Zuweisung höherwertiger Aufgaben; *Schnitker/Grau,* Klauselkontrolle im Arbeitsvertrag, BB 2002, 2120; *Weber/Ehrich,* Direktionsrecht und Änderungskündigung bei Veränderungen im Arbeitsverhältnis, BB 1996, 2246; *Zöllner,* Immanente Grenzen arbeitsvertraglicher Regelungen, RdA 1989, 152.

a) Versetzung als „Wechsel des Arbeitsplatzes"

„Versetzung" bedeutet jeden Wechsel des Arbeitsplatzes nach Ort, Zeit, Umfang oder Inhalt der Arbeit auf **1510** Anordnung des Arbeitgebers und beinhaltet die einseitige Änderung der Arbeitsbedingungen durch rechtsgeschäftsähnliche Erklärung des Arbeitgebers sowie durch tatsächliche Einweisung in die neue Tätigkeit. Das Arbeitsvertragsrecht bestimmt, unter welchen Voraussetzungen der Arbeitgeber individualrechtlich zur Versetzung berechtigt ist.

■ Das Recht des Arbeitgebers zu einer Versetzungsanordnung folgt zunächst aus dem Weisungsrecht **(Direktionsrecht)**, also dem Recht, einseitig die im Arbeitsvertrag rahmenmäßig umschriebene Leistungspflicht des Arbeitnehmers nach Inhalt, Ort und Zeit näher zu bestimmen, vgl. § 106 GewO (siehe auch Rdn 1514 ff.).

■ Das arbeitgeberseitige Direktionsrecht kann durch eine **Versetzungsklausel** erweitert werden.

■ Umgekehrt kann das Direktionsrecht durch eine **negative Versetzungsklausel** eingeschränkt oder ausgeschlossen werden.

- Kann der Arbeitgeber die geänderten Arbeitsbedingungen nicht im Wege des Weisungsrechts durchsetzen, ist er auf das Einverständnis des Arbeitnehmers angewiesen; es verbleibt ansonsten die Möglichkeit einer **Änderungskündigung** (§ 2 KSchG).

Zur Beantwortung der Frage, ob der Arbeitgeber sein Direktionsrecht wirksam ausüben kann bzw. ausgeübt hat, ist eine zweistufige Prüfung vorzunehmen:

- Auf der ersten Stufe ist zu fragen, ob dem Arbeitgeber (überhaupt) ein wirksames **Direktionsrecht** zusteht, und wie weit dieses reicht. Dies bemisst sich nach § 106 GewO unter Berücksichtigung der dort genannten Grenzen aufgrund individual- bzw. kollektivrechtlicher Regelungen oder gesetzlicher Vorschriften. Ggf. ist das Direktionsrecht durch eine **Versetzungs-/Änderungsklausel** erweitert. Soweit sie vom Arbeitgeber vorformuliert oder von ihm zur Verwendung bestimmt ist, unterliegt die Versetzungsklausel der AGB-Kontrolle nach §§ 305 ff BGB (**Inhaltskontrolle**).
- Auf der zweiten Stufe, der sog. „**Ausübungskontrolle**", wird geprüft, ob die Ausübung des grundsätzlich bestehenden Direktionsrechts unter Berücksichtigung der Umstände des konkreten Einzelfalls billigem Ermessen entspricht. Dies ist der Fall, wenn der Arbeitgeber die wesentlichen Umstände des Falles abgewogen und die beiderseitigen Interessen der Vertragsparteien angemessen berücksichtigt hat.

Im Falle von Streitigkeiten über die Wirksamkeit der Ausübung des Weisungsrechts trägt der Arbeitgeber die Darlegungs- und Beweislast dafür, dass die Leistungsbestimmung im Rahmen der gesetzlichen, einzel- und kollektivvertraglichen Grenzen erfolgt ist sowie billigem Ermessen entspricht.[3194]

1511 Zudem sind die **Beteiligungsrechte des Betriebsrats** in Zusammenhang mit Versetzungen gem. §§ 99 Abs. 1, 95 Abs. 3 BetrVG zu beachten.

Eine Versetzung im betriebsverfassungsrechtlichen Sinn ist die Zuweisung eines anderen Arbeitsbereichs, die voraussichtlich die Dauer von einem Monat überschreitet, *oder* die mit einer erheblichen Änderung der Umstände verbunden ist, unter denen die Arbeit zu leisten ist, § 95 Abs. 3 BetrVG. Jede Versetzung – sowohl die, die der Arbeitgeber individualrechtlich im Wege des Weisungsrechts anordnen kann,[3195] als auch die, die im Wege der Änderungskündigung umgesetzt werden,[3196] bedarf der **Zustimmung des Betriebsrats**, § 99 BetrVG. Im Betriebsverfassungsrecht geht es um Aspekte des betrieblichen Miteinanders; der Betriebsrat prüft also nicht die einzelvertragliche Wirksamkeit der Versetzung, sondern seine Prüfung ist beschränkt auf die gesetzlichen Zustimmungsverweigerungsgründe nach § 99 Abs. 2 BetrVG, nämlich:

- Verstoß gegen Rechtsvorschriften
- Verstoß gegen eine Auswahlrichtlinie
- Benachteiligung anderer Arbeitnehmer
- Benachteiligung des betroffenen Arbeitnehmers
- unterbliebene Ausschreibung im Betrieb
- Gefahr für den Betriebsfrieden.

1512 Die Zustimmung bzw. Ersetzung der Zustimmung durch das Arbeitsgericht (§ 99 Abs. 4 BetrVG) ist Wirksamkeitsvoraussetzung für die tatsächliche Zuweisung des neuen Arbeitsbereichs. Ohne Zustimmung des Betriebsrats – bzw. Zustimmungsersetzung durch das Arbeitsgericht – kann der Arbeitgeber die geänderten Arbeitsbedingungen nicht durchsetzen, und der Arbeitnehmer ist in dem bisherigen Arbeitsbereich weiter zu beschäftigen; andernfalls kann er Annahmeverzugslohn beanspruchen. Der Arbeitgeber ist auch nicht verpflichtet, ein Zustimmungsersetzungsverfahren durchzuführen.[3197]

3194 BAG 13.3.2007, NJOZ 21008, 3160.
3195 BAG 26.1.1988, DB 88, 1167.
3196 BAG 30.9.1993, DB 1994, 637.
3197 BAG 16.3.2010, NZA 2010, 1028.

Praxistipp 1513

Die Zustimmung des Betriebsrats oder die rechtskräftige Ersetzung der Zustimmung nach § 99 Abs. 4 BetrVG entfaltet keine präjudizielle Wirkung – weder zugunsten des Arbeitgebers, noch zu Lasten des von der Versetzung betroffenen Arbeitnehmers. Das heißt: Liegt die Zustimmung des Betriebsrats zur Versetzung vor, erweitert dies nicht den vertraglichen Spielraum des Arbeitgebers. Umgekehrt entbinden weder die arbeitsvertragliche Wirksamkeit der Versetzung noch das Einverständnis des Arbeitnehmers mit dem neuen Arbeitsbereich den Arbeitgeber von der Pflicht, die Zustimmung des Betriebsrats einzuholen.[3198]

b) Vertragsimmanentes Weisungsrecht und Versetzungsmöglichkeiten
aa) Grundlagen und Grenzen des Direktionsrechts

Nach § 106 GewO ist der Arbeitgeber berechtigt, Inhalt, Ort und Zeit der Arbeitsleistung nach billigem Ermessen näher zu bestimmen, soweit seine Befugnisse nicht durch den Einzelvertrag oder durch kollektivrechtliche Vorschriften beschränkt sind. Die Reichweite des Direktionsrechts hängt von den arbeitsvertraglichen Vereinbarungen und einer etwaigen Konkretisierung des Arbeitsverhältnisses ab; je konkreter Art und/oder Ort der Arbeitsleistung festgelegt sind bzw. qua tatsächlicher Ausübung konkretisiert wurden, umso geringer ist der Spielraum des Arbeitgebers.[3199] Allein aufgrund langjähriger Beschäftigung des Arbeitnehmers auf einem bestimmten Arbeitsplatz tritt jedoch noch keine Konkretisierung ein.[3200] 1514

bb) Ausübung des Weisungsrechts im Einzelfall: Ausübungskontrolle

Das Direktionsrecht wird im Einzelfall durch die einseitige Anordnung eines Arbeitsplatzwechsels (Versetzung) ausgeübt. Die geforderte Leistung muss genau angegeben werden, und die Ausübung des Direktionsrechts muss billigem Ermessen entsprechen. 1515

Zur Wirksamkeit muss die Versetzungsanordnung zunächst hinreichend **konkret** sein. Aus der aus dem Wesen der Leistungsbestimmung (§§ 315 bis 319 BGB) abgeleiteten Beurteilung folgt, dass bei der Ausübung des Bestimmungsrechts die geforderte Leistung genau angegeben werden muss.[3201] Dies gilt auch für die Ausübung des Versetzungsrechts. Die im Wege der Versetzung neu zugewiesenen Aufgaben, Befugnisse und Verantwortlichkeiten sowie Berichtswege müssen mit hinreichender **Bestimmtheit** dargestellt sein.[3202] Der Arbeitnehmer muss einfach und eindeutig erkennen können, wie er nach der Versetzung beschäftigt werden soll. 1516

Die Versetzungsanordnung muss **billigem Ermessen** entsprechen (§ 106 GewO, § 315 BGB). Eine Leistungsbestimmung entspricht billigem Ermessen, wenn die wesentlichen Umstände des Falles abgewogen und die beiderseitigen Interessen angemessen berücksichtigt worden sind. Das berechtigte Interesse des Arbeitgebers an der Versetzung ist abzuwägen gegen das Interesse des Arbeitnehmers an einer Weiterbeschäftigung am bisherigen Arbeitsort bzw. in der bisherigen Position. Ob die beiderseitigen Interessen angemessen berücksichtigt worden sind, unterliegt der gerichtlichen Kontrolle (§ 315 Abs. 3 S. 2 BGB). 1517

In die Abwägung sind alle Umstände des Einzelfalls einzubeziehen; hierzu gehören die Vorteile aus einer Regelung, die Risikoverteilung zwischen den Vertragsparteien, die beiderseitigen Bedürfnisse, außervertragliche Vor- und Nachteile, Vermögens- und Einkommensverhältnisse sowie soziale Lebensverhältnisse, wie familiäre Pflichten und Unterhaltsverpflichtungen.[3203]

3198 BAG 16.3.2010, NZA 2010,1028.
3199 ErfK/*Preis*, § 611 BGB Rn 649.
3200 BAG 13.3.2007, NJOZ 2008, 3160; BAG 17.8.2011, NZA 12, 265.
3201 BGH 19.6.1974, NJW 1974, 1464.
3202 LAG Köln 9.1.2007, NZA-RR 2007, 343.
3203 Vgl. etwa BAG 21.7.2009, NZA 2009, 1369; BAG 13.4. 2010, NJOZ 2010, 2625.

Der Arbeitgeber hat auf schutzwürdige familiäre Belange (etwa Kindesbetreuung) des Arbeitnehmers Rücksicht zu nehmen, soweit nicht betriebliche Gründe oder ebenfalls schutzwürdige Belange anderer Arbeitnehmer entgegenstehen.[3204] Bei der Ausübungskontrolle ist auch zu berücksichtigen, ob und welches konkrete unternehmerische Konzept die Versetzung bedingt hat.[3205] Erfordert die Versetzungsentscheidung eine personale Auswahl, sind die für die soziale Auswahl bei Kündigung geltenden Regeln grundsätzlich nicht anzuwenden.[3206] Jedoch kann etwa eine Betriebsvereinbarung vorsehen, dass die Auswahl der aufgrund einer Betriebsabteilungsverlegung zu versetzenden Arbeitnehmer nach den Gesichtspunkten der sozialen Auswahl erfolgt, und dass für diese Auswahl ein sog. Punkteschema ausschlaggebend sein soll.[3207]

Der Arbeitgeber muss außerdem Möglichkeiten der Weiterbeschäftigung am bisherigen Arbeitsort und Arbeitsplatz prüfen und diese in die Abwägung der wechselseitigen Interessen mit einbeziehen.[3208]

1518 Unbillig (und damit unwirksam) ist eine Versetzungsanordnung dort, wo sie gegen Grundrechte des Arbeitnehmers oder gegen den Gleichbehandlungsgrundsatz verstößt, die zu einer unzulässigen Benachteiligung wegen eines in § 1 AGG genannten Merkmals (ethnische Herkunft, Geschlecht, Religion, Weltanschauung, Behinderung, Alter, sexuelle Identität) führt, sowie eine Versetzung aus missbilligenswerten Motiven, zu disziplinarischen Zielen oder zur Maßregelung entgegen § 612a BGB.

Unbillig ist auch eine Versetzung auf einen geringerwertigen, d.h. nach Tätigkeits- oder Berufsbild in der Sozialanschauung geringer bewerteten Arbeitsplatz, selbst wenn dem Arbeitnehmer dort die bisherige Vergütung fortgezahlt werden soll.[3209]

1519 Eine Versetzung, um Spannungen zwischen Arbeitnehmern zu begegnen, entspricht regelmäßig dem billigen Ermessen.[3210] Der Arbeitgeber muss bei Ausübung seines Direktionsrechts auch nicht stets das „mildeste Mittel" anwenden, etwa die Abmahnung des „Störenfrieds" statt seiner Versetzung.[3211]

1520 Weisungen, die sich nicht im Rahmen der gesetzlichen Vorgaben halten, sind **unwirksam**, § 134 BGB. Der Arbeitnehmer braucht diese nicht zu befolgen.[3212]

1521 *Hinweis*

Die **sozialrechtlichen Regeln über die Zumutbarkeit** einer Beschäftigung sind für die arbeitsrechtliche Beurteilung des Ermessensgebrauchs nach § 106 S. 1 GewO, § 315 BGB bei einer Versetzung kein Maßstab. Im Recht der Arbeitsförderung ist einem Arbeitslosen eine Beschäftigung nicht zumutbar, wenn die täglichen Pendelzeiten zwischen seiner Wohnung und der Arbeitsstätte im Vergleich zur Arbeitszeit unverhältnismäßig lang sind (§ 121 Abs. 4 SGB III).[3213] Die Norm bestimmt jedoch nur das Rechtsverhältnis zwischen dem Arbeitslosen und der Arbeitsverwaltung und nicht das zwischen Arbeitgeber und Arbeitnehmer. Sie dient der Bekämpfung von Leistungsmissbrauch und der Erhöhung der Verantwortung des Arbeitslosen für die Beendigung der Arbeitslosigkeit.[3214] Im Arbeitsvertragsrecht

---

3204 BAG 23. 9.20 04, NZA 2005, 359.
3205 BAG 19.1.2011, NZA 2011, 631.
3206 BAG 17.8.2011, NZA 2012, 265.
3207 BAG 13.3.2007, NJOZ 2008, 3160.
3208 BAG 17.8.2011, NZA 2012, 265.
3209 BAG 30.8.1995, NZA 1996, 440; BAG 24.4.1996, BB 1996, 2042; hierzu auch *Reply*, ArbAktuell 2016,424.
3210 BAG 24.4.1996, NZA 1996, 1088.
3211 Siehe BAG 24.4.1996, NZA 1996, 1088: Im Übrigen belastet die Erteilung einer Abmahnung den Arbeitnehmer in aller Regel stärker als eine Versetzung, mag sie der Arbeitnehmer auch als „Strafversetzung" empfinden; denn eine Abmahnung bedeutet die Androhung einer Kündigung für den Fall der Wiederholung.
3212 *Weber/Ehrich*, BB 1996, 2246, 2251.
3213 Unverhältnismäßig lang sind im Regelfall Pendelzeiten von insgesamt mehr als 2 ½ Stunden, bzw. von mehr als 2 Stunden bei einer Arbeitszeit von bis zu 6 Stunden.
3214 BT-Drucks 13/4941 S. 238 und 13/5676 S. 2.

und bei Ausübung billigen Ermessens geht es hingegen darum, den wechselseitigen Interessen der Arbeitsvertragsparteien angemessen Rechnung zu tragen. Dies setzt eine individuelle Abwägung aller betroffenen Interessen voraus und schließt eine starre Anwendung sozialrechtlicher Zumutbarkeitsregeln aus.[3215] Das Interesse des Arbeitnehmers an kurzen Pendelzeiten und geringem finanziellen Aufwand ist im Rahmen der Abwägung jedoch durchaus ein wesentliches Kriterium.[3216]

c) Wirksamkeit von Versetzungsklauseln
aa) Inhaltskontrolle, §§ 305 ff. BGB

Versetzungs-/Änderungsvorbehalte in Standardarbeitsverträgen sind zulässig, soweit sie einer **Inhalts-kontrolle** gem. §§ 305 ff. BGB standhalten.[3217]

1522

Unter Berücksichtigung der im Arbeitsrecht geltenden Besonderheiten (§ 310 Abs. 4 S. 2 BGB) bestehen gegen die Angemessenheit einer Versetzungsklausel zur Zuweisung anderer Aufgaben an den Arbeitnehmer zunächst keine Bedenken. Denn die Versetzungsklausel trägt dem Bedürfnis nach einer möglichst unkomplizierten Anpassung der Arbeitsbedingungen an geänderte, nicht immer vorhersehbare und oft nicht zu beeinflussende Rahmenbedingungen Rechnung. Außerdem erhält der Arbeitnehmer für die von ihm erwartete Flexibilität eine gewisse „Gegenleistung" in Form einer stärkeren Sicherung seines Arbeitsverhältnisses im Fall betriebsbedingter Kündigung (siehe dazu Rdn 1531 ff.).[3218]

Im Einzelfall kann eine Versetzungsklausel **überraschend** sein. Sie wird dann gemäß § 305c BGB nicht Inhalt des Arbeitsvertrages. Dies ist der Fall, wenn die Regelung nach den Umständen, insbesondere nach dem äußeren Erscheinungsbild so ungewöhnlich ist, dass der Arbeitnehmer mit ihr nicht zu rechnen brauchte. Das Überraschungsmoment kann sich etwa aus der Unterbringung an unerwarteter Stelle unter einer irreführenden Überschrift und ohne drucktechnische Hervorhebung ergeben.[3219] In einem typischen Arbeitsvertrag dürfte eine Versetzungsklausel jedoch kaum überraschend sein.

§ 308 Nr. 4 BGB (Unwirksamkeit eines Änderungsvorbehalts) ist auf Versetzungsklauseln jedoch nicht anzuwenden. Die Vorschrift betrifft nur das Recht des Verwenders – also des Arbeitgebers – seine *eigene* Leistung zu ändern, nicht jedoch die Gegenleistung.[3220]

Im Übrigen weicht die Versetzungsklausel nicht von einer gesetzlichen Regelung ab, sondern ist materiell § 106 S. 1 GewO nachgebildet und steht unter dem Vorbehalt der Wahrung der Interessen des Arbeitnehmers („billiges Ermessen"). Mangels einer „abweichenden" Regelung ist eine Versetzungsklausel also nicht auf ihre **Angemessenheit** hin zu kontrollieren.[3221]

Die Versetzungsklausel unterliegt aber der **Unklarheitenregelung** des § 305 Abs. 2 BGB sowie der **Transparenzkontrolle** nach § 307 Abs. 1 S. 2 BGB. Uneingeschränkt kontrollfähig ist eine Klausel, mit der sich der Arbeitgeber nicht nur die Konkretisierung der Arbeitspflichten vorbehält, sondern weitergehend eine Änderung der vertraglichen Tätigkeit als solcher und sich damit ein über § 106 GewO hinausgehendes Recht zur Vertragsänderung vorbehält. Zwar müssen die in Betracht kommenden Tätigkeiten nicht festgelegt werden, jedoch muss die Klausel gewährleisten, dass die „neue" Tätigkeit mit der arbeitsvertraglich vereinbarten Tätigkeit **inhaltlich gleichwertig** ist.[3222]

1523

3215 BAG 17.8.2011, NZA 2012, 265.
3216 BAG 17.8.2011, NZA 2012, 265.
3217 BAG 11.4.2006, NZA 2006, 1149.
3218 BAG 11.4.2006, NZA 2006, 1149; *Dzida/Schramm*, BB 2007, 1221.
3219 BAG 15.2.2007, NZA 2007, 614; Küttner/*Poeche*, Versetzung Rn 3f.
3220 BAG 11. 4.20 06, NZA 2006, 1149; Küttner/*Poeche*, Versetzung Rn 3f.
3221 BAG 25. 8. 2010, NZA 10, 1355; BAG 13.4.2010, NJOZ 2010, 2625.
3222 BAG 25. 8.2010, NZA 10, 1355.

Beispiele

■ Eine vorformulierte Klausel, nach welcher ein Arbeitgeber eine andere als die vertraglich vereinbarte Tätigkeit einem Arbeitnehmer „falls erforderlich" und nach „Abstimmung der beiderseitigen Interessen" einseitig zuweisen kann, ist jedenfalls dann als unangemessene Benachteiligung i.S.v. § 307 BGB anzusehen, wenn nicht gewährleistet ist, dass die Zuweisung eine mindestens gleichwertige Tätigkeit zum Gegenstand haben muss.[3223]

■ Die Klausel „Soweit betrieblich erforderlich, kann der Arbeitnehmer auch in anderen Betriebsabteilungen mit anderen Tätigkeiten beschäftigt werden" weicht erheblich von dem Grundgedanken des arbeitsrechtlichen Inhaltsschutzes nach Maßgabe des § 2 KSchG ab, benachteiligt den Arbeitnehmer unangemessen und ist daher nach § 307 BGB unwirksam.[3224]

■ Eine Klausel, die den Arbeitgeber berechtigt, den Arbeitnehmer „entsprechend seinen Leistungen und Fähigkeiten" mit einer anderen im Interesse des Unternehmens liegenden Tätigkeit zu betrauen, ist wirksam. Denn das Direktionsrecht steht dem Arbeitgeber nur unter dem Vorbehalt der Beachtung der Interessen des Arbeitnehmers zu (Zuweisung entsprechend den Leistungen und Fähigkeiten). Somit kann sich der Arbeitgeber, wie es auch § 106 S. 1 GewO verlangt, bei der Ausübung des Direktionsrechtes aufgrund der Zuweisungsklausel nicht allein von seinen Interessen leiten lassen, sondern hat einen angemessenen Ausgleich der beiderseitigen Interessen vorzunehmen.[3225]

Die Festlegung konkreter Versetzungsgründe in der Versetzungsklausel ist nicht erforderlich. Dies soll kein Verstoß gegen das Transparenzgebot gem. § 307 Abs. 1 S. 2 BGB sein. Die in Betracht kommenden Versetzungsgründe (persönliche, verhaltensbedingte oder betriebsbedingte Gründe oder „aus wichtigem Grund") wären ihrerseits als unbestimmte Rechtsbegriffe wieder auslegungsbedürftig.[3226] § 106 GewO sowie entsprechende Versetzungsklauseln tragen dem im Arbeitsrecht bestehenden spezifischen Anpassungs- und Flexibilisierungsbedürfnis Rechnung. Der Arbeitsvertrag bedarf als Dauerschuldverhältnis einer ständigen, bei Vertragsschluss gedanklich nicht vorwegnehmbaren Anpassung. Die Einflussfaktoren sind im Arbeitsrecht so zahlreich und vielgestaltig, dass gesicherte Prognosen kaum möglich sind. Eine Konkretisierungsverpflichtung würde nicht dem Bedürfnis des Arbeitgebers gerecht, auf im Zeitpunkt des Vertragsschlusses nicht vorhersehbare Veränderungen reagieren zu können. Zudem würde ein Zwang zur Konkretisierung entweder zu Leerformeln wie „sachlicher Grund" oder zu einer ausufernden Aufzählung aller in einer möglicherweise fernen Zukunft einmal in Betracht kommenden Sachverhalte führen. Das trägt nicht notwendigerweise zur Erhöhung der Transparenz bei.

bb) Versetzungsklauseln bezüglich der Art der Tätigkeit

1524   Versetzungsklauseln betreffend die Art der Tätigkeit dürfen nicht in den Inhalt des Arbeitsvertrages eingreifen. Sie müssen sich auf **gleichwertige Tätigkeiten** beschränken.[3227] Die Verringerung von Arbeitszeit und Vergütung und/oder die Zuweisung geringwertiger Tätigkeiten können regelmäßig nicht auf Grundlage einer Versetzungsklausel erfolgen, sondern erfordern eine einvernehmliche Vertragsänderung bzw. – bei Vorliegen sachlicher Gründe – eine Änderungskündigung.

Die Gleichwertigkeit des Arbeitsplatzes ist im Rahmen der Inhaltskontrolle gem. § 305 ff. BGB nach rein **objektiven Kriterien** zu beurteilen, etwa nach Vergütungsstufe und nach betrieblicher Hierarchieebene.[3228] Da

3223 BAG 9.5.2006, NZA 2007, 145.
3224 LAG Köln 24.1.2008, Az. 6 Sa 1281/07, BeckRS 2008, 52521.
3225 BAG 13. 3.2007, NJOZ 2008, 3160; Preis/*Preis*, II D 30 Rn 172f..
3226 BAG 11.4.2006, NZA 2006, 1149; Preis/*Preis*, II D 30 Rn 4f..
3227 BAG 9.5.2006, NZA 2007, 145; LAG Köln 9.1.2007, NZA-RR 2007, 343; *Repey*, ArbRAktuell 2016, 424.
3228 *Dzida/Schramm*, BB 2007, 1221, 1223.; BAG 11.4.2006, NZA 2006, 1149; Preis/*Preis*, II D 30 Rn 4f..

Zweifel bei der Vertragsauslegung zu Lasten des Arbeitgebers als Verwender gehen (§ 305c Abs. 2 BGB), sollte die Versetzungsklausel diese Kriterien ausdrücklich klarstellen.[3229]

Im Übrigen begrenzen das typische Berufsbild und die typischen Inhalte der Position die Reichweite einer Versetzungsklausel.

Beispiel

Die Versetzung eines Redakteurs von der Redaktion „Reise/Stil" eines Zeitungsverlages in die Service- und Entwicklungsredaktion mit der Aufgabe, dort eine neue Gesundheitsbeilage zu entwickeln, ist unwirksam. Der Arbeitgeber ist nur berechtigt, dem Arbeitnehmer, der ausdrücklich als Redakteur eingestellt ist, andere redaktionelle oder journalistische Tätigkeiten (etwa bei anderen Objekten/Produkten) zu übertragen. Es gehört jedoch nicht zum Berufsbild des Redakteurs, neue Produkte zu entwickeln, ohne (auch) zur Veröffentlichung bestimmte Beiträge zu erarbeiten.[3230]

cc) Versetzungsklausel bezüglich des Ortes der Arbeitsleistung

Eine Klausel, mit der sich der Arbeitgeber vorbehält, den Arbeitnehmer auch an einen anderen **Arbeitsort** zu versetzen, unterliegt als solche ebenfalls nicht der Angemessenheitskontrolle nach § 307 Abs. 1 S. 1 BGB. Denn auch diese Versetzungsregelung stellt keine von Rechtsvorschriften abweichende oder diese ergänzende Regelung i.S.d. § 307 Abs. 3 S. 1 BGB dar, sondern entspricht materiell der Regelung in § 106 S. 1 GewO, wonach der Arbeitgeber auch den Ort der Arbeitsleistung nach billigem Ermessen bestimmen kann. **1525**

Die Klausel ist auch weder unklar noch intransparent, auch wenn kein zulässiger Entfernungsradius aufgenommen ist. Im Übrigen hängt die Wirksamkeit einer örtlichen Versetzungsklausel maßgeblich davon ab, ob die Versetzung innerhalb des Betriebs, in einen anderen Betrieb des Unternehmens oder in ein anderes Konzernunternehmen erfolgen soll. **1526**

Zur Versetzung **innerhalb eines Betriebs** bedarf es im Grundsatz keiner besonderen vertraglichen Regelung; eine solche innerbetriebliche Versetzung ist regelmäßig schon auf Grundlage des allgemeinen Direktionsrechts gem. § 106 GewO möglich.[3231] Das gilt auch für räumlich entfernte Betriebsteile.[3232] Zu prüfen ist, ob die Versetzung im konkreten Fall den Anforderungen der Ausübungskontrolle („billiges Ermessen") standhält. **1527**

Auch sog. **unternehmensweite Versetzungsklauseln** halten einer Inhaltskontrolle gem. §§ 305 ff. BGB stand. Eine Klausel, die den Arbeitgeber berechtigt, den Arbeitnehmer auch an einem anderen Arbeitsort/ Standort bzw. in einem anderen Betrieb des Unternehmens einzusetzen, ist nicht deshalb intransparent, weil weder ein maximaler Entfernungsradius noch eine angemessene Ankündigungsfrist vereinbart ist. Eine solche Konkretisierungsverpflichtung würde dem Bedürfnis des Arbeitgebers nicht gerecht, auf im Zeitpunkt des Vertragsschlusses nicht vorhersehbare Veränderungen reagieren zu können. Die Angemessenheit der Entfernung und eine gegebenenfalls notwendige Ankündigungsfrist sind im Rahmen der Ausübungskontrolle nach § 315 BGB zu prüfen.[3233] Der Arbeitnehmer wird durch die nach § 106 GewO, § 315 BGB durchzuführende Ausübungskontrolle vor unbilliger Überforderung geschützt. Das betrifft sowohl die Frage der zulässigen Entfernung als auch die Berücksichtigung von Ankündigungsfristen. Hinzu kommen noch die nach der Betriebsverfassung zugunsten des Arbeitnehmers eingreifenden Bestimmungen, die den Arbeitgeber bei der Ausübung seines Weisungsrechts beschränken. Dazu gehören insbesondere das Mitbestim- **1528**

3229 *Dzida/Schramm*, BB 2007, 1221, 1223.

3230 BAG 23.2.2010, 9 AZR 3/09, PM Nr. 15/10 unter www.bundesarbeitsgericht.de.

3231 Preis/*Preis*, II D 30 Rn 205.

3232 BAG v. 3.6.2004, NZA 2005, 175; Preis/*Preis*, II D 30 Rn 206 (für leicht erreichbare Orte).

3233 BAG 13.4.2010, NJOZ 2010, 2625; auch im Schrifttum: Preis/*Preis*, Arbeitsvertrag, II D 30 Rn 217 ff.; auch: ErfK/*Preis*, § 310 BGB Rn 86; *Lakies*, BB 2003, 366; *Langer/Greiner*, AuA 2005, 642; grds. auch: *Dzida/Schramm*, BB 2007, 1221, 1225.

mungsverfahren nach § 99 Abs. 1 BetrVG mit dem Zustimmungsverweigerungsrecht des Betriebsrats aus § 99 Abs. 2 Nr. 2 und 4 BetrVG sowie das Recht des Betriebsrats aus § 95 Abs. 2 BetrVG, die Aufstellung von Richtlinien für Versetzungen auch im Hinblick auf einzuhaltende soziale Gesichtspunkte zu verlangen. Der Umstand, dass der Gesetzgeber den Betriebspartnern einen derartigen weiten Regelungs- und Beurteilungsspielraum eingeräumt hat, spricht dafür, dass § 307 Abs. 1 S. 1 BGB keine zwingenden Vorgaben für eine Versetzungsklausel enthalten muss. Unter Berücksichtigung der in § 106 GewO und §§ 95, 99 BetrVG geregelten Besonderheiten ist die hier zu beurteilende weite örtliche unternehmensinterne Versetzungsklausel nicht als unangemessene Benachteiligung anzusehen.[3234]

Das Recht zur Versetzung kann auf bestimmte Regionen/Standorte beschränkt oder auf einen bestimmten räumlichen Entfernungsradius begrenzt werden. Außerdem kann eine maximale Höchstdauer für eine solche örtliche Versetzung vorbehalten bleiben. Eine Klausel, in der sich der Arbeitgeber die Änderung des Arbeitsorts vorbehält, kann dem Arbeitnehmer durch Vorgaben hinsichtlich der Regionen, des Entfernungsradius und der Mindestkündigungsfristen Klarheit verschaffen, innerhalb welcher Grenzen und Fristen der Arbeitgeber von seiner örtlichen Versetzungsbefugnis Gebrauch machen will.[3235] Derartige Festlegungen sind sicherlich wünschenswert, jedoch nicht zwingend zur Vermeidung einer unangemessenen Benachteiligung i.S.v. § 307 Abs. 1 S. 2 BGB erforderlich.

1529 **Konzernversetzungsklauseln** ermöglichen eine Versetzung zu einem anderen Unternehmen innerhalb des Konzerns. Die Versetzung in ein anderes Konzernunternehmen kann vorübergehend (ohne Arbeitgeberwechsel, sog. Abordnung, Entsendung bzw. konzerninterne Arbeitnehmerüberlassung) oder dauerhaft (mit Arbeitgeberwechsel) sein.[3236]

Eine Versetzungsklausel, die eine vorübergehende Versetzung in ein anderes (Konzern-) Unternehmen ermöglicht, ist weitgehend unproblematisch. Vertragspartner bleibt der ursprüngliche Arbeitgeber. Die Versetzungsklausel sollte regeln, dass die Tätigkeit in dem anderen Unternehmen gleichwertig ist und die Vergütung in gleicher Höhe weiter zu zahlen ist.[3237]

Konzernversetzungsklauseln, die zu einem Austausch des Arbeitgebers führen, sind hingegen zweifelhaft.[3238] Zwar soll das Verbot des § 309 Nr. 10 BGB (Verbot einer Bestimmung, die den Wechsel des Vertragspartners vorsieht) wegen der arbeitsrechtlichen Besonderheiten keine Anwendung finden;[3239] eine Unwirksamkeit ergibt sich aber regelmäßig aus § 305c Abs. 1 BGB (überraschende Klausel) und § 307 BGB (unangemessene Benachteiligung). Denn die einseitige Auswechslung des Arbeitgebers führt zur Umgehung des Kündigungsschutzes bzgl. des ersten Arbeitgebers (Beendigung des bisherigen Arbeitsverhältnisses).

Letztlich ist eine Konzernversetzungsklausel, die eine dauerhafte Versetzung in ein anderes (Konzern-)Unternehmen ermöglicht, auch aus praktischen Gründen abzulehnen. Im Fall eines Arbeitgeberwechsels ist eine Vielzahl von Details zu regeln, die bei Vertragsschluss regelmäßig noch nicht absehbar sind (anwendbare Betriebsvereinbarungen und Tarifverträge, betriebliche Altersversorgung, Sozialleistungen, Anrechnung von Vordienstzeiten, Urlaub etc.). Diese Details sind in der Konzernversetzungsklausel kaum zu lösen. Eine Konzernversetzungsklausel könnte allenfalls dann wirksam sein, wenn dem Arbeitnehmer entsprechend § 613a Abs. 6 BGB ein **Widerspruchsrecht** eingeräumt wird.[3240]

3234 BAG 13.4.2010, NJOZ 2010, 2625;

3235 *Hunold*, NZA 2007, 19, 22.

3236 Siehe zu Konzernversetzungsklauseln: *Maschmann*, RdA 1996, 24, 35; Preis/*Preis*, II D 30 Rn 211ff.

3237 Siehe auch: Preis/*Preis*, Arbeitsvertrag, II D 30 Rn 217 ff.

3238 *Dzida/Schramm*, BB 2007, 1221, 1226; *Langer/Greiner*, AuA 2005, 642, 643; Preis/*Preis*, Arbeitsvertrag, II D 30 Rn 214 ff.; noch für Zulässigkeit: *Lingemann/v. Steinau-Steinrück*, DB 1999, 2161, 2164.

3239 ErfK/*Preis*, §§ 305–310 BGB Rn 86.

3240 So *Hromadka*, NZA 2012, 233, 238; Preis/*Preis*, II D 30 Rn 217ff.

Teilweise wird verlangt, dass bei unternehmens- (und konzern-)weiten Versetzungsklauseln die **Gründe** **1530** angegeben werden müssen, die zu der Versetzung in einen anderen Betrieb oder ein anderes Unternehmens berechtigen können (Erfordernis der **Transparenz**, § 307 Abs. 1 S. 2 BGB).[3241] Dies wird dem Bedürfnis des Arbeitgebers nach Flexibilität nicht gerecht; im Zeitpunkt des Vertragsschlusses können kaum alle (konkreten) Gründe für eine spätere Versetzung antizipiert werden. Der Hinweis auf allgemeine wirtschaftliche oder betriebliche Gründe sowie auf Gründe in der Person oder im Verhalten des Arbeitnehmers scheint überflüssig, da diese selbst unbestimmte Rechtsbegriffe sind.[3242] Im Rahmen der konkreten Prüfung, ob die Versetzung dem billigen Ermessen entspricht, wird jedenfalls ein verschärfter Prüfungsmaßstab zugrundegelegt, wenn eine dauerhafte Versetzung an einen anderen Einsatzort vorgenommen werden soll.[3243]

d) Auswirkung von Versetzungsklauseln im Rahmen von Kündigungen
Die Verwendung von Versetzungsklauseln kann unerwünschte Auswirkungen insbesondere bei einer be- **1531** triebsbedingten Kündigung haben, insbesondere in Bezug auf die Sozialauswahl und die Prüfung etwaiger **Weiterbeschäftigungsmöglichkeiten**.

aa) Sozialauswahl
Durch Verwendung von Versetzungsklauseln wird der Kreis der in die Sozialauswahl einzubeziehenden **1532** Arbeitnehmer („**vergleichbare Arbeitnehmer**") erweitert. Vergleichbar sind diejenigen Arbeitnehmer, die – ggf. nach zulässiger Versetzung – ausgetauscht werden können, ohne dass es einer Änderungskündigung bedarf.[3244] Je weiter also die Reichweite des Versetzungsrechts geht, umso größer wird der Kreis der vergleichbaren Arbeitnehmer, unter denen dann eine Auswahlentscheidung nach sozialen Gesichtspunkten zu treffen ist.

Jedoch bleibt die Sozialauswahl auch bei Verwendung einer unternehmensbezogenen Versetzungsklausel **1533** auf den **Betrieb** als organisatorische Einheit beschränkt und ist nicht auf das Unternehmen, und schon gar nicht auf den Konzern auszudehnen.[3245] Jedoch können mehrere Standorte **einen Betrieb** i.S.d. KSchG bilden (einheitliche Leitung in Bezug auf die wesentlichen personellen und sozialen Angelegenheiten).[3246] Sieht dann der Arbeitsvertrag die Möglichkeit einer Tätigkeit an mehreren Standorten des Unternehmens vor, kann auch eine standortübergreifende Sozialauswahl durchzuführen sein. Anders ist dies dann, wenn der Arbeitnehmer nach seinem Arbeitsvertrag ausdrücklich nur für Tätigkeiten an einem bestimmten Standort eingestellt ist. Der Beschäftigungsanspruch beschränkt sich dann auf diese Einheit, entsprechend ist auch die Sozialauswahl auf den Standort beschränkt, unabhängig davon, ob die verschiedenen Standorte ggf. einen einheitlichen Betrieb im kündigungsrechtlichen Sinn darstellen.[3247]

bb) Weiterbeschäftigungsmöglichkeit
Die bei jeder Kündigung zu prüfende **Weiterbeschäftigungsmöglichkeit** (§ 1 Abs. 2 Nr. 1b KSchG) ist – **1534** anders als die Sozialauswahl – nicht streng betriebsbezogen, sondern unternehmens- bzw. arbeitgeberbezogen zu prüfen. Dementsprechend kann eine Versetzungsklausel dazu führen, dass dem Arbeitnehmer vor Ausspruch der Kündigung freie Arbeitsplätze in anderen Betrieben angeboten werden müssen.[3248] Im Falle einer wirksamen konzernweiten Versetzungsklausel kann die Suche nach einem freien Arbeitsplatz sogar auf andere Konzernunternehmen auszudehnen sein, soweit der Arbeitgeber rechtlich und tatsächlich die

---

3241 So etwa: *Hunold*, NZA 2007, 19, 22; *Dzida/Schramm*, BB 2007, 1221, 1227.
3242 BAG 13.3.2007, AP Nr. 26 zu § 307 BGB; BAG 11.4.2006, NZA 2006, 1149.
3243 *Langer/Greiner*, AuA 2005, 642.
3244 BAG 17.2.2000, NZA 2000, 822.
3245 BAG 18.10.2006, NZA 2007, 798; BAG 15.12.2005, NZA 2006, 590; BAG 2.6.2005, NZA 2005, 1175.
3246 *Gaul/Bonanni*, NZA 2006, 289.
3247 BAG 3.6.2004, NZA 2005; BAG 17.2.2000, NZA 2000, 822.
3248 BAG 23.3.2006, NZA 2007, 30; BAG 23.11.2004, AP Nr. 132 zu § 1 KSchG; Preis/*Preis*, II D 30 Rn 209.

Möglichkeit hat, gegenüber dem Drittunternehmen die Weiterbeschäftigung durchzusetzen.[3249] Diese zusätzlichen Prüfungserfordernisse im Falle der Verwendung großzügiger Versetzungsklauseln erschweren die betriebsbedingte Kündigung aus Sicht des Arbeitgebers.

1535 *Hinweis*

Mit Blick auf die dargestellten kündigungsrelevanten Konsequenzen sollten Versetzungsklauseln stets bewusst nur dort verwendet werden, wo das konkrete Arbeitsverhältnis eine gewisse Flexibilität tatsächlich erfordert. Andernfalls (etwa dort, wo ein Spezialist für eine genau festgelegte Position und für fest vorhersehbare Aufgaben eingestellt wird) erscheint es sachgerechter und „ungefährlicher", Art und Ort der Tätigkeit im Arbeitsvertrag möglichst eng und konkret zu vereinbaren, um etwaige Nebenwirkungen im Falle einer späteren Kündigung zu vermeiden.

e) Negative Versetzungsklausel

1536 Mit einer sog. **negativen Versetzungsklausel** werden die sich aus dem Direktionsrecht des Arbeitgebers vertragsimmanent ergebenden Versetzungsmöglichkeiten ausgeschlossen. Dieser Ausschluss kann sich auch nur auf eine örtliche Versetzung beziehen.

In jedem Fall verbleibt, auch bei konkreter Festlegung des Arbeitsplatzes und ausdrücklichem Ausschluss der Versetzungsmöglichkeiten, jederzeit die Möglichkeit der einvernehmlichen Vertragsänderung, auch faktisch durch Ausübung bestimmter Tätigkeiten über einen längeren Zeitraum, sowie bei Vorliegen sachlicher Gründe auch die Änderungskündigung, §§ 2, 1 Abs. 2 KSchG.

f) Formulierungsbeispiele

▼

1537 ### Muster 1a.84: Vereinbarung des Arbeitsplatzes laut Arbeitsplatzbeschreibung

Der Mitarbeiter wird am Standort ⬚⬚⬚ der Gesellschaft als ⬚⬚⬚ eingestellt. Die als Anlage beigefügte Arbeitsplatzbeschreibung ist fester Bestandteil des Arbeitsvertrages.

Variante: Vereinbarung des Arbeitsplatzes mit Ausschluss der Versetzung

Der Mitarbeiter wird am Standort ⬚⬚⬚ als ⬚⬚⬚ eingestellt. Eine Versetzung in andere Positionen und/oder an andere Standorte ist ausgeschlossen.

Variante: Versetzungsklausel zu Arbeitsleistung und Arbeitszeit

(1) Der Mitarbeiter wird als ⬚⬚⬚ eingestellt.

(2) Der Arbeitgeber behält sich vor, dem Mitarbeiter jederzeit – unter angemessener Berücksichtigung der schützenswerten Interessen des Mitarbeiters – ein anderes, seinen Fähigkeiten und Qualifikationen entsprechendes und den bisher ausgeübten Aufgaben und Tätigkeiten **gleichwertiges** Aufgaben- und Tätigkeitsgebiet zuzuweisen. Die Gleichwertigkeit der Aufgaben und Tätigkeiten richtet sich insbesondere nach der Höhe der Vergütung und der betrieblichen Hierarchieebene. Dieser Vorbehalt wird auch durch eine unter Umständen längere Beschäftigung mit bestimmten Arbeiten nicht gegenstandslos.

Variante: Änderungsklausel Schichtarbeit

Der Einsatz des Mitarbeiters erfolgt zunächst in Normalschicht. Er erklärt sich jedoch ausdrücklich bereit, im Bedarfsfall auch in Wechselschicht, einschließlich der Nachtschicht, zu arbeiten. Die Firma verpflichtet sich, den Mitarbeiter über einen solchen Bedarfsfall möglichst mindestens eine Woche vorher zu informieren. Auch eine längerfristige Beschäftigung in einer bestimmten Schicht macht den Vorbehalt nicht gegenstandslos.

3249 BAG 23.3.2006, NZA 2007, 30.

g) Versetzungsklauseln betreffend den Arbeits-/Einsatzort

In einer örtlichen Versetzungsklausel sollte geregelt werden:

1538

- in welche Betriebsstätten/Betriebe eine Versetzung vorbehalten sein soll,
- alternativ: in welche Regionen (Inland, Ausland, Bundesländer, Kreise) eine Versetzung vorbehalten sein soll,
- alternativ: Entfernungsradius vom ursprünglichen Arbeitsort,
- bei unternehmensweiter Versetzung Gründe für Versetzung
- ggf. Ankündigungsfrist.[3250]

85

▼

Muster 1a.85: Versetzungsklauseln

Ortsbezogene Versetzungsklausel

Der Mitarbeiter wird als ▓▓▓ am Standort ▓▓▓ eingestellt. Die Gesellschaft behält sich vor, ihn innerhalb seines Aufgabenbereichs und in gleicher Funktion auch am Standort ▓▓▓ (für die Dauer von höchstens ▓▓▓ Monaten) einzusetzen.

Alternativ:

Der Mitarbeiter wird als ▓▓▓ am Standort ▓▓▓ eingestellt. Die Gesellschaft behält sich vor, ihn innerhalb seines Aufgabenbereichs und in gleicher Funktion auch an anderen Standorten in ▓▓▓ (in einem Umkreis von 10/20/50 km) (für die Dauer von höchstens ▓▓▓ Monaten) einzusetzen.

Unternehmensweite Versetzung

Der Mitarbeiter wird als ▓▓▓ eingestellt.

Einsatzort ist ▓▓▓. Die Gesellschaft behält sich vor, den Mitarbeiter auch in anderen Betrieben des Unternehmens an einem anderen Ort zu beschäftigen, soweit der örtliche Wechsel unter angemessener Berücksichtigung der berechtigten Interessen des Mitarbeiters zumutbar ist.

Vorübergehende Versetzung in ein anderes Konzernunternehmen

Der Mitarbeiter wird als ▓▓▓ in ▓▓▓ eingestellt.

Die Gesellschaft behält sich vor, den Mitarbeiter vorübergehend bis zur Dauer von ▓▓▓ Monaten in einem anderen Unternehmen des ▓▓▓-Konzerns in einer gleichwertigen Position einzusetzen, soweit die Tätigkeit der Vorbildung und den Kenntnissen und Fähigkeiten des Mitarbeiters entspricht. Der rechtliche Bestand seines Arbeitsverhältnisses zur ▓▓▓-GmbH, die Höhe seiner Vergütung sowie auch die sonstigen Vertragsbedingungen bleiben hierdurch unberührt. Die Interessen des Mitarbeiters sind dabei angemessen zu berücksichtigen.

▲

125. Vertragssprache

Literatur: *Bepler*, Sprachrisiko bei Arbeitsvertrag und Nachweis, Menschenrechte und Solidarität im internationalen Diskurs, 2015, 452 ff. *Boemke*, BGB AT und Arbeitsrecht: Arbeitsvertragsschluss in deutscher Sprache – ausländischer Arbeitnehmer, JuS 2015, 65; *Diller/Powietzka*, Englisch in Betrieb und Betriebsverfassung, DB 2000, 718; *Gerstner*, Arbeitsvertragsschluss in deutscher Sprache mit einem ausländischen Arbeitnehmer, ArbRAktuell 2014, 360; *Gola/Hümmerich*, Das „Sprachrisiko" des ausländischen Arbeitnehmers, BlStSozArbR 1976, 273; *Gutmann*, Sprachlosigkeit als Rechtsproblem, ArbuR 2008, 81; *Herbert/Oberrath*, Beherrschung und Verwendung der deutschen Sprache bei der Begründung des Arbeitsverhältnisses, DB 2009, 2434; *Hinrichs/Stütze*, Die Sprache im Arbeitsverhältnis nach fünf Jahren AGG: Eine Bestandsaufnahme, NZA-RR 2011, 113; *Hülbach*, Arbeitsvertrag in fremder Sprache – Gültigkeit einer Ausschlussfrist, ArbRB 2014, 230; *Jahncke*, Das Sprachrisiko des ausländischen Arbeitnehmers im Arbeitsrecht, 1987; *Kling*, Sprachrisiken im Privatrechtsverkehr, 2008; *Mankowski*, Anmerkung zu BAG AP Nr. 26 zu § 130 BGB; *Moll/Reichel*, „Green-Card"-Verfahren, Voraussetzungen und arbeitsrechtliche Fragen, RdA 2001, 308; *Mückl*, Fehlende Sprachkenntnis schützt nicht vor ar-

---

3250 *Hunold*, NZA-RR 2007, 19, 22.

beitsvertraglicher Bindung, GWR 2014, 333; *Rieble*, Sprache und Sprachrisiko im Arbeitsrecht, Festschrift für Manfred Löwisch, 2007, 232; *Schäfer*, Vertragsschluss unter Einbeziehung von Allgemeinen Geschäftsbeziehungen gegenüber Fremdmuttersprachlern, JZ 2003, 879; *Schlechtriem*, Das „Sprachrisiko" – ein neues Problem?, 1. Festschrift für Weitnauer, 1980, 129; *Stahlhacke*, Ausgleichsquittung und Kündigungsschutz, NJW 1968, 580.

a) Einführung

1539   Sprache ist das wohl wichtigste Instrument der zwischenmenschlichen Kommunikation – auch im Arbeitsverhältnis. Mit der Verwendung dieses Kommunikationsinstrumentes ist naturgemäß die **Gefahr gegenseitigen Fehl- oder Missverstehens** verbunden, wenn Arbeitgeber und Arbeitnehmer unterschiedliche Sprachen sprechen. Denkbar ist dies nicht nur bei der Beschäftigung ausländischer Arbeitnehmer, sondern auch in den Fällen, in denen der Arbeitgeber nicht der deutschen Sprache mächtig ist, wie dies bei Tochtergesellschaften ausländischer Konzerne durchaus der Fall sein kann.

Rechtliche und tatsächliche Probleme können in diesem Zusammenhang in den unterschiedlichsten Gestaltungen auftreten.

aa) Sprachprobleme bei Abschluss des Arbeitsvertrages

1540   Als Erstes stellt sich das Sprachproblem im Zusammenhang mit Verhandlungen über und mit dem **Abschluss von arbeitsvertraglichen Vereinbarungen**. In Deutschland werden Arbeitsvertragsverhandlungen auch mit ausländischen Arbeitnehmern typischerweise in deutscher Sprache geführt und Arbeitsverträge in deutscher Sprache geschlossen. Denkbar sind aber auch Fallkonstellationen, in denen der Arbeitgeber den Arbeitnehmer im Ausland anwirbt, die Verhandlungen dort in ausländischer Sprache führt und der Arbeitsvertrag anschließend in deutscher Sprache abgefasst wird.[3251] In späteren Auseinandersetzungen über den Inhalt des geschlossenen Arbeitsvertrages, z.B. über die Wirksamkeit einer einzelvertraglichen Ausschlussklausel, kann es zum Streit darüber kommen, ob bestehende Sprachprobleme der Wirksamkeit der in deutscher Sprache vereinbarten Klausel entgegenstehen. Zeigen sich bei Vertragsverhandlungen sprachbedingte Kommunikationsschwierigkeiten, ist zur Vermeidung späterer Streitigkeiten dringend zu empfehlen, zu den Verhandlungen eine geeignete Übersetzungsperson beizuziehen.[3252]

Hat der Arbeitnehmer den Arbeitsvertrag oder eine spätere Ergänzungs- oder Änderungsvereinbarung, ggf. auch eine Ausgleichsquittung **ungelesen unterzeichnet** oder erfolgt die Unterzeichnung, obwohl der Arbeitnehmer den Inhalt des Arbeitsvertrages zwar gelesen, aber aufgrund mangelnder Sprachkenntnisse nicht verstanden hat, führt dies nicht zur Unwirksamkeit des Vertragsschlusses.[3253] Der Zugang einer schriftlichen Willenserklärung, also auch eines Arbeitsvertragsangebotes bzw. eines Änderungs- oder Ergänzungsangebotes, erfolgt nämlich mit dem Eintritt der Willenserklärung in den Machtbereich des Empfängers, also des Arbeitnehmers, so dass dieser die Möglichkeit der Kenntnisnahme hat, unabhängig davon, ob der Empfänger den Inhalt tatsächlich versteht. Die entsprechende deutschsprachige Vertragserklärung geht dem ausländischen Arbeitnehmer daher mit Vorlage zur Unterzeichnung nach § 130 Abs. 1 BGB zu.[3254] Auf das tatsächliche Verständnis des Erklärungsempfängers kommt es nicht an, weil die Möglichkeit der Kenntnisnahme nach den gewöhnlichen Verhältnissen für den erforderlichen Zugang der Willenserklärung ausreichend ist. Individuell fehlende Sprachkenntnisse stellen einen allein in der Person des Erklärungsempfängers liegenden und daher unbeachtlichen Umstand dar.[3255]

3251   Vgl. die Sachverhaltskonstellation in BAG 19.3.2014, NZA 2014, 1076; dazu *Mankowski*, Anm zu BAG AP Nr. 26 zu § 130 BGB.
3252   Schaub/*Koch*, ArbR-Hdb., § 27 Rn 36.
3253   *Rieble* in: FS Löwisch 2007, 232; *Herbert/Oberrath*, DB 2009, 2434; *Hinrichs/Stütze*, NZA-RR 2011, 113; LAG Niedersachsen 18. 3. 2005, NZA-RR 2005, 401; LAG Köln 2.9.2004, LAG Report 2005, 94, zur Anfechtung einer Eigenkündigungserklärung; LAG Hamm 7.9.1992, LAGE Nr. 6 zu § 611 BGB; a.A. ArbG Heilbronn 26.11.1968, BB 1969, 535.
3254   BAG 19.3.2014, NZA 2014 1076.
3255   BAG 19.3.2014, NZA 2014, 1076.

Die Unterzeichnung des Vertrages durch den Erklärungsempfänger ist alsdann als Annahme des gesamten Vertragsinhaltes auszulegen. Der Vertrag kommt grundsätzlich mit dem in ihm in deutscher Sprache ausgewiesenen Inhalt zustande. Maßgeblich ist insoweit der Verständnishorizont eines verobjektivierten Erklärungsempfängers, also eines durchschnittlichen Arbeitgebers. Dieser darf die Unterzeichnung des Vertrages regelmäßig als Annahmeerklärung verstehen.[3256] Der Arbeitgeber, der mit einem ausländischen Arbeitnehmer Vertragsverhandlungen führt und einen Arbeitsvertrag schließt, kann sich nämlich nach der insoweit **maßgeblichen Verkehrserwartung** grundsätzlich darauf verlassen, dass sein Verhandlungspartner mit der Unterzeichnung seine Zustimmung zu dem Vertragsinhalt und dessen vertraglich bindender Wirkung erklären will.[3257] Dies ist selbst dann anzunehmen, wenn der Arbeitgeber positiv weiß oder aufgrund Fahrlässigkeit nicht weiß, dass sein ausländischer Verhandlungspartner die deutsche Sprache nicht in einer für das Verständnis des Vertragsinhaltes erforderlichen Weise beherrscht. Gleiches soll auch dann gelten, wenn die Vertragsverhandlungen zuvor in der ausländischen Sprache und sogar im Heimatland des Arbeitnehmers geführt worden sind, der Vertrag aber anschließend in deutscher Sprache abgefasst ist.[3258] Dies folgt zum einen aus dem Umstand, dass ein ausländischer Arbeitnehmer als Voraussetzung für eine unbefristete Aufenthaltsberechtigung (sog. Niederlassungserlaubnis) und damit für die Aufnahme einer Erwerbstätigkeit deutsche Sprachkenntnisse nachweisen muss (vgl. § 9 Abs. 2 S. 1 Nr. 7 AufenthG). Zum anderen muss ein ausländischer Arbeitnehmer, der sich in einem deutschen Unternehmen im Inland um einen Arbeitsplatz bewirbt, damit rechnen, dass in dem Unternehmen die deutsche Sprache Verwendung findet. In einer solchen Situation kann auch von einem ausländischen Arbeitnehmer erwartet werden, dass er bei fehlender Verständnismöglichkeit hierauf hinweist und ggf. vor der Vertragsunterzeichnung um genügend Zeit für eine Übersetzung oder Erläuterung bittet. Der Absender des Vertragsangebotes, also der Arbeitgeber, darf deshalb berechtigterweise damit rechnen, dass sein ausländischer Verhandlungspartner bei sprachbegründeten Verständnisschwierigkeiten entweder selbst für Abhilfe sorgt (Übersetzer etc.) oder auf die Verständnisschwierigkeiten vor Vertragsschluss hinweist. Außerdem wird durch die Vorlage eines in deutscher Sprache abgefassten Vertragsformulares seitens des Arbeitgebers deutlich gemacht, dass er davon ausgeht, dass der Arbeitnehmer die deutsche Sprache versteht.

Auch der erforderliche Rechtsbindungswille fehlt in derartigen Konstellationen nicht, weil der Arbeitnehmer weiß, dass er einen Arbeitsvertrag abschließt und damit eine ihn rechtlich bindende Verpflichtungen eingeht. Der Inhalt des Arbeitsvertrages ist in diesem Fall wirksam vereinbart. Der mit Sprachproblemen belastete Arbeitnehmer darf insoweit nicht anders behandelt werden, als der deutschsprachige Arbeitnehmer, der einen Vertrag ungelesen unterzeichnet.[3259]

Eine Anfechtung wegen eines Inhaltsirrtums nach § 119 Abs. 1, 1. Alt. BGB kommt bei ungelesenem Unterschreiben nicht in Betracht, wenn sich der ausländische Arbeitnehmer keine oder nur vage Vorstellungen gebildet hat,[3260] weil dann kein zur Anfechtung berechtigender Irrtum bei ihm entstanden ist.

Der Wirksamkeit des Vertragsschlusses stehen in diesem Fall auch keine AGB-rechtlichen Bedenken entgegen. § 305 Abs. 2 BGB, nach dem AGB-Klauseln nur dann Vertragsinhalt werden, wenn der Verwender bei Vertragsschluss auf sie hinweist und der anderen Vertragspartei die Möglichkeit verschafft, in zumutbarer Weise von ihrem Inhalt Kenntnis zu nehmen, ist nach § 310 Abs. 4 S. 2 BGB auf Arbeitsverträge nicht anwendbar. Allein der Umstand, dass eine Vertragsklausel in einer für den sprachunkundigen Arbeitnehmer unverständlichen Sprache verfasst ist, macht die Klausel nicht zu einer einen Überrumpelungseffekt aus-

---

3256 BAG 19.3.2014, NZA 2014, 1076.

3257 *Rieble* in: FS Löwisch 2007, 234; im Ergebnis auch LAG Niedersachsen 18.3.2005, NZA-RR 2005, 401.

3258 BAG 19.3.2014, NZA 2014, 1076,; kritisch dazu *Boemke*, JuS 2015, 65; *Gerstner*, ArbR Aktuell 2014, 360; *Hülbach*, ArbRB 2014, 230; *Mankowski*, Anm. zu BAG AP Nr. 26 zu § 130 BGB.

3259 *Rieble* in: FS Löwisch 2007, 233.

3260 Vgl. BAG 5.4.1990, 2 AZR 337/89, zit. nach juris; LAG Köln 2.9.2004, LAG Report 2005, 94; LAG Baden-Württemberg 8.7.1966, DB 1966, 1198; *Stahlhacke*, NJW 1968, 580, 581; *Rieble* in: FS Löwisch 2007, 233.

lösenden überraschenden Klausel.[3261] AGB-rechtlich entscheidend bleibt danach allein, ob die Klausel unabhängig von der Sprachwahl ihrem Inhalt nach nach den allgemeinen AGB-rechtlichen Maßstäben gerechtfertigt ist.

1541 Problematischer ist die Fallkonstellation, in der es tatsächlich zu einem sprachbedingten Missverständnis gekommen ist (oder ein solches später vorgegeben wird). Hier stellt sich die Frage, ob das **Risiko des Missverständnisses** vom Arbeitgeber oder dem Arbeitnehmer zu tragen ist. Zum Teil wird vertreten, dass der Arbeitgeber bei ausländischen Arbeitnehmern verpflichtet ist, die arbeitgeberseitige Willenserklärung zu übersetzen, weil ansonsten die Willenserklärung nicht zugehen würde.[3262] Diese Auffassung weist jegliches Risiko eines sprachlichen Missverständnisses dem Arbeitgeber zu. Die Auffassung ist allerdings – wie gezeigt – nicht zutreffend. Der Zugang einer schriftlichen Willenserklärung, also auch eines Arbeitsvertragsangebotes bzw. eines Änderungs- oder Ergänzungsangebotes, erfolgt mit dem Eintritt der Willenserklärung in den Machtbereich des Empfängers, also des Arbeitnehmers, so dass dieser die Möglichkeit der Kenntnisnahme hat, unabhängig davon, ob der Empfänger den Inhalt tatsächlich versteht. Unterzeichnet der Arbeitnehmer ein derart zugegangenes Arbeitsvertragsangebot, kommt der Vertrag grundsätzlich mit dem in ihm in deutscher Sprache ausgewiesenen Inhalt zu Stande.

Hat sich der Arbeitnehmer aufgrund der mangelnden Sprachkenntnisse bei Unterzeichnung des Arbeitsvertrages allerdings einen bestimmten Vertragsinhalt positiv vorgestellt, der von dem tatsächlichen Inhalt abweicht, besteht für ihn nach Feststellung des Irrtums die Möglichkeit der Irrtumsanfechtung nach § 119 Abs. 1, 1. Alt. BGB. Gleiches gilt erst recht, wenn der Arbeitgeber den sprachunkundigen Arbeitnehmer unter Ausnutzung von dessen mangelnden Sprachkenntnissen über den Inhalt des Arbeitsvertrages getäuscht hat. In beiden Fällen ist der Arbeitnehmer für die das Anfechtungsrecht begründenden Tatsachen beweisbelastet. Der Möglichkeit der Anfechtung wird in der Praxis im Hinblick auf eine alternativ denkbare Eigenkündigung des Arbeitnehmers nur geringe Bedeutung zukommen.

1542 Trotz dieser grundsätzlich beim Arbeitnehmer liegenden Last des Sprachrisikos ist zum einen zur Vermeidung von Missverständnissen zu empfehlen, bei Zweifeln hinsichtlich des Sprachverständnisses des Arbeitnehmers für eine ausreichende Übersetzung vor Vertragsunterzeichnung zu sorgen und so zukünftige Streitfragen zu vermeiden. Im Hinblick auf abweichende Auffassungen[3263] ist darüber hinaus für die Vertragsformulierung anzuraten, die **Vertrags- und Verhandlungssprache vertraglich zu fixieren**.[3264] Mit einer entsprechenden Vertragsvereinbarung legen die Vertragsparteien mit vertraglich bindender Wirkung fest, dass für ihr Vertragsverhältnis die deutsche Sprache maßgeblich ist. Treten nach der Vereinbarung einer Verhandlungs- und Vertragssprache Verständnisprobleme auf, obliegt es immer derjenigen Vertragspartei, bei der die sprachlichen Probleme vorliegen, hierauf hinzuweisen und gegebenenfalls für eine Klärung zu sorgen.

1543 Eine identische Problematik stellt sich naturgemäß erst recht, wenn ein Arbeitsvertrag in Deutschland in einer anderen Sprache verhandelt, abgefasst und unterzeichnet wird. Als Folge zunehmender Globalisierung ist es heute keine Seltenheit mehr, dass in Deutschland abgeschlossene Arbeitsverträge in englischer Sprache verhandelt und ausgefertigt werden. Ist die Korrespondenz vor Abschluss des Arbeitsvertrages durchgehend in derselben – ausländischen – Sprache erfolgt, in der auch der Arbeitsvertrag abgefasst ist, darf der Arbeitgeber erwarten, dass der Verhandlungspartner in ausreichender Weise der verwendeten ausländischen Sprache mächtig ist. Demgegenüber treten Auslegungsprobleme dann auf, wenn die vorvertragliche Korrespondenz in einer anderen – inländischen oder ausländischen – Sprache erfolgt ist, als der eigent-

---

3261 BAG 19.3.2014, NZA 2014, 1076; dazu *Boemke*, JuS 2015, 65.
3262 So LAG Frankfurt 6.2.1974, BB 1975, 562 (LS) zu einer Ausgleichsquittung; wohl auch Schaub/*Koch*, ArbR-Hdb., § 27 Rn 36; a.A. LAG Hamburg 6.7.1990, LAGE Nr. 16 zu § 130 BGB im Zusammenhang mit dem Zugang einer Kündigung.
3263 MüKo-BGB/*Einsele*, § 130 BGB Rn 31; zur Gesamtproblematik *Rieble* in: FS Löwisch 2007, 235.
3264 *Schäfer*, JZ 2003, 879; *Rieble* in: FS Löwisch 2007, 237; Staudinger/*Singer*, § 130 BGB Rn 18.

liche Vertragstext. In derartigen Situationen dürfte die vertragliche Festlegung der Vertrags- und Verhandlungssprache unverzichtbar sein. Anders als im Falle des ausländischen Arbeitnehmers, der in Deutschland einen deutschsprachigen Arbeitsvertrag abschließt, kann der Arbeitgeber bei Abschluss eines in ausländischer – zumeist englischer – Sprache verfassten Arbeitsvertrages mit einem deutschen Arbeitnehmer in Deutschland typischerweise nicht davon ausgehen, dass der Arbeitnehmer die ausländische Vertragssprache in einem die zutreffende Erfassung des Vertragsinhaltes sicherstellenden Umfang beherrscht. Das Risiko des sprachlichen Missverständnisses trägt in diesem Fall der die ausländische Sprache verwendende Arbeitgeber.

Verwendet der Arbeitgeber eine derartige **Sprachwahlklausel als Teil vorformulierter Arbeitsbedingungen** – was typischerweise der Fall sein wird – kann eine solche Sprachwahlklausel unter dem Gesichtspunkt wirksamer Einbeziehung in den Vertrag Probleme aufwerfen. Dies gilt allerdings nur, wenn Vertrags- und Verhandlungssprache auseinanderfallen, weil der Arbeitnehmer bei übereinstimmender Vertrags- und Verhandlungssprache die Sprachwahl ohne weiteres erkennen kann. Der ausländische Arbeitnehmer kann sich auch nicht darauf berufen, den Inhalt des Arbeitsvertrages nicht verstanden zu haben oder von der Sprachwahlklausel überrascht worden zu sein. Die Sprachwahlklausel stellt zumindest dann, wenn sie auf die deutsche Sprache verweist, keine überraschende Klausel für den Arbeitnehmer dar, weil der Arbeitnehmer typischerweise damit rechnen muss, dass in einem Arbeitsverhältnis in Deutschland bei einem deutschen Arbeitgeber die deutsche Sprache Verwendung findet. Bei der Prüfung der wirksamen Einbeziehung von AGB geht es darüber hinaus nicht um den Ausgleich intellektueller oder sonstiger, also auch sprachlicher Defizite.[3265] Schließlich gilt die Regelung des § 305 Abs. 2 BGB nach § 310 Abs. 4 S. 2 BGB für Arbeitsverhältnisse nicht. Sprachprobleme stehen daher einer Einbeziehung der Vertragssprachenklausel in die arbeitsvertragliche Vereinbarung nicht entgegen. Im Ergebnis kann eine Vertragssprachenklausel daher auch in Allgemeinen Vertragsbedingungen wirksam vereinbart werden.

Eine andere Frage stellt sich unter dem Gesichtspunkt sonstiger allgemeiner Arbeitsbedingungen, die in deutscher Sprache abgefasst sind, und die der ausländische Arbeitnehmer unter Umständen nicht verstanden hat. Allein der Umstand, dass eine Klausel für den Arbeitnehmer aufgrund von Sprachproblemen schwer verständlich ist, erhöht die AGB-rechtlichen Anforderungen nicht.[3266] Es bleibt daher bei der AGB-Kontrolle von durch einzelvertragliche Bezugnahmen zum Inhalt eines Arbeitsvertrages gemachten Arbeitsbedingungen bei dem Kontrollniveau, das auch für deutschsprachige Arbeitnehmer gilt.

bb) Sprachprobleme bei Ausübung des Direktionsrechtes

Auswirkungen kann die Vertragssprachenklausel auch auf Problemfälle bei der Ausübung des **arbeitgeberseitigen Direktionsrechts** haben. Zwar werden sprachliche Missverständnisse nach Unterzeichnung des Arbeitsvertrages bei Erteilung arbeitgeberseitiger Weisungen seltener auftreten, weil eine unmittelbare Aufklärung durch entsprechende Nachfragen leichter möglich ist. Außerdem wird ein Arbeitgeber die Sprachkenntnisse seiner Arbeitnehmer im laufenden Arbeitsverhältnis häufig besser beurteilen können als vor und bei Unterzeichnung des Arbeitsvertrages. Allerdings ist es dem Arbeitgeber auch leichter möglich, bei Vorliegen von Anhaltspunkten für ein sprachliches Missverständnis für ausreichende Klarheit zu sorgen, indem er z.B. durch Nachfragen das zutreffende Verständnis der Weisung durch den Arbeitnehmer abklärt, die Weisung nochmals wiederholt oder sogar für eine Übersetzung Sorge trägt. Ergeben sich für den Arbeitgeber keine derartigen Anhaltspunkte und treten dennoch sprachbedingte Missverständnisse auf, ist es bei Verwendung der vorgeschlagenen Klausel Sache des Arbeitnehmers auf sein nicht ausreichendes Verständnis hinzuweisen.[3267]

1544

1545

1546

3265 *Schäfer*, JZ 2003, 880; *Rieble*, in: FS Löwisch 2007, 239.
3266 BAG 19.3.2014, NZA 2014, 1076; *Rieble*, in: FS Löwisch 2007, 239.
3267 *Rieble*, in: FS Löwisch, 2007, 241.

cc) Festlegung der Leistungssprache

1547   Ein von der Festlegung der Vertrags- oder Verhandlungssprache zu unterscheidendes Problem betrifft die **Leistungssprache**, also die Sprache, in der die arbeitsvertragliche Leistung des Arbeitnehmers zu erbringen ist. Denkbar ist dies bspw. in Unternehmen mit vielen ausländischen Kunden oder ausländischen Mutter- oder Schwestergesellschaften. Soll es sich hierbei um eine oder mehrere Sprachen handeln, sollte dies im Arbeitsvertrag ausdrücklich geregelt werden, sofern sich die Anforderung nicht ausnahmsweise aus den Umständen ergibt,[3268] um ansonsten drohende Streitigkeiten über den Inhalt der Leistungspflicht zu vermeiden. Eine derartige Bestimmung der Leistungspflicht ist bei Vorliegen einer sachlichen Rechtfertigung diskriminierungsrechtlich nicht zu beanstanden.[3269]

b) Klauselvarianten

1548

Klausel 1

Die Verhandlungs- und Vertragssprache ist deutsch. Der Arbeitnehmer bestätigt, den Inhalt des Arbeitsvertrages sprachlich zutreffend verstanden zu haben.

Klausel 2

Die Verhandlungs- und Vertragssprache ist deutsch. Dem Arbeitnehmer ist bekannt, dass für die Erbringung der von ihm geschuldeten vertraglichen Leistungen (verhandlungssichere) englische Sprachkenntnisse erforderlich sind.

c) Hinweise und Anmerkungen
aa) Deutsch als Vertrags- und Verhandlungssprache

1549   Klausel 1 ist für die Festlegung der Verhandlungs- und Vertragssprache bei Verträgen mit ausländischen Arbeitnehmern vorgesehen. Auch bei Verwendung der vorgeschlagenen Klausel sollte der Arbeitgeber sich in den Vertragsverhandlungen Klarheit darüber verschaffen, ob der Arbeitnehmer tatsächlich über ausreichende **deutsche Sprachkenntnisse** verfügt und dies gegebenenfalls **dokumentieren**. Denkbar ist dies bspw. durch Abforderung eines handschriftlichen deutschsprachigen Lebenslaufes oder eines handschriftlichen Bewerbungsschreibens. Bei Zweifeln an den Verständnismöglichkeiten des Arbeitnehmers sollte der Arbeitgeber dem Arbeitnehmer ausreichend Zeit für eine Prüfung der vorgeschlagenen deutschsprachigen Vereinbarung geben und auch dies dokumentieren. Denkbar ist z.B. eine schriftliche Übersendung des Vertragsangebotes verbunden mit der gleichzeitigen Aufforderung zur Prüfung der Vereinbarung.

1550   Klausel 1 kann gleichermaßen für in ausländischer Sprache verfasste Arbeitsverträge Anwendung finden. Naturgemäß muss an Stelle der Angabe der deutschen Sprache als Verhandlungs- und Vertragssprache die entsprechende ausländische Sprache eingefügt werden.

1551   Der Arbeitnehmer, der aufgrund sprachlicher Probleme Schwierigkeiten mit dem Verständnis des Vertrages hat, sollte den Arbeitgeber im Gegenzug um **Zeit zur Prüfung** des Vertrages bitten. Sollte der Arbeitgeber dies – wider Erwarten – verweigern, muss der Arbeitnehmer entscheiden, ob er den Arbeitsvertrag trotzdem unterzeichnet. Dies wird zur Vermeidung des Verlustes des angestrebten Arbeitsplatzes häufig notwendig sein. In diesem Fall empfiehlt es sich, den Vertrag nach der Unterzeichnung kurzfristig prüfen zu lassen. Lassen sich infolge der Prüfung Missverständnisse erkennen, sollte der Arbeitnehmer den Arbeitgeber hierauf hinweisen und prüfen, ob nach Aufklärung der Missverständnisse Konsequenzen – Nachverhandlungen, Eigenkündigung des Arbeitnehmers etc. – zu ziehen sind.

3268 *Rieble*, in: FS Löwisch, 2007, 244.
3269 *Herbert/Oberrath*, DB 2009, 2434; *Hinrichs/Stütze*, NZA-RR 2011, 113.

bb) Festlegung der Leistungssprache

Erfordert der Arbeitsplatz des Arbeitnehmers neben deutschen Sprachkenntnissen auch **ausländische** **1552**
Sprachkenntnisse, ist dies bei Vertragsschluss entweder im Arbeitsvertrag selbst oder in sonstiger Weise
eindeutig festzulegen, um spätere Auseinandersetzungen über die geforderten Arbeitsleistungen zu vermeiden. Diesem Ziel dient die vorgeschlagene Klausel 2. Demgegenüber ist in diesen Fallkonstellationen die
Klausel 1 nicht zu verwenden, um zu vermeiden, dass Dritte die vorgeschlagene Klausel 1 nur als Regelung
zur Bestimmung der Vertrags- und Verhandlungssprache, nicht aber der Leistungssprache missverstehen.
Wird der Vertrag in ausländischer Sprache abgefasst, sollte im ersten Satz der Klausel 2 nicht nur die entsprechende ausländische Sprache als Verhandlungs- und Vertragssprache angegeben werden. Vielmehr
sollten in Satz 2 als Leistungssprache neben der maßgeblichen ausländischen Sprache (im Muster die englische Sprache) kumulativ auch „deutsche Sprachkenntnisse" benannt werden, um klarzustellen, dass der in
Deutschland aufgrund eines in ausländischer Sprache verfassten Arbeitsvertrages tätige Arbeitnehmer zur
Erbringung der arbeitsvertraglich geschuldeten Leistungen neben der ausländischen Sprache auch die deutsche Sprache verhandlungssicher beherrschen muss.

126. Vertragsstrafe

Literatur: *Brors*, „Neue" Probleme bei arbeitsvertraglichen Vertragsstrafeklauseln?, DB 2004, 1778; *Däubler*, AGB-Kontrolle im Arbeitsrecht – Bilanz nach zehn Jahren, ZTR 2012, 543; *Günther/Nolde*, Vertragsstrafenklauseln bei Vertragsbruch – Angemessene und
abschreckende Strafhöhe, NZA 2012, 62; *Greßlin/Römermann*, Arbeitsrechtliche Gestaltungsmöglichkeiten zum Schutz von betrieblichem Know-how, BB 2016, 1461; *Haas/Fuhlrott*, Ein Plädoyer für mehr Flexibilität bei Vertragsstrafen, NZA-RR 2010, 1; *Hauck*, Die
Vertragsstrafe im Arbeitsrecht im Lichte der Schuldrechtsreform, NZA 2006, 816; *Joost*, Vertragsstrafen im Arbeitsrecht – Zur Inhaltskontrolle von Formularverträgen im Arbeitsrecht, ZIP 2004, 1981; *von Koppenfels*, Vertragsstrafen im Arbeitsrecht nach der Schuld-
rechtsmodernisierung, NZA 2002, 598; *Lakies*, AGB-Kontrolle von Vertragsstrafenvereinbarungen, ArbRAktuell 2014, 313; *Leder/
Morgenroth*, Die Vertragsstrafe im Formulararbeitsvertrag, NZA 2002, 952; *Lingemann/Gottschalk*, Vertragsstrafengestaltung im
Arbeitsrecht – ein kurzer Leitfaden, DStR 2011, 774; *Reichenbach*, Konventionalstrafe für den vertragsbrüchigen Arbeitnehmer,
NZA 2003, 309; *Wensing/Niemann*, Vertragsstrafen in Formulararbeitsverträgen: § 307 BGB neben § 343 BGB? – Überlegungen
zum Verhältnis von Wirksamkeits- und Ausübungskontrolle, NJW 2007, 401.

a) Allgemeines

Vertragsstrafen – gebräuchlich sind daneben die Bezeichnungen Konventionalstrafe, Strafversprechen oder **1553**
Strafgedinge – verfolgen regelmäßig einen **doppelten Zweck**: Einerseits sollen sie den Schuldner zur Erfüllung einer Verbindlichkeit anhalten, seine Vertragstreue mithin sichern. Andererseits entheben Vertragsstrafen den Gläubiger im Falle einer Pflichtverletzung von den Schwierigkeiten der Schadensberechnung
und des Schadensnachweises; er kann die versprochene Geldsumme liquidieren, ohne die Voraussetzungen
einer Schadensersatznorm darlegen und beweisen zu müssen.[3270]

Im Arbeitsrecht treten Vertragsstrafen, die ein Fehlverhalten des Arbeitnehmers sanktionieren, in den un- **1554**
terschiedlichsten **Erscheinungsformen** auf. Überwiegend werden sie für die Fälle des Vertragsbruchs, der
vertragswidrigen Auflösung, des Nicht- oder verspäteten Antritts der Arbeitsstelle oder der fristlosen Entlassung vereinbart; verbreitet ist zudem die Absicherung eines Wettbewerbsverbots durch eine Vertragsstrafenregelung. Vertragsstrafen zulasten des Arbeitgebers sind eine Ausnahmeerscheinung. Dem Interesse
des Arbeitnehmers an der Erfüllung des Arbeitsvertrages wird zumeist durch die Vorschriften des KSchG
und über den Annahmeverzug hinreichend Rechnung getragen.

3270 Siehe auch BAG 18.12.2008, NZA-RR 2009, 519, 524; BAG 25.9.2008, NZA 2009, 370, 375; *Lakies*, Vertragsgestaltung und AGB
im Arbeitsrecht, Kap. 5 Rn 425; AGB-ArbR/*Klumpp*, § 307 Rn 259; Suckow u.a./*Suckow*, Rn 888 ff.; Hümmerich/Reufels/*Schiefer*, Rn 4017; AGB-ArbR/*Klumpp*, § 307 Rn 259; *Lakies*, Inhaltskontrolle von Arbeitsverträgen, Rn 921; *ders*,. ArbRAktuell 2014,
313.

b) Abgrenzung

1555 Im Gegensatz zur Vertragsstrafe fehlt **Schadenspauschalierungen** (vgl. hierzu Rdn 1287 ff.) die Erfüllungssicherungsfunktion, d.h. die Vereinbarung von pauschaliertem Schadensersatz soll dem Gläubiger allein den Schadensnachweis ersparen und den Schuldner nicht primär zur Erfüllung der Verbindlichkeit anhalten. Ein **selbstständiges Strafversprechen** liegt vor, wenn jemand eine Strafe für den Fall verspricht, dass er eine Handlung vornimmt oder unterlässt zur deren Vornahme oder Unterlassung er rechtlich nicht verpflichtet ist. **Betriebsbußen** können aufgrund einer durch Betriebsvereinbarung in Kraft gesetzten Betriebsbußenordnung verhängt werden. Sie dienen nicht der Sicherung schuldrechtlicher Ansprüche des Arbeitgebers aus dem Arbeitsverhältnis, sondern bezwecken die Aufrechterhaltung der Ordnung und Sicherheit im Betrieb. **Ausschlussfristen** sehen für den Fall der Nichtvornahme einer Handlung keine zusätzlich als Strafe zu erbringende Leistung, sondern einen Rechtsverlust vor (siehe hierzu Rdn 606 ff.).

c) Wirksamkeitsgrenzen

1556 Vertragsstrafen in Formulararbeitsverträgen sind generell zulässig.[3271] Sie scheitern nicht an **§ 309 Nr. 6 BGB**. Danach ist zwar eine Bestimmung ohne Wertungsmöglichkeit unwirksam, durch die dem Verwender für den Fall, dass der andere Vertragsteil sich vom Vertrag löst, eine Vertragsstrafe versprochen wird. Die angemessene Berücksichtigung arbeitsrechtlicher Besonderheiten (§ 310 Abs. 4 S. 2 BGB) führt aber zur Nichtanwendung dieser Vorschrift auf Formulararbeitsverträge.[3272] Die Vereinbarung einer Vertragsstrafe im Berufsausbildungsverhältnis ist nach **§ 12 Nr. 2 BBiG** hingegen nichtig.

aa) Transparenz- und Bestimmtheitsgebot

1557 Die Rechtsprechung hat Vertragsstrafen wiederholt am Verbot überraschender Klauseln gem. § 305c Abs. 1 BGB (siehe hierzu Rdn 183 f.) scheitern lassen. Der sicherste Weg, einen Überraschungseffekt zu vermeiden, besteht deshalb darin, die Vertragsstrafe unter einer eigenen **Überschrift „Vertragsstrafe"** in den Text aufzunehmen.[3273] Das BAG hat es in einem Fall, in dem die Vertragsstrafe allein das vertragliche Wettbewerbsverbot sanktionieren sollte, auch ausreichen lassen, dass diese im Zusammenhang mit den Regelungen über das Wettbewerbsverbot stand.[3274] Eine Vertragsstrafe für den Nichtantritt der Arbeit soll in einem mit „Beginn und Ende des Arbeitsverhältnisses" überschriebenen Paragraphen enthalten sein dürfen.[3275] Die Vertragsstrafenabrede selbst muss klar und verständlich sein (§ 307 Abs. 1 S. 2 BGB). Dies setzt voraus, dass die eine Vertragsstrafe auslösende **Pflichtverletzung** so klar bezeichnet wird, dass der Arbeitnehmer sich in seinem Verhalten darauf einstellen kann.[3276] Globale Strafversprechen, die auf die Absicherung aller arbeitsvertraglichen Pflichten zielen, genügen diesen Anforderungen nicht.[3277] Daher hat das BAG eine Formulierung, wonach die Vertragsstrafe verwirkt werden sollte durch „**schuldhaft vertragswidriges Verhalten** des Arbeitnehmers, das den Arbeitgeber zur fristlosen Kündigung des Arbeitsverhält-

---

3271 Grundlegend BAG 4.3.2004, NZA 2004, 727; BAG 23.1.2014, NZA 2014, 777, 779. Ausf. dazu bereits *Leder/Morgenroth*, NZA 2002, 952 m.w.N. Ein Vertragsstrafeversprechen des Arbeitgebers zugunsten des Betriebsrats ist dagegen unwirksam, BAG 19.1.2010, NZA 2010, 592; BAG 29.9.2004, NZA 2005, 123.

3272 BAG 17.3.2016, NZA 2016, 945, 947; BAG 23.1.2014, NZA 2014, 777, 779; BAG 23.9.2010, NZA 2011, 89, 90; BAG 19.8.2010, AP Nr. 49 zu § 307 BGB; BAG 28.5.2009, NZA 2009, 1337, 1340. Siehe auch *Thüsing/Leder*, EzA Nr. 1 zu § 309 BGB 2002; *Lakies*, Vertragsgestaltung und AGB im Arbeitsrecht, Kap. 5 Rn 430; *Hensler/Moll*, S. 79.

3273 Vgl. dazu auch LAG Schleswig-Holstein 2.2.2005, NZA-RR 2005, 351, 353; LAG Köln 17.11. 2015 – 12 Sa 707/15, juris; *Steinau-Steinrück/Vernunft*, Rn 272.

3274 BAG 14.8.2007, NZA 2008, 170, 171.

3275 BAG 19.8.2010, AP Nr. 49 zu § 307 BGB.

3276 BAG 18.12.2008, NZA-RR 2009, 519, 523; BAG 18.8.2005, NZA 2006, 34, 36 f.; BAG 21.4.2005, NZA 2005, 1053, 1055; ausf. AGB-ArbR/*Klumpp*, § 307 Rn 262 f.; *Suckow u.a./Suckow*, Rn 854 f.; *Däubler u.a./Däubler*, § 309 Rn 13; *Hümmerich/Reufels/Schiefer*, Rn. 4030; *Lakies*, ArbRAktuell 2014, 313, 314.

3277 *Lakies*, Vertragsgestaltung und AGB im Arbeitsrecht, Kap. 5 Rn 442; *Hensler/Moll*, S. 80; AGB-ArbR/*Klumpp*, § 307 Rn 262; *Steinau-Steinrück/Vernunft*, Rn 276; Suckow u.a./*Niemann*, Rn 129 sowie *Suckow*, Rn 857.

nisses veranlasst", als zu unbestimmt verworfen.[3278] In einem Fall, in dem der Arbeitnehmer eine Vertrags-strafe „im Falle eines gravierenden Vertragsverstoßes (etwa gegen das Wettbewerbsverbot, die Geheimhal-tungspflicht oder bei einem Überschreiten der Befugnisse aus seinen Vollmachten)" zahlen sollte, äußerte das Gericht zwar Zweifel hinsichtlich der Bestimmtheit des **„gravierenden Vertragsverstoßes"**, sah diese aber durch die in der Klammer genannte Beispielaufzählung gewahrt.[3279] Dieses Ergebnis ist deshalb rich-tig, weil der Arbeitgeber im zu entscheidenden Fall gerade eine Vertragsstrafe für wettbewerbswidriges Verhalten einforderte. Für im Klammerzusatz nicht enthaltene Fälle bleibt es jedoch bei der Unbestimmt-heit der Klausel. Zum alten Recht hatte das BAG angenommen, der Begriff **„Vertragsbruch"** habe eine feststehende Bedeutung und sei damit ein tauglicher Anknüpfungspunkt für eine Vertragsstrafe.[3280] Nach der Einbeziehung des Arbeitsvertrages in die AGB-Kontrolle sprechen die besseren Argumente dafür, von dieser Rechtsprechung Abstand zu nehmen.[3281] Denn eine derart weit gefasste Formulierung zeigt ei-nem Arbeitnehmer gerade nicht, „was auf ihn zukommt." Für die Vertragsgestaltung bleibt somit zu beach-ten, dass alle Pflichtverstöße des Arbeitnehmers, die zur Verwirkung der Vertragsstrafe führen sollen, im Klauseltext soweit wie möglich konkretisiert werden. Die Klausel muss allerdings nicht darauf hinweisen, dass die Vertragsstrafe nur bei einem **verschuldeten Verhalten** des Arbeitnehmers ausgelöst wird.[3282] Dies ergibt sich bereits aus § 339 BGB i.V.m. § 286 Abs. 4 BGB. Hohe Anforderungen an die Bestimmtheit einer Vertragsstrafe stellt das BAG, wenn diese sowohl **Einzel-** als auch **Dauerverstöße** sanktioniert.[3283] Für den Arbeitnehmer müsse eindeutig erkennbar sein, wann ein einmaliger Vertragsverstoß und wann eine dauer-hafte Verletzung vorliege.[3284]

bb) Grund für die Vertragsstrafe

Welche vertraglichen Pflichten durch eine Vertragsstrafe abgesichert werden können, ist noch nicht ab-schließend durch die Gerichte geklärt. Im Zentrum steht die Absicherung der Arbeitspflicht als arbeitsver-tragliche **Hauptleistungspflicht** vor schuldhaften Verstößen. Sanktioniert werden können etwa der Nicht-antritt der Arbeit oder die vorzeitige Lösung unter Unterschreitung der einschlägigen Kündigungsfrist.[3285] Bei **Nebenleistungspflichten** wird das Augenmerk darauf zu richten sein, ob deren Verletzung typischer-weise einen Schaden des Arbeitgebers befürchten lässt. Bei wettbewerbswidrigem Verhalten ist dies ohne Weiteres anzunehmen. Allerdings verneint das BAG bei schuldhaftem vertragswidrigem Verhalten ein be-rechtigtes Interesse des Arbeitgebers an einer Vertragsstrafe, wenn der Arbeitgeber durch das Verhalten zu einer **fristlosen Kündigung „veranlasst"** wird.[3286] Der Interessenausgleich werde in diesem Falle durch die „Möglichkeit" der fristlosen Kündigung des Arbeitgebers herbeigeführt. Eine über die Kündigung hi-nausgehende Bestrafung des Arbeitnehmers sei nur bei der Verletzung weiterer schutzwürdiger Interessen des Arbeitgebers wie z.B. bei Vermögensverletzungen gerechtfertigt. Umfasst die Strafabrede mehrere Tat-bestände, von denen einzelne unwirksam sind, soll dies nach Ansicht des BAG die Wirksamkeit der übrigen Tatbestände unberührt lassen (siehe dazu Rdn 207).

1558

3278 BAG 21.4.2005, NZA 2005, 1053, 1055; auch Däubler u.a./*Däubler*, § 309 Rn 13.

3279 BAG 18.8.2005, NZA 2006, 34, 36 f. Die Angabe „wichtiger Grund auf Seiten des Arbeitnehmers" soll hingegen nicht genügen, LAG Mecklenburg-Vorpommern 20.1.2015 – 2 Sa 59/14, juris.

3280 BAG 18.9.1991, NZA 1992, 215, 216.

3281 Suckow u.a./*Suckow*, Rn 856. A.A. *Lakies*, Vertragsgestaltung und AGB im Arbeitsrecht, Kap. 5 Rn 444; *ders.*, ArbRAktuell 2014, 313, 314.

3282 BAG 19.8.2010, AP Nr. 49 zu § 307 BGB; LAG Köln 17.11. 2015 – 12 Sa 707/15, juris; Suckow u.a./*Suckow*, Rn 887; *Lakies*, ArbRAktuell 2014, 313, 315.

3283 BAG 14.8.2007, NZA 2008, 170, 172.

3284 Ebenso Hümmerich/Reufels/*Schiefer*, Rn 4034; Suckow u.a./*Suckow*, Rn 859.

3285 Vgl. etwa BAG 19.8.2010, AP Nr. 49 zu § 307 BGB.

3286 BAG 21.4.2005, NZA 2005, 1053, 1055.

cc) Zulässige Höhe der Vertragsstrafe

1559 Eine zu hoch bemessene Vertragsstrafe benachteiligt den Arbeitnehmer nach § 307 Abs. 1 S. 1 BGB unangemessen und ist damit **in vollem Umfang unwirksam**. Eine Herabsetzung auf das gerade noch zulässige Maß kommt weder als geltungshaltende Reduktion (siehe dazu Rdn 205 f.) noch gestützt auf den Rechtsgedanken des § 343 BGB in Betracht.[3287] Letztere Vorschrift setzt eine wirksam vereinbarte Vertragsstrafe voraus; daran fehlt es in diesen Fällen.[3288] Als Regelmaßstab für die angemessene Höhe einer Vertragsstrafe zur Absicherung der **Arbeitspflicht** hat sich der Betrag von einem **Bruttomonatsgehalt** etabliert.[3289] Einschränkend ist aber zu beachten, dass die Vertragsstrafe i.d.R. das bis zum Ablauf der Kündigungsfrist zu zahlende Gehalt nicht übersteigen darf.[3290] Das bedeutet, dass die während einer vereinbarten Probezeit mit 2-wöchiger Kündigungsfrist vereinbarte Vertragsstrafe von einem Bruttomonatsgehalt unangemessen hoch ist.[3291] Eine entsprechend weit formulierte Klausel wird auch nach Ablauf der Probezeit nicht wirksam.[3292] Ist in das Monatsgehalt eine substantielle Aufwandsentschädigung mit einbezogen, muss die Vertragsstrafe ebenfalls unter dem Einkommen liegen, das der Arbeitnehmer bis zum Ablauf der Kündigungsfrist hätte erzielen können.[3293] Die Orientierung der Vertragsstrafenhöhe an der Kündigungsfrist ist sachgerecht. Denn letztere begrenzt im Regelfall das wirtschaftliche Interesse des Arbeitgebers an der Absicherung der Arbeitsleistung.[3294] Eine feste Höchstgrenze für eine Vertragsstrafe, etwa in Höhe eines Bruttomonatsgehalts, existiert jedoch nicht.[3295] Werden **Nebenpflichten** strafbewehrt, gelten andere Maßstäbe. Insbesondere bei der Absicherung von Wettbewerbsverboten kann im Einzelfall durchaus eine höhere Vertragsstrafe angemessen sein.[3296] Eine unangemessene Übersicherung erblickte das BAG jedoch in der einem Assistenten im steuerlichen Beratungsdienst auferlegten Abrede, die für jeden Einzelfall eines Wettbewerbsverstoßes eine Vertragsstrafe in Höhe seines ein- bis dreifachen Monatsgehalts vorsah.[3297]

d) Formulierungsvorschlag

1560 *Vertragsstrafe*

Nimmt der Arbeitnehmer seine Tätigkeit vertragswidrig nicht auf oder beendet er den Arbeitsvertrag vertragswidrig unter Missachtung der jeweils geltenden Kündigungsfrist, hat er dem Arbeitgeber eine Vertragsstrafe zu zahlen. Die Höhe der Vertragsstrafe entspricht der Vergütung nach § (…) (Ziffer)

3287 BAG 18.12.2008, NZA-RR 2009, 519, 526; BAG 25.9.2008, NZA 2009, 370, 377; BAG 4.3.2004, NZA 2004, 727, 734; Suckow u.a./*Suckow*, Rn 895, 897.

3288 Zur Frage, ob eine nach § 307 Abs. 1 S. 1 BGB angemessen hohe Vertragsstrafe im Einzelfall nach § 343 BGB herabgesetzt werden kann, vgl. *Wensing/Niemann*, NJW 2007, 401.

3289 Grundlegend BAG 4.3.2004, NZA 2004, 727, 733; Däubler u.a./*Däubler*, § 309 BGB Nr. 6 Rn 14; HWK/*Gotthardt*, Anh. §§ 305–310 BGB Rn 54; Küttner/*Poeche*, Vertragsstrafe, Rn 12; *Steinau-Steinrück/Vernunft*, Rn 279; Suckow u.a./*Suckow*, Rn 891; Däubler u.a./*Däubler*, § 309 Rn 14. Für den Fall mehrerer Einzelverstöße empfiehlt es sich, den Strafbetrag auf sechs Bruttomonatsgehälter zu begrenzen, vgl. *Greßlin/Römermann*, BB 2016, 1461, 1462.

3290 BAG 23.9.2010, NZA 2011, 89, 91; BAG 19.8.2010, AP Nr. 49 zu § 307 BGB; BAG 18.12.2008, NZA-RR 2009, 519, 524; Suckow u.a./*Suckow*, Rn 893.

3291 BAG 17.3.2016, NZA 2016, 945, 948; BAG 23.9.2010, NZA 2011, 89, 91; BAG 4.3.2004, NZA 2004, 727, 733 f; *Steinau-Steinrück/Vernunft*, Rn 280; Hümmerich/Reufels/*Schiefer*, Rn 4027; *Lakies*, ArbRAktuell 2014, 313, 315.

3292 BAG 23.9.2010, NZA 2011, 89, 90.

3293 LAG Hamm 7.5.2004, NZA-RR 2005, 128.

3294 Siehe auch *Thüsing*, AGB-Kontrolle im Arbeitsrecht, Rn 437; *Lakies*, Vertragsgestaltung, Kap. 5 Rn 452.

3295 BAG 23.9.2010, NZA 2011, 89, 91; BAG 19.8.2010, AP Nr. 49 zu § 307 BGB; BAG 28.5.2009, NZA 2009, 1337, 1341; BAG 25.9.2008, NZA 2009, 370, 375 f.; Hümmerich/Reufels/*Schiefer*, Rn 4066; AGB-ArbR/*Klumpp*, § 307 Rn 265; Däubler u.a./*Däubler*, § 309 Rn 14; AGB-ArbR/*Klumpp*, § 307 Rn 265 ff. und *Henssler/Moll*, S. 83 f. differenzieren nach der Art und Schwere des Verstoßes.

3296 Ebenso ErfK/*Müller-Glöge*, §§ 339–345 BGB Rn 20. Gegen die Strafbewährung von Nebenpflichten *Lakies*, ArbRAktuell 2014, 313, 314.

3297 BAG 18.8.2005, NZA 2006, 34, 37.

des Arbeitsvertrages, die für den Zeitraum der Kündigungsfrist geschuldet ist, die zum Zeitpunkt des vertragswidrigen Verhaltens des Arbeitnehmers gilt; sie beträgt jedoch maximal ein Bruttomonatsgehalt.

127. Verweisung auf Tarifvertrag

Ausführungen hierzu finden sich unter dem Stichwort Tarifvertrags-Öffnungsklausel (siehe Rdn 1393 ff.). **1561**

128. Vollständigkeitsklausel

Ausführungen hierzu finden sich unter dem Stichwort Beweislastvereinbarung (siehe oben Rdn 673 ff.). **1562**

129. Vorbehaltsklausel

Ausführungen hierzu finden sich unter dem Stichwort Widerrufsvorbehalt (siehe Rdn 1628 ff.). **1563**

130. Vordienstzeit

Erläuterungen hierzu finden sich unter dem Stichwort Anrechnung (siehe oben Rdn 282 ff.). **1564**

131. Wartezeit (Kündigungsschutz)

Literatur: *Blomeyer*, Aktuelle Rechtsprobleme der Probezeit, NJW 2008, 2812; *Boemke*, Beginn und Ende der Wartezeit des allgemeinen Kündigungsschutzes, BB 2014, 2999; *Kleinebrink*, Die Wartezeit im Kündigungsschutzgesetz in der Vertrags- und Beratungspraxis, ArbRB 2007, 214.

a) Allgemeines

Das Arbeitnehmerschutzrecht kennt zahlreiche Bestimmungen, die das Entstehen von Rechten von einer **1565** **Wartezeit** abhängig machen, mithin von einem Mindestzeitraum, den ein Arbeitnehmer innerhalb des Arbeitsverhältnisses zurückgelegt haben muss. Das prominenteste Beispiel einer Wartezeit findet sich im Kündigungsschutzgesetz. Gem. § 1 Abs. 1 KSchG beträgt die Wartezeit bis zur Entstehung des allgemeinen Kündigungsschutzes sechs Monate, beginnend mit dem vereinbarten Beginn des Arbeitsverhältnisses,[3298] und endend mit Ablauf von sechs Monaten, auch wenn der letzte Tag auf einen Sonn- oder Feiertag fällt.[3299] Erst wenn das Arbeitsverhältnis eines Arbeitnehmers in demselben Betrieb oder Unternehmen ohne Unterbrechung länger als sechs Monate bestanden hat, bedarf die ordentliche Kündigung des Arbeitsverhältnisses durch den Arbeitgeber der sozialen Rechtfertigung i.S.v. § 1 Abs. 2 KSchG.

aa) Erfüllung der Wartezeit

Auf die Wartezeit werden nur Zeiten angerechnet, die **im Rahmen eines Arbeitsverhältnisses** zurückgelegt **1566** werden, wobei nicht erforderlich ist, dass das Arbeitsverhältnis durchgehend deutschem Recht unterfallen ist.[3300] Zeiten, in denen der Arbeitnehmer außerhalb eines Arbeitsverhältnisses als Organvertreter,[3301] als freier

---

3298 LAG München 28.10.2003 – 6 Sa 47/03, n.v.; LAG Berlin 23.5.2003, MDR 2003, 1361.
3299 BAG 24.10.2013, NZA 2014, 725; LAG Mecklenburg-Vorpommern 9.10.2014, AA 2015, 90; a.A. *Boemke*, BB 2014, 2999.
3300 LAG Berlin-Brandenburg 3.12.2009 – 2 Sa 1667/09, n.rk., zit. nach juris.
3301 BAG 24.11.2005, NZA 2006, 366; LAG Bremen 24.10.1997, BB 1998, 223.

Mitarbeiter, als Praktikant,[3302] als Leiharbeitnehmer[3303] oder im Rahmen einer Arbeitsbeschaffungs- oder Eingliederungsmaßnahme (sog. Ein-Euro-Job)[3304] für den Arbeitgeber tätig geworden ist, werden daher nicht berücksichtigt. Zeiten einer vorangegangenen Berufsausbildung werden jedoch über den Gesetzeswortlaut hinaus auf die Wartezeit des § 1 Abs. 1 KSchG angerechnet, da die Berufsausbildung wegen § 10 Abs. 2 BBiG jedenfalls in diesem Zusammenhang einem Arbeitsverhältnis gleichzustellen ist.[3305]

1567   Voraussetzung der Wartezeiterfüllung ist weiterhin ein **ununterbrochenes Arbeitsverhältnis**. Tatsächliche Unterbrechungen wie Krankheit, Urlaub oder Streik sind dabei allerdings nicht von Bedeutung; auch wenn der Arbeitgeber faktisch keine Möglichkeit zur Erprobung des Arbeitnehmers hatte, führt dies nicht zu einer Verlängerung der gesetzlichen Wartezeit.[3306] Entscheidend ist allein der rechtliche Bestand des Arbeitsverhältnisses, der auch in Fällen der Rechtsnachfolge etwa durch Betriebsübergang oder Verschmelzung erhalten bleibt. Wird das Arbeitsverhältnis rechtlich beendet, beginnt der Lauf der Wartezeit mit einer späteren Wiedereinstellung von neuem.

1568   Eine **Zusammenrechnung mehrerer Beschäftigungszeiten** bei rechtlicher Unterbrechung des Arbeitsverhältnisses kommt im Rahmen des § 1 KSchG[3307] nur in eng begrenzten Ausnahmefällen in Betracht, wenn das neue Arbeitsverhältnis unter Berücksichtigung aller Umstände des Einzelfalls in einem engen sachlichen Zusammenhang mit dem früheren Arbeitsverhältnis steht.[3308] Dabei kommt es insbesondere auf Anlass und Dauer der Unterbrechung und auf die Art der Weiterbeschäftigung an. Schließt sich das zweite Arbeitsverhältnis ohne zeitliche Unterbrechung an, liegt ein sachlicher Zusammenhang grds. vor;[3309] je länger jedoch die zeitliche Unterbrechung gedauert hat, desto gewichtiger müssen die für einen sachlichen Zusammenhang sprechenden Umstände sein.[3310] I.d.R. werden auch bei Vorliegen besonderer Umstände allenfalls kurzfristige Unterbrechungen von einigen Tagen bis zu wenigen Wochen für die Anrechnung einer früheren Beschäftigungszeit als unschädlich angesehen,[3311] wenn etwa im Zusammenhang mit einem Betriebsübergang eine (rechtlich wirksame)[3312] Unterbrechung nur für die Dauer eines Wochenendes mit einem Arbeitgeberwechsel verbunden ist.[3313] Längere Unterbrechungen führen nur dann nicht zu einem Neubeginn der Wartezeit, wenn außergewöhnlich gewichtige Umstände einen sachlichen Zusam-

---

3302 BAG 18.11.1999, NZA 2000, 529; vgl. aber ArbG Iserlohn 4.12.2008, AE 2009, 251: Treuwidrigkeit der Probezeitkündigung nach vorangegangenem Praktikum.

3303 BAG 20.2.2014, NZA 2014, 1083; LAG Düsseldorf 8.10.2014, AA 2015, 36; LAG Niedersachsen 5.4.2013 – 12 Sa 50/13; LAG Rheinland-Pfalz 18.5.2011, ArbRB 2011, 518; LAG Köln 29.5.2009, PersV 2010, 276; LAG Rheinland-Pfalz 27.11.2008, EzAÜG KSchG Nr. 28; ErfK/*Oetker*, § 1 KSchG Rn 44.

3304 BAG 8.11.2006, NZA 2007, 160; BAG 17.5.2001, AP Nr. 14 zu § 1 KSchG 1969 Wartezeit; BAG 12.2.1981, DB 1981, 2498.

3305 BAG 26.8.1976, AP Nr. 68 zu § 626 BGB; BAG 18.11.1999, NZA 2000, 529; BAG 20.8.2003, NZA 2004, 205, zu § 3 EFZG; BAG 29.11.1984, NZA 1985, 598, zu § 4 BUrlG; *v. Hoyningen-Huene/Linck/Krause*, § 1 Rn 124; HWK/*Quecke*, § 1 KSchG Rn 10.

3306 Küttner/*Eisemann*, Kündigungsschutz Rn 57; KR/*Griebeling*, § 1 KSchG Rn 115, hält in diesem Fall die Berufung auf die Wartezeit für missbräuchlich, ebenso *v. Hoyningen-Huene/Linck/Krause*, § 1 Rn 100.

3307 Ebenso im Rahmen des § 3 Abs. 3 EFZG, vgl. BAG 22.8.2001, ZTR 2002, 232, und des § 90 SGB IX, vgl. HWK/*Thies*, § 90 SGB IX Rn 2; bei der Wartezeit des § 4 BUrlG kommt eine derartige Zusammenrechnung demgegenüber nach h.M. auch bei nur kurzfristigen Unterbrechungen generell nicht in Betracht: ErfK/*Gallner*, § 4 BUrlG Rn 5; HWK/*Schinz*, § 4 BUrlG Rn 17;.

3308 BAG 22.5.2003, AP Nr. 18 zu § 1 KSchG 1969 Wartezeit; BAG 10.5.1989, DB 1990, 280.

3309 BAG 7.7.2011, 2 AZR 476/10; AP Nr. 26 zu § 1 KSchG 1969 Wartezeit; LAG Berlin 8.7.199, ZTR 1991, 472; LAG Bremen 9.10.1980 – 3 Sa 13/80, n.v.; KR/*Griebeling*, § 1 KSchG Rn 114.

3310 BAG 7.7.2011, 2 AZR 476/10; AP Nr. 26 zu § 1 KSchG 1969 Wartezeit; BAG 16.3.2000, PersR 2000, 522; BAG 20.8.1998, NZA 1999, 481; BAG 9.8.2000 – 7 AZR 339/99, n.v.; BAG 10.5.1989, DB 1990, 280.

3311 BAG 22.9.2005, NJW 2006, 1612; BAG 9.8.2000 – 7 AZR 339/99 – n.v.; LAG Rheinland-Pfalz 4.11.2004 – 4 Sa 553/04, n.v.; a.A. LAG Hamburg 17.11.1999, AuR 2000, 393, das einen Sachzusammenhang erst bei einer Unterbrechung von mehr als vier Monaten verneinen will.

3312 Vgl. zur Unwirksamkeit einer auf die bloße Begründung der rechtlichen Unterbrechung abzielende Aufhebungsvereinbarung BAG 18.8.2011, AP Nr. 414 zu § 613a BGB.

3313 BAG 27.6.2002, AP Nr. 15 zu § 1 KSchG 1969 Wartezeit.

menhang begründen,[3314] wie dies etwa bei der Unterbrechung des Arbeitsverhältnisses eines Lehrers ausschließlich zur Überbrückung der Schulferien der Fall sein kann.[3315] Aber auch dann werden nur die vorangegangenen Beschäftigungszeiten, nicht aber die Dauer der Unterbrechung selbst auf die Wartezeit angerechnet.[3316]

Das Arbeitsverhältnis muss während der Wartezeit in **demselben Betrieb oder Unternehmen** bestanden **1569** haben. Der Wechsel in einen anderen Betrieb desselben Unternehmens innerhalb der Wartezeit ist daher für den Arbeitnehmer unschädlich. Der Wechsel in ein anderes Unternehmen des Arbeitgebers, denkbar etwa bei dem Wechsel eines Arbeitnehmers von dem Privathaushalt des Arbeitgebers in dessen Ladengeschäft, führt demgegenüber ebenso wie der Wechsel zu einem anderen Arbeitgeber zu einer Unterbrechung der Wartezeit, sofern nicht ausdrücklich oder konkludent eine Anrechnung der vorangegangenen Betriebszugehörigkeit vereinbart wird (vgl. hierzu Rdn 284 ff.). Gleiches gilt für einen Wechsel innerhalb des Konzerns.[3317] Angesichts der rechtlichen Unterbrechung des Arbeitsverhältnisses werden auch die Beschäftigungszeiten bei verschiedenen Arbeitgebern eines Gemeinschaftsbetriebes selbst bei inhaltlich unveränderter Tätigkeit nicht zusammengerechnet.[3318]

bb) Gesetzliche Anrechnungsvorschriften

Ausnahmsweise werden Zeiten einer früheren Beschäftigung auch dann auf die Wartezeit angerechnet, **1570** wenn dies gesetzlich ausdrücklich vorgesehen ist. So gilt ein Arbeitsverhältnis nach der Kündigung einer Mutter zum Ende der gesetzlichen Schutzfrist als nicht unterbrochen, wenn es binnen eines Jahres wieder aufgenommen wird, § 10 Abs. 2 MuSchG. Auch Zeiten des Grundwehrdienstes und einer Wehrübung (§§ 6 Abs. 2 S. 1, 10 ArbPlSchG), Zeiten des Wehrdienstes auf Zeit bis zu zwei Jahren (§ 16a Abs. 1 ArbPlSchG), Zeiten einer Eignungsübung (§ 1 EigÜbG i.V.m. § 8 VO EigÜbG), des Zivildienstes (§ 78 ZDG) und der Heranziehung zum Luftschutzdienst oder zu Luftschutzübungen (§ 13 ZivilSchG) sind auf die Betriebszugehörigkeit anzurechnen, sofern das Arbeitsverhältnis in diesen Zeiten nicht ohnehin fortbesteht.

cc) Unabdingbarkeit

Das Kündigungsschutzgesetz und damit auch die hier dargestellten Grundsätze zur Wartezeit sind **einseitig 1571 zwingendes Schutzrecht**. Dies gilt unabhängig von dem Grad der wirtschaftlichen oder sozialen Abhängigkeit; auch Arbeitnehmer in einer geringfügigen Nebenbeschäftigung unterfallen dem Kündigungsschutzgesetz.[3319] Eine Verschlechterung zu Lasten des Arbeitnehmers, insbesondere eine Verlängerung der gesetzlichen Wartezeit, wäre deshalb gem. § 134 BGB unwirksam.[3320] Dies gilt nicht nur bei entsprechender formularmäßiger Vereinbarung im Rahmen des Arbeitsvertrages, sondern auch für nachträgliche individualvertragliche Vereinbarungen. Durch arbeitsvertragliche Vereinbarung lassen sich Modifikationen daher im Ergebnis lediglich **zugunsten des Arbeitnehmers** gestalten.

Hatte der Arbeitgeber während der Wartezeit objektiv keine ausreichende Gelegenheit zur Erprobung des **1572** Arbeitnehmers, bspw. aufgrund einer längeren Erkrankung des Arbeitnehmers, besteht die Möglichkeit, das

---

3314 BAG 22.5.2003, AP Nr. 18 zu § 1 KSchG 1969 Wartezeit; Hessisches LAG 24.4.2012 – 12 Sa 330/11; LAG Düsseldorf 16.1.2008, LAGE § 14 TzBfG Nr. 41; ArbG Nürnberg 16.12.2009, AE 2010, 33.

3315 BAG 28.8.2008, AE 2009, 57; BAG 20.8.1998, NZA 1999, 481; BAG 20.8.1998, NZA 1999, 314; BAG 19.6.2007, AuR 2007, 270; ArbG Stuttgart 27.8.2015 – 30 Ca 1611/15, zit. nach juris; ArbG Trier 7.1.2010 – 3 Ca 937/09, zit. nach juris.

3316 BAG 17.6.2003, AP Nr. 61 zu § 622 BGB; KR/*Griebeling*, § 1 KSchG Rn 110a; *v. Hoyningen-Huene/Linck/Krause*, § 1 Rn 121.

3317 LAG Rheinland-Pfalz 9.7.2013, 6 Sa 395/12; LAG Hamm 23.7.2009, AA 2010, 54.

3318 LAG Hamm 25.8.2011, LAGE § 1 KSchG Nr. 18; a.A. Hessisches LAG 5.8.2004 – 5 Sa 1938/03, n.v.; LAG Rheinland-Pfalz 8.7.1999, MDR 2000, 37.

3319 BAG 13.3.1987, AP Nr. 37 zu § 1 KSchG 1969 Betriebsbedingte Kündigung; *Wank*, ZIP 1986, 206, 212.

3320 BAG 20.2.2014, NZA 2014, 1083; BAG 15.8.1984, NJW 1985, 2158; *v. Hoyningen-Huene/Linck/Krause*, § 1 Rn 101; *Kleinebrink*, ArbRB 2007, 214, 215.

Arbeitsverhältnis vor Ablauf der Wartezeit mit einer angemessen verlängerten Frist **kündigen**, um dem Arbeitnehmer eine weitere Bewährungszeit einzuräumen.[3321] Ebenso kann das Arbeitsverhältnis in geeigneten Fällen für eine weitere (angemessene) Zeit der Erprobung gem. § 14 Abs. 1 Nr. 5 TzBfG **befristet verlängert** werden.[3322] Zu beachten ist aber, dass auch mit einer zulässigen Verlängerung der Erprobungszeit über sechs Monate hinaus keine Verlängerung der gesetzlichen Wartezeit verbunden ist; während der Dauer der befristeten Weiterbeschäftigung kann das Arbeitsverhältnis daher nur bei entsprechender sozialer Rechtfertigung ordentlich gekündigt werden.

b) Einschränkung der gesetzlichen Wartezeit

1573

Gesetzliche Wartezeit

- Das Kündigungsschutzgesetz findet mit Beginn des Arbeitsverhältnisses/nach Ablauf von drei Monaten uneingeschränkt Anwendung.
- Die betriebsbedingte Kündigung bedarf auch während der ersten sechs Monate des Arbeitsverhältnisses der sozialen Rechtfertigung gem. § 1 Abs. 2 KSchG.
- Eine Probezeit wird nicht vereinbart.

c) Erläuterungen
aa) Einschränkung der Wartezeit

1574 Der **Verzicht auf die Wartezeit** ist ebenso zulässig wie deren **Verkürzung** oder **inhaltliche Einschränkung**, da diese Regelungen für den Arbeitnehmer uneingeschränkt günstig sind. Die Wartezeit kann daher gänzlich ausgeschlossen oder zeitlich begrenzt werden. Ebenso kann die Kündigung innerhalb der Wartezeit auf bestimmte Gründe beschränkt oder für einzelne Kündigungsgründe das Erfordernis einer sozialen Rechtfertigung begründet werden. Gerade Arbeitnehmer, die aus einer gesicherten Beschäftigung abgeworben werden, bestehen häufig auf einer Beschränkung der freien Kündigungsmöglichkeit während der gesetzlichen Wartezeit.

bb) Konkludente Vereinbarung

1575 Auch die **konkludente Einschränkung der Wartezeit** ist grds. möglich[3323] und wird bspw. bei einem einvernehmlichen Wechsel des Arbeitnehmers innerhalb des Konzerns oftmals vorliegen.[3324] Geht der Arbeitgeberwechsel innerhalb des Konzerns ausschließlich auf die Initiative des Arbeitgebers zurück und wird der Arbeitnehmer beim verbundenen Unternehmen zu annähernd gleichen Arbeitsbedingungen ohne Vereinbarung einer Probezeit weiterbeschäftigt, kann dies ein gewichtiges Indiz für eine entsprechende Vereinbarung sein.[3325] Ebenso wurde ein stillschweigender Ausschluss der Wartezeit in einem Fall angenommen, in dem ein aus einer gesicherten Position abgeworbener Arbeitnehmer gegenüber dem neuen Arbeitgeber erklärt hatte, er lege ausdrücklich Wert auf eine Dauerstellung.[3326] Das **Abwerben** eines Arbeitnehmers aus einem ungekündigten Arbeitsverhältnis allein genügt jedoch nicht für die Annahme einer Einschränkung

---

3321 BAG 7.3.2002, DB 2002, 1997; LAG Baden-Württemberg 6.5.2015, ArbR 2015, 320; LAG Mecklenburg-Vorpommern, 24.6.2014, NZA-RR 2015, 72.

3322 BAG 2.6.2010, AP Nr. 73 zu § 14 TzBfG; LAG Mecklenburg-Vorpommern 25.3.2014 – 2 Sa 216/13, zit. nach juris; HWK/*Rennpferd*, § 14 TzBfG Rn 47; *Blomeyer*, NJW 2008, 2812.

3323 BAG 29.8.1980 – 7 AZR 420/78, n.v.; HWK/*Quecke*, § 1 KSchG Rn 9; LAG Schleswig-Holstein 1.10.1985, RzK I 4d Nr. 5.

3324 KR/*Griebeling*, § 1 KSchG Rn 94, 118; HWK/*Quecke*, § 1 KSchG Rn 13; *v. Hoyningen-Huene/Linck/Krause*, § 1 Rn 103; zur fehlenden Anrechnungsvereinbarung bei förmlichem Bewerbungsverfahren LAG Hamm 23.7.2009, AA 2010, 54.

3325 BAG 20.2.2014, NZA 2014, 1083.

3326 BAG 18.2.1967, MDR 1967, 526; ErfK/*Oetker*, § 1 KSchG Rn 34.

der Wartezeit;[3327] derartige Vereinbarungen sollten aus Arbeitnehmersicht daher grds. in schriftlicher Form festgehalten werden, um späteren Beweisschwierigkeiten entgegen zu wirken.

cc) Vereinbarungen über die Probezeit

Auch Regelungen, mit denen „die Probezeit" beschränkt oder völlig ausgeschlossen wird, können Auswir-   **1576**
kungen auf den Kündigungsschutz haben. Die **Vereinbarung einer Probezeit** führt zwar gem. § 622 Abs. 3 BGB lediglich zu einer Verkürzung der gesetzlichen Grundkündigungsfrist, ohne dass dies Auswirkungen auf die Wartezeit des § 1 Abs. 1 KSchG hätte[3328] (vgl. hierzu Rdn 1167 ff.). Allerdings kann die Auslegung des Arbeitsvertrages unter Berücksichtigung der Umstände des Einzelfalls ergeben, dass mit der Probezeit-vereinbarung Regelungen auch für die Wartezeit getroffen werden sollten. So soll nach Auffassung des LAG Köln[3329] mit einem ausdrücklichen Verzicht auf die Probezeit auch der Verzicht auf die Einhaltung der Wartezeit vereinbart sein, wenn eine Erprobung aufgrund einschlägiger Vorbeschäftigung nicht erfor-derlich ist, der Mitarbeiter von einem Kunden des Arbeitgebers besonders empfohlen wird und eine gesi-cherte Arbeitsstellung aufgibt, und die Parteien vor diesem Hintergrund unter Verzicht auf die Probezeit einen unbefristeten Arbeitsvertrag abschließen. Aufgrund der selbst in der juristischen Terminologie häufig vorzufindenden Gleichstellung der Begriffe „Probezeit" und „Wartezeit" soll der ausdrückliche Verzicht auf eine Probezeit daher insbesondere bei Vorliegen weiterer Umstände für eine Erweiterung des Kündi-gungsschutzes sprechen.[3330] Allerdings kommt es hier bei unklaren vertraglichen Regelungen stets auf die Umstände des Einzelfalls an; das bloße Absehen von der Vereinbarung einer Probezeit ohne das Vor-liegen weiterer Umstände zwingt auch dann, wenn der Arbeitnehmer aus einer gesicherten Beschäftigung abgeworben wird, noch nicht zu der Annahme, dass mit dieser Vertragsgestaltung gleichzeitig auch die Wartezeit abbedungen werden soll.[3331]

132. Weihnachtsgeld

Ausführungen hierzu finden sich unter dem Stichwort Sonderzahlung (siehe oben Rdn 1327 ff.).   **1577**

133. Weisungsrecht

Literatur: *Bährle*, Umfang und Grenzen des Direktionsrechts, BuW 2003, 656; *Benecke*, AGB-Kontrolle, Versetzungsklausel, Direk-tionsrecht, MTV für Redakteurinnen und Redakteure an Tageszeitungen, Anm. zu AP Nr. 17 zu § 307 BGB; *Bernhardt/Barthel*, Verset-zung möglich oder Änderungskündigung nötig?, AuA 2007, 410; *Boemke*, (Un-) Verbindlichkeit unbilliger Arbeitgeberweisungen, NZA 2013, 6; *Borgmann/Faas*, Das Weisungsrecht zur betrieblichen Ordnung nach § 106 Satz 2 GewO, NZA 2004, 241; *Busemann*, Arbeits-vertrag, Vertragspraxis und Konkretisierung, NZA 2015, 705; *Dendorfer*, Das Direktionsrecht des Arbeitgebers, Brennpunkte des Ar-beitsrechts 2004, 239; *Dzida/Schramm*, Versetzungsklausel: mehr Flexibilität für den Arbeitgeber, mehr Kündigungsschutz für den Ar-beitnehmer, DB 2007, 1221; *Fliss*, Die örtliche Versetzung, NZA-RR 2008, 225; *Greiner*, Direktionsrecht und Direktionspflicht, Schadensersatz und Annahmeverzug bei Leistungshinderung des Arbeitnehmers, RdA 2013, 9; *Hromadka*, Grenzen des Weisungsrechts, NZA 2012, 233; *Hromadka/Schmitt-Rolfes*, Die AGB-Rechtsprechung zu Tätigkeit, Entgelt und Arbeitszeit, NJW 2007, 1777; *Hunold*, AGB-Kontrolle einer Versetzungsklausel, NZA 2007, 19; *Kleinebrink*, Tätigkeitsklauseln in Formulararbeitsverträgen, ArbRB 2007, 57; *Kühn*, Rechtsfolgen rechtswidriger Weisungen, NZA 2015, 10; *Laber*, Besonderheiten des Direktionsrechts im öffentlichen Dienst, ArbRB 2006, 364; *Lakies*, Das Weisungsrecht des Arbeitgebers und Vertragsgestaltungsoptionen (Versetzungsklauseln), ArbRAktuell, 2013, 3; *Lakies*, Das Weisungsrecht des Arbeitgebers (§ 106 GewO) – Inhalt und Grenzen, BB 2003, 364; *Lingemann/Otte*, Das Wei-sungsrecht bei erzwungener Weiterbeschäftigung, ArbRAktuell 2014, 404; *Lingemann/Siemer*, Grenzen des arbeitsrechtlichen Direkti-onsrechts bei Änderung von Inhalt und Ort der Tätigkeit (Teil 1 und Teil 2), ArbRAktuell 2015, 494 und 2015, 518; *Oelkers/Schmidt*, Das

---

3327 LAG Mecklenburg-Vorpommern 24.6.2008 – 5 Sa 52/08, zit. nach juris.
3328 *Kleinebrink*, ArbRB 2007 214.
3329 LAG Köln 15.12.2006, NZA-RR 2007, 293.
3330 LAG Köln 15.2.2002, MDR 2002, 1323; a.A. *v. Hoyningen-Huene/Linck/Krause*, § 1 Rn 104; KR/*Griebeling*, § 1 KSchG Rn 98.
3331 BAG 24.10.1996 – 2 AZR 874/95, n.v.; LAG Rheinland-Pfalz 18.5.2006, AE 2007, 241; ArbG Hamburg 22.8.2012, ArbRB 2013, 109.

Direktionsrecht des Arbeitgebers, NJW-Spezial 2006, 465; *Preis*, Unbillige Weisungsrechte und überflüssige Änderungskündigungen, NZA 2015, 1; *Preis/Genenger*, Die unechte Direktionsrechtserweiterung, NZA 2008, 969; *Preis/Ulber*, Direktionsrecht und Sonntagsarbeit, NZA 2010, 729; *Preis/Roloff*, Die neueste Entwicklung der Vertragsinhaltskontrolle im Arbeitsrecht – Zwischenbilanz und Ausblick, ZfA 2007, 43; *Reinecke*, Weisungsrecht, Arbeitsvertrag und Arbeitsvertragskontrolle – Rechtsprechung des BAG nach der Schuldrechtsreform, NZA-RR 2013, 393; *Reuter/Sagan/Witschen*, Die überflüssige Änderungskündigung, NZA 2013, 935; *Salamon/Fuhlrott*, Die Festlegung des Arbeitsplatzes als Vorfrage der AGB-Kontrolle, NZA 2011, 839; *Schöne*, Der Versetzungsvorbehalt in Formulararbeitsverträgen, SAE 2007, 370; *Schulte*, Direktionsrecht a la § 106 GewO – mehr Rechtssicherheit?, ArbRB 2003, 245; *Schrader*, Änderungskündigung oder Versetzung, AiB 2007, 573; *Weyand*, Arbeitsvertragliche Versetzungsklausel und Transparenzgebot, jurisPR-ArbR 15/2008 Anm 1; *Ziemann*, AGB-Kontrolle einer Versetzungsklausel, jurisPR-ArbR 5/2007 Anm 1.

a) Allgemeines und Begriff

1578   Gemäß **§ 106 GewO** kann der Arbeitgeber den Inhalt,[3332] den Ort[3333] und die Zeit[3334] der Arbeitsleistung **nach billigem Ermessen**[3335] näher bestimmen, soweit diese Arbeitsbedingungen nicht durch den Arbeitsvertrag, Bestimmungen einer Betriebsvereinbarung, eines anwendbaren Tarifvertrages oder gesetzliche Vorschriften (**Vorrang höherrangiger Rechtsquellen**) festgelegt sind.[3336] Dies gilt auch hinsichtlich der Ordnung und des Verhaltens der Arbeitnehmer im Betrieb (z.B. Alkohol- und Rauchverbot).[3337] Bestehen zwischen Arbeitnehmern Spannungen, so kann der Arbeitgeber dem durch Umsetzung eines der Arbeitnehmer begegnen. Der Arbeitgeber ist nicht gehalten, anstelle der Umsetzung eine Abmahnung auszusprechen.[3338] Das **arbeitgeberseitige Weisungsrecht** bzw. sein **allgemeines Direktionsrecht** und die dem entsprechende Weisungsabhängigkeit des Arbeitnehmers sind charakteristische Merkmale des Arbeitsverhältnisses (siehe Rdn 797 ff.)

Das Weisungsrecht dient der **Konkretisierung der Hauptleistungspflicht**, indem es dem Arbeitgeber ermöglicht, dem Arbeitnehmer bestimmte Aufgaben zuzuweisen und den Ort und die Zeit ihrer Erledigung verbindlich festzulegen. Die beiderseitigen Hauptleistungspflichten (geschuldete Tätigkeit/Arbeit einerseits und Vergütung andererseits) unterliegen nicht dem Weisungsrecht des Arbeitgebers.[3339] Der Arbeitnehmer kann seine tatsächliche Beschäftigung grundsätzlich solange nach Maßgabe der bisherigen Weisungslage fordern, bis der Arbeitgeber über den Aufgabenkreis – vertragsgerecht – anderweitig disponiert (§ 106 Satz 1 GewO) hat. Solche Dispositionen sind regelmäßig nicht vertragsgerecht, wenn sie zum Nachteil des Adressaten vom „**Sozialbild der bisherigen Funktion**" abweichen.[3340]

Hinzu kommt eine qua Direktionsrecht festzulegende, nicht abschließend aufzählbare, je nach den Umständen des Einzelfalles näher zu bestimmende Vielzahl von Pflichten, deren Erfüllung unumgänglich ist, um den Austausch der Hauptleistungen sinnvoll zu ermöglichen (**leistungssichernde Verhaltenspflichten**). Schließlich kann sich das Weisungsrecht auch auf die kollektive Sphäre beziehen, in der es um diejenigen Regelungsbedürfnisse geht, die durch das Zusammenwirken mehrerer Arbeitnehmer im Betrieb entstehen. In den Bereich der privaten Lebensführung darf dagegen durch das Weisungsrecht grundsätzlich nicht eingegriffen werden.[3341] Dem Weisungs- und Direktionsrecht des Arbeitgebers entspricht die **Leistungs- und Gehorsamspflicht des Arbeitnehmers**.

3332 BAG 16.10.2013 – 10 AZR 9/13, NZA 2014, 264.

3333 BAG 24.9.2015 – 2 AZR 3/14, NZA 2015, 1457; BAG 29.8.2013 – 10 AZR 569/12, NZA-RR 2014, 181; BAG 19.1.2011 – 10 AZR 738/09, NZA 2011, 631; BAG 13.4.2010 – 9 AZR 36/09, NZA 2011, 64; BAG 3.6.2004 – 2 AZR 577/03, NZA 2005, 175; BAG 9.10.2002 – 5 AZR 307/01, NZA 2003, 339.

3334 BAG 16.12.2014 – 9 AZR 915/13, NZA 2015, 825; BAG 15.9.2009 – 9 AZR 757/08, NJW 2010, 394; kritisch Busemann, NZA 2015, 705, 707.

3335 Einseitiges Leistungsbestimmungsrecht i.S.d. § 315 BGB.

3336 BAG 7.12.2000 – 6 AZR 444/99, NZA 2001, 780.

3337 Vgl. *Lakies*, ArbRAktuell 2013, 3, 5.

3338 BAG 24.4.1996 – 5 AZR 1031/94, NZA 1996, 1088.

3339 *Hromadka*, NZA 2012, 233, 235.

3340 BAG 30.8.1995 – 1 AZR 47/95, NZA 1996, 440.

3341 BAG 23.8.2012 – 8 AZR 804/11 m.w.N., zit. nach juris.

Nach der Rechtsprechung des Fünften Senats ist der Arbeitnehmer an eine Weisung des Arbeitgebers, die nicht aus sonstigen Gründen unwirksam ist, vorläufig gebunden, bis durch ein rechtskräftiges Urteil gemäß § 315 Abs. 3 S. 2 BGB die Unverbindlichkeit der Leistungsbestimmung festgestellt wird.[3342] Allerdings darf die Weisung nicht offenkundig objektiv vertrags- und damit rechtswidrig sein. Der Arbeitnehmer muss sich zunächst nur einer Weisung beugen, die möglicherweise billigem Ermessen widerspricht. Der Arbeitnehmer kann indes nicht im Wege der Ausübung des Direktionsrechts zur Ableistung vertragswidriger Arbeit, auch nicht vorübergehend, gezwungen werden.[3343] Die Weisungen des Arbeitgebers bezüglich des Arbeitsinhalts müssen sich im Rahmen des vereinbarten Berufsbildes bzw. der vertraglich näher umschriebenen Tätigkeit halten.[3344]

Der Arbeitgeber hat in der Regel ein Interesse daran, den Arbeitnehmer möglichst flexibel versetzen zu können. Je weiter allerdings das Direktionsrecht des Arbeitgebers vertraglich gefasst ist, desto weiter wird der Kreis der vergleichbaren Arbeitnehmer, den der Arbeitgeber in eine soziale Auswahl nach § 1 Abs. 3 KSchG einzubeziehen hat. Umgekehrt verhält es sich, wenn die Tätigkeit im Arbeitsvertrag genau definiert ist und der Arbeitsvertrag keinen Versetzungsvorbehalt[3345] enthält. In diesem Fall ist die Arbeitspflicht auf die vertraglich bestimmte Tätigkeit konkretisiert. Der Arbeitgeber kann den Arbeitnehmer unter Ausübung seines Direktionsrechts nur schwer oder gar nicht auf eine andere Position versetzen, so dass gegebenenfalls der Ausspruch einer Änderungskündigung erforderlich ist.[3346]

1579 Bei der Ausübung des Ermessens hat der Arbeitgeber auch auf Behinderungen des Arbeitnehmers Rücksicht zu nehmen. Die Rücksichtnahmepflicht des Arbeitgebers wird durch die Rechtsprechung konturiert, die den Arbeitgeber zur Vermeidung einer Kündigung verpflichtet, den Arbeitnehmer auf einem leidensgerechten Arbeitsplatz im Betrieb oder Unternehmen weiter zu beschäftigen, falls ein solch gleichwertiger oder jedenfalls zumutbarer Arbeitsplatz frei und der Arbeitnehmer für die dort zu leistende Arbeit geeignet ist. Ggf. hat der Arbeitgeber einen solchen Arbeitsplatz durch Ausübung seines Direktionsrechts frei zu machen und sich auch um die erforderliche Zustimmung des Betriebsrats zu bemühen.[3347] Unterlässt der Arbeitgeber die ihm mögliche und zumutbare Zuweisung leidensgerechter und vertragsgemäßer Arbeit, steht die Einschränkung der Leistungsfähigkeit des Arbeitnehmers dem Annahmeverzug des Arbeitgebers nicht entgegen.[3348] Darüber hinaus trägt die Rechtsprechung § 106 S. 3 GewO dadurch Rechnung, dass sie bei personen- und verhaltensbedingten Leistungsminderungen, die ihren Grund in Krankheit oder Behinderung haben, Kündigungen nur in engen Grenzen zulässt.[3349]

1580 Besteht zwischen dem Arbeitgeber und dem Arbeitnehmer Streit, ob der Arbeitnehmer die vertraglich geschuldete Tätigkeit entsprechend bestimmter Weisungen des Arbeitgebers zu Inhalt, Ort und Zeit der Arbeitstätigkeit zu verrichten hat, ergibt sich für den Arbeitnehmer die Unsicherheit, ob er den Vorgaben des Arbeitgebers Folge leisten oder ob er sich verweigern soll. Folgt der Arbeitnehmer den Vorgaben des Arbeitgebers nicht, läuft er Gefahr, nach einer Abmahnung eine verhaltensbedingte Kündigung zu erhalten. Daraus ergibt sich ein berechtigtes Interesse des Arbeitnehmers, die Wirksamkeit von Vorgaben des Arbeitgebers zu Inhalt, Ort und Zeit der Arbeitsleistung gerichtlich überprüfen lassen zu können. Es wird regelmäßig als zumutbar angesehen, dass der Arbeitnehmer der Anweisung zunächst Folge leistet und deren Rechtmäßigkeit sodann im Hauptsacheverfahren überprüfen lässt.[3350] Abweichungen werden nur in be-

---

3342 BAG 22.2.2012 – 5 AZR 249/11, NZA 2012, 858; weiterführend kritisch *Boemke*, NZA 2012, 6 und *Kühn*, NZA 2015, 10.
3343 Vgl. LAG Schleswig-Holstein 21.3.2013 – 1 Sa 350/12, LAGE § 11 KSchG Nr. 1, Rn 65.
3344 *Lakies*, ArbRAktuell 2013, 3, 4 m.w.N.
3345 *Hromadk*a, NZA 2012, 233, 235 f.
3346 Vgl. BAG 19.7.2012 – 2 AZR 25/11, NZA 2012, 1038 m.w.N.
3347 BAG 29.1.1997 – 2 AZR 9/96, NZA 1997, 709.
3348 BAG 8.11.2006 – 5 AZR 51/06, AP Nr. 120 zu § 615 BGB.
3349 BAG 17.1.2008 – 2 AZR 536/06; BAG 11.12.2003 – 2 AZR 667/02, NZA 2004, 784.
3350 BAG 22.2.2012 – 5 AZR 249/11, NZA 2012, 858.

stimmten, vom Arbeitnehmer darzulegenden und glaubhaft zu machenden Ausnahmefällen angenommen. Das ist zunächst der Fall, wenn eine Rechtswidrigkeit der Arbeitgeberweisung offensichtlich ist. Von den Fällen einer offenkundigen Rechtswidrigkeit abgesehen erfordert ein Verfügungsgrund für eine einstweilige Verfügung gegen Weisungen zu Inhalt, Ort und Art der Arbeitsleistung ein gesteigertes Abwehrinteresse des Arbeitnehmers, wie es bei erheblichen Gesundheitsgefahren, einer drohenden irreparablen Schädigung des beruflichen Ansehens des Arbeitnehmers oder bei schweren Gewissenskonflikten bestehen kann. In derart gelagerten Fällen ist das Interesse des Arbeitnehmers an einer gerichtlich beschiedenen Unverbindlichkeit der Leistungsbestimmung gegen das Interesse des Arbeitgebers an der Durchsetzung der erteilten Weisung abzuwägen.[3351]

b) Inhalt des Direktionsrechts

1581 Das Direktionsrecht ermöglicht dem Arbeitgeber, die im Arbeitsvertrag nur rahmenmäßig umschriebene Leistungspflicht im Einzelnen nach Zeit, Art und Ort zu bestimmen. Es gehört zum wesentlichen Inhalt eines jeden Arbeitsverhältnisses. Dabei unterliegt das Direktionsrecht einer Vielzahl von Beschränkungen. So kann es durch Gesetz, Tarifvertrag, Betriebsvereinbarung oder Einzelarbeitsvertrag eingeschränkt sein. Allerdings weist die höchstrichterliche Rechtsprechung der vergangenen zehn Jahre die Tendenz auf, der dem Weisungsrecht des Arbeitgebers gesetzten Grenze „Arbeitsvertrag" die praktische Bedeutung zu nehmen und dadurch das Weisungsrecht zum „Königsrecht" bzw. zur „schärfsten Waffe" des Arbeitgebers zu machen. Die Rechtsprechung des BAG neigt dazu, strenge Anforderungen an das Vorliegen einer das Weisungsrecht beschränkenden arbeitsvertraglichen Abrede zu stellen.[3352]

Das arbeitgeberseitige Direktions-/Weisungsrecht darf nur **nach billigem Ermessen** im Sinne des **§ 315 Abs. 3 BGB** ausgeübt werden.[3353] Eine Leistungsbestimmung entspricht billigem Ermessen, wenn die wesentlichen Umstände des Falls abgewogen und die beiderseitigen Interessen angemessen berücksichtigt worden sind. Ob die beiderseitigen Interessen angemessen berücksichtigt worden sind, unterliegt der **vollen gerichtlichen Kontrolle**, § 315 Abs. 3 S. 2 BGB.[3354] Auch die von den Parteien **tatsächlich gelebte Vertragspraxis** ist bei der Prüfung zu berücksichtigen, ob eine Weisung des Arbeitgebers nach billigem Ermessen erfolgt ist.[3355]

Fehlt es an einer Festlegung des Inhalts oder des Orts der Leistungspflicht im Arbeitsvertrag, ergibt sich der Umfang der Weisungsrechte des Arbeitgebers aus § 106 GewO. Will der Arbeitgeber über die Grenzen des § 106 GewO hinaus die Tätigkeit und/oder ihre Bedingungen ändern, bedarf es eines wirksamen Versetzungsvorbehalts. Dieser unterliegt als Änderungsvorbehalt in Allgemeinen Geschäfts-/Arbeitsbedingungen der AGB-Kontrolle nach den §§ 305 ff. BGB.[3356] Die vorformulierte Zuweisungsklausel mit dem Inhalt, dass sich der Arbeitgeber vorbehält, einen Mitarbeiter entsprechend seinen Leistungen und Fähigkeiten mit einer anderen im Interesse des Unternehmens liegenden Tätigkeit zu betrauen und auch an einem anderen Ort zu beschäftigen, erweitert das Direktionsrecht des Arbeitgebers und ist weder gemäß § 308 Nr. 4 BGB unwirksam noch benachteiligt sie den Arbeitnehmer i.S.v. § 307 Abs. 1 S. 1 BGB unangemessen. Sie verstößt auch nicht gegen das Transparenzgebot des § 307 Abs. 1 S. 2 BGB. Unter **Berücksichtigung der im Arbeitsrecht geltenden Besonderheiten** (§ 310 Abs. 4 S. 2 BGB) werden Arbeitnehmer durch die Vorbehalte in ihren Arbeitsverträgen nicht unangemessen benachteiligt. Das vereinbarte Recht zur Zuweisung eines anderen Arbeitsortes wird den Interessen beider Vertragsparteien gerecht. Im Rahmen der Kontrolle von Allgemeinen Geschäftsbedingungen sind nicht nur rechtliche, sondern auch **tatsächliche Beson-**

3351 LAG Hamm 5.2.2008 – 11 SaGa 4/08, zit. nach juris; restriktiv LAG Mecklenburg-Vorpommern v. 29.6.2006 – 1 Sa 51/06, zit. nach juris; LAG München 1.12.2004 – 5 Sa 913/04, NZA-RR 2005, 354.
3352 *Busemann*, NZA 2015, 705, 710.
3353 BAG 7.12.2000 – 6 AZR 444/99, NZA 2001, 780; LAG Hamm 6.10.2006 – 10 Sa 821/06, zit. nach juris.
3354 BAG 25.2.2015 – 1 AZR 642/13, NZA 2015, 442; BAG 9.4.2014 – 10 AZR 637/13.
3355 *Busemann*, NZA 2015, 705, 709 f.
3356 *Hromadka*, NZA 2012, 233, 235.

derheiten des Arbeitslebens zu berücksichtigen. Gefordert ist die Beachtung aller dem Arbeitsverhältnis innewohnenden Besonderheiten.[3357] Ergibt die Auslegung eines in Allgemeinen Geschäftsbedingungen enthaltenen Versetzungsvorbehalts, dass diese Klausel inhaltlich der Regelung des § 106 S. 1 GewO entspricht, so unterliegt sie keiner Angemessenheitskontrolle nach § 307 Abs. 1 S. 1 BGB. Die vertragliche Regelung muss die Beschränkung auf den materiellen Gehalt des § 106 GewO unter Berücksichtigung der für Allgemeine Geschäftsbedingungen geltenden Auslegungsgrundsätze aus sich heraus erkennen lassen.[3358]

Behält sich der Arbeitgeber dagegen vor, ohne den Ausspruch einer Änderungskündigung einseitig die vertraglich vereinbarte Tätigkeit unter Einbeziehung geringer wertiger Tätigkeiten zulasten des Arbeitnehmers ändern zu können, liegt darin regelmäßig eine unangemessene Benachteiligung i.S.d. § 307 Abs. 2 Nr. 1 BGB.[3359]

aa) Konkretisierung der Arbeitspflicht

Durch die Ausübung seines Direktionsrechts ist es dem Arbeitgeber möglich, die von dem Arbeitnehmer zu verrichtenden Tätigkeiten, ihre Reihenfolge sowie die Begleitumstände der Arbeit festzulegen. Üblicherweise werden die dem Arbeitnehmer obliegenden Aufgaben und Tätigkeiten in einer Stellenbeschreibung zusammengefasst, um den Arbeitsplatz in seiner Wertigkeit und seinen Anforderungen beweisbar zu beschreiben. **1582**

Auch wenn der Arbeitgeber kraft seines Direktionsrechts grundsätzlich befugt ist, den Arbeitsbereich des Arbeitnehmers zu verkleinern, muss seine Maßnahme billigem Ermessen entsprechen (§ 315 Abs. 3 BGB). Dazu gehört, dass alle wesentlichen Umstände des Falles abgewogen und die beiderseitigen Interessen angemessen berücksichtigt sind.[3360]

Über „normale" Arbeitsanweisungen hinaus ist der Arbeitgeber auch berechtigt, den Arbeitnehmer anzuweisen, an Schulungen teilzunehmen und entsprechende Zertifikate zu erwerben, wenn diese Zertifikate erforderlich sind, um den arbeitsvertraglichen Pflichten nachzukommen.[3361] In Ausübung des ihm zustehenden Direktionsrechts ist der Arbeitgeber grundsätzlich berechtigt, den Arbeitnehmer anzuweisen, die von ihm erbrachten Arbeitsleistungen zu dokumentieren. Allerdings ist der Arbeitgeber bei der Erteilung von Weisungen nicht frei. Soweit Gesetze, Tarifverträge und Betriebsvereinbarungen ihm Spielraum für Weisungen lassen, muss der Inhalt einer Weisung „billigem Ermessen" entsprechen. Dies bedeutet, dass der Arbeitgeber seine Weisungen unter Berücksichtigung u.a. der betrieblichen Belange und der Interessen des Arbeitnehmers erteilen muss.[3362] **1583**

Das Direktionsrecht eines Arbeitgebers im öffentlichen Dienst erstreckt sich regelmäßig auf die Zuweisung solcher Tätigkeiten, die den Merkmalen der Vergütungsgruppe entsprechen, für die der Arbeitnehmer nach dem Arbeitsvertrag eingestellt worden ist. Das Direktionsrecht wird auch nicht dadurch beschränkt, dass dem Arbeitnehmer aus der bisherigen Fallgruppe heraus ein Bewährungsaufstieg möglich war, der ihm aus der nunmehr zugewiesenen Tätigkeit verwehrt ist.[3363] So kann die Bestellung zum stellvertretenden Pflegedienstleiter in einem Krankenhaus im Wege des Direktionsrechts wirksam widerrufen werden, wenn die Einsatzmöglichkeiten nicht auf die Funktion eines stellvertretenden Pflegedienstleiters beschränkt sind.[3364] Auch bei langjähriger Beschäftigung auf einer bestimmten Stelle konkretisiert sich die **1584**

3357 BAG 13.3.2007 – 9 AZR 433/06, AP Nr. 26 zu § 307 BGB.
3358 BAG 25.8.2010 – 10 AZR 275/09, NZA 2010, 1355.
3359 BAG 25.8.2010 – 10 AZR 275/09, NZA 2010, 1355.
3360 BAG 23.6.1993 – 5 AZR 337/92, NZA 1993, 1127; BAG 27.3.1980 – 2 AZR 506/78, AP Nr. 26 zu § 611 BGB Direktionsrecht.
3361 LAG Hessen 11.4.2007 – 8 Sa 1279/06, zit. nach juris.
3362 BAG 19.4.2007 – 2 AZR 78/06, AP Nr. 77 zu § 611 BGB Direktionsrecht.
3363 BAG 21.11.2002 – 6 AZR 82/01, AP Nr. 63 zu § 611 BGB Direktionsrecht.
3364 BAG v. 27.5.2004 – 6 AZR 192/03, EzBAT Nr. 56 zu § 8 BAT Direktionsrecht.

Arbeitspflicht nicht ohne besondere Umstände auf diese Tätigkeit, so dass das Direktionsrecht nach § 4 Abs. 1 TVöD (§ 12 BAT-O) nicht entsprechend beschränkt wird. Die Umsetzung einer Sekretärin im Vorstandssekretariat in eine Fachabteilung entspricht billigem Ermessen, wenn das Vorstandssekretariat umorganisiert wird.[3365]

bb) Festlegung der Arbeitszeit

1585 Das Direktionsrecht erlaubt es dem Arbeitgeber, die Arbeitszeit – Arbeitsbeginn, Arbeitsende, Pausen, Bereitschaftsdienst, Rufbereitschaft – auszugestalten und den betrieblichen Erfordernissen anzupassen, soweit kein höherrangiges Recht entgegensteht.

Der Arbeitgeber kann die Lage der Arbeitszeit gemäß § 106 S. 1 GewO nach billigem Ermessen näher bestimmen, soweit hierüber keine vertraglichen oder kollektivrechtlichen Vereinbarungen getroffen sind.[3366] Die Grenzen billigen Ermessens sind gewahrt, wenn der Arbeitgeber bei der Bestimmung der Zeit der Arbeitsleistung nicht nur eigene, sondern auch berechtigte Interessen des Arbeitnehmers angemessen berücksichtigt hat. Auf schutzwürdige familiäre Belange des Arbeitnehmers hat er Rücksicht zu nehmen, soweit einer vom Arbeitnehmer gewünschten Verteilung der Arbeitszeit nicht betriebliche Gründe oder berechtigte Belange anderer Arbeitnehmer entgegenstehen.[3367]

Die Befugnis, kraft des Direktionsrechts Ort und Zeit der Arbeitsleistung festzulegen, ist nicht dadurch eingeschränkt, dass der Arbeitgeber bei Abschluss des Arbeitsvertrags auf die für den Arbeitsbereich des Arbeitnehmers geltende betriebliche Regelung über Zeit und Ort des Beginns und Endes der täglichen Arbeit hingewiesen hat. Dies gilt auch dann, wenn der Arbeitgeber danach über längere Zeit von seinem dahingehenden Direktionsrecht keinen Gebrauch macht.[3368]

cc) Festlegung des Arbeitsorts

1586 Einzelvertraglich vereinbarte Versetzungsvorbehalte, die das Direktionsrecht dahin erweitern, dem Arbeitnehmer auch Tätigkeiten in einem anderen Betrieb des Unternehmens an einem anderen Ort zuzuweisen, sind grundsätzlich zulässig. Der arbeitsvertragliche Versetzungsvorbehalt verstößt nicht gegen das Transparenzgebot des § 307 Abs. 1 S. 2 BGB.[3369]

Arbeitspflichten können sich nach längerer Zeit auf bestimmte Arbeitsbedingungen konkretisieren. Dazu genügt jedoch nicht schon der bloße Zeitablauf. Vielmehr müssen besondere Umstände hinzutreten, aufgrund derer der Arbeitnehmer erkennen kann und darauf vertrauen darf, dass er nicht in anderer Weise eingesetzt werden soll. Dass ein Arbeitnehmer sich im Laufe der Zeit bezüglich der Gestaltung seines persönlichen Umfeldes an der ausgeübten Tätigkeit und insbesondere am Ort seiner Arbeitsleistung ausrichtet, ist nur eine Folge der langjährigen Tätigkeit und begründet, ohne dass weitere Umstände hinzutreten, keine Konkretisierung auf einen bestimmten Arbeitsort. Auch aus dem Umstand, dass ein Vertragspartner auf das Bestehen eines vertraglich vereinbarten Rechtes (eine vorformulierte Zuweisungsklausel) über einen längeren Zeitraum nicht hinweist, darf der andere Vertragspartner nicht den Schluss ziehen, sein Vertragspartner werde von seinem Recht keinen Gebrauch mehr machen. Der Arbeitgeber, der sich auf die Wirksamkeit einer Versetzung beruft, trägt die Darlegungs- und Beweislast für das Vorliegen der Zulässigkeitsvoraussetzungen des § 106 GewO für eine Versetzung. Dazu gehört nicht nur, dass er darlegt und ggf. beweist, dass seine Entscheidung billigem Ermessen entspricht, sondern auch, dass die Versetzung im Rahmen der gesetzlichen, arbeitsvertraglichen und kollektiv-rechtlichen Grenzen erfolgt ist.[3370]

3365 LAG Hessen 2.6.2006 – 5 Sa 653/05, NZA-RR 2007, 448 (LS).
3366 BAG 17.7.2007 – 9 AZR 819/06, NZA 2008, 118; BAG 23.9.2004 – 6 AZR 567/03, NZA 2005, 359.
3367 BAG 23.9.2004 – 6 AZR 567/03, NZA 2005, 359.
3368 BAG 7.12.2000 – 6 AZR 444/99, NZA 2001, 780.
3369 LAG Hessen 13.1.2006 – 17/13 Sa 220/05, zit. nach juris; BAG 13.3.2007 – 9 AZR 433/06, AP Nr. 26 zu § 307 BGB
3370 BAG 13.3.2007 – 9 AZR 433/06, AP Nr. 26 zu § 307 BGB; vgl. auch BAG 26.9.2012 – 10 AZR 413/11, zit. nach juris.

Verlegt der Arbeitgeber die gesamte Betriebsstätte an einen anderen Ort, hat er die individualvertraglichen **1587** Grenzen hinsichtlich des Orts der Arbeitsleistung zu beachten. Bei einer Entfernung zwischen alter und neuer Betriebsstätte von 270 Kilometern gibt es keine allgemeine Folgepflicht des Arbeitnehmers und keine entsprechende Weisungsbefugnis des Arbeitgebers. Der Arbeitgeber kann vom Arbeitnehmer weder auf das Direktionsrecht gestützt verlangen, dass der Arbeitnehmer täglich eine durchschnittliche Fahrzeit mit dem Pkw pro Strecke von rund 2 ½ Stunden zurücklegt, noch verlangen, dass der Arbeitnehmer unter der Woche am Arbeitsort übernachtet, sofern der Arbeitsvertrag nicht entsprechende Vorgaben enthält.[3371]

Eine langjährige Übung, wonach ein Teil der Arbeitszeit außerhalb des Dienstgebäudes abgeleistet werden darf, hindert den Arbeitgeber des öffentlichen Dienstes nicht daran, die Arbeitnehmer anzuweisen, in Zukunft die gesamte Arbeitszeit im Dienstgebäude abzuleisten.[3372]

c) Grenzen

§ 106 GewO benennt die Grenzen des arbeitgeberseitigen Weisungsrechts. Danach gehen die Vorgaben des **1588** Arbeitsvertrags, die Bestimmungen einer Betriebsvereinbarung, eines anwendbaren Tarifvertrages oder gesetzliche Vorschriften dem Direktionsrecht vor und begrenzen es.

aa) Grundrechte

Bei der Ausübung seines Weisungsrechts hat der Arbeitgeber die Grundrechte seiner Arbeitnehmer zu be- **1589** achten. So kann der Arbeitgeber einer Arbeitnehmerin nicht per se das Tragen eines – islamischen – Kopftuches untersagen. Sowohl bei der Ausübung des Weisungsrechts als auch bei der Ausgestaltung der vertraglichen Pflicht zu angemessener Kleidung ist das spezifische, durch Art. 4 Abs. 1 und 2 GG grundrechtlich geschützte Anliegen der Arbeitnehmerin, aus religiösen Gründen nicht mehr ohne ein Kopftuch zu arbeiten, zu beachten. Auf Grund der verfassungsrechtlich gewährleisteten, im Arbeitsverhältnis bei der Ausübung des Weisungsrechts oder der Ausgestaltung der vertraglichen Rücksichtnahmepflicht zu berücksichtigenden Glaubens- und Bekenntnisfreiheit kann deshalb der Arbeitgeber nicht ohne Weiteres die Einhaltung der in dem Betrieb allgemein üblichen Bekleidungsstandards verlangen und die Arbeitnehmerin zur Arbeitsleistung ohne ein Kopftuch wirksam auffordern.[3373]

Der Arbeitgeber hat im Rahmen des billigen Ermessens nach § 315 Abs. 1 BGB, der voraussetzt, dass der Inhalt der geschuldeten Leistung noch zu konkretisieren ist, einen ihm offenbarten Gewissenskonflikt des Arbeitnehmers zu berücksichtigen. Maßgebend ist der sog. subjektive Gewissensbegriff. Dieser setzt voraus, dass der Arbeitnehmer darlegt, ihm sei wegen einer aus einer spezifischen Sachlage folgenden Gewissensnot heraus nicht zuzumuten, die an sich vertraglich geschuldete Leistung zu erbringen. Lässt sich aus den festgestellten Tatsachen im konkreten Fall ein Gewissenskonflikt ableiten, so unterliegt die Relevanz und Gewichtigkeit der Gewissensbildung keiner gerichtlichen Kontrolle. Verbietet eine nach § 315 Abs. 1 BGB im Rahmen des billigen Ermessens erhebliche Gewissensentscheidung dem Arbeitgeber, dem Arbeitnehmer eine an sich geschuldete Arbeit zuzuweisen, so kann ein in der Person des Arbeitnehmers liegender Grund gegeben sein, das Arbeitsverhältnis zu kündigen, wenn eine andere Beschäftigungsmöglichkeit für den Arbeitnehmer nicht besteht.[3374]

bb) Gesetze

Gesetzes- oder sittenwidrige Weisungen braucht der Arbeitnehmer nicht zu befolgen. Trifft der Arbeitgeber **1590** entsprechende Weisungen und überschreitet damit sein Direktionsrecht, kann der Arbeitnehmer in der Regel die Weisung im Wege des Einstweiligen Rechtsschutzes zeitnah gerichtlich überprüfen lassen.

3371 LAG Hessen 14.6.2007 – 11 Sa 296/06, zit. nach juris.
3372 BAG 11.10.1995 – 5 AZR 802/94, NZA 1996, 718.
3373 BAG 10.10.2002 – 2 AZR 472/01, NZA 2003, 483.
3374 BAG 24.5.1989 – 2 AZR 285/88, NZA 1990, 144.

cc) Tarifvertrag, Betriebsvereinbarungen

1591 Die Weisungen des Arbeitgebers müssen die kollektivrechtlichen Vorgaben bindender Tarifverträge und Betriebsvereinbarungen, etwa zu Fragen von Umfang, Lage und Verteilung der Arbeitszeit, sowie die tarifliche Vergütungs- und Eingruppierungssystematik beachten. So darf der Arbeitgeber dem Arbeitnehmer nur seiner Vergütungsgruppe entsprechende Tätigkeiten zuweisen, da die Vergütungsgruppe Maßstab für die Gleichwertigkeit der übertragenen Tätigkeiten ist.

dd) Arbeitsvertrag, AGB-Kontrolle

1592 Der Arbeitsvertrag kann das Direktionsrecht des Arbeitgebers erweitern oder durch eine konkrete, sehr eng gefasste Aufgaben- und Tätigkeitsbeschreibung einengen (vgl. Rdn 802 f.).

Das Transparenzgebot verlangt von dem Verwender nicht, alle möglichen Konkretisierungen der Arbeitspflicht und des Weisungsrechts ausdrücklich zu regeln. Vielmehr ist das Weisungsrecht gemäß § 106 GewO Ausfluss und Folge der vertraglichen Festlegung der Arbeitspflicht. Die Vertragsparteien können es dabei belassen. Nach diesem Maßstab ist die Festlegung der Arbeitspflicht unter Berücksichtigung der Begleitumstände des Vertragsschlusses (§ 310 Abs. 3 Nr. 3 BGB) und der begrenzten Möglichkeiten für eine Konkretisierung im Vorhinein ausreichend transparent.[3375]

1593 Eine vorformulierte Klausel, nach der ein Arbeitgeber eine andere als die vertraglich vereinbarte Tätigkeit einem Arbeitnehmer „falls erforderlich" und nach „Abstimmung der beiderseitigen Interessen" einseitig zuweisen kann, ist jedenfalls dann als unangemessene Benachteiligung i.S.v. § 307 BGB anzusehen, wenn nicht gewährleistet ist, dass die Zuweisung eine mindestens gleichwertige Tätigkeit zum Gegenstand haben muss.[3376] Eine vorformulierte Vertragsklausel, wonach die Arbeitgeberin berechtigt ist, einer Filialleiterin eine andere Tätigkeit im Betrieb zuzuweisen, die ihren Kenntnissen und Fähigkeiten entspricht, ist unwirksam, wenn sie keine Einschränkung dahin enthält, dass es sich um eine gleichwertige Tätigkeit handeln muss. Sie benachteiligt die Arbeitnehmerin unangemessen im Sinne des § 307 Abs. 2 Nr. 1 BGB.[3377]

1594 Die vorformulierte Zuweisungsklausel mit dem Inhalt, dass sich der Arbeitgeber vorbehält, einen Mitarbeiter entsprechend seinen Leistungen und Fähigkeiten mit einer anderen im Interesse des Unternehmens liegenden Tätigkeit zu betrauen und auch an einem anderen Ort zu beschäftigen, erweitern das Direktionsrecht des Arbeitgebers und sind weder gemäß § 308 Nr. 4 BGB unwirksam noch benachteiligen sie den Arbeitnehmer i.S.v. § 307 Abs. 1 S. 1 BGB unangemessen. Sie verstoßen auch nicht gegen das Transparenzgebot des § 307 Abs. 1 S. 2 BGB.[3378] § 308 Nr. 4 BGB ist nicht auf arbeitsvertragliche Versetzungsvorbehalte anzuwenden; denn die Vorschrift erfasst nur einseitige Bestimmungsrechte hinsichtlich der Leistung des Verwenders. Versetzungsklauseln in Arbeitsverträgen betreffen demgegenüber die Arbeitsleistung als die dem Verwender geschuldete Gegenleistung. Eine formularmäßige Versetzungsklausel, die materiell der Regelung in § 106 S. 1 GewO nachgebildet ist, stellt weder eine unangemessene Benachteiligung des Arbeitnehmers nach § 307 Abs. 1 S. 1 BGB dar noch verstößt sie allein deshalb gegen das Transparenzgebot des § 307 Abs. 1 S. 2 BGB, weil keine konkreten Versetzungsgründe genannt sind.[3379]

ee) Mitbestimmung

1595 Der Arbeitgeber kann sein Weisungsrecht soweit das BetrVG auf den Betrieb Anwendung findet, nur unter Beachtung der Mitbestimmungsrechte des Betriebsrats (§§ 87, 99 BetrVG) ausüben.

3375 BAG 13.6.2007 – 5 AZR 564/06, NZA 2007, 974 „Arbeitspflicht einer Filmschauspielerin".
3376 BAG 9.5.2006 – 9 AZR 424/05, NZA 2007, 145.
3377 LAG Köln 9.1.2007 – 9 Sa 1099/06, NZA-RR 2007, 343.
3378 BAG 13.3.2007 – 9 AZR 433/06, AP Nr. 26 zu § 307 BGB.
3379 BAG 11.4.2006 – 9 AZR 557/05, NZA 2006, 1149.

ff) Überflüssige Änderungskündigung

Eine Änderungskündigung, deren Ziel in gleicher Weise gestützt auf das arbeitgeberseitige Direktionsrecht **1596** erreicht werden kann, ist unverhältnismäßig. Das gilt unabhängig davon, ob der gekündigte Arbeitnehmer die Änderungskündigung unter Vorbehalt angenommen hat. Eine solche unwirksame Änderungskündigung kann regelmäßig nicht in eine Direktionsrechtsausübung umgedeutet werden.[3380] Nach ständiger Rechtsprechung des Bundesarbeitsgerichts ist eine „überflüssige" Änderungskündigung wegen der damit verbundenen Bestandsgefährdung unverhältnismäßig mit der Folge der Unwirksamkeit, wenn der Arbeitnehmer das Änderungsangebot nicht angenommen hat. Demgegenüber führt nach bisheriger Rechtsprechung des Senats eine „überflüssige" Änderungskündigung bei Annahme des mit der Änderungskündigung verbundenen Angebots unter Vorbehalt nicht zur Unwirksamkeit der Änderung der Arbeitsbedingungen wegen eines Verstoßes gegen den Grundsatz der Verhältnismäßigkeit. Bei der Änderungsschutzklage nach § 2 KSchG gehe es um den Inhaltsschutz. Wenn die angebotenen Änderungen ohnehin gölten, sei es aufgrund einer Weisung, sei es wegen sozialer Rechtfertigung, bedürfe es des Inhaltsschutzes nicht. Die Frage, ob die im Änderungsangebot des Arbeitgebers enthaltenen Arbeitsbedingungen gerade infolge der mit der Änderungskündigung angebotenen Vertragsänderung gelten, ob es also zu einer Herbeiführung der Änderungen der Änderungskündigung bedurfte oder ob die angebotenen Arbeitsbedingungen ohnehin Grundlage des Arbeitsverhältnisses sind, sei daher nur als ein Element der Begründetheitsprüfung anzusehen mit der Folge, dass es einer sozialen Rechtfertigung nicht bedürfe, wenn die angebotenen Arbeitsbedingungen zum Beispiel wegen einer wirksamen Weisung oder einer Änderung des Tarifvertrags bereits unabhängig hiervon eingetreten seien.[3381]

d) Formulierungsbeispiele

Unternehmensbezogene/Konzernbezogene Versetzungsklausel **1597**

Der Arbeitgeber behält sich unter Abwägung der betrieblichen Belange und der berechtigten Interessen des Arbeitnehmers vor, dem Arbeitnehmer andere, seinen Fähigkeiten, Leistungen und Kenntnissen entsprechende gleichwertige Tätigkeiten zu gleichen Bezügen und zu ansonsten unveränderten Vertragsbedingungen auch an einem anderen Ort im Unternehmen/im Konzern zuzuweisen.[3382]

Ort- und tätigkeitsbezogene Versetzungsklausel **1598**

Die Gesellschaft behält sich vor, dem Arbeitnehmer auch an einem anderen Ort (innerhalb des Bundesgebiets) eine andere oder zusätzliche, seiner Vorbildung und seinen Fähigkeiten entsprechende zumutbare und gleichwertige Tätigkeit zu übertragen, wenn dies aus betrieblichen oder in der Person oder in dem Verhalten des Arbeitnehmers liegenden Gründen geboten erscheint.

134. Wettbewerbsverbot

Literatur *Bauer/von Medem*, Rechtliche und taktische Hinweise zu Wettbewerbsverboten mit Vorständen und Geschäftsführern, GWR 2011, 435; *Diller*, Vertragsstrafen bei Wettbewerbsverboten: was nun? – Ein Werkstattbericht, NZA 2008, 574; *Gaul*, Die nachvertragliche Geheimhaltungspflicht eines ausgeschiedenen Arbeitnehmers, NZA 1988, 225; *Gaul/Khanian*, Zulässigkeit und Grenzen arbeitsrechtlicher Regelungen zu Wettbewerbsverboten, MDR 2006, 181; *Günther/Nolde*, Vertragsstrafenklauseln bei Vertragsbruch – Angemessene und abschreckende Strafhöhe, NZA 2012, 62; *Hunold*, Rechtsprechung zum nachvertraglichen Wettbewerbsverbot, NZA-RR 2007, 617; *Hunold*, Die aktuelle Rechtsprechung zur Inhaltskontrolle arbeitsrechtlicher Absprachen – AGB-Kontrolle, NZA-RR 2008, 449; *Junker*, AGB-Kontrolle von Arbeitsvertragsklauseln in der neueren Rechtsprechung des Bundesarbeitsgerichts, BB 2007, 1274; *Nägele*, Freistellung und anderweitiger Erwerb, NZA 2008, 1039; *Schramm*, Neue Herausforderungen bei der Gestaltung von Vertragsstrafenklauseln, NJW 2008, 1494.

3380 LAG Köln 1.8.2007 – 3 Sa 906/06, zit. nach juris.
3381 BAG 6.9.2007 – 2 AZR 368/06, BB 2008, 896; BAG 19.7.2012 – 2 AZR 25/11, NZA 2012, 1038.
3382 BAG 13.3.2007 – 9 AZR 433/06, AP Nr. 26 zu § 307 BGB.

a) Hintergrund

1599 Für Arbeitnehmer besteht während des Arbeitsverhältnisses entweder aufgrund von § 60 HGB oder aufgrund der vertraglichen Treuepflicht (§ 242 BGB) ein **Wettbewerbsverbot**. Einer ausdrücklichen Regelung im Arbeitsvertrag bedürfte es daher grundsätzlich nicht. Allerdings kann nicht davon ausgegangen werden, dass diese Tatsache jedem Arbeitnehmer bekannt ist. Daher bieten sich entsprechende vertragliche Klauseln an, um die Situation zu verdeutlichen. Zudem kann ein vertraglich vereinbartes Wettbewerbsverbot auch über die gesetzlichen Vorgaben hinausgehen, sofern ein schützenswertes berechtigtes Interesse des Arbeitgebers vorliegt. Insbesondere kann bei einer ausdrücklichen Regelung eines vertraglichen Wettbewerbsverbotes im Vertrag auch eine Vertragsstrafe aufgenommen werden.

b) Rechtliche Grundlagen
aa) Allgemeines

1600 Das für die Dauer des Arbeitsverhältnisses bestehende Wettbewerbsverbot ist für kaufmännische Angestellte (das Gesetz nutzt den Begriff des Handlungsgehilfen) in § 60 HGB geregelt. Nach dieser Vorschrift darf der kaufmännische Angestellte ohne Einwilligung des Arbeitgebers kein Handelsgewerbe betreiben und im Handelszweig des Arbeitgebers keine Geschäfte für eigene oder fremde Rechnung tätigen. Für andere Arbeitnehmer (beispielsweise gewerbliche) und Auszubildende folgt die Pflicht, dem Arbeitgeber im selben Geschäftszweig keine Konkurrenz zu machen, aus der allgemeinen, auf Treu und Glauben (§ 242 BGB) gestützten Treuepflicht des Arbeitnehmers.[3383] Der Vollständigkeit halber sei darauf hingewiesen, dass für Vorstandsmitglieder einer Aktiengesellschaft ein Wettbewerbsverbot im § 88 AktG geregelt ist. Für Geschäftsführer einer GmbH besteht zwar keine explizite gesetzliche Regelung. Allerdings wird auch hier während des Vertragsverhältnisses ein vertragliches Wettbewerbsverbot aus der Treuebindung hergeleitet.[3384]

1601 Nach Beendigung des Arbeitsverhältnisses ist der Arbeitnehmer grundsätzlich berechtigt, die gewonnenen Fertigkeiten und Kontakte zu nutzen, auch wenn er dadurch in Konkurrenz zu seinem früheren Arbeitgeber tritt. Er darf jedoch weder Betriebs- und Geschäftsgeheimnisse des früheren Arbeitgebers verraten noch diesen sittenwidrig schädigen. Der Arbeitgeber kann, um die Verwertung dieser Kenntnisse zumindest zeitweise zu verhindern, mit dem Arbeitnehmer noch während des bestehenden Arbeitsverhältnisses ein nachvertragliches Wettbewerbsverbot vereinbaren. Die maßgeblichen Vorschriften der §§ 74 ff. HGB gelten für Arbeitnehmer im kaufmännischen Bereich direkt, für alle anderen Arbeitnehmer analog.[3385]

bb) Kaufmännische Angestellte
(1) Anwendungsbereich des § 60 HGB
(a) Personeller Anwendungsbereich

1602 Das gesetzliche Wettbewerbsverbot gemäß § 60 Abs. 1 HGB gilt ausschließlich für **Handlungsgehilfen**. Handlungsgehilfen sind gemäß § 59 S. 1 HGB Personen, die in einem Handelsgewerbe zur Leistung kaufmännischer Dienste angestellt sind, demnach der heutige kaufmännische Angestellte.[3386] Eine analoge Anwendung des § 60 HGB auf andere Personen (gewerbliche Arbeitnehmer, Auszubildende, Handelsvertreter) wird allgemein abgelehnt.[3387]

3383 BAG 6.8.1987, AP Nr. 97 zu § 626 BGB; Koller/Roth/Morck/*Koller*, § 60 HGB Rn 1.
3384 BSG 9.8.1990, NZA 1991,159; BGH 5.12.1983, BGHZ 89, 162, 165 f.; *Bauer/von Medem*, GWR 2011, 435.
3385 BAG 13.9.1969, AP Nr. 24 zu § 611 BGB Konkurrenzklausel; Ebenroth u.a./*Boecken*, HGB, § 74 Rn 7.
3386 Moll/*Reinfeld*, § 31 Rn 1.
3387 BAG 16.1.1975, AP Nr. 8 zu § 60 HGB; MüKo-HGB/*von Hoyningen-Huene*, § 60 HGB Rn 8 ff.

(b) Zeitlicher Anwendungsbereich

Der zeitliche Geltungsbereich des Wettbewerbsverbotes nach § 60 Abs. 1 HGB wird bestimmt durch die **Dauer des Arbeitsverhältnisses**. Hierbei kommt es auf den rechtlichen Bestand des Arbeitsverhältnisses an.[3388] Daher besteht das Wettbewerbsverbot auch bei einer Freistellung bis zur rechtlichen Beendigung fort.[3389] Ein kaufmännischer Angestellter ist demnach auch während des Zeitraums einer **Freistellung** am Wettbewerb gehindert, allerdings nur, wenn diese rechtmäßig erfolgt. Denn bei einer ungerechtfertigten Suspendierung befindet sich der Arbeitgeber im Annahmeverzug. Bei einem solchen obliegt es dem Arbeitnehmer gemäß § 615 S. 2 BGB seine Dienste anderweitig zu verwenden. Daher muss in einem solchen Fall das Wettbewerbsverbot entfallen.[3390]

Für den Fall einer **Kündigung** und eines sich anschließenden **Kündigungsschutzprozesses** ist maßgeblich, ob das Arbeitsverhältnis rechtlich fortbesteht oder nicht. Demnach kommt es auf das Ergebnis des Kündigungsschutzverfahrens an. Denn das Wettbewerbsverbot gilt auch während des rechtlichen Bestehens des Arbeitsverhältnisses, wenn über die Beendigung zwischen den Arbeitsvertragsparteien gestritten wird.[3391]

1603

(c) Inhaltliche Restriktion

§ 60 Abs. 1 HGB verbietet dem kaufmännischen Angestellten zunächst ein **Handelsgewerbe zu betreiben**. Der reine Wortlaut ließe daraus schließen, dass jegliches Handelsgewerbe untersagt sei. Die verfassungskonforme Auslegung des § 60 HGB bedingt jedoch, dass dem kaufmännischen Angestellten nur Handelsgewerbe derselben Art wie die seines Arbeitgebers untersagt sind.[3392] Hierbei ist auf die jeweilige Unternehmenssituation abzustellen. Demnach wirkt sich jede Unternehmensänderung auch auf das Ausmaß des gesetzlichen Verbotes aus. Denn nur in diesem Bereich besteht für den Arbeitgeber eine Gefährdung durch die Betreibung eines Handelsgewerbes. Sonstige gewerbliche Tätigkeiten außerhalb des Handelszweiges des Arbeitgebers sind – sofern sie außerhalb der Arbeitszeit erfolgen und die Arbeitsleistung nicht beeinträchtigen – gestattet.

1604

Ein Handelsgewerbe wird dann betrieben, wenn sich der kaufmännische Angestellte als Unternehmer betätigt, er beispielsweise im eigenen Namen ein Unternehmen führt. Eine persönliche Tätigkeit ist nicht ausschlaggebend. Das Verbot greift daher auch dann ein, wenn ein Strohmann vorgeschoben wird.

1605

Bei einer reinen Beteiligung liegt das Betreiben eines Handelsgewerbes nur vor, wenn der kaufmännische Angestellte auch kaufmännisch tätig wird. Unzulässig ist demnach der Eintritt in eine OHG oder KG als persönlich haftender Gesellschafter.[3393] Kein Betreiben eines Handelsgewerbes liegt vor, wenn lediglich Aktien einer konkurrierenden Aktiengesellschaft erworben werden oder eine Beteiligung als Kommanditist vorgenommen wird, bei welcher keine Geschäfts- und/oder Vertretungsvollmacht eingeräumt wird.[3394]

1606

Grundsätzlich **gestattet** sind jedoch **bloße Vorbereitungen für eine spätere Konkurrenztätigkeit**. Derartige Vorbereitungshandlungen sind nur dann vom Wettbewerbsverbot des § 60 Abs. 1 HGB erfasst, wenn sie aktuelle Geschäftsinteressen des Arbeitgebers gefährden.[3395] Demnach dürfen die formalen organisato-

1607

3388 Staudinger/*Richardi/Fischinger*, § 611 BGB Rn 624; Schaub/*Vogelsang*, ArbR-Hdb., § 54 Rn 5 ff.
3389 BAG 30.5.1978, AP Nr. 9 zu § 60 HGB; *Nägele*, NZA 2008, 1039, 1040; vgl. aber auch BAG, NZA 2007, 36.
3390 BAG 6.9.2006, NZA 2007, 36, 37.
3391 BAG 25.4.1991, AP Nr. 104 zu § 626 BGB; Koller/Roth/Morck/*Koller*, § 60 HGB Rn 1; *Nägele*, NZA 2008, 1039, 1040; Röhricht/ Graf v. Westphalen/*Wagner*, § 60 HGB Rn 3.
3392 BAG 25.5.1970, AP Nr. 4 zu § 60 HGB; BAG 12.5.1972, AP Nr. 6 zu § 60 HGB; BAG 7.9.1972, AP Nr. 7 zu § 60 HGB; Röhricht/ Graf v. Westphalen/*Wagner*, § 60 HGB Rn 15; Schaub/*Vogelsang*, ArbR-Hdb., § 54 Rn 10, Staudinger/*Richardi/Fischinger*, § 611 BGB Rn 625.
3393 Ebenroth/*Boecken*, § 60 HGB Rn 21; Schaub/*Vogelsang*, ArbR-Hdb., § 54 Rn 10.
3394 Baumbach/*Hopt/Roth*, § 60 HGB Rn 2; vgl. aber LAG Köln 29.4.1994, NZA 95, 994: auch Ausstattung mit zusätzlichem Kapital soll Betreiben eines Handelsgewerbes sein.
3395 BAG 30.1.1963, AP Nr. 3 zu § 60 HGB; BAG 12.5.1972, AP Nr. 6 zu § 60 HGB; BAG 17.9.1972, AP Nr. 7 zu § 60 HGB; BAG 16.1.1975, AP Nr. 8 zu § 60 HGB; BAG 30.5.1978, AP Nr. 9 zu § 60 HGB.

rischen Voraussetzungen für ein geplantes eigenes Unternehmen auch während des Arbeitsverhältnisses geschaffen werden, beispielsweise das Anmieten von Geschäftsräumen, der Erwerb von Waren, die Einstellung von Arbeitnehmern, die Gründung, Anmeldung und Bekanntmachung eines Handelsgeschäftes etc.[3396]

1608   Nach § 60 Abs. 1 2. Alt. HGB ist dem kaufmännischen Angestellten zudem jegliche selbstständige und unselbstständige Geschäftätigkeit auf eigene oder fremde Rechnung im „Handelszweig" des Arbeitgebers verboten. Mit diesem Verbot soll eine Gefährdung der Wettbewerbsinteressen des Arbeitgebers vermieden werden. Unter dem Begriff des Geschäftemachens ist jede, wenn auch nur spekulative, auf Gewinnerzielung gerichtete Teilnahme am geschäftlichen Verkehr zu verstehen, die nicht nur zur Befriedigung eigener privater Bedürfnisse erfolgt.[3397] Auf den Erfolg und die Intensität der Geschäftätigkeit kommt es nicht an, sondern lediglich auf das Ziel.[3398] Unzulässig ist daher jede Wettbewerbätigkeit, auch wenn keine Vertragsabschlüsse erfolgen, demnach auch das vorbereitende Gespräch bei Kunden für eine spätere eigenständige Geschäftätigkeit.[3399] Verboten ist allerdings nur eine Konkurrenztätigkeit gegenüber dem Arbeitgeber. Ist dieser konzernmäßig verbunden, besteht kein Verbot gegenüber den sonstigen Konzernunternehmen.[3400] Auch bezüglich des Verbotes der zweiten Alternative des § 60 Abs. 1 HGB kommt es auf die tatsächliche Geschäftätigkeit des Arbeitgebers an. Ändert sich diese, kann das auch Einfluss auf die Wettbewerbätigkeit des Arbeitnehmers haben. War deren Ausübung vor der Änderung rechtmäßig, kann zugunsten des Arbeitnehmers ein Bestandsschutz gelten.[3401]

(2) Rechtsfolgen eines Verstoßes gegen § 60 Abs. 1 HGB

1609   Ein Verstoß gegen das gesetzliche Wettbewerbsverbot eines kaufmännischen Angestellten führt nicht zur Unwirksamkeit von Rechtshandlungen, die den Betrieb eines Handelsgewerbes oder Geschäftätigkeiten im Handelszweig des Arbeitgebers zum Gegenstand haben. Denn das Gesetz ist kein Verbotsgesetz im Sinne des § 134 BGB.[3402] Gemäß § 61 Abs. 1 HGB kann der Arbeitgeber wählen, ob er **Schadensersatz** oder **Selbsteintritt** verlangt.

1610   Der Schadensersatz ergibt sich aus der Vertragsverletzung in Verbindung mit § 60 Abs. 1 HGB. Voraussetzung ist ein schuldhaftes Handeln des kaufmännischen Angestellten. Zudem muss der Arbeitgeber darlegen und beweisen, dass ihm infolge des unerlaubten Betreibens eines Handelsgewerbes oder einer verbotenen Konkurrenztätigkeit ein Schaden erwachsen ist. Er muss weiterhin nachweisen, dass er ansonsten selbst die verbotenen Geschäfte getätigt hätte. Schaden ist nicht nur der tatsächlich erwachsene Schaden, sondern insbesondere auch der entgangene Gewinn (§ 252 BGB).[3403]

1611   Statt des Schadensersatzes kann der Arbeitgeber auch verlangen, dass kaufmännische Angestellte die verbotswidrig auf eigene Rechnung gemachten Geschäfte als auf Rechnung des Arbeitgebers eingegangen gelten lassen und die aus Geschäften auf fremde Rechnung bezogene Vergütung herausgeben bzw. den Anspruch auf Vergütung abtreten. Demnach wird nicht, wie der Begriff „Eintrittsrecht" nahelegen könnte, ein Eintritt des Arbeitgebers in das fremde Geschäft fingiert, vielmehr soll lediglich der wirtschaftliche Erfolg auf den Arbeitgeber überführt werden.[3404] Die Rechte des Dritten bleiben daher unberührt.

3396 Schaub/*Vogelsang*, ArbR-Hdb., § 54 Rn 11.
3397 BAG 15.2.1961, AP Nr. 1 zu § 61 HGB; BAG 30.1.1963, AP Nr. 3 zu § 60 HGB; Koller/Roth/Morck/*Koller*, § 60 HGB Rn 1.
3398 Vgl. Moll/*Reinfeld*, § 31 Rn 4.
3399 BAG 24.4.1970, AP Nr. 5 zu § 60 HGB; ErfK/*Oetker*, § 60 HGB Rn 8.
3400 Schaub/*Vogelsang*, ArbR-Hdb., § 31 Rn 13.
3401 Ebenroth/*Boecken*, § 60 HGB Rn 23.
3402 Schaub/*Vogelsang*, ArbR-Hdb., § 54 Rn 19.
3403 ErfK/*Oetker*, § 61 HGB Rn 4; Röhricht/Graf v. Westphalen/*Wagner*, § 61 HGB Rn 11.
3404 Moll/*Reinfeld*, § 31 Rn 32; Röhricht/Graf v. Westphalen/*Wagner*, § 61 HGB Rn 17.

Das Eintrittsrecht ist jedoch ausgeschlossen, wenn der Eintritt von der Natur der Sache her nicht möglich ist. Der Arbeitgeber kann beispielsweise nicht verlangen, die Rechte aus einem Gesellschaftsvertrag wahrzunehmen oder sich Vergütungsansprüche aus einem Arbeits- oder Dienstvertrag abtreten zu lassen.[3405]

Schadensersatz und Eintrittsrechte verjähren in drei Monaten von dem Zeitpunkt an, in welchem der Arbeitgeber Kenntnis von dem Verstoß gegen das Wettbewerbsverbot erlangt hat sowie ohne Rücksicht auf diese Kenntnis in fünf Jahren vom Abschluss des Geschäftes an (§ 61 Abs. 2 HGB). **1612**

Bei Wiederholungsgefahr kann der Arbeitgeber natürlich auch Unterlassung verlangen. Der Unterlassungsanspruch kann bei Eilbedürftigkeit auch im Wege der einstweiligen Verfügung geltend gemacht werden.[3406]

cc) Verbot für andere Arbeitnehmer

Für andere (gewerbliche) Arbeitnehmer und Auszubildende gelten §§ 60, 61 HGB weder unmittelbar noch analog.[3407] Allerdings stellen diese Vorschriften nach Ansicht des BAG eine Ausprägung der allgemeinen, auf Treu und Glauben gestützten Rücksichtspflichten des Arbeitnehmers dar, so dass das für Handlungsgehilfen in § 60 Abs. 1 HGB enthaltene Wettbewerbsverbot mithin für sämtliche Arbeitnehmer einschließlich der Auszubildenden Anwendung findet.[3408] **1613**

Grundsätzlich gilt daher der sachliche Anwendungsbereich des § 60 Abs. 1 HGB. Bei Verstößen folgt ebenso wie bei einem Verstoß gegen § 60 Abs. 1 HGB ein Schadensersatzanspruch des Arbeitgebers. Allerdings kann mangels Analogie dem Arbeitgeber kein Eintrittsrecht gewährt werden. Das BAG hat jedoch einen zum gleichen Ergebnis führenden Herausgabeanspruch aus § 687 Abs. 1 BGB in Verbindung mit §§ 681 S. 2, 667 BGB entwickelt.[3409] Ebenso findet die Verjährungsfrist des § 61 Abs. 2 HGB keine Anwendung. Es würden demnach die allgemeinen Verjährungsregeln greifen. Allerdings bestehen ähnliche Regelungen wie in § 61 Abs. 2 HGB auch in § 113 Abs. 3 HGB und § 88 Abs. 3 AktG. Vorsorglich sollten daher auch bei einem nicht kaufmännischen Angestellten Schadensersatzansprüche innerhalb einer Frist von drei Monaten geltend gemacht werden. **1614**

dd) Erweiterung des gesetzlichen Wettbewerbsverbotes

Das Wettbewerbsverbot kann durch vertragliche Regelung über den sachlichen Geltungsbereich des § 60 Abs. 1 HGB erweitert werden. Dies folgt aus der Vertragsfreiheit. Eine derartige Vereinbarung darf allerdings nicht der Berufsfreiheit des Arbeitnehmers nach Art. 12 Abs. 1 GG entgegenstehen. Mit diesem Grundrecht ist eine Erweiterung des Wettbewerbsverbotes nur dann vereinbar, wenn sie schützenswerten geschäftlichen Interessen des Arbeitgebers dient.[3410] **1615**

ee) Vertragsstrafe

Bei einem Verstoß des Arbeitnehmers gegen sein vertragliches Wettbewerbsverbot kann der Arbeitgeber – wie dargestellt – Schadensersatz-, Unterlassungsansprüche sowie das Eintrittsrecht bzw. den Herausgabeanspruch geltend machen. Besonders hinsichtlich des Schadensersatzanspruches dürfte es einem Arbeitgeber oftmals schwerfallen, den konkreten Schaden und vor allen Dingen die Kausalität darzulegen. Um den Arbeitnehmer wirksam an einem Verstoß zu hindern und vor allem um das Arbeitgeberbedürfnis an einem gewissen Schadensersatz zu befriedigen, werden häufig Vertragsstrafen vereinbart. Das BAG hält **1616**

3405 Vgl. Röhricht/Graf v. Westphalen/*Wagner*, § 61 HGB Rn 14 f.; Schaub/*Vogelsang*, ArbR-Hdb., § 54 Rn 25.
3406 LAG Köln 24.5.2005, NZA-RR 2005, 547.
3407 BAG 16.1.1975, AP Nr. 8 zu § 60 HGB.
3408 BAG 16.8.1990, DB 1991, 1683; Koller/Roth/Morck/*Koller*, § 60 HGB Rn 1.
3409 BAG 21.10.1970, AP Nr. 13 zu § 242 BGB Auskunftspflicht; BAG 16.6.1976, AP Nr. 8 zu § 611 BGB Treuepflicht.
3410 Vgl. *Gaul*, NZA 1988, 225.

Vertragsstrafen, die bestimmte Eigentums- oder Vermögensverletzungen sanktionieren, auch dem Grunde nach für zulässig.[3411]

1617   Da es sich bei Vertragsstrafenabreden in Arbeitsverträgen in aller Regel um allgemeine Geschäftsbedingungen handeln dürfte, muss die Vertragsstrafe der gesetzlichen AGB-Kontrolle genügen. Daher ist bei der Ausgestaltung von Vertragsstrafenabreden besondere Vorsicht an den Tag zu legen. Vertragsstrafenabreden unterfallen zwar nicht dem strikten Verbot des § 309 Nr. 6 BGB, weil die Besonderheiten des Arbeitsrechts (§ 310 Abs. 4 S. 2 BGB) eine Einschränkung gebieten. Denn anders als bei anderen Austauschverträgen besteht beim Arbeitsvertrag nicht die Möglichkeit, den Anspruch auf die Hauptleistung (Arbeitsleistung) zu vollstrecken (§ 888 Abs. 3 ZPO).[3412] Die Vereinbarung einer Vertragsstrafe kann aber beispielsweise wegen der Höhe der Strafe unangemessen und daher nach § 307 Abs. 1 S. 1 BGB unwirksam sein.[3413] Nach aktueller Rechtsprechung wird eine Vertragsstrafe von einem Monatsgehalt jedenfalls als wirksam angesehen.[3414] Eine Klausel, die eine Vertragsstrafe für jeden Pflichtverstoß innerhalb eines Rahmens von einem bis drei Monatsgehältern vorsieht, hielt der Inhaltskontrolle nach § 307 BGB allerdings nicht stand.[3415]

1618   Voraussetzungen und Rechtsfolgen einer Vertragsstrafe müssen so genau beschrieben sein, dass aus Sicht des Arbeitnehmers keine ungerechtfertigten Beurteilungsspielräume bestehen. Eine Klausel, die vermeidbare Unklarheiten und Spielräume enthält, verletzt das Transparenzgebot und stellt somit eine unangemessene Benachteiligung des Arbeitnehmers gemäß § 307 BGB dar.[3416] Das BAG hat demnach eine Klausel mit folgendem Wortlaut für unwirksam erklärt: „Im Falle einer dauerhaften Verletzung des Wettbewerbsverbots gilt jeder angebrochene Monat als eine erneute Verletzungshandlung".[3417] Es muss daher künftig noch mehr Sorgfalt darauf verwendet werden, sowohl die Pflichtverletzung als auch die zu leistende Strafe ihrer Höhe nach so präzise wie möglich zu bestimmen.

1619   Außerdem darf die Klausel nicht überraschend im Sinne von § 305c BGB sein. Vertragsstrafen sind in vielen Arbeitsverträgen enthalten, so dass sie nicht per se überraschend sind. Allerdings kann sich ein Überraschungseffekt ergeben, wenn die Vertragsstrafe an einer unerwarteten Stelle geregelt ist.[3418] Deshalb erscheint es sinnvoll, die Vertragsstrafe im unmittelbaren Anschluss an die strafbewehrte Vertragsverletzung zu regeln.

1620   Die Folgen eines Verstoßes gegen § 307 BGB sind gravierend. Eine geltungserhaltende Reduktion der unwirksamen Vertragsstrafenklausel erfolgt nicht. Es gilt auch hier das „alles oder nichts-Prinzip".[3419] Damit verbleibt es bei einer unwirksamen Vertragsstrafenabrede bei den gesetzlichen Regelungen, bei denen der Arbeitgeber allenfalls Schadensersatzansprüche geltend machen könnte. Hierfür bedarf es aber der substantiierten Darlegung des Schadens sowie der Kausalität zwischen Pflichtverletzung und Schaden. Ist die Vertragsstrafe dagegen individuell ausgehandelt und liegt daher keine AGB vor, kann eine zu hohe Vertragsstrafe gemäß § 343 BGB angemessen herabgesetzt werden.[3420]

3411 BAG 21.4.2005, NZA 2005, 1053, 1055; *Schramm*, NJW 2008, 1494.
3412 *Junker*, BB 2007, 1274, 1277.
3413 BAG 4.3.2004, NZA 2004, 727.
3414 BAG 21.4.2005, NZA 2005, 1053, 1054; *Schramm*, NJW 2008, 1494.
3415 BAG 18.8.2005, NZA 2006, 34, 36; *Schramm*, NJW 2008, 1494.
3416 BAG 14.8.2007, NJW 2008, 458; *Hunold*, NZA-RR 2008, 449, 456.
3417 BAG 14.8.2007, NJW 2008, 458; *Diller*, NZA 2008, 574.
3418 *Günther/Nolde*, NZA 2012, 62, 63.
3419 *Gaul*, Aktuelles Arbeitsrecht, Band 1/2015, S. 78.
3420 *Günther/Nolde*, NZA 2012, 62, 64.

c) Muster

Muster 1a.86: Wettbewerbsverbot

1621

(1) Der Mitarbeiter ist verpflichtet, jede Tätigkeit zu unterlassen, die objektiv geeignet ist, fremden oder eigenen Wettbewerb zu fördern, unabhängig davon, ob dies auf eigene oder fremde Rechnung geschieht. Dies gilt auch für die Förderung von Wettbewerb im familiären, persönlichen oder privaten Umfeld. Jede direkte oder indirekte Tätigkeit für oder im Interesse von Konkurrenten, entgeltlich oder unentgeltlich, ist untersagt. Der Mitarbeiter wird sich in keiner Form, weder mittelbar noch unmittelbar an Unternehmen, die mit der Gesellschaft oder einem ihr verbundenen Unternehmen im Wettbewerb stehen oder mit denen die Gesellschaft Geschäftsverbindungen unterhält, beteiligen. Ausgenommen hiervon sind Beteiligungen bis zu maximal 5 %, sofern dies keine Stimmberechtigungen mit sich bringt.

(2) Ein Verstoß gegen dieses Wettbewerbsverbot kann die Gesellschaft zu einer außerordentlichen Kündigung des Arbeitsvertrages berechtigen.

(3) Für jede Handlung, mit welcher der Mitarbeiter das Verbot schuldhaft verletzt, hat er eine Vertragsstrafe in Höhe von einem durchschnittlichen Bruttomonatsgehalt zu zahlen.

(4) Besteht die Verletzungshandlung in der kapitalmäßigen Beteiligung an einem Wettbewerbsunternehmen oder der Eingehung eines Dauerschuldverhältnisses, ist die Vertragsstrafe für jeden angefangenen Monat, in dem diese Verletzungshandlung begangen wird, neu zu zahlen. Mehrere Verletzungshandlungen lösen jeweils gesonderte Vertragsstrafen aus, gegebenenfalls auch mehrfach innerhalb eines Monats. Erfolgen dagegen mehrere Verletzungshandlungen im Rahmen einer Dauerverletzung, sind sie von der für die Dauerverletzung verwirkten Vertragsstrafe mit umfasst.

(5) Die Geltendmachung von Schäden, die über die Vertragsstrafe hinausgehen, behält sich die Gesellschaft vor. Die Entrichtung der Vertragsstrafe enthebt den Mitarbeiter zudem nicht von der Einhaltung des Wettbewerbsverbotes.

135. Whistleblowing

Literatur: *Berndt/Hoppler*, Whistleblowing – Ein integraler Bestandteil effektiver Corporate Governance, BB 2005, 2623; *Bürkle*, Weitergabe von Informationen über Fehlverhalten in Unternehmen (Whistleblowing) und Steuerung auftretender Probleme durch ein Compliance-System, DB 2004, 2158; *Busekist/Fahrig*, Whistleblowing und der Schutz von Hinweisgebern, BB 2013, 119; *Fahrig*, Die Zulässigkeit von Whistleblowing aus arbeits- und datenschutzrechtlicher Sicht, NZA 2010, 1223; *Deiseroth*, Verfassungsrechtliche Vorgaben für das Kündigungsschutzrecht – Grundrechtsschutz bei Anzeigen gegenüber dem Staatsanwalt, AuR 2002, 161; *Fleischer/Schmolke*, Whistleblowing und Corporate Governance, WM 2012, 1013; *Forst*, Strafanzeige gegen den Arbeitgeber – Grund zur Kündigung des Arbeitsvertrags?, NJW 2011, 3477; *Haußmann/Kaufmann*, Auswirkungen absehbarer Änderungen im Datenschutzrecht auf Whistleblowing-Systeme, ArbRAktuell 2011, 186; *Herbert/Oberrath*, Schweigen ist Gold? – Rechtliche Vorgaben für den Umgang des Arbeitnehmers mit seiner Kenntnis über Rechtsverstöße im Betrieb, NZA 2005, 193; *Kiraly*, Whistleblower in Deutschland und Großbritannien – Lehren aus dem Fall Heinisch, RdA 2012, 236; *Klasen/Schaefer*, Whistleblower, Zeuge und „Beschuldigter" – Informationsweitergabe im Spannungsfeld grundrechtlicher Positionen, BB 2012, 641; *dies.*, Einsichtsrechte von Arbeitnehmern und Beteiligten bei unternehmensinternen Untersuchungen, DB 2012, 1384; *Klebe/Wroblewski*, Verbotene Liebe? Zur rechtlichen Zulässigkeit von Ethikrichtlinien, insbesondere von internen „Whistleblowing"-Systemen, in: GS Zachert (2010), S. 313; *Kort*, Individualarbeitsrechtliche Fragen des Whistleblowing, in: FS Kreutz (2010), S. 247; *ders.*, Lückenhafte Reform des Beschäftigtendatenschutzes – Offene Fragen und mögliche Antworten in Bezug auf die geplanten §§ 32 ff. BDSG; MMR 2011, 294; *ders.*, Zum Verhältnis von Datenschutz und Compliance im geplanten Beschäftigungsdatenschutzgesetz, DB 2011, 651; *Köhler/Häferer*, Mitbestimmungsrechte des Betriebsrats im Zusammenhang mit Compliance-Systemen, GWR 2015, 159; *Mahnhold*, „Global Whistle" oder „deutsche Pfeife" – Whistleblowing-Systeme im Jurisdiktionskonflikt, NZA 2008, 737; *Maume/Haffke*, Whistleblowing als Teil der Unternehmenscompliance – Rechtlicher Rahmen und Best Practice, ZIP 2016, 199; *Mengel*, Kündigung wegen Whistleblowing, CCZ 2011, 229; *Mengel/Ullrich*, Arbeitsrechtliche Aspekte unternehmensinterner Investigations, NZA 2006, 240; *Müller*, Whistleblowing – Ein Kündigungsgrund?, NZA 2002, 424; *Scheicht/Loy*, Arbeitsrechtliche Aspekte des Whistleblowings, DB 2015, 803; *Schmidl*, Datenschutz für Whistleblowing – Hotlines, DuD 2006, 353; *Schmolke*, Whistleblowing-Systeme als Corporate Governance-Instrument transnationaler Unternehmen, RiW 2012, 224; *Schulz*, Compliance – Internes Whistleblowing, BB 2011, 629; *Simon/Schilling*, Kündigung wegen Whistleblowing?, BB 2011, 2421; *Stein*, Die rechtsmissbräuchliche Strafanzeige, BB 2004, 1961; *Stück*, Compliance und Mitbestimmung, ArbRAktuell 2015, 337; *Ulber*, Whistleblowing und der EGMR, NZA 2011, 962; *Weber-Rey*, Whistleblowing zwischen Corporate Governance und Better Regulation,

AG 2006, 406; *Wiebauer*, Whistleblowing im Arbeitsschutz, NZA 2015, 22; *Wisskirchen/Körber/Bissels*, „Whistleblowing" und „Ethik-hotlines", BB 2006, 1567; *Zimmer/Seebacher*, Whistleblowing – Wichtige Erkenntnisquelle oder gefährliches Pflaster?, CCZ 2013, 31; *v. Zimmermann*, Whistleblowing und Datenschutz, RDV 2006, 242.

a) Internes Whistleblowing

1622 Das Stichwort „internes Whistleblowing" betrifft die Frage, unter welchen Umständen ein Arbeitnehmer verpflichtet ist, seinen Arbeitgeber über das rechtswidrige Verhalten von Arbeitskollegen, Vorgesetzten oder Dritten zu informieren. Das BAG hat in einer älteren Entscheidung eine solche **Anzeigepflicht** unter der Voraussetzung bejaht, dass den Arbeitnehmer aufgrund seiner Stellung im Unternehmen eine Über-wachungspflicht trifft, sich das Fehlverhalten des Dritten im eigenen – zu überwachenden – Aufgaben-bereich des Arbeitnehmers abspielt und Wiederholungsgefahr droht.[3421] Ausdrücklich offengelassen hat das Gericht die Frage, ob ein Arbeitnehmer allgemein verpflichtet ist, gegen den Arbeitgeber gerichtete schädigende Handlungen seiner Arbeitskollegen anzuzeigen.[3422] Im Schrifttum wird dies überwiegend mit der Einschränkung bejaht, dass dem Arbeitgeber **erhebliche Schäden** drohen.[3423] Eine allgemeine „De-nunziationspflicht", wonach der Arbeitnehmer jegliche schädigende Handlung von Arbeitskollegen dem Arbeitgeber anzuzeigen hätte, wird dagegen überwiegend abgelehnt.[3424] Wo die Grenze liegt und im wel-chem Maße sich die kraft Gesetzes bestehende Anzeigepflicht vertraglich erweitern lässt, ist derweil noch offen.[3425] Eine Pflicht, Verstöße zu melden, besteht nicht, wenn sich der Arbeitnehmer dabei selbst bezich-tigen würde.[3426] Stellt der Arbeitnehmer beim internen Whistleblowing bewusst unwahre Tatsachenbe-hauptungen über seinen Arbeitgeber oder Vorgesetzte bzw. Kollegen auf, kann dies ebenso eine fristlose Kündigung rechtfertigen wie eine grobe Beleidigung des Arbeitgebers oder von Arbeitskollegen.[3427]

b) Externes Whistleblowing

1623 Ein Arbeitnehmer darf die Öffentlichkeit grds. über Missstände im Unternehmen informieren, vor allem über Straftaten und sonstige Gesetzesverstöße (sog. externes Whistleblowing).[3428] Dies schließt eine Straf-anzeige ebenso ein wie die Information der Medien. Klauseln im Arbeitsvertrag, die dies verbieten, versto-ßen gegen § 307 Abs. 1 S. 1 BGB i.V.m. Art. 5, 2 Abs. 1 GG und sind daher unwirksam.[3429] Gesetzlich hat ein solches externes Whistleblowing seinen Niederschlag etwa in § 17 Abs. 2 ArbSchG[3430] oder § 27 AGG gefunden.[3431]

1624 Das **Recht** zur externen Meldung von Gesetzesverstößen besteht allerdings **nicht grenzenlos**. Die Bekannt-machung (vermeintlicher) Missstände kann unter Umständen sogar einen arbeitsrechtlichen Pflichtenver-

---

3421 Grundlegend BAG 18.6.1970, NJW 1970, 1861, 1861; siehe auch BAG 6.11.1997, NZA 1998, 374, 376; vgl. auch LAG Berlin-Brandenburg 16.9.2010 – 25 Sa 1080/10, juris; LAG Hessen 21.11.2007 – 18 Sa 367/07, juris; LAG Hamm 29.7.1994, BB 1994, 2352 (Ls.) = BeckRS 1994, 30461299.

3422 BAG 18.6.1970, NJW 1970, 1861, 1861.

3423 Vgl. dazu Preis/*Preis*, Arbeitsvertrag, II A 40 Rn 14; ErfK/*Preis*, § 611 BGB Rn 742; MüKo/*Müller-Glöge*, § 611 BGB Rn 1082; MünchArbR/*Reichold*, § 49 Rn 9; Küttner/*Kreitner*, Treupflicht Rn 6 f.; BeckOK-ArbR/*Joussen*, § 611 BGB Rn 387; Moll/*Den-dorfer*, § 35 Rn 133; *Kort*, FS Kreutz, S. 247 f. S. auch § 16 Abs. 1 ArbSchG.

3424 Preis/*Preis*, Arbeitsvertrag, II A 40 Rn 14; *Zimmer/Seebacher*, CCZ 2013, 31, 32; MünchArbR/*Reichold*, § 49 Rn 10 f.; MüKo/ *Müller-Glöge*, § 611 BGB Rn 1082; *Maume/Haffke*, ZIP 2016, 199, 204.

3425 Näher dazu *Schulz*, BB 2011, 629, 633; *Klasen/Schaefer*, BB 2012, 641, 642; *Kort*, FS Kreutz, S. 247, 257 f. unter Bezugnahme auf § 612a Abs. 1 S. 1 BGB-E.

3426 BGH 23.2.1989, NJW-RR 1989, 614, 615; Küttner/*Kreitner*, Treupflicht Rn 7.

3427 BAG 27.9.2012, NJOZ 2013, 1064.

3428 ErfK/*Preis*, § 611 BGB Rn 716; Moll/*Dendorfer*, § 35 Rn 127; *Kort*, FS Kreutz, S. 247, 248; *Klasen/Schaefer*, BB 2012, 641, 643 ff.; *Berndt/Hoppler*, BB 2005, 2623, 2624 ff.; rechtsvergleichend *Thüsing/Leder*, NZA 2006, 1314, 1318 (USA), *Kiraly*, RdA 2012, 236, 239 f. (Großbritannien).

3429 AGB-ArbR/*Klumpp*, § 307 Rn 255.

3430 Ausf. *Wiebauer*, NZA 2015, 22.

3431 *Scheicht/Loy*, DB 2015, 803.

stoß darstellen, der den Arbeitgeber zur – ggf. fristlosen – Kündigung des Arbeitnehmers berechtigt.[3432] Die Rechtsprechung nimmt einen Pflichtverstoß des Arbeitnehmers dann an, wenn sich die Offenbarung eines Missstandes als **unverhältnismäßige Reaktion** auf das Verhalten des Arbeitgebers oder seiner Repräsentanten darstellt.[3433] Insofern ist eine Interessenabwägung vorzunehmen: Das Interesse des Arbeitnehmers und der Öffentlichkeit[3434] an der Bekanntmachung eines Missstandes ist gegen den möglichen Reputationsverlust des Arbeitgebers und die damit einhergehenden finanziellen Konsequenzen abzuwägen.[3435] Wissentlich unwahre oder leichtfertig **falsche Angaben** sind immer unverhältnismäßig. Das hat die Rechtsprechung für die Erstattung von Strafanzeigen entschieden.[3436] Nichts anderes gilt aber für die Information der Medien oder sonstiger Dritter. Auch im Zusammenhang mit einer geplanten Betriebsratswahl darf ein Arbeitnehmer nicht wissentlich falsche, geschäftsschädigende Tatsachenbehauptungen über die betrieblichen Verhältnisse aufstellen und über digitale Medien verbreiten oder verbreiten lassen.[3437] Die Motivation des Arbeitnehmers ist ebenfalls von Bedeutung. Das Handeln in bloßer Schädigungsabsicht soll die Meldung rechtmissbräuchlich machen.[3438]

Ein Arbeitnehmer ist außerdem verpflichtet, eine zumutbare **innerbetriebliche Meldung und Klärung** des (vermeintlichen) Missstandes zu unternehmen, bevor er externe Dritte darüber informiert.[3439] Für den Spezialfall der unzureichenden Gewährleistung von Sicherheit und Gesundheitsschutz bei der Arbeit ist dies in § 17 Abs. 2 ArbSchG gesetzlich kodifiziert.[3440] Der Vorrang der innerbetrieblichen Klärung greift jedoch regelmäßig nicht, wenn es sich bei den dem Arbeitgeber zur Last gelegten Vorfällen um schwerwiegende Vorwürfe handelt bzw. Straftaten im Raum stehen, die vom Arbeitgeber selbst begangen worden sind.[3441] Das gleiche gilt, wenn Abhilfe berechtigterweise nicht zu erwarten ist[3442] oder der Arbeitnehmer sich durch die Nichtanzeige der Straftaten selbst der Strafverfolgung aussetzen würde.[3443] **1625**

c) Betriebsverfassungs- und datenschutzrechtliche Konsequenzen

Bei der Implementierung von Meldepflichten sog. Whistleblower sind die Anforderungen des **Bundesdatenschutzgesetzes** zu beachten. Die darin liegende Erhebung von Daten muss gem. § 32 Abs. 1 bzw. § 28 Abs. 1 Nr. 2 BDSG gerechtfertigt sein.[3444] Besonderheiten gelten, wenn die Daten in Nicht-EU-Länder weitergeleitet werden, z.B. an die in den USA ansässige Konzernmutter. Einzelheiten sind bislang nur we- **1626**

3432 BAG 7.12.2006, NZA 2007, 502, 503 f.; BAG 3.7.2003, NZA 2004, 427, 429; LAG Köln 2.2.2012, NZA-RR 2012, 298, 300 f.; LAG Schleswig-Holstein 17.8.2011 – 3 Sa 196/11, juris; *Simon/Schilling*, BB 2011, 2421; zu möglichen strafrechtlichen Konsequenzen vgl. *Zimmer/Seebacher*, CCZ 2013, 31, 32.

3433 BAG 27.9.2012, NJOZ 2013, 1064; BAG 3.7.2003, NZA 2004, 427, 430, so auch *Zimmer/Seebacher*, CCZ 2013, 31, 32; ähnlich auch Hümmerich/Reufels/*Reufels*, Rn 3828.

3434 Zur Bedeutung des öffentlichen Interesses vgl. EGMR 21.7.2011, NZA 2011, 1269, 1271 (Heinisch/Deutschland) sowie nachfolgend LAG Köln 2.2.2012, NZA-RR 2012, 298, 300 f.; dazu auch *Mengel*, CCZ 2011, 229.

3435 Näher zur gebotenen Interessenabwägung *Simon/Schilling*, BB 2011, 2421, 2426 f.; *Scheidt/Loy*, DB 2014, 803, 805 m.w.N.

3436 EGMR 21.7.2011, NZA 2011, 1269, 1272 (*Heinisch/Deutschland*); BVerfG 2.7.2001, NZA 2001, 888, 890; BAG 3.7.2003, NZA 2004, 427, 429.

3437 BAG 31.7.2014, NZA 2015, 245.

3438 BAG 3.7.2003, NZA 2004, 427, 430. Näher *Stein*, BB 2004, 1961, 1962 f.

3439 EGMR 21.7.2011, NZA 2011, 1269, 1272 (Heinisch/Deutschland); BAG 3.7.2003, NZA 2004, 427, 430; zur Bedeutung von sog. Compliance Systemen insoweit siehe *Bürkle*, DB 2004, 2158, 2159 f.; *Wisskirchen/Körber/Bissels*, BB 2006, 1567; *Zimmer/Seebacher*, CCZ 2013, 31, 32; Hümmerich/Reufels/*Reufels*, Rn 3828 als Ausfluss des Verhältnismäßigkeitsprinzips, ebenso wie AGB-ArbR/*Klumpp*, § 307 Rn 255.

3440 So auch *Wiebauer*, NZA 2015, 22.

3441 BAG 7.12.2006, NZA 2007, 502, 503; Hümmerich/Reufels/*Reufels*, Rn 3828; *Zimmer/Seebacher*, CCZ 2013, 32; *Maume/Haffke*, ZIP 2016,199, 206.

3442 BAG 3.7.2003, NZA 2004, 427, 430; *Zimmer/Seebacher*, CCZ 2013, 32; *Wiebauer*, NZA 2015, 22, 23.

3443 BAG 3.7.2003, NZA 2004, 427, 430; *Zimmer/Seebacher*, CCZ 2013, 32; Hümmerich/Reufels/*Reufels*, Rn 3828.

3444 Vgl. Gola/*Schomerus*, BDSG, § 32 Rn 16; *Fahrig*, NZA 2010, 1223; zum Verhältnis von § 32 BDSG zu § 28 BDSG vgl. *Kort*, DB 2011, 651 ff.

nig geklärt.[3445] Ungeklärt ist insbesondere, inwiefern anonyme Meldesysteme zulässig bzw. sogar geboten sind.[3446] Bei Bestehen eines **Betriebsrats** ist dessen Mitbestimmungsrechte zu wahren. Meldevorschriften betreffen i.d.R. das sog. Ordnungsverhalten der Arbeitnehmer und sind damit gem. § 87 Abs. 1 Nr. 1 BetrVG mitbestimmungspflichtig.[3447]

d) Formulierungsvorschlag zur Aufnahme in einen sog. Code of Conduct
▼

1627 **Muster 1a.87: Code of Conduct**

Meldung von Verstößen („Whistleblowing")

(1) Meldepflicht an den Compliance Officer

Die persönliche Integrität aller Beschäftigten ist unserem Unternehmen sehr wichtig. Insbesondere die Beachtung und Einhaltung von gesetzlichen Vorschriften und Regeln sowie von diesem Code of Conduct hat für unser Unternehmen einen hohen Stellenwert. Verstöße – insbesondere gegen strafrechtliche Vorschriften – können schwerwiegende Konsequenzen sowohl für den betroffenen Mitarbeiter als auch für unser Unternehmen als Ganzes zur Folge haben und seinem Ansehen in der Öffentlichkeit schweren Schaden zufügen. Alle Mitarbeiter sind deshalb verpflichtet, Verstöße gegen gesetzliche Vorschriften und Regeln unverzüglich dem Compliance Officer zu melden, sofern der Verstoß zu einer Gefährdung von Personen führen oder für das Unternehmen einen erheblichen Vermögens- oder Reputationsschaden zur Folge haben könnte. Eine Meldepflicht besteht nicht, wenn sich der Mitarbeiter durch die Anzeige an den Compliance Officer selbst einer strafbaren oder ordnungswidrigen Handlung bezichtigen müsste.

(2) Benachteiligungsverbot

Der Compliance Officer wird entsprechende Hinweise streng vertraulich behandeln, ihnen mit angemessener Diskretion nachgehen, und Dritte nur insoweit informieren, als dies gesetzlich erforderlich oder notwendig ist, um die Verstöße abzustellen oder zukünftig zu verhindern. Es ist untersagt, Mitarbeiter, die entsprechende Hinweise in redlicher Absicht geben, deswegen in irgendeiner Weise zu benachteiligen oder zu maßregeln, selbst wenn sich im Nachhinein herausstellen sollte, dass kein Verstoß gegen die vorbezeichneten Vorschriften vorliegt. Mitarbeiter, die bewusst falsche Angaben betreffend des vermeintlichen Verstoßes machen, müssen allerdings mit arbeitsrechtlichen Konsequenzen bis hin zu ihrer Kündigung rechnen.

(3) Pflicht des Mitarbeiters zur innerbetrieblichen Klärung

Alle Mitarbeiter sind verpflichtet, durch die Meldung eines etwaigen Verstoßes an den Compliance Officer zunächst eine innerbetriebliche Klärung und Beseitigung des Verstoßes herbeizuführen. Mitarbeiter, die von dieser Möglichkeit keinen Gebrauch machen, sondern sich direkt an eine externe Stelle (z.B. Polizei, Staatsanwaltschaft oder die Medien) wenden oder den Verstoß öffentlich bekannt machen (z.B. im Internet), müssen ebenfalls mit arbeitsrechtlichen Konsequenzen bis hin zu ihrer Kündigung rechnen. Eine Pflicht zur vorrangigen innerbetrieblichen Klärung besteht in den folgenden Fällen nicht: 1) bei einer besonders schweren Straftat, 2) bei Straftaten, die vom Arbeitgeber oder seinem gesetzlichen Vertreter selbst begangen worden sind, 3) wenn sich der Mitarbeiter durch die Nichtanzeige der Straftat selbst strafbar machen würde oder 4) wenn Abhilfe berechtigterweise nicht zu erwarten ist.

(4) Verstöße gegen das Allgemeine Gleichbehandlungsgesetz

Bitte beachten Sie, dass Beschwerden wegen einer möglichen unerlaubten Benachteiligung aus Gründen der Rasse oder der ethnischen Herkunft, des Geschlechts, der Religion oder Weltanschauung, einer Behinderung, des Alters oder der sexuellen Identität nicht an den Compliance Officer, sondern an ▨▨▨▨ (*Name*) zu richten sind, der die durch das Allgemeine Gleichbehandlungsgesetz vorgesehene Funktion einer Beschwerdestelle zentral für unser Unternehmen wahrnimmt.

3445 Vgl. dazu etwa *Schmidl*, DuD 2006, 353; *v. Zimmermann*, RDV 2006, 242; MünchArbR/*Reichold*, § 88 Rn 47.

3446 Vgl. hierzu *Fleischer/Schmolke*, WM 2012, 1013, 1017 f.

3447 Näher dazu BAG 22.7.2008, NZA 2008, 1248, 1253. Siehe auch *Klebe/Wroblewski*, GS Zachert (2010), S. 313, 321 ff.; ausführlich *Köhler/Häferer*, GWR 2015, 159, 159 ff. und *Stück*, ArbRAktuell 2015, 337, 338 ff..

136. Widerrufsvorbehalt

Literatur: *Bayreuther*, Vorbehalte in der arbeitsrechtlichen Vertragsgestaltung – Wie viel Flexibilität soll das AGB-Recht zulassen?, ZfA 2011, 45; *ders.*, Widerrufs-, Freiwilligkeits- und Anrechnungsvorbehalte – geklärte und ungeklärte Fragen der aktuellen Rechtsprechung des BAG zu arbeitsvertraglichen Vorbehalten, ZIP 2007, 2009; *Berkowsky*, Änderungskündigung zur Änderung von Nebenabreden, NZA 2003, 1130; *Bieder*, Arbeitsvertragliche Gestaltungsspielräume für die Entgeltflexibilisierung, NZA 2007, 1135; *Däubler*, AGB-Kontrolle im Arbeitsrecht – Bilanz nach zehn Jahren, ZTR 2012, 543; *Franzen*, in GS Zachert 2010, Inhaltskontrolle von Änderungsvorbehalten in Arbeitsverträgen, S. 286; *Gaul/Kaul*, Verschärfung der Rechtsprechung zum Widerrufsvorbehalt, BB 2011, 181; *Hromadka/Schmitt-Rolfes*, Die AGB-Rechtsprechung des BAG zu Tätigkeit, Entgelt und Arbeitszeit, NJW 2007, 1777; *Hümmerich*, Widerrufsvorbehalte in Formulararbeitsverträgen, NJW 2005, 1759; *König*, Bonusanspruch in der Krise – Aktuelle Rechtsprechung zu Zielvereinbarung und Zielbonus im Jahr 2011, NZA-RR 2012, 449; *Leder*, Aktuelles zur Flexibilisierung von Arbeitsbedingungen, RdA 2010, 93; *Lembke*, Die Gestaltung von Vergütungsvereinbarungen, NJW 2010, 321; *Lunk/Leder*, Der Arbeitsvertrag – Einzelne Vertragsklauseln, NJW 2015, 3766; *Preis/Lindemann*, Änderungsvorbehalte – Das BAG durchschlägt den gordischen Knoten, NZA 2006, 632; *Reinecke*, Zur AGB-Kontrolle von Arbeitsentgeltvereinbarungen, BB 2008, 554; *Reiserer*, Flexible Vergütungsmodelle – AGB-Kontrolle, Gestaltungsvarianten, NZA 2007, 1249; *dies.*, Atmendes Entgelt, atmende Arbeitszeit, NZA-Beil. 2010, 39; *Schimmelpfennig*, Inhaltskontrolle eines formularmäßigen Änderungsvorbehalts – Zum Widerrufsvorbehalt in Arbeitsverträgen nach der Schuldrechtsreform, NZA 2005, 603; *Schmiedl*, Freiwilligkeits- und Widerrufsvorbehalt –überkommene Rechtsinstitute?, NZA 2006, 1195; *Schrader/Müller*, Flexible Vergütungsvereinbarungen – Welche Spielräume lassen Gesetz und Rechtsprechung des Bundesarbeitsgerichtes?, RdA 2007, 145; *Schwarze*, Der „Kernbereich des Arbeitsvertrages" – Zum richterrechtlichen Stetigkeitsschutz im Arbeitsvertrag, RdA 2012, 321; *Stoffels*, Arbeitsvertraglich verankerte, einseitige Leistungsbestimmungsrechte des Arbeitgebers – wo bleibt das Transparenzgebot?, RdA 2015, 276; *Stöhr/Illner*, Die Inhaltskontrolle von Arbeitsverträgen, JuS 2015, 299; *Wank*, Änderung von Arbeitsbedingungen, NZA-Beil. 2012, 41; *Willemsen/Grau*, Alternative Instrumente zur Entgeltflexibilisierung im Standardarbeitsvertrag, NZA 2005, 1137.

a) Allgemeines

Die einseitige Änderung einzelner Arbeitsbedingungen durch den Arbeitgeber ist ohne entsprechende Vorsorge im Arbeitsvertrag praktisch nicht möglich. Eine Teilkündigung ist dem deutschen Recht, das das Arbeitsverhältnis als Einheit betrachtet, grundsätzlich fremd,[3448] eine Änderungskündigung zur Entgeltabsenkung aufgrund ihrer extrem hohen Anforderungen zumeist unpraktikabel[3449] und ein Wegfall der Geschäftsgrundlage ist nur in engen Ausnahmefällen feststellbar.[3450] Ein Instrument zur Anpassung des Vertragsinhalts an eine zukünftige Änderung der Rahmenbedingungen ist der Widerrufsvorbehalt: Der Arbeitgeber sagt dem Arbeitnehmer verbindlich eine Leistung zu, verknüpft diese Zusage aber zugleich mit dem Vorbehalt, sich für die Zukunft von der Verpflichtung per Widerruf loszusagen. In der Praxis sind Widerrufsvorbehalte vor allem bei Zusatzleistungen verbreitet. **1628**

b) Wirksamkeitsvoraussetzungen

Das BAG unterzieht Widerrufsvorbehalte einer zweistufigen Prüfung. Auf der ersten Stufe wird die wirksame Vereinbarung kontrolliert („Vereinbarungskontrolle"). Wirksam vereinbart werden kann ein Widerrufsvorbehalt nur dann, wenn er bestimmten inhaltlichen und formalen Anforderungen genügt. Neben diese Vereinbarungskontrolle tritt die Ausübungskontrolle als zweite Stufe. Dort wird kontrolliert, ob der Arbeitgeber von seinem – wirksam vereinbarten – Widerrufsrecht im Einzelfall in zulässiger Art und Weise Gebrauch gemacht hat. **1629**

aa) Inhaltliche Anforderungen

Die Wirksamkeitsgrenzen für vorformulierte Widerrufsvorbehalte folgen aus den §§ 307, 308 Nr. 4 BGB.[3451] Das Recht des Arbeitgebers, Leistungen einem Widerrufsvorbehalt zu unterstellen, besteht da- **1630**

3448 BAG 22.1.1997, EzA Nr. 7 zu § 622 BGB Teilkündigung; KR/*Kreft*, § 2 KSchG Rn 87; KR/*Griebeling/Rachor*, § 1 KSchG Rn 168. Siehe aber LAG Köln 28.6.2007 – 6 Sa 278/07, juris (Teilkündigung bezüglich Pkw-Gestellung); Stahlhacke/Preis/Vossen/*Preis*, Kündigung und Kündigungsschutz, Rn 169; *Berkowsky*, NZA 2003, 1130, 1133.

3449 Siehe etwa BAG 1.3.2007, NZA 2007, 1445, 1447 f.; *Reiserer*, NZA 2007, 1249; AGB-ArbR/*Brühler*, § 308 Rn 25.

3450 BAG 25.2.1988, NZA 1988, 769.

3451 BAG 12.1.2005, NZA 2005, 465, 467. Bzgl. der genauen Einordnung vgl. *Lakies*, Vertragsgestaltung und AGB im Arbeitsrecht, Kap. 5 Rn 18 ff., 34 sowie AGB-ArbR/*Brühler*, § 308 Rn 21 f.

nach nicht grenzenlos, sondern nur soweit, wie die Widerruflichkeit dem Arbeitnehmer **zumutbar** ist. Zumutbar ist die Vereinbarung eines Widerrufs, wenn dieser nicht grundlos erfolgen soll, sondern wegen der unsicheren Entwicklung der Verhältnisse als Instrument der Anpassung notwendig ist.[3452] Die Notwendigkeit beurteilt sich auf Grundlage einer Interessenabwägung: Zu berücksichtigen ist dabei insbesondere die Art und Höhe der zu widerrufenden Leistung, die Höhe des verbleibenden Verdienstes und die Stellung des Arbeitnehmers im Unternehmen.[3453] Die Interessenabwägung muss ergeben, dass die Widerrufsgründe den Widerruf typischerweise, d.h. losgelöst vom konkreten Einzelfall, rechtfertigen.[3454] Es gelten folgende Leitlinien:

(1) Unzulässig: Eingriffe in den Kernbereich

1631   Leistungen, die den Kernbereich des Arbeitsverhältnisses betreffen, können nach Ansicht des BAG nicht mit einem Widerrufsvorbehalt versehen werden.[3455] Sie sollen gegen die Wertung des § 307 Abs. 2 BGB verstoßen. Zur Konkretisierung des Kernbereichs bemüht das BAG zwei Gesichtspunkte. Dieser soll zum einen dann betroffen und ein Widerrufsvorbehalt somit unzulässig sein, wenn dem Arbeitnehmer nach Ausübung des Widerrufs nicht mehr die **tarifliche Vergütung** verbleibt. Diese Einschränkung ist abzulehnen. Tarifverträge taugen nicht als Maßstab der Inhaltskontrolle (siehe dazu Rdn 176 ff.). Im Übrigen darf bei Tarifgebundenheit der Tariflohn ohnehin nicht unterschritten werden. Nicht tarifgebundene Arbeitgeber hingegen ohne gesetzliche Anordnung an den Tariflohn als Untergrenze zu binden, wäre höchst bedenklich.[3456] Vorzugswürdig ist stattdessen, als absolute Untergrenze der Entgeltflexibilisierung auf die Rechtsprechung zur sittenwidrig niedrigen Vergütung zu rekurrieren (siehe dazu Rdn 1646).

1632   Ein unzulässiger Eingriff in den Kernbereich soll zum anderen auch dann vorliegen, wenn ein bestimmter Prozentsatz des Gesamtverdienstes widerruflich gestellt wird. Dessen Höhe bemisst das BAG nach der Art der zu widerrufenden Leistung. Für **im Gegenseitigkeitsverhältnis** stehende Leistungen muss der widerrufliche Teil unter 25 % des Gesamtverdienstes liegen.[3457] Bei Zahlungen, die **nicht** eine **unmittelbare Gegenleistung** für die Arbeitsleistung darstellen, sondern Ersatz für Aufwendungen sind, die der Arbeitnehmer an sich selbst tragen muss – z.B. Fahrtkostenersatz –, soll sich der widerrufliche Teil an der Arbeitsvergütung auf bis zu 30 % der Gesamtvergütung erhöhen dürfen.[3458] Soll ein höherer Anteil der Vergütung flexibilisiert werden, ist ein Freiwilligkeitsvorbehalt (siehe dazu Rdn 897 ff.) oder eine Teilbefristung (siehe dazu Rdn 619 ff.) in Betracht zu ziehen. Ob eine Anrechnung der durch diese Änderungsvorbehalte erzielten Flexibilisierungsvolumina auf die für Widerrufsvorbehalte geltende 25–30 % Grenze zu erfolgen hat, ist noch weitgehend ungeklärt.[3459]

3452 BAG 21.3.2012, NZA 2012, 616, 617; BAG 20.4.2011, NZA 2011, 796; BAG 11.10.2006, NZA 2007, 87, 89.

3453 BAG 11.10.2006, NZA 2007, 87, 89; BAG 12.1.2005, NZA 2005, 465, 467; *Lakies*, Vertragsgestaltung und AGB im Arbeitsrecht, Kap. 5 Rn 35; *ders.*, Inhaltskontrolle von Arbeitsverträgen, Rn 518; Suckow u.a./*Suckow*, Rn 921; Däubler u.a./*Bonin*, § 308 Rn 34; *Henssler/Moll*, S. 22; *Schimmelpfennig*, NZA 2005, 603; *Hümmerich*, NJW 2005, 1759.

3454 AGB-ArbR/*Brühler*, § 308 Rn 76.

3455 BAG 11.10.2006, NZA 2007, 87, 89; BAG 12.1.2005, NZA 2005, 465, 467; auch *Lakies*, Inhaltskontrolle von Arbeitsverträgen, Rn 516; Däubler u.a./*Bonin*, § 308 Rn 35. Zur Frage, was zum Kernbereich des Arbeitsverhältnisses gehört, vgl. auch LAG München 26.6.2014 – 3 Sa 30/14, BeckRS 2015, 72845.

3456 Zu Recht kritisch daher *Bayreuther*, ZIP 2007, 2009 f.; *Franzen*, in GS Zachert (2010), S. 386, 394; AGB-ArbR/*Brühler*, § 308 Rn 42. Eine andere Interpretationsmöglichkeit des BAG findet sich bei *Preis/Lindemann*, AuR 2005, 227, 230.

3457 BAG 11.10.2006, NZA 2007, 87, 89. Siehe auch BAG 19.12.2006, NZA 2007, 809, 810; *Lunk/Leder*, NJW 2015, 3766, 3767.

3458 BAG 11.10.2006, NZA 2007, 87, 89; *Lunk/Leder*, NJW 2015, 3766, 3767 f.; höhere Kürzungsquoten für Spitzenverdiener bejahen *Henssler/Moll*, S. 23 sowie BAG 28.5.1997, NZA 1997, 1160, 1163.

3459 Siehe dazu *Leder*, RdA 2010, 93, 97.

(2) Maßstäbe außerhalb des Kernbereichs

Außerhalb des Kernbereichs bestimmt sich die Zumutbarkeit des Widerrufs aufgrund einer Interessenabwägung. Dabei handelt es sich im Ergebnis um eine reine Missbrauchskontrolle. Denn unterhalb von 25 % bzw. 30 % des Gesamtverdienstes ist der Arbeitgeber bis **zur Grenze der Willkür frei**, die Voraussetzungen des Anspruchs festzulegen und dementsprechend auch den Widerruf zu erklären.[3460] Im Ergebnis verbleibt es außerhalb des Kernbereichs bei einer (bloßen) Ausübungskontrolle. Der 9. Senat sieht dies anders und verlangt auch außerhalb des Kernbereichs einen „sachlichen Grund" (vgl. dazu unten Rdn 1634 f.) für den Widerruf.[3461]

1633

bb) Formale Anforderungen

Die Formulierung des Widerrufsvorbehalts „muss die Angemessenheit und Zumutbarkeit erkennen lassen."[3462] Deshalb müssen neben der eindeutigen Bezeichnung, welche Leistung in welcher Höhe widerruflich sein soll,[3463] auch die möglichen **Widerrufsgründe** selbst im Text der Klausel abgebildet sein.[3464] Allein die Formulierung, dass eine bestimmte Leistung „jederzeit" oder „nach freiem Ermessen" durch den Arbeitgeber widerrufbar sein soll, genügt dementsprechend nicht.[3465] Wie genau die Widerrufsgründe im Einzelfall aber in der Klausel zu konkretisieren sind, ist bislang von der Rechtsprechung noch nicht abschließend herausgearbeitet worden. Der 5. Senat lässt es zwar ausreichen, wenn zumindest die Richtung angegeben wird, aus denen der Widerruf möglich sein soll (z.B. wirtschaftliche Gründe, Leistung oder Verhalten des Arbeitnehmers).[3466] Der 9. Senat spricht ebenfalls schlechterdings von einem „Sachgrund".[3467] Eine weitergehende **Konkretisierung** des „Störungsgrades" (z.B. wirtschaftliche Notlage des Unternehmens oder negatives wirtschaftliches Ergebnis einer Betriebsabteilung) soll jedoch dann notwendig sein, wenn „nicht schon allgemein auf die wirtschaftliche Entwicklung, die Leistung oder das Verhalten des Arbeitnehmers gestützte Gründe nach dem Umfang des Änderungsvorbehalts ausreichen."[3468] Mit anderen Worten: Der Widerrufsgrund muss umso stärker konkretisiert werden, je mehr man sich der 25–30 % Grenze annähert.[3469] Bei Altverträgen, die den formalen Anforderungen nicht genügen, kommt eine Aufrechterhaltung der Klausel im Wege der ergänzenden Vertragsauslegung in Betracht (siehe auch Rdn 210 f.).[3470]

1634

3460 BAG 11.10.2006, NZA 2007, 87, 89; BAG 12.1.2005, NZA 2005, 465, 467; s. auch BAG 21.3.2012, NZA 2012, 616, 617. A.A. *Däubler u.a./Bonin*, § 308 Rn 42 f., der für synallagmatische Leistungen auch inhaltliche Anforderungen stellt („schwerwiegende Gründe"), Im Übrigen genügten willkürfreie und sachliche Gründe.

3461 BAG 13.4.2010, NZA-RR 2010, 457, 459; *Henssler/Moll*, S. 24.

3462 BAG 11.10.2006, NZA 2007, 87, 89; BAG 12.1.2005, NZA 2005, 465, 468; *Hümmerich/Reufels/Schiefer*, Rn 4163; *Lakies*, Inhaltskontrolle von Arbeitsverträgen, Rn 520.

3463 *Suckow u.a./Suckow*, Rn 908; *Lakies*, Inhaltskontrolle von Arbeitsverträgen, Rn 520; *Hümmerich/Reufels/Schiefer*, Rn 4159; *Däubler u.a./Bonin*, § 308 Rn 32.

3464 *Lakies*, Vertragsgestaltung und AGB im Arbeitsrecht, Kap. 5 Rn 32; *ders.*, Inhaltskontrolle von Arbeitsverträgen, Rn 514, 521; *Henssler/Moll*, S. 24; *Hümmerich/Reufels/Schiefer*, Rn 4159; *Suckow u.a./Suckow*, Rn 908; *Däubler u.a./Bonin*, § 308 Rn 32.

3465 BAG 19.12.2006, NZA 2007, 809, 811.

3466 BAG 21.3.2012, NZA 2012, 616, 617; BAG 20.4.2011, NZA 2011, 796; BAG 11.10.2006, NZA 2007, 87, 89 f.; BAG 12.1.2005, NZA 2005, 465, 468. Ebenso *Stoffels*, RdA 2015, 276, 279; strenger *Stöhr/Illner*, JuS 2015, 299, 302: Der Arbeitgeber dürfe keine Formulierung wählen, wonach er selbst festlegen könne, was ein „wirtschaftlicher Grund" sei. Ansonsten könnte er nach Belieben in das Arbeitsverhältnis eingreifen und die Leistungsbestimmung einseitig ändern.

3467 BAG 13.4.2010, NZA-RR 2010, 457, 459; BAG 19.12.2006, NZA 2007, 809, 811. Strenger *Däubler u.a./Bonin*, § 308 Nr. 4 Rn 32 f.; *Preis/Lindemann*, AuR 2005, 227, 231; *dies.*, NZA 2006, 632, 635. Zu Recht dagegen *Bayreuther*, ZIP 2007, 2009, 2011; *Thüsing*, AGB-Kontrolle im Arbeitsrecht, Rn 275; *Willemsen/Grau*, NZA 2005, 1137, 1139.

3468 BAG 11.10.2006, NZA 2007, 87, 89. Vgl. auch *Bayreuther*, ZIP 2007, 2009, 2011; *Schrader/Müller*, RdA 2007, 145, 150; *Schimmelpfennig*, NZA 2005, 603, 607; *Thüsing*, AGB-Kontrolle im Arbeitsrecht, Rn 276; nach AGB-ArbR/*Brühler*, § 308 Rn 68 muss der Widerrufsgrund nicht so konkret bezeichnet sein, dass er auch als Grund für eine Änderungskündigung bestehen könnte.

3469 Ablehnend *Leder*, RdA 2010, 93, 97.

3470 BAG 11.10.2006, NZA 2007, 87, 89; ausführlich *Lakies*, Vertragsgestaltung und AGB im Arbeitsrecht, Kap. 5 Rn 45 sowie AGB-ArbR/*Brühler*, § 308 Rn 93 ff.; anders für den Fall einer inhaltlich unangemessenen Widerrufsklausel BAG 19.12.2006, NZA 2007, 809, 812.

c) Ausübungskontrolle

1635 Neben der (typisierenden) Inhaltskontrolle steht als zweite Stufe der Rechtsmäßigkeitsprüfung die Ausübungskontrolle im Einzelfall. Ein Arbeitgeber kann von einem vorbehaltenen Widerrufsrecht nur dann wirksam Gebrauch machen, wenn die Ausübung des Widerrufs billigem Ermessen entspricht (§ 315 BGB, § 106 S. 1 GewO).[3471] Das Erfordernis billigen Ermessens statuiert mehr als ein reines Willkürverbot. Es muss ein **sachlicher Grund** für den Widerruf der Leistung gegeben sein.[3472] Sein Vorliegen bemisst sich anhand der beiderseitigen Interessen im jeweiligen Einzelfall. Dabei ist auch der Zweck der zu widerrufenden Leistung zu berücksichtigen.[3473] Bei dem Widerruf der privaten Nutzung eines Dienstwagens sind auch die steuerlichen Auswirkungen zu beachten.[3474] Der **Vertrauensschutz** des Arbeitnehmers kann es in Ausnahmefällen erfordern, die Leistung nicht sofort, sondern erst nach Ablauf einer Auslauffrist wegfallen zu lassen.[3475] Im Text der Widerrufsklausel muss eine solche Ankündigungs- oder Auslauffrist jedoch nicht enthalten sein.[3476] Das bloße Einstellen einer Zahlung ist für sich genommen (selbstverständlich) kein Widerruf.[3477]

d) Formulierungsbeispiele

1636 *Widerrufsvorbehalt Sonderzulage*

Der Arbeitnehmer erhält zusätzlich zu seinem Grundgehalt nach Ziffer (…) dieses Vertrages eine monatliche Zulage in Höhe von EUR (…) brutto. Der Arbeitgeber kann diese Zulage jederzeit aus wirtschaftlichen Gründen (Umsatz- oder Gewinnrückgang des Unternehmens) widerrufen.

Widerrufsvorbehalt Dienstwagen

Der Arbeitgeber behält sich vor, die Überlassung des Dienstwagens zu widerrufen, wenn und solange der Pkw für dienstliche Zwecke seitens des Arbeitnehmers nicht benötigt wird. Dies ist insbesondere dann der Fall, wenn der Arbeitnehmer nach Kündigung des Arbeitsverhältnisses von der Arbeitsleistung freigestellt wird. Im Falle der Ausübung des Widerrufs durch den Arbeitgeber ist der Arbeitnehmer nicht berechtigt, eine Nutzungsentschädigung oder Schadensersatz zu verlangen.[3478]

137. Wiedereingliederung

1637 Ausführliche Erläuterungen zu diesem Stichwort finden sich im Kapitel zu den einzelnen Vertragstypen (siehe unten § 1b Rdn 565 ff.).

138. Wohnort

1638 Ausführungen hierzu finden sich unter dem Stichwort Arbeitsort (siehe oben Rdn 376 ff.).

3471 BAG 21.3.2012, NZA 2012, 616, 617.
3472 BAG 13.5.1987, NZA 1988, 95, 96; LAG München 5.8. 2014 – 7 Sa 933/13, juris.
3473 Küttner/*Kania*, Änderungsvorbehalte, Rn 9.
3474 Hierzu BAG 21.3.2012, NZA 2012, 616, 617.
3475 BAG 21.3.2012, NZA 2012, 616, 617; BAG 11.10.2006, NZA 2007, 87, 89.
3476 BAG 21.3.2012, NZA 2012, 616, 617; Hümmerich/Reufels/*Schiefer*, Rn 4170; a.A. Däubler u.a./*Bonin*, § 308 Rn 46.
3477 BAG 13.5.2015, NZA 2015, 992, 994.
3478 Der Klauseltext ist BAG 21.3.2012, NZA 2012, 616 (5. Senat) entnommen. Dort scheiterte der konkrete Widerruf des Dienstwagens allerdings an der Ausübungskontrolle. Enger jedoch BAG 13.4.2010, NZA-RR 2010, 457 (9. Senat), wonach „wirtschaftliche Aspekte" den Entzug der Dienstwagennutzung nicht rechtfertigen.

139. Zielvereinbarungen

Literatur: *Annuß*, Arbeitsrechtliche Aspekte von Zielvereinbarungen in der Praxis, NZA 2007, 290; *Bauer/Diller/Göpfert*, Zielvereinbarungen auf dem arbeitsrechtlichen Prüfstand, BB 2002, 882; *Behrens/Rinsdorf*, Am Ende nicht am Ziel? – Probleme mit der Zielvereinbarung nach einer Kündigung, NZA 2006, 830; *Berwanger*, Zielvereinbarungen und ihre rechtlichen Grundlagen, BB 2003, 1499; *ders.*, Noch einmal: Zielvereinbarungen auf dem Prüfstand, BB 2004, 554; *Brors*, Die individualarbeitsrechtliche Zulässigkeit von Zielvereinbarungen, RdA 2004, 273; *Däubler*, Zielvereinbarungen und AGB-Kontrolle, ZIP 2004, 2209; *Gaul/Rauf*, Bonusanspruch trotz unterlassener Zielvereinbarung, DB 2008, 869; *Gehlhaar*, Rechtsfolgen unterbliebener Zielvereinbarung und Zielvorgaben – eine Übersicht, NZA-RR 2007, 113; *Heiden*, Grenzen der Entgeltvariabilisierung am Beispiel zielvereinbarungsgestützter Vergütung, DB 2006, 2401; *Heins/Leder*, Stichtagsklauseln und Bonuszusagen – unvereinbar? NZA 2014, 520; *Horcher*, Inhaltskontrolle von Zielvereinbarungen, BB 2007, 2065; *Hümmerich*, Zielvereinbarungen in der Praxis, NJW 2006, 2294; *Klein*, Anspruch auf variable Vergütung trotz abredewidrig unterbliebener Vereinbarung konkreter Ziele?, NZA 2006, 1129; *König*, Bonusanspruch in der Krise – Aktuelle Rechtsprechung zu Zielvereinbarung und Zielbonus im Jahr 2011, NZA-RR 2012, 449; *Krämer*, Psychische Belastbarkeit als Grenze leistungsorientierter Vergütung?, ArbRAktuell 2015, 467; *Leder*, Aktuelles zur Flexibilisierung von Arbeitsbedingungen, RdA 2010, 93; *Lembke*, Die Gestaltung von Vergütungsvereinbarungen, NJW 2010, 321; *Lindemann/Simon*, Flexible Bonusregelungen im Arbeitsvertrag, BB 2002, 1807; *Lischka*, Führen und Entlohnen mit Zielvereinbarungen, BB 2007, 552; *Lunk/Leder*, Der Arbeitsvertrag – Einzelne Vertragsklauseln, NJW 2015, 3766; *Mauer*, Zielbonusvereinbarungen als Vergütungsgrundlage im Arbeitsverhältnis, NZA 2002, 540; *Reiserer*, Zielvereinbarungen als Instrument der Mitarbeiterführung, NJW 2008, 609; *Riesenhuber/v. Steinau-Steinrück*, Zielvereinbarungen, NZA 2005, 785; *Salamon*, Mitarbeitersteuerung durch erfolgs- und bestandsabhängige Gestaltung von Vergütungsbestandteilen, NZA 2010, 314; *ders.*, Einseitige Leistungsbestimmungsrechte bei variablen Entgelten, NZA 2014, 465, 470; *ders.*, Variable Vergütung: Anpassung von Zielen während des Bezugszeitraums, NZA 2015, 1089; *Simon/Hidalgo/Koschker*, Flexibilisierung von Bonusregelungen – eine unlösbare Aufgabe?, NZA 2012, 1071; *Schmiedl*, Variable Vergütung trotz fehlender Zielvereinbarung?, BB 2004, 329; *Schwarz*, Sonderzahlungen: Ausfall und Kürzung bei Fehlzeiten, NZA 1996, 571; *Treichel*, Die Zielvereinbarung als variabler Vergütungsbestandteil im Arbeitsrecht: Ein Ausblick, NJOZ 2012, 1097, 1100

a) Allgemeines

In einer sog. Zielvereinbarung legen Arbeitgeber und Arbeitnehmer gemeinsam bestimmte Ziele fest, die der Arbeitnehmer in einem vorgegebenen Zeitraum erreichen soll. Dem Arbeitnehmer wird für die Zielerreichung regelmäßig eine **variable Vergütung** zusätzlich zu seinem Fixgehalt zugesagt, deren Höhe sich nach dem Grad der Zielerreichung bemisst. Nicht entgeltbezogene Zielvereinbarungen sind gleichfalls möglich – etwa in Form sog. Performance Improvement Plans –, in der Praxis jedoch seltener anzutreffen. Die Bandbreite möglicher Ziele ist groß. Neben „harten" Zielen wie Umsatz und Gewinn ist eine Vielzahl „weicher", d.h. wertend festzustellender Ziele denkbar: Kundenzufriedenheit, Teamfähigkeit oder Beurteilungen durch Vorgesetzte sind nur einige der in der Praxis anzutreffenden Beispiele. **1639**

Von Zielvereinbarungen sind andere Formen variabler Vergütung **abzugrenzen**. Ist vorgesehen, dass die Ziele nicht einvernehmlich vereinbart, sondern einseitig vom Arbeitgeber vorgegeben werden, spricht man von einer **Zielvorgabe**.[3479] Soll die Erreichung der festgelegten Ziele unabhängig von der individuellen Leistung des Arbeitnehmers sein, liegt eine **Tantieme** vor. Deren Höhe bemisst sich allein nach dem unternehmerischen Erfolg, zumeist dem Jahresgewinn.[3480] Bei einer **Provision** richtet sich die Höhe der variablen Vergütung eines Arbeitnehmers nach dem Wert der von ihm vermittelten oder getätigten Geschäftsabschlüsse. Die für Handlungsgehilfen insoweit geltenden Vorschriften der § 65 i.V.m. §§ 87 ff. HGB sind auf Arbeitnehmer entsprechend anwendbar. Provisionen sind vor allem bei im Vertrieb beschäftigten Mitarbeitern verbreitet. Beim **Akkordlohn** wird der Arbeitnehmer nicht nach Zeitabschnitten vergütet, sondern entsprechend der geleisteten Arbeitsmenge entlohnt.[3481] **1640**

Zielvereinbarungen werden zumeist in zwei Schritten abgeschlossen. In einer **Rahmenvereinbarung** werden all jene Grundsätze zusammengefasst, die für alle zukünftig noch zu schließenden Einzelvereinbarungen gelten sollen.[3482] Dieses „vor die Klammer ziehen" der wesentlichen Vorschriften betreffend den Zielvereinbarungsprozess erleichtert den späteren Abschluss der Einzelvereinbarungen. Um spätere **1641**

3479 BAG 12.12.2007, NJW 2008, 872, 873; *Steinau-Steinrück/Vernunft*, Rn 129.
3480 BAG 3.5.2006, NZA-RR 2006, 582, 587; BAG 8.9.1998, NZA 1996, 824.
3481 Zur Frage der psychischen Belastung durch leistungsorientierte Vergütung siehe *Krämer*, ArbRAktuell 2015, 467.
3482 Zusammenfassend *Reiserer*, NJW 2008, 609.

Streitigkeiten zu vermeiden, sollten insbesondere die **zu erreichenden Ziele** bereits in der Rahmenvereinbarung grob charakterisiert werden. Klargestellt werden sollte wenigstens, ob bzw. bis zu welchem Anteil die Höhe der variablen Vergütung vom Grad der individuellen Zielerreichung (individuelle Ziele) abhängen soll und inwieweit die Erfüllung bestimmter Unternehmensziele (mit) in die Berechnung des Zielbonus einfließt (ergebnisabhängige Ziele). Empfehlenswert ist auch zu regeln, ob individuelle Ziele quantitativer und/oder qualitativer Natur sein können. Der **Modus der Zielfestlegung**, d.h. die Art und Weise, wie diese (abstrakten) Ziele in den Einzelvereinbarungen (konkret) festgesetzt werden – z.B. im Rahmen eines Mitarbeitergesprächs mit dem jeweiligen Vorgesetzen vor Beginn eines Geschäftsjahres –, sollte gleichfalls Eingang in die Rahmenvereinbarung finden. Dort sollte überdies ein Mechanismus zur **Feststellung der Zielerreichung** aufgenommen werden. Denn gerade bei „weichen Zielen" kann diese Schwierigkeiten bereiten und ein erhebliches Konfliktpotential bergen. Es empfiehlt sich zudem, dem Arbeitgeber ein **einseitiges Bestimmungsrecht** für den Fall einzuräumen, dass innerhalb einer bestimmten Frist keine Einigung über die Zielfestsetzung bzw. Zielfeststellung in einer Einzelvereinbarung erzielt wird. Die gerichtliche Kontrollintensität dieses Bestimmungsrechts am Maßstab des § 315 BGB fällt umso geringer aus, je konkreter der arbeitgeberseitige Handlungsspielraum durch die Rahmenvereinbarung vorgegeben ist. Dort sollten schließlich auch etwaige **Änderungsvorbehalte** vereinbart werden.[3483]

1642 Die **Einzelvereinbarungen** werden auf der Grundlage der Rahmenvereinbarung in bestimmten Zeitabständen – z.B. quartalsweise oder für ein Geschäfts- oder Kalenderjahr – abgeschlossen. In ihnen werden die zu erreichenden Ziele näher bestimmt. Dies sollte möglichst konkret und präzise geschehen. Andernfalls sind Streitigkeiten über die Zielerreichung vorprogrammiert. Bezüglich der Frage, welche Ziele Grundlage der Vereinbarung werden können, besteht Vertragsfreiheit. Abzulehnen ist insbesondere eine Einschränkung dahingehend, dass keine Ziele vereinbart werden dürfen, auf deren Erfüllung der Arbeitnehmer selbst keinen unmittelbaren Einfluss nehmen kann.[3484]

b) Wirksamkeitsvoraussetzungen

1643 Zielvereinbarungen sind **generell zulässig**. Besteht ein Betriebsrat, so müssen dessen Beteiligungsrechte insbesondere gem. § 87 Abs. 1 Nr. 10 BetrVG gewahrt werden.[3485] Zielvereinbarungen stellen – sofern sie nicht in einer Kollektivvereinbarung geregelt sind – im Regelfall AGB dar. Ihre Wirksamkeitsgrenzen ergeben sich deshalb vor allem aus den §§ 305 ff. BGB. Dies gilt für Rahmenvereinbarungen wie Einzelvereinbarungen gleichermaßen. Selbst letztere werden nur in Ausnahmefällen den strengen Anforderungen an kontrollfreie Individualvereinbarungen gem. § 305b BGB genügen (siehe dazu Rdn 213). Insbesondere reicht es für die Annahme einer kontrollfreien Einzelvereinbarung noch nicht aus, wenn Arbeitgeber und Arbeitnehmer die Ziele im beiderseitigen Einvernehmen festlegen oder der Arbeitnehmer die Zielvereinbarung insgesamt ablehnen kann. Der Arbeitgeber muss die Festlegung der Ziele vielmehr ernsthaft zur Disposition stellen und dem Arbeitnehmer damit die reale Möglichkeit einräumen, seine eigenen Vorstellungen bei der Zielbestimmung durchzusetzen. Beruht die Festlegung der Ziele auf einem unternehmenseinheitlichen Konzept, wird dies nicht möglich sein. Die Höhe des Entgelts bleibt jedoch gem. § 307 Abs. 3 S. 1 BGB kontrollfrei (näher siehe Rdn 1646).[3486]

1644 Das **Transparenzgebot** verlangt eine eindeutige Formulierung der festgelegten Ziele.[3487] Dabei empfiehlt es sich, „weiche" Ziele zu vermeiden.[3488] Stattdessen sollten allein solche Zielvorgaben verwendet werden,

3483 *Salamon,* NZA 2015, 1089 zum Anpassungsvorbehalt und der Vereinbarung alternativer Ziele als Gestaltungsmöglichkeit.
3484 So jedoch *Brors,* RdA 2004, 273, 280. Dagegen zu Recht *Annuß,* NZA 2007, 290, 291.
3485 Näher dazu Preis/*Greiner,* Der Arbeitsvertrag, 5. Aufl. 2015, II Z 5, S. 1683 ff.
3486 BAG 12.12.2007, NJW 2008, 872, 873; *Salamon,* NZA 2014, 465, 470.
3487 AGB-ArbR/*Hoefs,* Anh. Vergü. Rn 22.
3488 *Däubler,* ZIP 2004, 2209, 2212 f.; *Lunk/Leder,* NJW 2015, 3766.

deren Erreichung objektiv messbar ist. Zudem ist darauf zu achten, dass die Zielerreichung **möglich** ist[3489] und keinen überfordernden Charakter hat.[3490] Ansonsten ist die entsprechende Klausel nach § 307 Abs. 1 S. 1 BGB unwirksam. Letzteres wird z.B. dann anzunehmen sein, wenn der Arbeitnehmer die Zielvorgaben innerhalb der arbeitsvertraglich geschuldeten Arbeitszeit realistischerweise nicht erreichen kann.[3491] Die entstehende Vertragslücke ist dann im Wege der ergänzenden Vertragsauslegung (siehe dazu Rdn 208 f.) zu schließen.[3492] Wird die Zielerreichung hingegen erst durch ein späteres Verhalten des Arbeitgebers beeinträchtigt oder unmöglich gemacht, wird die variable Vergütung so geschuldet, wie sie ohne das beeinträchtigende Verhalten zahlbar gewesen wäre (§ 87a Abs. 3 S. 2 HGB analog).

Ein Anspruch auf **Zahlung des Zielbonus bei teilweiser Zielerreichung** besteht nur bei einer entsprechenden Vereinbarung. Ansonsten schuldet der Arbeitgeber den Zielbonus nur bei voller Zielerreichung (vgl. Rdn 1644, 1649). Etwas anderes gilt allerdings nach Ansicht des BAG, wenn der Arbeitnehmer während des Bezugszeitraums aus dem Arbeitsverhältnis ausscheidet. In diesem Fall soll ihm in der Regel trotz teilweiser Zielerreichung ein pro-rata Anspruch auf den Bonus zustehen (s. dazu Rdn 1650). **1645**

aa) Verhältnis fester/variabler Vergütungsbestandteile

Die **Höhe** des vereinbarten Entgelts unterliegt keiner Inhaltskontrolle (siehe dazu Rdn 187). Bei bestehender Tarifbindung darf allerdings die tarifliche Vergütung nicht unterschritten werden. Überdies muss die Grenze zum Lohnwucher beachtet werden. **Sittenwidrig** sollen danach Vertragsgestaltungen sein, die dem Arbeitnehmer nicht die reale Chance geben, zusammen mit dem Festgehalt mindestens 2/3 des Marktüblichen zu erlangen.[3493] Der Anspruch auf den gesetzlichen Mindestlohn darf ebenfalls nicht unterlaufen werden. **1646**

Weitergehend wird in Teilen des Schrifttums der **Anteil** der variablen Vergütung **an der Gesamtvergütung** für kontrollfähig gehalten.[3494] Zur Begründung wird insbesondere darauf verwiesen, dass andernfalls das Wirtschaftsrisiko in unzulässiger Weise vom Arbeitgeber auf den Arbeitnehmer verlagert werde. Das BAG konnte die Frage bisher offenlassen.[3495] Richtig an dieser Ansicht ist, dass dem Arbeitnehmer eine Grundvergütung verbleiben muss, die von der Unternehmensleistung und dem Erreichen persönlicher Ziele unabhängig ist. Denn ebenso wenig, wie ein Arbeitnehmer das Wirtschaftsrisiko tragen muss, ist es mit dem Wesen des Arbeitsvertrages vereinbar, dem Arbeitnehmer eine Erfolgsgarantie aufzuerlegen.[3496] Allerdings werden die engen, von der Rechtsprechung zu Widerrufsvorbehalten (siehe dazu Rdn 1630 ff.) und zur Arbeitszeitflexibilisierung[3497] entwickelten Grenzen nicht auf das Verhältnis zwischen festen und variablen Vergütungsbestandteilen übertragbar sein. Denn zum einen hat die Rechtsprechung eine derartige Einschränkung der Vertragsfreiheit auch bei Provisionen bislang nicht gemacht; von § 87 HGB wird sie auch nicht gefordert. Zum anderen ist mit dem Akkord sogar eine rein leistungsbezogene variable Vergütung zulässig.[3498] Eine unangemessene Benachteiligung nach § 307 Abs. 2 Nr. 1 BGB scheidet jedenfalls dann aus, wenn bereits die fixe Vergütungskomponente der marktüblichen Vergütung entspricht. Im Übri- **1647**

3489 BAG 12.12.2007, NJW 2008, 872, 878; LAG Berlin 3.11.1986, AP Nr. 14 zu § 65 HGB; vgl. auch BAG 10.12.2008, NZA 2009, 256, 257; *Steinau-Steinrück/Vernunft*, Rn 132; *Salamon*, NZA 2014, 465, 470.
3490 BAG 12.12.2007, NJW 2008, 872, 878; *Horcher*, BB 2007, 2065, 2066.
3491 *Thüsing*, AGB-Kontrolle im Arbeitsrecht, Rn 465.
3492 Für eine Bestimmung durch das Gericht nach billigem Ermessen, *Horcher*, BB 2007, 2065, 2066.
3493 *Horcher*, BB 2007, 2065, 2066. Offen BAG 24.3.2004, NZA 2004, 971, 972 f.
3494 Näher *Horcher*, BB 2007, 2065, 2067, der bei leitenden Angestellten einen flexiblen Anteil von bis zu 50 % für zulässig hält. Ablehnend *Annuß*, NZA 2007, 290, 291; *Riesenhuber/v. Steinau-Steinrück*, NZA 2005, 785, 790; zusammenfassend aus jüngerer Zeit *König*, NZA-RR 2012, 449, 450; in Anlehnung an die Rechtsprechung zu Widerrufsvorbehalten Höchstanteil von 25 %, *Hümmerich/Reufels/Mengel*, Rn 1802; ebenso *Däubler u.a./Däubler*, Anhang Rn 405.
3495 Tendenziell zurückhaltend aber BAG 14.11.2012, NZA 2013, 1150.
3496 *Lakies*, Vertragsgestaltung und AGB im Arbeitsrecht, Kap. 5 Rn 479.
3497 BAG 7.12.2005, NZA 2006, 423, 427 f.
3498 *Thüsing*, AGB-Kontrolle im Arbeitsrecht, Rn 469.

gen spricht viel dafür, dass es ausreicht, wenn der Arbeitnehmer bei normaler Leistung ein sittengerechtes Gehalt erreichen kann.[3499]

bb) Anpassung der Zielvereinbarungen

1648   Bereits die Implementierung eines auch auf Zielvereinbarungen beruhenden Vergütungssystems garantiert ein der herkömmlichen Fixvergütung fremdes Maß an Flexibilität. Noch mehr Freiheit schafft die Kombination von Zielvereinbarung und Änderungsvorbehalten.[3500] Diese ermöglichen es, nicht nur die Höhe der Vergütung variabel auszugestalten, sondern schaffen zusätzlich Flexibilität bezüglich des „Ob" der Leistung. Unzulässig ist allerdings, die per Zielvereinbarung versprochene variable Vergütung unter einen **Freiwilligkeitsvorbehalt** zu stellen. Denn das BAG hält Freiwilligkeitsvorbehalte immer dann für intransparent und damit unwirksam, wenn die Höhe oder die Voraussetzungen der Zahlung präzise formuliert sind (vgl. dazu Rdn 903). Beides wird aber bei Zielvereinbarungen regelmäßig der Fall sein; andernfalls könnten sie ihre Aufgabe, das Verhalten des Arbeitnehmers durch Leistungsanreize gezielt zu steuern, nicht erfüllen. Eine **Befristung** der Zielvereinbarung (siehe dazu Rdn 619 ff.) oder die Aufnahme eines **Widerrufsvorbehalts** (vgl. dazu Rdn 1628 ff.) sind zulässig.[3501]

cc) Fehlzeiten des Arbeitnehmers

1649   Im **ruhenden Arbeitsverhältnis** – z.B. während der Elternzeit – ist der Vergütungsanspruch des Arbeitnehmers suspendiert. Deshalb kann der Zielbonus für jeden Monat, für den das Arbeitsverhältnis ruht, anteilig gekürzt werden.[3502] Im **Krankheitsfalle** muss unterschieden werden. Für den Zeitraum, für den der Arbeitgeber gesetzlich zur Entgeltfortzahlung verpflichtet ist, kann der Arbeitnehmer verlangen, so gestellt zu werden, als sei er arbeitsfähig gewesen. Das folgt aus § 4 Abs. 1a S. 2 EFZG. Danach sind im Krankheitsfall neben dem sonstigen Arbeitsentgelt auch leistungsbezogene Vergütungsbestandteile fortzuzahlen. Das heißt: Einem Arbeitnehmer darf eine variable Vergütung nicht deshalb versagt oder in einem verminderten Umfang gewährt werden, weil er die Zielvorgaben aufgrund krankheitsbedingter Fehlzeiten nicht oder nur begrenzt erreicht hat.[3503] Stattdessen ist zu fragen, in welchem Umfang der Arbeitnehmer während der Zeit seiner Arbeitsunfähigkeit normalerweise, d.h. ohne Krankheit, bei der Zielerreichung vorangeschritten wäre. Dieser Grad der Zielerreichung ist ihm „gutzuschreiben." Nach umstrittener Ansicht ist ferner die **Vereinbarung einer anteiligen Kürzung** für krankheitsbedingte Fehltage im Entgeltfortzahlungszeitraum gem. § 4a EFZG unzulässig.[3504] Bei dem Zielbonus handelt es sich nämlich nicht um eine Sondervergütung i.S. dieser Vorschrift, weil der Zielbonus (zumindest auch) Entgelt für geleistete Arbeit ist. Für den Zeitraum, für den der Arbeitgeber nicht mehr zur Entgeltfortzahlung verpflichtet ist, entfällt der Anspruch auf den Zielbonus dagegen.[3505] Dies gilt auch ohne entsprechende Vereinbarung.[3506] Denn außerhalb des Entgeltfortzahlungszeitraums fehlt es gerade an einer gesetzlichen Anordnung, die den Entgeltanspruch des Arbeitnehmers und damit ggf. auch den Anspruch auf Zahlung eines Zielbonus trotz Nichtarbeit aufrecht erhält. Zur Klarstellung ist eine ausdrückliche Regelung in der Rahmenvereinbarung aber empfehlenswert.

3499 *Heiden*, DB 2006, 2401, 2405. Siehe auch *Riesenhuber/v. Steinau-Steinrück*, NZA 2005, 785, 791; *Thüsing*, AGB-Kontrolle im Arbeitsrecht, Rn 469.

3500 Näher hierzu etwa *Simon/Hidalgo/Koschke*, NZA 2012, 1071, 1072 ff.; *König*, NZA-RR 2012, 449, 450 ff.

3501 Siehe dazu auch *Leder*, RdA 2010, 93, 98.

3502 *Lindemann/Simon*, BB 2002, 1807, 1812; *Riesenhuber/v. Steinau-Steinrück*, NZA 2005, 785, 790; *Steinau-Steinrück/Vernunft*, Rn 141. Vgl. auch die Rechtsprechung zu Gratifikationen mit reinem Entgeltcharakter BAG 19.4.1995, NZA 1995, 1098.

3503 *Annuß*, NZA 2007, 290, 293; *Lindemann/Simon*, BB 2002, 1807, 1812 f.; *Mauer*, NZA 2002, 540, 544. Diff. *Riesenhuber/v. Steinau-Steinrück*, NZA 2005, 785, 790.

3504 *Däubler*, ZIP 2004, 2209, 2213 f.; *Riesenhuber/v. Steinau-Steinrück*, NZA 2005, 785, 790; *Steinau-Steinrück/Vernunft*, Arbeitsvertragsgestaltung, Rn. 140. A.A. *Lindemann/Simon*, BB 2002, 1807, 1813; *Mauer*, NZA 2002, 540, 544 f. Vgl. auch *Schwarz*, NZA 1996, 571.

3505 Von einer proportionalen Kürzung spricht Däubler u.a./*Däubler*, Anhang Rn 416.

3506 Anders *Annuß*, NZA 2007, 290, 293.

dd) Eintritt/Ausscheiden während der Zielperiode

In einer Zielvereinbarung kann ohne weiteres vereinbart werden, dass ein Bonusanspruch im Fall des Ein- oder Austritts während des Zeitraums, für den der Bonus versprochen wird (= des sog. Bezugszeitraums), nur zeitanteilig gewährt wird (pro-rata-temporis). Weitaus brisanter ist, ob ein Bonusanspruch in diesen Fällen auch gänzlich ausgeschlossen werden kann. Beim „unterjährigen" Eintritt stellt sich diese Frage in der Praxis regelmäßig allerdings nicht. Es werden von vornherein zumeist entsprechend der bis zum Ende des Bezugszeitraums noch verbleibenden Zeit nur herabgesetzte Ziele vereinbart und die Höhe des Bonusanspruchs wird entsprechend reduziert. Alternativ kann die variable Vergütung auch erst ab Beginn des nächsten Bonusjahres zugesagt werden. Auch dies ist unproblematisch zulässig. Schwieriger – und streitanfälliger – sind die Fälle des „unterjährigen" Ausscheidens von Arbeitnehmern. Sie werden im Regelfall im Zusammenhang mit sog. **Stichtagsklauseln** diskutiert.

1650

Nach einer solchen Klausel besteht ein Anspruch auf den Zielbonus nur, wenn das Arbeitsverhältnis an einem bestimmten Stichtag noch besteht. Das BAG ließ solche Klauseln bei (auch) leistungsabhängigen Sonderzahlungen dann zu, wenn der Stichtag nicht außerhalb des Bezugszeitraums, d.h. der Zielperiode, lag.[3507] Mit anderen Worten: Soll der Zielbonus die Arbeitsleitung für ein gesamtes Kalenderjahr honorieren, dann durfte der Arbeitgeber den Arbeitnehmer nicht über den 31. Dezember des jeweiligen Kalenderjahres hinaus binden. Eine solche überschießende Bindung liegt nicht nur vor, wenn der Arbeitgeber ein Datum des Folgejahres als Stichtag bestimmt; die Voraussetzung eines „ungekündigten Arbeitsverhältnisses" an einem (an sich) zulässigen Stichtag kann ebenfalls zu einer unzulässigen Bindung über den Bezugszeitraum hinaus führen. Diese Rechtsprechung schränkte das BAG mit **Urt. v. 13.11.2013** ein: Eine Sonderzahlung, die auch Gegenleistung für im gesamten Kalenderjahr laufend erbrachte Arbeit darstellt, könne in AGB **regelmäßig** nicht vom Bestand des Arbeitsverhältnisses am 31. Dezember des betreffenden Jahres abhängig gemacht werden.[3508] Damit wurde Stichtagsklauseln in Zielvereinbarungen m.E. keineswegs eine pauschale Absage erteilt.[3509] Allerdings bleibt die Entscheidung in ihrer Tragweite rätselhaft. Denn es seien einerseits Fälle denkbar, in denen die Arbeitsleistung gerade in einem bestimmten Zeitraum vor dem Stichtag besonderen Wert hat. Dies könne bei Saisonbetrieben der Fall sein oder auf anderen branchen- oder betriebsbezogenen Besonderheiten beruhen. Möglich sei ebenfalls, dass eine Sonderzahlung an bis zu bestimmten Zeitpunkten eintretende Unternehmenserfolge anknüpft. In diesen Fällen sei eine zu bestimmten Stichtagen erfolgende Betrachtung oftmals zweckmäßig und nicht zu beanstanden.[3510] Der Rechtsanwender hätte sich hier etwas mehr Klarheit erhofft.

1651

c) Rechtslage bei unterbliebener Zielvereinbarung

Ein Arbeitgeber, der sich zur Gewährung einer variablen Vergütungskomponente auf der Basis von noch abzuschließenden Zielvereinbarungen verpflichtet hat, kann dem Arbeitnehmer zum **Schadensersatz** gem. § 280 Abs. 1, 3 BGB i.V.m. §§ 283 S. 1, 252 BGB verpflichtet sein, wenn es nicht zum Abschluss einer entsprechenden Zielvereinbarung kommt.[3511] Mit dieser Rechtsprechung hat das BAG zugleich jenen Ansichten, die in einem solchen Fall eine Festsetzung der Ziele analog § 315 Abs. 3 S. 2 BGB durch Urteil[3512]

1652

3507 BAG 14.11.2012, NZA 2013, 1150; BAG 18.1.2012, NZA 2012, 561, 562 f.; BAG 18.1.2012, NZA 2012, 620, 621; BAG 6.5.2009, NZA 2009, 783, 784; Für Betriebsvereinbarungen, vgl. BAG 7.6.2011, NZA 2011, 1234, 1237 f.; BAG 12.4.2011, NZA 2011, 989, 991; vgl. auch *Simon/Hidalgo/Koschke*, NZA 2012, 1071, 1074 f.; *König*, NZA-RR 2012, 449, 451.

3508 BAG 13.11.2013, NZA 2014, 368.

3509 Ausf. dazu *Heins/Leder*, NZA 2014, 520 mit Hinweis auf mögliche Gestaltungsvarianten.

3510 BAG 13.11.2013, NZA 2014, 368, 371.

3511 BAG 14.11.2012, NZA 2013, 273, 274; BAG 12.5.2010, NZA 2010, 1009, 1010; BAG 10.12.2008, NZA 2009, 256, 257; BAG 12.12.2007, NJW 2008, 872, 877; *Lakies*, Inhaltskontrolle von Arbeitsverträgen, Rn 985; Suckow u.a./*Striegel*, Rn 940, 944; *Treichel*, NJOZ 2012, 1097, 1099 f, der den Anspruch jedoch allein auf § 280 Abs. 1 BGB stützen will.

3512 LAG Hessen 29.1.2002 – 7 Sa 836/01, juris; *Mauer*, NZA 2002, 540, 547 f.; *Brors*, RdA 2004, 273, 277; *Riesenhuber/v. Steinau-Steinrück*, NZA 2005, 785, 791; *Behrens/Rinsdorf*, NZA 2006, 830, 835; *Steinau-Steinrück/Vernunft*, Arbeitsvertragsgestaltung, Rn 152.

bzw. im Wege der ergänzenden Vertragsauslegung befürworten[3513] oder Anhalt am Rechtsgedanken des § 162 BGB nehmen wollen,[3514] eine Absage erteilt. Allerdings führt der Nichtabschluss einer Zielvereinbarung nicht automatisch zum Schadensersatz. Vielmehr muss der Arbeitgeber schuldhaft eine Vertragspflicht verletzt haben.[3515] In Betracht kommt insbesondere die Pflicht des Arbeitgebers, die Initiative zur Führung eines Gesprächs über den Abschluss einer Zielvereinbarung zu ergreifen bzw. – falls die Initiative hierzu vertraglich nicht allein dem Arbeitgeber obliegt –, auf Aufforderung des Arbeitnehmers in entsprechende Verhandlungen einzutreten.[3516] Dieser Verhandlungspflicht genügt ein Arbeitgeber allerdings nicht schon allein mit der Aufnahme von Verhandlungen; die Rechtsprechung verlangt vielmehr, dass der Arbeitgeber dem Arbeitnehmer auch tatsächlich Ziele anbietet, die dieser erreichen kann.[3517] Das Angebot, die abgelaufene Zielvereinbarung fortzusetzen, soll hierfür nur genügen, wenn sich die für den Abschluss der abgelaufenen Zielvereinbarung maßgebenden Umstände nicht wesentlich geändert haben und dem Arbeitnehmer das Erreichen der für den abgelaufenen Zeitraum gemeinsam festgelegten Ziele nach wie vor möglich ist.[3518] Regelt der Vertrag die Initiativpflicht nicht, so dürfte diese im Zweifel beim Arbeitgeber liegen.[3519] Haben beide Parteien das Nichtzustandekommen der Zielvereinbarung zu vertreten, kommt ein gem. § 254 BGB geminderter Schadensersatzanspruch in Betracht.[3520] Bei der **Schadensermittlung** durch das Gericht gem. § 287 Abs. 1 ZPO ist nach Ansicht des BAG davon auszugehen, dass der Arbeitnehmer vereinbarte Ziele erreicht hätte, wenn nicht besondere Umstände diese Annahme ausschließen; solche besonderen Umstände müsste der Arbeitgeber dartun und gegebenenfalls nachweisen.[3521]

88

d) Formulierungsbeispiel

▼

1653 **Muster 1a.88: Kurze Rahmenzielvereinbarung im Arbeitsvertrag**

Der Arbeitnehmer erhält einen jährlichen Bonus nach Maßgabe folgender Bestimmungen:

a) Der Bonus beträgt ▩▩▩▩ % des jährlichen Festgehalts gem. Ziffer ▩▩▩▩, vorausgesetzt, die wirtschaftlichen Ziele des Arbeitgebers und die persönlichen Ziele des Arbeitnehmers werden jeweils zu 100 % erreicht. Andernfalls, das heißt bei einer Zielerreichung von weniger als 100 %, besteht kein Bonusanspruch. Werden die Ziele zu mehr als 100 % erreicht, steigt der Bonus in dem gleichen prozentualen Verhältnis. Der Bonus ist jedoch auf maximal ▩▩▩▩ % des jährlichen Festgehalts gem. Ziffer ▩▩▩▩ gedeckelt.

b) Die wirtschaftlichen Ziele legt der Arbeitgeber für jedes Bonusjahr nach billigem Ermessen fest und teilt sie dem Arbeitnehmer rechtzeitig mit. Die persönlichen Ziele legen die Parteien für das jeweilige Bonusjahr in einer gesonderten Zielvereinbarung einvernehmlich fest. Die Parteien werden um eine Einigung bemüht sein. Kommt eine Einigung bis zum Ende des ersten Quartals des Bonusjahres nicht zu Stande, setzt der Arbeitgeber die persönlichen Ziele einseitig nach billigem Ermessen unter Berücksichtigung der beidersei-

3513 LAG Köln 1.9.2003 – 2 Sa 471/03, juris; *Hümmerich*, NJW 2006, 2294, 2298; *Schmiedl*, BB 2004, 329, 331. Siehe auch LAG Hamm 24.11.2004 – 3 Sa 1325/04, juris.

3514 LAG Köln 22.8.2007 – 3 Sa 358/07, juris; LAG Düsseldorf 28.7.2006 – 17 Sa 465/06, juris; LAG Köln 23.5.2002, NZA-RR 2003, 305, 307; *Bauer/Diller/Göpfert*, BB 2002, 882, 883; *Berwanger*, BB 2003, 1499, 1502 f. Siehe auch *Klein*, NZA 2006, 1129.

3515 BAG 12.5.2010, NZA 2010, 1009, 1010; *Lakies*, Vertragsgestaltung und AGB im Arbeitsrecht, Kap. 5 Rn 481; *Ders.*, Inhaltskontrolle von Arbeitsverträgen, Rn 985, 988; *Steinau-Steinrück/Vernunft*, Rn 153.

3516 Vgl. BAG 12.5.2010, NZA 2010, 1009, 1010; BAG 10.12.2008, NZA 2009, 256, 258; LAG Rheinland-Pfalz 15.12.2015 – 8 Sa 201/15, juris.

3517 BAG 12.5.2010, NZA 2010, 1009, 1010; BAG 10.12.2008, NZA 2009, 256, 257; *Lakies*, Inhaltskontrolle von Arbeitsverträgen, Rn 986; *Suckow u.a./Striegel*, Rn 940; *Däubler u.a./Däubler*, Anhang Rn 418; *Salamon*, NZA 2014, 465, 466;

3518 BAG 10.12.2008, NZA 2009, 256, 258. S. auch BAG 12.5.2010, NZA 2010, 1009, 1011.

3519 *Treichel*, NJOZ 2012, 1097, 1100. A.A. Suckow u.a./*Striegel*, Rn 943.

3520 LAG Baden-Württemberg 20.1.2015 – 6 Sa 49/14, juris; MünchArbR/*Krause*, § 57 Rn 45; *Steinau-Steinrück/Vernunft*, Arbeitsvertragsgestaltung, Rn 153.

3521 BAG 10.12.2008, NZA 2009, 256, 258; BAG 12.12.2007, NJW 2008, 872, 878.

tigen Interessen fest. Die Auszahlung des Bonus erfolgt spätestens Ende März des auf das jeweilige Bonusjahr folgenden Kalenderjahrs.

▲

140. Zugangsfiktion

Ausführungen hierzu finden sich unter dem Stichwort Fiktion (siehe oben Rdn 860 ff.). **1654**

141. Zulage

Ausführungen hierzu finden sich unter dem Stichwort Bonus (siehe oben Rdn 684 ff.). **1655**

142. Zurückbehaltungsrechte

Literatur: *Annuß*, AGB-Kontrolle im Arbeitsrecht: Wo geht die Reise hin?, BB 2002, 458; *Becker/Schaffner*, Nutzung von Firmenfahrzeugen bei Beendigung von Arbeitsverhältnissen, DB 1993, 2078; *Berger-Delhey*, Der Vertragsbruch des Arbeitnehmers, Tatbestand und Rechtsfolgen, DB 1989, 2171; *Bergwitz*, Das betriebliche Rauchverbot, NZA-RR 2004, 169; *Boemke*, (Un-)Verbindlichkeit unbilliger Arbeitgeberweisungen, NZA 2013, 6; *Fitting*, BetrVG, 24. Aufl. 2008; *Henkel*, Der Ausschluss des Zurückbehaltungsrechts nach Beendigung des Arbeitsverhältnisses, ZGS 2004, 170; *Henssler*, Arbeitsrecht und Schuldrechtsreform, RdA 2002, 129; *Hunold*, Arbeitsverweigerung aus Glaubens- oder Gewissensgründen, DB 2011, 1580; *Meyer*, Leistungswilligkeit und böswilliges Unterlassen beim Annahmeverzug im gekündigten Arbeitsverhältnis, NZA-RR 2012, 337; *Molkenkin*, Das Recht auf Arbeitsverweigerung bei Gesundheitsgefährdung des Arbeitnehmers, NZA 1997, 849; *Rieble/Jochums*, Hitzefrei am Arbeitsplatz?, BB 2003, 1897.

a) Allgemeines

Nach § 273 BGB hat der Schuldner das Recht, seine Leistung zu verweigern, bis sein Gläubiger die **1656** ihm obliegende und fällige Leistung erbracht hat, sog. Zurückbehaltungs- oder Leistungsverweigerungsrecht.[3522] Im Arbeitsverhältnis können sowohl der Arbeitnehmer als auch der Arbeitgeber dieses sog. Zurückbehaltungsrecht nutzen, um den anderen Vertragsteil zur Erfüllung seiner jeweiligen Verpflichtung anzuhalten und die eigene Rechtsposition zu sichern. Zurückbehaltungs- bzw. Leistungsverweigerungsrechte ergeben sich zum einen aus dem BGB – allgemeines Zurückbehaltungsrecht gemäß § 273 BGB, bzw. Einrede des nichterfüllten Vertrages gemäß § 320 BGB und die sog. Unsicherheitseinrede gemäß § 321 BGB (bei Vorleistungspflicht) – sowie spezialgesetzlich, etwa für den Arbeitnehmer: im Anwendungsbereich des AGG (§ 14 AGG), bei Pflegebedürftigkeit eines Angehörigen aus § 2 PflZG, sowie für den Arbeitgeber: Verweigerung der Entgeltfortzahlung, wenn der Arbeitnehmer seinen Obliegenheiten bei Arbeitsunfähigkeit nicht nachkommt (§ 7 EFZG).

b) Das Zurückbehaltungsrecht des Arbeitnehmers
aa) Zurückbehaltung der Arbeitsleistung

Das Zurückbehaltungsrecht des Arbeitnehmers nach § 273 Abs. 1 BGB besteht im Hinblick auf seine **Ar-** **1657** **beitsleistung** und ist die wohl unmittelbarste Reaktion bei vertragswidrigem Verhalten des Arbeitgebers, etwa Lohnrückstand, vertragswidrige Beschäftigung etc.

Der Arbeitnehmer muss das Zurückbehaltungsrecht tatsächlich und aktiv geltend machen, durch ausdrückliche Erklärung oder durch erkennbares Verhalten; die bloße Einstellung der Tätigkeit soll nicht ausreichen.[3523] Aus

---

3522 Zum Teil wird zwischen Zurückbehaltungsrecht und Leistungsverweigerungsrecht unterschieden, siehe etwa Küttner/*Kreitner*, Leistungsverweigerungsrecht Rn 2 und 3: Während das Zurückbehaltungsrecht dazu diene, den Arbeitgeber zur Erfüllung der ihm obliegenden Pflichten zu veranlassen (z.B. ausstehende Vergütungsansprüche des Arbeitnehmers), greife das Leistungsverweigerungsrecht ein, wenn die Arbeitspflicht mit einer anderen, eigenen Pflicht des Arbeitnehmers in Kollision gerät.
3523 LAG Rheinland-Pfalz 16.5.2006, LAGE Nr. 1 zu § 320 BGB 2002.

Sicht des Arbeitnehmers ist empfehlenswert, die Ausübung des Zurückbehaltungsrechts– am besten unter Fristsetzung – dem Arbeitgeber vorher anzukündigen, um sich nicht dem Vorwurf einer rechtswidrigen Arbeitsverweigerung auszusetzen. Dem Arbeitgeber sollte mitgeteilt werden, aufgrund welcher Gegenforderung die Arbeitsleistung vorläufig nicht erbracht wird, damit dieser den Anspruch ggf. erfüllen kann.[3524]

Das Zurückbehaltungsrecht an der Arbeitsleistung kann rechtmäßig nur unter Beachtung des Grundsatzes von Treu und Glauben ausgeübt werden. Dies verbietet es dem Arbeitnehmer etwa, seine Arbeitsleistung wegen eines verhältnismäßig geringfügigen Lohnanspruchs/Lohnrückstands zurückzuhalten. Die Ausübung des Zurückbehaltungsrechts kann ferner rechtsmissbräuchlich sein, wenn nur eine kurzfristige Verzögerung der Lohnzahlung zu erwarten ist, wenn also mit kurzfristiger Zahlung zu rechnen ist. Der Arbeitnehmer ist nach Treu und Glauben ferner gehalten, das Zurückbehaltungsrecht an der Arbeitsleistung nicht zur Unzeit auszuüben, damit dem Arbeitgeber kein unverhältnismäßig hoher Schaden droht.[3525]

1658 Das Zurückbehaltungsrecht ist ein **individuelles Recht** und dient der Durchsetzung bestehender Individualansprüche, etwa dem Anspruch auf Vergütung oder auf Einhaltung von Arbeitnehmerschutzvorschriften. Arbeitnehmer können das Zurückbehaltungsrecht jedoch auch **kollektiv** ausüben, etwa indem sie gleichzeitig ihre Arbeitsleistung zurückhalten. Die Voraussetzungen für ein Zurückbehaltungsrecht müssen in der Person des betreffenden Arbeitnehmers erfüllt sein, und jeder einzelne Arbeitnehmer muss dem Arbeitgeber gegenüber eindeutig zum Ausdruck bringen, er verweigere die Arbeitsleistung in Ausübung eines ihm, wegen eines bestimmten fälligen Anspruchs (etwa: fällige Lohnansprüche), gegen den Arbeitgeber zustehenden Zurückbehaltungsrechts zur Sicherung eines bestimmten Individualanspruchs.[3526] Solange es in diesem Sinne um die Geltendmachung und Durchsetzung individualrechtlicher Positionen geht, liegt gerade kein Streik vor. Ein Streik ist nach formalen Kriterien erst dann zu bejahen, wenn es um den Abschluss von Tarifverträgen bzw. die Durchsetzung tarifvertraglicher Forderungen geht.[3527]

bb) Einzelfälle/Beispiele

1659 In der betrieblichen Praxis kommt ein Zurückbehaltungsrecht des Arbeitnehmers bezüglich der Arbeitsleistung in folgenden Fallgestaltungen zur Anwendung:

Zurückbehaltungsrechte des Arbeitnehmers

- **Nichtzahlung der Arbeitsvergütung** durch den Arbeitgeber. Umstritten ist, ob sich das Zurückbehaltungsrecht des Arbeitnehmers bei Nichterfüllung der Vergütungspflicht aus § 273 BGB oder § 320 BGB ergibt.[3528] Der Arbeitnehmer ist in der Regel vorleistungspflichtig, § 614 BGB (Fälligkeit des Gehalts am Ende des Abrechnungszeitraum, meist am Monatsende).[3529] Daher dürfte sich das Zurückbehaltungsrecht – jedenfalls für einen Vergütungszeitraum – eher aus § 273 BGB oder aus § 321 BGB und nicht aus § 320 BGB ergeben.[3530]

3524 Hessisches LAG 13.9.1984, NZA 1985, 431; ErfK/*Preis*, § 611 BGB Rn 690; auch: Küttner/*Griese*, Zurückbehaltungsrecht Rn 4; Staudinger/*Richardi/Fischinger*, § 611 BGB Rn 1121.

3525 BAG 25.10.1984, NZA 1985, 355; ErfK/*Preis*, § 614 BGB Rn 17.

3526 BAG 25.10.1984, NZA 1985, 355.

3527 BAG 25.10.1984, NZA 1985, 355; Küttner/*Griese*, Zurückbehaltungsrecht Rn 8; Schaub/*Linck*, ArbRHdb., § 50 Rn 9; ErfK/*Preis*, § 611 BGB Rn 690; ErfK/*Dieterich*, Art. 9 GG Rn 280f; Staudinger/*Richardi/Fischinger*, § 611 BGB Rn 1136 f.

3528 Vgl. dazu: ErfK/*Preis*, § 614 BGB Rn 17; Schaub/*Linck*, ArbR-Hdb., § 50 Rn 3; MünchArbR/*Blomeyer*, § 49 Rn 53.

3529 BAG 9.5.1996, NZA 1997, 274.

3530 So auch: BAG 25.10.1984, NZA 1985, 355; ErfK/*Preis*, § 614 BGB Rn 17.

■ **Annahmeverzug des Arbeitgebers.** Der Arbeitgeber fordert den Arbeitnehmer zur Wiederaufnahme der Arbeit auf, ohne das rückständige Entgelt nachzuzahlen.[3531]

■ **Verletzung der Pflicht des Arbeitgebers zur vertragsgemäßen Beschäftigung.**[3532] Beispiel: Der Arbeitgeber weist dem Arbeitnehmer für längere Zeit keine zumutbare Arbeit zu und erteilt auch für die Zukunft keine konkreten, dem Arbeitsvertrag entsprechenden Arbeitsanweisungen. Ein Arbeitnehmer, dem keine angemessene, dem Arbeitsvertrag entsprechende Tätigkeit zugewiesen wird, ist berechtigt, der Arbeit fernzubleiben, wenn er vorher den Arbeitgeber aufgefordert hat, ihm eine angemessene Tätigkeit zuzuweisen und diesen damit in Annahmeverzug versetzt hat.

■ **Verletzung von Mitbestimmungsrechten** des Betriebsrates im Bereich der sozialen Angelegenheiten nach § 87 BetrVG. Versäumt der Arbeitgeber die Beteiligung des Betriebsrats bei mitbestimmungspflichtigen sozialen Angelegenheiten, ist eine solche Maßnahme in aller Regel unwirksam, sog. Theorie der Wirksamkeitsvoraussetzung.[3533] Der Arbeitnehmer braucht eine hierauf bezogene Weisung nicht zu befolgen; ihm steht ein Leistungsverweigerungsrecht zu.[3534]

■ **Verletzung von Mitbestimmungsrechten** des Betriebsrats im Bereich der personellen Angelegenheiten, § 99 BetrVG: Möglicherweise kann der Arbeitnehmer seine Arbeitsleistung verweigern, wenn die Zustimmung des Betriebsrats zu einer Einstellung oder Versetzung fehlt; jedoch nur, wenn der Betriebsrat die Aufhebung der mitbestimmungswidrigen Einstellung/Versetzung selbst aktiv betreibt, also ein Verfahren nach § 101 BetrVG eingeleitet hat.[3535]

■ **Verstoß gegen das Nachweisgesetz,** also nicht rechtzeitige bzw. Nichterfüllung der Nachweispflicht durch den Arbeitgeber. Die Pflicht des Arbeitgebers, einen schriftlichen Nachweis über den geschlossenen Arbeitsvertrag zu erstellen und auszuhändigen, ist keine unbedeutende Pflicht. Im Fall der Nichterfüllung der zwingenden Nachweispflicht soll das Zurückbehaltungsrecht eine effektive Sanktion darstellen.[3536]

■ **Verstoß gegen Arbeitsschutzvorschriften,** insbesondere gegen Bestimmungen des öffentlich-rechtlichen Gefahrenschutzes sowie der sonstigen Schutzpflichten, die sich aus § 618 BGB oder der allgemeinen Fürsorgepflicht folgen, ergeben, wenn dadurch eine Gefahr für Leben und Gesundheit des Arbeitnehmers entstanden ist.[3537] Ein Zurückbehaltungsrecht soll aber nicht in Betracht kommen, soweit der Arbeitsplatz nur im Rahmen der „üblichen Umweltverschmutzung", die auch außerhalb des Arbeitsplatzes hinzunehmen ist, mit Schadstoffen belastet ist.[3538] Bei erhöhten Raumtemperaturen am Arbeitsplatz aufgrund außergewöhnlich sommerlicher Witterungsbedingungen greift ein Leistungsverweigerungsrecht ebenfalls erst bei unmittelbar drohenden Gesundheitsbeeinträchtigungen ein.[3539]

■ **Nichtraucherschutz am Arbeitsplatz** gemäß § 5 ArbStVO. Danach hat der Arbeitgeber die erforderlichen Maßnahmen zu treffen, damit die nicht rauchenden Beschäftigten in Arbeitsstätten wirk-

---

3531 BAG 21.5.1981, NJW 1982, 121.

3532 LAG Berlin 12.3.1999, BB 1999, 2305: Bei einem Mitarbeiter einer Bank, dem monatelang keine angemessene Tätigkeit zugewiesen wird und der daher die Zeit mit Bügeln, Zeitunglesen, usw. verbringt, stellt die Zuweisung einer unspezifizierten Arbeit ohne konkrete Darlegung, was genau zu erledigen ist, keine Grundlage für eine Abmahnung dar, wenn der Arbeitnehmer zulässigerweise der Arbeit fernbleibt; LAG Hessen 13.9.1984, NZA 1985, 431; ErfK/*Preis*, § 611 BGB Rn 690.

3533 BAG 5.4.2001, NZA 2001, 893; BAG 11.6.2002, AP Nr. 1 113 zu § 87 BetrVG; ErfK/*Kania*, § 87 BetrVG Rn 136.

3534 LAG Berlin 30.6.1982, zit. nach juris; Fitting u.a./*Fitting*, § 87 BetrVG Rn 604, 605; GK-BetrVG/*Wiese*, § 87 Rn 122 m.w.N.; *Richardi*, § 87 BetrVG Rn 122; Küttner/*Kreitner*, Leistungsverweigerungsrecht Rn 5.

3535 BAG 30.9.1993, EzA Nr. 118 zu § 99 BetrVG; BAG 5.4.2001, NZA 2001, 893.

3536 ErfK/*Preis*, Einführung NachweisG Rn 15; Küttner/*Griese*, Zurückbehaltungsrecht Rn 5; a.A. Schaub/*Linck*, ArbR-Hdb., § 50 Rn 8.

3537 BAG 2.2.1994, NZA 1994, 610 hinsichtlich eines asbestbelasteten Arbeitsplatzes; BAG 17.2.1998, NJW 1999, 162; BAG 8.5.1996, NZA 1997, 86; BAG 19.2.1997, NZA 1997, 821; kritisch dazu *Molkentin/Müller*, NZA 1995, 873; *Borchert*, NZA 1995, 877.

3538 BAG 8.5.1996, NZA 1997, 821; *Molkentin*, NZA 1997, 849 ff.

3539 *Rieble/Jochums*, BB 2003, 1897.

sam vor den Gesundheitsgefahren durch Tabakrauch geschützt sind. Verletzt der Arbeitgeber seine Pflicht, Nichtraucherschutzmaßnahmen zu ergreifen, kann der Arbeitnehmer seine Arbeitsleistung zurückhalten.[3540]

■ **Aufforderung zur Arbeitsleistung** trotz gesetzlichem Beschäftigungsverbot.

■ **Unzulässige Weisungen des Arbeitgebers**, die durch das arbeitgeberseitige Direktionsrecht nicht gedeckt sind.[3541]

■ **Mobbing**. Im Einzelfall kann dem Arbeitnehmer ein Zurückbehaltungsrecht zustehen, um dem gesetzes- oder in anderer Weise sozialwidrigen Verhalten eines Vorgesetzten oder Kollegen zu entgehen, wie etwa im Falle des Mobbings.[3542]

■ **Gewissens- oder Glaubenskonflikt**. Ein Leistungsverweigerungsrecht des Arbeitnehmers kann sich aus einem Gewissens- oder Glaubenskonflikt ergeben.[3543] Beispiele: Weigerung eines Arztes in der Forschungsabteilung eines Pharmaunternehmens, an der Erforschung einer Substanz mitzuarbeiten, die im Falle eines Nuklearkriegs zur Unterdrückung der Symptome atomarer Verstrahlung bei Soldaten eingesetzt werden sollte;[3544] Verkaufssachbearbeiterin in einem Stahl- und Metallhandelsunternehmen: Leistungsverweigerungsrecht hinsichtlich der Bearbeitung von Aufträgen für den Irak unter Berufung auf ihre jüdische Abstammung und ihre engen Beziehungen zum Staat Israel;[3545] Leistungsverweigerungsrecht eines Arbeitnehmers in einem Restaurant, der angewiesen wird, statt seines Turbans die zur Dienstkleidung gehörende Papierfaltmütze zu tragen.[3546] Die Reichweite der Glaubensfreiheit ist in letzter Zeit vor allem in Bezug auf das islamische Kopftuch entschieden worden.[3547] Beispiele: Leistungsverweigerungsrecht einer Verkäuferin in einem Kaufhaus, weil der Arbeitgeber verlangt, dass sie das Kopftuch abnimmt, ohne dass er erhebliche betriebliche Störungen oder wirtschaftliche Einbußen vortragen kann.[3548] Eine Lehrerin im öffentlichen Dienst hingegen kann nicht wirksam ein Leistungsverweigerungsrecht ausüben, wenn ihr das Kopftuch untersagt wird.[3549] Die unterschiedliche Wertung beruht auf den Besonderheiten des öffentlichen Dienstrechts.[3550] Ein Mitarbeiter muslimischen Glaubens in der Getränkeabteilung eines Ladens (Einzelhandel) kann wirksam ein Leistungsverweigerungsrecht in Bezug auf das Einräumen alkoholischer Getränke ausüben; ggf. kann der Arbeitgeber dann personenbedingt kündigen, wenn keine alternative Beschäftigungsmöglichkeit im Betrieb oder Unternehmen besteht, die dem Arbeitnehmer angeboten werden kann.[3551]

■ **Pflichtenkollision**. Ein Arbeitnehmer kann sich gegenüber der bestehenden Arbeitspflicht auf eine Pflichtenkollision wegen der Personensorge für ein erkranktes Kind (§ 1627 BGB) und damit ein Leistungsverweigerungsrecht bzw. eine Unmöglichkeit bzw. Unzumutbarkeit der Arbeitsleistung

3540 *Bergwitz*, NZA-RR 2004, 169, 175.
3541 BAG 25.10.1989, NZA 1990, 561; Küttner/*Kreitner*, Leistungsverweigerungsrecht Rn 3,4.
3542 BAG 13.1.2007, NZA 2007, 1166.
3543 Vgl. *Hunold*, DB 2011, 1580.
3544 BAG 24.5.1989, DB 1989, 2538.
3545 ArbG Köln 18.4.1989, NZA 1991, 276.
3546 ArbG Hamburg 3.1.1996, ArbuR 1996, 243.
3547 Zwar ging es dabei jeweils um Einstellung bzw. Kündigung eines Arbeitnehmers, doch gelten die Wertmaßstäbe für dass Leistungsverweigerungsrecht im Arbeitsverhältnis gleichermaßen.
3548 BAG 10.10.2002, NZA 2003, 483; bestätigt durch BVerfG 30.7.2003, NZA 2003, 959.
3549 BVerwG 4.7.2002, NJW 2002, 3344.
3550 In den Landesschulgesetzen findet sich teilweise ein Kopftuchverbot für ihre Lehrkräfte an Schulen und Hochschulen: Bayern, Berlin, Bremen, Hessen, Niedersachsen, Nordrhein-Westfalen, Thüringen, Saarland. Das BVerfG hat für das Verbot des Kopftuchtragens an öffentlichen Schulen eine gesetzliche Grundlage verlangt, BVerfG 24. 9.2003, NJW 2003, 3111. In mehreren neueren arbeitsgerichtlichen Entscheidungen wird das Kopftuchverbot für wirksam erachtet: BAG 20.8.2009, NZA 2010, 227: Baskenmütze als Kopftuchsurrogat; BAG 10.12.2009, NZA-RR 2010, 382: Unterrichtung allein muslimischer Schüler.
3551 BAG v. 24.2.2011, NZA 2011,1087.

nur berufen, wenn unabhängig von der Abwägung der schutzwürdigen Interessen beider Parteien überhaupt eine unverschuldete Zwangslage vorliegt.[3552]

- Im Anwendungsbereich des AGG besteht ein **spezialgesetzliches Leistungsverweigerungsrecht nach § 14 AGG.** Danach steht den Beschäftigten ein leistungsverweigerungsrecht zu, wenn der Arbeitgeber keine oder unzureichende Maßnahmen ergreift, um sie vor (sexueller) Belästigung zu schützen. Das Leistungsverweigerungsrecht besteht nur, soweit es zum Schutz des Beschäftigten erforderlich ist.[3553] Das Vorhandensein gleich geeigneter, aber milderer Mittel schließt das Zurückbehaltungsrecht aus, auch wenn sie von den Belästigten nicht erkannt oder nicht als geeignet eingeschätzt werden; das Irrtumsrisiko liegt also beim Beschäftigten.[3554] Weiter soll das Leistungsverweigerungsrecht bei der Erfüllung vordringlicher Aufgaben ausgeschlossen sein.[3555] Pflege pflegebedürftiger naher Angehöriger in häuslicher Umgebung: nach § 2 Abs. 1 PflegeZG haben Beschäftigte das Recht, bis zu 10 Tage der Arbeit fernzubleiben, wenn dies erforderlich ist, um für einen pflegebedürftigen nahen Angehörigen in einer akut aufgetretenen Pflegesituation eine bedarfsgerechte Pflege zu organisieren oder eine pflegerische Versorgung in dieser Zeit sicherzustellen (kurzzeitige Arbeitsverhinderung).

- **Verletzung datenschutzrechtlicher Vorschriften** durch den Arbeitgeber: Die Einhaltung datenschutzrechtlicher Vorschriften stellt eine Nebenpflicht des Arbeitgebers aus dem Arbeitsverhältnis dar (§ 241 Abs. 2 BGB). Ist die Verletzung datenschutzrechtlicher Vorschriften erheblich, kann sie ein Zurückbehaltungsrecht begründen.[3556]

Kein Zurückbehaltungsrecht besteht etwa bei fehlendem Nachweis der Anmeldung bei der Krankenversicherung.[3557]

cc) Rechtswirkungen

Bei berechtigter Leistungsverweigerung gerät der Arbeitgeber in **Annahmeverzug,** § 298 BGB. Der Vergütungsanspruch bleibt nach § 615 BGB bestehen.[3558] Wegen des Fixschuldcharakters der Arbeitsleistung wird der Arbeitnehmer von der Pflicht zur Arbeitsleistung frei, ohne zur Nachleistung verpflichtet zu sein. Daran hat sich auch durch die Schuldrechtsreform nichts geändert.[3559]

1660

Übt der Arbeitnehmer berechtigterweise ein Zurückbehaltungsrecht an seiner Arbeitsleistung aus, ist eine verhaltensbedingte Kündigung ausgeschlossen, da keine Arbeitspflichtverletzung vorliegt.[3560] Die rechtswidrige Ausübung des Zurückbehaltungsrechts hingegen stellt eine unberechtigte **Arbeitsverweigerung** dar und kann den Arbeitgeber zu einer, ggf. sogar außerordentlichen verhaltensbedingten Kündigung berechtigen.[3561] Der Arbeitnehmer trägt grundsätzlich das **Irrtumsrisiko.**[3562] Im Rahmen der Interessen-

---

3552 BAG 21.5.1992, NZA 1993, 115.

3553 BT-Drucks 16/1780, 37.

3554 ErfK/*Schlachter*, § 14 AGG Rn 1.

3555 BT-Drs 12/5468, 48; das gilt insbesondere für Beamte und Richter (§ 24 AGG).

3556 *Thüsing*, Arbeitnehmerdatenschutz und Compliance, Rn 505.

3557 LAG Schleswig-Holstein 21.9.2004, BeckRS 2004, 41751: Leitsatz: Ein Zurückbehaltungsrecht kann nicht mit der Begründung ausgeübt werden, der Arbeitgeber habe nicht nachgewiesen, dass der Arbeitnehmer – wieder – bei der Krankenversicherung angemeldet sei. Hat der Arbeitnehmer seine Leistungsverweigerung darauf gestützt, es sei ihm nicht nachgewiesen, dass er krankenversichert sei, so kann er sich später nicht darauf berufen, er habe das Zurückbehaltungsrecht tatsächlich wegen bestehender Lohnzahlungsrückstände ausgeübt.

3558 BAG 21.5.1981, NJW 1982, 122; Küttner/*Griese*, Zurückbehaltungsrecht, Rn 9; ErfK/*Preis*, § 611 BGB Rn 690.

3559 Schaub/*Linck*, ArbR-Hdb., § 50 Rn 1.

3560 BAG 9.5.1996, NZA 1996, 1085; LAG Hamm 29.9.1999, NZA-RR 2000, 242; LAG Köln 23.9.1993, zit. nach juris; LAG Köln 29.4.1999, AuR 2000, 433; Schaub/*Linck*, ArbR-Hdb. 2005, § 50 Rn 11.

3561 BAG 5.4.2001, NZA 2001, 893.

3562 LAG Köln 19.5.1999, zit. nach juris; LAG Schleswig-Holstein 23.11.2004, LAGE Nr. 1 zu § 273 BGB 2002; vgl. *Kliemt/Vollstädt*, NZA 2003, 357 ff.

abwägung ist jedoch ein unverschuldeter Rechtsirrtum zu beachten. Eine Arbeitsverweigerung berechtigt dann nicht zur fristlosen Entlassung, wenn der Arbeitnehmer ohne Verschulden angenommen hat, zur Erfüllung der von ihm geforderten Leistung nicht verpflichtet zu sein. Denn verhaltensbedingte Gründe bilden grundsätzlich nur dann einen wichtigen Grund, wenn der Gekündigte nicht nur rechtswidrig, sondern auch schuldhaft seine Pflichten aus dem Arbeitsvertrag verletzt hat. Zumindest dann, wenn der Arbeitnehmer sich vor Ausübung des Zurückbehaltungsrechts nach Kräften um die Klärung der Rechtmäßigkeit der Arbeitsverweigerung bemüht hat, verletzt der Mitarbeiter nicht schuldhaft seine Arbeitspflicht.[3563]

c) Das Zurückbehaltungsrecht des Arbeitgebers

1661 Erfüllt der Arbeitnehmer seine Arbeitspflicht nicht oder ist er nach § 275 Abs. 1 oder Abs. 2 BGB von seiner Arbeitspflicht befreit, richtet sich die Frage seines Anspruchs auf Gegenleistung (also: Anspruch auf Lohn/Gehalt) zunächst nach § 326 BGB. Danach erlischt grundsätzlich der Anspruch auf Gegenleistung, sofern nicht der Gläubiger den Leistungsausschluss allein oder weit überwiegend zu vertreten hat oder dieser zu einem Zeitpunkt eintritt, zu welchem sich der Gläubiger in einem Annahmeverzug befand. Dieser Grundsatz bedeutet im Ergebnis: „ohne Arbeit kein Lohn". Der Arbeitnehmer hat für Zeiten der Nichtleistung gerade keinen Anspruch auf das ihm sonst zustehende Arbeitsentgelt, § 326 Abs. 1 BGB.[3564]

Ist die Unmöglichkeit von keiner der beiden Seiten zu vertreten (etwa wenn der Arbeitnehmer aufgrund witterungsbedingter Verkehrsverhältnisse nicht zur Arbeit kommen kann), wird der Arbeitnehmer von seiner Arbeitspflicht nach § 275 Abs. 1 oder 2 BGB frei. Er verliert grundsätzlich den Anspruch auf Lohn/Gehalt.[3565] Dies gilt auch dann, wenn der Arbeitnehmer die Nichtleistung nach § 275 BGB zu vertreten hat, wenn er also „blau macht", sich eigenmächtig Pausen gönnt, vorzeitig den Arbeitsplatz verlässt oder seinen Urlaub unabgesprochen vorzieht.[3566] In diesen Fällen wird der Arbeitgeber von seiner Vergütungspflicht befreit und kann die bereits gezahlte Vergütung nach § 326 Abs. 4 BGB entsprechend den Rücktrittsregeln zurückverlangen, §§ 346 ff. BGB, ohne dass der Arbeitnehmer sich auf Entreicherung berufen kann.[3567]

Das Prinzip „ohne Arbeit kein Lohn" gilt jedoch nicht durchweg. In einzelnen arbeitsrechtlichen Fällen wird das Synallagma durchbrochen, und der Arbeitnehmer behält entgegen § 326 Abs. 1 BGB seinen Lohnanspruch, etwa bei einer vorübergehenden Verhinderung aus persönlichen Gründen (§ 616 BGB), in der Situation der Entgeltfortzahlung im Krankheitsfall (EFZG), bei der Feiertagsentgeltfortzahlung, im Fall des sog. Betriebsrisikos (§ 615 BGB) usw.

Hingegen scheidet ein Zurückbehaltungsrecht des Arbeitgebers bei mangelhafter Arbeitsleistung (Schlechtleistung) aus. Der Arbeitgeber kann nicht das Gehalt einbehalten, wenn der Arbeitnehmer die

---

3563 LAG Köln 29.6.2001, NZA-RR 2002, 356: es ging um eine fristlose Änderungskündigung und Vorbehaltserklärung nach § 2 KSchG. Der Mitarbeiter verweigerte die Arbeitsleistung zu den neuen Bedingungen und bot die Arbeitsleistung zu den bisherigen Bedingungen an. Dem Mitarbeiter konnte ein Verschulden nicht vorgeworfen werden. Die Rechtslage war schwierig und kompliziert: Es ging um die, nur wenigen Laien, bekannte Vorbehaltserklärung i.S.v. § 2 KSchG – und zwar nicht einmal um die direkte, sondern um die analoge Anwendung dieser Vorschrift, weil der Fall der fristlosen Änderungskündigung gesetzlich nicht ausdrücklich geregelt ist. Darüber hinaus sind Kenntnisse der Literatur und Rechtsprechung erforderlich, um zu wissen, dass der Arbeitnehmer nach der Vorbehaltserklärung zunächst zu den geänderten Bedingungen zu arbeiten hat, wenn er Änderungsschutzklage erhebt, über die noch nicht rechtskräftig entschieden ist. Die Kombination dieser beiden Fragen führte zu der dritten Frage: Ob nämlich die Einnahme des neuen Arbeitsplatzes sofort und ohne Zugeständnis einer Frist zu erfolgen hat, wenn die Änderungskündigung ungewöhnlicherweise fristlos ausgesprochen wurde – und zwar selbst dann, wenn der Arbeitnehmer in der Vorbehaltserklärung zumindest auf Einhaltung der Kündigungsfrist besteht. In dieser Situation hatte sich der Mitarbeiter nicht auf sein laienhaftes Urteil verlassen, sondern vielmehr anwaltlichen Rat eingeholt und sich nach diesem gerichtet. Andere Möglichkeiten der Rechtswahrung standen nicht zur Verfügung. Er handelte demnach nicht fahrlässig; DLW/*Dörner*, C. Rn 214: MünchArbR/ *Blomeyer*, § 49 Rn 50 ff.
3564 Schaub/*Linck*, ArbR-Hdb., § 51 Rn 8; MünchArbR/*Blomeyer*, § 57 Rn 49; ErfK/*Preis*, § 611 BGB Rn 689, Rn 697.
3565 Das sog. „Wegerisiko" liegt also beim Arbeitnehmer, siehe BAG 8.9.1982, NJW 1983, 1078.
3566 BeckOK/*Joussen*, § 611 BGB Rn 358.
3567 *Richardi*, NZA 2002, 1004; BeckOK/*Joussen*, § 611 BGB Rn 358.

ihm obliegende Arbeitsleistung nicht in der geforderten mittleren Art und Güte erbringt.[3568] Das Dienstleistungsrecht kennt – anders als etwa das Kauf- oder Werkvertragsrecht – keine Gewährleistungsregeln, eben weil kein Erfolg geschuldet ist. Eine Minderung der Vergütung ist ebenso ausgeschlossen wie ein Anspruch des Arbeitgebers auf Nachbesserung, siehe auch § 326 Abs. 1 S. 2 BGB. Jedoch kann sich der Arbeitnehmer gegebenenfalls nach § 280 BGB schadensersatzpflichtig machen. Voraussetzung ist ein Verschulden bei der Schlechtleistung sowie die haftungsbegründende und haftungsausfüllende Kausalität. Mit etwaigen Ersatzansprüchen kann der Arbeitgeber dann im Rahmen der Pfändungsfreigrenzen der §§ 387, 389, 394 BGB, §§ 850 ZPO ff. aufrechnen.[3569]

Eine Zurückbehaltung von Teilen der Vergütung kommt ggf. auch dort in Betracht, wo die Herausgabe von Firmeneigentum durchgesetzt werden soll,[3570] wo der Arbeitnehmer wegen Nichterfüllung seiner Arbeitspflicht oder wegen Verletzung wesentlicher Nebenpflichten auf Schadensersatz haftet oder wegen eines Verstoßes gegen ein vertragliches Wettbewerbsverbot entschädigungspflichtig ist.[3571]

Spezialgesetzlich besteht ein (vorübergehendes) Leistungsverweigerungsrecht des Arbeitgebers bzgl. der Entgeltfortzahlung, solange der Arbeitnehmer die erforderliche Arbeitsunfähigkeitsbescheinigung nicht vorlegt bzw. den Übergang eines Schadensersatzanspruches gegen einen Dritten auf den Arbeitgeber verhindert, § 7 Abs. 1 EFZG.[3572]

d) Ausschluss und Begrenzungen des Zurückbehaltungsrechts
aa) Allgemeines

Das jedem Vertragteil zustehende Zurückbehaltungsrecht kann kraft Gesetzes, aufgrund vertraglicher Vereinbarung (vorbehaltlich § 309 Nr. 2 BGB), wegen der Rechtsnatur des Schuldverhältnisses oder nach Treu und Glauben ausgeschlossen sein. Außerdem ist die Ausübung des Zurückbehaltungsrechts ausgeschlossen, wenn der Arbeitgeber teilweise geleistet hat und wegen verhältnismäßiger Geringfügigkeit des rückständigen Teils die Verweigerung der eigenen Leistung gegen Treu und Glauben verstoßen würde, vgl. § 320 Abs. 2 BGB.   **1662**

bb) Einzelfälle

Für den Arbeitgeber besteht nach Beendigung des Arbeitsverhältnisses kein Zurückbehaltungsrecht an den **Arbeitspapieren** des Arbeitnehmers, wie Lohnsteuerkarte, Sozialversicherungspapiere sowie Entlassungsbescheinigung.[3573] Teilweise ist der Ausschluss des Zurückbehaltungsrechts ausdrücklich geregelt (§ 312 SGB III, §§ 39b, 41b EStG). Im Übrigen ergibt sich das Verbot der Zurückbehaltung daraus, dass es bei den Arbeitspapieren um die Erfüllung öffentlich-rechtlicher Pflichten geht, und der Arbeitnehmer diese zur Arbeitssuche und Arbeitsvermittlung regelmäßig benötigt.[3574]   **1663**

Ebenso wenig besteht für den Arbeitgeber ein Zurückbehaltungsrecht gegenüber dem **Zeugnisanspruch** des Arbeitnehmers nach Beendigung des Arbeitsverhältnisses, § 109 GewO.[3575] Dem Arbeitgeber steht kein Zurückbehaltungsrecht wegen Ansprüchen aus dem Arbeitsverhältnis zu, da eine Zurückbehaltung dem Zweck des Zeugnisanspruchs und den Fürsorgeverpflichtungen des Arbeitgebers zuwiderlaufen wür-

---

3568 ErfK/*Preis*, § 611 BGB Rn 689; Schaub/*Linck*, ArbR Hdb., § 52 Rn 4.
3569 BAG 29.11.1983 AP BGB § 626 Nr. 78; BeckOK/*Joussen*, § 611 BGB Rn 364 ff.
3570 Küttner/*Griese*, Zurückbehaltungsrecht, Rn 1.
3571 ErfK/*Preis*, § 611 BGB Rn 689.
3572 BAG 1.10.1997, NJA 1998, 2764; Schaub/*Linck*, ArbR Hdb., § 98 Rn 139f.
3573 ArbG Solingen 21.4.1980, zit nach juris; ArbG Wetzlar 17.1.1989, DB 1989, 1428; Moll/*Bengelsdorf*, § 46 Rn 290; MünchArbR/ *Blomeyer*, § 57 Rn 51; Preis/*Preis*, II Z 20 Rn 23; *Henkel*, ZGS 2004, 170, 171 m.w.N.; ErfK/*Preis*, § 611 BGB Rn 458.
3574 Schaub/*Linck*, ArbR Hdb., § 149 Rn 5; Küttner/*Griese*, Zurückbehaltungsrecht, Rn 5; Moll/*Blomeyer*, § 57 Rn 51; kritisch: *Henkel*, ZGR 2004, 170, 172.
3575 *Preis*, Arbeitsvertrag, II Z 20 Rn 23; Schaub/*Linck*, ArbR Hdb., § 147 Rn 13.

de; darüber hinaus würde der Arbeitnehmer durch ein ausgeübtes Zurückbehaltungsrecht in unverhältnismäßiger Weise bei der Stellensuche beeinträchtigt.[3576]

1664 Umgekehrt steht dem Arbeitnehmer grundsätzlich kein Zurückbehaltungsrecht nach § 1273 BGB an Arbeitsmitteln zu, also an Gegenständen, die ihm vom Arbeitgeber zur **dienstlichen Nutzung** überlassen wurden, etwa Werkzeuge, Laptop, Mobiltelefon, Geschäftsunterlagen, Schlüssel zu den Betriebsanlagen etc. An Arbeitsmitteln und -geräten hat der Arbeitnehmer regelmäßig kein eigenes Besitzrecht gemäß § 872 BGB, sondern er besitzt nur für den Arbeitgeber, ist also **Besitzdiener** nach § 855 BGB.[3577] Als Besitzdiener hat er den Weisungen des Arbeitgebers Folge zu leisten, insbesondere die Sachen auf Anforderung herauszugeben; mangels eigener Rechtsposition kann er die überlassenen Gegenstände nicht zurückbehalten.[3578] Verweigert der Arbeitnehmer die Herausgabe, so verschafft er sich durch verbotene Eigenmacht rechtswidrigen Fremdbesitz, § 858 Abs. 1 BGB. Ist der Arbeitnehmer unrechtmäßiger Fremdbesitzer geworden, schuldet er **Nutzungsentschädigung** nach den sachenrechtlichen Vorschriften der §§ 987 ff. BGB, bei Nachweis eines Schadens sogar auf **Schadensersatz**.[3579]

1665 Im Einzelfall kann der Arbeitnehmer jedoch auch selbst Besitz an einer Sache innehaben (Eigenbesitz). Das gilt insbesondere für einen Dienstwagen, der dem Arbeitnehmer auch zur privaten Nutzung überlassen wurde. Er ist dann gegenüber dem Arbeitgeber zum Besitz berechtigt, § 868 BGB.[3580] Folglich steht ihm auch ein Zurückbehaltungsrecht zu.

1666 Im Übrigen ist bei Ausübung des Zurückbehaltungsrechts der Grundsatz von Treu und Glauben zu berücksichtigen, § 242 BGB. So darf z.B. ein Arbeitnehmer seine Arbeitsleitung bei Nichtzahlung von Arbeitsentgelt nicht verweigern, wenn der Lohnrückstand verhältnismäßig gering ist, nur eine kurzfristige Verzögerung der Lohnzahlung zu erwarten ist, wenn dem Arbeitgeber ein unverhältnismäßig hoher Schaden droht oder wenn der Vergütungsanspruch auf andere Weise gesichert ist (z.B. durch Bürgschaft).[3581] Eine „anderweitige Sicherung des Arbeitnehmers" kann die Verweigerung der Arbeitsleistung als treuwidrig erscheinen lassen, jedenfalls dann, wenn sie vorhanden ist. Das Inaussichtstellen von Insolvenzgeld vor Eröffnung des Insolvenzverfahrens stellt jedoch keine ausreichende Sicherung in diesem Sinne dar.[3582]

1667 Um ein Leerlaufen des Pfändungsschutzes zu verhindern, soll bei Ansprüchen des Arbeitgebers in entsprechender Anwendung des § 394 BGB die Zurückbehaltung des Arbeitsentgelts nur bis zur **Pfändungsgrenze** erfolgen können.[3583] Ist der Anspruch des Arbeitgebers nicht auf Geld, sondern auf Herausgabe von Werkzeugen oder anderen Arbeitsmitteln/Gegenständen gerichtet, kann ein Zurückbehaltungsrecht nur ausgeübt werden, soweit auch eine Aufrechnung möglich wäre. So kann der Arbeitgeber wegen seiner Rückgabeansprüche bezüglich Werkzeugs etc. nur den pfändbaren Teil des Arbeitslohns zurückhalten. Ein weitergehendes Zurückbehaltungsrecht kommt nur bei verbotener Eigenmacht oder strafbarer Handlung des Arbeitnehmers in Betracht.[3584]

3576 ErfK/*Müller-Glöge*, § 109 GewO Rn 48; Staudinger/*Preis*, § 630 BGB Rn 55.

3577 *Preis*, Arbeitsvertrag, II Z 20 Rn 24.

3578 *Preis*, Arbeitsvertrag, II Z 20 Rn 24; Schaub/*Linck*, ArbRHdb., § 150 Rn 3; *Annuß*, BB 2002, 463; Küttner/*Griese*, Zurückbehaltungsrecht, Rn 5.

3579 LAG Berlin 26.5.1986, NJW 1986, 2528: Ist der Arbeitnehmer verpflichtet, ihm vom Arbeitgeber anvertraute Arbeitsmittel (hier Schlüssel) herauszugeben und verletzt er diese Pflicht, so hat er dem Arbeitgeber den Schaden zu ersetzen, der durch die notwendige Bewachung des (Betriebs-) Grundstückes entstanden ist. Schaub/*Linck*, ArbRHdb., § 150 Rn 3; *Preis*, Arbeitsvertrag, II Z 20 Rn 24.

3580 OLG Düsseldorf 12.2.1986, NJW 1986, 2513; *Henkel*, ZGS 2004,170, 173; a.A. *Schmiedl*, BB 2002, 992, 994.

3581 BAG 25.10.1984, NZA 1985, 355; BAG 9.5.1996, NZA 1996, 1085; LAG Rheinland-Pfalz 16.5.2006, LAGE Nr. 1 zu § 320 BGB; ArbG Hannover 11.12.1996, EzA Nr. 6 zu § 273 BGB: ein Lohnrückstand von 1,5 Monatsgehältern bei einer Vollzeitkraft ist als erheblich einzustufen; LAG Schleswig-Holstein 23.11.2004; Moll/*Blomeyer*, § 49 Rn 55 f.

3582 BAG 25.10.1984, NZA 1985, 355.

3583 ErfK/*Preis*, § 611 BGB Rn 459; Schaub/*Koch*, ArbR-Hdb., § 88 Rn 3 ff.

3584 Küttner/*Griese*, Zurückbehaltungsrecht, Rn 7 f.; ähnlich auch: ErfK/*Preis*, § 611 BGB Rn 458.

cc) Ausschluss kraft vertraglicher Vereinbarung

§ 309 Nr. 2 BGB verbietet den formularmäßigen Ausschluss oder die Einschränkung von Leistungsverweigerungsrechten und Zurückbehaltungsrechten. „Arbeitsrechtliche Besonderheiten" (§ 310 Abs. 4 S. 2 BGB) stehen einer Anwendung des § 309 Nr. 2 BGB im Arbeitsverhältnis nicht grundsätzlich entgegen.[3585]

1668

Ein Zurückbehaltungsrecht des Arbeitnehmers wegen rückständigen Arbeitsentgelts kann demnach im Formulararbeitsvertrag nicht vollständig abbedungen und ausgeschlossen werden.[3586]

Der Ausschluss des Zurückbehaltungsrechts an Gegenständen ist bei der Beendigung des Arbeitsverhältnisses von erheblicher Bedeutung. Ansonsten könnte der Arbeitnehmer den Arbeitgeber durch Zurückhaltung von Gegenständen und Unterlagen erheblich unter Druck setzen, etwa wegen als unzureichend empfundener Formulierungen im Arbeitszeugnis.

1669

Eine Vereinbarung über den Ausschluss eines Zurückbehaltungsrechts des Arbeitnehmers an ausschließlich zur dienstlichen Nutzung überlassenen Gegenständen wie Mobiltelefon, Notebook, Schlüsseln etc. ist auch unter Geltung des § 309 Nr. 2 BGB unproblematisch, da der Arbeitnehmer diesbezüglich nur Besitzdiener ist.[3587] Ob dies auch bei zur privaten Nutzung überlassenen Gegenständen (etwa: Dienstwagen zur Privatnutzung) gilt, ist von der Rechtsprechung noch nicht entschieden. Jedenfalls für den Fall des wirksamen Widerrufs einer privaten Nutzungsmöglichkeit dürfte auch ein formularmäßiger Ausschluss des Zurückbehaltungsrechts wirksam sein.

e) Formulierungsbeispiel

Muster 1a.89: Zurückbehaltungsrecht

1670

(1) Ein Zurückbehaltungsrecht des Arbeitnehmers an seiner Arbeitsleistung wegen etwaiger fälliger Gegenansprüche ist ausgeschlossen, soweit die Gegenansprüche geringfügig sind.

(2) Vor Ausübung eines Zurückbehaltungsrechtes an der Arbeitsleistung hat der Arbeitnehmer der Gesellschaft in Textform mitzuteilen, aufgrund welcher Gegenforderung er seine Arbeitsleistung vorläufig nicht erbringen wird. Er muss der Gesellschaft ausdrücklich unter Fristsetzung von mindestens 2 Werktagen die Möglichkeit geben, Abhilfe zu schaffen.

(3) Eine unberechtigte Leistungsverweigerung berechtigt die Gesellschaft zum Ausspruch einer (ggf. außerordentlichen) Kündigung.

(4) Sämtliche dem Mitarbeiter von der Gesellschaft überlassene Gegenstände, insbesondere ▉▉▉▉▉, sind ausschließlich zur dienstlichen Nutzung überlassen. Das alleinige und ausschließliche Besitzrecht steht der Gesellschaft zu. Ein Recht zur privaten Nutzung überlassener Gegenstände besteht nur, soweit dies im Einzelfall schriftlich vereinbart ist. Der Mitarbeiter hat auf einfache Anforderung, bei Beendigung des Arbeitsverhältnisses auch unaufgefordert, alle ihm dienstlich überlassenen Gegenstände an die Gesellschaft zurückgeben. Ein Zurückbehaltungsrecht ist ausgeschlossen. Soweit Gegenstände im Einzelfall auch zur privaten Nutzung überlassen wurden, ist ein Zurückbehaltungsrecht nach wirksamem Widerruf der privaten Nutzungsmöglichkeit ausgeschlossen.

3585 Vgl. dazu: *Annuß*, BB 2002, 458, 463; Bauer u.a./*Lingemann*, Kap. 2 R. 72; ErfK/*Preis*, § 310 BGB Rn 102; *Hümmerich*, NZA 2003, 753, 764.

3586 ErfK/*Preis*, § 310 BGB Rn 102.

3587 Schaub/*Linck,* ArbRHdb., § 150 Rn 3.

§ 1b   Individualarbeitsrecht – Teil 2

Inhalt

		Rdn
A. Einzelne Vertragstypen		1
I.	Berufsausbildungsverhältnis/Fortbildung	1
1.	Allgemeines	1
2.	Berufsausbildungsvertrag	2
3.	Erläuterungen	3
a)	Rechtsnatur/anzuwendende Vorschriften	3
b)	Abgrenzung zur beruflichen Fortbildung/Umschulung	4
c)	Auszubildender	5
d)	Volontäre/Hospitierende/Praktikanten	6
e)	Ausbildender	7
f)	Verbundausbildung (§ 10 Abs. 5 BBiG)	8
g)	Vertragsabschluss und -niederschrift	9
h)	Vertragsinhalt	10
aa)	Gesetzliche Vorgaben	10
bb)	Art, Ziel und Dauer der Ausbildung	11
cc)	Auswärtige Ausbildungsmaßnahme/Verbundausbildung	12
dd)	Ausbildungzeit	13
ee)	Probezeit	14
ff)	Ausbildungsvergütung	15
gg)	Urlaub	16
hh)	Kündigung	17
ii)	Hinweise auf kollektivrechtliche Regelungen	18
i)	Nichtige Vereinbarungen	19
j)	Schlichtungsverfahren nach § 111 Abs. 2 ArbGG	20
II.	Befristungen	21
1.	§ 14 TzBfG	21
a)	Sachgrundbefristung (§ 14 Abs. 1 TzBfG)	52
aa)	Vorübergehender Bedarf (Nr. 1)	52
(1)	Typischer Sachverhalt	52
(2)	Rechtliche Grundlagen	53
(3)	Checkliste	59
(4)	Formulierungsvorschläge	60
(a)	Befristung wegen vorübergehenden Bedarfs (Kalenderbefristung)	60
(b)	Befristung wegen vorübergehenden Bedarfs (Zweckbefristung)	61

		Rdn
(c)	Aushilfsarbeitsverhältnis mit kurzer Kündigungsfrist (Kalenderbefristung)	62
bb)	Befristung im Anschluss an eine Ausbildung oder ein Studium (Nr. 2)	63
(1)	Typischer Sachverhalt	63
(2)	Rechtliche Grundlagen	64
(3)	Formulierungsbeispiel: Befristung nach Abschluss des Studiums (Kalenderbefristung)	67
cc)	Vertretung (Nr. 3)	68
(1)	Typischer Sachverhalt	68
(2)	Rechtliche Grundlagen	69
(3)	Checkliste	79
(4)	Formulierungsbeispiele	80
(a)	Vertretung (Kalenderbefristung)	80
(b)	Vertretung (Zweckbefristung)	81
(c)	Vertretung (Doppelbefristung)	82
(d)	Mittelbare Vertretung	83
dd)	Eigenart der Arbeitsleistung (Nr. 4)	84
(1)	Typischer Sachverhalt	84
(2)	Rechtliche Grundlagen	85
(3)	Formulierungsbeispiele	92
(a)	Befristung – Eigenart des Arbeitsverhältnisses (Kalenderbefristung)	92
(b)	Befristung – Eigenart des Arbeitsverhältnisses (Zweckbefristung)	93
ee)	Erprobung (Nr. 5)	94
(1)	Typischer Sachverhalt	94
(2)	Rechtliche Grundlagen	95
(3)	Checkliste Sachgrundbefristung Erprobung	102
(4)	Formulierungsbeispiel	103
(5)	Muster	104
ff)	Gründe in der Person des Arbeitnehmers (Nr. 6)	105
(1)	Typischer Sachverhalt	105
(2)	Rechtliche Grundlagen	106
(3)	Formulierungsbeispiele	115
(a)	Befristung auf Rentenalter in unbefristetem Arbeitsvertrag	115

	Rdn
(b) Befristung auf Wunsch des Arbeitnehmers	116
gg) Zweckbindung von Haushaltmitteln (Nr. 7)	117
(1) Typischer Sachverhalt ..	117
(2) Rechtliche Grundlagen .	118
(3) Formulierungsbeispiel: Befristung wegen Zweckbindung Haushaltmittel...............	122
hh) Gerichtlicher Vergleich (Nr. 8)......................	123
(1) Typischer Sachverhalt ..	123
(2) Rechtliche Grundlagen .	124
(3) Muster..................	127
ii) Andere Sachgründe.........	128
(1) Typischer Sachverhalt ..	128
(2) Rechtliche Grundlagen .	129
(3) Formulierungsbeispiele.	134
(a) Muster andere Sachgründe (Kalenderbefristung).............	134
(b) Muster andere Sachgründe (Zweckbefristung)	135
(4) Muster..................	136
b) Sachgrundlose Befristung (§ 14 Abs. 2 TzBfG)....................	137
aa) Typischer Sachverhalt......	137
bb) Rechtliche Grundlagen	138
(1) Allgemeines.............	138
(2) Voraussetzungen........	140
(a) Kalendermäßige Befristung bis zu zwei Jahren	141
(b) Verlängerung	142
(c) Anschlussverbot	144
(d) Abweichungen durch TV gem. § 14 Abs. 2 S. 3 und S. 4 TzBfG...............	153
cc) Formulierungsbeispiele.....	157
(1) Sachgrundlose Befristung	157
(2) Verlängerung	158
(3) Erklärung des Arbeitnehmers zu Vorbeschäftigungen................	159
c) Sachgrundlose Befristung für Existenzgründer (§ 14 Abs. 2a TzBfG).....................	160
aa) Typischer Sachverhalt......	160
bb) Rechtliche Grundlagen	161
(1) Allgemeines.............	161
(2) Voraussetzungen........	162
(a) Unternehmensgründung.................	162

	Rdn
(b) Ablauf der Vier-Jahres-Frist nach Unternehmensgründung ..	165
(c) Kalendermäßige Befristungen	166
(d) Verlängerungen.....	167
(e) Entsprechende Anwendung § 14 Abs. 2 S. 2 bis S. 4 TzBfG .	168
cc) Formulierungsbeispiele.....	171
d) Befristung mit älteren Arbeitnehmern (§ 14 Abs. 3 TzBfG)...	172
aa) Typischer Sachverhalt......	172
bb) Rechtliche Grundlagen	173
(1) Allgemeines.............	173
(2) Voraussetzungen........	175
(a) Altersgrenze	175
(b) Vorhergehende viermonatige beschäftigungslose Zeit	176
(c) Kalendermäßige Befristung bis zu fünf Jahren	179
(d) Verlängerungen.....	180
cc) Formulierungsbeispiele.....	181
(1) Altersbefristung (Kalenderbefristung)..........	181
(2) Verlängerung Altersbefristung	182
(3) Erklärung des Arbeitnehmers zur Beschäftigungslosigkeit	183
2. Befristungen nach Sondervorschriften......................	184
a) § 21 BEEG.....................	185
aa) Typischer Sachverhalt......	185
bb) Rechtliche Grundlagen	186
cc) Muster....................	188
b) § 6 PflegeZG..................	189
aa) Typischer Sachverhalt......	189
bb) Rechtliche Grundlagen	190
cc) Muster....................	193
(1) Pflegezeitvertretung (Kalenderbefristung)....	193
(2) Pflegezeitvertretung (Zweckbefristung)	194
(3) Mittelbare Pflegezeitvertretung...............	195
c) § 8 Abs. 3 ATZG	196
d) § 21 BBiG	197
e) §§ 1, 2 WissZeitVG	199
aa) Typischer Sachverhalt......	199
bb) Rechtliche Grundlagen	200
cc) Formulierungsbeispiel WissZeitVG (Kalenderbefristung)....................	207
f) § 1 ÄArbVtrG	208
aa) Typischer Sachverhalt......	208

		Rdn				Rdn
	bb) Rechtliche Grundlagen	209		dd) Der Abruf der Arbeitsleistung		306
	cc) Formulierungsbeispiele.....	215		ee) Abruffrist		308
	(1) Befristung ÄArbVtrG (Kalenderbefristung)....	215		ff) Einzelne Arbeitsbedingungen		309
	(2) Befristung ÄArbVtrG mit vorzeitiger Beendigung (Doppelbefristung)	216		b) Job-Sharing		310
				aa) Allgemeines.................		310
g)	§§ 1 Abs. 4 ArbPlSchG, 1 Abs. 3 EignÜG, § 78 ZVG..............	217		bb) Teilung der Arbeitszeit		311
	aa) Typischer Sachverhalt	217		cc) Verteilung der Arbeitszeit ..		314
	bb) Rechtliche Grundlagen	218		dd) Vertretungspflicht		315
h)	§ 3 EignÜG.....................	221		ee) Besondere Arbeitsbedingungen		318
	aa) Typischer Sachverhalt......	221		c) Geringfügige Beschäftigung		319
	bb) Rechtliche Grundlagen	222		aa) Grundlagen		319
III.	Teilzeit	223		bb) Das Diskriminierungsverbot nach § 4 Abs. 1 TzBfG		323
1.	Was ist Teilzeitarbeit?..............	223		(1) Die Regelungen in § 2 Abs. 2 TzBfG...........		323
	a) Die Definition des § 2 Abs. 1 TzBfG..........................	223		(2) Ausschluss von tarifvertraglichen Regelungen..		324
	b) Anwendung in der Praxis........	224		(3) Sonstige Arbeitsbedingungen		325
	aa) Vollzeitbeschäftigter........	224		(4) Arbeitnehmereigenschaft.................		328
	bb) Vergleichbarkeit	227				
2.	Das Diskriminierungsverbot des § 4 Abs. 1 TzBfG	232	5.	Die Ansprüche auf Verkürzung und Verlängerung der Arbeitszeit nach § 8 und 9 TzBfG		330
	a) Grundsätze.....................	232		a) Grundsätze.....................		330
	b) Schlechterbehandlung	233		b) Der Anspruch auf Verringerung der Arbeitszeit		331
	aa) Vergleichsmaßstab	233		aa) Voraussetzungen...........		331
	bb) Arbeitsbedingungen	236		(1) Wartezeit..............		331
	(1) Allgemeine Arbeitsbedingungen	236		(2) Kleinbetriebsklausel		332
	(2) Arbeitsentgelt und andere teilbare geldwerte Leistungen	237		bb) Geltendmachung des Anspruchs		333
	(3) Gewährung pro-rata-temporis................	241		(1) Frist		333
				(2) Form		334
	c) Wegen Teilzeitarbeit	244		(3) Inhalt.................		335
	d) Diskriminierungsabsicht.........	251		cc) Erörterung des Reduzierungswunsches.............		337
	e) Kompensation	252		dd) Entscheidung des Arbeitgebers und Mitteilung an den Arbeitnehmer		338
	f) Sachlicher Grund	254				
	g) Rechtsfolge	257		ee) Betriebliche Gründe für die Ablehnung des Anspruchs..		341
3.	Einzelne arbeitsvertragliche Regelungen für Teilzeitbeschäftigte	259		ff) Veränderung der verkürzten Arbeitszeit		347
	a) Grundsätze.....................	259		gg) Sonstige Ansprüche auf Arbeitszeitverkürzung.........		348
	b) Arbeitszeit	260		(1) § 15 Abs. 7 BEEG		348
	c) Vergütung......................	266		(2) § 81 Abs. 5 S. 3 SGB IX		349
	d) Betriebliche Altersversorgung...	273		(3) § 3 Abs. 1 PflegeZG/ FPfZG..................		350
	e) Urlaub	274		hh) Prozessuales		351
	aa) Grundlagen	274		c) Verlängerung der Arbeitszeit....		352
	bb) Berechnung	277		aa) Allgemeines.................		352
	f) Entgeltfortzahlung im Krankheitsfall	295		bb) Voraussetzungen...........		353
	g) Nebentätigkeitsverbot	296				
4.	Sonderformen der Teilzeitarbeit	297				
	a) Arbeit auf Abruf	297				
	aa) Grundsätze.................	297				
	bb) Dauer der wöchentlichen Arbeitszeit	298				
	cc) Tägliche Arbeitszeit	302				

		Rdn
	(1) Teilzeitbeschäftigte Arbeitnehmer	353
	(2) Anzeige des Verlängerungswunsches	354
cc)	Entsprechender freier Arbeitsplatz	357
dd)	Keine entgegenstehenden Gründe	358
	(1) Dringende betriebliche Gründe	358
	(2) Arbeitszeitwünsche anderer teilzeitbeschäftigter Arbeitnehmer	359
ee)	Prozessuales	360
6.	Muster	361
a)	Teilzeitarbeitsvertrag	361
b)	Arbeit auf Abruf	362
c)	Job-Sharing	364
d)	Geringfügige Beschäftigung	365
e)	Teilzeitverlangen	366
f)	Verlängerungsverlangen	367
IV.	**Elternzeit, Pflegezeit, Familienpflegezeit**	**368**
1.	Elternzeit	368
a)	Elternzeit für nach dem 30.6.2015 geborene Kinder	369
aa)	Anspruch auf Elternzeit	369
bb)	Vorzeitige Beendigung oder Verlängerung der Elternzeit	370
cc)	Urlaubsanspruch	371
dd)	Kündigung	372
b)	Abweichende Regelungen für die Elternzeit für vor dem 1.7.2015 geborene Kinder	373
c)	Muster: Antrag auf Elternzeit	374
2.	Pflegezeit und Familienpflegezeit	375
a)	Übersicht	376
b)	Erstmalige Geltendmachung der (teilweisen) Freistellung	377
c)	Wechsel zwischen den verschiedenen Freistellungsmöglichkeiten	378
d)	Vorzeitige Beendigung bzw. Verlängerung der Pflegezeit und Familienpflegezeit	379
e)	Urlaubskürzung	380
f)	Muster: Antrag auf Pflegezeit	381
V.	**Altersteilzeit**	**382**
1.	Typischer Sachverhalt	382
2.	Rechtliche Grundlagen	383
a)	Einführung	383
b)	Vereinbarung von Altersteilzeit	390
c)	Voraussetzungen für Zuschüsse der BA	392
aa)	Fördervoraussetzungen auf Seiten des Arbeitnehmers	393
	(1) Begünstigter Personenkreis	393
	(2) Laufzeit	394
	(3) Halbierung der wöchentlichen Arbeitszeit	395
bb)	Förderungsfähiges Altersteilzeitmodell	396
cc)	Fördervoraussetzungen auf Seiten des Arbeitgebers	397
	(1) Aufstockung des Arbeitsentgelts in der Altersteilzeit	398
	(2) Aufstockung der Rentenversicherungsbeiträge	399
	(3) Wiederbesetzung des freigewordenen Arbeitsplatzes	400
	(4) Überforderungsgrenze	405
d)	Förderungsumfang	406
e)	Ruhen und Erlöschen des Erstattungsanspruchs	409
f)	Sicherung des Arbeitnehmers	411
aa)	Arbeitslosengeld	411
bb)	Insolvenzsicherung	412
cc)	Entgeltsicherung	413
dd)	Betriebsübergang	414
ee)	Betriebsverfassungsrecht	415
g)	Probleme der Altersteilzeit (Störfälle)	416
aa)	Arbeitsunfähigkeit	417
bb)	Tod	418
cc)	Kündigung	419
h)	Sonderfälle im Blockmodell	420
i)	Verfahren	421
3.	Checkliste: Altersteilzeit	422
4.	Altersteilzeitvertrag (Blockmodell)	423
VI.	**Mitarbeiter im Außendienst**	**424**
1.	Anstellungsvertrag Außendienst	424
2.	Anstellungsvertrag Außendienst Erläuterung – Vorbemerkungen	425
VII.	**Heimarbeit**	**447**
1.	Arbeitsvertrag Heimarbeit	447
2.	Erläuterungen	448
a)	Vorbemerkungen	448
b)	Im Einzelnen	449
VIII.	**Telearbeit**	**460**
1.	Allgemeines	460
2.	Arbeitsvertrag über Telearbeit	461
3.	Erläuterungen	462
a)	Einsatzort	462
b)	Arbeitszeit	463
c)	Aufwendungsersatz	464
d)	Zutrittsrecht	465
e)	Verschwiegenheitsverpflichtung	466
f)	Arbeitsschutz	467
g)	Schadenshaftung	468
h)	Mitbestimmungsrechte	469
IX.	**Trainee**	**470**
1.	Allgemeines	470
2.	Trainee-Vertrag	471

	Rdn		Rdn
3. Erläuterungen	472	s) Steuern, § 10	533
a) Arten von Trainee-Programmen.	472	t) Betriebliche Altersversorgung,	
b) Vergütung	473	§ 11	536
c) Aufbau und Ablauf des Trainee-Programmes	474	u) Haftung bei Dienstfahrt, § 12 Abs. 1	537
d) Laufzeit/Befristung	475	v) Haftung bei Privatfahrten, § 12 Abs. 2	538
e) Zeugnis	476	w) Kein Regress des Arbeitgebers – keine Haftung des Arbeitnehmers, § 12 Abs. 3	539
X. Praxisintegrierendes duales Studium	477		
1. Grundlagen	477		
a) Begriff des dualen Studiengangs	477		
b) Rechtsnatur des Durchführungsvertrags	479	x) Widerruf der Nutzungsberechtigung, § 13 Abs. 1	540
2. Muster	484	y) Herausgabeanspruch des Arbeitgebers, § 13 Abs. 2	544
3. Erläuterungen	485	z) Beendigung, § 14	545
a) Vertragsgegenstand	485	**XIII. Pkw-Überlassungspauschale/Car-Allowance**	546
b) Vertragsdauer	488		
c) Praxisphasen	490	1. Allgemeines	546
d) Vergütung	492	2. Muster	550
e) Pflichten des Studierenden	493	3. Erläuterungen	551
f) Urlaub	495	a) § 1 Nutzung des privaten Kfz für dienstliche Zwecke	551
g) Kündigungsrecht und Probezeit	496		
h) Rückzahlungsklausel	499	b) § 2 Instandhaltung, Kosten für Mietwagen, Neuanschaffung	552
XI. Praktikantenvertrag	505		
1. Allgemeines	505	c) § 3 Versicherung	553
2. Muster	506	d) § 4 Nutzungspauschale und Kilometergeld, Fahrtenbuch	554
3. Erläuterungen	507		
a) gesetzliche Regelungen	507	e) § 5 Ausschluss der Haftung des Arbeitgebers	562
b) Vertragslaufzeit	508		
c) Vergütung	509	f) § 6 Widerruf von Nutzungspauschale und Kilometergeld	563
d) Urlaub	510		
XII. Dienstwagenüberlassung	511	**XIV. Wiedereingliederung**	565
1. Dienstwagenvertrag	511	1. Allgemeines	565
2. Erläuterungen	512	2. Wiedereingliederungsvereinbarung	566
a) Gegenstand des Vertrages, § 1 Abs. 1	513	3. Erläuterungen	567
b) Übergabeprotokoll, § 1 Abs. 2	514	a) Abschlussfreiheit	567
c) Veränderungen an dem Dienstwagen, § 1 Abs. 3	515	b) Vergütung	568
d) Art der Nutzung, § 2 Abs. 1	516	c) Urlaub	569
e) Umfang der Nutzung, § 2 Abs. 2	519	d) Beendigung	570
f) Rechte Dritter, § 3	520	e) Beteiligung des Betriebsrates	571
g) Obliegenheiten, § 4 Abs. 1	521	**XV. Arbeitnehmerüberlassung**	572
h) Sorgfaltspflichten, § 4 Abs. 2	522	1. Vertrag zur Arbeitnehmerüberlassung	572
i) Fahrtenbuch, § 4 Abs. 3	523		
j) Reparaturen, § 5	524	2. Erläuterungen	573
k) Unfälle, § 6	525	a) Gegenstand des Vertrages, § 1	574
l) Kosten, § 7	526	b) Erlaubnis zur Arbeitnehmerüberlassung, § 2	576
m) Dauerhafter Ersatz für den Dienstwagen, § 8 Abs. 1	527		
n) Vorübergehender Ersatz für den Dienstwagen, § 8 Abs. 2	528	c) Branchenzugehörigkeit des Betriebes, Vergleichsentgelt und Höchstüberlassungsdauer, § 3	579
o) Haftpflichtversicherung, § 9 Abs. 1	529	d) Tarifvertrag, § 4	580
p) Vollkaskoversicherung, § 9 Abs. 2	530	e) Unbedenklichkeitsbescheinigung, § 5	582
q) Insassenunfallversicherung, § 9 Abs. 3	531	f) Durchführung der Arbeitnehmerüberlassung, § 6	585
r) Glasschäden, § 9 Abs. 4	532	g) Besserstellungsvereinbarungen, § 7	594

	Rdn
h) Dauer des Vertrages und Kündigung, § 8	595
i) Vergütung, § 9	598
j) Rechnungslegung, § 10	600
k) Arbeitsschutz/Arbeitssicherheit, § 11	602
l) Haftung/Versicherung, § 12	603
m) Geheimhaltungspflicht, § 13	606
n) Übernahme von Mitarbeitern, § 14	609
3. Anstellungsvertrag Verleiher/Leiharbeitnehmer	612
4. Erläuterungen	613
a) Vorbemerkungen	613
b) Vertragsgegenstand/Tätigkeit, § 1	616
c) Vertragsdauer, § 2	626
d) Arbeitszeit, § 3	628
e) Vergütung, § 4	633
f) Arbeitszuweisung/Bereithaltung/Meldepflicht, § 5	634
g) Einsatz beim Kunden/Versetzung, § 6	636
h) Geschäfts- und Betriebsgeheimnisse, § 7	640
i) Unterlagen/Gegenstände, § 8	642
j) Datenschutz, § 9	643
k) Aushändigung der Urkunde, § 10	644
XVI. Entsendung	645
1. Entsendungsvereinbarung	645
2. Erläuterungen	646
a) Vorbemerkungen	646
b) Im Einzelnen	649
aa) Aufgaben, § 1	650
bb) Entsendungsdauer, § 2	654
cc) Vergütung, § 3	656
dd) Krankheit/Arbeitsunfähigkeit, § 4	662
ee) Arbeitsbedingungen/Urlaub, § 5	665
ff) Reisekosten, § 6	670
gg) Wohnung und Dienstfahrzeug, § 7	673
hh) Aufwendungen/Spesen, § 8	676
ii) Steuern, § 9	681
jj) Versicherungen, § 10	686
kk) Einreisebestimmungen, § 11	699
ll) Beendigung des Auslandseinsatzes, § 12	702
mm) Vertragslaufzeit, § 13	706
nn) Fortgeltung des Anstellungsvertrages, § 14	707
oo) Rechtswahl – Gerichtsstandsvereinbarung, § 15	708
pp) Schriftformklausel, Salvatorische Klausel, § 16	710
3. Stammhausbindungsvertrag	711
4. Vorbemerkung	712

	Rdn
XVII. Chefarztvertrag	721
1. Allgemeines	721
2. Chefarzt-Dienstvertrag	722
3. Erläuterungen	723
a) Vertragskopf	723
b) Vertragsgegenstand	724
c) Stellung des Arztes	725
d) Dienstaufgaben in der Krankenversorgung	726
aa) Aufzählung der Dienstaufgaben in der Krankenversorgung	727
bb) Die sonstigen Dienstaufgaben	730
e) Durchführung der Dienstaufgaben	731
f) Das Wirtschaftlichkeitsgebot	739
g) Grundsätze der Zusammenarbeit	740
h) Verschwiegenheitspflicht/Wettbewerbsverbot	741
i) Mitwirkung in Personalangelegenheiten	742
j) Vergütung und Abrechnung	745
k) Die Abrechnung der Vergütung	750
l) Arbeitsverhinderung/Vergütungsfortzahlung	752
m) Urlaub, Teilnahme an Kongressen, Dienstreisen	753
n) Renten- und Krankenversicherungspflicht	754
o) Versicherungsschutz	755
p) Vertretungsregelung	756
q) Entwicklungsklausel	757
r) Die Annahme von Belohnungen und Geschenken	758
s) Herausgabe von Gegenständen	759
t) Gesundheitliche Eignung	760
u) Ausschlussfrist	761
v) Vertragsdauer, Kündigung	762
w) Nichtaufnahme der Arbeit, Vertragsstrafe	763
x) Schlussbestimmungen	764
XVIII. Dienstvertrag/freie Mitarbeiter-Verträge	765
1. Ausgangssituation	765
2. Rechtliche Grundlagen	766
a) Begriffsbestimmung und Rechtsgrundlage	766
aa) Arbeitnehmer und Selbstständige	767
bb) Arbeitnehmerähnliche Personen	769
cc) Risiken einer Fehleinschätzung	771
b) Folgen für die Vertragsgestaltung	772
aa) AGB-Kontrolle	772
bb) Zwingendes Gesetzesrecht	773
cc) Folgen eines Verstoßes	776

	Rdn			Rdn
3. Muster	778	t)	Vertragsdauer und Kündigung	827
a) Freie Mitarbeit	778		aa) Die ordentliche Kündigung.	827
b) Handelsvertreter	779		bb) Die Kündigungsfrist	828
c) Berater	780		cc) Die außerordentliche Kün-	
d) Interim Manager	781		digung	829
XIX. Geschäftsführer-Anstellungsvertrag	782		dd) Die Kündigungserklärung	830
1. Allgemeines	782		ee) Der Rechtsweg	831
2. Muster	783		ff) Die Vertragsvarianten	832
3. Erläuterungen	784		u) Schlussbestimmungen	833
a) Vertragskopf	784	**XX.**	**Vorstandsvertrag**	834
b) Vertretungsbefugnis, Selbstkon-		1.	Allgemeines	834
trahieren	787	2.	Muster	835
c) Geschäftsführungsbefugnis	789	3.	Erläuterungen	836
d) Pflichten und Verantwortlichkeit	792		a) Vertragskopf	836
aa) Die Pflichten des Geschäfts-			b) Vertretungsbefugnis, Selbstkon-	
führers gegenüber der Ge-			trahieren	837
sellschaft	792		c) Geschäftsführungsbefugnis	838
bb) Arbeitgeberpflichten	793		d) Pflichten und Verantwortlichkeit	839
cc) Jahresabschluss und Ergeb-			e) Vergütung	840
nisverwendung	794		f) Arbeitszeit	842
dd) Ergänzende Unterrichtungs-			g) Vertragsdauer und Kündigung	843
verpflichtungen	795	**B.**	**Das nachvertragliche Wettbewerbsver-**	
ee) Gesellschafterliste	796		**bot**	846
ff) Die Aufdeckung von Inha-		**I.**	**Nachvertragliches Wettbewerbsverbot**	
bilitätsgründen	797		**für Arbeitnehmer**	846
e) Arbeitszeit und anderweitige		1.	Rechtliche Grundlagen	846
Aufgabenübertragung	798		a) Anwendungsbereich der §§ 74 ff.	
aa) Die Regelung der Arbeits-			HGB	847
zeit	798		b) Form	849
bb) Die Versetzungsregelung	799		aa) Schriftform	850
f) Vergütung	800		bb) Aushändigung einer Ur-	
aa) Die feste Jahresvergütung	801		kunde	851
bb) Die erfolgsabhängige Ver-			c) Inhalt und Inhaltskontrolle nach-	
gütung	804		vertraglicher Wettbewerbsver-	
g) Vergütung bei Arbeitsverhin-			bote	852
derung	806		aa) Inhalt	852
h) Verbot der Nebentätigkeit, Ver-			bb) Bedingte Wettbewerbsver-	
öffentlichungen	809		bote	857
i) Wettbewerbsverbot, Verschwie-			cc) Grenzen des § 74a HGB	858
genheitspflicht	812		dd) Vorformulierte Wett-	
aa) Das vertragliche Wett-			bewerbsverbote	860
bewerbsverbot	812		d) Lösung vom Wettbewerbsverbot	863
bb) Die Verschwiegenheits-			aa) Aufhebungsvertrag	863
pflicht	813		bb) Verzicht auf das Wett-	
j) Das nachvertragliche Wett-			bewerbsverbot, § 75a HGB	864
bewerbsverbot	814		cc) Lossagung bei Kündigung	
k) Urlaub	817		des Arbeitsverhältnisses,	
l) Zuschuss zur Kranken- und Pfle-			§ 75 HGB	865
geversicherung	818		e) Rechtsfolgen der Verletzung der	
m) Unfallversicherung	819		Konkurrenzklausel	870
n) Haftpflichtversicherung, Entlas-		2.	Muster	871
tung	820		a) Nachträgliches unternehmens-	
o) Alters- und Hinterbliebenenver-			bezogenes Wettbewerbsverbot	
sorgung	822		als selbstständige Abrede	871
p) Kfz-Nutzung	823		aa) Wettbewerbsverbot, § 1	872
q) Spesen	824		bb) Karenzentschädigung, § 2	873
r) Erfindungen	825		cc) Vertragsstrafe, § 3	874
s) Herausgabe von Unterlagen	826			

	Rdn			Rdn
dd) Inkrafttreten und Ruhestand, §§ 4 und 5	878	1.	Rechtliche Grundlagen	894
ee) Rechtsnachfolge, § 6	879	2.	Muster und Erläuterungen	898
ff) Anwendbare Vorschriften, § 7	880		a) Nachvertragliches Wettbewerbs-verbot als Zusatzvereinbarung zum Anstellungsvertrag eines Vorstandsmitglieds	898
b) Tätigkeitsbezogenes Wett-bewerbsverbot in arbeitsvertrag-licher Klausel	881		aa) Kundenschutz und Wett-bewerbsverbot nachvertrag-lich, §§ 1, 2	899
c) Allgemeine Mandantenschutz-klausel	884		bb) Entschädigung, § 3	902
d) Mandantenübernahmeklausel	887		cc) Vertragsstrafe, § 4	905
e) Verzicht gemäß § 75a HGB	888		dd) Ruhestand, § 5	906
f) Lossagung durch Arbeitnehmer	890		ee) Verzicht, § 6	907
g) Muster: Lossagung durch den Arbeitgeber bei außerordentli-cher Kündigung	891		ff) Lossagungsrecht bei außer-ordentlicher Kündigung, § 7	909
h) Antrag auf Erlass einer einstwei-ligen Unterlassungsverfügung	892		gg) Rechtsnachfolge, § 8	910
II. Nachvertragliches Wettbewerbsverbot für Organe	894		b) Nachvertragliches Wettbewerbs-verbot als Klausel im Anstel-lungsvertrag	911

A. Einzelne Vertragstypen

I. Berufsausbildungsverhältnis/Fortbildung

Literatur: *Braun/Mühlhausen/Munk/Stück*, Berufsbildungsgesetz, 2004; *Gedon/Spiertz*, Kommentar zum Berufsbildungsgesetz, Loseblattsammlung; *Herkert/Töltl*, Kommentar zum Berufsbildungsgesetz, Loseblattsammlung; *Hurlebaus*, Genehmigung von Verkürzungen und Verlängerungen der Ausbildungszeit, DB 1981, 2125; *Knopp/Kraegeloh*, Berufsbildungsgesetz, 5. Aufl. 2005; *Leinemann/Taubert*, Berufsbildungsgesetz, 2. Aufl. 2008; *Litterscheid*, Die Ausbildungsvergütung nach dem Berufsbildungsgesetz in seiner neuen Fassung vom 1.4.2005, NZA 2006, 639; *Natzel*, Genehmigung von Verkürzungen und Verlängerungen der Ausbildungszeit, DB 1981, 1407; *Natzel*, Das neue Berufsbildungsgesetz, DB 2005, 610; *Natzel*, Zur Angemessenheit der Ausbildungsvergütung, DB 1992, 1521; *Natzel*, Genehmigung von Verkürzungen und Verlängerungen der Ausbildungszeit, DB 1981, 1407; *Opolony*, Das Recht der Berufsausbildung nach dem Berufsausbildungsreformgesetz, BB 2005, 1050; *Opolony*, Die Beendigung von Berufsausbildungsverhältnissen, BB 1999, 1706; *Opolony*, Die Teilzeitausbildung, AuA 2005, 656 f.; *Reinartz*, Beendigung von Berufsausbildungsverhältnissen, DB 2015, 1347; *Scherer*, Praktikum: Aktuelle Rechtslage 2012, NZA 2012, 654; *Taubert*, Neuregelungen im Berufsbildungsrecht, NZA 2005, 503; *Wohlgemuth/Lakies/Malottke/Pieper/Proyer*, Kommentar zum Berufsbildungsgesetz, 3. Aufl. 2006 (zitiert: Wohlgemuth u.a./*Bearbeiter*); *Wohlgemuth*, Berufsbildungsgesetz, 2011 (zitiert Wohlgemuth/*Bearbeiter*).

1. Allgemeines

Für den Abschluss von Berufsausbildungsverhältnissen, im Rahmen derer berufliche Fertigkeiten, Kenntnisse und Fähigkeiten für die Ausübung einer qualifizierten beruflichen Tätigkeit erworben werden sollen, enthält das Berufsbildungsgesetz gesetzliche Vorgaben für die Begründung, den Inhalt, Beginn und die Beendigung eines Berufsausbildungsverhältnisses. Obwohl das Berufsbildungsgesetz in einem relativ detaillierten Katalog die Mindestanforderungen an den Inhalt von Berufsausbildungsverträgen vorgibt, wird in der Praxis sowohl vom Bundesinstitut für Berufsbildung (BIBB) als auch von den deutschen Industrie- und Handelskammern empfohlen, Verträge mit Auszubildenden bzw. Personen in der Fortbildung detailliert zu formulieren und ggf. auch gesetzliche Inhalte des Berufsbildungsgesetzes wiederzugeben, weil es sich in der Regel bei den Vertragspartnern des Ausbildungsbetriebes um geschäftlich unerfahrene Personen handelt, bei denen nicht vorausgesetzt werden kann, dass sie den Inhalt gesetzlicher Vorschriften oder ungeschriebener Nebenpflichten eines Vertragsverhältnisses kennen. Der Hauptausschuss des BIBB hat ein Muster des Berufsausbildungsvertrages und ein dazugehöriges Merkblatt entwickelt.[1] Der Deutscher Industrie- und Handelskammertag (DIHK) hat ebenfalls Musterempfehlungen veröffentlicht. Die Vorgaben/Empfehlungen sind in das nachfolgende Muster mit eingeflossen.

In der Praxis zu unterscheiden sind das Berufsausbildungsverhältnis i.S.d. § 1 Abs. 1 BBiG, auf das das Berufsbildungsgesetz vollumfänglich Anwendung findet, sonstige Vertragsverhältnisse, die keine Berufsausbildung i.S.d. § 1 Abs. 1 BBiG sind, aufgrund derer aber gleichermaßen Personen zum Zwecke der Vermittlung beruflicher Fertigkeiten, Kenntnisse und Fähigkeiten oder beruflicher Erfahrungen eingestellt werden und für die nach § 26 BBiG die §§ 10–23 und 25 BBiG eingeschränkt Anwendung finden, sowie sonstige Vertragsverhältnisse, in denen Mitarbeiter zwar auch fortgebildet werden, in denen aber eine Arbeitsverpflichtung gegenüber der Ausbildung überwiegt. Letztere unterfallen nicht dem Berufsbildungsgesetz sondern den allgemeinen arbeitsrechtlichen Regelungen.[2] Das nachfolgende Vertragsmuster setzt voraus, dass die Parteien einen Vertrag über eine Berufsbildung i.S.d. § 1 Abs. 1 BBiG schließen. Der Begriff der Berufsbildung i.S dieser Norm umfasst die Berufsausbildungsvorbereitung, die Berufsausbildung, die berufliche Fortbildung und die berufliche Umschulung.

1

---

1 Bundesanzeiger Nr. 168/2005 vom 6.9.2005, aktuelle Version veröffentlicht unter www.bibb.de.
2 BAG NZA 2005, 779.

2. Berufsausbildungsvertrag

▼

2 Muster 1b.1: Berufsausbildungsvertrag

Zwischen

░░░░░░ *(Name und Anschrift des Ausbildenden)*

im Folgenden: Ausbildender

und

Frau/Herr ░░░░░░ *(Name und Anschrift der/des Auszubildenden)*, geboren am ░░░░░░ *(Datum)*, gesetzlich vertreten durch

1. ░░░░░░ ,

2. ░░░░░░

(Name und Anschrift der gesetzlichen Vertreter bei Personen unter 18 Jahren)

im Folgenden: Auszubildender

ggf.: *(nur bei Verbundausbildung)*

░░░░░░

und

░░░░░░ *(Name und Anschrift des Ausbildungspartners)*

im Folgenden: Ausbildungspartner

wird nach Maßgabe der Verordnung über die Berufsausbildung zum ░░░░░░ *(soweit existent: hier die konkrete Berufsausbildungsverordnung benennen)* dieser Berufsausbildungsvertrag zur Ausbildung im Ausbildungsberuf

░░░░░░ *(Bezeichnung des Ausbildungsberufes)*

geschlossen:

§ 1 Ausbildungsdauer

(1) Die Ausbildungsdauer beträgt nach der Ausbildungsordnung ░░░░░░ Jahre/Monate.

(2) Auf die Ausbildungsdauer wird die Berufsausbildung zum ░░░░░░/eine berufliche Vorbildung im Bereich ░░░░░░ mit ░░░░░░ Monaten angerechnet.

(3) Die Ausbildungsdauer verkürzt sich vorbehaltlich der Entscheidung der zuständigen Stelle auf gemeinsamen Antrag des Ausbildenden und des Auszubildenden nach § 8 Abs. 1 Satz 1 BBiG um ░░░░░░ Monate.

§ 2 Vertragslaufzeit, Probezeit

(1) Das Berufsausbildungsverhältnis beginnt am ░░░░░░ und endet am ░░░░░░.

(2) Die Probezeit beträgt ░░░░░░ Monate *(mind. 1, max. 4 Monate)*. Wird die Ausbildung während der Probezeit um mehr als ⅓ dieser Zeit unterbrochen, gleich aus welchem Grund, verlängert sich die Probezeit um den Zeitraum der Unterbrechung.

(3) Besteht der Auszubildende vor Ablauf der in Abs. 1 vereinbarten Ausbildungszeit die Abschlussprüfung, so endet das Berufsausbildungsverhältnis am Tag der Bekanntgabe des Prüfungsergebnisses.

(4) Besteht der Auszubildende die Abschlussprüfung nicht, so verlängert sich das Berufsausbildungsverhältnis auf sein Verlangen bis zur nächstmöglichen Wiederholungsprüfung, im Falle des Nichtbestehens der Wiederholungsprüfung bis zu einer eventuell zulässigen erneuten Wiederholungsprüfung, höchstens jedoch um insgesamt ein Jahr. Der Auszubildende hat dieses Verlangen innerhalb einer angemessenen Frist nach der Mitteilung über das Nichtbestehen der Abschlussprüfung gegenüber dem Ausbildenden zu stellen.

(5) Findet die für den Auszubildenden nächstmögliche Abschlussprüfung erst nach Ablauf der in Abs. 1 vorgesehenen Laufzeit statt, so verlängert sich das Berufsausbildungsverhältnis bis zum Tag der Feststellung des Prüfungsergebnisses. Die Vertragsparteien werden in diesem Fall bei der nach § 8 Abs. 1 BBiG zuständigen Stelle beantragen, die Verlängerung durch Eintragung zu genehmigen.

§ 3 Ausbildungsstätte

Die Ausbildung findet vorbehaltlich der Regelung in § 4 Abs. 12 und § 13 an dem Betriebssitz des Ausbildenden und in den mit der Ausbildung üblicherweise zusammenhängenden Einsatzstellen (z.B. Baustellen/Montagestellen/Kunden) statt.

§ 4 Pflichten des Ausbildenden

Der Ausbildende verpflichtet sich,

(1) dafür Sorge zu tragen, dass dem Auszubildenden die beruflichen Handlungsfähigkeiten vermittelt werden, die zum Erreichen des Ausbildungszieles in der Ausbildungszeit erforderlich sind;

(2) selbst auszubilden oder eine persönlich und fachlich geeignete Person damit zu beauftragen. Letzteres ist dem Auszubildenden bekanntzugeben;

(3) dem Auszubildenden unentgeltlich vor Beginn der Ausbildung die Ausbildungsordnung auszuhändigen und während der Ausbildung die Ausbildungsmittel zur Verfügung zu stellen, die zur Berufsausbildung und zum Ablegen von Prüfungen erforderlich sind;

(4) den Auszubildenden zum Besuch der Berufsschule anzuhalten und hierfür freizustellen;

(5) soweit schriftliche Ausbildungsnachweise geführt werden, diese dem Auszubildenden unentgeltlich zu erteilen;

(6) dem Auszubildenden nur Aufgaben zu übertragen, die dem Ausbildungszweck dienen und seinen körperlichen Kräften angemessen sind;

(7) dem Auszubildenden vor Ausbildungsbeginn und später vorgeschriebene Berichtshefte für die Berufsausbildung unentgeltlich auszuhändigen, ihn zum Führen von schriftlichen Ausbildungsnachweisen anzuhalten und diese durchzusehen;

(8) dafür Sorge zu tragen, dass der Auszubildende charakterlich gefördert sowie sittlich und körperlich nicht gefährdet wird;

(9) den jugendlichen Auszubildenden unter 18 Jahren für ärztliche Untersuchungen nach dem Jugendarbeitsschutzgesetz freizustellen und sich von ihm gemäß § 32, 33 JArbSchG Bescheinigungen darüber vorlegen zu lassen, dass er

■ vor der Aufnahme der Ausbildung untersucht und

■ vor Ablauf des ersten Ausbildungsjahres nachuntersucht worden ist;

(10) unverzüglich nach Abschluss des Berufsausbildungsvertrages die Eintragung in das Verzeichnis der Berufsausbildungsverhältnisse bei der zuständigen Stelle unter Beifügung der Vertragsniederschrift und der notwendigen Unterlagen zu beantragen; entsprechendes gilt bei einer späteren Änderung dieses Vertrages;

(11) den Auszubildenden rechtzeitig mit den notwendigen Unterlagen zu den angesetzten Zwischen- und Abschlussprüfungen anzumelden, ihn für die Teilnahme daran und für den Tag vor der schriftlichen Abschlussprüfung freizustellen, die Prüfungsgebühr und etwaige Reisekosten zu zahlen;

(12) zu veranlassen, dass der Auszubildende an ▓▓▓▓▓ (hier gegebenenfalls Ausbildungsmaßnahmen eintragen, die außerhalb der Ausbildungsstätte stattfinden) teilnimmt und ihn hierfür freizustellen.

§ 5 Pflichten des Auszubildenden

Der Auszubildende hat sich zu bemühen, die beruflichen Fertigkeiten und Kenntnisse zu erwerben, die erforderlich sind, um das Ausbildungsziel zu erreichen. Er verpflichtet sich insbesondere,

(1) die ihm im Rahmen seiner Berufsausbildung übertragenen Aufgaben sorgfältig auszuführen;

(2) den Weisungen zu folgen, die ihm im Rahmen der Berufsausbildung von dem Ausbildenden oder anderen weisungsberechtigten Personen erteilt werden;

(3) die für die Ausbildungsstätte geltende Ordnung zu beachten;

(4) betriebliche Einrichtungen und zur Verfügung gestellte Arbeitsmaterialien pfleglich zu behandeln und sie nur zu den ihm übertragenen Arbeiten zu verwenden;

(5) über Betriebs- und Geschäftsgeheimnisse auch nach Beendigung des Ausbildungsverhältnisses Stillschweigen zu bewahren;

(6) am Berufsschulunterricht und an Prüfungen sowie Ausbildungsmaßnahmen auch außerhalb der Ausbildungsstätte teilzunehmen, für die er von dem Ausbilder freigestellt wird;

(7) ein vorgeschriebenes Berichtsheft ordnungsgemäß zu führen und regelmäßig dem Ausbilder vorzulegen;

(8) sofern der Auszubildende Jugendlicher ist und deshalb unter den Anwendungsbereich des JArbSchG fällt, sich gemäß den §§ 32, 33 JArbSchG vor Beginn der Ausbildung und vor Ablauf des ersten Ausbildungsjahres untersuchen zu lassen und die Bescheinigung darüber dem Ausbildenden vorzulegen;

(9) bei Fernbleiben von der Ausbildungsstätte, vom Berufsschulunterricht oder sonstigen Ausbildungsveranstaltungen den Ausbildenden unter Angabe von Gründen unverzüglich zu benachrichtigen. Bei einer Arbeitsunfähigkeit infolge von Krankheit, die länger als drei Kalendertage dauert, hat der Auszubildende eine ärztliche Bescheinigung über die bestehende Arbeitsunfähigkeit sowie deren voraussichtliche Dauer spätestens an dem darauffolgenden Arbeitstag vorzulegen. Der Ausbildende ist berechtigt, die Vorlage der ärztlichen Bescheinigung auch früher zu verlangen. Dauert die Arbeitsunfähigkeit länger als in der Bescheinigung angegeben, ist der Auszubildende verpflichtet, unverzüglich an dem auf das Ende der attestierten Arbeitsunfähigkeit folgenden Arbeitstag eine neue ärztliche Bescheinigung vorzulegen;

(10) die Berufsschulzeugnisse dem Ausbildenden unverzüglich nach Erhalt vorzulegen.

§ 6 Ausbildungszeit, Mehrarbeit/Überstunden

(1) Die regelmäßige tägliche Ausbildungszeit beträgt ▨▨▨▨ Stunden.

(2) Eine über die regelmäßige tägliche Ausbildungszeit hinausgehende Beschäftigung wird, soweit dies betrieblich möglich ist, durch Freizeit möglichst innerhalb des darauffolgenden Monats ausgeglichen oder durch entsprechende Vergütung abgegolten.

§ 7 Vergütung und sonstige Leistungen

(1) Der Ausbildende zahlt dem Auszubildenden eine monatliche Vergütung in Höhe von

EUR ▨▨▨▨ brutto im ersten Ausbildungsjahr

EUR ▨▨▨▨ brutto im zweiten Ausbildungsjahr

EUR ▨▨▨▨ brutto im dritten Ausbildungsjahr

EUR ▨▨▨▨ brutto im vierten Ausbildungsjahr.

(2) Die Vergütung wird spätestens am letzten Ausbildungstag des Monats gezahlt.

(3) Dem Auszubildenden wird die Vergütung nach Maßgabe folgender Regelungen fortgezahlt:

■ für die Zeit der Freistellung nach § 4 Abs. 4 und 12 dieses Vertrages sowie § 43 JArbSchG;

■ bis zur Dauer von sechs Wochen, wenn sich der Auszubildende für die Berufsausbildung bereithält, diese aber ausfällt;

■ der Auszubildende aus einem sonstigen, in seiner Person liegenden Grund unverschuldet verhindert ist, die Pflicht aus dem Berufsausbildungsvertrag zu erfüllen;

■ bei Krankheit nach Maßgabe des Entgeltfortzahlungsgesetzes.

(4) Für Maßnahmen außerhalb der Ausbildungsstätte, die vom Ausbildenden oder von der zuständigen Stelle angeordnet werden, trägt der Ausbildende die notwendigen Kosten. Ist eine auswärtige Unterbrin-

gung erforderlich, können dem Auszubildenden die Kosten für die Verpflegung nach Maßgabe des § 17 Abs. 2 BBiG in Rechnung gestellt werden.

§ 8 Urlaub

(1) Der Ausbildende gewährt dem Auszubildenden Urlaub in folgender Höhe:

■ _____ Arbeitstage/Werktage (*Nichtzutreffendes streichen*) im Jahr _____

■ _____ Arbeitstage/Werktage (*Nichtzutreffendes streichen)* im Jahr _____

■ _____ Arbeitstage/Werktage (*Nichtzutreffendes streichen*) im Jahr _____

■ _____ Arbeitstage/Werktage (*Nichtzutreffendes streichen*) im Jahr _____ .

(2) Der Urlaub soll zusammenhängend und in der Zeit der Berufsschulferien erteilt und genommen werden.

(3) Während des Urlaubs ist es dem Auszubildenden untersagt, eine dem Urlaubszweck widersprechende Erwerbsarbeit zu leisten.

§ 9 Kündigung

(1) Während der Probezeit kann das Berufsausbildungsverhältnis ohne Einhaltung einer Kündigungsfrist und ohne Angabe von Gründen von beiden Vertragsparteien jederzeit gekündigt werden.

(2) Nach Ablauf der Probezeit kann das Berufsausbildungsverhältnis nur gekündigt werden,

■ von beiden Vertragsparteien aus einem wichtigen Grund ohne Einhaltung einer Kündigungsfrist;

■ von dem Auszubildenden mit einer Kündigungsfrist von vier Wochen, wenn er die Berufsausbildung aufgeben oder sich für eine andere Berufstätigkeit ausbilden lassen will.

(3) Die Kündigung muss schriftlich und im Falle von Abs. 2 unter Angabe des Kündigungsgrundes erfolgen.

(4) Die Kündigung aus einem wichtigen Grund ist unwirksam, wenn die ihr zugrundeliegenden Tatsachen dem zur Kündigung Berechtigten länger als zwei Wochen bekannt sind. Ist ein Schlichtungsverfahren nach § 12 eingeleitet, so wird bis zu dessen Beendigung der Lauf dieser Frist gehemmt.

(5) Wird das Berufsausbildungsverhältnis nach Ablauf der Probezeit vorzeitig beendet, kann die hierdurch geschädigte Partei von der anderen Schadensersatz verlangen, wenn die andere Vertragspartei den Grund für die Auflösung zu vertreten hat. Dies gilt nicht bei Kündigung wegen Aufgabe oder Wechsels der Berufsausbildung nach Abs. 2 2. Unterpunkt. Der Anspruch erlischt, wenn er nicht innerhalb von drei Monaten nach Beendigung des Berufsausbildungsverhältnisses schriftlich gegenüber der anderen Vertragspartei geltend gemacht wird.

§ 10 Zeugnis

Der Ausbildende hat dem Auszubildenden bei Beendigung des Berufsausbildungsverhältnisses ein wohlwollendes Zeugnis zu erteilen, das Angaben über Art, Dauer und Ziel der Berufsausbildung sowie die erworbenen beruflichen Fertigkeiten, Kenntnisse und Fähigkeiten des Auszubildenden enthalten muss. Auf Verlangen des Auszubildenden sind in dem Zeugnis auch Angaben über Führung, Leistung und besondere fachliche Fähigkeiten aufzunehmen.

§ 11 Betriebliche Einrichtungen

Der Auszubildende ist verpflichtet, die ihm zur Verfügung gestellten betrieblichen Einrichtungen nur zu Ausbildungszwecken und nicht privat zu nutzen. Dies gilt insbesondere für Werkzeuge, Maschinen, Intranet-/Internetzugänge, PC-Programme etc.

§ 12 Beilegung von Streitigkeiten

Bei Streitigkeiten aus diesem Berufsausbildungsverhältnis ist vor Inanspruchnahme des Arbeitsgerichtes nach § 111 Abs. 2 ArbGG der bei _____ errichtete Schlichtungsausschuss anzurufen.

§ 13 Verbundausbildung

(1) Der Ausbildungspartner verpflichtet sich nach Maßgabe des beiliegenden Berufsausbildungsplans die fachliche Ausbildung des Auszubildenden in folgenden bezeichneten Ausbildungsabschnitten durchzuführen:

- ▪ ░░░░░░ in der Zeit vom ░░░░░ bis ░░░░░ im ░░░░░ Bereich

- ▪ ░░░░░░ in der Zeit vom ░░░░░ bis ░░░░░ im ░░░░░ Bereich

(2) Der Ausbildungspartner nimmt in den in Abs. 1 genannten Zeiten in diesem Ausbildungsbereich alle Rechte und Pflichten des Ausbildenden nach Maßgabe dieses Vertrages war.

(3) Ein Anspruch des Auszubildenden auf Erstattung von Fahrtkosten, die dem Auszubildenden für Fahrten zu dem Betrieb des Ausbildungspartners im Rahmen der Verbundausbildung entstehen, besteht nicht.

§ 14 Sonstige Vereinbarungen

(1) Auf das Arbeitsverhältnis finden die nachfolgend benannten Tarifverträge/Betriebsvereinbarungen in der jeweils geltenden Fassung Anwendung:

- ▪ ░░░░░

- ▪ ░░░░░

(2) Nebenabreden oder Änderungen dieses Vertrages bedürfen der Schriftform und Eintragung in das Ausbildungsverzeichnis bei der nach § 8 BBiG zuständigen Stelle.

(3) Der Vertrag wird in ░░░░░ gleichlautenden Ausfertigungen ausgestellt und wird von den Vertragsschließenden eigenhändig unterschrieben.

░░░░░ (Ort), den ░░░░░ (Datum)   ░░░░░ (Ort), den ░░░░░ (Datum)

░░░░░   ░░░░░

Ausbildender   Auszubildender

░░░░░ (Ort), den ░░░░░ (Datum)   ░░░░░ (Ort), den ░░░░░ (Datum)

░░░░░   ░░░░░

gesetzlicher Vertreter des Auszubildenden   Ausbildungspartner

Dieser Vertrag ist in das Verzeichnis der Berufsausbildungsverhältnisse eingetragen am ░░░░░ unter Nummer ░░░░░.

Vorgemerkt zur Prüfung für ░░░░░ (wird von der zuständigen Stelle ausgefüllt)

Anlagen:

1. sachliche und zeitliche Gliederung des Berufsausbildungsablaufes

2. Berufsausbildungsordnung

▲

3. Erläuterungen

a) Rechtsnatur/anzuwendende Vorschriften

3   Die **Rechtsnatur** eines Berufsausbildungsverhältnisses ist umstritten. Während ein Teil der Literatur annimmt, das Berufsausbildungsverhältnis stehe einem Arbeitsverhältnis gleich,[3] meinen andere, dass im

---

3 U.a. *Zöllner/Loritz/Hergenröder*, § 5 IV 2.

Berufsausbildungsverhältnis das Erziehungselement überwiege und, weil es sich um ein Vertragsverhältnis eigener Art handele, arbeitsrechtliche Vorschriften auf das Arbeitsverhältnis nur eingeschränkt Anwendung finden könnten.[4] Das BAG geht von einem Mischcharakter aus.[5] Ob arbeitsrechtliche Vorschriften außerhalb des Berufsbildungsgesetzes auf ein Berufsausbildungsverhältnis Anwendung finden, muss nach Meinung des BAG im Hinblick auf die jeweilige Rechtsfrage und den Zweck des Gesetzes, um dessen Anwendung es geht, entschieden werden. Überwiegen bei der zu prüfenden Rechtsfrage die Elemente des Erziehungsverhältnisses, sind nach Ansicht des BAG die arbeitsrechtlichen Vorschriften nicht auf das Berufsausbildungsverhältnis anwendbar.[6] Demnach ist bei der Prüfung, ob die gesetzlichen Vorschriften, die auf Arbeitsverhältnisse Anwendung finden, auch für Berufsausbildungsverhältnisse gelten, danach zu fragen, ob sie vom Schutzzweck auch den Auszubildenden als Vertragspartner des Ausbildenden erfassen oder aufgrund der Erziehungselemente eines Berufsausbildungsverhältnisses auf das Vertragsverhältnis unanwendbar sind. Im Bereich der **Haftung** des Auszubildenden gibt es nach höchstrichterlicher Rechtsprechung keine Abweichungen von den Grundsätzen, die in einem Arbeitsverhältnis gelten. Der Auszubildende haftet – wie jeder Arbeitnehmer – für Vorsatz und Fahrlässigkeit unter Beachtung der vom Großen Senat des BAG entwickelten Beschränkungen[7] bei Arbeiten, die durch den Betrieb bzw. durch den Ausbildenden veranlasst sind.[8] Auch dann, wenn der Auszubildende aus Anlass der Ausübung einer betrieblichen Tätigkeit bei einem Beschäftigten desselben Betriebs einen Schaden verursacht, haftet er nach den gleichen Regeln wie ein Arbeitnehmer.[9] Verhaltensweisen, die zu den Besonderheiten des Berufsschulbetriebes gehören, unterfallen nicht dem Begriff der „betrieblichen Tätigkeiten" und unterliegen dementsprechend auch nicht den vom Bundesarbeitsgericht entwickelten Haftungseinschränkungen bzw. den Grundsätzen der eingeschränkten Haftung nach den §§ 105 f. SGB VII.

b) Abgrenzung zur beruflichen Fortbildung/Umschulung

Anders als das Berufsausbildungsverhältnis dient die **berufliche Fortbildung** im Sinne des § 1 Abs. 4 BBiG   **4** der Aufrechterhaltung und Anpassung der beruflichen Handlungsfähigkeit oder dem beruflichen Aufstieg. Regelungen zur beruflichen Fortbildung enthalten die §§ 53–57 BBiG, die eine Ermächtigungsgrundlage für die zuständigen Bundesministerien zum Erlass entsprechender Fortbildungsordnungen und Prüfungsordnungen für die berufliche Fortbildung enthalten. Zu unterscheiden ist das Berufsausbildungsverhältnis auch von der Umschulung i.S.d. § 1 Abs. 5 BBiG, die dazu dient, eine Person zu einer anderen beruflichen Tätigkeit zu befähigen.[10] Vorschriften zur beruflichen Umschulung enthält das BBiG in den §§ 58–63. Die nachfolgend behandelten §§ 10–26 BBiG finden weder auf einen Vertrag über die berufliche Fortbildung (§ 1 Abs. 4 BBiG) noch auf einen Umschulungsvertrag (§ 1 Abs. 5 BBiG) Anwendung.

c) Auszubildender

Auszubildende im Sinne des BBiG sind diejenigen, die auf privatrechtlicher Vertragsgrundlage in einer   **5** vom Gesetz erfassten Berufsausbildungseinrichtung wie Arbeitnehmer eingegliedert sind, und deren Ziel es ist, in einem geordneten Ausbildungsgang die berufliche Handlungsfähigkeit zu erlangen, die sie in die Lage versetzt, das gesteckte Ausbildungsziel zu erreichen.[11] Auszubildender kann auch ein Minderjähriger sein, der nach § 106 BGB nur beschränkt geschäftsfähig ist.

---

4 U.a. BAG 21.9.2011, NZA 2012, 255; *Leinemann/Taubert*, § 10 BBiG Rn 6 m.w.N.: ErfK/*Schlachter*, § 10 BBiG Rn 3.

5 U.a. BAG 17.8.2000, AP Nr. 7 zu § 3 BBiG.

6 U.a. BAG 17.8.2008, AP Nr. 7 zu § 3 BBiG.

7 BAG GS 27.9.1994, GS 1/98 (A), BB 1994, 2205; BAG 18.4.2002, MDR 2002, 1439.

8 *Wohlgemuth/Banke*, § 13 BBiG Rn 30.

9 BAG 19.3.2015, NZA 2015, 1057.

10 Zur Abgrenzung siehe *Taubert*, NZA 2005, 503, 504.

11 U.a. *Leinemann/Taubert*, § 10 BBiG Rn 8; *Herkert/Töltl*, § 10 BBiG Rn 6.

d) Volontäre/Hospitierende/Praktikanten

6 Nicht zu den Auszubildenden zählen Volontäre, Hospitierende und Praktikanten. Einem **Volontär** werden systematisch Einblicke in die berufliche Tätigkeit vermittelt mit dem Ziel, dass sich dieser bestimmte Fertigkeiten und Kenntnisse aneignet und die betrieblichen Arbeitsabläufe kennenlernt. Im Gegensatz zum Berufsausbildungsverhältnis i.S.d. § 1 Abs. 1 BBiG sind die Ausbildungsinhalte bei einem Volontär nicht so umfassend und weitreichend ausgestaltet und erfolgt die Ausbildung auch nicht nach einer von dritter Seite vorgegebenen Ausbildungsordnung. Beim Volontariat handelt es sich deshalb nicht um eine Ausbildung i.S.d. § 1 Abs. 3 BBiG. Nach § 26 BBiG finden die §§ 10–23 und 25 BBiG auf Volontariatsverhältnisse Anwendung mit der Maßgabe, dass die gesetzliche Probezeit abgekürzt, auf die Vertragsniederschrift verzichtet und bei einer vorzeitigen Beendigung des Vertragsverhältnisses nach Ablauf der Probezeit abweichend von § 23 Abs. 1 S. 1 BBiG Schadensersatz nicht verlangt werden kann. Voraussetzung ist, dass im Rahmen des Volontariatsverhältnisses nicht die Arbeitsleistung, sondern die Ausbildung des Volontärs im Vordergrund steht. Nur dann finden über § 26 BBiG die vorgenannten Vorschriften des BBiG Anwendung.[12] Gleiches gilt für sog. Hospitierende, die aufgrund eines „Hospitationsvertrages" zur Vorbereitung eines abzuschließenden Arbeitsvertrages ganz oder überwiegend zwecks Erlangung deutscher Sprachkenntnisse und daneben zur Vermittlung von berufsvorbereitenden Kenntnissen und Fähigkeiten im Betrieb beschäftigt werden.[13] Ein **Praktikant** ist eine Person, die sich nach der tatsächlichen Ausgestaltung und Durchführung des Vertragsverhältnisses für eine begrenzte Dauer zum Erwerb praktischer Kenntnisse und Erfahrungen einer bestimmten betrieblichen Tätigkeit zur Vorbereitung auf eine berufliche Tätigkeit unterzieht, ohne dass es sich dabei um eine Berufsausbildung im Sinne des BBiG oder um eine damit vergleichbare praktische Ausbildung handelt, § 22 Abs. 1 S. 3 MiLoG. Zudem wird für den Anwendungsbereich des § 26 BBiG verlangt, dass die Tätigkeit und Ausbildung des Praktikanten im Rahmen einer Gesamtausbildung erfolgt.[14] Soweit es sich nicht um Schüler oder Studenten handelt, die im Rahmen ihrer Schul-, Fachhochschul- bzw. Hochschulausbildung ein Praktikum absolvieren, finden über § 26 BBiG wie bei Volontären die Vorschriften der §§ 10–23 und 25 BBiG mit den vorgenannten Einschränkungen auch auf die Vertragsverhältnisse von Praktikanten Anwendung.[15]

e) Ausbildender

7 **Ausbildender** ist nach § 10 Abs. 1 BBiG derjenige, der einen anderen zur Berufsausbildung einstellt. Der Ausbildende muss nicht zwingend identisch sein mit demjenigen, der mit der Durchführung der Berufsausbildung beauftragt ist. Ausbildender kann sowohl eine natürliche Person als auch eine juristische Person sein. Im Rahmen des Ausbildungsvertrages ist als Ausbilder dementsprechend das Unternehmen/der Unternehmer einzutragen, der als Vertragspartner des Auszubildenden auftritt. Die tatsächliche Ausführung der Ausbildung kann Vertretern oder Mitarbeitern des Unternehmens übertragen werden.[16]

f) Verbundausbildung (§ 10 Abs. 5 BBiG)

8 Seit Inkrafttreten des Berufsbildungsreformgesetzes am 1.4.2005 gibt es nach § 10 Abs. 5 BBiG die Möglichkeit, dass mehrere natürliche oder juristische Personen in einem Ausbildungsverbund zusammen die Ausbildung eines Auszubildenden übernehmen können. Die **Verbundausbildung** ist keine eigene Form der Ausbildung, sondern ermöglicht vielmehr verschiedenen Einrichtungen, die einzeln nicht das organisatorische oder wirtschaftliche Potential haben, alle Ausbildungsinhalte zu vermitteln, zumindest in Teilbereichen auszubilden. Eine Verbundausbildung kommt insbesondere bei hoch spezialisierten Fachunter-

---

12 BAG 1.12.2004, NZA 2005, 779 ff.
13 LAG Mecklenburg-Vorpommern 27.11.2012 – 3 Ta 24/12, zit. nach juris.
14 *Schade*, NZA 2012, 654; ArbG Bochum 25.3.2014 – 2 Ca 1482/13, zit. nach juris; ErfK/*Schlachter*, § 26 Rn 3.
15 BAG 5.8.1965, AP Nr. 2 zu § 21 KSchG; *Scherer*, NZA 2012, 654, 655.
16 U.a. Wohlgemuth u.a./*Lakies*, § 10 BBiG Rn 8; *Leinemann/Taubert*, § 10 BBiG Rn 14; a.A. *Herkert/Töltl*, § 10 BBiG Rn 21; *Knopp/ Kraegeloh*, § 10 BBiG Rn 4.

nehmen in Betracht, die in ihrem Betrieb nicht das gesamte Spektrum der erforderlichen Kenntnisse und Fertigkeiten vermitteln können, das nach der Berufsausbildungsordnung vorausgesetzt wird. Im Rahmen einer Verbundausbildung können sie sich mit anderen Unternehmen verpflichten, den Auszubildenden in einzelnen Bereichen auszubilden. Genau bezeichnet werden muss im Berufsausbildungsvertrag im Rahmen einer Verbundausbildung, wer die Gesamtverantwortung für die Ausbildung trägt und in welchen Zeiten wer die Ausbildung in welchen Bereichen übernimmt. Höchstrichterlich ist noch nicht abschließend geklärt, in welcher Weise der Ausbildende und der im Rahmen der Verbundausbildung auftretende Ausbildungspartner gegenüber dem Auszubildenden haften. Zumindest in der Literatur wird die Auffassung vertreten, Ausbildender und Ausbildungspartner seien keine Gesellschaft bürgerlichen Rechtes. Vielmehr bestünden im Rahmen der Verbundausbildung mehrere Ausbildungsverträge nebeneinander, für die der jeweilige Ausbildende begrenzt auf den in seinem Betrieb stattfindenden Ausbildungszeitraum hafte.[17]

g) Vertragsabschluss und -niederschrift

Der Berufsausbildungsvertrag bedarf zu seiner **Wirksamkeit** der Abgabe zweier rechtsgeschäftlicher Erklärungen, des Auszubildenden einerseits und des Ausbildenden andererseits. Die Eintragung in das Verzeichnis der nach § 35 BBiG zuständigen Stelle (z.B. IHK) ist keine Wirksamkeitsvoraussetzung des Berufsausbildungsvertrages.[18] Nach § 11 Abs. 1 S. 1 BBiG haben die Vertragsparteien eines Berufsausbildungsvertrages spätestens vor Beginn der Berufsausbildung den wesentlichen Inhalt des Vertrages schriftlich niederzulegen. Nach § 11 Abs. 2 BBiG ist die **Niederschrift** sowohl vom Ausbildenden als auch Auszubildenden und, sofern der Auszubildende noch unter 18 Jahren und damit nur beschränkt geschäftsfähig ist, auch von dessen gesetzlichen Vertretern zu unterzeichnen. § 113 BGB deckt nicht die Berechtigung des Minderjährigen zur Eingehung eines Berufsausbildungsverhältnisses.[19] Unterzeichnet der Minderjährige den Ausbildungsvertrag ohne **Einwilligung** des **gesetzlichen Vertreters**, ist dieser bis zu der Bewilligung schwebend unwirksam. Der gesetzliche Vertreter hat die Möglichkeit, den Vertrag in diesem Fall nach § 108 BGB binnen zwei Wochen zu genehmigen. Geschieht dies nicht, gilt die Zustimmung nach § 108 Abs. 1 und 2 BGB als verweigert. Wer gesetzlicher Vertreter des beschränkt geschäftsfähigen Auszubildenden ist, bestimmt sich nach den gesetzlichen Vorschriften des BGB. Grundsätzlich vertreten beide Elternteile nach § 1629 Abs. 1 BGB ihr beschränkt geschäftsfähiges Kind gemeinsam und müssen deshalb beide den Berufsausbildungsvertrag mit unterzeichnen. Die Unterschrift eines Elternteils ist ausnahmsweise nur dann erforderlich, wenn entweder der andere Elternteil den unterzeichnenden Elternteil bevollmächtigt hat oder einem Elternteil allein die elterliche Sorge übertragen worden ist.

Eine Ausfertigung der unterzeichneten Niederschrift ist dem Auszubildenden – und bei dessen beschränkter Geschäftsfähigkeit auch dessen gesetzlichem Vertreter – unverzüglich auszuhändigen, § 11 Abs. 3 BBiG.

Ein Verstoß gegen die in § 11 Abs. 1 und 3 BBiG normierten Vorschriften stellt nach § 102 BBiG eine Ordnungswidrigkeit dar. Der Ausbildende sollte deshalb darauf achten, dass diese Vorgaben eingehalten werden. Die elektronische Form reicht für die Unterzeichnung nicht, vielmehr ist die Originalunterschrift beider Parteien – und bei beschränkt Geschäftsfähigen auch der gesetzlichen Vertreter – erforderlich (§ 11 Abs. 1 S. 1 2. HS).

Nach § 11 Abs. 4 BBiG sind jedwede Änderungen des Berufsausbildungsverhältnisses ebenfalls schriftlich niederzulegen und von beiden Vertragsparteien zu unterzeichnen. Hier gilt das zuvor Gesagte auch zur gesetzlichen Vertretung von minderjährigen Auszubildenden entsprechend.

---

17 *Opolny*, BB 2005, 1050, 1051.
18 LAG München 31.1.2005 – 11 Sa 712/04, zit. nach juris.
19 Palandt/*Heinrichs*, § 113 BGB Rn 2.

h) Vertragsinhalt
aa) Gesetzliche Vorgaben

10 § 11 Abs. 1 S. 2 BBiG regelt den Mindestinhalt, der in einem schriftlichen Berufsausbildungsvertrag fest-gehalten werden muss. Eine Abweichung hiervon zulasten des Auszubildenden ist nach § 25 BBiG unzulässig. Danach sind mindestens in die Niederschrift aufzunehmen:

- Art, sachliche und zeitliche Gliederung sowie Ziel der Berufsausbildung
- Beginn und Dauer der Berufsausbildung
- Ausbildungsmaßnahmen außerhalb der Ausbildungsstätte
- Dauer der regelmäßigen täglichen Ausbildungszeit
- Dauer der Probezeit
- Zahlung und Höhe der Vergütung
- Dauer des Urlaubs
- Voraussetzungen, unter denen der Berufsausbildungsvertrag gekündigt werden kann
- ein in allgemeiner Form gehaltener Hinweis auf die Tarifverträge, Betriebs- oder Dienstvereinbarungen, die auf das Berufsausbildungsverhältnis anzuwenden sind.

Über diese Mindestangaben hinaus sind die Parteien im Rahmen der gesetzlichen Vorschriften frei, weitere Regelungen mit in den Vertrag aufzunehmen. Enthält der schriftliche Berufsausbildungsvertrag nicht die gesetzlichen Mindestnormen, wird er nach § 35 BBiG nicht von der zuständigen Stelle anerkannt und nicht in das Ausbildungsverzeichnis eingetragen (§ 36 BBiG).

bb) Art, Ziel und Dauer der Ausbildung

11 Die **Art** der Ausbildung, die im Berufsausbildungsvertrag zu nennen ist, ergibt sich aus der Bezeichnung des zu erlernenden Berufes (z.B. Einzelhandelskaufmann/Einzelhandelskauffrau). Ebenso wie die Art der Ausbildung ergibt sich das **Ziel** der Ausbildung aus der für jeden Beruf nach § 5 Abs. 1 BBiG und § 25 HandwO erlassenen Ausbildungsordnung. Maßgebendes Ziel der Berufsausbildung ist nach § 1 Abs. 3 BBiG die Vermittlung von Fertigkeiten, Kenntnissen und Fähigkeiten.[20] Bestandteil der schriftlichen Niederschrift des Berufsausbildungsvertrages muss auch ein Plan über die sachliche und zeitliche Gliederung der Berufsausbildung sein. Als ausreichend wird hier erachtet, wenn die von den Kammern erlassene Ausbildungsordnung als Ausbildungsplan beigefügt wird, soweit sich hieraus ein nach zeitlich überschaubaren Abschnitten und sachlichen Inhalten gegliederte Ablauf der Ausbildung ergibt.[21] In dem Ausbildungsplan können Vorbehaltsklauseln enthalten sein, nach denen sich die einzelnen Ausbildungsabschnitte zeitlich verschieben können.[22] Die **Dauer** der Berufsausbildung ist in der Regel durch die Berufsausbildungsordnung festgelegt. Sie soll nach § 5 Abs. 1 Nr. 2 BBiG nicht mehr als drei und nicht weniger als zwei Jahre betragen. Sofern in einer durch Rechtsverordnung geregelten Berufsausbildungsordnung eine bestimmte Mindest-/Höchstdauer der Ausbildung vorgeschrieben ist, darf in einem Berufsausbildungsvertrag keine längere Vertragsdauer vereinbart werden.[23] Sofern die Ausbildungsordnung dies vorsieht, kann nach § 8 Abs. 1 BBiG ein Antrag auf Verkürzung und nach § 8 Abs. 2 BBiG in begründeten Ausnahmefällen auch ein Antrag auf Verlängerung der Ausbildungszeit bei der zuständigen Stelle gestellt werden. Sowohl bei Verkürzung als auch bei der Verlängerung nach Abschluss des Ausbildungsvertrages ist der schriftliche Berufsausbildungsvertrag nach § 11 Abs. 4 BBiG entsprechend zu ergänzen/ändern.[24]

20 U.a. LAG Berlin 25.2.2000, NZA-RR 2001, 243 ff;; Gedon/*Hurlebaus*, § 13 BBiG Rn 6; *Leinemann/Taubert*, § 11 BBiG Rn 13, Erläuterung zu § 1 BBiG Rn 15, *Wohlgemuth u.a./Lakies*, § 13 BBiG Rn 3.

21 Vgl. Empfehlungen des Bundesausschusses für Berufsbildung zur sachlichen und zeitlichen Gliederung der Berufsbildung vom 28./29.9.1992, BArbBL 5/1972, S. 343 Ziff. I.

22 *Leinemann/Taubert*, § 11 BBiG Rn 17.

23 *Leinemann/Taubert*, § 11 BBiG Rn 22; MünchArbR/*Natzel* § 171 Rn 32.

24 *Natzel*, DB 1981, 1407; a.A. *Hurlebaus*, DB 1981, 2125.

cc) Auswärtige Ausbildungsmaßnahme/Verbundausbildung

Sofern Ausbildungsmaßnahmen außerhalb der Ausbildungsstätte des Ausbildungsbetriebes stattzufinden **12** haben, ist dies ebenfalls in der Vertragsniederschrift festzuhalten. Regelmäßig hat der Ausbildende die Kosten zu übernehmen, die durch die Ausbildung außerhalb der Ausbildungsstätte anfallen.[25] Dies gilt allerdings nicht für Fahrtkosten zu außerbetrieblichen Ausbildungsstellen.[26] Es empfiehlt sich für den Fall, das Ausbildungsmaßnahmen außerhalb der Ausbildungsstätte anfallen und hierdurch beim Auszubildenden Fahrtkosten anfallen, hierüber eine ausdrückliche Regelung im Ausbildungsvertrag zu treffen.

dd) Ausbildungszeit

Im Ausbildungsvertrag festzuhalten ist auch die regelmäßige tägliche **Ausbildungszeit** (§ 11 Abs. 1 S. 2 **13** Nr. 4 BBiG). Bei jugendlichen Auszubildenden unter 18 Jahren, die unter den Anwendungsbereich des JArbSchG fallen, darf die tägliche Arbeitszeit acht Stunden nicht überschreiten. Zu beachten sind in diesen Fällen auch die gesonderten Vorschriften des JArbSchG über Schichtarbeit und Nachtruhe (§§ 12, 14 JArbSchG).

Seit dem 1.4.2005 ist nach § 8 Abs. 1 S. 2 BBiG auch die Ausbildung in Teilzeit möglich, wenn zu erwarten ist, dass der Auszubildende das Ausbildungsziel in verkürzter Ausbildungszeit erreicht. Bei der Teilzeitausbildung wird in der Regel nicht die Dauer der Ausbildung, sondern nur die tägliche oder wöchentliche Ausbildungszeit verkürzt. Die verkürzte Ausbildungszeit ist in der Vertragsniederschrift ausdrücklich festzuhalten. Die Inhalte der Ausbildung sollen auch bei einer Teilzeitausbildung uneingeschränkt in einer kürzeren täglichen oder wöchentlichen Ausbildungszeit vermittelt werden. Nach § 8 Abs. 1 S. 2 BBiG ist eine Teilzeitausbildung allerdings nur bei „berechtigtem Interesse" möglich. Nach den Vorstellungen des Gesetzgebers soll ein solches berechtigtes Interesse in der Person des Auszubildenden z.B. dann vorliegen, wenn dieser ein eigenes Kind oder pflegebedürftige Angehörige zu betreuen hat. Ob das berechtigte Interesse nur in der Person des Auszubildenden oder auch beim Ausbildenden liegen kann, ist umstritten.[27] Auch wenn in der Gesetzesbegründung zu § 8 Abs. 1 S. 2 BBiG nur Beispiele aufgezählt werden, in denen das berechtigte Interesse auf Seiten des Auszubildenden besteht, ist es auch denkbar, dass auch der Ausbildende ein berechtigtes Interesse an einer Teilzeitausbildung haben kann (z.B. bei begrenzten Öffnungszeiten/Ausbildungsmöglichkeiten).[28] Ein Anspruch auf Teilzeitausbildung wird (anders als ein Anspruch auf Teilzeitarbeit nach § 8 im Rahmen eines Arbeitsverhältnisses) abgelehnt.[29] Eine Kombination einer Vereinbarung über Teilzeitausbildung mit einer Vereinbarung über die Verkürzung der Ausbildungsdauer nach § 8 Abs. 1 S. 1 BBiG ist zulässig.[30]

ee) Probezeit

Mit aufzunehmen ist in die Vertragsniederschrift auch die Dauer der Probezeit (§ 11 Abs. 1 S. 2 Nr. 5 BBiG), **14** die nach § 20 S. 2 BBiG zwischen einem und vier Monate betragen kann. Die Länge der Probezeit ist insbesondere im Hinblick auf die sich nach § 22 BBiG ergebenden Kündigungsmöglichkeiten von besonderer Bedeutung. Sofern die Parteien zunächst eine kürzere als die gesetzlich zulässige höchstmögliche Probezeit vereinbart haben, ist eine spätere Änderung des Vertrages auf Verlängerung der Probezeit bis zur Dauer von vier Monaten zulässig, sofern diese in der Form des § 11 Abs. 4 BBiG vereinbart wird. Bestand zwischen den Parteien des Berufsausbildungsverhältnisses bereits zuvor ein – beendetes – Ausbildungsverhältnis, ist die erneute Vereinbarung einer Probezeit bei Beginn des weiteren Berufsausbildungsverhältnisses unzulässig, wenn zu dem vorherigen Ausbildungsverhältnis derselben Parteien ein derart enger sachlicher Zusammen-

---

25 Wohlgemuth u.a./*Lakies*, § 12 BBiG Rn 30; *Herkert*/*Töltl*, § 11 BBiG Rn 24.

26 BSG 1.12.1976; AuB 1977, 252; MünchArbR/*Natzel*, § 178 Rn 47; *Leinemann*/*Taubert*, § 11 Rn 29.

27 Zust. ErfK/*Schlachter* § 8 BBiG Rn 2; BeckOK ArbR/*Hagen*, § 8 BBiG Rn 6; abl.; *Taubert*, NZA 2005, 503, 505.

28 So auch *Opolony*, AuA 2005, 656.

29 *Leinemann*/*Taubert*, § 8 Rn 27; *Opolony*, AuA 2005 656 f.; Wohlgemuth/*Pieper*, § 8 BBiG Rn 16.

30 Wohlgemuth/*Pieper*, § 8 BBiG Rn 17.

hang besteht, dass es sich sachlich um ein Berufsausbildungsverhältnis handelt.[31] Das BAG vertritt in diesen Fällen die Ansicht, dass insoweit die Regelung in § 20 S. 1 BBiG, nach der jedes nach einer rechtlichen Unterbrechung neu begründete Ausbildungsverhältnis mit einer Probezeit beginne, teleologisch zu reduzieren sei.[32] Geht dem Ausbildungsverhältnis ein Praktikum voraus, wird die im Rahmen des Praktikums zurückgelegte Zeit nicht auf die Probezeit in einem folgenden Berufsausbildungsverhältnis angerechnet.[33]

ff) Ausbildungsvergütung

15   Mit aufzunehmen ist nach § 11 Abs. 1 S. 2 Ziff. 6 BBiG in die Vertragsniederschrift auch eine Regelung zur Zahlung und **Höhe der Ausbildungsvergütung**. Die Vergütung muss nach § 17 BBiG so bemessen sein, dass sie mit mindestens jährlich fortschreitender Berufsausbildung ansteigt. Es ist dagegen nicht erforderlich, dass die Vergütung nach dem Lebensalter des Auszubildenden gestaffelt wird.[34] Nach der höchstrichterlichen Rechtsprechung richtet sich die Bestimmung der Angemessenheit der Ausbildungsvergütung nach den dieser zukommenden Funktionen: Sie soll den Auszubildenden und seine unterhaltsverpflichteten Eltern bei der Lebenshaltung finanziell unterstützen, die Heranbildung eines ausreichenden Nachwuchses an qualifizierten Fachkräften gewährleisten und die Leistungen des Auszubildenden in gewissem Umfang „entlohnen".[35] Als Maßstab der Angemessenheit der Ausbildungsvergütung können tarifliche Regelungen dienen. Sofern einschlägige Tarifverträge nicht existieren, muss die Vergütung angemessen sein, § 17 Abs. 1 S. 1 BBiG. Bei fehlender Tarifbindung der Vertragsparteien, z.B. wegen fehlender Organisationszugehörigkeit, ist für die Angemessenheit die branchenübliche Tarifregelung als Maßstab für eine angemessene Vergütung heranzuziehen.[36] Das BAG sieht es als noch angemessen an, wenn eine tarifübliche Ausbildungsvergütung um bis zu 20 % unterschritten wird.[37] Existiert auch branchenüblich ein Tarifvertrag nicht, gelten als angemessen die Empfehlungen der Handelskammer, Innungen oder Handwerkskammern.[38] Die Vorgaben sind zwar nicht bindend, können aber als Indiz für die Angemessenheit gewertet werden. Die Höhe der Vergütung von Auszubildenden muss nicht dem gesetzlichen Mindestlohn entsprechen. Nach § 22 Abs. 3 MiLoG wird die Vergütung von Auszubildenden im Sinne des **BBiG** nicht vom **MiLoG** erfasst.

Von einer fortschreitenden Ausbildung, die eine Steigerung der Ausbildungsvergütung rechtfertigt, ist nicht auszugehen, wenn der Auszubildende nach dem Ende der regulären Ausbildungszeit die Abschlussprüfung nicht besteht und sich das Ausbildungsverhältnis nach § 21 Abs. 3 BBiG verlängert.

Ist eine Vergütung im Sinne von § 17 Abs. 1 S. 1 BBiG nicht angemessen, wird der Ausbildungsvertrag nicht von den zuständigen Kammern in das Ausbildungsverzeichnis eingetragen. Der Ausbildungsvertrag bleibt als solches jedoch in seinem Bestand wirksam.[39] Der Auszubildende kann vor den Schlichtungsausschüssen bzw. vor dem Arbeitsgericht die Unangemessenheit der Ausbildungsvergütung geltend machen. Dies muss nicht innerhalb etwaig tarifvertraglicher Ausschlussfristen geschehen, sofern er auf die Unangemessenheit der Vergütung mit Verweis auf einen Tarifvertrag geltend macht und sofern der Tarifvertrag nicht unmittelbare Anwendung findet, aber als Maßstab für die Bemessung der Angemessenheit der Vergütung herangezogen wird.[40]

Bei einer über die vereinbarte regelmäßige tägliche Arbeitszeit hinaus gehenden Beschäftigung hat der Auszubildende nach § 17 Abs. 3 BBiG Anspruch auf eine besondere Vergütung oder auf Ausgleich der Über-

---

31 BAG 12.2.2015, NZA 2015, 737.
32 BAG 12.2.2015, NZA 2015, 737.
33 BAG 19.11.2015, NZA 2016, 228.
34 BAG 29.4.2015, NZA 2015, 1384.
35 BAG 29.4.2015, NZA 2015, 1384.
36 BAG 15.12.2005, AP Nr. 15 zu § 10 BBiG; LAG Schleswig-Holstein 7.11.2006 – 5 Sa 159/06, zit. nach juris.
37 BAG 8.5.2003, AP Nr. 3 zu § 10 BBiG; BAG 10.4.1991, AP Nr. 14 zu § 10 BBiG; BAG 29.4.2015, NZA 2015, 1384; kritisch: *Natzel*, DB 1992, 1521.
38 BAG 15.12.2005, AP Nr. 15 zu § 10 BBiG; *Litterscheid*, NZA 2005, 639, 641.
39 U.a. Gedon/*Hurlebaus*, § 17 BBiG Rn 70; *Herkert/Töltl*, § 17 BBiG Rn 11; *Leinemann/Taubert*, § 17 BBiG Rn 31.
40 BAG 29.4.2015, NZA 2015, 1384.

stunden durch entsprechende Freizeit. Eine von dieser Regelung zulasten des Auszubildenden abweichende Vereinbarung ist nach § 25 BBiG unzulässig. Nach den gesetzlichen Regelungen können die Parteien frei vereinbaren, ob die Überstunden durch Vergütung oder durch Freizeit ausgeglichen werden. Einen gesetzlichen Anspruch auf Mehrarbeitszuschläge gibt es auch bei Auszubildenden nicht.[41] Für den Fall, dass sich die Parteien für einen Ausgleich durch Freizeit entschieden haben, wird jedenfalls von einem Teil der arbeitsrechtlichen Literatur angenommen, dass der Freizeitausgleich in Anlehnung an § 18 Abs. 2 BBiG innerhalb eines Monats nach dem Monat, in dem die Überstunden geleistet wurden, auszugleichen ist.[42] Eine höchstrichterliche Entscheidung gibt es hierzu noch nicht. Vorsorglich empfiehlt es sich, für den Fall der Regelung des Überstundenausgleiches durch Freizeit einen Ausgleichszeitraum mit in den Vertrag aufzunehmen.

gg) Urlaub

Nach § 11 Abs. 1 S. 2 Nr. 7 BBiG ist auch die Dauer des Urlaubs in die Vertragsniederschrift aufzunehmen. **16** Der Mindesturlaubsanspruch der Auszubildenden richtet sich nach dem Bundesurlaubsgesetz und bei jugendlichen Auszubildenden, die unter den Anwendungsbereich des JArbSchG fallen, nach § 19 JArbSchG (Mindesturlaub gestaffelt nach Altersstufen) bzw. dann, wenn tarifliche Regelungen auf das Arbeitsverhältnis Anwendung finden, nach den tarifvertraglichen Inhalten. Von diesen Vorschriften darf nur zugunsten der Auszubildenden abgewichen werden.

hh) Kündigung

Aufzunehmen ist in die Vertragsniederschrift auch eine Regelung über die **Kündigungsmöglichkeit** **17** (§ 11 Abs. 1 S. 2 Nr. 8 BBiG). § 22 BBiG regelt abschließend die Möglichkeiten, unter denen ein Ausbildungsverhältnis gekündigt werden kann.[43] Der Inhalt des § 22 BBiG muss in der Vertragsniederschrift aufgenommen werden, ein bloßer Verweis auf die Norm oder auf tarifliche Regelungen reicht nicht. Während der Probezeit kann nach § 22 BBiG das Berufsausbildungsverhältnis von beiden Parteien jederzeit ohne Einhaltung einer Kündigungsfrist gekündigt werden; nach Ablauf der Probezeit ist eine Kündigung durch den Auszubildenden möglich mit einer Kündigungsfrist von vier Wochen, wenn er die Berufsbildung aufgeben oder sich für eine andere Berufstätigkeit ausbilden lassen will; für beide Parteien ist eine Kündigung nach Ablauf der Probezeit ohne Einhaltung einer Kündigungsfrist möglich, wenn ein wichtiger Grund hierfür vorliegt. Dies ist der Fall, wenn Tatsachen vorliegen, aufgrund derer dem Kündigenden unter Berücksichtigung aller Umstände des Einzelfalls und unter Abwägung der Interessen beider Vertragsteile die Fortsetzung des Berufsausbildungsverhältnisses bis zum Ablauf der Ausbildungszeit nicht zugemutet werden kann.[44] Dies entspricht dem Verständnis des wichtigen Grundes im Sinne des § 626 BGB.[45] Das BAG betont allerdings, dass bei der Feststellung des wichtigen Grundes i.S.d. § 22 BBiG die Besonderheiten des Ausbildungsverhältnisses zu berücksichtigen seien.[46] Die Kündigung muss schriftlich und bei Ausspruch einer Kündigung nach Ablauf der Probezeit auch unter Angabe der (wichtigen) Kündigungsgründe erfolgen. Die Angabe der Kündigungsgründe in der Kündigungserklärung ist Wirksamkeitsvoraussetzung für die Kündigung. Die Nichteinhaltung dieser Vorschrift führt zur Nichtigkeit der Kündigung nach § 125 BGB.[47] Mitzuteilen sind in der Begründung die Tatsachen, die für die Kündigung maßgeblich sind. Eine detaillierte Schilderung – wie im Prozess – wird zwar nicht

---

41 *Leinemann/Taubert*, § 17 BBiG Rn 45.
42 U.a. *Litterscheid*, NZA 2006, 639, 640; a.A. *Leinemann/Taubert*, § 17 BBiG Rn 49.
43 *Reinartz*, DB 2015, 1347 ff.
44 BAG 12.2.2015, NZA 2015, 741.
45 BAG 8.5.2014, NZA 2014, 1258, 1259; *Reinartz*, DB 2015, 1347, 1349.
46 BAG 12.2.2015, NZA 2015, 741, 743.
47 *Opolony*, BB 1999, 1706, 1707.

gefordert, dennoch müssen die Kündigungsgründe in dem Kündigungsschreiben so genau bezeichnet sein, dass bereits aus dem Kündigungsschreiben erkennbar wird, auf welchen Lebenssachverhalt die Kündigung gestützt wird.[48]

ii) Hinweise auf kollektivrechtliche Regelungen

18   Sofern auf das Berufsausbildungsverhältnis Tarifverträge und/oder Dienst- oder Betriebsvereinbarungen anzuwenden sind, ist hierauf ebenfalls in der Vertragsniederschrift nach § 11 Abs. 1 S. 2 Nr. 9 hinzuweisen. Dieser Hinweis soll den Vertragsparteien Rechtssicherheit durch Kenntnisse der Rechte und Pflichten verschaffen, was vor allem bei einem im Rechtsverkehr unerfahrenen Auszubildenden notwendig ist. Auch wenn das Gesetz von einem „allgemeinen Hinweis" spricht, reicht ein bloßer Verweis auf die „im Betrieb geltenden Vereinbarungen" nicht. Vielmehr müssen die Tarifverträge/Betriebsvereinbarungen/Dienstvereinbarungen unter Angabe der tarifschließenden Parteien bzw. Betriebsparteien, Abschlussdatum und Geltungsbereich genannt werden. Bei einem fehlenden Hinweis auf derartige Normen haftet der Ausbilder dem Auszubildenden nach § 280 BGB auf Schadensersatz für den Fall, dass dem Auszubildenden aufgrund der Unkenntnis der geltenden Regelung ein Schaden entstehen sollte.

i) Nichtige Vereinbarungen

19   Der Berufsausbildungsvertrag unterliegt der Inhaltskontrolle der Gerichte. In erster Linie wird die Wirksamkeit der Vereinbarung eines Berufsbildungsvertrages am Maßstab des § 12 BBiG gemessen. Danach ist eine Vereinbarung in einem Berufsausbildungsvertrag nichtig, die den Auszubildenden für die Zeit nach der Beendigung seiner Ausbildung in der beruflichen Tätigkeit beschränkt. Hintergrund dieser Regelung ist, dass Auszubildende nach Beendigung ihrer Ausbildung in der Wahl oder Ausübung ihrer Tätigkeit frei sein sollen. Der Auszubildende soll durch Bindungsklauseln im Ausbildungsvertrag nicht an der von ihm gewünschten Berufsausübung nach Beendigung der Ausbildung gehindert werden. Das Bindungsverbot gilt allerdings nicht für den Fall, dass sich der Auszubildende innerhalb der letzten sechs Monate des Berufsausbildungsverhältnisses dazu verpflichtet, nach dessen Beendigung ein Arbeitsverhältnis mit dem Ausbildenden einzugehen (§ 12 Abs. 1 S. 2 BBiG). Derartige zulässige Bindungsklauseln können auch mit einem Vertragsstrafeversprechen für den Fall vereinbart werden, dass die Stelle nicht angetreten wird.[49] Nichtig sind demgegenüber nach § 12 Abs. 2 Nr. 1 BBiG Vereinbarungen über die Verpflichtung des Auszubildenden, eine Entschädigung für die Berufsausbildung zu zahlen. Weiterhin sind in Berufsausbildungsverhältnissen auch Vereinbarungen über Vertragsstrafen unzulässig (§ 12 Abs. 2 Nr. 2 BBiG) sowie Regelungen über den Ausschluss oder die Beschränkung von Schadensersatzansprüchen (§ 12 Abs. 2 Nr. 3 BBiG) sowie Regelungen über die Festsetzung der Höhe von Schadensersatzansprüchen in Pauschalbeträgen (§ 12 Abs. 2 Nr. 3 BBiG). Unzulässig sind deshalb zum Beispiel Klauseln über die Zahlung eines pauschalen Schadensersatzanspruches für den Fall, dass ein Auszubildender vor Ende der Ausbildung das Ausbildungsverhältnis vertragswidrig auflöst.

j) Schlichtungsverfahren nach § 111 Abs. 2 ArbGG

20   Zur Beilegung von Streitigkeiten zwischen den Parteien des Berufsausbildungsvertrages aus einem bestehenden Berufsausbildungsverhältnis können nach § 111 Abs. 2 S. 1 ArbGG von den zuständigen Berufskammern (Innungen/Industrie- und Handelskammern/Handwerkskammer, Landwirtschafts- und Rechtsanwaltskammer) sowie allen sich aus den §§ 75 ff. BBiG ergebenden Stellen **Schlichtungsausschüsse** gebildet werden, die vor der arbeitsgerichtlichen Klage nach § 111 Abs. 2 S. 5 ArbGG bei Streitigkeiten aus dem Berufsausbildungsvertrag angerufen werden müssen. Es handelt sich bei diesen Schlichtungsverfahren um eine unverzichtbare Prozessvoraussetzung für die Klage. Die fehlende Anru-

---

48 BAG 10.2.1999, BB 1999, 1710; *Opolony*, BB 1999, 1706, 1707.
49 *Natzel*, DB 2005, 610, 611; ErfK/*Schlachter*, § 5 BBiG Rn 7.

fung eines Schlichtungsausschusses kann allerdings im Falle einer Klagerhebung geheilt werden, wenn das Schlichtungsverfahren vor dem Kammertermin nachgeholt wird.[50]

II. Befristungen

Literatur: *Bader*, Das Gesetz zu Reformen am Arbeitsmarkt: Neues im Kündigungsschutzgesetz und im Befristungsrecht, NZA 2004, 65; *ders.*, Sachgrundlose Befristung mit älteren Arbeitnehmerinnen und Arbeitnehmern neu geregelt (§ 14 III TzBfG), NZA 2007, 713; *ders.*, Arbeitsrechtliche Altersgrenzen weiter flexibilisiert, NZA 2014, 749; *Bauer*, Auf „Junk" folgt „Mangold" – Europarecht verdrängt deutsches Arbeitsrecht, NZA 2006, 6; *ders.*, Arbeitsrechtliche Baustellen des Gesetzgebers – insbesondere im Befristungsrecht, NZA 2014, 889; *Bauer/v. Medem*, Altersgrenzen zur Beendigung von Arbeitsverhältnissen – Was geht, was geht nicht?, NZA 2012, 945; *Baumgarten*, Der Widerspruch nach § 15 Abs. 5 TzBfG – Schaffung von Klarheit nicht Arbeit, BB 2014, 2165; *Bayreuther*, Altersgrenzen, Kündigungsschutz nach Erreichen der Altersgrenze und die Befristung von „Altersrentnern", NJW 2012, 2758; *ders.*, Kettenbefristung zur Vertretung von Arbeitnehmern, NZA 2013, 23; *ders.*, Die Neufassung des § 14 Abs. 3 TzBfG – diesmal europarechtskonform?, BB 2007, 1113; *Beckmann/Beck*, Zur Befristung von Arbeitsverträgen im Profi-Sport, SpuRt 2015, 160; *dies.*, Endspiel in Erfurt? Der „Fall Müller" geht in die nächste Runde, SpuRt 2016, 155; *Bengelsdorf*, Die Anwendbarkeit der §§ 14 IV, 21 TzBfG auf die Weiterbeschäftigungsverhältnisse während eines Kündigungsschutzverfahrens, NZA 2005, 277; *Biebl*, Das neue Kündigungs- und Befristungsrecht, 2004; *Birk*, Die Befristung von Altersteilzeitverträgen auf einen vorgezogenen Renteneintritt, NZA 2007, 244; *Bohlen*, Der Vergleich – Noch ein praxistaugliches Mittel zur arbeitsvertraglichen Befristung?, NZA-RR 2015, 449; *Böhm*, Kettenbefristungen bei Vertretungsfällen – Plädoyer für ein bewährtes und benachbartes Instrument der Personalwirtschaft, DB 2013, 516; *Brose*, Sachgrundlose Befristung und betriebsbedingte Kündigung von Leiharbeitnehmern – ein unausgewogenes Rechtsprechungskonzept, DB 2008, 1378; *Brose/Sagan*, Kettenbefristung wegen Vertretungsbedarfs im Zwielicht des Unionsrechts, NZA 2012, 308; *Brötzmann*, Die Änderung des Wissenschaftszeitvertragsgesetzes 2016 (WissZeitVG), öAT 2016, 48; *Bruns*, Befristung von Arbeitsverträgen mit Sporttrainern, NZA 2008, 1269; *ders.*, Institutioneller Missbrauch als Kontrollparameter im arbeitsrechtlichen Befristungsrecht, NZA 2013, 769; *ders.*, BB-Rechtsprechungsreport zum arbeitsrechtlichen Befristungsrecht 2012/2013 (Teil 1), BB 2013, 3125; *ders.*, BB-Rechtsprechungsreport zum arbeitsrechtlichen Befristungsrecht 2012/2013 (Teil 2), BB 2014, 53; *Busch/Schönhöft*, Anwendbarkeit des TzBfG auf den Geschäftsführeranstellungsvertrag?, DB 2007, 2650; *Dieterich*, Die Befristung von Trainerverträgen im Spitzensport, NZA 2000, 857; *Dreher*, Zum Spannungsverhältnis zwischen Ärztearbeitsvertragsgesetz und Beschäftigungsförderungsgesetz, DB 1999, 1396; *Drosdeck/Bitsch*, Zulässigkeit von Kettenbefristungen, NJW 2012, 977; *dies.*, Die rechtsmissbräuchliche Vertretungsbefristung, NJW 2013, 1345; *Düwell/Dahl*, Befristung eines Betriebsratsmitglied – Anspruch auf Abschluss eines Folgevertrags?, DB 2014, 1930; *Eisemann*, Befristung und virtuelle Dauervertretung, NZA 2009, 1113; *Fischinger/Reiter*, K.O. für den Befristungsschutz in der Fußball-Bundesliga?, NZA 2016, 661; *Francken*, Die Tarifdispositivität des § 14 II 3 TzBfG als win/win-Regelung in der Beschäftigungskrise, NZA 2010, 305; *Frik*, Die Befristung von Leiharbeitsverträgen nach dem Teilzeit- und Befristungsgesetz, NZA 2005, 386; *Gaenslen/Heilemann*, Neue Grundsätze für Befristungen in der kommunalen Verwaltung, KommJur 2012, 81; *Gaumann*, „Verspätete" Wahrung des Schriftformerfordernisses nach § 14 Abs. 4 TzBfG, FA 2002, 40; *Gehlhaar*, Kündigungsschutz: Befristete Arbeitsverhältnisse als „freie" Arbeitsplätze i.S. des § 1 Abs. 2 KSchG, DB 2008, 2831; *Gravenhorst*, Wann ist ein gerichtlicher Vergleich ein Sachgrund i.S.v. § 14 I 2 Nr. 8 TzBfG?, NZA 2008, 803; *Greiner*, Methodenfragen des Befristungsrechts, NZA-Beil. 2011, 117; *ders.*, Befristungskontrolle im Gemeinschaftsbetrieb mehrerer Unternehmen – die „Jobcenter"-Fälle, DB 2014, 1987; *Grimm/Brock*, Sachgrundlose Befristung der Arbeitsverhältnisse älterer Menschen in § 14 Abs. 3 TzBfG, ArbRB 2007, 154; *Hamann*, Leiharbeitnehmer statt eigene Arbeitnehmer – Zulässigkeit und Grenzen einer Personalaustauschstrategie, NZA 2010, 1211; *Heidl*, Probleme der sachgrundlose Befristung von Arbeitsverhältnissen nach § 14 Abs. 2 Satz 1, 2 TzBfG, RdA 2009, 297; *Heinze*, Zum Arbeitsrecht der Musiker, NJW 1985, 2112; *Helm/Hjort/Hummel*, Entfristungsanspruch für Betriebsratsmitglieder, ArbRAktuell 2011, 397; *Heuschmid*, Die sachgrundlose Befristung im Lichte des Verfassungs- und Unionsrechts, AuR 2014, 221; *Hirdina*, Befristung wissenschaftlicher Mitarbeiter verfassungs- und europarechtswidrig!, NZA 2009, 712; *Hold/Kleinsorge*, Befristete Arbeitsverhältnisse im Licht der neuen Rechtsprechung, NWB 2012, 1840; *Höpfner*, Die Reform der sachgrundlosen Befristung durch das BAG – Arbeitsmarktpolitische Vernunft contra Gesetzestreue, NZA 2011, 893; *Hunold*, Sachgrundlose Befristung nach Ende der Berufsausbildung, NZA 2012 431; *ders.*, Befristung zur Vertretung nur zulässig bei Totalausfall eines Mitarbeiters?, DB 2012, 288; *ders.*, Rechtsprechung zu aktuellen Fragen des Befristungsrechts, NZA-RR 2013, 505; *Jäger/Röder/Heckelmann*, Praxishandbuch Betriebsverfassungsrecht, 2003; *Katzer/Frodl*, Wird Müller den Sieg festhalten? Zulässigkeit von Befristungen im Berufsfußball, NZA 2015, 657; *Koch*, Arbeitsverträge der Mitarbeiter von Fraktionen und Gruppen nach dem Ende der Wahlperiode aus parlamentarischer Sicht, NZA 1998, 1160; *Koenigs*, Unbegrenzte Prüfungsbefugnis des EuGH? – Zugleich Anmerkung zu EuGH vom 22.11.2005 (Verbot der Altersdiskriminierung), DB 2006, 49; *Körner*, Europäisches Verbot der Altersdiskriminierung in Beschäftigung und Beruf, NZA 2005, 1395; *Künzl*, Weiterbildung von Ärzten in einer Kassenarztpraxis, NZA 2008, 1101; *Lakies*, Befristete Arbeitsverträge, Ein Leitfaden für die Praxis, 2005; *Laux/Schlachter*, Teilzeit- und Befristungsgesetz, 2007; *Lembke*, Neues vom EuGH zum Befristungsschutz von Leiharbeitnehmern, NZA 2013, 815; *Linck*, Offene Fragen des Pflegezeitgesetzes, BB 2008, 2738; *Linsenmaier*, Befristung und Bedingung – Ein Überblick über die aktuelle Rechtsprechung des Siebten Senats des BAG unter be-

---

50 BAG 25.11.1976, DB 1977, 868; *Kreuzfeld*, DB 1995, 975.

sonderer Berücksichtigung des Unionsrechts und des nationalen Verfassungsrechts, RdA 2012, 193; *Löwisch*, Die Ablösung der Befristungsbestimmungen des Hochschulrahmengesetzes durch das Wissenschaftszeitvertragsgesetz, NZA 2007, 479; *ders.*, Die gesetzliche Reparatur des Hochschulbefristungsrechts, NZA 2005, 321; *ders.*, Neuregelung des Kündigungs- und Befristungsrechts durch das Gesetz zu Reformen am Arbeitsmarkt, BB 2004, 154; *ders.*, Vereinbarkeit der Haushaltsmittelbefristung nach § 14 I Nr. 7 TzBfG mit europäischer Befristungsrichtlinie und grundgesetzlicher Bestandsschutzpflicht, NZA 2006, 457; *ders.*, Vermeidung von Kündigungen durch befristete Weiterbeschäftigung, BB 2005, 1625; *Löwisch/Neumann*, Befristung aufgrund gerichtlichen Vergleichs im Hochschulbereich, NJW 2002, 951; *Lunk/Leder*, Teilbefristungen – Neues Recht und alte Regeln?, NZA 2008, 504; *dies.*, Der Arbeitsvertrag – Befristung und Teilzeit, NJW 2016, 1705; *Maschmann/Konertz*, Das Hochschulbefristungsrecht in der Reform: Die Novelle des Wissenschaftszeitvertragsgesetzes, NZA 2016, 257; *Meinel/Bauer*, Der Wiedereinstellungsanspruch, NZA 1999, 575; *Mennemeyer/Keysers*, Befristungen im öffentlichen Dienst – Die Klassiker, NZA 2008, 670; *Müller*, Die Drittmittelbefristung nach Wissenschaftszeitvertragsgesetz (WissZeitVG), öAT 2010, 224; *Nadler/von Medem*, Formnichtigkeit einer Befristungsabrede im Arbeitsvertrag – ein nicht zu korrigierender Fehler?, NZA 2005, 1214; *Oberthür*, Das Prognoseprinzip im Befristungsrecht, DB 2001, 2246; *Opolony*, Der Federstrich des Gesetzgebers – § 623 BGB und das Bühnenarbeitsrecht, NJW 2000, 2771; *ders.*, Die Befristung von Bühnenarbeitsverhältnissen, ZfA 2000, 179; *ders.*, Die Nichtverlängerungsmitteilung bei befristeten Bühnenarbeitsverhältnissen, NZA 2001, 1351; *Persch*, Die Befristung des unbefristeten Arbeitsverhältnisses durch Altersgrenzen, NZA 2010, 77; *Pöltl*, Befristete Arbeitsverträge nach dem Gesetz über Teilzeitarbeit und befristete Arbeitsverträge im Geltungsbereich des BAT, NZA 2001, 582; *Preis/Bender*, Die Befristung einzelner Arbeitsbedingungen – Kontrolle durch Gesetz oder Richterrecht, NZA 2005, 337; *Preis/Greiner*, Befristungsrecht – Quo vadis?, RdA 2010, 148; *Preis/Hausch*, Die Neuordnung der befristeten Arbeitsverhältnisse im Hochschulbereich, NJW 2002, 927; *Preis/Kliemt/Ulrich*, Aushilfs- und Probearbeitsverhältnis, 2. Aufl. 2003; *Preis/Weber*, Der Regierungsentwurf eines Pflegezeitgesetzes, NZA 2008, 82; *Reipen*, Vermittlungsorientierte Arbeitnehmerüberlassung durch die Personal-Service-Agentur (PSA), BB 2003, 787; *Reus/Mühlhausen*, Nochmals: Verlängerung im Sinne des § 14 Abs. 2 Satz 1 TzBfG bei gleichzeitiger Lohnerhöhung?, RdA 2013, 226; *Richter/Wilke*, Die Veränderung von Vertragsinhalten bei der Verlängerung sachgrundlos befristeter Arbeitsverträge, RdA 2011, 305; *Ricken*, Annahmeverzug und Prozessbeschäftigung während des Kündigungsrechtsstreits, NZA 2005, 323; *Rolfs*, Teilzeit- und Befristungsgesetz, Kommentar, 2002; *Schiefer*, Befristete Arbeitsverträge: Hindernisse und Fallstricke – Die aktuelle Rechtsprechung (Teil I), DB 2011, 1164; *ders*, Befristete Arbeitsverträge: Hindernisse und Fallstricke – Die aktuelle Rechtsprechung (Teil II), DB 2011, 1220; *Schlachter*, Befristete Einstellung nach Abschluss der Ausbildung – Sachgrund erforderlich? NZA 2003, 1180; *dies.*, Gemeinschaftsrechtliche Grenzen der Altersbefristung, RdA 2004, 352; *Schmidt*, Neues zur Teilbefristung – Das TzBfG im Gewand der AGB-Kontrolle, NZA 2014, 760; *Schumacher*, Arbeitsvertragliche Befristungsabreden auf die Vollendung des 65. Lebensjahres, DB 2013, 2331; *Seel*, Keine Lust auf Ruhestand – befristetes (Weiter-)Arbeiten nach neuer Rechtslage, NWB 2014, 2794; *Serr*, Befristung aufgrund eines gerichtlichen Vergleichs nach § 278 Abs. 6 Satz 1 Alt. 1 ZPO, SAE 2013, 44; *Sprenger*, Die befristete Beschäftigung von Rentenanwärtern und Rentnern, BB 2016, 757; *Stumpf*, Befristete Arbeitsverhältnisse im Wissenschaftsbetrieb, NZA 2015, 326; *Thüsing*, Europarechtlicher Gleichbehandlungsgrundsatz als Bindung des Arbeitgebers?, ZIP 2005, 2149; *Traber*, Projektbefristung und Prognoseentscheidung, FA 2005, 363; *Urban-Crell*, Dem Profifußball wird der Prozess gemacht, DB 2015, 1413; *v. Alvensleben/Haug/Schnabel*, Der Fremdgeschäftsführer im Spannungsfeld zwischen Arbeitgeberposition und Arbeitnehmereigenschaft, BB 2012, 774; *v. Medem*, Aktuelle Entwicklungen beim Anschlussverbot nach § 14 II 2 TzBfG, ArbRAktuell 2014, 425; *v. Roetteken*, Rechtsprechung zum Personalvertretungsrecht zwischen 2001 und 2005, NZA-RR 2006, 225; *v. Stein*, Missbrauchskontrolle bei befristeten Arbeitsverträgen, NJW 2015, 369; *Walker*, Zur Zulässigkeit der Befristung von Arbeitsverträgen mit Berufsfußballspielern, NZA 2016, 657; *Waltermann*, Verbot der Altersdiskriminierung – Richtlinie und Umsetzung, NZA 2005, 1265; *Wank*, Altersgrenzen in Tarifverträgen nach der EuGH-Rechtsprechung, FS Bepler, 2012, S. 585; *Wiedemann*, Zur Typologie zulässiger Zeitverträge, FS Lange, 1970, 395; *Zimmerling*, Kritisches zur Befristung der Arbeitsverträge von wissenschaftlichen Mitarbeitern an Universitätskliniken, öAT 2012, 9.

1. § 14 TzBfG

21 § 14 TzBfG regelt außerhalb von Sonderbestimmungen die Voraussetzungen der Befristung von Arbeitsverhältnissen.[51] Befristet beschäftigt ist ein Arbeitnehmer nach § 3 Abs. 1 S. 1 TzBfG mit einem auf bestimmte Zeit geschlossenen Arbeitsvertrag, wobei die Dauer nach § 3 Abs. 1 S. 2 TzBfG kalendermäßig bestimmt sein kann (kalendermäßig befristeter Arbeitsvertrag) oder sich aus Art, Zweck oder Beschaffenheit der Arbeitsleistung ergibt (zweckbefristeter Arbeitsvertrag). **Der befristete Vertrag endet** gem. § 15 Abs. 1 TzBfG **automatisch ohne Kündigung** mit dem vorgesehenen Enddatum oder mit Erreichung des Zwecks, für den er eingegangen wurde, in letzterem Fall allerdings gem. § 15 Abs. 2 TzBfG frühestens nach Ablauf von zwei Wochen nach schriftlicher Mitteilung der Zweckerreichung (vgl. Rdn 33).

22 § 14 TzBfG unterscheidet zwischen der Sachgrundbefristung in Abs. 1 (vgl. Rdn 52 ff.), der sachgrundlosen Befristung in Abs. 2 (vgl. Rdn 137 ff.), der sachgrundlosen Befristung für Existenzgründer in Abs. 2a (vgl.

---

51 BAG 13.7.2005, NJOZ 2007, 5468.

Rdn 160 ff.) und der sachgrundlosen sog. Altersbefristung in Abs. 3 (vgl. Rdn 172 ff.). Bei der **sachgrundlosen Befristung** müssen die Voraussetzungen des § 14 Abs. 2, Abs. 2a oder Abs. 3 TzBfG vorliegen. Es sind nur Befristungen nach dem Kalender zulässig, und die Höchstdauer, die Anzahl der zulässigen Verlängerungen sowie weitere Bedingungen für die Zulässigkeit der Befristung sind gesetzlich festgelegt. Bei der **Sachgrundbefristung** kommen kalendermäßige und zweckgebundene Befristungen in Betracht. § 14 Abs. 1 TzBfG enthält zwar einen Katalog von möglichen Sachgründen bzw. Bedingungen, die die Befristung tragen müssen. Da aber die Höchstdauer einer Sachgrundbefristung nicht festgelegt ist, unterliegt diese einer Reihe von weiteren Beschränkungen, die die Rspr. konkretisiert hat (vgl. Rdn 52 ff.). Das Schriftformerfordernis aus § 14 Abs. 4 TzBfG gilt für alle Befristungen (vgl. Rdn 37 ff.). Auch andere allgemeine Regelungen gelten für alle befristet Beschäftigten.

Grundsätzlich bedarf jede Befristung eines sachlichen Grundes, wenn nicht eine Ausnahme nach § 14 Abs. 2, Abs. 2a oder Abs. 3 TzBfG bzw. nach Spezialvorschriften vorliegt (**Regel-Ausnahme-Verhältnis**).[52] Während früher die Befristung auf Umgehung des Kündigungsschutzes geprüft wurde, hat das TzBfG die Befristungskontrolle vom KSchG abgekoppelt.[53] Gleichwohl findet die auch vor dem TzBfG ergangene Rechtsprechung entsprechende Anwendung, wonach insb. Sachgrundbefristungen nach § 14 Abs. 1 TzBfG restriktiv zu handhaben sind. Der Katalog der Befristungsgründe in § 14 Abs. 1 TzBfG ist nicht abschließend (vgl. Rdn 129 ff.). **23**

§ 14 TzBfG gilt für **alle Arbeitsverhältnisse** und daher nicht für sog. Ein-Euro-Jobber, vgl. § 16d Abs. 7 S. 2 SGB II. Er gilt für **Arbeitnehmer ohne Kündigungsschutz** in Kleinbetrieben[54] und Privathaushalten sowie während der Wartezeit bis zum Einsetzen des Kündigungsschutzes, wenn keine Ausnahmeregelungen Anwendung finden.[55] Für **Arbeitnehmer mit besonderem Kündigungsschutz** sind grds. keine erhöhten Anforderungen an den Sachgrund zu stellen, wenn man von Sonderregelungen absieht (z.B. §§ 77 Abs. 4, 38 Abs. 1 LPVG Schleswig-Holstein für PR-Mitglieder) sowie den bei Kündigungen üblichen Zustimmungserfordernissen (etwa nach §§ 9 MuSchG, 18 BEEG, 85, 92 SGB IX, 103 BetrVG).[56] Auch für **leitende Angestellte** bedarf es grds. eines Befristungsgrundes.[57] Auf **Geschäftsführer** dürfte das TzBfG keine Anwendung finden.[58] Denn dies stünde im Widerspruch zu der vom Gesetzgeber intendierten Möglichkeit zur erleichterten Beendigung des Anstellungsverhältnisses, vgl. § 14 Abs. 1 Nr. 1 KSchG i.V.m. § 35 Abs. 1 GmbHG. **24**

Während der Kündigungsschutz zum Zeitpunkt der Kündigung überprüft wird, bezieht sich die **Befristungskontrolle** bei Sachgrundbefristungen auf den **Vertragsabschluss**.[59] Bei Vertragsschluss müssen greifbare Tatsachen die begründete Annahme des Arbeitgebers stützen, der Beschäftigungsbedarf werde zu einem späteren Zeitpunkt entfallen, und auch alle anderen Umstände müssen die Befristung zu diesem **25**

---

52 BegrRE, BT-Drucks 14/4374, 18.

53 BAG 6.11.2003, AP Nr. 7 zu § 14 TzBfG = NZA 2005, 218.

54 Widersprüchlich BegrRE, BT-Drucks 14/4374, 18.

55 BAG 6.11.2003, AP Nr. 7 zu § 14 TzBfG = NZA 2005, 218; *Meinel/Heyn/Herms*, § 14 TzBfG Rn 3; KR/*Lipke*, § 14 TzBfG Rn 69; Arnold/Gräfl/*Gräfl*, § 14 TzBfG Rn 7; Annuß/Thüsing/*Maschmann*, § 14 TzBfG Rn 6; *Bauer*, NZA 2000, 1039; *Däubler*, ZIP 2000, 1961; *Hanau*, NZA 2000, 1045.

56 BAG 6.11.1996, AP Nr. 188 zu § 620 BGB Befristeter Arbeitsvertrag = NZA 1997, 1222; vgl. auch BVerfG 24.9.1990, AP Nr. 136a zu § 620 BGB Befristeter Arbeitsvertrag; Annuß/Thüsing/*Maschmann*, § 14 TzBfG Rn 7; KR/*Lipke*, § 14 TzBfG Rn 71; HWK/*Rennpferdt*, § 14 TzBfG Rn 2.

57 *Meinel/Heyn/Herms*, § 14 TzBfG Rn 72; Arnold/Gräfl/*Gräfl*, § 14 TzBfG Rn 5; KR/*Lipke*, § 14 TzBfG Rn 79; Annuß/Thüsing/*Maschmann*, § 14 TzBfG Rn 6; APS/*Backhaus*, § 14 TzBfG Rn 19; *Hromadka*, BB 2001, 621; *Vogel*, NZA 2002, 313.

58 Offen gelassen von BGH 25.7.2002, AP Nr. 9 zu § 14 KSchG 1969 = NZA 2002, 1040; *Busch/Schönhöft*, DB 2007, 2650; *v. Alvensleben/Haug/Schnabel*, BB 2012, 774.

59 Annuß/Thüsing/*Maschmann*, § 14 TzBfG Rn 8; *Meinel/Heyn/Herms*, § 14 TzBfG Rn 34; APS/*Backhaus*, § 14 TzBfG Rn 50; KR/*Lipke*, § 14 TzBfG Rn 126; *Bauer*, BB 2001, 2526.

Zeitpunkt hinsichtlich des Sachgrundes tragen (**Prognose**).[60] Der Arbeitgeber hat insoweit keine Einschätzungsprärogative oder einen gerichtlich anzuerkennenden Ermessensspielraum.[61]

26 Grds. muss der **Sachgrund die Befristung tragen**, nicht deren Dauer.[62] Allerdings kann das Auseinanderfallen für die fehlerhafte Prognose des Arbeitgebers hinsichtlich des Wegfalls des Sachgrundes sprechen.[63] Deshalb hat sich die Dauer am Befristungsgrund zu orientieren.[64] Die spätere tatsächliche Entwicklung und der mögliche Wegfall des sachlichen Grundes sind aus Gründen der Rechtssicherheit aber nicht beachtlich.[65] Die Gerichte prüfen, ob sich anhand der Tatsachen bei Vertragsschluss die hinreichend sichere Prognose des späteren Wegfalls des Beschäftigungsbedarfs rechtfertigt.[66] Die spätere Entwicklung kann weder einen zunächst unwirksam befristeten Arbeitsvertrag nachträglich rechtfertigen[67] noch die Wiedereinstellung begründen.[68] Für den Wiedereinstellungsanspruch fehlt es dem befristet Eingestellten an dem sozialen Besitzstand eines unbefristet Beschäftigten.[69]

27 Die **Darlegungs- und Beweislast** für die Befristungsabrede trägt regelmäßig der Arbeitgeber.[70] Der Arbeitgeber hat (mit Ausnahme bei § 14 Abs. 1 S. 2 Nr. 8 TzBfG) die Grundlagen seiner Prognose für das Vorliegen eines Sachgrundes bei Vertragsschluss exakt und detailliert offenzulegen (z.B. den Umfang des Mehrbedarfs gegenüber dem gewöhnlichen Arbeitsvolumen, am besten zahlenmäßig).[71] Bestätigt sich die Prognose, ist es Sache des Arbeitnehmers, Tatsachen vorzutragen, dass diese jedenfalls bei Vertragsabschluss nicht gerechtfertigt war.[72] Bestätigt sich die Prognose nicht, muss der Arbeitgeber Tatsachen vorbringen, die ihm den hinreichend sicheren Schluss auf den Wegfall des Sachgrundes bei Befristungsende erlaubten.[73] Gibt es ausschließlich Streit über die Dauer eines befristeten Arbeitsverhältnisses, hat derjenige die Befristungsdauer zu beweisen, der sich auf die frühere Vertragsbeendigung beruft.[74] Dies ist i.d.R. ebenfalls der Arbeitgeber.

28 Bei **sog. Kettenarbeitsverträgen** steigern Vielzahl und Dauer die Anforderungen an den sachlichen Grund und führen zu einer verschärften gerichtlichen (Missbrauchs-)Kontrolle.[75] Denn zum einen

---

60 BAG 29.4.2015, NZA 2015, 928; BAG 15.5.2012, NZA 2012, 1366; BAG 17.3.2010, AP Nr. 70 zu § 14 TzBfG = NZA 2010, 633; ErfK/*Müller-Glöge*, § 14 TzBfG Rn 16 ff.; KR/*Lipke*, § 14 TzBfG Rn 144 ff.; *Oberthür*, DB 2001, 2246.

61 BAG 17.2.1983, AP Nr. 14 zu § 15 KSchG 1969; BAG 14.1.1982, AP Nr. 65 zu § 620 BGB Befristeter Arbeitsvertrag; KR/*Lipke*, § 14 TzBfG Rn 145; APS/*Backhaus*, § 14 TzBfG Rn 56.

62 BAG 21.1.2009, NZA 2009, 727; BAG 21.2.2001, AP Nr. 226 zu § 620 BGB Befristeter Arbeitsvertrag = NZA 2001, 1382; *Meinel/Heyn/Herms*, § 14 TzBfG Rn 35; KR/*Lipke*, § 14 TzBfG Rn 147; APS/*Backhaus*, § 14 TzBfG Rn 46; *Oberthür*, DB 2001, 2246.

63 BAG 26.8.1988, AP Nr. 124 zu § 620 BGB Befristeter Arbeitsvertrag; BAG 12.2.1997, AP Nr. 187 zu § 620 BGB Befristeter Arbeitsvertrag = NZA 1997, 941; BAG 6.12.2000, AP Nr. 22 zu § 2 BAT SR 2y = NZA 2001, 721; *Meinel/Heyn/Herms*, § 14 TzBfG Rn 35; APS/*Backhaus*, § 14 TzBfG Rn 47.

64 BAG 29.7.2009, AP Nr. 65 zu § 14 TzBfG; BAG 21.2.2001, AP Nr. 226 zu § 620 BGB Befristeter Arbeitsvertrag = NZA 2001, 1382; KR/*Lipke*, § 14 TzBfG Rn 147; *Oberthür*, DB 2001, 2246.

65 BAG GS 12.10.1960, AP Nr. 16 zu § 620 BGB Befristeter Arbeitsvertrag; BAG 17.2.1983, AP Nr. 14 zu § 15 KSchG 1969; KR/*Lipke*, § 14 TzBfG Rn 146; Annuß/Thüsing/*Maschmann*, § 14 TzBfG Rn 8; *Bauer*, BB 2001, 2526.

66 BAG 12.9.1996, AP Nr. 182 zu § 620 BGB Befristeter Arbeitsvertrag = NZA 1997, 313; BAG 28.3.2001, AP Nr. 227 zu § 620 BGB Befristeter Arbeitsvertrag = NZA 2002, 666.

67 Annuß/Thüsing/*Maschmann*, § 14 TzBfG Rn 8.

68 BAG 20.2.2002, AP Nr. 11 zu § 1 KSchG 1969 Wiedereinstellung = NZA 2002, 896; LAG Düsseldorf 15.2.2000, NZA-RR 2000, 456; LAG Düsseldorf 19.8.1999, DB 2000, 222; KR/*Lipke*, § 14 TzBfG Rn 148; *Oberthür*, DB 2001, 2246.

69 BAG 2.7.2003, AP Nr. 254 zu § 620 BGB Befristeter Arbeitsvertrag = NZA 2004, 1055; BAG 20.2.2002, AP Nr. 11 § 1 KSchG 1969 Wiedereinstellung = NZA 2002, 896; Annuß/Thüsing/*Maschmann*, § 14 TzBfG Rn 8; *Meinel/Bauer*, NZA 1999, 575.

70 Arnold/Gräfl/*Gräfl*, § 14 TzBfG Rn 52; Annuß/Thüsing/*Maschmann*, § 14 TzBfG Rn 22; APS/*Backhaus*, § 14 TzBfG Rn 76.

71 BAG 12.9.1996, AP Nr. 182 zu § 620 BGB Befristeter Arbeitsvertrag = NZA 1997, 313; BAG 12.12.1985, AP Nr. 96 zu § 620 BGB Befristeter Arbeitsvertrag = NZA 1986, 571; Annuß/Thüsing/*Maschmann*, § 14 TzBfG Rn 26.

72 BAG 25.8.2004, NZA 2005, 357; BAG 3.11.1999, AP Nr. 19 zu § 2 BAT SR 2y = NZA 2000, 726.

73 BAG 28.3.2001, AP Nr. 227 zu § 620 BGB Befristeter Arbeitsvertrag = NZA 2002, 666; BAG 12.9.1996, AP Nr. 182 zu § 620 BGB Befristeter Arbeitsvertrag = NZA 1997, 313.

74 BAG 12.10.1994, AP Nr. 165 zu § 620 BGB Befristeter Arbeitsvertrag.

75 EuGH 26.1.2012 – C-586/10 (Kücük), NZA 2012, 135; BAG 18.7.2012, NZA 2012, 1351; BAG 22.11.1995, AP Nr. 178 zu § 620 BGB Befristeter Arbeitsvertrag = NZA 1996, 878; KR/*Lipke*, § 14 TzBfG Rn 133.

kann sich durch die Hintereinanderschaltung von Verträgen die Prognose des Arbeitgebers zum Wegfall des Sachgrundes als fehlerhaft erweisen, zum anderen wächst der Bestandsschutz des Arbeitnehmers.[76] Der Arbeitgeber hat deshalb mit zunehmender Dauer der Beschäftigung besonders sorgfältig zu prüfen, ob eine unbefristete Tätigkeit in Betracht kommt.[77] Genaue Grenzwerte hat die Rechtsprechung bislang nicht aufgestellt (vgl. Rdn 29).

Auch bei **Kettenarbeitsverträgen** findet jedoch eine **gerichtliche Überprüfung** nur hinsichtlich des **letzten Vertrages** statt, wenn die Parteien dem Arbeitnehmer bei Abschluss eines neuen befristeten Arbeitsvertrages nicht das Recht vorbehalten haben, die Wirksamkeit der vorangegangenen Befristung prüfen zu lassen.[78] Ein einseitiger Vorbehalt durch den Arbeitnehmer reicht nicht; der Vorbehalt muss vertraglich vereinbart werden.[79] In der Geltendmachung der Unwirksamkeit der Befristung durch Klage nach § 17 S. 1 TzBfG liegt jedoch zugleich der konkludente Vorbehalt, dass der neue befristete Vertrag nur gelten soll, wenn nicht bereits wegen der Unwirksamkeit des vorangegangenen Vertrags ein unbefristetes Arbeitsverhältnis besteht.[80]

Nach dem EuGH sind jedoch auch bei der Überprüfung der letzten Befristung das Vorliegen, die Zahl und die Dauer vorheriger Arbeitsverträge mit demselben Arbeitgeber im Rahmen einer **Missbrauchskontrolle** zu berücksichtigen.[81] Das BAG hat diesen Ansatz übernommen.[82] Danach ist ein **Gestaltungsmissbrauch** grundsätzlich indiziert, wenn die in § 14 Abs. 2 S 1 TzBfG für die sachgrundlose Befristung bestimmte Befristungshöchstdauer und Anzahl der Vertragsverlängerungen um ein Vielfaches überschritten werden. Der Arbeitgeber kann einen Gestaltungsmissbrauch dann nur durch die Darlegung besonderer Umstände widerlegen.[83] Exakte Grenzwerte für die Dauer oder Anzahl von befristeten Arbeitsverträgen, bei deren Überschreiten ein Rechtsmissbrauch vorliegt, hat die Rechtsprechung jedoch nicht aufgestellt. Insofern kann sich die Praxis nur an den bisher entschiedenen Einzelfällen orientieren. Bei 13 Befristungen über einen Zeitraum von mehr als elf Jahren ist eine missbräuchliche Nutzung indiziert.[84] In einem im Jahr 2013 entschiedenen Fall hielt das BAG einen Missbrauch bei einem Gesamtarbeitsverhältnis von etwas mehr als sechseinhalb Jahren und 13 befristeten Verträgen ebenfalls für möglich.[85] Dasselbe gilt bei zehn Befristungen bei einer Gesamtdauer des Arbeitsverhältnisses von fast 15 Jahren.[86] Vier Befristungen mit einer Gesamtdauer von vier[87] bzw. fast acht[88] Jahren können dagegen zulässig sein. Eine Zahl von 19 Befristungen wurde z.B. im Bereich der archäologischen Forschung aufgrund der in dieser Branche üblichen Projektbezogenheit noch als zulässig bewertet.[89] Ebenfalls als zu-

29

---

76 APS/*Backhaus*, § 14 TzBfG Rn 58 f.
77 BAG 11.11.1998, AP Nr. 204 zu § 620 BGB Befristeter Arbeitsvertrag = NZA 1999, 1211; BAG 11.12.1991, AP Nr. 141 zu § 620 BGB Befristeter Arbeitsvertrag = NZA 1992, 883; BAG 3.12.1986, AP Nr. 110 zu § 620 BGB Befristeter Arbeitsvertrag = NZA 1987, 739.
78 BAG 24.8.2011, NZA 2012, 385; BAG 18.6.2008, DB 2008, 2835; BAG 13.10.2004, NZA 2005, 401; ErfK/*Müller-Glöge*, § 14 TzBfG Rn 12.
79 BAG 14.2.2007, NZA 2007, 803; BAG 13.10.2004, NZA 2005, 401.
80 BAG 13.10.2004, NZA 2005, 401.
81 EuGH 26.1.2012 – C-586/10 (Kücük) – NZA 2012, 135; vgl. auch EuGH 23.4.2009 – C-378/07 bis C-380/07 (Angelidaki), AP RL 1999/70/EG Nr. 6; *Brose/Sagan*, NZA 2012, 308, 309; *Bauschke*, öAT 2012, 27; *Persch*, NZA 2011, 1068.
82 BAG 29.4.2015, NZA 2015, 928; BAG 19.3.2014, NZA 2014, 840; BAG 18.7.2012, NZA 2012, 1351; vgl. auch *Bayreuther*, NZA 2013, 23; *Brose/Sagan*, NZA 2012, 308, 310; *Jörchel*, NZA 2012, 1065; *Drosdeck/Bitsch*, NJW 2012, 977; *vom Stein*, NJW 2015, 369.
83 BAG 29.4.2015, NZA 2015, 928.
84 BAG 18.7.2012, NZA 2012, 1351.
85 BAG 13.2.2013, NZA 2013, 777.
86 Vgl. BAG 29.4.2015, NZA 2015, 928.
87 BAG 10.7.2013, NZA 2014, 26; BAG 10.7.2013, NZA 2013, 1292.
88 BAG 18.7.2012, NZA 2012, 1359.
89 LAG Baden-Württemberg 19.3.2012 – 1 Sa 26/11; vgl. auch zur Projektbefristung in der Forschung LAG Nürnberg 11.7.2012 – 4 Sa 82/12.

lässig eingestuft wurden neun Befristungen in einem Zeitraum von knapp über zwei Jahren im Bereich der Vertretung einer Lehrkraft.[90]

Eine umfassende Missbrauchskontrolle ist durchzuführen, wenn die Befristungsgrenzen aus § 14 Abs. 2 TzBfG (vgl. Rdn 140) mehrfach alternativ oder kumulativ überschritten werden.[91] In einer Gesamtwürdigung ist außerdem zu berücksichtigen, ob frühere befristete Arbeitsverhältnisse zwischen den Parteien bestanden. Nicht unerhebliche Unterbrechungszeiten können dabei gegen eine rechtsmissbräuchliche Befristung sprechen.[92] Beruft sich ein Arbeitnehmer auf eine missbräuchliche Befristung, ist er hierfür darlegungs- und beweispflichtig. Fehlenden Kenntnismöglichkeiten des Arbeitnehmers ist mit den Grundsätzen der abgestuften Darlegungs- und Beweislast Rechnung zu tragen.[93]

30 Eine Befristungsabrede unterliegt nicht mehr der gerichtlichen Kontrolle, wenn es sich bei ihr um einen **sog. unselbstständigen Annex** zur vorherigen handelt, mit dem das bisherige befristete Arbeitsverhältnis nur hinsichtlich seines Endzeitpunkts modifiziert werden soll.[94] Ein solcher unselbstständiger Annex darf lediglich eine verhältnismäßig geringfügige Korrektur des im früheren Vertrag vereinbarten Endzeitpunkts betreffen. Die Korrektur muss sich am Sachgrund für die Befristung des früheren Vertrags orientieren und allein in der Anpassung der ursprünglich vereinbarten Vertragszeit an später eintretende, zum Zeitpunkt des vorangegangenen Vertragsabschlusses nicht vorhersehbare Umstände bestehen. Es darf den Parteien also nur darum gegangen sein, die Laufzeit des alten Vertrags mit dem Sachgrund für die Befristung in Einklang zu bringen.[95] Zur Annahme eines entsprechenden Parteiwillens reicht es nicht aus, dass der letzte und der vorletzte Vertrag in den Vertragsbedingungen übereinstimmen und die zu erfüllende Arbeitsaufgabe die gleiche bleibt.[96] Das Hinausschieben des Vertragsendes um mehr als ein Drittel oder sogar um über die Hälfte des Ausgangsvertrags ist keine verhältnismäßig geringfügige Korrektur.[97]

31 Ein allg. **Zitiergebot** der Befristungsgrundlage besteht nicht.[98] Anders liegt es bei Sonderregelungen wie ehemals SR 2y BAT, die die konkrete Angabe der Befristungsgrundlage verlangen,[99] oder wenn die Parteien die Befristung ausdrücklich nur auf eine bestimmte Rechtsgrundlage stützen wollen.[100] Schriftlich zu fassen sind aber die Angaben, die zur **Bestimmung der Beendigung** des befristeten Arbeitsverhältnis erforderlich sind,[101] also entweder das Enddatum bzw. die Befristungsdauer oder der Zweck[102] bzw. das Ereignis, durch dessen Eintritt der Vertrag endet oder gem. § 21 TzBfG aufgelöst wird.[103]

32 *Praxishinweis*

Bei der Zweckbefristung muss hinreichend bestimmbar sein, wann das Arbeitsverhältnis enden soll.[104] Unzureichend ist etwa die Angabe „mit Abschluss des Projekts", selbst wenn dieses benannt wurde. Es

---

90 LAG Köln 18.1.2012 – 9 Sa 800/11; *Hösgen*, Anm. öAT 2012, 142.
91 BAG 13.2.2013, NZA 2013, 777; BAG 18.7.2012, NZA 2012, 1359; LAG Rheinland-Pfalz 21.10.2014, BeckRS 2015, 71249.
92 BAG 10.7.2013, NZA 2014, 26.
93 BAG 19.3.2014, NZA 2014, 840; BAG 4.12.2013, NZA 2014, 426.
94 BAG 5.11.2007, NZA 2008, 467; BAG 25.8.2004, NZA 2005, 357; BAG 15.2.1995, AP Nr. 166 zu § 620 BGB Befristeter Arbeitsvertrag = NZA 1995, 987.
95 BAG 10.10.2007, NZA 2008, 295.
96 BAG 21.1.1987, AP Nr. 4 zu § 620 BGB Hochschule = NZA 1988, 280.
97 BAG 7.11.2007, DB 2008, 821.
98 LAG Baden-Württemberg 14.9.2005 – 13 Sa 32/05, BeckRS 2005, 31048418; Annuß/Thüsing/*Maschmann*, § 14 TzBfG Rn 87b; HWK/*Rennpferdt*, § 14 TzBfG Rn 137.
99 BAG 28.3.2007, NZA 2007, 937; BAG 17.4.2002, AP Nr. 21 zu § 2 BAT SR 2y; BAG 16.7.2008, AP Nr. 51 zu § 14 TzBfG = NZA 2008, 1347.
100 BAG 5.6.2002, AP Nr. 13 zu § 1 BeschFG 1996 = NZA 2003, 149; krit. APS/*Backhaus*, § 22 TzBfG Rn 29 ff.
101 BAG 11.8.1988, AP Nr. 70 zu § 1 TVG Tarifverträge: Metallindustrie = NZA 1989, 891; *Kliemt*, NZA 2001, 296; APS/*Backhaus*, § 14 TzBfG Rn 467.
102 BAG 21.12.2005, NZA 2006, 321.
103 *Rolfs*, § 14 TzBfG Rn 129; ErfK/*Müller-Glöge*, § 14 TzBfG Rn 118.
104 BAG 21.12.2005, NZA 2006, 321.

empfiehlt sich der Bezug auf ein konkretes Ereignis, das an einem bestimmten Datum eintreten wird (z.B. „Abnahme durch zuständige Behörde X", „Rückkehr des Arbeitnehmers Y nach seiner Genesung").

Der befristete Vertrag endet gem. § 15 Abs. 1 TzBfG automatisch ohne Kündigung mit dem vorgesehenen **33** Enddatum oder mit Erreichung des Zwecks, für den er eingegangen wurde; in letzterem Fall allerdings gemäß § 15 Abs. 2 TzBfG frühestens nach Ablauf einer Frist von zwei Wochen nach schriftlicher **Mitteilung der Zweckerreichung**.

Formulierungsvorschlag: Mitteilung Zweckerreichung nach § 15 Abs. 2 TzBfG

„Sehr geehrte/r Herr/Frau (…),

wir teilen Ihnen hiermit mit, dass Ihr zweckbefristeter Arbeitsvertrag vom (…) nunmehr mit Ablauf des (…) endet. Denn der Zweck ist am (…) erreicht, wenn (…) (*Herr/Frau (…) nach Genesung seine/ihre Tätigkeit wieder aufnimmt*). Der Fortsetzung des Arbeitsverhältnisses über den (…) hinaus widersprechen wir hiermit vorsorglich. [Ggf. Hinweis zur Meldung bei der AA ergänzen, vgl. Rdn 43]

Mit freundlichen Grüßen"

Der Arbeitgeber kann sich bei einem nach dem Datum bestimmten Befristungsende **offen halten, auf wel- 34 che Befristungsgrundlage** er sich später beruft. Er kann dann z.B. zur sachgrundlosen Befristung und hilfsweise zum Vorliegen eines Sachgrunds vortragen und ebenso bei einer Sachgrundbefristung andere Sachgründe nachschieben. Grundsätzlich soll sich auch der Arbeitgeber, der sich in der Befristungsabrede auf einen Sachgrund bezogen hat, nachträglich noch auf das Vorliegen einer sachgrundlosen Befristung berufen können.[105] Die Benennung eines bestimmten Sachgrundes kann jedoch als Selbstbindung des Arbeitgebers ausgelegt werden.[106] Regelmäßig kann aber auch der mit Sachgrund befristete Arbeitsvertrag sachgrundlos verlängert werden, wenn insgesamt die Voraussetzungen des § 14 Abs. 2 S. 2 TzBfG eingehalten werden.[107]

Eine Kombination von zweck- und kalendermäßiger Befristung ist möglich (sog. **Doppelbefristung**, vgl. **35** Rdn 82). Beide Befristungsabreden sind getrennt auf ihre Wirksamkeit zu überprüfen.[108] Wird das Arbeitsverhältnis allerdings nach dem Ablauf der zuerst endenden Befristung fortgesetzt, so gilt es nicht gem. § 15 Abs. 5 TzBfG als auf unbestimmte Zeit verlängert,[109] denn dieser Vorschrift kommt eine Auffangfunktion zu.

§ 14 TzBfG gilt für die **Befristung des Arbeitsverhältnisses insgesamt.** Auch ein unbefristeter Vertrag **36** kann durch Änderungsvereinbarung oder durch Änderungskündigung auf eine befristete Basis gestellt werden, wenn ein sachlicher Grund für die nachträgliche Befristung vorliegt.[110] Die **Befristung einzelner Arbeitsbedingungen** fällt nicht unter die Befristungskontrolle, sondern unterliegt der Inhalts- und Angemessenheitskontrolle gem. § 305 ff. BGB[111] (vgl. § 1a Rdn 620 ff.). Wird jedoch die Arbeitszeit in einem erheblichen Umfang befristet erhöht, so bedarf es für die Angemessenheit eines sachlichen Grundes i.S.d. § 14 Abs. 1 S. 2 TzBfG.[112] Eine Erhöhung in erheblichem Umfang liegt in der Regel vor, wenn sich das Erhöhungsvolumen auf mindestens 25 % eines entsprechenden Vollzeitarbeitsverhältnisses beläuft.[113]

---

105 BAG 26.6.2002, AP Nr. 16 zu § 1 BeschFG 1996; BAG 4.12.2002, AP Nr. 17 zu § 1 BeschFG 1996 = NZA 2003, 916; Arnold/Gräfl/ *Gräfl*, § 14 TzBfG Rn 31; APS/*Backhaus*, § 22 TzBfG Rn 30.

106 BAG 5.6.2002, AP Nr. 13 zu § 1 BeschFG 1996 = NZA 2003, 149; LAG Rheinland-Pfalz 26.4.2007 – 2 Sa 793/06, BeckRS 2007, 46015.

107 BAG 29.6.2011, NZA 2011, 1151; BAG 12.8.2009 – 7 AZR 270/08; *Meinel/Heyn/Hems*, § 14 TzBfG Rn 288.

108 BAG 15.8.2001, AP Nr. 5 zu § 21 BErzGG = NZA 2002, 85.

109 BAG 29.6.2011, NZA 2011, 1346.

110 BAG 26.8.1998, AP Nr. 203 zu § 620 BGB Befristeter Arbeitsvertrag = NZA 1999, 476; *Meinel/Heyn/Hems*, § 14 TzBfG Rn 74.

111 BAG 23.3.2016, NZA 2016, 881; BAG 8.8.2007, NZA 2008, 229; LAG Köln, 9.5.2012, BeckRS 2012, 73553; siehe dazu *Schmidt*, NZA 2014, 760.

112 Vgl. BAG 15.12.2011, NZA 2012, 674; LAG Köln 9.10.2014, BeckRS 2014, 73977; *Bauer*, Anm. FD-ArbR 2012, 333276.

113 BAG 23.3.2016, NZA 2016, 881.

Auch ein **Aufhebungsvertrag** bedarf keines Sachgrundes. Ist die Vereinbarung indes nicht auf die alsbaldige Beendigung des Arbeitsverhältnisses gerichtet, sondern auf die befristete Fortsetzung, ist ein Sachgrund erforderlich[114] (vgl. hierzu auch § 1c Rdn 312 f.).

37 Grundsätzlich bedarf jede Befristungsabrede der **Schriftform**.[115] Schriftform bedeutet die Form nach § 126 BGB und damit beiderseitige Unterzeichnung des Vertrages auf derselben Urkunde oder, wenn mehrere gleich lautende Urkunden aufgenommen werden, die Unterzeichnung jeder Partei auf der für sie bestimmten Urkunde.[116] Telefaxe,[117] E-Mails und nur vom Arbeitgeber unterzeichnete Bestätigungsschreiben, in denen mündliche Vereinbarungen festgehalten werden,[118] reichen nicht. Die Schriftform muss **bei Vertragsantritt** vorliegen. Damit führt jede Unterzeichnung nach Arbeitsvertragsaufnahme zur Unwirksamkeit der Befristung.[119] Allerdings macht der Arbeitgeber sein Angebot auf Abschluss eines befristeten Arbeitsverhältnis von einer schriftlichen Annahmeerklärung des Arbeitnehmers abhängig, wenn er ihm ein bereits unterzeichnetes Vertragsformular mit der Bitte um Gegenzeichnung übersendet; der Arbeitnehmer kann das Angebot dann nicht konkludent durch Arbeitsaufnahme mit der Folge eines unbefristeten Arbeitsverhältnis annehmen (vgl. Rdn 45).[120] Das Schrifterfordernis gilt auch, wenn die Arbeitsvertragsparteien eine **Verlängerung** des befristeten Arbeitsvertrags vereinbaren.[121] Das NachwG stellt ggü. § 14 Abs. 4 TzBfG keine strengeren Formerfordernisse auf. Eine **Ausnahme** vom Schriftformerfordernis besteht bei arbeitsvertraglicher Inbezugnahme eines gesamten Tarifvertrages, der seinerseits eine Befristungs- oder Bedingungsregelung enthält.[122]

38 Anders als bei der Abrufarbeit nach § 12 TzBfG muss bei befristeten Einsätzen aufgrund von **Rahmenvereinbarungen** jede einzelne Befristung schriftlich erfolgen.[123] Vereinbaren die Parteien nach Ausspruch einer Kündigung die befristete Weiterbeschäftigung des Arbeitnehmers nach Ablauf der Kündigungsfrist bis zum rechtskräftigen Abschluss des Kündigungsschutzprozesses, bedarf auch dies der Schriftform,[124] wenn kein Vergleich gem. § 14 Abs. 1 S. 2 Nr. 8 TzBfG geschlossen wird (vgl. Rdn 123 ff.).

39 Insb. im Bühnenbereich endet ein Arbeitsverhältnis häufig aufgrund einer sog. **Nichtverlängerungsvereinbarung**.[125] Sie bedarf nicht der Schriftform nach § 14 Abs. 4 TzBfG.[126] Schriftform ist aber zumeist tarifvertraglich vorgeschrieben.

40 Verträge mit **Mindestlaufzeit** finden sich regelmäßig in unbefristeten Arbeitsverhältnissen, so dass die Schriftform nach § 14 Abs. 4 TzBfG nicht gilt.[127] Das Gleiche gilt für **Verlängerungsvereinbarungen**, wonach sich ein Arbeitsvertrag um einen bestimmten Zeitraum fortsetzt, wenn er nicht gekündigt wird.[128]

---

114 BAG 28.11.2007, AP Nr. 37 zu § 620 BGB Aufhebungsvertrag = NZA 200, 348; BAG 7.3.2002, AP Nr. 22 zu § 620 BGB Aufhebungsvertrag; BAG 12.1.2000, AP Nr. 16 zu § 620 BGB Aufhebungsvertrag = NZA 2000, 718; BAG 13.11.1996, AP Nr. 4 zu § 620 BGB Aufhebungsvertrag = NZA 1997, 390.

115 *Meinel/Heyn/Herms*, § 14 TzBfG Rn 332.

116 BAG 4.11.2015, NZA 2016, 547.

117 BGH 30.7.1997, NJW 1997, 3169.

118 *Kliemt*, NZA 2001, 296; *Annuß/Thüsing/Maschmann*, § 14 TzBfG Rn 88.

119 BAG 16.4.2008, NZA 2008, 1184.

120 BAG 16.4.2008, BB 2008, 1959; LAG Rheinland-Pfalz 14.8.2012 – 3 Sa 38/12; vgl. auch BAG 7.10.2015, NZA 2016, 358.

121 BAG 16.3.2005, AP Nr. 16 zu § 14 TzBfG = NZA 2005, 923; a.A. LAG Düsseldorf 6.12.2001, DB 2002, 900; offen gelassen von BAG 16.4.2003, AP Nr. 2 zu § 17 TzBfG = NZA 2004, 283; *APS/Backhaus*, § 14 TzBfG Rn 447.

122 BAG 23.7.2014, NZA 2014, 1341.

123 *APS/Backhaus*, § 14 TzBfG Rn 449.

124 BAG 22.10.2003, AP Nr. 6 zu § 14 TzBfG = NZA 2004, 1275; LAG Nürnberg 25.6.2004, NZA-RR 2005, 18; *Meinel/Heyn/Herms*, § 14 TzBfG Rn 334; *Ricken*, NZA 2005, 323; a.A. *Bengelsdorf*, NZA 2005, 277.

125 BAG 15.2.2012, NZA-RR 2013, 154; *APS/Backhaus*, § 14 TzBfG Rn 446.

126 BSchG Hamburg 21.1.2002, NZA-RR 2002, 462; BSchG Berlin 12.4.2002, NZA-RR 2002, 574.

127 *APS/Backhaus*, § 14 TzBfG Rn 444; ErfK/*Müller-Glöge*, § 14 TzBfG Rn 116; *Richardi/Annuß*, NJW 2000, 1231.

128 *APS/Backhaus*, § 14 TzBfG Rn 445.

Praxishinweis   **41**

Sowohl die Eingliederung eines Arbeitnehmers aufgrund befristeten Arbeitsvertrags als auch dessen Verlängerungen sind jeweils **Einstellung i.S.d. § 99 BetrVG**, zu der der BR anzuhören und ggf. die Zustimmungsersetzung des ArbG einzuholen ist.[129] Keiner erneuten Beteiligung bedarf es, wenn der BR bereits
bei der Ersteinstellung über die geplante unbefristete Weiterbeschäftigung bei Bewährung im befristeten
Probe-Arbeitsverhältnis informiert wurde.[130] In Bezug auf die Wirksamkeit der Befristung bzw. sonstiger
Vertragsinhalte hat der BR keinen Zustimmungsverweigerungsgrund.[131] In den LPVG sind die Mitbestimmungsrechte bei Befristungen teilweise abweichend und weitergehend ausgestaltet.[132]

Der Arbeitgeber soll den Arbeitnehmer gem. § 2 Abs. 2 S. 2 Nr. 3 SGB III vor der Beendigung des Arbeits- **42**
verhältnisses auf **Nachteile der verspäteten Arbeitslosmeldung** hinweisen. Der Verstoß gegen die Hinweispflicht soll zwar weder eine Schadensersatzpflicht noch sozial- oder arbeitsrechtliche Sanktionen
nach sich ziehen.[133] Durch ihn kann aber das Ruhen des Alg-Anspruchs des Arbeitnehmers wegen verspäteter Meldung sowie die Verkürzung der Anspruchsdauer für den Bezug von Alg und entsprechend auch der
Streit über eine etwaige Schadensersatzpflicht vermieden werden. Der Hinweis kann bereits in dem befristeten Arbeitsvertrag enthalten sein, ggf. auch später in der Benachrichtigung nach § 15 Abs. 2 TzBfG (vgl.
Rdn 33) oder im Kündigungsschreiben.

                                                                                                                    43

Formulierungsvorschlag: Meldung bei der AA

Wir weisen Sie darauf hin, dass Sie sich spätestens drei Monate nach Kenntnis des Beendigungsdatums
persönlich bei der AA arbeitsuchend zu melden haben und, soweit zwischen der Kenntnis des Beendi-
gungstermins und der Beendigung des Arbeitsverhältnisses weniger als drei Monate liegen, die Meldung
innerhalb von drei Tagen ab der Kenntnis des Beendigungszeitpunktes zu erfolgen hat. Melden Sie sich
nicht oder verspätet, so ruht bei Berechtigung zum Bezug von Alg Ihr Anspruch auf Alg, und es verkürzt
sich die Anspruchsdauer. Sie sind zudem verpflichtet, eigene Aktivitäten bei der Suche nach einer neuen
Beschäftigung zu entfalten.

Das Sachgrunderfordernis gilt bei der **Arbeitnehmerüberlassung** auch im Verhältnis zwischen Verleiher **44**
und Leiharbeitnehmer.[134] Beim Verleiher liegt vorübergehender Bedarf nach § 14 Abs. 1 S. 2 Nr. 1 TzBfG
aber nur ausnahmsweise vor, da er Arbeitnehmer typischerweise vorübergehend einsetzt (vgl. Rdn 58). Vertretungsbedarf gem. § 14 Abs. 1 S. 2 Nr. 3 TzBfG muss beim Verleiher bestehen, um die Befristung zu recht-

---

129 BAG 16.7.1985, AP Nr. 21 zu § 99 BetrVG 1972 = NZA 1986, 163; BAG 28.10.1986, AP Nr. 41 zu § 99 BetrVG 1972 = NZA 1987,
      530; BAG 7.8.1990, AP Nr. 82 zu § 99 BetrVG 1972 = NZA 1991, 150; *Annuß/Thüsing/Maschmann*, § 14 TzBfG Rn 92; *Meinel/
      Heyn/Herms*, § 14 TzBfG Rn 353; HWK/*Rennpferdt*, § 14 TzBfG Rn 147; a.A. *Hunold*, NZA 1997, 741.
130 BAG 7.8.1990, AP Nr. 82 zu § 99 BetrVG 1972 = NZA 1991, 150; *Annuß/Thüsing/Maschmann*, § 14 TzBfG Rn 92; *Jäger/Röder/
      Heckelmann/Lunk*, Kap. 14 Rn 23.
131 BAG 28.6.1994, AP Nr. 4 zu § 99 BetrVG 1972 = NZA 1995, 387; BAG 16.7.1985, NZA 1986, 163; *Meinel/Heyn/Herms*, § 14
      TzBfG Rn 353; HWK/*Rennpferdt*, § 14 TzBfG Rn 147.
132 BAG 18.6.2008, DB 2008, 2835; BAG 20.2.2008, AP Nr. 6 zu § 14 TzBfG Haushalt (Ls.).; BAG 5.5.2004, NZA 2004, 1346; BAG
      13.4.1994, AP Nr. 9 zu § 72 LPVG NW = NZA 1994, 1099; *v. Roetteken*, NZA-RR 2006, 225; ArbG Bochum 5.1.2006 – 3 Ca
      2743/05 – n.v.; BAG 20.2.2002, AP Nr. 23 zu § 72 LPVG NW = NZA 2002, 811; BAG 27.9.2000, NZA 2001, 339; LAG
      Hamm 15.2.2005, NZA-RR 2005, 333; LAG Köln 1.8.2000, FA 2001, 217; LAG Rheinland-Pfalz 28.2.2001, NZA-RR 2002,
      166; BAG 8.7.1998, AP Nr. 18 zu § 72 LPVG NW = NZA 1998, 1296; LAG Rheinland-Pfalz 28.2.2001, NZA-RR 2002, 166;
      LAG Düsseldorf 1.2.2002, NZA-RR 2003, 111; *Meinel/Heyn/Herms*, § 14 TzBfG Rn 357 f.
133 BAG 29.9.2005, NZA 2005 1406; ArbG Verden 27.11.2003, NZA-RR 2004, 108; LAG Düsseldorf 29.9.2004, NZA-RR 2005, 104.
134 *Wank*, NZA 2003, 14; *Kokemoor*, NZA 2003, 238; *Reipen*, BB 2003, 787; *Schüren/Behrend*, NZA 2003, 521; *Frik*, NZA 2005, 386.

fertigen (vgl. Rdn 78). Die Eigenart der Arbeitsleistung gem. § 14 Abs. 1 S. 2 Nr. 4 TzBfG rechtfertigt die Befristung mit einem Leiharbeitnehmer grds. nicht (vgl. Rdn 91).

45   Nach § 15 Abs. 5 TzBfG gilt ein Arbeitsverhältnis als auf unbestimmte Zeit verlängert, wenn es **nach Ablauf** der Zeit, für die es eingegangen ist, **mit Wissen des Arbeitgebers fortgesetzt** wird und der Arbeitgeber nicht unverzüglich widerspricht. Allerdings muss die Kenntnis des Arbeitgebers oder eines seiner Vertreter vorliegen, der seinerseits zum Abschluss der Verlängerungsvereinbarung befugt gewesen wäre.[135] Nach § 22 Abs. 1 TzBfG können die Rechtsfolgen aus § 15 Abs. 5 TzBfG vertraglich nicht abbedungen werden; jedoch kann der Widerspruch des Arbeitgebers gegen die Fortsetzung schon vor Ablauf der vereinbarten Befristung erklärt werden.[136] Ferner tritt die Rechtsfolge des § 15 Abs. 5 TzBfG nicht ein, wenn der Arbeitgeber dem Arbeitnehmer eine schriftliche Verlängerungsvereinbarung anbietet und der Arbeitnehmer seine Tätigkeit fortsetzt, ohne die Vereinbarung zu unterzeichnen (vgl. Rdn 37).[137]

46   Bei **Unwirksamkeit der Befristung** gilt der Arbeitsvertrag gem. § 16 S. 1 TzBfG als auf unbestimmte Zeit geschlossen und kann vom Arbeitgeber frühestens zum vereinbarten Ende ordentlich gekündigt werden, wenn nicht eine frühere Kündigung aufgrund ausdrücklicher Vereinbarung oder TV gem. § 15 Abs. 3 TzBfG möglich ist. Ist die Befristung nur wegen des Mangels der Schriftform unwirksam, kann der Arbeitsvertrag gem. § 16 S. 2 TzBfG auch vor dem vereinbarten Ende ordentlich gekündigt werden.[138] Jede Kündigung unterliegt allerdings den **Voraussetzungen des KSchG**.[139] Ist ein Kündigungsrecht nicht vereinbart oder tarifvertraglich vorgesehen, sind nur Arbeitsverhältnisse, die auf Lebenszeit oder für länger als fünf Jahre eingegangen sind, gesetzlich von dem Arbeitnehmer nach Ablauf von fünf Jahren mit einer Frist von sechs Monaten kündbar, § 15 Abs. 4 TzBfG. Eine fristlose Kündigung kommt aber unter den Voraussetzungen des § 626 BGB immer in Betracht.

47   *Praxishinweis*

Wenn nicht ausnahmsweise ein besonderes Interesse an der Vertragsdauer besteht, sollte der Arbeitgeber ein Kündigungsrecht in den befristeten Vertrag aufnehmen.[140] Ist ein solches nicht vereinbart, besteht ein ordentliches Kündigungsrecht des Arbeitgebers vor dem vereinbarten Ende des befristeten Vertrages lediglich bei Unwirksamkeit der Befristung allein wegen Mangels der Schriftform, vgl. §§ 16 S. 2, 16 S. 1 Hs 2 TzBfG. Diese Empfehlung gilt insbesondere bei Arbeitsverträgen mit einer Altersgrenze, da unklar ist, ob auch in diesem Fall ein ordentliches Kündigungsrecht vereinbart werden muss oder § 15 Abs. 3 TzBfG ausnahmsweise teleologisch zu reduzieren ist. Von § 16 S. 2 TzBfG kann im Arbeitsvertrag nur ausdrücklich abgewichen werden.[141] Die Vereinbarung eines solchen beidseitigen ordentlichen Kündigungsrechts kann in einem Formulararbeitsvertrag geschehen, vgl. § 15 Abs. 3 TzBfG.[142] Allerdings bedarf jede Kündigung nach Ablauf von sechs Monaten eines ausreichenden Kündigungsgrundes nach dem KSchG.

48   Die Unwirksamkeit einer Befristung muss **innerhalb von drei Wochen nach dem vereinbarten Ende gerichtlich geltend gemacht** werden, § 17 S. 1 TzBfG.[143] Auf welche Gründe die Unwirksamkeit der Befristung gestützt wird, ist unerheblich.[144] Die sog. Entfristungsklage ist gerichtet auf die Feststellung

---

135 BAG 24.10.2001, AP Nr. 9 zu § 57c HRG = NZA 2003, 153; AnwK-ArbR/*Worzalla*, § 15 TzBfG Rn 20.
136 BAG 11.7. 2007, AP Nr. 12 zu § 57a HRG.
137 BAG 7.10.2015, NZA 2016, 358.
138 BAG 23.4.2009, NZA 2009, 1260.
139 Annuß/Thüsing/*Maschmann*, § 16 TzBfG Rn 5.
140 *V. Steinau-Steinrück/Oelkers*, NJW-Spezial 1/2005, 33.
141 BAG 23.4.2009, NZA 2009, 1260.
142 BAG 4.8.2011, NZA 2012, 112; LAG Mecklenburg-Vorpommern 1.11.2011 – 5 Sa 67/11.
143 BAG 24.6.2015, NZA 2015, 1511; BAG 18.10.2006, AP Nr. 28 zu § 14 TzBfG; BAG 15.5.2012, NZA 2012, 1148.
144 LAG Köln 5.6.2014, BeckRS 2014, 73820.

der Unwirksamkeit der Befristung. Die Vorschrift gilt nach § 21 TzBfG auch für auflösend bedingte Arbeitsverträge. Maßgeblich für den Beginn der Dreiwochenfrist des § 17 S. 1 TzBfG ist dann der vom Arbeitgeber in seiner schriftlichen Unterrichtung angegebene Zeitpunkt des Bedingungseintritts (zur aufschiebenden und auflösenden Bedingung vgl. § 1a Rdn 551 ff.).[145]

49

Formulierungsvorschläge: Antrag auf Feststellung der Unwirksamkeit der Befristung

„Es wird festgestellt, dass das zwischen den Parteien bestehende Arbeitsverhältnis nicht aufgrund der Befristungsabrede vom (…) am (…) endet, sondern auf unbestimmte Zeit fortbesteht."

Oder:

„Es wird festgestellt, dass das zwischen den Parteien bestehende Arbeitsverhältnis nicht aufgrund des Schreibens der Beklagen vom (…) am (…) endet, sondern auf unbestimmte Zeit fortbesteht."

Weitere Anträge kommen je nach Lage des Einzelfalls in Betracht.

Ein befristet beschäftigter Arbeitnehmer darf gem. § 4 Abs. 2 S. 1 TzBfG nicht wegen der Befristung schlechter behandelt werden als vergleichbare unbefristet beschäftigte Arbeitnehmer, es sei denn, dass sachliche Gründe eine unterschiedliche Behandlung rechtfertigen (**Diskriminierungsverbot**).[146] Er darf auch nicht wegen der Inanspruchnahme von Rechten nach dem TzBfG benachteiligt werden, § 5 TzBfG.[147] Der Arbeitgeber hat den befristet beschäftigten Arbeitnehmer gem. § 18 TzBfG über entsprechende unbefristete Arbeitsplätze[148] und gem. § 20 TzBfG die Arbeitnehmervertretung über die Anzahl der befristet beschäftigten Arbeitnehmer und ihren Anteil an der Gesamtbelegschaft des Betriebes und des Unternehmens zu informieren.[149] Gem. § 19 TzBfG hat der Arbeitgeber Sorge dafür zu tragen, dass auch befristet beschäftigte Arbeitnehmer an angemessenen Aus- und Weiterbildungsmaßnahmen teilnehmen können, es sei denn, dass dringende betriebliche Gründe oder Aus- und Weiterbildungswünsche anderer Arbeitnehmer entgegenstehen.[150]

50

Auflösende Bedingungen sind in der Praxis seltener als reine Befristungen. Allerdings finden auf auflösend bedingte Arbeitsverhältnisse gem. § 21 TzBfG die §§ 4 Abs. 2 und Abs. 5, 14 Abs. 1 bis Abs. 4, 15 Abs. 2, Abs. 3 und Abs. 5, 16–20 TzBfG entsprechende Anwendung[151] (zur aufschiebenden und auflösenden Bedingung vgl. § 1a Rdn 551 ff.).

51

a) Sachgrundbefristung (§ 14 Abs. 1 TzBfG)
aa) Vorübergehender Bedarf (Nr. 1)
(1) Typischer Sachverhalt

Der Arbeitgeber hat vorübergehend erhöhten Arbeitsbedarf, d.h. er benötigt einen Arbeitnehmer lediglich für eine bestimmte Zeit, z.B. im Weihnachtsgeschäft oder Schlussverkauf, für ein Sonderprojekt, bei betrieblichen Umstellungen aufgrund neuer Anforderungen oder während der Inventur.[152]

52

---

145 BAG 4.11.2015, NZA 2016, 634.
146 ErfK/*Preis*, § 4 TzBfG Rn 61 ff.; Annuß/Thüsing/*Thüsing*, § 4 TzBfG Rn 71 ff; vgl. auch EuGH 8.9.2011, NZA 2011, 1219.
147 *Meinel/Heyn/Herms*, § 5 TzBfG Rn 1 ff.; Gräfl u.a./*Rambach*, § 5 TzBfG Rn 1 ff.
148 ErfK/*Müller-Glöge*, § 18 TzBfG Rn 1; *Kliemt*, NZA 2001, 296.
149 Annuß/Thüsing/*Annuß*, § 20 TzBfG Rn 1 ff.; ErfK/*Müller-Glöge*, § 20 TzBfG Rn 1 f.
150 ErfK/*Müller-Glöge*, § 19 TzBfG Rn 1 ff.; *Meinel/Heyn/Herms*, § 19 TzBfG Rn 4.
151 Annuß/Thüsing/*Annuß*, § 21 TzBfG Rn 1 ff.; AnwK-ArbR/*Worzalla*, § 21 TzBfG Rn 6.
152 BAG 14.1.1982, AP Nr. 64 zu § 620 BGB Befristeter Arbeitsvertrag; BAG 25.11.1992, AP Nr. 150 zu § 620 BGB Befristeter Arbeitsvertrag = NZA 1993, 1081; BAG 12.9.1996, AP Nr. 182 zu § 620 BGB Befristeter Arbeitsvertrag = NZA 1997, 313; BAG 5.6.2002, AP Nr. 13 zu § 1 BeschFG 1996 = NZA 2003, 149; BAG 4.12.2002, AP Nr. 24 zu § 2 SR 2y BAT = NZA 2004, 64.

(2) Rechtliche Grundlagen

53 Gem. § 14 Abs. 1 S. 2 Nr. 1 TzBfG ist die Befristung zulässig, wenn nur **vorübergehender Mehrbedarf** an Arbeitskräften besteht und bei Beginn der Befristung zu erwarten ist, dass der Beschäftigungsbedarf über das Vertragsende hinaus nicht mehr besteht.[153] Dies kann bei vorübergehendem erhöhten Arbeitsaufkommen (z.B. wegen des Verkaufs von Weihnachts-, Oster-, Faschings- oder Silvesterartikeln sowie der Arbeit an Projekten, der Produktion von Eiscreme,[154] betrieblicher Umstellungen auf neue Anforderungen, Forstarbeiten während der Vegetationsperiode[155] oder allen saison- und kampagnebedingten Arbeiten, sei es in der Produktion, im Lager oder in der Auslieferung)[156] oder aufgrund bevorstehenden Absinkens des Arbeitskräftebedarfs (z.B. wegen Abwicklungsarbeiten bis zur Betriebsschließung)[157] der Fall sein.

54 Oft erfordern bestimmte **Projekte** einen Mehrbedarf an Arbeitskräften. Für die Dauer eines Projekts ist die Befristung grds. zulässig,[158] solange kein Dauerbedarf an der Tätigkeit gegeben ist (vgl. Rdn 73).[159] Die Prognose des Arbeitgebers bei Abschluss des befristeten Vertrags muss sich auf die Beendigung des Projektes beziehen. Zudem muss der projektbedingte Mehrbedarf ausschlaggebend für den Abschluss des befristeten Arbeitsvertrags sein. Es schadet nicht, wenn bereits bei Vertragsschluss erkennbar ist, dass der Arbeitnehmer auch mit anderen als projektbezogenen Aufgaben betreut sein wird. Allerdings müssen die projektbezogenen Aufgaben den wesentlichen Teil der Arbeitszeit in Anspruch nehmen, um die Befristung zu rechtfertigen.[160]

55 Das **gewöhnliche unternehmerische Risiko** und damit die bloße Unsicherheit über die betriebliche Entwicklung und den Bedarf an Arbeitnehmer darf nicht auf den Arbeitnehmer abgewälzt werden.[161] Vielmehr ist die Prognose des Arbeitgebers, dass, warum und wann der Mehrbedarf voraussichtlich endet, Teil des Sachgrundes und muss hinreichend dargelegt und bewiesen werden können.[162] Diese Prognose ist etwa bei einem Träger sozialstaatlicher Aufgaben nicht bereits dann begründet, wenn ihm die dauerhaft anfallenden Aufgaben nur zeitweise übertragen werden und sich hieraus eine Ungewissheit über die zukünftige Auftragslage ergibt.[163] Ferner kommt es ausschließlich auf den betrieblichen Bedarf an, nicht darauf, ob im Anschluss an die Befristung Beschäftigungsmöglichkeiten in anderen Betrieben oder Dienststellen bestehen.[164]

56 Der Arbeitnehmer muss gerade zur Deckung eines bestimmten Mehrbedarfs, aber nicht zwingend für die gesamte Dauer des Mehrbedarfs eingestellt werden.[165] Damit entfällt die Befristungsmöglichkeit, wenn ein **dauerhafter betrieblicher Mehrbedarf** besteht.[166] Bleibt die Befristungsdauer dagegen deutlich hin-

153 BAG 15.10.2014, NZA 2015, 362; BAG 20.2.2008, AP Nr. 45 zu § 14 TzBfG; Annuß/Thüsing/*Maschmann*, § 14 TzBfG Rn 23.
154 BAG 29.1.1987, AP Nr. 1 zu § 620 BGB Saisonarbeit = NZA 1987, 627.
155 BAG 20.10.1967, AP Nr. 30 zu § 620 BGB Befristeter Arbeitsvertrag.
156 BAG 29.1.1987, AP Nr. 1 zu § 620 BGB Saisonarbeit = NZA 1987, 627; BAG 20.10.1967, AP Nr. 30 zu § 620 BGB Befristeter Arbeitsvertrag; LAG Köln 27.11.2006 – 2 Sa 511/06; ErfK/*Müller-Glöge*, § 14 TzBfG Rn 26 ff.; Annuß/Thüsing/*Maschmann*, § 14 TzBfG Rn 28.
157 BegrRE, BT-Drucks 14/4374, 19; BAG 3.12.1997, AP Nr. 196 zu § 620 BGB Befristeter Arbeitsvertrag= NZA 1998, 1000; ArbG Kiel 28.10.2004, NZA-RR 2005, 129 – n.r.
158 BAG 5.6.2002, NZA 2003, 149; BAG 7.4.2004, NZA 2004, 944 (Ls.) = AP Nr. 4 zu § 17 TzBfG; BAG 16.11.2005, NZA 2006, 784.
159 BAG 24.9.2014, NZA 2015, 301; LAG Sachsen-Anhalt 3.2.2015, BeckRS 2015, 69893.
160 BAG 24.9.2014, NZA 2015, 301.
161 BAG 17.3.2010, NZA 2010, 633; KR/*Lipke*, § 14 TzBfG Rn 183; *Hromadka*, BB 2001, 621.
162 BAG 11.9.2013, NZA 2014, 150; LAG Nürnberg, 11.7.2012 – 4 Sa 82/12; BAG 25.8.2004, NZA 2005, 357; BAG 4.12.2002, AP Nr. 24 zu § 2 SR 2y BAT = NZA 2004, 64; BAG 5.6.2002, AP Nr. 13 zu § 1 BeschFG 1996 = NZA 2003, 149; BAG 12.9.1996, AP Nr. 182 zu § 620 BGB Befristeter Arbeitsvertrag = NZA 1997, 313; BAG 25.11.1992, AP Nr. 150 zu § 620 BGB Befristeter Arbeitsvertrag = NZA 1993, 1081.
163 BAG 11.9.2013, NZA 2014, 150; vgl. auch BAG 15.10.2014, NZA 2015, 362; BAG 4.12.2013, NZA 2014, 480.
164 BAG 3.12.1997, AP Nr. 196 zu § 620 BGB Befristeter Arbeitsvertrag = NZA 1998, 1000; LAG Schleswig-Holstein 19.12.2006, NZA-RR 2007, 221.
165 BAG 12.9.1996, AP Nr. 183 zu § 620 BGB Befristeter Arbeitsvertrag = NZA 1997, 378; *Hromadka*, BB 2001, 621.
166 BAG 17.3.2010, NZA 2010, 633; Annuß/Thüsing/*Maschmann*, § 14 TzBfG Rn 25; vgl. EuGH 23.4.2009 – C-378/07 bis C-380/07 (Angelidaki), AP RL 1999/70/EG Nr. 6.

ter dem prognostizierten Mehrbedarf zurück, kann ein Fall institutionellen Rechtsmissbrauchs vorliegen, der die Unwirksamkeit der Befristung zur Folge hat.[167]

57

Praxishinweis

Für **Aushilfen** besteht eine **Sonderregelung zur Kündigungsfrist**. Während normalerweise die gesetzlichen Mindestkündigungsfristen aus § 622 Abs. 1–3 BGB gelten, soweit keine abweichenden tarifvertraglichen Kündigungsfristen i.S.d. § 622 Abs. 4 BGB einschlägig sind, erlaubt § 622 Abs. 5 Nr. 1 BGB die Vereinbarung einer kürzeren Kündigungsfrist bis hin zur ordentlichen Kündigung ohne Einhaltung einer Frist, wenn ein Arbeitnehmer ausdrücklich zur Aushilfe eingestellt wird und solange das Arbeitsverhältnis nicht über die Zeit von drei Monaten hinaus fortgesetzt wird.[168] Nach Ablauf von drei Monaten gelten auch für Aushilfen die gesetzlichen Mindestfristen aus § 622 Abs. 1 und 2 BGB. Wie bei allen Befristungen muss allerdings die Kündigungsmöglichkeit ausdrücklich vereinbart werden, weil das Arbeitsverhältnis anderenfalls erst mit dem vorgesehenen Befristungsende endet.

Nur vorübergehender Bedarf besteht nicht, wenn Grund für die Befristung ein Betriebs(teil)übergang ist[169] oder der Arbeitsplatz zukünftig mit einem Leiharbeitnehmer besetzt werden soll.[170] Vorübergehender Bedarf in Bezug auf Leiharbeitnehmer liegt darüber hinaus nur ganz ausnahmsweise vor, nämlich wenn der Verleiher bei Vertragsschluss die Prognose stellt, nach Ablauf der Befristung komme keine Weiterbeschäftigung in Betracht.[171] Regelmäßig ist dies nicht der Fall, weil es gerade typisch für den Verleiher ist, ständig Arbeitnehmer zu vermitteln und das gewöhnliche unternehmerische Risiko von Folgeaufträgen nicht auf den Arbeitnehmer abgewälzt werden darf.[172] Auch die Aus- oder Weiterbildung eines schwerbehinderten Menschen auf Grundlage eines Arbeitsvertrags rechtfertigt eine Befristung nicht[173] (vgl. aber Rdn 130).

58

(3) Checkliste

- ■ Vorübergehender Arbeitsbedarf vorhanden?

59

- ▨ Wird der Mehrbedarf wieder absinken (oder besteht dauerhafter Mehrbedarf)?
- ▨ Wann wird der Mehrbedarf an Arbeit nicht mehr bestehen?
- ▨ Wird der Arbeitnehmer gerade für den vorübergehenden Mehrbedarf eingestellt, nicht aber darüber hinaus (aber ggf. kürzer)?
- ■ Zeit- oder Zweckbefristung?
- ▨ Steht der Zeitpunkt des Wegfalls der Mehrarbeit datumsmäßig fest? Dann Enddatum und damit Zeitbefristung vorsehen.
- ▨ Steht der Zeitpunkt des Wegfalls der Mehrarbeit nur im Grundsatz fest, dann die Beendigung genau hinsichtlich des Abschlusses der Arbeiten bezeichnen, jedoch schriftliche Mitteilung nach § 15 Abs. 2 TzBfG über die Erreichung des Zwecks vorsehen; Beendigung dann frühestens zwei Wochen nach Zugang der schriftlichen Unterrichtung des Arbeitnehmers durch den Arbeitgeber über den Zeitpunkt der Zweckerreichung.

---

167 LAG Köln 15.10.2015, BeckRS 2016, 67780.
168 BAG 22.5.1986, AP Nr. 23 zu § 622 BGB = NZA 1987, 60; ErfK/*Müller-Glöge*, § 622 BGB Rn 17; *Preis/Kliemt/Ulrich*, Rn 609; *Hromadka*, BB 1993, 2372.
169 BAG 30.10.2008, NZA 2009, 723.
170 BAG 17.1.2007, NZA 2007, 566; *Hamann*, NZA 2010, 1211.
171 *Böhm*, RdA 2005, 360.
172 *Frik*, NZA 2005, 386.
173 BAG 22.4.2009, NZA 2009, 1099.

(4) Formulierungsvorschläge

(a) Befristung wegen vorübergehenden Bedarfs (Kalenderbefristung)

60   Der Arbeitnehmer wird befristet ab dem (…) als (…) eingestellt. Das Arbeitsverhältnis endet automatisch und ohne, dass es einer Kündigung bedarf, am (…).

(b) Befristung wegen vorübergehenden Bedarfs (Zweckbefristung)

61   Der Arbeitnehmer wird befristet ab dem (…) als (…) für das Projekt X eingestellt. Das Arbeitsverhältnis endet mit der Erreichung des Zwecks der Befristung, nämlich (…) (*dem Abschluss des Projekts X durch Abnahme des Produkts Y durch die zuständige Behörde Z*), jedoch nicht vor Ablauf von zwei Wochen nach Zugang der schriftlichen Unterrichtung des Arbeitnehmers durch den Arbeitgeber über den Zeitpunkt der Zweckerreichung.

(c) Aushilfsarbeitsverhältnis mit kurzer Kündigungsfrist (Kalenderbefristung)

62   Der Arbeitnehmer wird zur Aushilfe ab dem (…) bis zum (…) eingestellt. Das Aushilfsarbeitsverhältnis kann während der ersten drei Monate von beiden Parteien (*mit einer Frist von (…) Tagen/ohne Einhaltung einer Frist*) gekündigt werden; danach gelten für beide Parteien die gesetzlichen Kündigungsfristen.

bb) Befristung im Anschluss an eine Ausbildung oder ein Studium (Nr. 2)
(1) Typischer Sachverhalt

63   Der Arbeitgeber möchte einen Arbeitnehmer vorübergehend nach seiner Ausbildung oder seinem Studium zur weiteren Erlangung von Kenntnissen in bestimmten Bereichen beschäftigen, die ihn zur Aufnahme der beruflichen Tätigkeit befähigen.

(2) Rechtliche Grundlagen

64   § 14 Abs. 1 S. 2 Nr. 2 TzBfG soll den **Übergang in eine Beschäftigung im Anschluss an eine Ausbildung oder ein Studium** ermöglichen. Soweit TV die befristete Übernahmeverpflichtung von Auszubildenden vorsehen, indiziert § 14 Abs. 1 S. 2 Nr. 2 TzBfG den erforderlichen Sachgrund. Die Befristung muss „im Anschluss" an eine Ausbildung oder ein Studium erfolgen. Vertragsverlängerungen sind nicht erfasst.[174] Statt einer Sachgrundbefristung gem. § 14 Abs. 1 S. 2 Nr. 2 TzBfG kommt aber auch eine sachgrundlose Befristung nach § 14 Abs. 2 TzBfG in Betracht. Das Berufsausbildungsverhältnis ist kein Arbeitsverhältnis i.S.d. § 14 Abs. 2 TzBfG, so dass das Anschlussverbot grds. nicht gilt.[175] Die sachgrundlose Befristung soll Jugendlichen nach der Ausbildung vielmehr den Eintritt in das Erwerbsleben erleichtern.[176] Sie kommt daher nur dann nicht in Betracht, wenn der Auszubildende zuvor bereits aufgrund tarifvertraglicher Vorschriften befristet gem. § 14 Abs. 1 S. 2 Nr. 2 TzBfG in ein Arbeitsverhältnis zu übernehmen war.[177]

65   Die Befristung kann wegen aller Bildungsmaßnahmen erfolgen, die auf die **systematische Vermittlung der zur Aufnahme der Erwerbstätigkeit erforderlichen Kenntnisse** und nicht nur zur Tätigkeit an einem bestimmten Arbeitsplatz gerichtet sind.[178] Maßnahmen der (betrieblichen) Fort- und Weiterbildung sowie

---

174 BAG 10.10.2007, NZA 2008, 295.
175 BAG 21.9.2011, AP Nr. 86 zu § 14 TzBfG = NZA 2012, 255; dazu *Hunold*, NZA 2012, 431.
176 BegrRE, BT-Drucks 14/4374, 14; BAG 21.9.2011, AP Nr. 86 zu § 14 TzBfG = NZA 2012, 255.
177 BAG 14.10.1997, AP Nr. 155 zu § 1 TVG Tarifverträge: Metallindustrie = NZA 1998, 778; APS/*Backhaus*, § 14 Rn 387; Annuß/ Thüsing/*Maschmann*, § 14 Rn 73.
178 Arnold/Gräfl/*Gräfl*, § 14 TzBfG Rn 78.

Umschulungen sind daher nicht erfasst.[179] Ein Studium kommt in Betracht.[180] Die Promotion dürfte ebenfalls unter § 14 Abs. 1 S. 2 Nr. 2 TzBfG fallen,[181] wäre jedenfalls aber wohl ein sonstiger Sachgrund. Die Anschlussbeschäftigung darf auch bei einem anderen Arbeitgeber erfolgen, da der Berufsstart generell erleichtert werden soll.[182] Insb. kann nach § 14 Abs. 1 S. 2 Nr. 2 TzBfG ein Werksstudent nach dem Studium beschäftigt werden, selbst wenn eine befristete Beschäftigung wegen des Anschlussverbots aus § 14 Abs. 2 S. 2 TzBfG bei demselben Arbeitgeber nicht in Betracht kommt.[183]

Die Befristung erfordert nicht den nahtlosen Übergang, aber jedenfalls einen **engen zeitlichen Zusammenhang**.[184] Gefördert wird die berufliche Erstanstellung.[185] Entsprechend ist die Befristung nach § 14 Abs. 1 S. 2 Nr. 2 TzBfG nicht zulässig, wenn nach der Ausbildung bereits ein Arbeitsverhältnis bestanden hat.[186] „Gelegenheitsjobs" schaden indes nicht.[187] Langzeitbefristungen sind unzulässig.[188]

66

(3) Formulierungsbeispiel: Befristung nach Abschluss des Studiums (Kalenderbefristung)

Der Arbeitnehmer hat das Studium der (…) am (…) abgeschlossen. Er wird befristet von (…) bis zum (…) als (…) beschäftigt. Die Beschäftigung soll dem Arbeitnehmer den Übergang in eine Anschlussbeschäftigung erleichtern.

67

cc) Vertretung (Nr. 3)
(1) Typischer Sachverhalt

Der Arbeitgeber benötigt vorübergehenden Ersatz für einen etwa wegen Krankheit, Mutterschutz oder Elternzeit ausgefallenen Arbeitnehmer.

68

(2) Rechtliche Grundlagen

Die **Vertretung** ist ein anerkannter Befristungsgrund.[189] Vertretung ist der **vorübergehende Ersatz für den zeitweiligen** Ausfall **eines Stammarbeitnehmers** (z.B. wegen Krankheit, Mutterschutz, Elternzeit, Pflegezeit, Beurlaubung, Wehr- oder Zivildienst, Abordnung ins Ausland, Freistellung von BR-/PR-Mitgliedern).[190] Ein

69

---

179 Arnold/Gräfl/*Gräfl*, § 14 TzBfG Rn 79; Annuß/Thüsing/*Maschmann*, § 14 TzBfG Rn 30; APS/*Backhaus*, § 14 TzBfG Rn 85; diff. *Meinel/Heyn/Herms*, § 14 TzBfG Rn 106 m.w.N.

180 ErfK/*Müller-Glöge*, § 14 TzBfG Rn 31 (für nach Hochschulrecht anerkannte Einrichtungen); weiter *Meinel/Heyn/Herms*, § 14 TzBfG Rn 106.

181 BAG 2.8.1978, AP Nr. 46 zu § 620 BGB Befristeter Arbeitsvertrag; a.A. *Preis/Hausch*, NJW 2002, 927; ErfK/*Müller-Glöge*, § 14 TzBfG Rn 31.

182 BegrRE, BT-Drucks 14/4374, 19; Annuß/Thüsing/*Maschmann*, § 14 TzBfG Rn 31; *Hromadka*, BB 2001, 621; *Preis/Gotthardt*, DB 2000, 2065.

183 BegrRE, BT-Drucks 14/4374, 19.

184 HWK/*Rennpferdt*, § 14 TzBfG Rn 23; *Däubler*, ZIP 2001, 217 (drei Monate); Annuß/Thüsing/*Maschmann*, § 14 TzBfG Rn 31 (drei bis vier Monate); *Hromadka*, BB 2001, 621; KR/*Lipke*, § 14 TzBfG Rn 226; *Kliemt*, NZA 2001, 296 (bis sechs Monate); a.A. *Meinel/ Heyn/Herms*, § 14 TzBfG Rn 107 (auch mehrere Jahre).

185 ErfK/*Müller-Glöge*, § 14 TzBfG Rn 32.

186 BAG 24.8.2011, AP Nr. 85 zu § 14 TzBfG; ErfK/*Müller-Glöge*, § 14 Rn 32.

187 Annuß/Thüsing/*Maschmann*, § 14 Rn 31a; a.A. Arnold/Gräfl/*Gräfl*, § 14 TzBfG Rn 83; *Meinel/Heyn/Herms*, § 14 Rn 108; offen gelassen von BAG 24.8.2011, AP Nr. 85 zu § 14 TzBfG.

188 Bis zwei Jahre: HWK/*Rennpferdt*, § 14 TzBfG Rn 25; Annuß/Thüsing/*Maschmann*, § 14 TzBfG Rn 32; a.A. ErfK/*Müller-Glöge*, § 14 TzBfG Rn 33 (Einzelfallbetrachtung, auch drei und mehr Jahre).

189 BAG 21.2.2001, AP Nr. 226 zu § 620 BGB Befristeter Arbeitsvertrag = NZA 2001, 1382; BAG 20.2.2002, AP Nr. 11 zu § 1 KSchG 1969 Wiedereinstellung = NZA 2002, 896.

190 BegrRE, BT-Drucks 14/4374, 19; BAG 21.3.1990, AP Nr. 135 zu § 620 BGB Befristeter Arbeitsvertrag = NZA 1990, 744; BAG 11.11.1998, AP Nr. 204 zu § 620 BGB Befristeter Arbeitsvertrag = NZA 1999, 1211; BAG 2.7.2003, AP Nr. 254 zu § 620 BGB Befristeter Arbeitsvertrag = NZA 2004, 1055; ErfK/*Müller-Glöge*, § 14 TzBfG Rn 34.

„anderer Arbeitnehmer" kann auch ein **Beamter** sein.[191] Die Vertretung ist auch zulässig für den Fall, dass der Stammarbeitnehmer befristet mit höherwertigen Tätigkeiten betraut wurde und deshalb die auf dem eigentlichen Arbeitsplatz anfallenden Arbeiten vorübergehend nicht erledigt werden können.[192]

70 Die vorübergehende Beschäftigung eines Arbeitnehmers darf grds. **nicht der Freihaltung eines Arbeitsplatzes** bis zur Besetzung durch einen anderen Arbeitnehmer dienen, es sei denn, der Arbeitgeber hat sich bereits vertraglich fest gebunden[193] oder aber ein Azubi soll in das entsprechende Arbeitsverhältnis übernommen werden, ohne dass es hier einer festen Bindung des Arbeitgebers bedürfte.[194]

71 Der Sachgrund der Vertretung bedarf einer – darleg- und beweisbaren – **Prognose** des Arbeitgebers, dass der Vertretungsbedarf zu einem bestimmten späteren Zeitpunkt wieder endet. Im Vertrag muss er grds. zur Wirksamkeit der Vertretung ebenso wenig genannt werden wie der Vertretene.[195] Vertretungsbedarf besteht, solange mit der Rückkehr des vertretenen Arbeitnehmers zu rechnen ist,[196] z.B. auch bei längerfristiger Arbeitsunfähigkeit, ohne dass sich der Arbeitgeber nach der Wahrscheinlichkeit der Rückkehr erkundigen müsste,[197] es sei denn, er müsste berechtigte Zweifel an der Rückkehr des Arbeitnehmers haben,[198] oder bei Beurlaubung/Freistellung.[199] In diesen Fällen kann der Arbeitgeber regelmäßig mit einer Rückkehr des Arbeitnehmers rechnen.[200] Im Falle der Abordnungsvertretung gilt jedoch ein strengerer Prognosemaßstab, da die Rückkehrmöglichkeit maßgeblich von der Organisationsentscheidung des Arbeitgebers abhängig ist.[201]

72 Eine Zweckbefristung zur Elternzeitvertretung nach § 21 Abs. 1, 3 BEEG setzt nicht voraus, dass die Stammkraft zum Zeitpunkt des Vertragsschlusses mit der Vertretungskraft bereits ein den Anforderungen des § 16 Abs. 1 S. 1 BEEG genügendes Elternzeitverlangen geäußert hat.[202] Unklar ist, ob die **Einarbeitungszeit**, die § 21 Abs. 2 BEEG erlaubt, auch für die Vertretungen nach § 14 Abs. 1 S. 2 Nr. 3 TzBfG gilt.[203] Dies dürfte der Fall sein; § 23 TzBfG steht dem nicht entgegen, und auch die Prognose des Arbeitgebers wird durch die Berücksichtigung einer Einarbeitungszeit nicht fehlerhaft.

---

191 BegrRE, BT-Drucks 14/4374, 19; BAG 21.2.2001, AP Nr. 228 zu § 620 BGB Befristeter Arbeitsvertrag = NZA 2001, 1069; BAG 2.7.2003, AP Nr. 254 zu § 620 BGB Befristeter Arbeitsvertrag = NZA 2004, 1055; BAG 6.11.1996, AP Nr. 188 zu § 620 BGB Befristeter Arbeitsvertrag = NZA 1997, 1222; KR/*Lipke*, § 14 TzBfG Rn 238 („im öffentlichen Dienst"); *Kliemt*, NZA 2001, 296; *Hunold*, NZA 2002, 255.
192 BAG 16.1.2013 – 7 AZR 662/11, NZA 2013, 611 sowie 7 AZR 661/11, NZA 2013, 614; LAG Düsseldorf 24.2.2011 – 5 Sa 1647/10; *Hunold*, DB 2012, 288; a.A. LAG Mecklenburg-Vorpommern 26.5.2010 – 2 Sa 321/09; LAG Köln 16.3.2011 – 9 Sa 1308/10; LAG Köln 14.9.2011, ArbRAktuell 2011, 543.
193 BAG 8.9.1983, AP Nr. 77 zu § 620 BGB Befristeter Arbeitsvertrag; BAG 6.11.1996, AP Nr. 188 zu § 620 BGB Befristeter Arbeitsvertrag.
194 BegrRE, BT-Drucks 14/4374, 18; BAG 21.4.1993, AP Nr. 148 zu § 620 BGB Befristeter Arbeitsvertrag = NZA 1994, 167; BAG 6.11.1996, AP Nr. 188 zu § 620 BGB Befristeter Arbeitsvertrag = NZA 1997, 1222; BAG 1.12.1999, BB 2000, 1525; BAG 19.9.2001, NZA 2002, 696 (Ls.); LAG Schleswig-Holstein, 19.12.2012, 6 Sa 62/12.
195 EuGH 24.6.2010 – C-98/09 (Sorge), NZA 2010, 805.
196 BAG 16.1.2013, NZA 2013, 614; BAG 29.6.2011, NZA 2011, 1346.
197 BAG 4.6.2003, AP Nr. 252 zu § 620 BGB Befristeter Arbeitsvertrag = NZA-RR 2003, 621; BAG 11.11.1998, AP Nr. 204 zu § 620 BGB Befristeter Arbeitsvertrag = NZA 1999, 1211; HWK/*Rennpferdt*, § 14 TzBfG Rn 29; Annuß/Thüsing/*Maschmann*, § 14 TzBfG Rn 34; KR/*Lipke*, § 14 TzBfG Rn 246.
198 BAG 29.6.2011, NZA 2011, 1346; BAG 21.2.2001, AP Nr. 226 zu § 620 BGB Befristeter Arbeitsvertrag = NZA 2001, 1382; BAG 23.1.2002, AP Nr. 231 zu § 620 BGB Befristeter Arbeitsvertrag = NZA 2002, 665; BAG 2.7.2003, AP Nr. 254 zu § 620 BGB Befristeter Arbeitsvertrag = NZA 2001, 1055.
199 BAG 4.6.2003, AP Nr. 252 zu § 620 BGB Befristeter Arbeitsvertrag = NZA 2001, 1382; BAG 2.7.2003, AP Nr. 254 zu § 620 BGB Befristeter Arbeitsvertrag = NZA 2001, 1055; BAG 20.2.2002, AP Nr. 11 zu § 1 KSchG 1969 Wiedereinstellung = NZA 2002, 896.
200 BAG 29.4.2015, NZA 2015, 928.
201 BAG 10.7.2013 – 7 AZR 833/11, NZA 2013, 1292; BAG 16.1.2013 – 7 AZR 661/11, NZA 2013, 614.
202 BAG 9.9.2015, NZA 2016, 169.
203 APS/*Backhaus*, § 14 TzBfG Rn 340; *Preis/Gotthardt*, DB 2000, 2065; a.A. KR/*Lipke*, § 14 TzBfG Rn 249; vgl. auch BAG 9.9.2015, NZA 2016, 169, 172.

Die Vertretung darf den Vertretungszeitraum und -umfang nicht überschreiten, aber **hinter dem Vertre-** **73** **tungsbedarf zurückbleiben.**[204] Die **wiederholte und längerfristige Vertretung** ist möglich, solange der Sachgrund der Vertretung jeweils vorliegt.[205] Der Arbeitgeber ist nicht verpflichtet, eine Personalreserve zur Deckung eines ständigen Vertretungsbedarfs zu bilden.[206] Allerdings kann sowohl die Häufigkeit der Befristungen als auch die Gesamtbefristungsdauer Indiz für Rechtsmissbrauch, das Fehlen eines Sachgrundes bzw. Indikator für Dauervertretungsbedarf sein (vgl. Rdn 28 f.). **Dauervertretungsbedarf** rechtfertigt die Befristung nicht.[207] Ein Dauerbedarf liegt jedoch nicht vor, wenn die fachlichen, örtlichen und zeitlichen Anforderungen an die jeweils zu besetzende Stelle verschieden sind.[208]

Grundsätzlich kommt auch eine **mittelbare Stellvertretung**[209] in Betracht. Diese liegt vor, wenn der aus- **74** fallende Arbeitnehmer von einem oder mehreren anderen Stammarbeitnehmern vertreten wird, deren Aufgaben wiederum der befristet eingestellte Vertreter erfüllen soll.[210] Die Vertretungskette und den jeweils ursächlichen Zusammenhang einschließlich der Umorganisation der Arbeit muss der Arbeitgeber ggf. darlegen und beweisen können.[211] An dem Kausalzusammenhang kann es fehlen, wenn bereits zum Zeitpunkt des befristeten Vertrags feststeht, dass der Stammarbeitnehmer, der den ausfallenden Arbeitnehmer unmittelbar vertritt, nicht mehr auf seinen ursprünglichen Arbeitsplatz zurückkehren wird.[212] Im Schulbereich hat das BAG in Erweiterung dieser Grundsätze nur die Darlegung des – sogar schultypübergreifenden – Gesamtvertretungsbedarfs ausreichen lassen.[213] Zuletzt hat das BAG ausdrücklich offengelassen, ob es an dieser Rechtsprechung festhält.[214]

Überträgt der Arbeitgeber dem befristet beschäftigten Arbeitnehmer Aufgaben, die der ausfallende Arbeitnehmer selbst nie ausgeübt hat, aber kraft des Direktionsrechts des Arbeitgebers rechtlich und tatsächlich erfüllen könnte, ist von einer Vertretung in Form einer „**gedanklichen Zuordnung**" die Rede. Auch diese ist grundsätzlich zulässig.[215] Müsste sich der ausfallende Stammarbeitnehmer erst in die neuen Aufgaben einarbeiten, steht dies einer Befristung des Vertretungsarbeitsverhältnisses nicht entgegen, sofern die Einarbeitungszeit nicht die gesamte Dauer der Befristung ausmacht.[216] Der Arbeitgeber hat in den Fällen der „gedanklichen Zuordnung" den Kausalzusammenhang der Vertretung derart dazulegen, dass er die dem Vertreter zugewiesenen Aufgaben „gedanklich" dem ausfallenden Arbeitnehmer zugewiesen hat. Dies kann etwa durch entsprechende Angaben im Arbeitsvertrag erfolgen.[217] Für die Rechtsfigur der „gedanklichen Zuordnung" ist jedoch insgesamt kein Raum mehr, wenn der zu vertretende Arbeitnehmer nicht ab-

---

204 BAG 18.7.2012, NZA 2012, 1359; BAG 13.10.2004, AP Nr. 13 zu § 14 TzBfG = NZA 2005, 469; BAG 22.11.1995, NZA 1996, 878.
205 BAG 25.3.2009, NZA 2010, 34.
206 EuGH 26.1.2012 – C-586/10 (Kücük) – NZA 2012, 135; BAG 18.7.2012, NZA 2012, 1359.
207 BAG 4.6.2003, AP Nr. 252 zu § 620 BGB Befristeter Arbeitsvertrag = NZA-RR 2003, 621; BAG 6.12.2000, AP Nr. 22 zu 2 SR 2y BAT = NZA 2001, 721; Annuß/Thüsing/Maschmann, § 14 TzBfG Rn 36; HWK/Rennpferdt, § 14 TzBfG Rn 30.
208 BAG 6.10.2010, AP Nr. 79 zu § 14 TzBfG; dazu Maschmann, NZA 2011, 1155.
209 BAG 21.3.1990, AP Nr. 135 zu § 620 BGB Befristeter Arbeitsvertrag = NZA 1990, 744; BAG 21.2.2001, AP Nr. 228 zu § 620 BGB Befristeter Arbeitsvertrag = NZA 2001, 1069; BAG 17.4.2002, AP Nr. 21 zu § 2 SR 2y BAT; Annuß/Thüsing/Maschmann, § 14 TzBfG Rn 37; zweifelnd Preis/Gotthardt, DB 2000, 2065.
210 BAG 11.2.2015, NZA 2015, 617; BAG 6.11.2013, NZA 2014, 430; BAG 10.10.2012, NZA-RR 2013, 185; BAG 18.7.2012, NZA 2012, 1359; BAG 12.1.2011, AP Nr. 78 zu § 14 TzBfG = NZA 2011, 507; BAG 14.4.2010, AP Nr. 72 zu § 14 TzBfG = NZA 2010, 942; BAG 15.2.2006, NZA 2006, 781; BAG 10.3.2004, AP Nr. 257 zu § 620 BGB Befristeter Arbeitsvertrag = NZA 2005, 320 (Ls.); LAG Hamm 24.2.3005, NZA-RR 2005, 572.
211 BAG 11.2.2015, NZA 2015, 617; BAG 6.11.2013, NZA 2014, 430; BAG 18.7.2012, NZA 2012, 1359; BAG 24.5.2006 – 7 AZR 640/05; BAG 15.2.2006, NZA 2006, 781; BAG 25.8.2004, NZA 2005, 472; BAG 10.3.2004, AP Nr. 11 zu § 14 TzBfG = NZA 2004, 925; BAG 17.4.2002, AP Nr. 21 zu § 2 SR 2y BAT.
212 BAG 6.11.2013, NZA 2014, 430.
213 BAG 20.1.1999, AP Nr. 138 zu § 611 BGB Lehrer, Dozenten = NZA 1999, 920; BAG 27.2.1987, AP Nr. 112 zu § 620 BGB Befristeter Arbeitsvertrag; krit. Preis/Gotthardt, DB 2000, 2065; Annuß/Thüsing/Maschmann, § 14 TzBfG Rn 38.
214 BAG 10.10.2012, NZA-RR 2013, 185; ablehnend Meinel/Heyn/Herms, § 14 TzBfG Rn 136.
215 BAG 11.2.2015, NZA 2015, 617; BAG 14.4.2010, AP Nr. 72 zu § 14 TzBfG = NZA 2010, 942.
216 BAG 14.4.2010, AP Nr. 72 zu § 14 TzBfG = NZA 2010, 942.
217 BAG 11.2.2015, NZA 2015, 617.

wesend ist, sondern durch Weisung des Arbeitgebers bereits auf einen anderen Arbeitsplatz abgeordnet wurde; der Arbeitgeber kann dann sein Weisungsrecht kein zweites, hypothetisches Mal ausüben.[218]

75   Gerade in Vertretungsfällen kommt häufig nicht die Befristung auf ein bestimmtes Enddatum, sondern die Zweckbefristung in Betracht. Sie erfordert neben der Bestimmbarkeit der Erreichung des Zwecks (vgl. Rdn 32) indes eine **Mitteilung** nach § 15 Abs. 2 TzBfG über den Zeitpunkt der **Zweckerreichung** mit der Folge, dass das Arbeitsverhältnis frühestens zwei Wochen nach Zugang der entsprechenden Mitteilung endet (vgl. Rdn 33).

76   Bei **Ausscheiden des vertretenen Arbeitnehmers** aus dem Arbeitsverhältnis vor Wiederaufnahme der Tätigkeit kann auch bei ergänzender Vertragsauslegung nicht auf den Parteiwillen geschlossen werden, dass auch das Arbeitsverhältnis des Vertreters enden soll.[219] Im Gegenteil entfällt durch das Ausscheiden des zu Vertretenden der Vertretungsbedarf gerade nicht, es sei denn, der Arbeitgeber hätte bereits bei Vertragsschluss die nachweisbare Entscheidung getroffen gehabt, der Arbeitsplatz solle dauerhaft entfallen oder mit einem qualifizierten Arbeitnehmer anstelle des Vertreters besetzt werden.[220]

77   *Praxishinweis*

Während die Kombination einer Zeit- und Zweckbefristung („für die Dauer der Erkrankung von (…), längstens aber bis zum (…)") wegen § 15 Abs. 5 TzBfG nicht unkritisch ist (vgl. Rdn 35), kann der Arbeitgeber einerseits den Vertrag mit der Vertretung eines Elternzeitlers bewusst bis zu dessen Wiederaufnahme einer Tätigkeit auch in Teilzeit nach § 15 Abs. 4 bis Abs. 7 BEEG befristen, also die Vertretung nur für den vollständigen Ausfall des Vertretenen vorsehen (vgl. Rdn 82, dort Variante 2). Soweit der Arbeitgeber den Vertreter befristet für die gesamte Dauer der eingereichten Elternzeit eingestellt hat, kann aber andererseits ein berechtigter Ablehnungsgrund für die Teilzeit während der Elternzeit vorliegen, nämlich dringende betriebliche Gründe i.S.d. § 15 Abs. 7 S. 1 Nr. 4 BEEG; dies erfordert, dass der Vertreter nicht bereit ist, seine Arbeitszeit zu verringern, und andere Beschäftigungsmöglichkeiten nicht vorhanden sind, insb. weil keine anderen vergleichbaren Mitarbeiter zur Verringerung ihrer Arbeitszeit bereit sind.[221]

78   Bei der **Arbeitnehmerüberlassung** kann nur ein anderer Leiharbeitnehmer vertreten werden.[222] Auf den Vertretungsbedarf beim Entleiher kommt es nicht an.

(3) Checkliste

79   ■   Vertretungsbedarf gegeben?

     ▪   Wird der Arbeitnehmer gerade für den Vertretungsmehrbedarf eingestellt, nicht aber darüber hinaus (aber ggf. kürzer)?

     ▪   Ist jedenfalls mittelbare Vertretung gegeben?

   ■   Zeit- oder Zweckbefristung?

     ▪   Steht der Zeitpunkt des Wegfalls der Vertretung datumsmäßig fest? Dann Enddatum und damit Zeitfristung vorsehen.

     ▪   Steht der Zeitpunkt des Wegfalls der Vertretung nur im Grundsatz fest, dann Zweckbefristung vorsehen, jedoch schriftliche Mitteilung nach § 15 Abs. 2 TzBfG über die Erreichung des Zwecks erforderlich.

---

218 BAG 16.1.2013 – 7 AZR 662/11, NZA 2013, 611.

219 BAG 26.6.1996, AP Nr. 23 § 620 BGB Bedingung = NZA 1997, 200; BAG 24.9.1997, AP Nr. 192 zu § 620 BGB Befristeter Arbeitsvertrag = NZA 1998, 419; BAG 5.6.2002, AP Nr. 235 zu § 620 BGB Befristeter Arbeitsvertrag; a.A. *Maschmann*, BB 2002, 2180.

220 BAG 5.6.2002, AP Nr. 235 zu § 620 BGB Befristeter Arbeitsvertrag; BAG 8.7.1998, NZA 1998, 1279; BAG 24.9.1997, AP Nr. 192 zu § 620 BGB Befristeter Arbeitsvertrag = NZA 1998, 419.

221 BAG 19.4.2005, BB 2006, 553.

222 KR/*Lipke*, § 14 TzBfG Rn 268; *Lembke*, DB 2003, 2702; *Schüren/Berendt*, NZA 2003, 521; *Frik*, NZA 2005, 386.

(4) Formulierungsbeispiele
(a) Vertretung (Kalenderbefristung)

Der Arbeitnehmer wird ab dem (…) befristet bis zum (…) als (…) eingestellt. Das Arbeitsverhältnis en- **80** det, ohne dass es einer Kündigung bedarf, am (…).

(b) Vertretung (Zweckbefristung)

Der Arbeitnehmer wird ab dem (…) befristet zur Vertretung (*während der Elternzeit*) von Herrn/Frau **81** (…) als (…) beschäftigt. Das Arbeitsverhältnis endet, ohne dass es einer Kündigung bedarf, mit Ende der (*Elternzeit von Herrn/Frau* (…)), jedoch frühestens zwei Wochen nach Zugang der schriftlichen Unterrichtung des Arbeitnehmers über die Zweckerreichung der Befristung.

(c) Vertretung (Doppelbefristung)

Das Arbeitsverhältnis wird befristet ab dem (…) für die Dauer der (*krankheitsbedingten Abwesenheit*) **82** von Herrn/Frau (…) geschlossen, längstens jedoch für ein Jahr.

oder:

Der Arbeitnehmer wird befristet ab dem (…) als (…) zur Vertretung während der (*Elternzeit*) von Herrn/ Frau (…) beschäftigt. Das Arbeitsverhältnis endet, ohne dass es einer Kündigung bedarf, am (…), bei früherer Aufnahme der Tätigkeit durch Herrn/Frau (…), z.B. bei vorzeitiger Beendigung der Elternzeit oder bei Teilzeit während der Elternzeit, allerdings bereits an diesem Tag – in einem solchen Fall jedoch frühestens zwei Wochen nach Zugang der schriftlichen Unterrichtung des Arbeitnehmers über die Zweckerreichung der Befristung.

(d) Mittelbare Vertretung

Der Arbeitnehmer wird ab dem (…) befristet als mittelbare Vertretung während des (*Urlaubs*) von **83** Herrn/Frau (…) als (…) beschäftigt, und zwar auf dem Arbeitsplatz von Herrn/Frau (…), der/die seiner-/ ihrerseits die unmittelbare Vertretung von Herrn/Frau (…) übernimmt. Das Arbeitsverhältnis endet automatisch am (…), ohne dass es einer Kündigung bedarf.

Alternativ: *Das Arbeitsverhältnis endet mit dem Ende des Vertretungsbedarfs, jedoch frühestens nach Ablauf von zwei Wochen nach der schriftlichen Mitteilung der Zweckerreichung.*

dd) Eigenart der Arbeitsleistung (Nr. 4)
(1) Typischer Sachverhalt

Die Sachverhalte für eine Befristung nach § 14 Abs. 2 S. 2 Nr. 4 TzBfG sind vielfältig. So kann der Arbeit- **84** geber etwa einen befristeten Arbeitsvertrag mit einem Künstler für die Spielzeit eines bestimmten Stückes am Theater schließen oder eine Parlamentsfraktion das Arbeitsverhältnis mit einem beratenden wissenschaftlichen Mitarbeiter für die Dauer der Legislaturperiode befristen wollen.

(2) Rechtliche Grundlagen

Die Befristung aufgrund der **Eigenart der Arbeitsleistung** kommt in verschiedentlicher Hinsicht in Betracht. **85** Aus der grundgesetzlich geschützten Rundfunkfreiheit nach Art. 5 Abs. 1 GG leitet sich das Recht der Rundfunkanstalten ab, programmgestaltende Mitarbeiter aus Gründen der Programmplanung lediglich für eine bestimmte Zeit zu beschäftigen.[223] Ebenso wird mit der Freiheit der Kunst gem. Art. 5 Abs. 3 GG das Recht der Bühnen begründet, entsprechend dem vom Intendanten verfolgten künstlerischen Konzept Arbeitsverhältnisse

---

223 BVerfG 13.1.1982, AP Nr. 1 zu Art. 5 GG Rundfunkfreiheit; BVerfG 28.6.1983, AP Nr. 4 zu Art. 5 GG Rundfunkfreiheit; BAG 4.12.2013, NZA 2014, 1018; vgl. auch LAG Köln 31.10.2013, BeckRS 2014, 71634.

mit bestimmten Bühnenmitgliedern befristet abzuschließen.[224] Auch die Befristung von Tendenzträgern in Presse, Kunst, Wissenschaft, Forschung und Lehre dürfte wegen Art. 5 GG zulässig sein.[225]

86 Ob im Einzelfall eine Befristung gerechtfertigt ist, muss jeweils überprüft werden; insb. muss der Arbeitnehmer etwa als **Regisseur**, **Moderator** oder **Kommentator** das sog. **Innovationsbedürfnis** des Publikums bedienen, um befristet beschäftigt zu werden.[226] Auch die Einführung und Erprobung neuer Programme kann die befristete Beschäftigung von programmgestaltenden Mitarbeitern sachlich rechtfertigen.[227]

87 Entscheidend ist die Intensität der Einflussnahme auf die Programmgestaltung des betreffenden Arbeitnehmers,[228] so dass **Sprecher**, **Aufnahmeleiter** oder **Übersetzer** dem Befristungsprivileg nicht unterliegen.[229] Die Abgrenzung ist schwer. **Kameraleute, Beleuchter, Lichtdesigner, Kostüm- und Maskenbildner** oder **Cutter** können durchaus im Einzelfall entscheidenden inhaltlichen Einfluss nehmen.[230] Indiz für das mangelnde Bedürfnis des Austausches kann die bereits langfristig bestehende Beschäftigung eines Arbeitnehmers auf dem betreffenden Arbeitsplatz sein,[231] oder dass ein Sender seine Redakteure im Regelfall unbefristet beschäftigt.[232]

88 Im **Theater- und Bühnenbereich** ist die Befristung nur aufgrund des sog. **Abwechslungsbedürfnisses** gerechtfertigt,[233] nämlich in Bezug auf Künstler in herausgehobener Position, die eine individualisierbare Leistung erbringen, wie dies bei **Schauspielern, Solosängern und -tänzern, Kapellmeistern** sowie **Dramaturgen** der Fall ist.[234] Angehörige von **Chor, Orchester** und **Tanzgruppen** sind regelmäßig ausgenommen. Denn hier liegt kein sachlich begründetes Abwechslungsbedürfnis des Publikums vor, weil es an der Individualisierbarkeit und einem besonderen Einfluss auf die Gestaltung des Stückes fehlt.[235] **Chefmasken- oder Kostümbildnern** muss eine besondere Einflussmöglichkeit auf die Verwirklichung des künstlerischen Konzepts zugemessen werden können.[236] **Verwaltungspersonal**, Arbeitnehmer der **Betriebstechnik** oder Beschäftigte in der **Garderobe** fallen nicht unter § 14 Abs. 1 S. 2 Nr. 4 TzBfG.[237]

89 **Sporttrainer** können ebenfalls befristet beschäftigt werden, wenn mit der Betreuung von Spitzen- oder besonders talentierten Nachwuchssportlern die Gefahr verbunden ist, dass die Fähigkeit des Trainers zur weiteren Motivation der anvertrauten Sportler nachlässt (sog. **Verschleißtatbestand**).[238] Allgemeine Verschleißerscheinungen durch die längere Ausübung eines Berufs rechtfertigen die Befristung jedoch nicht.[239] Auch

224 BAG 26.8.1998, AP Nr. 53 zu § 611 BGB Bühnenengagementsvertrag = NZA 1999, 442.
225 ErfK/*Müller-Glöge*, § 14 TzBfG Rn 46; HWK/*Rennpferdt*, § 14 TzBfG Rn 40; Arnold/Gräfl/*Gräfl*, § 14 TzBfG Rn 126.
226 BVerfG 13.1.1982, AP Art. 5 Abs. 1 GG, Rundfunkfreiheit Nr. 1; BVerfG 28.6.1983, AP Art. 5 Abs. 1 GG Rundfunkfreiheit Nr. 4; BAG 4.12.2013, NZA 2014, 1018.
227 BAG 4.12.2013, NZA 2014, 1018; BAG 24.4.1996, AP Nr. 180 zu § 620 BGB Befristeter Arbeitsvertrag = NZA 1997, 196; KR/*Lipke*, § 14 TzBfG Rn 319.
228 BVerfG 18.2.2000, NZA 2000, 653; BAG 11.12.1991, AP Nr. 144 zu § 620 BGB Befristeter Arbeitsvertrag = NZA 1993, 354.
229 BAG 16.2.1994, AP Nr. 15 zu § 611 BGB Rundfunk; BAG 11.3.1998, AP Nr. 23 zu § 611 BGB Rundfunk = NZA 1998, 705; Annuß/Thüsing/*Maschmann*, § 14 TzBfG Rn 42; krit. KR/*Lipke*, § 14 TzBfG Rn 326.
230 ErfK/*Müller-Glöge*, § 14 TzBfG Rn 46.
231 BAG 22.4.1998, AP Nr. 26 zu § 611 BGB Rundfunk = NZA 1998, 1336; BAG 11.12.1991, AP Nr. 144 zu § 620 BGB Befristeter Arbeitsvertrag = NZA 1993, 354; BAG 13.1.1983, AP Nr. 43 zu § 611 BGB Abhängigkeit.
232 LAG Köln 1.9.2000, NZA-RR 2001, 234.
233 *Opolony*, NZA 2001, 1351.
234 BegrRE, BT-Drucks 14/4374, 19; BAG 26.8.1998, AP Nr. 53 zu § 611 BGB Bühnenengagementsvertrag = NZA 1999, 442; Annuß/Thüsing/*Maschmann* § 14 TzBfG Rn 43; KR/*Lipke*, § 14 TzBfG Rn 301.
235 BAG 5.3.1970, AP Nr. 34 zu § 620 BGB Befristeter Arbeitsvertrag; Annuß/Thüsing/*Maschmann*, § 14 TzBfG Rn 43; *Heinze*, NJW 1985, 2112.
236 BAG 25.2.2009, AP Nr. 60 zu § 611 BGB Bühnenengagementsvertrag; KR/*Lipke*, § 14 TzBfG Rn 178.
237 Annuß/Thüsing/*Maschmann*, § 14 TzBfG Rn 43; KR/*Lipke*, § 14 TzBfG Rn 303.
238 BAG 29.10.1998, AP Nr. 14 zu § 611 BGB Berufssport = NZA 1999, 990; BAG 15.4.1999, AP Nr. 1 zu § 13 AÜG = NZA 2000, 102; Annuß/Thüsing/*Maschmann*, § 14 TzBfG Rn 46; *Dieterich*, NZA 2000, 857; krit. *Bruns*, NZA 2008, 1269.
239 BAG 15.4.1999, AP Nr. 1 zu § 13 AÜG = NZA 2000, 102; KR/*Lipke*, § 14 TzBfG Rn 331.

auf die Üblichkeit von befristeten Verträgen, z.B. im Profisport, kommt es nicht an.[240] Die Befristung von Arbeitsverträgen mit **Profisportlern** kommt unter dem Gesichtspunkt der Eigenart der Arbeitsleistung in Betracht, um eine ausgewogene Altersstruktur im Mannschaftskader zu gewährleisten und dem Abwechslungsbedürfnis des Publikums Rechnung zu tragen.[241] Höchstrichterlich geklärt ist diese Frage allerdings noch nicht.[242]

Politiker, führende Mitarbeiter der Ministerien[243] oder **wissenschaftliche Mitarbeiter von Parlamentsfraktionen** können wegen der Unabhängigkeit der freien Mandatsausübung befristet beschäftigt werden, anders als etwa Mitarbeiter im Büro- oder Verwaltungsbereich.[244] Die Befristung von **Fremdsprachenlektoren** oder **Lehrern im Ausland** ist dagegen nicht jederzeit gerechtfertigt, insb. nicht allein zur Vermeidung der Entfremdung vom Heimatland.[245]   90

Leiharbeit selbst rechtfertigt die Befristung wegen der Eigenart der Arbeitsleistung nach § 14 Abs. 1 S. 2 Nr. 4 TzBfG nicht.[246]   91

(3) Formulierungsbeispiele
(a) Befristung – Eigenart des Arbeitsverhältnisses (Kalenderbefristung)

Der Arbeitnehmer wird als (…) befristet ab dem (…) beschäftigt. Das Arbeitsverhältnis endet, ohne dass es einer Kündigung bedarf *am (…)/mit dem Ende der 16. Legislaturperiode des Landtags Nordrhein-Westfalen).*   92

(b) Befristung – Eigenart des Arbeitsverhältnisses (Zweckbefristung)

Der Arbeitnehmer wird zweckbefristet ab dem (…) als (…) *(Rolle, z.B. Hauptdarstellerin)* für die Produktion (…) beschäftigt. Das Arbeitsverhältnis endet automatisch, ohne dass es einer Kündigung bedarf, mit Erreichung des Zwecks, nämlich der letzten Vorstellung der Produktion (…) im Theater (…) *(Dernière)*, jedoch frühestens zwei Wochen nach Zugang der schriftlichen Unterrichtung des Arbeitnehmers über die Zweckerreichung.   93

ee) Erprobung (Nr. 5)
(1) Typischer Sachverhalt

Typischerweise wird ein unbefristetes Arbeitsverhältnis mit vorangestellter Probezeit vereinbart. Soll es während der Probezeit beendet werden, so muss es gekündigt werden, wobei allerdings während der Wartezeit auf den Kündigungsschutz kein besonderer Kündigungsgrund nach dem KSchG erforderlich ist. Der Arbeitgeber kann jedoch auch ein befristetes Arbeitsverhältnis zur Erprobung nach § 14 Abs. 1 S. 2 Nr. 5 TzBfG abschließen. Dann endet das Arbeitsverhältnis mit dem vereinbarten befristeten Enddatum der Erprobung, ohne dass es einer Kündigung bedarf. Hieran kann der Arbeitgeber ein Interesse haben, z.B. weil Sonderkündigungsschutz die Kündigung erschwert oder weil der Arbeitnehmer bereits zuvor bei demselben Arbeitgeber in anderer Tätigkeit beschäftigt war und deshalb die Befristung für eine ganz neue Tätigkeit, die der Erprobung bedarf, nach § 14 Abs. 2 TzBfG nicht in Betracht kommt.   94

---

240 BAG 29.10.1998, AP Nr. 14 zu § 611 BGB Berufssport = NZA 1999, 646.

241 LAG Rheinland-Pfalz 17.2.2016, NZA 2016, 699; a.A. ArbG Mainz 19.3.2015, NZA 2015, 684; siehe auch *Beckmann/Beck*, SpuRt 2015, 160; *Fischinger/Reiter*, NZA 2016, 661; *Katzer/Frodl*, NZA 2015, 657; *Urban-Crell*, DB 2015, 1413; *Walker*, NZA 2016, 657.

242 *Beckmann/Beck*, SpuRt 2016, 155, 156.

243 LAG Mecklenburg-Vorpommern 9.11.2012 – 5 Sa 344/11.

244 BAG 26.8.1998, AP Nr. 202 zu § 620 BGB Befristeter Arbeitsvertrag = NZA 1999, 149.

245 EuGH 20.10.1993, AP Nr. 17 zu Art. 48 EWG-Vertrag = NZA 1994, 115; BAG 16.4.2008, NZA 2009,1440; BAG 15.3.1995, NZA 1995, 1169; *Annuß/Thüsing/Maschmann*, § 14 TzBfG Rn 47.

246 *Frik*, NZA 2005, 263.

(2) Rechtliche Grundlagen

95 Die Befristung zur **Erprobung** ist anerkannt.[247] Ihr steht nicht entgegen, dass ein TV die Probezeit in einem unbefristeten Arbeitsverhältnis vorsieht.[248] Obgleich der Arbeitgeber grds. die Absicht haben muss, den Arbeitnehmer bei Bewährung unbefristet zu beschäftigen, ist er frei in der Entscheidung, im Anschluss an die befristete Erprobung einen unbefristeten Arbeitsvertrag zu schließen.[249] Wenn der Arbeitnehmer allerdings Indizien für den Weiterbeschäftigungswillen des Arbeitgebers darlegen und beweisen kann, kann ausnahmsweise die Verpflichtung zur Weiterbeschäftigung bestehen[250] oder aber der Arbeitgeber schadensersatzpflichtig werden.[251]

96 Die Befristung setzt die **Erforderlichkeit der Erprobung** voraus, weil der Arbeitnehmer die Tätigkeit bei dem Arbeitgeber noch nicht ausgeübt hat.[252] Lag etwa bereits eine sachgrundlose Befristung gem. § 14 Abs. 2 TzBfG hinsichtlich der gleichen Aufgaben vor, kommt eine weitere Erprobung nicht in Betracht.[253] Nicht einheitlich beurteilt wird die Frage, ob der Sachgrund der Erprobung nach Abschluss eines Ausbildungsverhältnisses zulässig ist.[254]

97 *Praxishinweis*

> War der Arbeitnehmer bei demselben Arbeitgeber innerhalb der letzten drei Jahre nicht beschäftigt (vgl. Rdn 144), so sollte regelmäßig die sachgrundlose Befristung nach § 14 Abs. 2 TzBfG vorgezogen werden, weil sie die „Erprobung" bis zu zwei Jahren ermöglicht. Der Hinweis auf die Erprobung und damit auf § 14 Abs. 1 S. 2 Nr. 5 TzBfG sollte dann allerdings unterbleiben.

98 Entgegen früherer Rspr.[255] ist die Angabe des **Erprobungszwecks** im Vertrag nicht erforderlich.[256] Jedoch muss darauf geachtet werden, dass die Befristung deutlich wird. Denn anderenfalls liegt ein unbefristetes Arbeitsverhältnis mit vorgeschalteter Probezeit vor, das nicht automatisch mit der Probezeit endet.[257]

99 Darüber hinaus ist sicherzustellen, dass ein **Formulararbeitsvertrag** nicht die Befristungsdauer insgesamt hervorhebt (z.B. ein Jahr), ohne die gleichzeitige Befristung zur Erprobung bis zur Dauer von sechs Monaten gleichermaßen hervorzuheben; denn dann ist die Befristung zur Erprobung nach § 305c Abs. 1 BGB überraschend.[258]

---

247 BAG GS 12.10.1960, AP Nr. 16 zu § 620 BGB Befristeter Arbeitsvertrag = NJW 1961, 798; BAG 31.8.1994, AP Nr. 163 zu § 620 BGB Befristeter Arbeitsvertrag.

248 BAG 4.7.2001, NZA 2002, 288 (Ls.); BAG 31.8.1994, AP Nr. 163 zu § 620 BGB Befristeter Arbeitsvertrag; BAG 12.2.1981, AP Nr. 1 zu § 5 BAT = DB 1981, 2498.

249 BAG 12.9.1996, AP Nr. 183 zu § 620 BGB Befristeter Arbeitsvertrag = NZA 1997, 378; BAG 16.3.1989, AP Nr. 8 zu § 1 BeschFG 1985 = NZA 1989, 719; *Meinel/Heyn/Herms*, § 14 TzBfG Rn 186.

250 BAG 16.3.1989, AP Nr. 8 zu § 1 BeschFG 1985 = NZA 1989, 719; EuGH 4.10.2001, NZA 2001, 1243; BAG 26.4.1995, AP Nr. 4 zu § 91 AFG = NZA 1996, 87; BAG 26.8.1998, AP Nr. 202 zu § 620 BGB Befristeter Arbeitsvertrag = NZA 1999, 149; BAG 20.1.1999, AP Nr. 21 zu BeschFG 1985 § 1 = NZA 1999, 671; *Annuß/Thüsing/Maschmann*, § 14 TzBfG Rn 51; *Meinel/Heyn/Herms*, § 14 TzBfG Rn 186.

251 BAG 26.8.1998, AP Nr. 202 zu § 620 BGB Befristeter Arbeitsvertrag = NZA 1999, 149; *KR/Lipke*, § 14 TzBfG Rn 357.

252 BAG 7.8.1980, AP Nr. 15 zu § 620 BGB Probearbeitsverhältnis = DB 1980, 2244; BAG 12.2.1981, AP Nr. 1 zu § 5 BAT = DB 1981, 2498.

253 *Annuß/Thüsing/Maschmann*, § 14 TzBfG Rn 48; *ErfK/Müller-Glöge*, § 14 TzBfG Rn 50; *Preis/Gotthardt*, DB 2000, 2065.

254 Für Zulässigkeit *ErfK/Müller-Glöge*, § 14 TzBfG Rn 50.

255 BAG 30.9.1981, AP Nr. 61 zu § 620 BGB Befristeter Arbeitsvertrag; BAG 31.8.1994, AP Nr. 163 zu § 620 BGB Befristeter Arbeitsvertrag.

256 BAG 23.6.2004, NZA 2004, 1333.

257 *HWK/Rennpferdt*, § 14 TzBfG Rn 44.

258 BAG 16.4.2008, NZA 2008, 876; LAG Rheinland-Pfalz 1.12.2011 – 2 Sa 478/11, ArbRAktuell 2012, 128.

Hinsichtlich der zulässigen **Dauer der befristeten Erprobung** gilt der Maßstab der §§ 1 Abs. 1 KSchG, 622 **100**
Abs. 3 BGB und damit regelmäßig ein Zeitraum von sechs Monaten.[259] Bisher galt, dass kürzere,[260] seltener
längere[261] oder sogar erneute Erprobungen[262] in Betracht kommen können und anwendbare TV die als ausreichend angesehene Erprobungszeit bestimmen.[263] Im unbefristeten Arbeitsverhältnis soll aber seit neue-
rem dem BAG zufolge die Angemessenheit der Dauer der Probezeit nicht von der Tätigkeit abhängen, sondern ein sechsmonatiger Erprobungszeitraum generell angemessen sein.[264] Dies dürfte auf die Befristung
zur Erprobung zu übertragen sein, soweit es sich um eine Ersterprobung handelt. Verlängerungen der Erprobungszeit über sechs Monate hinaus sind dagegen nach wie vor nur ausnahmsweise gerechtfertigt.[265]

101

Praxishinweis

Unter **eingeschränkten Voraussetzungen** kommt die **Verlängerung des Erprobungszeitraums
durch Aufhebungsvertrag** auch über die Dauer von sechs Monaten in Betracht.[266] Anstelle der wegen
§ 1 KSchG nicht auf ihre Sozialwidrigkeit zu prüfenden Kündigung innerhalb der ersten sechs Monate
des Arbeitsverhältnisses schließen die Parteien einen unbedingten Aufhebungsvertrag mit bedingter
Wiedereinstellungszusage für den Fall der Bewährung des Arbeitnehmers in der folgenden Zeit. **Vorsicht ist geboten:** Die mangelnde Eignung bei Abschluss des Aufhebungsvertrags muss objektiv bestehen; die bloße Verbesserungsmöglichkeit reicht i.d.R. nicht. Auch muss sich die Dauer der Fortsetzung
des Arbeitsverhältnisses unter dem Aufhebungsvertrag an der Kündigungsfrist orientieren, da es sich
sonst um die befristete Fortsetzung des Arbeitsverhältnisses handelt, die eines Sachgrundes bedarf (vgl.
hierzu § 1c Rdn 312 f.)

(3) Checkliste Sachgrundbefristung Erprobung
■ Erprobung objektiv erforderlich? **102**

▨ War der Arbeitnehmer bei dem Arbeitgeber schon in dieser Tätigkeit beschäftigt und muss damit als
erprobt gelten?

▨ Wenn schon einmal beschäftigt: Liegt die Vortätigkeit so lange zurück, dass ausnahmsweise eine erneute Erprobung gerechtfertigt ist? Gründe sorgfältig prüfen.

■ Sechs Monate Erprobung angemessen – eine Angemessenheitskontrolle von sechs Monaten nicht überschreitenden Probezeitvereinbarungen findet wegen § 622 Abs. 3 BGB nicht statt.

■ Erprobung auch nach Ablauf der Befristung objektiv noch erforderlich?

▨ Evtl. Verlängerung vereinbaren, insb. wenn die regelmäßig höchstzulässige Erprobungszeit von sechs
Monaten noch nicht erreicht ist. Achtung: Eine Verlängerung über den Sechs-Monats-Zeitraum hinaus
ist nur in Ausnahmefällen zulässig!

▨ Zu prüfen, ob ausnahmsweise ein Aufhebungsvertrag zur weiteren befristeten Erprobung in Betracht
kommt (vgl. Rdn 101, 104).

---

259 BAG 15.3.1978, AP Nr. 45 zu § 620 BGB Befristeter Arbeitsvertrag = DB 1978, 1744; Annuß/Thüsing/*Maschmann*, § 14 TzBfG
Rn 50; HWK/*Rennpferdt*, § 14 TzBfG Rn 46; KR/*Lipke*, § 14 TzBfG Rn 348; *Meinel/Heyn/Herms*, § 14 TzBfG Rn 184.
260 *Berger-Delhey*, BB 1989, 977; Annuß/Thüsing/*Maschmann*, § 14 TzBfG Rn 50.
261 BAG 15.3.1978, AP Nr. 45 zu § 620 BGB Befristeter Arbeitsvertrag = DB 1978, 1744; BAG 31.8.1994, AP Nr. 163 zu § 620 BGB
Befristeter Arbeitsvertrag; BAG 12.9.1996, AP Nr. 27 zu § 611 BGB Musiker = NZA 1997, 841; BAG 7.5.1980, AP Nr. 36 zu § 611
BGB Abhängigkeit.
262 HWK/*Rennpferdt*, § 14 TzBfG Rn 47; Annuß/Thüsing/*Maschmann*, § 14 TzBfG Rn 51.
263 ErfK/*Müller-Glöge*, § 14 TzBfG Rn 49; KR/*Lipke*, § 14 TzBfG Rn 349; Annuß/Thüsing/*Maschmann*, § 14 TzBfG Rn 50.
264 BAG 24.1.2008, NZA 2008, 521.
265 BAG 12.9.1996, AP Nr. 27 zu § 611 BGB Musiker = NZA 1997, 841; *Meinel/Heyn/Herms*, § 14 TzBfG Rn 184.
266 BAG 7.3.2002, AP Nr. 22 zu § 620 BGB Aufhebungsvertrag = BB 2002, 2070.

(4) Formulierungsbeispiel

103

Befristetes Probe-Arbeitsverhältnis

Der Arbeitnehmer wird ab dem (...) als (...) eingestellt. Das Arbeitsverhältnis ist befristet für die Dauer von sechs Monaten. Es endet automatisch, d.h. ohne Kündigung, am (...), wenn die Parteien nicht ausdrücklich seine Fortsetzung vereinbaren.

 (5) Muster
▼

104 **Muster 1b.2: Aufhebungsvertrag zur befristeten Verlängerung der Erprobung**

Aufhebungsvereinbarung

zwischen

der ▓▓▓▓, *(Adresse)*,

und

Herrn/Frau ▓▓▓▓, *(Adresse)*

Präambel:

Herr/Frau ▓▓▓▓ ist seit dem ▓▓▓▓ für die ▓▓▓▓ *(Arbeitgeber)* tätig. Der Arbeitsvertrag ist für die Probezeit bis zum ▓▓▓▓ befristet.

Die ▓▓▓▓ ist von der persönlichen und fachlichen Eignung Herrn/Frau ▓▓▓▓ für die ihm/ihr übertragene Tätigkeit nicht überzeugt und kann sich deshalb derzeit nicht entschließen, Herrn/Frau ▓▓▓▓ in ein unbefristetes Arbeitsverhältnis zu übernehmen. Sie möchte Herrn/Frau ▓▓▓▓ jedoch zur Vermeidung der aus heutiger Sicht erforderlichen Beendigung des Arbeitsverhältnisses mit dem Ablauf der Befristung die Gelegenheit geben, sich zu bewähren.

Vor diesem Hintergrund einigen sich die Parteien auf die Aufhebung des bestehenden befristeten Arbeitsverhältnisses zum ▓▓▓▓ unter den folgenden Bedingungen:

(1) Angebot der Bewährungsmöglichkeit bei Abschluss Aufhebungsvertrages

Die ▓▓▓▓ bietet Herrn/Frau ▓▓▓▓ hiermit an, das Arbeitsverhältnis bei Abschluss dieser Aufhebungsvereinbarung über den ▓▓▓▓ *(Ende der Probezeit)* hinaus bis zum ▓▓▓▓ fortzusetzen. Für den Fall, dass sie während der Fortsetzung des Arbeitsverhältnisses zu der Überzeugung gelangt, dass Herr/Frau ▓▓▓▓ für die ihm/ihr übertragenen Aufgaben uneingeschränkt persönlich und fachlich geeignet ist, verpflichtet sie sich, ihm/ihr eine Fortführung der vertraglichen Beziehungen auch über den ▓▓▓▓ hinaus vor Ablauf des ▓▓▓▓ anzubieten. Das Angebot kann von Herrn/Frau ▓▓▓▓ vor Ablauf des ▓▓▓▓ angenommen werden. Sollte das Arbeitsverhältnis auch über den ▓▓▓▓ hinaus einvernehmlich fortgesetzt werden, gelten weiterhin die bisherigen Bedingungen des Arbeitsvertrags vom ▓▓▓▓.

(2) Aufhebung des Arbeitsverhältnisses und Abwicklung

Anderenfalls endet das Arbeitsverhältnis aufgrund dieser Aufhebungsvereinbarung am ▓▓▓▓.

Je nach Einzelfall sind nachfolgend alle Klauseln aufzunehmen, die typischerweise Gegenstand eines Aufhebungsvertrags sind (vgl. § 1c Rdn 464). Auch der Verweis auf die persönliche Meldung der Arbeitslosigkeit bei der AA sollte hier aufgenommen werden (vgl. Rdn 43).

(3) Negative sozialversicherungsrechtliche Konsequenzen

Die ▓▓▓▓ kann nicht ausschließen, dass der Abschluss dieser Aufhebungsvereinbarung für Herrn/Frau ▓▓▓▓ mit sozialversicherungsrechtlichen Nachteilen verbunden ist, z.B. mit der Verhängung einer Sperrfrist oder der Verkürzung der Anspruchsdauer für den Bezug von Arbeitslosengeld. Die ▓▓▓▓ gibt keine Garantie dafür ab, dass solche Nachteile nicht eintreten. (**ggf.:** *Für den Fall negativer sozialversiche-*

rungsrechtlicher Konsequenzen aus dieser Aufhebungsvereinbarung sagt sie Herrn/Frau ▓▓▓▓▓ jedoch Unterstützung in der Auseinandersetzung mit der AA zu, nicht jedoch eine etwaige finanzielle Unterstützung.) Sie weist Herrn/Frau ▓▓▓▓▓ darauf hin, dass die zuständige AA etwaige negative sozialversicherungsrechtliche Konsequenzen dieser Aufhebungsvereinbarung zu prüfen hat und Herr/Frau ▓▓▓▓▓ die AA diesbezüglich um Auskunft ersuchen sollte.

(4) Einräumung einer Bedenkzeit

Herr/Frau ▓▓▓▓▓ ist nach Einräumung ausreichender Bedenkzeit mit dem Abschluss dieser Aufhebungsvereinbarung einverstanden.

(5) Erledigung von Ansprüchen

Herr/Frau ▓▓▓▓▓ erklärt, dass mit der Erfüllung dieser Vereinbarung ihre/seine Ansprüche aus und i.V.m. dem Arbeitsverhältnis und seiner Beendigung per ▓▓▓▓▓ erledigt sind.

Unterschriften

ff) Gründe in der Person des Arbeitnehmers (Nr. 6)

(1) Typischer Sachverhalt

Befristungen aus in der Person des Arbeitnehmers liegenden Gründen sind vielfältig. In Betracht kommen **105** insb. Befristungen auf eine bestimmte Altersgrenze, auf Wunsch des Arbeitnehmers oder zur „Überbrückung". Der Arbeitgeber mag etwa ein Interesse an der Beendigung des Arbeitsverhältnisses ab einem bestimmten Alter wegen Nachlassens der Leistungsfähigkeit haben. Der Arbeitnehmer kann Interesse an der Befristung haben, weil er nur zeitlich begrenzt zur Verfügung stehen kann oder will.

(2) Rechtliche Grundlagen

§ 14 Abs. 1 S. 2 Nr. 6 TzBfG erlaubt die Befristung **wegen eines in der Person des Arbeitnehmers liegen-** **106** **den Grundes.** Dieser darf jedoch nicht etwa im Geschlecht des Arbeitnehmers begründet sein.[267] Auch eine unterschiedliche Befristungsdauer aufgrund des Alters bedarf einer Rechtfertigung.[268]

Die Erreichung einer **Altersgrenze** kann nach der bisherigen Rechtsprechung einen Befristungsgrund **107** darstellen. Danach gilt bislang, dass eine Altersgrenze im Grundsatz sachlich gerechtfertigt ist, wenn entweder im Anschluss gesetzliche Altersrente in Anspruch genommen werden kann oder eine vergleichbare wirtschaftliche Absicherung vorliegt.[269] Das BAG hat dies für tarifliche Altersgrenzen auch unter Berücksichtigung des gemeinschaftsrechtlichen Verbots der Altersdiskriminierung festgestellt.[270] Arbeitsverträge, die vor dem Inkrafttreten des RV-Altersgrenzenanpassungsgesetzes am 1.1.2008 geschlossen wurden und noch an das Erreichen des 65. Lebensjahrs anknüpfen, sind regelmäßig dahin auszulegen, dass sie bis zum Erreichen der jeweils einschlägigen Regelaltersgrenze befristet sind.[271] Gem. § 41 S. 3 SGB VI können die Arbeitsvertragsparteien die Beendigungszeit einvernehmlich und ggf. auch mehrfach hinausschieben.[272] Eine (erneute) befristete Beschäftigung von **Altersrentnern über die Re-**

---

267 BegrRE, BT-Drucks 14/4374, 19.
268 BAG 6.4.2011, NZA 2011, 970.
269 BAG 9.12.2015, NZA 2016, 695; BAG 15.3.2006, AP Nr. 2 zu § 21 TzBfG; BAG 28.6.1995, AP Nr. 6 zu § 59 BAT = NZA 1996, 374; EuGH 21.7.2011, NZA 2011, 969; EuGH 5.7.2012, NZA 2012, 785; LAG Hessen 7.7.2011 – 9 TaBV 168/10; LAG Hamburg 22.2.2011 – 4 Sa 76/10; vgl. ausführlich zur Zulässigkeit von Altersgrenzen *Wank*, FS Bepler, 2012, S. 585; *Bayreuther*, NJW 2012, 2758; *Bauer/v. Medem*, NZA 2012, 945.
270 BAG 21.9.2011, AP Nr. 84 zu § 14 TzBfG = NZA 2012, 271; BAG 8.12.2010, AP Nr. 77 zu § 14 TzBfG = NZA 2011, 586; BAG 18.6.2008, AP Nr. 48 zu § 14 TzBfG = NZA 2008, 1302; vgl. auch EuGH 12.10.2012, NZA 2010, 1167; EuGH 16.10.2007, NZA 2007, 1219 u dazu *Temming*, NZA 2008, 1193; allgemein zur Entwicklung der EuGH-Rspr. im Bereich Altersdiskriminierung *Preis*, NZA 2010, 1323 und *Junker*, NZA 2011, 950, 955.
271 BAG 9.12.2015, NZA 2016, 695.
272 *Meinel/Heyn/Herms*, § 14 TzBfG Rn 232 ff.; *Bader*, NZA 2014, 749.

gelaltersgrenze hinaus ist ebenfalls möglich, insbesondere wenn diese bereits eine gesetzliche Altersrente beanspruchen können und das befristete Arbeitsverhältnis einer konkreten Personalplanung des Arbeitgebers dient.[273]

108 Soll das Arbeitsverhältnis mit dem Bezug von Altersrente **vor Erreichung des gesetzlichen Rentenalters** enden, ist dies jedoch gem. § 41 S. 2 SGB VI nur zulässig, wenn die Vereinbarung in den letzten drei Jahren vor diesem Zeitpunkt abgeschlossen oder vom Arbeitnehmer bestätigt wurde.[274] Maßgeblich für die Drei-Jahres-Frist ist nicht die Erreichung des gesetzlichen Rentenalters, sondern der mit dem Arbeitnehmer vereinbarte Zeitpunkt des Ausscheidens.[275]

109 Nach der älteren Rechtsprechung lag ein Sachgrund für vor dem gesetzlichen Rentenalter eingreifende Altersgrenzen vor, wenn die Tätigkeit des Arbeitnehmers wegen der besonderen Schwierigkeit und Verantwortung die unverminderte körperliche und geistige Leistungsfähigkeit erforderte (**Tauglichkeitsgrenze** z.B. bei **Piloten, Chirurgen**).[276] Das BAG ließ die Vereinbarkeit solcher Altersgrenzen mit Unionsrecht vom EuGH überprüfen.[277] Der EuGH entschied, dass eine solche tarifvertragliche Altersgrenze für Piloten **europarechtswidrig** ist.[278] Das BAG setzt diese Rechtsprechung seither um.[279] Nach dem BVerwG können sogar Altersgrenzen europarechtswidrig sein, die erst bei Erreichen des gesetzlichen Rentenalters greifen, so z.B. bei öffentlich bestellten **Sachverständigen**, deren Bestellung nach der entsprechenden IHK-Satzung mit Erreichen des 68. Lebensjahres enden sollte.[280]

110 Ein **Altersteilzeit-Arbeitsverhältnis** kann auf den Zeitpunkt des Bezugs von Altersrente befristet werden[281] (vgl. hierzu Rdn 115, grds. zur Altersteilzeit siehe Rdn 382 ff.).

111 Auch aus **sozialen Gründen** kann ein Arbeitnehmer vorübergehend beschäftigt werden, z.B. zur **Überbrückung** bis zum Wehrdienst oder Studium.[282] Allerdings müssen gerade die sozialen Belange des Arbeitnehmers und nicht die Interessen des Arbeitgebers für die Befristung ausschlaggebend sein bzw. diese rechtfertigen. Soziale Beweggründe kommen als Sachgrund nur in Betracht, wenn es ohne den sozialen Überbrückungszweck überhaupt nicht zur Begründung eines (befristeten) Arbeitsverhältnisses gekommen wäre: denn in diesem Fall liegt es auch im objektiven Interesse des Arbeitnehmers, wenigstens für eine begrenzte Zeit einen Arbeitsplatz zu erhalten.[283] Die Darlegungs- und Beweislast trägt der Arbeitgeber.[284]

---

273 BAG 11.2.2015, NZA 2015, 1066; LAG Berlin-Brandenburg 20.11.2012, ArbRAktuell 2013, 166; für eine Befristung aufgrund des Status als Altersrentner als unbenannten Grund i.S.d. § 14 Abs. 1 TzBfG *Bauer/Gottschalk*, BB 2013, 501, 502 f.; siehe auch *Meinel/ Heyn/Herms*, § 14 TzBfG Rn 236; *Sprenger*, BB 2016, 757.

274 HWK/*Rennpferdt*, § 14 TzBfG Rn 57.

275 BAG 17.4.2002, AP Nr. 14 zu § 41 SGB VI = DB 2002, 1941.

276 BVerfG 25.11.2004, AP Nr. 25 zu § 620 BGB Altersgrenze = BB 2005, 1231; BAG 31.7.2002, AP Nr. 14 zu § 1 TVG Tarifverträge = NZA 2002, 1155; BAG 27.11.2002, AP Nr. 21 zu § 620 BGB Altersgrenze = NZA 2003, 812; BAG 21.7.2004, NZA 2004, 1352.

277 Pressemitteilung Nr. 61, 17.6.2009 (BAG 17.6.2009 – 7 AZR 112/08); Pressemitteilung Nr. 78, 16.10.2008 (BAG 16.10.2008 – 7 AZR 253/07).

278 EuGH 13.9.2011, NZA 2011, 1039.

279 BAG 15.2.2012, NZA 2012, 866; BAG 18.1.2012, NZA 2012, 575.

280 BVerwG 1.2.2012, NJW 2012, 1018.

281 HWK/*Rennpferdt*, § 14 TzBfG Rn 57; vgl. auch *Birk*, NZA 2007, 244.

282 BegrRE, BT-Drucks 14/4374, 19; HWK/*Rennpferdt*, § 14 TzBfG Rn 68.

283 BAG 24.8.2011, AP Nr. 85 zu § 14 TzBfG; BAG 21.1.2009, NZA 2009, 727; BAG 5.6.2002, AP Nr. 13 zu § 1 BeschFG 1996 = NZA 2003, 149.

284 BAG 3.10.1984, AP Nr. 88 zu § 620 BGB Befristeter Arbeitsvertrag = DB 1985, 2151; BAG 5.6.2002, AP Nr. 13 zu § 1 BeschFG 1996 = NZA 2003, 149.

Die Befristung für **Studenten** ist nur wirksam, wenn sie erforderlich für die Anpassung der Erwerbstätigkeit   112
an die wechselnden Erfordernisse des Studiums ist.[285] Soweit eine flexible Arbeitszeitgestaltung vereinbart
oder möglich ist, scheidet eine Befristung nach § 14 Abs. 1 S. 2 Nr. 6 TzBfG aus.[286]

Die Befristung ist auch auf **Wunsch des Arbeitnehmers** möglich. Allerdings muss gerade der Arbeitneh-   113
mer ein Interesse an der befristeten Beschäftigung haben.[287] Hätte er bei Angebot des Arbeitgebers einen
unbefristeten Arbeitsvertrag vorgezogen, ist die Befristung regelmäßig nicht auf Wunsch des Arbeitnehmers erfolgt.[288]

Praxishinweis   114

Befristungsanfragen des Arbeitnehmers oder sonstige Nachweise, die den Wunsch des Arbeitnehmers
nach Befristung belegen, insb. aber den Grund hierfür (z.B. geplanter Auslandsaufenthalt), sollten zur
Personalakte genommen werden. Sie mögen zwar die Befristung nicht per se rechtfertigen, den Nachweis des Arbeitgebers aber erleichtern.

(3) Formulierungsbeispiele
(a) Befristung auf Rentenalter in unbefristetem Arbeitsvertrag

Das Arbeitsverhältnis wird unbefristet ab dem (…) als (…) eingegangen. Es endet automatisch, ohne dass es   115
einer Kündigung bedarf, mit Ablauf des Monats, in der der Arbeitnehmer das individuelle gesetzliche Rentenalter vollendet, es sei denn, der Arbeitnehmer kann schon vor Erreichung des gesetzlichen Rentenalters
eine Altersrente beantragen, und die Beendigung des Arbeitsverhältnis mit Bezug der vorzeitigen Altersrente wird innerhalb der letzten drei Jahre vor dem Bezugszeitpunkt von dem Arbeitnehmer bestätigt.

(b) Befristung auf Wunsch des Arbeitnehmers

Der Arbeitnehmer wird befristet ab dem (…) als (…) eingestellt. Das Arbeitsverhältnis endet auto-   116
matisch und ohne, dass es einer Kündigung bedarf, am (…). Die Befristung erfolgt auf Wunsch des Arbeitnehmers, weil er zum (…) sein Studium der (…) an der Universität (…) aufnehmen will.

gg) Zweckbindung von Haushaltsmitteln (Nr. 7)
(1) Typischer Sachverhalt
Der öffentliche Arbeitgeber erhält Haushaltsmittel für die befristete Beschäftigung von Arbeitnehmer zu-   117
gewiesen, etwa im Rahmen eines Forschungsprojekts.

(2) Rechtliche Grundlagen
Die Befristung aufgrund zeitlich begrenzt zur Verfügung stehender **Haushaltsmittel**, z.B. für bestimmte   118
Forschungsprojekte, ist sachlich gerechtfertigt.[289] Sie war schon bisher als Unterfall des lediglich vorüber-
gehenden Bedarfs anerkannt.[290] Jedoch zweifelt das BAG an der Vereinbarkeit dieses Befristungsgrundes

---

285 BAG 4.4.1990, AP Nr. 136 zu § 620 BGB Befristeter Arbeitsvertrag = NZA 1991, 18.
286 BAG 10.8.1994, AP Nr. 162 zu § 620 BGB Befristeter Arbeitsvertrag = NZA 1995, 30; BAG 29.10.1998, AP Nr. 206 zu § 620 BGB
   Befristeter Arbeitsvertrag = NZA 1999, 990.
287 BAG 6.11.1996, AP Nr. 188 zu § 620 BGB Befristeter Arbeitsvertrag = NZA 1997, 1222.
288 BAG 4.12.2002, AP Nr. 28 zu § 620 BGB Bedingung = NZA 2003, 611; BAG 4.6.2003, AP Nr. 1 zu § 17 TzBfG = BB 2003, 1683;
   BAG 19.1.2005, NZA 2005, 896.
289 BegrRE, BT-Drucks 14/4374, 19; BAG 24.10.2001, AP Nr. 229 zu § 620 BGB Befristeter Arbeitsvertrag = NZA 2002, 443; BAG
   17.4.2002, AP Nr. 21 zu § 2 SR 2y BAT; HWK/*Rennpferdt*, § 14 TzBfG Rn 71; vgl. auch *Löwisch*, NZA 2006, 457; *Gaenslen/Hei-
   lemann*, KommJur 2012, 81.
290 BAG 14.2.2007, NZA 2007, 871; BAG 24.10.2001, AP Nr. 229 zu § 620 BGB Befristeter Arbeitsvertrag = NZA 2002, 443; Annuß/
   Thüsing/*Maschmann*, § 14 TzBfG Rn 58; *Hromadka*, BB 2001, 621; *Preis/Gotthardt*, DB 2000, 2065.

mit Unionsrecht aufgrund einer möglichen Ungleichbehandlung von Arbeitsverhältnissen in der Privatwirtschaft verglichen mit Arbeitsverhältnissen im öffentlichen Sektor.[291] Für die Haushalte der Kirchen und der Bundesagentur für Arbeit gilt § 14 Abs. 1 S. 2 Nr. 7 TzBfG nicht.[292]

119 Bei der Beschäftigung einer Aushilfskraft zur Deckung von Mehrbedarf müssen der vorübergehend abwesende Stelleninhaber und der befristet beschäftigte Arbeitnehmer **nicht derselben Dienststelle** angehören; es reicht, wenn beide Arbeitnehmer dem Geschäftsbereich der haushaltsmittelbewirtschaftenden Dienststelle zugeordnet sind und vergleichbare Tätigkeiten ausüben.[293] Durch vorübergehende Beurlaubung von Personal freiwerdende Haushaltsmittel dürfen für die Befristung von Aushilfskräften verwandt werden.[294]

120 Die Haushaltsmittel müssen **gerade für die befristete Beschäftigung bestimmt** sein und **der Arbeitnehmer zu Lasten dieser Mittel eingestellt und beschäftigt** werden.[295] Es ist erforderlich, dass sie im Haushaltsplan mit einer konkreten Sachregelung auf der Grundlage einer nachvollziehbaren Zwecksetzung für eine Aufgabe von nur vorübergehender Dauer ausgebracht sind. Zudem muss die haushaltsrechtliche Zweckbestimmung objektive und nachprüfbare Vorgaben enthalten, die sicherstellen, dass die für die befristete Beschäftigung bereitgestellten Haushaltsmittel tatsächlich zur Deckung eines nur vorübergehenden und nicht eines Dauerbedarfs genutzt werden.[296] Nicht ausreichend ist die allgemeine Bereitstellung von Haushaltsmitteln für die Beschäftigung von Arbeitnehmern i.R.v. befristeten Arbeitsverhältnissen.[297] In diesen Fällen ist aber möglicherweise § 14 Abs. 1 S. 2 Nr. 1 TzBfG einschlägig.

Die bloße Ungewissheit, ob Haushaltsmittel auch für das Folgejahr gewährt oder gekürzt werden oder eine Stelle entfällt, rechtfertigt die Befristung ebenfalls nicht;[298] es reicht jedoch, wenn damit zu rechnen ist, dass der Entwurf eines Haushaltsgesetzes, auf den die Befristung gestützt werden soll, unmittelbar vor der Verabschiedung steht.[299] Die Abhängigkeit von öffentlichen Mitteln und Zuschüssen rechtfertigt regelmäßig keine Befristung.[300] Vielmehr bedarf es der **Prognose** bei Vertragsschluss, dass mit hinreichender Wahrscheinlichkeit die entsprechenden Mittel in Zukunft nicht mehr zur Verfügung stehen.[301] Der undatierte haushaltsrechtliche kw-Vermerk („künftig wegfallend") reicht nicht, der datierte regelmäßig auch nur unter der Voraussetzung, dass mit dem Wegfall der Stelle tatsächlich aufgrund konkreter sachlicher Erwägungen des Haushaltsgesetzgebers in Bezug auf gerade diese Stelle zu rechnen ist.[302] Gleiches gilt für den Bereich

---

291 BAG 13.2.2013, NZA 2013, 777; BAG 15.12.2011, NZA 2012, 674; BAG 27.20.10, NZA-RR 2011, 272.

292 BAG 9.3.2011, AP Nr. 18 zu § 14 TzBfG Haushalt = NZA 2011, 911; KR/*Lipke*, § 17 TzBfG Rn 461; HWK/*Rennpferdt*, § 14 TzBfG Rn 72; a.A. für die Kirchen *Joussen*, RdA 2010, 65.

293 BAG 20.2.2008 – 7 AZR 972/06, AP Nr. 6 zu § 14 TzBfG Haushalt (red. Ls.).

294 BAG 15.8.2001, AP Nr. 5 zu § 21 BErzGG = NZA 2002, 85; BAG 14.1.2004, AP Nr. 8 zu § 14 TzBfG; LAG Berlin-Brandenburg 23.11.2012, NZA-RR 2013, 191.

295 BegrRE, BT-Drucks 14/4374, 19; BAG 17.3.2010, AP Nr. 16 zu § 14 TzBfG Haushalt = NZA-RR 2010, 549; BAG 19.3.2008, AP Nr. 7 zu § 14 TzBfG Haushalt.; BAG 14.2.2007,AP Nr. 2 zu § 14 TzBfG Haushalt = NZA 2007, 871; BAG 18.10.2006, AP Nr. 1 zu § 14 TzBfG Haushalt = NZA 2007, 332; BAG 15.2.2006 – 7 AZR 241/05; BAG 22.3.2000, AP Nr. 221 zu § 620 BGB Befristeter Arbeitsvertrag = NZA 2000, 881; KR/*Lipke*, § 14 TzBfG Rn 454.

296 BAG 17.3.2010, AP Nr. 16 zu § 14 TzBfG Haushalt = NZA-RR 2010, 549; ArbG Freiburg 30.4.2010, NZA-RR 2010, 573.

297 BAG 7.5.2008, AP Nr. 8 zu § 14 TzBfG Haushalt = NZA 2008, 880; LAG Baden-Württemberg 19.3.2012 – 1 Sa 26/11 – FD-ArbR 2012, 331992.

298 BAG 8.4.1992, AP Nr. 146 zu § 620 BGB Befristeter Arbeitsvertrag = NZA 1993, 694; BAG 22.3.2000, AP Nr. 221 zu § 620 BGB Befristeter Arbeitsvertrag = NZA 2000, 881; Annuß/Thüsing/*Maschmann*, § 14 TzBfG Rn 58a.

299 BAG 22.4.2009, NZA 2009, 1143.

300 BAG 8.4.1992, AP Nr. 146 zu § 620 BGB Befristeter Arbeitsvertrag = NZA 1993, 694; BAG 22.3.2000, AP Nr. 221 zu § 620 BGB Befristeter Arbeitsvertrag = NZA 2000, 881.

301 BAG 24.10.2001, AP Nr. 229 zu § 620 BGB Befristeter Arbeitsvertrag = NZA 2002, 443; BAG 7.4.2004, AP Nr. 4 zu § 17 TzBfG = NZA 2004, 944 (Ls.).

302 BAG 2.9.2009, NZA 2009, 1257; BAG 16.1.1987, AP Nr. 111 zu § 620 BGB Befristeter Arbeitsvertrag = NZA 1988, 279; BAG 27.1.1988, AP Nr. 116 zu § 620 BGB Befristeter Arbeitsvertrag = NZA 1988, 471.

der sog. **Drittmittelfinanzierung**,[303] wobei sich der private Arbeitgeber, der aus öffentlichen Haushalten Zuwendungen erhält, nicht auf § 14 Abs. 1 S. 2 Nr. 7 TzBfG stützen kann[304] (vgl. auch Rdn 204).

Die **Dauer** eines auf den Sachgrund der Haushalts- oder Drittmittelfinanzierung gestützten befristeten Arbeitsvertrages muss nicht mit der Laufzeit der zur Verfügung gestellten Mittel übereinstimmen.[305] Dauer-aufgaben von öffentlichen Arbeitgebern erlauben die Befristung aber nicht, wenn bei Vertragsabschluss der Wegfall der Tätigkeit nicht hinreichend wahrscheinlich ist.[306]

121

(3) Formulierungsbeispiel: Befristung wegen Zweckbindung Haushaltsmittel

Der Arbeitnehmer wird befristet ab dem (…) als (…) eingestellt. Das Arbeitsverhältnis endet auto-matisch und ohne, dass es einer Kündigung bedarf, am (…). (**ggf.**: *Die Befristung ist auf § 14 Abs. 1 S. 2 Nr. 7 TzBfG gestützt, weil im Haushalt 2009 lediglich Mittel für eine zusätzliche Stelle als (…) zur Verfügung steht und für das Haushaltsjahr 2010 nicht mehr mit einer entsprechenden Zurverfügung-stellung von Mitteln zu rechnen ist.*)

122

hh) Gerichtlicher Vergleich (Nr. 8)
(1) Typischer Sachverhalt

Die Parteien streiten sich über die rechtliche Beendigung des Arbeitsverhältnisses, sei es aufgrund Kündi-gung oder Befristungsablaufs.

123

(2) Rechtliche Grundlagen

Eine Befristung durch gerichtlichen Vergleich kann einen **Rechtsstreit** über eine Kündigung, die Wirksam-keit einer Befristung, den Abschluss eines Folgevertrags oder eine sonstige Bestandsstreitigkeit beenden.[307] Die Parteien können sich auf die befristete Fortsetzung der Beschäftigung über das vorgesehene Beendi-gungsdatum hinaus einigen, so dass das Arbeitsverhältnis erst zu dem im gerichtlichen Vergleich festgehal-tenen Endtermin endet.

124

Anders als bei den anderen Sachgründen gem. § 14 Abs. 2 TzBfG erfordert die Befristung nach § 14 Abs. 1 S. 2 Nr. 8 TzBfG keine Prognose des Arbeitgebers hinsichtlich des zukünftig entfallenden Arbeitsbedarfs. Vielmehr rechtfertigt hier die **Mitwirkung des Gerichts** an dem Vergleich die Befristung.[308] Ein **außerge-richtlicher Vergleich** reicht daher für die Rechtfertigung der Befristung nach § 14 Abs. 1 S. 2 Nr. 8 TzBfG nicht.[309] Der gerichtliche Vergleich kann auch ein Prozessvergleich gem. § 794 Abs. 1 Nr. 1 ZPO sein, ggf. zustande kommend im Wege des schriftlichen Verfahrens nach § 278 Abs. 6 S. 1 Alt. 2 ZPO. Ein nach § 278 Abs. 6 S. 1 Alt. 1 ZPO zustande gekommener Vergleich eignet sich dagegen nicht.[310]

125

---

303 BAG 3.12.1982, AP Nr. 72 zu § 620 BGB Befristeter Arbeitsvertrag = NJW 1983, 2158; BAG 21.1.1987, AP Nr. 4 zu § 620 BGB Hochschule = NZA 1988, 280.
304 KR/*Lipke*, § 14 TzBfG Rn 480.
305 BAG 24.1.1996, AP Nr. 179 zu § 620 BGB Befristeter Arbeitsvertrag = NZA 1996, 1036; BAG 15.1.2003, NZA 2003, 1167 (Ls.).
306 BAG 22.3.2000, AP Nr. 221 zu § 620 BGB Befristeter Arbeitsvertrag = NZA 2000, 881; BAG 24.10.2001, AP Nr. 229 zu § 620 BGB Befristeter Arbeitsvertrag = NZA 2002, 443.
307 BAG 12.11.2014, NZA 2015, 379; BAG 22.10.2003, AP Nr. 6 zu § 14 TzBfG = NZA 2004, 1275; BAG 19.1.2005 – 7 AZR 113/04; Arnold/Gräfl/*Gräfl*, § 14 TzBfG Rn 237 f.; *Bohlen*, NZA-RR 2015, 449; *Löwisch/Neumann*, NJW 2002, 951.
308 BAG 14.1.2015, NZA 2016, 39; BegrRE, BT-Drucks 14/4374, 19; BAG 9.2.1984, AP Nr. 7 zu § 620 BGB Bedingung = NZA 1984, 266; BAG 2.12.1998, AP Nr. 4 zu § 57a HRG = NZA 1999, 480; BAG 4.12.1991, NZA 1992, 838; KR/*Lipke*, § 14 TzBfG Rn 366; *Hromadka*, BB 2001, 621.
309 APS/*Backhaus*, § 14 TzBfG Nr. 105; KR/*Lipke*, § 14 TzBfG Rn 498; HWK/*Rennpferdt*, § 14 TzBfG Rn 76; Annuß/Thüsing/*Masch-mann*, § 14 TzBfG Rn 61; *Hromadka*, BB 2001, 621; anders noch BAG 4.3.1980, AP Nr. 53 zu § 620 BGB Befristeter Arbeitsvertrag; BAG 22.2.1984, AP Nr. 80 zu § 620 BGB Befristeter Arbeitsvertrag = NZA 1984, 34; BAG 22.10.2003, AP Nr. 6 zu § 14 TzBfG = NZA 2004, 1275.
310 BAG 14.1.2015, NZA 2016, 39; LAG Köln 7.5.2015, BeckRS 2016, 65189; ErfK/*Müller-Glöge*, § 14 TzBfG Rn 77; HWK/*Renn-pferdt*, § 14 TzBfG Rn 76; a.A. *Serr*, SAE 2013, 44.

126 *Praxishinweis*

Dem BAG zufolge reicht die **bloße Protokollierung** des Vergleichs vor Gericht nicht aus. Vielmehr muss das Gericht eine über die Protokollierungsfunktion hinausgehende Prüfungs- und Mitwirkungsfunktion haben.[311] Dies setzt einen zum Zeitpunkt des Vergleichsschlusses offenen Streit über die Rechtslage voraus. Danach ist ein Beschluss, mit dem das bloße Zustandekommen des Vergleichs nach § 278 Abs. 6 S. 1 Alt. 1 ZPO festgestellt wird, nicht ausreichend.

(3) Muster

▼

127 **Muster 1b.3: Beendigung einer Bestandsschutzstreitigkeit**

In dem Rechtsstreit ▇▇▇▇▇

gegen ▇▇▇▇▇

schließen die Parteien (**ggf.**: *auf Vorschlag des Gerichts/auf dringendes Anraten des Gerichts*) folgenden Vergleich:

1. Die Parteien sind sich darüber einig, dass das zwischen ihnen bestehende Arbeitsverhältnis nicht aufgrund der Kündigung des Arbeitgebers vom ▇▇▇ am ▇▇▇ endet, sondern erst am ▇▇▇.

2. [*Weitere Regelungen, die wegen der befristeten Fortsetzung des Arbeitsverhältnisses oder im Zusammenhang mit seiner Beendigung getroffen werden sollen (*vgl. Rdn 104*)*]

3. Damit ist dieser Rechtsstreit erledigt.

▲

ii) Andere Sachgründe

(1) Typischer Sachverhalt

128 Der Arbeitgeber will mit dem Arbeitnehmer ein befristetes Arbeitsverhältnis im Rahmen einer Arbeitsbeschaffungsmaßnahme nach SGB III abschließen und erhält hierfür Zuschüsse. Oder er will einem Arbeitnehmer die Aus-, Fort- oder Weiterbildung durch befristete Beschäftigung in seinem Betrieb ermöglichen.

(2) Rechtliche Grundlagen

129 Der Katalog in § 14 Abs. 1 S. 2 Nr. 1–8 TzBfG ist nicht abschließend. Es kommen **weitere anerkannte Befristungsgründe** in Betracht.[312] Sie können die Befristung aber nur rechtfertigen, wenn sie den in § 14 Abs. 1 TzBfG zum Ausdruck kommenden Wertungen entsprechen.[313] Das gilt auch für tariflich geregelte Sachgründe.[314]

130 Die Befristung zur **Aus-, Fort- und Weiterbildung** als anderer Sachgrund ist grds. zulässig.[315] Dazu zählt die Erlangung von aktuellen Kenntnissen über politische, wirtschaftliche und kulturelle Verhältnisse für die

---

311 BAG 15.2.2012, NZA 2012, 919; BAG 23.11.2006, AP Nr. 8 zu § 623 BGB = NZA 2007, 466; BAG 26.4.2006, AP Nr. 1 zu § 14 TzBfG Vergleich; APS/*Backhaus*, § 14 Rn 324; a.A. offenbar ErfK/*Müller-Glöge*, § 14 TzBfG Rn 77; *Gravenhorst*, NZA 2008, 803.

312 BAG 25.5.2005, AP Nr. 17 zu § 14 TzBfG = NZA 2006, 858; BAG 13.10.2004, NZA 2005, 401.

313 BAG 20.1.2016, NZA 2016, 755; BAG 18.3.2015, NZA-RR 2015, 569; BAG 2.6.2010, AP Nr. 71 zu § 14 TzBfG = NZA 2010, 1172; BAG 9.12.2009, AP Nr. 67 zu § 14 TzBfG = NZA 2010, 495.

314 BAG 9.12.2009, AP Nr. 67 zu § 14 TzBfG = NZA 2010, 495.

315 BAG 24.8.2011, AP Nr. 85 zu § 14 TzBfG; BAG 22.4.2009, AP Nr. 60 zu § 14 TzBfG = NZA 2009, 1099; BAG 29.9.1982, AP Nr. 70 zu § 620 BGB Befristeter Arbeitsvertrag = NJW 1983, 1444.

Tätigkeit eines Redakteurs oder Reporters,[316] nicht dagegen der Erwerb allgemeiner Berufserfahrung[317] oder von aktuellen Sprachkenntnissen eines Lektors oder Übersetzers.[318]

Andere Sachgründe können auch **Arbeitsbeschaffungs- und Strukturanpassungsmaßnahmen** nach SGB III sein.[319] **Sozialhilfemaßnahmen** gem. BSHG können die Befristung sachlich rechtfertigen, wenn sich das Arbeitsverhältnis von denen unterscheidet, die der Sozialhilfeträger auf dem ersten Arbeitsmarkt begründet.[320] Es reicht, wenn die Eingliederung in das Arbeitsleben gefördert wird.[321]   **131**

I.d.R. beschäftigt der Arbeitgeber den Arbeitnehmer über das Ende der Kündigungsfrist oder der Befristung hinaus nicht, es sei denn, er ist dazu nach der Rspr. des BAG bei Unterliegen in der ersten Instanz und Fortführung des Verfahrens in zweiter Instanz verpflichtet.[322] Zur Vermeidung des Annahmeverzugslohnrisikos kommt jedoch eine **Prozessbeschäftigung** in Betracht.   **132**

Ein weiterer Sachgrund ist die Sicherung der **personellen Kontinuität der BR-Arbeit**[323] sowie die Weiterbeschäftigungsverpflichtung[324] eines unbefristet tätigen Arbeitnehmers, dessen Arbeitsplatz entfällt. Ebenfalls zulässig ist eine Befristung wegen einer Wiedereinstellungszusage des Arbeitgebers gegenüber einem bereits ausgeschiedenen Arbeitnehmer.[325] Dasselbe gilt, wenn der Arbeitgeber die spätere anderweitige Besetzung des Arbeitsplatzes plant und bereits bei Abschluss des befristeten Arbeitsvertrages mit dem als Dauerbesetzung vorgesehenen Arbeitnehmer vertraglich gebunden ist.[326] Ein Sachgrund liegt außerdem vor, wenn der Arbeitnehmer nur befristet bis zu dem Zeitpunkt eingestellt wird, in dem ein Auszubildender seine Berufsausbildung beendet und ein Arbeitsverhältnis übernommen werden soll.[327] Auch die **Beurlaubung eines Beamten** nach § 4 Abs. 3 PostPersRG rechtfertigt die Befristung.[328] Ebenso liegt ein Sachgrund für die Befristung vor, wenn ein anderer Arbeitnehmer durch **Konkurrentenklage** Anspruch auf den Arbeitsplatz erhebt.[329] Die Befristung eines Arbeitsverhältnisses während eines für diese Stelle durchzuführenden **Auswahlverfahrens** nach Art. 33 Abs. 2 GG ist ebenfalls gerechtfertigt.[330] Schließlich ist auch die Befristung des Arbeitsverhältnisses **während eines Auslandseinsatzes** gerechtfertigt, die der gesicherten Rückkehr des Arbeitnehmers und dem Verbleib in der deutschen Sozialversicherung dient.[331]   **133**

316 BAG 25.1.1973, AP Nr. 37 zu § 620 BGB Befristeter Arbeitsvertrag; BAG 12.9.1996, AP Nr. 183 zu § 620 BGB Befristeter Arbeitsvertrag = NZA 1997, 378.
317 BAG 22.4.2009, AP Nr. 60 zu § 14 TzBfG = NZA 2009, 1099.
318 BAG 20.9.1995, AP Nr. 4 zu § 57b HRG = NZA 1996, 696.
319 BAG 26.4.1995, AP Nr. 4 zu § 91 AFG = NZA 1996, 87; BAG 2.12.1998, AP Nr. 8 zu § 625 BGB = NZA 1999, 482; BAG 19.1.2005, AP Nr. 1 zu § 267 SGB III = NZA 2005, 873; a.A. ErfK/*Müller-Glöge*, § 14 TzBfG Rn 80, der darin Gründe i.S.d. § 14 Abs. 1 Nr. 6 TzBfG sieht.
320 BAG 7.7.1999, AP Nr. 216 zu § 620 BGB Befristeter Arbeitsvertrag = NZA 2000, 542.
321 BAG 22.3.2000, AP Nr. 222 zu § 620 BGB Befristeter Arbeitsvertrag = NZA 2001, 605, wobei die Gewährung des Eingliederungszuschusses für ältere Arbeitnehmer nach § 218 Abs. 1 Nr. 3 SGB III a.F. keinen Sachgrund darstellen sollte: BAG 4.6.2003, NZA 2003, 1143.
322 BAG GS 27.2.1985, AP Nr. 14 zu § 611 BGB Beschäftigungspflicht = NZA 1985, 702.
323 BAG 20.1.2016, NZA 2016, 755; BAG 23.1.2002, AP Nr. 230 zu § 620 BGB Befristeter Arbeitsvertrag = NZA 2002, 986.
324 BAG 13.10.2004, NZA 2005, 401.
325 BAG 2.6.2010, AP Nr. 71 zu § 14 TzBfG = NZA 2010, 1172.
326 BAG 9.12.2009, AP Nr. 67 zu § 14 TzBfG = NZA 2010, 495.
327 BAG 18.3.2015, NZA-RR 2015, 569; BAG 2.6.2010, AP Nr. 71 zu § 14 TzBfG = DB 2010, 2810; LAG Nürnberg 2.3.2011, DB 2011, 1058 = ZTR 2011, 383.
328 BAG 25.5.2005, NZA 2006, 858.
329 BAG 16.3.2005, AP Nr. 16 zu § 14 TzBfG = NZA 2005, 923.
330 LAG Berlin-Brandenburg 4.2.2016, BeckRS 2016, 68253.
331 BAG 14.7.2005, AP Nr. 4 zu § 611 BGB Ruhen des Arbeitsverhältnisses = NZA 2005, 1411.

(3) Formulierungsbeispiele
(a) Muster andere Sachgründe (Kalenderbefristung)

134　Der Arbeitnehmer wird befristet ab dem (…) als (…) eingestellt. Das Arbeitsverhältnis endet automatisch und ohne, dass es einer Kündigung bedarf, am (…).

(b) Muster andere Sachgründe (Zweckbefristung)

135　Der Arbeitnehmer wird befristet ab dem (…) als (…) eingestellt. Das Arbeitsverhältnis endet automatisch und ohne, dass es einer Kündigung bedarf, mit der Erreichung des Zwecks der Befristung, nämlich (…), jedoch nicht vor Ablauf von zwei Wochen nach Zugang der schriftlichen Unterrichtung des Arbeitnehmers durch den Arbeitgeber über den Zeitpunkt der Zweckerreichung.

(4) Muster
▼

136　**Muster 1b.4: Prozessbeschäftigung**

Vereinbarung

zwischen ████ und ████

Präambel:

Der Arbeitgeber hat dem Arbeitnehmer am ████ zum ████ gekündigt. Die Wirksamkeit der Kündigung ist Gegenstand des Kündigungsschutzverfahrens unter dem Az. ████ bei dem ArbG ████. Vor diesem Hintergrund vereinbaren die Parteien:

1. Der Arbeitnehmer wird ab dem ████ befristet bis zum Abschluss des Kündigungsschutzprozesses weiter beschäftigt als ████ in der Abteilung ████. Das Arbeitsverhältnis endet mit der rechtswirksamen Feststellung der Wirksamkeit der Kündigung des Arbeitgebers im arbeitsgerichtlichen Verfahren.

2. [*Weitere Regelungen, die wegen der befristeten Fortsetzung des Arbeitsverhältnis oder im Zusammenhang mit seiner Beendigung getroffen werden sollten* (vgl. Rdn 104)] (**ggf.:** *Im Übrigen gilt der Arbeitsvertrag vom* ████*.*)

(Unterschriften)

▲

b)　Sachgrundlose Befristung (§ 14 Abs. 2 TzBfG)
aa)　Typischer Sachverhalt

137　Der Arbeitgeber möchte eine Neueinstellung vornehmen, sich jedoch vorerst nicht dauerhaft binden und deshalb insb. vermeiden, dass er für die Beendigung des Arbeitsverhältnisses einen Kündigungsgrund benötigt. Sind die entsprechenden Voraussetzungen gegeben und werden die notwendigen Formalien eingehalten, bietet sich die sachgrundlose Befristung nach § 14 Abs. 2 TzBfG vor jeder Sachgrundbefristung nach § 14 Abs. 1 TzBfG an. Der Arbeitgeber kann den Arbeitnehmer ausreichend „erproben", bevor er sich dauerhaft bindet, und auch ein etwaiger Sonderkündigungsschutz des Arbeitnehmers hindert das Auslaufen der Befristung regelmäßig nicht.[332]

---

332 LAG Niedersachsen 8.8.2012, BB 2012, 2760; a.A. ArbG München 8.10.2010 – 24 Ca 861/10 m. Anm. *Helm/Hjort/Hummel*, ArbRAktuell 2011, 397 sowie *Deeg*, ArbRAktuell 2011, 103.

bb) Rechtliche Grundlagen

(1) Allgemeines

§ 14 Abs. 2 TzBfG enthält eine Ausnahme von dem Grundsatz, dass die Befristung eines sachlichen Grundes bedarf.[333] Er findet keine Anwendung auf die Befristung von einzelnen Arbeitsbedingungen[334] (vgl. auch § 1a Rdn 619 ff.) und auf auflösend bedingte Arbeitsverträge nach § 21 TzBfG (vgl. hierzu § 1a Rdn 558).

138

Neben der Einhaltung der Voraussetzungen von § 14 Abs. 2 TzBfG, die auch in Kleinbetrieben und in den ersten sechs Monaten des Arbeitsverhältnis vorliegen müssen,[335] können sich **Beschränkungen aus anderen Regelungen** ergeben, z.B. Spezialgesetzen, TV, Individualvereinbarungen. Im Übrigen hindert auch **besonderer Kündigungsschutz** (z.B. wegen Schwangerschaft, Elternzeit, Schwerbehinderung oder Mitgliedschaft im BR oder PR) das Auslaufen der Befristung und damit die Beendigung des Arbeitsverhältnisses nicht.[336] In Ausnahmefällen kann aber die Nichtverlängerung eines befristeten Vertrags oder die Nichtübernahme in ein unbefristetes Arbeitsverhältnis wegen Diskriminierung unzulässig sein.[337]

139

(2) Voraussetzungen

Nach § 14 Abs. 2 TzBfG ist die **kalendermäßige Befristung** eines Arbeitsverhältnisses ohne das Vorliegen eines sachlichen Grundes bis zur Dauer von zwei Jahren bei höchstens dreimaliger Verlängerung zulässig, wenn zuvor mit demselben Arbeitgeber noch niemals ein befristetes oder unbefristetes Arbeitsverhältnis bestanden hat. Durch TV kann von der Anzahl der Verlängerungen oder der Höchstdauer der Befristung zu Ungunsten des Arbeitnehmers abgewichen werden.[338] Im Übrigen sind lediglich Abweichungen zugunsten des Arbeitnehmers zulässig. Die Möglichkeit zur sachgrundlosen Befristung kann von den Arbeitsvertragsparteien vertraglich ausgeschlossen werden. Allein die Benennung eines Sachgrundes im Arbeitsvertrag reicht für die Annahme einer solchen Vereinbarung jedoch regelmäßig nicht aus.[339] Dies gilt auch dann, wenn die vorangegangenen Arbeitsverträge im Gegensatz zum neu geschlossenen Arbeitsvertrag ausdrücklich auf der Grundlage des § 14 Abs. 2 TzBfG befristet waren.[340]

140

(a) Kalendermäßige Befristung bis zu zwei Jahren

Die kalendermäßige Befristung setzt voraus, dass der **letzte Tag** des Arbeitsverhältnisses entweder **dem Kalender nach bestimmt** oder aber jedenfalls hinreichend **bestimmbar** ist. Die **Höchstdauer** der Befristung darf **zwei Jahre** betragen. Bei der Berechnung der Höchstdauer der Befristung gem. §§ 187 Abs. 2, 188 Abs. 2, 3 BGB ist von dem Beginn der Arbeitsaufnahme auszugehen.[341] Beginnt die Arbeit am 1.1.2014, so endet die Zwei-Jahres-Frist am 31.12.2015. Ein bestimmbares, wenngleich nicht datums-

141

333 Gem. Koalitionsvertrag zwischen CDU, CSU und SPD „Gemeinsam für Deutschland – mit Mut und Menschlichkeit" vom 11.11.2005, S. 37, https://www.cdu.de/system/tdf/media/dokumente/05_11_11_Koalitionsvertrag_Langfassung_navigierbar_0.pdf?file=1&type=field_collection_item&id=543 (29.6.2016) sollte § 14 Abs. 2 TzBfG zugunsten einer zweijährigen Wartezeit auf den Kündigungsschutz gestrichen werden. Die Streichung wurde indes nie vorgenommen.

334 BAG 23.1.2002, AP Nr. 12 zu § 1 BeschFG 1996 = NZA 2003, 104; Annuß/Thüsing/*Maschmann*, § 14 TzBfG Rn 62; *Meinel/Heyn/Herms*, § 14 TzBfG Rn 253.

335 BAG 6.11.2003, AP Nr. 7 zu § 14 TzBfG.

336 LAG Berlin-Brandenburg 4.11.2011 – 13 Sa 1549/11, BB 2011, 2868 = DB 2012, 468; BVerfG 24.9.1990, AP Nr. 136a zu § 620 BGB Befristeter Arbeitsvertrag; BAG 16.3.1989, AP Nr. 8 zu § 1 BeschFG 1985 = NZA 1989, 719; BAG 6.11.1996, AP Nr. 188 zu § 620 BGB Befristeter Arbeitsvertrag = NZA 1997, 1222; Annuß/Thüsing/*Maschmann*, § 14 TzBfG Rn 62; *Meinel/Heyn/Herms*, § 14 TzBfG Rn 254; Arnold/Gräfl/*Gräfl*, § 14 TzBfG Rn 258; a.A. ArbG Cottbus 13.9.2000, NZA-RR 2000, 626.

337 EuGH 4.10.2001, NZA 2001, 1243; EuGH 3.2.2000, NZA 2000, 255; ArbG Cottbus, NZA-RR 2000, 626.

338 *Meinel/Heyn/Herms*, § 14 TzBfG Rn 291.

339 BAG 29.6.2011, AP Nr. 83 zu § 14 TzBfG = NZA 2011, 1151; BAG 12.8.2009, AP Nr. 63 zu § 14 TzBfG; LAG Schleswig-Holstein, 27.9.2012 – 5 Sa 154/12.

340 BAG 12.8.2009, AP Nr. 63 zu § 14 TzBfG.

341 APS/*Backhaus*, § 14 TzBfG Rn 370; *Meinel/Heyn/Herms*, § 14 TzBfG Rn 256; *Preis/Gotthardt*, DB 2000, 2072.

mäßig festgelegtes Ende der Befristung könnte z.B. das „Ende der CeBIT 2014" oder auch „das Ende der Sommerferien im Jahr 2014 im Land Bayern" sein.

(b) Verlängerung

142   Verlängert werden kann nur ein noch bestehendes Arbeitsverhältnis.[342] Jede Unterbrechung ist schädlich bzw. führt zu einem unbefristeten Arbeitsverhältnis.[343] Das Gleiche gilt bei rückwirkender Fortsetzung.[344] Eine **Verlängerung** ist daher die einvernehmliche Abänderung des Enddatums der Laufzeit der Befristung noch während dieser.

143   **Änderungen der Vertragsbedingungen** im Übrigen sind von dem Begriff der Verlängerung grds. nicht erfasst.[345] Früher sollte nur die Anpassung der Vergütung gem. einer kollektiven Lohnerhöhung z.B. aufgrund TV oder aufgrund einer früheren Zusage des Arbeitgebers der wirksamen Verlängerung nicht entgegenstehen.[346] Dies rief Kritik hervor.[347]

Dem BAG zufolge ist die Vereinbarung von geänderten Vertragsbedingungen bei Verlängerung zulässig, wenn „die Neufassung des Vertrags Arbeitsbedingungen zum Inhalt hat, die von den Parteien vereinbart worden wären, wenn der Arbeitnehmer in einem unbefristeten Arbeitsverhältnis stünde",[348] wie z.B. die Anpassung des Vertrags an die aktuelle Rechtslage.[349] Dies folge aus dem Diskriminierungsverbot für befristet Beschäftigte gem. § 4 Abs. 2 S. 1 TzBfG, das (nur) eine sachlich nicht gerechtfertigte Ungleichbehandlung des befristet beschäftigten Arbeitnehmers untersagt. Deshalb ist jedenfalls die Arbeitszeiterhöhung anlässlich der Verlängerung nicht schädlich, wenn der Arbeitgeber damit dem Anspruch des Arbeitnehmers aus § 9 TzBfG Rechnung trägt.[350] Allerdings muss der Arbeitnehmer dann nachweisbar vor der Verlängerung einen entsprechenden Antrag nach § 9 TzBfG gestellt haben, dem der Arbeitgeber aus Anlass der Verlängerung nur Folge leistet. Dagegen liegt keine Verlängerung vor, wenn der Ausgangsvertrag ein ordentliches Kündigungsrecht vorsah, der nachfolgende jedoch nicht.[351]

Eine Änderung der arbeitsvertraglichen Bedingungen darf aber grds. während des laufenden Befristungszeitraums erfolgen.[352] Sie ist auch dann unschädlich, wenn etwa die Zuweisung einer anderen Tätigkeit im Ursprungsvertrag wirksam vorbehalten wurde.[353]

---

342 BAG 23.8.2006, NZA 2007, 204; BAG 26.7.2000, AP Nr. 4 zu § 1 BeschFG 1996 = NZA 2001, 546; BAG 25.10.2000, AP Nr. 6 zu § 1 BeschFG 1996 = NZA 2001, 659; *Hunold*, NZA 1997, 741; *Worzalla*, FA 2001, 5; KR/*Lipke*, § 14 TzBfG Rn 539; Annuß/Thüsing/*Maschmann*, § 14 TzBfG Rn 64; *Richardi/Annuß*, BB 2000, 2201; *Däubler*, ZIP 2001, 223.

343 BAG 26.7.2000, AP Nr. 4 zu § 1 BeschFG 1996 = NZA 2001, 546; BAG 25.10.2000, AP Nr. 6 zu § 1 BeschFG 1996 = NZA 2001, 659; BAG 19.2.2003, NZA 2004, 231 (Ls.); Annuß/Thüsing/*Maschmann*, § 14 TzBfG Rn 64; *Meinel/Heyn/Herms*, § 14 TzBfG Rn 280; *Bauer*, BB 2001, 2473; *Rolfs*, NZA 1996, 1134; *Preis*, NJW 1996, 3369; *v. Hoyningen-Huene/Linck*, DB 1997, 41; *Hunold*, NZA 1997, 741; *Kliemt*, NZA 2000, 296; *Richardi/Annuß*, BB 2000, 2201; *Schwedes*, BB Beil. 17/1996, 2; *v. Steinau-Steinrück/Oelkers*, NJW-Spezial 1/2005, 33.

344 BAG 26.7.2000, AP Nr. 4 zu § 1 BeschFG 1996 = NZA 2001, 546; LAG Hamm 19.4.2012 – 8 Sa 63/12.

345 BAG 20.2.2008, NZA 2008, 883; BAG 23.8.2006, NZA 2007, 204; BAG 18.1.2006, NZA 2006, 605; BAG 26.7.2000, AP Nr. 4 zu § 1 BeschFG 1996 = NZA 2001, 546; BAG 25.10.2000, AP Nr. 6 zu § 1 BeschFG 1996 = NZA 2001, 659; KR/*Lipke*, § 14 TzBfG Rn 542; Annuß/Thüsing/*Maschmann*, § 14 TzBfG Rn 65; *Bauer*, BB 2001, 2473; *Däubler*, ZIP 2001, 223; *Fiebig*, NZA 1999, 1086; *Hromadka*, BB 2001, 621; *Kliemt*, NZA 2001, 296; *Wisskirchen*, DB 1998, 722.

346 BAG 23.8.2006, NZA 2007, 204; BAG 24.1.2001 – 7 AZR 567/99, n.v., Zusammenfassung in FA 2001, 242.

347 APS/*Backhaus*, § 14 TzBfG Rn 374; Annuß/Thüsing/*Maschmann*, 2. Aufl. 2005, § 14 TzBfG Rn 72; *Meinel/Heyn/Herms*, § 14 TzBfG Rn 282; KR/*Lipke*, § 14 TzBfG Rn 553 f.; *Sowka*, BB 1997, 678; *Bauer*, BB 2001, 2473; *Richter/Wilke*, RdA 2011, 305.

348 BAG 16.1.2008, NZA 2008, 701.

349 Annuß/Thüsing/*Maschmann*, § 14 TzBfG Rn 65.

350 BAG 16.1.2008, NZA 2008, 701.

351 BAG 20.2.2008, NZA 2008, 883.

352 BAG 23.8.2006, NZA 2007, 204; BAG 18.1.2006, NZA 2006, 605; BAG 19.2.2003, NZA 2004, 231 (Ls.); BAG 25.5.2005, DB 2005, 2642 (Ls.); BAG 19.10.2005, NZA 2006, 154; KR/*Lipke*, § 14 TzBfG Rn 544; *Kliemt*, NZA 2001, 296; a.A. LAG Hamm 17.2.2005, BeckRS 2005, 41538.

353 BAG 19.2.2003, NZA 2004, 231 (Ls.); Annuß/Thüsing/*Maschmann*, § 14 TzBfG Rn 65.

(c) Anschlussverbot

§ 14 Abs. 2 S. 2 TzBfG enthält das sog. Anschlussverbot.[354] Die sachgrundlose Befristung ist dem Wortlaut **144** nach nicht zulässig, wenn mit demselben Arbeitgeber bereits zuvor ein befristetes oder unbefristetes Arbeitsverhältnis bestanden hat. **Bisher** wurde dem ein „**lebenslängliches**" Anschlussverbot entnommen.[355] Im Jahr 2011 entschied das BAG jedoch, dass das Anschlussverbot dann nicht gilt, wenn das vorherige Arbeitsverhältnis mit demselben Arbeitgeber bereits **mehr als drei Jahre zurückliegt**.[356] Allerdings sollte die Frist vorsorglich **gem. § 199 Abs. 1 BGB erst ab Jahresschluss** gerechnet werden, da das BAG die Art der Fristberechnung in seiner Entscheidung offen ließ.[357]

Diese einschränkende Rechtsprechung des BAG ist in der Literatur und den Instanzgerichten auf ein geteiltes Echo gestoßen.[358] Insbesondere das LAG Baden-Württemberg hält die Rechtsfortbildung des BAG für unzulässig.[359] Das ArbG Braunschweig hat die Frage dem BVerfG zur Entscheidung vorgelegt.[360]

„**Derselbe Arbeitgeber**" ist die anstellende natürliche oder juristische Person, nicht der Betrieb, in dem der Arbeitnehmer beschäftigt wird.[361] Schließen jedoch mehrere Arbeitgeber in bewusstem und gewolltem Zusammenwirken mit einem Arbeitnehmer aufeinanderfolgende sachgrundlos befristete Arbeitsverträge, um das Anschlussverbot des § 14 Abs. 2 S. 2 TzBfG zu umgehen, kann ein Fall des Rechtsmissbrauchs vorliegen.[362] Ein der Befristung entgegen stehendes Arbeitsverhältnis liegt nicht vor, wenn der Arbeitnehmer zuvor Beamter, freier Mitarbeiter oder Organ der Gesellschaft war.[363] Das Risiko der sog. Scheinselbstständigkeit liegt beim Arbeitgeber. Die Arbeitsvertragsparteien können bei Abschluss eines befristeten Arbeitsvertrages vereinbaren, dass die Beschäftigung bei einem anderen Arbeitgeber als Vorbeschäftigung i.S.d. § 14 Abs. 2 S. 2 TzBfG behandelt werden soll.[364] Aus einer vertraglichen Regelung über den Beginn der Unternehmenszugehörigkeit soll z.B. nicht geschlossen werden können, dass die Parteien von einem fiktiven Bestand eines Arbeitsverhältnisses vor diesem Zeitpunkt ausgingen.[365]

Praxishinweis **145**

Insb. wenn keine Vorbeschäftigung innerhalb der letzten drei Jahre (vgl. Rdn 144) bei demselben Arbeitgeber bestand, ist die sachgrundlose Befristung der Sachgrundbefristung vorzuziehen. Denn im Anschluss daran kommt bei Vorliegen der entsprechenden Voraussetzungen noch eine Sachgrundbefristung in Betracht, während dies in umgekehrter Reihenfolge nicht möglich ist. Zu vermeiden ist die mündliche oder schriftliche Erwähnung eines zugleich vorliegenden Sachgrundes, wenn die Befristung nach § 14 Abs. 2 TzBfG erfolgen soll.

---

354 Ausführlich dazu *Jörchel*, NZA 2012, 1065.
355 BAG 29.7.2009, ZTR 2009, 544; BAG 6.11.2003, AP Nr. 7 zu § 14 TzBfG; APS/*Backhaus*, § 14 Rn 381; KR/*Lipke*, § 14 Rn 570 ff.; Annuß/Thüsing/*Maschmann*, § 14 Rn 70; *Meinel/Heyn/Herms*, § 14 Rn 267; *Schiefer*, DB 2000, 2118; *Bauer*, NZA 2000, 1039; *Hromadka*, NJW 2001, 400; *Däubler*, ZIP 2001, 217; *Kliemt*, NZA 2001, 296; *Straub*, NZA 2001, 919; *Richardi/Annuß*, BB 2000, 2201; *Preis/Gotthardt*, DB 2000, 2065.
356 BAG 6.4.2011, AP Nr. 82 zu § 14 TzBfG = NZA 2011, 905; bestätigend BAG 21.9.2011, AP Nr. 86 zu § 14 TzBfG = NZA 2012, 255.
357 *Thies*, öAT 2011, 174; *Müller*, öAT 2011, 219; *Sprenger*, BB 2012, 447; so auch bereits *Löwisch*, BB 2001, 254.
358 Zust. ArbG Kiel 25.4.2014 – 2 Ca 32 b/14, BeckRS 2014, 70641; *Linsenmaier*, FS Bepler, S. 373; *Sprenger*, BB 2012, 447; *Hunold*, NZA 2012, 431; *Müller*, öAT 2011, 219; *Rudolf*, BB 2011, 2808; *Thies*, öAT 2011, 174; *Kuhnke*, NJW 2011, 3131; *Schiefer*, DB 2011, 1; krit. *Lakies*, ArbRAktuell 2011, 321790 mit Verweis auf BVerfG 25.1.2011, NJW 2011, 836; *Höpfner*, NZA 2011, 893; *Stenslik/Heine*, DStR 2011, 2202; *Hold/Kleinsorge*, NWB 2012, 1840, 1847; *Stenslik/Heine*, DStR 2011, 2202.
359 LAG Baden-Württemberg 26.9.2013 – 6 Sa 28/13, ZIP 2013, 2481 = BeckRS 2013, 72731.
360 ArbG Braunschweig 3.4.2014 – 5 Ca 463/13, BeckRS 2014, 70860; Vorlage nach Art. 100 Abs. 1 GG beim BVerfG anhängig unter Az. 1 BvL 7/14; siehe auch Verfassungsbeschwerde zu dieser Rechtsfrage anhängig unter Az. 1 BvR 1375/14.
361 BAG 18.7.2012, NZA 2012, 1369; BAG 9.3.2011, AP Nr. 81 zu § 14 TzBfG = NZA 2011, 1147; BAG 16.7.2008, AP Nr. 51 zu § 14 TzBfG = NZA 2008, 1347; BAG 25.4.2001, NZA 2001, 1384.
362 BAG, 24.6.2015, NZA 2015, 1507; BAG 22.1.2014, NZA 2014, 483; BAG 15.5.2013, NZA 2013, 1214.
363 BAG 24.2.2016, BB 2016, 1404; Annuß/Thüsing/*Maschmann*, § 14 Rn 72; *Bauer*, BB 2001, 2473.
364 BAG 9.2.2011, AP Nr. 80 zu § 14 TzBfG = NZA 2011, 791.
365 BAG 9.2.2011, AP Nr. 80 zu § 14 TzBfG = NZA 2011, 791.

146 Ein **Wechsel zwischen Konzernunternehmen** ist möglich, wenn das befristete Arbeitsverhältnis nicht lediglich zu Umgehungszwecken eingegangen wird[366] oder ein ruhendes Arbeitsverhältnis bzw. ein Rückkehrrecht besteht.[367]

147 Auch die sachgrundlose Befristung mit einem **Leiharbeitnehmer** ist grds. zulässig, es sei denn, der Vertrag zwischen dem Verleiher und dem Leiharbeitnehmer war unwirksam, so dass gem. § 10 AÜG ein Arbeitsverhältnis mit dem Entleiher fingiert wurde.[368] Ein im Anschluss daran begründetes, sachgrundlos befristetes Arbeitsverhältnis mit dem Entleiher ist an sich nicht rechtsmissbräuchlich.[369]

148 Innerhalb eines **gemeinsamen Betriebes** zweier oder mehrerer Arbeitgeber ist die erneute befristete Tätigkeit ebenfalls zulässig, wenn der Wechsel des Arbeitgebers nicht nur zu Umgehungszwecken stattfindet.[370] Nicht ausreichend für die Annahme eines Rechtsmissbrauchs ist die Überlassung eines sachgrundlos befristeten Arbeitnehmers an seinen vormaligen Vertrags-Arbeitgeber, bei dem er zuvor sachgrundlos befristet beschäftigt war.[371]

149 Bei einem **Betriebs(teil)übergang** nach § 613a BGB greift das Anschlussverbot nur, wenn das befristete Arbeitsverhältnis mit übergeht; wurde es vorher beendet, dann kann auch mit dem Erwerber ein neues befristetes Arbeitsverhältnis eingegangen werden.[372]

150 Erlischt der Arbeitgeber etwa im Zuge einer **Verschmelzung** unter Auflösung ohne Abwicklung im Wege der Aufnahme nach § 2 Nr. 1 UmwG, darf der übernehmende Rechtsträger wirksam nach § 14 Abs. 2 TzBfG befristen.[373] Dies gilt auch für **fusionierende Krankenkassen**.[374]

151 *Praxishinweis*

Der Arbeitgeber hat ein **Fragerecht** hinsichtlich der Vorbeschäftigung des Arbeitnehmers.[375] Er muss aber über sämtliche frühere Firmierungen und Rechtsvorgänger aufklären.[376] Schriftliche Dokumentation ist empfehlenswert.

152 Die **Befristung im Anschluss an die Berufsausbildung** ist zulässig, weil das Berufsausbildungsverhältnis kein Arbeitsverhältnis darstellt.[377] Es kommt auch eine Sachgrundbefristung nach § 14 Abs. 1 TzBfG in Betracht (vgl. Rdn 64, 52).

(d) Abweichungen durch TV gem. § 14 Abs. 2 S. 3 und S. 4 TzBfG

153 Durch TV darf obgleich des „oder" in § 14 Abs. 2 S. 3 TzBfG sowohl von der Anzahl der Verlängerungen als auch der Höchstdauer der Befristung nach § 14 Abs. 2 S. 3 TzBfG i.V.m. § 22 Abs. 1 TzBfG auch

---

366 BAG 9.3.2011, NZA 2011, 1147; BAG 18.10.2006, NZA 2007, 443; KR/*Lipke*, § 14 TzBfG Rn 587; *Meinel/Heyn/Herms*, § 14 TzBfG Rn 268; *Löwisch*, BB 1985, 1200; *Straub*, NZA 2001, 927; *Kleinebrink*, ArbRB 2002, 348.

367 Annuß/Thüsing/*Maschmann*, § 14 TzBfG Rn 75; APS/*Backhaus*, § 14 TzBfG Rn 397; *Bauer*, BB 2001, 2473.

368 BAG 18.10.2006, NZA 2007, 443; BAG 25.4.2001, AP Nr. 10 zu § 1 BeschFG 1996 = NZA 2001, 1384; BAG 8.12.1988, AP Nr. 6 zu § 1 BeschFG 1985 = NZA 1989, 459; APS/*Backhaus*, § 14 TzBfG Rn 399 ff.

369 LAG Hessen 22.1.2016, BeckRS 2016, 69983.

370 BAG 9.3.2011, AP Nr. 81 zu § 14 TzBfG = NZA 2011, 1147; BAG 25.4.2001, AP Nr. 10 zu § 1 BeschFG 1996 = NZA 2001, 1384; *Meinel/Heyn/Herms*, § 14 TzBfG Rn 267; APS/*Backhaus*, § 14 TzBfG Rn 400; Annuß/Thüsing/*Maschmann*, § 14 TzBfG Rn 78.

371 BAG 9.3.2011, AP Nr. 81 zu § 14 TzBfG = NZA 2011, 1147.

372 BAG 25.10.2012, NZA 2013, 203; BAG 10.11.2004, AP Nr. 14 zu § 14 TzBfG = NZA 2005, 514; APS/*Backhaus*, § 14 TzBfG Rn 398; Annuß/Thüsing/*Maschmann*, § 14 TzBfG Rn 76; *Meinel/Heyn/Herms*, § 14 TzBfG Rn 270; ErfK/*Müller-Glöge*, § 14 TzBfG Rn 93; *Löwisch*, BB 1985, 1200; *Oetker/Kiel*, DB 1989, 576; *Kleinebrink*, ArbRB 2002, 348.

373 BAG 10.11.2004, AP Nr. 14 zu § 14 TzBfG = NZA 2005, 514; BAG 22.6.2005 – 7 AZR 363/04.

374 LAG Mecklenburg-Vorpommern 17.4.2012 – 5 Sa 205/11.

375 BegrRE, BT-Drucks 14/4374, 19; APS/*Backhaus*, § 14 TzBfG Rn 401; *Däubler*, ZIP 2000, 1966; *Bauer*, BB 2001, 2477; *Hromadka*, BB 2001, 627; *Kleinsorge*, MDR, 2001, 181; *Kliemt*, NZA 2001, 296; *Straub*, NZA 2001, 926.

376 APS/*Backhaus*, § 14 TzBfG Rn 401; *Hromadka*, BB 2001, 627; *Kliemt*, NZA 2001, 296.

377 BAG 18.7.2012, NZA 2012, 1369; BAG 21.9.2011, NZA 2012, 255; BegrRE, BT-Drucks 14/4374, 20; auch ErfK/*Müller-Glöge*, § 14 TzBfG Rn 94; *Schlachter*, NZA 2003, 1180.

zulasten des Arbeitnehmers abgewichen werden.[378] Eine Einschränkung des Anwendungsbereichs zugunsten von (herangezogenen Ersatz-)Betriebsratsmitgliedern ist nicht notwendig.[379] Jedoch unterliegt die Abweichungsbefugnis verfassungsrechtlichen und unionsrechtlichen Beschränkungen. Das BAG zieht zwar keine allgemeingültigen Grenzen, hält eine Höchstdauer von 48 Monaten bei maximal sechs Verlängerungen aber noch für zulässig.[380] Die Möglichkeit der sachgrundlosen Befristung kann durch TV vollständig ausgeschlossen werden, so dass für jede Befristung ein Sachgrund erforderlich wäre.[381] § 22 TzBfG lasse günstigere tarifliche Regelungen zu. Die Abweichungsbefugnis gilt nicht für Kirchen.[382]

Im Geltungsbereich eines TV, der die vorgenannten Abweichungen zulässt, können **nicht tarifgebundene Arbeitgeber und Arbeitnehmer** die Anwendung der tariflichen Regelungen vereinbaren. Gemeint sein dürfte der fachlich und persönlich einschlägige TV.[383]   **154**

Praxishinweis   **155**

Arbeitsvertraglich sollte auf den TV, der die abweichenden Regelungen enthält, ausdrücklich verwiesen werden. Es dürfte insoweit der Verweis auf den entsprechenden tarifvertraglichen Regelungskomplex reichen, weil sonst das gesetzgeberische Anliegen der branchenspezifischen Lösung durch die Inbezugnahme von TV nicht erreicht würde.[384]

Die **betriebliche Übung**, einen bestimmten Tarifvertrag anzuwenden, reicht mangels Schriftform gem. § 14 Abs. 4 TzBfG nicht.[385]   **156**

cc) Formulierungsbeispiele
(1) Sachgrundlose Befristung

Der Arbeitnehmer wird befristet ab dem (…) als (…) eingestellt. Das Arbeitsverhältnis endet automatisch und ohne, dass es einer Kündigung bedarf, am (…).   **157**

(2) Verlängerung

Der befristete Vertrag vom (…) wird verlängert bis zum (…). Im Übrigen gelten die Bestimmungen des befristeten Vertrags vom (…) unverändert weiter.   **158**

---

378 BAG 18.3.2015, NZA 2015, 821; BAG 5.12.2012, NZA 2013, 515; BAG 15.8.2012, NZA 2013, 45; LAG Düsseldorf 9.12.2014, ZTR 2015, 209 = BeckRS 2015, 66383.
379 BAG 25.6.2014, NZA 2014, 1209; BAG 5.12.2012, NZA 2013, 515; LAG München 23.10.2013, BeckRS 2014, 71921; siehe auch *Ecklebe*, DB 2014, 1930.
380 BAG 18.3.2015, NZA 2015, 821; BAG 5.12.2012, NZA 2013, 515; BAG 15.8.2012, NZA 2013, 45; für eine Höchstdauer von fünf Jahren bei maximal zehnmaliger Verlängerung KR/*Lipke*, § 14 TzBfG Rn 605; für eine Höchstdauer von vier Jahren bei maximal sechsmaliger Verlängerung *Francken*, NZA 2013, 122.
381 BAG 29.6.2011, AP Nr. 83 zu § 14 TzBfG = NZA 2011, 1151; APS/*Backhaus*, § 14 TzBfG Rn 406; *Meinel/Heyn/Herms*, § 14 TzBfG Rn 285; Arnold/Gräfl/*Gräfl*, § 14 TzBfG Rn 296; KR/*Lipke*, § 14 TzBfG Rn 605; Annuß/Thüsing/*Maschmann*, § 14 TzBfG Rn 67; *Backhaus*, SB NZA 24/2001, 8; BAG 25.9.1987, AP Nr. 1 zu § 1 BeschFG 1985 = NZA 1988, 358; BAG 24.2.1988, AP Nr. 3 zu § 1 BeschFG 1985 = NZA 1988, 545; BAG 15.3.1989, AP Nr. 7 zu § 1 BeschFG 1985 = NZA 1989, 690; BAG 21.2.2001, AP Nr. 9 zu § 1 BeschFG 1996 = NZA 2001, 1141; *Wisskirchen*, DB 1998, 727; a.A. *Pöltl*, NZA 2001, 582.
382 BAG 25.3.2009, NZA 2009, 1417.
383 KR/*Lipke*, § 14 TzBfG Rn 609; APS/*Backhaus*, § 14 TzBfG Rn 409.
384 BAG 19.1.1999, AP Nr. 9 zu § 1 TVG Bezugnahme auf Tarifvertrag = NZA 1999, 879; APS/*Backhaus*, § 14 TzBfG Rn 410; Arnold/Gräfl/*Gräfl*, § 14 TzBfG Rn 297; *Meinel/Heyn/Herms*, § 14 TzBfG Rn 294.
385 A.A. APS/*Backhaus*, § 14 TzBfG Rn 411.

(3) Erklärung des Arbeitnehmers zu Vorbeschäftigungen

159 Der Arbeitnehmer erklärt, dass er noch niemals zuvor in einem Arbeitsverhältnis mit (...) (*Firmierung des einstellenden Unternehmens*) [**ggf.:** oder ihrer Rechtsvorgänger (...) (*Auflistung sämtlicher Rechtsvorgänger*)] gestanden hat.

c) Sachgrundlose Befristung für Existenzgründer (§ 14 Abs. 2a TzBfG)
aa) Typischer Sachverhalt

160 Der Arbeitgeber möchte eine Neueinstellung vornehmen, sich jedoch vorerst nicht dauerhaft binden und deshalb insb. vermeiden, dass er für die Beendigung des Arbeitsverhältnis einen Kündigungsgrund benötigt. Ist der Arbeitgeber Existenzgründer, kann er in dieser Situation statt § 14 Abs. 2 TzBfG das Befristungsprivileg aus § 14 Abs. 2a TzBfG in Anspruch nehmen und damit bis zur Dauer von vier Jahren befristen.

bb) Rechtliche Grundlagen
(1) Allgemeines

161 **Existenzgründer** dürfen ein Arbeitsverhältnis nach § 14 Abs. 2a TzBfG innerhalb der ersten vier Jahre nach der Unternehmensgründung ohne Sachgrund bis zur Dauer von vier Jahren befristen.[386] In der schwierigen Aufbauphase eines Unternehmens soll der Abschluss befristeter Arbeitsverträge erleichtert werden.[387] Die Regelung wurde per 1.1.2004 im Zusammenhang der sog. Agenda 2010 eingeführt[388] und lehnt sich an § 112a Abs. 2 BetrVG an, wonach neu gegründete Unternehmen von der Sozialplanpflicht befreit sind.

(2) Voraussetzungen
(a) Unternehmensgründung

162 Die Befristung bis zu vier Jahren ist **in den ersten vier Jahren nach der Gründung eines Unternehmens** zulässig. Das Unternehmen darf seine nach § 138 AO anzeigepflichtige Tätigkeit noch keine vier Jahre aufgenommen haben.[389] Wie bei § 112a Abs. 2 BetrVG muss es sich um eine „echte" Neugründung handeln, d.h. Neugründungen, die aus der Umstrukturierung von Unternehmen und Konzernen hervorgehen, sind nicht privilegiert.[390]

163 *Praxishinweis*

Der Tag der faktischen Aufnahme der Erwerbstätigkeit ist häufig schwer zu bestimmen. Daher ist eine genaue Dokumentation zu empfehlen und im Zweifel ein „Sicherheitsabstand" einzuhalten.[391]

164 Für **neu gegründete Betriebe** eines bereits länger als vier Jahre gegründeten Unternehmens gilt das Privileg ebenfalls nicht.[392] Jedoch dürfte die Übernahme eines bereits länger als vier Jahre bestehenden Betriebs

---

386 Gem. Koalitionsvertrag zwischen CDU, CSU und SPD „Gemeinsam für Deutschland – mit Mut und Menschlichkeit" vom 11.11.2005, S. 37, https://www.cdu.de/system/tdf/media/dokumente/05_11_11_Koalitionsvertrag_Langfassung_navigierbar_0.pdf?file=1&type=field_collection_item&id=543 (29.6.2016) sollte diese Privilegierung erhalten bleiben, während die Streichung von Abs. 2 vorgesehen war; die Streichung von Abs. 2 wurde indes nie vorgenommen.

387 BegrRE, BT-Drucks 15/1204, 10 u. 14.

388 Gesetz zu Reformen am Arbeitsmarkt vom 24.12.2003, BGBl I 2003, 3002.

389 BegrRE, BT-Drucks 15/1204, 14; Arnold/Gräfl/*Gräfl*, § 14 TzBfG Rn 304; ErfK/*Müller-Glöge*, § 14 TzBfG Rn 105; APS/*Backhaus*, § 14 TzBfG Rn 415i; *Lipinski*, BB 2004, 1221.

390 Vgl. BegrRE, BT-Drucks 10/2102, 28; BAG 22.2.1995, AP Nr. 7 zu § 112a BetrVG 1972 = NZA 1995, 699; BAG 22.7.1995, AP Nr. 8 zu § 112a BetrVG 1972 = NZA 1995, 697.

391 APS/*Backhaus*, § 14 TzBfG Rn 415i; Arnold/Gräfl/*Gräfl*, § 14 TzBfG Rn 304.

392 APS/*Backhaus*, § 14 TzBfG Rn 415e; KR/*Lipke*, § 14 TzBfG Rn 621.

oder Betriebsteils durch ein Unternehmen, das selbst noch keine vier Jahre am Markt tätig ist, gem. der Rspr. des BAG zu § 112a BetrVG[393] von § 14 Abs. 2a TzBfG gedeckt sein.[394]

(b) Ablauf der Vier-Jahres-Frist nach Unternehmensgründung

Das befristete Arbeitsverhältnis muss in den ersten vier Jahren nach der Unternehmensgründung aufgenommen werden, §§ 187 Abs. 1, 188 Abs. 2 BGB.[395] Damit kann die Privilegierung dazu führen, dass ein **während des Vierjahreszeitraums** seit der Unternehmensgründung geschlossener befristeter Arbeitsvertrag in die Zeit **nach dem Ablauf der Vierjahresfrist wirkt**. Ein am letzten Tag der Vierjahresfrist seit der Unternehmensgründung geschlossenes befristetes Arbeitsverhältnis wirkt sogar, wenn die Befristung sogleich auf die volle Laufzeit von vier Jahren vereinbart wird, bis zum Ablauf von fast acht Jahren nach der Unternehmensgründung.[396]

165

(c) Kalendermäßige Befristungen

Die Befristung hat **nach dem Kalender** zu erfolgen bzw. muss dem Kalender nach bestimmbar sein und errechnet sich nach §§ 187 Abs. 2, 188 Abs. 2 und 3 BGB.[397] Sie beginnt mit der vereinbarten Arbeitsaufnahme, nicht mit dem zuvor erfolgten Abschluss des Arbeitsvertrags.[398]

166

(d) Verlängerungen

Entgegen § 14 Abs. 2 TzBfG ist die Anzahl von **Verlängerungsmöglichkeiten** bei § 14 Abs. 2a TzBfG nicht beschränkt[399] (zum Begriff der Verlängerung vgl. Rdn 142).

167

(e) Entsprechende Anwendung § 14 Abs. 2 S. 2 bis S. 4 TzBfG

§ 14 Abs. 2a TzBfG verweist auf § 14 Abs. 2 S. 2–4 TzBfG. Daher ist die Befristung auch nach § 14 Abs. 2a TzBfG nicht wirksam, wenn mit demselben Arbeitgeber innerhalb der letzten drei Jahre ein Arbeitsverhältnis bestanden hat, sog. **Anschlussverbot**[400] (vgl. Rdn 144).

168

Durch TV kann von der vierjährigen Höchstbefristungsdauer abgewichen werden.[401] Ob die Regelung durch das Erfordernis eines Sachgrundes für die Befristung gem. TV „auf Null" reduziert werden darf, ist str. Dies dürfte unzulässig sein.[402] Gem. § 14 Abs. 2 S. 3 TzBfG dürfen lediglich abweichende Regelungen in Bezug auf die Höchstdauer der Befristung getroffen werden; die Befristung muss also möglich sein, auch wenn eine reduzierte Höchstdauer erlaubt ist (vgl. auch Rdn 153). Es muss auch nach tarifvertraglichen Vorschriften bei einer Privilegierung von Existenzgründern bleiben, und zwar auch im Verhältnis zu Befristungen anderer Unternehmen gem. § 14 Abs. 2 TzBfG.[403]

169

Wegen § 22 Abs. 1 TzBfG darf wohl richtiger Auffassung zufolge gem. TV keine Befristung für Existenzgründer über vier Jahre vorgesehen werden, weil dies zu Lasten des Arbeitnehmers ginge.[404] Entsprechend könnte im Ausnahmefall die Privilegierung von Existenzgründern dann nicht mehr vorliegen,

---

393 BAG 22.2.1995, AP Nr. 8 zu § 112a BetrVG = NZA 1995, 697; BAG 10.12.1996, AP Nr. 110 zu § 112 BetrVG 1972 = NZA 1997, 898.

394 Str., dafür: *Meinel/Heyn/Herms*, § 14 Rn 298; für § 112a BetrVG: *Richardi/Annuß*, § 112a BetrVG Rn 15; *Loritz*, NZA 1993, 1105; *Bader*, NZA 2004, 65; *Löwisch*, BB 2004, 154; dagegen: APS/*Backhaus*, § 14 TzBfG Rn 415h; *Preis*, DB 2004, 70.

395 APS/*Backhaus*, § 14 TzBfG Rn 415i.

396 APS/*Backhaus*, § 14 TzBfG Rn 415k; ErfK/*Müller-Glöge*, § 14 TzBfG Rn 105; *Bauer/Preis/Schuder*, NZA 2004, 195; *Arnold/Gräfl/Gräfl*, § 14 TzBfG Rn 312; *v. Steinau-Steinrück/Oelkers*, NJW-Spezial 1/2005, 33; a.A. KR/*Lipke*, § 14 TzBfG Rn 634; *Bader*, NZA 2004, 65.

397 KR/*Lipke*, § 14 TzBfG Rn 629; APS/*Backhaus*, § 14 TzBfG Rn 415j.

398 BegrRE, BT-Drucks 15/1204, 14; *Meinel/Heyn/Herms*, § 14 TzBfG Rn 301.

399 BegrRE, BT-Drucks 15/1204, 10; *Biebl*, Rn 155; APS/*Backhaus*, § 14 TzBfG Rn 415l; *Meinel/Heyn/Herms*, § 14 TzBfG Rn 302.

400 APS/*Backhaus*, § 14 TzBfG Rn 415m.

401 BegrRE, BT-Drucks 15/1204, 14.

402 *Biebl*, Rn 160.

403 *Biebl*, Rn 160.

404 A.A. APS/*Backhaus*, § 14 TzBfG Rn 415n; Arnold/Gräfl/*Gräfl*, § 14 TzBfG Rn 315.

wenn die Befristung nach § 14 Abs. 2 TzBfG für alle anderen Arbeitgeber bereits eine tarifvertragliche Ausdehnung auf vier Jahre oder länger vorsähe.

170 Im Geltungsbereich eines TV, der Abweichungen zulässt, können auch **nichttarifgebundene Arbeitgeber und Arbeitnehmer** gem. § 14 Abs. 2 S. 4 TzBfG die Anwendung der tariflichen Regelungen vereinbaren (vgl. Rdn 154).

cc) Formulierungsbeispiele

171 Zu folgenden Musterformulierungen finden sich weiter oben bereits entsprechende Beispiele:

- Befristung Existenzgründer, Kalenderbefristung (vgl. Rdn 157)
- Verlängerung Befristung Existenzgründer (vgl. Rdn 158)
- Erklärung des Arbeitnehmers zu Vorbeschäftigungen (vgl. Rdn 159).

d) Befristung mit älteren Arbeitnehmern (§ 14 Abs. 3 TzBfG)
aa) Typischer Sachverhalt

172 Der Arbeitgeber will einen älteren Arbeitnehmer einstellen, sich jedoch nicht dauerhaft binden und insb. vermeiden, dass er für die Beendigung des Arbeitsverhältnisses einen Kündigungsgrund benötigt.

bb) Rechtliche Grundlagen
(1) Allgemeines

173 Der Arbeitgeber darf einen Arbeitnehmer, der das 52. Lebensjahr vollendet hat, bis zur Höchstdauer von fünf Jahren bei mehrfacher Verlängerung befristet beschäftigen. Allerdings muss der Arbeitnehmer unmittelbar vor Beginn des befristeten Arbeitsverhältnisses mind. vier Monate beschäftigungslos i.S.d. § 138 Abs. 1 Nr. 1 SGB III gewesen sein oder aber Transferkurzarbeitergeld bezogen oder an einer öffentlich geförderten Beschäftigungsmaßnahme nach SGB II oder SGB III teilgenommen haben.

174 Die Vorgängerregelung, die ebenfalls eine Befristung von Arbeitsverträgen mit älteren Arbeitnehmern ab dem 52. Lebensjahr vorsah, war dem EuGH und dem BAG zufolge europarechtswidrig und deshalb von nationalen Gerichten unangewendet zu lassen.[405] Die derzeitige Fassung hält das BAG dagegen für unions- und verfassungsrechtskonform.[406]

(2) Voraussetzungen
(a) Altersgrenze

175 Zur Rechtfertigung der Befristung muss der Arbeitnehmer bei Aufnahme des befristeten Arbeitsverhältnisses das **52. Lebensjahr vollendet** haben.[407]

(b) Vorhergehende viermonatige beschäftigungslose Zeit

176 Vor Beginn der Befristung muss der Arbeitnehmer **mind. vier Monate beschäftigungslos** gewesen sein, §§ 187 Abs. 1, 188 Abs. 2 BGB.[408] Beschäftigungslos ist, wer gem. § 138 Abs. 1 Nr. 1 SGB III nicht in einem Beschäftigungsverhältnis steht. Beschäftigungslos ist also nicht gleichzusetzen mit arbeitslos. Denn auch ältere Menschen, die sich etwa aus persönlichen Gründen (z.B. Pflege eines kranken Angehörigen, Teilnahme an Rehabilitationsmaßnahmen, vorübergehender Erwerbsunfähigkeit oder Verbüßung einer Freiheitsstrafe) nicht arbeitsuchend gemeldet haben, sollen erfasst sein.[409] Wer **Transferkurzarbeitergeld**

---

405 EuGH 22.11.2005, NZA 2005, 1345; APS/*Backhaus*, § 14 TzBfG Rn 418; *Meinel/Heyn/Herms*, § 14 TzBfG Rn 305; *Däubler*, ZIP 2000, 1961; BAG 26.4.2006, NZA 2006, 1162; auch ArbG Berlin 30.3.2006, NZA-RR 2006, 408; ArbG Hannover 18.5.2006, DB 2006, 1847; a.A. *Koberski*, NZA 2005, 79; *Preis/Gotthardt*, DB 2000, 2065; *Kliemt*, NZA 2000, 296; *Bauer*, NJW 2001, 2673; *Thüsing/Lambrich*, BB 2002, 829; *Kerwer*, NZA 2002, 1316; *Bauer*, NZA 2003, 30.
406 BAG 28.5.2014, NZA 2015, 1131.
407 KR/*Lipke*, § 14 TzBfG Rn 666; ErfK/*Müller-Glöge*, § 14 TzBfG Rn 111; *Bauer*, DB 02/2007, I; *Schiefer*, DB 2007, 1081.
408 *Schiefer*, DB 2007, 1081.
409 Begründung Gesetzentwurf, BT-Drucks 16/3793, 7.

nach § 111 Abs. 2 SGB III bezieht, ist beschäftigungslos i.S.d. Regelung.[410] Zeiten der Beschäftigungslosigkeit sind auch Zeiten der Teilnahme an **öffentlich geförderten Beschäftigungsmaßnahmen** nach SGB II oder III.[411] Der Arbeitnehmer muss grds. **unmittelbar vor der Befristung** vier zusammenhängende Monate lang beschäftigungslos gewesen sein.[412] Nur kurzzeitige Unterbrechungen dürften unschädlich sein.[413]

Unklar ist, ob § 138 Abs. 3 SGB III Anwendung findet, d.h. eine **Erwerbstätigkeit** (Ausübung einer Beschäftigung, selbstständiger Tätigkeit oder Tätigkeit als mithelfender Familienangehöriger) **im Umfang von weniger als 15 Stunden pro Woche** der Befristung entgegensteht. Nach der Gesetzesbegründung ist das nicht der Fall.[414] In der Praxis wird dies aber zu Recht wegen des klaren Wortlauts der Regelung, die eben nicht auf § 138 Abs. 3 SGB III verweist, abgelehnt. Vorsorglich muss daher davon ausgegangen werden, dass jede Art der Beschäftigung die Wirksamkeit der Befristung hindert. **177**

Praxishinweis **178**

Der Arbeitgeber hat ein **Fragerecht**, ob der Arbeitnehmer vor Beginn des Arbeitsverhältnisses vier Monate beschäftigungslos gewesen ist, Transferkurzarbeitergeld bezogen oder an einer öffentlich geförderten Beschäftigungsmaßnahme nach dem Zweiten oder Dritten Buch Sozialgesetzbuch teilgenommen hat. Auf die Frage muss der Arbeitnehmer wahrheitsgemäß antworten, um sich nicht den Folgen der Anfechtung des Vertrags wegen Täuschung oder treuwidrigen Verhaltens nach §§ 123, 242 BGB auszusetzen.[415]

(c) Kalendermäßige Befristung bis zu fünf Jahren

Die Befristung ist **bis zu fünf Jahren** und nur **dem Kalender nach** zulässig[416] (vgl. auch Rdn 173). Für den Beginn der Befristung ist die Arbeitsaufnahme entscheidend, nicht der Vertragsschluss. Der Ablauf der Frist berechnet sich nach §§ 187 Abs. 2, 188 Abs. 2 und 3 BGB. Vorbeschäftigungen bei demselben Arbeitgeber hindern die Wirksamkeit der Befristung nicht.[417] **179**

(d) Verlängerungen

Der Ursprungsvertrag darf während des Fünf-Jahres-Zeitraumes **mehrfach und ohne Beschränkung** hinsichtlich der Anzahl **verlängert** werden[418] (vgl. zur Verlängerung Rdn 142 f.). **180**

cc) Formulierungsbeispiele
(1) Altersbefristung (Kalenderbefristung)

Der Arbeitnehmer wird ab dem (…) befristet tätig als (…). Das Arbeitsverhältnis endet mit Ablauf des (…), ohne dass es einer Kündigung bedarf. **181**

(2) Verlängerung Altersbefristung

Hierzu findet sich weiter oben ein entsprechendes Beispiel (vgl. Rdn 158). **182**

---

410 Begründung Gesetzesentwurf, BT-Drucks 16/3793, 9.
411 Begründung Gesetzesentwurf, BT-Drucks 16/3793, 10.
412 Begründung Gesetzesentwurf, BT-Drucks 16/3793, 10.
413 Begründung Gesetzesentwurf, BT-Drucks 16/3793, 10.
414 Begründung Gesetzesentwurf, BT-Drucks 16/3793, 9.
415 Begründung Gesetzesentwurf, BT-Drucks 16/3793, 10; auch KR/*Lipke*, § 14 TzBfG Rn 674.
416 Begründung Gesetzesentwurf, BT-Drucks 16/3793, 7; auch KR/*Lipke*, § 14 TzBfG Rn 676.
417 Begründung Gesetzesentwurf, BT-Drucks 16/3793, 10 f. u. 24; krit. KR/*Lipke*, § 14 TzBfG Rn 678; *Bayreuther*, BB 2007, 1113; *Schiefer*, DB 2007, 1081.
418 Begründung Gesetzesentwurf, BT-Drucks 16/3793, 7; auch KR/*Lipke*, § 14 TzBfG Rn 679.

(3) Erklärung des Arbeitnehmers zur Beschäftigungslosigkeit

183   Der Arbeitnehmer bestätigt hiermit, dass er vor Beginn dieses befristeten Arbeitsverhältnisses (…) (*vier Monate beschäftigungslos war/Transferkurzarbeitergeld bezog an einer öffentlich geförderten Beschäftigungsmaßnahme nach dem Zweiten oder Dritten Buch Sozialgesetzbuch teilnahm*).

2. Befristungen nach Sondervorschriften

184   Gem. § 23 TzBfG bleiben besondere Regelungen über die Befristung von Arbeitsverhältnissen nach anderen Vorschriften unberührt. Neben TV beinhalten verschiedene Spezialgesetze eigene Grundsätze der Befristung.

a) § 21 BEEG
aa) Typischer Sachverhalt

185   Das Arbeitsverhältnis soll für die Zeit befristet werden, während der ein Arbeitnehmer die Vertretung eines anderen Arbeitnehmers während des Mutterschutzes, der Elternzeit oder einer Freistellung zur Kinderbetreuung übernimmt.

bb) Rechtliche Grundlagen

186   Nach § 21 Abs. 1 BEEG stellt die Vertretung eines Arbeitnehmers **während des Mutterschutzes, der Elternzeit und für Freistellungen zur Kinderbetreuung** aufgrund TV, BV oder Einzelvereinbarung einen Sachgrund dar. Die wiederholte Vertretung ist zulässig, solange der Sachgrund jeweils vorliegt (vgl. Rdn 28).[419] Nach § 21 Abs. 2 BEEG darf die Befristung auch die notwendigen Zeiten der Einarbeitung umfassen. Somit kann das befristete Arbeitsverhältnis schon vor der Abwesenheit des zu vertretenden Arbeitnehmers beginnen. Gem. § 21 Abs. 3 BEEG kommt die **Kalender- und Zweckbefristung** in Betracht.

187   § 21 BEEG steht neben § 14 Abs. 1 S. 2 Nr. 3 TzBfG.[420] Im Unterschied dazu regelt sie aber ein (dispositives) **Sonderkündigungsrecht** in § 21 Abs. 4 BEEG, für das das KSchG gem. § 21 Abs. 5 BEEG nicht gilt. Hinsichtlich der Schriftform gilt § 14 Abs. 4 TzBfG (vgl. Rdn 37). Bei der Ermittlung von Schwellenwerten für beschäftigte Arbeitnehmer bzw. die Anzahl von Arbeitsplätzen verhindert § 21 Abs. 7 BEEG die Doppelzählung von Vertretenem und Vertreter.

cc) Muster

188   Zu folgenden Musterformulierungen finden sich weiter oben bereits entsprechende Beispiele:

- Elternzeitvertretung, Kalenderbefristung (vgl. Muster Rdn 80)
- Elternzeitvertretung, Zweckbefristung (vgl. Muster Rdn 81).

b) § 6 PflegeZG
aa) Typischer Sachverhalt

189   Das Arbeitsverhältnis soll für die Zeit befristet werden, während der ein Arbeitnehmer wegen einer akut aufgetretenen Pflegesituation nach § 2 PflegeZG kurzzeitig an der Arbeit verhindert ist oder Pflegezeit gem. § 3 PflegeZG in Anspruch nimmt.

bb) Rechtliche Grundlagen

190   Wenn zur Vertretung eines Beschäftigten für die Dauer der **kurzzeitigen Arbeitsverhinderung nach § 2 PflegeZG** oder der **Pflegezeit gem. § 3 PflegeZG** ein Arbeitnehmer befristet eingestellt wird, liegt hierin gem. § 6 Abs. 1 S. 1 PflegeZG ein sachlicher Grund. Wie bei § 21 Abs. 2 BEEG (vgl. Rdn 186), darf die Befristung auch die notwendigen Zeiten der Einarbeitung umfassen, vgl. § 6 Abs. 1 S. 2 PflegeZG. Die Re-

---

419 EuGH 26.1.2012, NZA 2012, 135; vgl. BAG 18.7.2012, NZA 2012, 1351.
420 BAG 13.10.2004, NZA 2005, 469.

gelung ist weiter als § 14 Abs. 2 S. 2 Nr. 3 TzBfG und § 21 Abs. 1 BEEG, da nicht nur die Vertretung von Arbeitnehmern, sondern weiter von Beschäftigten[421] gem. § 7 Abs. 1 PflegeZG zulässig ist.[422] Jedoch ist wie dort die mittelbare und unmittelbare Vertretung zulässig[423] (vgl. auch Rdn 74). Die Norm stellt eine privilegierende Ausnahme zu den Vorschriften des TzBfG dar. Daher ist der Vertretungsbedarf entsprechend § 9 TzBfG vorrangig durch andere teilzeitbeschäftigte Arbeitnehmer zu decken.[424]

Gem. § 6 Abs. 2 PflegeZG kommt die **Kalender- und Zweckbefristung** in Betracht. Hinsichtlich der 191 Schriftform gilt § 14 Abs. 4 TzBfG (vgl. Rdn 37), für die Zweckbefristung § 15 Abs. 2 TzBfG (vgl. Rdn 21, 33).[425] Bei der Ermittlung von Schwellenwerten für beschäftigte Arbeitnehmer bzw. die Anzahl von Arbeitsplätzen verhindert § 6 Abs. 4 PflegeZG die Doppelzählung von Vertretenem und Vertreter.

Der Arbeitgeber kann das befristete Arbeitsverhältnis gem. § 6 Abs. 3 S. 1 PflegeZG unter Einhaltung einer 192 Frist von zwei Wochen kündigen, wenn die Pflegezeit des Vertretenen nach § 4 Abs. 2 S. 1 PflegeZG vorzeitig endet, weil der nahe Angehörige nicht mehr pflegebedürftig oder die häusliche Pflege unmöglich oder unzumutbar geworden ist. Gem. § 6 Abs. 3 S. 2 PflegeZG unterliegt eine solche Kündigung nicht den Voraussetzungen des KSchG. Andere Unwirksamkeitsgründe (etwa § 102 BetrVG) sind nicht ausgeschlossen.[426] Das **Sonderkündigungsrecht** kann sowohl individual- als auch kollektivvertraglich ausgeschlossen werden, vgl. § 6 Abs. 3 S. 3 PflegeZG.[427] Es findet keine Anwendung, wenn die Pflegezeit gem. § 4 Abs. 2 S. 3 PflegeZG wegen Zustimmung des Arbeitgebers vorzeitig endet.

cc) Muster
(1) Pflegezeitvertretung (Kalenderbefristung)
Hierzu findet sich weiter oben ein entsprechendes Beispiel (vgl. Rdn 80). 193

(2) Pflegezeitvertretung (Zweckbefristung)

Muster 1b.5: Pflegezeitvertretung (Zweckbefristung) 194

Der Arbeitnehmer wird ab dem ▒▒▒▒ befristet zur Vertretung während der Pflegezeit von Herrn/ Frau ▒▒▒▒ als ▒▒▒▒ beschäftigt. Das Arbeitsverhältnis endet, ohne dass es einer Kündigung bedarf, mit dem Ende der Pflegezeit, jedoch frühestens zwei Wochen nach Zugang der schriftlichen Unterrichtung des Arbeitnehmers über die Zweckerreichung der Befristung – es sei denn, der Arbeitgeber kündigt das Arbeitsverhältnis nach § 6 Abs. 3 S. 1 PflegeZG bereits früher mit einer Frist von zwei Wochen wegen vorzeitiger Beendigung der Pflegezeit im Falle, dass die Pflegebedürftigkeit des nahen Angehörigen nicht mehr vorliegt oder unmöglich oder unzumutbar geworden ist. (*alternativ: Das Sonderkündigungsrecht des Arbeitgebers nach § 6 Abs. 3 S. 1 PflegeZG ist ausgeschlossen.*)

(3) Mittelbare Pflegezeitvertretung

Muster 1b.6: Mittelbare Pflegezeitvertretung 195

Der Arbeitnehmer wird ab dem ▒▒▒▒ befristet als mittelbare Vertretung während der Pflegezeit von Herrn/Frau ▒▒▒▒ als ▒▒▒▒ beschäftigt, und zwar auf dem Arbeitsplatz von Herrn/Frau ▒▒▒▒, der/ die seiner-/ihrerseits die unmittelbare Vertretung von Herrn/Frau ▒▒▒▒ übernimmt. (*Das Arbeitsverhältnis endet automatisch am ▒▒▒▒, ohne dass es einer Kündigung bedarf./Das Arbeitsverhältnis endet*

421 ErfK/*Gallner*, § 7 PflegeZG Rn 1; *Linck*, BB 2008, 2738; *Preis/Weber*, NZA 2008, 82.
422 ErfK/*Gallner*, § 6 PflegeZG Rn 1.
423 ErfK/*Gallner*, § 6 PflegeZG Rn 1.
424 Vgl. *Oelkers/Rosenau*, NJW-Spezial 2011, 754.
425 ErfK/*Gallner*, § 6 PflegeZG Rn 1.
426 ErfK/*Gallner*, § 6 PflegeZG Rn 2.
427 HWK/*Lembke*, § 6 PflegeZG Rn 5.

mit dem Ende der Vertretung, jedoch frühestens nach Ablauf von zwei Wochen nach der schriftlichen Unterrichtung über die Zweckerreichung.)

▲

c) § 8 Abs. 3 ATZG

196 Die automatische Beendigung des Arbeitsverhältnisses nach Altersteilzeit gem. § 8 Abs. 3 ATZG zu einem Zeitpunkt, zu dem der Arbeitnehmer Anspruch auf Altersrente hat, ist eine Befristung (vgl. dazu Rdn 107).

d) § 21 BBiG

197 Die gem. § 21 Abs. 1 BBiG vorgesehene automatische Beendigung des Berufsausbildungsverhältnisses mit dem Ablauf der Ausbildungszeit stellt eine Befristung dar (vgl. dazu § 1a Rdn 557). Gem. § 21 Abs. 2 BBiG endet das Berufsausbildungsverhältnis abweichend von Abs. 1, wenn der Auszubildende die Abschlussprüfung vorzeitig besteht und ihm die Prüfungsergebnisse verbindlich mitgeteilt werden. Eine Verlängerung des Berufsausbildungsverhältnisses kommt analog § 21 Abs. 3 BBiG in Betracht, wenn die Abschlussprüfung schon abgelegt wurde, die Prüfungsergebnisse noch nicht bekannt gegeben wurden und der Auszubildende die Verlängerung bis zur Ergebnisbekanntgabe bzw. Wiederholungsprüfung verlangt.[428]

198 Nach § 78a BetrVG ist ein Azubi, der Mitglied eines Betriebsverfassungsorgans ist, auf Verlangen nach Beendigung des Berufsausbildungsverhältnisses in ein Arbeitsverhältnis auf unbestimmte Zeit zu übernehmen (vgl. § 3 Rdn 410 ff.). Bei Unzumutbarkeit der Weiterbeschäftigung auf unbefristete Zeit führt dies nicht zu einem befristeten Arbeitsverhältnis.[429] Der Arbeitgeber ist dann aber frei darin, eine Befristung abzuschließen.[430] Gibt der Auszubildende nach der Nichtübernahmemitteilung, spätestens aber mit dem Weiterbeschäftigungsverlangen gem. § 78a Abs. 2 BetrVG sein Einverständnis in die Weiterbeschäftigung auch zu geänderten Arbeitsbedingungen, so ist der Arbeitgeber zur entsprechenden Weiterbeschäftigung verpflichtet, sofern ihm dies möglich und zumutbar ist.[431]

e) §§ 1, 2 WissZeitVG
aa) Typischer Sachverhalt

199 Eine Hochschule beschäftigt studentische oder wissenschaftliche Mitarbeiter, letztere ggf. auch nach Abschluss ihrer Promotion.

bb) Rechtliche Grundlagen

200 Das WissZeitVG, das die §§ 57a ff. HRG ablöste[432] und im Jahr 2016 geändert wurde,[433] regelt die **sachgrundlose Befristung** von Arbeitsverhältnissen an **Hochschulen und Forschungseinrichtungen**.[434] Gem. §§ 1, 2 WissZeitVG dürfen die Arbeitsverhältnisse von **wissenschaftlichem und künstlerischem Personal mit Ausnahme der Hochschullehrer** in Einrichtungen des Bildungswesens befristet werden, wenn die befristete Beschäftigung zur Förderung der eigenen wissenschaftlichen oder künstlerischen Qualifizierung erfolgt. Erfasst werden wissenschaftliche oder künstlerische Hilfstätigkeiten von Studierenden (§ 6 WissZeitVG), wissenschaftliche Mitarbeiter sowie Lehrkräfte mit besonderen Aufgaben an Einrichtungen des Bildungswesens, die nach Landesrecht **staatliche oder staatlich anerkannte Hochschulen** sind.[435] Die Wissenschaftlichkeit einer Lehrtätigkeit setzt nicht voraus, dass sich die Lehrkraft um eigene

---

428 BAG 14.1.2009, NZA 2009, 738.
429 APS/*Backhaus*, § 14 TzBfG Rn 389.
430 BAG 24.7.1991, AP Nr. 23 zu § 78a BetrVG 1972 = NZA 1992, 174.
431 BAG 8.9.2010, AP Nr. 54 zu § 78a BetrVG 1972 = NZA, 2011, 221.
432 Vgl. zu den Neuerungen *Löwisch*, NZA 2007, 479, und zur Gesetzeshistorie ErfK/*Müller-Glöge*, § 1 WZVG Rn 1 ff.
433 BGBl I S. 442; siehe zu den Änderungen *Brötzmann*, öAT 2016, 48; *Maschmann/Konertz*, NZA 2016, 257.
434 Vgl. dazu insgesamt ErfK/*Müller-Glöge*, § 1 WZVG Rn 1 ff.; APS/*Schmidt*, § 1 WissZeitVG Rn 1 ff; *Müller*, öAT 2010, 224.
435 Arnold/Gräfl/*Rambach*, § 1 WissZeitVG Rn 2 ff.

wissenschaftliche Erkenntnisse bemüht; eine kritische Reflektion neuer Forschungsentwicklungen reicht aus.[436] Eine reine Lehrtätigkeit, die sich auf die repetierende Wiedergabe von Lehrinhalten beschränkt, ist dagegen nicht als wissenschaftliche Tätigkeit anzusehen.[437] Nicht erfasst sind außerdem Lektoren, die vorrangig bloße Fremdsprachenkenntnisse vermitteln.[438] Unklar ist, ob an Universitätskliniken zum Zwecke der Facharztausbildung beschäftigte wissenschaftliche Mitarbeiter noch wissenschaftliche Dienstleistungen erbringen, da sie i.d.R. ganz überwiegend in der Krankenversorgung eingesetzt werden.[439] Diese können jedoch gem. § 1 ÄArbVtrG befristet eingestellt werden (vgl. Rdn 208 ff.). Dieselben Arbeitnehmer dürfen auch während des Vorliegens der Voraussetzungen des WissZeitVG nach dem TzBfG befristet beschäftigt werden, § 1 Abs. 2 WissZeitVG, bzw. nach Ausschöpfung der Höchstbefristungsdauer mit Sachgrund erneut nach § 14 Abs. 1 TzBfG.[440]

Die zulässige **Höchstdauer der Befristung** bestimmt sich nach der Art der Tätigkeit. Sie beträgt gem. § 2 Abs. 1 S. 1 WissZeitVG bis zu sechs Jahre für nicht promoviertes Personal und nach abgeschlossener Promotion gem. § 2 Abs. 1 S. 2 WissZeitVG bis zu sechs Jahre bzw. im Bereich der Medizin[441] bis zu neun Jahre. Dabei verlängert sich die Befristungsdauer nach § 2 Abs. 1 S. 2 WissZeitVG in dem Umfang, in dem Zeiten einer befristeten Beschäftigung bzw. Promotionszeiten ohne Beschäftigung nach § 2 Abs. 1 S. 1 WissZeitVG zusammen weniger als sechs Jahre betragen haben. Die Dauer der Befristung ist nach § 2 Abs. 1 S. 3 WissZeitVG so zu bemessen, dass sie der angestrebten wissenschaftlichen oder künstlerischen Qualifizierung angemessen ist.[442] Die Betreuung von Kindern unter 18 Jahren führt ebenfalls zu einer Verlängerung um zwei Jahre pro Kind, § 2 Abs. 1 S. 4 WissZeitVG.[443] Das gilt selbst dann, wenn die verbleibende Höchstbefristungsdauer weniger als zwei Jahre beträgt.[444] Ein konkreter Betreuungsaufwand (z.B. durch Inanspruchnahme von Elternzeit oder Teilzeitmodellen) muss nicht nachgewiesen werden.[445]

201

Verlängerungen sind gem. § 2 Abs. 1 S. 7 WissZeitVG innerhalb der jeweiligen Befristungsdauer ohne Höchstbegrenzung möglich. Anders als bei § 14 Abs. 2 S. 1 TzBfG setzt eine Vertragsverlängerung gem. § 2 Abs. 1 S. 7 WissZeitVG weder eine Vereinbarung innerhalb der Laufzeit des zu verlängernden Vertrags noch einen unmittelbaren zeitlichen Anschluss an diesen voraus. Vielmehr ist innerhalb der jeweiligen Höchstbefristungsdauer nach § 2 Abs. 1 WissZeitVG auch der mehrfache Neuabschluss befristeter Arbeitsverträge zulässig.[446] Im Einzelfall kann aber auch eine Befristung im Anwendungsbereich des WissZeitVG nach den Grundsätzen des institutionellen Rechtsmissbrauchs unwirksam sein (vgl. Rdn 29 f.).[447]

202

Gem. § 2 Abs. 3 WissZeitVG findet eine **Anrechnung** der nach allgemeinen Vorschriften befristeten Arbeitsverhältnisse mit mehr als einem Viertel der regelmäßigen Arbeitszeit in wissenschaftlicher oder künstlerischer Tätigkeit auf die Höchstbefristungsdauer nach dem WissZeitVG statt.[448] Nicht anzurechnen sind nach § 2 Abs. 3 S. 3 WissZeitVG indes Zeiten der Befristung von studentischen Hilfskräften.

203

---

436 BAG 29.4.2015, AP Nr. 2 zu § 1 WissZeitVG; LAG Hamm 4.2.2016, BeckRS 2016, 68952.

437 BAG 20.1.2016, NZA 2016, 824.

438 BAG 1.6.2011, NZA 2011, 1280; LAG Hamm 4.2.2016, BeckRS 2016, 68952; a.A. Arnold/Gräfl/*Rambach*, § 1 WissZeitVG Rn 9 f.

439 *Zimmerling*, öAT 2012, 9.

440 Schaub/*Koch*, ArbR-Hdb., § 39 Rn 39.

441 BAG 2.9.2009, NZA 2009, 1407 (medizinische Fachrichtungen: Medizin, Zahnmedizin, Tiermedizin).

442 Vgl. auch *Brötzmann*, öAT 2016, 48, 50.

443 Vgl. dazu ErfK/*Müller-Glöge*, § 2 WZVG Rn 6 m.w.N.

444 BAG 23.3.2016, BeckRS 2016, 70288.

445 LAG Köln 27.4.2012 – 4 Sa 1320/11, BeckRS 2012, 73131.

446 BAG 9.12.2015, NZA 2016, 552.

447 Vgl. BAG 8.6.2016 – 7 AZR 259/14, n.v.

448 Vgl. dazu ErfK/*Müller-Glöge*, § 2 WZVG Rn 13 ff.; *Stumpf*, NZA 2015, 326.

204 **Drittmittelfinanzierung** rechtfertigt die Befristung auch von nicht-wissenschaftlichem oder nicht-künstlerischem Personal, wenn die Stelle von vornherein lediglich für eine genau bestimmte Aufgabe und Zeitdauer bewilligt ist und der Arbeitnehmer der Zweckbestimmung der Mittel gemäß beschäftigt wird.[449]

205 Die Befristung muss gem. § 2 Abs. 4 S. 3 WissZeitVG **kalendermäßig oder dem Kalender nach bestimmbar** sein (vgl. Rdn 141). Gem. § 2 Abs. 4 S. 1 WissZeitVG ist im Vertrag die **Befristungsgrundlage WissZeitVG** anzugeben; anderenfalls bedarf es der Rechtfertigung nach anderen Befristungsgrundlagen, insbesondere nach dem TzBfG.[450] Allein der Hinweis auf eine wissenschaftliche Tätigkeit reicht jedoch zur Begründung einer Befristung nach § 14 Abs. 1 Nr. 4 TzBfG nicht aus.[451] **Verlängerungen** kommen nach § 2 Abs. 5 WissZeitVG in Betracht.[452] Dabei wird das Arbeitsverhältnis nicht für die Dauer der normierten Ausnahmetatbestände unterbrochen.[453] Das Einverständnis des Mitarbeiters nach § 2 Abs. 5 WissZeitVG kann konkludent erklärt werden.[454] Die Möglichkeit der Verbesserung des Schutzniveaus durch TV ist gemäß § 1 Abs. 1 S. 2–4 WissZeitVG eingeschränkt.

206 Im Übrigen sind gem. § 1 Abs. 1 S. 5 WissZeitVG die **allgemeinen Befristungsgrundsätze** anwendbar, soweit sie den §§ 2–6 WissZeitVG nicht widersprechen. Somit finden § 4 Abs. 2 TzBfG (Diskriminierungsverbot, vgl. Rdn 50), § 14 Abs. 4 TzBfG (Schriftform, vgl. Rdn 37), § 15 TzBfG (Ende des befristeten Arbeitsverhältnisses, vgl. Rdn 21), § 16 TzBfG (Rechtsfolgen unwirksamer Befristung, vgl. Rdn 46) und § 17 TzBfG (Frist zur gerichtlichen Geltendmachung der Unwirksamkeit der Befristung, vgl. Rdn 48) Anwendung.[455]

cc) Formulierungsbeispiel WissZeitVG (Kalenderbefristung)

207 Der Arbeitnehmer wird nach dem WissZeitVG befristet ab dem (…) als (…) eingestellt. Das Arbeitsverhältnis endet automatisch und ohne, dass es einer Kündigung bedarf, am (…).

f) § 1 ÄArbVtrG
aa) Typischer Sachverhalt

208 Ein approbierter Arzt bildet sich bei einem Arbeitgeber, der nicht Hochschule oder Forschungseinrichtung ist, zum Facharzt fort.

bb) Rechtliche Grundlagen

209 Gem. § 1 ÄArbVtrG[456] ist die Befristung eines Arbeitsverhältnisses sachlich gerechtfertigt, wenn die Beschäftigung eines Arztes seiner **zeitlich und inhaltlich strukturierten Weiterbildung** zum Facharzt oder dem Erwerb einer Anerkennung für einen Schwerpunkt, einer Zusatzbezeichnung, eines Fachkundenachweises oder einer Bescheinigung über eine fakultative Weiterbildung dient. Es ist nicht erforderlich, dass der Arzt ausschließlich zur Weiterbildung beschäftigt wird; es genügt, wenn die Beschäftigung diesen Zweck fördert.[457] Umstritten ist jedoch, ob die Wirksamkeit der Befristung den Abschluss eines Weiterbildungsplans voraussetzt.[458]

---

449 BAG 7.4.2004, NZA 2004, 944.

450 BAG 17.1.2007, AP Nr. 9 zu § 57a HRG; APS/*Schmidt*, § 2 WissZeitVG Rn 57; Schaub/*Koch*, ArbR-Hdb., § 39 Rn 41.

451 LAG Berlin-Brandenburg 3.2.2015; BeckRS 2015, 70078.

452 Vgl. dazu BAG 28.5.2014, NZA 2015, 768; ErfK/*Müller-Glöge*, § 2 WZVG Rn 17 ff.; APS/*Schmidt*, § 2 WissZeitVG Rn 60 ff.

453 Vgl. LAG Hamburg 22.3.2012 – 1 Sa 65/11 m.w.N.

454 LAG Mecklenburg-Vorpommern 26.2.2015, ZTR 2015, 589 = BeckRS 2015, 68513.

455 Schaub/*Koch*, ArbR-Hdb., § 39 Rn 43.

456 Vgl. zu Gesetzeszweck und -historie KR/*Treber*, §§ 1–3 ÄArbVtrG Rn 1 ff.; zu den Regelungen insgesamt auch APS/*Schmidt*, ÄArbVtrG.

457 BAG 24.4.1996, NZA 1997, 256.

458 Dafür: LAG Baden-Württemberg 11.9.2015, BeckRS 2015, 71752, Revision beim BAG anhängig unter Az. 7 AZR 597/15; dagegen: LAG Nürnberg 22.12.2015, GesR 2016, 426 = BeckRS 2016, 67403.

Die Regelung gilt nur für **approbierte Ärzte**, nicht für Zahn- oder Tierärzte.[459] Für diese findet das TzBfG **210** Anwendung.[460] Die Weiterbildung muss **außerhalb von Hochschulen und Forschungseinrichtungen** stattfinden, für die das WissZeitVG gilt (vgl. Rdn 199 ff.), also typischerweise in kommunalen, kirchlichen oder freien Krankenhäusern, ggf. auch in Universitätskliniken ohne eigene Forschungsarbeit.[461]

Die Befristung muss gem. § 1 Abs. 2 ÄArbVtrG **kalendermäßig oder dem Kalender nach bestimmbar** **211** sein (vgl. Rdn 141); Zweckbefristungen sind ausgeschlossen.[462] Gem. § 1 Abs. 3 S. 1 ÄArbVtrG darf die **Höchstdauer** von acht Jahren nicht überschritten werden, die Befristungsdauer aber gem. § 1 Abs. 3 S. 5 ÄArbVtrG auch nicht **den Zeitraum unterschreiten**, für den der Arzt die Weiterbildungsbefugnis besitzt. Besitzt der Arzt z.B. eine Weiterbildungsbefugnis für fünf Jahre, ist die einmalige Befristung von fünf Jahren zulässig, nicht aber die mehrfache Befristung für etwa jeweils ein Jahr.[463] Zulässig ist jedoch gem. § 1 Abs. 3 S. 6 ÄArbVtrG die Befristung auf den früheren Zeitpunkt, zu dem der Arzt den Weiterbildungsabschnitt beendet oder die Voraussetzungen für die Anerkennung im Gebiet, Schwerpunkt, Bereich, Fachkundennachweises oder Bescheinigung über eine fakultative Weiterbildung vorliegen.[464] Bei **Teilzeit** kommt eine Verlängerung in Betracht, vgl. § 1 Abs. 3 S. 3 ÄArbVtrG.[465] Eine **weitere Befristung** kann sich sonst nur gem. § 1 Abs. 3 S. 2 ÄArbVtrG durch eine anschließende **andere Weiterbildungsmaßnahme** rechtfertigen.

Es handelt sich um eine **Spezialregelung** der Sachgrundbefristung, so dass § 14 TzBfG nur Anwendung **212** findet, wenn die Befristung mit einem Arzt nicht zum Zweck der ärztlichen Weiterbildung eingegangen wird.[466] Ein Zitiergebot besteht nicht.[467]

Praxishinweis **213**

Ausnahmsweise dürfte hier die ausdrückliche Benennung der Befristungsgrundlage sinnvoll sein, um den Zweck der Weiterbildung festzuhalten, der eine gegenüber § 14 TzBfG längere Befristung erlaubt. Anderenfalls könnte unter Berufung auf § 305c Abs. 2 BGB auf für den Arbeitnehmer günstigere Befristungsgrundlagen zurückgegriffen werden.[468]

Im Übrigen gelten gem. § 1 Abs. 5 ÄArbVtrG die **allgemeinen Vorschriften**. So bedarf die Befristung der **214** Schriftform nach § 14 Abs. 4 TzBfG[469] (vgl. Rdn 37). Auch sollte ausdrücklich die Möglichkeit der Kündigung nach § 15 Abs. 3 TzBfG vorgesehen werden.[470] Für die Geltendmachung der Unwirksamkeit der Befristung gilt die Drei-Wochen-Frist aus § 17 S. 1 TzBfG[471] (vgl. Rdn 48).

cc) Formulierungsbeispiele
(1) Befristung ÄArbVtrG (Kalenderbefristung)

Der Arbeitnehmer ist approbierter Arzt. Er wird ab dem (…) zwecks Weiterbildung zum Facharzt der **215** (…) beschäftigt. Das Arbeitsverhältnis endet automatisch und ohne Kündigung am (…).

---

459 KR/*Treber*, §§ 1–3 ÄArbVtrG Rn 8.
460 Annuß/Thüsing/*Kühn*, § 23 TzBfG Rn 226.
461 Annuß/Thüsing/*Kühn*, § 23 TzBfG Rn 225; APS/*Schmidt*, ÄArbVtrG Rn 5.
462 BAG 14.8.2002, AP Nr. 1 zu § 1 ÄArbVtrG = DB 2002, 2549; *Meinel/Heyn/Herms*, § 23 TzBfG Rn 55.
463 BAG 13.6.2007, AP Nr. 39 zu § 14 TzBfG = DB 2007, 2485.
464 Vgl. BAG 13.6.2007, NZA 2008, 108; Zur Problematik der vorzeitigen Erreichung des Weiterbildungsziels *Künzl*, NZA 2008, 1101.
465 Annuß/Thüsing/*Kühn*, § 23 TzBfG Rn 230; KR/*Treber*, §§ 1–3 ÄArbVtrG Rn 31.
466 KR/*Treber*, §§ 1–3 ÄArbVtrG Rn 13.
467 BAG 24.4.1996, NZA 1997, 256; Annuß/Thüsing/*Kühn*, § 23 TzBfG Rn 227.
468 Annuß/Thüsing/*Lambrich*, 2. Aufl. 2005, § 23 TzBfG Rn 135.
469 BAG 13.6.2007, AP Nr. 39 zu § 14 TzBfG = NZA 2008, 108; Annuß/Thüsing/*Kühn*, § 23 TzBfG Rn 227; KR/*Treber*, §§ 1–3 ÄArbVtrG Rn 16.
470 *Künzl*, NZA 2008, 1101.
471 LAG Hamm 2.10.2008 – 17 Sa 816/08; Annuß/Thüsing/*Kühn*, § 23 TzBfG Rn 236; KR/*Treber*, §§ 1–3 ÄArbVtrG Rn 33.

(2) Befristung ÄArbVtrG mit vorzeitiger Beendigung (Doppelbefristung)

216 Der Arbeitnehmer ist approbierter Arzt. Er wird ab dem (…) zwecks Weiterbildung zum Facharzt der (…) beschäftigt. Das Arbeitsverhältnis endet automatisch und ohne Kündigung am (…). Es endet allerdings bereits dann früher, wenn der Arbeitnehmer die Voraussetzungen für die Anerkennung als Facharzt der (…) früher erlangt; dann endet das Arbeitsverhältnis bereits mit dem Datum, an dem die Anerkennung als Facharzt der (…) erfolgt.

g) §§ 1 Abs. 4 ArbPlSchG, 1 Abs. 3 EignÜG, § 78 ZVG
aa) Typischer Sachverhalt

217 Der Arbeitnehmer steht zum Zeitpunkt der Einberufung in einem befristeten Arbeitsverhältnis oder aber die Beendigung des Arbeitsverhältnisses steht aufgrund einer Kündigung oder Beendigungsvereinbarung fest.

bb) Rechtliche Grundlagen

218 Gem. § 1 Abs. 4 ArbPlSchG[472] wird ein befristetes Arbeitsverhältnis durch die Einberufung zum Grundwehrdienst oder zu einer Wehrübung nicht verlängert; das Gleiche gilt, wenn ein Arbeitsverhältnis aus anderen Gründen während des Wehrdienstes geendet hätte. Gem. § 16 Abs. 7 ArbPlSchG gilt die Norm entsprechend für den freiwilligen Wehrdienst nach § 58b SoldatenG.[473] Gem. § 1 Abs. 3 EignÜG wird ein befristetes Arbeitsverhältnis durch die Einberufung zu einer Eignungsübung nicht verlängert; das Gleiche gilt, wenn ein Arbeitsverhältnis aus anderen Gründen während der Eignungsübung geendet hätte.[474]

219 Beide Vorschriften stellen klar, dass durch die Einberufung zum Grundwehrdienst, zu einer Wehr- oder Eignungsübung grundsätzlich **keine Verlängerung des befristeten Arbeitsverhältnisses** eintritt und das Arbeitsverhältnis durch eine in einem unbefristeten Arbeitsverhältnis getroffene **Beendigungsvereinbarung** oder Kündigung auch dann endet, wenn die Beendigung in die Zeit des Grundwehrdienstes, der Wehr- oder Eignungsübung fällt.[475] Abweichende Vereinbarungen zugunsten des Arbeitnehmers sind zulässig.[476] Um eigenständige Befristungsgrundlagen handelt es sich nicht. Solche enthält aber § 3 EignÜG (vgl. Rdn 222).

220 Auf **Probe- und Ausbildungszeiten** wird die Zeit des Grundwehrdienstes, einer Wehrübung oder des Zivildienstes aber angerechnet, §§ 6 Abs. 3 ArbPlSchG, 78 ZDG. Sie verlängern sich also automatisch um die entsprechende Zeit.[477] Für Eignungsübungen besteht eine entsprechende Regelung nicht.

h) § 3 EignÜG
aa) Typischer Sachverhalt

221 Der Arbeitnehmer nimmt während des laufenden Arbeitsverhältnisses aufgrund freiwilliger Verpflichtung an einer Eignungsübung teil.

bb) Rechtliche Grundlagen

222 Während einer **Eignungsübung** ruht das Arbeitsverhältnis bis zur Dauer von vier Monaten, § 1 Abs. 1 S. 1 EignÜG, und darf vom Arbeitgeber nicht ordentlich gekündigt werden, § 2 Abs. 1 S. 1 EignÜG. § 3 EignÜG **befristet das Arbeitsverhältnis** aber **gesetzlich** in bestimmten Fällen. Das TzBfG findet keine Anwendung.[478] Gem. § 3 Abs. 1 S. 1 EignÜG endet das Arbeitsverhältnis mit Ablauf der Eignungsübung, wenn der Arbeitnehmer im Anschluss an diese als freiwilliger Soldat in den Streitkräften bleibt. Setzt der Arbeit-

---

472 Die Norm hat durch die Aussetzung der Wehrpflicht zum 1.7.2011 gem. Art 1 WehrRÄndG an Bedeutung verloren.
473 Vgl. dazu KR/*Bader*, § 23 TzBfG Rn 8.
474 Vgl. dazu KR/*Bader*, § 23 TzBfG Rn 14; Annuß/Thüsing/*Lambrich*, 2. Aufl. 2005, § 23 TzBfG Rn 151.
475 ErfK/*Gallner*, 12. Aufl. 2012, § 1 ArbPlSchG Rn 9; Annuß/Thüsing/*Lambrich*, 2. Aufl. 2005, § 23 TzBfG Rn 151.
476 KR/*Bader*, § 23 TzBfG Rn 8.
477 Annuß/Thüsing/*Lambrich*, 2. Aufl. 2005, § 23 TzBfG Rn 152; KR/*Bader*, 23 TzBfG Rn 8.
478 KR/*Bader*, § 23 TzBfG Rn 15; Annuß/Thüsing/*Lambrich*, 2. Aufl. 2005, § 23 TzBfG Rn 153.

nehmer die Eignungsübung freiwillig über vier Monate hinaus fort, endet das Arbeitsverhältnis gem. § 3 Abs. 2 S. 1 EignÜG mit Ablauf der vier Monate. Dies gilt nach § 3 Abs. 2 S. 2 EignÜG nur dann nicht, wenn die Eignung des Arbeitnehmers bis zum Ablauf der vier Monate wegen Krankheit von mehr als vier Wochen nicht endgültig beurteilt wurde und der Arbeitnehmer aus diesem Grund die Eignungsübung freiwillig fortsetzt; in diesem Fall ruht das Arbeitsverhältnis höchstens weitere vier Monate. Es endet, wenn der Arbeitnehmer die Eignungsübung auch noch über diesen Zeitpunkt hinaus freiwillig fortsetzt, § 3 Abs. 2 S. 3 EignÜG. Für die Eignungsübung während eines befristeten Arbeitsverhältnisses oder bei bereits vor der Eignungsübung vorgesehener Beendigung gelten die §§ 1 Abs. 4 ArbPlSchG, 1 Abs. 3 EignÜG (vgl. Rdn 218 f.).

III. Teilzeit

Literatur: *Bauer*, Neue Spielregeln für Teilzeitarbeit und befristete Arbeitsverträge, NZA 2000, 1039; *Bengelsdorf*, Urlaubsdauer und Urlaubsvergütung bei ungleichmäßiger Verteilung der Arbeitszeit, DB 1988, 1161; *Danne*, Urlaubsdauer bei unterschiedlicher Tagesarbeitszeit, DB 1990, 1965; *Däubler*, Das geplante Teilzeit- und Befristungsgesetz, ZIP 2000, 1961; *Däubler*, Das neue Teilzeit- und Befristungsgesetz, ZIP 2001, 217; *Diller*, Der Teilzeitwunsch im Prozess: Maßgeblicher Beurteilungszeitpunkt, insbesondere bei nachfolgenden Tarifverträgen nach § 8 IV 3 TzBfG, NZA 2001, 589; *Feuerborn*, Die Flexibilisierung der Arbeit auf Abruf – Zur Neuinterpretation des § 12 Abs. 1 Satz 2 TzBfG durch das BAG, SAE 2007, 59; *ders.*, Teilzeitanspruch, Verteilungswunsch und Ersatzeinstellung, SAE 2006, 1; *Fieberg*, Urlaubsanspruch bei Übergang in Teilzeit – Neues aus Luxemburg, NZA 2010, 925; *Franke*, Entgeltbemessung bei geringfügigen Beschäftigungsverhältnissen, NZA 2006, 1143; *Glatzel*, Das neue Familienpflegezeitgesetz, NJW 2012, 1175; *Götting/Neumann*, Das neue Familienpflegezeitgesetz, NZA 2012, 119; *Griese/Preis/Kruchen*, Neuordnung der geringfügigen Beschäftigung, NZA 2013, 113; *Grobys/Bram*, Die prozessuale Durchsetzung des Teilzeitanspruchs, NZA 2001, 1175; *Hanau*, Offene Fragen zum Teilzeitgesetz, NZA 2001, 1168; *ders.*, Das Rätsel Minijob, NZA 2006, 809; *ders.*, Gleichbehandlung geringfügig Beschäftigter beim Entgelt, DB 2005, 956; *Hromadka*, Das neue Teilzeit- und Befristungsgesetz, NJW 2001, 400; *Hunold*, Bedarfsgerechter Personaleinsatz: Aktuelle Probleme der so genannten Poollösungen und Arbeit auf Abruf, NZA 2003, 896; *Junker*, Auswirkungen der neuen EuGH-Rechtsprechung auf das deutsche Arbeitsrecht, NZA 2010, 950; *Kliemt*, Der neue Teilzeitanspruch, NZA 2001, 63; *Leinemann/Linck*, Berechnung der Urlaubsdauer bei regelmäßig und unregelmäßig verteilter Arbeitszeit, DB 1999, 1498; *Mengel*, Verhandlung zur Geltendmachung des Anspruchs auf Teilzeitarbeit, BB 2003, 1847; *Minn*, Entgeltabrechnung 2015: Schwerpunkt Sozialversicherung, DB 2014, Beil 6, 1; *Nicolai*, Rechtssicherheit für die Arbeit auf Abruf?, DB 2004, 2812; *Rambach/Feldmann*, Urlaub und Europa – eine unendliche Geschichte, ZTR 2010, 561; *Reiserer*, Flexible Vergütungsmodelle, NZA 2007, 1249; *Rolfs*, Das neue Recht der Teilzeitarbeit, RdA 2001, 129; *Sasse*, Bessere Vereinheitlichung von Familie, Pflege und Beruf, DB 2015, 314; *Schiefer*, Anspruch auf Teilzeitarbeit gem. § 8 TzBfG, PuR 2013, 103; *ders.*, Neues Pflegezeit- und Familienpflegezeitgesetz, PuR 2014, 232 (Teil 1), PuR 2015, 3 (Teil 2); *Schiefer/Worzalla*, Familienpflegezeitgesetz, DB 2012, 516; *Schubert*, Der Erholungsurlaub zwischen Arbeitsschutz und Entgelt, NZA 2013, 1105; *Thüsing*, Das Verbot der Diskriminierung wegen Teilzeit und Befristung nach § 4 TzBfG, ZfA 2002, 249; *Thüsing/Pötters*, Das Gesetz zur besseren Vereinbarkeit von Familie, Pflege und Beruf, BB 2015, 181.

1. Was ist Teilzeitarbeit?

a) Die Definition des § 2 Abs. 1 TzBfG

Die Frage nach dem „Wesen" der Teilzeitarbeit erscheint leicht. Die Beantwortung ist es jedoch nicht. Die **gesetzliche Definition** von Teilzeitarbeit ist schon auf den ersten Blick kompliziert. Zudem sind Sonderregelungen zu verschiedenen Erscheinungsformen von Teilzeitarbeit zu beachten, vor allem zum Job-Sharing (§ 13 TzBfG, siehe unten Rdn 310 ff.), zur Arbeit auf Abruf (§ 12 TzBfG, siehe unten Rdn 297 ff.) oder zur geringfügigen Beschäftigung (§ 2 Abs. 2 TzBfG, siehe Rdn 319 ff.).

223

Nach **§ 2 Abs. 1 S. 1 TzBfG** ist ein Arbeitnehmer teilzeitbeschäftigt, dessen regelmäßige wöchentliche Arbeitszeit kürzer ist als die eines vergleichbaren vollzeitbeschäftigten Arbeitnehmers. Ist eine regelmäßige Wochenarbeitszeit nicht vereinbart, so ist ein Arbeitnehmer teilzeitbeschäftigt, wenn seine regelmäßige Arbeitszeit in Durchschnitt eines bis zu einem Jahr reichenden Beschäftigungszeitraums unter der eines vergleichbaren vollzeitbeschäftigten Arbeitnehmers liegt. Vergleichbar ist ein vollzeitbeschäftigter Arbeitnehmer des Betriebs mit derselben Art des Arbeitsverhältnisses und der gleichen oder einer ähnlichen Tätigkeit. Gibt es im Betrieb keinen vergleichbaren vollzeitbeschäftigten Arbeitnehmer, so ist der vergleichbare vollzeitbeschäftigte Arbeitnehmer aufgrund des anwendbaren Tarifvertrags zu bestimmen. In allen anderen Fällen ist darauf abzustellen, wer im jeweiligen Wirtschaftszweig üblicherweise als vergleichbarer vollzeitbeschäftigter Arbeitnehmer anzusehen ist.

Nach § 2 Abs. 2 TzBfG sind auch geringfügig beschäftigte Arbeitnehmer teilzeitbeschäftigt. Die Vorschrift gilt fort, obwohl seit dem 1.1.2004 die Dauer der wöchentlichen Arbeitszeit für die geringfügig Beschäftigten nicht mehr relevant ist (siehe unten Rdn 323 ff.).[479]

b) Anwendung in der Praxis
aa) Vollzeitbeschäftigter

224 Für die Frage, ob ein Teilzeitarbeitsverhältnis vorliegt, ist somit zu klären, welche regelmäßige Wochenarbeitszeit ein **vergleichbarer vollzeitbeschäftigter Arbeitnehmer** hat. Dabei ist die regelmäßige wöchentliche Arbeitszeit vergleichbarer Arbeitnehmer nicht gleichzusetzen mit der **betriebsüblichen Arbeitszeit** i.S.d. § 87 Abs. 1 Nr. 3 BetrVG. Betriebsübliche Arbeitszeit i.S.v. § 87 Abs. 1 Nr. 3 BetrVG ist nach der Rechtsprechung des BAG[480] die im Betrieb regelmäßig geleistete Arbeitszeit. Maßgeblich ist der vertraglich geschuldete regelmäßige zeitliche Umfang der individuellen Arbeitsleistung. Die betriebsübliche Arbeitszeit ist nach der Rechtsprechung in einem Betrieb nicht notwendig einheitlich, sondern kann je nach Vereinbarung für verschiedene Arbeitnehmer oder Arbeitnehmergruppen unterschiedlich sein. Es kann in einem und denselben Betrieb mehrere betriebsübliche Arbeitszeiten geben. Bei Teilzeitbeschäftigten ist betriebsübliche Arbeitszeit deren regelmäßig verkürzte Arbeitszeit. Das gilt auch, wenn nicht alle Teilzeitbeschäftigten mit einheitlicher Wochenstundenzahl arbeiten. Betriebsüblich sind danach diejenigen Arbeitszeiten, die jeweils individualrechtlich als die üblichen vereinbart wurden.

Der „vergleichbare Vollzeitbeschäftigte" i.S.d. § 2 Abs. 1 TzBfG ist dem „vergleichbaren Vollzeitbeschäftigten" i.S.d. Diskriminierungsverbots nach § 4 TzBfG gleichzusetzen.[481] Aus der Formulierung „vergleichbare" vollzeitbeschäftigte Arbeitnehmer ist zu schließen, dass auch die Vollzeitbeschäftigung i.S.d. § 2 Abs. 1 TzBfG **nicht betriebseinheitlich** vorliegen muss, wie wohl dies oftmals in der Praxis der Fall sein wird. Jedoch kann es nach der Definition auch Gruppen von Vollzeitbeschäftigten mit unterschiedlichen Arbeitszeiten geben.

225 *Hinweis*

Wird in einem Betrieb ein Tarifvertrag angewendet, der für alle Vollzeitarbeitnehmer eine bestimmte Arbeitszeit – z.B. 38,5 Stunden in der Woche – zugrunde legt oder besteht – ohne Anwendung eines Tarifvertrages – eine entsprechende betriebseinheitliche Regelung, so ist die Vollzeitbeschäftigung mit dieser wöchentlichen Arbeitszeit festgelegt. Wird für alle Arbeitnehmer eine bestimmte Vollarbeitszeit im Betrieb geregelt, so kommt es auf die Vergleichbarkeit denknotwendig nicht mehr an. Eine Zuordnung zu einer Gruppe ist nur dann erforderlich, wenn für abgrenzbare Gruppen von Arbeitnehmern unterschiedliche Vollarbeitszeiten im Betrieb vertraglich vereinbart sind oder aufgrund tarifvertraglicher Regelungen gelten.

226 *Beispiel*

Bei der X-GmbH findet ein Tarifvertrag Anwendung, der für die Mitarbeiter der Verwaltung eine wöchentliche Arbeitszeit von 35 Stunden regelt. Für die Mitarbeiter des Außendienstes gilt eine tarifliche

---

479 Vgl. LAG Hamm 29.7.2011, AE 2012, 98.
480 BAG 30.6.2015, ZMV 2016, 52, BAG 24.4.2007, NZA 2007, 818.
481 BAG 16.6.2004, AP Nr. 20 zu § 1 TVG Tarifverträge: Großhandel; Annuß/Thüsing/*Annuß*, § 2 TzBfG Rn 4; a.A *Meinel/Heyn/ Herms*, § 2 TzBfG Rn 3.

Regelung, die eine regelmäßige wöchentliche Arbeitszeit von 37 Stunden vorsieht. Arbeitnehmer A arbeitet in der Verwaltung mit einer wöchentlichen Arbeitszeit von 35 Stunden. Er ist vollzeit- und nicht teilzeitbeschäftigt. Mitarbeiter B arbeitet mit 35 Stunden pro Woche im Außendienst. Er ist teilzeitbeschäftigt.

bb) Vergleichbarkeit

Gibt es im Betrieb vollzeitbeschäftigte Arbeitnehmer mit unterschiedlichen wöchentlichen Arbeitszeiten, so ist zur Feststellung einer Teilzeitbeschäftigung zu prüfen, **welcher Gruppe** der infrage stehende Arbeitnehmer zuzurechnen ist.[482] Hierzu sieht § 2 Abs. 1 TzBfG ein mehrstufiges Prüfungsschema vor,[483] wobei auf die **betriebliche Ebene** abzustellen ist.[484]   227

Ob vergleichbare Arbeitsverhältnisse vorliegen, ist nach der **Art des Arbeitsverhältnisses** festzustellen.[485] Dabei sind alle wesentlichen Aspekte des Arbeitsverhältnisses, also Tätigkeit, Arbeitsort, Ausbildung, ggf. Zugehörigkeit zu einer bestimmten Vergütungsgruppe, heranzuziehen.[486] Es können die Kriterien herangezogen werden, die für die Feststellung eines vergleichbaren Arbeitnehmers i.S.d. § 1 Abs. 3 KSchG maßgeblich sind.[487]

Hinweis   228

Um zwei vergleichbare Arbeitnehmer handelt es sich im Regelfall, wenn der eine den anderen – ohne Rücksicht auf Hierarchiestufen – vertreten könnte, die Arbeitnehmer somit ausgetauscht werden könnten.[488]

Kann nach diesen Kriterien nicht festgestellt werden, ob Teilzeitarbeit vorliegt, weil es keinen vergleichbaren Arbeitnehmer im Betrieb gibt, so stellt das Gesetz auf einen vergleichbaren vollzeitbeschäftigten Arbeitnehmer nach dem **anwendbaren Tarifvertrag** ab. Erforderlich ist unmittelbare Tarifbindung des Arbeitgebers.[489] Im Falle der **Tarifkonkurrenz** im Betrieb ist davon auszugehen, dass kein Tarifvertrag maßgeblich ist.[490] Abzustellen ist auf die tarifvertragliche Regelarbeitszeit.   229

Gibt es keinen anwendbaren Tarifvertrag, ist auf die Üblichkeit im **jeweiligen Wirtschaftszweig** abzustellen. Die Feststellungen dürften in diesem Falle in der Praxis außerordentlich schwierig werden. Abgestellt werden kann – soweit vorhanden – auf den Tarifvertrag, der in der Branche besteht oder überwiegend angewendet wird.[491]

Hinweis   230

Ein Teilzeitarbeitsverhältnis liegt auch dann vor, wenn der Arbeitnehmer vertraglich eine geringere Arbeitszeit vereinbart hat, als ein vergleichbarer Vollzeitarbeitnehmer, aber aufgrund von Überstunden de facto die gleiche Arbeitszeit wie der vergleichbare Vollzeitarbeitnehmer hat.[492] Etwas anderes gilt dann, wenn in der dauerhaften Ableistung von als „Überstunden" bezeichneter Arbeitszeit eine

482 Vgl. LAG Niedersachsen 12.9.2008, 12 Sa 903/08.
483 Annuß/Thüsing/*Annuß*, § 2 TzBfG Rn 5; Kittner/*Zwanziger*, KSchR, § 2 TzBfG Rn 6; a.A. MüKo-BGB/*Müller-Glöge*, § 2 TzBfG Rn 10.
484 Annuß/Thüsing/*Annuß*, § 2 TzBfG Rn 4 f; *Meinel/Heyn/Herms*, § 2 TzBfG Rn 9.
485 BT-Drucks 14/4374, 15; Annuß/Thüsing/*Annuß*, § 2 TzBfG Rn 5; a.A. *Meinel/Heyn/Herms*, § 2 TzBfG Rn 10.
486 Vgl. *Meinel/Heyn/Herms*, § 2 TzBfG Rn 12; Kittner/*Däubler*, KSchR, § 3 TzBfG Rn 19; a.A. Annuß/Thüsing/*Annuß*, § 2 TzBfG Rn 5.
487 Siehe dazu BAG 5.6.2008, NZA 2008, 1120; BAG 31.5.2007, NZA 2007, 1362.
488 Annuß/Thüsing/*Annuß*, § 2 TzBfG Rn 5.
489 Annuß/Thüsing/*Annuß*, § 2 TzBfG Rn 6; *Meinel/Heyn/Herms*, § 2 TzBfG Rn 17; Kittner/*Zwanziger*, KSchR, § 2 TzBfG Rn 10; a.A. KR/*Bader*, § 3 TzBfG Rn 54.
490 Annuß/Thüsing/*Annuß*, § 2 TzBfG Rn 6.
491 Annuß/Thüsing/*Annuß*, § 2 TzBfG Rn 7.
492 BAG 24.9.2008, NZA-RR 2009, 221; Annuß/Thüsing/*Annuß*, § 2 TzBfG Rn 3.

konkludente Änderung des Arbeitsvertrags gesehen werden kann.[493] Die Frage, ob die wöchentliche Arbeitszeit konkludent verlängert worden ist, ist in der Praxis häufig nicht einfach zu beantworten. Das BAG stellt auf einen Referenzzeitraum von 12 Monaten ab.[494] Bei kürzer währenden Arbeitsverhältnissen kann ggf. ein kürzerer Referenzzeitraum zugrunde gelegt werden. Verlässliche Eckpunkte hierfür hat die Rechtsprechung jedoch noch nicht gesetzt. Nimmt ein Vollzeitarbeitnehmer an einer Arbeitszeiterhöhung nicht teil, so wird er dadurch zum Teilzeitarbeitnehmer.[495]

231 Kommt man nach Vorstehendem zu dem Ergebnis, dass ein Teilzeitarbeitsverhältnis vorliegt, sind bei der Gestaltung von Verträgen die im Folgenden dargestellten Besonderheiten gegenüber dem Vollzeitarbeitsvertrag (siehe dazu Rdn 259 ff.) zu beachten. Darüber hinaus sind ggf. die im Weiteren zu erläuternden Besonderheiten bei den **besonderen Typen von Teilzeitarbeitsverträgen** – Arbeit auf Abruf, Job-Sharing, geringfügige Beschäftigung – zu berücksichtigen.

2. Das Diskriminierungsverbot des § 4 Abs. 1 TzBfG

a) Grundsätze

232 Einer der wichtigsten Aspekte bei der Gestaltung eines Arbeitsvertrages für einen Teilzeitarbeitnehmer ist das Verbot der **Diskriminierung wegen Teilzeit** in § 4 Abs. 1 S. 1 TzBfG. Nach dieser Vorschrift darf ein teilzeitbeschäftigter Arbeitnehmer wegen der Teilzeitarbeit nicht schlechter behandelt werden als ein vergleichbarer vollzeitbeschäftigter Arbeitnehmer, es sei denn, dass sachliche Gründe die unterschiedliche Behandlung rechtfertigen. Gemäß § 4 Abs. 1 S. 2 TzBfG ist insbesondere hinsichtlich geldwerter und sonstiger teilbarer Leistungen des Arbeitgebers grundsätzlich zumindest eine anteilige Gewährung an Teilzeitarbeitnehmer vorzunehmen.[496] § 4 Abs. 1 S. 2 TzBfG sieht eine Konkretisierung des Diskriminierungsverbotes aus Satz 1 für Arbeitsentgelt und andere teilbare geldwerte Leistungen vor.[497]

Die Vorschrift ist auch bei den **besonderen Formen der Teilzeitarbeit** wie Arbeit auf Abruf, Job-Sharing und geringfügige Beschäftigung zu beachten.

§ 4 Abs. 1 TzBfG ist ein spezialgesetzlich geregelter Fall des Allgemeinen Gleichbehandlungsgrundsatzes[498] und damit Ausprägung des grundgesetzlichen Gleichbehandlungsgebots nach **Art. 3 Abs. 1 GG**.[499] Er ist wegen des weiteren Anwendungsbereiches vorrangig gegenüber **Art. 141 EG-Vertrag** zu prüfen,[500] jedoch sind bei der Anwendung ggf. auch europarechtliche Vorgaben zu berücksichtigen.[501]

Wie sich aus § 22 Abs. 1 TzBfG ergibt, betrifft das Diskriminierungsverbot des § 4 Abs. 1 TzBfG nicht nur arbeitsvertragliche Regelungen, sondern auch Regelungen in **Tarifverträgen**[502] oder **Betriebsvereinbarungen**.[503]

---

493 Siehe dazu BAG 21.11.2001, NZA 2002, 439; BAG 26.6.2002, n.v.
494 BAG 26.6.2002, n.v.
495 BAG 30.7.2008, 10 AZR 497/07; Annuß/Thüsing/*Thüsing* § 2 Rn 24.
496 Vgl. BAG 25.9.2013, NZA-RR 2014, 8.
497 BAG 5.8.2009, AP Nr. 21 zu § 4 TzBfG.
498 BAG 25.4.2007, NZA 2007, 881.
499 BAG 25.4.2007, NZA 2007, 881; BAG 24.6.2004, AP Nr. 10 zu § 34 BAT.
500 BAG 24.9.2008, NZA-RR 2009, 221.
501 Vgl. BAG 10.2.2015, NZA 2015, 1105 zur Umrechnung von Urlaubsansprüchen bei Wechsel in Teilzeitarbeit.
502 Vgl. z.B. BAG 10.2.2015, NZA 2015, 1005; BAG 5.8.2009, AP Nr. 21 zu § 4 TzBfG.
503 Annuß/Thüsing/*Thüsing*, § 22 TzBfG Rn 13; *Meinel/Heyn/Herms*, § 22 TzBfG Rn 6.

b) Schlechterbehandlung
aa) Vergleichsmaßstab

Es muss eine Ungleichbehandlung gegenüber einem **vergleichbaren vollzeitbeschäftigten Arbeitnehmer** 233
im Betrieb vorliegen.[504] Es kann insofern auf die Ausführung zur Definition von Teilzeitarbeit verwiesen
werden (siehe oben Rdn 223).

Hinweis 234

Eine Ungleichbehandlung zu vergleichbaren vollzeitbeschäftigten Arbeitnehmern ist nicht dadurch
ausgeschlossen, dass der Arbeitgeber eine oder mehrere Gruppen von Teilzeitarbeitnehmern nicht gegenüber den vergleichbaren vollzeitbeschäftigten Arbeitnehmern ungleich behandelt, eine andere
aber wohl. Es kann nicht argumentiert werden, dass insofern nur eine Ungleichbehandlung unter den
Teilzeitbeschäftigten erfolgt. Eine Ungleichbehandlung im Verhältnis zu den vollzeitbeschäftigten vergleichbaren Arbeitnehmern liegt vielmehr auch dann vor, wenn andere teilzeitbeschäftigte Arbeitnehmer mit diesen gleichbehandelt werden, **aber eine Gruppe oder einzelne Teilzeitarbeitnehmer**
eine Ungleichbehandlung erfahren. Die unterschiedliche Behandlung einer Gruppe teilzeitbeschäftigter
Arbeitnehmer gegenüber den vollzeitbeschäftigten Arbeitnehmern entfällt nicht, weil der Arbeitgeber
eine bestimmte Gruppe Teilzeitbeschäftigter nicht benachteiligt. Verglichen werden damit nicht die unterschiedlichen Gruppen Teilzeitbeschäftigter, sondern eine bestimmte Personengruppe teilzeitbeschäftigter Arbeitnehmer mit Vollzeitbeschäftigten.[505]

Kein Verstoß gegen § 4 Abs. 1 S. 2 TzBfG liegt vor, wenn **Teilzeitbeschäftigte besser behandelt** werden 235
als Vollzeitbeschäftigte. Das wäre z.B. der Fall, wenn der Arbeitgeber Teilzeitbeschäftigten freiwillig
Überstundenzuschläge schon bei Überschreiten ihrer individuellen Arbeitszeit und nicht erst der betriebsüblichen Arbeitszeit gewährt (siehe oben Rdn 224)[506] oder Teilzeitbeschäftigte bei der Leistung von Überstunden ausnimmt.[507] Dann ist jedoch zu prüfen, ob nicht nach dem Allgemeinen Gleichbehandlungsgrundsatz eine sachlich nicht begründete Schlechterstellung von Vollzeitbeschäftigten vorliegt.

bb) Arbeitsbedingungen
(1) Allgemeine Arbeitsbedingungen

Das Diskriminierungsverbot des § 4 Abs. 1 TzBfG gilt für alle Arbeitsbedingungen, wobei Satz 2 eine Son- 236
derregelung für Arbeitsentgelt und andere teilbare geldwerte Leistungen enthält. **Allgemeine Arbeitsbedingungen** i.S.d. § 4 Abs. 1 S. 1 TzBfG, die nicht unmittelbar geldwerte Vorteile betreffen, können
z.B. sein:

- Einbeziehung in den Anwendungsbereich eines Tarifvertrages[508]
- Anrechnung von Beschäftigungszeiten für Kündigungsschutz[509]
- Altersbedingte Arbeitszeitverkürzung[510]
- Regelungen zum Bewährungsaufstieg[511]
- Kündigungsschutz[512]

---

504 Vgl. dazu LAG Rheinland-Pfalz 21.8.2012, noch n.v.
505 BAG 5.8.2009, AP Nr. 21 zu § 4 TzBfG; BAG 25.4.2007, NZA 2007, 881 m.w.N.; MüKo-BGB/*Müller-Glöge*, § 4 TzBfG Rn 24;
   kritisch Annuß/Thüsing/*Thüsing*, § 4 TzBfG Rn 24; a.A. *Meinel/Heyn/Herms*, § 4 TzBfG Rn 21.
506 Annuß/Thüsing/*Thüsing*, § 4 TzBfG Rn 32.
507 Annuß/Thüsing/*Thüsing*, § 4 TzBfG Rn 32.
508 BAG 5.8.2009, AP Nr. 21 zu § 4 TzBfG; Hessisches LAG 8.2.2010, n.v.
509 BAG 25.4.2007, NZA 2007, 881; BAG 15.5.1997, DB 1997, 2180.
510 BAG 21.1.2003, AP Nr. 157 zu § 611 BGB Lehrer, Dozenten; BAG 3.3.1993, DB 1993, 2491.
511 BAG 9.3.1994, EzBAT Nr. 2 zu § 23b BAT.
512 BAG 25.4.2007, NZA 2007, 881; BAG 13.3.1997, DB 1997, 1621.

■ Einbeziehung in die Sozialauswahl[513]

■ Arbeitsfreistellung an besonderen Tagen[514]

■ Einteilung zu einem Wochenenddienst[515]

■ Anspruch auf Arbeitsbefreiung bei kurzfristiger Vollzeittätigkeit[516]

■ Anspruch auf Verringerung der Arbeitszeit[517]

■ Zuweisung von Diensten[518]

■ Umrechnung von Urlaubsansprüchen.[519]

(2) Arbeitsentgelt und andere teilbare geldwerte Leistungen

237   Der Begriff des **Arbeitsentgelts** ist weit zu verstehen.[520] Er erfasst alle Leistungen, die der Arbeitgeber dem Arbeitnehmer aufgrund des Arbeitsverhältnisses gewährt. Auf die Rechtsgrundlage – Tarifvertrag, Betriebsvereinbarung, Arbeitsvertrag, Gesamtzusage, betriebliche Übung etc. – kommt es nicht an. Unerheblich ist auch, ob eine **vertraglich begründete Verpflichtung** besteht oder der Arbeitgeber die Leistung freiwillig gewährt. Es genügt, dass die Leistung im weitesten Sinne mit dem Arbeitsverhältnis in Zusammenhang steht.[521]

238   Beispiel für **geldwerte Vorteile**:

■ Sonderzahlungen[522]

■ Beihilfen[523]

■ Entgelterhöhungen[524]

■ Feiertagslohn[525]

■ Jubiläumszuwendungen[526]

■ Übergangsgeld[527]

■ Funktionszulage[528]

■ Besitzstandzulage[529]

■ Urlaubsvergütung[530]

■ Essensgeldzuschuss[531]

■ Zulagen[532]

---

513 BAG 12.8.1999, DB 2000, 228.

514 BAG 26.5.1993, DB 1994, 99.

515 BAG 24.4.1997, DB 1997, 1776.

516 BAG 25.5.2005, NZA 2005, 981.

517 BAG 18.3.2003, DB 2004, 319.

518 BAG 3.12.2008, AP Nr. 18 zu § 4 TzBfG.

519 Vgl. EuGH 13.6.2013, NZA 2013, 775; EuGH 22.4.2010, NZA 2010, 557; BAG 10.2.2015, NZA 2015, 1005; *Schubert*, NZA 2013, 1105; *Junker* NZA 2011, 950; *Rambach/Feldmann*, ZTR 2010, 561; *Fieberg*, NZA 2010, 925, 928.

520 BAG 5.8.2009, AP Nr. 21 zu § 4 TzBfG.

521 *Meinel/Heyn/Herms*, § 4 TzBfG Rn 41; BAG 20.8.2002, NZA 2003, 862 zu § 612 Abs. 3 BGB; einschränkend Annuß/Thüsing/*Thüsing*, § 4 TzBfG Rn 33.

522 BAG 30.7.2008, NZA 2008, 1412; BAG 6.12.1990, DB 1991, 866.

523 BAG 25.9.1997, DB 1998, 730.

524 BAG 29.1.1992, DB 1992, 998.

525 BAG 10.7.1996, DB 1997, 782.

526 BAG 22.5.1996, DB 1996, 1783; zu Abfindungen BAG 13.2.2007, NZA 2007, 860.

527 BAG 10.11.1994, NZA 1995, 693.

528 BAG 18.3.2009, AP Nr. 20 zu § 4 TzBfG.

529 BAG 18.12.2008, ZTR 2009, 18.

530 BAG 23.4.1996, DB 1996, 2290.

531 BAG 26.9.2001, DB 2002, 47.

532 BAG 24.9.2008 – 10 AZR 638/07, n.v.; BAG 24.9.2003, NZA 2004, 611; BAG 17.4.1996, NZA 1997, 324; BAG 29.1.1992, DB 1993, 278; BAG 23.6.1993, DB 1993, 2188.

- Gewährung von Arbeitgeberdarlehen[533]
- Umgruppierung wegen Erhöhung der Arbeitszeit[534]
- Betriebliche Altersversorgung[535]
- Gewährung von Überstundenzuschlägen[536]
- Gewährung von Zeitgutschriften[537]
- Gutschrift von Unterrichtsstunden[538]
- Angebot der Erhöhung der Arbeitszeit.[539]

Erfasst werden darüber hinaus **sonstige teilbare geldwerte Leistungen**. Das können z.B. sein: **239**

- Personalrabatte
- Freistellungsansprüche
- Deputate
- Gegenwert für Dienstwagennutzung.[540]

Ist die Leistung des Arbeitgebers **nicht teilbar**, steht sie dem Teilzeitbeschäftigten grundsätzlich uneinge- **240** schränkt zu. Das ist dann der Fall, wenn die volle Gewährung nicht ausnahmsweise eine sachlich nicht zu begründende Bevorzugung gegenüber vollzeitbeschäftigten Arbeitnehmern wäre (siehe dazu Rdn 235).[541] Beispiele für die Pflicht zur vollen Gewährung sind:

- Bereitstellung eines Firmenparkplatzes[542]
- Ein Platz im Betriebskindergarten.[543]

(3) Gewährung pro-rata-temporis

Liegt Arbeitsentgelt oder eine sonstige teilbare geldwerte Leistung vor, ist diese den teilzeitbeschäftigten **241** Arbeitnehmern pro-rata-temporis, d.h., in dem Umfang zu gewähren, in dem ihre individuelle Arbeitszeit zur Arbeitszeit eines **vergleichbaren vollzeitbeschäftigten Arbeitnehmers** im Verhältnis steht.[544]

Beispiel **242**

1. Bei der X-GmbH erhält der in Vollzeit beschäftigte Buchhalter B ein monatliches Gehalt von 3.000 EUR bei einer Vollzeitbeschäftigung mit 40 Stunden. Der hierarchisch gleichrangig beschäftigte Buchhalter C erhält bei einer wöchentlichen Arbeitszeit von 20 Stunden 1.500 EUR. Die Vergütungsvereinbarung entspricht dem pro-rata-temporis-Prinzip. Es liegt kein Verstoß gegen § 4 Abs. 1 S. 2 TzBfG vor.
2. Gemäß Tarifvertrag wird bei allen Arbeitnehmern das Weihnachtsgeld um 500,00 EUR gekürzt. Es liegt ein Verstoß gegen § 4 Abs. 1 S. 2 TzBfG vor. Zwar werden Vollzeitarbeitnehmer und Teilzeitarbeitnehmer hinsichtlich des konkreten Kürzungsbetrages gleichbehandelt. Die Schlechterstellung ist wegen des unterschiedlichen Arbeitsvolumens jedoch für die Teilzeitbeschäftigten faktisch höher

---

533 BAG 27.7.1994, DB 1994, 2348.
534 BAG 28.6.2006, NZA-RR 2006, 648.
535 BAG 11.12.2012, DB 2013, 1243; BAG 12.3.1996, DB 1996, 2085.
536 BAG 25.9.2013, NZA-RR 2014, 8; BAG 25.7.1996, NZA 1997, 774.
537 BAG 23.1.2008, AP Nr. 42 zu § 1 TVG Tarifverträge: Lufthansa.
538 BAG 14.12.2011, NZA 2012, 663.
539 BAG 3.8.2010, n.v.
540 Siehe dazu Annuß/Thüsing/*Thüsing*, § 4 TzBfG Rn 33.
541 Annuß/Thüsing/*Thüsing*, § 4 TzBfG Rn 32.
542 Annuß/Thüsing/*Thüsing*, § 4 TzBfG Rn 33.
543 Annuß/Thüsing/*Thüsing*, § 4 TzBfG Rn 33.
544 BAG 25.9.2013, NZA-RR 2014, 8.

als für die Vollzeitbeschäftigten. Ein Verstoß hätte nicht vorgelegen, wenn der Kürzungsbetrag pro-rata-temporis ungerechnet worden wäre.[545]

243 Erfolgt eine Leistung pro-rata-temporis, liegt eine Schlechterbehandlung grundsätzlich nicht vor. Es ist aber stets zu prüfen, ob eine sonstige Benachteiligung nach § 4 Abs. 1 S. 1 TzBfG vorliegt.[546]

c) Wegen Teilzeitarbeit

244 Ist eine objektive Schlechterbehandlung des Teilzeitarbeitnehmers im Verhältnis zu einem vergleichbaren Vollzeitarbeitnehmer festgestellt, ist zu prüfen, ob die Schlechterbehandlung „wegen" Teilzeitarbeit erfolgt. Der Umstand, dass der Arbeitnehmer Teilzeitarbeit leistet, muss somit **kausal** für die Schlechterbehandlung sein. Die Ungleichbehandlung muss an dem Kriterium „Dauer der Arbeitszeit" anknüpfen.[547] Ausreichend ist, wenn die Teilzeittätigkeit einer von mehreren tragenden Gründen für die Schlechterbehandlung ist.[548]

Ob eine Schlechterbehandlung „wegen" Teilzeit erfolgt, ist in der Praxis nicht immer einfach festzustellen. Es ist zunächst zu klären, an welche **Voraussetzungen eine Leistung oder Maßnahme** anknüpft oder worauf eine **bestimmte Anordnung oder Regelung des Arbeitgebers** beruht. Dann ist festzustellen, ob ein maßgeblicher Grund für die Ungleichbehandlung des teilzeitbeschäftigten Arbeitnehmers mit einem vergleichbaren vollzeitbeschäftigten Arbeitnehmer die Dauer seiner Arbeitszeit ist. Nur wenn das der Fall ist, kann § 4 Abs. 1 TzBfG zur Anwendung kommen. Das Diskriminierungsverbot ist jedoch dann nicht einschlägig, wenn tragende Gründe für die Ungleichbehandlung andere als die Dauer der wöchentlichen Arbeitszeit sind.

245 *Beispiele*

1. Arbeitnehmer A bei der X-GmbH wird mit einer wöchentlichen Arbeitszeit von 20 Stunden beschäftigt. Die tarifliche Arbeitszeit für vollzeitbeschäftigte Arbeitnehmer beträgt 35 Stunden. Im Mai ordnet die X-GmbH an, dass A 35 Stunden pro Woche zur Vorbereitung des Jahresabschlusses arbeitet. A verlangt für die 15 mehr gearbeiteten Stunden pro Woche den tariflichen Überstundenzuschlag.

2. Die Betriebsvereinbarung über Bereitschaftsdienst sieht vor, dass Arbeitnehmer im Falle der Inanspruchnahme für den Bereitschaftsdienst für alle Zeiten, die über die tarifliche Regelarbeitszeit von 35 Stunden hinausgehen, einen gestaffelten Zuschlag von 25 bis 100 % erhalten. Auch der Teilzeitbeschäftigte A leistet Bereitschaftsdienst. Wird er hierzu herangezogen, überschreitet er die 35-Stunden-Grenze jedoch regelmäßig nicht. A verlangt den Zuschlag für den Bereitschaftsdienst.

246 Die Nichtgewährung von **Überstunden- oder Bereitschaftsdienstzulagen** an Teilzeitkräfte, die die wöchentliche Arbeitszeit von Vollzeitkräften auch bei Inanspruchnahme für Überstunden oder Bereitschaftsdienst nicht überschreiten, stellt nach der Rechtsprechung keine Benachteiligung wegen der Teilzeitarbeit dar.[549] Es wird darauf abgestellt, dass Arbeitnehmer – ob Voll- oder Teilzeitkräfte – für die gleiche Arbeit auch die gleiche Vergütung bekommen. Da Vollzeitkräfte erst bei Überschreiten der üblichen wöchentlichen Arbeitszeit Zuschläge erhalten, stellt es keine Schlechterstellung von Teilzeitbeschäftigten wegen der Teilzeitarbeit dar, wenn sie bis zum Erreichen der betriebsüblichen Wochenarbeitszeit keine Zuschläge erhalten.

---

545 Nach Annuß/Thüsing/*Thüsing*, § 4 TzBfG Rn 30 und BAG 24.5.2000, NZA 2001, 216.
546 BAG 14.12.2011, NZA 2012, 663.
547 BAG 10.2.2015, NZA 2015, 1005; BAG 25.9.2013, NZA-RR 2014, 8.
548 *Meinel/Heyn/Herms*, § 4 TzBfG Rn 29.
549 EuGH 15.12.1994, NZA 1995, 218 zum Bereitschaftsdienst; BAG 25.7.1996, NZA 1997, 774 zu Überstundenzuschlägen.

Beispiel 247

Die Betriebsvereinbarung sieht vor, dass Arbeitnehmer nach 10jähriger Betriebszugehörigkeit 1.000,00 EUR, nach 20jähriger Betriebszugehörigkeit 2.000,00 EUR, nach 25jähriger Betriebszugehörigkeit 5.000,00 EUR Jubiläumszuwendung von der X-GmbH erhalten. Zum Zeitpunkt der Auszahlung teilzeitbeschäftigter Arbeitnehmer sollen diese die Jubiläumszuwendungen nur anteilig im Hinblick auf die im Verhältnis zur betriebsüblichen Arbeitszeit geleisteten Stunden erhalten.

Die Regelung in der Betriebsvereinbarung entspricht auf den ersten Blick § 4 Abs. 1 Satz 2 TzBfG, da die 248 Leistung **pro-rata-temporis** erfolgt. Sie verstößt aber zumindest dann gegen das Diskriminierungsverbot, wenn der Arbeitnehmer in der Vergangenheit eine höhere Arbeitszeit geleistet hat, als dies zum Zeitpunkt der Zahlung der Fall ist, insbesondere zuvor in Vollzeit gearbeitet hat. Das BAG stellt darauf ab, dass die Betriebstreue des Teilzeitbeschäftigten Anknüpfungspunkt für die Zahlung ist. Sie findet bei einer auf die aktuelle Arbeitszeit abstellende Bemessung der Jubiläumszuwendung keine hinreichende Berücksichtigung.[550] Etwas anderes soll dann gelten, wenn die im gesamten Arbeitsverhältnis geleistete Arbeitszeit berücksichtigt und zur Arbeitszeit eines ständig Vollzeitbeschäftigten ins Verhältnis gesetzt wird.[551]

Beispiel 249

Die X-GmbH übernimmt Tiefbauarbeiten. Sie gewährt Arbeitnehmern in den Sommermonaten von Juni bis August eine bezahlte Pause von 15 Minuten am Nachmittag zwischen 14.45 Uhr und 15.00 Uhr, um die Arbeitsbelastung bei hohen Temperaturen zu mildern. Teilzeitarbeitnehmer A arbeitet nur bis 13.00 Uhr. Er fordert ebenfalls eine bezahlte Pause von 15 Minuten.

Die Nichtgewährung der Pause an den A ist keine Schlechterbehandlung wegen der Teilzeitarbeit. Zweck 250 der Gewährung der zusätzlichen Leistung ist die besondere Belastung der Arbeitnehmer in der warmen Nachmittagszeit. Die Teilzeitarbeit ist daher nicht kausal für die Leistung. Ein Teilzeitarbeitnehmer, der nachmittags arbeiten würde, erhielte die Leistung ebenfalls. Daher liegt keine unterschiedliche Behandlung „wegen" der Teilzeitarbeit vor.[552]

d) Diskriminierungsabsicht

Wie überall im Diskriminierungsrecht kommt es nicht darauf an, dass der Arbeitgeber den Teilzeitarbeit- 251 nehmer schlechter behandeln wollte. Entscheidend ist allein, dass **objektiv diskriminierende Auswirkungen** einer Vereinbarung oder einer Maßnahme vorliegen.[553]

e) Kompensation

Eine Schlechterbehandlung eines Teilzeitbeschäftigten gegenüber einem vergleichbaren Vollzeitbeschäf- 252 tigten liegt dann nicht vor, wenn der Teilzeitbeschäftigte zum Ausgleich des entstandenen Nachteils einen **Vorteil** erhält.[554]

Berücksichtigt werden können jedoch nur Leistungen, die in einem **sachlichen Zusammenhang** stehen. Die Rechtsprechung[555] greift dazu auf die Grundsätze zurück, die es für den **Günstigkeitsvergleich** von tariflichen und vertraglichen Regelungen nach § 4 Abs. 3 TVG herausgearbeitet hat.[556]

---

550 BAG 22.5.1996, DB 1996, 1783.
551 BAG 13.12.2000, FA 2001, 158.
552 BAG 24.9.2008, NZA-RR 2009, 221; BAG 16.6.2003, NZA 2003, 971.
553 BAG 28.7.1992, DB 1993, 169.
554 BAG 5.8.2009, AP Nr. 21 zu § 4 TzBfG; *Meinel/Heyn/Herms*, § 4 TzBfG Rn 27.
555 BAG 24.9.2008, NZA-RR 2009, 221.
556 Vgl. dazu *Löwisch/Rieble*, § 4 TzBfG Rn 290 ff.

253

Hinweis

Eine Schlechterbehandlung wegen Teilzeitarbeit – insbesondere im Bereich des Entgelts – kann nicht durch eine Beschäftigungsgarantie kompensiert werden. Arbeitszeit und Arbeitsentgelt einerseits und eine Beschäftigungsgarantie andererseits betreffen nach der Rechtsprechung des BAG[557] unterschiedlich geartete Regelungsgegenstände, für deren Bewertung es keinen gemeinsamen Maßstab gibt. Eine Beschäftigungsgarantie ist daher nicht geeignet, Verschlechterungen beim Arbeitsentgelt oder bei der Arbeitszeit zu rechtfertigen.[558]

f) Sachlicher Grund

254 Liegt objektiv eine Schlechterbehandlung von teilzeitbeschäftigten Arbeitnehmern gegenüber vergleichbaren vollzeitbeschäftigten Arbeitnehmern vor, stellt dies keine Diskriminierung i.S.d. § 4 Abs. 1 TzBfG dar, wenn ein sachlicher Grund vorliegt.

Zum Teil wird die Auffassung vertreten, dass eine Rechtfertigung der Ungleichbehandlung aufgrund eines sachlichen Grundes im **Anwendungsbereich des § 4 Abs. 1 S. 2 TzBfG** – also bei Arbeitsentgelt und sonstigen teilbaren geldwerten Leistungen – grundsätzlich nicht in Betracht kommt.[559] Die Konkretisierung in § 4 Abs. 1 S. 2 TzBfG steht der Möglichkeit der Rechtfertigung einer unterschiedlichen Behandlung aus sachlichen Gründen jedoch auch in diesem Bereich nicht entgegen.[560] Umgekehrt schließt eine Gleichbehandlung teilzeitbeschäftigter Arbeitnehmer beim Arbeitsentgelt oder bei anderen teilbaren geldwerten Leistungen nach dem in § 4 Abs. 1 Satz 2 TzBfG normierten **pro-rata-temporis-Grundsatz** von vorn herein eine zu rechtfertigende Ungleichbehandlung wegen Teilzeitarbeit aus, so dass es eines sachlichen Grundes nicht bedarf.[561] Es kommt aber ggf. eine unzulässige Benachteiligung aus sonstigen Gründen i.S.d. § 4 Abs. 1 S. 1 TzBfG in Betracht.[562]

255 Ein sachlicher Grund liegt dann vor, wenn der Grund wegen der **Art der auszuübenden Tätigkeit** einem **legitimen Ziel** dient und die Ungleichbehandlung für die Erreichung dieses Ziels **erforderlich** und **angemessen** ist.[563] Zu beachten ist, dass der Grund für die Schlechterstellung in der geringeren zeitlichen Arbeitsleistung begründet sein muss. Zugrunde zu legen ist dabei der **Zweck** der Leistung oder Maßnahme des Arbeitgebers.[564]

Sachliche Rechtfertigungsgründe können – anknüpfend an die Vorgängerregelung in § 2 BeschFG[565] – sein,

- Arbeitsleistung,
- Arbeitsbelastung,
- Qualifikation,
- Ausbildung,
- Verantwortung,
- Berufserfahrung des Arbeitnehmers oder unterschiedliche Arbeits- und Arbeitsplatzanforderungen,[566]

557 BAG 20.4.1999, NJW 1999, 3281.
558 BAG 24.9.2008, NZA-RR 2009, 221.
559 MünchArbR/*Schüren*, Ergänzungsband § 161 Rn 108; *Rolfs*, RdA 2001, 129, 131; *Däubler*, ZIP 2000, 1961, 1962.
560 BAG 5.11.2003, NZA 2005, 222; BAG 24.9.2008, n.v.; *Meinel/Heyn/Herms*, § 4 TzBfG Rn 43; *Hanau*, NZA 2001, 1168, 1173; *Thüsing*, ZfA 2002, 249, 262.
561 BAG 24.9.2008 – 10 AZR 638/07, n.v.
562 BAG 14.12.2011, NZA 2012, 663.
563 Annuß/Thüsing/*Thüsing*, § 4 TzBfG Rn 47; ähnlich *Meinel/Heyn/Herms*, § 4 TzBfG Rn 30.
564 BAG 5.8.2009, AP Nr. 21 zu § 4 TzBfG; *Meinel/Heyn/Herms*, § 4 TzBfG Rn 28.
565 Vgl. BR-Drucks 393/84, 25, 26; Annuß/Thüsing/*Thüsing*, § 4 TzBfG Rn 47.
566 Siehe dazu ausführl. Annuß/Thüsing/*Thüsing*, § 4 TzBfG Rn 54.

■ Aspekte des Arbeitsmarktes,[567] wobei jedoch zu Recht auf die hohen Anforderungen an die Substantiierung hingewiesen wird,[568]

■ höherer Versorgungsbedarf in der betrieblichen Altersversorgung.[569]

Den **Tarifvertragsparteien** kommt hinsichtlich der Annahme eines sachlichen Grundes bei tariflichen Regelungen ein weiterer Beurteilungsspielraum zu als den Parteien des Arbeitsvertrages oder den Betriebsparteien. Sie haben nach Art. 9 Abs. 3 GG eine Einschätzungsprärogative.[570] Sie können insbesondere eine typisierende Betrachtung zugrunde legen[571] (zur geringfügigen Beschäftigung als sachlichen Grund für eine Unterscheidung siehe unten Rdn 323). **256**

g) Rechtsfolge

Verstößt eine Regelung oder Maßnahme des Arbeitgebers gegen das Diskriminierungsverbot, so sind leistungsgewährende Bestimmungen oder Maßnahmen **auf die teilzeitbeschäftigten Arbeitnehmer zu erstrecken**, die entgegen dem Gebot der Gleichbehandlung von der Gewährung oder der Maßnahme – ggf. auch teilweise – ausgeschlossen sind.[572] Teilzeitbeschäftigte Arbeitnehmer benachteiligende Maßnahmen dürfen nicht durchgeführt werden. **257**

Soweit eine vertragliche Vereinbarung – Arbeitsvertrag, Betriebsvereinbarung oder Tarifvertrag – gegen § 4 Abs. 1 TzBfG verstößt, ist sie gemäß **§ 134 BGB unwirksam**.[573] Handelt es sich um eine Vergütungsabrede, hat der Arbeitnehmer Anspruch nach § 612 Abs. 2 BGB auf die übliche, d.h., die **diskriminierungsfreie Vergütung**.[574]

Ist eine Gleichbehandlung nicht mehr möglich, kann ein **Schadensersatzanspruch** aus § 280 BGB[575] oder aus Deliktsrecht nach § 823 Abs. 2 BGB i.V.m. § 4 Abs. 1 TzBfG bestehen.[576]

> *Beispiel* **258**
>
> Die A war bei der X-GmbH wegen ihrer Teilzeitbeschäftigung von der Kantinennutzung ausgeschlossen. Sie macht rückwirkend den geldwerten Vorteil für die Nutzung der Kantine geltend.[577]

3. Einzelne arbeitsvertragliche Regelungen für Teilzeitbeschäftigte

a) Grundsätze

Bei der Gestaltung eines Teilzeitarbeitsvertrages kann grundsätzlich auf die Ausführungen zum Vollzeitarbeitsvertrag verwiesen werden (siehe hierzu § 1a Rdn 215). Es sollen im Folgenden nur die Besonderheiten aufgezeigt werden, die aufgrund der Teilzeitbeschäftigung bei der Vertragsgestaltung zu beachten sind. **259**

b) Arbeitszeit

Die wöchentliche Arbeitszeit des teilzeitbeschäftigten Arbeitnehmers muss im Arbeitsvertrag präzise angegeben werden. Nicht notwendig ist es, die Arbeitszeit des vergleichbaren vollzeitbeschäftigten Arbeit- **260**

---

567 Annuß/Thüsing/*Thüsing*, § 4 TzBfG Rn 52; a.A. MünchArbR/*Schüren*, § 161 Rn 67.
568 Annuß/Thüsing/*Thüsing*, § 4 TzBfG Rn 53 m.w.N.
569 Hessisches LAG 2.6.2010, n.v.
570 BAG 5.8.2009, AP Nr. 21 zu § 4 TzBfG; Annuß/Thüsing/*Thüsing* § 4 Rn 66.
571 BAG 30.8.2000, NZA 2001, 613, 617; *Meinel/Heyn/Herms*, § 4 TzBfG Rn 33; Annuß/Thüsing/*Thüsing*, § 4 TzBfG Rn 66.
572 BAG 5.8.2009, AP Nr. 21 zu § 4 TzBfG; BAG 24.9.2008, NZA-RR 2009, 221.
573 BAG 10.2.2015, NZA 2015, 1005.
574 BAG 5.8.2009, AP Nr. 21 zu § 4 TzBfG; BAG 17.4.2002, NZA 2002, 1334, 1335; *Meinel/Heyn/Herms*, § 4 TzBfG Rn 43.
575 Annuß/Thüsing/*Thüsing*, § 4 TzBfG Rn 93.
576 BAG 24.10.2001, NZA 2002, 209, 210; BAG 25.4.2001, NZA 2002, 1211, 1213; Annuß/Thüsing/*Thüsing*, § 4 TzBfG Rn 93; a.A. ErfK/*Preis*, § 4 TzBfG Rn 6.
577 Vgl. dazu auch BAG 26.9.2001, DB 2002, 47.

nehmers aufzuführen. Die Verteilung der Arbeitszeit kann **flexibel** gestaltet werden. Dabei kommen unterschiedliche Verteilungszeiträume – Woche, Monat oder Jahr – in Betracht.

261

Beispiel

„Die wöchentliche Arbeitszeit beträgt 15 Stunden. Der Arbeitnehmer arbeitet am Montag und Dienstag jeweils 6 Stunden, am Donnerstag 3 Stunden. Die Lage der Arbeitszeit richtet sich an diesen Tagen nach der Betriebsvereinbarung vom (…)."

Alternativ: *„Die wöchentliche Arbeitszeit beträgt 15 Stunden. Der Arbeitnehmer arbeitet alternierend in einer Kalenderwoche 30 Stunden, in der Folgewoche nicht. In den Arbeitswochen arbeitet der Arbeitnehmer von Montag bis Freitag jeweils sechs Stunden in der Zeit von (…) bis (…)."*

Alternativ: *„Die wöchentliche Arbeitszeit beträgt 15 Stunden. Die Verteilung auf das Jahr erfolgt gemäß diesem Vertrag beiliegendem Verteilungsplan. An den Einsatztagen richtet sich die Lage der zu erbringenden Arbeitszeit nach der Betriebsvereinbarung über Teilzeitarbeit vom (…)."*

262 Auch die **Dauer der wöchentlichen Arbeitszeit** kann bei Teilzeitbeschäftigten flexibel gestaltet werden (siehe dazu unten Rdn 297 ff.). Die Regelung muss jedoch dem Transparenzgebot des § 307 Abs. 1 S. 2 BGB genügen.[578] Behält sich der Arbeitgeber über eine solche Regelung hinausgehend vor, die Dauer der wöchentlichen Arbeitszeit durch einseitige Bestimmung zu verändern, stellte dies jedoch eine Umgehung des Änderungskündigungsschutzes dar und wäre gemäß § 307 Abs. 1 BGB unwirksam:

Beispiel

„Die wöchentliche Arbeitszeit beträgt 15 Stunden. Der Arbeitgeber behält sich vor, durch Anweisung mit einer Ankündigungsfrist von einer Woche die Arbeitszeit zu verlängern."

Die Regelungen über die Leistung und insbesondere die Zuschlagspflicht von **Überstunden** erfolgt üblicherweise in einem Tarifvertrag oder einer Betriebsvereinbarung. In Betrieben, in denen weder ein Tarifvertrag solche Regelungen trifft, noch ein Betriebsrat besteht, kann aber auch eine Regelung im Arbeitsvertrag erforderlich sein.

263

Beispiel

Der Arbeitnehmer ist verpflichtet, bei Bedarf bis (…) Überstunden pro Woche auf Anordnung des Arbeitgebers zu leisten. In dringenden Fällen, in denen anderenfalls erheblicher Schaden für den Betrieb droht, kann der Arbeitgeber darüber hinausgehend im Rahmen der Vorschriften des ArbZG Überstunden anordnen. Ein Überstundenzuschlag von 25 % wird dann gewährt, wenn der teilzeitbeschäftigte Arbeitnehmer mehr als die betriebsübliche Arbeitszeit von (…) Stunden arbeitet.

264

Beachte

Soll die vertraglich vereinbarte **Arbeitszeit** eines teilzeitbeschäftigten Arbeitnehmers **verlängert werden**, so sind verschiedene Aspekte zu beachten. Bei der befristeten Verlängerung ist zu prüfen, ob die Befristung der Verlängerungsvereinbarung den Arbeitnehmer nicht unzulässig gemäß § 307 BGB benachteiligt. Ein unbefristet teilzeitbeschäftigter Arbeitnehmer wird durch die Befristung einer Arbeitszeiterhöhung regelmäßig nicht nach § 307 Abs. 1 BGB unangemessen benachteiligt, wenn die Befristung auf Umständen beruht, die die Befristung des Arbeitsvertrages insgesamt nach § 14 Abs. 1 S. 2 Nr. 3 TzBfG sachlich rechtfertigen könnte.[579] Etwas anderes gilt jedoch ggf. dann, wenn ein solcher

---

578 BAG 19.6.2012, 9 AZR 736/10, n.v.; BAG 21.6.2011, NZA 2011, 1274.
579 BAG 15.12.2011, NZA 2012, 674; BAG 2.9.2009, NZA 2009, 1253.

Grund nicht vorliegt.[580] Bei der befristeten Verlängerung der Arbeitszeit ist in Betrieben mit Betriebsrat das Mitbestimmungsrecht aus § 87 Abs. 1 Nr. 3 BetrVG zu beachten.[581] Darüber hinaus kann eine nicht unerhebliche Verlängerung der Arbeitszeit, die länger als einen Monat befristet ist oder unbefristet erfolgen soll, eine mitbestimmungspflichtige Einstellung nach § 99 Abs. 1 S. 1 BetrVG darstellen.[582] Besonderheiten sind bei der arbeitsvertraglich vereinbarten Befristung einer Arbeitszeitverringerung zu beachten. Auch diese vertragliche Regelung ist an § 307 BGB zu messen. Dabei liegt regelmäßig ein Verstoß gegen die Vorschrift vor, wenn der Anspruch auf unbefristete Verringerung der Arbeitszeit gegen den Willen des Arbeitnehmers zeitlich beschränkt werden soll. Jedoch können Tarifvertragsparteien, Betriebsparteien und Arbeitsvertragsparteien zugunsten des Arbeitnehmers zusätzlich zum gesetzlichen Anspruch auf unbefristete Reduzierung der Arbeitszeit die Möglichkeit vorsehen, die Arbeitszeit für eine begrenzte Dauer zu reduzieren. Entspricht die Befristung der Reduzierung der Arbeitszeit dem vom Arbeitnehmer geäußerten Wunsch, so liegt regelmäßig kein Verstoß gegen § 307 BGB vor.[583]

Der teilzeitbeschäftigte Arbeitnehmer hat nach § 9 TzBfG **Anspruch auf Verlängerung der Arbeitszeit,** **265** wenn er den Wunsch dem Arbeitgeber angezeigt hat und ein entsprechend freier Arbeitsplatz zu besetzen ist, es sei denn, dass dringende betriebliche Gründe oder Arbeitszeitwünsche anderer teilzeitbeschäftigter Arbeitnehmer entgegenstehen.[584]

c) Vergütung

Bei der vertraglichen Festlegung der laufenden Vergütung ist das **pro-rata-temporis-Prinzip** des § 4 **266** Abs. 1 S. 2 TzBfG (siehe oben Rdn 241) zu beachten.

Das ist auch bei der Gewährung von **Sonderzahlungen** der Fall, soweit sie Entgelt im eigentlichen Sinne darstellen. Etwas anderes kann dann gelten, wenn die Sonderzahlung einen anderen Zweck verfolgt, z.B. allein die Betriebstreue honorieren soll, wie dies bei Jubiläumszuwendungen der Fall ist (siehe dazu Rdn 248). Zu beachten ist jedoch, dass regelmäßig die Beachtung des pro-rata-temporis-Grundsatzes bei Arbeitsvergütungen und sonstigen teilbaren geldwerten Vorteilen den Anforderungen des § 4 Abs. 1 S. 1 TzBfG genügt und keiner weiteren Rechtfertigung bedarf (siehe dazu Rdn 241 ff.).

Eine Ungleichbehandlung bei der Vergütung kann insbesondere dann vorliegen, wenn der Arbeitnehmer nach den vertraglichen Vereinbarungen Teilzeit arbeitet, durch **regelmäßige Mehrarbeit** jedoch die gleiche Arbeitsstundenzahl leistet wie ein Vollzeitarbeitnehmer, nicht jedoch die gleiche Vergütung erhält.

Beispiel **267**

Die regelmäßige wöchentliche Arbeitszeit für Vollzeitarbeitnehmer beträgt 37 Stunden. Der A ist als Teilzeitarbeitnehmer mit einer wöchentlichen Arbeitszeit von 33 Stunden beschäftigt. Er leistet auf Anordnung des Arbeitgebers regelmäßige wöchentliche Mehrarbeit von vier Stunden. Die Mehrarbeit wird bei der Berechnung von bestimmten Zulagen im Gegensatz zur regelmäßigen Arbeitsleistung nicht berücksichtigt.

Vollzeit- und Teilzeitkräfte werden nach der Rechtsprechung des BAG in unzulässiger Weise ungleich ver- **268** gütet, wenn für jeweils die gleiche Stundenzahl nicht die gleiche Gesamtvergütung gezahlt wird.[585]

---

580 Vgl. BAG 27.7.2005, NZA 2006, 40.
581 BAG 24.4.2007, NZA 2007, 808.
582 BAG 25.1.2005, NZA 2005, 945.
583 BAG 10.12.2014, NZA 2015, 811.
584 BAG 16.9.2008, NZA 2008, 1285; BAG 8.5.2007, NZA 2007, 1349.
585 BAG 23.2.2011, AP Nr. 5 zu § 24 TVöD; BAG 24.9.2008, NZA-RR 2009, 221 m.w.N.

Bei der **Berechnung von Sonderzahlungen** kann es zu Problemen kommen, wenn die Arbeitszeit des Teilzeitbeschäftigten sich im Bezugszeitraum geändert hat.

269   *Beispiel*

Bei der X-GmbH wird ein Weihnachtsgeld in Höhe eines vollen Monatsgehaltes gewährt. Maßgeblich ist nach der vertraglichen Regelung die Vergütung für den Monat November. A hat bis zum 30.6. Vollzeit gearbeitet, er arbeitet seit dem 1.7. nur noch halbtags. Sieht die Regelung wie im Beispiel vor, dass sich die Sonderzahlung der Vergütung zu einem Stichtag bemisst und wird insoweit der pro-rata-temporis-Grundsatz eingehalten, verstößt sie nicht gegen § 4 Abs. 1 S. 2 TzBfG.

270   Man kann eine Sonderzahlung aber auch dahingehend regeln, dass sich die Höhe nach dem Verhältnis der im Jahr geleisteten Arbeitsstunden zu der Zahl der Arbeitsstunden eines vollzeitbeschäftigten Arbeitnehmers bemisst. Enthält die arbeitsvertragliche Regelung über die Höhe der Sonderzahlung für Teilzeitbeschäftigte keinen Hinweis auf die Berechnung, ist die Berechnungsformel ggf. durch Auslegung zu ermitteln. Handelt es sich um Entgelt im eigentlichen Sinne, dürfte im Zweifel die letztgenannte Berechnungsgrundlage zum Tragen kommen. Lässt sich der Vereinbarung ein Stichtag entnehmen, findet im Regelfall die erste Variante Anwendung.

271   *Praxistipp*

Arbeitsvertragliche Vereinbarungen über die Gewährung von Sonderzahlungen für Teilzeitbeschäftigte sollten zur Vermeidung von Auslegungsschwierigkeiten genau bestimmen, wie die Sonderzahlung bemessen wird, wenn sich die Dauer der wöchentlichen Arbeitszeit ändert.

272   Der pro-rata-temporis-Grundsatz gilt auch für die Gewährung **vermögenswirksamer Leistungen**.

d)   Betriebliche Altersversorgung

273   Die gänzliche Herausnahme von Teilzeitbeschäftigten aus einem Versorgungssystem für betriebliche Altersversorgung ist grundsätzlich unzulässig.[586] Anders als bei Sonderzahlungen genügt auch eine pro-rata-temporis-Leistung an teilzeitbeschäftigte Arbeitnehmer gemessen an der zum Zeitpunkt des Ausscheidens erbrachten Arbeitszeit den Anforderungen des § 4 Abs. 1 TzBfG nicht. Arbeitnehmer, die während ihres Berufslebens längerfristig als Vollzeitkraft tätig waren und nur zuletzt – z.B. aus gesundheitlichen Gründen – in Teilzeitarbeit gewechselt sind, würden ungerechtfertigt benachteiligt. Eine Regelung zur betrieblichen Altersversorgung muss daher der **wechselnden Dauer von Arbeitszeiten** Rechnung tragen. Dabei kann über das gesamte Arbeitsverhältnis die tatsächlich geleistete Arbeitszeit ins Verhältnis zur Vollzeitarbeit gesetzt werden. Dies kann ggf. auch auf einen bestimmten Referenzzeitraum, z.B. die letzten fünf Jahre, beschränkt werden.[587] Zu berücksichtigen sind aber ggf. auch unterschiedliche Versorgungsbedarfe.[588] Nicht geklärt ist, ob geringfügig beschäftigte Arbeitnehmer aus einem betrieblichen Altersversorgungssystem ausgenommen werden können.[589] Die Herausnahme **geringfügig Beschäftigter** wäre jedenfalls dann unzulässig, wenn sie eine mittelbare Diskriminierung wegen des Geschlechts darstellte.[590]

---

586 BAG 27.1.1998, n.v.
587 BAG 3.11.1998, NZA 1999, 999.
588 Hessisches LAG, 2.6.2010, n.v.
589 So noch BAG 27.1.1998 – 3 AZR 430/96, n.v. mit der Begründung, dass die zu erzielende Versorgung im Hinblick auf den vom Unternehmen zu tätigenden Aufwand unverhältnismäßig hoch wäre. Ob das BAG dem nach in Krafttreten des TzBfG folgen wird, bleibt abzuwarten.
590 Vgl. EuGH 10.2.2000, NZA 2000, 313; vgl. aber auch LAG Hamm 29.7.2011, AE 2012, 98.

e) Urlaub

aa) Grundlagen

Der **gesetzliche Urlaub** bestimmt sich nach § 1 Abs. 3 BUrlG. Er ist in jedem Arbeitsverhältnis mindestens   274
zu gewähren. Abweichende Vereinbarungen sind gemäß § 13 Abs. 1 BUrlG unwirksam. Der gesetzliche
Mindesturlaub beträgt 24 Urlaubstage bemessen auf eine Sechs-Tage-Woche, d.h., vier Wochen im Jahr.

> *Beispiel*   275
>
> Bei der X-GmbH wird eine Putzhilfe als geringfügig Beschäftigte angestellt. Der Tarifvertrag findet für
> sie keine Anwendung. Sie arbeitet an fünf Tagen in der Woche. Der Urlaubsanspruch berechnet sich wie
> folgt: 24 × 5 : 6 = 20 (zur Berechnung siehe unten Rdn 277 ff.). Die Reinigungskraft hat somit Anspruch
> auf 20 Tage oder auf vier Wochen bezahlten Urlaub.

Ggf. ist ein darüber hinausgehender Urlaubsanspruch aus **Tarifvertrag** oder **Arbeitsvertrag** möglich und   276
in der Praxis weit verbreitet.

bb) Berechnung

Problematisch kann in Einzelfällen die Berechnung des Urlaubsanspruchs für teilzeitbeschäftigte Arbeit-   277
nehmer sein.

> *Praxistipp*   278
>
> Die Grundsätze sollten in schwierigen Fällen im Arbeitsvertrag ausdrücklich festgelegt werden.

Im Urlaubsrecht gilt danach grundsätzlich das **Urlaubstageprinzip**. Danach sind Urlaubstage immer nur   279
ganze Arbeitstage. Es kommt nach bisheriger Rechtsprechung des BAG nicht darauf an, wie viele Stunden
der Arbeitnehmer an den Tagen zur Arbeitsleistung verpflichtet ist.[591] Inwieweit sich daran etwas nach der
neuen Rechtsprechung des EuGH zu den Folgen der Arbeitszeitverkürzung auf „erdienten" Urlaub (siehe
unten Rdn 293 ff.) ändert, bleibt abzuwarten.

> *Praxistipp*   280
>
> Arbeitgeber sollten – zumindest derzeit noch – dahingehend beraten werden, davon abzusehen, „halbe"
> Urlaubstage zu gewähren, da dies zu rechtlich nicht interessengemäß lösbaren Folgeproblemen führen
> kann.

Unproblematisch ist die Berechnung des Urlaubsanspruchs regelmäßig dann, wenn Teilzeitarbeitnehmer an
der **gleichen Anzahl von Arbeitstagen pro Woche** beschäftigt werden wie die vollzeitbeschäftigten Arbeitnehmer.

> *Beispiel*   281
>
> Bei der X-GmbH wird Arbeitnehmer A mit einer wöchentlichen Arbeitszeit von 20 Stunden beschäftigt.
> Die Arbeitszeit der vollzeitbeschäftigten vergleichbaren Arbeitnehmer beträgt 38,5 Stunden. A arbeitet
> von Montag bis Mittwoch jeweils vier Stunden, am Donnerstag sechs Stunden und Freitag zwei Stunden.
> Der tarifliche Urlaubsanspruch für vollzeit- und teilzeitbeschäftigte Arbeitnehmer beträgt 30 Tage pro
> Jahr, berechnet auf eine 5-Tage-Woche. A hat danach Anspruch auf die 30 Tage Urlaub, da er an fünf
> Tagen in der Woche arbeitet. Es kommt nicht darauf an, wie viel Stunden er an den jeweiligen Arbeits-
> tagen arbeitet.[592]

---

591 BAG 28.11.1989, NZA 1990, 445.
592 BAG 31.5.1990, NZA 1991, 105.

282 **Beachte:** Wird in einem Tarifvertrag oder einer sonstigen einheitlichen Regelung die Dauer des jährlichen Erholungsurlaubsanspruchs auf **30 Tage** festgelegt, so ist mangels anderweitiger Hinweise davon auszugehen, dass dem die Verteilung der Wochenzeit auf **fünf Tage** zugrunde liegt. Verteilt sich die regelmäßige Arbeitszeit eines Arbeitnehmers individuell auf mehr oder weniger als fünf Arbeitstage in der Woche, erhöht oder vermindert sich die Urlaubsdauer entsprechend.[593] Das gilt auch für Teilzeitbeschäftigte.

283 Etwas anderes gilt dann, wenn der Arbeitnehmer an **weniger Tagen** arbeitet als vergleichbare vollzeitbeschäftigte Arbeitnehmer. Dann ist – ausgehend vom Urlaubsanspruch der vollzeitbeschäftigten Arbeitnehmer – der Urlaubsanspruch des teilzeitbeschäftigten Arbeitnehmers umzurechnen.

284 *Beispiel*

Wie Fall zuvor, nur arbeitet A von Montag bis Donnerstag jeweils fünf Stunden. Die Berechnung ist wie folgt vorzunehmen: Urlaubsanspruch eines vergleichbaren vollzeitbeschäftigten Arbeitnehmers multipliziert mit der Zahl von dem teilzeitbeschäftigten Arbeitnehmer zu leistenden Arbeitstage dividiert durch die Zahl der von den vollzeitbeschäftigten Arbeitnehmern zu leistenden Arbeitstage. D.h. im Beispiel: $30 \times 4 : 5 = 24$.

285 *Hinweis*

In schwierigeren Fällen kann eine **Kontrollüberlegung** angestellt werden. Auf Wochen berechnet muss der Urlaubsanspruch für Vollzeitbeschäftigte und Teilzeitbeschäftigte bei wochenweiser Gewährung gleich sein. Haben vollzeitbeschäftigte Arbeitnehmer 30 Tage Urlaub bei einer Fünf-Tage-Woche, so beträgt der Urlaubsanspruch sechs Wochen. Bei wochenweiser Genehmigung des Urlaubs muss der Urlaubsanspruch des teilzeitbeschäftigten Arbeitnehmers so hoch sein, dass auch er auf sechs volle Wochen kommt. In o.g. Beispiel kann B mit 24 Urlaubstagen bei wochenweiser Gewährung von jeweils vier Tagen sechs Wochen Urlaub beanspruchen.

286 Arbeitet der Arbeitnehmer an verschiedenen Wochentagen mit einer unterschiedlichen Stundenzahl und beantragt er Urlaub regelmäßig in der Form, dass er ihn für Arbeitstage geltend macht, an denen er mehr als an anderen arbeiten muss, so muss ein Arbeitgeber dies nicht durchgehen lassen. Der **Arbeitgeber als Schuldner des Urlaubsanspruches** legt grundsätzlich den Urlaubszeitpunkt fest. Er hat zwar die Wünsche des Arbeitnehmers zu berücksichtigen und ggf. nach § 87 Abs. 1 Nr. 5 BetrVG bei der Festlegung des Urlaubs den Betriebsrat zu beteiligen. Eine eigenmächtige Festlegung des Urlaubszeitpunkts durch den Arbeitnehmer sieht das Gesetz jedoch nicht vor. § 7 Abs. 2 S. 2 BUrlG besagt zudem, dass der Urlaub dem Arbeitnehmer **zusammenhängend** gewährt werden muss, so dass auch der Arbeitgeber den Arbeitnehmer nicht auf die Tage mit geringerer Arbeitszeit verweisen kann.

287 *Praxistipp*

Es kann sich empfehlen, dass Arbeitnehmer mit unregelmäßiger Arbeitszeit den Urlaub grundsätzlich nur wochenweise nehmen dürfen. Eine entsprechende Urlaubsgewährung durch den Arbeitgeber wäre regelmäßig nicht unbillig.

288 Besonders schwierig kann die Berechnung des Urlaubsanspruchs dann sein, wenn der Arbeitnehmer **flexibel** eingesetzt wird. Das ist z.B. dann der Fall, wenn der Arbeitnehmer seine Arbeitszeit nicht zu einer festen Zahl von Wochenarbeitstagen erbringt, z.B. in einer Woche zwei Tage arbeitet, in einer anderen Woche drei, in einer weiteren Woche vier etc. In diesen und anderen Fällen des flexiblen Einsatzes ist der Urlaubsanspruch im Zweifel nach den **Jahresarbeitstagen** zu berechnen.[594] Es sind dann die Anzahl der individu-

---

593 BAG 20.6.2000, NZA 2001, 622.
594 Vgl. BAG 18.2.1997, DB 1997, 2027.

ellen Arbeitstage des teilzeitbeschäftigten Arbeitnehmers und die individuellen Arbeitstage eines Vollzeitbeschäftigten miteinander ins Verhältnis zu setzen. Bei einer Fünf-Tage-Woche ist mit 260 möglichen Arbeitstagen zu rechnen.[595]

Beispiel 289

Bei der X-GmbH werden A als Teilzeitkraft mit einer vertraglich durchschnittlichen Arbeitszeit von 20 Stunden und B, der mit einer vertraglichen durchschnittlichen wöchentlichen Arbeitszeit von 18 Stunden beschäftigt wird, an 150 Tagen im Jahr beschäftigt. Da es auf den Umfang der Arbeitsleistung am einzelnen Arbeitstag nicht ankommt, sind für die Berechnung des Urlaubsanspruchs nur die Anzahl der Arbeitstage maßgeblich. Der Urlaubsanspruch beträgt danach 30 × 150 : 260 = 17,31 Tage für A und B.[596]

Abweichende tarifvertragliche Regelungen zur Berechnung des Urlaubsanspruchs in Fällen flexiblen 290 Einsatzes sind grundsätzlich zulässig. Nicht möglich dürfte es jedoch sein, in solchen Fällen die Urlaubsdauer auf **Einsatzstundenbasis** zu berechnen.[597] Das gilt auch dann, wenn arbeitsvertraglich nur eine bestimmte monatliche oder jährliche Arbeitsstundenzahl festgelegt ist.

Beispiel 291

Die X-GmbH vereinbart mit A, dass er 800 Stunden im Jahr arbeiten soll. Die Arbeitsleistung soll auf Abruf bei entsprechendem Arbeitsanfall zu erbringen sein. Eine solche Vereinbarung über Abrufarbeit ist schon dem Grunde nach unzulässig (siehe unten Rdn 298 ff.). Besteht aufgrund einer solchen Vertragsgestaltung auch bei Hinzuziehung weiterer Auslegungskriterien keine Möglichkeit festzustellen, wie die Verteilung der Stunden auf das Jahr erfolgen soll, kommt § 12 TzBfG zur Anwendung.[598] Es ist dann eine wöchentliche Arbeitszeit von zehn Stunden als vereinbart anzunehmen, wobei bei nicht festgelegter Dauer der Arbeitszeit der Arbeitnehmer mindestens drei Stunden an einem Stück zu beschäftigen ist. Danach ergibt sich bei einer täglichen Arbeitszeitgrenze von acht Stunden nach § 3 ArbZG, dass der Arbeitnehmer an zwei Tagen in der Woche zu arbeiten hat. Der Urlaubsanspruch betrüge danach: 30 × 2 : 5 = 12 Tage.

Zu beachten ist, dass auch **geringfügig beschäftigte** Arbeitnehmer (siehe unten Rdn 319 ff.) oder Arbeit- 292 nehmer auf **Abruf** oder im **Job-Sharing** Anspruch auf Urlaub haben. Es ist zu prüfen, ob ein anwendbarer Tarifvertrag auch für diese Arbeitnehmer gilt. Ist dies nicht der Fall, besteht Anspruch auf den gesetzlichen Urlaub (siehe oben Rdn 274 ff.).

Ändert sich die Arbeitszeit des Arbeitnehmers durch einvernehmliche Vereinbarung oder das Verringe- 293 rungsverlangen des Arbeitnehmers nach § 8 TzBfG, so war der Urlaub nach der Rechtsprechung des BAG jeweils neu zu berechnen. Das gilt jedoch nur dann, wenn sich hierdurch die Zahl der Tage änderte, an denen der Arbeitnehmer regelmäßig arbeitete. Die Änderung kann auch im Laufe des Kalenderjahres eintreten bzw. wenn Urlaub auf das Folgejahr übertragen wird und in diesem Folgejahr an weniger oder mehr Tagen in der Woche gearbeitet wird.[599]

Diese Grundsätze des deutschen Urlaubsrechts hat der EuGH für europarechtswidrig erachtet.[600] Der Arbeitnehmer dürfe bereits „erdienten" Urlaub durch die Reduzierung der Arbeitszeit nicht verlieren. Dem ist das BAG nun zwangsläufig gefolgt.[601]

---

595 *Leinemann/Linck*, DB 1999, 1498, 1500.
596 BAG 14.2.1991, DB 1991, 1987.
597 Vgl. dazu *Bengelsdorf*, DB 1988, 1161; *Danne*, DB 1990, 1965.
598 *Leinemann/Linck*, DB 1999, 1501.
599 Vgl. BAG 28.4.1998, n.v.
600 EuGH 13.6.2013, NZA 2013, 775; so schon zum vergleichbaren österreichischen Recht EuGH 22.4.2010, NZA 2010, 537.
601 BAG 20.2.2015, NZA 2015, 1005.

294

Beispiel

A hat bei der X-GmbH bisher an fünf Tagen in der Woche gearbeitet. Der Urlaubsanspruch beträgt tariflich 30 Tage. Er macht seinen Teilzeitanspruch aus § 8 TzBfG geltend und arbeitet ab dem 30.6. des Folgejahres mit verringerter Stundenzahl nur noch an vier Tagen pro Woche. Ihm steht aus dem laufenden Jahr ein Urlaubsanspruch von 15 Vollzeittagen für die ersten sechs Monate zu, der nicht umgerechnet wird. Für das zweite Halbjahr beträgt der Anspruch 12 Tage (15 : 5 x 4).

Die weiteren Auswirkungen dieser Rechtsprechung für die Berechnung von Urlaub sind noch nicht absehbar.[602] Zulässig dürfte jedenfalls eine pro-rata-temporis-Berechnung sein.[603]

f) Entgeltfortzahlung im Krankheitsfall

295 Für die Entgeltfortzahlung im Krankheitsfall gelten auch für Teilzeitbeschäftigte die tariflichen oder – sofern diese nicht bestehen – die gesetzlichen Regelungen. Auch für Teilzeitbeschäftigte, die an weniger Tagen in der Woche arbeiten als Vollzeitbeschäftigte, beträgt der Entgeltfortzahlungszeitraum 42 Tage, berechnet ab dem ersten Tag der Erkrankung. Zu beachten ist, dass auch **geringfügig beschäftigte Arbeitnehmer** (siehe unten Rdn 319 ff.), **Arbeitnehmer auf Abruf** (siehe unten Rdn 297 ff.) und **Arbeitnehmer in Job-Sharing-Arbeitsverhältnissen** Anspruch auf Entgeltfortzahlung im Krankheitsfall haben.

Im Falle **flexiblen Einsatzes** ist für die Bestimmung des Anspruchs auf Entgeltfortzahlung festzustellen, an welchen Tagen der Arbeitnehmer im Falle nicht bestehender Arbeitsunfähigkeit gearbeitet hätte. Dabei kann insbesondere die bisherige Handhabung und bereits getroffene Vereinbarungen herangezogen werden. Gleiches gilt für die Frage der Klärung von Feiertagsvergütung gemäß § 2 EFZG.[604]

g) Nebentätigkeitsverbot

296 Hinsichtlich der Vereinbarung einer **Anzeigepflicht für Nebentätigkeiten** gelten die allgemeinen Grundsätze. Je geringer der Umfang der Teilzeitbeschäftigung ist, desto weniger kann die Ausübung einer Nebentätigkeit jedoch mit der Begründung einer drohenden Überlastung des Arbeitnehmers versagt werden. Die Versagung wird – soweit die Nebentätigkeit nicht tatsächlich zu einer übermäßigen Belastung des Arbeitnehmers führt – nur damit begründet werden können, dass der Arbeitnehmer mit dieser Tätigkeit in Wettbewerb zum Arbeitgeber treten würde.

4. Sonderformen der Teilzeitarbeit

a) Arbeit auf Abruf
aa) Grundsätze

297 Arbeit auf Abruf ist in § 12 TzBfG geregelt.[605] Die Vorschrift bezieht sich nur auf Teilzeitarbeitsverhältnisse.[606] Sollen bei **Vollzeitarbeit** ähnliche Konstellationen vereinbart werden, gelten die Kontrollinstrumente des allgemeinen Rechts (§§ 134, 138, 242, 307 ff. BGB; § 106 GewO).

Arbeit auf Abruf ist von anderen Tatbeständen, die den flexiblen Einsatz von Arbeitnehmern regeln sollen, **abzugrenzen**, z.B. von

- Gleitzeit
- Bereitschaftsdienst

---

602 Vgl. aber z.B. *Schubert*, NZA 2013, 1105.
603 Vgl. EuGH 8.11.2012, NZA 2012, 1273.
604 Siehe dazu BAG 24.10.2001, DB 2002, 1110; BAG 24.1.2001, NZA 2001, 1026.
605 Zur Europarechtskonformität *Nicolai*, DB 2004, 2812.
606 LAG Köln 14.12.2011, n.v.

- Anordnung von Überstunden[607]
- Rahmenvereinbarungen.[608]

Bei der Vereinbarung von Arbeit auf Abruf müssen im Vergleich zur Teilzeitarbeit weitere Gesichtspunkte für die vertragliche Regelung beachtet werden.

Die Arbeit auf Abruf muss im Vertrag **ausdrücklich** vereinbart werden. Es muss sich aus der vertraglichen Regelung hinreichend deutlich ergeben, dass der Arbeitnehmer Arbeit auf Abruf leisten soll.[609] Eine Anweisung im Wege des **Direktionsrechts** ist nicht möglich. § 12 Abs. 1 S. 1 TzBfG ist „gesetzliche Vorschrift" i.S.d. § 106 Satz 1 GewO. Die Vereinbarung für Abrufarbeit ist nach § 2 NachwG als sonstige wesentliche Vertragsbedingung im Arbeitsvertrag festzulegen.[610]

bb) Dauer der wöchentlichen Arbeitszeit

Es muss – wie in jedem Arbeitsvertrag – eine **bestimmte Dauer** der wöchentlichen Arbeitszeit gemäß § 12 Abs. 1 S. 2 und 3 TzBfG – zumindest konkludent – vertraglich geregelt sein.[611] Geschieht dies nicht, gilt nach Satz 3 eine Arbeitszeit von zehn Stunden in der Woche als vereinbart.[612] Es handelt sich um eine **zwingende gesetzliche Fiktion**. Zulässig ist auch die Vereinbarung einer **durchschnittlichen** wöchentlichen Arbeitszeit.[613] Dafür spricht, dass das BAG sogar hinsichtlich der Dauer eine **flexible Festlegung der Arbeitszeit** für zulässig erachtet. So können Arbeitgeber und Arbeitnehmer im Arbeitsvertrag aber auch eine bestimmte Mindestdauer für die wöchentliche Arbeitszeit festlegen. Es kann dann vereinbart werden, dass der Arbeitgeber mit einer angemessenen Ankündigungsfrist – z.B. an einem Montag für die Folgewoche – eine höhere Arbeitsleistung von dem Arbeitnehmer abruft bzw. eine Absenkung der festgelegten Dauer mitteilt. Im Rahmen der Inhaltskontrollen nach § 307 BGB darf der abrufbare Teil der Arbeitsleistung nicht mehr als 25 %, eine mögliche Absenkung nicht mehr als 20 % betragen.[614] Eine Kombination beider Varianten ist jedoch nicht möglich.[615]

298

> *Beispiel*
>
> „Die wöchentliche Arbeitszeit beträgt 20 Stunden. Sie verteilt sich gleichmäßig mit je vier Stunden auf Montag bis Freitag. Für die Lage der Arbeitszeit ist die Betriebsvereinbarung vom (…) maßgeblich. Der Arbeitgeber kann mit einer Ankündigungsfrist von vier Tagen für die darauf folgende Woche die Leistung von bis zu fünf weiteren Arbeitsstunden abrufen. Die Verteilung erfolgt dann vorbehaltlich anderweitiger Anweisung mit Zustimmung des Betriebsrats wie folgt (…)."

299

Eine solche flexible Regelung der Dauer der wöchentlichen Arbeitszeit wird dem Erfordernis gerecht, dass nach Satz 3 auch eine bestimmte Stundenzahl pro Tag festgelegt werden muss (siehe unten Rdn 302). Zu beachten ist, dass bei Teilzeitarbeitnehmern mit einer höheren Stundenzahl die Ausschöpfung der 25 %-Grenze dazu führen kann, dass die **regelmäßige tarifliche wöchentliche Arbeitszeit** überschritten wird. Ruft der Arbeitgeber in diesem Umfang die Arbeitszeit ab, können für die überschießende Arbeitszeit ggf. Überstundenzuschläge zu zahlen sein.

300

---

607 Zur Abgrenzung BAG 7.12.2005, NZA 2006, 623; AnwK-ArbR/*Worzalla*, § 12 TzBfG Rn 3.

608 Vgl. BAG 16.5.2012, NZA 2012, 974; BAG 15.2.2012, NZA 2012, 733; BAG 16.4.2003, NZA 2004, 40; siehe auch Muster in AnwK-ArbR, § 12 TzBfG Rn 29.

609 Vgl. LAG Niedersachsen v. 21.3.2007, n.v.

610 Annuß/Thüsing/*Jacobs*, § 12 TzBfG Rn 18; *Meinel/Heyn/Herms*, § 12 TzBfG Rn 19.

611 LAG Niedersachsen 12.4.2011, n.v.

612 BAG 24.9.2014, NJW 2014, 3417.

613 Annuß/Thüsing/*Jacobs*, § 12 TzBfG Rn 22; *Hunold*, NZA 2003, 896, 899; a.A. *Däubler*, ZIP 2001, 217, 222.

614 BAG 7.12.2005, NZA 2006, 423; *Feuerborn*, SAE 2007, 59; a.A. noch Annuß/Thüsing/*Jacobs*, § 12 TzBfG Rn 24; *Meinel/Heyn/Herms*, § 12 TzBfG Rn 30.

615 *Reiserer*, NZA 2007, 1249, 1253.

301 | *Beispiel*

Bei der X-GmbH findet ein Tarifvertrag Anwendung, der eine wöchentliche Arbeitszeit von 25 Stunden regelt. Der A ist Teilzeitarbeitnehmer mit einer Arbeitszeit von 30 Stunden pro Woche. Nach der arbeitsvertraglichen Regelung behält sich der Arbeitgeber vor, bis zu 25 % Arbeitszeit, d.h., 7,5 Stunden, mehr abzurufen. Geschähe dies im vollen Umfange, wären ggf. für die über die 35 Stunden hinausgehenden 2,5 Stunden Überstundenzuschläge zu zahlen. Maßgeblich sind jedoch die Regelungen im Einzelfall.

cc) Tägliche Arbeitszeit

302 Nach § 12 Abs. 2 TzBfG muss eine tägliche Mindestarbeitszeit festgelegt werden. Geschieht dies nicht, hat der Arbeitgeber die Arbeitsleistung des Arbeitnehmers nach Satz 4 täglich für **mindestens drei aufeinander folgende Stunden** in Anspruch zu nehmen.[616] Der Arbeitnehmer ist jedenfalls entsprechend zu vergüten. Die Arbeitsvertragsparteien sind jedoch nicht verpflichtet, eine Arbeitszeit von mindestens drei Stunden täglich zu vereinbaren. Es kann auch eine längere oder – bis zur Grenze der Unzumutbarkeit[617] – kürzere Dauer vereinbart werden.[618] Die täglich vereinbarte Arbeitszeit muss nicht zusammenhängend sein.[619] Unzulässig sind Vertragsgestaltungen, die die Dauer der täglichen Arbeitszeit in das Belieben des Arbeitgebers stellen.

303 | *Beispiel*

„Die tägliche Arbeitszeit beträgt höchstens drei Stunden. Den tatsächlichen Umfang kann der Arbeitgeber nach Bedarf anweisen".

304 Der Arbeitgeber kann jedoch wie zur Dauer der Arbeitszeit auch die tägliche Einsatzzeit **flexibilisieren**, wenn er ein Mindestvolumen festlegt. Es gelten die oben genannten Grenzen.

305 | *Beispiel*

„(…) (*im Grundsatz wie oben*). Ruft der Arbeitgeber eine höhere Arbeitsleistung ab, so kann er täglich eine bis zu einer Stunde (25 % von vier Stunden) längere Arbeitszeit festlegen. Darüber hinausgehende tägliche Erhöhungen bedürfen der Vereinbarung zwischen den Arbeitsvertragsparteien."

dd) Der Abruf der Arbeitsleistung

306 § 12 Abs. 2 TzBfG modifiziert das nach § 106 GewO bestehende Direktionsrecht hinsichtlich der Lage der Arbeitszeit. Die Ausübung des Abrufrechts ist eine einseitige **empfangsbedürftige Gestaltungserklärung**.[620] Der Arbeitgeber muss in Streitfällen darlegen und beweisen, dass, wann und in welchem Umfang er den Arbeitnehmer zur Arbeitsleistung abgerufen hat.

307 | *Praxistipp*

Es sollte ein Verfahren (z.B. E-Mail mit Bestätigung) gefunden werden, dass den jeweiligen Abruf für beide Seiten nachweisbar dokumentiert. Der Arbeitgeber kann nach erfolgtem Abruf die dadurch erfolgte Konkretisierung der Arbeitspflicht durch erneute Ausübung des Direktionsrechts ändern. Das gilt jedoch nur, soweit dies innerhalb der Ankündigungsfrist des Abs. 2 möglich ist. Ist das nicht der Fall, kann eine Änderung des Abrufes einvernehmlich erfolgen.

---

616 BAG 24.9.2014, NJW 2014, 3417.
617 Vgl. dazu LAG Köln, LAGE Nr. 7 zu § 106 GewO.
618 Annuß/Thüsing/*Jacobs*, § 12 TzBfG Rn 25; *Meinel/Heyn/Herms*, § 12 TzBfG Rn 31.
619 Annuß/Thüsing/*Jacobs*, § 12 TzBfG Rn 25; *Meinel/Heyn/Herms*, § 12 TzBfG Rn 32.
620 Annuß/Thüsing/*Jacobs*, § 12 TzBfG Rn 39; *Meinel/Heyn/Herms*, § 12 TzBfG Rn 39.

ee) Abruffrist

Der Arbeitgeber muss dem Arbeitnehmer die Lage seiner Arbeitszeit mindestens **vier Tage im Voraus** mit- 308
teilen. Die Berechnung der Frist erfolgt in umgekehrter Anwendung der §§ 187 Abs. 1, 188 Abs. 1 und 193
BGB. Maßgeblich ist der Zeitpunkt des **Zugangs des Abrufs** beim Arbeitnehmer. Der Tag des Zugangs des
Abrufs wird nach § 187 Abs. 1 BGB ebenso wenig mitgezählt, wie der Tag der abgerufenen Arbeitsleistung
nach § 188 Abs. 1 BGB. Fällt die berechnete Frist auf einen Samstag, Sonntag oder Feiertag, tritt an dessen
Stelle der vorhergehende Arbeitstag. Es gelten somit folgende Mitteilungstage.[621]

Einsatztag	Zugang des Abrufs
Montag	Mittwoch
Dienstag	Donnerstag
Mittwoch	Freitag
Donnerstag	Freitag
Freitag	Freitag
Samstag	Montag
Sonntag	Dienstag

Abweichende Vereinbarungen sind nach § 134 BGB unwirksam.[622] Ein Abruf unter Verstoß gegen die
Ankündigungsfrist begründet ein Leistungsverweigerungsrecht des Arbeitnehmers.[623] Der Arbeitnehmer
hat die Arbeitsleistung natürlich freiwillig zu erbringen. Macht der Arbeitnehmer sein Leistungsverweigerungsrecht geltend, so hat er keinen Anspruch auf Arbeitsentgelt für die nicht geleistete Arbeit.[624] Kann der
Arbeitgeber die Arbeitszeit wegen Beendigung des Bezugszeitraums aber nicht mehr wirksam anderweitig
anordnen, besteht der Vergütungsanspruch aus § 615 BGB.[625]

ff) Einzelne Arbeitsbedingungen

Ruft der Arbeitgeber die Arbeitsleistung nicht ab, gerät er bei Ablauf des Bezugszeitraums in **Annahme-** 309
verzug. Der Arbeitnehmer muss die Arbeitsleistung nicht anbieten. Der Anspruch auf Annahmeverzug
scheidet nur dann aus, wenn der Arbeitnehmer auch im Falle der Ausübung des Abrufrechts durch den
Arbeitgeber zur Leistung der Arbeit außerstande gewesen wäre.[626] Die Möglichkeit der Übertragung nicht
abgerufener Arbeitszeit auf einen **folgenden Bezugszeitraum** dürfte nach § 307 BGB unwirksam sein.[627]

Der Arbeitnehmer im Abrufarbeitsverhältnis hat Anspruch auf **Urlaub** nach den für Teilzeitbeschäftigte
geltenden Grundsätzen (siehe oben Rdn 274 ff.). Er hat zudem Anspruch auf **Feiertagsvergütung** und **Ent-**
geltfortzahlung im Krankheitsfall. Insofern gelten die allgemeinen Grundsätze (siehe oben Rdn 295). Der
Arbeitnehmer hat hierzu im Streitfall die tatsächlichen Umstände vorzutragen, aus denen sich eine hohe
Wahrscheinlichkeit dafür ergibt, dass die Arbeit allein wegen des Feiertags oder der Arbeitsunfähigkeit ausgefallen ist.[628] Dafür genügt es, wenn der Arbeitnehmer eine gewisse Regelmäßigkeit des Einsatzes darlegt,

---

621 Tabelle nach ErfK/*Preis*, § 12 TzBfG Rn 32.
622 ErfK/*Preis*, § 12 TzBfG Rn 30.
623 Annuß/Thüsing/*Jacobs*, § 12 TzBfG Rn 52; *Meinel/Heyn/Herms*, § 12 TzBfG Rn 43.
624 Annuß/Thüsing/*Jacobs*, § 12 TzBfG Rn 52; ErfK/*Preis*, § 12 TzBfG Rn 37.
625 Annuß/Thüsing/*Jacobs*, § 12 TzBfG Rn 52; ErfK/*Preis*, § 12 TzBfG Rn 37.
626 BAG 5.11.2003, AP Nr. 106 zu § 615 BGB.
627 A.A. Annuß/Thüsing/*Jacobs*, § 12 TzBfG Rn 45.
628 BAG 24.10.2001, DB 2002, 1110.

die zur Tätigkeit an diesem Tag geführt hätte. Der Arbeitgeber hat dann die tatsächlichen Umstände dafür darzulegen, dass der Feiertag bzw. die Arbeitsunfähigkeit für den Arbeitsausfall nicht ursächlich waren. Auch der Abrufarbeitnehmer hat seine Erkrankung unverzüglich anzuzeigen. Das gilt auch, wenn der Abruf nicht erfolgt ist, da der Nachweis der Arbeitsunfähigkeit den Planungsinteressen des Arbeitgebers dient. Darüber hinaus ist es dem Arbeitgeber nicht verwehrt, die Arbeitszeit so abzurufen, dass mögliche Verhinderungsgründe nicht in die Arbeitszeit fallen.[629]

b) Job-Sharing
aa) Allgemeines

310 Job-Sharing ist abzugrenzen vom so genannten **Job-Paring**, bei dem die vertragliche Vereinbarung nicht nur die zeitliche Teilung des Arbeitsverhältnisses vorsieht, sondern die Arbeitnehmer gemeinsam für die Erbringung eines Arbeitsergebnisses einstehen.[630] Abzugrenzen ist Job-Sharing zudem von der **Eigenbetriebsgruppe**.[631]

bb) Teilung der Arbeitszeit

311 Der Begriff „Arbeitsplatzteilung" ist nicht präzise. Die Arbeitnehmer teilen sich nicht den Arbeitsplatz, sondern die Arbeitszeit auf einem Arbeitsplatz. Job-Sharing liegt vor, wenn **zwei oder mehr Arbeitnehmer** sich die Arbeitszeit an einem Arbeitsplatz teilen. In der Praxis ist die Teilung zwischen zwei Arbeitnehmern die Regel. Es kann sich um einen Vollzeit- oder einen Teilzeitarbeitsplatz handeln. Die Job-Sharer haben jedoch danach regelmäßig ein Teilzeitarbeitsverhältnis.[632] Jeder Arbeitnehmer im Job-Sharing hat einen **eigenen Arbeitsvertrag**. Die Arbeitsverträge können unterschiedlichen Inhalt haben, z.B. unterschiedliche Tätigkeiten vorsehen. Auch der Umfang der jeweils zu leistenden Arbeitszeit kann unterschiedlich sein.

Der Arbeitnehmer verpflichtet sich in dem Arbeitsvertrag, den ihm zugewiesenen Arbeitsplatz alternierend und in Abstimmung mit dem oder den anderen Arbeitnehmern zu besetzten. Die vertraglichen Regelungen müssen klar sein. **Unklarheiten** gehen gemäß § 305c Abs. 2 BGB zu Lasten des Arbeitgebers.

312 *Beispiel*

„Der Arbeitnehmer teilt sich die Arbeitszeit auf dem Arbeitsplatz mit (…) anderen Arbeitnehmern, derzeit den Mitarbeitern (…). Die durchschnittliche wöchentliche Arbeitszeit beträgt (…) Stunden."

313 Nicht ausreichend ist es, die gesamte **Arbeitszeit** der beteiligten Job-Sharer im Arbeitsvertrag festzulegen. Es muss das Arbeitszeitvolumen für einen bestimmten Referenzzeitraum, z.B. für die Woche oder den Monat bestimmt werden.[633]

Der Arbeitgeber kann nicht mehrere bestehende Teilzeitarbeitsverhältnisse im Wege des **Direktionsrechts** gegen den Willen der betroffenen Arbeitnehmer zu einem Job-Sharing-Arbeitsverhältnis verbinden.[634] Die Arbeitnehmer im Job-Sharing stehen in keinem vertraglichen Verhältnis zueinander.[635] Sie sind insbesondere nicht hinsichtlich der zu erbringenden Leistung Gesamtschuldner i.S.d. § 421 BGB. Alle Arbeitnehmer des Job-Sharing-Arbeitsverhältnisses haben einen **eigenen Vergütungsanspruch** gegen den Arbeitgeber. Auch das Leistungsstörungsrecht betrifft allein das einzelne Arbeitsverhältnis. Ausgleichsansprüche gegen andere Arbeitnehmer im Job-Sharing-Arbeitsverhältnis scheiden in der Regel aus.

---

629 Annuß/Thüsing/*Jacobs*, § 12 TzBfG Rn 36; *Meinel/Heyn/Herms*, § 12 TzBfG Rn 53.
630 Annuß/Thüsing/*Maschmann*, § 13 TzBfG Rn 14.
631 Annuß/Thüsing/*Maschmann*, § 13 TzBfG Rn 14.
632 ErfK/*Preis*, § 13 TzBfG Rn 6.
633 Annuß/Thüsing/*Maschmann*, § 13 TzBfG Rn 10.
634 ErfK/*Preis*, § 13 TzBfG Rn 6.
635 ErfK/*Preis*, § 13 TzBfG Rn 2.

cc) Verteilung der Arbeitszeit

Dauer und Lage der individuellen Arbeitszeit legen die Mitarbeiter im Job-Sharing-Arbeitsverhältnis **un-** **314** **tereinander selbstständig** fest. Der Arbeitgeber begibt sich insofern seines Direktionsrechts. In Streitfällen hat der Arbeitgeber zunächst zu versuchen zu vermitteln. Im Falle der Nichteinigung kann er jedoch die jeweilige Arbeitszeit einseitig anweisen.[636] Ein Mitbestimmungsrecht des Betriebsrats nach § 87 Abs. 1 Nr. 2 BetrVG besteht in diesen Fällen nicht.[637]

dd) Vertretungspflicht

Kann einer der beteiligten Arbeitnehmer die Arbeitspflicht aus einem in seiner Person liegenden Gründen **315** nicht erbringen, z.B. wegen **Krankheit, Urlaub** oder sonstigen Fällen des § 616 BGB, liegt ein Vertretungsfall i.S.d. § 13 Abs. 1 S. 2 und 3 TzBfG vor. Der Arbeitnehmer im Job-Sharing ist jedoch nur dann zur Vertretung verpflichtet, wenn

- er der Vertretung im Einzelfall zugestimmt hat oder
- der Arbeitsvertrag bei vorliegend dringender betrieblicher Gründe eine Vertretung vorsieht und diese im Einzelfall zumutbar ist.[638]

Beispiel **316**

„Der Arbeitnehmer verpflichtet sich, den Arbeitnehmer(n), mit dem/denen er sich den Arbeitsplatz im Wege des Job-Sharings teilt, bei Vorliegen dringender betrieblicher Gründe zu vertreten, wenn diese(r) an der Arbeitsleistung verhindert ist/sind. Die Verpflichtung besteht nur, wenn sie im Einzelfall dem Arbeitnehmer zumutbar ist."

Darüber hinaus besteht die Vertretungspflicht nur, wenn der Arbeitnehmer im Einzelfall zugestimmt hat. **317** Eine generelle Regelung der Vertretungspflicht wäre unwirksam.[639]

ee) Besondere Arbeitsbedingungen

Es gelten die allgemeinen Grundsätze für Teilzeitarbeitsverhältnisse (siehe hierzu Rdn 259 ff.). **318**

Besonders präzise zu fassen ist die Regelung über den **Urlaub**. Das gilt insbesondere, wenn die in einem Job-Sharing beteiligten Arbeitnehmer weitgehende Möglichkeiten zur flexiblen Ausgestaltung haben (siehe oben Rdn 314). Gleiches gilt für die **Entgeltfortzahlung an Feiertagen und in Fällen krankheitsbedingter Arbeitsunfähigkeit.**

Zu beachten ist **der besondere Kündigungsschutz** nach § 13 Abs. 2 TzBfG. Neben den allgemeinen kündigungsschutzrechtlichen Bestimmungen ist eine Kündigung seitens des Arbeitgebers unwirksam, die darauf begründet ist, dass der andere Arbeitnehmer aus dem Job-Sharing-Verhältnis ausscheidet. Möglich bleibt jedoch eine aus diesem Grunde ausgesprochene Änderungskündigung.[640]

c) Geringfügige Beschäftigung
aa) Grundlagen

Geringfügige Beschäftigung ist auf den ersten Blick eine sozialversicherungs- und steuerrechtliche Thema- **319** tik. Wird ein Beschäftigungsverhältnis nach **§ 8 Abs. 1 SGB IV** begründet, werden die Sozialversicherungsbeiträge und die Lohnsteuer pauschal abgeführt.

---

636 ErfK/*Preis*, § 13 TzBfG Rn 3.
637 Vgl. AnwK-ArbR/*Worzalla*, § 13 TzBfG Rn 8; a.A. Annuß/Thüsing/*Maschmann*, § 13 TzBfG Rn 27.
638 Vgl. dazu AnwK-ArbR/*Worzalla*, § 13 TzBfG Rn 12 f.
639 ErfK/*Preis*, § 13 TzBfG Rn 9.
640 Vgl. dazu AnwK-ArbR/*Worzalla*, § 13 TzBfG Rn 14 ff.

Eine geringfügige Beschäftigung kann in **zwei Erscheinungsformen** vorliegen:

■ Nach § 8 Abs. 1 Nr. 1 SGB IV handelt es sich um eine geringfügige Beschäftigung, wenn das Arbeitsentgelt aus der Beschäftigung regelmäßig im Monat **450 EUR** nicht übersteigt;

■ Eine geringfügige Beschäftigung liegt auch dann vor, wenn die Beschäftigung innerhalb eines Kalenderjahres auf längstens **zwei Monate** oder **50 Arbeitstage nach ihrer Eigenart begrenzt** zu sein pflegt oder im Voraus vertraglich begrenzt ist, es sei denn, dass die Beschäftigung berufsmäßig ausgeübt wird und ihr Entgelt **450 EUR** im Monat übersteigt (§ 8 Abs. 1 Nr. 2 SGB IV).

Nach § 8 Abs. 2 SGV IV sind bei der Anwendung des Abs. 1 mehrere geringfügige Beschäftigungen oder eine geringfügige Beschäftigung mit einer nicht geringfügigen Beschäftigung **zusammenzurechnen**. Das gilt nur nicht für die zeitlich zuerst begründete geringfügige Beschäftigung nach Nr. 1 neben einer nicht geringfügigen Beschäftigung.

320

Beispiel

1. Der A ist bei der X-GmbH als Saisonkraft für 50 Tage beschäftigt. Die Vergütung beträgt 300 EUR. Zudem ist er bei der Y-GmbH regelmäßig als geringfügig Beschäftigter mit einer Vergütung von 200 EUR als Bote tätig.

2. Der B ist bei der X-GmbH mit 20 Stunden pro Woche teilzeitbeschäftigter Schlosser. Er arbeitet zudem bei der Y-GmbH als Hausmeister mit einer monatlichen Vergütung von 390 EUR.

Im ersten Fall sind die Beschäftigungen zusammenzurechnen. Die sozialversicherungs- und steuerrechtliche Privilegierung entfällt. Im zweiten Beispiel ist die geringfügige Beschäftigung als erste geringfügige Beschäftigung privilegiert. Würde der B jedoch eine weitere geringfügige Beschäftigung ausüben, würde diese mit der Vollzeitbeschäftigung zusammengezählt werden.

321

Praxistipp

Um unliebsame Überraschungen zu vermeiden, sollte im Arbeitsvertrag des geringfügig Beschäftigten (siehe unten Rdn 365) der Arbeitnehmer verpflichtet werden, den Arbeitgeber über anderweitige Arbeitsverhältnisse zu unterrichten. Zu beachten ist jedoch, dass nach der Rechtsprechung des BAG die unterbliebene Unterrichtung des Arbeitgebers über eine anderweitige Tätigkeit den Arbeitnehmer zwar grundsätzlich zum Schadensersatz verpflichtet. Zu dem zu ersetzenden Schaden gehören jedoch nicht die Arbeitgeberanteile der Beiträge zur Sozialversicherung, die der Arbeitgeber nachentrichten muss. Anderweitige Vereinbarungen wären nichtig.[641] Die Versicherungspflicht tritt nach § 8 Abs. 2 S. 3 SGB IV jedoch in einem solchen Fall erst mit der Bekanntgabe der Feststellung durch die Einzugsstelle oder den Träger der Rentenversicherung ein.

322 Zu unterscheiden sind geringfügige Beschäftigungsverhältnisse von Beschäftigungsverhältnissen in der so genannten **„Gleitzone"**. Bei diesen in § 20 Abs. 2 SGB IV geregelten Beschäftigungsverhältnissen, in denen das Arbeitsentgelt zwischen 450,01 EUR und 850 EUR im Monat liegt, bestehen ausnahmslos sozialversicherungsrechtliche Besonderheiten.[642] Arbeitsrechtlich handelt es sich um „normale" Teilzeitarbeitsverhältnisse.

Sofern ein Fall geringfügiger Beschäftigung vorliegt, hat dies zunächst nur steuer- und sozialversicherungsrechtliche Auswirkungen. Es sind jedoch ggf. auch bei der **Gestaltung des Arbeitsvertrages** Besonderheiten zu beachten.

---

641 BAG 18.11.1988, NJW 1989, 1692.
642 Vgl. *Minn*, DB 2015, Beil. 6, 1; *Griese/Preis/Kruchen*, DB 2013, 113.

bb) Das Diskriminierungsverbot nach § 4 Abs. 1 TzBfG

(1) Die Regelungen in § 2 Abs. 2 TzBfG

Nach § 2 Abs. 2 TzBfG ist auch ein Arbeitnehmer, der eine **geringfügige Beschäftigung** nach § 8 Abs. 1   323
Nr. 1 SGB IV ausübt, teilzeitbeschäftigt. Das spricht für eine Gleichbehandlung mit „normalen" Teilzeitbeschäftigten auch hinsichtlich des Diskriminierungsverbots (siehe aber Rdn 325).

Nach dem eindeutigen Wortlaut des § 2 Abs. 2 TzBfG werden **Kurzzeitbeschäftigte** nach § 8 Abs. 1 Nr. 2
SGB IV (siehe oben Rdn 319) aber anderen Teilzeitbeschäftigten nicht gleichgestellt. Das folgt daraus, dass
sie auch befristet in Vollzeit eingesetzt werden können. Für das Diskriminierungsverbot des § 4 Abs. 1
TzBfG heißt das, dass der Gesetzgeber kurzfristig Beschäftigte jedenfalls dem generellen Schutz des TzBfG
und seines Diskriminierungsverbotes für Teilzeitbeschäftigte unterworfen hat.[643] Anwendbar bleibt jedoch
der arbeitsrechtliche Gleichbehandlungsgrundsatz. Die Wertentscheidung des Gesetzgebers wird man jedoch so interpretieren müssen, dass die kurzzeitige Beschäftigung an sich einen sachlichen Grund für
eine Ungleichbehandlung darstellen kann, auch oder gerade wenn sie in Teilzeittätigkeit ausgeübt wird.

Darüber hinaus wird § 2 Abs. 2 TzBfG weitgehend klarstellende Funktion beigemessen. Es soll deutlich
gemacht werden, dass geringfügig beschäftigte Arbeitnehmer keine Beschäftigten „zweiter Klasse" sind.
Darüber hinaus soll der Vorschrift kein eigenständiger Regelungsbereich zukommen.[644] § 2 Abs. 2 TzBfG
dürfte jedoch letztlich durch die Streichung der zeitlichen Begrenzung geringfügiger Beschäftigung auf 15
Stunden pro Woche im Jahre 2004 auch insoweit kaum noch Bedeutung haben.

Die Frage der Anwendung des § 4 Abs. 1 TzBfG, des arbeitsrechtlichen Gleichbehandlungsgrundsatzes
bzw. Art. 3 Abs. 1 GG stellt sich bei geringfügig Beschäftigten in verschiedener Hinsicht.

(2) Ausschluss von tarifvertraglichen Regelungen

Problematisch ist zunächst, ob geringfügig beschäftigte Arbeitnehmer aus dem Anwendungsbereich eines   324
Tarifvertrages ausgeschlossen werden können. Anders als den Arbeitsvertrags- oder Betriebsparteien steht
den Tarifvertragsparteien bei der Festlegung der Regelung eine **Einschätzungsprärogative** zu.

Die **Rechtsprechung des BAG** zur Befugnis der Tarifvertragsparteien, geringfügig Beschäftigte aus dem
Anwendungsbereich eines Tarifvertrages auszuschließen, ist nicht eindeutig.

Der 4. Senat des BAG hat zunächst entschieden, dass es den Tarifvertragsparteien freisteht, den persönlichen Geltungsbereich eines Tarifvertrages bis zur Grenze der Willkür frei festzulegen.[645] Dies soll die Tarifvertragsparteien jedoch nicht berechtigen, Teilzeitbeschäftigte gänzlich aus dem Anwendungsbereich
des Tarifvertrages auszuschließen.[646] Das BAG argumentiert, dass es in der ersten Entscheidung nicht
um die Ausgrenzung einer Arbeitnehmergruppe (nämlich Werkstudenten) wegen ihrer Arbeitszeit ging.
Mangels einfachgesetzlicher Grundlage sei dieser Ausschluss nur an Art. 3 Abs. 1, 9 Abs. 3 GG zu messen
gewesen. Davon unterscheide sich der Fall der Ausgrenzung von Teilzeitbeschäftigten. Insoweit sei ein einfach gesetzliches Diskriminierungsverbot betroffen. Es gehe um die Frage, inwieweit die Tarifvertragsparteien trotz § 6 BeschFG a.F. – jetzt § 4 Abs. 1 TzBfG – an das Diskriminierungsverbot wegen Teilzeit gebunden seien. Eine Ungleichbehandlung wegen Teilzeitarbeit liege aber vor, wenn die Dauer der
Arbeitszeit das Kriterium ist, an das die Differenzierung hinsichtlich der unterschiedlichen Arbeitsbedingungen anknüpft. Davon ausgehend wäre auf den ersten Blick im Hinblick auf § 2 Abs. 2 TzBfG zu schlie
ßen, dass eine Ausgrenzung von geringfügig Beschäftigten aus dem Anwendungsbereich eines Tarifvertrages wegen Verstoßes gegen § 4 Abs. 1 TzBfG unwirksam wäre. Dies wäre jedoch zu kurz gegriffen. Die
gesetzliche Regelung des § 2 Abs. 2 TzBfG stammt aus einer Zeit, in der die geringfügige Beschäftigung

---

643 Vgl. *Hanau*, NZA 2001, 1168, 1173.
644 *Meinel/Heyn/Herms*, § 2 TzBfG Rn 19.
645 BAG 30.8.2000, NZA 2001, 613.
646 BAG 15.10.2003, NZA 2004, 551.

nach § 8 Abs. 1 Nr. 1 SGB IV noch an eine Höchstarbeitszeit von 15 Stunden pro Woche gekoppelt war (siehe oben Rdn 323). Diese Bezugnahme auf die Arbeitszeit ist in § 8 Abs. 1 Nr. 1 SGB IV im Jahre 2004 gestrichen worden. Geringfügige Beschäftigung definiert sich damit ausschließlich über die **Höhe des Entgelts**. Wie wohl geringfügige Beschäftigung in der Praxis regelmäßig in Form von Teilzeit erbracht wird, ist schon fraglich, inwieweit die seinerzeitige „Klarstellung" danach heute noch trägt. Eine Ausgrenzung von geringfügig Beschäftigten aus dem Anwendungsbereich eines Tarifvertrages orientiert sich jedenfalls nicht mehr an der Dauer der Arbeitszeit, sondern an der Höhe der Vergütung. Eine Ungleichbehandlung, die an die Höhe der Vergütung anknüpft, ist jedoch spezialgesetzlich nicht geregelt. Es bleibt daher dabei, dass auf Art. 3 Abs. 1, 9 Abs. 3 GG zurückgegriffen werden muss, so dass die Rechtsprechung des BAG aus dem Jahre 2000 für die in Rede stehende Rechtsfrage maßgeblich sein dürfte.[647]

(3) Sonstige Arbeitsbedingungen

325   Handelt es sich bei wegen geringfügig beschäftigten Arbeitnehmern um Teilzeitbeschäftigte, so ist das Diskriminierungsverbot des § 4 Abs. 1 TzBfG jedoch hinsichtlich der **arbeitsvertraglich geregelten Arbeitsbedingungen** zu beachten.[648] Auch in **Betriebsvereinbarungen** dürften Differenzierungen unzulässig sein, soweit sie zumindest auch an die Arbeitszeit anknüpfen.

Sofern es sich bei den geringfügig Beschäftigten um Teilzeitarbeitnehmer handelt, dürfen sie bei der Bestimmung des Entgelts nicht ohne sachlichen Grund schlechter behandelt werden als Vollzeitarbeitnehmer bzw. andere Teilzeitarbeitnehmer. Ein sachlicher Grund liegt nach oben Gesagtem vor, wenn die geringfügig Beschäftigten aus dem **Anwendungsbereich eines Tarifvertrages ausgenommen** sind, der die Vergütung für die Vollzeitbeschäftigten bzw. anderen Teilzeitbeschäftigten regelt.

326   *Hinweis*

Wird im Betrieb ein Tarifvertrag angewendet, gilt Folgendes: Sieht der Tarifvertrag einen Ausschluss geringfügig Beschäftigter nicht vor, so sind diese von der Vergütung her genauso zu stellen, wie andere in Teilzeit oder in Vollzeit Beschäftigte. Sie wären daher entsprechend einzugruppieren und nach den tarifvertraglichen Vorgaben zu vergüten.

Wird dies bei der Gestaltung des Arbeitsvertrages nicht berücksichtigt, kann dies schwerwiegende Folgen haben. Der geringfügig Beschäftigte kann jedenfalls die höhere Vergütung geltend machen, was wiederum zur Folge haben kann, dass er nicht mehr als geringfügig Beschäftigter, sondern als normale Teilzeitkraft zu beschäftigen ist. Damit entfiele die steuer- und sozialversicherungsrechtliche Privilegierung. Die Nichtgewährung der dem geringfügig Beschäftigten rechtlich zustehenden Vergütung kann dazu führen, dass dies bei einer **Prüfung durch die Sozialversicherungsträger oder die Steuerbehörden** beanstandet wird. Das kann zu erheblichen Nachzahlungen führen und letztendlich sogar ein **Strafverfahren** wegen Hinterziehung von Steuern, insbesondere aber Sozialversicherungsbeiträgen zur Konsequenz haben.

Ist das nicht der Fall, ist wie bei anderen Teilzeitbeschäftigten die **pro-rata-temporis-Regelung des § 4 Abs. 1 S. 2 TzBfG** zu beachten (siehe oben Rdn 241).

327   *Hinweis*

Bei der Anwendung der pro-rata-temporis-Regelung ist zu berücksichtigen, dass geringfügig beschäftigte Arbeitnehmer steuer- und sozialversicherungsrechtlich privilegiert sind.[649]

---

647 Nicht problematisiert in BAG 25.4.2007, NZA 2007, 881, da auch für diese Entscheidung noch die alte Fassung des § 8 Abs. 1 Nr. 1 SGB IV maßgeblich war.
648 LAG Hamm 29.7.2011, AE 2012, 98.
649 Vgl. dazu *Hanau*, NZA 2006, 809, 810; *Franke*, NZA 2006, 1143; auch zur Gleichbehandlung beim Entgelt *Hanau*, DB 2005, 946.

(4) Arbeitnehmereigenschaft

Auch geringfügig Beschäftigte sind Arbeitnehmer. Das gilt unabhängig von der Höhe ihrer Vergütung.   328

Beispiel

Der A hat bei der X-GmbH einen Vertrag als geringfügig Beschäftigter. Er soll stundenweise die Presse nach Meldungen über die X-GmbH auswerten. Er erhält hierfür eine Vergütung von 50 EUR pro Monat.

Dabei sind insbesondere **folgende gesetzliche Regelungen** zu beachten: 329

- Geringfügig Beschäftigte, die länger als sechs Monate beschäftigt werden, haben **Kündigungsschutz** nach § 1 KSchG.
- Bei Kündigung geringfügig Beschäftigter sind die **Kündigungsfristen** des § 622 BGB zu beachten.
- Geringfügig Beschäftigte haben Anspruch **auf bezahlten Urlaub**, entweder den gesetzlichen Urlaub nach §§ 1, 3 BUrlG oder tariflichen Urlaub, sofern sie aus dem Anwendungsbereich eines Tarifvertrages nicht wirksam ausgeschlossen sind (siehe hierzu Rdn 324).
- Geringfügig Beschäftigte haben Anspruch auf **Entgeltfortzahlung im Krankheitsfall** wie andere Teilzeitbeschäftigte auch (siehe oben Rdn 295).
- Geringfügig Beschäftigte sind unter den Voraussetzungen der §§ 7, 8 BetrVG **aktiv und passiv wahlberechtigt** für den Betriebsrat.[650]
- Geringfügig Beschäftigte haben Anspruch auf **Eltern- oder Pflegezeit** oder sonstige Freistellung nach **§ 616 BGB**.
- Für geringfügig Beschäftigte gilt das **MuSchG**.
- Für die **Gestaltung von Arbeitsverträgen** mit geringfügig Beschäftigten gelten die §§ 305 ff. BGB.
- Geringfügig Beschäftigte, die länger als einen Monat beschäftigt werden, haben Anspruch auf eine **Niederschrift der Arbeitsbedingungen nach dem NachwG** oder einen schriftlichen Arbeitsvertrag (siehe unten Rdn 365).
- Geringfügig Beschäftigte können den Anspruch auf **Verkürzung** (§ 8 TzBfG) oder **Verlängerung** (§ 9 TzBfG) **der Arbeitszeit** geltend machen.
- Derzeit unklar ist, ob geringfügig Beschäftigte aus dem **Zusatzversorgungssystem** wirksam ausgenommen werden können.[651]

5. Die Ansprüche auf Verkürzung und Verlängerung der Arbeitszeit nach § 8 und 9 TzBfG

a) Grundsätze

§ 8 TzBfG regelt den Anspruch des Arbeitnehmers auf **Verringerung seiner individuellen Arbeitszeit**.   330
Den Anspruch haben alle Arbeitnehmer, die länger als sechs Monate beschäftigt sind (siehe unten Rdn 331) in Unternehmen, die in der Regel mehr als 15 Arbeitnehmer beschäftigen (siehe unten Rdn 332). Der Anspruch steht sowohl Vollzeit- als auch Teilzeitarbeitnehmern[652] zu. Ein Vollzeitarbeitnehmer kann die Arbeitszeit reduzieren, so dass er danach einen Teilzeitarbeitsplatz innehat. Aber auch ein Teilzeitarbeitnehmer kann seine Arbeitszeit weiter reduzieren.

§ 9 TzBfG gewährt Arbeitnehmern unter den dort näher bezeichneten Voraussetzungen einen Anspruch auf **Verlängerung der individuellen Arbeitszeit**. Den Anspruch haben grundsätzlich alle teilzeitbeschäftigten Arbeitnehmer unabhängig von der Zeit des Bestehens des Arbeitsverhältnisses und der Größe des Unternehmens, die dem Arbeitgeber den Wunsch nach Verlängerung der Arbeitszeit angezeigt haben, sofern ein geeigneter Arbeitsplatz frei wird.

---

650 BAG 29.1.1992, NZA 1992, 894.
651 Zur Rechtslage vor Inkrafttreten des TzBfG BAG 22.2.2000, NZA 2000, 659.
652 BAG 13.11.2012, DB 2013,760; vgl. auch *Schiefer*, PuR 2013, 103.

b) Der Anspruch auf Verringerung der Arbeitszeit
aa) Voraussetzungen
(1) Wartezeit

331 Anspruch auf Verringerung der Arbeitszeit hat ein Arbeitnehmer, dessen Arbeitsverhältnis länger als **sechs Monate** bestanden hat. Es kommt auf den **rechtlichen Bestand** des Arbeitsverhältnisses an, nicht auf die Erbringung tatsächlicher Arbeitsleistung. Maßgeblich ist – ohne besondere Benennung im Gesetz –, dass die Wartezeit ununterbrochen erfüllt ist.[653] Im Falle von kurzfristigen Unterbrechungen ist die Rechtsprechung zur Zusammenrechnung von Zeiten im Rahmen des § 1 Abs. 1 KSchG entsprechend anzuwenden.[654] Da der Arbeitnehmer den Anspruch auf Verringerung der Arbeitszeit nach § 8 Abs. 2 TzBfG gegenüber dem Arbeitgeber mindestens drei Monate vor dem gewünschten Beginn der Verringerung geltend machen muss, bedeutet das, dass er erstmalig nach Ablauf von neun Monaten des Arbeitsverhältnisses die Arbeitszeit reduzieren kann.[655]

(2) Kleinbetriebsklausel

332 Nach § 8 Abs. 7 TzBfG besteht der Anspruch auf Verringerung der Arbeitszeit nur dann, wenn der Arbeitgeber unabhängig von der Anzahl der Personen in Berufsbildung, in der Regel **mehr als 15 Arbeitnehmer** beschäftigt. Abgestellt wird auf den „Arbeitgeber", somit auf die Unternehmensebene, nicht den Betrieb. Eine Quotelung nach Arbeitszeit der Arbeitnehmer – wie z.B. § 23 Abs. 3 KSchG – enthält § 8 Abs. 7 TzBfG nicht. Daher zählt jeder Arbeitnehmer unabhängig von der von ihm zu leistenden Arbeitszeit voll. Das gilt auch für geringfügig beschäftigte Arbeitnehmer.

Abzustellen ist nicht auf die bei Geltendmachung des Anspruches bestehende Arbeitnehmerzahl. Es ist aufgrund der früheren und auch der zukünftigen Lage des Unternehmens festzustellen, wie viel Arbeitnehmer für die Situation im Unternehmen prägend sind. Vorübergehende Schwankungen nach oben oder unten bleiben außer Betracht. Insofern kann die Rechtsprechung zu § 23 KSchG herangezogen werden.[656]

bb) Geltendmachung des Anspruchs
(1) Frist

333 Nach § 8 Abs. 2 TzBfG muss der Arbeitnehmer den Anspruch **drei Monate** vor Beginn der gewünschten Reduzierung beim Arbeitgeber geltend machen.

Die Drei-Monats-Frist berechnet sich nach §§ 187 Abs. 1, 188 Abs. 2 BGB. § 193 BGB ist nicht anzuwenden.[657] Die Frist ist eine Mindestfrist. Der Arbeitnehmer kann den Anspruch somit schon früher geltend machen, sofern das Arbeitsverhältnis sechs Monate besteht.[658] Der Arbeitgeber kann seinerseits auf die Einhaltung der Ankündigungsfrist verzichten.[659] Die Frist beginnt mit Zugang des Verringerungsverlangens beim Arbeitgeber zu laufen.[660] Die **Nichteinhaltung der Frist** führt nach der Rechtsprechung des BAG[661] nicht zur Unwirksamkeit des Antrags. Ein zu kurzfristig gestelltes Teilzeitverlangen soll danach so aus-

---

653 *Meinel/Heyn/Herms*, § 8 TzBfG Rn 21; *ErfK/Preis*, § 8 TzBfG Rn 8.

654 *Meinel/Heyn/Herms*, § 8 TzBfG Rn 22; *ErfK/Preis*, § 8 TzBfG Rn 8; a.A. *Rolfs*, RdA 2001, 129, zur Rechtsprechung zu § 1 KSchG vgl. z.B.: BAG 28.8.2008, n.v.; BAG 19.6.2007, NZA 2007, 1103.

655 *ErfK/Preis*, § 8 TzBfG Rn 9; *Bauer*, NZA 2000, 1039, 1040; *Hromadka*, NJW 2001, 400, 402.

656 *ErfK/Preis*, § 8 TzBfG Rn 10; zur Rechtsprechung des BAG zu § 23 KSchG siehe BAG 21.9.2006, NZA 2007, 438; BAG 24.2.2005, NZA 2005, 764.

657 *ErfK/Preis*, § 8 TzBfG Rn 13; *Rolfs*, RdA 2001, 129, 134.

658 LAG Köln 4.12.2001, AuR 2002, 189; *ErfK/Preis*, § 8 TzBfG Rn 13.

659 BAG 14.10.2003, NZA 2004, 975.

660 Vgl. auch BAG 13.10.2009, NZA 2010, 339.

661 BAG 20.7.2004, NZA 2004, 1090; *Rolfs*, RdA 2001, 129, 134; a.A. *ErfK/Preis*, § 8 TzBfG Rn 13; *Meinel/Heyn/Herms*, § 8 Rn 40; MüKo-BGB/*Müller-Glöge*, § 8 TzBfG Rn 17; *Annuß/Thüsing/Mengel*, § 8 TzBfG Rn 47.

gelegt werden können, dass es sich hilfsweise auf den Zeitpunkt richtet, zu dem der Arbeitnehmer die Verringerung frühestmöglich verlangen kann.[662]

(2) Form

Eine Form für die Geltendmachung – insbesondere Schriftform – sieht das Gesetz nicht vor.[663]   **334**

Praxistipp

Es ist dringend zu empfehlen, dass der Arbeitnehmer den Anspruch schriftlich geltend macht und den Zugang beim Arbeitgeber beweisen kann, um im Falle von Streitigkeiten den Anspruch durchsetzen zu können.

(3) Inhalt

Rechtlich ist das Teilzeitverlangen ein **Angebot auf Abschluss eines Änderungsvertrages**.[664] Es muss da-   **335** her so bestimmt formuliert sein, dass der Arbeitgeber es mit einem einfachen „ja" annehmen kann.[665]

Beispiele:

1. Arbeitnehmerin A ist bis zum 30.6. in Elternzeit. Am 27.3. ist sie im Unternehmen und teilt Personalleiter P auf dem Flur mit, dass sie nach der Elternzeit ihre Arbeitszeit verringern will. Der genaue Wortlaut ist streitig. P behauptet, die A habe gesagt, sie wolle die Arbeitszeit um 30 bis 40 % reduzieren.

   Kann die A nicht das Gegenteil beweisen, liegt ein wirksames Verringerungsverlangen nicht vor. Der Antrag ist nicht hinreichend bestimmt. Es muss der genaue Umfang der Verringerung der Arbeitszeit mitgeteilt werden.

2. Arbeitnehmerin A macht am 29.3. geltend, sie wolle ab dem 1.7. bis zum 30.6. des Folgejahres die Arbeitszeit um 30 % reduzieren.

   Es liegt kein ordnungsgemäßes Angebot auf Abschluss eines Änderungsvertrages nach § 8 TzBfG vor. § 8 TzBfG sieht nur eine **unbefristete Verringerung** der Arbeitszeit vor. Es handelt sich somit nur um ein allgemeines Angebot auf Änderung der Arbeitszeit, das die Rechtsfolgen des § 8 TzBfG nicht auslöst.[666] Eine Ausnahme dazu regelt § 7c Abs. 1 SGB IV für Fälle, in denen der Arbeitnehmer Wertguthaben i.S.d. § 7b SGB IV angespart hat.[667]

Nach § 8 Abs. 2 S. 2 TzBfG soll die gewünschte **Verteilung der Arbeitszeit** angegeben werden. Die Vor-   **336** schrift erfasst auch flexible, auf längere Zeiträume erstreckte Arbeitszeitmodelle.[668] Die Vorschrift ist eine „Soll"-Vorschrift. Macht der Arbeitnehmer die Neuverteilung der begehrten verringerten Arbeitszeit nicht geltend, so kann der Arbeitgeber die nunmehr verkürzte Arbeitszeit nach § 106 GewO im Wege seines Direktionsrechts festlegen.[669] Er hat dabei billiges Ermessen auszuüben[670] und ggf. das Mitbestimmungsrecht des Betriebsrats des § 87 Abs. 1 Nr. 2 BetrVG zu beachten.

Verringerungsverlangen und Wunsch auf Neuverteilung der Arbeitszeit müssen nicht zwingend miteinander verbunden ausgeübt werden.[671] Allerdings wird ein Verlangen, das beide Komponenten enthält, regel-

---

662 BAG 20.7.2004, NZA 2004, 1090.
663 BAG 20.1.2015, NJW 2015, 2829.
664 BAG 16.10.2007, NJW 2008, 936; Annuß/Thüsing/*Mengel* § 8 Rn 57 f.
665 BAG 20.1.2015, NJW 2015, 2829; BAG 15.11.2011, n.v.
666 BAG 12.9.2006, NJW 2007, 1613.
667 Annuß/Thüsing/*Mengel* § 8 Rn 77; ErfK/*Rolfs* § 7c SGB IV Rn 1.
668 BAG 13.11.2012, DB 2013, 760.
669 BAG 13.10.2009, NZA 2010, 339.
670 BAG 8.5.2007, NZA 2007, 1349; ErfK/*Preis*, § 8 TzBfG Rn 14.
671 BAG 16.12.2008, NJW 2009, 1527; ErfK/*Preis*, § 8 TzBfG Rn 14; *Grobys/Bram*, NZA 2001, 1175, 1178.

mäßig so verstanden werden müssen, dass die Geltendmachung des Anspruchs auf Verringerung der Arbeitszeit unter der auflösenden Bedingung der Zustimmung zum Verteilungswunsch geäußert wird.[672] Der Wunsch nach einer bestimmten Verteilung der Arbeitszeit muss spätestens im **Erörterungstermin** nach § 8 Abs. 3 TzBfG (siehe unten Rdn 337) vom Arbeitnehmer genannt werden.[673] Danach ist der Arbeitnehmer an den – ggf. nicht geäußerten – Verteilungswunsch gebunden.[674]

Der Neuverteilungswunsch ist ein Annex zum Verringerungsanspruch. Er kann nicht isoliert geltend gemacht werden.[675] § 8 TzBfG enthält keine Vorgaben hinsichtlich des zeitlichen Umfangs der Arbeitszeitreduzierung. Ein marginales Verringerungsverlangen, nur um die Neuverteilung durchzusetzen, kann rechtsmissbräuchlich sein. Maßgeblich sind die Umstände des Einzelfalls.[676]

cc) Erörterung des Reduzierungswunsches

337 Einer Erörterung des Reduzierungsverlangens und der Neuverteilung der Arbeit bedarf es dann nicht, wenn der Arbeitgeber einverstanden ist. Dann kommt mit seiner Zustimmung eine **Änderungsvereinbarung** zustande. Die Änderungsvereinbarung ist dem Arbeitnehmer gemäß § 3 NachwG spätestens ein Monat nach Änderung schriftlich mitzuteilen. In der Praxis wird regelmäßig ein Änderungsvertrag geschlossen, der diesen Anforderungen genügt.

Lehnt der Arbeitgeber den Anspruch des Arbeitnehmers auf Verringerung und Neuverteilung der Arbeitszeit ohne Erörterung nach § 8 Abs. 3 TzBfG ab, ist diese **Ablehnung** nicht allein dadurch unwirksam. Der Verstoß gegen die Erörterungsobliegenheit hat zur Folge, dass der Arbeitgeber im Rechtsstreit um das Verringerungsverlangen dem Arbeitnehmer gegenüber keine Einwendungen tatsächlicher Art entgegenhalten kann, die im Rahmen der Erörterung hätten ausgeräumt werden können.[677] Die Obliegenheit besteht nicht, wenn der Arbeitnehmer keinen hinreichenden Verringerungsantrag gestellt hat.[678]

Der Arbeitnehmer hat Anspruch auf Reduzierung der Arbeitszeit auf **seinem Arbeitsplatz**. Der Arbeitgeber muss aber auch die Möglichkeit der Beschäftigung mit der reduzierten Stundenzahl auf einem anderen Arbeitsplatz im Betrieb prüfen, wenn die Reduzierung auf dem Arbeitsplatz des Arbeitnehmers nicht möglich ist.[679] Ggf. ist dann der Betriebsrat im Falle einer Versetzung zu beteiligen.

dd) Entscheidung des Arbeitgebers und Mitteilung an den Arbeitnehmer

338 Der Arbeitgeber muss nach § 8 Abs. 5 S. 1 TzBfG spätestens **einen Monat** vor dem gewünschten Beginn der Verringerung der Arbeitszeit dem Arbeitnehmer die Entscheidung mitteilen, ob er der Verringerung und der Neuverteilung zustimmt. Die Ablehnung des Teilzeitverlangens ist eine empfangsbedürftige, an den Arbeitnehmer gerichtete Willenserklärung. Ob der Arbeitgeber eine solche Erklärung abgegeben hat, ist im Zweifel im Wege der Auslegung zu ermitteln. Das Gebot der Rechtsklarheit und Transparenz erfordert, dass der Arbeitgeber den Teilzeitwunsch des Arbeitnehmers hinreichend deutlich ablehnt. Der Arbeitnehmer muss Gewissheit haben, ob der Arbeitsvertrag seinem Angebot entsprechend geändert wird.[680] Die Monatsfrist berechnet sich nach §§ 187 Abs. 1, 188 Abs. 2 BGB. § 193 BGB findet keine Anwendung. Einer Begründung im Falle der Ablehnung bedarf es nicht.[681] Hat der Arbeitgeber die Angelegenheit mit dem Ar-

---

672 BAG 18.2.2003, NJW 2004, 386; a.A. ErfK/*Preis* § 8 TzBfG Rn 14; MüKo-BGB/*Müller-Glöge*, § 8 TzBfG Rn 19; *Rolfs*, RdA 2001, 129, 135.

673 BAG 23.11.2004, NZA 2005, 769; *Feuerborn*, SAE 2006, 1.

674 BAG 24.6.2008, NZA 2008, 1289; ErfK/*Preis*, § 8 TzBfG Rn 14.

675 Hessisches LAG 23.4.2012, n.v.

676 BAG 20.1.2015, NZA 2015, 816; BAG 11.6.2013, NZA 2013, 1074.

677 BAG 18.2.2003, NJW 2004, 386; *Mengel*, BB 2003, 1847; ErfK/*Preis*, § 8 TzBfG Rn 15; schwächer: *Meinel/Heyn/Herms*, § 8 TzBfG Rn 46.

678 LAG Rheinland-Pfalz 19.8.2011, n.v.

679 BAG 13.11.2012, DB 2013, 760.

680 BAG 20.1.2015, NJW 2015, 2829.

681 BAG 18.2.2003, NJW 2004, 386; Annuß/Thüsing/*Mengel*, § 8 TzBfG Rn 106; *Kliemt*, NZA 2001, 63, 66.

beitnehmer nach § 8 Abs. 3 TzBfG erörtert, so kann er im Rechtsstreit auch andere Gründe anführen, als die bis dahin genannten.[682] Die Ablehnung muss in **Schriftform** erfolgen.

Praxistipp   **339**

Auch wenn zum Teil die Auffassung vertreten wird, dass Textform i.S.d. § 126b BGB ausreicht,[683] sollte der Arbeitgeber die Schriftform einhalten, um sich hinsichtlich der schwerwiegenden Folgen des Fristversäumnisses (siehe unten Rdn 340) im Rechtsstreit keine Blöße zu geben. Das gilt umso mehr, als nach wohl h.M. die Textform nicht für ausreichend erachtet wird.[684]

Verletzt der Arbeitgeber die Pflicht, tritt eine **gesetzliche Fiktion** ein.[685] Äußert sich der Arbeitgeber gar **340** nicht und hat der Arbeitnehmer Verringerung der Arbeitszeit und Neuverteilung gefordert, so gilt nach § 8 Abs. 5 S. 2 und 3 beides als zugestanden. Hat der Arbeitnehmer nur die Verringerung der Arbeitszeit gefordert, so gilt diese als zugestanden. Der Arbeitgeber kann die Lage gemäß seines Direktionsrechts festlegen (siehe oben Rdn 336). Hat der Arbeitnehmer eine Verringerung der Arbeitszeit und eine Neuverteilung verlangt und lehnt der Arbeitgeber nur die Neuverteilung ab, gilt die Verringerung als zugestanden. Lehnt der Arbeitgeber in diesem Falle die Verringerung ab, so richtet sich dies naturgemäß auch gegen die Neuverteilung. Die Fiktion greift bei rechtzeitiger Mitteilung des Arbeitgebers in diesem Fall nicht ein.[686] Voraussetzung für das Eingreifen der Fiktion ist, dass das Verringerungs- und Neuverteilungsverlangen des Arbeitnehmers hinreichend bestimmt war (siehe oben Rdn 335 ff.).

ee) Betriebliche Gründe für die Ablehnung des Anspruchs

Der Arbeitnehmer hat grundsätzlich Anspruch auf Zustimmung zu seinem Änderungsangebot, wenn die **341** weiteren Voraussetzungen vorliegen. Etwas anderes gilt nur dann, wenn **betriebliche Gründe** entgegenstehen.

Umstritten ist, wie **gewichtig** die Gründe sein müssen. Es wird zu Recht darauf hingewiesen, dass an anderer Stelle – z.B. § 15 Abs. 7 S. 1 Nr. 4 BEEG, § 7 Abs. 1 und 2 BUrlG oder § 9 TzBfG – „dringende" betriebliche Gründe gefordert werden (siehe Rdn 358). Das muss für § 8 TzBfG heißen, dass rationale und nachvollziehbare Gründe für den Arbeitgeber ausreichen, das Teilzeitverlangen abzulehnen.[687] Das BAG verlangt darüber hinaus jedoch, dass die Gründe **hinreichend gewichtig**[688] sein müssen und verweist insofern auf die in § 8 Abs. 4 S. 2 TzBfG genannten Beispiele.[689]

Die Prüfung der Gründe des Arbeitgebers erfolgt nach der Rechtsprechung des BAG regelmäßig in **drei** **342** **Stufen**. Zunächst ist festzustellen, ob der vom Arbeitgeber als erforderlich angesehenen Arbeitszeitregelung ein bestimmtes betriebliches Organisationskonzept zugrunde liegt (1. Stufe). In der Folge ist zu untersuchen, inwieweit die Arbeitszeitregelung dem Arbeitszeitverlangen tatsächlich entgegensteht (2. Stufe). Schließlich ist das Gewicht der entgegenstehenden betrieblichen Gründe zu prüfen (3. Stufe). Dabei ist die Frage zu klären, ob das betriebliche Organisationskonzept oder die zugrunde liegende unternehmerische Aufgabenstellung durch die vom Arbeitnehmer gewünschte Abweichung wesentlich beeinträchtigt werden. Der Arbeitgeber kann nicht allein mit seiner abweichenden unternehmerischen Vorstellung von der „richtigen" Arbeitszeitverteilung die Ablehnung begründen.[690]

---

682 ErfK/*Preis*, § 8 TzBfG Rn 16; Annuß/Thüsing/*Mengel*, § 8 TzBfG Rn 202; *Diller*, NZA 2001, 589, 592.
683 ErfK/*Preis*, § 8 TzBfG Rn 17.
684 *Meinel/Heyn/Herms*, § 8 TzBfG Rn 88; MüKo-BGB/*Müller-Glöge*, § 8 TzBfG Rn 22; *Rolfs*, RdA 2001, 129, 135.
685 BAG 20.1.2015, NJW 2015, 2829.
686 ArbG Mönchengladbach 30.5.2001, NZA 2001, 970; ErfK/*Preis*, § 8 TzBfG Rn 22.
687 Vgl. ausführlich ErfK/*Preis*, § 8 TzBfG Rn 24; MüKo-BGB/*Müller-Glöge*, § 8 TzBfG Rn 26; *Rolfs*, RdA 2001, 129, 136.
688 BAG 20.1.2015, NZA 2015, 816.
689 BAG 18.2.2003, NJW 2004, 386; BAG 13.10.2009, NZA 2010, 339.
690 BAG 20.1.2015, NZA 2015, 816; BAG 13.10.2009, NZA 2010, 339.

Dieser Prüfungsmaßstab gilt auch für den Anspruch auf Neuverteilung der Arbeitszeit.[691]

Die Frage, ob entgegenstehende betriebliche Gründe vorliegen, beurteilt sich nach dem Zeitpunkt, in dem der Arbeitgeber den Arbeitszeitwunsch ablehnt.[692] Der Begriff der betrieblichen Gründe ist ein unbestimmter Rechtsbegriff, bei dessen Anwendung dem Tatsachengericht ein Beurteilungsspielraum zukommt.[693] Maßgeblich sind die Umstände des Einzelfalls.

Bei der Feststellung, ob ein betrieblicher Grund i.S.d. § 8 Abs. 4 TzBfG vorliegt, findet **keine Abwägung** der betrieblichen Gründe mit den Arbeitnehmerinteressen an der Teilzeittätigkeit statt.[694]

343 Es ist somit Sache des Arbeitgebers, zunächst sein **Organisationskonzept** vorzutragen. Hierzu reicht es nicht aus, wenn er allgemeine Wertungen vorbringt. Es muss ein auf **Tatsachen** aufbauendes unternehmenspolitisches Konzept sein.[695] Der Arbeitgeber muss dann vortragen, dass das Teilzeitverlangen des Arbeitnehmers – entweder hinsichtlich der Verkürzung der Arbeitszeit und des Neuverteilungswunsches oder ggf. nur des Neuverteilungswunsches – nicht in dieses Organisationskonzept passt. Auch dies muss anhand von Tatsachen geschehen. Der Arbeitgeber muss sodann Tatsachen dafür vortragen, dass die potentiell entstehenden Probleme von hinreichendem Gewicht sind.

In gleicher Weise ist zu **Störungen des Arbeitsablaufs** vorzutragen. Eine Störung der Sicherheit des Betriebes durch die Verringerung der Arbeitszeit wird nur in Einzelfällen zum Tragen kommen. So kann sich der Arbeitgeber z.B. nicht darauf berufen, dass die Parteien sich auf ein bestimmtes Arbeitszeitmodell – z.B. die Fünf-Tage-Woche -geeinigt haben. Der Arbeitnehmer hat nach der Rechtsprechung des BAG bis zur Grenze des Rechtsmissbrauchs Anspruch auf Vertragsänderung.[696] Eine Betriebsvereinbarung oder Regelungsabrede, die die Verteilung der Arbeitszeit regelt, kann jedoch ggf. einem davon abweichenden Änderungsverlangen entgegenstehen.[697]

344 Der wichtigste Grund für den Arbeitgeber für die Ablehnung dürfte sein, dass er die frei werdende Arbeitszeit **nicht anderweitig ersetzen** kann. Er muss dann im Rechtsstreit vortragen, dass er alle Maßnahmen ergriffen hat, um den Wegfall der Arbeitszeit zu kompensieren, also z.B.

- eine Anfrage bei der zuständigen Agentur für Arbeit, ggf. über den Einsatzort hinaus, und eine abschlägige Antwort
- eine Ausschreibung der Stelle in der maßgeblichen Presse
- Angebote an andere Arbeitnehmer, ihre Arbeitszeit zu erhöhen.

Der Arbeitgeber hat im Streit um die Wirksamkeit des Verringerungsanspruches anhand von Tatsachen zu beweisen, dass er trotz Ergreifen der vorstehenden Maßnahmen keinen Arbeitnehmer gefunden hat, der die wegfallende Arbeitszeit ausgleichen könnte.

Liegen keine organisatorischen Probleme oder Probleme des Arbeitsablaufs oder der Sicherheit vor, kann der Teilzeitanspruch mit dem Entstehen **unverhältnismäßiger Kosten** begründet werden. Nicht hierzu zählen die mit jeder Teilzeitarbeit einhergehenden Kosten, z.B. durch notwendige Übergaben.[698]

345 *Beispiel*

Bei der X-GmbH fordert Außendienstmitarbeiter A die Reduzierung seiner wöchentlichen Arbeitszeit von 40 auf 30 Stunden. Die X-GmbH wendet ein, dass bei Schaffung eines neuen Teilzeitarbeitsplatzes

691 BAG 24.6.2008, NZA 2008, 1309; BAG 16.3.2004, NZA 2004, 1047.
692 BAG 20.1.2015, NZA 2015, 816; BAG 24.6.2008, NZA 2008, 1309.
693 BAG 20.1.2015, NZA 2015, 816; BAG 13.11.2007, NZA 2008, 314.
694 BAG 16.10.2007, NJW 2008, 936.
695 Vgl. dazu Annuß/Thüsing/*Mengel* § 8 Rn 140 m.w.N.
696 BAG 11.6.2013, NZA 2013, 1074; BAG 18.8.2009, NZA 2009, 1207.
697 BAG 16.12.2008, NJW 2009, 1527; Annuß/Thüsing/*Mengel* § 8 Rn 171.
698 ErfK/*Preis*, § 8 TzBfG Rn 31; *Meinel/Heyn/Herms*, § 8 TzBfG Rn 68.

für diesen Arbeitnehmer ein Fahrzeug angeschafft werden müsste. Zudem müsste er in großem Umfange geschult werden.

In einem solchen Fall kann der Kostenaufwand unverhältnismäßig sein.[699]

Der Arbeitgeber muss die mit der Verringerung und Neuverteilung der Arbeitszeit des Arbeitnehmers einhergehenden Kosten konkret prognostizieren. Eine nachvollziehbare Berechnung aufgrund von Folgen, die sich aus der Arbeitszeitverringerung ergäben, muss vorgetragen werden.[700]

Die in § 8 Abs. 4 TzBfG genannten Gründe sind nicht **abschließend**. Ausnahmsweise kann ein betrieblicher **346** Grund vorliegen, wenn der Arbeitsplatz nicht teilbar ist. Das kann z.B. der Fall sein, wenn aus den Besonderheiten des Einsatzes die Kunden erwarten können, dass zur betriebsüblichen Arbeitszeit ein bestimmter Ansprechpartner vorhanden ist.[701] Tarifliche oder betriebliche Regelungen, die den Anspruch auf Verringerung der Arbeitszeit darüber hinaus beschränken, sind nach § 22 TzBfG unwirksam.[702]

ff) Veränderung der verkürzten Arbeitszeit

Nach § 8 Abs. 5 S. 4 TzBfG kann der **Arbeitgeber** im Falle einer Vereinbarung über die Verkürzung der **347** Arbeitszeit die festgelegte Verteilung wieder ändern, wenn das betriebliche Interesse daran das Interesse des Arbeitnehmers an der Beibehaltung erheblich überwiegt und der Arbeitgeber die Änderung spätestens einen Monat vorher angekündigt hat.[703]

Nach § 8 Abs. 6 TzBfG kann der **Arbeitnehmer** eine erneute Verringerung der Arbeitszeit frühestens nach Ablauf von zwei Jahren verlangen, nachdem der Arbeitgeber einer Verringerung zugestimmt oder sie berechtigt abgelehnt hat. Gleiches gilt dann, wenn der Arbeitnehmer die Änderung der Arbeitszeit erfolgreich gerichtlich durchgesetzt hat.

gg) Sonstige Ansprüche auf Arbeitszeitverkürzung
(1) § 15 Abs. 7 BEEG

Einen speziellen Anspruch auf Verringerung der Arbeitszeit sieht für die Dauer der **Elternzeit** § 15 Abs. 7 **348** BEEG vor. § 15 Abs. 7 BEEG umfasst auch den Anspruch auf Neuverteilung der reduzierten Arbeitszeit.[704] Der Gesetzgeber hat bei den Neufassungen des BEEG in den vergangenen Jahren die in der Praxis zu Recht kritisierte fehlende Synchronisierung zu § 8 TzBfG nicht hergestellt. Auch während der Elternzeit besteht der Anspruch aus § 8 TzBfG neben § 15 Abs. 7 BEEG.[705] Nur der Teilzeitanspruch nach § 15 Abs. 7 BEEG gibt dem Arbeitnehmer in Elternzeit jedoch die Möglichkeit, nach Beendigung der Elternzeit wieder auf Vollzeit zurückzukehren.

Beim Anspruch aus § 15 Abs. 7 BEEG sind im Vergleich zu § 8 TzBfG folgende **Besonderheiten** zu beachten:

- Der Anspruch auf Verringerung der Arbeitszeit kann befristet geltend gemacht werden.
- Der Anspruch soll für mindestens zwei Monate geltend gemacht werden.
- Die Arbeitszeit soll zwischen 15 und 30 Wochenstunden in der Woche betragen.
- Die Einigungsfrist beträgt vier Wochen im Gegensatz zu zwei Monaten bei § 8 TzBfG.
- Will der Arbeitgeber den Anspruch ablehnen, muss er dies innerhalb von vier Wochen nach Geltendmachung mit schriftlicher Begründung tun.
- Der Arbeitnehmer kann während der Elternzeit zweimal die Verringerung seiner Arbeitszeit verlangen.

699 Vgl. BAG 21.6.2005, NZA 2006, 316.
700 BAG 20.1.2015, NZA 2015, 816.
701 ErfK/*Preis*, § 8 TzBfG Rn 34 m.w.N.
702 BAG 20.1.2015, NZA 2015, 825.
703 Vgl. dazu BAG 10.12.2014, NZA 2015, 483 zur Abgrenzung zum Direktionsrecht.
704 BAG 19.2.2013, NZA 2013, 907.
705 ErfK/*Preis*, § 8 TzBfG Rn 56.

- Es gibt keine Fiktion in § 8 Abs. 5 TzBfG; der Arbeitnehmer muss den Anspruch – sofern der Arbeitgeber ihn nicht oder nicht rechtzeitig bescheidet – im Klagewege durchsetzen.

- Der Arbeitgeber kann den Anspruch nur dann zurückweisen, wenn **dringende** betriebliche Gründe entgegenstehen.

Der Arbeitnehmer kann **Teilzeitarbeit** während der Elternzeit auch noch im Laufe der Elternzeit beantragen. Ein dringender betrieblicher Grund zur Ablehnung kann in einem solchen Fall darin liegen, dass der Arbeitgeber für die Dauer der in Anspruch genommenen Elternzeit befristet eine Ersatzkraft eingestellt hat.[706] Ansonsten ist die Prüfung wie bei § 8 TzBfG vorzunehmen (siehe oben Rdn 341 ff.). An das objektive Gewicht des Ablehnungsgrundes sind darüber hinaus erhebliche Anforderungen zu stellen.[707]

§ 15 BEEG unterscheidet zwischen dem Konsensverfahren gemäß § 15 Abs. 5 S. 1 und 2 BEEG und dem Anspruchsverfahren nach § 15 Abs. 7 BEEG. Im Konsensverfahren sollen sich der Arbeitgeber und der/die Arbeitnehmer/in über den Antrag auf Verringerung der Arbeitszeit während der Elternzeit einigen. Ist eine Einigung nicht möglich, hat der Arbeitnehmer oder die Arbeitnehmerin gemäß § 15 Abs. 6, 7 BEEG zweimal Anspruch auf Verringerung der Arbeitszeit (Anspruchsverfahren). Im Konsensverfahren betroffene einvernehmliche Elternteilzeitregelungen sind nicht auf den Anspruch gemäß § 15 Abs. 6 i.V.m. Abs. 7 BEEG auf zweimalige Verringerung der Arbeitszeit anzurechnen.[708]

(2) § 81 Abs. 5 S. 3 SGB IX

349 Nach § 81 Abs. 5 S. 3 SGB IX haben **schwerbehinderte Menschen** einen Anspruch auf Teilzeitbeschäftigung, wenn die kürzere Arbeitszeit wegen Art und Schwere der Behinderung notwendig ist. Der Anspruch besteht dann nicht, wenn die Erfüllung für den Arbeitgeber nicht zumutbar oder mit unverhältnismäßigen Aufwendungen verbunden wäre. § 81 Abs. 5 S. 3 SGB IX ist der weitestgehende Teilzeitanspruch.

Das Verlangen des schwerbehinderten Menschen bewirkt unmittelbar eine Verringerung der geschuldeten Arbeitszeit. Es bedarf **keiner Zustimmung** des Arbeitgebers zur Änderung der vertraglichen Verpflichtung. Sie kommt kraft Gesetztes zustande. Von daher muss der Arbeitnehmer auch **keine Ankündigungsfrist** einhalten.[709] Die Vorschrift gilt in allen Unternehmen. Eine Privilegierung **kleinerer Unternehmen** gibt es nicht. Sie gilt von Beginn des Arbeitsverhältnisses an. Erforderlich ist allein, dass der schwerbehinderte Mensch den ärztlichen Nachweis erbringt, dass die verkürzte Arbeitszeit für ihn notwendig ist. Es ist dann Sache des Arbeitgebers, Tatsachen dafür vorzutragen, dass die Verringerung der Arbeitszeit für ihn nicht zumutbar oder mit unverhältnismäßigen Aufwendungen verbunden ist.

(3) § 3 Abs. 1 PflegeZG/FPfZG

350 Für den Fall der Pflege naher Angehöriger sehen § 3 Abs. 1 PflegeZG[710] und § 2 Familienpflegezeitgesetz (FPfZG)[711] Ansprüche auf Verringerung der Arbeitszeit vor.

hh) Prozessuales

351 Der Anspruch auf Verringerung und Neuverteilung der Arbeitszeit kann ggf. auch im Wege des einstweiligen Rechtsschutzes geltend gemacht werden.[712] Dies gilt nicht nur für den Anspruch aus § 8 TzBfG, sondern auch für den aus § 15 BEEG[713] und erst Recht für den Anspruch aus § 81 Abs. 5 S. 3 SGB IX.

---

706 BAG 15.4.2008, NJW 2008, 2937.
707 BAG 15.12.2009, NZA 2010, 447.
708 BAG 19.2.2013, NZA 2013, 907.
709 BAG 14.10.2003, NZA 2004, 614.
710 Siehe dazu BAG 15.11.2011, NZA 2012, 323; *Schiefer*, PuR 2015, 3; *Thüsing/Pötters*, BB 2015, 181; *Sasse*, DB 2015, 181.
711 Siehe dazu *Schiefer/Worzalla*, DB 2012, 516; *Göttling/Neumann*, NZA 2012, 119; *Glatzel*, NJW 2012, 1175.
712 LAG Berlin-Brandenburg 14.3.2012, n.v.; Hessisches LAG 20.11.2006, n.v.; LAG Hamburg 4.9.2006, NZA-RR 2007, 122.
713 ArbG Hamburg 10.8.2005, NZA-RR 2006, 239; ArbG Düsseldorf 9.1.2002 – 10 Ga 114/01, FA 2002, 81.

c) Verlängerung der Arbeitszeit
aa) Allgemeines

Nach **§ 9 TzBfG** hat der Arbeitgeber einem teilzeitbeschäftigten Arbeitnehmer, der ihm den Wunsch nach   352
einer Verlängerung seiner vertraglich vereinbarten Arbeitszeit angezeigt hat, bei der Besetzung eines entsprechenden freien Arbeitsplatzes bei gleicher Eignung bevorzugt zu berücksichtigen, es sei denn, dass
dringende betriebliche Gründe oder Arbeitszeitwünsche anderer teilzeitbeschäftigter Arbeitnehmer entgegenstehen.

Die Vorschrift klingt „harmlos". Nach dem Verständnis des BAG ist sie jedoch „Spiegelbild" zu § 8
TzBfG.[714] Damit begründet auch § 9 TzBfG einen **Rechtsanspruch**, der auf Verlängerung der individuellen Arbeitszeit gerichtet ist.[715] Dieser Anspruch ist im Ergebnis noch weiter als der auf Verringerung der
Arbeitszeit nach § 8 TzBfG (siehe oben Rdn 330 ff.). Versagt der Arbeitgeber die Vertragsänderung zu Unrecht, kann das Schadensersatzansprüche des Arbeitnehmers, insbesondere bezüglich der Vergütungsdifferenz, begründen.[716]

bb) Voraussetzungen
(1) Teilzeitbeschäftigte Arbeitnehmer

Den Anspruch aus § 9 TzBfG haben nur teilzeitbeschäftigte Arbeitnehmer. Es ist nicht erforderlich, dass sie   353
erst durch Geltendmachung des Anspruchs aus § 8 TzBfG in Teilzeit arbeiten.[717] **Vollzeitbeschäftigte** Arbeitnehmer können über § 9 TzBfG nicht eine höhere Arbeitszeit verlangen. Das Verlängerungsverlangen
muss aber auch nicht auf eine Vollzeittätigkeit gerichtet sein. In Betracht kommt auch eine Teilzeittätigkeit
mit erhöter Stundenzahl.[718] Auch eine Teilzeittätigkeit mit höherer Stundenzahl kann Gegenstand des Anspruches sein. Der Anspruch steht auch befristet beschäftigten Arbeitnehmern zu.[719]

(2) Anzeige des Verlängerungswunsches

Anspruchsberechtigt sind nur Arbeitnehmer, die dem Arbeitgeber zuvor den **Wunsch auf Verlängerung**   354
der Arbeitszeit nach § 7 Abs. 2 TzBfG **angezeigt** haben. Die Anzeige kann formfrei erfolgen. Der Antrag
ist ein Angebot zur Änderung des Arbeitsvertrages.

Praxistipp   355

Der Arbeitnehmer sollte aus Beweisgründen seinen Wunsch schriftlich an den Arbeitgeber richten. Er
sollte zudem dafür sorgen, dass er den Zugang des Schreibens vom Arbeitgeber beweisen kann. Der
Wunsch muss sich sowohl auf die Dauer der Arbeitszeit beziehen, als auch auf die Neuverteilung der
Lage.[720]

Es soll jedoch nicht notwendig sein, einen präzisen **Verlängerungsumfang** anzugeben.[721] Ebenso soll es   356
nicht notwendig sein, dass sich der Wunsch des Arbeitnehmers auf einen bestimmten **Arbeitsplatz**
bezieht.[722] Andererseits soll § 9 TzBfG nicht die Lage der Arbeitszeit betreffen, sondern nur die Verlängerung.[723] Das kann jedoch nicht richtig sein, da der Arbeitgeber unter den Voraussetzungen nicht fest-

---

714 Vgl. BAG 16.9.2008, NZA 2008, 1285.
715 BAG 16.9.2008, NZA 2008, 1285; ErfK/*Preis*, § 9 TzBfG Rn 2; *Bauer*, NZA 2000, 1039, 1041; *Kliemt*, NZA 2001, 63, 68.
716 Vgl. dazu BAG 16.9.2008, NZA 2008, 1285; LAG Köln 12.8.2015 – 11 Sa 115/15, n.v.
717 ErfK/*Preis*, § 9 TzBfG Rn 3; *Annuß/Thüsing/Jacobs* § 9 Rn 4; *Meinel/Heyn/Herms*, § 9 TzBfG Rn 10.
718 Vgl. dazu LAG Köln 22.11.2011, n.v.
719 BAG 16.1.2008, NJW 2008, 2140.
720 ErfK/*Preis*, § 7 TzBfG Rn 6.
721 LAG Düsseldorf 23.3.2006, FA 2006, 253; *Annuß/Thüsing/Jacobs*, § 9 Rn 9; ErfK/*Preis*, § 9 TzBfG Rn 4.
722 LAG Berlin 2.12.2003, AuR 2004, 468.
723 ErfK/*Preis*, § 9 TzBfG Rn 4.

stellen kann, ob ein entsprechender freier Arbeitsplatz vorliegt. Der Verlängerungs- und Neuverteilungswunsch muss daher präzise sein.

cc) Entsprechender freier Arbeitsplatz

357 Bei dem Arbeitgeber muss ein entsprechender Arbeitsplatz frei werden. Dies kann ein **neu geschaffener
Arbeitsplatz** sein. Der Anspruch besteht aber auch, wenn ein Arbeitsplatz dadurch frei wird, dass ein anderer Arbeitnehmer aus dem Unternehmen **ausscheidet**.

Der Arbeitgeber ist jedoch nicht verpflichtet, einen Arbeitsplatz so zuzuschneiden, dass er dem Wunsch des
Arbeitnehmers entspricht.[724] Ein **entsprechender Arbeitsplatz** ist gegeben, wenn auf dem zu besetzenden
freien Arbeitsplatz die gleiche oder eine zumindest vergleichbare Tätigkeit auszuüben ist, wie sie der teilzeitbeschäftigte Arbeitnehmer schuldet, der den Wunsch nach der Verlängerung der Arbeitszeit angezeigt
hat. Hinsichtlich der Eignung und Qualifikation muss der Teilzeitbeschäftigte den objektiven Anforderungen dieses Arbeitsplatzes genügen.[725] Der Arbeitgeber kann den Anspruch nicht dadurch umgehen, dass er
die gleiche Tätigkeit auf dem zu besetzenden Arbeitsplatz anders vergüten will.[726]

Damit kommen grundsätzlich nur Arbeitsplätze auf gleicher Hierarchieebene in Betracht. Eine Ausnahme
besteht dann, wenn die Personalorganisation des Arbeitgebers Teilzeitarbeit lediglich auf einer niedrigeren
Hierarchiestufe als der bisher eingenommenen zulässt. Das bewirkt nach Auffassung des BAG eine Selbstbindung des Arbeitgebers. Die Grenze zwischen den beiden Hierarchieebenen wird für den späteren Verlängerungswunsch des teilzeitbeschäftigten Arbeitnehmers durchlässig. In diesem Fall gilt auch der Arbeitsplatz mit der höherwertigen Tätigkeit als „entsprechender Arbeitsplatz" i.S.d. § 9 TzBfG.[727]

dd) Keine entgegenstehenden Gründe
(1) Dringende betriebliche Gründe

358 Liegen die Voraussetzungen vor, kann der Arbeitgeber den Anspruch nur aus dringenden betrieblichen
Gründen ablehnen. Diese Gründe müssen schwerwiegender sein, als die „betrieblichen Gründe" nach § 8
TzBfG (siehe oben Rdn 341 ff.). Jedoch gehört der **Weiterbeschäftigungsanspruch** eines Arbeitnehmers,
der anderenfalls betriebsbedingt gekündigt würde, zu diesen Gründen. Gleiches gilt für die **Weiterbeschäftigungspflicht** nach § 78a BetrVG.[728] Grundsätzlich werden dringende betriebliche Gründe, die im Falle
der Besetzung der Stelle eine betriebsbedingte Kündigung rechtfertigen könnten, als ausreichend anzusehen sein.[729]

(2) Arbeitszeitwünsche anderer teilzeitbeschäftigter Arbeitnehmer

359 Haben mehrere teilzeitbeschäftigte Arbeitnehmer eine Verlängerung der Arbeitszeit beantragt, für die der
freie Platz in Betracht käme, so muss der Arbeitgeber eine Entscheidung nach **billigem Ermessen** treffen.[730] Er muss keine Sozialauswahl durchführen, aber ggf. besondere soziale Aspekte berücksichtigen.
Der Arbeitgeber ist nicht verpflichtet, das Mehrarbeitsvolumen auf die interessierten Teilzeitbeschäftigten
zu verteilen.[731]

---

724 BAG 13.2.2007, NZA 2007, 807.
725 BAG 8.5.2007, NZA 2007, 1349; Hess. LAG 16.1.2015 – 14 Sa 522/14, n.v.
726 BAG 8.5.2007, NZA 2007, 1349.
727 BAG 16.9.2008, NZA 2008, 1285.
728 ErfK/*Preis*, § 9 TzBfG Rn 7.
729 LAG München 4.5.2006, AuA 2006, 489; ErfK/*Preis*, § 9 TzBfG Rn 7.
730 BT-Drucks 14/4625, 24.
731 BAG 13.2.2007, NZA 2007, 807; ErfK/*Preis*, § 9 TzBfG Rn 8.

ee) Prozessuales

Der Arbeitnehmer kann die endgültige Besetzung des Arbeitsplatzes durch einen anderen Arbeitnehmer **360** ggf. im Wege des **einstweiligen Rechtsschutzes** verhindern.[732] Besetzt der Arbeitgeber trotz des geltend gemachten Anspruchs die Stelle anderweitig, so kann der Arbeitnehmer einen **Schadensersatzanspruch** haben.[733] Dieser kann die Gehaltsdifferenz zwischen der Teilzeitvergütung und der Vergütung aus der begehrten Stelle darstellen.[734] Der Schadensersatzanspruch kann schon dann bestehen, wenn der Arbeitgeber den Arbeitnehmer entgegen § 7 Abs. 2 TzBfG trotz des Wunsches auf Verlängerung der Arbeitszeit von der freiwerdenden bzw. freigewordenen Stelle nicht unterrichtet hat. Dann muss der Arbeitnehmer jedoch darlegen und ggf. beweisen können, dass er im Falle der Informationen nach § 7 Abs. 2 TzBfG sich auf die Stelle beworben und diese auch bekommen hätte.

6. Muster

a) Teilzeitarbeitsvertrag

Es kann unter Beachtung folgenden Besonderheiten das Formular zum Vollzeitarbeitsvertrag zugrunde ge- **361** legt werden:

- Dauer und Lage der wöchentlichen Arbeitszeit (siehe Rdn 260 ff.);
- Berechnung von Vergütung und Sonderzahlungen (siehe Rdn 266 ff.);
- Berechnung des Urlaubsanspruchs (siehe Rdn 277 ff.).

b) Arbeit auf Abruf

Neben den vorgenannten Besonderheiten für Teilzeitarbeitsverträge sind weitere Besonderheiten zu **362** beachten:

Die grundlegende Vereinbarung ohne Flexibilisierung kann wie folgt lauten:

> „Der Arbeitnehmer arbeitet in Teilzeit mit einer wöchentlichen Arbeitszeit von 20 Stunden. Der Arbeitnehmer wird pro Einsatz-tag mit mindestens zwei aufeinander folgenden Stunden beschäftigt. Der Abruf erfolgt mit folgenden Ankündigungszeiten (siehe unten Rdn 308)."

Beachte auch: **363**

- Dauer der Arbeitszeit (siehe Rdn 298);
- Lage der Arbeitszeit (siehe Rdn 302);
- Flexibilisierung der Dauer der Arbeitszeit (siehe Rdn 300);
- Flexibilisierung der Lage der Arbeitszeit (siehe Rdn 304).

c) Job-Sharing

Neben den Besonderheiten des Teilzeitarbeitsvertrages (siehe oben Rdn 259 ff.) sind folgende weitere Be- **364** sonderheiten zu beachten:

- die Job-Sharing-Vereinbarung (siehe Rdn 310 ff.);
  Die Regelung, dass sich die am Job-Sharing beteiligten Arbeitnehmer die Arbeitszeit am Arbeitsplatz aufteilen, kann z.B. lauten:

Beispiel

„Der Arbeitnehmer und die/der an dem Job-Sharing-Arbeitsplatz beteiligten Arbeitnehmer (derzeit (…)) legen die individuelle Arbeitszeit untereinander selbstständig fest. Die Festlegung ist dem Arbeitgeber jeweils am Dienstag für die Folgewoche anzugeben. In Streitfällen findet ein Vermitt-

---

732 ErfK/*Preis*, § 9 TzBfG Rn 13.
733 BAG 16.5.2008, NZA 2008, 1285; Thüringer LAG 26.1.2012, n.v.; LAG Köln 17.8.2010, n.v.
734 ErfK/*Preis*, § 9 TzBfG Rn 15.

lungsversuch unter Beteiligung von (…) statt. Kommt es nicht zu einer Einigung, bestimmt der Arbeitgeber die individuellen Arbeitszeiten."

In diesem Zusammenhang sind auch die Vertretungspflicht (siehe Rdn 315 ff.) sowie die Urlaubsregelung (siehe Rdn 318) zu beachten.

d) Geringfügige Beschäftigung

▼

365   **Muster 1b.7: Arbeitsvertrag für geringfügig Beschäftigte**

Arbeitsvertrag

zwischen ▓▓▓ *(Arbeitgeber/in)*

und

Herrn/Frau

▓▓▓ *(Arbeitnehmer/in)*

wohnhaft ▓▓▓, Tel.: ▓▓▓

1. Beginn und Ende des Arbeitsverhältnisses

Der/Die Arbeitnehmer/in wird beginnend mit dem ▓▓▓ eingestellt.

2. Probezeit und Meldung bei Arbeitsagentur

Die ersten ▓▓▓ Tage/Wochen/Monate gelten als Probezeit. In dieser Zeit kann das Arbeitsverhältnis mit einer Frist von zwei Wochen gekündigt werden.

Wird das Arbeitsverhältnis nicht fortgesetzt, hat sich der/die Arbeitnehmer/in binnen drei Tage nach Kenntniserlangung persönlich bei der Arbeitsagentur arbeitsuchend zu melden.

Alternativ:

2. Erstbefristung und Meldung bei Arbeitsagentur

Das Arbeitsverhältnis wird zunächst befristet nach § 14 Abs. 2 TzBfG für eine Zeit von ▓▓▓ Tagen/ Wochen/Monaten bis zum ▓▓▓ geschlossen.

Während dieser Zeit kann das Arbeitsverhältnis mit einer Frist von zwei Wochen gekündigt werden.

Der/Die Arbeitnehmer/in erklärt, noch nie in einem Arbeitsverhältnis zu dem/der Arbeitgeber/in gestanden zu haben.

Das Arbeitsverhältnis endet mit Ablauf der Befristung, ohne, dass es einer Kündigung bedarf, wenn dem/der Arbeitnehmer/in nicht die Verlängerung des Arbeitsverhältnisses mitgeteilt wird. Wird das Arbeitsverhältnis einvernehmlich ohne neuerliche schriftliche Befristungsabrede über diesen Zeitpunkt hinaus fortgesetzt, so gilt ein unbefristeter Arbeitsvertrag als geschlossen.

Der/Die Arbeitnehmer/in hat sich drei Monate vor Beendigung des befristeten Arbeitsverhältnisses persönlich bei der Agentur für Arbeit arbeitsuchend zu melden. Die Meldepflicht besteht unabhängig davon, ob der/ die Arbeitgeber/in eine Fortsetzung des Arbeitsverhältnisses in Aussicht gestellt hat.

Alternativ:

2. Befristung/Probezeit/Meldung bei Arbeitsagentur

Das Arbeitsverhältnis wird zunächst befristet zur Erprobung nach § 14 Abs. 1 Nr. 5 TzBfG für eine Zeit von ▓▓▓ Tagen/Wochen/Monaten bis zum ▓▓▓ geschlossen.

Während dieser Zeit kann das Arbeitsverhältnis mit einer Frist von zwei Wochen gekündigt werden.

Das Arbeitsverhältnis endet mit Ablauf der Befristung, ohne das es einer Kündigung bedarf, wenn dem/der Arbeitnehmer/in nicht die Verlängerung des Arbeitsverhältnisses mitgeteilt wird. Wird das Arbeitsverhältnis einvernehmlich ohne neuerliche schriftliche Befristungsabrede über diesen Zeitpunkt hinaus fortgesetzt, so gilt ein unbefristeter Arbeitsvertrag als geschlossen.

Der/Die Arbeitnehmer/in hat sich drei Monate vor Ablauf der Befristung persönlich bei der Arbeitsagentur arbeitsuchend zu melden. Die Meldepflicht besteht unabhängig davon, ob der/die Arbeitgeber/in eine Fortsetzung des Arbeitsverhältnisses in Aussicht gestellt hat.

3. Arbeitsort und Tätigkeit

Der/Die Arbeitnehmer/in wird in ▨ als ▨ beschäftigt. Er/Sie kann auch in ▨ /als ▨ beschäftigt werden.

Dem/Der Arbeitnehmer/in obliegen im Einzelnen folgende Aufgaben: ▨ (*ggf. kurze Tätigkeitsbeschreibung*).

Alternativ: *Hinsichtlich der Einzelheiten der auszuübenden Tätigkeit wird auf die Stellenbeschreibung vom* ▨ *hingewiesen.*

Alternativ:

3. Arbeitsgebiet/Arbeitsort

Der/Die Arbeitnehmer/in wird als ▨. *In* ▨ *beschäftigt.*

Der/Die Arbeitgeber/in behält sich unter Wahrung der Interessen des Arbeitnehmers/der Arbeitnehmerin vor, ihm/ihr im Rahmen der vertraglich vereinbarten Tätigkeit ein anderes Arbeitsgebiet zuzuweisen und/oder an einen anderen Arbeitsort zu versetzen.

Dem/Der Arbeitnehmer/in obliegen im Einzelnen folgende Aufgaben: ▨ (*ggf. kurze Tätigkeitsbeschreibung*).

Alternativ: *Hinsichtlich der Einzelheiten der auszuübenden Tätigkeit wird auf die Stellenbeschreibung vom* ▨ *hingewiesen.*

4. Arbeitszeit

Die Arbeitszeit beträgt ▨ Stunden pro Woche.

Die Arbeitsleistung ist zu folgenden Zeiten zu erbringen:

▨

Der Arbeitgeber behält sich eine Änderung der Lage der Arbeitszeit und der Pausen vor.

Der Arbeitnehmer verpflichtet sich, auf Anordnung des Arbeitgebers (**ggf.:** *nach Zustimmung des Betriebsrats*) bis zu ▨ Stunden pro Woche/Monat Überstunden zu leisten.

5. Entgelt

Der/Die Arbeitnehmer/in erhält eine Vergütung von EUR ▨ pro Stunde/Tag/Woche/Monat.

Das Entgelt wird jeweils zum ▨ eines Monats ausgezahlt.

Das Entgelt wird individuell/pauschal versteuert. Die Pauschalsteuer trägt der/die Arbeitnehmer/in.

Der/Die Arbeitnehmer/in nennt dem/der Arbeitgeber/in spätestens mit Antritt der Arbeit eine Kontoverbindung, auf die das Entgelt überwiesen werden kann.

6. Urlaub

Der/Die Arbeitnehmer/in erhält Urlaub in Höhe von ▨ Arbeitstagen. Die Festlegung des Urlaubs erfolgt durch den/die Arbeitgeber/in unter Berücksichtigung der Wünsche des Arbeitnehmers/der Arbeitnehmerin. Dringende betriebliche Gründe gehen vor. Wird Urlaub gewährt, so ist das zunächst der gesetzliche Mindesturlaub, dann ggf. Mehrurlaub für Menschen mit Behinderung, dann der tarif-/arbeitsvertragliche Urlaub.

7. Kündigungsfrist

Die Kündigungsfrist richtet sich nach den gesetzlichen Bestimmungen.

8. Rentenversicherung

Der/Die Arbeitgeber/in führt – soweit gesetzlich vorgeschrieben – die pauschalen Beiträge zur Renten- und Krankenversicherung ab. Der/Die Arbeitgeber/in weist den/die Arbeitnehmer/in hiermit ausdrücklich darauf hin, dass er/sie in der gesetzlichen Rentenversicherung durch schriftliche Erklärung gegenüber dem/der Arbeitgeber/in von der Rentenversicherungspflicht befreit werden kann (§ 6 Abs. 1b SGB VI). Mit der Befreiung verzichtet der/die Arbeitnehmer/in auf die vollen Leistungsansprüche in der gesetzlichen Rentenversicherung.

9. Weitere Beschäftigungen

Der/Die Arbeitnehmer/in versichert, dass er/sie keiner weiteren geringfügig entlohnten Beschäftigung im Sinne des § 8 Abs. 1 Nr. 1 SGB IV nachgeht. Der/Die Arbeitnehmer/in verpflichtet sich, jede weitere Aufnahme einer Beschäftigung dem/der Arbeitgeber/in unverzüglich mitzuteilen und den/die Arbeitgeber/in über den Inhalt dieser Beschäftigungsverhältnisse zu informieren, soweit der/die Arbeitgeber/in diese Informationen insbesondere zur Erfüllung seiner Melde- und beitragsrechtlichen Verpflichtungen benötigt. Er/Sie ist ausdrücklich darauf hingewiesen worden, dass die Aufnahme einer weiteren Beschäftigung zur Sozialversicherungs- und Lohnsteuerpflicht des Arbeitsverhältnisses führen kann.

10. Sonstige Bestimmungen

Für die Arbeitsbedingung gelten im Übrigen die Betriebsvereinbarungen und Arbeitsordnungen der Betriebsstätte, in der der/die Arbeitnehmer/in eingesetzt ist.

11. Verfallfristen

Ansprüche aus dem Arbeitsverhältnis sind binnen drei Monaten, nachdem sie entstanden sind, schriftlich geltend zu machen, anderenfalls verfallen sie.

12. Krankenkasse

Der/Die Arbeitnehmer/in nennt dem/der Arbeitgeber/in spätestens bei Vertragsbeginn die gesetzliche Krankenversicherung, bei der der/die Arbeitnehmer/in versichert ist.

13. Einstellungsvorbehalt

Der Arbeitsvertrag wird vorbehaltlich der betriebsärztlich festzustellenden gesundheitlichen Eignung sowie der Zustimmung des Betriebsrats zur Einstellung abgeschlossen (Unzutreffendes streichen).

14. Schriftformerfordernis

Die Änderung von Regelungen dieses Arbeitsvertrages bedarf der Schriftform. Das gilt auch für die Änderung des Schriftformerfordernisses selbst.

15. Aushändigung eines Exemplars des Vertrages

Dem/Der Arbeitnehmer/in ist ein Exemplar dieses Vertrages ausgehändigt worden.

(Ort/Datum)   *(Ort/Datum)*

(Unterschrift des Arbeitgebers der Arbeitgeberin)   *(Unterschrift des/der Arbeitnehmers/in)*

                                             (Unterschrift des gesetzlichen Vertreters des/der Arbeitnehmers/in, falls erforderlich)

▲

e) Teilzeitverlangen

▼

Muster 1b.8: Teilzeitverlangen   366

An die X-GmbH

Geschäftsleitung

(Datum)

Betreff: Verringerung meiner wöchentlichen Arbeitszeit

Sehr geehrter Herr ▮▮▮▮▮▮,

hiermit beantrage ich die Verringerung meiner wöchentlichen Arbeitszeit von ▮▮▮▮▮ Stunden auf ▮▮▮▮▮ Stunden ab dem 1.7.2013. Die verringerte Arbeitszeit soll wie folgt verteilt werden: ▮▮▮▮▮.

(Unterschrift)

▲

f) Verlängerungsverlangen

▼

Muster 1b.9: Verlängerungsverlangen   367

An die X-GmbH

Geschäftsleitung

(Datum)

Betreff: Verlängerung meiner Arbeitszeit

Sehr geehrte Damen und Herren,

ich bin derzeit mit einer wöchentlichen Arbeitszeit von 18 Stunden beschäftigt. Wenn ein geeigneter freier Arbeitsplatz frei wird, möchte ich mit einer wöchentlichen Arbeitszeit von 25 Stunden beschäftigt werden.

(Unterschrift)

▲

IV. Elternzeit, Pflegezeit, Familienpflegezeit

Literatur: *Aschmoneit:* Zustimmungserfordernis des Arbeitgebers zur Inanspruchnahme noch nicht verbrauchter Elternzeit im Anschluss an das zweite Jahr, NZA 2012, 247; *Fecker/Scheffzek,* Elternzeit – ungeklärte (Rechts)Fragen aus der Praxis, NZA 2015, 778; *Glatzel,* Fallen im Pflegezeitgesetz – für Arbeitnehmer und Arbeitgeber, NJW 2009, 1377; *Joussen,* Streitfragen aus dem Pflegezeitgesetz, NZA 2009, 69, *Komanabrou,* Die Kürzung des Jahresurlaubs für Zeiten der Elternzeit, RdA 2014, 321; *Niklas,* Vorzeitige Beendigung und Verlängerung der Elternzeit nach dem BEEG, BB 2013, 951; *Müller,* Die Änderungen in Familien- und Pflegezeitrecht, BB 2014, 3125; *Rancke,* Mutterschutz, Elterngeld, Elternzeit, Betreuungsgeld, 4. Auflage 2015; *Stüben/v. Schwanenflügen,* Die rechtliche Stärkung der Vereinbarkeit von Familie, Pflege und Beruf, NJW 2015, 577; *Thüsing/Pötters,* Das Gesetz zur besseren Vereinbarkeit von Familie, Pflege und Beruf, BB 2015, 181.

1. Elternzeit

Während der ersten Lebensjahre ihres Kindes können Arbeitnehmer Elternzeit für bis zu drei Jahre in An-   368
spruch nehmen. Während der Dauer der Elternzeit ruhen die Hauptpflichten aus dem Arbeitsverhältnis,[735]

---

735 HWK/*Gaul,* vor §§ 15–21 BEEG Rn 3.

so dass die Arbeitnehmer sich um Betreuung und Erziehung eines Kindes kümmern können.[736] Um die Folgen des damit verbundenen Verdienstausfalls zu mindern, sieht das Bundeselterngeld und -Elternzeitgesetz (BEEG) neben der Elternzeit auch staatliche Leistungen wie das Elterngeld vor.[737] Für den Arbeitgeber besteht die Möglichkeit, befristet Ersatzkräfte einzustellen (vgl. hierzu § 1b Rdn 184 f.).

Das BEEG wurde durch Gesetz vom 18.12.2014[738] grundlegend geändert. Allerdings gelten diese Änderungen weitestgehend nur für Kinder, die nach dem 30.6.2015 geboren wurden. Demensprechend ist für einen Übergangszeitraum zwischen diesen Kindern und Kindern, die vor dem 1.7.2015 geboren wurden, zu unterscheiden.

a) Elternzeit für nach dem 30.6.2015 geborene Kinder
aa) Anspruch auf Elternzeit

369   Arbeitnehmer[739] können Elternzeit in Anspruch nehmen, wenn sie mit ihrem Kind oder einem der anderen in § 15 Abs. 1 BEEG genannten Kinder[740] in einem Haushalt leben und dieses selbst betreuen und erziehen. Sofern ein Elternteil noch minderjährig ist oder in Vollzeit einer vor dem 18. Lebensjahr begonnenen Ausbildung nachgeht, können auch Großeltern unter den in § 15 Abs. 1a BEEG genannten Voraussetzungen Anspruch auf Elternzeit haben.

Der Anspruch auf Elternzeit besteht für jedes Kind bis zur Vollendung des dritten Lebensjahres bzw. bis zu drei Jahre ab Aufnahme des Kindes in Vollzeit- oder Adoptionspflege, § 15 Abs. 2 BEEG. Allerdings können die Arbeitnehmer bis zu 24 Monate der Elternzeit auf den Zeitraum zwischen dem dritten und dem achten Geburtstag des Kindes übertragen. Nimmt eine Arbeitnehmerin im Anschluss an die Mutterschutzfrist (§ 6 Abs. 1 MuSchG) Elternzeit, so wird die Mutterschutzfrist auf die Elternzeit angerechnet.

Will ein Arbeitnehmer Elternzeit nehmen, so muss er diese schriftlich beim Arbeitgeber geltend machen und zwar grundsätzlich spätestens sieben Wochen vor Beginn für Zeiträume bis zum dritten Geburtstag des Kindes und 13 Wochen vorher für Zeiträume zwischen dem dritten und dem achten Geburtstag des Kindes, § 16 Abs. 1 BEEG. Eine spätere Antragsstellung ist nur bei dringenden Gründen (z.B. unerwartet frühe Geburt[741]) möglich oder wenn eine Arbeitnehmerin im Anschluss an die Mutterschutzfrist Elternzeit beantragt.

Hinweis:

Nach der Rechtsprechung des BAG[742] muss das Elternzeitverlangen schriftlich im Sinne des § 126 Abs. 1 BGB erklärt werden. Dementsprechend reicht eine Erklärung per Telefax oder E-Mail nicht aus. Wurde die Schriftform nicht gewahrt, so ist die Erklärung nichtig, § 125 S. 1 BGB, so dass z.B. kein Sonderkündigungsschutz (hierzu siehe § 1c Rdn 195 ff.) besteht. Allerdings kann es treuwidrig sein, wenn sich der Arbeitgeber auf die fehlende Schriftform beruft.[743]

736 BT-Drucks. 14/3553, S. 11; ErfK/*Gallner*, § 16 BEEG Rn 2.
737 Vgl. §§ 1 ff. BEEG; BT-Drucks 16/1889, S. 2, 14; zur Verfassungswidrigkeit des Betreuungsgeldes gem. §§ 4a ff. BEEG: BVerfG 21.7.2015, NJW 2015, 2399.
738 BGBl. 2014 I S. 2325 ff.
739 Zu den Arbeitnehmern im Sinne des BEEG zählen auch die zu ihrer Berufsbildung Beschäftigten sowie bestimmte Heimarbeiter, § 20 BEEG.
740 Z.B. während der Adoptionspflege oder Verwandte bis zum 3. Grad und deren Ehegatten, falls die Eltern das Kind aufgrund von schwerer Krankheit, Schwerbehinderung oder Tod nicht betreuen können.
741 Rancke/*Rancke*, § 16 BEEG Rn 8.
742 BAG 18.10.2011, NZA 2012, 262.
743 BAG 10.5.2016, NZA 2016, 1137.

Die Einhaltung der Frist ist hingegen keine Wirksamkeitsvoraussetzung. Allerdings verschiebt sich die Elternzeit bei Versäumung dieser „Anmeldefrist"[744] nach hinten bzw. wird verkürzt.[745]

Beantragt der Arbeitnehmer Elternzeit für den Zeitraum bis zum dritten Geburtstag des Kindes, so muss er zumindest erklären, für welche Zeiten innerhalb der nächsten zwei Jahre er Elternzeit verlangt, § 16 Abs. 2 S. 1 BEEG. Wird nur für einen Teil der ersten zwei Jahre Elternzeit verlangt, so gilt für die verbleibende Zeit bis zum Ablauf dieser zwei Jahren die Elternzeit als nicht beantragt.[746] Verlangt der Arbeitnehmer Elternzeit für einen längeren Zeitraum, so ist er auch für diesen längeren Zeitraum gebunden.[747]

Die Elternzeit kann auf drei Zeitabschnitte verteilt werden, ohne dass der Arbeitgeber zustimmen muss. Allerdings kann der Arbeitgeber den dritten Zeitabschnitt ablehnen, wenn dieser zwischen dem dritten und achten Geburtstag des Kindes liegt und dringende betriebliche Gründe vorliegen. Eine Verteilung auf weitere Zeitabschnitte ist nur mit Zustimmung des Arbeitgebers möglich.

Das Elternzeitverlangen ist als Gestaltungsrecht zwar bedingungsfeindlich, aber der Arbeitnehmer kann sein Elternzeitverlangen davon abhängig machen, dass der Arbeitgeber einer Elternteilzeit zustimmt.[748] Während der Elternzeit können Arbeitnehmer Teilzeit arbeiten – auch bei einem anderen Arbeitgeber (siehe Rdn 348).

bb) Vorzeitige Beendigung oder Verlängerung der Elternzeit

Verlangt der Arbeitnehmer Elternzeit (oder Elternzeit nur für einen Teil des Zweijahreszeitraums nach §16 Abs. 1 S. 2 BEEG), so ist er für den entsprechenden Zeitraum (bzw. zwei Jahre) gebunden und kann die Elternzeit nur im Rahmen des § 16 Abs. 3 BEEG vorzeitig beenden oder verlängern. Auch hierbei handelt es sich um ein Gestaltungsrecht,[749] das aber grundsätzlich unter dem Vorbehalt der Zustimmung des Arbeitgebers steht. Der Arbeitgeber ist in seiner Entscheidung über die Zustimmung nicht frei, sondern er muss nach billigem Ermessen (§ 315 Abs. 3 BGB) über die Zustimmung entscheiden.[750] Von diesem Grundsatz gibt es mehrere Ausnahmen: Gänzlich entbehrlich ist eine Zustimmung, wenn eine Arbeitnehmerin die Elternzeit vorzeitig beenden will, um Schutzfristen gem. §§ 3 Abs. 2, 6 Abs. 1 MuSchG für ein weiteres Kind in Anspruch zu nehmen. Bei Geburt eines weiteren Kindes oder besonderer Härte (z.B. schwere Krankheit) kann der Arbeitgeber die vorzeitige Beendigung nur innerhalb von vier Wochen[751] und nur aus dringenden betrieblichen Gründen schriftlich ablehnen.[752] Keiner Zustimmung bedarf die Verlängerung, wenn ein vorgesehener Wechsel der Elternzeitberechtigten aus wichtigem Grund nicht erfolgen kann.

370

Für die Verkürzung oder Verlängerung gelten nicht die Antragsfristen des § 16 Abs. 1 S. 1 BEEG. Das BAG geht davon aus, dass die betrieblichen Interessen durch das Zustimmungserfordernis ausreichend gewahrt sind.[753]

---

744 BAG 18.10.2011, NZA 2012, 262.

745 *Fecker/Scheffzek,* NZA 2015, 778; ErfK/*Gallner,* § 16 BEEG Rn 5; so zu § 16 BErzGG: BAG 17.2.1994, NZA 1994, 656.

746 Rancke/*Rancke,* § 16 BEEG Rn 3.

747 Zu § 16 Abs. 1 BErzGG: BAG 19.4.2005, NZA 2005, 1354.

748 *Fecker/Scheffzek,* NZA 2015, 778; Rancke/*Rancke,* § 16 BEEG Rn 5.

749 BAG 18.10.2011, NZA 2012, 262; *Niklas,* BB 2013, 951.

750 BAG 18.10.2011, NZA 2012, 262.

751 Der Arbeitnehmer hat den Antrag daher zumindest vier Wochen vor Beginn der Verlängerung der Elternzeit zu stellen. Anderenfalls verschiebt sich die Verlängerung der Elternzeit entsprechend, vgl. BAG 21.4.2009, NZA 2010, 155; *Niklas,* BB 2013, 951.

752 Eine Ablehnung, die nicht form- oder fristgerecht oder nicht aus dringenden betrieblichen Gründen erfolgt, ist unbeachtlich, vgl. BAG 21.4.2009, NZA 2010, 155.

753 BAG 18.10.2011, NZA 2012, 262.

Hinweis

Bislang nicht durch das BAG geklärt ist die umstrittene Frage, ob der Arbeitnehmer im Anschluss an die beantragte Elternzeit bzw. zweijährigen Bindungsdauer § 16 Abs. 1 S. 1 BEEG zu beachten hat[754] oder der Zustimmung des Arbeitgebers nach § 16 Abs. 3 S. 1 BEEG bedarf.[755]

Verstirbt das Kind während der Elternzeit,[756] so endet die Elternzeit spätestens drei Wochen nach dem Tod des Kindes, § 16 Abs. 4 BEEG. Die Elternzeit endet mit der Beendigung des Arbeitsverhältnisses.[757] Ob die Elternzeit automatisch endet, wenn die Voraussetzungen der Elternzeit weggefallen sind, oder ob der Arbeitgeber den Arbeitnehmer zur Arbeit auffordern muss, ist bislang noch nicht höchstrichterlich geklärt.[758]

cc) Urlaubsanspruch

371 Hat der Arbeitnehmer seinen Urlaub vor Beginn der Elternzeit nicht oder nicht vollständig erhalten, so kann er diesen nach der Elternzeit oder im Folgejahr nehmen, § 17 Abs. 2 BEEG.[759]

Sofern der Arbeitnehmer nicht Teilzeit arbeitet, kann der Arbeitgeber den Urlaubsanspruch für jeden vollen Monat der Elternzeit um ein Zwölftel kürzen, § 17 Abs. 1 BEEG. Dies muss er allerdings dem Arbeitnehmer gegenüber erklären und zwar – nach der jüngsten Rechtsprechung des BAG – bevor das Arbeitsverhältnis beendet ist.[760]

dd) Kündigung

372 Will der Arbeitnehmer das Arbeitsverhältnis zum Ende der Elternzeit kündigen, so hat er eine Kündigungsfrist von 3 Monaten zu wahren, § 19 BEEG.[761] Dabei handelt es sich einerseits um ein Sonderkündigungsrecht des Arbeitnehmers, d.h. etwaige längere Fristen sind nicht einzuhalten. Andererseits muss der Arbeitnehmer diese Frist auch wahren.[762] Soll das Arbeitsverhältnis zu einem anderen Zeitpunkt gekündigt werden, gilt nicht § 19 BEEG, sondern die jeweiligen vertraglichen, tarifvertraglichen oder gesetzlichen Kündigungsfristen.

Zum Sonderkündigungsschutz der Arbeitnehmer in Elternzeit siehe § 1c Rdn 195 ff.

b) Abweichende Regelungen für die Elternzeit für vor dem 1.7.2015 geborene Kinder

373 Für Kinder, die vor dem 1.7.2015 geboren wurden, ergeben sich folgende Abweichungen:

- Großeltern haben in geringerem Umfang Anspruch auf Elternzeit.
- Es können lediglich zwölf Monate auf den Zeitraum zwischen dem dritten und dem achten Geburtstag des Kindes übertragen werden. Diese Übertragung bedarf der Zustimmung des Arbeitgebers.[763] Allerdings kann der Arbeitgeber die Zustimmung nicht ohne weiteres versagen, sondern seine Entscheidung muss die Interessen beider Parteien berücksichtigen („billiges Ermessen").[764]
- Der Antrag auf Elternzeit muss stets sieben Wochen vor Beginn der Elternzeit gestellt werden.

---

754 LAG Sachsen 17.5.2011, BeckRS 2011, 74685; LAG Düsseldorf 24.1.2011, BeckRS 2011, 70516; *Fecker/Scheffzek*, NZA 2015, 778, *Aschmoneit*, NZA 2012, 247, jeweils m.w.N.

755 ErfK/*Gallner*, § 16 BEEG Rn 5; HWK/*Gaul*, § 16 BEEG Rn 4, *Niklas*, BB 2013, 951, jeweils m.w.N.

756 Verstirbt das Kind vor Beginn der Elternzeit, so entfällt die Elternzeit, vgl. *Niklas*, BB 2013, 951.

757 *Niklas*, BB 2013, 951; zu der ausnahmsweisen Verlängerungen eines befristeten Arbeitsverhältnisses nach § 2 Abs. 5 S. 1 Nr. 1 WissZeitVG vgl. BAG 28.5.2014, BeckRS 2014, 72270.

758 Zum Streitstand ErfK/*Gallner*, § 16 BEEG Rn 8; *Niklas*, BB 2013, 951, jeweils m.w.N.

759 BAG 15.12.2015, NJW 2016, 1462 auch zum Verhältnis zwischen § 17 Abs. 2 BEEG und § 17 S. 2 MuSchG; zur Vereinbarkeit dieser Regelung mit Europarecht: *Kamanabrou*, RdA 2014, 321.

760 BAG 19.5.2015, NJW 2015, 2604; anders noch zu § 17 BErzGG: BAG 23.4.1996, NZA 1997, 44.

761 ErfK/*Gallner/Müller-Glöge*, § 19 BEEG Rn 3.

762 ErfK/*Gallner/Müller-Glöge*, § 19 BEEG Rn 3, auch zur möglichen Auslegung einer verspäteten Erklärung.

763 Umstritten ist, ob der Antrag des Arbeitnehmers auf Zustimmung fristgebunden ist. Zum Streitstand vgl. *Fecker/Scheffzek,* NZA 2015, 778 m.w.N.

764 BAG 21.4.2009, NZA 2010, 155.

■ Die Elternzeit kann auf zwei Zeitabschnitte ohne Zustimmung des Arbeitgebers verteilt werden.[765] Eine weitere Verteilung bedarf der Zustimmung des Arbeitgebers.

c) Muster: Antrag auf Elternzeit

▼

Muster 1b.10: Antrag auf Elternzeit   374

Sehr geehrte(r) ▨▨▨ **(Name)**,

mein Kind ▨▨▨ (*Name*) wurde am ▨▨▨ (*Datum*) geboren. Ich werde im Anschluss an die Mutterschutzfrist/ab ▨▨▨ (*Datum*) für den Zeitraum bis zur Vollendung des zweiten Lebensjahres/bis zum ▨▨▨ (*Datum*) Elternzeit nehmen. Ich bitte um Bestätigung der Elternzeit.

Mit freundlichen Grüßen

▨▨▨ (*Unterschrift*)

▲

2. Pflegezeit und Familienpflegezeit

Am 1.7.2008 trat das Pflegezeitgesetz (PflegeZG) in Kraft und wurde zum 1.1.2012 durch das Familienpfle-   375
gezeitgesetz (FPflZG) ergänzt. Mit Wirkung zum 1.1.2015 hat der Gesetzgeber beide Gesetze grundlegend
überarbeitet.[766] Zweck der Regelung ist es, Beruf und Pflege von pflegebedürftigen Angehörigen besser zu
ermöglichen.[767] Dazu können die Arbeitnehmer (teilweise) Freistellung von der Arbeitspflicht verlangen.
Gleichzeitig wird die Vergütungspflicht (teilweise) suspendiert.[768] Um die damit verbundenen wirtschaftlichen Konsequenzen abzumildern, können die Arbeitnehmer verschiedene Leistungen in Anspruch nehmen.[769] Für den Arbeitgeber sind jeweils besondere Befristungsmöglichkeiten vorgesehen (siehe hierzu
§ 1b Rdn 189 ff.).

a) Übersicht

Beide Gesetze ermöglichen es Beschäftigten,[770] durch Freistellung von der Arbeit oder Verringerung der   376
Arbeitszeit, sich um die Pflege pflegebedürftiger[771] naher Angehöriger[772] zu kümmern. Die verschiedenen
Möglichkeiten der Arbeitsbefreiung oder -verkürzung lassen sich wie folgt zusammenfassen:

---

765 Zur Frage, ob eine Übertragung auf einen Zeitraum zwischen dem dritten und dem achten Jahr bereits die Verteilung auf zwei Zeit-
    abschnitte darstellt, vgl. *Fecker/Scheffzek*, NZA 2015, 778 m.w.N.
766 Übergangsregelung: § 15 FPflZG; kritisch zur gesetzlichen Regelung: *Thüsing/Pötters*, BB 2015, 181.
767 § 1 PflegeZG bzw. § 1 FPflZG.
768 *Jousen*, NZA 2009, 69.
769 Vgl. § 44a SGB XI, §§ 3 ff. FPflZG.
770 Zur Definition siehe § 7 Abs. 1 PflegeZG, ggf. i.V.m. § 2 Abs. 3 FPflZG.
771 Zur Definition siehe § 7 Abs. 4 PflegeZG, ggf. i.V.m. § 2 Abs. 3 FPflZG.
772 Zur Definition siehe § 7 Abs. 3 PflegeZG, ggf. i.V.m. § 2 Abs. 3 FPflZG.

	Zweck/Voraussetzung	Maximale Dauer (Höchstdauer: insgesamt 24 Monate)[773]	Arbeitsbefreiung/ -verkürzung Vergütung
Kurzeitige Arbeitsverhinderung (§ 2 PflegeZG)	Organisation/Sicherstellen der Pflege von (voraussichtlich)[774] pflegebedürftigen nahen Angehörigen in akuter Pflegesituation	10 Tage	Arbeitsleistung: vollständige Freistellung Vergütung: nur bei gesetzlicher[775] oder vertraglicher Regelung
Pflegezeit (§ 3 Abs. 1 PflegeZG)	Pflege pflegebedürftiger naher Angehöriger in häuslicher Umgebung[776]	6 Monate (§ 4 Abs. 1 PflegeZG)	Arbeitsleistung: vollständige oder teilweise Freistellung Vergütung: keine bzw. bei teilweiser Freistellung gemäß Vereinbarung
Freistellung zur Betreuung Minderjähriger (§ 3 Abs. 5 PflegeZG)	Betreuung minderjähriger naher Angehöriger in häuslicher oder außerhäuslicher Umgebung	6 Monate (§ 4 Abs. 1, 3 PflegeZG)	Arbeitsleistung: vollständige oder teilweise Freistellung Vergütung: keine bzw. bei teilweiser Freistellung gemäß Vereinbarung
Freistellung zur Sterbebegleitung (§ 3 Abs. 6 PflegeZG)	Begleitung naher Angehöriger in der letzten Lebensphase	3 Monate (§ 4 Abs. 3 PflegeZG)	Arbeitsleistung: Vollständige oder teilweise Freistellung Vergütung: keine bzw. bei teilweiser Freistellung gemäß Vereinbarung
Familienpflegezeit (§ 2 Abs. 1 FPfZG)	Pflege pflegebedürftiger naher Angehöriger in häuslicher Umgebung[777]	24 Monate	Arbeitsleistung: teilweise Freistellung, min. 15 Arbeitsstunden/Woche (im Durchschnitt) Vergütung: gemäß Vereinbarung

773 Kurzfristige Arbeitsverhinderung ist nicht auf die Höchstdauer anzurechnen, s. unten Rdn 378.

774 § 7 Abs. 4 S. 1 PflegeZG.

775 Zu § 615 BGB siehe: *Joussen*, NZA 2009, 69; *Glatzel*, NJW 2009, 1377.

776 Ausreichend soll es sein, dass zum Zeitpunkt der Ankündigung eine entsprechende Pflegeabsicht besteht, ErfK/*Gallner*, § 3 PflegeZG Rn 1; *Joussen*, NZA 2009, 69.

777 Ausreichend soll es sein, dass zum Zeitpunkt der Ankündigung eine entsprechende Pflegeabsicht besteht, *Müller*, BB 2014, 3125.

	Zweck/Voraussetzung	Maximale Dauer (Höchstdauer: insgesamt 24 Monate)	Arbeitsbefreiung/-verkürzung Vergütung
Freistellung zur Betreuung Minderjähriger (§ 2 Abs. 5 FPfZG)	Betreuung minderjähriger naher Angehöriger in häuslicher oder außerhäuslicher Umgebung	24 Monate	Arbeitsleistung: teilweise Freistellung, min. 15 Arbeitsstunden/Woche (im Durchschnitt) Vergütung: gemäß Vereinbarung

b) Erstmalige Geltendmachung der (teilweisen) Freistellung

Will der Arbeitnehmer erstmalig von einer der soeben beschriebenen Freistellungsmöglichkeiten Gebrauch machen, so muss er unterschiedliche Fristen und Formalitäten beachten: **377**

	Frist	Form Inhalt	Mindestgröße des Unternehmens (in der Regel Beschäftigte)
Kurzeitige Arbeitsverhinderung (§ 2 PflegeZG)	Unverzüglich	Formlose Mitteilung voraussichtl. Dauer	Keine
Pflegezeit (§ 3 Abs. 1 PflegeZG)	10 Arbeitstage vor Beginn (§ 3 Abs. 2 PflegeZG, ggf. i.V.m. § 3 Abs. 5 bzw. 6 PflegeZG)	Schriftliche Ankündigung Zeitraum u. Umfang sowie – bei Teilzeit – Verteilung der Arbeitszeit (§ 3 Abs. 3 PflegeZG, ggf. i.V.m. § 3 Abs. 5 bzw. 6 PflegeZG)	Mehr als 15 (§ 3 Abs. 1 S. 2 PflegeZG, ggf. i.V.m. § 3 Abs. 5 bzw. 6 PflegeZG)
Freistellung zur Betreuung Minderjähriger (§ 3 Abs. 5 PflegeZG)			
Freistellung zur Sterbebegleitung (§ 3 Abs. 6 PflegeZG)			
Familienpflegezeit (§ 2 Abs. 1 FPfZG)	8 Wochen vor Beginn (§ 2a Abs. 1 FPfZG, ggf. i.V.m. § 2a Abs. 6 FPfZG)	Schriftliche Ankündigung Zeitraum u. Umfang sowie Verteilung der Arbeitszeit (§ 2a Abs. 1 FPfZG, ggf. i.V.m. § 2a Abs. 6 FPfZG)	Mehr als 25 (§ 2 Abs. 1 FPfZG, ggf. i.V.m. § 2 Abs. 5 FPfZG)
Freistellung zur Betreuung Minderjähriger (§ 2 Abs. 5 FPfZG)			

Hinweis

Zwar ist noch nicht höchstrichterlich geklärt, ob eine schriftliche Ankündigung der Form des § 126 BGB genügen muss. Allerdings dürfte hier insoweit nichts anderes gelten als bei der Elternzeit, so dass die

Form des § 126 BGB zu wahren ist, soweit eine schriftliche Ankündigung erforderlich ist.[778] Wahrt der Arbeitnehmer nicht die Schriftform, so ist die Ankündigung nicht wirksam.[779] Eine Missachtung der Fristen hingegen führt grundsätzlich nur dazu, dass sich der Beginn entsprechend verschiebt.[780] Etwas anderes kann im Falle des Wechsels zwischen Pflegezeit und Familienpflegezeit gelten (siehe hierzu unten Rdn 378).

Auch für die bei teilweiser Freistellung erforderliche Vereinbarung soll das Schriftformerfordernis des § 126 BGB gelten. Noch nicht geklärt sind jedoch die Folgen eines Verstoßes. Während einige von der Nichtigkeit der Vereinbarung ausgehen,[781] gehen andere unter Hinweis auf Sinn und Zweck davon aus, dass die Vereinbarung wirksam bleibt.[782]

Hinweis

Die kurzfristige Arbeitsverhinderung und die Pflegezeit unter vollständiger Freistellung kann der Arbeitnehmer unabhängig vom Willen des Arbeitgebers in Anspruch nehmen. Es handelt sich insoweit um ein Leistungsverweigerungsrecht[783] bzw. ein einseitiges Gestaltungsrecht.[784] Macht der Arbeitnehmer jedoch seinen Anspruch auf teilweise Freistellung – sei es als Pflegezeit oder als Familienpflegezeit – geltend, so muss er mit dem Arbeitgeber eine schriftliche Vereinbarung hierzu treffen, § 3 Abs. 4 PflegeZG, § 2a Abs. 2 FPfZG. Der Arbeitgeber hat dabei den Wünschen des Arbeitnehmers zu entsprechen, wenn nicht dringende betriebliche Gründe entgegenstehen. Die schriftliche Vereinbarung muss mindestens folgenden Inhalt haben:

- Beginn und Ende der Pflegezeit mit teilweiser Freistellung bzw. Familienpflegezeit;
- Verringerung der Arbeitszeit während dieser Zeit;
- Verteilung der verringerten Arbeitszeit.[785]

Die Vereinbarung muss vor Beginn der Pflegezeit bzw. Familienpflegezeit abgeschlossen werden.[786]

Lässt sich dem Antrag nicht – auch nicht im Wege der Auslegung – entnehmen, ob der Arbeitnehmer Pflegezeit oder Familienpflegezeit beantragt, so gilt die Erklärung als Ankündigung der Pflegezeit, § 3 Abs. 3 S. 3 PflegeZG, § 2a Abs. 1 S. 3 FPfZG.

c) Wechsel zwischen den verschiedenen Freistellungsmöglichkeiten

378 Will der Arbeitnehmer zwischen Pflegezeit und Familienpflegezeit wechseln, so gelten andere Ankündigungsfristen als die soeben genannten: Soll eine Familienpflegezeit im Anschluss an eine Pflegezeit genommen werden, so muss sich die Familienpflegezeit unmittelbar anschließen und spätestens drei Monate vor Beginn schriftlich angekündigt werden, § 3 Abs. 3 S. 4 f. PflegeZG, § 2a Abs. 1 S. 4 f. FPfZG. Auch eine Pflegezeit im Anschluss an eine Familienpflegezeit muss sich unmittelbar anschließen und spätestens acht Wochen vorher schriftlich angekündigt werden, § 3 Abs. 3 S. 6 PflegeZG, § 2a Abs. 1 S. 6 FPfZG. Zwar ist ein Wechsel von der Freistellung zur Betreuung Minderjähriger (§ 3 Abs. 5

---

778 *Müller*, BB 2014, 3125.
779 *Müller*, BB 2014, 3125; ErfK/*Gallner*, § 3 PflegeZG Rn 2.
780 *Müller*, BB 2014, 3125; ErfK/*Gallner*, § 2 PflegeZG Rn 2.
781 ErfK/*Gallner*, § 3 PflegeZG Rn 4.
782 *Joussen*, NZA 2009, 69.
783 ErfK/*Gallner*, § 2 PflegeZG Rn 1; *Joussen*, NZA 2009, 69.
784 BAG 15.11.2011, NZA 2012, 323; *Joussen*, NZA 2009, 69; zum Streitstand: ErfK/*Gallner*, § 3 PflegeZG Rn 4; *Müller*, BB 2014, 3125.
785 *Müller*, BB 2014, 3125.
786 *Müller*, BB 2014, 3125.

PflegeZG, § 2 Abs. 5 FPfZG) in die Pflegezeit bzw. Familienpflegezeit und zurück jederzeit möglich,[787] aber für einen Wechsel von dem Anspruch nach dem PflegeZG zu dem des FPfZG bzw. umgekehrt gelten die eingangs dargestellten Ankündigungsfristen.

Eine zeitliche Unterbrechung zwischen Pflegezeit und Familienpflegezeit ist daher ebenso wenig möglich wie eine Aufteilung von Pflege- oder Familienpflegezeit in mehrere Zeitabschnitte.[788]

> *Hinweis*
>
> Während bei der erstmaligen Inanspruchnahme eine verspätete Ankündigung lediglich zum verspäteten Beginn der Pflegezeit bzw. Familienpflegezeit führt, kann die Versäumnis der verlängerten Fristen bei einem Wechsel dazu führen, dass der Arbeitnehmer keine Pflegezeit bzw. Familienpflegezeit mehr beanspruchen kann.[789] Denn der verspätete Beginn würde zu einer Unterbrechung führen, die gerade nicht vorgesehen ist.

In keinem Fall darf die Gesamtdauer der Freistellungszeiten insgesamt 24 Monate je nahem Angehörigen überschreiten, § 4 Abs. 1 S. 4 PflegeZG, § 2 Abs. 2 FPfZG. Auch wenn die Vorschriften nach dem Wortlaut nur die Pflegezeit und die Familienpflegezeit sowie die Freistellung zur Betreuung Minderjähriger (§ 3 Abs. 5 PflegeZG, § 2 Abs. 5 FPfZG) erfassen, ist wohl auch die Freistellung zur Sterbebegleitung (§ 3 Abs. 6 PflegeZG) von dieser Höchstdauer umfasst.[790] Diese Höchstdauer gilt allerdings je nahem Angehörigen, so dass längere Freistellungen zur Pflege verschiedener Angehöriger möglich sind.[791]

d) Vorzeitige Beendigung bzw. Verlängerung der Pflegezeit und Familienpflegezeit

Die Pflegezeit und die Familienpflegezeit ebenso wie die Freistellungen zur Pflege Minderjähriger oder zur Sterbebegleitung können grundsätzlich nur mit der Zustimmung des Arbeitgebers[792] vorzeitig beendet oder verlängert werden, § 4 Abs. 1 S. 2, Abs. 2 S. 3 PflegeZG, § 2a Abs. 3 S. 1, Abs. 5 S. 3 FPfZG. Allerdings besteht ein Anspruch auf eine Verlängerung, wenn der Wechsel in der Person des Pflegenden aus einem wichtigen Grund nicht erfolgen kann, § 4 Abs. 1 S. 3 PflegeZG, § 2a Abs. 3 S. 2 FPfZG. Die Pflegezeit bzw. Familienpflegezeit endet vorzeitig, vier Wochen nachdem der nahe Angehörige nicht mehr pflegebedürftig ist oder die häusliche Pflege unzumutbar/unmöglich ist. Der Arbeitnehmer hat den Arbeitgeber über diese Veränderungen unverzüglich zu unterrichten, § 4 Abs. 2 S. 1 f. PflegeZG, § 2a Abs. 5 S. 1 f. FPfZG. Entsprechendes gilt für die vorzeitige Beendigung der Freistellungen zur Pflege Minderjähriger oder zur Sterbebegleitung.

379

e) Urlaubskürzung

Wie auch bei der Elternzeit hat der Arbeitgeber die Möglichkeit, den Erholungsurlaub für jeden vollen Monat der vollständigen Freistellung nach § 3 PflZG um ein Zwölftel zu kürzen, § 4 Abs. 4 PflegeZG (s. hierzu Rdn 371).

380

---

787 *Müller*, BB 2014, 3125.

788 *Müller*, BB 2014, 3125; *Stüben/v.Schwanenflügel*, NJW 2015, 577; zur Aufteilung der Pflegezeit: BAG 15.11.2011, NZA 2012, 323, das offengelassen hat, ob die Pflegezeit in einer Ankündigung auf mehrere Zeitabschnitte verteilt werden kann.

789 *Müller*, BB 2014, 3125.

790 *Müller*, BB 2014, 3125; *Thüsing/Pötters*, BB 2015, 181.

791 Kritisch hierzu *Thüsing/Pötters*, BB 2015, 181.

792 Der Arbeitgeber ist frei darin, ob er die Zustimmung erteilt oder nicht, insbesondere hat er bei der Ausübung nicht nach billigem Ermessen zu handeln, *Müller*, BB 2014, 3125; ErfK/*Gallner*, § 4 PflegeZG Rn 1.

f)   Muster: Antrag auf Pflegezeit

▼

381   Muster 1b.11: Antrag auf Pflegezeit

Sehr geehrte(r) ▓▓▓▓▓ (*Name*),

ich werde meine(n) ▓▓▓▓▓ (*Angehörigenverhältnis, Name*) pflegen. Hierzu beantrage ich ab dem ▓▓▓▓▓ (*Datum*) für den Zeitraum bis zum ▓▓▓▓▓ (*Datum*) die vollständige Freistellung von der Arbeitspflicht. Ich bitte um Bestätigung der Pflegezeit.

Eine Bescheinigung, aus der sich die Pflegebedürftigkeit des ▓▓▓▓▓ (*Name*) ergibt, füge ich bei.

Mit freundlichen Grüßen

(*Unterschrift*)

▲

V.   Altersteilzeit

Literatur: *Abeln/Gaudernack,* Keine Altersrente nach Altersteilzeit bei völliger Freistellung schon während der Arbeitsphase im so genannten Blockmodell, BB 2005, 43; *Bauer,* Rechtliche und taktische Probleme der Altersteilzeit, NZA 1997, 401; *ders.,* Arbeitsrechtliche Aufhebungsverträge, 8. Auflage 2007; *Birk,* Die Befristung von Altersteilzeitverträgen auf einen vorgezogenen Renteneintritt, NZA 2007, 244; *Debler,* Altersteilzeit – „Störfälle" und andere unvorhergesehene Ereignisse, NZA 2001, 1285; *Diller,* Das neue Altersteilzeitgesetz – sowie die begleitenden Änderungen im Rentenrecht, NZA 1996, 847; *Engesser-Means/Clauss,* Eintritt in Altersteilzeitvertrag bei Arbeitgeberwechsel, NZA 2006, 293; *Froehner,* Das Altersteilzeitverhältnis in der Insolvenz des Arbeitgebers, NZA 2012, 1405; *Giesen/Ricken,* Anm. zu: BSG, Urt. v. 17.4.2007 – Zahlung des Aufstockungsbetrags als Voraussetzung der Altersrente nach Altersteilzeit, NZA 2007, 1418; *Kallhoff,* Umbau des Altersteilzeitgesetzes im Rahmen von „Hartz III", NZA 2004, 692; *Oberthür,* Die vollständige Freistellung in der Altersteilzeit – ein riskantes Trennungsmodell, NZA 2005, 377; *Reichling/Wolf,* Mustervertrag zum Altersteilzeitgesetz, NJW 1997, 422; *Rittweger,* Gesetz zur Fortentwicklung der Altersteilzeit, NZS 2000, 240; *Rolfs,* Insolvenzschutz für Wertguthaben aus Altersteilzeit, NZS 2004, 561; *Schwab/Teschabai,* Sozialverträglicher Personalabbau – Stolpersteine bei Altersteilzeit- und Vorruhestandsprogrammen, DB 2016, 530; *Schabenstiel/Tenbrock,* Altersteilzeit in: Innovative Arbeitsformen, Hrsg. von Preis, 2005; *Stief,* Altersteilzeit in der Praxis, 2. Auflage 2006; *Stück,* Arbeitgeberkündigung im Altersteilzeitverhältnis, NZA 2000, 749; *Waltermann,* Alternde Arbeitswelt – Welche arbeits- und sozialrechtlichen Regelungen empfehlen sich?, NJW 2008, 2529; *Zwanziger,* Struktur, Probleme und Entwicklung des Altersteilzeitrechts, RdA 2005, 226.

1.   Typischer Sachverhalt

382   Arbeitgeber A leitet ein Softwareunternehmen mit 20 Arbeitnehmern. Es besteht weder ein Betriebsrat noch eine Tarifbindung. Wegen nachlassender Leistungen möchte sich A von seinem 61-jährigen Systemadministrator M trennen. Die freie Stelle will er künftig mit V besetzen, der im Unternehmen des A zum Fachinformatiker ausgebildet wird und kurz vor Abschluss seiner Ausbildung steht. Personen- oder verhaltensbedingte Kündigungsgründe gegenüber M bestehen nicht. Wegen drohender Rentenkürzungen ist M nicht an einer einvernehmlichen Aufhebung des Arbeitsverhältnisses interessiert. M kann sich jedoch aus familiären Gründen vorstellen, in die Altersteilzeit zu wechseln. A fragt sich, wie ein solcher Altersteilzeitvertrag aussehen könnte.

2.   Rechtliche Grundlagen

a)   Einführung

383   Altersteilzeit soll älteren Arbeitnehmern mittels eines Teilzeitarbeitsverhältnisses einen gleitenden Übergang vom Erwerbsleben in den Ruhestand ermöglichen.[793] Hierzu bedarf es eines **individuellen Änderungsvertrages**, durch den der Arbeitnehmer seine Arbeitszeit vermindert. Gesetzlich ist weder zugunsten des Arbeitnehmers noch des Arbeitgebers ein einseitiger **Anspruch** auf Abschluss eines Altersteilzeitver-

---

[793] ErfK/*Rolfs,* § 1 ATZG Rn 1.

trages vorgesehen. Gleichwohl kann ein solcher Anspruch dem Arbeitnehmer durch Tarifvertrag, Betriebsvereinbarung oder (eher untypisch) individualvertraglich eingeräumt werden.[794]

Grundlage von Altersteilzeitmodellen ist das **Altersteilzeitgesetz** (ATZG). Dieses regelt insbesondere, un- **384**
ter welchen Umständen der Arbeitgeber bei der Vereinbarung einer Altersteilzeitregelung Zuschüsse der
Bundesagentur für Arbeit (BA) erhalten kann. Allerdings sind diese Zuschüsse auf Altersteilzeitvereinbarungen begrenzt, die **bis zum 31.12.2009** abgeschlossen worden sind. Nach dem ATZG ist eine Vereinbarung über einen Gesamtzeitraum von maximal 10 Jahren möglich. In der Praxis wird dies jedoch kaum
genutzt, da eine Förderung der Altersteilzeit durch **Erstattung der Mehrkosten** des Arbeitgebers von der
BA **maximal** für den Zeitraum von **sechs Jahren** gewährt wird und – auch unabhängig von Förderleistungen – regelmäßig eine schnellere Beendigung des Arbeitsverhältnisses gewünscht ist.

Das ATZG ist grds. aus sich selbst heraus anwendbar, ohne dass es einer **tarifvertraglichen Umsetzung** **385**
bedarf. Dennoch kommt Tarifverträgen eine erhebliche Bedeutung zu. Denn diese sehen häufig höhere
als die gesetzlich vorgesehenen Aufstockungsbeträge vor. Höhere Aufstockungsbeträge können auch in **Betriebsvereinbarungen** vorgesehen werden, sofern § 77 Abs. 3 BetrVG nicht entgegensteht.

Das Grundkonzept der Altersteilzeit beruht auf der Subventionierung von „**Job-Sharing**".[795] Ein Arbeit- **386**
geber konnte bei Abschluss einer Altersteilzeitvereinbarung bis zum 31.12.2009 Zuschüsse der BA erhalten. Hierzu musste er gemeinsam mit einem Arbeitnehmer dessen Arbeitsverhältnis auf eine Altersteilzeit-
stelle mit 50 Prozent der bisherigen Arbeitszeit umstellen und zusätzlich aus Anlass des Übergangs des
Arbeitnehmers in die Altersteilzeit einen arbeitslos gemeldeten Arbeitnehmer oder einen Arbeitnehmer
nach Abschluss der Ausbildung (in Unternehmen mit nicht mehr als 50 Arbeitnehmern wahlweise auch einen Auszubildenden) auf dem freigemachten Arbeitsplatz versicherungspflichtig beschäftigen. Die Vereinbarung von Altersteilzeit ist auch **ohne Wiederbesetzung** des freigewordenen Arbeitsplatzes möglich; sie
rechnet sich mangels Leistungen der BA für Arbeitgeber in solchen Fällen aber eher selten.

Das ATZG unterscheidet zwischen zwei Modellen der Altersteilzeit: Dem so genannten klassischen Modell **387**
und dem Blockmodell.[796]

Das **klassische Modell** war ursprünglich als gesetzlicher Regelfall vorgesehen. Dieses Modell sieht die
kontinuierliche und gleichmäßige Reduzierung der Arbeitszeit über den gesamten Zeitraum der Altersteilzeit vor. Das klassische Modell konnte sich allerdings in der Praxis kaum durchsetzen.[797]

In aller Regel wird heutzutage die Reduzierung der Arbeitszeit im so genannten **Blockmodell** vollzogen.
Dieses sieht zunächst eine Phase der Vollarbeit auf Basis der Arbeitszeit vor Beginn der Altersteilzeit (Arbeitsphase) und anschließend eine Phase der vollständigen Freistellung (Freistellungsphase) vor.[798] Diese
vom klassischen Modell abweichende Verteilung der Arbeitszeit ist unter den in §§ 2, 3 ATZG genannten
Voraussetzungen möglich, wenn im Gesamtdurchschnitt der Altersteilzeit die Halbierung der Arbeitszeit
erreicht wird.

Das Blockmodell ist grds. auf eine Länge von bis zu drei Jahren ausgerichtet, bei der die Arbeitsphase folg- **388**
lich maximal 1,5 Jahre beträgt. Allerdings gestattet § 2 Abs. 2 S. 1 Nr. 1 ATZG die Verlängerung des Ausgleichszeitraums auf **bis zu sechs Jahre**, wenn dies tarifvertraglich, durch tariflich zugelassene Betriebsvereinbarung oder eine Regelung der Kirchen bzw. der öffentlich-rechtlichen Religionsgemeinschaften
vorgesehen ist. **Nicht tarifgebundene Arbeitgeber** können in Regelungen zur Altersteilzeit die ansonsten
tariflichen Regelungen für bis zu sechsjährige Ausgleichszeiträume durch Betriebsvereinbarung, oder

---

794 Moll/*Reinfeld*, § 71 Rn 8 ff.
795 *Bauer*, Arbeitsrechtliche Aufhebungsverträge, VI Rn 2.
796 Vgl. Schaub/*Vogelsang*, ArbR-Hdb., § 81 Rn 7.
797 ErfK/*Rolfs*, § 2 ATZG Rn 9 m.w.N.
798 Die Vorzüge des Blockmodells liegen in der einfacheren Organisation für den Arbeitgeber, der mit diesem Modell die praktischen
   Auswirkungen auf seinen Betrieb gering halten kann, vgl. *Schabenstiel/Tenbrock*, Innovative Arbeitsformen, S. 93.

wenn ein Betriebsrat nicht besteht, durch schriftliche Vereinbarung zwischen dem Arbeitgeber und dem Arbeitnehmer übernehmen (§ 2 Abs. 2 S. 2 ATZG). Dazu muss der Arbeitgeber diesem Tarifvertrag allerdings räumlich, fachlich und zeitlich unterliegen, sofern er Mitglied im tarifvertragsschließenden Arbeitgeberverband wäre. Ausgeschlossen ist damit die Übernahme branchenfremder Tarifverträge.

389 Sowohl im Blockmodell als auch im klassischen Modell muss das **Arbeitsentgelt** und der darauf entfallende Aufstockungsbetrag **fortlaufend**, d.h. während der gesamten Dauer des Altersteilzeitverhältnisses gezahlt werden, im Blockmodell also auch während der Freistellungsphase.[799] Darüber hinaus ist der Arbeitgeber im Blockmodell nach § 8a Abs. 1 ATZG verpflichtet, das Wertguthaben des Arbeitnehmers, welches das Dreifache des Regelarbeitsentgeltes einschließlich des darauf entfallenden Arbeitgeberanteils am Gesamtsozialversicherungsbeitrag übersteigt, in geeigneter Weise gegen das **Insolvenzrisiko abzusichern**[800] (zu den in der Praxis erfolgenden Insolvenzsicherungsmodellen siehe unten Rdn 412).

b) Vereinbarung von Altersteilzeit

390 Der freiwillige Abschluss eines Altersteilzeitvertrages macht für einen Arbeitgeber i.d.R. nur Sinn, wenn er sich – aus welchen Gründen auch immer – von dem Arbeitnehmer trennen will. Soll die Trennung leistungsbedingt erfolgen und strebt der Arbeitgeber eine Nachbesetzung an, konnte die Altersteilzeit wegen der Aussicht auf Förderleistungen durch die BA nach bisherigem Recht die bessere Alternative zum Abschluss eines Aufhebungsvertrages sein. Sofern der Arbeitsplatz hingegen nicht nachbesetzt werden soll, sollte der Arbeitgeber auch die Alternative eines **Aufhebungsvertrages** gegen Zahlung einer Abfindung kalkulieren. Auch mit über 55-jährigen Arbeitnehmern muss nicht zwangsläufig Altersteilzeit vereinbart werden, es sei denn, es besteht ein Anspruch aus Tarifvertrag oder Betriebsvereinbarung. Werden keine Förderleistungen von der BA in Anspruch genommen, kann ein Aufhebungsvertrag mit deutlich geringeren Kosten verbunden sein als eine Altersteilzeitvereinbarung. Für die meisten älteren Arbeitnehmer ist eine Altersteilzeitregelung auf Basis der gesetzlichen Vorschriften ebenfalls nicht akzeptabel. Denn die Minderung der Vergütung kann deutlich ins Gewicht fallen. Häufig wird daher arbeitnehmerseitig die Zahlung höherer Aufstockungsbeträge oder auch Abfindungen gefordert, um so rentenversicherungsrechtliche Nachteile auszugleichen. Auch Tarifverträge oder Betriebsvereinbarungen sehen regelmäßig über die gesetzlichen Regelungen hinausgehende Aufstockungsbeträge vor.

391 Ob Altersteilzeit auch in Zukunft noch die Bedeutung haben wird, die ihr bisher zukam, ist äußerst ungewiss. § 16 ATZG sieht nur eine **zeitlich befristete Förderung** vor. Danach wurden nur noch solche Altersteilzeitmodelle durch die BA gefördert, die bis zum **31.12.2009** begonnen wurden. Altersteilzeit bleibt als solche ungefördert auch danach möglich (vgl. § 1 Abs. 3 ATZG), insbesondere bleiben steuerliche und sozialversicherungsrechtliche Erleichterungen bestehen. Für Unternehmen wird Altersteilzeit dennoch deutlich teurer. Gleichwohl ist es richtig, den Anreiz zu früherem Eintritt in die Rente nicht mehr durch Fördermittel der BA auszulösen.[801] Eine erste Einigung über das Fortbestehen der Altersteilzeit über das Ende der Förderdauer hinaus gab es in der **Metall- und Elektroindustrie**. Die Tarifparteien einigten sich für den Pilotbezirk Baden-Württemberg auf einen Tarifvertrag, der 2,5 Prozent der baden-württembergischen Arbeitnehmer der Metall- und Elektroindustrie einen Anspruch auf Altersteilzeit von bis zu vier Jahren einräumt.[802] Die dadurch entstehenden Mehrkosten werden hälftig von Belegschaft und Arbeitgeber getragen. Weitere seither abgeschlossene Tarifverträge verdeutlichen, dass auf der tarifvertraglichen Ebene eine Fortsetzung der Altersteilzeit angestrebt wird. Es bleibt indes abzuwarten, ob ein dauerhaftes Fortbestehen der Altersteilzeit auch ohne Förderungsmittel der BA möglich ist.

799 ErfK/*Rolfs*, § 2 ATZG Rn 13, *Bauer*, NZA 1997, 403.
800 Vgl. zu der hieraus resultierenden Haftungsfalle: BAG 13.2.2007, NZA 2007, 878.
801 Ebenso *Waltermann*, NJW 2008, 2529, 2535.
802 In Unternehmen, die Arbeitnehmer mit besonderen Belastungen beschäftigen, kann die Quote auf bis zu 4 Prozent ausgeweitet werden.

c) Voraussetzungen für Zuschüsse der BA

Altersteilzeit nach dem ATZG wird von der BA **finanziell gefördert**, sofern die Altersteilzeit **bis zum** **31.12.2009** begonnen wurde (vgl. hierzu Rdn 406). Damit dem **Arbeitgeber** (nicht dem Arbeitnehmer!) diese Zuschüsse gewährt werden, müssen bestimmte Anforderungen erfüllt sein, die jeweils vom Arbeitgeber gegenüber der BA nachzuweisen sind. Hierbei ist zwischen Arbeitnehmer-, Gestaltungs- und Arbeitgeberbezogenen Voraussetzungen zu unterscheiden. **392**

Praxistipp

Seit dem 1.1.2010 begonnene Altersteilzeitvereinbarungen werden durch die BA finanziell nicht mehr gefördert. Auch außerhalb des ATZG wird die Altersteilzeit allerdings durch steuer- und sozialversicherungsrechtliche Subventionen unterstützt, bspw. durch steuerfreie Aufstockungsbeträge. In der Praxis wird daher trotz des zweifelhaften finanziellen Nutzens auch von Altersteilzeitvereinbarungen Gebrauch gemacht, wenn keine Förderleistungen von der BA in Aussicht stehen. Der Arbeitgeber ist in jedem Fall verpflichtet, die **Aufstockungsleistungen** in **voller gesetzlicher Höhe** zu erbringen. Nur dann hat der Arbeitnehmer die Möglichkeit, die Altersrente nach Altersteilzeit in Anspruch zu nehmen (§ 237 Abs. 1 Nr. 3b SGB VI).

aa) Fördervoraussetzungen auf Seiten des Arbeitnehmers

(1) Begünstigter Personenkreis

§ 2 ATZG bestimmt den begünstigten Personenkreis. Förderungsfähig ist nur ein Arbeitnehmer (das Gesetz gilt nicht für vertretungsberechtigte Organmitglieder, es sei denn, diese sind auf Basis eines Arbeitsvertrages tätig), der zu Beginn der Altersteilzeit zumindest das 55. Lebensjahr vollendet hat. Daneben muss der betreffende Arbeitnehmer von den vergangenen fünf Jahren vor Beginn der Altersteilzeit mindestens 1.080 Kalendertage (ca. drei Jahre) in einem versicherungspflichtigen Beschäftigungsverhältnis gestanden haben. Der versicherungspflichtigen Arbeit gleichgestellt sind entsprechende Tätigkeiten aus dem EU-Ausland sowie der Bezug von Arbeitslosengeld, Arbeitslosengeld II, Arbeitslosenhilfe oder einer anderen Entgeltersatzleistung wie bspw. Krankengeld.[803] Es ist nicht notwendig, dass die gesamte Versicherungszeit bei demselben Arbeitgeber zurückgelegt worden ist.[804] **393**

(2) Laufzeit

Die Laufzeit der Altersteilzeit muss mindestens zwei Jahre betragen und wenigstens bis zu einem Zeitpunkt reichen, zu dem der Arbeitnehmer eine – ggf. geminderte – Altersrente beanspruchen kann.[805] Dies muss nicht zwingend ein Rentenzugang nach 24-monatiger Altersteilzeit gemäß § 237 SGB VI sein.[806] Wurde die Altersteilzeit vor dem 1.1.2007 vereinbart, gibt es weitere Sonderregelungen für eine vorzeitige Altersrente.[807] Liegt das vereinbarte Ende der Altersteilzeit hingegen vor dem Erreichen des Rentenalters, sind die Voraussetzungen des ATZG nicht erfüllt. **394**

Praxistipp

Der Zeitpunkt des frühestmöglichen Rentenbeginns sollte durch eine Auskunft des zuständigen Rentenversicherungsträgers nachgewiesen werden.

---

803 Vgl. Durchführungsanweisungen (DA) zum ATZG der Bundesagentur für Arbeit vom 1.1.2008, Ziffer 2.1(4–6).
804 Schaub/*Vogelsang*, ArbR-Hdb., § 81 Rn 3; Moll/*Reinfeld*, § 71 Rn 20.
805 Schaub/*Vogelsang*, ArbR-Hdb., § 81 Rn 3.
806 Eine vorzeitige Inanspruchnahme der Altersrente (mit Abschlägen) bemisst sich nach § 237 Abs. 3 SGB VI i.V.m. Anlage 19 (mit Abschlägen).
807 Vgl. §§ 235 Abs. 2 S. 3 Nr. 1, 236 Abs. 2 S. 3 Nr. 1 und Abs. 3 Nr. 2a), 236a Abs. 2 S. 3 Nr. 2a) SGB VI.

(3) Halbierung der wöchentlichen Arbeitszeit

395 Schließlich muss die individuelle Arbeitszeit des Arbeitnehmers auf die Hälfte der bisherigen wöchentlichen Arbeitszeit reduziert werden. Seit der Novellierung des ATZG vom 1.1.2000 steht der Zugang zur Altersteilzeit auch Teilzeitarbeitskräften zu, sofern diese ihre Arbeitszeit halbieren[808] und trotz der Halbierung i.S.d. §§ 24, 25 SGB III versicherungspflichtig beschäftigt bleiben.[809] Dies bedeutet im Ergebnis, dass bei der Durchführung der Altersteilzeit kein geringfügiges Beschäftigungsverhältnis entstehen darf.

Um Missbräuche zu vermeiden (etwa eine kurz vor Beginn von Teilzeit auf Vollzeit erhöhte Arbeitszeit, die zu einer entsprechend erhöhten Förderung führen würde), darf die zu Beginn der Altersteilzeit vereinbarte Arbeitszeit nicht höher sein als der **Durchschnitt** der letzten 24 Monate (§ 6 Abs. 2 ATZG). Die ermittelte durchschnittliche Arbeitszeit darf dabei auf die nächste volle Stunde nach unten oder oben gerundet werden.

Eine vollständige Freistellung in der Altersteilzeit ist nicht möglich. In der Vergangenheit wurde zum Teil versucht, solche Modelle (**Blockmodell mit vollständiger Freistellung von der Arbeitsleistung**) aus vornehmlich steuerlichen Erwägungen zur Beendigung von Arbeitsverhältnissen einzusetzen. Nach der Rechtsprechung ist ein derartiges Altersteilzeitmodell unzulässig, da es gegen das in § 2 Abs. 1 Nr. 2 ATZG normierte Erfordernis der Arbeitszeithalbierung verstößt.[810] Arbeitgeber, die solche Modelle erstellen und gegenüber den Mitarbeitern auf die Möglichkeit der Inanspruchnahme einer vorzeitigen Altersrente nach Altersteilzeit hinweisen, haben keinen Anspruch auf Förderleistungen. Vielmehr machen sie sich wegen **Verletzung einer arbeitsrechtlichen Nebenpflicht** ggf. schadensersatzpflichtig, da den Arbeitnehmern die Inanspruchnahme einer Altersrente nach Altersteilzeit gemäß § 237 SGB VI verwehrt werden kann.[811]

Ebenfalls unzulässig sind Modelle, die bewusst oder unbewusst von der Hälfte der bisherigen Arbeitszeit abweichen. Die Parteien sollten daher die **bisherige Arbeitszeit sehr genau ermitteln**, um die Fördervoraussetzungen zu erfüllen.[812] Demgegenüber dürfte es zulässig sein, wenn ein Lebensarbeitszeitmodell einen „Abbau" des angesparten Zeitguthabens innerhalb der Arbeitsphase im Blockmodell ermöglicht, da dies nicht dem Grundgedanken einer hälftigen Arbeitszeitverteilung zuwiderläuft.

bb) Förderungsfähiges Altersteilzeitmodell

396 Arbeitnehmer und Arbeitgeber müssen sich auf ein Arbeitszeitmodell geeinigt haben, das die Fördervoraussetzungen des ATZG erfüllt. Formell setzt dies den ausdrücklichen Abschluss eines **Altersteilzeitvertrages** voraus. Die Vereinbarung zwischen Arbeitgeber und Arbeitnehmer muss **schriftlich vor Beginn** der Altersteilzeit abgeschlossen werden (§ 14 Abs. 4 TzBfG). Eine **Rückdatierung** der Altersteilzeitvereinbarung ist unzulässig. Anders ist dies, wenn ein Arbeitnehmer zunächst erfolglos einen Antrag auf Altersteilzeit gestellt hat. Steht dem Arbeitnehmer bspw. aufgrund eines Tarifvertrages ein Anspruch auf Altersteilzeit zu und setzt er diesen in einem arbeitsgerichtlichen Verfahren gegen seinen Arbeitgeber durch, wird der Arbeitgeber dahingehend verurteilt, dem Antrag auf Abschluss eines Altersteilzeitvertrages auch rückwirkend zuzustimmen.[813]

cc) Fördervoraussetzungen auf Seiten des Arbeitgebers

397 Damit der Arbeitgeber die Förderungen der BA enthält, muss er – innerhalb des maximal sechsjährigen Förderzeitraums – die folgenden Mindestvoraussetzungen erfüllen (§ 3 ATZG).

---

808 *Rittweger*, NZS 2000, 241.
809 Vgl. Durchführungsanweisungen (DA) zum ATZG der Bundesagentur für Arbeit vom 1.1.2008, Ziffer 2.2(6).
810 Vgl. BAG 10.2.2004, NZA 2004, 606, 610; i.E. ebenso: *Oberthür*, NZA 2005, 377 m.w.N.
811 Dem Arbeitnehmer steht in diesen Fällen grds. auch der arbeitsrechtliche Beschäftigungsanspruch – soweit dem nicht überwiegende schützenswerte Interessen des Arbeitgebers entgegenstehen – zu. Jedenfalls finden die Regeln über den Annahmeverzug (§ 615 BGB) Anwendung, vgl. BAG 10.2.2004, NZA 2004, 606, 611.
812 *Zwanziger*, RdA 2005, 228.
813 BAG 23.1.2007, NZA 2007, 1236.

(1) Aufstockung des Arbeitsentgelts in der Altersteilzeit

Der Arbeitgeber muss das Bruttoarbeitsentgelt für die Altersteilzeit aufstocken. Zusätzlich zum Arbeitslohn muss er einen **Aufstockungsbetrag von 20 Prozent** des – neu eingeführten – **Regelarbeitsentgelts** gewähren. Zum Regelarbeitsentgelt zählt das sozialversicherungspflichtige Arbeitsentgelt, welches der Arbeitgeber regelmäßig dem Altersteilzeitler für seine Arbeitsleistung zahlt, soweit es die monatliche **Beitragsbemessungsgrenze** des SGB III[814] nicht überschreitet (§ 6 Abs. 1 ATZG). Neben dem laufenden Arbeitsentgelt werden auch vermögenswirksame Leistungen, Anwesenheitsprämien, sozialversicherungspflichtige Leistungs- und Erschwerniszulagen, pauschale Vergütungen für Bereitschaftsdienst und Rufbereitschaft, rückwirkende Lohnerhöhungen sowie Sachbezüge und vergleichbare geldwerte Vorteile bei der Berechnung des Regelarbeitsentgeltes berücksichtigt.[815] Ausgenommen sind dagegen Entgeltbestandteile, die einmalig (Jahressondervergütungen), nicht regelmäßig (unregelmäßige Zulagen) oder nicht für vereinbarte Arbeitszeit (Mehrarbeitsvergütung) gewährt werden. Als Einmalzahlungen deklarierte Arbeitsentgelte, die, unabhängig von der arbeitsrechtlichen Zulässigkeit, in jedem Kalendermonat zu einem Zwölftel ausgezahlt werden, verlieren ihren Charakter als Einmalzahlungen. Sie werden Bestandteil des Regelarbeitsentgeltes.[816] Das gleiche gilt für monatliche Pauschalleistungen für die Abgeltung von Mehrarbeit, die ungeachtet der tatsächlich geleisteten Mehrarbeit regelmäßig gezahlt werden.[817]

Aufstockungsbeiträge sind steuerfrei, unterliegen aber dem Progressionsvorbehalt. Die Aufstockungsregelungen haben durch das Dritte Gesetz für moderne Dienstleistungen am Arbeitsmarkt (Hartz III) vom 1.7.2004 weit reichende Veränderungen erfahren.[818] Für die so genannten „Altfälle", in denen die Altersteilzeit vor dem 1.7.2004 begonnen hat, gelten daher andere Regelungen.[819] Tarifverträge sehen häufig Aufstockungszahlungen vor, die über die gesetzlichen Anforderungen hinausgehen. Die BA erstattet jedoch nur die gesetzlich vorgesehenen Mindestleistungen.

Praxistipp

Die Aufwendungen des Arbeitgebers für die Altersteilzeit sind regelmäßig höher als die Förderleistungen, die der Arbeitgeber von der BA enthält. Die Förderleistungen sind auf die gesetzlichen Mindestbeträge beschränkt. Hingegen ist der Arbeitgeber aufgrund des Diskriminierungsverbots aus § 4 Abs. 1 TzBfG verpflichtet, dem Altersteilzeitler auch nicht erstattungsfähige Leistungen wie Gratifikationen zu gewähren.[820] Sofern der Arbeitgeber aufgrund einzelvertraglicher oder kollektivrechtlicher Regelung verpflichtet ist, höhere Aufstockungsbeträge zu zahlen, wird diese Lücke noch größer und Altersteilzeit damit oftmals wirtschaftlich unattraktiv.

(2) Aufstockung der Rentenversicherungsbeiträge

Der Arbeitgeber muss auch die Rentenversicherungsbeiträge aufstocken. Auch hier gibt es eine Neuregelung für Altersteilzeitverträge, die nach dem 1.7.2004 begonnen haben. Nach der – freilich unglücklich formulierten – Neuregelung dient das Regelarbeitsentgelt als Berechnungsbasis zur Ermittlung der Aufstockungsleistungen. Ausgehend vom (hälftigen) Altersteilzeitbrutto, dem Regelarbeitsentgelt, werden die Beiträge zur gesetzlichen Rentenversicherung mindestens um 80 Prozent aufgestockt (§ 3 Abs. 1 Nr. 1b ATZG). Die Aufstockung darf jedoch zusammen mit dem Regelarbeitsentgelt **90 Prozent der Beitragsbemessungsgrenze** nicht überschreiten. Das bereits früher erreichte Aufstockungsniveau von 90 Prozent

398

399

---

814 Derzeit 5.500 EUR im Westen.
815 ErfK/*Rolfs*, § 6 ATZG Rn 1.
816 Vgl. Durchführungsanweisungen (DA) zum ATZG der Bundesagentur für Arbeit vom 1.1.2008, Ziffer 3.1.1(4).
817 Vgl. Durchführungsanweisungen (DA) zum ATZG der Bundesagentur für Arbeit vom 1.1.2008, Ziffer 3.1.1(4).
818 Vgl. zum Umbau des ATZG im Rahmen von Hartz III: *Kallhoff*, NZA 2004, 692.
819 Vgl. zu den Altfällen *Schabenstiel/Tenbrock*, Innovative Arbeitsformen, S. 98 ff.
820 ErfK/*Rolfs*, § 6 ATZG Rn 2.

der bisherigen Rentenversicherungsbeiträge bleibt im Ergebnis daher aufrechterhalten.[821] Allerdings werden Einmalzahlungen nicht zum Regelarbeitsentgelt hinzugerechnet (siehe oben Rdn 398) und müssen nicht bzgl. der Rente aufgestockt werden.[822]

(3) Wiederbesetzung des freigewordenen Arbeitsplatzes

400 Ziel der Förderung von Altersteilzeit ist die Schaffung von Beschäftigungsmöglichkeiten für arbeitslos gemeldete Arbeitnehmer oder Arbeitnehmer nach Ende ihrer Ausbildung. Dementsprechend fördert die BA Altersteilzeit nur, wenn der Arbeitgeber den durch Altersteilzeit freigewordenen Arbeitsplatz mit einem **arbeitslos gemeldeten Arbeitnehmer** oder einen **Arbeitnehmer nach Abschluss der Ausbildung wieder besetzt**.[823] Der Vertrag mit dem Wiederbesetzer kann auch befristet abgeschlossen werden, wobei die Förderleistungen in diesem Fall auf den Befristungszeitraum begrenzt sind. Ferner muss der Wiederbesetzer versicherungspflichtig i.S.d. SGB III beschäftigt werden. Die Begriffe „Arbeitsloser" und „Ausgebildeter" werden von den Arbeitsagenturen weit ausgelegt. Wird der freigemachte Arbeitsplatz durch einen Ausgebildeten besetzt, muss die vorherige Ausbildung nicht beim Arbeitgeber erfolgt sein, der die Förderung beansprucht. Bei Wiederbesetzung durch einen Arbeitslosen ist weder der vorherige Bezug von Arbeitslosengeld noch eine tatsächliche Arbeitslosigkeit des Wiederbesetzers für das Vorliegen der Fördervoraussetzungen erforderlich. Es genügt insofern eine Arbeitslosmeldung, wenn der Eintritt der Arbeitslosigkeit innerhalb der nächsten drei Monate zu erwarten ist.

401 Die Wiederbesetzung muss nach § 3 Abs. 1 Nr. 2 ATZG „aus Anlass" des Übergangs in die Altersteilzeit erfolgen. Dies setzt einen kausalen Zusammenhang zwischen dem Freiwerden des Arbeitsplatzes des in Altersteilzeit wechselnden Arbeitnehmers und der Wiederbesetzung voraus. Die **Kausalität** muss in sachlicher und zeitlicher Hinsicht bestehen.[824]

In **sachlicher Hinsicht** muss die Absicht des Arbeitgebers, den Arbeitsplatz wieder neu zu besetzen, schon bei Abschluss des Altersteilzeitvertrages bestanden haben und diese Absicht auch aus den Begleitumständen deutlich geworden sein.[825] Eine Wiederbesetzung aus Anlass der Altersteilzeit wird vermutet, wenn der neue Arbeitnehmer auf demselben Arbeitsplatz oder mit denselben Aufgaben betreut wird, wie bislang der in die Altersteilzeit wechselnde Arbeitnehmer.[826] Schwierigkeiten ergeben sich, wenn der Arbeitsplatz umorganisiert wird oder Tätigkeitsmerkmale geändert werden. In diesen Fällen ist der sachliche Zusammenhang vom Arbeitgeber regelmäßig nachzuweisen.[827] Sollten sich die Tätigkeitsmerkmale des Arbeitsplatzes geändert haben, muss der Arbeitgeber den Nachweis erbringen, dass der mit der bisherigen Tätigkeit des Altersteilzeitlers übergeordnete arbeitstechnische Zweck erhalten bleibt und auf dem veränderten Arbeitsplatz im Wesentlichen die gleichen Kenntnisse und Fertigkeiten gefordert sind.[828] Möglich sind nach § 3 Abs. 1 Nr. 2a ATZG auch so genannte **Umsetzungsketten**, in denen der Arbeitsplatz des in die Altersteilzeit wechselnden Arbeitnehmers nicht unmittelbar durch einen Arbeitslosen oder einen Ausgebildeten wiederbesetzt wird, sondern erst durch Umsetzungen innerhalb des Betriebs, Unternehmens oder Konzerns, an deren Ende die Einstellung des Wiederbesetzers steht. Eine solche Wiederbesetzungskette muss schlüssig nachvollzogen werden können.[829] In Zweifelsfällen empfiehlt es sich für Arbeitgeber, mit den örtlichen Arbeitsagenturen vor Abschluss entsprechender Vereinbarungen zusammenzuarbeiten.

---

821 Vgl. BT-Drucks 15/1515, 133.
822 Rechnungsbeispiele finden sich bei *Stief*, Altersteilzeit in der Praxis, S. 62 ff.
823 Vgl. ErfK/*Rolfs*, § 3 ATZG Rn 11.
824 Vgl. Durchführungsanweisungen (DA) zum ATZG der Bundesagentur für Arbeit vom 1.1.2008, Ziffer 3.1.7(3).
825 *Zwanziger*, RdA 2005, 233.
826 Vgl. Durchführungsanweisungen (DA) zum ATZG der Bundesagentur für Arbeit vom 1.1.2008, Ziffer 3.1.7(3).
827 Vgl. Durchführungsanweisungen (DA) zum ATZG der Bundesagentur für Arbeit vom 1.1.2008, Ziffer 3.1.7(7).
828 Vgl. *Stief*, Altersteilzeit in der Praxis, S. 76.
829 *Schabenstiel/Tenbrock*, Innovative Arbeitsformen, S. 102.

Ferner muss ein **zeitlicher Zusammenhang** zwischen dem Wechsel des Arbeitnehmers in die Altersteilzeit und der Wiederbesetzung bestehen.[830] Die Wiederbesetzung kann dabei sowohl vor als auch nach dem Wechsel in die Altersteilzeit erfolgen. Eine Wiederbesetzung vor dem Wechsel in die Altersteilzeit wird zum Zwecke der Einarbeitung mit bis zu sechs Monaten Abstand noch akzeptiert.[831] Findet die Wiederbesetzung nach dem Wechsel in die Altersteilzeit statt, sind umso höhere Anforderungen an die Darlegung des Arbeitgebers zur Kausalität zu stellen, je größer der Zeitraum zwischen dem Übergang des Arbeitnehmers in die Altersteilzeit und der Wiederbesetzung des Arbeitsplatzes ist.[832] Nach Auffassung des BSG besteht der erforderliche zeitliche Zusammenhang nicht mehr bei einer Vakanz von mehr als sechs Monaten.[833] Bei **Blockmodellen** genügt allerdings, dass die Wiederbesetzung in einem zeitlichen Zusammenhang zu dem **Beginn der Freistellungsphase** steht (§ 3 Abs. 3 ATZG), da frühestens ab diesem Zeitpunkt zumindest ein Teil des Arbeitsplatzes freigeworden ist.

Die Wiederbesetzung muss in dem gleichen **Arbeitszeitumfang** erfolgen, in dem der ältere Arbeitnehmer **402** seinen Arbeitsplatz freigemacht hat. Das Gesamtvolumen der bisherigen Arbeitszeit muss also grds. erhalten bleiben. Allerdings lässt die BA Abweichungen von bis zu 10 Prozent sowie eine weitere Ab- oder Aufrundung auf die vorherige oder nächste Stunde zu. Betrug die bisherige Arbeitszeit bspw. 35 Stunden pro Woche, ist eine Wiederbesetzung mit einer Wochenarbeitszeit zwischen 31 und 39 Stunden folglich unschädlich.

Kleinbetriebe mit bis zu 50 Arbeitnehmern[834] sind privilegiert. Bei ihnen wird unwiderleglich vermutet, **403** dass der aus Anlass der Altersteilzeit eingestellte Arbeitnehmer auf einem freigemachten oder einem in diesem Zusammenhang durch Umsetzung freigewordenen Arbeitsplatz beschäftigt wird (§ 3 Abs. 1 Nr. 2a, 2. HS ATZG). Letztlich ist damit jede im zeitlichen Zusammenhang mit der Arbeitszeitverringerung stehende Einstellung förderungsfähig. Ein Kleinbetrieb kann das Wiederbesetzungserfordernis auch durch **Einstellung eines Auszubildenden** erfüllen (§ 3 Abs. 1 Nr. 2b ATZG). Vor dem Hintergrund, dass § 14 Abs. 2 BBiG nur erlaubt, dem Auszubildenden Aufgaben zu übertragen, die dem Ausbildungszweck dienen, beruht diese Förderung auf einer bloßen Fiktion.

Sofern der im Rahmen der Wiederbesetzung **neu eingestellte Arbeitnehmer unerwartet ausscheidet**, **404** müsste der Anspruch auf Förderung grds. enden.[835] § 5 Abs. 2 S. 2 ATZG bestimmt jedoch, dass der Anspruch auf Förderleistungen der BA dann nicht erlischt, wenn der freigewordene Arbeitsplatz mit einem Arbeitnehmer innerhalb von drei Monaten **erneut wiederbesetzt** wird. Gelingt es dem Arbeitgeber innerhalb dieser drei Monate, eine Ersatzkraft zu organisieren, werden ihm auch die Erstattungsbeiträge, die im Zeitraum der Nichtbesetzung des Arbeitsplatzes entstanden sind, von der BA gewährt.[836] Freilich muss die Ersatzkraft die gleichen Voraussetzungen erfüllen wie der erste Wiederbesetzer. Das Ausscheiden des neu eingestellten Arbeitnehmers steht der Gewährung der Förderleistungen ferner nicht entgegen, wenn der Arbeitgeber bereits vier Jahre Förderleistungen der BA erhalten hat (§ 5 Abs. 2 S. 2 ATZG).

(4) Überforderungsgrenze

Der Anspruch auf die Förderleistungen der BA setzt weiter voraus, dass die freie Entscheidung des Arbeit- **405** gebers bei einer über fünf Prozent der Arbeitnehmer des Betriebes hinausgehenden Inanspruchnahme sichergestellt ist (§ 3 Abs. 1 Nr. 3 ATZG). Soweit der Arbeitgeber aufgrund Tarifvertrags, Betriebsvereinbarung oder kirchenrechtlicher Regelung zum Abschluss von Altersteilzeitvereinbarungen verpflichtet

---

830 Durchführungsanweisungen (DA) zum ATZG der Bundesagentur für Arbeit vom 1.1.2008, Ziffer 3.1.7(13).
831 Durchführungsanweisungen (DA) zum ATZG der Bundesagentur für Arbeit vom 1.1.2008, Ziffer 3.1.7(17); bestätigend: BSG 9.8.1990, SozR 3–7825.
832 *Stief,* Altersteilzeit in der Praxis, S. 76; ErfK/*Rolfs,* § 3 ATZG Rn 19 f.
833 BSG 29.5.1990, NZA 1990, 947.
834 Vgl. § 7 ATZG Abs. 1 und 3 zur Berechnung dieser Zahl.
835 Vgl. *Zwanziger,* RdA 2005, 233.
836 *Schabenstiel/Tenbrock,* Innovative Arbeitsformen, S. 102.

ist, darf diese Verpflichtung höchstens für fünf Prozent der Arbeitnehmer eines Betriebes gelten. Hat ein Arbeitgeber danach bereits mit fünf Prozent seiner Arbeitnehmer im Betrieb eine Altersteilzeitvereinbarung abgeschlossen,[837] ist er – unter Berücksichtigung des arbeitsrechtlichen Gleichbehandlungsgrundsatzes[838] – in seiner Entscheidung frei, weiteren Altersteilzeitgesuchen nachzukommen. Viele Tarifverträge sehen allerdings bereits eine deutlich niedrigere Überforderungsgrenze vor, die lediglich zwei bis drei Prozent der Beschäftigten einen Anspruch auf Altersteilzeit einräumt.

Umstritten ist, ob freiwillige – über die Überforderungsgrenze hinausgehende – Altersteilzeitvereinbarungen einen Anspruch auf Förderung durch die BA begründen.[839] In der Praxis hat dies keine Auswirkungen, da die BA prinzipiell auch Altersteilzeitvereinbarungen fördert, die über die Überforderungsgrenze von fünf Prozent hinausgehen.[840]

d) Förderungsumfang

406 Liegen die Fördervoraussetzungen vor, erstattet die BA dem Arbeitgeber die Mehrkosten der Altersteilzeit, soweit diese nach dem ATZG vom Arbeitgeber zugunsten des Arbeitnehmers zu leisten sind. Die Förderung der BA umfasst also die **Erstattung der Aufstockungsbeiträge** und der zusätzlichen **Rentenversicherungsbeiträge** nach Maßgabe des § 4 ATZG. Bei Arbeitnehmern, die von der Versicherungspflicht in der gesetzlichen Rentenversicherung befreit sind und für die eine Beitragszahlung daher nicht möglich ist, werden auch vergleichbare Aufwendungen des Arbeitgebers erstattet (§ 4 Abs. 2 ATZG). **Höhere Aufstockungsleistungen** muss der **Arbeitgeber selbst tragen**. Beim **Blockmodell** gibt es die Besonderheit, dass die Wiederbesetzung des freigewordenen Arbeitsplatzes erst mit dem Beginn der Freistellungsphase erfolgt, dem Arbeitgeber aber für die gesamte Dauer der Altersteilzeit Kosten durch die Aufstockung entstehen. Hier erstattet die BA während der Freistellungsphase die Aufstockungsleistungen des Arbeitgebers nachträglich auch für die Arbeitsphase. Folglich bekommt der Arbeitgeber während der Freistellungsphase Zuschüsse in doppelter Höhe gewährt.

407 Altersteilzeit wird – unabhängig von Förderansprüchen der BA, aber nicht von den Anspruchsvoraussetzungen der §§ 2 und 3 Abs. 1 ATZG – **steuer- und sozialversicherungsrechtlich privilegiert**.[841] Sowohl die Aufstockungsbeträge (§ 3 Abs. 1 Nr. 1a ATZG) – selbst wenn diese über die gesetzlichen Mindestbeträge hinausgehen – als auch die zusätzlichen Rentenversicherungsbeiträge (§ 3 Abs. 1 Nr. 1b ATZG) sind steuerfrei. Ferner sind die sozialversicherungsrechtlichen Beiträge nach § 1 ArEV ebenfalls beitragsfrei, da die zusätzlich zum Entgelt gewährten Leistungen üblicherweise nicht zum Arbeitsentgelt gezählt werden.

408 Privilegien gibt es auch für den Arbeitnehmer. Er hat die Möglichkeit, **Altersrente nach Altersteilzeit** in Anspruch zu nehmen. Anspruch auf Altersrente nach Altersteilzeit hat ein Arbeitnehmer, wenn er vor dem 1.1.1952 geboren ist, das 63. – übergangsweise das 60. – Lebensjahr vollendet, die Wartezeit von 15 Jahren erfüllt, innerhalb der letzten 10 Jahre vor Beginn der Rente mindestens acht Jahre Pflichtbeitragszeiten zurückgelegt und mindestens 24 Kalendermonate Altersteilzeitarbeit ausgeübt hat (§ 237 Abs. 1 Nr. 3b SGB VI). Die Ausübung von Altersteilzeitarbeit i.S.d. § 237 SGB VI setzt dabei voraus, dass die Tatbestandsmerkmale der §§ 2 und 3 Abs. 1 Nr. 1 ATZG erfüllt sind.[842] Dazu gehört insbesondere die fortlaufende Zahlung des Arbeitsentgelts und der Aufstockungsbeträge durch den Arbeitgeber. Folglich kann in

---

837 Für die Berechnung der Zahl der Arbeitnehmer ist der Durchschnitt der letzten 12 Monate vor Beginn der Altersteilzeit des Arbeitnehmers maßgeblich. Schwer behinderte Menschen und Gleichgestellte sowie Auszubildende bleiben bei der Berechnung der Zahl der beschäftigten Arbeitnehmer des Betriebs außer Ansatz; Teilzeitkräfte werden anteilig berücksichtigt, vgl. § 7 Abs. 2–4 ATZG.

838 BAG 15.4.2008, NZA-RR 2008, 547.

839 Vgl. für einen entsprechenden Anspruch: MünchArbR/*Schüren*, § 163 Rn 42; dagegen: *Schabenstiel/Tenbrock*, Innovative Arbeitsformen, S. 102; unklar: *Diller*, NZA 1996, 847, 850.

840 Vgl. *Schabenstiel/Tenbrock*, Innovative Arbeitsformen, S. 105.

841 Vgl. *Zwanziger*, RdA 2005, 227; *Preis/Wagner*, Arbeitsvertrag, II A 30 Rn 41.

842 BAG 10.2.2004, NZA 2004, 606.

der Insolvenz des Arbeitgebers eine Rente nach § 237 SGB VI nicht beansprucht werden.[843] Eine Wiederbesetzung des Arbeitsplatzes ist für einen Rentenanspruch nach Altersteilzeit hingegen nicht erforderlich, da § 237 Abs. 1 Nr. 3b SGB VI ausdrücklich nicht das Vorliegen der Voraussetzungen des § 3 Abs. 1 Nr. 2a ATZG erfordert.[844] Arbeitnehmer, die ihre Rente vorzeitig in Anspruch nehmen wollen, müssen jedoch erhebliche Rentenabschläge von 0,3 Prozent pro Monat der vorzeitigen Inanspruchnahme hinnehmen (§ 77 Abs. 2 Nr. 2a SGB VI), wenn sie nicht freiwillig im Vorfeld Ausgleichsbeiträge nach § 187a SBG VI entrichtet haben, sofern dieser Nachteil nicht aufgrund einer (tarif-)vertraglichen Regelung oder Betriebsvereinbarung durch den Arbeitgeber ausgeglichen wird. Wurde die Altersteilzeit vor dem 1.1.2007 vereinbart, gibt es weitere Sonderregelungen für eine vorzeitige Altersrente nach anderen Rentenarten.[845]

e) Ruhen und Erlöschen des Erstattungsanspruchs

Der Anspruch auf die Erstattung der Aufstockungsleistungen **ruht** während der Zeit, in der der Arbeitnehmer neben seiner Altersteilzeitarbeit eine mehr als geringfügige **Nebentätigkeit** (d.h. mehr als derzeit monatlich 450 EUR) ausübt (§ 5 Abs. 3 S. 1 ATZG). Dies gilt jedoch nicht, wenn der Altersteilzeitler in den letzten fünf Jahren ständig mehr als geringfügige Nebentätigkeiten ausgeübt hat (§ 5 Abs. 3 S. 4 ATZG). Die Nebentätigkeiten dürfen allerdings nicht wesentlich ausgeweitet werden und somit – insbesondere im Freizeitblock – zum Haupterwerb werden. Nur die bisherige Nebentätigkeit ist im Bestand geschützt. Der Arbeitnehmer ist verpflichtet, dem Arbeitgeber die Ausübung einer Nebentätigkeit **mitzuteilen** (§ 11 Abs. 1 ATZG).   **409**

Der Erstattungsanspruch **ruht** auch, wenn der Arbeitnehmer **Mehrarbeit** leistet, welche die Geringfügigkeitsgrenze übersteigt (§ 5 Abs. 4 S. 1 ATZG). Demgegenüber ist ständige geringfügige Mehrarbeit – im Blockmodell jedoch nur während der Arbeitsphase – im Hinblick auf den Erstattungsanspruch nach den Weisungen der BA unschädlich.[846] Der Erstattungsanspruch ruht ferner, wenn der Wiederbesetzer, der die Förderung auslöst, nicht mehr beschäftigt wird (§ 5 Abs. 2 ATZG).

Der Anspruch des Arbeitgebers auf Erstattung der Aufstockungsbeträge **erlischt**, wenn der Arbeitnehmer (aa) die Altersteilzeitarbeit beendet hat (§ 5 Abs. 1 Nr. 1 ATZG), (bb) Anspruch auf eine ungeminderte Altersrente hat (§ 5 Abs. 1 Nr. 2 ATZG), (cc) eine – ggf. geminderte – Rente oder Knappschaftsausgleichsleistung tatsächlich bezieht (§ 5 Abs. 1 Nr. 3 ATZG), (dd) eine mehr als geringfügige Beschäftigung an mindestens 150 Kalendertagen ausgeübt hat (§ 5 Abs. 3 S. 2 ATZG) oder (ee) in entsprechendem Umfang nicht durch Freizeit ausgeglichene und die Geringfügigkeitsgrenze übersteigende Mehrarbeit geleistet hat (§ 5 Abs. 4 ATZG).

> *Praxistipp*
>
> Die Förderleistungen der BA hängen unter anderem davon ab, dass der Arbeitnehmer keine über das erlaubte Maß hinausgehende Nebentätigkeit ausübt. Vor diesem Hintergrund sollte im Altersteilzeitvertrag der zulässige Umfang von Nebentätigkeiten und die Sanktionierung von Verstößen geregelt werden.

Sind hingegen keine Förderleistungen der BA zu erwarten (etwa mangels Wiederbesetzung des Arbeitsplatzes mit einem zuvor arbeitslos gemeldeten oder ausgebildeten Arbeitnehmer), ist eine Beschränkung einer die Geringfügigkeitsgrenze übersteigenden Nebentätigkeit im Altersteilzeitvertrag zwar zulässig, jedoch aus Arbeitgebersicht zumeist überflüssig. Auch dem Arbeitnehmer drohen keine Auswirkungen auf den Rentenanspruch nach Altersteilzeit, falls er während der Altersteilzeit in größerem Umfang einer Nebentätigkeit nachgeht. Zwar muss wegen der Bezugnahme von § 237 Abs. 1 Nr. 3b SGB VI auf § 2 Abs. 1   **410**

---

843 BSG 17.4.2007, BeckRS 2007, 47008; *Giesen/Ricken*, NZA 2007, 1418.
844 Vgl. ErfK/*Rolfs*, § 10 Rn 6 ATZG.
845 Vgl. §§ 235 Abs. 2 S. 3 Nr. 1, 236 Abs. 2 S. 3 Nr. 1 und Abs. 3 Nr. 2a, 236a Abs. 2 S. 3 Nr. 2a SGB VI
846 Vgl. HWK/*Stindt/Nimscholz*, § 8 ATZG Rn 9.

Nr. 2 ATZG die bisherige wöchentliche Arbeitszeit bei dem Arbeitgeber halbiert werden, damit eine Rente nach Altersteilzeit beansprucht werden kann. Indes sanktioniert § 2 Abs. 1 Nr. 2 ATZG nicht die Eingehung von Nebentätigkeiten bei Dritten. Anders stellt sich die Lage hingegen zwischen Beginn der vorzeitigen Altersrente und dem Erreichen der Regelaltersgrenze dar; hier sind die Hinzuverdienstgrenzen von § 34 SGB VI zu beachten.

f) Sicherung des Arbeitnehmers
aa) Arbeitslosengeld

411 Zur sozialen Sicherung des Altersteilzeit-Arbeitnehmers, dessen Altersteilzeitverhältnis vorzeitig vor Erreichen eines Anspruchs auf eine ggf. gekürzte Altersrente endet (etwa durch Insolvenz des Arbeitgebers), hat der Gesetzgeber eine **Sonderregelung für die Bemessung des Arbeitslosengeldes** eingeführt. Danach bemisst sich das Arbeitslosengeld nach dem Arbeitsentgelt, das verdient worden wäre, wenn die Arbeitszeit nicht im Rahmen der Altersteilzeit vermindert worden wäre (§ 10 Abs. 1 ATZG). Die gesetzliche Regelung sichert ein erhöhtes Arbeitslosengeld auf der Basis eines fiktiven Vollzeitentgelts. Sobald der Arbeitnehmer allerdings während des Bezuges von Arbeitslosengeld einen Anspruch auf eine ggf. gekürzte Altersrente erreicht hat, richtet sich die Höhe des Arbeitslosengeldes nur nach dem für die Altersteilzeitarbeit erzielten Altersteilzeitentgelt ohne Berücksichtigung dieses Aufstockungsbetrages (§ 10 Abs. 1 S. 2 ATZG).

bb) Insolvenzsicherung

412 Eine weitere Absicherung des Arbeitnehmers liegt in der Verpflichtung des Arbeitgebers, für eine **Insolvenzsicherung** des Wertguthabens zu sorgen, das im **Blockmodell** in der Arbeitsphase aufgebaut wird (§ 8a ATZG).[847] In Betracht kommen in der Praxis insbesondere Bankbürgschaften, Verpfändung von Wertpapieren zugunsten des Arbeitnehmers, bestimmte Versicherungsmodelle der Versicherungswirtschaft oder das Modell der doppelseitigen Treuhand. Ausgeschlossen sind gemäß § 8a Abs. 1 S. 2 ATZG hingegen bilanzielle Rückstellungen sowie zwischen Konzernunternehmen (§ 18 AktG) begründete Einstandspflichten, insbesondere Bürgschaften, Patronatserklärungen oder Schuldbeitritte. Eine **Schadensersatzverpflichtung** bei Verletzung der Insolvenzsicherungspflicht durch den Geschäftsführer oder andere Personen kommt jedoch nur in Betracht, wenn der Betreffende bei der Begründung des Altersteilzeitvertrages persönliches Vertrauen für die Durchführung des Vertrages in Anspruch genommen hat.[848]

> *Praxishinweis*
>
> Bei der **Vertragsgestaltung** des Blockmodells ist § 8a Abs. 3 ATZG zu beachten. Danach hat der Arbeitgeber dem Arbeitnehmer nach Ablauf des ersten Monats der Altersteilzeit und danach alle sechs Monate mitzuteilen und nachzuweisen, in welcher Form er die Insolvenzsicherung durchführt.

cc) Entgeltsicherung

413 Der Arbeitgeber ist zwingend zur Zahlung der Aufstockungsbeträge gegenüber dem Arbeitnehmer verpflichtet. Dies gilt selbst dann, wenn der Arbeitgeber seinerseits keinen Erstattungsanspruch gegen die BA hat, weil er den Arbeitsplatz nicht wiederbesetzt hat, den erforderlichen Erstattungsantrag nicht oder nicht richtig gestellt hat oder seinen Mitwirkungspflichten nicht nachgekommen ist (§ 8 Abs. 2 ATZG).

dd) Betriebsübergang

414 Das Arbeitsverhältnis eines Altersteilzeitlers geht bei einem Betriebsübergang auf den neuen Betriebsinhaber über. Dies gilt auch bei Arbeitnehmern, die sich in der **Freistellungsphase** des Blockmodells befinden.[849] Freilich steht auch Arbeitnehmern in Altersteilzeit das gesetzliche Widerspruchsrecht nach

---

847 *Froehner*, NZA 2012, 1405, 1407 f.; *Rolfs*, NZS 2004, 561, 565.
848 BAG 13.2.2007, NZA 2007, 808.
849 BAG 31.1.2008, BB 2008, 1739.

§ 613a Abs. 6 BGB zu. Arbeitgeber sollten vor einem Betriebsübergang die Übertragung des Wertguthabens der Mitarbeiter im Blockmodell vereinbaren.

Bei einem Betriebsübergang nach Eröffnung des **Insolvenzverfahrens** gilt § 613a BGB mit gewissen Modifikationen.[850] Die Haftung des Betriebserwerbers ist im Hinblick auf vor der Eröffnung des Insolvenzverfahrens entstandene Ansprüche beschränkt. Dabei sind die Verteilungsgrundsätze des Insolvenzverfahrens maßgeblich.[851] Hintergrund dieser teleologischen Reduzierung des § 613a BGB ist der Grundsatz der gleichmäßigen Befriedigung aller Gläubiger. Würden die übernommenen Mitarbeiter einen neuen Schuldner für die vor der Insolvenzeröffnung erworbenen Ansprüche erhalten, würde dies den Kaufpreis mindern, den der Betriebserwerber zu zahlen bereit ist. Insoweit würden die anderen Gläubiger des Insolvenzschuldners benachteiligt.[852] Die Haftungsbeschränkung greift allerdings nur, wenn der Betriebsübergang nach Eröffnung des Insolvenzverfahrens stattfindet. Geht die Leitungsmacht vor Eröffnung über und kommt es deshalb zum Betriebsübergang, haftet der Betriebserwerber uneingeschränkt.

ee) Betriebsverfassungsrecht

Für Mitarbeiter, die ihre Arbeitszeit kontinuierlich herabgesetzt haben (klassisches Modell) oder sich in der Arbeitsphase im Blockmodell befinden, treten in betriebsverfassungsrechtlicher Sicht keine Änderungen ein. In der Freistellungsphase im Blockmodell befindliche Mitarbeiter sind hingegen weder bei der Bestimmung der wahlberechtigten Arbeitnehmer i.S.d. § 9 BetrVG mitzuzählen,[853] noch passiv[854] oder aktiv[855] wahlberechtigt, da sie endgültig aus dem Betrieb ausgeschieden sind. Ein Betriebsratsmitglied verliert bei Eintritt in die Freistellungsphase sein Amt, auch wenn er freigestelltes Mitglied war.[856] **415**

g) Probleme der Altersteilzeit (Störfälle)

In Altersteilzeitverhältnissen kann es sowohl bei Arbeitsunfähigkeit als auch bei unplanmäßiger, vorzeitiger Beendigung des Altersteilzeitverhältnisses (Tod oder Kündigung) zu erheblichen Abwicklungsschwierigkeiten kommen, deren Folgen nachfolgend skizziert werden. **416**

aa) Arbeitsunfähigkeit

Erkrankt der Arbeitnehmer während der Altersteilzeit, muss der Arbeitgeber für die Zeit von sechs Wochen die gesetzliche Entgeltfortzahlung erbringen. Die Entgeltfortzahlung umfasst während der Altersteilzeit auch die Aufstockungszahlungen des Arbeitgebers.[857] Nach dem Ende des Entgeltfortzahlungszeitraumes hat der Arbeitnehmer Anspruch auf Krankengeld bzw. Krankentagegeld, Versorgungskrankengeld, Verletztengeld oder Übergangsgeld. **417**

Im **klassischen Modell** werden die Leistungen nach Ablauf der Entgeltfortzahlung dabei ausgehend vom tatsächlich erzielten Entgelt aus der Teilzeitarbeit nach den allgemeinen Vorschriften berechnet. Der Arbeitgeber ist in diesem Fall nicht mehr verpflichtet, den Aufstockungsbetrag zu zahlen. Verweigert der Arbeitgeber die Zahlung, tritt die BA an die Stelle des Arbeitgebers, wenn die Altersteilzeit nach der Wiederbesetzung des Arbeitsplatzes von ihr gefördert wird (§ 10 Abs. 2 ATZG).

Im **Blockmodell** stellt die Bemessungsgrundlage nicht das erzielte, sondern nur das tatsächlich erlangte, unaufgestockt halbierte Arbeitsentgelt dar (§§ 47 Abs. 2 S. 4, 5 SGB V).[858] Auch hier übernimmt die

---

850 *Froehner*, NZA 2012, 1405, 1407.

851 *Zwanziger*, RdA 2005, 232, 238 f.; BAG 30.10.2008 – 8 AZR 54/07, NZA 2009, 432–435.

852 ErfK/*Preis*, § 613a BGB, Rn 146.

853 BAG 16.4.2003, NZA 2003, 1345.

854 Vgl. BAG 25.10.2000, NZA 2001, 461 (für die Mitgliedschaft im Aufsichtsrat).

855 *Nicolai*, DB 2003, 2599 f.

856 Vgl. BAG 25.10.2000, NZA 2001, 461 (für die Mitgliedschaft im Aufsichtsrat).

857 *Stief*, Altersteilzeit in der Praxis, S. 95.

858 ErfK/*Rolfs*, § 10 ATZG, Rn 4.

BA die Kosten des Aufstockungsbeitrags nur in Fällen geförderter Altersteilzeit (§ 10 Abs. 2 ATZG). Dem Arbeitgeber steht es frei, den Aufstockungsbetrag in diesem Fall fortzuzahlen. Tut er dies, hat er einen Erstattungsanspruch gegen die BA (§ 12 Abs. 2 S. 4 ATZG). Diese Variante bietet aufgrund des vereinfachten Verwaltungsaufwands durchaus einen Anreiz.[859] Eine derartige **einzelvertragliche Regelung** empfiehlt sich auch deshalb, weil der Arbeitnehmer einerseits auf die – für die Förderungsfähigkeit erforderliche – Wiederbesetzung des Arbeitsplatzes keinen Einfluss hat und andererseits gerade im Alter für den Fall der Krankheit einigermaßen abgesichert sein will.[860]

Im Blockmodell gibt es die Besonderheit, dass der Arbeitnehmer während der **Freistellungsphase** keine Arbeitsleistung erbringt und bereits unabhängig von seiner Erkrankung Altersteilzeitgeld erhält. Vor diesem Hintergrund mangelt es an der für eine krankheitsbedingte Arbeitsunfähigkeit typischen Bedarfslage.[861] In der Freistellungsphase besteht daher weder ein Anspruch auf Entgeltfortzahlung noch auf Krankengeld. Anders ist die Interessenlage bei einer Langzeiterkrankung während der **Arbeitsphase**. Diese kann zu einer Verschiebung des **Beginns der Freistellungsphase führen**.[862] Aus Gründen der Rechtssicherheit sollte eine solche Regelung zwischen den Parteien im Vorwege vereinbart werden (vgl. Rdn 423).

Praxistipp

Die Vereinbarung krankheitsbedingter Nacharbeit ist häufig für beide Seiten wenig interessengerecht. Denn sie verlängert für den Arbeitnehmer das aktive Erwerbsleben, obwohl dieser ein Interesse am frühen Ausscheiden hat. Auch der Arbeitgeber hat sich auf den vereinbarten Beginn der Freistellungsphase eingestellt. Er dürfte regelmäßig kein Interesse an einer Verschiebung der Freistellungsphase haben. Um die Förderung durch die BA in diesem Fall zu erhalten, muss ein Verzicht auf Nacharbeit ausdrücklich geschehen und sollte in den Altersteilzeitvertrag aufgenommen werden (vgl. Rdn 423).

bb) Tod

418 Verstirbt der Arbeitnehmer während der Altersteilzeit, endet automatisch das Arbeitsverhältnis und damit die Altersteilzeit.[863] In der Arbeits- oder Freistellungsphase eines Blockmodells führt der Tod des Altersteilzeitarbeitnehmers dazu, dass der Arbeitnehmer eine Vorleistung erbracht hat, die wegen der vorzeitigen Beendigung des Altersteilzeitarbeitsverhältnisses nicht mehr ausgeglichen werden kann. Den Erben des Altersteilzeitlers steht in solchen Fällen die Zahlung des Differenzausgleichs zwischen den aufgrund der Altersteilzeitvereinbarung ausgezahlten Leistungen und einem entsprechenden Vollzeitentgelt für die tatsächlich erbrachte Arbeitsleistung zu.[864] Es empfiehlt sich, insoweit eine vertragliche Regelung zu treffen.

cc) Kündigung

419 Schließlich ist auch eine Beendigung des Altersteilzeitverhältnisses durch Kündigung denkbar.[865] Da das Altersteilzeitverhältnis allerdings seiner Natur nach befristet oder auflösend bedingt ist, setzt die ordentliche Kündigung nach §§ 15 Abs. 3, 21 TzBfG eine **ausdrückliche Vereinbarung** im Altersteilzeitvertrag voraus.[866] Ansonsten ist zwischen dem klassischen Modell und dem Blockmodell zu differenzieren.

Im **klassischen Modell** gelten die allgemeinen kündigungsrechtlichen Regelungen ohne Besonderheiten. Bei betriebsbedingten Kündigungen sind Altersteilzeitler im Rahmen der Sozialauswahl des § 1 Abs. 3

---

859 *Schabenstiel/Tenbrock*, Innovative Arbeitsformen, S. 102.

860 *Stief*, Altersteilzeit in der Praxis, S. 96.

861 *Debler*, NZA 2001, 1285 f. Darüber hinaus könnte bereits bezweifelt werden, dass eine krankheitsbedingte Arbeitsunfähigkeit vorliegt, denn dies setzt voraus, dass der Arbeitnehmer im Rahmen seines Beschäftigungsverhältnisses einer bestimmten versicherten Beschäftigung nachgeht, vgl. Küttner/*Schlegel*, Personalbuch 2007, Altersteilzeit Rn 86.

862 *Dörner/Hoß*, Handbuch des Fachanwalts Arbeitsrecht, S. 1836.

863 *Stief*, Altersteilzeit in der Praxis, S. 100.

864 *Debler*, NZA 2001, 1285, 1289.

865 Umfassend: *Stück*, NZA 2000, 749 ff.

866 *Zwanziger*, RdA 2005, 232, 237.

KSchG wie normale Teilzeitarbeitnehmer zu behandeln.[867] Entscheidet sich der Arbeitgeber unter Zugrundelegung eines schlüssigen Organisationskonzeptes dafür, bestimmte Tätigkeitsbereiche nur noch mit Vollzeitarbeitskräften zu besetzen, so sind allein die Altersteilzeit- und Teilzeitarbeitnehmer in die Sozialauswahl mit einzubeziehen. Die unternehmerische Entscheidung kann in diesen Fällen nur daraufhin überprüft werden, ob sie offensichtlich unsachlich, unvernünftig oder willkürlich ist. Liegt der Organisationsentscheidung des Arbeitgebers dagegen kein schlüssiges Konzept zugrunde, sind sowohl Voll- als auch Teilzeitarbeitskräfte in die Sozialauswahl mit einzubeziehen.[868]

Im **Blockmodell** sind Altersteilzeitler in der Arbeitsphase grds. wie andere Vollzeitarbeitskräfte zu behandeln.[869] Besonderheiten ergeben sich in der **Freistellungsphase**, in der bestimmte Kündigungsgründe ausscheiden. Hierzu zählen in erster Linie die **betriebsbedingten** Kündigungsgründe. Da der Arbeitnehmer in der Freistellungsphase nicht mehr im Betrieb eingesetzt wird, sind keine dringenden betrieblichen Erfordernisse denkbar, die einer Weiterbeschäftigung des Arbeitnehmers entgegenstehen.[870] Dies gilt selbst dann, wenn der Betrieb stillgelegt wird.[871] Ferner scheiden typische **personenbedingte** Kündigungsgründe wie Krankheit, Verlust einer notwendigen Lizenz/Erlaubnis, Inhaftierung etc. aus, da der Arbeitnehmer seine Vorleistung bereits vollständig erbracht hat.[872] Im Bereich der **verhaltensbedingten** Kündigung scheiden schließlich an die Hauptleistungspflicht anknüpfende Gründe wegen der weggefallenen Arbeitspflicht aus. Gründe, die an eine Nebenpflichtverletzung anknüpfen, bleiben hingegen möglich. Hier ist bspw. an Verstöße gegen Konkurrenzverbote oder Verschwiegenheitspflichten zu denken. Hinsichtlich der Person des **Wiederbesetzers** empfiehlt sich eine von vornherein befristete Einstellung, weil dann eine Einbeziehung in die Sozialauswahl – die regelmäßig zu Lasten des Wiederbesetzers ausgeht und damit zum Entfallen der Förderleistungen führen kann – ausgeschlossen ist.

Praxishinweis

Von der Wirksamkeit einer Kündigung zu unterscheiden ist die Frage der Auswirkung auf **bereits angesparte Vergütungsansprüche** im Blockmodell. Hierzu enthält das ATZG keine Regelungen. Die wegen der Vorleistung des Arbeitnehmers in der Arbeitsphase erarbeiteten Ansprüche können durch eine spätere Kündigung jedoch allenfalls dann nicht mehr zum Erlöschen gebracht werden, wenn sich die frühere Arbeitsleistung des Altersteilzeitlers mit Blick auf seine Vertragsverstöße rückblickend als wertlos erweist. Bei der Vertragsgestaltung sollte eine Regelung für diesen Fall getroffen werden. Ein etwaiger Differenzausgleich ist steuer- und sozialabgabenpflichtig.[873]

h) Sonderfälle im Blockmodell

Probleme bereiteten der Praxis zuletzt die Fragen, ob zum einen ein Anspruch auf Urlaubsabgeltung bei Eintritt in die Freistellungsphase der Altersteilzeit im Blockmodell besteht und zum anderen eine Gehaltserhöhung während der Freistellungsphase auch dem Altersteilzeitarbeitnehmer zu Gute kommt. Zu beiden Fragestellungen gibt es nunmehr erste Entscheidungen der Rechtsprechung, die Licht ins Dunkel bringen. **420**

Nach Ansicht des BAG besteht gem. § 7 Abs. 4 BUrlG kein Anspruch auf Urlaubsabgeltung bei Eintritt in die Freistellungsphase der Altersteilzeit im Blockmodell. Ein entsprechender Anspruch bestehe vielmehr nur bei einer rechtlichen Beendigung des Arbeitsverhältnisses, die durch den Eintritt in die Freistellungs-

---

867 *Schabenstiel/Tenbrock*, Innovative Arbeitsformen, S. 111; *Stück*, NZA 2000, 749, 752.
868 Vgl. BAG 3.12.1998, NZA 1999, 431.
869 *Schabenstiel/Tenbrock*, Innovative Arbeitsformen, S. 111; *Stück*, NZA 2000, 749, 751.
870 *Zwanziger*, RdA 2005, 232, 237.
871 BAG 5.12.2002, NZA 2003, 789.
872 *Stück*, NZA 2000, 751; *Zwanziger*, RdA 2005, 232, 237.
873 *Debler*, NZA 2001, 1285, 1289.

phase noch nicht erfolgt sei. Bei Eintritt in die Freistellungsphase bestehe daher nur in tarifvertraglich ausdrücklich geregelten Fällen ein Abgeltungsanspruch.[874]

Nach der neueren Rechtsprechung des BAG sowie vorhergehend des EuGH kann der Urlaub im Jahr des Übergangs von Vollzeit auf Teilzeit nicht mehr gekürzt werden, soweit die Kürzung die Anzahl der während der Vollzeitbeschäftigung erworbenen Urlaubstage mindert (Verstoß gegen § 4 Abs. 1 TzBfG, § 134 BGB).[875] Dasselbe gilt für eine vertragliche Regelung, die im Altersteilzeitverhältnis nach einem Blockmodell den Urlaubsanspruch im Jahr des Übergangs von der Arbeits- zur Freistellungsphase anteilig kürzt.[876] Bei einer Kürzung des Urlaubs im Jahr des Übergangs von der Arbeits- zur Freistellungsphase wäre der Arbeitnehmer, der sich für ein Blockmodell entschieden hat, gegenüber Vollzeitbeschäftigten ebenso wie gegenüber in Altersteilzeit Beschäftigten, die ihre Altersteilzeit gleichmäßig an fünf Tagen pro Woche leisten, benachteiligt.

Hinsichtlich Tariflohnerhöhungen während der Freistellungsphase der Altersteilzeit hat zuletzt das LAG Berlin-Brandenburg entschieden, dass auch Altersteilzeitarbeitnehmer im Blockmodell hiervon gleichermaßen profitieren müssen wie die anderen Teilzeitbeschäftigten mit entsprechender Arbeitszeit.[877] Ähnlich hatte auch das BAG jüngst entschieden, dass Arbeitnehmer in der Freistellungsphase der Altersteilzeit von eingetretenen Tariferhöhungen profitieren, sofern sich aus dem Tarifvertrag nichts anderes ergibt.[878]

i) Verfahren

421   Leistungen der BA sind antragspflichtig. Der Antrag auf Förderung ist durch den Arbeitgeber bei der örtlich zuständigen Agentur für Arbeit einzureichen (§ 12 Abs. 1 S. 1 ATZG). Die örtlich zuständige Agentur ist grds. diejenige, in deren Bezirk der Betrieb liegt, in dem der Altersteilzeitler beschäftigt ist.[879]

Für die Erstattungsansprüche ist ein **zweistufiges Verfahren** vorgesehen: Arbeitgeber müssen einen Antrag auf Anerkennung der Voraussetzungen und einen Antrag auf Auszahlung stellen. Der **Antrag auf Anerkennung der Voraussetzungen** ist innerhalb von drei Monaten nach Vorliegen der Fördervoraussetzungen zu stellen. Wird diese Frist versäumt, wirkt er vom Beginn des Monats der Antragsstellung. Erfolgt die Wiederbesetzung des Arbeitsplatzes im Blockmodell erst ab Beginn der Freistellungsphase, kann der Arbeitgeber auch mittels einer **Vorabentscheidung** beantragen, ob der nach Altersteilzeit ausscheidende Arbeitnehmer zum Personenkreis der begünstigten älteren Arbeitnehmer gehört. Die Wiederbesetzung wird bei diesem Antrag noch nicht geprüft. Der Antrag auf Vorabentscheidung kann jederzeit bis zum Ende der Arbeitsphase gestellt werden; vorsorglich sollte die Antragstellung jedoch bis zum Beginn der Arbeitsphase erfolgen. Der **Antrag auf Auszahlung** ist an keine Frist gebunden und wirkt für die gesamte Förderungsdauer. Der Erstattungsanspruch unterliegt allerdings der vierjährigen Verjährung (§ 45 SGB I).

3. Checkliste: Altersteilzeit

422   ■ Kein gesetzlicher Anspruch auf Abschluss einer Altersteilzeitvereinbarung; häufig Anspruch aus Tarifverträgen oder Betriebsvereinbarungen.

   ■ Altersteilzeit kann über einen Zeitraum von bis zu 10 Jahren vereinbart werden, die BA fördert einen Zeitraum von maximal sechs Jahren. Ab dem 1.1.2010 begonnene Altersteilzeitvereinbarungen werden

---

874 BAG 16.10.2012, BeckRS 2013, 65964.
875 BAG 10.2.2015, NZA 2015, 1005; EuGH 22.4.2010, NZA 2010, 557.
876 LAG Hessen 30.9.2015, BeckRS 2016, 66790.
877 LAG Berlin-Brandenburg 12.9.2012, BeckRS 2012, 76082.
878 BAG 22.5.2012, AP TVG § 1 Altersteilzeit Nr. 57.
879 Nach § 12 Abs. 1 S. 6 ATZG kann der Arbeitgeber beantragen, dass eine andere Agentur für Arbeit für zuständig erklärt wird. Hierfür muss er allerdings ein berechtigtes Interesse vorweisen, welches bei einem bundesweit agierenden Unternehmen in der Konzentration der Verfahren liegen kann.

durch die BA jedoch nicht mehr finanziell gefördert. Steuer- und sozialversicherungsrechtliche Förder-
maßnahmen bleiben bestehen.

■ Zwei verschiedene Modelle der Altersteilzeit möglich: Das klassische Modell (gleichmäßige, kontinuierliche Reduzierung der Arbeitszeit) und das in der Praxis regelmäßig verwendete Blockmodell (Aufteilung der Altersteilzeit in Arbeits- und Freistellungsphase).

■ Vor Abschluss einer Altersteilzeitvereinbarung sollte der Zeitpunkt des frühestmöglichen Rentenbeginns durch Bescheinigung des zuständigen Rentenversicherungsträgers nachgewiesen werden.
Diese Rentenauskunft sollte auch Angaben über den nächstmöglichen Rentenbeginn ohne Abschläge
enthalten, da der Anspruch auf Förderleistungen nach diesem Zeitpunkt erlischt (§ 5 Abs. 1 Nr. 2
ATZG).

■ Fördervoraussetzungen nach dem ATZG für bis zum 31.12.2009 begonnene Altersteilzeitvereinbarungen:

▨ An die Person des Arbeitnehmers geknüpfte Voraussetzungen:
  – Arbeitnehmer mindestens 55 Jahre alt;
  – Arbeitnehmer muss mindestens 1.080 Tage innerhalb der letzten fünf Jahre Beiträge zur Ar-
    beitslosenversicherung geleistet haben;
  – Altersteilzeit mindestens bis Bezug – ggf. reduzierter – gesetzlicher Altersrente;
  – Reduzierung der wöchentlichen Arbeitszeit auf die Hälfte – hierauf ist genau zu achten, da
    schon geringfügige Abweichungen dazu führen, dass die Altersteilzeit nicht gefördert wird.

▨ Förderungsfähiges Altersteilzeitmodell
  – Altersteilzeitvereinbarung muss ausdrücklich als solche bezeichnet werden;
  – Schriftformerfordernis nach § 14 Abs. 4 TzBfG.

▨ Arbeitgeberbezogene Voraussetzungen
  – Aufstockung des Arbeitsentgelts und der Rentenversicherungsbeiträge in der Altersteilzeit;
  – Wiederbesetzung des freigewordenen Arbeitsplatzes.

▨ Förderungsumfang
  – Subventionen nach dem ATZG (abhängig vom Vorliegen der Fördervoraussetzungen);
  – Steuer- und sozialversicherungsrechtliche Privilegierung (unabhängig vom Vorliegen der För-
    dervoraussetzungen);
  – Altersrente nach Altersteilzeit (unabhängig vom Vorliegen der Fördervoraussetzungen).

▨ Verfahren
  – Leistungen nach dem ATZG sind antragspflichtig.
  – Zweistufiges Verfahren:
    – Antrag auf Vorliegen der Fördervoraussetzungen (innerhalb von drei Monaten zu stellen);
    – Antrag auf Auszahlung (fristungebunden).

▨ Hinweise zur Vertragsgestaltung
  – **Schriftform**: Der (Änderungs-)Vertrag muss schriftlich und vor Beginn der Altersteilzeit als
    Altersteilzeitvereinbarung abgeschlossen werden.
  – **Dauer**: Das Blockmodell darf den Zeitraum von drei Jahren (1,5 Jahre Arbeitsphase, 1,5 Jahre
    Freistellungsphase) nur unter den Voraussetzungen des § 2 Abs. 2 Nr. 1, Abs. 2 S. 2 ATZG über-
    schreiten.
  – **Arbeitszeit**: Die Arbeitszeit während der Altersteilzeit muss exakt die Hälfte der bisherigen
    wöchentlichen Arbeitszeit betragen. Mehrarbeit sollte nur in Freizeit ausgeglichen werden.
  – **Laufzeit**: Die Laufzeit der Altersteilzeitvereinbarung muss so bemessen sein, dass der Arbeit-
    nehmer unmittelbar im Anschluss an die Altersteilzeit eine Rente in Anspruch nehmen kann
    (§ 2 Abs. 1 Nr. 2 ATZG). Aus Transparenzgründen empfiehlt sich zudem die optische Hervor-
    hebung vorzeitiger Beendigungsgründe.

- **Tätigkeit**: Dem Arbeitnehmer kann mit dem Übergang in die Altersteilzeit eine andere als die bisherige Tätigkeit zugewiesen werden.
- **Regelarbeitsentgelt**: Das Regelarbeitsentgelt (vgl. § 6 Abs. 1 ATZG) ist nicht mit dem Brutto-arbeitsentgelt identisch, sondern liegt u.U. deutlich darunter.
- **Aufstockungsbeträge**: Es können höhere Aufstockungsbeträge vereinbart werden, als gesetzlich vorgesehen; allerdings werden sie von der BA nicht erstattet.
- **Arbeitsunfähigkeit**: Für den Fall einer längeren Arbeitsunfähigkeit sollte entweder die hälftige Verschiebung des Beginns der Freistellungsphase oder der Verzicht auf eine solche „Nacharbeit" geregelt werden.
- **Nebentätigkeit**: Übt ein Arbeitnehmer eine mehr als nur geringfügige Nebentätigkeit aus, ruht der Anspruch des Arbeitgebers auf Erstattung der Aufstockungsleistungen. Dieses Erstattungsrisiko sollte auf den Arbeitnehmer abgewälzt werden, weil es in dessen Sphäre fällt. Ferner sollte aus Transparenzgründen eine Mitteilungspflicht über die Ausübung von Nebentätigkeiten geregelt werden, obwohl diese bereits in § 11 Abs. 1 S. 1 ATZG normiert ist.
- **Befristung**: Ein Altersteilzeitverhältnis kann mehrfach befristet werden. Aus Transparenzgründen sollte eine derartige Befristung hinreichend verständlich gefasst und vorsorglich drucktechnisch hervorgehoben werden.
- **Kündigung**: Wegen der Befristung des Altersteilzeitverhältnisses ist eine ordentliche Kündigung nach § 15 Abs. 3 TzBfG ausgeschlossen, wenn sie nicht ausdrücklich vereinbart wird.
- **Urlaub**: Da ein Urlaubsanspruch in der Freistellungsphase des Blockmodells nicht besteht, wurde bislang regelmäßig aufgenommen, dass sich der Urlaubsanspruch des Arbeitnehmers im Jahr des Übergangs von der Arbeits- in die Freistellungsphase um 1/12 des Jahresurlaubs für jeden vollen Monat vermindert, den der Arbeitnehmer freigestellt ist. Nach der neueren Rechtsprechung des BAG kann der Urlaub im Jahr des Übergangs von Vollzeit auf Teilzeit nicht mehr gekürzt werden, soweit die Kürzung die Anzahl der während der Vollzeitbeschäftigung erworbenen Urlaubstage mindert. Dies ist auf Altersteilzeitverhältnisse übertragbar, so dass sich auch der Urlaubsanspruch im Jahr des Übergangs von der Arbeits- zur Freistellungsphase nicht anteilig kürzen lässt.

4. Altersteilzeitvertrag (Blockmodell)

▼

423   Muster 1b.12: Altersteilzeitvertrag

Altersteilzeitvertrag (Blockmodell)

Zwischen

– Arbeitgeber –

und

– Arbeitnehmer –

wird in Abänderung und Ergänzung des Arbeitsvertrages vom ▓▓▓▓▓ folgender Altersteilzeitvertrag nach dem Altersteilzeitgesetz (ATZG) geschlossen:

1. Beginn der Altersteilzeit; Fortführung des Arbeitsverhältnisses

Das Arbeitsverhältnis wird nach Maßgabe der folgenden Regelungen ab dem ▓▓▓▓▓ als Altersteilzeit-arbeitsverhältnis fortgeführt. Soweit im Folgenden nichts Anderweitiges geregelt ist, gelten die Bestimmungen des Arbeitsvertrages vom ▓▓▓▓▓ .

2. Tätigkeit

Der Arbeitnehmer wird auch während der Altersteilzeit auf seinem bisherigen Arbeitsplatz weiterbeschäftigt. Er übt seine bisherige Tätigkeit abgesehen von der Reduzierung der Arbeitszeit unverändert aus.

Alternativ: *Mit Beginn der Altersteilzeit übt der Arbeitnehmer die Tätigkeit als ▓▓▓▓▓ aus. Der Arbeitgeber ist unter Beibehaltung der Vergütung und Wahrung der Interessen des Arbeitnehmers berechtigt, diesem anderweitige, seinen Fähigkeiten entsprechende und mindestens gleichwertige Tätigkeiten zu übertragen.*

3. Arbeitszeit

(1) Die Arbeitszeit wird auf die Hälfte der bisherigen wöchentlichen Arbeitszeit reduziert. Sie beträgt demnach ▓▓▓▓▓ Stunden wöchentlich.

(2) Die Arbeitszeit verteilt sich in der Form des folgenden Blockmodells: Der Arbeitnehmer arbeitet in der ersten Hälfte der Altersteilzeit ab dem in Ziffer 1 dieses Vertrages bezeichneten Anfangsdatum (▓▓▓▓▓) bis zum ▓▓▓▓▓ weiterhin mit der bisherigen wöchentlichen Arbeitszeit („Arbeitsphase"). In der zweiten Hälfte der Altersteilzeit vom ▓▓▓▓▓ bis zum ▓▓▓▓▓ wird der Arbeitnehmer vollständig von der Arbeitsleistung freigestellt („Freistellungsphase").

Nur im Falle der Übernahme der 1. Variante von Ziffer 8 (3) ergänzend aufzunehmen:

(Ziffer 8 (3) dieses Vertrages, wonach sich der Beginn der Freistellungsphase im Falle einer über den gesetzlichen Entgeltfortzahlungszeitraum hinausgehenden Arbeitsunfähigkeit während der Arbeitsphase verschiebt, bleibt von dieser Regelung unberührt.)

(3) Der Arbeitnehmer ist verpflichtet, im Bedarfsfall auf Anforderung Mehr- und Überstunden im gesetzlich zulässigen Rahmen zu leisten. Der Umfang dieser zusätzlichen Arbeit wird den Umfang der Geringfügigkeitsgrenze des § 8 SGB IV nicht überschreiten. Geleistete Mehr- und Überstunden werden durch entsprechende Freizeitgewährungen ausgeglichen.

4. Vergütung

(1) Der Arbeitnehmer erhält für die Dauer der Altersteilzeit ein der hälftigen Arbeitszeitverminderung gemäß Ziffer 3 dieses Vertrages entsprechendes hälftig vermindertes Arbeitsentgelt. Die Vergütung wird unabhängig von der Verteilung der Arbeitszeit fortlaufend monatlich in gleichen Teilen gezahlt. Bisher betrug die monatliche Vollzeitvergütung ▓▓▓▓▓ EUR brutto. Dies ergibt auf Basis von 50 Prozent ab dem in Ziffer 1 dieses Vertrages bezeichneten Anfangsdatum (▓▓▓▓▓) eine Altersteilzeitvergütung von ▓▓▓▓▓ EUR.

(2) Sonstige Vergütungsbestandteile und Jahressonderzahlungen erhält der Arbeitnehmer ebenfalls anteilig nach Maßgabe obiger Ziffer 4 (1).

(3) Änderungen bei den Vergütungsbestandteilen wirken sich auch während der Freistellungsphase auf die Vergütung aus.

(4) Sämtliche dem Arbeitnehmer überlassenen Gegenstände (z.B. Dienstwagen, Diensttelefon etc.) sind mit Ablauf der Arbeitsphase herauszugeben.

5. Aufstockungszahlungen

(1) Der Arbeitnehmer erhält ab dem in Ziffer 1 dieses Vertrages bezeichneten Anfangsdatum ▓▓▓▓▓ zusätzlich zur Vergütung eine monatliche Aufstockungszahlung in Höhe von 20 Prozent des Regelarbeitsentgelts. Die Aufstockungszahlung beträgt ▓▓▓▓▓ EUR. Einmalzahlungen bleiben bei der Aufstockung außer Betracht (§ 6 Abs. 1 S. 2 ATZG).

(2) Der Arbeitgeber entrichtet zusätzlich für den Arbeitnehmer Beiträge zur gesetzlichen Rentenversicherung gemäß § 3 Abs. 1 Nr. 1b ATZG in Höhe des Betrages, der auf 80 Prozent des Regelarbeitsentgelts für die Altersteilzeitarbeit entfällt. Diese Verpflichtung ist begrenzt auf den Unterschiedsbetrag zwischen

90 Prozent der monatlichen Beitragsbemessungsgrenze in der gesetzlichen Rentenversicherung und dem Regelarbeitsentgelt.

(3) Der Arbeitgeber erbringt keinen Ausgleich für steuerliche Belastungen, die dadurch entstehen, dass die Aufstockungszahlungen dem Progressionsvorbehalt unterliegen.

6. Urlaub

(1) Der Arbeitnehmer hat Anspruch auf Jahresurlaub in Höhe von ▓▓▓▓▓ Arbeitstagen.

Alternativ: *(1) Der Urlaubsanspruch während der Altersteilzeit richtet sich nach den arbeitsvertraglichen Bestimmungen.*

(2) Der Urlaubsanspruch wird nur in der Arbeitsphase gewährt. In der Freistellungsphase besteht kein Urlaubsanspruch.

7. Erlaubte und verbotene Nebentätigkeit; Folgen einer verbotenen Nebentätigkeit

(1) Die Aufnahme einer Nebentätigkeit ist dem Arbeitgeber anzuzeigen und bedarf der Genehmigung des Arbeitgebers. Der Arbeitgeber wird die Genehmigung erteilen, soweit keine betrieblichen Belange entgegenstehen.

(2) Eine Nebentätigkeit darf nicht die Geringfügigkeitsgrenze des § 8 SGB IV überschreiten. Hiervon ausgenommen sind Beschäftigungen und selbstständige Tätigkeiten, die der Arbeitnehmer bereits innerhalb der letzten fünf Jahre vor Beginn der Altersteilzeitarbeit ständig ausgeübt hat (§ 5 Abs. 3 ATZG); der Arbeitnehmer ist verpflichtet, dem Arbeitgeber diesen Umstand unverzüglich nachzuweisen. Überschreitet eine Nebentätigkeit die Geringfügigkeitsgrenze des § 8 SGB IV, ruht der Anspruch des Arbeitnehmers auf Aufstockungszahlungen nach Ziffer 5 dieses Vertrages. Bei einer insgesamt 150 Tage überschreitenden Ausübung mehr als geringfügiger Nebentätigkeiten erlischt der Anspruch auf Aufstockungszahlungen; **in diesem Fall endet zugleich das Altersteilzeitarbeitsverhältnis nach diesem Vertrag (auflösende Bedingung).**

(3) Zeigt der Arbeitnehmer eine entgegen Ziffer 7 (2) ausgeübte Nebentätigkeit dem Arbeitgeber nicht an, hat er die insoweit zu Unrecht erhaltenen Aufstockungszahlungen zurückzuerstatten. Darüber hinaus bleibt dem Arbeitgeber die Geltendmachung eines weiteren Schadensersatzanspruchs vorbehalten.

8. Arbeitsunfähigkeit; Abtretung von Ersatzleistungen bei Arbeitsunfähigkeit; (Verschiebung der Freistellungsphase oder Verzicht auf Nacharbeit)

(1) Der Arbeitgeber leistet im Falle krankheitsbedingter Arbeitsunfähigkeit des Arbeitnehmers Entgeltfortzahlung einschließlich der Aufstockungszahlungen nach den für das Arbeitsverhältnis geltenden Bestimmungen. In der Freistellungsphase erhält der Arbeitnehmer die Vergütung einschließlich der Aufstockungszahlungen unabhängig davon, ob Arbeitsfähigkeit besteht.

(2) Bezieht der Arbeitnehmer bei krankheitsbedingter Arbeitsunfähigkeit nach Ablauf des Entgeltfortzahlungszeitraums Krankengeld, Versorgungskrankengeld, Verletztengeld oder Übergangsgeld, so gewährt der Arbeitgeber die Aufstockungszahlungen weiter. Der Arbeitnehmer tritt seine etwaig nach § 10 Abs. 2 ATZG gegen die Bundesagentur für Arbeit bestehenden Ansprüche auf Gewährung von Aufstockungszahlungen in Höhe der erbrachten Leistungen an den Arbeitgeber ab.

(3) Wird der Arbeitnehmer während der Arbeitsphase unverschuldet vorübergehend krankheitsbedingt arbeitsunfähig und überschreitet diese Arbeitsunfähigkeit den gesetzlichen Entgeltfortzahlungszeitraum, verschiebt sich der Beginn der Freistellungsphase um die Hälfte der Zeit nach hinten, die der Arbeitnehmer während der Arbeitsphase außerhalb des gesetzlichen Entgeltfortzahlungszeitraumes arbeitsunfähig war. Der Arbeitnehmer arbeitet in diesem Fall die Hälfte der in der Arbeitsphase aufgrund von Arbeitsunfähigkeit ausgefallenen Arbeitszeit außerhalb des gesetzlichen Entgeltfortzahlungszeitraums nach. Das in Ziffer 3 (2) festgelegte Ende der Altersteilzeit bleibt hiervon unberührt.

Alternativ: *(3) Der Arbeitgeber verzichtet auf die Nacharbeit von krankheitsbedingten Fehlzeiten ab dem Ende des Zeitraums der Entgeltfortzahlung. Folglich wird das für die Freistellungsphase erforderliche Wertguthaben auch während der krankheitsbedingten Fehlzeiten aufgebaut.*

9. Ende des Altersteilzeitarbeitsverhältnisses; Kündigung

(1) Das im Wege der Altersteilzeit fortgeführte Anstellungsverhältnis endet am ▓▓▓▓▓▓, ohne dass es einer Kündigung durch eine der Parteien bedarf.

(2) Das Recht zur vorzeitigen ordentlichen und außerordentlichen Kündigung bleibt unberührt. Während der Freistellungsphase ist eine personen- oder betriebsbedingte Kündigung jedoch ausgeschlossen.

(3) Das Altersteilzeitarbeitsverhältnis endet ferner

■ mit Ablauf des Kalendermonats vor dem Kalendermonat, für den der Arbeitnehmer erstmalig eine ungeminderte Rente wegen Alters oder, wenn er von der Versicherungspflicht in der gesetzlichen Rentenversicherung befreit ist, eine vergleichbare Leistung einer Versicherungs- oder Versorgungseinrichtung oder eines Versicherungsunternehmens beanspruchen kann; dies gilt nicht für Renten, die vor dem für den Arbeitnehmer maßgebenden Alter in Anspruch genommen werden können;

■ mit Beginn des Kalendermonats, für den der Arbeitnehmer – ggf. auch mit Abschlägen – eine Rente wegen Alters, eine Knappschaftsausgleichsleistung, eine ähnliche Leistung öffentlich-rechtlicher Art oder, wenn er von der Versicherungspflicht in der gesetzlichen Rentenversicherung befreit ist, eine vergleichbare Leistung einer Versicherungs- oder Versorgungseinrichtung oder eines Versicherungsunternehmens bezieht;

■ wenn der Anspruch auf die Altersteilzeit gemäß § 5 Abs. 3 S. 2 ATZG erlischt (Ziffer 7 (2) dieses Vertrages).

Bei entsprechender Interessenlage ergänzend aufzunehmen:

(4) Endet das Altersteilzeitarbeitsverhältnis vorzeitig, hat der Arbeitnehmer einen Anspruch auf einen Bruttoausgleich in Geld, sofern das ohne die Altersteilzeit für die Arbeitsphase ungekürzt zu gewährende Vollzeitarbeitsentgelt das gezahlte Altersteilzeitentgelt und die gezahlten Altersteilzeitleistungen übersteigt. Dieser Anspruch ist vererblich. Der Anspruch ist ausgeschlossen, sofern das Altersteilzeitarbeitsverhältnis vorzeitig nach Ziffer 7 (2) in Verbindung mit Ziffer 9 (3) dieses Vertrages endet.

10. Mitwirkungs- und Erstattungspflichten des Arbeitnehmers; Zurückbehaltungsrecht

(1) Der Arbeitnehmer hat dem Arbeitgeber jede Änderung der ihn betreffenden Verhältnisse, insbesondere die Aufnahme, Änderung oder Beendigung von Nebentätigkeiten, unverzüglich anzuzeigen.

(2) Der Arbeitnehmer ist verpflichtet, zum frühestmöglichen Zeitpunkt die erforderlichen Anträge auf ungeminderte Rente wegen Alters oder vergleichbare Leistungen zu stellen und den Arbeitgeber hierüber unverzüglich zu unterrichten. Er wird auf Verlangen des Arbeitgebers den frühestmöglichen Zeitpunkt mitteilen, ab dem er eine ungeminderte Rente wegen Alters oder eine vergleichbare Leistung beanspruchen kann.

(3) Der Arbeitgeber hat ein Zurückbehaltungsrecht, wenn der Arbeitnehmer seinen Mitwirkungspflichten nicht nachkommt oder vorsätzlich oder grob fahrlässig unvollständige oder unrichtige Auskünfte gibt.

(4) Der Arbeitnehmer verpflichtet sich, unrechtmäßig erlangte Leistungen des Arbeitgebers zu erstatten.

11. Insolvenzsicherung

Der Arbeitgeber teilt dem Arbeitnehmer am Ende des ersten Monats der Altersteilzeit und danach alle sechs Monate in Textform die zur Sicherung des Wertguthabens des Arbeitnehmers ergriffenen Maßnahmen mit.

12. Nebenabreden, Ergänzungen, Änderungen

Nebenabreden wurden nicht getroffen. Änderungen, Ergänzungen oder die Aufhebung dieses Vertrages bedürfen zu ihrer Wirksamkeit der Schriftform. Das gilt auch für die Änderung oder Aufhebung dieses Schriftformerfordernisses.

13. Auslegung

(1) Für die Auslegung dieses Vertrages ist das ATZG in seiner jeweils geltenden Fassung maßgeblich.

(2) Sollte eine Regelung dieses Vertrages unwirksam sein, sind die Vertragsparteien verpflichtet, den Vertrag so zu ändern, dass die Voraussetzungen für die Leistungen erfüllt werden.

▲

VI. Mitarbeiter im Außendienst

Literatur *Hunold*, Arbeitsrecht im Außendienst, 2. Aufl. 2006; *Schulz*, Gerichtsstand bei Reisetätigkeit, NZA 1995, 14; *Salamon/Fuhlrott*, Die Festlegung des Arbeitsplatzes als Vorfrage der AGB-Kontrolle, NZA 2011, 839; *Göpfert/Papst*, Digitale Überwachung mobiler Arbeit, DB 2016, 1015.

1. Anstellungsvertrag Außendienst

424 **Muster 1b.13: Anstellungsvertrag Außendienst**

§ 1 Tätigkeit

(1) Der Mitarbeiter wird als ▓▓▓▓▓ eingestellt. Erfüllungsort ist der Wohnsitz des Mitarbeiters.

(2) Der Arbeitgeber ist berechtigt, dem Mitarbeiter andere Tätigkeiten zuzuweisen, die zumutbar sind und seinen Kenntnissen und Fähigkeiten entsprechen.

(3) Insbesondere überträgt der Arbeitgeber dem Mitarbeiter mit Wirkung vom Inkrafttreten dieses Vertrages die (nicht-)ausschließliche Vertretung in ▓▓▓▓▓ (*Gebiet*) (nachfolgend „**Vertragsgebiet**" genannt) für die in **Anlage 1** genannten Produkte (nachfolgend „**Vertragsprodukte**" genannt). Nimmt der Arbeitgeber andere Artikel in dieses Warensortiment auf, so kann er verlangen, dass der Mitarbeiter auch für diese die Vertretung übernimmt. Das Recht des Arbeitgebers, selbst oder durch Dritte in dem Vertragsgebiet tätig zu werden, bleibt unberührt.

(4) Der Arbeitgeber behält sich die Vergabe von Vertriebsrechten für andere, auch künftig aufzunehmende Warensortimente vor.

(5) Der Mitarbeiter übernimmt den in seinem Vertragsgebiet derzeit vorhandenen Kundenstamm, der in dem als **Anlage 2** beigefügten Verzeichnis, das auch den in dem vor Beginn dieses Vertrages liegenden Kalenderjahr mit diesen Kunden erzielten Umsatz wiedergibt, aufgeführt ist.

(6) Der Arbeitgeber behält sich vor, das Vertragsgebiet, die Vertragsprodukte oder den Kundenkreis zu verändern, auch zu verkleinern, wenn ihm dies im Interesse eines sachgemäß geführten Betriebes, insbesondere aufgrund wesentlicher Änderungen im Kundenbestand oder der produktbezogenen Anforderungen zweckdienlich erscheint. Diese Möglichkeit besteht vor allem dann, wenn der Mitarbeiter die Kundenbetreuung im Vertragsgebiet nicht im Sinne einer vollständigen Marktabdeckung intensiv fördert und das Marktpotential nicht optimal ausschöpft oder wenn ohne eine solche Änderung ein erheblicher Umsatzrückgang in dem Vertragsgebiet zu erwarten ist. Das Verkaufsgebiet kann nur mit einer Ankündigungsfrist von ▓▓▓▓▓ Monaten zum Monatsende geändert werden. In jedem Fall sind die Interessen des Mitarbeiters angemessen zu berücksichtigen. Gesetzliche Ansprüche des Mitarbeiters bleiben unberührt.

(7) Auf Wunsch des Arbeitgebers ist der Mitarbeiter bereit, Produkte, Muster, Werbematerial, etc. in seiner Wohnung vorrätig zu halten und zu lagern. Die damit verbundenen Aufwendungen sind mit dem Gehalt abgegolten.

§ 2 Aufgaben und Befugnisse des Mitarbeiters

(1) Der Mitarbeiter hat die Aufgabe, in seinem Vertragsgebiet für den Arbeitgeber Verkaufsgeschäfte über die Vertragsprodukte zu vermitteln. Er ist nicht berechtigt, den Arbeitgeber rechtsgeschäftlich zu vertreten oder für den Arbeitgeber Kundenzahlungen einzuziehen.

(2) Der Mitarbeiter wird die Interessen des Arbeitgebers mit der Sorgfalt eines ordentlichen Kaufmannes wahrnehmen. Er wird sich nach Kräften für den Absatz der Vertragsprodukte in seinem Vertragsgebiet einsetzen und für die Vertragsprodukte Werbung betreiben. Er wird den Arbeitgeber regelmäßig unter Beachtung der von dem Arbeitgeber gegebenen Kriterien über seine Tätigkeit und die allgemeine Marktentwicklung, insbesondere die Konkurrenzsituation sowie im Rahmen des Erforderlichen über die besonderen Verhältnisse einzelner Kunden und Interessenten, namentlich über deren Anforderungen und deren Kreditwürdigkeit, berichten. Insbesondere wird der Mitarbeiter

- die Kunden und Interessenten in seinem Vertragsgebiet regelmäßig, mindestens einmal jährlich, besuchen, beraten, bei ihnen für die Vertragsprodukte werben, die bestehenden Geschäftsbeziehungen ausbauen und neue Absatzmöglichkeiten erkunden sowie etwaige Mängelrügen von Kunden unverzüglich an den Arbeitgeber weiterleiten;

- die führenden Fachmessen in seinem Vertragsgebiet besuchen;

- sich über den technischen Fortschritt im Bereich der Vertragsprodukte auf dem Laufenden halten;

- den Arbeitgeber in regelmäßigen Abständen, mindestens zweimal jährlich, von seinen Aktivitäten, Kundenbesuchen sowie der allgemeinen Marktentwicklung berichten, namentlich über jede Geschäftsvermittlung sowie das Verhalten der Wettbewerber auf dem Markt informieren;

- die Kreditwürdigkeit der Kunden (insbesondere der Neukunden) gewissenhaft prüfen und beobachten sowie den Arbeitgeber bei der Überprüfung der Bonität der Kunden und bei der Einziehung von Forderungen aus Lieferungen unterstützen;

- den Arbeitgeber auf einen ihm bekannt werdenden Bedarf von Kunden, auch wenn diese ihren Sitz außerhalb seines Vertragsgebietes haben, aufmerksam machen.

§ 3 Unterstützung des Mitarbeiters

(1) Der Arbeitgeber unterstützt den Mitarbeiter unter anderem dadurch, dass er ihn über die Verhältnisse des Arbeitgebers unterrichtet hält, ihm namentlich Preislisten, Geschäftsbedingungen, Zeichnungen, Muster, Werbedrucksachen und Marktinformationen zur Verfügung stellt und bevorstehende Preis- oder Produktionsänderungen mitteilt.

(2) Werbematerial, Muster sowie sonstige Gegenstände, die der Arbeitgeber dem Mitarbeiter zur Unterstützung seiner Tätigkeit zur Verfügung stellt, bleiben im Eigentum des Arbeitgebers. Sie sind nach Beendigung des Vertragsverhältnisses unverzüglich zurückzugeben, soweit sie nicht bestimmungsgemäß verbraucht wurden.

§ 4 Dienstreisen/Spesenerstattung

(1) Der Mitarbeiter verpflichtet sich, die mit seiner Tätigkeit verbundene Reisetätigkeit wahrzunehmen. Die Anzahl, die jeweilige Dauer und der Zielort der Dienstreisen richten sich nach den Bedürfnissen des Arbeitgebers.

(2) Die Erstattung von dienstlich veranlassten Spesen und anderen Auslagen richtet sich nach den jeweils gültigen Richtlinien des Arbeitgebers.

(3) Der Arbeitnehmer ist bereit seinen Privat-Pkw für Dienstreisen zu verwenden. Soweit der Arbeitnehmer für Dienstfahrten seinen Privat-Pkw benutzt, erhält er dafür eine Pauschale in Höhe von EUR/Cent   pro Kilometer gegen Nachweis der jeweils zurückgelegten Kilometer.

§ 5 Vergütung

Der Mitarbeiter erhält für seine vertragliche Tätigkeit ein Jahresbruttogehalt von EUR   , das in 12 gleichen Raten ausgezahlt wird. Diese sind jeweils zum 15. eines Monats fällig und werden bargeldlos ausgezahlt.

§ 6 Provision

(1) Der Mitarbeiter erhält eine Provision für während der Vertragsdauer mit Kunden in seinem Vertragsgebiet abgeschlossene Geschäfte über die Lieferung von Vertragsprodukten. Die Provision wird jeweils aus dem Netto-Rechnungsbetrag der von dem Arbeitgeber gegenüber dem Kunden erstellten Rechnung ermittelt. Vergütungen des Kunden für von dem Arbeitgeber erbrachte Dienstleistungen, sowie z.B. Serviceeinsätze und Reparaturen, werden nicht verprovisioniert. Barzahlungsnachlässe werden bei der Provisionsermittlung berücksichtigt. Mit dieser Provision wird die gesamte Tätigkeit des Mitarbeiters einschließlich aller ihm dabei entstehenden Aufwendungen abgegolten.

(2) Die von dem Mitarbeiter vermittelten und von dem Mitarbeiter ausgeführten Geschäfte werden mit einem Prozentsatz von   % vergütet.

(3) Sieht sich der Arbeitgeber namentlich aus Wettbewerbsgründen veranlasst, in Einzelfällen einen ungewöhnlich niedrigen Preis zu akzeptieren, so kann die dem Mitarbeiter für diese Geschäfte zustehende Provision angemessen, höchstens jedoch auf die Hälfte des jeweiligen Provisionssatzes gemäß Abs. 2 dieser Regelung gekürzt werden.

(4) Zwischen den Parteien besteht Einigkeit darüber, dass ein Liefervertrag zwischen dem Arbeitgeber und dem Kunden erst dann zustande kommt, wenn der Arbeitgeber die Bestellung des Kunden ausdrücklich schriftlich bestätigt oder die Auslieferung ohne gesonderte Bestätigung vorgenommen hat. Es steht dem Arbeitgeber frei, ein von dem Mitarbeiter vermitteltes Geschäft abzuschließen oder abzulehnen. Der Mitarbeiter ist verpflichtet, die Kunden hierauf jeweils hinzuweisen.

§ 7 Fälligkeit, Abrechnung

(1) Der Anspruch auf Zahlung der Provisionen entsteht, sobald und soweit der Kunde das Entgelt für das provisionspflichtige Geschäft entrichtet hat. Bei Scheck- oder Wechselzahlung gilt das Entgelt in dem Zeitpunkt als entrichtet, in welchem der Arbeitgeber über den Rechnungsbetrag endgültig frei verfügen kann. Der Mitarbeiter hat Anspruch auf Zahlung eines angemessenen Provisionsvorschusses, wenn der Arbeitgeber das Geschäft ausgeführt hat. Die Vorschusszahlung wird jeweils zum 15. des Folgemonats fällig. Solche Vorschüsse können von dem Arbeitgeber nach freiem Ermessen mit späteren Provisionszahlungen verrechnet werden. Im Übrigen sind nichtverdiente Vorschüsse auf erstes Anfordern von dem Mitarbeiter an den Arbeitgeber zurückzuzahlen.

(2) Der Provisionsanspruch entfällt, wenn und soweit die Ausführung und Abwicklung des abgeschlossenen Geschäfts unmöglich geworden ist, ohne dass der Arbeitgeber die Unmöglichkeit zu vertreten hat. Der Provisionsanspruch entfällt auch, wenn feststeht, dass der Kunde nicht leistet; er mindert sich, wenn der Kunde nur teilweise leistet. Bereits empfangene Beträge sind zurückzugewähren und können von dem Arbeitgeber mit fälligen Provisionsansprüchen verrechnet werden.

(3) Der Arbeitgeber ist nur dann zur gerichtlichen Geltendmachung und Vollstreckung seines Erfüllungsanspruches gegenüber dem Kunden verpflichtet, wenn diese Maßnahmen hinreichende Aussicht auf Erfolg bieten und dem Arbeitgeber zumutbar sind. In anderen Fällen ist der Arbeitgeber zur gerichtlichen Geltendmachung und zur Vollstreckung seines Erfüllungsanspruches nur verpflichtet, wenn der Mitarbeiter dies schriftlich verlangt.

(4) Der Arbeitgeber wird dem Mitarbeiter monatlich jeweils am Zehnten des folgenden Monats für die in dem jeweiligen vorausgegangenen Monat ausgeführten und bezahlten Geschäfte Abrechnung über die in diesem Zeitraum fällig gewordenen Ansprüche auf Zahlung einer Provision erteilen. Gegenseitige Ansprüche sind in der Abrechnung in Rechnung zu stellen und zum Abrechnungszeitpunkt zu verrechnen. Der danach festgestellte Saldo ist beim Mitarbeiter auszugleichen.

§ 8 Vorteilsannahme

Die Annahme von Zuwendungen von Dritten, gleich welcher Art, die über steuerlich anerkannte Gelegenheitsgeschenke hinausgeht, ist dem Mitarbeiter untersagt. Dritte sind solche Unternehmen oder Personen, die in irgendeinem Zusammenhang mit der Tätigkeit und/oder den Interessen des Arbeitgebers stehen. Bei Überschreitung der genannten Wertgrenze, wenn sich die Annahme nicht vermeiden ließ, oder in Zweifelsfällen hat der Mitarbeiter unverzüglich den Arbeitgeber zu informieren.

▲

2. Anstellungsvertrag Außendienst Erläuterung – Vorbemerkungen

425   Das Anstellungsverhältnis eines Außendienstmitarbeiters unterscheidet sich aufgrund der Besonderheiten der Außendiensttätigkeiten in einigen Bereichen von einem normalen Arbeitsverhältnis. Der Außendienstmitarbeiter oder Reisende kann seine Tätigkeiten relativ frei gestalten. Gleichzeitig sind die Kontrollmöglichkeiten für den Arbeitgeber aufgrund der mangelnden festen Anbindung an einen Arbeitsplatz deutlich eingeschränkt. Der Angestellte im Außendienst ist grds. als Handlungsgehilfe i.S.d. § 59 HGB zu qualifi-

zieren und gegenüber dem Handelsvertreter nach § 84 HGB abzugrenzen.[880] Maßgeblich für die Abgrenzung ist die tatsächlichen Durchführung und nicht der Vertragstext.[881] Für den Anstellungsvertrag Außendienst gelten grds. die allgemeinen arbeitsrechtlichen Regelungen, allerdings ergänzt durch die zumindest analog anwendbaren §§ 59 ff. HGB.[882] Darüber hinaus wird mit den Außendienstmitarbeitern regelmäßig eine Provision vereinbart, so dass über § 65 HGB die §§ 87 Abs. 1 und Abs. 3, 87a–87c HGB gelten. Diese für den Handelsvertreter vorgesehenen Regelungen betreffen insbesondere die Entstehung, Fälligkeit, Höhe und Abrechnung der Provision. Insoweit sind diese Regelungen auch bei der Vertragsgestaltung von Bedeutung. Insbesondere ist von Bedeutung, dass die Ansprüche des Außendienstmitarbeiters auf einen Buchauszug und möglicherweise auf Einsichtnahme in die Unterlagen des Arbeitgebers durch den Mitarbeiter oder einen Wirtschaftsprüfer vertraglich nicht ausgeschlossen oder beschränkt werden können, § 87c Abs. 5 HGB.

§ 1 Abs. 1 legt als Erfüllungsort den Wohnsitz des Arbeitnehmers fest. Soweit dem Arbeitnehmer ein Bezirk oder Kundenkreis zugewiesen wird, den er von seinem Wohnsitz aus bearbeitet, ist der Wohnsitz ohnehin als Schwerpunkt der Arbeitsleistung anzusehen und damit Erfüllungsort nach § 269 Abs. 1 BGB. Die Wohnung ist sodann die Anlaufstelle für Weisungen des Arbeitgebers über die Gestaltung der Reisetätigkeit.[883]   **426**

Das Direktionsrecht ist Gegenstand der Regelungen unter § 1 Abs. 2–6 des Vertrages. Die Pflichten des Außendienstmitarbeiters können nach Zeit, Ort und Art der Leistungen näher bestimmt werden, weshalb ein entsprechendes Weisungsrecht vertraglich vereinbart werden sollte.[884] Nach allgemeinen arbeitsrechtlichen Grundsätzen erfolgt allerdings auch dabei eine Billigkeitskontrolle.[885]   **427**

Die Verpflichtung des Außendienstmitarbeiters, weitere Artikel des Arbeitgebers zu vertreten, kann über das arbeitgeberseitige Direktionsrecht unter § 1 Abs. 3 des Vertrages sichergestellt werden. Der Arbeitgeber sollte sich weiter vorbehalten, selbst oder durch Dritte im Vertragsgebiet tätig zu werden, damit keine Auseinandersetzung über die Frage eines Gebietsschutzes entsteht. Der unter § 1 Abs. 4 vereinbarte Vorbehalt ermöglicht dem Arbeitgeber, die Vertriebsrechte für neue Produkte nicht unbedingt an den Außendienstmitarbeiter zu vergeben, sondern anderweitig zu verteilen. Der Mitarbeiter hat insoweit keinen Anspruch auf die Übertragung der Vertriebsrechte auch für neue Produkte oder Warensortimente. Gleichzeitig wird eine gewisse Flexibilität für den Arbeitgeber gewahrt.   **428**

Die unter § 1 Abs. 5 vorgesehene Feststellung des vorhandenen Kundenstammes ist zur Klarstellung und Arbeitserleichterung vorteilhaft, auch wenn beim angestellten Außendienstmitarbeiter kein dem § 89b HGB vergleichbarer Ausgleichsanspruch besteht.[886]   **429**

Das nach § 1 Abs. 6 vorgesehene Recht, das Verkaufsgebiet zu verändern, stellt i.d.R. einen Änderungsvorbehalt nach § 308 Nr. 4 BGB dar. Insoweit muss die Zuweisung eines anderen Verkaufsgebietes oder die Veränderung des Verkaufsgebietes angemessen und für den Mitarbeiter zumutbar sein sowie einer gerichtlichen Billigkeitskontrolle nach § 315 BGB standhalten. Nach der bisherigen Rechtsprechung war insbesondere entscheidend, ob sich dadurch das Provisionseinkommen des Mitarbeiters reduziert, wobei Gehaltseinbußen von bis zu 20 % das billige Ermessen wahren sollen.[887] Die Ankündigung einer Auslauffrist soll ebenfalls dem Gebot der Billigkeit gem. § 315 BGB Rechnung tragen. Die Länge der Kündigungsfrist   **430**

880 Vgl. dazu BAG 24.3.1992, DB 1992, 2352; BAG 20.7.1994, AP Nr. 73 zu § 611 Abhängigkeit; LAG Baden-Württemberg 26.10.1990, VersR 1991, 1156, 1157; Berscheid/*von Manteuffel/Evers*, Rn 865 ff.
881 Vgl. MüKo-HGB/*von Hoyningen-Huene*, § 84 Rn 46.
882 Vgl. MüKo-HGB/*von Hoyningen-Huene*, § 59 Rn 7.
883 BAG 12.6.1986, Betrieb 1987, 1742.
884 Vgl. BAG 25.10.1989, AP Nr. 36 zu § 611 BGB Direktionsrecht; BAG 27.3.1980, AP Nr. 26 zu § 611 BGB Direktionsrecht.
885 BAG 27.3.1980, DB 1980, 1603; BAG 20.11.1984, AP Nr. 27 zu § 611 BGB Direktionsrecht.
886 Vgl. BAG 3.6.1958, AP Nr. 1 zu § 89b HGB.
887 BAG 7.10.1982, AP Nr. 5 zu § 620 Teilkündigung m.w.N.

muss dabei nicht zugrunde gelegt werden. Eine Änderungskündigung ist gerade nicht erforderlich. Laut BAG verhindert die Versetzungsklausel eine definitive Festlegung des Arbeitsortes.[888]

Darüber hinaus wird das Transparenzgebot des § 307 Abs. 1 S. 2 BGB zu beachten sein. Insoweit sollte in der vertraglichen Regelung konkret festgelegt werden, unter welchen Voraussetzungen das einseitige Bestimmungsrecht ausgeübt werden kann.[889] Soweit objektive Gründe oder Gründe in der Person des Mitarbeiters vorliegen, wird i.d.R. eine angemessene und zumutbare Veränderung gegeben sein.[890] Ein Mitbestimmungsrecht des Betriebsrates nach § 87 Abs. 1 Nr. 10 BetrVG soll bei einer Veränderung der Gebiete nicht vorliegen.[891] Möglicherweise besteht allerdings ein Mitbestimmungsrecht nach § 99 BetrVG, soweit die Gebietsveränderung die Qualität einer Arbeitsplatzveränderung i.S.d. § 99 BetrVG erreicht hat.[892]

431   Die unter § 1 Abs. 7 vorgesehene Lagerhaltung in der Privatwohnung ist angesichts der praktischen Handhabung häufig anzutreffen, so dass sich eine Regelung dazu empfiehlt.[893]

432   Nach § 2 Abs. 1 hat der Mitarbeiter keine Abschluss- sondern lediglich eine Vermittlungsvollmacht, die dazu ermächtigt, Geschäftsabschlüsse zu vermitteln.[894] Der Umfang der Vermittlungsvollmacht folgt aus der vertraglichen Vereinbarung und die Vermittlungspflicht bezieht sich lediglich auf das Programm des Arbeitgebers.[895]

433   Der Mitarbeiter ist verpflichtet, alle Handlungen vorzunehmen, die dazu geeignet sind, den späteren Geschäftsabschluss mit dem Kunden vorzubereiten und herbeizuführen, weshalb § 2 Abs. 2 exemplarisch einige dieser Tätigkeiten aufführt.[896] Zu den typischen Aufgaben gehören Kundenbesuche, Verkaufsgespräche sowie das Bewerben von Produkten.[897] Auch das Gewinnen neuer Kunden gehört zu den wesentlichen Aufgaben des Außendienstmitarbeiters.[898] Gleiches gilt für das Führen einer Kundenkartei und die Weitergabe von Bestellungen sowie die Anfertigung von Kostenabrechnungen.[899] Zu den Nebenpflichten des Mitarbeiters gehören insbesondere Berichts- und Informationspflichten, wobei der Umfang der Berichts- und Informationspflicht aus der Besonderheit des jeweiligen Geschäftes folgt.[900] Grds. sind alle Informationen, die für den Arbeitgeber von Interesse sein können (z.B. Bonität des Kunden, besondere Umstände des Geschäftes, aber auch Angebote von Schmiergeld oder der Verlust des Führerscheins) mitzuteilen. Wegen der geringen Kontrollmöglichkeiten des Arbeitgebers besteht insoweit ein besonderes Vertrauensverhältnis zum Außendienstmitarbeiter.

434   Die Verpflichtungen des Arbeitgebers zur Unterstützung des Mitarbeiters sind Gegenstand der Regelung unter § 3 Abs. 1. Es besteht zunächst eine vertragliche Nebenpflicht in Gestalt einer Informationspflicht über alle Umstände, die für die erfolgreiche Aufgabenerfüllung durch den Mitarbeiter erforderlich sind. Darüber hinaus ist der Arbeitgeber verpflichtet, dem Mitarbeiter die zur Aufgabenerfüllung notwendigen Unterlagen, Materialien und Gegenstände in einwandfreiem Zustand zu überlassen.[901] Ferner besteht eine Informationspflicht des Arbeitgebers über das Schicksal der vermittelten Geschäfte, da diese Informationen

---

888 BAG 19. 1. 2011, NZA 2011, 631; *Salamon/Fuhlrott*, NZA 2011, 839.
889 Vgl. ErfK/*Preis*, §§ 305–310 BGB Rn 60.
890 BAG 7.10.1982, DB 1983, 1368.
891 BAG 16.7.1991, NZA 1992, 178.
892 Vgl. *Hunold*, Rn 157 ff.
893 Vgl. *Hunold*, Rn 284.
894 Vgl. Küstner/Thume/*Schröder*, Band I, Kap. II, Rn 162 ff.
895 Vgl. Berscheid/*von Manteuffel/Barfrieder*, Rn 225.
896 Vgl. Berscheid/*von Manteuffel/Evers*, Rn 883.
897 Vgl. ArbG Bamberg 8.11.1994, NZA 1995, 864.
898 Vgl. MüKo-HGB/*von Hoyningen-Huene*, § 86 Rn 23; *Schulz*, NZA 1995, 14.
899 Vgl. Berscheid/*von Manteuffel/Evers*, Rn 883 m.w.N.
900 Küstner/Thume/*Schürr*, Band I, Kap. III, Rn 30 ff.; MüKo-HGB/*von Hoyningen-Huene* § 86 Rn 48.
901 Vgl. Küstner/Thume/*Schürr*, Band I, Kap. IV, Rn 5 ff.

für die Provisionsansprüche des Mitarbeiters von Bedeutung sind.[902] Im Zweifel handelt es sich um eine Bringschuld des Arbeitgebers, es sei denn, eine Holschuld wird vertraglich vereinbart. In diesem Fall besteht allerdings ein Aufwendungsersatzanspruch des Arbeitnehmers.[903]

Die unter § 3 Abs. 2 geregelte Rückgabe von Gegenständen des Arbeitgebers hat nach überwiegender Auffassung am Wohnsitz des Mitarbeiters als Erfüllungsort zu erfolgen.[904] Nach anderer Auffassung soll die Betriebsstätte des Arbeitgebers Erfüllungsort für die Rückgabeverpflichtungen des Arbeitnehmers sein.[905]   **435**

Bei Dienstfahrten des Mitarbeiters muss danach unterschieden werden, ob der Arbeitgeber dem Mitarbeiter   **436** ein Dienstfahrzeug zur Verfügung stellt oder der Mitarbeiter seinen eigenen Privat-Pkw benutzt und dafür einen Aufwendungsersatz erhält (zur Nutzung eines Dienstwagens siehe unten Rdn 512). Der Arbeitgeber kann im Rahmen seines Direktionsrechts den Arbeitnehmer anweisen, den eigenen Pkw zu benutzen, da die Benutzung eines Pkw Voraussetzung zur Erfüllung der Hauptleistungspflichten eines im Außendienst eingesetzten Mitarbeiters ist.[906] Nach der Regelung unter § 4 Abs. 3 soll der Arbeitnehmer seinen eigenen Pkw benutzen und dafür eine pauschale Aufwandsentschädigung erhalten. Eine pauschale Abgeltung empfiehlt sich, um erheblichen Verwaltungsaufwand zu vermeiden.[907] Dabei sind die jeweils geltenden steuerlichen gesetzlichen Regelungen zu beachten. Der Verweis auf Reisekostenrichtlinien ist bei Außendienstmitarbeitern angesichts der erheblichen Reisetätigkeiten in der Praxis üblich und empfehlenswert. Bei einer Beschädigung des Privat-Pkw des Arbeitnehmers sind zahlreiche Fallgestaltungen zur Haftung des Arbeitgebers denkbar.[908]

Die Vergütung eines Außendienstmitarbeiters setzt sich regelmäßig aus einem Festgehalt und einer Provision zusammen. Das Festgehalt nach § 5 des Vertrages kann darüber hinaus auch als Garantie-Provision   **437** ausgestaltet sein.[909] Eine Vergütung ausschließlich auf Provisionsbasis ist von der Vertragsfreiheit nicht mehr gedeckt und verstößt gegen die guten Sitten, § 138 Abs. 1 BGB.[910] Zu beachten ist, dass das vereinbarte Festgehalt (gegebenenfalls zzgl. einer Garantieprovision) ein tarifliches Mindestentgelt erreichen muss, soweit eine Tarifbindung besteht. Seit dem 1.1.2015 gilt ein gesetzlicher Mindestlohn von 8,50 EUR brutto pro Stunde (§ 1 MiLoG). Ab dem 1.1.2017 wird dieser auf 8,84 EUR erhöht. Die unter § 7 vorgesehene Vergütungsregelung ist regelmäßig durch die üblichen Vergütungsregelungen zu ergänzen (z.B. Abgeltung von Mehrarbeit, siehe oben § 1a Rdn 1078 ff.).

Die unter § 6 vorgesehene Provision soll eine Erfolgsvergütung und damit ein Leistungsanreiz für den Mitarbeiter sein. Rechtlich handelt es sich um eine Vermittlungsprovision und nicht um eine Abschlussprovision. Nach § 65 HGB sind § 87 Abs. 1, Abs. 3 und die §§ 87a–87c HGB, die gesetzliche Sonderregelungen zur Provision beinhalten, anzuwenden und unabdingbar.[911] Die Zuweisung einer Bezirksprovision soll mit der Formulierung unter § 6 Abs. 1 nicht verbunden sein. Die Bezirksprovision kann lediglich beansprucht werden, wenn diese ausdrücklich vereinbart wurde.[912]   **438**

Die Höhe der Provision richtet sich nach der vertraglichen Vereinbarung. Soweit eine solche Vereinbarung   **439** fehlt, wird die übliche Provision geschuldet, § 87b Abs. 1 HGB. Grds. ist die Provision nach § 87b Abs. 2 S. 1

---

902 Vgl. MüKo-HGB/*von Hoyningen-Huene*, § 86a Rn 21.
903 Vgl. Berscheid/*von Manteuffel/Evers*, Rn 896.
904 OLG München 3.3.1999, BB 1999, 2320.
905 LAG Rheinland-Pfalz 8.5.1996, BB 1997, 632.
906 BAG 29.8.1991, AP Nr. 38 zu § 611 BGB Direktionsrecht.
907 Vgl. *Hunold*, Rn 339; Berscheid/*von Manteuffel/Evers*, Rn 951.
908 Vgl. Berscheid/von Manteuffel/*Evers*, Rn 957; *Hunold*, Rn 340 ff.
909 Staub/*Weber*, § 65 Rn 12.
910 LAG Hamm 16.10.1989, ZIP 1990, 880; Palandt/*Heinrichs*, § 138 BGB Rn 9; Küttner/*Thomas*, § 36 Rn 9.
911 BAG 17.5.1962, BB 1962, 878; BAG 4.7.1972, AP Nr. 6 zu § 65 HGB;; LAG Hamm 2.10.1991, BB 1992, 142.
912 BAG 13.12.1965, BB 1966, 208.

HGB auf der Bemessungsgrundlage des Entgeltes zu berechnen, welches der Kunde zu leisten hat, folglich auf Basis des getätigten Umsatzes.

440 Nach § 87b Abs. 2 S. 2 HGB sind Nachlässe bei Barzahlungen nicht abzuziehen, so dass die Provision davon grds. unberührt bleibt. Wurde allerdings ein Rabatt bereits bei Vertragsschluss zwischen dem Arbeitgeber und dem Kunden vereinbart, so berechnet sich die Provision nach dem tatsächlich vom Kunden gezahlten Entgelt.[913] Zum Schutz des Mitarbeiters ist unter § 9 Abs. 3 die Kürzungsmöglichkeit im Falle einer vereinbarten Rabattierung auf maximal 50 % der ansonsten zu zahlenden Provision begrenzt worden.

441 Der Provisionsanspruch entsteht mit Zustandekommen des Geschäftsabschlusses, folglich durch Angebot und Annahme. Ein Kontrahierungszwang für den Arbeitgeber besteht nicht, es besteht vielmehr Vertragsfreiheit, weshalb der Arbeitgeber nach § 6 Abs. 4 berechtigt ist, ein von dem Mitarbeiter vermitteltes Geschäft abzulehnen, worauf der Mitarbeiter bei der Vertragsanbahnung hinzuweisen hat.

442 Die Fälligkeit und Abrechnung der Provision ist Gegenstand der Regelung unter § 7. Die Fälligkeit tritt grds. mit der Ausführung des Geschäftes durch den Arbeitgeber oder den Kunden ein, § 87a Abs. 1 HGB. Vorher besteht lediglich eine so genannte Provisionsanwartschaft.[914] Die Parteien können hinsichtlich der Fälligkeit der Provision allerdings auch auf den Zahlungseingang beim Arbeitgeber abstellen, § 87a Abs. 1 S. 3 HGB. In diesem Fall besteht allerdings ein zwingender gesetzlicher Anspruch auf einen Provisionsvorschuss nach § 87a Abs. 1 S. 2 HGB, der unter § 7 Abs. 1 des Vertrages ebenfalls geregelt ist.

443 In § 7 Abs. 2 des Vertrages ist im Einklang mit § 87a Abs. 3 S. 2 HGB geregelt, dass der Mitarbeiter seinen Anspruch auf Provision verliert, wenn der Arbeitgeber das Geschäft nicht ausführt, aus Gründen, die er nicht zu vertreten hat. Soweit der Kunde nicht leistet, verliert der Mitarbeiter seinen Anspruch auf Provision gleichermaßen, § 87a Abs. 2 HGB. Ein Provisionsvorschuss ist nach § 812 BGB[915] oder nach § 87a Abs. 2 HGB zurückzuzahlen.[916] Eine Verrechnung des Rückzahlungsanspruches mit fälligen Provisionsansprüchen unter Beachtung der Pfändungsfreigrenzen der §§ 850 ff. ZPO ist möglich.[917] Soweit ein vom Mitarbeiter vermitteltes Geschäft erst nach seinem Ausscheiden ausgeführt wird, kann eine so genannte Übergangsprovision entstehen. Nach § 87 Abs. 1 HGB steht dem Mitarbeiter diese Überhangprovision zu, soweit der Geschäftsabschluss auf seine Vermittlung zurückzuführen ist. Ein vertraglicher Ausschluss derartiger Überhangprovisionen kann lediglich wirksam vereinbart werden, wenn dies durch einen sachlichen Grund gerechtfertigt ist.[918]

444 Nach § 7 Abs. 3 ist der Arbeitgeber grds. verpflichtet, Kaufpreisansprüche gerichtlich durchzusetzen, soweit diese Maßnahmen hinreichend Aussicht auf Erfolg bieten und dem Arbeitgeber zumutbar sind.

Grds. wird eine gerichtliche Durchsetzung von Zahlungsansprüchen dem Arbeitgeber zumutbar sein. Allerdings sind auch Ausnahmefälle denkbar, in denen eine entsprechende Verpflichtung des Arbeitgebers nicht angenommen werden kann.[919] Soweit der Arbeitgeber die gerichtliche Durchsetzung trotz Zumutbarkeit unterlässt, bleibt der Provisionsanspruch des Mitarbeiters unverändert bestehen, § 87a Abs. 3 HGB.

445 Die Abrechnungsverpflichtung unter § 7 Abs. 4 des Vertrages entspricht der gesetzlichen Regelung nach § 87c Abs. 1 Hs. 1 HGB, wobei sich der Abrechnungszeitraum nach der gesetzlichen Regelung auf max. drei Monate erstrecken kann.

446 Die Regelung zur Vorteilsannahme nach § 8 des Vertrages ist im Außendienst angesichts der geringen Kontrollmöglichkeiten des Arbeitgebers angezeigt. Die Annahme von Schmiergeldern untergräbt regelmäßig

---

913 Vgl. Staub/*Emde*, § 87b Rn 4.

914 Küstner/Thume/*Küstner*, Band I, Rn 505; Berscheid/*von Manteuffel/Evers*, Rn 909.

915 OLG Hamm 9.5.1994, NJW-RR 1994, 1306.

916 OLG Frankfurt am Main 15.12.1995, VersR 1197, 875.

917 MüKo-HGB/*von Hoyningen-Huene*, § 65 Rn 19;

918 BAG 28.2.1984, BB 1984, 1687; BGH 4.12.1981, BB 1982, 1876.

919 Siehe die Übersicht bei MüKo-HGB/*von Hoyningen-Huene*, § 87a Rn 35, mit zahlreichen Beispielen aus der Rspr.

die Loyalität gegenüber dem Arbeitgeber und ist daher zu untersagen.[920] Die Abgrenzung zu Gelegenheitsgeschenken ist häufig schwierig.[921] Zudem kann die Vorteilsannahme nach § 12 UWG strafbar sein, wenn die Vorteilsgewährung zu Wettbewerbszwecken erfolgt.

VII. Heimarbeit

Literatur: *Schmidt/Koberski/Tiemann/Wascher*, Heimarbeitsgesetz, 4. Aufl., 1998; *Brecht*, Heimarbeitsgesetz, 1977; *Otten*, Heimarbeit – ein Dauerrechtsverhältnis eigener Art, NZA 1995, 289 ff.

1. Arbeitsvertrag Heimarbeit

▼

Muster 1b.14: Arbeitsvertrag Heimarbeit 447

§ 1 Art und Umfang der Tätigkeit

(1) Herr   wird vom Auftraggeber als Heimarbeiter beschäftigt.

(2) Der Auftraggeber überträgt dem Heimarbeiter die nachfolgenden Tätigkeiten:

■   (*ggf. genauer bezeichnen*)

■   (*ggf. genauer bezeichnen*)

■   (*ggf. genauer bezeichnen*)

(3) Der Heimarbeiter verpflichtet sich, die ihm übertragenen Tätigkeiten ordnungsgemäß auszuführen und dabei den zeitlichen und mengenmäßigen Vorgaben des Auftraggebers Folge zu leisten. Die Einzelheiten richten sich nach dem jeweiligen Einzelauftrag.

(4) Der Auftraggeber verpflichtet sich, den Heimarbeiter mindestens im Umfang von   Stunden wöchentlich/monatlich zu beauftragen.

§ 2 Arbeitsort

(1) Der Arbeitsplatz befindet sich am Wohnsitz des Heimarbeiters. Der Heimarbeiter erklärt, dass sich der Arbeitsplatz im eigenen Haushalt in einem Raum befindet, der für den dauerhaften Aufenthalt von Personen zugelassen und vorgesehen und zur Aufgabenerledigung durch den Heimarbeiter geeignet ist. Der Arbeitsplatz muss den Anforderungen der Arbeitsstättenverordnung, der Bildschirmarbeitsverordnung, den Unfallverhütungsvorschriften und der sonst einschlägigen Bestimmungen, jeweils in deren gültiger Fassung, gerecht werden. Die Eignung des Arbeitsplatzes kann durch den Auftraggeber oder einen von ihm Beauftragten durch eine Begehung überprüft werden.

(2) Der Auftraggeber wird dafür Sorge tragen, dass die erforderlichen Arbeitsmaterialien auf seine Kosten zum Heimarbeiter geliefert und die Arbeitsergebnisse abgeholt werden.

§ 3 Arbeitsmittel

(1) Der Auftraggeber stellt dem Heimarbeiter die notwendigen technischen Arbeitsmittel kostenlos zur Verfügung. Diese sind:

■   (*ggf. genauer bezeichnen Typ/Seriennummer*)

■   (*ggf. genauer bezeichnen Typ/Seriennummer*)

■   (*ggf. genauer bezeichnen Typ/Seriennummer*)

(2) Alle zur Verfügung gestellten Arbeitsmittel bleiben im Eigentum des Auftraggebers. Ein Verkauf, eine Verpfändung oder eine Sicherheitsübereignung der Arbeitsmittel ist ausdrücklich untersagt. Der Heim-

---

920 Berscheid/*von Manteuffel*/*Evers*, Rn 884.

921 Vgl. Berscheid/*Hänsch*, Rn 1227.

arbeiter ist verpflichtet, am Heimarbeitsplatz die erforderlichen technischen Anschlussvorrichtungen bereitzuhalten. Die Einrichtung des Heimarbeitsplatzes mit Büromöbeln obliegt dem Heimarbeiter. Dabei ist darauf zu achten, dass die Büromöbel den Erfordernissen der Arbeitsergonomie und der Arbeitssicherheit entsprechen.

(3) Der Heimarbeiter verpflichtet sich, mit den ihm zur Verfügung gestellten Arbeitsmitteln gewissenhaft und ordnungsgemäß umzugehen und diese nur zum Zweck der vereinbarten Tätigkeit einzusetzen. Die zur Verfügung gestellten Arbeitsmittel dürfen Dritten weder zugänglich gemacht, noch diesen überlassen werden. Der Heimarbeiter hat sicher zu stellen, dass die zur Verfügung gestellten Arbeitsmittel vor dem Zugriff Dritter geschützt sind. Vertrauliche Unterlagen sind verschlossen aufzubewahren.

§ 4 Nutzung der betrieblichen Kommunikationsmittel und Datenverarbeitungsanlagen

(1) Die private Nutzung der betrieblichen Kommunikationsmittel (z.B. Telefon, Telefax, E-Mail, Internet) ist dem Heimarbeiter untersagt.

(2) Das Internet darf nur mit der gültigen persönlichen Zugangsberechtigung genutzt werden. User-ID und Passwort dürfen nicht an Dritte weitergegeben werden.

(3) Es dürfen keine fremden Programme/Dateien auf die Festplatte kopiert, über Diskette, CD-ROM, ähnliche Datenträger oder das Internet auf dem Rechner installiert und/oder eingesetzt werden. Auf Virenkontrolle ist zu achten, Virenschutzprogramme sind zu nutzen und auftretende Störungen, die mit einem Virenbefall im Zusammenhang stehen könnten, sind umgehend dem Systemadministrator zu melden.

(4) Für den Fall seiner Abwesenheit (Urlaub, Krankheit etc.) hat der Heimarbeiter eigenverantwortlich eine automatisierte Weiterleitung seiner eingehenden E-Mails einzurichten oder durch die Personalabteilung einrichten zu lassen.

§ 5 Arbeitszeit

Der Heimarbeiter ist in der Einteilung seiner Arbeitszeit frei und unterliegt keinen Weisungen des Auftraggebers.

§ 6 Vergütung

(1) Die Vergütung des Heimarbeiters richtet sich nach der maßgeblichen Entgeltregelung nach § 17 Abs. 2 HAG sowie den daraus resultierenden Stückentgelten. Die maßgebliche Entgeltregelung liegt beim Auftraggeber aus. Zudem hat der Heimarbeiter Einsicht in die maßgebliche Entgeltregelung genommen.

(2) Soweit eine Entgeltregelung nach § 1 dieser Regelung nicht vorhanden ist, erfolgt eine Vergütung nach einem Mindeststundenentgelt von ▒▒▒▒ EUR/Stunde.

(3) Darüber hinaus erhält der Heimarbeiter ein Urlaubsentgelt nach § 12 Nr. 1 BUrlG, ein Feiertagsgeld nach § 11 Abs. 2 EntgeltfortzahlungsG sowie einen Krankenlohnausgleich nach § 10 EntgeltfortzahlungsG.

(4) Weiter erhält der Heimarbeiter einen Heimarbeitszuschlag in Höhe von EUR ▒▒▒▒. Damit sind alle durch die Heimarbeit anfallenden Kosten, insbesondere für Miete, Betrieb, Heizung, Reinigung, etc. des Heimarbeitsplatzes abgegolten. Die Geltendmachung darüber hinausgehender Mehrkosten durch den Heimarbeiter ist ausgeschlossen.

§ 7 Entgeltbuch und Abrechnung

(1) Der Auftraggeber wird dem Heimarbeiter auf Kosten des Auftraggebers ein Entgeltbuch zum Verbleib beim Heimarbeiter aushändigen. Der Heimarbeiter wird das Entgeltbuch bis zum Ablauf des dritten Kalenderjahres, welches auf die letzte Eintragung im Entgeltbuch folgt, ordnungsgemäß aufbewahren.

(2) Der Heimarbeiter wird in das Entgeltbuch bei jeder Arbeitsausgabe und Arbeitsabgabe die Art und den Umfang der Arbeiten, das jeweilige Entgelt sowie die Tage der Ausgabe und Lieferung eintragen.

(3) Die Abrechnung der Entgelte nach § 6 dieses Vertrages erfolgt monatlich.

§ 8 Geheimhaltung und Datenschutz

Der Heimarbeiter wird dafür Sorge tragen, dass vertrauliche Daten und Informationen gegen unbefugten Zugriff oder unbefugte Einsichtnahme besonders geschützt sind. Insbesondere ist sicher zu stellen, dass im

Haushalt lebende oder sich dort aufhaltende Dritte keinen Zugang zu vertraulichen Unterlagen und Informationen erhalten. Insoweit wird der Heimarbeiter die notwendigen organisatorischen und technischen Vorkehrungen treffen.

§ 9 Vertragsdauer und Kündigung

(1) Der Vertrag beginnt am ▇▇▇▇ und wird auf unbestimmte Dauer geschlossen.

(2) Es wird eine Probezeit von sechs Monaten vereinbart. Während der Probezeit kann der Vertrag unter Einhaltung einer Kündigungsfrist von zwei Wochen gekündigt werden. Anschließend gelten für beide Parteien die gesetzlichen Kündigungsfristen.

▲

2. Erläuterungen

a) Vorbemerkungen

Als Heimarbeit wird solche Arbeit bezeichnet, die ein Heimarbeiter in selbst gewählter Arbeitsstätte allein **448** oder mit seinen Familienangehörigen im Auftrag von Gewerbetreibenden oder Zwischenmeistern erwerbsmäßig verrichtet.[922] Die in Heimarbeit Beschäftigten sind keine Arbeitnehmer, sondern der Gruppe der arbeitnehmerähnlichen Personen zuzurechnen, wobei für die rechtliche Einordnung der Geschäftsinhalt und die praktische Durchführung maßgeblich sind.[923] Auch geringfügig Beschäftigte kommen als Heimarbeiter in Betracht.[924] Der Inhalt des Heimarbeitsverhältnisses richtet sich nach den vertraglichen Vereinbarungen, wobei allerdings eine Vielzahl von gesetzlichen Regelungen zu beachten ist. Insbesondere das Heimarbeitsgesetz (HAG) sowie die Durchführungsverordnung sind zu beachten.[925] Darüber hinaus ist die Heimarbeit Gegenstand zahlreicher arbeitsrechtlicher gesetzlicher Regelungen.[926]

b) Im Einzelnen

§ 1 des Vertrages regelt die Art und den Umfang der Tätigkeiten des Heimarbeiters. Durch die Begründung **449** eines Heimarbeitsverhältnisses, welches grds. als Dauerrechtsverhältnis anzusehen ist,[927] wird der in Heimarbeit Beschäftigte nicht bereits durch das Heimarbeitsverhältnis verpflichtet, Heimarbeit auch entgegenzunehmen.[928] Erst mit der Ausgabe und Entgegennahme einer Heimarbeit entstehen weitergehende Verpflichtungen der Vertragsparteien. Ob der in Heimarbeit Beschäftigte einen Auftrag entgegennimmt, ist grds. eine freie Entscheidung, weshalb sich dazu eine vertragliche Regelung empfiehlt.[929] Nach der Regelung unter § 1 Abs. 3 ist der Heimarbeiter insoweit verpflichtet, ihm übertragene Aufgaben nach den Vorgaben des Auftraggebers zu erledigen. Darüber hinaus sieht § 1 Abs. 4 des Vertrages vor, dass auch der Auftraggeber verpflichtet ist, eine bestimmte Mindestbeauftragung sicherzustellen. Ohne eine derartige vertragliche Regelung bestünde diese Verpflichtung des Auftraggebers nicht, da der Heimarbeiter grds. keinen Beschäftigungsanspruch hat.

Der Arbeitsplatz des Heimarbeiters befindet sich regelmäßig an seinem Wohnsitz. Nach § 12 Abs. 1 HAG **450** müssen die Arbeitsstätten der in Heimarbeit Beschäftigten einschließlich der Maschinen, Werkzeuge und Geräte so beschaffen, eingerichtet und unterhalten sein, dass keine Gefahren für Leben, Gesundheit und Sittlichkeit der Beschäftigten entstehen. Dies soll durch § 2 Abs. 1 des Vertrages sichergestellt werden.

---

922 MünchArbR/*Heenen*, § 315 Rn 3.
923 BAG 3.4.1990, AP Nr. 11 zu § 2 HAG.
924 BAG 12.7.1988, AP Nr. 10 zu § 2 HAG.
925 Vgl. MünchArbG/*Heenen*, § 315 Rn 1.
926 Vgl. § 12 BUrlG, §§ 10, 11 EntgeltfortzahlungsG, §§ 1 Nr. 2 und 3, 19 Abs. 4 JArbSchG, §§ 1 Abs. 1, 7 Abs. 4, 18 Abs. 2, 24 MuSchG,
§ 127 SGB IX, §§ 5 Abs. 1, 8 BetrVG sowie § 5 Abs. 1 ArbGG.
927 *Schmidt/Koberski/Tiemann/Wascher*, § 29 Rn 4 ff.; *Brecht*, § 2 Rn 15; KR/*Rost*, arbeitnehmerähnliche Personen, Rn 100.
928 *Otten*, NZA 1995, 289, 290.
929 *Schmidt/Koberski/Tiemann/Wascher*, Anhang nach § 19 Rn 18.

Dies gilt insbesondere im Hinblick auf Dritte, die im Haushalt des Heimarbeiters wohnen oder sich in dessen Haushalt aufhalten. Nach § 12 Abs. 2 HAG gilt dies weiter für vom Heimarbeiter beschäftigte Hilfskräfte.

451 Angesichts der örtlichen Entfernung zwischen dem Sitz des Auftraggebers und dem Heimarbeitsplatz sollte eine Regelung über den Transport von Arbeitsmaterialien und Arbeitsergebnissen getroffen werden. Dabei sind zahlreiche Gestaltungen möglich.

Formulierungsbeispiel

Der Heimarbeiter wird die erforderlichen Arbeitsmaterialien beim Auftraggeber auf seine Kosten abholen sowie die Arbeitsergebnisse auf seine Kosten beim Auftraggeber abliefern.

452 Auch im Hinblick auf die zur Durchführung der Heimarbeit erforderlichen technischen Arbeitsmittel sollte eine Regelung im Vertrag getroffen werden. Diese technischen Einrichtungen können entweder vom Auftraggeber oder vom Heimarbeiter zur Verfügung gestellt werden. Soweit der Auftraggeber die technischen Arbeitsmittel zur Verfügung stellt, sollen die Regelungen unter § 3 Abs. 2 und 3 Abs. 3 des Vertrages gewährleisten, dass der Auftraggeber die in seinem Eigentum stehenden Arbeitsmittel in ordnungsgemäßem Zustand zurückerhält und diese nicht mit Rechten Dritter belastet werden (Pfand- oder Sicherungsrechte). Soweit der Heimarbeiter die Arbeitsmittel beschafft, könnte eine Regelung dazu wie folgt formuliert werden:

Formulierungsbeispiel

Der Heimarbeiter wird die übertragenen Tätigkeiten mit eigenen Arbeitsmitteln und technischen Einrichtungen erledigen. Er versichert, dass die zur Aufgabenerfüllung erforderlichen Arbeitsmittel und technischen Einrichtungen funktionsfähig zur Verfügung stehen sowie im Falle einer Beschädigung, Störung oder eines Verlustes umgehend für Abhilfe oder Ersatz gesorgt wird.

453 Soweit der Heimarbeiter technische Kommunikationsmittel verwendet, die mit den EDV- und Telefonnetzen des Auftraggebers verbunden sind, sollte auch dazu eine vertragliche Regelung vereinbart werden. Gleiches gilt bei der Verwendung von Computern, Blackberry, Telefax, etc. Insbesondere sollte sichergestellt werden, dass Dritte über den am Heimarbeitsplatz befindlichen Rechner keinen Zugang zum Netzwerk des Auftraggebers erhalten. Insoweit empfiehlt sich die Vereinbarung einer persönlichen Zugangsberechtigung, die nicht an Dritte weitergegeben werden darf.

454 Der Heimarbeiter ist keinen Weisungen des Auftraggebers unterworfen. Insoweit ist er in der Einteilung seiner Arbeitszeit frei. Er schuldet lediglich die vereinbarten Arbeitsergebnisse.

455 Die Vergütung für Heimarbeiter kann grundsätzlich frei vereinbart werden, es sei denn, es bestehen Entgeltregelungen nach § 17 Abs. 2 HAG. Dies sind Tarifverträge, bindende Festsetzungen von Entgelten und sonstige Vertragsbedingungen sowie Mindestarbeitsbedingungen für fremde Hilfskräfte.[930] Seit dem 1.1.2015 gilt allerdings ein gesetzlicher Mindestlohn von 8,50 EUR brutto pro Stunde (§ 1 MiLoG). Ab dem 1.1.2017 wird dieser auf 8,84 EUR erhöht. Das Entgeltverzeichnis sowie der Nachweis über sonstige Vertragsbedingungen müssen nach § 8 HAG ausgelegt werden. Soweit dem Heimarbeiter die Heimarbeit in die Wohnung gebracht wird, so hat der Auftraggeber weiter dafür zu sorgen, dass das Entgeltverzeichnis zur Einsichtnahme vorgelegt wird, § 8 Abs. 1 S. 2 HAG. Aus diesem Grunde sollte der Heimarbeiter die Einsichtnahme unter § 6 Abs. 1 des Vertrages bestätigen.

456 Darüber hinaus sehen § 12 BUrlG sowie §§ 10, 11 EntgeltfortzahlungsG besondere Zuschläge für Heimarbeiter vor. Diese gesetzlichen Sonderregelungen erklären sich aus dem Umstand, dass der Heimarbeiter nicht als Arbeitnehmer zu qualifizieren ist. Der unter § 6 Abs. 4 vorgesehene Heimarbeitszuschlag wird re-

---

930 Vgl. *Schaub*, ArbR-Hdb., § 163 Rn 30 ff.

gelmäßig vereinbart, um die durch die Heimarbeit anfallenden Kosten pauschal abzugelten. Damit sind insbesondere Kosten für Miete, Betrieb, Heizung, Reinigung, etc. gemeint.

Nach § 9 HAG sind dem Heimarbeiter vom Auftraggeber Entgeltbücher für jeden Beschäftigten auszuhändigen. Die Heimarbeiter haben für eine ordnungsgemäße Aufbewahrung der Entgeltbücher zu sorgen, § 9 Abs. 3 S. 1 HAG. Die nach § 7 Abs. 2 des Vertrages vorgesehenen Eintragungen in das Entgeltbuch sind ebenfalls vom Gesetz in § 9 Abs. 1 S. 2 HAG vorgegeben. **457**

Die Verpflichtungen des Heimarbeiters unter § 8 des Vertrages zur Geheimhaltung und zum Datenschutz sind angesichts des häuslichen Heimarbeitsplatzes und den mangelnden Kontrollmöglichkeiten durch den Auftraggeber zu empfehlen. Darüber hinaus sollte eine übliche Geheimhaltungsvereinbarung vereinbart werden (vgl. § 1a Rdn 1509). **458**

§ 9 des Vertrages regelt die Vertragsdauer und die Kündigungsmöglichkeiten. In § 29 HAG sind Kündigungsfristen in Anlehnung an § 622 BGB geregelt. Weiter kann eine Probezeit vereinbart werden, § 29 Abs. 3 S. 2 HAG. Voraussetzung ist, dass ein in Heimarbeit Beschäftigter überwiegend von einem Auftraggeber oder Zwischenmeister beschäftigt wird. Dies ist der Fall, wenn mehr als die Hälfte der Zeit für das Beschäftigungsverhältnis bei einem Auftraggeber oder Zwischenmeister aufgewandt wird.[931] Für die außerordentliche Kündigung gilt § 626 BGB entsprechend, § 29 Abs. 6 HAG. Weiter sieht § 29 Abs. 7 HAG für die Dauer der Kündigungsfrist eine Entgeltsicherung vor, um ein „Aushungern lassen" des Heimarbeiters durch den Auftraggeber während der laufenden Kündigungsfrist zu vermeiden. **459**

VIII. Telearbeit

Literatur: Albrecht, Die Einrichtung von Tele- und Außenarbeitsplätzen – rechtliche und personalpolitische Anforderungen, NZA 1996, 1240; *Boemke,* Das Telearbeitsverhältnis, BB 2000, 147; *Collardin,* Aktuelle Rechtsfragen der Telearbeit, 1995; *Fenski,* Außerbetriebliche Arbeitsverhältnisse, 2. Aufl. 2000; *Haupt/Wollenschläger,* Virtueller Arbeitsplatz – Scheinselbstständigkeit bei einer modernen Arbeitsorganisationsform, NZA 2001, 289; *Hohmeister,* Individualvertragliche Arbeitszeitgestaltung bei der alternierenden Telearbeit, NZA 1998, 1206; *Kilz/Reh,* Einführung in die Telearbeit, 1997; *Körner,* Telearbeit – Neue Form der Erwerbsarbeit, alte Regel?, NZA 1999, 1190; *Kramer,* Gestaltung arbeitsvertraglicher Regelungen zur Telearbeit, DB 2000, 1329; *Peter,* Kernfragen der Telearbeit, DB 1998, 573; *Schulze/Ratzesberger,* Telearbeit: Fluch oder Segen? – Mitbestimmung des Betriebsrates bei mobiler Arbeit, ArbRAktuell 2016, 109, *Rieble/Picker,* Arbeitsschutz und Mitbestimmung bei häuslicher Telearbeit, ZfA 2013, 383 *Schaub,* Flexibilisierung des Personaleinsatzes, BB 1998, 2106; *Schwiering/Zurel,* Das Homeoffice in der Arbeitswelt 2.0, ZD 2016, 17; *Schwemmle/Wedde,* Digitale Arbeit in Deutschland, 2012; *Stück,* Beendigung alternierender Telearbeit, ArbRAktuell 2014, 570; *Waniorek,* Gestaltungsformen der Teleheimarbeit, 1989; *Wank,* Telearbeit, 1997; *ders.,* Telearbeit und Arbeitsrecht, AuA 1998, 192; *ders.,* Telearbeit, NZA 1999, 225; *ders.,* Abschied vom Normalarbeitsverhältnis? – Welche arbeits- und sozialrechtlichen Regelungen empfehlen sich im Hinblick auf die Zunahme neuer Beschäftigungsformen und die wachsende Diskontinuität von Erwerbsbiografien?, RdA 2010, 193; *Wedde,* Aktuelle Rechtsfragen der Telearbeit, NJW 1999, 527; *ders.,* Telearbeit, 2002; *ders.,* Entwicklung der Telearbeit, 1997; *Wiese,* Personale Aspekte und Überwachung der häuslichen Telearbeit, RdA 2009, 344.

1. Allgemeines

Die Telearbeit wird vielfach in der Arbeitsrechtswissenschaft als eine der modernsten Arbeitsformen der Zukunft beschrieben.[932] Neue innovative und technische Möglichkeiten des digitalen Zeitalters stellen für Unternehmen eine neue Herausforderung dar ebenso wie veränderte gesellschaftliche Wertungen und Forderungen auch der Arbeitnehmer nach flexiblen Arbeitsbedingungen.[933] Der Begriff der „Telearbeit" beschreibt keinen bestimmten Arbeitsvertragstyp oder keine bestimmten Tätigkeitsmerkmale, sondern lediglich die Art und Weise der Leistungserbringung. Unter Telearbeit wird üblicherweise eine Tätigkeit verstanden, die mit Hilfe **460**

931 *Schaub,* ArbR-Hdb., § 163 Rn 48 m.w.N.
932 *Kramer,* DB 2000, 1329; *Boemke,* BB 2000, 147.
933 *Schwierig/Zurel,* ZD 2016, 17.

informationstechnischer Endgeräte zumindest zeitweise außerhalb der zentralen Betriebsstätte des Auftraggebers ausgeführt wird, wobei die Verbindung zum Auftraggeber über Telekommunikationsmedien erfolgt.[934] Eine der Vielzahl von rechtlichen Fragen, die sich bei der Einführung von Telearbeit stellen, ist der Status des Arbeitnehmers. Abhängig von der jeweiligen vertraglichen Ausgestaltung und der Art der Erbringung der Telearbeit kann diese sowohl im Rahmen eines Arbeitsvertrages oder Dienstvertrages als auch eines Werkvertrages erbracht werden. Maßgebend ist in erster Linie der Grad der Weisungsabhängigkeit des Mitarbeiters sowie die Ausgestaltung der Anbindung des Mitarbeiters an die betriebliche Organisationseinheit[935] (zur Ausgestaltung eines Dienstvertrages siehe unten Rdn 765 ff.). Denkbar ist auch, dass sich die Ausgestaltung der Telearbeit nach dem Heimarbeitsgesetz richtet, sofern der Arbeitnehmer nicht weisungsabhängig tätig ist[936] (zur Ausgestaltung eines Heimarbeitsvertrages vgl. oben Rdn 447 ff.). Ein Arbeitsverhältnis ist dann anzunehmen, wenn dem Mitarbeiter Weisungen im Hinblick auf die Arbeitsdurchführung, den Arbeitsort und auch zum Teil der Arbeitszeit gegeben werden und der Mitarbeiter zumindest zum Teil in die betriebliche Struktur eingebunden ist. Grundsätzlich gibt es keinen gesetzlichen Anspruch der Mitarbeiter auf Ableistung der Arbeit in Form von Telearbeit in einem „mobile office". Die Rechtsprechung leitet diese Feststellung aus der Regelung des § 106 GewO ab, nach der der Arbeitgeber den Ort der Arbeit im Rahmen seines Weisungsrechtes in den Grenzen billigen Ermessens bestimmen kann.[937] Anerkannt wird ein Anspruch auf Einräumung eines Telearbeitsplatzes im Rahmen eines Arbeitsverhältnisses indes bei schwerbehinderten Arbeitnehmern. Aus § 81 Abs. 4 S. 1 Nr. 1 SGB IX wird hergeleitet, dass ggf. ein solcher Anspruch bestehen kann, wenn die Telearbeit leidensgerecht ist und dem Arbeitgeber die Einrichtung des Telearbeitsplatzes zumutbar ist.[938]

Das nachfolgende Vertragsmuster setzt voraus, dass die Telearbeit, wie dies ganz überwiegend verbreitet ist, im Rahmen eines Arbeitsverhältnisses erbracht werden soll.

2. Arbeitsvertrag über Telearbeit

▼

461 **Muster 1b.15: Arbeitsvertrag über Telearbeit**

zwischen

– im Folgenden: Arbeitgeber –

und

Frau/Herrn

– im Folgenden: Arbeitnehmer(in) –

§ 1 Vertragsgegenstand und Aufgaben

(1) Der Arbeitnehmer wird als Telearbeitnehmer für die Tätigkeit eines   bei dem Arbeitgeber eingestellt.

(2) Dem Arbeitnehmer obliegen folgende Aufgaben:

-
- .

---

934 *Peter*, DB 1998, 573; *Wank*, NZA 1999, 225, 230; Bundesministerium für Arbeit und Sozialordnung/Bundesministerium für Wirtschaft und Technologie/Bundesministerium für Bildung und Forschung, Telearbeit Leitfaden für flexibles Arbeiten in der Praxis, 2001 Anm. 2.1.
935 Siehe ausf. *Wank*, NZA 1999, 225, 231 ff.; *Boemke*, BB 2000, 147, 149; *Schaub/Schaub*, ArbR-Hdb., § 164 Rn 14.
936 *Collardin*, S. 28; *Schaub*, BB 1998, 2106, 2109; *Wank*, RdA 2010, 193, 207.
937 LAG Köln 24.6.2010 – 9 Ta 192/10, zit. nach juris.
938 LAG Niedersachsen 6.12.2010 – 12 Sa 860/10, zit. nach juris; LAG Köln 26.5.2016 – 12 Sa 677/13, zit. nach juris.

§ 2 Einsatzort

Der Arbeitnehmer erbringt seine Arbeitsleistung

■ außerhalb der betrieblichen Räumlichkeiten an einem Arbeitsplatz in seiner Wohnung

und/oder

■ in einem Teleservicecenter

und/oder

■ in einem Satellitenbüro

und/oder

■ an dem jeweils vom Arbeitgeber zugewiesenen Ort.

§ 3 Arbeitszeit

(1) Die durchschnittliche wöchentliche Arbeitszeit beträgt ▮▮▮▮ Stunden. Sie wird in der Regel von ▮▮▮▮ bis ▮▮▮▮ (Wochentage) erbracht.

(2) Der Arbeitgeber legt unter Berücksichtigung der Grenzen des billigen Ermessens Zeiten fest, in denen der Arbeitnehmer an seinem Telearbeitsplatz anwesend und erreichbar sein muss. Im Übrigen kann der Arbeitnehmer die Lage und Dauer der Arbeitszeit frei festlegen. Der Arbeitnehmer hat hierbei die Vorgaben des Arbeitszeitgesetzes zu beachten, insbesondere die Vorschriften über die Höchstarbeitszeiten (§ 3 AZG), die Ruhepausen (§ 4 AZG) sowie die Ruhezeiten (§ 5 AZG) und die Sonn- und Feiertagsruhe (§ 9 AZG).

(3) Der Arbeitnehmer ist im Rahmen des gesetzlich Zulässigen verpflichtet, auch Mehrarbeit/Überstunden zu leisten. Ausgleichspflichtige Mehrarbeit/Überstunden liegt/liegen nur dann vor, wenn diese vorher vom Arbeitgeber angeordnet und bewilligt worden ist/sind.

(4) Der Arbeitnehmer ist verpflichtet, die als Telearbeit geleistete Arbeitszeit in den ihm ausgehändigten Zeiterfassungsbögen täglich mit Beginn und Ende sowie Inhalt der Tätigkeit zu dokumentieren und die Zeiterfassungsbögen jeweils am Ende einer Woche dem Arbeitgeber auszuhändigen.

§ 4 Arbeitsplatz, Arbeitsmaterialien

(1) Der Arbeitnehmer stellt in seiner Wohnung einen abschließbaren Raum zur Verfügung, in dem die Ausübung der Telearbeit unter Beachtung der gesetzlichen Arbeitnehmerschutzvorschriften und technisch möglich ist. Das notwendige Mobiliar des Büroraumes stellt der Arbeitnehmer/Arbeitgeber zur Verfügung. Der Arbeitnehmer/Der Arbeitgeber stellt sicher, dass die Büromöbel und Arbeitsmaterialien den von der Berufsgenossenschaft vorgegebenen Anforderungen für Bildschirmarbeitsplätze entsprechen.

(2) Der Arbeitgeber stellt die erforderlichen technischen Einrichtungsgegenstände zur Verfügung, insbesondere

■ ▮▮▮▮

■ ▮▮▮▮

■ ▮▮▮▮.

Die hierfür entstehenden Kosten trägt der Arbeitgeber. Dem Arbeitnehmer ist es untersagt, die vom Arbeitgeber zur Verfügung gestellten Gegenstände und Software zu privaten Zwecken zu nutzen oder Dritten zur Verfügung zu stellen. Die Wartung der technischen Gegenstände erfolgt durch den Arbeitgeber und auf seine Kosten. Der Arbeitnehmer ist verpflichtet, den Arbeitgeber unverzüglich nach Kenntniserlangung von etwaigen Störungen an den/der ihm zur Verfügung gestellten Gegenständen/Software zu unterrichten.

(3) Der Arbeitnehmer sichert zu, dass er eine für die Dauer dieses Vertrages geltende Hausratversicherung hat, über die die von dem Arbeitgeber zur Verfügung gestellten Gegenstände versichert sind. Auf Verlangen des Arbeitgebers hat der Arbeitnehmer das Bestehen der Versicherung nachzuweisen.

§ 5 Vergütung

Der Arbeitgeber zahlt an den Arbeitnehmer für seine Arbeitsleistung eine Vergütung von ▓▓▓▓ EUR brutto pro Monat (in Worten: ▓▓▓▓ EUR). Für geleistete Mehrarbeit/Überstunden nach § 3 Abs. 3 erhält der Arbeitnehmer eine zusätzliche Vergütung von ▓▓▓▓ EUR brutto pro Stunde. Das Arbeitsentgelt wird jeweils zum ▓▓▓▓ Werktag eines Kalendermonats für den laufenden Kalendermonat ausgezahlt und auf ein vom Arbeitnehmer zu benennendes Konto überwiesen.

§ 6 Aufwendungsersatz

Für die Überlassung des Büroraums zahlt der Arbeitgeber dem Arbeitnehmer eine monatliche Pauschale in Höhe von ▓▓▓▓ EUR als Aufwendungsersatz. Damit sind die Aufwendungen des Arbeitnehmers für die Nutzung der Räumlichkeiten, die anteilig entstehenden Energieverbrauchskosten sowie sämtliche Aufwendungen des Arbeitnehmers im Zusammenhang mit der Zurverfügungstellung des Büroraumes einschließlich der Kosten für die Hausratversicherung abgegolten.

§ 7 Urlaub

Dem Arbeitnehmer steht im Kalenderjahr Urlaub in Höhe von Arbeitstagen berechnet auf Basis einer Fünf-Tage-Woche zu. Der Urlaub ist in Abstimmung mit dem jeweiligen Vorgesetzten zu nehmen. Als Arbeitstage gelten alle Tage von montags bis freitags.

§ 8 Zugangsrecht

(1) Der Arbeitnehmer ist verpflichtet, dem Arbeitgeber, soweit dies aus sachlichen oder betrieblichen Gründen erforderlich ist, jederzeit Zugang zu den Räumen zu gestatten, in denen sich der Telearbeitsplatz befindet. Dieses Recht steht auch Mitarbeitern von Behörden, dem betrieblichen Datenschutzbeauftragten, der Fachkraft für Arbeitssicherheit und auch dem Vorsitzenden des Betriebsrates zu. Der Arbeitnehmer sichert zu, dass die mit ihm in häuslicher Gemeinschaft lebenden Personen mit dem Zutrittsrecht einverstanden sind und dies für die Laufzeit dieses Vertrages erklären.

(2) Der Arbeitgeber verpflichtet sich, den Zutritt zu den Räumen zuvor mit dem Arbeitnehmer abzustimmen, es sei denn, dass es sich um dringende Fälle handelt, in denen ein unverzüglicher Zutritt notwendig ist.

§ 9 Arbeitsschutz/Arbeitssicherheit

Der Arbeitnehmer verpflichtet sich, bei Ausübung der Telearbeit die geltenden Arbeitsschutzvorschriften einschließlich der Sicherheitsvorschriften der Berufsgenossenschaft zu beachten und sicherzustellen, dass diese am Telearbeitsplatz eingehalten werden.

§ 10 Verschwiegenheit

(1) Der Arbeitnehmer ist verpflichtet, über alle betrieblichen und geschäftlichen Informationen, die ihm im Rahmen dieses Arbeitsverhältnisses über den Arbeitgeber zur Kenntnis gelangen, strengstes Stillschweigen zu bewahren.

(2) Der Arbeitnehmer verpflichtet sich, sicherzustellen, dass die betrieblichen und nach Abs. 1 geheimhaltungspflichtigen Informationen nicht durch die mit ihm in häuslicher Gemeinschaft lebenden Personen abgefragt, diesen zur Kenntnis gereicht und/oder auf andere Weise diesen oder Dritten weitergegeben werden können.

§ 11 Haftung

(1) Der Arbeitnehmer haftet gegenüber dem Arbeitgeber nach den von der Rechtsprechung entwickelten Grundsätzen der begrenzten Haftung bei Ausübung betrieblicher Tätigkeit. Diese Haftungsbegrenzungen finden auch Anwendung, sofern die Schäden an den im Eigentum des Arbeitgebers stehenden Gegenständen durch die mit dem Arbeitnehmer in häuslicher Gemeinschaft lebenden oder einer hier aufenthältlichen Personen verursacht werden.

(2) Etwaige Schäden an den im Eigentum des Arbeitgebers stehenden Gegenständen hat der Arbeitnehmer unverzüglich dem Arbeitgeber anzuzeigen.

§ 12 Beginn des Arbeitsvertrages, Kündigung

(1) Das Arbeitsverhältnis beginnt am ▓▓▓▓ und wird auf unbestimmte Zeit geschlossen.

(2) Die ersten sechs Monate des Arbeitsverhältnisses gelten als Probezeit, innerhalb derer die Parteien das Arbeitsverhältnis mit einer Frist von zwei Wochen kündigen können.

(3) Nach Ablauf der Probezeit ist das Arbeitsverhältnis im Rahmen gesetzlicher Kündigungsfristen ordentlich kündbar. Die längeren gesetzlichen Kündigungsfristen des § 622 Abs. 2 BGB gelten auch bei einer Kündigung durch den Arbeitnehmer.

(4) Das Arbeitsverhältnis endet spätestens in dem Zeitpunkt, in dem der Arbeitnehmer sein gesetzliches Regelaltersrentenalter erreicht.

§ 13 Anzuwendende Vorschriften

Auf das Arbeitsverhältnis finden folgende Vorschriften Anwendung, soweit vorstehend nichts Gegenteiliges geregelt ist:

-
- .

§ 14 Änderungen/Ergänzungen

(vgl. hierzu das den Musterarbeitsvertrag, siehe oben § 1a Rdn 215 f.)

§ 15 Salvatorische Klausel

(vgl. hierzu das den Musterarbeitsvertrag, siehe oben § 1a Rdn 215 f.)

_____, den _____   _____, den _____

Arbeitgeber   Arbeitnehmer

▲

3. Erläuterungen

a) Einsatzort

Die Telearbeit kann in unterschiedlichen Formen stattfinden, die für die Ausgestaltung der vertraglichen Vereinbarungen mit dem Mitarbeiter maßgebend sind. Bei den unterschiedlichen Formen der Telearbeit unterscheidet man i.d.R. zwischen der Teleheimarbeit, der alternierenden Telearbeit, der Tätigkeit im Satellitenbüro und der mobilen Telearbeit.[939] Bei der **Teleheimarbeit** wird der Beschäftigte allein in seiner Wohnung tätig, ohne dass er noch einen (zusätzlichen) Arbeitsplatz im Betrieb hat.[940] Die Arbeit findet in diesen Fällen ausschließlich zu Hause statt. Bei der **alternierenden Telearbeit** wechseln einzelne Arbeitsplätze. Hier erbringt der Beschäftigte einen Teil seiner Arbeitsleistung im Betrieb und einen weiteren Teil an einem externen Telearbeitsplatz (i.d.R. zu Hause). In der Literatur wird vielfach darauf verwiesen, dass vor allem die alternierende Telearbeit die ganz überwiegend gewählte Form der Ausgestaltung der Telearbeit ist, weil sie die Vorzüge des unmittelbaren persönlichen Kontaktes im Betrieb mit denen der Arbeit zu Hause kombiniert und verbindet.[941] Bei einer Telearbeit im **Satellitenbüro** sind die Mitarbeiter in einer aus dem Betrieb ausgegliederten Einheit tätig, die i.d.R. für den Arbeitnehmer räumlich günstig gelegen sind.[942] Weniger verbreitet ist die Telearbeit in einem **Teleservicecenter**, in dem das Unternehmen voll ausgerüstete Telearbeitsplätze bei einem Betreiberunternehmen anmietet und dem Mitarbeiter zur Verfügung stellt.[943] V.a. bei Außendiensttätigkeit ist die mobile Telearbeit eine praktische Form der Ausgestaltung der Arbeit. Über moderne Informations- und Kommunikations-

462

---

939 *Wank*, NZA 1999, 225, 230; *Schaub/Schaub*, ArbR-Hdb., § 164 Rn 3.

940 *Wank*, Rn 72; *Wedde*, Entwicklung der Telearbeit, S. 4.

941 *Wank*, Rn 73 f.

942 *Farr/Dürke*, Rechtsprobleme der Telearbeit, 1989, S. 22; *Wank*, NZA 1999, 225, 230 m.w.N.

943 *Wank*, Rn 70.

mittel wird eine ständige Verbindung mit der Betriebsstätte sichergestellt, ohne dass eine ständige Anwesenheit des Mitarbeiters an einem festen Arbeitsplatz/einer festen Betriebsstätte notwendig ist.[944]

b) Arbeitszeit

463 Denkbar ist es beim Telearbeitsverhältnis, dass sowohl der gesamte Teil der **Arbeitszeit** oder auch nur ein Teil hiervon zu Hause und die übrige Zeit im Betrieb (alternierende Telearbeit) oder an einem anderen Ort erbracht werden.[945] Ohne eine besondere arbeitsvertragliche Vereinbarung kann dem Arbeitnehmer lediglich eine Tätigkeit innerhalb des Betriebes zugewiesen werden.[946] Eine Regelung hierüber im Arbeitsvertrag ist deshalb erforderlich. Daneben ist auch die Lage der Arbeitszeit besonders zu klären. Sofern der Arbeitgeber ein besonderes Interesse daran hat, dass der Arbeitnehmer zu bestimmten Zeiten an seinem Telearbeitsplatz erreichbar ist, ist dies arbeitsvertraglich zu vereinbaren. Die Vereinbarung bestimmter fester Arbeitszeiten sollte aber nicht festgelegt werden, weil sie zum einen das arbeitgeberseitige Direktionsrecht zu sehr einschränken und andererseits den Interessen des Telearbeitnehmers nicht angemessen Rechnung tragen würde.[947] Sicherzustellen hat der Arbeitgeber, dass der Arbeitnehmer bei der Telearbeit die Anforderungen des Arbeitszeitgesetzes beachtet.[948] Vor allem im Hinblick darauf, dass der Arbeitnehmer im häuslichen Bereich seine Arbeitszeiten selbst bestimmt, besteht nämlich die Gefahr, dass der Arbeitnehmer die in seinem Interesse bestehenden Schutzvorschriften nicht beachtet. Da die Vorschriften des Arbeitszeitgesetzes auch für Telearbeitsverhältnisse gelten, der Arbeitgeber aber kaum konkrete Kontrollmöglichkeit über die Einsatzzeiten des Arbeitnehmers am Telearbeitsplatz hat und i.d.R. an der Gestaltung der Arbeitszeit auf die Gestaltung der Arbeitszeit auch keinen Einfluss nehmen kann, hat er die aus dem Arbeitszeitgesetz resultierende Pflicht auf den Arbeitnehmer zu verlagern, was als zulässig erachtet wird.[949] Der Arbeitgeber ist auch berechtigt, den Arbeitnehmer zur Dokumentation der täglichen Arbeitszeit zu verpflichten, z.B. in Form von Arbeitszeitaufzeichnungen (z.B. manuelles oder elektronisches Arbeitszeittagebuch), und diese regelmäßig vorzulegen.[950]

c) Aufwendungsersatz

464 Einer besonderen Regelung bedarf die Ausgestaltung der Übernahme der **Kosten** für die Errichtung und Unterhaltung des Telearbeitsplatzes. I.d.R. trägt der Arbeitgeber die Kosten für die Anschaffung, Wartung und Pflege der Kommunikationseinrichtung sowie den dienstlichen Anteil an der Raummiete und den entsprechenden Energiekosten. Sofern diese Aufwendungen beim Arbeitnehmer entstehen, kann er diese nach § 670 BGB beim Arbeitgeber geltend machen. Der Ausschluss eines solchen Aufwendungsersatzanspruches ist nach § 307 Abs. 2 Nr. 1 BGB in Formulararbeitsverträgen unzulässig, weil er eine unangemessene Benachteiligung des Arbeitnehmers darstellen würde.[951] Um von vornherein eine Auseinandersetzung über den Umfang der Erstattungspflicht zu vermeiden, sollte möglichst präzise im Telearbeitsvertrag geregelt werden, in welcher Höhe und für welche Aufwendungen die Erstattung zu erfolgen hat. Bei alternierenden Telearbeitsverhältnissen sollte geregelt werden, ob der Arbeitnehmer für die Fahrten zwischen Betriebsstätte und häuslichem Telearbeitsplatz einen Fahrtkostenerstattungsanspruch haben soll.[952]

---

944 *Wank*, NZA 1999, 225, 230; *Collardin*, S. 21.
945 *Wank*, AuA 1998, 192, 193.
946 U.a. *Boemke*, BB 2000, 147, 149.
947 U.a. *Boemke*, BB 2000, 147, 150; *Boemke/Föhr*, Arbeitsraum der Zukunft, 1999, Rn 185; *Kilz/Reh*, S. 86 f.
948 *Boemke/Föhr*, Rn 191.
949 U.a. *Albrecht*, NZA 1996, 1242, 1245; *Kramer*, DB 2000, 1329, 1331.
950 U.a. *Albrecht*, NZA 1996, 1242; *Kramer*, DB 2000, 1331.
951 *Schwiering/Zurel*, ZD 2016, 19.
952 *Schaub*, BB 1998, 2106, 2109.

d) Zutrittsrecht

Der Telearbeitsplatz befindet sich in dem durch Art. 13 GG grundgesetzlich geschützten besonderen Räumlichkeiten, so dass der Zugang zum Telearbeitsplatz nur mit Zustimmung des Arbeitnehmers erfolgen kann. Aus diesem Grunde ist es geboten, die Modalitäten des Zuganges vertraglich zu regeln.[953] Dabei sollte neben den Voraussetzungen, unter denen der Zutritt gewährleistet werden soll, auch der Kreis der Personen definiert werden, der vom **Zutrittsrecht** erfasst wird. Sichergestellt werden muss, dass zumindest zur Wahrung der arbeitsschutzrechtlichen Bestimmungen die entsprechenden Kontrollorgane (betrieblicher Datenschutzbeauftragter, Mitarbeiter der Arbeitsschutzbehörden/-aufsichtsämter, Betriebsrat) auch zu dem Arbeitsplatz Zutritt haben, soweit dies erforderlich werden sollte.   465

e) Verschwiegenheitsverpflichtung

Auch die **Verschwiegenheitsverpflichtung** bedarf einer besonderen Ausgestaltung im Telearbeitsverhältnis, weil sich im häuslichen Bereich i.d.R. auch betriebsfremde Personen aufhalten und auf dem Telearbeitsplatz geheimhaltungsbedürftige Daten übermittelt werden. Der Mitarbeiter muss deshalb verpflichtet werden, für die Verschwiegenheit auch gegenüber den Familienmitgliedern Sorge zu tragen. Soweit möglich sollten auch Vorkehrungen vereinbart werden, inwieweit der Arbeitnehmer sicherstellen kann, dass die in seinem Haushalt lebenden Personen keine Kenntnis von den tätigkeitsbezogenen Daten und betrieblichen Geheimnissen erlangen können.[954]   466

f) Arbeitsschutz

Die häusliche Telearbeit wirft in Bezug auf die Verpflichtung des Arbeitgebers zur Einhaltung des **Arbeitsschutzes** nicht unerhebliche Probleme auf.[955] Streitig ist, ob der häusliche Telearbeitsplatz unter das Arbeitsschutzgesetz oder auch die Arbeitsstättenverordnung fällt.[956] Unzweifelhaft gelten sowohl das Arbeitszeitgesetz als auch die Bildschirmarbeitsverordnung, für deren Einhaltung der Arbeitgeber Sorge zu tragen hat.   467

g) Schadenshaftung

Die vom BAG entwickelten Grundsätze zur **Haftung** des Arbeitnehmers bei Schäden, die aus Anlass der Ausübung der arbeitsvertraglich geschuldeten Tätigkeit auftreten, gelten auch bei einem Telearbeitsverhältnis.[957] Danach haftet der Arbeitnehmer bei leichtester Fahrlässigkeit nicht, bei mittlerer Fahrlässigkeit nach Billigkeitsgesichtspunkten mit einer angemessenen Quote und nur bei grober Fahrlässigkeit und Vorsatz für aufgetretene Schäden aus Anlass der Ausübung seiner Tätigkeit voll. Diese Haftungsprivilegierung kommt allerdings Familienangehörigen oder Personen, die sich im Haus des Telearbeitnehmers aufhalten, nicht zu Gute, wenn z.B. Schäden an den vom Arbeitgeber eingebrachten Gegenständen eintreten. Aus diesem Grunde ist es geboten im Telearbeitsverhältnis auch eine Regelung über die Haftungsprivilegierung für Personen aufzunehmen, die sich im Haushalt des Arbeitnehmers aufhalten, sofern sich die Haftungsprivilegierung auch auf diese Personen erstreckt werden soll.   468

h) Mitbestimmungsrechte

Zu beachten sind bei der Einführung von Telearbeit auch die Mitbestimmungsrechte nach kollektivrechtlichen Normen. Bereits in der Planungsphase können Beteiligungsrechte des Betriebsrates nach den §§ 80 Abs. 2, 90, 92 BetrVG und bei der Durchführung Mitbestimmungsrechte nach § 87 Abs. 1 Ziff. 1, 2, 6, 7 und § 89 BetrVG berührt sein. Die Einführung oder Beendigung alternierender Telearbeit   469

---

953 *Wiese*, RdA 2009, 344, 349.
954 *Kramer*, DB 2000, 1329, 1330; *Albrecht*, NZA 1996, 1243; *Peter*, DB 1998, 575 f.
955 *Rieble/Picker*, ZfA 2013, 383 ff.
956 Zust. *Rieble/Picker*, ZfA 2013, 383, 430.
957 U.a. BAG 12.6.1992, NZA 1993, 547; BAG 27.9.1994, NZA 1994, 1083; BAG 16.2.1995, AP Nr. 106 zu § 611 BGB Haftung des Arbeitnehmers.

wiederum kann eine Versetzung des Arbeitnehmers nach § 95 Abs. 3 S. 1 BetrVG darstellen und damit ein Mitbestimmungsrecht nach § 99 BetrVG auslösen.[958]

IX. Trainee

Literatur *Maties*, Generation Praktikum, RdA 2007, 141; *Wohlgemuth*, Berufsbildungsgesetz, 2011 (zitiert: Wohlgemuth/*Bearbeiter*).

1. Allgemeines

470   Der „Trainee-Vertrag" beschreibt keinen besonderen Vertragstypen, vielmehr wird der Begriff in der arbeitsrechtlichen Praxis für eine Vielzahl von Verträgen verwendet. Eine gesetzliche oder durch die Rechtsprechung entwickelte Definition des Begriffes „Trainee" oder normative Vorgaben, wie Trainee-Verträge ausgestaltet werden müssen und welchen Regelungen sie unterliegen, gibt es bis dato nicht. Als **Trainee** wird in der Praxis ganz überwiegend ein Hochschulabsolvent bezeichnet, der in einem Unternehmen systematisch als vielfältig einsetzbare Nachwuchskraft auch durch Absolvierung eines Trainee-Programms aufgebaut wird durch aufeinander abgestimmte Einsätze in verschiedenen Abteilungen, Seminaren und/oder Netzwerkveranstaltungen. Nach welchen Rechtsvorschriften sich der Trainee-Vertrag richtet, hängt vom Inhalt der Trainee-Vereinbarung ab.[959] Steht vor allem der Erwerb beruflicher Fertigkeiten, Kenntnisse und Fähigkeiten im Vordergrund, finden auf das Vertragsverhältnis nach § 26 BBiG bestimmte Regelungen des BBiG Anwendung. Üblicherweise wird ein Trainee-Vertrag als Arbeitsvertrag ausgestaltet,[960] weil der Mitarbeiter (i.d.R. ein Hochschulabsolvent) bereits Kenntnisse und Fähigkeiten erworben hat und durch die Trainee-Vereinbarung vor allem während der Ausübung der Tätigkeit die unterschiedlichen Arbeitsabläufe im Unternehmen und das Unternehmen selbst kennen lernen soll. Die Abgrenzung ist auch relevant für die Frage, ob die Vergütung des Trainees dem gesetzlichen **Mindestlohn** entsprechen muss. Nach § 22 Abs. 3 MiLoG sind die zur Berufsausbildung Beschäftigten vom Geltungsbereich des MiLoG ausgenommen. Überwiegt beim Trainee-Vertrag der Ausbildungscharakter, ist die Zahlung des gesetzlichen Mindestlohnes demnach nicht erforderlich. Um Rechtsunsicherheiten über die Rechtsnatur des Trainee-Vertrages zu vermeiden, sollte ausdrücklich klargestellt werden, ob es sich um einen Arbeitsvertrag handelt, oder der Ausbildungscharakter überwiegt. Der nachfolgende Vertrag setzt voraus, dass die Trainee-Ausbildung auf der Grundlage einer arbeitsvertraglichen Vereinbarung erfolgen soll, deren Inhalt sich nach den üblichen auf Arbeitsverträge anzuwendenden Vorschriften richtet.

2. Trainee-Vertrag

▼

471   **Muster 1b.16: Trainee-Vertrag**

zwischen

▓▓▓▓▓▓▓

– im Folgenden: Arbeitgeber –

und

Frau/Herrn ▓▓▓▓

– im Folgenden: Arbeitnehmer –

---

958 *Rieble/Picker*, ZfA 2013, 383, 425 ff; *Schwemmle/Wedde*, S. 82 ff.
959 BAG 12.5.2005, AP Nr. 145 zu § 102 BetrVG 1972.
960 *Maties*, RdA 2007, 141; Wohlgemuth/*Pepping*, § 26 BBiG Rn 30.

Präambel

Dem Arbeitnehmer soll Gelegenheit gegeben werden, durch die Tätigkeit im Rahmen dieses Vertrages die verschiedenen Abteilungen des Arbeitgebers kennen zu lernen, um sich als Führungskraft zu qualifizieren.

§ 1 Vertragsgegenstand, Trainee-Programm

Der Arbeitnehmer wird nach dem nachfolgenden Einsatzplan im Unternehmen tätig:

Zeitraum	Abteilung	Art des Einsatzes

§ 2 Pflichten des Arbeitnehmers

(1) Der Arbeitnehmer verpflichtet sich, die ihm übertragenen Aufgaben gewissenhaft auszuführen und den Anweisungen des jeweiligen Vorgesetzten Folge zu leisten.

(2) Der Arbeitnehmer ist verpflichtet, auf Weisung des Arbeitgebers an externen Fortbildungsmaßnahmen, Inhouseschulungen oder sonstigen Qualifizierungsmaßnahmen teilzunehmen, auch wenn diese außerhalb der üblichen Arbeitszeit stattfinden.

§ 3 Pflichten des Arbeitgebers

(1) Der Arbeitgeber verpflichtet sich, den Arbeitnehmer in die Tagesarbeit des Unternehmens einzuführen und ihn mit den Abläufen in den einzelnen Abteilungen vertraut zu machen.

(2) Der Arbeitgeber verpflichtet sich, mit dem Arbeitnehmer mindestens alle drei Monate/jeden Monat Gespräche über die Beurteilung des Arbeitnehmers zu führen und mit ihm den weiteren Ausbildungsverlauf zu erörtern.

§ 4 Arbeitszeit

(1) Die durchschnittliche wöchentliche Arbeitszeit des Arbeitnehmers beträgt ▨ Stunden. Die Lage der täglichen Arbeitszeit richtet sich nach den betrieblichen Gegebenheiten in der jeweiligen Abteilung, in der der Arbeitnehmer eingesetzt ist.

(2) Der Arbeitnehmer verpflichtet sich, im Rahmen des gesetzlich Zulässigen auch Überstunden/Mehrarbeit zu leisten.

(3) Bei betrieblicher Notwendigkeit ist der Arbeitnehmer verpflichtet, im Rahmen des gesetzlich Zulässigen auch an Sonn- und Feiertagen zu arbeiten.

§ 5 Urlaub

(vgl. hierzu den Musterarbeitsvertrag, siehe oben § 1a Rdn 215 f.)

§ 6 Vergütung

Der Arbeitgeber zahlt an den Arbeitnehmer für die im Rahmen dieses Vertrages erbrachten Leistungen eine Vergütung von ▨ EUR pro Monat (in Worten: ▨ EUR). Die Vergütung wird jeweils zum ▨ eines Kalendermonats für den laufenden Kalendermonat ausgezahlt und auf ein vom Arbeitnehmer zu benennendes Konto überwiesen.

§ 7 Verhinderung

(vgl. hierzu den Musterarbeitsvertrag, siehe oben § 1a Rdn 215 f.)

§ 8 Vertragslaufzeit, Beendigung

(1) Der Vertrag tritt am ▨ und ist bis zum ▨ befristet. Er endet in diesem Zeitpunkt, ohne dass es einer Kündigung bedarf.

(2) Auch während der Laufzeit dieses Vertrages ist beiden Parteien eine ordentliche Kündigung des Vertrages unter Einhaltung der gesetzlichen Kündigungsfrist möglich.

§ 9 Zeugnis

(1) Der Arbeitgeber verpflichtet sich, dem Arbeitnehmer nach Beendigung des Vertrages ein wohlwollendes qualifiziertes Zeugnis zu erteilen, das sich auch auf Führung und Leistung erstreckt und in dem der Ablauf des Trainee-Programmes geschildert und auch beschrieben wird, welche Fertigkeiten der Arbeitnehmer in den Abteilungen erlangt hat.

(2) Der Arbeitgeber ist verpflichtet, dem Arbeitnehmer auf Wunsch jederzeit ein Zwischenzeugnis zu erteilen.

§ 10 Verschwiegenheit

Der Arbeitnehmer ist verpflichtet, über alle ihm während der Laufzeit dieses Vertrages zur Kenntnis gelangten betrieblichen und geschäftlichen Angelegenheiten striktes Stillschweigen zu wahren, es sei denn, dass er aufgrund gesetzlicher Vorschriften zur Offenlegung der Informationen verpflichtet ist. Die Verpflichtung gilt auch nach Beendigung des Arbeitsverhältnisses fort.

§ 11 Herausgabe von Gegenständen

(vgl. hierzu den Musterarbeitsvertrag, siehe oben § 1a Rdn 215 f.)

§ 12 Ausschlussfristen

(vgl. hierzu den Musterarbeitsvertrag, siehe oben § 1a Rdn 215 f.)

§ 13 Schlussbestimmungen

(vgl. hierzu den Musterarbeitsvertrag, siehe oben § 1a Rdn 215 f.)

_____, den _____	_____, den _____
_____	_____
(Arbeitgeber)	*(Arbeitnehmer)*

▲

3. Erläuterungen

a) Arten von Trainee-Programmen

472 In der Praxis haben sich drei Arten von Trainee-Programmen herausgebildet: das allgemeine Trainee-Programm, das Fachtrainee-Programm und das Trainee-Studium. Bei dem weit verbreiteten allgemeinen Trainee-Programm wird der Arbeitnehmer über die gesamte Laufzeit des Vertrages in verschiedenen Abteilungen und Projekten eingesetzt. Ziel ist es, herauszuarbeiten, für welchen Bereich der Trainee besonders geeignet erscheint und in welchem er die besten Karrierechancen hat. Bei einem Fachtrainee-Programm wird der Mitarbeiter schon bei der Einteilung des Trainee-Programmes nach fachlichen Referenzen eingesetzt. Das Fachtrainee-Programm eignet sich vor allem dann, wenn der Arbeitnehmer für die Übernahme in eine unbefristete Beschäftigung in einem Spezialbereich vorbereitet werden soll. Beim Trainee-Studium absolviert der Arbeitnehmer ein studienbegleitendes Trainee-Programm und wird auf diese Weise frühzeitig an das Unternehmen gebunden und lernt die Betriebsabläufe im Unternehmen kennen.[961]

---

[961] Steuerrechtlich wird ein solches studienbegleitendes Traineeprogramm als Ausbildungsverhältnis i.S.d. § 32 Abs. 4 S. 3 EStG angesehen (FG Münster 14.3.2013 – 3 K 2620/12 Kg).

b) Vergütung

Die Höhe der Vergütung ist abhängig von der Qualifikation des Arbeitnehmers und dem Einsatzbereich. Die **473** Vereinbarung über die Höhe der Vergütung obliegt dementsprechend der Vereinbarung der Parteien. Ist der Trainee-Vertrag als Arbeitsvertrag ausgestaltet, ist im Anwendungsbereich des **MiLoG** mindestens der jeweils geltende gesetzliche Mindestlohn zu zahlen. Die Höhe der Vergütung ist zudem daran zu messen, ob sie als angemessen im Sinne von § 612 Abs. 1 BGB anzusehen ist. Dies wiederum bestimmt sich nach der Qualifikation und dem Wert der Arbeitsleistung, die der Trainee im Rahmen des Trainee-Vertrages erbringt. Ist die Vergütung zu niedrig bemessen, kann der Arbeitnehmer nach § 612 Abs. 1 BGB eine angemessene Vergütung verlangen. Die Bestimmung des § 612 Abs. 1 BGB gilt nämlich auch dann, wenn die Vergütungsvereinbarung wegen Lohnwuchers nichtig ist.[962]

c) Aufbau und Ablauf des Trainee-Programmes

Empfehlenswert aber nicht zwingend ist es, Aufbau und Ablauf des Trainee-Programmes vertraglich zu **474** vereinbaren. Die Festlegung eines bestimmten Trainee-Programmes schafft für beide Parteien Sicherheit, wann, wie und wo der Arbeitnehmer eingesetzt wird. Trainee-Programme werden üblicherweise in vier Phasen untergliedert: die Einführungsphase, die Qualifizierungsphase, ggf. die Auslandsaufenthaltsphase und die Spezialisierungsphase. In der Einführungsphase, die ca. zwei bis sechs Wochen dauert, lernt der Trainee den Betrieb und dessen Produkte sowie den Aufbau des Unternehmens kennen. In der Qualifizierungsphase erfolgt die Tätigkeit in den einzelnen Fachabteilungen, in denen der Trainee bedeutsame Firmenbereiche und Mitarbeiter kennen lernen und sich das notwendige Wissen über das Unternehmen durch Tätigkeit in der Abteilung aneignen kann. In bestimmten Trainee-Programmen ist auch ein Auslandsaufenthalt vorgesehen, der dem Arbeitnehmer die Möglichkeit verschafft, Sprachkenntnisse zu vertiefen, interkulturelle Kompetenzen auf- und auszubauen und die internationalen Verflechtungen des Unternehmens kennen zu lernen. Das Trainee-Programm endet häufig mit einer Spezialisierungsphase, in der der Trainee in einer von ihm und dem Arbeitgeber favorisierten Abteilung des Unternehmens arbeitet, in die er möglicherweise nach Auslaufen des Trainee-Vertrages übernommen wird.

d) Laufzeit/Befristung

Trainee-Programme haben i.d.R. Laufzeiten von sechs bis 24 Monaten. Da ein als Arbeitsvertrag ausgestal- **475** teter Trainee-Vertrag auch den Vorschriften des TzBfG unterliegt, ist die Wirksamkeit der Befristung des Trainee-Vertrages gerichtlich überprüfbar. Übersteigt die Laufzeit des Vertrages die Dauer von zwei Jahren nicht, bedarf es nach § 14 Abs. 2 TzBfG keines sachlichen Grundes für die Rechtfertigung der kalendermäßigen Befristung. Selbst wenn die Laufzeit mehr als 24 Monate übersteigen sollte, kann die Befristung des Trainee-Vertrages nach § 14 Abs. 1 TzBfG zulässig sein: Zum einen kann die Befristung dann, wenn der Arbeitnehmer im Anschluss an eine Ausbildung oder ein Studium eingestellt wird, nach § 14 Abs. 1 Nr. 2 TzBfG zulässig sein; denkbar ist auch die Rechtfertigung der Befristung nach § 14 Abs. 1 Nr. 5 TzBfG. Voraussetzung ist allerdings, dass der Arbeitgeber darlegen kann, dass eine entsprechend lange Erprobung notwendig ist, um die Eignung des Arbeitnehmers feststellen zu können. Bei einer länger als zwei Jahre andauernden Befristung dürfte dies kaum in einem arbeitsgerichtlichen Prozess darzustellen sein.

e) Zeugnis

Da der Begriff des Trainees in der Praxis vielfältig verwandt wird und deshalb ein potenzieller Arbeitgeber **476** eines ehemaligen Trainees nicht ohne Weiteres erkennen kann, was sich hinter einer Trainee-Laufbahnabsolvierung verbirgt, sollte in dem Zeugnis des Trainee-Absolventen im Einzelnen beschrieben sein, welche Tätigkeiten der Arbeitnehmer im Rahmen seiner Trainee-Ausbildung ausgeübt hat. Die Festschreibung des Zeugnisinhaltes zu diesem Punkt vermeidet spätere Streitigkeit darüber, ob die einzelnen Schritte des

---

962 U.a. BAG 10.3.1960, AP Nr. 2 zu § 138 BGB; BAG 24.11.1993, AP Nr. 11 zu § 611 BGB Mehrarbeitsvergütung; Anwaltsgerichtshof Hamm 2.11.2007, NJW 2008, 668 ff.; BGH 30.11.2009 – AnwZ (B) 11/08.

Trainee-Programmes im Zeugnis erwähnt werden müssen oder nicht. Da das Trainee-Programm dazu dient, dass sich Arbeitgeber und Arbeitnehmer wechselseitig kennenlernen und erproben, sollte dem Arbeitnehmer das Recht eingeräumt werden für den Fall, dass er während der laufenden Trainee-Ausbildung die Ungeeignetheit des Betriebes für seine Bedürfnisse feststellt oder eine anderweitige Arbeitsalternative hat, vom Arbeitgeber jederzeit ein Zwischenzeugnis verlangen zu können. Die Aufnahme eines solchen Anspruches ist deshalb notwendig, weil im laufenden Arbeitsverhältnis grds. der Arbeitnehmer in der Regel nicht jederzeit ein Zwischenzeugnis verlangen kann.

X. Praxisintegrierendes duales Studium

Literatur: *Brecht-Heitzmann,* Die Regelungsbefugnis der Tarifvertragsparteien für Studierende der Berufsakademien, RdA 2008, 276; *ders.,* Rechtlicher Status von Studierenden dualer Studiengänge, ArbuR 2009, 389; *Dorth,* Gestaltungsgrenzen bei Aus- und Fortbildungskosten betreffenden Rückzahlungsklauseln, RdA 2013, 287; *Düwell,* Rückzahlung von verauslagten Bildungsinvestitionen, DB 2008, 406; *Grimm/Freh,* Vertragsgestaltung bei dualen Studiengängen, ArbRB 2015, 316; *Hirdina,* Rechtsfragen zur Kündigung eines Praktikumsvertrags, NZA 2008, 916; *Kleinebrink,* Praktikanten- und Ausbildungsverhältnisse in dualen Studiengängen, ArbRB 2011, 58; *Koch-Rust/Rosentreter,* Rechtliche Gestaltung der Praxisphase bei dualen Studiengängen, NJW 2009, 3005; *dies.,* Ausbildungsverträge bei praxisintegrierten dualen Studiengängen, NZA 2013, 879; *Koch-Rust/Kolb/Rosentreter,* Mindestlohn auch für dual Studierende?, NZA 2015, 402; *Natzel,* Duale Studiengänge – arbeitsrechtliches Neuland?, NZA 2008, 567; *ders.,* Qualifizierung im tripolaren Rechtsverhältnis, NZA 2012, 650; *Orlowski,* Praktikantenverträge – transparente Regelung notwendig!, RdA 2009, 38; *dies,* Praktikanten- und Volontärverträge, 2013; *Scherer,* Verträge mit Praktikanten, NZA 1986, 280; *Stuhr/Stuhr,* Anspruch der Studenten auf Urlaub und Entgelt für die Tätigkeit im praktischen Studiensemester, BB 1981, 916.

1. Grundlagen

a) Begriff des dualen Studiengangs

477   Unter einem **dualen Studiengang im engeren Sinne** versteht man einen Bachelorstudiengang im ersten Bildungsweg, der regelmäßige Praxisphasen in einem bestimmten Unternehmen in seine Studienordnung fest integriert. Anders als in herkömmlichen Studiengängen treten die Hochschule und bestimmte Unternehmen auf Grundlage eines öffentlich-rechtlichen Kooperationsvertrags offiziell als Kooperationspartner auf und stimmen das Bildungskonzept wechselseitig aufeinander ab. Während das Verhältnis des Studierenden zur Hochschule i.d.R. ab der Immatrikulation öffentlich-rechtlich ausgestaltet ist, bindet sich der Studierende im Verhältnis zum Unternehmen während der Dauer des gesamten Studiums über einen privatrechtlichen Durchführungsvertrag.[963]

Duale Studiengänge kombinieren aus Sicht der Studierenden das Ausbildungsniveau eines Fachhochschulstudiums mit der praxisnahen Arbeit und der klaren Übernahmeperspektive in einem Unternehmen. Für die Unternehmen steht typischerweise das Interesse im Vordergrund, potentielle Nachwuchskräfte durch ein attraktives Qualifizierungsangebot frühzeitig an sich zu binden.[964] Die Übernahme erfolgreicher Absolventen ist in den meisten dualen Studiengängen der Regelfall.[965]

2014 waren bei stark wachsender Tendenz bundesweit über 94.000 Studierende in dualen Studiengängen für die Erstausbildung eingeschrieben. 2011 lag die Zahl noch bei knapp 60.000.[966]

478   Daneben wird der Begriff des dualen Studiums auch für **berufsintegrierende und berufsbegleitende Studiengänge** verwendet. Diese dienen in der Regel der beruflichen Weiterbildung und zählen aufgrund der fehlenden inhaltlichen Verzahnung von theoretischer und praktischer Ausbildung nicht zu den dualen Stu-

---

963 Vgl. z.B. BAG 30.10.1991, NZA 1992, 808; *Brecht-Heitzmann,* ArbuR 2009, 389, 390; *Stuhr/Stuhr,* BB 1981, 916, 918.
964 *Orlowski,* Praktikanten- und Volontärverträge, 147 ff.
965 *Koch-Rust/Rosentreter,* NJW 2009, 3005, 3008.
966 *Bundesinstitut für Berufsbildung,* Ausbildung Plus – Duales Studium in Zahlen, 2014, S. 12.

diengängen im engeren Sinne.[967] Teilnehmer **ausbildungsbegleitender** Studiengänge absolvieren parallel zu einem Vollzeitstudium eine Berufsausbildung. Auch hier bestehen keine institutionell-strukturellen oder inhaltlichen Verzahnungselemente. Gleiches gilt für **praxisbegleitende** Studiengänge, die sich durch einen großen Umfang an Praxisanteilen auszeichnen.[968] Diese Modelle werden an dieser Stelle zur Abgrenzung erwähnt und in der weiteren Darstellung nicht vertieft.

b) Rechtsnatur des Durchführungsvertrags

Unter den im ersten Bildungsweg durchgeführten dualen Studiengängen im engeren Sinne ist zwischen dem sog. **ausbildungsintegrierenden dualen Studium**, das eine auf einen IHK/HWK-Abschluss zielende Berufsausbildung mit einem Bachelorstudiengang kombiniert, und dem hier im Vordergrund stehenden **praxisintegrierenden dualen Studium** zu unterscheiden. Die Unterscheidung ist für die rechtliche Einordnung zentral, da beim ausbildungsintegrierenden dualen Studium für den – meist vorgelagerten – Ausbildungsteil uneingeschränkt das **BBiG** gilt. In Bezug auf den daran anschließenden, auf das Studium bezogenen Teil ist das BBiG gemäß § 3 Abs. 2 Nr. 1 BBiG nicht anwendbar.[969] Auf das praxisintegrierende duale Studium, in dem allein ein Fachhochschulabschluss erworben wird, wird das BBiG gemäß § 3 Abs. 2 Nr. 1 BBiG hingegen in keiner Studienphase, also generell nicht angewendet.[970] Zur Regelung des ausbildungsintegrierenden dualen Studiums bietet sich eine gestufte Vertragsgestaltung an.[971] Während für den Ausbildungsteil (erste Stufe) auf die Darstellung zum Ausbildungsverhältnis zu verweisen ist, kann für den Studienteil (zweite Stufe) ein Durchführungsvertrag entsprechend dem nachfolgenden Muster vereinbart werden. **479**

Sozialversicherungsrechtlich hat die Unterscheidung von Ausbildung und dualem Studium keine Bedeutung mehr. Nach § 5 Abs. 4a S. 2 SGB V stehen Teilnehmer an dualen Studiengängen den Beschäftigten zur Berufsausbildung seit dem 1.1.2012 gleich[972] und unterliegen daher nach § 5 Abs. 1 Nr. 1 SGB V der Sozialversicherungspflicht. Im Gegensatz zu anderen Studierenden sind sie nicht mehr nach § 6 Abs. 1 Nr. 3 SGB V von der Versicherungspflicht befreit. **480**

Es ist stets problematisch, ob der Durchführungsvertrag für das duale Studium als **Arbeitsvertrag** oder als Vertrag sui generis einzuordnen ist. Einigkeit dürfte darüber bestehen, dass diese Frage anhand des Abgrenzungskriteriums entschieden werden muss, ob die Erbringung von Arbeitsleistungen oder der Ausbildungszweck im Vordergrund steht.[973] Fraglich ist aber, ob diese Formel eher streng oder großzügig zu handhaben ist und somit der typische Regelfall eines praxisintegrierten Dualstudiengangs mit weisungsabhängiger vergüteter Vollzeitarbeit außerhalb der Vorlesungszeiten im Ergebnis als Arbeitsverhältnis einzuordnen ist. **481**

---

967 BSG 1.12.2009, BSGE 105, 56; *Koch-Rust/Rosentreter*, NJW 2009, 3005, 3006; *Grimm/Freh*, ArbRB 2015, 316; *Kleinebrink*, ArbRB 2011, 58, 59.

968 Zu den Begrifflichkeiten siehe *Wissenschaftsrat:* Empfehlungen zur Entwicklung des dualen Studiums – Positionspapier, 2013, S. 9.

969 BAG 25.7.2002, AP Nr. 9 zu § 5 BBiG; *Natzel*, NZA 2008, 567, 568; *Grimm/Freh*, ArbRB 2015, 316; *Kleinebrink*, ArbRB 2011, 58, 59; LAG Hamm 13.10.2006, NZA-RR 2007, 97.

970 BAG 18.11.2008, NZA 2009, 435; LAG Hessen 5.6.2009, BeckRS 2011, 71637; *Koch-Rust/Rosentreter* NZA 2013, 879; *Grimm/Freh*, ArbRB 2015, 316; dies gilt auch für ein Dualstudium an einer Berufsakademie, BAG 27.9.2006, 5 AZB 33/06, zitiert nach juris; BAG 16.10.2002, BB 2003, 906; *Brecht-Heitzmann*, RdA 2008, 276, 277; ebenfalls eher für ein Arbeitsverhältnis offenbar noch *Koch-Rust/Rosentreter*, NJW 2009, 3005, 3007.

971 Hierzu *Kleinebrink*, ArbRB 2011, 58, 60.

972 G. v. 22.12.2011 BGBl I S. 3057.

973 So nämlich die Formel des BAG zur Abgrenzung des Praktikums vom Arbeitsverhältnis, BAG 29.4.2015, AP Nr. 1 zu § 26 BBiG; BAG 13.3.2003, BeckRS 2008, 54164.; LAG Baden-Württemberg 8.2.2008, NZA 2008, 768; LAG Sachsen-Anhalt 18.5.2009, 6 Sa 432/08, zitiert nach juris; LAG Berlin-Brandenburg 24.6.2011, 6 Sa 444/11, zitiert nach juris; *Hirdina*, NZA 2008, 916; ErfK/*Preis*, § 611 Rn 179; *Orlowski*, RdA 2009, 38, 40.

Dies verneint die bislang h.M.[974] Diese Einschätzung ist jedoch zweifelhaft. Das BAG wertete ein angebliches Praktikum bereits deshalb als Arbeitsverhältnis, weil eine Anwesenheitspflicht im Zeitumfang von fast einer Vollzeitstelle vorgesehen war und Geldleistungen nicht als Aufwandsentschädigung, sondern mit Entgeltcharakter gewährt wurden. Bereits deshalb stünde die Erbringung von Arbeitsleistungen im Vordergrund.[975] Diese Kriterien werden auch durch typische Dualstudiengänge erfüllt, bei denen die Vergütungshöhe oft gestuft nach dem Ausbildungsstand und daher offensichtlich mit Entgeltfunktion festgelegt wird. Eine rechtssichere Vertragsgestaltung sollte deshalb nach Möglichkeit nur Bestimmungen enthalten, die auch unter Anwendung des Arbeitsrechts wirksam wären. Umgekehrt fördert es die Rechtssicherheit, kraft Gesetzes nur auf Arbeitsverhältnisse anwendbare Vorschriften ausdrücklich in den Vertragstext aufzunehmen, damit die Frage, ob Arbeitsrecht anwendbar ist oder nicht, sich nicht auf das Ergebnis der Vertragsauslegung auswirkt. Diesen Gedanken setzt der nachgehende Mustervertrag um.

482 Stuft man den Durchführungsvertrag für ein duales Studium nicht als Arbeitsvertrag ein, stellt sich die Folgefrage, ob diejenigen arbeitsrechtlichen Schutzvorschriften Anwendung finden, welche auch bestimmte arbeitsvertragsähnliche Ausbildungsverhältnisse außerhalb des BBiG erfassen. So ist zunächst denkbar, dass es sich bei Studierenden in dualen Studiengängen um nach **§ 26 BBiG** geschützte Personen handelt, die eingestellt werden, um berufliche Fertigkeiten, Kenntnisse, Fähigkeiten oder berufliche Erfahrungen zu erwerben, ohne dass es sich um eine Berufsausbildung im engeren Sinne handelt. Das BAG wendet § 26 BBiG jedoch nicht an, wenn die Praxisphasen des dualen Studiums durch staatliche Entscheidung, insbesondere durch Regelung in einer öffentlich-rechtlichen Studien- und Prüfungsordnung anerkannt sind, selbst wenn die Beziehung zum Unternehmen durch privatrechtlichen Vertrag geregelt ist.[976] Damit erfasst die Vorschrift die allermeisten dualen Studiengänge nicht.[977]

Zum betriebsverfassungsrechtlichen Berufsausbildungsbegriff nach § 5 Abs. 1 BetrVG hat das BAG dagegen entschieden, dass dieser die Praxisphasen eines dualen Studiums erfasst, wenn die Vertragsbeziehung zwischen dem Studierenden und dem Unternehmen nach dem in der Studienordnung zum Ausdruck kommenden Willen der Hochschule privatrechtlich ausgestaltet werden soll.[978] Das BAG betonte, dass die Anwendbarkeit des § 26 BBiG (§ 19 BBiG a.F.) für die Auslegung des § 5 Abs. 1 BetrVG keine Rolle spiele, und geht somit von zwei unterschiedlichen Berufsausbildungsbegriffen aus.[979] Deshalb unterliegen die Teilnehmer praxisintegrierender dualer Studiengänge dem **Schutz des Betriebsverfassungsrechts**, solange sie innerhalb der Praxisphasen in den Betrieb eingegliedert sind. Sie können an Betriebsratswahlen teilnehmen und durch Betriebsvereinbarungen erfasst werden. Der Betriebsrat ist bei ihrer Einstellung nach **§ 99 BetrVG** zu beteiligen. Als Einstellung i.S.d. § 99 BetrVG gilt einmalig der Abschluss des Durchführungsvertrages. Hingegen ist nicht jeder Wechsel von der universitären Theorie- in die betriebliche Praxisphase als gesonderte Einstellung zu behandeln. Denn nach h.M. liegt keine Einstellung vor, wenn nach einem Ruhen der Arbeitspflicht die Arbeit wieder aufgenommen wird.[980] Wird der Studierende

---

974 *Natzel*, NZA 2008, 567, 568; ders., NZA 2012, 650, 653; *Kleinebrink*, ArbRB 2011, 58, 59; *Koch-Rust/Rosentreter* NZA 2013, 879, 880; so auch noch *Grimm/Freh*, ArbRB 2015, 316; LAG Hamm 13.10.2006, NZA-RR 2007, 97; **a.A.** LAG Sachsen-Anhalt 7.12.2006, 9 Sa 304/06, zitiert nach juris; *Brecht-Heitzmann*, RdA 2008, 276, 279 ff.; *ders*, ArbuR 2009, 389; *Orlowski*, Praktikanten- und Volontärverträge, 326 ff; *Stuhr/Stuhr*, BB 1981, 916, 919.

975 BAG 13.3.2003, BeckRS 2008, 54164; ebenso und noch ausführlicher die Vorinstanz LAG Düsseldorf 17.8.2001, BeckRS 2001 30458369.

976 BAG 18.11.2008, NZA 2009, 435; BAG 19.6.1974, DB 1974, 1920; ebenso beim Dualstudium an der Berufsakademie BAG 16.10.2002, BB 2003, 906.

977 *Natzel*, NZA 2008, 567, 569.

978 BAG 30.10.1991, NZA 1992, 808.

979 BAG 30.10.1991, NZA 1992, 808; vgl. auch BAG 27.9.2006, Ez.B. ArbGG § 5 Nr. 7; diese Differenzierung wird in der Literatur häufig übersehen, vgl. z.B. Schaub/*Vogelsang*, § 15 Rn 10; *Orlowski*, RdA 2009, 38, 39; *Natzel*, AP BetrVG 1972 § 5 Ausbildung Nr. 2.

980 GK-BetrVG/*Raab*, § 99 BetrVG Rn 46; Richardi/*Thüsing*, § 99 BetrVG Rn 50; DKKW/*Bachner*, § 99 BetrVG Rn 49.

nach Abschluss des Studiums im Betrieb in ein Arbeitsverhältnis übernommen, ist der Betriebsrat allerdings nach § 99 BetrVG zu beteiligen.[981]

§ 2 Abs. 2 **ArbZG,**[982] § 1 Abs. 2 **EFZG,**[983] § 20 **BEEG**[984] sowie § 1 **MuSchG**[985] stellen ebenfalls auf einen erweiterten arbeitsschutzrechtlichen Arbeitnehmerbegriff ab, der auch arbeitsvertragsähnliche Ausbildungsverhältnisse außerhalb des BBiG wie z.B. Volontariate und Anlernverhältnisse erfasst. Ob diese Gesetze auch auf duale Studiengänge Anwendung finden, wurde durch die Rechtsprechung bislang nicht geklärt. Richtigerweise muss der Ausbildungsbegriff des § 5 Abs. 1 BetrVG zugrunde gelegt werden,[986] der Dualstudiengänge erfasst, und nicht jener des § 26 BBiG. Denn das BAG hat Studierende nur deshalb vom Anwendungsbereich des BBiG ausgenommen, weil dem Bundesgesetzgeber die Gesetzgebungskompetenz für Berufsausbildungen fehlt, die im Schul- und Hochschulbereich stattfinden.[987] Für ausbildungsneutrale Regeln des Arbeitsschutzes verfügt der Bundesgesetzgeber hingegen selbst dann über eine Gesetzgebungskompetenz, wenn ihr Anwendungsbereich auch Beschäftigungsverhältnisse mit Hochschulbezug erfasst,[988] sodass hier eine Bereichsausnahme nicht geboten ist.

Jedenfalls gelten für Teilnehmer vergüteter dualer Studiengänge das **BUrlG**[989] und das **ArbSchG**. Sofern man die Studierenden nicht bereits als Arbeitnehmer im engeren Sinne oder als zur Berufsausbildung Beschäftigte einstuft, fallen sie jedenfalls als arbeitnehmerähnliche Personen nach § 2 S. 2 BUrlG bzw. § 2 Abs. 2 Nr. 3 ArbSchG in deren Anwendungsbereiche. Arbeitnehmerähnlich sind nämlich alle Personen, die auf ihre Arbeitskraft zur Sicherung ihrer Existenzgrundlage angewiesen sind, wenn das Maß der Abhängigkeit nach der Verkehrsanschauung einen solchen Grad erreicht, wie er im Allgemeinen nur in einem Arbeitsverhältnis vorkommt und die geleisteten Dienste nach ihrer soziologischen Typik mit denen eines Arbeitnehmers vergleichbar sind, insbesondere wenn sie aufgrund einer Dauerbeziehung nur für einen Auftraggeber tätig werden.[990] Diese Voraussetzungen werden durch vergütete duale Studiengänge erfüllt.

Auch wenn man den Durchführungsvertrag für das duale Studium als Vertrag sui generis einstuft, ist die Gestaltungsfreiheit erheblich begrenzt. Alle Bestimmungen des Vertrages müssen einer **AGB-Kontrolle** nach § 307 BGB zugunsten der Studierenden standhalten,[991] die wegen deren strukturell besonders deutlichen Unterlegenheit tendenziell streng ausfallen wird.[992]

483

---

981 Ganz h.M. für die Übernahme aus einem Ausbildungsverhältnis, vgl. GK-BetrVG/*Raab*, § 99 BetrVG Rn 35; Richardi/*Thüsing*, § 99 BetrVG Rn 46; DKK/W*Bachner*, § 99 BetrVG Rn 47.

982 BT-Drucks 12/5888, S. 23; dazu *Baeck/Deutsch*, § 2 ArbZG Rn 99; *Schliemann*, § 2 ArbZG Rn 108; Hahn/Pfeiffer/Schubert/*Spengler*, § 2 ArbZG Rn 29.

983 HWK/*Schliemann*, § 1 EFZG Rn 7; ErfK/*Reinhard*, § 1 EFZG Rn 3.

984 Vgl. HWK/*Gaul*, § 20 BEEG Rn 1; Rancke/*Rancke*, § 15 BEEG Rn 28.

985 BVerwG 26.8.1970 AP MuSchG § 9 Nr. 32; *Buchner/Becker*, § 1 MuSchG Rn 45; HWK/*Hergenröder*, § 1 MuSchG Rn 3; Münch-ArbR/*Heenen*, § 305 Rn 5; Rancke/*Pepping*, § 1 MuSchG Rn 20.

986 So auch *Anzinger/Koberski*, § 2 ArbZG Rn 69.

987 BAG 19.6.1974, DB 1974, 1920; BAG 16.10.2002, BB 2003, 906; *Natzel*, NZA 2008, 567, 568.

988 Vgl. BAG 30.3.1994, NZA 1995, 70; ähnlich *Brecht-Heitzmann*, RdA 2008, 276, 278; noch weiter *Orlowski*, Praktikanten- und Volontärverträge, 289 ff.; offenbar ablehnend *Scherer*, NZA 1986, 280, 283.

989 Neumann/Fenski/Kühn, § 2 Rn 60; a.A. *Scherer*, NZA 1986, 280, 282, 283.

990 BAG 17.1.2006, EzA § 2 BUrlG Nr. 6.

991 *Koch-Rust/Rosentreter* NZA 2013, 879, 880.

992 *Natzel*, NZA 2012, 650, 653.

2. Muster

▼

484   Muster 1b.17: Vertrag zur Durchführung eines praxisintegrierenden dualen Studiums

Zwischen

der/dem im Rahmen eines dualen Studiums an der Fachhochschule [ ] studierenden

Frau/Herrn [ ]

Wohnanschrift

geb. [ ] an in [ ]

Tel: [ ] E-Mail-Adresse [ ]

– nachgehend „Studierende/r" genannt –

und dem Praxispartner/Unternehmen [ ]

– nachgehend „Unternehmen" genannt –

wird der folgende **Durchführungsvertrag für ein duales Studium** geschlossen:

Präambel

Da das Unternehmen regelmäßigen Bedarf nach qualifizierten Nachwuchskräften hat, fördert es die Qualifizierung von Schulabsolventen in Kooperation mit der Fachhochschule [ ] (nachgehend „Fachhochschule" genannt) durch duale Studiengänge. Mit dem beiderseitigen langfristigen Ziel der Übernahme in ein Arbeitsverhältnis nach erfolgreichem Studienabschluss regeln die/der Studierende und das Unternehmen die Durchführung eines solchen dualen Studiengangs mit nachfolgenden Bestimmungen:

§ 1 Vertragsgegenstand

Die/der Studierende ist an der Fachhochschule in dem Studiengang [ ] zur Erlangung des Abschlusses Bachelor of [ ] (nachgehend „Studium" genannt) eingeschrieben. Das Studium wird als praxisintegrierendes duales Studium mit einem privaten Kooperationspartner durchgeführt, dessen Rolle das Unternehmen nach Maßgabe der jeweils gültigen hochschulrechtlichen Vorgaben und der Bestimmungen dieses Vertrages übernimmt.

§ 2 Vertragsdauer

(1) Dieser Vertrag beginnt am [ ] und endet mit Ablauf der Regelstudienzeit des Studiums. Das Studium beginnt mit dem Wintersemester [ ] und endet nach der Regelstudienzeit von [ ] Semestern mit dem Schluss des Sommersemesters [ ].

(2) Kann das Prüfungsverfahren aus Gründen, die die/der Studierende nicht zu vertreten hat, nicht innerhalb der Regelstudienzeit abgeschlossen werden, so vereinbaren die Vertragsparteien eine entsprechende Vertragsverlängerung. Besteht die/der Studierende die in der Prüfungsordnung vorgesehene Abschlussprüfung nicht und wird ihr/ihm ein Wiederholungsversuch durch die Fachhochschule gewährt, so vereinbaren die Vertragsparteien auch dann eine entsprechende Vertragsverlängerung, wenn sie/er das Nichtbestehen zu vertreten hat.

(3) Dieser Vertrag endet, sobald das Studium an der Fachhochschule durch Exmatrikulation wirksam beendet wurde, frühestens jedoch zwei Wochen nach Zugang der schriftlichen Unterrichtung des Studierenden durch das Unternehmen über den Zeitpunkt der Exmatrikulation. Der Studierende ist seinerseits verpflichtet, dem Unternehmen die Exmatrikulation unverzüglich anzuzeigen, sobald diese für ihn sicher absehbar ist oder er sie beantragt.

(4) Das Unternehmen ist verpflichtet, der/dem Studierende/n bei Beendigung dieses Vertragsverhältnisses ein wohlwollend formuliertes Abschlusszeugnis zu erstellen.

§ 3 Praxisphasen

(1) Während der Praxisphasen bestimmt das Unternehmen Inhalt, Ort und Zeit der Tätigkeit der/des Studierenden im Rahmen der gesetzlichen Vorgaben und der vertraglichen Bestimmungen nach billigem Ermessen unter besonderer Beachtung des Bildungszwecks. Ermessensfehlerhafte Weisungen sind vorläufig verbindlich, bis ihre Unwirksamkeit durch gerichtliche Entscheidung festgestellt wurde. Das Unternehmen verpflichtet sich während der Praxisphase,

- der/dem Studierenden Aufgaben zu übertragen, bei deren Wahrnehmung er die zur Erreichung der Studienziele erforderlichen Kenntnisse, Fertigkeiten und Erfahrungen sammelt;

- die/den Studierenden wenigstens jeweils einen Monat in den Abteilungen   ,   und   einzusetzen;

- der/dem Studierenden zu jedem Zeitpunkt einen Ansprechpartner zuzuweisen, der für Rückfragen und Ratschläge in angemessenem Umfang zur Verfügung steht; bei Wechsel des Ansprechpartners ist ein wohlwollend formuliertes Zwischenzeugnis zu erstellen;

- die/den Studierende/n für die Teilnahme an erforderlichen Lehrveranstaltungen und Prüfungen der Fachhochschule freizustellen, wenn diese in die Praxisphase fallen.

(2) Die Praxisphasen werden in der Regel am Standort des Unternehmens in   durchgeführt. Dieser ist Erfüllungsort. Ausnahmen bestimmt das Unternehmen nach billigem Ermessen unter besonderer Beachtung des Bildungszwecks.

(3) Die zeitliche Lage der Praxisphasen richtet sich nach den jeweils für das Studium gültigen hochschulrechtlichen Bestimmungen. Die regelmäßige wöchentliche Arbeitszeit in den Praxisphasen richtet sich nach der Struktur und dem Inhalt der jeweiligen Praxisprojekte unter Rücksichtnahme auf die betrieblichen Erfordernisse, wobei im Monat eine durchschnittliche Tagesarbeitszeit von   Stunden nicht überschritten werden darf.

Alternativ:

Die Beschäftigungszeit in den Praxisphasen beträgt   Stunden pro Arbeitstag.

§ 4 Vergütung und Kostenübernahme

(1) Die Vergütung der/des Studierenden beträgt kalendermonatlich im

1. und 2. Studiensemester   EUR

3. und 4. Studiensemester   EUR

5. und 6. Studiensemester   EUR

Die Vergütung wird jeweils zum   fällig.

(2) Das Unternehmen trägt die Studiengebühren. Das Unternehmen stellt die für die Praxisphasen erforderlichen Studien- und Arbeitsmittel zur Verfügung oder trägt die zu ihrer Beschaffung erforderlichen Kosten. Das Unternehmen ist entsprechend § 670 BGB zur Erstattung der Aufwendungen verpflichtet, die die/der Studierende zur Ausführung der im Rahmen der Praxisphase übertragenen Aufgaben für erforderlich halten darf. Hierzu gehören nicht die Kosten für Fahrten zwischen Betriebsstätte und Wohnsitz des Studierenden. Sonstige durch das Studium veranlasste Kosten, insbesondere die Kosten der für die Theoriephase erforderlichen Studienmittel trägt das Unternehmen nicht.

§ 5 Pflichten der/des Studierenden

(1) Die/der Studierende bemüht sich unter Anspannung ihrer/seiner geistigen Möglichkeiten, diejenigen Kenntnisse, Fertigkeiten und beruflichen Erfahrungen zu erwerben, die zur Erreichung des Studienziels in der vorgesehenen Studienzeit erforderlich sind. Sie/er verpflichtet sich insbesondere, entsprechend dem Regelstudienplan an den Vorlesungen, Lehrveranstaltungen, Prüfungen und sonstigen Studienveranstaltungen der Fachhochschule teilzunehmen.

(2) Die/der Studierende ist dem Unternehmen gegenüber zur Auskunft über den Stand seines Studiums verpflichtet. Die/der Studierende reicht erzielte Leistungsnachweise unverzüglich in Abschrift bei dem Unternehmen ein. Sie/er unterrichtet das Unternehmen unverzüglich und eigeninitiativ über

■ alle Entwicklungen, die im Rahmen ihres/seines Studiums wesentlich sind;

■ die Nichtteilnahme an Veranstaltungen nach Abs. 1 S. 2 unter Angabe von Gründen;

■ die Nichterreichung von im Regelstudienplan vorgesehenen Leistungsnachweisen.

Bei krankheitsbedingter Abwesenheit, auch außerhalb der Praxisphasen, ist dem Unternehmen spätestens am 3. Krankheitstag eine ärztliche Bescheinigung zuzusenden.

(3) Die/der Studierende verpflichtet sich, über Betriebs- und Geschäftsgeheimnisse des Unternehmens sowie der mit ihm nach § 15 AktG verbundenen Unternehmen auch nach Ausscheiden aus dem Unternehmen Stillschweigen zu bewahren.

§ 6 Urlaub

Der/dem Studierenden steht ein Urlaubsanspruch von 20 Tagen im Jahr zu. Der Inhalt des Urlaubsanspruchs richtet sich nach dem BUrlG. Der Urlaub kann nur außerhalb der Vorlesungszeiten genommen werden.

§ 7 Kündigung

(1) Die Probezeit beginnt mit Beginn der Vertragslaufzeit und dauert 3 Monate. Die Frist wird außerhalb der Praxisphasen gehemmt, wobei die Probezeit ohne Rücksicht auf eine etwaige Hemmung spätestens nach Ablauf von 6 Monaten endet. Innerhalb der Probezeit kann das Vertragsverhältnis beiderseits mit einer Frist von 2 Wochen und ohne Angabe von Gründen gekündigt werden.

(2) Außerhalb der Probezeit kann das Vertragsverhältnis nur

■ beiderseits aus einem wichtigen Grund ohne Einhaltung einer Kündigungsfrist oder

■ von der/dem Studierenden mit einer Kündigungsfrist von vier Wochen zum Fünfzehnten oder zum Ende eines Kalendermonats

gekündigt werden. Die Kündigung muss schriftlich erfolgen. Auf Verlangen ist der Kündigungsgrund mitzuteilen.

§ 8 Rückzahlungspflicht vor Beendigung des Studiums

Die/der Studierende verpflichtet sich zur Rückzahlung der durch das Unternehmen bisher übernommenen Studiengebühren sowie der außerhalb der Praxisphasen fortgezahlten Bruttovergütung einschließlich der abgeführten Arbeitgeberanteile zur Sozialversicherung, wenn sie/er später als ein Jahr nach Beginn der Vertragslaufzeit auf eigenen Wunsch, der nicht aus Gründen aus der Verantwortungssphäre des Unternehmens veranlasst ist, oder durch eigenes Verschulden aus dem Studiengang ausscheidet, ausgeschlossen wird oder die Abschlussprüfung nicht ablegt. Dasselbe gilt, wenn die/der Studierende später als ein Jahr nach Beginn der Vertragslaufzeit auf eigenen Wunsch, der nicht aus Gründen aus der Verantwortungssphäre des Unternehmens veranlasst ist, diesen Durchführungsvertrag kündigt, oder das Unternehmen schuldhaft zur Kündigung dieses Durchführungsvertrags aus wichtigem Grund veranlasst.

§ 9 Rückzahlungspflicht nach Beendigung des Studiums

(1) Das Unternehmen wird der/dem Studierenden nach erfolgreichem Abschluss des Studiums ein Angebot über einen dem Studium entsprechenden Vollzeitarbeitsplatz nach seiner Wahl als

■ *[Tätigkeitsbeschreibung und hierarchische Stellung]*,

■ *[Tätigkeitsbeschreibung und hierarchische Stellung]* oder als

■ *[Tätigkeitsbeschreibung und hierarchische Stellung]*

am Standort ▓▓▓▓▓ spätestens mit Wirkung ab dem übernächsten, auf den erfolgreichen Abschluss des Studiums folgenden Monatsersten gegen eine Vergütung i.H.v. ▓▓▓▓▓ brutto monatlich unterbreiten. Die/der Studierende verpflichtet sich zur Rückzahlung der durch das Unternehmen übernommenen Studiengebühren sowie der außerhalb der Praxisphasen fortgezahlten Bruttovergütung einschließlich der abgeführten Arbeitgeberanteile zur Sozialversicherung, wenn sie/er dieses Angebot ablehnt.

Alternativ:

(1) Die/der Studierende verpflichtet sich zur Rückzahlung der durch das Unternehmen übernommenen Studiengebühren sowie der außerhalb der Praxisphasen fortgezahlten Bruttovergütung einschließlich der abgeführten Arbeitgeberanteile zur Sozialversicherung, wenn ihr/ihm drei Monate vor Abschluss des Studiums ein Angebot des Unternehmens über einen dem Studium entsprechenden Vollzeitarbeitsplatz als [*Tätigkeitsbeschreibung und hierarchische Stellung*] am Standort ░░░░░ spätestens mit Wirkung ab dem übernächsten, auf den erfolgreichen Abschluss des Studiums folgenden Monatsersten gegen eine Vergütung i.H.v. ░░░░░ brutto monatlich zugeht und sie/er dieses Angebot ablehnt. Der Arbeitsvertrag kann unter der aufschiebenden Bedingung des erfolgreichen Studienabschlusses angeboten werden. Ob das Unternehmen ein Angebot i.S.v. S. 1 und 2 unterbreitet, liegt in seinem freien Ermessen. Der/dem Studierenden ist eine angemessene Überlegungsfrist zu gewähren.

(2) Die/der Studierende verpflichtet sich zur Rückzahlung der durch das Unternehmen übernommenen Studiengebühren sowie der außerhalb der Praxisphasen fortgezahlten Bruttovergütung, wenn das Arbeitsverhältnis vor Ablauf von 36 Monaten nach Abschluss des Studiums durch eine nicht durch Gründe aus der Verantwortungssphäre des Unternehmens veranlasste Eigenkündigung der/des Studierenden oder wegen eines Fehlverhaltens der/des Studierenden endet, das das Unternehmen zu einer außerordentlichen oder einer ordentlichen verhaltensbedingten Kündigung berechtigt. Gleiches gilt, wenn das Arbeitsverhältnis aufgrund pflichtwidrigen Verhaltens der/des Studierenden durch Aufhebungsvertrag endet. Im Falle einer personenbedingten Kündigung besteht die Rückzahlungsverpflichtung, wenn die/der Studierende den personenbedingten Kündigungsgrund schuldhaft herbeigeführt hat. Der zurückzuzahlende Betrag vermindert sich innerhalb eines Zeitraums von drei Jahren für jeden vollen Monat der Beschäftigung um 1/36. Kündigt das Unternehmen das Arbeitsverhältnis aus betriebsbedingten Gründen oder kündigt die/der Studierende aus einem aus der Sphäre des Unternehmens veranlassten wichtigen Grund, entfällt die Rückzahlungsverpflichtung.

(3) Eine endgültige Bezifferung der zu erstattenden Gesamtkosten ist erst nach Abschluss des Studiums möglich. Voraussichtlich ist mit Kosten in Höhe von ░░░░░ zu rechnen.

§ 10 Sonstige Vereinbarungen

(1) Nebenabreden bestehen nicht. Änderungen und Ergänzungen dieser Vereinbarung bedürfen zu ihrer Rechtswirksamkeit der Schriftform. Dies gilt auch für den Verzicht auf das Schriftformerfordernis. Der Vorrang von Individualabreden bleibt unberührt.

(2) Sollte eine Bestimmung dieses Vertrages ganz oder zum Teil unwirksam sein oder werden, so wird hierdurch die Wirksamkeit der übrigen Bestimmungen dieses Vertrages nicht berührt. An die Stelle der unwirksamen Bestimmung tritt diejenige gesetzlich zulässige Bestimmung, welche nach Sinn und Zweck der unwirksamen Bestimmung am nächsten kommt.

░░░░░

(Ort und Datum)

░░░░░   ░░░░░

(Studierende/r)   *(Unternehmen)*

Empfangsbestätigung

Die/der Studierende bestätigt, eine von dem Unternehmen unterschriebene Abschrift dieser Vereinbarung erhalten zu haben.

░░░░░

(Ort und Datum)

░░░░░   ░░░░░

(Studierende/r)   *(Unternehmen)*

▲

3. Erläuterungen

a) Vertragsgegenstand

485 Um Missverständnisse über die Rechtsnatur der Vertragsbeziehung zu vermeiden, sollte der Vertrag als „Durchführungsvertrag für ein Studium" und der Vertragspartner des Unternehmens als „Studierender" bezeichnet werden. Dagegen sollten Parteibezeichnungen wie „Auszubildender" oder „Ausbildender" nicht verwendet und insbesondere nicht von einer Ausbildung gesprochen werden.[993] Da der Studierende im Regelfall rechtlicher Laie ist, drohen andernfalls Missverständnisse über die Rechtsnatur des Vertragsverhältnisses.

486 In einer **Präambel** empfiehlt sich der Hinweis, dass der Hauptzweck des Vertrages die Übernahme des erfolgreichen Absolventen in ein Arbeitsverhältnis ist. Auf diese Weise wird hervorgehoben, dass das Unternehmen wenigstens einen Teil seiner Geldleistungen nicht als Entgelt, sondern als Bildungsinvestition in sein zukünftiges Personal ansieht und das berechtigte Interesse verfolgt, einem Scheitern dieser Investition durch Studienabbruch oder Ablehnung einer Anschlussbeschäftigung vorzubeugen. Generell sollte der Eindruck vermieden werden, für das Unternehmen stünde umgekehrt das Interesse an einer günstigen Arbeitskraft im Vordergrund. Indem der Bildungscharakter in den Vordergrund gerückt wird, steigt die Chance, dass das Vertragsverhältnis nicht als Arbeitsvertrag eingestuft wird. Außerdem rechtfertigt allein der Investitionscharakter des Studiums Rückzahlungsklauseln.

487 Um den **Vertragsgegenstand** hinreichend zu umreißen, muss der Studiengang, auf den sich das Vertragsverhältnis bezieht, eindeutig bestimmt werden.[994] Aus den öffentlich-rechtlichen Vorgaben für den Studiengang leiten sich wesentliche Vertragsbedingungen des privatrechtlichen Durchführungsvertrags ab. So wird die Vertragsdauer üblicherweise durch Verweise auf die Regelstudienzeit des Studiengangs bestimmt und eine Exmatrikulation als Beendigungsgrund vorgesehen. Die Studienordnung oder eine zusätzliche Vereinbarung zwischen Hochschule und Unternehmen definieren die zeitliche Lage der Praxisphasen, die durch die Studierenden im Unternehmen zu absolvieren sind. Das Unternehmen muss sein Weisungsrecht gegenüber dem Studierenden mit Rücksichtnahme auf den durch die Studienordnung konkretisierten Bildungszweck ausüben.

b) Vertragsdauer

488 Die **Vertragsdauer** sollte so definiert werden, dass sie nötigenfalls auch unter Anwendung des **Teilzeit- und Befristungsgesetzes** zu einer wirksamen Vertragsbeendigung führen würde. Dazu ist nach § 14 Abs. 4 TzBfG die Schriftform zu beachten. Die Unterzeichnung einer Blankoabrede durch den Studierenden, die später vom Unternehmen ausgefüllt wird, würde dem Schriftformerfordernis des § 14 Abs. 4 TzBfG nur genügen, wenn die Annahmeerklärung durch das Unternehmen dem Studierenden zugeht.[995] Deshalb ist es zweckmäßig, bei Vertragsschluss ein Empfangsbekenntnis durch den Studierenden gegenzeichnen zu lassen, aus dem sich ergibt, dass er eine von dem Unternehmen unterzeichnete Vertragsausfertigung erhalten hat. Andernfalls drohen Beweisprobleme. Anerkannt ist, dass die Aus-, Fort- und Weiterbildung die Befristung eines Arbeitsverhältnisses gemäß § 14 Abs. 1 TzBfG rechtfertigt, wenn sie für den Vertragszweck wesentlich ist.[996] Die Befristung des Durchführungsvertrags wäre deshalb auch dann möglich, wenn man ihn als Arbeitsverhältnis einstuft.[997]

489 Wenn der Studierende exmatrikuliert wird oder die Abschlussprüfung endgültig nicht besteht, soll der Vertrag beendet werden. Es ist davon abzuraten, für diese Fälle Sonderkündigungsrechte des Unternehmens

---

993 *Grimm/Freh*, ArbRB 2015, 316; *Kleinebrink*, ArbRB 2011, 58, 59.
994 *Koch-Rust/Rosentreter*, NZA 2013, 879, 880.
995 LAG BW 30.3.2007, NZA-RR 2008, 66; ErfK/*Müller-Glöge*, § 14 TzBfG Rn 121.
996 BAG, Urt. v. 22.4.2009, 7 AZR 96/08, juris Rn 24; Ascheid/Preis/Schmidt/*Backhaus*, § 14 TzBfG Rn 146 m.w.N.
997 *Koch-Rust/Rosentreter*, NZA 2013, 879, 880.

vorzusehen. Diese Sonderkündigungsrechte bergen das Risiko, für unwirksam befunden zu werden, sollte sich der Vertrag als Arbeitsverhältnis herausstellen. Bei Geltung des KSchG wäre es unzulässig, Kündigungsgründe zu vereinbaren, die sich nicht bereits unmittelbar aus dem Gesetz ergeben. Dieses Risiko lässt sich vermeiden, indem man die Beendigungsgründe stattdessen als **auflösende Bedingung** formuliert. Auflösende Bedingungen können nach §§ 21, 15 Abs. 2 TzBfG auch für einen Arbeitsvertrag vereinbart werden. Zwar sind im Arbeitsrecht auflösende Bedingungen nur unter besonders strengen Anforderungen an die sachliche Rechtfertigung nach § 14 Abs. 1 TzBfG zulässig.[998] Solange die Qualifikation eines Arbeitnehmers die Anforderungen an eine reguläre Stelle nicht erfüllt, ergibt sich aber ein Erprobungsbedürfnis, das es sachlich rechtfertigt, die Verlängerung des Arbeitsverhältnisses von dem Bestehen von Eignungsprüfungen abhängig zu machen.[999] Zu beachten ist, dass die auflösende Bedingung eines Arbeitsverhältnisses frühestens zwei Wochen nach Zugang der schriftlichen Unterrichtung des Arbeitnehmers durch den Arbeitgeber über den Zeitpunkt ihres Eintritts wirksam wird. Um einen Gleichlauf mit dem Fall herzustellen, dass sich der Durchführungsvertrag nicht als Arbeitsvertrag herausstellt, empfiehlt es sich, diese Unterrichtungsobliegenheit unmittelbar in den Vertragstext aufzunehmen. Sollte die Unterrichtung nämlich unterlassen worden sein, hinge die Beendigung des Vertrages sonst von der ungeklärten Rechtsfrage ab, ob es sich bei dem Vertrag um ein Arbeitsverhältnis handelt oder nicht.

c) Praxisphasen

Die **zeitliche Lage der Praxisphasen** ergibt sich aus den öffentlich-rechtlichen Regelungen der Hochschule. Anstatt die Zeiträume ausdrücklich im Durchführungsvertrag zu bezeichnen, sollte auf die jeweils aktuellen hochschulrechtlichen Bestimmungen verwiesen werden, um – insbesondere wenn sich diese nachträglich ändern – einen Konflikt zwischen Durchführungsvertrag und Studienordnung zu vermeiden. Üblicherweise gibt die Hochschule Vorlesungszeiten vor, in denen die Studierenden nicht für das Unternehmen tätig werden, und vorlesungsfreie Zeiten, welche den Praxisphasen entsprechen. „Semesterferien" kennt das typische praxisintegrierende duale Studium dagegen nicht. Im Regelfall läuft das Studium drei Jahre, wobei mit vierteljährlichem Wechsel 18 Monate im Betrieb und 18 Monate an der Hochschule verbracht werden.[1000] **490**

Detaillierte Regelungen zu der Tätigkeit des Studierenden während der Praxisphasen sind vor allem zum Schutz des Studierenden zweckmäßig. Nahe liegt es, eine Verpflichtung des Unternehmens aufzunehmen, den Studierenden auch während der Praxisphasen für universitäre Veranstaltungen freizustellen.[1001] Darüber hinaus bedarf es keiner detaillierten vertraglichen Regelung, weil Zeit, Ort und Art der Tätigkeit nachträglich aufgrund des Weisungsrechts des Unternehmens unter Wahrung billigen Ermessens festgelegt werden können.[1002] Hervorgehoben werden sollte allerdings, dass bei Ausübung des Weisungsrechts der Bildungszweck des Studiums zu fördern ist, da andernfalls der Eindruck begünstigt würde, es stünde statt der Ausbildung die Arbeitsleistung im Vordergrund. **491**

d) Vergütung

Im Ergebnis besteht Einigkeit, dass Praxisphasen praxisintegrierender dualer Studiengänge **nicht mindestlohnpflichtig** sind. Nach der Gesetzesbegründung[1003] sind Teilnehmer an Dualstudiengängen als zu ihrer Berufsausbildung Beschäftigte i.S.d. § 22 Abs. 3 MiLoG einzustufen. Dem schließt sich die h.M. an.[1004] Da **492**

---

998 BAG 5.12.1985, AP BGB § 620 Bedingung Nr. 10; BAG 13.6.1985, AP BGB § 611 Beschäftigungspflicht Nr. 19.

999 LAG Rheinland-Pfalz 1.12.2006 – 3 Sa 725/06, zitiert nach juris.

1000 *Orlowski,* Praktikanten- und Volontärverträge, 145.

1001 *Grimm/Freh,* ArbRB 2015, 316, 319; *Natzel,* NZA 2008, 567, 570.

1002 *Koch-Rust/Rosentreter,* NZA 2013, 879, 881.

1003 BT-Drucks 18/2010, S. 21.

1004 *Koch-Rust/Kolb/Rosentreter,* NZA 2015, 402, 405; ErfK/*Franzen,* § 22 MiLoG Rn 3; HWK/*Sittard,* § 22 MiLoG Rn 26; *Grimm/ Freh,* ArbRB 2015, 316, 317 a.A. *Bayreuther,* NZA 2014, 865, 871.

Teilnehmer praxisintegrierender Studiengänge nicht in den Anwendungsbereich des BBiG fallen, muss ihnen auch keine „angemessene Vergütung" nach § 17 BBiG gewährt werden. Daher haben die Studierenden kraft Gesetzes grundsätzlich keinen Anspruch auf eine Vergütung.[1005] Bei der Gestaltung der Vergütung sind die Vertragsparteien weitgehend frei. Sie können die Chance, dass das Vertragsverhältnis nicht als Arbeitsverhältnis eingestuft wird, erhöhen, indem sie bloß eine Aufwandsentschädigung oder Unterhaltsbeihilfe an Stelle eines echten Entgeltes vorsehen.

In Extremfällen kann ihnen das aber zum Verhängnis werden, nämlich wenn der Dienstleistungscharakter der Tätigkeit derart deutlich im Vordergrund steht, dass diese den Umständen nach nur gegen eine Vergütung zu erwarten ist und sich die vereinbarte Aufwandsentschädigung im Vergleich mit der marktüblichen Vergütung als **Lohnwucher** darstellt. Wegen der Unwirksamkeit der Entgeltabsprache nach § 138 BGB wäre dann gemäß § 612 Abs. 2 BGB kraft Gesetzes das marktübliche Entgelt zu gewähren. Diese Konstellation wurde in der Rechtsprechung bislang aber allein in Fällen angenommen, in denen Praktikanten bereits über eine abgeschlossene Berufsausbildung verfügten.[1006] Angesichts des erklärten Willens des Gesetzgebers, duale Studiengänge von der Mindestlohnpflicht auszunehmen,[1007] wird sich für typische, also marktübliche duale Studiengänge mit Erstausbildungscharakter ein Mindestlohnanspruch nicht aus dem Verbot des Lohnwuchers ergeben.

e) Pflichten des Studierenden

493   Da die Pflichten des Studierenden während der Praxisphasen notfalls durch das Weisungsrecht des Unternehmens definiert werden können, sind vor allem die Pflichten während der Theoriephasen zu regeln. Das Unternehmen zahlt dem Studierenden i.d.R. auch außerhalb der Praxisphasen eine erhebliche Vergütung, damit er sein Studium aktiv betreibt. Der Studierende sollte deshalb gegenüber dem Unternehmen schuldrechtlich zum **intensiven Einsatz für die Studienziele** verpflichtet werden. So wird sichergestellt, dass das Unternehmen das Vertragsverhältnis durch außerordentliche verhaltensbedingte Kündigung beenden kann, wenn der Studierende in den Theoriephasen ein derart geringes Engagement zeigt, dass ein Scheitern des Studiums absehbar ist. Um greifbare Mindestanforderungen für den gebotenen Einsatz zu schaffen, sollte der Studierende zur durchgehenden Teilnahme an den im Regelstudienplan vorgesehenen Hochschulveranstaltungen verpflichtet werden. Eine solche Bestimmung beugt dem Einwand des Studierenden vor, er habe die aus seiner Sicht effektivere Vorbereitung im „Selbststudium" vorgezogen. Um den Studierenden zu disziplinieren, seine Kontrolle zu intensivieren und eine rechtzeitige Intervention des Unternehmens zu ermöglichen, können dem Studierenden umfangreiche **Berichtspflichten** auferlegt werden.

494   Üblich ist es, eine **Geheimhaltungsklausel** in den Durchführungsvertrag aufzunehmen.[1008] Die Pflicht zur Wahrung von Betriebs- und Geschäftsgeheimnissen ergibt sich aber selbst ohne ausdrückliche Regelung aus der allgemeinen vertraglichen Treuepflicht. Es ist anerkannt, dass Praktikanten Beschäftigte i.S.d. § 17 UWG sind und sich im Falle des Geheimnisverrats strafbar machen.[1009] Die ausdrückliche Aufnahme einer Verschwiegenheitspflicht in die Vertragsniederschrift ist wegen des zusätzlichen Warneffekts zweckmäßig.

f) Urlaub

495   Das **BUrlG** ist nach dessen § 2 S. 2 BUrlG selbst dann auf Studierende anwendbar, wenn man diese im Allgemeinen nicht als Arbeitnehmer, sondern lediglich als arbeitnehmerähnliche Personen einstuft. Zu

1005 *Grimm/Freh*, ArbRB 2015, 316, 317.
1006 LAG Baden-Württemberg 8.2.2008, NZA 2008, 768; LAG Sachsen-Anhalt 18.5.2009 – 6 Sa 432/08, zitiert nach juris; LAG Berlin-Brandenburg 24.6.2011 – 6 Sa 444/11.
1007 BT-Drucks 18/2010, S. 21.
1008 *Grimm/Freh*, ArbRB 2015, 316, 319.
1009 MüKo UWG/*Brammsen*, § 17 UWG Rn 35; Fezer/Büscher/Obergfell/*Rengier*, § 17 UWG Rn 28; GK-UWG/*Wolters*, § 17 UWG Rn 34.

Klarstellungszwecken sollte die Anwendbarkeit des BUrlG gleichwohl hervorgehoben werden, um zu verdeutlichen, dass der Urlaub, insbesondere auch vertraglicher Mehrurlaub, den gesetzlichen Verfallsregeln unterliegt und rechtzeitig zu beantragen ist. Die Zahl der Mindesturlaubstage i.S.d. § 3 BUrlG zu ermitteln, bereitet einigen Aufwand, da die Arbeitszeit des Studierenden nicht das ganze Jahr über gleichmäßig auf bestimmte Wochentage verteilt ist. Sie berechnet sich, indem man die Jahresarbeitstage des Studierenden mit 20 multipliziert und durch die möglichen Jahresarbeitstage einer Vollzeitkraft mit Fünftagewoche ($52 \times 5 = 260$ Tage) dividiert.[1010] Ergeben sich Tagesbruchteile, sind diese weder auf- noch abzurunden, sondern unter Durchbrechung des Tagesprinzips als entsprechende Teilfreistellung an einem Arbeitstag zu gewähren.[1011] Dabei werden die Tage während der Vorlesungszeit nicht als Arbeitstage im Sinne der Formel gelten, selbst wenn der Durchführungsvertrag eine Teilnahmepflicht für Vorlesungen vorsieht, da der Studierende die Vorlesungen gleichwohl vorrangig im Eigeninteresse besucht. Bei einem alljährlich genau gleichen zeitlichen Anteil von Vorlesungszeiten und Praxisphasen und einer Fünftagewoche innerhalb der Praxisphasen würde sich somit ein Mindesturlaubsanspruch von 10 Tagen ergeben. Um angesichts der teilweise komplizierten Berechnungsweise Rechtsklarheit zu schaffen, sollte dem Studierenden im Durchführungsvertrag eine konkrete Zahl von Urlaubstagen gewährt werden, die jedenfalls über dem sich ergebenden Mindesturlaubswert liegen, anstatt bloß auf das BUrlG zu verweisen.

Urlaub ist außerhalb der Vorlesungszeit zu gewähren. Urlaub kann nämlich nicht an solchen Tagen mit abgeltender Wirkung gewährt werden kann, an denen der Mitarbeiter ohnehin von der Arbeitspflicht befreit ist.[1012] Urlaub kann auch während der Praxisphasen nicht durch Freistellung zum Studieren gewährt werden, da dies mit dem Erholungszweck des Urlaubs nicht zu vereinbaren wäre.[1013]

g) Kündigungsrecht und Probezeit

Die Vereinbarung eines **ordentlichen Kündigungsrechts** ohne weitere Voraussetzungen dürfte selbst dann unzulässig sein, wenn man den Vertrag nicht als Arbeitsvertrag einstuft. Der Vertragszweck wäre nämlich gemäß § 307 Abs. 1, Abs. 2 Nr. 2 BGB unangemessen gefährdet, wenn dem Studierenden noch nachdem er bereits erhebliche Zeit in sein Studium investiert hat jederzeit Kündigungen drohten, die er nicht verhindern kann.[1014]   **496**

Als zulässig gilt hingegen die Vereinbarung einer **Probezeit**.[1015] Eine Probezeit könnte nach § 20 BBiG auch in dem stärker geschützten Berufsausbildungsverhältnis vereinbart werden. Selbst in einem Arbeitsverhältnis fände der Kündigungsschutz gemäß § 1 Abs. 1 KSchG erst nach sechsmonatigem Bestand Anwendung. Zu beachten ist, dass das duale Studium im Regelfall mit einer Theoriephase beginnt. Die Probezeit muss so bemessen werden, dass das Unternehmen den Studierenden vor ihrem Ablauf überhaupt ausreichend kennen lernen kann, wozu wenigstens ein Teil der Probezeit in eine betriebliche Praxisphase fallen muss. Deshalb sollte ihr Lauf während der Theoriephasen gehemmt werden.[1016] Umgekehrt darf die Probezeit nicht unangemessen lang bemessen werden. Eine Dauer von drei Monaten während der Praxisphasen dürfte an der oberen Grenze des Akzeptablen liegen.[1017] Wegen § 1 Abs. 1 KSchG dürfte die Probezeit bei Anwendbarkeit des Arbeitsrechts insgesamt sechs Monate nicht überschreiten. Bei einer unwirksamen Probezeitregelung bleibt es bei dem gesetzlichen Grundsatz nach § 620 Abs. 1 u. 2 BGB, § 15 Abs. 3 TzBfG,   **497**

1010 *Leinemann/Linck*, DB 1999, 1498, 1500; *dies*, Urlaubsrecht, § 3 BUrlG Rn 42; BAG 22.10.1991 AP BUrlG § 3 Nr. 6; BAG 19.4.1994, AP BUrlG § 1 Treuurlaub Nr. 3.
1011 BAG 31.5.1990, NZA 1991, 105; *Leinemann/Linck*, Urlaubsrecht, § 5 BUrlG 40.
1012 BAG 19.4.1994, NZA 1994, 899; Münch-ArbR/*Schüren*, § 40 Rn 49.
1013 *Stuhr/Stuhr*, BB 1981, 916, 919.
1014 *Hirdina*, NZA 2008, 916, 918; *Grimm/Freh*, ArbRB 2015, 316, 318; *Kleinebrink*, ArbRB 2011, 58, 59; *Koch-Rust/Rosentreter* NZA 2013, 879, 881.
1015 *Hirdina*, NZA 2008, 916, 918.
1016 *Grimm/Freh*, ArbRB 2015, 316, 318.
1017 *Grimm/Freh*, ArbRB 2015, 316, 318.

dass ein befristeter Vertrag nicht ordentlich gekündigt werden kann, sodass sorgsam auf eine fehlerfreie Klauselgestaltung geachtet werden muss. Es ist rechtssicher, entsprechend § 622 Abs. 3 BGB innerhalb der Probezeit eine Kündigungsfrist von zwei Wochen vorzusehen.

498 Daneben ist jedenfalls eine **außerordentliche Kündigung** aus wichtigem Grund nach § 626 BGB zulässig. Ob ein wichtiger Grund vorliegt, der auch im konkreten Fall die fristlose Kündigung rechtfertigt, bemisst sich nach den Umständen des Einzelfalls. Allgemein gilt, dass die Anforderungen an den Kündigungsgrund umso höher ausfallen, je näher der Studienabschluss liegt.[1018] Als wichtiger Grund kommen vor allem die Exmatrikulation[1019] aus dem Studium, das mehrfache schuldhafte Versäumen von Ausbildungs- und Studienzeiten trotz Abmahnung[1020] sowie Pflichtverletzungen im Vertrauensbereich in Betracht.

h) Rückzahlungsklausel

499 Duale Studiengänge sind aus Sicht des Unternehmens regelmäßig langfristige Investitionen zur Rekrutierung qualifizierten Nachwuchses. Oft kostet das duale Studium ein Unternehmen mehr, als der Studierende durch seine Arbeitsleistung in den Praxisphasen kompensiert. Um einen negativen Anreiz für den Studierenden zu setzen, einer Anschlussbeschäftigung im Unternehmen auszuweichen, und die für das Dualstudium aufgewendeten Kosten notfalls zurückfordern zu können, kann aus Sicht des Unternehmens die Aufnahme einer Rückzahlungsklausel in den Durchführungsvertrag zweckmäßig erscheinen. Anders stellt es sich für Unternehmen dar, die schwerpunktmäßig günstige Arbeitskräfte gewinnen wollen, von denen sie den Großteil ohnehin nicht nach Abschluss der Ausbildung übernehmen. Für sie sind Rückzahlungsklauseln wegen ihrer abschreckenden Wirkung auf potentielle Interessenten oft unzweckmäßig.

500 Es ist allgemein anerkannt, dass Rückzahlungsklauseln für arbeitgeberfinanzierte Bildungsmaßnahmen vereinbart werden können, wenn der Bildungserfolg für den Arbeitnehmer deshalb von geldwertem Vorteil ist, weil sich die erworbenen Kenntnisse auch außerhalb eines Arbeitsverhältnisses, vor allem als bessere Chancen auf dem Arbeitsmarkt, nutzbar machen lassen.[1021] Dies wird bei einem staatlich anerkannten Dualstudium immer der Fall sein.[1022] § 12 Abs. 2 BBiG, wonach Rückzahlungsklauseln im Ausbildungsverhältnis unzulässig sind, gilt für ein praxisintegrierendes duales Studium nicht.[1023]

Die Rückzahlungsklausel unterliegt aber einer strengen **AGB-Kontrolle** nach § 307 BGB, da sie einen erheblichen Eingriff in die nach Art. 12 GG geschützte Berufsfreiheit des Studierenden bewirkt[1024] und der Arbeitgeber die Investitionsrisiken seiner personalpolitischen Qualifizierungsmaßnahmen nicht auf den Arbeitnehmer abwälzen darf.[1025] Rückzahlungsklauseln sollten daher immer mit besonderem Augenmerk auf einen transparenten Regelungsinhalt formuliert werden, der zu keiner unzumutbaren Benachteiligung des Studierenden führen darf. Der Studierende muss es in jedem Fall in der Hand haben, der Rückzahlungsverpflichtung durch Betriebstreue zu entgehen.[1026] Die Rückzahlungsklausel darf in keinem Fall Anwendung finden, den das Unternehmen einseitig herbeiführen kann, ohne dass für den Studierenden eine zumutbare Verhinderungsmöglichkeit besteht. Der Klausel droht bereits die Unwirksamkeit, wenn eine Auslegungsvariante auch nur vertretbar wäre, bei der das Unternehmen die Rückzahlungspflicht einseitig auslösen könnte, und die Klausel insoweit nicht klar ist.[1027] Ist die Rückzahlungsklausel unwirksam, entfällt

---

1018 *Koch-Rust/Rosentreter,* NZA 2013, 879, 881; BAG 10.5.1973, AP BBiG § 15 Nr. 3; LAG Düsseldorf 15.4.1993 – 5 Sa 220/93, zitiert nach juris; *Ascheid/Preis/Schmidt,* § 22 BBiG Rn 15.
1019 *Koch-Rust/Rosentreter,* NZA 2013, 879, 881.
1020 *Koch-Rust/Rosentreter,* NZA 2013, 879, 881.
1021 BAG 19.1.2011, NZA 2012, 85; Preis/*Stoffels,* II A 120 Rn 27.
1022 *Koch-Rust/Rosentreter,* NZA 2013, 879, 881.
1023 *Natzel,* NZA 2008, 567, 570.
1024 ArbG Hamburg, 3.4.2009 – 14 Ca 150/08, zitiert nach juris.
1025 BAG 18.11.2008, NZA 2009, 435.
1026 BAG 18.11.2008, NZA 2009, 435; BAG 11.4.2006, NZA 2006, 1042; LAG Schleswig-Holstein 23.5.2007, NZA-RR 2007, 514.
1027 ArbG Hamburg, 3.4.2009 – 14 Ca 150/08, zitiert nach juris.

die Rückzahlungspflicht grundsätzlich vollständig. Auch eine Rückforderung nach § 812 Abs. 1 BGB scheidet dann i.d.R. aus.[1028] Zur Geltungserhaltung ist es zweckmäßig, die einzelnen Fälle der Rückzahlungspflicht in gesonderten Klauseln zu regeln, die keine wechselseitigen Verweise enthalten, damit ein Fehler in einer der Klauseln nach Anwendung des sog. „blue-pencil-Tests"[1029] die Wirksamkeit der übrigen Klauseln nicht berührt.

Scheidet der Studierende bereits während des Studiums aus, insbesondere weil er Prüfungen endgültig   **501** nicht besteht, kann ihm eine Rückzahlungspflicht auferlegt werden, wenn die Gründe dafür in seine Verantwortungs- und Risikosphäre fallen. Dies muss ausdrücklich klargestellt werden, etwa durch die Formulierung „auf eigenen Wunsch oder durch sein Verschulden".[1030] Ein Verschulden liegt nicht vor, wenn der Abbruch bzw. das Nichtbestehen der Abschlussprüfung aus personenbedingten Gründen wie Krankheit erfolgt oder der Studierende wegen fehlender persönlicher Eigenschaften, insbesondere intellektueller Überforderung trotz aller Anstrengungen scheitert. Der Studierende hat hingegen schuldhaft gehandelt, wenn die Erfolglosigkeit ihre Ursache in der mangelnden Anspannung seiner geistigen Möglichkeiten findet.[1031]

In seinem Urt. v. 20.2.1975[1032] hat das BAG den Grundsatz aufgestellt, dass bei mehrjährigen Qualifizierungsmaßnahmen dem Auszubildenden eine angemessene Überlegungsfrist eingeräumt werden muss, innerhalb derer er sich ohne Kostenrisiko entscheiden kann, ob er die Ausbildung fortsetzen oder aufgeben will. Diesen Grundsatz hat das BAG seither weder ausdrücklich bestätigt, noch verworfen.[1033] Er sollte für eine rechtssichere Vertragsgestaltung Beachtung finden.

Soll die Rückzahlungspflicht bei **Verweigerung einer Anschlussbeschäftigung** ausgelöst werden, muss   **502** sich das Unternehmen entweder verpflichten, dem Studierenden nach erfolgreichem Abschluss der Ausbildung ein Übernahmeangebot zu unterbreiten oder durch die Klausel muss wenigstens klargestellt werden, dass keine Rückzahlungspflicht besteht, wenn solch ein Übernahmeangebot nicht unterbreitet wurde. Im letzteren Fall, dessen Zulässigkeit durch die Rechtsprechung noch nicht geklärt ist, sollte aufgenommen werden, dass solch ein Übernahmeangebot mit einer mehrmonatigen Vorlaufzeit vor Abschluss der Ausbildung erfolgen muss. Nur so hat der Studierende noch ausreichend Zeit, sich ohne Rückzahlungsrisiko bei Konkurrenzunternehmen für eine direkte Anschlussbeschäftigung zu bewerben, sollte das Angebot in dieser Frist unterbleiben.

Die Klausel muss nach h.M.[1034] hinreichend bestimmen, welchen Inhalts das Angebot sein muss, das der Studierende annehmen muss, um die Rückzahlungspflicht abzuwenden. Es ist dann festzulegen, ob es sich um ein Vollzeit- oder ein Teilzeitarbeitsverhältnis handeln wird, welche Mindestvergütung bestehen wird, um welche Tätigkeit es geht und wo sie geographisch auszuüben ist.[1035] Die formulierten Konditionen müssen angemessen und marktgerecht sein.[1036] Das LAG Mecklenburg-Vorpommern hielt allerdings hiervon abweichend eine Formulierung für wirksam, in der lediglich von einem „angemessenen Arbeitsverhältnis" die Rede war.[1037]

Eine Rückzahlungspflicht kann auch aufgenommen werden, wenn der Studierende zwar eine **Anschluss-**   **503** **beschäftigung** eingeht, diese aber vor Ablauf der Bindung aus Gründen **beendet** wird, die in seine aus-

---

1028 BAG 21.8.2012, NZA 2012, 1428.
1029 Dieser findet auch auf Rückzahlungsklauseln Anwendung, ArbG Karlsruhe 25.4.2006, NZA-RR 2006, 516. Allgemein *Thüsing*, BB 2006, 661.
1030 BAG 19.1.2011, NZA 2012, 85; LAG Niedersachsen 29.10.2014, ArbR 2015, 357.
1031 LAG Niedersachsen, 29.10.2014 – 17 Sa 274/14, zitiert nach juris.
1032 BAG 20.2.1975, AP Nr. 2 zu § 611 BGB Ausbildungsbeihilfe; ablehnend *Dorth*, RdA 2013, 287, 289.
1033 Vgl. BAG 19.1.2011, NZA 2012, 85.
1034 BAG 18.3.2008, NZA 2008, 1004; LAG Schleswig-Holstein 23.5.2007, NZA-RR 2007, 514; LAG Köln 27.5.2010, NZA-RR 2011, 11.
1035 LAG Schleswig-Holstein 23.5.2007, NZA-RR 2007, 514.
1036 LAG Köln 27.5.2010, NZA-RR 2011, 11.
1037 LAG Mecklenburg-Vorpommern 14.12.2011, BeckRS 2012, 67940.

schließliche Verantwortungs- und Risikosphäre fallen.[1038] Dies wäre bei verhaltensbedingten Kündigungen des Unternehmens und Eigenkündigungen des Studierenden der Fall, die das Unternehmen nicht zurechenbar veranlasst hat. Umgekehrt muss deutlich werden, dass bei einer betriebsbedingten Kündigung durch das Unternehmen oder wenn sich der Studierende wegen eines Fehlverhaltens des Arbeitgebers als zur Eigenkündigung berechtigt ansehen dürfte, eine Rückzahlungspflicht nicht besteht, sonst ist die Klausel unwirksam.[1039] Im Falle einer personenbedingten Kündigung darf ebenfalls keine Rückzahlungspflicht bestehen, solange der Arbeitnehmer den personenbedingten Kündigungsgrund nicht verschuldet hat.[1040]

Selbstverständlich kann der Studierende nicht zeitlich unbegrenzt an das Unternehmen gebunden werden, sondern muss die Möglichkeit erhalten, den Rückzahlungsbetrag abzuarbeiten.[1041] Für die Bindungsdauer hat das BAG Regelwerte entwickelt. So soll die Bindungsdauer bei einer Ausbildungsdauer von sechs Monaten bis zu einem Jahr grundsätzlich nicht mehr als drei Jahre und bei einer mehr als zweijährigen Dauer eine Bindung grundsätzlich nicht mehr als fünf Jahren betragen.[1042] Beträgt bei einem dreijährigen dualen Studium die reine Studienzeit ohne Praxisphasen etwa 18 Monate, dürfte die Höchstgrenze der zulässigen Bindungsdauer im Normalfall bei vier Jahren liegen.[1043] Wird die Bindungsdauer zu lang bemessen, scheidet eine geltungserhaltende Reduktion i.d.R. aus und die Rückzahlungspflicht entfällt ganz.[1044] Im Zweifel sollte daher die kürzere Bindungsdauer gewählt werden.

Während der Bindungsdauer muss eine ratierliche Kürzung des Rückzahlungsbetrages vorgesehen werden. Streitig ist, ob eine Klausel unzulässig ist, die bei einer dreijährigen Bindungsdauer nur eine grobe, jährlich gestaffelte Minderung der Rückzahlungsverpflichtung vorsieht, statt auf eine ausdifferenzierte, etwa monatliche Staffelung abzustellen.[1045]

504 Die einzelnen **Positionen**, die im Rückzahlungsfall gefordert werden können, müssen konkret bezeichnet werden.[1046] Die Höhe des Rückzahlungsbetrages muss jedenfalls auf tatsächlich entstandene Kosten begrenzt werden, da andernfalls eine unzulässige Vertragsstrafe vorläge.[1047] Von dem Studierenden kann die Rückzahlung der Studiengebühren,[1048] Fahrt- und Unterkunftskosten verlangt werden.[1049] Zudem kann der Anteil der Vergütung zurückgefordert werden, der während der Zeiten der vollständigen Freistellung von der Arbeitsleistung zu Studienzwecken gezahlt wurde,[1050] einschließlich der abgeführten Arbeitgeberanteile zur Sozialversicherung.[1051]

1038 BAG 19.1.2011, NZA 2012, 85.
1039 BAG 18.3.2014, NZA 2014, 957; BAG 12.12.2013, NJW 2014, 2138; BAG 28.5.2013, NZA 2013, 1419; BAG 11.4.2006, NZA 2006, 1042.
1040 *Düwell*, DB 2008, 406, 408; in der Rechtsprechung ist die Behandlung der personenbedingten Kündigung bislang ungeklärt.
1041 LAG Köln 2.9.2009, Ez.B. BGB § 307 Nr. 19.
1042 BAG 19.1.2011, NZA 2012, 85; BAG 14.1.2009, NZA 2009, 666; *Düwell*, DB 2008, 406, 409 m.w.N.
1043 *Koch-Rust/Rosentreter*, NZA 2013, 879, 882; *Grimm/Freh*, ArbRB 2015, 316, 319.
1044 BAG 14.1.2009, NZA 2009, 666; ErfK/*Preis*, § 611 BGB Rn 444.
1045 Für die Unzulässigkeit einer groben jährlichen Staffelung LAG Rheinland-Pfalz 3.3.2015 – 8 Sa 561/14, zitiert nach juris; LAG Hamm 9.3.2012 – 7 Sa 1500/11, zitiert nach juris; **a.A.** BAG 23.4.1986, NZA 1986, 741; LAG Baden-Württemberg, 12.9.2013 – 16 Sa 24/13, zitiert nach juris; ErfK/*Preis*, § 611 BGB Rn 443.
1046 BAG 6.8.2013, NZA 2013, 1361.
1047 BAG 16.3.1994, NZA 1994, 937; *Düwell*, DB 2008, 406, 409.
1048 LAG Mecklenburg-Vorpommern 14.12.2011 – 3 Sa 263/11, zitiert nach juris; *Düwell*, DB 2008, 406, 409.
1049 *Düwell*, DB 2008, 406, 409.
1050 ArbG Gießen 3.2.2015, NZA-RR 2015, 628.
1051 BAG 11.4.1984, NZA 1984, 288; a.A. *Dorth*, RdA 2013, 287, 289.

XI. Praktikantenvertrag

Literatur: *Bayreuther*, Rechtsfragen des Mindestlohns in der betrieblichen und anwaltlichen Praxis – ein Update, NZA 2015, 345; *Greiner*, Die Praktikantenregelung in § 22 MiLoG, NZA 2016, 594; *Grimm/Linden*, Teures Scheinpraktikum – Zur Abgrenzung zwischen Praktikanten und Arbeitnehmern, ArbRB 2014, 51; *Krimphove*, Das Praktikum – Rechte und Pflichten eines arbeitsrechtsähnlichen Rechtsverhältnisses, BB 2014, 564; *Maties*, Generation Praktikum – Praktika, Einfühlungsverhältnisse und ähnliche als umgangene Arbeitsverhältnisse?, RdA 2007, 135; *Schade*, Praktikum: Aktuelle Rechtslage 2012, NZA 2012, 654; *Wohlgemuth*, Berufsbildungsgesetz, 2011 (zitiert: Wohlgemuth/*Bearbeiter*).

1. Allgemeines

Praktikantenverhältnisse bieten Berufseinsteigern häufig eine sehr gute Chance, Kontakte zu potenziellen Arbeitgebern zu erwerben, aber auch den betrieblichen Alltag und Berufsfelder kennenzulernen. Die Bedeutung von Praktika für Berufseinsteiger mit und ohne Ausbildung ist deshalb sehr groß.[1052] Der **Rechtsstatus** der Praktikanten ist weitgehend ungeklärt.[1053] Nach der Definition in § 22 Abs. 1 S. 3 MiLoG fallen unter den Begriff des Praktikanten Personen, die sich für eine begrenzte Dauer zum Erwerb praktischer Kenntnisse und Erfahrungen einer bestimmten betrieblichen Tätigkeit zur Vorbereitung auf eine berufliche Tätigkeit unterziehen, ohne dass sie dabei eine abgeschlossene Berufsausbildung i.S.d. BBiG absolvieren. Teilweise wird zudem verlangt, dass die Tätigkeit und Ausbildung im Rahmen einer Gesamtausbildung erfolgt (z.B. für die Vorbereitung auf ein Studium oder auf einen Beruf).[1054] Abzugrenzen ist das Praktikumsverhältnis einerseits von Arbeitsverhältnissen, bei denen nicht der Ausbildungszweck, sondern die Erbringung der Arbeitsleistung bzw. die Erledigung laufend anfallender Arbeiten im Vordergrund steht.[1055] Beim Praktikanten hingegen steht der Kenntniserwerb im Vordergrund, also der Ausbildungszweck. In Abgrenzung andererseits zum Auszubildenden, der eine Ausbildung nach §§ 3, 4 BBiG in einem anerkannten Ausbildungsberuf absolviert, erfolgt die Ausbildung eines Praktikanten nicht nach einer vorgegebenen Ausbildungsordnung für einen anerkannten Ausbildungsberuf und endet auch nicht mit einer Prüfung nach einer in der Regel mehrjährigen systematischen Ausbildung. Der Praktikant ist nur vorübergehend im Betrieb für mehrere Wochen oder wenige Monate tätig, um praktische Kenntnisse und Erfahrungen zu erwerben.[1056] Für die rechtliche Einordnung und die anzuwendenden Vorschriften, insbesondere auch die Bewertung der Angemessenheit der Vergütung, ist bei einem Praktikumsverhältnis nicht die rechtliche Bezeichnung, sondern sind die Umstände der tatsächlichen Durchführung relevant.[1057] So werden beispielsweise Absolventen eines Studiums oder einer Berufsausbildung, denen ein Einstieg in den Arbeitsmarkt nur durch ein geringer oder gar nicht vergütetes „Praktikum" ermöglicht wird, obwohl sie von Beginn an Arbeitsaufgaben übernehmen und die Erbringung von Arbeitsleistungen im Vordergrund steht („Generation Praktikum"), trotz ihrer Bezeichnung als Praktikanten als Arbeitnehmer angesehen, auch wenn das „Praktikum" zunächst das Erlangen von Berufserfahrungen ermöglichen soll.[1058] Das nachfolgende Muster unterstellt, dass die Ausbildung im Vordergrund des Praktikums stehen soll und nicht die Erbringung der Arbeitsleistung.

505

1052 *Maties*, NZA 2007, 135, 138.

1053 ErfK/*Preis*, § 16 BGB Rn 179; *Maties*, RdA 2007, 135, 138; *Krimphove*, BB 2014, 564.

1054 LAG Berlin-Brandenburg 20.5.2016 – 6 Sa 1787/15, BB 2016, 2548; ArbG Bochum 25.3.2014 – 2 Ca 1482/13, zit. nach juris; ErfK/*Schlachter*, § 26 BBiG Rn 3.

1055 ErfK/*Schlachter*, § 26 BBiG, Rn 3; *Grimm/Linden*, ArbRB 2014, 51, 53 ff.

1056 *Maties*, RdA 2007, 135, 138.

1057 *Maties*, RdA 2007, 135, 138.

1058 BAG 10.2.2015 – 9 AZR 289/13, zit. nach juris; LAG Berlin 6.3.2012 – 20 Sa 838/12, zit. nach juris; *Grimm/Linden*, ArbRB 2014, 51, 53 ff.

2. Muster

▼

506   **Muster 1b.18: Praktikantenvertrag**

Zwischen

░░░░░░░ (*Name und Anschrift des Ausbilders*)

– nachgehend „Ausbilder" genannt –

und

░░░░░░░ (*Name und Anschrift des Praktikanten*), geb. am (Datum)

– nachgehend „Praktikant" genannt –

wird folgender **Praktikantenvertrag** geschlossen:

§ 1 Lern- und Ausbildungsziel

Dem Praktikanten wird durch den Ausbilder Gelegenheit gegeben, sich Kenntnisse und Fähigkeiten in folgenden Bereichen anzueignen:

1. ░░░░░░

2. ░░░░░░

3. ░░░░░░

§ 2 Vertragslaufzeit, Probezeit, Kündigung

(1) Das Praktikum beginnt am ░░░░░░ und endet am ░░░░░░.

(2) Die Probezeit beträgt ░░░░░░ Monate (*Anm. max. vier Monate*).

(3) Während der Probezeit kann das Praktikumsverhältnis ohne Einhaltung einer Kündigungsfrist und ohne Angabe von Gründen von beiden Vertragsparteien gekündigt werden.

(4) Nach Ablauf der Probezeit kann das Praktikumsverhältnis nur gekündigt werden von beiden Vertragsparteien aus einem wichtigen Grund ohne Einhaltung einer Kündigungsfrist;

von dem Praktikanten mit einer Kündigungsfrist von vier Wochen, wenn er das Praktikum aufgeben will.

§ 3 Tägliche Praktikumszeit

Die regelmäßige tägliche Praktikumszeit beträgt ░░░░░░ Stunden. Sie wird in der Regel in der Zeit von ░░░░░░ bis ░░░░░░ von Montag bis Freitag erbracht, es sei denn, dass der Ausbilder eine hiervon abweichende Zeit vorgibt.

§ 4 Pflichten des Praktikanten

Der Praktikant verpflichtet sich, den Anweisungen des Ausbilders Folge zu leisten und die im Betrieb geltenden Ordnungs- und Sicherheitsvorschriften zu beachten. Der Praktikant hat Einrichtungsgegenstände des Ausbilders, insbesondere der Werkzeuge und Maschinen, pfleglich zu behandeln.

§ 5 Vergütung

(1) Der Ausbilder zahlt an den Praktikanten für die Dauer des Praktikums eine Vergütung in Höhe von ░░░░░░ EUR brutto monatlich.

(2) Die Vergütung wird jeweils am letzten Bankarbeitstag des Monats gezahlt, in dem die Praktikumszeit erbracht wurde.

§ 6 Urlaub

(1) Der Ausbilder gewährt dem Praktikanten Urlaub in Höhe von ░░░░░░ Tagen. Maßgebend sind alle Tage von Montag bis Freitag.

(2) Der Urlaub wird nach Absprache mit dem Ausbilder gewährt.

§ 7 Geschäfts- und Betriebsgeheimnisse

Der Praktikant verpflichtet sich, über die ihm im Rahmen des Praktikumsverhältnisses zur Kenntnis gelangten Geschäfts- und Betriebsgeheimnisse auch über die Beendigung des Praktikumsverhältnisses hinaus Stillschweigen zu wahren.

§ 8 Praktikumsbescheinigung

Der Ausbilder erteilt dem Praktikanten nach Beendigung des Praktikums eine Praktikumsbescheinigung, sofern das Praktikumsverhältnis mindestens ▒▒▒▒ Wochen bestand.

§ 9 Hinweis

Auf das Praktikantenverhältnis finden die nachfolgend benannten Regelungen/Tarifverträge/Betriebsvereinbarungen/Dienstvereinbarungen Anwendung:

1. z.B. Betriebsordnung vom

2. z.B. Regelungen zur Sicherstellung des Datenschutzes vom

3. ▒▒▒▒

4. ▒▒▒▒

▒▒▒▒

(Ort und Datum)

▒▒▒▒   ▒▒▒▒

(Ausbilder)   *(Praktikant)*

3. Erläuterungen

a) gesetzliche Regelungen

Nach § 26 BBiG finden die Vorschriften der **§§ 10 bis 23 und § 25 BBiG** auch auf Praktikanten Anwendung 507
mit den in § 26 BBiG genannten Einschränkungen. Dies gilt jedenfalls für solche Praktikanten, bei denen die
Vermittlung von beruflichen Fertigkeiten, Kenntnissen und Fähigkeiten (im Rahmen einer Gesamtausbildung) im Vordergrund steht. Keine Anwendung finden die Vorschriften des Berufsbildungsgesetzes für
Studenten, soweit diese im Rahmen ihrer Fachhochschul- oder Hochschulausbildung nach den betreffenden
Studienordnungen ein (Pflicht-)Praktikum absolvieren, § 3 Abs. 2 Ziff. 1 BBiG. Gleichermaßen unanwendbar sind die Vorschriften des BBiG für Schülerpraktikanten, die ein (Pflicht-)Praktikum im Rahmen einer
Schulveranstaltung nach den einschlägigen Schulgesetzen der Länder absolvieren, § 3 Abs. 1 BBiG.[1059] Der
Praktikantenvertrag richtet sich, wenn es sich nicht um Pflichtpraktika i.S.d. § 3 BBiG handelt, durch den
Verweis in § 26 BBiG im Wesentlichen nach denselben Vorschriften, die auch für den Berufsausbildungsvertrag gelten (siehe Rdn 1 ff.). Anders als beim Berufsausbildungsverhältnis kann allerdings kein Schadensersatz bei einer vorzeitigen Beendigung des Praktikums nach der Probezeit verlangt werden, § 26
BBiG. Zudem kann abweichend von den Regelungen, die für ein Berufsausbildungsverhältnis gelten, die
Probezeit, die grundsätzlich mindestens einen bis maximal vier Monate beträgt, abgekürzt werden. Es ist
demnach auch die Vereinbarung einer Probezeit von weniger als einem Monat möglich. § 26 BBiG sieht
zwar vor, dass auf eine Vertragsniederschrift im Praktikum verzichtet werden kann; nach § 2 Abs. 1a
NachwG sind aber spätestens vor Aufnahme der Praktikantentätigkeit und unverzüglich nach Abschluss

---

1059 Wohlgemuth/*Pepping*, § 26 BBiG Rn 19.

des Praktikumsvertrages die wesentlichen Vertragsbedingungen in Form eines Nachweises schriftlich niederzulegen. Nach § 2 Abs. 1a S. 2 NachwG sind in den schriftlichen Nachweis mindestens folgende Punkte aufzunehmen:

- Name und Anschrift der Vertragsparteien
- die mit dem Praktikum verfolgten Lern- und Ausbildungsziele
- Beginn und Dauer des Praktikums
- Dauer der regelmäßigen täglichen Praktikumszeit
- Zahlung und Höhe der Vergütung
- Dauer des Urlaubs
- ein in allgemeiner Form gehaltener Hinweis auf Tarifverträge, Betriebs- oder Dienstvereinbarungen, die auf das Praktikumsverhältnis Anwendung finden.

Zu achten ist darauf, dass die Vertragsniederschrift mit den wesentlichen Vertragsbedingungen vom Ausbilder und Praktikanten mit Originalunterschrift zu unterzeichnen ist. Die Niederlegung der Vertragsbedingungen in elektronischer Form ist nicht ausreichend, § 2 Abs. 1a S. 3 i.V.m. Abs. 1 S. 3 NachwG.

In Bezug auf die Regelungen über die Höhe der Vergütung ist jeweils zu prüfen, ob das Praktikumsverhältnis unter das **MiLoG** fällt (siehe Rdn 509). Für Praktikanten gelten, wie für Arbeitnehmer, die üblichen arbeitsschutzrechtlichen Bestimmungen, wie beispielsweise das Jugendarbeitsschutzgesetz, die Vorschriften des technischen Arbeitsschutzes oder auch des Arbeitszeitgesetzes.

b) Vertragslaufzeit

508 Eine gesetzliche Begrenzung für eine maximale Laufzeit eines Praktikumsverhältnisses gibt es nicht. Im Hinblick darauf, dass im Rahmen eines Praktikumsverhältnisses die Vermittlung von beruflichen Fertigkeiten, Kenntnissen und Fähigkeiten im Vordergrund steht, ist die Vereinbarung einer Laufzeit eines Praktikantenvertrages von mehr als einem Jahr nicht zu empfehlen, wenn die Begründung eines Arbeitsverhältnisses oder die Umwandlung in ein Arbeitsverhältnis nicht gewollt ist. Auch wenn mit zunehmender Einbindung eines Praktikanten in die betrieblichen Abläufe nach mehrmonatiger Einsatzzeit das selbstständige Übernehmen von Tätigkeiten durch den Praktikanten durchaus denkbar und möglich ist, ohne dass sich die Rechtsnatur des Praktikumsverhältnisses ändert, ist in der praktischen Durchführung stets darauf zu achten, dass der Ausbildungscharakter während der gesamten Laufzeit überwiegt.

c) Vergütung

509 Nach § 26 i.V.m. § 17 BBiG haben Praktikanten Anspruch auf eine angemessene Vergütung. Seit der Einführung des Mindestlohngesetzes ist für eine Vielzahl von Praktikumsverhältnissen eine Mindestvergütung in Höhe des gesetzlichen Mindestlohns durch § 22 MiLoG vorgegeben. Nach § 22 Abs. 1 S. 2 MiLoG haben auch Praktikanten Anspruch auf den gesetzlichen Mindestlohn, es sei denn, dass es sich um ein Pflichtpraktikum im Rahmen einer schulischen oder hochschulrechtlichen Bestimmung oder einer Ausbildungsordnung handelt oder im Rahmen einer Ausbildung an einer gesetzlich geregelten Berufsakademie (§ 22 Abs. 1 S. 2 Ziff. 1 MiLoG). Ausgenommen vom Anwendungsbereich des MiLoG sind ferner Praktikumsverhältnisse von einer Dauer bis zu drei Monaten zur Orientierung für eine Berufsausbildung oder für die Aufnahme eines Studiums. Wird das Praktikumsverhältnis über diese Drei-Monatsfrist hinaus fortgeführt, ist es nicht erst vom ersten Tag des vierten Durchführungsmonats an mindestlohnpflichtig, vielmehr ist in diesen Fällen von Beginn an – ggf. auch rückwirkend – der Mindestlohn zu zahlen.[1060] Nicht unter das MiLoG fallen auch Praktikumsverhältnisse von einer Dauer bis zu drei Monaten, die – freiwillig – begleitend zu einer Berufs- oder Hochschulausbildung geleistet werden, wenn nicht bereits zuvor ein solches Praktikumsverhältnis mit demselben Ausbildenden bestand (§ 22 Abs. 1 S. 2 Ziff. 3 MiLoG). Schließlich

---

1060 *Bayreuther*, NZA 2015, 385, 387, *Lakies*, MiLoG, § 22 Rn 37.

findet das MiLoG auch keine Anwendung auf Praktikanten, die im Rahmen einer Einstiegsqualifizierung nach § 54a SGB III oder an einer Berufsvorbereitung nach den §§ 68 bis 70 BBiG teilnehmen. Alle nicht unter diesen Ausnahmebereich fallenden Praktikanten haben Anspruch auf den gesetzlichen Mindestlohn nach den Vorschriften des MiLoG. Unabhängig von dieser Mindestvergütungsgrenze ist jeweils im Einzelfall zu prüfen, ob die Vergütung angemessen ist. Ein unentgeltliches Praktikum, das im Anwendungsbereich des § 26 BBiG absolviert wird, ist im Hinblick auf die Regelungen in § 17 BBiG und § 22 MiLoG nicht möglich, es sei denn, dass es sich um ein Schülerpraktikum oder ein Hochschulpraktikum handelt, dass aufgrund gesetzlicher oder hochschulgesetzlicher Vorschriften als Pflichtpraktikum durchgeführt wird.[1061] Freiwillige Praktika, die nicht in der Studienordnung oder in gesetzlichen Vorschriften vorgeschrieben sind, unterfallen hingegen dem Anwendungsbereich des § 26 BBiG und erfordern deshalb die Zahlung einer angemessenen Vergütung i.S.v. § 17 BBiG und dann, wenn das – freiwillige – Praktikum länger als drei Monate dauert, jedenfalls die Zahlung des gesetzlichen Mindestlohnes. Zur Orientierung der Angemessenheit der Vergütung gibt es in einigen Branchen tarifvertragliche Regelungen. Existieren diese nicht, ist die Angemessenheit der Vergütung an dem Sinn und Zweck der Vergütungsregelung in § 17 BBiG zu orientieren (siehe Rdn 15).[1062]

d) Urlaub

Eine Regelung über einen Urlaubsanspruch müsste nur aufgenommen werden, wenn das Praktikum mehr als einen Monat andauert. Erst dann entsteht nämlich ein Anspruch auf Teilurlaub nach dem Bundesurlaubsgesetz. Wie im Rahmen eines Berufsausbildungsverhältnisses muss sich der Urlaubsanspruch mindestens an den Vorgaben des Bundesurlaubsgesetzes orientieren. Kann der Urlaub aufgrund der Kürze des Praktikums nicht in der natura gewährt werden, ist er am Ende des Praktikumsverhältnisses abzugelten.

510

XII. Dienstwagenüberlassung

Literatur: *Assmann*, Zur Schätzung der privaten Pkw-Nutzung nach der „1 %-Methode", DB 1990, 76; *Bachner*, Die Mitbestimmung des Betriebsrats nach § 87 BetrVG bei der Gestaltung von Formulararbeitsverträgen, NZA 2007, 536; *Becker-Schaffner*, Die Nutzung von Firmenfahrzeugen bei Beendigung des Arbeitsverhältnisses, DB 1993, 2078; *Bein*, Gestellung eines Fahrers für Fahrten zwischen Wohnung und Arbeitsstätte mit Dienstwagen, DB 1992, 964; *Böhlk-Lankes*, Die sogenannte Dienstwagenbesteuerung, BB 1997, 1122; *von Bornhaupt*, Anforderungen an das Verbot zur Privatnutzung bei Firmenwagen, DStR 2007, 792; *van Bürck/Nussbaum*, Herausgabe des Dienstfahrzeuges während der Freistellung des Arbeitnehmers: Vertragliche Gestaltungsmöglichkeiten für die Praxis, BB 2002, 2278; *Chwalisz*, Dienstwagen-Übernahmeklauseln bei Beendigung des Arbeitsverhältnisses, ArbRAktuell 2011, 627 ff.; *Dombrowski/Zettelmeyer*, Die Wertermittlung der Nutzungsvorteile von Firmenwagen im Rahmen der Karenzentschädigung nach § 74 Abs. 2 HGB, NZA 1995, 155; *Gitter*, Haftung des Arbeitnehmers bei Beschädigung eines geleasten Dienstwagens, NZV 1990, 415; *Gruss*, Nochmals – Rechtsfragen zum Dienstfahrzeug, BB 1994, 71; *Günter/Günther*, Widerrufsvorbehalt bei privater Dienstwagennutzung, ArbRAktuell 2011, 107 ff.; *Haase*, Steuerfalle bei Zuschüssen des Arbeitgebers zum Dienstwagen, NZA 2002, 1199; *Höser*, Die Dienstwagennutzung bei Arbeitsunfähigkeit, BB 2012, 1281; *Kühn*, Eine Analyse zur Neuregelung der Besteuerung privat genutzter Betriebs-Kraftfahrzeuge, BB 1997, 285; *Lohr*, Rechtsfragen der Überlassung eines Dienstwagens, MDR 1999, 1353; *Mauer*, Dienstwagenüberlassung an Arbeitnehmer, 2003; *Meier*, Möglichkeiten zum Entzug der Privatnutzung eines Dienstwagens, NZA 1997, 298; *ders.*, Konsequenzen aus dem unberechtigten Entzug eines Firmenwagens im Rahmen des Annahmeverzugs, NZA 1999, 1083; *Nägele*, Probleme beim Einsatz von Dienstfahrzeugen, NZA 1997, 1196; *ders.*, Schadensersatz für Entzug des privat genutzten Dienstwagens, BB 1994, 2277; *ders.*, Der Dienstwagen – Arbeits- und Steuerrecht von A bis Z, 2010; *Nägele/Schmidt*, Das Dienstfahrzeug, BB 1993, 1797; *Pauly*, Schadensersatz für Entzug des privat genutzten Dienstwagens, AuA 1995, 381; *Plenker*, Zweifelsfragen Firmenwagen: Kostenersatz, Leasingfahrzeuge, Nutzung durch mehrere Arbeitnehmer, BC 2002, 186; *Polloczek/Pruksch*, Der Entzug von Dienstwagen – welche Handlungsspielräume gibt es noch? DStR 2011, 1764; *Reifelsberger/Kopp*, Lohnpfändung bei Sachbezügen in der betrieblichen Praxis – insbesondere bei Dienstwagen, NZA 2013, 641; *Schlegel* in: Küttner, Personalbuch, 23. Auflage 2016; *Schmiedl*, Die Sicherung des Herausgabeanspruchs am Dienstwagen nach Beendigung des Arbeitsverhältnisses mittels einstweiliger Verfügung, BB 2002, 992; *Schroeder*, Die Nutzungsentschädigung des Arbeitnehmers wegen Entzuges des Firmenwagens nach unwirksamer Kündigung, NZA 1994, 342; *Zeranski*, Arbeitgeberhaftung für Arbeitnehmerschäden an mietweise überlassenen Nutzfahrzeugen, NJW 1999, 1085.

1061 Abl. *Schade*, NZA 2012, 654, 657.
1062 BAG 29.4.2015, NZA 2015, 1384.

1. Dienstwagenvertrag

▼

511   Muster 1b.19: Dienstwagenvertrag

Dienstwagenvertrag

zwischen

████████████

– nachfolgend: Arbeitgeber –

und

████████████

– nachfolgend: Arbeitnehmer –

§ 1 Dienstwagenüberlassung

(1) Der Arbeitgeber stellt dem Arbeitnehmer ab dem ████████ folgenden Dienstwagen zur Verfügung:

Typ: ████████████

Fahrzeugidentifikationsnummer: ████████

Kilometerstand: ████████████

Amtliches Kennzeichen: ████████████

(2) Die Parteien verpflichten sich, mit Übergabe des Dienstwagens das diesem Vertrag als Anlage 1 beigefügte Übergabeprotokoll sorgfältig auszufüllen und zu unterschreiben.

(3) Die Vornahme von Veränderungen an dem Dienstwagen, insbesondere der Einbau von Zusatzausstattungen, ist dem Arbeitnehmer ohne die vorherige schriftliche Erlaubnis des Arbeitgebers untersagt.

§ 2 Art und Umfang der Nutzung

(1) Der Dienstwagen wird dem Arbeitnehmer vorwiegend für die dienstliche Verwendung im Rahmen seiner vertraglichen Aufgaben überlassen. Der Arbeitnehmer darf den Dienstwagen auch zu Privatfahrten nutzen.

(2) Die Nutzung des Dienstwagens durch Dritte bedarf der vorherigen schriftlichen Erlaubnis des Arbeitgebers. Etwas anderes gilt nur für Ehegatten, Lebenspartner sowie die der häuslichen Lebensgemeinschaft des Arbeitnehmers angehörenden Familienmitglieder, soweit sie die erforderliche Fahrerlaubnis besitzen. Der Arbeitnehmer hat sich zu vergewissern, dass der Fahrer eine gültige Fahrerlaubnis besitzt.

§ 3 Rechte Dritter

Der Arbeitnehmer hat den Dienstwagen von Rechten Dritter freizuhalten. Es ist ihm insbesondere untersagt, den Dienstwagen zu verkaufen, verpfänden, verschenken, vermieten, verleihen oder zur Sicherheit zu übereignen.

§ 4 Obliegenheiten und Sorgfaltspflichten

(1) Der Arbeitnehmer hat dem Arbeitgeber mit Unterzeichnung dieses Vertrages durch Vorlage seines Führerscheins nachzuweisen, dass er im Besitz einer gültigen Fahrerlaubnis ist. Änderungen, Einschränkungen und Entzug der Fahrerlaubnis sind dem Arbeitgeber unverzüglich mitzuteilen. Bei der Nutzung des Dienstwagens hat der Arbeitnehmer Führerschein und Zulassungsbescheinigung Teil I (Kraftfahrzeugschein) stets bei sich zu führen. Im Falle des Verlustes der Zulassungsbescheinigung Teil I ist der Arbeitnehmer verpflichtet, diese kostenpflichtig zu ersetzen.

(2) Der Arbeitnehmer ist für die Einhaltung der für die Betriebs- und Verkehrssicherheit geltenden Vorschriften verantwortlich. Dies gilt insbesondere für die Beachtung der Vorschriften des Straßenverkehrsgesetzes

(StVG), der Straßenverkehrsordnung (StVO) und der Straßenverkehrszulassungsordnung (StVZO). Diese Verpflichtungen bestehen auch gegenüber dem Arbeitgeber.

(3) Er hat dafür Sorge zu tragen, dass der Dienstwagen sachgemäß behandelt und gepflegt wird und sich stets in betriebs- und verkehrssicherem Zustand befindet. Die fälligen Inspektionen und Prüfungen, insbesondere die TÜV- und AU-Untersuchungen sowie die vom Hersteller empfohlenen Wartungs- und Schmierdienste sind vom Arbeitnehmer pünktlich bei einer autorisierten Vertragswerkstatt zu veranlassen.

(4) Der Arbeitgeber behält sich vor, dem Arbeitnehmer das Führen eines Fahrtenbuches aufzugeben. Darin sind gegebenenfalls anzugeben: Datum, Ausgangspunkt, Zielort, gefahrene Kilometer und Anlass der Fahrt. Das Fahrtenbuch ist dem Arbeitgeber auf Verlangen jederzeit vorzulegen.

§ 5 Reparaturen, Reifen

(1) Reparaturen hat der Arbeitnehmer in einer vom Hersteller autorisierten Vertragswerkstatt ausführen zu lassen. Der Arbeitnehmer ist verpflichtet, Reparaturen, die für den Erhalt bzw. die Wiederherstellung eines betriebs- und verkehrssicheren Zustandes des Dienstwagens notwendig sind, unverzüglich zu veranlassen. Er hat die Gewährleistungsbedingungen zu beachten und ist berechtigt und verpflichtet, Gewährleistungsansprüche bei den Marken- und Vertragswerkstätten des Herstellerwerks rechtzeitig geltend zu machen.

(2) Ist eine vom Hersteller des Dienstwagens autorisierte Vertragswerkstatt nicht oder nur unter unzumutbaren Schwierigkeiten zu erreichen, kann der Arbeitnehmer auf eine andere Kfz-Werkstatt ausweichen.

(3) Reparaturen von mehr als EUR ▮▮▮▮▮ – auch unfallbedingte – dürfen nur nach vorheriger Zustimmung des Arbeitgebers in Auftrag gegeben werden. Etwas anderes gilt nur bei dringenden Reparaturen, die für die Wiederherstellung oder Wahrung der Verkehrssicherheit zwingend erforderlich sind. In dem Fall ist der Arbeitgeber über den Reparaturauftrag so bald wie möglich zu benachrichtigen.

(4) Der Arbeitnehmer ist zur Einhaltung der Straßenverkehrsordnung (StVO) verpflichtet, rechtzeitig von Sommer- auf Winterreifen zu wechseln, soweit das Fahrzeug nicht bereits mit den erforderlichen Reifen (M+S Reifen) ausgestattet ist.

§ 6 Unfälle

(1) Im Falle eines Unfalles ist der Arbeitnehmer verpflichtet, ohne Rücksicht auf die sich zunächst ergebende Schuldbeurteilung und eventuelle strafrechtliche Konsequenzen, die Polizei zur Protokollierung des Schadensfalles hinzuzuziehen.

(2) Schuldanerkenntnisse dürfen – unabhängig von der Beurteilung der Sachlage – in keinem Fall abgegeben werden.

(3) Der Arbeitnehmer ist verpflichtet, am Unfallort die notwendigen Beweissicherungen vorzunehmen. Er hat insbesondere die Daten der weiteren Unfallbeteiligten und etwaiger Zeugen aufzunehmen.

(4) Unfälle, genau wie sonstige Beschädigungen, anderweitig verursachte Wertminderungen oder den Verlust des Dienstwagens hat der Arbeitnehmer unverzüglich dem zuständigen Fuhrpark-Verantwortlichen des Arbeitgebers anzuzeigen.

§ 7 Kosten

(1) Die Kosten für Wartung und Reparatur übernimmt der Arbeitgeber gegen Vorlage der Rechnungen. Der Arbeitnehmer braucht diese Kosten nicht zu verauslagen. Die Rechnungen müssen auf den Arbeitgeber ausgestellt sein und das polizeiliche Kennzeichen des überlassenen Dienstwagens angeben.

(2) Die laufenden Betriebskosten des Dienstwagens (z.B. Kraftstoff, Öl, Wagenaußenpflege) trägt ebenfalls der Arbeitgeber. Diese Kosten sind vom Arbeitnehmer zunächst zu verauslagen. Der Arbeitnehmer rechnet die Betriebskosten monatlich auf einem dafür vorgesehenen Vordruck unter Beifügung der Belege gegenüber dem Arbeitgeber ab. Der monatliche Anfangs- und Endstand des Tachometers ist vom Arbeitnehmer mit Einreichung der Abrechnung anzugeben.

(3) Der Arbeitnehmer verpflichtet sich zu kostenbewusstem Verhalten bei den von ihm zu beeinflussenden Betriebskosten.

(4) Kosten für polizeiliche Verwarnungen, Bußgelder, Geldstrafen und Strafverfahren im Zusammenhang mit der Nutzung des Dienstwagens sind vom Arbeitnehmer zu tragen.

(5) Nach Übergabe des Dienstwagens besteht kein weitergehender Anspruch des Arbeitnehmers auf Ersatz von Aufwendung oder Schäden, die durch die Nutzung eines Privat-Pkw für betriebliche Zwecke entstehen.

§ 8 Ersatzwagen

(1) Der Arbeitnehmer hat keinen Anspruch auf einen bestimmten Dienstwagen. Der Arbeitgeber kann den unter § 1 Abs. 1 bezeichneten Dienstwagen jederzeit durch ein anderes Fahrzeug derselben Kategorie ersetzen. Überlässt der Arbeitgeber dem Arbeitnehmer ein anderes Fahrzeug, so gilt dieser Vertrag entsprechend.

(2) Kann der dem Arbeitnehmer überlassene Dienstwagen wartungs- oder reparaturbedingt nicht genutzt werden, bemüht sich der Arbeitgeber, dem Arbeitnehmer ein Ersatzfahrzeug zur Verfügung zu stellen. Soweit ein Ersatzfahrzeug nicht zur Verfügung steht, erhält der Arbeitnehmer eine Entschädigung in Höhe des steuerlichen Pauschalwerts für die Privatnutzung des Dienstwagens. Kann eine Nutzung nur vorübergehend nicht erfolgen, erhält der Arbeitnehmer keine Entschädigung. Dies gilt für eine zusammenhängende Ausfallzeit von maximal 14 Werktagen oder eine Gesamtausfalldauer im Kalenderjahr von 24 Werktagen.

(3) Bei Ausfall des Dienstwagens darf der Arbeitnehmer einen privaten Pkw nur bei zwingender betrieblicher Notwendigkeit mit vorheriger Zustimmung des Arbeitgebers zu dienstlichen Zwecken nutzen. Gleiches gilt für die Anmietung eines Mietwagens.

§ 9 Versicherungen

(1) Der Arbeitgeber hat für den Dienstwagen zugunsten des Arbeitnehmers eine Kraftfahrzeug-Haftpflichtversicherung mit einer pauschalen Deckungssumme in Höhe von ▨▨▨▨ EUR je Schadensfall abgeschlossen.

(2) Für den Dienstwagen besteht eine Vollkaskoversicherung mit einer Selbstbeteiligung des Arbeitnehmers in Höhe von ▨▨▨▨ EUR pro Schadensfall.

(3) Eine Insassenunfallversicherung wurde durch den Arbeitgeber mit einer Deckungssumme von ▨▨▨▨ EUR abgeschlossen.

(4) Jeder Schadenfall ist unverzüglich dem Arbeitgeber zu melden. Der Mitarbeiter hat dazu eine Schadenmeldung zu erstellen und zu übersenden. Diese Regelung gilt auch für Glasschäden.

§ 10 Steuern

(1) Die Berechtigung zur privaten Nutzung des Dienstwagens stellt einen Sachbezug dar und ist steuerpflichtig. Der Arbeitnehmer hat bei der Versteuerung die jeweils geltenden steuerlichen Vorschriften zu beachten. Die Versteuerung erfolgt auf der Grundlage der aktuell zulässigen Nutzungspauschalen.

(2) Die für den Dienstwagen anfallende Kraftfahrzeugsteuer wird vom Arbeitgeber übernommen.

§ 11 Betriebliche Altersversorgung

Besteht eine betriebliche Altersversorgung, bleibt der in der privaten Nutzungsmöglichkeit des Dienstwagens liegende geldwerte Vorteil unberücksichtigt. Der Wert der privaten Nutzung ist nicht ruhegehaltfähig.

§ 12 Haftung

(1) Für einen während einer betrieblich veranlassten Tätigkeit eintretenden Schaden haftet der Arbeitnehmer im Innenverhältnis vollumfänglich für Vorsatz und grobe Fahrlässigkeit. Verursacht der Arbeitnehmer den Schaden fahrlässig, bestimmt sich der Haftungsumfang im Innenverhältnis nach den Umständen des Einzelfalles, insbesondere dem Grad des Verschuldens. Dasselbe gilt für eine Wertminderung des Dienstwagens in Folge nachlässiger Pflege oder Unterlassen der gebotenen Wartung.

(2) Bei Privatfahrten haftet der Arbeitnehmer uneingeschränkt, unabhängig vom Grad des eigenen Verschuldens. Der Arbeitnehmer haftet auch für Schäden oder anderweitige Wertminderungen, die durch Dritte im Rahmen der Privatnutzung verursacht worden sind.

(3) Der Arbeitnehmer haftet nach den vorstehenden Absätzen nicht, soweit ein Versicherer für den Schaden aufkommt und nicht auf den Arbeitgeber Rückgriff genommen wird. In diesem Fall hat der Arbeitnehmer – im Fall des § 12 Abs. 1 S. 2 entsprechend anteilig – nur für den Verlust des Schadensfreiheitsrabattes und, soweit eine Kaskoversicherung den Schaden deckt, für die vereinbarte Selbstbeteiligung einzustehen.

(4) Sobald und solange dem Arbeitnehmer der Dienstwagen zur Verfügung gestellt wird, besteht kein Anspruch des Arbeitnehmers auf Aufwendungsersatz oder etwaigen Schadensersatz bei Benutzung eines privaten Kraftfahrzeugs für betriebliche Zwecke.

§ 13 Widerruf der Nutzungsberechtigung

(1) Die Berechtigung zur dienstlichen und privaten Nutzung des Dienstwagens kann von Seiten des Arbeitgebers mit einer Ankündigungsfrist von einer Woche nach billigem Ermessen und unter Berücksichtigung der Interessen des Arbeitnehmers widerrufen werden. Ein Widerruf kann insbesondere aus wirtschaftlichen, organisatorischen oder verhaltensbedingten Gründen erfolgen. In folgenden, beispielhaft genannten Fällen ist ein Widerruf unter diesen Voraussetzungen zulässig:

- Der Arbeitnehmer wird – gleich aus welchem Grund – von seiner Pflicht zur Arbeitsleistung berechtigterweise freigestellt.

- Der Arbeitnehmer erkrankt und die Krankheit besteht über sechs Wochen im Sinne des Entgeltfortzahlungsrechts hinaus fort.

- Das Arbeitsverhältnis ruht und die Pflicht zur Fortzahlung der Vergütung entfällt infolgedessen.

- Das Aufgabengebiet des Arbeitnehmers wird dahingehend verändert, dass eine dienstliche Fahrtätigkeit nicht mehr notwendig ist.

- Dem Arbeitnehmer wird seine Fahrerlaubnis entzogen.

(2) Im Fall des Widerrufs hat der Arbeitnehmer den Dienstwagen unverzüglich am Sitz des Arbeitgebers herauszugeben. Ein Zurückbehaltungsrecht des Arbeitnehmers ist ausgeschlossen. Dem Arbeitnehmer steht ein Anspruch auf Entschädigung für die entgangene Nutzungsmöglichkeit nicht zu.

(3) Ein Widerruf verbunden mit der Herausgabe des Dienstwagens ist nur zulässig, sofern der geldwerte Vorteil nicht 25 % des Gesamtverdienstes des Arbeitnehmers übersteigt.

(4) Im Falle der Ausübung des Entzugs/Widerrufsrechts durch den Arbeitgeber ist der Arbeitnehmer nicht berechtigt, eine Nutzungsentschädigung oder Schadensersatz zu verlangen.

§ 14 Beendigung

(1) Die Überlassung des Dienstwagens endet automatisch mit der Beendigung des Beschäftigungsverhältnisses. Der Arbeitnehmer hat den Dienstwagen spätestens am letzten Tag seines Beschäftigungsverhältnisses herauszugeben. Im Falle einer Beendigung durch ordentliche Kündigung ist der Dienstwagen spätestens zum Kündigungstermin, im Falle einer außerordentlichen Kündigung unverzüglich mit deren Ausspruch herauszugeben. Die Erhebung einer Kündigungsschutzklage entbindet den Arbeitnehmer nicht von seiner Herausgabepflicht. Wird ein Aufhebungsvertrag geschlossen, ist der Arbeitnehmer verpflichtet, den Dienstwagen zum vertraglich festgelegten Beendigungszeitpunkt herauszugeben, soweit nichts anderes geregelt wird.

(2) Zusatzausstattungen, die der Arbeitnehmer in den Dienstwagen hat einbauen lassen, sind vor der Rückgabe des Dienstwagens sachgerecht zu entfernen. Dies gilt auch, wenn der Einbau mit vorheriger Zustimmung des Arbeitgebers erfolgte. Die Kosten für die Entfernung trägt der Arbeitnehmer.

(3) Im Fall der Beendigung hat der Arbeitnehmer den Dienstwagen unverzüglich am Sitz des Arbeitgebers herauszugeben. Ein Zurückbehaltungsrecht des Arbeitnehmers ist ausgeschlossen.

§ 15 Schriftformklausel, Salvatorische Klausel

(vgl. hierzu das Muster zum Arbeitsvertrag, siehe oben § 1a Rdn 215)

_____, den _____   _____, den _____

_____   _____

(Arbeitgeber)   *(Arbeitnehmer)*

▲

2. Erläuterungen

512 Der Arbeitgeber kann einem Arbeitnehmer zur Ausführung seiner vertraglich geschuldeten Pflichten einen Dienstwagen zur Verfügung stellen. Dieser kann im Eigentum des Arbeitgebers stehen oder ein geleastes Fahrzeug sein. Zweckmäßig ist die Überlassung, wenn der Aufgabenbereich des Arbeitnehmers hohe Anforderungen an seine Mobilität stellt. Dies gilt für Außendienstmitarbeiter im Vertrieb ebenso wie für Servicemitarbeiter, die Kunden vor Ort betreuen. Auch bei Führungskräften ist die Überlassung eines Dienstwagens gängig und ein häufig geregelter Bestandteil des Arbeitsverhältnisses. Die Grundlagen der Dienstwagenüberlassung sind vertraglich zu regeln.[1063] Eine entsprechende Vereinbarung kann in den zugehörigen Arbeitsvertrag eingebettet oder als ein eigenständiges Regelungswerk gestaltet werden. Will man eine für den Arbeitgeber vorteilhafte Vereinbarung schaffen, dürfte der Arbeitsvertrag mit den erforderlichen Regelungen häufig überfrachtet sein. Es empfiehlt sich daher die Gestaltung eines separaten Vertrages. Die Aufnahme einer Nutzungsüberlassungsklausel in den Arbeitsvertrag ist dagegen zweckmäßig, wenn auf ein externes Regelwerk, etwa eine Firmenwagen-Richtlinie, Bezug genommen werden kann. Die entscheidenden Regelungsgegenstände im Rahmen einer Dienstwagenüberlassung sind der Umfang der Nutzungsberechtigung, die steuerliche Behandlung der Nutzungsüberlassung und die Haftung. Sofern der Vertrag nicht ausnahmsweise individuell ausgehandelt worden ist, sind die Regelungen eines Dienstwagenvertrages an den Vorschriften der §§ 305–310 BGB zu messen. Das Muster betrifft die Überlassung eines Fahrzeuges, welches im Eigentum des Arbeitgebers steht.

a) Gegenstand des Vertrages, § 1 Abs. 1

513 In der Praxis kommt es häufig zu Auseinandersetzungen über die Beschaffenheit des Dienstwagens. Die vorgeschlagene Regelung konkretisiert das zu überlassene Fahrzeug zugunsten der Rechtsklarheit bereits im Vertrag. Soll die Auswahl im Sinne einer höheren Flexibilität dagegen einer Vertragspartei überlassen bleiben, empfiehlt sich die Festlegung hinreichend bestimmter Kriterien (Preisrahmen, Typ, Ausstattung), die bei der Entscheidung berücksichtigt werden müssen. Eine entsprechende Klausel könnte etwa folgendermaßen lauten:

> *Formulierungsbeispiel*
>
> Der Arbeitgeber stellt dem Arbeitnehmer ab dem (…) einen Dienstwagen des Typs (…) oder entsprechender Kategorie (Preis bis zu einem Netto-Neupreis von (…) zzgl. Mehrwertsteuer einschließlich Sonderausstattung und Sonderzubehör) nach Wahl des (…) zur Verfügung.

b) Übergabeprotokoll, § 1 Abs. 2

514 Bei der Übergabe des Dienstwagens ist ein separates Übergabeprotokoll zu unterzeichnen. Etwaig vorhandene Mängel des Dienstwagens sind darin festzuhalten. Ebenso sollten die mit dem Dienstwagen überlassenen Gegenstände und Zubehörteile dokumentiert werden (Fahrzeugpapiere, Tankkarte, Warndreieck, Schlüssel, Bereifung usw.).

c) Veränderungen an dem Dienstwagen, § 1 Abs. 3

515 Mithilfe dieser Klausel soll verhindert werden, dass der Arbeitnehmer den überlassenen Dienstwagen umgestaltet. Auseinandersetzungen über die Kostentragung bei einem erforderlichen Rückbau des Dienstwagens, insbesondere im Zeitpunkt der Überlassungsbeendigung, werden so vermieden.

d) Art der Nutzung, § 2 Abs. 1

516 Der Regelung des Nutzungsumfanges kommt eine Schlüsselrolle in einer Kraftfahrzeugüberlassungsvereinbarung zu. Die Parteien können eine Nutzung ausschließlich für dienstliche Zwecke vorsehen oder

---

1063 Zu den Besonderheiten bei Überlassung eines geleasten Fahrzeuges vgl. *Mauer*, S. 17; *Nägele*, S. 149 ff.

dem Arbeitnehmer zudem den privaten Gebrauch des Dienstwagens gestatten. Zum privaten Gebrauch zählt auch der Weg zwischen Wohnung und Arbeitsstätte.[1064] Die kostenfreie Überlassung des Dienstwagens für die private Nutzung beinhaltet die Zusage eines geldwerten Vorteils in Form eines Sachbezugs. Die Nutzungsberechtigung wird damit zum Vergütungsbestandteil und steht als Hauptleistungspflicht im Gegenseitigkeitsverhältnis von Lohn und Arbeitsleistung.[1065] Arbeitsrechtlich bedeutsam ist dabei vor allem, dass die Zusage eines Sachbezugs grundsätzlich nicht einseitig widerrufen werden kann. Will der Arbeitgeber die Nutzung entziehen, bleibt zunächst nur die Möglichkeit einer Änderungskündigung oder einer Aufhebungsvereinbarung.[1066]

Ist vertraglich dagegen eine ausschließlich dienstliche Nutzung vereinbart, stellt der Dienstwagen ein reines **517** Arbeitsmittel dar. Der Arbeitnehmer übt die tatsächliche Gewalt für den Arbeitgeber im Rahmen des Arbeitsverhältnisses als Besitzdiener nach § 855 BGB aus. Ein Zurückbehaltungsrecht am Dienstwagen wegen etwaiger Ansprüche aus dem Arbeitsverhältnis nach § 273 BGB steht dem Arbeitnehmer regelmäßig nicht zu.[1067] Weigert er sich etwa bei Urlaub oder Arbeitsunfähigkeit den Dienstwagen herauszugeben, liegt verbotene Eigenmacht vor. Der Arbeitnehmer schuldet als unberechtigter Fremdbesitzer Schadensersatz.[1068]

Wird der Arbeitnehmer auch zur privaten Nutzung des Dienstwagens berechtigt, stellt sich die Frage, ob die **518** Überlassung ein mitbestimmungspflichtiger Tatbestand ist. Da die private Nutzung eines Dienstwagens als geldwerter Vorteil zu sehen ist, könnte es sich um eine Frage der betrieblichen Lohngestaltung nach § 87 Abs. 1 Nr. 10 BetrVG handeln. Höchstrichterliche Rechtsprechung zu dieser Frage ist bisher nicht ersichtlich. Von Instanzgerichten und Stimmen in der Literatur wird ein Mitbestimmungsrecht jedenfalls für möglich gehalten.[1069]

e) Umfang der Nutzung, § 2 Abs. 2

Regelmäßig wird die private Nutzungsmöglichkeit des Dienstwagens neben dem Arbeitnehmer weiteren **519** Personen zugestanden, obgleich es grundsätzlich keinen Bedenken begegnet die Nutzung durch Dritte ganz auszuschließen. Wird die Überlassung an Dritte zugestanden, sollten dieser erweiterten Nutzungsmöglichkeit Grenzen gesetzt werden. Wie in der vorgeschlagenen Klausel vorgesehen, kann die Nutzung des Dienstwagens durch Dritte unter den Vorbehalt der vorherigen schriftlichen Zustimmung des Arbeitgebers gestellt werden. Der Arbeitgeber wahrt damit eine größtmögliche Kontrolle über den Kreis der nutzungsberechtigten Personen. Als Alternative kann die Drittnutzung von vornherein auf die zur Hausgemeinschaft des Arbeitnehmers gehörenden Familienmitglieder mit der erforderlichen Fahrerlaubnis erweitert werden. Auch die Berechtigung des Arbeitnehmers dritte Personen im Dienstwagen mitzunehmen, kann eingeschränkt werden. Den Vertragsparteien kommt auch insoweit ein weiter Gestaltungsspielraum zu.[1070]

f) Rechte Dritter, § 3

Diese Klausel hat klarstellende Funktion. Sie soll den Arbeitnehmer ermahnen, das ihm eingeräumte Nut- **520** zungsrecht nicht zu überschreiten.

1064 BFH 20.12.1991, DStR 1992, 390.
1065 BAG 23.6.1994, NZA 1994, 1128; BAG 16.11.1996, NZA 1996, 415; BFH 19.12.1991, DStR 1992, 390.
1066 BAG 23.6.2004, NZA 2004, 1287; BAG 11.10.2001, NZA 2001, 445.
1067 LAG Düsseldorf 4.7.1975, DB 1975, 2040.
1068 LAG Berlin-Brandenburg 26.5.1986, NJW 1986, 2528.
1069 ArbG Hamburg 7.7.1994, AiB 1994, 760; *Bacher*, NZA 2007, 536.
1070 *Mauer*, S. 34.

g) Obliegenheiten, § 4 Abs. 1

521   Nach § 21 Abs. 1 Nr. 2 StVG droht dem Halter eines Kraftfahrzeuges Freiheitsentzug bis zu einem Jahr, wenn er anordnet oder zulässt, dass jemand den Dienstwagen führt, der nicht im Besitz der dazu erforderlichen Fahrerlaubnis ist.[1071]

h) Sorgfaltspflichten, § 4 Abs. 2

522   Der Arbeitgeber haftet im Außenverhältnis als Halter des Dienstwagens. Indem der Arbeitnehmer im Innenverhältnis zur Beachtung der im Straßenverkehr geltenden öffentlich-rechtlichen Bestimmungen angehalten wird, soll das Risiko als Halter in Anspruch genommen zu werden, reduziert werden.

i) Fahrtenbuch, § 4 Abs. 3

523   Will der Arbeitgeber eine größere Kontrolle über die Art der Dienstwagennutzung erreichen oder ist eine detailliertere Erfassung der Nutzungsart aus anderen, etwa steuerlichen Gründen erforderlich, bietet es sich an, die Führung eines Fahrtenbuches vorzugeben. Es gilt jedoch zu bedenken, dass der mit der Führung eines Fahrtenbuches verbundene Aufwand für den Arbeitnehmer erheblich ist.

j) Reparaturen, § 5

524   Indem der Arbeitnehmer grundsätzlich nur auf Vertragswerkstätten zurückgreifen darf, wird eine fachgerechte Ausführung der Reparaturen befördert und damit unnötiger Wertverlust verhindert. Durch die Anzeigepflicht von größeren Reparaturen behält der Arbeitgeber die Kostenkontrolle über diesen Teil der Fahrzeugkosten.

Die Regelung zur Bereifung (§ 5 Abs. 4) trägt der seit dem 4.12.2010 geltenden Regelung des § 2 Abs. 3a StVO Rechnung. Die Straßenverkehrsordnung schreibt so genannte M+S-Reifen bei Glatteis, Schneeglätte, Schneematsch, Eis- oder Reifglätte vor. Bei derartigen Witterungsverhältnissen darf mit einem Kraftfahrzeug ohne Winterreifen nicht mehr gefahren werden.

k) Unfälle, § 6

525   Im Rahmen dieser Regelungen werden einige typische Pflichten des Arbeitnehmers im Falle eines Unfalles genannt.

l) Kosten, § 7

526   Die hier vorgeschlagenen Klauseln sehen eine Kostenübernahme durch den Arbeitgeber auch für Privatfahrten des Arbeitnehmers vor. Die Kostenlast der Fahrzeugnutzung kann auch zwischen Arbeitgeber und Arbeitnehmer aufgeteilt werden. Eine entsprechende Klausel könnte etwa folgendermaßen lauten:

> *Formulierungsbeispiel*
>
> Die durch Privatfahrten anfallenden Kraftstoffkosten trägt der Arbeitnehmer/trägt der Arbeitgeber bis zu einer Höhe von monatlich (...) EUR.

Denkbar sind zudem andere Abrechnungsmodalitäten. Eine deutliche Verringerung des Verwaltungsaufwandes lässt sich durch die Abrechnung sämtlicher mit der Fahrzeugüberlassung verbundenen Kosten über eine so genannte „Tankkarte" erreichen. Eine entsprechende Klausel könnte etwa folgendermaßen lauten:

> *Formulierungsbeispiel*
>
> Der Kraftstoff muss mit der überlassenen Tankkarte bezahlt werden. Die Tankkarte ist an das übergebene Fahrzeug gebunden, es ist untersagt die Tankkarte für ein anderes Fahrzeug zu nutzen. Kosten

---

1071 BGH 16.10.1990, r+s 1991, 48.

für Fahrzeugwäschen werden bei Nutzung der Tankkarte ebenfalls übernommen. Kosten für die Fahrzeuginnenreinigung trägt der Arbeitnehmer selbst.

Es wird in der Klausel gleichfalls klargestellt, dass der Arbeitnehmer keinen weitergehenden Kostenersatz verlangen kann, sollte er sein privates Fahrzeug für betriebliche Zwecke nutzen. Er soll dadurch angehalten werden, ausschließlich den Dienstwagen zu nutzen, um weitergehende Abrechnungsschwierigkeiten zu vermeiden.

m) Dauerhafter Ersatz für den Dienstwagen, § 8 Abs. 1

Unter bestimmten Umständen (Totalschaden oder Ablauf des Leasingvertrages) kann es erforderlich werden, den überlassenen Dienstwagen durch einen anderen dauerhaft zu ersetzen. Wird eine Regelung zur Ersetzungsbefugnis im Arbeitsvertrag nicht getroffen, steht dem Arbeitgeber grundsätzlich ein Leistungsbestimmungsrecht bei der Auswahl des Ersatzfahrzeuges zu. Dabei ist er nach § 315 Abs. 3 BGB an die Grundsätze des billigen Ermessens gebunden. Die Frage, welches Ersatzfahrzeug billigem Ermessen entspricht, birgt beträchtliches Konfliktpotential. Mit der vorgeschlagenen Regelung sollen drohende Auseinandersetzungen vermieden werden. Die Beschaffenheit des Ersatzfahrzeuges wird bereits im Vertrag nach objektiven Kriterien festgelegt, indem auf die Fahrzeugkategorie des Ausgangsfahrzeuges verwiesen wird.[1072]

527

n) Vorübergehender Ersatz für den Dienstwagen, § 8 Abs. 2

Steht der überlassene Dienstwagen vorübergehend nicht zur Verfügung, stellt sich ebenfalls die Frage nach einem angemessenen Ersatzfahrzeug. Haben die Vertragsparteien eine rein dienstliche Nutzung des Dienstwagens vereinbart, hat der Arbeitnehmer regelmäßig keinen Anspruch auf die Bereitstellung eines Ersatzfahrzeuges. Anders verhält es sich dagegen, wenn auch die Privatnutzung vereinbart wurde. Die Befugnis, den Dienstwagen auch privat zu verwenden, stellt einen Vergütungsbestandteil dar und muss grundsätzlich durchgehend geleistet werden.[1073] Stellt der Arbeitgeber dem Arbeitnehmer während der Ausfallzeit kein Fahrzeug zur Verfügung, kann der Arbeitnehmer Schadensersatz verlangen.[1074] Eine von diesem Grundsatz abweichende Vertragsabrede nach dem vorgeschlagenen Muster wird jedenfalls in der Literatur für wirksam erachtet.[1075] Zu berücksichtigen ist insofern, dass Ausfallzeiten von wenigen Tagen durch Wartungs- oder Reparaturzeiten bei einem Fahrzeug typischerweise anfallen und daher eine übermäßige Benachteiligung des Arbeitnehmers regelmäßig nicht bedingen.

528

o) Haftpflichtversicherung, § 9 Abs. 1

Stellt ein Arbeitgeber seinen Arbeitnehmern einen Dienstwagen zur privaten Nutzung zur Verfügung, müssen versicherungsrechtliche Aspekte bedacht werden. Nach § 1 Pflichtversicherungsgesetzt (PflVG) ist der Halter eines Kraftfahrzeuges verpflichtet, eine Haftpflichtversicherung abzuschließen. Wer als Halter eines Fahrzeuges im Sinne dieser Vorschrift anzusehen ist, richtet sich nach einer Beurteilung aller maßgeblichen Umstände des Einzelfalles. Um diesbezügliche Missverständnisse und damit Konfliktpotential zu vermeiden, sollte eine klare Regelung im Arbeitsvertrag erfolgen. Die Möglichkeit des Selbstbehaltes bei der Kfz-Haftpflichtversicherung (§ 114 Abs. 2 VVG) durch den Arbeitgeber kann nicht an den Arbeitnehmer weitergegeben werden. Die Regeln zur gesetzlichen Pflichtversicherung überlagern die arbeitsvertraglichen Regeln des innerbetrieblichen Schadensausgleichs. Auch der Arbeitgeber als Versicherungsnehmer, der

529

1072 LAG Sachsen 9.4.1997, BB 1997, 1693.
1073 BAG 16.11.1995, NZA 1996, 415.
1074 BAG 23.6.1994, NZA 1994, 1128; BAG 16.11.1995, NZA 1996, 415; BAG 27.5.1999, NZA 1999, 1038; zuletzt: BAG 19.12.2006, NZA 2007, 809.
1075 *Nägele*, S. 217.

mit dem Versicherer einen Selbstbehalt vereinbart hat, kann diesen nicht gegenüber der mitversicherten Person (Fahrer/Arbeitnehmer) geltend machen.[1076]

p)   Vollkaskoversicherung, § 9 Abs. 2

530   Weder der Arbeitgeber noch der Arbeitnehmer sind zum Abschluss einer Teil- oder Vollkaskoversicherung verpflichtet, sofern sich aus dem Arbeits- bzw. Überlassungsvertrag nichts Gegenteiliges ergibt.[1077] Zur Verringerung des Haftungsrisikos ist der Abschluss einer Vollkaskoversicherung jedoch für ein betrieblich genutztes Fahrzeug dringend zu empfehlen. Nach der Rechtsprechung zum innerbetrieblichen Schadensausgleich, die auch für Schäden zu beachten ist, die infolge der dienstlich veranlassten Nutzung eines Dienstwagens entstehen, muss der Arbeitgeber sich regelmäßig so behandeln lassen, als hätte eine Vollkaskoversicherung mit dem üblichen Selbstbehalt (bis 500 EUR) bestanden. Aus diesen Grundsätzen folgt praktisch eine Obliegenheit des Arbeitgebers zum Abschluss einer entsprechenden Versicherung.[1078]

q)   Insassenunfallversicherung, § 9 Abs. 3

531   Der Abschluss einer Insassenunfallversicherung ist mittlerweile ebenso üblich. Gerade wenn der Arbeitgeber dem Arbeitnehmer bei der Mitnahme von Dritten keine allzu gravierenden Beschränkungen auferlegen möchte, empfiehlt sich eine solche Versicherung. Zudem kann sich für den Arbeitgeber der Abschluss einer Rechtsschutzversicherung als ratsam erweisen.[1079]

r)   Glasschäden, § 9 Abs. 4

532   Die Regelung verdeutlicht die Pflichten des Arbeitnehmers im Schadenfall und erstreckt diese auch auf die häufigen Glasschäden.

s)   Steuern, § 10

533   Die Überlassung eines Dienstwagens auch für private Zwecke stellt einen geldwerten Vorteil dar. Dieser unterliegt als Sachbezug nach § 8 Abs. 2 S. 2–4 i.V.m. § 6 Abs. 1 Nr. 4 EStG der Lohnsteuer. Das Einkommensteuergesetz sieht grundsätzlich zwei verschiedene Möglichkeiten vor, den privaten Nutzungsvorteil zu bewerten. Es besteht ein Wahlrecht zwischen der Erfassung als Nutzungspauschale oder in Form von Einzelnachweisen. Vorliegend wurde aus Gründen der Praktikabilität eine pauschale Versteuerung gewählt, die im Übrigen in der Praxis auch die übliche Wahl darstellt.[1080]

534   Wendet man die pauschale Berechnung nach § 8 Abs. 2 S. 2 und 3 i.V.m. § 6 Abs. 1 Nr. 4 S. 2 EStG an, ist die private Nutzung eines Dienstwagens für jeden Kalendermonat mit einem Prozent des inländischen Listenpreises im Zeitpunkt der Erstzulassung zzgl. der Kosten für Sonderausstattung einschließlich der Umsatzsteuer anzusetzen. Der Bruttolistenpreis ist auch dann zugrunde zu legen, wenn der Dienstwagen gebraucht gekauft wurde. Somit kann dieser Wert höher sein als die tatsächlichen Anschaffungskosten für das Fahrzeug.[1081] Für Fahrten zwischen Wohnung und Arbeitsstätte erhöht sich der Wert um 0,03 % des Listenpreises für jeden Kilometer – auch die ersten 20 – der tatsächlichen Entfernung zwischen Wohnung und Arbeitsstätte.

535   Nach § 8 Abs. 2 S. 4 EStG kann der Arbeitnehmer eine konkrete Berechnung seines privaten Nutzungsvorteils am Dienstwagen vornehmen. Er hat dann die gesamten tatsächlichen Kosten des Dienstwagens anhand

---

1076 BAG 13.12.2012, BeckRS 2013, 67449.
1077 BAG 22.3.1968, NJW 1968, 1846; BAG 24.11.1987, NZA 1988, 584; a.A.: LAG Bremen 31.1.1979, DB 1979, 1235.
1078 BAG 24.11.1987, NZA 1988, 584; LAG Köln 22.12.2004, BB 2006, 335.
1079 BAG 16.3.1995, NZA 1995, 836.
1080 Vgl. für eine ausführliche Darstellung der steuerlichen Gestaltungsmöglichkeiten und die mit der Überlassung verbundenen sozialversicherungsrechtlichen Aspekte: Küttner/*Schlegel*, Dienstwagen, Rn 17 ff und 35 ff.
1081 BFH 13.12.2012, NZA 2013, 494; diese Handhabung ist nach Auffassung des BFH verfassungsgemäß, da der Arbeitnehmer die Möglichkeit habe, die Anwendung der 1 %-Regelung dadurch zu verhindern, dass er ein ordnungsgemäßes Fahrtenbuch führt („Escape-Klausel").

von Einzelbelegen nachzuweisen und ein Fahrtenbuch zu führen. Die Anforderungen der Rechtsprechung an die Detailgenauigkeit und Vollständigkeit der Aufzeichnungen sind hoch.[1082] Anhand dieser Unterlagen wird der zu versteuernde private Anteil an der Dienstwagennutzung ermittelt.

t) Betriebliche Altersversorgung, § 11

In das vorliegende Muster ist vorsorglich eine vertragliche Regelung aufgenommen worden, die eine Berücksichtigung des geldwerten Vorteils für die Nutzungsüberlassung eines Dienstwagens bei der Berechnung der betrieblichen Altersvorsorge ausschließt. Grundsätzlich richtet sich die Frage, was als Bemessungsgrundlage für die Berechnung der betrieblichen Altersvorsorge heranzuziehen ist, nach der Gestaltung der Versorgungszusage.[1083]   **536**

u) Haftung bei Dienstfahrt, § 12 Abs. 1

Für die Haftung des Arbeitnehmers im Zusammenhang mit dem dienstlichen Betrieb eines ihm überlassenen Dienstwagens gelten die von der Rechtsprechung entwickelten Grundsätze über die Beschränkung der Arbeitnehmerhaftung.[1084] In welchem Umfang der Arbeitnehmer danach für die eingetretenen Schadensfolgen haftet, richtet sich nach Zumutbarkeits- und Billigkeitsgesichtspunkten im Rahmen einer umfassenden Abwägung aller Umstände des Einzelfalles. Verursacht der Arbeitnehmer einen Schaden leicht fahrlässig, ist seine Haftung danach ausgeschlossen. Bei so genannter mittlerer Fahrlässigkeit haften Arbeitnehmer und Arbeitgeber anteilig für den entstandenen Schaden im Rahmen einer umfassenden Abwägung der Umstände des Einzelfalles. Zu berücksichtigen sind dabei insbesondere der Grad des dem Arbeitnehmer zur Last gelegten Verschuldens, die Gefahrgeneigtheit der Arbeit, die Höhe des Schadens, die Möglichkeit, ein vorhersehbares Risiko zu versichern, der Verdienst des Arbeitnehmers und gegebenenfalls seine persönlichen Verhältnisse.[1085] Verursacht der Arbeitnehmer einen Schaden dagegen vorsätzlich oder grob fahrlässig, etwa bei Fahren trotz starker Alkoholisierung oder wegen Unachtsamkeit infolge eines Handytelefonats,[1086] hat er i.d.R. den gesamten Schaden allein zu tragen. Eine Haftungserleichterung kommt ausnahmsweise trotz grob fahrlässiger Verursachung des Schadens in Betracht, wenn die Schadenhöhe in einem deutlichen Missverhältnis zum Verdienst des Arbeitnehmers steht.[1087] Vor dem Hintergrund dieser Rechtsprechung sind Sachverhalte vorstellbar, bei denen der Arbeitgeber trotz grob fahrlässigen Verhaltens des Arbeitnehmers voll oder jedenfalls anteilig haftet, ohne sich beim Arbeitnehmer schadlos halten oder den Schaden auf eine bestehende Kaskoversicherung abwälzen zu können. Nach § 61 VVG ist der Versicherer bei grob fahrlässiger Verursachung des Schadens von der Leistung befreit. Ein etwaiges Mitverschulden des Arbeitgebers ist zu berücksichtigen.[1088]   **537**

v) Haftung bei Privatfahrten, § 12 Abs. 2

Das von der Rechtsprechung entwickelte Haftungsprivileg gilt nur für die betrieblich veranlasste Nutzung des Dienstwagens. Zulässige Privatfahrten des Arbeitnehmers mit dem Dienstwagen sind dem persönlichen Lebensbereich zuzuordnen und werden damit nicht von der Haftungsprivilegierung erfasst.[1089]   **538**

w) Kein Regress des Arbeitgebers – keine Haftung des Arbeitnehmers, § 12 Abs. 3

Eine vollständige Abwälzung der Selbstbeteiligung einer Vollkaskoversicherung auf den Arbeitnehmer auch für den Fall der leichten Fahrlässigkeit widerspricht den Grundsätzen der beschränkten Arbeitnehmer-   **539**

1082 BFH 16.3.2006, NZA-RR 2006, 366.
1083 BAG 14.8.1991, NZA 1991, 104; BAG 21.8.2001, NZA 2002, 394; LAG Hessen 3.12.2003, NZA-RR 2005, 99.
1084 BAG 5.2.2004, NZA 2004, 649; BAG 27.9.1994, NZA 1994, 1083.
1085 BAG 16.2.1995, NZA 1995, 565.
1086 BAG 12.11.1998, NZA 1999, 263.
1087 BAG 23.1.1997, NZA 1997, 352; BAG 12.11.1998, NZA 1999, 263.
1088 BAG 23.6.1988, NZA 1989, 181.
1089 LAG Köln 15.9.1998, NZA 1999, 991; LAG Köln 24.6.1994, NZA 1995, 1163.

haftung. Als einseitig zwingendes Arbeitnehmerschutzrecht kann von diesen Grundsätzen weder einzel- noch kollektivvertraglich zu Lasten des Arbeitnehmers abgewichen werden.[1090]

x) Widerruf der Nutzungsberechtigung, § 13 Abs. 1

540 Bei der Frage, ob der Arbeitgeber zum Widerruf der Nutzung berechtigt ist, muss wiederum zwischen einer rein dienstlichen Überlassung und einer Vereinbarung, die auch die private Nutzung des Dienstwagens vorsieht, unterschieden werden. Ist dem Arbeitnehmer nur die dienstliche Nutzung erlaubt, konnte der Arbeitgeber bereits vor der Schuldrechtsmodernisierung i.d.R. die Überlassung widerrufen, sofern der Arbeitnehmer eine Arbeitsleistung nicht mehr erbrachte. Wird einem Arbeitnehmer dagegen ein Dienstwagen auch zur privaten Nutzung überlassen, war auch bisher ein einseitiger Widerruf ohne vertragliche Regelung ausgeschlossen. Eine Entziehung der Überlassung erfordert vielmehr eine Änderungskündigung oder eine Änderungsvereinbarung.

541 Die Frage, in welchem Umfang und unter welchen Voraussetzungen ein einseitiges Widerrufsrecht des Arbeitgebers vertraglich gestaltet werden kann, ist Gegenstand lebhafter Auseinandersetzungen.[1091] Vor der Schuldrechtsmodernisierung war Prüfungsmaßstab eine mögliche Umgehung des Kündigungsschutzes gem. § 2 KSchG. Eine solche Umgehung wurde angenommen, sofern wesentliche Elemente des Arbeitsvertrages einer einseitigen Änderung unterliegen, durch die das Gleichgewicht zwischen Leistung und Gegenleistung grundlegend gestört würde. Keine grundlegende Störung dieses Gleichgewichts hat das Bundesarbeitsgericht in einer entschädigungslosen Widerrufsklausel gesehen, bei der der Anteil der Dienstwagennutzung als Sachbezug 15 % der Gesamtvergütung nicht überschritten hat.[1092] Den entschädigungslosen Entzug des Dienstwagens durch Ausübung des Widerrufsvorbehaltes hat die Rechtsprechung auch unter Berücksichtigung des § 315 Abs. 3 BGB für rechtmäßig gehalten.[1093] Angesichts der besonderen Sachverhaltsgestaltung, die dieser Entscheidung zugrunde lag, wurde jedoch die Rechtmäßigkeit einer Widerrufsklausel ohne Entschädigung bei überwiegend privater Nutzung auch nachfolgend in Zweifel gezogen.[1094]

542 Nach dem Gesetz zur Schuldrechtsmodernisierung sind Widerrufsvorbehalte an den §§ 308 Nr. 4, 307 Abs. 1 S. 2 BGB zu messen. Das Bundesarbeitsgericht hat Widerrufsklauseln in Bezug auf übertarifliche Vergütungsbestandteile auch angesichts dieses Prüfungsmaßstabes für wirksam erachtet, sofern der widerrufliche Anteil 25 bis 30 % der Gesamtvergütung nicht übersteigt.[1095] Diese Rechtsprechung scheint auf die Überlassung von Dienstwagen zur privaten Nutzung übertragbar zu sein.[1096] Anders als nach früherer Rechtsprechung wird nunmehr jedoch gefordert, dass die Voraussetzungen eines Widerrufs im Vertrag eindeutig und ausdrücklich benannt werden. Insbesondere die Widerrufsgründe sind nach neueren Entscheidungen so konkret wie möglich im Vertragstext aufzuführen.[1097] Dem versucht die vorgeschlagene Klausel Rechnung zu tragen. Ob die einzelnen Widerrufsgründe tragen, ist jedoch noch nicht höchstrichterlich bestätigt worden.[1098] Nach neuerer Rechtsprechung ist insbesondere auf eine korrekte Ausübung des billigen Ermessens zu achten. Dabei wird teilweise danach gefragt, ob dem Arbeitnehmer noch ein weiteres Fahrzeug zur privaten Nutzung zur Verfügung steht.[1099] Außerdem scheint im Regelfall

---

1090 BAG 5.2.2004, NZA 2004, 649.
1091 Zu den Entzugsmöglichkeiten auch: *Polloczek/Pruksch*, DStR 2011, 1764.
1092 BAG 17.9.1998, ArbuR 1999, 112.
1093 BAG 17.9.1998, ArbuR 1999, 112.
1094 *Mauer*, S. 76 f.; *Nägele*, S. 342.
1095 BAG 12.1.2005, NZA 2005, 465; BAG 11.10.2006, NZA 2007, 87.
1096 BAG 19.12.2006, NZA 2007, 809; LAG Niedersachsen 17.1.2006, NZA-RR 2006, 289.
1097 BAG 12.1.2005, NZA 2005, 465; BAG 19.12.2006, NZA 2007, 809; LAG Niedersachsen 17.1.2006, NZA-RR 2006, 289.
1098 Vgl. aber: LAG Köln 5.11.2002, NZA-RR 2003, 300. Dazu auch: *Günther/Günther*, ArbRAktuell 2011, 107 ff.
1099 Vgl. BAG 21.3.2012, NJW-Spezial 2012, 339.

ein Entzug immer nur zum Monatsende möglich zu sein.[1100] Nach § 6 Abs. 1 Nr. 4 EStG ist die Privatnutzung auch dann für einen gesamten Monat zu versteuern, wenn eine Übergabe bereits früher im Monat erfolgt ist. Der Arbeitgeber muss also gute Gründe aufweisen können, warum das Fahrzeug z.B. im Falle einer Freistellung sofort zurückzugeben ist. Hier käme beispielsweise ein dringender Bedarf für einen anderen Arbeitnehmer in Betracht.[1101]

Inwieweit die Parteien die Überlassung eines Dienstwagens zur privaten Nutzung unter einen Freiwilligkeitsvorbehalt stellen können, um auf diesem Wege einen Anspruch des Arbeitnehmers auf Überlassung gar nicht erst zu begründen, wurde von der Rechtsprechung bisher – soweit ersichtlich – noch nicht ausdrücklich entschieden. Dieses für einmalige Leistungen vom Bundesarbeitsgericht anerkannte Instrument zur Flexibilisierung der Vergütungsstruktur[1102] wurde im Hinblick auf laufende Leistungen des Arbeitgebers schon bisher überwiegend kritisch beurteilt.[1103] Nach den neueren Entscheidungen des BAG zu Freiwilligkeitsvorbehalten bei laufenden Leistungen, erscheint die Vereinbarung eines Widerrufvorbehaltes vorzugswürdig.   543

y) Herausgabeanspruch des Arbeitgebers, § 13 Abs. 2

Im Falle eines Herausgabeverlangens nach einem wirksamen Widerruf könnte sich der Arbeitnehmer unter   544
Geltendmachung vermeintlicher Gegenansprüche auf ein Zurückbehaltungsrecht nach § 273 BGB berufen. Um dem zu begegnen, wurde eine Regelung in den Vertrag aufgenommen, die einen Ausschluss des arbeitnehmerseitigen Zurückbehaltungsrechtes vorsieht.

Ein solcher Ausschluss ist jedenfalls dann zulässig, wenn der geldwerte Vorteil weniger als 25 % der Gesamtvergütung ausmacht.[1104] Zwar ist die Regelung zur Herausgabe auch ohne vertragliche Einräumung einer Auslauf- bzw. Ankündigungsfrist wirksam, allerdings wird die Ausübung des Herausgabeverlangens selbst an der Billigkeitsvorgabe des § 315 BGB gemessen. Dadurch kann im Einzelfall – insbesondere bei einer Pauschalbesteuerung – eine Auslauffrist (in der Regel bis zum Monatsende) zu gewähren sein.

Im Fall der berechtigten Freistellung ist der vertragliche Ausschluss eines etwaigen Ersatzanspruchs des Arbeitnehmers als Verzicht wirksam. Allerdings kann auch hier die oben erwähnte Auslauffrist vonnöten sein, so dass ein Ersatzanspruch für die Zeit bis zum Fristende besteht.[1105]

z) Beendigung, § 14

Endet die Nutzungsüberlassung infolge der Beendigung des Beschäftigungsverhältnisses durch Kündi-   545
gung, Zeitablauf oder Aufhebungsvereinbarung hat der Arbeitnehmer auch den zur privaten Nutzung überlassenen Dienstwagen nach § 985 BGB zum Beendigungszeitpunkt herauszugeben. Dies gilt selbst für den Fall einer gegen die Kündigung erhobenen Kündigungsschutzklage.[1106] Weigert sich der Arbeitnehmer, den Dienstwagen herauszugeben, kann der Arbeitgeber auf Herausgabe klagen. In diesem Zusammenhang stellt sich wiederum die Frage nach dem wirksamen Ausschluss eines etwaigen Zurückbehaltungsrechtes (§ 13 Abs. 2). Eine Herausgabe kann grundsätzlich auch im Wege einer einstweiligen Verfügung geltend gemacht werden, ist jedoch an hohe Voraussetzungen gebunden. Eine eigenmächtige Wegnahme des Dienstwagens wäre demgegenüber eine verbotene Eigenmacht (§ 858 BGB) und damit unzulässig.[1107] Eine sehr praxistaugliche Lösung ist die Abmeldung des Dienstwagens von der Kfz-Haft-

---

1100 Vgl. BAG 21.3.2012, NJW-Spezial 2012, 339.
1101 Vgl. BAG 21.3.2012, NJW-Spezial 2012, 339.
1102 BAG 17.11.1998, NZA 1999, 606.
1103 *Mauer*, S. 73; *Nägele*, S. 348.
1104 BAG 21.3.2012, NZA 2012, 616.
1105 BAG 21.3.2012, NZA 2012, 616.
1106 ArbG Wetzlar 1.8.1996, NZA 1987, 163.
1107 LAG Düsseldorf 4.7.1975, DB 1975, 1849.

pflichtversicherung, wodurch die zuständige Straßenverkehrsbehörde zur Stilllegung des Fahrzeugs veranlasst wird.[1108] Der Arbeitnehmer sollte auf diesen Schritt zuvor hingewiesen werden. Erweist sich die Kündigung als unwirksam, steht dem Arbeitnehmer ein Schadensersatzanspruch für die entgangene Nutzung zu.[1109] Dieser entspricht grundsätzlich dem geldwerten Vorteil (abstrakter Schaden) und nicht, wie häufig geltend gemacht, den Regeln des Nutzungsausfalls z.B. im Rahmen eines Kfz-Unfalls.[1110] Die entsprechenden Tabellen z.B. von *Sanden/Danner/Küppersbusch* oder des ADAC sind insoweit nicht anwendbar. Es dürfte allerdings nicht ausgeschlossen sein, dass dem Arbeitnehmer weiterhin auch die Möglichkeit verbleibt, einen konkreten Schaden geltend zu machen. Teilweise wird sogar vertreten, dass eine konkrete Schadensberechnung Vorrang hätte.[1111] Wenn der Arbeitnehmer einen vorhandenen gleichwertigen privaten Pkw nutzt, soll sich der Ersatzanspruch nach der Rechtsprechung des BAG auf die konkret hierfür aufgewendeten Kosten (Wertverlust, Steuern, Versicherung, Kosten notwendiger und nützlicher Reparaturen und Wartungsarbeiten, Treibstoff) beschränken,[1112] wobei die Schadensminderungspflicht nach § 254 Abs. 2 BGB zu berücksichtigen ist.

XIII. Pkw-Überlassungspauschale/Car-Allowance

Literatur: *Haase*, Steuerfalle bei Zuschüssen des Arbeitgebers zum Dienstwagen?, NZA 2002, 1199.

1. Allgemeines

546 Unter einer Pkw-Überlassungspauschale („Car-Allowance") wird eine Zahlung an einen Arbeitnehmer verstanden, der sich verpflichtet hat, sein privates Kfz für dienstliche Zwecke zu nutzen. Mit der Car-Allowance sollen alle Ansprüche des Arbeitnehmers aus und im Zusammenhang mit dieser Nutzung abgegolten werden.[1113]

Für Unternehmen und Arbeitnehmer stellt sich oft die Frage, welche **Vor- und Nachteile** eine **Car-Allowance-Vereinbarung** gegenüber der **klassischen Dienstwagenüberlassung** hat.

547 | **Vorteile für Arbeitgeber** | **Nachteile für Arbeitgeber** |
|---|---|
| Geringerer Verwaltungsaufwand | Geringerer Einfluss auf positive Außenwirkung durch repräsentativen Fahrzeugeinsatz mittels Auswahl geeigneter Firmenwagen und Ersatz älterer oder sonst ungeeigneter Fahrzeuge |
| Stärkere Selbstverantwortung der Arbeitnehmer, Schutz vor nachlässiger Behandlung eines Firmenwagens | Keine Bindung des Arbeitnehmers an das Unternehmen durch Überlassung eines attraktiven Dienstwagens, der nach Beendigung des Arbeitsverhältnisses zurückgegeben werden muss |

1108 Küttner/*Thomas*, Dienstwagen Rn 14.
1109 LAG Hamm 13.7.1992, BB 1992, 2434; zur Berechnung der Schadenshöhe: BAG 27.5.1999, NZA 1999, 1038; BAG 16.11.1995, NZA 1996, 415.
1110 BAG 21.3.2012, NZA 2012, 616 ff.
1111 Moll/*Boudon*, § 20 Rn 12.
1112 BAG 16.11.1995, NJW 1996, 1771.
1113 Ähnlich *Haase*, NZA 2002, 1199.

Vorteile für Arbeitnehmer	**Nachteile für Arbeitnehmer**
Die Versteuerung des geldwerten Vorteils der Privatnutzung eines vom Arbeitgeber überlassenen Dienstwagens entfällt (vgl. dazu Muster „Dienstwagenvertrag", siehe Rdn 511 ff.)	Arbeitnehmer muss Nutzungspauschale der Car-Allowance grundsätzlich versteuern und trägt darauf evtl. entfallende Sozialabgaben
Fahrzeug auch nach Arbeitgeberwechsel vorhanden	Firmenrabatte bei Kauf oder Leasing eines Firmenwagens können vom Arbeitnehmer beim Kauf des privaten Kfz nicht in Anspruch genommen werden
Alleinige Entscheidung über Fahrzeugtyp und -klasse, Ausstattung, Zustand, Farbe usw. (vgl. insoweit aber auch § 1 Abs. 2 sowie § 2 Abs. 3 des nachfolgenden Vertragsmusters; siehe Rdn 550)	

Ob die Überlassung eines Firmenwagens oder einer Car-Allowance-Vereinbarung für den Arbeitnehmer **548** finanziell vorteilhafter ist, hängt von verschiedenen Umständen, insbesondere dem Umfang der dienstlichen und privaten Nutzung des Kfz, dessen Listenpreis, der Entfernung zwischen Wohnung und Arbeitsstätte, der Höhe der Nutzungspauschale und davon ab, ob und in welchen Zeitabständen der Arbeitnehmer einen Neuwagen fahren möchte. Geht es bei der Entscheidung zwischen beiden Alternativen allein um finanzielle Vor- und Nachteile, sollten diese abhängig vom Einzelfall konkret berechnet werden. Als „Daumenregel" lässt sich sagen, dass sich besonders für Arbeitnehmer, die das Kfz wenig privat, aber viel dienstlich nutzen und weit entfernt vom Arbeitsort wohnen, eine Car-Allowance-Regelung mit einer (voll versteuerten) Nutzungspauschale und einem (steuerfreien) Kilometergeld für die dienstliche Nutzung lohnen kann, falls der Arbeitgeber den geldwerten Vorteil der Privatnutzung mit Hilfe der Nutzungspauschale (§ 8 Abs. 2 S. 2 und 3 i.V.m. § 6 Abs. 1 Nr. 4 S. 2 EStG; vgl. dazu auch Muster Dienstwagenvertrag, siehe Rdn 511 f.) ermitteln würde. Bei diesen Arbeitnehmern würde nämlich bei der Überlassung eines Firmenwagens die Nutzungspauschale trotz der nur geringen Privatnutzung hoch ausfallen, weil zum einen durch die weite Entfernung zwischen Wohnung und Arbeitsstätte die Nutzungspauschale erhöht wird, und sich zum anderen der bloß geringe Umfang der Privatnutzung nicht reduzierend auswirkt.

Im Gegensatz zur Überlassung eines Dienstwagens zur privaten Nutzung, wo ein **Mitbestimmungsrecht** **549** **des Betriebsrates** aus § 87 Abs. 1 Nr. 1 BetrVG[1114] und aus § 87 Abs. 1 Nr. 10 BetrVG[1115] von der Literatur teilweise bejaht wird, dürfte bei einer Car-Allowance-Vereinbarung nach der Rechtsprechung des Bundesarbeitsgerichts ein Mitbestimmungsrecht grundsätzlich nicht bestehen. Erst wenn die Nutzungspauschale so hoch ist, dass sie nicht mehr als Abgeltung entstehender Kosten in pauschalierter Form betrachtet werden kann, wäre sie im Zweifel als Vergütung anzusehen, deren Regelung nach § 87 Abs. 1 Nr. 10 BetrVG mitbestimmungspflichtig wäre.[1116] Die mitbestimmungsfreie Reglungsmöglichkeit der Car-Allowance mag für manchen Arbeitgeber ein weiterer Beweggrund sein, um einer Car-Allowance-Vereinbarung vor der Überlassung eines Dienstwagens zur privaten Nutzung den Vorzug zu geben.

1114 DKK/W*Klebe*, § 87 BetrVG Rn 67 m.w.N.
1115 DKKW/*Klebe*, § 87 BetrVG Rn 301 und 331 m.w.N.
1116 BAG 27.10.1998, NZA 1999, 381.

2. Muster

▼

550   **Muster 1b.20: Car-Allowance-Vereinbarung**

Vereinbarung

zwischen

░░░░░░

– nachfolgend: Arbeitgeber –

und

░░░░░░

– nachfolgend: Arbeitnehmer –

§ 1 Nutzung des privaten Kfz für dienstliche Zwecke

(1) Der Arbeitnehmer ist verpflichtet, sein privates Kfz (Marke ░░░░░░, Baujahr ░░░░░░, amtl. Kennzeichen ░░░░░░) für Dienstfahrten zu nutzen. Davon unberührt können für Dienstreisen [*gegebenenfalls ergänzen: nach Genehmigung durch den Arbeitgeber*] auch öffentliche Verkehrsmittel in Anspruch genommen werden; insoweit gelten die betrieblichen Reisekostenrichtlinien.

(2) Die Nutzung eines anderen Kfz für dienstliche Zwecke ist nur nach vorheriger Zustimmung des Arbeitgebers in Textform zulässig. Der Arbeitgeber ist berechtigt, die Zustimmung nach billigem Ermessen zu verweigern, insbesondere sofern Art, Marke, Zustand oder Alter des Kfz einer positiven Außenwirkung des Arbeitgebers unter Berücksichtigung der Position des Arbeitnehmers im Unternehmen des Arbeitgebers entgegenstehen. Der Arbeitgeber hat die Zustimmung zu erteilen, sofern das andere Kfz zum gleichen Fahrzeugsegment wie das in § 1 Abs. 1 beschriebene Kfz gehört, eine bei Dienstwagen übliche dezente Farbe hat, nicht über ░░░░░░ Jahre alt ist und einen dem Alter entsprechenden ordnungsgemäßen Zustand aufweist. Vor der Neuanschaffung eines Kfz hat sich der Arbeitnehmer rechtzeitig mit dem Arbeitgeber abzustimmen, damit geklärt werden kann, ob Bedenken gegen eine Zustimmung des Arbeitgebers zur Nutzung für dienstliche Zwecke bestehen.

§ 2 Instandhaltung, Kosten für Mietwagen, Neuanschaffung

(1) Der Arbeitnehmer hat dafür zu sorgen, dass das Kfz von ihm für Dienstfahrten genutzt werden kann und hat auf eigene Kosten eine ordnungsgemäße Pflege, Wartung und ggf. Reparatur des Kfz sicherzustellen.

(2) Wird eine Reparatur des Kfz oder nach einem Unfall die Neuanschaffung eines Kfz erforderlich und benötigt der Arbeitnehmer während des Zeitraums der Reparatur bzw. der Neuanschaffung ein Kfz für erforderliche Dienstfahrten, hat der Arbeitnehmer auf eigene Kosten ein Ersatz-Kfz zu mieten.

(3) Der Arbeitnehmer hat sein für Dienstfahrten genutztes Kfz durch ein anderes Kfz zu ersetzen, sofern das Alter des für Dienstfahrten genutzten Kfz ░░░░░░ Jahre übersteigt oder es (z.B. unfallbedingt) einen Zustand aufweist, der einer positiven Außenwirkung des Arbeitgebers unter Berücksichtigung der Position des Arbeitnehmers im Unternehmen des Arbeitgebers entgegensteht.

§ 3 Versicherung

Der Arbeitnehmer ist verpflichtet, für das von ihm für Dienstfahrten zur Verfügung gestellte Kfz eine Vollkaskoversicherung mit einer Selbstbeteiligung in Höhe von EUR ░░░░░░ sowie eine Haftpflichtversicherung abzuschließen.

§ 4 Nutzungspauschale und Kilometergeld, Fahrtenbuch

(1) Der Arbeitgeber zahlt dem Arbeitnehmer für die dienstliche Nutzung seines in § 1 Abs. 1 beschriebenen Kfz oder eines anderen Kfz, dessen Nutzung der Arbeitgeber nach § 1 Abs. 2 zugestimmt hat, eine monatliche Nutzungspauschale in Höhe von EUR ░░░░░░ brutto. Die Nutzungspauschale dient insbesondere der pauschalen Abgeltung des mit der dienstlichen Nutzung einhergehenden Schadens- und Wertminderungsrisikos sowie etwaiger Kosten eines Mietwagens nach § 2 Abs. 2. Der Arbeitnehmer trägt die auf die Nutzungspauschale etwa entfallenden Steuern und Sozialabgaben.

(2) Die Nutzungspauschale wird auch während des Urlaubs des Arbeitnehmers gezahlt.

(3) Darüber hinaus zahlt der Arbeitgeber dem Arbeitnehmer ein Kilometergeld in Höhe von 0,30 EUR pro mit seinem Kfz im dienstlichen Interesse gefahrenen Kilometer. Diese Zahlung des Kilometergeldes ist nach derzeit geltendem Recht steuerfrei. Für Fahrten des Arbeitnehmers zwischen seiner Wohnung und seiner Arbeitsstätte zahlt der Arbeitgeber kein Kilometergeld. Die Kilometergeldabrechnung soll in der Regel spätestens bis zum 10. des Folgemonats eingereicht werden.

(4) Weder die Nutzungspauschale noch das Kilometergeld werden bei der Bemessung der Höhe einer etwaigen betrieblichen Altersversorgung berücksichtigt.

(5) Der Arbeitnehmer ist zum Nachweis der im dienstlichen Interesse nach Abs. 3 gefahrenen Kilometer verpflichtet, ein Fahrtenbuch in geschlossener Form zu führen, in welches er für jede Dienstfahrt zeitnah Datum und Kilometerstand zu Beginn und am Ende jeder einzelnen Fahrt, Ausgangspunkt, Reiseziel (und bei Umwegen auch die Reiseroute) sowie Reisezweck und aufgesuchte Geschäftspartner anzugeben hat. Eine Kopie hiervon ist der Kilometergeldabrechnung nach Abs. 3 beizufügen.

§ 5 Ausschluss der Haftung des Arbeitgebers

Sämtliche Ansprüche des Arbeitnehmers gegen den Arbeitgeber aus und im Zusammenhang mit der Nutzung seines oder eines anderen Kfz für dienstliche Zwecke sind mit der Nutzungspauschale und dem Kilometergeld nach § 4 abgegolten. Dies gilt nicht für die Haftung für Schäden aus der Verletzung des Lebens, des Körpers oder der Gesundheit, die auf einer fahrlässigen oder vorsätzlichen Pflichtverletzung des Arbeitgebers oder eines gesetzlichen Vertreters oder Erfüllungsgehilfen des Arbeitgebers beruhen. Satz 1 gilt ferner nicht für die Haftung für sonstige Schäden, die auf einer grob fahrlässigen oder vorsätzlichen Pflichtverletzung des Arbeitgebers oder eines gesetzlichen Vertreters oder Erfüllungsgehilfen des Arbeitgebers beruhen.

§ 6 Widerruf von Nutzungspauschale und Kilometergeld

Die Verpflichtung zur Zahlung der Nutzungspauschale und des Kilometergeldes nach § 4 kann vom Arbeitgeber aus den folgenden Gründen widerrufen werden, sofern dies dem Arbeitnehmer unter Berücksichtigung der Interessen des Arbeitgebers zumutbar ist:

- Der Arbeitnehmer stellt entgegen § 1 oder § 2 Abs. 2 kein Kfz für erforderliche Dienstfahrten zur Verfügung.

- Der Arbeitnehmer nutzt ein Kfz für dienstliche Zwecke, obwohl die Zustimmung des Arbeitgebers nach § 1 Abs. 2 Satz 1 nicht vorliegt.

- Das Alter des vom Arbeitnehmer nach § 1 zur Verfügung gestellten privaten Kfz übersteigt ░░░░░░ Jahre.

- Der Arbeitnehmer wird von seiner Pflicht zur Arbeitsleistung berechtigterweise freigestellt.

- Der Arbeitnehmer ist arbeitsunfähig erkrankt und seine Arbeitsunfähigkeit besteht über sechs Wochen im Sinne des Entgeltfortzahlungsgesetzes fort.

- Das Arbeitsverhältnis ruht und die Pflicht zur Fortzahlung der Vergütung entfällt infolgedessen.

- Das Aufgabengebiet des Arbeitnehmers wird berechtigterweise dahingehend verändert, dass Dienstfahrten nicht mehr oder nicht mehr im bisherigen Umfang notwendig sind.

- Dem Arbeitnehmer wird seine Fahrerlaubnis entzogen.

§ 7 Beendigung

Diese Vereinbarung endet automatisch mit der Beendigung des Arbeitsverhältnisses zwischen den Parteien.

§ 8 Schlussbestimmungen

(Muster Arbeitsvertrag, siehe § 1a Rdn 215)

░░░░░░, den ░░░░░░   ░░░░░░, den ░░░░░░

░░░░░░   ░░░░░░

(Arbeitgeber)   (Arbeitnehmer)

▲

3. Erläuterungen

a) § 1 Nutzung des privaten Kfz für dienstliche Zwecke

551 Durch die Verpflichtung der Nutzung des privaten Kfz für dienstliche Zwecke wird sichergestellt, dass der Arbeitgeber nicht an den Arbeitnehmer die Nutzungspauschale zahlen muss und dennoch kein Kfz des Arbeitnehmers für dienstliche Zwecke zur Verfügung steht.

Die Car-Allowance-Vereinbarung sollte vom Arbeitgeber nur abgeschlossen werden, wenn er sich zuvor vergewissert hat, dass durch die Nutzung des Kfz des Arbeitnehmers für Dienstfahrten die Außenwirkung des Unternehmens nicht beschädigt wird. Durch das Erfordernis der Zustimmung des Arbeitgebers zur Nutzung eines anderen Kfz wird sodann weiter sichergestellt, dass kein Schaden für die Außenwirkung durch die Nutzung unangemessener Kfz entstehen kann.

Alternativ zur Möglichkeit, generell öffentliche Verkehrsmittel für Dienstreisen in Anspruch nehmen zu können, kann die erstattungsfähige Nutzung öffentlicher Verkehrsmittel von der vorherigen Zustimmung (Einwilligung) des Arbeitgebers abhängig gemacht werden.

b) § 2 Instandhaltung, Kosten für Mietwagen, Neuanschaffung

552 Zahlt der Arbeitgeber eine Nutzungspauschale, möchte er nicht mit zusätzlichen Kosten für Reparaturen und ggf. einen Mietwagen zur Überbrückung des Ausfalls des Kfz belastet werden, zumal eine Kostenerstattung Verwaltungsaufwand mit sich bringt.

§ 2 Abs. 3 stellt im Interesse einer positiven Außenwirkung des Unternehmens sicher, dass der Arbeitnehmer sein Kfz ersetzen muss, wenn es zu alt oder durch andere Gründe (z.B. unfallbedingt) in einem inakzeptablen Zustand ist. Ob die Klausel einer Angemessenheitskontrolle nach § 307 Abs. 1 S. 1 BGB standhalten würde, ist nicht sicher. Daher sollte darauf geachtet werden, dass die zu vereinbarende Regelfrist für die Verpflichtung zum Austausch des Kfz nicht zu kurz bemessen wird. Die typischerweise dreijährige Leasingdauer für Firmenfahrzeuge kann dabei nach hiesiger Überzeugung keinen Anhaltspunkt liefern, da diese Frist sehr kurz bemessen ist, und andere vor allem wirtschaftliche Gründe hat (u.a. die bessere Wiederverwertbarkeit des Leasingfahrzeugs und die erhoffte geringe Reparaturbelastung bei derart neuen Fahrzeugen). Eine Regelfrist von z.B. acht bis zwölf Jahren erscheint insoweit eher angemessen. Einem Arbeitgeber, dem eine positive Außenwirkung durch angemessenen Fahrzeugeinsatz sehr wichtig ist, sollte von einer Car-Allowance-Vereinbarung eher Abstand nehmen und sich für die Überlassung eines Firmenwagens entscheiden.

c) § 3 Versicherung

553 Durch die Pflicht zum Abschluss einer Vollkaskoversicherung wird zum einen sichergestellt, dass dem Arbeitnehmer nach einem Unfall die Neuanschaffung eines Kfz finanziell möglich ist. Zum anderen reduziert sie das Risiko von Auseinandersetzungen über eine verschuldensunabhängige Haftung des Arbeitgebers nach § 670 BGB analog für Schäden am Kfz bei einem vom Arbeitnehmer verschuldeten oder unverschuldeten Unfall.[1117] Der Schaden beschränkt sich dann nämlich auf die ggf. mit der Vollkaskoversicherung vereinbarte Selbstbeteiligung und ggf. auf den (teilweisen) Verlust des Schadensfreiheitsrabatts. Auf diese Klausel kann aber auch verzichtet werden, wenn die Nutzungspauschale ausreichend hoch bemessen ist, um einen wirksamen Haftungsausschluss nach § 5 sicherzustellen (dazu unten Erläuterungen zu § 4, siehe Rdn 554 ff.).

d) § 4 Nutzungspauschale und Kilometergeld, Fahrtenbuch

554 Das Muster kombiniert aus steuerlichen Gründen eine Nutzungspauschale mit einem Kilometergeld. Die **Nutzungspauschale** ist vom Arbeitnehmer voll zu versteuern und sozialabgabenpflichtig. Dagegen kann

---

1117 Vgl. dazu ErfK/*Preis*, § 619a BGB Rn 76 ff.

nach derzeitigem Recht dem Arbeitnehmer ein **Kilometergeld** für Dienstfahrten in Höhe von 0,30 EUR pro Kilometer steuerfrei zugewendet werden.[1118] Dies gilt allerdings nicht mehr für **Fahrten von der Wohnung zur Arbeit**, weswegen diese in § 4 Abs. 3 S. 3 vom Kilometergeld ausgenommen wurden.

Die bloße Vereinbarung der Zahlung eines Kilometergeldes stellt für sich genommen indes keine ausreichende **555** Abgeltung des Unfallrisikos dar, um die Haftung des Arbeitgebers für Eigenschäden des Arbeitnehmers wirksam ausschließen zu können.[1119] Das Bundesarbeitsgericht hat offen gelassen, ob die verschuldensunabhängige Haftung des Arbeitgebers für Eigenschäden des Arbeitnehmers auch ohne ausreichende Kompensation durch Vereinbarung ausgeschlossen werden kann, gleichzeitig aber klargestellt, dass ein Haftungsausschluss jedenfalls durch eine ausreichende Risikovergütung möglich ist, die dem Arbeitnehmer ermöglicht, sich gegen das Schadensrisiko zu versichern.[1120] Daher sollte nicht allein auf die Wirksamkeit einer Haftungsausschlussvereinbarung (hier § 5) vertraut, sondern sichergestellt werden, dass die **Höhe der Nutzungspauschale** mindestens so hoch ist, dass der Arbeitnehmer mit ihr die Kosten einer Vollkaskoversicherung abdecken kann. Darüber hinaus sollten zumindest angemessene Zuschläge für das Risiko der Selbstbeteiligung und für eine notwendige Anmietung eines Ersatzfahrzeugs (§ 2 Abs. 2) vorgenommen werden.

Zwar kann statt des zusätzlichen Kilometergeldes auch eine höhere Nutzungspauschale gezahlt und der Teil **556** der Nutzungspauschale, dem als Werbungskosten des Arbeitnehmers abziehbare Beträge gegenüberstehen, steuerfrei zugewendet werden.[1121] Dies spart aber keinen Verwaltungsaufwand und birgt für den Arbeitgeber Risiken. Ist die Nutzungspauschale zu niedrig, um neben den infolge der dienstlichen Nutzung des Kfz tatsächlich entstehenden Kosten auch das Schadensrisiko (insbesondere Unfallrisiko) angemessen abzudecken, ist der Ausschluss der verschuldensunabhängigen Haftung des Arbeitgebers für Eigenschäden des Arbeitnehmers möglicherweise unwirksam. Auf der anderen Seite kann bei Unternehmen mit Betriebsrat eine zu hohe Nutzungspauschale, die über eine angemessene Abgeltung der tatsächlich entstehenden Kosten und des Schadensrisikos hinausgeht, ein Mitbestimmungsrecht des Betriebsrates begründen. Eine sinnvolle Höhe der Nutzungspauschale (ohne zusätzliches Kilometergeld) kann daher nur bestimmt werden, wenn die zu erwartenden dienstlich zu fahrenden Kilometer im Vorhinein einigermaßen zuverlässig geschätzt werden können.

Der Ausschluss der Nutzungspauschale (und des Kilometergeldes) von der Bemessungsgrundlage für die **557** Höhe der **betrieblichen Altersversorgung** soll bei Versorgungsordnungen, die die Höhe der betrieblichen Altersversorgung nach der Höhe der Vergütung des Arbeitnehmers bestimmen, sicherstellen, dass Versorgungsansprüche des Arbeitnehmers durch den Bezug der Nutzungspauschale nicht erhöht werden. Dies ist allerdings nur möglich, wenn die Versorgungsordnung ebenfalls lediglich individualrechtlichen Charakter hat und daher durch eine Vereinbarung mit dem Arbeitnehmer geändert werden kann. Ist die Versorgungsordnung in einer Betriebsvereinbarung oder in einem Tarifvertrag geregelt und zählt nach ihr jedwede Vergütung, die Teil des Bruttoeinkommens ist, bei der Bemessung der Höhe der Versorgungsansprüche mit, so kann dies wegen des Günstigkeitsprinzips nicht zum Nachteil des Arbeitnehmers durch Individualvereinbarung ausgeschlossen werden und es ist dann Sache der Auslegung der Versorgungsordnung, ob sich die Nutzungspauschale versorgungserhöhend auswirkt.

Sofern die Nutzungspauschale die Abgeltung tatsächlich entstehender Kosten und Risiken nicht über- **558** steigt,[1122] wäre es zwar möglich zu vereinbaren, dass die Nutzungspauschale für die Zeit der Arbeitsunfähigkeit des Arbeitnehmers infolge **Krankheit** entfällt. Hier ist allerdings Vorsicht geboten. Ist unklar, ob die Nutzungspauschale nach der Kürzung noch ausreicht, um die Kosten einer Vollkaskoversicherung (und des

---

1118 Schmidt/*Heinicke*, EStG, § 3, Rn 56, unter c) (4).
1119 Erfk/*Preis*, § 619a Rn 90.
1120 BAG 27.1.2000, NZA 2000, 727, unter B. III. 4.
1121 LStR 2015 3.16 und 9.5.
1122 Vgl. dazu BAG 11.2.1976, AP Nr. 10 zu § 611 BGB Anwesenheitsprämie; ErfK/*Dörner/Reinhard*, § 4a EFZG Rn 8.

Risikos eines Mietwagens für die Zeit notwendiger Reparaturen) abzudecken, könnte der Arbeitnehmer im Falle eines Unfalls möglicherweise mit Erfolg geltend machen, der Haftungsausschluss zugunsten des Arbeitgebers (hier § 5) greife mangels ausreichender Risikovergütung nicht.

559   Aus denselben Gründen sollte die Nutzungspauschale während des **Urlaubs** weitergezahlt werden, auch wenn dies anders geregelt werden könnte, da sie, soweit sie als pauschale Abgeltung tatsächlich entstehender Kosten und Risiken angesehen werden kann, Aufwendungsersatz ist, der das Urlaubsentgelt nach § 11 BUrlG nicht erhöht.[1123] Möglicherweise würde sich eine Pflicht zur Weiterzahlung der Nutzungspauschale auch während des Urlaubs hier ohnehin bereits aus der Auslegung von § 4 Abs. 1 des Musters ergeben, wir haben eine solche Pflicht aber zur Klarstellung ausdrücklich in § 4 Abs. 2 des Musters aufgenommen.

560   Das **Fahrtenbuch** dient dem Nachweis der zu dienstlichen Zwecken gefahrenen Kilometer gegenüber dem Arbeitgeber und den Finanzbehörden, damit sichergestellt ist, dass der Arbeitgeber dem Arbeitnehmer die Kilometerpauschale steuerfrei zuwenden kann. § 4 Abs. 5 berücksichtigt daher die Anforderungen, die die Finanzverwaltung in Bezug auf Fahrtenbücher bei der Nutzung eines zur Privatnutzung überlassenen Firmenwagens aufgestellt hat.[1124]

561   Das für den Arbeitnehmer lästige Führen eines Fahrtenbuches kann nicht vermieden werden, wenn ein Teil der Zuwendungen des Arbeitgebers für die dienstliche Nutzung des Kfz steuerfrei sein soll. Für den Arbeitgeber wäre es aber selbst bei der ausschließlichen Vereinbarung einer Nutzungspauschale (ohne Kilometergeld) und einem Verzicht des Arbeitnehmers auf eine steuerfreie Zuwendung riskant, von der Pflicht zum Führen eines Fahrtenbuches abzusehen. Er könnte dann nämlich im Falle eines Unfalles den Umfang der dienstlichen Nutzung und damit die für einen Haftungsausschluss ausreichende Höhe der Nutzungspauschale nur schwer beweisen, wenn der Arbeitnehmer geltend machte, aufgrund des Umfangs der dienstlichen Nutzung des Kfz habe die Nutzungspauschale allenfalls die tatsächlich entstandenen Kosten, nicht aber auch das Unfallrisiko abgedeckt.

e) § 5 Ausschluss der Haftung des Arbeitgebers

562   Ob die verschuldensunabhängige Pflicht des Arbeitgebers nach § 670 BGB analog zum Ersatz von betrieblich veranlassten Schäden am Kfz des Arbeitnehmers auch ohne ausreichend hohe Nutzungspauschale ausgeschlossen werden kann, hat das BAG offengelassen (siehe die Erläuterung oben zu § 4, vgl. oben Rdn 555).

Bezüglich der verschuldensabhängigen Haftung des Arbeitgebers werden in § 5 die Anforderungen von § 309 Nr. 7 BGB berücksichtigt.

f) § 6 Widerruf von Nutzungspauschale und Kilometergeld

563   Durch die Widerrufsmöglichkeit soll insbesondere sichergestellt werden, dass der Arbeitgeber dem Arbeitnehmer nicht die Nutzungspauschale weiter zahlen muss, wenn der Arbeitnehmer pflichtwidrig kein Kfz zur dienstlichen Nutzung zur Verfügung stellt. In diesem Fall wäre auch an eine außerordentliche Kündigung der Car-Allowance-Vereinbarung nach Abmahnung gem. § 314 BGB zu denken. Vorsorglich sollte eine Abmahnung unter angemessene Fristsetzung zur Verfügungstellung des Kfz zur dienstlichen Nutzung erfolgen und sodann nach erfolglosem Ablauf der Frist Widerruf und außerordentliche Kündigung der Car-Allowance-Vereinbarung erklärt werden.

564   Die Widerrufsgründe sind nach der Rechtsprechung des Bundesarbeitsgerichts so konkret wie möglich zu vereinbaren.[1125] Dies wurde in § 6 umzusetzen versucht. Ob die Widerrufsgründe durchgreifen, ist jedoch, soweit ersichtlich, höchstrichterlich noch nicht geklärt.

1123 Vgl. dazu ErfK/*Gallner*, § 11 BUrlG Rn 14.
1124 LStR 2015 8.1 Abs. 9 Nr. 2. Vgl. auch BFH 1.3.2012 – VI R 33/10, BFHE 236, 497.
1125 BAG 11.10.2006, NZA 2007, 87 unter I. 1. e) bb).

Als Widerrufsgründe wurden auch Arbeitsunfähigkeit des Arbeitnehmers für einen Zeitraum von über sechs Wochen und das Ruhen des Arbeitsverhältnisses aufgenommen. Allerdings ist bei der Ausübung des Widerrufsrechts in diesen Fällen Vorsicht geboten, wenn damit zu rechnen ist, dass die Car-Allowance-Vereinbarung bald wieder in Kraft gesetzt werden soll. Dann besteht nämlich die Gefahr, dass im Fall eines Unfalls der Arbeitnehmer mit Erfolg geltend machen kann, der Haftungsausschluss des Arbeitgebers (hier § 5) sei mangels ausreichender Risikovergütung unwirksam, da die neue und die widerrufene Car-Allowance-Vereinbarung als Einheit zu betrachten seien, bei der insgesamt keine ausreichende Nutzungspauschale zur Deckung der Kosten einer durchgängigen Vollkaskoversicherung zur Verfügung gestanden hätte. Die Vereinbarung sollte im Fall der Arbeitsunfähigkeit des Arbeitnehmers daher nur widerrufen werden, wenn nicht mehr damit gerechnet wird, dass der Arbeitnehmer in absehbarer Zeit wieder zur Arbeit erscheint.

XIV. Wiedereingliederung

Literatur: *Berenz*, Nochmals: Wiedereingliederung arbeitsunfähiger Arbeitnehmer nach § 74 SGB V, NZA 1992, 1019; *Compensis*, Sozialrechtliche Auswirkungen der stufenweisen Wiedereingliederung arbeitsunfähiger Arbeitnehmer nach § 74 SGB V, NZA 1992, 631; *Gitter*, Arbeitsrechtliche Probleme der stufenweisen Wiedereingliederung arbeitsunfähiger Arbeitnehmer, ZfA 1995, 123; *Morave*, Schrittweise Rückkehr Langzeiterkrankter ins Arbeitsleben, AuA 1998, 273; *Nebe*, (Re-)Integration von Arbeitnehmern: Stufenweise Wiedereingliederung und Betriebliches Eingliederungsmanagement – ein neues Kooperationsverhältnis, DB 2008, 1801; *Riecken*, Arbeitslosengeld bei stufenweiser Wiedereingliederung, NZA 2014, 420; *von Hoyningen-Huene*, Das Rechtsverhältnis zur stufenweisen Wiedereingliederung arbeitsunfähiger Arbeitnehmer (§ 74 SGB V), NZA 1992, 49.

1. Allgemeines

Mit Wirkung zum 1.1.1989 hat der Gesetzgeber durch das Gesetz zur Strukturreform im Gesundheitswesen vom 20.12.1988[1126] in § 74 SGB V die Regelung zur stufenweisen Wiedereingliederung arbeitsunfähiger Arbeitnehmer implementiert. Diese in das gesetzliche Krankenversicherungsrecht integrierte Norm lässt jedoch eine Vielzahl arbeitsrechtlicher Fragen, die sich bei der Wiedereingliederung von Arbeitnehmern bei längerer Erkrankung stellen, ungeklärt. § 74 SGB V regelt lediglich, dass über die stufenweise Rückführung arbeitsunfähiger gesetzlich versicherter Arbeitnehmer in den Arbeitsprozess eine ärztliche Bescheinigung ausgestellt werden soll, aus der sich die Art und der Umfang der möglichen Tätigkeiten ergeben, sofern zu erwarten ist, dass der Arbeitnehmer durch eine stufenweise Wiederaufnahme seiner Tätigkeit voraussichtlich wieder besser in das Erwerbsleben integriert werden kann. § 74 SGB V beschreibt demnach nur das auch als **„Hamburger Modell"** bekannte Eingliederungsmodell,[1127] nach dem die stufenweise Wiederaufnahme der Arbeit durch den Arzt festgestellt wird und in einer entsprechenden Bescheinigung zu vermerken ist.[1128] Die Frage, ob und wie derartige Wiedereingliederungsmaßnahmen arbeitsrechtlich umgesetzt werden sollen, regelt § 74 SGB V indes nicht. Diese Frage stellt sich im Übrigen auch nicht nur bei gesetzlich Versicherten, sondern auch bei anderen abhängig beschäftigten Arbeitnehmern, die längere Zeit arbeitsunfähig waren.

565

Der Abschluss einer Wiedereingliederungsvereinbarung kommt nur in den Zeiten in Betracht, in denen der Arbeitnehmer noch krankheitsbedingt arbeitsunfähig ist. Dies ist nach ständiger Rechtsprechung des BAG dann der Fall, wenn der Arbeitnehmer krankheitsbedingt an der Erbringung der vertraglich geschuldeten Arbeitsleistung gehindert ist.[1129] Jede krankheitsbedingte Einschränkung der Leistungsfähigkeit, die den Arbeitnehmer an der Erbringung der arbeitsvertraglichen Pflichten hindert, führt dazu, dass er zur Erfüllung der Vertragspflichten nicht in der Lage ist und daher als arbeitsunfähig gilt, selbst wenn er einen Teil der

---

1126 BGBl I 1988, 2477.
1127 *Von Hoyningen-Huene*, NZA 1992, 49.
1128 *Von Hoyningen-Huene*, NZA 1992, 49, 50; *Compensis*, NZA 1992, 631.
1129 BAG NZA 1985, 562; BAG DB 1981, 2638; BAG DB 1972, 635.

geschuldeten Arbeitsleistung noch erbringen könnte. Eine Teilarbeitsunfähigkeit gibt es nach herrschender Meinung nicht.[1130] Der Abschluss der Wiedereingliederungsvereinbarung führt nicht zu der Annahme, dass die Arbeitsfähigkeit des Arbeitnehmers wieder hergestellt ist.[1131]

Nach der von der Rechtsprechung und Literatur ganz überwiegend vertretenen Auffassung ist das zwischen Arbeitgeber und Arbeitnehmer vereinbarte Vertragsverhältnis zur Wiedereingliederung keine Änderung des bestehenden Arbeitsverhältnisses, sondern ein Rechtsverhältnis eigener Art i.S.d. § 311 Abs. 1 BGB.[1132] Dies wird u.a. mit dem Wortlaut des § 74 SGB V, der nicht von der „Wiederaufnahme" der bisherigen Tätigkeit spricht, begründet und im Übrigen auch damit, dass der Arbeitnehmer wegen der andauernden Arbeitsunfähigkeit während der Laufzeit der Wiedereingliederungsmaßnahme gerade nicht zur Erbringung der arbeitsvertraglichen Verpflichtung in der Lage ist. Im Vordergrund der Beschäftigung des Arbeitnehmers im Rahmen einer Wiedereingliederung steht die Rehabilitation des Arbeitnehmers in das Erwerbsleben. Arbeitsvertragliche Verpflichtungen des Arbeitnehmers zur Arbeitsleistung im üblichen Sinne werden nicht begründet.[1133] Die Beschäftigung im Rahmen des Wiedereingliederungsverhältnisses stellt gegenüber der arbeitsvertraglich geschuldeten Arbeitsverpflichtung ein aliud dar.[1134] Dem Arbeitnehmer soll Gelegenheit gegeben werden, auf dem Wege einer im Verhältnis zur vertraglich geschuldeten Arbeitsleistung quantitativ und/oder qualitativ verringerten Tätigkeit seine Arbeitsfähigkeit wieder zu erlangen.[1135] Die aus dem zugrunde liegenden Arbeitsverhältnis folgenden Hauptleistungspflichten ruhen daher weiterhin während der Dauer der Wiedereingliederungsmaßnahme.

Zu unterscheiden ist das Wiedereingliederungsverhältnis von einer Vereinbarung der Arbeitsvertragsparteien über eine Verkürzung der vertraglich geschuldeten Arbeitszeit oder über einen veränderten Vertragsgegenstand durch eine Änderungsvereinbarung. Im Gegensatz zu einem Wiedereingliederungsverhältnis wird hier vorausgesetzt, dass der Arbeitnehmer arbeitsfähig und daher zur Erbringung der vertraglich geschuldeten Arbeitsleistung im Stande ist, auch wenn sie durch die Änderungsvereinbarung qualitativ oder quantitativ verringert wird. Streben die Parteien den Abschluss einer solchen arbeitsvertraglichen Änderungsvereinbarung an, ist dies ausdrücklich in der Vereinbarung klarzustellen.

Das nachfolgende Vertragsmuster setzt voraus, dass der Arbeitnehmer während der Laufzeit und dem Vollzug des Vertrages noch als arbeitsunfähig anzusehen ist.

2. Wiedereingliederungsvereinbarung

▼

566   **Muster 1b.21: Wiedereingliederungsvereinbarung**

zwischen

– im Folgenden: Arbeitgeber –

und

Frau/Herrn

– im Folgenden: Arbeitnehmer(in) –

1130 Ständige Rechtsprechung: u.a. BAG DB 1981, 2628; LAG Berlin BB 1990, 1981; LAG Rheinland-Pfalz 16.2.2012 – 10 Sa 550/11, zit. nach juris; ausführlich zum Streitstand: *von Hoyningen-Huene*, NZA 1992, 49,50; *Gitter*, ZfA 1995, 125, 148 ff.

1131 KassKomm/*Hess*, § 74 SGB V Rn 3; siehe auch: Regierungsentwurf zu § 74 SGB V, BT-Drucks 11/2237, 192 zu § 82.

1132 BAG 29.1.1992 – 5 AZR 37/91, NZA 1992 643 ff.; *von Hoyningen-Huene*, NZA 1992, 49, 52 (Rechtsverhältnis eigener Art i.S.d. § 305 BGB a.F.).

1133 LAG Rheinland-Pfalz 27.9.2012 – 10 Sa 308/12, zit. nach juris.

1134 Moll/*Glaser*, § 24 Rn 23 m.w.N.

1135 Siehe auch: Richtlinie des Bundesausschusses der Ärzte und Krankenkassen über die Beurteilung der Arbeitsunfähigkeit und die Maßnahmen zur stufenweisen Wiedereingliederung vom 3.9.1991 (Dt. Ärzteblatt 1991, C-2164); BAG NZA 1992, 643, 644.

Präambel

Der Arbeitnehmer ist infolge Krankheit nicht in der Lage, seine arbeitsvertraglichen Pflichten zu erfüllen, und gilt deshalb als arbeitsunfähig. Durch ärztliche Bescheinigung vom ░░░░░ ist eine Wiedereingliederung des Arbeitnehmers in den Erwerbsbetrieb im Rahmen einer stufenweisen Wiedereingliederung empfohlen worden. Entsprechend dieser Empfehlung schließen die Parteien die nachfolgende Regelung über die stufenweise Wiedereingliederung des Arbeitnehmers in das Erwerbsleben.

§ 1 Wiedereingliederungsplan

Zeitraum	Stunden täglich	Art der Tätigkeit
░░░░░	░░░░░	░░░░░
░░░░░	░░░░░	░░░░░
░░░░░	░░░░░	░░░░░

Die Lage der täglichen Einsatzzeit wird vor Beginn der Wiedereingliederung durch den Arbeitgeber festgelegt. Der Arbeitgeber hat hierbei die ärztlichen Empfehlungen/Beurteilungen und die Grenzen billigen Ermessens zu beachten.

§ 2 Vergütung

Dem Arbeitnehmer steht ein Anspruch auf Vergütung für die Laufzeit dieser Vereinbarung nicht zu.

Alternativ: *Für die Laufzeit dieser Vereinbarung zahlt der Arbeitgeber an den Arbeitnehmer eine Vergütung in Höhe von* ░░░░░ *EUR brutto pro Stunden/Monat.*

§ 3 Inkrafttreten, Dauer und Beendigung

(1) Die Vereinbarung tritt mit Wirkung zum ░░░░░ in Kraft und wird bis zum ░░░░░ befristet. Sie endet mit Ablauf dieser Befristung oder zu einem früheren Zeitpunkt, sofern die Arbeitsfähigkeit des Arbeitnehmers uneingeschränkt wieder hergestellt ist.

(2) Beiden Vertragsparteien steht das Recht zu, die Bereitschaft zur Erfüllung der Verpflichtungen aus diesem Vertrag jederzeit zu widerrufen, wenn die stufenweise Wiedereingliederung nach dem in § 1 genannten Wiedereingliederungsplan negative gesundheitliche Folgen für den Arbeitnehmer hat oder haben kann. Dem Arbeitgeber steht zudem ein Widerrufsrecht zu, wenn durch die Wiedereingliederung der Betriebsablauf erheblich beeinträchtigt wird.

§ 4 Sonstiges

(1) Die Bedingungen des Arbeitsvertrages vom ░░░░░ werden durch diese Wiedereingliederungsmaßnahme nicht berührt.

(2) Änderungen oder Ergänzungen dieser Vereinbarung bedürfen zu ihrer Wirksamkeit der Schriftform.

(*Ort, Datum*)

(*Unterschriften*)

Anlage:

1. Bescheinigung des Arztes ░░░░░ vom ░░░░░

2. Stellungnahme des Betriebsarztes ░░░░░ vom ░░░░░

3. Stellungnahme des medizinischen Dienstes der Krankenkasse ░░░░░ vom ░░░░░

▲

3. Erläuterungen

a) Abschlussfreiheit

567 Eine gesetzliche Verpflichtung zum Abschluss einer Wiedereingliederungsmaßnahme besteht für beide Vertragsparteien in der Regel nicht.[1136] Begründet wird dies zum einen mit dem Wortlaut des § 74 SGB V, nach dem Versicherte und Arbeitgeber eine stufenweise Wiedereingliederung vereinbaren „können", ohne dass eine Verpflichtung beider Parteien begründet wird, und darüber hinaus auch aus dem Willen des Gesetzgebers.[1137] Nach höchstrichterlicher Rechtsprechung kann der Arbeitgeber aber gegenüber einem Schwerbehinderten oder einem Arbeitnehmer, der einem Schwerbehinderten gleichgestellt ist, nach § 81 Abs. 4 S. 1 Nr. 1 SGB IX verpflichtet sein, ihn im Wege einer stufenweisen Wiedereingliederung zu beschäftigen, wenn eine ärztliche Bescheinigung vorliegt, die neben der attestierten Arbeitsunfähigkeit einen Wiedereingliederungsplan über die aus ärztlicher Sicht zulässige Arbeit enthält. Die ärztliche Bescheinigung muss zudem eine Prognose darüber enthalten, ob und wann mit einer Wiederherstellung der vollen oder teilweisen Arbeitsfähigkeit zu rechnen ist.[1138]

b) Vergütung

568 Da der Arbeitnehmer im Wiedereingliederungsverfahren zur Erbringung der vertraglich geschuldeten Arbeitsleistung außer Stande ist und sie im Hinblick auf seine andauernde Arbeitsunfähigkeit auch nicht erbringen kann, besteht ein Anspruch des Arbeitnehmers auf Zahlung des im Arbeitsvertrag vereinbarten **Entgelts** gegen den Arbeitgeber während der Dauer der Wiedereingliederung nicht.[1139] Die Frage, ob und in welcher Höhe ein Vergütungsanspruch des Arbeitnehmers während der Wiedereingliederungszeit entstehen soll, sollte in der Wiedereingliederungsvereinbarung geregelt werden. Bleibt diese Frage in der Vereinbarung ungeklärt, kann möglicherweise ein Anspruch des Arbeitnehmers aus § 612 Abs. 1 BGB entstehen.[1140] Sofern dem Mitarbeiter eine Vergütung während der Zeit der Wiedereingliederung gezahlt werden soll, muss sie nicht der Qualifikation und vertraglich vereinbarten Vergütung des Arbeitnehmers aus dem ruhenden Arbeitsverhältnis entsprechen, weil nicht die Erbringung der Arbeitsleistung geschuldet ist, sondern die Beschäftigung allein der Rehabilitation des Arbeitnehmers dient. Eine Verpflichtung, während der Wiedereingliederung den gesetzlichen Mindestlohn nach dem **MiLoG** zu zahlen, gibt es nach der überwiegend vertretenden Auffassung nicht. Anknüpfungspunkt für den Anwendungsbereich des MiLoG in § 1 ist die Erbringung von Arbeitsleistung, die auch nach den bis zum Inkrafttreten des MiLoG geltenden Kriterien als vergütungspflichtig anzusehen war.[1141] Die Verpflichtung zur Erbringung vollwertiger Arbeitsleistung besteht während der Wiedereingliederungsphase, in der der Arbeitnehmer noch arbeitsunfähig ist, aber gerade nicht. Da die Hauptleistungspflichten während des Wiedereingliederungsverhältnisses ruhen, wird die Zeit der Wiedereingliederung nach dem Recht der Arbeitsförderung als Beschäftigungslosigkeit im Sinne von § 137 SGB IX angesehen.[1142] Während der stufenweisen Wiedereingliederung entfällt deshalb auch nicht ein etwaiger Anspruch des Arbeitnehmers auf Arbeitslosengeld.[1143]

1136 Moll/*Glaser*, § 24 Rn 23; Schaub/*Linck, ArbR-Hdb, § 98 Rn 13.*

1137 Reg.-Begründung, BT-Drucks 11/2237, 192; Moll/*Glaser*, § 24 Rn 24; Fittner/*Poeche,* Personalhandbuch, Rehabilitation (berufliche) Rn 10; offen gelassen: *Nebe*, DB 2008, 1803, 1804; a.A. LAG Hamm 4.7.2011 – 8 Sa 726/11, zit. nach juris.

1138 BAG 13.6.2006, NZA 2007, 91, 92.

1139 BAG 29.1.1992, NZA 1992, 643, 644; BAG 28.7.1999, NZA 1999, 1295; BAG 24.9.2014, NZA 2014, 1407; *von Hoyningen-Huene*, NZA 1992, 49, 52.

1140 A.A.: *von Hoyningen-Huene*, NZA 1992, 49, 53.

1141 ErfK/*Franzen,* § 1 MiLoG Rn 4.

1142 *Riecken*, NZA 2014, 420.

1143 *Riecken*, NZA 2014, 420.

c) Urlaub

Während des Wiedereingliederungsverhältnisses ist der Urlaubsanspruch nicht erfüllbar und kann daher nicht gewährt werden.[1144] Voraussetzung für die Erfüllbarkeit des arbeitsvertraglich und gesetzlich begründeten Urlaubsanspruches ist nämlich, dass für die Zeit des Urlaubswunsches des Arbeitnehmers eine arbeitsvertragliche Arbeitspflicht besteht.[1145] Während des ruhenden Arbeitsverhältnisses besteht eine derartige Pflicht im Rahmen der Wiedereingliederung jedoch gerade nicht, so dass auch kein Urlaub zu gewähren ist.[1146]

569

d) Beendigung

Da sich die Vertragsparteien im Rahmen der Wiedereingliederung freiwillig zur Erbringung bestimmter Leistungen verpflichten, können sie ihre Bereitschaft hierzu widerruflich ausgestalten.[1147] Um eine Verlässlichkeit für beide Vertragsparteien sicherzustellen, sollte das Widerrufsrecht an bestimmte Bedingungen geknüpft werden. Zudem wird die Formulierung über eine Widerrufsmöglichkeit der Parteien an § 308 Nr. 4 BGB zu messen sein. Danach darf das Widerrufsrecht des Arbeitgebers nicht in das freie Ermessen gestellt werden, sondern muss an das Vorliegen bestimmter Voraussetzungen geknüpft sein, die in dem Widerrufstatbestand konkretisiert werden sollten. Auf Arbeitnehmerseite besteht ein begründetes Interesse daran, von der Wiedereingliederungsmaßnahme Abstand zu nehmen, wenn sich herausstellen sollte, dass die Maßnahme seine Gesundheit gefährdet. Auf Arbeitgeberseite besteht demgegenüber vor allem dann ein berechtigtes Interesse an der Beendigung der Wiedereingliederungsmaßnahme, wenn sich herausstellen sollte, dass durch die Wiedereingliederung der Betriebsablauf erheblich gestört wird. Weitere Widerrufsgründe können vereinbart werden. Weil die Wiedereingliederungsmaßnahme kein Arbeitsverhältnis i.S.d. Kündigungsschutzgesetzes ist, findet auf das Vertragsverhältnis im Hinblick auf die Beendigung auch das Kündigungsschutzgesetz keine Anwendung. Unbeschadet davon bleibt die Anwendung des Kündigungsschutzgesetzes auf das ruhende Arbeitsverhältnis.[1148] Die Wiedereingliederung endet auch vor Ablauf des vereinbarten Zeitraumes spätestens dann, wenn der Arbeitnehmer wieder genesen und seine volle Arbeitsfähigkeit wieder erlangen sollte.

570

e) Beteiligung des Betriebsrates

Existiert im Betrieb ein Betriebsrat, ist dieser beim Einsatz des Arbeitnehmers im Rahmen der Wiedereingliederungsmaßnahme nach herrschender Meinung weder nach § 99 Abs. 1 BetrVG zu beteiligen, noch hat er ein Mitbestimmungsrecht nach § 87 Abs. 1 Nr. 2 oder 3 BetrVG.[1149] Dem im Rahmen der Wiedereingliederung Beschäftigten fehlt nämlich die Arbeitnehmereigenschaft nach § 5 Abs. 2 Nr. 4 BetrVG, weil seine Beschäftigung nicht in erster Linie dem Erwerb, sondern der Wiedereingliederung in den Betrieb dient.[1150]

571

XV. Arbeitnehmerüberlassung

Literatur *Böhm*, Fiktiver (Leih)Arbeitnehmerschutz (§§ 9, 10 AÜG-E)?!, NZA 2016, 528; *Boemke*, Annahmeverzug des Entleihers bei Nichtbeschäftigung des Leiharbeitnehmers?, BB 2006, 997; *Brors*, AÜG-Reform: Ist das geplante Widerspruchsrecht des Leiharbeitnehmers verfassungsrechtlich geboten?, NZA 2016, 672; *Grimm/Brock*, Praxis der Arbeitnehmerüberlassung, 2004; *Lembke/Fesenmeyer*, Abreden über Vermittlungsprovision in Arbeitnehmerüberlassungsverträgen, DB 2007, 801; *Mehnert/Stubbe/Haber*, Branchenzuschlagstarifverträge für Arbeitnehmerüberlassungen in der Zeitarbeit – Regelungen, Anwendungsbereiche, Konkurrenzen, BB 2013, 1269; *Nießen/Fabritius*, Die neuen Branchenzuschläge in der Zeitarbeit – Auswirkung auf die Praxis, BB 2013, 376; *Oberwetter*, Das

---

1144 BAG 19.4.1994, NZA 1995, 123 ff.
1145 BAG 24.11.1987, NZA 1988, 243 ff.
1146 Schaub/*Linck*, ArbR-Hdb., § 98 Rn 18; BAG 19.4.1994, NZA 1995, 123, 124.
1147 *Von Hoyningen-Huene*, NZA 1992, 49, 53; Moll/*Glaser*, § 24 Rn 24.
1148 *Gitter*, ZfA 1995, 123, 147.
1149 Zusammenfassend: *von Hoyningen-Huene*, NZA 1992, 49, 54 f.
1150 *Fitting u.a.*, § 5 BetrVG Rn 297; BAG 29.1.1992, AP Nr. 1 zu § 74 SGB V.

Allgemeine Gleichbehandlungsgesetz im Bereich der Personaldienstleistungen, BB 2007, 1109; *Sandmann/Marschall*, Arbeitnehmerüberlassungsgesetz, 2006; *Schüren/Hamann*, Arbeitnehmerüberlassungsgesetz, 4. Aufl., 2010; *Schüren/Fasholz*, Inhouse-Outsourcing und der Diskussionsentwurf zum AÜG – Ein Diskussionsbeitrag, NZA 2015, 1473; *Ulber*, Arbeitnehmerüberlassungsgesetz, 4. Aufl. 2011; *Urban-Crell/Schulz*, Arbeitnehmerüberlassung und Arbeitsvermittlung, 2. Aufl. 2013; *Thüsing*, Arbeitnehmerüberlassungsgesetz: AÜG, 3. Aufl. 2012; *Wisskirchen*, Der Umgang mit dem Allgemeinen Gleichbehandlungsgesetz – Ein „Kochrezept" für Arbeitgeber, DB 2006, 1491; *Zimmermann*, Der Referentenentwurf zur AÜG-Reform 2017, BB 2016, S. 53.

1.   Vertrag zur Arbeitnehmerüberlassung

▼

572   **Muster 1b.22: Vertrag zur Arbeitnehmerüberlassung**

§ 1 Gegenstand des Vertrages

(1) Dieser Vertrag dient der Regelung der Geschäftsbedingungen und zur Auftragsabwicklung zwischen dem Entleiher und dem Verleiher auf dem Gebiet der gewerbsmäßigen Arbeitnehmerüberlassung auf Grundlage des Arbeitnehmerüberlassungsgesetzes (AÜG) in seiner jeweils gültigen Fassung. Der Vertrag wird damit ausdrücklich als Arbeitnehmerüberlassungsvertrag bezeichnet.

(2) Bestehende und zukünftige Vereinbarungen oder Verträge zwischen dem Entleiher und dem Verleiher, die sich auf andere Geschäftsfelder außerhalb des vorgenannten Geltungsbereiches beziehen, werden durch diesen Vertrag nicht berührt.

§ 2 Erlaubnis zur Arbeitnehmerüberlassung

(1) Der Verleiher erklärt und weist nach, eine gültige unbefristete [oder befristete] Erlaubnis zur Arbeitnehmerüberlassung gemäß § 1 AÜG zu besitzen (siehe **Anlage 1**, die wesentlicher Bestandteil dieses Vertrages ist). Die Erlaubnis ist von der Bundesagentur für Arbeit ▨▨▨▨ [*Standort*] am ▨▨▨▨ [*Datum*] ausgestellt worden. Der Verleiher hat in der Folge dem Entleiher jeweils mindestens einmal jährlich eine aktuelle Kopie zur Verfügung zu stellen.

(2) Der Verleiher verpflichtet sich, den Entleiher unverzüglich schriftlich zu informieren, wenn die Erlaubnis wegfällt oder sich ändert. In den Fällen der Nichtverlängerung, der Rücknahme oder des Widerrufs wird der Verleiher den Entleiher ferner auf das voraussichtliche Ende der Abwicklung und die gesetzliche Abwicklungsfrist hinweisen (§ 12 AÜG).

§ 3 Branchenzugehörigkeit des Betriebes, Vergleichsentgelt, Höchstüberlassungsdauer

(1) Nach Auskunft des Entleihers gehören die Einsatzbetriebe der ▨▨▨▨ [*Branche*] an. Daher ist hinsichtlich der Einsatzbetriebe der Branchenzuschlagstarifvertrag TV BZ ▨▨▨▨ [*Name Tarifvertrag*] einschlägig.

(2) Der Entleiher erklärt, dass er von der Möglichkeit der Begrenzung des Vergleichsentgeltes nach dem TV BZ ▨▨▨▨ [*Name Tarifvertrag*] Gebrauch machen möchte. Das laufende regelmäßig gezahlte Stundenentgelt eines vergleichbaren Arbeitnehmers im Einsatzbetrieb beträgt EUR ▨▨▨▨ [*Betrag*].

(3) Der Entleiher informiert den Verleiher unverzüglich über Änderungen des Vergleichsentgeltes. Letztere werden auch Gegenstand dieses Vertrages. Dies gilt auch für künftige, zum Zeitpunkt des Vertragsschlusses bereits feststehende Änderungen des Vergleichsentgeltes. Für den Fall einer Änderung des Vergleichsentgeltes wird der vereinbarte Stundensatz angepasst, soweit die Änderung des Vergleichsentgeltes Auswirkungen auf die Begrenzung des Vergleichsentgeltes hat.

(4) Der Entleiher erklärt, dass er von der Möglichkeit der Abweichung von der Höchstüberlassungsdauer durch Betriebsvereinbarung Gebrauch gemacht hat. Im Entleiherbetrieb ist damit eine Überlassung eines Leiharbeitnehmers bis zu einer Dauer von ▨▨▨▨ Monaten zulässig. Der Entleiher teilt dem Verleiher unverzüglich mit, wenn ein Leiharbeitnehmer dem Entleiher bereits in der Vergangenheit von einem anderen Verleiher überlassen wurde, es sei denn, der Einsatz bei dem Entleiher liegt bereits mehr als drei Monate zurück.

Griebe

§ 4 Tarifvertrag

Der Verleiher ist Mitglied des Bundesarbeitgeberverbandes der Personaldienstleister BAP/Interessenverbandes deutscher Zeitarbeitsunternehmen IGZ. Der Verleiher erklärt, dass in die Arbeitsverträge, die der Verleiher mit seinen Leiharbeitnehmern abgeschlossen hat, die BAP-DGB-/IGZ-DGB-Tarifverträge sowie die Branchenzuschlagstarife vollständig in ihrer jeweils gültigen Fassung einbezogen werden. Der Verleiher stellt dadurch sicher, dass der in § 9 Nr. 2 AÜG normierte Gleichbehandlungsgrundsatz abgewendet wird.

§ 5 Unbedenklichkeitsbescheinigung

(1) Der Verleiher versichert, dass er seiner Verpflichtung zur Abführung aller Sozialversicherungsbeiträge, Steuern und sonstigen Abgaben (z.B. Berufsgenossenschaft) für die dem Entleiher überlassenen Leiharbeitnehmer ordnungsgemäß nachkommt. Auf Wunsch des Entleihers weist der Verleiher dies dem Entleiher durch Vorlage entsprechender Unbedenklichkeitsbescheinigungen des Finanzamtes sowie der Krankenversicherung und Berufsgenossenschaft nach.

(2) Sollte die zuständige Krankenkasse und/oder das zuständige Finanzamt den Entleiher im Rahmen seiner Subsidiärhaftung gemäß § 28e SGB IV bzw. § 42d VI EStG in Anspruch nehmen, so können die dem Verleiher geschuldeten Vergütungen in Höhe der geltend gemachten Forderungen vom Entleiher bis zur nachgewiesenen Abführung der Beträge einbehalten werden.

§ 6 Durchführung der Arbeitnehmerüberlassung

(1) Der Entleiher teilt dem Verleiher in **Anlage 3** zu dieser Vereinbarung vor der Überlassung mit, welche besonderen Merkmale die für die jeweiligen Leiharbeitnehmer vorgesehenen Tätigkeiten haben und welche beruflichen Qualifikationen dafür erforderlich sind. In demselben Dokument hat der Verleiher die Personen des jeweiligen Leiharbeitnehmers unter Bezugnahme auf diesen Vertrag näher zu konkretisieren.

(2) Auf Verlangen des Entleihers gibt der Verleiher dem Entleiher Qualifikationsnachweise des Leiharbeitnehmers zur Kenntnis. Der Entleiher behält sich die Möglichkeit einer Eignungsprüfung vor.

(3) Zwischen den zur Verfügung gestellten Leiharbeitnehmern und dem Entleiher wird kein Arbeitsverhältnis begründet. Der Verleiher trägt die Arbeitgeberpflichten und das Arbeitgeberrisiko im Sinne des AÜG. Dem Entleiher und dem Leiharbeitnehmer steht es gleichwohl frei, bei übereinstimmendem Parteiwillen, ein Arbeitsverhältnis zu begründen.

(4) Sofern es sich bei den Leiharbeitnehmern um ausländische Staatsangehörige handelt, die eines Aufenthaltstitels nach § 4 Abs. 3 AufenthG, einer Aufenthaltsgestattung oder einer Duldung, die zur Ausübung einer Beschäftigung berechtigt, oder einer Genehmigung nach § 284 Abs. 1 SGB III bedürfen, werden diese dem Entleiher vom Verleiher nicht überlassen, soweit diese Titel/Genehmigungen nicht vorliegen. Der Verleiher weist dem Entleiher das Vorliegen der Titel/Genehmigungen nach.

(5) Die Arbeits- und Pausenzeiten richten sich nach den bei dem Entleiher gegebenen Verhältnissen. Die Anordnung von Mehrarbeit bedarf der Einwilligung des Verleihers.

(6) Sofern einzelne Leiharbeitnehmer nicht den vereinbarten Anforderungen des Entleihers entsprechen oder dessen rechtmäßigen Weisungen nicht nachkommen oder die Unfallverhütungsvorschriften oder sonstigen Sicherheitsbestimmungen verletzen, ist der Entleiher berechtigt, diese zurückzuweisen. In diesem Fall wird der Verleiher dem Entleiher einen anderen seiner Leiharbeitnehmer zur Verfügung stellen, wenn und soweit ihm dies möglich ist; im Übrigen gilt § 8 Abs. 2 des Vertrages.

(7) Nimmt ein Leiharbeitnehmer seine Arbeit beim Entleiher entschuldigt oder unentschuldigt nicht auf oder setzt er sie nicht fort, so wird der Verleiher auf Anforderung des Entleihers ohne schuldhaftes Zögern gleichwertigen Ersatz stellen, wenn und soweit ihm dies möglich ist. Dies gilt auch im Fall eines entschuldigten oder unentschuldigten Fehlens von Leiharbeitnehmern; im Übrigen gilt § 8 Abs. 2 des Vertrages.

(8) Dem Entleiher ist bekannt, dass Leiharbeitnehmer gem. § 11 Abs. 2 AÜG keine Tätigkeiten übernehmen dürfen, die bisher von Arbeitnehmern erledigt wurden, die sich im Arbeitskampf befinden oder ihrerseits Tätigkeiten von Arbeitnehmern, die sich im Arbeitskampf befinden, übernommen haben.

Alternativ: Dem Entleiher ist bekannt, dass Leiharbeitnehmer nach dem BAP-DGB-/IGZ-DGB-Tarifvertrag nicht in Betrieben eingesetzt werden dürfen, die durch einen rechtmäßigen Arbeitskampf unmittelbar betroffen sind.

(9) Der Entleiher ist verpflichtet, geeignete Maßnahmen zum Schutz der Leiharbeitnehmer vor unzulässiger Benachteiligung oder vor Belästigungen wegen eines in § 1 des Allgemeinen Gleichbehandlungsgesetzes (AGG) genannten Grundes zu treffen. Die beim Verleiher dazu bestehenden Regelungen werden dem Entleiher zur Verfügung gestellt und als **Anlage 4** Gegenstand dieses Vertrages. Der Entleiher ist ferner verpflichtet, dem Verleiher Beschwerden der Leiharbeitnehmer wegen unzulässiger Benachteiligungen unverzüglich dem Verleiher mitzuteilen.

§ 7 Besserstellungsvereinbarungen

(1) Der Entleiher hat den Verleiher darüber informiert, dass im Einsatzbetrieb eine betriebliche Vereinbarung besteht, die Leistungen für Leiharbeitnehmer vorsieht. Dies sind folgende Leistungen:

Diese Leistungen ergeben sich zudem aus den diesem Vertrag als **Anlage 5** beigefügten Betriebsvereinbarungen. Der Entleiher ist verpflichtet, den Verleiher darüber zu informieren, sobald eine solche betriebliche Vereinbarung gekündigt oder verändert wird oder neu entsteht.

(2) Der Entleiher setzt die Leiharbeitnehmer ausschließlich im vereinbarten Einsatzbetrieb ein. Der Einsatz in einem anderen Betrieb des Unternehmens, der Austausch von Mitarbeitern innerhalb des Betriebes und die Verwendung der überlassenen Arbeitnehmer außerhalb der vereinbarten Tätigkeiten ist nicht zulässig.

§ 8 Dauer des Vertrages und Kündigung

(1) Dieser Vertrag tritt am ▓▓▓▓▓ in Kraft und wird auf unbestimmte Zeit abgeschlossen. Er kann von beiden Parteien mit einer Frist von fünf Werktagen gekündigt werden. Davon abweichend kann der Entleiher innerhalb des ersten Tages des Einsatzes eines Leiharbeitnehmers diesen ohne jegliche Kostenübernahme ablehnen und den Leiharbeitnehmer zurückschicken.

(2) Ist der Verleiher aus Gründen, die er nicht zu vertreten hat (z.B. krankheitsbedingter Ausfall eines Leiharbeitnehmers), nicht in der Lage seine vertraglichen Verpflichtungen zu erfüllen, so ist er berechtigt, dem Entleiher einen anderen eigenen Mitarbeiter zur Verfügung zu stellen. Soweit dies nicht möglich ist, kann der Verleiher diesen Vertrag hinsichtlich des betreffenden Mitarbeiters kündigen. Der Entleiher kann daraus keine irgendwie gearteten Ansprüche gegen den Verleiher herleiten.

(3) Der Verleiher ist berechtigt, während des Arbeitseinsatzes Arbeitnehmer ohne Einhaltung einer Frist abzuberufen, wenn er diese gleichzeitig durch andere, in gleicher Weise geeignete Arbeitnehmer ersetzt. § 5 Abs. 2 des Vertrages gilt entsprechend.

(4) Das Recht zur fristlosen, außerordentlichen Kündigung bleibt unberührt. Gründe für eine fristlose, außerordentliche Kündigung können insbesondere sein:

- eine fehlerhafte Zuordnung der Branchenzugehörigkeit durch den Entleiher,

- die Nennung eines unzutreffenden Vergleichsentgeltes oder die Unterlassung einer Mitteilung über Änderungen des Vergleichsentgeltes,

- eine fehlende oder fehlerhafte Mitteilung über abweichende betriebliche Vereinbarungen,

- ein Verstoß gegen Ziffer 7.2 dieser Vereinbarung.

§ 9 Vergütung

Der Entleiher zahlt an den Verleiher pro geleistete Arbeitsstunde den vertraglich vereinbarten Stundensatz gemäß der Preistabelle, die als **Anlage 6** wesentlicher Bestandteil dieses Vertrages ist, entsprechend der in **Anlage 3** ausgewiesenen Qualifikation des Leiharbeitnehmers. In dem Stundensatz sind alle Kosten für Löhne und Gehälter, Personalnebenkosten sowie sonstige Kosten bereits inbegriffen. An- und Abfahrtskosten sowie Kosten für Verpflegungsmehraufwand werden dem Entleiher daneben nicht in Rechnung gestellt. Diese werden ebenfalls vom Verleiher direkt an den Leiharbeitnehmer vergütet.

§ 10 Rechnungslegung

(1) Die Abrechnung erfolgt auf Basis der effektiv geleisteten Arbeitsstunden, sowie den im Vertrag festgelegten Vereinbarungen. Hierbei sind die Arbeitsstunden für jeden überlassenen Arbeitnehmer durch Stundenzettel zu belegen, die wöchentlich auszufüllen sind und von einem Beauftragten des Entleihers nach sachlicher Prüfung unterschrieben werden müssen. Die Angaben von Arbeitsbeginn und Arbeitsende haben

ausschließlich in Stunden und Minuten zu erfolgen. Aus den Stundenzetteln müssen die Pausenzeiten ersichtlich sein. Überstunden, Mehrarbeit, Nacht-, Sonn- und Feiertagsarbeit sind gesondert auszuweisen.

(2) Bei einer Beschäftigungsdauer von bis zu vier Wochen stellt der Verleiher nach Ablauf der Überlassung die angefallenen Stunden in Rechnung. Bei längerer Beschäftigungsdauer wird monatlich eine Rechnung gestellt. Auf der Rechnung sind Normalstunden und Mehrarbeitsstunden, Nacht-, Sonn- und Feiertagsarbeit auszuweisen. Mehrarbeitsstunden sind nach Kalenderwoche getrennt aufzuführen. Alle Rechnungsbeträge verstehen sich zuzüglich der jeweils geltenden gesetzlichen Umsatzsteuer, die separat auszuweisen ist.

§ 11 Arbeitsschutz/Arbeitssicherheit

(1) Gemäß § 11 Abs. 6 AÜG unterliegen die vom Verleiher überlassenen Leiharbeitnehmer den für den Entleiher gültigen öffentlich-rechtlichen Vorschriften des Arbeitsschutzrechtes; die sich hieraus ergebenden Pflichten für den Arbeitgeber obliegen dem Entleiher unbeschadet den Pflichten des Verleihers. Der Entleiher ist insbesondere verpflichtet, den Leiharbeitnehmer vor Beginn der Beschäftigung und bei Veränderung in seinem Arbeitsbereich über Gefahren für Sicherheit und Gesundheit, denen er bei der Arbeit ausgesetzt sein kann sowie über die Maßnahmen und Einrichtungen zur Abwendung dieser Gefahren zu unterrichten. Der Entleiher hat den Leiharbeitnehmer zusätzlich über die Notwendigkeit besonderer Qualifikationen oder beruflicher Fähigkeiten oder einer besonderen ärztlichen Überwachung sowie über erhöhte besondere Gefahren des Arbeitsplatzes zu unterrichten.

(2) Der Entleiher verpflichtet sich, die Zeitarbeitnehmer vor Aufnahme der Tätigkeit mit den betrieblichen Sicherheitseinrichtungen vertraut zu machen und eine arbeitsplatzspezifische Sicherheitsunterweisung durchzuführen, insbesondere eine Unterweisung nach § 12 ArbSchG. Sollte für den Einsatz des Zeitarbeitnehmers eine spezielle Arbeits- und/oder Sicherheitsbekleidung erforderlich sein, wird der Entleiher darauf gesondert hinweisen.

(3) Der Entleiher verpflichtet sich, dem Verleiher einen Arbeitsunfall, von dem ein gemäß dieses Vertrages zur Verfügung gestellter Leiharbeitnehmer betroffen ist, unverzüglich beim Verleiher zu melden. Ein gemäß gesetzlicher Regelung meldepflichtiger Arbeitsunfall ist vom Entleiher zudem der zuständigen Berufsgenossenschaft unverzüglich zu melden und gemeinsam zu untersuchen.

(4) Der Verleiher ist verpflichtet, die gesundheitliche Eignung der jeweiligen Leiharbeitnehmer für die Tätigkeit beim Entleiher sicherzustellen. Er gewährleistet, dass die für den jeweiligen Arbeitsbereich vorgeschriebenen Untersuchungen entsprechend den gesetzlichen Bestimmungen durchgeführt sind.

(5) Der Entleiher verpflichtet sich, dem Verleiher vor jeder Überlassung den vorherigen Einsatzbetrieb des Leiharbeitnehmers mitzuteilen, soweit der Leiharbeitnehmer zuvor beim Entleiher im Einsatz gewesen ist. Ferner verpflichtet sich der Entleiher, vor jeder Überlassung zu prüfen, ob der Leiharbeitnehmer in den letzten sechs Monaten vor der Überlassung aus einem Arbeitsverhältnis mit dem Entleiher selbst oder einem mit dem Entleiher konzernmäßig i.S.d. § 18 AktG verbundenen Unternehmens ausgeschieden ist. Trifft das zu, so teilt der Entleiher diesen Befund dem Verleiher unverzüglich mit. Die Vertragsparteien haben angesichts der sich daraus ergebenden Rechtsfolgen (Equal Pay/Equal Treatment bzw. Nähe zur Überschreitung der Höchstüberlassungsdauer) sodann Gelegenheit zu entscheiden, ob die Überlassung wie geplant durchgeführt werden soll und ggf. die Überlassungsverträge anzupassen.

(6) Der Entleiher teilt dem Verleiher ferner mit, ob er Gemeinschaftseinrichtungen oder Gemeinschaftsdienste gemäß § 13b AÜG hat, und zu welchen dieser Einrichtungen er den Leiharbeitnehmern Zugang gewährt bzw. ob sachliche Gründe bestehen, den Zugang nicht zu gewähren.

§ 12 Haftung/Versicherung

(1) Der Verleiher haftet gegenüber dem Entleiher lediglich für die Eignung des Leiharbeitnehmers für die vom Entleiher mitgeteilten Tätigkeiten und Qualifikationen (sog. Auswahlverschulden). Zur Nachprüfung von Zeugnissen oder sonstigen Papieren ist der Verleiher nicht verpflichtet.

(2) Die Leiharbeitnehmer sind keine Erfüllungsgehilfen oder Verrichtungsgehilfen des Verleihers.

§ 13 Geheimhaltungspflicht

(1) Der Verleiher verpflichtet sich, alle ihm im Rahmen seiner Tätigkeit bei dem Entleiher bekannt werdenden Geschäfts- und Betriebsgeheimnisse und alle Angelegenheiten vertraulicher Natur geheim zu halten. Diese Verpflichtung besteht nach Beendigung des Geschäftskontaktes bzw. Vertragsverhältnisses fort.

(2) Der Verleiher verpflichtet sich, jederzeit auf Anforderung des Entleihers, spätestens aber bei Beendigung der Tätigkeit, ihm vom Entleiher zur Verfügung gestellte Unterlagen ohne Zurückhaltung von Kopien zurückzugeben sowie auf Datenträger überspielte Daten, die im Zusammenhang mit den Informationen und Unterlagen stehen, zu löschen.

(3) Der Verleiher verpflichtet sich, vertrauliche Unterlagen und Informationen sowie personenbezogene Daten Dritten nur zu offenbaren, soweit dies zur Erfüllung der Tätigkeitsverpflichtung erforderlich ist oder die Offenbarung gesetzlich bzw. von einer Behörde oder einem Gericht verlangt wird.

(4) Der Verleiher ist verpflichtet, sicherzustellen, dass durch entsprechende Vereinbarungen die oben aufgeführten Verpflichtungen auch den zur Verfügung gestellten Leiharbeitnehmern auferlegt werden. Ferner wird der Verleiher seine Arbeitnehmer darauf hinweisen, dass die Anfertigung von Kopien oder Abschriften von technischen oder kaufmännischen Unterlagen, die den Arbeitnehmern zugänglich sind, für private oder andere Zwecke nicht gestattet ist.

(5) Der Verleiher ist verpflichtet, die zur Verfügung gestellten Leiharbeitnehmer über den Datenschutz zu unterweisen. Leiharbeitnehmer, welche kaufmännische Tätigkeiten ausführen oder beim Entleiher Zugang zu Datenverarbeitungsanlagen haben, sind grds. durch den Verleiher auf das Datenschutzgesetz zu verpflichten.

§ 14 Übernahme von Mitarbeitern

(1) Der Entleiher ist berechtigt, den ihm zur Verfügung gestellten Leiharbeitnehmern ein Einstellungsangebot zu unterbreiten oder sie anderweitig einzustellen.

(2) Soweit es während des Überlassungszeitraumes oder in den ersten sechs Monaten nach Beendigung eines bestehenden Überlassungsverhältnisses zum Abschluss eines Anstellungsvertrages zwischen dem Entleiher und einem Leiharbeitnehmer des Verleihers kommt, wird vermutet, dass die Arbeitnehmerüberlassung zur Einstellung des Leiharbeitnehmers geführt hat. In diesem Fall ist der Verleiher berechtigt, ein Bruttomonatsgehalt des betreffenden Leiharbeitnehmers als Vermittlungsprovision zu verlangen.

(3) Das jeweilige Honorar ist fällig mit Abschluss des Arbeitsvertrages und Aufnahme der Arbeit durch den Mitarbeiter des Verleihers. Alle Honorare verstehen sich zuzüglich gesetzlicher Umsatzsteuer.

▲

2. Erläuterungen

573   Bei der Arbeitnehmerüberlassung verpflichtet sich der Verleiher, dem Entleiher Leiharbeitnehmer zu überlassen, damit der Entleiher diese nach seinen konkreten Weisungen in seinem Unternehmen einsetzen kann. § 12 AÜG enthält für die Rechtsbeziehung zwischen Verleiher und Entleiher gesetzliche Sonderregelungen, die bei der Vertragsgestaltung zu beachten sind. Das Vertragsmuster beinhaltet erneut lediglich die typischen Regelungen eines Arbeitnehmerüberlassungsvertrages, die durch allgemeine Regelungen ergänzt werden können (z.B. Schlussbestimmungen, Gerichtsstandsklausel, etc.). Das Schriftformerfordernis des § 12 Abs. 1 S. 1 AÜG ist unbedingt zu beachten, da ansonsten eine Nichtigkeit des Vertrages nach § 125 S. 1 BGB eintritt.[1151] Vor dem Hintergrund der erheblichen Rechtsfolgen im Falle eines unwirksamen Arbeitnehmerüberlassungsvertrages oder sogar einer illegalen Arbeitnehmerüberlassung erfüllt das Schriftformerfordernis eine Warn-, Beweis- und Kontrollfunktion. Das Vertragsmuster geht weiter von einer gewerblichen Arbeitnehmerüberlassung aus, folglich von einer auf Dauer angelegten selbstständigen Tätigkeit mit Gewinnerzielungsabsicht.[1152] Das Vertragsmuster geht ferner davon aus, dass die Leiharbeitnehmer in einem Betrieb eingesetzt werden sollen, die dem Anwendungsbereich eines Branchentarifvertrages unterfallen. Für zahlreiche Branchen sind inzwischen Tarifverträge über Branchenzuschläge für die Arbeitnehmerüberlassung abgeschlossen worden.[1153]

1151 *Ulber*, § 12 Rn 3; Schüren/*Feuerborn*, § 12 Rn 14; *Boemke/Lembke*, § 12 Rn 7.
1152 Zum Begriff der Gewerbsmäßigkeit vgl. BAG 18.1.1989, BAGE 60, 369 = NZA 1989, 728; BVerwG 16.9.1965, NJW 1955, 844.
1153 Vgl. *Mehnert/Stubbe/Haber*, BB 2013, 1269 ff; *Nießen/Fabritius*, BB 2013; 276 ff. sowie Erläuterungen zu den Tarifverträgen mit der DGB-Tarifgemeinschaft Zeitarbeit unter www.personaldienstleister.de.

a) Gegenstand des Vertrages, § 1

§ 1 Abs. 1 des Vertrages macht deutlich, dass es um eine vertragliche Vereinbarung auf dem Gebiet der Arbeitnehmerüberlassung geht, damit keine Grauzone zum Werk- oder Dienstvertrag entsteht.[1154] Ab dem 1.1.2017 besteht gem. § 1 Abs. 1 S. 5 AÜG n.F. die Pflicht, den Arbeitnehmerüberlassungsvertrag als solchen zu kennzeichnen. Wird dies versäumt führt dies gem. §§ 9 Nr. 1a, 10 Abs. 1 AÜG n.F. zur Unwirksamkeit des Arbeitnehmerüberlassungsvertrags und zur Begründung eines Arbeitsverhältnisses zwischen Entleiher und Verleiher. Ferner stellt ein Verstoß gegen § 1 Abs. 1 S. 5 AÜG n.F. eine Ordnungswidrigkeit gem. § 16 Abs. 1 Nr. 1c AÜG n.F. dar. Weiter sollte das Arbeitnehmerüberlassungsgesetz in seiner jeweils gültigen Fassung in Bezug genommen werden, um die unmittelbare gesetzliche Geltung für das Vertragsverhältnis deutlich zu machen. Die Inbezugnahme auf das Gesetz in seiner jeweils gültigen Fassung empfiehlt sich insbesondere vor dem Hintergrund der zahlreichen Änderungen des Arbeitnehmerüberlassungsgesetzes. Bei den Regelungen des Vertrages handelt es sich zugleich um allgemeine Geschäftsbedingungen im Sinne von §§ 307 ff. BGB, die allerdings lediglich einer eingeschränkten Inhaltskontrolle nach § 307 Abs. 1, 2 BGB unterliegen.[1155]

574

Die Regelung unter § 1 Abs. 2 kann notwendig werden, soweit die Vertragsparteien auch in anderer Weise zusammenarbeiten. Dies kommt bei einer werkvertraglichen oder dienstvertraglichen Zusammenarbeit oder bei Outsourcing-Projekten in Betracht.[1156] Aus diesem Grunde sollte der Geschäftsbereich der Zusammenarbeit nach § 1 Abs. 1 des Vertrages genau definiert werden.

575

b) Erlaubnis zur Arbeitnehmerüberlassung, § 2

Nach § 12 Abs. 1 S. 2 AÜG besteht die gesetzliche Verpflichtung des Verleihers, sich über die Erlaubnis zur gewerbsmäßigen Arbeitnehmerüberlassung zu erklären. Im Vertrag wird der Verleiher auch verpflichtet, darüber einen Nachweis zu erbringen und eine Kopie der Erlaubnis als Anlage dem Vertrag beizufügen. Dies empfiehlt sich, um die Richtigkeit der Angaben des Verleihers zu überprüfen und Angaben über die ausstellende Behörde, das Aktenzeichen, etc. zu ersparen. Insbesondere besteht eine Obliegenheit des Entleihers, sich die Erlaubnisurkunde zeigen zu lassen, um eine fahrlässige illegale Arbeitnehmerüberlassung zu vermeiden.[1157] Die jährlich wiederkehrende Verpflichtung für den Verleiher, dem Entleiher eine aktuelle Kopie zur Verfügung zu stellen, belegt, dass der Entleiher seine Informationsmöglichkeiten hinreichend wahrnimmt.[1158] Darüber hinaus begeht der Entleiher (fahrlässig) eine Ordnungswidrigkeit nach § 16 Abs. 1 Nr. 1a AÜG, soweit er einen ihm vom Verleiher ohne Erlaubnis überlassenen Leiharbeitnehmer einsetzt. Darüber hinaus empfiehlt sich, bereits im Arbeitnehmerüberlassungsvertrag die ausstellende Behörde sowie das Ausstellungsdatum aufzunehmen, da dies häufig bei Betriebsprüfungen durch die Bundesagentur für Arbeit eingefordert wird.

576

Die Regelung der § 2 Abs. 2 des Vertrages entspricht der gesetzlichen Verpflichtung nach § 12 Abs. 2 S. 1 AÜG. Eine identische Verpflichtung trifft den Verleiher gegenüber dem Leiharbeitnehmer, § 11 Abs. 3 AÜG. Dadurch soll vermieden werden, dass der Entleiher den Rechtsfolgen einer illegalen Arbeitnehmerüberlassung nach § 10 Abs. 1 S. 1 AÜG ausgesetzt wird. Für die Mitteilung durch den Verleiher ist keine gesetzliche Form vorgeschrieben, weshalb im Vertrag ein Schriftformerfordernis vereinbart werden sollte. Eine Verletzung dieser Verpflichtung durch den Verleiher führt zu Schadensersatzansprüchen nach § 823 Abs. 2 BGB. Zudem liegt eine positive Forderungsverletzung vor, die nach § 280 BGB zu Schadensersatzansprüchen führt.[1159] Auch S. 2 der Regelung unter § 2 Abs. 2 entspricht einer gesetzlichen Verpflichtung

577

1154 Zur teilweise schwierigen Abgrenzung vgl. Thüsing/*Waas*, § 1 Rn 59 ff.; Schüren/*Hamann*, § 1 Rn 97 ff.; *Boemke/Lembke*, § 1 Rn 68 ff.

1155 OLG München 3.11.1983, EzAÜG Nr. 5 zu § 631 BGB Werkvertrag.

1156 Vgl. *Schüren/Fasholz,* NZA 2015, 1473.

1157 OLG Hamm 14.11.1980, AP Nr. 7 zu § 19 AFG.

1158 BGH 21.3.1982, BB 1982, 1671.

1159 Vgl. *Ulber*, § 12 Rn 38; Thüsing/*Thüsing*, § 12 Rn 44.

aus § 12 Abs. 1 S. 2 AÜG und hat Warnfunktion. Die gesetzlich vorgesehene maximale Abwicklungsfrist beträgt 12 Monate, §§ 2 Abs. 4 S. 4, 4 Abs. 1 S. 2, 5 Abs. 2 S. 2 AÜG. Innerhalb der Abwicklungsfrist gilt die Arbeitnehmerüberlassung als „legal".[1160]

578 Der Entleiher ist nach § 12 Abs. 1 S. 3 AÜG grds. verpflichtet, im Arbeitnehmerüberlassungsvertrag anzugeben, welche im Betrieb des Entleihers für einen vergleichbaren Arbeitnehmer des Entleihers wesentlichen Arbeitsbedingungen einschließlich des Arbeitsentgeltes gelten. Diese Angaben des Entleihers dienen dazu, damit der Verleiher seine Verpflichtung aus dem Gleichbehandlungsgebot („equal pay/equal treatment") nachkommen kann. Diese Verpflichtung gilt nicht, soweit ein Tarifvertrag Anwendung findet, an den der Verleiher und seine Leiharbeitnehmer tarifvertraglich oder durch einzelvertragliche Inbezugnahme gebunden sind. In diesem Fall sollte sich der Verleiher im Arbeitnehmerüberlassungsvertrag zu der Anwendung des Tarifvertrages erklären. Vorliegend soll der zwischen dem Bundesverband Zeitarbeit und einzelnen Mitgliedsgewerkschaften des DGB abgeschlossene Manteltarifvertrag Zeitarbeit vom 22.7.2003 in seiner jeweils geltenden Fassung Anwendung finden.

c) Branchenzugehörigkeit des Betriebes Vergleichsentgelt und Höchstüberlassungsdauer, § 3

579 Vor dem Hintergrund, dass in zahlreichen Branchen inzwischen Branchenzuschlagstarifverträge für Arbeitnehmerüberlassung Anwendung finden, sollte im Arbeitnehmerüberlassungsvertrag eine Regelung aufgenommen werden, wonach der Entleiher verbindlich erklärt, ob der Einsatzbetrieb einem solchen Branchenzuschlagstarifvertrag unterfällt. Dieses Gebot gilt seit der Reform des Arbeitnehmerüberlassungsgesetzes zum 1.1.2017 umso dringlicher, als sowohl die Pflicht zur Zahlung von Equal Pay ab Vollendung des neunten Einsatzmonats durch Branchentarifverträge als auch die Höchstüberlassungsdauer von 18 Monaten durch kollektive Vereinbarungen zeitlich nach hinten verlagert werden können.

Sollte der Einsatzbetrieb keinem Branchenzuschlagstarifvertrag unterfallen, könnte eine alternative Regelung aufgenommen werden, wonach der Entleiher erklärt, dass keiner der Einsatzbetriebe einer gegenwärtig zuschlagspflichtigen Branche angehört.

Die meisten Branchenzuschlagstarifverträge sehen eine Möglichkeit für den Entleiher vor, sich auf eine Begrenzung des sogenannten Vergleichsentgeltes zu berufen. Auf diese Weise besteht die Möglichkeit, die Höhe der Branchenzuschläge zu beschränken, damit ein Leiharbeitnehmer nicht mehr verdient als ein vergleichbarer Arbeitnehmer im Einsatzbetrieb. Zur Ermittlung dieses Vergleichsentgeltes sollte der Entleiher nach dem Vertrag verpflichtet sein, dieses laufende, regelmäßig gezahlte Stundenentgelt verbindlich im Vertrag mitzuteilen. Gleiches gilt für Änderungen des Vergleichsentgeltes. Ab dem 1.1.2017 entfällt gem. § 8 AÜG n.F. nach neun Monaten Einsatzdauer die Möglichkeit durch Tarifvertrag vom Equal Pay-Grundsatz abzuweichen. Eine längere Abweichung durch Tarifvertrag ist ausnahmsweise bis zum Ablauf des 15. Monats zulässig, wenn ein Branchentarifvertrag nach spätestens sechs Wochen Einsatzdauer eine stufenweise Annäherung an die Equal Pay-Vergütung vorsieht. Bei Ablauf des 15. Monats der Einsatzdauer muss die Gleichstellung bezüglich des Entgelts hergestellt sein. Zum Arbeitsentgelt zählt jede Vergütung, die aus Anlass des Arbeitsverhältnisses gewährt wird, bzw. aufgrund gesetzlicher Entgeltfortzahlungstatbestände gewährt werden muss, insbesondere Urlaubsentgelt, Entgeltfortzahlung, Sonderzahlungen, Zulagen und Zuschläge sowie vermögenswirksame Leistungen.

Zur Ermittlung der Höhe der Equal-Pay-Vergütung hat der Gesetzgeber nunmehr eine Vermutungsregelung in § 8 Abs. 1 AÜG n.F. eingefügt: Es wird vermutet, dass die Gleichstellung des Leiharbeitnehmers mit den vergleichbaren Stammarbeitnehmern im Betrieb des Entleihers hinsichtlich des Arbeitsentgelts gegeben ist, sofern dem Leiharbeitnehmer das im Einsatzbetrieb einem vergleichbaren Stammarbeitnehmer geschuldete tarifvertragliche Arbeitsentgelt gewährt wird. Ist im Einsatzbetrieb ein tarifvertragliches Arbeitsentgelt nicht geschuldet, greift die Vermutungsregelung, wenn dem Leiharbeitnehmer das tarifvertragliche Ar-

---

1160 Zu den Nachwirkungsvarianten während der Abwicklungsfrist vgl. *Boemke/Lembke*, § 2 Rn 37 ff.

beitsentgelt gezahlt wird, das für vergleichbare Arbeitnehmer in der Einsatzbranche gilt. Kommen in der Einsatzbranche mehrere Tarifverträge zur Anwendung, so ist auf den Tarifvertrag abzustellen, der in der Branche prägend ist. Zum Arbeitsentgelt gehören auch Sachbezüge, die der Entleiher seinen Stammarbeitnehmern gewährt. Für diesen Fall eröffnet § 8 Abs. 1 S. 3 AÜG dem Verleiher die Möglichkeit, dem Leiharbeitnehmer einen Wertausgleich in EUR zu zahlen.[1161]

d) Tarifvertrag, § 4

Aufgrund der neuen gesetzlichen Regelung zum Gebot der Gleichbehandlung gem. § 8 AÜG n.F. sollte die **580** Anwendung von entsprechenden Branchentarifverträgen im Arbeitnehmerüberlassungsvertrag vom Verleiher ebenfalls erklärt werden. In der Praxis sind Arbeitnehmerüberlassungen ohne Inbezugnahme eines Tarifvertrages eine absolute Ausnahmeerscheinung. Soweit kein Tarifvertrag gilt oder die Neun- bzw. Fünfzehnmonatsfrist der Einsatzdauer gem. § 8 Abs. 4 AÜG n.F. abgelaufen ist, begründet § 12 Abs. 1 S. 3 AÜG die Verpflichtung des Entleihers, dem Verleiher die wesentlichen Arbeitsbedingungen eines vergleichbaren Stammarbeitnehmers mitzuteilen, damit der Verleiher dem Gleichbehandlungsgebot nachkommen kann. Für diesen Fall könnte folgende Regelung vereinbart werden:

Formulierungsbeispiel

Der Entleiher wird dem Verleiher die nach § 12 Abs. 1 S. 3 AÜG notwendigen Angaben zu den wesentlichen Arbeitsbedingungen einschließlich des Arbeitsentgeltes seiner vergleichbaren Arbeitnehmer im vorgesehenen Einsatzbetrieb in Anlage 2 zu dieser Vereinbarung machen.

Welche Mitarbeiter vergleichbar und welche Arbeitsbedingungen wesentlich sind, kann schwierig zu beur- **581** teilen sein.[1162] Anhaltspunkte können die vom Entleiher anzugebenden Tätigkeiten und Qualifikationen des Leiharbeitnehmers sein. Soweit im Leiharbeitsverhältnis tarifvertragliche Regelungen lediglich teilweise in Bezug genommen werden, sind vom Entleiher lediglich solche Bedingungen mitzuteilen, die nicht im Tarifvertrag geregelt sind, da sich die Auskunftspflicht lediglich auf solche Bedingungen bezieht, für die das Gleichstellungsgebot gilt.[1163] Die wesentlichen Arbeitsbedingungen der Stammarbeitnehmer des Entleihers sollten zur Förderung der Übersichtlichkeit des Vertragstextes in einer Anlage zum Vertrag aufgeführt werden. Soweit die Arbeitsbedingungen beim Entleiher durch Tarifverträge oder Betriebsvereinbarungen geregelt sind, empfiehlt es sich, davon Kopien ebenfalls in die Anlage zum Vertrag aufzunehmen. Darüber hinaus haben die Leiharbeitnehmer einen gesetzlichen Auskunftsanspruch gegen den Entleiher nach § 13 AÜG.

e) Unbedenklichkeitsbescheinigung, § 5

Die Regelung unter § 5 Abs. 1 soll sicherstellen, dass der Verleiher seinen gesetzlichen Verpflichtungen **582** nach §§ 28d, 28e Abs. 1, 28g SGB IV nachkommt. Es besteht eine Subsidiärhaftung des Entleihers bei Nichterfüllung dieser gesetzlichen Verpflichtungen durch den Verleiher, § 28e Abs. 2 S. 1, 2 SGB IV. Die Verpflichtung zur Vorlage der Unbedenklichkeitsbescheinigung folgt aus § 368 BGB analog.[1164]

Die Regelungen unter § 5 Abs. 2 sollen es dem Entleiher ermöglichen, im Falle einer Inanspruchnahme **583** Sanktionen für den Verleiher auszulösen. Als relativ weiche Sanktion kommt zunächst ein Zurückbehaltungsrecht nach § 273 BGB im Hinblick auf die geschuldete Vergütung nach dem Arbeitnehmerüberlassungsvertrag in Betracht. Dieses Zurückbehaltungsrecht könnte auch bereits bei mangelnder Vorlage der Unbedenklichkeitsbescheinigung durch den Verleiher vereinbart werden. Alternativ könnte folgende

---

1161 Entwurf eines Gesetzes zur Änderung des Arbeitnehmerüberlassungsgesetzes und anderer Gesetze, S. 22.
1162 Thüsing/*Thüsing*, § 12 Rn 20 ff.; *Boemke/Lembke*, § 9 Rn 100 ff.
1163 BT-Drucks 15/1515, 132; *Boemke/Lembke*, § 12 Rn 27.
1164 BGH 30.9.1970, BGHZ 54, 299, 303.

Freihalteverpflichtung des Verleihers gegenüber dem Entleiher vereinbart werden, für den Fall, dass der Entleiher im Rahmen der Subsidiärhaftung in Anspruch genommen werden sollte:

> *Formulierungsbeispiel*
>
> § 5 Abs. 2
>
> Sollte der Entleiher von der zuständigen Sozialversicherungsbeitragseinzugsstelle bzw. dem Finanzamt im Rahmen seiner Subsidiärhaftung gemäß § 28e SGB IV bzw. § 42d EStG in Anspruch genommen werden, kann der Entleiher vom Verleiher verlangen, in der Höhe der an die Sozialversicherungsbeitragseinzugsstelle bzw. das Finanzamt gezahlten Beträge bzw. Lohnsteuer vom Verleiher freigehalten zu werden.

584   Diese Freihalteverpflichtung wird in der Praxis allerdings häufig nicht werthaltig sein, da der Verleiher bereits nicht in der Lage war, seinen gesetzlichen Abgabeverpflichtungen nachzukommen. Aus diesem Grunde könnte auch vereinbart werden, dass der Verleiher eine Bürgschaft oder Garantie stellen muss, die den Entleiher auch wirtschaftlich absichert. Dies kann insbesondere bei umfangreichen Arbeitnehmerüberlassungsprojekten ratsam sein. Es besteht auch die Möglichkeit, den Bürgschafts- oder Garantietext als Anlage zum Vertrag vorzugeben. Schließlich kann die Stellung der Bürgschaft oder Garantie auch zur Bedingung für die Wirksamkeit des gesamten Arbeitnehmerüberlassungsvertrages gemacht werden.

f) Durchführung der Arbeitnehmerüberlassung, § 6

585   Nach § 6 Abs. 1 des Vertrages hat der Entleiher dem Verleiher die besonderen Merkmale der vom Leiharbeitnehmer auszuübenden Tätigkeit sowie die dafür erforderliche berufliche Qualifikation mitzuteilen; diese Verpflichtung folgt bereits aus § 12 Abs. 1 S. 3 AÜG. Gem. § 1 Abs. 1 S. 6 AÜG n.F. ist ferner ab dem 1.1.2017 die jeweilige Person des Leiharbeitnehmers *vor* der Überlassung mit Bezugnahme auf diesen Vertrag durch nähere persönliche Daten zu konkretisieren.

586   Aus Sicht des Entleihers kann ein erhebliches Interesse daran bestehen, die tatsächlichen Qualifikationen eines Leiharbeitnehmers sicherzustellen. Zum einen sind bestimmte Qualifikationen für die Ausführung der geplanten Tätigkeit zwingend erforderlich (z.B. Personenbeförderungsschein, Meister- oder Gesellenbrief, Waffenschein, etc.). Zum anderen sind in der Praxis häufig längere Einarbeitungszeiten zu berücksichtigen, deren Aufwand sich lediglich bei entsprechend qualifizierten Leiharbeitnehmern lohnt. Nach der Regelung unter § 6 Abs. 2 hat der Entleiher zudem die Möglichkeit einer gesonderten Eignungsprüfung und kann unzureichend qualifizierte Leiharbeitnehmer zurückweisen.

587   Bei der Arbeitnehmerüberlassung wird zwischen dem Entleiher und dem Leiharbeitnehmer kein Arbeitsverhältnis begründet. Der Verleiher bleibt Arbeitgeber der Leiharbeitnehmer und tritt lediglich sein Weisungsrecht an den Entleiher ab. § 6 Abs. 3 des Vertrages regelt darüber hinaus, dass der Verleiher auch weiterhin die Arbeitgeberpflichten und das Arbeitgeberrisiko trägt. Der Entleiher hat allerdings gegenüber dem Leiharbeitnehmer einen Leistungsanspruch, so dass ihm im Falle der Pflichtverletzung Schadensersatzansprüche gegen den Leiharbeitnehmer nach §§ 280 ff. BGB zustehen.[1165] Gleichzeitig verbleiben die Leiharbeitnehmer auch während der Überlassung an einen Entleiher Angehörige des Verleiherbetriebes, § 14 AÜG.

588   § 6 Abs. 4 des Vertrages soll sicherstellen, dass kein strafbarer Verleih von ausländischen Staatsangehörigen ohne die erforderlichen Genehmigungen nach § 15 AÜG erfolgt, soweit keine Verleiherlaubnis vorliegt. Soweit eine Verleiherlaubnis vorliegt, handelt es sich um eine Ordnungswidrigkeit nach § 404 Abs. 2 Nr. 3 SGB III, die zur Straftat werden kann, §§ 406 Abs. 1 Nr. 1, 407 SGB III. Darüber hinaus

---

1165 Thüsing/*Thüsing*, Einführung Rn 38 ff.

kann sich der Entleiher nach § 15a AÜG strafbar machen, wenn der Leiharbeitnehmer ohne die erforderlichen Genehmigungen zu ausbeuterischen Bedingungen beschäftigt.

Die Lage der Arbeitszeit unterfällt grds. dem Direktionsrecht des Verleihers, welches bei der Arbeitnehmerüberlassung auf den Entleiher übertragen wird, § 106 GewO. Die Regelung unter § 6 Abs. 5 sollte entsprechend im Leiharbeitsvertrag vereinbart werden, um eine Umsetzbarkeit dieser Vereinbarung aus dem Arbeitnehmerüberlassungsvertrag zu gewährleisten (siehe Rdn 629). Die Anordnung von Mehrarbeit durch den Entleiher bedarf einer entsprechenden Ermächtigung im Arbeitnehmerüberlassungsvertrag. Die Anordnung von Mehrarbeit muss sich selbstverständlich im Rahmen des Leiharbeitsvertrages bzw. der gegebenenfalls anwendbaren Tarifverträge halten. Darüber hinaus sind Mitbestimmungsrechte des Betriebsrates nach § 87 Abs. 1 Nr. 2 und 3 BetrVG zu beachten. **589**

Nach § 6 Abs. 6 und § 6 Abs. 7 des Vertrages hat der Entleiher in den genannten Fällen die Optionen, die Leiharbeitnehmer zurückzuweisen oder gleichwertigen Ersatz zu verlangen. Der Verleiher ist grds. verpflichtet, gleichwertigen Ersatz zu stellen, so dass er das „Personalbeschaffungsrisiko" trägt.[1166] Es handelt sich um eine verschuldensunabhängige Haftung des Verleihers, § 276 Abs. 1 S. 1 BGB. Zudem handelt es sich um eine Gattungsschuld, so dass Verleiher lediglich einen für die vorgesehene Tätigkeit geeigneten Leiharbeitnehmer beschaffen muss.[1167] **590**

Die Verpflichtung des Verleihers, gleichwertigen Ersatz zu stellen, ist auch Gegenstand der Regelung unter § 6 Abs. 7 des Vertrages. Es bleibt bei der grds. verschuldensunabhängigen Haftung nach § 276 Abs. 1 S. 1 BGB. Allerdings handelt es sich wegen des Verweises auf § 8 Abs. 2 des Vertrages um eine verleiherfreundliche Regelung, da der Verleiher im Falle der unverschuldeten Unmöglichkeit der Ersatzgestellung berechtigt ist, den Vertrag hinsichtlich des konkreten Mitarbeiters zu kündigen, ohne dass dem Entleiher dadurch Ansprüche entstehen. **591**

Ab dem 1.1. 2017 dürfen Leiharbeitnehmer gem. § 11 Abs. 2 AÜG n.F. keine Tätigkeiten übernehmen, die bisher von Arbeitnehmern erledigt wurden, die sich im Arbeitskampf befinden oder ihrerseits Tätigkeiten von Arbeitnehmern, die sich im Arbeitskampf befinden, übernommen haben. Soweit es sich nicht um eine solche „streikbetroffene Ersatztätigkeit" handelt, der Einsatz des Leiharbeitnehmers damit also ausnahmsweise zulässig bleibt, haben Leiharbeitnehmer ein Leistungsverweigerungsrecht gemäß § 11 Abs. 5 AÜG im Falle von Arbeitskämpfen beim Entleiher. Der Verleiher hätte allerdings die Möglichkeit, einen leistungswilligen Leiharbeitnehmer als Ersatz zu stellen. **592**

Tarifvertragliche Regelungen aus dem BAP-DGB/alternativ: IGZ-DGB-Tarifvertrag können strengere Regelungen vorsehen.

Die vertragliche Regelung unter § 6 Abs. 9 trägt der Geltung des Allgemeinen Gleichbehandlungsgesetzes (AGG) Rechnung. Nach § 6 Abs. 2 AGG sind sowohl der Verleiher als auch der Entleiher als Arbeitgeber im Sinne des AGG des Leiharbeitnehmers anzusehen. Wegen der in § 12 Abs. 1 AGG geregelten Verpflichtung des Arbeitgebers, die erforderlichen Maßnahmen zum Schutz vor Benachteiligungen wegen eines in § 1 AGG genannten Grundes zu treffen, sollten die unter § 5 Abs. 9 des Vertrages vorgesehenen Regelungen vereinbart werden.[1168] **593**

g) Besserstellungsvereinbarungen, § 7

In einigen Unternehmen bestehen Vereinbarungen über Leistungen für die Leiharbeitnehmer (sogenannte Besserstellungsvereinbarungen). Darin sind üblicherweise Regelungen enthalten, die bestimmte Zulagen für Leiharbeitnehmer oder die stufenweise Anpassung ihres Gehaltes an das Entgeltniveau im Kundenbetrieb vorsehen. Nach den Branchenzuschlagstarifverträgen sind nur Betriebsvereinbarungen oder Haus- **594**

1166 *Grimm/Brock*, § 13 Rn 26; AG Solingen 8.8.2000, NZA/RR 2000, 579.
1167 BGH 13.5.1975, AP Nr. 1 zu § 12 AÜG; *Boemke*, BB 2006, 997, 998; *Staudinger/Schliemann*, § 243 Rn 46 ff.
1168 Vgl. *Oberwetter*, BB 2007, 1109; *Wisskirchen*, DB 2006, 1496.

tarifverträge/Anerkennungstarifverträge etc. relevant, nicht aber Gesamtzusagen oder betriebliche Übungen. Sollten solche Vereinbarungen bestehen, sollten diese im Arbeitnehmerüberlassungsvertrag vom Entleiher mitgeteilt und vereinbart werden, damit die Beteiligten darüber eine klare Regelung schaffen. Die Regelung unter Ziffer 7.2 soll vermeiden, dass angesichts der von der Einsatzdauer abhängigen Branchenzuschläge eine Verschiebung von Leiharbeitnehmern in unterschiedliche Betriebe erfolgt. Ferner soll vermieden werden, dass Mitarbeiter vertraglich einem bestimmten Einsatzbetrieb zugeordnet sind, der nicht branchenzuschlagspflichtig ist und im Anschluss eine Tätigkeit in einem branchenzuschlagspflichtigen Teil des Unternehmens erfolgt, ohne eine entsprechende Vereinbarung getroffen zu haben.

h) Dauer des Vertrages und Kündigung, § 8

595 Die Kündigungsregelung unter § 8 Abs. 1 beinhaltet die für die Zeitarbeit typische kurze Kündigungsfrist von fünf Werktagen, um die von der Zeitarbeit beworbene Flexibilität beim Einsatz von Leiharbeitnehmern zu gewähren. Darüber hinaus soll der Entleiher berechtigt sein, faktisch von der Überlassung hinsichtlich einzelner Leiharbeitnehmer zurückzutreten, soweit er dies innerhalb des ersten Einsatztages des Leiharbeitnehmers erklärt. Das Recht zur außerordentlichen Kündigung des Vertrages bei Vorliegen eines wichtigen Grundes nach § 626 BGB besteht in jedem Fall und bedarf insoweit keiner besonderen Vereinbarung.

596 Die Regelung unter § 8 Abs. 2 beinhaltet eine verleiherfreundliche Kündigungsmöglichkeit, falls eine Ersatzbeschaffung durch den Verleiher aus Gründen, die er nicht zu vertreten hat, unterbleibt. Weitergehende Ersatzansprüche des Entleihers werden ausgeschlossen. Insoweit handelt es sich um eine vertragliche Abweichung von der Gattungsschuld, da diese Regelung im Ergebnis die Verpflichtung zur Ersatzgestellung auf die eigenen Mitarbeiter des Verleihers beschränkt.[1169] Eine weitere Begrenzung der Gattungsschuld kann dadurch eintreten, dass die Überlassung von bestimmten Leiharbeitnehmern vereinbart wird.[1170]

597 Die Regelung unter § 8 Abs. 3 ist als Ausfluss der Qualifikation als Gattungsschuld zulässig.[1171] Insoweit besteht eine gewisse Dispositionsfreiheit des Verleihers. Nach der Regelung unter § 8 Abs. 4 soll erreicht werden, dass bei unzutreffenden Angaben des Entleihers im Zusammenhang mit den Branchenzuschlagstarifen die Sanktion einer außerordentlichen Kündigung droht. Die genannten unzutreffenden Angaben können zu erheblichen rechtlichen und wirtschaftlichen Problemen beim Verleiher führen, weshalb eine entsprechende Absicherung angezeigt ist. Daneben sind Schadensersatzansprüche wegen einer Verletzung des Arbeitnehmerüberlassungsvertrages möglich.

i) Vergütung, § 9

598 Im Hinblick auf die Vergütung und die unterschiedlichen Stundensätze, die bei der Überlassung zahlreicher Arbeitnehmer in Betracht kommen, sollte erneut eine Anlage zum Vertrag vereinbart werden. Die Regelung der § 9 Abs. 1 stellt zudem klar, welche weiteren Kosten von der zu zahlenden Vergütung erfasst sind. Dies empfiehlt sich insbesondere im Hinblick auf Reisekosten sowie Verpflegungsmehraufwand. Der Verleiher wird diese weiteren Kosten regelmäßig kalkulatorisch in seinen Stundensätzen berücksichtigen. Soweit die Leiharbeitnehmer vom Verleiher bereits mit Arbeitsmitteln und Werkzeugen sowie mit Schutz- und Sicherheitsausrüstung versorgt sind, so dass für den Entleiher keine weiteren Kosten entstehen, könnte folgende Regelung vereinbart werden:

Formulierungsbeispiel

Die Stundensätze schließen ferner ein, dass der Zeitarbeitnehmer der gemäß im Einzelvertrag geforderten Qualifikation mit entsprechenden und ausreichenden Arbeitsmitteln/Werkzeugen sowie

---

1169 *Boemke/Lembke*, § 12 Rn 36; Schüren/*Schüren*, Einleitung Rn 323.
1170 AG Solingen, 8.8.2000, NZA/RR 2000, 579, 580.
1171 *Ulber*, § 12 Rn 19; Thüsing/*Thüsing*, § 12 Rn 27; *Boemke/Lembke*, § 12 Rn 36.

– soweit erforderlich – erforderlicher Schutz- und Sicherheitsausrüstung (z.B. Sicherheitsschuhe, Helm) durch den Verleiher versorgt ist.

Üblicherweise werden zudem Zuschläge für Mehr-, Sonn-, Feiertags- und Nachtarbeit im Rahmen der Arbeitnehmerüberlassung vereinbart, da auch der Verleiher seinen Leiharbeitnehmern derartige Zuschläge schuldet.[1172] Für diesen Fall kann an die Regelung in § 7 TV BZA/DGB angeknüpft werden. Zu beachten ist, dass der Verleiher die an seine Leiharbeitnehmer zu zahlenden Zuschläge auf einem anderen Basissatz berechnet (tarifliches Stundenentgelt gemäß §§ 2–4 des Entgelttarifvertrages Zeitarbeit BZA/DGB) und nicht auf Basis der Überlassungsvergütung. Auch andere Gestaltungen sind denkbar. **599**

j) Rechnungslegung, § 10

Durch die Regelung unter § 10 Abs. 1 zur Rechnungslegung soll eine zeitnahe Erfassung, Kontrolle und Dokumentation der geleisteten Stunden gewährleistet werden. Nach der vertraglichen Regelung im Arbeitnehmerüberlassungsvertrag werden lediglich die tatsächlich geleisteten Stunden, ausschließlich der Pausen, vergütet, so dass eine detaillierte Erfassung, Kontrolle und Genehmigung dieser Stunden sichergestellt werden sollte. **600**

Unter § 10 Abs. 2 wird ein Abrechnungszeitraum von maximal einem Monat vereinbart. Dies ist in der Praxis üblich und erleichtert die Nachvollziehbarkeit und Überprüfbarkeit der Abrechnung. Die zuschlagspflichtigen Stunden sollten zur besseren Nachvollziehbarkeit gesondert aufgeführt werden. Dies erleichtert im Übrigen auch die Abrechnung der Vergütung des Leiharbeitnehmers durch den Verleiher nach den Regelungen des Leiharbeitsvertrages (siehe hierzu Rdn 633). **601**

k) Arbeitsschutz/Arbeitssicherheit, § 11

Der Arbeitsschutz und die Arbeitssicherheit sind bei der Arbeitnehmerüberlassung von besonderer Bedeutung, da die Leiharbeitnehmer bei wechselnden Entleihern mit unterschiedlichen Gefahrenquellen tätig werden. Insoweit werden dem Entleiher von § 11 Abs. 6 AÜG besondere Verpflichtungen hinsichtlich des Arbeitsschutzes auferlegt. Diese Verpflichtungen werden unter § 11 Abs. 1 des Vertrages erneut aufgerufen. Die vertragliche Regelung macht deutlich, dass auch ohne eine vertragliche Beziehung zwischen dem Leiharbeitnehmer und dem Entleiher Schutzpflichten des Leistungsempfängers gegenüber dem Leistungserbringer bestehen.[1173] Maßgeblich sind allein die für den Entleiherbetrieb geltenden Vorschriften. I.d.R. handelt es sich bei diesen Vorschriften um das Arbeitsschutzgesetz, das Arbeitszeitgesetz, das Mutterschutzgesetz, die Unfallverhütungsvorschriften nach §§ 15 ff. SGB VII, etc. Gleichzeitig werden die Verpflichtungen des Entleihers nach § 12 Abs. 2 Arbeitsschutzgesetz und § 81 Abs. 1 BetrVG konkretisiert. Die gleichlautenden Verpflichtungen des Verleihers für den Verleiherbetrieb bleiben von den Verpflichtungen des Entleihers unberührt. Darüber hinaus besteht eine Überwachungs- und Kontrollpflicht des Verleihers gegenüber dem Entleiher hinsichtlich der Arbeitsschutzregelungen.[1174] Die Regelungen unter § 9 Abs. 2 bis Abs. 4 konkretisieren weitere Verpflichtungen des Entleihers im Zusammenhang mit der Arbeitssicherheit. § 11 Abs. 2 macht die gesetzliche Verpflichtung des Arbeitgebers zur Sicherheitseinweisung nach § 12 Abs. 1 Arbeitsschutzgesetz deutlich, die auch im Verhältnis zwischen Entleiher und Leiharbeitnehmer gilt. Die Anzeigeverpflichtung des Entleihers bei Arbeitsunfällen der Leiharbeitnehmer gegenüber dem Verleiher dient insbesondere dazu, damit der Verleiher seine Verpflichtungen als Arbeitgeber erfüllen kann. Nach § 11 Abs. 4 muss der Verleiher einen „erfüllungstauglichen" Leiharbeitnehmer zur Verfügung stellen, der insbesondere die gesundheitliche Eignung für die vorgesehenen Tätigkeiten aufweist.[1175] Diese Regelung verpflichtet den Entleiher, dem Verleiher eine Vorbeschäftigung beim Entleiher innerhalb der letzten sechs **602**

1172 § 7 MTV BZA/DGB, www.bza.de.
1173 *Boemke/Lembke*, § 11 Rn 139 m.w.N. sowie §§ 618 Abs. 1, 241 Abs. 2 BGB.
1174 Schüren/*Schüren*, § 11 Rn 123.
1175 *Boemke/Lembke*, § 12 Rn 18.

Monate vor der Überlassung mitzuteilen, damit die Grundsätze des Equal Pay/Equal Treatment selbst im Falle der Anwendung eines Tarifvertrages keine Anwendung finden. Diese sogenannte „Drehtürklausel" nach § 3 Abs. 1 Nr. 3 AÜG sieht die Anwendung der Grundsätze des Equal Pay/Equal Treatment vor, soweit eine solche schädliche Vorbeschäftigung gegeben ist.

Mit der Regelung unter § 11 Abs. 6 soll der Entleiher an seine gesetzliche Verpflichtung nach § 13b AÜG erinnert werden.

l) Haftung/Versicherung, § 12

603 Bei der Arbeitnehmerüberlassung haftet der Verleiher gegenüber dem Entleiher lediglich für das so genannte Auswahlverschulden und nicht für die von den Leiharbeitnehmern erbrachten Leistungen. Die Haftung ergibt sich aus §§ 280 Abs. 1, 241 Abs. 2 BGB.[1176] Eine weitergehende Haftung des Verleihers kann entstehen, wenn sie auf ein Auswahlverschulden des Verleihers zurückzuführen ist. Die im Vertrag vorgesehene Haftungsfreizeichnung für Bewerbungsunterlagen wird lediglich bedingt möglich sein, da erhöhte Sorgfaltspflichten für den Verleiher bei der Besetzung bestimmter Positionen bestehen können.[1177]

604 Zur Klarstellung wird vereinbart, dass die Leiharbeitnehmer keine Erfüllungsgehilfen oder Verrichtungsgehilfen des Verleihers sind. Eine Haftung des Verleihers gegenüber dem Entleiher aus §§ 278, 831 BGB scheidet insoweit aus.[1178] Die Eigenhaftung der Leiharbeitnehmer gegenüber dem Entleiher, Stammarbeitnehmern oder sonstigen Dritten bleibt davon unberührt.[1179]

605 In der Praxis kommt zudem eine Vereinbarung von Versicherungsschutz in Betracht, um eine Schadloshaltung des Entleihers im Schadensfall zu gewährleisten. Dabei sind zahlreiche Gestaltungen denkbar. Die Eintrittspflicht der Versicherung wird maßgeblich davon abhängen, ob tatsächlich eine Haftung des Verleihers wegen eines Auswahlverschuldens besteht.

m) Geheimhaltungspflicht, § 13

606 Die Geheimhaltungsverpflichtung unter § 13 des Vertrages ist bei der Arbeitnehmerüberlassung von besonderer Bedeutung, da für die Entleiher ein Einsatz von betriebsfremden Dritten lediglich in Betracht kommt, wenn die Vertraulichkeit gewahrt ist. Zudem können Entleiher in bestimmten Fällen ein besonderes Schutzbedürfnis haben (z.B. Kunden- und Bankdaten im Falle einer Arbeitnehmerüberlassung an eine Bank). Zudem ist auch eine direkte Kenntnis des Verleihers von vertraulichen Informationen möglich, insbesondere, wenn der Entleiher derartige Umstände bei der Mitteilung der besonderen Merkmale der vorgesehenen Tätigkeit offenbaren muss. Auch wenn es in der Praxis zumeist kaum möglich sein wird, den Nachweis zu erbringen, auf welche Weise bestimmte Informationen in Umlauf gekommen sind, sollte diese Regelung im Arbeitnehmerüberlassungsvertrag nicht fehlen. Darüber hinaus könnte der Regelung mit einer Vertragsstrafe Nachdruck verliehen werden.

607 Nach § 13 Abs. 5 des Vertrages muss der Verleiher die entsprechenden Geheimhaltungsverpflichtungen auch mit seinen Leiharbeitnehmern vereinbaren, damit sich auch die unmittelbar mit den vertraulichen Informationen in Berührung gekommenen Leiharbeitnehmer an die Geheimhaltungsverpflichtung halten müssen. Die Verpflichtung der Leiharbeitnehmer zur Geheimhaltung gegenüber ihrem Arbeitgeber (dem Verleiher) bleibt davon unberührt (siehe Rdn 640). In der Praxis verlangen Entleiher zunehmend die Unterzeichnung einer zusätzlichen Geheimhaltungs- und Verschwiegenheitserklärung durch die Leiharbeitnehmer, die für den Einsatz beim Entleiher vorgesehen sind. In diesen Fällen sollte der Verleiher

1176 BGH 13.5.1975, AP Nr. 1 zu § 12 AÜG; OLG Celle 1.2.1973, EzAÜG § 611 BGB Haftung Nr. 2.
1177 Schaub/Schrader, § 17 Rn 28; BGH 23.5.1975, BB 1975, 969 für die Einholung eines polizeilichen Führungszeugnisses für einen als Buchhalter zu überlassenden Leiharbeitnehmer.
1178 BGH 9.3.1975, AP Nr. 1 zu § 611 BGB Leiharbeitsverhältnis; Urban-Crell/Schulz, Rn 387 ff.; Schüren/Brors, Einleitung Rn 434.
1179 Schüren/Brors, Einleitung Rn 491 ff.

sicherstellen, dass seine Leiharbeitnehmer bereit sind, diese zusätzlichen Vereinbarungen zu unterzeichnen (siehe Rdn 640).

Die Unterweisung in den Datenschutz der Leiharbeitnehmer durch den Verleiher ist wegen der wechselnden **608** Einsatzstellen der Leiharbeitnehmer und der dadurch bedingten Kenntnisnahme von zahlreichen personenbezogenen Daten von besonderer Bedeutung. Darüber hinaus werden die Leiharbeitsverträge regelmäßig Regelungen zum Datenschutz und zum Umgang mit personenbezogenen Daten der Entleiher beinhalten (siehe Muster Leiharbeitsvertrag).

n) Übernahme von Mitarbeitern, § 14

Die Übernahme von Leiharbeitnehmern durch den Entleiher kommt in der Praxis häufig vor und ist vom **609** Gesetzgeber gewünscht, um auf diese Weise einen Beitrag zur Reduzierung der Arbeitslosigkeit zu leisten (so genannter „Klebeeffekt").[1180] Die Regelung unter § 14 Abs. 1 liegt im Interesse des Entleihers und unterscheidet nicht nach dem Zeitpunkt der Angebotsunterbreitung durch den Entleiher, so dass Angebote an die Leiharbeitnehmer auch während der Überlassung möglich wären und nicht das Ende der Überlassung abgewartet werden müsste. Allerdings wird für den erfolgreichen Fall einer Einstellung eines Leiharbeitnehmers durch den Entleiher grds. eine Vermittlungsprovision zu zahlen sein (dazu sogleich).

Ein Einstellungsverbot für die Zeit nach Beendigung des Arbeitsverhältnisses zwischen Leiharbeitnehmer **610** und Verleiher ist nach § 9 Nr. 3 AÜG ohnehin unwirksam, da die verfassungsrechtlich geschützte Berufswahlfreiheit des Leiharbeitnehmers nach Art. 12 Abs. 1 S. 1 GG beeinträchtigt werden würde.[1181] Bei einem Wechsel zum Entleiher müssen die Leiharbeitnehmer allerdings die jeweils maßgeblichen Kündigungsfristen einhalten, um eine Verleitung zum Vertragsbruch durch den Entleiher zu vermeiden.[1182] Der Verleiher kann einen Wechsel des Leiharbeitnehmers zum Entleiher auch nicht durch ein entsprechendes Verbot im Leiharbeitsvertrag verhindern. Ein solches Verbot wäre nach § 9 Nr. 4 AÜG unwirksam.

§ 14 Abs. 2 sieht die Vereinbarung einer Vermittlungsprovision für den Fall der Einstellung eines Leih- **611** arbeitnehmers durch den Entleiher während der Überlassung oder in den ersten sechs Monaten nach Beendigung des Überlassungsverhältnisses vor. Der Gesetzgeber hat mit dem Dritten Gesetz für moderne Dienstleistungen am Arbeitsmarkt vom 23.12.2003 eine solche Vereinbarung in § 9 Nr. 3 Hs. 2 AÜG ausdrücklich für zulässig erklärt.[1183] Die Vermittlungsgebühr muss allerdings „angemessen" i.S.d. § 9 Nr. 3, 2. HS AÜG sein, um eine Unwirksamkeit der Provisionsregelung zu vermeiden. Eine geltungserhaltende Reduktion einer zu hohen Vermittlungsgebühr soll im Hinblick auf den Gesetzeszweck des § 9 Nr. 3 AÜG und das Recht des Leiharbeitnehmers auf freie Wahl des Arbeitsplatzes ausscheiden.[1184] Eine Vermittlungsgebühr in Höhe von einem Bruttomonatsgehalt des Leiharbeitnehmers soll in jedem Fall angemessen sein.[1185] Rechtsprechung zur Frage der Angemessenheit liegt bisher nicht vor.[1186] Einige Instanzgerichte haben zur alten Rechtslage eine Vermittlungsgebühr von bis zu 15 % eines Bruttojahresgehaltes für zulässig erachtet.[1187]

Ob neben der Angemessenheitsprüfung nach § 9 Nr. 3 Hs. 2. AÜG zudem die §§ 305 ff. BGB anzuwenden sind, ist umstritten.[1188]

1180 Vgl. *Urban-Crell/Schulz*, Rn 380, die auf eine Übernahmequote von 30 % hinweisen.
1181 BGH 3.7.2003, BB 2003, 2015; LAG Baden-Württemberg 3.12.1998, LAGE Nr. 5 zu § 9 AÜG; Schüren/*Schüren*, § 9 Rn 69 ff.
1182 Vgl. *Boemke/Lembke*, § 9 Rn 502.
1183 BGBl I S. 2848.
1184 Vgl. *Boemke/Lembke*, § 9 Rn 514; Thüsing/*Mengel*, § 9 Rn 61.
1185 Vgl. Schüren/*Schüren*, § 9 Rn 80 ff. m.w.M.
1186 Zur Zulässigkeit der Vereinbarung einer Vermittlungsprovision vgl. BGH 7.12.2006, DB 2007, 526 sowie dazu *Lembke/Fesenmeyer*, DB 2007, 801 ff.
1187 Thüsing/*Mengel*, § 9 Rn 58.
1188 Vgl. Thüsing/*Mengel*, § 9 Rn 58, der § 9 Nr. 3 AÜG als vorrangiges Spezialgesetz versteht. Andere Auffassung zum alten Recht LG Düsseldorf 25.1.2002, BB 2002, 946.

Die Vermutungsregelung unter § 14 Abs. 2 dient der Beweislastumkehr und soll den Nachweis der Kausalität für den Verleiher erleichtern.[1189]

23

3. Anstellungsvertrag Verleiher/Leiharbeitnehmer

▼

612 **Muster 1b.23: Anstellungsvertrag Verleiher/Leiharbeitnehmer**

§ 1 Vertragsgegenstand/Tätigkeit

(1) Der Arbeitgeber stellt seinen Kunden zur Erledigung von Aufgaben an verschiedenen Orten vorübergehend Personal zur Verfügung. Der Arbeitgeber ist in Besitz einer unbefristeten/befristeten Erlaubnis nach Artikel 1 § 1 AÜG, die am ▓▓▓▓ durch die Landesagentur für Arbeit ▓▓▓▓ erteilt wurde. Die Erlaubnis ist diesem Vertrag als **Anlage 1** in Kopie beigefügt. Der Arbeitnehmer wird hiermit darüber informiert, dass er als Leiharbeitnehmer tätig wird.

(2) Der Arbeitgeber verpflichtet sich, den Arbeitnehmer unverzüglich schriftlich über den Zeitpunkt des Wegfalls der Erlaubnis zu unterrichten. In den Fällen der Nichtverlängerung, der Rücknahme oder des Widerrufs wird er den Arbeitnehmer ferner auf das voraussichtliche Ende der Abwicklung und die gesetzliche Abwicklungsfrist hinweisen.

(3) Der Arbeitnehmer wird als ▓▓▓▓ eingestellt. Seine Tätigkeiten umfassen insbesondere ▓▓▓▓. Für die Tätigkeit des Arbeitnehmers sind folgende besondere Qualifikationen notwendig ▓▓▓▓. Der Arbeitnehmer hat diese Qualifikationen durch Vorlage der Zeugnisse/Prüfungsbescheinigungen nachgewiesen.

(4) Der Arbeitgeber ist berechtigt, dem Arbeitnehmer andere gleichwertige Tätigkeiten zuzuweisen, die zumutbar sind und seinen Kenntnissen und Fähigkeiten entsprechen. Zudem ist der Arbeitnehmer verpflichtet, bei mangelnden Aufträgen auch im Betrieb des Arbeitgebers tätig zu werden.

(5) Der Arbeitgeber ist auch berechtigt, dem Arbeitnehmer vorübergehend auch weniger qualifizierte Tätigkeiten zuzuweisen, soweit diese seiner Ausbildung oder seiner beruflichen Entwicklung entsprechen. Der Arbeitnehmer behält während dieser Zeit seinen Vergütungsanspruch.

(6) Dem Arbeitnehmer ist bekannt, dass er dem Direktionsrecht des Kundenbetriebes unterliegt, soweit er Aufgaben im Kundenbetrieb wahrnimmt. Das allgemeine Direktionsrecht des Arbeitgebers bleibt davon unberührt.

(7) Die Rechte und Pflichten der Arbeitsvertragsparteien bestimmen sich nach den BAP-DGB-/alternativ: IGZ-DGB-Tarifverträgen für die Zeitarbeitsbranche, bestehend aus dem Mantel-, Entgelt-, Entgeltrahmentarifverträgen vom TT.MM.20JJ und den diese ergänzenden, ändernden oder ersetzenden Tarifverträge in der jeweils gültigen Fassung. Als ergänzend in diesem Sinne gelten auch die mit den einzelnen Gewerkschaften der DGB-Tarifgemeinschaft geschlossenen Tarifverträge über Branchenzuschläge für Arbeitnehmerüberlassung. Die Tarifverträge liegen zur Einsichtnahme in den Geschäftsräumen aus. Für die Dauer des Kundeneinsatzes gelten diejenigen unter Abs. 7 genannten Tarifverträge der jeweiligen Gewerkschaft der DGB Tarifgemeinschaft, deren satzungsgemäßem Organisationsbereich der Kundenbetrieb unterliegt. In Zeiten, in denen der Mitarbeiter nicht in Kundenbetrieben eingesetzt werden kann, gelten die zwischen dem BAP-DGB/alternativ: IGZ-DGB geschlossenen Tarifverträge für die Zeitarbeitsbranche.

(8) Soweit es sich beim Arbeitnehmer um einen ausländischen Staatsangehörigen handelt, der einen Aufenthaltstitel nach § 4 Abs. 3 AufenthG, eine Aufenthaltsgestattung oder eine Duldung, die zur Ausübung einer Beschäftigung berechtigt, oder eine Genehmigung nach § 284 Abs. 1 SGB III benötigt, werden diese dem Arbeitgeber vom Arbeitnehmer vorgelegt. Der Arbeitgeber ist berechtigt, sich Kopien anzufertigen. Der Arbeitnehmer wird den Arbeitgeber unverzüglich unterrichten, wenn die Erlaubnisse enden.

1189 Vgl. Palandt/*Sprau*, § 652 BGB Rn 67; *Boemke/Lembke*, § 9 Rn 506; gegen die Zulässigkeit einer solchen Regelung Schüren/*Schüren*, § 9 Rn 87.

§ 2 Vertragsdauer

(1) Dieser Vertrag beginnt am   und wird auf unbestimmte Zeit geschlossen.

(2) Die ersten   Monate des Beschäftigungsverhältnisses gelten als Probezeit. Es gelten die tariflichen Kündigungsfristen. Bei Neueinstellungen beträgt die Kündigungsfrist in den ersten zwei Wochen des Beschäftigungsverhältnisses einen Tag; als Neueinstellungen gelten Arbeitsverhältnisse mit Arbeitnehmern, die mindestens drei Monate lang nicht in einem Arbeitsverhältnis mit dem Arbeitgeber   standen.

(3) Bei einem unentschuldigten Nichterscheinen am ersten Arbeitstag gilt das Arbeitsverhältnis als nicht zustande gekommen.

§ 3 Arbeitszeit

(1) Die individuelle regelmäßige monatliche Arbeitszeit beträgt zurzeit   Stunden; dies entspricht einer durchschnittlichen wöchentlichen Arbeitszeit von   Stunden. Diese muss im Durchschnitt von 12 Kalendermonaten nach Maßgabe des § 4 MTV erreicht werden.

(2) Die tatsächliche Lage der Arbeitszeit wird an die des Kundenbetriebes angepasst. Beginn und Ende der täglichen Arbeitszeit (einschließlich der Pausen) und die Verteilung der Arbeitszeit auf die einzelnen Wochentage richten sich nach den im jeweiligen Kundenbetrieb gültigen Regelungen bzw. Anforderungen. Umkleiden, Waschen sowie Pausen sind keine Arbeitszeit, es sei denn für die Arbeitnehmer im Kundenbetrieb gelten abweichende Regelungen.

(3) Zum Ausgleich der monatlichen Abweichungen zwischen der vereinbarten individuellen regelmäßigen Arbeitszeit nach § 3 Abs. 1 und der tatsächlichen Arbeitszeit nach § 3 Abs. 2 wird für den Arbeitnehmer ein Arbeitszeitkonto nach Maßgabe von § 4 MTV eingeführt. Mit dem Arbeitnehmer wird hiermit gemäß § 4 Abs. 5a MTV vereinbart, dass der Arbeitgeber berechtigt ist, jederzeit einen Ausgleich der Plusstunden in Zeit zu verlangen.

(4) Der Arbeitnehmer ist im Rahmen der gesetzlichen Vorschriften verpflichtet, auf Verlangen des Arbeitgebers zumutbare Mehrarbeit, Nacht-, Sonn- und Feiertagsarbeit zu leisten.

(5) Der Arbeitnehmer ist verpflichtet, wöchentlich die geleisteten Arbeitsstunden in die vom Arbeitgeber ausgehändigten Arbeitsnachweise einzutragen und sich vom Kunden mit Stempel und Unterschrift bestätigen zu lassen. Die Arbeitsnachweise sind spätestens in der jeweiligen Folgewoche beim Arbeitgeber einzureichen.

§ 4 Vergütung

(1) Der Arbeitnehmer wird in die Entgeltgruppe   des Entgeltrahmentarifvertrages eingestuft. Sein Stundensatz beträgt damit nach dem Entgelttarifvertrag zur Zeit   EUR brutto, ausschließlich der Pausen. Nach neun Monaten ununterbrochener Einsatzdauer bei demselben Entleiher, erhält der Arbeitnehmer das im Einsatzbetrieb einem vergleichbaren Stammarbeitnehmer geschuldete tarifvertragliche Arbeitsentgelt.

[*Alternativ bei Einschlägigkeit eines Branchentarifvertrags: Nach sechs Wochen ununterbrochener Einsatzdauer erhält der Arbeitnehmer das nach dem Branchentarifvertrag   geschuldete Entgelt. Eine Erhöhung des Entgelts wird in der Folge wie folgt gestaffelt: . Nach neun Monaten ununterbrochener Einsatzdauer bei demselben Entleiher, erhält der Arbeitnehmer das im Einsatzbetrieb einem vergleichbaren Stammarbeitnehmer geschuldete tarifvertragliche Arbeitsentgelt.*]

Der Einsatz ist ununterbrochen erfolgt, wenn zwischen den Einsätzen bei demselben Entleiher nicht mehr als drei Monate liegen. Ist im Einsatzbetrieb ein tarifvertragliches Arbeitsentgelt nicht geschuldet, wird dem Arbeitnehmer das tarifvertragliche Arbeitsentgelt gezahlt, das für vergleichbare Arbeitnehmer in der Einsatzbranche gilt. Kommen in der Einsatzbranche mehrere Tarifverträge zur Anwendung, so ist auf den Tarifvertrag abzustellen, der in der Branche prägend ist. Zum Arbeitsentgelt zählt jede Vergütung, die aus Anlass des Arbeitsverhältnisses gewährt wird, bzw. aufgrund gesetzlicher Entgeltfortzahlungstatbestände gewährt werden muss, insbesondere Urlaubsentgelt, Entgeltfortzahlung, Sonderzahlungen, Zulagen und Zuschläge sowie vermögenswirksame Leistungen. Zum Arbeitsentgelt gehören auch Sachbezüge, die der Entleiher seinen Stammarbeitnehmern gewährt. Für diesen Fall erhält der Arbeitnehmer einen Wertausgleich in EUR.

(2) Das Tarifentgelt erhält der Arbeitnehmer auch für Zeiten, in denen er nicht in Kundenbetrieben eingesetzt werden kann. In diesen Zeiten besteht kein Anspruch auf die Zahlung eines Branchenzuschlags.

(3) Die Höhe etwaiger Branchenzuschläge, die sich für den jeweiligen Einsatz im Kundenbetrieb ergeben, richtet sich nach dem jeweils geltenden Tarifvertrag über Branchenzuschläge für Arbeitnehmerüberlassung. Der Arbeitgeber informiert den Arbeitnehmer, wenn er diesen in einem Kundenbetrieb einsetzt, der dem Geltungsbereich eines solchen Tarifvertrages unterfällt.

(4) Ein etwaiger über den im vorgenannten Absatz genannten Anspruch hinausgehender Vergütungsanspruch richtet sich nach dem jeweils geltenden Tarifvertrag über Branchenzuschläge für Arbeitnehmerüberlassungen in Verbindung mit betrieblichen Vereinbarungen für den Arbeitnehmer im Kundenbetrieb. Der Arbeitgeber informiert den Arbeitnehmer ab Kenntnis über Vereinbarungen in diesem Sinne. Die Mitteilung kann dabei auch im Rahmen einer für jeden Einsatz gesonderten Vereinbarung erfolgen.

(5) Jede über- bzw. außertarifliche Zulage (z.B. Leistungs-, Einsatz-, Funktions-, Schmutz-, Akkord-, Erschwerniszulage, etc.) mindert sich, ohne dass es einer entsprechenden Erklärung des Arbeitgebers bedarf um den Betrag einer etwaigen zukünftigen oder rückwirkenden Erhöhung des tariflichen Entgeltes (Anspruch auf einsatzbezogene Zulage, Erhöhung als Ergebnis von Tarifverhandlungen, auch im Falle von Einmalzahlungen, Wechsel des Einsatzgebiets, Anspruch auf einen Branchenzuschlag), einer Umgruppierung des Mitarbeiters in eine höhere Entgeltgruppe als in § 4 Abs. 1 genannt oder einer Erhöhung des tariflichen Entgelts zum Ausgleich einer Arbeitszeitverkürzung. Dies gilt auch für eine Mindestlohnzulage nach dem Arbeitnehmerentsendegesetz. Im Falle einer rückwirkenden Erhöhung des tariflichen Entgelts mindert sich die übertarifliche Zulage rückwirkend auf den Zeitpunkt der Erhöhung.

(6) Die Vergütung ist jeweils zum 15. Banktag des Folgemonats auf ein vom Arbeitnehmer anzugebendes Konto zu überweisen.

(7) Für Tätigkeiten bei einem Entleiher erhält der Arbeitnehmer bei Benutzung des zeitlich günstigsten öffentlichen Verkehrsmittels die über 1,5 Stunden hinausgehende, tatsächlich aufgewendete Wegezeit für den einfachen Weg mit dem vereinbarten Stundenlohn je Hin- und Rückweg bezahlt, soweit er die Benutzung eines öffentlichen Verkehrsmittels oder eine entsprechende Fahrtzeit mit einem Kraftfahrzeug nachweist. Wegezeiten finden bei der Berechnung der Mehr-, Nacht-, Sonntags- und Feiertagsarbeitszuschläge keine Berücksichtigung.

§ 5 Arbeitszuweisung/Bereithaltung/Meldepflicht

(1) Soweit der Arbeitgeber außerstande ist, dem Arbeitnehmer eine vertragsgemäße Tätigkeit zuzuweisen, berührt dies den Vergütungsanspruch des Arbeitnehmers nicht. Für diesen Fall hat sich der Arbeitnehmer für Einsatzmitteilungen, insbesondere arbeitstäglich während der Zeit zwischen 8:00 Uhr und 13:00 Uhr und zwischen 14:00 Uhr und 17:00 Uhr bereit zu halten und muss telefonisch erreichbar sein.

Der Arbeitnehmer ist zudem verpflichtet, sich jeweils täglich zu einem mit dem Arbeitgeber vereinbarten Zeitpunkt telefonisch mit dem Arbeitgeber in Verbindung zu setzen. Die Telefonkosten übernimmt der Arbeitgeber.

(2) Ist der Arbeitnehmer für den Arbeitgeber nicht erreichbar oder hat er sich nicht gemeldet und wird dadurch ein Einsatz vereitelt, besteht für diesen Tag kein Anspruch auf Vergütung. Die Geltendmachung eines weiteren Schadens gemäß § 5 Abs. 3 bleibt unberührt.

(3) Kommt der Arbeitnehmer einer Verpflichtung nach § 5 Abs. 1 nicht nach, ist er dem Arbeitgeber zum Ersatz des daraus entstehenden Schadens verpflichtet. § 5 Abs. 2 bleibt unberührt.

§ 6 Einsatz beim Kunden/Versetzung

(1) Der Arbeitgeber ist berechtigt, den Arbeitnehmer im gesamten Gebiet der Bundesrepublik Deutschland/im Postleitzahlengebiet ▮▮▮ einzusetzen.

(2) Der Arbeitgeber ist berechtigt, den Arbeitnehmer jederzeit von einem Einsatz beim Kunden abzuberufen und anderweitig einzusetzen. Die persönlichen Belange des Arbeitnehmers sind dabei zu berücksichtigen.

(3) Der Arbeitnehmer wird nicht in Betrieben eingesetzt, die durch einen rechtmäßigen Arbeitskampf unmittelbar betroffen sind. Ausnahmsweise kann der Einsatz im Rahmen des für den Kundenbetrieb vereinbarten Notdienstes erfolgen.

(4) Der Arbeitnehmer ist verpflichtet, dem Arbeitgeber Änderungen in der Qualität, der Art oder dem Umfang seiner Tätigkeit im Kundenbetrieb unverzüglich mitzuteilen.

§ 7 Geschäfts- und Betriebsgeheimnisse

(1) Der Arbeitnehmer ist verpflichtet, für die Dauer des Anstellungsverhältnisses über alle Geschäfts- und Betriebsgeheimnisse des Arbeitgebers und der Kunden strengstes Stillschweigen zu bewahren. Dies gilt auch für alle vertraulichen Angelegenheiten und Vorgänge über Tochtergesellschaften oder verbundene Unternehmen des Arbeitgebers sowie des Unternehmens des Entleihers.

(2) Der Arbeitnehmer ist verpflichtet, für die Dauer des Anstellungsverhältnisses über solche Angelegenheiten, Informationen, Unterlagen und Datensammlungen strengstes Stillschweigen zu bewahren, die vom Arbeitgeber oder den Kunden als vertraulich oder unternehmensintern gekennzeichnet sind oder deren Geheimhaltungsbedürftigkeit sonst für ihn erkennbar ist. Er verpflichtet sich, auf Wunsch des jeweiligen Kunden eine gesonderte Geheimhaltungsvereinbarung zu unterzeichnen.

(3) Die Geheimhaltungsverpflichtungen des Abs. 1 und 2 bleiben auch nach Beendigung des Arbeitsverhältnisses bestehen.

(4) Der Arbeitnehmer ist verpflichtet, personenbezogene Daten, die ihm im Rahmen seiner Tätigkeit für den Arbeitgeber oder den Kunden bekannt werden, nicht unbefugt zu verarbeiten, bekanntzugeben, zugänglich zu machen oder auf andere Weise zu nutzen, soweit die Offenbarung nicht gesetzlich bzw. von einer Behörde oder einem Gericht verlangt wird. Personenbezogene Daten sind alle Einzelangaben über persönliche und sachliche Verhältnisse einer natürlichen Person. Diese Verpflichtung besteht während der gesamten Dauer dieses Vertrages und nach seiner Beendigung.

§ 8 Unterlagen/Gegenstände

(1) Der Arbeitnehmer verpflichtet sich, alle ihm zur Verfügung gestellten oder sich sonst in seinem Besitz befindlichen Arbeitsmittel und Unterlagen des Arbeitgebers und der Kunden sowie sämtliche angefertigten Schriftstücke, Aufzeichnungen, Konzepte, welche den Arbeitgeber und/oder den Kunden betreffen, ordnungsgemäß aufzubewahren und insbesondere dafür zu sorgen, dass unbefugte Dritte nicht Einsicht nehmen können; gleiches gilt für Kopien und Datenträger. Dem Arbeitnehmer ist es untersagt, Kopien oder Abschriften von Unterlagen des Kunden für private oder andere nicht dienstliche Zwecke anzufertigen.

(2) Der Arbeitnehmer hat jederzeit auf Aufforderung des Kunden und bei Beendigung seines Einsatzes beim Kunden unaufgefordert unverzüglich sämtliche Gegenstände und Unterlagen des Kunden sowie sämtliche angefertigten Schriftstücke, Aufzeichnungen, Konzepte, welche den Kunden betreffen, einschließlich etwaiger Abschriften und Kopien, vollständig am Sitz des Kunden zurückzugeben und dem Kunden die vollständige Rückgabe schriftlich zu bestätigen. Der Arbeitnehmer hat darüber hinaus auf Aufforderung des Kunden unverzüglich sämtliche von ihm auf Datenträger gespeicherten und den Kunden betreffenden Daten vollständig zu löschen und dem Kunden die Löschung schriftlich zu bestätigen

(3) Der Arbeitnehmer hat jederzeit auf Aufforderung des Arbeitgebers und bei Beendigung dieses Vertrages oder im Falle einer durch den Arbeitgeber erfolgenden Freistellung von der Arbeitspflicht unaufgefordert unverzüglich sämtliche Gegenstände und Unterlagen des Arbeitgebers sowie sämtliche angefertigten Schriftstücke, Aufzeichnungen, Konzepte, welche den Arbeitgeber betreffen, einschließlich etwaiger Abschriften und Kopien, vollständig am Sitz des Arbeitgebers zurückzugeben und die vollständige Rückgabe schriftlich zu bestätigen. Der Arbeitnehmer hat darüber hinaus auf Aufforderung des Arbeitgebers unverzüglich sämtliche von ihm auf Datenträger gespeicherten und den Arbeitgeber betreffenden Daten vollständig zu löschen und dem Arbeitgeber die Löschung schriftlich zu bestätigen.

Gleiches gilt für Gegenstände und Unterlagen von Kunden sowie sämtliche angefertigten Schriftstücke, Aufzeichnungen, Konzepte, welche Kunden betreffen, einschließlich etwaiger Abschriften und Kopien, soweit diese sich noch im Besitz des Arbeitnehmers befinden und nicht bereits nach § 8 Abs. 2 an den Kunden zurückgegeben wurden. Der Arbeitnehmer hat darüber hinaus auf Aufforderung des Arbeitgebers unverzüglich sämtliche von ihm auf Datenträger gespeicherten und Kunden betreffenden Daten vollständig zu löschen und dem Arbeitgeber die Löschung schriftlich zu bestätigen.

(4) Ein Zurückbehaltungsrecht, gleichgültig aus welchem Grund, auch wenn an den Sachen eigenständiger Besitz begründet worden ist, steht dem Arbeitnehmer nicht zu.

§ 9 Datenschutz

(1) Der Arbeitnehmer erklärt hiermit sein Einverständnis, dass seine personenbezogenen Daten für betriebsinterne Zwecke zur Erfüllung dieses Vertrages gespeichert, verarbeitet und im Rahmen der Arbeitnehmerüberlassung an Kunden des Arbeitgebers weitergegeben werden dürfen. Der Arbeitnehmer teilt dem Arbeitgeber unverzüglich jedwede Änderung seiner persönlichen Daten mit.

(2) Der Arbeitnehmer ist verpflichtet, an der betrieblichen Datenerfassung, einschließlich der Erfassung der Anwesenheitszeiten, nach Weisung des Verleihers gegebenenfalls auch an Einrichtungen des Entleihers teilzunehmen.

§ 10 Aushändigung der Urkunde

Der Arbeitnehmer bestätigt durch seine Unterschrift, ein vom Arbeitgeber unterschriebenes Exemplar des Arbeitsvertrages, ein Exemplar des Manteltarifvertrags Zeitarbeit, des Entgeltrahmen- und Entgelttarifvertrages sowie ein Exemplar des Merkblattes der Bundesagentur für Arbeit über das Arbeitnehmerüberlassungsgesetz erhalten zu haben.

_____, den _____   _____, den _____

_____   _____

(Arbeitgeber)   *(Arbeitnehmer)*

▲

4. Erläuterungen

a) Vorbemerkungen

613   Die Rechtsbeziehung zwischen dem Verleiher und dem Leiharbeitnehmer richtet sich grds. nach den allgemeinen arbeitsrechtlichen Regelungen, soweit keine gesetzlichen Sonderregelungen gelten. Das Arbeitnehmerüberlassungsgesetz (AÜG) sieht derartige Sonderregelungen insbesondere in § 11 AÜG vor, so dass der Vertragsgestaltung gewisse Grenzen gesetzt sind.[1190] Das Vertragsmuster behandelt lediglich solche Regelungen, die aufgrund der Besonderheiten in der Zeitarbeit von den allgemeinen arbeitsvertraglichen Regelungen abweichen, insoweit wird nachfolgend auf die allgemeinen arbeitsvertraglichen Regelungen und die dazu ergangenen Kommentare verwiesen (siehe § 1a Rdn 215).

614   In der Praxis wird von nahezu allen Zeitarbeitsunternehmen die Geltung eines Tarifvertrages auf das Anstellungsverhältnis zwischen dem Verleiher und dem Leiharbeitnehmer vereinbart. Materiell-rechtlich ist die Inbezugnahme auf einen Tarifvertrag insbesondere zur Vermeidung des so genannten Gleichbehandlungsgrundsatzes („equal pay/equal treatment") erforderlich, der sich aus §§ 3 Abs. 1 Nr. 3, 9 Abs. 1 Nr. 2 AÜG ergibt. Danach wäre der Verleiher verpflichtet, dem Leiharbeitnehmer für die Zeit der Überlassung an einen Entleiher die im Betrieb des Entleihers für einen vergleichbaren Arbeitnehmer des Entleihers geltenden wesentlichen Arbeitsbedingungen, einschließlich des Arbeitsentgeltes zu gewähren, es sei denn, mit dem Leiharbeitnehmer ist die Anwendung eines Tarifvertrages vereinbart worden.[1191] Daher soll auch bei der Vertragsgestaltung von der Anwendung eines Tarifvertrages, und zwar des Manteltarifvertrages Zeitarbeit, abgeschlossen zwischen dem Bundesverband Zeitarbeit Personal-Dienstleistungen e.V. (BZA) und einzelnen Mitgliedsgewerkschaften des Deutschen Gewerkschaftsbundes (DGB) vom 22.7.2003 sowie dem dazugehörigen Entgeltrahmentarifvertrag Zeitarbeit und dem Entgelttarifvertrag Zeitarbeit ausgegan-

---

1190 Zu den weiteren gesetzlichen Sonderregelungen vgl. *Boemke/Lembke*, § 11 Rn 7.
1191 Vgl. zur Gesamtproblematik *Boemke/Lembke*, § 3 Rn 55 ff.; *Ulber*, § 3 Rn 82, § 9 Rn 72; *Schüren/Schüren*, § 9 Rn 96.

gen werden.[1192] Soweit keine Geltung eines Tarifvertrages vereinbart werden soll, kommen alternative Formulierungen für Unternehmen ohne Tarifanwendung und sog. Mischbetriebe in Betracht.

Änderungen sowohl für die Arbeitnehmerüberlassungsverträge als auch für die Anstellungsverträge mit Leiharbeitnehmern haben sich aus der Einführung der sogenannten Branchenzuschlagstarifverträge für die Arbeitnehmerüberlassung ergeben.[1193]

Für den Leiharbeitsvertrag besteht kein Schriftformerfordernis.[1194] Unabhängig davon verweist § 11 Abs. 1   **615**
S. 1 AÜG auf die Regelungen des § 2 Abs. 1 S. 1 und Abs. 4 NachwG, so dass die Mindestangaben im Leiharbeitsvertrag insoweit gesetzlich vorgegeben sind. Ob auch weitere Vereinbarungen, die gleichfalls wesentlicher Inhalt des Leiharbeitsvertrages sind, in den Arbeitsvertrag nach § 11 Abs. 1 S. 1 AÜG i.V.m. § 2 Abs. 1 S. 1 NachwG aufzunehmen sind, wird unterschiedlich beurteilt.[1195]

b) Vertragsgegenstand/Tätigkeit, § 1

Die unter § 1 Abs. 1 vorgesehene Verpflichtung zur Mitteilung der Erlaubnis sowie des Ortes und des Da-   **616**
tums der Erteilung der Erlaubnis folgt unmittelbar aus § 11 Abs. 1 Nr. 1 AÜG. Diese Verpflichtung tritt neben die Verpflichtungen, die Angaben nach § 2 Abs. 1 NachwG zu machen.[1196] Fehlt die Erlaubnis, so ist der Leiharbeitsvertrag nach § 9 Nr. 1 AÜG unwirksam, mit der Folge, dass nach § 10 Abs. 1 S. 1 AÜG ein Arbeitsverhältnis zum Entleiher fingiert wird. Darüber hinaus ist bedeutsam, dass die Haftung des Verleihers gegenüber dem Leiharbeitnehmer nach § 10 Abs. 2 S. 2 AÜG davon abhängt, ob dem Leiharbeitnehmer der Unwirksamkeitsgrund der fehlenden Erlaubnis bekannt war. Eine alternative Regelung für Mischbetriebe müsste ebenfalls einen Hinweis auf die Erlaubnis beinhalten, da auch bei Mischbetrieben eine gewerbsmäßige Arbeitnehmerüberlassung vorliegt, wenn Arbeitnehmer des Mischbetriebes im Wege der Arbeitnehmerüberlassung ausgeliehen werden. Sie könnte folgendermaßen formuliert werden:

> *Formulierungsbeispiel*
>
> § 1 Abs. 1
>
> Der Arbeitgeber ist ein Unternehmen aus dem Bereich der (…) und in dieser Branche geschäftlich tätig. Zudem überlässt der Arbeitgeber seinen Kunden Arbeitnehmer im Wege der Arbeitnehmerüberlassung. Der Arbeitgeber ist in Besitz einer unbefristeten/befristeten Erlaubnis nach Artikel 1 § 1 AÜG, die am (…) durch die Landesagentur für Arbeit (…) erteilt wurde. Die Erlaubnis ist diesem Vertrag als Anlage 1 in Kopie beigefügt.

Nach § 11 Abs. 2 AÜG n.F. ist dem Arbeitnehmer vor jeder Überlassung mitzuteilen, dass er als Leiharbeitnehmer tätig wird. Die hier vorgenommene Formulierung befreit den Verleiher nicht von der Verpflichtung vor jedem Einsatz bei einem Entleiher eine entsprechende Mitteilung gesondert an den Arbeitnehmer zu erteilen.

Auch die unter § 1 Abs. 2 vorgesehene Verpflichtung folgt bereits aus der gesetzlichen Regelung des § 11   **617**
Abs. 3 AÜG, die wegen deren besonderer Bedeutung im Arbeitsvertrag aufgeführt werden sollte. Der Sinn dieser Regelung besteht darin, dass der Leiharbeitnehmer in die Lage versetzt werden soll, die Rechtsfolgen des § 10 Abs. 1 S. 1 AÜG (fiktives Arbeitsverhältnis zum Entleiher) sowie die Folgen einer illegalen Arbeitnehmerüberlassung zu vermeiden. Darüber hinaus ist die gesetzliche Regelung des § 11 Abs. 3 AÜG

1192 Die Tarifverträge sind verfügbar unter www.personaldienstleister.de. Eine Textsammlung der in das Tarifregister des Bundesministeriums für Wirtschaft und Arbeit eingetragenen Verbandstarifverträge im Bereich der Zeitarbeit ist erhältlich bei info@bmwa.bund.de.

1193 Vgl. *Mehnert/Stubbe/Haber*, BGB 2013, 1269 ff.; *Nießen/Fabritius*, BB 2013, 375 ff.

1194 *Sandmann/Marschall*, Art. 1, § 11 Rn 5; *Ulber*, § 11 Rn 14; ErfK/*Wank*, § 11 AÜG Rn 2; *Boemke/Lembke*, § 11 Rn 42.

1195 Vgl. zum Meinungsstand Schüren/*Schüren*, § 11 Rn 29 m.w.M.

1196 Vgl. BT-Drucks 15/25, 39; Thüsing/*Mengel*, § 11 Rn 3; Schüren/*Schüren*, § 11 Rn 17, der allerdings von einer Spezialität des § 11 Abs. 1 AÜG ausgeht, soweit nicht ausdrücklich auf das NachwG verwiesen wird.

ein Schutzgesetz im Sinne des § 823 Abs. 2 BGB. Weiter liegt bei Verstößen gegen diese Verpflichtung eine positive Forderungsverletzung vor, die ebenfalls nach § 280 BGB zu Schadensersatzansprüchen des Leiharbeitnehmers führt.[1197] Der Hinweis auf die Abwicklungsfrist entspricht der gesetzlichen Verpflichtung des Verleihers aus § 12 Abs. 2 S. 2 AÜG. Die maximale gesetzliche Abwicklungsfrist beträgt nach §§ 2 Abs. 4 S. 4, 4 Abs. 1 S. 2, 5 Abs. 2 S. 2 AÜG 12 Monate.[1198]

618 Die Regelung unter § 1 Abs. 3 trägt der gesetzlichen Regelung unter § 11 Abs. 1 S. 1 i.V.m. § 2 Abs. 1 S. 2 Nr. 5 NachwG Rechnung, wonach die vom Leiharbeitnehmer zu leistenden Tätigkeiten in den Vertrag aufzunehmen sind. Eine bloße Tätigkeitsbeschreibung (z.B. Buchhalter) genügt nicht, es ist vielmehr eine kurze Charakterisierung oder Beschreibung der Tätigkeiten erforderlich, wobei die Qualifikationen des Leiharbeitnehmers einzubeziehen sind.[1199] Mit dieser genauen Tätigkeitsbeschreibung sollen auch die Tätigkeitsgrenzen des Leiharbeitnehmers erkennbar gemacht werden.[1200] Eine alternative Regelung für Mischbetriebe, bei denen die Arbeitnehmer nicht ausschließlich als Leiharbeitnehmer eingesetzt werden sollen, könnte wie folgt formuliert werden:

> *Formulierungsbeispiel*
>
> § 1 Abs. 3
>
> Der Arbeitnehmer wird als (...) beim Arbeitgeber beschäftigt. Darüber hinaus ist der Arbeitgeber berechtigt, den Arbeitnehmer im Wege der Arbeitnehmerüberlassung an Kunden zu überlassen. In diesem Fall ist der Arbeitnehmer verpflichtet, nach den Weisungen des Kunden in dessen Betrieb im Rahmen dieses Vertrages tätig zu werden. Der Arbeitnehmer erklärt sein Einverständnis mit der Überlassung an Dritte im Rahmen dieses Vertrages.

619 Die Regelungen unter § 1 Abs. 4 und Abs. 5 sollen das auch im Leiharbeitsverhältnis bestehende Direktionsrecht ergänzen. Insbesondere sollte geregelt werden, dass der Leiharbeitnehmer bei mangelnden Aufträgen auch im Betrieb des Verleihers eingesetzt werden kann.[1201] Auch die Zuweisung einer geringerwertigen Tätigkeit kommt in Betracht, soweit dies schriftlich vereinbart wurde. Eine solche Zuweisung einer geringerwertigen Tätigkeit kann allerdings lediglich für einen begrenzten Zeitraum und bei gleich bleibender Vergütung erfolgen.[1202]

620 § 1 Abs. 6 stellt klar, dass es zum Wesen der Arbeitnehmerüberlassung gehört, dass der Verleiher den Entleiher ermächtigt, arbeitsvertragliche Weisungen gegenüber dem Leiharbeitnehmer auszuüben.[1203] Daneben besteht das Direktionsrecht des Verleihers auch während Zeiten einer Überlassung unberührt fort.

621 Nach § 11 Abs. 1 S. 1 i.V.m. § 2 Abs. 1 S. 2 Nr. 10 NachwG ist im Arbeitsvertrag ein Hinweis auf die auf das Arbeitsverhältnis anwendbaren Tarifverträge, Betriebsvereinbarungen und Dienstvereinbarungen aufzunehmen. Unter § 1 Abs. 7 des Vertragsmusters soll der zwischen dem Bundesverband Zeitarbeit und einzelnen Mitgliedsgewerkschaften des DGB abgeschlossene Manteltarifvertrag vom 22.7.2003 (nachstehend: MTV BZA/DGB) in seiner jeweils geltenden Fassung Anwendung finden. Angesichts der Einführung der Branchenzuschlagstarifverträge für Arbeitnehmerüberlassungen sind diese ebenfalls in den Arbeitsvertrag aufzunehmen und zu erwähnen. Vor dem Hintergrund, dass Leiharbeitnehmer in unterschiedlichen Branchen eingesetzt werden, können auch unterschiedliche Branchenzuschlagstarifverträge zur Anwendung kommen, die wiederum unterschiedliche Zuschläge beinhalten. Auch diesem Umstand

---

1197 Vgl. *Ulber*, § 12 Rn 38; Thüsing/*Thüsing*, § 12 Rn 44.
1198 Zu den Nachwirkungsvarianten während der Abwicklungsfrist vgl. *Boemke/Lembke*, § 2 Rn 37.
1199 Vgl. EuGH 4.12.1997, Rs. C-253/96, Slg. 1997, I-6907; *Ulber*, § 11 Rn 31; *Boemke/Lembke*, § 11 Rn 52.
1200 Vgl. Schüren/*Schüren*, § 11 Rn 40.
1201 Vgl. *Ulber*, § 11 Rn 30; ErfK/*Wank*, § 11 Rn 5.
1202 Vgl. Thüsing/*Mengel*, § 11 Rn 14; Schüren/*Schüren*, § 11 Rn 40.
1203 Vgl. *Boemke/Lembke*, § 1 Rn 32.

soll die Regelung unter § 1 Abs. 7 Rechnung tragen, in dem auf den Tarifvertrag abgestellt wird, deren satzungsgemäßen Organisationsbereich der Kundenbetrieb unterliegt. Soweit der Leiharbeitnehmer nicht in einer bestimmten zuschlagspflichtigen Branche eingesetzt wird, gelten die BZA-DGB Tarifverträge ohne Branchenzuschläge. Die Inbezugnahme auf einen Tarifvertrag ist insbesondere zur Vermeidung des Gleichbehandlungsgrundsatzes (so genanntes „equal pay/equal treatment") erforderlich, der sich aus §§ 3 Abs. 1 Nr. 3, 9 Nr. 2 AÜG ergibt. Danach wäre der Verleiher verpflichtet, dem Leiharbeitnehmer für die Zeit der Überlassung an einen Entleiher die im Betrieb des Entleihers für einen vergleichbaren Arbeitnehmer des Entleihers geltenden wesentlichen Arbeitsbedingungen einschließlich des Arbeitsentgeltes zu gewähren, es sei denn, mit dem Leiharbeitnehmer ist die Anwendung eines Tarifvertrages vereinbart worden.[1204]

Die Geltung eines Tarifvertrages kann auch durch tarifungebundene Parteien vereinbart werden, soweit sie dem räumlichen und fachlichen Geltungsbereich des Tarifvertrages zuzuordnen sind. Problematisch ist, dass einige Tarifverträge den fachlichen Geltungsbereich des Tarifvertrages nicht definieren, sondern lediglich auf die Anwendung auf tarifgebundene Mitgliedsunternehmen verweisen.[1205] In diesem Fall soll allerdings lediglich der räumliche und gegebenenfalls persönliche Anwendungsbereich maßgeblich sein, damit auch tarifgebundene Arbeitgeber die Tariföffnungsklausel des § 3 Abs. 1 Nr. 3 AÜG nutzen können.[1206] 622

Soweit kein Tarifvertrag Anwendung auf das Arbeitsverhältnis finden soll, findet der Gleichbehandlungsgrundsatz der §§ 3 Abs. 1 Nr. 3, 9 Nr. 2 AÜG Anwendung. Dieser Fall hat in der Praxis allerdings Seltenheitswert. Zudem stellen sich zahlreiche ungeklärte Fragen nach der Vergleichbarkeit von Arbeitnehmern sowie der Anwendung des Gleichbehandlungsgrundsatzes bei Leistungen, die vom Verleiher grds. nicht gewährt werden (z.B. Sachleistungen oder Altersvorsorgeleistungen).[1207] Eine vertragliche Regelung für diesen Fall könnte folgendermaßen lauten: 623

Formulierungsbeispiel

§ 1 Abs. 7

Soweit der Arbeitnehmer an einen Kunden überlassen wird, finden für die Dauer der Überlassung die wesentlichen Arbeitsbedingungen einschließlich des Arbeitsentgeltes eines mit dem Arbeitnehmer vergleichbaren Arbeitnehmers des Kunden gemäß § 9 Nr. 2 AÜG auf dieses Arbeitsverhältnis Anwendung, soweit diese für den Arbeitnehmer günstiger sind. Nach Beendigung der Überlassung an den Kunden gelten ausschließlich die Regelungen dieses Vertrages; die Arbeitsbedingungen des Kunden gelten lediglich für die Dauer der jeweiligen Überlassung.

Diese alternative Regelung kann auch bei Vorliegen eines Mischbetriebes vereinbart werden, so dass für Zeiten der Überlassung ebenfalls der Gleichbehandlungsgrundsatz gilt. Soweit der Mischbetrieb Arbeitnehmer beschäftigt, die ausschließlich als Leiharbeitnehmer eingesetzt werden, besteht allerdings die Möglichkeit, in den Arbeitsverträgen ebenfalls die Geltung eines Tarifvertrages zu vereinbaren.[1208] Soweit die Arbeitnehmer eines Mischbetriebes sowohl im Wege der Arbeitnehmerüberlassung als auch in anderer Weise eingesetzt werden, so kann ein beim Mischbetrieb geltender Tarifvertrag lediglich als Tarifvertrag zur Arbeitnehmerüberlassung angesehen werden, wenn er zusätzliche spezifische Regelungen enthält, die den Besonderheiten bei der Überlassung von Arbeitnehmern Rechnung tragen sollen.[1209] 624

1204 Vgl. Schüren/*Schüren*, § 9 Rn 96; *Ulber*, § 3 Rn 82; *Boemke/Lembke*, § 3 Rn 55.
1205 Siehe § 1 Abs. 2 MTV BZ/DGB.
1206 Vgl. Thüsing/*Mengel*, § 9 Rn 37 m.w.N.
1207 Zur Problemlage vgl. *Ulber*, § 9 Rn 72 ff.; *Boemke/Lemke*, § 9 Rn 70 ff.; Schüren/*Schüren*, § 9 Rn 121 ff.
1208 Vgl. *Ulber*, § 9 Rn 283; Schüren/*Schüren*, § 9 Rn 153.
1209 Vgl. *Ulber*, § 9 Rn 152; Schüren/*Schüren*, § 9 Rn 153.

625   Die Regelung unter § 1 Abs. 8 ist von besonderer Bedeutung, da der Verleih von Leiharbeitnehmern ohne derartige Genehmigungen strafbar sein kann, wenn der Verleiher zudem keine Erlaubnis zur Arbeitnehmerüberlassung hat (§ 15 AÜG). Soweit eine Erlaubnis zur gewerbsmäßigen Arbeitnehmerüberlassung vorliegt, handelt es sich um eine Ordnungswidrigkeit nach § 404 Abs. 2 Nr. 3 SGB III, die zur Straftat werden kann (§§ 406 Abs. 1 Nr. 1, 407 SGB III). Auch der Entleiher kann sich nach § 15a AÜG strafbar machen, wenn er Leiharbeitnehmer ohne derartige Genehmigungen zu ausbeuterischen Bedingungen beschäftigt. Nach den Regelungen des Arbeitnehmerüberlassungsvertrages muss der Verleiher dem Entleiher diese Genehmigungen regelmäßig ohnehin nachweisen (siehe Muster Arbeitnehmerüberlassungsvertrag unter Rdn 572).

c)   Vertragsdauer, § 2

626   Die Vertragsdauer ist unter § 2 Abs. 1 des Vertragsmusters geregelt. Der Beginn des Arbeitsverhältnisses ist nach § 2 Abs. 1 Nr. 2 NachwG in den Vertrag aufzunehmen, wobei der Zeitpunkt der Arbeitsaufnahme maßgeblich ist.[1210] Darüber hinaus sind auch Befristungen nach dem TzBfG denkbar, welches uneingeschränkt auch auf Leiharbeitsverhältnisse Anwendung findet.[1211] Zwar sind auch Zweckbefristungen möglich, diese sind allerdings sehr selten, da sich der Befristungsgrund unmittelbar auf das Vertragsverhältnis zwischen Verleiher und Leiharbeitnehmer beziehen muss.[1212] Dabei ist zu beachten, dass der MTV BZA/DGB unter § 9 Abs. 2 eine Sonderregelung zum TzBfG beinhaltet, wonach das Arbeitsverhältnis innerhalb einer Zeitspanne von zwei Jahren bis zu vier Mal verlängert werden kann.

627   Die Vertragsklausel unter § 2 Abs. 3 findet sich ebenfalls im MTV BZA/DGB (§ 9 Abs. 1). Aufgrund ihrer Besonderheit sollte sie gleichwohl in den Arbeitsvertrag aufgenommen werden. Rechtlich handelt es sich um die Vereinbarung einer aufschiebenden Bedingung, die nach allgemeinen Grundsätzen zulässig sein sollte, da sie aufgrund der ansonsten zu beachtenden kurzen Probezeitkündigungsfrist von einem Tag (siehe § 2 Abs. 2 des Vertragsmusters) nicht zur Umgehung des Kündigungsschutzes führt.

d)   Arbeitszeit, § 3

628   Die Dauer und Lage der Arbeitszeit nach § 3 Abs. 1 des Vertragsmusters muss nach § 11 Abs. 1 S. 1 AÜG i.V.m. § 2 Abs. 1 S. 2 Nr. 7 NachwG im Anstellungsvertrag vereinbart werden, da auf diese Weise eine Hauptleistungspflicht des Leiharbeitnehmers konkretisiert wird.[1213] Soweit eine tarifliche Regelung Anwendung findet, genügt grds. ein Verweis auf die tarifvertragliche Regelung. Vorliegend sind die §§ 2 bis 4 MTV BZA/DGB anwendbar. Es empfiehlt sich erneut, die Arbeitszeit gleichwohl auch in den Arbeitsvertrag aufzunehmen, um eine Wahrnehmung durch den Leiharbeitnehmer sicher zu stellen. Das Abstellen auf eine durchschnittliche Arbeitszeit ermöglicht den Ausgleich von geringen Schwankungen, die innerhalb eines Referenzzeitraums von 12 Monaten auftreten können.

629   Die Regelung unter § 3 Abs. 2 des Vertragsmusters entspricht im Wesentlichen der Regelung unter § 4 Abs. 1 des MTV BZA/DGB und stellt sicher, dass die arbeitsvertraglich vereinbarten Arbeitszeiten mit den Kundenwünschen synchronisiert werden können. Diese zugegebenermaßen pauschale Regelung zur Lage der Arbeitszeit ist wegen der Unvorhersehbarkeit der unterschiedlichen Arbeitszeiten bei den jeweiligen Kunden unvermeidlich.

630   § 3 Abs. 3 des Vertragsmusters trägt dem Umstand Rechnung, dass sich die arbeitsvertraglichen Arbeitszeiten häufig nicht mit den Arbeitszeiten beim Kunden decken und insoweit eine exakte Synchronisierung nicht erfolgen kann. Zu diesem Zweck haben die Tarifvertragsparteien unter § 4 Abs. 2 MTV BZA/DGB ein Arbeitszeitkonto vereinbart, auf welches im Anstellungsvertrag verwiesen wird. Der Ausgleich der Zeit-

---

1210 Vgl. Schüren/*Schüren*, § 11 Rn 33.
1211 BT-Drucks 15/25, 39.
1212 Vgl. Schüren/*Schüren*, § 11 Rn 34.
1213 Vgl. Schüren/*Schüren*, § 11 Rn 51.

konten soll i.d.R. durch Freizeitentnahme erfolgen, wobei nach § 4 Abs. 5a) MTV BZA/DGB eine Vereinbarung mit dem Mitarbeiter erforderlich ist. Auch die Auszahlung von Freizeitguthaben in Geld bedarf einer besonderen Vereinbarung nach § 4 Abs. 5d) MTV BZA/DGB. Ein solcher teilweiser Abgeltungsausschluss ist möglich.[1214] Ob das Arbeitszeitkonto auch dazu verwendet werden kann, verleihfreie Zeiten durch einen angeordneten Freizeitausgleich aufzufangen, ist sehr problematisch.[1215]

Auch die unter § 3 Abs. 4 des Vertragsmusters vorgesehene Verpflichtung zur Erbringung von Mehrarbeit **631** muss arbeitsvertraglich vereinbart werden, § 11 Abs. 1 S. 2 AÜG i.V.m. § 2 Abs. 1 S. 2 Nr. 7 NachwG. Die Definition von Mehr-, Nacht-, Sonn- und Feiertagsarbeit entspricht der Regelung unter § 6 und § 7 MTV BZA/DGB und steht im Einklang mit den Regelungen des Arbeitszeitgesetzes.

Die Regelung unter § 3 Abs. 5 des Vertragsmusters soll sicherstellen, dass der Leiharbeitnehmer die von ihm **632** geleisteten Arbeitsstunden gegenüber dem Verleiher nachweist, da der Verleiher insoweit kaum Kontrollmöglichkeiten hat. Darüber hinaus wird der Verleiher in die Lage versetzt, die von seinem Leiharbeitnehmer erbrachten Leistungen gegenüber dem Entleiher in Zweifelsfällen nachweisen zu können. Zumindest führt dies zu einer Beweislastumkehr zu Lasten des Entleihers.

e) Vergütung, § 4

Die Vergütungsregelung unter § 4 Abs. 1 des Vertragsmusters verweist auf die unter § 1 Abs. 7 des Vertrags- **633** musters vereinbarten Entgeltrahmen- und Entgelttarifverträge BZA-DGB/IGZ-DGB in ihrer jeweils gültigen Fassung. Insoweit obliegt es den Vertragsparteien, sich auf eine Eingruppierung zu verständigen und diese im Arbeitsvertrag zu vereinbaren. Aus Gründen der Transparenz sollte der maßgebliche Stundensatz ebenfalls im Arbeitsvertrag aufgeführt sein.

Die vertraglichen Vergütungsregelungen sind durch die Einführung der Branchenzuschläge komplizierter geworden. Diesem Umstand sollen die Regelungen unter § 4 Abs. 2 bis 6 Rechnung tragen. Mit diesen Regelungen soll sichergestellt werden, dass der Branchenzuschlag nur gezahlt wird, wenn der Mitarbeiter auch tatsächlich in einem Kundenbetrieb, der einem Branchenzuschlagstarif unterfällt, eingesetzt wird. Eine entsprechende Information vom Verleiher an den Arbeitnehmer muss nach § 4 Abs. 3 erfolgen. Unter § 4 Abs. 4 sind die sogenannten Besserstellungsvereinbarungen erfasst, die Ansprüche für Leiharbeitnehmer beinhalten können, die zu einer höheren Vergütung als der vereinbarten Vergütung führen können (z.B. aus Betriebsvereinbarungen). Bedeutsam ist die Regelung unter § 4 Abs. 5, wonach eine Verrechnung von über- oder außertariflichen Zulagen mit Tariflohnerhöhungen, dem Branchenzuschlag etc. ermöglicht wird. Eine derartige Verrechnung setzt regelmäßig eine entsprechende Vereinbarung voraus und ist nach allgemeinen Grundsätzen möglich.[1216]

Die weitere Anrechnungsmöglichkeit nach § 8 Abs. 6 des MTV BZA/DGB wird vereinzelt für sittenwidrig gehalten.[1217]

Ab dem 1.1.2017 entfällt gem. § 8 AÜG n.F. nach neun Monaten Einsatzdauer die Möglichkeit, durch Tarifvertrag vom Equal Pay-Grundsatz abzuweichen. Eine längere Abweichung durch Tarifvertrag ist ausnahmsweise bis zum Ablauf des 15. Monats zulässig, wenn ein Branchentarifvertrag nach spätestens sechs Wochen Einsatzdauer eine stufenweise Annäherung an die Equal Pay-Vergütung vorsieht. Bei Ablauf des 15. Monats der Einsatzdauer muss die Gleichstellung bezüglich des Entgelts hergestellt sein. Zum Arbeitsentgelt zählt jede Vergütung, die aus Anlass des Arbeitsverhältnisses gewährt wird, bzw. aufgrund gesetz-

---

1214 Vgl. BAG 23.1.2001, AP Nr. 93 zu § 615 BGB; BAG, 18.9.2001, NZA 2002, 268.
1215 Vgl. *Ulber*, § 1 Rn 63 m.w.N.; bejahend LAG Düsseldorf 16.11.2011 – 7 Sa 567/11.
1216 Vgl. BAG 25.6.2002, AP Nr. 36 zu § 4 TVG Übertariflicher Lohn und Tariflohnerhöhung; BAG 16.4.2002, AP Nr. 38 zu § 4 TVG Übertariflicher Lohn und Tariflohnerhöhung; BAG 23.3.1993, AP Nr. 26 zu § 87 BetrVG 1972 Tarifvorrang.
1217 Vgl. *Ulber*, § 9 Rn 249.

licher Entgeltfortzahlungstatbestände gewährt werden muss, insbesondere Urlaubsentgelt, Entgeltfortzahlung, Sonderzahlungen, Zulagen und Zuschläge sowie vermögenswirksame Leistungen.

Zur Ermittlung der Höhe der Equal-Pay-Vergütung hat der Gesetzgeber nunmehr eine Vermutungsregelung in § 8 Abs. 1 AÜG n.F. eingefügt: Es wird vermutet, dass die Gleichstellung des Leiharbeitnehmers mit den vergleichbaren Stammarbeitnehmern im Betrieb des Entleihers hinsichtlich des Arbeitsentgelts gegeben ist, sofern dem Leiharbeitsnehmer das im Einsatzbetrieb einem vergleichbaren Stammarbeitnehmer geschuldete tarifvertragliche Arbeitsentgelt gewährt wird. Ist im Einsatzbetrieb ein tarifvertragliches Arbeitsentgelt nicht geschuldet, greift die Vermutungsregelung, wenn dem Leiharbeitnehmer das tarifvertragliche Arbeitsentgelt gezahlt wird, das für vergleichbare Arbeitnehmer in der Einsatzbranche gilt. Kommen in der Einsatzbranche mehrere Tarifverträge zur Anwendung, so ist auf den Tarifvertrag abzustellen, der in der Branche prägend ist. Zum Arbeitsentgelt gehören auch Sachbezüge, die der Entleiher seinen Stammarbeitnehmern gewährt. Für diesen Fall eröffnet § 8 Abs. 1 S. 3 AÜG dem Verleiher die Möglichkeit, dem Leiharbeitnehmer einen Wertausgleich in EUR zu zahlen.[1218]

f) Arbeitszuweisung/Bereithaltung/Meldepflicht, § 5

634   Nach § 5 Abs. 1 des Vertragsmusters wird eine Regelung für die verleihfreien Zeiten vereinbart, die nach § 11 Abs. 1 S. 2 Nr. 2 AÜG gesetzlich vorgesehen ist. In diesen Zeiten gelten die originären Arbeitsbedingungen des Verleihers.[1219] Zudem macht diese Regelung klar, dass der Leiharbeitnehmer auch in verleihfreien Zeiten durchgängig die mit ihm vereinbarte Vergütung erhält. Ferner soll durch diese Regelung erreicht werden, dass der Leiharbeitnehmer auch kurzfristig für einen Einsatz zur Verfügung steht. Rechtlich handelt es sich um einen vergüteten Bereitschaftsdienst, der zulässig ist.[1220]

635   Die Regelung unter § 5 Abs. 2 des Vertragsmusters stellt einen pauschalierten Schadensersatz in Höhe der Vergütung des Leiharbeitnehmers für die mangelnde Erreichbarkeit und den dadurch vereitelten Einsatz dar. Die Einsatzvereitelung wird grds. zu einem entsprechenden Schaden des Verleihers geführt haben, zumindest in Höhe der entgangenen Überlassungsvergütung. Der Nachweis eines geringeren Schadens durch den Leiharbeitnehmer sowie Verletzungen der Schadensminderungspflicht durch den Verleiher werden zu berücksichtigen sein. Nach § 5 Abs. 3 kann auch ein weitergehender Schaden gegenüber dem Leiharbeitnehmer geltend gemacht werden.

g) Einsatz beim Kunden/Versetzung, § 6

636   § 6 Abs. 1 des Vertragsmusters trägt der gesetzlichen Regelung nach § 11 Abs. 1 S. 1 AÜG i.V.m. § 2 Abs. 1 S. 2 Nr. 4 NachwG Rechnung, wonach auch der Hinweis darauf, dass der Leiharbeitnehmer an verschiedenen Orten beschäftigt werden kann, in den Arbeitsvertrag aufgenommen werden muss. Insoweit wird das Direktionsrecht des Verleihers vertraglich erweitert. Soweit auch eine Beschäftigung im Ausland vorgesehen ist, sind die zusätzlichen Angaben nach § 2 Abs. 2 NachwG in den Vertrag aufzunehmen.

637   § 6 Abs. 2 des Vertragsmusters verdeutlicht, dass der Mitarbeiter auch weiterhin dem Direktionsrecht des Verleihers untersteht, welches dieser nach billigem Ermessen auszuüben hat. Es besteht insbesondere kein Anspruch des Leiharbeitnehmers auf einen Einsatz bei einem bestimmten Kunden. § 8 Abs. 2 des MTV BZA/DGB sieht darüber hinaus vor, dass der Mitarbeiter verpflichtet ist, auf Anordnung des Arbeitgebers an wechselnden Einsatzorten tätig zu werden. Diese Flexibilität ist für den Verleiher angesichts der häufig wechselnden Anforderungen der Entleiher unabdingbar.

638   Die nach § 6 Abs. 3 des Vertragsmusters vereinbarte „Streikklausel" entspricht der Regelung unter § 17 Abs. 1 des MTV BZA/DGB. Nach § 11 Abs. 5 S. 1 AÜG kann der Leiharbeitnehmer ohnehin seine Leistungen bei einem Entleiher, der von einem Arbeitskampf betroffen ist, verweigern. Auf dieses Leistungs-

---

1218 Entwurf eines Gesetzes zur Änderung des Arbeitnehmerüberlassungsgesetzes und anderer Gesetze, S. 22.
1219 Vgl. Schüren/*Schüren*, § 11 Rn 63.
1220 Vgl. BAG 10.6.1959, AP Nr. 5 zu § 7 AZO; *Ulber*, § 1 Rn 64.

verweigerungsrecht ist der Leiharbeitnehmer zudem nach § 11 Abs. 5 S. 2 AÜG vom Verleiher hinzuweisen. Ein pauschaler Hinweis im Arbeitsvertrag genügt insoweit allerdings nicht, sondern der Verleiher muss dem Leiharbeitnehmer jeweils vor dem geplanten Arbeitseinsatz auf sein Leistungsverweigerungsrecht hinweisen. Durch den mangelnden Einsatz in bestreikten Betrieben wird dies regelmäßig hinfällig werden.

Der Verleiher hat kaum Möglichkeiten, festzustellen, ob die Tätigkeiten des Leiharbeitnehmers beim Ent- **639**
leiher den Vereinbarungen im Arbeitnehmerüberlassungsvertrag entsprechen. Aus diesem Grund wird unter § 6 Abs. 4 des Vertragsmusters vereinbart, dass der Leiharbeitnehmer den Verleiher auf Änderungen in der Qualität, der Art oder den Umfang seiner Tätigkeit im Kundenbetrieb hinweist.

h) Geschäfts- und Betriebsgeheimnisse, § 7

Die Regelungen unter § 7 Abs. 1 und 2 des Vertragsmusters sind dem Umstand geschuldet, dass der Leih- **640**
arbeitnehmer regelmäßig auch mit Geschäfts- und Betriebsgeheimnissen des Entleihers in Berührung kommt, so dass eine entsprechende Verschwiegenheitsregelung notwendig ist. Darüber hinaus wird sich der Verleiher i.d.R. gegenüber dem Entleiher bereits im Arbeitnehmerüberlassungsvertrag dazu verpflichtet haben, die von ihm eingesetzten Leiharbeitnehmer entsprechend zur Verschwiegenheit zu verpflichten (vgl. das Muster zum Arbeitnehmerüberlassungsvertrag, siehe oben Rdn 606). Zudem sollte der Verleiher sicherstellen, dass seine Leiharbeitnehmer auch bereit sind, auf Wunsch des Entleihers eine zusätzliche Geheimhaltungsvereinbarung zu unterzeichnen. In sensiblen Bereichen oder Branchen verlangen Entleiher zunehmend die Unterzeichnung von zusätzlichen und ihren Bedürfnissen entsprechenden Geheimhaltungsvereinbarungen, ohne deren Unterzeichnung der Leiharbeitnehmer nicht eingesetzt wird.

Auch die Regelung zum Datenschutz unter § 7 Abs. 4 des Vertragsmusters sollte bereits wegen der entspre- **641**
chenden Verpflichtung des Verleihers im Arbeitnehmerüberlassungsvertrag (vgl. § 13 Abs. 5 Muster des Arbeitnehmerüberlassungsvertrages) vereinbart werden. Der Entleiher wird üblicherweise darauf bestehen, dass die eingesetzten Leiharbeitnehmer in den Datenschutz eingewiesen sind und personenbezogene Daten ausschließlich i.R.d. Bundesdatenschutzgesetzes behandeln.

i) Unterlagen/Gegenstände, § 8

Die Regelung unter § 8 des Vertragsmusters ist im Wesentlichen eine übliche arbeitsvertragliche Regelung **642**
zur Rückgabe von Unterlagen und Gegenständen, die allerdings wegen der Besonderheiten in der Zeitarbeit erweitert werden muss, da die Leiharbeitnehmer vorrangig mit Unterlagen und Gegenständen des Kunden betraut sind. Zudem besteht zumeist bereits eine entsprechende Verpflichtung des Verleihers nach dem Arbeitnehmerüberlassungsvertrag, seinen Leiharbeitnehmern derartige Rückgabeverpflichtungen aufzuerlegen (vgl. Muster Arbeitnehmerüberlassungsvertrag, siehe oben Rdn 572).

j) Datenschutz, § 9

Die Regelung unter § 9 des Vertragsmusters zum Datenschutz sollte vor dem Hintergrund des Bundesdaten- **643**
schutzgesetzes auch im Leiharbeitsverhältnis nicht fehlen. Bedeutsam ist, dass sich der Leiharbeitnehmer auch mit der Weitergabe seiner personenbezogenen Daten an den Entleiher einverstanden erklärt, da dies bei der Arbeitnehmerüberlassung unvermeidlich ist. Weiter wird in der Praxis häufig eine Teilnahme der Leiharbeitnehmer an der Zeiterfassung des Entleihers vorgesehen sein, um die geleisteten Arbeitsstunden, Pausen, etc. besser dokumentieren zu können. Insoweit sollte eine entsprechende Einverständniserklärung des Leiharbeitnehmers bereits im Arbeitsvertrag abgegeben werden.

k) Aushändigung der Urkunde, § 10

Die Regelung unter § 10 des Vertragsmuster stellt sicher, dass der Verleiher die Erfüllung seiner gesetzli- **644**
chen Verpflichtungen nach § 11 Abs. 1 S. 1 AÜG i.V.m. § 2 Abs. 1 S. 1 NachwG belegen kann. Danach muss der Verleiher dem Leiharbeitnehmer den Leiharbeitsvertrag aushändigen. Zudem muss er ihm das Merkblatt der Bundesagentur für Arbeit über den wesentlichen Inhalt des Arbeitnehmerüberlassungsgesetzes

übergeben, § 11 Abs. 2 S. 1 AÜG. Soweit es sich nicht um einen deutschen Leiharbeitnehmer handelt, muss der Verleiher dem Leiharbeitnehmer den schriftlichen Vertrag sowie das Merkblatt der Bundesagentur für Arbeit über den wesentlichen Inhalt des Arbeitnehmerüberlassungsgesetzes in seiner Muttersprache aushändigen, soweit dies vom Leiharbeitnehmer gewünscht wird. Soweit der Leiharbeitsvertrag eine Inbezugnahme auf Tarifverträge beinhaltet, sollten auch diese an den Leiharbeitnehmer übergeben werden, um rechtliche Diskussionen zum Transparenzgebot zu vermeiden.

XVI. Entsendung

Literatur: *Falder*, Befristung und vorzeitige Beendigung einer Auslandsentsendung – Fallstricke des deutschen Arbeitsrechts, NZA 2016, 401; *Gnann/Gerauer*, Arbeitsvertrag bei Auslandsentsendung, 2002; *Klein*, Abgabenordung, 13. Aufl. 2016; *Lindemann*, Vorzeitige Rückkehr von entsandten Arbeitnehmern aus Krisenregionen – Rechte und Pflichten von Unternehmen und Mitarbeitern, ArbRAktuell 2011, 133; *Mauer*, Personaleinsatz im Ausland, 2003; *Niesel u.a.*, Kasseler Kommentar Sozialversicherungsrecht, 2011; *Reichel/ Spieler*, Vertragsgestaltung bei internationalem Personaleinsatz, BB 2011, 2741; *Schneider*, Einfluss der Rom I-VO auf die Arbeitsvertragsgestaltung mit Auslandsbezug, NZA 2010, 1380; *Schrader/Straube*, Die arbeitsrechtliche (Wieder-)Einstellungszusage, NZA-RR 2003, 337; *Thüsing*, Rechtsfragen grenzüberschreitender Arbeitsverhältnisse – Grundlagen und Neuigkeiten im Internationalen Arbeitsrecht, NZA 2003, 1303; *Tiedemann*, Bestimmung des anwendbaren Sozialversicherungsrechts bei Entsendung in der EU – Regelung nach Inkrafttreten der VO (EG) 883/04 und VO (EG) 987/09; *Wellisch/Näth*, Lohnbesteuerung in Deutschland bei internationalen Mitarbeiterentsendungen, IStR 2005, 433; *Werthebach*, Arbeitnehmereinsatz im Ausland – Sozialversicherung und anwendbares Recht bei befristeter Entsendung, NZA 2006, 247.

1. Entsendungsvereinbarung

▼

645   **Muster 1b.24: Entsendungsvereinbarung**

Präambel

Zwischen dem Arbeitgeber und dem Arbeitnehmer besteht Einigkeit, dass der Arbeitnehmer im Rahmen seines Arbeitsverhältnisses zum Zweck ▨▨▨▨ in (*Ort, Staat*) tätig werden soll. Zur Regelung dieser Auslandstätigkeit vereinbaren die Parteien als Ergänzung zu Ihrem Anstellungsvertrag vom ▨▨▨▨ (*Datum Anstellungsvertrag*) für die Dauer der Auslandstätigkeit des Arbeitnehmers was folgt:

§ 1 Aufgaben

(1) Der Arbeitnehmer wird vom ▨▨▨▨ (*Datum*) an als ▨▨▨▨ (*Beschreibung der Tätigkeit*) in ▨▨▨▨ (*Ort*) tätig werden. Der Arbeitnehmer wird dort insbesondere folgende Aufgaben übernehmen:

- ▨▨▨▨

- ▨▨▨▨

- ▨▨▨▨

(2) Während des Auslandseinsatzes ist der Arbeitnehmer ▨▨▨▨ (*Name/Funktion*) unterstellt. Er berichtet an ▨▨▨▨ (*Name/Funktion*). Der Arbeitgeber behält sich vor, die Unterstellung und Berichtspflicht zu ändern.

(3) Der Arbeitgeber behält sich vor, dem Arbeitnehmer auch eine andere seiner Qualifikation entsprechende gleichwertige Stelle zu übertragen.

(4) Der Arbeitnehmer verpflichtet sich, seine arbeitsvertraglichen Pflichten im Ausland stets unter Berücksichtigung der gesetzlichen Vorschriften, Sitten und Gepflogenheiten des Einsatzlandes zu erfüllen. In Zweifelsfällen ist der Arbeitnehmer verpflichtet, mit dem Arbeitgeber Rücksprache zu halten, um Risiken in diesem Bereich zu minimieren.

(5) Für die Dauer der Auslandstätigkeit bleibt der Arbeitnehmer in einem Arbeitsverhältnis mit dem Arbeitgeber.

§ 2 Entsendungsdauer

(1) Der Auslandseinsatz beginnt am ▐▐▐▐▐ (*Datum*) und ist bis zum ▐▐▐▐▐ (*Enddatum Auslandseinsatz*) befristet.

(2) Während des Auslandseinsatzes ist eine ordentliche Kündigung des Arbeitsverhältnisses beiderseits mit einer Frist von ▐▐▐▐▐ (*Fristlänge*) zum ▐▐▐▐▐ (*Monatsende*) möglich. Sofern für den Arbeitgeber eine längere gesetzliche oder tarifliche Kündigungsfrist oder ein abweichender gesetzlicher oder tariflicher Kündigungstermin gilt, so gilt die längere Kündigungsfrist und/oder der abweichende Kündigungstermin entsprechend auch für den Arbeitnehmer.

(3) Das Recht der Parteien zur außerordentlichen Kündigung des Arbeitsverhältnisses bleibt hiervon unberührt.

§ 3 Vergütung

(1) Der Arbeitnehmer erhält seine bisherige Vergütung unverändert weiter. An allgemeinen Gehaltsänderungen im Inland nimmt der Arbeitnehmer wie bisher teil.

(2) Der Arbeitnehmer erhält für die Dauer des Auslandseinsatzes eine Auslandszulage in Höhe von ▐▐▐▐▐ (*Betrag*). Diese Auslandszulage gilt alle mit dem Auslandsaufenthalt verbunden Mehraufwendungen des Arbeitnehmers ab.

(3) Die Parteien werden Verhandlungen über eine Anpassung der Vergütung durch Anhebung oder Senkung der Auslandszulage für den Fall führen, dass der Wechselkurs sich um mehr als ▐▐▐▐▐ % gegenüber dem Wechselkurs zum Zeitpunkt des Vertragsschlusses ändert.

(4) Leistungen aus der betrieblichen Altersversorgung richten sich nach dem Inlandsgehalt.

(5) Zahlungen werden unter Berücksichtigung der jeweils anzuwendenden steuerlichen und sozialversicherungsrechtlichen Vorschriften auf das bisherige Gehaltskonto des Arbeitnehmers geleistet, sofern der Arbeitnehmer nicht mindestens vier Wochen vor der nächsten fälligen Zahlung eine andere Kontoverbindung im Einsatzland benennt. Die Zahlung erfolgt in EUR. Die Kosten des Transfers bei einer Auszahlung im Ausland trägt ▐▐▐▐▐ (*der Arbeitnehmer/der Arbeitgeber*).

(6) Der Arbeitgeber übernimmt die Kosten einer jährlichen steuerlichen Beratung des Arbeitnehmers bezogen auf die Einkünfte aus diesem Vertragsverhältnis bis zu einer Höhe von ▐▐▐▐▐ (*Betrag*).

§ 4 Krankheit/Arbeitsunfähigkeit

(1) Für die Entgeltfortzahlung im Krankheitsfall gelten die Regelungen des Entgeltfortzahlungsgesetzes in seiner jeweils geltenden Fassung und die entsprechenden Vereinbarungen des Inlandsarbeitsvertrages.

(2) Für die Dauer des Auslandsaufenthalts wird der Arbeitnehmer selbst für einen ausreichenden Krankenversicherungsschutz für sich und seine Familie im Ausland sorgen. Der Arbeitgeber übernimmt dadurch anfallende und nachgewiesene Mehrkosten, höchstens jedoch bis zu einem Betrag von ▐▐▐▐▐ EUR.

§ 5 Arbeitsbedingungen/Urlaub

(1) Für den Auslandsaufenthalt gelten die Arbeitszeit- und Feiertagsregelungen des Einsatzlandes.

(2) Dauer und Lage des jährlichen Erholungsurlaubes richten sich nach den bestehenden Vereinbarungen.

(3) Dauert die Entsendung länger als ein Jahr an, so steht dem Arbeitnehmer ein zusätzlicher Heimaturlaub von einer Woche zu. Bei einer über zwei Jahre andauernden Entsendung erhält der Arbeitnehmer einen zusätzlichen Heimaturlaub von zwei Wochen. Der zusätzliche Anspruch auf Heimaturlaub entsteht nur einmal für den gesamten Zeitraum der Entsendung.

§ 6 Reisekosten

(1) Der Arbeitgeber übernimmt die Reisekosten der Hin- und Rückreise per Flugzeug in der ▐▐▐▐▐ (*Bezeichnung*) Klasse. Sofern der Arbeitnehmer auf eigenen Wunsch vor Beendigung des vertraglich vereinbarten Auslandseinsatzes aus dem Arbeitsverhältnis mit dem Arbeitgeber ausscheidet, besteht kein Anspruch auf Übernahme der Rückreisekosten.

(2) Bei einem Notfall übernimmt der Arbeitgeber die Kosten eines Rücktransports, gegebenenfalls Kranken-transports, nach Deutschland. Als Notfall im Sinne dieses Absatzes gelten z.B. lebensbedrohliche Erkran-kungen des Arbeitnehmers, Erkrankungen für einen Zeitraum von voraussichtlich mehr als drei Wochen oder eine schwere Erkrankung oder ein Todesfall in der unmittelbaren Familie (Eltern, Geschwister, Ehe-frau, Kinder) des Arbeitnehmers.

(3) Der Arbeitgeber übernimmt die Kosten für zwei Familienheimreisen vom Einsatzort nach Deutschland pro Kalenderjahr. Der Arbeitgeber übernimmt die Reisekosten der Hin- und Rückreise für eine Besuchsreise der Familie des Arbeitnehmers einmal jährlich.

§ 7 Wohnung und Dienstfahrzeug

(1) Der Arbeitgeber übernimmt die Kosten für eine ▭ (*möblierte*) ▭ (*Anzahl*)-Zimmer-Wohnung in gehobener Ausführung bis zur Höhe von ▭ EUR pro Monat.

(2) Der Arbeitgeber stellt dem Arbeitnehmer am Einsatzort ein Dienstfahrzeug, Typ ▭ (*Bezeichnung*) oder vergleichbar, auch zur Privatnutzung zur Verfügung. Auf den geldwerten Vorteil entfallende Steuern trägt der Arbeitnehmer. Die Einzelheiten zur Überlassung des Dienstwagens an den Arbeitnehmer werden in einem gesonderten Dienstwagenvertrag geregelt, der Bestandteil dieser Vereinbarung wird.

(3) Soweit auf die Leistungen nach den Absätzen 1 und 2 Einkommensteuer zu entrichten ist, trägt diese der Arbeitnehmer.

§ 8 Aufwendungen/Spesen

(1) Spesen und sonstige Aufwendungen des Arbeitnehmers während des Auslandseinsatzes werden auf Grundlage der jeweils geltenden Reisekostenrichtlinie des Arbeitgebers erstattet.

(2) Der Arbeitnehmer erhält einen Intensiv-Sprachkurs in ▭ (*Sprache*) sowie ein auf ▭ (*Ein-satzland*) bezogenes interkulturelles Training.

(3) Der Arbeitgeber erstattet dem Arbeitnehmer auf Nachweis die Kosten der Wohnungssuche und des Um-zugs, insbesondere die Kosten für den Transport und die Versicherung des Hausrats und der persönlichen Gegenstände des Arbeitnehmers, an den ausländischen Einsatzort bis zu einer Höhe von ▭. Entspre-chendes gilt für den Rückumzug nach Deutschland bei Beendigung des Auslandseinsatzes, sofern der Ar-beitnehmer nicht vor oder unmittelbar nach Beendigung des vereinbarten Auslandseinsatzes aus dem Ar-beitsverhältnis mit dem Arbeitgeber auf eigenen Wunsch ausscheidet.

(4) Die Erstattung der Reisekosten und sonstigen Aufwendungen nach den Absätzen 1 bis 3 erfolgt unter Berücksichtigung der steuerlichen und sozialversicherungsrechtlichen Vorschriften.

(5) Der Arbeitnehmer ist gegenüber dem Arbeitgeber zur Rückzahlung der gemäß den Absätzen 1 bis 3 er-statteten Kosten verpflichtet, wenn das Arbeitsverhältnis zwischen den Parteien vor Ablauf von drei Jahren nach Beginn des Auslandseinsatzes endet. Die Rückzahlungsverpflichtung vermindert sich jeweils um 1/36 für jeden vollen Monat, den das Arbeitsverhältnis nach Beginn des Auslandsaufenthaltes bestanden hat.

§ 9 Steuern

Der Arbeitnehmer wird die steuerrechtlichen Vorschriften des Einsatzlandes beachten. Eventuell im Ein-satzland zu entrichtende Steuern gehen zu Lasten des Arbeitnehmers.

§ 10 Versicherungen

Der Arbeitgeber schließt für die Dauer der Entsendung des Arbeitnehmers nach ▭ (*Einsatzort*) eine Unfallversicherung mit einer Versicherungssumme von ▭ EUR für den Todesfall und ▭ EUR für den Invaliditätsfall ab, die sich auf berufliche und außerberufliche Unfälle weltweit erstreckt. Der Arbeit-nehmer hat berufliche und außerberufliche Haftungsfälle unverzüglich und in Schriftform dem Arbeitgeber mitzuteilen.

§ 11 Einreisebestimmungen

(1) Der Arbeitnehmer wird rechtzeitig vor Beginn des Auslandseinsatzes alle für seine Einreise und Arbeits-aufnahme im Einsatzland erforderlichen behördlichen Genehmigungen einholen.

(2) Der Arbeitnehmer legt dem Arbeitgeber unverzüglich eine ärztliche Bescheinigung über die körperliche Eignung für den Auslandseinsatz und einen Nachweis über gegebenenfalls erforderliche Schutzimpfungen vor. Die hierdurch entstehenden Kosten werden durch den Arbeitgeber erstattet.

(3) Die Entsendung des Arbeitnehmers nach ▬▬▬ (*Einsatzland*) erfolgt unter der auflösenden Bedingung, dass der Arbeitnehmer alle für die Aufnahme der Tätigkeit in ▬▬▬ (*Einsatzland*) erforderlichen Genehmigungen, insbesondere eine Aufenthalts- und Arbeitserlaubnis, besitzt. Fehlt der ärztliche Nachweis nach Abs. 2, behält sich der Arbeitgeber vor, den Arbeitnehmer von dem Auslandseinsatz zurückzurufen und ihm eine andere Tätigkeit im Inland zuzuweisen.

§ 12 Beendigung des Auslandseinsatzes

(1) Der Arbeitgeber behält sich vor, den Auslandseinsatz nach billigem Ermessen vorzeitig zu beenden und den Arbeitnehmer wieder auf Grundlage der bisherigen Vereinbarungen einzusetzen. Die Beendigung des Auslandseinsatzes ist dem Arbeitnehmer mit einer Ankündigungsfrist von ▬▬▬ (*Dauer*) mitzuteilen. Bei Gefahr durch politische Unruhen, Naturkatastrophen oder Anschläge am Einsatzort des Arbeitnehmers kann der Arbeitgeber den Arbeitnehmer ohne Einhaltung dieser Frist vorübergehend für die Dauer der Krisensituation oder endgültig in das Inland zurückrufen.

(2) Bei vorzeitigem Abbruch der Auslandtätigkeit aus Gründen, die der Arbeitnehmer zu vertreten hat, zahlt der Arbeitnehmer an den Arbeitgeber einen pauschalierten Schadensersatz in Höhe eines Bruttomonatsgehaltes. Es bleibt dem Arbeitnehmer der Nachweis gestattet, dass ein Schaden überhaupt nicht entstanden oder wesentlich geringer ist, als die Pauschale. Unabhängig hiervon ist der Arbeitnehmer bei Gefahr durch politische Unruhen, Naturkatastrophen oder Anschläge an seinem Einsatzort berechtigt, nach Mitteilung an den Arbeitgeber vorübergehend für die Dauer der Krisensituation ins Inland zurückzukehren; eine solche Rückkehr gilt nicht als durch den Arbeitnehmer zu vertreten.

(3) Nach der Rückkehr nach Deutschland gelten wieder die bisherigen Arbeitsbedingungen. Es besteht kein Anspruch auf die Beschäftigung auf dem bisherigen Arbeitsplatz. Der Arbeitgeber bleibt berechtigt, dem Arbeitnehmer auch andere Aufgaben, auch in einer anderen Abteilung, zuzuweisen, wenn dies dem Arbeitnehmer nach seinen Kenntnissen und Fähigkeiten zumutbar ist. Dies gilt auch dann, wenn es sich nur um eine vorübergehende Rückkehr handelt.

§ 13 Vertragslaufzeit

Diese Ergänzungsvereinbarung zum Arbeitsvertrag tritt mit dem Tag der Ausreise des Arbeitnehmers zur Aufnahme seiner Tätigkeit in ▬▬▬ (*Einsatzort*) in Kraft. Sie endet, ohne dass es einer Kündigung bedarf, mit dem Ende der endgültigen Rückreise des Arbeitnehmers in die Bundesrepublik Deutschland.

§ 14 Fortgeltung des Anstellungsvertrages

Ergänzend gelten die Vereinbarungen des Anstellungsvertrages vom ▬▬▬.

§ 15 Rechtswahl – Gerichtsstandsvereinbarung

(1) Das Arbeitsverhältnis, seine Beendigung und die nachvertraglichen Pflichten beider Parteien bestimmen sich nach deutschem Recht.

(2) Gerichtsstand ist ▬▬▬ (*Ort*).

§ 16 Schriftformklausel, Salvatorische Klausel

(vgl. hierzu das Muster zum Arbeitsvertrag, siehe oben § 1a Rdn 215)

▬▬▬, den ▬▬▬   ▬▬▬, den ▬▬▬

▬▬▬   ▬▬▬

(*Arbeitgeber*)   (*Arbeitnehmer*)

▲

2. Erläuterungen

a) Vorbemerkungen

646   In der täglichen Praxis nimmt der Beratungsbedarf im Hinblick auf vorübergehende Auslandseinsätze von Arbeitnehmern und deren arbeitsvertraglicher Abbildung aufgrund der Internationalisierung der Wirtschaftsbeziehungen deutlich zu. Insofern hat sich der aus dem Sozialrecht entliehene Begriff der Entsendung eingebürgert. Von einer Entsendung wird gesprochen, wenn ein Arbeitnehmer im Rahmen seines Arbeitsverhältnisses mit einem inländischen Arbeitgeber für diesen für eine bestimmte Zeit in das Ausland entsandt wird, um dort für seinen Arbeitgeber tätig zu werden. Regelmäßig wird dabei von den Parteien davon ausgegangen, dass der Arbeitnehmer nach Ablauf der befristeten Entsendung wieder im Inland für seinen Arbeitgeber tätig werden wird.

647   Der vorstehende Entwurf einer Ergänzungsvereinbarung zum Arbeitsvertrag soll dazu dienen, die Arbeitsvertragsbedingungen für die Dauer des vorübergehenden Auslandseinsatzes des Arbeitnehmers zu regeln und insoweit den bestehenden Arbeitsvertrag an die besonderen Bedürfnisse während dieser Phase anzupassen. Dabei geht das Vertragsmuster davon aus, dass der Arbeitnehmer im Ausland auch für seinen bisherigen inländischen Arbeitgeber tätig wird. Denkbar ist daneben auch die Option, für den Auslandseinsatz einen Arbeitsvertrag zwischen Arbeitnehmer und dem ausländischen Unternehmen, zu dem dieser entsandt wird (z.B. eine Tochtergesellschaft des Arbeitgebers), abzuschließen. Für die Dauer des Auslandseinsatzes bei dem dritten Unternehmen würde dann der inländische Arbeitsvertrag ruhend gestellt werden (siehe unten Rdn 711). Diese Konstellation wird teilweise unter dem Begriff „Versetzung" zu einer ausländischen Gesellschaft geführt.[1221] Zu beachten ist jedoch, dass im Falle einer Versetzung zu einem ausländischen Unternehmen das arbeitsrechtliche Weisungsrecht regelmäßig auf das ausländische Unternehmen übergeht. Zudem werden steuer- und sozialversicherungsrechtliche Fragestellungen in dieser Konstellation anders zu bewerten sein. Die Lösung im Wege einer so verstandenen Versetzung wird jedoch immer dann erforderlich, wenn die lokale Rechtsordnung am Einsatzort das Bestehen eines Arbeitsverhältnisses mit einem dort ansässigen Arbeitgeber zur Voraussetzung für die Erlangung einer Aufenthalts- und/oder Arbeitsgenehmigung macht.

648   Für die Wahl der vertraglichen Gestaltung wird es in der Praxis immer sinnvoll sein, zunächst die Anforderungen des lokalen Rechts am Einsatzort an eine Beschäftigung des Arbeitnehmers aufzuklären und dann unter Berücksichtigung der steuer- und sozialversicherungsrechtlichen Implikationen die passende arbeitsrechtliche Gestaltung vorzunehmen.[1222]

b) Im Einzelnen

649   Bei Ergänzungsvereinbarungen zum Arbeitsvertrag im Zusammenhang mit einer Entsendung bietet sich die Voranstellung einer Präambel an. In dieser sollte der Hintergrund für den Abschluss der Ergänzungsvereinbarung kurz dargestellt werden. Auch wenn sich aus der Präambel letztlich keine Ansprüche für eine der beiden Vertragsparteien ableiten lassen, kann diese bei bestehender Unklarheit im Sinne einer Auslegungshilfe sinnvoll sein.

aa) Aufgaben, § 1

650   Unter § 1 Abs. 1 wird die Aufgabe des entsandten Mitarbeiters im Einsatzstaat arbeitsvertraglich konkretisiert. Dies ist erforderlich, da die von dem Arbeitnehmer im Ausland wahrzunehmenden Aufgaben regelmäßig von seinen Aufgaben im Inland divergieren werden. Hinsichtlich des Erfordernisses der Konkretisierung der Aufgaben am ausländischen Einsatzort gilt keine Besonderheit gegenüber der für Arbeitsverträge üblichen Tätigkeitsbeschreibung.

1221 Vgl. Küttner/*Kreitner*, Auslandstätigkeit, Rn 20; *Mauer*, Rn 367 ff.
1222 Nützliche Checklisten für Vorbereitung des Auslandseinsatzes bei *Mauer*, Rn 325 ff.

Die Zusatzvereinbarung hinsichtlich der Auslandstätigkeit des Arbeitnehmers sollte zudem eine ausdrück- **651** liche Regelung zum Unterstellungsverhältnis während des Auslandseinsatzes enthalten. Allein aufgrund der räumlichen Entfernung wird die Beibehaltung des im Inland bestehenden Unterstellungsverhältnisses in vielen Fällen nicht praktikabel sein. Zumeist bietet sich eine Unterstellung unter einen lokalen Vorgesetzten im Einsatzland. Dieser sollte vertraglich definiert werden. Eine Änderung des Unterstellungsverhältnisses bleibt ungeachtet der vertraglichen Regelung weiterhin möglich.

§ 1 Abs. 4 verpflichtet den Arbeitnehmer zur Beachtung der gesetzlichen Vorschriften, Sitten und Gepflo- **652** genheiten im Einsatzland. Generell bei Auslandsentsendungen und speziell bei Entsendungen ins außereuropäische Ausland werden Arbeitnehmer regelmäßig mit deutlich von den im Inland gewohnten rechtlichen Regelungen und Gepflogenheiten konfrontiert. Auch wenn die Einhaltung lokaler gesetzlicher Vorschriften an sich eine Selbstverständlichkeit sein sollte, ist es sinnvoll, in den Entsendungsvereinbarungen nochmals auf diesen Umstand hinzuweisen und den Arbeitnehmer auf diese Weise zu sensibilisieren. Vor Beginn der Entsendung empfiehlt sich in jedem Falle eine Schulung des Arbeitnehmers im Hinblick auf die kulturellen und rechtlichen Gegebenheiten im Einsatzland.

Im Entsendungsvertrag sollte klargestellt werden, dass der Arbeitnehmer während der Dauer der Aus- **653** landstätigkeit in einem Arbeitsverhältnis zum inländischen Arbeitgeber verbleibt, insbesondere um den Eindruck einer tatsächlichen Eingliederung in einen Betrieb einer ausländischen (Tochter-)Gesellschaft zu vermeiden.

bb) Entsendungsdauer, § 2

Gem. § 2 Abs. 2 NachwG muss einem Arbeitnehmer, der seine Arbeitsleistungen länger als einen Monat **654** außerhalb der Bundesrepublik Deutschland zu erbringen hat, vor seiner Abreise ein Nachweis ausgehändigt werden, der insbesondere Angaben dazu enthält, wie lange der Auslandseinsatz andauern wird. Aus diesem Grund nimmt § 2 Abs. 1 eine Befristungsregelung auf, die die Dauer des Einsatzes konkret definiert. Das Vertragsmuster enthält eine Zeitbefristung. Denkbar ist jedoch auch eine projektbezogene Befristung i.R.d. § 14 Abs. 1 TzBfG. Die Befristung des Auslandsaufenthaltes im Arbeitsvertrag ist darüber hinaus auch im Hinblick auf das während der Auslandsentsendung anzuwendende Sozialversicherungsrecht von Bedeutung. Je nach Dauer und Einsatzland unterscheiden sich die rechtlichen Vorgaben bei Entsendungen innerhalb der EU, wobei in diesen Fällen die Regelungen der Art. 14 ff. VO (EWG) Nr. 1408/71 wesentlich sind (Stichwort: E 101). Bei Entsendungen in andere Einsatzstaaten kommt entweder die gesetzliche Regelung des § 4 SGB IV oder ein zwischen der Bundesrepublik Deutschland und dem Einsatzstaat geschlossenes Sozialversicherungsabkommen zur Anwendung. Mit Hilfe der genannten Regelungen bestimmt sich dann das jeweils anwendbare Sozialversicherungsrecht (siehe unten Rdn 686).

§ 2 Abs. 2 regelt die ordentlichen Kündigungsfristen während der Dauer der Entsendung im Ausland. Grds. **655** ist eine solche Regelung nicht zwingend erforderlich. Allerdings kann es im Interesse des entsandten Arbeitnehmers sein, für die Dauer einer Auslandsentsendung von den im Arbeitsvertrag vereinbarten Kündigungsfristen abzuweichen, insbesondere diese zu verlängern. Gegebenenfalls kann für die Dauer des Auslandseinsatzes das ordentliche Kündigungsrecht auch ausgeschlossen werden. Dann müsste § 2 Abs. 2 des Mustervertrages wie folgt gefasst werden:

Formulierungsbeispiel

Für die Dauer des Auslandseinsatzes ist die ordentliche Kündigung des Arbeitsverhältnisses für beide Parteien ausgeschlossen.

§ 2 Abs. 3 hat klarstellende Funktion.

cc) Vergütung, § 3

656 Es ist regelmäßig sinnvoll, die im bisherigen Anstellungsvertrag enthaltene Vergütungsregelung beizubehalten. Im Hinblick auf die geplante Rückkehr des Mitarbeiters sollte die Vergütung die üblichen Gehaltssteigerungen für vergleichbare Mitarbeiter im Inland nachvollziehen. Möglich ist auch die Vereinbarung einer von der bisherigen Vergütung völlig unabhängigen Auslandsvergütung. Dabei besteht jedoch der Nachteil, dass für den Mitarbeiter die Entwicklung der Gehälter im Inland nicht mehr transparent ist, was bei der Rückkehr ggf. zu Unstimmigkeiten führen kann. Zu beachten ist, dass sich aufgrund möglicherweise anwendbarer ausländischer Steuer- und Sozialversicherungsvorschriften der Netto-Auszahlungsbetrag bei gleich bleibender Bruttovergütung erheblich ändern kann. Diese Abweichungen könnten i.R.d. Zahlung einer Auslandszulage (vgl. § 3 Abs. 2) berücksichtigt werden. Denkbar ist auch die Vereinbarung eines „Tax Equalization Agreements", mit dem erreicht werden soll, dass der Mitarbeiter keine steuerlichen Nachteile in der Nettovergütung erleidet.

657 Zusätzlich zu dem „regulären" Inlandsgehalt kann dem Arbeitnehmer eine Auslandszulage gezahlt werden. Mit der Zulage werden die mit dem Auslandseinsatz verbundenen Mehraufwendungen des Arbeitnehmers (z.B. Zugriff auf inländisches Gehaltskonto aus dem Ausland) pauschal abgegolten. Die Zulagenhöhe kann frei nach den jeweiligen Umständen des Einzelfalls bestimmt werden. Mit dem Auslandseinsatz verbundene Vorteile für den Arbeitnehmer (z.B. größere Kaufkraft des Inlandsgehalts im Einsatzstaat) können berücksichtigt werden. Die Gewährung der Zulage ist an die Dauer des Auslandeinsatzes geknüpft, so dass der entsandte Arbeitnehmer nach seiner Rückkehr wieder auf das Inlandsgehalt zurückfällt. Zusätzliches mit dem Auslandseinsatz verbundenes Arbeitsentgelt ist gem. § 2 Abs. 2 Nr. 3 NachwG gegenüber dem Arbeitnehmer schriftlich anzugeben.

658 Um Wechselkursschwankungen angemessen bei der Bestimmung der Vergütung des Arbeitnehmers im Ausland berücksichtigen zu können, sollte vereinbart werden, dass nach Vertragsschluss eintretende wesentliche Änderungen des Wechselkurses einen Prozess zur Anpassung der Vergütung über die Höhe der Auslandszulage auslösen. Dabei sollte die Schwelle zur Auslösung des Anpassungsprozesses nicht zu gering angesetzt werden, um dauernde Verhandlungen über die Vergütung zu vermeiden. Möglich wäre auch, eine Anpassungsautomatik vorzusehen, was allerdings im Einzelfall nicht immer zu interessengerechten Ergebnissen führen wird.

659 Oftmals stellen beitragsorientierte Leistungszusagen des Arbeitgebers oder auch Leistungspläne im Bereich der betrieblichen Altersversorgung auf die vertragliche Vergütung des Arbeitnehmers ab. Da die zusätzlichen Leistungen während der Dauer des Auslandsaufenthalts in erster Linie dazu dienen, die damit verbundenen zusätzlichen Belastungen zu kompensieren, erscheint es interessengerecht, Beiträge zu oder Leistungen aus der betrieblichen Altersversorgung weiterhin auf Grundlage des Inlandsgehalts zu berechnen. Hinsichtlich der betrieblichen Altersversorgung des Arbeitnehmers sollte in jedem Fall eine auf die Versorgungsordnung abgestimmte Lösung gefunden werden.

660 Die Parteien können frei vereinbaren, ob die Vergütung weiterhin auf das inländische Gehaltskonto überwiesen werden soll oder ob der Arbeitnehmer am Einsatzort ein neues Konto einrichtet. Üblicherweise, insbesondere bei eher kurzfristigen Auslandsaufenthalten, wird man die Auszahlung auf das inländische Konto beibehalten. Die Übernahme der Kosten (z.B. für Auslandsüberweisungen) kann zwischen den Parteien ebenfalls frei vereinbart werden. Der Klauselvorschlag berücksichtigt, dass eine Umstellung der Kontoverbindung insbesondere bei Einschaltung eines Payroll-Providers oftmals einen gewissen Vorlauf erfordert.

661 Im Hinblick auf eine Steuerpflichtigkeit des Arbeitnehmers im Einsatzland erscheint es häufig angezeigt, dem Arbeitnehmer die Kosten einer Steuerberatung bis zu einem bestimmten Betrag zu erstatten. Die Beratung sollte sich auf die Einkünfte im Zusammenhang mit dem Arbeitsverhältnis beschränken.

dd) Krankheit/Arbeitsunfähigkeit, § 4

§ 4 Abs. 1 vereinbart klarstellend die Anwendung des EFZG auf das Arbeitsverhältnis auch während der   662
Dauer des Auslandsaufenthalts. Die Anwendung der Regelungen des EFZG ergibt sich ansonsten bereits
aus der Wahl des deutschen Rechts.[1223]

Vor Antritt des Auslandsaufenthalts sollte der Arbeitnehmer mit seiner Krankenversicherung abklären, wie   663
er einen ausreichenden Krankenversicherungsschutz auch im Ausland erreichen kann. Möglicherweise ist
eine Auslandszusatzkrankenversicherung abzuschließen, um derartige Risiken abzudecken.

Zu beachten ist, dass auch bei einer Anwendbarkeit des deutschen Sozialversicherungsrechts die Leistungs-   664
ansprüche gegenüber der gesetzlichen Krankenversicherung gem. § 16 Abs. 1 Nr. 1 SGB V ruhen, obgleich
die Beitragspflicht weiter besteht. Der Arbeitnehmer müsste daher die ihm entstehenden Kosten selbst tragen. Teilweise, insbesondere im Bereich der EU, bestehen über- und zwischenstaatliche Vorschriften, die
eine Inanspruchnahme von Leistungen durch Einschaltung der lokalen Versicherungsträger ermöglichen.
Wo dies nicht der Fall ist, hat der im Ausland tätige Arbeitnehmer aus § 17 Abs. 1 SGB IV einen Leistungsanspruch gegen seinen Arbeitgeber. Der Arbeitgeber kann wiederum die ihm so entstehenden Kosten gegenüber der Krankenkasse geltend machen, soweit diese von der Krankenkasse im Inland hätten übernommen werden müssen. Sofern die Kosten der Behandlung im Ausland höher sind, hat der Arbeitgeber diese
Mehrkosten zu tragen.[1224]

ee) Arbeitsbedingungen/Urlaub, § 5

Für die Zeit der Entsendung des Arbeitnehmers sollten i.R.d. Arbeitsverhältnisses nur die Feiertage im je-   665
weiligen Einsatzland anerkannt werden, um divergierende Feiertagsregelungen im Verhältnis zur lokalen
Belegschaft zu vermeiden. Soweit besonders bedeutende Feiertage (z.B. Weihnachten) im Einsatzland
nicht eingehalten werden, kann die Einhaltung dieser Tage zwischen den Parteien vereinbart werden.

Das ArbZG findet aufgrund des Territorialitätsprinzips nur für Betriebe im Gebiet der Bundesrepublik   666
Deutschland Anwendung. Für entsandte Mitarbeiter gelten diese Beschränkungen also nicht. Allerdings
sind – soweit vorhanden – die zwingenden arbeitszeitgesetzlichen Regelungen im jeweiligen Einsatzland
zu beachten.

Eine abweichende Regelung des Urlaubsanspruchs für die Dauer der Entsendung des Arbeitnehmers in das   667
Ausland ist nicht zwingend geboten.

Insbesondere bei Entsendungen in Länder außerhalb Europas werden häufig von den Unternehmen Ansprü-   668
che auf Zusatzurlaub gewährt. Der Umfang des Zusatzurlaubs kann nach der Dauer der Entsendung und vor
allem auch nach der Entfernung des Einsatzortes gestaffelt werden. Möglich und sinnvoll kann auch eine
Verknüpfung von zusätzlichem Heimaturlaub und erforderlichen Dienstreisen zum Inlandsbetrieb sein.[1225]

Verbreitet sind auch großzügigere Übertragungsregelungen für während des Entsendungszeitraums erwor-   669
bene Urlaubsansprüche. Teilweise wird auf Verfallregelungen ganz verzichtet, insbesondere, wenn eine Urlaubsnahme aus betrieblichen Gründen nicht möglich war (z.B. zeitkritische Projektarbeit).

ff) Reisekosten, § 6

Die Übernahme der Reisekosten des Arbeitnehmers bei Antritt und Beendigung der Entsendung durch   670
den Arbeitgeber dürfte eine Selbstverständlichkeit sein. Soweit bei einer längerfristigen Entsendung
des Arbeitnehmers auch dessen Familie in das Einsatzland reist, werden üblicherweise auch die Reisekosten der Familie durch den Arbeitgeber getragen. Bleibt die Familie in Deutschland zurück, so über-

---

1223 ErfK/*Dörner/Reinhard*, § 1 EFZG Rn 2.
1224 Kasseler-Kommentar/*Peters*, § 17 SGB V Rn 7 – Der Arbeitgeber sollte dieses Risiko über eine Restkostenversicherung absichern.
1225 *Gnann/Gerauer*, S. 69.

nimmt der Arbeitgeber regelmäßig die Kosten für eine oder mehrere Besuchsreisen der Familie an den Einsatzort des Arbeitnehmers (vgl. § 6 Abs. 3).

671   Die Verpflichtung des Arbeitgebers zur Übernahme von Transportkosten im Fall schwerer Erkrankungen, die im Einsatzland nicht ausreichend medizinisch versorgt werden können, wird sich regelmäßig bereits aus der Fürsorgepflicht des Arbeitgebers ergeben. Entsprechendes gilt im Fall schwerer Unfälle des Arbeitnehmers.[1226] Unabhängig von der rechtlichen Verpflichtung zur Übernahme der Rücktransportkosten in derartigen Notfallsituationen wird die vertragliche Zusage dieser Unterstützung dem Arbeitnehmer die Entscheidung für die Übernahme der Aufgabe im Ausland erleichtern. Aus diesem Grund erscheint auch die Kostenerstattung bei Rückreisen wegen schweren Erkrankungen oder Todesfällen im engeren Familienkreis sinnvoll. Abhängig vom konkreten Einsatzort des Arbeitnehmers im Ausland ist die Übernahme von Rückreisekosten auch in anderen Situationen denkbar (z.B. Naturkatastrophen, politische Krise im Einsatzland). Regelmäßig lassen sich diese Situationen aber auch ohne ausdrückliche vertragliche Regelung im Einzelfall beherrschen.

672   Das Vertragsmuster geht davon aus, dass der entsandte Arbeitnehmer ohne seine Familie an den Einsatzort umzieht. In diesem Fall ist es üblich, dass die Kosten einer oder mehrerer Besuchsreisen der Familie des Arbeitnehmers sowie für eine bestimmte Anzahl von Familienheimreisen des Arbeitnehmers durch den Arbeitgeber übernommen werden. Die Zahl der Heimflüge wird abhängig vom Einsatzland differieren. Bei Entsendungen in das weniger weit entfernte europäische Ausland kommt auch die Erstattung von Kosten der Benutzung anderer Verkehrsmittel für Heimfahrten des Arbeitnehmers in Betracht.

gg) Wohnung und Dienstfahrzeug, § 7

673   Das Vertragsmuster geht davon aus, dass der Mitarbeiter seine Familie in Deutschland zurücklässt. Da er während der Dauer der Entsendung weiterhin Wohnungskosten in Deutschland zu tragen hat, sieht der Mustervertrag vor, dass der Arbeitgeber die Wohnungskosten am Einsatzort vollständig übernimmt. Wird die Wohnung im Inland aufgegeben, kommt eine nur teilweise oder gar keine Übernahme der Kosten in Betracht. Werden Möbel für die Dauer des Auslandseinsatzes in Deutschland durch den Arbeitnehmer eingelagert, ist eine Beteiligung des Arbeitgebers an den Lagerkosten üblich.

674   § 7 Abs. 2 der Vereinbarung sieht vor, dass dem Arbeitnehmer am Einsatzort ein Dienstfahrzeug zur Verfügung gestellt wird. Die Einzelheiten zur Überlassung des Dienstwagens sollten in einem gesonderten Dienstwagenvertrag geregelt werden (vgl. Rdn 511). Dabei wird insbesondere auch zu berücksichtigen sein, nach welchen steuerrechtlichen Regelungen die Dienstwagenüberlassung im Einsatzland zu beurteilen ist. Dabei können sich gegebenenfalls besondere Regelungserfordernisse ergeben.

675   § 7 Abs. 3 der Vereinbarung regelt, dass die auf die Kostenübernahme für eine Wohnung im Einsatzland und die Stellung des Dienstwagens gegebenenfalls entfallende Einkommensteuer durch den Arbeitnehmer zu tragen ist. Alle derartigen steuerlichen Grundsatzfragen sollten im Vorfeld der Entsendung des Arbeitnehmers abgeklärt werden.

hh) Aufwendungen/Spesen, § 8

676   Spesen und sonstige Aufwendungen des Arbeitnehmers während des Auslandseinsatzes werden durch den Arbeitgeber erstattet. In diesem Zusammenhang hat sich bewährt, innerhalb bestehender Reisekostenrichtlinien die Erstattungsfähigkeit bestimmter Einzelposten vorab zu regeln. Aus diesem Grunde verweist § 8 Abs. 1 des Mustervertrages auf eine entsprechende Reisekostenrichtlinie des Arbeitgebers.

677   Zur Vorbereitung auf den Auslandseinsatz im fremdsprachigen Bereich wird ein Sprachkurs für den zu entsendenden Mitarbeiter regelmäßig sinnvoll sein, soweit die entsprechenden Sprachkenntnisse noch nicht gegeben sind. Insbesondere bei Entsendungen ins außereuropäische und insbesondere asiatische Ausland

---

1226 *Gnann/Gerauer*, S. 73.

hat sich die Teilnahme an einem interkulturellen Vorbereitungstraining in vielen Fällen bewährt.[1227] Die Kosten hierfür trägt regelmäßig der Arbeitgeber.

Häufig wird der Arbeitnehmer die Übernahme von Umzugskosten verlangen. Soweit die Wohnungssuche 678 im Einsatzland nicht bereits ohnehin vom Arbeitgeber durchgeführt wird, werden regelmäßig auch diese Kosten übernommen werden. Der Mustervertrag sieht insbesondere die Übernahme der Kosten für den Transport und die Versicherung von mitgenommenem Hausrat des Arbeitnehmers vor. Wird dem Arbeitnehmer im Einsatzland eine möblierte Unterkunft zur Verfügung gestellt (vgl. § 7 Abs. 1 des Mustervertrags), so kann die Kostenübernahme auf den Transport persönlicher Gegenstände beschränkt werden. Sinnvoll ist, die zu erstattenden Umzugskosten mit einem Höchstbetrag zu begrenzen und von der Vorlage entsprechender Nachweise abhängig zu machen. Verbreitet ist auch, dass der Arbeitnehmer verpflichtet wird, mehrere Angebote von unterschiedlichen Umzugsunternehmen einzuholen, aus denen der Arbeitgeber auswählt. Bei der Festsetzung der Maximalhöhe der zu übernehmenden Umzugskosten kann man sich an den Umständen der jeweiligen Entsendung (Entfernung, Transportweg) orientieren. Bei einem Umzug des Arbeitnehmers mit Familie werden die Kosten naturgemäß höher liegen. Teilweise werden auch hinsichtlich der Menge/Gewicht des mitzunehmenden Hausrats Begrenzungen vereinbart.

Dass die Erstattung von Reisekosten und sonstigen Aufwendungen gem. den steuerlichen und sozialver- 679 sicherungsrechtlichen Vorschriften erfolgt, entspricht den üblichen Gepflogenheiten.

Die Rückzahlungsklausel nach § 8 Abs. 6 sieht eine Verpflichtung zur Rückzahlung der in § 6 Abs. 1–4 ge- 680 nannten erstatteten Kosten vor, wenn das Arbeitsverhältnis zwischen den Parteien innerhalb eines Drei-Jahres-Zeitraums nach Beginn des Auslandseinsatzes endet. Die Rückzahlungsklausel orientiert sich an der insoweit bekannten Rechtsprechung zur Rückzahlung von Ausbildungs- und Fortbildungskosten. Der Rückzahlungsanspruch mindert sich über einen Zeitraum von drei Jahren um jeweils 1/36 für jeden Monat den das Arbeitsverhältnis nach Beginn des Auslandsaufenthaltes bestanden hat. Diese Regelung dürfte im Hinblick auf die entsprechende Rechtsprechung des BAG zu den Aus- und Fortbildungskosten interessengerecht und angemessen sein. Denkbar ist auch, die Rückzahlungsregelung auf Fälle der vorzeitigen Beendigung des Auslandseinsatzes aus Gründen im Verhalten des Arbeitnehmers zu erstrecken.

ii) Steuern, § 9

Natürliche Personen, die in der Bundesrepublik Deutschland entweder ihren Wohnsitz oder ihren gewöhn- 681 lichen Aufenthalt haben, sind im Inland unbeschränkt steuerpflichtig (§ 1 Abs. 1 EStG). Eine Person hat ihren Wohnsitz dort, wo sie eine Wohnung unter Umständen innehat, die darauf schließen lässt, dass sie die Wohnung beibehalten und benutzen wird (§ 8 AO). Der gewöhnliche Aufenthalt einer Person ist dort belegen, wo sie sich unter Umständen aufhält, die erkennen lassen, dass sie an diesem Ort nicht nur vorübergehend verweilt (§ 9 AO).[1228] Die unbeschränkte Steuerpflicht kann daher auch für Mitarbeiter mit Wohnsitz und/oder gewöhnlichem Aufenthalt im Inland bestehen, wenn diese eine Tätigkeit im Ausland ausüben.

Zu beachten sind die zwischen der Bundesrepublik Deutschland und einer Vielzahl anderer Staaten abge- 682 schlossenen Doppelbesteuerungsabkommen (DBA).[1229] DBA werden dabei regelmäßig auf der Grundlage eines OECD-Musterabkommens geschlossen, das unter Art. 15 Abs. 1 unabhängig vom Wohnsitz/gewöhnlichen Aufenthalt des Arbeitnehmers grds. eine Besteuerung von Einkünften aus unselbstständiger Arbeit auch im jeweiligen Tätigkeitsstaat ermöglicht. Nach Art. 15 Abs. 2 des OECD-Musterabkommens erfolgt jedoch abweichend von diesem Grundsatz eine Besteuerung nur im Wohnsitzstaat, wenn

---

1227 Zum Inhalt derartiger interkultureller Trainingsmaßnahmen: *Mauer*, Rn 309 ff.
1228 Beispiele hierzu bei Küttner/*Windsheimer*, Auslandstätigkeit, Rn 38 ff.; Klein/*Gersch*, § 8 Rn 2 ff., § 9 Rn 2 ff.
1229 Eine Auflistung der bestehenden Doppelbesteuerungsabkommen findet sich auf www.bundesfinanzministerium.de.

■ sich der Arbeitnehmer innerhalb eines Zeitraums von 12 Monaten, der während des betreffenden Steuerjahres[1230] beginnt oder endet, nicht länger als 183 Tage in dem anderen Staat aufhält und

■ die Vergütungen von oder für einen Arbeitgeber gezahlt werden, der nicht in dem anderen Staat ansässig ist, und

■ die Vergütungen nicht von einer Betriebsstätte getragen werden, die der Arbeitgeber im anderen Staat hat.

683 Zu dem maximalen Zeitraum von 183 Tagen sind die Tage der physischen Anwesenheit des Arbeitnehmers im Tätigkeitsstaat, also auch die An- und Abreisetage, Urlaubs-[1231] und Krankheitstage zu rechnen. Ebenso sind Tage mit zu berücksichtigen, an denen der Arbeitnehmer nur kurz in dem Tätigkeitsstaat anwesend gewesen ist. Ist ein Arbeitnehmer mehr als 183 Tage im Tätigkeitsstaat tätig, so besteht ein Besteuerungsrecht des Tätigkeitsstaates demnach auch dann, wenn dieser Mitarbeiter jeden Tag an seinen Wohnsitz in der Bundesrepublik Deutschland zurückkehrt.[1232] In diesen Fällen sind dann jedoch eventuell bestehende Grenzgängerregelungen zu beachten.[1233] Unabhängig von der 183-Tage-Regel findet eine Besteuerung im ausländischen Tätigkeitsstaat statt, wenn ein ausländisches Unternehmen wirtschaftlicher Arbeitgeber des ins Ausland entsandten Arbeitnehmers ist, also die diesem gezahlten Vergütungen wirtschaftlich trägt.[1234] Das gleiche gilt, wenn die Vergütung durch eine ausländische Betriebsstätte getragen wird, also die Vergütung durch den inländischen Arbeitgeber an die ausländische Betriebsstätte im Einsatzstaat weiterbelastet wird.

684 Wird nach der DBA-Regelung Steuer für den gezahlten Lohn durch den ausländischen Tätigkeitsstaat erhoben, so kann der Arbeitnehmer oder Arbeitgeber beim zuständigen Betriebsstättenfinanzamt insoweit eine Freistellungsbescheinigung beantragen, in der bescheinigt wird, dass der für die Auslandstätigkeit gezahlte Arbeitslohn nicht der deutschen Lohnsteuer unterliegt.[1235] Zu beachten ist, dass die von der deutschen Besteuerung aufgrund des DBA freigestellten ausländischen Einkünfte gem. § 32b Abs. 1 Nr. 3 EStG unter einem so genannten Progressionsvorbehalt stehen. Für die Bestimmung des bei einer inländischen Veranlagung zu ermittelnden Steuersatzes sind die ausländischen Einkünfte mit zu berücksichtigen (§ 32b Abs. 2 Nr. 2 EStG).

685 Soweit für das Verhältnis zwischen der Bundesrepublik Deutschland und dem jeweiligen ausländischen Einsatzstaat kein DBA besteht, kommt eine Steuerbefreiung nach dem so genannten Auslandstätigkeitserlass (ATE) in Betracht.[1236] Dieser begünstigt jedoch nur bestimmte Arten von Auslandstätigkeiten (Planung, Errichtung, Wartung von Fabriken, Bauwerken, ortsgebundenen Maschinen, u.Ä.; öffentlichen Entwicklungshilfe[1237]) wenn diese mindestens drei Monate ununterbrochen ausgeübt werden. Neben dem ATE kommt auch eine Anrechnung der ausländischen Steuer nach § 34c Abs. 1 EStG oder ein Abzug gezahlter ausländischer Steuern von der Bemessungsgrundlage nach § 34c Abs. 3 EStG zur Vermeidung einer Doppelbesteuerung in Betracht.

jj) Versicherungen, § 10

686 Zur Bestimmung des Bedarfs an zusätzlichen Versicherungen für den entsandten Arbeitnehmer ist vor allem entscheidend, ob für die Dauer des Auslandseinsatzes der Arbeitnehmer in die deutsche Sozialversicherung einbezogen bleibt oder nicht.[1238] Grds. gelten die Vorschriften über die Versicherungspflicht

---

1230 Beachte: Einzelne Staaten haben ein vom Kalenderjahr abweichendes Steuerjahr (z.B. Großbritannien, Irland, Australien).

1231 BFH 23.2.2005, IStR 2005, 489.

1232 BFH 10.7.1996, NJW 1997, 612.

1233 Derartige Regelungen bestehen im Verhältnis zu Frankreich, Österreich, Schweiz.

1234 BFH 18.12.2002, IStR 2003, 603; Küttner/*Windsheimer*, Auslandstätigkeit, Rn 38.

1235 § 39b EStG; LStR 123.

1236 Hierzu vgl. *Wellisch/Näth*, IStR 2005, 433, 434.

1237 Küttner/*Windsheimer*, Auslandstätigkeit, Rn 57.

1238 Zur Sozialversicherung bei befristeter Auslandsentsendung vgl. auch: *Werthebach*, NZA 2006, 247 ff. Eingehend zur Bestimmung des anwendbaren Rechts auch *Tiedemann*, NZS 2011, 41 sowie Küttner/*Schlegel*, Personalbuch 2012, Auslandstätigkeit, Rn 73 ff.

und -berechtigung in der deutschen Sozialversicherung aufgrund des Territorialitätsprinzips dem Grundsatz nach nur für im Inland beschäftigte Personen. Besteht wie bei einer Entsendung eines Arbeitnehmers in das Ausland ein Sachverhalt mit Auslandsberührung, so ist zunächst zu klären, nach welcher Rechtsordnung sich die Fragen der Sozialversicherungspflicht und -berechtigung richten. Hier ist zu differenzieren zwischen

■ Entsendungen von Deutschland in einen Staat innerhalb der EU bzw. des EWR;

■ Entsendungen von Deutschland in einen Staat, mit dem ein Sozialversicherungsabkommen besteht; und

■ Entsendungen von Deutschland in Staaten außerhalb der EU bzw. des EWR, mit denen kein Sozialversicherungsabkommen besteht.

Je nach Fallgestaltung gelten für die Bestimmung des anzuwendenden Sozialversicherungsrechts verschiedene Kollisionsregeln.

Für Entsendungen in einen anderen EU-Mitgliedstaat gilt seit dem 1.5.2010 die VO (EG) Nr. 883/2004 sowie die hierzu erlassene Durchführungsverordnung (EG) Nr. 987/09.[1239] Bei Entsendungen nach Norwegen, Island oder Liechtenstein ist weiterhin die VO (EWG) 1408/71[1240] maßgeblich. **687**

Grds. gilt nach der VO (EG) 883/2004 und der VO (EWG) 1408/71, dass ein Arbeitnehmer der im Gebiet eines Mitgliedstaates abhängig beschäftigt wird und Staatsangehöriger eines Mitgliedstaates ist, den Rechtsvorschriften zur Sozialversicherung in dem Tätigkeitsstaat unterliegt. Im Fall einer Entsendung eines Arbeitnehmers aus Deutschland in einen anderen Mitgliedstaat ist die Anwendung der deutschen Sozialversicherungsregelungen nur ausnahmsweise möglich, wenn **688**

■ der Arbeitnehmer einem Unternehmen mit Sitz im Inland gewöhnlich angehört;

■ der Arbeitnehmer von diesem Unternehmen zur Ausführung einer Arbeit für dessen Rechnung in das Gebiet eines anderen Mitgliedstaats entsandt wird; und

■ der Arbeitnehmer nicht eine Person ablöst, für die die Entsendungszeit abgelaufen ist.

Bei Entsendungen in einen anderen Mitgliedstaat der EU ist dies nach der VO (EG) 883/2004 für einen Zeitraum von bis zu 24 Monaten möglich (Art. 12 Abs. 1). Bei Entsendungen in Staaten des EWR, die nicht der EU angehören und die Schweiz, ist das Verfahren nach VO (EWG) 1408/71 zu beachten, nach der eine Beibehaltung der inländischen Sozialversicherung bei einer voraussichtlichen Dauer der Entsendung von bis zu 12 Monaten möglich ist.[1241] Die Einzelheiten einer solchen Entsendung mussten bisher von der zuständigen inländischen Behörde auf dem Formular E 101 bestätigt werden. Bei von vornherein über 12 Monate hinausgehenden Entsendungen kommt eine Ausnahmeregelung nach Art. 17 VO (EWG) 1408/71 in Betracht, die eine weitere Anwendung des deutschen Sozialversicherungsrechts ermöglicht. Nach der neuen Durchführungsverordnung (EG) Nr. 987/09 soll zukünftig ein rein elektronischer Datenverkehr vorgenommen werden (Art. 4 Abs. 1 VO EG Nr. 987/09); daher werden die bisherigen E-Formulare (E 101, 102) abgelöst. Seit dem 1.5.2010 werden in den EU-Mitgliedstaaten und seit dem 1.4.2012 in der Schweiz sukzessive neue Formulare in Umlauf gesetzt. Diese SEDs (Structured Electronic Documents) haben einen den bisherigen Formularen ähnlichen Inhalt und ein vergleichbares Layout. Langfristig sollen die SEDs in das Datenaustauschsystem Electronic Exchange of Social Security Information (EESSI) überführt werden. Zusätzlich werden „mobile Dokumente" (Portable Document, PD) eingeführt, in denen die von einem Bürger angeforderten Informationen ausgestellt werden. **689**

1239 VO (EG) Nr. 883/2004 v. 29.4.2004 zur Koordinierung der Systeme der sozialen Sicherheit (Amtsbl. EG Nr. L 200/1 v. 7.6.2004). VO (EG) Nr. 987/09 v. 16.9.2009 zur Festlegung der Modalitäten für die Durchführung der VO (EG) Nr. 883/2004.
1240 BGBl II 1993, 267.
1241 Eine Verlängerung um bis zu weitere zwölf Monate ist mit Zustimmung der zuständigen Behörde des Einsatzstaates möglich, wenn sich die Dauer der Entsendung aus unvorhersehbaren Gründen über 12 Monate hinaus verlängert.

690   Hinsichtlich der Bestimmung des anzuwendenden Sozialversicherungsrechts sind alle Zweige der Sozialversicherung einheitlich zu beurteilen.[1242] Es kann somit hinsichtlich aller Bereiche der Sozialversicherung
nur jeweils das Recht eines Staates zur Anwendung kommen.

691   Bei vorübergehenden Entsendungen von Mitarbeitern in Staaten außerhalb der EU/des EWR mit denen die
Bundesrepublik Deutschland Sozialversicherungsabkommen geschlossen hat, bestimmt sich das anzuwendende Sozialversicherungsrecht nach dem jeweiligen bilateralen Sozialversicherungsabkommen.[1243] Die
einzelnen bilateralen Sozialversicherungsabkommen unterscheiden sich in ihrem Regelungsinhalt zum
Teil erheblich. Regelmäßig werden bestimmte zeitliche Grenzen vorgesehen, bis zu denen es bei einer vorübergehenden Entsendung bei der Anwendung der deutschen Rechtsvorschriften zur sozialen Sicherheit
verbleibt. Zu beachten ist insbesondere, dass viele Sozialversicherungsabkommen nicht alle Zweige der
Sozialversicherung in ihren Geltungsbereich aufnehmen.

692   Erfolgt eine Entsendung in einen Staat, der weder unter den Geltungsbereich der VO (EG) 883/2004 oder
der VO (EWG) 1408/71 fällt, noch mit der Bundesrepublik ein Sozialversicherungsabkommen abgeschlossen hat, so bestimmt sich die Anwendbarkeit der deutschen Rechtsvorschriften zur sozialen Sicherheit nach dem nationalen Kollisionsrecht. Die maßgebliche Regelung hierzu findet sich in § 4 SGB IV.
Gem. § 4 SGB IV gelten die deutschen Vorschriften über die Versicherungspflicht und die Versicherungsberechtigung auch für Personen, die im Rahmen eines inländischen Beschäftigungsverhältnisses in das
Ausland entsandt werden, wenn die Entsendung infolge der Eigenart der Beschäftigung oder vertraglich
im Voraus zeitlich begrenzt ist. Diese so genannte Ausstrahlung erfasst alle Bereiche der Sozialversicherung einschließlich der Arbeitslosenversicherung.

693   Eine Entsendung i.R.d. inländischen Beschäftigungsverhältnisses ist gegeben, wenn sich der Beschäftigte
auf Weisung seines inländischen Arbeitgebers von der Bundesrepublik Deutschland in das Ausland begibt,
um dort für diesen Arbeitgeber tätig zu werden.[1244] Eine vorherige Beschäftigung des Arbeitnehmers im
Inland ist nicht Voraussetzung. Eine Entsendung ist daher auch dann möglich, wenn der Arbeitnehmer speziell für die Tätigkeit im Ausland durch den Arbeitgeber eingestellt wurde. Allerdings liegt dann keine Entsendung i.S.d. § 4 SGB IV vor, wenn der Arbeitnehmer bereits im Ausland lebt und direkt von dort aus seine
Tätigkeit für den Arbeitgeber aufnimmt.

694   § 4 SGB IV setzt zudem den Fortbestand eines inländischen Beschäftigungsverhältnisses voraus.[1245] Diese
Voraussetzung ist dann erfüllt, wenn der Arbeitnehmer in den Betrieb des inländischen Arbeitgebers organisatorisch eingegliedert bleibt. Eine Eingliederung liegt vor, wenn der Arbeitnehmer weiterhin dem
arbeitsrechtlichen Weisungsrecht des inländischen Arbeitgebers hinsichtlich der Arbeitsleistung unterworfen bleibt.[1246] Aufgrund der räumlichen Trennung eintretende Lockerungen sind dabei bis zu einem gewissen Maß hinzunehmen. In der Praxis wird von einer Eingliederung ausgegangen, wenn das inländische
Unternehmen das Entgelt des im Ausland tätigen Arbeitnehmers steuerlich und sozialversicherungsrechtlich ebenso behandelt wie bei im Inland tätigen Mitarbeitern.[1247] Das inländische Beschäftigungsverhältnis
besteht nicht fort, wenn der entsandte Mitarbeiter im Ausland bei einer Tochtergesellschaft beschäftigt und
dabei in deren eigene organisatorische Struktur eingegliedert wird.[1248]

695   Eine Ausstrahlung i.S.d. § 4 SGB IV kommt nur dann in Betracht, wenn es sich um eine von vornherein
zeitlich begrenzte Tätigkeit im Ausland handelt. Dabei reicht es aus, wenn die zeitliche Dauer vor Beginn

---

1242 *Gnann/Gerauer*, S. 88.
1243 Eine Aufstellung der bestehenden bilateralen Sozialversicherungsabkommen findet sich im Internetauftritt der Deutschen Verbin-
dungsstelle Krankenversicherung – Ausland (DVKA): www.dvka.de.
1244 Vgl. KassKomm/*Seewald*, § 4 SGB IV Rn 6.
1245 *„im Rahmen eines [...] bestehenden Beschäftigungsverhältnisses"* – § 4 SGB IV.
1246 Küttner/*Schlegel*, Auslandstätigkeit, Rn 143.
1247 KassKomm/*Seewald*, § 4 SGB IV Rn 8 – „Indizwirkung".
1248 KassKomm/*Seewald*, § 4 SGB IV Rn 10.

der Entsendung abschätzbar ist und eine Wieder- oder Weiterbeschäftigung beim inländischen Arbeitgeber nach dem Ende der Entsendung vorgesehen ist.[1249] Auf die Dauer der Beschäftigung im Ausland kommt es grds. nicht an. Die zeitliche Begrenzung kann sich aus den Umständen der Auslandstätigkeit (z.B. zeitlich begrenztes Projekt) oder aus einer vertraglich festgelegten Befristung ergeben. Allein die Vereinbarung eines Rückrufrechts des inländischen Arbeitgebers stellt jedoch keine zeitliche Begrenzung dar.[1250]

Zu beachten ist, dass auch bei Vorliegen der Voraussetzungen einer Ausstrahlung i.S.d. § 4 SGB IV und der **696** daraus folgenden Anwendung der deutschen Rechtsvorschriften zur Sozialversicherung keinesfalls ausgeschlossen ist, dass der Arbeitnehmer nicht auch der Sozialversicherungspflicht in dem ausländischen Einsatzstaat unterworfen ist („Doppelversicherung"). Die ausländische Rechtsordnung ist durch das inländische Kollisionsrecht des § 4 SGB IV nicht gebunden.

Kommt weder nach der VO (EG) 883/2004, der VO (EWG) 1408/71, einem bilateralen Sozialversiche- **697** rungsabkommen oder der Ausstrahlungsregelung nach § 4 SGB IV eine Versicherungspflicht bzw. Versicherungsberechtigung gegenüber der deutschen Sozialversicherung in Betracht, sollte der Arbeitnehmer prüfen, ob für ihn nicht eine Fortführung der Versicherung auf freiwilliger Basis möglich und sinnvoll ist.[1251]

Für die Dauer des Auslandsaufenthaltes empfiehlt sich für den Arbeitnehmer regelmäßig der Abschluss **698** einer privaten Unfallversicherung. Diese deckt nicht nur die von der berufsgenossenschaftlichen Unfall-versicherung nicht abgedeckten privaten Risiken zusätzlich ab, sie kann auch einen Schutz bieten, wenn aufgrund gesetzliche Bestimmungen und/oder zwischenstaatlichen Rechts die deutsche berufsgenossen-schaftliche Unfallversicherung im Ausland nicht gilt oder ein ausreichender Schutz durch die Auslands-berufsgenossenschaft nicht gewährleistet werden kann.[1252] Der Umfang des durch eine private Unfallver-sicherung abzudeckenden Risikos sollte im Einzelfall vor Antritt des Auslandseinsatzes gründlich geprüft werden.

kk) Einreisebestimmungen, § 11

Die Erfüllung der jeweiligen Einreisebestimmungen im Einsatzstaat ist Grundvoraussetzung für eine dor- **699** tige Arbeitsaufnahme durch den entsandten Mitarbeiter. Aufenthaltstitel im Einsatzland müssen regel-mäßig bei Beginn der Arbeitsaufnahme durch den Arbeitnehmer vorliegen. Die Planung sollte bereits früh-zeitig beginnen, um den behördlichen Verfahren genügend Zeit zu geben. In einer Reihe von Ländern ist für die Aufnahme einer Beschäftigung als angestellter Arbeitnehmer ein bestehendes Inlandsarbeitsverhältnis erforderlich. Für Einsätze von Mitarbeitern in diesen Ländern ist dann eine abweichende vertragliche Kons-truktion zu wählen. Es bietet sich an, insoweit den inländischen Arbeitsvertrag des Arbeitnehmers ruhend zu stellen und mit einer im Einsatzland vorhandenen Tochtergesellschaft einen lokalen Arbeitsvertrag abzu-schließen. Das Muster für eine entsprechende Ruhensvereinbarung befindet sich unten (siehe Rdn 711). Der lokale Anstellungsvertrag wird sich regelmäßig nach dem Recht des Einsatzlandes richten.

Entsendungen in das Ausland können je nach Einsatzland und Aufgabe vor Ort mit erheblichen körper- **700** lichen Belastungen für den entsandten Arbeitnehmer verbunden sein. Ist dies der Fall, so bietet sich an, den Mitarbeiter vor Antritt des Auslandseinsatzes ärztlich auf seine körperliche Eignung für den Auslands-einsatz untersuchen zu lassen. Insbesondere bei Entsendungen in tropische Länder sollten die erforderlichen Schutzimpfungen (z.B. Malaria) vorgenommen und nachgewiesen werden.

1249 KassKomm/*Seewald*, § 4 SGB IV Rn 11.
1250 So auch Bauer u.a./*Lingemann*, S. 288.
1251 Freiwillige Weiterversicherung bzw. Versicherung auf Antrag kommt in der gesetzlichen Rentenversicherung, freiwillige Ver-sicherung in der gesetzlichen Krankenversicherung in Betracht (aber: §§ 16, 17 SGB V). Beachte auch die Möglichkeit einer Wei-terversicherung nach § 26 SGB XI (Pflegeversicherung).
1252 Vgl. *Gnann/Gerauer*, S. 90.

701   Für den Fall, dass erforderliche behördliche Genehmigungen für die Arbeitsaufnahme des Arbeitnehmers im Einsatzstaat nicht vorhanden sind, sollte in der Entsendungsvereinbarung festgehalten werden, dass diese unter der auflösenden Bedingung steht, dass die erforderlichen Genehmigungen für die Arbeitsaufnahme am Einsatzort durch den Arbeitnehmer vorliegen. Die Mustervereinbarung sieht zudem vor, dass dem Arbeitgeber das Recht zusteht, den Arbeitnehmer wieder im Inland zu beschäftigen, wenn die körperliche Eignung des Arbeitnehmers für den Auslandseinsatz nicht nachgewiesen ist.[1253]

II) Beendigung des Auslandseinsatzes, § 12

702   Regelmäßig wird der Anstellungsvertrag mit dem Arbeitnehmer keine ausdrückliche Regelung dahingehend beinhalten, dass auch eine Entsendung ins Ausland vom arbeitsrechtlichen Direktionsrecht des Arbeitgebers mit umfasst ist. Daher sollte die Ergänzungsvereinbarung im Zusammenhang mit der Entsendung nicht nur die Versetzung an den ausländischen Einsatzort, sondern auch die Möglichkeit des Arbeitgebers zum Rückruf des Arbeitnehmers aus dem Ausland aufgenommen werden. Zu beachten ist, dass ein Rückruf des entsandten Arbeitnehmers auf Grundlage eines arbeitsvertraglich vereinbarten Direktionsrechts des Arbeitgebers immer nur nach billigem Ermessen i.S.d. §§ 242, 315 BGB möglich sein wird. Dabei wird man regelmäßig einen Rückruf des Arbeitnehmers nur unter Einhaltung einer gewissen Ankündigungsfrist für zulässig erachten können. Insoweit sind die Dispositionsinteressen des Arbeitnehmers zu berücksichtigen. Es besteht keine allgemeine Pflicht des Arbeitgebers den Arbeitnehmer im Falle einer Krise im Einsatzgebiet zurückzuholen. Jedoch kann sich eine solche aus der Fürsorgepflicht des Arbeitgebers ergeben. Die Klausel[1254] räumt dem Arbeitgeber das ausdrückliche Recht ein, den Arbeitnehmer in solchen Krisensituationen in das Inland zu beordern. In diesem Fall wird der Arbeitnehmer regelmäßig unter dem Gesichtspunkt des Annahmeverzuges weiterhin einen Vergütungsanspruch haben.

703   Zu bedenken ist, dass der vorstehende Ergänzungsvertrag als Formularvertrag der Inhaltskontrolle nach den §§ 305 ff. BGB unterliegt. Probleme könnten hier insbesondere im Zusammenhang mit § 308 Nr. 4 BGB und § 307 BGB bestehen. In Anbetracht der Rechtsprechung des BAG zur Inhaltskontrolle bei Widerrufsvorbehalten[1255] besteht das Risiko, dass die im Mustervertrag enthaltene Klausel als nicht ausreichend transparent angesehen wird, weil nicht festgehalten wird, bei Vorliegen welcher Gründe ein Rückruf des Arbeitnehmers aus dem Ausland zulässig ist.[1256] Um dieses Risiko zu begrenzen, könnte man den ersten Satz des § 12 Abs. 1 abweichend formulieren:

Formulierungsbeispiel

Der Arbeitgeber behält sich vor, den Auslandseinsatz in den nachfolgend aufgezählten Fällen vorzeitig zu beenden und den Arbeitnehmer wieder auf Grundlage der bisherigen Vereinbarungen einzusetzen.

704   § 12 Abs. 2 des Mustervertrages sieht die Vereinbarung eines pauschalierten Schadensersatzes in Höhe eines Bruttomonatsgehalts für den Fall vor, dass der Auslandsaufenthalt des Arbeitnehmers aus von diesem zu vertretenden Gründen beendet werden muss. Die Regelung erzielt insbesondere auf erforderlich werdende Rückrufe von Mitarbeitern ab, die sich im Einsatzland arbeitsvertragliche Pflichtverletzungen zuschulden kommen lassen, die eine Weiterbeschäftigung vor Ort unmöglich machen. Über die Schadensersatzpauschale soll der Arbeitnehmer für die aufgrund seines Verhaltens frustrierten Kosten hinsichtlich der Vorbereitung und Organisation des Auslandsaufenthaltes beteiligt werden. Eine höchstrichterliche Bestätigung der Zulässigkeit derartiger Klauseln, insbesondere vor dem Hintergrund der §§ 305 ff. BGB, liegt bisher

---

1253 Zu den Rechtsfolgen bei Fehlen oder Wegfall erforderlicher behördlicher Genehmigungen im Einsatzland: *Mauer*, Rn 297.
1254 Angelehnt an *Lindemann*, ArbRAktuell 2011, 133.
1255 Vgl. BAG 11.10.2006, NZA 2007, 87 ff.
1256 Bauer u.a./*Lingemann*, S. 294.

nicht vor.[1257] Die Festsetzung einer Vertragsstrafe in Höhe einer Monatsvergütung erscheint angemessen.[1258] Die Möglichkeit zum Nachweis des nicht entstandenen bzw. im Umfang geringeren Schadens ist aufgrund der Regelung des § 309 Nr. 5 BGB zur Wirksamkeit erforderlich.

Ausgenommen sind Fälle, in denen der Mitarbeiter in Krisenszenarien die Entsendung beenden möchte. Es wird klargestellt, dass diese Rückkehrgründe nicht als vom Arbeitnehmer zu vertreten angesehen werden.[1259]

§ 12 Abs. 3 enthält die sog. „Re-Entry-Klausel".[1260] Sie regelt die Fortführung des Arbeitsverhältnisses im **705** Inland nach Beendigung der Entsendung ins Ausland. Nach dem Mustervertrag ist vorgesehen, dass die bisherigen Arbeitsbedingungen nach dem ursprünglichen Arbeitsvertrag wieder gelten sollen. Die Regelung sieht vor, dass der Mitarbeiter keinen Anspruch darauf hat, seinen früheren Arbeitsplatz im Inlandsbetrieb wiederzubesetzen. Klarstellend wird insoweit festgelegt, dass dem Arbeitnehmer i.R.d. arbeitsrechtlichen Weisungsrechtes auch andere Tätigkeiten zugewiesen werden können, soweit diese dem Arbeitnehmer zumutbar sind. Mit der „Re-Entry-Klausel" wird dem Arbeitnehmer die Sicherheit vermittelt, auch nach dem Auslandsaufenthalt eine Perspektive im inländischen Unternehmen zu haben. Zu beachten wird sein, dass bei Vereinbarung einer derartigen „Re-Entry-Klausel" die Möglichkeit einer betriebsbedingten Kündigung des entsandten Arbeitnehmers nach Beendigung des Auslandseinsatzes jedenfalls eingeschränkt wird. Wird im Entsendungsvertrag keine „Re-Entry-Klausel" aufgenommen, die dem Mitarbeiter eine vergleichbare Tätigkeit nach Beendigung des Auslandseinsatzes zusichert, wird dieser kaum zur Übernahme der Auslandstätigkeit zu bewegen sein.[1261]

mm) Vertragslaufzeit, § 13

§ 13 verknüpft die Dauer der Ergänzungsvereinbarung mit der Dauer der Auslandstätigkeit des Arbeitneh- **706** mers. Die Ergänzungsvereinbarung tritt mit der Ausreise in Kraft und endet mit der Rückkehr des Arbeitnehmers in die Bundesrepublik. Die Entsendungsvereinbarung stellt eine auf die besonderen Umstände der Auslandstätigkeit ausgerichtete Zusatzvereinbarung dar, die nur für diesen Zeitraum zur Anwendung kommen soll.

nn) Fortgeltung des Anstellungsvertrages, § 14

Die Mustervereinbarung dient lediglich als eine auf den Inlandsanstellungsvertrag aufsetzende Ergän- **707** zungsvereinbarung, die zusätzlich und abweichend von diesem für die Auslandstätigkeit bestimmte Arbeitsbedingungen regelt. Insoweit der Ergänzungsvertrag keine abweichenden Regelungen trifft, gelten die Vereinbarungen des inländischen Anstellungsvertrages weiter. Der inländische Anstellungsvertrag wird daher *nicht* ruhend gestellt. Seine Regelungen werden nur teilweise durch die Entsendungsvereinbarung verdrängt.

oo) Rechtswahl – Gerichtsstandsvereinbarung, § 15

Die Entsendungsvereinbarung sieht ausdrücklich eine Rechtswahl des deutschen Rechts vor.[1262] Seit dem **708** 17.12.2009 gilt die EG-VO 593/2008, die so genannte „Rom I-Verordnung".[1263] Die dort zu findenden Regelungen entsprechen in vielen Punkten der vorherigen deutschen Rechtslage zum EGBGB. Die Rom I-VO ersetzt das EGBGB in ihrem Regelungsbereich für alle nach dem 17.12.2009 geschlossenen Verträge. Grds. ist es den Parteien möglich, i.R.d. Privatautonomie das Arbeitsstatut vertraglich zu bestimmen. Dabei sind jedoch die Einschränkungen der Art. 8 Abs. 1, 21 Rom I-VO zu berücksichtigen. Nach Art. 8 Abs. 1

1257 Für Zulässigkeit Bauer u.a./*Lingemann*, S. 294.
1258 Vgl. hierzu Hessisches LAG 22.6.1981, DB 1982, 656 f.
1259 Die Formulierung ist angelehnt an *Lindemann*, ArbRAktuell 2011, 133.
1260 Ausführlich zum Thema Wiedereinstellungszusage: *Schrader/Straube*, NZA-RR 2003, 337.
1261 *Gnann/Gerauer*, S. 104.
1262 Zusammenfassend zur Frage der Rechtswahl und deren Grenzen: *Mauer*, S. 92; *Thüsing*, NZA 2003, 1303 ff.
1263 Dazu eingehend *Schneider*, NZA 2010, 1380.

Rom I-VO darf die Rechtswahl bei Arbeitsverträgen und Arbeitsverhältnissen nicht dazu führen, dass dem Arbeitnehmer der Schutz entzogen wird, der ihm durch die zwingenden Bestimmungen des Rechts gewährt wird, das nach objektiver Bestimmung mangels einer Rechtswahl anzuwenden wäre. Dies bedeutet, dass wenn nach der objektiven Anknüpfung des Art. 8 Abs. 2 S. 1 Rom I-VO an sich deutsches Recht anzuwenden wäre, die zwingenden Vorschriften des deutschen Arbeitsrechts (z.B. §§ 1 ff. KSchG, § 613a BGB, § 622 BGB, EFZG, ArbNErfG) durch die Rechtswahl nicht ausgeschlossen werden können. Insofern gilt für den Mitarbeiter quasi ein „Günstigkeitsprinzip". Bei einer nur vorübergehenden Entsendung des Mitarbeiters in ein anderes Land bleibt es nach Art. 8 Abs. 2 S. 2 EGBGB allerdings auch nach objektiven Gesichtspunkten bei der Anwendung des deutschen Arbeitsrechts. Anders stellt sich dies dar, wenn es sich um eine dauernde, nicht nur vorübergehende Entsendung in den Einsatzstaat handelt. Eine Rechtswahl wird ferner durch die Grenze des „ordre public" begrenzt (Art. 21 Rom I-VO). Demnach darf die Wahl einer ausländischen Rechtsordnung durch Vertrag nicht zur Anwendung von Vorschriften führen, die mit den wesentlichen Grundsätzen deutschen Rechts nicht vereinbar sind. Damit müssen insbesondere die Grundrechte sowie die Vorschriften der öffentlichen Ordnung gewahrt bleiben. Selbst in den Fällen, in denen die objektive Anknüpfung nach Art. 8 Abs. 2 ROM I-VO zur Anwendung ausländischen Rechts führt und dieses auch vereinbart ist, sieht Art. 9 Rom I_VO vor, dass auf das Arbeitsverhältnis die Bestimmungen des deutschen Rechts Anwendung finden, die den Sachverhalt zwingend regeln (so genannte „Eingriffsnormen"). Zu diesen international zwingenden Vorschriften des deutschen Rechts gehören etwa die Kündigungsfristen des § 622 BGB, nicht aber das Kündigungsschutzgesetz[1264] oder § 613a BGB. Insbesondere sollte bei der Wahl ausländischen Rechts zurückhaltend vorgegangen werden. Die oben aufgeführten Mindeststandards, von denen auch durch Rechtswahl nicht abgewichen werden kann, führen häufig zu einer Vermischung verschiedener Rechtsordnungen und somit zu einem ggf. schwer zu durchschauenden Geflecht von Normen. Teils wird daher angeraten, das objektiv anzuwendende Recht (Art. 8 Abs. 2 Rom I-VO) lediglich bestätigend in den Vertrag aufzunehmen und eine abweichende Rechtsordnung nicht zu wählen.[1265]

709 Die Möglichkeiten in Bezug auf die Vereinbarung eines vertraglichen Gerichtsstandes sind sehr begrenzt. In allen Mitgliedsstaaten der EU außer Dänemark gilt die sog. EuGVVO (EG-VO 44/2001 des Rates vom 22.12.2000, in Kraft seit dem 1.3.2002).[1266] Gem. der EuGVVO hat der Arbeitnehmer die Wahl, ob er am Sitz des Arbeitgebers, am Sitz der ihn beschäftigenden Niederlassung oder an seinem gewöhnlichen Arbeitsort aus dem Arbeitsverhältnis klagen will. Der Arbeitgeber hingegen ist mit seinen Klagen auf den Gerichtsstand am Wohnsitz des Arbeitnehmers beschränkt. Soweit hiervon abweichende Gerichtsstandsvereinbarungen getroffen werden sollen, ist dies nur nach Entstehen der Streitigkeit oder insoweit möglich, als sie dem Arbeitnehmer zusätzliche Gerichtsstände einräumen. Die zusätzlichen Gerichtsstände für den Arbeitgeber können somit nur nach Entstehen der Streitigkeit mit dem Arbeitnehmer vereinbart werden. Außerhalb des Anwendungsbereiches der EuGVVO sind gegebenenfalls internationale Verträge und Übereinkommen zu beachten (z.B. „Lugano-Übereinkommen" für Verhältnis zu Norwegen, Island, Schweiz). Finden weder die EuGVVO noch andere internationale Vereinbarungen oder Übereinkommen Anwendung, so gelten die allgemeinen Zuständigkeitsregelungen nach der ZPO.[1267]

pp) Schriftformklausel, Salvatorische Klausel, § 16

710 Auch im Zusammenhang mit der Ergänzungsvereinbarung zum Arbeitsvertrag empfiehlt sich die Vereinbarung einer typischen Schriftformklausel (siehe auch § 1a Rdn 215, dort § 20 Abs. 3).

1264 BAG v. 24.8.1989, DB 1990, 1666.
1265 *Reichel/Spieler*, BB 2011, 2741.
1266 EG-VO Nr. 44/2001, Amtsblatt EG v. 16.1.2001, Nr. 1112.
1267 Küttner/*Kreitner*, Auslandstätigkeit, Rn 30 m.w.N.

§ 16 Abs. 2 der Mustervereinbarung (siehe oben Rdn 645) soll eine übliche Formulierung einer salvatorischen Klausel enthalten (siehe auch § 1a Rdn 1274).

3. Stammhausbindungsvertrag

▼

Muster 1b.25: Stammhausbindungsvertrag   711

Präambel

Der Arbeitnehmer wird ab � (*Datum Beginn*) für die ▬ (*Auslandsgesellschaft*) in ▬ (*Einsatzort*) tätig werden. Hierzu wird der Arbeitnehmer mit der ▬ (*Auslandsgesellschaft*) einen separaten Anstellungsvertrag abschließen. Für die Laufzeit des Anstellungsvertrages mit der ▬ (*Auslandsgesellschaft*) soll das Anstellungsverhältnis zwischen den Parteien ruhen. Insoweit vereinbaren die Parteien was folgt:

§ 1 Ruhen des Arbeitsverhältnisses

(1) Das Anstellungsverhältnis zwischen den Parteien besteht auch während der Auslandstätigkeit des Arbeitnehmers bei der ▬ (*Auslandsgesellschaft*) fort. Der zwischen dem Arbeitnehmer und dem Arbeitgeber bestehende Anstellungsvertrag vom ▬ (*Datum Anstellungsvertrag*) wird für die Dauer der Auslandstätigkeit bei der ▬ (*Auslandsgesellschaft*) ruhend gestellt.

(2) In Bezug auf die Durchführung der Auslandstätigkeit im Einzelnen unterliegt der Arbeitnehmer den Weisungen der ▬ (*Auslandsgesellschaft*).

§ 2 Berichtspflichten

Der Arbeitnehmer berichtet während der Dauer seines Auslandseinsatzes bei der ▬ (*Auslandsgesellschaft*) monatlich oder auf Weisung der Geschäftsführung des Arbeitgebers gegenüber dieser über alle Vorgänge und Daten wirtschaftlicher und technischer Art, die für den Arbeitgeber von Interesse sein können.

§ 3 Fortschreibung des Inlandsgehaltes

Das bisher durch den Arbeitnehmer bezogene Gehalt nach dem Anstellungsvertrag vom ▬ (*Datum Anstellungsvertrag*) von zuletzt ▬ EUR brutto wird unter Berücksichtigung der Grundsätze für Gehaltsanpassungen vergleichbarer Mitarbeiter während der Dauer des Auslandsaufenthaltes des Arbeitnehmers fortgeschrieben. Nach der Rückkehr des Arbeitnehmers von seinem Auslandseinsatz wird er für seine Tätigkeit für den Arbeitgeber im Inland auf Grundlage des fortgeschriebenen Gehalts vergütet werden.

§ 4 Re-Entry-Klausel

Nach Beendigung des Auslandseinsatzes wird der Arbeitgeber den Arbeitnehmer eine im Vergleich zu seiner bisherigen Tätigkeit im Inland mindestens gleichwertige Position im Inland zuweisen. Sofern der Arbeitnehmer während seiner Auslandstätigkeit eine gegenüber seiner bisherigen Position höherwertige Tätigkeit wahrgenommen hat, besteht kein Anspruch auf die Zuweisung einer mit einer solchen höherwertigen Tätigkeit vergleichbaren Position im Inland.

§ 5 Betriebliche Altersversorgung

Die Ansprüche des Arbeitnehmers aus der ihm erteilten Versorgungszusage des Arbeitgebers werden durch den Auslandseinsatz bei der ▬ (*Auslandsgesellschaft*) nicht berührt. Die betriebliche Altersversorgung wird insoweit auf Basis des fortgeschriebenen Gehalts (§ 3) fortgeführt.

§ 6 Entschädigungszahlungen bei Vertragsende

Soweit dem Arbeitnehmer anlässlich der Beendigung seiner Auslandstätigkeit bei der ▬ (*Auslandsgesellschaft*) ein Anspruch auf Zahlung einer Entlassungsentschädigung, insbesondere Abfindung oder Abfertigung, zusteht, verzichtet der Arbeitnehmer auf diese Ansprüche. Sofern derartige Entschädigungsansprüche nach dem ausländischen Recht unverzichtbar sind, wird der Arbeitnehmer den ihm so zustehenden Betrag an den Arbeitgeber abführen. Der Arbeitgeber ist berechtigt, gegen diesen Anspruch auf Abführung mit Gehaltsansprüchen des Arbeitnehmers aufzurechnen.

_____, den _____   _____, den _____
_____   _____

(Arbeitgeber)   *(Arbeitnehmer)*

▲

4. Vorbemerkung

712   Das vorstehende Muster eines Stammhausbindungsvertrages soll im Rahmen einer „Versetzung" das Verhältnis zwischen dem entsandten Arbeitnehmer und dem inländischen Arbeitgeber regeln. Ohne das zwischen dem inländischen Arbeitgeber und dem Arbeitnehmer bestehende Arbeitsverhältnis aufzuheben, wird dieses einvernehmlich ruhend gestellt. Hinsichtlich der tatsächlichen Auslandtätigkeit einer lokalen Gesellschaft schließt der Arbeitnehmer parallel einen lokalen Arbeitsvertrag ab. Dabei ist zu beachten, dass dieser lokale Arbeitsvertrag auf seine Vereinbarkeit mit dem lokalen Recht des Einsatzlandes zu prüfen ist. Aufgrund der vielfältigen Unterschiede, die für die Erstellung von Arbeitsverträgen in verschiedenen internationalen Rechtsordnungen bestehen, wird vorliegend auf den Abdruck eines Musters eines lokalen Arbeitsvertrages verzichtet. Die regelungsbedürftigen Punkte entsprechen denen eines normalen Arbeitsvertrages unter Berücksichtigung der mit dem Auslandseinsatz verbundenen besonderen Belastungen (Umzugskosten, Familienheimreisen, etc.).

713   Im Gegensatz zu dem vorstehenden Entsendungsvertrag ist bei einer vertraglichen Gestaltung der Auslandtätigkeit im Wege einer Versetzung eine Anknüpfung in steuerrechtlicher Hinsicht an den inländischen Bereich der unbeschränkten Steuerpflicht grds. nicht möglich. Auch im Bereich der sozialversicherungsrechtlichen Vorschriften versperrt die Beschäftigung bei einem ausländischen Arbeitgeber tendenziell die erwünschte Ausstrahlung des deutschen Sozialversicherungsrechts.[1268]

714   § 1 des Vertragsmusters stellt klar, dass das Anstellungsverhältnis zwischen dem inländischen Arbeitgeber und dem Arbeitnehmer auch während der Auslandtätigkeit des Arbeitnehmers fortbesteht. Der Anstellungsvertrag wird lediglich für die Zeitdauer des Auslandseinsatzes bei der lokalen Gesellschaft ruhend gestellt. Das bedeutet, dass die wesentlichen Arbeitsbedingungen während dieses Zeitraums durch den lokalen Anstellungsvertrag mit der Auslandsgesellschaft geregelt werden. Soweit eine Regelung des Verhältnisses zum inländischen Arbeitgeber für den Zeitraum des Auslandseinsatzes erforderlich ist, werden im Stammhausbindungsvertrag die Vereinbarungen getroffen.

715   Der Hinweis in § 1 Abs. 2, wonach der Arbeitnehmer für die Dauer der Auslandtätigkeit den arbeitsrechtlichen Weisungen der Auslandsgesellschaft unterliegt, hat insoweit klarstellenden Charakter. Der Umfang des arbeitsrechtlichen Weisungsrechts bestimmt sich dabei nach der jeweiligen lokalen Rechtsordnung im Einsatzland.

716   § 2 des Vertragsmusters sieht eine regelmäßige Berichtspflicht des Arbeitnehmers an den inländischen Arbeitgeber vor. Regelmäßig wird der Arbeitnehmer bei einer verbundenen Tochtergesellschaft im Ausland eingesetzt werden. Dabei wird die inländische Muttergesellschaft regelmäßig daran interessiert sein, den Arbeitnehmer als Berichtsquelle zu nutzen. Aufgrund des ruhend gestellten Anstellungsverhältnisses dürfte sich eine solche Berichtspflicht nur schwer begründen lassen, weshalb eine gesonderte Vereinbarung im Stammhausbindungsvertrag sinnvoll ist.

1268 *Mauer*, Rn 367 m.w.N.

Regelmäßig wird die Gehaltsstruktur bei der lokalen Auslandsgesellschaft anderen Grundsätzen folgen wie **717** die Vergütungssystematik bei der inländischen Muttergesellschaft. Angesichts der von vornherein vorgesehenen Rückkehr des Mitarbeiters in das inländische Unternehmen ist es zweckmäßig, das bisher durch den Arbeitnehmer bezogene inländische Gehalt „virtuell" für die Dauer des Auslandseinsatzes fortzuführen. Dabei wird das bisherige Inlandsgehalt des Arbeitnehmers während der Dauer der Auslandstätigkeit entsprechend den allgemeinen Gehaltsanpassungen fortgeschrieben. So bleibt für den Arbeitnehmer erkennbar, auf welcher Grundlage seine Vergütung nach der Rückkehr zum inländischen Arbeitgeber erfolgen wird. Zudem kann das fortgeschriebene Inhaltsgehalt nach § 3 des Mustervertrages als Grundlage für die Berechnung von Anwartschaften bzw. Leistungsansprüchen aus einer betrieblichen Altersversorgung herangezogen werden (zu betrieblicher Altersversorgung siehe auch § 1a Rdn 634 ff.).

Da i.R.d. lokalen Anstellungsvertrages mit der Auslandsgesellschaft die Vereinbarung einer „Re-Entry-**718** Klausel" nicht möglich ist, weil die Auslandsgesellschaft diese dem Arbeitnehmer nicht zusichern kann, muss diese im Stammhausbindungsvertrag aufgenommen werden. Hinsichtlich der Einzelheiten zur Regelung kann auf die entsprechende Kommentierung zum Entsendungsvertrag verwiesen werden (siehe Rdn 705).

Die Fortführung einer Zusage auf betriebliche Altersversorgung während des Ruhens des Inlandsarbeits-**719** vertrages sollte im Stammhausbindungsvertrag ausdrücklich vorgesehen werden, um hier eventuelle Streitigkeiten von vornherein auszuschließen. Da es häufig von zufälligen Umständen abhängt, ob eine Auslandstätigkeit im Wege eines Entsendungsvertrages oder im Rahmen einer Versetzung durchgeführt wird, erscheint eine Ungleichbehandlung der betroffenen Mitarbeiter im Hinblick auf die betriebliche Altersversorgung unangebracht. Im Rahmen einer Entsendungsvereinbarung würde die betriebliche Altersversorgung unverändert fortgeführt.[1269] Da das Anstellungsverhältnis mit der lokalen Auslandsgesellschaft ausländischem Recht unterliegt, wird eine Fortführung der betrieblichen Altersversorgung auf Grundlage dieses Vertragsverhältnisses regelmäßig nicht möglich sein. Mit der unter § 5 getroffenen Regelung wird sichergestellt, dass die Auslandszeiten im Hinblick auf die Berechnung von Unverfallbarkeitsfristen und die Ermittlung der Höhe unverfallbarer Anwartschaften berücksichtigt werden.

In vielen ausländischen Rechtsordnungen ist es üblich, dass im Zusammenhang mit der Beendigung der ar-**720** beitsvertraglichen Beziehungen der Arbeitgeber verpflichtet ist, dem Arbeitnehmer eine Entlassungsentschädigung zu zahlen. Da insoweit im Fall einer Auslandstätigkeit im Wege der Versetzung untechnisch gesprochen eine Beendigung des Arbeitsverhältnisses nicht erfolgt, erscheint es nicht angemessen, dass der Arbeitnehmer bei Beendigung der Auslandstätigkeit eine derartige Entlassungsentschädigung für sich beansprucht. Deshalb ist vorgesehen, dass der Arbeitnehmer insoweit seinen Verzicht auf derartige Ansprüche erklärt. Sofern das ausländische Recht vorsieht, dass derartige Entschädigungsansprüche unverzichtbar sind, ist vorgesehen, dass der Arbeitnehmer den ihm so zustehenden Betrag an den inländischen Arbeitgeber abführt.

XVII. Chefarztvertrag

Literatur: Bergmann/Pauge/Steinmeyer, Gesamtes Medizinrecht, 2. Aufl. 2014; *Boecken*, Frühzeitige Altersgrenzenvereinbarungen für leitende Krankenhausärzte aus naturaler und EG-rechtlicher Sicht, ArztR 2005, 60; *Dahm/Lück*, Der Chefarzt – „Leitender Angestellter" im Sinne von § 5 Abs. 3 BetrVG oder nur „leitender Abteilungsarzt?", MedR 1992, 1; *Debong*, Entwicklungen im Chefarzt-Vertragsrecht, ZMGR 2008, 12; *Diringer*, Der Chefarzt als leitender Angestellter, NZA 2003, 890; *Diringer*, Konfliktvermeidung durch Vertragsgestaltung, MedR 2003, 200; *Frahm/Nixdorf/Walter*, Arzthaftungsrecht, 5. Aufl. 2013; *Hümmerich/Bergwitz*, Entwicklungsklauseln in Chefarztverträgen, BB 2005, 997; *Hümmerich/Bergwitz*, Gerichtliche Kontrolle von Chefarztverträgen, NJW 2005, 3383; *Hümmerich/Lücke/Mauer*, Arbeitsrecht, 8. Aufl. 2014; *Igl/Welti*, Gesundheitsrecht, 2. Aufl. 2014; *Laufs/Kern*, Handbuch des Arztrechts, 4. Aufl. 2010; *Münzel*, Chefarztvertrag und AGB-Recht, NZA 2011, 886; *Münzel*, Chefarzt- und Belegarztvertrag, 3. Aufl. 2008; *Nebendahl*,

---

[1269] *Gnann/Gerauer*, S. 175.

Die Zulässigkeit von Entwicklungsklauseln in Chefarztverträgen nach dem Schuldrechtsmodernisierungsgesetz, FS ARGE ArbR 2006, 113 ff.; *Notz/Beume/Lenz*, Der Krankenhausarzt in leitender Stellung, 2007; *Peris*, Die Rechtsbeziehung zwischen angestelltem Chefarzt und Krankenhausträger 2002; *Quaas/Zuck*, Medizinrecht, 3. Aufl. 2014; *Ratzel/Lippert*, Kommentar zur Musterberufsordnung der deutschen Ärzte (MBO), 6. Aufl. 2015; *Reinecke*, Chefarzt – arbeitsvertragliche Entwicklungsklausel, NZA 2004, 735; *Reinecke*, Gerichtliche Kontrolle von Chefarztverträgen, NJW 2005, 3383; *Reinecke*, Flexibilisierung von Arbeitsentgelt und Arbeitsbedingungen nach dem Schuldrechtsmodernisierungsgesetz, NZA 2005, 953; *Schnapp/Wigge*, Handbuch des Vertragsarztrechts, 2. Aufl. 2006; *Spickhoff*, Medizinrecht, 2. Aufl. 2014; *Terbille/Clausen/Schroeder-Printzen*, Münchener Anwaltshandbuch Medizinrecht, 2. Aufl. 2013; *Wahlers*, Der Chefarztvertrag – Öffentlich-rechtlicher Vertrag oder privater Dienstvertrag? MedR 2014, 552; *Wern*, Die arbeitsrechtliche Stellung des leitenden Krankenhausarztes, Diss. Saarbrücken 2005; *Weth/Thomae/Reichold*, Arbeitsrecht im Krankenhaus, 2. Aufl. 2011.

1. Allgemeines

721 Unter dem Begriff des Chefarztes versteht man den oder die leitenden Ärzte eines Krankenhauses. Allerdings besteht insoweit kein einheitlicher Sprachgebrauch. Üblich sind bspw. auch die Bezeichnung als leitender Arzt, leitender Abteilungsarzt oder Klinikdirektor, ohne dass insoweit ein rechtlicher Unterschied besteht. Entscheidend ist, dass der betreffende Arzt die ärztliche Gesamtleitung einer fachlichen Untergliederung eines Krankenhauses (Klinik oder Fachabteilung) trägt und in dieser Funktion als unmittelbarer Dienstvorgesetzter gegenüber dem in diesem Bereich tätigen ärztlichen und nichtärztlichen Personal weisungsbefugt ist. Ihm muss darüber hinaus die medizinische Gesamtverantwortung für den entsprechenden Bereich zur weisungsfreien Ausübung übertragen sein, wobei allerdings auch kollegiale Chefarztsysteme denkbar sind, in denen mehrere Ärzte gemeinsam die ärztliche Leitung einer Organisationseinheit eines Krankenhauses übernehmen.[1270] Wenn ein solcher leitender Arzt nicht ausnahmsweise – wie häufig bei Universitätskliniken – Beamter ist, handelt es sich bei dem Dienstvertrag des Chefarztes um einen Arbeitsvertrag, den der Chefarzt als **Arbeitnehmer**[1271] mit dem Krankenhausträger als Arbeitgeber schließt. Im Regelfall ist der Chefarzt **nicht leitender Angestellter** im kündigungsschutzrechtlichen Sinne nach § 14 Abs. 2 KSchG.[1272] Er dürfte zwar aufgrund seiner ärztlichen Gesamtverantwortung für die Klinik und seiner Berechtigung zu deren weisungsfreien Leitung in medizinischen Angelegenheiten eine Stellung einnehmen, die der eines Geschäfts- oder Betriebsleiters i.S.v. § 14 Abs. 2 KSchG entspricht. Regelmäßig ist er aber nicht zur selbstständigen Einstellung oder Entlassung von Arbeitnehmern berechtigt. Das hat zur Folge, dass das KSchG uneingeschränkt auf das Arbeitsverhältnis des Chefarztes anwendbar ist. Ob der Chefarzt als leitender Angestellter im betriebsverfassungsrechtlichen Sinne nach § 5 Abs. 3 BetrVG eingeordnet werden kann, hängt von der Ausgestaltung des Vertrages und der gelebten Vertragspraxis im Einzelfall ab.[1273] Erforderlich hierfür wäre, dass der Chefarzt entweder nach § 5 Abs. 3 S. 2 Nr. 1 BetrVG zur selbstständigen Einstellung und Entlassung von Arbeitnehmern in einer bedeutsamen Anzahl berechtigt ist oder – nach § 5 Abs. 3 S. 2 Nr. 2 BetrVG Generalvollmacht oder eine nicht unbedeutende Prokura übertragen erhalten hat, was regelmäßig nicht der Fall ist. Denkbar ist demgegenüber, dass der Chefarzt die Voraussetzungen des § 5 Abs. 3 S. 2 Nr. 3 BetrVG erfüllt, also Aufgaben wahrnimmt, die für den Bestand und die Entwicklung des Krankenhauses oder der von ihm geleiteten Abteilung von Bedeutung sind und deren Erfüllung besondere Erfahrungen und Kenntnisse voraussetzt. Er muss in diesem Bereich die Entscidun-

---

1270 Terbille/*Rothfuß*, MünchAnwHdb MedR § 12 Rn 2.

1271 BAG 27.7.1961, NJW 1961, 2085; BAG 6.10.2005, NZA-RR 2006, 416; BAG 10.10.2007, MedR 2008, 570; ErfK/*Preis*, § 611 BGB Rn 85; Laufs/Kern/*Genzel/Degener-Hencke*, § 86 Rn 23, § 90 Rn 27; Preis/*Preis*, S. 59 ff.

1272 BAG 18.11.1999, NZA 2000, 427; LAG Baden-Württemberg, 13.2.1992, ArztR 1993, 115; *Quaas/Zuck*, § 15 Rn 31; Weth/Thomae/Reichold/*Wern*, Teil 5A Rn 80.

1273 Verneinend im jeweils entschiedenen Fall BAG 5.5.2010,NZA 2010, 955; BAG 10.10.2007, MedR 2007, 570; LAG Thüringen 6.7.2000, ArztR 2002, 101; LAG Baden-Württemberg 13.2.1992, ArztR 1993, 115; *Notz/Beume/Lenz*, S. 5 f.; *Dahm/Lück*, MedR 1992, 1; bejahend: LAG Köln 20.11.1990 – 9 Sa 420/90, n.v.; *Diringer*, MedR 2003, 200, 204; *Diringer*, NZA 2003, 890, 894; Weth/Thomae/Reichold/*Wern*, Teil 5A Rn 77–79; der Verfasser neigt anders als noch in Nebendahl, FS ARGE ArbR 2006, 113, 114 dazu, dass Chefärzte regelmäßig nicht als leitende Angestellte i.S.v. § 5 Abs. 3 BetrVG qualifiziert werden können, wobei es auf die Umstände des Einzelfalls ankommt.

Nebendahl

gen im Wesentlichen frei von Weisungen treffen oder sie maßgeblich beeinflussen. Insbesondere die Erfüllung des letztgenannten Merkmales wird im Einzelfall häufig zweifelhaft sein. Ist der Chefarzt nicht als leitender Angestellter im betriebsverfassungsrechtlichen Sinne einzuordnen, unterfällt sein Arbeitsverhältnis uneingeschränkt den Regelungen des BetrVG. Im Übrigen sind auf das Dienstverhältnis des Chefarztes die allgemeinen arbeitsrechtlichen Gesetze und Rechtsinstitute grundsätzlich anwendbar. Dennoch ergeben sich im Vergleich zu üblichen Arbeitsverträgen eine Vielzahl von Besonderheiten, die zum einen aus der ärztlich-medizinischen und wirtschaftlichen Verantwortung des Chefarztes für die ihm anvertraute Abteilung oder Klinik herrühren und zum anderen aus den medizinrechtlichen Spezialitäten begründet sind, die sich für die Tätigkeit eines Chefarztes in einem Krankenhaus ergeben. Aufgrund dieser Umstände entspricht es der Praxis, den Anstellungsvertrag eines Chefarztes detailliert auszugestalten.[1274] Dieser allgemein üblichen Praxis folgend ist auch der nachfolgende Vorschlag eines Mustervertrages formuliert, wobei versucht worden ist, sowohl die arbeitsrechtlichen als auch die medizinrechtlichen Besonderheiten zu erfassen.

Berücksichtigt werden muss, dass es sich bei den Bestimmungen eines Chefarztvertrages grds. um allgemeine Geschäftsbedingungen i.S.v. §§ 305 ff. BGB handelt, die aufgrund der Einordnung des Arbeitnehmers und damit auch des Chefarztes als Verbraucher i.S.v. § 310 Abs. 3 BGB[1275] auch bereits bei beabsichtigter einmaliger Verwendung die AGB-rechtlichen Wirksamkeitsvoraussetzungen einhalten müssen.[1276] Eine AGB-Kontrolle der Bestimmungen eines Chefarztvertrages entfällt dementsprechend nur dann, wenn die Vertragsbestimmungen zwischen den Parteien gemäß § 305 Abs. 1 S. 3 BGB im Einzelnen ausgehandelt worden sind. Dies ist bei der Verwendung von Mustervertragsformulierungen in aller Regel nicht anzunehmen und im Streitfall vom Arbeitgeber zu beweisen.[1277]

Im Anschluss an den nachfolgend abgedruckten Mustervertrag werden die wesentlichen Bestimmungen des Vertrages knapp erläutert.

Zur Vereinfachung der Darstellung ist im Muster die männliche Geschlechtsform gewählt worden. Damit soll selbstverständlich keine Diskriminierung wegen des Geschlechts verbunden sein.

2. Chefarzt-Dienstvertrag

▼

Muster 1b.26: Chefarzt-Dienstvertrag   722

Chefarzt-Dienstvertrag

zwischen

dem ▓▓▓ (*Krankenhausträger*), vertreten durch ▓▓▓, ▓▓▓ (*Straße*), ▓▓▓ (*PLZ*) ▓▓▓ (*Ort*)

– im folgenden: Krankenhausträger –

und

Frau/Herr Dr. med. ▓▓▓, ▓▓▓ (*Straße*), ▓▓▓ (*PLZ*) ▓▓▓ (*Ort*)

– im folgenden: Arzt –

1274 Zu den verschiedenen Vertragsmustern siehe bspw. *Noth/Beume/Lenz* zum Muster der Deutschen Krankenhausgesellschaft; *Münzel*, Chefarzt- und Belegarztvertrag; Mustervertrag der AG für Arztrecht, 10. Aufl. 2014, ArztR 2014, 1–28; *Hümmerich/Lücke/Mauer*, ArbR, § 1 B V Rn 192–194, Muster 2–5.
1275 BAG 25.5.2011, NZA 2005, 1111.
1276 LAG Düsseldorf 6.5.2010, MedR 2010, 882; zur AGB-rechtlichen Prüfung von Chefarztverträgen *Münzel*, NZA 2011, 886.
1277 *Münzel*, NZA 2011, 886.

§ 1 Vertragsgegenstand

(1) Der Arzt wird mit Wirkung vom ▬▬▬▬▬ unter gleichzeitiger Übertragung der verantwortlichen Leitung als leitende(r) Ärztin/Arzt der Abteilung ▬▬▬▬ des Krankenhauses eingestellt.

(2) Neben den Bestimmungen dieses Vertrages finden auf das Dienstverhältnis die vom Krankenhausträger erlassenen Satzungen, Dienstanweisungen und die Hausordnung in der jeweils gültigen Fassung Anwendung.

§ 2 Stellung des Arztes

(1) Dem Arzt obliegt die Führung und fachliche Leitung der ihm übertragenen Abteilung.

(2) Der Arzt ist in seiner ärztlichen Verantwortung bei Diagnostik und Therapie unabhängig, an die Regeln der ärztlichen Kunst gebunden und nur dem Gesetz verpflichtet. Im Übrigen ist er den Weisungen des Krankenhausträgers und des Ärztlichen Direktors des Krankenhauses unterworfen.

(3) Der Arzt ist verpflichtet, in der Nähe des Krankenhauses (Umkreis von ▬▬▬▬ km) zu wohnen.

§ 3 Dienstaufgaben in der Krankenversorgung

(1) Der Arzt ist für die medizinische Versorgung der Patienten in seiner Abteilung verantwortlich. Hierzu gehören insbesondere die folgenden Aufgaben:

(a) die Untersuchung und Behandlung der Patienten seiner Abteilung im Rahmen der Krankenhausleistungen;

(b) die Untersuchung und Mitbehandlung der Patienten sowie die Beratung der Ärzte anderer Abteilungen des Krankenhauses einschließlich der Belegabteilungen, soweit sein Fachgebiet berührt wird;

(c) die stationäre und nicht stationäre Untersuchung und Behandlung von Patienten anderer Leistungserbringer und Einrichtungen, soweit die Untersuchung und Behandlung auf deren Veranlassung in seiner Abteilung oder – nach vertraglicher Vereinbarung des Krankenhausträgers – in den Räumlichkeiten der anderen Leistungserbringer und Einrichtungen erfolgt;

(d) die Befunderhebung der von anderen Leistungserbringern oder Einrichtungen eingesandten Materialien oder Präparate von Patienten dieser Leistungserbringer oder Einrichtungen;

(e) die vor- und nachstationäre Behandlung, das ambulante Operieren, die Teilnahme an der spezialfachärztlichen Versorgung;

(f) die ambulante Behandlung in Notfällen oder in vom Krankenhausträger unterhaltenen Institutsambulanzen;

(g) die Durchführung von Früherkennungsmaßnahmen;

(h) die Behandlung von Patienten im Rahmen eines Durchgangsarzt- bzw. Verletzungsarztverfahrens;

(i) die Vornahme der Leichenschau und die Ausstellung der Todesbescheinigung bei Todesfällen in seiner Abteilung;

(j) die nichtstationäre Gutachtertätigkeit.

(2) Die stationäre wahlärztliche und ambulante privatärztliche Beratung und Behandlung von privatversicherten oder selbstzahlenden Patienten wird von dem Arzt als Dienstaufgabe wahrgenommen. Der Arzt hat bei der Behandlung von Privatpatienten den Grundsatz der persönlichen Leistungserbringung zu beachten. Er erbringt die Leistungen nach Maßgabe der Gebührenordnung für Ärzte (GOÄ) oder sonstiger einschlägiger Gebührenordnungen oder Verwaltungsvorschriften.

(3) Zu den Dienstaufgaben gehört die ambulante Behandlung von Patienten im Rahmen einer persönlichen vertragsärztlichen Ermächtigung. Der Arzt ist verpflichtet, alle notwendigen und zumutbaren Aktivitäten zur Erlangung und Aufrechterhaltung einer derartigen Ermächtigung zu ergreifen und bei der Antragstellung für die Ermächtigung mitzuwirken. Abs. (2) Satz 2 gilt entsprechend. Die Abrechnung erfolgt nach den vertragsarztrechtlichen Bestimmungen durch den Krankenhausträger.

(4) Der Arzt hat den Bereitschafts- und Rufbereitschaftsdienst in seiner Abteilung organisatorisch sicherzustellen. Der Arzt ist verpflichtet, turnusgemäß an den Rufbereitschaftsdiensten selbst teilzunehmen. Be-

reitschaftsdienste muss der Arzt nur übernehmen, wenn andernfalls der Bereitschaftsdienst in seiner Abteilung nicht sichergestellt werden kann.

(5) Dem Arzt als Dienstaufgabe obliegende Aufgaben dürfen nicht in Nebentätigkeit wahrgenommen werden.

§ 4 Sonstige Dienstaufgaben

(1) Der Arzt ist für den geordneten Dienstbetrieb und für die allgemeine Hygiene in seiner Abteilung verantwortlich. Er hat nach bestem Können die ärztlichen Anordnungen und Maßnahmen zu treffen, zu unterstützen oder anzuregen, die für einen ordnungsgemäßen und wirtschaftlichen Betrieb des Krankenhauses im Ganzen und seiner Abteilung im Besonderen erforderlich sind.

(2) Der Arzt hat die ärztlichen Anzeige- und Meldepflichten zu erfüllen und die für den ärztlichen Bereich erlassenen Vorschriften, Dienstanweisungen und Anordnungen einzuhalten sowie deren Durchführung im Bereich seiner Abteilung sicherzustellen.

(3) Auf Verlangen des Krankenhausträgers hat der Arzt

(a) an den Sitzungen von Organen und Ausschüssen des Krankenhausträgers als Sachverständiger teilzunehmen,

(b) in Gremien des Krankenhauses mitzuwirken und in angemessenem Umfang Funktionen und Aufgaben im Krankenhaus zu übernehmen,

(c) die Leitung einer Ausbildungs- und Weiterbildungsstätte für nichtärztliche Berufe des Gesundheitswesens zu übernehmen,

(d) sich an den Qualitätssicherungs- und Risikomanagementmaßnahmen des Krankenhausträgers zu beteiligen.

(4) Im Rahmen seines Fachgebietes hat der Arzt darüber hinaus

(a) den Krankenhausträger in allen ärztlichen Angelegenheiten zu beraten,

(b) die ärztlichen und nichtärztlichen Beschäftigten des Krankenhauses aus-, weiter- und fortzubilden, insbesondere den ärztlichen Unterricht an der Aus- und Weiterbildungsstätte für nichtärztliche Berufe des Gesundheitswesens zu erteilen,

(c) über den Gesundheitszustand der im Krankenhaus tätigen Personen sowie von Personen, die sich um eine Anstellung beim Krankenhausträger bewerben, ärztliche Zeugnisse und gutachterliche Äußerungen zu erstatten, soweit dies nicht zu den Aufgaben des Betriebsarztes gehört,

(d) die in Gesetzen, Verordnungen oder anderen Rechtsnormen, Unfallverhütungsvorschriften, Dienstanweisung usw. vorgeschriebenen regelmäßigen Untersuchungen der in seiner Abteilung tätigen Personen zu veranlassen und für die erforderliche Dokumentation Sorge zu tragen, soweit dies nicht zu den Aufgaben des Betriebsarztes gehört,

(e) an der Ausbildung von Studierenden der Medizin nach Maßgabe der Vorschriften der Approbationsordnung für Ärzte mitzuwirken und im Einvernehmen mit dem Krankenhausträger einen Lehrauftrag an der Universität ▮▮▮▮ anzunehmen und auszuüben,

(f) an der Organisation des Rettungsdienstes nach Maßgabe einer zwischen dem Krankenhausträger und dem Träger des Rettungsdienstes getroffenen Vereinbarung mitzuwirken,

(g) alle sonstigen ärztlichen Tätigkeiten zu besorgen, soweit sie dem Arzt zugemutet werden können und nicht nach der jeweils gültigen Nebentätigkeitserlaubnis ausdrücklich zu den Nebentätigkeiten gehören.

§ 5 Durchführung der Dienstaufgaben

(1) Der Arzt überträgt den ihm nachgeordneten ärztlichen Mitarbeitern – entsprechend ihrem beruflichen Bildungsstand, ihren Fähigkeiten und Erfahrungen – bestimmte Tätigkeitsbereiche oder Einzelaufgaben zur selbstständigen Erledigung, soweit nicht die Art oder die Schwere der Krankheit, besondere Rechtsvorschriften oder der Grundsatz der persönlichen Leistungserbringung bei wahlärztlichen Leistungen, Leistungen im Rahmen einer persönlichen Ermächtigung oder als Durchgangsarzt sein persönliches Tätigwerden erfordern. Die Gesamtverantwortung des Arztes wird hierdurch nicht eingeschränkt.

(2) Der Arzt hat die Rechte und Pflichten der anderen leitenden Ärzte zu beachten. Er hat das Recht und die Pflicht, andere leitende Ärzte sowie Ärzte und Einrichtungen außerhalb des Krankenhauses, mit denen vertragliche Beziehungen bestehen, zur Beratung, Untersuchung oder Mitbehandlung beizuziehen, wenn dies erforderlich ist. Die Einschaltung anderer Leistungserbringer oder Einrichtungen außerhalb des Krankenhauses soll nur in Ausnahmefällen erfolgen.

(3) Der Arzt ist verpflichtet, vorübergehend freie Betten seiner Abteilung bei Bedarf den anderen leitenden Ärzten oder den Belegärzten zu überlassen, soweit nicht gesetzliche Vorschriften oder zwingende medizinische Gründe dem entgegenstehen.

(4) Die mit den Dienstaufgaben zusammenhängenden ärztlichen Leistungen sind – soweit möglich – ausschließlich im Krankenhaus mit dessen Personal, Geräten und Einrichtungen zu bewirken. Dies gilt nicht für Hilfeleistungen in Notfällen, soweit diese außerhalb des Krankenhauses erbracht werden müssen, sowie für notwendige ärztliche Leistungen im Rahmen von Kooperationsverträgen des Krankenhausträgers.

(5) Der Arzt ist berechtigt, im Rahmen seiner Dienstaufgaben über Aufnahme, Beurlaubung und Entlassung von Patienten innerhalb seiner Abteilung zu entscheiden. Das Weisungsrecht des Krankenhausträgers bleibt unberührt.

(6) Der Arzt stellt sicher, dass für jeden stationär oder ambulant behandelten Patienten seiner Abteilung eine Krankengeschichte geführt wird, in der alle dokumentationspflichtigen Sachverhalte ordnungs- und wahrheitsgemäß dokumentiert werden. Die Krankengeschichte ist Eigentum des Krankenhausträgers. Sie wird von dem Arzt unter Beachtung der Datenschutzbestimmungen und der ärztlichen Schweigepflicht sicher aufbewahrt. Der Arzt hat jederzeit Zugang zu der Krankengeschichte. Er ist – bei Nachweis eines berechtigten Interesses seinerseits – berechtigt, auch nach Ausscheiden aus dem Dienst des Krankenhausträgers Einsicht in die Krankengeschichte zu nehmen, soweit dem nicht Datenschutzbestimmungen oder die ärztliche Schweigepflicht entgegenstehen. Bei Untersuchungen oder Behandlungen von Patienten in anderen Abteilungen des Krankenhauses hat der Arzt seine Aufzeichnungen dem leitenden Arzt der jeweils anderen Abteilung zur Verfügung zu stellen, damit dieser die Aufzeichnungen der von ihm geführten Krankengeschichte beifügen kann. Die Regelungen für Krankengeschichten gelten sinngemäß für die Ergebnisse bildgebender Untersuchungen, Elektrokardiogramme oder ähnliche Aufzeichnungen.

(7) Der Krankenhausträger stellt sicher, dass die von ihm zur Verfügung gestellten elektronischen Archivierungsmöglichkeiten den gesetzlichen Anforderungen entsprechen und gewährleistet ist, dass die gesetzlichen Aufbewahrungsfristen entsprechend der jeweils geltenden Rechtslage eingehalten werden.

(8) Der Arzt darf die Dokumentation selbst sowie Auszüge hieraus nur mit Zustimmung des ärztlichen Direktors des Krankenhauses an unberechtigte Dritte herausgeben. Der Zustimmung des ärztlichen Direktors bedarf auch die Weitergabe an Dritte, wenn eine Rechtspflicht zur Herausgabe der Dokumentation besteht. Der ärztliche Direktor ist in diesem Fall zur Zustimmung verpflichtet.

(9) Soweit der Krankenhausträger für allgemeine statistische Zwecke, zur Diagnosestatistik, zur Erstellung der Kosten- und Leistungsrechnung, zur Erhebung seiner Entgelte o.ä. Angaben über die vom Arzt selbst oder von den nachgeordneten Ärzten oder sonstigen Beschäftigten bewirkten ärztlichen Leistungen oder Krankenhaussachleistungen benötigt, ist der Arzt verpflichtet, dem Krankenhausträger alle Angaben zu machen und die hierzu erforderlichen Unterlagen zur Verfügung zu stellen. Der Arzt ist insbesondere verpflichtet, eine richtige und vollständige Kodierung und Dokumentation der für die Eingruppierung in einem deutschen DRG-System erforderlichen Diagnosen und Prozeduren nach Maßgabe der jeweils gültigen deutschen Kodierrichtlinien sicherzustellen. Er hat dem Krankenhausträger alle erforderlichen Unterlagen zur Verfügung zu stellen. Die ärztliche Schweigepflicht und die Vorschriften über den Datenschutz bleiben unberührt.

(10) Vorkommnisse von erheblicher oder grundsätzlicher Bedeutung – insbesondere auch Untersuchungen der Polizei oder Staatsanwaltschaft – hat der Arzt dem Krankenhausträger unverzüglich mitzuteilen.

§ 6 Wirtschaftlichkeitsgebot

(1) Der Arzt ist im Rahmen der Aufgabenstellung des Krankenhauses und seiner Abteilung sowie im Rahmen des ärztlich Notwendigen zu zweckmäßiger, wirtschaftlicher und sparsamer Behandlung verpflichtet. Diese Verpflichtung umfasst auch ein entsprechendes Verhalten der Mitarbeiter seiner Abteilung.

(2) Vor der Einführung neuer Untersuchungs- und Behandlungsmethoden bzw. von Maßnahmen, die Mehrkosten verursachen, hat der Arzt das Einvernehmen mit dem Krankenhausträger herbeizuführen.

(3) Der Arzt hat für die Einhaltung der vom Krankenhausträger für die Abteilung im Rahmen einer jährlichen Zielvorgabe festgelegten Budgets zu sorgen. Er hat das Recht und die Pflicht, sich an der Festlegung des Leistungsrahmens und der Budgetfindung zu beteiligen. Die jährliche Zielvorgabe wird vom Krankenhausträger im Benehmen mit dem Arzt festgelegt.

§ 7 Grundsätze der Zusammenarbeit

(1) Der Arzt ist zur vertrauensvollen Zusammenarbeit mit dem Krankenhausträger und dessen Organen und Beauftragten, den anderen leitenden Krankenhausärzten und Belegärzten des Krankenhauses sowie sonstigen Leistungserbringern oder Einrichtungen, mit denen der Krankenhausträger kooperiert, verpflichtet.

(2) Der Arzt hat seine volle Arbeitskraft sowie sein gesamtes Wissen und Können in den Dienst des Krankenhausträgers zu stellen. Dem Arzt ist während der Dauer dieses Vertrages jede entgeltliche oder unentgeltliche Nebentätigkeit für sich oder Dritte untersagt, sofern diese nicht vorher vom Krankenhausträger ausdrücklich genehmigt ist. Veröffentlichungen und Vorträge, die den Tätigkeitsbereich des Krankenhausträgers betreffen, sowie die Übernahme von Ämtern in Aufsichtsgremien anderer Unternehmen und Ehrenämtern in Organisationen bedürfen der vorherigen schriftlichen Zustimmung durch den Krankenhausträger. Die zur Übernahme eines solchen Amtes erteilte Zustimmung ist jederzeit widerruflich, wobei im Falle eines Widerrufs etwaige Fristvorschriften für die Beendigung des übernommenen Amtes berücksichtigt werden.

§ 8 Verschwiegenheitspflicht, Wettbewerbsverbot

(1) Der Arzt ist verpflichtet, über alle betrieblichen und geschäftlichen Angelegenheiten des Krankenhausträgers gegenüber unbefugten Dritten striktes Stillschweigen zu wahren, soweit ihn nicht gesetzliche Verpflichtungen zur Offenbarung verpflichten. Diese Verpflichtung gilt auch nach Beendigung des Anstellungsvertrages.

(2) Dem Arzt ist es untersagt, während der Dauer dieses Vertrages in selbstständiger, unselbstständiger oder sonstiger Weise für ein Unternehmen tätig zu werden, welches mit dem Krankenhausträger in direktem oder indirektem Wettbewerb steht. In gleicher Weise ist es dem Arzt untersagt, während der Dauer dieses Vertrages ein solches Unternehmen zu errichten, zu erwerben oder sich hieran unmittelbar oder mittelbar zu beteiligen. Das Recht zur Ausübung genehmigter Nebentätigkeiten bleibt unberührt.

§ 9 Mitwirkung in Personalangelegenheiten

(1) Vor Entscheidungen über personelle Maßnahmen (i.S.v. § 99 Abs. 1, § 102 Abs. 1 BetrVG) gegenüber Ärzten und leitenden nichtärztlichen Mitarbeitern, die der Abteilung des Arztes zugeordnet sind, ist der Arzt vom Krankenhausträger anzuhören.

(2) Unbeschadet der Rechte des Krankenhausträgers ist der Arzt den Mitarbeitern seiner Abteilung gegenüber in ärztlichen Angelegenheiten weisungsbefugt. Der Arzt hat bei der Zuweisung von Aufgaben und Tätigkeiten an Ärzte und nichtärztliche Mitarbeiter seiner Abteilung den Bildungsstand der Mitarbeiter, deren Arbeits-, Ausbildungs- und Weiterbildungsverträge sowie sonstige Vereinbarungen des Krankenhausträgers mit Dritten zu beachten. Der Arzt stellt sicher, dass bei Festlegung der Arbeitszeiten der Mitarbeiter seiner Abteilung die arbeitszeitrechtlichen Grenzen eingehalten werden.

(3) Dem Arzt ist es untersagt, Personen, die nicht beim Krankenhausträger angestellt sind, ohne vorherige Zustimmung des Krankenhausträgers zu beschäftigen.

(4) Arbeitszeugnisse für Mitarbeiter werden ausschließlich vom Krankenhausträger ausgestellt. Der Arzt ist verpflichtet, an der Erstellung der Zeugnisse durch Fertigung einer fachlichen Beurteilung über den Mitarbeiter mitzuwirken.

(5) Zeugnisse für nachgeordnete Ärzte im Rahmen der ärztlichen Weiterbildung oder Zeugnisse und Bescheinigungen, die sich ausschließlich mit der ärztlichen Qualifikation befassen, hat der Arzt selbst auszustellen, soweit hierfür nicht eine andere Einrichtung zuständig ist. Der Arzt händigt dem Krankenhausträger jeweils eine Kopie des Zeugnisses oder der Bescheinigung aus.

§ 10 Vergütung

(1) Der Arzt erhält für seine Tätigkeit eine feste Jahresvergütung in Höhe von ▆▆▆▆ EUR (in Worten: ▆▆▆▆ EUR), die in zwölf gleichen Teilen jeweils zum ▆▆▆▆ Werktag eines Kalendermonats für den laufenden Kalendermonat ausgezahlt wird. Die Parteien sind verpflichtet, in regelmäßigen Zeitabstän-

den, spätestens im Abstand von jeweils zwei Jahren, über eine angemessene Anpassung der festen Jahresvergütung zu verhandeln.

(2) Der Arzt erhält darüber hinaus eine leistungsabhängige Vergütung nach Maßgabe der nachfolgenden Bestimmungen:

(a)   vom Hundert der Bruttoliquidationseinnahmen des Krankenhausträgers aus der gesonderten Berechnung von von dem Arzt oder dessen Vertreter ausgeführten wahlärztlichen voll- und teilstationären, vor- und nachstationären Leistungen gegenüber Patienten aus der Abteilung des Arztes,

(b)   vom Hundert der Bruttoliquidationseinnahmen des Krankenhausträgers für Gutachten des Arztes oder seines Vertreters für Patienten, die zur Begutachtung in die Abteilung des Arztes aufgenommen worden sind, soweit die gesonderte Berechnung einer Vergütung für das Gutachten zulässig ist,

(c) Beteiligung an den Einnahmen des Krankenhausträgers aus von dem Arzt oder seinem Vertreter ausgeführten ambulanten Leistungen an Patienten aus der Abteilung des Arztes, nämlich

▪   vom Hundert der Bruttoliquidationseinnahmen aus einer dem Arzt erteilten persönlichen Ermächtigung,

▪   vom Hundert der Bruttoliquidationseinnahmen aus ambulanten Leistungen gegenüber privatversicherten Patienten oder Selbstzahlern,

▪   vom Hundert der Bruttoliquidationseinnahmen aus nicht stationärer Gutachtertätigkeit durch den Arzt oder einen seiner Vertreter,

▪   vom Hundert der Bruttoliquidationseinnahmen des Krankenhausträgers aus der Durchführung von klinischen Arzneimittelprüfungen, Anwendungsbeobachtungen und Medizinproduktprüfungen durch den Arzt oder seinen Vertreter.

(d) Die Bruttoliquidationseinnahmen ergeben sich aus der Summe der tatsächlichen Zahlungseingänge beim Krankenhausträger abzüglich etwaiger Umsatzsteueranteile und des Aufwandes für die Einziehung der Vergütung (Abrechnungsleistung). An Patienten, Krankenversicherungen, Kassenärztliche Vereinigungen, Berufsgenossenschaften oder sonstige Dritte zurückzuzahlende Honorare werden mit dem Zeitpunkt des Abflusses von den Bruttoliquidationseinnahmen in Abzug gebracht.

(e) Die leistungsabhängige Vergütung nach Abs. (2) wird jeweils zum Schluss eines Kalendermonats vom Krankenhausträger berechnet und unverzüglich an den Arzt überwiesen.

(3) Der Arzt erhält des Weiteren eine erfolgsabhängige Bruttojahresvergütung nach Maßgabe einer gesondert abzuschließenden Zielvereinbarung in Höhe von bis zu   EUR jährlich. Die Vertragsparteien sind verpflichtet, die Zielvereinbarung gemeinsam festzulegen. Kommt eine Einigung nicht bis zum Ende des Monats Februar zustande, ist der Krankenhausträger zur einseitigen Festlegung der Zielvereinbarung berechtigt. Er hat die Festlegung nach billigem Ermessen zu treffen und dabei auch die berechtigten Belange des Chefarztes zu berücksichtigen. Die Zielvorgaben und die Regelungen über die Berechnung der erfolgsabhängigen Vergütung sowie die Auszahlungsmodalitäten werden in der Zielvereinbarung festgelegt. Die konkrete Höhe der erfolgsabhängigen Bruttojahresvergütung ist vom Grad der Erreichung der Zielvorgaben abhängig. Die erfolgsabhängige Bruttojahresvergütung wird zum Ende des Quartals zur Zahlung fällig, das der Feststellung des Jahresabschlusses des Krankenhausträgers folgt.

(4) Dem Arzt steht kein gesonderter Anspruch auf Vergütung für Überstunden, Mehrarbeit, Samstags-, Sonntags-, Feiertags- und Nachtarbeit jeglicher Art sowie Bereitschaftsdienste und Rufbereitschaft – egal ob nach diesem Vertrag vom Arzt zu erbringen oder nicht – zu. Derartige Leistungen des Arztes sind durch die Vergütung nach Abs. (1) bis (3) abgegolten.

§ 11 Abrechnung durch das Krankenhaus

(1) Die Vergütung aus den vom Arzt nach § 3 erbrachten ärztlichen Leistungen steht dem Krankenhaus zu. Sollte für derartige Tätigkeiten ein unmittelbarer Anspruch des Arztes gegen einen Patienten, dessen gesetzliche oder private Krankenversicherung oder sonstige Dritte bestehen, tritt der Arzt diesen Anspruch hiermit an den die Abtretung annehmenden Krankenhausträger ab, und ermächtigt diesen zur Einziehung der Vergütungsansprüche.

(2) Die Abrechnung und Einziehung der Vergütung gemäß Abs. (1) erfolgt ausschließlich durch den Krankenhausträger. Der Arzt ist verpflichtet, dem Krankenhausträger unverzüglich, spätestens aber nach Ablauf von 10 Tagen nach Abschluss eines Behandlungsfalles die für die Erstellung der Abrechnung erforderlichen Informationen einschließlich der notwendigen Spezifikationen mitzuteilen. Der Arzt ist darüber hinaus verpflichtet, den Krankenhausträger bei der Durchsetzung der Vergütungsforderungen aus Behandlungsfällen seiner Abteilung jederzeit mit Rat und Tat zu unterstützen.

(3) Soweit Zahlungen für Behandlungsleistungen nach § 3 dem Arzt unmittelbar zufließen, sind diese Erlöse unverzüglich an den Krankenhausträger weiterzuleiten.

(4) Sollten Kostenträger oder Patienten den Arzt auf Rückzahlung geleisteter Vergütung in Anspruch nehmen, hält der Krankenhausträger den Arzt von der Inanspruchnahme frei bzw. erstattet dem Arzt von diesem tatsächlich geleistete Rückzahlungen.

§ 12 Arbeitsverhinderung, Vergütungsfortzahlung

(1) Der Arzt hat dem Krankenhausträger jede Arbeitsverhinderung, insbesondere eine krankheitsbedingter Arbeitsunfähigkeit unverzüglich anzuzeigen, sobald er von ihr Kenntnis erlangt. Er ist darüber hinaus verpflichtet, im Falle einer persönlichen Arbeitsverhinderung die notwendigen Maßnahmen zur Sicherstellung eines ungestörten Krankenhausbetriebes in seiner Abteilung zu veranlassen. Soweit dies möglich ist, hat er im Falle krankheitsbedingter Arbeitsunfähigkeit seinen Vertreter unmittelbar zu informieren.

(2) Im Falle der krankheitsbedingten Arbeitsunfähigkeit zahlt der Krankenhausträger die feste Jahresvergütung nach § 10 Abs. (1) entsprechend den Regeln des Entgeltfortzahlungsgesetzes für die Dauer von sechs Wochen fort.

(3) Ist der Arzt länger als drei Monate arbeitsunfähig erkrankt, ist der Krankenhausträger berechtigt, einem anderen Arzt die Dienstleistungen nach § 3 befristet für die Dauer der krankheitsbedingten Abwesenheit des Arztes zu übertragen. Dem Arzt steht in diesem Fall kein Anspruch auf leistungsabhängige Vergütung gemäß § 10 Abs. (2) für die vom Vertreter erbrachten ärztlichen Leistungen zu.

§ 13 Urlaub, Teilnahme an Kongressen, Dienstreisen

(1) Dem Arzt steht im Kalenderjahr Urlaub für   Arbeitstage berechnet auf der Basis einer 5-Tage-Arbeitswoche zu. Der Urlaub ist grundsätzlich zusammenhängend zu nehmen. Er bedarf der Zustimmung des Krankenhausträgers.

(2) Dem Arzt steht ein Anspruch auf Freistellung von der Verpflichtung zur Arbeitsleistung unter Fortzahlung der vereinbarten Vergütung für die Teilnahme an wissenschaftlichen Fachkongressen und ärztlichen Fortbildungsveranstaltungen in einem Umfang von bis zu   Tagen im Kalenderjahr zu. Freistellungen nach Satz 1 werden auf eventuelle Freistellungsansprüche des Chefarztes nach landesrechtlichen Weiterbildungsgesetzen angerechnet. Vor der Teilnahme hat der Arzt die Zustimmung des Krankenhausträgers einzuholen. Die Teilnahme gilt als Dienstreise. Reisekosten werden (nur) erstattet, wenn der Krankenhausträger dies vorher zusagt. Ein Anspruch des Arztes auf Reisekostenerstattung besteht nicht.

(3) Der Freistellungsanspruch nach Abs. (2) wird auf gesetzliche Ansprüche auf Freistellung zum Zwecke der Weiterbildung oder Berufsqualifizierung angerechnet.

§ 14 Renten- und Krankenversicherungspflicht

(1) Der Krankenhausträger übernimmt die Beiträge des Arztes zur gesetzlichen Rentenversicherung nach Maßgabe der gesetzlichen Bestimmungen. Sofern der Arzt von der gesetzlichen Rentenversicherung aufgrund Mitgliedschaft in einem ärztlichen Versorgungswerk befreit ist, übernimmt der Krankenhausträger die Versicherungsbeiträge zum ärztlichen Versorgungswerk bis zu der Höhe, die bei einer Pflichtversicherung des Arztes in der gesetzlichen Rentenversicherung vom Krankenhausträger nach Maßgabe der gesetzlichen Bestimmung zu tragen gewesen wären.

(2) Der Krankenhausträger gewährt dem Arzt für die Dauer dieses Dienstvertrages einen Zuschuss zur Kranken- und Pflegeversicherung in Höhe des vom Arbeitgeber zu tragenden Anteils, wie er bei gesetzlicher Kranken- und Pflegeversicherungspflicht des Arztes bestünde, höchstens jedoch in Höhe der Hälfte des Betrages, welchen der Arzt für seine Kranken- und Pflegeversicherung aufzuwenden hat. Die Kosten für die Versicherung von Familienangehörigen bleiben unberücksichtigt.

§ 15 Versicherungsschutz

(1) Der Arzt wird für seine ärztlichen Tätigkeiten, die er als Dienstaufgaben erbringt, vom Krankenhausträger gegen Schadensersatzansprüche in angemessener Höhe, zumindest aber in Höhe der jeweiligen Deckungssumme der bestehenden Betriebshaftpflicht-Versicherung des Krankenhausträgers haftpflichtversichert.

(2) Dem Arzt steht ein Anspruch auf Einsicht in den Versicherungsschein und die Versicherungsbedingungen zu. Er kann sich Kopien fertigen.

§ 16 Vertretungsregelungen

(1) Bei jeglicher Abwesenheit des Arztes wird dieser durch seinen ständigen ärztlichen Vertreter vertreten.

(2) Ist eine Vertretung durch einen ständigen ärztlichen Vertreter nicht möglich oder ein ständiger ärztlicher Vertreter nicht bestellt, ist der Arzt verpflichtet, die Vertretung im Einzelfall zu regeln. In diesem Fall hat der Arzt dem Krankenhausträger die Person des Vertreters und die Dauer der Vertretung unverzüglich mitzuteilen. Findet die Vertretungsregelung nicht das Einverständnis des Krankenhausträgers, ist dieser berechtigt, die Vertretung anderweitig zu regeln.

§ 17 Entwicklungsklausel

(1) Der Krankenhausträger kann nach Anhörung und Erörterung mit dem Arzt sachlich gebotene und der Aufrechterhaltung oder Verbesserung der Leistungsfähigkeit oder Wirtschaftlichkeit des Krankenhauses dienende strukturelle und organisatorische Änderungen vornehmen, insbesondere:

(a) den Umfang der von dem Arzt geleiteten Abteilung sowie die sonstige Ausstattung in dieser Abteilung ändern,

(b) die Ausführung bestimmter Leistungen von der von dem Arzt geleiteten Abteilung ganz oder teilweise abtrennen und anderen Abteilungen, Funktionsbereichen, Untersuchungs- oder Behandlungseinrichtungen oder Ärzten zuweisen oder die Abteilung unter Übertragung von Entscheidungskompetenzen insbesondere in wirtschaftlichen und organisatorischen Fragen in übergeordnete Organisationseinheiten eingliedern,

(c) weitere selbstständige Abteilungen und Funktionsbereiche – auch gleicher Fachrichtung – im Krankenhaus neu einrichten, unterteilen, abtrennen oder schließen,

(d) weitere Ärzte – auch gleicher Fachrichtung – in anderen Abteilungen als leitende Ärzte einstellen.

(2) Änderungen nach Abs. (1) sind sachlich geboten, wenn sie aus Gründen der medizinischen oder technischen Entwicklung, Festlegungen im Zusammenhang mit der Krankenhausplanung oder der Krankenhausfinanzierung, Veränderungen der rechtlichen Rahmenbedingungen für die Tätigkeit des Krankenhauses oder aus vergleichbaren Gründen zur Sicherung der Leistungsfähigkeit oder Wirtschaftlichkeit des Krankenhauses erforderlich sind.

(3) Dem Arzt stehen bei Maßnahmen nach Abs. (1) keine Entschädigungsansprüche zu, wenn seine Einnahmen für die Tätigkeit im dienstlichen Aufgabenbereich (§§ 3 und 4) wenigstens ▮▮▮▮ % der durchschnittlichen Vergütung gemäß § 10 in den letzten 60 Monaten erreichen. Anderenfalls bestimmt sich die Entschädigung nach der Differenz zwischen ▮▮▮▮ % der durchschnittlichen Vergütung gemäß § 10 in den letzten 60 Monaten und den Einnahmen, die der Arzt nach Durchführung der Änderung gemäß Abs. (1) erzielt hat oder bei ordnungsgemäßer Ausübung seiner vertraglichen Aufgaben als leitender Arzt hätte erzielen können.

(4) Werden durch Gesetz, Verordnung oder sonstige Rechtsvorschriften neue oder geänderte Vorschriften im Bereich des Gesundheitswesens, des Krankenhauswesens oder des Sozialleistungswesens erlassen, welche die Rechte oder Pflichten einer Vertragspartei nicht nur unwesentlich berühren, kann jeder Vertragsteil eine Anpassung des Vertrages an die neue Lage verlangen. Entsprechendes gilt bei von der Rechtsprechung ausgehenden Änderungen.

§ 18 Annahme von Belohnungen und Geschenken

Dem Arzt ist es untersagt, Geschenke von Dritten, insbesondere Patienten, Krankenkassen, Vertretern von Arznei- und Medizingeräteherstellern oder -händlern sowie sonstigen Kunden und/oder Vertragspartnern des Krankenhausträgers für oder aus Anlass seiner Tätigkeit für den Krankenhausträger anzunehmen, soweit ihm dies nicht ausdrücklich durch den Krankenhausträger gestattet ist. Der Krankenhausträger ist berechtigt, Näheres in einer Dienstanweisung zu regeln.

§ 19 Herausgabe von Gegenständen

Bei Beendigung dieses Dienstverhältnisses oder im Falle einer durch den Krankenhausträger erfolgten Freistellung von der Verpflichtung zur Arbeitsleistung hat der Arzt dem Krankenhausträger unverzüglich sämtliche die Angelegenheiten des Krankenhausträgers betreffenden Gegenstände und Unterlagen, insbesondere alle betrieblichen Dokumente und Patientenakten, gleich in welcher Form, einschließlich etwaiger Abschriften, Kopien oder Datenträger sowie Schlüssel, Handys, Funkgeräte, Kleidung pp., soweit sich diese noch in seinem Besitz befinden, vollständig und im ordnungsgemäßen Zustand herauszugeben. Dem Arzt steht unter keinem Rechtsgrund ein Zurückbehaltungsrecht gegenüber dem Krankenhausträger an diesen Gegenständen zu. § 5 Abs. (6) bleibt unberührt.

§ 20 Gesundheitliche Eignung

Der Arzt ist verpflichtet, auf aus begründetem Anlass erfolgende Aufforderung des Krankenhausträgers seine gesundheitliche Eignung für die Tätigkeit als leitender Arzt durch amtsärztliche oder betriebsärztliche Untersuchung abklären zu lassen. Er entbindet den Amts- oder Betriebsarzt für diesen Fall von der ärztlichen Schweigepflicht gegenüber dem Krankenhausträger hinsichtlich des Ergebnisses der Untersuchungen.

§ 21 Ausschlussfrist

Ansprüche aus diesem Dienstverhältnis oder im Zusammenhang damit verfallen, wenn sie nicht innerhalb einer Ausschlussfrist von sechs Monaten nach Fälligkeit schriftlich gegenüber der jeweils anderen Vertragspartei geltend gemacht worden sind. Bei Beendigung des Dienstverhältnisses verfallen alle Ansprüche aus dem Dienstverhältnis oder im Zusammenhang damit, wenn sie nicht innerhalb einer Frist von sechs Monaten nach Beendigung des Dienstverhältnisses gegenüber der jeweils anderen Vertragspartei schriftlich geltend gemacht worden sind.

§ 22 Vertragsdauer, Kündigung

(1) Dieser Vertrag wird auf unbestimmte Zeit geschlossen. Die ersten sechs Monate der Beschäftigung gelten als Probezeit.

(2) Während der Probezeit kann der Vertrag mit einer Frist von einem Monat zum Ablauf eines Kalendermonats gekündigt werden.

(3) Nach Ablauf der Probezeit kann der Vertrag von beiden Parteien mit einer Frist von sechs Monaten zum Ende eines Kalendervierteljahres gekündigt werden.

(4) Das Recht zur außerordentlichen Kündigung des Vertrages aus wichtigem Grund nach § 626 BGB bleibt unberührt.

(5) Der Vertrag endet, ohne dass es einer Kündigung bedarf, wenn der Arzt nach der zum Zeitpunkt des Renteneintritts geltenden Gesetzesfassung die Altersgrenze erreicht, mit deren Ablauf er eine ungekürzte Rente wegen Alters erhalten könnte, wenn er gesetzlich rentenversichert wäre, oder mit Ablauf des Monats, in welchem dem Arzt ein Bescheid über eine vom Rentenversicherungsträger oder von einer anderen Versorgungseinrichtung festgestellte unbefristete Rente wegen voller Erwerbsminderung zugestellt wird.

§ 23 Nichtaufnahme der Arbeit, Vertragsstrafe

(1) Die Kündigung des Vertrages vor dem in § 1 Abs. 1 genannten Zeitpunkt ist ausgeschlossen.

(2) Nimmt der Arzt die Arbeit nicht auf oder beendet er das Arbeitsverhältnis vertragswidrig vorzeitig, ist der Krankenhausträger unbeschadet sonstiger Ansprüche, insbesondere auf Schadensersatz, berechtigt, eine Vertragsstrafe in Höhe von   EUR geltend zu machen.

§ 24 Schlussbestimmungen

(1) Nebenabreden, Änderungen und Ergänzungen zu diesem Dienstvertrag sowie die Aufhebung und Kündigung dieses Dienstvertrages bedürfen der Schriftform. Dies gilt auch für die Aufhebung des Schriftformerfordernisses, soweit die Aufhebung nicht durch eine individuelle Vereinbarung der Parteien erfolgt.

(2) Sollten einzelne Bestimmungen dieses Vertrages und/oder seiner Änderungen bzw. Ergänzungen unwirksam sein, so wird dadurch die Wirksamkeit des Vertrages im Übrigen nicht berührt. Die Parteien sind verpflichtet, die unwirksame Bestimmung durch eine wirksame Bestimmung zu ersetzen, die dem mit der unwirksamen Bestimmung wirtschaftlich Gewollten am nächsten kommt.

████████ *(Ort)*, ████████ *(Datum)*

████████   ████████

(Krankenhausträger)   *(Arzt)*

▲

3. Erläuterungen

a) Vertragskopf

723   Das Arbeitsverhältnis eines Chefarztes wird wie jedes andere Arbeitsverhältnis durch arbeitsvertragliche Vereinbarung begründet. Es gelten daher für den Chefarztvertrag die gleichen rechtlichen Anforderungen, die auch sonst an das Zustandekommen und den Bestand eines wirksamen Arbeitsvertrages gestellt werden.[1278] Bei der Formulierung des Vertragskopfes ist insbesondere darauf zu achten, dass der Rechtsträger des Krankenhauses zutreffend bezeichnet und entsprechend seiner Organisationsform rechtswirksam vertreten wird.

b) Vertragsgegenstand

724   Inhalt dieser Regelung ist neben der Feststellung des Beginns des Arbeitsverhältnisses die Bezeichnung derjenigen organisatorisch abgrenzbaren Einheit eines Krankenhauses, die der Arzt aufgrund des abgeschlossenen Chefarztvertrages leiten soll. Es kann sich hierbei entsprechend klassischer Krankenhausorganisation um Abteilungen oder Kliniken handeln. Denkbar sind aber auch organisatorisch nur teilverselbstständigte Schwerpunktbereiche, Sektionen o.ä. Soll eine Klinik oder Abteilung nicht durch den Chefarzt allein, sondern durch mehrere Ärzte in kollektivem Zusammenwirken geleitet werden, muss eine solche Leitungsmöglichkeit in dem Vertrag vorgesehen werden, weil dem Chefarzt ansonsten ein Anspruch auf die Übertragung der alleinigen Leitung zustehen würde. Die Formulierung muss entsprechend der Organisation des jeweiligen Krankenhauses angepasst werden.

Darüber hinaus enthält die Regelung die Bezeichnung, die der Chefarzt führt. Üblich sind in diesem Zusammenhang die Bezeichnungen **leitender Arzt, leitender Abteilungsarzt, Abteilungsdirektor, Klinikdirektor oder Chefarzt**, ohne dass insoweit aber Begrenzungen bestehen. Auch hier kommt es auf die Üblichkeit im jeweiligen Krankenhaus an. Rechtsfolgen ergeben sich aus den unterschiedlichen Bezeichnungen nicht.

In Abs. (2) werden die für das Krankenhaus geltenden Satzungen, Dienstanweisung sowie die Hausordnung für den Arzt verbindlich gemacht. Sie werden durch die **vertragliche Bezugnahme** zum Gegenstand des Arbeitsvertrages, so dass bei Verstößen des Arztes gegen die entsprechenden Regelungen arbeitsrechtliche Sanktionen ergriffen werden können. Voraussetzung hierfür dürfte allerdings sein, dass dem Arzt die entsprechenden Regelungen sowohl bei Abschluss des Chefarzt-Dienstvertrages als auch bei späteren Änderungen in jeweils aktueller Form bekannt gemacht werden. Nicht erforderlich ist insoweit, dass die entsprechenden Regelungen tatsächlich ausgehändigt werden. Vielmehr reicht die Verschaffung einer Kenntnisnahmemöglichkeit z.B. durch Einstellung in ein dem Chefarzt zugängliches Intranet aus.

c) Stellung des Arztes

725   Die Regelung beschreibt zum einen den Verantwortungsbereich des Arztes bei Führung und fachlicher Leitung der ihm übertragenen Abteilung bzw. sonstigen organisatorischen Gliederung des Krankenhauses. Da-

---

1278 Statt aller: *Notz/Beume/Lenz*, S. 3 ff.

rüber hinaus wird in dieser Regelung die für die leitende ärztliche Tätigkeit zwingend erforderliche **Weisungsfreiheit im Kernbereich ärztlicher Tätigkeit** statuiert. Diese Regelung ist notwendig, um die berufsrechtlich geforderte[1279] Unabhängigkeit des Arztes in seiner ärztlichen Entscheidungsfindung bei Diagnose und Therapie zu gewährleisten und sicherzustellen, dass der Krankenhausträger nicht in die Kernbereiche ärztlicher Entscheidungsverantwortung eingreifen kann. Diese Weisungsfreiheit betrifft allerdings nur die ärztliche Tätigkeit, nicht aber die übrigen Aufgaben, die dem Chefarzt als Leiter der ihm übertragenen Abteilung obliegen. Hier unterliegt der Chefarzt den Weisungen der jeweils zuständigen Organe oder Beauftragten des Krankenhausträgers, insbesondere auch des ärztlichen Direktors. Die Abgrenzung zwischen weisungsfreiem ärztlichen Bereich und weisungsgebundenen sonstigen Leitungsbereich ist im Einzelfall schwierig,[1280] vertraglich aber abstrakt nicht detaillierter regelbar.

Im Zusammenhang mit der Regelung der Stellung des Arztes ist eine Vereinbarung über den **Wohnsitz des Arztes** zu empfehlen, damit der Krankenhausträger sicherstellen kann, dass der Chefarzt die ihm obliegenden ärztlichen Tätigkeiten ordnungsgemäß, insbesondere zeitnah erfüllen kann. Dies ist insbesondere bei Notfalleinsätzen von wesentlicher Bedeutung und sichert den Krankenhausträger in Fällen verspäteten Erscheinens des Chefarztes im Krankenhaus vor Arzthaftungsansprüchen, die auf Organisationsmängel des Krankenhausträgers im Zusammenhang mit der Erreichbarkeit des Chefarztes gestützt werden.

d) Dienstaufgaben in der Krankenversorgung

Das Vertragsmuster unterscheidet bei der Beschreibung der Dienstaufgaben des Chefarztes zwischen den Dienstaufgaben in der Krankenversorgung (§ 3) und den sonstigen Dienstaufgaben (§ 4).   **726**

aa) Aufzählung der Dienstaufgaben in der Krankenversorgung

Zunächst sollten in dieser Regelung sämtliche dem Arzt als Dienstaufgaben obliegenden ärztlichen Aufgaben aufgeführt werden. Dabei ist angesichts der Vielfältigkeit ärztlicher Aufgaben, die von einem Krankenhausarzt durchgeführt werden können, besondere Gründlichkeit an den Tag zu legen. Dies gilt insbesondere, weil ein Chefarzt traditionell diejenigen Aufgaben, die nicht zu den Dienstaufgaben gehören, in Nebentätigkeit auf der Basis eines Privatliquidationsrechtes ausüben kann.[1281]   **727**

Das vorliegende Muster benennt in Abs. (1) zunächst die **traditionell von einem Chefarzt** im Krankenhaus **zu erbringenden Leistungsbereiche**, nämlich die Betreuung der in der Abteilung des Chefarztes stationär aufgenommenen Patienten, die Mitbetreuung von im Krankenhaus stationär aufgenommenen Patienten anderer leitender Ärzte oder Belegärzte, sowie sonstiger Patienten, die im Zuge von Kooperationen des Krankenhausträgers mit anderen Leistungserbringern auf Rechnung des Krankenhausträgers zu behandeln sind. Zu den klassischen Aufgaben des Krankenhausarztes gehören darüber hinaus neben vor- und nachstationären Behandlungen gemäß § 115a SGB V,[1282] ambulanten Operationen nach § 115b SGB V[1283] auch die Teilnahme an der ambulanten spezialfachärztlichen Versorgung nach § 116b SGB V[1284] sowie die Beteiligung an vom Krankenhausträger vorgehaltenen Notfallambulanzen,[1285] Instituts-[1286] oder Hochschulambulanzen.[1287] Selbstverständlich sind diese Tätigkeiten auf die jeweilige Fachrichtung des Chefarztes beschränkt. Abhängig von der Fachrichtung kann darüber hinaus dem Chefarzt vom Krankenhausträger

---

1279 Ratzel/*Lippert*, § 2 Rn 19.
1280 *Notz/Beume/Lenz*, S. 14; dazu Laufs/Kern/*Genzel/Degener-Hencke*, § 86 Rn 30 Fn 42.
1281 Vgl. zu dieser Problematik auch Terbille/*Rothfuß*, MünchAnwHdb MedR, § 12 Rn 24 ff.; Bergmann/Pauge/Steinmeyer/*Keysers*, GesMedR, § 611 BGB Rn 79.
1282 *Quaas/Zuck*, § 16 Rn 81.
1283 Dazu *Quaas/Zuck*, § 16 Rn 85.
1284 *Quaas/Zuck*, § 16 Rn 104.
1285 *Quaas/Zuck*, § 14 Rn 14; Dazu *Spickhoff/Nebendahl*, § 76 SGB V Rn 10–12.
1286 Entweder aufgrund einer Institutsermächtigung nach § 116a SGB V oder als psychiatrische Institutsambulanz nach § 118 SGB V, vgl. *Quaas/Zuck*, § 16 Rn 94, 100.
1287 *Quaas/Zuck*, § 16 Rn 97.

als Dienstaufgabe auch die Durchführung von Früherkennungsmaßnahmen,[1288] die Übernahme von Aufgaben im Rahmen der unfallversicherungsrechtlich-berufsgenossenschaftlichen Versorgung als Durchgangs- bzw. Verletzungsarzt[1289] sowie die Vornahme der Leichenschau und die Ausstellung von Todesbescheinigungen in seiner Abteilung übertragen werden. Bei der Vertragsformulierung muss jeweils geprüft werden, ob derartige Aufgaben in den fachlichen Aufgabenbereich des Arztes anfallen können. Schließlich kommt als weiterer ärztlicher Aufgabenbereich die Erstellung von Gutachten für Dritte (Gerichte, Behörden, Versicherungen oder Privatpersonen) in Betracht. Selbstverständlich muss der Chefarzt die ihm übertragenen Aufgaben nicht allesamt persönlich erbringen. Er ist vielmehr berechtigt, die einzelnen Aufgaben auf die in seiner Abteilung beschäftigten ärztlichen und nichtärztlichen Mitarbeiter zu delegieren. Dies beinhaltet auch die Berechtigung, abgegrenzte Aufgabenbereiche auf nachgeordnete Ärzte, sog. Funktionsoberärzte, zur Erledigung zu übertragen. Diese können alsdann die konkrete Aufgabenerledigung wiederum auf ihnen nachgeordnete Beschäftigte weiterdelegieren. Eine Delegation darf allerdings im jeweiligen Einzelfall nur auf hierfür geeignete Beschäftigte erfolgen. Bei der Delegation auf nichtärztliche Mitarbeiter muss darüber hinaus beachtet werden, ob es sich um auf nichtärztliches Personal delegationsfähige Leistungen handelt.[1290] Die Einzelheiten hierzu sind in § 5 des Vertragsmusters geregelt.

Während es früher allgemein üblich war, dem Chefarzt die Durchführung der stationären und ambulanten Behandlung von Privatversicherten oder aus sonstigen Gründen selbstzahlenden Patienten nicht als Dienstaufgabe zu übertragen, sondern zur selbstständigen Durchführung im eigenen Namen unter Einräumung eines Privatliquidationsrechtes zu übertragen, ist es Kennzeichen moderner Chefarztverträge, auch die **wahl- bzw. privatärztliche Tätigkeit** des Arztes in den Bereich der **Dienstaufgaben des Arztes** einzubeziehen. Dies kann – je nach Ausgestaltung des Krankenhausaufnahmevertrags – zur Folge haben, dass der Arzt diese Aufgaben nicht mehr im eigenen Namen aufgrund eines gesondert mit dem Patienten abgeschlossenen Vertrages über stationäre Wahlleistungen[1291] oder privatärztliche ambulante Behandlung[1292] erbringt, sondern aufgrund eines Behandlungsvertrages, den der Krankenhausträger mit dem Patienten abschließt. Alleiniger Vertragspartner des Patienten wäre bei einer derartigen Fallgestaltung der Krankenhausträger, was dazu führt, dass sowohl der Vergütungsanspruch,[1293] als auch eventuelle vertragliche Arzthaftpflichtansprüche[1294] ausschließlich im Verhältnis zwischen Krankenhausträger und Patient zu regeln sind. Denkbar und wohl überwiegend üblich ist aber auch eine Gestaltung des Krankenhausaufnahmevertrages und des Wahlarztvertrages, nach der der Chefarzt auch dann Vertragspartner des Patienten im Hinblick auf den Behandlungsvertrag bleibt, wenn die Behandlung von Privatpatienten und Selbstzahlern zu seinen Dienstaufgaben gehört. Ungeachtet dessen muss der Krankenhausträger den Arzt in beiden Konstellationen auf den Grundsatz der persönlichen Leistungserbringung[1295] verpflichten, da wahlärztliche oder privatärztliche Leistungen des Chefarztes nur abrechenbar sind, wenn sie von einem zur Erbringung derartiger wahlärztlicher bzw. privatärztlicher Leistungen befugten Arzt persönlich oder – in seltenen Ausnahmefällen – durch einen Vertreter[1296] erbracht worden sind.

1288 Dazu Laufs/Kern/*Kern*, § 47 Rn 4.
1289 Laufs/Kern/*Laufs*, § 12 Rn 36.
1290 Vgl. hierzu die gemeinsame Veröffentlichung der Bundesärztekammer und der Kassenärztlichen Bundesvereinigung vom 29.8.2008, Persönliche Leistungserbringung – Möglichkeiten und Grenzen der Delegation ärztlicher Leistungen, DÄBl. 2008, A 2173 – A 2177, sowie die Vereinbarung über die Delegation ärztlicher Leistungen an nichtärztliches Personal in der ambulanten vertragsärztlichen Versorgung gemäß § 28 Abs. 1 S. 3 SGB V (Anl. 24 BMV-Ä) vom 1.10.2013 i.d.F vom 1.1.2015.
1291 Zu den verschiedenen Arten von Krankenhausaufnahmeverträgen siehe bspw. *Quaas/Zuck*, § 14 Rn 11; *Igl/Welti/Nebendahl*, Rn 916 ff.; Laufs/Kern/*Genzel/Degener-Hencke*, § 88 Rn 4; § 93 Rn 1 ff.
1292 Igl/Welti/*Nebendahl*, Rn 910 ff..
1293 Zum Vergütungsanspruch bei Privatpatienten und GKV-Patienten *Quaas/Zuck*, § 14 Rn 40 ff.
1294 Dazu *Frahm/Nixdorf/Walter*, Rn 11 ff.; Igl/Welti/*Nebendahl*, Rn 874 ff.
1295 Laufs/Kern/*Kern*, § 45 Rn 3; Ratzel/*Lippert*, § 7 Rn 27.
1296 Zur Problematik des Einsatzes von Vertretern im Rahmen des Grundsatzes der persönlichen Leistungserbringung, vgl. Laufs/Kern/*Kern*, § 45 Rn 9.

Als weiterer zu den Dienstaufgaben hinzukommender Bereich regelt das Vertragsmuster die Teilnahme an der ambulanten vertragsärztlichen Versorgung von sog. GKV-Patienten aufgrund einer **persönlichen Ermächtigung** nach § 95 Abs. 1 S. 1, § 116 SGB V.[1297] Die persönliche Ermächtigung kann einem Krankenhausarzt bei bestehendem quantitativen oder qualitativen Bedarf in der ambulanten vertragsärztlichen Versorgung, der nicht durch die niedergelassenen Vertragsärzte abgedeckt werden kann, von den vertragsärztlichen Zulassungsgremien[1298] erteilt werden. Eine solche Ermächtigung setzt die Mitwirkung des Krankenhausarztes voraus.[1299] Aus diesem Grund normiert das Vertragsmuster eine vertragliche Verpflichtung des Chefarztes, an der Erlangung und Aufrechterhaltung der erforderlichen persönlichen Ermächtigung mitzuwirken. Der Chefarzt muss aufgrund dieser Regelung insbesondere einen entsprechenden Ermächtigungsantrag bzw. – aufgrund der typischerweise erfolgenden Befristung einer persönlichen Ermächtigung – rechtzeitig notwendige Verlängerungsanträge bei dem für den Ort des Krankenhauses zuständigen Zulassungsausschuss stellen. Ist die Ermächtigung erteilt, kann der Krankenhausarzt im Rahmen des Ermächtigungsumfanges an der ambulanten vertragsärztlichen Versorgung – wie ein Vertragsarzt – teilnehmen. Er muss allerdings die Pflichten eines Vertragsarztes, insbesondere die Verpflichtung zur persönlichen Leistungserbringung[1300] erfüllen. Auch ansonsten ist er dem vertragsärztlichen Ordnungssystem unterworfen.[1301] Er wird aufgrund der Ermächtigung Mitglied der für den Sitz des Krankenhauses zuständigen Kassenärztlichen Vereinigung und unterliegt insoweit auch deren Disziplinargewalt.

Regelungsbedürftig ist im Zusammenhang mit den ärztlichen Aufgaben des Chefarztes auch dessen Verpflichtung zur **Teilnahme an Bereitschaftsdienst und Rufbereitschaft**.[1302] Unzweifelhaft und auf jeden Fall festzulegen ist die Verantwortung des Chefarztes für die Organisation und Sicherstellung des Bereitschaftsdienstes und der Rufbereitschaft im Sinne einer Führungs- und Leitungsverantwortung. Unterschiedlich zu regeln ist demgegenüber die Frage, ob der Chefarzt selbst am Bereitschaftsdienst und an der Rufbereitschaft seiner Abteilung teilnehmen muss. Die Entscheidung hierüber ist je nach Größe der Abteilung und Anzahl der für die Rufbereitschaft zur Verfügung stehenden Oberärzte und der für den Bereitschaftsdienst einteilbaren sonstigen Ärzte zu treffen. Selten wird man den Chefarzt zur regelmäßigen Teilnahme am Bereitschaftsdienst verpflichten. Denkbar – und im Muster vorgesehen – ist allerdings eine Verpflichtung zur regelmäßigen Teilnahme an der Rufbereitschaft und ausnahmsweise Teilnahme auch am Bereitschaftsdienst, wenn der Bereitschaftsdienst aufgrund der zur Übernahme des Bereitschaftsdienstes in der Abteilung zur Verfügung stehenden Ärzte ohne die Teilnahme des Chefarztes nicht sichergestellt werden kann.[1303] Eine Pflicht zur Übernahme des Bereitschaftsdienstes besteht danach in den Fällen, in denen unter Berücksichtigung der tatsächlich zur Übernahme des Bereitschaftsdienstes in der Abteilung zur Verfügung stehenden Ärzte die notwendigen Dienstzeiten nicht besetzt werden können. Nicht notwendig ist es demgegenüber, in derartigen Fällen einen abteilungsübergreifenden Bereitschaftsdienst einzurichten. Je größer eine Abteilung ist, desto eher ist es möglich, Regelungen zu treffen, wonach eine Teilnahme des Chefarztes am Bereitschaftsdienst überhaupt nicht vorgesehen ist und eine Teilnahme an der Rufbereitschaft nur ausnahmsweise dann, wenn die Rufbereitschaft anderweitig nicht sicherzustellen ist.

728

1297 Zur persönlichen Ermächtigung Schnapp/Wigge/*Wigge*, § 2 Rn 72 ff.

1298 Das Zulassungsverfahren ist in §§ 31, 31a ÄrzteZV geregelt, vgl. dazu näher Schnapp/Wigge/*Schnath*, § 5 Rn 35–41.

1299 Nach § 116 SGB V, § 31a Abs. 2 ÄrzteZV ist für die Ermächtigung des Krankenhausarztes ein Antrag des Arztes zwingend erforderlich.

1300 Dies ergibt sich u.a. aus der Regelung in § 15 Bundesmantelvertrag Ärzte (BMV-Ärzte).

1301 Hierauf weist ausdrücklich hin Schnapp/Wigge/*Wigge*, § 2 Rn 72.

1302 Laufs/Kern/*Genzel/Degener-Hencke*, § 86 Rn 30 Fn 43.

1303 Zur Problematik der Teilnahme des Chefarztes an der Rufbereitschaft und dem Bereitschaftsdienst, Weth/Thomae/Reichold/*Wern*, Teil 5A Rn 26–38; Laufs/Kern/*Genzel/Degener-Hencke*, § 86 Rn 30 Fn 43; in AGB dürfte eine Klausel, die die Teilnahme des Chefarztes „erforderlichenfalls" anordnet, mangels ausreichender Bestimmtheit unwirksam sein, vgl. Terbille/*Rothfuß*, MünchAnwHdb MedR, § 12 Rn 29; zum Begriff „erforderlichenfalls" LAG Baden-Württemberg 16.12.2004, ArztR 2004, 236.

Sofern in einem Krankenhaus Bereitschaftsdienst und Rufbereitschaft abteilungsübergreifend organisiert werden, werden zusätzliche Regelungen zur Abstimmung der Sicherstellungsverpflichtung der jeweils beteiligten Chefärzte und deren Beteiligung an der Rufbereitschaft und – seltener – des Bereitschaftsdienstes notwendig. Aus Platzgründen ist im Muster von einem Regelungsvorschlag abgesehen worden.

729 Der Klarstellung dient schließlich der Hinweis, dass die dem Arzt als Dienstaufgabe obliegenden Aufgaben nicht in Nebentätigkeit vom Arzt wahrgenommen werden dürfen.[1304] Hierbei handelt es sich um eine Ausprägung des in jedem Arbeitsverhältnis bestehenden vertraglichen Wettbewerbsverbotes.[1305]

bb) Die sonstigen Dienstaufgaben

730 Es entspricht allgemeiner Üblichkeit, im Chefarztvertrag die aus der Leitungsfunktion des Chefarztes für seine Abteilung folgende Verantwortung für den geordneten Dienstbetrieb in der Abteilung und die sonstigen allgemeinen Leitungsaufgaben festzuschreiben. Dadurch wird die **Verantwortung des Chefarztes für die ordnungsgemäße Organisation** der ihm anvertrauten Abteilung sowohl in personeller als auch in materieller Hinsicht herausgestellt. Zugleich wird ihm durch den Verweis auf den wirtschaftlichen Betrieb des Krankenhauses auferlegt, seine Organisationsverantwortung unter Beachtung der wirtschaftlichen Interessen des Krankenhauses und damit der durch seine Entscheidungen verursachten Kosten für den Krankenhausträger wahrzunehmen. Es handelt sich hierbei um eine Ausprägung des dem Chefarzt durch § 6 des Vertragsmusters auferlegten Wirtschaftlichkeitsgebotes.

Zu den organisatorischen Aufgaben des Chefarztes gehört eine ordnungsgemäße Personaleinsatzplanung einschließlich der Planung von Urlaubs- oder Krankheitsvertretungen sowie bei Notfällen, sowie die Erstellung eines „ordnungsgemäßen" Operationsplanes. Bei der Personaleinsatzplanung muss der Chefarzt sicherstellen, dass die Vorgaben des ArbZG eingehalten werden. Ist ihm dies aufgrund des medizinisch notwendigen Personalbedarfes einerseits und des der Abteilung zugewiesenen ärztlichen Personals andererseits nicht möglich, muss er gegenüber dem Krankenhausträger remonstrieren. Die personelle Verantwortung des Chefarztes bezieht sich auch auf eine planvolle ärztliche Aus- und Weiterbildung in den Grenzen einer für die Abteilung bestehenden ärztlichen Weiterbildungsermächtigung. Der Chefarzt muss die medizinischen Abläufe in seiner Abteilung dem jeweiligen Facharztstandard[1306] entsprechend organisieren. Dazu gehört in der Regel die Entwicklung und Umsetzung standardisierter medizinischer Vorgehensweisen (sog. standard operation procedures, SOPs). Die Verantwortung des Chefarztes besteht des Weiteren für die ordnungsgemäße Wartung und Unterhaltung der Medizingeräte einschließlich der entsprechenden Instruktion des Personals sowie für die Organisation der ordnungsgemäßen Selbstbestimmungsaufklärung der Patienten und die Sicherstellung einer entsprechenden Überwachung bzw. Kontrolle.[1307] Wegen der besonderen Wichtigkeit der Einhaltung der Hygieneverantwortung und der arzthaftungsrechtlichen Folgen mangelhafter Hygiene im Krankenhausbetrieb[1308] sollte dabei die Verantwortung für die Einhaltung der Hygienevorschriften ausdrücklich hervorgehoben werden.

Durch § 4 Abs. 2 werden dem Chefarzt die dem Träger des Krankenhauses aufgrund gesetzlicher Vorschriften obliegenden Anzeige- und Meldepflichten für seinen Bereich übertragen. Außerdem sehen § 4 Abs. 3 und 4 die Verpflichtung des Arztes vor, bei der Erledigung der ansonsten im Bereich des Krankenhauses anfallenden allgemeinen ärztlichen Aufgaben (Abs. 3) bzw. speziell bezogen auf die Fachrichtung des Chefarztes (Abs. 4) anfallenden Aufgaben mitzuwirken, die für die Gesamtfunktion des Krankenhauses

---

1304 Zu der früher üblichen Praxis, Chefärzten die ambulante Behandlung von Privatpatienten und Selbstzahlern in Nebentätigkeit zu gestatten, vgl. Terbille/*Rothfuß*, MünchAnwHdb MedR, § 12 Rn 31 ff.

1305 Schaub/*Vogelsang*, ArbR-Hdb., § 54 Rn 1.

1306 Dazu statt vieler Igl/Welti/*Nebendahl*, § 41 Rn 946 ff.

1307 Zur Organisationspflicht des Chefarztes vgl. *Frahm/Nixdorf/Walter*, Rn 96–97; Laufs/Kern/*Laufs/Kern*, § 101 Rn 1, Igl/Welti/*Nebendahl*, Rn 946.

1308 Zu den hygienischen Anforderungen, vgl. Igl/Welti/*Nebendahl*, Rn 951; zur verschärften Haftung bei voll beherrschbaren Risiken im Bereich der Arzthaftung *Frahm/Nixdorf/Walter*, Rn 158, Igl/Welti/*Nebendahl*, Rn 1049 ff.

von Bedeutung sind. Bei Verwendung des Musters muss geprüft werden, welche der Regelungen im konkreten Einzelfall bedeutsam sind, wobei die Teilnahme an den Qualitätssicherungs- und Risikomanagementmaßnahmen des Krankenhausträgers zur Sicherung der Qualität der ärztlichen Leistungen des Krankenhauses insgesamt unverzichtbar sein dürfte. Demgegenüber kommen z.B. Aufgaben wie die Leitung einer Ausbildungs- und/oder Weiterbildungsstätte für nichtärztliche Berufe, die Teilnahme an der Ausbildung von Studenten der Medizin, die Übernahme eines Lehrauftrages oder die Organisation des Rettungsdienstes nur in speziellen Fällen in Betracht. Die entsprechenden Regelungsvorschläge in dem Vertragsmuster sollten daher unter Berücksichtigung der Umstände des Einzelfalles Verwendung finden.

e) Durchführung der Dienstaufgaben

§ 5 Abs. 1 regelt das **Recht und die Pflicht des Chefarztes zur Delegation**[1309] der ihm nach dem Chefarzt-   **731**
vertrag obliegenden Aufgaben, insbesondere der ärztlichen Aufgaben auf nachgeordnete ärztliche Mitarbeiter. Bei der Aufgabenübertragung hat der Chefarzt zum einen Sorge zu tragen, dass die ihm zur ärztlichen Ausbildung zugewiesenen Mitarbeiter ordnungsgemäß ausgebildet werden, insbesondere in die Lage versetzt werden, während der Ausbildungszeit die Anforderungskataloge der jeweiligen ärztlichen Weiterbildungsordnungen[1310] zu erfüllen. Andererseits muss der Chefarzt Sorge tragen, dass die Delegation entsprechend dem Ausbildungs- und Kenntnisstand des Arztes erfolgt, um zu vermeiden, dass aus einer Aufgabenübertragung an fachlich (noch) nicht geeignete ärztliche Mitarbeiter Arzthaftungsansprüche von Patienten unter dem Gesichtspunkt des Organisationsverschuldens hergeleitet werden können. Besonderes Augenmerk ist in diese Zusammenhang auf den Bereich der sog. Anfängeroperationen[1311] zu legen.

Bei der – stationären oder ambulanten – Behandlung von Privatpatienten sowie der vertragsärztlichen Tätigkeit aufgrund einer persönlichen Ermächtigung oder einer durchgangsärztlichen Tätigkeit an bei einem Arbeitsunfall verunfallten Patienten im Rahmen der gesetzlichen Unfallversicherung ist darüber hinaus auch im Falle der Delegation dem Grundsatz der persönlichen Leistungserbringung und den hierdurch gezogenen Grenzen der Delegationsbefugnis[1312] Rechnung zu tragen. Dies bedeutet auch, dass der Chefarzt Leistungen, die nach dem Grundsatz der persönlichen Leistungserbringung nicht delegierbar sind, sog. höchstpersönliche Leistungen, nicht auf nachgeordnete ärztliche Mitarbeiter delegieren darf. Die Übertragung dieser Aufgaben auf einen ständigen Vertreter ist gleichfalls nur in sehr engen Grenzen zulässig.[1313]

Die – zulässige – Delegation von ärztlichen Aufgaben durch den Chefarzt führt nicht dazu, dass der Chefarzt von seiner bestehenden Verantwortung für die medizinischen Abläufe bei der Führung der Abteilung frei wird. An die Stelle der Pflicht zum dem maßgeblichen Facharztstandard entsprechenden persönlichen Tätigwerden tritt in diesen Fällen die Pflicht zur ordnungsgemäßen Koordination und Überwachung der eingesetzten Mitarbeiter. Dies wird durch § 5 Abs. 1 S. 2 des Vertragsmusters ausdrücklich klargestellt.

§ 5 Abs. 2 bis 4 des Mustervertrages regeln die in der arbeitsteiligen Medizin und aufgrund der Anforderun-   **732**
gen eines Krankenhauses mit mehreren Abteilungen bestehende Abstimmungsnotwendigkeit zwischen den leitenden Ärzten und mit externen Kooperationspartnern außerhalb des Krankenhauses. § 5 Abs. 2 normiert eine entsprechende **Kooperationsverpflichtung des Chefarztes**. Eine besondere Ausprägung dieser Kooperationsverpflichtung wird in § 5 Abs. 3 für Chefärzte bettenführender Abteilungen dadurch begründet, dass sie verpflichtet werden, vorübergehend freie Betten ihrer Abteilung anderen leitenden Ärzten zur Verfügung zu stellen. Dadurch soll bei vorübergehender Unterauslastung der Abteilung eine möglichst

1309 Zu den delegierbaren Leistungen ärztlicher Tätigkeit, Laufs/Kern/*Kern*, § 45 Rn 5 f.; zu den berufsrechtlichen Vorgaben, Ratzel/*Lippert*, § 7 Rn 34.

1310 Die Ausbildungskataloge für die Facharzt- und Schwerpunktkompetenzen finden sich z.B. in der (Muster-) Weiterbildungsordnung, beschlossen vom Deutschen Ärztetag 2003. Sie sind in den Weiterbildungsordnungen der Landesärztekammern (tlw.) umgesetzt; zur früheren Fassung Laufs/Kern/*Laufs*, § 11 Rn 17 ff.

1311 Zu den haftungsrechtlichen Problemen der Anfängeroperation *Frahm/Nixdorf/Walter*, Rn 92; Igl/Welti/*Nebendahl*, Rn 940.

1312 Laufs/Kern/*Kern*, § 45 Rn 6; Schnapp/Wigge/*Wigge*, § 2 Rn 47.

1313 Schnapp/Wigge/*Wigge*, § 2 Rn 47.

weitgehende Vollauslastung des Krankenhauses insgesamt und damit die Wirtschaftlichkeit des Kranken-hausbetriebes sichergestellt werden. Die Regelung ist notwendig, um zu vermeiden, dass der Chefarzt gel-tend macht, dass die seiner Abteilung zugewiesenen Betten selbst dann nur durch Patienten seiner Abteilung belegt werden können, wenn die Abteilung nicht vollständig ausgelastet ist.

Zugleich wird die Kooperationsverpflichtung – soweit medizinisch vertretbar – auf den Kreis der im Kran-kenhaus tätigen und mit dem Krankenhaus kooperierenden Ärzte und sonstigen Leistungserbringer be-schränkt. Aus Wirtschaftlichkeitsgründen regelt § 5 Abs. 4 des Vertragsmusters eine entsprechende Be-schränkung auch für die Inanspruchnahme von Personal, Geräten und Einrichtungen Dritter. Mit diesen Regelungen wird die Entscheidungsfreiheit in genuin medizinischen Angelegenheiten[1314] im Hinblick auf die Wirtschaftlichkeit der Leistungserbringung durch den Krankenhausträger eingeschränkt. Dies ist rechtlich zulässig, solange dem Chefarzt im Verhältnis zum Krankenhausträger im konkreten Behandlungs-fall die Letztentscheidung hinsichtlich der ärztlichen Diagnostik und Therapie überlassen bleibt,[1315] was im Muster durch die vorgeschlagenen Einschränkungen vorgesehen ist.

733   Auch die Regelung in § 5 Abs. 5 dient der Sicherstellung der berufsrechtlich vorgegebenen ärztlichen Ent-scheidungsfreiheit bei Diagnostik und Therapie, wobei in Satz 2 klargestellt wird, dass durch die berufs-rechtlich vorgegebene ärztliche Entscheidungsfreiheit das aus der Arbeitnehmerstellung des Chefarztes fol-gende Weisungsrecht des Krankenhausträger als Arbeitgeber nicht aufgehoben wird. § 5 Abs. 5 S. 2 des Musters führt darüber hinaus dazu, dass der Chefarzt wegen des vorgehenden Weisungsrechtes des Kran-kenhausträgers nicht als leitender Angestellter angesehen werden kann.[1316]

734   Die Regelung in § 5 Abs. 6 dient der **Sicherstellung einer ordnungsgemäßen Dokumentation** über die in der Abteilung des Chefarztes anfallenden Behandlungsfälle zur Vermeidung von aus fehlender oder man-gelhafter Dokumentation folgenden Rechtsnachteilen in Arzthaftungsfällen.[1317] Durch die Regelung wird die Organisation einer ordnungsgemäßen Dokumentation über die Behandlungsfälle der Abteilung zur Dienstpflicht des Chefarztes mit der Folge, dass Dokumentationsmängel, die sich nicht als unvorhergese-hene Fehlleistung nachgeordneter Ärzte erweisen, sondern auf einer unzureichenden Instruktion oder Über-wachung der nachgeordneten Ärzte durch den Chefarzt beruhen, zugleich Arbeitsvertragsverletzungen des Chefarztes darstellen.

Die vorgeschlagene Regelung führt darüber hinaus dazu, dass die ärztliche Dokumentation trotz Erstellung durch den Krankenhausarzt im Eigentum des Krankenhausträgers steht.[1318] Im Interesse des Chefarztes wird ihm trotz dieser eigentumsrechtlichen Regelung der für eine ordnungsgemäße Behandlung erforder-liche jederzeitige Zugang zu der Dokumentation gewährleistet, und zwar – unter Beachtung der ärztlichen Schweigepflicht und datenschutzrechtlicher Vorschriften – auch für die Zeit nach seinem Ausscheiden.[1319] Ein Interesse des Chefarztes an einer nach seinem Ausscheiden erfolgenden Einsicht in die Patientendoku-mentation kann typischerweise bestehen, wenn der Arzt nach seinem Ausscheiden aus der Klinik von einem ehemaligen Patienten arzthaftungsrechtlich in Anspruch genommen wird oder wenn der Arzt die Einsicht-nahme aus wissenschaftlichen Gründen begehrt. Begrenzt wird das Einsichtsrecht durch vorrangige Inte-ressen des betroffenen Patienten, insbesondere durch die ärztliche Schweigepflicht, so dass eine nachver-tragliche Einsicht regelmäßig die Zustimmung des Patienten voraussetzt.

1314 Vgl. Ratzel/*Lippert*, § 2 Rn 19.
1315 Ratzel/*Lippert*, § 2 Rn 19.
1316 Vgl. insbesondere BAG 5.5.2010,NZA 2010, 955; BAG 10.10.2007, MedR 2007, 570; LAG Thüringen 6.7.2000, ArztR 2002, 101.
1317 Zur Problematik von Dokumentationsmängeln im Arzthaftungsprozess, *Frahm/Nixdorf/Walter*, Rn 144–151, Laufs/Kern/*Schlund*, § 56 Rn 1 ff.; Igl/Welti/*Nebendahl*, Rn 1087 f.
1318 Ohne eine solche Regelung wäre der Arzt, der die Dokumentation herstellt, deren sachenrechtlicher Eigentümer, vgl. § 950 Abs. 1 BGB.
1319 Die Regelung stellt sicher, dass der Arzt auch nach Ende des Arbeitsverhältnisses noch einen nachwirkenden vertraglichen An-spruch auf Einsicht in die in seiner Abteilung erstellten Krankenakten hat.

Im Hinblick auf eine zwischenzeitlich wohl weitgehend übliche elektronische Dokumentation in Kranken- 735
häusern enthält § 5 Abs. 7 die Verpflichtung des Krankenhausträgers zur Sicherstellung einer den Anforderungen einer ordnungsgemäßen Dokumentation gerecht werdenden Dokumentationstechnik. Hierzu gehört nicht nur eine für die Dauer der ärztlichen Aufbewahrungspflichten sichere Reproduzierbarkeit der
Dokumentation, sondern auch eine Dokumentationstechnik, die nachträgliche nicht erkennbare Veränderungen der Dokumentation verhindert.[1320] Dies ist zur Vermeidung von Rechtsnachteilen zu Lasten des
Chefarztes in Arzthaftungsfällen notwendig,[1321] damit der Chefarzt im Rechtsstreit jederzeit in der Lage
ist, die von ihm gefertigte und vom Krankenhausträger digitalisierte Dokumentation vorlegen zu können.

§ 5 Abs. 8 regelt schließlich, dass es dem Chefarzt grundsätzlich nicht gestattet ist, die Dokumentation 736
oder Teile davon an Dritte herauszugeben. Eine solche Regelung ist zum Schutz des Krankenhausträgers
vor einem unkontrollierten Verlust der Dokumentation insgesamt oder von deren Teilen sinnvoll. Auch
für Fallkonstellationen, in denen Herausgabepflichten bestehen, sieht das Vertragsmuster eine vorherige
Zustimmung des ärztlichen Direktors vor, um diesen in die Lage zu versetzen, das Vorliegen von Heraus-
gabeverpflichtungen vor Herausgabe der Dokumentation kontrollieren zu können.

§ 5 Abs. 9 des Mustervertrages verpflichtet den Chefarzt sicherzustellen, dass die für die Abrechnung der 737
in seiner Abteilung erbrachten stationären und ambulanten Krankenhausleistungen erforderlichen Angaben[1322] ordnungsgemäß dokumentiert und an den Krankenhausträger weitergegeben werden. Diese Regelung ist notwendig, weil der Krankenhausträger ohne die entsprechenden ärztlichen Angaben nicht in
der Lage wäre, die erbrachten Krankenhausleistungen gegenüber den Kostenträgern abzurechnen. Die
Verpflichtung betrifft sowohl die stationären Krankenhausleistungen, die vom Krankenhaus nach einem
Fallpauschalensystem, sog. DRGs (diagnosis related groups), gemäß § 17b KHG abgerechnet werden,
hinsichtlich der Daten, die für die ordnungsgemäße Kodierung erforderlich sind, als auch für die ambulante Leistungserbringung gegenüber Privatpatienten und Selbstzahlern nach der Gebührenordnung für
Ärzte (GOÄ) oder gegenüber GKV-Patienten nach dem Einheitlichen Bewertungsmaßstab (EBM). In
gleicher Weise wird der Chefarzt durch diese Vorschrift verpflichtet, dem Krankenhausträger die erforderlichen Angaben mitzuteilen, die vom Krankenhausträger nach anderen gesetzlichen Vorschriften[1323]
erhoben werden müssen oder im Interesse des Krankenhauses (Wirtschaftlichkeit, Qualitätssicherung
etc.) erforderlich sind, wobei die Grenzen der ärztlichen Schweigepflicht und die datenschutzrechtlichen
Beschränkungen zu beachten sind.

Die Regelung in § 5 Abs. 10 verpflichtet den Chefarzt, den Krankenhausträger über besondere Vorkomm- 738
nisse unverzüglich zu informieren. Die vorgeschlagene Regelung dient der Klarstellung und hat im Krankenhaus angesichts der strafrechtlichen Bewertung ärztlicher Behandlungsfehler und der daraus folgenden
Häufigkeit staatsanwaltschaftlicher oder polizeilicher Aktivitäten im Zusammenhang mit angeblichen Be-
handlungsfehlern[1324] erhebliche praktische Relevanz.

f) Das Wirtschaftlichkeitsgebot

Das **Gebot zur wirtschaftlichen Leistungserbringung** ist eine jedem Leistungserbringer im Bereich der 739
gesetzlichen Krankenversicherung nach den §§ 12, 70 SGB V obliegende Verpflichtung.[1325] Dieses Gebot
trifft daher nicht nur den Krankenhausträger bei Erbringung der Krankenhausleistung, sondern auch den

---

1320 Dazu Igl/Welti/*Nebendahl*, Rn 1084, 1086a.
1321 Igl/Welti/*Nebendahl*, Rn 1086.
1322 Zu den für die Abrechnung von Krankenhausleistungen im DRG-System erforderlichen Angaben, vgl. *Quaas/Zuck*, § 25 Rn 266 ff.
1323 Zu den gesetzlichen Meldepflichten vgl. bspw. Laufs/Kern/*Ulsenheimer*, § 67 Rn 3.
1324 Zu den strafrechtlichen Implikationen ärztlicher Behandlungsfehler, Igl/Welti/*Hoyer*, Rn 1370 ff.
1325 Schnapp/Wigge/*Wigge*, § 2 Rn 51; *Quaas/Zuck*, § 9 Rn 18 f., 26 ff.; Spickhoff/*Nebendahl*, § 2 SGB V, Rn 17; Spickhoff/*Trenk-
    Hinterberger*, § 12 Rn 2 ff..

Chefarzt im Rahmen ambulanter vertragsärztlicher Leistungen auf der Grundlage einer persönlichen Ermächtigung. Das Wirtschaftlichkeitsgebot gilt in gleicher Weise auch bei wahlärztlicher Tätigkeit.

Sinn der Regelung des § 6 Abs. 1 und 2 ist es, den Chefarzt in die sozialversicherungsrechtlich bestehende Verpflichtung des Krankenhausträgers einzubinden, indem die Verpflichtung zur zweckmäßigen, wirtschaftlichen und sparsamen Leistungserbringung durch den Chefarzt selbst und die Ärzte seiner Abteilung zum Inhalt der arbeitsvertraglichen Verpflichtung des Chefarztes gemacht wird. Der Chefarzt wird durch diese Regelung verpflichtet, die ihm vom Krankenhausträger für seine Abteilung zur Verfügung gestellten personellen, sächlichen und medizinisch-technischen Ressourcen wirtschaftlich optimal einzusetzen.[1326] Verletzt der Chefarzt die aus dem Wirtschaftlichkeitsgebot folgenden Verpflichtungen, können Schadensersatzansprüche des Krankenhausträgers begründet sein.[1327] Damit entsteht ein Spannungsverhältnis zwischen der ärztlichen Diagnose- und Therapiefreiheit einerseits und der Verpflichtung zur Wirtschaftlichkeit andererseits.[1328] Dieses Spannungsverhältnis wird dadurch aufgelöst, dass dem Krankenhausträger die Letztentscheidungsbefugnis über das „Ob" der Einführung neuer Untersuchungs- und Behandlungsmethoden sowie sonstiger kostenwirksamer Maßnahmen zugeordnet wird, während der Chefarzt im Rahmen der eingeführten Methoden und Maßnahmen die eigentliche ärztliche Entscheidung über Diagnose und Therapie weisungsfrei treffen muss, wobei er allerdings das Wirtschaftlichkeitsgebot als einen wesentlichen Entscheidungsaspekt zu berücksichtigen hat. Das Wirtschaftlichkeitsgebot wird wiederum durch den durch die medizinischen Notwendigkeiten gezogenen Rahmen begrenzt.

Die vertragliche Regelung bewirkt, dass der Chefarzt seine weisungsfrei zu treffenden Entscheidungen über die ärztliche Diagnose- und Therapiemaßnahmen nicht nur an dem Maßstab medizinischer Zweckmäßigkeit zu orientieren hat, sondern auch an dem Gebot der Wirtschaftlichkeit. In der Praxis wird der Krankenhausträger regelmäßig Vorgaben für die Wirtschaftlichkeit der Leistungserbringung in Form von Richtlinien oder Kommissionsentscheidungen, z.B. im Bereich der Arzneimittelversorgung oder der Labormedizin vorgeben, die der Chefarzt bei seinen ärztlichen Entscheidungen zu berücksichtigen hat. Der Chefarzt hat darüber hinaus in Fällen, in denen er die **Einführung neuer Untersuchungs- und Behandlungsmethoden**[1329] sowie sonstiger neuer Maßnahmen für geboten hält, dem Krankenhausträger entsprechende Vorschläge zu unterbreiten und zu versuchen, das Einvernehmen mit dem Krankenhausträger herzustellen. Ohne Herstellung des Einvernehmens darf der Chefarzt neue Untersuchungs- und Behandlungsmethoden nicht einführen.

Der Mustervertrag geht in § 6 Abs. 3 davon aus, dass der Krankenhausträger – moderner Unternehmensführung entsprechend – für die einzelnen Abteilungen Budgets festlegt, um die Wirtschaftlichkeit der einzelnen Abteilungen über **Zielvorgaben und Budgets** zu steuern. Um die Steuerungswirkung entfalten zu können, ist es notwendig, den Chefarzt an der Festlegung der Zielvorgaben und des Budgets zu beteiligen, was in dem Muster durch die Verpflichtung zur Benehmensherstellung vorgesehen ist. Da die Herbeiführung des Benehmens nicht die Zustimmung des Arztes erfordert, wohl aber die Verpflichtung des Krankenhausträgers begründet, Zielvorgaben und Budgetumfang mit dem Arzt unter Berücksichtigung der von dem Chefarzt vorgetragenen Argumente mit dem Willen zur Einigung zu erörtern und die letztlich getroffene Entscheidung sachlich zu rechtfertigen,[1330] liegt das Letztentscheidungsrecht insoweit beim Krankenhausträger.

1326 Terbille/*Rothfuß*, MünchAnwHdb MedR, § 12 Rn 28.
1327 Bergmann/Pauge/Steinmeyer/*Keysers*, GesMedR, § 611 BGB Rn 76.
1328 Dazu *Wern*, S. 120 ff.
1329 Die GKV-rechtliche Vorgehensweise bei der Einführung neuer Behandlungsmethoden ist in § 137c SGB V geregelt; dazu *Notz/Beume/Lenz*, S. 24.
1330 BAG 13.3.2003, NZA 2004, 735; zum Begriff des Benehmens Terbille/*Rothfuß*, MünchAnwHdb MedR, § 12 Rn 35; *Diringer*, MedR 2003, 200.

Mit dieser Regelung korrespondiert die Festlegung der leistungsabhängigen Vergütung in § 8 Abs. 3 des Vertragsmusters. Eine derartige leistungsabhängige Vergütung wird im Rahmen der festzulegenden Zielvorgaben typischerweise an die Budgeteinhaltung anzuknüpfen sein.

g) Grundsätze der Zusammenarbeit

In § 7 Abs. 2 des Vertragsmusters wird klargestellt, dass der Arzt seine volle Arbeitskraft in den Dienst des **740** Krankenhausträgers zu stellen hat. Angesichts der früher bestehenden Üblichkeit, einem Chefarzt das Recht zur privatärztlichen Behandlung von stationären Wahlleistungspatienten im Wege der Privatliquidation und von ambulanten Patienten im Wege der Nebentätigkeit[1331] einzuräumen, und aufgrund des Umstandes, dass der Chefarzt als leitender Arzt seiner Abteilung in der Festlegung der Arbeitszeit zwangsläufig frei sein muss, ist es notwendig, die **Verpflichtung zum Einsatz der vollen Arbeitskraft** im Dienst des Krankenhausträgers ausdrücklich festzuschreiben. Der vom Chefarzt geschuldete zeitliche Umfang der Arbeitszeit ergibt sich aus den jeweils im Einzelfall insbesondere aus den medizinischen Notwendigkeiten seiner Abteilung folgenden Umständen. Zu berücksichtigen ist in diesem Zusammenhang, dass der Chefarzt nach § 18 Abs. 1 Nr. 1 ArbZG zwar nicht den Bestimmungen des ArbZG unterfällt. Dies bedeutet jedoch nicht, dass der Chefarzt zu unbegrenzter Arbeitsleistung verpflichtet ist. Grenzen folgen vielmehr aus den §§ 618, 138 BGB und dem AGG.[1332]

Die Regelung über das Erfordernis einer Genehmigung vor Übernahme einer entgeltlichen oder unentgeltlichen Nebentätigkeit oder von Ämtern bzw. Ehrenämtern ist für Arbeitsverhältnisse von Arbeitnehmern in Führungspositionen üblich. Insoweit sei auf die Erläuterung zur Arbeitsvertragsklausel Nebentätigkeit (vgl. § 1a Rdn 1103 ff.) verwiesen. Ergänzend sei hinsichtlich der im Vertragsmuster ebenfalls vorgesehenen Genehmigungspflichtigkeit für Veröffentlichungen und Vorträge, die den Tätigkeitsbereich des Krankenhausträgers betreffen, darauf hingewiesen, dass bei der Entscheidung über die Genehmigung von Veröffentlichungen und Vorträgen die Weisungsfreiheit des Chefarztes im medizinischen Bereich, ggf. auch das Grundrecht der Forschungsfreiheit aus Art. 5 Abs. 3 GG[1333] zu berücksichtigen sind, so dass die nach dem Vertragsmuster erforderliche Genehmigung für derartige Veröffentlichungen in der Regel erteilt werden muss. Etwas anderes kann ausnahmsweise dann gelten, wenn die Inhalte der Veröffentlichung schützenswerte Interessen des Krankenhausträgers betreffen.

h) Verschwiegenheitspflicht/Wettbewerbsverbot

Die Regelung über die Verschwiegenheitspflicht und das Wettbewerbsverbot enthalten keine Besonderhei- **741** ten. Es wird daher auf die Ausführungen zu den einzelnen Arbeitsvertragsklauseln zur Verschwiegenheitspflicht (siehe § 1a Rdn 1474 ff.) und zum Wettbewerbsverbot (siehe § 1a Rdn 1599 ff.) verwiesen.

i) Mitwirkung in Personalangelegenheiten

Das vorgeschlagene Vertragsmuster geht davon aus, dass die Entscheidungen in personellen Angelegen- **742** heiten der Arbeitnehmer der Abteilung vom Krankenhausträger und nicht vom Chefarzt getroffen werden. Da mit der Leitungsverantwortung des Chefarztes jedoch die Möglichkeit der **Einflussnahme auf die Auswahl des für die Abteilung maßgeblichen Personals** verbunden sein muss, sieht das Muster vor, dass der Chefarzt vor Entscheidungen des Krankenhausträgers zu den wesentlichen auf diesen Personenkreis bezogenen personellen Einzelmaßnahmen – Einstellung und Entlassung, Versetzung und Umsetzung, Eingruppierung und Umgruppierung – vom Krankenhausträger angehört werden muss. Die Einflussnahme des Chefarztes ist nach dem Vertragsmuster auf eine Anhörung beschränkt. Der Krankenhausträger muss dem Chefarzt daher vor einer entsprechenden Entscheidung Gelegenheit zur Stellungnahme geben. Will man die Einflussnahmemöglichkeit des Chefarztes in diesem Kontext intensiver

1331 Laufs/Kern/*Genzel/Degener-Hencke*, § 87 Rn 1–11; Weth/Thomae/Reichold/*Wern*, Teil 5B Rn 2 ff.
1332 *Wern*, S. 93 ff.; Terbille/*Rothfuß*, MünchAnwHdb MedR, § 12 Rn 16.
1333 Dazu Quaas/*Zuck*, § 2 Rn 57 ff. m.w.N.

ausgestalten, besteht die Möglichkeit, statt eines Anhörungsrechts die Entscheidung an das Benehmen oder das Einvernehmen mit dem Chefarzt zu knüpfen.[1334]

Welche Personen zum Kreis der leitenden nichtärztlichen Mitarbeiter gehören, lässt sich nur im Einzelfall bestimmen. Zu denken ist hier an leitende Pflegekräfte, leitende Mitarbeiter des medizinisch-technischen Dienstes (leitende Kardiotechniker o.ä.) oder der Abteilung zugeordnete leitende kaufmännische Mitarbeiter. Die „Chefsekretärin" des Chefarztes gehört regelmäßig nicht zum Kreis der leitenden nichtärztlichen Mitarbeiter. Will der Chefarzt sich bei personellen Einzelmaßnahmen gegenüber der Chefsekretärin ein Anhörungsrecht einräumen lassen, muss dies ausdrücklich geregelt werden.

Jenseits der Entscheidungsbefugnis in den wesentlichen personellen Einzelmaßnahmen obliegt dem Chefarzt die Ausübung des arbeitgeberseitigen Direktionsrechtes gegenüber den nachgeordneten Mitarbeitern der Abteilung. Das Weisungsrecht erstreckt sich auf jeden Fall auf die fachlich-medizinisch begründeten Entscheidungen,[1335] weil der Chefarzt in diesem Bereich letztentscheidungsbefugt ist. Ob der Chefarzt gegenüber dem nachgeordneten Personal auch in anderen, insbesondere organisatorischen oder allgemein arbeitsrechtlichen Angelegenheiten weisungsbefugt ist oder die Entscheidungszuständigkeit insoweit bei anderen Organisationseinheiten des Krankenhausträgers, bspw. der Personalabteilung liegt, ist jeweils im Einzelfall zu ermitteln. Das Vertragsmuster geht insoweit ebenfalls von einer Weisungsbefugnis des Chefarztes aus, das jedoch durch den Krankenhausträger außerhalb der fachlich-medizinischen Entscheidungen überholt werden kann. Der Chefarzt wird bei der Ausübung des Weisungsrechts als Vertreter des Arbeitgebers gegenüber den Arbeitnehmern tätig. Er hat dementsprechend bei der Ausübung des Direktionsrechtes auch die den Arbeitgeber beschränkenden Grenzen billigen Ermessens im Rahmen des § 315 Abs. 1 BGB zu beachten (vgl. dazu §1a Rdn 835 ff.). Soweit Weisungen des Chefarztes die originäre ärztliche Tätigkeit betreffen, der Chefarzt insoweit also gegenüber dem Krankenhausträger weisungsfrei ist,[1336] ergibt sich die Weisungsberechtigung gegenüber den nachgeordneten Mitarbeitern gleichfalls aus dem vom Krankenhausträger abgeleiteten arbeitgeberseitigen Direktionsrecht.

Die Weisungsbefugnis des Chefarztes stellt für diesen sowohl eine Berechtigung als auch eine Verpflichtung dar. Nur mit dem vom Arbeitgeber abgeleiteten Weisungsrecht ist der Chefarzt nämlich in der Lage, die ihm nach §§ 3 und 4 des Vertragsmusters obliegende Verantwortung für seine Abteilung wahrzunehmen und sicherzustellen, dass der für eine ordnungsgemäße medizinische Behandlung zu gewährleistende Facharztstandard[1337] in seiner Abteilung jederzeit eingehalten wird. Bei der **Ausübung der Weisungsrechte** muss sich der Chefarzt daran orientieren, dass er einerseits das Wirtschaftlichkeitsgebot beachtet, andererseits aber auch die dem Krankenhausträger obliegende Verpflichtung zur standardangemessenen ärztlichen Behandlung in der Abteilung des Krankenhauses gewährleistet. Auch im Übrigen müssen die Weisungen des Chefarztes betreffend den Einsatz der nachgeordneten ärztlichen und nichtärztlichen Mitarbeiter den reglementierenden gesetzlichen und untergesetzlichen Vorschriften entsprechen. Von besonderer Bedeutung sind in diesem Zusammenhang die arbeitszeitrechtlichen Vorschriften, insbesondere die Vorgaben des Arbeitszeitgesetzes, deren Einhaltung der Chefarzt ebenfalls sicherzustellen hat.[1338]

743   Aufgrund des Umstandes, dass es in Krankenhäusern nicht unüblich ist, dass vorübergehend nicht beim Krankenhausträger angestellte Personen tätig werden, sei es als Konsiliar- oder Gastarzt, sei es als Praktikant[1339] oder Hospitant, ist die Regelung in § 9 Abs. 3 anzuraten. Der unkontrollierte Einsatz dritter Personen im Krankenhaus begründet zum einen die Gefahr, dass aufgrund eines vom Chefarzt geduldeten

---

1334 Dazu Terbille/*Rothfuß*, MünchAnwHdb MedR, § 12 Rn 34–36.
1335 Terbille/*Rothfuß*, MünchAnwHdb MedR, § 12 Rn 30.
1336 Ratzel/*Lippert*, § 2 Rn 19.
1337 Dazu *Frahm/Nixdorf/Walter*, Rn 77, 85, 91 ff.; Igl/Welti/*Nebendahl*, Rn 1022.
1338 Weth/Thomae/Reichold/*Reichold*, Teil 10B Rn 67; zur arzthaftungsrechtlichen Problematik *Frahm/Nixdorf/Walter*, Rn 99; Igl/Welti/*Nebendahl*, Rn 949.
1339 Dazu Schaub/*Vogelsang*, ArbR-Hdb., § 15 Rn 9; ErfK/*Preis*, § 611 BGB Rn 179.

Einsatzes dritter Personen ein Arbeitsverhältnis gegen den Willen oder zumindest ohne Kenntnis des Krankenhausträgers begründet werden könnte. Hinzu kommt, dass der vom Krankenhausträger nicht kontrollierte Einsatz dritter Personen im Krankenhaus die Gefahr mit sich bringt, dass Organisationsabläufe nicht regelgerecht organisiert sind und dadurch Arzthaftungsansprüche Dritter unter dem Gesichtspunkt des Organisationsmangels[1340] begründet werden könnten.

Die in § 9 Abs. 4 und 5 getroffenen Regelungen für Arbeitszeugnisse und Weiterbildungszeugnisse folgen   **744**
der im Vertragsmuster durchgehend geregelten Abgrenzung zwischen dem weisungsfreien medizinisch-ärztlichen und dem weisungsgebundenen sonstigen Tätigkeitsbereich des Chefarztes. Diejenigen Zeugnisse, die sich allein auf die ärztliche Tätigkeit beziehen, insbesondere also die Weiterbildungszeugnisse, die nach den ärztlichen Weiterbildungsordnungen[1341] auszustellen sind, werden alleinverantwortlich vom Chefarzt erstellt (Abs. 5). Selbstverständlich ist der Chefarzt verpflichtet, dem Krankenhausträger von dem Inhalt der Zeugnisse Kenntnis zu geben. Demgegenüber betreffen die Arbeitszeugnisse nicht den rein medizinischen Bereich. Für diese Zeugnisse trägt der Krankenhausträger als Arbeitgeber die Verantwortung. Er ist für die Erstellung der Zeugnisse jedoch auf die Mitwirkung des Chefarztes angewiesen, der sowohl die zum Zeugnisinhalt[1342] gehörende Tätigkeitsdarstellung als auch einen Vorschlag für die Bewertung der Leistung und des Verhaltens des Arbeitnehmers seiner Abteilung beitragen muss, um den Krankenhausträger überhaupt in die Lage zu versetzen, ein Arbeitszeugnis zu erstellen.

j) Vergütung und Abrechnung

Entsprechend der in § 3 vorgesehenen Zuordnung der – stationären und ambulanten – Behandlung von Pri-   **745**
vatpatienten und Selbstzahlern sowie der ambulanten Behandlung von gesetzlich versicherten Patienten als Dienstaufgabe folgt das Vertragsmuster auch bei der Regelung über die Vergütung und deren Abrechnung dem von der Deutschen Krankenhausgesellschaft seit 1996 in Abkehr von der früher üblichen Einräumung der Privatliquidationsbefugnis und Nebentätigkeitserlaubnis für ambulante Tätigkeiten empfohlenen Modell, dass der Chefarzt als **Gegenleistung für seine sämtliche ärztliche Tätigkeiten** umfassenden dienstlichen Aufgaben eine feste Jahresvergütung und kombiniert hierzu eine variable Vergütung erhält. Diese kann in Abhängigkeit von von Krankenhaus zu Krankenhaus unterschiedlichen Leistungszielen ausgestaltet werden.

Entscheidend ist dabei, dass sämtliche Erlöse aus der ärztlichen Tätigkeit des Chefarztes im Gegensatz zu dem früher üblichen Modell der **Privatliquidationsbefugnis** ausschließlich dem Krankenhausträger zustehen. Dies gilt zum einen für die Erlöse aus der stationären Behandlung von gesetzlich krankenversicherten Patienten sowie aus der ambulanten Behandlung durch das Krankenhaus z.B. im Rahmen von Institutsambulanzen nach § 116a, § 118 SGB V, Hochschulambulanzen nach § 117 SGB V oder aufgrund der Teilnahme an der ambulanten spezialfachärztlichen Versorgung nach § 116b SGB V, nach denen auch nach den früher üblichen Vertragsmustern mit Wahlleistungsvereinbarung dem Krankenhausträger die Erlöse zustanden. Umfasst werden auch die früher dem privatärztlichen Liquidationsrecht unterliegenden Bereiche der stationären Behandlung von Privatpatienten bzw. Selbstzahlern sowie der ambulanten Behandlung von Privatpatienten oder gesetzlich krankenversicherten Patienten im Rahmen einer persönlichen Ermächtigung sowie aus Gutachtertätigkeit. Nach dem früheren Modell hat der Chefarzt neben dem mit dem Krankenhausträger fest vereinbarten Jahresvergütung seine variablen Vergütung aus seiner wahlärztlichen Tätigkeit erzielt und mit den Privatpatienten und Selbstzahlern bzw. der zuständigen Kassenärztlichen Vereinigung – ggf. unter Einschaltung einer privatärztlichen Verrechnungsstelle[1343] – selbst abgerechnet. Der Krankenhausträger ist an den Erlösen aus der privatärztlichen Tätigkeit des Chefarztes durch die in der

---

1340 Dazu *Frahm/Nixdorf/Walter*, Rn 99 f.; Igl/Welti/*Nebendahl*, Rn 949.
1341 Vgl. § 9 (Muster-) Weiterbildungsordnung; zur Struktur und Durchführung der Weiterbildung *Quaas/Zuck*, § 13 Rn 33–40.
1342 Dazu Schaub/*Linck*, ArbR-Hdb., § 147 Rn 18 f.
1343 Laufs/Kern/*Genzel/Degener-Hencke*, § 87 Rn 28; zur Notwendigkeit der Zustimmung des Patienten Laufs/Kern/*Kern*, § 75 Rn 20.

Privatliquidationsvereinbarung geregelten Vorteilsausgleiche und Kostenerstattung[1344] beteiligt worden, die der Chefarzt nach der jeweiligen Quartalsabrechnung an den Krankenhausträger abzuführen hatte.

746 Nach dem neuen Modell werden sämtliche ärztlichen Leistungen des Chefarztes als Dienstaufgaben für den Krankenhausträger erbracht und vom Krankenhausträger gegenüber dem Patienten bzw. dessen Kostenträger nach Maßgabe des § 11 des Vertragsmusters abgerechnet. Der Umfang der dem Chefarzt übertragenen Aufgaben ist im jeweiligen Einzelfall bei der in Abs. 1 des Vertragsmusters vorgesehenen Festlegung der Höhe der Fixvergütung des Chefarztes zu berücksichtigen. Allerdings unterliegt die Höhe der Fixvergütung der freien Vereinbarung der Vertragsparteien. Eine Verpflichtung im Sinne eines Abstandsgebotes, nach der der Krankenhausträger dem Chefarzt eine höhere Vergütung als einem Oberarzt zahlen muss, besteht nicht.[1345] Das Vertragsmuster verzichtet darüber hinaus auf eine Regelung, die eine automatische Erhöhung der Vergütung des Chefarztes in regelmäßigen Zeitabständen vorsieht. Eine Erhöhungsautomatik könnte bspw. durch eine vertragliche Anknüpfung der Vergütung des Chefarztes an die Steigerungssätze der Vergütung für tarifbeschäftigte (Ober-)Ärzte, die unter den Geltungsbereich eines Tarifvertrages, z.B. des für das Krankenhaus geltenden TV-Ärzte fallen.[1346] Grund für den Verzicht auf eine solche Erhöhungsregelung in dem Vertragsmuster ist, dass der Chefarzt aufgrund seiner Leitungsverantwortung für die von ihm geleitete Klinik für den wirtschaftlichen Erfolg der Klinik und des Krankenhauses mitverantwortlich ist und deshalb die Gründe, die üblicherweise eine Anhebung von Tarifvergütungen rechtfertigen, nicht ohne weiteres auf den Chefarzt übertragbar sind. Ohne eine vertragliche Regelung besteht ein Anspruch des Chefarztes auf eine Vergütungsanpassung nicht. Erhöhungen der Fixvergütungen müssen daher zwischen dem Chefarzt und dem Krankenhausträger jeweils im Einzelfall ausgehandelt werden. Die vorgesehene Vertragsklausel begründet eine Verpflichtung der Vertragsparteien, in regelmäßigen Zeitabständen Verhandlungen über eine Vergütungsanpassung zu führen.[1347]

Gelegentlich werden in Chefarztverträgen auch feste Sonderzahlungen – Weihnachtsgeld, 13. Monatsgehalt etc. – vereinbart. Bei solchen Vergütungsbestandteilen handelt es sich ebenfalls um einen Teil der Fixvergütung, die lediglich hinsichtlich der Fälligkeit der Zahlung herausgeschoben ist. Das Vertragsmuster sieht derartige Zahlungen nicht vor, sondern geht davon aus, dass dies bei der Festlegung der Höhe der festen Jahresvergütung zu berücksichtigen ist.

747 Das Vertragsmuster regelt in § 10 Abs. 2 eine zusätzliche leistungsabhängige Vergütung des Chefarztes, die vorsieht, dass der Chefarzt entsprechend den ärztlichen Leistungen der Abteilung an den Erlösen aus den einzelnen Leistungen prozentual beteiligt wird. Das Vertragsmuster differenziert dabei zwischen den originären Krankenhausleistungen in der Form der (voll- und teil-)stationären und der vor- und nachstationären Behandlung von Privatpatienten, Einnahmen aus ärztlicher Gutachtertätigkeit und ambulanten Behandlungen von GKV-Patienten aufgrund einer persönlichen Ermächtigung und gegenüber Privatpatienten oder Selbstzahlern nach der GOÄ durch den Chefarzt. Gleichgestellt werden Einnahmen, die aufgrund einer Behandlung durch einen Vertreter des Chefarztes in diesen Bereichen erzielt werden. Sollte der Chefarzt zugleich unfallversicherungsrechtlicher Durchgangsarzt sein, besteht die – in dem Vertragsmuster nicht vorgesehene – zusätzliche Möglichkeit, die leistungsabhängige Vergütung auch an die Einnahmen aus der Tätigkeit als Durchgangsarzt zu knüpfen. Je nach der Zielrichtung, die der Krankenhausträger im Hinblick auf die jeweils betroffene Abteilung verfolgt, kann die Beteiligungsvereinbarung unterschiedlich ausgestaltet werden. Durch Veränderung der Prozentsätze der Beteiligung in den verschiedenen Leistungsbereichen werden jeweils Anreize gesetzt, den Leistungsbereich auszuweiten oder zu beschränken. Denkbar ist auch, einzelne der in § 10 Abs. 2 aufgeführten Leistungsbereiche überhaupt nicht in die **leistungsabhängige Ver-**

1344 Laufs/Kern/*Genzel/Degener-Hencke*, § 87 Rn 31–39.
1345 BAG 9.6.2010, ArztR 2010, 284; LAG Rheinland-Pfalz 1.7.2010 – 10 Sa 92/10.
1346 Zu einer solchen Regelung vgl. bspw. BAG 9.6.2010, ArztR 2010, 284.
1347 Die vertragliche Begründung einer Verhandlungspflicht empfiehlt auch Terbille/*Rothfuß*, MünchAnwHdb MedR, § 12 Rn 39.

gütung einzubeziehen, wenn der Krankenhausträger das Ziel verfolgt, den entsprechenden Leistungsbereich nicht auszuweiten oder ggf. sogar zu verringern. Gleichfalls kommt es natürlich in Betracht, anstelle
der vorgeschlagenen Leistungsbereiche andere Leistungsbereiche durch Zusage einer leistungsabhängigen
Vergütung zu fördern.

Bei der Festlegung der Ziele sind darüber hinaus die Auswirkungen zu berücksichtigen, die durch die in
§ 135c SGB V[1348] der Deutschen Krankenhausgesellschaft (DKG) auferlegten Verpflichtung entstanden
sind, in ihren Formulierungshilfen zu Chefarztverträgen im Einvernehmen mit der Bundesärztekammer
Empfehlungen zu leistungsbezogenen Zielvereinbarungen abzugeben.[1349] Die Empfehlungen sollen
nach § 135c Abs. 1 SGB V sicherstellen, dass Zielvereinbarungen keine finanziellen Anreize für einzelne
Leistungen, Leistungsmengen, Leistungskomplexe oder Messgrößen setzen. Mit § 135c SGB V verfolgt der
Gesetzgeber das Ziel zu vermeiden, dass in Zielvereinbarungen mit Chefärzten Ziele normiert werden, die
von der Art und Menge einzelner Leistungen abhängig sind, um einer durch derartige Ziele befürchteten
Beeinflussung der Unabhängigkeit ärztlicher Entscheidungen entgegenzuwirken. Erlösvereinbarungen,
die das gesamte Abteilungsspektrum betreffen, bleiben weiterhin zulässig. Die in Abs. 2 vorgeschlagenen
leistungsbezogenen Vergütungsregelungen knüpfen an das abteilungsbezogene Leistungsspektrum an. Sie
begründen nicht die Gefahr einer Beeinträchtigung der ärztlichen Entscheidungsfreiheit durch finanzielle
Anreize und stehen daher im Einklang mit § 135c Abs. 1 SGB V und den zurzeit vorliegenden Empfehlungen der DKG. Verpflichtende Wirkung haben die Empfehlungen der DKG für den Krankenhausträger nicht,
so dass gegen die Empfehlungen verstoßende Zielvereinbarungen mit Chefärzten nicht unwirksam sind.
Der Krankenhausträger ist allerdings nach § 137 Abs. 3 Nr. 4 S. 2 SGB V verpflichtet, in dem von ihm
zu erstellenden strukturierten Qualitätsbericht hierüber Auskunft zu geben. Insoweit entfalten die Empfehlungen der DKG eine mittelbar steuernde Wirkung auf die vertragliche Regelungspraxis.

Das Vertragsmuster sieht in § 10 Abs. 3 neben der leistungsabhängigen Vergütung durch finanzielle Betei- **748**
ligung an den Erlösen des Krankenhausträgers aus einzelnen ärztlichen Leistungsbereichen eine weitere **erfolgsabhängige Vergütung** nach Maßgabe einer gesondert abzuschließenden Zielvereinbarungen vor.
Hierbei handelt es sich um ein arbeitsrechtlich übliches Steuerungsinstrument, um für den Gesamterfolg
des Unternehmens wesentliche Mitarbeiter dazu zu motivieren, die vorher festgelegten Unternehmensziele
zu fördern und ihnen hierzu finanzielle Leistungsanreize zu setzen. In einer gesondert abzuschließenden
Zielvereinbarung müssen die Ziele vor Beginn des Zeitraumes, auf den sich die Leistungsvereinbarung bezieht, festgelegt werden. Die Ziele müssen naturgemäß an den Besonderheiten der jeweiligen Abteilung des
Krankenhauses orientiert und so gewählt sein, dass sie von dem Chefarzt steuerbar sind und bei realistischer
Betrachtung erreichbar sein können, da eine erfolgsabhängige Vergütung nur dann motivierende Wirkung
entfalten kann, wenn die bonifizierten Ziele auch tatsächlich realisierbar sind. Denkbare Ziele, die die Empfehlungen der DKG einhalten, sind z.B. die Einhaltung des vorher festgelegten Budgets der Abteilung, die
Verringerung von Sach- oder Personalkosten, die Steigerung der Fallzahlen in der Abteilung insgesamt,
nicht aber bezogen auf bestimmte Eingriffe, Leistungen oder Leistungsgruppen, die Einführung neuer Behandlungsmethoden, die Realisierung von besonderen Qualitätsanforderungen nach den Qualitätssiche-
rungsrichtlinien des Krankenhauses oder auch die Erreichung besonderer personeller oder organisatorischer Ziele. Auf jeden Fall ist es geboten, eine Obergrenze für den festzulegenden Bonus zu normieren.
Da es sich bei der Festlegung von Zielen und der für die Zielerreichung erforderlichen Maßstäbe um

---

1348 § 135c SGB V ist durch G. v. 10.12.2015 (BGBl I S. 2229) mit Wirkung ab dem 1.1.2016 an die Stelle des vorher die Materie regelnden § 136a SGB V getreten.
1349 Empfehlungen gemäß § 136a SGB V zu leistungsbezogenen Zielvereinbarungen der Deutschen Krankenhausgesellschaft vom
24.4.2013 und der Überarbeitung vom 17.9.2014. Empfehlungen zu der Neufassung des § 135c SGB V liegen noch nicht vor. Siehe
auch Bewertung von Zielvereinbarungen in Verträgen mit leitenden Krankenhausärzten durch die gemeinsame Koordinierungs-
stelle der Bundesärztekammer und des Verbandes der Leitenden Krankenhausärzte, Dtsch. Ärztebl. 2014, A 1315 – 1318, unter
Hinweis auf vorangegangene Empfehlungen Dtsch. Ärztebl. 45/2013, 49/2013, 6/2014 und 16/2014.

eine Prognose in die Zukunft handelt, die Fehleinschätzungen unterliegen kann, sichert die Obergrenze der Krankenhausträger vor negativen Folgen fehlerhafter Zielfestlegungen.

Praktische Schwierigkeiten treten auf, wenn sich der Krankenhausträger und der Chefarzt nicht auf eine gemeinsame Zielfestlegung einigen können. Um den dann entstehenden Konflikt aufzulösen, sieht das Vertragsmuster für den Fall er Nichteinigung ein Letztentscheidungsrecht des Krankenhausträgers vor. Davon kann allerdings erst Gebrauch gemacht werden, wenn Versuche, eine einvernehmliche Lösung zu finden, gescheitert sind. Außerdem muss der Krankenhausträger bei Ausübung des Letztentscheidungsrechts die Grundsätze billigen Ermessens gemäß § 315 Abs. 1 BGB wahren und auch die berechtigten Belange des Chefarztes wahren.[1350]

749 Zur Vermeidung von arbeitsrechtlichen Streitigkeiten sollte auf jeden Fall entsprechend dem Vorschlag in § 10 Abs. 4 des Musters geregelt werden, dass mit der zugesagten – festen und variablen – Vergütung sämtliche Leistungen des Chefarztes, die dieser in Erfüllung der ihm obliegenden vertraglichen Verpflichtung erbringt, abgegolten sind und dem Chefarzt darüber hinaus keine weiteren Vergütungsansprüche etwa für Überstunden, Nacht-, Sonn- und Feiertagsarbeit o.ä. sowie für Rufbereitschafts- bzw. Bereitschaftsdiensten zustehen. Eine solche Regelung ist in Allgemeinen Geschäftsbedingungen nach § 307 Abs. 1 S. 2 BGB bedenklich,[1351] in Verträgen, die – wie bei Chefärzten – Dienste höherer Art betreffen, aber wohl zulässig regelbar. Zumindest steht Chefärzten ohne eine ausdrückliche Regelung kein Anspruch auf eine zusätzliche Vergütung für derartige Dienste zu.[1352] Ist in dem Chefarztvertrag eine solche Regelung nicht enthalten, kann der Chefarzt für derartige Leistungen einen Anspruch auf gesonderte Vergütung auch nicht auf § 612 Abs. 1 BGB stützen und zwar selbst dann nicht, wenn es sich um Arbeitsleistungen handelt, die von dem Chefarzt nach dem Dienstvertrag nicht geschuldet werden, wie z.B. Bereitschaftsdienste.

k) Die Abrechnung der Vergütung

750 § 11 des Vertragsmusters geht davon aus, dass die Abrechnung der Vergütungsansprüche für die vom Chefarzt bzw. in der Abteilung des Chefarztes erbrachten Leistungen ausschließlich **durch den Krankenhausträger** erfolgt.

Soweit es sich bei den Leistungen um klassische Krankenhausleistungen handelt, wie z.B. die stationäre Behandlung von gesetzlich versicherten Patienten oder die ambulante Behandlung in Instituts- oder Hochschulambulanzen sowie das ambulante Operieren im Krankenhaus oder die Behandlung aufgrund von strukturierten Behandlungsprogrammen, stellt dies eine Selbstverständlichkeit dar. Die Abrechnung durch das Krankenhaus wird aber auch für die anderen Leistungsbereiche chefärztlicher Tätigkeit im Vertragsmuster festgelegt.

Soweit die stationäre Leistungserbringung gegenüber Wahlleistungspatienten und Selbstzahlern betroffen ist, muss durch Ausgestaltung des Krankenhausaufnahmevertrages zwischen Krankenhausträger und Patient klargestellt werden, dass Inhaber des Vergütungsanspruches auch für die chefärztlichen Leistungen ausschließlich der Krankenhausträger ist, auch wenn die Leistungen nach der für privatärztliche Tätigkeiten maßgeblichen Gebührenordnung für Ärzte (GOÄ) abgerechnet wird.[1353] Die in der Rechtsprechung entwickelten Anforderungen an eine rechtlich bindende Wahlleistungsvereinbarung[1354] zwischen Krankenhausträger und Patient müssen dabei beachtet werden.

Gleiches gilt auch für die Behandlungsverträge über die ambulante Behandlung von selbstzahlenden Patienten in der Ambulanz der entsprechenden Krankenhausabteilung. Auch hier muss durch Ausgestaltung

---

1350 Bergmann/Pauge/Steinmeyer/*Keysers*, GesMrdR, § 611 BGB Rn 78.
1351 BAG 22.2.2012, NZA 2012, 861.
1352 BAG 22.2.2012, NZA 2012, 861; dazu: Terbille/*Rothfuß*, MünchAnwHdb MedR, § 12 Rn 49; siehe auch Weth/Thomae/Reichold/ *Wern*, Teil 5A Rn 33, 38; Bergmann/Pauge/Steinmeyer/*Keysers*, GesMedR, § 611 BGB Rn 67.
1353 Zur Abrechnung nach der GOÄ, *Quaas/Zuck*, § 14 Rn 40–58; *Notz/Beume/Lenz*, S. 87 f.
1354 Dazu *Quaas/Zuck*, § 14 Rn 11.

des Behandlungsvertrages deutlich klargestellt werden, ob Vertragspartner des Behandlungsvertrages der Krankenhausträger ist, der seine Leistungen durch den Chefarzt erbringt und nach den Regelungen der GOÄ abrechnet, oder der Chefarzt Vertragspartner des Patienten ist. Bei den ambulanten Leistungen, die der Chefarzt im Rahmen einer persönlichen Ermächtigung nach § 116 S. 1 SGB V erbringt, handelt es sich zwingend um Leistungen des persönlich ermächtigten Chefarztes, weil nur dieser und nicht das Krankenhaus zur Teilnahme an der vertragsärztlichen Versorgung ermächtigt ist. Der Vergütungsanspruch aus aufgrund einer persönlichen Ermächtigung erbrachten ambulanten Leistungen steht deshalb originär dem Chefarzt zu.

Um zu erreichen, dass auch diese Entgelte dem Krankenhausträger zufließen, sieht Abs. 1 Satz 2 vor, dass der Chefarzt seine vertraglichen Vergütungsansprüche aus derartigen Behandlungen im Voraus an den Krankenhausträger abtritt und diesen zur Einziehung der Vergütungsansprüche ermächtigt. Letzteres ist bei der Abrechnung von Vergütungsansprüchen für Leistungen im Zusammenhang mit einer persönlichen Ermächtigung anders als bei wahlärztlichen ambulanten Leistungen an sich nicht notwendig. Aufgrund der gesetzlichen Regelung in § 120 Abs. 1 S. 3 SGB V erfolgt nämlich die Vergütungsabrechnung gegenüber der zuständigen Kassenärztlichen Vereinigung durch den Krankenhausträger, an den die Kassenärztliche Vereinigung auch die sich quartalsweise ergebende Vergütung zur Weiterleitung an den persönlich ermächtigten Krankenhausarzt auszahlt. Die Modalitäten, nach denen die Weiterleitung erfolgt, sind wiederum im Chefarztvertrag regelbar und werden im vorliegenden Muster in dem in § 10 Abs. 2 vorgeschlagenen Sinne geregelt.

§ 11 Abs. 3 des Vertragsmusters ergänzt die Regelung in Abs. 1 Satz 2 durch die Verpflichtung des Chefarztes, Entgelte, die Zahlungsverpflichtete trotz der erfolgten Abtretung direkt an den Chefarzt geleistet haben, an den Krankenhausträger weiterzuleiten.

Da sich eventuelle Rückforderungen der Kassenärztlichen Vereinigung im Zusammenhang mit ärztlichen Leistungen, die aufgrund einer persönlichen Ermächtigung erbracht worden sind, gegen den Chefarzt richten können, sieht § 11 Abs. 4 des Vertragsmusters vor, dass der Krankenhausträger, dem die Erlöse aus der persönlichen Ermächtigung zugeflossen sind, den Chefarzt von derartigen Rückforderungen freizuhalten hat. Damit korrespondiert die Regelung in § 10 Abs. 2 lit. c) des Musters, wonach derartige Rückforderungen im Zeitpunkt der Rückzahlung die Basis für die Berechnung der leistungsabhängigen Vergütung minimieren.

Eine gleichgelagerte Problematik stellt sich auch bei den ärztlichen Leistungen, die der Chefarzt im Rahmen einer Anerkennung als berufsgenossenschaftlicher Durchgangsarzt erbringt. Auch der von dem Unfallversicherungträger bestellte Durchgangsarzt ist selbst dann persönlicher Gläubiger der Vergütungsforderung gegenüber der zuständigen Berufsgenossenschaft, wenn es sich um einen Krankenhausarzt handelt.[1355] Nur dieser ist zur Liquidation seiner Leistungen gegenüber der Berufsgenossenschaft berechtigt. Um dieser rechtlichen Situation gerecht zu werden, sieht der Mustervertrag die im Voraus erfolgende Abtretung derartiger Vergütungsansprüche von dem Chefarzt an den Krankenhausträger in § 11 Abs. 1 S. 2 vor. Auch für diese Konstellation ist die Freihalteregelung in § 11 Abs. 4 des Musters von Bedeutung.

Um den Krankenhausträger in die Lage zu versetzen, die Abrechnung gegenüber selbstzahlenden stationären und den verschiedenartigen ambulant behandelten Patienten tatsächlich durchzuführen, regelt § 11 Abs. 2 des Musters die Verpflichtung des Arztes, die **für die Abrechnung erforderlichen Informationen** unverzüglich, spätestens aber nach Ablauf von 10 Tagen nach Abschluss des Behandlungsfalles dem Krankenhausträger zuzuleiten. Dies ist notwendig, um eine zeitnahe Leistungsabrechnung zu ermöglichen. Zur Absicherung der vorgesehenen Abrechnung durch den Krankenhausträger ist darüber hinaus anzuraten, in den Behandlungsverträgen zwischen Krankenhausträger und Patienten bzw. bei gesonderter Abrede mit

751

1355 Laufs/Kern/*Kern*, § 39 Rn 38.

den im Rahmen durchgangsärztlicher Leistungen betreuten Patienten festzulegen, dass der Arzt berechtigt ist, die zur Abrechnung erforderlichen Informationen an den Krankenhausträger weiterzugeben. Für die ambulante Leistungserbringung im Rahmen einer persönlichen Ermächtigung ist eine solche Vereinbarung aufgrund der Regelung in § 120 Abs. 1 S. 3 SGB V nicht erforderlich.

l) Arbeitsverhinderung/Vergütungsfortzahlung

752   Die Regelung über die Verpflichtung des Arztes zur Anzeige persönlicher Arbeitsverhinderungen und Krankheiten enthält insoweit eine Besonderheit, als in dem Muster die Verpflichtung des Arztes aufgenommen worden ist, bei persönlicher Arbeitsverhinderung die notwendigen Maßnahmen zur **Sicherstellung eines ungestörten Krankenhausbetriebes** in der Abteilung des Arztes zu veranlassen und im Krankheitsfall den Vertreter unmittelbar zu informieren. Damit wird dem Umstand Rechnung getragen, dass der Chefarzt als für die Abteilung verantwortlicher Arzt im Gegensatz zu den Beauftragten des Krankenhausträgers am ehesten die im Verhinderungsfall notwendigerweise zu treffenden Maßnahmen erkennen kann.

Hinsichtlich der Vergütungsfortzahlung im Krankheitsfall geht das Muster davon aus, dass die feste Vergütung nach den Regeln des Entgeltfortzahlungsgesetzes[1356] fortgezahlt wird. Auf die **leistungsabhängige Vergütung** wirkt sich eine längere Arbeitsunfähigkeit zunächst nur insoweit aus, als dass die Bemessungsfaktoren für die leistungsabhängige Vergütung nach § 10 Abs. 2 aufgrund des Ausfalles des Chefarztes ggf. absinken. § 12 Abs. 3 des Musters räumt dem Krankenhausträger das Recht ein, bei einer Arbeitsunfähigkeit mit einer Dauer von mehr als drei Monaten einen anderen Arzt mit den für die Bemessung der leistungsabhängigen Vergütung maßgeblichen Leistungsbereichen zu betrauen. Dies hat zur Folge, dass die alsdann erzielten Erlöse bei der Berechnung der leistungsabhängigen Vergütung nicht mehr zu berücksichtigen sind. Auf Seiten des Krankenhausträgers besteht an dieser Regelung ein berechtigtes Interesse, damit sichergestellt ist, dass auch bei längerer krankheitsbedingter Abwesenheit des Arztes die vom Krankenhausträger für besonders wichtig und durch Leistungsanreize ausgezeichneten Leistungsbereiche durch einen verantwortlichen Arzt betreut werden. Dies gilt insbesondere für die Behandlung von privat versicherten Patienten und Selbstzahlern aufgrund einer Wahlarztvereinbarung. Der Regelungsvorschlag ist trotz des Umstandes zulässig, dass auch die variable Vergütung eine Gegenleistung für die vom Chefarzt zu erbringenden Leistungen darstellt und deswegen von den gesetzlichen Mindestregelungen in den §§ 3, 4 EFZG umfasst wird, weil die Regelung erst nach einer krankheitsbedingten Arbeitsunfähigkeit von drei Monaten eingreift, den gesetzlichen Entgeltfortzahlungszeitraum von sechs Wochen also wahrt.

Die vergütungsrechtlichen Folgen sonstiger Arbeitsverhinderungen sind in dem Vertragsmuster nicht geregelt. Sie richten sich dementsprechend nach den allgemeinen arbeitsrechtlichen Regeln.[1357]

m) Urlaub, Teilnahme an Kongressen, Dienstreisen

753   Die Regelung über den Urlaub enthält keine Besonderheiten. Dem Chefarzt muss mindestens der gesetzliche Mindesturlaub von 24 Tagen auf der Grundlage einer Sechs-Tage-Arbeitswoche gewährt werden. In der Praxis beträgt der Urlaubsanspruch eines Chefarztes regelmäßig mindestens 28, meist aber sogar mindestens 30 Arbeitstage. Hinsichtlich des Anspruchs auf Freistellung von der Verpflichtung zur Arbeitsleistung wegen Fortbildungsveranstaltungen oder der Teilnahme an wissenschaftlichen Kongressen wird die **Festlegung einer zeitlichen Obergrenze** für das Kalenderjahr vorgeschlagen. Dies ist trotz eines grundsätzlich bestehenden Interesses des Krankenhausträgers an der fachlichen Fortbildung des Chefarztes insbesondere bei „wissenschaftlich engagierten" Chefärzten sinnvoll, um bei Vertragsabschluss einen Ausgleich zwischen dem „Wissenschaftsinteresse" des Chefarztes und dem „Anwesenheitsinteresse" des Krankenhausträgers herbeizuführen. Um eine Doppelung derartiger Ansprüche zu vermeiden, sieht das Vertragsmuster eine Anrechnung des vertraglichen Freistellungsanspruches für ärztliche Fortbildungen auf Freistellungs-

---

1356 Dazu Schaub/*Linck*, ArbR-Hdb., § 98 Rn 9 ff.
1357 Dazu Schaub/*Linck*, ArbR-Hdb., § 97 Rn 4 ff.

ansprüche nach landesrechtlichen Weiterbildungsgesetzen vor. Ob der Krankenhausträger die Reisekosten zu Fortbildungsveranstaltungen erstattet, richtet sich im Einzelfall danach, ob ein dienstliches Interesse an der Teilnahme des Arztes an der ärztlichen Fortbildungsveranstaltung besteht. Der Mustervertrag sieht insoweit eine Reisekostenerstattung nur nach vorheriger Zusage durch den Krankenhausträger vor und schließt einen Anspruch des Chefarztes auf Reisekostenerstattung für die Teilnahme an Fortbildungsveranstaltungen aus.

n) Renten- und Krankenversicherungspflicht

Die Regelung über die Beteiligung des Krankenhausträgers an der gesetzlichen Altersversorgung des Chefarztes in § 14 Abs. 1 des Musters geht davon aus, dass der Chefarzt regelmäßig **Mitglied eines berufsständischen Versorgungswerkes** sein wird. Aufgrund dessen wird die Verpflichtung des Krankenhausträgers zur Beteiligung an den Beiträgen an das berufsständische Versorgungswerk normiert, zugleich aber der Höhe nach auf den Betrag begrenzt, den der Krankenhausträger bei Bestehen der Rentenversicherungspflicht in der gesetzlichen Rentenversicherung hätte aufbringen müssen.   **754**

Eine vergleichbare Regelung enthält auch der Vorschlag hinsichtlich der Beteiligung an den Kosten der Kranken- und Pflegeversicherung des Chefarztes, der regelmäßig von der gesetzlichen Kranken- und Pflegeversicherungspflicht wegen Überschreitens der Versicherungspflichtgrenzen befreit sein dürfte. Der Höhe nach enthält der Formulierungsvorschlag eine doppelte Begrenzung. Zum einen wird der Zuschussanspruch auf die Höhe des Arbeitgeberanteils beschränkt, der bei gesetzlicher Kranken- und Pflegeversicherungspflicht des Arztes vom Arbeitgeber zu tragen wäre. Zum zweiten erfolgt die Begrenzung auf die Hälfte der tatsächlich vom Arzt für seine Kranken- und Pflegeversicherung aufgewandten Beträge, wobei die aus Sicht des Krankenhausträgers niedrigere Grenze maßgeblich ist. Im Hinblick auf das Fehlen einer Familienversicherung in der privaten Krankenversicherung und der daraus folgenden Notwendigkeit, für Familienangehörige eigene Kranken- und Pflegeversicherungen abzuschließen, stellt Abs. 2 Satz 2 klar, dass die hierfür notwendigen Beiträge für die Berechnung des Arbeitgeberzuschusses unberücksichtigt bleiben. Insoweit bestehen keine Besonderheiten.

o) Versicherungsschutz

Von besonderer Bedeutung für die ärztliche Tätigkeit im Krankenhaus ist das Bestehen eines ausreichenden Haftpflichtversicherungsschutzes im Hinblick auf **Arzthaftungsansprüche** der vom oder in der Abteilung des Chefarztes behandelten Patienten. Grund hierfür ist, dass der Chefarzt bei eigener ärztlicher Tätigkeit selbst dann in vollem Umfang für standardunterschreitendes ärztliches Handeln haftpflichtig ist, wenn nicht er, sondern der Krankenhausträger Vertragspartner des geschädigten Patienten ist, weil die deliktische Haftung aus den §§ 823 ff. BGB neben die vertragliche Haftung tritt und insoweit ein Gesamtschuldverhältnis begründet wird.[1358] In Fällen, in denen der Chefarzt selbst Vertragspartner des Patienten ist (Handeln aufgrund persönlicher Ermächtigung) drohen darüber hinaus vertragliche Haftungsansprüche[1359] auch bei standardunterschreitendem Verhalten von dem Chefarzt nachgeordneten Ärzten oder in die Behandlung des Patienten eingeschalteten nichtärztlichen Mitarbeitern. Auch hier kommt ebenfalls eine deliktische Haftung unter dem Gesichtspunkt unzureichender Organisation oder Überwachung in Betracht. Dies macht es erforderlich, dass der Chefarzt durch Abschluss eines ausreichend dotierten Haftpflichtversicherungsvertrags vor der persönlichen Inanspruchnahme geschützt wird. Die vorgeschlagene Regelung ist trotz des Umstandes sinnvoll, dass dem Chefarzt bei derartigen Ansprüchen ggf. Rückgriffsansprüche gegen den Krankenhausträger zustehen können. Zum einen ist zweifelhaft, ob sich ein Chefarzt auf die Grundsätze der Haftung im Arbeitsverhältnis berufen kann[1360] und deswegen bei Haftungsfällen immer einen Freistel-   **755**

1358 *Frahm/Nixdorf/Walter*, Rn 39 ff.; Laufs/Kern/*Kern*, § 103 Rn 1; Igl/Welti/*Nebendahl*, Rn 883.
1359 *Frahm/Nixdorf/Walter*, Rn 16 f.; Igl/Welti/*Nebendahl*, Rn 910.
1360 Ablehnend BAG 25.10.2007, NZA 2008, 223, allerdings zu einem atypischen (Mobbing-)Sachverhalt.

lungsanspruch gegen den Krankenhausträger haben wird. Zum zweiten kommt hinzu, dass der Chefarzt bei bestehender Haftpflichtversicherung auch vor den Folgen einer eventuellen Zahlungsunfähigkeit des Krankenhausträgers geschützt ist.

In dem Vertragsmuster wird Abstand davon genommen, die notwendige **Haftpflichtversicherungs-Deckungssumme** betragsmäßig festzuschreiben. Stattdessen wird auf eine Haftpflichtversicherung in angemessener Höhe, mindestens aber in Höhe der für das Krankenhaus insgesamt bestehen Betriebshaftpflichtversicherung verwiesen. Die betragsmäßige Festlegung der erforderlichen Deckungssumme ist demgegenüber nicht anzuraten, weil man damit der Gefahr nicht Rechnung tragen würde, dass sich insbesondere bei älteren Chefarztverträgen die zu Vertragsbeginn angemessenen Deckungssummen nach Ablauf einer gewissen Zeit nicht mehr als angemessen erweisen.

p) Vertretungsregelung

756 Das Vertragsmuster geht davon aus, dass der Krankenhausträger für den Chefarzt einen ständigen Vertreter beruft, der diesen in allen Fällen der Abwesenheit vertritt. Davon erfasst sind nicht diejenigen Fallkonstellationen, in denen der Chefarzt bei eigener Anwesenheit delegationsfähige Leistungen auf nachgeordnete Ärzte überträgt.[1361] Vielmehr handelt es sich um Fallkonstellationen, in denen der Chefarzt tatsächlich nicht anwesend ist und deswegen zum einen die nicht delegationsfähigen Leistungen und zum anderen die Berechtigung zur Delegation von delegationsfähigen Leistungen auf seinen **ständigen ärztlichen Vertreter** überträgt.

In Leistungsbereichen, in denen der **Grundsatz der persönlichen Leistungserbringung** gilt (Tätigkeit aufgrund persönlicher Ermächtigung gemäß § 15 Abs. 1 BMV-Ärzte), sind die bei Abwesenheit des Chefarztes erbrachten Leistungen nur bei Einsatz eines ständigen Vertreters abrechenbar. Hierauf muss in den entsprechenden vertraglichen Vereinbarungen mit den Patienten differenziert nach vorhersehbarer und nicht vorhersehbarer Abwesenheit ausdrücklich hingewiesen werden.[1362] Denkbar ist es allerdings, für unterschiedliche Fachgebiete auch unterschiedliche ständige Vertreter zu benennen.[1363]

q) Entwicklungsklausel

757 Die Zulässigkeit von Entwicklungsklauseln in Chefarztverträgen ist angesichts des Umstandes, dass es sich zumindest bei Chefarztverträgen, die auf der Basis von Formularmustern entwickelt werden, um **Allgemeine Geschäftsbedingungen** handelt,[1364] umstritten.[1365] Derartige Entwicklungsklauseln bewirken eine Erweiterung des arbeitgeberseitigen Direktionsrechts des Krankenhausträgers gegenüber dem Chefarzt und verfolgen das Ziel, den Krankenhausträger in die Lage zu versetzen, ohne Zustimmung des Chefarztes einseitig organisatorische Änderungen in der Abteilung des Chefarztes vornehmen zu können, die sich auf die Rechtsstellung und insbesondere den Vergütungsanspruch des Chefarztes auswirken können. Richtigerweise ist die AGB-rechtliche Überprüfung derartiger Entwicklungsklauseln am Maßstab des § 308 Nr. 4 BGB vorzunehmen, wobei allerdings die Wertungen des § 307 Abs. 1, 2 BGB zu berücksichtigen sind.[1366] Danach sind Entwicklungsklauseln in allgemeinen Geschäftsbedingungen zulässig, wenn die mit der Entwicklungsklausel zu bewirkende Änderung oder Abweichung unter Berücksichtigung der Interessen des Krankenhausträgers **für den Chefarzt zumutbar** ist. Dies setzt in formeller Hinsicht voraus, dass durch die Klausel sichergestellt ist, dass der Chefarzt bei der in Anwendung der Klausel vorzunehmenden Anpas-

---

1361 Laufs/Kern/*Genzel/Degener-Hencke*, § 87 Rn 17 ff.
1362 Laufs/Kern/*Genzel/Degener-Hencke*, § 87 Rn 19.
1363 *Notz/Beume/Lenz*, S. 106.
1364 BAG 29.6.2011, NZA-RR 2012, 192.
1365 Dazu *Nebendahl*, FS ARGE ArbR, 113 ff.; zu einer Entwicklungsklausel „nach altem Recht" vgl. BAG 13.3.2003, NZA 2004, 735; LAG Hamm 13.11.2003, ArztR 2005, 13; zu einer Fallkonstellation „mit AGB-Prüfung" ArbG Hagen 5.9.2006, MedR 2007, 181.
1366 *Nebendahl*, FS ARGE ArbR, 113, 125, 133 m.w.N.; ArbG Hagen 5.9.2006, MedR 2007, 181.

sung wirksam einbezogen wird und sich die Beteiligung des Chefarztes nicht als bloße Formalität erweist. Dem soll das Erfordernis nach Anhörung und Erörterung in § 17 Abs. 1 des Musters Rechnung tragen.[1367]

Hinzukommen muss, dass die **Anknüpfungspunkte** für eine Anpassung bereits in der Entwicklungsklausel zumindest **schlagwortartig konkret beschrieben** werden, um die Anwendbarkeit der Anpassungs- und Entwicklungsklausel nicht in das Belieben des Verwenders, also des Krankenhausträgers zu stellen.[1368] Dies bedeutet, dass die sachlichen Gründe, die die mittels der Entwicklungsklausel umzusetzenden organisatorischen Änderungen motivieren, in der Vertragsklausel selbst zumindest schlagwortartig festgelegt werden müssen.[1369] Der Erfüllung dieses Erfordernisses dient die in § 17 Abs. 1 des Musters enthaltene Anknüpfung an die Aufrechterhaltung oder Verbesserung der Leistungsfähigkeit oder Wirtschaftlichkeit des Krankenhauses sowie die in § 17 Abs. 2 des Musters festgelegten Kriterien, nach denen die Änderungen sachlich geboten sind. Auch die in § 17 Abs. 1 lit. a) bis d) des Musters näher bezeichneten Anpassungsfälle dienen dem Ziel der Konkretisierung der in Anwendung der Entwicklungsklausel zu treffenden Maßnahmen.

Die Sicherung der Zumutbarkeit der durch die Anpassungs- und Entwicklungsklausel möglichen Änderungen muss darüber hinaus in der Vertragsformulierung selbst angelegt sein.[1370] Das Vertragsmuster versucht dies durch die in § 17 Abs. 2 enthaltene Begrenzung der durch die Änderung **eintretenden Einkommensverluste** für den Chefarzt auf einen Prozentsatz der in der Vergangenheit erzielten Vergütung des Chefarztes zu erreichen. Die Untergrenze, die dabei nicht unterschritten werden sollte, dürfte bei Unterschreitung eines Prozentsatzes von 60 % sicherlich verfehlt sein.[1371] Es empfiehlt sich aus Gründen der Vorsicht, eine zu sichernde Vergütung von mindestens 75 % der zuletzt erzielten Vergütung festzuschreiben, weil nach dem vorliegenden Vertragsmuster alle Einnahmen des Chefarztes aus dem dienstlichen Bereich stammen. Im Wege einer Kontrollüberlegung muss hinzukommen, dass die verbleibende gesicherte Vergütung immer noch deutlich oberhalb des höchsten Tarifgehaltes für ärztliche Tätigkeiten in dem Krankenhaus liegen muss.[1372]

Zu beachten ist, dass die Wirksamkeit einer einseitigen organisatorischen Änderung durch den Krankenhausträger nicht nur eine rechtswirksame Entwicklungsklausel voraussetzt. Aufgrund der AGB-rechtlich vorzunehmenden Ausübungskontrolle muss vielmehr die Änderung auch im konkreten Einzelfall gerechtfertigt sein. Dies setzt neben der Wahrung der vereinbarten Beteiligungsrechte des Chefarztes – nach dem Vertragsmuster also dessen Anhörung zu den beabsichtigten Änderungen und deren Erörterung mit dem Ziel der Einigung – voraus, dass die beabsichtigte Änderung im konkreten Fall billigem Ermessen i.S.v. § 315 Abs. 1 BGB entspricht. Die Änderung muss unter Berücksichtigung aller Umstände des Einzelfalles einschließlich der Interessen des Chefarztes dem Chefarzt zumutbar sein.[1373] Ist dies nicht der Fall, ist die Änderung auch bei Vorliegen einer wirksamen Entwicklungsklausel im Einzelfall unwirksam.

Das Muster kombiniert die dargestellte Anpassungs- und Entwicklungsklausel mit dem in § 17 Abs. 4 vorgesehenen **Verhandlungsanspruch bei Wegfall der Geschäftsgrundlage** aufgrund von Änderungen der rechtlichen Rahmenbedingung durch gesetzgeberische Aktivitäten oder durch durch die Rechtsprechung veranlasste Änderungen. Es handelt sich hierbei um eine Ausprägung des in § 313 BGB niedergelegten

---

1367 *Reinecke*, NZA 2005, 953, hält eine bloße Anhörung für nicht ausreichend, sondern verlangt mindestens die Herstellung des Benehmens. Diese Anforderung wird durch die im Vertragsmuster geforderte Kombination von Anhörung und Erörterung sichergestellt; a.A. Terbille/*Rothfuß*, MünchAnwHdb MedR, § 12 Rn 57.

1368 BAG 12.1.2005, NZA 2005, 465 zu arbeitsvertraglichen Widerrufsvorbehalten.

1369 *Nebendahl*, FS ARGE ArbR, 113, 127 m.w.N.; dazu auch Bergmann/Pauge/Steinmeyer/*Keysers*, GesMedR, § 611 BGB Rn 83.

1370 *Nebendahl*, FS ARGE ArbR, 113, 133 m.w.N.

1371 *Nebendahl*, FS ARGE ArbR, 113, 133 m.w.N.

1372 BAG 28.5.1997, NZA 1997, 1160; BAG 13.3.2003, NZA 2004, 735; das BAG stellt als Grenzen auf Einnahmen aus dem dienstlichen Bereich von 75 % und aus den Gesamteinnahmen mit Nebentätigkeit auf 60 % – 65 % ab; dazu Bergmann/Pauge/Steinmeyer/*Keysers*, GesMedR, § 611 BGB Rn 82.

1373 Bergmann/Pauge/Steinmeyer/*Keysers*, GesMedR, § 611 BGB Rn 81.

Grundsatzes der Störung der Geschäftsgrundlage. Aufgrund dieser Regelung sind beide Parteien, also Krankenhausträger und Chefarzt, zur Anpassung des Vertragsinhaltes im Wege der Verhandlung verpflichtet,[1374] wenn sich aus den genannten Gründen die Grundlage der vertraglichen Vereinbarung in einer Weise und für die Vertragsparteien nicht voraussehbar geändert hat, dass ein Festhalten an der vertraglichen Regelung den Vertragsparteien nicht mehr zumutbar ist.

r) Die Annahme von Belohnungen und Geschenken

758 Nach dem Formulierungsvorschlag in § 18 ist dem Chefarzt jegliche Annahme von Belohnungen und Geschenken untersagt, sofern dies nicht vorher ausdrücklich gestattet ist. Die Regelung dient der Sicherung des Krankenhausträgers und des Chefarztes vor den Versuchen Dritter, auf Entscheidungsvorgänge, insbesondere Beschaffungsvorgänge, in die der Chefarzt einbezogen ist, Einfluss zu nehmen und dadurch den Chefarzt in die Gefahr der Strafbarkeit wegen Bestechlichkeit im Gesundheitswesen nach § 299a StGB zu bringen. Insbesondere im Krankenhausbereich besteht für eine solche Regelung hinsichtlich der Erfahrungen der Vergangenheit erheblicher Bedarf. In der Praxis sollte die Regelung durch eine Dienstanweisung des Krankenhausträgers ergänzt werden, in der im Einzelnen die Modalitäten der **Annahme von Belohnungen und Geschenken**, aber auch die **Behandlung von Drittmittelzusagen**, **Förderung von Kongressteilnahmen** etc. in einer Weise geregelt werden, die die Gefahr der Strafbarkeit des Chefarztes beseitigt.

s) Herausgabe von Gegenständen

759 Die Regelung über die Pflicht zur Herausgabe von Gegenständen bei Beendigung des Dienstverhältnisses oder Freistellung entspricht einer in Arbeitsverträgen allgemein üblichen Festlegung. Sie wird wegen der Besonderheit des Arzt-Patientenverhältnisses ausdrücklich auch auf Patientenakten erstreckt.

t) Gesundheitliche Eignung

760 Die in § 20 vorgeschlagene Bestimmung über die Verpflichtung des Chefarztes, sich bei begründetem Anlasse einer amts- oder betriebsärztlichen Untersuchung unterziehen zu lassen, weist im Vergleich zu sonstigen arbeitsvertraglichen Regelungen keine Besonderheit auf. Zu verweisen ist insoweit auf die Erläuterungen zu der Arbeitsvertragsklausel „Ärztliche Untersuchung" (siehe § 1a Rdn 526 ff.).

u) Ausschlussfrist

761 Im Vertragsmuster wird die Regelung einer einstufigen Ausschlussklausel vorgeschlagen. Auch insoweit bestehen grundsätzlich keine Besonderheiten, so dass auf die Erläuterungen zu der Arbeitsvertragsklausel „Ausschlussklausel/Ausschlussfrist/Ausgleichquittung" (siehe § 1a Rdn 606 ff.) verwiesen werden kann. Die im Muster vorgeschlagene Frist von sechs Monaten sollte wegen der Besonderheiten des Chefarztverhältnisses auf keinen Fall unterschritten werden.

v) Vertragsdauer, Kündigung

762 Die Regelung über die Vertragsdauer und Kündigung sind ebenfalls allgemein üblich. Bei der Bemessung der Kündigungsfrist in § 22 Abs. 3 muss beachtet werden, dass sich die Suche nach einem Nachfolger nach erfolgter Kündigung des Chefarztes angesichts der fachlichen Anforderungen, die an einen Chefarzt zu stellen sind, länger hinziehen kann. Es sollte daher auf keinen Fall eine zu kurze Frist gewählt werden.

Die in § 22 Abs. 5 des Musters enthaltene Regelung über die Beendigung des Arbeitsverhältnisses bei Erreichen der Altersgrenze für den Bezug einer ungekürzten Altersrente in der gesetzlichen Rentenversicherung (Altersgrenzenvereinbarung) weist die Besonderheit auf, dass der Arzt regelmäßig nicht in der gesetzlichen Rentenversicherung rentenversicherungspflichtig sein wird, sondern aufgrund Mitgliedschaft in einem berufsständischen Versorgungswerk nach § 6 Abs. 1 Nr. 1 SGB VI von der Versicherungspflicht

---

1374 Weth/Thomae/Reichold/*Wern*, Teil 5A Rn 72 ff.

in der GRV befreit ist. Aus diesem Grunde knüpft die **Altersgrenzenregelung** im Wege einer Fiktion an die Altersgrenze an, die für den Arzt gelten würde, wenn er in der gesetzlichen Rentenversicherung versicherungspflichtig wäre. Dieser Zeitpunkt kann mit dem nach der Satzung des berufsständischen Versorgungswerkes festgelegten Zeitpunkt für den Bezug der Altersrente aus dem berufsständischen Versorgungswerk zusammenfallen, da üblicherweise die Altersgrenzen in den Satzungen berufsständischer Versorgungswerke an die Altersgrenze in der gesetzlichen Rentenversicherung angepasst werden. Der Bezug einer Altersrente aus einem berufsständischen Versorgungswerk kann aber auch früher möglich sein. In diesem Fall endet das Arbeitsverhältnis nicht bereits mit dem tatsächlichen Rentenbezug. Vielmehr kann der Chefarzt seine Tätigkeit trotz Rentenbezugs so lange fortsetzen, bis er das vertraglich geregelte Alter erreicht.

w) Nichtaufnahme der Arbeit, Vertragsstrafe

§ 23 enthält den Ausschluss der Kündbarkeit des Arbeitsverhältnisses vor Arbeitsantritt verbunden mit der   **763** Normierung einer Vertragsstrafe für den Fall des Nichtantritts der Arbeit oder der vorzeitigen vertragswidrigen Auflösung des Arbeitsverhältnisses durch den Chefarzt. Die Regelung ist sinnvoll um sicherzustellen, dass der Chefarzt nach Abschluss des Vertrages die Tätigkeit tatsächlich aufnimmt. Die Regelung der Vertragsstrafe in Fällen der vorliegenden Art ist auch angemessen, weil der Krankenhausträger insbesondere bei kurzfristigen Absagen des Chefarztes, der den Chefarztvertrag bereits unterzeichnet hat, vor erhebliche organisatorische und wirtschaftliche Schwierigkeiten gestellt wird, weil es in der Praxis kaum möglich sein wird, zeitnah einen geeigneten Nachfolger zu finden. Wegen der zulässigen Höhe der Vertragsstrafe und sonstigen Voraussetzung für die Geltendmachung einer Vertragsstrafe wird auf die Erläuterungen zu der Arbeitsvertragsklausel „Vertragsstrafe" (siehe § 1a Rdn 1553 ff.) verwiesen.

x) Schlussbestimmungen

Wegen der Schlussbestimmung ist auf die allgemeinen Erläuterungen zu den Arbeitsvertragsklauseln   **764** „Schriftform" (siehe § 1a Rdn 1291 ff.) und „Salvatorische Klausel" (siehe § 1a Rdn 1274 ff.) zu verweisen.

XVIII. Dienstvertrag/freie Mitarbeiter-Verträge

Literatur: *Küstner/Thume*, Handbuch des gesamten Außendienstrechts, Bd. 1 Das Recht des Handelsvertreters, 3. Aufl. 2000, Bd. 2 Der Ausgleichsanspruch des Handelsvertreters, 8. Aufl. 2008, Bd. 3 Vertriebsrecht, 3. Aufl. 2009; *Plagemann*, Münchener Anwaltshandbuch Sozialrecht, 4. Auflage 2013, *Buschbaum/Klösel*, Interim Management aus Sicht der arbeitsrechtlichen Vertragspraxis, NJW 2012, 1482.

1. Ausgangssituation

Es gibt vielfältige Möglichkeiten für ein Unternehmen tätig zu werden. Dabei steht auf der einen Seite das   **765** klassische Arbeitsverhältnis als Form der abhängigen Beschäftigung und auf der anderen Seite das Dienstverhältnis als Form einer selbstständigen Beschäftigung. Möglich ist dabei auch ein drittbezogener Personaleinsatz im Wege der Arbeitnehmerüberlassung, wo aber letztlich auch zwischen Verleiher und Leiharbeiter ein Arbeitsvertrag besteht und der Leiharbeiter beim Entleiher weisungsabhängig wie ein Arbeitnehmer beschäftigt ist. Der Werkvertrag als Form der selbstständigen Tätigkeit für ein Unternehmen ist wegen seiner Erfolgsbezogenheit im Dienstleistungsbereich als rechtlich zulässiges Gestaltungsmittel kaum relevant, wenn auch immer wieder als „passende" Rechtsform propagiert.[1375] Welche Form des Personaleinsatzes vom Unternehmen gewählt wird, hängt nicht nur von den rechtlichen Rahmenbedingungen ab, sondern auch von personalpolitischen Entscheidungen. Welche Aufgaben will das Unternehmen mit „eigenen" Mitarbeitern – also Arbeitnehmern – erbringen und für welche Aufgaben will das Unternehmen auf „Externe" – also Dienstleister zurückgreifen? Die Personalkosten spielen bei der Entscheidung zwar

---

1375 Guter Überblick zu Abgrenzungsfragen und Rechtspolitik bei *Greiner*, NZA 2013, 697 ff.

auch eine Rolle. Interessanter ist aber eher die vorausschauende Folgenabwägung anhand der unterschiedlichen Schutzniveaus der abhängig Beschäftigten und der Selbstständigen. Dabei sind die Gestaltungsspielräume je nach Einsatzgebiet des Mitarbeiters limitiert. Weisungsabhängige, fremdbestimmte Arbeiten, etwa im gewerblichen Bereich, sind einer selbstständigen Tätigkeit kaum zugänglich.[1376] Ein entgegenstehender Parteiwille würde vor den Arbeitsgerichten nicht berücksichtigt werden.[1377] Widersprechen sich das vertraglich Vereinbarte und die tatsächliche Durchführung, ist für die rechtliche Bewertung des Vertrages allein die tatsächliche Durchführung maßgeblich, was nach aktuellem Stand[1378] für den Bereich der Arbeitnehmerüberlassung in § 12 Abs. 1 S. 2 AÜG und für den Arbeitsvertrag in § 611a BGB in der voraussichtlich ab dem 1.1.2017 geltenden Fassung ausdrücklich klargestellt werden soll. Fehleinschätzungen können gerade im Bereich der gesetzlichen Sozialversicherung zu einer enormen Kostenbelastung durch Nachzahlungen führen.

2. Rechtliche Grundlagen

a) Begriffsbestimmung und Rechtsgrundlage

766 Die rechtliche Ausgangsbasis ist der Vertrag. Er legt die Bedingungen der Zusammenarbeit fest. Maßgeblich für die rechtliche Einordnung des Vertragsverhältnisses als (sozialversicherungspflichtiges) Arbeitsverhältnis oder als „freies" Dienstverhältnis ist die tatsächliche Durchführung des Vertragsverhältnisses.[1379] Auf die Bezeichnung der Vereinbarung als „Arbeitsvertrag", „Dienstvertrag" oder „Vertrag über freie Mitarbeit" kommt es also nicht an.[1380] Dies gilt aber nur dann, wenn die Parteien ein Arbeitsverhältnis nicht gewollt haben, denn die zwingenden gesetzlichen Regelungen für Arbeitsverhältnisse können nicht dadurch abbedungen werden, dass die Parteien ihrem Arbeitsverhältnis eine andere Bezeichnung geben.[1381] Haben die Parteien dagegen ein Arbeitsverhältnis vereinbart, so ist es in aller Regel auch als solches einzuordnen.[1382] Die Parteien können autonom den Schutz des Vertragspartners erhöhen, etwa indem sie ihn in den Geltungsbereich arbeitsrechtlicher Normen einbeziehen. Es ist also möglich und zulässig, einen Dienstvertrag als Arbeitsvertrag abzuschließen. Das sozialversicherungsrechtliche Beschäftigungsverhältnis ist allerdings dem Parteiwillen entzogen. Versicherungspflicht, Versicherungsfreiheit und freiwillige Versicherung beurteilen sich allein nach den gesetzlichen Bestimmungen.

Die im Einzelfall vorzunehmende Abgrenzung zwischen „Arbeitnehmern", „arbeitnehmerähnlichen Personen" und „Selbstständigen" erfolgt primär anhand des Merkmals der persönlichen Abhängigkeit.

aa) Arbeitnehmer und Selbstständige

767 Der Gesetzgeber hatte lange Jahre den Begriff des **„Arbeitnehmers"** ebenso wenig definiert wie den des **„Selbstständigen"**. In der Rechtsprechung und der Literatur hatte sich jedoch auf Basis des § 84 HGB eine allgemeine Definition herausgebildet. Nach dem Wortlaut des § 84 Abs. 1 S. 2 HGB ist selbstständig, wer im Wesentlichen seine Tätigkeit frei gestalten und seine Arbeitszeit frei bestimmen kann. Im Umkehrschluss ist danach Arbeitnehmer, wer aufgrund eines privatrechtlichen Arbeitsvertrags im Dienste eines anderen

---

1376 Instruktiv: LAG Berlin-Brandenburg 12.12.2012, BB 2013, 1020 ff.
1377 LAG Baden-Württemberg 1.8.2013 – 2 Sa 6/13, NZA 2013, 1017 („Scheinwerkvertrag").
1378 Gesetzentwurf der Bundesregierung vom 1.6.2016 zum Entwurf eines Gesetzes zur Änderung des Arbeitnehmerüberlassungsgesetzes und anderer Gesetze.
1379 BAG 13.3.2008, NZA 2008, 878.
1380 BAG 19.11.1997, NZA 1998, 364; Pauly/Osnabrügge/*Friedhofen*, § 18 Rn 30.
1381 BAG 12.9.1996, NZA 1997, 194.
1382 BAG 21.4.2005, AP Nr. 134 zu § 1 KSchG, 1969 Betriebsbedingte Kündigung.

zur Leistung weisungsgebundener, fremdbestimmter Arbeit in persönlicher Abhängigkeit verpflichtet ist.[1383] Nach dem Gesetzentwurf der Bundesregierung zum Entwurf eines Gesetzes zur Änderung des Arbeitnehmerüberlassungsgesetzes und anderer Gesetze soll es nun aber erstmals eine Legaldefinition des Arbeitnehmers geben. In dem geplanten **§ 611a BGB** wird aber nur die vorstehend von der Rechtsprechung herausgebildete Definition als Gesetzestext niedergelegt, ohne dass sich inhaltlich an den Kriterien etwas ändert.

Entscheidendes Abgrenzungskriterium ist der Grad der persönlichen Abhängigkeit. Die wirtschaftliche Abhängigkeit ist hingegen für die Beurteilung des Status regelmäßig nicht von Bedeutung. Ob eine persönliche Abhängigkeit gegeben ist, beurteilt das Bundesarbeitsgericht anhand einer wertenden Betrachtung aller Umstände. Ein besonderes Gewicht wird dabei der **Weisungsgebundenheit** des Dienstverpflichteten beigemessen. So spricht die Befugnis des Unternehmers, Anordnungen zu Zeit, Ort, Inhalt und Durchführung der Tätigkeit zu erteilen, für die Arbeitnehmereigenschaft eines Beschäftigten.[1384] Da die Pflicht, Weisungen nachzukommen, nicht nur für Arbeitsverhältnisse typisch ist, müssen die Anordnungen den Kern des Vertragsverhältnisses betreffen.[1385] Andere Kriterien, wie bspw. der Grad der Eingliederung in dem Betrieb oder das bestehende bzw. fehlende Unternehmerrisiko werden regelmäßig nur als zusätzliche Indizien berücksichtigt.[1386]

768

bb) Arbeitnehmerähnliche Personen

Beschäftigte, die nicht oder nur in geringem Maße weisungsgebunden tätig werden, aber aufgrund ihrer ausschließlichen oder überwiegenden Tätigkeit für ein Unternehmen in besonderer Weise von diesem wirtschaftlich abhängig und ihrer gesamten sozialen Stellung nach einem Arbeitnehmer vergleichbar schutzbedürftig sind, werden als **„arbeitnehmerähnliche Personen"** bezeichnet.[1387] Sie sind Arbeitnehmern in einigen Bereichen des Arbeitsrechts ausdrücklich gleichgestellt, trotzdem aber Selbstständige. Dies gilt bspw. für die Zuständigkeit der Arbeitsgerichte oder den Umfang des Urlaubsanspruchs.

769

Ob ein vergleichbares Maß an Schutzbedürftigkeit erreicht ist, muss – wie bei der Arbeitnehmereigenschaft – anhand einer Gesamtwürdigung der Umstände des Einzelfalls unter Berücksichtigung der Verkehrsanschauung ermittelt werden.[1388] Von einer arbeitnehmerähnlichen Schutzbedürftigkeit kann dabei allenfalls dann nicht ausgegangen werden, wenn der Betroffene wesentliche Arbeitgeberfunktionen wahrnimmt, sich in einer arbeitgebertypischen Funktion befindet oder eine Vergütung erhält, die einer Position mit arbeitgebertypischer Verantwortung gleichsteht. Eine Schutzbedürftigkeit liegt auch dann nicht vor, wenn der Selbstständige seinerseits wie ein Unternehmer eigene Angestellte beschäftigt.[1389] Arbeitnehmerähnliche Personen haften dagegen dann nur beschränkt wie Arbeitnehmer, wenn sie wie Arbeitnehmer über die wirtschaftliche Abhängigkeit hinaus in den Betrieb des Auftraggebers eingegliedert sind.[1390] Insofern sind sie dann schutzbedürftig.

770

cc) Risiken einer Fehleinschätzung

Die Risiken einer Fehleinschätzung des Status des Mitarbeiters sind in steuer- und sozialversicherungsrechtlicher Hinsicht immens. Wurde etwa von einem freien Mitarbeiterverhältnis ausgegangen, liegt aber in Wirklichkeit ein Beschäftigungsverhältnis vor, sind nachträglich die gesamten Beiträge zur Sozial-

771

1383 Ständige Rechtsprechung, BAG 9.7.2003, NZA-RR 2004, 9.
1384 BGH 16.10.2002, NJW-RR 2003, 277; BAG 16.7.1997, NZA 1998, 368.
1385 BAG 30.8.1994, NZA 1995, 649.
1386 Baumbach/Hopt/*Hopt*, § 84 HGB Rn 35 f.
1387 BAG 11.4.1997, NZA 1998, 499.
1388 BGH 16.10.2002, NJW-RR 2003, 277; BAG 16.7.1997, NZA 1997, 1126.
1389 BGH 21.10.1998, NZA 1999, 110.
1390 So: LAG Hessen 2.4.2013 – 13 Sa 857/12 (juris), Revision unter 8 AZR 566/13 eingelegt und durch Vergleich erledigt; Überblick zur Haftung im Arbeitsverhältnis bei *Schwab*, Haftung im Arbeitsverhältnis – 1. Teil: Die Haftung des Arbeitnehmers, NZA-RR 2016, 173.

versicherung in voller Höhe (Arbeitgeber- und Arbeitnehmeranteil) zu leisten.[1391] Der Arbeitgeber kann den Arbeitnehmeranteil an den nachgezahlten Beiträgen nur in den nächsten drei Lohnabrechnungszeiträumen vom Gehalt des Arbeitnehmers in Abzug bringen, § 28g SGB IV. In Zweifelsfällen sollte daher unbedingt vor Beginn der Tätigkeit, aber jedenfalls spätestens einen Monat nach Aufnahme der Tätigkeit, ein **Anfrageverfahren** bezüglich des Status des Mitarbeiters bei der Deutschen Rentenversicherung Bund gem. § 7a SGB IV durchgeführt werden.[1392] Für den Fall, dass dort ein versicherungspflichtiges Beschäftigungsverhältnis festgestellt wird, tritt die Versicherungspflicht erst mit der Bekanntgabe der Entscheidung unter den in § 7a Abs. 6 SGB IV genannten Voraussetzungen ein.

b) Folgen für die Vertragsgestaltung
aa) AGB-Kontrolle

772   Dienstverträge unterliegen einer vollständigen **AGB-Kontrolle**.[1393] Die einzelnen Regelungen müssen daher den Anforderungen der §§ 305 ff. BGB entsprechen. Zwar grenzt § 310 Abs. 4 BGB den Umfang der **Inhaltskontrolle** bei Arbeitsverträgen dahingehend ein, dass insoweit die im Arbeitsrecht geltenden Besonderheiten angemessen zu berücksichtigen sind und die §§ 305 Abs. 2, 3 BGB keine Anwendung finden. Diese Einschränkung gilt jedoch nur für Verträge zwischen Unternehmen und Arbeitnehmern. Arbeitnehmerähnliche Personen sind dagegen weisungsunabhängige Selbstständige, die keine Arbeitsverträge schließen, so dass die Einschränkung des § 310 Abs. 4 S. 2 BGB nicht gilt.[1394] Einer kritischen Würdigung zu unterziehen sind daher insbesondere einseitige Änderungsvorbehalte, Wettbewerbsverbote, Vertragsstrafen, Laufzeitregelung und Verjährungsverkürzungen. Auch ist auf die Einhaltung des Transparenzgebots (§ 307 Abs. 1 S. 2 BGB) und des Bestimmtheitsgrundsatzes (§ 305c Abs. 2 BGB) zu achten. Dies gilt selbstverständlich nur dann, wenn der Dienstvertrag vom Unternehmer einseitig gestellt und nicht im Einzelnen ausgehandelt wird. Ein Aushandeln im Sinne von § 305 Abs. 1 S. 3 BGB liegt aber nur dann vor, wenn der Verwender den in seinen AGB enthaltenen gesetzesfremden Kerninhalt inhaltlich ernsthaft zur Disposition stellt und dem anderen Teil Gestaltungsfreiheit zur Wahrung eigener Interessen einräumt.[1395] Davon ist jedoch regelmäßig nur dann auszugehen, sofern „auf Augenhöhe" verhandelt wird.

bb) Zwingendes Gesetzesrecht

773   Die Regelungen eines Dienstvertrages müssen mit zwingendem Gesetzesrecht vereinbar sein. Nicht dispositive Regelungen bestehen z.B. im Handelsvertreterrecht. Hier können die Parteien nicht die gesetzlich festgelegten Hauptleistungspflichten der Parteien abändern (§§ 86 Abs. 4, 86a Abs. 3 HGB) und keine nachteilig abweichenden Regelungen zur Fälligkeit (§ 87a Abs. 5 HGB) und Abrechnung von Provisionsansprüchen (§ 87c Abs. 5 HGB) treffen. Auch haben sie sich für **nachvertragliche Wettbewerbsabreden** zwingend an den Vorgaben des § 90a HGB zu orientieren.

774   Für den Dienstvertrag als bürgerlich-rechtlichen Vertrag gelten alle sonstigen Bestimmungen über das Zustandekommen von Verträgen. Der Vertrag darf daher nicht gegen ein gesetzliches Verbot verstoßen (§ 134 BGB). Gegenstand eines Dienstvertrages darf somit insbesondere kein strafbares Verhalten sein. Auch ist das Verbot der Sittenwidrigkeit zu beachten (§ 138 BGB).

775   Schließlich sind die Vorgaben des AGG zu beachten. Sie verbieten eine Diskriminierung wegen besonderer, im AGG im Einzelnen genannter Kriterien und Merkmale.

1391 Hierzu siehe *Plagemann* in: Plagemann, Münchener Anwaltshandbuch Sozialrecht, § 7 Rn 21 ff.; zu den komplexen steuerrechtlichen Auswirkungen vgl. etwa *Goretzki*, BB 1999, S. 635 ff.
1392 Vgl. dazu Bamberger/Roth/*Fuchs*, § 611 Rn 42 m.w.N.
1393 Beck'sches Rechtsanwaltshandbuch/*Semler*, Teil C 23, Rn 21; Bamberger/Roth/*Fuchs*, § 611 BGB Rn 53.
1394 Clemenz/Kreft/Krause/*Kreft*, § 310 Rn 11.
1395 St. Rspr., vgl. die Nachweise bei MüKo-BGB/*Basedow*, § 305 Rn 34.

cc) Folgen eines Verstoßes

Verstoßen einzelne Klauseln eines Dienstvertrags gegen die Vorgaben der §§ 305 ff BGB oder gegen Vorschriften des zwingenden Rechts, sind sie unwirksam. Eine geltungserhaltende Reduktion im Bereich der AGB-Kontrolle kommt regelmäßig nicht in Betracht.[1396]   **776**

Ist ein in Vollzug gesetzter Dienstvertrag im Ganzen nichtig, endet die Vertragsbeziehung in entsprechender Anwendung der Grundsätze zum „faktischen Arbeitsverhältnis" zumindest dann ex nunc, wenn es sich bei dem Beschäftigten um eine „arbeitnehmerähnliche Person" handelt. Ob einer Rückabwicklung selbstständiger Dienstverträge nach den §§ 812 ff. BGB stets die Grundsätze des faktischen Arbeitsverhältnisses entgegenstehen, hat die Rechtsprechung bislang offen gelassen.[1397]   **777**

3. Muster

a) Freie Mitarbeit

▼

Muster 1b.27: Vertrag über freie Mitarbeit   **778**

Vertrag über freie Mitarbeit

zwischen

der Firma

– Auftraggeber –

und

Herrn/Frau

– Auftragnehmer –

Präambel

Herr/Frau   wird nach Maßgabe der nachfolgenden Vereinbarung für die Firma   als freier Mitarbeiter/freie Mitarbeiterin tätig. Die Firma   stellt   her/vertreibt   /erbringt Dienstleistungen im Bereich   .

§ 1 Gegenstand

(1) Der Auftragnehmer wird von dem Auftraggeber als freier Mitarbeiter/freie Mitarbeiterin mit der Erbringung folgender Leistungen betraut   /mit der Erbringung von Dienstleistungen auf dem Gebiet   betraut. Die Art und der Umfang der zu erbringenden Tätigkeit werden im Einzelfall durch ein entsprechendes Auftragsschreiben festgelegt.[1398]

(2) Durch den Abschluss dieses Vertrages wird kein Arbeitsverhältnis begründet. Es erfolgt auch keine Eingliederung des Auftragnehmers in die Betriebsorganisation des Auftraggebers.[1399]

1396 BGH 25.1.2006, NJW 2006, 1059; Ulmer/Brandner/Hensen/*H. Schmidt*, § 306 Rn 14 m. v. N.

1397 BGH 12.1.1970, NJW 1970, 609.

1398 Sofern Gegenstand des Vertrags die Vermittlung von Verträgen zugunsten des Auftraggebers ist, handelt es sich bei dem Beschäftigten nicht um einen freien Mitarbeiter, sondern um einen Handelsvertreter. Auf den Handelsvertretervertrag sind die Bestimmungen der §§ 84 ff. HGB anwendbar, während sich der Vertrag eines freien Mitarbeiters nach den §§ 611 ff. BGB bemisst. Im Einzelnen: *Küstner/Thume*, Band 1, Rn 76 ff.

1399 Die Bestimmung hat lediglich indizielle Bedeutung. Ob ein Arbeitsverhältnis oder ein freies Dienstverhältnis vorliegt, bestimmt sich allein nach dem tatsächlichen Umfang der persönlichen Abhängigkeit des Beschäftigten während der Durchführung des Vertrags.

(3) Der Auftragnehmer hat das Recht, einzelne Aufträge des Auftraggebers ohne die Angabe von Gründen abzulehnen.[1400]

§ 2 Vertragsdauer

(1) Das Dienstverhältnis beginnt am ████████ und endet am ████████.

Alternativ: *Das Dienstverhältnis wird auf unbestimmte Zeit geschlossen. Es beginnt am* ████████.

Der Vertrag kann beiderseits mit einer Frist von ████████ zum Monatsende gekündigt werden. Die Kündigung bedarf der Textform.

(2) Eine Kündigung aus wichtigem Grund ist jederzeit möglich.

§ 3 Rechte und Pflichten des Auftragnehmers

(1) Der Auftragnehmer hat die aus § 1 folgende Leistung nach Maßgabe der näher zu bezeichnenden Anforderungen und Arbeitsmethoden des Auftraggebers zu erbringen.[1401] Das Arbeitsergebnis hat dem anerkannten Stand der Wissenschaft und Technik zu entsprechen.

(2) Der Auftragnehmer kann den Ort und die Zeit seiner Tätigkeit frei bestimmen. Er ist an keine feste tägliche, wöchentliche oder monatliche Arbeitszeit gebunden.

(3) Der Auftragnehmer ist auch in der Art und Weise der Leistungserbringung frei. Dem Auftraggeber kommt insoweit kein Weisungsrecht zu.

(4) Der Auftragnehmer muss die ihm nach § 1 übertragene Aufgabe nicht in Person erfüllen. Er kann sich zur Erbringung der vertraglichen Leistung Erfüllungsgehilfen bedienen.

(5) Dem Auftragnehmer steht es frei, während der Dauer des Vertragsverhältnisses zugleich für andere Auftraggeber tätig zu sein.

(6) Der Auftragnehmer hat dafür Sorge zu tragen, dass die gewerberechtlichen Voraussetzungen für eine selbstständige Tätigkeit vorliegen.

§ 4 Pflichten des Auftraggebers

Der Auftraggeber ist verpflichtet, dem Auftragnehmer die vereinbarte Vergütung zu zahlen.

§ 5 Vergütung

(1) Der Auftragnehmer erhält für die nach § 1 zu erbringende Leistung eine Pauschalvergütung von ████████ EUR zzgl. MwSt. Die Leistung des Auftragnehmers ist dem Auftraggeber in Rechnung zu stellen.

Alternativ: *Die vom Auftragnehmer nach § 1 zu erbringende Leistung wird auf Grundlage eines Stundenhonorars von* ████████ *EUR zzgl. MwSt. abgerechnet. Der Auftragnehmer hat die von ihm erbrachten Leistungen wöchentlich/monatlich gegenüber dem Auftraggeber abzurechnen.*

(2) Die MwSt. ist auf der Rechnung gesondert auszuweisen.

(3) Die Vergütung wird zehn Tage nach Eingang einer ordnungsgemäßen Rechnung zur Zahlung fällig.

(4) Sozialversicherungsbeiträge, Steuern etc. werden vom Auftraggeber nicht abgeführt. Hierfür ist allein der Auftragnehmer verantwortlich.

(5) Mit der Vergütung nach Abs. 1 sind sämtliche Aufwendungen des Auftragnehmers abgegolten. Dies betrifft insbesondere die vom Auftragnehmer in Zusammenhang mit der vertraglichen Tätigkeit entstehenden Kosten für Verwaltungs- und Büroarbeiten sowie für die Anschaffung und Unterhaltung technischer Einrichtungen.

(6) Ungeachtet der in Abs. 5 getroffenen Vereinbarung sind die nachstehend aufgeführten Aufwendungen wie folgt zu vergüten:

████████

1400 Bei dauerhaften Dienstverhältnissen spricht eine entsprechende Regelung für eine selbstständige Tätigkeit des Auftragnehmers.

1401 Da Weisungsbefugnisse des Auftraggebers für ein Arbeitsverhältnis sprechen, sind inhaltliche Vorgaben möglichst zu vermeiden. Anstelle solcher Weisungen sollte die übertragene Aufgabe (§ 1 Abs. 1 des Vertrags) möglichst genau umschrieben werden.

(7) Reisekosten werden nach Maßgabe folgender Regelung vom Auftraggeber erstattet:

Voraussetzung einer Erstattung ist, dass die Reise zur Erfüllung des Vertrags erforderlich war und die Kosten vom Auftragnehmer nachgewiesen sind. Die Reisekosten sind vom Auftragnehmer gesondert in Rechnung zu stellen. Der zu erstattende Betrag wird zehn Tage nach Eingang einer entsprechenden Rechnung zur Zahlung fällig.

(8) Vergütungsüberzahlungen sind vom Auftragnehmer zurückzuzahlen. Dieser kann sich nicht auf den Einwand der Entreicherung berufen.

§ 6 Nutzungsrechte

Dem Auftraggeber stehen die ausschließlichen Nutzungsrechte am Arbeitsergebnis des Auftragnehmers zu. Dies gilt auch dann, wenn durch die Tätigkeit des Auftragnehmers Urheberrechte begründet worden sind. Mit der in § 5 vereinbarten Vergütung sind alle Urheberrechte abgegolten. Dem Auftraggeber steht jegliche Vergütung aus einer Verwertung des Arbeitsergebnisses des Auftragnehmers alleine zu.

§ 7 Verschwiegenheit

Der Auftragnehmer ist verpflichtet, über alle geschäftlichen Angelegenheiten und Vorgänge, die ihm anvertraut werden oder die er im Rahmen seiner Tätigkeit für den Auftraggeber erfährt, unbedingtes Stillschweigen zu bewahren. Dies bezieht sich insbesondere auf Geschäfts- und Betriebsgeheimnisse sowie auf als vertraulich bezeichnete Angelegenheiten. Die Verschwiegenheitsverpflichtung erstreckt sich in dem rechtlich zulässigen Umfang auch auf die Zeit nach Beendigung des Vertragsverhältnisses.

§ 8 Herausgabe von Unterlagen

Der Auftragnehmer hat alle ihm im Zusammenhang mit seiner Tätigkeit überlassenen Unterlagen nach der Beendigung des Vertragsverhältnisses unverzüglich an den Auftraggeber herauszugeben. Ein Zurückbehaltungsrecht besteht nicht.

§ 9 Haftung

Der Auftragnehmer haftet in vollem Umfang für Schäden, die er im Zusammenhang mit der Durchführung dieses Vertrages zu Lasten des Auftraggebers verursacht.

§ 10 Schlussbestimmungen

(1) Änderungen und/oder Ergänzungen dieses Vertrages bedürfen in jedem Fall der Textform. Auf das Textformerfordernis kann nur durch eine ausdrückliche Vereinbarung in Textform verzichtet werden. Änderungen dieses Vertrages durch Individualabreden sind formlos wirksam.

(2) Sollte eine Bestimmung dieses Vertrages unwirksam sein, so berührt dies nicht die Wirksamkeit der übrigen Bestimmungen. Die unwirksame Bestimmung ist durch eine andere rechtsgültige Vereinbarung zu ersetzen, die dem Willen der Parteien so nah wie möglich kommt.

(3) Die Auslegung und Anwendung dieses Vertrages bestimmt sich nach deutschem Recht.

(4) Erfüllungsort und ausschließlicher Gerichtsstand für alle Streitigkeiten aus diesem Vertrag ist _____.[1402]

(Ort, Datum)

(*Unterschriften*)

1402 Vgl. aber §§ 38, 40 ZPO.

b) Handelsvertreter

▼

779 Muster 1b.28: Handelsvertretervertrag

Handelsvertretervertrag

zwischen

der Firma

– Unternehmen –

und

Herrn/Frau/der Firma

– Handelsvertreter –

Präambel

Herr/Frau/Die Firma ﹏﹏ wird für das Unternehmen ﹏﹏ als selbstständiger Handelsvertreter im Sinne der §§ 84 ff., 87 Abs. 1 des Handelsgesetzbuches (HGB) tätig. Gegenstand der Tätigkeit des Herrn/ der Frau/der Firma ﹏﹏ ist die Anbahnung neuer Geschäfte und Geschäftsbeziehungen sowie die Betreuung der bereits vorhandenen Kunden des Unternehmens nach Maßgabe der nachfolgenden Bedingungen.

§ 1 Vertretungsgebiet

(1) Das Unternehmen betraut den Handelsvertreter mit der Vertretung für die in der Anlage 1 zu diesem Vertrag genannten Gebiete.

Alternativ: *Das Unternehmen betraut den Handelsvertreter mit der Alleinvertretung für die in der Anlage 1 zu diesem Vertrag genannten Gebiete.*[1403]

(2) Die Ergänzung und Abänderung der Anlage 1 zu diesem Vertrag ist im beiderseitigen Einvernehmen jederzeit möglich, ohne dass hierdurch die übrigen Abreden des Vertrages berührt würden. Das Unternehmen ist berechtigt, die Anlage 1 zu diesem Vertrag ganz oder teilweise unter Einhaltung einer Frist von drei Monaten zum Monatsende zu kündigen.

(3) Unabhängig von der (Allein-)Vertretung nach Abs. 1 werden vom Unternehmen direkt ohne Mitwirkung des Handelsvertreters folgende Kunden bearbeitet/Erzeugnisse vertrieben: ﹏﹏

(4) Das Unternehmen darf im Vertragsgebiet auch selbstständig oder durch andere Beauftragte tätig werden.[1404]

Alternativ: *Das Unternehmen darf im Vertragsgebiet nicht selbstständig oder durch andere Beauftragte, insbesondere weitere Handelsvertreter, tätig werden.*

§ 2 Vertriebsgegenstand

(1) Die Vertretung durch Herrn/Frau/die Firma ﹏﹏ erstreckt sich auf alle gegenwärtigen und künftigen Erzeugnisse/Dienstleistungen des Unternehmens sowie alle sonstigen von diesem angebotenen Leistungen. Hierzu gehören ﹏﹏.

(2) Das Unternehmen ist berechtigt, die zur Zeit des Vertragsschlusses angebotenen Produkte/Dienstleistungen einseitig nach billigem Ermessen zu ändern, zu erweitern oder einzuschränken.

1403 Die Alleinvertretung schließt eine Tätigkeit des Unternehmens und/oder anderer Handelsvertreter im Vertragsgebiet aus. Der genaue Umfang des Alleinvertretungsrechts bestimmt sich nach dem Inhalt des Vertrags (vgl. § 1 Abs. 4). Verletzt das Unternehmen das Alleinvertretungsrecht des Handelsvertreters, kann dieser Schadensersatz verlangen. Auch kann in diesem Fall ein Recht zur fristlosen Kündigung bestehen.
1404 In diesem Fall besteht kein Bezirk- oder Kundenschutz des Handelsvertreters.

§ 3 Aufgaben des Handelsvertreters

(1) Der Handelsvertreter vermittelt dem Unternehmen neue Geschäfte und Geschäftsbeziehungen und betreut die Kunden des Unternehmens in dem ihm zugewiesenen Vertragsgebiet. Der Handelsvertreter ist nicht zum Abschluss von Rechtsgeschäften im Namen des Unternehmens berechtigt. Zum Inkasso ist der Handelsvertreter nur berechtigt, soweit ihm im Einzelfall Inkassovollmacht erteilt worden ist.[1405]

(2) Der Handelsvertreter ist nicht berechtigt, im Vertretungsgebiet Geschäfte auf eigene Rechnung mit den Vertragsprodukten abzuschließen.[1406]

§ 4 Pflichten des Handelsvertreters

(1) Bei seiner Tätigkeit hat der Handelsvertreter die Interessen des Unternehmens mit der Sorgfalt eines ordentlichen Kaufmanns wahrzunehmen und zu fördern.[1407]

(2) Der Handelsvertreter hat dem Unternehmen alle erforderlichen Nachrichten zu geben. Insbesondere wird er das Unternehmen von jeder Geschäftsvermittlung und von jedem Geschäftsabschluss unverzüglich in Kenntnis setzen.[1408]

(3) Der Handelsvertreter erstellt wöchentliche/monatliche Touren- und Kundenberichte.

(4) Der Handelsvertreter hat das Unternehmen mindestens einmal im Monat/alle ▮▮▮▮▮ Monate über die Marktverhältnisse im Vertragsgebiet, die wirtschaftlichen Verhältnisse der Kunden und Interessenten, deren Wünsche und über etwaige Veränderungen im Kundenkreis in Textform zu unterrichten. Unabhängig von dem vorgenannten Zeitraum hat der Handelsvertreter dem Unternehmen Bericht zu erstatten, soweit dies aus besonderen Gründen erforderlich ist.[1409]

§ 5 Konkurrenztätigkeit

(1) Der Handelsvertreter ist berechtigt während der Dauer der Vertragsbeziehung mit dem Unternehmen für folgende Firmen als Handelsvertreter tätig zu werden: ▮▮▮▮▮.

(2) Im Übrigen ist es dem Handelsvertreter untersagt, während der Laufzeit dieses Vertrages[1410] Vertretungen für ein anderes Unternehmen zu übernehmen, sich direkt oder indirekt an einem anderen Unternehmen zu beteiligen oder auf sonstige Weise für ein anderes Unternehmen tätig zu werden, das Erzeugnisse herstellt und/oder vertreibt/Dienstleistungen oder sonstige Leistungen anbietet, die denen des Unternehmens gleich oder gleichrangig sind.

§ 6 Geschäfts- und Betriebsgeheimnisse

Der Handelsvertreter ist verpflichtet, über alle geschäftlichen Angelegenheiten und Vorgänge, die ihm anvertraut werden oder die er im Rahmen seiner Tätigkeit für das Unternehmen erfährt, unbedingtes Stillschweigen zu bewahren. Dies bezieht sich insbesondere auf Geschäfts- und Betriebsgeheimnisse sowie auf als vertraulich bezeichneten Angelegenheiten. Die Verschwiegenheitsverpflichtung erstreckt sich in dem rechtlich zulässigen Umfang auch auf die Zeit nach Beendigung des Vertragsverhältnisses.[1411]

§ 7 Dienstleistungspflicht

(1) Der Handelsvertreter ist nicht zur höchstpersönlichen Leistung verpflichtet.

(2) Zur Erfüllung der vertraglichen Leistungen kann der Handelsvertreter Hilfspersonen heranziehen. Für den Einsatz eines Untervertreters oder eines angestellten Reisenden bedarf der Handelsvertreter der vor-

---

1405 Eine Inkassoberechtigung bzw. -verpflichtung besteht nur im Falle einer ausdrücklichen Vereinbarung.

1406 Vgl. § 84 Abs. 1 S. 1 HGB.

1407 Vgl. § 86 Abs. 1, Abs. 3 HGB.

1408 Vgl. § 86 Abs. 2 HGB.

1409 Entsprechende Obliegenheiten gehören zu den aus § 86 HGB folgenden Pflichten des Handelsvertreters: OLG Braunschweig 30.11.1995, NJW-RR 1996, 1316.

1410 Unter welchen Voraussetzungen ein nachvertragliches Wettbewerbsverbot zulässig ist, bestimmt sich nach § 90a HGB.

1411 Vgl. § 90 HGB.

herigen Zustimmung des Unternehmens; diese soll erteilt werden, wenn keine Gründe in der Person oder der Finanzlage der Hilfsperson bestehen, die an einer ordnungsgemäßen Aufgabenwahrnehmung nach diesem Vertrag zweifeln lassen.[1412]

(3) Rechtsbeziehungen entstehen im Fall der Heranziehung einer Hilfsperson nur zwischen dem Handelsvertreter und der Hilfsperson. Der Handelsvertreter bleibt gegenüber dem Unternehmen zur Erfüllung dieses Vertrages verpflichtet. Der Handelsvertreter hat sicherzustellen, dass die vertragliche Tätigkeit von der beauftragten Hilfsperson bzw. dem Untervertreter oder dem Reisenden mit derselben Sorgfalt erfüllt wird, wie durch ihn selbst.

§ 8 Pflichten des Unternehmens

(1) Das Unternehmen hat den Handelsvertreter bei dessen Tätigkeit nach Kräften zu unterstützen und ihm alle für die Ausübung seiner Tätigkeit benötigten Auskünfte zu erteilen. Insbesondere hat das Unternehmen den Handelsvertreter unverzüglich über die Annahme oder Ablehnung eines von diesem vermittelten oder vollmachtlos abgeschlossenen Geschäfts zu benachrichtigen. Gleiches gilt für die Nichtausführung eines Geschäfts.[1413]

(2) Das Unternehmen hat dem Handelsvertreter die zur Ausübung seiner Tätigkeit erforderlichen Unterlagen (Muster, Zeichnungen, Preislisten, Allgemeine Geschäftsbedingungen, Werbe- und Informationsmaterialien etc.) zur Verfügung zu stellen und neue Unterlagen unverzüglich an diesen herauszugeben.[1414]

Die Unterlagen sind dem Handelsvertreter auf Kosten des Unternehmens an dessen Sitz zu überlassen. Die Unterlagen bleiben Eigentum des Unternehmens. Nach dem Ende dieses Vertrages sind dem Unternehmen die Unterlagen vollständig an dessen Sitz zurückzugeben, soweit sie nicht bestimmungsgemäß verbraucht worden sind. Die Kosten der Rückgabe trägt der Handelsvertreter.

(3) Sofern das Unternehmen Geschäfte, die in den Anwendungsbereich dieses Vertrages fallen, in Zukunft nur in erheblich geringerem Umfang abschließen kann oder will, als der Handelsvertreter unter gewöhnlichen Umständen erwarten kann, hat es den Handelsvertreter unverzüglich zu unterrichten.[1415]

(4) Das Unternehmen hat den Handelsvertreter über Verhandlungen mit Kunden und Interessenten im Vertragsgebiet mit Ausnahme der in § 1 bezeichneten Direktkunden zu unterrichten. Dem Handelsvertreter sind Kopien des Schriftwechsels auszuhändigen.

§ 9 Abschlussprovision

(1) Das Unternehmen zahlt dem Handelsvertreter eine Provision nach den folgenden Bestimmungen für alle Geschäfte, die während der Dauer des Vertragsverhältnisses ausgeführt werden und die auf die Tätigkeit des Handelsvertreters nach den §§ 1 und 2 dieses Vertrages zurückzuführen sind.

(2) Der Anspruch auf Abschlussprovision des Herrn/der Frau/der Firma ███ errechnet sich aus dem Netto-Rohertrag eines Geschäfts. Der Rohertrag entspricht dem erzielten Verkaufspreis abzüglich des Einkaufspreises.

Skonti und Rabatte mindern den Provisionsanspruch nur, wenn sie vor dem Geschäftsabschluss mit dem Kunden vereinbart wurden. Nebenkosten für Fracht, Verpackung und Zoll sind dann abzuziehen, wenn diese dem Kunden gesondert in Rechnung gestellt wurden.

(3) Auf der Berechnungsgrundlage des Abs. 1 erhält der Handelsvertreter eine Abschlussprovision in Höhe von ███ %. Die Versteuerung der Provision trägt der Handelsvertreter. Gleiches gilt für Aufwendungen zu seiner sozialen Absicherung.

(4) Das Unternehmen hat über die Provision, auf die der Handelsvertreter Anspruch hat, monatlich/vierteljährlich abzurechnen.[1416]

1412 Der Umfang der persönlichen Leistungspflicht ist für die Abgrenzung des selbstständigen Handelsvertreters zum abhängigen Beschäftigten von Bedeutung. Insoweit ist darauf zu achten, dass die Hinzuziehung von Hilfspersonen nicht an ein zu eng gestaltetes Zustimmungsrecht des Unternehmens gebunden ist.

1413 Vgl. § 86a Abs. 2 HGB.

1414 Vgl. § 86a Abs. 1 HGB.

1415 Vgl. § 86a Abs. 2 S. 3 HGB.

1416 Vgl. § 87c Abs. 1 S. 1 HGB.

Einwendungen gegen die Abrechnung sind vom Handelsvertreter innerhalb einer Frist von zwei Wochen ab Zugang der Abrechnung gegenüber dem Unternehmen in Textform geltend zu machen.

(5) Der Anspruch auf Abschlussprovision entsteht, sobald und soweit das Unternehmen das vom Handelsvertreter vermittelte Geschäft ausgeführt hat oder hätte ausführen müssen.[1417]

Ein Provisionsanspruch besteht nicht, wenn und soweit das vermittelte Geschäft aus Gründen nicht ausgeführt wird, die das Unternehmen nicht zu vertreten hat.[1418]

Der Provisionsanspruch entfällt auch dann, wenn und soweit feststeht, dass der Kunde nicht leistet.[1419] Zum Nachweis des fehlenden Leistungsvermögens des Kunden genügt insbesondere die Mitteilung einer Auskunftsdatei, dass Maßnahmen der Zwangsvollstreckung voraussichtlich erfolglos verlaufen werden. Das Unternehmen ist zu einer gerichtlichen Geltendmachung seiner Forderungen aus einem vermittelten Vertrag oder zur Vollstreckung eines Zahlungstitels nur dann verpflichtet, wenn hinreichende Erfolgsaussicht besteht.

(6) Der Handelsvertreter kann keine Provision für solche Geschäfte verlangen, für die ein Provisionsanspruch seines Vorgängers besteht.[1420]

(7) Sofern der Provisionsanspruch des Handelsvertreters entfällt, sind bereits empfangene Beträge an das Unternehmen zurückzuzahlen.[1421]

Alternativ:

§ 9 Basis- und Zusatzprovision

(1) Das Unternehmen zahlt dem Handelsvertreter eine Provision nach den folgenden Bestimmungen für alle Geschäfte, die während der Dauer des Vertragsverhältnisses aufgeführt werden und die auf die Tätigkeit des Handelsvertreters nach den §§ 1 und 2 dieses Vertrages zurückzuführen sind.

(2) Als Entgelt für seine Tätigkeit erhält der Handelsvertreter eine Basis- und eine Zusatzprovision, die vom Jahresumsatz im Vertragsgebiet abhängig ist. Der für die Bemessung der Provision maßgebliche Jahresumsatz ergibt sich aus dem Entgelt, das der Kunde im Kalenderjahr an das Unternehmen zu entrichten hat. Erfasst werden dabei nur Kunden, deren Sitz im Vertragsgebiet liegt.

Skonti und Rabatte mindern den Provisionsanspruch nur, wenn sie vor dem Geschäftsabschluss mit dem Kunden vereinbart wurden. Nebenkosten für Fracht, Verpackung und Zoll sind dann abzuziehen, wenn diese dem Kunden gesondert in Rechnung gestellt wurden.

(3) Die Basisprovision beträgt zwischen ___ % und ___ % des erzielten Vorjahresumsatzes im Sinne des Abs. 2, höchstens jedoch ___ EUR. Sie wird jeweils zum Monatsende anteilig mit einem Zwölftel des Gesamtbetrages ausgezahlt.

Für das Kalenderjahr, in dem das Vertragsverhältnis beginnt, erhält der Handelsvertreter eine Basisprovision von ___ % des Vorjahresumsatzes. Sie erhöht sich um jeweils 0,5 % für jedes weitere Kalenderjahr, in dem das Vertragsverhältnis fortbesteht, bis zum Höchstsatz von ___ %.

(4) Die Zusatzprovision bezieht sich auf Umsatzsteigerungen, die im Vertragsgebiet gegenüber dem Vorjahresumsatz im Sinne des Abs. 1 erzielt werden. Sie beträgt ___ % des Mehrumsatzes bei Umsatzsteigerungen bis ___ EUR, ___ % des Mehrumsatzes bei Umsatzsteigerungen von mehr als ___ EUR bis ___ EUR, ___ % des Mehrumsatzes bei Umsatzsteigerungen über ___ EUR.

Die Zusatzprovision wird bis zum 31. Januar des Folgejahres ermittelt und zu diesem Zeitpunkt fällig.

Der Handelsvertreter hat Anspruch auf einen angemessenen Vorschuss auf die Zusatzprovision, der jeweils zum Monatsende ausgezahlt wird. Die Höhe des Vorschusses richtet sich nach einer besonderen Vereinbarung, die vorbehalten bleibt. Soweit die im laufenden Kalenderjahr geleisteten Vorschüsse die

1417 Vgl. § 87a Abs. 1 S. 1 HGB.
1418 Vgl. § 87a Abs. 3 S. 2 HGB.
1419 Vgl. § 87a Abs. 2 HGB.
1420 Vgl. § 87 Abs. 2 S. 2 HGB.
1421 Vgl. § 87a Abs. 2 HGB.

Zusatzprovision übersteigen, ist der Handelsvertreter zur Rückzahlung bis zum 28. Februar des Folgejahres verpflichtet.

Beginnt oder endet das Handelsvertreterverhältnis im laufenden Kalenderjahr, so wird die Zusatzprovisionszeit anteilig berechnet und zum Fälligkeitstermin ausgezahlt.

(5) Einwendungen gegen die Abrechnung sind vom Handelsvertreter innerhalb einer Frist von zwei Wochen ab Zugang der Abrechnung gegenüber dem Unternehmen in Textform geltend zu machen.

(6) Der Provisionsanspruch entfällt wenn und soweit feststeht, dass der Kunde nicht leistet. Zum Nachweis des fehlenden Leistungsvermögens des Kunden genügt die Mitteilung einer Auskunftsdatei, dass Maßnahmen der Zwangsvollstreckung voraussichtlich erfolglos verlaufen werden. Das Unternehmen ist zu einer gerichtlichen Geltendmachung einer Forderung aus dem vermittelten Vertrag oder zur Vollstreckung eines Zahlungstitels nur dann verpflichtet, wenn hinreichende Erfolgsaussicht besteht.

(7) Sofern der Provisionsanspruch des Handelsvertreters entfällt, sind bereits empfangene Beträge an das Unternehmen zurückzuzahlen.

§ 10 Bestands- und Verwaltungsprovision

(1) Herr/Frau/Die Firma ▒▒▒▒ erhält für die Betreuung des ihm/ihr übertragenen Kundenstamms sowie der bestehenden Geschäftsverbindungen und Verträge eine Bestands- und Verwaltungsprovision mit der alle im Zusammenhang mit einer Kundenbetreuung anfallenden Aufwendungen, insbesondere Flug- und Reisekosten abgegolten sind.

(2) Die Höhe der Bestands- und Verwaltungsprovision richtet sich nach der Anlage 2 zum Handelsvertretervertrag.

(3) Der Anspruch auf Bestands- und Verwaltungsprovision für einen Monat ist jeweils am Zehnten des Folgemonats fällig.

(4) Die Parteien sind sich darüber einig, dass die Bestands- und Verwaltungsprovision nicht ausgleichspflichtig (§ 89b HGB) ist.

§ 11 Delkredere

Der Handelsvertreter haftet nach gesonderter Vereinbarung für die Erfüllung der Verbindlichkeiten vermittelter Kunden. Die Erklärung des Handelsvertreters bedarf der Schriftform.

Alternativ: *Eine Delkrederehaftung des Handelsvertreters ist ausgeschlossen.*[1422]

§ 12 Beginn und Dauer des Vertragsverhältnisses

(1) Das Vertragsverhältnis beginnt am ▒▒▒▒ und wird auf unbestimmte Zeit abgeschlossen.

Alternativ: *Das Vertragsverhältnis beginnt am ▒▒▒▒ und endet am ▒▒▒▒.*

(2) Der Vertrag kann mit einer Frist von ▒▒▒▒ Monaten zum Ende eines Monats in Textform gekündigt werden.

(3) Das Recht zur fristlosen Kündigung bleibt hiervon unberührt.

§ 13 Sonstige Bestimmungen

(1) Änderungen und/oder Ergänzungen dieses Vertrages bedürfen in jedem Fall der Textform. Auf das Textformerfordernis kann nur durch eine ausdrückliche Vereinbarung in Textform verzichtet werden. Änderungen dieses Vertrages durch Individualabreden sind formlos wirksam.[1423]

(2) Sollte eine Bestimmung dieses Vertrages unwirksam sein, so berührt dies nicht die Wirksamkeit der übrigen Bestimmungen. Die unwirksame Bestimmung ist durch eine andere rechtsgültige Vereinbarung zu ersetzen, die dem Willen der Parteien so nah wie möglich kommt.

1422 Vgl. § 86b HGB.

1423 Im Hinblick auf die Rechtsprechung des BAG zur sog. doppelten Schriftformklausel sollte jedenfalls klargestellt werden, dass das Textformerfordernis nicht für Individualabreden gilt, vgl. BAG 20.5.2008, NZA 2008, 1233.

(3) Die Auslegung und Anwendung dieses Vertrages bestimmt sich nach deutschem Recht.

(4) Erfüllungsort und ausschließlicher Gerichtsstand für alle Streitigkeiten aus diesem Vertrag ist der Sitz des Unternehmens.[1424]

(Ort, Datum)

(*Unterschriften*)

▲

c) Berater

29

▼

Muster 1b.29: Beratervertrag

780

Beratervertrag

zwischen

der Firma ▓▓▓▓▓

– Unternehmen –

und

Herrn/Frau/der Firma ▓▓▓▓▓

– Berater –

Präambel

Herr/Frau/die Firma ▓▓▓▓▓ wird nach Maßgabe der nachfolgenden Vereinbarung für die Firma ▓▓▓▓▓ als Berater/-in tätig.[1425]

§ 1 Gegenstand

(1) Herr/Frau/die Firma ▓▓▓▓▓ berät die Firma ▓▓▓▓▓ in den nachfolgend aufgeführten Fragen:

▓▓▓▓▓

(2) Zur Tätigkeit des Herrn/der Frau/der Firma ▓▓▓▓▓ gehört neben der Beratung im engeren Sinne auch die Fertigung von Schreiben, die Erstellung von Gutachten und die Ausarbeitung von Erhebungen.

(3) Durch den Abschluss dieses Vertrages wird kein Arbeitsverhältnis begründet. Es erfolgt auch keine Eingliederung des Auftragnehmers in die Betriebsorganisation des Auftraggebers.

§ 2 Vertragsdauer

(1) Das Vertragsverhältnis beginnt am ▓▓▓▓▓ und endet am ▓▓▓▓▓.

Alternativ: *Das Vertragsverhältnis wird auf unbestimmte Zeit geschlossen. Es beginnt am* ▓▓▓▓▓.

Der Vertrag kann beiderseits mit einer Frist von ▓▓▓▓▓ zum Monatsende gekündigt werden. Die Kündigung bedarf der Textform.

(2) Eine Kündigung aus wichtigem Grund ist jederzeit möglich.

§ 3 Rechte und Pflichten

(1) Der Berater kann den Ort und die Zeit seiner Tätigkeit frei bestimmen. Er ist an keine feste tägliche, wöchentliche oder monatliche Arbeitszeit gebunden.

1424 Vgl. §§ 38, 40 ZPO.
1425 Beim Beratervertrag handelt es sich um einen Unterfall des Vertrages für einen freien Mitarbeiter. Es gelten die allgemeinen Abgrenzungskriterien für die Frage, ob eine abhängige oder eine selbstständige Beschäftigung vorliegt.

Sofern das Unternehmen im Einzelfall Termine zur Erbringung einer vertraglichen Leistung festsetzt, sind diese taggenau einzuhalten. Sollte der Berater einen vorgegebenen Termin nicht einhalten können, hat er das Unternehmen rechtzeitig unter Angabe der Gründe zu unterrichten.

(2) Der Berater kann sich zur Erbringung der vertraglichen Leistung Erfüllungsgehilfen bedienen.

(3) Dem Berater steht es frei, während der Dauer des Vertragsverhältnisses zugleich für andere Auftraggeber tätig zu sein. Der Berater verpflichtet sich jedoch, während der Dauer des Vertragsverhältnisses nur mit ausdrücklicher Zustimmung des Unternehmens für solche Gesellschaften tätig zu werden, die mit dem Unternehmen in Wettbewerb stehen. Mögliche Interessenkonflikte sind dem Unternehmen unverzüglich anzuzeigen.

(4) Der Berater hat dafür Sorge zu tragen, dass die gesetzlichen, insbesondere gewerberechtlichen Voraussetzungen für seine Tätigkeit vorliegen.

(5) Das Unternehmen hat dem Berater alle für die Ausübung seiner Tätigkeit benötigten Auskünfte zu erteilen und Unterlagen vorzulegen.

§ 4 Vergütung

(1) Die Tätigkeit des Beraters wird stundenweise auf Grundlage eines Stundenhonorars von ▓▓▓▓▓ EUR zzgl. MwSt. vergütet. Der Berater hat die von ihm erbrachten Leistungen bis zum ▓▓▓▓▓ eines Monats für den vorangegangenen Monat gegenüber dem Unternehmen abzurechnen.

Alternativ: *Der Auftragnehmer erhält für die nach § 1 zu erbringenden Leistungen eine Pauschalvergütung von* ▓▓▓▓▓ *EUR zzgl. MwSt. pro Monat.*

(2) Sozialabgaben, Steuern etc. werden vom Unternehmen nicht abgeführt. Hierfür ist allein der Berater verantwortlich.

(3) Vergütungsüberzahlungen sind vom Berater zurückzuzahlen. Dieser kann sich nicht auf den Einwand der Entreicherung berufen.

§ 5 Aufwendungen

(1) Der Berater hat einen Anspruch auf Ersatz der zur Vertragserfüllung erforderlichen und von ihm nachgewiesenen Aufwendungen. Zu den erstattungsfähigen Aufwendungen gehören insbesondere die Kosten der Bürotätigkeit (Telefon, Porto, Papier, etc.).

(2) Reisekosten sind nur dann erstattungsfähig, wenn die angetretene Reise zuvor von dem Unternehmen genehmigt worden ist.

(3) Der Berater hat die ihm in Ausübung seiner vertraglichen Tätigkeit entstandenen Aufwendungen monatlich gegenüber dem Unternehmen abzurechnen. Die Abrechnung erfolgt bis zum ▓▓▓▓▓ eines Monats für den vorangegangenen Monat. Der Abrechnung sind die entsprechenden Belege beizufügen.

(4) Zu Unrecht erstattete Aufwendungen sind vom Berater zurückzuzahlen. Der Einwand der Entreicherung ist ausgeschlossen.

§ 6 Verschwiegenheit

Der Berater ist verpflichtet, über alle geschäftlichen Angelegenheiten und Vorgänge, die ihm anvertraut werden oder die er im Rahmen seiner Tätigkeit für das Unternehmen erfährt, unbedingtes Stillschweigen zu bewahren. Dies bezieht sich insbesondere auf Geschäfts- und Betriebsgeheimnisse sowie auf als vertraulich bezeichneten Angelegenheiten. Die Verschwiegenheitsverpflichtung erstreckt sich in dem rechtlich zulässigen Umfang auch auf die Zeit nach Beendigung des Vertragsverhältnisses.

§ 7 Aufbewahrung und Rückgabe von Unterlagen

(1) Der Berater hat alle ihm vom Unternehmen zur Verfügung gestellten Unterlagen sowie sämtliche im Zusammenhang mit seiner Tätigkeit für das Unternehmen gefertigten Schriftstücke, Aufzeichnungen und sonstigen Dokumente, unabhängig davon, ob diese in schriftlicher oder elektronischer Form vorliegen, ordnungsgemäß aufzubewahren. Er hat dafür Sorge zu tragen, dass Dritte keine Einsicht nehmen können.

(2) Während der Dauer des Vertragsverhältnisses sind dem Unternehmen die in Abs. 1 benannten Unterlagen auf Anforderung vom Berater auszuhändigen. Nach der Beendigung des Vertragsverhältnisses hat eine

Herausgabe der Dokumente unverzüglich und unaufgefordert zu erfolgen. Ein Zurückbehaltungsrecht des Beraters besteht nicht.

§ 8 Schlussbestimmungen

(1) Änderungen und/oder Ergänzungen dieses Vertrages bedürfen der Textform. Auf das Textformerfordernis kann nur durch eine ausdrückliche Vereinbarung in Textform verzichtet werden. Änderungen des Vertrages durch Individualabreden sind formlos wirksam.[1426]

(2) Sollte eine Bestimmung dieses Vertrages unwirksam sein, so berührt dies nicht die Wirksamkeit der übrigen Bestimmungen. Die unwirksame Bestimmung ist durch eine andere rechtsgültige Vereinbarung zu ersetzen, die dem Willen der Parteien so nah wie möglich kommt.

(3) Die Auslegung und Anwendung dieses Vertrages bestimmt sich nach deutschem Recht.

(4) Erfüllungsort und ausschließlicher Gerichtsstand für alle Streitigkeiten aus diesem Vertrag ist ▓▓▓▓.

(Ort, Datum)

(Unterschriften)

▲

---

d) Interim Manager

▼

Muster 1b.30: Interim Manager   781

Vertrag[1427]

zwischen

der Firma

– Gesellschaft –

und

– Auftragnehmer –

Präambel

In einer Präambel kann es sinnvoll sein, kurz zu beschreiben, warum der Auftragnehmer als Interim Manager für die Gesellschaft tätig wird, z.B. im Rahmen einer akuten Krise des Unternehmens, im Rahmen eines Insolvenzverfahrens, bei kurzfristigem Ausscheiden von Leistungsträgern oder im Rahmen eines bestimmten Projektes.

§ 1 Tätigkeit

(1) Der Auftragnehmer wird als Interim Manager für die Gesellschaft tätig. In dieser Tätigkeit berät und unterstützt er die Leitung der Gesellschaft insbesondere in den folgenden Angelegenheiten/Geschäftsfeldern/Gebieten:

Hier folgend: Stichwortartige Aufzählung der Verantwortungsbereiche, z.B. Bereich Technik mit den Sachgebieten Konstruktion, Arbeitsvorbereitung, Fertigung, Einkauf und Logistik.

1426 Im Hinblick auf die Rechtsprechung des BAG zur sog. doppelten Schriftformklausel sollte jedenfalls klargestellt werden, dass das Textformerfordernis nicht für Individualabreden gilt, vgl. BAG 20.5.2008, NZA 2008, 1233.

1427 Dieses Muster ist zu verwenden, wenn der Manager unterhalb der Geschäftsführungsebene tätig wird. Soll dagegen z.B. im Sanierungsverfahren ein CRO (Chief Restructuring Officer) als Mitglied der Geschäftsführung bestellt werden, so ist das Muster für den Geschäftsführeranstellungsvertrag zu verwenden (siehe dazu Rdn 783).

(2) Der Rahmen der Tätigkeit wird mit der Gesellschaft jeweils abgestimmt. Innerhalb dieses abgestimmten Rahmens kann der Auftragnehmer Art, Inhalt und Umfang sowie den Ort seiner Tätigkeit frei bestimmen. Die Parteien sind sich aber darüber einig, dass der Auftragnehmer an mindestens ▮▮▮ Tagen in der Woche am Ort der Gesellschaft präsent ist.

(3) Die Gesellschaft stellt dem Auftragnehmer die zur Ausführung und Ausübung seiner Tätigkeit erforderlichen Informationen, Unterlagen und Räumlichkeiten zur Verfügung.

(4) Der Auftragnehmer wird die Gesellschaft mindestens einmal wöchentlich, auf Anforderung aber jederzeit, über den aktuellen Stand seiner Tätigkeit unterrichten.

(5) Ist der Auftragnehmer an der Erbringung seiner Tätigkeit gehindert, wird er die Gesellschaft unverzüglich informieren.

§ 2 Vergütung

(1) Der Auftragnehmer erhält als Vergütung ein Stundenhonorar von EUR ▮▮▮ zzgl. der jeweils anfallenden gesetzlichen Umsatzsteuer.

Alternativ: *Der Auftragnehmer erhält eine Pauschale von EUR ▮▮▮ pro Tag zzgl. der jeweils anfallenden gesetzlichen Umsatzsteuer.*

Mit dieser Vergütung ist die Tätigkeit des Auftragnehmers vollumfänglich abgegolten, dies gilt auch für Tätigkeiten von Dritten, die für den Auftragnehmer tätig werden. Der Auftragnehmer wird den Tätigkeitsumfang durch entsprechende Zeiterfassungsbelege nachweisen.

Alternativ: *Erfolgt die Vergütung nach Tagessätzen, gehen die Parteien übereinstimmend davon aus, dass der Umfang der Tätigkeit am Tag mindestens acht Stunden betragen wird.*

(2) Die Parteien gehen davon aus, dass der monatliche Tätigkeitsumfang bis zu ▮▮▮ Stunden bzw. bis zu ▮▮▮ Tage beträgt. Droht der Tätigkeitsumfang des Auftragnehmers das geplante Volumen zu überschreiten oder zu unterschreiten, wird der Auftragnehmer dies der Gesellschaft unverzüglich anzeigen. Die Vertragsparteien werden sodann den weiteren Tätigkeitsumfang abstimmen. Bis zu einer Neuregelung, längstens aber bis zur Dauer von zwei Wochen nach Anzeige des veränderten Tätigkeitsumfanges, gilt der geänderte Tätigkeitsumfang als genehmigt.

(3) Der Auftragnehmer hat seine Tätigkeit jeweils in zweiwöchigen Abständen abzurechnen. Die Vergütung ist binnen einer Frist von zwei Wochen nach Zugang der Abrechnung zur Zahlung fällig. Die Auszahlung erfolgt auf das vom Auftragnehmer anzugebende Konto.

(4) Die Gesellschaft ersetzt dem Auftragnehmer über die Vergütung hinaus die erforderlichen und nachgewiesenen Aufwendungen, die ihm in Ausübung seiner Aufgaben im Rahmen dieses Vertrages entstehen, wobei die erstattungsfähigen Übernachtungskosten auf einen Betrag von EUR ▮▮▮ und die Fahrtkostenerstattung auf EUR ▮▮▮ pro gefahrenen Kilometer beschränkt werden. Für die Abrechnung des Aufwendungsersatzes gilt Abs. 3 entsprechend.

(5) Für die Versteuerung der Vergütung hat der Auftragnehmer selbst zu sorgen. Beiträge zur gesetzlichen Sozialversicherung oder zu privaten Versicherungen übernimmt die Gesellschaft nicht. Dies ist bei der Kalkulation der Vergütung berücksichtigt worden. Dieser Vertrag begründet nach dem Willen beider Vertragsparteien kein Arbeitsverhältnis und kein Beschäftigungsverhältnis. Der Auftragnehmer verpflichtet sich, auf Verlangen der Gesellschaft an einem sozialversicherungsrechtlichen Statusverfahren gem. § 7a SGB IV mitzuwirken.

(6) Der Auftragnehmer hat keinen Anspruch auf Urlaub. Ist der Auftragnehmer gehindert, seine Tätigkeit zu erbringen, entfällt der Anspruch auf eine Vergütung. Entgeltfortzahlungskosten werden von der Gesellschaft nicht übernommen.

§ 3 Verschwiegenheit, Aufbewahrung und Rückgabe von Unterlagen

(1) Der Auftragnehmer verpflichtet sich, über die ihm im Laufe seiner Tätigkeit für die Gesellschaft bekannt gewordenen geschäftlichen Angelegenheiten, insbesondere Geschäfts- und Betriebsgeheimnisse, Stillschweigen zu bewahren. Diese Schweigepflicht besteht auch nach Beendigung dieses Vertragsverhältnisses fort.

(2) Unterlagen, die der Auftragnehmer im Rahmen seiner Tätigkeit für die Gesellschaft erhalten hat, sind von ihm sorgfältig und gegen die Einsichtnahme Dritter geschützt aufzubewahren. Nach Beendigung des Vertrages sind die Unterlagen einschließlich etwaiger Kopien/Abschriften unverzüglich der Gesellschaft zurückzugeben. Die Geltendmachung eines Zurückbehaltungsrechts an den vorgenannten Unterlagen ist ausgeschlossen.

§ 4 Tätigkeiten für Dritte

(1) Der Auftragnehmer darf auch für andere Auftraggeber tätig sein. Das Wettbewerbsverbot gemäß Absatz 2 bleibt hiervon unberührt. Der Auftragnehmer wird der Gesellschaft unaufgefordert mitteilen, für welche anderen Auftraggeber er tätig ist. Besteht aus Sicht der Gesellschaft die Gefahr eines Interessenkonfliktes zwischen den Tätigkeiten des Auftragnehmers für die Gesellschaft und für einen anderen Auftraggeber, wird die Gesellschaft dies dem Auftragnehmer unverzüglich mitteilen. Erklärt der Auftragnehmer, dass er trotz des angezeigten möglichen Interessenkonfliktes seine Tätigkeit für den anderen Auftraggeber fortsetzen will, kann die Gesellschaft dieses Vertragsverhältnis ohne Einhaltung einer Frist kündigen.

Der Auftragnehmer hat der Gesellschaft die in der Anlage 1 zu diesem Vertrag bezeichneten Tätigkeiten für andere Auftraggeber mitgeteilt. Diese der Gesellschaft mitgeteilten Tätigkeiten sind von der Gesellschaft bestätigt und begründen keinen Interessenkonflikt.

(2) Während der Dauer dieses Vertragsverhältnisses ist es dem Auftraggeber untersagt, für ein Unternehmen, gleich welcher Rechtsform, tätig zu werden, welches mit der Gesellschaft in Konkurrenz steht. Hierzu zählen alle Unternehmen, die auf den folgenden Geschäftsfeldern im Marktbereich der Gesellschaft tätig sind:

§ 5 Versicherungsnachweis

Der Auftragnehmer weist der Gesellschaft durch Vorlage der entsprechenden Unterlagen bis spätestens   nach, dass er über geeignete Haftpflichtversicherungen für die Risiken aus seiner Tätigkeit verfügt. Als geeignete Versicherungen im vorstehenden Sinne verstehen die Parteien zumindest eine Vermögensschadenhaftpflichtversicherung mit einer Mindestdeckungssumme von EUR   *(ggf. weitere Versicherungen ergänzen, z.B. Betriebshaftpflichtversicherung).* Weist der Auftragnehmer nicht bis spätestens   die vorstehend bezeichneten Versicherungen nach, kann die Gesellschaft den Vertrag ohne Einhaltung einer Frist kündigen.

§ 6 Vertragsdauer

(1) Der Vertrag beginnt am   .

(2) Das Vertragsverhältnis kann beiderseits mit einer Frist von   gekündigt werden. Das Recht zur außerordentlichen Kündigung bleibt unberührt. Kündigungen können schriftlich, per Telefax oder in Textform erfolgen.

(Ort, Datum)

(Unterschriften)

XIX. Geschäftsführer-Anstellungsvertrag

Literatur: *v. Alvensleben/Haug/Schnabel,* Der Fremdgeschäftsführer im Spannungsfeld zwischen Arbeitgeberposition und Arbeitnehmereigenschaft, BB 2012, 774; *Bascope/Hering,* Verdeckte Gewinnausschüttungen im Zusammenhang mit der Vergütung von Gesellschafter-Geschäftsführern, GmbHR 2005, 741; *Bauder,* Die Bezüge des GmbH-Geschäftsführers in Krise und Konkurs der Gesellschaft, BB 1993, 369; *Bauer/Großerichter,* Zur Durchsetzung deutscher Bestellungshindernisse von Geschäftsleitern gegenüber ausländischen Gesellschaften, NZG 2008, 253; *Bauer/Krieger,* Formale Fehler bei Abberufung und Kündigung vertretungsberechtigter Organmitglieder, ZIP 2004, 1247; *Baumbach/Hueck,* GmbH-Gesetz, 20. Aufl. 2013; *Bednarz,* Die Kundige von Beschlüssen des Aufsichtsrats durch den Aufsichtsratsvorsitzenden – ein Fall des § 174 S 1 BGB?, NZG 2005, 418; *Bednarz,* Die Gesellschafterliste als Rechtsscheinträger für einen gutgläubigen Erwerb von GmbH-Geschäftsanteilen, BB 2008, 1854; *Bergwitz,* Möglichkeiten des abberufenen GmbH-Geschäftsführers zur Befreiung vom Wettbewerbsverbot, GmbHR 2006, 1129; *Boewer/Gaul/Otto,* Zweites Gesetz zur Vereinfachung der Wahl der Arbeitnehmervertreter in den Aufsichtsrat und seine Auswirkungen auf die GmbH, GmbHR 2004, 1065; *Brete/Thomsen,* Zahlungsunfähigkeit nach § 17 InsO und streitige Steuerfestsetzungen als Haftungs- und Strafbarkeitsfalle für Geschäftsführer und nun auch für Gesellschafter, GmbHR 2008, 912; *Briese*, Verständnis und grundlegende Rechtsfragen der verdeckten Gewinnausschüttung, GmbHR 2005, 597; *Büchel*, Kapitalaufbringung, insbesondere Regelung der verdeckten Sacheinlage nach dem Regierungsentwurf des MoMiG, GmbHR 2007, 1065; *Decker*, Organhaftung und Expertenrat, GmbHR 2014, 72; *Diller*, Ordentliche Kündigung des Geschäftsführers sowie Verhältnis von Arbeitsverhältnis und Geschäftsführerdienstvertrag, NJW 2008, 1019; *Diller*, Konkurrenztätigkeit des GmbH-Geschäftsführers während des Kündigungsschutzprozesses, ZIP 2007, 201; *Dimsic/Link*, Bestandsschutzstreitigkeiten von GmbH-Geschäftsführern, BB 2015, 3063; *Dreher/Thomas*, Die D & O-Versicherung nach der VVG-Novelle 2008, ZGR 2009, 31; *Drescher*, Die Haftung des GmbH-Geschäftsführers, 7. Aufl. 2013; *Ebenroth/Lange*, Sorgfaltspflichten und Haftung des Geschäftsführers einer GmbH nach § 43 GmbHG, GmbHR 1992, 69; *Ek*, Die Haftung des GmbH-Geschäftsführers, 2011; *Fischer*, Die Fremdgeschäftsführerin und andere Organvertreter auf dem Weg zur Arbeitnehmereigenschaft, NJW 2011, 2329; *Fischer*, Das unternehmerische Ermessen des GmbH-Geschäftsführers und seine GmbH-spezifischen Grenzen, NZG 2011, 521; *Fleischer*, Aktuelle Entwicklungen der Managerhaftung, NJW 2009, 2337; *Fleischer*, Zur ergänzenden Anwendung von Aktienrecht auf die GmbH, GmbHR 2008, 673; *Fleischer/Goette*, MüKo zum GmbHG, Band 2, 2. Aufl. 2016; *Fliegner*, Das MoMiG – Vom Regierungsentwurf zum Bundestagesbeschluss, DB 2008, 1668; *Forst*, Unterliegen Geschäftsführer dem Bundesurlaubsgesetz (BUrlG)?, GmbHR 2012, 821; *Forst*, GmbH-Fremdgeschäftsführer als Arbeitnehmer im Sinne des Unionsrechts, EuZW 2015, 664; *Franz*, Aktuelle Compliance-Fragen zur D&O-Versicherung, DB 2011, 1961, 2019; *Freckmann*, Neues zur Sozialversicherungspflicht von GmbH-Geschäftsführern, BB 2006, 2077; *Freund*, Konturierungen der Organpflichten von Geschäftsführern und Vorständen, GmbHR 2011, 238; *Friemel/Kamlah*, Der Geschäftsführer als Erfinder, BB 2008, 613; *Gasteyer/Goldschmidt*, Der schwebend unwirksam bestellte Geschäftsführer nach einem Gesellschafterwechsel – Wirksamkeit seiner Rechtshandlungen nach § 16 Abs. 1 GmbHG i.d.F. des MoMiG, ZIP 2008, 1906; *Gaul/Janz*, Das neue VorstAG – Veränderte Vorgaben auch für die Geschäftsführer und den Aufsichtsrat der GmbH, GmbHR 2009, 959; *Geck/Fiedler*, Alle Wege des Geschäftsführers führen zu den Arbeitsgerichten, BB 2015, 1077; *Gehlhaar*, Die Rechtsprechung zu (ruhenden) Arbeitsverhältnissen von Organen juristischer Personen, NZA-RR 2009, 569; *Gehrlein*, Rechtsprechungsübersicht zum GmbH-Recht in den Jahren 2001–2004, BB 2004, 2585; *Gehrlein*, Die Behandlung von Gesellschafterdarlehen durch das MoMiG, BB 2008, 846; *Gieseke*, Interessenkonflikte der GmbH-Geschäftsführer bei Pflichtenkollisionen, GmbHR 1996, 486; *Ginal/Heinemann-Diehl*, Die arbeitsrechtliche Stellung des Fremdgeschäftsführers, GWR 2014, 408; *Graef/Heilemann*, Das Bundesarbeitsgericht und der GmbH-Geschäftsführer – eine Rechtsprechungsübersicht, GmbHR 2015, 225; *Gresbrand*, Wettbewerbsverbote für den Gesellschafter-Geschäftsführer beim GmbH-Unternehmenserwerb, GmbHR 2013, 119; *Greulich/Rau*, Zur partiellen Insolvenzverursacherhaftung des GmbH-Geschäftsführers nach § 64 S. 3 GmbHG-RegE, NZG 2008, 284; *Grimm*, Sozialversicherungspflicht der GmbH-Geschäftsführers und AG-Vorstands, DB 2012, 175; *Haase*, Der Anspruch des Geschäftsführers einer GmbH auf Fortzahlung seiner Vergütung im Krankheitsfall, GmbHR 2005, 1260; *Haase*, Der Erholungsurlaub des GmbH-Geschäftsführers einer GmbH aus rechtlicher Sicht, GmbHR 2005, 265, 338; *Heidenhain*, Nachvertragliches Wettbewerbsverbot des GmbH-Geschäftsführers, NZG 2002, 605; *Hildebrand*, Arbeitnehmerschutz von geschäftsführenden Gesellschaftsorganen im Lichte der Danosa-Entscheidung des EuGH, Diss. Kiel 2014; *Hillmann-Stadtfeld*, Sozialversicherungspflicht von Geschäftsführern, GmbHR 2004, 1207; *Hirte*, Die Neuregelung des Rechts der (früher: kapitalersetzenden) Gesellschafterdarlehen durch das Gesetz zur Modernisierung des GmbH-Rechts und zur Bekämpfung von Missbräuchen (MoMiG), WM 2008, 1429; *Hölzle*, Gesellschafterfremdfinanzierung und Kapitalerhaltung im RegE des MoMiG, GmbHR 2007, 729; *Hohenstatt/Naber*, Diskriminierungsschutz für Organmitglieder – Konsequenzen für die Vertragsgestaltung, ZIP 2012, 1989; *Holthausen/Steinkraus*, Die janusköpfige Rechtsstellung des Geschäftsführers im Arbeitsrecht, NZA-RR 2002, 281; *Hümmerich*, Grenzfall des Arbeitsrechts – Kündigung des GmbH-Geschäftsführers, NJW 1995, 1177; *Hümmerich/Schmidt-Westphal*, Integrierte Aufhebungsvereinbarung im Dienstvertrag des GmbH-Geschäftsführers, DB 2007, 222; *Jaeger*, Rechtsfolgen einer vertraglich vereinbarten Anwendung des gesetzlichen Kündigungsschutzes für Geschäftsführer, DStR 2010, 2313; *Janssen*, Die Verwendung von Gehaltsstrukturuntersuchungen zur Ermittlung der Angemessenheit der Gesamtvergütung von Gesellschafter-Geschäftsführern, GmbHR 2007, 749; *Jooß*, Aufhebung des Arbeitsverhältnisses durch Abschluss eines Geschäftsführerdienstvertrages, RdA 2008, 285; *Joussen*, Der Sorgfaltsmaßstab des § 43 Abs. 1 GmbHG; GmbHR 2005, 441; *Klose*, Die Sozialversicherungspflicht von GmbH-Geschäftsführern, GmbHR 2012, 1097; *Koch*, Die Rechtsstellung der Gesellschaft und des Organmitglieds in der D & O-Versicherung, GmbHR 2004, 18, 160, 288; *Koch*, Beschränkung der Regressfolgen im Kapitalgesellschaftsrecht, AG 2012, 429; *Köhl*, Die Einschränkung der Haftung des GmbH-Geschäftsführers nach den Grundsätzen des innerbetrieblichen Schadensausgleichs, DB 1996, 2597; *Krolop*, Mit dem MoMiG vom Eigenkapitalersatz zu einem insolvenzrechtlichen Haftkapitalerhaltungsrecht?, ZIP 2007, 1738; *Kruse/Stenslik*, Mutterschutz für Organe von Gesellschaften?, NZA 2013, 596; *Kukat*, Vorsicht ist besser als Nachsicht – Praktische Hinweise zur Vereinbarung nachvertraglicher Wettbewerbsverbote für Geschäftsführer und zur Anrechnung anderweitiger Erwerbs, BB 2001, 951; *Lange*, Die D & O-Versicherungsklausel im Manageranstellungsvertrag, ZIP 2004, 2221; *Langner*, Die aktuelle Rechtsprechung zu § 623 BGB bei der Bestellung von Arbeitnehmern zu Organmitgliedern, DStR 2007, 5356; *Lattwein/Krüger*, D & O-Versicherung – Das Ende der Goldgräberstimmung, NVersZ 2000, 365; *Leuchten*, Konkurrenztätigkeit im gekündigten Arbeitsverhältnis, NZA 2011, 391; *Leuering*, Die Zurückweisung von einseitigen Rechtsgeschäften des Aufsichtsrats nach § 174 BGB, NZG 2004, 120; *Lohr*, Die Beschränkung der Innenhaftung des GmbH-GF, NZG 2000, 1204; *Louven*, Aus der Rechtsprechung des Bundessozialgerichts zum sozialrechtlichen Status des GmbH-Geschäftsführers, DB 1999, 1061; *Lücke*, Der Status des GmbH-Geschäftsführers: (K)ein Arbeitnehmer!?, NJOZ 2009, 3469; *Lunk*, Rechtliche und taktische Erwägungen bei Kündigung und Abberufung des GmbH-Geschäftsführers, ZIP 1999, 1777; *Lunk/Stolz*, Die Bezüge des GmbH-Geschäftsführers in der Krise, NZA 2010, 121; *Lunk/Rodenbusch*, Der unionsrechtliche Arbeitnehmerbegriff und seine Auswirkungen auf das deutsche Recht, GmbHR 2012, 188; *Lunk*, Der EuGH und die deutschen GmbH-Fremdgeschäftsführer – Auf dem Weg zum Arbeitnehmerstatus?, NZA 2015, 917; *Lunk*, Der GmbH-Geschäftsführer und die Arbeitsgerichtsbarkeit – Das BAG macht den Weg frei!, NJW 2015, 528; *Lutter*, Die Business Judgement Rule und ihre praktische Anwendung, ZIP 2007, 841; *Lutter/Hommelhoff*, GmbH-Gesetz Kommentar, 18. Aufl. 2012; *Manger*, Das nachvertragliche Wettbewerbsverbot des GmbH-Geschäftsführers, GmbHR 2001, 89; *Markwardt*, Kapitalaufbringung nach dem MoMiG, BB 2008, 2414; *Meier*, Der praktische Fall, Kann eine Verpflichtung zur Entlastung der Geschäftsführung einer GmbH vorab vertraglich vereinbart werden?, GmbHR 2004, 111; *Meilicke*, Kündigungs- und Abberufungsschutz für Gesellschafter-Geschäftsführer, DB 1994, 1761; *Melot de Beauregard/Gleich*, Aktuelle Probleme bei der D&O-Versicherung, NJW 2013, 824; *Meyer*, Die Verantwortlichkeit des Geschäftsführers für Gläubigerinteressen – Veränderungen durch das MoMiG, BB 2008, 1742; *Meyke*, Die Haftung des GmbH-Geschäftsführers, 5. Aufl. 2007; *Moll*, Arbeitsverhältnis nach Beförderung zum Organmitglied, GmbHR 2008, 1024; *Müller*, Das nachvertragliche Wettbewerbsverbot von GmbH-Geschäftsführern, GmbHR 2014, 964; *Müller-Glöge/Preis/Schmidt*, Erfurter Kommentar zum Arbeitsrecht, 16. Aufl. 2016; *Müller-Potthoff/Lippke/Müller*, Angemessenheit von Tantiemen für Minderheits-Gesellschafter-Geschäftsführer, GmbHR 2009, 867; *Naber*, Wettbewerbsverbote in gesellschaftsrechtlichen Vereinbarungen mit Arbeitnehmern und Organmitgliedern, NZA 2013, 870; *Nägele*, Der Anstellungsvertrag des Geschäftsführers, BB 2001, 305; *Nebendahl*, Ansprüche eines GmbH-Geschäftsführers aus betrieblicher Übung?, NZA 1992, 289; *Oberrath*, Anwendung von Arbeitsrecht auf den GmbH-Geschäftsführer, MDR 1999, 134; *Oberthür*, Unionsrechtliche Impulse für den Kündigungsschutz von Organvertretern und Arbeitnehmerbegriff, NZA 2011, 253; *Oppenhoff*, Die GmbH-Reform durch das MoMiG – ein Überblick, BB 2008, 1742; *Podewils*, Zur rückwirkenden Bewilligung einer eigenmächtigen Erhöhung des Gehalts des Gesellschaftergeschäftsführers durch Gesellschafterbeschluss, GmbHR 2008, 1094; *Poertzgen*, Die künftige Insolvenzverschleppungshaftung nach dem MoMiG, GmbHR 2007, 1258; *Preis/Sagan*, Der GmbH-Geschäftsführer in der arbeits- und diskriminierungsrechtlichen Rechtsprechung des EuGH, BGH und BAG, ZGR 2013, 26; *Rahlmeyer/Fassbach*, Vorstandshaftung und Prozeßfinanzierung, GWR 2015, 331; *Redeke*, Zur gerichtlichen Kontrolle der Angemessenheit der Informationsgrundlage im Rahmen der Business Judgement Rule nach § 93 Abs. 1 S. 2 AktG, ZIP 2011, 59; *Reinfelder*, Arbeitnehmer – Gesellschafter – Geschäftsführer, RdA 2016, 87; *Reiserer*, Arbeitnehmerschutz für Geschäftsführer? – EuGH und BAG leisten Schützenhilfe, BB 2016, 1141; *Reiserer*, Arbeitnehmerschutz für Geschäftsführer?, DB 2011, 2262; *Reiserer*, Die ordentliche Kündigung des Dienstvertrages des GmbH-Geschäftsführers, DB 1994, 1822; *Reiserer*, Der GmbH-Geschäftsführer in der Sozialversicherung – Scheinselbstständiger, Arbeitnehmerähnlicher oder freier Unternehmer?, BB 1999, 2026; *Reiserer/Fallenstein*, Neues zur Statusfeststellung von GmbH-Geschäftsführern, DStR 2010, 2085; *Reufels/Molle*, Diskriminierungsschutz von Organmitgliedern, NZA-RR 2011, 281; *Sasse/Schnitger*, Das ruhende Arbeitsverhältnis des GmbH-Geschäftsführers, BB 2007, 154; *Schaub*, Arbeitsrechtshandbuch, 16. Aufl. 2015; *Schiefer/Worzalla*, Der Anstellungsvertrag des GmbH-Geschäftsführers, ZfA 2013, 41; *Schlather/Erbrich*, Beck'sches Personalhandbuch, Band II, Lohnsteuer und Sozialversicherung, Stand: 1.1.2016; *Schmidt, Karsten*, GmbH-Reform auf Kosten der Geschäftsführer? Zum (Un-) Gleichgewicht zwischen Gesellschafterrisiko und Geschäftsführerrisiko im Entwurf eines MoMiG und in der BGH-Rechtsprechung, GmbHR 2008, 449; *Schneider*, Abmahnung des Geschäftsführers vor Kündigung des Anstellungsvertrages aus wichtigem Grund?, GmbHR 2003, 1; *Schneider/Schneider*, Die zwölf goldenen Regeln des GmbH-Geschäftsführers zur Haftungsvermeidung und Vermögenssicherung, GmbHR 2005, 1229; *Scholz*, Kommentar zum GmbH-Gesetz, Band 1, 11. Aufl. 2012, Band 2, 11. Aufl. 2014; *Schrader/Schubert*, Der „getarnte" Arbeitnehmer-Geschäftsführer, BB 2007, 1617; *Schrader/Schubert*, Der Geschäftsführer als Arbeitnehmer, DB 2005, 1457; *Schubert*, Arbeitnehmerschutz für GmbH-Geschäftsführer, ZESAR 2013, 5; *Schubert*, Der Diskriminierungsschutz der Organvertreter und die Kapitalverkehrsfreiheit der Investoren im Konflikt, ZIP 2013, 289; *Schuhmann*, Der GmbH-Geschäftsführer und die Sorgfalt, GmbHR 2009, 535; *Schumacher*, Die aufschiebend bedingte Geschäftsführerbestellung, GmbHR 2006, 924; *Schwedhelm*, Vermeidung verdeckter Gewinnausschüttungen bei der Gestaltung von Geschäftsführer-Verträgen, GmbHR 2006, 281; *Spickhoff*, Medizinrecht, 2. Aufl. 2014; *Stagat*, Und es geht doch: Kündigungsschutz für GmbH-Geschäftsführer, NZA 2010, 975; *Stagat*, Der Rechtsweg des GmbH-Geschäftsführers zum Arbeitsgericht – Änderung der Rechtsprechung und Folgen für die Praxis, NZA 2015, 193; *Stein*, Die neue Dogmatik der Wissensverantwortung bei der außerordentlichen Kündigung von Organmitgliedern der Kapitalgesellschaften, ZGR 1999, 264; *Stephan*, Anstellungsvertrag eines Geschäftsführers, Beck'sches Formularbuch Bürgerliches, Handels- und Wirtschaftsrecht, 9. Aufl. 2006; *Streit/Bürk*, Keine Entwarnung bei der Geschäftsführerhaftung im Insolvenzfall, DB 2008, 742; *Stück*, Der GmbH-Geschäftsführer im Sozialrecht, GmbHR 2007, 1099; *Tänzer*, Die aktuelle Geschäftsführervergütung 2005, GmbHR 2005, 1256; *Tänzer*, Die angemessene Geschäftsführervergütung, GmbHR 2003, 754; *Tamm/Fangerow*, Die Haftung des GmbH-Geschäftsführers gegenüber privaten Gläubigern, BB 2012, 1944; *Thiessen*, Der unkündbare Geschäftsführer – Kündigungsschutz durch anstellungsvertragliche Verweisung auf arbeitsrechtliche Vorschriften, ZIP 2011, 1029; *Thüsing/Stiebert*, Altersgrenzen bei Organmitgliedern, NZG 2011, 641; *Thüsing*, Nachorganschaftliche Wettbewerbsverbote bei Vorständen und Geschäftsführern, NZG 2004, 9; *Tiedchen*, Wettbewerbsverbote im GmbH-Konzern, GmbHR 1993, 616; *Tschöpe/Wortmann*, Abberufung und außerordentliche Kündigung von geschäftsführenden Organvertretern – Grundlagen und Verfahrensfragen, NZG 2009, 85; *Ulmer/Habersack/Henssler*, Mitbestimmungsrecht, 3. Aufl. 2012; *Wackerbarth*, Die Festlegung der Vergütung des Gesellschafter-Geschäftsführers, GmbHR 2009, 65; *Wälzholz*, Das MoMiG kommt: Ein Überblick über die neuen Regelungen, GmbHR 2008, 841; *Wank/Maties*, Arbeitnehmer oder Gesellschaftsorgan oder Vereinsmitglied?, NZA 2007, 353; *Weyand*, Gesetzlicher Ausschluss vom Geschäftsführeramt, ZinsO 2007, 754; *Wilsing/Kleißl*, Herabsetzung von Vorstandsbezügen in Zeiten der Krise, BB 2008, 2422; *Wimmer*, Der Anstellungsvertrag des GmbH-Geschäftsführers, DStR 1997, 247; *Wlotzke/Wißmann/Koberski/Kleinsorge*, Mitbestimmungsrecht-Kommentar, 4. Aufl. 2011; *Wübbelsmann*, Die Vergütung des Geschäftsführers – Ausstrahlung des VorstAG auf die GmbH?, GmbHG 2009, 988; *Zimmer*, Kündigung im Management: § 623 BGB gilt nicht für GmbH-Geschäftsführer und AG-Vorstände, BB 2003, 1175; *Zimmermann*, Prüfung der Angemessenheit der Vergütung von (Gesellschafter-) Geschäftsführern in kleineren GmbHs, GmbHR 2002, 353.

1. Allgemeines

782 Nachfolgend wird das Muster eines Geschäftsführer-Anstellungsvertrages vorgestellt, das als Basis für die Regelung der dienstvertraglichen Beziehungen des Geschäftsführers einer GmbH mit inländischem Verwaltungssitz[1428] zu der Gesellschaft dienen kann. Bei diesem Vertragsmuster handelt es sich nicht um einen Arbeitsvertrag, weil der Geschäftsführer in den allermeisten Fällen nicht Arbeitnehmer, sondern freier Dienstnehmer ist.[1429] Es ist je nach Ausgestaltung des Anstellungsvertrages mit eventuell vorhandener gesellschaftsrechtlicher Beteiligung des Geschäftsführers an der GmbH im jeweiligen Sachzusammenhang zu prüfen, ob arbeitsrechtliche Regelungen auf das Dienstverhältnis des Geschäftsführers anzuwenden sind. Das ist nach den Entscheidungen des EuGH in den Verfahren Danosa[1430] und Balkaya[1431] immer dann der Fall, wenn der unionsrechtliche Arbeitnehmerbegriff der Rechtsanwendung zugrunde zu legen ist.[1432] Auf die insoweit bestehenden Einzelfragen wird in den Erläuterungen hingewiesen. Ausnahmsweise kann allerdings der Anstellungsvertrag eines GmbH-Geschäftsführers als (echter) Arbeitsvertrag einzuordnen sein, wenn Vertragspartner des Anstellungsvertrages nicht die Gesellschaft ist, sondern ein Dritter, bzw. die Konzernobergesellschaft einer konzernverbundenen GmbH oder die Kommanditgesellschaft bei einer GmbH & Co. KG und der Geschäftsführer deren Weisungen hinsichtlich der Ausgestaltung seiner Tätigkeit unterliegt.[1433] In einem solchen Fall gelten selbstverständlich die arbeitsrechtlichen Schutzgesetze auch zugunsten des Geschäftsführers.

Zur Vereinfachung der Darstellung ist im Muster die männliche Geschlechtsform gewählt worden. Damit soll selbstverständlich keine Diskriminierung wegen des Geschlechtes verbunden sein.

1428 Aus § 4a, § 10 GmbHG i.d.F. des Gesetzes zur Modernisierung des GmbH-Rechts und zur Bekämpfung von Missbräuchen (MoMiG) vom 26.6.2008 (BGBl I, 2008, 2026) folgt, dass der Verwaltungssitz der GmbH auch im Ausland begründet werden kann. Zu den Neuregelungen des GmbH-Rechts in Bezug auf die Rechtsstellung des Geschäftsführers durch das MoMiG, vgl. *Meyer*, BB 2008, 1742; *Hirte*, WM 2008, 1429; *Bednarz*, BB 2008, 1854; *Fliegner*, DB 2008, 1668; *Oppenhoff*, BB 2008, 1742.
1429 BGH 14.2.2000, NJW 2000, 1638; BGH 10.9.2001, NJW-RR 2002, 173; BGH 23.1.2003, NZA 2003, 439; etwas enger BAG 6.5.1999, NZA 1999, 839; BAG 26.5.1999, NZA 1999, 987; BAG 13.2.2003, NZA 2003, 552; zur Zuständigkeit nach der Abberufung als GmbH Geschäftsführer oder der Amtsniederlegung: BAG 26.10.2012, NZA 2013, 54; BAG 22.10.2014, NZA 2015, 60; BAG 3.12.2014, NZA 2015, 180; vgl. auch Baumbach/Hueck/*Zöllner/Noack*, § 35 GmbHG Rn 172; Lutter/Hommelhoff/*Kleindieck*, Anh zu § 6 GmbHG Rn 3; Schaub/*Vogelsang*, ArbR-Hdb., § 14 Rn 2–5; ErfK/*Preis*, § 611 BGB Rn 137; *Graef/Heilemann*, GmbHR 2015, 225; *Nebendahl*, NZA 1992, 289; *Nägele*, BB 2001, 305; *Holthausen/Steinkraus*, NZA-RR 2002, 281; *Schrader/Schubert*, BB 2007, 1617; a.A. *Wank/Maties*, NZA 2007, 353; *Lücke*, NJOZ 2009, 3469.
1430 EuGH 11.11.2010, NZA 2011, 143.
1431 EuGH 9.7.2015, NZA 2015, 861.
1432 Nach der Rechtsprechung des EuGH in den Sachen Danosa und Balkaya kann ein Organ einer Kapitalgesellschaft allerdings dem europarechtlichen Arbeitnehmerbegriff unterfallen, wenn entsprechende Weisungsabhängigkeiten bestehen, wie etwa bei Fremd- oder Minderheits-Gesellschafter-Geschäftsführern, vgl. dazu:*Lunk*, NZA 2015; 917; *Forst*, EuZW 2015, 2015, 664; *Ginal/Heinemann-Diehl*, GWR 2014, 408; *Hildebrand*, Diss.Kiel 2014, S. 22 ff.; *Lunk/Rodenbusch*, GmbHR 2012, 188; *v. Alvensleben/Hauck/Schnabel*, BB 2012, 774; *Reiserer*, DB 2011, 2262; *Oberthür*, NZA 2011, 253; *Fischer*, NJW 2011, 2329; *Reufels/Molle*, NZA-RR 2011, 281; *Jaeger*, MüKo-GmbHG, § 35 Rn 280.
1433 BAG 13.7.1995, NJW 1995, 3338; offen gelassen in BAG 24.11.2005, NZA 2006, 366.

---

2. Muster

▼

Muster 1b.31: Geschäftsführervertrag

Anstellungsvertrag	Employment Contract

Anstellungsvertrag

zwischen

    , vertreten durch ihre Gesellschafter, die Herren   ,   (*Straße*)
,   (*PLZ*)   (*Ort*),

– im Folgenden: Gesellschaft –

und

Herrn   ,   (*Straße*)   ,   (*PLZ*)   (*Ort*),

– im Folgenden: Geschäftsführer –

Durch Beschluss der Gesellschafterversammlung vom   wurde Herr   zum Geschäftsführer der Gesellschaft bestellt. Aus diesem Grund wird das bisher bestehende Arbeitsverhältnis hiermit einvernehmlich aufgehoben und der nachfolgende Anstellungsvertrag geschlossen, welcher in vollem Umfang den Arbeits-/Anstellungsvertrag vom   ersetzt.

§ 1 Vertretungsbefugnis, Selbstkontrahieren

(1) Der Geschäftsführer vertritt die Gesellschaft gemeinsam mit einem weiteren Geschäftsführer gerichtlich und außergerichtlich. Die Gesellschaft ist berechtigt, ihm Alleinvertretungsbefugnis zu erteilen bzw. eine erteilte Alleinvertretungsbefugnis zu widerrufen.

(2) Der Geschäftsführer ist von den Beschränkungen des § 181 BGB befreit/nicht befreit. Die Gesellschaft ist berechtigt, die Befreiung ganz oder teilweise aufzuheben/zu erteilen.

§ 2 Geschäftsführungsbefugnis

(1) Der Geschäftsführer führt gemeinsam mit gegebenenfalls bestellten weiteren Geschäftsführern die Geschäfte der Gesellschaft nach Maßgabe der Gesetze, der jeweiligen Satzung und dieses Anstellungsvertrages. Er hat Weisungen der Gesellschafterversammlung Folge zu leisten.

(2) Der Geschäftsführer ist zur Zeit für den Geschäftsbereich   zuständig. Die Gesellschaft ist berechtigt, dem Geschäftsführer durch Geschäftsordnung oder im Einzelfall weitere oder andere Aufgaben zu übertragen.

Employment Contract

between

    , represented by its shareholders,

Messrs.   ,   (*Street*)
,   (*Zip Code*)   (*Place*),

– hereinafter: Company –

and

Mr.   ,   (*Street*)   ,   (*Zip Code*)   (*Place*),

– hereinafter: Managing Director –

By resolution of the shareholders' meeting on   Mr.   was appointed as Managing Director of the Company. For this reason, the previously existing employment relationship is herewith consensually canceled and the following Employment Contract is being entered into, which replaces the employment agreement dated   in its entirety.

§ 1 Power of Representation, Self-Contracting

(1) The Managing Director represents the Company before a court and out of court jointly with an additional managing director. The Company has the right to grant sole power of representation to him, or to revoke previously granted sole powers of representation.

(2) The Managing Director is released from/not released from the limitations of § 181 of the German Civil Code [BGB]. The Company has the right to grant/suspend the release entirely or partially.

§ 2 Business Management Authority

(1) The Managing Director conducts the business of the Company, if applicable, jointly with additionally appointed managing directors, according to the statutory provisions, the respective bylaws and this Employment Contract. He must carry out the directives of the shareholders' meeting.

(2) At this time, the Managing Director is responsible for the business division   . By way of rules of procedure/bylaws, or in a particular case, the Company has the right to assign additional or other responsibilities to the Managing Director.

(3) Der Geschäftsführer darf Rechtsgeschäfte, die über den gewöhnlichen Geschäftsbetrieb der Gesellschaft hinausgehen, nur nach vorheriger Zustimmung der Gesellschafter-versammlung ausführen. Dies gilt insbesondere für folgende Rechtsgeschäfte:

(a) Veräußerung oder Stilllegung des Betriebs oder wesentlicher Betriebsteile sowie die Aufgabe wesentlicher Geschäftsbereiche,

(b) Errichtung oder Schließung von Zweigniederlassungen,

(c) Gründung, Erwerb oder Veräußerung von anderen Unternehmen oder direkte oder indirekte Beteiligung der Gesellschaft an anderen Unternehmen sowie die Aufgabe von solchen Beteiligungen,

(d) Erwerb, Veräußerung oder Belastung von Grundstücken und grundstücksgleichen Rechten oberhalb einer Wertgrenze von ▨▨▨ EUR, sowie die Verpflichtung zur Vornahme solcher Rechtsgeschäfte,

(e) Investitionsentscheidungen aller Art, soweit die hierfür erforderlichen Aufwendungen einen Betrag von ▨▨▨ EUR übersteigen, sofern diese nicht in einem von der Gesellschafterversammlung genehmigten Wirtschaftsplan enthalten sind,

(f) Abschluss, Änderung oder Aufhebung von Miet-, Pacht-, Leasingverträgen oder sonstiger Dauerschuldverhältnisse mit einer Vertragsdauer von mehr als ▨▨▨ Monaten oder einer monatlichen Verpflichtung von mehr als ▨▨▨ EUR bzw. einer jährlichen Verpflichtung von mehr als ▨▨▨ EUR,

(g) Inanspruchnahme oder Gewährung von Krediten oder Sicherheitsleistungen jeglicher Art, welche ▨▨▨ EUR übersteigen. Hiervon ausgenommen sind die laufenden Warenkredite im gewöhnlichen Geschäftsverkehr mit Kunden und Lieferanten der Gesellschaft,

(h) Übernahme von Bürgschaften und Wechselverbindlichkeiten jeglicher Art,

(i) Einstellung und Entlassung von Arbeitnehmern, deren Jahresverdienst die Wertgrenze von ▨▨▨ EUR (einschließlich Sozialversicherungsbeiträgen) übersteigt,

(j) Bewilligung von Gehaltserhöhungen und zusätzlichen Vergütungen, welche zu einem Übersteigen der Verdienstgrenze gemäß lit. (i) führen,

(3) The Managing Director may engage in legal transactions that go beyond the ordinary business operations of the Company only upon obtaining prior consent from the shareholders' meeting. In particular, this applies to the following legal transactions:

(a) Selling or closing an operation or important parts of operations, as well as discontinuing important business divisions,

(b) Establishing or closing branch offices,

(c) Founding, purchasing or selling of other companies or direct or indirect shareholdings of the Company in other companies, as well as surrendering such shareholdings,

(d) Purchasing, selling or encumbering property and rights equivalent to real property above a value limit of EUR ▨▨▨ and the obligation to execute such legal transactions,

(e) Investment decisions of all types to the extent the expenditures for such exceed an amount of EUR ▨▨▨, unless these are contained in a business plan that has been approved by the shareholders' meeting,

(f) Entering into, amending or suspending rental agreements, tenancy agreements, leasing agreements or other contracts for the performance of a continuing obligation having a contractual term of more than ▨▨▨ months or a monthly obligation of more than EUR ▨▨▨ or an annual obligation of more than EUR ▨▨▨,

(g) Taking on or granting loans or payment bonds of any type that exceed EUR ▨▨▨. This excludes the ongoing commercial loans related to the ordinary business transactions with customers and suppliers of the Company,

(h) Accepting guarantees of payment and acceptance commitments of any kind,

(i) Hiring and firing employees whose annual compensation exceeds a value of EUR ▨▨▨ (including social insurance contributions),

(j) Approving salary increases and additional compensation that leads to an excess above the compensation limit as stipulated in Section (i),

(k) Erteilung von Versorgungszusagen aller Art, durch welche zusätzliche Verpflichtungen der Gesellschaft über die Leistungen der gesetzlichen Sozial-versicherung und/oder einer bei der Gesellschaft bestehenden betrieblichen Altersversorgung hinaus begründet werden,

(l) Erteilung und Widerruf von Prokuren und Handlungsvollmachten,

(m) Verlegung von Verwaltungssitzen,

(n) Vornahme von Auszahlungen oder Vermögenszuwendungen an Gesellschafter,

(o) Vornahme entsprechender Handlungen in Tochtergesellschaften.

§ 3 Pflichten und Verantwortlichkeit

(1) Der Geschäftsführer hat in Angelegenheiten der Gesellschaft die Sorgfalt eines ordentlichen Geschäftsmannes anzuwenden.

(2) Der Geschäftsführer nimmt für die Gesellschaft die Rechte und Pflichten des Arbeitgebers gegenüber allen Arbeitnehmern der Gesellschaft und den vorhandenen Betriebsräten wahr.

(3) Der Geschäftsführer hat innerhalb von drei/ sechs Monaten nach Abschluss des Geschäftsjahres die Bilanz und Gewinn- und Verlustrechnung für das abgelaufene Geschäftsjahr aufzustellen und diese mit einem von ihm zu erstattenden Geschäftsbericht jedem Gesellschafter zu übersenden. Gleichzeitig hat der Geschäftsführer eine Gesellschafterversammlung einzuberufen, in der über die Feststellung des Jahresabschlusses und die Ergebnisverwendung Beschluss zu fassen ist.

(4) Auf Verlangen der Gesellschaft hat der Geschäftsführer die Gesellschafterversammlung in regelmäßigen, von der Gesellschafterversammlung festgelegten Abständen über die wirtschaftliche Lage der Gesellschaft schriftlich zu unterrichten.

(5) Der Geschäftsführer hat mit der Einladung zu jeder Gesellschafterversammlung die zuletzt zum Handelsregister eingereichte Gesellschafterliste in Kopie zu übersenden.

(6) Der Geschäftsführer ist verpflichtet, die Gesellschafter unverzüglich zu unterrichten, wenn gegen ihn ein strafrechtliches Ermittlungsverfahren eingeleitet wird, Anklage erhoben worden ist oder eine strafrechtliche Verurteilung erfolgt ist, die sich auf Straftaten beziehen, welche zu einem Ausschlussgrund für die Geschäftsführertätigkeit nach § 6 Abs. 2 GmbHG führen können.

(k) Granting of pension promises of any type by means of which additional obligations would be substantiated beyond the benefits of the statutory social insurance and/or a company pension scheme that is maintained by the Company,

(l) Granting and revoking of general commercial power of representation [*Prokura*] and commercial powers of attorney,

(m) Relocating administrative centers,

(n) Making payments or asset allocations to the shareholders,

(o) Undertaking corresponding transactions in the subsidiaries.

§ 3 Duties and Responsibilities

(1) In matters pertaining to the Company, the Managing Director must apply the care of a prudent business manager.

(2) On behalf of the Company, the Managing Director maintains the rights and duties of the employer with respect to all employees of the Company and its workers' councils.

(3) Within three/six months after the close of the fiscal year, the Managing Director must prepare the balance sheet and the profit and loss statement for the elapsed fiscal year and send such together with a business report that has been prepared by him to each shareholder. At the same time, the Managing Director must convene a shareholders' meeting in which a resolution approving the annual financial statements and the application of earnings must be passed.

(4) Upon the Company's request, the Managing Director must provide written reports about the economic situation of the Company to the shareholders' meeting at regular intervals as resolved by the shareholders' meeting.

(5) Together with the invitation to each shareholders' meeting, the Managing Director must send a copy of the shareholder list that was last submitted to the Commercial Register.

(6) The Managing Director is obligated to inform the shareholders immediately if a criminal preliminary proceeding has been initiated against him, a legal action has been filed or a conviction has taken place that relates to criminal offenses that could lead to a reason for exclusion from managing director activities pursuant to § 6 para. 2 of the Limited Liability Companies Act [GmbHG].

§ 4 Arbeitszeit und anderweitige Aufgaben-übertragung

(1) Der Geschäftsführer schuldet der Gesellschaft seine volle Arbeitskraft. Er ist in der Bestimmung seiner Arbeitszeit frei, hat jedoch jederzeit, soweit dies das Wohl der Gesellschaft erfordert, zu ihrer Verfügung zu stehen und ihre Interessen wahrzunehmen.

(2) Der Gesellschaft bleibt es vorbehalten, dem Geschäftsführer eine andere seiner Stellung sowie seinen Kenntnissen und Fähigkeiten entsprechende Position in einer zum Konzern gehörenden Gesellschaft zu übertragen. Der Geschäftsführer hat die ihm übertragenen Aufgaben nach Maßgabe der in diesem Vertrag vereinbarten Rechte und Pflichten zu übernehmen, sobald er durch das zuständige Organ der Konzerngesellschaft zu deren Geschäftsführer bestellt ist. Etwaige erforderlich werdende Änderungen des vorliegenden Vertrages sind gesondert zu vereinbaren, wobei jedoch die dem Geschäftsführer vertragsgemäß zustehenden Leistungen nicht eingeschränkt werden dürfen.

§ 5 Vergütung

(1) Der Geschäftsführer erhält als Vergütung für seine Tätigkeit ein festes Jahresgehalt in Höhe von   EUR, das in zwölf gleichen Raten zum Ende eines jeden Kalendermonats ausgezahlt wird.

(2) Vergütungen, die der Geschäftsführer aufgrund der Übernahme von Ämtern und Funktionen i.S.v. § 7 Abs. (3) erzielt, werden auf den Vergütungsanspruch nach Abs. (1) angerechnet, sobald und soweit die Vergütung dem Geschäftsführer zufließt. Er ist der Gesellschaft zur Auskunft über derartige Vergütungen verpflichtet.

(3) Darüber hinaus erhält der Geschäftsführer eine erfolgsabhängige Vergütung in Höhe von   % des Jahresgewinns der Gesellschaft, welche nach Feststellung des Jahresabschlusses durch die Gesellschafterversammlung gezahlt wird, höchstens aber einen Betrag in Höhe von   EUR. Die Berechnung erfolgt auf der Grundlage des körperschaftsteuerpflichtigen Gewinns der Gesellschaft vor Abzug der erfolgsabhängigen Vergütung und nach Verrechnung etwaiger Verlustvorträge. Durch gewinnabhängige Rückstellungen, steuerliche Sonderabschreibungen oder sonstige Steuervergünstigungen, die die Höhe des Gewinns unmittelbar beeinflussen und betriebswirtschaftlich nicht geboten sind, tritt keine Minderung der Berechnungsgrundlage ein. In gleicher Weise unberücksichtigt bleiben die spätere gewinnerhöhende Auflösung von Rücklagen oder anderer Bilanzpositionen, deren Bildung auf die Berechnungsgrundlage keinen Einfluss hatte.

§ 4 Working Hours and Assignment of Other Responsibilities

(1) The Managing Director owes the Company his entire manpower. It is up to him to determine his working hours, but he must be available to the Company at any time and to maintain its interests to the extent this is required by the common good.

(2) The Company reserves the right to assign another position to the Managing Director that corresponds to his position and his knowledge and abilities in a company that belongs to the same group of companies. The Managing Director must take on the responsibilities assigned to him according to the rights and duties agreed to in this Contract as soon as he has been appointed as Managing Director by the responsible organizational body of the affiliated company. Amendments of the present contract that may then potentially be required must be separately agreed to whereby, however, the benefits to which the Managing Director is contractually entitled may not be curtailed.

§ 5 Compensation

(1) As compensation for his job, the Managing Director receives a fixed annual salary in an amount of EUR   , which will be paid in twelve equal installments as of the end of each calendar month.

(2) Compensation that is earned by the Managing Director based on accepting offices and functions within the meaning of. § 7 para. (3) will be offset with the compensation claim as stated in para. (1), as soon as and to the extent that the compensation accrues to the Managing Director. He is obligated to inform the Company about compensation of this kind.

(3) Beyond that, the Managing Director receives performance-based compensation of an amount of   % of the annual profits of the Company, which will be paid subsequent to the approval of the annual financial statements by the shareholders' meeting, but at a maximum an amount of EUR   . The calculation is based on the Company's profit subject to corporate income tax prior to subtracting the performance-based compensation and after offsetting possible losses carried forward. Performance-based reserves, special tax write-offs or other tax concessions that influence the amount of profit directly and that are not the result of business operations do not reduce the calculation base. Any subsequent dissolution of reserves that increase profits or other balance sheet positions, the formation of which did not influence the calculation base, is likewise disregarded.

(4) Scheidet der Geschäftsführer während der Dauer des Geschäftsjahres aus den Diensten der Gesellschaft aus, so erhält er die erfolgsabhängige Vergütung gemäß Abs. (3) anteilig der innerhalb des Geschäftsjahres zurückgelegten Dienstzeit. Dies gilt nicht bei außerordentlicher Kündigung durch die Gesellschaft, bei in der Person oder dem Verhalten des Geschäftsführers liegender ordentlicher Kündigung durch die Gesellschaft oder bei Auflösung durch Aufhebungsvertrag aufgrund eines in der Person oder dem Verhalten des Geschäftsführers liegenden Grundes. In diesem Fall besteht kein Anspruch auf Zahlung einer erfolgsabhängigen Vergütung für das Jahr des Ausscheidens.

§ 6 Vergütung bei Arbeitsverhinderung

(1) Im Falle krankheitsbedingter Arbeitsunfähigkeit oder sonstiger unverschuldeter Dienstverhinderung werden dem Geschäftsführer seine vertraglichen Bezüge gemäß § 5 Abs. (1) für die Dauer von sechs Monaten, längstens aber bis zur Beendigung des Anstellungsvertrages fortgezahlt. Im Übrigen gelten die Regelungen des EFZG. Dies gilt insbesondere für das Verschulden an der Dienstverhinderung, für Fortsetzungserkrankungen, überlappende Erkrankungen und sonstige Sonderfälle.

(2) Die Gesellschaft ist berechtigt, für den Geschäftsführer eine Krankentagegeldversicherung bei einem privaten Krankenversicherungsunternehmen abzuschließen. Der Geschäftsführer hat an dem Abschluss mitzuwirken. Die Leistungen aus einer solchen Versicherung fließen dem Geschäftsführer in Anrechnung auf den Anspruch nach Abs. (1) zu.

(3) Mit Ablauf des in Abs. (1) bestimmten Fortzahlungszeitraums entfällt der Anspruch auf Gewährung der erfolgsabhängigen Vergütung gemäß § 5 Abs. (3) zeitanteilig für jeden begonnenen Kalendermonat fortbestehender Dienstverhinderung in Höhe von je einem Zwölftel des Jahresbetrages der erfolgsabhängigen Vergütung.

(4) Bei Tod des Geschäftsführers erhält dessen Witwe, sollte diese nicht vorhanden sein, die Erben, die dem Geschäftsführer zugesagte Vergütung nach § 5 Abs. (1) für drei Kalendermonate beginnend ab dem auf den Todestag folgenden Kalendermonat fortgezahlt. Die Gesellschaft ist berechtigt, an die Witwe oder einen Erben mit befreiender Wirkung zu leisten. Ein Anspruch auf anteilige Fortzahlung der erfolgsabhängigen Vergütung besteht nicht.

(4) If the Managing Director resigns from the services of the Company during the fiscal year, he will receive the performance-based compensation pursuant para. (3), prorated for the time of service provided during the year. This does not apply to an extraordinary termination by the Company, for an ordinary termination by the Company that is due to the person or conduct of the Managing Director, or to a suspension agreement for a reason due to the person or the conduct of the Managing Director. In this case, there is no claim for a payment of performance-based compensation for the year of separation.

§ 6 Compensation in the Event of Incapacity to Work

(1) In the event of incapacity due to illness or other inabilities to carry out his duties through no fault of his own, the Managing Director will receive his contractual compensation pursuant to § 5 para. (1) for the duration of six months, but at the longest, up to the termination of the Employment Contract. For the remainder, the regulations of the Continued Payment of Wages Act [EFZG] apply. This especially applies when the incapacity to carry out his duties is due to an ongoing illness, overlapping illnesses and other special cases.

(2) The Company has the right to enter into a sick-day insurance policy with a private health insurance carrier on behalf of the Managing Director. The Managing Director must participate in the closing. The benefits emanating from such an insurance policy flow to the Managing Director and are offset with the claim pursuant to para. (1).

(3) Upon the elapse of the term of continuing payments determined in para. (1), the claim to be granted performance-based compensation pursuant to § 5 para. (3) is eliminated pro rata temporis for each started calendar month of continuing incapacity to work in an amount of respectively one twelfth of the annual amount of the performance-based compensation.

(4) In the event of the Managing Director's death, his widow – should he not have a widow his heirs – receive the promised compensation pursuant § 5 para. (1) for three calendar months starting with the calendar month following the date of death. The Company has the right to make payments to the widow or to an heir with releasing effect. There is no claim to a pro-rated continued payment of the performance-based compensation.

§ 7 Verbot der Nebentätigkeit, Veröffentlichungen, Übernahme von Mandaten

(1) Dem Geschäftsführer ist ohne vorherige schriftliche Zustimmung der Gesellschaft jede entgeltliche oder unentgeltliche Nebentätigkeit für Dritte untersagt. Ein Anspruch auf Zustimmung durch die Gesellschaft besteht nicht.

(2) Veröffentlichungen und Vorträge, welche den Tätigkeitsbereich der Gesellschaft betreffen, sowie die Übernahme von Ämtern in Aufsichtsgremien anderer Unternehmen und Ehrenämtern in Organisationen, bedürfen der vorherigen schriftlichen Zustimmung durch die Gesellschaft. Die zur Übernahme eines Amtes erteilte Zustimmung der Gesellschaft ist jederzeit widerruflich, wobei im Falle eines Widerrufs etwaige Fristvorschriften für die Beendigung des übernommenen Amtes berücksichtigt werden.

(3) Auf Verlangen der Gesellschaft ist der Geschäftsführer verpflichtet, Mandate in Aufsichtsräten, Beiräten oder ähnlichen Organen dritter Gesellschaften, sowie Verbänden oder Vereinen, denen die Gesellschaft angehört, zu übernehmen. Derartige Tätigkeiten sind durch die vereinbarte Vergütung gemäß § 5 abgegolten.

§ 8 Wettbewerbsverbot, Verschwiegenheitspflicht

(1) Dem Geschäftsführer ist es untersagt, während der Dauer dieses Vertrages in selbstständiger, unselbstständiger oder sonstiger Weise für ein Unternehmen tätig zu werden, welches mit der Gesellschaft oder einem mit der Gesellschaft verbundenen Unternehmen in direktem oder indirektem Wettbewerb steht. In gleicher Weise ist es dem Geschäftsführer untersagt, während der Dauer dieses Vertrages ein solches Unternehmen zu errichten, zu erwerben oder sich hieran unmittelbar oder mittelbar zu beteiligen.

(2) Der Geschäftsführer ist verpflichtet, über alle betrieblichen und geschäftlichen Angelegenheiten der Gesellschaft gegenüber unbefugten Dritten striktes Stillschweigen zu wahren. Diese Verpflichtung gilt auch über die Beendigung des Anstellungsvertrages hinaus.

§ 7 Ban of Secondary Employment, Publications, Taking on Mandates

(1) Without the Company's prior written consent, the Managing Director is banned from any and all secondary employment for third parties for compensation or free of charge. There is no right to consent by the Company.

(2) Publications and presentations that pertain to the business activity of the Company, as well as taking on offices in supervisory committees of other companies and honorary offices in organizations, require the Company's prior written consent. The Company's consent that was granted for taking on an office can be revoked at any time, whereby in the case of a revocation, possible deadline requirements for terminating the office that has been taken on are taken into consideration.

(3) Upon the Company's request, the Managing Director is obligated to take on mandates on supervisory boards, advisory boards or similar organizational bodies of third party companies, as well as federations or associations of which the Company is a member. These types of activities are compensated by the compensation agreed to in § 5.

§ 8 Non-Compete Clause, Obligation to Maintain Confidentiality

(1) The Managing Director is barred from being engaged independently, dependently or in any other way for a company that is a direct or indirect competitor of the Company or a company affiliated with the Company. In the same way, the Managing Director is barred from establishing, purchasing or being a direct or indirect shareholder of such a company during the term of this Contract.

(2) The Managing Director is obligated to maintain strict confidentiality about all operational and business matters of the Company with respect to unauthorized third parties. This duty also extends beyond the termination of this Employment Contract.

§ 9 Nachvertragliches Wettbewerbsverbot

(1) Der Geschäftsführer darf für die Dauer von zwei Jahren nach Beendigung des Anstellungsvertrages weder in selbstständiger noch unselbstständiger Weise für ein Unternehmen tätig werden, welches mit der Gesellschaft oder einem mit ihr verbundenen Unternehmen in direktem oder indirektem Wettbewerb steht. In gleicher Weise ist es dem Geschäftsführer untersagt, während dieses Zeitraums ein solches Konkurrenzunternehmen zu errichten, zu erwerben oder sich hieran unmittelbar oder mittelbar zu beteiligen. Dieses Wettbewerbsverbot gilt für den räumlichen Bereich von ___.

(2) Die Gesellschaft zahlt dem Geschäftsführer für die Dauer des nachvertraglichen Wettbewerbsverbots gemäß Abs. (1) eine Entschädigung in Höhe von 50 % seiner zuletzt durchschnittlich bezogenen monatlichen Vergütung gemäß § 5 Abs. (1). Die Entschädigung ist jeweils am Ende eines Kalendermonats zur Zahlung fällig.

(3) Auf die Entschädigung gemäß Abs. (2) sind die Einkünfte anzurechnen, die der Geschäftsführer während der Dauer des nachvertraglichen Wettbewerbsverbots aus selbstständiger, unselbstständiger oder sonstiger Erwerbstätigkeit erzielt oder böswillig zu erzielen unterlässt, soweit die Einkünfte und die Entschädigung zusammen die zuletzt durchschnittlich bezogene monatliche Vergütung gemäß § 5 Abs. (1) übersteigen. Zum anzurechnenden Verdienst gehören auch etwaiges vom Geschäftsführer bezogenes Arbeitslosengeld oder sonstige Sozialleistungen. Der Geschäftsführer ist verpflichtet, auf Verlangen der Gesellschaft entsprechende Auskünfte über die Höhe seiner Einkünfte zu erteilen. Solange die Auskunft nicht erteilt wird, steht der Gesellschaft ein Zurückbehaltungsrecht an der zu zahlenden Entschädigung zu.

(4) Endet der Anstellungsvertrag, weil der Geschäftsführer die Voraussetzungen für den Bezug einer gesetzlichen Altersrente erfüllt, oder weil der Geschäftsführer eine Erwerbsunfähigkeitsrente erhält, so treten die in den Abs. (1) bis (3) getroffenen Vereinbarungen nicht in Kraft.

(5) Die Gesellschaft kann jederzeit auf die Einhaltung des nachvertraglichen Wettbewerbsverbots gemäß Abs. (1) durch schriftliche Erklärung gegenüber dem Geschäftsführer verzichten. In diesem Fall endet mit Ablauf von sechs Monaten nach Abgabe des Verzichts die Verpflichtung zur Zahlung der Entschädigung gemäß Abs. (2).

§ 9 Post-Contractual Non-Compete Clause

(1) For a term of two years after the termination of the Employment Contract, the Managing Director may not work for a company either in an independent or dependent manner that is in direct or indirect competition with the Company or with a company that is affiliated with the Company. In the same way, the Managing Director is barred from establishing, purchasing or being a direct or indirect shareholder of such a company during this period of time. This non-compete clause applies to the spatial area of ___.

(2) For the duration of the post-contractual non-compete period, the Company will pay the Managing Director – pursuant to para. (1) – a consideration of 50 % of his last average monthly compensation pursuant to § 5 para. (1). The consideration is due for payment at the end of a calendar month respectively.

(3) The consideration pursuant to para. (2) must be offset with the earnings obtained by the Managing Director during the term of the post-contractual non-compete period from independent, dependent or other gainful employment – or which he maliciously refrains from obtaining – to the extent the earnings and the consideration together exceed the average monthly compensation pursuant to § 5 para. (1). Unemployment compensation potentially obtained by the Managing Director and other social benefits are also a part of the earnings to be offset. Upon the Company's request, the Managing Director is obligated to provide corresponding information concerning the amount of his earnings. As long as the information is not provided, the Company has the right to retain the compensation that is to be paid.

(4) If the Employment Contract terminates because the Managing Director meets the requirements for receiving statutory retirement pay, or because the Managing Director receives an employment disability pension, the agreements made in paragraphs (1) through (3) do not apply.

(5) The Company can waive compliance with the post-contractual non-compete clause at any time pursuant to para. (1) by way of a written declaration addressed to the Managing Director. In this case the obligation to pay the consideration pursuant to para. (2) terminates upon the elapse of six months after the waiver has been submitted.

(6) Im Falle einer außerordentlichen Kündigung aus wichtigem Grund steht dem kündigungsberechtigten Vertragsteil das Recht zu, innerhalb von drei Monaten nach Ausspruch der außerordentlichen Kündigung durch schriftliche Erklärung gegenüber dem anderen Teil das Wettbewerbsverbot aufzuheben. In diesem Fall endet die Verpflichtung zur Zahlung der Entschädigung nach Abs. (2) mit Zugang der Aufhebungserklärung.

(7) Der Geschäftsführer hat für jeden Fall der Zuwiderhandlung gegen das Wettbewerbsverbot an die Gesellschaft eine Vertragsstrafe in Höhe des Betrages zu zahlen, der der in den letzten zwölf Monaten vor seinem Ausscheiden durchschnittlich bezogenen monatlichen Vergütung gemäß § 5 Abs. (1) dieses Vertrages entspricht. Zugleich entfällt für den Monat, in dem die Zuwiderhandlung erfolgt, die Verpflichtung zur Zahlung der Entschädigung gemäß Abs. (2). Im Fall eines Dauerverstoßes ist die Vertragsstrafe gemäß Satz 1 für jeden angefangenen Monat neu verwirkt; zugleich entfällt für jeden angefangenen Monat die Verpflichtung zur Zahlung der Entschädigung gemäß Abs. (2). Weitergehende aufgrund der Zuwiderhandlung gegen das Wettbewerbsverbot bestehende Ansprüche der Gesellschaft bleiben durch die vorstehende Regelung unberührt.

§ 10 Urlaub

(1) Der Geschäftsführer hat Anspruch auf Erholungsurlaub in einem Umfang von ▢▢▢▢ Arbeitstagen im Kalenderjahr. Die zeitliche Lage des Urlaubs ist vom Geschäftsführer in Abstimmung mit den übrigen Geschäftsführern, sofern solche nicht vorhanden sind mit den Gesellschaftern, unter Berücksichtigung der Belange der Gesellschaft festzulegen.

(2) Kann der Geschäftsführer aus nicht in seiner Person liegenden Gründen oder aus Krankheitsgründen den Urlaub nicht oder nicht vollständig bis zum Ende des Kalender-jahres nehmen, bleibt ihm der Anspruch auf Urlaub bis zum 31.03. des Folgejahres erhalten. Kann aus den in Satz 1 genannten Gründen der Urlaub auch bis zu diesem Zeitpunkt nicht oder nicht vollständig genommen werden, so ist er dem Geschäftsführer abzugelten.

(3) Soweit der Urlaub wegen Beendigung des Anstellungsverhältnisses nicht gewährt werden kann, ist er dem Geschäftsführer abzugelten.

(6) In the case of an extraordinary termination for an important reason, the contractual party that has the right of termination has the right to suspend the non-compete clause with respect to the other party within a period of three months after the notice of the extraordinary termination by way of a written declaration. In this case, the obligation to pay the consideration pursuant to para. (2) terminates upon receipt of the declaration of suspension.

(7) For each case of noncompliance with the non-compete clause, the Managing Director must pay a contractual penalty to the Company of an amount consisting of the average monthly compensation he received during the last twelve months prior to his separation pursuant to § 5 para. (1) of this Contract. At the same time, for the month in which the non-compliance occurs, the payment of the consideration is eliminated pursuant para. (2). In the event of an ongoing violation, the contractual penalty according to sentence 1 is newly forfeited for each month that has started; at the same time, the obligation to make payment of the consideration is eliminated for each month that has started pursuant to para. (2). Further claims based on noncompliance with the Company's non-compete clause remain unaffected by the preceding regulation.

§ 10 Vacation

(1) The Managing Director is entitled to vacation time of ▢▢▢▢ working days per calendar year. The timing of the vacation must be determined by the Managing Director in coordination with the other managing directors. To the extent there are none, with the shareholders, by taking the interests of the Company into consideration.

(2) If the Managing Director is unable to take his vacation or cannot take all of his vacation by the end of the calendar year for reasons that are not attributable to his person or due to reasons of illness, his entitlement to vacation remains intact up to March 31 of the following year. If he is also unable to take his vacation, or cannot take all of it by that time due to the reasons stated in sentence 1, the Managing Director must be compensated for the vacation.

(3) To the extent the vacation cannot be granted due to the termination of the employment relationship, the Managing Director must be compensated for the vacation.

§ 11 Zuschuss zur Kranken- und Pflegeversicherung

Der Geschäftsführer erhält von der Gesellschaft einen Zuschuss zu seiner Kranken-und Pflegeversicherung in Höhe des Arbeitgeberanteils, wie er bei gesetzlicher Kranken- und Pflegeversicherungspflicht des Geschäftsführers bestünde, höchstens jedoch in Höhe der Hälfte des Betrages, welchen der Geschäftsführer für seine eigene Kranken und Pflegeversicherung tatsächlich aufzuwenden hat. Die Kosten für die Versicherung von Familienangehörigen bleiben unberücksichtigt.

§ 12 Unfallversicherung

Die Gesellschaft schließt für die Dauer des Anstellungsvertrages auf ihre Kosten eine Unfallversicherung ab, welche den Geschäftsführer mit ▓▓▓ EUR bei Invalidität und ▓▓▓ EUR bei Unfalltod versichert. Bezugsberechtigt aus der Versicherung sind im Invaliditätsfall der Geschäftsführer, im Todesfall die von ihm benannten Personen, bei Fehlen einer solchen Bestimmung, seine Erben.

§ 13 Haftpflichtversicherung, Entlastung

(1) Die Gesellschaft schließt zur Absicherung von Haftpflichtrisiken des Geschäftsführers aus dessen Tätigkeit zu dessen Gunsten eine Vermögensschadens-Haftpflichtversicherung unter Einschluss des Strafrechtsschutzes (sog. D&O-Versicherung) ab. Die Versicherung deckt die Haftpflichtrisiken ab, die dem Geschäftsführer durch fahrlässiges Ausführen seiner Pflichten als Geschäfts-führer entstehen können. Die Deckungssumme beträgt mindestens ▓▓▓ EUR. Der Selbstbehalt pro Schadensfall beträgt ▓▓▓ EUR. Eventuell auf die Versicherungsprämie anfallende Steuern (geldwerter Vorteil) trägt der Geschäftsführer.

(2) Die Gesellschaft ist verpflichtet, dem Geschäftsführer für dessen Tätigkeit im jeweils nachfolgenden Geschäftsjahr durch Gesellschafterbeschluss Entlastung für seine Tätigkeit im vorangegangenen Geschäftsjahr zu erteilen, es sei denn, es liegen Tatsachen vor, die einer Entlastung entgegenstehen. Soweit möglich ist in diesem Fall eine teilweise Entlastung zu erteilen.

§ 14 Alters- und Hinterbliebenenversorgung

– Regelung nur im Einzelfall möglich –

§ 11 Health Insurance and Long-Term Care Insurance Subsidy

The Managing Director receives a subsidy from the Company for his health insurance and long-term care insurance in the amount of the employer's share as it would be the case for statutory health insurance and long-term care insurance for the Managing Director, at a maximum, however, an amount of half of the contribution which the Managing Director actually has to pay for his own health insurance and long-term care insurance. The costs for insuring family members are not taken into consideration.

§ 12 Casualty Insurance

For the term of the Employment Contract, the Company enters into a casualty insurance policy at its expense that insures the Managing Director for EUR ▓▓▓ in the event of disability and EUR ▓▓▓ upon accidental death. In the event of disability, the beneficiary of the insurance policy is the Managing Director, in the event of death, the persons cited by him, in the absence of such a designation, his heirs.

§ 13 Liability Insurance, Discharge

(1) To cover the liability risks of the Managing Director emanating from his job, the Company enters in to a pecuniary damage liability insurance policy including legal protection (so-called D&O Insurance) in his favor. The insurance policy covers the liability risks that could arise for the Managing Director due to the negligent performance of his duties as Managing Director. The amount of coverage is at least EUR ▓▓▓. The deductible for each for each case of loss is EUR ▓▓▓. Taxes that are potentially applicable to the insurance premium (monetary advantage) are borne by the Managing Director.

(2) The Company is obligated to grant the Managing Director a discharge in the respectively subsequent fiscal year for the job activities he performed in the preceding fiscal year, by a shareholders' resolution, unless facts are present that contradict a discharge. In such a case, a partial discharge is to be granted to the extent this is possible.

§ 14 Old Age and Survivor Benefits

– Regulation is possible only by individual case –

§ 15 Kfz-Nutzung

(1) Die Gesellschaft stellt dem Geschäftsführer für seine Tätigkeit im Rahmen dieses Vertrages einen Pkw der Größenklasse ▨▨▨ im Rahmen einer gesondert abzuschließenden Kfz-Nutzungsvereinbarung zur Verfügung. Die für die Fahrzeughaltung und -nutzung anfallenden Kosten werden durch die Gesellschaft getragen. Der Dienstwagen darf durch den Geschäftsführer auch zu privaten Zwecken genutzt werden. Für den in der Privatnutzung liegenden geldwerten Vorteil wird ein monatlicher Pauschalbetrag in der steuerlich jeweils geltenden Höhe zugrunde gelegt. Die hierauf entfallende Lohnsteuer trägt der Geschäftsführer.

(2) Sofern der Geschäftsführer von der Gesellschaft von der Verpflichtung zur Dienstleistung freigestellt wird, ist die Gesellschaft berechtigt, den Dienstwagen herauszuverlangen, ohne dass dem Geschäftsführer ein Zurückbehaltungsrecht – gleich aus welchem Rechtsgrund – zusteht. Die Gesellschaft gleicht den Entzug der privaten Nutzbarkeit in diesem Fall durch Zahlung eines Betrages i.H.v. ▨▨▨ EUR pro vollem Kalendermonat, bei kürzeren Zeiträumen in entsprechend anteiliger Höhe aus.

§ 16 Spesen

Für Geschäftsreisen, die im Interesse der Gesellschaft erforderlich sind, hat der Geschäftsführer Anspruch auf Erstattung seiner Spesen. Übersteigen die aufgewendeten Spesen die steuerlich zulässigen Pauschalbeträge, so sind sie durch Belege nachzuweisen.

§ 17 Erfindungen

Der Geschäftsführer ist verpflichtet, etwaige Erfindungen im Sinne des Gesetzes über Arbeitnehmererfindungen der Gesellschaft unverzüglich schriftlich mitzuteilen. Die Gesellschaft ist berechtigt, innerhalb einer Frist von vier Monaten nach dieser Mitteilung zu erklären, ob und in welchem Umfang sie die Erfindung in Anspruch nimmt. Für den Fall einer Inanspruchnahme der Erfindung steht der Gesellschaft die Verwertung der Erfindung nach Maßgabe der Bestimmungen des Gesetzes über Arbeitnehmererfindungen zu. Der Geschäftsführer erhält eine Vergütung gemäß den Bestimmungen des Gesetzes über Arbeitnehmererfindungen.

§ 15 Use of Motor Vehicle

(1) For the purpose of exercising his job functions within the scope of this Contract, the Company provides a passenger car to the Managing Director in the size classification ▨▨▨ within the scope of a separate use of motor vehicle agreement that is to be entered into. The costs incurred for maintaining and using the vehicle will be borne by the Company. The Managing Director may use the company car for personal purposes as well. The monetary advantage for private use is based on a flat monthly amount according to the respectively applicable tax. The payroll tax that applies to such is borne by the Managing Director.

(2) To the extent the Managing Director is released from providing services for the Company, the Company has the right to demand the company car without the Managing Director having any right of retention, regardless of the legal reasons. In this case, the Company adjusts the withdrawal for private use by means of a payment in an amount of EUR ▨▨▨ for each full calendar month, for shorter timeframes a correspondingly prorated amount.

§ 16 Travel and Entertainment Expenses

For business travel that is required in the interest of the Company, the Managing Director has a right to reimbursement of his out-of-pocket expenses. If the out-of-pocket expenses exceed the standard deduction permitted by law, they must be evidenced by receipts.

§ 17 Inventions

The Managing Director is obligated to inform the Company immediately in writing about any possible inventions within the meaning of the law about Company's employee inventions. Within a term of four months subsequent to this notification, the Company has the right to declare whether and in what scope it claims the invention. In the event the invention is claimed, the Company has the right of utilizing the invention within the provisions stipulated by the law about employee inventions. The Managing Director receives compensation according to the statutory provisions regarding employee inventions.

§ 18 Herausgabe von Unterlagen und sonstigen Gegenständen

Bei Beendigung des Anstellungsvertrages oder im Fall einer durch die Gesellschaft erfolgenden Freistellung von der Dienstleistung hat der Geschäftsführer unverzüglich sämtliche die Angelegenheiten der Gesellschaft betreffenden Gegenstände und Unterlagen, insbesondere Schlüssel, Bücher, Modelle, Pläne, Aufzeichnungen jeder Art einschließlich etwaiger Abschriften, Kopien oder Datenträger, die sich in seinem Besitz befinden, vollständig an die Gesellschaft herauszugeben. Dem Geschäftsführer steht aus keinem Rechtsgrund ein Zurückbehaltungsrecht gegenüber der Gesellschaft an diesen Gegenständen und Unterlagen zu.

§ 19 Vertragsdauer und Kündigung

Variante 1

(1) Dieser Vertrag tritt mit Wirkung zum ▓▓▓▓ in Kraft und ist auf unbestimmte Dauer geschlossen.

(2) Beide Parteien können diesen Vertrag mit einer Frist von sechs Monaten zum Quartalsende kündigen.

(3) Eine Abberufung des Geschäftsführers, die jederzeit durch Beschluss der Gesellschafterversammlung erfolgen kann, gilt zugleich als Kündigung dieses Anstellungsvertrages durch die Gesellschaft zu dem gemäß Abs. (2) nächst zulässigen Termin. Sie ist dem Geschäftsführer in der Form des § 20 Abs. (1) mitzuteilen.

(4) Die Gesellschaft ist im Fall der Kündigung berechtigt, den Geschäftsführer unter Anrechnung auf etwaigen noch offenstehenden Urlaub bis zum Ablauf der Kündigungsfrist von der Verpflichtung zur Dienstleistung freizustellen.

(5) Das Recht zur Kündigung aus wichtigem Grund bleibt unberührt. Als wichtiger Grund für eine Kündigung durch die Gesellschaft gilt insbesondere:

(a) die Vornahme von Geschäften gemäß § 2 Abs. (3), ohne die hierfür erforderliche Zustimmung der Gesellschaft;

(b) der Verstoß gegen das Wettbewerbsverbot gemäß § 8 Abs. (1);

(c) schwere Verstöße gegen die Weisungen der Gesellschafterversammlung;

(d) die Eröffnung des Insolvenzverfahrens über das Vermögen der Gesellschaft oder die Auflösung der Gesellschaft,

§ 18 Surrender of Documents and Other Objects

Upon termination of the Employment Contract or in the event of a release from providing services by the Company, the Managing Director must surrender – immediately and in their entirety – all objects and documents pertaining to matters of the Company, in particular, keys, books, models, plans, records of any type, possible transcripts, copies or data carriers that are in his possession. Irrespective of the legal basis, the Managing Director does not have a right of retention of these objects and documents with respect to the Company.

§ 19 Term and Termination

Variant 1

(1) This contract is effective as of ▓▓▓▓, and has been entered into for an indefinite term.

(2) Both parties can terminate this Contract as of the end of a quarter with a termination notice of six months.

(3) A dismissal of the Managing Director that can take place at any time by resolution of the shareholders' meeting simultaneously counts as termination of this Employment Contract by the Company at the next permissible date pursuant to para. (2). It must be communicated to the Managing Director in the form of § 20 para. (1).

(4) In the case of a termination, the Company has the right to release the Managing Director from the duty to provide services by considering potentially still available vacation time up to the elapse of the termination notice.

(5) The right of a termination for an important reason remains unaffected. As an important reason for a termination by the Company, the following applies, in particular:

(a) performing business transactions pursuant to § 2 para. (3) without the Company's required consent;

(b) violating the non-compete clause stated in § 8 para. (1);

(c) serious violations of the directives given by the shareholders' meeting;

(d) initiating an insolvency proceeding concerning the assets of the Company or the dissolution of the Company,

(e) die strafgerichtliche Verurteilung des Geschäftsführers wegen einer Straftat, die zu einem Ausschlussgrund für die Geschäftsführertätigkeit nach § 6 Abs. 2 GmbHG führen kann.

(6) Empfangszuständig für eine Kündigung durch den Geschäftsführer ist jeder weitere Geschäftsführer der Gesellschaft oder für den Fall, dass ein solcher nicht im Amt ist, derjenige Gesellschafter, der über die höchste Kapitalbeteiligung an der Gesellschaft verfügt.

(7) Dieser Vertrag endet in jedem Fall mit Ablauf des Monats, in welchem der Geschäftsführer das Lebensjahr vollendet, in dem er die Voraussetzungen für den Bezug der ungekürzten Altersrente in der gesetzlichen Rentenversicherung erreicht oder eine unbefristete Rente wegen voller oder teilweiser Erwerbsminderung erhält.

Variante 2

(1) Dieser Vertrag tritt mit Wirkung zum ▒▒▒▒ in Kraft und ist auf die Dauer von drei Jahren geschlossen. Der Vertrag verlängert sich um weitere ▒▒▒▒ Jahre, wenn nicht eine der Vertragsparteien der anderen gegenüber spätestens sechs Monate vor Ablauf der Vertragslaufzeit der Verlängerung schriftlich widerspricht.

(2) Während der Vertragslaufzeit ist das Recht zur ordentlichen Kündigung dieses Anstellungsvertrages ausgeschlossen. Das Recht zur Kündigung aus wichtigem Grund bleibt unberührt. Als wichtiger Grund für eine Kündigung durch die Gesellschaft gilt insbesondere:

(a) die Vornahme von Geschäften gemäß § 2 Abs. (3), ohne die hierfür erforderliche Zustimmung der Gesellschaft;

(b) der Verstoß gegen das Wettbewerbsverbot gemäß § 8 Abs. (1);

(c) schwere Verstöße gegen die Weisungen der Gesellschafterversammlung;

(d) die Eröffnung des Insolvenzverfahrens über das Vermögen der Gesellschaft oder die Auflösung der Gesellschaft.

(e) die strafgerichtliche Verurteilung wegen einer Straftat, die zu einem Ausschlussgrund für die Geschäftsführertätigkeit nach § 6 Abs. 2 GmbHG führen kann.

(e) a criminal conviction of the Managing Director due to a crime that can lead to grounds for the exclusion of the managing director activity pursuant to § 6 para. 2 GmbHG.

(6) Every additional managing director is authorized to receive a termination notice from the Managing Director – in the event none has been appointed to the office – that shareholder that holds the largest share of the equity in the Company.

(7) In every case, this Contract terminates upon the elapse of the month in which the Managing Director reaches the age at which he meets the requirements for receiving unreduced statutory pension benefits, or an indefinite pension due to a complete or partial reduction in earnings capacity.

Variant 2

(1) This contract is effective as of ▒▒▒▒ and is entered into for a term of three years. The contract is renewed for an additional ▒▒▒▒ years, unless one of the contracting parties objects to the renewal and informs the other party in writing six months prior to the elapse of the contractual term.

(2) The right to an ordinary termination of this Employment Agreement is precluded during the contractual term. The right of termination for an important reason remains unaffected. As an important reason for a termination by the Company, the following applies, in particular:

(a) performing business transactions pursuant to § 2 para. (3) without the Company's required consent;

(b) violating the non-compete clause stated in § 8 para. (1);

(c) serious violations of the directives given by the shareholders' meeting;

(d) initiating an insolvency proceeding concerning the assets of the Company or the dissolution of the Company,

(e) a criminal conviction of the Managing Director due to a crime that can lead to grounds for exclusion of the managing director activity pursuant to § 6 para. 2 GmbHG.

(3) Die Gesellschaft ist im Fall der Kündigung oder des Widerspruches gegen eine Verlängerung des Anstellungsvertrages nach Abs. (1) berechtigt, den Geschäftsführer unter Anrechnung auf etwaigen noch offenstehenden Urlaub bis zum Ablauf der Kündigungsfrist bzw. bis zur Beendigung des Anstellungsverhältnisses von der Verpflichtung zur Dienstleistung freizustellen.

(4) Empfangszuständig für eine Kündigung durch den Geschäftsführer oder einen Widerspruch gegen die Verlängerung des Anstellungsverhältnisses nach Abs. (1) durch den Geschäftsführer ist jeder weitere Geschäftsführer der Gesellschaft oder für den Fall, dass ein solcher nicht im Amt ist, derjenige Gesellschafter, der über die höchste Kapitalbeteiligung an der Gesellschaft verfügt.

§ 20 Schlussbestimmungen

(1) Änderungen oder Ergänzungen dieses Vertrages einschließlich seiner einvernehmlichen Aufhebung oder Kündigung bedürfen der Schriftform und der Zustimmung durch Beschluss der Gesellschafterversammlung. Die Aufhebung des Schriftformerfordernisses ist gleichfalls nur schriftlich möglich.

(2) Nebenabreden zu diesem Vertrag bestehen mit Ausnahme der Kfz-Nutzungsvereinbarung gemäß § 15 nicht.

(3) Die dem Vertrag beigefügte Kfz-Nutzungsvereinbarung vom   ist Bestandteil dieses Vertrages. Sie kann unabhängig vom Bestand dieses Vertrages gekündigt werden.

(4) Sollte eine Bestimmung dieses Vertrages rechtsunwirksam sein oder werden, so wird die Geltung der übrigen Bestimmungen dieses Vertrages hierdurch nicht berührt. Die Parteien sind in einem solchen Fall verpflichtet, die rechtsunwirksame Bestimmung durch eine rechtlich zulässige und mit den Bestimmungen dieses Vertrages in Übereinstimmung stehende Regelung zu ersetzen, welche dem wirtschaftlich verfolgten Zweck der ungültigen Bestimmung am nächsten kommt.

(5) Bei Widersprüchen zwischen der deutschen und der englischen Fassung dieses Vertrages oder bei Zweifelsfragen ist die deutsche Fassung maßgeblich.

Unterschrift

Gesellschaft

▲

(3) In the case of termination or an objection against an extension of the Employment Contract pursuant to para. (1), the Company has the right to release the Managing Director from the duty to provide services by considering potentially still available vacation time up to the elapse of the termination notice, or up to the termination of the employment relationship.

(4) Every additional managing director is authorized to receive a termination notice from the Managing Director or an objection to the extension of the employment relationship pursuant to para. (1); or – in the event none has been appointed to the office – that shareholder that holds the largest share of equity in the Company.

§ 20 Final Provisions

(1) Amendments or additions to this Contract, including its consensual suspension or termination require the written form and the consent of the shareholders' meeting by way of a resolution. Likewise, a suspension of the requirement of the written form is possible only in writing.

(2) With the exception of the use of a motor vehicle agreement pursuant to § 15, there are no additional agreements to this Contract.

(3) The use of a motor vehicle agreement dated   that is attached to this Contract is a component of this Contract. It can be terminated independent of the existence of this Contract.

(4) Should a provision in this Contract be or become legally invalid, the validity of the remaining provisions of this Contract remains unaffected by such. In such a case, the parties are obligated to replace the legally invalid provision by a legally valid provision that is in agreement with the provisions of this Contract, which comes closest to the economically pursued purpose of the invalid provision.

(5) In case of inconsistencies between the German and English version of this contract or in questions of doubt, the German version shall prevail.

Unterschrift

Geschäftsführer

3. Erläuterungen

a) Vertragskopf

784 Die Rechtstellung eines GmbH-Geschäftsführers ergibt sich zum einen aus seiner gesellschaftsrechtlichen Organstellung, in die der Geschäftsführer gemäß § 6, §§ 35 ff. GmbHG durch den Gesellschaftsvertrag,[1434] die Gesellschafterversammlung oder in sonstiger in der Satzung der Gesellschaft geregelter Weise berufen wird.[1435] Die Bestellung kann unter einer auflösenden Bedingung erfolgen.[1436]

Die **Bestellungskompetenz** kann bei der nicht mitbestimmten GmbH auf einen Aufsichts- oder Beirat übertragen werden.[1437] Bei der mitbestimmten GmbH liegt die Bestellungskompetenz gemäß §§ 30, 31 MitbestG, § 12 Montan-MitbestG bei dem obligatorisch zu bildenden Aufsichtsrat,[1438] der die Kompetenz auf einen Ausschuss mit Arbeitnehmerbeteiligung übertragen kann.[1439] Die Bestellungsentscheidung muss durch das jeweilige Organ getroffen werden, sie kann nicht auf den Vorsitzenden übertragen werden.[1440] Bei dem nach dem DrittelBG mitbestimmten Aufsichtsrat verbleibt die Kompetenz zur Geschäftsführerbestellung bei der Gesellschafterversammlung.[1441]

Aufgrund der Bestellung wird der Geschäftsführer in die Lage versetzt, als organschaftlicher Vertreter der Gesellschaft für diese zu handeln. Die Begründung der Organstellung erfolgt außerhalb des Anstellungsvertrages und ist daher auch nicht Gegenstand des Anstellungsvertrages. Im Vertragskopf des Vertragsmusters wird dementsprechend auch nur informationshalber auf den Tatbestand der Bestellung durch die Gesellschafterversammlung hingewiesen, wobei das Vertragsmuster vom Vorliegen einer nicht mitbestimmten GmbH ausgeht, bei der die Bestellungskompetenz bei der Gesellschafterversammlung liegt.

785 Das Rechtsverhältnis des Geschäftsführers zur Gesellschaft regelt sich daneben durch die Bestimmungen des Anstellungsvertrages, der regelmäßig als **freier Dienstvertrag** und nicht als Arbeitsvertrag zu bewerten ist.[1442] Die Zuständigkeit für den Abschluss des Anstellungsvertrages folgt regelmäßig der Bestellungskompetenz. Bei der nach dem MitBestG und dem Montan-MitbestG mitbestimmten GmbH liegt die Anstellungskompetenz zwingend bei dem mitbestimmten Aufsichtsrat.[1443] Enthält die Satzung der nicht mitbestimmten GmbH oder einer nach dem DrittelBG mitbestimmten GmbH keine abweichende Regelung, ist für den Abschluss des Anstellungsvertrags die Gesellschafterversammlung zuständig.[1444] Durch Satzungsregelung kann die Zuständigkeit auf andere Organe, z.B. einen fakultativen Aufsichtsrat übertragen werden.[1445] Das Vertragsmuster geht im Vertragskopf von der Zuordnung der Anstellungskompetenz zur Gesellschafterversammlung aus.

786 Da der GmbH-Geschäftsführer in aller Regel nicht Arbeitnehmer der Gesellschaft ist, stellt sich immer dann, wenn ein früherer Arbeitnehmer der Gesellschaft zum Geschäftsführer bestellt werden soll, die

---

1434 Eine gesellschaftsvertragliche Bestellung des Geschäftsführers ist zulässig, aber aus Praktikabilitätsgründen nicht zu empfehlen, weil die spätere Abberufung nur mittels Änderung des Gesellschaftsvertrages möglich ist.

1435 Vgl. dazu Baumbauch/Hueck/*Hueck/Fastrich*, § 6 GmbHG Rn 26 ff.; Scholz/*Schneider/Schneider*, § 6 GmbHG Rn 74 ff.

1436 BGH 24.10.2005, DB 2006, 41; *Schumacher*, GmbHR 2006, 924; Baumbach/Hueck/*Zöllner/Noack*, § 38 Rn 16; a.A. Scholz/ *Schneider/Schneider*, § 6 GmbHG Rn 74.

1437 Dazu Baumbauch/Hueck/*Hueck/Noack*, § 35 GmbHG Rn 7; Scholz/*Schneider/Schneider*, § 6 GmbHG Rn 77 ff.

1438 Baumbach/Hueck/*Hueck/Fastrich*, § 6 GmbHG Rn 29; Scholz/*Schneider/Schneider*, § 6 GmbHG Rn 76.

1439 Nach § 31 Abs. 1 MitBestG, § 84 S. 1 AktG darf die Bestellung des Geschäftsführers bei mitbestimmten GmbHs höchstens für einen Zeitraum von fünf Jahren erfolgen.

1440 BGH 17.3.2008, NJW-RR 2008, 1488, zur eingetragenen Genossenschaft.

1441 Scholz/*Schneider/Schneider*, § 6 GmbHG Rn 76; *Boewer/Gaul/Otto*, GmbHR 2004, 1065.

1442 *Nebendahl*, NZA 1992, 289; Schaub/*Vogelsang*, ArbR-Hdb., § 14 Rn 4; ErfK/*Preis*, § 611 BGB Rn 137 f.; *Jaeger*, MüKo-GmbHG, § 35 Rn 278.

1443 Baumbach/Hueck/*Zöllner/Noack*, § 35 GmbHG Rn 167, § 52 GmbHG Rn 303; ErfK/*Oetker*, § 31 MitbestG, Rn 10; *Ulmer/Habersack/ Henssler*, § 31 MitbestG, Rn 38 f.; *Wlotzke/Wißmann/Koberski/Kleinsorge*, § 31 MitbestG, Rn 34; *Jaeger*, MüKo-GmbHG, § 35 Rn 257.

1444 Baumbach/Hueck/*Zöllner/Noack*, § 35 GmbHG Rn 167, § 46 GmbHG Rn 36; *Jaeger*, MüKo-GmbHG § 35 Rn 260.

1445 Baumbach/Hueck/*Zöllner/Noack*, § 46 GmbHG Rn 39; *Jaeger*, MüKo-GmbHG § 35 Rn 260.

Frage nach dem Schicksal des **bis dahin geltenden Arbeitsverhältnisses.** Während das BAG[1446] in seiner früheren Rechtsprechung davon ausgegangen ist, dass ohne eine ausdrücklich Aufhebung des Anstellungsvertrages im Zweifel davon ausgegangen werden müsste, dass das frühere Arbeitsverhältnis nicht aufgehoben werden soll, sondern ruhend weiterbesteht und bei Beendigung des Anstellungsverhältnisses als Geschäftsführer wieder aufleben soll, ist nach der neueren Rechtsprechung des BAG[1447] umgekehrt davon auszugehen, dass im Zweifel der alte Arbeitsvertrag bei der Bestellung zum Geschäftsführer konkludent aufgehoben wird, wenn eine ausdrückliche Regelung nicht besteht. Das gilt auch dann, wenn ein bei einer (GmbH & Co.) KG beschäftigter Arbeitnehmer zum Geschäftsführer der Komplementär-GmbH bestellt wird.[1448] Eine lediglich formlose Bestellung zum Geschäftsführer kann den Arbeitsvertrag allerdings nicht aufheben.[1449] Das Vertragsmuster empfiehlt aus Gründen der Klarstellung im Vertragskopf die ausdrückliche Aufhebung des früheren Arbeitsvertrages in Fällen, in denen der Geschäftsführer vor seiner Bestellung Arbeitnehmer der Gesellschaft gewesen ist. In der Praxis muss allerdings darauf geachtet werden, dass das für den Abschluss des Geschäftsführeranstellungsvertrages zuständige Organ auch die Kompetenz für die Aufhebung des bisherigen Arbeitsvertrages mit dem ehemaligen Arbeitnehmer besitzt. Im Zweifel besteht aber bei der Bestellung des Geschäftsführers durch die Gesellschafterversammlung für diese eine Annexkompetenz zur Aufhebung des vorhergehenden, mit der Gesellschaft geschlossenen Arbeitsvertrages.[1450] Die Wirksamkeit der Aufhebung eines vorhergehenden Arbeitsvertrages kann insbesondere zweifelhaft sein, wenn die Anstellungskompetenz für den Geschäftsführervertrag beim Aufsichtsrat liegt oder der Anstellungsvertrag mit einem anderen Unternehmen, z.B. der Konzernmutter abgeschlossen wird, weil weder der Aufsichtsrat noch die Konzernmutter zur Änderung oder Aufhebung von Arbeitsverträgen mit Arbeitnehmern der Gesellschaft vertretungsbefugt sind.[1451] In Zweifelsfällen sollte der frühere Arbeitsvertrag des Geschäftsführers durch gesonderten Vertrag mit der arbeitgebenden Gesellschaft aufgehoben werden.

b) Vertretungsbefugnis, Selbstkontrahieren

Die Vertretungsbefugnis des Geschäftsführers betrifft die Außenrechtsvertretung der Gesellschaft durch 787 den oder die Geschäftsführer. Ist nur ein Geschäftsführer bestellt, ist dieser grundsätzlich zur Alleinvertretung befugt. Bei mehreren Geschäftsführern besteht ohne ausdrücklich anderslautende Regelung bei der Bestellung gemeinschaftliche Vertretungsmacht. Darüber hinaus gilt für den Geschäftsführer das § 181 BGB geregelte Verbot des Selbstkontrahierens, sofern nicht eine vollständige oder teilweise Befreiung von diesem Verbot erteilt ist.

Nach § 37 Abs. 1 GmbHG besteht demgegenüber die Möglichkeit, im Anstellungsvertrag – mit Wirkung für das Innenverhältnis zur Gesellschaft – die **Vertretungsbefugnis des Geschäftsführers** gegenüber der ihm durch die Bestellung eingeräumten Organkompetenz **zu beschränken.** Die Beschränkung im Anstellungsvertrag hat jedoch grundsätzlich keine Außenwirkung gegenüber Dritten.[1452] Eine Überschreitung der im Anstellungsvertrag geregelten Schranken der Vertretungsbefugnis stellt daher zwar eine Verletzung der Pflichten des Geschäftsführers aus dem Geschäftsführeranstellungsvertrag dar, macht aber

---

1446 BAG 9.5.1985, NZA 1986, 792; BAG 12.3.1987, NZA 1987, 845; *Gehlhaar*, NZA-RR 2009, 569.
1447 BAG 8.6.2000, NZA 2000, 1013; BAG 25.4.2002, NZA 2003, 272; BAG 24.11.2005, NZA 2006, 266; BAG 14.6.2006, NZA 2006, 1154; BAG 19.7.2007, NZA 2007, 1095; BAG 5.6.2008, NZA 2008, 1002; vgl. *Jooß*, RdA 2008, 285; *Moll*, GmbHR 2008, 1024; *Sasse/Schnitger*, BB 2007, 154; ErfK/*Preis*, § 611 BGB, Rn 139; *Jaeger*, MüKo-GmbHG § 35 Rn 289; Lutter/Hommelhoff/*Kleindieck*, Anh zu § 6 GmbHG Rn 4; kritisch im Hinblick auf § 623 BGB, Schaub/*Vogelsang*, ArbR-Hdb., § 14 Rn 4.
1448 BAG 14.6.2006, NZA 2006, 1154.
1449 BAG 23.8.2011, DB 2011, 2386; BAG 15.3.2011, NZA 2011, 874; *Jaeger*, MüKo-GmbHG § 35 Rn 287.
1450 BAG 3.2.2009, NZA 2009, 669; *Jaeger*, MüKo-GmbHG § 35 Rn 289; *Langner*, DStR 2007, 535.
1451 Zu einer derartigen Konstellation vgl. BAG 25.10.2007, NZA 2008, 168; ErfK/*Preis*, § 611 BGB Rn 139; *Jaeger*, MüKo-GmbHG § 35 Rn 288a; *Hümmerich/Schmidt-Westphal*, DB 2007, 222.
1452 Zu den in diesem Zusammenhang bestehenden Problemen Baumbach/Hueck/*Zöllner/Noack*, § 35 GmbHG Rn 80; Scholz/*Schneider*, § 35 GmbHG Rn 26.

das rechtsgeschäftliche Handeln des Geschäftsführers im Außenverhältnis gegenüber Dritten für die Gesellschaft nicht rechtlich unwirksam.

Zu beachten ist allerdings, dass die **Satzung der Gesellschaft** gegenüber den Regelungen des Anstellungs-vertrages **vorrangig** ist.[1453] Dies führt dazu, dass eine die Vertretungsmacht betreffende, von der Satzung abweichende Regelung über die Vertretungsmacht im Anstellungsvertrag unwirksam ist.[1454] Angesichts dessen ist es auf jeden Fall erforderlich, dass bei Formulierung des Anstellungsvertrages die im Gesell-schaftsvertrag der GmbH enthaltenen Regelungen über die Vertretungsmacht mit den vorgesehenen ver-traglichen Regelungen im Anstellungsvertrag abgeglichen werden. Darüber hinaus ist zu empfehlen, im Anstellungsvertrag auch eine Veränderungsmöglichkeit im Hinblick auf die Vertretungsmacht vorzusehen, um die gesellschaftsrechtlich bestehende Möglichkeit der Erweiterung oder Beschränkung der Vertretungs-macht im Innenverhältnis nicht durch die Regelung des Anstellungsvertrages auszuschließen. Dem dient der Formulierungsvorschlag in § 1 Abs. 1.

788 Entsprechendes gilt auch für das ohne ausdrückliche Regelung bestehende **Verbot des Selbstkontrahie-rens**. Von diesem Verbot kann der Geschäftsführer mit Wirkung für das Außenverhältnis durch entspre-chenden Bestellungsbeschluss ganz oder teilweise befreit werden, wenn dies in der Satzung vorgesehen ist. Besteht eine derartige Befreiungsmöglichkeit, sollte im Anstellungsvertrag mit für die Vertragsparteien bindender Wirkung festgelegt werden, ob eine Befreiung erteilt ist. Die Gesellschaft sollte sich darüber hi-naus die Möglichkeit einräumen, sich von dieser anstellungsvertraglichen Bindung auch wieder zu lösen. Einen entsprechenden Formulierungsvorschlag enthält § 1 Abs. 2 des Vertragsmusters.

c) Geschäftsführungsbefugnis

789 Im Gegensatz zur Vertretungsmacht betrifft die Geschäftsführungsbefugnis das Innenverhältnis zwischen Gesellschaft und Geschäftsführer, mithin das „rechtliche Dürfen" im Gegensatz zum „rechtlichen Können".[1455]

Grundsätzlich obliegt dem Geschäftsführer der **gesamte Bereich der Geschäftsleitung**, also die Verant-wortung für sämtliche personellen, sachlichen und finanziellen Entscheidungen der Gesellschaft, soweit diese nicht durch gesetzliche Regelung oder Satzungsbestimmung bzw. Entscheidung der Gesellschafter-versammlung im Einzelfall einem anderen Gesellschaftsorgan, insbesondere der Gesellschafterversamm-lung oder einem – obligatorischen oder fakultativen – Aufsichtsrat zugewiesen sind. Die Berechtigung zur Geschäftsführung wird durch die Regelung in § 2 Abs. 1 zugleich zu einer dienstvertraglichen Verpflich-tung des Geschäftsführers gemacht. Dies hat zur Folge, dass eine Verletzung der Regeln über die Geschäfts-führungsbefugnis zugleich eine Verletzung der Pflichten aus dem Anstellungsvertrag des Geschäftsführers darstellt. In § 2 Abs. 1 Satz 2 wird darüber hinaus klargestellt, dass die Gesellschafterversammlung unab-hängig von den generellen Aufgabenverteilungsregelungen in Gesetz oder Gesellschaftsvertrag berechtigt ist, dem Geschäftsführer im Einzelfall Weisungen in Angelegenheiten zu erteilen, die die Geschäftsführung betreffen.

790 In mehrköpfigen Geschäftsführungen entspricht es allgemeiner Üblichkeit, die Verantwortung für die Aktivitäten der Geschäftsführer nach **Ressorts oder Geschäftsbereichen** zu verteilen. Damit wird abwei-chend von dem Grundsatz der Gesamtgeschäftsführung, der im Innenverhältnis zwischen mehreren Ge-schäftsführern ohne ausdrücklich abweichende Regelung gilt,[1456] für den jeweiligen Geschäftsbereich die Entscheidungszuständigkeit des jeweils zuständigen Geschäftsführers begründet. Damit verbunden ist auch die Zuordnung der Verantwortung für den entsprechenden Geschäftsbereich, ohne allerdings die übrigen Geschäftsführer von der weiterhin bestehenden Gesamtverantwortung i.S.e. Kontrollpflicht zu ent-

1453 Baumbach/Hueck/*Zöllner*/*Noack*, § 35 GmbHG Rn 171.
1454 *Jaeger*, MüKo-GmbHG, § 35 Rn 275.
1455 Baumbach/Hueck/*Zöllner*/*Noack*, § 35 GmbHG Rn 5.
1456 Baumbach/Hueck/*Zöllner*/*Noack*, § 37 GmbHG Rn 29; Scholz/*Schneider*, § 37 GmbHG Rn 25.

binden. Eine solche Zuordnung von Ressortzuständigkeiten entspricht insbesondere in größeren Gesellschaften den praktischen Erfordernissen. Die Zuordnung der Ressortzuständigkeit kann einerseits im Anstellungsvertrag, andererseits aber auch durch eine Geschäftsordnung für die Geschäftsführung festgelegt werden. Es liegt im Interesse des Geschäftsführers, im Anstellungsvertrag das ihn zugeordnete Ressort festzulegen. Diesem Bedürfnis soll § 2 Abs. 2 Rechnung tragen. Wählt man diese Vorgehensweise, muss allerdings durch die Vertragsformulierung sichergestellt sein, dass die Gesellschafterversammlung generell oder im Einzelfall berechtigt ist, die Ressortzuständigkeit durch Gesellschafterbeschluss zu verändern.[1457]

Ebenfalls zum Regelungskomplex der Geschäftsführungsbefugnis gehört der in § 2 Abs. 3 des Vertragsmusters vorgeschlagene **Katalog der zustimmungspflichtigen Geschäfte**, die der Geschäftsführer nur nach vorheriger Zustimmung der Gesellschafterversammlung vornehmen darf. Die Regelung in § 2 Abs. 3 S. 1 geht davon aus, dass dem Geschäftsführer die Befugnis zur Vornahme aller Maßnahmen im Rahmen des gewöhnlichen Geschäftsbetriebes der Gesellschaft eingeräumt ist und stellt klar, dass außergewöhnliche Geschäfte der vorherigen Zustimmung der Gesellschafterversammlung bedürfen. In dem anschließend niedergelegten Katalog sind die Rechtsgeschäfte aufgelistet, die für die Gesellschaft typischerweise außergewöhnlich sind. Von besonderer Bedeutung für die Gesellschafter ist der Vorbehalt der Zustimmung der Gesellschafterversammlung vor Auszahlungen oder Vermögenszuwendungen an Gesellschafter. Nachdem das MoMiG das gesamte bisher geltende Kapitalersatzrecht abgeschafft hat,[1458] droht den Gesellschaftern im Insolvenzfall die Rückforderung erhaltener Leistungen nach Anfechtung durch den Insolvenzverwalter nach den §§ 135, 143 Abs. 3 InsO. Hinzukommen kann unter Umständen eine Verpflichtung der anderen Gesellschafter zur Erstattung des an einen Gesellschafter ausgezahlten Betrages unter dem Gesichtspunkt des Stammkapitalschutzes.[1459] 791

Selbstverständlich muss der Katalog unter Berücksichtigung der jeweiligen Aktivitäten der Gesellschaft **im Einzelfall auf Angemessenheit und Stimmigkeit überprüft** werden. Auch die im Muster jeweils vorgesehenen Wertgrenzen sind so festzulegen, dass mit den gewählten Beträgen die gewöhnlichen von den außergewöhnlichen Geschäften stimmig abgegrenzt sind. Wählt man den Kreis der zustimmungspflichtigen Geschäfte zu weit, behindert man den Geschäftsführer bei den gewöhnlichen Geschäftsführungsaktivitäten mit der Folge, dass die gewöhnliche Geschäftstätigkeit nicht mehr reibungslos abgewickelt werden kann. Wählt man den Kreis der zustimmungspflichtigen Geschäfte zu eng oder legt man die vorgesehene betragsmäßige Begrenzung zu hoch fest, ist das mit der Festlegung des Kataloges zustimmungspflichtiger Geschäfte erstrebte Ziel präventiver Kontrolle der Aktivitäten des Geschäftsführers nicht erreichbar. Hinzuweisen ist darauf, dass die durch den Katalog der zustimmungspflichtigen Geschäfte bewirkten Beschränkungen der Aktivitäten des Geschäftsführers nur dessen Berechtigung im Innenverhältnis zur Gesellschaft betreffen, nicht aber dessen rechtliches Können im Außenverhältnis bei der Vertretung der Gesellschaft gegenüber Dritten.[1460]

d) Pflichten und Verantwortlichkeit

aa) Die Pflichten des Geschäftsführers gegenüber der Gesellschaft

Nach § 43 Abs. 1 GmbHG hat der Geschäftsführer in Angelegenheiten der Gesellschaft die **Sorgfalt eines ordentlichen Geschäftsmanns**[1461] anzuwenden. § 43 Abs. 2 GmbHG statuiert zusätzlich die Haftung des 792

1457 Zu den Auswirkungen einer solchen Geschäftsverteilung Baumbach/Hueck/*Zöllner/Noack*, § 37 GmbHG Rn 32; zur einseitigen Abänderbarkeit, *Stephan*, IX. 49 Anm. 5.

1458 Die Regelungen des MoMiG bewirken die Aufhebung sowohl der gesetzlichen Kapitalersatzregelungen in den §§ 32a und b GmbHG als auch der von der Rechtsprechung entwickelten Grundsätze, vgl. *Krolop*, ZIP 2007, 1738; *Hölzle*, GmbHR 2007, 729; *Gehrlein*, BB 2008, 846.

1459 Dazu *Markwardt*, BB 2008, 2414; *Büchel*, GmbHR 2007, 1068; *Wälzholz*, GmbHR 2008, 841.

1460 Baumbach/Hueck/*Zöllner/Noack*, § 35 GmbHG Rn 78 ff.; Scholz/*Schneider*, § 37 GmbHG Rn 65.

1461 Dazu *Schumann*, GmbHR 2009, 535; *Joussen*, GmbHR 2005, 441; *Ebenroth/Lange*, GmbHR 1992, 486; *Gieseke*, GmbHR 1996, 486; Baumbach/Hueck/*Zöllner/Noack*, § 43 GmbHG Rn 7 ff.; *Jaeger*, MüKo-GmbHG § 43 Rn 10.

Geschäftsführers gegenüber der Gesellschaft bei der Verletzung der hieraus folgenden Verpflichtungen.[1462] Die gesetzliche Regelung knüpft an die organschaftliche Stellung des Geschäftsführers an. Sie besteht damit unabhängig von dem Abschluss eines wirksamen Anstellungsvertrages.[1463] § 3 Abs. 1 des Vertragsmusters wiederholt diese gesetzliche Wertung und macht sie zum Inhalt des Anstellungsvertrages.

Durch diese Regelung wird der allgemeine Sorgfaltsmaßstab des § 276 Abs. 2 BGB für einen GmbH-Geschäftsführer dahingehend konkretisiert, dass der Maßstab für die Pflichterfüllung des Geschäftsführers die Sorgfalt eines ordentlichen Geschäftsmannes ist.[1464] Der Geschäftsführer muss daher denjenigen **Sorgfaltsmaßstab** bei Ausübung seiner Geschäftsführeraufgaben zugrunde legen, der von sorgfältig handelnden Geschäftsführern allgemein erwartet werden kann. Subjektive Eigenschaften des Geschäftsführers entlasten ihn ebenso wenig wie Arbeitsüberlastung oder Überforderung.[1465] Auf die im Arbeitsverhältnis geltenden Haftungsbeschränkungen kann sich der Geschäftsführer nicht berufen.[1466] Allerdings besteht für den Geschäftsführer eine Haftungsprivilegierung bei Ausübung des ihm zustehenden unternehmerischen Ermessens in analoger Anwendung des § 93 Abs. 1 S. 2 AktG (sog. business judgement rule).[1467] Der Geschäftsführer haftet für eine wirtschaftliche Fehlentscheidung unter Anlegung eines strengen Maßstabes nur dann nicht, wenn er vorher fachkundigen Rat von Experten eingeholt, diese vollständig und zutreffend informiert, er dem danach erteilten Ratschlag einer Plausibilitätsprüfung unterzogen hat und er der Empfehlung des Experten gefolgt ist.[1468]

bb) Arbeitgeberpflichten

793 Arbeitgeber der bei der Gesellschaft beschäftigten Arbeitnehmer ist die GmbH als juristische Person. Zu den Geschäftsführungsaufgaben des Geschäftsführers gehört es deshalb, die der Gesellschaft obliegenden Arbeitgeberpflichten gegenüber den Arbeitnehmern auszuüben. In gleicher Weise ist der Geschäftsführer Ansprechpartner von eventuell in den Betrieben der Gesellschaft bestehenden Betriebsräten i.S.v. § 2 Abs. 2, § 74 Abs. 1 BetrVG. § 3 Abs. 2 des Anstellungsvertrages stellt diese Pflichtenstellung klar.

cc) Jahresabschluss und Ergebnisverwendung

794 In § 3 Abs. 3 des Vertragsmusters ist die Pflichtenstellung des Geschäftsführers im Zusammenhang mit der Erstellung und Feststellung des Jahresabschlusses sowie der Beschlussfassung über die Ergebnisverwendung geregelt. Die entsprechende Verpflichtung ergibt sich aus § 42a GmbHG i.V.m. den entsprechenden handelsrechtlichen Vorschriften der §§ 242 ff. HGB.

Gemäß § 264 Abs. 1 HGB ist der Geschäftsführer zur **Aufstellung des Jahresabschlusses** und – in großen Kapitalgesellschaften – **des Lageberichtes** verpflichtet.[1469] In kleinen Kapitalgesellschaften ist der Lagebericht entbehrlich. Der Jahresabschluss und der Lagebericht sind nach § 264 Abs. 1 S. 2 HGB in den ersten drei Monaten nach Abschluss des Geschäftsjahres aufzustellen. Bei kleinen GmbHs verlängert sich die Frist zur Aufstellung des Jahresabschlusses auf bis zu sechs Monate nach Abschluss des Geschäftsjahres.

Ist der Jahresabschluss durch einen Abschlussprüfer zu prüfen, hat der Geschäftsführer die Prüfung zu veranlassen und den Jahresabschluss mit Lagebericht und Prüfbericht des Abschlussprüfers unverzüglich nach

---

1462 Dazu allgemein die Werke von *Ek, Drescher* und *Meyke*; *Tamm/Fangerow*, BB 2012, 1944; *Freund*, GmbHR 2011, 238; *Fleischer*, NJW 2009, 2337.
1463 Baumbach/Hueck/*Zöllner/Noack*, § 43 GmbHG Rn 4.
1464 Baumbach/Hueck/*Zöllner/Noack*, § 43 GmbHG Rn 7; *Jaeger*, S. 47.
1465 Baumbach/Hueck/*Zöllner/Noack*, § 43 GmbHG Rn 11.
1466 Schaub/*Vogelsang*, ArbR-Hdb., § 14 Rn 9; *Joussen*, GmbHR 2005, 441; *Lohr*, NZG 2000, 1204; Baumbach/Hueck/*Zöllner/Noack*, § 43 GmbHG Rn 6; a.A. für den Fremdgeschäftsführer *Koch*, AG 2012, 429; *Köhl*, DB 1996, 2597.
1467 BGH 14.7.2008, NZG 2008, 751; *Fleischer*, GmbHR 2008, 673; *Lutter*, ZIP 2007, 841; dazu auch BGH 22.2.2011, DB 2011, 925; *Redeke* ZIP 2011, 59; *Fleischer*, NZG 2011, 521; *Jaeger*, MüKo-GmbHG § 43 Rn 67, 71.
1468 BGH 20.9.2011, NJW-RR 2011, 1670; BGH 28.4.2015, NJW-RR 2015, 988; *Decker*, GmbHR 2014, 72; *Jaeger*, MüKo-GmbHG § 43 Rn 42 ff.
1469 Dazu statt vieler, MüKo-HGB/*Reiner*, § 264 Rn 5. ff.

Eingang der Gesellschafterversammlung vorzulegen. Ist eine Prüfung durch einen Abschlussprüfer nicht vorgesehen, sind der Jahresabschluss und – gegebenenfalls – der Lagebericht unverzüglich nach Erstellung an die Gesellschafter weiterzuleiten. Bei Bestehen eines Aufsichtsrates ist zusätzlich dessen Bericht über das Ergebnis der Prüfung beizufügen.

Da die Gesellschafter nach § 42a Abs. 2 GmbHG verpflichtet sind, bis zum Ablauf der ersten acht Monate des nachfolgenden Geschäftsjahres – bei kleinen GmbHs elf Monate –, den Jahresabschluss festzustellen und über die Ergebnisverwendung zu beschließen, sieht das Vertragsmuster die Verpflichtung des Geschäftsführers vor, gleichzeitig mit der Übersendung der Unterlagen zu einer Gesellschafterversammlung einzuberufen, um die entsprechenden Beschlüsse zu fassen. Bei der Einladung zur Gesellschafterversammlung hat der Geschäftsführer die Mindestanforderungen des § 51 GmbHG[1470] zu beachten.

dd) Ergänzende Unterrichtungsverpflichtungen

§ 3 Abs. 4 erweitert die Verpflichtung des Geschäftsführers aus § 51a GmbHG, die Gesellschafter in regel-   **795**
mäßigen Abständen über die **wirtschaftliche Entwicklung der Gesellschaft** schriftlich zu informieren. Die Verpflichtung wird in dem Vertragsmuster zum einen an das Verlangen der Gesellschaft geknüpft, um unnötigen Arbeitsaufwand bei in der Realität nicht bestehendem Informationsbedarf zu vermeiden. Andererseits ist die Begründung der Verpflichtung zur schriftlichen Information sinnvoll um sicherzustellen, dass die Gesellschafter in angemessenen Zeitabständen durch schriftliche Berichterstattung der Geschäftsführung über die wirtschaftliche Lage der Gesellschaft in Kenntnis gesetzt werden.

ee) Gesellschafterliste

In § 3 Abs. 5 wird dem Geschäftsführer die Verpflichtung auferlegt, mit jeder Einladung zu einer Gesell-   **796**
schafterversammlung eine aktuelle Gesellschafterliste[1471] in Kopie an die Gesellschafter zu übersenden. Mit dieser Regelung soll § 16 Abs. 3 GmbHG Rechnung getragen werden, der gestützt auf die zum Handelsregister eingereichte Gesellschafterliste den **gutgläubigen Erwerb von GmbH-Geschäftsanteilen** möglich macht. Durch Übersendung der Gesellschafterliste werden die Gesellschafter über den aktuellen Stand der beim Handelsregister vorliegenden Gesellschafterliste in Kenntnis gesetzt und dadurch in die Lage versetzt, Unrichtigkeiten der Gesellschafterliste zu erkennen und damit die Basis für den gutgläubigen Erwerb von Geschäftsanteilen von Nichtberechtigten zu verhindern. Zudem wird dadurch sichergestellt, dass die aktuell vorhandenen Gesellschafter zu der Gesellschafterversammlung eingeladen werden, so dass Zweifel an der Wirksamkeit der gefassten Beschlüsse vermieden werden.

ff) Die Aufdeckung von Inhabilitätsgründen

§ 3 Abs. 6 verpflichtet den Geschäftsführer den Gesellschaftern gegenüber zur unverzüglichen Aufdeckung   **797**
von Umständen, die zu einem Tätigkeitsverbot als Geschäftsführer führen können. Die Regelung ist notwendig, weil bei Eintritt eines Inhabilitätsgrundes, also der rechtskräftigen Verurteilung des Geschäftsführers, automatisch **die Organstellung eines bereits bestellten Geschäftsführers endet**,[1472] mithin der Geschäftsführer die Organstellung nicht mehr wirksam ausüben kann. Zudem kommen in einem solchen Fall Schadensersatzansprüche der Gesellschaft gegen die Gesellschafter aus § 6 Abs. 5 GmbHG in Betracht, die einen amtsunfähigen Geschäftsführer grob fahrlässig oder vorsätzlich haben weiter tätig werden lassen.[1473] Die Hinweispflicht des Geschäftsführers soll die Gesellschafter in die Lage versetzen, derartige Schadensersatzansprüche zu vermeiden.

1470 Dazu Baumbach/Hueck/*Zöllner*, § 51 GmbHG Rn 3 f., 11 f., 21 f.
1471 Zu den Haftungsgefahren für den Geschäftsführer Baumbach/Hueck/*Zöllner/Noack*, § 40 GmbHG, Rn 44 ff.
1472 *Weyand*, ZinsO 2007, 754; Scholz/*Schneider/Schneider*, § 6 GmbHG, Rn 38.
1473 Scholz/*Schneider/Schneider*, § 6 GmbH G Rn 42 ff.

e) Arbeitszeit und anderweitige Aufgabenübertragung
aa) Die Regelung der Arbeitszeit

798　Der Geschäftsführer schuldet als Ausfluss seiner dienstvertraglichen Stellung der Gesellschaft die **Zurverfügungstellung seiner vollen Arbeitskraft**. Er ist dabei nicht an die Grenzen des Arbeitszeitgesetzes gebunden, weil er als Organmitglied nach § 2 Abs. 2 i.V.m. § 18 Abs. 1 Nr. 1 ArbZG nicht dem gesetzlichen Arbeitszeitrecht unterfällt.[1474] Selbstverständlich gelten für den Geschäftsführer auch keine tariflichen Arbeitszeitbegrenzungen.

Andererseits unterliegt der Geschäftsführer als Organmitglied hinsichtlich der Festlegung der zeitlichen Lage seiner Arbeitsleistung keinen Weisungen. Vielmehr ist er berechtigt, selbst festzulegen, zu welcher Zeit und von welchem Ort aus er die ihm als Geschäftsführer obliegenden Verpflichtungen wahrnimmt. Durch § 4 Abs. 1 S. 2 wird dies klargestellt, in gleicher Weise aber betont, dass der Geschäftsführer verpflichtet ist, die von ihm selbst zu treffende Festlegung von **Lage und Ort der Arbeitsleistung** orientiert am Wohl der Gesellschaft vorzunehmen. Hierdurch wird die Pflicht des Geschäftsführers betont, der Gesellschaft jederzeit zur Verfügung zu stehen, wenn dies im Interesse oder zum Wohle der Gesellschaft erforderlich ist.

bb) Die Versetzungsregelung

799　Die in § 4 Abs. 2 vorgeschlagene Regelung empfiehlt sich insbesondere für konzernangehörige Gesellschaften, bei denen eine Versetzung des Geschäftsführers auf die Position des Geschäftsführers einer anderen konzernangehörigen Gesellschaft in Betracht kommt. Ohne eine solche Klausel beschränkt sich die Verpflichtung des Geschäftsführers aus dem Anstellungsvertrag nämlich ausschließlich auf die Tätigkeit als Geschäftsführer in der vertragsschließenden Gesellschaft. Die **Versetzungsklausel** eröffnet deshalb der Gesellschaft die Möglichkeit, den Geschäftsführer auch auf andere Geschäftsführerposten in anderen Gesellschaften zu versetzen, ohne dass es hierzu der Zustimmung des Geschäftsführers bedarf. Zur Sicherung der Rechte des Geschäftsführers muss es sich allerdings um eine zumutbare Tätigkeit handeln. Dies stellt § 4 Abs. 2 S. 1 durch den Hinweis auf die seiner Stellung sowie den Kenntnissen und Fähigkeiten des Geschäftsführers entsprechende Position klar. Damit ist sichergestellt, dass dem Geschäftsführer nur solche Aufgaben übertragen werden können, die für den Geschäftsführer sowohl hierarchiemäßig als auch im Hinblick auf die gestellten Anforderungen vergleichbar sind.

Besondere Probleme treten auf, wenn die Versetzung mit einer Verlegung des Dienstortes verbunden ist. Je nach den Umständen des Einzelfalles kann sich aus der räumlichen Entfernung eine Unzumutbarkeit für den Geschäftsführer ergeben. Eine solche Unzumutbarkeit muss durch entsprechende Reisekosten- oder Umzugskostenregelungen ausgeglichen werden, die im Einzelfall im Zusammenhang mit der Versetzung getroffen werden sollten.

f) Vergütung

800　Die Vergütung eines Geschäftsführers teilt sich regelmäßig in einen festen Vergütungsanteil und einen variablen Vergütungsanteil auf.

aa) Die feste Jahresvergütung

801　Die Festvergütung, die bei Geschäftsführern typischerweise in Form **eines Jahresgehaltes** festgelegt wird, das in gleichen Monatsbeträgen ausgezahlt wird, ist zwischen der Gesellschaft und dem Geschäftsführer

---

1474 Dazu Schaub/*Vogelsang*, ArbR-Hdb., § 156 Rn 5 f.; ErfK/*Wank*, § 2 ArbZG, Rn 2 f.; das gilt auch nach der Entscheidung des EuGH, 11.11.2010, NZA 2011, 143 – Danosa –, vgl.Scholz/*Schneider/Hohenstatt*, § 35 GmbHG Rn 282; *Schubert*, ZESAR 2013, 5; *Lunk/ Rodenbusch*, GmbHR 2012, 188; einschränkend *Preis/Sagan*, ZGR 2013, 26.

frei aushandelbar. Rechtliche Grenzen existieren hierfür nicht.[1475] Allerdings muss die Höhe der Festvergütung – ebenso wie der variablen Vergütung – in einem angemessenen Verhältnis zu den wirtschaftlichen Verhältnissen der Gesellschaft einerseits und den Anforderungen an die Tätigkeit des Geschäftsführers andererseits stehen.

Bei einem Geschäftsführer, der zugleich Gesellschafter ist, ist als Begrenzung zusätzlich der Gesichtspunkt der „**verdeckten Gewinnausschüttung**"[1476] zu beachten, die dann vorliegen kann, wenn der Geschäftsführer ein unangemessen hohes Gehalt erhält. Ist das Gehalt unangemessen hoch, wird es von den Finanzbehörden nicht mehr als Betriebsausgabe der Gesellschaft anerkannt. Eine solche Unangemessenheit liegt allerdings nur bei einem krassen Missverhältnis zwischen der Höhe des Geschäftsführergehaltes einerseits und dem Wert der Dienstleistung des Geschäftsführers andererseits vor, wobei es zum einen auf die Person des Geschäftsführers und zum anderen auf die Leistungsfähigkeit der Gesellschaft ankommt.[1477] Die Angemessenheit ist im jeweiligen Einzelfall zu prüfen.[1478]

Dem Geschäftsführer steht grundsätzlich **kein Anspruch** gegen die Gesellschaft **auf regelmäßige Vergütungsanpassung** zu.[1479] Eine Erhöhung der festen Jahresvergütung setzt daher eine Erhöhungsvereinbarung zwischen Gesellschaft und Geschäftsführer voraus, sofern nicht eine kontinuierliche Vergütungsanpassung vertraglich vereinbart wird. Das Vertragsmuster sieht von der Regelung eines „Erhöhungsautomatismus" ab, weil im Gegensatz zur Rechtsstellung des Arbeitnehmers die regelmäßige Vergütungserhöhung für den Geschäftsführer untypisch ist. Angesichts des Umstandes, dass sich die Angemessenheit der Vergütung des Geschäftsführers unter anderem an der wirtschaftlichen Entwicklung der Gesellschaft misst, diese aber durchaus auch rückläufig sein kann, sollte die Regelung einer Vergütungserhöhung zukünftigen freien Vereinbarungen vorbehalten bleiben. Will man diesen Vorschlag nicht folgen, dürfte es geboten sein, eine Klausel aufzunehmen, wonach sich die Festvergütung des Geschäftsführers an den Tariferhöhungen der Tarifentgelte der höchsten Tarifgruppe der Branche, in der der Geschäftsführer tätig ist, bemisst.[1480]

802

In gleicher Weise besteht naturgemäß auch kein Automatismus hinsichtlich einer möglichen **Vergütungsabsenkung bei Verschlechterung der wirtschaftlichen Lage der Gesellschaft.** Auch hier kommt es mithin auf die einzelvertragliche Vereinbarung zwischen Geschäftsführer und Gesellschaft an. In „krassen Ausnahmefällen" kann allerdings eine analoge Anwendung des § 87 Abs. 2 AktG i.V.m. § 242 BGB

1475 *Jaeger*, MüKo-GmbHG § 35 Rn 302; Scholz/*Schneider/Hohenstatt*, § 35 GmbHG Rn 350; dazu *Tänzer*, GmbHR 2003, 754; *Zimmermann*, GmbHR 2002, 353; zu den Anforderungen an die Beschlussfassung der Gesellschafterversammlung bei Vergütungserhöhungsbeschlüssen BGH 21.7.2008, DB 2008, 2128; *Wackerbarth*, GmbHR 2009, 65; *Podewils*, GmbHR 2008, 1094.

1476 Dazu Baumbach/Hueck/*Zöllner/Noack*, § 35 GmbHG Rn 182 ff.; *Jaeger*, MüKo-GmbHG § 35 Rn 308; Lutter/Hommelhoff/*Kleindieck*, Anh zu § 6 GmbHG Rn 31; Scholz/*Schneider/Hohenstatt*, § 35 GmbHG Rn 354 f.; *Müller-Potthoff/Lippke/Müller*, GmbHR 2009, 867; *Schwedhelm*, GmbHR 2006, 281; *Briese*, GmbHR 2005, 597; *Bascope/Hering*, GmbHR 2005, 741.

1477 Scholz/*Schneider/Hohenstatt*, § 35 GmbHG Rn 354 f.; Baumbach/Hueck/*Zöllner/Noack*, § 35 GmbHG Rn 184 ff.; *Jaeger*, MüKo-GmbHG § 35 Rn 309 ff.; *Zimmermann*, GmbHR 2002, 353; *Bascope/Hering*, GmbHR 2005, 741.

1478 Dazu *Janssen*, GmbHR 2007, 749; *Tänzer*, GmbHR 2005, 1256; die Bewertung erfolgt i.d.R. auf der Basis eines Fremdvergleiches, BFH 27.2.2003, GmbHR 2003, 1214, unter Berücksichtigung des in den Vorjahren erzielten Ergebnisses der Gesellschaft. Im Zweifel ist zu schätzen, BFH 4.6.2003, GmbHR 2003, 1369.

1479 Baumbach/Hueck/*Zöllner/Noack*, § 35 GmbHG Rn 187; Scholz/*Schneider/Hohenstatt*, § 35 GmbHG Rn 369; *Jaeger*, MüKo-GmbHG § 35 Rn 323 und Lutter/Hommelhoff/*Kleindieck*, Anh zu § 6 GmbHG Rn 34 weisen auf einen ausnahmsweise aus der Gesellschafter-Treuepflicht und der Fürsorgepflicht folgenden Erhöhungsanspruch für Gesellschafter-Geschäftsführer hin, wenn aufgrund der eingetretenen Veränderungen die Vergütung unangemessen niedrig geworden ist. Dies gilt grundsätzlich nicht für Fremdgeschäftsführer.

1480 Dazu bspw. *Jaeger*, MüKo-GmbHG § 35 Rn 322.

eine Verpflichtung des Geschäftsführers begründen, einer Vergütungsreduzierung zuzustimmen, wenn sich die wirtschaftliche Lage der Gesellschaft erheblich verschlechtert hat.[1481]

803 Regelungsbedürftig ist darüber hinaus die Behandlung von Entgelten, die der Geschäftsführer in Wahrnehmung von Aufsichtsratsmandaten, Beiratsmitgliedschaften und ähnlichen Funktionen erzielt, die er im Interesse der Gesellschaft ausübt. Ohne eine ausdrückliche vertragliche Regelung stehen derartige Vergütungsansprüche dem Geschäftsführer zusätzlich zu der vertraglich vereinbarten Vergütung zu. Da es nach § 7 Abs. 3 des Vertragsmusters zu den Dienstaufgaben des Geschäftsführers gehört, auch Aufsichtsratsmandate oder Beiratsfunktionen auf Aufforderung der Gesellschaft zu übernehmen, ist es gerechtfertigt, die in diesen Funktionen erzielte Vergütung auf den Vergütungsanspruch des Geschäftsführers anzurechnen. Hiervon geht § 5 Abs. 2 des Vertragsmusters aus.

bb) Die erfolgsabhängige Vergütung

804 Zusätzlich zu der festen Jahresvergütung sieht das Vertragsmuster – wie regelmäßig bei Geschäftsführeranstellungsverträgen – eine Incentivierung des Geschäftsführers durch Zusage einer erfolgsabhängigen Vergütung in Form einer Tantieme vor.

In dem Vertragsmuster wird die erfolgsabhängige Vergütung an das Kriterium des Jahresgewinns der Gesellschaft entsprechend den Ergebnissen des Jahresabschlusses angeknüpft, wobei das Vertragsmuster konkrete Berechnungsmodalitäten für die Feststellung der Bemessungsgrundlage im Hinblick auf Verlustvorträge, Rückstellungen, Sonderabschreibungen und sonstige Steuervergünstigungen sowie die Auflösung von Rücklagen und anderen Bilanzpositionen enthält. Naturgemäß kann und muss die **Festlegung der Bemessungsfaktoren für eine erfolgsabhängige Vergütung** an die Anforderungen des Einzelfalles konkret angepasst werden. Dies gilt einerseits für das mit der Incentivierung verfolgte Ziel. So kann es geboten sein, die erfolgsabhängige Vergütung eines für den technischen Geschäftsbereich zuständigen Geschäftsführers nicht an den Unternehmensgewinn anzuknüpfen, sondern an für den Erfolg des technischen Geschäftsbereiches maßgebliche Faktoren. Je nach den Zielen der Gesellschaft kann auch statt einer Anknüpfung an den Gewinn eine Anknüpfung an den Umsatz oder sonstige Erfolgsfaktoren denkbar sein. Um das Ziel der Incentivierung des Geschäftsführers zu erreichen, müssen die Bemessungsfaktoren auf jeden Fall so gewählt werden, dass sie durch die Aktivitäten des Geschäftsführers beeinflussbar sind. Außerdem müssen sie bei realistischer Betrachtungsweise tatsächlich eintreten können, ohne jedoch auch ohne jede Anstrengung des Geschäftsführers von selbst erreicht zu werden.[1482] Beachtet man diese Gesichtspunkte nicht, verfehlt die erfolgsabhängige Vergütung ihre Anreizwirkung gegenüber dem Geschäftsführer, der sich von einer Tantieme, die an nicht erreichbare Ziele anknüpft ebenso wenig beeinflussen lässt, wie von Zielen, die ohne jegliche Anstrengung von selbst eintreten.

Zum Teil wird empfohlen, einen Teil der erfolgsabhängigen Vergütung als Garantietantieme, Mindest- oder Festtantieme von der Erfolgsabhängigkeit abzukoppeln.[1483] Eine solche Regelung ist ohne weiteres denkbar, führt aber dazu, dass dieser Teil der erfolgsabhängigen Vergütung in Wirklichkeit zum Teil der Festvergütung wird, weil der Geschäftsführer die **Garantietantieme** unabhängig von dem Grad der Zielerreichung auf jeden Fall erhält. Eine incentivierende Wirkung kann eine solche Garantietantieme nicht entfalten. Systematisch richtiger wäre es, statt einer Garantietantieme den entsprechenden Betrag auf die

---

1481 BGH 15.6.1992, GmbHR 1992, 605; OLG Köln 6.11.2007, ZIP 2009, 36; OLG Naumburg 16.4.2003, GmbHR 2004, 423; Baumbach/Hueck/*Zöllner/Noack*, § 35 GmbHG Rn 187; Lutter/Hommelhoff/*Kleindieck*, Anh zu § 6 GmbH G Rn 34a; *Bauder*, BB 1993, 369; dazu auch *Gaul/Janz*, GmbHR 2009, 959; *Wübbelsmann*, GmbHR 2009, 988; *Wilsing/Kleißl*, BB 2008, 2422; gegen eine analoge Anwendung des § 87 AktG, jedoch ebenfalls eine Vergütungsherabsetzung in Ausnahmefällen für zulässig haltend: *Jaeger*, MüKo-GmbHG § 35 Rn 324 f.; Scholz/*Schneider/Hohenstatt*, § 35 GmbHG Rn 371; *Lunk/Stolz*, NZA 2010, 121.

1482 Zu den Gestaltungsmöglichkeiten und Grenzen von Tantiemeregelungen Baumbach/Hueck/*Zöllner/Noack*, § 35 GmbHG Rn 185, 188; *Jaeger*, MüKo-GmbHG § 35 Rn 314 ff.; Scholz/*Schneider/Hohenstatt*, § 35 GmbHG Rn 358 ff.; Lutter/Hommelhoff/*Kleindieck*, Anh zu § 6 GmbHG Rn 32.

1483 Dazu Scholz/*Schneider/Hohenstatt*, § 35 GmbHG Rn 362.

Festvergütung aufzuschlagen. Aus diesem Grunde wird auch im vorliegenden Vertragsmuster von der Zusage einer Garantietantieme abgesehen. Demgegenüber ist es sinnvoll, eine betragsmäßige Obergrenze für die Tantieme festzulegen, um bei unvorhersehbaren Entwicklungen eine unangemessen hohe Vergütung zu vermeiden. Ein entsprechender Vorschlag ist in § 5 Abs. 3 S. 1 a.E. des Musters enthalten.

Wird die Tantiemevereinbarung – anders als im Muster vorgeschlagen – in einer Weise abstrakt gefasst, dass die im jeweiligen Jahr zu erreichenden Ziele jeweils neu festgelegt werden müssen, obliegt die Festlegung der jährlichen Ziele grundsätzlich der Gesellschaft, sofern nicht ausdrücklich eine Beteiligung des Geschäftsführers bei der Zielfestlegung vereinbart ist. Die Gesellschaft hat die Ziele unter Berücksichtigung billigen Ermessens nach § 315 Abs. 1 BGB[1484] und so rechtzeitig festzulegen, dass der Geschäftsführer die gesetzten Ziele im Geschäftsjahr erreichen kann. Unterbleibt eine rechtzeitige Zielfestlegung, verletzt die Gesellschaft ihre vertragliche Pflicht zur Zielfestlegung und macht sich gegenüber dem Geschäftsführer in Höhe der erreichbaren Tantieme, im Zweifel bis zu deren Höchstgrenze nach § 280 Abs. 1 BGB schadensersatzpflichtig.[1485]

Besonders regelungsbedürftig ist die Behandlung der erfolgsabhängigen Vergütung für den Fall des **Ausscheidens des Geschäftsführers**.[1486] Hier besteht die Konfliktlage, dass der Geschäftsführer nach seinem Ausscheiden – ggf. auch schon nach einer Freistellung – auf die Erreichung der Ziele, an die die erfolgsabhängige Vergütung anknüpft, nicht mehr einwirken kann. Anderseits wirken aber die während der aktiven Tätigkeit des Geschäftsführers entfalteten Tätigkeiten auch über sein Ausscheiden hinaus fort, mit der Folge, dass sich Ergebniseffekte aus der Tätigkeit des Geschäftsführers ggf. auch erst nach seinem Ausscheiden niederschlagen können. Eine „Ideallösung" für die Behandlung der erfolgsabhängigen Vergütung nach Ausscheiden des Geschäftsführers gibt es dementsprechend nicht. **805**

Das Vertragsmuster geht deshalb davon aus, dass der Geschäftsführer für die Zeit bis zur rechtlichen Beendigung seines Anstellungsverhältnisses im Kalenderjahr die erfolgsabhängige Vergütung zeitanteilig erhält. Ergänzend wird vorgeschlagen, dass der Tantiemeanspruch für das Kalenderjahr entfällt, wenn das Anstellungsverhältnis entweder aufgrund außerordentlicher Kündigung der Gesellschaft aus wichtigem Grund oder aufgrund eines in dem Verhalten oder in der Person des Geschäftsführers liegenden Grundes durch ordentliche Kündigung oder Auflösungsvertrag beendet wird. Denkbar wäre darüber hinaus auch eine entsprechende Ausschlussregelung für den Fall der Eigenkündigung des Geschäftsführers vorzusehen, wobei jedoch darauf geachtet werden muss, dass durch eine solche Regelung kein unzumutbares und daher rechtswidriges Kündigungserschwernis zu Lasten des Geschäftsführers begründet wird. Ob eine Regelung über den Ausschluss des Anspruches auf Gewährung einer erfolgsabhängigen Vergütung für das Kalenderjahr des Ausscheidens nach Eigenkündigung des Geschäftsführers eine solche unzumutbare Kündigungserschwernis enthält, ist abhängig von den Umständen des Einzelfalles, insbesondere der Höhe der in Betracht kommenden Tantieme. Zulässig dürfte auch eine Regelung sein, die einen Wegfall des Tantiemeanspruches ab dem Zeitpunkt einer Abberufung aus der Organstellung und Freistellung festlegt, also die zeitanteilige Gewährung nur in Bezug auf den Zeitraum vor Abberufung und Freistellung bezieht.

g) Vergütung bei Arbeitsverhinderung

Besondere Schwierigkeiten wirft die Frage auf, ob und in welchem Umfang dem Geschäftsführer ein Anspruch auf Fortzahlung der festen und variablen Vergütung bei krankheitsbedingter Arbeitsunfähigkeit und sonstiger unverschuldeter Dienstverhinderung zustehen soll. **806**

1484 BGH 9.5.1994, NJW-RR 1994, 1055; Baumbach/Hueck/*Zöllner/Noack*, § 35 GmbHG Rn 188; Scholz/*Schneider/Hohenstatt*, § 35 GmbHG Rn 361..

1485 BAG 10.12.2008, NZA 2009, 256; BAG 12.12.2007, NZA 2008, 409, jeweils zu Arbeitnehmern; LG Düsseldorf 23.12.2010 – 15 O 276/10 – (juris); Baumbach/Hueck/*Zöllner/Noack*, § 35 GmbHG Rn 188; *Jaeger*, MüKo-GmbHG § 35 Rn 319.

1486 Dazu *Jaeger*, MüKo-GmbHG § 35 Rn 321; Scholz/*Schneider/Hohenstatt*, § 35 GmbHG Rn 359.

Für den Geschäftsführer gilt – ebenso wie für Arbeitnehmer – die Regelung des § 616 BGB, wonach der Dienstgeber bei persönlicher, vom Dienstnehmer nicht verschuldeter Arbeitsunfähigkeit zur Vergütungszahlung für eine verhältnismäßig nicht erhebliche Zeit verpflichtet ist.[1487] Hieraus wird trotz des Umstandes, dass das EFZG auf Geschäftsführer mangels Arbeitnehmerqualität nicht anwendbar ist,[1488] zum Teil gefolgert, dass die Dauer des Entgeltfortzahlungszeitraums den Wertungen des EFZG entnommen werden könnte und dem Geschäftsführer daher ein gesetzlicher Anspruch auf **Entgeltfortzahlung im Krankheitsfall** für die Dauer von mindestens sechs Wochen zusteht.[1489] Angesichts des Umstandes, dass insoweit allerdings Uneinigkeit besteht, empfiehlt es sich auf jeden Fall, die Entgeltfortzahlung im Krankheitsfall und bei sonstiger unverschuldeter Dienstverhinderung ausdrücklich im Anstellungsvertrag zu regeln. Dabei muss auch den Besonderheiten Rechnung getragen werden, die sich aus der Aufteilung der Vergütung in eine feste Jahresvergütung und eine erfolgsabhängige Vergütung ergeben.

Für welchen Zeitraum die Vertragsparteien des Anstellungsvertrages eine Entgeltfortzahlung im Krankheitsfall vorsehen, liegt in deren privatautonomer Regelungsbefugnis. Es hat sich allerdings eine gewisse Üblichkeit entwickelt, für Geschäftsführer eine sechsmonatige Entgeltfortzahlung bei Krankheit festzulegen. Dieser Üblichkeit folgt das Vertragsmuster in § 6 Abs. 1 bezogen auf den festen Vergütungsanteil, wobei ausdrücklich vorgesehen ist, dass für die Probleme, die im Zusammenhang mit dem Verschulden des Geschäftsführers an der Dienstverhinderung sowie der Feststellung des 6-Monats-Zeitraumes auftreten (Fortsetzungserkrankung, überlappende Erkrankung etc.) die Regelungen des EFZG entsprechend gelten.[1490]

Für den erfolgsabhängigen Teil der Vergütung sieht § 6 Abs. 3 des Vertragsmusters vor, dass nach Ablauf des sechsmonatigen Vergütungsfortzahlungszeitraums die erfolgsabhängige Vergütung zeitanteilig entfällt.

807 Trotz des Umstandes, dass der Geschäftsführer zumindest dann, wenn er nicht Mehrheits-Gesellschafter-Geschäftsführer ist, im sozialversicherungsrechtlichen Sinne in einem **sozialversicherungspflichtigen Beschäftigungsverhältnis** steht,[1491] mithin grundsätzlich auch der Krankenversicherungspflicht unterliegt, wird regelmäßig die Versicherungsfreiheit in der gesetzlichen Krankenversicherung bestehen, weil das Jahresgehalt des Geschäftsführers die krankenversicherungsrechtliche Versicherungspflichtgrenze[1492] regelmäßig übersteigen dürfte. Dies führt dazu, dass dem Geschäftsführer bei Arbeitsunfähigkeit wegen Krankheit Leistungen aus der gesetzlichen Krankenversicherung nicht zustehen, er vielmehr gehalten ist, eine private Krankenversicherung abzuschließen. Es obliegt daher auch der Gestaltungsmacht des Geschäftsführers, durch Abschluss entsprechender Krankentagegeldversicherungen den Vergütungsausfall bei Krankheit abzusichern. Aus der Zusage der Entgeltfortzahlung im Krankheitsfall für die Dauer von sechs Monaten folgt regelmäßig, dass für den Geschäftsführer kein Anlass besteht, eine Krankentagegeldversicherung für diesen Zeitraum abzuschließen. Das Vertragsmuster sieht deshalb in § 6 Abs. 2 die Berechtigung der Gesellschaft vor, eine entsprechende Krankentagegeldversicherung auf den Namen des Ge-

---

1487 *Haase*, GmbHR 2005, 1260; *Jaeger*, MüKo-GmbHG § 35 Rn 326; anders *Schiefer/Worzalla*, ZfA 2013, 41.

1488 *Haase*, GmbHR 2005, 1260; Baumbach/Hueck/*Zöllner/Noack*, § 35 GmbHG Rn 177; *Jaeger*, MüKo-GmbHG § 35 Rn 326; Scholz/*Schneider/Hohenstatt*, § 35 GmbHG Rn 413; a.A. *Wimmer*, DStR 1997, 247.

1489 *Jaeger*, MüKo-GmbHG § 35 Rn 326; Scholz/*Schneider/Hohenstatt*, § 35 GmbHG Rn 413.

1490 Dazu Scholz/*Schneider/Hohenstatt*, § 35 GmbHG Rn 414.

1491 So die ganz überwiegende Auffassung, vgl. nur Spickhoff/*Nebendahl*, Medizinrecht, § 5 SGB V Rn 4; *Jaeger*, MüKo-GmbHG § 35 Rn 301; Lutter/Hommelhoff/*Kleindiek*, Anh zu § 6 GmbHG Rn 40 f.; Scholz/*Schneider/Hohenstatt*, § 35 GmbG Rn 514; *Klose*, GmbHR 2012, 1097; *Grimm*, DB 2012, 175; *Reiserer/Fallenstein*, DStR 2010, 2085; *Stück*, GmbHR 2007, 1099; *Freckmann*, BB 2006, 2077; *Hillmann-Stadtfeld*, GmbHR 2004, 1207; *Reiserer*, BB 1999, 2026; *Louven*, DB 1999, 1061; siehe dazu auch Gemeinsames Rundschreiben der Spitzenorganisationen der Sozialversicherung vom 13.4.2010, www.deutsche-rentenversicherung-bund.de.

1492 Vgl. dazu § 6 Abs. 1 Nr. 1, Abs. 6,7 SGB V i.V.m. der Verordnung über maßgebende Rechengrößen der Sozialversicherung. Die Versicherungspflichtgrenze liegt im Jahr 2016 bei monatlich 4.687,50 EUR, bzw. jährlich 56.250,00 EUR.

schäftsführers abzuschließen, um die Verpflichtung zur Entgeltfortzahlung nach Abs. 1 durch eine entsprechende Krankentagegeldversicherung zu refinanzieren. Zugleich begründet § 6 Abs. 2 eine Mitwirkungspflicht des Geschäftsführers.

Nach dem Vertragsmuster ist für den nach Ablauf der Entgeltfortzahlungsverpflichtung von sechs Monaten anschließenden Zeitraum keine Verpflichtung der Gesellschaft vorgesehen, weitere Leistungen an den Geschäftsführer zu erbringen. Hieraus ergibt sich eine Obliegenheit des Geschäftsführers zum Abschluss einer privaten Krankentagegeldversicherung für den den sechsmonatigen Entgeltfortzahlungszeitraum überschreitenden Zeitraum zur Sicherung seines Einkommensniveaus. Teilweise wird vorgeschlagen, auch für den auf die Entgeltfortzahlung folgenden Zeitraum hinaus dem Geschäftsführer einen Anspruch gegen die Gesellschaft auf Zahlung eines Differenzbetrages zwischen der zuletzt erzielten Nettovergütung und eines bestimmten Entgeltes, das der Geschäftsführer aus einer privaten Krankentagegeldversicherung erzielen könnte, zuzusagen. Hiervon wird in dem Vertragsmuster abgesehen, weil die Absicherung der Risiken der Arbeitsunfähigkeit über einen sechs Monate umfassenden Zeitraum hinaus nicht mehr zum Risikobereich der Gesellschaft, sondern zum allgemeinen Lebensrisiko des Geschäftsführers gehört. Zudem ist angesichts der freien Gestaltbarkeit von Krankentagegeldversicherungen der Betrag, der durch die Gesellschaft abgesichert werden soll, kaum seriös festlegbar.

Üblicherweise werden in Geschäftsführeranstellungsverträgen auch Regelungen für den Fall des **Todes des** 808 **Geschäftsführers** getroffen. Das Vertragsmuster schlägt vor, für diesen Fall eine Verpflichtung der Gesellschaft zur Fortzahlung der festen Jahresvergütung nach § 5 Abs. 1 für die Dauer von drei Kalendermonaten vorzusehen, wobei die Gesellschaft berechtigt ist, an die Witwe oder einen der Erben mit schuldbefreiender Wirkung zu leisten. Diese Regelung verfolgt das Ziel, die Gesellschaft von der schwer zu erfüllenden Verpflichtung zu entbinden, die Erben des verstorbenen Geschäftsführers zu ermitteln.

Das Vertragsmuster sieht weiter vor, dass während des auf den Tod des Geschäftsführers folgenden Fortzahlungszeitraums die erfolgsabhängige Vergütung nicht zeitanteilig fortgezahlt wird. Dies entbindet die Gesellschaft naturgemäß nicht von der Verpflichtung zur Zahlung der bis zum Tode des Geschäftsführers zeitanteilig erdiente Vergütung an die Erben des Geschäftsführers.

Selbstverständlich bestehen auch in diesem Regelungskonzept erhebliche Variationsmöglichkeiten sowohl hinsichtlich der Dauer der Fortzahlung als auch im Hinblick auf den Umfang der Vergütungsfortzahlung.

h) Verbot der Nebentätigkeit, Veröffentlichungen

Angesichts des Umstandes, dass der Geschäftsführer der Gesellschaft seine gesamte Arbeitskraft schuldet, 809 geht das Vertragsmuster in § 7 Abs. 1 von einem grundsätzlichen Verbot der Ausübung einer Nebentätigkeit durch den Geschäftsführer aus. Dabei dürfte es rechtlich zulässig sein, ein solches **Nebentätigkeitsverbot** absolut, also uneingeschränkt auszugestalten. Das Vertragsmuster empfiehlt allerdings den Vorbehalt der vorherigen schriftlichen Zustimmung durch die Gesellschaft. Damit soll erreicht werden, dass die für Rechtsgeschäfte zwischen der Gesellschaft und dem Geschäftsführer zuständige Organe der Gesellschaft – Gesellschafterversammlung oder – bei satzungsmäßiger Bestimmung – Aufsichtsrat – prüfen können, ob die vom Geschäftsführer beabsichtigte Nebentätigkeit wirklich im Interesse der Gesellschaft verboten sein soll. Ein Anspruch des Geschäftsführers auf Genehmigung der Nebentätigkeit ergibt sich hieraus nicht, was durch § 7 Abs. 1 S. 2 ausdrücklich klargestellt wird.

Zur Vermeidung der Verletzung schützenswerter Interesse der Gesellschaft sieht das Vertragsmuster darü- 810 ber hinaus in § 7 Abs. 2 vor, dass den Tätigkeitsbereich der Gesellschaft betreffende Veröffentlichungen und Vorträge des Geschäftsführers der vorherigen Zustimmung der Gesellschaft bedürfen. Zwar dürfte die Veröffentlichung von **Publikationen des Geschäftsführers** häufig im dienstlichen Interesse liegen. Die Gesellschaft soll durch die Regelung jedoch davor geschützt werden, dass der Geschäftsführer aus Sicht der Gesellschafter vertraulich zu behandelnde Informationen publiziert oder in einer Weise schriftstellerisch oder vortragend tätig wird, dass die Interessen der Gesellschaft in Mitleidenschaft gezogen werden. Der Formulierungsvorschlag führt dazu, dass der Geschäftsführer vor entsprechenden Aktivitäten zunächst die Einwilligung der Gesellschaft einholen muss. Aus Beweiszwecken ist ein Schriftformerfordernis vorgesehen.

Eine entsprechende Interessenlage der Gesellschaft besteht auch hinsichtlich der von der Gesellschaft nicht initiierten **Übernahme von Ämtern in Aufsichtsgremien** anderer Unternehmen oder **Ehrenämtern** in dritten Organisationen. Auch hier kann die Tätigkeit des Geschäftsführers betriebliche Interessen beeinträchtigen. Dies kann zum einen aus rein zeitlichen Gründen herrühren, zum anderen aber auch aus dem Inhalt der Tätigkeit in der jeweiligen Organisation. Auch für diesen Komplex sieht das Vertragsmuster in § 7 Abs. 2 daher die vorherige schriftliche Zustimmung der Gesellschaft vor.

811   Andererseits besteht häufig ein dienstliches Bedürfnis, dass der Geschäftsführer Ämter in Organen anderer Gesellschaften, seien sie konzernangehörig oder in anderer Weise wirtschaftlich verbunden, oder in Verbänden, in denen die Gesellschaft Mitglied ist, übernimmt. § 7 Abs. 3 räumt der Gesellschaft das Recht ein, den Geschäftsführer zu verpflichten, derartige von der Gesellschaft als im Interesse der Gesellschaft liegend angesehene Ämter zu übernehmen. Damit wird zugleich klargestellt, dass die Tätigkeit in diesen Funktionen zu den **Dienstpflichten des Geschäftsführers** gehört, er mithin ohne Verletzung seines Anstellungsvertrages die Übernahme dieser Ämter nicht verweigern kann. Mit der Regelung in § 7 Abs. 3 korrespondiert die Anrechnung der aus derartigen Ämtern erzielten Einkünfte auf den Vergütungsanspruch des Geschäftsführers in § 5 Abs. 2 des Vertragsmusters.

i)   Wettbewerbsverbot, Verschwiegenheitspflicht
aa)   Das vertragliche Wettbewerbsverbot

812   Auch wenn eine ausdrückliche gesetzliche Regelung nicht existiert, entspricht es allgemeiner Auffassung,[1493] dass der Geschäftsführer während des Bestehens seines Anstellungsverhältnisses einem **generellen Wettbewerbsverbot gegenüber der Gesellschaft** unterliegt. Dies gilt allerdings nicht für den Alleingesellschafter-Geschäftsführer, bei dem ein Wettbewerbsverbot nur aufgrund ausdrücklicher Vereinbarung begründet werden kann.[1494] Das Wettbewerbsverbot erstreckt sich auf den gesamten Bereich der Aktivitäten, die die Gesellschaft nach ihrem Gesellschaftszweck wahrnehmen kann, und gilt selbst dann, wenn entsprechende Aktivitäten von der Gesellschaft aktuell nicht ausgeübt werden.[1495] Das Wettbewerbsverbot ist schon dann verletzt, wenn der Geschäftsführer eine während des Bestehens des Anstellungsvertrages auf privatem Weg erlangte Kenntnis nicht an die Gesellschaft weitergibt, sondern nach Ausscheiden zu eigenen Zwecken verwendet.[1496] Andererseits sind durch ein solches Wettbewerbsverbot rein interne Vorbereitungshandlungen zukünftiger Wettbewerbstätigkeiten, die nach Beendigung des Anstellungsverhältnisses ergriffen werden sollen, nicht ausgeschlossen, sofern der Geschäftsführer nicht im Rahmen dieser Vorbereitungshandlungen schon Anbahnungsaktivitäten oder einzelne Wettbewerbshandlungen unternimmt.[1497]

Das Vertragsmuster bestätigt in § 8 Abs. 1 das Wettbewerbsverbot und erstreckt es darüber hinaus über den Tätigkeitsbereich der Gesellschaft hinaus auch auf die Aktivitäten konzernangehöriger Unternehmen.[1498] Eine solche Regelung dürfte bei konzernangehörigen Unternehmen regelmäßig geboten sein.

1493 Baumbach/Hueck/*Zöllner*/*Noack*, § 35 GmbHG Rn 41 f.;*Jaeger*, MüKo-GmbHG § 35 Rn 360; Scholz/*Schneider*, § 43 GmbHG Rn 153 f.; Lutter/Hommelhoff/*Kleindieck*, Anh zu § 6 GmbHG Rn 20; *Thüsing*, NZG 2004, 9.

1494 Baumbach/Hueck/*Zöllner*/*Noack*, § 43 GmbHG Rn 43; Scholz/*Schneider*, § 43 GmbHG Rn 161.

1495 Baumbach/Hueck/*Zöllner*/*Noack*, § 35 GmbHG Rn 42; *Jaeger*, MüKo-GmbHG § 35 Rn 361; Scholz/*Schneider*, § 43 GmbHG Rn 163; Lutter/Hommelhoff/*Kleindieck*, Anh zu § 6 GmbHG Rn 21.

1496 BGH NJW 1986, 585 f.

1497 So z.B. BAG 28.1.2010, NZA-RR 2010, 461; BAG 26.6.2008, NZA 2008, 1415; OLG Celle 9.2.2005, GmbHR 2005, 541; OLG Oldenburg 17.2.2000, NZG 2000, 1038.

1498 Zum Wettbewerbsverbot in Konzernen Baumbach/Hueck/*Zöllner*/*Noack*, § 35 GmbHG Rn 45; *Tiedchen*, GmbHR 1993, 616.

Das vertragliche Wettbewerbsverbot gilt während der gesamten **Laufzeit des Anstellungsvertrages**, also auch dann, wenn die Organstellung des Geschäftsführers durch Abberufung aus der Geschäftsführerstellung bereits vorher beendet worden ist[1499] oder der Geschäftsführer von der Gesellschaft von der Verpflichtung zur Dienstleistung freigestellt worden ist.[1500] Selbst eine vergleichsweise erfolgende Freistellung bis zur Beendigung des Anstellungsverhältnisses lässt ohne ausdrücklich anders lautende Vereinbarung das Wettbewerbsverbot unberührt.[1501] Das Wettbewerbsverbot gilt selbst dann, wenn die Gesellschaft das Anstellungsverhältnis außerordentlich gekündigt hat, der Geschäftsführer hiergegen gerichtlich vorgeht und während des Laufes des entsprechenden Rechtsstreites Wettbewerbshandlungen vornimmt.[1502] Allerdings ist in dieser Konstellation nach der Rechtsprechung des BAG[1503] im Wege einer umfassenden Interessenabwägung die Reichweite des Wettbewerbsverbotes im jeweiligen Einzelfall gesondert zu prüfen. Eine Verletzung des Wettbewerbsverbotes begründet regelmäßig das Recht der Gesellschaft zur außerordentlichen Kündigung des Anstellungsvertrages.[1504] Daneben kommen Unterlassungsansprüche der Gesellschaft gegen den Geschäftsführer hinsichtlich der gegen das Wettbewerbsverbot verstoßenden Aktivitäten ebenso in Betracht wie Schadensersatzansprüche bzw. Ansprüche auf Herausgabe des durch das wettbewerbswidrige Verhalten des Geschäftsführers erzielten Erlöses.[1505]

bb) Die Verschwiegenheitspflicht

Die Pflicht des Geschäftsführers zur Verschwiegenheit über die der Verschwiegenheitspflicht unterliegenden Informationen folgt auch ohne vertragliche Regelung aus der **gesellschaftsrechtlichen Treuepflicht**.[1506] Sie erstreckt sich auf objektiv geheimhaltungsbedürftige und von dem zuständigen Gesellschaftsorgan – Gesellschafterversammlung oder Aufsichtsrat – als geheimhaltungsbedürftig gekennzeichnete Tatsachen. Über den Kreis der dieser Verschwiegenheitspflicht unterliegenden Umstände erweitert die Vertragsformulierung in § 8 Abs. 2 die Verschwiegenheitspflicht auch auf alle betrieblichen und geschäftlichen Angelegenheiten, die unbefugten Dritten nicht zugänglich sein sollen. Damit erstreckt sich die Verschwiegenheitspflicht auf all diejenigen Angelegenheiten, die der Geschäftsführer nicht aus dienstlichen Gründen Dritten offenbaren muss.

813

Die Verschwiegenheitspflicht besteht gegenüber jedem Dritten, dem der Geschäftsführer nicht aus dienstlichen Gründen oder aufgrund bestehender gesetzlicher oder verwaltungsmäßiger Vorschriften die betrieblichen oder geschäftlichen Angelegenheiten offenbaren muss. Insbesondere kommt es nicht darauf an, ob der Dritte seinerseits Mitarbeiter oder Arbeitnehmer der Gesellschaft oder eines anderen konzernangehörigen Unternehmens ist. Entscheidend ist allein, ob die Weitergabe der Information durch den Geschäftsführer an den Dritten aus geschäftlichen bzw. betrieblichen Gründen notwendig ist.

Die Verschwiegenheitsverpflichtung trifft den Geschäftsführer auch über die Beendigung des Anstellungsverhältnisses hinaus.[1507] Dies wird durch § 8 Abs. 2 S. 2 ausdrücklich klargestellt.

1499 OLG Celle 9.2.2005, GmbHR 2005, 541; *Jaeger*, MüKo-GmbHG § 35 Rn 362 mit Hinweisen auf eine ggf. bestehende Möglichkeit zur Kündigung des Anstellungsvertrages.

1500 OLG Oldenburg 17.2.2000, NZG 2000, 1038.

1501 BAG 17.10.2012, NZA 2013, 207.

1502 Für den Handelsvertreter vgl. BGH 12.3.2003, NJW-RR 2003, 981; für den Arbeitnehmer LAG Köln 26.6.2006, NZA-RR 2007, 73; BAG 25.4.1991, DB 1992, 479; *Diller*, ZIP 2007, 201; a.A. Lutter/Hommelhoff/*Kleindieck*, Anh zu § 6 GmbHG Rn 21; *Fischer*, NJW 2009, 331.

1503 BAG 23.10.2014, NZA 2015, 420; vgl. auch BAG 28.1.2010, NZA-RR 2010, 461; *Leuchten*, NZA 2011, 391 zur Reichweite des Wettbewerbsverbotes im gekündigten Arbeitsverhältnis.

1504 Baumbach/Hueck/*Zöllner*/*Noack*, § 35 GmbHG Rn 220; *Jaeger*, MüKo-GmbHG § 35 Rn 365; Scholz/*Schneider*/*Hohenstatt*, § 35 GmbHG Rn 472; Lutter/Hommelhoff/*Kleindieck*, Anh zu § 6 GmbHG Rn 24 jeweils m.w.N.

1505 Dazu Baumbach/Hueck/*Zöllner*/*Noack*, § 35 GmbHG Rn 42; *Jaeger*, MüKo-GmbHG § 35 Rn 364; Lutter/Hommelhoff/*Kleindieck*, Anh zu § 6 GmbHG Rn 24.

1506 Baumbach/Hueck/*Zöllner*/*Noack*, § 35 GmbHG Rn 40.

1507 BGH 26.3.1984, NJW 1984, 2366; *Thüsing*, NZG 2004, 9; Baumbach/Hueck/*Zöllner*/*Noack*, § 35 GmbHG Rn 40.

Eine Verletzung der Verschwiegenheitspflicht kann je nach dem Grad der Geheimhaltungsbedürftigkeit der unzulässig offenbarten Informationen durch den Geschäftsführer eine außerordentliche Kündigung des Anstellungsverhältnisses nach sich ziehen. Auch in diesem Fall kommen Schadensersatzansprüche der Gesellschaft gegen den Geschäftsführer in Betracht.

j) Das nachvertragliche Wettbewerbsverbot

814 Ein nachvertragliches Wettbewerbsverbot (siehe hierzu auch Rdn 894 ff.) besteht für den Geschäftsführer nur dann, wenn dies **vertraglich ausdrücklich begründet** wird. Ohne eine solche Regelung sind daher Wettbewerbshandlungen des Geschäftsführers nach Beendigung des Anstellungsvertrages selbst dann zulässig, wenn der Geschäftsführer dabei sein aus der Geschäftsführertätigkeit erworbenes Erfahrungswissen ausnutzt.[1508] Auch die nach Beendigung des Anstellungsvertrages des Geschäftsführers erfolgende Abwerbung von Arbeitnehmern der Gesellschaft ist in diesem Fall nicht unzulässig.[1509] Es empfiehlt sich daher auf jeden Fall, in einen Geschäftsführeranstellungsvertrag ein nachvertragliches Wettbewerbsverbot aufzunehmen, sofern nicht ausnahmsweise die Gesellschaft kein Interesse an der Verhinderung nachvertraglicher Wettbewerbstätigkeit durch den ausgeschiedenen Geschäftsführer hat.

Ein solches Wettbewerbsverbot wird von der Rechtsprechung am Maßstab des § 138 BGB i.V.m. Art. 12 GG geprüft,[1510] wobei die Wertentscheidungen der gesetzlichen Regelungen in den §§ 74 ff. HGB – soweit sie auf den Geschäftsführeranstellungsvertrag übertragbar sind – in die Prüfung einbezogen werden.[1511] Für einen GmbH-Geschäftsführer gelten die Regelungen über das nachvertragliche Wettbewerbsverbot in den §§ 74 ff. HGB allerdings nicht unmittelbar.[1512] Sie sind aber auch nicht generell unanwendbar,[1513] so dass im Einzelfall geprüft werden muss, welche der **gesetzlichen Vorgaben der §§ 74 ff. HGB** auf den Geschäftsführeranstellungsvertrag zu übertragen sind. In Betracht kommt insbesondere eine Anwendbarkeit der § 74c HGB,[1514] § 75a HGB[1515] und § 75 Abs. 1 HGB,[1516] nicht aber der die Karenzentschädigung regelnden Vorschrift des § 74 Abs. 2 HGB[1517] oder des aus § 75d HGB folgenden Wahlrechtes des Beschäftigten bei einem unverbindlichen Wettbewerbsverbot.[1518] Die nachfolgenden Regeln gelten in gleicher Weise für dienstvertraglich begründete wie für in gesellschaftsrechtlichen Vereinbarungen festgelegte Wettbewerbsverbote für den ausgeschiedenen Geschäftsführer.[1519]

Ein nachvertragliches Wettbewerbsverbot ist nach diesen Wertungen nur dann zulässig, wenn und soweit es dem Schutz eines **berechtigten Interesses der Gesellschaft** dient und nicht lediglich dazu führt, den Geschäftsführer an der Verwertung seiner Arbeitskraft zu hindern bzw. einen unliebsamen Konkurrenten vom Markt fernzuhalten.[1520] Ein nachvertragliches Wettbewerbsverbot kann daher nur dann wirksam sein, wenn

---

1508 BGH 27.4.2006, NJW 2006, 3424; OLG Düsseldorf 3.12.1998, GmbHR 1999, 120; BGH 11.10.1976, GmbHR 1977, 43; Baumbach/Hueck/*Zöllner/Noack*, § 35 GmbHG Rn 46, 195; *Jaeger*, MüKo-GmbHG § 35 Rn 367; Scholz/*Schneider*, § 43 GmbHG Rn 173; *Manger*, GmbHR 2001, 89.

1509 Zur Reichweite der nachvertraglichen gesetzlichen Verschwiegenheitspflicht, vgl. BGH 27.4.2006, NJW 2006, 3424.

1510 Dazu BGH 20.1.2015, NJW 2015, 1012; BGH 26.3.1984, NJW 1984, 2366; OLG Oldenburg 17.2.2000, NZG 2000, 1038; Baumbach/Hueck/*Zöllner/Noack*, § 35 GmbHG Rn 198; Lutter/Hommelhoff/*Kleindiek*, Anh zu § 6 GmbHG Rn 25; *Müller*, GmbHR 2014, 964.

1511 Statt vieler: Baumbach/Hueck/*Zöllner/Noack*, § 35 GmbHG Rn 198; *Jaeger*, MüKo-GmbHG § 35 Rn 368 ff.

1512 BGH 26.3.1984, NJW 1984, 2366; BGH 28.4.2008, DB 2008, 1558; BGH 7.7.2008, DB 2008, 2187; *Heidenhain*, NZG 2002, 605; *Thüsing*, NZG 2004, 9; *Gehrlein*, BB 2004, 2585.

1513 BGH 7.7.2008, DB 2008, 2187; BGH 17.2.1992, NJW 1992, 1892; Baumbach/Hueck/*Zöllner/Noack*, § 35 GmbHG Rn 197.

1514 Scholz/*Schneider*, § 43 GmbHG Rn 182; ablehnend aber BGH 28.4.2008, DB 2008, 1558.

1515 BGH 17.2.1992, NJW 1992, 1892; Scholz/*Schneider*, § 43 GmbHG Rn 182.

1516 *Bergwitz*, GmbHR 2006, 1129; *Thüsing*, NZG 2004, 9.

1517 BGH 7.7.2008, DB 2008, 2187; BGH 4.3.2002, NJW 2002, 1875; dazu *Heidenhain*, NZG 2002, 605.

1518 BGH 7.7.2008, DB 2008, 2187.

1519 BGH 20.1.2015, NJW 2015, 1012; *Naber*, NZA 2013, 870; *Gresbrand*, GmbHR 2013, 119.

1520 Vgl. nur BGH 4.3.2002, NJW 2002, 1875; OLG Düsseldorf 10.3.2000, NZG 2000, 737; *Jaeger*, MüKo-GmbHG § 35 Rn 371; Scholz/*Schneider*, § 43 GmbHG Rn 175 ff.; Lutter/Hommelhoff/*Kleindiek*, Anh zu § 6 GmbHG Rn 25; *Thüsing*, NZG 2004, 9.

es gegenständlich auf den Tätigkeitsbereich der Gesellschaft bezogen ist. Eine Erweiterung auf die Aktivitäten von Konzernunternehmen kommt nur in Betracht, wenn der Geschäftsführer aufgrund seiner Tätigkeit als Geschäftsführer Kenntnisse erlangt haben kann, die die Konzernunternehmen betreffen. Dies dürfte im Regelfall nicht der Fall sein, so dass im Vertragsmuster insoweit im Unterschied zu dem vertraglichen Wettbewerbsverbot keine Erweiterung vorgenommen worden ist. Anstelle eines gegenständlich begrenzten Wettbewerbsverbotes kann auch eine Mandantenschutzklausel vereinbart werden, die sich allerdings nicht auf alle Kunden des Konzerns einer konzernangehörigen Gesellschaft erstrecken darf.[1521] In der Regel stellt eine Mandantenschutzklausel gegenüber einem gegenständlichen Wettbewerbsverbot das mildere Mittel dar, so dass sie in geeigneten Fällen gewählt werden sollte. Natürlich muss auch diese Regelung bei einer anderen Sachlage entsprechend angepasst werden.

Der ehemalige Geschäftsführer darf durch das nachvertragliche Wettbewerbsverbot nicht in unbilliger Weise von der Verwertung seiner Arbeitskraft abgehalten werden. Die Prüfung der Wirksamkeit eines Wettbewerbsverbotes erstreckt sich deshalb auch auf dessen **räumliche und zeitliche Reichweite**. Regelmäßig dürfte eine zeitliche Geltung des nachvertraglichen Wettbewerbsverbotes für die Dauer von zwei Jahren angemessen sein. Dieser Zeitraum sollte nicht überschritten werden.[1522] Dies ist der Wertung des § 74a Abs. 1 S. 3 HGB zu entnehmen. Die Bindungsdauer beginnt mit der rechtlichen Beendigung des zugrundeliegenden Vertragsverhältnisses und nicht mit einer eventuellen Freistellung oder dem (ggfs. früheren) Verlust der Organstellung.[1523] Sollte ausnahmsweise die zeitliche Geltungsdauer zu weit gewählt sein, kommt eine geltungserhaltende Reduktion durch richterliche Entscheidung in Betracht.[1524]

Die **örtliche Reichweite des Wettbewerbsverbotes** muss unter Berücksichtigung der berechtigten Interessen der Gesellschaft im jeweiligen Einzelfall festgelegt werden, da das Wettbewerbsverbot ohne eine derartige Festlegung räumlich unbeschränkt und daher weltweit gelten würde und deshalb in aller Regel unzulässig wäre. Das Wettbewerbsverbot darf sich nur auf den räumlichen Bereich erstrecken, in dem die Gesellschaft tatsächlich geschäftliche Aktivitäten entfaltet. Mit umfasst werden dürfen auch Bereiche, für die die Gesellschaft konkret zukünftige geschäftliche Aktivitäten plant.[1525] Eine darüber hinausgehende räumliche Begrenzung des Wettbewerbsverbotes dürfte demgegenüber den Geschäftsführer in der Verwertung seiner Arbeitskraft unverhältnismäßig einschränken mit der Folge, dass das Wettbewerbsverbot unwirksam wäre. Eine geltungserhaltende Reduktion durch Neuschneidung der räumlichen Reichweite vermittels gerichtlicher Entscheidung kommt insoweit nicht in Betracht.[1526]

Die Verknüpfung des nachvertraglichen Wettbewerbsverbotes mit der Verpflichtung zur Zahlung einer **Karenzentschädigung durch die Gesellschaft** ist für die Wirksamkeit des nachvertraglichen Wett- 815

1521 OLG Nürnberg 25.11.2099, GmbHR 2010, 141; *Müller*, GmbHR 2014, 964.

1522 *Jaeger*, MüKo-GmbHG § 35 Rn 374; Scholz/*Schneider*, § 43 GmbHG Rn 178; Lutter/Hommelhoff/*Kleindieck*, Anh zu § 6 GmbHG Rn 25; weitergehend Baumbach/Hueck/*Zöllner/Noack*, § 35 GmbHG Rn 200 (bis zu vier Jahre).

1523 BAG 25.10.2007, NJW 2008, 1466.

1524 BGH 18.7.2005, NJW 2005, 3061; *Thüsing*, NZG 2004, 9; *Kukat*, BB 2001, 951; Baumbach/Hueck/*Zöllner/Noack*, § 35 GmbHG Rn 201; *Jaeger*, MüKo-GmbHG § 35 Rn 385; Scholz/*Schneider*, § 43 GmbHG Rn 184; Lutter/Hommelhoff/*Kleindieck*, Anh zu § 6 GmbHG Rn 25.

1525 BGH 14.7.1997, NJW 3089 (zum Wettbewerbsverbot ggü einem Tierarzt); *Thüsing*, NZG 2004, 9; *Jaeger*, MüKo-GmbHG § 35 Rn 378; Scholz/*Schneider*, § 43 GmbHG Rn 180.

1526 BGH 18.7.2005, NJW 2005, 3061; BGH 14.7.1997, NJW 1997, 3089; Scholz/*Schneider*, § 43 GmbHG Rn 184; *Manger*, GmbHR 2001, 89; eine geltungserhaltende Reduktion auch bei inhaltlich zu weitem Wettbewerbsverbot halten in bestimmten Fällen für zulässig *Jaeger*, MüKo-GmbHG § 35 Rn 385; Lutter/Hommelhoff/*Kleindieck*, Anh zu § 6 GmbHG Rn 25.

bewerbsverbotes nicht zwingend erforderlich.[1527] Jedoch ist die Zusage einer Karenzentschädigung[1528] bei Begründung eines nachvertraglichen Wettbewerbsverbotes bei der Prüfung der Voraussetzungen des § 138 Abs. 1 BGB selbstverständlich zu berücksichtigen. Selbst wenn man bei Begründung des nachvertraglichen Wettbewerbsverbotes Regelungen über eine Karenzentschädigung vorsieht, ist es dementsprechend nicht notwendig, die sehr engen Vorgaben der §§ 74 Abs. 2, 74b HGB einzuhalten.[1529] Das vorgeschlagene Vertragsmuster sieht aus diesem Grunde zwar die Zahlung einer Karenzentschädigung als Gegenleistung für die Einräumung des nachvertraglichen Wettbewerbsverbotes in § 9 Abs. 2 vor. In Abweichung zu der gesetzlichen Regelung wird die Höhe aber auf 50 % der Festvergütung begrenzt, statt sämtliche Entgeltbestandteile in die Berechnung der Karenzentschädigung einzubeziehen. Außerdem sieht § 9 Abs. 3 die Anrechnung anderweitig erzielten Verdienstes bzw. böswillig unterlassener Erzielung des Verdienstes einschließlich von Arbeitslosengeld und sonstiger Sozialleistungen schon dann vor, wenn zusammen mit den erzielten Einkünften die letzte monatliche Festvergütung erreicht wird. Damit wird von der gesetzlichen Regelung in § 74c HGB (110 %-Grenze) abgewichen.[1530] Ebenfalls in Abweichung von der gesetzlichen Vorschrift in § 75a HGB ist die Berechtigung der Gesellschaft in § 9 Abs. 5 geregelt, sich jederzeit von der Einhaltung des Wettbewerbsverbotes lossagen zu können. Nach dem Vertragsmuster hat dies zur Folge, dass nach Ablauf von sechs Monaten nach Abgabe des Verzichts, die Verpflichtung zur Zahlung der Karenzentschädigung erlischt. Für den Fall der außerordentlichen Kündigung aus wichtigem Grund begründet § 9 Abs. 6 darüber hinaus das Recht des Kündigenden, sich zeitnah, nämlich innerhalb von drei Monaten nach Ausspruch der Kündigung von dem nachvertraglichen Wettbewerbsverbot lossagen zu können, ohne überhaupt zur Zahlung einer Karenzentschädigung verpflichtet zu sein. Zulässig dürfte auch eine Regelung sein, die der Gesellschaft die sofortige Lösung vom nachvertraglichen Wettbewerbsverbot im Falle einer vom Geschäftsführer veranlassten außerordentlichen Kündigung gestattet.[1531]

816 Das nachvertragliche Wettbewerbsverbot wird in § 9 Abs. 7 mit der Verpflichtung zur Zahlung einer **Vertragsstrafe für den Fall der Wettbewerbstätigkeit** kombiniert. Eine derartige Vertragsstraferegelung ist zulässig.[1532] Es ist allerdings darauf zu achten, die Höhe der Vertragsstrafe so zu begrenzen, dass einerseits der Zweck der Regelung erreicht werden kann, den Geschäftsführer von unzulässiger Wettbewerbstätigkeit abzuhalten, andererseits aber auch nicht unverhältnismäßige Höhen erreicht werden. Grundsätzlich nicht unangemessen dürfte insoweit eine Vertragsstrafe in Höhe einer Bruttomonatsvergütung sein.[1533] Die der Gesellschaft darüber hinaus bei Wettbewerbstätigkeit des Geschäftsführers zustehenden weiteren Ansprüche auf Unterlassung oder Schadensersatz bleiben durch die Vertragsstraferegelung unberührt. Dies stellt § 9 Abs. 7 S. 4 des Vertragsmusters ausdrücklich klar.

1527 BGH 7.7.2008, DB 2008, 2187; BGH 4.3.2002, NJW 2002, 1875; a.A. für Fremdgeschäftsführer und Minderheitsgesellschafter-Geschäftsführer, z.T. differenzierend zwischen Wettbewerbsverboten und Mandantenschutzklauseln: *Müller*, GmbHR 2014, 964; Baumbach/Hueck/*Zöllner/Noack*, § 35 Rn 202; *Jaeger*, MüKo-GmbHG § 35 Rn 379; Scholz/*Schneider*, § 43 GmbHG Rn 182 f.; auch Lutter/Hommelhoff/*Kleindieck*, Anh zu § 6 GmbHG Rn 25, der bei Fremdgeschäftsführern die Regelung eines finanziellen Ausgleichs für das nachvertragliche Wettbewerbsverbot aber für erforderlich hält.

1528 Ohne eine solche Zusage besteht bei Vereinbarung eines nachvertraglichen Wettbewerbsverbotes kein Anspruch auf eine Karenzentschädigung, BGH 7.7.2008, DB 2008, 2187.

1529 *Jaeger*, MüKo-GmbHG § 35 Rn 380.

1530 Eine Regelung über die Anrechnung anderweitig erzielten Verdienstes ist zwingend erforderlich, weil der BGH davon ausgeht, dass § 74c HGB nicht auf den Geschäftsführer anwendbar ist und daher ohne eine solche Regelung eine Anrechnung anderweitig erzielten Verdienstes auf die Karenzentschädigung vollständig ausscheiden würde, vgl. BGH 28.4.2008, DB 2008, 1558.

1531 OLG Köln 29.3.2007, DB 2008, 1791; *Jaeger*, Müko-GmbHG § 35 Rn 390.

1532 OLG Oldenburg 17.2.2000, NZG 2000, 1038; Baumbach/Hueck/*Zöllner/Noack*, § 35 Rn 205; *Kukat*, BB 2001, 951.

1533 Das OLG Oldenburg 17.2.2000, NZG 2000, 1038 hat eine Vertragsstrafe von 100.000,00 DM bei einer monatlichen Vergütung von 18.000,00 DM für nicht per se unverhältnismäßig erklärt und hilfsweise auf die Möglichkeit der Herabsetzung durch gerichtliche Entscheidung verwiesen.

k) Urlaub

Es entspricht bisher allgemeiner Auffassung, dass auf den GmbH-Geschäftsführer die Vorschriften des 817 BUrlG nicht anwendbar sind.[1534] Nach der Danosa-Entscheidung des EuGH[1535] dürfte allerdings für Fremdgeschäftsführer und Minderheitsgesellschafter-Geschäftsführer ein Anspruch auf den gesetzlichen Mindesturlaub von 4 Wochen nach § 3 Abs. 1 BUrlG anzunehmen sein.[1536] Änderungen für die Praxis ergeben sich hieraus jedoch nicht, weil aus der gesellschaftsrechtlichen Treuepflicht ein Anspruch des Geschäftsführers auf Gewährung eines **angemessenen Urlaubs** herzuleiten ist.[1537] Um jeglichen Streit über die Angemessenheit des Urlaubes zu vermeiden, ist dringend zu empfehlen, im Anstellungsvertrag die kalenderjährliche Dauer des Erholungsurlaubs des Geschäftsführers festzulegen. In diesem Zusammenhang sollte auch die Verpflichtung des Geschäftsführers festgehalten werden, bei der durch ihn selbst erfolgenden Festlegung der Lage des Urlaubs die betrieblichen Interessen zu berücksichtigen und den Urlaub mit einem ggf. vorhandenen weiteren Geschäftsführer abzustimmen. Dieses Ziel soll durch den Formulierungsvorschlag in § 10 Abs. 1 des Vertragsmusters erreicht werden.

Regelungsbedürftig ist in diesem Zusammenhang auch die Problemlage, die entsteht, wenn der Geschäftsführer den Urlaub nicht während des Kalenderjahres nehmen kann. Auch insoweit ist zweifelhaft, ob ein Rückgriff auf die gesetzlichen Regelungen möglich ist. Es empfiehlt sich deshalb eine Regelung, die eine **Übertragung des Urlaubs** über das Kalenderjahr hinaus vorsieht, wenn die Gründe, die der Urlaubsnahme entgegengestanden haben, nicht vom Geschäftsführer verursacht sind. Dies gilt insbesondere für geschäftlich bedingte Gründe oder Krankheitsgründe. Der Formulierungsvorschlag sieht insoweit eine Übertragung des Urlaubs auf das erste Quartal des Folgejahres vor. Für den Fall, dass auch in dem Übertragungszeitraum der Urlaub nicht genommen werden kann, ohne dass der Geschäftsführer dies verursacht hat, schlägt das Vertragsmuster auch während des bestehenden Anstellungsverhältnisses eine Abgeltung des Urlaubs vor. Das Muster weicht insoweit von der für Arbeitsverhältnisse geltenden Regelung ab, wonach in diesen Fällen der Urlaubsanspruch – abgesehen von den Sonderfällen der krankheitsbedingten Unfähigkeit zur Urlaubsnahme[1538] – verfällt. Eine solche Abweichung ist zulässig. In genau der gleichen Weise ist es aber auch grds. möglich, für diesen Fall den ersatzlosen Verfall des Urlaubsanspruches vorzusehen. Letzteres gilt nach der Danosa-Entscheidung des EuGH[1539] allerdings nicht für den gesetzlichen Mindesturlaub von vier Wochen, der vom Geschäftsführer aus Krankheitsgründen im Urlaubsjahr nicht genommen werden konnte. Derartige Ansprüche verfallen auch bei Fremd- oder Minderheitsgesellschafter-Geschäftsführern bei unionsrechtskonformer Auslegung des § 7 III 3 BurlG fünfzehn Monate nach Ablauf des Urlaubsjahres.[1540]

In der Fallkonstellation, dass der Urlaub wegen Beendigung des Anstellungsverhältnisses nicht mehr genommen werden kann, besteht auch ohne vertragliche Regelung ein **Anspruch auf Urlaubsabgeltung**.[1541] Die Regelung in § 10 Abs. 3 bestätigt diesen Anspruch. Bei Gesellschafter-Geschäftsführern

1534 *Haase*, GmbHR 2005, 265, 338; *Oberrath*, MDR 1999, 134 *Jaeger*, MüKo-GmbHG § 35 Rn 327; Lutter/Hommelhoff/*Kleindieck*, Anh zu § 6 GmbHG Rn 29.
1535 EuGH 11.11.2010, NZA 2011, 143.
1536 *Hildebrand*, Diss. Kiel, 255 ff.; Scholz/*Schneider/Hohenstatt*, § 35 GmbHG Rn 287, 380; *Preis/Sagan*, ZGR 2013, 26, 57; *Lunk/Rodenbach*, GmbHR 2012, 188; *Forst*, GmbHR 2012, 821.
1537 Baumbach/Hueck/*Zöllner/Noack*, § 35 GmbHG Rn 177; *Jaeger*, MüKo-GmbHG § 35 Rn 327; Scholz/*Schneider/Hohenstatt*, § 35 GmbHG Rn 380; Lutter/Hommelhoff/*Kleindieck*, Anh zu § 6 GmbHG Rn 29; *Haase*, GmbHR 2005, 338.
1538 Zu den Problemen der Behandlung des Urlaubsanspruches im Arbeitsverhältnis bei langanhaltender Arbeitsunfähigkeit nach der Entscheidung des EuGH v. 20.1.2009 – Schultz-Hoff –, NZA 2009, 135, vgl. ErfK/*Gallner*, § 1 BUrlG Rn 6b ff. m.w.N.
1539 EuGH 11.11.2010, NZA 2011, 143.
1540 BAG 7.8.2012, NZA 2012, 1216; EuGH 20.11.2011, NJW 2012, 290.
1541 BGH 21.4.1975, WM 1975, 761; OLG Düsseldorf 23.12.1999, GmbHR 2000, 278; OLG Celle 8.7.1997, NZG 1999, 78; *Jaeger*, MüKo-GmbHG § 35 Rn 327; Scholz/*Schneider/Hohenstatt*, § 35 GmbHG Rn 380; a.A.: Baumbach/Hueck/*Zöllner/Noack*, § 35 GmbHG Rn 177.

ist eine solche Regelung notwendig, um den Vorwurf einer verdeckten Gewinnausschüttung bei erfolgender Urlaubsabgeltung auszuschließen.

l) Zuschuss zur Kranken- und Pflegeversicherung

818 Während der Mehrheitsgesellschafter-Geschäftsführer regelmäßig nicht sozialversicherungspflichtig und daher auch nicht krankenversicherungspflichtig ist,[1542] unterfällt der Fremdgeschäftsführer und der lediglich mit einer Minderheitsbeteiligung an der Gesellschaft beteiligte Geschäftsführer grundsätzlich der Sozialversicherungspflicht, weil sein Anstellungsverhältnis als **sozialversicherungsrechtliches Beschäftigungsverhältnis** zu bewerten ist.[1543] Ungeachtet dessen besteht regelmäßig keine Versicherungspflicht in der gesetzlichen Kranken- und Pflegeversicherung, weil der Geschäftsführer aufgrund der Höhe der von ihm erzielten Vergütung die krankenversicherungsrechtliche Versicherungspflichtgrenze meist überschreiten und daher nach § 6 Abs. 1, 6 SGB V in der Krankenversicherung versicherungsfrei ist. Für die Pflegeversicherung folgt die Versicherungsfreiheit korrespondierend aus §§ 20 Abs. 1, 23 SGB XI.

Im Regelfall ist der GmbH-Geschäftsführer daher in der privaten Kranken- und Pflegeversicherung versichert. In diesem Fall hat der (Fremd- und Minderheits-Gesellschafter – nicht der Mehrheits-Gesellschafter) Geschäftsführer nach § 257 Abs. 2 SGB V bzw. §§ 61 Abs. 2, 58 SGB XI einen Anspruch auf einen **Zuschuss zu den Beiträgen zur privaten Kranken- und Pflegeversicherung**. Dieser Anspruch wird in § 11 des Vertragsmusters ausgestaltet. Der Höhe nach enthält der Formulierungsvorschlag eine doppelte Begrenzung. Zum einen wird der Zuschussanspruch auf die Höhe des Arbeitgeberanteils beschränkt, die bei gesetzlicher Kranken- und Pflegeversicherung des Geschäftsführers von der Gesellschaft zu tragen wäre. Zum zweiten erfolgt die Begrenzung auf die Hälfte der tatsächlich vom Geschäftsführer für seine Kranken- und Pflegeversicherung aufgewandten Beträge, wobei die aus Sicht der Gesellschaft niedrigere Grenze maßgeblich ist. Im Hinblick auf das Fehlen einer Familienversicherung in der Privaten Krankenversicherung und der daraus folgenden Notwendigkeit, für Familienangehörige eigene Kranken- und Pflegeversicherungen abzuschließen, stellt Satz 2 klar, dass die hierfür notwendigen Beiträge für die Berechnung des Zuschusses der Gesellschaft unberücksichtigt bleiben. Der Zuschuss zur Kranken- und Pflegeversicherung ist bei den Geschäftsführern, die in einem sozialversicherungspflichtigen Beschäftigungsverhältnis stehen, nach § 3 Nr. 62 EStG steuerfrei, nicht aber bei Mehrheitsgesellschafter-Geschäftsführern.

m) Unfallversicherung

819 Der Fremdgeschäftsführer und der Minderheitsgesellschafter-Geschäftsführer, die in einem sozialversicherungsrechtlichen Beschäftigungsverhältnis stehen, sind kraft Gesetzes Beteiligter der gesetzlichen Unfallversicherung und damit auch vom gesetzlichen Unfallversicherungsschutz umfasst.[1544] Ungeachtet dessen entspricht es allgemeiner Üblichkeit, dass die Gesellschaft gegenüber dem GmbH-Geschäftsführer die Verpflichtung zum Abschluss einer Unfallversicherung zur **Absicherung der Risiken von Invalidität und Tod** übernimmt, denen der Geschäftsführer in Ausübung seiner Tätigkeit für die Gesellschaft ausgesetzt ist. Dieser Üblichkeit entsprechend sieht § 12 des Vertragsmusters eine entsprechende Verpflichtung zur Übernahme einer Unfallversicherung vor. Die Höhe der Versicherungssumme muss jeweils einzelfallbezogen festgelegt werden.

Versicherungsnehmer der Unfallversicherung ist während des bestehenden Anstellungsverhältnisses grundsätzlich die Gesellschaft. Es besteht jedoch die Möglichkeit, durch Vereinbarung mit dem Versicherer

---

1542 BSG 6.2.1992, NZA 1992, 1003; *Nägele*, BB 2001, 305.

1543 So die ganz überwiegende Auffassung, vgl. nur Spickhoff/*Nebendahl*, Medizinrecht, § 5 Rn 4 SGB V. *Klose*, GmbHR 2012, 1097; *Grimm*, DB 2012, 175; *Reiserer/Fallenstein*, DStR 2010, 2085; *Stück*, GmbHR 2007, 1099; *Freckmann*, BB 2006, 2077; *Hillmann-Stadtfeld*, GmbHR 2004, 1207; *Reiserer*, BB 1999, 2026; *Louven*, DB 1999, 1061.

1544 Dazu *Schlather/Erbrich*, II Stw. Geschäftsführer, S. 82 d f.

bei Ausscheiden des Geschäftsführers aus dem Anstellungsverhältnis die Versicherungsnehmereigenschaft auf den Geschäftsführer zu übertragen.[1545]

n) Haftpflichtversicherung, Entlastung

Von besonderer Wichtigkeit ist die Absicherung des Geschäftsführers vor Haftungsansprüchen, denen der   820
Geschäftsführer aufgrund seiner dienstlichen Tätigkeit für die Gesellschaft ausgesetzt ist.[1546] Das Vertragsmuster versucht dieser Problematik in zweierlei Hinsicht gerecht zu werden.

Zunächst sieht § 13 Abs. 1 die Verpflichtung der Gesellschaft vor, für den Geschäftsführer eine übliche
D & O-Versicherung (Directors & Officers-Versicherung) abzuschließen.[1547] Die Versicherung sichert
den Geschäftsführer vor der Inanspruchnahme durch Dritte oder durch die Gesellschaft bei fahrlässigem
Fehlverhalten ab. Sinnvoll ist es in diesem Zusammenhang, eine Mindestversicherungssumme festzulegen,
die den typischen Haftungsrisiken des Geschäftsführers bei seinen dienstlichen Tätigkeiten entsprechen
muss. Der Formulierungsvorschlag geht darüber hinaus von der Festlegung eines – angemessenen – Selbst-
beteiligungsbetrages des Geschäftsführers aus und stellt klar, dass eventuelle Steuern, die auf die Versicherungsprämien unter dem Gesichtspunkt eines vermögenswerten Vorteils zu zahlen sind, vom Geschäftsführer getragen werden.

Parallel hierzu sieht § 13 Abs. 2 des Vertragsmusters die Verpflichtung der Gesellschaft vor, dem Geschäfts-   821
führer alljährlich **Entlastung für seine Tätigkeit** zu erteilen, sofern nicht Anhaltspunkte vorliegen, die einer Entlastung entgegenstehen. Mit dem Entlastungsbeschluss werden sämtliche Ersatzansprüche der Gesellschaft gegen den Geschäftsführer ausgeschlossen, die der Gesellschafterversammlung bekannt oder
erkennbar waren[1548] und deren Verzicht nicht ausgeschlossen ist.[1549] Eine solche Entlastung ist alljährlich
üblich, kann vom Geschäftsführer allerdings ohne entsprechende vertragliche Vereinbarung nicht erzwungen werden, weil ein Anspruch auf Entlastung nicht besteht.[1550] Dem Sicherungsinteresse des Geschäftsführers entspricht es daher, durch vertragliche Vereinbarung einen Anspruch auf Erteilung der Entlastung
zu begründen.

o) Alters- und Hinterbliebenenversorgung

Im Vertragsformular wird ein eigenständiger Vorschlag für die Gewährung einer Alters- und Hinterbliebe-   822
nenversorgung für den Geschäftsführer nicht unterbreitet, auch wenn die Gewährung einer zusätzlichen Altersversorgung durch die Gesellschaft an den Geschäftsführer regelmäßig üblich ist. Es besteht zu diesem
Komplex eine Vielzahl von Regelungsmöglichkeiten. Zu verweisen ist insoweit auf die Arbeitsvertragsklausel Betriebliche Altersversorgung (siehe § 1a Rdn 634 ff.).

p) Kfz-Nutzung

Die Gestellung eines Dienstfahrzeuges an den GmbH-Geschäftsführer entspricht allgemeiner Üblichkeit.   823
Ebenfalls üblich ist es, dass der Geschäftsführer den **Dienstwagen auch für private Zwecke nutzen**
kann und den hierin liegenden Steuervorteil nach Maßgabe der steuerrechtlichen Regelungen als vermögenswerten Vorteil versteuern muss. Dieser Üblichkeit folgend sieht das Vertragsmuster in § 15 eine solche Dienstwagenzusage vor, wobei die Typklasse des dem Geschäftsführer zur Verfügung gestellten

---

1545 *Jaeger*, S. 93.
1546 Zu den diversen Haftungsgefahren siehe statt vieler, Baumbach/Hueck/*Zöllner/Noack*, § 43 GmbHG Rn 4 ff.; *Schneider/Schnei-
der*, GmbHR 2005, 1229.
1547 Dazu *Rahlmeyer/Fassbach*, GWR 2015, 331; *Melot de Beauregard/Gleich*, NJW 2013, 824; *Franz*, DB 2011, 1961, 2019; *Hen-
dricks*, AR 2011, 82; *Koch*, GmbHR 2004, 18, 160, 288; *Lange*, ZIP 2004, 2221, *Lohr*, NZG 2000, 1204; *Lattwein/Krüger*, NVersZ
2000, 365.
1548 BGH 21.3.2005, DB 2005, 1269.
1549 BGH 8.12.1997, NJW 1998, 1315.
1550 BGH 20.5.1985, NJW 1986, 129; dazu auch *Meier*, GmbHR 2004, 111.

Dienstwagens vertraglich festgelegt werden sollte, um Streitigkeiten über Größe und Ausstattung des Dienstwagens zu vermeiden.

Das Vertragsmuster empfiehlt darüber hinaus den Abschluss einer gesonderten Vereinbarung, in der die Details der Dienstwagenüberlassung geregelt werden müssen. Dies betrifft beispielsweise die Verpflichtung zur ordnungsgemäßen Wartung und Pflege, zur Aufrechterhaltung der Verkehrssicherheit des Fahrzeuges, Bestimmungen über die Nutzung des Fahrzeuges durch Familienangehörige, über das Verbot, das Fahrzeug an Dritte zu überlassen, die nicht im Besitz eines Führerscheines sind, oder die mögliche Verpflichtung zur Unterstellung des Fahrzeuges in einer Garage.

Regelungsbedürftig ist darüber hinaus das Schicksal der **Dienstwagennutzung bei Freistellung des Geschäftsführers**. Hier schlägt das Muster eine Regelung vor, die es der Gesellschaft ermöglicht, den Dienstwagen während der Freistellung zurückzufordern. Um einen Streit über eine eventuelle Entschädigung wegen der Entziehung der privaten Nutzbarkeit zu vermeiden, sieht das Vertragsmuster einen Pauschalbetrag zur Abgeltung der privaten Nutzbarkeit vor. Damit dürfte auch ein gerechter Ausgleich zwischen dem Interesse der Gesellschaft erreicht sein, die den Dienstwagen gerade wegen der geschäftlichen Tätigkeit des Geschäftsführers zur Verfügung stellen wollte, eine solche Geschäftsführertätigkeit bei Freistellung aber nicht mehr erfolgt, und dem Interesse des Geschäftsführers an der Fortsetzung der privaten Nutzbarkeit.

Dass der Dienstwagen bei Beendigung des Anstellungsverhältnisses zurückzugeben ist, ist eine Selbstverständlichkeit, die keiner vertraglichen Regelung bedarf.

q) Spesen

824 Der Formulierungsvorschlag in § 16 des Vertragsmusters formt den dem Geschäftsführer aus § 670 BGB zustehenden Anspruch auf **Aufwendungsersatz** gegen die Gesellschaft für Aufwendungen aus, die der Geschäftsführer im Dienste der Gesellschaft erbracht hat. Grundsätzlich sieht die Regelung die Erstattung der steuerlichen Pauschalbeträge vor. Will der Geschäftsführer höhere Spesen geltend machen, muss er dies durch Originalbelege nachweisen.

Alternativ kommt insbesondere in größeren Unternehmen in Betracht, die Spesenerstattung anhand einer Reisekosten- und Spesenordnung vorzunehmen. Sollte im Unternehmen eine solche Ordnung existieren, bietet es sich an, im Geschäftsführeranstellungsvertrag alternativ auf diese Ordnung zu verweisen.

r) Erfindungen

825 Das ArbNErfG findet anerkanntermaßen auf GmbH-Geschäftsführer keine Anwendung.[1551] Dies führt dazu, dass Erfindungen, die der Geschäftsführer im Rahmen seiner dienstlichen Tätigkeiten macht, ohne eine entsprechende vertragliche Regelung allein dem Geschäftsführer zustehen. Da eine solche Regelung die Gesellschaft unangemessen benachteiligen würde, wird im Vertragsmuster vorgeschlagen, Erfindungen im Sinne des ArbNErfG in einem mit den Vorgaben des ArbNErfG vergleichbaren Verfahren zu behandeln. Aus diesem Grunde wird zunächst eine Verpflichtung des Geschäftsführers begründet, der Gesellschaft etwaige Erfindungen unverzüglich schriftlich anzuzeigen. Alsdann ist der Gesellschaft ein Zeitraum von vier Monaten eingeräumt, innerhalb dessen die Gesellschaft über die Inanspruchnahme der Erfindung entscheiden kann. Erfolgt eine Inanspruchnahme ist dem Geschäftsführer eine ergänzende Vergütung zu zahlen.

Selbstverständlich sind auch abweichende Regelungen denkbar. Dies gilt sowohl für die grundsätzliche Entscheidung hinsichtlich der Behandlung der Erfindungen nach dem ArbNErfG als auch für die Ausgestaltung. Bedenken unterliegt allerdings eine Regelung, wonach in jedem Fall eine Erfindung des Geschäftsführers entschädigungslos der Gesellschaft zu übertragen wäre und geregelt wird, dass die Vergütung für

---

1551 BGH 26.9.2006, NJW-RR 2007, 103; OLG München 15.3.2007, DB 2007, 2198; *Friemel/Kamlah*, BB 2008, 613; Baumbach/Hueck/*Zöllner/Noack*, § 35 GmbHG Rn 64; Scholz/*Schneider/Hohenstatt*, § 35 GmbHG Rn 281; Lutter/Hommelhoff/*Kleindieck*, Anh zu § 6 GmbHG Rn 32.

die Arbeitnehmererfindung mit dem vereinbarten Entgelt abgegolten ist. Eine solche Regelung würde den Geschäftsführer unangemessen benachteiligen, zumindest dann, wenn es nicht zu den Dienstaufgaben des Geschäftsführers gehört, Erfindungen zu machen.[1552]

s) Herausgabe von Unterlagen

Der Formulierungsvorschlag entspricht allgemeiner Üblichkeit nicht nur in einem Geschäftsführeranstellungsvertrag, sondern auch in jedem Arbeitsvertrag. Durch die Regelung soll sichergestellt werden, dass der Geschäftsführer mit Beendigung des Anstellungsverhältnisses, bei vorangehender Freistellung mit Beendigung seiner aktiven Tätigkeit die im Eigentum der Gesellschaft stehenden Gegenstände und Unterlagen an die Gesellschaft herausgibt. Dies gilt nicht nur für fest verkörperte Schriftstücke – Originale oder Kopien –, und sonstige Gegenstände, sondern auch für auf Datenträgern gespeicherte Informationen. **826**

Die Regelung einer solchen Herausgabepflicht und der Ausschluss eines Zurückbehaltungsrechtes sind notwendig, um die Gesellschaft in die Lage zu versetzen, auch nach Ausscheiden des Geschäftsführers die Geschäftstätigkeit uneingeschränkt und ungehindert fortsetzen zu können.

t) Vertragsdauer und Kündigung
aa) Die ordentliche Kündigung

Das Vertragsmuster enthält für die Kündigung **zwei unterschiedliche Regelungsvorschläge**, die wahlweise verwendet werden können. Zum einen handelt es sich um eine Regelung für einen unbefristeten Geschäftsführeranstellungsvertrag mit ordentlicher Kündigungsmöglichkeit, zum anderen um einen befristeten Geschäftsführeranstellungsvertrag,[1553] der während der befristeten Laufzeit nur außerordentlich kündbar ist. Die Entscheidung zwischen den beiden Varianten ist unter Berücksichtigung der nachfolgenden Überlegungen jeweils im Einzelfall vorzunehmen. **827**

Von der Kündigung des Anstellungsvertrages des GmbH-Geschäftsführers ist dessen **Abberufung aus der Organstellung** als Geschäftsführer zu unterscheiden. Die Abberufung, die ausschließlich die Organstellung betrifft und den Anstellungsvertrag unberührt lässt, ist durch das nach Gesetz oder Gesellschaftsvertrag zuständige Organ, die Gesellschafterversammlung oder den Aufsichtsrat vorzunehmen. Die Abberufungskompetenz ist nach § 38 GmbH in der nicht nach dem MitbestG mitbestimmten GmbH regelmäßig unbeschränkt, kann aber nach § 38 Abs. 2 GmbH durch Satzungsregelung beschränkt werden.[1554] Die Abberufung aus der Organstellung kann auch grundlos erfolgen. Insbesondere bedarf es bei der nicht nach dem MitbestG oder dem Montan-MitbestG mitbestimmten GmbH (vgl. § 31 MitbestG, § 12 Montan-MitbestG) keines wichtigen Grundes i.S.v. § 626 BGB, soweit dies nicht in der Satzung ausdrücklich geregelt ist. Umstritten ist allerdings, ob nach der Danosa Entscheidung des EuGH eine Abberufung eines Fremdgeschäftsführers oder eines Minderheitsgesellschafter-Geschäftsführers aus der Organstellung erfolgen kann, wenn sie durch eine Schwangerschaft begründet ist.[1555]

Dagegen richtet sich die Kündigung des Anstellungsverhältnisses nach anderen Kriterien. Die **Kündigung des Anstellungsvertrages** bedarf zunächst eines Beschlusses der Gesellschafterversammlung oder – wenn für die Kündigung der Aufsichtsrat zuständig ist – des Aufsichtsrates.[1556] Da das KSchG auf das Anstel-

---

1552 Zu diesem Gesichtspunkt BGH 26.9.2006, NJW-RR 2007, 103; BGH 11.4.2000, NJW-RR 2001, 788; *Friemel/Kamlah*, BB 2008, 613.

1553 Unsicher ist, ob aus der Danosa-Entscheidung des EuGH vom 11.11.2010 – NZA 2011, 143 die Anwendbarkeit des TzBfG auf Fremd- und Minderheitsgesellschafter-Geschäftsführer folgt und deshalb ein Sachgrund für eine derartige Befristung erforderlich ist; dazu *Hohenstatt/Naber*, ZIP 2012, 1989; *Lunk/Rodenbusch*, GmbHR 2012, 188; Lutter/Hommelhoff/*Kleindiek*, Anh zu § 6 GmbHG Rn 5.

1554 Baumbach/Hueck/*Zöllner/Noack*, § 38 GmbHG Rn 6 ff., zur mitbestimmten GmbH Rn 4 f.

1555 EuGH 11.11.2010, NZA 2011, 143; *Kruse/Stenslik*, NZA 2013, 596; *Oberthür*, NZA 2011, 253; dagegen Scholz/*Schneider/Hohenstatt*, § 35 GmbHG Rn 509; *Hildebrand*, Diss. Kiel, 136 ff.; *Preis/Sagan*, ZGR 2013, 26; *Schubert*, ZIP 2013, 289; *Schiefer/Worzalla*, ZfA 2013, 41.

1556 BGH 27.3.1995, NJW 1995, 1750; OLG Düsseldorf 10.10.2003, NZG 2004, 478; *Jaeger*, MüKo-GmbHG § 35 Rn 415.

lungsverhältnis des GmbH-Geschäftsführers nicht anwendbar ist,[1557] bedarf es für die ordentliche Kündigung des Anstellungsvertrages bei einem unbefristeten Anstellungsvertrag, der die ordentliche Kündigungsmöglichkeit grundsätzlich zulässt, keines Kündigungsgrundes i.S.v. § 1 KSchG. Die Geltung des KSchG kann jedoch vertraglich vereinbart werden, was allerdings nicht zu empfehlen ist.[1558] In diesem Fall gelten auch die den Auflösungsantrag ermöglichenden §§ 9, 10 KSchG. Auch die sonstigen Sonderkündigungsschutz begründenden arbeitsrechtlichen Regelungen (§§ 85 ff. SGB IX, § 9 Abs. 1 MuSchG, § 18 BEEG, § 2 Abs. 3 ArbPlSchG, § 78 Abs. 1 Nr. 1 ZDG) finden grundsätzlich nur auf Arbeitnehmer Anwendung.[1559] Nach der Danosa Entscheidung des EuGH[1560] sind allerdings das MuSchG und das BEEG und damit auch die dort geregelten gesetzlichen Kündigungsbeschränkungen bei der Kündigung des Anstellungsvertrages von Fremdgeschäftsführern und Minderheitsgesellschafter-Geschäftsführern zu berücksichtigen;[1561] nicht jedoch der schwerbehinderungsrechtlichen Kündigungsschutz aus § 85 ff. SGB IX.[1562] Auch das AGG und die dortigen Diskriminierungsverbote gelten nach § 6 Abs. 1 Nr. 1 AGG für Fremdgeschäftsführer und Minderheitsgesellschafter-Geschäftsführer.[1563] Das Alter des Fremd- oder Minderheitsgesellschafter-Geschäftsführers kann daher ebenso wenig ein Grund für eine Kündigung eines Geschäftsführeranstellungsvertrages sein, wie für die Nichtverlängerung eines befristeten Anstellungsvertrages.[1564] Die ordentliche Kündbarkeit wird bei einem ordentlich kündbaren Geschäftsführeranstellungsvertrag darüber hinaus durch die begrenzenden Regelungen der §§ 134, 138 BGB eingeschränkt.[1565] Dies führt dazu, dass immer dann, wenn ein unbefristeter Vertrag vereinbart ist, in dem keine begrenzenden Regelungen über die Kündigungsmöglichkeit enthalten sind, der Geschäftsführeranstellungsvertrag durch die Gesellschaft jederzeit kündbar ist, soweit nicht eines der ausnahmsweise für Fremd- und Minderheitsgesellschafter-Geschäftsführer geltenden Kündigungsverbote bei Schwangerschaft und Elternzeit eingreift oder die Kündigung nach den Regelungen des AGG diskriminierend oder nach den §§ 134, 138 BGB sittenwidrig oder gesetzeswidrig ist. In einem solchen Fall ist auch eine Regelung, wonach die Abberufung aus der Organstellung als Geschäftsführer zugleich als ordentliche Kündigung des Geschäftsführeranstellungsvertrages zum nächstmöglichen Zeitpunkt gelten soll, wirksam mit der Folge, dass mit der Abberufung zugleich die ordentliche Kündigung des Geschäftsführeranstellungsvertrages verbunden ist.[1566]

Anders verhält es sich allerdings, wenn im Geschäftsführeranstellungsvertrag eine Beschränkung der ordentlichen Kündbarkeit geregelt ist. Dies kann entweder in der Weise geschehen, dass die ordentliche Kündigung während der Laufzeit des Vertrages generell ausgeschlossen wird. Dies ist bei befristeten Anstel-

---

1557 Allg. Meinung, vgl. nur *Diller*, NJW 2008, 1019; Baumbach/Hueck/*Zöllner/Noack*, § 35 GmbHG Rn 236, *Jaeger*, MüKo-GmbHG § 35 Rn 403; Lutter/Hommelhoff/*Kleindieck*, Anh zu § 6 GmbHG Rn 47; zu möglichen Sonderfällen, Scholz/*Schneider/Hohenstatt*, § 35 GmbHG Rn 451 – 460.

1558 Vgl. BAG 10.5.2010, NZA 2010, 889; Lutter/Hommelhoff/*Kleindieck*, Anh zu § 6 GmbHG Rn 47; *Thiessen*, ZIP 2011, 1029; *Stagat*, NZA 2010, 975, *Jaeger*, DStR 2010, 2313.

1559 Baumbach/Hueck/*Zöllner/Noack*, § 35 GmbHG Rn 238; *Lunk*, ZIP 1999, 1777.

1560 EuGH 11.11.2010, NZA 2011, 143.

1561 *Hildebrand*, Diss. Kiel, 136 ff.; *Jaeger*, MüKo-GmbHG § 35 Rn 285; Scholz/*Schneider/Hohenstatt*, § 35 GmbHG Rn 506 – 508; *Kruse/Stenslik*, NZA 2013, 596; *Schubert*, ZESAR 2013, 5; *Schubert*, ZIP 2013, 289; *Schiefer/Worzalla*, ZfA 2013, 41. *Lunk/Rodenbusch*, GmbHR 2012, 188; *Reiserer*, DB 2011, 2262; *Oberthür*, NZA 2011, 253; Lutter/Hommelhoff/*Kleindieck*, Anh zu § 6 GmbHG Rn 47a.

1562 Scholz/*Schneider/Hohenstatt*, § 35 GmbHG Rn 289, 505.

1563 Dazu BGH 23.4.2012, NZA 2012, 797; *Hildebrand*, Diss. Kiel, 183 ff.; *Jaeger*, MüKo-GmbHG § 35 Rn 263 ff.; Scholz/*Schneider/Hohenstatt*, § 35 GmbHG Rn 326; *Preis/Sagan*, ZGR 2013, 26, 61; *Hohenstatt/Naber*, ZIP 2012, 1989; *Lunk/Rodenbusch*, GmbHR 2012, 188; *Thüsing/Stiebert*, NZG 2011, 641; *Reufels/Molle*, NZA-RR 2011, 281; Lutter/Hommelhoff/*Kleindieck*, Anh zu § 6 GmbHG Rn 34; Anh zu § 6 GmbHG Rn 46; offen in BGH 23.4.2012, NZA 2012, 797.

1564 BGH 23.4.2012, NZA 2012, 797.

1565 *Jaeger*, MüKo-GmbHG § 35 Rn 403; *Lunk*, ZIP 1999, 1777; *Meilicke*, DB 1994, 1761.

1566 OLG Hamm, 20.11.2006, GmbHR 2007, 442, das in diesem Fall sogar einen personenbedingten Kündigungsgrund nach § 1 KSchG annimmt.

lungsverträgen nach der Regelung in § 620 Abs. 1 BGB so lange der Fall, wie nicht die ordentliche Kündbarkeit durch vertragliche Regelung ausdrücklich zugelassen wird.[1567] Eine Beschränkung der ordentlichen Kündbarkeit kann aber auch bei ordentlich kündbaren Geschäftsführeranstellungsverträgen beispielsweise dadurch erreicht werden, dass man auf Tarifregelungen Bezug nimmt, die die Kündbarkeit einschränken oder ausschließen, wie z.b. durch eine Bezugnahme auf die Regelungen des § 34 Abs. 2 TVöD[1568] oder indem man auf das KSchG vertraglich Bezug nimmt.[1569]

bb) Die Kündigungsfrist

Sofern eine Kündigungsfrist für eine ordentliche Kündigung im Anstellungsvertrag nicht geregelt ist, richten sich die **Kündigungsfristen für Mehrheitsgesellschafter-Geschäftsführer grundsätzlich nach § 621 BGB**,[1570] wobei in dem hier vorliegenden Vertragsmuster aufgrund der Regelung einer Jahresvergütung eine Kündigungsfrist gemäß § 621 Nr. 4 BGB von sechs Wochen zum Schluss eines Kalendervierteljahres bestehen würde. Auf Fremdgeschäftsführer und Minderheitsgesellschafter-Geschäftsführer finden demgegenüber die Kündigungsfristen des § 622 BGB Anwendung.[1571] Es ist daher auf jeden Fall die Festlegung der Kündigungsfrist im Anstellungsvertrag zu empfehlen, um Unsicherheiten über die geltende Kündigungsfrist für ordentliche Kündigungen zu vermeiden.

828

cc) Die außerordentliche Kündigung

Besteht keine Möglichkeit zur ordentlichen Kündigung des Anstellungsvertrages, was insbesondere bei befristeten Anstellungsverträgen nach § 620 Abs. 1 BGB der Fall ist, in denen die ordentliche Kündigungsmöglichkeit nicht ausdrücklich eröffnet ist,[1572] bleibt der Gesellschaft nur die Kündigung des Anstellungsvertrages aus wichtigem Grund gemäß § 626 Abs. 1 BGB. Eine außerordentliche Kündigung kann selbstverständlich auch bei einem ordentlich kündbaren Anstellungsvertrag bei **Vorliegen eines wichtigen Grundes** in Betracht kommen.

829

Voraussetzung für eine außerordentliche Kündigung ist zunächst das Vorliegen eines wichtigen Kündigungsgrundes. Ein solcher wichtiger Kündigungsgrund liegt auf keinen Fall allein in der Abberufung aus der Organstellung, weil damit die generell einschränkungslos mögliche Beendigung der Organstellung zu einem beliebigen außerordentlichen Kündigungsrecht für die Gesellschaft werden würde. Vielmehr muss der die Kündigung rechtfertigende Grund im Sinne des § 626 Abs. 1 BGB derart gewichtig sein, dass eine **weitere Zusammenarbeit zwischen Gesellschaft und Geschäftsführer** bis zum nächsten möglichen ordentlichen Kündigungstermin bzw. zum Fristablauf **unzumutbar ist**. Denkbar sind insoweit beispielsweise strafbare Handlungen zu Lasten der Gesellschaft, wiederholte Verstöße gegen Zustimmungsvorbehalte der Gesellschafterversammlung, beharrliche Auskunftsverweigerung gegenüber Gesellschaftern, Verlust der Organstellung wegen rechtskräftiger Verurteilung wegen einer der in § 6 Abs. 2 GmbHG genannten Straftaten etc.[1573] Außerordentliche Kündigungsgründe können im Anstellungsvertrag beispielhaft normiert werden, wobei auch bei Vorliegen dieser Fälle im Einzelfall das Bestehen der Unzumutbarkeit geprüft werden muss.[1574]

1567 Baumbach/Hueck/*Zöllner/Noack*, § 35 GmbHG Rn 215, 242.

1568 Dazu z.B. BGH 26.1.1998, NJW 1998, 1481.

1569 BAG 10.5.2010, NZA 2010, 889.

1570 *Hümmerich*, NJW 1995, 1177; Baumbach/Hueck/*Zöllner/Noack*, § 35 GmbHG Rn 243; *Jaeger*, MüKo-GmbHG § 35 Rn 411; a.A. *Lunk*, ZIP 1999, 1777; *Reiserer*, DB 1994, 1822; *Schneider*, GmbHR 2003, 1; anders Lutter/Hommelhoff/*Kleindieck*, Anh zu § 6 GmbHG Rn 53, der auch in diesem Fall § 622 BGB anwenden will.

1571 *Jaeger*, MüKo-GmbHG § 35 Rn 410; Lutter/Hommelhoff/*Kleindieck*, Anh zu § 6 GmbHG Rn 53; *Schneider*, GmbHR 2003, 1; *Lunk*, ZIP 1999, 1777; *Reiserer*, DB 1994, 1822; a.A. *Hümmerich*, NJW 1995, 1177.

1572 Baumbach/Hueck/*Zöllner/Noack*, § 35 GmbHG Rn 215, 242.

1573 Baumbach/Hueck/*Zöllner/Noack*, § 35 GmbHG Rn 218, 220; Scholz/*Schneider/Hohenstatt*, § 35 GmbHG Rn 469; Lutter/Hommelhoff/*Kleindieck*, Anh zu § 6 GmbHG Rn 59.

1574 BGH 10.11.2010, DB 2011, 233; *Jaeger*, MüKo-GmbHG § 35 Rn 423; Scholz/*Schneider/Hohenstatt*, § 35 GmbHG Rn 490.

Die außerordentliche Kündigung muss darüber hinaus die Fristvorgaben des § 626 Abs. 2 BGB einhalten. Dies setzt voraus, dass die Kündigung innerhalb von zwei Wochen nach Erlangung der Kenntnis der die Kündigung rechtfertigenden Umstände durch das zur Kündigung berechtigte Organ ausgesprochen werden muss.[1575] Für den Zeitpunkt der Kenntniserlangung kommt es auf die Kenntnis des Gesamtorgans an. Maßgeblich ist also der Zeitpunkt, in dem der relevante Kündigungssachverhalt dem kündigungsberechtigten Organ mitgeteilt wird.[1576] Dieses Organ muss darüber hinaus zügig einberufen werden, damit der kündigungsberechtigten Gesellschaft nicht der Vorwurf einer Verzögerung der Kündigung mit der Folge des Fristablaufes[1577] gemacht werden kann. Besondere Schwierigkeiten treten dann auf, wenn die Kenntnisse über die Kündigungsgründe bei Personen und/oder Organmitgliedern vorhanden sind, diese aber nicht ordnungsgemäß weitergegeben werden. Hier kommt es jeweils auf den Einzelfall an, ob insoweit eine Zurechnung der Kündigungsgründe bzw. der Vorwurf der verzögernden Mitteilung der Kündigungsgründe an das kündigungsbefugte Organ in Betracht kommt.[1578]

Entscheidend ist darüber hinaus, dass tatsächlich eine positive Kenntnis über alle die Kündigung rechtfertigenden Gesichtspunkte vorhanden ist. Die Kenntnis eines Teils der Kündigungsgründe reicht ebenso wenig wie grob fahrlässige Unkenntnis.[1579]

dd) Die Kündigungserklärung

830   Die Kündigung muss bei Fehlen einer entsprechenden Regelung im Anstellungsvertrag durch das **kündigungsberechtigte Organ** ausgesprochen werden, im Regelfall also durch die Gesellschafterversammlung, also die Gesamtheit aller Gesellschafter, oder – soweit satzungsmäßig vorgesehen bzw. bei nach dem MitBestG und dem Montan-MitBestG mitbestimmter GmbH – durch den Aufsichtsrat ausgesprochen werden. Diese Organe können die Berechtigung zum Ausspruch der Kündigung, nicht aber den Kündigungsbeschluss auf ein Organmitglied, z.B. den Vorsitzenden der Gesellschafterversammlung oder den Aufsichtsratsvorsitzenden als rechtsgeschäftlichen Vertreter übertragen.[1580] Es empfiehlt sich im Regelfall, die Übertragung der Berechtigung zum Ausspruch der Kündigung im Kündigungsbeschluss des zur Kündigung befugten Organs ausdrücklich zu bestätigen.

Der Auszug des Protokolls der Sitzung des kündigungsberechtigten Organs, der den Kündigungsbeschluss und die Bevollmächtigung zum Ausspruch der Kündigung enthält, sollte im Original der Kündigung beigefügt werden, um eventuellen Formeinwendungen Rechnung zu tragen,[1581] anderenfalls muss wegen der Regelung in § 174 BGB die Vollmacht im Original beigefügt sein.[1582]

Die Kündigungserklärung sollte aus Rechtssicherheitsgründen schriftlich erfolgen, auch wenn § 623 BGB nur für Arbeitnehmer gilt und daher nicht anwendbar ist.[1583] Deshalb ist die Schriftform in § 20 Abs. 1 des Vertragsmusters ausdrücklich vorgesehen.

1575 *Jaeger*, MüKo-GmbHG § 35 Rn 432; Scholz/*Schneider/Hohenstatt*, § 35 GmbHG Rn 494; Baumbach/Hueck/*Zöllner/Noack*, § 35 GmbHG Rn 225 ff.
1576 BGH 10.9.2001, NJW-RR 2002, 173; BGH 1.12.2003, NJW 2004, 1528; *Stein*, ZGR 1999, 264; Lutter/Hommelhoff/*Kleindieck*, Anh zu § 6 GmbHG Rn 64.
1577 So z.B. die Fallgestaltung bei OLG München 25.3.2009, GmbHR 2009, 937; OLG München 14.7.2005, ZIP 2005, 1781; *Jaeger*, MüKo-GmbHG § 35 Rn 433; Lutter/Hommelhoff/*Kleindieck*, Anh zu § 6 GmbHG Rn 64; dazu auch *Tschöpe/Wortmann*, NZG 2009, 85.
1578 Dazu Baumbach/Hueck/*Zöllner/Noack*, § 35 GmbHG Rn 226.
1579 Baumbach/Hueck/*Zöllner/Noack*, § 35 GmbHG Rn 231; *Jaeger*, MüKo-GmbHG § 35 Rn 434; vgl. auch BAG 1.2.2007, NZA 2007, 744; BGH 2.6.1997, GmbHR 1997, 998.
1580 Baumbach/Hueck/*Zöllner/Noack*, § 35 GmbHG Rn 216; Lutter/Hommelhoff/*Kleindieck*, Anh zu § 6 GmbHG Rn 52.
1581 Wirksamkeitsvoraussetzungen für die Kündigung ist dies allerdings nicht, Baumbach/Hueck/*Zöllner/Noack*, § 35 GmbHG Rn 216.
1582 Zu dieser – in der Entscheidung allerdings nicht erheblichen – Problematik, OLG Frankfurt 16.12.2005, GmbHR 2006, 650; OLG Düsseldorf 17.11.2003, NZG 2004, 141; *Bednarz*, NZG 2005, 418; *Bauer/Krieger*, ZIP 2004, 1247; *Leuering*, NZG 2004, 120.
1583 *Schrader/Schubert*, DB 2005, 1457; *Zimmer*, BB 2003, 1175.

:m Falle einer Kündigung durch den Geschäftsführer muss darüber hinaus geklärt sein, wem gegenüber die Kündigung auszusprechen ist. Ist eine Regelung nicht getroffen, ist Adressat das für die Kündigung entscheidungszuständige Organ. Da dies regelmäßig aus mehreren Personen besteht, empfiehlt sich insoweit eine klarstellende Regelung, die in beiden Varianten (§ 19 Abs. 6 bzw. § 19 Abs. 4) in der Weise vorgeschlagen wird, dass für die Kündigung des Geschäftsführers entweder weitere Geschäftsführer der Gesellschafter, bei Fehlen solcher weiterer Geschäftsführer der Gesellschafter mit der höchsten Kapitalbeteiligung empfangszuständig ist. Damit wird eine praktikable Vorgehensweise erreicht.

ee) Der Rechtsweg

Grundsätzlich ist für Streitigkeiten zwischen dem Geschäftsführer und der Gesellschaft aus dem Anstellungsvertrag und über die Kündigung eines Geschäftsführeranstellungsvertrages aufgrund der Ausnahmeregelung in § 5 Abs. 1 S. 3 ArbGG, die die Organmitglieder juristischer Personen im Wege der Fiktion, dass diese nicht als Arbeitnehmer gelten, aus dem Anwendungsbereich des ArbG generell ausnimmt, nicht die Zuständigkeit der Arbeitsgerichte, sondern der Kammern für Handelssachen bei den Landgerichten begründet. Etwas anderes gilt selbst dann nicht, wenn das Dienstverhältnis des Geschäftsführers ausnahmsweise als Arbeitsverhältnis einzuordnen ist.[1584] Die Zuständigkeit der Arbeitsgerichte ist nur dann gegeben, wenn Grundlage der Organstellung des Geschäftsführers ein Vertragsverhältnis zu einer anderen Gesellschaft, z.B. der Konzernmutter ist und der Rechtsstreit deshalb mit der Konzernmutter geführt wird oder um Ansprüche aus einem – ausnahmsweise – ruhenden Arbeitsverhältnis gestritten wird.

831

Besonderheiten bestehen, wenn der Geschäftsführer vor der rechtskräftigen Entscheidung im Rechtswegbestimmungsverfahren die Organstellung verliert. Unabhängig davon, ob dies durch eigene Amtsniederlegung durch den Geschäftsführer oder durch Abberufung durch die Gesellschaft erfolgt, sperrt § 5 Abs. 1 S. 3 ArbGG in diesem Fall die Zuständigkeit des Arbeitsgerichtes nicht mehr, selbst wenn der Verlust der Organstellung zu diesem Zeitpunkt noch nicht im Handelsregister eingetragen ist.[1585] Für die Zuständigkeit der Arbeitsgerichte in sog. sic-non Fällen, also in Fallkonstellationen, die eine arbeitsrechtliche Grundlage voraussetzen, wie z.B. der Streit um den Bestand eines Arbeitsverhältnisses, reicht allein die Behauptung des Geschäftsführers, er sei Arbeitnehmer, für die Zuständigkeit des Arbeitsgerichtes aus. Demgegenüber ist zur Begründung der Zuständigkeit der Arbeitsgerichte in Fallkonstellationen, die sowohl auf arbeits- wie auch auf dienstvertraglicher (sog. et-et Fall) oder entweder auf – sich gegenseitig ausschließender – arbeitsvertraglicher oder dienstvertraglicher Grundlage (sog. aut-aut Fall) begründet sein können, grds. die schlüssige Darlegung der Arbeitnehmerstellung erforderlich.[1586]

ff) Die Vertragsvarianten

Das Vertragsmuster enthält entsprechend den beiden dargestellten Regelungsmöglichkeiten in der ersten Variante ein unbefristetes Anstellungsverhältnis mit der Möglichkeit der ordentlichen Kündigung. Eine solche Regelung ist im Normalfall – wie ausgeführt – für den Geschäftsführer eher nachteilig, weil das Anstellungsverhältnis grundsätzlich ohne Vorliegen eines Kündigungsgrundes i.S.v. § 1 KSchG durch die Gesellschaft gekündigt werden kann und die Abberufung aus der Organstellung zugleich als Kündigung gilt. Ein Vorteil für den Geschäftsführer liegt allerdings in der fehlenden Befristung mit der Folge, dass ohne Ausspruch eines Widerspruchs gegen eine Verlängerung das Anstellungsverhältnis ohne weiteres weiter läuft. Für die Gesellschaft ist eine solche Regelung eher positiv, weil sie sich auch

832

1584 BAG 15.11.2013, GmbHR 2014, 137; BAG 26.10.2012, NZA 2013, 54; BAG 23.8.2011, DB 2011, 2386.
1585 BAG 8.9.2015, NZA 1342; BAG 3.12.2014, NZA 2015, 180; BAG 22.10.2014, NZA 2015, 60; dazu *Dimsic/Link*, BB 2015, 3063; *Geck/Fiedler*, BB 2015, 1077; *Graef/Heilemann*, GmbHR 2015, 225; *Stagat*, NZA 2015, 193; *Lunk*, NJW 2015, 528; *Jaeger*, MüKo-GmbHG § 35 Rn 296.
1586 LAG Schleswig-Holstein 8.6.2016 – 5 Ta47/16; LAG Köln 30.3.2015 – 5 Ta 91/15; Sächs. LAG 18.3.2015, NZA-RR 2015, 493; offengelassen in BAG 8.9.2015, NZA 2015, 1342 für den aut-aut Fall; dazu auch *Lunk*, NJW 2015, 528; *Reinfelder*, RdA 2016, 87; *Reiserer*, BB 2016, 1141.

ohne Vorliegen eines Kündigungsgrundes nach dem KSchG durch ordentliche Kündigung auch aus dem Anstellungsverhältnis lösen kann.

In der zweiten Variante ist ein befristetes Anstellungsverhältnis geregelt, in dem eine ordentliche Kündigung generell nach § 620 Abs. 1 BGB ausgeschlossen ist. Hier endet das Anstellungsverhältnis im Regelfall durch Fristablauf. Diese Regelungsvariante ist für den Geschäftsführer in der Regel vorteilhaft, weil er aufgrund des Ausschlusses der ordentlichen Kündbarkeit vor einer vorzeitigen Beendigung so lange geschützt ist, wie nicht ein außerordentlicher Kündigungsgrund vorliegt. Die Gesellschaft kann zwar einerseits das Anstellungsverhältnis nicht ordentlich fristgemäß kündigen, ist aber andererseits durch die Befristungsregelung in der Lage, die Laufzeit des Anstellungsvertrages sicher zu kalkulieren.

Bei der Bewertung ist darüber hinaus zu berücksichtigen, dass insbesondere bei erfolgreichen Geschäftsführern die Interessenlage gerade „umgekehrt" sein kann, wenn sich dem Geschäftsführer lukrativere Alternativtätigkeiten anbieten. Hier wirkt sich der Ausschluss der ordentlichen Kündbarkeit eher zu Lasten des Geschäftsführers aus, während das Bestehen einer ordentlichen Kündigungsmöglichkeit ihm gestatten würde, sich frühzeitig aus dem Anstellungsvertrag zu lösen, um die lukrative Alternativtätigkeit aufzunehmen.

Bei der Auswahl zwischen den Varianten muss daher im Einzelfall sehr genau die Interessenlage geprüft und in die Entscheidungsfindung einbezogen werden. Gegebenenfalls bietet es sich an, Mittellösungen zwischen den beiden Varianten zu entwickeln.

u)   Schlussbestimmungen

833   Die Schlussbestimmungen entsprechen allgemeiner Üblichkeit. Es ist insoweit auf die allgemeinen Erläuterungen zu den Arbeitsvertragsklauseln Schriftform (siehe § 1a Rdn 1291 ff.) und Salvatorische Klausel (siehe § 1a Rdn 1274 ff.) zu verweisen. Die Regelung in § 20 (5) stellt klar, dass bei Verwendung des zweisprachigen Vertragsmusters auftretende Widersprüche zwischen den unterschiedlichen Sprachfassungen oder bei Zweifelsfragen die deutschsprachige Vertragsfassung maßgeblich ist.

XX.   Vorstandsvertrag

Literatur: *Bauer/Arnold*, Sind Abfindungs-Caps in Vorstandsverträgen wirklich zu empfehlen? – zur Überarbeitung des Deutschen Corporate Governance Kodex, DB 2008, 1692; *Bauer/Arnold*, Abfindungs-Caps in Vorstandsverträgen – gute Corporate Governance?, DB 2007, 1793; *Bauer/Arnold*, Der richtige Zeitpunkt für die Erstbestellung von Vorstandsmitgliedern, DB 2007, 1571; *Bauer/Arnold*, Mannesmann und die Folgen für Vorstandsverträge, DB 2006, 546; *Bauer/Arnold*, AGG und Organmitglieder – Klares und Unklares vom BGH, NZG 2012, 921; *Bauer/Krets*, Gesellschaftsrechtliche Sonderregeln bei der Beendigung von Vorstands- und Geschäftsführerverträgen, DB 2003, 811; *Behrens/Rinsdorf*, Eingriffe in die Weisungsunabhängigkeit von Vorständen durch Zielvereinbarungen, FS ARGE ArbR 2006, 449; *Bosse*, Das Gesetz zur Angemessenheit der Vorstandsvergütung (VorstAG) – Überblick und Handlungsbedarf, BB 2009, 1650; *Dauner-Lieb*, Charge of Control – Klauseln nach Mannesmann, DB 2008, 567; *Diller*, Nachträgliche Herabsetzung von Vorstandsvergütungen und -ruhegeldern nach dem VorstAG, NZG 2009, 1006; *Dörrwächter/Trafkowski*, Anmerkungen zum Abfindungs-Cap in Nummer 4.2.3 n.F. des Deutschen Corporate Governance Kodex, NZG 2007, 846; *Feudner*, Regeln für Vorstandsbezüge, NZG 2007, 779; *Fleischer*, Das Gesetz zur Angemessenheit der Vorstandsvergütung, NZG 2009, 801; *Gach/Habersack/Spindler*, MüKo Aktiengesetz, Band 2, 4. Aufl. 2014; *Gaul/Janz*, Wahlkampfgetöse im Aktienrecht: Gesetzliche Begrenzung der Vorstandsvergütung und Änderungen der Aufsichtsratstätigkeit, NZA 2009, 809; *Götz*, Die vorzeitige Wiederwahl von Vorständen, AG 2002, 305; *Grumann/Gillmann*, Abberufung und Kündigung von Vorstandsmitgliedern einer Aktiengesellschaft, DB 2003, 770; *Haas/Ohlendorf*, Anstellungsvertrag des Vorstandsmitgliedes der Aktiengesellschaft, 2004; *Hölters/Weber*, Vorzeitige Wiederbestellung von Vorstandsmitgliedern, AG 2005, 629; *Hohenstatt*, Das Gesetz zur Angemessenheit der Vorstandsvergütung, ZIP 2009, 1349; *Hohenstatt/Willemsen*, Abfindungsobergrenzen in Vorstandsverträgen, BB 2009, 1876; *Hoffmann-Becking*, Münchener Handbuch des Gesellschaftsrechts, Band 4 Aktiengesellschaft, 4. Aufl. 20015; *Hüffer/Koch*, Aktiengesetz, 12. Aufl. 2016; *Janzen*, Vorzeitige Beendigung von Vorstandsamt und -vertrag, NZG 2003, 468; *Klöhn*, Die Herabsetzung der Vorstandsvergütung gem. § 87 Abs. 2 AktG in der börsennotierten Aktiengesellschaft, NZG 2012, 1; *Kort*, Zivilrechtliche Folgen unangemessen hoher Vorstandsvergütungen – eine Mannesmann-Spätlese, DStR 2007, 1127; *Kort*, Sind GmbH-Geschäftsführer und Vorstandsmitglieder diskriminierungsschutzrechtlich Arbeitnehmer?, NZG 2013, 601; *Korts*, Die Vereinbarung von Kontrollwechselklauseln nach Mannesmann, BB 2009, 1876; *Lutter*, Das Abfindungs-Cap in Ziff. 4.2.3 Abs. 3 des Deutschen Corporate Governance-Kodex, BB 2009, 1874; *Meier*, Der Vertrauensentzug nach § 84 Abs. 3 S. 2 AktG und die hierauf gestützte Beendigung des Vorstandsvertrages, FS ARGE ArbR 2006, 505; *Mertens/Cahn*, Kölner Kommentar zum Aktiengesetz, Band 2/1, 3. Aufl. 2010; *Nägele*, Praxisrelevante Probleme der Vertretung nach § 112 AktG, BB 2005, 2197; *Nikolay*, Die neuen Vorschriften zur Vorstandsvergütung – Detaillierte Regelungen und offene Fragen, NJW 2009, 2640; *Schmidt/Lutter*, Aktiengesetz-Kommentar, Bd. 1, 3. Aufl. 2015; *Steinbeck/Menke*, Kündigungsklauseln in Vorstandsanstellungsverträgen, DStR 2003, 940; *Thüsing*, Das Gesetz zur Angemessenheit der Vorstandsvergütung, AG 2009, 517; *Wilsing/Kleißl*, Herabsetzung von Vorstandsbezügen in Zeiten der Krise, BB 2008, 2422.

1. Allgemeines

In dem nachfolgenden Vertragsmuster werden Formulierungen für die Vertragsgegenstände eines Anstellungsvertrages für ein Vorstandsmitglied einer Aktiengesellschaft vorgeschlagen, bei denen sich aufgrund aktienrechtlicher Sonderregelungen besondere Regelungsnotwendigkeiten abweichend von dem oben dargestellten Vertragsmuster für einen Geschäftsführer-Anstellungsvertrag (siehe oben Rdn 782 ff.) ergeben. Derartige Besonderheiten folgen insbesondere aus der gesetzlich durch Art. 84 Abs. 1 AktG vorgegebenen Kompetenz des Aufsichtsrates zur Bestellung und Abberufung der Vorstandsmitglieder, aus der – nach oben – zwingenden Regelung in § 84 Abs. 1 S. 5 AktG für die Laufzeit des Anstellungsvertrages sowie aus den sich aus aktienrechtlichen Vorschriften ergebenden Kündigungsbeschränkungen. Entsprechend werden nachfolgend nur die Vorschriften wiedergegeben und erläutert, in denen sich diese Besonderheiten niederschlagen. Im Übrigen ist auf die Formulierungsvorschläge zum Geschäftsführeranstellungsvertrag (siehe oben Rdn 782 ff.) zu verweisen, die – natürlich sprachlich anpasst – auf den Anstellungsvertrag des Vorstandsmitgliedes übertragbar sind. Aus Gründen der besseren Verständlichkeit ist im Vertragsmuster die männliche Geschlechtsform gewählt worden, die ohne weiteres austauschbar ist. Eine Diskriminierung wegen des Geschlechts soll damit nicht verbunden sein.

834

2. Muster

Muster 1b.32: Anstellungsvertrag Vorstandsmitglied

835

Anstellungsvertrag

zwischen

der ▨▨▨▨ AG, vertreten durch ihren Aufsichtsrat, dieser vertreten durch den Vorsitzenden des Aufsichtsrates, Herrn ▨▨▨▨, ▨▨▨▨ (*Straße*) ▨▨▨▨, ▨▨▨▨ (*PLZ*) ▨▨▨▨ (*Ort*),

– im Folgenden: Gesellschaft –

und

Herrn ▨▨▨▨, ▨▨▨▨ (*Straße*) ▨▨▨▨, ▨▨▨▨ (*PLZ*) ▨▨▨▨ (*Ort*),

– im Folgenden: Vorstandsmitglied –

Durch Beschluss des Aufsichtsrates vom ▨▨▨▨ wurde Herr ▨▨▨▨ für die Zeit vom ▨▨▨▨ bis ▨▨▨▨ zum Mitglied des Vorstandes der ▨▨▨▨ AG bestellt.

§ 1 Vertretungsbefugnis, Selbstkontrahieren

(1) Das Vorstandsmitglied vertritt die Gesellschaft gemeinschaftlich mit den weiteren Vorstandsmitgliedern. Durch Beschluss des Aufsichtsrates kann dem Vorstandsmitglied Einzelvertretungsbefugnis oder die Befugnis erteilt werden, die Gesellschaft gemeinschaftlich mit einem weiteren Vorstandsmitglied oder einem Prokuristen zu vertreten.

(2) Das Vorstandsmitglied ist nicht von den Beschränkungen des § 181 BGB befreit. Der Aufsichtsrat ist berechtigt, das Vorstandsmitglied von der Beschränkung nach § 181 2. Alt. BGB (Verbot der Mehrfachvertretung) Befreiungen zu erteilen.

§ 2 Geschäftsführungsbefugnis

(1) Das Vorstandsmitglied führt gemeinsam mit den weiteren Vorstandsmitgliedern die Geschäfte der Gesellschaft. Durch Geschäftsordnung für den Vorstand kann der Aufsichtsrat abweichende Regelungen treffen.

(2) Das Vorstandsmitglied ist für den Geschäftsbereich ▮▮▮▮▮ zuständig. Durch Beschluss des Aufsichtsrates können dem Vorstandsmitglied generell oder für den Einzelfall weitere oder andere Aufgaben übertragen werden.

§ 3 Pflichten und Verantwortlichkeiten

(1) Das Vorstandsmitglied hat in Angelegenheiten der Gesellschaft die Sorgfalt eines ordentlichen Geschäftsmannes anzuwenden.

(2) Das Vorstandsmitglied hat bei seiner Tätigkeit die Gesetze, die Satzung, eine eventuell vom Aufsichtsrat erlassene Geschäftsordnung sowie dessen Beschlüsse und die Beschlüsse der Hauptversammlung sowie die Empfehlung des Deutschen Corporate Governance Kodex in der jeweiligen Fassung zu beachten.

§ 4 Arbeitszeit und anderweitige Aufgabenübertragung

Das Vorstandsmitglied schuldet der Gesellschaft seine volle Arbeitskraft. Er ist in der Bestimmung seiner Arbeitszeit frei, hat jedoch jederzeit zu ihrer Verfügung zu stehen und ihre Interessen wahrzunehmen, soweit dies das Wohl der Gesellschaft erfordert.

§ 5 Vergütung

– wie Geschäftsführeranstellungsvertrag –

§ 6 Vergütung bei Arbeitsverhinderung

– wie Geschäftsführeranstellungsvertrag –

§ 7 Verbot der Nebentätigkeit, Veröffentlichungen

– wie Geschäftsführeranstellungsvertrag –

§ 8 Wettbewerbsverbot, Verschwiegenheitspflicht

– wie Geschäftsführeranstellungsvertrag –

§ 9 Nachvertragliches Wettbewerbsverbot

– wie Geschäftsführeranstellungsvertrag –

§ 10 Urlaub

– wie Geschäftsführeranstellungsvertrag –

§ 11 Zuschuss zur Kranken- und Pflegeversicherung

– wie Geschäftsführeranstellungsvertrag –

§ 12 Unfallversicherung

– wie Geschäftsführeranstellungsvertrag –

§ 13 Haftpflichtversicherung, Entlassung

– wie Geschäftsführeranstellungsvertrag –

§ 14 Alters- und Hinterbliebenenversorgung

– wie Geschäftsführeranstellungsvertrag –

§ 15 Kfz-Nutzung

– wie Geschäftsführeranstellungsvertrag –

§ 16 Spesen

– wie Geschäftsführeranstellungsvertrag –

§ 17 Erfindungen

– wie Geschäftsführeranstellungsvertrag –

§ 18 Herausgabe von Unterlagen und sonstigen Gegenständen

– wie Geschäftsführeranstellungsvertrag –

§ 19 Vertragsdauer und Kündigung

(1) Dieser Vertrag tritt mit Wirkung zum _____ in Kraft und ist auf die Dauer von fünf Jahren geschlossen.

(2) Der Anstellungsvertrag ist durch die wirksame Bestellung zum Vorstand aufschiebend bedingt.

(3) Die Vertragslaufzeit verlängert sich in dem Fall, dass der Aufsichtsrat das Vorstandsmitglied erneut zum Vorstandsmitglied bestellt wird, um die Dauer, für die die erneute Bestellung erfolgt.

(4) Während der Vertragslaufzeit ist das Recht zur ordentlichen Kündigung dieses Anstellungsvertrages ausgeschlossen. Das Recht zur Kündigung aus wichtigem Grund bleibt unberührt. Als wichtiger Grund für eine Kündigung durch die Gesellschaft gilt insbesondere:

(a) der Widerruf der Bestellung zum Vorstandsmitglied aus wichtigem Grund gemäß § 84 Abs. 3 Satz 1 AktG,

(b) der Verstoß gegen das Wettbewerbsverbot gemäß § 8 Abs. (1),

(c) die Eröffnung des Insolvenzverfahrens über das Vermögen der Gesellschaft oder die Auflösung der Gesellschaft.

(5) – wie § 19 Abs. (3) Geschäftsführeranstellungsvertrag –

§ 20 Schlussbestimmungen

– wie Geschäftsführeranstellungsvertrag –

_____, den _____

Gesellschaft   Vorstandsmitglied

3. Erläuterungen

a) Vertragskopf

Die Formulierung des Vertragskopfes ist der Doppelstellung des Vorstandsmitgliedes geschuldet, die **836** zum einen seine gesellschaftsrechtliche Organstellung umfasst, in die das Vorstandsmitglied durch Bestellung gemäß § 84 Abs. 1 AktG berufen wird. Die dienstvertragliche Stellung wird durch den Anstellungsvertrag geregelt. Der AG Vorstand ist kein Arbeitnehmer,[1587] der Anstellungsvertrag ist daher als freier Dienstvertrag und nicht als Arbeitsvertrag einzuordnen. Folgerichtig sind auf das Vorstandsmitglied einer AG Arbeitnehmerschutzvorschriften grundsätzlich nicht anwendbar. Dies gilt auch unter Berücksichtigung der Danosa Entscheidung des EuGH,[1588] die eine AG lettischen Rechts betraf, bei der aber vom EuGH für die Anwendung des unionsrechtlichen Arbeitnehmerbegriffes als entscheidend angesehen

---

1587 Kölner Kommentar/*Mertens/Cahn*, § 84 Rn 35; *Hüffer/Koch*, § 84 Rn 14; Schmidt/Lutter/*Seibt*, § 84 Rn 23; Moll/*Eckhoff*, § 81 Rn 3.
1588 EuGH 11.11.2010, NZA 2011, 143.

wurde, dass die dortige Klägerin Mitglied eines Gesellschaftsorgans war, das seinerseits unter der Weisung oder Aufsicht eines anderen Gesellschaftsorgans stand. Dies gilt für den Vorstand einer AG, der autonom und weisungsfrei tätig wird,[1589] gerade nicht, so dass das Vorstandsmitglied einer AG nach deutschem Recht grundsätzlich nicht dem unionsrechtlichen Arbeitnehmerbegriff unterfällt.[1590] Im Einzelfall könnte dies allerdings anders zu beurteilen sein, wenn ein Vorstandsmitglied einer AG tatsächlich weisungsgebunden tätig wird, wie die bspw. bei einer konzernangehörigen AG denkbar ist. Ungeachtet dessen können im Ausnahmefall auf Arbeitsverhältnisse bezogene Vorschriften anzuwenden sein, die durch den Gedanken der Sicherung der persönlichen und wirtschaftlichen Existenz im Rahmen einer typischerweise langfristigen und ausschließlichen Bindung oder durch besondere Vertrauenserwartungen geprägt sind, wie sie Organmitglieder zuzubilligen sind.[1591] Hierzu gehören bspw. die Kündigungsfristregelung des § 622 BGB,[1592] die Regelung über Vergütungsfortzahlung bei vorübergehender Arbeitsverhinderung nach § 616 BGB oder der Zeugnisanspruch aus § 630 BGB.[1593] In Betracht kommt auch eine entsprechende Anwendung des gesetzlichen Mindesturlaubsanspruchs aus § 2 Abs. 1 BUrlG und des hierauf bezogenen Anspruchs auf Urlaubsabgeltung nach § § 7 Abs. 4 BUrlG, der Bestimmungen des gesetzlichen Mutterschutzes aus den §§ 3 ff. MuSchG sowie des Kündigungsverbotes aus § 9 MuSchG.[1594] Vorstandsmitglieder werden nach § 6 Abs. 3 AGG auch von dessen persönlichem Geltungsbereich erfasst, jedoch nur soweit der Zugang zur Erwerbstätigkeit und der berufliche Aufstieg betroffen sind.[1595]

Um eine sinnvolle Verknüpfung zwischen der **Bestellung zum Vorstand** und dem **Abschluss des Anstellungsvertrages** herzustellen, ist es notwendig, die beiden Akte in eine **zeitliche Reihenfolge** zu bringen. Der Vertragskopf geht davon aus, dass zunächst die Bestellung und alsdann der Abschluss des Anstellungsvertrages erfolgt. Dies sollte durch Angabe des Datums des Bestellungsbeschlusses des Aufsichtsrates und des Zeitraumes, für den die Bestellung erfolgt ist, klargestellt werden, wobei beachtet werden muss, dass nach § 84 Abs. 1 AktG die Bestellung auf höchstens fünf Jahre erfolgen darf. Wird zunächst der Anstellungsvertrag geschlossen und soll alsdann die Bestellung in die Organstellung als Vorstandsmitglied erfolgen, muss naturgemäß der Vertragskopf entsprechend geändert werden. Für diesen Fall ist im Vertragsmuster in § 19 Abs. 2 als Alternativregelung vorgeschlagen, dass der Abschluss des Anstellungsvertrages aufschiebend bedingt durch die Bestellung zum Vorstand erfolgt. Damit soll sichergestellt werden, dass für den Fall, dass es aus irgendeinem Grund nicht zur Bestellung zum Vorstandsmitglied kommt, der vorher geschlossene Anstellungsvertrag nicht wirksam wird.[1596] Ob eine solche aufschiebende Bedingung zulässig ist, ist nicht unumstritten.[1597]

Sowohl für die Bestellung zum Vorstandsmitglied nach § 84 Abs. 1 AktG als auch für den Abschluss des Anstellungsvertrages ist der **Aufsichtsrat zuständig**. Der Abschluss des Anstellungsvertrages kann allerdings im Gegensatz zur Bestellung grundsätzlich auf einen Aufsichtsratsausschuss übertragen werden, der allerdings aus mindestens drei Mitgliedern bestehen muss.[1598] Dem Aufsichtsrat als Gremium vorbehalten ist demgegenüber die Festlegung der Vergütung des Vorstandsmitgliedes (vgl. § 107 Abs. 3 S. 3 i.V.m. § 87 Abs. 1, 2 S. 1 u. 2. AktG). Da eine Vielzahl von Regelungen des Anstellungsvertrages einen Vergütungs-

---

1589 Dazu *Kort*, NZG 2013, 601.

1590 *Wiesner*, MünchHdb AG, § 21 Rn 8; MüKo-AktG/*Spindler*, § 84 Rn 57.

1591 Kölner Kommentar/*Mertens/Cahn*, § 84 Rn 38; Moll/*Eckhoff*, § 81 Rn 6; *Wiesner*, MünchHdb AG, § 21 Rn 9; MüKo-AG/*Spindler*, § 84 Rn 64.

1592 *Wiesner*, MünchHdb AG, § 21 Rn 13.

1593 Schmidt/Lutter/*Seibt*, § 84 Rn 34; *Wiesner*, MünchHdb AG, § 21 Rn 10.

1594 *Wiesner*, MünchHdb AG, § 21 Rn 10.

1595 Dazu MüKo-AG/*Spindler*, § 84 Rn 66, 29 ff.

1596 Dazu *Haas/Ohlendorf*, S. 83.

1597 Dafür Kölner Kommentar/*Mertens/Cahn*, § 84 Rn 6; zum Streitstand *Haas/Ohlendorf*, S. 83 Fn 203; zur Möglichkeit der aufschiebend bedingten Bestellung zum Vorstandsmitglied: *Wiesner*, MünchHdb AG, § 20 Rn 16.

1598 *Hüffer/Koch*, § 84 Rn 16; MüKo-AG/*Spindler*, § 84 Rn 69.

bezug aufweist, ist es sinnvoll, den Anstellungsvertrag insgesamt dem Aufsichtsrat als Gesamtorgan vorzubehalten.[1599] Aus diesem Grunde ist auf Seiten der Gesellschaft der Aufsichtsrat als Vertreter der Gesellschaft im Vertragskopf benannt.

In Abweichung zu dem Vertragsmuster für den GmbH-Geschäftsführer ist in diesem Vertragsmuster im Vertragskopf nicht vorgesehen, dass mit Abschluss des Anstellungsvertrages als Vorstandsmitglied zugleich **eventuell abgeschlossene frühere Arbeitsverträge** aufgehoben werden. Grund hierfür ist nicht, dass eine solche Regelung für ein Vorstandsmitglied nicht notwendig ist.[1600] Zu berücksichtigen ist aber, dass frühere Arbeitsverträge natürlich nur durch die Vertragsparteien des früheren Arbeitsvertrages aufgehoben werden können. Dies wird bei Vorstandsmitgliedern sehr viel häufiger als bei Geschäftsführern nicht die Gesellschaft sein, zu deren Organ das Vorstandsmitglied nunmehr bestellt worden ist, sondern eine andere – ggf. konzernangehörige – Gesellschaft. Hinzu kommt, dass für die Aufhebung eines Arbeitsvertrages selbst dann, wenn dieser zur Gesellschaft bestanden hat, dessen Organ das Vorstandsmitglied nunmehr geworden ist, nicht der Aufsichtsrat, sondern der Vorstand berufen ist. Es ist daher zweifelhaft, ob der Aufsichtsrat beim Abschluss des Vorstandsvertrages überhaupt wirksam einen Arbeitsvertrag mit einem (früheren) Arbeitnehmer der Gesellschaft aufheben kann.[1601] Aus diesem Grunde sollte bei Bestehen eventueller früherer Arbeitsverträge des Vorstandsmitgliedes eine ausdrückliche Aufhebungsvereinbarung zwischen dem (früheren) Arbeitgeber und dem Vorstandsmitglied geschlossen werden, wobei darauf geachtet werden muss, dass der Arbeitgeber nicht nur richtig bezeichnet, sondern auch rechtswirksam vertreten wird.

b) Vertretungsbefugnis, Selbstkontrahieren

Die Vertretungsbefugnis des Vorstandes ergibt sich aus § 78 Abs. 1 AktG, wonach der Vorstand die Gesellschaft gerichtlich und außergerichtlich vertritt. Nach § 78 Abs. 2 S. 1 AktG gilt der **Grundsatz der gemeinschaftlichen Vertretung**, sofern in der Satzung nichts anderes bestimmt ist. Gemäß § 78 Abs. 3 AktG kann die Satzung insbesondere vorsehen, dass einzelne Vorstandsmitglieder Alleinvertretungsbefugnis erhalten oder die Gesellschaft zusammen mit einem Prokuristen vertreten können. Sofern die Satzung der Gesellschaft eine entsprechende Öffnungsklausel enthält, können derartige Beschlüsse auch durch den Aufsichtsrat gefasst werden.

837

Selbstverständlich stellt sich die Frage der gemeinschaftlichen Vertretung und deren Erweiterung nur, wenn mehrere Vorstandsmitglieder bestellt sind. Die **Anzahl der Vorstandsmitglieder** muss in der Satzung bestimmt oder zumindest bestimmbar geregelt sein.[1602] Grundsätzlich kann eine Aktiengesellschaft auch nur ein einziges Vorstandsmitglied haben. Für Aktiengesellschaften mit einem Grundkapital von mehr als drei Millionen EUR sieht § 76 Abs. 2 S. 2 AktG allerdings vor, dass der Vorstand aus mindestens zwei Personen bestehen muss, sofern die Satzung nicht bestimmt, dass der Vorstand nur aus einer Person besteht. Darüber hinaus muss der Vorstand zwingend aus mindestens zwei Personen bestehen, wenn nach mitbestimmungsrechtlichen Regelungen ein Arbeitsdirektor zu bestellen ist (vgl. § 33 Abs. 1 S. 1 MitBestG, § 13 Abs. 1 MontanMitBestG, § 13 MontanMitBestErgG).[1603]

Das Vertragsmuster geht in § 1 Abs. 1 von einem mehrköpfigen Vorstand aus und folgt der dargestellten gesetzlichen Konzeption. Es ist insbesondere vorgesehen, dass durch Beschluss des Aufsichtsrates die Vertretungsbefugnis in dem im Gesetz vorgesehenen Rahmen geregelt werden kann. Die Vertragsregelung ist naturgemäß nur dann rechtlich möglich, wenn die Satzung der Aktiengesellschaft eine entsprechende

---

1599 Schmidt/Lutter/*Seibt*, § 84 Rn 25; Kölner Kommentar/*Mertens/Cahn*, § 84 Rn 84; *Hüffer/Koch*, § 84 Rn 15; *Wiesner*, MünchHdb AG, § 21 Rn 21.

1600 Zur Problematik, MüKo-AktG/*Spindler*, § 84 Rn 58; Kölner Kommentar/*Mertens/Cahn*, § 84 Rn 35.

1601 So aber MüKo-AG/*Spindler*, § 84 Rn 58.

1602 *Hüffer/Koch*, § 76 Rn 55; MüKo-AktG/*Spindler*, § 76 Rn 97; Schmidt/Lutter/*Seibt*, § 76 Rn 31.

1603 *Hüffer/Koch*, § 76 Rn 57; MüKo-AktG/*Spindler*, § 76 Rn 102; Kölner Kommentar/*Mertens/Cahn*, § 76 Rn 108; Schmidt/Lutter/*Seibt*, § 76 Rn 35.

Befugnis des Aufsichtsrates nach § 78 Abs. 3 S. 2 AktG begründet hat. Dies muss bei Abfassung des Anstellungsvertrages geprüft werden.

Im Anstellungsvertrag sollte darüber hinaus die Problematik geregelt werden, ob das Vorstandsmitglied von den **Beschränkungen des § 181 BGB** befreit ist, die ohne eine Regelung unmittelbar auch für Vorstandsdienstverhältnisse gelten.[1604] Eine Befreiung des Vorstandsmitgliedes von den Beschränkungen des § 181 BGB muss daher ausdrücklich festgelegt werden. Aufgrund der Regelungen in § 112 AktG kann die Regelung des § 181 BGB tatbestandlich jedoch nur in der zweiten Alternative, nämlich der Alternative der Mehrfachvertretung eingreifen.[1605] Die Befreiung vom Verbot der Mehrfachvertretung im Anstellungsvertrag ist auf jeden Fall möglich, wenn dies in der Satzung der Gesellschaft vorgesehen ist. Soll die Befreiung durch den Aufsichtsrat erfolgen können, muss die Satzung eine entsprechende Kompetenzregelung zugunsten des Aufsichtsrates enthalten.[1606]

c) Geschäftsführungsbefugnis

838 Die Geschäftsführungsbefugnis für eine Aktiengesellschaft ist nach § 77 Abs. 1 AktG dem Vorstand zwingend[1607] zugeordnet. Aus § 77 Abs. 1 i.V.m. § 76 Abs. 1 AktG ergibt sich die Allzuständigkeit des Vorstandes bei der Leitung der Gesellschaft. § 77 Abs. 1 AktG geht grundsätzlich von **der gemeinschaftlichen Geschäftsführung** aller Vorstandsmitglieder aus. Dies gilt auch für den Geschäftsbereich des Arbeitsdirektors bei mitbestimmten Gesellschaften.[1608] In § 77 Abs. 1 S. 2 AktG ist vorgesehen, dass aufgrund einer Regelung in der Satzung der Gesellschaft oder durch Geschäftsordnung für den Vorstand andere Gestaltungsmöglichkeiten hinsichtlich der gemeinschaftlichen Geschäftsführung getroffen werden können, wobei die Geschäftsordnung grundsätzlich vom Aufsichtsrat erlassen wird (vgl. § 77 Abs. 2 S. 1 AktG).[1609] Nur ersatzweise kann der Vorstand sich selbst eine Geschäftsordnung geben, wenn der Aufsichtsrat von seiner entsprechenden Kompetenz keinen Gebrauch gemacht hat und in der Satzung nicht vorgesehen ist, dass die Geschäftsordnung vom Aufsichtsrat zu erlassen ist.[1610]

Als **abweichende Regelungen zur Gesamtgeschäftsführung** sind insoweit z.B. Modelle der Gesamtgeschäftsführung mit mehrheitlicher Willensbildung oder Einzelgeschäftsführung mit funktions-, spartenoder regionalbezogener Zuständigkeit denkbar.[1611] Eine Grenze findet die Regelungsbefugnis allerdings in dem Verbot, dass einzelne Vorstandsmitglieder Mehrheitsentscheidungen überstimmen können.[1612] Darüber hinaus können diejenigen Zuständigkeiten, die von Gesetzes wegen dem gesamten Vorstand übertragen sind, nicht einzelnen Vorstandsmitgliedern zur Alleinentscheidung übertragen werden. Hierzu gehören z.B. die Aufgaben gegenüber der Hauptversammlung nach § 119 Abs. 2, § 121 Abs. 2 AktG oder gegenüber dem Aufsichtsrat aus den §§ 97, 98, 104 Abs. 1 und 2 sowie 106 AktG.[1613]

Das Vertragsmuster geht in § 2 Abs. 1 von der gemeinschaftlichen Geschäftsführung aus, sieht aber zugleich vor, dass durch Geschäftsordnung für den Vorstand die oben dargestellten abweichenden Modelle realisiert werden können. Bewusst ist darauf verzichtet worden, den Erlass einer Geschäftsordnung für den Vorstand zwingend vorzuschreiben oder festzulegen, wer die Geschäftsordnung erlässt. Abs. 2 der

---

1604 BGH NJW 1971, 1355; *Hüffer/Koch*, § 78 Rn 6; Kölner Kommentar/*Mertens/Cahn*, § 78 Rn 71; Schmidt/Lutter/*Seibt*, § 78 Rn 8.

1605 So *Hüffer/Koch*, § 78 Rn 6; MüKo-AktG/*Spindler*, § 78 Rn 117; Kölner Kommentar/*Mertens/Cahn*, § 78 Rn 71; Schmidt/Lutter/*Seibt*, § 78 Rn 8; *Wiesner*, MünchHdb AG, § 23 Rn 6 f.

1606 *Hüffer/Koch*, § 78 Rn 7; MüKo-AktG/*Spindler*, § 76 Rn 124; Schmidt/Lutter/*Seibt*, § 78 Rn 8; a.A. *Wiesner*, MünchHdb AG, § 23 Rn 7.

1607 *Hüffer/Koch*, § 77 Rn 5; *Wiesner*, MünchHdb AG, § 22 Rn 1; Schmidt/Lutter/*Seibt*, § 77 Rn 1.

1608 *Hüffer/Koch*, § 77 Rn 6; *Wiesner*, MünchHdb AG, § 22 Rn 3, 4; Schmidt/Lutter/*Seibt*, § 77 Rn 30.

1609 Zur Geschäftsordnung allgemein: *Hüffer/Koch*, § 77 Rn 19 f.; MüKo-AktG/*Spindler*, § 77 Rn 33 ff.; Schmidt/Lutter/*Seibt*, § 77 Rn 24 ff.; Kölner Kommentar/*Mertens/Cahn*, § 77 Rn 51 ff.

1610 Dazu *Hüffer/Koch*, § 77 Rn 19; Schmidt/Lutter/*Seibt*, § 77 Rn 27; Kölner Kommentar/*Mertens/Cahn*, § 77 Rn 58.

1611 Vgl. dazu z.B. *Hüffer/Koch*, § 77 Rn 10; MüKo-AktG/*Spindler*, § 77 Rn 63 ff.; Schmidt/Lutter/*Seibt*, § 77 Rn 19 ff., 27.

1612 Dazu *Hüffer/Koch*, § 77 Rn 16; MüKo-AktG/*Spindler*, § 77 Rn 14; Schmidt/Lutter/*Seibt*, § 77 Rn 13.

1613 Vgl. *Hüffer/Koch*, § 77 Rn 17.

Regelung sieht darüber hinaus eine Zuordnung der Ressortzuständigkeit vor. Auch dies ist naturgemäß nur bei einem mehrköpfigen Vorstand sinnvoll. Durch die Regelung in § 2 Abs. 2 S. 2 soll sichergestellt sein, dass der Aufsichtsrat die Ressortzuständigkeit entsprechend den Bedürfnissen der Gesellschaft ändern oder ergänzen kann.[1614]

d) Pflichten und Verantwortlichkeit

Das Vorstandsmitglied ist nach der Regelung in § 76 Abs. 1 AktG gesetzlich zur Wahrung der **Sorgfalt eines ordentlichen Geschäftsmannes sowie des Unternehmensinteresses** verpflichtet. Ergänzt wird diese Pflicht durch die in § 161 AktG für börsennotierte Aktiengesellschaften begründete Verpflichtung zur Beachtung des Deutschen Corporate Governance Kodex (DCGK).[1615] Nach § 161 AktG haben börsennotierte Aktiengesellschaften einmal kalenderjährlich die zum Handelsregister einzureichende Erklärung abzugeben, dass die Gesellschaftsorgane den Empfehlungen der Regierungskommission Deutscher Corporate Governance Kodex entsprochen haben oder welche Empfehlungen nicht angewandt wurden.[1616] Für nicht börsennotierte Aktiengesellschaften besteht die Empfehlung, den Kodex ebenfalls anzuwenden.[1617]

Das Vertragsmuster enthält in § 3 Abs. 1 lediglich deklaratorisch die von Gesetzes wegen bereits bestehenden Grundpflichten des Vorstandsmitgliedes. Abs. 2 schreibt ebenfalls – deklaratorisch – die Bindung des Vorstandsmitgliedes an Gesetz, Satzung sowie die Beschlüsse von Aufsichtsrat und Hauptversammlung vor. Die in dem Formulierungsvorschlag enthaltene Bindung an den DCGK hat demgegenüber für das Vorstandsmitglied verpflichtende Wirkung.[1618]

839

e) Vergütung

Grundsätzlich ist beim Vorstandsmitglied einer AG die Vergütungszusage ebenso wie beim GmbH-Geschäftsführer in einen festen Vergütungsanteil und einen variablen Vergütungsanteil aufgeteilt. Insoweit kann auf die Ausführungen zum Geschäftsführeranstellungsvertrag verwiesen werden.

840

Von besonderer Bedeutung für die Vorstandsvergütung ist im Vergleich zum Recht der GmbH die Regelung in § 87 Abs. 1 S. 1 AktG. Nach dieser Vorschrift ist der Aufsichtsrat verpflichtet, bei der Vereinbarung der Vergütung dafür zu sorgen, dass die **Gesamtbezüge** des Vorstandsmitgliedes in einem **angemessenen Verhältnis zu seinen Aufgaben und zur Lage der Gesellschaft** stehen.[1619] Die Verletzung dieser Verpflichtung kann sowohl zu Schadensersatzansprüchen der Gesellschaft gegen die Aufsichtsratsmitglieder nach den §§ 116, 93 Abs. 2 AktG als auch zur Schadensersatzpflicht der begünstigten Vorstandsmitglieder aus § 93 Abs. 2 AktG führen.[1620] Schließlich verpflichtet § 87 Abs. 2 AktG den Aufsichtsrat bei einer wesentlichen Verschlechterung in den wirtschaftlichen Verhältnissen der Gesellschaft dazu, auf eine Herabsetzung der Vorstandsbezüge hinzuwirken.[1621] Voraussetzung für die Herabsetzung der Vergütung ist, dass aufgrund der Verschlechterung der wirtschaftlichen Lage der Gesellschaft die Weiterzahlung der Bezüge eine schwere Unbilligkeit für die Gesellschaft herbeiführen würde.[1622] Die Regelung des § 87 Abs. 1 und 2 AktG betreffen nicht die Formulierung der Vergütungsregelung im Vor-

---

1614 Vgl. hierzu *Haas/Ohlendorf*, S. 87 f.

1615 Dazu *Hüffer/Koch*, § 76 Rn 11 ff.; dazu auch MüKo-AktG/*Spindler*, § 93 Rn 31 ff.

1616 Zur Empfehlung von Abfindungsregeln in Vorstandsverträgen nach Ziffer 4.2.3 DCGK siehe *Lutter*, BB 2009, 1874; *Bauer/Arnold*, DB 2008, 1692; *Bauer/Arnold*, BB 2007, 1793; *Dörrwächter/Trafkowski*, NZG 2007, 846.

1617 *Haas/Ohlendorf*, S. 89.

1618 Dazu *Haas/Ohlendorf*, S. 89; MüKo-AktG/*Spindler*, § 93 Rn 31.

1619 Dazu *Hüffer/Koch*, § 87 Rn 2 ff.; MüKo-AktG/*Spindler*, § 87 Rn 20 ff.; Kölner Kommentar/*Mertens/Cahn*, § 87 Rn 4 ff.; Schmidt/Lutter/*Seibt*, § 87 Rn 4 ff.

1620 *Kort*, DStR 2007, 1127.

1621 *Klöhn*, ZGR 2012, 1; *Diller*, NZG 2009, 1006; *Wilsing/Kleißl*, BB 2008, 2422; Schmidt/Lutter/*Seibt*, § 87 Rn 18; MüKo-AktG/*Spindler*, § 87 Rn 180 ff.; *Wiesner*, MünchHdb AG, § 21 Rn 60 f.

1622 Dazu *Hüffer/Koch*, § 87 Rn 24; MüKo-AktG/*Spindler*, § 87 Rn 190; *Wilsing/Kleißl*, BB 2008, 2422.

standsvertrag, sondern lediglich die erstmalige Festsetzung der Höhe der Bezüge i.S.v. § 87 Abs. 1 AktG bzw. deren nachträgliche Herabsetzung.

841 Anders verhält es sich mit der nach Ziffer 4.2.3 DCGK enthaltenen Empfehlung, wonach bei Abschluss von Vorstandsverträgen darauf geachtet werden soll, dass Zahlungen an ein Vorstandsmitglied **bei vorzeitiger Beendigung der Vorstandstätigkeit** ohne wichtigen Grund einschließlich Nebenleistungen den Wert von zwei Jahresvergütungen nicht überschreiten (Abfindungs-Cap) und nicht mehr als die Restlaufzeit des Anstellungsvertrages vergüten sollen. Für die Berechnung des Abfindungs-Caps soll auf die Gesamtvergütung des abgelaufenen Geschäftsjahres und ggf. auch auf die voraussichtliche Gesamtvergütung für das laufende Geschäftsjahr abgestellt werden.[1623] Bei vorzeitiger Beendigung der Vorstandstätigkeit in Folge eines Kontrollwechsels (Change of Control) soll eine Zusage für Leistungen aus Anlass der vorzeitigen Beendigung der Vorstandstätigkeit 150 % des Abfindungs-Caps nicht übersteigen.[1624] Zwar handelt es sich bei den Regelungen des DCGK um Empfehlungen. Börsennotierte Aktiengesellschaften sind nach § 161 AktG jedoch verpflichtet, jährlich zu erklären, dass den Empfehlungen des Kodex entsprochen wurde bzw. welche Empfehlungen nicht angewendet wurden, so dass eine Abweichung in den Entsprechenserklärungen nach § 161 AktG offenzulegen ist.

Problematisch ist, dass die Empfehlung in Ziffer 4.2.3 DGCK an die vorzeitige Beendigung der Vorstandstätigkeit ohne wichtigen Grund anknüpft, ein Widerruf der Bestellung des Vorstandsmitgliedes nach § 84 Abs. 3 AktG aber nur aus wichtigem Grund möglich ist. Es wird deshalb vertreten, dass eine wirksame Vereinbarung von Abfindungs-Caps in Anstellungsverträgen von Vorstandsmitgliedern einer AG nicht möglich ist.[1625] Da die Regelungen in § 161 AktG nur für börsenorientierte Aktiengesellschaften zwingend gilt, wird in dem vorliegenden Vertragsmuster auf einen Formulierungsvorschlag verzichtet.

f) Arbeitszeit

842 Das Vorstandsmitglied hat – ebenso wie der Geschäftsführer einer GmbH – keine festen Arbeitszeiten, sondern die Pflicht, seine volle Arbeitszeit jederzeit in den Dienst der Gesellschaft zu stellen. Zwar ist das Vorstandsmitglied bei der **Bestimmung der Dauer und der Lage seiner Arbeitszeit frei**, muss sich jedoch jederzeit bereithalten, sich für die Gesellschaft einzusetzen. Dabei sind auf das Vorstandsmitglied weder Vorschriften des Arbeitszeitgesetzes,[1626] noch tarifliche Regelungen oder betriebsübliche Arbeitszeiten[1627] anzuwenden.

Die Regelung im Vertragsentwurf hebt diese Verpflichtung hervor und macht darüber hinaus deutlich, dass es für die Festlegung von Dauer und Lage der Arbeitszeit nicht auf die Entscheidung des Vorstandsmitgliedes, sondern auf die Interessen der Gesellschaft ankommt. Durch Satz 1 der Regelung wird darüber hinaus klargestellt, dass mit den Regelungen des Anstellungsvertrages, insbesondere der Vergütungsregelung, alle Tätigkeiten, die das Vorstandsmitglied in seiner Funktion als Vorstandsmitglied vornimmt, vertraglich erfasst und abgegolten sind.[1628]

g) Vertragsdauer und Kündigung

843 Ein wesentlicher Unterschied zum Geschäftsführeranstellungsvertrag findet sich in der Regelung über die Vertragsdauer und Kündigung.

Im Gegensatz zum Geschäftsführeranstellungsvertrag kann der Anstellungsvertrag des Vorstandsmitgliedes nämlich nur **als befristetes Anstellungsverhältnis** mit einer maximalen Befristungsdauer von fünf Jah-

---

1623 Siehe MüKo-AktG/*Spindler*, § 87 Rn 153.
1624 Dazu *Bauer/Arnold*, DB 2008, 1692; MüKo-AktG/*Spindler*, § 87 Rn 156; Kölner Kommentar/*Mertens/Cahn*, § 87 Rn 85.
1625 So *Bauer/Arnold*, DB 2007, 1793; *Bauer/Arnold*, BB 2008, 1692 mit „Ausweichlösungen".
1626 ErfK/*Wank*, § 2 ArbZG Rn 3.
1627 *Haas/Ohlendorf*, S. 93.
1628 *Haas/Ohlendorf*, S. 92.

ren entsprechend der Regelung in § 84 Abs. 1 S. 5 AktG abgeschlossen werden.[1629] Sinn dieser Bindung ist es, einen Gleichlauf von Bestellung und Anstellungsverhältnis herzustellen. Hieraus ergibt sich zugleich, dass im Anstellungsvertrag geregelt werden kann, dass sich der Anstellungsvertrag automatisch verlängert, wenn der Aufsichtsrat im Anschluss an den Ablauf des Bestellungszeitraums eine erneute Bestellung zum Vorstandsmitglied vornimmt.[1630] Diesen Weg wählt das Vertragsmuster in § 19 Abs. 3.

Üblicherweise wird bei Vorstandsmitgliedern während der Laufzeit des Anstellungsvertrages das Recht zur ordentlichen Kündigung ausgeschlossen.[1631] Auch ohne einen ausdrücklichen **Ausschluss des ordentlichen Kündigungsrechtes** wird ein solcher im Wege der Auslegung einem Vorstandsanstellungsvertrag entnommen, wenn die ordentliche Kündigung nicht ausdrücklich zugelassen ist. Die ordentliche Kündigung des Anstellungsvertrages setzt voraus, dass zuvor oder gleichzeitig der Widerruf der Bestellung erklärt wird, weil sonst die Gesellschaft unter Umgehung des § 84 Abs. 3 AktG die Beendigung des Amtes ohne Vorliegen eines wichtigen Grundes herbeiführen könnte.[1632] Eine – vertraglich nicht ausgeschlossene – ordentliche Kündigung muss, sofern nicht längere Kündigungsfristen vereinbart sind, die Kündigungsfristen des § 622 BGB einhalten.[1633] Da die ordentliche Kündbarkeit eines befristeten Vorstandsvertrages typischerweise den Interessen der Parteien nicht entspricht, geht das Vertragsmuster in § 19 Abs. 4 ebenfalls von der ordentlichen Unkündbarkeit während der Laufzeit des Vertrages aus.

Unberührt bleibt selbstverständlich das **Recht zur außerordentlichen Kündigung** des Vertrages. Die **844** außerordentliche Kündigung ist bei Fehlen einer vertraglichen Formvorschrift grundsätzlich formfrei möglich.[1634] In dem Widerruf der Bestellung aus wichtigem Grund kann daher auch konkludent die außerordentliche Kündigung des Anstellungsvertrages enthalten sein, wenn der Anstellungsvertrag kein Schriftformerfordernis für die Kündigung vorsieht.[1635] Ein solches vertragliches Schriftformerfordernis sollte daher auf jeden Fall vereinbart werden (vgl. § 20 Abs. 1). Ein Grund für eine außerordentliche Kündigung liegt dann vor, wenn nach Abwägung der relevanten Interessen sowohl der Gesellschaft als auch des Vorstandsmitgliedes die Fortsetzung des Anstellungsvertrages bis zum planmäßigen Ablauf der Anstellungsfrist für die kündigende Vertragspartei nicht mehr zumutbar ist. Für die Beurteilung kommt es jeweils auf den Einzelfall an. Zulässig ist es, im Anstellungsvertrag einzelne Beispielsfälle für außerordentliche Kündigungsgründe zu normieren, wie dies in § 19 Abs. 4 des Vertragsmusters geschehen ist. Dies entbindet in der konkreten Situation allerdings nicht von der Verpflichtung zu prüfen, ob der zur Begründung einer außerordentlichen Kündigung gewählte Anlass derart gewichtig ist, dass die Fortsetzung des Anstellungsvertrages unzumutbar geworden ist.

Besonders relevant ist die Verknüpfung zwischen der nach § 84 Abs. 3 AktG bestehenden Berechtigung des Aufsichtsrates zum Widerruf der Bestellung zum Vorstandsmitglied aus wichtigem Grund mit der Kündigung des Anstellungsvertrages aus wichtigem Grund. Eine solche Verknüpfung ist rechtlich zulässig.[1636] Selbstverständlich löst nur der rechtmäßige Widerruf der Bestellung zum Vorstandsmitglied das außerordentliche Kündigungsrecht aus.[1637]

1629 *Hüffer/Koch*, § 84 Rn 20; *Wiesner*, MünchHdb AG, § 21 Rn 24; Schmidt/Lutter/*Seibt*, § 84 Rn 28.

1630 Dazu *Wiesner*, MünchHdb AG, § 21 Rn 26 f.; Schmidt/Lutter/*Seibt*, § 84 Rn 28.

1631 Dazu Kölner Kommentar/*Mertens/Cahn*, § 84 Rn 149; *Wiesner*, MünchHdb AG, § 21 Rn 120.

1632 Dazu Kölner Kommentar/*Mertens/Cahn*, § 84 Rn 149; *Wiesner*, MünchHdb AG, § 84 Rn 120.

1633 *Hüffer/Koch*, § 84 Rn 24; Kölner Kommentar/*Mertens/Cahn*, § 84 Rn 149, Moll/*Eckhoff*, § 81 Rn 6; *Wiesner*, MünchHdb AG, § 21 Rn 13; MüKo-AktG/*Spindler*, § 84 Rn 170.

1634 Kölner Kommentar/*Mertens/Cahn*, § 84 Rn 152.

1635 Kölner Kommentar/*Mertens/Cahn*, § 84 Rn 152.

1636 BGH WM 1989, 1246; *Hüffer/Koch*, § 84 Rn 52; *Wiesner*, MünchHdb AG, § 21 Rn 73; Kölner Kommentar/*Mertens/Cahn*, § 84 Rn 150; MüKo-AktG/*Spindler*, § 84 Rn 159.

1637 Kölner Kommentar/*Mertens/Cahn*, § 84 Rn 55.

Denkbar ist auch, den Widerruf der Bestellung **zur auflösenden Bedingung des Anstellungsvertrages** zu machen. Auch eine solche Regelung wäre zulässig.[1638] Sie führt, sofern nicht weitere wichtige Gründe für eine außerordentliche Kündigung des Anstellungsverhältnisses vorliegen, allerdings nur unter Wahrung der Fristen des § 622 BGB zur Beendigung des Anstellungsvertrages.[1639] Von einer solchen Regelung sieht das Vertragsmuster jedoch ab. Mit dem gewählten Regelungsmuster soll erreicht werden, dass mit dem Widerruf der Bestellung kein Auflösungsautomatismus auch hinsichtlich des Anstellungsvertrages eintritt, sondern der Aufsichtsrat gesondert über die Frage der außerordentlichen Kündigung des Anstellungsvertrages verhandeln und entscheiden muss.

845 Wegen der bei außerordentlichen Kündigungen bestehenden sonstigen Probleme hinsichtlich der Kenntniserlangung, der Fristberechnung etc. wird auf das Vertragsmuster zum Geschäftsführeranstellungsvertrag verwiesen.

1638 Zu sog. Gleichlaufklauseln, vgl. *Hüffer/Koch*, § 84 Rn 52; MüKo-AktG/*Spindler*, § 84 Rn 193; Schmidt/Lutter/*Seibt*, § 84 Rn 70.
1639 *Hüffer/Koch*, § 84 Rn 52; Kölner Kommentar/*Mertens/Cahn*, § 84 Rn 55, 106; Schmidt/Lutter/*Seibt*, § 84 Rn 70; Moll/*Eckhoff*, § 81 Rn 66.

B. Das nachvertragliche Wettbewerbsverbot

I. Nachvertragliches Wettbewerbsverbot für Arbeitnehmer

Literatur: *Bauer/Diller*, Nachvertragliche Wettbewerbsverbote: Änderungen durch die Schuldrechtsreform, NJW 2002, 1609; *dies.*, Allgemeine Erledigungsklausel und nachvertragliches Wettbewerbsverbot – eine unendliche Geschichte?, BB 2004, 1274; *dies.*, Wettbewerbsverbote, 6. Aufl. 2012; *Diller*, Nachvertragliche Wettbewerbsverbote und AGB-Recht, NZA 2005, 250; *ders.*, Formmängel und Unmöglichkeit der Zuwiderhandlung beim nachvertraglichen Wettbewerbsverbot, RdA 2006, 46; *ders.*, Vertragsstrafen bei Wettbewerbsverboten: was nun?, NZA 2008, 574; *Fröhlich/Heine*, Wettbewerbsverbote im Arbeitsverhältnis, ArbRB 2010, 190; *Gaul/Khanian*, Zulässigkeit und Grenzen arbeitsrechtlicher Regelungen zu Wettbewerbsverboten, MDR 2006, 181; *Gaul/Ludwig*, Betriebsübergang: Auswirkungen auf Vereinbarungen über nachvertragliche Wettbewerbsverbote, NZA 2013, 489; *Gravenhorst*, Die Zusage der Karenzentschädigung nach § 74 II HGB, NJW 2006, 3609; *Grimm/Brock/Windeln*, Mandantenübernahmeklauseln – Grenzen zulässiger Vertragsgestaltung, ArbRB 2005, 92; *Haas/Ohlendorf*, Anstellungsvertrag des Vorstandsmitglieds der Aktiengesellschaft, 2004; *Henssler*, Arbeitsrecht und Schuldrechtsreform, RdA 2002, 129; *Hunold*, Rechtsprechung zu nachvertraglichen Wettbewerbsverboten, NZA-RR 2007, 617 sowie NZA-RR 2013, 174; *Jaeger*, Der Anstellungsvertrag des GmbH-Geschäftsführers, 5. Aufl. 2009; *Karlsfeld*, Die Lösung vom nachvertraglichen Wettbewerbsverbot – Vorsicht Haftungsfalle!, ArbRB 2007, 225; *Koch*, Das nachvertragliche Wettbewerbsverbot im einseitig vorformulierten Arbeitsvertrag, RdA 2006, 28; *Korinth*, Konkurrenz im eigenen Haus – Welche Handlungsmöglichkeiten haben Arbeitgeber bei Verstößen gegen Wettbewerbsverbote, ArbRB 2013, 61; *Laskawy*, Die Tücken des nachvertraglichen Wettbewerbsverbots im Arbeitsrecht, NZA 2012, 1011; *Reinhard*, Das nachvertragliche Wettbewerbsverbot im Arbeitsrecht, ArbRB 2007, 297; *Reuter*, Wettbewerbsrechtliche Ansprüche bei Konflikten zwischen Arbeitgebern und Arbeitnehmern – Terra incognita?, NJW 2008, 3538; *Richters/Wodtke*, Schutz von Betriebsgeheimnissen aus Unternehmenssicht, NZA-RR 2003, 281; *Salger/Breitfeld*, Regelungen zum Schutz von betrieblichem Know-how – die Abwerbung von Mitarbeitern, BB 2004, 2574; *Schramm*, Neue Herausforderungen bei der Gestaltung von Vertragsstrafenklauseln, NJW 2008, 1494; *Straube*, AGB-Kontrolle von nachvertraglichen Wettbewerbsverboten, BB 2013, 117; *Thüsing/Leder*, Neues zur Inhaltskontrolle von Formulararbeitsverträgen, BB 2004, 42; *Wensing/Niemann*, Vertragsstrafen in Formulararbeitsverträgen: § 307 BGB neben § 343 BGB? – Überlegungen zum Verhältnis von Wirksamkeits- und Ausübungskontrolle, NJW 2007, 401; *Willemsen/Grau*, Geltungserhaltende Reduktion und „Besonderheiten des Arbeitsrechts" – Zu den Rechtsfolgen unzulässiger Klauseln in Formulararbeitsverträgen, RdA 2003, 321.

1. Rechtliche Grundlagen

846 Während des Arbeitsverhältnisses ergibt sich auch ohne gesonderte Vereinbarung für alle Arbeitnehmer ein Wettbewerbsverbot aus einer analogen Anwendung des **§ 60 HGB**.[1640] Ohne die Vereinbarung eines den Vorschriften der **§§ 74 ff. HGB** entsprechenden nachvertraglichen Wettbewerbsverbotes unterliegt die Konkurrenztätigkeit ehemaliger Arbeitnehmer nach Vertragsende nur noch den allgemeinen gesetzlichen Grenzen u.a. aus §§ 823, 826 BGB und den Vorschriften des UWG.[1641]

a) Anwendungsbereich der §§ 74 ff. HGB

847 Die unmittelbar nur für **Handelsgehilfen** i.S.d. HGB geltenden §§ 74 ff. HGB sind über §§ 110 S. 2, 6 Abs. 2 GewO auch auf **Arbeitnehmer** anwendbar. Wegen ihres vergleichbaren Schutzbedürfnisses wird der Geltungsbereich der §§ 74 ff. HGB darüber hinaus auf wirtschaftlich abhängige **freie Mitarbeiter** erstreckt.[1642] Bei den Angehörigen freier Berufe treten nachvertragliche Wettbewerbsverbote in Form von **Mandantenschutzklauseln** in Erscheinung (siehe unten Rdn 885). Sie gelten hingegen grundsätzlich nicht für Wettbewerbsverbote, die Arbeitnehmer-Gesellschafter in Unternehmenskaufverträgen und Gesellschaftsverträgen selbst vereinbart haben.[1643]

1640 Seit BAG 17.10.1969, AP Nr. 7 zu § 611 BGB Treuepflicht; zuletzt BAG 26.9.2007, NZA 2007, 1436. Ob dies zukünftig noch bei „einfachen" Hilfstätigkeiten ohne Wettbewerbsbezug gelten wird, ist nach BAG 24.3.2010, NZA 2010, 693 (mit Anm. *Kappelhoff*, ArbRB 2010, 199 f.) kaum noch anzunehmen.

1641 BAG 15.6.1993, AP Nr. 40 zu § 611 BGB Konkurrenzklausel; Staub/*Weber*, vor § 74 Rn 1; Preis/*Stoffels*, Arbeitsvertrag II W 10 Rn 28; zur Bedeutung der wettbewerbsrechtlichen Grenzen des UWG für das Arbeitsrecht *Reuter*, NJW 2008, 3538.

1642 BAG 21.1.1997, AP Nr. 44 zu § 611 BGB Konkurrenzklausel; BGH 10.4.2003, ZIP 2003, 998; Staub/*Weber*, vor § 74 Rn 19; HWK/*Diller*, § 74 HGB Rn 9; Preis/*Stoffels*, Arbeitsvertrag, II W 10 Rn 29.

1643 *Naber*, NZA 2013, 870, 873; *Baisch/Cardinale-Koc*, NJW 2016, 1914.

848 In **zeitlicher** Hinsicht gelten die Schutzvorschriften in §§ 74 ff. HGB für Vereinbarungen, die bis zur tatsächlichen und rechtlichen Beendigung des Arbeitsverhältnisses getroffen werden. Erst nach Vertragsbeendigung vereinbarte Wettbewerbsverbote unterliegen nicht mehr diesen Schutzvorschriften, sind also entschädigungslos und nur begrenzt durch §§ 138, 242 BGB zulässig.[1644] Die §§ 74 ff. HGB bleiben wegen der Schutzbedürftigkeit des Arbeitnehmers aber anwendbar, solange das Wettbewerbsverbot noch im Zusammenhang mit dem Arbeitsverhältnis und seiner Abwicklung vereinbart wird, z.B. im Rahmen eines Aufhebungsvertrags.[1645] Als Ausnahme hiervon kann jedoch im Prozessvergleich ein entschädigungsloses Wettbewerbsverbot vereinbart werden, wenn dieser Vergleich das Arbeitsverhältnis rückwirkend beendet.[1646]

b) Form

849 **§ 74 Abs. 1 HGB** knüpft die Wirksamkeit nachvertraglicher Wettbewerbsverbote an die Einhaltung der Schriftform und die Aushändigung einer vom Arbeitgeber unterzeichneten, die vereinbarten Bestimmungen enthaltenden Urkunde an den Arbeitnehmer.

aa) Schriftform

850 Das gesetzliche Schriftformerfordernis in § 74 Abs. 1 HGB wird gem. § 126 Abs. 1, 2 BGB durch **eigenhändige Unterschriften** oder notariell beglaubigte Handzeichen der Vertragsparteien auf derselben Urkunde gewahrt. Das Wettbewerbsverbot kann entweder als Klausel i.R.d. Arbeitsvertrags enthalten sein oder als selbstständige Abrede gefasst werden.[1647] Wird sie als **Anlage zum Arbeitsvertrag** vereinbart, muss entweder die Anlage unterschrieben werden oder der Hauptvertrag muss auf die Wettbewerbsabrede verweisen und fest mit der Anlage verbunden sein.[1648] Die Urkunde muss sämtliche Regelungen zum Inhalt des Wettbewerbsverbots, insbesondere auch die Entschädigungszusage enthalten.[1649] Dabei ist es hinsichtlich der Einhaltung der Form aber unbedenklich, wenn das Wettbewerbsverbot lediglich auf die Vorschriften der §§ 74 ff. HGB verweist.[1650] Eine andere Frage ist, ob eine solche Verweisung in vorformulierten Wettbewerbsabreden auch hinreichend transparent i.S.d. § 307 Abs. 1 S. 2 BGB ist (siehe unten Rdn 881 ff.).

Bei der Unterzeichnung erfordert auf Seiten des Arbeitgebers die ordnungsgemäße **Vertretung** besondere Aufmerksamkeit. Die Unterschrift eines Vertreters wahrt die Schriftform nur, wenn der rechtsgeschäftliche Vertretungswille in der Urkunde, wenn auch nur unvollkommen, Ausdruck gefunden hat, was insbesondere durch einen entsprechenden Zusatz bei der Unterschrift erfolgen kann.[1651] Wird das Wettbewerbsverbot von einem Prokuristen unterzeichnet, fordert das LAG Hamm deshalb den Vertretungszusatz „ppa" nach §§ 51, 53 HGB.[1652] Ein Verstoß gegen die gesetzliche Schriftform führt zur Nichtigkeit der Wettbewerbs-

---

1644 BAG 11.3.1968, AP Nr. 23 zu § 74 HGB m. zust. Anm. *Weitnauer*; Staub/*Weber*, § 74 Rn 11; ErfK/*Oetker*, § 74 HGB Rn 9; Preis/*Stoffels*, Arbeitsvertrag, II W 10 Rn 93; *Bauer/Diller*, Wettbewerbsverbote, Rn 75; *Wertheimer*, BB 1996, 1714, 1715.

1645 BAG 25.9.1980 – 3 AZR 638/78, zit. nach juris; BAG 3.5.1994, NZA 1995, 72; Staub/*Weber*, § 74 Rn 11; ErfK/*Oetker*, § 74 HGB Rn 9; MüKo-HGB/v. *Hoyningen-Huene*, § 74 Rn 22; *Wertheimer*, BB 1996, 1714, 1716; differenzierend *Bauer/Diller*, Wettbewerbsverbote, Rn 74 ff.

1646 BAG 11.3.1968, AP Nr. 23 zu § 74 HGB; Staub/*Weber*, § 74 Rn 11; *Bauer/Diller*, Wettbewerbsverbote, Rn 84. Zur Modifikation eines streitigen Wettbewerbsverbots durch Vergleich: *Bauer/Diller*, Wettbewerbsverbote, Rn 93.

1647 Bezugnahmen auf in früheren Arbeitsverträgen enthaltene Wettbewerbsverbote (z.B. beim Aufstieg) erfüllen nicht immer das Schriftformerfordernis, *Bauer/Diller*, Wettbewerbsverbote, Rn 186 ff. m.w.N.

1648 BAG 30.10.1984, NZA 1985, 429; Staub/*Weber*, § 74 Rn 4.

1649 HWK/*Diller*, § 74 HGB Rn 72 f.; Staub/*Weber*, § 74 Rn 5.

1650 BAG 14.8.1975, AP Nr. 35 zu § 74 HGB; BAG 28.6.2006, NZA 2006, 1157; Staub/*Weber*, § 74 Rn 5; *Bauer/Diller*, Wettbewerbsverbote, Rn 199; ablehnend *Gravenhorst*, NJW 2006, 3609 ff.

1651 BAG 28.11.2007, NZA 2008, 348; BAG 13.12.2007, NZA 2008, 403; ErfK/*Preis*, §§ 125–127 BGB Rn 19.

1652 LAG Hamm 10.1.2004, NZA-RR 2005, 428; ErfK/*Oetker*, § 74 HGB Rn 13; a.A. *Bauer/Diller*, Wettbewerbsverbote, Rn 193; offen gelassen von LAG Hamm 19.2.2008 – 14 SaGa 5/08, zit. nach juris.

abrede gem. § 125 S. 1 BGB, die nur in Ausnahmefällen durch § 242 BGB überwunden werden kann.[1653] Ist das Wettbewerbsverbot in einem schriftlichen, befristeten Arbeitsvertrag enthalten, ist auch bei der Verlängerung auf die Schriftform zu achten, da anderenfalls bei nur mündlicher Verlängerung das Wettbewerbsverbot mangels Einhaltung der Form gem. § 125 S. 1 BGB nichtig ist.[1654]

bb) Aushändigung einer Urkunde

Neben der Schriftform setzt § 74 Abs. 1 HGB die **Aushändigung** einer Urkunde an den Arbeitnehmer voraus, welche die zum Wettbewerbsverbot vereinbarten Bestimmungen enthält. Auch diese Urkunde muss die Originalunterschrift des Arbeitgebers aufweisen. Die fehlende Aushändigung führt als bloße Dokumentationsregelung jedoch nicht zur Formunwirksamkeit mit der Nichtigkeitsfolge des § 125 S. 1 BGB. Vielmehr ist § 74 Abs. 1 HGB seinem Schutzzweck entsprechend einschränkend auszulegen, so dass nur dem Arbeitgeber die Berufung auf das Wettbewerbsverbot verwehrt wird, während der Arbeitnehmer, dessen Schutz die Aushändigungspflicht dient, am Wettbewerbsverbot festhalten kann.[1655]   **851**

c) Inhalt und Inhaltskontrolle nachvertraglicher Wettbewerbsverbote
aa) Inhalt

Bei einem nachvertraglichen Wettbewerbsverbot handelt es sich um einen **gegenseitigen Vertrag** i.S.d.   **852**
§§ 320 ff. BGB.[1656] Im Synallagma stehen die Pflicht des Arbeitnehmers zur Unterlassung von Wettbewerb und die Pflicht des Arbeitgebers zur Zahlung einer Karenzentschädigung.[1657]

Kern der Vereinbarung ist das an den Arbeitnehmer gerichtete Verbot, nach Beendigung des Arbeitsverhält-   **853**
nisses in Konkurrenz zu seinem bisherigen Arbeitgeber zu treten. Das Verbot kann sich sowohl auf selbstständige als auch unselbstständige Konkurrenztätigkeiten beziehen. Es kann entweder **unternehmensbezogen** als Verbot der Tätigkeit bei bestimmten Konkurrenzunternehmen (siehe hierzu das Muster im Folgenden, vgl. Rdn 871) oder **tätigkeitsbezogen** als Untersagung konkurrierender Tätigkeit in bestimmten Arbeitsbereichen (vgl. unten Rdn 881) formuliert werden.

Das Wettbewerbsverbot ist von der **Verschwiegenheitspflicht** abzugrenzen. Die Pflicht Geschäfts- und   **854**
Betriebsgeheimnisse zu wahren, ergibt sich nach allgemeiner Auffassung auch ohne gesonderte Vereinbarung nicht nur aus spezialgesetzlichen Vorschriften wie § 17 UWG, sondern bereits aus der allgemeinen Treuepflicht des Arbeitnehmers und wirkt auch nach Beendigung des Arbeitsverhältnisses fort.[1658] Betriebs- oder **Geschäftsgeheimnisse** sind Tatsachen, die im Zusammenhang mit einem Geschäftsbetrieb stehen, nur einem eng begrenzten Personenkreis bekannt sind und nach dem bekundeten Willen des Betriebsinhabers geheim zu halten sind.[1659] Auch wenn diese Verschwiegenheitspflicht vertraglich fixiert wird, löst sie keine Entschädigungspflicht aus.[1660] Die Abgrenzung zwischen einer entschädigungslos zulässigen **Geheimhaltungsklausel** und einem entschädigungspflichtigen Wettbewerbsverbot ist im Einzelfall schwierig und die hierzu ergangene Rspr. z.T. widersprüchlich.[1661] Die Geheimhaltungs-

---

1653 ErfK/*Oetker*, § 74 HGB Rn 14; Staub/*Weber*, § 74 Rn 7 m.w.N.
1654 LAG Hamm 16.2.2016, GWR 2016, 285; LAG Hamm 14.2.2007, LAGE Nr. 21 zu § 74 HGB.
1655 BAG 23.11.2004, NZA 2005, 411 m. Anm. *Diller*, RdA 2006, 46; *Kort*, SAE 2005, 264; Staub/*Weber*, § 74 Rn 9; ErfK/*Oetker*, § 74 HGB Rn 14; *Bauer*/*Diller*, Wettbewerbsverbote, Rn 215, Tschöpe/*Hiekel*, Teil 2 F Rn 16; a.A. Ebenroth u.a./*Boecken*, § 74 Rn 20, 21.
1656 BAG 10.9.1985, NZA 1986, 134; BAG 23.11.2004, AP Nr. 75 zu § 74 HGB; LAG Baden-Württemberg 30.1.2008, NZA-RR 2008, 508, *Bauer*/*Diller*, Wettbewerbsverbote, Rn 51.
1657 BAG 10.9.1985, NZA 1986, 134; BAG 23.11.2004, AP Nr. 75 zu § 74 HGB.
1658 BAG 16.3.1982, AP Nr. 1 zu § 611 BGB Betriebsgeheimnis ("„Thrombosol"-Entscheidung); BAG 15.12.1987, AP Nr. 5 zu § 611 BGB Betriebsgeheimnis; BAG 15.6.1993, AP Nr. 40 zu § 611 BGB Konkurrenzklausel; BAG 19.5.1998, AP Nr. 11 zu § 611 BGB Treuepflicht; ErfK/*Preis*, § 611 BGB Rn 710 ff., 718; Staub/*Weber*, § 74 Rn 20; MüKo-HGB/*v. Hoyningen-Huene*, § 74 Rn 26.
1659 BAG 15.12.1987, AP Nr. 5 zu § 611 BGB Betriebsgeheimnis; ErfK/*Preis*, § 611 BGB Rn 711.
1660 BAG 16.3.1982, AP Nr. 1 zu § 611 BGB Betriebsgeheimnis; Staub/*Weber*, § 74 Rn 20; MüKo-HGB/*v. Hoyningen-Huene*, § 74 Rn 26.
1661 HWK/*Diller*, § 74 HGB Rn 55; *Bauer*/*Diller*, Wettbewerbsverbote, Rn 115 ff.; ausführlich *Richters*/*Wodtke*, BB 2003, 281.

pflicht schließt eine Konkurrenztätigkeit nicht aus.[1662] Die nachvertragliche Verschwiegenheitspflicht enthält grds. nur das Verbot, Betriebs- und Geschäftsgeheimnisse durch Weitergabe, insbesondere Veräußerung geheim zu haltender Tatsachen zu verwerten.[1663] Ohne nachvertragliche Wettbewerbsabrede ist der Arbeitnehmer hingegen grds. nicht daran gehindert, sein im Arbeitsverhältnis erworbenes Wissen, einschließlich der Kenntnis von Betriebs- und Geschäftsgeheimnissen für sich selbst einzusetzen und in den Kundenkreis des Arbeitgebers einzudringen.[1664] So folgt aus einer Verschwiegenheitspflicht bzgl. der Kundenlisten des Arbeitgebers kein weitergehendes Verbot, diese Kunden zu umwerben.[1665] In einer Geheimhaltungsklausel kann aber auch vereinbart werden, dass der Arbeitnehmer ein bestimmtes Betriebsgeheimnis des Arbeitgebers auf Dauer nicht mehr für seine berufliche Tätigkeit nutzen darf.[1666] Eine solche Klausel überschreitet die Grenze zum entschädigungspflichtigen Wettbewerbsverbot, wenn sich die Verschwiegenheit nicht mehr nur auf einzelne konkrete Betriebsgeheimnisse bezieht, sondern auf unterschiedslos alle Geschäftsvorgänge und so dem ehemaligen Arbeitnehmer jede berufliche Verwertung seiner erworbenen Kenntnisse verwehrt.[1667]

855   Gemäß § 75f HGB sind sog. Sperrabreden, wonach ein möglicher künftiger Arbeitgeber den Arbeitnehmer des Vertragspartners nicht oder nur unter bestimmten Voraussetzungen einstellen kann, unverbindlich. Der BGH hat mit Urt. v. 30.4.2014 entschieden, dass die Vorschrift auch auf **Abwerbungsverbote** anwendbar ist, selbst wenn diese nur das Tätigwerden des künftigen Arbeitgebers verhindern ohne die Handlungsfreiheit des abzuwerbenden Arbeitnehmers unmittelbar einzuschränken. Denn auch auf diese Weise könne das berufliche Fortkommen eines Arbeitnehmers unbillig behindert werden. Abwerbeverbote sollen nur ausnahmsweise dann nicht in den Anwendungsbereich des § 75f HGB fallen, wenn sie Nebenbestimmungen einer Vereinbarung sind und einem besonderen Vertrauensverhältnis der Parteien oder einer besonderen Schutzbedürftigkeit einer der beiden Seiten Rechnung tragen.[1668] Damit hat sich der BGH der bislang in der Literatur vorherrschenden Auffassung entgegengestellt, die Abwerbungsverbote aus dem Anwendungsbereich der Vorschrift ausnehmen will.[1669]

856   Als Ausgleich für die mit dem Verbot einhergehende Einschränkung der beruflichen Freiheit des Arbeitnehmers, muss eine nachvertragliche Wettbewerbsabrede nach § 74 Abs. 2 HGB eine **Karenzentschädigung** zusagen, deren Höhe für jedes Jahr des Verbots mindestens die Hälfte der vom Arbeitnehmer zuletzt bezogenen vertragsmäßigen Leistungen betragen muss. Bei der Berechnung der Karenzentschädigung ist nicht nur das laufende Gehalt zu berücksichtigen. Vertragsmäßige Leistungen i.S.d. § 74 Abs. 2 HGB sind sämtliche Vergütungsbestandteile, die der Arbeitnehmer für seine Tätigkeit erhält, z.B. auch Tantiemen, Boni, Gratifikationen oder Firmenwagen.[1670] Variable Vergütungsbestandteile sind gemäß § 74b Abs. 2 HGB nach dem Durchschnitt der letzten drei Jahre in Ansatz zu bringen.

Wird eine zu niedrige Karenzentschädigung zugesagt, führt dies zur **Unverbindlichkeit** des Wettbewerbsverbots. Dasselbe gilt, wenn die Höhe der Entschädigung in das Ermessen des Arbeitgebers gestellt und keine Mindesthöhe i.S.v. § 74 Abs. 2 HGB vereinbart wird.[1671] Dies hat nach der Rspr. des BAG ein Wahl-

---

1662 Vgl. BAG 16.3.1982, AP Nr. 1 zu § 611 BGB Betriebsgeheimnis.
1663 BAG 15.12.1987, AP Nr. 5 zu § 611 BGB Betriebsgeheimnis; BAG 15.6.1993, AP Nr. 40 zu § 611 BGB Konkurrenzklausel; LAG Mecklenburg-Vorpommern 14.7.2004 – 2 Sa 229/04, zit. nach juris.
1664 BAG 15.6.1993, AP Nr. 40 zu § 611 BGB Konkurrenzklausel; BAG 19.5.1998, AP Nr. 11 zu § 611 BGB Treuepflicht.
1665 BAG 15.12.1987, AP Nr. 5 zu § 611 BGB Betriebsgeheimnis; BAG 15.6.1993, AP Nr. 40 zu § 611 BGB Konkurrenzklausel.
1666 BAG 16.3.1982, AP Nr. 1 zu § 611 BGB Betriebsgeheimnis; BAG 19.5.1998, AP Nr. 11 zu § 611 BGB Treuepflicht.
1667 BAG 19.5.1998, AP Nr. 11 zu § 611 BGB Treuepflicht.
1668 BGH 30.4.2014, NZA 2015, 111 ff.
1669 MüKo-HGB/*v. Hoyningen-Huene*, § 75f Rn 5; Ebenroth u.a./*Boecken*, § 75f Rn 9; ErfK/*Oetker*, § 75f HGB Rn 1.
1670 BAG 9.1.1990, AP Nr. 59 zu § 74 HGB; ErfK/*Oetker*, § 74 HGB Rn 15; MüKo-HGB/*v. Hoyningen-Huene*, § 74 Rn 47.
1671 BAG 15.1.2014, NZA 2014, 536.

recht des Arbeitnehmers zur Folge: Er kann sich für die Einhaltung des Wettbewerbsverbots gegen Zahlung der vereinbarten zu niedrigen Karenzentschädigung[1672] oder für die Nichteinhaltung des Verbots ohne Erhalt einer Karenzentschädigung entscheiden.[1673] Dieses **Wahlrecht** muss grds. zu Beginn der Karenzzeit ausgeübt werden.[1674] Hierfür ist nach neuerer Rechtsprechung keine ausdrückliche Erklärung gegenüber dem Arbeitgeber erforderlich, sondern es genügt, dass sich der Arbeitnehmer zu Beginn der Karenzzeit endgültig für die Einhaltung des Wettbewerbsverbots entscheidet und seine Unterlassungsverpflichtung einhält.[1675] Den Interessen des Arbeitgebers wird dadurch Rechnung getragen, dass er den Arbeitnehmer entsprechend § 264 Abs. 2 S. 1 BGB zur Wahl auffordern kann. Nach Verstreichen einer angemessenen Frist geht das Wahlrecht dann gem. § 264 Abs. 2 S. 2 BGB auf das Unternehmen über.[1676]

Nur wenn die Entschädigungszusage gänzlich fehlt, ist das Wettbewerbsverbot **nichtig**.[1677] Das LAG Hamm geht allerdings davon aus, dass auch Wettbewerbsverbote ohne Karenzentschädigungszusage zu einem wirksamen nachvertraglichen Wettbewerbsverbot mit der Zusage einer Karenzentschädigung in gesetzlicher Höhe führen, wenn der Arbeitsvertrag eine salvatorische Ersetzungsklausel enthält.[1678] Offenbar will das LAG so verhindern, dass Arbeitgeber ein Verbot ohne Entschädigung in der Hoffnung vereinbaren, dass die Arbeitnehmer es aus Unkenntnis trotzdem befolgen. Solange diese Frage höchstrichterlich nicht geklärt ist,[1679] sollte **unbedingt** und **immer** eine **Karenzentschädigung** vereinbart werden.

bb) Bedingte Wettbewerbsverbote

Bei Abschluss des Arbeitsvertrages und des nachvertraglichen Wettbewerbsverbots ist für den Arbeitgeber **857** häufig nicht absehbar, ob sich das Arbeitsverhältnis so entwickeln wird, dass bei Vertragsende ein Interesse am Wettbewerbsverbot besteht. Dieser Unsicherheit kann Rechnung getragen werden, indem die Geltung des Wettbewerbsverbots von aufschiebenden oder auflösenden **objektiven Bedingungen** i.S.d. § 158 BGB, z.B. dem Erreichen einer bestimmten Position oder dem Ablauf der Probezeit[1680] abhängig gemacht wird.[1681] Demgegenüber liegt ein unzulässiges sog. **bedingtes Wettbewerbsverbot** vor, wenn der Arbeitgeber die Wirksamkeit des Verbots von seiner Entscheidung abhängig macht, um der Pflicht zur Zahlung einer Karenzentschädigung gem. § 74 Abs. 2 HGB entgehen zu können. Denn durch diese Gestaltung hätte der Arbeitgeber es in der Hand, nach Beendigung des Arbeitsvertrags die weitere berufliche Entwicklung des Arbeitnehmers abzuwarten und sobald dieser eine wettbewerbsneutrale Stelle annimmt, das Wettbewerbsverbot außer Kraft zu setzen, um so entgegen § 74 Abs. 2 HGB eine Wettbewerbsenthaltung ohne Zahlung einer Karenzentschädigung zu erreichen. Solche Potestativbedingungen führen deshalb über § 75d HGB zur Unverbindlichkeit des Wettbewerbsverbots. Der Arbeitnehmer erhält also auch hier das Wahlrecht, ob er sich gegen Zahlung der Karenzentschädigung an das Wettbewerbsverbot hält oder

1672 LAG Hamm 20.12.2001 – 16 Sa 414/02, zit. nach juris; Staub/*Weber*, § 74 Rn 45; ErfK/*Oetker*, § 74 HGB Rn 19; Preis/*Stoffels*, Arbeitsvertrag, II W 10 Rn 57; *Bauer/Diller*, Wettbewerbsverbote, Rn 155 f.; a.A. MüKo-HGB/*v. Hoyningen-Huene*, § 74 Rn 53; offen gelassen von BAG 9.1.1990, AP Nr. 59 zu § 74 HGB.

1673 BAG 24.4.1980, AP Nr. 37 zu § 74 HGB; Staub/*Weber*, § 74 Rn 45; ErfK/*Oetker*, § 74 HGB Rn 19.

1674 BAG 24.4.1980, AP Nr. 37 zu § 74 HGB; BAG 16.12.1996, AP Nr. 53 zu § 74 HGB; BAG 31.7.2002, AP Nr. 48 zu § 611 BGB Konkurrenzklausel; ErfK/*Oetker*, § 74 HGB Rn 19; Preis/*Stoffels*, Arbeitsvertrag II W 10 Rn 72.

1675 BAG 22.5.1990, AP Nr. 60 zu § 74 HGB; ErfK/*Oetker*, § 74 HGB Rn 19; HWK/*Diller*, § 74 HGB Rn 20.

1676 BAG 22.5.1990, AP Nr. 60 zu § 74 HGB; HWK/*Diller*, § 74 HGB Rn 22.

1677 BAG 13.9.1969, AP Nr. 24 zu § 611 BGB Konkurrenzklausel; BAG 3.5.1994, AP Nr. 65 zu § 74 HGB; BAG 28.6.2006, NZA 2006, 1157; ErfK/*Oetker*, § 74 HGB Rn 18.

1678 LAG Hamm 18.2.2014, GWR 2014, 270; bestätigt LAG Hamm 5.6.2015, ArbRB 2016, 7 m. Anm. *Grimm*; ablehnend *Diller*, NZA 2014, 1184, 1185.

1679 Unter dem Aktenzeichen 10 AZR 448/15 ist die Revision gegen das Urt. v. 5.6.2015 anhängig.

1680 BAG 13.7.2005, AP Nr. 78 zu § 74 HGB.

1681 HWK/*Diller*, § 74 HGB Rn 107 f.; Staub/*Weber*, § 74 Rn 56; *Bauer/Diller*, Wettbewerbsverbote, Rn 515 ff.

sich hiervon löst.[1682] In jedem Fall nichtig, ohne dass ein Wahlrecht des Arbeitnehmers besteht, ist jedoch ein bedingt vereinbartes Wettbewerbsverbot, dessen Inhalt weder bestimmt, noch bestimmbar ist.[1683]

cc) Grenzen des § 74a HGB

858 Nach § 74a Abs. 1 HGB ist das Wettbewerbsverbot insoweit unverbindlich, als es nicht dem **Schutz eines berechtigten geschäftlichen Interesses** des Arbeitgebers dient (Satz 1) oder soweit es unter Berücksichtigung der gewährten Entschädigung nach Ort, Zeit oder Gegenstand eine **unbillige Erschwerung des Fortkommens** des Arbeitnehmers enthält (Satz 2). Maßgeblicher Zeitpunkt für die Beurteilung der Verbindlichkeit des Wettbewerbsverbots ist die Geltendmachung von Rechten aus der Wettbewerbsabrede.[1684]

Das Verbot muss sowohl hinsichtlich seines gegenständlichen, räumlichen als auch zeitlichen Umfangs von einem **berechtigten Interesse** des Arbeitgebers gedeckt sein. Hierfür ist ein Zusammenhang zwischen der früheren Tätigkeit des Arbeitnehmers und dem untersagten Wettbewerb notwendig.[1685] Legitim ist jedenfalls das Interesse an dem Schutz von Geschäfts- und Betriebsgeheimnissen und des Kunden- und Lieferantenstamms.[1686] Dies kann auch dann bestehen, wenn sich die Warensortimente nur teilweise („in einem nicht ganz unerheblichen Teil") überschneiden.[1687]

Das bloße Interesse, Konkurrenz einzuschränken und Mitarbeiter für diese zu sperren, genügt dagegen nicht,[1688] weshalb bei gewerblichen Arbeitnehmern regelmäßig kein berechtigtes Interesse an einem nachvertraglichen Wettbewerbsverbot besteht.[1689]

Die Feststellung, ob das Wettbewerbsverbot zu einer **unbilligen Erschwerung** des Fortkommens des Arbeitnehmers führt, ist von einer Abwägung der wechselseitigen Interessen abhängig, bei der die in § 74a HGB genannten Faktoren (Höhe der Entschädigung sowie Ort, Zeit und Gegenstand des Verbots) zu berücksichtigen sind.[1690] Unternehmensbezogene Wettbewerbsverbote, die den Arbeitnehmer unabhängig von der auszuübenden Tätigkeit für alle Konkurrenzunternehmen sperren, behindern den weiteren beruflichen Weg erheblich. Das berechtigte Interesse des Arbeitgebers wird hier grds. nur dann bestehen und in der Abwägung überwiegen, wenn der Arbeitnehmer besondere Erfahrungen, Geschäftskontakte und Kenntnisse erlangt hat, die für Konkurrenzunternehmen generell von Bedeutung sein können. Überwiegend wird davon ausgegangen, dass unternehmensbezogene Wettbewerbsverbote in vollem Umfang deshalb grds. nur bei Führungskräften von § 74a HGB gedeckt und verbindlich sind.[1691] Die von § 74a Abs. 1 S. 2 HGB vorgesehene Abwägung erfolgt aber unter Berücksichtigung der Höhe der zugesagten Karenzentschädigung.[1692]

1682 St. Rspr. u.a. BAG 19.1.1978, NJW 1978, 1023; BAG 5.10.1982, AP Nr. 42 zu § 74 HGB; BAG 22.5.1990, NZA 1991, 263; ErfK/ *Oetker*, § 74 HGB Rn 12; *Bauer/Diller*, Wettbewerbsverbote, Rn 515 ff.

1683 LAG Köln, 11.9.2015 – 4 Sa 424/15, zitiert nach juris.

1684 BAG 28.1.1966, AP Nr. 18 zu § 74 HGB; Staub/*Weber*, § 74a Rn 6; *Bauer/Diller*, Wettbewerbsverbote, Rn 180.

1685 BAG 24.6.1966, AP Nr. 2 zu § 74a HGB; ErfK/*Oetker*, § 74a HGB Rn 2; Staub/*Weber*, § 74a Rn 5; *Bauer/Diller*, Wettbewerbsverbote, Rn 300 ff.

1686 BAG 1.8.1995, AP Nr. 5 zu § 74a HGB; *Bauer/Diller*, Wettbewerbsverbote, Rn 305.

1687 Einer zu Unrecht aus BAG 16.12.1968, AP Nr. 21 zu § 133 f. GewO abgeleiteten mindestens 10 %-igen Überschneidung des Geschäftsgegenstandes bedarf es nicht: Zutreffend LAG Baden-Württemberg 30.1.2008, NZA-RR 2008, 508, 510. S.a. *Bauer/Diller*, Wettbewerbsverbote, Rn 305 ff. mit weiteren Hinweisen in Rn 126 f. zur Klauselgestaltung bei einer Erweiterung der Produktpalette.

1688 BAG 1.8.1995, AP Nr. 5 zu § 74a HGB m.w.N.

1689 Staub/*Weber*, § 74a Rn 9; *Bauer/Diller*, Wettbewerbsverbote, Rn 311. So für ein tarifvertragliches Wettbewerbsverbot während des Arbeitsverhältnisses: BAG 24.3.2010, DB 2010, 1240.

1690 ErfK/*Oetker*, § 74a HGB Rn 3; Staub/*Weber*, § 74a Rn 14; *Bauer/Diller*, Wettbewerbsverbote, Rn 340 ff.

1691 Vgl. BAG 16.12.1968, AP Nr. 21 zu § 133f GewO; Staub/*Weber*, § 74a Rn 8; *Bauer/Diller*, Wettbewerbsverbote, Rn 346; MüKo-HGB/*v. Hoyningen-Huene*, § 74a Rn 6.

1692 Bei Zusage voller Bezüge kann eine weitergehende Beschränkung des beruflichen Fortkommens gerechtfertigt sein, *Bauer/Diller*, Wettbewerbsverbote, Rn 341 m.w.N.

Verstöße gegen § 74a Abs. 1 HGB führen zur **Unverbindlichkeit** des Wettbewerbsverbots. Das Verbot ist aber nur „insoweit" unverbindlich, als es die Grenzen des § 74a Abs. 1 S. 1 und 2 HGB überschreitet und im Übrigen wirksam und vom Arbeitnehmer einzuhalten. Es handelt sich also um einen gesetzlich geregelten Fall einer geltungserhaltenden Reduktion.[1693] Ist der Teil eines Wettbewerbsverbots unverbindlich und hält der Arbeitnehmer das Wettbewerbsverbot in seinem nach § 74a Abs. 1 HGB verbindlichen Teil ein, hat der Arbeitnehmer Anspruch auf die (volle) Karenzentschädigung.[1694]

§ 74a Abs. 1 S. 3 HGB sieht für das Wettbewerbsverbot eine **Höchstlaufzeit** von zwei Jahren vor. Auch hier führt eine Überschreitung zur Unverbindlichkeit und zu einer geltungserhaltenden Reduktion auf die noch zulässige Dauer.[1695] Für denjenigen vertraglich vereinbarten Teil der Laufzeit, welcher die Zwei-Jahres-Höchstgrenze überschreitet, steht dem Arbeitnehmer ein Wahlrecht zwischen weiterer Einhaltung des Wettbewerbsverbots bei Zahlung einer Karenzentschädigung und einer Lösung vom Wettbewerbsverbot zu.[1696] Das Wahlrecht muss erst zum Ablauf der zulässigen Höchstdauer ausgeübt werden.[1697]

Dagegen haben Verstöße gegen § 74a Abs. 2 HGB die **Nichtigkeit** der Wettbewerbsabrede zur Folge. Nichtig ist die Vereinbarung mit Minderjährigen und wenn sich der Arbeitgeber die Einhaltung des Wettbewerbsverbots auf ein Ehrenwort des Arbeitnehmers hin versprechen lässt. Nichtig sind außerdem Vereinbarungen, durch die ein Dritter anstelle des Arbeitnehmers die Verpflichtung übernimmt, dass sich der Arbeitnehmer nach Beendigung des Arbeitsverhältnisses in seiner gewerblichen Tätigkeit beschränkt. Nach § 74a Abs. 3 HGB bleibt die Nichtigkeit wegen Sittenwidrigkeit gem. § 138 BGB unberührt. Zu beachten bleiben auch spezialgesetzliche Nichtigkeitsgründe außerhalb des § 74a HGB: Gem. **§ 12 BBiG** sind nachvertragliche Wettbewerbsverbote, die mit Auszubildenden, Volontären und gleichgestellten Personen vereinbart werden, grds. nichtig. Bei der Arbeitnehmerüberlassung kann gem. **§ 9 Nr. 4 AÜG** Leiharbeitnehmern nicht untersagt werden, nach Beendigung des Arbeitsverhältnisses mit dem Verleiher einen Arbeitsvertrag mit dem Entleiher zu schließen.

859

dd) Vorformulierte Wettbewerbsverbote

Ist das Wettbewerbsverbot vom Arbeitgeber vorformuliert, unterliegt es der **AGB-Kontrolle** nach §§ 305 ff. BGB. Da Wettbewerbsverbote im Arbeitsleben – jedenfalls bei Führungskräften – üblich sind, ist ihre Einbeziehung im Regelfall nicht überraschend i.S.d. § 305c Abs. 1 BGB.[1698] Die Einordnung als unwirksame **Überraschungsklausel** kommt aber in Frage, wenn die Wettbewerbsabrede an unerwarteter Stelle im Vertragstext oder unter einer irreführenden Überschrift versteckt wird.[1699] Auch einzelne Klauseln innerhalb eines Wettbewerbsverbots können überraschend sein.[1700] Es empfiehlt sich daher, die Regelungen zum nachvertraglichen Wettbewerbsverbot in einem gesonderten Abschnitt des Arbeitsvertrags mit entsprechender Überschrift unterzubringen.[1701]

860

Das Verhältnis zwischen der in **§ 307 Abs. 1 BGB** vorgesehenen Inhaltskontrolle zur Vorschrift des § 74a HGB ist äußerst umstritten und vom BAG noch nicht entschieden. Während eine unangemessene Benachteiligung im Recht der allgemeinen Geschäftsbedingungen zum ersatzlosen Wegfall der Klausel ohne Mög-

861

1693 BAG 2.2.1968, AP Nr. 22 zu § 74 HGB; ErfK/*Oetker*, § 74a HGB Rn 5; Staub/*Weber*, § 74a Rn 4 u. 24; *Bauer/Diller*, Wettbewerbsverbote, Rn 333.

1694 BAG 21.4.2010, NZA 2010, 1175; *Bauer/Diller*, Wettbewerbsverbote, Rn 334 ff. m.w.N.

1695 BAG 2.12.1966, AP Nr. 18 zu § 133f GewO; ErfK/*Oetker*, § 74a HGB Rn 4; HWK/*Diller*, § 74a HGB Rn 18.

1696 LAG Düsseldorf 4.3.1997, NZA-RR 1998, 58; Tschöpe/*Hiekel*, Teil 2 F Rn 24; Staub/*Weber*, § 74a Rn 27.

1697 LAG Düsseldorf 4.3.1997, NZA-RR 1998, 58; Tschöpe/*Hiekel*, Teil 2 F Rn 24.

1698 Preis/*Stoffels*, Arbeitsvertrag II W 10 Rn 32; *Däubler u.a.*, § 305c Rn 20; *Diller*, NZA 2005, 250, 251; *Henssler*, RdA 2002, 129, 139; *Laskawy*, NZA 2012, 1011, 1014; *Straube*, BB 2013, 117, 117 f.

1699 *Diller*, NZA 2005, 250, 251; *Bauer/Diller*, Wettbewerbsverbote, Rn 59a; Staub/*Weber*, § 74 Rn 2; *Laskawy*, NZA 2012, 1011, 1014; *Straube*, BB 2013, 117, 118.

1700 Vgl. LAG Hamm 10.9.2004, LAGE Nr. 2 zu § 305c BGB; BAG 13.7.2005, AP Nr. 78 zu § 74 HGB; *Bauer/Diller*, Wettbewerbsverbote, Rn 59b.

1701 *Laskawy*, NZA 2012, 1011, 1014; *Straube*, BB 2013, 117, 118.

lichkeit einer geltungserhaltenden Reduktion führt,[1702] sieht § 74a HGB durch die Wendung „insoweit unverbindlich" die Möglichkeit einer geltungserhaltenden Reduktion unangemessen weiter Wettbewerbsverbote ausdrücklich vor. Nach der in Rechtsprechung und Schrifttum herrschenden Auffassung bleibt es auch nach der Schuldrechtsreform bei der durch § 74a HGB vorgesehenen Möglichkeit einer geltungserhaltenden Reduktion zu weit geratener Wettbewerbsverbote.[1703] Der Inhalt des Wettbewerbsverbots ist als Festlegung einer Hauptleistungspflicht gem. § 307 Abs. 3 BGB kontrollfrei. Hierfür kommt es nicht darauf an, ob das Wettbewerbsverbot als gegenseitiger Vertrag Gegenstand einer eigenständigen Abrede ist oder ob es im Arbeitsvertrag geregelt wird.[1704] Eine Inhaltskontrolle würde einen Eingriff in das Verhältnis von Leistung und Gegenleistung bedeuten, den § 307 Abs. 3 BGB gerade verhindern will. Zum gleichen Ergebnis gelangt man, wenn man § 74a HGB als Spezialvorschrift begreift, welche in entsprechender Anwendung des § 307 Abs. 3 BGB die Rechtsfolgen der §§ 307 ff. BGB verdrängt.[1705]

862 Unabhängig davon unterliegen Wettbewerbsverbote nach § 307 Abs. 3 S. 2 BGB jedenfalls der **Transparenzkontrolle** gem. § 307 Abs. 1 S. 2 BGB.[1706] Auch Hauptleistungspflichten müssen gem. § 307 Abs. 3 S. 2 i.V.m. § 307 Abs. 1 S. 2 BGB klar und verständlich formuliert sein. Eine deutliche Formulierung ist ferner angesichts der Rechtsprechung des BAG wichtig, das Wettbewerbsklauseln bei Zweifeln zu Lasten des Arbeitgebers auslegt.[1707] Dieser Grundsatz ergibt sich aus der **Unklarheitenregel** des § 305c Abs. 2 BGB.[1708]

d) Lösung vom Wettbewerbsverbot
aa) Aufhebungsvertrag

863 Das Wettbewerbsverbot kann jederzeit einvernehmlich durch formlosen Vertrag aufgehoben werden.[1709] Die Aufhebung des Arbeitsvertrags hingegen lässt die Wettbewerbsabrede grds. unberührt.[1710] Enthält der Aufhebungsvertrag jedoch eine allgemeine Erledigungsklausel oder wird das Arbeitsverhältnis durch einen gerichtlichen Vergleich mit allgemeiner Ausgleichsklausel beendet („alle beiderseitigen Ansprüche aus dem Arbeitsverhältnis abgegolten", auch wenn der Zusatz „und seiner Beendigung, seien sie bekannt oder unbekannt" fehlt)[1711] erfassen diese Klauseln nach Ansicht des BAG grundsätzlich auch die

---

1702 BAG 4.3.2004, NZA 2004, 727; BAG 30.7.2008, DB 2008, 2194; ErfK/*Preis*, §§ 305 ff. BGB Rn 104.
1703 LAG Rheinland-Pfalz 3.8.2012, NZA-RR 2013, 15; LAG Baden-Württemberg 30.1.2008, NZA-RR 2008, 508; LAG Hamm 14.4.2003, NZA-RR 2003, 513; Staub/*Weber*, § 74a Rn 3; MüKo-HGB/*v. Hoyningen-Huene*, § 74a Rn 3; Preis/*Stoffels*, Arbeitsvertrag, II W 10 Rn 29, 32; *Bauer/Diller*, Wettbewerbsverbote, Rn 333; *Willemsen/Grau*, RdA 2003, 321, 326; *Thüsing/Leder*, BB 2004, 42, 47; *Diller*, NZA 2005, 250, 251; *Gaul/Khanian*, MDR 2006, 181, 182 f.; *Tschöpe/Hiekel*, Teil 2 F Rn 26b; *Klumpp*, in: Clemenz/Kreft/Krause, AGB-Arbeitsrecht, § 307 Rn 270; a.A. *Däubler u.a.*, Anhang zu § 307 BGB Rn 74; differenzierend *Koch*, RdA 2006, 28 ff.
1704 LAG Baden-Würtemberg 30.1.2008, NZA-RR 2008, 508; *Bauer/Diller*, Wettbewerbsverbote, Rn 353 f.; *Diller*, NZA 2005, 250, 251; differenzierend *Koch*, RdA 2006, 28 ff.
1705 LAG Hamm 14.4.2003, NZA-RR 2003, 513; *Preis/Stoffels*, Arbeitsvertrag II W 10 Rn 29, 32; MüKo-HGB/*v. Hoyningen-Huene*, § 74a Rn 33; *Gaul/Khanian*, MDR 2006, 181, 182 f.; *Thüsing/Leder*, BB 2004, 42, 47; *Klumpp*, in: Clemenz/Kreft/Krause, AGB-Arbeitsrecht, § 307 Rn 270; a.A. *Däubler u.a.*, Anhang zu § 307 BGB Rn 74; *Koch*, RdA 2006, 28 ff.
1706 BAG 28.6.2006, NZA 2006, 1157; LAG Baden-Württemberg 30.1.2008, NZA-RR 2008, 508; LAG Hamm 4.11.2008 – 14 Sa 818/08 – zit. nach juris; LAG Hamm 1.12.2009 – 14 SaGa 59/09 mit Anm. *Ebeling*, jurisPR-ArbR 19/2010 Nr. 5; ErfK/*Oetker*, § 74 HGB Rn 6; MüKo-HGB/*v. Hoyningen-Huene*, § 74a Rn 33; *Hunold*, NZA-RR 2007, 617, 618; *Diller*, NZA 2005, 250, 252; *Straube*, BB 2013, 117.
1707 BAG 5.9.1995, AP Nr. 67 zu § 74 HGB m. krit. Anm. *Henssler*; BAG 21.1.1997, DB 1997, 1979.
1708 Staub/*Weber*, § 74 Rn 19; *Bauer/Diller*, Wettbewerbsverbote, Rn 225 f.; Preis/*Stoffels*, Arbeitsvertrag, II W 10 Rn 30, 32.
1709 BAG 10.1.1989, AP Nr. 57 zu § 74 HGB; BAG 8.3.2006, AP Nr. 79 zu § 74 HGB; ErfK/*Oetker*, § 74 HGB Rn 24.
1710 BAG 26.9.1963, AP Nr. 1 zu § 75 HGB; BAG 30.10.1984, AP Nr. 46 zu § 74 HGB; Staub/*Weber*, § 75 Rn 40; ErfK/*Oetker*, § 74 HGB Rn 24.
1711 BAG 22.10.2008, NZA 2009, 139, 142.

Ansprüche aus einem nachvertraglichen Wettbewerbsverbot, sofern sich aus den Umständen[1712] nicht ausnahmsweise etwas anderes ergibt.[1713] Sie sind regelmäßig auch keine überraschende Klauseln i.S. des § 305c BGB.[1714]

bb) Verzicht auf das Wettbewerbsverbot, § 75a HGB

Bis zur rechtlichen Beendigung des Arbeitsverhältnisses, d.h. bis zum Ablauf der Kündigungsfrist[1715] kann **864** der Arbeitgeber gem. § 75a HGB durch eine einseitige, empfangsbedürftige, schriftliche Erklärung auf das Wettbewerbsverbot verzichten (siehe unten Rdn 888 f.). Während der Arbeitnehmer mit sofortiger Wirkung von seiner Unterlassungspflicht frei wird, tritt nach § 75a HGB die Befreiung des Arbeitgebers von der Entschädigungspflicht erst nach Ablauf eines Jahres ein. Er bleibt selbst dann zur Zahlung der Karenzentschädigung verpflichtet, wenn der Arbeitnehmer innerhalb der Jahresfrist in Wettbewerb zu ihm tritt.[1716] Wird in Abweichung von § 75a HGB der sofortige Wegfall der Karenzentschädigungspflicht vereinbart, führt dies zum Vorliegen eines bedingten und damit unverbindlichen Wettbewerbsverbots.[1717]

cc) Lossagung bei Kündigung des Arbeitsverhältnisses, § 75 HGB

§ 75 HGB regelt das Schicksal des Wettbewerbsverbots im Falle einer Kündigung des Arbeitsverhältnisses; **865** ungeregelt bleibt nur der Fall der **arbeitnehmerseitigen ordentlichen Kündigung**, die folglich das Wettbewerbsverbot unberührt lässt.

Nach Abs. 1 besteht bei einer **außerordentlichen arbeitnehmerseitigen Kündigung** wegen eines ver- **866** tragswidrigen Verhaltens des Arbeitgebers gem. § 626 BGB (früher §§ 70, 71 HGB) ein Lossagungsrecht des Arbeitnehmers: Er kann innerhalb eines Monats nach der Kündigung schriftlich erklären, dass er sich an die Wettbewerbsabrede nicht gebunden erachtet (vgl. unten Rdn 890).

Abs. 3 regelt den Fall der **arbeitgeberseitigen außerordentlichen Kündigung** und führt nach seinem **867** Wortlaut zum vollständigen Verlust des Entschädigungsanspruchs, also zu einer unbezahlten Karenzzeit. Wegen dieser Ungleichbehandlung von außerordentlichen Arbeitnehmer- und Arbeitgeberkündigungen hat das BAG § 75 Abs. 3 HGB für verfassungswidrig erklärt.[1718] Die hierdurch entstandene Regelungslücke wird durch eine analoge Anwendung des § 75 Abs. 1 HGB geschlossen, d.h. auch der Arbeitgeber erhält nur ein Lossagungsrecht (vgl. Rdn 909, 891).[1719]

Abs. 2 enthält ein Lossagungsrecht des Arbeitnehmers bei **sonstigen arbeitgeberseitigen Kündigungen**. **868** Das Lossagungsrecht ist ausgeschlossen, wenn für die Kündigung ein erheblicher Anlass in der Person des Arbeitnehmers vorliegt. Erfasst wird jeder Grund, der eine personen- oder verhaltensbedingte Kündigung rechtfertigt, nicht also betriebsbedingte Gründe.[1720] Das Lossagungsrecht entfällt außerdem, wenn sich der Arbeitgeber bei der Kündigung ggü. dem Mitarbeiter bereit erklärt, während der Dauer des Wettbewerbsverbots die vollen zuletzt von ihm bezogenen vertragsmäßigen Leistungen weiterzugewähren.

1712 Zu anderem Parteiwillen und Interessenlagen *Bauer/Diller*, Wettbewerbsverbote, Rn 720 ff.

1713 BAG 31.7.2002, NZA 2003, 100; BAG 19.11.2003, NZA 2004, 554 m. krit. Anm. *Bauer/Diller*, BB 2004, 1274; BAG 8.3.2006, NZA 2006, 854; BAG 24.6.2009, NZA-RR 2010, 536; ErfK/*Oetker*, § 74 HGB Rn 24; Preis/*Stoffels*, Arbeitsvertrag, II W 10 Rn 68a; a.A. für GmbH-Geschäftsführer OLG Köln 25.3.1997, BB 1997, 1328; differenzierend *Bauer/Diller*, Wettbewerbsverbote, Rn 719 ff.

1714 BAG 19.11.2008, NZA 2009, 318, 321.

1715 BAG 26.10.1978, AP Nr. 3 zu § 75a HGB; ErfK/*Oetker* § 75a HGB Rn 3; Staub/*Weber*, § 75a Rn 8.

1716 BAG 25.10.2008, RdA 2008, 299; ErfK/*Oetker*, § 75a HGB Rn 4; *Bauer/Diller*, Wettbewerbsverbote, Rn 594.

1717 BAG 5.10.1982, AP Nr. 42 zu § 74 HGB; BAG 31.7.2002, AP Nr. 48 zu § 611 BGB Konkurrenzklausel; Staub/*Weber*, § 74 Rn 47.

1718 BAG 23.2.1977, AP Nr. 6 zu § 75 HGB.

1719 BAG 23.2.1977, AP Nr. 6 zu § 75 HGB; BAG 31.7.2002, AP Nr. 74 zu § 74 HGB; ErfK/*Oetker*, § 75 HGB Rn 5; Staub/*Weber*, § 75 Rn 4, Rn 21 ff.

1720 *Fröhlich*, ArbRB 2014, 244; ErfK/*Oetker*, § 75 HGB Rn 4; *Bauer/Diller*, Wettbewerbsverbote, Rn 660.

869 § 75 HGB wird auf **Aufhebungsverträge** entsprechend angewandt, wenn der Anlass den dort geregelten Fällen entspricht und lediglich statt der Kündigung ein Aufhebungsvertrag als milderes Mittel gewählt wird.[1721]

e) Rechtsfolgen der Verletzung der Konkurrenzklausel

870 Verletzungen des Wettbewerbsverbots führen zu einem **Unterlassungsanspruch** des Arbeitgebers, der im Klageweg oder über eine einstweilige Verfügung (siehe unten Rdn 892) geltend gemacht werden kann.[1722] Hiermit verbunden ist ein Anspruch gegen den Arbeitnehmer auf **Auskunft** über den Namen des neuen Arbeitgebers, dessen Geschäftszweck sowie Art und Umfang der neuen Beschäftigung.[1723] Solange sich der Arbeitnehmer nicht an das Verbot hält, wird ihm die Wettbewerbsunterlassung unmöglich und der Arbeitgeber deshalb gem. § 326 Abs. 1 S. 1 BGB von seiner Karenzzahlungspflicht frei.[1724] Eine in dieser Zeit weiter ausgezahlte Entschädigung kann über § 326 Abs. 4 BGB zurückgefordert werden.[1725] Sobald der Arbeitnehmer das Wettbewerbsverbot wieder einhält, kann er grds. auch die Entschädigung wieder verlangen.[1726] Anders nur, wenn sich der Arbeitgeber für einen **Rücktritt** von der Wettbewerbsabrede entscheidet. Das ist insbesondere dann möglich, wenn der Arbeitgeber wegen Verstößen des ehemaligen Mitarbeiters das Interesse an der weiteren Einhaltung des Verbots verliert (§ 323 Abs. 5 BGB).[1727] Wenn der Arbeitnehmer die Einhaltung des Wettbewerbsverbots ernsthaft und endgültig verweigert, ist der Rücktritt ohne Fristsetzung über § 323 Abs. 2 Nr. 1 BGB möglich.[1728] Für durch Verletzungen der Wettbewerbsabrede schuldhaft verursachte **Schäden** kann über § 280 Abs. 1, Abs. 3 i.V.m. § 283 BGB Ersatz verlangt werden.[1729] Ein Eintrittsrecht (entsprechend § 61 Abs. 1 HGB) besteht indes nicht. Um den in der Praxis häufig schwierigen Nachweis eines konkreten Schadens[1730] zu vermeiden, sollte die Einhaltung des Verbots durch eine **Vertragsstrafe** abgesichert werden.

2. Muster

 a) Nachträgliches unternehmensbezogenes Wettbewerbsverbot als selbstständige Abrede
▼

871 **Muster 1b.33: Nachvertragliches unternehmensbezogenes Wettbewerbsverbot**

Zwischen

der Firma

– im Folgenden „Arbeitgeber" genannt –

und

1721 BAG 26.9.1963, AP Nr. 1 zu § 75 HGB; BAG 24.9.1965, AP Nr. 3 zu § 75 HGB; Staub/*Weber*, § 75 Rn 40; ErfK/*Oetker*, § 75 HGB Rn 6; HWK/*Diller*, § 75 HGB Rn 29; *Bauer/Diller*, Wettbewerbsverbote, Rn 628; a.A. MüKo-HGB/*v. Hoyningen-Huene*, § 75 Rn 22; *Wertheimer*, NZA 1997, 522, 523.

1722 ErfK/*Oetker*, § 74 HGB Rn 22; Staub/*Weber*, § 74 Rn 59; *Bauer/Diller*, Wettbewerbsverbote, Rn 867: *Korinth*, ArbRB 2013, 61, 62.

1723 BAG 21.10.1970, AP Nr. 13 zu § 242 BGB Auskunftspflicht; BAG 27.9.1988, AP Nr. 35 zu § 611 BGB Konkurrenzklausel; ErfK/ *Oetker*, § 74 HGB Rn 22; Preis/*Stoffels*, Arbeitsvertrag, II W 10 Rn 98.

1724 Preis/*Stoffels*, Arbeitsvertrag, II W 10 Rn 97.

1725 Vgl. BAG 5.8.1968, AP Nr. 24 zu § 74 HGB; ErfK/*Oetker*, § 74 HGB Rn 23; Staub/*Weber*, § 74 Rn 61.

1726 BAG 10.9.1985, NZA 1986, 134; Preis/*Stoffels*, Arbeitsvertrag, II W 10 Rn 97.

1727 ErfK/*Oetker*, § 74 HGB Rn 23; *Bauer/Diller*, Wettbewerbsverbote, Rn 915 f.

1728 Staub/*Weber*, § 74 Rn 62; *Bauer/Diller*, Wettbewerbsverbote, Rn 920.

1729 Staub/*Weber*, § 74 Rn 63; Preis/*Stoffels*, Arbeitsvertrag, II W 10 Rn 98.

1730 Auch die Schadensschätzung nach § 287 ZPO hilft selten weiter, wie der Sachverhalt von BAG 26.9.2012, NZA 2013, 152 verdeutlicht hat. Zur Darlegungs- und Beweislast im Rahmen der Schadensschätzung *Korinth*, ArbRB 2013, 61, 63 f.

Herrn/Frau ▨

– im Folgenden „Arbeitnehmer" genannt –

wird folgendes **nachvertragliches Wettbewerbsverbot** vereinbart:

§ 1 Wettbewerbsverbot

(1) Der Arbeitnehmer verpflichtet sich auf die Dauer von zwei Jahren nach Beendigung des Arbeitsverhältnisses, nicht selbstständig oder unselbstständig für ein Unternehmen tätig zu werden, das mit dem Arbeitgeber in Wettbewerb steht. Er wird nicht an der Gründung eines solchen Unternehmens mitwirken und sich nicht an ihm unmittelbar oder als Treuhänder beteiligen (ausgenommen sind Beteiligungen rein zur Kapitalanlage, die keinen Einfluss auf die Organe des betreffenden Unternehmens vermitteln). Die Gewährung eines Darlehens gilt als Beteiligung. Das Wettbewerbsverbot gilt auch zugunsten der mit dem Arbeitgeber verbundenen Unternehmen. Als Wettbewerbsunternehmen gelten insbesondere Unternehmen, die ▨.

(2) Das Wettbewerbsverbot erstreckt sich auch auf Unternehmen, die in den letzten drei Jahren vor Inkrafttreten des Wettbewerbsverbots Lieferanten oder Kunden des Arbeitgebers waren. Als Wettbewerb untersagt ist auch eine selbstständige oder unselbstständige Tätigkeit für Unternehmen oder Personen, die für Wettbewerbsunternehmen – entgeltlich oder unentgeltlich – als Lieferanten, Dienstleister oder Berater tätig sind.

(3) Räumlich erstreckt sich das Wettbewerbsverbot auf das Gebiet der ▨.

§ 2 Karenzentschädigung

(1) Während der Dauer des Wettbewerbsverbots erhält der Arbeitnehmer eine Entschädigung, die für jedes Jahr des Verbots die Hälfte der von dem Arbeitnehmer zuletzt bezogenen vertragsmäßigen Leistungen beträgt.

(2) Der Arbeitnehmer muss sich anderweitigen Erwerb nach Maßgabe des § 74c HGB auf die Entschädigung anrechnen lassen. Er wird dem Arbeitgeber jeweils zum Monatsende unaufgefordert mitteilen, ob und in welcher Höhe er anderweitige Einkünfte bezieht. Auf Verlangen sind diese Angaben zu belegen.

§ 3 Vertragsstrafe

(1) Unbeschadet des Rechts, die Einhaltung der Wettbewerbsabrede zu verlangen, kann der Arbeitgeber für jeden Verstoß gegen das Wettbewerbsverbot eine **Vertragsstrafe in Höhe eines Bruttomonatsentgelts** geltend machen.

(2) Im Falle eines Dauerverstoßes durch eine Beteiligung an einem Wettbewerbsunternehmen oder durch die Eingehung eines gegen § 1 verstoßenden Dauerschuldverhältnisses ist die Vertragsstrafe gemäß Absatz 1 für jeden angefangenen Monat der Beteiligung oder der Tätigkeit aufgrund des Dauerschuldverhältnisses neu verwirkt.

(3) Bei mehrfachen Verstößen ist die verwirkte Vertragsstrafe insgesamt auf die Höhe eines Bruttojahresentgelts begrenzt.

(4) Die Geltendmachung eines darüber hinausgehenden Schadens bleibt vorbehalten.

§ 4 Inkrafttreten

Das Wettbewerbsverbot tritt nicht in Kraft, wenn das Arbeitsverhältnis vor Ablauf der Probezeit gekündigt wird.

§ 5 Ruhestand

Die Wettbewerbsabrede tritt nicht in Kraft bzw. endet, ohne dass es einer Kündigung bedarf, bei Eintritt des Arbeitnehmers in den Ruhestand, bei Erreichen der gesetzlichen Regelaltersgrenze oder bei Bezug einer Rente wegen vollständiger Erwerbsunfähigkeit.

§ 6 Rechtsnachfolge

Dieses Wettbewerbsverbot gilt auch mit einem Rechtsnachfolger des Arbeitgebers, insbesondere geht es bei einer Veräußerung auf den Erwerber über. Der Arbeitnehmer ist mit dem Übergang der Rechte aus dieser Vereinbarung auf den Rechtsnachfolger einverstanden.

§ 7 Anwendbare Vorschriften

Für die Wettbewerbsabrede und die Karenzentschädigung gelten alle gültigen gesetzlichen Bestimmungen des Handelsgesetzbuches (HGB).

(Ort und Datum)

(Arbeitgeber)   *(Arbeitnehmer)*

Empfangsbestätigung

Der Arbeitnehmer bestätigt, eine vom Arbeitgeber unterschriebene Abschrift dieser Vereinbarung erhalten zu haben.

(Ort und Datum)

(Arbeitgeber)   *(Arbeitnehmer)*

▲

aa) Wettbewerbsverbot, § 1

872 § 1 legt den Inhalt der Unterlassungsverpflichtung in zeitlicher, räumlicher und sachlicher Hinsicht fest. Zeitlich ist das Verbot wegen § 74a Abs. 1 S. 3 HGB auf **zwei Jahre** beschränkt. Inhaltlich ist das Verbot **unternehmensbezogen** formuliert, das heißt es verbietet dem ehemaligen Arbeitnehmer jede Tätigkeit in einem Wettbewerbsunternehmen, auch wenn dieser dabei in einem ganz anderen Arbeitsbereich tätig wird als bei seinem ehemaligen Arbeitgeber.[1731]

Schon wegen der Unklarheitenregel des § 305c Abs. 2 BGB ist der sachliche Geltungsbereich des Verbots deutlich auszuformulieren. So erfasst die Klausel ausdrücklich sowohl **selbstständige als auch unselbstständige Tätigkeiten**, während z.B. ein Verbot „Konkurrenz zu machen" im Zweifel nur als Verbot selbstständiger Betätigungen auszulegen wäre.[1732]

Aus dem gleichen Grund sollte auch das Verbot der **Beteiligungen** an solchen Unternehmen explizit ausgesprochen werden. Zwar ist die bloße Kapitalbeteiligung an anderen Unternehmen grundsätzlich keine Tätigkeit i.S.d. § 74 Abs. 1 HGB. Deshalb kann beispielsweise eine „Beteiligung" durch den Erwerb börsengehandelter Aktien eines Konkurrenzunternehmens, die keinen bestimmenden Einfluss auf dieses erlauben, nicht Gegenstand eines Wettbewerbsverbots nach § 74 HGB sein. Eine andere Beurteilung ist jedoch geboten, wenn und soweit im Zusammenhang mit der Kapitalbeteiligung eine Tätigkeit entfaltet wird. Dem entspricht es, wenn das Kapital zur Gründung des Konkurrenzunternehmens gewährt wird oder die Ausübung eines bestimmenden Einflusses auf das Konkurrenzunternehmen ermöglicht.[1733] Dies kann auch bei der Gewährung von Fremdkapital der Fall sein, etwa bei einem Darlehen, das für den Fortbestand des Konkurrenzunternehmens von erheblicher wirtschaftlicher Bedeutung ist.[1734]

1731 BAG 16.12.1968, AP Nr. 24 zu § 133f GewO; *Bauer/Diller*, Wettbewerbsverbote, Rn 232 f.
1732 Staub/*Weber*, § 74 Rn 24; *Bauer/Diller*, Wettbewerbsverbote, Rn 240.
1733 BAG, 7.7.2015, NZA 2015, 1253.
1734 BAG, 7.7.2015, NZA 2015, 1253; Staub/*Weber*, § 74 Rn 25 f.

In konzernangehörigen Unternehmen empfiehlt es sich, den Schutz des Wettbewerbsverbots auch auf die mit dem Arbeitgeber verbundenen Unternehmen zu erstrecken, wofür ein berechtigtes geschäftliches Interesse i.S.d. § 74a Abs. 1 HGB bestehen kann, wenn die Tätigkeit des Arbeitnehmers einen **konzerndimensionalen Bezug** aufweist.[1735] Der Begriff des **Wettbewerbsunternehmens** ist auslegungsbedürftig und sollte deshalb mit Blick auf das Transparenzgebot des § 307 Abs. 1 S. 2 BGB in der Vereinbarung näher umschrieben werden.[1736]

Häufig enthalten Wettbewerbsabreden außerdem ein **Verbot „mittelbaren" bzw. „indirekten" Wettbewerbs**. Eine solche Formulierung lässt den Arbeitnehmer über die Reichweite des Verbots im Unklaren[1737] und ist deshalb mit dem Risiko der Unwirksamkeit wegen Intransparenz gem. § 307 Abs. 1 S. 2 BGB belastet. Nach Ansicht des LAG Hamm sind weder die Verwendung der Begriffe „direkter oder indirekter Wettbewerb" bzw. „in sonstiger Weise" noch „mit einem Wettbewerbsunternehmen verbundene Unternehmen" intransparent.[1738] Den mangels höchstrichterlicher Klärung weiter bestehenden Bedenken trägt die Formulierung in Abs. 2 Rechnung. Hinreichend bestimmt ist dagegen ein Verbot, das auch die „mittelbare Tätigkeit" für einen Wettbewerber untersagt.[1739]

Gerade die Tätigkeit des ehemaligen Mitarbeiters bei Lieferanten und Kunden des Arbeitgebers kann für das Unternehmen besonders gefährlich werden.[1740] Auch eine Umgehung des Wettbewerbsverbots durch eine Tätigkeit für Lieferanten, Dienstleister und Berater von Wettbewerbsunternehmen wird durch die Klausel ausgeschlossen. Insgesamt beschränkt das hier vorgeschlagene Wettbewerbsverbot den ehemaligen Arbeitnehmer sehr weitgehend in seiner nachvertraglichen beruflichen Tätigkeit, was wegen der in § 74a Abs. 1 HGB vorgesehenen Möglichkeit einer geltungserhaltenden Reduktion möglich ist.

bb) Karenzentschädigung, § 2

Die in Abs. 1 enthaltene **Entschädigungszusage** orientiert sich eng am Wortlaut des § 74 Abs. 2 HGB, um 873 jedes Risiko der Unverbindlichkeit des Wettbewerbsverbots zu vermeiden. Vom Vorliegen einer zu niedrigen Karenzentschädigung ist gem. § 305c Abs. 2 BGB etwa dann auszugehen, wenn diese „auf der Basis des Durchschnitts der letzten zwölf Monate des Beschäftigungsverhältnisses" berechnet werden soll, da dann sowohl eine § 74 Abs. 2 HGB entsprechende als auch nicht entsprechende Zusage gegeben sein kann. Das gilt auch, wenn im Übrigen auf die §§ 74–75c HGB verwiesen wird.[1741]

Abs. 2 verweist aus Klarstellungsgründen auf die Vorschrift zur **Anrechnung** anderweitigen Erwerbs in § 74c HGB. Nach dieser Vorschrift beginnt die Anrechnung grds. sobald die Entschädigung und der anderweitige Erwerb 110 % der beim ehemaligen Arbeitgeber zuletzt bezogenen vertragsmäßigen Leistungen übersteigen. Wenn der Arbeitnehmer durch das Wettbewerbsverbot gezwungen wird, seinen Wohnsitz zu verlegen, liegt die Anrechnungsgrenze bei 125 %. Für die Dauer der Verbüßung einer Freiheitsstrafe schließt § 74c Abs. 1 S. 3 HGB jeden Entschädigungsanspruch aus. Daraus folgt im Umkehrschluss, dass die Pflicht zur Zahlung einer Karenzentschädigung in anderen Fällen subjektiver Unmöglichkeit der Ausübung einer Konkurrenztätigkeit bestehen bleibt.[1742]

1735 Staub/*Weber*, § 74 Rn 31; vgl. *Bauer/Diller*, Wettbewerbsverbote, Rn 259 ff.

1736 Für Beispiele transparenter Formulierungen siehe LAG Rheinland-Pfalz 18.12.2008 – 2 Sa 378/08, zit. nach juris; LAG Hamm 1.12.2009 – 14 SaGa 59/09 mit Anm. *Ebeling*, jurisPR-AbR 19/2010 Nr. 5.

1737 Vgl. HWK/*Diller*, § 74 HGB Rn 42 und *Bauer/Diller*, Wettbewerbsverbote, Rn 257 f.

1738 LAG Hamm 1.12.2009 – 14 SaGa 59/09 mit Anm. *Ebeling* jurisPR-ArbR 19/2010 Nr. 5: Die Begriffe seien in der Laiensphäre für jeden verständlich. Die Auslegungsbedürftigkeit und weitere Subsumtion, ob eine Tätigkeit vom Wettbewerbsverbot erfasst sei, führe nicht zur Unklarheit.

1739 BAG 7.7.2015 NZA 2015, 1253.

1740 *Bauer/Diller*, Wettbewerbsverbote, Rn 252.

1741 Zum Ganzen LAG Hamm 25.11.2008 – 14 SaGa 41/08, zit. nach juris; siehe auch LAG Hamm 23.3.2010 – 14 SaGa 68/09, zit. nach juris.

1742 HWK/*Diller*, § 74 HGB Rn 67 m.w.N.

Die Pflicht zur **Auskunftserteilung** über die Höhe des Erwerbs ergibt sich aus § 74c Abs. 2 HGB. Die darüber hinausgehende Pflicht, diese Auskunft auf Verlangen auch durch Nachweise zu belegen, ist anerkannt.[1743] Wenn der Arbeitnehmer seiner Verpflichtung zur Auskunftserteilung nach § 74c Abs. 2 HGB nicht ausreichend nachkommt, kann der Arbeitgeber die Zahlung der Karenzentschädigung verweigern. Der Arbeitnehmer ist insoweit vorleistungspflichtig.[1744] Dabei kann nur im konkreten Einzelfall nach Treu und Glauben beurteilt werden, wie detailliert die Auskunft zumutbarer Weise sein muss, um das Zurückbehaltungsrecht auszuschließen.[1745]

cc) Vertragsstrafe, § 3

874 Da der dem Unternehmen durch Wettbewerbsverstöße entstehende Schaden in der Praxis regelmäßig nur schwer beziffer- und nachweisbar ist, sollte die Einhaltung des nachvertraglichen Wettbewerbsverbots durch eine Vertragsstrafenregelung abgesichert werden.

Die Sanktionierung von Wettbewerbsverstößen durch eine Vertragsstrafe ist in der Praxis so üblich, dass sie in **Formulararbeitsverträgen** und vorformulierten Wettbewerbsabreden nicht generell überraschend i.S.d. § 305c Abs. 1 BGB ist, solange die Klausel nicht an unerwarteter Stelle im Vertragstext untergebracht wird.[1746] Um jedes Unwirksamkeitsrisiko zu vermeiden, sollte sie zur Sicherheit drucktechnisch hervorgehoben werden.[1747] Auch das Klauselverbot des **§ 309 Nr. 6 BGB**, welches in Arbeitsverträgen ohnehin wegen der Besonderheiten des Arbeitsrechts i.S.d. § 310 Abs. 4 S. 2 BGB nicht anwendbar ist,[1748] steht der Wirksamkeit einer solchen Regelung nicht entgegen, da es bei Vertragsstrafen zur Absicherung nachvertraglicher Wettbewerbsverbote schon seinem Wortlaut nach nicht eingreift.[1749] Die vorformulierte Vertragsstrafenklausel unterliegt jedoch der **Inhalts- und Transparenzkontrolle** des § 307 Abs. 1 BGB.

875 Eine Vertragsstrafe für Verletzungen des Wettbewerbsverbots ist an sich nicht unangemessen benachteiligend i.S.d. § 307 Abs. 1 S. 1 BGB, da der Arbeitgeber wegen der bereits angesprochenen Nachweisschwierigkeiten bei der Geltendmachung von Schadensersatzansprüchen ein berechtigtes Interesse an dem Strafversprechen hat.[1750] Eine unangemessene Benachteiligung kann sich aber aus der **Höhe** der Vertragsstrafe ergeben. Das BAG hält ein Monatsgehalt generell als Maßstab für die Bemessung einer angemessenen Vertragsstrafe für geeignet.[1751] Dagegen stellte es die Unwirksamkeit einer Vertragsstrafenklausel fest, die für jeden Einzelfall eines gravierenden Vertragsverstoßes (etwa gegen ein Wettbewerbsverbot) eine Vertragsstrafe in Höhe des ein- bis dreifachen Monatsgehalts vorsah. Das einseitige Bestimmungsrecht des Arbeitgebers beanstandete das BAG nicht, es hielt jedoch den Rahmen von ein bis drei Monatsgehältern für jeden Einzelverstoß für eine unangemessene Übersicherung.[1752] Hierbei ist nicht nur der Rahmen selbst problematisch, sondern v.a. die bei Androhung der Vertragsstrafe „für jeden Einzelverstoß" mögliche Kumulation der Vertragsstrafen zu einer insgesamt unangemessenen Höhe.[1753] Ob diese engen Grenzen angesichts der bei Verstößen gegen Wettbewerbsverbote möglichen hohen Schäden für Unternehmen interessengerecht sind, kann bezweifelt werden.[1754] Da eine unangemessene „Übersicherung" ohne die Möglichkeit einer gel-

---

1743 BAG 25.2.1975, AP Nr. 6 zu § 74c HGB; *Bauer/Diller*, Wettbewerbsverbote, Rn 862 ff.

1744 BAG 12.1.1978 NJW 1978, 2215; LAG Düsseldorf 21.9.2015, 9 Sa 152/15, zit. nach juris.

1745 LAG Düsseldorf 21.9.2015, 9 Sa 152/15, zit. nach juris.

1746 BAG 14.8.2007, NZA 2008, 170, 171; Staub/*Weber*, § 75c Rn 3.

1747 Vgl. BAG 29.11.1995, NZA 1996, 702, 703; BAG 14.8.2007, NZA 2008, 170, 171.

1748 BAG 4.3.2004, NZA 2004, 727.

1749 BAG 14.8.2007, NZA 2008, 170, 171; ErfK/*Müller-Glöge*, § 339–345 BGB Rn 8; Staub/*Weber*, § 75c Rn 3; *Bauer/Diller*, Wettbewerbsverbote, Rn 925; Tschöpe/*Hiekel*, Teil 2 F Rn 76.

1750 Vgl. BAG 4.3.2004, NZA 2004, 727.

1751 BAG 4.3.2004, NZA 2004, 727; BAG 21.4.2005, NZA 2005, 1053.

1752 BAG 18.8.2005, NZA 2006, 34.

1753 BAG 18.8.2005, NZA 2006, 34; vgl. auch LAG Köln 13.7.2006, zit. nach juris.

1754 Staub/*Weber*, § 75c Rn 5; ErfK/*Müller-Glöge*, § 339–345 BGB Rn 20; *Bauer/Diller*, Wettbewerbsverbote, Rn 955 ff.

tungserhaltenden Reduktion zur Unwirksamkeit der Vertragsstrafenregelung führt,[1755] wird vorliegend als sicherster Weg trotzdem die Grenze von einem Bruttomonatsentgelt pro Einzelverstoß nicht überschritten. Zusätzlich wird zur Sicherheit eine Obergrenze von einem Jahresbruttogehalt vorgeschlagen, die sich an der Höhe der Karenzentschädigung als Anhaltspunkt für den vom Arbeitgeber durch Wettbewerbsverstöße erwarteten Mindestschaden orientiert.

Nach § 307 Abs. 1 S. 2 BGB kann sich die Unangemessenheit einer vorformulierten Klausel auch daraus **876** ergeben, dass sie nicht klar und verständlich ist (**Transparenzgebot**). Sowohl die Voraussetzungen als auch die Höhe der Vertragsstrafe müssen deshalb bestimmt geregelt werden.[1756] Die auslösende Pflichtverletzung muss so klar bezeichnet sein, dass sich der Versprechende darauf einstellen kann.[1757] Gleiches gilt für die Höhe der Strafe, weshalb das BAG eine als AGB verwendete Vertragsstrafenabrede für unwirksam hielt, die für jeden Fall der Zuwiderhandlung des Arbeitnehmers gegen ein Wettbewerbsverbot eine Vertragsstrafe in Höhe von zwei durchschnittlichen Bruttomonatseinkommen vorsah und gleichzeitig bestimmte, dass im Falle einer „dauerhaften Verletzung des Wettbewerbsverbots" jeder angebrochene Monat als eine erneute Verletzungshandlung gilt.[1758] Das BAG monierte, dass für den Arbeitnehmer nicht erkennbar sei, wann eine „dauerhafte Verletzung" und wann ein nur „einmaliger" Vertragsverstoß vorliege. Dem trägt die hier vorgeschlagene Klausel Rechnung, indem der **Dauerverstoß** an das Vorliegen einer Beteiligung an Wettbewerbsunternehmen oder das Vorliegen eines Dauerschuldverhältnisses geknüpft und so hinreichend bestimmt wird.[1759]

Für die Geltendmachung der Vertragsstrafe verweist **§ 75c HGB** in Abs. 1 auf die Vorschriften des BGB, **877** während Abs. 2 bedeutungslos ist, da nach der derzeitigen Regelung in §§ 74 ff. HGB das nachvertragliche Wettbewerbsverbot immer von der Zahlung einer Entschädigung abhängt.[1760] Gem. § 75c Abs. 1 S. 1 HGB können Ansprüche aus der Vertragsstrafenvereinbarung nur nach Maßgabe des **§ 340 BGB** geltend gemacht werden, d.h. der Arbeitgeber kann nur wahlweise die Zahlung der verwirkten Vertragsstrafe oder die Erfüllung des Wettbewerbsverbots verlangen. Die Geltendmachung der Vertragsstrafe führt also dazu, dass der Arbeitgeber für die Zeit, auf die sich die verwirkte Strafe bezieht, den Anspruch auf Unterlassen von Wettbewerb verliert.[1761] Ist wie hier für jeden Fall der Zuwiderhandlung eine Vertragsstrafe vereinbart, löst aber jeder Verstoß ein neues Wahlrecht aus, so dass wegen künftig drohender Verstöße Unterlassen verlangt werden kann.[1762] Das Verlangen der Vertragsstrafe steht nach § 340 Abs. 2 BGB der Geltendmachung darüber hinausgehender Schäden nicht entgegen.

Nach § 75c Abs. 1 S. 2 HGB bleiben die Vorschriften des BGB über die Herabsetzung unverhältnismäßig hoher Vertragsstrafen unberührt. Hierdurch wird auf § 343 BGB verwiesen, wonach die Strafe auf Antrag des Schuldners durch Urteil auf einen angemessenen Betrag herabgesetzt werden kann. Diese Verweisung ändert nichts daran, dass in Formularverträgen enthaltene unangemessene Vertragsstrafen unwirksam sind und nicht geltungserhaltend reduziert werden können. Die Anwendung des § 343 BGB setzt voraus, dass überhaupt eine wirksame – also insbesondere nicht gegen § 307 Abs. 1 BGB verstoßende – Vertragsstrafe vereinbart wurde.[1763]

1755 BAG 4.3.2004, NZA 2004, 727, 734.

1756 BAG 21.4.2005, NZA 2005, 1053; BAG 18.8.2005, NZA 2006, 34; BAG 14.8.2007, NZA 2008, 170.

1757 BAG 21.4.2005, NZA 2005, 1053.

1758 BAG 14.8.2007, NZA 2008, 170; kritisch *Diller*, NZA 2008, 574; *Schramm*, NJW 2008, 1494.

1759 Vgl. *Diller*, NZA 2008, 574, 576, *Bauer/Diller*, Wettbewerbsverbote, Rn 957 f.

1760 Staub/*Weber*, § 75c Rn 22.

1761 Staub/*Weber*, § 75c Rn 8; ErfK/*Müller-Glöge*, § 339–345 BGB Rn 19.

1762 BAG 26.1.1973, AP Nr. 4 zu § 75 HGB; Staub/*Weber*, § 75c Rn 9; ErfK/*Müller-Glöge*, § 345 BGB Rn 18; *Bauer/Diller*, Wettbewerbsverbote, Rn 958.

1763 LAG Niedersachsen 31.10.2003 – 16 Sa 1211/03, zit. nach juris; Staub/*Weber*, § 75c Rn 21; *Tschöpe/Seitz/Hülbach*, Teil 2 D Rn 43a; *Wensing/Niemann*, NJW 2007, 40.

dd) Inkrafttreten und Ruhestand, §§ 4 und 5

878 Die §§ 4 und 5 enthalten **Bedingungen** für das In- und Außerkrafttreten der Wettbewerbsabrede. Diese führen nicht zum Vorliegen eines unzulässigen und deshalb unverbindlichen sog. „**bedingten Wettbewerbsverbots**". Ein solches bedingtes Wettbewerbsverbot liegt vor, wenn sich der Arbeitgeber durch einschränkende Formulierungen die Entscheidung vorbehält, ob er das Wettbewerbsverbot in Anspruch nimmt oder nicht, indem er z.B. die Geltung von einer Erklärung des Arbeitgebers abhängig macht,[1764] er sich in Abweichung von § 75a HGB einen Verzicht auch für die Zeit nach Beendigung des Arbeitsverhältnisses vorbehält[1765] oder wenn das Wettbewerbsverbot außer Kraft treten soll, wenn der Arbeitnehmer den Beruf wechselt.[1766] Dagegen ist es als objektive aufschiebende Bedingung zulässig, das Inkrafttreten des Verbots wie in § 4 von einer bestimmten Laufzeit des Vertrags, z.B. der Fortsetzung des Arbeitsverhältnisses nach Ablauf der Probezeit, abhängig zu machen.[1767] Gleiches gilt für die Ruhestandsregelung in § 5, die als vom Willen beider Parteien unabhängige auflösende Bedingung nicht zu beanstanden ist.[1768]

ee) Rechtsnachfolge, § 6

879 Kommt es vor der Beendigung des Arbeitsverhältnisses zu einem rechtsgeschäftlichen **Betriebsübergang**, ergibt sich der Übergang des Wettbewerbsverbots auf den Erwerber bereits aus § 613a BGB.[1769] Ob nach diesem Zeitpunkt § 613a BGB analog zum Übergang des Wettbewerbsverbots führt, ist umstritten,[1770] weshalb der Übergang zur Sicherheit in § 6 vertraglich vereinbart wird. Folge des Übergangs ist, dass die Unterlassungsverpflichtung des Arbeitnehmers nur noch ggü. dem Erwerber, nicht mehr ggü. dem Veräußerer besteht und sich der Inhalt des Verbots entsprechend ändert.[1771] Die Verbindlichkeit des Wettbewerbsverbots richtet sich nach dem Übergang nach den berechtigten geschäftlichen Interessen des Erwerbers i.S.d. § 74a HGB. Widerspricht der Arbeitnehmer dem Betriebsübergang, ist für die Bewertung des berechtigten geschäftlichen Interesses ausschließlich auf die Verhältnisse beim übertragenden Rechtsträger abzustellen.[1772] Der Betriebserwerber tritt nicht in die Rechte und Pflichten der Wettbewerbsvereinbarung in Bezug auf ausgeschiedene Arbeitnehmer ein, sofern kein umwandlungsrechtlicher Vorgang vorliegt.[1773]

ff) Anwendbare Vorschriften, § 7

880 Die Abrede endet mit einem deklaratorischen Verweis auf die Anwendbarkeit der Vorschriften des HGB. Zweck der nachfolgenden Empfangsbestätigung ist der Nachweis der gem. § 74 Abs. 1 HGB erforderlichen Aushändigung der Vertragsurkunde. Da das Empfangsbekenntnis die Beweislast zu Lasten des Arbeitnehmers umkehrt, bedarf sie in vorformulierten Verträgen gem. **§ 309 Nr. 12 BGB** einer gesonderten Unterschrift und muss außerdem vom Vertragstext deutlich abgesetzt sein.[1774]

1764 BAG 2.5.1970, AP Nr. 26 zu § 74 HGB; BAG 26.11.1971, AP Nr. 29 zu § 74 HGB; BAG 13.5.1986, AP Nr. 51 zu § 74 HGB.

1765 BAG 19.1.1956, AP Nr. 1 zu § 75a HGB; BAG 2.8.1971, AP Nr. 27 zu § 74 HGB; BAG 19.1.1978, AP Nr. 36 zu § 74 HGB.

1766 HWK/*Diller*, § 74 HGB Rn 106; *Bauer/Diller*, Wettbewerbsverbote, Rn 511 ff.

1767 BAG 28.6.2006, AP Nr. 80 zu § 74 HGB; Staub/*Weber*, § 74 Rn 56; *Bauer/Diller*, Wettbewerbsverbote, Rn 515, 522.

1768 BAG 30.10.1984, AP Nr. 46 zu § 74 HGB; BAG 26.2.1985, AP Nr. 30 zu § 611 BGB – Konkurrenzklausel; Preis/*Stoffels*, Arbeitsvertrag, II W 10 Rn 79; differenzierend *Bauer/Diller*, Wettbewerbsverbote, Rn 509 f.

1769 HWK/*Diller*, § 74 HGB Rn 121; Staub/*Weber*, § 74 Rn 69; ErfK/*Oetker*, § 74 HGB Rn 25; *Bauer/Diller*, Wettbewerbsverbote, Rn 984 ff.

1770 Für entsprechende Anwendbarkeit des § 613a BGB ErfK/*Preis*, § 613a BGB Rn 80; Münch-ArbR/*Wank*, § 107 Rn. 27; a.A. Hessisches LAG 3.5.1993, NZA 1994, 1033; Staub/*Weber*, § 74 Rn 74; HWK/*Diller*, § 74 HGB Rn 121; MüKo-HGB/v. *Hoyningen-Huene*, § 74 HGB Rn 77; Staudinger/*Annuß*, § 613a BGB Rn 193; *Bauer/Diller*, Wettbewerbsverbote, Rn 986 ff.

1771 HWK/*Diller*, § 74 HGB Rn 122; *Bauer/Diller*, Wettbewerbsverbote, Rn 990.

1772 *Gaul/Ludwig*, NZA 2013, 489.

1773 Ausführlich *Gaul/Ludwig*, NZA 2013, 489, 491 f. m.w.N.

1774 MüKo-BGB/*Wurmnest*, § 309 Nr. 12 Rn 20.

b) Tätigkeitsbezogenes Wettbewerbsverbot in arbeitsvertraglicher Klausel

Muster 1b.34: Tätigkeitsbezogenes Wettbewerbsverbot   881

I.   Der Arbeitnehmer verpflichtet sich, für die Dauer von zwei Jahren nach Beendigung des Arbeitsverhältnisses für kein Unternehmen innerhalb des Gebiets ▓▓▓▓ in den nachfolgend aufgezählten Tätigkeitsbereichen selbstständig oder unselbstständig tätig zu werden: ▓▓▓▓

II. Während der Dauer des Wettbewerbsverbots erhält der Arbeitnehmer eine Entschädigung, die für jedes Jahr des Verbots die Hälfte der von dem Arbeitnehmer zuletzt bezogenen vertragsgemäßen Leistungen beträgt.

III. Im Übrigen gelten die Vorschriften der § 74 ff. HGB.

Wird das nachvertragliche Wettbewerbsverbot in den Arbeitsvertrag integriert, sollte es wegen § 305c   882
Abs. 2 BGB zur Sicherheit drucktechnisch **hervorgehoben** werden. **Tätigkeitsbezogene Wettbewerbsverbote** untersagen den Wettbewerb nur für die Tätigkeitsbereiche, in denen der Arbeitnehmer bei seinem
ehemaligen Arbeitgeber eingesetzt wurde. Aus Transparenzgründen (§ 307 Abs. 1 S. 2 BGB) sollten diese
Tätigkeitsbereiche in der Vereinbarung konkret ausformuliert werden. Durch den Tätigkeitsbezug entsteht
für den Arbeitgeber allerdings das Risiko, dass die Einhaltung des Verbots kaum zu kontrollieren ist, wenn
der ehemalige Arbeitnehmer – offiziell in anderen Arbeitsbereichen – in die Dienste von Konkurrenzunternehmen eintritt.[1775] Im Zweifel ist deshalb eine unternehmensbezogene Formulierung vorzuziehen.

Auch in einer arbeitsvertraglichen Wettbewerbsklausel sollte die **Entschädigung** ausdrücklich zugesagt   883
und nicht lediglich auf die §§ 74 ff. HGB verwiesen werden, da anderenfalls die Nichtigkeit des Wettbewerbsverbots riskiert wird. Zwar hat das BAG bisher eine Verweisung auf die Vorschriften des HGB
im Zweifel als Zusage einer Karenzentschädigung in der gesetzlichen Mindesthöhe ausgelegt.[1776] Seit
der Schuldrechtsreform wird jedoch wegen § 307 Abs. 1 S. 2 und § 305c Abs. 2 BGB die Unklarheit
über das Vorliegen einer Entschädigungszusage im Zweifel zu Lasten des Arbeitgebers gehen.[1777]

c) Allgemeine Mandantenschutzklausel

Besonders in freien Berufen besteht die Gefahr, dass ehemalige Mitarbeiter nach ihrem Ausscheiden durch   884
ihre Konkurrenztätigkeit in den Mandantenkreis ihres bisherigen Arbeitgebers eingreifen. Die aktive und
gezielte Abwerbung von Mandanten des bisherigen Arbeitgebers kann, sofern sie schon gegen Standesrecht
verstößt, entschädigungslos untersagt werden (sog. **beschränkte Mandantenschutzklausel**).[1778] Ein darüber hinausgehendes Verbot, jede Betreuung von Mandanten des ehemaligen Arbeitgebers zu unterlassen
(sog. **allgemeine Mandantenschutzklausel**) hat dagegen eine ähnlich einschränkende Wirkung für die
weitere freiberufliche Tätigkeit wie ein Wettbewerbsverbot, was zur entsprechenden Anwendbarkeit der
§§ 74 ff. HGB und damit zur Entschädigungspflicht führt.[1779]

Muster 1b.35: Allgemeine Mandantenschutzklausel   885

Der Mitarbeiter verpflichtet sich nach seinem Ausscheiden ohne die ausdrückliche Zustimmung des Arbeitgebers, für die Dauer von zwei Jahren keine Mandate von solchen Auftraggebern anzunehmen, die während
der letzten zwei Jahre vor seinem Ausscheiden Auftraggeber des Arbeitgebers waren.

1775 ErfK/*Oetker*, § 74 HGB Rn 10; *Bauer/Diller*, Wettbewerbsverbote, Rn 233.
1776 BAG 14.8.1975, AP Nr. 35 zu § 74 HGB; zuletzt BAG 28.6.2006, NZA 2006, 1157 mit abl. Anm. *Gravenhorst*, NJW 2006, 3609.
1777 Offen gelassen von BAG 28.6.2006, NZA 2006, 1157, da sich der Arbeitgeber als Verwender nicht auf die Intransparenz seiner
        Klausel berufen kann; ArbG Reutlingen 27.3.2008 – 2 Ca 24/08, zit. nach juris; *Diller*, NZA 2005, 251, 252 f.
1778 BAG 16.7.1971, NJW 1971, 2245; BAG 25.9.1980 – 3 AZR 638/78, zit. nach juris; Staub/*Weber*, vor § 74 Rn 24; Preis/*Stoffels*,
        Arbeitsvertrag, II W 10 Rn 73; *Bauer/Diller*, Wettbewerbsverbote, Rn 111.
1779 BAG 16.7.1971, NJW 1971, 2245; BAG 26.11.1971, AP Nr. 26 zu § 611 BGB Konkurrenzklausel; BAG 10.12.1985, AP Nr. 31 zu
        § 611 BGB Konkurrenzklausel; Staub/*Weber*, vor § 74 Rn 24; *Grimm/Brock/Windeln*, ArbRB 2005, 92.

Hierfür erhält der Mitarbeiter eine Entschädigung, die für jedes Jahr des Verbots die Hälfte der von dem Mitarbeiter zuletzt bezogenen vertragsgemäßen Leistungen beträgt. Im Übrigen gelten die Vorschriften der § 74 ff. HGB.

▲

886   Hiervon zu unterscheiden sind **Mandantenübernahmeklauseln**, die ausgeschiedenen Mitarbeitern die Übernahme von Mandanten nicht verbieten, sondern – allerdings gegen eine Entschädigungszahlung an den Arbeitgeber – erlauben. Da sie kein Konkurrenzverbot enthalten, sind sie grds. entschädigungslos zulässig, solange sie dem Schutz eines berechtigten geschäftlichen Interesses des Arbeitgebers dienen und das berufliche Fortkommen des Arbeitnehmers nicht unbillig erschweren.[1780] Sind die Konditionen allerdings so gestaltet, dass sich die Bearbeitung der Mandate nicht mehr wirtschaftlich lohnt und so der ehemalige Mitarbeiter indirekt als Konkurrent ausgeschaltet wird, handelt es sich um eine unzulässige Umgehung i.S.d. § 75d S. 2 HGB.[1781] Maßgeblich für das Vorliegen einer sog. **verdeckten Mandantenschutzklausel** sind die Bindungsdauer und die Höhe des abzuführenden Gesamtumsatzes. In Anlehnung an § 74a Abs. 1 S. 3 HGB ist eine längere Bindungsdauer als zwei Jahre nicht mehr angemessen, wobei eine Überschreitung hier nicht geltungserhaltend auf das noch zulässige Maß reduziert wird.[1782] Das BAG hielt eine Umsatzabführungsquote in Höhe von 20 % für zulässig,[1783] während die absolute Höchstgrenze bei 30 % (exklusive Umsatzsteuer) zu ziehen sein dürfte.[1784] Soll die Klausel auch die Tätigkeit im Anstellungsverhältnis und nicht nur eine Tätigkeit in Selbstständigkeit erfassen, bei der dem früheren Arbeitnehmer das Honorar nicht oder nicht in voller Höhe zufließt, und er möglicherweise nur ein Angestelltengehalt erhält, muss die Entschädigung auf einen Teil des Arbeitseinkommens beschränkt werden. Stellt die Klausel dagegen keine Verbindung zur Höhe der vom Arbeitnehmer bei seinem neuen Arbeitgeber erzielten Arbeitsvergütung her und besteht somit das Risiko, dass bei einer hohen Honorarsumme einerseits und einem – aus welchen Gründen auch immer – vergleichsweise niedrigen Arbeitseinkommen andererseits ein weit höherer Teil des Arbeitseinkommens an den ehemaligen Arbeitgeber abgeführt werden muss, als der Prozentsatz suggeriert, ist die prozentuale Umsatzabführung wegen unangemessener Benachteiligung nach § 307 Abs. 1 S. 1 BGB unwirksam.[1785]

d)   Mandantenübernahmeklausel

▼

887   **Muster 1b.36: Mandantenübernahmeklausel**

Der Mitarbeiter verpflichtet sich, nach seinem Ausscheiden für die unmittelbare oder mittelbare Übernahme der bislang von der Firma betreuten Mandanten eine Entschädigung zu zahlen, die 20 % des Gesamtumsatzes (exklusive Umsatzsteuer) aus den übernommenen Mandanten für die Dauer von zwei Jahren beträgt.

Die Entschädigungszahlung ist jeweils zum Ende eines Quartals hinsichtlich des Umsatzes für das vorangegangene Quartal fällig.

1780   BAG 7.8.2002, AP Nr. 4 zu § 75d HGB.

1781   BAG 7.8.2002, AP Nr. 4 zu § 75d HGB; LAG Schleswig-Holstein 1.6.2014, DStR 2014, 2363; *Grimm/Brock/Windeln*, ArbRB 2005, 92.

1782   BAG 7.8.2002, AP Nr. 4 zu § 75d HGB; LAG Köln 24.8.2007, NZA-RR 2008, 10; LAG Köln 14.4.2008 – 5 Sa 413/08, zit. nach juris; *Hunold*, NZA-RR 2013, 174, 179.

1783   BAG 7.8.2002, AP Nr. 4 zu § 75d HGB.

1784   *Bauer*, Anmerkung AP Nr. 4 zu § 75d HGB.

1785   BAG 11.12.2013, NZA 2014, 536; LAG Niedersachsen 8.2.2013, NZA-RR 2013, 347, 349 (Anm. *Grimm/Linden*, ArbRB 2013, 275).

Der Mitarbeiter ist insoweit auch dazu verpflichtet, der Firma die für die Ermittlung und Berechnung der Entschädigungszahlung erforderlichen Auskünfte zu erteilen und entsprechend § 259 Abs. 2 BGB die Richtigkeit und Vollständigkeit der Auskünfte an Eides statt zu versichern.[1786]

Diese Regelung gilt nicht, wenn der Mitarbeiter angestellt tätig wird.

Alternativ:

Wird der Mitarbeiter angestellt tätig, ist die Entschädigungshöhe auf maximal 20 % seines Arbeitseinkommens im entsprechenden Quartal begrenzt. Nachträgliche Sonderzahlungen des Arbeitgebers werden einem vorangegangenen Quartal zugerechnet, wenn und soweit sie erkennbar für die Tätigkeit in diesem Quartal gezahlt werden.

e) Verzicht gemäß § 75a HGB

Muster 1b.37: Verzicht gemäß § 75a HGB 888

Hiermit verzichten wir gem. § 75a HGB auf das nachvertragliche Wettbewerbsverbot gem. §   Ihres Arbeitsvertrages vom   .

Sie werden mit Zugang dieser Erklärung von der Verpflichtung zur Einhaltung des nachvertraglichen Wettbewerbsverbots frei. Mit Ablauf eines Jahres seit dem Zugang dieses Schreibens, werden wir von der Verpflichtung zur Zahlung einer Karenzentschädigung frei.

Die Verzichtserklärung nach § 75a HGB ist als Ausübung eines einseitigen **Gestaltungsrechts** bedingungs- 889 feindlich, unwiderruflich und muss den eindeutigen Willen des Arbeitgebers zum Ausdruck bringen, den Arbeitnehmer vom Wettbewerbsverbot zu befreien.[1787] Sie muss dem Arbeitnehmer noch vor Beendigung des Arbeitsverhältnisses, also spätestens mit Ablauf der Kündigungsfrist, zugehen.

f) Lossagung durch Arbeitnehmer

Muster 1b.38: Lossagung des Arbeitnehmers vom Wettbewerbsverbot 890

Hiermit erkläre ich gemäß § 75 Abs. 1 und Abs. 2 HGB, dass ich mich an das im Arbeitsvertrag vom   unter §   vereinbarte nachvertragliche Wettbewerbsverbot nicht gebunden erachte.

g) Muster: Lossagung durch den Arbeitgeber bei außerordentlicher Kündigung

Muster 1b.39: Lossagung des Arbeitgebers vom Wettbewerbsverbot 891

Hiermit kündigen wir das mit Ihnen bestehende Arbeitsverhältnis aus wichtigem Grund außerordentlich mit sofortiger Wirkung. Gleichzeitig sagen wir uns von dem mit Ihnen im Arbeitsvertrag vom   vereinbarten nachvertraglichen Wettbewerbsverbot los.

1786 *Grimm/Brock/Windeln*, ArbRB 2005, 92, 94; es ist darauf zu achten, dass die Auskunftspflicht nicht so weit vereinbart wird, dass die standesrechtliche Verschwiegenheit (z.B. § 43a BRAO) verletzt wird, was bei der Vereinbarung einer Pflicht zur Übersendung der Rechnungen an Mandanten in Kopie der Fall ist, LAG Niedersachsen 8.2.2013, NZA-RR 2013, 347, 349 (Anm. *Grimm/Linden*, ArbRB 2013, 275).

1787 BAG 13.4.1978, AP Nr. 7 zu § 75 HGB; Staub/*Weber*, § 75a Rn 5.

h)   Antrag auf Erlass einer einstweiligen Unterlassungsverfügung

▼

892   **Muster 1b.40: Antrag auf Erlass einer einstweiligen Unterlassungsverfügung**

„An das Arbeitsgericht

Antrag auf Erlass einer einstweiligen Verfügung

In Sachen ▨▨▨ / ▨▨▨ (*volles Rubrum*)

vertreten wir die Antragstellerin. Namens und in Vollmacht der Antragstellerin wird beantragt,

1. dem Antragsgegner im Wege einer einstweiligen Verfügung zu untersagen, in der Zeit bis zur Entscheidung in der Hauptsache, für das Unternehmen ▨▨▨ tätig zu werden;

2. dem Antragsgegner für jeden Fall der Zuwiderhandlung ein Zwangsgeld in Höhe von ▨▨▨ EUR ersatzweise ▨▨▨ Tage Ordnungshaft anzudrohen;

3. wegen Dringlichkeit ohne mündliche Verhandlung und durch den Vorsitzenden allein zu entscheiden.

hilfsweise die beantragte einstweilige Verfügung aufgrund mündlicher Verhandlung unter größtmöglicher Abkürzung der Ladungs- und Einlassungsfristen zu erlassen.

Begründung

I.

Die Antragstellerin betreibt in der Stadt ▨▨▨ ein Unternehmen ▨▨▨. Bis zum ▨▨▨ war der Antragsgegner bei ihr als ▨▨▨ beschäftigt. In dem zwischen den Parteien geschlossenen Arbeitsvertrag vom ▨▨▨ wurde unter § ▨▨▨ ein nachvertragliches Wettbewerbsverbot mit folgendem Wortlaut vereinbart: ▨▨▨

Glaubhaftmachung: Arbeitsvertrag vom ▨▨▨ als Anlage 1

Seit ▨▨▨ ist der Antragsgegner für das Unternehmen ▨▨▨ in ▨▨▨ als ▨▨▨ tätig.

Glaubhaftmachung: Eidesstattliche Versicherung des Zeugen ▨▨▨ als Anlage 2

Hauptgeschäftsgegenstand dieses Unternehmens ist ▨▨▨, weshalb es sich um einen der größten Konkurrenten der Antragstellerin handelt ▨▨▨.

II.

Die rechtlichen Voraussetzungen für den Erlass einer einstweiligen Verfügung liegen damit vor:

1. Der Verfügungsanspruch der Antragstellerin ergibt sich aus § ▨▨▨ des Arbeitsvertrages vom ▨▨▨.

2. Der Verfügungsgrund ergibt sich daraus, dass ▨▨▨. Hieraus folgt zugleich die besondere Dringlichkeit, so dass gemäß § 937 Abs. 2 ZPO ohne mündliche Verhandlung entschieden werden kann.

(*Unterschrift des Rechtsanwalts*)

▲

893   Nur im einstweiligen Rechtsschutzverfahren ist der Unterlassungsanspruch aus einer nachvertraglichen Wettbewerbsabrede effektiv zu sichern. Zu achten ist auf einen konkreten **Antrag**, der insbesondere angibt, für welches Konkurrenzunternehmen der ehemalige Mitarbeiter auf Unterlassen in Anspruch genommen

werden soll.[1788] Für den **Verfügungsgrund** ist die besondere Eilbedürftigkeit darzulegen und durch den Nachweis spürbarer Folgen durch den Wettbewerbsverstoß zu untermauern.[1789] Die Glaubhaftmachung des Verfügungsgrundes kann scheitern, wenn dem Arbeitgeber die Konkurrenztätigkeit des ehemaligen Arbeitnehmers vor der Antragstellung schon länger bekannt war.[1790] Bei **gewerblichen** Arbeitnehmern muss konkret dargelegt werden, dass der Arbeitnehmer geschäftliche Interessen des bisherigen Arbeitgebers durch eine wettbewerbliche Tätigkeit beim Konkurrenzunternehmen gefährdet.[1791] Hat der Arbeitgeber über einen Zeitraum von mehreren Monaten hinweg keine vereinbarte Karenzentschädigung gezahlt, kann ein Berufen auf den Unterlassungsanspruch wegen Treuwidrigkeit zurückgewiesen werden.[1792]

II. Nachvertragliches Wettbewerbsverbot für Organe

Literatur: *Baeck/Winzer*, Unanwendbarkeit von § 74c auf Geschäftsführer, NZG 2008, 775; *Baisch/Cardinale-Koc*: Zusammentreffen mehrerer nachvertraglicher Wettbewerbsverbote, NJW 2016, 194; *Bauer/Diller*, Karenzentschädigung und bedingte Wettbewerbsverbote bei Organmitgliedern, BB 1995, 1134; *dies.*, Nachvertragliche Wettbewerbsverbote mit GmbH-Geschäftsführern, GmbHR 1999, 885; *dies.*, Wettbewerbsverbote, 6. Aufl. 2012; *Bergwitz*, Möglichkeiten des abberufenen GmbH-Geschäftsführers zur Befreiung vom Wettbewerbsverbot, GmbHR 2006, 1129; *Diller*, Konkurrenztätigkeit des GmbH-Geschäftsführers während des Kündigungsschutzprozesses, ZIP 2007, 201; *Fleischer*, Handbuch des Vorstandsrechts, 2006; *Haas/Ohlendorf*, Anstellungsvertrag des Vorstandsmitglieds der Aktiengesellschaft, 2. Aufl. 2010; *Heidenhain*, Nachvertragliches Wettbewerbsverbot des GmbH-Geschäftsführers, NZG 2002, 605; *Hoffmann-Becking*, Nachvertragliche Wettbewerbsverbote für Vorstandsmitglieder und GmbH-Geschäftsführer, FS Quack 1991, 273; *Hoffmann-Becking*, Münchener Handbuch des Gesellschaftsrechts – Band 4: Aktiengesellschaft, 3. Auflage 2007 (zitiert: Münch Hdb. GesR IV/*Bearbeiter*); *Hümmerich*, Der Verbraucher-Geschäftsführer – das unbekannte Wesen, NZA 2006, 709; *Jaeger*, Der Anstellungsvertrag des GmbH-Geschäftsführers, 5. Aufl. 2009; *Kamanabrou*, Teilverbindlichkeit überschießender nachvertraglicher Wettbewerbsverbote für GmbH-Geschäftsführer, ZGR 2002, 898; *Khanian*, Die Inhaltskontrolle von Organanstellungsverträgen am Beispiel des GmbH-Geschäftsführervertrages, 2008; *Kukat*, Vorsicht ist besser als Nachsicht – Praktische Hinweise zur Vereinbarung nachvertraglicher Wettbewerbsverbote für Geschäftsführer und zur Anrechnung anderweitigen Erwerbs, BB 2001, 951; *Melot de Beauregard*, Das Anstellungsverhältnis des GmbH-Geschäftsführers, 2011; *Menke*, Gestaltung nachvertraglicher Wettbewerbsverbote mit GmbH-Geschäftsführern – Verzicht statt Karenzentschädigung, NJW 2009, 636; *Oppenländer/Trölitzsch*, Praxishandbuch der GmbH-Geschäftsführung, 2004; *Priester/Mayer/Wicke*, Münchener Handbuch des Gesellschaftsrechts – Band 4: GmbH, 4. Aufl. 2012 (zitiert: Münch Hdb. GesR III/*Bearbeiter*); *Reufels/Schewiola*, Nachvertragliche Wettbewerbsverbote mit Organmitgliedern, ArbRB 2008, 57; *Thüsing*, Nachorganschaftliche Wettbewerbsverbote bei Vorständen und Geschäftsführern – Ein Rundgang durch die neuere Rechtsprechung und Literatur, NZG 2004, 9.

1. Rechtliche Grundlagen

Für in Gesellschaftsform betriebene Unternehmen ist die Konkurrenz durch ihre Organe, namentlich die **Vorstandsmitglieder** bei einer Aktiengesellschaft und den **Geschäftsführer** bei einer GmbH, wegen deren umfassenden Einblicks in alle Geschäftsvorgänge der Gesellschaft wesentlich gefährlicher als die Konkurrenz von Arbeitnehmern. Während ihrer Organstellung unterliegen Vorstandsmitglieder von Aktiengesellschaften einem gesetzlichen Wettbewerbsverbot aus **§ 88 AktG**.[1793] Bei Geschäftsführern einer GmbH ergibt sich dieses Wettbewerbsverbot auch ohne gesetzliche Regelung oder gesonderte vertragliche Vereinbarung aus ihrer **Treuepflicht**.[1794]

894

1788 LAG Hamm 12.9.2006 – 7 Sa 1356/06, zit. nach juris; Preis/*Stoffels*, II W 10 Rn 96; *Korinth*, ArbRB 2013, 61, 63.
1789 Nach LAG Köln 14.11.1989 – 11 Sa 930/89 indiziert das Bestehen eines Verfügungsanspruchs hier den Verfügungsgrund, zustimmend *Korinth*, ArbRB 2013, 61, 63.
1790 LAG Hamm 12.9.2006 – 7 Sa 1356/06, zit. nach juris.
1791 Die Tätigkeit als solche ist bei gewerblichen Arbeitnehmern nicht eo ipso wettbewerbswidrig, LAG Hamm 5.4.2000, MDR 2000, 1255, zustimmend *Korinth*, ArbRB 2013, 61, 63. Es kommt auf konkrete Wettbewerbshandlungen an.
1792 LAG Mecklenburg-Vorpommern 4.8.2014 – 2 SaGa 3/14, zitiert nach juris.
1793 Ausführlich hierzu MüKo-AktG/*Spindler*, § 88 Rn 1 ff.
1794 OLG Oldenburg 17.2.2000, NZG 2000, 1038; Baumbach/Hueck/*Zöllner/Noack*, § 35 GmbHG Rn 41.

895 Nach der rechtlichen und tatsächlichen Beendigung ihrer Organtätigkeit und der Beendigung ihrer Anstellungsverträge[1795] besteht aber trotz nachvertraglicher Treue- bzw. Loyalitätspflicht und nachvertraglicher Verschwiegenheitspflicht (vgl. § 85 GmbHG und § 404 AktG) ohne entsprechende vertragliche Vereinbarung kein nachvertragliches Wettbewerbsverbot.[1796] Ob und inwieweit für solche Vereinbarungen die Schutzvorschriften der §§ 74 ff. HGB gelten, ist umstritten. Da Organmitglieder juristischer Personen mangels persönlicher Abhängigkeit grds. nicht dem Arbeitnehmerbegriff unterfallen,[1797] kommt allenfalls eine entsprechende Anwendung in Betracht. Diese wird von Teilen der Lit. jedenfalls für Fremdgeschäftsführer der GmbH mit Hinweis auf deren wirtschaftliches Abhängigkeitsverhältnis zur Gesellschaft und ihrer damit verbundenen sozialen Schutzbedürftigkeit befürwortet.[1798] Der BGH lehnt dagegen in ständiger Rechtsprechung die **Anwendbarkeit der §§ 74 ff. HGB** auf Organmitglieder juristischer Personen ab und misst mit ihnen vereinbarte nachvertragliche Wettbewerbsverbote lediglich an § 138 BGB unter Berücksichtigung der Wertungen aus Art. 2 und 12 GG.[1799] Die §§ 74 ff. HGB werden nur insoweit entsprechend herangezogen, als sie vorrangig die Wahrung des Unternehmensinteresses verfolgen.[1800] Zwar können auch Organmitglieder, insbesondere der Fremdgeschäftsführer einer GmbH, in einem wirtschaftlichen Abhängigkeitsverhältnis zum Unternehmen stehen. Dennoch ist die Interessenlage nicht vergleichbar, da Organe des Unternehmens wegen ihrer Repräsentationsfunktion im Mittelpunkt der geschäftlichen Beziehungen der Gesellschaft stehen und so ihre nachvertragliche Konkurrenztätigkeit wesentlich höhere Risiken für das Unternehmen bedeutet.[1801] Mit der herrschenden Auffassung ist deshalb selbst für Fremdgeschäftsführer der GmbH oder Vorstandsmitglieder mit ausgeprägtem Abhängigkeitsverhältnis zur Gesellschaft keine Ausnahme von der Rechtsprechungslinie des BGH zu machen.[1802]

Da angesichts der Kritik aus dem Schrifttum eine Rechtsprechungsänderung des BGH nicht auszuschließen ist, bietet sich jedenfalls bei nachvertraglichen Wettbewerbsverboten mit Fremdgeschäftsführern einer GmbH als sicherster Weg an, die Anwendbarkeit der §§ 74 ff. HGB zu vereinbaren (siehe unten Rdn 912).

896 Sind die §§ 74 ff. HGB nicht anwendbar, besteht auch kein gesetzliches **Formerfordernis** (also das der Schriftform[1803]), wenngleich die schriftliche Niederlegung der Vereinbarung aus Dokumentationszwecken zu empfehlen ist.[1804] Wird das nachvertragliche Wettbewerbsverbot vorformuliert, müssen neben der Sittenwidrigkeitsgrenze aus § 138 BGB die **§§ 305 ff. BGB** beachtet werden.[1805] Denn die in § 310 Abs. 4 S. 1 BGB enthaltene Bereichsausnahme für Verträge auf dem Gebiet des Gesellschaftsrechts gilt nicht für die als Dienstverträge i.S.d. §§ 611 ff. BGB einzuordnenden Anstellungsverträge der Organmitglieder.[1806] Da es

---

1795 Zur Rechtslage während eines Kündigungsprozesses *Diller*, ZIP 2007, 201.

1796 BGH 26.3.1984, BGHZ 91, 1 (zum GmbH-Geschäftsführer); Hopt/Wiedemann/*Kort*, 4. Aufl. 2006, § 88 AktG Rn 136; Baumbach/Hueck/*Zöllner/Noack*, § 35 GmbHG Rn 46; Scholz/*Schneider*, 10. Auflage 2007, § 43 GmbHG Rn 173; *Bauer/Diller*, Wettbewerbsverbote, Rn 1031 f.

1797 St. Rspr. des BGH seit BGH 9.11.1967, BGHZ 49, 30; die Rspr. des BAG hält Ausnahmen für möglich u.a. BAG 26.5.1999, NZA 1999, 987; ErfK/*Preis*, § 611 BGB Rn 137 m.w.N.

1798 Staub/*Weber*, vor § 74 Rn 22; Scholz/*Schneider*, § 43 GmbHG Rn 182; MünchArbR/*Wank*, § 107 Rn 6; *Bauer/Diller*, Wettbewerbsverbote, Rn 1038; *Bauer/Diller*, BB 1995, 1134, 1135; *Gaul*, GmbHR 1991, 144, 147; *Kamanabrou*, ZGR 2002, 898, 907 ff.

1799 BGH 26.3.1984, BGHZ 91, 1; BGH 15.4.1991, NJW-RR 1991, 993; BGH 4.3.2002, NJW 2002, 1875; BGH 28.4.2008, DB 2008, 1423; Münch Hdb. GesR III/*Marsch-Barner/Dieckmann*, § 43 Rn 76.

1800 BGH 12.2.1992, NJW 1992, 1892.

1801 BGH 26.3.1984, BGHZ 91, 1; *Thüsing*, NZG 2004, 9.

1802 ErfK/*Oetker*, § 74 HGB Rn 5; Ebenroth u.a./*Boecken*, § 74 Rn 8; MüKo-HGB/*v. Hoyningen-Huene*, § 74 Rn 9; Hopt/Wiedemann/*Kort*, § 88 AktG Rn 140; Baumbach/Hueck/*Zöllner/Noack*, § 35 GmbHG Rn 197; Preis/*Stoffels*, Arbeitsvertrag II W 10 Rn 54; Küttner/*Reinecke*, Wettbewerbsverbot Rn 46; *Thüsing*, NZG 2004, 9.

1803 Münch Hdb. GesR III/*Marsch-Barner/Dieckmann*, § 43 Rn 76.

1804 *Bauer/Diller*, Wettbewerbsverbote, Rn 1043.

1805 OLG Schleswig 17.3.2000, NZG 2000, 894; *Bauer/Diller*, Wettbewerbsverbote, Rn 1044; *Grobys*, DStR 2002, 1002; *Hümmerich*, NZA 2006, 709.

1806 *Bauer/Diller*, Wettbewerbsverbote, Rn 1044; Fleischer/*Thüsing*, § 4 Rn 131; *Khanian*, S. 29.

---

sich bei der Tätigkeit als Organ um eine unselbstständige Tätigkeit i.S.d. § 13 BGB handelt, sind sowohl GmbH-Geschäftsführer[1807] als auch Vorstandsmitglieder[1808] einer AG Verbraucher im Sinne dieser Vorschrift. Für die Verbrauchereigenschaft kommt es auch nicht darauf an, ob das Organmitglied gleichzeitig Gesellschafter ist, denn auch das Halten eines Gesellschaftsanteils ist keine selbstständige, gewerbliche Tätigkeit, sondern bloße Vermögensverwaltung.[1809] Es gilt deshalb § 310 Abs. 3 Nr. 2 BGB, so dass es für die Anwendbarkeit der §§ 305c, 306–309 BGB bereits ausreicht, wenn das vorformulierte nachvertragliche Wettbewerbsverbot nur zur einmaligen Verwendung durch die Gesellschaft bestimmt ist.

Sofern das Wettbewerbsverbot auch die selbstständige Tätigkeit des Organmitglieds erfasst, ist außerdem der Anwendungsbereich des **Kartellverbots** in § 1 GWB eröffnet, das allerdings für nachvertragliche Wettbewerbsverbote keine eigenständige Rolle spielt, weil sich die aus § 1 GWB ergebenden Grenzen mit denen aus § 138 BGB decken.[1810]   **897**

2. Muster und Erläuterungen

a) Nachvertragliches Wettbewerbsverbot als Zusatzvereinbarung zum Anstellungsvertrag eines Vorstandsmitglieds

Das folgende Muster soll am Beispiel des Anstellungsvertrags des Vorstandsmitglieds die bei Nicht-   **898** anwendbarkeit der §§ 74 ff. HGB vorhandenen Gestaltungsspielräume aufzeigen und ist auf Geschäftsführer einer GmbH übertragbar.

▼

Muster 1b.41: Nachvertragliches Wettbewerbsverbot – Vorstandsmitglied

Zwischen

der Firma ▓▓▓▓▓ , vertreten durch ▓▓▓▓▓

– im Folgenden „Gesellschaft" genannt –

und

Herrn/Frau ▓▓▓▓▓

– im Folgenden „Vorstandsmitglied" genannt –

wird folgende Vereinbarung getroffen:

§ 1 Nachvertraglicher Kundenschutz

Das Vorstandsmitglied verpflichtet sich, nach seinem Ausscheiden für die Dauer von zwei Jahren nicht in geschäftliche Beziehungen zu solchen Kunden und Lieferanten zu treten, die während der letzten zwei Jahre vor der Beendigung des Anstellungsverhältnisses Geschäftskontakte zu der Gesellschaft unterhalten haben.

§ 2 Nachvertragliches Wettbewerbsverbot

(1) Darüber hinaus unterliegt das Vorstandsmitglied für die Dauer von zwei Jahren nach Beendigung seines Dienstverhältnisses einem nachvertraglichen Wettbewerbsverbot. Geht der Beendigung des Dienst-

---

1807 Vgl. BGH 5.9.1996, NJW 1996, 2156, 2158; BGH 22.11.2006, NJW 2007, 759, 760; MüKo-BGB/*Purnhagen*, § 13 Rn 60; *Khanian*, S. 121; differenzierend *Hümmerich*, NZA 2006, 709; a.A. *Grobys*, DStR 2002, 1002, 1004 f.

1808 MüKo-BGB/*Purnhagen*, § 13 Rn 60; kritisch Fleischer/*Thüsing*, § 4 Rn 101.

1809 Vgl. BGH 5.6.1996, NJW 1996, 2156; BGH 28.6.2000, NJW 2000, 3133; BGH 22.11.2006, NJW 2007, 759; kritisch *Khanian*, S. 113; a.A. *Hümmerich*, NZA 2006, 709, 710 f.

1810 Vgl. BGH 26.3.1984, BGHZ 91, 1; Hopt/Wiedemann/*Kort*, § 88 AktG Rn 174; *Bauer/Diller*, Wettbewerbsverbote, Rn 364; *Bauer/Diller*, GmbHR 1999, 885, 892.

verhältnisses eine Freistellungsphase voraus, wird die Dauer des Wettbewerbsverbots um die Dauer dieser Freistellungsphase verkürzt.

(2) Das Vorstandsmitglied verpflichtet sich während der Dauer des Wettbewerbsverbots weder in selbstständiger oder unselbstständiger noch in sonstiger Weise für ein Unternehmen tätig zu werden, das mit der Gesellschaft in Wettbewerb steht. Die Tätigkeit in sonstiger Weise umfasst insbesondere die Unterstützung von Wettbewerbsunternehmen durch eine selbstständige oder unselbstständige Tätigkeit, bei der Kenntnisse oder Erfahrungen, die bei der Gesellschaft gewonnen wurden, an den Wettbewerber weitergegeben werden können. In gleicher Weise ist es dem Vorstandsmitglied untersagt, während dieser Zeit ein solches Unternehmen zu errichten, zu erwerben oder sich hieran unmittelbar oder mittelbar zu beteiligen. Ausgenommen sind Beteiligungen rein zur Kapitalanlage, die keinen Einfluss auf die Organe des betreffenden Unternehmens vermitteln. Als Wettbewerbsunternehmen gelten insbesondere Unternehmen, die   .

Ggf.: *Das Wettbewerbsverbot gilt auch zugunsten der mit der Gesellschaft verbundenen Unternehmen.*

(3) Das nachvertragliche Wettbewerbsverbot erstreckt sich räumlich auf   .

§ 3 Entschädigung

(1) Während der Dauer des nachvertraglichen Wettbewerbsverbots gem. § 2 dieser Vereinbarung erhält das Vorstandsmitglied eine Entschädigung, die für jedes Jahr des Verbots die Hälfte der von ihm zuletzt bezogenen Bruttojahresvergütung beträgt (**alternativ:** *die Hälfte der von ihm zuletzt bezogenen vertragsmäßigen Leistungen beträgt.*).

(2) Das Vorstandsmitglied muss sich auf die Entschädigung anrechnen lassen, was es während des Zeitraums, für den die Entschädigung gezahlt wird, durch anderweitige Verwertung seiner Arbeitskraft erwirbt oder zu erwerben böswillig unterlässt, wenn die anderweitige Vergütung zusammen mit der Entschädigung die zuletzt bezogene Bruttojahresvergütung übersteigt.

(3) Das Vorstandsmitglied wird der Gesellschaft jeweils zum Monatsende unaufgefordert mitteilen, ob und in welcher Höhe es anderweitige Einkünfte bezieht. Auf Verlangen sind seine Angaben zu belegen.

§ 4 Vertragsstrafe

(1) Unbeschadet des Rechts, die Einhaltung des Verbots zu verlangen, kann die Gesellschaft für jeden Verstoß gegen den nachvertraglichen Kundenschutz oder das nachvertragliche Wettbewerbsverbot eine **Vertragsstrafe in Höhe eines Bruttomonatsentgelts** geltend machen.

(2) Im Falle eines Dauerverstoßes durch eine Beteiligung an einem Wettbewerbsunternehmen oder durch die Eingehung eines gegen § 1 oder § 2 dieser Vereinbarung verstoßenden Dauerschuldverhältnisses, ist die Vertragsstrafe gem. Abs. 1 für jeden angefangenen Monat der Beteiligung oder der Tätigkeit aufgrund des Dauerschuldverhältnisses neu verwirkt.

(3) Bei mehrfachen Verstößen ist die verwirkte Vertragsstrafe insgesamt auf die Höhe eines Bruttojahresentgelts begrenzt.

(4) Die Geltendmachung eines darüber hinausgehenden Schadens und weitergehender Ansprüche durch die Gesellschaft bleibt vorbehalten.

§ 5 Ruhestand

Die Wettbewerbsabrede tritt bei Eintritt des Vorstandsmitglieds in den Ruhestand, bei Erreichen der gesetzlichen Regelaltersgrenze oder bei Bezug einer Rente wegen vollständiger Erwerbsunfähigkeit außer Kraft.

§ 6 Verzicht

(1) Die Gesellschaft kann vor der Beendigung des Dienstverhältnisses durch schriftliche Erklärung gegenüber dem Vorstandsmitglied auf das Wettbewerbsverbot mit der Wirkung verzichten, dass der Geschäftsführer mit Zugang dieser Erklärung vom Wettbewerbsverbot frei wird und die Verpflichtung der Gesellschaft zur Zahlung der Entschädigung nach § 3 dieser Vereinbarung mit Ablauf von drei Monaten seit der Erklärung entfällt.

(2) Das Verzichtsrecht nach Abs. 1 kann auch nach der Beendigung des Dienstverhältnisses ausgeübt werden. Nach Aufforderung durch das Vorstandsmitglied muss sich die Gesellschaft binnen vier Wochen nach Zugang der Aufforderung über die Ausübung des Verzichtsrechts erklären.

§ 7 Lossagungsrecht bei außerordentlicher Kündigung

Löst die Gesellschaft das Dienstverhältnis durch Ausspruch einer außerordentlichen Kündigung wegen eines vertragswidrigen Verhaltens des Vorstandsmitglieds auf, wird das Wettbewerbsverbot unwirksam, wenn die Gesellschaft vor Ablauf eines Monats nach der Kündigung schriftlich gegenüber dem Vorstandsmitglied erklärt, dass sie sich mit sofortiger Wirkung von dem nachvertraglichen Wettbewerbsverbot löst. In diesem Fall wird die Gesellschaft von ihrer in § 3 dieser Vereinbarung übernommenen Verpflichtung zur Zahlung einer Entschädigung frei.

§ 8 Rechtsnachfolge

Der nachvertragliche Kundenschutz und das nachvertragliche Wettbewerbsverbot gelten auch mit einem Rechtsnachfolger der Gesellschaft, insbesondere geht es bei einer Veräußerung auf den Erwerber über. Dies gilt auch, wenn das Vorstandsmitglied zum Zeitpunkt des Übergangs der Gesellschaft auf den Rechtsnachfolger bereits aus der Gesellschaft ausgeschieden ist. Das Vorstandsmitglied ist mit dem Übergang der Rechte aus dieser Vereinbarung auf den Rechtsnachfolger einverstanden.

§ 9 Anwendbare Vorschriften

Soweit vorstehende Regelungen nichts anderes bestimmen, gelten für das nachvertragliche Wettbewerbsverbot die §§ 74 ff. HGB ergänzend, soweit sie Regelungen zugunsten der Gesellschaft enthalten.

§ 10 Salvatorische Klausel

Sollte eine Bestimmung dieser Vereinbarung ganz oder zum Teil unwirksam sein oder werden, so wird hierdurch die Wirksamkeit der übrigen Bestimmungen dieser Vereinbarung nicht berührt. An die Stelle der unwirksamen Bestimmung tritt diejenige gesetzlich zulässige Bestimmung, welche nach Sinn und Zweck der unwirksamen Bestimmung am nächsten kommt.

Dies gilt auch dann, wenn die Unwirksamkeit der Bestimmung auf einem Maß der Leistung oder der Zeit beruht; es gilt dann entsprechend § 74a Abs. 1 S. 2 HGB das rechtlich zulässige Maß.

Dasselbe gilt für den Fall einer vertraglichen Lücke.

(*Ort und Datum*)

(*Gesellschaft*)   (*Vorstandsmitglied*)

aa) Kundenschutz und Wettbewerbsverbot nachvertraglich, §§ 1, 2

Ob der **Inhalt des Wettbewerbsverbots** einer Inhaltskontrolle nach **§ 307 Abs. 1 BGB** zu unterziehen ist,   899
wurde bisher auch für Organmitglieder noch nicht höchstrichterlich entschieden. Da es sich – wie bei Arbeitsverträgen (siehe oben Rdn 860 ff.) – um eine kontrollfreie Leistungsbeschreibung i.S.d. § 307 Abs. 3 BGB handelt, steht zu erwarten, dass die Rechtsprechung den Inhalt des Verbots weiterhin nur am Maßstab des § 138 BGB messen wird und aus AGB-rechtlicher Sicht lediglich die Unklarheitenregel des § 305c Abs. 2 BGB[1811] und das Transparenzgebot des § 307 Abs. 1 S. 2 BGB zu beachten sind. Nach der Rechtsprechung des BGH halten nachvertragliche Wettbewerbsverbote mit Organmitgliedern der Überprüfung am Maßstab des **§ 138 BGB** nur stand, wenn das Verbot dem Schutz eines berechtigten Interesses des Unter-

---

1811 OLG Frankfurt 6.12.1972, DB 1973, 139.

nehmens dient (1. Stufe) und es nach Ort, Zeit und Gegenstand die Berufsausübung und die wirtschaftliche Betätigung des Organmitglieds nicht unbillig erschwert (2. Stufe).[1812]

900 **Gegenständlich** ist hierbei zwischen Kunden-/bzw. Mandantenschutzklauseln (hier § 1) und umfassenden nachvertraglichen Wettbewerbsverboten (§ 2) zu differenzieren, die unterschiedlich strengen Anforderungen unterliegen. Das Interesse an einem **nachvertraglichen Kundenschutz** wird grds. als berechtigt anerkannt,[1813] solange nur aktuelle Kunden oder Mandanten erfasst werden, zu denen in den letzten zwei oder drei Jahren Geschäftsbeziehungen bestanden haben.[1814] Da der hiermit verbundene Eingriff in die berufliche Freiheit relativ geringfügig ist, führen solche Klauseln auch ohne ausgleichende Karenzentschädigung zu keiner unbilligen Erschwerung der späteren Betätigung des Organmitglieds.[1815] Dagegen werden **umfassende Tätigkeitsverbote** restriktiver gehandhabt. Ein berechtigtes Interesse am nachvertraglichen Wettbewerbsverbot besteht nur, wenn der Kundenschutz allein nicht ausreicht, sondern es dem Unternehmen auch um den Schutz von Betriebs- und Geschäftsgeheimnissen oder des technischen Know-hows geht.[1816] Das vollständige Ausschalten des Organmitglieds als Konkurrenten ist jedenfalls kein legitimes Interesse.[1817] Es ist deshalb bei der Definition des Wettbewerbsunternehmens in § 2 der Abrede auf eine genaue und im Zweifel enge Umschreibung der für die Gesellschaft gefährlichen Konkurrenzunternehmen zu achten, die im **Einzelfall** eng am Tätigkeitsbereich der Gesellschaft und den Aufgaben des jeweiligen Organmitglieds orientiert ist.[1818] Auch **konzernweite Wettbewerbsverbote**, die den Schutz auf mit der Gesellschaft „verbundene Unternehmen" erstrecken, sind problematisch und werden nur von einem berechtigten Interesse gedeckt sein, wenn das Organmitglied durch seine Tätigkeit beim herrschenden Unternehmen einen konzernweiten Einblick in Geschäftsvorgänge hatte.[1819] Das wird insbesondere bei Vorstandsmitgliedern nicht operativ tätiger **Holdinggesellschaften** der Fall sein.[1820] Obgleich der BGH wiederholt betont hat, dass mangels Anwendbarkeit des § 74 Abs. 2 HGB nachvertragliche Wettbewerbsverbote mit Organmitgliedern grds. auch ohne Karenzentschädigung vereinbart werden können,[1821] führen umfassende Tätigkeitsverbote ohne ausgleichende Entschädigungszahlung grds. zu einer unbilligen Erschwerung des beruflichen Fortkommens und sind entschädigungslos unzulässig.[1822]

Zeitlich sollten sowohl Kundenschutzklauseln[1823] als auch weitergehende Tätigkeitsverbote[1824] auf einen Zeitraum von maximal zwei Jahren begrenzt werden.[1825] Geht der Vertragsbeendigung eine längere Frei-

---

1812 BGH 26.3.1984, BGHZ 91, 1; BGH 7.7.2008, DB 2008, 2187; *Bauer/Diller*, Wettbewerbsverbote, Rn 1046.
1813 BGH 26.3.1984, BGHZ 91, 1; BGH 29.10.1990, NJW 1991, 699; OLG Düsseldorf 10.3.2000, NZG 2000, 737; *Haas/Ohlendorf*, S. 186 f.; *Reufels/Schewiola*, ArbRB 2008, 57, 58.
1814 BGH 29.10.1990, NJW 1991, 699.
1815 BGH 26.3.1984, BGHZ 91, 1; OLG Düsseldorf 10.3.2000, NZG 2000, 727; *Bauer/Diller*, Wettbewerbsverbote, Rn 1050; *Reufels/Schewiola*, ArbRB 2008, 57, 59.
1816 *Bauer/Diller*, Wettbewerbsverbote, Rn 1054; *Haas/Ohlendorf*, S. 187; *Reufels/Schewiola*, ArbRB 2008, 57, 58.
1817 BGH 26.3.1984, BGHZ 91, 1; OLG Düsseldorf 3.12. 1998, DStR 1999, 1625; OLG Düsseldorf 10.3.2000, NZG 2000, 737; *Scholz/Schneider*, § 43 GmbHG Rn 177; *Ulmer/Paefgen*, § 35 GmbHG Rn 488; *Bauer/Diller*, Wettbewerbsverbote, Rn 1054.
1818 MüKo-AktG/*Spindler*, § 88 Rn 51; *Hoffmann-Becking*, in: FS Quack 273, 275; mit Beispielen *Haas/Ohlendorf*, S. 187 f.
1819 Baumbach/Hueck/*Zöllner/Noack*, § 35 GmbHG Rn 199; *Bauer/Diller*, Wettbewerbsverbote, Rn 1056; *Reufels/Schewiola*, ArbRB 2008, 57, 58.
1820 Zutreffend *Haas/Ohlendorf*, S. 189.
1821 BGH 26.3.1984, BGHZ 91, 1; BGH 4.3.2002, NJW 2002, 1875.
1822 MüKo-AktG/*Spindler*, § 88 Rn 57; Baumbach/Hueck/*Zöllner/Noack*, § 35 GmbHG Rn 202; *Bauer/Diller*, Wettbewerbsverbote, Rn 1074; *Reufels/Schewiola*, ArbRB 2008, 57, 59.
1823 BGH 20.1.2015, NJW 2015, 1012; BGH 26.3.1984, BGHZ 91, 1, 7; BGH 8.5.2000, NJW 2000, 2584; vgl. BGH 29.9.2003, NJW 2004, 66; *Bauer/Diller*, Wettbewerbsverbote, Rn 1072; *Reufels/Schewiola*, ArbRB 2008, 57, 58.
1824 Vgl. BGH 9.5.1968, NJW 1968, 1717 (drei Jahre unzulässig); BGH 8.5.2000, NJW 2000, 2584; BGH 18.7.2005, NJW 2005, 3061; *Scholz/Schneider*, § 43 GmbHG Rn 178; *Bauer/Diller*, Wettbewerbsverbote, Rn 1057 f.; *Reufels/Schewiola*, ArbRB 2008, 57, 58.
1825 Münch Hdb. GesR III/*Marsch-Barner/Dieckmann*, § 43 Rn 76 wollen über die Regellaufzeit von zwei Jahren in Ausnahmefällen Laufzeiten von bis zu drei Jahren zulassen. Angesichts der gefestigten BGH-Rechtsprechung zur geltungserhaltenden Reduktion überlanger Laufzeiten erscheinen die damit verbundenen Risiken gerade noch vertretbar.

stellungsphase voraus, kann aber auch diese Zwei-Jahres-Grenze im Hinblick auf § 138 BGB problematisch werden.[1826] Deshalb verkürzt die vorgeschlagene Klausel die Dauer des Wettbewerbsverbots um eine solche Freistellungszeit.

Der **räumliche Geltungsbereich** des Verbots muss an den Bedarf des Unternehmens angepasst und dabei wegen §§ 305c Abs. 2, 307 Abs. 1 S. 2 BGB möglichst konkret formuliert werden. Ohne vertragliche Regelung gilt das Wettbewerbsverbot im Zweifel weltweit, was nur selten durch ein berechtigtes Interesse der Gesellschaft legitimiert sein dürfte.[1827]

Das Risiko bei der Formulierung nachvertraglicher Wettbewerbsverbote in Organanstellungsverträgen liegt im Vergleich zu entsprechenden Arbeitnehmerverträgen in der Nichtigkeitsfolge des § 138 BGB. In der Literatur wird stattdessen vielfach eine geltungserhaltende Reduktion in entsprechender Anwendung des § 74a Abs. 1 HGB gefordert.[1828] Der BGH hat eine **geltungserhaltende Reduktion** jedoch bisher nur bei einer überlangen Bindungsdauer über § 139 BGB zugelassen,[1829] eine inhaltliche Reduktion auch des sachlichen Geltungsbereichs wird in der Rechtsprechung jedoch bisher abgelehnt.[1830] Ob salvatorische Klauseln (hierzu vgl. § 10 des Musters Nachvertragliches Wettbewerbsverbot – Vorstandsmitglied, siehe oben Rdn 898) die Nichtigkeitsfolge vermeiden können, ist umstritten[1831] und vor allem mit Blick auf die Rechtsprechung zur AGB-Kontrolle solcher Klauseln zweifelhaft.[1832] Da eine **salvatorische Klausel** nur regelt, was bei schutzbedürftigeren Arbeitnehmern kraft Gesetzes gem. § 74a HGB gilt, wird man sie jedoch kaum als unangemessene Benachteiligung des Organmitglieds i.S.d. § 307 BGB auffassen können.[1833] Die in § 10 enthaltene salvatorische Klausel nimmt deshalb auch ausdrücklich auf § 74a Abs. 1 S. 2 HGB Bezug. Um das gleichwohl bestehende Nichtigkeitsrisiko zu entschärfen, schlägt das Muster vor, den regelmäßig wirksamen nachvertraglichen Kundenschutz (§ 1), der eigentlich bereits im umfassenden Wettbewerbsverbot des § 2 enthalten ist, separat zu regeln.

bb) Entschädigung, § 3

Wird als Kompensation für ein umfassendes Tätigkeitsverbot keine oder eine zu niedrige Entschädigung zugesagt, kann dies zur Nichtigkeit des Verbots über § 138 BGB führen. Enthält die Vereinbarung keine **Entschädigungszusage**, kann das Organmitglied unabhängig von der Frage der Wirksamkeit des Wettbewerbsverbots jedenfalls keine Entschädigungsansprüche aus der Vereinbarung ableiten.[1834] Ist die Karenzentschädigung zu niedrig, folgt aus § 138 BGB die vollständige Unwirksamkeit der Abrede für beide Parteien, woran auch eine salvatorische Klausel nichts ändern kann.[1835] Das bei Arbeitnehmern aus § 75d HGB resultierende Wahlrecht bei gem. § 74 Abs. 2 HGB unverbindlichen Wettbewerbsverboten kommt bei Organmitgliedern nicht in Betracht.[1836]

901

902

1826 *Bauer/Diller*, Wettbewerbsverbote, Rn 1059; *Reufels/Schewiola*, ArbRB 2008, 57, 58.
1827 Hopt/Wiedemann/*Kort*, § 88 AktG Rn 147; *Reufels/Schewiola*, ArbRB 2008, 57, 59; *Bauer/Diller*, GmbHR 1999, 885, 889.
1828 *Bauer/Diller*, Wettbewerbsverbote, Rn 1062; *Jäger*, Aktiengesellschaft, S. 98 f.; *Haas/Ohlendorf*, S. 170; *Thüsing*, NZG 2004, 9, 13.
1829 BGH 29.10.1990, NJW 1991, 699; BGH 8.5.2000, NJW 2000, 2584; BGH 20.1.2015, NJW 2015, 1012; *Bauer/Diller*, Wettbewerbsverbote, Rn 1064.
1830 BGH 28.4.1986, NJW 1986, 2944; vgl. BGH 15.3.1989, NJW-RR 1989, 800; OLG Düsseldorf 3.12.1998, NZG 1999, 405.
1831 Dafür OLG Celle 21.9.1979, GmbHR 1980, 32, 35; OLG Köln 5.10.2000, NZG 2001, 165 m. abl. Anm. *Gitter*; *Bauer/Diller*, Wettbewerbsverbote, Rn 1070; MüKo-AktG/*Spindler*, § 88 Rn 50; a.A. *Thüsing*, NZG 2004, 9, 14.
1832 Vgl. BAG 25.5.2005, NZA 2005, 1112; Erfk/*Preis*, §§ 305 ff. BGB Rn 95 m.w.N.
1833 Vgl. *Haas/Ohlendorf*, S. 171 f.
1834 BGH 7.7.2008, NZG 2008, 753.
1835 *Bauer/Diller*, Wettbewerbsverbote, Rn 1084; *Reufels/Schewiola*, ArbRB 2008, 57, 60.
1836 BGH 7.7.2008, NZG 2008, 753; *Bauer/Diller*, Wettbewerbsverbote, Rn 1084 f.; *Oppenländer/Trölitzsch*, § 14 Rn 25; *Bauer/Diller*, GmbHR 1999, 885, 892; a.A. OLG Stuttgart, BB 1980, 527 (ausgehend von Anwendbarkeit der §§ 74 ff. HGB); MüKo-AktG/*Spindler*, § 88 Rn 50; *Thüsing*, NZG 2004, 9, 14.

903 Die **Höhe** der zuzusagenden **Karenzentschädigung** ist abhängig von der Reichweite der nachvertraglichen Wettbewerbsabrede. Urteile des BGH liegen noch nicht vor. Überwiegend wird eine Regelung für zulässig gehalten, welche die Mindesthöhe des § 74 Abs. 2 HGB unterschreitet und lediglich 50 % der Festbezüge – ohne Berücksichtigung sonstiger vertragsmäßiger Leistungen – als Maßstab für die Berechnung der Karenzentschädigung vorsieht.[1837] Diese Gestaltung ist allerdings umso riskanter, je höher der Anteil der dem Organmitglied gezahlten variablen Vergütungsbestandteile ist.[1838] Die Höhe der Karenzentschädigung ist entsprechend dem Umfang des Wettbewerbsverbots zu bemessen, wobei die Höhe nach § 74 Abs. 2 HGB die Obergrenze darstellt.[1839] Angesichts der aufgezeigten Folgen einer zu niedrigen Entschädigungszusage ist als sicherster Weg die Verwendung der hier als Alternativformulierung vorgeschlagenen, am Wortlaut des § 74 Abs. 2 HGB orientierten Klausel zu empfehlen, die sämtliche Vergütungsbestandteile miteinbezieht.[1840]

904 Abs. 2 regelt die **Anrechnung** anderweitigen Erwerbs, da auch die gesetzliche Anrechnungsvorschrift des § 74c HGB auf Organmitglieder nicht entsprechend anwendbar ist. Der vom BGH aufgestellte Grundsatz, dass die §§ 74 ff. HGB analog herangezogen werden, soweit sie der Wahrung des Unternehmensinteresse dienen,[1841] greift nicht, da § 74c HGB auf den zwingenden Charakter der Karenzentschädigungspflicht zugeschnitten ist und die Entlastung des Unternehmens von dieser Pflicht nur Reflex, nicht aber Zweck des § 74c HGB ist.[1842] Bei Organmitgliedern unterliegen deshalb die Anrechnung und deren Ausmaß der freien Vereinbarung der Parteien.[1843] Dies bedeutet insbesondere, dass auch eine über § 74c HGB hinausgehende Anrechnung vereinbart werden kann.[1844] Gegen die Verwendung der hier vorgeschlagenen Klausel, welche die Anrechnung bereits beginnen lässt, sobald die Karenzentschädigung und der anderweitige Erwerb zusammen 100 % der zuletzt bezogenen Jahresbruttovergütung übersteigen, bestehen keine Wirksamkeitsbedenken.[1845] Da die Anrechnung selbst das ehemalige Organmitglied nicht in seinem beruflichen Fortkommen behindert, dürften auch weitergehende Regelungen, z.B. eine pauschale Anrechnung in Höhe von 50 % aller anderweitigen Bezüge[1846] weder mit Blick auf § 138 BGB noch auf § 307 Abs. 1 BGB zu beanstanden sein. Auch die Verrechnung mit Betriebsrentenansprüchen kann vorgesehen werden.[1847] Die Regelung zur Anrechnung wird durch eine **Auskunftspflicht** über die Höhe eines anderweitigen Erwerbs ergänzt.

cc) Vertragsstrafe, § 4

905 Auch bei Organmitgliedern ist die Vertragsstrafenregelung wegen der Nachweisschwierigkeiten bei der Geltendmachung von Schadensersatzansprüchen wesentlicher Bestandteil der Vereinbarung. In vorformulierten Arbeitsverträgen steht **§ 309 Nr. 6 BGB** der Wirksamkeit der Vertragsstrafe nicht entgegen, da Wettbewerbsverstöße nicht vom Wortlaut dieses Klauselverbots erfasst werden.[1848] Die Vertragsstrafe darf nicht unangemessen benachteiligend i.S.d. § 307 Abs. 1 S. 1 BGB sein und muss dem **Transparenzgebot**

1837 *Bauer/Diller*, Wettbewerbsverbote, Rn 1076 f.; *Hoffmann-Becking*, in: FS Quack 273, 278; *Jaeger*, S. 172 f.
1838 Hopt/Wiedemann/*Kort*, § 88 AktG Rn 160; vgl. *Bauer/Diller*, Wettbewerbsverbote, Rn 1077, *Jaeger*, S. 173; *Haas/Ohlendorf*, S. 193; *Thüsing*, NZG 2004, 9, 12.
1839 *Jaeger*, S. 173, *Bauer/Diller*, Wettbewerbsverbote, Rn 1075 ff.
1840 *Thüsing*, NZG 2004, 9, 12; *Jaeger*, S. 163, 173, der mit Blick auf die Angemessenheit die Berücksichtigung der variablen Bezüge bei einem unternehmens- oder tätigkeits- bzw. produktbezogenem Wettbewerbsverbot empfiehlt.
1841 BGH 12.2.1992, NJW 1992, 1892.
1842 BGH 15.4.1991, NZA 1991, 615; BGH 28.4.2008, NZG 2008, 664; Ulmer/*Paefgen*, § 35 GmbHG Rn 499; a.A. *Bauer/Diller*, Wettbewerbsverbote, Rn 1086; *Thüsing*, NZG 2004, 9, 11.
1843 BGH 28.4.2008, NZG 2008, 664.
1844 *Bauer/Diller*, Wettbewerbsverbote, Rn 1087; *Reufels/Schewiola*, ArbRB 2008, 57, 60.
1845 *Bauer/Diller*, Wettbewerbsverbote, Rn 1087; *Hoffmann-Becking*, in: FS Quack 273, 279; *Reufels/Schewiola*, ArbRB 2008, 57, 60.
1846 *Bauer/Diller*, Wettbewerbsverbote, Rn 1087; *Hoffmann-Becking*, in: FS Quack 273, 279.
1847 *Bauer/Diller*, Wettbewerbsverbote, Rn 1088.
1848 Vgl. BAG 14.8.2007, NZA 2008, 170, 171 zu Arbeitsverträgen; *Bauer/Diller*, Wettbewerbsverbote, Rn 1114; a.A. *Hümmerich*, NZA 2006, 709, 711.

des § 307 Abs. 1 S. 2 BGB genügen. Eine geltungserhaltende Reduktion scheidet bei Fremdgeschäftsführern bzw. Vorständen aus.[1849] Sowohl die Voraussetzungen als auch die Höhe der Vertragsstrafe müssen klar bestimmt sein.[1850] Die in Abs. 2 der Klausel enthaltene Definition des Dauerverstoßes ist Folge der arbeitsgerichtlichen Rechtsprechung zum Transparenzgebot,[1851] die auf Organmitglieder übertragbar ist. Zu der Frage, in welcher **Höhe** Vertragsstrafen bei Organmitgliedern gemessen an § 307 Abs. 1 BGB angemessen sind, existiert soweit ersichtlich bisher keine Rechtsprechung. Wegen des im AGB-Recht geltenden Verbots einer geltungserhaltenden Reduktion (§ 306 Abs. 1 BGB) ist eine zurückhaltende Formulierung zu empfehlen. Orientiert an der Rechtsprechung des BAG zu Vertragsstrafenregelungen in Arbeitsverträgen wird eine Vertragsstrafe in Höhe eines Bruttomonatsgehalts bei Organmitgliedern nicht zu beanstanden sein,[1852] jedenfalls wenn durch eine Obergrenze wie in Abs. 3 der Klausel eine Übersicherung durch Kumulation mehrerer verwirkter Vertragsstrafen verhindert wird.[1853] Die Obergrenze in Höhe eines Bruttojahresgehalts orientiert sich hier an der Karenzentschädigungshöhe, die absolute Höchstgrenze dürfte orientiert an der Dauer des Wettbewerbsverbots bei zwei Jahresgehältern zu ziehen sein.[1854] Da Organmitglieder im Vergleich zu Arbeitnehmern weniger sozial schutzbedürftig sind und die durch Wettbewerbsverstöße von Organmitgliedern zu erwartenden Schäden höher sind, ist denkbar, dass die Rechtsprechung auch höhere Strafen von bis zu drei Bruttomonatsgehältern pro Einzelverstoß akzeptieren könnte.[1855] Die in der Lit. z.T. vorgeschlagenen hohen Vertragsstrafen, z.B. in Höhe eines halben Jahresgehalts[1856] für jeden Einzelverstoß, dürften einer Inhaltskontrolle nach § 307 Abs. 1 BGB allerdings kaum standhalten.

dd) Ruhestand, § 5

906

Wie in Arbeitnehmerverträgen kann auch in nachvertraglichen Wettbewerbsabreden mit Organmitgliedern die Geltung des Verbots von objektiven Bedingungen, wie z.B. einer bestimmten Laufzeit des Anstellungsverhältnisses oder dem Erreichen einer Altersgrenze (Ruhestand) abhängig gemacht werden.[1857] Problematisch und noch nicht höchstrichterlich geklärt sind dagegen die sog. **„bedingten Wettbewerbsverbote"**, mit denen sich die Gesellschaft, z.B. durch einen Zustimmungsvorbehalt oder eine Freigabeklausel,[1858] die Entscheidung vorbehält, ob das Wettbewerbsverbot gelten soll. Da durch solche Gestaltungen die Zahlung einer wegen § 138 BGB erforderlichen Karenzentschädigung umgangen werden kann, werden bedingte Wettbewerbsverbote häufig auch bei Organmitgliedern für unzulässig gehalten.[1859] Die Nachteile für das Organmitglied könnten deshalb zur Unwirksamkeit solcher Vorbehalte gem. § 138 BGB oder § 307 BGB führen. Ob dies die Gesamtnichtigkeit der Wettbewerbsabrede zur Folge hat, beurteilt sich dann nach § 139 bzw. § 306 Abs. 1 BGB.[1860] Anders als bei Arbeitnehmerverträgen kann die Rechtsfolge bedingter Wettbewerbsverbote nicht die Unverbindlichkeit der gesamten Wettbewerbsabrede und ein daraus folgendes Wahlrecht des Organmitglieds sein.[1861] Die Wahlrechts-

---

1849 *Jaeger*, S. 183 unter Hinweis auf die Anwendung der AGB-Kontrolle bei jedenfalls Fremdgeschäftsführern.
1850 Vgl. BAG 21.4.2005, NZA 2005, 1053; BAG 18.8.2005, NZA 2006, 34; BAG 14.8.2007, NZA 2008, 170.
1851 BAG 14.8.2007, NZA 2008, 170; *Bauer/Diller*, Wettbewerbsverbote, Rn 962 ff.
1852 Hopt/Wiedemann/*Kort*, § 88 AktG Rn 167; *Jaeger*, S. 183.
1853 So BAG 18.8.2005, NZA 2006, 34; vgl. Fleischer/*Thüsing*, § 4 Rn 131 und Fn 389.
1854 *Khanian*, S. 223.
1855 In diese Richtung äußern sich *Haas/Ohlendorf*, S. 200: „mehrere Monatsvergütungen".
1856 *Reufels/Schewiola*, ArbRB 2008, 59, 61.
1857 *Bauer/Diller*, GmbHR 1999, 885, 894 f.
1858 Vgl. *Bauer/Diller*, Wettbewerbsverbote, Rn 1104 ff; *Jaeger*, S. 180 f. m.w.N.
1859 *Bauer/Diller*, Wettbewerbsverbote, Rn 1108 f.; Münch Hdb. GesRIV/*Wiesner*, § 21 Rn 101; differenzierend *Hoffmann-Becking*, in: FS Quack 273, 280; a.A. *Thüsing*, NZG 2004, 9, 11; Hopt/Wiedemann/*Kort*, § 88 AktG Rn 176.
1860 Vgl. *Bauer/Diller*, Wettbewerbsverbote, Rn 1110.
1861 *Bauer/Diller*, Wettbewerbsverbote, Rn 1109; *Bauer/Diller*, GmbHR 1999, 885, 894; *Hoffmann-Becking*, in: FS Quack 273, 281; a.A. LG Frankfurt 20.4.1994, GmbHR 1994, 803; Münch. Hdb. GesR IV/*Wiesner* § 21 Rn 101.

rechtsprechung beruht auf dem nicht anwendbaren § 75d HGB und ist deshalb nicht auf Organmitglieder übertragbar.[1862]

ee) Verzicht, § 6

907 Überwiegend wird unter Bezug auf ein Urteil des BGH aus dem Jahr 1992 davon ausgegangen, dass auch ohne ausdrückliche Vereinbarung das **Verzichtsrecht** des § 75a HGB, als eine den Arbeitgeber begünstigende Vorschrift, auf nachvertragliche Wettbewerbsverbote mit Organmitgliedern analog anzuwenden ist.[1863] Der BGH hatte 2002 ein Verzichtsrecht der Gesellschaft abgelehnt, ohne die Frage der entsprechenden Anwendbarkeit des § 75a HGB überhaupt zu erörtern.[1864] Auch wenn der Senat später im Jahre 2008[1865] wie selbstverständlich seine Rechtsprechung von 1992 bestätigt hatte, wonach die Gesellschaft sich einseitig aus dem nachvertraglichen Wettbewerbsverbot lösen darf, sollte eine vertragliche Verzichtsregelung im Hinblick auf die durch das Urteil des Jahres 2002 eingetretenen Irritationen getroffen werden. § 75a HGB sieht vor, dass der Arbeitgeber noch ein Jahr nach Ausübung des Verzichtsrechts an seine Pflicht zur Zahlung der Karenzentschädigung gebunden bleibt. Ob und inwieweit die vertragliche Verzichtsregelung hiervon abweichen kann, ist (noch) nicht durch den BGH geklärt. Die Ausgestaltung des Verzichtsrechts ist bei vorformulierten Vereinbarungen an § 307 Abs. 1 BGB zu messen, weshalb eine unangemessene Benachteiligung des Organmitglieds zu vermeiden ist. Ein fristloses Verzichtsrecht wird wegen der Unsicherheitssituation für das Organmitglied überwiegend für unbillig erachtet.[1866] Eine Frist von drei Monaten,[1867] jedenfalls aber von sechs Monaten[1868] begegnet keinen Bedenken, da dem Organmitglied dann genügend Zeit verbleibt, sich an die neue Situation anzupassen. Denkbar ist auch, auf die jeweilige Kündigungsfrist abzustellen, da die Parteien damit den Zeitraum einer angemessenen wechselseitigen Planungsfrist dokumentiert haben.[1869]

908 Ebenfalls umstritten ist, ob ein Verzichtsrecht für die Zeit **nach Beendigung des Anstellungsverhältnisses** (siehe Abs. 2) wirksam vereinbart werden kann. In Arbeitsverträgen würde eine solche Regelung wegen der Umgehung der gesetzlichen Karenzentschädigungspflicht zum Vorliegen eines unzulässigen „**bedingten Wettbewerbsverbots**" führen. Da Organmitglieder weniger sozial schutzbedürftig sind, wird ein Verzichtsrecht nach Beendigung überwiegend für zulässig gehalten, jedenfalls solange eine angemessene Frist bis zum Wegfall der Karenzentschädigung vorgesehen wird.[1870] Da das Organmitglied dennoch in seinen Bemühungen um eine neue Anstellung behindert wird, solange der Arbeitgeber noch nicht über die Ausübung des Verzichtsrechts entschieden hat, bleibt ein Unwirksamkeitsrisiko im Hinblick auf § 138 BGB und auch § 307 BGB. Dieses wird entschärft, wenn dem Organmitglied das Recht eingeräumt wird, die Gesell-

---

1862 BGH 7.7.2008, NZG 2008, 753.

1863 BGH 17.2.1992, NJW 1992, 1892; OLG Hamm 18.3.1991, NJW-RR 1991, 1000; OLG München 28.7.2010, GmbHR 2010, 1031; Ulmer/*Paefgen*, § 35 GmbHG Rn 502; Hopt/Wiedemann/*Kort*, § 88 AktG Rn 169; Münch Hdb. GesR III/*Marsch-Barner/Dieckmann*, § 43 Rn 79; *Bauer/Diller*, Wettbewerbsverbote, Rn 1090 ff.; *Thüsing*, NZG 2004, 9, 11; a.A. OLG Düsseldorf 22.8.1996, NJW-RR 1997, 164); Roth/*Altmeppen*, § 6 GmbHG Rn 88.

1864 BGH 4.3.2002, NJW 2002, 1875; krit. dazu *Bauer/Diller*, Wettbewerbsverbote, Rn 1091. Es hat sich zudem um einen in dem Einzelfall entstandenen Vertrauenssachverhalt gehandelt.

1865 BGH 28.4.2008, NZG 2008, 664, dazu *Menke*, NJW 2009, 636 ff. So zuletzt ebenfalls OLG München 28.7.2010, GmbHR 2010, 1031, wonach sowohl ohne ausdrückliche Vereinbarung als auch noch nach Beendigung des Anstellungsvertrages auf das nachvertragliche Wettbewerbsverbot verzichtet werden kann.

1866 *Bauer/Diller*, Wettbewerbsverbote, Rn 1091 f.; Roth/*Altmeppen*, § 6 GmbHG Rn 88; *Jaeger*, S. 179 f; a.A. *Menke*, NJW 2009, 636, 639 f.

1867 OLG Düsseldorf 22.8.1996, NJW-RR 1997, 164.

1868 *Jaeger*, S. 164, 1802; *Haas/Ohlendorf*, S. 195; *Reufels/Schewiola*, ArbRB 2008, 57, 61.

1869 *Jaeger*, S. 180 f.; so auch OLG München 28.7.2010, GmbHR 2010, 1031, 1032 f. im Fall einer fehlenden Vereinbarung.

1870 OLG Düsseldorf 22.8.1996, NJW-RR 1997, 164; OLG Koblenz 16.12.1999, NZG 2000, 653; Ulmer/*Paefgen*, § 35 GmbHG Rn 502; *Bauer/Diller*, Wettbewerbsverbote, Rn 1091 f.; *Menke*, NJW 2009, 636, 639; *Reufels/Schewiola*, ArbRB 2008, 57, 61; *Thüsing*, NZG 2004, 9, 11; *Jäger*, DStR 1995, 724, 730; a.A. LG Frankfurt 20.4.1994, GmbHR 1994, 803; Münch Hdb. GesR IV/*Wiesner*, § 21 Rn 101.

schaft zur Erklärung über die Ausübung des Verzichtsrechts aufzufordern.[1871] Auch wenn ein Verzichts-recht nach Beendigung vereinbart wird, sollte der Verzicht sicherheitshalber möglichst vor Vertragsende und im Zweifel sogar spätestens mit der Kündigungserklärung ausgesprochen werden. Denn nach einer Ent-scheidung des BGH entfällt eine vereinbarte Karenzentschädigungspflicht nicht mit dem Verzicht, wenn der Verzicht nach ordentlicher Kündigung des Anstellungsvertrages erst zu einem Zeitpunkt erklärt wird, in dem sich der Geschäftsführer auf die mit dem Wettbewerbsverbot verbundenen Einschränkungen seiner beruflichen Tätigkeit bereits eingerichtet hat.[1872]

ff) Lossagungsrecht bei außerordentlicher Kündigung, § 7

Hinsichtlich der entsprechenden Anwendung der **Lossagungsrechte in § 75 HGB** ist zu differenzieren: **909**
Nach h.M. sind auch Organmitglieder analog **§ 75 Abs. 1 HGB** berechtigt, sich binnen Monatsfrist vom Wettbewerbsverbot zu lösen, wenn das Anstellungsverhältnis durch eine außerordentliche Kündigung we-gen eines vertragswidrigen Verhaltens des Unternehmens aufgelöst wird.[1873] Hieran hat sich durch die Ein-führung des § 314 BGB nichts geändert, schon weil der Gesetzgeber mit dieser Vorschrift nicht das bis dahin geltende Recht ändern wollte.[1874] Gleiches gilt für das Lossagungsrecht des Unternehmens im Fall einer außerordentlichen Kündigung wegen vertragswidrigen Verhaltens des Organmitglieds entsprechend **§ 75 Abs. 1, 3 BGB**.[1875] Insofern ist die hier vorgeschlagene Regelung in § 7 lediglich deklaratorisch. Nicht auf das Organanstellungsverhältnis zu übertragen ist dagegen das in **§ 75 Abs. 2 HGB** geregelte Lösungs-recht des Arbeitnehmers im Falle seiner ordentlichen Kündigung. Da diese Vorschrift nach den Gründen für die ordentliche Kündigung differenziert, lässt sie sich nicht auf Organmitglieder übertragen, deren ordent-liche Kündigung gem. § 14 Abs. 1 Nr. 1 KSchG keines Grundes bedarf.[1876]

gg) Rechtsnachfolge, § 8

Da § 613a BGB nur für Arbeitsverhältnisse gilt, kann diese Vorschrift bei Organmitgliedern weder vor noch **910**
nach Beendigung des Dienstverhältnisses zum Übergang des nachvertraglichen Wettbewerbsverbots auf einen Rechtsnachfolger führen. Für den Fall von Umstrukturierungsmaßnahmen muss deshalb der Über-gang der Rechte aus dem Wettbewerbsverbot auf den Rechtsnachfolger vertraglich geregelt werden.

b) Nachvertragliches Wettbewerbsverbot als Klausel im Anstellungsvertrag

Da bei Fremdgeschäftsführern der GmbH die Anwendbarkeit der §§ 74 ff. HGB umstritten ist, empfiehlt es **911**
sich bei diesen und bei Organmitgliedern, bei denen die Wirksamkeit des Verbots besonders wichtig ist, das Schutzniveau dieser Vorschriften nicht zu unterschreiten und die Geltung der §§ 74 ff. HGB zu vereinbaren. Das nachvertragliche Wettbewerbsverbot kann dann wie folgt in den Anstellungsvertrag integriert werden:

▼

Muster 1b.42: Nachvertragliches Wettbewerbsverbot – Anwendbarkeit der §§ 74 ff. HGB   912

I. Der Geschäftsführer verpflichtet sich, für die Dauer von zwei Jahren nach Beendigung seines Dienstver-hältnisses weder in selbstständiger oder unselbstständiger noch in sonstiger Weise für ein Unternehmen tätig zu werden, das mit der Gesellschaft in Wettbewerb steht. Die Tätigkeit in sonstiger Weise umfasst insbesondere die Unterstützung von Wettbewerbsunternehmen durch eine selbstständige oder unselbst-ständige Tätigkeit, bei der Kenntnisse und Erfahrungen, die bei der Gesellschaft gewonnen wurden, an den Wettbewerber weitergegeben werden können. In gleicher Weise ist es dem Geschäftsführer unter-

1871 *Jäger*, DStR 1995, 724, 730.
1872 BGH 4.3.2002, NJW 2002, 1875 m. krit. Anm. *Heidenhain*, NZG 2002, 605.
1873 OLG Celle 21.9.1979, GmbHR 1980, 32, 36; OLG Schleswig 17.3.2000, NZG 2000, 894; MüKo-AktG/*Spindler*, § 88 Rn 59; Ul-mer/*Paefgen*, § 35 GmbHG Rn 502; Fleischer/*Thüsing*, § 4 Rn 120; *Thüsing*, NZG 2004, 9, 13; a.A. *Bauer/Diller*, Wettbewerbs-verbote, Rn 1096 ff. mit Hinweis auf § 314 BGB.
1874 MüKo-AktG/*Spindler*, § 88 Rn 59; Fleischer/*Thüsing*, § 4 Rn 121; *Thüsing*, NZG 2004, 9, 13; *Bergwitz*, GmbHR 2006, 1129, 1134; a.A. *Bauer/Diller*, Wettbewerbsverbote, Rn 1098.
1875 Ulmer/*Paefgen*, § 35 GmbHG Rn 504; Fleischer/*Thüsing*, § 4 Rn 120; *Thüsing*, NZG 2004, 9, 13.
1876 Ulmer/*Paefgen*, § 35 GmbHG Rn 504; *Bauer/Diller*, Wettbewerbsverbote, Rn 1103 ff.; *Bauer/Diller*, GmbHR 1999, 885, 893.

sagt, während dieser Zeit ein solches Unternehmen zu errichten, zu erwerben oder sich hieran unmittelbar oder mittelbar zu beteiligen. Ausgenommen sind Beteiligungen rein zur Kapitalanlage, die keinen Einfluss auf die Organe des betreffenden Unternehmens vermitteln.

Als Wettbewerbsunternehmen gelten insbesondere Unternehmen, die .

Das Wettbewerbsverbot gilt auch zugunsten der mit der Gesellschaft verbundenen Unternehmen.

Räumlich erstreckt sich das Wettbewerbsverbot auf das Gebiet   .

II. Während der Dauer des Wettbewerbsverbots erhält der Geschäftsführer eine Entschädigung, die für jedes Jahr des Verbots die Hälfte der von dem Geschäftsführer zuletzt bezogenen vertragsmäßigen Leistungen beträgt.

III. Im Übrigen gelten die Vorschriften der §§ 74 ff. HGB."

▲

§ 1c   Individualarbeitsrecht – Teil 3

Inhalt

	Rdn
A. Beendigung des Arbeitsverhältnisses ...	1
I. Allgemeines zur Kündigung	1
1. Allgemeines	1
a) Schriftformerfordernis	2
b) Inhaltliche Anforderungen	4
c) Der die Kündigung Erklärende	7
d) Zurückweisung mangels Vorlage einer Vollmachtsurkunde, § 174 BGB	9
e) Zugang	12
f) Stellungnahme des Betriebsrats zur beabsichtigten Kündigung	19
g) Kündigungsfristen	20
h) Beurteilungszeitpunkt	22
2. Muster und Erläuterungen	23
a) Kündigung	23
b) Empfangsbestätigung	24
c) Überbringerprotokoll	25
II. Ordentliche betriebsbedingte Kündigung	26
1. Allgemeines	26
a) Der betriebsbedingte Grund: Fortfall des Arbeitsplatzes	32
b) Die Dringlichkeit	42
c) Die Sozialauswahl	47
d) Die Weiterbeschäftigungspflicht	67
e) Die Abfindungskündigung, § 1a KSchG	76
2. Muster und Erläuterungen	87
a) Betriebsbedingtes Kündigungsschreiben	87
b) Abfindungskündigung, § 1a KSchG	88
c) Auswahlrichtlinie Sozialpunkteregelung	89
d) Sozialpunkteregelung (einseitig)	90
III. Ordentliche Kündigung außerhalb des KSchG	91
1. Allgemeines	91
2. Muster	92
IV. Außerordentliche Kündigung	93
1. Allgemeines	93
2. Muster und Erläuterungen	107
V. Ordentliche Änderungskündigung aus betriebsbedingten Gründen	108
1. Allgemeines	108
a) Der betriebsbedingte Änderungsgrund	113
b) Vorrang der Änderungskündigung vor der Beendigungskündigung	120
c) Die Verhältnismäßigkeit der angestrebten Änderung	121
d) Die Sozialauswahl	125
2. Muster	128
VI. Außerordentliche Änderungskündigung	129
1. Allgemeines	129
2. Muster	133
VII. Außerordentliche und hilfsweise ordentliche Beendigungskündigung	134
1. Allgemeines	134
2. Muster	136
VIII. Außerordentliche Kündigung mit sozialer Auslauffrist	137
1. Allgemeines	137
2. Muster	139
IX. Kündigung gegenüber Organmitgliedern (inkl. Abberufung und Beschlussfassung)	140
1. Allgemeines	140
a) Der Widerruf der Bestellung	142
b) Die außerordentliche Kündigung des Geschäftsführers	146
c) Die außerordentliche Kündigung des Vorstands	153
d) Die ordentliche Kündigung des Dienstvertrages	156
2. Muster	158
a) Ordentliche Kündigung	158
b) Außerordentliche Kündigung	159
c) Gesellschafterbeschluss zur Abberufung und Kündigung eines GmbH-Geschäftsführers	160
d) Aufsichtsratsbeschluss zur Abberufung eines Vorstandsmitglieds	161
X. Die Abmahnung	162
1. Allgemeines	162
2. Muster	165
XI. Die Anfechtung des Arbeitsvertrages	166
1. Allgemeines	166
2. Muster	171
XII. Antrag nach § 9 Abs. 3 MuSchG	172
1. Allgemeines zu § 9 MuSchG	172
a) Sinn und Zweck des § 9 MuSchG	172
b) Voraussetzungen des Sonderkündigungsschutzes	173
c) Behördliche Zulässigerklärung der Kündigung auf Antrag	177
d) Begründungszwang	178
e) Antrag	179
f) Behördliche Entscheidung	181
2. Muster und Erläuterungen	189
a) Antrag des Arbeitgebers auf Zustimmung zur Kündigung einer Schwangeren nach § 9 Abs. 3 MuSchG	189

		Rdn
b)	Erläuterungen	190
	aa) Mindestinhalt des Antrages.	190
	bb) Ergänzende Hinweise	192
XIII.	**Antrag nach § 18 Abs. 1 BEEG**	195
1.	Allgemeines zu § 18 BEEG	195
	a) Sinn und Zweck des § 18 BEEG	195
	b) Beginn des Sonderkündigungs-	
	schutzes	196
	c) Behördliche Entscheidung	204
2.	Muster und Erläuterungen	205
	a) Antrag auf Zustimmung zur	
	Kündigung eines Arbeitnehmers	
	in Elternzeit	205
	b) Erläuterungen	206
	aa) Antrag	206
	bb) Adressliste	209
XIV.	**Antrag nach §§ 85, 87 SGB IX: Sonderkündigungsschutz für schwerbehinderte Menschen**	210
1.	Allgemeines	210
	a) Zweck der Regelung	210
	b) Schutzbereich	211
	c) Fehlender Nachweis der Schwerbehinderteneigenschaft	215
	d) Unterrichtung des Arbeitgebers nach Zugang einer Kündigung	216
	e) Verfahren vor dem Integrationsamt	218
	f) Entscheidung des Integrationsamtes	221
	g) Einschränkung der Ermessensentscheidung	222
	h) Widerspruch und Verwaltungsklage gegen Zustimmung oder Ablehnung	238
2.	Muster	242
	a) Antrag des Arbeitgebers auf Zustimmung zur Kündigung eines schwerbehinderten Menschen/ gleichgestellten behinderten Menschen	242
	b) Widerspruch gegen die Zustimmung des Integrationsamtes	243
3.	Adressliste	244
XV.	**Zwischen- und Schlusszeugnis**	245
1.	Allgemeines	245
	a) Grundsätze	245
	b) Zeugnisarten	254
	c) Formalia	259
	d) Inhalt	265
	e) Zeugnissprache	267
	f) Leistungsort	272
	g) Schadensersatz	273
2.	Muster	275
	a) Einfaches Zeugnis	275
	b) Qualifiziertes Zeugnis mit überdurchschnittlicher Bewertung	276

		Rdn
	c) Zwischenzeugnis mit durchschnittlicher Bewertung	277
	d) Qualifiziertes Zeugnis mit unterdurchschnittlicher Bewertung	278
	e) Klageantrag auf Erteilung eines Zeugnisses	279
	f) Klage auf Berichtigung eines Zeugnisses	280
B.	**Aufhebung und Abwicklung**	281
I.	**Typischer Sachverhalt**	281
II.	**Rechtliche Grundlagen**	282
1.	Der Abschluss des Aufhebungsvertrages	282
	a) Zustandekommen	282
	b) Schriftform	283
	aa) Allgemeines	283
	bb) Aufhebungsvertrag durch konkludente Vereinbarung	288
	cc) Rechtsfolge der fehlenden Schriftform	294
	dd) Abwicklungsvertrag	296
	ee) Klageverzichtsvereinbarungen	298
	ff) Treu und Glauben, § 242 BGB	300
	c) Wirksamkeit	301
	aa) Allgemeines	301
	bb) Keine Umgehung von Schutzvorschriften	304
	(1) Betriebsübergang	305
	(2) Massenentlassungen	307
	(3) Kündigungsschutz	310
	(4) Befristungsrecht	312
	(5) Minderjährige	314
	(6) Geschäftsunfähige	315
	(7) Ausländer	316
	cc) Feststellung der Unwirksamkeit/Rückabwicklung	317
	d) Aufklärungs- und Hinweispflichten	320
	aa) Umfang arbeitgeberseitiger Aufklärungs- und Hinweispflichten	320
	bb) Rechtsfolgen fehlerhafter oder unterlassener Aufklärung	324
	cc) Fragen des Arbeitnehmers	325
	e) Hinzuziehung von Betriebsratsmitgliedern	326
	f) Beweislast	327
	g) Besonderheiten bei Geschäftsführern und Vorstandsmitgliedern	328
2.	Die Beseitigung des Aufhebungsvertrages	335
	a) Anfechtung	336
	b) Widerrufsrecht	342

	Rdn			Rdn

c) Rücktritt 345
d) Wegfall der Geschäftsgrundlage 346
e) Kündigung zwischen Abschluss
  und Beendigung 347
f) Rückabwicklung 348
3. Der Inhalt von Aufhebungsverträgen 349
  a) Allgemeines 349
  b) AGB-Kontrolle 350
  c) Einzelne Klauseln 354
    aa) Art und Zeitpunkt der Been-
      digung...................... 354
    bb) Vergütung.................. 359
    cc) Freistellung und Urlaub 362
    dd) Anrechnung anderweitigen
      Verdienstes und vertragli-
      ches Wettbewerbsverbot.... 374
    ee) Abfindung 380
    ff) Vorzeitige Beendigung und
      Gehaltskapitalisierung 394
    gg) Aktien und Aktienoptionen. 397
    hh) Nachvertragliches Wett-
      bewerbsverbot 402
    ii) Zeugnis 407
    jj) Betriebliche Altersversor-
      gung........................ 409
    kk) Abwicklung des Arbeitsver-
      hältnisses................... 421
    ll) Geheimhaltungspflicht 423
    mm) Stillschweigen 424
    nn) Ausgleichsklausel........... 425
    oo) Meldepflicht 428
4. Steuerrecht........................ 429
  a) Steuerfreibeträge gem. § 3 Nr. 9
    EStG a.F......................... 429
  b) Steuerprivilegierung gem. §§ 24,
    34 EStG......................... 431
    aa) Außerordentliche Einkünfte 432
    bb) Zusammenballung 433
  c) Steuervorteile durch Wohnsitz-
    verlegung ins Ausland........... 440
  d) Berechnung..................... 441
5. Sozialversicherungsrecht 442
  a) Ruhen des Arbeitslosengeld-
    anspruchs bei Sperrzeit.......... 442
    aa) Voraussetzungen............ 442
    bb) Rechtsfolgen............... 448
    cc) Aufklärungs- und Schaden-
      ersatzpflichten des Arbeit-
      gebers 449

b) Ruhen des Arbeitslosengeld-
  anspruchs bei Entlassungsentschädigung...................... 450
c) Ruhen des Arbeitslosengeld-
  anspruchs bei Arbeitsentgelt und
  Urlaubsabgeltung................ 451
d) Erstattungsansprüche gegen den
  Arbeitgeber 452
  aa) Gesetzlicher Forderungs-
    übergang 452
  bb) Ältere Arbeitnehmer........ 453
  cc) Karenzentschädigung....... 454
e) Meldepflicht 455
6. Abwicklungsvertrag 456
  a) Begriff.......................... 456
  b) Sozialversicherungsrechtliche
    Implikationen................... 457
    aa) Grundsatz: Sperrzeit........ 458
    bb) Ausnahmen 460
  c) Form 462
7. Checkliste: Aufhebungsvertrag...... 463
8. Muster 464
  a) Ausführlicher Aufhebungsver-
    trag.............................. 464
  b) Kurzer Aufhebungsvertrag
    (Deutsch/Englisch) 465
  c) Abfindungsangebot im Sinne von
    § 1a KSchG..................... 466
  d) Widerruf eines abgeschlossenen
    Aufhebungsvertrags 467
  e) Abwicklungsvertrag 468
  f) Unterbreitung eines Vergleichs
    durch die Parteien im schriftli-
    chen Verfahren gemäß § 278
    Abs. 6 ZPO 469
  g) Zustimmung zu einem Ver-
    gleichsvorschlag im schriftlichen
    Verfahren gemäß § 278
    Abs. 6 ZPO 470
  h) Annahme eines gerichtlichen
    Vergleichsvorschlags im schrift-
    lichen Verfahren gemäß § 278
    Abs. 6 ZPO 471
  i) Aufhebungsvertrag mit einem
    GmbH-Geschäftsführer......... 472
  j) Aufhebungsvertrag mit einem
    AG-Vorstand 473

A. Beendigung des Arbeitsverhältnisses

I. Allgemeines zur Kündigung

1. Allgemeines

1 Die große Zahl der Arbeitsverhältnisse wird durch Kündigungen aufgelöst. Unter einer Kündigung versteht man eine empfangsbedürftige Willenserklärung, die das Arbeitsverhältnis einseitig, d.h. ohne Mitwirkung des Gekündigten, beenden soll. Eine Kündigung kann sowohl seitens des Arbeitnehmers als auch seitens des Arbeitgebers erklärt werden. Sie ist als ordentliche Kündigung – unter Einhaltung einer Kündigungsfrist – und als außerordentliche – fristlose – Kündigung denkbar. In der Regel erfolgt sie als Beendigungskündigung, also zum Zweck der endgültigen Beendigung des Arbeitsverhältnisses für die Zukunft. Sie ist aber auch als Änderungskündigung möglich, die eine Veränderung der arbeitsvertraglichen Bedingungen herbeiführen soll.

a) Schriftformerfordernis

2 Sie bedarf zu ihrer Wirksamkeit der schriftlichen Form (§ 623 BGB), soweit es sich um ein Arbeitsverhältnis handelt, das beendet werden soll. Die Einhaltung der Schriftform ist zwingend erforderlich. Sie kann weder konkludent noch mündlich oder durch Vertrag, Betriebsvereinbarung oder Tarifvertrag abbedungen werden.

Zur Wahrung der Schriftform muss das Kündigungsschreiben von einem Kündigungsberechtigten eigenhändig unterschrieben werden. Alle Erklärenden (z.B. alle GbR-Gesellschafter) müssen die schriftliche Willenserklärung unterzeichnen. Für die Unterzeichnung genügt ein Schriftzug, der die Identität des Unterschreibenden ausreichend erkennen lässt; eine Paraphe (= Handzeichen) genügt hingegen nicht.[1] Unterschreibt ein Vertreter, muss dies in der Kündigung durch Zusatz (i.V.) hinreichend deutlich zum Ausdruck kommen.

Die elektronische Form wahrt das Schriftformerfordernis des § 623 BGB nicht: Es reicht also weder das Übersenden eines Telefaxes noch einer E-Mail oder SMS.

3 Ein Verstoß gegen das Schriftformerfordernis führt in aller Regel zur Unwirksamkeit der Kündigung. Die Berufung auf die Formunwirksamkeit kann aber in extremen Ausnahmefällen eine unzulässige Rechtsausübung darstellen.[2] Das setzt voraus, dass die Formunwirksamkeit nicht nur zu einem harten, sondern für den Betroffenen zu einem für ihn untragbaren Ergebnis, z.B. im Sinne einer Existenzvernichtung, führen würde. Auf den Formmangel kann sich darüber hinaus nicht mit Erfolg berufen, wer über die Formbedürftigkeit der Kündigung getäuscht hat. Gleiches gilt, wenn der Erklärungsempfänger wegen besonderer Umstände auf die Gültigkeit der Erklärung vertrauen durfte und sich der Kündigende mit Berufung auf den Formmangel zu seinem vorherigen Verhalten in Widerspruch setzt. Das ist u.a. der Fall, wenn ein Arbeitnehmer seine mündliche Eigenkündigung mehrfach besonders nachdrücklich, verbindlich und endgültig ausgesprochen hat.[3] Die vergebliche Bitte des Arbeitnehmers an den Arbeitgeber, ihm zu kündigen, reicht hierfür aber auch dann nicht aus, wenn der Arbeitnehmer daraufhin mit der Erklärung den Betrieb verlässt, er habe keine Lust mehr.[4]

b) Inhaltliche Anforderungen

4 Inhaltlich muss die Kündigung erkennen lassen, dass diese Erklärung das Arbeitsverhältnis und zu welchem Zeitpunkt sie es beenden soll. Ersteres muss klar und eindeutig formuliert sein. Der Begriff Kündigung muss

---

1 BAG 24.1.2008–6 AZR 519/07, NZA 2008, 521 (das wäre nur bei vorhandener Beglaubigung der Fall).
2 BAG 16.5.1972–5 AZR 459/71, DB 1972, 1492.
3 LAG Rheinland-Pfalz 8.2.2012–8 Sa 318/11, BeckRS 2012, 70135.
4 BAG 16.9.2004–2 AZR 659/03, NZA 2005, 162.

zwar nicht verwandt werden; es muss sich aber zweifelsfrei ergeben, dass durch die Erklärung eine Beendigung des Arbeitsverhältnisses herbeigeführt werden soll. Die schriftliche „Bestätigung" einer zuvor mündlich erklärten Kündigung reicht insoweit nicht.

Nicht hinreichend klar und damit unwirksam sein kann eine Kündigung auch, wenn in ihr mehrere Termine für die Beendigung des Arbeitsverhältnisses aufgeführt sind und nicht erkennbar ist, welcher dieser Termine gelten soll. Die Angabe (nur) eines Datums ist hingegen nicht erforderlich; es genügt, wenn sich der letzte Tag des Beschäftigungsverhältnisses aus der Erklärung eindeutig ermitteln lässt. Hierfür muss der Kündigende mitteilen, von welcher bestimmten oder vom Kündigungsadressaten bestimmbaren gesetzlichen, tarifvertraglichen oder arbeitsvertraglichen Kündigungsfrist er ausgeht.[5] Dann ist auch eine Kündigung „zum nächstzulässigen Zeitpunkt" wirksam.

Eine gesetzliche Begründungspflicht in Bezug auf die Kündigungsgründe besteht bei Ausspruch der Kündigung grundsätzlich nicht.[6] Eine Ausnahme bildet § 22 Abs. 3 BBiG, wonach im Berufsausbildungsverhältnis nach Ablauf der Probezeit eine schriftliche Begründungspflicht besteht. Die schriftliche Mitteilung der Kündigungsgründe ist in diesem Fall Wirksamkeitsvoraussetzung für die Kündigung. Aus der Begründung muss für den Empfänger erkennbar sein, um welche Vorwürfe es sich im Einzelnen handelt. **5**

Ein Begründungserfordernis kann sich darüber hinaus aus Regelungen im Arbeitsvertrag, aus Betriebsvereinbarungen oder einschlägigen Tarifverträgen ergeben. Dann muss der Kündigungsgrund im Kündigungsschreiben genau bezeichnet werden. „Schlagworte" oder Bezugnahmen auf ein inhaltlich nicht näher umschriebenes Gespräch reichen nicht aus.[7]

Im Fall einer außerordentlichen Kündigung muss der Arbeitgeber dem Arbeitnehmer auf dessen Verlangen hin den Kündigungsgrund schriftlich mitteilen. Auf ein entsprechendes Verlangen muss der Arbeitgeber dem Arbeitnehmer schließlich im Fall der betriebsbedingten Kündigung die Gründe angeben, die zu der getroffenen sozialen Auswahl geführt haben. Die Nichtbeachtung dieser Mitteilungsverpflichtung, welche bei sonstigen Kündigungen aus einer vertraglichen Nebenpflicht folgt, führt aber nicht zur Unwirksamkeit der Kündigung, sondern kann den Arbeitgeber zum Schadenersatz, z.B. in Höhe der Kosten eines unnötigen Kündigungsschutzprozesses, verpflichten. **6**

c) Der die Kündigung Erklärende

Bei der Kündigung kann sich der zur Kündigung Berechtigte vertreten lassen (§ 164 Abs. 1 BGB). Die Vollmachtserteilung ist formlos gegenüber dem zu Bevollmächtigenden oder dem Dritten möglich, dem gegenüber die Vertretung stattfinden soll (§ 167 BGB). Häufig wird die Kündigungsbevollmächtigung Bestandteil einer umfassenderen Vollmacht sein, z.B. einer Prokura, Handlungsvollmacht oder Generalvollmacht. Der Personalleiter besitzt regelmäßig Vollmacht zur Kündigung.[8] Kündigt ein Bevollmächtigter für den Arbeitgeber, ist letzterem die Kündigung nach § 164 Abs. 1 S. 2 BGB zuzurechnen, auch wenn auf das Vertretungsverhältnis bei Ausspruch der Kündigung nicht ausdrücklich hingewiesen wurde.[9] Eine Kündigung durch Vertreter ohne Vertretungsmacht ist nach § 180 S. 1 BGB unwirksam. Sie kann unter den Voraussetzungen der §§ 180 S. 2, 177 BGB vom Vertretenen nachträglich genehmigt werden. **7**

Ein vom Insolvenzgericht nach § 21 Abs. 2 Nr. 2 Alt. 2 InsO angeordneter Zustimmungsvorbehalt, wonach Verfügungen des Schuldners über Gegenstände seines Vermögens nur noch mit Zustimmung des vorläufigen Insolvenzverwalters wirksam sind, erfasst auch die Kündigung von Arbeitsverhältnissen.[10] Wenn **8**

---

5 BAG 20.6.2013–6 AZR 805/11, NZA 2013, 1137.
6 BAG 17.8.1972–2 AZR 415/71, DB 1973, 481.
7 BAG 10.2.1999–2 AZR 176/98, NZA 1999, 602; BAG 10.2.1999–2 AZR 848/98, NZA 1999, 603.
8 BAG 29.10.1992–2 AZR 460/92, DB 1993, 541.
9 BAG 31.1.1996–2 AZR 273/95, DB 1996, 1042.
10 BAG 10.10.2002 – 2 AZR 532/01, NZA 2003, 909.

der Arbeitgeber als Gemeinschuldner bei Ausspruch einer Kündigung die erforderliche Zustimmung des Insolvenzverwalters nicht in schriftlicher Form vorlegt und der Arbeitnehmer die Kündigung deshalb nach §§ 182 Abs. 3, 111 S. 2, 3 BGB zurückweist, ist die Kündigung unwirksam.[11]

d) Zurückweisung mangels Vorlage einer Vollmachtsurkunde, § 174 BGB

9   Kündigt ein Bevollmächtigter und legt er der Kündigung die schriftliche Vollmachtsurkunde nicht im Original (sondern gar nicht oder nur in Kopie bzw. beglaubigter Abschrift) bei und weist der Kündigungsempfänger die Kündigung aus diesem Grund unverzüglich zurück, ist sie allein aus diesem Grund gemäß § 174 S. 1 BGB unwirksam.[12] Eine Zurückweisung mangels Vorlage der Vollmachtsurkunde gemäß § 174 BGB ist auch möglich bei einer nicht entsprechend nachgewiesenen internen Ermächtigung eines Gesamtvertreters durch den jeweils anderen.[13] Eine Zurückweisung nach § 174 BGB scheidet aus, wenn die Vertretungsmacht auf gesetzlicher Grundlage beruht oder es sich um organschaftliche Vertretung handelt.[14] Ferner ist § 174 BGB nicht auf den sog. besonderen Vertreter eines rechtsfähigen Vereins gemäß § 30 BGB anwendbar.

10   Die Dauer der Überlegungsfrist zur Zurückweisung ist einzelfallabhängig. In der Regel werden vier Tage nicht zu lang sein,[15] eine Zeitspanne von mehr als einer Woche ohne das Vorliegen besonderer Umstände wird jedoch nicht mehr als unverzüglich angesehen.[16] Auch die Zurückweisungserklärung selbst kann gemäß § 174 BGB zurückgewiesen werden, wenn sie von einem Vertreter erklärt wird, der seinerseits keine Vollmachtsurkunde beifügt.

11   Eine Zurückweisung mangels Vollmachtsurkunde ist ausgeschlossen, wenn der Vertretene den Gekündigten zuvor von der Vollmacht in Kenntnis gesetzt hat. Hiervon ist regelmäßig auszugehen, wenn ein Personalleiter die Kündigung erklärt, selbst wenn seine Vollmacht im Innenverhältnis beschränkt ist.[17] Gleiches gilt, wenn die Kündigung von einem Prokuristen erklärt wurde, dessen Prokura im Handelsregister eingetragen und nach § 10 S. 1 HGB bekannt gemacht wurde. Denn sie gilt als dem Gekündigten bekanntgegeben.[18]

e) Zugang

12   Bei der Kündigung handelt es sich um eine empfangsbedürftige Willenserklärung, d.h. sie muss ihrem Adressaten wirksam zugehen (§ 130 BGB). Sie geht zu, wenn derjenige, an den sie gerichtet ist, bei gewöhnlichen Verhältnissen von ihr Kenntnis nehmen kann.[19]

13   Eine Kündigung kann im Grundsatz zu jeder Zeit und an jedem Ort wirksam erklärt werden. Sie darf also im zeitlichen Zusammenhang mit einer Krankheit, dem Tod naher Angehöriger, an gesetzlichen Feiertagen, Sonntagen und auch am Heiligen Abend zugehen. Wählt der Kündigende allerdings absichtlich oder aufgrund gedankenloser Missachtung der persönlichen Belange des Kündigungsempfängers einen besonders beeinträchtigenden Zugangszeitpunkt, kann die Kündigung als „zur Unzeit" unwirksam sein, wenn der Gekündigte sich dagegen innerhalb einer einzelfallabhängigen Überlegungsfrist zur Wehr setzt.[20]

---

11 BAG 10.10.2002 – 2 AZR 532/01, NZA 2003, 909.
12 BAG 12.1.2006 – 2 AZR 179/05, NZA 2006, 980.
13 BAG 18.12.1980 – 2 AZR 980/78, DB 1981, 1044.
14 BAG 20.9.2006 – 6 AZR 82/06, NZA 2007, 377.
15 BAG 30.5.1978 – 2 AZR 633/76, DB 1978, 2082.
16 BAG 8.12.2011 – 6 AZR 354/10, NZA 2012, 495.
17 BAG 18.5.1994 – 2 AZR 920/93, DB 1994, 1984; BAG 29.10.1992 – 2 AZR 460/92, DB 1993, 541.
18 BAG 11.7.1991 – 2 AZR 107/91, NZA 1992, 449.
19 BAG 2.3.1989 – 2 AZR 275/88, DB 1989, 2619.
20 BAG 5.4.2001 – 2 AZR 185/00, NZA 2001, 890.

Die einem Anwesenden ausgehändigte schriftliche Kündigung geht ihm mit Übergabe zu. Auch die Über- **14** gabe an einen sog. Empfangsboten wie beispielsweise einer Hausangestellten oder einem im Haushalt lebenden Familienangehörigen oder Lebensgefährten ist möglich. Jedoch kommt es bei einem Empfangsboten – anders als bei einer Empfangsvollmacht – für den Zugang auf die Person des Adressaten an. Erst wenn dieser unter Zugrundelegung gewöhnlicher Übermittlungsverhältnisse die Möglichkeit der Kenntnisnahme hat, ist die Erklärung zugegangen. Der Empfangsbote hat daher nur die Funktion einer personifizierten Empfangseinrichtung des Adressaten.[21]

Die einem Abwesenden gegenüber erklärte Kündigung wird gemäß § 130 Abs. 1 BGB wirksam, wenn sie so **15** in den Machtbereich des Empfängers gelangt, dass bei Annahme gewöhnlicher Verhältnisse damit zu rechnen ist, dass der Empfänger von ihr Kenntnis erhält. Allein entscheidend ist, wann der Empfänger von der Kündigung Kenntnis nehmen konnte und nicht, wann er Kenntnis genommen hat.[22] Ein Einwurf des Kündigungsschreibens in den Briefkasten führt den Zugang herbei, wenn und sobald mit dessen Leerung zu rechnen ist. Daran ändert die Abwesenheit des Arbeitnehmers von seiner Zustellanschrift (z.B. Urlaub, während Krankenhausaufenthalts) nichts. Ein zeitlich nach der üblichen Postzustellzeit in den Briefkasten eingeworfenes Schreiben geht in der Regel erst am nächsten Tag zu. Wird die Kündigung an einem gesetzlichen Feiertag oder Sonntag in den Briefkasten eingeworfen, erfolgt der Zugang ebenfalls erst am folgenden Werktag.[23] Bei Angabe einer postlagernden Anschrift oder eines Postfachs ist der Zugang bewirkt, sobald die Post sie zum Abholen bereithält oder in das Postfach einlegt und üblicherweise noch mit dem Abholen gerechnet werden kann.[24] Bei Einschreiben ist zwischen Übergabe-Einschreiben und Einwurf-Einschreiben zu differenzieren. Ein Übergabe-Einschreiben geht erst in dem Zeitpunkt zu, in dem das Einschreiben dem Empfänger übergeben bzw. von diesem oder einer empfangsbevollmächtigten Person auf der Post abgeholt und der Auslieferungsbeleg unterschrieben wird, sofern dies innerhalb der mitgeteilten Aufbewahrungsfrist geschieht. Es geht nicht bereits dann zu, wenn der Benachrichtigungsschein hinterlassen wird.[25] Demgegenüber dokumentiert der Postzusteller beim Einwurf-Einschreiben lediglich den Einwurf der Sendung in den Briefkasten des Empfängers, und zwar auf einem Auslieferungsbeleg mit Datum und Unterschrift, der dem Absender nur auf Anforderung als schriftlicher Datenauszug zur Verfügung gestellt wird. Unabhängig davon, ob dieser im Prozess als Privaturkunde dienen kann, kommt ihm aber keine Beweiskraft zu, die den bei einem Übergabe-Einschreiben erstellten Belegen gleichkommt. Denn er belegt gerade nicht die persönliche Übergabe an den Empfänger, und hinsichtlich der Möglichkeit der Kenntnisnahme infolge des Einwurfs in seinen Briefkasten ist der Beweiswert schon wegen möglicher Fehler des Postzustellers geringer. Für die Tatsache und den Zeitpunkt des Zugangs bietet ein Übergabeeinschreiben somit Nachweismöglichkeiten, die über jene eines Einwurfeinschreibens hinausgehen.[26]

Empfehlenswert ist die Zustellung eines Kündigungsschreibens mittels Boten. Dabei darf es sich ohne wei- **16** teres um einen Mitarbeiter des Betriebes handeln. Zum Nachweis des Zugangs empfiehlt sich in diesem Fall die Kuvertierung des Kündigungsschreibens in Anwesenheit des Boten und dessen sorgfältige Anweisung zur Übermittlungsart und zum entsprechenden Ausfüllen des sog. Überbringerprotokolls. Ggf. ist der Bote anzuweisen, vom Zustellungsort Fotographien zu fertigen.

Unter Umständen kann sich ein Arbeitnehmer auf einen verspäteten Zugang des Kündigungsschreibens **17** nach Treu und Glauben nicht berufen, so etwa dann, wenn er aus einem Verfahren vor dem Integrationsamt weiß, dass ihm eine fristlose Kündigung zugehen wird und er das Kündigungsschreiben trotz Benachrich-

21 BAG 9.6.2011, 6 AZR 687/09, MDR 2011, 1183.
22 BAG 11.11.1992, 2 AZR 328/92, DB 1993, 487.
23 LAG Schleswig-Holstein 13.10.2015, 2 Sa 149/15, BB 2015, 2868.
24 BAG 24.10.1985, 2 AZR 521/84, DB 1986, 652.
25 BAG 25.4.1996, 2 AZR 13/95, DB 1996, 2235.
26 BAG 22.9.2005, 2 AZR 366/04, NZA 2006, 204.

tigung nicht oder nicht zeitnah bei der Postdienststelle abgeholt hat.[27] Gleiches gilt, wenn er dem Arbeitgeber eine falsche Anschrift angegeben hat, nachdem er von der Kündigungsabsicht des Arbeitgebers erfahren hat.[28] Auch bei grundloser Ablehnung der Annahme des Kündigungsschreibens muss sich der Gekündigte nach Treu und Glauben so behandeln lassen, als sei ihm das Kündigungsschreiben zum Zeitpunkt der Ablehnung zugegangen, wenn er im Rahmen vertraglicher Beziehungen mit rechtserheblichen Mitteilungen rechnen konnte.[29]

18   Bei der Zustellung von Kündigungsschreiben nach den Vorschriften der ZPO geht die Kündigung nach § 132 BGB mit der Benachrichtigung über den Zustellungsversuch, nicht erst mit Abholen des Kündigungsschreibens zu.

f) Stellungnahme des Betriebsrats zur beabsichtigten Kündigung

19   Wenn ein Betriebsrat der beabsichtigten Kündigung wirksam widersprochen hat, muss der Arbeitgeber der Kündigungserklärung eine Abschrift der Stellungnahme des Betriebsrats beifügen, (§ 102 Abs. 4 BetrVG). Reagiert der Betriebsrat hingegen nicht oder gibt er keine Stellungnahme ab, ergeben sich aus Arbeitgebersicht keine entsprechenden Verpflichtungen. Unterlässt der Arbeitgeber die Beifügung, bleibt die Kündigung dennoch wirksam. Denn Sinn der Vorschrift ist es allein, den Arbeitnehmer in die Lage zu versetzen, seine Aussichten im Kündigungsschutzprozess besser beurteilen zu können. In seltenen Fällen kann sich aus der Verletzung dieser Verpflichtung demgemäß ein Schadenersatzanspruch ergeben, gerichtet auf Ersatz der mit der Kündigungsschutzklage verbundenen Prozesskosten.

g) Kündigungsfristen

20   Im Fall einer ordentlichen Kündigung ist schließlich die jeweils maßgebliche Kündigungsfrist zu beachten. Mangels anderweitiger Regelung richtet sich diese nach § 622 BGB. Sie beträgt im Ausgangspunkt vier Wochen zum 15. oder zum Ende eines Kalendermonats, § 622 Abs. 1 BGB, und verlängert sich bei einer arbeitgeberseitigen Kündigung abhängig von der Dauer der Betriebszugehörigkeit zum Zeitpunkt des Zugangs der Erklärung auf bis zu sieben Monate. Die Regelung des § 622 Abs. 2 S. 2 BGB, nach der Zeiten, die vor Vollendung des 25. Lebensjahres des Arbeitnehmers liegen, nicht berücksichtigt werden, stellt eine EU-rechtswidrige Altersdiskriminierung dar und darf nicht mehr angewendet werden.[30] Ist eine – maximal für bis zu sechs Monate zulässige – Probezeit vereinbart, kann das Arbeitsverhältnis täglich mit einer zweiwöchigen Kündigungsfrist gekündigt werden (§ 622 Abs. 3 BGB). In der Insolvenz kann jede Seite das Arbeitsverhältnis mit einer maximalen Frist von drei Monaten zum Ende eines Kalendermonats kündigen, welche sich gegenüber allen längeren, auch tariflichen, Kündigungsfristen durchsetzt.

21   Ist die für die Kündigung maßgebliche Kündigungsfrist in der Erklärung zu kurz bemessen, ist die Kündigung deshalb nicht unwirksam. Sie wirkt in diesem Fall vielmehr zum nächstmöglichen Termin,[31] sofern dieser sich durch Auslegung der Kündigungserklärung entnehmen lässt. Ist der richtige Termin nur durch Umdeutung zu ermitteln, muss der Arbeitnehmer Kündigungsschutzklage erheben. Sonst wird die Kündigung zu dem in der Erklärung genannten – fälschlich vorzeitigen – Termin wirksam, da die Fiktionswirkung des § 7 KSchG greift.[32]

---

27 BAG 7.11.2002, 2 AZR 475/01, NZA 2003, 719.
28 BAG 22.9.2005, 2 AZR 366/04, NZA 2006, 204; vgl. auch BAG 3.4.1986, 2 AZR 258/85, DB 1986, 2336, zur rechtsmissbräuchlichen Zugangsverhinderung.
29 BAG 11.11.1992, 2 AZR 328/92, NZA 1993, 259.
30 EuGH 19.1.2010, C-555/07 Rs. Kücükdeveci, NJW 2010, 427; BAG 1.9.2010, 5 AZR 700/08, NJW 2010, 3740.
31 BAG 18.4.1985, 2 AZR 197/84, DB 1985, 2255.
32 BAG 1.9.2010, 5 AZR 700/09, NJW 2010, 3740.

h) Beurteilungszeitpunkt

Für die Beurteilung der Wirksamkeit der Kündigung kommt es auf den Zeitpunkt an, in dem sie dem Ar- **22** beitnehmer zugeht. Bei betriebsbedingten Kündigungsgründen muss zu diesem Zeitpunkt aufgrund einer dann bereits vorliegenden Unternehmerentscheidung zumindest absehbar sein, dass der Arbeitnehmer bei vernünftiger betriebswirtschaftlicher Betrachtung spätestens bei Ablauf der Kündigungsfrist nicht mehr benötigt wird.[33] Änderungen der tatsächlichen Verhältnisse nach Zugang der Kündigung führen nicht zu deren Unwirksamkeit, sondern können zu einem Wiedereinstellungsanspruch des Gekündigten führen, wenn sich bis zum Ablauf der Kündigungsfrist unvorhergesehen eine Weiterbeschäftigungsmöglichkeit ergibt.[34]

2. Muster und Erläuterungen

a) Kündigung

▼

Muster 1c.1: Kündigung 23

Das mit Ihnen bestehende Arbeitsverhältnis kündigen wir hiermit fristlos/unter Berücksichtigung der vertraglichen/gesetzlichen/tarifvertraglichen[35] Kündigungsfrist zum ▮▮▮▮ (*Datum*), hilfsweise zum nächstmöglichen Termin. (**ggf.:** *Der Betriebsrat wurde vor Ausspruch der Kündigung ordnungsgemäß angehört.* **Ggf. ergänzend:** *Er hat der beabsichtigten Kündigung zugestimmt/nicht widersprochen.*)

Sie sind verpflichtet, sich spätestens drei Monate vor Beendigung des Arbeitsverhältnisses persönlich bei der Agentur für Arbeit arbeitssuchend zu melden. Liegen zwischen Kenntnis des Beendigungszeitpunkts und der Beendigung des Arbeitsverhältnisses weniger als drei Monate, hat die Meldung innerhalb von drei Tagen nach Kenntnis des Beendigungszeitpunkts zu erfolgen. Anderenfalls können Nachteile beim Bezug von Arbeitslosengeld entstehen.

Arbeitgeber

(*Name der vertretungsberechtigten Person/en*)

▲

b) Empfangsbestätigung

▼

Muster 1c.2: Empfangsbestätigung 24

Ich bestätige, das ordnungsgemäß unterzeichnete Original zu dieser Zweitschrift einer Kündigung heute erhalten zu haben.

Ort, den ▮▮▮▮ (*Datum*)

Arbeitnehmer

▲

---

33 BAG 13.2.2008, 2 AZR 75/06, juris; BAG 15.7.2004, 2 AZR 376/03, NZA 2005, 523.
34 Vgl. BAG, 28.6.2000, 7 AZR 904/98, NZA 2000, 1097.
35 Tarifvertraglich können gemäß § 622 Abs. 4 BGB abweichende Kündigungsfristen und -termine vereinbart werden.

c) Überbringerprotokoll

▼

25 Muster 1c.3: Überbringerprotokoll

1. Ich, Herr/Frau ▓▓▓▓, wohnhaft ▓▓▓▓ (*Anschrift*), habe heute am ▓▓▓▓ (*Datum*) das im Original unterzeichnete Kündigungsschreiben für **Herrn/Frau** ▓▓▓▓ mit Datum ▓▓▓▓ – das dieser Aktennotiz in Kopie beigefügt ist – um ▓▓▓▓ Uhr kuvertiert.

   Das von mir kuvertierte Kündigungsschreiben habe ich am ▓▓▓▓ (*Datum*), um ▓▓▓▓ Uhr, **Herrn/ Frau** ▓▓▓▓, **wohnhaft** ▓▓▓▓ (*Anschrift*) übergeben.

   Ort, Datum

   Unterschrift

2. Das von mir kuvertierte Kündigungsschreiben habe ich am ▓▓▓▓ (*Datum*) um ▓▓▓▓ Uhr, **Herrn/ Frau** ▓▓▓▓, **wohnhaft** ▓▓▓▓ (*Anschrift*), in den Hausbriefkasten von Herrn/Frau ▓▓▓▓, unter der Adresse ▓▓▓▓ eingeworfen. Der Briefkasten befindet sich ▓▓▓▓ (*Ortsbeschreibung*), hat die Farbe ▓▓▓▓ und ist mit dem Namen ▓▓▓▓ beschriftet.

   Weitere Angaben zur Zustellung:

   ▓▓▓▓

   Ort, Datum, Unterschrift

▲

II. Ordentliche betriebsbedingte Kündigung

1. Allgemeines

26 Eine Kündigung ist gemäß § 1 Abs. 2 S. 1 KSchG dann sozial gerechtfertigt, wenn sie durch dringende betriebliche Erfordernisse bedingt ist, die einer Weiterbeschäftigung des Arbeitnehmers in diesem Betrieb entgegenstehen.

27 Voraussetzung ist zunächst, dass auf das Arbeitsverhältnis des betroffenen Mitarbeiters das Kündigungsschutzgesetz (KSchG) anwendbar ist.

28 Das KSchG gilt für Arbeitnehmer unabhängig von ihrer Arbeitszeit, also auch für sog. geringfügig Beschäftigte.[36] Es gilt – eingeschränkt – auch für leitende Angestellte, die zur selbstständigen Einstellung oder Entlassung von Mitarbeitern berechtigt sind, vgl. § 14 Abs. 2 KSchG, und uneingeschränkt für alle übrigen leitenden Angestellten, die diese Kriterien nicht erfüllen. Für Mitglieder der Organe juristischer Personen, die zur gesetzlichen Vertretung berufen sind, wie z.B. den ins Handelsregister eingetragenen GmbH-Geschäftsführer oder den Vorstand einer Aktiengesellschaft, und für die zur Vertretung einer Personengesamtheit (GbR, OHG) berufenen Personen gilt das KSchG für die dieser Rechtsstellung zugrunde liegenden Rechtsbeziehung zu der jeweiligen Gesellschaft nicht, § 14 Abs. 1 KSchG.

29 Es gilt für Arbeitnehmer, die am 31.12.2003 in einem Betrieb mit mehr als fünf regelmäßig Beschäftigten tätig waren, und im Übrigen, sofern in einem Betrieb regelmäßig mehr als zehn Arbeitnehmer, jeweils ausschließlich der zu ihrer Berufsausbildung Beschäftigten, tätig sind. Unter Betrieb ist dabei die organisatorische Einheit zu verstehen, innerhalb derer ein Arbeitgeber allein oder mit seinen Arbeitnehmern mit Hilfe von materiellen und immateriellen Mitteln bestimmte arbeitstechnische Zwecke fortgesetzt verfolgt.[37] Mehrere zentral gelenkte Verkaufsstellen eines Einzelhandelsunternehmens sind in ihrer Gesamtheit ein Betrieb.[38] Auch eine vom

---

36 BAG, 9.6.1983, 2 AZR 494/81, DB 1983, 2473.
37 BAG 18.1.1990, 2 AZR 355/89, DB 1991, 500.
38 BAG, 26.8.1971, 2 AZR 233/70, DB 1971, 2319.

Hauptbetrieb weit entfernte kleinere Betriebsstätte mit nur drei Mitarbeitern ist regelmäßig dem Hauptbetrieb zuzurechnen.[39] Als Betrieb i.S.d. KSchG gilt ferner der sog. Gemeinschaftsbetrieb.[40] In Ausnahmefällen können auch die Beschäftigtenzahlen eines Unternehmens mit mehreren Betrieben zusammenzurechnen sein, in denen jeweils fünf oder weniger Arbeitnehmer beschäftigt werden.[41]

Bei Feststellung der maßgeblichen Beschäftigtenzahl sind Arbeitnehmer ausschließlich der zu ihrer Berufsausbildung Beschäftigten zu berücksichtigen. Herauszurechnen sind danach Auszubildende und Umschüler (vgl. § 23 Abs. 1 S. 2 KSchG). Maßgeblich ist nicht die Kopfzahl, vielmehr sind Teilzeitbeschäftigte mit einer regelmäßigen Wochenarbeitszeit von bis zu 20 h mit 0,5 und solche mit einer Wochenarbeitszeit von bis zu 30 h mit 0,75 zu berücksichtigen. Dabei kommt es auf die normale Zahl der Beschäftigten bei regelmäßiger Auslastung zum Zeitpunkt des Zugangs der Kündigung (bzw. dem Stichtag 31.12.2003, soweit der niedrigere Schwellenwert maßgeblich ist) an. Diese lässt sich mit Hilfe eines Rückblicks auf die bisherige Personalstärke und einer Einschätzung der künftigen Personalentwicklung ermitteln.[42] Nicht mitzuzählen sind daher Aushilfen, die zur Vertretung abwesender Mitarbeiter (z.B. aufgrund Elternzeit, Urlaub, Krankheit) oder wegen eines vorübergehenden Mehrbedarfs eingestellt wurden.[43] **30**

Für den einzelnen Beschäftigten beginnt der allgemeine Kündigungsschutz erst nach Ablauf einer Wartezeit. Gemäß § 1 Abs. 1 KSchG muss das Arbeitsverhältnis zum Zeitpunkt des Zugangs der Kündigung mit demselben Betrieb oder Unternehmen länger als sechs Monate bestanden haben, wobei Zeiten eines unmittelbar vorangegangenen Ausbildungsverhältnisses ebenso wie die eines befristeten Arbeitsverhältnisses auf die Wartezeit anzurechnen sind.[44] Tatsächliche Unterbrechungen (z.B. wegen Urlaubs oder Krankheit) sind dabei unerheblich.[45] Soweit zwischen mehreren Arbeitsverhältnissen ein enger sachlicher Zusammenhang besteht, sind diese ggf. zusammenzurechnen. Für die Beurteilung dessen kommt es auf Anlass und Dauer der Unterbrechung und auf die Art der Weiterbeschäftigung an.[46] Dies gilt auch dann, wenn für ein früheres Arbeitsverhältnis nicht deutsches, sondern ausländisches Recht galt.[47] **31**

a) Der betriebsbedingte Grund: Fortfall des Arbeitsplatzes

Voraussetzung für eine betriebsbedingte Kündigung ist zunächst, dass der Wegfall des bisherigen Arbeitsplatzes substantiiert dargelegt und im Bestreitensfall bewiesen werden kann. Der Fortfall des Arbeitsplatzes kann durch außerbetriebliche Ursachen, wie z.B. Auftragsrückgang begründet sein.[48] Dabei muss im Einzelnen dargelegt werden, dass das Beschäftigungsvolumen dauerhaft und in welchem Umfang es zurückgegangen ist und dass hierdurch eine bestimmte Zahl von Arbeitsplätzen endgültig entfällt. **32**

In der Praxis ist es i.d.R. empfehlenswert, den Arbeitsplatzfortfall mit innerbetrieblichen Umständen, nämlich einer Unternehmerentscheidung zu begründen. Auf deren gesellschaftsrechtliche Wirksamkeit kommt es grundsätzlich nicht an.[49] Sie kann z.B. in der unternehmerischen Entscheidung bestehen, einen Betrieb stillzulegen. Diese Entscheidung rechtfertigt die betriebsbedingte Kündigung der in diesem Betrieb beschäftigten Mitarbeiter, wenn ihre Umsetzung zum Kündigungszeitpunkt bereits greifbare Formen angenommen hat und damit zu rechnen ist, dass bis zum Ablauf der jeweiligen Kündigungsfristen der Betrieb **33**

---

39 BAG 15.3.2001, 2 AZR 151/00, NZA 2001, 831.
40 BAG 23.3.1984, 7 AZR 515/82, DB 1984, 1684.
41 BAG 28.10.2010, 2 AZR 392/08, DB 2011, 118; BVerfG 27.1.1998, 1 BvL 15/87, NZA 1998, 470.
42 BAG 13.1.1991, 2 AZR 356/90, DB 1992, 48.
43 BAG 13.1.1991, 2 AZR 356/90, DB 1992, 48.
44 BAG 6.12.1976, 2 AZR 470/75, DB 1977, 213 (zum Ausbildungsverhältnis); BAG 12.2.1981, 2 AZR 1108/78, DB 1981, 2498).
45 BAG 16.3.1089, 2 AZR 407/88, DB 1989, 2282.
46 BAG 28.8.2008, 2 AZR 101/07, AP Nr. 88 zu § 1 KSchG 1969.
47 BAG 7.7.2011, 2 AZR 12/10, NJW 2012, 475.
48 BAG 18.10.2006, 2 AZR 676/05, NZA 2007, 798.
49 BAG 25.3.2004, 2 AZR 295/03, AP Nr. 36 zu § 9 MuSchG 1968; siehe zur Ausnahme BAG 5.4.2001, 2 AZR 696/99, NZA 2001, 949.

stillgelegt ist und die Arbeitnehmer somit nicht mehr beschäftigt werden können. Gegen eine endgültige Stilllegungsabsicht spricht es, wenn der Arbeitgeber im Zeitpunkt der Kündigung noch in Verhandlungen über die Veräußerung des Betriebes/eines Betriebsteils steht oder sich noch um neue Aufträge bemüht.[50] Unschädlich ist jedoch eine sich später ergebende Betriebsveräußerung, wenn zum Zeitpunkt der Kündigung die Stilllegung des Betriebes endgültig geplant und eingeleitet war. Eine solche im Kündigungszeitpunkt nicht absehbare Veränderung der betrieblichen Verhältnisse kann allenfalls einen Wiedereinstellungsanspruch begründen.[51] Die Entscheidung über eine Betriebsschließung muss im Übrigen nicht zu einem bestimmten Stichtag erfolgen, sondern kann nach der unternehmerischen Entscheidung auch in einem Entschluss der „schnellstmöglichen dauerhaften Aufhebung der Betriebs- und Produktionsgemeinschaft" bestehen.[52]

34   Ein weiteres Beispiel für eine die Arbeitsgerichte bindende Organisationsentscheidung bildet das unternehmerische Konzept, Arbeitsbereiche produktivitätssteigernd umzugestalten.[53] Es gehört zum Entscheidungsspielraum des Arbeitgebers, das Arbeitsvolumen festzulegen, sowie die Zahl der Arbeitskräfte zu bestimmen, mit denen diese Arbeitsmenge bewältigt werden soll.[54]

35   Als zulässige Organisationsentscheidung ist auch die unternehmerische Entscheidung anzusehen, eigene Arbeitnehmer zu entlassen, um sie durch freie Mitarbeiter zu ersetzen.[55] Auch die Entscheidung, abgrenzbare Tätigkeiten zukünftig extern durchführen zu lassen, zählt zu den innerbetrieblichen Kündigungsgründen.[56]

36   Die danach zulässige Kündigung ist von der unzulässigen Austauschkündigung abzugrenzen.[57]

Je näher die unternehmerische Entscheidung inhaltlich an den Kündigungsentschluss heranrückt, umso mehr muss der Arbeitgeber durch Tatsachenvortrag verdeutlichen, dass und in welchem Umfang sein Beschäftigungsbedarf entfallen ist und dass verbleibende Arbeitsvolumen durch die weiterbeschäftigten Arbeitnehmer ohne überobligatorische Inanspruchnahme erledigt werden kann.[58]

37   Eine Änderung des Anforderungsprofils für einen bestehenden Arbeitsplatz kann eine betriebsbedingte Kündigung rechtfertigen, wenn der Arbeitgeber ein neues, von anderen Voraussetzungen ausgehendes unternehmerisches Konzept für seinen Betrieb entwickelt hat und dieses ein neues Anforderungsprofil für den konkreten Arbeitnehmer erfordert.[59] Eine bloße Umwidmung der Stelle in eine Beförderungsstelle bei im Übrigen unveränderter Arbeitsaufgabe reicht insoweit nicht aus.[60]

38   Zulässig ist ebenfalls eine betriebsbedingte Kündigung des Betriebsveräußerers im zeitlichen Zusammenhang mit einem Betriebsübergang nach einem verbindlichen Konzept des Betriebserwerbers, wenn dieses bei Zugang der Kündigung zumindest greifbare Formen angenommen hat.[61]

39   Die Begründung der Kündigung mit einer gestalterischen Unternehmerentscheidung hat den Vorteil, dass sie durch die Arbeitsgerichte im Grundsatz nur eingeschränkt überprüfbar ist, nämlich darauf, ob sie tatsächlich vorliegt, nicht offenbar unsachlich, unvernünftig oder willkürlich ist, und sich so auswirkt, dass für die weitere Beschäftigung des gekündigten Arbeitnehmers kein Bedürfnis mehr besteht. Das Gericht

---

50 BAG 16.2.2012, 8 AZR 693/10, ArbR 2012, 322; BAG 27.9.1984, 2 AZR 309/83, NZA 1985, 493.
51 BAG 15.12.2011, 2 AZR 42/10, MDR 2012, 857.
52 BAG 7.7.2005, 2 AZR 447/04, NZA 2005, 1351.
53 BAG 20.2.1986, 2 AZR 212/85, DB 1986, 2236.
54 BAG 23.11.2004, 2 AZR 38/04, NZA 2005, 986.
55 BAG 13.3.2008, 2 AZR 1037/06, NZA 2008, 878; BAG 9.5.1996, 2 AZR 438/95, NZA 1996, 1145.
56 BAG 16.12.2004, 2 AZR 66/04, NZA 2005, 761.
57 BAG 16.12.2004, 2 AZR 66/04, NZA 2005, 761; BAG 26.9.1996, 2 AZR 200/96, NJW 1997, 885.
58 BAG 16.12.2010, 2 AZR 770/09, NZA 2011, 505; BAG 17.6.1999, 2 AZR 141/99, BB 1999, 1437.
59 BAG 7.7.2005, 2 AZR 399/04, NZA 2006, 266.
60 BAG 10.7.2008, 2 AZR 1111/06, NZA 2009, 312.
61 BAG 20.9.2006, 6 AZR 249/05, NZA 2007, 387.

prüft also im Falle einer selbstbindenden Unternehmerentscheidung nicht, ob andere Maßnahmen besser geeignet oder z.B. rentabler wären.[62] Es geht vielmehr um die Verhinderung von Missbrauch. Verstöße gegen gesetzliche und tarifliche Normen sollen ebenso verhindert werden wie Diskriminierung und Umgehungsfälle.[63]

Beispiel 40

Ein Arbeitnehmer kann nicht erfolgreich mit dem Hinweis gegen eine betriebsbedingte Kündigung vorgehen, die organisatorischen Maßnahmen des Arbeitgebers würden sich „nicht rechnen". Ebenso wenig darf das Gericht prüfen, ob die mit der Unternehmerentscheidung angestrebten Vorteile in einem „vernünftigen Verhältnis" zu den Nachteilen stehen, welche die Arbeitnehmer durch die Kündigung erleiden.[64]

Die betrieblichen Erfordernisse müssen die Kündigung schließlich bedingen. Daran fehlt es, wenn der Wegfall der Beschäftigungsmöglichkeit für ein Arbeitsverhältnis keine Bedeutung mehr hat, zum Beispiel weil sich der Arbeitnehmer bereits in der Freistellungsphase seiner Altersteilzeitvereinbarung befindet.[65] 41

b) Die Dringlichkeit

Die Dringlichkeit ist ein Korrektiv für Unternehmerentscheidungen. Im Einzelfall kann die Wirksamkeit 42 einer Kündigung daran scheitern, dass alternativ eine Arbeitsstreckung in Betracht kommt, weil nur ein vorübergehender witterungsbedingter Auftragsmangel vorlag.[66] Ein betriebliches Erfordernis ist zudem dann nicht dringend, wenn statt der betriebsbedingten Kündigung Überstunden abgebaut werden können, die andere Arbeitnehmer im Betrieb dauerhaft leisten. Darin muss aber ein ständiger Personalbedarf zum Ausdruck kommen. Das ist nicht der Fall, wenn Mehrarbeit – vom Arbeitgeber nachgewiesenermaßen – geleistet wurde, um eine termingebundene Arbeit abzuschließen oder wenn damit saisonbedingt auftretende kurze Auftragsspitzen im Rahmen einer flexiblen Arbeitszeitregelung aufgefangen werden.[67]

Gleiches gilt nach einer Auffassung, wenn Daueraufgaben im Betrieb von Leiharbeitnehmern erbracht werden, und sich der (gekündigte) Arbeitnehmer für diesen Arbeitsplatz eignet. Nach dieser Auffassung ist der 43 Arbeitnehmer nicht nur einzuarbeiten, sondern nach Maßgabe des § 1 Abs. 2 S. 3 KSchG in zumutbarem Umfang umzuschulen oder fortzubilden.[68] Die Beendigung von Arbeitnehmerüberlassungsverträgen kann aber nicht verlangt werden, wenn der Einsatz von Leiharbeitnehmern auf einer plausiblen konzeptionellen Entscheidung beruht, für bestimmte Arbeiten generell keine eigenen Arbeitskräfte einzusetzen.

Auf die entsprechende Behauptung des Arbeitnehmers muss der Arbeitgeber im Prozess darlegen und beweisen, dass der gekündigte Arbeitnehmer die Arbeit des Leiharbeiters nicht ausführen kann oder aus welchen sonstigen betrieblichen Gründen eine Abarbeitung dieses Arbeitsvolumens durch Beendigung von 44 Leiharbeitsverhältnissen ausscheidet.[69]

Gegen die Dringlichkeit spricht nicht, dass ein Arbeitsverhältnis ruht und daher den Arbeitgeber kaum belastet. Vom Arbeitgeber kann nicht verlangt werden, seinen Kündigungsentschluss so lange zu verschieben, 45 bis das Arbeitsverhältnis nicht mehr ruht, der Kündigungsgrund aber möglicherweise entfallen ist.[70]

---

62 Vgl. z.B. BAG 16.12.2004, 2 AZR 66/04, NZA 2005, 761.
63 BAG 23.4.2008, 2 AZR 1110/06, NZA 2008, 939.
64 Zur Rechtsmissbräuchlichkeit einer Unternehmerentscheidung bei Ausgliederung auf eine finanziell, wirtschaftlich und organisatorisch in das Arbeitgeber-Unternehmen eingegliederte Organgesellschaft gem. § 2 Abs. 2 Ziff. 2 UStG vgl. BAG 26.9.2002, 2 AZR 636/01, NZA 2003, 549.
65 BAG 5.12.2002, 2 AZR 571/01, NZA 2003, 789.
66 BAG 17.10.1980, 7 AZR 675/78, DB 1981, 747.
67 LAG Niedersachsen vom 16.8.2002, 10 Sa 409/02, NZA-RR 2003, 579.
68 APS/*Kiel*, § 1 KSchG Rn 568.
69 APS/*Kiel*, § 1 KSchG Rn 568.
70 BAG 9.9.2010, 2 AZR 493/09, DB 2011, 62.

46 Ob der gekündigte Arbeitnehmer sich erfolgreich darauf berufen kann, die Kündigung habe durch Kurzarbeit vermieden werden können, ist nach wie vor nicht abschließend geklärt. Das BAG hat zu diesem Thema in einer Entscheidung aus dem Jahre 2012 Stellung genommen. Es hatte hier zwar nicht zu entscheiden, ob ein Arbeitgeber rechtlich gezwungen sein kann, vor dem Ausspruch der Kündigung die Einführung von Kurzarbeit zu betreiben, da der Arbeitgeber in dem der Entscheidung zugrunde liegenden Fall die Möglichkeit besaß, die Arbeitszeit der Mitarbeiter rechtwirksam bis auf 14 Wochenstunden zu reduzieren. Von dieser Möglichkeit, so das Gericht, habe der Arbeitgeber wegen des Verhältnismäßigkeitsgrundsatzes Gebrauch machen müssen. Ein vorübergehender Arbeitsmangel – so das BAG weiter – könne eine betriebsbedingte Kündigung nicht rechtfertigen.[71] Das stärkt die Auffassung, Kurzarbeit und betriebsbedingte Kündigung schlössen sich logisch aus.[72]

c) Die Sozialauswahl

47 Die soziale Auswahl ist bei Vorhandensein mehrerer vergleichbarer Mitarbeiter maßgebend dafür, welche konkreten Mitarbeiter bei Fortfall eines Arbeitsplatzes zu kündigen sind. Fehler in der Sozialauswahl können zur Unwirksamkeit der Kündigung führen. Dabei begrenzt die Zahl der Fehler nach neuerer BAG-Rechtsprechung die Zahl der „Nachrücker": Ein Nachrücker kann sich mit Erfolg nur auf den Fehler berufen, wenn er ohne ihn nicht hätte gekündigt werden können.[73] Die getroffene Sozialauswahl ist nur dann grob fehlerhaft, wenn sich ihr Ergebnis als grob fehlerhaft erweist.[74] Eine fehlerhafte oder gänzlich fehlende Sozialauswahl ist daher für die Wirksamkeit der Kündigung unerheblich, wenn in Bezug auf die Person des Gekündigten zufällig eine objektiv vertretbare Auswahl getroffen wurde. Der Arbeitgeber muss im Übrigen nicht die bestmögliche Sozialauswahl treffen, aufgrund seines Wertungsspielraums können sich nur deutlich schutzwürdigere Arbeitnehmer mit Erfolg auf Auswahlfehler berufen.[75]

48 In einigen Fällen entfällt die Sozialauswahl von vornherein. Das ist klassischerweise bei einer Betriebsstilllegung der Fall. Die Sozialauswahl entfällt in diesem Fall nicht nur dann, wenn der Betrieb bereits geschlossen ist und die Kündigungen anschließend erklärt werden, sondern auch schon im Fall der beabsichtigten Betriebsstilllegung, die zum Zeitpunkt des Kündigungsausspruchs bereits sog. greifbare Formen angenommen hat, wenn der Betrieb spätestens mit Ablauf der jeweiligen Kündigungsfrist stillgelegt ist. Gleiches gilt, wenn mehrere Unternehmen einen Gemeinschaftsbetrieb bilden und sich ein Unternehmen vollständig aus diesem Gemeinschaftsbetrieb zurückzieht, weil es seinen Geschäftsbetrieb einstellen will. In diesem Fall können die Mitarbeiter dieses Unternehmens im Grundsatz ohne vorherige Durchführung einer sozialen Auswahl gekündigt werden,[76] weil der einheitliche – unternehmensübergreifende – Leitungsapparat, der maßgeblich für den (Gemeinschafts-)Betrieb ist, zum Kündigungszeitpunkt nicht mehr existiert bzw. absehbar ist, dass die einheitliche Leitung zum Zeitpunkt der Betriebsteilstilllegung nicht mehr bestehen wird. Eine soziale Auswahl bleibt hingegen notwendig, wenn die einheitliche personelle Leitung eines Gemeinschaftsbetriebs faktisch trotz Betriebsteilstilllegung fortgeführt wird.[77]

49 Mitarbeiter mit besonderem Kündigungsschutz können von vornherein aus dem Kreis vergleichbarer Mitarbeiter ausgenommen werden. Dies gilt insbesondere für Betriebsratsmitglieder, auch in der Insolvenz des Arbeitgebers,[78] und zwar auch, wenn im Zeitpunkt der beabsichtigten Kündigung der Sonderkündigungsschutz voraussichtlich alsbald auslaufen wird.[79] Nicht an der Sozialauswahl nehmen ferner zum Beispiel

71 BAG 23.2.2012, 2 AZR 548/10, NZA 2012, 852.
72 ErfK/*Oetker*, § 1 KSchG, Rn 287 f.
73 BAG 9.11.2006, 2 AZR 812/05, NJW-Spezial 2007, 276.
74 BAG 10.6.2010, 2 AZR 420/09, NZA 2010, 1352.
75 BAG 7.7.2011, 2 AZR 476/10, AP Nr. 26 zu § 1 KSchG 1969 Wartezeit.
76 BAG 27.11.2003, 2 AZR 48/03, NZA 2004, 477.
77 BAG 24.2.2005, 2 AZR 214/04, AP Nr. 77 zu § 1 KSchG 1969.
78 BAG 17.11.2005, 6 AZR 118/05, NJW 2006, 1837.
79 BAG 21.4.2005, 2 AZR 241/04, NZA 2005, 1307.

Schwerbehinderte (§§ 85 ff. SGB IX), Schwangere und Elternzeitler (§§ 9 MuSchG, 18 BEEG) sowie Wehr- und Ersatzdienstleistende (§§ 2 Abs. 1 ArbPlSchG, 78 Abs. 1 ZDG) teil, es sei denn, die für eine Kündigung erforderliche Zustimmung der zuständigen staatlichen Stelle wurde vor Sozialauswahl erteilt.[80] Von der Sozialauswahl auszunehmen sind ferner tariflich „unkündbare" Mitarbeiter[81] und betriebliche Datenschutzbeauftragte (§ 4f Abs. 3 S. 5 f BDSG). Nicht von der sozialen Auswahl erfasst sind schließlich Mitarbeiter ohne Kündigungsschutz nach dem KSchG: sie sind zunächst zu kündigen.[82]

Den äußeren Rahmen für die Durchführung der Sozialauswahl bildet der Betrieb im kündigungsschutzrechtlichen Sinn. Betriebsverfassungsrechtliche gemäß § 3 BetrVG, z.B. aufgrund eines Zuordnungstarifvertrags gebildete Betriebsstrukturen sind insoweit irrelevant. Es findet auch keine Ausweitung auf das Unternehmen statt. Die Sozialauswahl bleibt vielmehr selbst dann betriebsbezogen, wenn das Direktionsrecht des AG sich auf das Unternehmen bezieht (überbetriebliche Versetzungsklausel).[83] Letzteres begründet lediglich eine Weiterbeschäftigungspflicht auf freien Arbeitsplätzen. **50**

In einem weiteren Schritt ist zu prüfen, welche Mitarbeiter unter rechtlichen Gesichtspunkten miteinander vergleichbar sind. Die Vergleichbarkeit vollzieht sich immer auf derselben Hierarchieebene. Sie setzt voraus, dass ein Mitarbeiter einseitig ohne Änderung seines Arbeitsvertrages auf den jeweils anderen, gleichwertigen Arbeitsplatz versetzt werden kann (rechtliche Vergleichbarkeit). Wechselseitige Austauschbarkeit ist nicht erforderlich.[84] Für die Beurteilung der Gleichwertigkeit kann die tarifliche Eingruppierung als Indiz herangezogen werden; nur bei Hilfstätigkeiten kommt ihr allerdings entscheidende Bedeutung zu.[85] **51**

Eine rechtliche Vergleichbarkeit in diesem Sinne ist nicht gegeben, wenn eine Versetzung nach dem Arbeitsvertrag an einen anderen Ort nur mit Einverständnis des Arbeitnehmers, oder nur vertretungsweise erfolgen kann. **52**

Vollzeit- und Teilzeitbeschäftigte oder auch Teilzeitbeschäftigte untereinander sind dann vergleichbar, wenn es nur um den Abbau von Arbeitsvolumina bzw. des Stundenkontingents geht. Anderes gilt nur, wenn eine nachweisbare Organisationsentscheidung besteht, bestimmte Tätigkeiten nur von Vollzeitkräften erledigen zu lassen. So z.B. bei Reinigungsdienstleistungen in Krankenhausbetrieben, wenn die Arbeitgeberin sich nachvollziehbar dazu entscheidet, ihre Reinigungskräfte lediglich in einem Objekt entsprechend den objektbezogenen Arbeitsplatzanforderungen zu beschäftigen und keine geteilten Dienste anzubieten.[86] **53**

Der Widerspruch eines Mitarbeiters gegen den Übergang seines Arbeitsverhältnisses auf den Erwerber eines Betriebes hindert eine Vergleichbarkeit mit Arbeitnehmern des Veräußererbetriebes in der Regel nicht.[87] **54**

Für eine Vergleichbarkeit ist weiter erforderlich, dass der Arbeitnehmer, dessen Arbeitsplatz betriebsbedingt entfällt, den Arbeitsplatz des anderen Arbeitnehmers tatsächlich ausüben kann. Insoweit ist zu prüfen, ob der betroffene Arbeitnehmer ausgehend von seinen bisherigen Kenntnissen und Fähigkeiten ggf. auf einem anderen, aber gleichwertigen Arbeitsplatz in zumutbarer Zeit eingearbeitet werden kann (tatsächliche Vergleichbarkeit).[88] **55**

---

80 BAG 24.3.1983, 2 ZZR 21/82, DB 1983, 1822.
81 LAG Brandenburg 29.10.1998, 3 Sa 229/98, NZA-RR 1999, 360.
82 *Preis*, DB 2004, 70, 78.
83 BAG 2.6.2005, 2 AZR 158/04, BB 2005, 2244; BAG 15.12.2005, 6 AZR 199/05, NJW Spezial 2006, 370.
84 BAG 18.10.2006, 2 AZR 676/05, NZA 2007, 798.
85 BAG 25.4.1985, 2 AZR 140/84, DB 1985, 2205.
86 BAG 15.7.2004, 2 AZR 376/03, NZA 2005, 523.
87 BAG 31.5.2007, 2 AZR 276/06, NZA 2008, 33.
88 BAG 18.10.2006, 2 AZR 676/05, NZA 2007, 798.

56 Über die Länge der Einarbeitungszeit herrscht Rechtsunsicherheit. Sie ist einzelfallabhängig. Nach bisheriger BAG-Rechtsprechung war Prüfungsmaßstab eine „kurze" Einarbeitung: Im Einzelfall können danach zwei bis drei Monate bereits zu lang sein. In der unterinstanzlichen Rechtsprechung wird zum Teil vertreten, dass die jeweilige Kündigungsfrist bzw. die Länge der betriebsüblichen Probezeit maßgeblich sei. Auch das BAG scheint seinen Maßstab insoweit etwas lockern zu wollen und spricht in einer neueren Entscheidung von „relativ kurzer" bzw. „angemessener" Einarbeitung.[89]

57 Die Sozialauswahl im engeren Sinn betrifft die Abwägung der maßgeblichen Sozialdaten. Diese sind seit Neufassung des KSchG in 2004

- die Dauer der Betriebszugehörigkeit
- das Lebensalter
- die Unterhaltsverpflichtungen und
- eine Schwerbehinderung,

wobei keinem dieser vier Auswahlkriterien herausragende Bedeutung zukommt. Bei ihrer Gewichtung steht dem Arbeitgeber ein Wertungsspielraum zu.[90]

58 Gerade bei umfangreicheren Personalabbaumaßnahmen sind mittlerweile Auswahlrichtlinien üblich, in denen diese Sozialkriterien bepunktet werden. Die Verwendung eines Punkteschemas ist – das Vorhandensein eines Betriebsrats vorausgesetzt – gem. § 95 Abs. 3 BetrVG (Auswahlrichtlinien) mitbestimmungspflichtig. Sie hat aber den Vorteil, dass die Sozialauswahl im engeren Sinn nur noch auf grobe Fehlerhaftigkeit überprüft werden kann, § 1 Abs. 4 KSchG. Auswahlrichtlinien können auch in einem Interessenausgleich vereinbart oder in einem Tarifvertrag enthalten sein. Stellt der Arbeitgeber dagegen einseitig Auswahlrichtlinien auf, greift die Privilegierung des § 1 Abs. 4 KSchG nicht; es ist dann gerichtlich überprüfbar, ob der sich aus dem Gesetz ergebende Beurteilungsspielraum überschritten ist. Den Gerichten ist es aber auch in diesem Fall verwehrt, ihre eigene Gewichtung an die Stelle der Gewichtung des Arbeitgebers zu setzen.[91] Nach der Rechtsprechung des BAG bedarf es keiner abschließenden Einzelfallbetrachtung, der Arbeitgeber kann sich also auf die Betrachtung der in § 1 Abs. 3 S. 1 KSchG genannten Kriterien beschränken.[92]

59 Wie sich das AGG im Hinblick auf das zu berücksichtigende Sozialkriterium Lebensalter auswirkt, war längere Zeit umstritten[93] Mittlerweile ist höchstrichterlich entschieden, dass das Lebensalter auch nach Inkrafttreten des Allgemeinen Gleichbehandlungsgesetzes noch berücksichtigt werden darf. Eine Berücksichtigung des Lebensalters im Rahmen der Sozialauswahl i.S.d. § 1 Abs. 3 S. 1 KSchG stellt keine Altersdiskriminierung gem. §§ 1, 2 Abs. 1 Nr. 2 AGG dar. Danach können die Betriebsparteien in einer Auswahlrichtlinie nach § 95 BetrVG und einer Namensliste nach § 1 Abs. 5 KSchG das Lebensalter als Auswahlkriterium durchgehend „linear" berücksichtigen und müssen nicht zuvor nach Altersgruppen differenzieren.[94]

60 Für die Durchführung der Sozialauswahl anhand der Sozialdaten sind die tatsächlichen Verhältnisse maßgebend. Dem Arbeitgeber ist daher zu empfehlen, die Mitarbeiter dazu aufzufordern, ihre Sozialdaten bis zu einem bestimmten Stichtag mitzuteilen. Wenn er dann keine Rückmeldung erhält, kann der er ohne weitere Nachforschung auf die ihm bekannten Daten zurückgreifen.[95] Er darf sich grundsätzlich auf die Eintragun-

---

89 BAG 5.6.2008, 2 AZR 907/06, NZA 2008, 1120; BAG19.12.2013, 6 AZR 790/12, BAGE 147, 89–112.
90 BAG 2.6.2005, 2 AZR 480/04, NJW 2006, 315.
91 KR/*Griebeling/Rachor*, § 1 KSchG, Rn 692.
92 BAG 9.11.2006, 2 AZR 812/05, BB 2007 1393.
93 *Willemsen/Schweibert*, NJW 2006, 2583 ff.; *Richardi*, NZA 2006, 881 ff.; *Preis*, NZA 2006, 401 ff.
94 BAG 15.12.2011, 2 AZR 42/10, DB 2012, 1445; BAG 5.11.2009, 2 AZR 676/08, NZA 2010, 457; GWR 2010, 175, m. Anm. *Bauer*, BeckRS 2010, 67455; *Gerstner*, ArbR 2010, 197 m. Anm. *Gerstner*.
95 BAG 5.12.2002, 2 AZR 697/01, NZA 2003, 849; *Emmert/Pohlmann*, FA 2008, 130.

gen auf der Lohnsteuerkarte verlassen, solange er keinen Anlass zu der Annahme hat, diese Angaben könnten nicht zutreffen. Sind ihm Sozialdaten unbekannt, können sie ihm im Prozess über die Wirksamkeit der Kündigung nur entgegengehalten werden, wenn er sie hätte kennen müssen.[96]

Das BAG hat bestätigt, dass bei Feststellung der Beschäftigungszeiten auch solche berücksichtigt werden   61
dürfen, die aufgrund vertraglicher Vereinbarung der Arbeitsvertragsparteien über die Anerkennung früherer Beschäftigungszeiten bei demselben Arbeitgeber oder einem anderen Unternehmen anzurechnen waren. In dem zugrundeliegenden Fall hatten Mitarbeiter und Arbeitgeber über die Anrechnung von Betriebszugehörigkeiten unter dem rechtlichen Gesichtspunkt des Betriebsübergangs (§ 613a BGB) gestritten und zur Beilegung dieses Rechtsstreits einen Vergleich geschlossen, nach dem der Kläger so behandelt werden sollte, als wenn sein Arbeitsverhältnis seit dem 1.10.1990 bestand. Drei Jahre später wurde der Kläger im Ergebnis wirksam gekündigt. Nach BAG sind die Regelungen über die Sozialauswahl zwar nicht dispositiv. Hier werde die kündigungsrechtliche Position eines Arbeitnehmers aber nur infolge einer zulässigen Gestaltung der Arbeitsbedingungen mittelbar verschlechtert. Das sei hinzunehmen, es sei denn, dass diese Individualvereinbarungen rechtsmissbräuchlich getroffen werden und der Umgehung der Sozialauswahl dienen.[97]

Bei den Unterhaltsverpflichtungen sah es das BAG als unbedenklich an, dass der Arbeitgeber einem anderen   62
ren in die Sozialauswahl einbezogenen Mitarbeiter Sozialpunkte für eine Unterhaltsverpflichtung gegenüber seiner Ehefrau zuerkannte, obwohl diese selbst in einem Beschäftigungsverhältnis stand. Ein „Doppelverdienst" kann danach vom Arbeitgeber außer Acht gelassen werden.[98]

Von der Sozialauswahl kann in besonderen Fällen abgewichen werden. Das ist dann der Fall, wenn geltend   63
gemacht werden kann, dass einzelne Arbeitnehmer aus berechtigten betrieblichen Interessen, z.B. wegen besonderer Ausbildungs- oder Qualifikationsmerkmale bzw. wichtiger Kundenkontakte, weiter zu beschäftigen sind (sog. Leistungsträger). Feste Zahlengrenzen, wann noch von einzelnen Arbeitnehmern auszugehen bzw. wann diese Ausnahmeklausel „überdehnt" wird, existieren insoweit nicht. Je höher die Prozentzahl derer ist, die mit dieser Begründung von der Sozialauswahl ausgenommen werden, desto riskanter ist die Maßnahme insgesamt. Die Weiterbeschäftigung jedes einzelnen Mitarbeiters muss aus konkreten betrieblichen Belangen erforderlich sein. Reine Nützlichkeitsgesichtspunkte reichen jedenfalls nicht aus. Bei der Überprüfung, ob einzelne Arbeitnehmer zu Recht aus der Sozialauswahl herausgenommen worden sind, ist im Fall eines Interessenausgleichs mit Namensliste auch insoweit der Maßstab der groben Fehlerhaftigkeit anzuwenden.[99]

Besteht ein berechtigtes betriebliches Bedürfnis am Erhalt einer ausgewogenen Altersstruktur, kann der Arbeitgeber   64
beitgeber anhand abstrakter Kriterien für die soziale Auswahl in den Vergleichsgruppen Altersgruppen bilden und die Sozialauswahl dann proportional zu ihrem bisherigen Verhältnis innerhalb dieser Altersgruppen vornehmen. Das BAG hat die Bildung von Altersgruppen in 5- bzw. 10-Jahres-Schritten trotz gewisser dadurch begründeter „Verzerrungen" gebilligt.[100] Die Erhaltung einer ausgewogenen Altersstruktur kann ein sonstiges berechtigtes betriebliches Bedürfnis im Sinne von § 1 Abs. 3 S. 2 KSchG sein. Bestehe deshalb ein berechtigtes betriebliches Bedürfnis an einer ausgewogenen Altersstruktur, könne der Arbeitgeber anhand abstrakter Kriterien für die soziale Auswahl Altersgruppen bilden und die Sozialauswahl innerhalb dieser Altersgruppen vornehmen.[101] Die Beteiligung der einzelnen Altersgruppen am Personalabbau muss aber streng proportional erfolgen. Beteiligt der Arbeitgeber die Altersgruppen proportional unterschiedlich stark am Personalabbau, führt dies zu einer Veränderung der vorhandenen Altersstruktur.

96 BAG 17.1.2008, 2 AZR 405/06, NZA-RR 2008, 571; BAG 6.7.2006, 2 AZR 520/05, NZA 2007, 266.
97 BAG 2.6.2005, 2 AZR 480/04, NJW Spezial 2006, 180.
98 BAG 12.3.2009, 2 AZR 418/07, NZA 2009, 1023.
99 BAG 10.6.2010, 2 AZR 420/09, NZA 2010, 1352.
100 BAG 12.3.2009, 2 AZR 418/07, GWR 2009, 285540; BAG 20.4.2005, 2 AZR 201/04, NZA 2005, 877.
101 Vgl. BAG, 23.11.2000, 2 AZR 533/99, NZA 2001, 601.

Eine solche stellt kein berechtigtes Interesse i.S.v. § 1 Abs. 3 S 2 KSchG dar.[102] Die Berücksichtigung des Lebensalters stellt zwar eine an das Alter anknüpfende unterschiedliche Behandlung dar. Allerdings ist diese nach Auffassung des BAG gemessen an § 10 S. 1 und 2 AGG gerechtfertigt.[103]

65 An sich muss der Arbeitgeber nach Auffassung des BAG die konkreten Nachteile darlegen, die sich ergeben würden, wenn die zu kündigenden Arbeitnehmer ohne Altersgruppenbildung ausgewählt worden wären. Er muss also eine „als-ob-Betrachtung" anstellen und darlegen, woraus sich die berechtigten betrieblichen Bedürfnisse für eine Erhaltung der bisherigen Altersstruktur ergeben sollen. Derlei nachteilige Auswirkungen können bei einer erheblichen Verschiebung in der Altersstruktur des Betriebes liegen.[104] Im Zusammenhang mit Massenkündigungen kommen dem Arbeitgeber hier Darlegungserleichterungen zugute. Zumindest dann, wenn die Anzahl der Entlassungen innerhalb der Gruppe vergleichbarer Arbeitnehmer die Schwellenwerte des § 17 KSchG erreicht, wird ein berechtigtes betriebliches Interesse an der Beibehaltung der Altersstruktur widerlegbar indiziert.[105] Bleibt die Anzahl der Kündigungen jedoch unter den Schwellenwerten des § 17 KSchG, schließt das zwar ein berechtigtes betriebliches Interesse an der Sicherung der bestehenden Altersstruktur nicht von vornherein aus, es bedarf dann jedoch eines eingehenden, die nachteiligen Wirkungen einer veränderten Altersstruktur konkret und schlüssig aufzeigenden Vortrags des Arbeitgebers. Ob es sich hierbei um anzuerkennende Sachgründe handelt, ist gerichtlich uneingeschränkt und nicht nur auf Plausibilität hin überprüfbar.[106]

Checkliste Sozialauswahl:

66 ■ Welches ist der Betrieb im kündigungsschutzrechtlichen Sinne?
■ Ausnahmsweise Fortfall der Sozialauswahl?
■ Vergleichsgruppenbildung
▨ Herausnahme von Mitarbeitern mit besonderem Kündigungsschutz
▨ Rechtliche Vergleichbarkeit (dieselbe Hierarchieebene/Gleichwertigkeit)
▨ Tatsächliche Vergleichbarkeit
■ Sozialauswahl im engeren Sinne (Sozialdaten gemäß § 1 Abs. 3 KSchG)
▨ Ermittlung der Sozialdaten
▨ Auswahlrichtlinien
■ Ausnahmen von der Sozialauswahl
▨ Altersgruppenbildung
▨ Leistungsträger

d) Die Weiterbeschäftigungspflicht

67 Eine betriebsbedingte Kündigung ist gemäß § 1 Abs. 2 KSchG nur sozial gerechtfertigt, wenn dringende betriebliche Erfordernisse einer Weiterbeschäftigung des Arbeitnehmers im Betrieb entgegenstehen. Gibt es andere, freie Arbeitsplätze, so muss der Arbeitgeber den Arbeitnehmer auf diesem freien Arbeitsplatz weiterbeschäftigen, sofern der Arbeitnehmer über die hierfür erforderlichen Fähigkeiten und Kenntnisse verfügt. Dies folgt aus dem „Ultima-Ratio"-„Grundsatz": Eine Kündigung ist nur dann durch ein dringendes betriebliches Erfordernis „bedingt", wenn der Arbeitgeber keine Möglichkeit hat, den Arbeitnehmer anderweitig zu beschäftigen. Die Weiterbeschäftigungspflicht auf freien Arbeitsplätzen gilt unternehmensweit. Der Arbeitgeber muss den Arbeitnehmer also auf einem anderen freien Arbeitsplatz auch in einem

---

102 BAG, 26.3.2015,2 AZR 478/13.
103 BAG 6.11.2008, 2 AZR 523/07, NZA 2009, 361; *Freckmann*, BB 2007, 1049.
104 BAG 6.7.2006, 2 AZR 442/05; NZA 2007, 139.
105 BAG, 26.3.2015, 2 AZR 478/13, BB 2015, 1341.
106 BAG 18.3.2010, 2 AZR 468/08, NZA 2010, 1059.

anderen Betrieb des Unternehmens weiterbeschäftigen.[107] Eine konzernbezogene Weiterbeschäftigungspflicht besteht nur in Ausnahmefällen, ebenso verhält es sich bei freien Stellen außerhalb Deutschlands.[108]

Eine ordentliche Beendigungskündigung ist danach immer dann ausgeschlossen, wenn der Arbeitgeber den Arbeitnehmer auf einem anderen freien Arbeitsplatz auch zu geänderten Bedingungen, und zwar auch zu ggf. erheblich unterwertigen Bedingungen, weiterbeschäftigen kann. Der Arbeitgeber ist in diesem Fall verpflichtet, dem Arbeitnehmer vor Ausspruch einer Kündigung jede, auch eine unterwertige Beschäftigung anzubieten bzw. statt der Beendigungs- eine Änderungskündigung auf diesen Arbeitsplatz auszusprechen.[109] Die Weiterbeschäftigung hat auch dann vorrangig zu erfolgen, wenn sie erst nach Einarbeitung des Arbeitnehmers, ggf. erst nach einer dem Arbeitnehmer anzubietenden zumutbaren Qualifizierungs- oder Fortbildungsmaßnahme möglich ist.[110] Nur in Extremfällen (das BAG nennt als Beispiel insoweit das Angebot einer Pförtnerstelle an den bisherigen Personalchef) muss eine unterwertige Beschäftigung nicht angeboten werden, nämlich dann, wenn der Arbeitgeber bei vernünftiger Betrachtung nicht mit einer Annahme des neuen Vertragsangebots durch den Arbeitnehmer rechnen konnte und ein derartiges Angebot im Gegenteil eher beleidigenden Charakter hätte.[111] 68

Lehnt der Arbeitnehmer das Angebot zur geänderten Weiterbeschäftigung ab, muss der Arbeitgeber trotzdem eine Änderungskündigung aussprechen. Eine Beendigungskündigung ist nur zulässig, wenn der Arbeitnehmer unmissverständlich zum Ausdruck gebracht hat, er werde die geänderten Arbeitsbedingungen im Fall einer Änderungskündigung nicht, auch nicht unter dem Vorbehalt ihrer sozialen Rechtfertigung, annehmen. Alle Zweifel gehen zu Lasten des Arbeitgebers. Das Änderungsangebot muss außerdem unter Beachtung der ordentlichen Kündigungsfrist unterbreitet worden sein. Sonst macht das Angebot eine Änderungskündigung des Arbeitgebers nicht überflüssig. 69

In einer weiteren Entscheidung vom 21.4.2005[112] hat das BAG klargestellt, dass der Arbeitgeber auch ohne vorherige Verhandlung mit dem Arbeitnehmer eine Änderungskündigung aussprechen kann. Aus rein rechtlicher Sicht empfiehlt sich deshalb bei Vorhandensein freier Stellen in der Regel, keine Änderungsangebote zu unterbreiten, sondern direkt Änderungskündigungen zu erklären. 70

Wenn mehrere freie Arbeitsplätze in Betracht kommen, hat der Arbeitgeber eine Auswahl vorzunehmen: Der Arbeitgeber muss den Arbeitsplatz auswählen, der für den Arbeitnehmer am günstigsten und weniger belastend wäre. Stehen für eine Weiterbeschäftigung in einem Betrieb verschiedene Tätigkeiten zur Verfügung, von denen sich einige mehr und andere weniger vom Inhalt des bisherigen Arbeitsvertrags entfernen, ist es grundsätzlich eine Frage der sozialen Auswahl analog § 1 Abs. 3 KSchG, welchem Arbeitnehmer das in dieser Hinsicht „günstigere" Weiterbeschäftigungsangebot zu unterbreiten ist.[113] Sind verschiedene vergütete Tätigkeiten vorhanden, ist – sofern nicht betriebliche Belange dagegen sprechen,– dem Arbeitnehmer im Wege der Änderungskündigung der (bezogen auf seinen bisherigen Arbeitsplatz) gleichwertigste Arbeitsplatz mit der geringsten Vergütungsreduzierung anzubieten (Grundsatz der Verhältnismäßigkeit). Unter mehreren vergleichbaren freien Arbeitsplätzen innerhalb des Unternehmens, aber über die Grenzen des Betriebs hinweg, sind die Auswahlmaßstäbe höchstrichterlich nicht geklärt. Bei Weiterbeschäftigungsmöglichkeiten zum Beispiel an verschiedenen Orten hat der Arbeitgeber offenbar die Wahl, welchen konkreten Arbeitsplatz er im Rahmen der Änderungskündigung dem Arbeitnehmer zuweist, soweit die Interessen des Arbeitnehmers dieser Auswahl nicht entgegenstehen. 71

---

107 BAG 21.9.2000, 2 AZR 385/99, NZA 2001, 535.
108 BAG 23.4.2008, 2 AZR 1110/06, NZA 2008, 939; BAG 23.11.2004, 2 AZR 24/04, NZA 2005, 929; BAG 26.6.2008, 2 AZR 1109/06; BAG, 24.9.2015, 2 AZR 3/14.
109 BAG 21.4.2005, 2 AZR 132/04, NZA 2005,1289.
110 BAG 5.6.2008, 2 AZR 107/07, NZA 2008, 1180.
111 BAG 5.6.2008, 2 AZR 107/07, NZA 2008, 1180; BAG 21.4.2005, 2 AZR 132/04, NZA 2005, 1289.
112 BAG 21.4.2005, 2 AZR 244/04, NZA 2005, 1294.
113 BAG 24.5.2012, 2 AZR 163/11.

72   Kein Anspruch auf Weiterbeschäftigung auf einem freien Arbeitsplatz besteht hingegen, wenn der Arbeitsplatz höherwertig ist. Ein Arbeitnehmer hat in der Regel keinen Anspruch auf Beförderung, so dass der Arbeitgeber ihm keinen freien Arbeitsplatz zuweisen muss, der auf einer höheren Hierarchieebene angesiedelt ist.[114] Die Eingruppierung bzw. Vergütung bietet einen Anhaltspunkt hierfür. In erster Linie kommt es aber auf die Tätigkeitsmerkmale an. Deshalb entfällt ein Anspruch auf Zuweisung eines freien Arbeitsplatzes, wenn die freie Stelle nach Bedeutung und Verantwortung derart anspruchsvoll ist, dass insgesamt ein wesentlich anderer Arbeitsbereich besteht.[115] Wenn ein Arbeitsplatz dagegen nur formal in eine Beförderungsstelle umgewandelt wird, rechtfertigt dies keine Kündigung, soweit der Arbeitnehmer nach seinen Fähigkeiten und seiner Vorbildung geeignet ist, die Arbeitsleistung auch weiter auf dem umgestalteten Arbeitsplatz zu erbringen.[116]

73   Für die Frage, ob der Arbeitgeber einem ansonsten zu kündigenden Arbeitnehmer einen anderen freien Arbeitsplatz anbieten muss, ist entscheidend, ob der Arbeitnehmer über die für diesen Arbeitsplatz erforderlichen Kenntnisse und Fähigkeiten verfügt, also diesen Arbeitsplatz (nach Einarbeitung und zumutbaren Umschulungs- bzw. Fortbildungsmaßnahmen)[117] ausüben kann. Es entspricht dabei ständiger Rechtsprechung, dass der Arbeitgeber das Anforderungsprofil für einen neu eingerichteten Arbeitsplatz im Rahmen seiner freien unternehmerischen Entscheidung festlegt.[118] Diese unternehmerische Entscheidung kann von den Arbeitsgerichten nur auf offenbare Unsachlichkeit überprüft werden. Dabei können auch Anforderungen wie „mehrjährige Berufserfahrung" gestellt werden, wenn eine langjährige Erfahrung für die Erledigung der Arbeitsaufgabe von besonderer Bedeutung ist bzw. einen sachlichen und nachvollziehbaren Bezug zu ihr hat.

74   „Frei" im Sinne der Rechtsprechung sind solche Arbeitsplätze, die zum Zeitpunkt der Kündigung unbesetzt sind und solche, bei denen der Arbeitgeber bei Ausspruch der Kündigung mit hinreichender Sicherheit vorhersehen kann, dass sie bis zum Ablauf der Kündigungsfrist zur Verfügung stehen werden. Darüber hinaus sind solche Arbeitsplätze als „frei" zu betrachten, bei denen im Zeitpunkt der Kündigung bereits feststeht, dass sie in absehbarer Zeit nach Ablauf der Kündigungsfrist frei werden, sofern die Überbrückung dieses Zeitraumes dem Arbeitgeber zumutbar ist.[119] Besetzt der Arbeitgeber einen zunächst freien Arbeitsplatz während der Kündigungsfrist, muss er sich keine treuwidrige Vereitelung der Weiterbeschäftigungsmöglichkeit vorhalten lassen, wenn sich ihm die Möglichkeit der Weiterbeschäftigung nicht aufdrängen musste.[120]

75   Der Arbeitgeber ist im Übrigen nicht verpflichtet, einen neuen Arbeitsplatz zu schaffen, um eine Kündigung zu vermeiden.[121]

e)   Die Abfindungskündigung, § 1a KSchG

76   § 1a KSchG regelt einen gesetzlichen Abfindungsanspruch für den Fall einer arbeitgeberseitigen Kündigung (§ 623 BGB), die auf betriebliche Gründe gestützt wird und bestimmten formellen Anforderungen genügt, sofern der Arbeitnehmer hiergegen keine Kündigungsschutzklage erhebt. Mit dieser Regelung sollte eine einfach zu handhabende, moderne und unbürokratische Alternative zum Kündigungsschutzprozess geschaffen werden.[122]

---

114 BAG 18.12.2000, 2 AZR 465/99, NZA 2001, 437; LAG Düsseldorf 7.5.2003, 12 Sa 1437/02, BeckRS 2003, 30458131.
115 BAG 30.8.1995, 1 ABR 11/95, NZA 1996, 496.
116 BAG 18.12.2000, 2 AZR 465/99, NZA 2001, 437; BAG 5.10.1995, 2 AZR 269/95, NZA 1996, 524.
117 BAG 5.6.2008, 2 AZR 107/07, NZA 2008, 1180.
118 BAG 24.6.2004, 2 AZR 326/03, NZA 2004, 1268.
119 BAG 15.12.1994, 2 AZR 327/94, NZA 1995, 521.
120 BAG 5.6.2008, 2 AZR 107/07, NZA 2008, 1180.
121 ErfK/*Oetker*, § 1 KSchG Rn 251.
122 KR/*Spilger*, § 1a KSchG Rn 6 ff.

§ 1a KSchG regelt die Voraussetzungen eines Anspruchs auf Abfindungsleistung, wenn der gekündigte Ar- **77**
beitnehmer die – bestimmten Anforderungen gerecht werdende – arbeitgeberseitige Kündigung bestandskräftig werden lässt. Nach überwiegender Literaturauffassung muss es sich dabei um eine ordentliche Kündigung handeln. § 1a KSchG gilt ferner für (betriebsbedingte ordentliche) Änderungskündigungen, wenn
die Abfindung für den Fall versprochen wird, dass der Arbeitnehmer das Angebot vorbehaltlos ablehnt
und es deshalb um die Beendigung des Arbeitsverhältnisses geht.[123] Auf außerordentliche Kündigungen
ist § 1a KSchG nicht anwendbar, vgl. § 13 Abs. 1 KSchG.

Der Arbeitgeber muss das Arbeitsverhältnis explizit unter Berufung auf betriebliche Erfordernisse gemäß **78**
§ 1 Abs. 2 S. 1 KSchG kündigen. Die Kündigung muss im Kündigungsschreiben also als betriebsbedingt
bezeichnet werden. Das bedeutet nicht, dass der Kündigung tatsächlich eine betriebsbedingte Begründung
zugrunde liegen muss.[124]

In der Kündigungserklärung muss weiter der Hinweis enthalten sein, dass der Arbeitnehmer bei Verstrei- **79**
chenlassen der Klagefrist eine Abfindung nach den im Gesetz genannten Parametern beanspruchen kann.
Die Höhe der Abfindung muss nicht rechnerisch angegeben werden.[125]

Weitere Voraussetzung ist, dass die zu beachtende Kündigungsfrist abgelaufen ist (vgl. § 1a Abs. 1 S. 1 **80**
KSchG). Verstirbt der Arbeitnehmer vor Ablauf der Kündigungsfrist, geht der Abfindungsanspruch nach
§ 1a KSchG daher nicht auf dessen Erben über.[126]

§ 1a KSchG setzt zudem voraus, dass der Arbeitnehmer Kündigungsschutz nach dem KSchG genießt. Das **81**
Arbeitsverhältnis des Arbeitnehmers muss also mindestens sechs Monate bestanden haben (§ 1 Abs. 1
KSchG) und es darf sich nicht um einen Kleinbetrieb i.S.d. § 23 Abs. 1 S. 2 KSchG handeln.

Nach Erfüllen dieser Voraussetzungen hat der Arbeitnehmer einen Anspruch auf Abfindung in Höhe von **82**
0,5 Monatsverdiensten für jedes Jahr des Bestehens des Arbeitsverhältnisses. Die Höhe des Monatsverdienstes richtet sich nach § 10 Abs. 3 KSchG.

Wird dem Arbeitnehmer in einem nach § 1a KSchG gestalteten Kündigungsschreiben eine Abfindung an- **83**
geboten, die höher ist als die gesetzlich vorgesehene, etwa weil der Arbeitgeber weiß, dass der Arbeitnehmer anderenfalls die Kündigung nicht hinnehmen wird, greift § 1a KSchG nicht ein. Der im Kündigungsschreiben enthaltene Hinweis kann nach § 140 BGB gegebenenfalls in ein Angebot auf Abschluss eines
Abwicklungsvertrags auf Zahlung dieser höheren Abfindung bei Verstreichenlassen der Klagefrist umgedeutet werden; dieses Angebot muss aber angenommen werden.

Die Abfindungs-Kündigung gem. § 1a KSchG kann schließlich mit einem Klageverzicht des Arbeitneh- **84**
mers gekoppelt werden, indem der Arbeitnehmer bestätigt, gegen die Kündigung keine Einwendungen
zu erheben und keine Klage einzureichen. Das gilt – soweit es sich um Allgemeine Geschäftsbedingungen
handelt – jedenfalls dann, wenn eine kompensatorische Gegenleistung gewährt wird.[127] Das Schriftformerfordernis des § 623 BGB ist auch für den Klageverzichtsvertrag zu beachten, wenn der Klageverzicht
in einem unmittelbaren zeitlichen und sachlichen Zusammenhang mit dem Ausspruch der Kündigung erfolgt.[128] In dem Klageverzicht kann überdies eine aktive Mitwirkung des Arbeitnehmers an der „Lösung"
des Beschäftigungsverhältnisses im Sinne der Rechtsprechung des BSG zur Sperrzeitverhängung wegen
Arbeitsaufgabe zu sehen sein. Aus Arbeitnehmersicht ist ein Klageverzicht deshalb riskant und daher erfahrungsgemäß in der Praxis nur schwer durchzusetzen.

---

123 BAG 13.12.2007, 2 AZR 807/06, NZA 2008, 751.
124 *Preis*, DB 2004, 70, 73; KR/*Spilger*, § 1a KSchG Rn 31.
125 ErfK/*Oetker*, § 1a KSchG Rn 11.
126 BAG 10.5.2007, 2 AZR 45/06, NJW Spezial 2007, 452.
127 Vgl. insgesamt zur AGB-Kontrolle KR/*Griebeling/Rachor*, § 1 KSchG Rn 36a.
128 KR/*Griebeling/Rachor*, § 1 KSchG Rn 36.

85   Mängel der Kündigung sind für § 1a KSchG unbeachtlich. Insoweit ist weder von Belang, ob tatsächlich betriebsbedingte Kündigungsgründe vorhanden sind noch ob die an sich zu beachtende Kündigungsfrist eingehalten oder der Betriebsrat bzw. das Integrationsamt etc. ordnungsgemäß beteiligt wurde.

86   Im Falle eines Vorgehens des Arbeitgebers nach § 1a KSchG hat der Arbeitnehmer – abgesehen von dem zuvor erwähnten Fall des gekoppelten Klageverzichts – keine sozialversicherungsrechtlichen Nachteile wie insbesondere die Verhängung einer Sperrzeit zu gewärtigen.[129] Bietet der Arbeitgeber in einem nach § 1a KSchG gestalteten Schreiben eine höhere als die in der Vorschrift normierte Abfindung an, bleiben die ansonsten gegebenen sozialversicherungsrechtlichen Vorteile des § 1a KSchG hingegen nicht erhalten, wenn es bei einem Vorgehen des Arbeitgebers nach § 1a KSchG nachweislich zu Vorfeldabsprachen zwischen den Parteien gekommen ist, ob dies eine Sperrzeit wegen Arbeitsaufgabe auslöst.

2. Muster und Erläuterungen

a) Betriebsbedingtes Kündigungsschreiben

87   **Muster 1c.4: Betriebsbedingtes Kündigungsschreiben**

Sehr geehrte/r Herr/Frau ▨▨▨▨,

das mit Ihnen bestehende Arbeitsverhältnis kündigen wir hiermit betriebsbedingt unter Berücksichtigung der vertraglichen/gesetzlichen/tarifvertraglichen Kündigungsfrist zum ▨▨▨▨, hilfsweise zum nächstmöglichen Termin.

Der Betriebsrat wurde von uns vor Ausspruch der Kündigung ordnungsgemäß angehört. (**ggf.:** *Er hat der Kündigung zugestimmt.*)

Wir weisen darauf hin, dass Sie verpflichtet sind, sich spätestens drei Monate vor Beendigung des Arbeitsverhältnisses persönlich bei der Agentur für Arbeit arbeitssuchend zu melden. Liegen zwischen der Kenntnis des Beendigungszeitpunktes und der Beendigung des Arbeitsverhältnisses weniger als drei Monate, hat die Meldung innerhalb von drei Tagen nach Kenntnis des Beendigungszeitpunktes zu erfolgen. Andernfalls können Ihnen Nachteile beim Bezug von Arbeitslosengeld entstehen.

Ggf.: *Etwaige Leistungen aus Anlass dieser Kündigung richten sich nach dem mit dem Betriebsrat geschlossenen Sozialplan vom* ▨▨▨▨ *(Datum). Darüber hinaus erhalten Sie gemäß der ergänzenden Betriebsvereinbarung vom* ▨▨▨▨ *(Datum) zusätzlich eine Abfindung von EUR* ▨▨▨▨ *brutto, soweit sie keine Kündigungsschutzklage erheben.*

Mit freundlichen Grüßen

(*Unterschrift*)

Arbeitgeber

(*Name der vertretungsberechtigten Person/en*)

▲

---

129 BSG 12.7.2006, B 11a AL 57/05 R, BeckRS 2006, 44766; *Lilienfeld/Spellbrink*, RdA 2005, 88, 94 f.; *Gagel*, ZIP 2005, 332, 334.

b) Abfindungskündigung, § 1a KSchG

▼

Muster 1c.5: Abfindungskündigung   88

Hiermit kündigen wir das mit Ihnen bestehende Arbeitsverhältnis wegen dringender betrieblicher Erfordernisse fristgerecht zum ▨▨▨▨ (*Datum*).

Sollten Sie gegen diese Kündigung keine Kündigungsschutzklage beim Arbeitsgericht erheben, können Sie nach Verstreichenlassen der Klagefrist von drei Wochen, gerechnet ab Zugang der Kündigung, zum Tag der Beendigung Ihres Arbeitsverhältnisses eine Abfindung beanspruchen, die sich gem. § 1a Abs. 2 KSchG wie folgt berechnet:

Für jedes Jahr des Bestehens des Arbeitsverhältnisses beträgt die Abfindung 0,5 Monatsverdienste. Bei der Ermittlung der Dauer des Arbeitsverhältnisses wird ein Zeitraum von mehr als sechs Monaten auf ein volles Jahr aufgerundet.

▲

c) Auswahlrichtlinie Sozialpunkteregelung

Bei der Auswahl aus dem Kreis der betroffenen Mitarbeiter sind die Dauer der Betriebszugehörigkeit, das   89
Lebensalter, die Unterhaltspflichten sowie Schwerbehinderung wie folgt zu berücksichtigen:[130]

Checkliste

- ■ Beschäftigungsjahre:
  - ▨ für jedes volle Beschäftigungsjahr bis 10 Jahre: 1 Punkt
  - ▨ für jedes volle Beschäftigungsjahr ab dem 11. Jahr: 2 Punkte
- ■ Lebensalter:
  - ▨ für jedes vollendete Lebensjahr ab vollendetem 18. Lebensjahr: 1 Punkt
- ■ Unterhaltspflichten:
  - ▨ für jedes unterhaltsberechtigte Kind: 4 Punkte
  - ▨ verheiratet oder eingetragene Lebenspartnerschaft: 4 Punkte
  - ▨ bei geschiedenen Ehegatten, die ihre Unterhaltspflicht durch Vereinbarung oder Unterhaltstitel nachweisen: 4 Punkte
- ■ Schwerbehinderung:
  - ▨ Schwerbehinderung bis 50 % (einschließlich Gleichgestellte): 5 Punkte
  - ▨ über 50 % je 10 % Erwerbsminderung: 1 Punkt

d) Sozialpunkteregelung (einseitig)

Checkliste

- ■ pro Beschäftigungsjahr: 1,5 Punkte   90
- ■ pro Lebensjahr: 1 Punkt,
- ■ pro unterhaltsberechtigtem Kind: 7 Punkte
- ■ für jede andere unterhaltsberechtigte Person: 5 Punkte

---

130 Die Gewichtung der vier Sozialkriterien untereinander ist bei einer Auswahlrichtlinie nur auf grobe Fehlerhaftigkeit überprüfbar, § 1 Abs. 4 KSchG. Eine abschließende Einzelfallabwägung ist entbehrlich, BAG 9.11.2006, 2 AZR 812/05, BB 2007, 1393.

- für Schwerbehinderung ab 50 %: 11 Punkte
  und Gleichgestellte: 9 Punkte[131]
- **ggf.**: Gesamtwürdigung[132]
  Liegen besondere Härtefälle, wie z.B. besondere Lasten aus Unterhaltsverpflichtungen, Alleinerziehung von mindestens einem im eigenen Haushalt lebenden Kind, besondere Pflegebedürftigkeit von nahen Angehörigen etc., bei betroffenen Arbeitnehmern vor, kann der Arbeitgeber sie im Rahmen einer abschließenden Gesamtwürdigung zu berücksichtigen.[133]

III. Ordentliche Kündigung außerhalb des KSchG

1. Allgemeines

91   Eine – ordentliche – Kündigung außerhalb des Geltungsbereichs des KSchG ist nur äußeren rechtlichen Grenzen unterworfen: Sie ist nach BAG-Rechtsprechung unwirksam, wenn sie gegen Treu und Glauben (§ 242 BGB) verstößt bzw. wenn der Arbeitgeber nicht ein durch Art. 12 GG gebotenes Mindestmaß sozialer Rücksichtnahme wahrt.[134] Hiervon ist auszugehen, wenn ein Vergleich der Sozialdaten vergleichbarer Arbeitnehmer eine erheblich niedrigere soziale Schutzbedürftigkeit eines weiterbeschäftigten Arbeitnehmers ergibt und sich in Abwägung mit den Arbeitgeberinteressen kein nachvollziehbarer Grund für die Kündigung ergibt, mithin von Willkür auszugehen ist. Abgesehen davon dürfte eine Kündigung außerhalb des Anwendungsbereichs des KSchG noch am Maßstab des Diskriminierungsverbots (§§ 138 BGB i.V.m. § 1 AGG) zu messen sein.[135]

2. Muster

92   **Muster 1c.6: Ordentliche Kündigung außerhalb des KSchG**

Sehr geehrte/r Herr/Frau ▒▒▒▒▒ (*Name*),

hiermit kündigen wir das mit Ihnen bestehende Arbeitsverhältnis ordentlich mit Wirkung zum ▒▒▒▒.[136] Die Kündigungsgründe haben wir Ihnen mündlich bereits erläutert.[137]

Der Betriebsrat hat der Kündigung zugestimmt/nicht widersprochen/Bedenken geäußert. Seine Stellungnahme fügen wir bei.[138]

131 Gebilligt von BAG 12.3.2009, 2 AZR 418/07, GWR 2009, 234.
132 Das BAG hat in seiner Entscheidung vom 12.8.2010 (2 AZR 945/08, NZA 2011, 460) entschieden, dass § 1 Abs. 3 KSchG die maßgeblichen Kriterien der Sozialauswahl abschließend aufführt. Daher muss eine Beschränkung auf diese Kriterien erfolgen, deren Gewichtung im Einzelfall zu würdigen ist.
133 Seit der Rechtsprechungsänderung des BAG vom 9.11.2006, 2 AZR 812/05, DB 2007, 1087, muss der Arbeitgeber nicht zwingend weitere soziale Gesichtspunkte berücksichtigen, eine individuelle Einzelfallbetrachtung der Auswahl ist nicht erforderlich. Nach überwiegender Ansicht ist der Arbeitgeber aber berechtigt, zusätzliche soziale Kriterien heranzuziehen; vgl. hierzu KR/*Griebeling/Rachor*, § 1 KSchG, Rn 678k ff.
134 BAG 21.2.2001, 2 AZR 15/00, BB 2001, 683.
135 BVerfG 21.6.2006, 1 BVR 1659/04, NZA 2006, 913; BAG 22.5.2003, 2 AZR 426/02, NJW 2004, 1258.
136 Die Kündigungsfrist kann sich aus § 622 BGB bzw. einschlägigen Tarifverträgen, einer Betriebsvereinbarung oder einer Regelung im Arbeitsvertrag ergeben.
137 Eine ordentliche Kündigung ist im Grundsatz auch ohne Angabe der Kündigungsgründe wirksam.
138 Dies setzt das Vorhandensein eines Betriebsrats voraus. Nach Widerspruch des Betriebsrats gegen die beabsichtigte Kündigung hat der Arbeitgeber der Kündigung gemäß § 102 Abs. 4 BetrVG die Stellungnahme des Betriebsrats beizufügen. Bei Unterlassen wird die Kündigung hierdurch allerdings nicht unwirksam; es kommen allenfalls Schadenersatzansprüche in Betracht.

IV. Außerordentliche Kündigung

1. Allgemeines

Der Arbeitsvertrag kann aus wichtigem Grund gekündigt werden, wenn Tatsachen vorliegen, aufgrund de- **93** rer dem Kündigenden unter Berücksichtigung aller Umstände des Einzelfalles und unter Abwägung der Interessen beider Vertragsparteien die Fortsetzung des Vertrages bis zum Ablauf der Kündigungsfrist bzw. bis zum vereinbarten Vertragsende nicht zugemutet werden kann, § 626 Abs. 1 BGB.

Zunächst ist zu prüfen, ob der Sachverhalt an sich geeignet ist, einen wichtigen Grund für die außerordent- **94** liche Kündigung abzugeben. Ist das der Fall, kommt es darauf an, ob bei Berücksichtigung der besonderen Umstände des Einzelfalls und der Abwägung der Interessen beider Beteiligter die konkrete Kündigung gerechtfertigt und somit verhältnismäßig ist.[139] Dabei sind alle Umstände des Falles zu berücksichtigen. Auch Unterhaltspflichten und Familienstand können – je nach Lage des Falles – Bedeutung gewinnen und sind jedenfalls nicht von vornherein von der Berücksichtigung ausgeschlossen.[140] Eine außerordentliche Kündigung kommt nur in Betracht, wenn es keinen angemessenen Weg gibt, das Arbeitsverhältnis fortzusetzen, weil dem Arbeitgeber sämtliche mildere Reaktionsmöglichkeiten unzumutbar sind.[141] Ist die außerordentliche Kündigung nach § 626 Abs. 1 BGB unwirksam, kann sie in eine ordentliche Kündigung umgedeutet werden, wenn dies dem mutmaßlichen Willen des Kündigenden entspricht und dieser Wille dem Erklärungsempfänger im Zeitpunkt des Kündigungszugangs erkennbar ist.[142]

Der bei weitem häufigste Fall ist die verhaltensbedingte außerordentliche Kündigung. Sie setzt in der Regel **95** voraus, dass der Gekündigte seine vertraglichen Pflichten rechtswidrig und schuldhaft verletzt hat. Im Einzelfall kann eine außerordentliche Kündigung auch dann gerechtfertigt sein, wenn dem Gekündigten das Fehlverhalten zwar nicht vorwerfbar ist, sein Verhalten die betriebliche Ordnung aber besonders nachhaltig stört.[143] Typische Fallgruppen der fristlosen Kündigung sind die beharrliche Arbeitsverweigerung,[144] die grobe Beleidigung des Arbeitgebers bzw. von Vorgesetzten,[145] die unerlaubte Konkurrenz/Nebentätigkeit,[146] die Annahme von Schmiergeldern,[147] die Begehung von Straftaten[148] oder aber die konkrete Störung des Betriebsfriedens.[149] In Betracht kommt eine fristlose Kündigung ferner bei sexueller Belästigung,[150] eigenmächtiger Urlaubsinanspruchnahme,[151] dem Missbrauch von Kontrolleinrichtungen wie einer Stechuhr oder von elektronischen Zugangssystemen,[152] dem Vortäuschen der Aufgabenerfüllung,[153]

---

139 BAG 9.6.2011, 2 AZR 381/10, NZA 2011, 1027; BAG 27.4.2006, 2 AZR 415/05, NZA 2006, 1033; BAG 11.12.2005, 2 AZR 36/03, NZA 2004, 486; BAG 17.5.1984, 2 AZR 3/83, DB 1984, 2702.
140 BAG 27.4.2006, 2 AZR 415/05, NZA 2006, 1033.
141 BAG 9.6.2011, 2 AZR 381/10, NZA 2011, 1027; st. Rspr. BAG 19.4.2007, 2 AZR 180/06, NZA-RR 2007, 571.
142 BAG 12.5.2010, 2 AZR 845/08, NZA 2010, 1348; BAG 15.11.2001, 2 AZR 310/00, NJW 2002, 2972.
143 BAG 11.12.2003, 2 AZR 667/02, NZA 2004, 784; BAG 21.1.1999, 2 AZR 665/98, NZA 1999, 863.
144 BAG 21.11.1996, 2 AZR 357/95, NZA 1997, 487; vgl. andererseits BAG 9.5.1996, 2 AZR 387/95, NJW 1997, 274 zur Unwirksamkeit bei Arbeitsverweigerung wegen offener Vergütungsansprüche und BAG 5.4.2001, 2 AZR 580/99, NZA 2001, 893 bei Arbeitsverweigerung wegen Verweigerung der Zustimmung des Betriebsrats zur beabsichtigten Einstellung.
145 BAG 15.12.1977, 3 AZR 184/76, DB 1978, 1038; BAG 21.1.1999, 2 AZR 665/98, NZA 1999, 863.
146 KR/*Fischermeier*, § 626 BGB Rn 121, 451, 478 ff.
147 BAG 21.6.2001, 2 AZR 30/00, NZA 2002, 232; vgl. andererseits zu branchenüblichen Gelegenheitsgeschenken BAG 13.11.2001, 2 AZR 605/00; 15.11.2001, BeckRS 2001, 30219707.
148 Zu Eigentumsdelikten BAG 1.2.2007, 2 AZR 333/06, NZA 2007, 744; BAG 22.12.2003, 2 AZR 36/03, NZA 2004, 486; KR/*Fischermeier*, § 626 BGB Rn 461 ff.
149 KR/*Fischermeier*, § 626 BGB Rn 432.
150 BAG 9.6.2011, 2 AZR 323/10, NZA 2011, 1342.
151 BAG 20.1.1094, 2 AZR 521/93, DB 1994, 1042; BAG 22.1.1998, 2 ABR 19/97, NZA 1998, 708.
152 BAG 21.4.2005, 2 AZR 255/04, NZA 2005, 991; BAG 9.6.2011, 2 AZR 381/10, NJW 2011, 2905.
153 BAG 9.6.2011, 2 AZR 284/10, NZA-RR 2012, 12.

unerlaubtem Telefonieren,[154] oder einer nicht erlaubten intensiven Nutzung des Internets zu privaten Zwecken.[155] Auch die Verletzung vertraglicher Nebenpflichten kann ein wichtiger Grund für eine außerordentliche Kündigung sein. So kann der Arbeitnehmer auch außerhalb der Arbeitszeit verpflichtet sein, auf die berechtigten Interessen des Arbeitgebers Rücksicht zu nehmen, wenn ein Bezug zur dienstlichen Tätigkeit gegeben ist oder aber negative Auswirkungen auf den Betrieb gegeben sind.[156] Auf eine Freistellung des Arbeitnehmers bis zum Ablauf der Kündigungsfrist muss sich der Arbeitgeber nicht verweisen lassen.[157] Die Kündigungsgründe des § 626 Abs. 1 BGB können auch nicht einzelvertraglich erweitert werden.[158]

96 Eine rechtswidrige und vorsätzliche bzw. ggf. strafbare Handlung unmittelbar gegen das Vermögen seines Arbeitgebers kann auch dann einen wichtigen Grund i.S.d. § 626 Abs. 1 BGB darstellen, wenn sie Sachen von nur geringem Wert betrifft oder zu einem nur geringfügigen, möglicherweise gar keinem Schaden geführt hat. An dieser Rechtsprechung hält das BAG auch nach der umstrittenen „Emmely-Entscheidung" fest. Allerdings, so der Senat, werde eine für lange Jahre ungestörte Vertrauensbeziehung zweier Vertragspartner nicht notwendig schon durch eine erstmalige Vertrauensenttäuschung vollständig und unwiederbringlich zerstört. Hierbei komme es nicht auf die subjektive Einschätzung des Arbeitgebers an. Maßgeblich sei, ob der Arbeitgeber aus der Sicht eines objektiven Betrachters hinreichendes Vertrauen in den Arbeitnehmer haben müsse, dass dieser in Zukunft seine Vertragspflichten korrekt erfüllen werde.[159]

97 Betriebsbedingte Gründe können eine außerordentliche Kündigung nur in extremen Ausnahmefällen rechtfertigen und sind dann nur unter Wahrung einer sozialen Auslauffrist, die der ansonsten einzuhaltenden ordentlichen Kündigungsfrist entspricht, zulässig. Entschieden wurde dies beispielsweise im Fall der „Unkündbarkeit"[160] und ferner dann, wenn der Arbeitgeber andernfalls gezwungen wäre, über viele Jahre hinweg ein sinnentleertes Arbeitsverhältnis allein durch Gehaltszahlungen aufrechtzuerhalten.[161]

98 Spezialfall der außerordentlichen Kündigung ist die sog. Verdachtskündigung. Sie setzt den dringenden Tatverdacht eines schweren Verstoßes gegen vertragliche Haupt- oder Nebenpflichten und mit den mit ihm verbundenen Vertrauensbruch voraus. Die strafrechtliche Bewertung der Pflichtverletzung ist hingegen nicht maßgebend.[162] Der Grundsatz „in dubio pro reo" gilt hier nicht. Schon aus diesem Grund sind an den dringenden Tatverdacht strenge Anforderungen zu stellen. Erforderlich sind konkrete Tatsachen, die die dringende Wahrscheinlichkeit der Tatbegehung begründen. Der Arbeitgeber muss alles ihm Zumutbare zur Aufklärung des Sachverhalts getan haben.[163] Der Verdacht muss sich aus Umständen ergeben, die so beschaffen sind, dass sie einen verständigen und gerecht abwägenden Arbeitgeber zum Ausspruch der Kündigung veranlassen können.[164] Beispiele für eine Verdachtskündigung sind der Verdacht einer Unterschlagung (Anpreisen von Artikeln des Arbeitgebers bei eBay)[165] oder auch der Verdacht der Einräumung unberechtigter Rabatte.[166] Nicht ausreichend sind hingegen Vorwürfe, die selbst im erwiesenen Zustand keine Kündigung rechtfertigen würden.[167]

154 Unerlaubtes heimliches Führen von Privatgesprächen auf Kosten des Arbeitgebers: BAG 4.3.2004, 2 AZR 147/03, NZA 2004, 717, NZA-Spez. 2004, 181.
155 BAG 7.7.2005, 2 AZR 581/04, NZA 2006, 98, konkretisiert durch BAG 27.4.2006, 2 AZR 386/05, NZA 2006, 969 und BAG 31.5.2007, 2 AZR 200/06, NZA 2007, 922.
156 BAG, 27.1.2011, 2 AZR 825/09, NZA 2011, 798; BAG 10.9.2009, 2 AZR 257/08, NZA 2010, 220.
157 BAG 11.3.1999, 2 AZR 507/98, NZA 1999, 587.
158 Vgl. BAG 22.11.1973, 2 AZR 580/72, BB 1974, 463; LAG Nürnberg 26.4.2001, 8 Sa 770/00, BB 2001, 1906.
159 BAG 10.6.2010, 2 AZR 541/09, NZA 2010, 1227.
160 BAG 10.5.2007, 2 AZR 626/05, NZA 2007, 1278.
161 BAG 29.3.2007, 8 AZR 538/06, NZA 2008, 48.
162 BAG 10.6.2010, 2 AZR 541/09, NZA 2010, 1227.
163 BAG 28.11.2007, 5 AZR 952/06, NZA-RR 2008, 344.
164 BAG 25.11.2010, 2 AZR 801/09, BB 2011, 948.
165 LAG Köln 16.1.2007, 9 Sa 1033/06, NZA-RR 2007, 355.
166 LAG Köln 10.1.2007, 7 Sa 663/06, ArbuR 2007, 364.
167 LAG Nürnberg 6.8.2012, 2 Sa 643/11, BeckRS 2012, 72830.

Anders als bei den sonstigen Fällen der außerordentlichen Kündigung ist der Arbeitgeber verpflichtet, den **99** betroffenen Arbeitnehmer zu den gegen ihn gerichteten Verdachtsmomenten anzuhören. Zu dieser Anhörung muss er den Mitarbeiter ordnungsgemäß einladen. Bei der Einladung sind zwar keine Formalia zu beachten. Der Verdacht muss in ihr aber jedenfalls nach einer Auffassung zumindest hinsichtlich des Themenkreises konkretisiert sein.[168] Eine schuldhafte Verletzung der Anhörungspflicht liegt nicht vor, wenn der Arbeitnehmer nicht bereit ist, sich substantiiert zu dem Verdacht zu äußern.[169]

Entscheidend für die Wirksamkeit der Kündigung sind die Kündigungsgründe zum Zeitpunkt des Kündi- **100** gungsausspruchs. Werden weitere Kündigungssachverhalte erst nach Ausspruch der Kündigung bekannt, obwohl sie zum Zeitpunkt des Ausspruchs bereits vorlagen, können sie zur Begründung der Kündigung nachgeschoben werden.[170] Werden Kündigungsgründe hingegen erst nach dem Kündigungszeitpunkt verwirklicht, muss vorsorglich erneut gekündigt werden.[171] Im Falle einer Verdachtskündigung kann die Anklageerhebung im Strafverfahren eine den Verdacht verstärkende Tatsache darstellen, die der Arbeitgeber zum Anlass für den Ausspruch einer erneuten Verdachtskündigung nehmen kann. Hierbei handelt es sich dann nicht um eine unzulässige Wiederholungskündigung, denn die zweite Kündigung stützt sich auf eine erweiterte Tatsachengrundlage und lässt auch die Frist des § 626 Abs. 2 BGB erneut beginnen.[172]

Gem. § 626 Abs. 2 BGB kann die außerordentliche Kündigung nur innerhalb der Kündigungserklärungsfrist **101** von zwei Wochen erfolgen. Die Frist beginnt mit dem Zeitpunkt, in dem der Kündigungsberechtigte von den für die Kündigung maßgebenden Tatsachen Kenntnis erlangt.[173] Sie wird nicht durch die Drei-Tages-Frist des § 102 Abs. 2 BetrVG zur Anhörung des Betriebsrates gehemmt; der Arbeitgeber muss den Betriebsrat bei beabsichtigter außerordentlicher Kündigung daher rechtzeitig vor Fristablauf anhören, um dann anschließend noch innerhalb der zweiwöchigen Ausschlussfrist des § 626 Abs. 2 BGB den Zugang der Kündigung beim Arbeitnehmer zu bewirken.

Es ist auf die Kenntnis des Kündigungsberechtigten abzustellen. Das ist, wenn ein Betrieb von einer natür- **102** lichen Person betrieben wird, der Inhaber. Bei OHG und KG hat grundsätzlich jeder Gesellschafter und jeder Komplementär Einzelvertretungsmacht (§§ 125 Abs. 1, 161 Abs. 1 HGB). Bei Gesamtvertretung (z.B. gemäß § 35 Abs. 2 GmbHG) genügt es für den Fristbeginn ebenfalls, dass einer von mehreren Gesamtvertretern Kenntnis erlangt;[174] ebenso reicht die Kenntnis eines Prokuristen, eines Handlungsbevollmächtigten und jedes Mitarbeiters aus, dem der Arbeitgeber das Recht zur Kündigung nach den Regeln der Stellvertretung übertragen hat. Schließlich genügt für den Fristlauf die Kenntnis desjenigen, dessen Stellung im Betrieb erwarten lässt, dass er den Kündigungsberechtigten informiert.[175]

Maßgeblich für den Fristbeginn ist die sichere und möglichst vollständige positive Kenntnis der Tatsachen, **103** auf die die außerordentliche Kündigung gestützt wird. Eine grob fahrlässige Unkenntnis löst die Zwei-Wochen-Frist an sich nicht aus. Sofern Anhaltspunkte für eine Pflichtverletzung bestehen, ist dem Arbeitgeber aber zu empfehlen, zügig Nachforschungen anzustellen. Denn der Beginn der Zwei-Wochen-Frist ist nur so lange gehemmt, wie der Kündigungsberechtigte die zur Aufklärung des Sachverhalts nach pflichtgemäßem Ermessen notwendig erscheinenden Maßnahmen mit der gebotenen Eile durchführt, was im späteren Kündigungsschutzprozess seitens des Arbeitgebers detailliert darzulegen und ggf. zu beweisen ist.[176] Bei der

---

168 Ablehnend für das Berufsausbildungsverhältnis BAG 12.2.2015, 6 AZR 845/13; vgl. auch BAG 13.3.2008, 2 AZR 961/06, NZA 2008, 809.
169 BAG 13.3.2008, 2 AZR 961/06, NZA 2008, 809.
170 BGH 20.6.2005, II ZR 18/03, DB 2005, 1849, 1850; 1.12.2003, II ZR 161/02, NZA 2004, 173.
171 BAG 15.12.1955, 2 AZR 228/54, NJW 1956, 807; BAG 6.11.2003, 2 AZR 631/02, NZA 2004, 919; *Lingemann/Beck*, NZA-RR 2007, 225.
172 BAG 27.1.2011, 2 AZR 825/09, NZA 2011, 798.
173 BAG 17.3.2005, 2 AZR 245/04, NZA 2006, 101.
174 BAG 20.9.1984, 2 AZR 73/83, NZA 1985, 250.
175 KR/*Fischermeier*, § 626 BGB Rn 361, 373.
176 BAG 17.3.2005, 2 AZR 245/04, NZA 2006, 101, BAG 16.8.1990, 2 AZR 113/90, NZA 1991, 141.

Anhörung des zu kündigenden Arbeitnehmers gilt eine Regelfrist von einer Woche.[177] Bei Dauertatbeständen wie z.B. ständigem unerlaubten Fehlen und bei Pflichtverletzungen, die zu einem Gesamtverhalten zusammengefasst werden können, beginnt die Ausschlussfrist mit dem letzten Vorfall, der ein Glied in der Kette von Ereignissen bildet, die zum Anlass für die außerordentliche Kündigung genommen werden.[178]

104 Bei der fristlosen Kündigung von Mitarbeitern mit besonderem Kündigungsschutz wie etwa Schwerbehinderten (§ 91 Abs. 2 SGB IX) oder (werdenden) Müttern bzw. Elternzeitlern (§ 9 Abs. 3 MuSchG; § 18 Abs. 1 S. 3 BEEG) sind die erforderlichen Anträge bei den jeweils zuständigen Behörden binnen zwei Wochen nach Kenntnis der für die Kündigung maßgeblichen Tatsachen zu stellen. Nach Erteilung der erforderlichen Zustimmung muss der Arbeitgeber unverzüglich kündigen,[179] bei schwerbehinderten Menschen nach § 91 Abs. 5 SGB IX ebenfalls „unverzüglich" nach Erteilung der Zustimmung, wobei es nach älterer BAG-Rechtsprechung insoweit schon auf den Zeitpunkt ankommt, zu dem der Arbeitgeber sichere Kenntnis erlangt, etwa infolge einer mündlichen Mitteilung der Zustimmung seitens des Integrationsamts[180] oder infolge eines Negativattests.[181] Entscheidet das Integrationsamt nicht binnen zweier Wochen, gilt die Zustimmung nach § 91 Abs. 3 SGB IX als erteilt.

105 Betriebsratsmitgliedern bzw. Mitgliedern einer Jugend- und Auszubildendenvertretung, einer Bordvertretung oder eines Seebetriebsrats kann ebenfalls nur außerordentlich gekündigt oder änderungsgekündigt[182] werden (§ 15 Abs. 1 S. 1 KSchG). Der besondere Kündigungsschutz besteht nach Beendigung der Amtszeit für ein weiteres Jahr, § 15 Abs. 1 S. 2 KSchG. Für Mitglieder des Wahlvorstands und Wahlbewerber[183] gilt § 15 Abs. 3 KSchG, also ein nachwirkender Kündigungsschutz von sechs Monaten nach Bekanntgabe des Wahlergebnisses. Für bis zu drei Initiatoren einer Wahl zu einer Arbeitnehmervertretung besteht besonderer Kündigungsschutz bis zur Wahl bzw. für drei Monate, wenn keine Wahl erfolgt, § 15 Abs. 3a KSchG. Während der Schutzzeiten ist nur eine außerordentliche Kündigung zulässig. Für diese gelten die allgemeinen Grundsätze. Ausgenommen ist jedoch nach § 15 Abs. 4 und 5 KSchG die Stilllegung von Betrieben oder Betriebsabteilungen. Die Kündigungen nach § 15 Abs. 4 und 5 KSchG sind keine außerordentlichen Kündigungen, sondern ordentliche.

106 Beabsichtigt der Arbeitgeber die außerordentliche Kündigung einer der geschützten Personen, ohne dass der Betrieb oder eine Betriebsabteilung stillgelegt wird, bedarf diese zu ihrer Wirksamkeit der vorherigen Zustimmung des Betriebsrats nach § 103 BetrVG. Verweigert der Betriebsrat seine Zustimmung, kann das Arbeitsgericht sie auf Antrag des Arbeitgebers ersetzen, wenn die außerordentliche Kündigung unter Berücksichtigung aller Umstände gerechtfertigt ist, § 103 Abs. 2 S. 1 BetrVG. Vor rechtskräftigem Abschluss des Zustimmungsersetzungsverfahrens kann die Kündigung nicht ausgesprochen werden. Um die Zwei-Wochen-Frist des § 626 Abs. 2 BGB einzuhalten, muss der Arbeitgeber den Betriebsrat unverzüglich nach Kenntnis von den Kündigungsgründen unterrichten. Stimmt der Betriebsrat der Kündigung zu, muss der Arbeitgeber innerhalb der Zwei-Wochen-Frist nach Erhalt der Zustimmung die Kündigung aussprechen. Der Arbeitgeber muss die Zustimmung des Betriebsrats der Kündigung nicht in Schriftform beifügen.[184] Bei Verweigerung der Zustimmung muss der Arbeitgeber noch innerhalb der Zwei-Wochen-Frist die Ersetzung der Zustimmung beim zuständigen Arbeitsgericht beantragen.[185] Hat das Arbeitsgericht die

---

177 BAG 31.3.1993, 2 AZR 492/92, NZA 1994, 409, die aber aus „sachlich erheblichen bzw. verständlichen" Gründen überschritten werden darf.

178 Ende einer unentschuldigten Fehlzeit BAG 22.1.1998, 2 ABR 19/97, NZA 1998, 708; bei Krankheit BAG 21.3.1996, 2 AZR 455/95, NZA 1996, 871.

179 BAG 1.2.2007, 2 AZR 333/06, NZA 2007, 744.

180 BAG 21.4.2005, 2 AZR 255/04, NZA 2005, 991.

181 BAG 27.5.1983, 7 AZR 482/81, DB 1984, 134.

182 Das gilt auch für Massenänderungskündigungen vgl. BAG 7.10.2004, 2 AZR 81/04, NZA 2005, 156.

183 BAG 7.7.2011, 2 AZR 377/10, NZA 2012, 107.

184 BAG 4.3.2004, 2 AZR 147/03, DB 2004, 1370.

185 BAG 22.8.1974, 2 ABR 17/74, BB 1974, 1578.

Zustimmung ersetzt, muss der Arbeitgeber die Kündigung analog § 91 Abs. 5 SGB IX unverzüglich nach Eintritt der Rechtskraft erklären.[186]

2. Muster und Erläuterungen

▼

Muster 1c.7: Fristlose Kündigung

107

hiermit kündigen wir das mit Ihnen bestehende Arbeitsverhältnis außerordentlich mit sofortiger Wirkung.

Der Betriebsrat wurde von uns vor Ausspruch der Kündigung ordnungsgemäß angehört. (**ggf.**: *Er hat der Kündigung zugestimmt.*)

(**ggf.**: *Bitte geben Sie uns am* ▮▮▮▮▮ (Datum) *alle sich noch in Ihrem Besitz befindlichen oder Ihnen überlassenen Gegenstände, insbesondere Urkunden, Drucksachen, Daten und Datenträger, Aufzeichnungen, Notizen, Entwürfe sowie sämtliche Kopien solcher Unterlagen, Muster, Werbe- und Büromaterial sowie* ▮▮▮▮▮ *(z.B. Schlüssel, Handy, Fax, Laptop) heraus. Etwaige Daten oder Kopien dürfen nur mit unserer ausdrücklichen Zustimmung erstellt oder gelöscht werden.]*

Wir weisen darauf hin, dass Sie verpflichtet sind, sich persönlich bei der Agentur für Arbeit arbeitsuchend zu melden. Diese Meldung hat innerhalb von drei Tagen nach Kenntnis des Beendigungszeitpunktes zu erfolgen. Andernfalls können allein hieraus Nachteile beim Bezug von Arbeitslosengeld entstehen.

▲

V. Ordentliche Änderungskündigung aus betriebsbedingten Gründen

1. Allgemeines

Will ein Unternehmen einen Mitarbeiter nur zu geänderten Bedingungen weiterbeschäftigen, kann – soweit eine Einigung darüber scheitert oder es an einem entsprechenden wirksamen Vorbehalt im Arbeitsvertrag fehlt – eine Änderung des Arbeitsvertrags nur mittels (betriebsbedingter) Änderungskündigung durchgesetzt werden. **108**

Eine Änderungskündigung gemäß § 2 S. 1 KSchG ist eine Kündigung, mit der der Arbeitgeber dem Arbeitnehmer nach Ablauf der Kündigungsfrist zugleich die Fortsetzung des Arbeitsverhältnisses zu geänderten Arbeitsbedingungen anbietet. Dabei gelten grundsätzlich die allgemeinen Anforderungen an ordentliche Beendigungskündigungen.[187] Weiterhin entfaltet die Änderungskündigung erst mit Ablauf der Kündigungsfrist Wirkung.[188] Dementsprechend kann die Vertragsänderung erst dann zum Tragen kommen. Im Vergleich mit der Beendigungskündigung ergeben sich allerdings einige Besonderheiten: **109**

Umstritten war lange Zeit, ob der Arbeitgeber verpflichtet ist, vor Ausspruch der Änderungskündigung eine einvernehmliche Lösung zu suchen. Das BAG lehnt dies inzwischen zu Recht ab:[189] Es sei kein Grund ersichtlich, dem Arbeitgeber das Recht zu nehmen, auch ohne vorherige Verhandlung mit dem Arbeitnehmer eine Änderungskündigung zu erklären. **110**

In materieller Hinsicht muss der Arbeitgeber darauf achten, dass die neuen Arbeitsbedingungen nicht gegen geltendes Recht verstoßen. Ansonsten wäre die entsprechende Änderungskündigung bereits wegen § 134 **111**

---

186 BAG 25.1.1979, 2 AZR 983/77, BB 1979, 1242.
187 BAG 29.9.2011, 2 AZR 523/10, DB 2012, 1042; BAG 10.9.2009, 2 AZR 822/07, NZA 2010, 333.
188 BAG 29.9.2011, 2 AZR 523/10, DB 2012, 1042.
189 BAG 21.4.2005, 2 AZR 244/04, NZA 2005, 1294 in Abkehr von der früheren Rechtsprechung, dazu vgl. z.B. BAG 27.9.1984, 2 AZR 62/83, NZA 1985,455.

BGB nichtig.[190] Weiterhin ist bei der Änderungskündigung auf die hinreichende Bestimmtheit des Änderungsangebots zu achten. Das Änderungsangebot muss so konkret gefasst sein, dass es der Arbeitnehmer ohne weiteres annehmen kann und ihm klar ist, welche Vertragsbedingungen künftig gelten sollen, andernfalls ist die Änderungskündigung unwirksam.[191]

Schließlich bedarf eine Änderungskündigung im Anwendungsbereich des KSchG ebenso der sozialen Rechtfertigung wie eine Beendigungskündigung (vgl. §§ 2 S. 1 KSchG, 1 Abs. 2 S. 1 bis 3, Abs. 3 S. 1 und 2 KSchG). Die Änderungskündigung muss also durch einen betriebsbedingten Grund gerechtfertigt sein und es muss eine Sozialauswahl stattfinden. Abgesehen davon ist eine Änderungskündigung sozial ungerechtfertigt, wenn sie gegen eine Richtlinie nach § 95 BetrVG verstößt oder der Arbeitnehmer auf einem anderen Arbeitsplatz in demselben Betrieb bzw. Unternehmen weiterbeschäftigt werden kann und der Betriebsrat aus einem dieser Gründe der Kündigung innerhalb der Frist des § 102 Abs. 2 S. 1 BetrVG widersprochen hat, § 2 S. 1 i.V.m. § 1 Abs. 2 S. 2 Nr. 1 KSchG. Maßgeblicher Zeitpunkt für die Beurteilung der Sozialwidrigkeit der Änderungskündigung ist wie sonst auch der Zeitpunkt des Zugangs der Kündigungserklärung.[192] Die Schriftform, der grundsätzlich die Kündigung unterliegt, gilt bei einer Änderungskündigung auch für das Änderungsangebot.[193]

112   Außerhalb des Geltungsbereichs des KSchG muss eine Änderungskündigung nicht i.S.v. § 1 KSchG sozial gerechtfertigt sein, ihre Unwirksamkeit kann allerdings aus einem Verstoß gegen die guten Sitten (§ 138 BGB) oder Treu und Glauben (§ 242 BGB) folgen. Anwendbar ist allerdings § 4 KSchG, wonach der Arbeitnehmer die dreiwöchige Klagefrist beachten muss.[194]

a) Der betriebsbedingte Änderungsgrund

113   Nach ständiger höchstrichterlicher Rechtsprechung[195] ist die vorgesehene Änderung der Arbeitsbedingungen Prüfungsgegenstand der sozialen Rechtfertigung. An ihre Rechtswirksamkeit sind strengere Voraussetzungen zu stellen als an die einer Beendigungskündigung.[196] Der Gesetzgeber stellt im gesamten Zivilrecht sehr hohe Anforderungen an die einseitige Änderung von Verträgen. § 313 Abs. 1 BGB verlangt eine schwerwiegende, nicht vorraussehbare Änderung der dem Vertragsschluss zugrunde liegenden Umstände. Die Möglichkeit der Änderungskündigung erweitert daher die Möglichkeiten des Arbeitgebers, sich von eingegangenen Verpflichtungen zu lösen, deutlich. Das BAG wendet in ständiger Rechtsprechung ein zweistufiges Prüfungsverfahren an:

114   In einem ersten Schritt ist zu prüfen, ob ein Grund vorliegt, der die Kündigung sozial rechtfertigt, § 2 S. 1 i.V.m. § 1 Abs. 2 KSchG (das „Ob" der Änderungskündigung). Bei der betriebsbedingten Änderungskündigung ist danach zu fragen, ob dringende betriebliche Erfordernisse vorhanden sind, die der Weiterbeschäftigung des Arbeitnehmers zu den bisherigen Bedingungen entgegenstehen. Der Maßstab der sozialen Rechtfertigung unterscheidet sich insoweit nicht von dem einer Beendigungskündigung. Dabei spielt es keine Rolle, ob der Arbeitnehmer das Änderungsangebot abgelehnt oder unter Vorbehalt angenommen hat.[197]

115   Entscheidend ist also insoweit, ob der Arbeitgeber eine konzeptionelle Unternehmerentscheidung getroffen hat, die aufgrund einer veränderten Organisationsstruktur eine Weiterbeschäftigung des Arbeitnehmers zu den bisherigen Bedingungen unmöglich macht. Eine solche Unternehmerentscheidung ist, wie bei der be-

---

190 BAG 10.2.1999, 2 AZR 422/98, NZA 1999, 657; APS/*Künzl*, § 2 KSchG Rn 22a f.
191 BAG 17.2.2016, 2 AZR 613/14, DB 2016, 1204.
192 BAG 10.3.1982, 4 AZR 158/79, NJW 1982, 2839; *v. Hoyningen-Huene/Linck*, § 2 KSchG Rn 56.
193 BAG 16.9.2004, 2 AZR 628/03, NZA 2005, 635.
194 BAG 28.5.1998, 2 AZR 615/97, NJW 1999, 379.
195 Vgl. z.B. BAG 23.6.2005, 2 AZR 642/04, NZA 2006, 92 oder NJW 2006, 319.
196 BAG 18.5.2006, 2 AZR 230/05, NZA 2006, 1092; *Annuß*, NZA 2005, 443.
197 BAG 18.5.2006, 2 AZR 230/05, NZA 2006, 1092.

triebsbedingten Beendigungskündigung, keiner umfassenden gerichtlichen Überprüfung zugänglich. Vielmehr darf das Arbeitsgericht nur untersuchen, ob die Entscheidung offenbar unvernünftig, unsachlich oder willkürlich ist.[198]

Eine Fallgruppe der betriebsbedingten Änderungskündigung betrifft Änderungen des Arbeitsorts oder der Arbeitszeit. Von der Rechtsprechung wurde z.B. die Herab- oder Heraufsetzung der Arbeitszeit,[199] die Umwandlung von zwei Halbtagsstellen in eine Ganztagsstelle,[200] die Umstellung von einem Einschicht- auf einen Mehrschichtbetrieb[201] oder auch die Schließung eines Standortes[202] als grundsätzlich hinzunehmende unternehmerische Entscheidung eingestuft. Auch Änderungen der bisherigen Tätigkeit können Gegenstand einer betriebsbedingten Änderungskündigung sein. Beispiele aus der Rechtsprechung sind Veränderungen des Verkaufskonzepts, die Auslagerung von Aufgaben oder eine Entschlackung der Organisation durch die Abschaffung von Führungsebenen.[203] **116**

Zumindest in den Fällen der sog. Tarifautomatik oder bei Existenz einer vom Arbeitgeber aufgestellten (kollektiven) Vergütungsordnung kann i.d.R. zugleich die Vergütung angepasst werden.[204]

Theoretisch erreichbar ist auch eine isolierte Reduzierung des Entgelts. Die Rechtsprechung differenziert dabei zwischen der generellen Entgeltreduzierung und dem Streichen von geldwerten Nebenabreden. Für generelle Entgeltabsenkungen im Rahmen der gesetzlichen oder tarifvertraglichen Schranken stellt das BAG an die Rechtfertigung der entsprechenden Unternehmerentscheidung besonders hohe Anforderungen.[205] Es muss eine wirtschaftliche Existenzgefährdung des Betriebs vorliegen und aufgrund eines Sanierungskonzepts nachvollziehbar dargelegt werden, dass die Entgeltabsenkung das letzte Mittel zur Rettung des Betriebs ist. Das gilt bei allen Arten von Entgeltabsenkungen, also auch bei Änderungen von einzelvertraglichen Eingruppierungen[206] bzw. bei Massenkündigungen.[207] Der Kündigungsgrund für eine bestimmte individuelle Änderungskündigung zur Entgeltreduzierung entfällt nicht deshalb, weil bereits 97 % der Belegschaft das Änderungsangebot angenommen haben und dadurch das Sanierungsziel hinlänglich erreicht ist.[208] Für den Fall, dass aufgrund einer nachträglichen Tarifbindung des Arbeitgebers ein unterschiedliches Lohnniveau im Betrieb entsteht, kommt nach BAG eine Änderungskündigung nur in Betracht, wenn zum Ziel der Beseitigung der Ungleichheit zusätzlich ein betrieblicher Anlass zur Veränderung des Entgelts besteht.[209] **117**

Anderes gilt für die Streichung geldwerter Nebenabreden. Das BAG versteht darunter vertragliche Bestimmungen, die an Umstände anknüpfen, die erkennbar nicht während der ganzen Dauer des Vertragsverhältnisses Bestand haben müssen. Insoweit ist von einer vernünftigen Unternehmerentscheidung auszugehen, wenn der Unternehmer sachliche Gründe, z.B. veränderte tatsächliche Umstände für den Wegfall der Zusage, vorträgt. Gestrichen werden können danach etwa die Einrichtung eines kostenlosen Werksbusverkehrs oder Miet- oder Fahrtkostenzuschüsse.[210] **118**

---

198 BAG 23.6.2005, 2 AZR 642/04, NZA 2006, 92.
199 BAG 19.5.1993, 2 AZR 584/92, NZA 1993, 1075; BAG 22.4.2004, 2 AZR 385/03, ZA 2004, 1158.
200 BAG 19.5.1993, 2 AZR 584/92, NZA 1993, 1075.
201 BAG 18.1.1990, 2 AZR 183/89, NZA 1990, 734.
202 BAG 12.8.2010, 2 AZR 558/09, NJW 2011, 251.
203 BAG 21.6.1995, 2 ABR 28/94, NZA 1995, 1157.
204 BAG 17.3.2005, 2 ABR 2/04, NZA 2005, 949, BAG 9.9.2010, 2 AZR 937/08, juris
205 Vgl. BAG 26.6.2008, 2 AZR 139/07, NJW-Spezial 2008, 627/NZA 2008 1182; vgl. zur Kritik der Literatur BAG 16.5.2002, 2 AZR 292/01.
206 BAG 9.7.1997, 4 AZR 635/95, NZA 1998, 494.
207 BAG 20.3.1986, 2 AZR 294/85, NZA 1986, 824.
208 BAG 26.6.2008, 2 AZR 139/07, NZA 2008, 1182.
209 BAG 12.1.2006, 2 AZR 126/05, NZA 2006, 587.
210 BAG 27.3.2003, 2 AZR 74/02, NZA 2003, 1029.

119 Schließlich ist im Rahmen der Änderungskündigung in einem zweiten Schritt immer zu prüfen, ob das Änderungsangebot einer Verhältnismäßigkeitsprüfung standhält. Insoweit ist von Bedeutung, ob der Arbeitgeber nur solche Änderungen vorgeschlagen hat, die der Arbeitnehmer billigerweise hinnehmen muss[211] (das „Wie" der Änderungskündigung). Sollen mehrere Änderungen erreicht werden, ist jede der Verhältnismäßigkeitsprüfung zu unterziehen.[212]

b) Vorrang der Änderungskündigung vor der Beendigungskündigung

120 Nach der Rechtsprechung des BAG hat die Änderungskündigung aufgrund des im Kündigungsrecht geltenden Ultima-Ratio-Prinzips Vorrang vor einer Beendigungskündigung.[213] Besteht die Möglichkeit der Weiterbeschäftigung zu geänderten Bedingungen, hat der Arbeitgeber eine Änderungskündigung zu erklären, und zwar auch dann, wenn die neuen Arbeitsbedingungen eine erhebliche Verschlechterung für den Arbeitnehmer bedeuten. Der Arbeitnehmer soll grundsätzlich selbst entscheiden, ob er die neuen Bedingungen für zumutbar hält oder nicht. Eine Änderungskündigung darf danach nur unterbleiben, wenn der Arbeitgeber bei vernünftiger Betrachtung nicht mit einer Annahme des neuen Vertragsangebots durch den Arbeitnehmer rechnen konnte und ein derartiges Angebot quasi „beleidigenden" Charakter hätte.

c) Die Verhältnismäßigkeit der angestrebten Änderung

121 Nach ständiger Rechtsprechung des BAG ist zusätzlich erforderlich, dass die vorgeschlagenen Änderungen verhältnismäßig, d.h. geeignet, erforderlich und dem Arbeitnehmer zumutbar sind. Damit darf vom Vertragsinhalt nur das weggenommen bzw. geändert werden, was notwendig ist, um den Vertrag an die geänderten Beschäftigungsmöglichkeiten anzupassen.[214] Jede zusätzliche Änderung, sei sie aus Sicht des Arbeitgebers noch so belanglos, führt zur Sozialwidrigkeit der Kündigung insgesamt.[215]

122 Geeignet ist eine Änderung, wenn sie das vom Arbeitgeber vorgegebene Ziel erreichen kann. Hieran wird es in der Praxis selten scheitern, soweit die der Änderung zugrunde liegende Organisationsänderung vernünftig erscheint. Ungeeignet könnte hingegen die Maßnahme einer Entgeltabsenkung sein, wenn sie nicht ausreicht, um die wirtschaftliche Situation eines finanziell angeschlagenen Unternehmens zu verbessern.

123 Erforderlich ist eine Änderung nur, wenn das vom Arbeitgeber angestrebte Ziel nicht auch mit einer den Arbeitnehmer weniger belastenden Maßnahme zu erreichen ist. Hier müssen Alternativen erwogen und hinsichtlich ihrer Auswirkungen auf den Arbeitnehmer bewertet werden. Dabei sind sowohl rechtliche als auch tatsächliche Auswirkungen zu berücksichtigen. Als unverhältnismäßig sieht die Rechtsprechung daher regelmäßig sog. überflüssige Änderungskündigungen an, in denen der Arbeitgeber die beabsichtigte Änderung schon dadurch herbeiführen könnte, dass er sein Direktionsrecht nach § 106 GewO ausübt oder ein Leistungsbestimmungsrecht in Anspruch nimmt, etwa einen Änderungsvorbehalt (z.B. eine Versetzungsklausel) oder einen Widerrufsvorbehalt (z.B. hinsichtlich vertraglich vereinbarter Entgeltbestandteile),[216] wobei es nicht darauf ankommt, ob er das ihm zustehende Recht tatsächlich bereits (wirksam) ausgeübt hat.[217] In Zweifelsfällen ist dem Arbeitgeber insofern zu raten, ein etwaiges einseitiges Gestaltungsrecht auszuüben und vorsorglich eine Änderungskündigung zu erklären.[218]

124 Für die Beurteilung, ob die angestrebte Änderung dem Arbeitnehmer zumutbar ist, sind schließlich die beim Arbeitgeber zu erwartenden Vorteile mit den beim Arbeitnehmer eintretenden Nachteilen ins Verhältnis zu

---

211 BAG 29.9.2011, 2 AZR 523/10, DB 2012, 1042.
212 BAG 28.10.2010, 2 AZR 688/09, NZA-RR 2011, 155.
213 BAG 21.4.2005, 2 AZR 244/04, NZA 2005, 1294; 21.9.2006, 2 AZR 607/05, NZA 2007, 431; vgl. ebenso *v. Hoyningen-Huene/Linck*, § 2 KSchG Rn 74; kritisch insoweit *Annuß*, NZA 2005, 443.
214 BAG 23.6.2005, 2 AZR 642/04, NZA 2006,92.
215 BAG 29.9.2011, 2 AZR 523/10, DB 2012, 1042.
216 BAG 6.9.2007, 2 AZR 368/06, NZA-RR 2008, 291; krit. *Benecke*, NZA 2005, 1092 und *Hunold*, NZA 2008, 860.
217 BAG 26.1.2012, 2 AZR 102/11, BB 2012, 1728.
218 *Bröhl*, BB 2007, 437.

setzen. Dabei ist ein objektiver Maßstab anzulegen. Es ist jeweils eine einzelfallbezogene Bewertung anzustellen. Besonders problematisch ist die Verhältnismäßigkeit im engeren Sinne bei Maßnahmen, die die Beschäftigungssituation des Arbeitnehmers erheblich verschlechtern. Wenn etwa eine Weiterbeschäftigung des Arbeitnehmers nur noch an anderen Orten in Betracht kommt, und mehrere Weiterbeschäftigungsmöglichkeiten bestehen, kann die Einschätzung, welche für den Arbeitnehmer die günstigste ist, problematisch sein. Bei einer Betriebsverlagerung kann sich eine Unzumutbarkeit für den Arbeitnehmer z.B. daraus ergeben, dass er innerhalb Deutschlands umziehen oder ins Ausland gehen muss. Auch Änderungen in zeitlicher Hinsicht können unangemessen sein, wenn bei einer Verkürzung der Arbeitszeit die verbleibende Arbeitszeit zu gering ist oder wenn die künftige Arbeitszeit teilweise vom Bedarf des Arbeitgebers abhängig gemacht wird.[219] Eine Befristung im Wege der Änderungskündigung kann unzumutbar sein, da dem Arbeitnehmer dadurch für die Restlaufzeit des Arbeitsverhältnisses die Möglichkeit der ordentlichen Eigenkündigung genommen wird.[220] Bei sonstigen Organisationsänderungen, insbesondere der Zuweisung anderer Tätigkeiten, kann sich die Unangemessenheit daraus ergeben, dass die Qualität der neuen Tätigkeit zur Qualifikation des Arbeitnehmers in einem solchen Widerspruch stehen, dass ihre Zuweisung gegen Treu und Glauben verstößt, oder dass mit der neuen Tätigkeit ein unterproportional geringer Lohn verbunden ist.[221] Eine gesonderte Rechtfertigung der Vergütungsänderung ist hingegen entbehrlich, wenn sich die geänderte Vergütung aus einem im Betrieb angewandten Vergütungssystem ergibt.[222]

d) Die Sozialauswahl

Die Sozialauswahl vollzieht sich im Wesentlichen – bis auf die nachfolgend dargestellten Abweichungen – nach denselben Regelungen wie im Fall einer Beendigungskündigung. Es sind alle vergleichbaren Arbeitnehmer des betroffenen Betriebs einzubeziehen. Vergleichbar sind Arbeitnehmer, die auf der gleichen Ebene der Betriebshierarchie austauschbar sind. Anders als bei der Beendigungskündigung kommt es aber nicht nur auf die Austauschbarkeit hinsichtlich der bisher ausgeübten Tätigkeiten an, vielmehr ist zusätzlich zu berücksichtigen, ob der Mitarbeiter in der Lage ist, den mit der Änderungskündigung angebotenen Arbeitsplatz auszufüllen.[223]   **125**

Bei der Sozialauswahl im engeren Sinne hat der Arbeitgeber gem. § 1 Abs. 3 KSchG die Dauer der Betriebszugehörigkeit, das Lebensalter, die Unterhaltspflichten und eine Schwerbehinderung ausreichend zu berücksichtigen. Zwar sind diese Kriterien für die soziale Auswahl bei Änderungskündigungen oft nicht aussagekräftig genug; auf eine Heranziehung zusätzlicher Kriterien muss jedoch wegen des eindeutigen Gesetzeswortlauts verzichtet werden.[224] Da das Kriterium für die soziale Rechtfertigung der Änderungskündigung die Änderung der Arbeitsbedingungen ist, kommt es nicht darauf an, welcher von den vergleichbaren Arbeitnehmern durch den Verlust des Arbeitsplatzes am wenigsten hart getroffen wird, sondern darauf, welchem unter mehreren vergleichbaren Arbeitnehmern die vorgeschlagene Vertragsänderung unter sozialen Kriterien am ehesten zumutbar ist.[225] So sind z.B. Altersgrenzen, die Rückschlüsse auf die Chancen am Arbeitsmarkt zulassen, im Fall der Änderungskündigung nicht im selben Maß wie bei einer Beendigungskündigung entscheidend, weil die Änderungskündigung gerade nicht zur Beendigung des Arbeitsverhältnisses führen soll.   **126**

Bei Prüfung der Frage, ob einzelne Arbeitnehmer wegen ihrer Kenntnisse, Fähigkeiten und Leistungen oder zur Sicherung einer ausgewogenen Personalstruktur des Betriebs im berechtigten betrieblichen Interesse aus dem Kreis der vergleichbaren Mitarbeiter auszunehmen sind, ist bei der Änderungskündigung schließ-   **127**

---

219 LAG Thüringen 25.4.2006, 2 Sa 317/04, NZA-RR 2007, 295.
220 ErfK/*Oetker*, § 2 KSchG Rn 50.
221 BAG 23.6.2005, 2 AZR 642/04, NZA 2006, 92.
222 BAG 28.10. 2010, 2 AZR 688/09, NZA-RR 2011, 155; BAG 27.11.2008, 2 AZR 757/07, NZA 2009, 481.
223 BAG 18.1.2007, 2 AZR 796/05, DB 2007, 2097; LAG Baden-Württemberg 5.1.2007, 7 Sa 93/06, NZA-RR 2007, 406.
224 BAG 12.8.2010, 2 AZR 945/08, NZA 2011, 460.
225 BAG 18.1.2007, 2 AZR 796/05, NZA 2008, 1208.

lich nicht darauf abzustellen, ob die Weiterbeschäftigung eines Arbeitnehmers als solche, sondern ob die Weiterbeschäftigung gerade auf dem bisherigen Arbeitsplatz im betrieblichen Interesse liegt.[226]

2. Muster

▼

128   Muster 1c.8: Betriebsbedingte Änderungskündigung

(*Briefkopf Arbeitgeber*)

An

(*Arbeitnehmer*)

(*Ort*), den ▓▓▓▓ (*Datum*)

Sehr geehrte/r Herr/Frau ▓▓▓▓,

das mit Ihnen bestehende Arbeitsverhältnis kündigen wir hiermit fristgerecht zum ▓▓▓▓ (*Datum*), hilfsweise zum nächstmöglichen Termin. Die Kündigung erfolgt betriebsbedingt.

Zugleich bieten wir Ihnen an, ab dem ▓▓▓▓ (*Datum*) zu im Übrigen unveränderten Arbeitsbedingungen in/mit/als ▓▓▓▓ weiter für uns tätig zu werden.

Bitte lassen Sie uns möglichst bald, spätestens innerhalb von 3 Wochen nach Erhalt dieses Schreibens, wissen, ob Sie unser Angebot annehmen. Andernfalls endet das Arbeitsverhältnis zum ▓▓▓▓ (*Datum des Ablaufs der Kündigungsfrist*). Der Betriebsrat wurde von uns vor Ausspruch der Änderungskündigung ordnungsgemäß angehört. (**ggf.:** *Er hat der Versetzung zugestimmt.*)

Wir weisen darauf hin, dass Sie – soweit Sie unser Angebot einer Weiterbeschäftigung nicht annehmen – verpflichtet sind, sich spätestens drei Monate vor Beendigung des Arbeitsverhältnisses persönlich bei der Agentur für Arbeit arbeitssuchend zu melden. Liegen zwischen der Kenntnis des Beendigungszeitpunktes und der Beendigung des Arbeitsverhältnisses weniger als drei Monate, hat die Meldung innerhalb von drei Tagen nach Kenntnis des Beendigungszeitpunktes zu erfolgen. Andernfalls können Nachteile beim Bezug von Arbeitslosengeld entstehen.

Mit freundlichen Grüßen

(*Unterschrift*)

Arbeitgeber

(*Name der vertretungsberechtigten Person/en*)

Mit den beabsichtigten Änderungen und den neuen Vertragsbedingungen erkläre ich mich einverstanden.

(*Ort, Datum*)

(*Unterschrift Arbeitnehmer*)

▲

VI.   Außerordentliche Änderungskündigung

1.   Allgemeines

129   Ausnahmsweise kann die außerordentliche Kündigung für die Änderung der Vertragsbedingungen verwandt werden. Da eine sofortige Änderung der Arbeitsbedingungen selten unabweisbar notwendig sein wird, wird dies insbesondere im Fall des Ausschlusses der ordentlichen (Änderungs-)Kündigung praktisch

---

226 APS/*Künzl*, § 2 KSchG Rn 292.

relevant. Die außerordentliche Änderungskündigung setzt voraus, dass die angestrebte alsbaldige Änderung der Vertragsbedingungen für den kündigenden Arbeitgeber unabweisbar notwendig und dem Arbeitnehmer zumutbar ist.[227] Das Änderungsangebot muss zudem der Billigkeit entsprechen.[228]

Im Fall einer betriebsbedingten außerordentlichen Änderungskündigung mit notwendiger Auslauffrist ist **130** Voraussetzung, dass das Reorganisationskonzept die Änderung zwingend erfordert und nicht mit weniger einschneidenden oder gar ohne Änderungen des Arbeitsvertrags durchsetzbar ist.[229] Insoweit gelten nach dem BAG strengere Anforderungen als bei einer ordentlichen Änderungskündigung.[230] Insbesondere dann, wenn durch das Änderungsangebot neben der Tätigkeit auch die Vergütung geändert werden soll, sind beide Elemente des Änderungsangebots am Verhältnismäßigkeitsgrundsatz zu messen. Eine gesonderte Rechtfertigung der Vergütungsänderung ist hingegen entbehrlich, wenn sich die geänderte Vergütung aus einem im Betrieb angewandten Vergütungssystem ergibt.[231]

Die Ausschlussfrist des § 626 Abs. 2 BGB beginnt erst mit Kenntnis der Änderungen, die sich auf den von **131** der Kündigung betroffenen Arbeitsplatz auswirken; im Fall betriebsbedingter Gründe also erst sobald feststeht, welche Arbeitnehmer nicht mehr zu den bisherigen Arbeitsbedingungen weiterbeschäftigt werden können.[232]

Bei einer unter Vorbehalt angenommenen Änderungskündigung ist der Arbeitgeber grundsätzlich nicht **132** aufgrund des allgemeinen Weiterbeschäftigungsanspruchs verpflichtet, den Arbeitnehmer vorläufig zu den bisherigen Bedingungen weiter zu beschäftigen.[233]

2. Muster

Muster 1c.9: Fristlose Änderungskündigung **133**

Sehr geehrte/r Herr/Frau   ,

das mit Ihnen bestehende Arbeitsverhältnis kündigen wir hiermit fristlos mit sofortiger Wirkung.

Zugleich bieten wir Ihnen an, ab dem   *(Datum)* zu im Übrigen unveränderten Arbeitsbedingungen in/mit/als   weiter für uns tätig zu werden.

Bitte lassen Sie uns unverzüglich nach Erhalt dieses Schreibens wissen, ob Sie unser Angebot annehmen.

Der Betriebsrat wurde von uns vor Ausspruch der Änderungskündigung ordnungsgemäß angehört. (**ggf.:** *Er hat der Versetzung zugestimmt.*)

Wir weisen darauf hin, dass Sie – soweit Sie unser Angebot einer Weiterbeschäftigung nicht annehmen – verpflichtet sind, sich persönlich bei der Agentur für Arbeit arbeitsuchend zu melden. Die Meldung hat innerhalb von drei Tagen nach Kenntnis des Beendigungszeitpunktes zu erfolgen. Andernfalls können allein hieraus Nachteile beim Bezug von Arbeitslosengeld entstehen.

---

227 BAG 20.1.2000, 2 ABR 40/99, NZA 2000, 592; BAG 17.3.2005, 2 ABR 2/04, NZA 2005, 949; vgl. hierzu auch MüKo-BGB/*Henssler*, § 626 BGB Rn 259 ff; ErfK/*Müller-Glöge*, § 626 BGB Rn 191.

228 *Berkowsky*, NZA-RR 2003, 449,

229 BAG 2.3.2006, 2 AZR 64/05, NZA 2006, 985; BAG 18.5.2006, 2 AZR 207/05, NZA-RR 2007, 272.

230 BAG 26.6.2008, 2 AZR 147/07, BB 2009, 108 mit Kommentar von *Betz*.

231 BAG 28.10.2010, 2 AZR 688/09, NZA-RR 2011, 155; BAG 27.11.2008, 2 AZR 757/07, NZA 2009, 481.

232 MüKo-BGB/*Henssler*, § 626 BGB Rn 263.

233 St. Rspr. BAG 28.5.2009, 2 AZR 844/07, NZA 2009, 954; a.A. ArbG Hamburg 17.9.2009, 17 Ca 179/09, NZA-RR 2010, 139.

Mit freundlichen Grüßen

(Unterschrift)

Arbeitgeber

(Name der vertretungsberechtigten Person/en)

Mit den beabsichtigten Änderungen und den neuen Vertragsbedingungen erkläre ich mich einverstanden.

(Ort, Datum)

(Unterschrift Arbeitnehmer)

VII. Außerordentliche und hilfsweise ordentliche Beendigungskündigung

1. Allgemeines

134 In der Praxis spielt die fristlose, hilfsweise ordentliche Kündigung eine große Rolle. Sie wird erklärt, um Prozessrisiken, die mit den erheblichen Anforderungen an die Wirksamkeit einer fristlosen Kündigung zusammenhängen, zu minimieren. Praktisch relevant wird die außerordentliche, hilfsweise ordentliche Beendigungskündigung im Übrigen in den Fällen, in denen ein Betriebsrat gebildet ist. Denn dieser muss zu beiden Kündigungen angehört werden. Ist das nicht geschehen, kommt schon aus diesem Grund die ansonsten durchaus mögliche Umdeutung einer isoliert erklärten fristlosen Kündigung in eine fristgerechte nicht in Betracht.

135 Die fristgerechte Kündigung wird in diesem Fall nur hilfsweise für den Fall erklärt, dass die fristlose Kündigung unwirksam sein sollte. Sie greift also nicht, wenn bereits die fristlose Kündigung das Arbeitsverhältnis wirksam beendet.

 ### 2. Muster

136 **Muster 1c.10: Fristlose, hilfsweise ordentliche Kündigung**

▒▒▒▒▒▒,

hiermit kündigen wir das mit Ihnen bestehende Arbeitsverhältnis außerordentlich fristlos, hilfsweise ordentlich unter Berücksichtigung der vertraglichen/gesetzlichen/tarifvertraglichen Kündigungsfrist zum ▒▒▒▒▒ *(Datum)*.

Der Betriebsrat wurde von uns vor Ausspruch der Kündigungen ordnungsgemäß angehört. (**ggf.:** *Er hat zugestimmt.*)[234]

Wir weisen darauf hin, dass Sie verpflichtet sind, sich spätestens drei Monate vor Beendigung des Arbeitsverhältnisses persönlich bei der Agentur für Arbeit arbeitssuchend zu melden. Liegen zwischen der Kenntnis des Beendigungszeitpunktes und der Beendigung des Arbeitsverhältnisses weniger als drei Monate, hat die Meldung innerhalb von drei Tagen nach Kenntnis des Beendigungszeitpunktes zu erfolgen. Andernfalls können Nachteile beim Bezug von Arbeitslosengeld entstehen.

▒▒▒▒▒▒

---

234 Der Betriebsrat hat i.R. seiner Anhörung unterschiedliche Stellungnahmefristen. Für die fristlose Kündigung gilt die 3-Tages-Frist (§ 102 Abs. 2 S. 3 BetrVG); für die hilfsweise ordentliche Kündigung die Wochenfrist des § 102 Abs. 2 S. 1 BetrVG. Nimmt also der Betriebsrat nicht innerhalb der 3-Tages-Frist zu beiden beabsichtigten Kündigungen abschließend Stellung, muss unter Berücksichtigung des § 626 Abs. 2 BGB zunächst die fristlose und nach Ablauf der Wochenfrist die hilfsweise ordentliche Kündigung erklärt werden.

VIII. Außerordentliche Kündigung mit sozialer Auslauffrist

1. Allgemeines

Eine außerordentliche Kündigung wird in der Regel fristlos ausgesprochen. Sie kann aber auch – in einigen **137** Fällen ist dies aus Rechtsgründen nicht anders möglich – mit einer sog. Auslauffrist erklärt werden, die in der Regel der ansonsten zu beachtenden ordentlichen Kündigungsfrist entspricht.

Eine außerordentliche Kündigung mit Auslauffrist kommt zum einen aus personenbedingten Gründen bei **138** tariflich oder vertraglich unkündbaren Arbeitnehmern in Betracht,[235] zum anderen aus betriebsbedingten Gründen, beispielsweise im Falle einer Betriebsstilllegung.[236] Der Betriebsrat ist in diesen Fällen analog den Grundsätzen für eine ordentliche Kündigung anzuhören;[237] der Arbeitgeber muss dem Betriebsrat jedoch gleichzeitig darlegen, dass es sich um eine außerordentliche Kündigung mit einer sozialen Auslauffrist handelt. Die ordentliche Unkündbarkeit des Arbeitnehmers ist bei der Bewertung der Kündigungsgründe nicht zu seinen Gunsten zu berücksichtigen.[238]

2. Muster

⑪

▼

Muster 1c.11: Außerordentliche Kündigung mit sozialer Auslauffrist

139

hiermit kündigen wir das mit Ihnen bestehende Arbeitsverhältnis außerordentlich mit einer Auslauffrist zum ▓▓▓ (*Datum*).[239]

Der Betriebsrat wurde vor Ausspruch der Kündigung ordnungsgemäß angehört.

Wir weisen darauf hin, dass Sie verpflichtet sind, sich spätestens drei Monate vor Beendigung des Arbeitsverhältnisses persönlich bei der Agentur für Arbeit arbeitsuchend zu melden. Liegen zwischen der Kenntnis des Beendigungszeitpunkts und der Beendigung des Arbeitsverhältnisses weniger als drei Monate, hat die Meldung innerhalb von drei Tagen nach Kenntnis des Beendigungszeitpunktes zu erfolgen. Andernfalls können Nachteile beim Bezug von Arbeitslosengeld entstehen.

▲

IX. Kündigung gegenüber Organmitgliedern (inkl. Abberufung und Beschlussfassung)

1. Allgemeines

Organstellung und Anstellungsverhältnis sind zwar in vielfacher Hinsicht miteinander verknüpft, aber dennoch **140** grundsätzlich als getrennte Rechtsverhältnisse zu betrachten, die auch gesondert beendet werden müssen.

In der Praxis kommt insbesondere der außerordentlichen Kündigung von Dienstverhältnissen mit Organ- **141** mitgliedern erhebliche Bedeutung zu. Dies beruht darauf, dass zahlreiche Dienstverhältnisse mit Organmitgliedern auf mehrere Jahre befristet sind und die ordentliche Kündigung während dieser Zeit regelmäßig ausgeschlossen ist, sog. Koppelungsabreden in der Praxis eher selten anzutreffen sind und vertraglich vereinbarte Kündigungsgründe meist fehlen.

---

235 BAG 18.10.2000, 2 AZR 627/99, DB 2001, 338; BAG 13.5.2004, 2 AZR 36/04, NZA 2004, 1271.
236 BAG 28.3.1985, 2 AZR 113/84, NZA 1985, 559.
237 BAG 18.10.2000, 2 AZR 627/99, DB 2001, 338; BAG 18.1.2001, 2 AZR 616/99, DB 2002, 100, 455.
238 BAG 27.4.2006, 2 AZR 386/05, NZA 2006, 977.
239 Datum unter Berücksichtigung der vertraglichen/gesetzlichen/tariflichen Kündigungsfrist.

a) Der Widerruf der Bestellung

142 Über den Widerruf der Bestellung bzw. die Abberufung eines Geschäftsführers entscheidet grundsätzlich die Gesellschafterversammlung, § 46 Nr. 5 GmbHG. Der Gesellschaftsvertrag kann aber eine andere Zuständigkeitsverteilung vorsehen. Möglich ist die Übertragung auf einen Beirat. Bei einer nach Maßgabe des Mitbestimmungsgesetzes mitbestimmten GmbH ist der Aufsichtsrat zuständig, § 31 MitbestG. Die Übertragung der Kompetenz auf einen Ausschuss ist dagegen nicht möglich, § 107 Abs. 3 S. 4 AktG. Auch die Geschäftsführer der GmbH sind unzuständig. Bei sog. „Karriere-Geschäftsführern", also solchen, die zum Geschäftsführer berufen werden und der bisherige Arbeitsvertrag einfach weiterläuft, sollte die Abberufung zur Vermeidung von Kündigungsschutz und ggf. Zuständigkeit des Arbeitsgerichts erst erfolgen, wenn die ordentliche Kündigung bereits erklärt und – optimalerweise – die Kündigungsfrist bereits abgelaufen ist.[240]

143 Die Bestellung ist in der nicht nach dem MitbestG mitbestimmten GmbH jederzeit widerruflich. Im Gesellschaftsvertrag kann die Zulässigkeit des Widerrufs allerdings auf den Fall beschränkt werden, dass wichtige Gründe denselben notwendig machen, § 38 Abs. 2 S. 1 GmbHG. Bei der Beschlussfassung ist zu berücksichtigen, dass ein betroffener Gesellschafter-Geschäftsführer vom Stimmrecht ausgeschlossen ist, wenn er abberufen werden soll, § 47 Abs. 4 GmbHG. Anwesend darf der Gesellschafter-Geschäftsführer in jedem Fall sein.

144 Ist im Dienstvertrag vereinbart worden, dass der Bestand des Dienstvertrags an das Organverhältnis gekoppelt ist (sog. Koppelungsabrede), bewirkt eine Beendigung des Organverhältnisses normalerweise, dass das Dienstverhältnis unter Einhaltung der gesetzlichen Mindestkündigungsfrist ebenfalls endet.[241] Die Abberufung des Organmitglieds kann dann zugleich die Wirkung einer ordentlichen Kündigung haben.

145 Für den Widerruf der Bestellung des Vorstands ist der Aufsichtsrat zuständig. Der Aufsichtsrat hat als Gremium zu entscheiden. Eine Übertragung auf einen Ausschuss ist nicht zulässig. Die Bestellung des Vorstands kann auch nicht jederzeit frei widerrufen werden. Vielmehr ist ein wichtiger Grund erforderlich, § 84 Abs. 3 S. 1 AktG.[242] Daraus folgt gleichsam, dass weder die Satzung noch der Dienstvertrag Abberufungsgründe verbindlich regeln können.

b) Die außerordentliche Kündigung des Geschäftsführers

146 Für die Kündigung des Dienstvertrags eines GmbH-Geschäftsführers ist ebenfalls die Gesellschafterversammlung zuständig, sofern diese Kompetenz nach dem Gesellschaftsvertrag nicht auf einen Beirat übertragen ist. In der nach dem MitbestG mitbestimmten GmbH liegt die Zuständigkeit beim Aufsichtsrat. Das Fehlen eines Beschlusses oder die Rechtsfehlerhaftigkeit des Beschlusses führt zur Unwirksamkeit der Kündigung. Eine nachträgliche Genehmigung heilt die Unwirksamkeit nicht. Der Ausspruch der Kündigung kann einem Dritten übertragen werden, beispielsweise dem Aufsichtsratsvorsitzenden, einem Personalausschuss, einem anderen Geschäftsführer oder einem Rechtsanwalt.

147 Die Kündigung eines Dienstvertrags bedarf im Gegensatz zum Arbeitsvertrag keiner Schriftform. Dennoch sollte sie schon zu Beweiszwecken schriftlich erfolgen. In der Praxis wird häufig der Aufsichtsratsvorsitzende durch Beschluss beauftragt, die Kündigung auszusprechen.[243] Dem Kündigungsschreiben sollte in diesem Fall vorsorglich eine Kündigungsvollmacht des Aufsichtsrats im Original oder ein entsprechender

---

240 BAG 26.10.2012, 10 AZB 60/12, DB 2012, 2699.
241 BGH 29.5.1989, II ZR 220/88, NJW 1989, 2683; BGH 1.12.1997, II ZR 232/96, ZIP 1998, 652; BGH 21.6.1999, II ZR 27/98, ZIP 1999, 1669; vgl. ausführlich zum Meinungsstand *Tschöpe/Wortmann*, NZG 2009, 85.
242 *Tschöpe/Wortmann*, NZG 2009, 161.
243 *Tschöpe/Wortmann*, NZG 2009, 85.

Aufsichtsratsbeschluss beigelegt werden.[244] Anderes gilt allerdings, wenn die Bevollmächtigung des Aufsichtsratsvorsitzenden schon in der dem Geschäftsführer regelmäßig bekannten Satzung geregelt ist.[245]

Die außerordentliche Kündigung setzt einen wichtigen Grund im Sinne des § 626 BGB voraus. Verschulden des Organmitglieds ist keine zwingende Voraussetzung.[246] Im Rahmen der anschließenden umfassenden Gesamtabwägung[247] sind auch die Auswirkungen zu berücksichtigen, die die fristlose Kündigung auf das Organmitglied hat. Zudem ist von Bedeutung, ob eine zumutbare Möglichkeit der Weiterbeschäftigung außerhalb der Erfüllung der Pflichten als Organ der Gesellschaft besteht.[248] Je kürzer die Frist bis zum nächsten ordentlichen Kündigungstermin ist, umso eher ist der Gesellschaft zumutbar, das Dienstverhältnis bis zu diesem Zeitpunkt fortzusetzen.[249] Als wichtige Gründe sind in der Praxis vor allem Spesenbetrug,[250] Verstöße gegen ein Wettbewerbsverbot,[251] Schädigung des Gesellschaftsvermögens zum eigenen Vorteil[252] oder unberechtigte Amtsniederlegung[253] anzutreffen. Möglich ist auch eine Verdachtskündigung bei dringendem Verdacht einer schwerwiegenden Pflichtverletzung, wenn dem Organmitglied Gelegenheit gegeben wurde, die Verdachtsgründe zu beseitigen bzw. zu entkräften.[254] **148**

Anders als bei Arbeitsverhältnissen ist die vertragliche Vereinbarung von Gründen, die eine außerordentliche Kündigung rechtfertigen sollen, grundsätzlich möglich. In diesem Fall ist bei Vorliegen eines entsprechenden Sachverhalts keine weitere Interessenabwägung mehr erforderlich.[255] Entsprechen die im Vertrag festgelegten Tatbestände jedoch nicht den gesetzlichen Anforderungen des wichtigen Grundes nach § 626 Abs. 1 BGB, ist die Kündigung nur unter Wahrung der Mindestfrist des § 622 Abs. 1 BGB möglich.[256] **149**

Umstritten war, ob vor Ausspruch einer außerordentlichen Kündigung eine Abmahnung erforderlich ist. Mit Einführung des § 314 Abs. 2 BGB am 1.1.2002 war dies fraglich geworden (vgl. § 314 Abs. 2 BGB, wonach die Kündigung von Dauerschuldverhältnissen erst nach erfolgloser Abmahnung zulässig ist). Seitdem wurde in der Rechtsprechung teilweise davon ausgegangen, dass eine Abmahnung zumindest bei leichteren Pflichtverletzungen erforderlich sein könne.[257] Der BGH hat insoweit allerdings mittlerweile für Klarheit gesorgt: Wegen der von einem Organmitglied wahrzunehmenden Arbeitgeberfunktion bedürfe es einer Abmahnung vor Ausspruch der Kündigung nicht.[258] **150**

Für den Beginn der Ausschlussfrist des § 626 Abs. 2 BGB kommt es auf die Kenntnis des kündigungsberechtigten Organs der Gesellschaft an. Von einer solchen Kenntnis kann grundsätzlich ausgegangen werden, wenn die Gesellschafter in einer ordnungsgemäß einberufenen Gesellschafterversammlung über den Kündigungssachverhalt unterrichtet werden. Hiervon ist auch dann auszugehen, wenn einzelne Gesellschafter nicht zur Gesellschafterversammlung erschienen sind, aber ordnungsgemäß geladen waren.[259] Sofern ein Aufsichtsrat oder Beirat für die Beendigung des Dienstverhältnisses zuständig ist, beginnt die Zwei-Wochen-Frist mit dem Zeitpunkt, zu welchem den Mitgliedern dieses Organs in einer ordnungsgemäß **151**

244 OLG Düsseldorf 17.11.2003, I-15 U 225/02, DB 2004, 920.
245 LG München I 3.2.2005, 5HK O 17791/04, n.v.
246 *Tschöpe/Wortmann*, NZG 2009, 161; BGH 24.10.1994, II ZR 91/94, DStR 1994, 1746.
247 BGH 9.11.1992, II ZR 234/91, WM 1992, 2142; BGH, 3.7.1995, DStR 1995, 1120.
248 BGH 24.11.1975, II ZR 104/73, WM 1976, 77.
249 BGH 23.10.1995, II ZR 130/94, WM 1995, 2064.
250 BGH 28.10.2002, II ZR 353/00, ZIP 2002, 2254; OLG Köln 4.11.2002, 19 U 38/02, NJW-RR 2003, 398.
251 BGH 13.2.1995, II ZR 225/93, ZIP 1995, 567.
252 BGH 26.6.1995, II ZR 109/94, BB 1995, 1844; OLG Hamm 24.6.1994, 25 U 149/90, GmbHR 1995, 732; OLG Hamm 9.1.2007, 27 U 50/06; *Tschöpe/Wortmann*, NZG 2009, 161.
253 BGH 26.6.1995, II ZR 109/94, BB 1995, 1844.
254 Erstmals BGH, 13.7.1956, LM Nr. 8 zu § 626 BGB; BGH 2.7.1984, II ZR 16/84, ZIP 1984, 1113.
255 BGH 7.7.1988, I ZR 78/87, BB 1988, 1771.
256 BGH 29.5.1989, II ZR 220/88, BB 1989, 1577; *Jaeger*, Der Anstellungsvertrag des GmbH-Geschäftsführers, S. 195 f.
257 OLG Celle 4.2.2004, 9 U 203/03, GmbHR 2004, 425; vgl. aber BAG 8.8.2002, 8 AZR 574/011, NZA 2002, 1323.
258 BGH 2.7.2007, II ZR 71/06, NZG 2007, 674.
259 BGH 19.5.1980, II ZR 169/79, NJW 1981, 166; *Jaeger*, S. 200 f.

einberufenen Sitzung der Kündigungssachverhalt vorgetragen wird.[260] Wird hingegen die Einberufung der Gesellschafterversammlung nach Kenntniserlangung vom Sachverhalt unangemessen verzögert, muss sich die Gesellschaft so behandeln lassen, als wäre die Gesellschafterversammlung mit der billigerweise zumutbaren Beschleunigung einberufen worden.[261]

152   Unter Umständen muss sich das maßgebliche Organ die Kenntnis anderer, nicht kündigungsberechtigter Personen oder Organe zurechnen lassen. Das BAG stellt darauf ab, ob die Stellung des Dritten im Betrieb „nach den Umständen erwarten lässt, er werde den Kündigungsberechtigten von dem Kündigungssachverhalt unterrichten".[262] Gleiches gilt nach BGH, wenn der Aufsichtsrat die zur Kündigung des Vorstands berufene Versammlung nicht alsbald einberufen hat.[263]

c) Die außerordentliche Kündigung des Vorstands

153   Im Vergleich zu der außerordentlichen Kündigung eines Geschäftsführers ergeben sich beim Vorstand einige Besonderheiten. Für den Beschluss über die **Kündigung** des Vorstandsanstellungsvertrags ist grundsätzlich der Aufsichtsrat zuständig. Den **Ausspruch der Kündigung** kann der Aufsichtsrat bzw. der Ausschuss einem Mitglied des Aufsichtsrats, z.B. dem Aufsichtsratsvorsitzenden, übertragen.

154   Der wichtige Grund im Sinne des **§ 626 Abs. 1 BGB** ist dem im Sinne des **§ 84 Abs. 3 AktG** nicht **gleichgesetzt**. Ein Sachverhalt kann einen wichtigen Grund i.S.d. § 84 Abs. 3 AktG darstellen, andererseits für eine außerordentliche Kündigung nicht ausreichen. Es besteht aber die Möglichkeit, in den Dienstvertrag eine Vereinbarung aufzunehmen, nach der die Kündigung des Vertrags aus denselben Gründen zulässig ist, aus denen die Bestellung zum Vorstandsmitglied widerrufen werden kann, z.B. der Widerruf der Bestellung oder Insolvenz des Vorstandsmitglieds.[264] Dies ist aber nur unter Wahrung der gesetzlichen Mindestkündigungsfrist des § 622 Abs. 1 BGB möglich.[265]

155   Für den Beginn der Frist des § 626 Abs. 2 BGB kommt es grundsätzlich auf die Kenntnis des Kündigungsberechtigten an, demnach auf den Aufsichtsrat. Wird die Einberufung der Sitzung allerdings unangemessen verzögert, muss sich die Gesellschaft so behandeln lassen, als wäre der Aufsichtsrat in zumutbarer Zeit einberufen worden.

d) Die ordentliche Kündigung des Dienstvertrages

156   Anstellungsverhältnisse mit vertretungsberechtigten Organmitgliedern sind nach ganz herrschender Auffassung keine Arbeits-, sondern Dienstverhältnisse.[266] Das KSchG gilt daher für Organmitglieder nicht. Die Geltung der Kündigungsschutzvorschriften kann aber im Anstellungsvertrag vereinbart werden.[267] Bei sog. „Karriere-Geschäftsführern", die zum Geschäftsführer auf Basis eines weiterlaufenden Alt-Arbeitsvertrages berufen wurden, sollte die Kündigung erklärt und – optimalerweise – die Kündigungsfrist bereits abgelaufen sein, bevor die Abberufung beschlossen und im Handelsregister eingetragen wird.[268]

157   In Bezug auf die Kündigungsfristen von Organmitgliedern gelten die Regelungen des § 622 BGB, sofern diese in der Gesellschaft keine beherrschende Stellung haben. Bei einer beherrschenden Stellung gilt lediglich die Kündigungsfrist des § 621 BGB. In diesem Fall kann – sofern die Vergütung nach Monaten bemessen ist – die Kündigung daher am 15. eines Monats zum Ende Kalendermonats erklärt werden, bei Bemessung der Vergütung nach Jahren gilt eine Kündigungsfrist von sechs Wochen zum Quartalsschluss. Die

---

260 *Jaeger*, S. 200 f.
261 BGH 15.6.1998 – II ZR 318/96, ZIP 1998, 1269; hierzu auch *Tschöpe/Wortmann*; NZG 2009, 85.
262 BAG 18.5.1994 – 2 AZR 930/93, NZA 1994, 1086.
263 BGH 18.6.1984 – II ZR 221/83, ZIP 1984, 947; vgl. aber auch BGH 9.11.1992, II ZR 234/91, BB 1992, 2453.
264 BGH 29.5.1989 – II ZR 220/88, BB 1989, 1577.
265 BGH 29.5.1989 – II ZR 220/88, BB 1989, 1577.
266 Bauer, BB 1994, 855.
267 BGH 10.5.2010 – II ZR 70/09, NZA 2010, 889.
268 BAG 26.10.2012 – 10 AZB 60/12, DB 2012, 2699.

Anwendung verlängerter Kündigungsfristen bei längerer Beschäftigungsdauer hat der BGH für Vorstandsmitglieder generell abgelehnt, das BAG hingegen für den Fremdgeschäftsführer herangezogen.[269]

2. Muster

a) Ordentliche Kündigung

Muster 1c.12: Ordentliche Kündigung 158

(Briefkopf Gesellschaft)

An

▓▓▓▓▓ *(Geschäftsführer)*

Ordentliche Kündigung

Sehr geehrte/r Herr/Frau ▓▓▓▓▓,

mit anliegendem Gesellschafterbeschluss vom ▓▓▓▓▓ kündigen wir hiermit den zwischen der ▓▓▓▓▓ *(Gesellschaft)* und Ihnen bestehenden Geschäftsführerdienstvertrag gemäß Ziffer ▓▓▓▓▓ ordentlich unter Einhaltung der maßgeblichen Kündigungsfrist von ▓▓▓▓▓ Monaten zum jeweiligen Ende eines Kalendermonats/Quartalsschluss, d.h. zum ▓▓▓▓▓ *(Datum)*, hilfsweise zum nächstmöglichen Termin.

Wir weisen rein vorsorglich bereits jetzt darauf hin, dass Sie verpflichtet sind, sich spätestens drei Monate vor Beendigung Ihres Dienstverhältnisses persönlich bei der Agentur für Arbeit arbeitssuchend zu melden, da Ihnen andernfalls Nachteile beim Bezug von Arbeitslosengeld entstehen können.

Wir wünschen Ihnen für Ihre weitere Zukunft viel Erfolg.

Mit freundlichen Grüßen

(Ort, Datum)

(Gesellschaft)

vertreten durch die Gesellschafterversammlung,

diese wiederum vertreten durch Herrn/Frau ▓▓▓▓▓

b) Außerordentliche Kündigung

Muster 1c.13: Außerordentliche Kündigung 159

(Briefkopf Gesellschaft)

An

(Geschäftsführer)

Außerordentliche Kündigung

Sehr geehrte/r Herr/Frau ▓▓▓▓▓,

die Gesellschafterversammlung hat gemäß anliegendem Protokoll der Gesellschafterversammlung vom ▓▓▓▓▓ beschlossen, Ihre Bestellung zum Geschäftsführer aus wichtigem Grund mit sofortiger Wirkung zu widerrufen und den zwischen der ▓▓▓▓▓ *(Gesellschaft)* und Ihnen bestehenden Geschäftsführerdienstvertrag außerordentlich und fristlos zu kündigen. Wie Sie dem beigefügten Protokoll entnehmen wol-

269 BAG 17.6.1985 – 2 AZR 425/84, DB 1986, 2132; BAG 16.2.1983 – 7 AZR 118/81, BB 1983, 2181; BGH 16.12.1953 – II ZR 41/53, BGHZ 12, 1.

len, bin ich beauftragt, Ihnen diese Beschlusslage zu übermitteln und die fristlose Kündigung Ihres Dienstvertrags zu erklären. Das geschieht hiermit.

(*Ort, Datum*)

(*Gesellschaft*)

vertreten durch die Gesellschafterversammlung,

diese wiederum vertreten durch Herrn/Frau ▓▓▓▓

▲

c) Gesellschafterbeschluss zur Abberufung und Kündigung eines GmbH-Geschäftsführers

▼

160 **Muster 1c.14: Gesellschafterbeschluss zur Abberufung und Kündigung eines GmbH-Geschäftsführers**

Gesellschafterbeschluss

der ▓▓▓▓ **GmbH**

Niederschrift über eine außerordentliche Gesellschafterversammlung der ▓▓▓▓ **GmbH, eingetragen im Handelsregister des Amtsgerichts** ▓▓▓▓ **unter HRB** ▓▓▓▓ **(„Gesellschaft"), am** ▓▓▓▓ **in** ▓▓▓▓

Die ▓▓▓▓ (*Firma*), eingetragen im Handelsregister des Amtsgerichts ▓▓▓▓ unter der Nummer HRB ▓▓▓▓, ist die einzige Gesellschafterin der Gesellschaft. Damit ist das gesamte Stammkapital der Gesellschaft im Nennwert von EUR ▓▓▓▓ vertreten.

Unter Verzicht auf alle gesetzlichen und gesellschaftsvertraglichen Erfordernisse, Formen und Fristen der Einberufung, Abhaltung und Beschlussfassung einer Gesellschafterversammlung wird hiermit

eine außerordentliche Gesellschafterversammlung[270]

auch zum Zwecke einer Beschlussfassung abgehalten und einstimmig beschlossen:

1. Der Geschäftsführer der Gesellschaft, Herr ▓▓▓▓, wird hiermit mit Wirkung ab sofort/zum Ablauf des ▓▓▓▓ (*Datum*) als Geschäftsführer der Gesellschaft abberufen.

2. Der Geschäftsführerdienstvertrag zwischen der Gesellschaft und dem Geschäftsführer wird hiermit außerordentlich fristlos/ordentlich zum Ablauf des ▓▓▓▓ (*Datum*), hilfsweise zum nächstmöglichen Termin, durch die Gesellschaft gekündigt.

3. Dem Geschäftsführer wird Entlastung erteilt.[271]

4. Die Gesellschaft und die Geschäftsführung werden angewiesen, diese Beschlüsse, soweit erforderlich, zur Eintragung in das Handelsregister anzumelden.[272]

Hiermit ist die Gesellschafterversammlung beendet.

(*Unterschrift*)

---

270 Sofern die Satzung es zulässt, kann der Beschluss im schriftlichen Verfahren gefasst werden.
271 Grds. hat der Geschäftsführer auf Entlastung einen Anspruch. Bei einer ordentlichen Kündigung ist eine Entlastung durchaus üblich.
272 Die Anmeldung muss durch die Gesellschaft erfolgen. Die Gesellschaft wird bei der Anmeldung von den Personen vertreten, die (noch oder schon) als Organ bestellt sind, also inkl. des o.g. Geschäftsführers, wenn nicht eine Abberufung „ab sofort" erfolgt. Die Unterschriften zu der Anmeldung sind notariell zu beglaubigen. Daher wird in der Praxis aus Kostengründen mit der Anmeldung der Löschung des abberufenen Geschäftsführers auch die Anmeldung einer Neubestellung verbunden. Der in diesem Gesellschafterbeschluss zu treffende Beschluss für eine Neubestellung könnte wie folgt lauten: „Neuer Geschäftsführer der Gesellschaft ist ab sofort (voller Vor- und Zuname), (Wohnort), (Geburtsdatum). Der Geschäftsführer ist (einzelvertretungsberechtigt und von den Beschränkungen des § 181 BGB befreit)."

Gesellschaft mit beschränkter Haftung, vertreten durch ihren einzelvertretungsberechtigten Geschäftsführer, Herrn ▓▓▓▓▓▓

▲

d) Aufsichtsratsbeschluss zur Abberufung eines Vorstandsmitglieds

▼

Muster 1c.15: Aufsichtsratsbeschluss zur Abberufung eines Vorstandsmitglieds   161

▓▓▓▓▓

1. Die Bestellung des Herrn ▓▓▓▓▓▓ zum Vorstand wird hiermit mit sofortiger Wirkung widerrufen.

2. Der Dienstvertrag zwischen der Gesellschaft und Herrn ▓▓▓▓▓▓ vom ▓▓▓▓▓▓ wird aus wichtigem Grund außerordentlich fristlos gekündigt.

3. Der Aufsichtsratsvorsitzende Herr ▓▓▓▓▓▓ wird beauftragt, Herrn ▓▓▓▓▓▓ diese Beschlusslage zu übermitteln, den Dienstvertrag entsprechend Ziff. 2 dieses Beschlusses fristlos zu kündigen und die Abwicklung des Vertragsverhältnisses durchzuführen.

▓▓▓▓▓

X. Die Abmahnung

1. Allgemeines

Im Grundsatz muss einer verhaltensbedingten Kündigung mindestens eine wirksame Abmahnung voraus-   162
gehen. Das dürfte auch bei Pflichtverstößen im Leistungsbereich gelten, selbst wenn es sich um einen leitenden Angestellten handelt.[273] Die Abmahnung ist nicht formgebunden; sie sollte aber schon zu Beweiszwecken schriftlich erfolgen. Zur Abmahnung berechtigt sind alle Mitarbeiter, die befugt sind, dem Arbeitnehmer verbindliche Weisungen zu erteilen.[274] Die Abmahnung muss aus drei Teilen bestehen: Erstens muss sie den der Pflichtverletzung zugrunde liegenden Sachverhalt möglichst präzise schildern. Zweitens muss sie die Aufforderung enthalten, das pflichtwidrige Verhalten einzustellen bzw. es nicht zu wiederholen und auch keine gleichartigen Pflichtverstöße zu begehen. Drittens muss der Arbeitgeber in der Abmahnung für den Fall einer erneuten Pflichtverletzung mit einer Kündigung des Arbeitsverhältnisses drohen. Die damit verbundene Warnfunktion kann auch trotz sonstiger Formfehler der Abmahnung erfüllt sein.[275] Begeht der Arbeitnehmer dann erneut eine vergleichbare Pflichtverletzung, kann diese zur Begründung der (ordentlichen) Kündigung herangezogen werden. Die Abmahnung ist damit Ausdruck des Verhältnismäßigkeitsprinzips, wonach vor Ausspruch einer Kündigung mildere Mittel gewählt werden müssen. In der Abmahnung liegt ein konkludenter Verzicht auf das Recht zur Kündigung wegen der konkret gerügten Gründe. Insoweit sind diese Pflichtverletzungen verbraucht und können bei einer späteren Kündigung nur noch unterstützend neben anderen Pflichtverletzungen vorgebracht werden.[276]

In Ausnahmefällen kann eine Abmahnung entbehrlich sein. Das ist z.B. dann der Fall, wenn dem Arbeit-   163
nehmer die Pflichtwidrigkeit seines Handelns ohne weiteres erkennbar und von vornherein offensichtlich ausgeschlossen ist, dass der Arbeitgeber dieses Verhalten hinnehmen werde.[277] Eine Abmahnung kann weiter entbehrlich sein, wenn sie im Hinblick auf die Einsichts- und Handlungsfähigkeit des Arbeitnehmers

---

273 LAG Köln 23.5.2002 – 7 Sa 71/02, NZA-RR 2003, 305.
274 KR/*Fischermeier*, § 626 BGB Rn 291; BAG, 18.1.1980 – 7 AZR 75/78, VersR 1980, 1351.
275 BAG 19.2.2009 – 2 AZR 603/07, NZA 2009, 894.
276 BAG 26.11.2009 – 2 AZR 751/08, NZA 2010, 823.
277 BAG 10.6.2010 – 2 AZR 541/09, NZA 2010, 1227; BAG 10.2.1999 – 2 ABR 31/98, DB 1999, 1121.

keinen Erfolg verspricht,[278] es ist jedoch grundsätzlich davon auszugehen, dass das künftige Verhalten des Arbeitnehmers durch die Androhung von Folgen für den Bestand des Arbeitsverhältnisses positiv beeinflusst werden kann.[279] Diese Grundsätze gelten uneingeschränkt selbst bei Störungen des Vertrauensbereichs durch Straftaten gegen Vermögen oder Eigentum des Arbeitgebers. Stets ist zu prüfen, ob nicht objektiv die Prognose berechtigt ist, der Arbeitnehmer werde sich jedenfalls nach einer Abmahnung künftig wieder vertragstreu verhalten.[280]

164 Sind bereits mehrere Abmahnungen wegen gleichartiger Pflichtverletzungen[281] erteilt worden, kann die mit einer Abmahnung stets verbundene Warnfunktion beeinträchtigt sein.[282] In diesem Fall sollte eine besonders eindringliche, letzte Abmahnung erklärt werden.[283]

2. Muster

▼

165 **Muster 1c.16: Abmahnung**

Sehr geehrte(r) Frau/Herr ▪▪▪▪▪▪,

leider sehen wir uns gezwungen, Ihnen hiermit eine Abmahnung zu erteilen. Sie sind am ▪▪▪▪▪▪ ohne triftigen Grund erneut zu spät zur Arbeit erschienen, nämlich erst um ▪▪▪▪▪▪ Uhr anstatt um ▪▪▪▪▪▪ Uhr. Dadurch haben Sie Ihre arbeitsvertraglichen Pflichten wiederum erheblich verletzt.

Wir fordern Sie hiermit nachdrücklich auf, künftig pünktlich zur Arbeit zu erscheinen. Sollte sich dennoch eine vergleichbare Pflichtverletzung wiederholen, so müssen Sie mit einer Kündigung Ihres Arbeitsverhältnisses rechnen.

Mit freundlichen Grüßen

(*Unterschrift Arbeitgeber*)

Bestätigung des Arbeitnehmers

Ich habe die Abmahnung vom ▪▪▪▪▪▪ am ▪▪▪▪▪▪ erhalten.

(*Unterschrift Arbeitnehmer*)

▲

XI. Die Anfechtung des Arbeitsvertrages

1. Allgemeines

166 Die Anfechtung ist gerichtet auf eine einseitige Beseitigung des Arbeitsvertrags. Der die Anfechtung Erklärende will sich aufgrund eines Willensmangels bei Abgabe seiner Erklärung von deren Rechtsfolgen befreien. Die Anfechtung kann wegen Inhalts- oder Erklärungsirrtums (§ 119 Abs. 1 BGB), Irrtums über eine verkehrswesentliche Eigenschaft (§ 119 Abs. 2 BGB), oder wegen Drohung bzw. arglistiger Täuschung erklärt werden (§ 123 BGB). Zum Zeitpunkt der Anfechtung muss der Anfechtungsgrund noch gegeben sein. Er darf zu diesem Zeitpunkt ferner seine Bedeutung für die weitere Durchführung des Arbeitsverhältnisses

278 BAG 18.05,1994 – 2 AZR 626/93, BB 1994, 1857.
279 BAG 10.6.2010 – 2 AZR 541/09, NZA 2010, 1227.
280 BAG 10.6.2010 – 2 AZR 541/09, NZA 2010, 1227.
281 BAG 13.12.2007 – 2 AZR 818/06, NZA 2008, 589: ausreichend, dass die jeweiligen Pflichtverletzungen aus „demselben Bereich" stammen.
282 BAG 16.9.2004 – 2 AZR 406/03, NZA 2005, 459 zum Verlust der Warnfunktion.
283 BAG 15.11.2001 – 2 AZR 609/00, BB 2002, 1269.

nicht verloren haben.[284] Die Abmahnung ist formlos möglich und erfordert keine vorherige Anhörung eines etwa gebildeten Betriebsrats. Da es sich um eine einseitige Willenserklärung handelt, ist bei ihrer Abgabe durch einen Vertreter ebenso wie bei einer Kündigungserklärung § 174 BGB zu beachten.

Zur Anfechtung wegen Inhalts- oder Erklärungsirrtums ist berechtigt, wer sich bei Abgabe der Willenserklärung über deren Inhalt geirrt hat oder eine Erklärung dieses Inhalts gar nicht abgeben wollte (§ 119 Abs. 1 BGB). Ein Motivirrtum ist unbeachtlich. Praktisch bedeutsam ist die Anfechtung nach § 119 Abs. 2 BGB, also wegen eines Irrtums über Eigenschaften, die für die Beurteilung der Eignung des Arbeitnehmers für seine Tätigkeit relevant sind. Seit Inkrafttreten des AGG müssen hierbei auch die Wertungen dieses Gesetzes berücksichtigt werden. Damit wird, soweit nicht im Einzelfall eine Rechtfertigung über die §§ 8–10 AGG in Betracht kommt, eine Anfechtung wegen eines Umstands, der mit einem Merkmal des § 1 AGG in Zusammenhang steht, ausscheiden. Ein Irrtum über eine Schwangerschaft ist danach nicht relevant, und zwar auch dann nicht, wenn die schwangere Arbeitnehmerin bei einer wegen Schwangerschafts- oder Urlaubsvertretung nur für kurze Zeit befristeten Beschäftigung wegen der Beschränkungen des MuSchG für erhebliche Zeit ausfällt.[285] Die Krankheit eines Mitarbeiters kann eine verkehrswesentliche Eigenschaft darstellen, wenn dem Arbeitnehmer infolgedessen bereits bei Abschluss des Arbeitsvertrages die Fähigkeit fehlt, die vertraglich vereinbarten Arbeitsaufgaben auszuführen. Eine Gleichsetzung von Krankheit und Behinderung i.S.d. AGG hat der EuGH abgelehnt.[286] Eine allein auf eine Schwerbehinderung gestützte Anfechtung dürfte nach Inkrafttreten des AGG aber in der Regel ausscheiden.[287] Vorstrafenfreiheit ist an sich ebenfalls keine verkehrswesentliche Eigenschaft. Eine Vorstrafe kann jedoch, wenn sie einen Bezug zu der vorgesehenen Tätigkeit hat, Rückschlüsse auf das Fehlen bestimmter Persönlichkeitsmerkmale oder Eigenschaften haben, deren Fehlen dann im Irrtumsfall zur Anfechtung berechtigt.[288]

167

Die Anfechtung wegen Irrtums ist gemäß § 121 Abs. 1 BGB unverzüglich zu erklären. Sie ist noch unverzüglich, wenn sie innerhalb von zwei Wochen ab Kenntnis der für die Anfechtung maßgeblichen Tatsachen erklärt wird.[289]

168

Zur Anfechtung berechtigt ferner eine arglistige Täuschung, die für den Abschluss des Arbeitsvertrages ursächlich war (§ 123 Abs. 1 BGB).[290] Täuschung ist jedes Verhalten, durch das eine unrichtige Vorstellung über Tatsachen erregt, bestärkt oder aufrechterhalten wird. Das ist der Fall, wenn ein Arbeitnehmer im Rahmen der Einstellung eine zulässige Frage bewusst wahrheitswidrig beantwortet. Die Zulässigkeit einer Frage, an deren Beantwortung der Arbeitgeber ein berechtigtes und schutzwürdiges Interesse hat, ist dabei auch an den Maßstäben des AGG zu messen. Bei unzulässigen Fragen hat der Arbeitnehmer demgegenüber ein Recht zur Lüge, das eine Anfechtung nach § 123 Abs. 1 BGB ausschließt. Andererseits kann ein Arbeitgeber ausnahmsweise auch dann zur Anfechtung wegen arglistiger Täuschung berechtigt sein, wenn ein Arbeitnehmer nach Treu und Glauben verpflichtet ist, eine Tatsache ungefragt zu offenbaren, deren Vorliegen er bewusst verschweigt.[291] Hiervon ist aber z.B. nicht auszugehen, wenn ein Arbeitnehmer im Einstellungsgespräch nicht offenbart, dass er sich noch in einem ungekündigten anderen Arbeitsverhältnis befindet, und diesen Arbeitsvertrag unter Berücksichtigung der insoweit maßgeblichen Kündigungsfristen nicht mehr bis zum vorgesehenen Arbeitsbeginn der neuen Tätigkeit beenden kann.[292] Eine Anfechtung wegen wider-

169

---

284 BAG 20.5.1999 – 2 AZR 320/98, NZA 1999, 975.
285 EuGH 4.10.2001 – C-109/00, NZA 2001, 1241 für die Zeit vor Inkrafttreten des AGG.
286 EuGH 11.7.2006 – C-13/05, NZA 2006, 839; vgl. dazu auch *Wisskirchen/Bissels*, NZA 2007, 169.
287 Vgl. hierzu und zu etwaigen Ausnahmen gem. §§ 5, 7 AGG *Joussen*, NZA 2007, 174.
288 BAG 20.5.1999 – 2 AZR 320/98, NZA 1999, 975.
289 BAG 21.2.1991 – 2 AZR 449/90, NZA 1991, 719.
290 BAG 18.12.2000 – 2 AZR 380/99, NZA 2001, 315.
291 BAG 16.12.2004 – 2 AZR 148/04, ZTR 2005, 379.
292 LAG München 3.2.2005 – 2 Sa 852/04, AuA 2005, 494.

rechtlicher Drohung kommt in Betracht, wenn der Anfechtende hierdurch zur Abgabe seiner Willenserklärung bestimmt wurde. Eine widerrechtliche Drohung liegt vor, wenn der Anfechtungsgegner ein zukünftiges Übel in Aussicht stellt, dessen Eintritt – jedenfalls nach der Vorstellung des Anfechtenden – vom Willen des Drohenden abhängt. Dieser Anfechtungsgrund hat in der Praxis bei Abschluss von Arbeitsverträgen keine Bedeutung.

170 Die Anfechtung wegen arglistiger Täuschung oder widerrechtlicher Drohung muss binnen Jahresfrist ab Kenntniserlangung erfolgen (§ 124 Abs. 1 BGB).

2. Muster

▼

171 **Muster 1c.17: Anfechtung des Arbeitsvertrages**

Sehr geehrte(r) Frau/Herr ▮▮▮▮▮,

hiermit fechten wir den mit Ihnen geschlossenen Arbeitsvertrag an. Sie haben uns über Ihre Fahrtauglichkeit getäuscht. In dem Einstellungsfragebogen vom ▮▮▮▮ haben Sie mitgeteilt, keine Krankheiten zu haben, die Ihre Fahrtauglichkeit einschränken. Diese Angabe war falsch. Tatsächlich waren Sie zu diesem Zeitpunkt bereits farbenfehlsichtig.

Hätten wir dies gewusst, hätten wir Sie nicht eingestellt, denn die zuverlässige Fahrereigenschaft ist wesentliche und entscheidende Voraussetzung für die vorgesehene Tätigkeit als Eisenbahnfahrzeugführer. Für die Ihnen übertragene Tätigkeit waren Sie aufgrund Ihrer Krankheit nicht einsetzbar, was für Sie auch erkennbar war.

Zur Vermeidung einer Kürzung Ihres Anspruchs auf Arbeitslosengeld sind Sie verpflichtet, sich binnen dreier Tage nach Erhalt dieses Schreibens persönlich bei der Agentur für Arbeit arbeitssuchend zu melden.

▲

XII. Antrag nach § 9 Abs. 3 MuSchG

Literatur: *Buchner/Becker*, Mutterschutzgesetz und Bundeselterngeld- und Elternzeitgesetz, 8. Auflage 2008; *Willikonsky*, Kommentar zum Mutterschutzgesetz, 2. Auflage 2007.

1. Allgemeines zu § 9 MuSchG

a) Sinn und Zweck des § 9 MuSchG

172 Der mutterschutzrechtliche Kündigungsschutz soll der werdenden Mutter und der Wöchnerin trotz ihrer etwa mutterschaftsbedingten Leistungsminderung oder Arbeitsunfähigkeit den Arbeitsplatz als wirtschaftliche **Existenzgrundlage** erhalten.[293] Neben diesen wirtschaftlichen Schutzbelangen der Arbeitnehmerin soll diese zugleich vor den **psychischen Belastungen** eines Kündigungsschutzprozesses geschützt werden;[294] der mutterschutzrechtliche Kündigungsschutz hat also eine Doppelfunktion.

---

293 BAG Großer Senat 26.4.1956, BAGE 3, 66, 70 zu I 3 der Gründe.
294 BAG 31.3.1993, DB 1993, 1783–1784.

b) Voraussetzungen des Sonderkündigungsschutzes

Nach § 9 Abs. 1 S. 1 MuSchG genießen Schwangere und Wöchnerinnen unabhängig von der Betriebsgröße **173** **Sonderkündigungsschutz.**[295] Danach ist die Kündigung gegenüber einer Frau während der **Schwangerschaft** und bis zum Ablauf von vier Monaten nach der **Entbindung** unzulässig, wenn dem Arbeitgeber zur Zeit der Kündigung die Schwangerschaft oder Entbindung bekannt war oder innerhalb zweier Wochen nach Zugang der Kündigung mitgeteilt wird. Im Falle der künstlichen Befruchtung durch In-vitro-Fertilisation besteht der Sonderkündigungsschutz bereits ab der Einsetzung der befruchteten Eizelle (Embryonentransfer) und nicht erst ab erfolgreicher Einnistung (Nidation).[296] Das **Überschreiten der Zwei-Wochen-Frist** ist jedoch unschädlich, wenn es auf einem von der Frau nicht zu vertretenden Grund beruht und die **Mitteilung unverzüglich nachgeholt** wird. Nach der Rechtsprechung des BAG stellt es beispielsweise keinen von der Schwangeren zu vertretenden Grund dar, wenn sie ihre Bescheinigung über die Schwangerschaft mit normaler Post an den Arbeitgeber versendet und der Brief dann aus ungeklärter Ursache verloren geht; mit einem Verlust des Briefes auf dem Beförderungswege muss die Schwangere nicht von vornherein rechnen.[297] Eine Mitteilung nach § 9 Abs. 1 S. 1 MuSchG liegt auch vor, wenn sie dem Arbeitgeber von einem Arbeitskollegen der Schwangeren als Erklärungsbotin übermittelt wird.[298] Hingegen ist das Überschreiten der Frist des § 9 Abs. 1 MuSchG von der Schwangeren zu vertreten, wenn es auf einen gröblichen Verstoß gegen das von einem verständigen Menschen im eigenen Interesse billigerweise zu erwartende Verhalten zurückzuführen ist (Verschulden gegen sich selbst).[299]

Das Kündigungsverbot gilt für außerordentliche und ordentliche **Beendigungskündigungen** sowie für **Änderungskündigungen** im Sinne von § 2 KSchG, da auch bei letzterer, je nach Reaktion der Arbeitnehmerin, die Möglichkeit besteht, dass die Änderungskündigung zur Beendigung des Arbeitsverhältnisses führt.[300] Es gilt auch bei Massenentlassungen und Betriebsstilllegungen[301] sowie für die Kündigung durch den **Insolvenzverwalter**, da § 113 InsO neben einer Regelung zu Kündigungsfristen nur vertraglich vereinbarte Kündigungsbeschränkungen zugunsten des Insolvenzverwalters aufhebt,[302] nicht jedoch ein gesetzliches Kündigungsverbot wie das in § 9 MuSchG; dieses ist insolvenzfest.[303]

Das Kündigungsverbot gilt allerdings nur für Kündigungen und **nicht für sonstige Beendigungstatbestände**, etwa den Abschluss eines **Aufhebungsvertrags**, eine **Befristung**, den Eintritt einer auflösenden Bedingung oder eine **Anfechtung** des Arbeitsverhältnisses nach §§ 119 ff. BGB. Das Kündigungsverbot gilt ferner nicht für eine **Versetzung, Freistellung und die suspendierende Aussperrung.**[304] Hingegen setzt die **Auflösung des Arbeitsverhältnisses durch das Arbeitsgericht auf Antrag des Arbeitgebers** nach § 9 KSchG voraus, dass die Kündigung nur gegen das KSchG verstößt,[305] so dass ein Auflösungsantrag nur in Betracht kommt, wenn die streitbefangene Kündigung vor der Schwangerschaft oder vor der Kenntnis des Arbeitgebers von der Schwangerschaft erklärt wurde. Der **Auflösungsantrag der Arbeitnehmerin** ist demgegenüber auch bei Verstoß gegen § 9 MuSchG zulässig.[306]

Für die **Eigenkündigung** der schwangeren Arbeitnehmerin gilt das Kündigungsverbot nicht; nach § 9 **176** Abs. 2 i.V.m. § 5 Abs. 1 S. 3 MuSchG muss der Arbeitgeber die Aufsichtsbehörde über diese Kündigung

---

295 ErfK/*Schlachter*, 16. Auflage 2016, § 9 MuSchG Rn 2.
296 BAG 26.3.2015, NZA 2015, 734.
297 BAG 16.5.2002, NZA 2003, 217–219.
298 LAG Sachsen-Anhalt 9.12.2014 – 6 Sa 539/13, zit. nach juris.
299 BAG 16.5.2002, NZA 2003, 217–219.
300 *Willikonsky*, § 9 MuSchG Rn 8; *Buchner/Becker*, § 9 MuSchG Rn 27.
301 *Buchner/Becker*, § 9 MuSchG Rn 27.
302 *Willikonsky*, § 9 MuSchG Rn 5.
303 KR/*Weigand*, 11. Auflage 2016, §§ 113, 120–124 InsO Rn 63.
304 *Willikonsky*, § 9 MuSchG Rn 11, 12.
305 BAG 21.9.2000, NZA 2001, 102.
306 *Willikonsky*, § 9 MuSchG Rn 23.

unverzüglich unterrichten. Die Arbeitnehmerin kann zudem das Arbeitsverhältnis während ihrer Schwangerschaft und während der sich an die Entbindung anschließenden Schutzfrist (§ 6 Abs. 1 MuSchG) ohne Einhaltung einer Frist zum Ende der Schutzfrist kündigen, § 10 i.V.m. § 9 Abs. 2 MuSchG. Auch hierüber muss der Arbeitgeber die Aufsichtsbehörde unverzüglich unterrichten.

c) Behördliche Zulässigerklärung der Kündigung auf Antrag

177   Ausnahmsweise kann die für den Arbeitsschutz zuständige oberste **Landesbehörde** oder die von ihr bestimmte Stelle **„in besonderen Fällen"** eine **Kündigung für zulässig erklären**, § 9 Abs. 3 S. 1 MuSchG. Die Zulässigerklärung bedarf eines **Antrags** des Arbeitgebers.[307] Die Kündigung darf dabei jedoch nicht mit dem Zustand der Frau während ihrer Schwangerschaft oder ihrer Lage bis zum Ablauf von vier Monaten nach der Entbindung in Zusammenhang stehen; die Schwangere soll nicht befürchten müssen, gerade wegen ihres Zustandes eine Kündigung zu erhalten. Der „besondere Grund" ist nicht mit einem „wichtigen Grund" i.S.d. § 626 BGB gleichzusetzen.[308] Die Verwaltungsbehörde hat zu prüfen, ob im konkreten Fall ausnahmsweise der grundsätzliche vorrangige Kündigungsschutz der Schwangeren oder Wöchnerin hinter besonderen schutzwürdigen Interessen des Arbeitgebers zurückstehen muss.[309] Die Zuständigkeit der verschiedenen Landesbehörden bestimmt sich nach Landesrecht, § 20 MuSchG (Übersicht über die nach Landesrecht zuständigen Behörden siehe Rdn 209).

d) Begründungszwang

178   Die Kündigung bedarf neben der Schriftform auch der **Angabe des zulässigen Kündigungsgrundes**, § 9 Abs. 3 S. 2 MuSchG. Dabei ist auf den von der Behörde genannten Zulässigkeitsgrund abzustellen und es sind die diesen stützenden Tatsachen vorzubringen, es ist also nicht lediglich auf den behördlichen Verwaltungsakt zu verweisen. Die Angabe des zulässigen Kündigungsgrundes ist **Wirksamkeitsvoraussetzung** für die Kündigung. Der erforderliche Grad der Substantiierung ist entsprechend § 22 Abs. 3 BBiG zu bewerten,[310] und die Unwirksamkeit einer Kündigung ohne Angabe des Kündigungsgrundes kann auch nicht durch das Nachschieben einer Begründung geheilt werden.[311]

e) Antrag

179   Will der Arbeitgeber eine **ordentliche Kündigung** aussprechen, muss er vor Einreichung des Antrages keine **Frist** beachten. Es empfiehlt sich dennoch – schon wegen der erforderlichen Bearbeitungszeit bei der Behörde und den in der Praxis nicht seltenen Rückfragen zum Kündigungsgrund – eine möglichst frühzeitige Antragstellung, zumal es keine Entscheidungsfrist für die zuständige Behörde gibt (anders als im Fall des Kündigungsantrags während der Elternzeit). Beabsichtigt der Arbeitgeber hingegen den Ausspruch einer **außerordentlichen Kündigung**, so hat er zur Wahrung der **Ausschlussfrist des § 626 Abs. 2 BGB** die Zulässigkeitserklärung innerhalb dieser Frist zu beantragen und **unverzüglich** nach Vorliegen der Zulässigerklärung die außerordentliche Kündigung auszusprechen. Beim **Wegfall des Erfordernisses der Zulässigerklärung** muss die Kündigung zur Wahrung der Frist des § 626 Abs. 2 BGB unverzüglich ausgesprochen werden.

180   Eine ohne wirksame Zulässigkeitserklärung ausgesprochene Kündigung ist **unheilbar nichtig**.[312] Die Zulässigkeitserklärung der zuständigen Behörde zur Kündigung einer schwangeren Arbeitnehmerin nach § 9 Abs. 3 MuSchG muss zum Kündigungszeitpunkt vorliegen, aber noch **nicht bestandskräftig** sein,[313] bis

---

307 *Buchner/Becker*, § 9 MuSchG Rn 239.
308 *Buchner/Becker*, § 9 MuSchG Rn 220; *Willikonsky*, § 9 MuSchG Rn 40.
309 *Buchner/Becker*, § 9 MuSchG Rn 219 ff; *Willikonsky*, § 9 MuSchG Rn 40 ff.
310 *Buchner/Becker*, § 9 MuSchG Rn 264.
311 BAG 22.2.1972, AP BBiG § 15 Nr. 1; BAG 25.11.1976, AP BBiG § 15 Nr. 4.
312 KR/*Gallner*, § 9 MuSchG Rn 98; *Buchner/Becker*, § 9 MuSchG Rn 206.
313 BAG 17.6.2003, NZA 2003, 1329–1332.

zur Bestandskraft ist die Kündigung **schwebend wirksam**.[314] Von einer Mindermeinung wird allerdings vertreten, dass ein Antrag auf sofortige Vollziehung des die Kündigung für zulässig erklärenden Bescheides erforderlich sei, wenn die Arbeitnehmerin gegen den Bescheid Widerspruch einlegt oder Klage erhebt, weil der eingelegte Rechtsbehelf die begünstigende Wirkung des angegriffenen Verwaltungsaktes suspendiere.[315]

f) Behördliche Entscheidung

Die Behörde kann dem Antrag auf Zulässigkeitserklärung der Kündigung „ausnahmsweise" unter der Voraussetzung zustimmen, dass es sich um einen **„besonderen Fall"** handelt und die Kündigung nicht im Zusammenhang mit der Schwangerschaft steht. 181

Einzelne Bundesländer haben in **Verwaltungsvorschriften** den unbestimmten Rechtsbegriff des „besonderen Falles" konkretisiert. Dabei handelt es sich zwar nur um innerdienstliche Anweisungen ohne Rechtssatzcharakter, sie führen aber zu einer Selbstbindung der Verwaltung.[316] Die Rechtsprechung neigt zudem dazu, zur weiteren Konkretisierung des „besonderen Falles" auf die **Allgemeine Verwaltungsvorschrift zum Kündigungsschutz bei Erziehungsurlaub** zurückzugreifen.[317] Dies ist aufgrund der teilweise vergleichbaren Interessenlage bei Mutterschutz und Elternzeit vertretbar. 182

Ein **„besonderer Fall"** liegt nach der Rechtsprechung des BVerwG vor, wenn außergewöhnliche Umstände es rechtfertigen, die vom Gesetz als vorrangig eingeordneten Rechte der Schwangeren hinter den Interessen des Arbeitgebers zurücktreten zu lassen. Dies ist **beispielsweise** der Fall, wenn der Arbeitgeber durch die Erfüllung der sich aus dem Mutterschutz ergebenden Verpflichtungen wirtschaftlich so stark belastet wird, dass er in die Nähe einer **Existenzgefährdung** rückt.[318] 183

Daher wird ein besonderer Fall in der Regel auch bei einer **Betriebsstilllegung oder -verlegung** anzunehmen sein,[319] es sei denn, die Arbeitnehmerin kann in dem Unternehmen anderweitig (etwa nach einer Versetzung) weiterbeschäftigt werden.[320] 184

Gründe im Verhalten der Arbeitnehmerin stellen einen besonderen Grund dar, wenn auch unter Berücksichtigung der psychischen Konstitution der Schwangeren oder Wöchnerin das Fehlverhalten als so schwerwiegend anzusehen ist, dass dem Arbeitgeber die Fortsetzung schlechterdings unzumutbar ist. Grundsätzlich sind die Anforderungen an die verhaltensbedingte Kündigung einer Schwangeren erheblich höher.[321] Für die Annahme eines besonderen Falls sind daher schwere Pflichtverletzungen der schwangeren Arbeitnehmerin zu fordern. Ein besonderer Fall kann daher bei **Straftaten der Arbeitnehmerin** zu Lasten ihres Arbeitgebers vorliegen[322] oder bei beharrlichen (wiederholten) Verletzungen arbeitsvertraglicher Pflichten;[323] Indiskretionen über das Privatleben des Arbeitgebers genügen indes nicht.[324] Wann eine **Zerrüttung des Arbeitsverhältnisses** anzunehmen ist, wird von der Rechtsprechung uneinheitlich bewertet.[325] So können erhebliche unentschuldigte Fehlzeiten einer Auszubildenden von insgesamt zehn Wochen trotz 185

---

314 *Willikonsky*, § 9 MuSchG Rn 38.

315 So APS/*Rolfs*, § 9 MuSchG Rn 84c, unter Berufung auf LAG Thüringen 31.1.2002 – 1 Sa 332/01, das aber vom BAG aufgehoben wurde, vgl. BAG 17.6.2003, NZA 2003, 1329–1332.

316 KR/*Gallner*, § 9 MuSchG Rn 137.

317 Mehr zu dieser Verwaltungsvorschrift unter § 1 E XIII, Antrag nach § 18 Abs. 1 BEEG, Rn 2660 ff.

318 BVerwG 21.10.1970, BVerwGE 36, 160–164; Niedersächsisches OVG 4.7.1994, 4 M 3275/94 (zit. nach *Willikonsky*, § 9 MuSchG Rn 42): Kein besonderer Fall liegt bei Existenzgefährdung nur wegen Überschuldung aufgrund von Verbindlichkeiten gegenüber ausländischer Muttergesellschaft vor, wenn die wirtschaftlichen Belastungen durch den Mutterschutz aber relativ gering sind.

319 KR/*Gallner*, § 9 MuSchG Rn 146; *Buchner/Becker*, § 9 MuSchG Rn 230.

320 BVerwG 18.8.1977, AP Nr. 5 zu § 9 MuSchG 1968.

321 OVG Berlin-Brandenburg 27.8.2015, NZA-RR 2015, 638.

322 KR/*Gallner*, § 9 MuSchG Rn 145; *Buchner/Becker*, § 9 MuSchG Rn 231.

323 OVG Berlin-Brandenburg 27.8.2015, NZA-RR 2015, 638.

324 VGH BW 7.12.1993, BB 1994, 940, APS/*Rolfs*, § 9 MuSchG Rn 76; KR/*Bader*, § 9 MuSchG Rn 122a.

325 BayVGH 29.3.2007 – 9 C 06.2456, zit. nach juris; VGH BW 28.10.1992, BB 1994, 940.

unzähliger, vergeblicher Versuche des Arbeitgebers, mit ihr Kontakt aufzunehmen und sie zur Teilnahme an der Ausbildung zu bewegen, einen die Kündigung rechtfertigenden besonderen Grund darstellen.[326]

186 Dagegen dürfte ein **personenbedingter Grund** als besonderer Fall grundsätzlich ausscheiden.[327] Insbesondere sind die Schwangerschaft und Entbindung selbst und dadurch bedingte Krankheiten kein besonderer Fall, sondern eben gerade Anlass für den besonderen Kündigungsschutz,[328] vgl. § 9 Abs. 3 S. 1 MuSchG.

187 Auch wenn ein besonderer Fall vorliegt, hat die Behörde nur **„ausnahmsweise"** die Kündigung für zulässig zu erklären, ihr verbleibt ein **Ermessensspielraum.**[329] Das Interesse der Arbeitnehmerin am Erhalt ihres Arbeitsplatzes geht nach der gesetzlichen Regelung grundsätzlich vor. Das BVerwG stellt darauf ab, ob „eine wesens- und sinngerechte Fortführung" des Arbeitsverhältnisses noch möglich ist. Ist das zu verneinen, diene der mutterschutzrechtliche Kündigungsschutz „nicht der Versorgung" der Arbeitnehmerin.[330]

188 Gegen die Entscheidung der Verwaltungsbehörde stehen dem Arbeitgeber oder der Arbeitnehmerin das **Widerspruchsverfahren** und danach der **verwaltungsgerichtliche Rechtsweg** offen.[331] Ein Widerspruch muss weder begründet werden noch das Wort „Widerspruch" ausdrücklich enthalten. Es muss lediglich deutlich werden, dass der Widersprechende sich mit der Entscheidung nicht abfinden wird. Unabhängig von der Zulässigerklärung durch die Behörde oder gegebenenfalls durch das Verwaltungsgericht hat die Arbeitnehmerin die uneingeschränkte Möglichkeit, die Wirksamkeit der Kündigung vor dem Arbeitsgericht prüfen zu lassen.

2. Muster und Erläuterungen

a) Antrag des Arbeitgebers auf Zustimmung zur Kündigung einer Schwangeren nach § 9 Abs. 3 MuSchG

▼

189 **Muster 1c.18: Antrag des Arbeitgebers auf Zustimmung zur Kündigung einer Schwangeren**

An das ▨▨▨ (*Anschrift der zuständigen Behörde*)

Antrag auf Zulässigerklärung einer Kündigung nach § 9 Abs. 3 MuSchG

Mitarbeiterin: Frau ▨▨▨

Es wird beantragt, die beabsichtigte ordentliche Kündigung des Arbeitsverhältnisses mit unserer Mitarbeiterin Frau ▨▨▨ ,

geb. am ▨▨▨ ,

Familienstand ▨▨▨ ,

Anzahl der Kinder ▨▨▨ ,

wohnhaft in ▨▨▨ ,

nach § 9 Abs. 3 MuSchG für zulässig zu erklären.

Frau ▨▨▨ ist seit dem ▨▨▨ (*Datum*) bei uns als ▨▨▨ beschäftigt und verdient zurzeit ▨▨▨ EUR brutto im Monat.

---

326 OVG Berlin-Brandenburg 27.8.2015, NZA-RR 2015, 638.
327 APS/*Rolfs*, § 9 MuSchG Rn 75; KR/*Gallner*, § 9 MuSchG Rn 144; *Buchner/Becker*, § 9 MuSchG Rn 227.
328 *Buchner/Becker*, § 9 MuSchG Rn 227; EuGH 30.6.1998 – Rs. C – 394/96 (Mary Brown), NZA 1998, 871–873.
329 BVerwG 18.8.1977, AP Nr. 5 zu § 9 MuSchG 1968; *Buchner/Becker*, § 9 MuSchG Rn 245 und 259; Moll/*Schulte*, § 45 Rn 32.
330 BVerwG 18.8.1977, AP Nr. 5 zu § 9 MuSchG 1968; *Buchner/Becker*, § 9 MuSchG Rn 223.
331 Dazu im Einzelnen KR/*Gallner*, § 9 MuSchG Rn 155 ff.

Frau ▨ teilte uns am ▨ (*Datum*) mit, dass sie schwanger sei. Voraussichtlicher Entbindungstermin ist laut ärztlicher Bescheinigung der ▨ (*Datum*).

Wir beabsichtigen, eine ordentliche betriebsbedingte Kündigung aus folgenden Gründen auszusprechen:

(Im Folgenden sollte der Kündigungssachverhalt umfassend beschrieben werden. Hier ein Beispiel für eine betriebsbedingte Kündigung:)

Unsere Gesellschaft, die nur einen Betrieb und nur eine Betriebsstätte hat, wird liquidiert und der Betrieb deswegen zum ▨ (*Datum*) stillgelegt. Ab diesem Zeitpunkt werden keine Arbeitnehmer beschäftigt, mit Ausnahme des Hausmeisters, der einige Abwicklungsarbeiten über das genannte Stilllegungsdatum hinaus verrichten wird, für die aber Frau ▨ nicht in Betracht kommt, weil ▨. Eine Sozialauswahl kommt daher nicht in Betracht.

Die Einstellung unseres Geschäftsbetriebes stellt einen besonderen Fall dar, welcher die Kündigung ausnahmsweise nach § 9 Abs. 3 MuSchG rechtfertigt. Über den ▨ (*Datum*) hinaus besteht keine Beschäftigungsmöglichkeit für Frau ▨. Auch eine Sozialauswahl kommt nicht in Betracht, da sämtliche Mitarbeiter – mit der o.g. Ausnahme – zum selben Zeitpunkt ausscheiden.

Wir haben mit dem Betriebsrat einen Interessenausgleich und einen Sozialplan ausgehandelt, welche wir Ihnen beifügen. Danach erhalten alle Mitarbeiter eine Abfindung. Die Abfindung für Frau ▨ beträgt ▨ EUR.

Der Betriebsrat wurde am ▨ (*Datum*) zu der Kündigung angehört und hat dieser nicht widersprochen.

Die Kündigung soll möglichst noch im ▨ (*Monat*) ausgesprochen werden. Die gesetzliche/tarifliche/vertragliche Kündigungsfrist beträgt ▨. Um eine fristgemäße Beendigung des Arbeitsverhältnisses zum ▨ (*Datum*) zu gewährleisten, bitten wir um rasche und antragsgemäße Entscheidung.

Bei Fragen stehen wir Ihnen gerne zur Verfügung. Bitte wenden Sie sich hierzu an Frau/Herrn ▨.

(*Unterschrift*)

Anlagenverzeichnis: ▨

▲

b) Erläuterungen
aa) Mindestinhalt des Antrages
Ein bestimmter Inhalt ist für den Antrag nach § 9 Abs. 3 MuSchG nicht vorgeschrieben. Im eigenen Interesse sollte der Arbeitgeber allerdings von sich aus der Behörde alle **Informationen**, die für die behördliche Entscheidung erforderlich sind, bereits in seinem Antrag (und möglichst nicht erst auf Nachfrage) mitteilen. Allerdings gilt der **Amtsermittlungsgrundsatz** nach § 24 VwVfG. **Formvorschriften** bestehen nicht, sogar die (fern-)mündliche Antragstellung ist wirksam. Aus Nachweisgründen empfiehlt es sich aber, den Antrag schriftlich zu stellen.[332] — **190**

Des Weiteren ist die **Benennung eines Ansprechpartners** auf Seiten des Arbeitgebers ratsam. Die Praxis zeigt, dass es oftmals hilfreich ist, etwaige Milderungen der finanziellen Auswirkungen der beantragten Kündigung zu erläutern. Solche können sich aus einem (umfangreichen) Sozialplan ergeben, der beispielsweise die Errichtung einer Transfergesellschaft nach § 111 SGB III unter Beanspruchung von Transferkurzarbeitergeld vorsieht, sofern dies auch für die jetzt noch schwangere Arbeitnehmerin in Betracht kommt. Ebenso sollte darauf hingewiesen werden, wenn eine Kündigung unter Zahlung einer Abfindung bei Klageverzicht nach § 1a KSchG beabsichtigt ist. Auch sollten bereits vorhandene Beweismittel (z.B. schriftliche Zeugenaussagen zu dem von der zu entlassenden Schwangeren begangenen Diebstahl) beigefügt werden. — **191**

---

332 *Buchner/Becker*, § 9 MuSchG Rn 240; APS/*Rolfs*, § 9 MuSchG Rn 69.

bb) Ergänzende Hinweise

192 Wird die Zulässigkeitserklärung rechtskräftig aufgehoben, wird die bereits ausgesprochene Kündigung unwirksam. Für den Arbeitgeber besteht dadurch ein erhebliches **Annahmeverzugsrisiko**, § 615 BGB. Annahmeverzug liegt aber nicht vor, wenn ohnehin ein Beschäftigungsverbot nach §§ 3, 4 MuSchG mit der Folge der Entgeltzahlungspflicht nach § 11 MuSchG greift. Ein Schadensersatzanspruch kann sich dann ergeben, wenn der Arbeitgeber eine Kündigung ohne Zustimmung der zuständigen Behörde erklärt hat und sich daraus ein adäquat kausaler Vermögensschaden herleiten lässt. Auch Schmerzensgeld mag in Betracht kommen.[333] Außerdem können Entschädigungsansprüche nach § 15 Abs. 2 AGG bestehen, denn ein Verstoß gegen das Kündigungsverbot gegenüber einer schwangeren Arbeitnehmerin indiziert die Benachteiligung wegen der Schwangerschaft und damit wegen des Geschlechts gemäß § 3 Abs. 1 S. 2 AGG.[334]

193 Die gemäß § 102 BetrVG erforderliche **Anhörung des Betriebsrates** kann vor, während oder nach Durchführung des behördlichen Verfahrens auf Zulässigkeitserklärung erfolgen.

194 Eine **Adressliste** sowie **Internetadressen** der nach dem jeweiligen Landesrecht zuständigen Behörde für den Antrag des Arbeitgebers auf Zustimmung zur Kündigung einer Schwangeren nach § 9 Abs. 3 MuSchG ist im Anschluss an die Erläuterungen zu § 18 BEEG abgedr. (Stand 8.4.2013, siehe Rdn 209).

XIII. Antrag nach § 18 Abs. 1 BEEG

Literatur: *Buchner/Becker*, Mutterschutzgesetz und Bundeselterngeld- und Elternzeitgesetz, 8. Auflage 2008.

1. Allgemeines zu § 18 BEEG

a) Sinn und Zweck des § 18 BEEG

195 Während der Elternzeit besteht gemäß § 18 BEEG **Sonderkündigungsschutz**. Erfasst sind alle Arbeitnehmer und die zur Berufsbildung und Heimarbeit Beschäftigten sowie die ihnen Gleichgestellten, § 20 Abs. 1 und 2 BEEG. Eine einschränkende Regelung für Heimarbeiter vergleichbar § 9 Abs. 1 S. 2 MuSchG fehlt. Hintergrund ist, dass es zumindest einem Elternteil ermöglicht werden soll, sich in der ersten Lebensphase des Kindes dessen Betreuung und Erziehung zu widmen.[335] **Ausnahmsweise** kann eine **Kündigung** von der für den Arbeitsschutz zuständigen obersten Landesbehörde **für zulässig erklärt** werden, § 18 Abs. 1 S. 2 BEEG.

b) Beginn des Sonderkündigungsschutzes

196 Nach § 18 Abs. 1 S. 1 BEEG darf der Arbeitgeber das Arbeitsverhältnis ab dem Zeitpunkt, von dem an **Elternzeit verlangt** worden ist, **höchstens jedoch acht Wochen vor Beginn der Elternzeit**, und während der Elternzeit nicht kündigen. Der Kündigungsschutz gilt nach § 18 Abs. 2 BEEG entsprechend für Arbeitnehmer, die während der Elternzeit bei demselben Arbeitgeber **Teilzeitarbeit** leisten oder ohne Elternzeit in Anspruch zu nehmen, Teilzeitarbeit leisten und Anspruch auf Elterngeld nach § 1 BEEG während des Bezugszeitraums nach § 4 Abs. 1 BEEG haben.

197 Das Kündigungsverbot gilt **nur für Kündigungen des Arbeitgebers**. Es gilt für außerordentliche und ordentliche Beendigungs- und Änderungskündigungen, bei Massenentlassungen und für die Kündigung durch den Insolvenzverwalter. Das Kündigungsverbot gilt nicht für sonstige Beendigungstatbestände, etwa Aufhebungsverträge, Befristungen, Anfechtungen oder die Auflösung des Arbeitsverhältnisses durch das Arbeitsgericht auf Antrag des Arbeitgebers nach § 9 KSchG. Auf die **Eigenkündigung** des Arbeitneh-

---

333 KR/*Gallner*, § 9 MuSchG Rn 109, 110; HWK/*Hergenröder*, § 9 MuSchG Rn 10; APS/*Rolfs*, § 9 MuSchG Rn 61.
334 BAG 12.12.2013, NZA 2014, 722; LAG Berlin-Brandenburg, 16.9.2015 – 3 Sa 1045/15, zit. nach juris.
335 BAG 31.3.1993, DB 1993, 1783–1784.

mers findet das Kündigungsverbot keine Anwendung. Wegen der Einzelheiten kann insoweit auf die Ausführungen zu § 9 MuSchG verwiesen werden (siehe oben Rdn 174 ff.).

Die ohne Zustimmung des Integrationsamtes erklärte Kündigung ist unheilbar **nichtig**.[336] Dies gilt selbst dann, wenn die Zustimmung unzweifelhaft zu erteilen gewesen wäre.[337] Eine Überschneidung mit dem Kündigungsverbot des § 9 MuSchG ist denkbar; in diesem Fall bedarf der Arbeitgeber der Zulässigerklärung nach beiden Vorschriften.[338]   **198**

„**In besonderen Fällen**" kann ausnahmsweise eine Kündigung für zulässig erklärt werden, § 18 Abs. 1 S. 2 BEEG. Der „besondere" muss kein „wichtiger" Grund i.S.v. § 626 BGB sein.[339] Die Zulässigkeitserklärung erfolgt durch die für den Arbeitsschutz zuständige oberste Landesbehörde oder die von ihr bestimmte Stelle, § 18 Abs. 1 S. 3 BEEG. Eine Übersicht über die nach Landesrecht zuständigen Behörden findet sich im Folgenden (siehe Rdn 209).   **199**

Die nach § 18 Abs. 1 S. 4 BEEG erlassene **„Allgemeine Verwaltungsvorschrift zum Kündigungsschutz bei Elternzeit"**[340] bestimmt, dass ein „besonderer Fall" vorliegt, wenn es gerechtfertigt erscheint, dass das nach § 18 Abs. 1 S. 1 BEEG als vorrangig angesehene Interesse des Arbeitnehmers am Fortbestand des Arbeitsverhältnisses wegen außergewöhnlicher Umstände hinter die Interessen des Arbeitgebers zurücktritt. Dies ist nach Nummer 2 der insoweit nicht abschließenden Verwaltungsvorschrift („insbesondere") anzunehmen im Fall   **200**

■ einer **Betriebsverlegung oder -stilllegung** bei Fehlen einer anderweitigen Beschäftigungsmöglichkeit,[341]

■ der **Unzumutbarkeit** der Aufrechterhaltung des Arbeitsverhältnisses wegen besonders schwerer Verstöße gegen arbeitsvertragliche Pflichten oder vorsätzlicher strafbarer Handlung des Arbeitnehmers oder

■ einer **Existenzgefährdung** des Betriebes oder der wirtschaftlichen Existenz des Arbeitgebers.

Die Behörde ist hingegen nicht befugt zu prüfen, ob anstelle der vom Arbeitgeber behaupteten Betriebsstilllegung ein Betriebsübergang vorliegt. Die Prüfung dieser arbeitsrechtlichen Frage fällt der Arbeitsgerichtsbarkeit zu.[342]   **201**

Kleinbetriebe mit höchstens fünf Arbeitnehmern können sich nach Nummer 2.1.1 der Allgemeinen Verwaltungsvorschrift zum Kündigungsschutz bei Erziehungsurlaub unter erleichterten Voraussetzungen auf Existenzgefährdung berufen.   **202**

Die Allgemeine Verwaltungsvorschrift zum Kündigungsschutz bei Elternzeit ist lediglich eine innerdienstliche Anweisung, aus der sich keine unmittelbaren Rechte der Arbeitgeber oder Arbeitnehmer ableiten lassen. Wenn ein besonderer Fall bejaht werden kann, hat die Behörde gleichwohl noch nach pflichtgemäßem **Ermessen** zu entscheiden, ob das Interesse des Arbeitgebers an einer Kündigung während der Elternzeit so erheblich überwiegt, dass **ausnahmsweise** die Kündigung für zulässig zu erklären ist.[343]   **203**

c) Behördliche Entscheidung

Die Behörde hat ihre Entscheidung gemäß Ziff. 5 der Allgemeinen Verwaltungsvorschrift zum Kündigungsschutz bei Elternzeit **unverzüglich** zu treffen. Es gilt der **Amtsermittlungsgrundsatz** nach § 24   **204**

---

336 ErfK/*Gallner*, 16. Auflage 2016, § 18 BEEG Rn 9; HWK/*Gaul*, § 18 BEEG Rn 13; *Buchner/Becker*, § 18 BEEG Rn 17.
337 APS/*Rolfs*, § 18 BEEG Rn 23.
338 HWK/*Gaul*, § 18 BEEG Rn 2.
339 HWK/*Gaul*, § 18 BEEG Rn 19.
340 Neufassung vom 3.1.2007, BAnz 2007, Nr. 5, S. 247 ff.
341 BVerwG 30.9.2009, VersR 2010, 2074–2077.
342 Moll/*Schulte*, § 42 Rn 47; ebenso OVG NRW 21.3.2000, AP Nr. 5 zu § 18 BEEG (für den Fall der bereits erfolgten betrieblichen Änderung in Form einer Betriebsstilllegung oder eines Betriebsübergangs).
343 Vgl. Ziff. 3 der Allgemeinen Verwaltungsvorschrift zum Kündigungsschutz bei Elternzeit; HWK/*Gaul*, § 18 BEEG Rn 16 f.

VwVfG. Sie kann die Zulässigkeit der Kündigung auch **unter Bedingungen** erklären, z.B., dass sie erst zum Ende der Elternzeit ausgesprochen wird. Im Vorfeld der Entscheidung muss die Behörde dem betroffenen Arbeitnehmer sowie dem BR/Personalrat Gelegenheit zur schriftlichen oder mündlichen Stellungnahme geben. Die Behörde hat ihre Entscheidung **schriftlich** zu erlassen, zu **begründen**, mit einer **Rechtsbehelfsbelehrung** zu versehen sowie dem Arbeitgeber und dem Arbeitnehmer **zuzustellen**. Dem BR/Personalrat ist eine Abschrift zu übersenden. Gegen die Entscheidung der Verwaltungsbehörde stehen Arbeitgeber oder Arbeitnehmer das **Widerspruchsverfahren** und danach der **verwaltungsgerichtliche Rechtsweg** offen. Ein Widerspruch muss weder begründet werden noch das Wort „Widerspruch" ausdrücklich enthalten. Es muss lediglich deutlich werden, dass der Widersprechende sich mit der Entscheidung nicht abfinden wird.

Unabhängig von der Zulässigerklärung durch die Behörde oder gegebenenfalls durch das Verwaltungsgericht hat der Arbeitnehmer die uneingeschränkte Möglichkeit, die Wirksamkeit der Kündigung vor dem Arbeitsgericht prüfen zu lassen. Dabei kann eine betriebsbedingte Kündigung trotz Wegfalls der Beschäftigungsmöglichkeit zum Kündigungszeitpunkt gegenüber einem Arbeitnehmer in Elternzeit im Rahmen der Interessenabwägung ungerechtfertigt sein, wenn nicht ausgeschlossen werden kann, dass sich bis zum Ende der Elternzeit eine neue Beschäftigungsmöglichkeit ergeben kann.[344]

2. Muster und Erläuterungen

a) Antrag auf Zustimmung zur Kündigung eines Arbeitnehmers in Elternzeit

▼

205 **Muster 1c.19: Antrag auf Zustimmung zur Kündigung eines Arbeitnehmers in Elternzeit**

An das ▮▮▮▮ (*Anschrift der zuständigen Behörde*)

Antrag auf Zulässigerklärung einer Kündigung

Mitarbeiterin: Frau ▮▮▮▮

Wir beantragen, die Kündigung des Arbeitsverhältnisses unserer Mitarbeiterin Frau ▮▮▮▮,

geb. am ▮▮▮▮,

Familienstand ▮▮▮▮,

Anzahl der Kinder ▮▮▮▮,

wohnhaft in ▮▮▮▮,

nach § 18 Abs. 1 S. 2 BEEG für zulässig zu erklären. Frau ▮▮▮▮ ist seit dem ▮▮▮▮ (*Datum*) bei uns als ▮▮▮▮ beschäftigt und verdient zurzeit ▮▮▮▮ EUR brutto im Monat. Frau ▮▮▮▮ ist seit dem ▮▮▮▮ (*Datum*) und noch bis zum ▮▮▮▮ (*Datum*) in Elternzeit (**Alternative:** *Frau* ▮▮▮▮ *ist ab dem* ▮▮▮▮ (Datum) *in Elternzeit, die sie am* ▮▮▮▮ (Datum) *verlangt hat.*)

Wir beabsichtigen, eine ordentliche betriebsbedingte Kündigung aus folgenden Gründen auszusprechen:

(*Im Folgenden wird der Kündigungssachverhalt umfassend beschrieben. Hier ein Beispiel für eine betriebsbedingte Kündigung:*)

Unsere Gesellschaft, die nur einen Betrieb und nur eine Betriebsstätte hat, wird liquidiert und der Betrieb deswegen zum ▮▮▮▮ (*Datum*) stillgelegt. Ab diesem Zeitpunkt werden keine Arbeitnehmer beschäftigt,

---

344 LAG Niedersachsen 14.10.2015, ArbRAktuell 2016, 19 (nicht rk., Revision eingelegt unter 2 AZR 728/15).

mit Ausnahme des Hausmeisters, der einige Abwicklungsarbeiten über das genannte Stilllegungsdatum hinaus verrichten wird, für die aber Frau ▒▒▒▒ nicht in Betracht kommt, weil ▒▒▒▒. Eine Sozialauswahl kommt daher nicht in Betracht.

Somit liegt nach Maßgabe von Ziff. 2.1 der Verwaltungsvorschrift zum Kündigungsschutz bei Elternzeit vom 3.1.2007 ein „besonderer Fall" im Sinne des § 18 Abs. 1 S. 2 BEEG vor (vgl. auch BVerwG, Urt. v. 30.9.2009, 5 C 32/08).

Wir haben mit dem Betriebsrat einen Interessenausgleich und einen Sozialplan ausgehandelt, welche wir Ihnen beifügen. Danach erhalten alle Mitarbeiter eine Abfindung. Die Abfindung für Frau ▒▒▒▒ beträgt ▒▒▒▒ EUR.

Die Kündigung soll möglichst noch im ▒▒▒▒ (*Monat*) ausgesprochen werden. Die gesetzliche/tarifliche/ vertragliche Kündigungsfrist beträgt ▒▒▒▒. Um eine fristgemäße Beendigung des Arbeitsverhältnisses zum ▒▒▒▒ (*Datum*) zu gewährleisten, bitten wir um rasche und antragsgemäße Entscheidung.

Bei Fragen stehen wir Ihnen gerne zur Verfügung. Bitte wenden Sie sich hierzu an Frau/Herrn ▒▒▒▒.

(*Unterschrift*)

b) Erläuterungen
aa) Antrag

Die **Mindestanforderungen** und **Formvorschriften** für den Antrag nach § 18 Abs. 1 BEEG sind in Ziff. 4 **206** der Allgemeinen Verwaltungsvorschrift zum Kündigungsschutz bei Elternzeit festgelegt worden. Der Antrag zur Zulässigerklärung der Kündigung muss vom Arbeitgeber bei der für den Sitz des Betriebes oder der Dienststelle zuständigen Behörde **schriftlich oder zu Protokoll** gestellt werden.[345] Im Antrag sind **Arbeitsort und Anschrift des Arbeitnehmers**, dessen Arbeitsverhältnis gekündigt werden soll, anzugeben. Der Antrag ist – insbesondere im eigenen Interesse – (möglichst umfassend) zu **begründen**; etwaige **Beweismittel** sind beizufügen oder zu benennen.

Eine **Antragsfrist** ist hingegen grundsätzlich nicht zu beachten. Bei beabsichtigter **außerordentlicher** **207** **Kündigung** muss der Antrag auf Zulässigerklärung der Kündigung allerdings wegen der Ausschlussfrist des § 626 Abs. 2 BGB innerhalb dieser Zwei-Wochen-Frist bei der zuständigen Behörde gestellt werden.

Nach förmlicher Zustellung der Zulässigerklärung (oder nach Wegfall des Erfordernisses der Zulässig- **208** erklärung) kann die Kündigung erklärt werden; im Falle der beabsichtigten außerordentlichen Kündigung hat dies unverzüglich danach zu geschehen. § 18 BEEG selbst sieht keine förmliche Zustellung vor. Lediglich Ziff. 7 der Allgemeinen Verwaltungsvorschrift zum Kündigungsschutz bei Elternzeit, die grundsätzlich nur die Behörde bindet, fordert diese, so dass vieles dafür spricht, die Kündigung auch schon nach mündlicher Bekanntgabe der zustimmenden Entscheidung zuzulassen. Gelegentlich kann der frühere Ausspruch besondere Vorteile bringen, etwa wenn bestimmte Kündigungsfristen oder -termine andernfalls versäumt würden. Es empfiehlt sich insoweit jedoch, nach erfolgter förmlicher Zustellung vorsorglich erneut zu kündigen.[346]

bb) Adressliste

Adressliste mit **Internetadressen** der nach dem jeweiligen Landesrecht zuständigen Behörde für den An- **209** trag des Arbeitgebers auf Zustimmung zur Kündigung eines Arbeitnehmers in Elternzeit nach § 18 Abs. 1 S. 2 BEEG (Stand 29.7.2016):

---

345 Vgl. Ziff. 4 der Allgemeinen Verwaltungsvorschrift zum Kündigungsschutz bei Elternzeit.
346 Wie hier: Beck'sches Formularbuch/*Schmidt*, A.XIV 15.14.

Bundesland	Name des Amtes	Postadresse	Link
Baden-Württemberg	Kommunalverbandes für Jugend und Soziales Baden-Württemberg, Zweigstelle Karlsruhe	Erzberger Str. 119 76133 Karlsruhe	https://www.service-bw.de
Bayern	Regierung von Schwaben – Gewerbeaufsichtsamt	Postfach 86136 Augsburg	www.regierung.schwaben.bayern.de
	Regierung von Oberfranken – Gewerbeaufsichtsamt	Postfach 1754 96407 Coburg	www.regierung.oberfranken.bayern.de
	Regierung von Niederbayern – Gewerbeaufsichtsamt	Postfach 84023 Landshut	www.regierung.niederbayern.bayern.de
	Regierung von Oberbayern – Gewerbeaufsichtsamt	Postfach 80534 München	www.gaa-m.bayern.de/
	Regierung von Mittelfranken – Gewerbeaufsichtsamt	Postfach 90336 Nürnberg	www.regierung.mittelfranken.bayern.de
	Regierung der Oberpfalz – Gewerbeaufsichtsamt	Postfach 93039 Regensburg	www.regierung.oberpfalz.bayern.de
	Regierung von Unterfranken – Gewerbeaufsichtsamt	Postfach 6349 97013 Würzburg	www.regierung.unterfranken.bayern.de
Berlin	Landesamt für Arbeitsschutz, Gesundheitsschutz und technische Sicherheit Berlin (LAGetSi)	Turmstraße 21 10559 Berlin	www.lagetsi.berlin.de
Brandenburg	Landesamt für Arbeitsschutz, Verbraucherschutz und Gesundheit (LAVG) Amtssitz und Abteilung Zentrale Dienste	Postfach 90 02 36, 14438 Potsdam	lavg.brandenburg.de
Bremen	Gewerbeaufsicht des Landes Bremen Dienstort Bremen	Parkstraße 58–60 28209 Bremen	www.gewerbeaufsicht.bremen.de
	Gewerbeaufsicht des Landes Bremen Dienstort Bremerhaven	Lange Straße 119 27580 Bremerhaven	
Hamburg	Amt für Arbeitsschutz Arbeitsschutztelefon und Mutterschutz	Billstraße 80 20539 Hamburg	www.hamburg.de/muetter-startseite/

Bundesland	Name des Amtes	Postadresse	Link
Hessen	Regierungspräsidium Darmstadt Abteilung IV Arbeitsschutz und Umwelt	Rheinstraße 62 64295 Darmstadt	www.rp-darmstadt.hessen.de/
	Regierungspräsidium Darmstadt Abteilung für Arbeitsschutz und Umwelt Frankfurt	Gutleutstraße 114 60327 Frankfurt/Main	
	Regierungspräsidium Darmstadt Abteilung III Arbeitsschutz und Umwelt Wiesbaden	Simone-Veil-Straße 5 65197 Wiesbaden	
	Regierungs-präsidium Gießen Abteilung II Arbeitsschutz und Inneres	Südanlage 17 35390 Gießen	www.rp-giessen.de/
	Landkreise Limburg-Weilburg, Lahn_Dill: Regierungspräsidium Gießen Abteilung II Arbeitsschutz	Gymnasiumstraße 4 65589 Hadamar	
	Regierungs-präsidium Kassel Abteilung III Arbeitsschutz	Steinweg 6 34117 Kassel	www.rp-kassel.de/
	Fulda, Landkreise Fulda und Hersfeld-Rotenburg: Regierungspräsidium Kassel Abteilung III Umwelt- und Arbeitsschutz Dezernat 35.2	Hubertusweg 19 36251 Bad Hersfeld	

Bundesland	Name des Amtes	Postadresse	Link
Mecklenburg-Vorpommern	Dezernate Rostock, Landkreise Bad Doberan und Güstrow : Stadt Rostock, Landesamt für Gesundheit und Soziales Abt. Arbeitsschutz und technische Sicherheit	Erich-Schlesinger-Straße 35 18059 Rostock	www.lagus.mv-regierung.de
	Schwerin, Wismar, Landkreise Ludwigslust, Nordwest-mecklenburg und Parchim: Landesamt für Gesundheit und Soziales Abt. Arbeitsschutz und technische Sicherheit	Friedrich-Engels-Straße 47 19061 Schwerin	
	Greifswald, Stralsund Landkreise Nordvorpommern, Ostvorpommern und Rügen: Landesamt für Gesundheit und Soziales Abt. Arbeitsschutz und technische Sicherheit	Frankendamm 17 18439 Stralsund	
	Neubrandenburg, Landkreise Demmin, Müritz, Mecklenburg-Strelitz und Uecker-Randow: Landesamt für Gesundheit und Soziales Abt. Arbeitsschutz und technische Sicherheit	Neustrelitzer Straße 120 17033 Neubrandenburg	
Niedersachsen	Braunschweig, Salzgitter, Wolfsburg und die Landkreise Gifhorn, Goslar, Peine, Helmstedt und Wolfenbüttel: Staatliches Gewerbeaufsichtsamt Braunschweig	Ludwig-Winter-Str. 2 38120 Braunschweig	www.gewerbeaufsicht.niedersachsen.de/

Bundesland	Name des Amtes	Postadresse	Link
	Celle, Verden und die Land-kreise Celle, Heidekreis und Verden: Staatliches Gewerbeauf-sichtsamt Celle	Im Werder 9 29221 Celle	
	Landkreise Cuxhaven, Oster-holz, Rotenburg und Stade: Staatliches Gewerbeauf-sichtsamt Cuxhaven	Elfenweg 15 27474 Cuxhaven	
	Emden, Landkreise Aurich, Leer, Wittmund, Emsland und die Gemeinden der Alt-kreise Aschendorf, Hümm-ling und Meppen: Staatliches Gewerbeauf-sichtsamt Emden	Brückstraße 38 26725 Emden	
	Landkreise Göttingen, Nort-heim, Osterode: Staatliches Gewerbeauf-sichtsamt Göttingen	Alva-Myrdal-Weg 1 37085 Göttingen	
	Hannover, Region Hannover und die Landkreise Diepholz und Nienburg: Staatliches Gewerbeauf-sichtsamt Hannover	Am Liestholze 74 30177 Hannover	
	Hildesheim und die Land-kreise Hildesheim, Hameln-Pyrmont, Holzminden und Schaumburg: Staatliches Gewerbeauf-sichtsamt Hildesheim	Goslarsche Straße 3 31134 Hildesheim	
	Landkreise Lüneburg, Lü-chow-Dannenberg, Uelzen und Winsen: Staatliches Gewerbeauf-sichtsamt Lüneburg: Staatliches Gewerbeauf-sichtsamt Lüneburg	Auf der Hude 2 21339 Lüneburg	

Bundesland	Name des Amtes	Postadresse	Link
	Delmenhorst, Oldenburg, Wilhelmshaven und die Landkreise Ammerland, Cloppenburg, Friesland, Vechta, Oldenburg und Wesermarsch: Staatliches Gewerbeaufsichtsamt Oldenburg	Theodor-Tantzen-Platz 8 26122 Oldenburg	
	Osnabrück und die Landkreise Grafschaft Bentheim, Emsland, Osnabrück und Altkreis Lingen: Staatliches Gewerbeaufsichtsamt Osnabrück	Johann-Domann-Straße 2 49080 Osnabrück	
Nordrhein-Westfalen	Bezirksregierung Arnsberg	Seibertzstraße 1 59821 Arnsberg	www.bezreg-arnsberg.nrw.de/
	Bezirksregierung Detmold	Leopoldstraße 13–15 32756 Detmold	www.bezreg-detmold.nrw.de/
	Bezirksregierung Düsseldorf	Cecilienallee 2 40474 Düsseldorf	www.brd.nrw.de/
	Bezirksregierung Köln	Zeughausstr. 2–10 50667 Köln	www.bezreg-koeln.nrw.de/
	Bezirksregierung Münster	Domplatz 1–3 48143 Münster	www.bezreg-muenster.nrw.de/
Rheinland-Pfalz	Struktur und Genehmigungsdirektion Nord Abteilung 2 Regionalstelle Gewerbeaufsicht Koblenz	Stresemannstr. 3–5 56068 Koblenz	www.sgdnord.rlp.de
	Struktur und Genehmigungsdirektion Süd Abteilung 2 Gewerbeaufsicht	Friedrich-Ebert-Str. 14 67433 Neustadt an der Weinstraße	www.sgdsued.rlp.de
Saarland	Landesamt für Umwelt- und Arbeitsschutz	Don-Bosco-Str. 1 66119 Saarbrücken	www.lua.saarland.de

Bundesland	Name des Amtes	Postadresse	Link
Sachsen	Landesdirektion Sachsen Dienststelle Dresden Abteilung Arbeitsschutz	Stauffenberg Allee 2 01099 Dresden	www.ldd.sachsen.de
	Landesdirektion Sachsen Dienststelle Bautzen	Käthe-Kollwitz-Straße 17 02625 Bautzen	
	Landesdirektion Sachsen Außenstelle Chemnitz Arbeitsschutz	Reichsstraße 39 09112 Chemnitz	
	Landesdirektion Sachsen Dienstsitz Zwickau	Lothar-Streit-Straße 24 08056 Zwickau	
	Landesdirektion Sachsen Außenstelle Leipzig Abteilung 4 Arbeitsschutz Abteilung 5 Arbeitsschutz	Braustraße 2 04107 Leipzig	
Sachsen-Anhalt	Landesamt für Verbraucherschutz Landkreise Harz und Teile des Salzlandkreises: Landesamt für Verbraucherschutz Dezernat 53 Gewerbeaufsicht West	Klusstraße 18 38820 Halberstadt	www.sachsen-anhalt.de/LPSA/index.php?id=35656
	Dessau und die Landkreise Anhalt-Zerbst, Bernburg, Bitterfeld, Köthen, Wittenberg: Landesamt für Verbraucherschutz Fachbereich 5 Arbeitsschutz	Kühnauer Straße 70 06846 Dessau-Roßlau	

Bundesland	Name des Amtes	Postadresse	Link
	Landesamt für Verbraucher-schutz Dezernat 54 Gewerbeaufsicht Ost	Kühnauer Straße 70 06846 Dessau-Roßlau	
	Magdeburg und die Land-kreise Bördekreis und Schö-nebeck: Landesamt für Verbraucher-schutz Dezernat 55 Gewerbeaufsicht Mitte	Große Steinerne-tischstraße 4 39104 Magdeburg	
	Landkreis Altmarkkreis Salz-wedel, Stendal, Jerichower Land: Landesamt für Verbraucher-schutz Dezernat 56 Gewerbeaufsicht Nord	Priesterstraße 14 39576 Stendal	
	Halle, Burgenlandkreis und Landkreis Mansfelder-Süd-harz und Saalekreis: Landesamt für Verbraucher-schutz Dezernat 57 Gewerbeaufsicht Süd	Dessauer Straße 104 06118 Halle/Saale	
Schleswig-Holstein	Staatliche Arbeitsschutz-behörde bei der Unfallkasse Nord Standort Kiel	Seekoppelweg 5a 24113 Kiel	www.uk-nord.de
	Staatliche Arbeitsschutz-behörde bei der Unfallkasse Nord Standort Lübeck	Bei der Lohmühle 62 23554 Lübeck	
	Staatliche Arbeitsschutz-behörde bei der Unfallkasse Nord Standort Itzehoe	Oelixdorfer Straße 2 25524 Itzehoe	

Fischer/Renner

Bundesland	Name des Amtes	Postadresse	Link
Thüringen	Landesamt für Verbraucher-schutzFachbereich 2, Arbeitsschutz	Karl-Liebknecht-Straße 4 98527 Suhl	www.thueringen.de/de/tlatv/
	Stadt Erfurt, Stadt Weimar und die Landkreise Gotha, Sömmerda, Weimarer Land und Ilm-Kreis: Landesamt für Verbraucher-schutzDezernat 3, Regional-inspektion Erfurt	Linderbacher Weg 30 99099 Erfurt	
	Gera, Jena und die Landkreise Altenburger Land, Saalfeld-Rudolstadt, Greiz, Saale-Holzland-Kreis und Saale-Orla-Kreis: Landesamt für Verbraucherschutz Regionalinspektion Gera	Otto-Dix-Straße 9 07548 Gera	
	Landkreise Nordhausen, Eichsfeld, Unstrut-Hainich-Kreis und Kyffhäuserkreis: Landesamt für Verbraucherschutz Regionalinspektion Nord-hausen	Gerhart-Hauptmann-Straße 3 99734 Nordhausen	
	Stadt Suhl, Stadt Eisenach und die Landkreise Hildburg-hausen, Sonneberg, Schmal-kalden-Meiningen und Wart-burgkreis: Landesamt für Verbraucher-schutz Dezernat 6, Regionalinspek-tion Suhl	Karl-Liebknecht-Straße 4 98527 Suhl	

XIV. Antrag nach §§ 85, 87 SGB IX: Sonderkündigungsschutz für schwerbehinderte Menschen

Literatur: *Deinert/Neumann*, Handbuch SGB IX, 2. Auflage 2009; *Engelhardt/App/Schlatmann*, Verwaltungs-Vollstreckungsgesetz, Verwaltungszustellungsgesetz, Kommentar, 10. Auflage 2014; *Feldes/Fraunhoffer/Rehwald/von Seggern/Westermann/Witt*, Schwerbehindertenrecht Basiskommentar, 12. Auflage 2015; *Knittel*, Kommentar zum SGB IX und AGG, 8. Auflage 2015; *Kossens/von der Heide/Maaß*, SGB IX, 4. Auflage 2015; *Neumann/Pahlen/Majerski-Pahlen*, SGB IX, 12. Auflage 2010.

1. Allgemeines

a) Zweck der Regelung

210   Die §§ 85 ff. SGB IX sollen auch im Falle einer Kündigung den besonderen Schutzinteressen schwerbehinderter Arbeitnehmer Rechnung tragen. Der Arbeitgeber kann das Arbeitsverhältnis mit einem schwerbehinderten Arbeitnehmer nur nach vorheriger Zustimmung des Integrationsamtes gemäß § 85 SGB IX wirksam kündigen. Diese Zustimmungserteilung ist eine **öffentlich-rechtliche Wirksamkeitsvoraussetzung**; eine ohne Zustimmung erklärte Kündigung ist unheilbar nichtig. Um dem Arbeitgeber zu ermöglichen, sich rechtstreu zu verhalten (etwa im Zusammenhang mit seinen Pflichten zur behinderungsgerechten Beschäftigung, der Zahlung der Ausgleichsabgabe und der Gewährung von Zusatzurlaub, §§ 81 Abs. 4 S. 1 Nr. 1, 77, 125 SGB IX), ist seine Frage nach der Schwerbehinderung bzw. einem diesbezüglich gestellten Antrag im bestehenden Arbeitsverhältnis jedenfalls nach sechs Monaten, d.h. ggf. nach Erwerb des Behindertenschutzes gemäß §§ 85 ff. SGB IX, zulässig, insbesondere zur Vorbereitung von beabsichtigten Kündigungen.[347]

b) Schutzbereich

211   Der Zustimmung des Integrationsamtes bedürfen **alle arbeitgeberseitigen Kündigungen** von Arbeitsverhältnissen mit schwerbehinderten und diesen gleichgestellten behinderten Menschen (§ 2 Abs. 2 und 3 SGB IX), auch außerordentliche und Änderungskündigungen.[348]

212   Voraussetzung ist allerdings, dass das **Arbeitsverhältnis** zum Zeitpunkt der Kündigung **länger als sechs Monate besteht** (§ 90 Abs. 1 Nr. 1 SGB IX). Keine Zustimmung ist notwendig bei einer einvernehmlichen Beendigung des Arbeitsverhältnisses; Gleiches gilt für die Eigenkündigung des Arbeitnehmers.

213   Nicht dem Sonderkündigungsschutz schwerbehinderter Menschen unterfallen ferner Personen, die das **58. Lebensjahr vollendet und Anspruch auf eine Abfindung**, Entschädigung oder ähnliche Leistung **aufgrund eines Sozialplans** haben, wenn der Arbeitgeber ihnen die **Kündigungsabsicht rechtzeitig mitgeteilt** hat und sie der beabsichtigten Kündigung bis zu deren Ausspruch nicht **widersprechen**, § 90 Abs. 1 Nr. 3a SGB IX. Der Kündigungsschutz greift daher, wenn die Abfindung oder ähnliche Leistung nicht aufgrund kollektivrechtlicher Regelung zugesagt wird, etwa bei einer Kündigung gemäß § 1a KSchG. Keine Leistung aufgrund eines Sozialplans sind auch Nachteilsausgleichsansprüche gemäß § 113 Abs. 3 BetrVG.[349] Die rechtzeitige Mitteilung der Kündigungsabsicht kann formlos geschehen, im eigenen Interesse des Arbeitgebers empfiehlt sich aber die schriftliche Dokumentation (Übergabebestätigung) oder Mitteilung unter Zeugen. In Anlehnung an § 4 KSchG dürfte eine dreiwöchige vorherige Ankündigung angemessen sein.[350] Auf die Widerspruchsmöglichkeit muss nicht hingewiesen werden. Wie die Mitteilung der Kündigungsabsicht ist auch der Widerspruch formlos möglich, sollte aber aus Beweisgründen ebenfalls im-

---

347 BAG 16.2.2012, DB 2012, 1042–1044.
348 BAG 24.5.2012, NZA 2012, 1158: Anderes gilt für die Versetzung eines Dienstordnungsangestellten in den Ruhestand wegen Dienstunfähigkeit; diese bedarf keiner Zustimmung des Integrationsamtes, denn bei Wiedererlangung der Dienstfähigkeit kann das Dienstverhältnis reaktiviert werden, mithin ist § 92 S. 1 SGB IX nicht analog anzuwenden.
349 Kossens/von der Heide/Maaß/*Kossens*, § 90 SGB IX Rn 8; GK-SGB IX/*Lampe*, § 90 IX Rn 24.
350 *Neumann/Pahlen/Majerski-Pahlen*, § 90 SGB IX Rn 17; ErfK/*Rolfs*, 16. Auflage 2016, § 90 SGB IX Rn 3; Kossens/von der Heide/Maaß/*Kossens*, § 90 SGB IX Rn 9.

mer schriftlich erfolgen, und zwar gegenüber dem Arbeitgeber oder einer sonst zur Entgegennahme von Erklärungen befugten Person. Der Widerspruch ist nur möglich bis zum Ausspruch der Kündigung.[351]

Auf die **Kenntnis des Arbeitgebers** von der Schwerbehinderung oder Gleichstellung kommt es für den Sonderkündigungsschutz nicht an. **214**

c) Fehlender Nachweis der Schwerbehinderteneigenschaft

Die Regeln über den Sonderkündigungsschutz sind aber nicht anwendbar, wenn die Schwerbehinderten- **215**
eigenschaft im Zeitpunkt der Kündigung **nicht nachgewiesen** ist oder das Versorgungsamt wegen **fehlender Mitwirkung** des Arbeitnehmers keine **Feststellung über die Anerkennung** als schwerbehinderter Mensch treffen konnte, § 90 Abs. 2a SGB IX. Dabei ist die Schwerbehinderung „nachgewiesen", wenn sie entweder offensichtlich oder vom Versorgungsamt positiv festgestellt ist. Hat der Arbeitnehmer zwar einen Antrag auf Anerkennung gestellt, wurde hierüber jedoch noch nicht befunden, bleibt der Sonderkündigungsschutz erhalten, wenn der Antrag so frühzeitig vor dem Zugang der Kündigung gestellt wurde, dass eine Bescheidung des Antrages unter normalen Umständen hätte erfolgen können. Nach § 69 Abs. 1 S. 2 i.V.m. § 14 Abs. 2 S. 2 und 4 sowie Abs. 5 S. 2 und 5 SGB IX bedeutet das, dass der Antrag auf Anerkennung als schwerbehinderter Mensch mindestens drei Wochen vor Zugang der Kündigung hätte gestellt werden müssen, in Fällen, in denen ein Gutachten erforderlich ist, sieben Wochen; § 90 Abs. 2a Alt. 2 SGB IX enthält insoweit die Bestimmung einer **Vorfrist**.[352] Trotz fehlenden Nachweises bleibt der Sonderkündigungsschutz daher nach § 90 Abs. 2a Alt. 2 SGB IX bestehen, wenn das Fehlen des Nachweises nicht auf fehlender Mitwirkung des Arbeitnehmers im Antragsverfahren beruht. Die Vorfrist entspricht dem Zweck der gesetzlichen Regelung, eine **missbräuchliche Antragstellung** und die Durchführung eines aussichtslosen Feststellungsverfahrens zu verhindern und der Rechtssicherheit zu dienen.[353] Daher kann sich auch ein Arbeitnehmer auf den Sonderkündigungsschutz berufen, der im Moment des Zugangs der Kündigung noch keinen positiven Bescheid über die Feststellung der Eigenschaft als schwerbehinderter Mensch oder Gleichgestellter erhalten hat, den Antrag aber – je nach Lage – drei bzw. sieben Wochen vor dem Zugang der Kündigung gestellt hat, §§ 90 Abs. 2a i.V.m. 69 Abs. 1 S. 2 SGB IX.

d) Unterrichtung des Arbeitgebers nach Zugang einer Kündigung

Eine andere Frage betrifft die Frist, innerhalb der der Arbeitnehmer den Arbeitgeber über seine Anerken- **216**
nung als schwerbehinderter Mensch, also über die Zustimmungsbedürftigkeit der Kündigung, informieren muss.

Nach der früheren Rechtsprechung musste der Arbeitnehmer den Arbeitgeber binnen einer Regelfrist von einem Monat ab Zugang der Kündigung hiervon **in Kenntnis setzen**, sofern die Schwerbehinderung nicht offensichtlich war.[354] Der zuständige Zweite Senat des BAG hat jedoch vor dem Hintergrund der Neufassung des SGB IX und des § 4 KSchG seine Rechtsprechung geändert und verlangt nunmehr, dass sich der Arbeitnehmer nach Zugang der Kündigung innerhalb von drei Wochen gegenüber dem Arbeitgeber auf seine bereits festgestellte oder zur Feststellung beantragte Schwerbehinderteneigenschaft berufen muss, wenn er sich den Sonderkündigungsschutz nach § 85 SGB IX erhalten will.[355] Unterlässt der Arbeitnehmer die entsprechende Mitteilung, hat er den besonderen Kündigungsschutz verwirkt. Die **Drei-Wochen-Frist** ist eine **Regelfrist**, so dass ihre Überschreitung regelmäßig, aber nicht zwingend zur Verwirkung führt.[356]

---

351 Kossens/von der Heide/Maaß/*Kossens*, § 90 SGB IX Rn 11; ErfK/*Rolfs*, 16. Auflage 2016, § 90 SGB IX Rn 3; *Neumann/Pahlen/Majerski-Pahlen*, § 90 SGB IX Rn 18.
352 BAG 1.3.2007, NZA 2008, 302–305.
353 BAG 1.3.2007, NZA 2008, 302–305.
354 BAG 14.5.1982, DB 1982, 1778; BAG 5.7.1990, NJW 1991, 1908.
355 BAG 13.2.2008, BAGE 125, 345; BAG 29.11.2007, NZA 2008, 361–362; BAG 6.9.2007, NZA 2008, 407; dazu auch LAG Schleswig-Holstein 21.4.2009, LAGE § 90 SGB IX Nr. 5.
356 BAG 23.2.2010, NZA 2011, 411–413; BAG 12.1.2006, NZA 2006, 1035–1037.

Für die Fristwahrung ist es ausreichend, wenn der Arbeitgeber durch die Stellungnahme des BR im Rahmen der Anhörung nach § 102 BetrVG von der bestehenden Schwerbehinderung, Gleichstellung oder einem laufenden Antragsverfahren erfährt.[357]

217 | *Praxishinweis*

Vor dem Hintergrund der kurzen dreiwöchigen Regelfrist ist es nicht ratsam, die Mitteilung des Arbeitnehmers über eine bestehende Schwerbehinderung oder Gleichstellung erst in die Kündigungsschutzklage aufzunehmen, da die wirksame Zustellung der Klageschrift an den Arbeitgeber durch das Gericht oft mehr als drei Wochen in Anspruch nimmt.

e) Verfahren vor dem Integrationsamt

218 Auf den Antrag des Arbeitgebers auf Zustimmung zur Kündigung eines schwerbehinderten Menschen hin prüft das Integrationsamt nicht deren arbeitsrechtliche Zulässigkeit, sondern ausschließlich die Notwendigkeit der Gewährung von Sonderkündigungsschutz.[358]

219 Der an das Amt zu stellende Antrag muss gemäß § 87 Abs. 1 S. 1 SGB IX **schriftlich** erfolgen, ist jedoch im Übrigen **formfrei**, behördliche Formulare existieren nicht, einige Ämter übersenden dem Arbeitgeber nach Antragseingang allerdings Fragebögen, vor allem zur Arbeitssituation und -gestaltung. Der Antrag unterliegt auch keinen zwingenden inhaltlichen Mindestanforderungen; fehlen dem Amt Informationen oder Unterlagen, fordert es diese formlos an. Es gilt der **Amtsermittlungsgrundsatz**. Der Antrag ist an das für den Sitz des Betriebes zuständige Integrationsamt zu richten (Liste der zuständigen Integrationsämter siehe Rdn 244). Wird der Antrag bei einem unzuständigen Integrationsamt gestellt (etwa bei dem am Wohnsitz des Arbeitnehmers), so wird dieser zwar verwaltungsintern weiterzuleiten sein, jedoch gilt der Antrag erst als eingegangen, wenn er das zuständige Integrationsamt erreicht.[359] Gemäß § 64 SGB X ist der Antrag gebührenfrei.

220 Die unterschiedlichen Voraussetzungen für die Entscheidung bei beantragter Zustimmung zur ordentlichen und außerordentliche Kündigung sind in den §§ 88 und 91 SGB IX geregelt. Das Integrationsamt holt eine **Stellungnahme des BR und der Schwerbehindertenvertretung** ein und führt eine **Anhörung des betroffenen** schwerbehinderten oder gleichgestellten **Arbeitnehmers** durch, § 87 Abs. 2 SGB IX. Es empfiehlt sich daher, die entsprechenden Kontaktdaten dem Antrag des Arbeitgebers bereits beizufügen, einschließlich Fax- und Telefonverbindungen. Der Wortlaut von § 87 Abs. 2 SGB IX verdeutlicht, dass dem Arbeitnehmer Gelegenheit zur mündlichen Erörterung eingeräumt werden muss, während die Stellungnahmen des BR und der Schwerbehindertenvertretung in Schriftform genügen.[360] Das Integrationsamt hat die Stellungnahme des BR **auch bei leitenden Angestellten** i.S.d. § 5 Abs. 3 und 4 BetrVG einzuholen, denn § 87 Abs. 2 SGB IX sieht insoweit keine Ausnahme vor. Eine Stellungnahme des BR gegenüber dem Integrationsamt ist zusätzlich zur Anhörung nach § 102 BetrVG erforderlich; Zustimmungsverfahren mit Beteiligung des BR und Anhörung nach § 102 BetrVG ersetzen einander nicht. Eine **gütliche Einigung** ist in jedem Stadium des Verfahrens zu versuchen, § 87 Abs. 3 SGB IX.

f) Entscheidung des Integrationsamtes

221 Das Integrationsamt hat seine Entscheidung nach freiem, pflichtgemäßem Ermessen zu treffen. Dabei ist das Interesse des schwerbehinderten Arbeitnehmers am Fortbestand seines Arbeitsverhältnisses und seiner Eingliederung im Berufsleben gegen das Kündigungsinteresse des Arbeitgebers abzuwägen. Die **arbeits-**

---

357 BAG 20.1.2005, NZA 2005, 689–691.
358 Vgl. VGH BW 4.3.2002, DB 2002, 1784.
359 KR/*Gallner*, §§ 85–90 SGB IX Rn 75.
360 KR/*Gallner*, §§ 85–90 SGB IX Rn 80.

rechtliche Wirksamkeit der beabsichtigten Kündigung hat das Integrationsamt in aller Regel nicht zu prüfen.[361] Umstände, die den schwerbehinderten Menschen nicht als solchen, sondern wie jeden anderen Arbeitnehmer treffen (etwa das Fehlen einer Sozialauswahl) sind der Prüfung des Integrationsamtes – entgegen häufig anzutreffender Rüge der Arbeitnehmer oder ihrer Verfahrensbevollmächtigten – entzogen. Anders soll es nur dann sein, wenn die **Kündigung offensichtlich arbeitsrechtlich unwirksam** ist.[362] Bei der Ermessensentscheidung sind ferner das Interesse des Arbeitgebers, den Arbeitsplatz wirtschaftlich nutzen zu können und seine unternehmerische Gestaltungsmöglichkeit zu erhalten, sowie ein etwa behinderungsbedingtes vermindertes Leistungsvermögen, Versetzungsmöglichkeiten im Betrieb oder besondere Härten in Bezug auf die Arbeitsmarktsituation zu berücksichtigen.

g) Einschränkung der Ermessensentscheidung

Das Integrationsamt erteilt die Zustimmung bei nicht nur vorübergehender **Einstellung oder Auflösung** **222** **von Betrieben** und Dienststellen, wenn zwischen dem Tag der Kündigung und dem letzten Tag der Vergütungszahlung mindestens drei Monate liegen, § 89 Abs. 1 S. 1 SGB IX. Insoweit besteht der besondere Kündigungsschutz faktisch also nur in einer besonderen Lohnsicherung, wenn alle Arbeitsplätze auf Dauer wegfallen.[363] Gleiches gilt bei nicht nur vorübergehender **wesentlicher Betriebseinschränkung,** § 89 Abs. 1 S. 2 SGB IX. An den Begriff der Betriebseinschränkung in § 111 BetrVG kann angeknüpft werden.[364] Voraussetzung der Einschränkung der Ermessensentscheidung bei wesentlichen Betriebseinschränkungen ist allerdings, dass die Gesamtzahl der danach beschäftigten schwerbehinderten Menschen die Beschäftigungspflicht nach § 71 SGB IX (derzeit 5 % bei einem Arbeitgeber mit durchschnittlich monatlich mindestens 20 Arbeitsplätzen) erfüllt. Dabei kann die Pflicht zur Beschäftigung von schwerbehinderten Menschen auch durch eine **Teilzeitbeschäftigung** erfüllt werden. Die **Mindestbeschäftigungsdauer** für eine Anrechnung des Schwerbehinderten auf die Pflichtquote liegt bei 18 Wochenarbeitsstunden, § 73 Abs. 3 SGB IX. Die Beschäftigungspflicht kann auch durch die Beschäftigung von schwerbehinderten Menschen erfüllt werden, die bereits das 65. Lebensjahr vollendet haben.[365]

Das Ermessen ist jedoch nicht eingeschränkt, wenn eine **Weiterbeschäftigung auf einem anderen Arbeitsplatz** **223** desselben Betriebes oder auf einem freien Arbeitsplatz in einem anderen Betrieb desselben Arbeitgeber mit Einverständnis des schwerbehinderten Menschen **möglich und** für den Arbeitgeber **zumutbar** ist, § 89 Abs. 1 S. 3 SGB IX. Die Zumutbarkeitsprüfung erstreckt sich auch auf die tatsächliche Einsetzbarkeit des Arbeitnehmers auf einem vorhandenen Arbeitsplatz. Ist dieser andere Arbeitsplatz besetzt, hat das Integrationsamt Überlegungen zur Sozialauswahl i.S.d. § 1 Abs. 3 KSchG anzustellen; allerdings ist das **Einverständnis des Arbeitnehmers** erforderlich, wenn das Integrationsamt die Zustimmung zur Kündigung verweigern und den Arbeitgeber damit (indirekt) auf die Kündigung eines anderen Arbeitnehmer verweisen will, § 89 Abs. 1 S. 3 SGB IX.

Die behördliche Entscheidung ist ermessensfehlerhaft und gerichtlich zu ersetzen, wenn sie nicht auf einem vollständig ermittelten Sachverhalt beruht.[366]

Ist für den schwerbehinderten Menschen ein **anderer angemessener und zumutbarer Arbeitsplatz gesichert**, **224** soll die Zustimmung erteilt werden, § 89 Abs. 2 SGB IX; somit ist das Ermessen des Integrations-

---

361 BVerwG 2.7.1992, MDR 1993, 1242.
362 BayVGH 5.10.2011 – 12 B 10.2811, juris; OVG NRW 22.1.2009 – 12 A 2094.08, juris.
363 *Rehwald*, in: Feldes u.a., § 89 SGB IX Rn 2.
364 GK-SGB IX/*Lampe*, § 89 IX Rn 2; KR/*Gallner*, §§ 85–90 SGB IX Rn 100.
365 Kossens/von der Heide/Maaß/*Kossens*, § 71 SGB IX Rn 10.
366 VG Augsburg 4.11.2014 – Au 3 K 14.40, zit. nach juris.

amtes auch insoweit eingeschränkt. Der „andere" Arbeitsplatz kann bei demselben oder einem anderen Arbeitgeber bestehen, muss aber „gesichert" sein, was einen vertraglichen Anspruch auf den Arbeitsplatz voraussetzt.[367] Die Zumutbarkeit der Weiterbeschäftigung auf einem anderen Arbeitsplatz soll für den Arbeitgeber nicht nur gegeben sein, wenn ein freier Arbeitsplatz gleicher Qualifikation vorhanden ist, auch ein höherwertiger freier Arbeitsplatz mit ggf. mehr Einarbeitungszeit könne dem Arbeitgeber zugemutet werden.[368] Der Angemessenheit steht andererseits auch nicht generell entgegen, wenn der andere Arbeitsplatz mit einer Herabgruppierung einhergeht oder allgemein niedriger bewertet ist;[369] abzustellen ist auf die Nettovergütung. Jedoch ist bei sinkendem Leistungsvermögen eine Einkommensminderung hinzunehmen.[370] Angemessenheit und Zumutbarkeit sind unbestimmte Rechtsbegriffe, die der vollen gerichtlichen Nachprüfung unterliegen; eine exakte juristische Trennung ist nicht immer möglich.

225 Bei der **ordentlichen Kündigung** ist das Integrationsamt an keine fixe **Entscheidungsfrist** gebunden. Gemäß § 88 Abs. 3 SGB IX „soll" es seine Entscheidung jedoch binnen eines Monats ab Eingang des Antrages treffen. Nur in den Fällen des § 89 Abs. 1 S. 1 und Abs. 3 SGB IX – also bei **Betriebsschließung oder Insolvenz** – gilt die Zustimmung als erteilt, wenn die Entscheidung nicht binnen der Monatsfrist getroffen ist, § 88 Abs. 5 S. 2 SGB IX.

226 *Praxishinweis*

Die Verbindung eines Zustimmungsantrags für eine außerordentliche und eine (hilfsweise damit verbundene) ordentliche Kündigung kann eine Beschleunigung des Verfahrens bewirken. Oftmals werden sich die Integrationsämter bemühen, über die Zustimmung zu beiden Kündigungen innerhalb der für die außerordentliche Kündigung geltenden Zwei-Wochen-Frist zu entscheiden. Andererseits darf dabei nicht „über das Ziel hinaus geschossen" werden, denn für eine außerordentliche Kündigung muss der Sachverhalt auch geeignet sein.

227 Nach Zugang der **förmlichen Zustellung** des Zustimmungsbescheides hat der Arbeitgeber die **Kündigung innerhalb eines Monats zu erklären**, § 88 Abs. 3 SGB IX. Versäumt er diese Frist oder kündigt er zu früh, muss erneut ein Antrag auf Zustimmung gestellt werden. Umgekehrt gilt, dass ein Zustimmungsbescheid, der als eingeschriebener Brief zugestellt wird, gemäß Landesverwaltungszustellungsrecht (erst) am dritten Tag nach Aufgabe zur Post als zugestellt gilt.[371] Selbst dann also, wenn der Brief tatsächlich vorher zugegangen ist, ist der Ausspruch der ordentlichen Kündigung vor Ablauf der Drei-Tages-Frist unwirksam. Wurde hingegen ein Einschreiben mit Rückschein verwendet, ist ausschließlich das – ggf. auch frühere – Datum des Rückscheins maßgeblich. Die Drei-Tages-Frist gilt nur dann nicht, wenn das zuzustellende Schriftstück nicht oder zu einem späteren Zeitpunkt zugeht.

---

367 HWK/*Thies*, § 89 SGB IX Rn 10: Der Sonderkündigungsschutz muss im neuen Arbeitsverhältnis „erhalten" bleiben; ähnlich Kossens/von der Heide/Maaß/*Kossens*, § 89 SGB IX Rn 36, der zudem einen unbefristeten Arbeitsvertrag mit einer länger als sechsmonatigen Probezeit verlangt. Dies erscheint trotz § 90 Abs. 1 Nr. 1 SGB IX überzogen, da der Anspruch auf Begründung eines Arbeitsverhältnisses („Arbeitsplatz gesichert") vom Bestehen des Sonderkündigungsschutzes streng zu trennen ist. Zudem kann selbst bei Ausschluss einer Probezeit in den ersten sechs Monaten weder Sonder- noch Kündigungsschutz beansprucht werden: im Ergebnis ebenso KR/*Gallner*, §§ 85–90 SGB IX Rn 106, APS/*Vossen*, § 89 SGB IX Rn 15.

368 *Knittel*, SGB IX und AGG, 8. Auflage 2015, § 89 SGB IX Rn 42.

369 HWK/*Thies*, § 89 SGB IX Rn 10; *Knittel*, § 89 SGB IX Rn 48a ff.

370 BayVGH 17.9.2009 – 12 B 09.52, juris Rn 53: „Die Frage der Angemessenheit lässt sich nicht nach den Wünschen des schwerbehinderten Menschen beantworten"; *Knittel*, § 89 SGB IX Rn 48a ff.

371 LAG Baden-Württemberg 22.9.2006, EzA-SD 2007 Nr. 2, 14; BVerwG 23.7.1965, NJW 1965, 2363.

Praxishinweis 228

Der Arbeitgeber oder sein Berater tragen insoweit ein nicht unerhebliches Risiko, das eine sorgfältige Ermittlung und Dokumentation der tatsächlichen Zustellung und der Aufgabe zur Post erfordert. Hingegen ist nach § 88 Abs. 3 SGB IX der Tag der Zustellung des Zustimmungsbescheids beim Arbeitnehmer für die Wirksamkeit der Kündigung nicht entscheidend.[372]

Hängt die Wirksamkeit der ordentlichen Kündigung eines schwerbehinderten Menschen gleichzeitig von 229 einer Zulässigerklärung nach § 18 Abs. 1 S. 2 BEEG ab und hat der Arbeitgeber diese vor Ablauf der Monatsfrist des § 88 Abs. 3 SGB IX beantragt, kann die Kündigung auch noch nach dem Fristablauf wirksam sein, wenn der Arbeitgeber sie unverzüglich nach der Zulässigerklärung ausspricht.[373]

Bei der **außerordentlichen Kündigung** gelten die besonderen Vorschriften des § 91 SGB IX. Der Arbeit- 230 geber muss den **Antrag** auf Zustimmung beim Integrationsamt **binnen zwei Wochen** ab Kenntniserlangung der für die Kündigung maßgeblichen Gründe stellen, § 91 Abs. 2 S. 2 SGB IX. Hinsichtlich der Frage, ob die Zwei-Wochen-Frist für die Antragstellung gewahrt ist, kann auf die Rechtsprechung zu § 626 Abs. 2 BGB zurückgegriffen werden. Entscheidet das Integrationsamt nicht innerhalb von zwei Wochen, tritt eine **Zustimmungsfiktion** ein („gilt als erteilt"), § 91 Abs. 3 SGB IX. Dabei ist nicht etwa auf die Zustellung beim Antragsteller abzustellen, sondern auf den behördeninternen Abschluss des Zustimmungsverfahrens.[374] Maßgeblich ist, ob der ablehnende Bescheid innerhalb der Zwei-Wochen-Frist zur Post gegeben worden ist; auf den Zugang beim Arbeitgeber kommt es dagegen nicht an.

Bei der außerordentlichen Kündigung ist die Ermessensentscheidung des Integrationsamtes erheblich ein- 231 geschränkt, § 91 Abs. 4 SGB IX. Das Integrationsamt erteilt die Zustimmung zur außerordentlichen Kündigung nach § 91 Abs. 4 SGB IX, wenn sie **nicht mit der Behinderung des Arbeitnehmers zusammenhängt**. Lässt sich ein Zusammenhang zwischen Kündigungsgrund und Behinderung nicht völlig ausschließen, entfällt die Ermessenseinschränkung nach § 91 Abs. 4 SGB IX. In Zweifelsfällen hat der Arbeitgeber den fehlenden Kausalzusammenhang zwischen Kündigungsgrund und Behinderung **darzulegen und zu beweisen**.[375]

Praxishinweis 232

Will der Arbeitgeber die **Kündigung auf mehrere Gründe stützen**, ist sorgfältig zu prüfen, ob nicht einer der Kündigungsgründe unmittelbar oder mittelbar mit der Behinderung zusammenhängen könnte. Denn auch dann, wenn die Behinderung nur eine von mehreren Ursachen für die beabsichtigte Kündigung ist, entfällt die Ermessenseinschränkung des § 91 Abs. 4 SGB IX. Der Arbeitgeber sollte daher prüfen, ob die verbleibenden Kündigungsgründe ausreichen, um die Zustimmung zu erlangen. Erteilt das Integrationsamt die Zustimmung, ist der Arbeitgeber auch nicht gehindert, im späteren Kündigungsschutzprozess des Arbeitnehmers den gegenüber dem Integrationsamt nicht mitgeteilten weiteren Kündigungsgrund anzuführen, solange dieser dem BR im Rahmen der Anhörung nach § 102 BetrVG mitgeteilt wurde. Allerdings „riskiert" der Arbeitgeber gegebenenfalls, dass im Falle eines Anfechtungsverfahrens des Arbeitnehmers vor dem Verwaltungsgericht die spätere Kündigungsbegründung mit angeführt wird, um die Ermessensentscheidung noch zu Lasten des Arbeitgebers abzuändern.

Die Zustimmung zur Kündigung ist grundsätzlich zu erteilen, wenn zwischen Behinderung und behaupte- 233 tem Kündigungsgrund kein Zusammenhang besteht, da das Integrationsamt nicht zu prüfen hat, ob der an-

---

372 KR/*Gallner*, §§ 85–90 Rn 112; a.A. *Neumann/Pahlen/Majerski-Pahlen*, § 88 SGB IX Rn 7.
373 BAG 24.11.2011, NJW 2012, 2135, 2139.
374 KR/*Gallner*, § 91 SGB IX Rn 18; BAG 19.4.2012, NZA 2013, 507–509.
375 KR/*Gallner*, § 91 SGB IX Rn 23.

gegebene Kündigungsgrund auch tatsächlich zutrifft und eine außerordentliche Kündigung im Sinne von § 626 Abs. 1 BGB rechtfertigt. Diese Prüfung obliegt allein den Gerichten für Arbeitssachen.[376]

234   Besteht ein Ursachenzusammenhang zwischen Kündigung und Behinderung, kann die Zustimmung gleichwohl erteilt werden, wobei das Integrationsamt nur nach freiem, pflichtgemäßem Ermessen entscheiden muss. Dabei prüft es, ob der vorgetragene Kündigungssachverhalt einen wichtigen Grund „an sich" darstellt und berücksichtigt sodann die besondere psychische, physische und soziale Lage des schwerbehinderten Arbeitnehmers in angemessenem Umfang.[377]

235   Wurde die Zustimmungserklärung zugestellt oder ist die Zustimmungsfiktion zur außerordentlichen Kündigung eingetreten, ist die Kündigung **unverzüglich zu erklären**, andernfalls muss der Arbeitgeber erneut einen Antrag auf Zustimmung stellen. Es beginnt keine neue Zwei-Wochen-Frist nach § 626 Abs. 2 BGB. Nach der ständigen Rechtsprechung des BAG kann der Arbeitgeber eine außerordentliche Kündigung bereits dann aussprechen, wenn die Zustimmungsentscheidung vom Integrationsamt i.S.d. § 91 Abs. 3 SGB IX „getroffen" ist und das Integrationsamt sie dem Arbeitgeber – innerhalb der gesetzlichen Zwei-Wochen-Frist des § 91 Abs. 3 SGB IX – mündlich oder fernmündlich bekannt gegeben hat.[378] Anders als bei einer ordentlichen Kündigung[379] ist also die Zustellung der schriftlichen Entscheidung des Integrationsamtes vor dem Zugang der Kündigungserklärung nicht erforderlich; dies folgt aus dem abweichenden Wortlaut des § 91 SGB IX, der insoweit lex specialis zu § 88 SGB IX ist.[380] Es besteht eine **Obliegenheit des Arbeitgebers**, sich beim Integrationsamt **zu erkundigen**, ob es innerhalb der Frist des § 93 Abs. 3 S. 1 SGB IX eine Entscheidung getroffen hat, weil anderenfalls die Zustimmung fingiert wird. Dem Arbeitgeber ist es aber nicht zuzumuten, darauf zu drängen, ggf. auch über den Inhalt der getroffenen Entscheidung schon vorab in Kenntnis gesetzt zu werden. Zu einer solchen Auskunft ist das Integrationsamt nicht verpflichtet. Die Bekanntgabe der Entscheidung hat vielmehr durch Zustellung zu erfolgen, §§ 88 Abs. 2, 91 Abs. 1 SGB IX. Teilt das Integrationsamt lediglich mit, dass es innerhalb der Frist eine Entscheidung getroffen habe, darf der Arbeitgeber die Zustellung des entsprechenden Bescheids eine – nicht gänzlich ungewöhnliche – Zeit lang abwarten.[381]

236   Die Kündigung muss dem Arbeitnehmer innerhalb der jeweiligen Frist zugehen.[382] Beruft sich der Arbeitnehmer auf den verspäteten Zugang der Kündigungserklärung, obwohl er aus dem Verfahren vor dem Integrationsamt wusste, dass ihm eine außerordentliche Kündigung zugehen wird, sind die Grundsätze von Treu und Glauben zu beachten.[383]

237   *Praxishinweis*

Geht das Arbeitsverhältnis während des laufenden Antragsverfahrens beim Integrationsamt etwa im Wege eines Betriebsübergangs nach § 613a BGB von einem Arbeitgeber auf einen anderen über, und hat der über das Vermögen des ursprünglichen Arbeitgebers eingesetzte Insolvenzverwalter die Zustimmung zur Kündigung nach § 89 SGB IX beantragt, wird diese aber dem Insolvenzverwalter erst nach dem Übergang des Arbeitsverhältnisses auf den neuen Arbeitgeber erteilt, so kann sich der neue Arbeitgeber nicht auf diese Zustimmung berufen.[384]

---

376 KR/*Gallner*, § 91 SGB IX Rn 21; Kossens/von der Heide/Maaß/*Kossens*, § 91 SGB IX Rn 30.
377 *Neumann/Pahlen/Majerski-Pahlen*, § 91 SGB IX Rn 15; Deinert/Neumann/*Braasch*, § 19 Rn 192.
378 BAG 19.4.2012, NZA 2013, 507–509; BAG 12.5.2005, NZA 2005, 1173–1174.
379 Hierzu LAG Baden-Württemberg 22.9.2006, EzA-SD 2007, Nr. 2, 14.
380 BAG 12.5.2005, NZA 2005, 1173–1174.
381 BAG 19.4.2012, NZA 2013, 507–509.
382 BAG 16.10.1991, NZA 1992, 503.
383 BAG 7.11.2002, DB 2003, 833.
384 BAG 15.11.2012, DB 2013, 763–764.

h) Widerspruch und Verwaltungsklage gegen Zustimmung oder Ablehnung

Gegen einen Zustimmungs- oder Ablehnungsbescheid kann binnen eines Monats nach Zustellung Widerspruch beim Integrationsamt eingelegt werden. Bei der **Rechtsbehelfsbelehrung** ist darauf zu achten, ob die Behörde bei Zustellung durch Einschreiben ihre Standard-Rechtsbehelfsbelehrung angepasst hat. Denn diese ist unrichtig i.S.v. § 58 Abs. 2 S. 1 VwGO, wenn in ihr als Zeitpunkt des Fristbeginns der (tatsächliche) Zugang an Stelle der (fingierten) Zustellung des Verwaltungsakts (also drei Tage nach Aufgabe des Schreibens zur Post, vgl. Rdn 227) angegeben wird.[385] Ist die Rechtsbehelfsbelehrung aber fehlerhaft, wird die Monatsfrist nicht ausgelöst; dies gilt auch für den Hinweis, die Frist zum Widerspruch beginne mit der Bekanntgabe zu laufen.[386] Ein Widerspruch muss weder begründet werden noch das Wort „Widerspruch" ausdrücklich enthalten. Es muss lediglich deutlich werden, dass der Widersprechende sich mit der Entscheidung nicht abfinden wird. Die **Kosten** des Widerspruchs sind **erstattungsfähig**, § 63 SGB X. Ist das Widerspruchsverfahren erfolglos, kann der Arbeitnehmer Klage zum Verwaltungsgericht erheben.

238

Gemäß § 88 Abs. 4 SGB IX haben Widerspruch und Anfechtungsklage gegen die Zustimmung **keine aufschiebende Wirkung**. Der Arbeitgeber kann also die Kündigung trotzdem aussprechen; sie ist dann **schwebend wirksam** und wird im Falle eines erfolgreichen Widerspruchs bzw. einer erfolgreichen Anfechtungsklage rückwirkend unwirksam. Dabei ist für die Überprüfung der Sachverhalt im Zeitpunkt der Kündigungserklärung entscheidend. Später mitgeteilter Sachverhalt ist nicht mehr zu berücksichtigen.[387]

239

Praxishinweis

240

Auch wenn der Arbeitnehmer Widerspruch gegen den Zustimmungsbescheid beim Integrationsamt einlegt, muss er fristgerecht Kündigungsschutzklage nach den §§ 4, 13 KSchG erheben, da die dreiwöchige Klagefrist der §§ 4, 7 KSchG durch das Widerspruchsverfahren nicht gehemmt wird. Im Verfahren vor dem Integrationsamt sollte der Arbeitnehmer alles vortragen, was er zur vermeintlichen Unwirksamkeit der Kündigung vorbringen möchte, da Einwendungen gegen die Wirksamkeit der Kündigung, die erst nach Kündigungserklärung – etwa im Klageverfahren – vorgebracht werden, nicht mehr zu berücksichtigen sind.

Eine **Betriebsratsanhörung** gemäß § 102 BetrVG kann entweder parallel zum Zustimmungsverfahren beim Integrationsamt oder nach dessen Beendigung durchgeführt werden. Wartet der Arbeitgeber die Entscheidung des Integrationsamtes ab, muss er sich unmittelbar nach deren Zustellung an den BR wenden und sofort nach Eingang der Stellungnahme des BR oder nach Ablauf der Drei-Tages-Frist kündigen.

241

Praxishinweis

Will der Arbeitgeber außerordentlich kündigen, ist es sinnvoll, den BR gleichzeitig zum Zustimmungsverfahren anzuhören, um nicht Gefahr zu laufen, die Frist des § 626 Abs. 2 BGB zu versäumen.

---

385 OVG Münster 25.2.2000, NVwZ 2001, 212.
386 BVerwG 31.5.2006, NVwZ 2006, 943.
387 BVerwG 22.11.1994 – 5 B 16/94, juris; VG Würzburg 17.7.2012 – W 3 K 12.102; *Schäder*, ArbRB 2013, 13.

2. Muster

a) Antrag des Arbeitgebers auf Zustimmung zur Kündigung eines schwerbehinderten Menschen/gleichgestellten behinderten Menschen

242 Muster 1c.20: Antrag des Arbeitgebers auf Zustimmung zur Kündigung eines schwerbehinderten Menschen/gleichgestellten behinderten Menschen

An das Integrationsamt

Antrag auf Zulässigerklärung einer außerordentlichen, vorsorglich zugleich ordentlichen Kündigung nach §§ 87, 91 SGB IX

Schwerbehinderte Mitarbeiterin: Frau

Wir beantragen, die Kündigung des Arbeitsverhältnisses mit unserer schwerbehinderten Mitarbeiterin Frau ,

geb. am ,

Familienstand ,

Anzahl der Kinder ,

wohnhaft in ,

nach §§ 91, 87 SGB IX für zulässig zu erklären. Frau ist seit dem (Datum) bei uns als beschäftigt und verdient zurzeit EUR brutto im Monat. Frau ist schwerbehindert mit einem – soweit hier bekannt – GdB von .

Wir beabsichtigen, eine außerordentliche und vorsorglich auch ordentliche Kündigung aus den folgenden verhaltensbedingten Gründen auszusprechen:

(Im Folgenden sollte der Kündigungssachverhalt umfassend beschrieben werden.)

Es wird daher um Zustimmung zu einer außerordentlichen, hilfsweise ordentlichen Kündigung gebeten. Die ordentliche Kündigung soll mit der vertraglich vereinbarten Kündigungsfrist von zum nächstmöglichen Zeitpunkt nach Erteilung der Zustimmung erfolgen.

Im Betrieb sind 180 Arbeitnehmer und im Unternehmen insgesamt 290 Arbeitnehmer beschäftigt, davon sind 19 einschließlich Frau als schwerbehindert oder gleichgestellt anerkannt.[388] Die Stellungnahme der Schwerbehindertenvertretung und des Betriebsrat sind als Anlagen beigefügt. Schwerbehindertenvertreter ist Herr , den Sie unter der Direktdurchwahl erreichen können. Betriebsratsvorsitzender ist Herr . Ihn erreichen Sie unter der Direktdurchwahl .

Bei etwaigen Rückfragen wenden Sie sich bitte an den Unterzeichner unter der oben aufgeführten Telefonnummer.

(Unterschrift)

Anlagenverzeichnis

---

388 Die Bestimmung der vom Arbeitgeber nach § 71 SGB IX mit schwerbehinderten oder diesen gleichgestellten Menschen zu besetzenden Arbeitsplätze erfolgt unternehmensbezogen.

b) **Widerspruch gegen die Zustimmung des Integrationsamtes**

▼

Muster 1c.21: Widerspruch gegen die Zustimmung des Integrationsamtes   243

An das Integrationsamt

– Widerspruchstelle –

In Sachen ▓▓▓▓▓▓ ./. ▓▓▓▓▓ (Az. ▓▓▓▓▓▓)

Sehr geehrte Damen und Herren,

wir vertreten die Interessen der schwerbehinderten Frau ▓▓▓▓▓ . Ein Vollmachtschreiben fügen wir bei.

In dem Verfahren der ▓▓▓▓▓ GmbH auf Zulassung der Kündigung des Arbeitsverhältnisses mit unserer Mandantin (Gz. des Integrationsamtes ▓▓▓▓) wurde uns die Entscheidung des Integrationsamtes, der beabsichtigten Kündigung des Arbeitsverhältnisses mit Frau ▓▓▓▓ zuzustimmen, am ▓▓▓▓ (*Datum*) zugestellt.

Gegen diese Entscheidung legen wir hiermit

Widerspruch

ein.

Im Gegensatz zu der vom Integrationsamt vertretenen Auffassung steht die beabsichtigte Kündigung in deutlichem Zusammenhang mit der Schwerbehinderung der Beschwerdeführerin. ▓▓▓▓

Als Anlage 1 fügen wir diesem Schreiben eine eidesstattliche Versicherung des Herrn ▓▓▓▓ bei. ▓▓▓▓ .

Es wird um Aufhebung des zustimmenden Bescheids vom ▓▓▓▓ (*Datum*) und Zurückweisung des Antrags der Antragstellerin gebeten.

(*Unterschrift*)

Anlagenverzeichnis

▲

3. Adressliste

Adressliste mit **Internetadressen** der nach dem jeweiligen Landesrecht zuständigen Integrationsämter für   244
den Antrag des Arbeitgebers auf Zustimmung zur Kündigung eines schwerbehinderten Arbeitnehmers nach
§§ 85, 87, 91 SGB IX (Stand 30.7.2016):

Bundesland	Name des Amtes	Postadresse	Link
Baden-Württemberg	Kommunalverband für Jugend und Soziales Baden-Württemberg Zweigstelle des Integrationsamtes	Lindenspürstraße 39 70176 Stuttgart Postfach 10 60 22 70049 Stuttgart	www.kvjs.de
	Kommunalverband für Jugend und Soziales Baden-Württemberg Regionalbüro Integrationsamt	Kaiser-Joseph-Straße 170 79098 Freiburg i.Br. Postfach 1 71 79001 Freiburg i. Br.	www.kvjs.de
	Kommunalverband für Jugend und Soziales Baden-Württemberg – Integrationsamt –	Erzbergerstraße 119 76133 Karlsruhe Postfach 4109 76026 Karlsruhe	www.kvjs.de
Bayern	Zentrum Bayern Familie und Soziales Region Oberbayern (München) – Integrationsamt –	Richelstraße 17 80634 München	www.zbfs.bayern.de/ integrationsamt/in- dex.html
	Zentrum Bayern Familie und Soziales Region Niederbayern – Integrationsamt –	Friedhofstraße 7 84028 Landshut	
	Zentrum Bayern Familie und Soziales Region Oberpfalz – Integrationsamt –	Landshuter Straße 55 93053 Regensburg	
	Zentrum Bayern Familie und Soziales Region Oberfranken – Integrationsamt –	Hegelstraße 2 95447 Bayreuth	
	Zentrum Bayern Familie und Soziales Region Mittelfranken – Integrationsamt –	Bärenschanzstraße 8a 90429 Nürnberg	

Bundesland	Name des Amtes	Postadresse	Link
	Zentrum Bayern Familie und Soziales Region Unterfranken – Integrationsamt –	Georg-Eydel-Straße 13 97082 Würzburg	
	Zentrum Bayern Familie und Soziales Region Schwaben – Integrationsamt –	Morellstraße 30 86159 Augsburg	
Berlin	Landesamt für Gesundheit und Soziales Berlin – Integrationsamt –	Darwinstr. 15 10589 Berlin	www.lageso.de
Branden-burg	Landesamt für Soziales und Versorgung – Integrationsamt –	Lipezker Straße 45 Haus 5 03048 Cottbus Postfach 10 01 23 03001 Cottbus	www.lasv.branden-burg.de
	Landesamt für Soziales und Versorgung – Integrationsamt – Standort Frankfurt (Oder)	Robert-Havemann-Straße 4 15236 Frankfurt (Oder) Postfach 19 51 15209 Frankfurt (Oder)	
	Landesamt für Soziales und Ver-sorgung Integrationsamt Standort Potsdam	Zeppelinstraße 48 14471 Potsdam Postfach 60 15 50 14415 Potsdam	
Bremen	Amt für Versorgung und Integra-tion Bremen – Integrationsamt –	Doventorscontrescarpe 172 – Block D 28195 Bremen	http://bremen.de/amt-fuer-versorgung-und-integration-bremen—integrationsamt-1544743
Hamburg	Behörde für Arbeit, Soziales, Familie und Integration – Integrationsamt –	Hamburger Straße 47 22083 Hamburg Postfach 76 01 06 22051 Hamburg	www.hamburg.de/integrationsamt

Bundesland	Name des Amtes	Postadresse	Link
Hessen	Landeswohlfahrtsverband Hessen Fachbereich Behinderte Menschen im Beruf Integrationsamt	Kölnische Straße 30 34117 Kassel Postfach 10 24 07 34112 Kassel	www.integrationsamt-hessen.de
	Landeswohlfahrtsverband Hessen Fachbereich Behinderte Menschen im Beruf Integrationsamt	Gutenbergstraße 10 64331 Weiterstadt Postfach 11 08 65 64223 Darmstadt	
	Landeswohlfahrtsverband Hessen Fachbereich Behinderte Menschen im Beruf Integrationsamt	Konrad-Adenauer-Ring 33 65187 Wiesbaden Postfach 39 49 65174 Wiesbaden	
Mecklenburg-Vorpommern	Landesamt für Gesundheit und Soziales Mecklenburg-Vorpommern Integrationsamt und Hauptfürsorgestelle	Erich-Schlesinger-Straße 35 18059 Rostock	http://www.lagus.mv-regierung.de
	Landesamt für Gesundheit und Soziales Mecklenburg-Vorpommern Integrationsamt und Hauptfürsorgestelle Außenstelle Schwerin	Friedrich-Engels-Straße 47 19061 Schwerin	
	Landesamt für Gesundheit und Soziales Mecklenburg-Vorpommern Integrationsamt und Hauptfürsorgestelle Außenstelle Neubrandenburg	Neustrelitzer Straße 120 17033 Neubrandenburg	
Niedersachsen	Niedersächsisches Landesamt für Soziales, Jugend und Familie Integrationsamt	Domhof 1 31134 Hildesheim	www.soziales.niedersachsen.de
	Niedersächsisches Landesamt für Soziales, Jugend und Familie Integrationsamt Team Oldenburg	Moslestraße 1 26122 Oldenburg	

Bundesland	Name des Amtes	Postadresse	Link
Nordrhein-Westfalen	Landschaftsverband Rheinland LVR-Integrationsamt	Hermann-Pünder-Straße 1 50679 Köln	www.integrations-amt.lvr.de
	Landschaftsverband Westfalen-Lippe LWL-Integrationsamt	Von-Vincke-Straße 23–25 48143 Münster LWL-Integrationsamt Westfalen 48133 Münster	www.lwl.org/LWL/Soziales/integrationsamt/
Rheinland-Pfalz	Zentrale Mainz Landesamt für Soziales, Jugend und Versorgung Integrationsamt	Rheinallee 97–101 55118 Mainz Postfach 2964 55019 Mainz	http://www.lsjv.rlp.de/
	Landesamt für Soziales, Jugend und Versorgung Dienstort Koblenz	Baedekerstraße 2–10 56073 Koblenz Postfach 30 01 51 56026 Koblenz	
	Landesamt für Soziales, Jugend und Versorgung Dienstort Landau	Reiterstraße 16 76829 Landau	
	Landesamt für Soziales, Jugend und Versorgung Dienstort Trier	In der Reichsabtei 6 54292 Trier Postfach 39 80 54229 Trier	
Saarland	Landesamt für Soziales Integrationsamt	Hochstraße 67 66115 Saarbrücken	www.integrationsamt-saarland.de
Sachsen	Kommunaler Sozialverband Sachsen Außenstelle Chemnitz Integrationsamt	Reichsstraße 3 09112 Chemnitz	www.ksv-sachsen.de/integrationsamt

Bundesland	Name des Amtes	Postadresse	Link
Sachsen-Anhalt	Landesverwaltungsamt Sachsen-Anhalt Integrationsamt	Ernst-Kamieth-Straße 2 06112 Halle/S. Postfach 20 02 56 06003 Halle/S.	www.landesverwaltungsamt.sachsen-anhalt.de
	Landesverwaltungsamt Sachsen-Anhalt Dienststelle Magdeburg Referat 608 – Integrationsamt	Olvenstedter Straße 1–2 39108 Magdeburg	
Schleswig-Holstein	Ministerium für Soziales, Gesundheit, Familie und Gleichstellung des Landes Schleswig-Holstein Integrationsamt	Adolf-Westphal-Straße 4 24143 Kiel	www.schleswig-holstein.de/LASD/DE-/Integrationsamt/Integrationsamt_node.html
Thüringen	Thüringer Landesverwaltungsamt Integrationsamt	Karl-Liebknecht-Straße 4 98527 Suhl	www.thueringen.de/de/tlvwa
	Thüringer Landesverwaltungsamt Abteilung IV Referat 640 – Integrationsamt	Weimarplatz 4 99423 Weimar Postfach 2249 99403 Weimar	
	Thüringer Landesverwaltungsamt Integrationsamt	Puschkinplatz 7 07545 Gera	

XV. Zwischen- und Schlusszeugnis

Literatur: *Hansen/Kelber/Zeißig/Breezmann/Confurius*, Rechtsstellung der Führungskräfte im Unternehmen, 2006.

1. Allgemeines

a) Grundsätze

245 Arbeitszeugnisse stellen wichtige Bewerbungsunterlagen dar, die dem neuen Arbeitgeber Auskunft über die Erfahrung und Leistung des Arbeitnehmers geben sollen und für das berufliche Weiterkommen des Arbeitnehmers entscheidend sind. Aus dieser Bedeutung ergibt sich für den ausstellenden Arbeitgeber die Pflicht und zugleich Schwierigkeit, gleichsam zwei Herren zu dienen: Gegenüber dem künftigen Arbeitgeber ist er zur Wahrheit, gegenüber seinem Arbeitnehmer zum verständigen Wohlwollen verpflichtet, um dessen berufliches Fortkommen nicht unnötig zu erschweren.

Das **Wahrheitsgebot** verpflichtet den Arbeitgeber, auf die Formulierung von Vermutungen, Behauptungen **246** und Verdachtsmomenten zu verzichten und mit möglichst großer Objektivität ein den Geboten der Zeugniswahrheit und Zeugnisklarheit entsprechendes Dokument zu erstellen, das zukünftigen Arbeitgebern eine konkrete Vorstellung über die Einsetzbarkeit des Bewerbers und dessen persönliche Eignung vermittelt.[389] Dies bedeutet auch, dass sich das Zeugnis auf die gesamte Dauer des Arbeitsverhältnisses erstrecken muss.[390] Unrichtige Angaben können zu einer Schadensersatzpflicht des früheren Arbeitgebers gegenüber dem neuen Arbeitgeber führen.

Das **Prinzip des Wohlwollens** gebietet dem Arbeitgeber, das berufliche Fortkommen des Arbeitnehmers **247** durch die Formulierung des Zeugnisses nicht unnötig zu erschweren. Entgegen vereinzelter untergerichtlicher Entscheidungen besteht auch aus dem Wohlwollensprinzip heraus kein Anspruch des Arbeitnehmers auf die Erteilung einer Schlussformel im Zeugnis, in der der Arbeitgeber Dank für die geleisteten Dienste oder gute Wünsche für die Zukunft erklärt.[391]

Da **beide Prinzipien zu berücksichtigen** sind, fordert der Grundsatz der wohlwollenden Beurteilung nicht, **248** dass ungünstige Tatsachen ausgelassen werden müssen. Vielmehr sind sie wegen des Wahrheitsgebots aufzunehmen, wenn und soweit sie charakteristisch für den Arbeitnehmer sind. Das Zeugnis darf allerdings nicht unnötig schonungslos sein. Das Interesse des Arbeitnehmers an einer wohlwollenden Beurteilung findet aber dort seine Grenze, wo das Interesse des künftigen Arbeitgebers an der Zuverlässigkeit des Arbeitnehmers deutlich überwiegt.[392] Die Zeugniswahrheit gilt als oberster Grundsatz des Zeugnisrechts.[393] Die Verwendung jeglicher Codes (etwa die Verwendung bestimmter Zeichen, Stempel, Farben usw.) ist untersagt.[394] Eine bestimmte Wortwahl indes ist kein Code.[395] So verstößt beispielsweise die Formulierung: „Wir haben Herrn K. als sehr interessierten und hochmotivierten Mitarbeiter kennen gelernt", nicht gegen die **Gebote der Zeugniswahrheit und Zeugnisklarheit**.[396]

Einen **Anspruch** auf Ausstellung eines Arbeitszeugnisses haben alle Arbeitnehmer. Bis zum 1.1.2002 ergab **249** sich der Anspruch für Arbeitnehmer wie für freie Dienstverhältnisse aus § 630 BGB, nach dessen zu diesem Zeitpunkt neu eingeführtem S. 4 gilt aber für Arbeitnehmer seither § 109 GewO.[397] Dazu gehören auch Teilzeitbeschäftigte, leitende Angestellte, Einfirmenvertreter nach § 92a HGB sowie Arbeitnehmer in einem Probe- oder Aushilfearbeitsverhältnis. Für Organmitglieder kommt weiterhin § 630 BGB zur Anwendung.[398] Der Zeugnisanspruch von Auszubildenden ist in § 16 BBiG geregelt, dessen Abs. 2 mit Rücksicht auf die Unterschiede zwischen einem Arbeits- und einem Ausbildungsverhältnisse speziellere Regelungen zum Zeugnisinhalt enthält; die wesentlichen Grundprinzipien des Zeugnisrechts gelten aber auch insoweit. Die Norm findet auch auf Praktikanten und Volontäre Anwendung, § 26 BBiG. Umschüler haben hingegen einen Zeugnisanspruch nach § 630 BGB.[399] Der Anspruch eines Leiharbeitnehmers richtet sich gegen den Verleiher. Bei arbeitnehmerähnlichen Personen ergibt sich der Anspruch auf ein Arbeitszeugnis aus § 630 BGB. Selbstständige Dienstverpflichtete, die weder persönlich noch wirtschaftlich abhängig sind, haben indes keinen Anspruch auf ein Arbeitszeugnis, da sie für ihr berufliches Fortkommen kein Zeugnis benötigen.

389 BAG 16.10.2007, NZA 2008, 298; BAG 21.6.2005, NZA 2006, 104.
390 Hess. LAG 14.9.1984, NZA 1985, 27.
391 BAG 11.12.2012, NZA 2013, 324–326.
392 BAG 23.6.1960, AP Nr. 1 zu § 73 HGB; BAG 5.8.1976, AP Nr. 10 zu § 630 BGB.
393 LAG Hamm 22.5.2002, NZA-RR 2003, 71–72; Bamberger/Roth/*Fuchs*, § 630 BGB Rn 5.
394 BAG 12.8.2008, NZA 2008, 1349–1351.
395 ErfK/*Müller-Glöge*, 16. Auflage 2016, § 109 GewO Rn 38.
396 BAG 15.11.2011, NZA 2012, 448–450.
397 Bamberger/Roth/*Fuchs*, § 630 BGB Rn 2; ErfK/*Müller-Glöge*, 16. Auflage 2016, § 630 BGB Rn 1.
398 BGH 9.11.1967, NJW 1968, 396; KG 6.11.1978, BB 1979, 988.
399 BAG DB 2013, 1307–1209.

250 **Fällig** wird der Anspruch auf ein Zeugnis gemäß §§ 109 GewO, 630 BGB und 16 Abs. 1 BBiG „bei Beendigung" des Arbeitsverhältnisses, wobei ausreicht, dass die Beendigung absehbar ist, also beispielsweise eine Kündigung bereits ausgesprochen wurde, ohne dass die Kündigungsfrist bereits abgelaufen ist, oder ein Aufhebungsvertrag unterzeichnet ist, auch wenn der Zeitpunkt der rechtlichen Beendigung des Arbeitsverhältnisses noch einige Zeit in der Zukunft liegen mag, denn das Zeugnis bezweckt u.a. die Unterstützung von Bewerbungsbemühungen. Im Falle der **außerordentlichen Kündigung** ist der Anspruch auf Zeugniserteilung sofort fällig, unabhängig davon, wer gekündigt hat. Der Arbeitnehmer muss das Zeugnis **verlangen**. Der Arbeitgeber hat nur dann die gewünschte Art von Zeugnis zu erstellen, wenn der Arbeitnehmer sein **Wahlrecht** zwischen einem qualifizierten und einem einfachen Zeugnis ausübt. Eine Ausnahme gilt gemäß §§ 16, 26 BBiG für Auszubildende, Praktikanten und Volontäre, die auch ohne ausdrückliches Verlangen einen Anspruch auf die Ausstellung eines Zeugnisses haben; ein qualifiziertes Zeugnis muss der Ausbilder aber ebenfalls nur auf Verlangen erstellen. Der Zeugnisanspruch unterliegt der regelmäßigen dreijährigen Verjährungsfrist, § 195 BGB. Der Anspruch auf Zeugniserteilung oder -berichtigung kann bei Vorliegen eines Zeit- und Umstandsmoments zudem **verwirken**.[400] Ob ihn tarifliche oder vertragliche **Ausschlussfristen** erfassen, ist durch Auslegung zu ermitteln.

251 Hat der Arbeitgeber zuvor ein Zwischenzeugnis erteilt, ist er regelmäßig an dessen Inhalt **gebunden**, wenn er ein Endzeugnis erteilt. Dies gilt auch, wenn der Betriebsveräußerer das Zwischenzeugnis vor einem **Betriebsübergang** erteilt hat und der Arbeitnehmer das Endzeugnis vom Betriebserwerber verlangt. Der Arbeitgeber ist nicht nur an erteilte Endzeugnisse gebunden. Auch ein Zwischenzeugnis dient wie ein Endzeugnis regelmäßig dazu, Dritte über die Tätigkeit des Arbeitnehmers zu unterrichten. Der Arbeitgeber ist für den Zeitraum, den das Zwischenzeugnis erfasst, grundsätzlich auch hinsichtlich des Inhalts des Endzeugnisses gebunden. Er kann vom Zwischenzeugnis nur **abweichen**, wenn die späteren Leistungen und das spätere Verhalten des Arbeitnehmers das rechtfertigen.[401] Eine Bindung tritt nicht ein, wenn der Arbeitgeber das erteilte Zwischenzeugnis **widerrufen** kann, etwa konkludent durch Erteilung eines schlechteren Schlusszeugnisses. Materielle Voraussetzung ist, dass das Verhalten des Arbeitnehmers nach Ausstellung des Zeugnisses die Verhaltensbeurteilung nicht mehr den Tatsachen entspricht oder sich die Leistungsbeurteilung wegen nachhaltiger Mängel bezüglich Arbeitsbereitschaft, -befähigung, -weise, -vermögen oder -erfolg geändert hat.[402]

252 Der Anspruch auf Ausstellung oder Berichtigung eines Zeugnisses ist **gerichtlich** gemäß § 2 Abs. 1 Nr. 3e ArbGG vor den Arbeitsgerichten durchsetzbar.[403] Bei Nichterteilung trotz eines Titels ist die **Zwangsvollstreckung** durch Festsetzung eines Zwangsgeldes, ersatzweise Zwangshaft möglich.[404] Im Rechtsstreit trägt der Arbeitgeber die **Darlegungs- und Beweislast** für die Richtigkeit der Tatsachen, die der Zeugniserteilung zugrunde gelegt wurden.[405] Der Arbeitnehmer hingegen muss die Tatsachen darlegen und ggf. beweisen, die eine überdurchschnittliche („gute" oder „sehr gute") Beurteilung rechtfertigen.[406] Hat aber der Arbeitgeber den Arbeitnehmer unterdurchschnittlich („ausreichend" oder schlechter) bewertet, trifft ihn die

---

400 LAG Hessen 16.1.2013 – 18 Sa 602/12, juris (n. rkr.).
401 BAG 16.10.2007, NZA 2008, 298–301.
402 LAG Hamm 1.12.1994, LAGE § 630 BGB Nr. 25 (Leitsatz 1–4); 4.11.1999, zit. nach juris.
403 BAG 9.9.2011, NZA 2012, 1244–1246.
404 LAG Rheinland-Pfalz 1.11.2012 – 10 Ta 199/12, juris.
405 BAG 23.6.1960, AP Nr. 1 zu § 73 HGB.
406 So nun erneut klarstellend BAG 18.11.2014 NZA 2015, 435 unter Aufhebung von LAG Berlin-Brandenburg 21.3.2013 – 18 Sa 2133/12, n.v. und des ArbG Berlin – 28 Ca 18230/11, die unter Verweis auf empirische Erkenntnisse entschieden, „überdurchschnittlich" sei besser als „gut".

Darlegungs- und Beweislast.[407] Auch im Fall der Korrektur eines bereits ausgestellten Zeugnisses oder bei dessen Widerruf durch Neuerteilung eines anderen, schlechteren Zeugnisses trägt der Arbeitgeber die **Beweislast**.[408]

Grundsätzlich ist der Arbeitgeber (Inhaber oder Organvertreter) selbst zur **Ausstellung** des Zeugnisses verpflichtet. Er darf diese Aufgabe nur an Dritte delegieren, die ebenfalls für den Arbeitgeber tätig und in dem Betrieb angestellt sowie offensichtlich ranghöher sind als der zu beurteilende Arbeitnehmer und damit diesem gegenüber weisungsbefugt sind.[409] Es genügt, wenn zumindest eine Unterschrift von einer ranghöheren Person geleistet wird.[410] Die Unterschrift ausschließlich durch eine Person mit der Funktionsbezeichnung **„Leiter Personalabteilung"**, obgleich zumeist nicht weisungsbefugt gegenüber dem ausscheidenden Arbeitnehmer, ist aufgrund der mit der Funktion verbundenen Aufgabenstellung nicht zu beanstanden.[411] Insbesondere bei einem Arbeitgeber des öffentlichen Dienstes ist auch eine Unterzeichnung **„im Auftrag"** möglich.[412] Bei einem Wechsel des Inhabers wie des Vorgesetzten bleibt der (jeweilige) Arbeitgeber zur Zeugniserteilung verpflichtet; er muss sich die erforderlichen Informationen ggf. beschaffen.[413]

b) Zeugnisarten

§ 109 Abs. 1 GewO unterscheidet grundsätzlich zwischen einfachen und qualifizierten Zeugnissen; der Arbeitnehmer hat insoweit ein **Wahlrecht** i.S.d. § 262 BGB. Ein qualifiziertes Zeugnis kann als End- oder als Zwischenzeugnis ausgestellt werden. Mit Erteilung erlischt der Zeugnisanspruch; ggf. besteht aber ein Anspruch auf Zeugniskorrektur.

Ein **einfaches Zeugnis** hat nach § 109 Abs. 1 S. 2 GewO nur die Art und Dauer des Arbeitsverhältnisses zum Inhalt. Es dient dem Arbeitnehmer dazu, nachzuweisen, dass er lückenlos beschäftigt war. Die Art der Tätigkeit ist so konkret zu benennen, dass ersichtlich ist, welche Aufgaben der Arbeitnehmer zu erfüllen hatte. „Dauer" bezeichnet die rechtliche, nicht die tatsächliche Dauer, so dass Urlaubs- und Krankheitszeiten nicht aufzunehmen sind.

Ruhezeiten des Arbeitsverhältnisses, etwa wegen Elternzeit des Beschäftigten, dürfen Erwähnung finden, wenn sie erheblich sind.[414] Nicht unproblematisch sind in diesem Zusammenhang langjährige **Freistellungen von Betriebsratsmitgliedern** gemäß § 38 BetrVG. Insoweit stellt sich die Frage, ob man eine derart langjährige und ausschließliche Betriebsratstätigkeit unerwähnt lassen kann. Bei langen Freistellungsphasen sind das zugunsten der Betriebsratsmitglieder wirkende Benachteiligungsverbot des § 78 S. 2 BetrVG und das Wahrheitsgebot des § 109 GewO in Einklang zu bringen. Teilweise wird ein Überwiegen des Wahrheitsgebots vertreten, wenn ein ehemals freigestelltes BR-Mitglied noch nicht mindestens zwei Jahre seine berufliche Tätigkeit wieder ausgeübt hat.[415] Ein Arbeitnehmer, der während der letzten fünf Jahre seines Arbeitsverhältnisses durchgehend freigestelltes Betriebsratsmitglied war, soll nicht verlangen können, dass dies im Zeugnis unerwähnt bleibt und auch nicht etwa Anspruch auf Erteilung zweier Arbeitszeugnisse (mit und ohne Erwähnung der Freistellung) haben, um von diesen wahlweise Gebrauch machen zu können.[416]

253

254

255

256

---

407 BAG 18.11.2014 NZA 2015, 435, ferner 24.3.1977, AP Nr. 12 zu § 630 BGB; LAG Köln 25.8.2011 – 7 Sa 447/11, zit. nach juris; a.A. entgegen BAG das LAG Berlin-Brandenburg siehe Fußnote 114, das wegen der in der Praxis weit überwiegenden Zahl von Arbeitszeugnissen mit der Bewertung „gut" oder besser bereits die Note „gut" für durchschnittlich und den Arbeitgeber daher hinsichtlich der entgegenstehenden Tatsachen für beweispflichtig erachtete; ebenso ArbG München NJW-Spezial 2012, 596.
408 LAG Hamm 1.12.1994, LAGE § 630 BGB Nr. 25 (Leitsatz 1–4).
409 BAG 4.10.2005, NZA 2006, 436; LAG Hamm 21.12.1993, BB 1995, 154.
410 BAG 4.10.2005, NZA 2006, 436–439.
411 BAG 20.9.2006, NZA 2007, 377–384; 4.10.2005, NZA 2006, 436–439.
412 BAG 4.10.2005, NZA 2006, 436–439.
413 LAG Rheinland-Pfalz 1.11.2012 – 10 Ta 199/12, juris.
414 Vgl. LAG Köln 4.5.2012, NZA-RR 2012, 563; BAG 10.5.2005, AP Nr. 30 zu § 630 BGB; Bamberger/Roth/*Fuchs*, § 630 BGB Rn 4.
415 *Mühlhausen*, NZA-RR 2006, 337.
416 LAG Köln, 6.12.2013 ArbRAktuell 2013, 633.

257   Das **qualifizierte Zeugnis** enthält über die Angaben des einfachen Zeugnisses hinaus eine Beurteilung der Leistung und des Verhaltens des Arbeitnehmers.

258   Beim **Zwischenzeugnis** handelt es sich um ein Zeugnis, das ausgestellt wird, ohne dass eine Beendigung des Arbeitsverhältnisses in greifbarer Nähe liegt. Sofern keine besonderen tariflichen Regelungen gelten, die die Erteilung eines Zwischenzeugnisses als vertragliche Nebenpflicht vorsehen,[417] ist der Arbeitgeber nur bei Vorliegen eines **berechtigten Interesses** des Arbeitnehmers hierzu verpflichtet, etwa bei Versetzung oder Übernahme einer neuen Tätigkeit, bei Wechsel eines (langjährigen) Vorgesetzten, bei Unterbrechung des Arbeitsverhältnisses etwa aus Anlass von Elternzeit oder eines Sabbaticals, nach Ausspruch einer Kündigung mit längerer Kündigungsfrist[418] oder sonstigen Veränderungen, die einen Einschnitt in das Arbeitsverhältnis darstellen. Gleiches gilt, wenn der Arbeitnehmer sich außerbetrieblich bewerben oder ein politisches Mandat übernehmen will, ein Insolvenzverfahren eröffnet wird oder ein Betriebsübergang bevorsteht.

c) Formalia

259   Die **äußere Form** des Zeugnisses spiegelt die dem Arbeitnehmer entgegengebrachte Wertschätzung wider. Daher ist das Zeugnis auf haltbares Papier guter Qualität, regelmäßig auf DIN-A4-Geschäftspapier des Arbeitgebers ohne Ausbesserungen, Flecken oder Beschädigungen abzufassen.[419]

260   *Praxishinweis*

Unterstreichungen, auch gedruckte, das Benutzen von Frage- oder Ausrufezeichen sowie Hervorhebungen durch fetten oder kursiven Text oder Anführungszeichen sind zu unterlassen, da sie als „Geheimzeichen" gewertet werden können.[420]

261   Das Zeugnis ist i.d.R. in deutscher Sprache abzufassen und sollte die **Überschrift** „Zeugnis", „Vorläufiges Zeugnis" oder „Zwischenzeugnis" tragen.[421] Es ist in **Schriftform** zu verfassen – elektronische Form genügt gemäß § 109 Abs. 3 GewO nicht – und in der dritten Person zu formulieren.[422] Außerdem ist das tatsächliche **Ausstellungsdatum** zu benennen; allerdings ist ein vom Arbeitgeber berichtigtes Zeugnis auf das Datum des Ursprungszeugnisses zurückzudatieren, wenn die verspätete Ausstellung vom Arbeitnehmer nicht zu vertreten ist.[423]

262   Am Anfang steht eine **Eingangsformel**, in der der Arbeitnehmer mit vollem Namen, Berufsbezeichnung und erworbenen akademischen Graden sowie öffentlich-rechtlichen Titeln zu bezeichnen ist. Die Erwähnung des Geburtsdatums oder der aktuellen Wohnanschrift sind wohl (noch) als üblich anzusehen, allerdings kaum erforderlich und im Zweifel eher wegzulassen. Der kirchliche Arbeitgeber ist zur Angabe der Konfession berechtigt.

Zur Wahrung der Schriftform ist das Zeugnis handschriftlich dokumentenecht[424] zu unterschreiben; ein Faksimile, Stempel oder die Kopie einer **Unterschrift** genügt auf keinen Fall.

263   Üblich – jedenfalls für überdurchschnittliche Zeugnisse – ist auch eine **Dankes- und Wunschformel am Ende** des Zeugnisses; allerdings besteht auf die Aufnahme von Formulierungen betreffend Dank für

---

417 Hansen u.a./*Kelber*, D Rn 416; ErfK/*Müller-Glöge*, 16. Auflage 2016, § 109 GewO Rn 13.
418 LAG Hamm 15.5.2012 – Az. 19 Sa 1079/11, juris, Rn 91.
419 Vgl. BAG 3.3.1993, EzA § 630 BGB Nr. 17.
420 Auch Bildzeichen sind zu unterlassen: So enthält ein Smiley mit heruntergezogenem Mundwinkel in der Unterschrift eine negative Aussage des Arbeitgebers über den Arbeitnehmer, die dieser nicht hinnehmen muss, ArbG Kiel 18.4.2013 – 5 Ca 80 b/13, BeckRS 2013, 71590.
421 So LAG Düsseldorf 23.5.1995, NZA-RR 1996, 42, a.A. ErfK/*Müller-Glöge*, 16. Auflage 2016, § 109 GewO Rn 10.
422 LAG Düsseldorf 23.5.1995, NZA-RR 1996, 42.
423 BAG 9.9.1992, AP Nr. 19 zu § 630 BGB.
424 ErfK/*Müller-Glöge*, 16. Auflage 2016, § 109 GewO Rn 10; Schaub/*Linck*, ArbR-Hdb., § 146 Rn 16.

gute Zusammenarbeit und gute Wünsche für die Zukunft kein Rechtsanspruch des Arbeitnehmers.[425] Hat der Arbeitgeber eine Schlussformel aufgenommen und ist der Arbeitnehmer mit deren Inhalt nicht einverstanden, besteht kein Anspruch auf Ergänzung oder Umformulierung, sondern nur auf ein Zeugnis ohne Schlussformel.[426]

Checkliste Formalia

- Ordentliches, aktuelles DIN-A4-Geschäftspapier von üblicherweise für Geschäftsbriefe beim Arbeitgeber verwendeter Qualität
- Deutsche Sprache, es sei denn, anderes ist vereinbart
- Keine Ausbesserungen, Streichungen, Flecken oder Beschädigungen
- Keine Hervorhebungen oder Markierungen, übliches Schriftbild
- Überschrift „Zeugnis", „Vorläufiges Zeugnis" oder „Zwischenzeugnis"
- Ausstellungsdatum
- Eingangsformel
- Handschriftliche Unterschrift

264

d) Inhalt

Das **einfache Zeugnis** enthält eine präzise Darstellung der Aufgaben und Tätigkeiten des Arbeitnehmers. Die Beschreibung der Art der Beschäftigung soll möglichst vollständig und genau sein. Weiterhin werden die genaue rechtliche Dauer des Arbeitsverhältnisses sowie eine konkrete Berufsbezeichnung angegeben. Gründe für die Beendigung des Arbeitsverhältnisses sind nicht zu erwähnen, außer der Arbeitnehmer verlangt dies ausdrücklich.[427]

265

Das **qualifizierte Zeugnis** unterscheidet sich vom einfachen Zeugnis im Wesentlichen durch eine zusätzliche, ausführliche Beurteilung von Leistung und Verhalten, die dem Leser eine Vorstellung der persönlichen Eigenschaften und des Charakters des Arbeitnehmers vermittelt. Beurteilt werden sollen bei der Leistung Faktoren wie Arbeitsweise, Arbeitstempo, Arbeitsqualität, Erfolge, berufliches Engagement, Vielseitigkeit, Auffassungsgabe, Verhandlungsgeschick, Ausdrucksvermögen, Fortbildungsbereitschaft, Fachkenntnisse, ggf. Führungsverhalten und besondere Fertigkeiten. Bei der Beurteilung des Verhaltens ist das Sozialverhalten des Arbeitnehmers zu Vorgesetzten, Kollegen, Mitarbeitern, Kunden und Geschäftspartnern darzustellen.[428] Die Erwähnung von einmaligen Vorfällen, die für den Arbeitnehmer, seine Führung und Leistung nicht charakteristisch sind,[429] sowie etwaiges Engagement des Arbeitnehmers im Betriebs- bzw. Personalrat oder dessen Jugendvertretertätigkeit ist unzulässig und nur auf Verlangen des Arbeitnehmers in das Zeugnis aufzunehmen.[430]

266

e) Zeugnissprache

Auf dem schmalen Grat zwischen Wahrheitspflicht und Gebot des verständigen Wohlwollens haben sich schablonenhafte Redewendungen und Standardsätze eingebürgert, die in der Praxis einheitlich in eine Notenskala von „sehr gut" bis „ungenügend" übertragen werden. Dies hat es nötig gemacht, bei Zeugnissen stets „zwischen den Zeilen" zu lesen und auf Auslassungen, sog. „beredtes Schweigen", zu achten. Beim Erstellen eines Zeugnisses muss die nunmehr übliche **„Zeugnissprache"** daher besonders berücksichtigt

267

---

425 BAG 11.12.2012, NZA 2013, 324–326; offenbar noch a.A. in Bezug auf ein über die Bewertung „befriedigend" hinausgehendes Zeugnis LAG Düsseldorf 21.5.2008, NZA-RR 2009, 177–178; *Fahrig*, NZA-RR 2009, 178 f.
426 BAG 11.12.2012, NZA 2013, 324–326.
427 LAG Hamm 24.9.1985, NZA 1986, 99; LAG Düsseldorf 22.1.1988, BB 1988, 1463; LAG Köln 29.11.1990, LAGE § 630 BGB Nr. 11; Sächsisches LAG 30.1.1996, NZA-RR 1997, 47.
428 LAG Hamm 12.7.1994, LAGE § 630 BGB Nr. 27.
429 BAG 21.6.2005, NZA 2006, 104.
430 BAG 19.8.1992, NZA 1993, 222; LAG Hamm 6.3.1991, LAGE § 630 BGB Nr. 13.

werden. Es ist allerdings grundsätzlich Sache des Arbeitgebers, das Zeugnis im Einzelnen zu verfassen. Die Formulierung und Ausdrucksweise steht in seinem **pflichtgemäßen Ermessen**. Maßstab ist ein wohlwollender, verständiger Arbeitgeber.[431] Dem Arbeitgeber steht insoweit ein **Beurteilungsspielraum** zu. Dies gilt insbesondere für die Formulierung von Werturteilen. Sie lässt sich nicht bis in die Einzelheiten regeln und vorschreiben.[432] Solange das Zeugnis allgemein verständlich ist und nichts Falsches enthält, kann der AN daher keine abweichende Formulierung verlangen.

Folgende Standardformulierungen haben sich durchgesetzt:

■ Leistungsbeurteilung (sog. „Zufriedenheits-Katalog")

268   Er/Sie hat die ihm/ihr übertragenen Aufgaben

- stets zu unserer vollsten Zufriedenheit **oder** stets zu unserer außerordentlichen Zufriedenheit erledigt (= sehr gut).
- stets zu unserer vollen Zufriedenheit erledigt **oder** zu unserer vollsten Zufriedenheit (= gut).
- zu unserer vollen Zufriedenheit **oder** stets zu unserer Zufriedenheit erledigt (= befriedigend).
- zu unserer Zufriedenheit erledigt (**oder** mit seinen Leistungen waren wir zufrieden) (= ausreichend).
- insgesamt (**alternativ**: *im Großen und Ganzen*) zu unserer Zufriedenheit erledigt (**oder** er hat unsere Erwartungen größtenteils erfüllt) (= mangelhaft).
- hat sich bemüht, die ihm übertragenen Arbeiten zu unserer Zufriedenheit zu erledigen/führte die Aufgaben mit großem Fleiß und Interesse durch (= ungenügend).[433]

■ Verhaltensbeurteilung

269   Sein/Ihr Verhalten gegenüber Vorgesetzten/Mitarbeitern/Kunden/Geschäftspartnern war

- stets vorbildlich (= sehr gut)
- vorbildlich (= gut)
- stets einwandfrei (= befriedigend)
- gab keinen Anlass zu Beanstandungen (= ausreichend)
- insgesamt zufriedenstellend (= mangelhaft).

270   Auch bei Verwendung der Formulierung „vorbildlich" kann aber durch Vertauschen der Reihenfolge der Nennung von „Vorgesetzten/Mitarbeitern/Kunden" etwa zu „Mitarbeitern/Vorgesetzten/Kunden" die Benotung um eine Stufe herabgesetzt werden. Werden gar nur der Vorgesetzte oder nur die Kollegen genannt, dürfte die Bewertung als nur „ausreichend" anzusehen sein.

271   Es ist gemäß § 109 Abs. 2 GewO besonders darauf zu achten, dass keine „Geheimzeichen"[434] und kodierte Formulierungen Eingang in das Zeugnis finden. Die **Verwendung aller Codes** ist streng **untersagt**.[435] Eine bestimmte Wortwahl ist allerdings kein Code in diesem Sinne, andernfalls bereits die vorgenannten Bewertungsformulierungen als Code zu interpretieren und damit unzulässig wären.[436]

---

431 BAG NZA 2012, 448–450; BAG 12.8.2008, NZA 2008, 1349–1351.

432 BAG 15.11.2011, NZA 2012, 448–450; BAG 12.8.1976, EzA BGB § 630 Nr. 7; LAG Rheinland-Pfalz 26.3.2013 – 10 Sa 546/12, juris.

433 Vgl zur Leistungsbeurteilung allgemein BAG 23.9.1992, EzA § 630 BGB Nr. 16.

434 Ein solches ist etwa eine atypisch überdimensionierte Unterschrift, die den Verdacht einer Distanzierung des Arbeitgebers vom Zeugnisinhalt entstehen lassen kann, LAG Nürnberg 3.8.2005, NZA-RR 2006, 13. Ebenso ist die Verwendung eines Bildzeichens in der Unterschrift (Smiley mit herunterhängenden Mundwinkeln) unzulässig, vgl. ArbG Kiel 18.4.2013 – 5 Ca 80b/13, BeckRS 2013, 71590.

435 BAG 12.8.2008, NZA 2008, 1349–1351.

436 Ebenso ErfK/*Müller-Glöge*, 16. Auflage 2016, § 109 GewO Rn 39.

f) Leistungsort

Das Arbeitszeugnis ist am Ende eines Arbeitsverhältnisses im Betrieb des Arbeitgebers abzuholen (**Hol-** **272** **schuld** gem. § 269 Abs. 1 BGB), sofern nicht ausnahmsweise besondere Umstände dies unzumutbar machen[437] oder wenn nichts anderes (etwa in arbeitsgerichtlichen Vergleichen) vereinbart wurde.

g) Schadensersatz

Gerät der Arbeitgeber mit der Zeugniserteilung in Verzug, haftet er dem Arbeitnehmer gemäß §§ 286, 288 **273** Abs. 4 BGB. Das Zeugnis ist unverzüglich zu erteilen, nachdem der Arbeitnehmer dieses verlangt und von seinem Wahlrecht (einfaches oder qualifiziertes Zeugnis) Gebrauch gemacht hat.[438] Die übliche Bearbeitungszeit sollte zwei bis drei Wochen nicht übersteigen, wobei selbstverständlich die Umstände des Einzelfalls maßgeblich sind. So kann etwa bei einer Massenentlassung durch den Insolvenzverwalter oder einer Betriebsstilllegung ein längerer Zeitraum erforderlich sein. Verzug setzt voraus, dass der Arbeitnehmer die Erteilung des Zeugnisses anmahnt, § 286 Abs. 1 BGB, oder ausnahmsweise die Mahnung entbehrlich ist, § 286 Abs. 2 BGB. Für den durch den Verzug des Arbeitgebers adäquat kausal entstandenen Schaden beim Arbeitnehmer haftet der Arbeitgeber. Die Durchsetzung von Schadensersatzansprüchen des Arbeitnehmers begegnet in der Praxis Schwierigkeiten hinsichtlich der Darlegungs- und Beweislast, insbesondere wenn es um den Nachweis eines sogenannten „Erwerbsschadens" geht, also die Behauptung, nur wegen eines fehlenden oder mangelhaften Zeugnisses in einem Bewerbungsverfahren unterlegen zu sein. Macht der Arbeitnehmer einen Zeugnisberichtigungsanspruch geltend, handelt es sich um eine Form von Schadensersatz durch Naturalrestitution.

Schadensersatzansprüche Dritter können entstehen, wenn der Arbeitgeber in einem Zeugnis wissentlich **274** unwahre Angaben macht und zumindest billigend die Schädigung anderer Arbeitgeber in Kauf nimmt. Ein Schadensersatzanspruch nach § 826 BGB besteht im Falle einer sittenwidrigen vorsätzlichen Schädigung, die voraussetzt, dass das falsch ausgestellte Zeugnis objektiv gegen die guten Sitten verstößt. Bei einem kollusiven Zusammenwirken des Arbeitnehmers mit dem Zeugnisaussteller kann ein Schadensersatzanspruch des neuen Arbeitgebers gemäß § 823 Abs. 2 BGB i.V.m. §§ 263, 267 StGB wegen Beihilfe zum Anstellungsbetrug in Betracht kommen.[439] Nach der Rechtsprechung des BGH[440] besteht zwischen dem Zeugnisaussteller und dem neuen Arbeitgeber eine vertragsähnliche Rechtsbeziehung, da der Inhalt des Zeugnisses erkennbar der Information künftiger Arbeitgeber dient, die sich folglich auf die Richtigkeit des Inhalts verlassen können müssen.[441]

2. Muster

a) Einfaches Zeugnis

Muster 1c.22: Einfaches Zeugnis **275**

Zeugnis

Herr ████ war vom ████ (*Datum*) bis zum ████ (*Datum*) als Altenpfleger in unserer Einrichtung in der ████-straße beschäftigt. Die ████ gGmbH ist eine gemeinnützige Einrichtung in Trägerschaft

---

437 LAG Berlin-Brandenburg 6.2.2013, EzA-SD 2013, Nr. 5, 10: Klagt der Arbeitnehmer ohne zuvor einen Abholversuch unternommen zu haben, hat er regelmäßig die Kosten zu tragen.
438 BAG DB 2013, 1307–1209.
439 ErfK/*Müller-Glöge*, 16. Auflage 2016, § 109 GewO Rn 71.
440 BGH 15.5.1979, AP Nr. 13 zu § 630 BGB.
441 Krit. dazu ErfK/*Müller-Glöge*, 16. Auflage 2016, § 109 GewO Rn 72 m.w.N.

des ▊▊▊▊ mit rund ▊▊▊▊ Beschäftigten und regelmäßig etwa ▊▊▊▊ betreuten Menschen im Land Berlin.

Zu den Aufgaben von Herrn ▊▊▊▊ gehörte die umfassende Betreuung demenzkranker Personen. Insbesondere war er für die Einhaltung der Körperhygiene, die Vergabe von Medikamenten und Routineuntersuchungen zuständig. Herr ▊▊▊▊ betreute etwa ▊▊▊▊ bis ▊▊▊▊ Personen.

Wir bedauern Herrn ▊▊▊▊ Fortgang und wünschen ihm für die Zukunft alles Gute.

(*Ort/Datum*)

(*Unterschrift*)

▲

b)   Qualifiziertes Zeugnis mit überdurchschnittlicher Bewertung

▼

276   Muster 1c.23: Qualifiziertes Zeugnis mit überdurchschnittlicher Bewertung

Zeugnis

Frau ▊▊▊▊ war ab dem ▊▊▊▊ (*Datum*) als Assistentin der Geschäftsführung beschäftigt. Zu ihren wichtigsten Aufgaben gehörten insbesondere die Organisation von Terminen, die Aktenablage, das Führen der Korrespondenz in deutscher und englischer Sprache und die Rechnungsstellung. Daneben kümmerte sich Frau ▊▊▊▊ um ▊▊▊▊.

Unser Büro ist ein insbesondere auf internationale Fragestellungen spezialisierte Unternehmensberatung mit ▊▊▊▊ Mitarbeitern in Deutschland. Wir beraten mittelständische und internationale Unternehmen bei Umfirmierungen, Unternehmenskäufen und Personalfragen. Innerhalb Deutschlands nehmen wir eine führende Marktposition ein.

Frau ▊▊▊▊ war eine äußerst zuverlässige und im höchsten Maße belastbare Mitarbeiterin, mit deren Arbeitsleistungen wir jederzeit außerordentlich zufrieden waren. Durch ihre weit überdurchschnittliche Auffassungsgabe und Initiative war sie eine Bereicherung für unser Büro. Sie war an allen geschäftlichen Vorgängen sehr interessiert und arbeitete völlig selbstständig.

Ihr Verhalten gegenüber Vorgesetzten, Kollegen, Geschäftspartnern und Kunden war in jeder Hinsicht stets vorbildlich. Höchst erfolgreich nutzte Frau ▊▊▊▊ regelmäßig Fortbildungsangebote, etwa zum ▊▊▊▊. Ihre Sprachkenntnisse in Englisch sind in Wort und Schrift hervorragend.

Frau ▊▊▊▊ verlässt uns zum ▊▊▊▊ auf eigenen Wunsch, was wir außerordentlich bedauern. Für die stets vorbildliche Arbeit sind wir ihr zu großem Dank verpflichtet. Für ihren weiteren Berufs- und Lebensweg wünschen wir ihr weiterhin alles erdenklich Gute.

(*Ort/Datum*)

(*Unterschrift*)

▲

c)   Zwischenzeugnis mit durchschnittlicher Bewertung

▼

277   Muster 1c.24: Zwischenzeugnis mit durchschnittlicher Bewertung

Zwischenzeugnis

Herr ▊▊▊▊ ist seit dem ▊▊▊▊ (*Datum*) als Verkäufer mit Kassiertätigkeiten in unserer Filiale in ▊▊▊▊ beschäftigt.

Seine Arbeit an der Kasse führt er äußerst zuverlässig und selbstständig aus. Mit den gezeigten Arbeitsleistungen sind wir jederzeit voll zufrieden. Herr ▊▊▊▊ ist ehrlich und zuverlässig, vertrauenswürdig und pünktlich.

Bei Vorgesetzten, Kollegen und Kunden ist Herr ▨▨▨ gleichermaßen geschätzt. Aufgrund seines ausgeglichenen Wesens und seiner Freundlichkeit ist er ein allseits beliebter Mitarbeiter.

Herr ▨▨▨ erhält dieses Zeugnis heute aufgrund des Wechsels in der Filialleitung auf eigenen Wunsch.

(*Ort/ Datum*)

(*Unterschrift*)

▲

d) Qualifiziertes Zeugnis mit unterdurchschnittlicher Bewertung

▼

Muster 1c.25: Qualifiziertes Zeugnis mit unterdurchschnittlicher Bewertung · 278

Zeugnis

Frau ▨▨▨ war seit dem ▨▨▨ (*Datum*) bis zum ▨▨▨ (*Datum*) als Softwareexpertin bei uns beschäftigt. Zu ihrer Tätigkeit gehören das Auswerten von betriebsinternen Daten, die Konfiguration von Software und die Fehlerbehebung im IT-Bereich.

Wir haben Frau ▨▨▨ als belastbare Mitarbeiterin mit guter Einsatzbereitschaft kennengelernt. Sie hat sich stets bemüht, die ihr übertragenen Aufgaben zu unserer Zufriedenheit auszuführen. Ihr Verhalten gegenüber Kunden und Kollegen war einwandfrei; auch ihr Führungsverhalten war ohne Tadel. Erwähnenswert ist auch ihre Zuverlässigkeit.

Wir danken Frau ▨▨▨ für die Zugehörigkeit zu unserem Hause.

(*Ort/ Datum*)

(*Unterschrift*)

▲

e) Klageantrag auf Erteilung eines Zeugnisses

▼

Muster 1c.26: Klageantrag auf Erteilung eines Zeugnisses · 279

Namens und im Auftrag unserer Mandantin beantragen wir,

die Beklagte zu verurteilen, der Klägerin ein Zeugnis zu erteilen, das sich auch auf die Leistung und das Verhalten im Arbeitsverhältnis erstreckt (qualifiziertes Schlusszeugnis).

Begründung:

Die Klägerin war vom ▨▨▨ (*Datum*) bis zum ▨▨▨ (*Datum*) bei der Beklagten als ▨▨▨ beschäftigt. Das Arbeitsverhältnis endete am ▨▨▨ (*Datum*) aufgrund betriebsbedingter Kündigung der Beklagten. Der Monatsverdienst der Klägerin betrug ausweislich der beigefügten letzten Gehaltsabrechnung ▨▨▨ EUR brutto.

Der Klägerin steht gem. § 109 GewO ein Zeugnis zu. Dieses wurde ihr trotz unmittelbar nach Ende des Arbeitsverhältnisses erfolgter Aufforderung vom ▨▨▨ – siehe Anlage – nicht erteilt. Die Beklagte ist daher antragsgemäß zu verurteilen.

▲

f) Klage auf Berichtigung eines Zeugnisses

Schwierigkeiten bereiten immer wieder **Prozessvergleiche**, in denen vereinbart wurde, dass ein **Zeugnis** · 280 **nach einem Entwurf des Arbeitnehmers** zu erteilen ist. Allerdings muss auch die vom Arbeitnehmer vorzuschlagende Formulierung des Zeugnisses die Grenze der Zeugniswahrheit und Zeugnisklarheit berücksichtigen. Haben die Parteien zudem vereinbart, dass das Zeugnis innerhalb von zwei Wochen ab Überlassung des Entwurfes auf dem Briefkopf des Arbeitgebers mit einem bestimmten Datum ausgefertigt, von dem Geschäftsführer unterzeichnet und als ordnungsgemäßes Zeugnis an den Arbeitnehmer zurückgereicht wird, so bedeutet dies nicht, dass der Arbeitgeber den Vorschlag des Arbeitnehmers ungeprüft und ohne jede Änderung zu übernehmen hat. Der Arbeitgeber kann vielmehr prüfen, ob der vorgelegte Entwurf einem „pflichtgemäßen" qualifizierten Zeugnis unter Beachtung der in § 109 GewO bestimmten Grundsätze entspricht. Die Verpflichtung zur Erstellung eines dem Entwurf „entsprechenden" Zeugnisses ermöglicht es dem Arbeitgeber, den Entwurf ggf. an die Vorgaben des § 109 GewO anzupassen. Im **Zwangsvollstreckungsverfahren** ist zu klären, ob das erteilte Zeugnis dem eingereichten Entwurf „entspricht". Dies erfordert nicht, dass der Zeugnisentwurf Wort für Wort übernommen worden ist, denn das Zwangsvollstreckungsverfahren kann nicht dazu führen, dass der Arbeitgeber ein Zeugnis erteilen muss, das gegen den Grundsatz der Zeugniswahrheit verstößt. Bis zu dieser Grenze allerdings ist der Arbeitgeber im Zwangsvollstreckungsverfahren nach § 888 ZPO anzuhalten, ein dem Entwurf des Arbeitnehmers entsprechendes Zeugnis zu erteilen.[442] Jedoch besteht oftmals die Schwierigkeit für den Arbeitnehmer, dass Vereinbarungen in Prozessvergleichen (z.B. Erteilung eines „wohlwollenden Zeugnisses") zu unbestimmt sind, um eine Vollstreckung zu erlauben.[443]

Das Recht zur Geltendmachung einer Zeugnisberichtigung kann **verwirken**.[444]

Muster 1c.27: Klage auf Berichtigung eines Zeugnisses

Namens und im Auftrag unseres Mandanten beantragen wir,

die Beklagte zu verurteilen, dem Kläger Zug um Zug gegen Rückgabe des am ▓▓▓▓ (*Datum*) erteilten Zeugnisses ein Zeugnis mit nachstehendem Inhalt auszustellen:

(Wortlaut des gewünschten Zeugnisses)

Begründung:

(Aufführung der gewünschten Änderungen gegenüber dem Ursprungszeugnis und Begründung, warum diese rechtlich geboten sind, gegebenenfalls Angebot geeigneter Beweismittel, bspw. Korrektur des Austrittsdatums belegt anhand eines Aufhebungsvertrags.)

---

442 BAG 9.9.2011, NZA 2012, 1244–1246.
443 Vgl. nur LAG Köln 4.7.2013 – 4 Ta 155/13, juris; Sächsisches LAG 6.8.2012 – 4 Ta 170/12 (4), juris.
444 Vgl. nur Hessisches LAG 16.1.2013 – 18 Sa 602/12, juris.

B. Aufhebung und Abwicklung

Literatur: *Appel/Kaiser*, Gesetz zur Beschleunigung des arbeitsgerichtlichen Verfahrens, AuR 2000, 281; *Baeck/Hopfner*, Schlüssige Aufhebungsverträge mit Organmitgliedern auch nach Inkrafttreten des § 623 BGB, DB 2000, 1914; *Bartl*, Aufhebungsvertrag mit einem schwerbehinderten Menschen, AiB 2013, 90–; *Bauer*, „Spielregeln" für die Freistellung von Arbeitnehmern, NZA 2007, 409; *ders.*, Chancen und Risiken von Ausgleichsklauseln in arbeitsrechtlichen Aufhebungs- und Abwicklungsverträgen, Festschrift für Kurt Bartenbach zum 65. Geburtstag am 9.12.2004, 2005, 607; *ders.*, Neue Spielregeln für Aufhebungs- und Abwicklungsverträge durch das geänderte BGB?, NZA 2002, 169; *ders.*, Nun Schriftform bei Beförderung zum Geschäftsführer?, GmbHR 2000, 767; *ders.*, Steuerliche Tücken bei Aufhebungsverträgen, NZA 1996, 729; *Bauer/Arnold*, Kein Kündigungsschutz für „Arbeitnehmer-Geschäftsführer" – oder doch?, DB 2008, 350; *Bauer/Diller*, Wettbewerbsverbote, 7. Aufl. 2015; *Bauer/Günther*, Neue Spielregeln für Klageverzichtsvereinbarungen, NJW 2008, 1617; *Bauer/Hümmerich*, Nichts Neues zu Aufhebungsvertrag und Sperrzeit oder: Alter Wein in neuen Schläuchen, NZA 2003, 1068; *Bauer/Krieger/Arnold*, Arbeitsrechtliche Aufhebungsverträge, 9. Aufl. 2014; *Bauer/Krieger/Powietzka*, Geklärte und ungeklärte Probleme der Massenentlassung – Anmerkungen zum Urteil des BAG vom 23.3.2006, BB 2006, 2023; *Bauer/Arnold/Zeh*, Widerruf von Abwicklungsverträgen – Wirklich alles neu?, NZA 2016, 449; *Bengelsdorf*, Aufhebungsvertrag und Abfindungsvereinbarungen, 5. Aufl. 2011; *Bergwitz*, Beschäftigungsverhältnis bei Freistellung, NZA 2009, 518; *Buhr/Radtke*, Internationale Aktienoptionspläne und deren arbeitsrechtliche Behandlung in Deutschland, DB 2001, 1882; *Caspers*, Rechtsfolgen des Formverstoßes bei § 623 BGB, RdA 2001, 28; *Cornelius/Lipinski*, Diskriminierungsabrede im Aufhebungsvertrag, BB 2007, 496; *Dahlem/Weisner*, Arbeitsrechtliche Aufhebungsverträge in einem Vergleich nach § 278 VI ZPO, NZA 2004, 530; *Diepold*, Aufhebungsverträge – Die richtige Gestaltung zählt, AuA 2013, 275; *Diller/Risse*, Die im Aufhebungsvertrag (versehentlich) abgetretene Rückdeckungsversicherung, DB 2016, 890; *Dollmann*, Die Rückkehr zum ruhenden Arbeitsverhältnis des Geschäftsführers durch § 623 BGB, BB 2003, 1838; *Fischer*, Die Bestellung von Arbeitnehmern zu Organmitgliedern juristischer Personen und das Schicksal ihres Arbeitsvertrages, NJW 2003, 2417; *Fischinger/Werthmüller*, Der Aufhebungsvertrag im Irish Pub – Die Neuregelung der §§ 312 ff. BGB und die Widerruflichkeit arbeitsrechtlicher Aufhebungsverträge, NZA 2016, 193; *Franz*, Der Abschluss eines Aufhebungsvertrags, 2006; *Freckmann*, Abwicklungs- und Aufhebungsverträge – in der Praxis noch immer ein Dauerbrenner, BB 2004, 1564; *Fuhlrott*, Gestaltung von Abwicklungsverträgen – Aktuelle Rechtsprechungsvorgaben, GWR 2016, 177; *Fuhlrott/Oltmanns*, Aufhebungsverträge, AuA 2016, 18; *Gagel*, Sperrzeit durch Abfindungsvertrag, ZIP 2005, 332; *Gaul*, Aufhebungs- und Abwicklungsvertrag: Aktuelle Entwicklungen im Arbeits- und Sozialversicherungsrecht, BB 2003, 2457; *Gaul/Niklas*, Neue Grundsätze zur Sperrzeit bei Aufhebungsvertrag, Abwicklungsvereinbarung und gerichtlichem Vergleich, NZA 2008,137; *Gaul/Otto*, Gesetze für moderne Dienstleistungen am Arbeitsmarkt, DB 2002, 2486; *Geiger*, Neues zu Aufhebungsvertrag und Sperrzeit, NZA 2003, 838; *Giesing*, Inhaltskontrolle und Abschlusskontrolle arbeitsrechtlicher Aufhebungsverträge, 2008; *Gockel*, Sozialversicherungsrechtliche und steuerrechtliche Folgen von Auflösungsverträgen, in: FS Etzel S. 173; *Haase*, Das ruhende Arbeitsverhältnis eines zum Vertretungsorgan einer GmbH bestellten Arbeitnehmers und das Schriftformerfordernis gemäß § 623 BGB, GmbHR 2004, 279; *Hjort*, Zum Umgang mit Sperrzeitrisiken bei Aufhebung und Abfindung, AiB 2008, 65; *ders.*,Fokus Aufhebungsvertrag, AiB 2013, 190; *Hümmerich*, Neues zum Abwicklungsvertrag, NZA 2001, 1280; *ders.*, Sperrzeitrechtsprechung im Umbruch, NJW 2007, 1025; *Hümmerich/Holthausen*, Der Arbeitnehmer als Verbraucher, NZA 2002, 173; *Hümmerich/Schmidt-Westphal*, Integrierte Aufhebungsvereinbarungen im Dienstvertrag des GmbH-Geschäftsführers, DB 2007, 222; *Kamanabrou*, Eindeutig kein Widerrufsrecht bei Aufhebungsverträgen am Arbeitsplatz?, NZA 2016, 919; *Kern/Wege*, Zuwendungen an den Arbeitnehmer im Aufhebungsvertrag – Steuersparmodelle oder Haftungsfallen?, NZA 2008, 564; *Kleinebrink*, Der Aufhebungsvertrag bei Massenentlassung, Betriebsänderung und Betriebsübergang, FA 2008, 101; *ders.*, Grundsätze der inhaltlichen Gestaltung außergerichtlicher Aufhebungsverträge, ArbRB 2008, 121; *ders.*, Besondere Regelungen in Aufhebungsverträgen, ArbRB 2008, 153; *Kliemt*, Abwicklungsvertrag – Muster ohne Wert?, ArbRB 2004, 212; *ders.*, Formerfordernisse im Arbeitsverhältnis, 1998; *ders.*, Neue Spielregeln für Massenentlassungen durch die Junk-Entscheidung des EuGH?, in: Festschrift 25 Jahre Arbeitsgemeinschaft Arbeitsrecht, S. 1237; *Knöfel*, Aufhebungsverträge zwischen Arbeitnehmer und Arbeitgeber im Internationalen Privat- und Prozessrecht, ZfA 2006, 397; *Kock/Fandel*, Unwiderrufliche Freistellung bis zum Ende des Arbeitsverhältnisses, DB 2009, 2321; *dies.*, Neue Spielregeln für die unwiderrufliche Freistellung, ArbRB 2009, 203; *Krause*, Das Schriftformerfordernis des § 623 BGB beim Aufstieg eines Arbeitnehmers zum Organmitglied, ZIP 2000, 2284; *Kroeschell*, Die neuen Regeln bei Aufhebungs- und Abwicklungsvereinbarungen, NZA 2008, 560; *Kühl*, Die Sperrzeit bei Arbeitsaufgabe, Diss. 2007; *Langner*, Die aktuelle Rechtsprechung zu § 623 BGB bei der Bestellung von Arbeitnehmern zu Organmitgliedern, DStR 2007, 535; *Lembke*, Aufhebungsverträge: Neues zur Sperrzeit, DB 2008, 293; *Liese*, Sind Aufhebungsvereinbarungen von Vorstandsmitgliedern nach dem Vorstandsvergütungs-Offenlegungsgesetz individuell offenzulegen?, DB 2007, 209; *Lilienfeld/Spellbrink*, Für eine sperrzeitrechtliche Neubewertung des Abwicklungsvertrages im Lichte des § 1a KSchG, RdA 2005, 88; *Lingemann*, Allgemeine Geschäftsbedingungen und Arbeitsvertrag, NZA 2002, 181; *Lipinski/Kumm*, Renaissance des Aufhebungs- und Abwicklungsvertrages durch die aktuelle Änderung der Durchführungsanweisungen der Bundesagentur für Arbeit?, BB 2008, 162; *Lohr*, Die fristlose Kündigung des Dienstvertrages eines GmbH-GF, NZG, 2001, 826; *Lützeler/Bissels*, Die Rückkehr des Aufhebungsvertrages, AuA 2008, 141; *Mattausch/Schummer*, Drum prüfe, wer sich löst, AiB 2013, 698; *Mengel*, Kein Widerrufsrecht bei Aufhebungsverträgen!, BB 2003, 1278; *Moderegger*, Neue wichtige Gründe zur Sperrzeitvermeidung, ArbRB 2007, 361; *Moll*, Wen oder was schützt das (Urlaubs-) Recht?, RdA 2015, 239; *Müller*, Aufhebungsvertrag bei Betriebsübergang – Beschäftigungs- und Qualifizierungsgesellschaft, BB 2007, 1057; *Müller-Glöge/von Senden*, Gesetzliche Schriftform für Auflösungsvertrag, Kündigung und Befristung, AuA 2000, 199; *Nägele*, Der Anstellungsvertrag des Geschäftsführers, BB 2001, 305; *Panzer*, Sozialversicherungsrechtliche Auswirkungen der Beendigung von Arbeitsverhältnissen, NJW 2010, 11; *Preis/Gotthardt*, Schriftformerfordernis für Kündigungen, Aufhebungsverträge und Befristungen nach § 623 BGB, NZA 2000, 348; *Probst*, Aufhebungs- und Abwicklungsverträge, 2007; *Pulz*, Personalbindung mit Aktienoptionen, BB 2004, 1107; *Reinecke G.*, Zur Kontrolle von Aufhebungsverträgen nach der Schuldrechtsreform, Personalrecht im Wandel – Festschrift für Wolfdieter Küttner zum 70. Geburtstag 2006, 327; *Reinfelder*, Der Rücktritt von Aufhebungsvertrag und Prozessvergleich, NZA 2013, 62; *Richardi*, Formzwang im Arbeitsverhältnis, NZA 2001, 57; *Richardi/Annuß*, Der neue § 623 BGB – Eine Falle im Arbeitsrecht?, NJW 2000, 1231; *Schaub*, Gesetz zur Vereinfachung und Beschleunigung des arbeitsgerichtlichen Verfahrens, NZA 2000, 344; *Schewiola*, Der arbeitsrechtliche Aufhebungs- und Abwicklungsvertrag, Diss. 2006; *Schleusener*, Zur Widerrufsmöglichkeit von arbeitsrechtlichen Aufhebungsverträgen nach § 312 BGB, NZA 2002, 949; *Schöne*, Der Klageverzichtsvertrag als Auflösungsvertrag?, SAE 2008, 155; *Schulte*, Hinweispflichten in Auflösungsverträgen – wann zwingend, wann sinnvoll, wann entbehrlich?, ArbRB 2004, 26; *Schweiger*, Die Systematik des wichtigen Grundes nach § 159 SGB III beim Abschluss eines Aufhebungsvertrages im Falle drohender betriebsbedingter Kündigung, NZS 2015, 328; *Seel*, Die Meldepflicht aus § 37b SGB III – Mitwirkung des Arbeitgebers durch Freistellung und Information, MDR 2005, 241; *ders.*, Beendigung von Arbeitsverhältnissen durch Aufhebungsverträge – typische Klauseln und rechtliche Risiken, JA 2006, 366; *Sommer/Staffelbach*, Beendigung des Arbeitsverhältnisses mittels Aufhebungsvereinbarung, AE 2008, 8; *Steinau-Steinrück von*, Aufhebungsvertrag, Vergleich und Befristung, NJW-Spezial 2013, 690; *Stück*, Keine Sperrzeit bei Aufhebungsvertrag, AuA 2007, 312; *ders.*, Aktuelle Rechtsprechung zur Sperrzeit bei Beendigung von Arbeitsverhältnissen, MDR 2007, 1355; *Thies*, Der Schutz des Arbeitnehmers bei Abschluss arbeitsrechtlicher Aufhebungsverträge, Diss 2007; *Ünsal*, Freistellung von der Arbeitspflicht, AuA 2013, 272; *Weber/Ehrich/Burmester/Fröhlich*, Handbuch der arbeitsrechtlichen Aufhebungsverträge, 5. Aufl. 2009; *Weingart*, Das ruhende Arbeitsverhältnis des „beförderten" Geschäftsführers – unerkannte Verhandlungsmasse?, GmbHR 2016, 571; *Willemsen*, Aufhebungsverträge bei Betriebsübergang – ein „Erfurter Roulette"?, NZA 2013, 242.

I. Typischer Sachverhalt

281   M ist Mitarbeiter der A-GmbH. Das Unternehmen befindet sich in einer wirtschaftlich kritischen Situation und muss umfassend umstrukturiert werden. Dies bedingt u.a. einen Personalabbau. M wird von Personalleiter P aufgesucht, der ihm erläutert, dass er aufgrund der aktuellen Situation im Unternehmen voraussichtlich gekündigt werden wird. Zur Vermeidung des Ausspruchs einer Kündigung wollen P und M das Arbeitsverhältnis durch Aufhebungsvertrag einvernehmlich beenden.

Variante: Personalleiter P möchte M wegen dringender betrieblicher Erfordernisse eine Kündigung aussprechen. Zugleich möchte er ihm eine Abfindung zukommen lassen für den Fall, dass M keine Kündigungsschutzklage erhebt.

II. Rechtliche Grundlagen

1. Der Abschluss des Aufhebungsvertrages

a) Zustandekommen

282   Ein Aufhebungsvertrag, d.h. die Einigung der Arbeitsvertragsparteien über die Beendigung des Arbeitsverhältnisses, kommt wie jeder Vertrag durch Angebot und Annahme zustande, §§ 145 ff. BGB. Der Gesetzgeber verwendet in § 623 BGB den in der Praxis weniger gebräuchlichen Begriff des Auflösungsvertrages, der synonym zu verstehen ist.[445] Der Aufhebungsvertrag ist von der nachträglichen Befristung des Arbeitsverhältnisses abzugrenzen, die i.d.R. zu ihrer Wirksamkeit eines sachlichen Grundes bedarf.[446] Ein Anspruch auf Abschluss eines Aufhebungsvertrages besteht in der Regel nicht. Er wird sich nur in seltenen Ausnahmefällen aus dem Gleichbehandlungsgrundsatz herleiten lassen.[447]

---

445 ErfK/*Müller-Glöge*, § 623 BGB Rn 4; HWK/*Kliemt*, Anh. § 9 KSchG Rn 1.
446 BAG 15.2.2007, NZA 2007, 614.
447 BAG 25.2.2010, NZA 2010, 561.

b) Schriftform
aa) Allgemeines

Für den Abschluss eines Aufhebungsvertrages ist seit dem 1.5.2000 gem. § 623 BGB zwingend die Einhaltung der **Schriftform** erforderlich.[448] Diese kann durch notarielle Beurkundung (§ 126 Abs. 4 BGB) oder gerichtlichen Vergleich (§ 127a BGB), nicht aber durch die elektronische Form (§ 623 Hs. 2 BGB) ersetzt werden.   **283**

Das Formerfordernis erstreckt sich auf den Aufhebungsvertrag in seiner Gesamtheit, d.h. alle den Vertragsinhalt wesentlich bestimmenden Abreden, aus denen sich nach dem Willen der Parteien der Aufhebungsvertrag zusammensetzt, z.B. die Zahlung einer Abfindung, der Verzicht auf weitere Ansprüche sowie alle späteren Änderungen oder Ergänzungen des Aufhebungsvertrages.[449] Hingegen bedarf die bloße Änderung einzelner Arbeitsbedingungen nicht der Schriftform, da eine derartige Vereinbarung auf die Fortsetzung des Arbeitsverhältnisses, nicht auf dessen Beendigung gerichtet ist.[450]   **284**

Der Aufhebungsvertrag muss **von beiden Vertragsparteien auf derselben Urkunde unterzeichnet** sein, § 126 Abs. 2 S. 1 BGB. Unterzeichnet ein Vertreter den Aufhebungsvertrag, muss dies durch einen Zusatz (z.B. „i.V.") deutlich zum Ausdruck kommen.[451] Der Austausch einseitiger Erklärungen ist nicht ausreichend. Ein Aufhebungsvertrag kommt auch nicht dadurch zustande, dass der Arbeitnehmer die arbeitgeberseitige Kündigung gegenzeichnet. Wohl aber kann ein in Brieform abgefasster und von beiden Parteien unterzeichneter Aufhebungsvertrag formwirksam sein.[452] Auch ein vom Arbeitnehmer auf dem Original gegengezeichneter, aber lediglich per Telefaxkopie zurückgesandter Aufhebungsvertrag entspricht nicht dem Schriftformerfordernis des § 623 BGB.[453] Ebenfalls nicht ausreichend sind so genannte Ausgleichsquittungen, die nur vom Arbeitnehmer unterzeichnet werden, weil die einseitige Unterzeichnung den Anforderungen des § 126 Abs. 2 BGB nicht genügt.[454] Ausreichend ist allerdings, wenn jede Partei die für die andere Seite bestimmte Urkunde unterzeichnet, § 126 Abs. 2 S. 2 BGB. Rein äußerlich muss die **Einheitlichkeit der Urkunde** feststellbar sein. Eine körperliche Verbindung ist nicht zwingend erforderlich. Die Einheitlichkeit kann sich auch aus der fortlaufenden Paginierung oder Nummerierung der einzelnen Bestimmungen, der einheitlichen grafischen Gestaltung, dem inhaltlichen Zusammenhang des Textes oder vergleichbaren Merkmalen ergeben.[455]   **285**

Durch einen **gerichtlichen Vergleich** im schriftlichen Verfahren nach § 278 Abs. 6 ZPO wird die für Aufhebungsverträge erforderliche Schriftform nach § 623 BGB gewahrt.[456] Mit der Einführung des Vergleichsabschlusses im schriftlichen Verfahren ist hier nachträglich eine Regelungslücke entstanden, die durch analoge Anwendung des § 127a BGB zu schließen ist.   **286**

Eine persönliche Unterzeichnung der Urkunde durch den Vertragsschließenden ist nicht erforderlich. Beim Abschluss eines Aufhebungsvertrages ist auch eine **Stellvertretung** zulässig. Hierbei muss die vom rechtsgeschäftlichen Vertreter abgegebene Willenserklärung der Schriftform genügen. Die Vollmachtserteilung selbst kann hingegen gem. § 167 Abs. 2 BGB formfrei erfolgen.[457] Das tatsächliche Vorliegen entsprechen-   **287**

448 Gesetz zur Vereinfachung und Beschleunigung des arbeitsgerichtlichen Verfahrens v. 30.3.2000 (BGBl I S. 333).

449 BGH 27.10.1982, NJW 1983, 565; ErfK/*Müller-Glöge*, § 623 BGB Rn 20; Staudinger/*Oetker*, § 623 BGB Rn 91; *Preis/Gotthardt*, NZA 2000, 348, 355; *Caspers*, RdA 2001, 28, 33; *Bauer*, NZA 2002, 169, 170.

450 ErfK/*Müller-Glöge*, § 623 BGB Rn 4; *Preis/Gotthardt*, NZA 2000, 348, 355; *Richardi/Annuß*, NJW 2000, 1231, 1233.

451 BAG 28.11.2007, NZA 2008, 348.

452 LAG Berlin-Brandenburg 18.3.2015, NZA-RR 2015, 402.

453 LAG Düsseldorf 29.11.2005, AuA 2006, 176 (LS).

454 *Preis/Gotthardt*, NZA 2000, 348, 355.

455 BAG 7.5.1998, NZA 1998, 1110, 1111 f.

456 BAG 23.11.2006, NZA 2007, 466.

457 *Richardi/Annuß*, NJW 2000, 1231, 1232.

der Vertretungsmacht, insbesondere gem. gesellschaftsrechtlichen Grundsätzen, ist zur Wahrung des Formerfordernisses gem. § 623 BGB unerheblich.[458]

bb) Aufhebungsvertrag durch konkludente Vereinbarung

288 Bis zum Inkrafttreten des § 623 BGB am 1.5.2000 war die **konkludente Aufhebung** von Arbeitsverträgen möglich. Dies wurde insbesondere diskutiert, wenn ein Arbeitnehmer zum **Organ einer Gesellschaft** berufen bzw. ein **Vorstands-** oder **Geschäftsführer-Dienstvertrag** abgeschlossen wurde. Ob das alte Arbeitsverhältnis ruhte oder beseitigt worden war, wurde nach verschiedenen Auslegungskriterien (z.B. Änderung der Arbeitsbedingungen, Erhöhung der Vergütung) entschieden.[459] Zuletzt nahm das BAG an, dass im Zweifel das ursprüngliche Arbeitsverhältnis aufgehoben sei. Es wies jedoch bereits darauf hin, dass im Lichte des § 623 BGB eine Neubewertung vorzunehmen sei.[460]

289 Diese Neubewertung hat das BAG zwischenzeitlich wie folgt vorgenommen: Schließt ein Arbeitnehmer **mit seinem Arbeitgeber** einen **schriftlichen Geschäftsführer- oder Vorstandsdienstvertrag**, wird vermutet, dass das bis dahin bestehende Arbeitsverhältnis mit Beginn des Geschäftsführerdienstverhältnisses einvernehmlich beendet wird, soweit nicht klar und eindeutig etwas anderes vertraglich vereinbart worden ist.[461] Durch einen schriftlichen Geschäftsführerdienstvertrag wird in diesen Fällen das Schriftformerfordernis des § 623 BGB für den Auflösungsvertrag gewahrt.[462] Ist die Auflösung des Arbeitsverhältnisses nicht ausdrücklich vereinbart, ist im Wege der Auslegung der getroffenen schriftlichen Vereinbarung festzustellen, ob der Wille, das Arbeitsverhältnis zu beenden, in der schriftlichen Vereinbarung zum Ausdruck gekommen ist. Hierbei dürfen auch außerhalb der Urkunde liegende Umstände berücksichtigt werden, wenn der rechtsgeschäftliche Wille der Parteien in der Urkunde einen – wenn auch nur unvollkommenen oder andeutungsweisen – Ausdruck gefunden hat (sog. **Andeutungstheorie**). Der Wille, das zuvor begründete Arbeitsverhältnis zu beenden, kommt im schriftlichen Geschäftsführerdienstvertrag hinreichend deutlich zum Ausdruck.[463] Der von § 623 BGB bezweckte Übereilungsschutz steht dem nicht entgegen.[464] Insoweit ist zu berücksichtigen, dass mit dem schriftlichen Dienstvertrag eine Vertragsurkunde vorliegt, die dem Arbeitnehmer verdeutlicht, dass nunmehr die vertraglichen Beziehungen zu seinem Arbeitgeber auf eine neue rechtliche Grundlage gestellt werden. Der von § 623 BGB bezweckten Warnung des Arbeitnehmers wird damit genügt. Selbst wenn der Geschäftsführer-Dienstvertrag von der Gesellschaft vorformuliert wäre, führt die in § 305c Abs. 2 BGB enthaltene so genannte **Unklarheitenregel** zu keiner anderen Beurteilung.[465]

290 Dieser Auffassung ist im Ergebnis zu folgen, wenngleich sie nicht unproblematisch ist. Beim Abschluss des Dienstvertrages wird es für den Abschluss eines konkludenten Aufhebungsvertrages häufig an einer ordnungsgemäßen Vertretung der Gesellschaft fehlen: Gegenüber Geschäftsführern bzw. Vorständen wird die Gesellschaft i.d.R. durch die Gesellschafterversammlung bzw. den Aufsichtsrat vertreten;[466] für den Abschluss von Aufhebungsverträgen mit Arbeitnehmern sind diese Organe demgegenüber regelmäßig nicht zuständig, sondern vielmehr die Geschäftsführung bzw. der Vorstand selbst. Möglicherweise wird ein Arbeitsverhältnis daher häufig selbst dann nicht wirksam beendet, wenn es im Dienstvertrag konkludent

458 BAG 28.11.2007, NZA 2008, 348, 349 ff.
459 BAG 8.6.2000, NZA 2000, 1013, 1015.
460 BAG 25.4.2002, NZA 2003, 272, 273.
461 BAG 24.10.2013, NZA 2014, 540.
462 BAG 26.10.2012, NZA 2013, 54; BAG 15.3.2011, NZA 2011, 874; BAG 3.2.2009, NZA 2009, 669; BAG 5.6.2008, NZA 2008, 1022; BAG 19.7.2007, NZA 2007, 2093.
463 BAG 15.3.2011, NZA 2011, 874; BAG 3.2.2009, NZA 2009, 669; BAG 5.6.2008, NZA 2008, 1022; BAG 19.7.2007, NZA 2007, 2093; ebenso: *Baeck/Hopfner*, DB 2000, 1914, 1915; *Langner*, DStR 2007, 535, 539; ErfK/*Müller-Glöge*, § 623 BGB Rn 5a; enger: *Krause*, ZIP 2000, 2284, 2289; KR/*Spilger*, § 623 BGB Rn 244; Staudinger/*Oetker*, § 623 BGB Rn 65.
464 A.A. *Bauer*, GmbHR 2000, 767, 769; *Fischer*, NJW 2003, 2417, 2418; *Dollmann*, BB 2003, 1838, 1840.
465 BAG 19.7.2007, NJW 2007, 3228.
466 Die Problematik ansprechend, aber offen lassend: BAG 19.7.2007, NJW 2007, 3228.

oder gar ausdrücklich aufgehoben wird.[467] Der Aufhebungsvertrag wird in diesen Fällen erst mit der Genehmigung durch eine zur arbeitsrechtlichen Vertretung berechtigte Person wirksam, § 177 BGB. Das bis zur Genehmigung bestehende Widerrufsrecht nach § 178 BGB dürfte i.d.R. daran scheitern, dass das werdende Organ den Mangel der Vertretungsmacht gekannt hat. Zur Vermeidung etwaiger Rechtsunsicherheiten ist in der Praxis bei einer „Beförderung" zum Organ dringend zu empfehlen, das Schicksal des bisherigen Arbeitsvertrages ausdrücklich zu regeln. Unter Beteiligung des jeweils zuständigen Organs sollte daher entweder ein schriftlicher Aufhebungsvertrag abgeschlossen oder klargestellt werden, dass das bisherige Arbeitsverhältnis ruht.[468]

Ist der Arbeitgeber eine GmbH & Co.KG, deren einzige Komplementärin die GmbH ist, wird das Arbeitsverhältnis meist mit der KG bestehen, während der Dienstvertrag des Geschäftsführers i.d.R. mit der GmbH geschlossen wird. Für diese Konstellation gilt aufgrund der gleichen Interessenlage Vorstehendes entsprechend: Die für die GmbH den schriftlichen Dienstvertrag abschließende Person hebt i.d.R. – zugleich handelnd für die KG – den mit der KG bestehenden Arbeitsvertrag auf.[469] Mit dem späteren Verlust der Organstellung wandelt sich das zugrundeliegende Dienstverhältnis nicht ohne Hinzutreten besonderer Umstände in ein Arbeitsverhältnis um; auch entsteht nicht automatisch ein neues Arbeitsverhältnis.[470] **291**

Anders ist die Situation, wenn ein Arbeitnehmer zum Organ bestellt wird, ohne dass ein schriftlicher Aufhebungsvertrag oder ein (eine ausdrückliche oder konkludente Aufhebung enthaltender) schriftlicher Dienstvertrag geschlossen wird. In diesem Fall besteht das Arbeitsverhältnis – ggf. als ruhendes – weiter fort. Es bildet entweder die Grundlage für die Tätigkeit als Organ oder lebt bei Beendigung der Organstellung wieder auf. Allein in einer längeren Ausübung der Geschäftsführertätigkeit liegt kein Umstand, der es rechtfertigen würde, den Formmangel als unbeachtlich und ein Berufen auf ihn als rechtsmissbräuchlich zu qualifizieren.[471] **292**

Nach der jüngeren Rechtsprechung des BAG[472] dürfte die Frage, ob nach einer Bestellung eines Arbeitnehmers zum Geschäftsführer der Arbeitsvertrag ruhend weiter fortbesteht oder aber – ausdrücklich oder konkludent – aufgehoben worden ist, **in den meisten Fällen nicht (mehr) von Relevanz** sein: Das BAG stellt darauf ab, dass die ordentliche Kündigung eines GmbH-Geschäftsführers wegen § 14 Abs. 1 Nr. 1 KSchG nicht der sozialen Rechtfertigung nach § 1 KSchG bedarf – auch wenn Rechtsgrundlage für die Tätigkeit als Geschäftsführer ein Arbeitsvertrag ist (zu Einzelheiten der Unterscheidung zwischen Organstellung und zugrunde liegendem Vertragsverhältnis vgl. Rdn 328 ff.). **293**

cc) Rechtsfolge der fehlenden Schriftform

Wird der Aufhebungsvertrag nicht schriftlich abgeschlossen, ist er gem. § 125 S. 1 BGB **nichtig**. Das Arbeitsverhältnis besteht ungekündigt fort. Bereits erbrachte Leistungen sind nach §§ 812 ff. BGB rückabzuwickeln.[473] Bei Kenntnis des Leistenden von der Nichtigkeit des Aufhebungsvertrages gilt § 814 BGB.[474] **294**

Ist ein Aufhebungsvertrag wegen Verstoßes gegen den Formzwang nichtig, besteht die Gefahr, dass der Arbeitgeber in **Annahmeverzug** gerät. Annahmeverzug setzt nach § 615 BGB allerdings die Leistungsbereitschaft des Arbeitnehmers voraus. Diese fehlt, wenn der Arbeitnehmer durch Zustimmung zu einem Aufhebungsvertrag dokumentiert, ab einem darin bestimmten Zeitpunkt keine Arbeitsleistung mehr er- **295**

---

467 So zutreffend *Fischer*, NJW 2003, 2417, 2419.
468 Vgl. auch *Bauer/Arnold*, DB 2008, 350, 354; *Haase*, GmbHR 2004, 279 ff.
469 BAG 19.7.2007 – 6 AZR 875/06, juris; ErfK/*Müller-Glöge*, § 620 BGB Rn 8a.
470 BAG 5.6.2008, NZA 2008, 1022; BAG 25.6.1997, NZA 1997, 1363.
471 BAG 15.3.2011, GmbHR 2011, 867.
472 BAG 25.10.2007, NZA 2008, 168.
473 *Richardi/Annuß*, NJW 2000, 1231, 1233; ErfK/*Müller-Glöge*, § 623 BGB Rn 22.
474 ErfK/*Müller-Glöge*, § 623 BGB Rn 22.

bringen zu wollen, auch dann, wenn der Aufhebungsvertrag mangels Schriftform formnichtig ist.[475] Ist das Zustandekommen eines Aufhebungsvertrags zwischen den Arbeitsvertragsparteien streitig, bedarf es zur Begründung des Annahmeverzugs des Arbeitgebers i.d.R. eines tatsächlichen Angebots der Arbeitsleistung durch den Arbeitnehmer.[476] Ein wörtliches Angebot nach § 295 BGB genügt aus diesem Grunde regelmäßig nicht.

dd) Abwicklungsvertrag

296 Die Formvorschrift des § 623 BGB gilt nicht für den Abschluss eines **echten Abwicklungsvertrages** (näher hierzu siehe unten Rdn 456 ff.).[477] Der Abwicklungsvertrag löst das Arbeitsverhältnis gerade nicht auf, sondern regelt lediglich die Modalitäten einer ausgesprochenen Kündigung (z.B. Erhebung einer Kündigungsschutzklage, Verzicht auf Rüge mangelnder Sozialauswahl, Zahlung einer Abfindung). Folgeregelungen einer **wirksamen** Beendigung des Arbeitsverhältnisses werden von § 623 BGB nicht erfasst, denn in diesem Fall beendet nicht der Abwicklungsvertrag, sondern die zugrunde liegende formgerechte Kündigung das Arbeitsverhältnis.[478] Dies erscheint vor allem angesichts der Folgen eines Verstoßes sinnvoll: Eine etwaige Unwirksamkeit würde lediglich den Abwicklungsvertrag, nicht aber die Kündigung betreffen.[479] Auch eine **Vereinbarung über ein zukünftiges Verhalten** nach Ausspruch einer bevorstehenden formgerechten Kündigung ist nicht formbedürftig, da das Arbeitsverhältnis in diesem Fall letztlich durch die Kündigung aufgelöst wird und nicht durch die zusätzliche Vereinbarung der Parteien.[480] Führt hingegen erst der **(unechte) „Abwicklungsvertrag"** die Beendigung des Arbeitsverhältnisses herbei, weil die zugrundeliegende Kündigung formunwirksam ist, ist er nach § 623 BGB formbedürftig; der Formmangel der Kündigung wird in einem solchen Fall nicht durch die Fiktion des § 7 KSchG geheilt. In diesem Fall handelt es sich in Wahrheit um einen Aufhebungsvertrag.[481]

297 Die teilweise vertretene Ansicht, dass auch der Abwicklungsvertrag von § 623 BGB erfasst werde[482] bzw. diese Vorschrift auf Abwicklungsverträge analog anzuwenden sei,[483] wurde durch das BAG ausdrücklich verworfen.[484]

ee) Klageverzichtsvereinbarungen

298 Das BAG nimmt allerdings an, dass **Klageverzichtsvereinbarungen**, die im unmittelbaren zeitlichen und sachlichen Zusammenhang mit dem Ausspruch einer Kündigung getroffen werden, keine (formfreien) Abwicklungs-, sondern formbedürftige Auflösungsverträge i.S.d. § 623 BGB seien und deshalb der Schriftform bedürften.[485] Der Verzichtsvertrag werde gerade deshalb geschlossen, weil bei seinem Abschluss aus Sicht des Arbeitgebers noch unsicher sei, ob die bereits ausgesprochene und noch angreifbare Kündigung ihr Ziel herbeiführen werde. Die nach Ausspruch der Kündigung einzige dem Arbeitnehmer verbleibende rechtliche Handhabe – die Möglichkeit der Kündigungsschutzklage – solle beseitigt werden. Der Zweck des § 623 BGB – Schutz vor Übereilung und Beweissicherung – greife daher ein. Der erforderliche Zusammenhang besteht jedoch nur dann, wenn Klageverzicht und Kündigung tatsächlich nur ein anderes

---

475 LAG Thüringen 27.1.2004, ArbRB 2004, 198; *Richardi/Annuß*, NJW 2000, 1231, 1233.
476 BAG 7.12.2005, NZA 2006, 435.
477 Vgl. zum Begriff *Hümmerich*, NZA 2001, 1280.
478 BAG 23.11.2006, NZA 2007, 466; LAG Köln 21.4.2005 – 6 Sa 87/05, zit. nach juris; ErfK/*Müller-Glöge*, § 623 BGB Rn 8; *Appel/ Kaiser*, AuR 2000, 281, 285; *Dahlem/Weisner*, NZA 2004, 530, 531; *Preis/Gotthardt*, NZA 2000, 348, 354.
479 *Bauer*, NZA 2002, 169, 170.
480 Ebenso: ErfK/*Müller-Glöge*, § 623 BGB Rn 8; *Müller-Glöge/von Senden*, AuA 2000, 199, 200.
481 ErfK/*Müller-Glöge*, § 623 BGB Rn 8; *Appel/Kaiser*, AuR 2000, 281, 285.
482 *Richardi*, NZA 2001, 57, 61.
483 *Schaub*, NZA 2000, 344, 347.
484 BAG 23.11.2006, NZA 2007, 466.
485 BAG 19.4.2007, NZA 2007, 1227.

Mittel sind, um das Arbeitsverhältnis durch ein faktisch einheitliches Rechtsgeschäft einvernehmlich zu lösen.[486] Nicht jede Klageverzichtsvereinbarung, die innerhalb der Drei-Wochen-Frist des § 4 S. 1 KSchG geschlossen wird, ist daher nach § 623 BGB formbedürftig; der Praxis ist jedoch vorsorglich die Wahrung der Schriftform zu empfehlen.

Gemäß § 307 Abs. 3 BGB sind Hauptabreden der Inhaltskontrolle dann entzogen, wenn sie – wie regelmäßig – keine von Rechtsvorschriften abweichenden oder sie ergänzenden Regelungen enthalten[487] (zur AGB-Inhaltskontrolle von Aufhebungsverträgen im Einzelnen vgl. Rdn 350 ff.). Die bloße Beendigung des Arbeitsverhältnisses ist keine vom Gesetz abweichende Regelung. Die Aufhebungsvereinbarung als solche, auch wenn sie formularmäßig erfolgt, unterliegt damit keiner vertraglichen Inhaltskontrolle.[488] Zu beachten ist aber, dass der formularmäßige Verzicht des Arbeitnehmers auf die Erhebung einer Kündigungsschutzklage der Inhaltskontrolle nach § 307 Abs. 1 S. 1 BGB unterliegt.[489] Eine unangemessene Benachteiligung ist zwar nicht schon nach § 307 Abs. 2 Nr. 1 BGB im Zweifel zu vermuten, da ein Klageverzicht nach Zugang einer Kündigung als solcher mit wesentlichen Grundgedanken des Kündigungsschutzgesetzes zu vereinbaren ist. Nach der Rechtsprechung des BAG ist ein Verzicht auf die Erhebung einer Kündigungsschutzklage gerade auch während des Ablaufs der Drei-Wochen-Frist des § 4 S. 1 KSchG zulässig.[490] Die unangemessene Benachteiligung des Arbeitnehmers, der formularmäßig auf die Erhebung einer Kündigungsschutzklage verzichtet, kann in solchen Fällen aber in dem Versuch des Arbeitgebers zu sehen sein, seine Rechtsposition ohne Rücksicht auf die Interessen des Arbeitnehmers zu verbessern, indem er dem Arbeitnehmer die Möglichkeit einer gerichtlichen Überprüfung der Kündigung ohne jede Gegenleistung entzieht.[491] Das Versprechen, dem Arbeitnehmer ein bestimmtes (überdurchschnittliches) Zeugnis auszustellen, ist keine ausreichende Kompensation für einen Klageverzicht.[492] Eine unangemessene Benachteiligung ist auch gegeben, wenn der Klageverzicht in einem Aufhebungsvertrag geregelt ist, der zur Vermeidung einer vom Arbeitgeber widerrechtlich i.S.d. § 123 BGB angedrohten außerordentlichen Kündigung geschlossen wird.[493]

299

ff) Treu und Glauben, § 242 BGB

Nach **Treu und Glauben** (§ 242 BGB) kann es einer Partei versagt sein, sich auf die Nichteinhaltung der Formvorschrift zu berufen. Voraussetzung ist, dass die Folgen anderenfalls nicht nur hart, sondern untragbar wären.[494] Um eine Aushöhlung der Formvorschriften des bürgerlichen Rechts zu vermeiden, wird ein Formmangel allerdings nur ausnahmsweise nach § 242 BGB als unbeachtlich angesehen werden können.[495]

300

c) Wirksamkeit
aa) Allgemeines

Aufhebungsverträge sind im Grundsatz ohne besondere Voraussetzungen für beide Seiten verbindlich. **Kündigungsfristen** brauchen nicht eingehalten zu werden. Allerdings können sich bei der Nichteinhaltung der Kündigungsfristen sowohl für den Arbeitnehmer als auch für den Arbeitgeber nachteilige sozialversicherungsrechtliche Folgen ergeben (hierzu im Einzelnen vgl. Rdn 450).

301

---

486 BAG 25.9.2014, NZA 2015, 350.
487 BAG 25.9.2014, NZA 2015, 350.
488 BAG 27.11.2003, NZA 2004, 597.
489 BAG 25.9.2014, NZA 2015, 350; BAG 6.9.2007, NZA 2008, 219.
490 BAG 6.9.2007, NZA 2008, 219, 221 f.; BAG 19.4.2007, NZA 2007, 1227.
491 BAG 24.9.2015, NZA 2016, 351; BAG 6.9.2007, NZA 2008, 219, 221; so auch LAG Schleswig-Holstein 24.9.2003, NZA-RR 2004, 74; LAG Hamburg 29.4.2004, NZA-RR 2005, 151; APS/*Dörner*, § 1 KSchG Rn 15; ErfK/*Preis*, §§ 305–310 BGB Rn 77; HWK/ *Quecke*, vor § 1 KSchG Rn 29.
492 BAG 24.9.2015, NZA 2016, 351; anders noch LAG Niedersachsen 27.3.2014, ArbRB 2014, 201.
493 BAG 12.3.2015, NZA 2015, 676.
494 BAG 27.3.1987, DB 1987, 1996; *Kliemt*, Formerfordernisse im Arbeitsverhältnis, S. 546 ff.
495 BAG 16.9.2004, NZA 2005, 162.

302 Vor dem Abschluss des Aufhebungsvertrages bedarf es auch keiner Anhörung des **Betriebsrats**. Auch zu einem Aufhebungsvertrag mit einem Betriebsratsmitglied ist die Zustimmung des Betriebsrats nicht erforderlich. Der Arbeitgeber ist auch nicht verpflichtet, die Schwerbehindertenvertretung vor dem Abschluss eines Aufhebungsvertrags mit einem schwerbehinderten Menschen anzuhören.[496] Ebenso wenig müssen **behördliche Genehmigungen**, etwa bei Schwangeren nach § 9 MuSchG oder bei behinderten Menschen nach §§ 85 ff. SGB IX, eingeholt werden.[497] Vereinbaren Arbeitgeber und Arbeitnehmer lediglich mündlich, dass zur Beendigung ihres Arbeitsverhältnisses eine Kündigung seitens des Arbeitgeber ausgesprochen und ein Abwicklungsvertrag geschlossen werden soll, ist die Kündigung kein Scheingeschäft. Der Betriebsrat ist zu ihr nach § 102 BetrVG anzuhören.[498]

303 Grundsätzlich ist nicht erforderlich, dass der Arbeitgeber dem Arbeitnehmer eine **Bedenkzeit** oder ein **Rücktritts- oder Widerrufsrecht** vor Abschluss des Aufhebungsvertrages einräumt oder ihm vor einem beabsichtigten Gespräch über einen Aufhebungsvertrag dessen Thema mitteilt.[499] Abweichendes kann sich indes aus tarifvertraglichen Regelungen ergeben.

bb) Keine Umgehung von Schutzvorschriften

304 Beim Abschluss eines Aufhebungsvertrages sind die einschlägigen Schutzvorschriften zugunsten des Arbeitnehmers zu beachten. Ein Verstoß gegen derartige Schutzvorschriften führt regelmäßig zur Nichtigkeit des abgeschlossenen Aufhebungsvertrages. Schutzvorschriften sind insbesondere in folgenden Bereichen zu berücksichtigen:

(1) Betriebsübergang

305 Liegt ein **Betriebsübergang** vor, dürfen die zwingenden Rechtsfolgen des § 613a Abs. 4 S. 1 BGB durch den Abschluss eines Aufhebungsvertrages nicht umgangen werden. Ein diesen Zweck verfolgender Aufhebungsvertrag ist gem. § 134 BGB nichtig.[500] Eine Umgehung liegt insbesondere dann vor, wenn ein neues Arbeitsverhältnis zum Betriebsübernehmer zu veränderten Konditionen vereinbart oder zumindest verbindlich in Aussicht gestellt wird und der Arbeitnehmer unter Hinweis darauf veranlasst wird einem Aufhebungsvertrag zuzustimmen (so genanntes „Lemgoer Modell"). Verboten sind damit auch Aufhebungsverträge aus Anlass des Betriebsüberganges, wenn sie vom Betriebsveräußerer oder -erwerber allein deshalb veranlasst werden, um dem bestehenden Kündigungsverbot auszuweichen. Unwirksam sind ferner Vertragsgestaltungen, deren objektive Zielsetzung in der Beseitigung der Kontinuität des Arbeitsverhältnisses bei gleichzeitigem Erhalt des Arbeitsplatzes besteht.[501]

Hiervon zu unterscheiden sind zwischen dem Arbeitnehmer und dem alten oder dem neuen Betriebsinhaber geschlossene Vereinbarungen, die auf ein **endgültiges Ausscheiden** des Arbeitnehmers aus dem Betrieb gerichtet sind. Solche Verträge werden von der Rechtsprechung des BAG ohne Rücksicht auf ihre sachliche Berechtigung als wirksam angesehen.[502] Dies gilt auch beim Abschluss eines dreiseitigen Vertrages unter Einschaltung einer sog. Beschäftigungs- und Qualifizierungsgesellschaft,[503] wenn die Übernahme nicht nur zum Schein geschieht oder offensichtlich nur bezweckt wird, um die Sozialauswahl zu umgehen.[504] Eine rechtsmissbräuchliche Umgehung von § 613a BGB liegt insbesondere vor, wenn zwar für kurze Zeit ein

---

496 BAG 14.3.2012, AP Nr. 4 zu § 95 SGB IX.
497 BAG 27.3.1958, BB 1958, 593.
498 BAG 28.6.2005, DB 2005, 2827.
499 BAG 14.2.1996, NZA 1996, 811, 812; BAG 30.9.1993, NZA 1994, 209, 211.
500 BAG 18.8.2011, NZA 2012, 152; BAG 25.10.2007 – 8 AZR 917/06, zit. nach juris; BAG 18.8.2005, NZA 2006, 145, 147; BAG 11.2.1992, NZA 1993, 20, 21; BAG 28.4.1987, NZA 1988, 198, 199.
501 BAG 25.10.2012, ZinsO 2013, 946; BAG 25.10.2007 – 8 AZR 917/06, zit. nach juris.
502 BAG 23.11.2006, NZA 2007, 866; BAG 11.12.1997, NZA 1999, 262, 263.
503 BAG 23.11.2006, NZA 2007, 866; BAG 18.8.2005, NZA 2006, 145, 148.
504 BAG 23.11.2006, NZA 2007, 866.

Übertritt in die Beschäftigungs- und Qualifizierungsgesellschaft erfolgt, jedoch zugleich ein neues Arbeitsverhältnis zum Betriebsübernehmer vereinbart oder zumindest verbindlich in Aussicht gestellt wird; in diesem Fall liegt die objektive Zwecksetzung des Aufhebungsvertrages bzw. des dreiseitigen Vertrages in der Beseitigung der Kontinuität des Arbeitsverhältnisses bei gleichzeitigem Erhalt des Arbeitsplatzes.[505]

Damit trägt die Rechtsprechung dem Umstand Rechnung, dass der Arbeitnehmer dem Übergang seines Arbeitsverhältnisses auf den Betriebserwerber widersprechen und damit den Eintritt der Rechtsfolgen des § 613a BGB verhindern kann.[506] Täuscht der Arbeitgeber den Arbeitnehmer darüber, dass ein Betriebsübergang geplant ist, indem er wahrheitswidrig eine Betriebsstilllegung vorspiegelt und veranlasst er den Arbeitnehmer dadurch zum Abschluss eines Aufhebungsvertrages, kann dieser unter dem Gesichtspunkt der Anfechtung oder des Wegfalls der Geschäftsgrundlage unwirksam sein.[507]

Schließt der **Insolvenzverwalter** eines insolventen Betriebes mit sämtlichen Arbeitnehmern Aufhebungsverträge mit geringen Abfindungen (z.B. 20 % eines Monatsgehaltes) ab und werden die Arbeitnehmer unmittelbar im Anschluss an den vereinbarten Ausscheidenszeitpunkt von einem Betriebsübernehmer wieder eingestellt, so ist die bisherige Betriebszugehörigkeit trotz des Aufhebungsvertrages im neuen Beschäftigungsverhältnis anzurechnen.[508]   **306**

(2) Massenentlassungen

Bei Entlassung mehrerer Arbeitnehmer können die für eine Massenentlassung gem. §§ 17 ff. KSchG relevanten Voraussetzungen erfüllt sein, so dass es der Erstattung einer **Massenentlassungsanzeige** bedarf. Bei der Berechnung des Schwellenwertes des § 17 Abs. 1 S. 1 KSchG stehen Aufhebungsverträge als „andere Beendigungen" i.S.d. § 17 Abs. 1 S. 2 KSchG Entlassungen jedenfalls dann gleich,[509] wenn die Aufhebung erfolgt, weil andernfalls das Arbeitsverhältnis durch Arbeitgeberkündigung aufgelöst worden wäre.[510] Eine Massenentlassungsanzeige nach § 17 KSchG kann daher auch dann notwendig werden, wenn es im Rahmen eines Personalabbaus nur zu wenigen (betriebsbedingten) Kündigungen kommt und die Arbeitsverhältnisse im Übrigen durch Aufhebungsverträge beendet werden.[511]   **307**

Umstritten ist, ob auch sog. **dreiseitige Verträge** von § 17 Abs. 1 S. 2 KSchG erfasst werden. Sie enthalten zwar ein Beendigungselement, sind aber der Sache nach auf die Überleitung in ein anderes Arbeitsverhältnis und damit auf eine „nahtlose" Weiter- bzw. Anschlussbeschäftigung – wenn auch mit einem anderen Arbeitgeber – gerichtet. Diskutiert wird diese Frage vor allem für den Fall eines dreiseitigen Vertrages, der die Beendigung des bisherigen Arbeitsverhältnisses und den Übergang der Arbeitnehmer in eine eigenständige Einheit im Sinne des § 111 Abs. 3 SGB III (Transfergesellschaft) vorsieht. Das BAG hat sich zu dieser Frage noch nicht abschließend positioniert.[512] Teils wird in der Literatur unter Hinweis darauf, dass in einem solchen Fall eine Belastung des Arbeitsmarktes (noch) nicht eintrete, eine Beendigung i.S.d. § 17 Abs. 1 S. 2 KSchG in einem solchen Fall kategorisch verneint.[513] Hinter dieser Ansicht steht die normzweckorientierte Überlegung, dass die Arbeitnehmer den Arbeitsmarkt mangels tatsächlicher Beendigung eines Arbeitsverhältnisses nicht belasten und auch keine Beratungs- und Vermittlungsleistung der Bundesagentur für Arbeit in Anspruch nehmen. Damit korrespondiert, dass die wohl überwiegende Ansicht in der Literatur eine Anzeigepflicht verneint, wenn ein Arbeitnehmer aufgrund einer **Vorruhestandsverein-**

---

505 BAG 18.8.2011, NZA 2012, 152; BAG 25.10.2012, ZInsO 2013, 946.
506 BAG 11.7.1995, NZA 1996, 207, 208.
507 BAG 23.11.2006, NZA 2007, 866.
508 LAG Nürnberg 19.4.2005, NZA-RR 2005, 469; vgl. hierzu auch BAG 25.10.2007 – 8 AZR 917/06, zit. nach juris.
509 BAG 19.3.2015, DB 2015, 2029; *Lingemann/Otte*, DB 2015, 2640.
510 BAG 28.6.2012 – 6 AZR 780/10, NZA 2012, 1029, 1034 m.w.N.; KR/*Weigand*, 11. Auflage 2016, § 17 KSchG Rn 66; ErfK/*Kiel*, 16. Aufl. 2016, § 17 KSchG Rn 14 m.w.N.
511 *Lingemann/Otte*, DB 2015, 2640 (2641).
512 BAG 28.6.2012 – 6 AZR 780/10, NZA 2012, 1029, 1033.
513 So insbesondere v. Hoyningen-Huene/Linck/*v. Hoyningen-Huene*, Kündigungsschutzgesetz, 5. Aufl. 2013, § 17 Rn 31.

barung aus dem Arbeitsverhältnis ausscheidet (mithin nicht arbeitsuchend wird).[514] Die wohl überwiegende Ansicht in der Literatur bejaht indes auch beim (vorübergehenden) Wechsel in eine Transfergesellschaft in Folge einer dreiseitigen Vereinbarung eine Beendigung i.S.d. § 17 Abs. 1 S. 2 KSchG, u.a. unter Verweis auf den Wortlaut der Norm und mit dem Argument, dass die Arbeitnehmer den Arbeitsmarkt beim Übergang in eine Transfergesellschaft zumindest absehbar belasten werden.[515]

308 Die Erstattung der Massenentlassungsanzeige hat gem. § 18 KSchG **einen Monat vor der Entlassung** zu erfolgen. Das BAG hatte § 18 KSchG in der Vergangenheit stets dahingehend interpretiert, dass die beabsichtigten Entlassungen mindestens einen Monat vor dem Ausscheiden der Arbeitnehmer bei der Agentur für Arbeit anzuzeigen waren. Nach der so genannten Junk-Entscheidung des EuGH[516] sind die den §§ 17 ff. KSchG zugrunde liegenden Art. 2 bis 4 der Richtlinie 98/59/EG indes dahingehend auszulegen, dass die Massenentlassungsanzeige mindestens einen Monat vor dem Ausspruch der Kündigung bzw. dem Abschluss des Aufhebungsvertrages zu erstatten ist.

309 Dieser Interpretation hat sich das BAG zwischenzeitlich angeschlossen. Unter Entlassung i.S.v. § 17 Abs. 1 S. 1 KSchG ist der Ausspruch der Kündigung[517] bzw. der Abschluss des Aufhebungsvertrages[518] zu verstehen. Sofern das BAG zunächst in begrenztem Umfang Vertrauensschutz gewährte,[519] kann sich ein Arbeitgeber wegen des zwischenzeitlich eingetretenen Zeitablaufs heute nicht mehr darauf berufen.

(3) Kündigungsschutz

310 Einschränkungen für die Gestaltung von Aufhebungsverträgen ergeben sich weiterhin aus dem **Kündigungsschutz**, der nicht umgangen werden darf. Für den Abschluss gem. § 158 BGB **aufschiebend bedingter Aufhebungsverträge** ist deshalb im Anwendungsbereich des KSchG, genauso wie für auflösend bedingte Arbeitsverträge, ein sachlicher Grund erforderlich.[520] Unzulässig ist die Vereinbarung einer Beendigung für den Fall, dass eine bestimmte Quote von Fehltagen überschritten wird[521] oder dass der Arbeitnehmer nicht rechtzeitig aus dem Urlaub zurückkehrt.[522] Gleiches gilt für eine Beendigung bei erneutem Alkoholkonsum.[523]

311 Zulässig ist es jedoch, bei **Nichtbestehen der Probezeit** anstelle einer Kündigung einen unbedingten Aufhebungsvertrag über eine angemessene Verlängerung des Arbeitsverhältnisses mit bedingter Wiedereinstellungszusage für den Fall der Bewährung des Arbeitnehmers zu vereinbaren.[524] Unzulässig wird ein solcher Aufhebungsvertrag jedoch, wenn die mit dem Aufhebungsvertrag abgeschlossene Verlängerungszeitspanne nicht mehr angemessen ist. Dies wird – je nach Dauer der Kündigungsfrist und der objektiv zur Bewährung erforderlichen Zeitspanne – ab einem Zeitraum von drei bis höchstens sechs Monaten der Fall sein. Andernfalls wird unterstellt, dass der wahre Beweggrund ein anderer als die Erprobung ist, da für diese i.d.R. nur ein Zeitraum von sechs Monaten erforderlich sein wird.

514 Gallner/Mestwerdt/Nägele/*Pfeiffer*, Kündigungsschutzrecht, 5. Aufl. 2015, § 17 KSchG Rn 31; KR/*Weigand*, 11. Aufl. 2016, § 17 KSchG Rn 69; v. Hoyningen-Huene/Linck/*v. Hoyningen-Huene*, Kündigungsschutzgesetz, 5. Aufl. 2013, § 17 Rn 32.
515 ErfK/*Kiel*, 16. Aufl. 2016, § 17 KSchG Rn 12; *Niklas/Koehler*, NZA 2010, 913, 914; *Dimsic*, NJW 2016, 901, 902; vgl. auch Stahlhacke/Preis/Vossen/*Vossen*, Kündigung und Kündigungsschutz im Arbeitsverhältnis, 11. Aufl. 2015, Rn 1641; Gagel/*Bieback/Deinert*, SGB II/SGB III, 61. EL März 2016, § 111 SGB III Rn 120.
516 EuGH 27.1.2005, EuZW 2005, 145.
517 BAG 17.7.2007, juris; BAG 23.3.2006, NZA 2006, 971.
518 BAG 19.3.2015, DB 2015, 2029, *Lingemann/Otte*, DB 2015, 2640.
519 Vgl. BAG 13.7.2006, BB 2007, 156.
520 BAG 12.1.2000, BB 2000, 1197.
521 LAG Baden-Württemberg 15.10.1990, DB 1991, 918.
522 BAG 13.12.1984, NZA 1985, 324, 325.
523 LAG München 29.10.1987, DB 1988, 506.
524 BAG 7.3.2002, DB 2002, 1997, 1998.

(4) Befristungsrecht

Daneben sind beim Abschluss eines Aufhebungsvertrages die Regelungen für befristete Arbeitsverhältnisse   312
zu berücksichtigen. Ein Aufhebungsvertrag ist eine Vereinbarung über das vorzeitige Ausscheiden eines
Arbeitnehmers aus einem Dauerarbeitsverhältnis. Er ist seinem Regelungsgehalt nach auf eine alsbaldige
Beendigung der arbeitsvertraglichen Beziehungen gerichtet. Das bringen die Vertragsparteien i.d.R. durch
die Wahl einer zeitnahen Beendigung, die sich häufig an der jeweiligen Kündigungsfrist orientiert und weitere Vereinbarungen über Rechte und Pflichten aus Anlass der vorzeitigen Vertragsbeendigung zum Ausdruck. Ein solcher auf die alsbaldige Beendigung eines Dauerarbeitsverhältnisses gerichteter Aufhebungsvertrag ist nicht Gegenstand der arbeitsgerichtlichen **Befristungskontrolle** gem. § 14 Abs. 1 TzBfG.

Dagegen bedarf ein Vertrag, dessen Regelungsgehalt nicht auf die Beendigung, sondern auf eine befristete   313
Fortsetzung eines Dauerarbeitsverhältnisses gerichtet ist, zu seiner Wirksamkeit eines sachlichen Grundes.
Für das Eingreifen der Befristungskontrolle ist nicht die von den Parteien gewählte Vertragsbezeichnung
entscheidend, sondern der Regelungsgehalt der getroffenen Vereinbarung.[525] Besteht dieser in der befris-
teten Fortsetzung eines Dauerarbeitsverhältnisses, kann eine funktionswidrige Verwendung der in § 620
BGB gesetzlich vorgesehenen Möglichkeit, einen befristeten Arbeitsvertrag abzuschließen, vorliegen.
Das gilt vor allem dann, wenn der von den Parteien gewählte Beendigungszeitpunkt die jeweilige Kündi-
gungsfrist um ein Vielfaches überschreitet und es an weiteren Vereinbarungen im Zusammenhang mit der
Beendigung des Arbeitsverhältnisses fehlt, wie sie im Aufhebungsvertrag regelmäßig getroffen werden.
Dazu gehören insbesondere Freistellungen, Urlaubsregelungen, gegebenenfalls auch Abfindungen und
Ähnliches. Zur entsprechenden Beurteilung ist eine Gesamtschau vorzunehmen.[526]

(5) Minderjährige

Minderjährige können Aufhebungsverträge grds. nur mit Einwilligung bzw. Genehmigung ihrer gesetz-   314
lichen Vertreter abschließen, §§ 107, 108 BGB. Ermächtigt der gesetzliche Vertreter den Minderjährigen,
ein Arbeitsverhältnis einzugehen, kann der Minderjährige auch den Aufhebungsvertrag wirksam ohne die
Zustimmung des Vertreters abschließen, § 113 Abs. S. 1 BGB. In der bloßen Mitunterzeichnung des Arbeitsvertrages ist eine solche Ermächtigung indes noch nicht zu sehen.[527] **Berufsausbildungsverhältnisse**
unterfallen nicht § 113 BGB. Daher ist hier stets die Einwilligung des gesetzlichen Vertreters erforderlich.[528]

(6) Geschäftsunfähige

Nichtig sind Aufhebungsverträge, die von **Geschäftsunfähigen** sowie von Personen, die im Zustand der   315
Bewusstlosigkeit oder vorübergehender Störung der Geistestätigkeit handeln, abgeschlossen werden,
§§ 104, 105 BGB. Dies ist jedenfalls dann der Fall, wenn die freie Willensbildung ausgeschlossen ist,
also der Vertragsschließende nicht in der Lage ist, seine Entscheidung von vernünftigen Erwägungen abhängig zu machen.[529] Es genügt nicht eine bloße Willensschwäche oder leichte Beeinflussbarkeit[530] und
auch nicht das Unvermögen, den Inhalt und das Wesen der vorgenommenen Handlung zu erkennen.[531]

---

525 BAG 11.2.2015, NZA 2015, 1066.
526 BAG 28.11.2007, NZA 2008, 348, 351; BAG 15.2.2007, NZA 2007, 614; BAG 23.11.2006, NZA 2007, 466; BAG 12.1.2000, NZA
    2000, 718. Zur Ausnahme der „Probezeitverlängerung" innerhalb der sechsmonatigen Wartefrist des § 1 Abs. 1 KSchG: BAG
    7.3.2002, NZA 2002, 1000.
527 LAG Hamm 8.9.1970, DB 1971, 779, 780; dagegen: LAG Bremen 15.10.1971, DB 1971, 2318, wonach auch die ausdrückliche Er-
    mächtigung zum Abschluss eines Arbeitsvertrages nicht die Ermächtigung zum Abschluss eines Aufhebungsvertrages umfassen
    soll.
528 Vgl. *Bauer/Krieger/Arnold*, Arbeitsrechtliche Aufhebungsverträge, B Rn 273.
529 BAG 26.11.1981 – 2 AZR 664/79, zit. nach juris.
530 BAG 14.2.1996, NZA 1996, 811, 812.
531 BAG 30.1.1986, NZA 1988, 91, 93.

Die **Beweislast** trägt derjenige, der sich auf die fehlende Geschäftsfähigkeit beruft, i.d.R. somit der Arbeitnehmer.[532]

(7) Ausländer

316 Bei einem Aufhebungsvertrag mit einem **Ausländer** kann eine wirksame Erklärung zum Aufhebungsvertrag nur dann vorliegen, wenn dieser verstanden hat, dass es sich um einen Aufhebungsvertrag handelt.[533] Es kann deshalb eine Übersetzung erforderlich sein. Sofern eine schriftliche Übersetzung nicht möglich ist oder nicht in Betracht kommt, kann ggf. durch Hinzuziehung einer als Dolmetscher geeigneten Person sichergestellt werden, dass der Arbeitnehmer den Inhalt seiner Erklärung tatsächlich versteht.

cc) Feststellung der Unwirksamkeit/Rückabwicklung

317 Ist ein Aufhebungsvertrag nicht wirksam abgeschlossen worden, kann es sich anbieten, dessen Unwirksamkeit im Wege der **Feststellungsklage** gem. § 256 ZPO gerichtlich bestätigen zu lassen. Macht ein Arbeitnehmer die Unwirksamkeit eines Aufhebungsvertrags geltend und verlangt er zugleich hilfsweise seine Wiedereinstellung, ist zu beachten, dass es sich um unterschiedliche Streitgegenstände handelt. Zum einen geht es um die Wirksamkeit der Beendigung und zum anderen um die Begründung eines Arbeitsverhältnisses. Dies ist im Rahmen der anwaltlichen Beratung und Behandlung der Angelegenheit zu berücksichtigen.[534]

318 Die **Rückabwicklung** erfolgt nach allgemeinem Bereicherungsrecht. Gezahlte Abfindungen sind zurückzugewähren, es sei denn, es wäre ein Fortfall der Bereicherung eingetreten, § 818 Abs. 3 BGB. Das Rückforderungsrecht kann darüber hinaus gem. § 814 BGB ausgeschlossen sein. Dies ist bspw. der Fall, wenn dem Leistenden die Formnichtigkeit des Aufhebungsvertrages bekannt war.[535]

319 Ist dem Aufhebungsvertrag keine Kündigung vorausgegangen, besteht das Arbeitsverhältnis zu den ursprünglichen Bedingungen fort. Problematisch ist in diesem Fall, ob der Arbeitnehmer für nicht geleistete Arbeit Vergütung verlangen kann. Eine entsprechende Nachzahlung kann insbesondere unter dem Gesichtspunkt des Annahmeverzuges in Betracht kommen, hängt letztlich aber von den Umständen des Einzelfalles ab (vgl. hierzu Rdn 374 ff.). Zwischenzeitlich bezogene Sozialleistungen (z.B. Arbeitslosengeld) sind hierbei anzurechnen.[536]

d) Aufklärungs- und Hinweispflichten
aa) Umfang arbeitgeberseitiger Aufklärungs- und Hinweispflichten

320 **Grundsätzlich** muss sich jeder Arbeitnehmer vor dem Abschluss eines Aufhebungsvertrages selbst über die rechtlichen Folgen eines solchen Schrittes Klarheit verschaffen.[537] Dies gilt insbesondere, wenn die Initiative zur Aufhebung des Arbeitsvertrages von ihm selber ausging.[538] Jeder Vertragspartner hat selbst für die Wahrnehmung seiner Interessen zu sorgen. Der Arbeitgeber ist in aller Regel nicht gehalten, von sich aus auf schädliche Folgen von Aufhebungsverträgen hinzuweisen.[539]

321 Bei **Hinzutreten besonderer Umstände** kann jedoch ausnahmsweise eine Aufklärungspflicht des Arbeitgebers bestehen. Diese Aufklärungspflicht resultiert aus § 242 BGB und ist eine Nebenpflicht aus dem Arbeitsverhältnis. Hierbei hat eine **Abwägung** zwischen dem Informationsinteresse des Arbeitnehmers und

---

532 BAG 17.2.1994, NZA 1994, 693, 694.
533 *Weber/Ehrich/Burmester/Fröhlich*, Teil 1 Rn 39; *Bengelsdorf*, S. 68.
534 BAG 8.5.2008, BB 2008, 1113.
535 ErfK/*Müller-Glöge*, § 623 BGB Rn 22.
536 BAG 25.10.2007 – 8 AZR 917/06, zit. nach juris.
537 BAG 3.7.1990, NZA 1990, 971, 973.
538 BAG 24.2.2011, NZA-RR 2012, 148; BAG 10.3.1988, NZA 1988, 837, 838.
539 BAG 11.12.2001, NZA 2002, 1150, 1152.

der Beratungsmöglichkeit des Arbeitgebers zu erfolgen.[540] Insofern kommt es u.a. darauf an, von wem die Initiative zum Abschluss der Aufhebungsvereinbarung ausgegangen ist und ob der Arbeitgeber Kenntnis davon hat, dass dem Arbeitnehmer wesentliche Vermögenseinbußen drohen (z.B. Sperrzeit in Bezug auf Arbeitslosengeld, Nachteile in Bezug auf Rente oder Zusatzversorgung oder drohende Insolvenz des Arbeitgebers).[541] Eine Aufklärung über eine eventuell drohende Sperrfrist nach § 159 SGB III (§ 144 SGB III a.F.) ist erforderlich, wenn der Arbeitgeber den Abschluss der Aufhebungsvereinbarung veranlasst hat oder erkennt, dass der Arbeitnehmer sich über die Folgen und die Tragweite seines Handelns im Unklaren ist. Erhöhte Hinweis- und Aufklärungspflichten bestehen, wenn der Arbeitgeber den Eindruck erweckt, er werde (z.B. bei Abschluss eines neuen Arbeitsvertrages mit einem Tochterunternehmen) auch die Interessen des Arbeitnehmers wahrnehmen.[542]

Die Schutz- und Fürsorgepflichten dürfen aber **nicht überspannt** werden.[543] Sollte dem Arbeitgeber zwar ein Hinweis, nicht aber eine inhaltliche Belehrung möglich sein, ist diese auch nicht erforderlich. Vielmehr kann dann wiederum vom Arbeitnehmer verlangt werden, dass er sich aufgrund des arbeitgeberseitigen Hinweises selbst die notwendigen Informationen verschafft. Ebenso bestehen keine Aufklärungs- und Hinweispflichten, wenn der Arbeitnehmer **anwaltlich beraten** ist, er bereits über Folgen der Auflösung belehrt ist oder auf eine solche Belehrung ausdrücklich **verzichtet**. Darüber hinaus ist der Arbeitgeber grds. nicht verpflichtet, den Arbeitnehmer von sich aus darüber aufzuklären, dass weitere Entlassungen beabsichtigt sind, die u.U. zu einer sozialplanpflichtigen Betriebsänderung führen könnten.[544]

322

Nach § 2 Abs. 2 S. 2 Nr. 3 SGB III soll der Arbeitgeber den Arbeitnehmer über seine unverzügliche **Meldepflicht nach § 38 SGB III** informieren; da die Vorschrift aber kein Schutzgesetz zugunsten des Arbeitnehmers darstellt, begründet ein Verstoß keinen Schadensersatzanspruch gegen den Arbeitgeber (siehe Rdn 455).[545]

323

bb) Rechtsfolgen fehlerhafter oder unterlassener Aufklärung

Unterlassene, unzutreffende und nur scheinbar vollständige oder sonst irreführende Auskünfte führen nicht zur Unwirksamkeit des Aufhebungsvertrages.[546] Vielmehr ist der Arbeitgeber bei **Verletzung seiner Hinweis- und Auskunftspflichten** zu **Schadensersatz** nach § 280 BGB verpflichtet.[547] In der Praxis hat sich deshalb die Aufnahme eines Hinweises in den Aufhebungsvertrag eingebürgert, wonach der Arbeitnehmer selbst verpflichtet ist, bei Sozialversicherungsträgern, Finanzamt und anderen geeigneten Auskunftsstellen Informationen über die sozialversicherungs- und steuerrechtlichen Folgen eines Aufhebungsvertrages einzuholen. Allerdings reichen ein solcher allgemeiner Hinweis und die bloße Verweisung an eine zur Information berufene Stelle unter Einräumung einer Bedenkzeit u.U. nicht aus, wenn dem Arbeitnehmer ein schwerwiegender Vermögensnachteil droht.[548] Ein Schadensersatzanspruch setzt voraus, dass sich der Arbeitnehmer bei richtiger Auskunft anders entschieden hätte.[549] Dies ist bei Sachverhalten anzunehmen, in denen für den Arbeitnehmer Handlungsalternativen in Betracht kommen und die vom Arbeitgeber zumindest mitveranlasste Entscheidung für den Arbeitnehmer nachteilig war.[550] Aus Treu und Glauben kann sich bei besonderen Erklärungen des Arbeitgebers vor Abschluss des Aufhebungsvertrages ein Wiedereinstel-

324

---

540 BAG 15.4.2014 – 3 AZR 288/12, zit. nach juris; 17.10.2000, NZA 2001, 206, 207.

541 BAG 15.4.2014 – 3 AZR 288/12, zit. nach juris; 11.7.2012, NZA 2012, 3390; BAG 17.10.2000, NZA 2001, 206, 207.

542 BAG 22.4.2004, NZA 2004, 1295 (zu bevorstehendem Sozialplanabschluss); BAG 21.2.2002, BB 2002, 2335 (2337); BAG 17.10.2000, NZA 2001, 206, 207.

543 BAG 11.12.2001, NZA 2002, 1150, 1152.

544 BAG 13.11.1996, NZA 1997, 390, 392.

545 BAG 29.9.2005, NZA 2005, 1406.

546 BAG 10.3.1988, AP Nr. 99 zu § 611 BGB Fürsorgepflicht; *Bauer/Krieger/Arnold*, Arbeitsrechtliche Aufhebungsverträge, B Rn 179.

547 BAG 3.7.1990, NZA 1990, 971, 973; LAG Mecklenburg-Vorpommern 27.2.2008, juris.

548 BAG 17.10.2000, NZA 2001, 206 f. zu Nachteilen in Bezug auf Zusatzversorgung im öffentlichen Dienst.

549 BAG 19.8.2003, AP Nr. 20 zu § 1 TVG Tarifverträge: Luftfahrt.

550 BAG 21.11.2000, NZA 2002, 618, 620 f.

lungsanspruch ergeben.[551] Ein nach §§ 249 ff. BGB ersatzfähiger Vermögensschaden wegen Verletzung bestehender Aufklärungspflichten des Arbeitgebers liegt noch nicht vor, wenn der Sperrzeitbescheid der Bundesagentur für Arbeit von dem Arbeitnehmer angegriffen worden ist und noch keine rechtskräftige Entscheidung vorliegt.[552] In diesem Fall kommt statt einer Zahlungs- eine Feststellungsklage in Betracht. Die **Beweislast** für die behauptete falsche Beratung durch den Arbeitgeber trägt der Arbeitnehmer.[553] Unterlässt der Arbeitgeber eine an sich erforderliche Aufklärung, kann einem Schadensersatzanspruch des Arbeitnehmers zudem dessen überwiegendes **Mitverschulden** gem. § 254 BGB entgegenstehen, wenn der Arbeitnehmer zumutbare Maßnahmen zur Abwendung des Schadens unterlässt.[554]

cc) Fragen des Arbeitnehmers

325 Stellt der Arbeitnehmer ausdrücklich **Fragen**, z.B. bezüglich der rechtlichen Auswirkungen des Aufhebungsvertrages auf Altersversorgung oder Arbeitslosengeld, müssen diese vom Arbeitgeber wahrheitsgemäß beantwortet werden, soweit er über die entsprechenden Informationen verfügt. Ist der Arbeitgeber hierzu nicht in der Lage, muss er den Arbeitnehmer an die zuständige Stelle verweisen. Erteilt der Arbeitgeber **Auskünfte**, müssen diese **zutreffend** und **vollständig** sein. Ansonsten setzt sich der Arbeitgeber ebenso einer Schadensersatzpflicht aus, wie bei der Verletzung einer bestehenden Hinweis- und Aufklärungspflicht.[555]

e) Hinzuziehung von Betriebsratsmitgliedern

326 Arbeitnehmer haben nur dann nach § 82 Abs. 2 S. 2 BetrVG einen Anspruch auf Hinzuziehung eines Betriebsratsmitglieds zu einem Personalgespräch über einen Aufhebungsvertrag, wenn es in dem Gespräch zumindest auch um eines der in § 82 Abs. 2 S. 1 BetrVG genannten Themen (Arbeitsentgelt, Leistungsbeurteilung, berufliche Entwicklung) geht. Daran fehlt es, wenn nur noch die Modalitäten des Aufhebungsvertrages besprochen werden,[556] da es dann nicht um die berufliche Entwicklung, sondern um das Ausscheiden aus dem Arbeitsverhältnis geht.

f) Beweislast

327 Im Regelfall genügt es, dass der Arbeitgeber, der sich auf die wirksame Auflösung des Arbeitsverhältnisses beruft, den schriftlichen Aufhebungsvertrag (§ 623 BGB) vorlegt. Es obliegt dann dem Arbeitnehmer, die Vermutung der beabsichtigten Vertragsauflösung zu erschüttern, indem er vorträgt, dass ein vom eindeutigen Wortlaut des Auflösungsvertrages abweichender übereinstimmender Wille der Parteien vorlag und dass hierfür Tatsachen streiten, aus denen sich die ernsthafte Möglichkeit eines atypischen Geschehenslaufs ergibt. Gelingt dem Arbeitnehmer der Nachweis der ernsthaften Möglichkeit eines atypischen Geschehensablaufs, muss der Arbeitgeber nun seinerseits der ihn treffenden Darlegungs- und Beweislast in vollem Umfang nachkommen.[557]

g) Besonderheiten bei Geschäftsführern und Vorstandsmitgliedern

328 Besonderheiten sind bei Aufhebungsverträgen mit Geschäftsführern und Vorstandsmitgliedern zu beachten.

In diesen Fällen ist zunächst zwischen der Organstellung und dem zugrunde liegenden Dienstverhältnis zu differenzieren. Die **Organstellung** eines Geschäftsführers oder Vorstandsmitglieds ist rein gesellschaftsrechtlicher Natur. Sie kann bei GmbH-Geschäftsführern durch Abberufung jederzeit beendet werden, so-

---

551 BAG 21.2.2002, BB 2002, 2335, 2337.
552 LAG Hamm 7.6.2005, NZA-RR 2005, 606; LAG Niedersachsen 28.3.2003, NZA-RR 2004, 46.
553 BAG 9.7.1991, ZTR 1992, 116.
554 BAG 12.12.2002, AP Nr. 25 zu § 611 BGB Haftung des Arbeitgebers.
555 BAG 17.10.2000, NZA 2001, 206, 207; *Schulte*, ArbRB 2004, 26 ff.
556 BAG 16.11.2004, NZA 2005, 416.
557 LAG Hamm 12.10.2004 – 6 Sa 621/04, zit. nach juris.

fern nicht besondere Voraussetzungen für die Abberufung vorgesehen sind, § 38 Abs. 2 GmbHG. Die Abberufung von Vorstandsmitgliedern unterliegt demgegenüber gem. § 84 Abs. 3 AktG gewissen Einschränkungen.

Neben der Organstellung besteht i.d.R. ein **Dienstvertrag** zwischen der Person, die zum Organmitglied bestellt ist, und der Gesellschaft. In diesem Dienstvertrag sind vor allem die Vergütung und eventuelle Kündigungsfristen geregelt. Das Dienstverhältnis ist regelmäßig kein Arbeitsverhältnis, da es an einer weisungsgebundenen und abhängigen Tätigkeit fehlt. Der Geschäftsführer bzw. das Vorstandsmitglied ist als Organ der Arbeitgeberseite zuzurechnen. Vor diesem Hintergrund finden arbeitsrechtliche Regelungen auf Dienstverhältnisse weitgehend keine Anwendung. Ausnahmen bestehen insbesondere nach Maßgabe europäischen Rechts: Abhängig von der Zielsetzung kann ein Geschäftsführer Arbeitnehmer im Sinne einer europarechtlichen Norm sein.[558] So sind Fremd- und minderheitlich beteiligte Gesellschaftergeschäftsführer grundsätzlich Arbeitnehmer im Sinne der Massenentlassungsrichtlinie (RL 98/59), mit der Folge, dass ihre Entlassung bei der Berechnung der Schwellenwerte des § 17 Abs. 1 KSchG zu berücksichtigen ist.[559] Sie können auch unter den Schutz der Arbeitszeitrichtlinie (RL 2003/88/EG) fallen und sind dann i.d.R. als Arbeitnehmer i.S.d. § 1 BUrlG anzusehen.[560] Bei der Gestaltung von Aufhebungsverträgen können folglich die Vorgaben der §§ 3, 7 BUrlG zum Mindesturlaub und seiner Abgeltung zu berücksichtigen sein.[561] Eingeschränkt anwendbar sind zudem die Vorschriften des AGG, dessen Benachteiligungsverbote jedoch gemäß § 6 Abs. 3 AGG gerade nicht für die Beendigung des Organverhältnisses gelten.[562] Nach jüngerer Rechtsprechung des BAG entfällt zudem die Fiktionswirkung des § 5 Abs. 1 S. 3 ArbGG nach Abberufung oder Amtsniederlegung, mit der Folge, dass dem Geschäftsführer der Rechtsweg zu den Arbeitsgerichten eröffnet sein kann.[563] Organmitglieder genießen jedoch keinen Kündigungsschutz nach dem Kündigungsschutzgesetz, da dieser gem. § 14 KSchG für Mitglieder der Vertretungsorgane von juristischen Personen keine Anwendung findet.[564] Dies gilt in gleicher Weise für Fremdgeschäftsführer, für nur geringfügig beteiligte Gesellschafter-Geschäftsführer sowie für herrschende Gesellschafter-Geschäftsführer.[565]

329

Aus der rechtlichen Trennung von Organ- und Anstellungsverhältnis folgt grds., dass beide Rechtsverhältnisse rechtlich selbstständig nebeneinander stehen. Durch die Bestellung als solche wird noch keine schuldrechtliche Beziehung zwischen der Gesellschaft und dem Geschäftsführer begründet. Behauptet der gekündigte Geschäftsführer, es hätten zwei schuldrechtliche Rechtsverhältnisse bestanden (Geschäftsführerdienstverhältnis und ruhendes Arbeitsverhältnis), hat er im Einzelnen die Tatsachen darzulegen, aus denen sich ergeben solle, dass eine klar unterscheidbare und trennbare Doppelstellung vorliege. Wird ein bei einer Konzernobergesellschaft beschäftigter Arbeitnehmer zum Geschäftsführer einer konzernabhängigen Gesellschaft bestellt, kann der mit der Konzernobergesellschaft abgeschlossene Arbeitsvertrag die Rechtsgrundlage für die Geschäftsführerbestellung bei der Tochtergesellschaft sein. Dieser Arbeitsvertrag kann nach der Rechtsprechung des BAG wegen § 14 Abs. 1 Nr. 1 KSchG ordentlich gekündigt werden, ohne dass es eines rechtfertigenden Grundes bedarf.[566] Anderes kann gelten, wenn zunächst die Beendigung der Organstellung (z.B. durch Abberufung oder Niederlegung) und zeitlich nachfolgend der Ausspruch der Kündigung erfolgen. In diesem Fall greift die Fiktion des § 14 Abs. 1 Nr. 1 KSchG nicht (mehr) ein.[567]

330

---

558 *Lunk/Hildebrand,* NZA 2016, 129; *Vielmeier,* NJW 2014, 2678.
559 EuGH 9.7.2015, NZA 2015, 861.
560 ErfK/*Gallner,* § 1 BUrlG Rn 15.
561 *Bauer/Krieger/Arnold,* D. Rn 192.
562 *Kliemt,* RdA 2015, 232.
563 BAG 3.12.2014, NZA 2015, 180.
564 Vgl. nur BAG 19.7.2007, NZA 2008, 219; BAG 25.10.2007, NZA 2008, 168.
565 *Nägele,* BB 2001, 305, 307.
566 BAG 25.10.2007, NZA 2008, 168.
567 ErfK/*Kiel,* § 14 Rn 6.

331   Beim Abschluss eines Aufhebungsvertrages mit einem Geschäftsführer bzw. einem Vorstandsmitglied erfolgt die **Vertretung der Gesellschaft** i.d.R. – wie auch beim Abschluss des Dienstvertrages – durch die Gesellschafterversammlung bzw. den Aufsichtsrat.[568] Ist ein Aufsichtsrat zuständig, kann dieser bei der Willensbildung nicht von seinem Vorsitzenden vertreten werden. Der Aufsichtsratsvorsitzende kann lediglich aufgrund einer besonderen Bevollmächtigung einen Aufsichtsratsbeschluss vollziehen und dabei den Aufsichtsrat beim Abschluss eines Aufhebungsvertrages mit dem geschäftsführenden Organmitglied vertreten.[569] Grund für diese Zuständigkeitsverteilung ist, dass der die Beendigung begründende Geschäftsführer die Entscheidungskompetenz der Gesellschafterversammlung nicht einengen oder unterlaufen können soll.[570]

332   An dieser Zuständigkeitszuweisung ändert sich auch dann nichts, wenn Abberufung und Beendigung des Dienstvertrages (z.B. durch Abschluss eines Aufhebungsvertrages) nicht zeitlich zusammenfallen, sondern **nacheinander erfolgen**. Nach der Rechtsprechung des BGH[571] ist – im Falle eines Geschäftsführers – § 46 Nr. 5 GmbH dahin zu verstehen, dass nicht nur die Kompetenz für die Begründung oder Beendigung des Organverhältnisses, sondern auch diejenige für das Dienstverhältnis des Geschäftsführers stets in die Hand der Gesellschafterversammlung (bzw. des entsprechend sonst zuständigen Organs) gelegt ist, ohne dass es auf einen engen zeitlichen und sachlichen Zusammenhang zwischen Bestellung und Anstellung bzw. Abberufung und Beendigung des Dienstverhältnisses ankommt. Eine andere Beurteilung kommt allenfalls dann in Betracht, wenn es nicht (mehr) um die Kündigung des ursprünglichen Dienstvertrages des bereits abberufenen Geschäftsführers geht, sondern diese ein nicht mit dem Amt als Geschäftsführer zusammenhängendes Dienstverhältnis betrifft. Dies wäre bspw. dann der Fall, wenn dem abberufenen Geschäftsführer anstelle der ihm bisher obliegenden Geschäftsleitungsaufgaben andere Pflichten übertragen wurden.[572] Dann nämlich besteht nicht die Gefahr, dass der die Beendigung begründende Geschäftsführer die Entscheidungskompetenz der Gesellschafterversammlung einengen oder unterlaufen kann.

333   Der Aufhebungsvertrag mit einem Organmitglied bedarf grds. **keiner Schriftform**, da § 623 BGB auf Dienstverhältnisse keine Anwendung findet.[573] Für eine analoge Anwendung ist kein Raum.[574] Eine Ausnahme kommt allenfalls bei Geschäftsführern in sog. Drittanstellung in Betracht, wo im Einzelfall ein Arbeitsverhältnis vorliegen kann. Dies setzt jedoch eine persönliche Abhängigkeit des Geschäftsführers voraus, insbesondere muss der Geschäftsführer verfahrensbezogenen Weisungen der Drittgesellschaft unterliegen.[575] Es kann allerdings gegebenenfalls ein vertraglich vereinbartes Schriftformerfordernis zu beachten sein.

334   Nach der Rechtsprechung des BAG[576] ist schließlich zu beachten, dass zumindest der Geschäftsführer einer GmbH als **Verbraucher** im Sinne des § 13 BGB angesehen werden kann; dies gilt jedenfalls dann, wenn er nicht zugleich als Gesellschafter über zumindest eine Sperrminorität verfügt und Leitungsmacht über die Gesellschaft ausüben kann. Infolge dessen gelten für diese Geschäftsführer die Regelungen über Allgemeine Geschäftsbedingungen, was auch bei der Formulierung eines sie betreffenden Aufhebungsvertrages zu beachten ist.

---

568 Vgl. hierzu nur *Hümmerich/Lücke/Mauer*, § 4 Rn 314 ff.

569 BGH 17.3.2008 – 2 ZR 239/06, n.v.

570 BGH 27.3.1995, DStR 1995, 774, 775.

571 Vgl. BGH 19.6.1995, DStR 1995, 1359 m. Anm. *Goette*; BGH 27.3.1995, DStR 1995, 774, 775.

572 BGH 19.6.1995, DStR 1995, 1359 m. Anm. *Goette*; BGH 27.3.1995, DStR 1995, 774, 775; OLG Frankfurt/Main 11.5.1999, NZA-RR 2000, 385.

573 MüKo-BGB/*Henssler*, § 623 Rn 6; *Lohr*, NZG, 2001, 826, 828; *Nägele*, BB 2001, 305, 307.

574 Vgl. *Lohr*, NZG 2001, 826, 828.

575 Vgl. *Lohr*, NZG 2001, 826, 828.

576 BAG 19.5.2010, NZA 2010, 939.

2. Die Beseitigung des Aufhebungsvertrages

Der Aufhebungsvertrag unterliegt den allgemeinen Bestimmungen über Willenserklärungen und Verträge des BGB. Insofern kommen insbesondere eine Anfechtung, ein Widerruf sowie ein Rücktritt in Betracht. **335**

a) Anfechtung

Die Willenserklärungen, die auf den Abschluss eines Aufhebungsvertrages gerichtet sind, sind nach den allgemeinen Regeln der §§ 119 ff. BGB anfechtbar. Das Bestehen von **Sonderkündigungsschutz** führt nicht zur Unwirksamkeit eines Aufhebungsvertrages. Eine Irrtumsanfechtung wegen Unkenntnis einer **Schwangerschaft** bzw. deren mutterschutzrechtlicher Folgen ist nicht möglich.[577] Gleiches gilt für die **Schwerbehinderteneigenschaft**. **336**

Die Anfechtung wegen **widerrechtlicher Drohung** (§ 123 BGB) setzt voraus, dass dem Arbeitnehmer vom Arbeitgeber widerrechtlich ein künftiges Übel angekündigt wurde, das den Arbeitnehmer in eine Zwangslage versetzt hat.[578] Kam der Aufhebungsvertrag aufgrund der Drohung des Arbeitgeber mit einer außerordentlichen Kündigung zustande, ist eine Anfechtung dann nicht möglich, wenn ein verständiger Arbeitgeber die Kündigung ernsthaft in Erwägung ziehen durfte;[579] dabei ist nicht erforderlich, dass sich die angekündigte Kündigung, wenn sie ausgesprochen worden wäre, in einem Kündigungsschutzprozess als rechtsbeständig erwiesen hätte.[580] Die für die angedrohte Entlassung herangezogenen Pflichtverletzungen müssen lediglich im Grundsatz geeignet sein, einen Kündigungsgrund abzugeben. Maßgeblich ist der **objektiv mögliche hypothetische Wissensstand** des Arbeitgebers, der verantwortliche Ermittlungen angestellt hätte. Nicht maßgeblich ist der tatsächliche subjektive Wissensstand des konkreten Arbeitgebers.[581] Es kommt auch nicht darauf an, ob eine Straftat bewiesen werden kann. Der Arbeitgeber darf aber durchaus eine Strafanzeige in Erwägung ziehen und diese dem Arbeitnehmer ankündigen sowie eine außerordentliche Kündigung androhen, wenn eine Straftat konkret das Arbeitsverhältnis berührt;[582] eine wirksame Anfechtung ist in diesem Fall nicht möglich. Dem Arbeitnehmer ist es – wenn er zu Unrecht verdächtigt werden sollte – zumutbar, diesem Druck standzuhalten.[583] **337**

Widerrechtlich kann die Drohung mit einer außerordentlichen Kündigung sein, wenn ein vernünftiger Arbeitgeber aufgrund der Umstände davon ausgehen muss, die angedrohte Kündigung werde einer arbeitsgerichtlichen Nachprüfung wegen Versäumung der Ausschlussfrist gem. § 626 Abs. 2 BGB nicht standhalten.[584] Gleiches gilt, wenn eine erforderliche Abmahnung oder – bei angedrohter Verdachtskündigung – die hierfür erforderliche Aufklärung fehlt. Droht der Arbeitgeber dem Arbeitnehmer mit einer fristlosen Kündigung, die ein verständiger Arbeitgeber nicht in Betracht gezogen hätte, um den Arbeitnehmer zum Abschluss eines Aufhebungsvertrags zu veranlassen, wird die Widerrechtlichkeit der Drohung nicht durch eine dem Arbeitnehmer vom Arbeitgeber eingeräumte Bedenkzeit beseitigt.[585] Ohne Hinzutreten weiterer Umstände ändert eine dem Arbeitnehmer eingeräumte Bedenkzeit auch nichts an der Ursächlichkeit der Drohung für den späteren Abschluss des Aufhebungsvertrags. Für eine von der Drohung nicht mehr maßgeblich beeinflusste Willensbildung spricht jedoch, dass der Anfechtende die Bedenkzeit dazu genutzt hat, die zwischen den Parteien getroffene Vereinbarung durch aktives Verhandeln – z.B. neue eigene Angebote – erheblich zu seinen Gunsten zu beeinflussen, insbesondere wenn er selbst rechtskundig ist oder zuvor **338**

577 BAG 6.2.1992, DB 1992, 1529; BAG 16.2.1983, DB 1983, 1663.
578 BAG 30.9.1993, NZA 1994, 209, 210.
579 Vgl. BAG 12.3.2015, NZA 2015, 676.
580 BAG 5.12.2002, DB 2003, 1685 (zur Eigenkündigung).
581 BAG 30.1.1986, NZA 1987, 91, 91 f.
582 BAG 30.1.1986, NZA 1987, 91, 92.
583 Fallbeispiele, in denen der Arbeitgeber eine fristlose Kündigung in Erwägung ziehen darf, bei *Weber/Ehrich/Burmester/Fröhlich*, Teil 1 Rn 846 (mit Nachweisen aus der Rspr.).
584 BAG 3.7.2003, AuA 2004, 46 (Nr. 6); vgl. hierzu auch BAG 13.12.2007, NJW-Spezial 2008, 178.
585 BAG 28.11.2007, NZA 2008, 348.

Rechtsrat eingeholt hat bzw. aufgrund der Dauer der eingeräumten Bedenkzeit hätte einholen können.[586] Die (abgestufte) **Darlegungs- und Beweislast** für sämtliche Voraussetzungen des Anfechtungstatbestandes, d.h. für alle Tatsachen, die die angedrohte Kündigung als widerrechtlich erscheinen lassen, trägt der die Anfechtung erklärende Arbeitnehmer.[587]

339　Eine zur Anfechtung berechtigende **arglistige Täuschung** durch Unterlassung i.S.d. § 123 BGB begeht, wer bei den Vertragsverhandlungen einen Umstand verschweigt, hinsichtlich dessen ihn gegenüber seinem Vertragspartner eine Aufklärungspflicht trifft[588] (zum Bestehen einer Aufklärungspflicht vgl. Rdn 321).

340　Im Rahmen einer entsprechenden Anfechtung ist die hierfür geltende **Jahresfrist** gem. § 124 Abs. 1 BGB zu beachten. Im Falle der Erklärung einer Anfechtung wegen widerrechtlicher Drohung läuft diese Frist gem. § 124 Abs. 2 Hs. 2 BGB ab Beendigung der Zwangslage, d.h. i.d.R. ab Abschluss des Aufhebungsvertrages. Die Anfechtung ist ausgeschlossen, wenn seit der Abgabe der Willenserklärung zehn Jahre verstrichen sind (§ 124 Abs. 3 BGB).

341　Darüber hinaus ist die Anfechtung bei **Bestätigung** des Rechtsgeschäfts gem. § 144 BGB ausgeschlossen. Eine solche Bestätigung kann auch konkludent erfolgen. Jedoch muss das Verhalten des Anfechtungsberechtigten den eindeutigen Willen offenbaren, trotz der Anfechtbarkeit an dem Rechtsgeschäft festhalten zu wollen; jede andere den Umständen nach einigermaßen verständliche Deutung muss ausgeschlossen sein. Hierzu reicht i.d.R. nicht aus, dass der Arbeitgeber dem Arbeitnehmer nach Abschluss eines anfechtbaren Aufhebungsvertrages weniger Arbeit zuweist und der Arbeitnehmer es unterlässt, mehr Arbeit zu verlangen.[589]

b) Widerrufsrecht

342　Grds. besteht kein Recht, den Aufhebungsvertrag zu widerrufen. Allerdings kann ein befristetes Widerrufsrecht bei Abschluss des Aufhebungsvertrages vereinbart werden.[590] Diese Möglichkeit wird vor allem bei Auflösungsvereinbarungen genutzt, die im Rahmen von Kündigungsschutzprozessen vor Gericht geschlossen werden.

343　Zuweilen sehen auch **Tarifverträge** (z.B. § 11 Abs. 10 des MTV Einzelhandel-NRW) ein Widerrufsrecht vor. Die tarifliche Einräumung eines Widerrufsrechtes ist jedoch selten. Die Widerrufsfrist beginnt unabhängig davon zu laufen, ob der Arbeitgeber auf das tarifliche Widerrufsrecht hingewiesen hat.[591] Häufig ist ein solches tarifliches Widerrufsrecht verzichtbar ausgestaltet. In diesem Fall kann der **Verzicht** auch im Aufhebungsvertrag erfolgen, ohne dass er gesondert von dem übrigen Vertragstext oder in einem besonderen Dokument erklärt werden müsste.[592]

344　Mit Wirkung zum 1.1.2002 wurden im Zuge der Schuldrechtsreform das HaustürWG und das VerbrKrG in das BGB eingegliedert. Seitdem normierte § 312 Abs. 1 BGB a.F. ein unter bestimmten Voraussetzungen bestehendes Widerrufsrecht. Ob dieses Widerrufsrecht auch bei Aufhebungsverträgen eingreift, war zunächst umstritten.[593] In einer Grundsatzentscheidung vom 27.11.2003 hat das BAG zu Recht entschieden, dass durch § 312 Abs. 1 BGB a.F. **kein gesetzliches Widerrufsrecht bei Aufhebungsverträgen** geschaffen worden ist – auch wenn der Aufhebungsvertrag im Personalbüro des Arbeitgebers, am Arbeitsplatz des

---

586 BAG 28.11.2007, NZA 2008, 348.
587 BAG 28.11.2007, NZA 2008, 348, 354; BAG 12.8.1999, NZA 2000, 27, 29.
588 BAG 11.7.2012, NZA 2012, 3390; BAG 22.4.2004, NZA 2004, 1295; BAG 13.11.1996, AP Nr. 4 zu § 620 BGB Aufhebungsvertrag.
589 BAG 28.11.2007, NZA 2008, 348, 352.
590 ErfK/*Müller-Glöge*, § 620 BGB Rn 13.
591 LAG Köln 11.4.1990, BB 1990, 2047.
592 BAG 30.9.1993, NZA 1994, 209, 211.
593 Pro: ArbG Berlin 2.4.2003, EzA-Schnelldienst 18/2003, S. 5; *Schleusener*, NZA 2002, 949, 952; *Hümmerich/Holthausen*, NZA 2002, 173, 178. Contra: *Weber/Ehrich/Burmester/Fröhlich*, Teil 3 Rn 75 (m.w.N.); *Bauer*, NZA 2002, 169, 171; *Mengel*, BB 2003, 1278, 1280.

Arbeitnehmers oder in dessen Privatwohnung geschlossen worden ist.[594] Daran hat sich auch durch die Neuregelung der §§ 312 ff. BGB durch das am 13.6.2014 in Kraft getretenen „Gesetz zur Umsetzung der Verbraucherrichtlinie und zur Änderung des Gesetzes zur Regelung der Wohnungsvermittlung"[595] nichts geändert. Nach der Entstehungsgeschichte, der gesetzlichen Systematik sowie nach deren Sinn und Zweck unterfallen derartige Beendigungsvereinbarungen nicht dem Anwendungsbereich der §§ 312 ff. BGB. Der Arbeitnehmer hat somit insbesondere auch dann kein Widerrufsrecht nach §§ 355, 312g, 312b BGB, wenn der Aufhebungsvertrag außerhalb der Geschäftsräume des Arbeitgebers abgeschlossen worden ist.[596]

c) Rücktritt

Der Arbeitgeber muss dem Arbeitnehmer vor Abschluss einer Aufhebungsvereinbarung **keine Bedenkzeit**   **345** und im Aufhebungsvertrag kein Rücktrittsrecht einräumen,[597] es sei denn, dies ist in einem anwendbaren Tarifvertrag vorgeschrieben. Der Arbeitnehmer kann allerdings unter den Voraussetzungen des § 323 BGB vom Aufhebungsvertrag zurücktreten.[598] Dies ist z.B. der Fall, wenn der Arbeitgeber mit der Abfindungszahlung in Verzug geraten ist und ihm der Arbeitnehmer eine Frist zur Leistung oder Nacherfüllung gesetzt hat.[599] Beim Abschluss eines gerichtlichen Vergleichs kann im Einzelfall das Rücktrittsrecht stillschweigend ausgeschlossen sein.[600]

d) Wegfall der Geschäftsgrundlage

Kommt es auf Veranlassung des Arbeitgebers zur Vermeidung einer betriebsbedingten Kündigung zum Abschluss eines Aufhebungsvertrages, ist dieser nach den Regeln über den Wegfall der Geschäftsgrundlage   **346** (§ 313 BGB) anzupassen, wenn sich in der Zeit zwischen dem Abschluss und dem vereinbarten Vertragsende unvorhergesehen eine Weiterbeschäftigungsmöglichkeit für den Arbeitnehmer ergibt. Diese Vertragsanpassung kann auch in einer Wiedereinstellung liegen.[601]

e) Kündigung zwischen Abschluss und Beendigung

Wird in einem Aufhebungsvertrag vereinbart, dass das Arbeitsverhältnis zu einem bestimmten, in der Zukunft liegenden, Termin endet, besteht das Arbeitsverhältnis bis dahin unverändert fort. Ausgeschlossen ist   **347** damit regelmäßig die ordentliche Kündigung zu einem früheren Termin. Unberührt bleibt allerdings das – vertraglich nicht abdingbare – Recht, das Arbeitsverhältnis vor dem im Aufhebungsvertrag vereinbarten Ende wirksam **außerordentlich zu kündigen**. Wird das Arbeitsverhältnis vor dem im Aufhebungsvertrag vereinbarten Ende wirksam außerordentlich gekündigt (z.B. wegen unerlaubter Konkurrenztätigkeit während des noch bestehenden Arbeitsverhältnisses), wird der Aufhebungsvertrag gegenstandslos.[602] Eine vereinbarte Abfindung ist nicht zu zahlen (hinsichtlich einer vorzeitigen Beendigung aufgrund Rentengewährung wegen **voller Erwerbsminderung** vgl. Rdn 392).

f) Rückabwicklung

Die Rückabwicklung erfolgt bei einem wirksam angefochtenen, widerrufenen oder nichtigen Aufhebungs-   **348** vertrag nach allgemeinem Bereicherungsrecht (hierzu im Einzelnen vgl. Rdn 318)

---

594 BAG 18.8.2005, NZA 2006, 145; BAG 22.4.2004, NZA 2004, 1295; BAG 27.11.2003, 2 AZR 177/03, AP Nr. 1 und 2 zu § 312 BGB.
595 BGBl I 2014, 3642.
596 ErfK/*Müller-Glöge*, § 620 BGB Rn 14; BeckOKArbR/*Hesse*, § 620 BGB Rn 82; *Bauer/Arnold/Zeh*, NZA 2016, 449; *Kamanabrou*, NZA 2016, 919; aA *Fischinger/Werthmüller*, NZA 2016, 193.
597 BAG 16.2.1996, EzA Nr. 21 zu § 611 BGB Aufhebungsvertrag; LAG Rheinland-Pfalz. 14.5.2004, AuA 2004, 48.
598 *Reinfelder*, NZA 2013, 62.
599 BAG 10.11.2011, NZA 2012, 205.
600 LAG Köln 5.1.1996, BB 1996, 907.
601 BAG 8.5.2008, NZA 2008, 1148.
602 Vgl. BAG 29.1.1997, NZA 1997, 813, 816 f.

3. Der Inhalt von Aufhebungsverträgen

a) Allgemeines

349   Die Parteien sind grds. frei in den zu treffenden Vereinbarungen. Der Abschluss eines Aufhebungsvertrags sowie dessen inhaltliche Ausgestaltung unterliegen der Vertragsfreiheit der Parteien (§ 305 BGB). Es ist Ausdruck der freien Entscheidung des Arbeitnehmers, ob und zu welchen Bedingungen er an seinem Dauerarbeitsverhältnis festhalten will oder dem Aufhebungsangebot des Arbeitgebers zustimmt.[603]

b) AGB-Kontrolle

350   Auf Aufhebungsverträge sind die Vorschriften über die Kontrolle von allgemeinen Geschäftsbedingungen („AGB") gem. § 310 Abs. 4 i.V.m. §§ 305 ff. BGB anwendbar, wobei die im Arbeitsrecht geltenden Besonderheiten angemessen zu berücksichtigen sind. Zwar bezieht sich § 310 Abs. 4 BGB seinem Wortlaut nach nur auf Arbeitsverträge; jedoch ist die Norm auch auf Aufhebungsverträge als actus contrarius anzuwenden.[604]

351   Um AGB handelt es sich, wenn der Aufhebungsvertrag für eine Vielzahl von Verträgen vorformuliert und nicht individuell ausgehandelt wird. Dies ist in der Praxis häufig der Fall: Um AGB handelt es sich bereits dann, wenn einzelne Punkte (z.B. Abfindungshöhe, Beendigungszeitpunkt, Freistellung) ausgehandelt werden, der Arbeitgeber jedoch zur näheren Ausgestaltung dieses Verhandlungsergebnisses **vorformulierte Vertragsbedingungen** (z.B. Mustertextbausteine) verwendet. Ausreichend ist hierbei die Benutzung eines gebräuchlichen Vertragsmusters (z.B. aus einem Formularhandbuch), selbst wenn es an der Wiederholungsabsicht fehlt.[605] Eine echte Individualabrede liegt nur vor, wenn ein wirkliches Aushandeln der gesamten Vertragsformulierung zwischen den Parteien stattfindet; einzelne ausgehandelte Klauseln oder Vereinbarungsbestandteile hindern die Kontrolle im Übrigen nicht.[606]

352   Die vertragswesentlichen Gegenstände eines Aufhebungsvertrages (u.a. Abfindungshöhe, sonstige Gegenleistungen, Ausscheidenszeitpunkt, Beendigung) sind jedoch gem. § 307 Abs. 3 BGB einer Inhaltskontrolle entzogen, da es sich bei der Auflösung des Arbeitsverhältnisses nicht um eine von Rechtsvorschriften abweichende oder ergänzende Regelung handelt.[607] Diese Kontrollfreiheit gilt aber nur für die Hauptleistungspflichten. Die **Nebenabreden** des Aufhebungsvertrages unterliegen im Fall der Vorformulierung voll der Inhaltskontrolle. So kann die AGB-Kontrolle etwa dazu führen, dass in den Aufhebungsvertrag aufgenommene Ausschlussfristen nicht zu kurz bemessen sein dürfen oder Vertragsstrafen nur in begrenztem Umfang vereinbart werden dürfen.

353   Ist die Beendigungsvereinbarung in einem vom Arbeitgeber vorformulierten Vertrag enthalten, kann es sich in Ausnahmefällen je nach den Umständen um eine ungewöhnliche Bestimmung handeln, die nach § 305c Abs. 1 BGB nicht Vertragsinhalt wird, wenn der Arbeitnehmer im konkreten Fall nach Ablauf und Inhalt der Verhandlungen sowie dem äußeren Zuschnitt des Vertrages nicht damit rechnen musste.[608]

c) Einzelne Klauseln
aa) Art und Zeitpunkt der Beendigung

354   Charakteristikum des Aufhebungsvertrages ist, dass die Beendigung des Arbeitsverhältnisses geregelt wird. Dabei sollte der **Beendigungszeitpunkt** möglichst konkret angegeben werden. Der Aufhebungsvertrag löst

---

603 BAG 30.9.1993, BAGE 74, 281.

604 HWK/*Kliemt*, Anh. § 9 KSchG Rn 35. ErfK/*Müller-Glöge*, § 620 BGB Rn 15; *Bauer*, NZA 2002, 169, 172; *Lingemann*, NZA 2002, 181, 183; *Giesing*, Inhaltskontrolle und Abschlusskontrolle arbeitsrechtlicher Aufhebungsverträge, 2008, S. 102 ff. Zur Anwendbarkeit des AGB-Rechts auch auf Organpersonen vgl. BAG 19.5.2010, NZA 2010, 939.

605 Palandt/*Grüneberg*, § 305 BGB Rn 9.

606 BGH 18.5.1983, NJW 1983, 1603; BAG 16.7.1998, NJW 1998, 3488. Dies verkennend: *Weber/Ehrich/Burmester/Fröhlich*, Teil 2 Rn 3 ff., die davon ausgehen, dass Aufhebungsverträge i.d.R. keine AGB enthalten, da sie ausgehandelt würden.

607 BAG 22.4.2004, NZA 2004, 1295; BAG 27.11.2003, AP Nr. 2 zu § 312 BGB.

608 BAG 15.2.2007, NZA 2007, 614.

das Arbeitsverhältnis zum vereinbarten Zeitpunkt auf. Die Auflösung kann mit sofortiger Wirkung oder für einen zukünftigen Termin vereinbart werden. Die rückwirkende Auflösung ist nur möglich, wenn das Arbeitsverhältnis bereits außer Vollzug gesetzt war[609] oder es vor Aufnahme der Tätigkeit einvernehmlich beendet wird.

Sofern zwischen Abschluss des Aufhebungsvertrages und dem tatsächlichen Beendigungszeitpunkt die einschlägige Kündigungsfrist eingehalten werden soll, kann dies durch einen entsprechenden Hinweis verdeutlicht werden. Es ist jedenfalls darauf zu achten, dass die Frist zwischen Abschluss des Aufhebungsvertrages und dem letzten Tag des Arbeitsverhältnisses nicht deutlich länger als die Kündigungsfrist ist. Andernfalls besteht die Gefahr, dass hierin eine Befristung des Arbeitsverhältnisses gesehen wird. Fehlt hierfür ein sachlicher Grund nach § 14 Abs. 1 TzBfG, löst der nur noch vermeintliche „Aufhebungsvertrag" das Arbeitsverhältnis nicht auf[610] (zur **Abgrenzung zur Befristung** vgl. Rdn 312).   **355**

Neben dem Zeitpunkt der Beendigung wurde aufgrund der Voraussetzungen der zum 31.12.2005 aufgehobenen Steuerbegünstigung nach § 3 Nr. 9 EStG meist aufgenommen, dass das Arbeitsverhältnis **auf Veranlassung des Arbeitgebers aufgelöst** worden ist. Nach Entfallen des § 3 Nr. 9 EStG dürfte diese Formulierung steuerrechtlich nur noch von untergeordneter Bedeutung sein (hierzu im Einzelnen vgl. Rdn 396).   **356**

Die häufig verwendete Klausel, wonach die Aufhebung zur Vermeidung einer ansonsten unvermeidlichen betriebsbedingten Kündigung erfolgt, ist meist ohne unmittelbare Wirkung: Aufgrund der Dienstanweisung der Bundesagentur für Arbeit zu § 159 SGB III (§ 144 SGB III a.F.) an die örtlichen Agenturen für Arbeit ist der Arbeitnehmer i.d.R. gehalten, zunächst die Kündigung durch den Arbeitgeber abzuwarten. Geschieht dies nicht, wird beim Abschluss eines Aufhebungsvertrages eine Sperrzeit ausgelöst, es sei denn, es läge für die Auflösung ein wichtiger Grund vor (im Einzelnen vgl. Rdn 443; zu der Ausnahme bei Abfindungen zwischen 0,25 und 0,5 Monatsentgelten vgl. Rdn 444). Die Angabe des Beendigungsgrundes ist gleichwohl i.d.R. sinnvoll, da die Initiative und die Begründung für die Beendigung steuer- und sozialversicherungsrechtlich das Vorliegen eines solchen wichtigen Grundes indizieren können.   **357**

Ist der Arbeitnehmer nicht nur bei einem Arbeitgeber, sondern bei mehreren Arbeitgebern angestellt (z.B. bei mehreren Unternehmen innerhalb desselben Konzerns), ist – je nach Interessenlage – besonderes Augenmerk darauf zu legen, dass auch die weiteren Arbeitsverhältnisse vom Aufhebungsvertrag erfasst und beendet werden. Hier ist insbesondere auf die Wahrung der Schriftform sowie die korrekte Beteiligung bzw. Vertretung sämtlicher Arbeitgeber zu achten. Anderenfalls beendet der Aufhebungsvertrag lediglich das Arbeitsverhältnis zum unmittelbar abschließenden Arbeitgeber, nicht aber die weiteren Arbeitsverhältnisse, aus denen der Arbeitnehmer weiterhin Rechte herleiten kann.   **358**

bb) Vergütung

Wird im Aufhebungsvertrag keine Vereinbarung getroffen, ist bis zum vereinbarten Beendigungszeitpunkt die Vergütung wie bisher zu zahlen. Besteht die Vergütung nicht nur aus einem Festgehalt, droht nach Abschluss des Aufhebungsvertrages Streit darüber, welche Vergütungsansprüche dem Arbeitnehmer noch zustehen (z.B. Umfang des zu zahlenden Bonus). Zu beachten ist ferner, dass eine etwa vereinbarte Ausschlussklausel durch die Vereinbarung einer „ordnungsgemäßen Abrechnung" letztlich entwertet wird. Zumeist empfiehlt sich daher, konkret zu beziffern, in welchem Umfang und auf welche Weise die ordnungsgemäße Abrechnung der Vergütung für die verbleibende Laufzeit des Arbeitsvertrages zu erfolgen hat.   **359**

---

609 BAG 17.12.2009, NZA 2010, 273; BAG 10.12.1998, NZA 1999, 422, 424.
610 Vgl. BAG 15.2.2007, NZA 2007, 614; BAG 12.1.2000, AP Nr. 16 zu § 620 BGB Aufhebungsvertrag.

360   *Praxishinweis*

Entsprechende Unklarheiten ergeben sich insbesondere bei einer Freistellung des Arbeitnehmers. Um Unklarheiten zu vermeiden, sollte die Höhe des zu zahlenden Entgelts konkret festgelegt werden. Dies bietet sich vor allem dann an, wenn die Vergütungshöhe stark variiert oder wenn neben festen Gehaltsbestandteilen auch Provisionen und variable Leistungen aus Erfolgsprämien, Zielvereinbarungen oder Umsatz- und/oder Gewinnbeteiligungen gezahlt werden. Insofern kann auch eine pauschale Abgeltung in Betracht kommen.

361   Gegebenenfalls kann auch vereinbart werden, dass während einer Zeit der Freistellung keine Vergütung gezahlt wird. Dies bietet sich insbesondere an, wenn anstelle des Aufhebungsvertrages auch eine fristlose Kündigung hätte ausgesprochen werden können und der Arbeitnehmer zur Verbesserung seiner „Papierform" um ein „rundes" Beendigungsdatum (z.B. Monatsende) bittet.

cc) Freistellung und Urlaub

362   Je nach Art des Beschäftigungsverhältnisses bietet es sich an, den Arbeitnehmer für die Restlaufzeit des Arbeitsvertrages von der Verpflichtung zur Erbringung der Arbeitsleistung freizustellen. Eine Freistellung kann insbesondere dann sinnvoll sein, wenn der Arbeitgeber aufgrund betriebsbedingter oder verhaltensbedingter Hintergründe auf die weitere Arbeitsleistung des Arbeitnehmers verzichten möchte. Gleiches gilt, wenn der Arbeitgeber vermeiden will, dass dem Arbeitnehmer (weitere) Geschäftsgeheimnisse zu Kenntnis gelangen, die er an etwaige Folgearbeitgeber weitergeben oder dort nutzen könnte.

363   Besonderes Augenmerk ist auf die **Gewährung noch ausstehenden Urlaubs zu legen**, um die Entstehung eines Urlaubsabgeltungsanspruchs am Ende des Arbeitsverhältnisses zu vermeiden.[611] Der Urlaubsanspruch eines Arbeitnehmers kann dadurch erfüllt werden, dass der Arbeitgeber den Arbeitnehmer bis zur Beendigung des Arbeitsverhältnisses unter Anrechnung auf den Urlaubsanspruch von der Arbeit freistellt.[612] Die zur Erfüllung des Urlaubsanspruchs erforderliche Erklärung des Arbeitgebers muss dabei hinreichend deutlich erkennen lassen, dass durch die zeitliche Festlegung der Arbeitsbefreiung Urlaub gewährt wird (§ 7 Abs. 1 S. 1, Abs. 2 S. 1 BUrlG). Andernfalls ist nicht feststellbar, ob der Arbeitgeber als Schuldner des Urlaubsanspruchs eine Erfüllungshandlung bewirken (§ 362 Abs. 1 BGB), den Beschäftigungsanspruch des Arbeitnehmers z.B. zur besseren Wahrung von Geschäftsgeheimnissen ausschließen oder aus sonstigen Gründen als Gläubiger der Arbeitsleistung auf deren Annahme verzichten will (§ 615 BGB).[613]

364   Soll im Zuge der Freistellung zugleich der dem Arbeitnehmer noch zustehende Urlaub gewährt werden, ist auf Folgendes zu achten: Durch eine lediglich **widerrufliche Freistellung** wird der Urlaubsanspruch nicht erfüllt. Die Erfüllung von Urlaubsansprüchen durch den Arbeitgeber setzt vielmehr eine **unwiderrufliche Freistellung** des Arbeitnehmers von der Arbeitspflicht voraus. Nur dann ist es dem Arbeitnehmer möglich, anstelle der geschuldeten Arbeitsleistung die ihm aufgrund des Urlaubsanspruchs zustehende Freizeit uneingeschränkt zu nutzen. Er muss dann nicht mehr damit rechnen, während der Freistellung zur Arbeit gerufen zu werden.[614] Beide Freistellungsformen können auch dahingehend kombiniert werden, dass zunächst eine unwiderrufliche Freistellung zum Zwecke der Urlaubsgewährung und dann anschließend eine widerrufliche Freistellung (oder umgekehrt) erfolgt.[615]

365   Stellt der Arbeitgeber den Arbeitnehmer unter Anrechnung auf den Urlaub von der Arbeitsleistung frei, liegt hierin i.d.R. eine unwiderrufliche Freistellung, auch wenn die Unwiderruflichkeit nicht explizit zum Aus-

---

611 Vgl. insgesamt zur Thematik *Kock/Fandel*, DB 2009, 2321.
612 St. Rspr., vgl. nur BAG 16.7.2013, AP Nr. 65 zu § 7 BUrlG; BAG 19.1.2010, NZA-RR 2010, 473; BAG 14.3.2006, NZA 2006, 1008; BAG 18.12.1986, NZA 1987, 633.
613 BAG 14.3.2006, NZA 2006, 1008; BAG 9.6.1998, NZA 1999, 80.
614 BAG v. 14.3.2006, NZA 2006, 1008 = NJOZ 2006, 3100.
615 *Bauer*, NZA 2007, 409, 410.

druck kommt.[616] Es bedarf hierzu keiner konkreten Bestimmung von Beginn und Ende des Urlaubs. Wenn der Arbeitgeber die genaue zeitliche Lage des Urlaubs und die Zahl der Urlaubstage nicht festlegt, kann der Arbeitnehmer daraus regelmäßig entnehmen, dass der Arbeitgeber ihm entweder die gesamte Zeit der Kündigungsfrist als Urlaub gewährt; oder der Arbeitgeber überlässt es ihm zumindest, die zeitliche Lage der ihm zustehenden Urlaubstage innerhalb des vorbehaltlos gewährten Freistellungszeitraums zu bestimmen. In beiden Fällen ist für den Arbeitnehmer ohne weiteres erkennbar, dass er während der restlichen Dauer seines Arbeitsverhältnisses nicht mehr damit rechnen muss, eine Arbeitsleistung erbringen zu müssen.[617] Eine genaue Festlegung des Urlaubszeitraums kann aber zur Erfüllung des Urlaubsanspruchs notwendig sein, wenn der Arbeitgeber mit der Freistellung zugleich die Anrechnung anderweitigen Verdienstes nach § 615 S. 2 BGB erklärt.[618] Bei jahresübergreifender Kündigungsfrist kann die Freistellung zur Erfüllung des Urlaubsanspruchs auch im Vorgriff auf das Urlaubsjahr abgegeben werden. Erforderlich ist dann jedoch eine eindeutige Erklärung, aus der der Arbeitnehmer entnehmen kann, ob sein Anspruch auf den gekürzten oder den ungekürzten Vollurlaub erfüllt werden soll.[619] Es ist dann sinnvoll, in der Freistellungserklärung ausdrücklich zu erklären, dass auch der volle Urlaubsanspruch für das Jahr der Vertragsbeendigung erfüllt werden soll.[620]

Verabreden die Parteien allerdings eine unwiderrufliche Freistellung des Arbeitnehmers von der Arbeitsleistung, ohne dass eine Anrechnung auf Urlaubsansprüche vereinbart wird, ist der Urlaubsanspruch regelmäßig noch nicht erfüllt.[621] In diesem Fall wird der Arbeitgeber die Urlaubsgewährung auch nicht nachträglich in den Freistellungszeitraum legen können, da aufgrund der bereits bestehenden unwiderruflichen Freistellung eine Befreiung von der Arbeitspflicht zu Urlaubszwecken nicht mehr möglich ist. **366**

Wird der Urlaubsanspruch im Rahmen der Freistellung nicht wirksam erfüllt, kann der Arbeitnehmer auch nach längerzeitiger Freistellung noch Urlaubsabgeltung verlangen. Dies lässt sich nachträglich auch nur bedingt durch eine im Aufhebungsvertrag enthaltene Klausel, nach der alle gegenseitigen Forderungen erledigt sind, auffangen. Eine solche Klausel bewirkt das Erlöschen des Urlaubsanspruchs nur, soweit der gesetzliche Mindesturlaub nach §§ 1, 3 BUrlG überstiegen wird. Demgegenüber ist der gesetzliche Mindesturlaub – auch in Form des gekürzten Vollurlaubsanspruchs nach § 5 Abs. 1c BUrlG – nach § 13 Abs. 1 BUrlG unabdingbar.[622] Gleiches gilt für den Urlaubsabgeltungsanspruch.[623] **367**

Praxishinweis **368**

Um in einem solchen Fall gleichwohl noch eine Erledigung des Urlaubs zu erreichen und zugleich einer Urlaubsabgeltung wegen Erkrankung des Arbeitnehmers während der Freistellungsphase vorzubeugen, empfiehlt es sich, bei Abschluss eines Aufhebungsvertrags eine (etwaige) Urlaubsabgeltung so zu formulieren, dass der entsprechende Betrag von der im Aufhebungsvertrag festgelegten Abfindung mit umfasst wird. In diesem Fall würde lediglich noch die Gefahr drohen, dass bei entsprechender Krankmeldung durch den Arbeitnehmer hinsichtlich des der Urlaubsabgeltung entsprechenden Teils der Abfindung Sozialversicherungspflicht besteht.[624]

---

616 BAG 14.3.2006, NZA 2006, 1008.
617 BAG 9.11.1999 – 9 AZR 922/98, zit. nach juris.
618 BAG 14.5.2013, AP Nr. 66 zu § 7 BUrlG; BAG 16.7.2013, AP Nr. 65 zu § 7 BUrlG.
619 BAG 17.5.2011, NZA 2011, 1032.
620 *Hümmerich/Reufels*, Rn 3787.
621 BAG 9.6.1998, NZA 1999, 80; BAG 31.5.1990, DB 1991, 392.
622 BAG 9.6.1998, NZA 1999, 80; BAG 20.1.1998, NZA 1998, 816.
623 *Bauer*, NZA 2007, 409, 411.
624 Vgl. hierzu *Bauer*, NZA 2007, 409, 412; Klauselvorschlag bei *Bauer/Krieger/Arnold*, S. 670.

Demgegenüber ist es den Parteien unbenommen, im Wege eines so genannten „Tatsachenvergleichs" festzustellen, dass dem Arbeitnehmer bereits sämtliche Urlaubsansprüche „in natura" gewährt und von diesem auch genommen worden sind.[625]

369 Das sozialversicherungsrechtliche Beschäftigungsverhältnis bleibt auch bei einer **unwiderruflichen Freistellung** grundsätzlich bestehen. Das BSG hatte in diesem Fall zunächst eine Beendigung des sozialversicherungsrechtlichen Beschäftigungsverhältnisses und damit eine Beendigung der Sozialversicherungspflicht angenommen.[626] Die Praxis behalf sich infolgedessen damit, den Arbeitnehmer lediglich widerruflich freizustellen und die Lage des Urlaubs exakt festzulegen. Diese Umgehungsstrategie ist nunmehr obsolet, nachdem das **BSG** mit zwei Urteilen vom 24.9.2008[627] seine **Rechtsprechung geändert** hat: Hiernach besteht beitragsrechtlich das sozialversicherungsrechtliche Beschäftigungsverhältnis auch bei einer unwiderruflichen Freistellung fort, wenn das Arbeitsverhältnis noch fortbesteht und währenddessen das Arbeitsentgelt fortgezahlt wird.[628] Daher bleibt der Arbeitnehmer i.d.R. bis zum Ende des Arbeitsverhältnisses in der Sozialversicherung beitragspflichtig, wenn im Rahmen eines Aufhebungs- oder Abwicklungsvertrages oder in einem arbeitsgerichtlichen Vergleich eine unwiderrufliche Freistellung vereinbart wird.[629] Anderes gilt, wenn die Freistellungsphase ungewöhnlich lange andauert[630] oder während der Freistellung entweder kein Arbeitsentgelt oder ein Arbeitsentgelt gezahlt wird, das weniger als 70 % des in den letzten zwölf Kalendermonaten des vollzogenen Arbeitsverhältnisses gezahlten Arbeitsentgeltes beträgt.[631]

370 Missverständlich sind die diesbezüglichen Stellungnahmen der Sozialversicherungsträger.[632] In ihren Rundschreiben[633] führen sie aus, dass der Fortbestand einer sozialversicherungsrechtlich relevanten Beschäftigung in Zeiten der vollständigen Freistellung von der Arbeitsleistung im Rahmen einer flexiblen Arbeitszeitregelung für Zeiten von mehr als einem Monat nur auf Grundlage einer Wertguthabenvereinbarung gem. § 7b SGB IV möglich sei. Anderenfalls ende die versicherungspflichtige Beschäftigung nach § 7 Abs. 1 SGB IV in der Freistellung nach Ablauf eines Monats. Die neuere Rechtsprechung des BSG beziehe sich – so die Sozialversicherungsträger – nur auf die Rechtslage vor 2009. Durch das sog. Flexi-II-Gesetz habe der Gesetzgeber eine neue Regelung getroffen. Der sozialversicherungsrechtliche Beschäftigtenbegriff sei zum 1.1.2009 völlig neu gefasst worden. Nunmehr gelte derjenige nicht mehr als beschäftigt, der mehr als einen Monat lang nicht arbeite.

371 Indes sind die Ausführungen der Spitzenverbände vorliegend nicht einschlägig. Sie betreffen ausschließlich „flexible Arbeitszeitregeln", also z.B. Wertkontenmodelle. Sowohl die ursprüngliche Regelung des § 7 Abs. 1a SGB IV zu Freistellungen auf der Grundlage von Wertguthaben als auch der neu eingefügte Satz 2 zur dreimonatigen Freistellung betreffen konkrete Sonderfälle und lassen keinen Rückschluss auf die allgemeinen Grundsätze der Sozialversicherungspflicht im Beschäftigungsverhältnis zu. So betrifft der neu eingefügte Satz 2 des § 7 Abs. 1a SGB IV nur die Freistellung zur flexiblen Gestaltung der werktäglichen oder wöchentlichen Arbeitszeit, nicht aber alle übrigen Gestaltungen, insbesondere auch nicht die

---

625 BAG 5.11.1997, NZA 1998, 434.
626 BSG 25.4.2002, NZA-RR 2003, 105. Im Anschluss hieran auch Rundschreiben der Sozialversicherungsträger vom 5./6.7.2005.
627 BSG 24.9.2008, NZA-RR 2009, 272; BSG 24.9.2008 – B 12 KR 27/07 R, NZA-RR 2009, Hierzu auch: *Bergwitz*, NZA 2009, 518; *Kock/Fandel*, ArbRB 2009, 203; *Panzer*, NJW 2010, 11.
628 Bestätigt durch BSG 11.12.2014, NZS 2015, 314, 316; BSG 20.3.2013, SozR 4–2400 § 7 Nr. 19; BSG 4.7.2012, SozR 4–4300 § 123 Nr. 6.
629 Ebenso mittlerweile die Sozialversicherungsträger, vgl. Besprechungsergebnis vom 30./31.3.2009, mit Wirkung zum 1.7.2009.
630 BSG 21.8.1997 – 12 BK 63/97, n.v.; Besprechungsergebnis der Sozialversicherungsträger vom 13./14.10.2009, TOP 3.
631 Besprechungsergebnis der Sozialversicherungsträger vom 13./14.10.2009, TOP 3.
632 Vgl. hierzu *Rolfs/Witschen*, NZA 2011, 881; *Hanau/Greiner*, FS für Gagel, 2011, S. 103 ff.; ErfK/*Rolfs*, § 7 SGB IV Rn 33.
633 Vgl. Rundschreiben der Spitzenverbände der Sozialversicherungsträger vom 31.3.2009, 13.4.2010, 2./3.11.2010.

Freistellung bis zu einem Ablauf der Kündigungsfrist oder einem vereinbarten Beendigungsdatum.[634] Die Regelung des § 7 Abs. 1a S. 1 SGB IV zu den Wertguthaben stellt keine Ausschlussklausel gegenüber anderen Arten der Freistellung dar, sondern bestimmt lediglich, unter welchen Voraussetzungen eines Wertguthabens das sozialrechtliche Beschäftigungsverhältnis fortbesteht. Der Gesetzgeber hat nun Satz 2 eingefügt, um die fehlerhafte Ansicht der Sozialversicherungsträger und die damit einhergehende Unsicherheit der Praxis in einem weiteren konkreten Fall zu beenden: Es steht nun fest, dass Freistellungen im Zusammenhang mit Flexi-/Kurzzeitkonten bis zu einem Zeitraum von drei Monaten unproblematisch sind. Weitergehende Aussagen waren mit der Ergänzung nicht verbunden.

Die Auslegung der Vereinbarung, dass der Arbeitnehmer unter Fortzahlung der Bezüge unwiderruflich von   372
der Arbeit freigestellt wird, führt i.d.R. nur dazu, dass die Arbeitspflicht entfällt, ohne dass ein Anspruch auf Arbeitsvergütung über die gesetzlichen Grundlagen (z.B. **Entgeltfortzahlung im Krankheitsfall**) hinaus begründet wird. Die Zahlung der Arbeitsvergütung wird daher auch in diesem Fall nur bei Arbeitsfähigkeit bzw. nach den Vorschriften der Entgeltfortzahlung im Krankheitsfall geschuldet.[635]

Neben der Gewährung des verbleibenden Resturlaubs ist gegebenenfalls zu regeln, ob auch Ansprüche auf   373
Freizeitausgleich oder Guthaben aus Arbeitszeitkonten angerechnet werden sollen. Solche Ansprüche kann der Arbeitgeber durch Freistellung erfüllen, selbst wenn diese nur widerruflich erfolgt.[636]

dd) Anrechnung anderweitigen Verdienstes und vertragliches Wettbewerbsverbot

Im Falle einer Freistellung besteht für den Arbeitnehmer die Möglichkeit, bereits während des Ablaufs der   374
restlichen Vertragslaufzeit seine Arbeitskraft anderweitig zu verwerten. In diesem Zusammenhang stellt sich die Frage, wie hierbei erzielter Verdienst zu behandeln ist, insbesondere ob eine Anrechnung dieses Verdienstes auf die fortzuzahlende Vergütung vorgenommen werden kann. Das BAG hat hierzu folgende Grundsätze entwickelt:

Nach § 611 Abs. 1 BGB ist der Arbeitgeber grds. zur Zahlung der vereinbarten Vergütung verpflichtet. Rechtsgrund ist der Arbeitsvertrag. Der Vergütungsanspruch entsteht aufgrund des Vertrags; er setzt nicht zwingend voraus, dass die vereinbarten Dienste tatsächlich geleistet werden.[637]

Allerdings kommt eine Anrechnung anderweitigen Verdienstes gem. § 615 BGB in Betracht. Nach § 615 S. 2 BGB ist der Wert desjenigen, was der Arbeitnehmer während des Annahmeverzuges aus einer anderweitigen Verwendung seiner Dienste erwirbt, auf die vom Arbeitgeber nach § 615 S. 1 BGB in Verbindung mit § 611 BGB geschuldete Vergütung anzurechnen. Ein entsprechender Annahmeverzug setzt voraus, dass der Arbeitnehmer dem Arbeitgeber noch eine Arbeitsleistung schuldet. Fehlt es daran, kann der Arbeitgeber mit der Annahme der Arbeitsleistung nicht in Verzug geraten.[638] Auch eine Anrechnung von Zwischenverdienst nach § 615 S. 2 BGB scheidet in einem solchen Fall aus.[639] Hat der Arbeitgeber den Arbeitnehmer bspw. rechtswirksam von seiner Arbeitspflicht freigestellt, kommen Ansprüche aus Annahmeverzug nicht in Betracht.[640] Ein entsprechender Annahmeverzug ist daher u.a. dann ausgeschlossen, wenn mit der Freistellung Urlaubsansprüche des Arbeitnehmers erfüllt werden sollen. Dazu bedarf es der unwiderruflichen Befreiung des Arbeitnehmers von der Arbeitspflicht; ein während des Urlaubs anderweitig erzielter Erwerb ist auf das vom Arbeitgeber geschuldete Arbeitsentgelt nicht anzurechnen.[641]

---

634 Vgl. ErfK/*Rolfs*, § 7 SGB IV, Rn 32; *Hanau/Greiner*, in: FS Gagel 2011, 103, 111 ff.; Kass. Komm. SozR/*Seewald*, § 7 SGB IV Rn 145c; *Rolfs/Witschen*, NZS 2012, 241, 242, 245.
635 BAG 23.1.2008, NZA 2008, 595.
636 BAG 19.5.2009, NZA 2009, 1211.
637 BAG 19.3.2002, EzA Nr. 108 zu § 615 BGB; Palandt/*Weidenkaff*, § 611 BGB Rn 50.
638 BAG 19.3.2002, EzA Nr. 108 zu § 615 BGB; BAG 23.1.2001, NJW 2001, 1964 = NZA 2001, 597; BAG 9.11.1999 – 9 AZR 922/98, zit. nach juris.
639 BAG 19.3.2002, EzA Nr. 108 zu § 615 BGB; BAG 9.11.1999 – 9 AZR 922/98, zit. nach juris.
640 BAG 19.3.2002, EzA Nr. 108 zu § 615 BGB; BAG 23.1.2001, NJW 2001, 1964 = NZA 2001, 597.
641 BAG 19.3.2002, EzA Nr. 108 zu § 615 BGB.

375 Vor diesem Hintergrund begründet die **einseitige Freistellung** Annahmeverzug und ermöglicht dement-sprechend eine Anrechnung zugunsten des Arbeitgebers.[642] Das BAG[643] erkennt jedoch auch eine **einver-nehmliche Freistellung** als hinreichend an, um die Anrechnungsvorschrift des § 615 S. 2 BGB zur Anwen-dung zu bringen. Dies erscheint jedoch wenig überzeugend: Ist die Freistellung vertraglich vereinbart worden, scheidet eine Anwendung von § 615 BGB aus, sofern nichts Abweichendes vereinbart ist. Da man-gels Arbeitspflicht des Arbeitnehmers dem Arbeitgeber die Gläubigerstellung fehlt, kann ein Annahmever-zug nach §§ 293 ff. BGB nicht begründet werden. Eine Anrechnung anderweitigen Verdienstes soll außer-halb des Regelungsbereichs des § 615 BGB auch nicht in analoger Anwendung von § 615 S. 2 BGB oder im Wege ergänzender Vertragsauslegung in Betracht kommen.[644]

376 Der Arbeitgeber, der den Arbeitnehmer von der weiteren Arbeitsleistung freistellt, hat nach Auffassung des BAG allerdings stets die Möglichkeit, sich die **Anrechnung von Zwischenverdienst** auf den vertraglichen Vergütungsanspruch **vorzubehalten**. Erfolgt dieser Vorbehalt im Falle der Freistellung unter Anrechnung auf Urlaubsansprüche, soll ein wirksamer Vorbehalt voraussetzen, dass der Urlaub hinsichtlich seines Be-ginns und Endes im Freistellungszeitraum konkret festgelegt wird.[645]

Die vorstehenden Grundsätze dürften auch für die Anrechnung anderweitigen Zwischenverdienstes gem. § 326 Abs. 2 S. 2 BGB gelten.

377 **Darlegungs- und Beweislast** für das Vorhandensein eines anrechenbaren Verdienstes treffen den Arbeit-geber. Wird er auf Zahlung von Annahmeverzugslohn in Anspruch genommen, hat er deshalb gegen den Arbeitnehmer in entsprechender Anwendung von § 74c HGB Anspruch auf Auskunft über die tatsächlichen Umstände, die nach § 615 S. 2 BGB das Erlöschen seiner Zahlungspflicht bewirken. Erteilt der Arbeitneh-mer die verlangte Auskunft nicht, kann der Arbeitgeber die Fortzahlung des Arbeitsentgelts verweigern.[646]

378 Die vorstehenden Grundsätze haben zugleich Einfluss auf den Fortbestand des **vertraglichen Wett-bewerbsverbots gem. § 60 HGB**. Dieses vertragliche Wettbewerbsverbot bleibt grds. auch während der Freistellungsphase weiter bestehen.[647]

379 Nach Ansicht des BAG enthält allerdings eine einseitige Freistellung, mit der der Arbeitgeber Annahme-verzug herbeiführt, regelmäßig einen Verzicht auf das gesetzliche Wettbewerbsverbot, wenn er sich die An-rechnung anderweitigen Verdienstes nach § 615 S. 2 BGB vorbehält.[648] Der Arbeitnehmer wird aufgrund seiner beruflichen Kenntnisse und Fähigkeiten oftmals einen Verdienst nur durch eine Tätigkeit in der glei-chen Branche erzielen können.[649] Wenn der Arbeitgeber dennoch durch die Freistellung den Annahmever-zug mit der Möglichkeit der Verdienstanrechnung herbeiführe, mache er deutlich, dass ihn Wettbewerbs-handlungen des Arbeitnehmers in der Zeit der Freistellung nicht stören. Einen abweichenden Willen müsse der Arbeitgeber in der Freistellungserklärung deutlich zum Ausdruck bringen. Sei die Freistellungserklä-rung des Arbeitgebers allerdings dahingehend auszulegen, dass abweichend von § 615 S. 2 BGB eine An-rechnung anderweitigen Verdienstes nicht erfolgen soll, könne der Arbeitnehmer redlicherweise nicht ohne

---

642 BAG 19.3.2002, EzA Nr. 108 zu § 615 BGB; BAG 9.11.1999 – 9 AZR 922/98, zit nach juris.
643 BAG 23.1.2008, DB 2008, 1161.
644 Vgl. *Kock/Fandel*, DB 2009, 2321, 2324. So auch noch BAG 19.3.2002, EzA Nr. 108 zu § 615 BGB; BAG 30.9.1982 – 6 AZR 802/79, zit. nach, juris; LAG Köln 29.8.2000 – 13 Sa 525/00, zit. nach juris; LAG Hamm 11.10.1996, NZA-RR 1997, 287 = LAGE Nr. 49 zu § 615 BGB.
645 BAG 19.3.2002, EzA Nr. 108 zu § 615 BGB. *Kock/Fandel*, DB 2009, 2321, 2324; krit. hierzu *Bauer*, NZA 2007, 409, 411.
646 BAG 19.3.2002, EzA § 615 BGB Nr. 108; BAG 24.8.1999, NZA 2000, 818 = EzA BGB § 615 Nr. 9; *Bauer/Krieger/Arnold*, C. Rn 233.
647 BAG 17.10.2012, NZA 2013, 207; BAG 30.5.1978, DB 1978, 2177.
648 BAG 17.10.2012, NZA 2013, 207.
649 BAG 6.9.2006, NZA 2007, 36. krit. hierzu: *Bauer*, NZA 2007, 409, 410; *Kock/Fandel*, DB 2009, 2321, 2324.

ausdrückliche Erklärung des Arbeitgebers annehmen, der Arbeitgeber habe auf die Einhaltung des vertraglichen Wettbewerbsverbots verzichtet.[650]

> *Praxishinweis*
>
> Aus Arbeitgebersicht empfiehlt es sich daher, eine explizite Regelung in den Aufhebungsvertrag aufzunehmen, mit der sowohl die Anrechnung etwaigen Zwischenverdienstes als auch die Fortgeltung des vertraglichen Wettbewerbsverbots gem. § 60 HGB festlegt wird.

ee) Abfindung

Zentraler Regelungsinhalt eines Aufhebungsvertrages ist meist die Zahlung einer Abfindung. Die Höhe der Abfindung ist – abgesehen von den Fällen des § 1a KSchG – durch die Parteien festzulegen. Sie wird sich regelmäßig an der Begründetheit einer alternativ auszusprechenden bzw. zusätzlich ausgesprochenen Kündigung, den weiteren Planungen des Arbeitnehmers, dessen persönlicher Lebenssituation (z.B. Aussichten auf dem Arbeitsmarkt, Rentennähe bzw. -ferne, Lebensalter), aber auch an der Dauer der Tätigkeit für den Arbeitgeber („Betriebszugehörigkeit") orientieren. Die Höhe der Abfindung kann auch von der betroffenen Branche, der Orts- und Betriebsüblichkeit abhängen. Häufig ist auch das persönliche Verhandlungsgeschick entscheidend.   **380**

Soll zum Ausgleich von ausstehenden Gehaltsansprüchen eine erhöhte Abfindung gezahlt werden, ist dies durch eine entsprechende Regelung zu verdeutlichen. Anderenfalls droht eine ungewollte Überzahlung für den Arbeitgeber, da in einem solchen Fall nicht von einem stillschweigenden Verzichtsvertrag über die noch ausstehenden Gehaltsbestandteile ausgegangen werden kann.[651]   **381**

Die Abfindung ist zu **versteuern**. Die bis zum 31.12.2005 geltenden Steuerfreibeträge gem. § 3 Nr. 9 EStG sind entfallen (zu den steuerrechtlichen Folgen im Einzelnen siehe Rdn 396).   **382**

Im Zweifel ist ein festgesetzter Abfindungsbetrag als Brutto-Betrag zu verstehen.[652] Die weithin gängige Kennzeichnung des Abfindungsbetrages mit „brutto = netto" ist nicht eindeutig, missverständlich und gegebenenfalls auslegungsbedürftig.[653] Mit dieser Formulierung wird i.d.R. objektiv nur zum Ausdruck gebracht, dass der vereinbarte Abfindungsbetrag vom Arbeitgeber ungekürzt ausgezahlt werden soll. Es ist dann durch Auslegung zu ermitteln, wer von den Parteien die auf die Abfindung anfallende Steuer zu tragen hat. Dies ist grds. der Arbeitnehmer, da im Verhältnis von Arbeitgeber und Arbeitnehmer zueinander allein der Arbeitnehmer Schuldner der Steuerforderung ist.[654] Die Formulierung, eine Abfindung sei „netto" zu zahlen, kann dagegen dahin ausgelegt werden, der Arbeitgeber habe die auf die Abfindung zu zahlende Lohnsteuer zu tragen.[655]   **383**

Vereinbaren die Parteien ausdrücklich, dass der Arbeitgeber für die Dauer der Arbeitslosigkeit die **Steuern** übernimmt, soweit sie auf ein einzelvertraglich vereinbartes Übergangsgeld anfallen, ist der Arbeitgeber auch zur Erstattung der progressionsbedingten steuerlichen Mehrbelastung verpflichtet und der Arbeitnehmer kann vom Arbeitgeber Zahlung an sich verlangen, wenn er die Steuerschuld bereits getilgt hat.[656] Darüber hinaus haftet der Arbeitgeber auf Schadensersatz in Höhe der anfallenden Steuer, sofern er im Rahmen eines Beratungsgespräches über einen Aufhebungsvertrag dem Arbeitnehmer fälschlich mitteilt, ein be-   **384**

---

650 BAG 6.9.2006, NZA 2007, 36; krit. hierzu *Bauer*, NZA 2007, 409, 410; *Kock/Fandel*, DB 2009, 2321, 2324.
651 *Hümmerich/Lücke/Mauer*, § 4 Rn 359.
652 LAG München 26.8.2008 – 6 Sa 277/08, zit. nach juris; LAG Berlin 21.2.1994, NZA 1995, 792.
653 BAG 21.11.1985, RzK I 9j Nr. 2; LAG Baden-Württemberg 17.4.1997, NZA-RR 1998, 56, 57.
654 BAG 27.4.2000 – 6 AZR 754/98, zit. nach juris; LAG Schleswig-Holstein 5.12.2007 – 6 Sa 358/06, zit. nach juris.
655 LAG Mecklenburg-Vorpommern 29.8.2006 – 5 Sa 53/05, zit. nach juris.
656 BAG 29.7.2003, NZA 2003, 1276, 1277.

stimmter Betrag unterliege nicht der Steuerpflicht. In einem solchen Fall kann er sich anschließend nicht darauf berufen, dass in dem Aufhebungsvertrag der Betrag als Bruttobetrag vereinbart worden sei.[657]

385 Nimmt der Arbeitgeber die Versteuerung des Abfindungsbetrages vor und behält er keine oder zu wenig Lohnsteuer ein, bleibt er als Haftungsschuldner dem Finanzamt zur Zahlung verpflichtet. Erfüllt er später freiwillig die Steuerforderung, entsteht in diesem Augenblick ein Rückerstattungsanspruch gegen den Arbeitnehmer (§ 426 Abs. 2 S. 1 BGB).[658]

386 Die Abfindung ist **sozialversicherungsfrei**. Besteht das Arbeitsverhältnis jedoch weiter fort und wird die Abfindung zur Kompensation einer eintretenden Verschlechterung der Arbeitsbedingungen gezahlt (z.B. Umwandlung eines Vollzeit- in ein geringfügiges Arbeitsverhältnis [„400 EUR-Job"] oder Absenkung der Vergütung), besteht Sozialversicherungspflicht. Denn während echte Abfindungen nicht dem beitragspflichtigen Arbeitsentgelt aus der bisherigen Beschäftigung zugerechnet werden, da sie für eine Zeit nach Ende der Beschäftigung gezahlt würden, handelt es sich in den letztgenannten Fällen um eine Entgeltkompensation, die der Beschäftigte bei fortbestehendem Beschäftigungsverhältnis von seinem Arbeitgeber als Gegenleistung für die Zeit einer Beschäftigung erhält.[659] Allerdings kann insofern eine begünstigt zu besteuernde Entschädigung i.S.v. § 24 Nr. 1a EStG vorliegen.[660]

387 Auch im Übrigen bietet es sich zur Vermeidung von Unklarheiten und rechtlicher Zweifelsfragen an, sorgfältig zwischen der Abfindungszahlung und sonstigen noch zu erfolgenden Zahlungen von Arbeitsentgelt, z.B. auch Urlaubsabgeltung zu differenzieren (zu den sozialversicherungsrechtlichen Folgen im Einzelnen vgl. Rdn 450 f.).

388 Die **Fälligkeit** der Abfindung kann abweichend von der **Entstehung** des Anspruchs vereinbart werden.[661] Ist in einem Abfindungsvergleich oder einem Aufhebungsvertrag der Fälligkeitszeitpunkt nicht bestimmt, ist die Abfindung aufgrund der Umstände nach § 271 Abs. 1 BGB im Zweifel erst zum Zeitpunkt der Beendigung des Arbeitsverhältnisses zur Zahlung fällig.[662] Allerdings ist der Arbeitgeber nach § 271 Abs. 2 BGB im Zweifel berechtigt, vor der Fälligkeit zu zahlen.[663] Daher besteht keine Schadensersatzpflicht des Arbeitgebers bei vorfälliger Zahlung, wenn hierdurch dem Arbeitnehmer Steuernachteile entstehen,[664] sofern nicht die Leistung vor Fälligkeit ausdrücklich ausgeschlossen wurde.[665]

389 *Praxishinweis*

Wünscht der Arbeitnehmer aus steuerlichen Gründen eine Auszahlung der Abfindung nicht vor einem bestimmten Zeitpunkt, sollte dies daher im Aufhebungsvertrag explizit vereinbart werden.

Bei der Festlegung des Fälligkeitszeitpunktes wird der Arbeitnehmer prognostizieren müssen, wie sich seine Einkommenssituation zukünftig entwickeln und ob sich der anwendbare Steuersatz – etwa aufgrund absehbarer Gesetzesänderungen – zukünftig erhöhen oder verringern wird.

390 Wird die Fälligkeit auf den vorgesehenen Beendigungszeitpunkt festgesetzt, ist i.d.R. davon auszugehen, dass der Abfindungsanspruch bereits mit Abschluss der Vereinbarung entsteht und auf die **Erben** übergeht, wenn der Arbeitnehmer vor dem festgelegten Auflösungszeitpunkt verstirbt.[666] Soll das Erleben des vereinbarten Beendigungszeitpunktes Voraussetzung für die Zahlung einer Abfindung sein, ist i.d.R. eine aus-

---

657 LAG Mecklenburg-Vorpommern 27.2.2008 – 1 Sa 170/07, zit. nach juris.
658 LAG Schleswig-Holstein 5.12.2007 – 6 Sa 358/06, zit. nach juris; vgl. auch BAG 16.6.2004, NZA 2004, 1274.
659 SG Dortmund 20.10.2006 – S 34 R 217/05, zit. nach juris.
660 Vgl. BFH 25.8.2009, DB 2009, 2581 (bei Abfindung für dauerhafte Reduzierung der Wochenarbeitszeit von 38,5 auf 19,25 Std.).
661 BAG 16.5.2000, NZA 2000, 1236.
662 BAG 15.7.2004, NZA 2005, 292; a.A. LAG Hamm 16.5.1991, LAGE Nr. 21 zu § 9 KSchG.
663 LAG München 23.9.2014 – 6 Sa 230/14, zit. nach juris (n.rkr.).
664 LAG Bremen 3.11.2005, NZA-RR 2006, 260.
665 LAG Hessen 5.11.2010 – 3 Sa 602/10, zit. nach juris.
666 BAG 22.5.2003, BB 2004, 894.

drückliche Parteivereinbarung erforderlich. Fehlt eine solche, kann das gleiche Ergebnis aus der im Vertrag verlautbarten Interessenlage folgen.[667] Dies ist insbesondere angenommen worden, wenn bei einem Frühpensionierungsprogramm die Abfindung vor allem dem Zweck dienen sollte, den Verdienstausfall des Arbeitnehmers auszugleichen.[668] Demgegenüber entsteht der Anspruch nach § 1a KSchG erst mit Ablauf der Frist der zugrunde liegenden betriebsbedingten Kündigung. Endet das Arbeitsverhältnis vorher durch Tod des Arbeitnehmers, kann der Anspruch deshalb nicht nach § 1922 Abs. 1 BGB auf den Erben übergehen.[669]

Die **Verjährungsfrist** für Abfindungsansprüche beträgt **drei Jahre**, § 195 BGB.[670] Rechtskräftig festgestellte oder in vollstreckbaren Vergleichen geregelte Ansprüche verjähren erst nach 30 Jahren, § 197 Abs. 1 Nr. 3 bzw. 4 BGB. | 391

Ein Anspruch auf die Abfindung entsteht nicht, wenn das Arbeitsverhältnis vor dem vereinbarten Beendigungszeitpunkt aus einem anderen Grund, etwa einer **fristlosen Kündigung**, beendet wird.[671] Gleiches galt für die vorzeitige Beendigung aufgrund Rentengewährung wegen zeitlich nicht befristeter **Erwerbsunfähigkeit**;[672] dies dürfte heute für die Fälle einer vorzeitigen Beendigung aufgrund Rentengewährung wegen **voller Erwerbsminderung** entsprechend gelten. | 392

393

> *Praxishinweis*
>
> Hat der Arbeitnehmer bereits aufgrund anderer Umstände Anspruch auf eine Abfindung (insbesondere aus einem **Sozialplan**), sollte auch das jeweilige Verhältnis geregelt werden. Zumeist empfiehlt sich eine Anrechnungsklausel, die häufig auch in Sozialplänen enthalten ist (z.B.: „Auf diese Abfindung sind etwaige Abfindungsansprüche, die dem Mitarbeiter aus einem Sozialplan zustehen, anrechenbar.").

ff) Vorzeitige Beendigung und Gehaltskapitalisierung

Arbeitgeber und Arbeitnehmer können darüber hinaus vereinbaren, dass der Arbeitnehmer die Möglichkeit hat, die **Beendigung des Arbeitsverhältnisses vorzuziehen** und vorsehen, dass sich in diesem Fall seine Abfindung aufgrund der Ersparnis weiterer Bruttogehälter erhöht (sog. „**Turboklausel**" oder „**Sprinterklausel**"). Die Beendigungserklärung des Arbeitnehmers bedarf gemäß § 623 BGB zwingend der Schriftform; eine Auflösung per E-Mail ist daher nicht wirksam.[673] | 394

Ein solches Vorgehen bietet sich insbesondere an, wenn der Arbeitnehmer während der verbleibenden Restlaufzeit des Vertrages ohnehin freigestellt ist, kann aber auch in anderen Konstellationen sinnvoll sein. Durch seine solche Regelung wird der Arbeitnehmer motiviert, sich möglichst kurzfristig eine andere Arbeitsstelle zu suchen, um auf diese Weise für die Überschneidungszeit von altem und neuem Arbeitsverhältnis (ggf. teilweise) zweifach bezahlt zu werden. Für den Arbeitgeber ist eine solche Lösung ebenfalls interessant, da er – zumindest im Fall der vorläufigen Weiterbeschäftigung des Arbeitnehmers – aufgrund des mit der vorzeitigen Auflösung zugleich endenden sozialversicherungsrechtlichen Beschäftigungsverhältnis die Arbeitgeberbeiträge zur Sozialversicherung einsparen kann.

Der **Erhöhungsbetrag** der Abfindung wird regelmäßig aus den ersparten Bruttogehältern oder einem festgelegten Teil hiervon (z.B. in Höhe von 50 %) bestehen. Insofern ist zu regeln, ob in dem Erhöhungsbetrag neben den anfallenden Steuern auch die ansonsten angefallenen Arbeitnehmerbeiträge zur Sozialversiche- | 395

---

667 BAG 26.8.1997, NZA 1998, 643, 644.
668 BAG 16.5.2000, NZA 2000, 1236.
669 BAG 10.5.2007, NZA 2007, 1043.
670 Vgl. BAG 15.6.2004, NZA 2005, 295.
671 BAG 5.4.2001, NZA 2001, 837, 839.
672 BAG 26.9.2001, NZA 2002, 584 (LS).
673 BAG 17.12.2015, NZA 2016, 361.

rung enthalten sein sollen. Fiktive Arbeitgeberbeiträge zur Sozialversicherung sind hingegen in Ermangelung einer abweichenden Absprache grds. nicht miteinzubeziehen.

396 Aus **steuerrechtlichen Gründen** wurde bislang empfohlen, bei Verwendung einer solchen Klausel stets klarstellend aufzunehmen, dass der Arbeitnehmer lediglich den Zeitpunkt der Beendigung durch einseitige Erklärung vorverlegen kann, die vorzeitige Beendigung jedoch im Interesse des Arbeitgebers liegt und dessen Wunsch entspricht.[674] Diese Empfehlung beruhte im Wesentlichen auf der Regelung des § 3 Nr. 9 EStG a.F. Dort war vorgesehen, dass „Abfindungen wegen einer vom Arbeitgeber veranlassten oder gerichtlich ausgesprochenen Auflösung des Dienstverhältnisses" bis zu einem gewissen Höchstbetrag steuerfrei seien. Eine vom Arbeitnehmer veranlasste vorzeitige Auflösung des Arbeitsverhältnisses hätte jedenfalls hinsichtlich des hiermit die Abfindung erhöhenden Betrages die Steuerfreiheit gem. § 3 Nr. 9 EStG a.F. gefährden können. Ob diese „Gefährdungslage" nach dem Entfallen von § 3 Nr. 9 EStG weiterhin besteht, ist bislang noch offen. Zwar gibt es keine Steuerfreibeträge für Abfindungen mehr; jedoch besteht nach wie vor die Möglichkeit der Steuervergünstigung gem. §§ 24, 34 EStG („Fünftelungsverfahren"), wo allerdings nicht explizit vorausgesetzt wird, dass es sich um eine Entschädigung für eine vom Arbeitgeber veranlasste Beendigung des Arbeitsverhältnisses handeln muss (zu weiteren Einzelheiten vgl. Rdn 431 ff.). Es empfiehlt sich daher, vorsorglich die bislang verwendete Formulierung auch weiterhin zu verwenden, da sie weder für die Arbeitgeber- noch für die Arbeitnehmerseite nachteilig sein dürfte.

gg) Aktien und Aktienoptionen

397 Des Weiteren kommen Ansprüche des Arbeitnehmers auf bzw. aus Aktien und Aktienoptionen als Regelungsgegenstand des Aufhebungsvertrages in Betracht. Erfolgt die Ausgabe von Aktien oder die Gewährung von Aktienoptionen auf Konzernebene, z.B. durch die Konzernmutter, ist zu prüfen, inwiefern die damit zusammenhängenden Zusagen auch **Bestandteil des Arbeitsvertrages** geworden sind. Sagt bspw. ein ausländisches Unternehmen einem Arbeitnehmer seiner deutschen Tochtergesellschaft Aktienoptionen zu, so werden die Ansprüche auf die Optionen nicht Bestandteil des Arbeitsvertrages mit der deutschen Tochtergesellschaft. Der Arbeitnehmer muss Ansprüche aus den Aktienoptionen unmittelbar gegenüber der ausländischen Muttergesellschaft geltend machen. Daran ändert sich selbst dann nichts, wenn der Arbeitnehmer und das inländische Unternehmen als Arbeitgeber einen Aufhebungsvertrag abschließen, nach dem Ansprüche auf Aktienoptionen auch nach Beendigung des Arbeitsverhältnisses bestehen bleiben sollen.[675]

398 Allerdings kann eine **Verschaffungsschuld** des Arbeitgebers begründet werden, wenn dieser die Bezugsrechte ausdrücklich auch als eigene Leistung zuteilt. Neben einem Aktienoptionsvertrag bestehende Verschaffungsansprüche und Wertsteigerungsrechte können in solchen Fällen durchaus Gegenstand eines Aufhebungsvertrages sein. Insbesondere können sie aufgrund einer Ausgleichsklausel im Aufhebungsvertrag erlöschen. Hierbei kommt indes ein **Schadensersatzanspruch** des Arbeitnehmers in Betracht, wenn der Arbeitgeber diesen bei Abschluss des Aufhebungsvertrags über den damit verbundenen Verlust solcher Ansprüche hätte aufklären müssen.[676]

399 Sofern Aktien oder Aktienoptionen Gegenstand des zu beendenden Arbeitsverhältnisses sind, sollten sie auch im Rahmen des Aufhebungsvertrages Berücksichtigung finden. Hier stellt sich auf Arbeitgeberseite häufig die Frage, inwiefern bereits eingeräumte Rechtspositionen wieder beseitigt bzw. beschränkt werden können. Im Einzelnen ist wie folgt zu differenzieren:

400 **Aktien**, die dem Mitarbeiter bereits gewährt wurden, sind dem Einflussbereich des Arbeitgebers grds. entzogen. Eine Vereinbarung, wonach der Mitarbeiter im Umgang mit seinen Aktien eingeschränkt wird, ver-

---

674 Vgl. nur *Freckmann*, BB 2004, 1564, 1566; *Bauer*, NZA 1996, 729, 730.
675 BAG 12.2.2003, NZA 2003, 487; LAG Hessen 19.11.2001, NZA-RR 2003, 316; LAG Düsseldorf 3.3.1998, NZA 1999, 981.
676 LAG Düsseldorf 11.12.2006 – 14 (15) Sa 138/06, zit. nach; juris.

stößt regelmäßig gegen den aktienrechtlichen Grundsatz der freien Übertragbarkeit von Aktien[677] und entfaltet daher wegen § 137 BGB zumindest keine dingliche Wirkung.[678]

Demgegenüber kann die Berücksichtigung von **Aktienoptionen** im Aufhebungsvertrag sinnvoll sein. Insofern ist anhand des einschlägigen Aktienoptionsplans sowie der gegebenenfalls zusätzlich hierzu mit dem Arbeitnehmer abgeschlossenen Einzelvereinbarung zu prüfen, inwiefern die Gewährung der Aktienoptionen noch mit Einschränkungen verbunden ist. Zu achten ist insbesondere auf den Ablauf der erforderlichen **Wartezeit** (mindestens zwei Jahre, § 193 Abs. 2 Nr. 4 AktG) und das Bestehen von **Verfügungsbeschränkungen**. Im Unterschied zur Rechtslage bei Aktien ist auf Aktienoptionen § 137 BGB nicht anzuwenden. Vielmehr gilt hier § 399 Alt. 2 BGB, so dass ein vertraglicher Ausschluss der Übertragbarkeit von Aktienoptionsrechten auch dingliche Wirksamkeit entfaltet. Zu beachten ist allerdings, dass nach der wohl herrschenden Meinung Wartezeiten sowie damit zusammenhängende Verfügungsbeschränkungen einen Zeitraum von fünf Jahren nicht überschreiten dürfen, um wirksam zu sein.[679] Darüber hinaus gelten für Aktienoptionen zumeist **Verfallklauseln**, wonach entsprechende Rechte bei Ausscheiden des Arbeitnehmers vor Ablauf der Verfallfrist ersatzlos entfallen. Eine solche Regelung benachteiligt den Arbeitnehmer i.d.R. selbst im Falle einer betriebsbedingten Kündigung nicht unangemessen und ist daher i.d.R. wirksam.[680] Dem Arbeitnehmer wird auch in diesem Fall keine bereits erdiente Vergütung, sondern nur eine Verdienstchance entzogen. Der Grundsatz, dass bereits erdienter Lohn nicht mehr entzogen werden darf, wird dadurch nicht durchbrochen. Könnte ein Arbeitnehmer auch nach der Kündigung des Arbeitsverhältnisses oder nach seinem Ausscheiden aus dem Arbeitsverhältnis während eines nachfolgenden Ausübungszeitraums Rechte aus dem Aktienoptionsplan ausüben, würde dies der mit Aktienoptionen verbundenen Zielsetzung einer langfristigen Verhaltenssteuerung und eines Anreizes für künftigen Einsatz widersprechen. Aktienoptionen bezwecken nicht, dass die während des Arbeitsverhältnisses nicht eingetretene Realisierung eines Gewinns nach der Beendigung des Arbeitsverhältnisses nachgeholt wird.

Gänzlich unzulässig können Verfallklauseln indes sein, sofern die Aktienoptionen einen wesentlichen Teil der Vergütung darstellen und damit dem geschützten Kernbereich des Arbeitsverhältnisses zuzurechnen sind.[681] Je nach Sachlage kann aufgrund der einvernehmlichen Beendigung des Arbeitsverhältnisses der Anspruch des Arbeitnehmers auf Aktienoptionen ausgeschlossen sein oder bereits gewährte Aktienoptionen wieder verfallen. Ist dies der Fall, bietet sich eine entsprechende Klarstellung im Aufhebungsvertrag an. Soll der Arbeitnehmer demgegenüber noch unverfallbare Aktienoptionen trotz seines Ausscheidens behalten dürfen, ist dies im Aufhebungsvertrag gesondert aufzunehmen und sind die diesbezüglichen Einzelheiten (z.B. Ausübbarkeit) zu regeln. Eine umfassende Ausgleichsklausel umfasst im Zweifel auch Ansprüche aus Aktienoptionen.[682]

hh) Nachvertragliches Wettbewerbsverbot

Der ausscheidende Arbeitnehmer unterliegt grds. keinem nachvertraglichen Wettbewerbsverbot. Ein solches bedarf einer gesonderten Vereinbarung unter Beachtung der § 110 GewO, §§ 74 ff. HGB.

Die Wettbewerbstätigkeit nach Beendigung des Arbeitsverhältnisses kann nur für die **maximale Dauer von zwei Jahren** untersagt werden. Ein Wettbewerbsverbot sollte zudem immer regeln, für welches räumliche Gebiet es gelten soll (beschränkt auf eine Stadt oder ein Bundesland, deutschland-, europa- oder gar weltweit). Fehlt es daran, so gilt das Verbot unbeschränkt, also weltweit. Allerdings werden hierbei häufig die

---

677 BayObLG 24.11.1988, DB 1989, 214, 215.
678 Vgl hierzu umfassend *Pulz*, BB 2004, 1107, 1108.
679 *Pulz*, BB 2004, 1107, 1108 (m.w.N.).
680 BAG 28.5.2008, ZIP 2008, 1390; *Pulz*, Personalbindung durch aktienkursorientierte Vergütung, S. 136; *Baeck/Diller*, DB 1998, 1405, 1408; *Lembke*, BB 2001, 1469, 1474; *Lingemann/Diller/Mengel*, NZA 2000, 1191, 1196; *Mechlem/Melms*, DB 2000, 1614, 1615.
681 *Buhr/Radtke*, DB 2001, 1882, 1885. Siehe hierzu auch: BAG 24.10.2007, NZA 2008, 40, 43.
682 BAG 28.5.2008, ZIP 2008, 1390.

Grenzen des § 74a Abs. 1 HGB übersehen. Gem. § 74a Abs. 1 S. 1 HGB ist ein Wettbewerbsverbot insoweit unverbindlich, als es nicht zum **Schutz eines berechtigten geschäftlichen Interesses des Arbeitgebers** dient. Mittlerweile erkennt die Rechtsprechung nur noch zwei legitime Gründe für Wettbewerbsverbote an: Zum einen den Schutz von Geschäftsgeheimnissen, zum anderen den Schutz vor Einbruch des ausgeschiedenen Mitarbeiters in Kunden- oder Lieferantenkreise. Mangels berechtigten geschäftlichen Interesses unverbindlich ist z.B. ein Wettbewerbsverbot, das

- den ausgeschiedenen Mitarbeiter lediglich im Kampf um künftige Kunden ausschalten soll;[683]
- der Schwächung eines bestimmten Konkurrenten dient;[684]
- ausschließlich der Sperrung eines qualifizierten Mitarbeiters für die Konkurrenz dient[685] oder
- lediglich dazu dient, einem Mitarbeiter den Arbeitsplatzwechsel zu erschweren.

Darüber hinaus ist ein Wettbewerbsverbot gem. § 74a Abs. 1 S. 2 HGB unverbindlich, soweit es unter Berücksichtigung der gewährten Entschädigung nach Ort, Zeit oder Gegenstand eine **unbillige Erschwerung des Fortkommens des Arbeitnehmers** darstellt. Dies führt letztlich zu einer Übertragung der allgemeinen Rechtsgrundsätze von Treu und Glauben auf die besonderen Gegebenheiten der Wettbewerbsabrede.[686]

403   Erforderlich ist, dass für die Dauer des Verbots eine **Karenzentschädigung** gezahlt wird, die für jedes Jahr des Verbots mindestens 50 % der vom Arbeitnehmer zuletzt bezogenen vertragsmäßigen Leistungen erreicht. Hierbei sind nicht nur die Grundvergütung, sondern auch Nebenleistungen (z.B. geldwerter Vorteil des auch zur privaten Nutzung zur Verfügung gestellten Dienstwagens) zu berücksichtigen. Wird die Grenze der 50-prozentigen (Mindest-)Karenzentschädigung unterschritten, ist das Wettbewerbsverbot für den Arbeitnehmer unbeachtlich: Er kann selbst entscheiden, ob er das nachvertragliche Wettbewerbsverbot beachtet und die (zu geringe) Karenzentschädigung verlangt oder das Wettbewerbsverbot nicht einhält. Die Karenzentschädigung kann – soweit dies ausdrücklich geregelt wird – auch in der Abfindung enthalten sein. Bei Geschäftsführern und Vorstandsmitgliedern gelten die § 74 ff. HGB nicht. Allerdings kann sich die Notwendigkeit zur Zahlung einer Karenzentschädigung in diesen Fällen aus § 242 BGB ergeben.

404   Falls bereits im Arbeitsvertrag eine Vereinbarung gem. §§ 74 ff. HGB getroffen wurde, kann diese umgekehrt auch jederzeit einvernehmlich aufgehoben werden, z.B. im Aufhebungsvertrag. Weigert sich der Arbeitnehmer, einer Aufhebung zuzustimmen, hat der Arbeitgeber gem. § 75a HGB bis zum letzten Tag des Arbeitsverhältnisses die Möglichkeit, auf das Wettbewerbsverbot zu verzichten. Ein solcher Verzicht muss durch schriftliche Erklärung gegenüber dem Arbeitnehmer erfolgen. Es hat zur Folge, dass der Arbeitnehmer nach der Beendigung des Arbeitsverhältnisses Wettbewerb treiben kann und der Arbeitgeber mit Ablauf eines Jahres seit der Verzichtserklärung von der Verpflichtung zur Zahlung der Karenzentschädigung frei wird.

405   *Praxishinweis*

Wird der Schutz eines nachvertraglichen Wettbewerbsverbots dauerhaft nicht mehr benötigt, sollte möglichst frühzeitig gegenüber dem Arbeitnehmer schriftlich auf dessen Einhaltung verzichtet werden. Je früher der Verzicht erfolgt, desto geringer ist die Zeitspanne, für die unter Umständen noch die vereinbarte Karenzentschädigung gezahlt werden muss. Erfolgt der Verzicht ein Jahr vor dem Ausscheiden des Arbeitnehmers (oder sogar früher), entfällt die Verpflichtung zur Zahlung einer Karenzentschädigung vollends.

---

683 BAG 21.3.1964, AP Nr. 15 zu § 133f GewO.
684 BAG 22.11.1965, AP Nr. 1 zu § 6 StGB Abwerbung.
685 BAG 1.8.1995, AP Nr. 5 zu § 74a HGB.
686 *Bauer/Diller*, Wettbewerbsverbote, Rn 224.

Ob eine allgemeine Erledigungsklausel ein zuvor vereinbartes nachvertragliches Wettbewerbsverbot er- **406** fasst, hängt von den Umständen des Einzelfalles ab.[687] Es empfiehlt sich eine eindeutige Regelung.

ii) Zeugnis

Zulässig ist sowohl die deklaratorische Übernahme der Zeugniserteilungspflicht gem. § 109 GewO als auch **407** die Aufnahme bestimmter Bewertungen oder Formulierungen. Zu beachten ist dabei der Grundsatz der Zeugniswahrheit, der die äußere Grenze für die Zeugnisformulierung darstellt.

In Betracht kommt auch eine Regelung, wonach der Arbeitnehmer berechtigt ist, einen Entwurf für das zu erteilende Zeugnis vorzulegen. Hierbei sollte allerdings auf Arbeitgeberseite darauf geachtet werden, sich trotz dieses Rechtes Änderungsmöglichkeiten vorzubehalten, um einer übertriebenen Selbstbewertung durch den Arbeitnehmer vorzubeugen. Abzuraten ist in diesem Zusammenhang insbesondere von Regelungen, wonach eine entsprechende Änderung nur noch „aus wichtigem Grund" möglich sein soll.

> *Praxishinweis* **408**
>
> Zur Vermeidung späterer Streitigkeiten empfiehlt es sich, bereits vorab den vollständigen Zeugnisinhalt zu vereinbaren und den verbindlichen Zeugnisentwurf als Anlage dem Aufhebungsvertrag beizufügen.

jj) Betriebliche Altersversorgung

Sofern im Unternehmen ein System betrieblicher Altersversorgung vorhanden ist oder eine einzelvertrag- **409** liche Pensionszusage erteilt worden ist, kann es sinnvoll sein, diesbezügliche Regelungen in den Aufhebungsvertrag mit aufzunehmen. Hierbei ist die jeweilige Eigenart des Altersversorgungssystems zu beachten. Als **Durchführungswege für die betriebliche Altersversorgung** kommen eine Direktzusage (unmittelbare Zusage), eine Direktversicherung, die Einschaltung einer Pensionskasse, eines Pensionsfonds sowie einer Unterstützungskasse in Betracht.[688] Die Finanzierung der betrieblichen Altersversorgung kann durch den Arbeitgeber allein oder durch Arbeitgeber und Arbeitnehmer gemeinsam erfolgen. Gegenstand eines Aufhebungsvertrages kann zum einen die Behandlung einer bereits bestehenden Versorgungszusage sein, zum anderen – seltener – aber auch die Begründung oder Verbesserung einer solchen Altersversorgung (z.B. durch die Einbringung zusätzlicher Bausteine in die Altersversorgung anlässlich der Aufhebung des Arbeitsvertrages).

Vor Abschluss eines Aufhebungsvertrages ist zu prüfen, inwieweit für eine solche Zusage bereits **Unver-** **410** **fallbarkeit** gem. § 1b BetrAVG eingetreten ist. Nach § 1b Abs. 1 BetrAVG bleibt einem Arbeitnehmer, dem Leistungen aus der betrieblichen Altersversorgung zugesagt worden sind, die Anwartschaft erhalten, wenn das Arbeitsverhältnis vor Eintritt des Versorgungsfalls, jedoch nach Vollendung des 25. Lebensjahres endet und die Versorgungszusage bzw. eine gleichgestellte Versorgungsverpflichtung zu diesem Zeitpunkt mindestens fünf Jahre bestanden hat (ab dem 1.1.2018: 21. Lebensjahr, drei Jahre[689]). Bei der Direktversicherung, der Pensionskasse und dem Pensionsfonds gilt als Zeitpunkt der Erteilung der Versorgungszusage der Versicherungsbeginn, frühestens jedoch der Beginn der Betriebszugehörigkeit (§ 1b Abs. 2 und 3 BetrAVG). Bei der Unterstützungskasse gilt die Versorgungszusage in dem Zeitpunkt als erteilt, von dem an der Arbeitnehmer zum Kreis der Begünstigten der Unterstützungskasse gehört (§ 1b Abs. 4 BetrAVG). Wird die betriebliche Altersversorgung im Wege der Entgeltumwandlung finanziert, tritt gem. § 1b Abs. 5 BetrAVG sofortige gesetzliche Unverfallbarkeit ein, d.h., auf ein Mindestalter oder die Zusagedauer kommt es nicht an.

---

687 BAG 24.6.2009, AP Nr. 81 zu § 74 HGB; BAG 22.10.2008, NZA 2009, 139; BAG 19.11.2003, NZA 2004, 554; BAG 31.7.2002, NZA 2003, 100, 102; BAG 20.10.1981, DB 1982, 907.

688 Vgl. hierzu *Hümmerich/Lücke/Mauer*, § 4 Rn 492 ff.

689 Art. 1 des Gesetzes zur Umsetzung der EU-Mobilitäts-Richtlinie vom 21.12.2015, BGBl I S. 2553.

411 Sofern die Anwartschaft auf betriebliche Altersversorgung bereits unverfallbar ist, bleibt sie vom Ausscheiden des Arbeitnehmers unberührt. Eine Vereinbarung, nach der mit Ausscheiden des Arbeitnehmers zugleich die unverfallbare Anwartschaft auf betriebliche Altersversorgung erlischt, ist – abgesehen von den Fällen des § 3 BetrAVG (vgl. Rdn 415) – gem. § 17 Abs. 3 BetrAVG unwirksam. Ist hingegen zum Zeitpunkt des Ausscheidens noch keine Unverfallbarkeit eingetreten, entfällt die Anwartschaft auf betriebliche Altersversorgung grds. ersatzlos mit dem Ausscheiden des Arbeitnehmers. Sollen dem Arbeitnehmer die Anwartschaft aus der betrieblichen Altersversorgung gleichwohl erhalten bleiben, kann die Unverfallbarkeit der Zusage individualvertraglich (z.B. im Aufhebungs- oder Abwicklungsvertrag) vereinbart werden. Zu beachten ist allerdings, dass in diesem Fall der gesetzliche Insolvenzschutz gem. § 7 BetrAVG erst eintritt, wenn auch nach den gesetzlichen Vorschriften Unverfallbarkeit eingetreten ist.

412 *Praxishinweis*

Sofern bei der vorstehenden Fallgestaltung eine Insolvenz des Arbeitgebers droht, sollte auf Arbeitnehmerseite darauf geachtet werden, eine anderweitige Absicherung des Insolvenzrisikos zu erhalten. Hierzu kann z.B. das Bezugsrecht einer Rückdeckungsversicherung zur Direktzusage an den Arbeitnehmer verpfändet oder eine Bürgschaft bestellt werden.[690]

413 Der **Umfang des Anspruchs** aus der unverfallbaren Anwartschaft bei Eintritt des Versorgungsfalls richtet sich nach § 2 BetrAVG. Dieser Anspruch besteht seit dem 1.1.2008 für leistungsorientierte Zusagen mindestens in der Höhe des Teiles der ohne das vorherige Ausscheiden zustehenden Leistung, der dem Verhältnis der Dauer der Betriebszugehörigkeit zu der Zeit vom Beginn der Betriebszugehörigkeit bis zum Erreichen der Regelaltersgrenze in der gesetzlichen Rentenversicherung entspricht; an die Stelle des Erreichens der Regelaltersgrenze tritt ein früherer Zeitpunkt, wenn dieser in der Versorgungsregelung als feste Altersgrenze vorgesehen ist, spätestens der Zeitpunkt, in dem der Arbeitnehmer ausscheidet und gleichzeitig eine Altersrente aus der gesetzlichen Rentenversicherung für besonders langjährig Versicherte in Anspruch nimmt. Bei der Berechnung bleiben gem. § 2 Abs. 5 BetrAVG Veränderungen der Versorgungsregelung und der Bemessungsgrundlagen für die Leistungen der betrieblichen Altersversorgung, soweit sie nach dem Ausscheiden Arbeitnehmers eintreten, grds. außer Betracht. Bei beitragsorientierten Zusagen und Beitragszusagen mit Mindestleistung richtet sich die Berechnung nach § 2 Abs. 5a und 5b BetrAVG.

414 Der jeweilige Anspruchsumfang kann bei vorzeitiger Beendigung des Arbeitsverhältnisses durch Aufhebungsvertrag im Wege einer Hochrechnung ermittelt werden, um Klarheit über die voraussichtlich bestehenden Ansprüche aus der Anwartschaft zu erhalten. Allerdings ist gerade der Arbeitgeberseite davon abzuraten, das Berechnungsergebnis zum Gegenstand des Aufhebungsvertrages zu machen, um hierdurch nicht versehentlich eine zusätzliche Verpflichtung gegenüber dem Arbeitnehmer zu begründen.

415 Eine **Abfindung** von unverfallbaren Anwartschaften im Falle der Beendigung des Arbeitsverhältnisses und von laufenden Leistungen kommt nur unter den besonderen Voraussetzungen des § 3 BetrAVG in Betracht. Hiernach kann der Arbeitgeber eine Anwartschaft ohne Zustimmung des Arbeitnehmers bei Kleinstrenten abfinden, wenn der Monatsbetrag der aus der Anwartschaft resultierenden laufenden Leistung bei Erreichen der vorgesehenen Altersgrenze 1 %, bei Kapitalleistungen zwölf Zehntel der monatlichen Bezugsgröße nach § 18 SGB IV nicht übersteigen würde. Eine Abfindung kommt daher nur bei geringen Rentenanwartschaften (für 2016: monatlich 29,05 EUR in den alten und 25,20 EUR in den neuen Bundesländern) bzw. geringen Anwartschaften aus Kapitalzusagen (für 2016: 3.486 EUR in den alten und 3.024 EUR in den neuen Bundesländern) in Betracht.[691] Dies gilt entsprechend für die Abfindung einer bereits laufenden Leistung.

---

690 Vgl. *Hümmerich/Lücke/Mauer*, § 4 Rn 574.
691 Vgl. zu den Zahlenwerten § 2 Sozialversicherungs-Rechengrößenverordnung 2016.

Die Abfindung ist allerdings unzulässig, wenn der Arbeitnehmer von seinem Recht auf Übertragung der **416**
Anwartschaft auf einen Folgearbeitgeber Gebrauch macht. Hier ist für die Arbeitgeberseite in den Fällen
Vorsicht geboten, in denen der Arbeitnehmer gem. § 4 Abs. 3 S. 1 BetrAVG noch ein Jahr lang nach Be-
endigung des Arbeitsverhältnisses eine Übertragung verlangen kann.[692]

Die Berechnung des Abfindungsbetrages ist gem. § 3 Abs. 5 BetrAVG entsprechend § 4 Abs. 5 BetrAVG **417**
vorzunehmen. Eine hiervon zu Ungunsten des Arbeitnehmers abweichende Abfindungsregelung ist unwirksam.[693] Die Darlegungs- und Beweislast für ein vorzeitiges Erlöschen der Versorgungsanwartschaft
durch eine wirksame Abfindungsvereinbarung obliegt dem Arbeitgeber.[694]

Die Abfindung ist gesondert auszuweisen, um sie von anderen Abfindungen anlässlich der Beendigung des **418**
Arbeitsverhältnisses unterscheiden zu können.[695] Sie ist einmalig zu zahlen, was insbesondere vor dem Hintergrund des § 34 Abs. 2 Nr. 2 i.V.m. § 24 Nr. 1a EStG steuerlich vorteilhaft sein kann.

Schließlich kommt auch eine **Übertragung** der Anwartschaft auf betriebliche Altersversorgung auf einen **419**
neuen Arbeitgeber in Betracht. Für gesetzlich unverfallbare Anwartschaften ist § 4 BetrAVG zu beachten.
Hiernach besteht für unverfallbare Anwartschaften ein grundsätzliches Übertragungsverbot. Dieses Übertragungsverbot gilt indes nicht, sofern eine einvernehmliche Übertragung der Anwartschaft vom bisherigen
Arbeitgeber auf den neuen Arbeitgeber nach Maßgabe von § 4 Abs. 2 BetrAVG erfolgt. Kommt eine einvernehmliche Übertragung nicht in Betracht, kann dem Arbeitnehmer im Fall einer betrieblichen Altersversorgung über einen Pensionsfonds, eine Pensionskasse oder eine Direktversicherung nach Maßgabe von § 4
Abs. 3 BetrAVG ein entsprechender Übertragungsanspruch zustehen, welcher binnen eines Jahres nach Beendigung des Arbeitsverhältnisses geltend gemacht werden muss.

In jedem Fall ist der Arbeitgeber nach § 4a BetrAVG zur **Auskunft** über den Stand einer erreichten Versor- **420**
gungsanwartschaft verpflichtet. Diese Verpflichtung gilt unabhängig vom Vorliegen eines Aufhebungsvertrages bei jeder Beendigung des Arbeitsverhältnisses. Sie kann der Vollständigkeit halber erwähnt werden.
Hierbei ist dem Arbeitnehmer mitzuteilen, in welcher Höhe aus der bisher erworbenen unverfallbaren Anwartschaft bei Erreichen der in der Versorgungsregelung vorgesehenen Altersgrenze ein Anspruch auf Altersversorgung besteht und wie hoch bei einer Übertragung der Anwartschaft nach § 4 Abs. 3 BetrAVG der
Übertragungswert ist. Die entsprechende Auskunft kann als Anlage dem Aufhebungsvertrag beigefügt werden. Allerdings ist zu berücksichtigen, dass eine solche Auskunft eine Wissenserklärung darstellt und sich
hieraus keine Ansprüche herleiten lassen.[696]

kk) Abwicklung des Arbeitsverhältnisses

Des Weiteren können z.B. Regelungen über Arbeitspapiere (Lohnsteuerkarte, Sozialversicherungsnach- **421**
weis, Arbeitsbescheinigung gem. § 312 SGB III, Sozialversicherungsausweis), etwaige Darlehen, rückständige Vergütung, Tantiemen, Provisionen, Gewinnbeteiligungen, Dienstwagen, Werkwohnung, Spesen-
abrechnung, Erfindungen, Firmenunterlagen und Schadensersatz aufgenommen werden.

Mitunter entspricht es dem Wunsch des Arbeitnehmers, bei der Beendigung des Arbeitsverhältnisses den
Dienstwagen zu übernehmen. Wird hierzu vereinbart, dass der Mitarbeiter den Dienstwagen zum Händler-
einkaufspreis oder gar ohne Zahlung eines Kaufpreises übernehmen kann, ist zu berücksichtigen, dass hierin ein geldwerter Vorteil liegt. Dieser geldwerte Vorteil ist zu versteuern. Unterbleibt beim Ausscheiden
des Arbeitnehmers der Abzug der abzuführenden Lohnsteuern, muss der Arbeitgeber im Falle einer Be-

---

692 ErfK/*Steinmeyer*, § 4 BetrAVG Rn 12 ff.
693 BAG 30.9.1986, NZA 1987, 456; BGH 15.7.2002, NJW 2002, 3632.
694 Vgl. BGH 15.7.2002, NJW 2002, 3632.
695 BT-Drucks 13/8011, 70 f. (zu § 3 a.F.).
696 BAG 9.12.1997, NZA 1998, 1171; *Blomeyer/Rolfs/Otto*, § 4a BetrAVG Rn 11.

triebsprüfung unter Umständen mit erheblichen Nachzahlungen rechnen. Eine Rückforderung beim bereits ausgeschiedenen Arbeitnehmer ist dann regelmäßig nicht mehr möglich.

422   Sofern etwaige Forderungen des Arbeitgebers mit zukünftigen Ansprüchen des Arbeitnehmers verrechnet werden sollen, sind die Pfändungsschutzvorschriften gem. §§ 850 ff. ZPO zu beachten. Nach Fälligkeit eines unpfändbaren Anspruchs kann jedoch über diesen verfügt werden.[697] Es ist zulässig, eine **Rückzahlung** eines Überbrückungsgeldes für den Fall zu vereinbaren, dass der Arbeitgeber nach (dem inzwischen aufgehobenen) § 147a SGB III (früher § 128 AFG) in Anspruch genommen wird.[698]

ll) Geheimhaltungspflicht

423   Zur Klarstellung sollte durch eine entsprechende Klausel die als Nebenpflicht ohnehin bestehende Verpflichtung zur Geheimhaltung von Geschäfts- und Betriebsgeheimnissen nochmals explizit aufgenommen werden, um dem Mitarbeiter die besondere Bedeutung dieser Verpflichtung aufzuzeigen. Ggf. ist an die Bewehrung mit einer Vertragsstrafe zu denken.

mm) Stillschweigen

424   Mitunter kann ein Bedürfnis dafür bestehen, den Inhalt des Aufhebungsvertrages geheim zu halten. Dies gilt insbesondere für die Höhe der Abfindung. Für eine solche Verpflichtung bedarf es der ausdrücklichen Aufnahme einer entsprechenden Klausel. Wird gegen die Verschwiegenheitspflicht verstoßen, kann u.U. eine Schadensersatzpflicht bestehen. Dies setzt allerdings voraus, dass die kausale Entstehung eines Schadens nachgewiesen werden kann, was selten gelingt. Daher sollte eine solche Verschwiegenheitsverpflichtung ggf. mit einer Vertragsstrafe bewehrt sein, um ihre Einhaltung zumindest ansatzweise abzusichern.

nn) Ausgleichsklausel

425   Häufig enthalten Aufhebungs- oder Abwicklungsverträge sog. Ausgleichsklauseln, etwa des Inhalts, dass mit der Erfüllung des Aufhebungs- bzw. Abwicklungsvertrages sämtliche beiderseitigen Ansprüche aus dem Arbeitsverhältnis erledigt sind.

Sofern das Arbeitsverhältnis noch fortdauert, kann eine allgemeine Ausgleichsklausel hinsichtlich ihres Umfangs **auslegungsbedürftig** sein. Da die Parteien i.d.R. in einem Aufhebungsvertrag das Arbeitsverhältnis abschließend bereinigen wollen, sind Ausgleichsklauseln grds. „weit" auszulegen.[699] Fehlen entsprechende Regelungen, sind von einer allgemeinen Ausgleichsklausel jedoch Zeugnisansprüche,[700] Ansprüche aus betrieblicher Altersversorgung sowie Ansprüche des Arbeitgebers auf Rückzahlung eines Darlehens[701] oder auf Rückgabe von Geschäftsunterlagen[702] nicht umfasst,[703] wohl aber ein nachvertragliches Wettbewerbsverbot nebst Karenzentschädigung[704] oder ein Anspruch auf anteiliges 13. Monatsgehalt.[705] Eine Ausgleichsklausel, wonach sämtliche Ansprüche aus dem Arbeitsverhältnis und anlässlich seiner Beendigung abgegolten sind, erfasst grds. auch Ansprüche aus Aktienoptionen, wenn die Bezugsrechte vom Arbeitgeber eingeräumt wurden.[706]

---

697 BAG 18.8.1976, DB 1977, 310, 311.
698 BAG 25.1.2000, NZA 2000, 886, 887.
699 BAG 8.3.2006, NZA 2006, 854; BAG 7.9.2004, NZA 2005, 1376; LAG Hamm 11.2.2008 – 8 Sa 1592/07, zit. nach juris; LAG Rheinland-Pfalz 17.1.2008 – 10 Sa 633/07, zit. nach juris.
700 BAG 16.9.1974, NJW 1975, 407, 408.
701 BAG 19.1.2011, DB 2011, 1224.
702 BAG 14.12.2011, NZA 2012, 501.
703 BAG 17.10.2000, NZA 2001, 203, 204.
704 BAG 24.6.2009, NJW 2009, 3529; BAG 19.11.2003, NZA 2004, 554.
705 BAG 28.7.2004, NZA 2004, 1097.
706 BAG 28.5.2008, ZIP 2008, 1390.

Eine Ausgleichsklausel, die einseitig nur Ansprüche des Arbeitnehmers erfasst und dafür keine Gegenleistung gewährt, ist unangemessen und benachteiligend i.S.v. § 307 Abs. 1 S. 1 BGB.[707]

In einer Ausgleichsklausel kann nicht auf zwingende **gesetzliche** oder **tarifliche Rechte** verzichtet werden. **426** Es ist also nicht möglich, dass der Arbeitnehmer einen Verzicht auf den gesetzlichen Mindestlohn, gesetzlichen oder tariflichen Mindesturlaub oder ein tariflich festgelegtes Weihnachtsgeld erklärt. Ein Verzicht auf Ansprüche aus einem Tarifvertrag ist gemäß § 4 Abs. 4 S. 1 TVG nur in einem von den Tarifvertragsparteien gebilligten Vergleich, ein Verzicht auf Ansprüche aus einer Betriebsvereinbarung (etwa eine Sozialplanabfindung) gemäß § 77 Abs. 4 S. 2 BetrVG nur mit Zustimmung des Betriebsrats möglich. Dagegen ist der Verzicht auf einen bereits entstandenen Urlaubsabgeltungsanspruch möglich.[708] Zulässig ist auch auf einen lediglich einzelvertraglich vereinbarten, den gesetzlichen Mindesturlaub übersteigenden Urlaubsanspruch oder auf ein nur im Arbeitsvertrag vereinbartes Urlaubs- bzw. Weihnachtsgeld zu verzichten. Möglich ist es auch, sich bei einem Streit über die Anzahl der bereits genommenen Urlaubstage darüber zu einigen, dass der Urlaub tatsächlich schon genommen wurde. Hierbei handelt es sich nicht um einen Verzicht auf einen Anspruch, sondern um einen Tatsachenvergleich.

Ist bis zur Beendigung des Arbeitsverhältnisses eine „ordnungsgemäße Abrechnung" vereinbart, ohne dies **427** näher zu beziffern, verliert die Ausgleichsklausel regelmäßig ihre Wirkung. Um dies zu vermeiden, sollte eindeutig und abschließend geregelt werden, was unter „ordnungsgemäßer Abrechnung" zu verstehen ist (vgl. Rdn 359).

oo) Meldepflicht

Der Arbeitnehmer kann aufgrund seines Ausscheidens aus dem Arbeitsverhältnis der Meldepflicht gem. **428** § 38 SGB III unterliegen (vgl. Rdn 455). Hierauf sollte im Aufhebungsvertrag explizit hingewiesen werden. Unterbleibt ein solcher Hinweis, folgt hieraus jedoch keine Schadensersatzpflicht für den Arbeitgeber.[709]

4. Steuerrecht

a) Steuerfreibeträge gem. § 3 Nr. 9 EStG a.F.

Zahlungen aufgrund von Aufhebungsverträgen sind zu versteuern.[710] Dies gilt insbesondere für Abfindun- **429** gen. Die Versteuerung der Abfindung erfolgt zu dem Zeitpunkt ihrer Auszahlung an den Arbeitnehmer (sog. Zuflussprinzip). Durch die Optimierung des Auszahlungszeitpunktes im Aufhebungsvertrag (z.B. zu Beginn des auf die Beendigung des Anstellungsverhältnisses folgenden Kalenderjahres) können daher u.U. Steuervorteile erzielt werden. Arbeitgeber und Arbeitnehmer können den Zeitpunkt des Zuflusses der Abfindung sogar in der Weise steuerwirksam gestalten, dass sie deren ursprünglich vorgesehene Fälligkeit vor ihrem Eintritt auf einen späteren oder früheren Zeitpunkt verschieben.[711]

Nach **§ 3 Nr. 9 EStG a.F.** waren Abfindungen je nach Alter und Betriebszugehörigkeit bis zur Höhe von 7.200 EUR bzw. 9.000 EUR bzw. 11.000 EUR steuerfrei, wenn die Auflösung des Arbeitsverhältnisses vom Arbeitgeber veranlasst oder gerichtlich ausgesprochen wurde. § 3 Nr. 9 EStG a.F. ist mit Wirkung zum 31.12.2005 aufgehoben worden; die **Steuerfreibeträge sind entfallen.**[712]

Sofern mit Blick auf den Wortlaut von § 3 Nr. 9 EStG a.F. empfohlen wurde, in Aufhebungsverträgen den **430** Zusatz „auf arbeitgeberseitige Veranlassung" zu verwenden, insbesondere im Zusammenhang mit einer sog. „Turboklausel" (vgl. Rdn 394), dürfte dies auch nach Wegfall des § 3 Nr. 9 EStG noch gelten. Denn

---

707 BAG 21.6.2011, NZA 2011, 1338.
708 BAG 14.5.2013, NZA 2013, 1098.
709 BAG 29.9.2005, NZA 2005, 2751 m.w.N. A.A. *Seel*, MDR 2005, 241, 246; *Gaul/Otto*, DB 2002, 2486.
710 Vgl. hierzu allgemein BMF-Schreiben vom 24.5.2004 – IV A 5 – S 2290 – 20/04 (BStBl I S. 505 i.V.m. BStBl I S. 633).
711 BFH 11.11.2009, DB 2010, 148.
712 Vgl. BR-Drucks 855/05 vom 21.12.2005; BT-Drucks 16/255 vom 14.12.2005; BT-Drucks 16/105 vom 29.11.2005.

auch im Hinblick auf das Arbeitsförderungsrecht sowie für das Sozialversicherungsrecht und die Entschädigungsleistung gem. § 24 Nr. 1 EStG kann es von Bedeutung sein, dass der Wille zur Beendigung des Arbeitsverhältnisses nicht vom Arbeitnehmer, sondern vom Arbeitgeber ausgegangen ist.[713]

b) Steuerprivilegierung gem. §§ 24, 34 EStG

431   Weiterhin bestehen geblieben ist die **Steuerprivilegierung gem. §§ 24, 34 EStG**. Nach § 34 Abs. 1 EStG wird die Einkommensteuer für bestimmte **außerordentliche Einkünfte**, welche in § 34 Abs. 2 EStG aufgezählt sind, nach einem ermäßigten Steuersatz bemessen. Diese außerordentlichen Einkünfte sind dadurch gekennzeichnet, dass sie zusammengeballt in einem Kalenderjahr zufließen. Aufgrund der Anknüpfung der Besteuerung an den Zufluss der Einnahmen (sog. Zuflussprinzip) würden sie ohne die Sondervorschrift des § 34 EStG zusammen mit den laufenden Einkünften wegen des progressiv gestalteten Einkommensteuertarifs mit einem höheren Steuersatz belegt, als dies bei einem über mehrere Jahre verteilten Zufluss der Fall wäre. Um dies zu vermeiden, werden die außerordentlichen Einkünfte rechnerisch aus dem zu versteuernden Einkommen herausgenommen und ermäßigt besteuert (sog. Fünftelungsregelung).

aa) Außerordentliche Einkünfte

432   Als außerordentliche Einkünfte kommen nach § 34 Abs. 2 EStG u.a. **Entschädigungen** i.S.v. § 24 Nr. 1 EStG in Betracht. Hierzu können auch Zahlungen anlässlich der Beendigung eines Arbeitsverhältnisses zählen. Dies ist insbesondere der Fall, wenn sie entweder als **Ersatz für entgangene oder entgehende Einnahmen** (§ 24 Nr. 1a EStG) oder **für die Aufgabe oder Nichtausübung einer Tätigkeit** (§ 24 Nr. 1b EStG) gewährt werden. Der Unterschied zwischen diesen beiden Tatbeständen besteht darin, dass in der ersten Fallgruppe die Aufgabe oder Nichtausübung der Tätigkeit auf rechtlichen, wirtschaftlichen oder tatsächlichen Druck des Arbeitgebers erfolgen und daher auf einer neuen Rechts- oder Billigkeitsgrundlage beruhen muss;[714] demgegenüber kann dies in der zweiten Fallgestaltung auch dem Willen des Arbeitnehmers entsprechen. In beiden Fällen ist jedoch erforderlich, dass das zugrunde liegende Rechtsverhältnis beendet wird.[715] Ersatz für entgangene Einnahmen im Sinne von § 24 Nr. 1a EStG können z.B. Abfindungen sein, sofern der Arbeitgeber die Beendigung des Arbeitsverhältnisses veranlasst hat. Daneben kommt hier die Kapitalisierung von Versorgungsansprüchen aus der betrieblichen Altersversorgung in Betracht, wenn sie auf Veranlassung des Arbeitgebers vereinbart wird und die Leistung auf dieser neuen Rechtsgrundlage beruht. Als Entschädigung für die Aufgabe oder Nichtausübung einer Tätigkeit gemäß § 24 Nr. 1b EStG kommen ebenfalls eine Abfindung in Betracht, sofern sie für eine vom Willen des Arbeitnehmers getragene Beendigung des Arbeitsverhältnisses gezahlt wird, sowie etwa eine Karenzentschädigung bei Vorliegen eines Wettbewerbsverbots.[716]

bb) Zusammenballung

433   Entschädigungen nach § 24 Nr. 1a und b EStG sind nur steuerbegünstigt, sofern es sich hierbei um außerordentliche Einkünfte handelt. Hierfür muss eine **Zusammenballung** von Einnahmen vorliegen, die sich bei normalem Ablauf auf mehrere Jahre verteilt hätten.[717] Daher muss die Zahlung grds. in einem Betrag erfolgen, wobei es aber ausreichen soll, dass die Entschädigung innerhalb eines Bemessungszeitraums in mehreren Teilbeträgen erfolgt, da auch dann die Progressionswirkung abzumildern ist.[718] Bei der Prüfung der Zusammenballung ist eine aus Anlass der Auflösung oder Beendigung eines Arbeitsverhältnisses als Ersatz für entgehende Einnahmen gewährte Entschädigung einheitlich zu beurteilen, auch wenn sie sich

---

713 Vgl. hierzu *Hümmerich/Lücke/Mauer*, § 4 Rn 357.
714 Vgl. hierzu BFH 14.5.2003, NZA-RR 2004, 36, 37.
715 BFH 10.10.2006 – XI B 118/05, zit. nach juris; vgl. auch BFH 30.1.2008 – IX B 245/07, zit. nach juris (unter Bezugnahme auf § 3 Nr. 9 EStG a.F.).
716 BFH 12.6.1996, AP Nr. 69 zu § 74 HGB.
717 BFH 20.7.1988, BStBl II S. 936.
718 Vgl. BFH 14.5.2003, NZA-RR 2004, 36, 37; BFH 4.3.1998, BB 1998, 1347.

in sachlicher oder zeitlicher Hinsicht aus mehreren Teilen zusammensetzt; entscheidend ist der Zufluss innerhalb eines Kalenderjahres.[719] Nicht tarifbegünstigt sind Entschädigungen, die dem Arbeitnehmer in zwei Kalenderjahren zufließen.[720]

Praxishinweis **434**

In diesem Zusammenhang ist besondere Vorsicht bei einer Auszahlung der Abfindung in mehreren Raten geboten. Führt dies zu einem sukzessiven Zufluss über mehrere Kalenderjahre hinweg, entfällt die steuerliche Privilegierung der Abfindung.

Entsprechendes gilt, sofern in die Gestaltung von Abfindungsregelungen auch etwaige Sachleistungen (z.B. die fortgesetzte Zurverfügungstellung des Dienstwagens oder einer verbilligten Wohngelegenheit) einfließen. Kann der Arbeitnehmer über den Veranlagungszeitraum hinaus auf derartige Sachleistungen zugreifen, stellt dies einen geldwerten Vorteil dar, der die Zusammenballung der einheitlichen Abfindung und damit die Steuerbegünstigung insgesamt aufhebt.[721]

Ein Zufluss von Entschädigungen in mehreren Veranlagungszeiträumen ist nur dann unschädlich, wenn sie **435** aufgrund von mehreren, gesonderte und unterschiedliche Zeiträume betreffenden Vereinbarungen gezahlt werden.[722]

Unschädlich für die Beurteilung der Hauptleistung als zusammengeballte Entschädigung sollen zudem in **436** einem späteren Veranlagungszeitraum **aus sozialer Fürsorge erbrachte Entschädigungszusatzleistungen** sein, die Teil der einheitlichen Entschädigung sind.[723] Ergänzende Zusatzleistungen sind für die tarifbegünstigte Besteuerung der Hauptleistung jedoch nur dann unschädlich, wenn es sich betragsmäßig lediglich um einen Zusatz zur Hauptleistung handelt (z.B. noch anerkannt: Nachbesserung aufgrund eines Sozialplans, welche zu einer Aufstockung um 42,3 % führte).[724] Dies ist dann nicht mehr der Fall, wenn die in einem späteren Veranlagungszeitraum aus sozialer Fürsorge erbrachten Leistungen die Entlassungsentschädigung betragsmäßig fast erreichen.[725] Zu beachten ist hierbei, dass nur die Hauptentschädigung, nicht jedoch die ergänzenden Entschädigungszusatzleistungen ermäßigt besteuert werden.[726] Auf Antrag kann aber bei einem **planwidrigen Zufluss in mehreren Kalenderjahren** der Korrekturbetrag eines nachfolgenden Kalenderjahrs auf das vorhergehende zurückbezogen werden.[727]

Keine Zusammenballung ist nach Auffassung des BFH[728] mehr gegeben, sofern die Abfindung zusammen **437** mit dem im Jahr der Zahlung geflossenen Gehalt **betragsmäßig ein Jahresgehalt nicht überschreitet** und der Steuerpflichtige auch keine weiteren Einnahmen bezieht, die er bei Fortsetzung des Arbeitsverhältnisses nicht auch bezogen hätte. Insofern kann bereits eine geringfügige Erhöhung der Abfindung steuerliche Vorteile bringen, sofern hierdurch der maßgebliche Referenzwert überschritten wird.

Zur Erreichung einer steuerlichen Begünstigung von Leistungen im Rahmen von Aufhebungsverträgen **438** kann sich unter Berücksichtigung der obigen Ausführungen eine **Verlagerung der Fälligkeit** derartiger

719 Vgl. hierzu BFH 14.5.2003, NZA-RR 2004, 36, 37; BFH 21.3.1996, AP Nr. 1 zu § 24 EstG. Demgegenüber FG Düsseldorf 5.4.2000, DStRE 2000, 729: Outplacementberatung und Barabfindung als einheitliche Abfindung in verschiedenen Veranlagungszeiträumen; vgl. hierzu auch BFH 14.8.2001, DStR 2002, 257.
720 BFH 21.6.2006, BFH/NV 2006, 1833; zu einer Ausnahme aus Billigkeitsgründen vgl. BFH 6.9.2000, DStRE 2001, 315.
721 Vgl. zur letzteren Fallgestaltung: *Hümmerich/Lücke/Mauer*, § 4 Rn 207.
722 BFH 6.9.2006, BFH/NV 07, 408.
723 BFH 14.8.2001, DStR 2002, 257 (Übernahme der Kosten einer Outplacement-Beratung); BFH 21.1.04 – XI R 22/03, zit. nach juris (nachträglicher Ausgleich eines versehentlich unberücksichtigt gebliebenen Nachteils wegen des früheren Ausscheidens bei der Altersversorgung); BFH 14.4.2005 – XI R 11/04, zit. nach juris (monatliche Zuzahlungen zum Arbeitslosengeld).
724 BFH 21.1.2004, BB 2004, 1202.
725 BFH 24.1.2002, DStR 2002, 628; BFH 15.10.2003, DStR 2004, 82; siehe auch BFH 21.1.04, BFH/NV 2004, 1227.
726 BFH 6.3.2002, DStR 2002, 1523.
727 BMF-Schreiben vom 24.5.2004 – IV A 5 – S 2290 – 20/04 (BStBl I S. 505 i.V.m. BStBl I S. 633), Rn 17–20.
728 BFH 14.8.2001, DStR 2002, 257, 258.

Leistungen in einen anderen Veranlagungszeitraum anbieten. Hierbei ist jedoch in zweifacher Hinsicht Vorsicht geboten: Wegen der im Folgejahr gegebenenfalls geringeren Einkünfte (z.B. im Fall von Arbeitslosigkeit) und der damit möglicherweise fehlenden Zusammenballung von Einkünften i.S.v. § 34 EStG kann die Steuerprivilegierung fraglich sein; allerdings kann in einem solchen Fall eine Steuerbegünstigung aus einem dann niedrigeren Steuersatz resultieren.[729] Darüber hinaus kann der Arbeitgeber – wenn nichts Abweichendes vereinbart ist – auch in solchen Fällen die Überweisung des Betrages zu einem früheren Zeitpunkt vornehmen. Fließt aufgrund dessen der Zahlungsbetrag noch im laufenden Veranlagungszeitraum dem Arbeitnehmer zu, wird der steuerliche Zweck nicht erreicht. Eine Haftung des Arbeitgebers besteht in diesen Fällen jedenfalls dann nicht, wenn der Arbeitgeber zur vorzeitigen Leistung berechtigt war..[730]

> *Praxishinweis*
>
> Soll die Auszahlung der Abfindung aus steuerlichen Gründen in das kommende Kalenderjahr verlagert werden, sollte wegen § 271 Abs. 2 BGB vereinbart werden, dass der Arbeitgeber nicht berechtigt ist, die Zahlung vor dem vereinbarten Fälligkeitszeitpunkt zu leisten. Ergänzend könnte geregelt werden, dass der Arbeitnehmer die Auszahlung vorher verlangen kann. Dies ist für den Fall sinnvoll, dass der Arbeitnehmer bereits eine Anschlussbeschäftigung gefunden hat und sich dadurch nachträglich ergibt, dass sich durch eine Verlagerung der Auszahlung in das Folgejahr keine Steuerersparnis erzielen lässt.

439 Unabhängig davon können Arbeitgeber und Arbeitnehmer den Zeitpunkt des Zuflusses einer Abfindung aber auch in der Weise steuerwirksam gestalten, dass sie deren ursprünglich vorgesehene Fälligkeit vor ihrem Eintritt auf einen späteren oder früheren Zeitpunkt verschieben.[731]

c) Steuervorteile durch Wohnsitzverlegung ins Ausland

440 Je nach den Umständen des Einzelfalles lassen sich Steuervorteile auch dadurch erzielen, dass der Arbeitnehmer seinen Wohnsitz vor Auszahlung der Abfindung in das Ausland verlagert. In diesem Fall kann im Einzelfall die Pflicht zur Steuerzahlung in Deutschland entfallen; ggf. entsteht aber die Pflicht, die Abfindung im Staat des neuen Wohnsitzes – dann ggf. zu abweichenden Konditionen – zu versteuern.

> *Praxishinweis*
>
> Bei höheren Abfindungen empfiehlt sich die Hinzuziehung eines Steuerberaters, um etwaige durch eine rechtzeitige Wohnsitzverlagerung erzielbare Steuervorteile auszunutzen.

d) Berechnung

441 Die Berechnung der auf die außerordentlichen Einkünfte anfallenden Einkommensteuer hat nach dem sog. **Fünftelungsprinzip** zu erfolgen. Hierzu sind zunächst die steuerbegünstigten Einkünfte zu ermitteln. Diese ergeben sich aus den Einnahmen abzüglich der sachlich unmittelbar damit in Zusammenhang stehenden Werbungskosten, selbst wenn sie bereits in einem der Vereinnahmung vorausgehenden Besteuerungszeitraum angefallen sind.[732] Die Steuer auf die begünstigten Einkünfte beträgt das Fünffache des Unterschiedsbetrages zwischen der Einkommensteuer für das um diese Einkünfte verminderte zu versteuernde Einkommen (verbleibendes zu versteuerndes Einkommen) und der Einkommensteuer für das verbleibende zu versteuernde Einkommen zuzüglich eines Fünftels der begünstigten Einkünfte (§ 34 Abs. 1 EStG). Zu diesem Zweck ist zunächst die Einkommensteuer für das zu versteuernde Einkommen des Kalenderjahres ohne die begünstigten Einkünfte zu ermitteln. Sodann ist die Einkommensteuer zu errechnen, die sich unter Ein-

---

729 Vgl. hierzu *Hümmerich/Lücke/Mauer*, § 4 Rn 364.
730 Vgl. LAG Bremen 3.11.2005, NZA-RR 2006, 260; LAG Hessen 5.11.2010 – 3 Sa 602/10, zit. nach juris; LAG München 23.9.2014 – 6 Sa 230/14, zit. nach juris (n.rkr.); kritisch – allerdings unter Verkennung von § 271 Abs. 2 BGB: *Hümmerich/Lücke/Mauer*, § 4 Rn 365 (Schadensersatzanspruch gem. § 280 Abs. 1 BGB).
731 BFH 11.11.2009, DB 2010, 148.
732 BFH 26.8.2004, DStR 2005, 57.

beziehung eines Fünftels der Einkünfte i.S.d. Vorschrift ergibt. Der sich ergebende Unterschiedsbetrag zwischen beiden Steuerbeträgen ist zu verfünffachen und der sich ergebende Betrag der Einkommensteuer hinzuzurechnen, die für das zu versteuernde Einkommen ohne die begünstigten Einkünfte ermittelt wurde.[733]

5. Sozialversicherungsrecht

a) Ruhen des Arbeitslosengeldanspruchs bei Sperrzeit
aa) Voraussetzungen

Bei einer einvernehmlichen Aufhebung des Arbeitsverhältnisses tritt für den Arbeitnehmer i.d.R. gem. § 159 Abs. 1 S. 2 Nr. 1 SGB III eine Sperrzeit in Bezug auf das Arbeitslosengeld ein.[734] Grund für die Sperrzeit ist, dass der Arbeitnehmer durch seine Mitwirkung an dem Aufhebungsvertrag selbst für das Lösen des Arbeitsverhältnisses verantwortlich ist und damit ein Tatbestandsmerkmal („Lösung des Beschäftigungsverhältnisses") des § 159 Abs. 1 S. 2 Nr. 1 SGB III erfüllt ist.[735]   **442**

Gem. § 159 Abs. 1 S. 1 SGB III tritt in diesem Fall eine Sperrzeit nur dann nicht ein, wenn der Arbeitslose für sein Verhalten einen **wichtigen Grund** hatte.   **443**

Ein solcher Grund liegt **nicht allein** deshalb vor, dass der Arbeitnehmer einer ansonsten **drohenden arbeitgeberseitigen Kündigung** zuvor kommen will.[736] Dieses gilt auch dann, wenn die Auflösung durch Vereinbarung zu dem Zeitpunkt erfolgt, zu dem auch eine rechtmäßige betriebsbedingte Kündigung gedroht hätte.[737] Erforderlich ist zusätzlich, dass die drohende Kündigung objektiv rechtmäßig wäre und für den Arbeitnehmer ein Abwarten des Kündigungsausspruches unzumutbar ist. Die **Unzumutbarkeit des Abwartens der Kündigung** kann in folgenden Fällen gegeben sein:

- Die einvernehmliche Lösung des Arbeitsverhältnisses wirkt sich positiv auf Eingliederungsmöglichkeiten aus, indem Nachteile einer arbeitgeberseitigen Kündigung für das **berufliche Fortkommen** vermieden werden.[738]
- Ein älterer Arbeitnehmer stimmt in einer **krisenhaften Situation des Betriebes** einer Auflösung des Arbeitsverhältnisses gegen Abfindung zu, wodurch anderen Arbeitnehmern der Arbeitsplatz erhalten bleibt.[739]
- Ein leitender Angestellter i.S.v. § 14 KSchG sichert sich durch den Aufhebungsvertrag unter Einhaltung der Kündigungsfrist eine **Abfindung**. Hierdurch wird die gleiche Ausgangslage hergestellt die der Arbeitgeber auch einseitig durch einen Auflösungsantrag nach § 9 KSchG herbeiführen könnte.[740]
- Der Arbeitnehmer sichert sich durch den Abschluss des Aufhebungsvertrag eine **Abfindung** und die ansonsten erfolgende rechtmäßige arbeitgeberseitige Kündigung aus nicht verhaltensbedingten Gründen würde das Arbeitsverhältnis zum selben Zeitpunkt beenden.[741]

In seiner richtungsweisenden Entscheidung vom 12.7.2006 hat das BSG angekündigt, jedenfalls für Streitfälle ab dem 1.1.2004 unter Heranziehung der Grundsätze des **§ 1a KSchG** auf eine Prüfung der Rechtmäßigkeit der Arbeitgeberkündigung zu verzichten, wenn eine betriebsbedingte Kündigung unter Einhaltung der einschlägigen Kündigungsfrist ausgesprochen worden wäre und die Abfindungshöhe die in § 1a   **444**

---

733 Siehe zu den einzelnen Rechenschritten auch *Hümmerich/Lücke/Mauer*, § 4 Rn 210.
734 Grundsätzlich zum Sozialversicherungsrecht siehe *Gockel*, in: FS Etzel, S. 173 ff.
735 BSG 9.11.1995, NZA-RR 1997, 109, 110.
736 BSG 25.4.2002, AuR 2003, 239.
737 BSG 17.10.2002, info also 2003, 77.
738 BSG 25.4.2002, NZA-RR 2003, 105, 106.
739 BSG 29.11.1989, NZA 1990, 628, 630.
740 BSG 17.11.2005, ArbRB 2006, 74.
741 BSG 12.7.2006, NZA 2006, 1359.

Abs. 2 KSchG vorgesehene nicht überschreitet.[742] Dies ist seit Oktober 2007 auch in den Dienstanweisungen der Bundesagentur für Arbeit umgesetzt worden, wobei allerdings auf die Prüfung der Rechtmäßigkeit der hypothetischen Kündigung nur verzichtet wird, wenn die vereinbarte Abfindung **zwischen 0,25 und 0,5 Monatsentgelten** liegt.

445 Neben den Fällen der drohenden arbeitgeberseitigen Kündigung können auch **wichtige Gründe in der Person** des Arbeitnehmers oder **aus dem betrieblichen Bereich** einen Aufhebungsvertrag rechtfertigen:

■ Der Arbeitnehmer zieht mit seinem Ehegatten in eine **gemeinsame Wohnung** und die Arbeitsstelle kann von dem neuen Wohnort nicht zumutbar erreicht werden. Entsprechendes gilt beim Zuzug zum eheähnlichen Lebenspartner jedenfalls dann, wenn der Arbeitnehmer davon ausgehen kann, dass eine Eheschließung in absehbarer Zeit erfolgt.[743] Für die Bestimmung der Zumutbarkeit des Arbeitsweges kann auf die Kriterien des § 140 Abs. 4 SGB III (§ 121 SGB III a.F.) abgestellt werden.[744]

■ **Religiöse oder Gewissensgründe** verbieten dem Arbeitnehmer die Fortführung der bisherigen Tätigkeit.[745]

■ **Betreuung** eines (unterhaltsberechtigten) **nahen Angehörigen**.[746]

■ Nachweisbare **gesundheitliche Beeinträchtigungen**, die dem Arbeitnehmer die Fortsetzung des Arbeitsverhältnisses unzumutbar machen. Eine Unzumutbarkeit liegt nicht vor, wenn die Krankheit kurzfristig mit Erfolg behandelbar oder sogar noch vermeidbar ist.[747]

■ Wechsel von einem unbefristeten Arbeitsverhältnis in ein befristetes Arbeitsverhältnis mit einem anderen Arbeitgeber, wenn mit der Aufnahme der befristeten Tätigkeit ein Wechsel in ein **neues Berufsfeld** erfolgt und mit der **Erlangung zusätzlicher beruflicher Fähigkeiten** verbunden ist.[748]

■ **Mobbinghandlungen** eines Vorgesetzten, die über normale Kritik hinausgehen und dem Arbeitnehmer eine Fortsetzung des Arbeitsverhältnisses unzumutbar machen.[749]

■ Zuweisung einer **nicht der Qualifikation des Arbeitnehmers entsprechenden Tätigkeit**, die mit Rücksicht auf die Betriebszugehörigkeit und das Lebensalter unzumutbar ist (Beschäftigung eines Facharbeiters mit Hilfsarbeiten).[750]

446 **Keine wichtigen Gründe** liegen hingegen in folgenden Fällen vor:

■ Ein jüngerer Arbeitnehmer schließt einen Aufhebungsvertrag, um dem Arbeitgeber die Weiterbeschäftigung eines älteren, weniger qualifizierten Arbeitnehmers zu ermöglichen.[751]

■ Der Arbeitgeber stellt den Arbeitnehmer vor die Wahl entweder einen Aufhebungsvertrag oder einen befristeten Arbeitsvertrag abzuschließen, ohne mit einer Kündigung zu drohen. Dem Arbeitnehmer ist es zumutbar sich dahingehend an geeigneter Stelle beraten zu lassen, ob er nicht den bestehenden Arbeitsvertrag beibehalten kann.[752]

■ Der Arbeitnehmer schließt einen **befristeten Vertrag über Altersteilzeit**. Nach Beendigung des Altersteilzeitverhältnisses greift die Sperrzeit des § 159 Abs. 1 S. 2 Nr. 1 SGB III (§ 144 SGB III a.F.).[753]

---

742 BSG 12.7.2006, NZA 2006, 1359; BSG 2.5.2012, NZA 2012, 876.

743 BSG 17.11.2005, AuR 2006, 39; weitergehend BSG 29.4.1998, NZS 1998, 581, 583 ff., das auf das Erfordernis der zukünftigen Eheschließung verzichtet.

744 *Stück*, MDR 2007, 1355, 1359.

745 *Stück*, MDR 2007, 1355, 1359.

746 *Stück*, MDR 2007, 1355, 1359.

747 BSG 21.10.2003, NZS 382, 383.

748 BSG 12.7.2006, NJW 2006, 3517 (Wechsel Innendienst zur Kinderanimateurin).

749 BSG 21.10.2003, NZS 2004, 382, 383.

750 *Stück*, MDR 2007, 1355, 1359.

751 BSG 15.6.1988 – 7 RAr 3/87, zit. nach juris.

752 SG Aachen 26.9.2006 – S 11 AL 24/06, zit. nach juris.

753 SG Karlsruhe 25.5.2004, NZA-RR 2005, 275, 276.

Bei der Annahme eines wichtigen Grundes ist allerdings Vorsicht geboten. Falls von der Agentur für Arbeit **447** zu Unrecht eine Sperrzeit verhängt wird, ist zunächst die Durchführung eines gerichtlichen Verfahrens notwendig. Zuständig ist insoweit das Sozialgericht, das die Frage des Vorliegens eines wichtigen Grundes prüft. Das Sozialgericht prüft hierbei inzident die arbeitsrechtliche Fragestellung, ob eine Kündigung – wäre sie ausgesprochen worden – rechtmäßig gewesen wäre. Dies ist naturgemäß mit erheblichen Unwägbarkeiten verbunden.

bb) Rechtsfolgen

Die Sperrzeit führt gem. § 159 Abs. 3 SGB III zum **Ruhen des Anspruchs auf Arbeitslosengeld** für die **448** **Dauer** von bis zu **zwölf Wochen**. Darüber hinaus **verkürzt** sich der Anspruch auf Arbeitslosengeld um mindestens ¼ der Anspruchsdauer, die dem Arbeitnehmer an sich gem. § 147 SGB III zusteht, § 148 Abs. 1 Nr. 4 SGB III. Die Sperrzeit beginnt mit dem Tag nach dem Ereignis, das die Sperrzeit begründet. Dies ist die Beschäftigungslosigkeit in Folge des Aufhebungsvertrages.[754] Wird der Arbeitnehmer bis zur Beendigung des Arbeitsverhältnisses beschäftigt, fallen Ende des Arbeitsverhältnisses und Beginn der Beschäftigungslosigkeit zusammen. Ist eine Freistellung – gegebenenfalls auch unter Fortzahlung des Entgelts – vereinbart, wurde bislang angenommen, dass die Sperrzeit mit der Freistellung beginne, da hierdurch bereits Beschäftigungslosigkeit vorliege.[755] Das BSG hat mit zwei Urteilen vom 24.9.2008 allerdings seine Rechtsprechung geändert, so dass nunmehr in der Regel von einem Fortbestehen des sozialversicherungsrechtlichen Beschäftigungsverhältnisses bis zum Ende des Arbeitsverhältnisses auszugehen ist.[756] Wurde zwar ein Aufhebungsvertrag vereinbart, die Freistellung jedoch einseitig vom Arbeitgeber ausgesprochen, hat der Arbeitnehmer an diesem Ende der Beschäftigung nicht mitgewirkt; die Sperrzeit beginnt in diesem Fall erst mit Beendigung des Arbeitsverhältnisses.[757] Die Sperrzeit kann aber frühestens mit dem Abschluss des Aufhebungsvertrages beginnen. Sie läuft ggf. parallel mit einem Ruhenszeitraum nach § 158 SGB III.

cc) Aufklärungs- und Schadenersatzpflichten des Arbeitgebers

Erhält der Arbeitnehmer aufgrund der Sperrzeitverhängung kein Arbeitslosengeld, kann dies auch für den **449** Arbeitgeber relevant sein. Zwar ist es grds. Sache des Arbeitnehmers, sich über die rechtlichen Folgen seines Handelns und die Möglichkeit des Eintritts einer Sperrzeit selbst Klarheit zu verschaffen. Allerdings besteht unter bestimmten Voraussetzungen eine Verpflichtung des Arbeitgebers, den Arbeitnehmer über eine drohende Sperrzeit aufzuklären[758] (vgl. Rdn 321). Erteilt der Arbeitgeber dem Arbeitnehmer Auskünfte, müssen diese zutreffend und vollständig sein. Zwar führt eine pflichtwidrig unterlassene, unzutreffende oder irreführende Auskunft durch den Arbeitgeber nicht zur Unwirksamkeit des Abwicklungsvertrages,[759] jedoch macht sich der Arbeitgeber bei Verletzung seiner Hinweis- und Aufklärungspflichten nach § 280 BGB gegenüber dem Arbeitnehmer schadenersatzpflichtig.[760]

b) Ruhen des Arbeitslosengeldanspruchs bei Entlassungsentschädigung

Unter den Begriff „Entlassungsentschädigung" fallen alle Zahlungen, die in einem ursächlichen Zusammen- **450** hang mit der Beendigung des Arbeitsverhältnisses stehen, weil der Arbeitnehmer sie ohne die Beendigung nicht beanspruchen könnte. Sie sind nach Aufhebung von § 115a AFG, § 140 SGB III a.F. **grundsätzlich nicht** auf das Arbeitslosengeld anzurechnen. Wird das Arbeitsverhältnis hingegen **ohne Einhaltung**

---

754 BSG 25.4.2002, NZA-RR 2003, 105, 107.
755 BSG 25.4.2002, NZA-RR 2003, 105, 107.
756 BSG 24.9.2008 – B 12 KR 27/07R, NZA-RR 2009, 272; BSG 24.9.2008 – B 12 KR 27/07 R, NZA-RR 2009, 272. Vgl. hierzu bereits oben Rn 369.
757 Durchführungsanweisung der BA § 144 SGB III, Stand 4/2010, Rn 144.121.
758 Ausführlich: *Schulte*, ArbRB 2004, 26 ff.
759 BAG 10.3.1988, AP Nr. 99 zu § 611 BGB Fürsorgepflicht.
760 BAG 21.5.2015, NZA-RR 2015, 588; BAG 17.10.2000, NZA 2001, 206, 207; BAG 3.7.1990, NZA 1990, 971, 973; HWK/*Kliemt*, Anh. zu § 9 KSchG Rn 22.

der Kündigungsfrist beendet und erhält der Arbeitnehmer eine Entlassungsentschädigung bzw. kann diese beanspruchen, **ruht** gem. § 158 SGB III (§ 143a SGB III a.F.) der Anspruch auf Arbeitslosengeld bis zu dem Zeitpunkt, zu dem das Arbeitsverhältnis einseitig unter Wahrung der ordentlichen Kündigungsfrist durch den Arbeitgeber hätte gekündigt werden können. Während dessen besteht – mit Ausnahme des einmonatigen nachwirkenden Versicherungsschutzes nach § 19 Abs. 2 SGB V – auch kein Krankenversicherungsschutz. Der Arbeitnehmer muss diesen gegebenenfalls durch eine freiwillige Weiterversicherung aufrechterhalten. Ist die **ordentliche Kündigung ausgeschlossen**, gilt gem. § 158 Abs. 1 S. 3 SGB III eine Kündigungsfrist von 18 Monaten. Kann dem Arbeitslosen nur gegen Zahlung einer Entlassungsentschädigung gekündigt werden, gilt eine Kündigungsfrist von 12 Monaten. Dabei ist die rechtliche Grundlage für die Abfindung unerheblich.[761]

c) Ruhen des Arbeitslosengeldanspruchs bei Arbeitsentgelt und Urlaubsabgeltung

451 Der Anspruch auf Arbeitslosengeld ruht gem. § 157 Abs. 1 SGB III (§ 143 SGB III a.F.) während der Zeit, für die der Arbeitslose **Arbeitsentgelt** erhält oder zu beanspruchen hat (z.B. bei Annahmeverzug). Wird in einem Aufhebungsvertrag die Zahlung von **Urlaubsabgeltung** geregelt, so ruht gem. § 157 Abs. 2 SGB III der Anspruch auf Arbeitslosengeld für die Zeit des abgegoltenen Urlaubs.

d) Erstattungsansprüche gegen den Arbeitgeber
aa) Gesetzlicher Forderungsübergang

452 Wird ein Aufhebungsvertrag geschlossen, **nachdem** der Arbeitnehmer bereits Arbeitslosengeld bzw. andere Sozialleistungen erhalten hat, bestehen u.U. Erstattungsansprüche der Agentur für Arbeit gem. **§ 115 SGB X**.

bb) Ältere Arbeitnehmer

453 Die Erstattungspflicht des Arbeitgebers bei **Entlassung älterer Arbeitnehmer**, die früher im zwischenzeitlich ersatzlos aufgehobenen § 147a SGB III a.F. geregelt war, besteht für Personen, deren Anspruch auf Arbeitslosengeld **nach dem 31.1.2006** entstanden ist (erster Tag der Arbeitslosigkeit), nicht mehr. Die Anspruchsdauer auf Arbeitslosengeld ist von 32 auf maximal 24 Monate verkürzt, § 127 SGB III. Eine Erstattungspflicht nach § 147a SGB III a.F., der insoweit ersatzlos aufgehoben ist, besteht für sie nicht.

cc) Karenzentschädigung

454 Die Erstattungspflicht des Arbeitgeber bei Zahlung einer **Karenzentschädigung** für ein Wettbewerbsverbot nach § 148 SGB III ist durch das Dritte Gesetz zu Reformen am Arbeitsmarkt vom 23.12.2003 aufgehoben worden.[762]

e) Meldepflicht

455 Der Arbeitnehmer hat sich wie bei einer Kündigung gem. § 38 Abs. 1 SGB III drei Monate vor der Beendigung des Arbeitsverhältnisses persönlich bei der Agentur für Arbeit arbeitsuchend zu melden. Liegen zwischen Kenntnis des Beendigungszeitpunktes und Beendigung weniger als drei Monate, hat die Meldung innerhalb von drei Tagen nach Kenntnis des Beendigungszeitpunktes zu erfolgen. Verstößt der Arbeitnehmer gegen diese Meldepflicht, droht nach § 159 Abs. 1 S. 2 Nr. 7, Abs. 6 SGB III eine Sperrzeit in Bezug auf das Arbeitslosengeld von einer Woche. Der **Arbeitgeber** soll den Arbeitnehmer gem. § 2 Abs. 2 S. 2 Nr. 3 SGB III auch bei Abschluss eines Aufhebungsvertrages hierüber sowie über die Notwendigkeit eigener Aktivitäten bei der Suche nach einer anderen Beschäftigung **informieren**. Verletzt der Arbeitgeber diese Hinweispflicht, begründet dies keinen Schadensersatzanspruch des Arbeitnehmers.[763] § 2 Abs. 2 S. 2 Nr. 3

---

761 BSG 19.12.2001, NZA-RR 2002, 217, 218.
762 BGBl I S. 2848, 2863.
763 BAG 29.9.2005, NZA 2005, 2751 m.w.N.; a.A. *Seel*, MDR 2005, 241, 246; *Gaul/Otto*, DB 2002, 2486.

SGB III dient nicht dem Schutz des Vermögens des Arbeitnehmers. Dennoch empfiehlt sich, vorsorglich einen entsprechenden Hinweis bereits in das Kündigungsschreiben oder den Aufhebungsvertrag aufzunehmen.

6. Abwicklungsvertrag

a) Begriff

Ein „Abwicklungsvertrag"[764] löst das Arbeitsverhältnis nicht auf, sondern regelt lediglich die Modalitäten der Beendigung des Arbeitsverhältnisses durch eine zuvor vom Arbeitgeber ausgesprochene Kündigung. Demgegenüber enthält der Aufhebungsvertrag selbst die Beendigungsvereinbarung.   456

b) Sozialversicherungsrechtliche Implikationen

Die sperrzeitrechtlichen Auswirkungen eines so genannten **Abwicklungsvertrages**,[765] in dem die Parteien sich darauf beschränkten, **nach** Ausspruch einer Kündigung lediglich die Folgen des beendeten Beschäftigungsverhältnisses zu regeln (in der Hauptsache Verzicht auf Kündigungsschutzklage und Zahlung einer Abfindung), waren lange Zeit umstritten.[766]   457

aa) Grundsatz: Sperrzeit

Bei der Beendigung des Arbeitsverhältnisses durch eine **rechtmäßige Kündigung** liegt i.d.R auch bei Zahlung einer Abfindung kein Auflösungssachverhalt i.S.d. § 159 SGB III und damit kein Sperrzeittatbestand vor. Auch die bloße Hinnahme einer arbeitgeberseitigen Kündigung rechtfertigt keine Sperrzeit – selbst wenn die **Kündigung rechtswidrig** ist. Hierzu hat das **BSG im Jahr 2002**[767] festgestellt, dass das Nichterheben einer Kündigungsschutzklage selbst dann keine „Lösung" des Beschäftigungsverhältnisses darstellt, wenn es sich um eine offensichtlich rechtswidrige Kündigung handelt. Der Eintritt einer Sperrzeit knüpft lediglich an ein aktives Verhalten an, während die fehlende Bereitschaft, sich gegen den Willen des Arbeitgebers im Beschäftigungsverhältnis zu behaupten, den Eintritt einer Sperrzeit nicht rechtfertigt.   458

Aufgrund dieser gefestigten Rechtsprechung galt bislang der Abschluss eines so genannten Abwicklungsvertrages nach Ausspruch einer betriebsbedingten Kündigung als „Wunderwaffe" gegen die Verhängung einer Sperrzeit.[768] Dabei beschränken sich die Parteien darauf, nach Ausspruch einer Kündigung lediglich die Folgen des beendeten Beschäftigungsverhältnisses zu regeln, indem (mindestens) der Verzicht auf die Erhebung einer Kündigungsschutzklage und (meist) die Zahlung einer Abfindung vereinbart werden. Bislang wurde in diesen Fällen seitens der Agenturen für Arbeit lediglich dann eine Sperrzeit verhängt, wenn entweder bekannt wurde, dass die entsprechende Absprache bereits vor Ausspruch der Kündigung getroffen worden war oder die Rechtswidrigkeit der Kündigung offensichtlich war (wie z.B. bei der ordentlichen Kündigung eines unkündbaren Betriebsratsmitglieds oder bei Fehlen einer Betriebsratsanhörung).

Das **BSG** hat mit **Urt. v. 18.12.2003**[769] klargestellt, dass der Arbeitnehmer im Grundsatz auch durch den Abschluss eines Abwicklungsvertrages, in dem er ausdrücklich oder konkludent auf die Geltendmachung seines Kündigungsschutzes verzichtet, einen wesentlichen Beitrag zur Herbeiführung seiner Beschäftigungslosigkeit leiste. Es komme nicht entscheidend darauf an, ob eine Vereinbarung über die Hinnahme der Arbeitgeberkündigung vor oder nach deren Ausspruch getroffen werde. I.d.R. liege ein **Auflösungstatbestand** vor, so dass eine **Sperrzeit** eintrete. Sinn und Zweck der Sperrzeit sei, die Versichertengemeinschaft typisierend gegen Risikofälle zu schützen, deren Eintritt der Versicherte selbst zu vertreten habe.   459

---

764 *Hümmerich*, NZA 2001, 1280.
765 *Hümmerich*, NZA 2001, 1280.
766 Vgl. einerseits *Geiger*, NZA 2003, 838 ff., andererseits *Bauer/Hümmerich*, NZA 2003, 1076 ff.
767 BSG 25.4.2002, NZA-RR 2003, 162; vgl. auch bereits: BSG 9.11.1995, NZA-RR 1997, 109, 110.
768 Vgl. etwa *Bauer/Hümmerich*, NZA 2003, 1076 ff.; *Gaul*, BB 2003, 2457, 2459.
769 BSG 18.12.2003, NZA 2004, 661; vgl. auch *Kliemt*, ArbRB 2004, 212 ff.

Hierbei mache es keinen wesentlichen Unterschied, ob der Arbeitnehmer an der Beendigung des Beschäftigungsverhältnisses durch Abschluss eines Aufhebungsvertrages mitwirke oder ob seine aktive Beteiligung darin liege, dass er hinsichtlich des Bestands der Kündigung und deren Folgen verbindliche Vereinbarungen schließt. In beiden Fällen treffe ihn eine wesentliche Verantwortung für die Beendigung des Beschäftigungsverhältnisses. Der regelmäßige Ablauf einer Kündigung mit nachfolgender Abwicklungsvereinbarung bestehe darin, dass dem Arbeitnehmer vor dem Ausspruch der Kündigung eine entsprechende Vereinbarung in Aussicht gestellt werde. Letztlich sei es aber nicht entscheidungserheblich, ob eine entsprechende Erwartungshaltung explizit oder durch die bisherige Übung des Arbeitgebers geweckt werde, oder ob ein Abwicklungsvertrag ohne vorherige Absprache erstmals im Zeitraum nach Ausspruch der Kündigung geschlossen wird.

bb) Ausnahmen

460 **Ausnahmen** von diesem Grundsatz gelten aber dann, wenn die ausgesprochene **Kündigung objektiv rechtmäßig** ist.[770] Gleiches gilt, wenn vor einem **Arbeitsgericht** ohne vorherige Absprache ein Vergleich über die Auflösung des Arbeitsverhältnisses zustande kommt.[771] Ein gerichtlicher Vergleich, der die Arbeitslosigkeit nicht zu einem früheren Zeitpunkt herbeiführt, als die vorausgegangene Kündigung, löst daher keine Sperrzeit aus, es sei denn, es läge eine Umgehung (z.B. Vorfeldabsprache) vor. Eine Sperrzeit tritt auch dann nicht ein, wenn ein Arbeitnehmer ohne Vorfeldabsprache eine betriebsbedingte Kündigung, in der ihm ein **Abfindungsangebot nach § 1aKSchG** unterbreitet worden ist, lediglich hinnimmt. Ansonsten würde die in § 1a KSchG zu Tage tretende gesetzgeberische Grundentscheidung konterkariert.[772] Überdies dürfte eine Sperrzeit – ähnlich wie beim Aufhebungsvertrag (vgl. hierzu Rdn 442 ff.) – nicht verhängt werden, wenn dem Abschluss des Abwicklungsvertrages eine betriebsbedingte Kündigung vorausgegangen ist und die vereinbarte Abfindung zwischen 0,25 und 0,5 Monatsentgelten liegt. Dies gilt auch, wenn einem ordentlich unkündbaren Arbeitnehmer eine betriebsbedingte außerordentliche Kündigung mit Auslauffrist droht.[773]

Entgegen der bisherigen Handhabung führt damit letztlich der Abschluss eines Abwicklungsvertrages i.d.R. zur Verhängung einer zwölfwöchigen Sperrzeit in Bezug auf das Arbeitslosengeld. Dies führt dazu, dass dem Arbeitnehmer der Abschluss eines Abwicklungsvertrages in der bisherigen Ausgestaltung nur in bestimmten Konstellationen zu empfehlen ist.

461 *Praxishinweis*

Bei der Gestaltung einer Aufhebungs- oder Abwicklungsvereinbarung sollten stets die umfänglichen **Dienstanweisungen** der Bundesagentur für Arbeit an die örtlichen Arbeitsagenturen in ihrer jeweils aktuellen Fassung beachtet werden. Hierdurch kann sich gegebenenfalls ein langwieriges Verfahren vor dem Sozialgericht vermeiden lassen.

c) Form

462 Der Abschluss eines Abwicklungsvertrages bedarf – anders als Aufhebungsvertrag und Kündigung – zu seiner Wirksamkeit nicht der Schriftform nach § 623 BGB. Vereinbaren bspw. die Parteien eines Kündigungsrechtsstreits, dass das Arbeitsverhältnis durch die angegriffene arbeitgeberseitige Kündigung endet, begründet § 623 BGB keine Formbedürftigkeit dieses Vertrags. Bei einem solchen Abwicklungsvertrag genügt die zugrunde liegende, formgerecht erklärte Kündigung dem Schriftformerfordernis.[774]

770 BSG 2.9.2004, BSGE 93, 159.
771 BSG 17.10.2007 – B 11 AL 51/06R, n.v.
772 Vgl. auch BSG 12.7.2006, NZA 2006, 1359.
773 BSG 2.5.2012, NZS 2012, 874.
774 BAG 23.11.2006, NZA 2007, 466 m.w.N.; vgl. auch BAG 17.12.2015, NZA 2016, 361.

7. Checkliste: Aufhebungsvertrag

Für die wichtigsten Regelungen, die in einen Aufhebungsvertrag aufzunehmen sind, ergibt sich folgende **463** Checkliste:

- *Beendigungszeitpunkt* – wird mindestens die ordentliche Kündigungsfrist eingehalten?
- *Vergütung* – wie hoch ist die bis zum Beendigungszeitpunkt fortzuzahlende Vergütung? Welche sonstigen Vergütungsbestandteile bedürfen einer Regelung?
- *Spesen, Provisionen, Prämien, Sonderzahlungen etc.* – steht deren Höhe fest und welche Zahlungen sollen wann noch erfolgen?
- *Gehaltsüberzahlungen* – wurden die Pfändungsfreibeträge beachtet?
- *Freistellung* – Anrechnung von Urlaubsansprüchen etc. sowie Entgelthöhe geregelt? Soll eine Anrechnung anderweitigen Verdienstes erfolgen?
- *Abfindung* – Auszahlungstermin und ggf. Vererbbarkeit geregelt? Abfindungserhöhung bei vorzeitigem Ausscheiden? Steuervorteil durch Verschiebung des Auszahlungszeitpunktes?
- *Arbeitsmittel und Unterlagen* – wurde eine umfassende Regelung getroffen?
- *Dienstwagen* – sind Zeitpunkt und Ort der Übergabe sowie Privatnutzung geregelt? Übernahmerecht?
- *Betriebliche Altersversorgung* – sind Regelungen zur Abfindung/Übertragung erforderlich? Auskunftserteilung?
- *Aktienoptionen* – Wartefrist, Verfügungsbeschränkungen sowie Verfallbarkeit geprüft?
- *Wettbewerbsverbot(e)* – soll ein solches fortbestehen, vereinbart oder aufgehoben werden? Soll eine Anrechnung anderweitigen Verdienstes erfolgen?
- *Zeugnis* – soll Bewertung oder ggf. sogar gesamter Zeugnisinhalt festgehalten werden?
- *Hinweispflichten* – wurde auf die zuständigen Behörden hingewiesen sowie auf die unverzügliche Meldepflicht bei der zuständigen Agentur für Arbeit?
- *Geheimhaltung und Stillschweigen* – welche Regelungen sind erforderlich?
- *Ausgleichsklausel* – soll eine umfassende Erledigung bereits jetzt erreicht werden?

8. Muster

a) Ausführlicher Aufhebungsvertrag

▼

Muster 1c.28: Aufhebungsvertrag   464

Aufhebungsvertrag

Zwischen

░░░░░ (*Name*),

vertreten durch ░░░░░,

░░░░░ (*Adresse*)

(im Folgenden: „Gesellschaft")

und

Herrn ░░░░░ (*Name*),

░░░░░ (*Adresse*)

(im Folgenden: „Mitarbeiter" sowie gemeinsam mit der Gesellschaft: „die Parteien")

wird folgender Aufhebungsvertrag geschlossen:

1. Beendigung des Arbeitsverhältnisses

Zwischen den Parteien besteht Einigkeit, dass das zwischen ihnen bestehende Arbeitsverhältnis zur Vermeidung einer ansonsten unumgänglichen betriebsbedingten Kündigung unter Einhaltung der ordentlichen Kündigungsfrist aus dringenden betrieblichen Gründen mit Ablauf des ▓▓▓▓▓ (Beendigungszeitpunkt) enden wird. (**Ggf.:** *Darüber hinaus werden mit Wirkung zum selben Zeitpunkt sämtliche etwa zwischen dem Mitarbeiter und den mit der Gesellschaft verbundenen Unternehmen bestehenden Arbeitsverhältnisse beendet. Insoweit handelt die Gesellschaft als bevollmächtigte Vertreterin dieser Unternehmen.*)

Die Beendigung des Arbeitsverhältnisses war wegen einer betrieblichen Umstrukturierung innerhalb der Gesellschaft erforderlich, die den Bedarf an der Beschäftigung und damit den Arbeitsplatz des Mitarbeiters entfallen gelassen hat.

2. Vergütungsfortzahlung/Abwicklung

Bis zum Beendigungszeitpunkt erhält der Mitarbeiter weiterhin seine monatliche Grundvergütung in Höhe von ▓▓▓▓▓ EUR brutto. Darüber hinaus erhält der Mitarbeiter die für das Jahr ▓▓▓▓▓ zugesagte Gratifikation trotz seines Ausscheidens ungekürzt.

Alternativ: *Darüber hinaus erhält der Mitarbeiter die für das Jahr ▓▓▓▓▓ zugesagte Gratifikation im Hinblick auf sein Ausscheiden zum ▓▓▓▓▓ pro rata temporis.*

Alternativ: *Der Mitarbeiter erhält wegen seines Ausscheidens zum ▓▓▓▓▓ für das Jahr ▓▓▓▓▓ keine Gratifikation mehr.*

Weitergehende Vergütungsansprüche bestehen nicht.

3. Freistellung/Urlaub

Der Mitarbeiter wird unmittelbar nach Abschluss dieses Aufhebungsvertrages bis auf weiteres widerruflich unter Fortzahlung der Vergütung gemäß Ziffer 2 von der Verpflichtung zur Arbeitsleistung freigestellt. Die Gesellschaft behält sich vor, den Mitarbeiter während der Restlaufzeit des Arbeitsverhältnisses ganz oder teilweise mit einer Ankündigungsfrist von drei Tagen an den Arbeitsplatz zurückzurufen. Die Parteien sind sich darüber einig, dass sämtliche dem Mitarbeiter zustehende Urlaubsansprüche bereits in natura gewährt und genommen worden sind und dass keine Freizeitausgleichsansprüche mehr bestehen.

Alternativ: *Der Mitarbeiter wird unmittelbar nach Abschluss dieses Aufhebungsvertrages zunächst vom ▓▓▓▓▓ bis ▓▓▓▓▓ unter Anrechnung auf Urlaubs- und sonstige Freizeitausgleichsansprüche unwiderruflich und sodann widerruflich bis zum Beendigungszeitpunkt unter Fortzahlung der Vergütung gemäß Ziffer 2 von der Arbeitsleistung freigestellt.*

Alternativ: *Der Mitarbeiter wird unmittelbar nach Abschluss dieses Aufhebungsvertrages bis zum Beendigungszeitpunkt unwiderruflich unter Fortzahlung der Vergütung gemäß Ziffer 2 und unter Anrechnung auf Urlaubs- und sonstige Freizeitausgleichsansprüche von der Arbeitsleistung freigestellt.*

Sollte der Mitarbeiter bis zum Beendigungszeitpunkt eine andere Tätigkeit im Sinne von §§ 326 Abs. 2 S. 2, 615 S. 2 BGB aufnehmen, ist er dazu verpflichtet, sich die durch diese Tätigkeit erzielten Einkünfte bis zu einem Betrag von ▓▓▓▓▓ EUR auf die von der Gesellschaft gemäß Ziffer 2 fort zu zahlende Vergütung anrechnen zu lassen. Der Mitarbeiter verpflichtet sich in diesem Fall, die Aufnahme einer solchen Tätigkeit sowie jeden Wechsel der Tätigkeit der Gesellschaft einen Monat im Voraus schriftlich anzuzeigen. Der Mitarbeiter ist darüber hinaus verpflichtet, die Gesellschaft monatlich über die bei dieser Tätigkeit erzielten Einkünfte zu informieren. Etwaige Überzahlungen hat er der Gesellschaft unverzüglich zu erstatten. Der Einwand des Wegfalls der Bereicherung (§ 818 Abs. 3 BGB) ist ausgeschlossen.

Alternativ: *Während der Zeit der Freistellung ist dem Mitarbeiter jede Tätigkeit für ein Konkurrenzunternehmen untersagt. Im Übrigen finden §§ 326 Abs. 2 S. 2, 615 S. 2 BGB Anwendung.*

4. Abfindung

Aus Anlass der Beendigung des Arbeitsverhältnisses und der damit verbundenen Aufgabe des sozialen Besitzstandes zahlt die Gesellschaft an den Mitarbeiter nach Maßgabe der §§ 9, 10 KSchG, §§ 24, 34 EStG eine einmalige Abfindung in Höhe von ▓▓▓▓▓ EUR (in Worten: ▓▓▓▓▓ EUR) brutto. Der Abfindungsanspruch ist bereits mit Abschluss des Aufhebungsvertrages entstanden und vererblich. Die Abfindung ist zum Beendigungszeitpunkt fällig.

Alternativ: *Die Abfindung reduziert sich in der Höhe, in der Ansprüche des Mitarbeiters gem. § 115 SGB X auf die Bundesagentur für Arbeit übergegangen sind. Die Abfindung wird erst fällig, wenn die zuständige Agentur für Arbeit dem Arbeitgeber einen entsprechenden Bescheid erteilt hat.*

Auf die Abfindung nach diesem Aufhebungsvertrag werden etwaige sonstige Abfindungsansprüche im weiteren Sinne (z.B. aus einem etwaigen Sozialplan oder Nachteilsausgleichsansprüche) angerechnet.

Alternativ: *Die Abfindung ist am*   *(Datum) fällig. Die Gesellschaft ist zu einer vorherigen Zahlung nicht berechtigt.*

5. Abfindungserhöhung bei vorzeitiger Beendigung

Der Mitarbeiter ist berechtigt, das Arbeitsverhältnis abweichend von Ziffer 1 vorzeitig durch einseitige schriftliche Erklärung gegenüber der Gesellschaft (Personalabteilung, z. Hd.   ) mit einer Ankündigungsfrist von einer Woche zum nächsten Monatsende zu beenden. In diesem Fall zahlt die Gesellschaft   % der dadurch frei werdenden monatlichen Brutto-Bezüge (einschließlich der Arbeitnehmeranteile zur Sozialversicherung, nicht hingegen die Arbeitgeberanteile zur Sozialversicherung) zusätzlich als Abfindung nach vorstehender Ziffer 4.

Die gesamte Abfindung wird in diesem Fall mit dem vorzeitigen Beendigungszeitpunkt fällig, frühestens jedoch mit der nächsten regulären Gehaltsabrechnung. Eine solche vorzeitige Beendigung des Arbeitsverhältnisses ist im Interesse und entspricht dem Wunsch der Gesellschaft.

6. Herausgabe von Gegenständen und Daten

Der Mitarbeiter wird (mit Ausnahme des Dienstwagens) unverzüglich sämtliche der Gesellschaft oder mit ihr verbundenen Unternehmen gehörende und noch in seinem Besitz befindlichen Gegenstände (einschließlich Mobiltelefon, Türöffner, Schlüssel etc.), Daten, Adresslisten, Kundendateien, Waren, Geräte, Apparaturen und alle Unterlagen, gleich in welcher Form, sowie sämtliche Kopien hiervon vollständig an die Gesellschaft zurückgeben.

Ein Zurückbehaltungsrecht besteht nicht. Der Mitarbeiter wird auf Verlangen der Gesellschaft schriftlich bestätigen, dass er sämtliche der vorstehend genannten Gegenstände und Daten an die Gesellschaft herausgegeben hat.

7. Dienstwagen

Der Mitarbeiter ist berechtigt, den ihm überlassenen Dienstwagen während der Zeit der Freistellung zu den bisherigen Bedingungen im bisherigen Umfang privat zu nutzen. Er hat jedoch im Falle eines Unfalles keinen Anspruch auf Zurverfügungstellung eines Ersatzfahrzeugs.

Die Gesellschaft wird bis zum Beendigungstermin die anfallenden Kosten für den Dienstwagen einschließlich der Benzinkosten in angemessenem Umfang tragen.

Der Mitarbeiter wird den Dienstwagen nebst sämtlichen Papieren und Schlüsseln sowie der Tankkarte spätestens zum Beendigungszeitpunkt an die Gesellschaft an deren Firmensitz zurückgeben. Ein Zurückbehaltungsrecht besteht nicht.

Dem Mitarbeiter wird zugleich das Recht eingeräumt, den ihm überlassenen Dienstwagen zum Händlerverkaufspreis käuflich zu erwerben. Hierbei wird der Kaufpreis durch ein DAT-Gutachten ermittelt. Die Kosten des Gutachtens und etwa zu entrichtende Steuern trägt der Mitarbeiter. Er hat spätestens zwei Wochen vor dem Ausscheiden unwiderruflich schriftlich zu erklären, ob er eine Übernahme des Dienstwagens wünscht. Die Gesellschaft ist berechtigt, den Kaufpreis des Dienstwagens mit der Abfindung zu verrechnen.

8. Betriebliche Altersversorgung

Der Mitarbeiter hat aufgrund seines Ausscheidens keinen unverfallbaren Anspruch nach dem Gesetz zur Verbesserung der betrieblichen Altersversorgung (BetrAVG) erworben.

Alternativ: *Die Gesellschaft wird dem Mitarbeiter gesondert eine Bescheinigung über die erworbenen Ansprüche auf betriebliche Altersversorgung nach § 4a BetrAVG erteilen.*

Alternativ: *Der Mitarbeiter hat nach dem Pensionsplan der Gesellschaft vom*   *einen unverfallbaren Anspruch nach dem BetrAVG erworben. Der Monatsbetrag der aus der Anwartschaft resultierenden laufenden Leistungen bei Erreichen der für den Mitarbeiter vorgesehenen Altersgrenze beträgt*   *. Diese Al-*

tersrente soll gemäß § 3 Abs. 2 BetrAVG versicherungsmathematisch abgefunden werden. Der Mitarbeiter erhält hierzu einen einmaligen Pauschalbetrag in Höhe von   EUR, der zusammen mit der Abfindung gemäß Ziffer 4 ausgezahlt wird. Damit sind sämtliche Ansprüche des Mitarbeiters aus der betrieblichen Altersversorgung bei der Gesellschaft erledigt.

Alternativ: *Die Gesellschaft räumt dem Mitarbeiter das Recht ein, die für ihn bei der   Versicherung abgeschlossene Direktversicherung (Vers.–Nr.   ) fortzuführen, Hierzu wird sie die erforderlichen Erklärungen gegenüber der Versicherung abgeben.*

9. Aktienoptionen

Zwischen den Parteien besteht Einigkeit, dass sämtliche dem Mitarbeiter gewährten Aktienoptionen aufgrund seines Ausscheidens zum Beendigungszeitpunkt verfallen und ihm insofern keine weiteren Ansprüche mehr zustehen.

Alternativ: *Hinsichtlich der Aktienoptionen wird der Mitarbeiter so gestellt wie er stünde, wenn sein Arbeitsverhältnis bis zum   (Datum) fortbestanden hätte.*

10. Darlehen

Der Mitarbeiter hat von der Gesellschaft aufgrund des Darlehensvertrags vom   ein Darlehen in Höhe von   EUR erhalten, das derzeit noch in Höhe von   EUR valutiert. Die Gesellschaft ist berechtigt, den zum Zeitpunkt der Beendigung verbleibenden Restbetrag des Darlehens mit dem Nettobetrag der Abfindung nach Ziffer 4 zu verrechnen.

Alternativ: *Das Darlehen wird zu den bisherigen Konditionen fortgeführt.*

11. Vertraulichkeit/Wohlverhalten

Der Mitarbeiter verpflichtet sich, über alle Geschäfts- und Betriebsgeheimnisse, die ihm während der Dauer des Arbeitsverhältnisses bekannt geworden sind, auch künftig Stillschweigen zu bewahren. Die unter   des Arbeitsvertrages vereinbarte Verschwiegenheitsverpflichtung gilt auch über den Beendigungszeitpunkt hinaus.

Beide Parteien verpflichten sich, jegliche negativen Äußerungen über die jeweilige andere Partei zu unterlassen.

12. Direktversicherung

Der Mitarbeiter ist berechtigt, die Direktversicherung bei der   -Versicherung, Versicherungsnummer   zum Beendigungszeitpunkt nahtlos zu übernehmen, um sie im eigenen Namen und auf eigene Rechnung oder durch einen etwaigen Folgearbeitgeber fortzuführen. Die Gesellschaft wird deshalb nach Unterzeichnung dieser Vereinbarung alle hierfür erforderlichen Erklärungen abgeben. Ab dem Beendigungszeitpunkt gehen alle aus der Versicherung resultierenden Pflichten, insbesondere die Beitragspflicht, auf den Mitarbeiter über.

13. Nachvertragliches Wettbewerbsverbot

Das vereinbarte nachvertragliche Wettbewerbsverbot wird mit sofortiger Wirkung aufgehoben. Ein Anspruch auf Karenzentschädigung besteht nicht.

Alternativ: *Die Parteien vereinbaren ein nachvertragliches Wettbewerbsverbot nach Maßgabe der folgenden Absätze:*

Der Mitarbeiter verpflichtet sich, nach Beendigung des Arbeitsverhältnisses für die Dauer von   im räumlichen Gebiet von   nicht in selbstständiger, unselbstständiger oder sonstiger Weise für ein Unternehmen tätig zu werden, welches mit der Gesellschaft im direkten oder indirekten Wettbewerb steht oder mit einem Wettbewerbsunternehmen verbunden ist. Ferner erstreckt sich das Wettbewerbsverbot insbesondere auf Unternehmen, die sich mit   befassen und die während der letzten zwölf Monate bei der Gesellschaft in den vertraglichen Aufgabenbereich des Mitarbeiters fielen.

Ebenso wenig wird der Mitarbeiter im zeitlichen und örtlichen Rahmen dieses Wettbewerbsverbots ein solches Unternehmen errichten, erwerben oder sich hieran unmittelbar beteiligen.

Für die Dauer dieses nachvertraglichen Wettbewerbsverbots erhält der Mitarbeiter eine Karenzentschädigung in Höhe von monatlich ▇▇▇ EUR brutto (*alternativ: Die für das nachvertragliche Wettbewerbsverbot zu zahlende Karenzentschädigung ist in vollem Umfang in der gemäß Ziffer 4 zu zahlenden Abfindung enthalten.*). Die Parteien sind sich darüber einig, dass dies 50 % der vom Mitarbeiter zuletzt bezogenen vertragsmäßigen Leistungen im Sinne von § 74 Abs. 2 HGB entspricht.

Im Übrigen finden die §§ 74 ff. HGB entsprechende Anwendung.

Mit Vereinbarung dieses nachvertraglichen Wettbewerbsverbots treten alle etwa vorgehenden Vereinbarungen zwischen den Parteien zu nachvertraglichen Wettbewerbsverboten außer Kraft. Die sich aus dem Arbeitsvertrag ergebenden nachvertraglichen Pflichten und die Verpflichtung zur Enthaltung von Wettbewerb gemäß §§ 60, 61 HGB bleiben von der Vereinbarung dieses nachvertraglichen Wettbewerbsverbots unberührt.

14. Zeugnis

Der Mitarbeiter erhält unverzüglich nach Abschluss dieses Aufhebungsvertrages ein wohlwollendes und qualifiziertes, d.h. sich auf Führung und Leistung erstreckendes Zwischenzeugnis und zum Beendigungszeitpunkt ein entsprechendes Endzeugnis. Diese Zeugnisse werden die abschließende Führungs- und Leistungsbeurteilung „stets zur vollsten Zufriedenheit" enthalten. Das Endzeugnis trägt das Datum des Beendigungszeitpunktes, ist auf dem Briefbogen der Gesellschaft ausgefertigt und wird von ▇▇▇ unterzeichnet.

Alternativ: *Die Gesellschaft erteilt dem Mitarbeiter unverzüglich nach Abschluss dieses Aufhebungsvertrages das diesem Aufhebungsvertrag im Entwurf beigefügte Zeugnis als Zwischenzeugnis und zum Beendigungszeitpunkt als entsprechendes Endzeugnis.*

15. Sozialversicherungsrechtliche Folgen/Meldepflicht bei der Agentur für Arbeit

Der Mitarbeiter bestätigt, dass er über etwaige Nachteile beim Bezug von Arbeitslosengeld informiert wurde und hierüber die Agentur für Arbeit verbindlich entscheidet, die zur Erteilung von Auskünften berufen und verpflichtet ist. Der Mitarbeiter ist darauf hingewiesen worden, dass eigene Aktivitäten bei der Suche nach einer anderen Beschäftigung erforderlich sind und er sich nach Abschluss des Aufhebungsvertrages gemäß § 38 SGB III spätestens drei Monate vor dem Beendigungszeitpunkt persönlich bei der Agentur für Arbeit arbeitsuchend melden muss, da er ansonsten nach § 159 Abs. 1 S. 1 Nr. 7 SGB III mit einer Sperrzeit in Bezug auf das Arbeitslosengeld sowie gegebenenfalls mit weiteren Nachteilen bei dem Bezug von Sozialleistungen rechnen muss. Sollten zwischen der Kenntnis des Beendigungszeitpunktes und dem Beendigungszeitpunkt weniger als drei Monate liegen, hat die Meldung gemäß § 38 SGB III innerhalb von drei Tagen nach Kenntnis des Beendigungszeitpunktes zu erfolgen.

16. Arbeitspapiere etc.

Die Gesellschaft wird die Arbeitspapiere, bestehend aus Lohnsteuerkarte für das Kalenderjahr ▇▇▇, den Sozialversicherungsnachweis sowie die Arbeitsbescheinigung gemäß § 312 SGB III entsprechend diesem Aufhebungsvertrag ausfüllen und gemäß den gesetzlichen Bestimmungen an den Mitarbeiter herausgeben.

17. Aufrechnungs- und Zurückbehaltungsausschluss *[Optional bei arbeitnehmerfreundlichem Vertrag]*

Hinsichtlich der finanziellen Ansprüche aus dieser Aufhebungsvereinbarung sind eine Aufrechnung sowie die Geltendmachung eines Zurückbehaltungsrechtes ausgeschlossen.

18. Ausgleichsklausel

Mit Erfüllung dieses Aufhebungsvertrages sind alle gegenseitigen Ansprüche der Parteien aus dem Arbeitsverhältnis und seiner Beendigung – gleich aus welchem Rechtsgrund, gleich ob bekannt oder unbekannt – ausgeglichen. Davon ausgenommen sind etwaige Ansprüche des Mitarbeiters aus betrieblicher Altersversorgung sowie aus Haftungsfreistellung unter dem Gesichtspunkt des innerbetrieblichen Schadensausgleichs und Ansprüche der Parteien auf Schadenersatz wegen unerlaubter Handlung.

19. Stillschweigen über den Inhalt dieses Aufhebungsvertrages

Der Mitarbeiter wird über diesen Aufhebungsvertrag und seinen Inhalt Stillschweigen bewahren, es sei denn, er ist gesetzlich zur Auskunft verpflichtet oder die Auskunft ist aus steuerlichen oder sozialversicherungsrechtlichen Gründen gegenüber Behörden oder zur Wahrung von Rechtsansprüchen gegenüber Gerichten erforderlich.

20. Nebenabreden/Schriftform

Nebenabreden zu dieser Vereinbarung existieren nicht. Änderungen und Ergänzungen bedürfen – soweit dem der Vorrang der Individualabrede nach § 305b BGB nicht entgegensteht – zu ihrer Wirksamkeit der Schriftform. Dies gilt auch für die Aufhebung dieses Schriftformerfordernisses.

20. Salvatorische Klausel

Sollte eine Bestimmung dieses Aufhebungsvertrages ganz oder teilweise unwirksam sein oder werden, so bleibt die Gültigkeit der übrigen Bestimmungen hiervon unberührt. Die Parteien verpflichten sich, anstelle einer unwirksamen Bestimmung eine dieser Bestimmung möglichst nahe kommende wirksame Regelung zu treffen. Dasselbe gilt auch für den Fall einer planwidrigen Lücke in diesem Aufhebungsvertrag.

▓▓▓▓ (*Ort*), den ▓▓▓▓ (*Datum*)

▓▓▓▓   ▓▓▓▓   ▓▓▓▓

(*Personalleiter*)   (*Stv. Personalleiter*)   (*Mitarbeiter*)

▲

b)   Kurzer Aufhebungsvertrag (Deutsch/Englisch)

▼

465   Muster 1c.29: Kurzer Aufhebungsvertrag (Deutsch/Englisch)

Aufhebungsvertrag	Termination Agreement
Zwischen	Between
▓▓▓▓ (*Name*),	▓▓▓▓ (*name*),
vertreten durch ▓▓▓▓,	represented by ▓▓▓▓,
▓▓▓▓ (*Adresse*)	▓▓▓▓ (*address*)
(im Folgenden: „Gesellschaft")	(hereinafter referred to as: „Company")
und	and
Herrn ▓▓▓▓ (*Name*),	Mr. ▓▓▓▓ (*name*),
▓▓▓▓ (*Adresse*)	▓▓▓▓ (*address*)
(im Folgenden: „Mitarbeiter" sowie gemeinsam mit der Gesellschaft: „die Parteien")	(hereinafter referred to as: „Employee", and collectively with the Company: „the Parties"),
wird folgender Aufhebungsvertrag geschlossen:	the following Termination Agreement is stipulated:

1. Beendigung des Arbeitsverhältnisses

1. Termination of Employment

Zwischen den Parteien besteht Einigkeit, dass das zwischen ihnen bestehende Arbeitsverhältnis aus dringenden betrieblichen Gründen mit Ablauf des ▓▓▓▓ (*Beendigungszeitpunkt*) enden wird.

The Parties to this Termination Agreement agree that the Employment Agreement existing between them shall end on ▓▓▓▓ (*Termination Date*) due to urgent operational reasons.

Die Beendigung des Arbeitsverhältnisses war wegen einer betrieblichen Umstrukturierung innerhalb der Gesellschaft erforderlich, die den Bedarf an der Beschäftigung und damit den Arbeitsplatz des Mitarbeiters entfallen gelassen hat.

The termination of employment was required due to an operational restructuring within the Company which has led to the omission of employment as well as of the workplace of the Employee.

2. Vergütungsfortzahlung/Abwicklung

Bis zum Beendigungszeitpunkt erhält der Mitarbeiter weiterhin seine monatliche Grundvergütung in Höhe von ▮▮▮▮ EUR brutto.

Weitergehende Vergütungsansprüche bestehen nicht.

3. Freistellung/Urlaub

Der Mitarbeiter wird unmittelbar nach Abschluss dieses Aufhebungsvertrages bis auf weiteres widerruflich unter Fortzahlung der Vergütung gemäß Ziffer 2 von der Verpflichtung zur Arbeitsleistung freigestellt. Die Gesellschaft behält sich vor, den Mitarbeiter während der Restlaufzeit des Arbeitsverhältnisses ganz oder teilweise mit einer Ankündigungsfrist von drei Tagen an den Arbeitsplatz zurückzurufen. Die Parteien sind sich darüber einig, dass sämtliche dem Mitarbeiter zustehende Urlaubsansprüche bereits in natura gewährt und genommen worden sind und dass keine Freizeitausgleichsansprüche mehr bestehen.

Während der Zeit der Freistellung ist dem Mitarbeiter jede Tätigkeit für ein Konkurrenzunternehmen untersagt. Im Übrigen finden §§ 326 Abs. 2 S. 2, 615 S. 2 BGB Anwendung.

4. Abfindung

Aus Anlass der Beendigung des Arbeitsverhältnisses und der damit verbundenen Aufgabe des sozialen Besitzstandes zahlt die Gesellschaft an den Mitarbeiter nach Maßgabe der §§ 9, 10 KSchG, §§ 24, 34 EStG eine einmalige Abfindung in Höhe von ▮▮▮ EUR (in Worten: ▮▮▮ EUR) brutto. Der Abfindungsanspruch ist bereits mit Abschluss des Aufhebungsvertrages entstanden und vererblich. Die Abfindung ist zum Beendigungszeitpunkt fällig.

5. Abfindungserhöhung bei vorzeitiger Beendigung

Der Mitarbeiter ist berechtigt, das Arbeitsverhältnis abweichend von Ziffer 1 vorzeitig durch einseitige schriftliche Erklärung gegenüber der Gesellschaft (Personalabteilung, z. Hd. ▮▮▮) mit einer Ankündigungsfrist von einer Woche zum nächsten Monatsende zu beenden. In diesem Fall zahlt die Gesellschaft ▮▮▮ % der dadurch frei werdenden monatlichen Brutto-Bezüge (einschließlich der Arbeitnehmeranteile zur Sozialversicherung, nicht hingegen die Arbeitgeberanteile zur Sozialversicherung) zusätzlich als Abfindung nach vorstehender Ziffer 4.

2. Payments and related matters

Until the Termination Date, the Employee shall continue to be entitled to his current monthly basic salary in the amount of ▮▮▮ EUR gross.

The Employee shall not be entitled to any other compensation.

3. Garden Leave/Vacation

Upon the conclusion of this Termination Agreement, the Company shall release the Employee from his obligation to work on a revocable basis but shall continue to pay the Employee's salary according to no. 2 of this Termination Agreement during such release. The Company reserves the right to recall the Employee to work during the remaining period of employment considering an announcement period of three days. The Parties to this Termination Agreement agree that the Employee has already been granted, and has received, all vacation in kind and that there is no entitlement to overtime compensation left.

The Employee must not be employed by any competing undertaking. In addition, Sections 326 para. 2 s. 2, 615 s. 2 German Civil Code (*Bürgerliches Gesetzbuch* – BGB) shall apply accordingly.

4. Severance

With respect to the termination of employment and the loss of social status, the Company shall pay to the Employee a one-off severance in the amount of ▮▮▮ EUR (in words: ▮▮▮ Euros) gross in accordance with Sections 9, 10 Protection Against Dismissal Act (*Kündigungsschutzgesetz*), Sections 24, 34 Income Tax Act (*Einkommensteuergesetz*) which arises upon the conclusion of this Termination Agreement and becomes hereditary thereby. The severance shall be paid on the Termination Date.

5. Increase of severance in case of termination prior to the Termination Date

The Employee has the right to terminate the employment relationship already prior to the Termination Date as defined under no. 1 with a notice period of one week to the end of a calendar month by giving written notice to the Company (c/o Human Resources, ▮▮▮). If so, the severance under no. 4 shall increase by ▮▮▮ % of the gross amount of the contractually agreed remuneration (including the Employee's part of social security contributions but excluding the Company's part) which the Employee would have earned until the Termination Date but does not earn due to the premature termination.

Die gesamte Abfindung wird in diesem Fall mit dem vorzeitigen Beendigungszeitpunkt fällig, frühestens jedoch mit der nächsten regulären Gehaltsabrechnung. Eine solche vorzeitige Beendigung des Arbeitsverhältnisses ist im Interesse und entspricht dem Wunsch der Gesellschaft.

In this event the whole severance shall be due on the premature Termination Date but at the earliest in connection with the next pay slip. Such a premature termination of employment is in the interest of the Company.

6. Herausgabe von Gegenständen und Daten

6. Return of items and data

Der Mitarbeiter wird den Dienstwagen nebst sämtlichen Papieren und Schlüsseln sowie der Tankkarte spätestens zum Beendigungszeitpunkt an die Gesellschaft an deren Firmensitz zurückgeben.

The Employee shall return to the Company, c/o its principal office, the company car and all relating documents and keys as well as the credit card for fuel expenses on the Termination Date at the latest.

Darüber hinaus wird der Mitarbeiter unverzüglich sämtliche der Gesellschaft oder mit ihr verbundenen Unternehmen gehörende und noch in seinem Besitz befindlichen Gegenstände (einschließlich Mobiltelefon, Türöffner, Schlüssel etc.), Daten, Adresslisten, Kundendateien, Waren, Geräte, Apparaturen und alle Unterlagen, gleich in welcher Form, sowie sämtliche Kopien hiervon vollständig an die Gesellschaft zurückgeben. Der Mitarbeiter wird auf Verlangen der Gesellschaft schriftlich bestätigen, dass er sämtliche der vorstehend genannten Gegenstände und Daten an die Gesellschaft herausgegeben hat.

In addition, the Employee shall return to the Company without undue delay all items (including his cell phone, badge, access keys etc.), data, addresses, customers related records, goods, devices, accessories and documents data carriers, materials and documents, irrespective of their form, as well as any copies thereof. Upon the Company's request, the Employee shall confirm in writing that he has returned to the Company all items and documents mentioned above.

Ein Zurückbehaltungsrecht besteht nicht.

No right of retention exists.

7. Vertraulichkeit

7. Confidentiality

Der Mitarbeiter verpflichtet sich, über alle Geschäfts- und Betriebsgeheimnisse, die ihm während der Dauer des Arbeitsverhältnisses bekannt geworden sind, auch künftig Stillschweigen zu bewahren. Die unter ▓▓▓▓ des Arbeitsvertrages vereinbarte Verschwiegenheitsverpflichtung gilt auch über den Beendigungszeitpunkt hinaus.

The Employee undertakes to keep confidential, also beyond the termination of the employment relationship, all operational and business secrets which became known to him during his activities for the Company. The obligation of confidentiality according to clause ▓▓▓▓ of the employment agreement will apply even after the Termination Date.

8. Zeugnis

8. Letter of Reference

Der Mitarbeiter erhält unverzüglich nach Abschluss dieses Aufhebungsvertrages ein wohlwollendes und qualifiziertes, d.h. sich auf Führung und Leistung erstreckendes Zwischenzeugnis und zum Beendigungszeitpunkt ein entsprechendes Endzeugnis. Diese Zeugnisse werden die abschließende Führungs- und Leistungsbeurteilung „stets zur vollsten Zufriedenheit" enthalten.

Upon the conclusion of this Termination Agreement, the Company shall issue to the Employee without undue delay a benevolent, qualified interim reference, covering his conduct and performance, as well as a corresponding final reference as of the Termination Date. These references shall include the evaluation „every time to our full satisfaction".

9. Sozialversicherungsrechtliche Folgen/Meldepflicht bei der Agentur für Arbeit

Der Mitarbeiter bestätigt, dass er über etwaige Nachteile beim Bezug von Arbeitslosengeld informiert wurde und hierüber die Agentur für Arbeit verbindlich entscheidet, die zur Erteilung von Auskünften berufen und verpflichtet ist. Der Mitarbeiter ist darauf hingewiesen worden, dass eigene Aktivitäten bei der Suche nach einer anderen Beschäftigung erforderlich sind und er sich nach Abschluss des Aufhebungsvertrages gemäß § 38 SGB III spätestens drei Monate vor dem Beendigungszeitpunkt persönlich bei der Agentur für Arbeit arbeitsuchend melden muss, da er ansonsten mit Nachteilen bei dem Bezug von Sozialleistungen rechnen muss. Sollten zwischen der Kenntnis des Beendigungszeitpunktes und dem Beendigungszeitpunkt weniger als drei Monate liegen, hat die Meldung gemäß § 38 SGB III innerhalb von drei Tagen nach Kenntnis des Beendigungszeitpunktes zu erfolgen.

10. Arbeitspapiere

Die Gesellschaft wird die Arbeitspapiere, bestehend aus Lohnsteuerkarte für das Kalenderjahr ▓▓▓▓, den Sozialversicherungsnachweis sowie die Arbeitsbescheinigung gemäß § 312 SGB III entsprechend diesem Aufhebungsvertrag ausfüllen und gemäß den gesetzlichen Bestimmungen an den Mitarbeiter herausgeben.

11. Ausgleichsklausel

Mit Erfüllung dieses Aufhebungsvertrages sind alle gegenseitigen Ansprüche der Parteien aus dem Arbeitsverhältnis und seiner Beendigung – gleich aus welchem Rechtsgrund, gleich ob bekannt oder unbekannt – ausgeglichen. Davon ausgenommen sind etwaige Ansprüche des Mitarbeiters aus betrieblicher Altersversorgung und solchen der Gesellschaft auf Schadenersatz wegen unerlaubter Handlung.

12. Stillschweigen

Der Mitarbeiter wird über diesen Aufhebungsvertrag und seinen Inhalt Stillschweigen bewahren, es sei denn, er ist gesetzlich zur Auskunft verpflichtet oder die Auskunft ist aus steuerlichen oder sozialversicherungsrechtlichen Gründen gegenüber Behörden oder zur Wahrung von Rechtsansprüchen gegenüber Gerichten erforderlich.

9. Consequences under social security law/ Obligation to report to employment agency

The Employee confirms that he has already obtained information regarding unemployment benefits and that a binding decision will be made by the competent employment agency which is responsible for corresponding information. The Employee has been advised that, pursuant to Section 38 Social Security Code Book III (*Sozialgesetzbuch III – SGB III*), he is obliged to actively engage in own activities in searching for new employment and to report in person to the relevant employment agency as looking for employment at the latest three months prior to the Termination Date; otherwise, an adverse effect on his claim for unemployment benefits may arise. Should the period between learning the Termination Date and the termination of the employment be less than three months the report must be made within three days from learning the Termination Date.

10. Employment related paperwork

The Company undertakes to fill in all employment related paperwork, i.e., the income tax card for the year ▓▓▓▓, the social insurance statement, and the certificate of employment pursuant to Section 312 SGB III in accordance with this Termination Agreement and to submit these documents to the Employee according to the statutory provisions.

11. Settlement Clause

All mutual claims arising from the employment relationship or in connection with the termination thereof – irrespective of the legal ground thereof, regardless of whether known or unknown – are settled with the fulfillment of this Termination Agreement. Claims of the Employee regarding pension benefits as well as claims of the Company against the Employee which are based on tort remain excepted thereof.

12. Silence

The Employee shall maintain silence regarding this Termination Agreement and its contents unless a statutory obligation to disclosure exists or the disclosure is necessary for tax or social security reasons towards authorities or for establishing legal claims in court.

13. Nebenabreden/Schriftform

Nebenabreden zu dieser Vereinbarung existieren nicht. Änderungen und Ergänzungen bedürfen – soweit dem der Vorrang der Individualabrede nach § 305b BGB nicht entgegensteht – zu ihrer Wirksamkeit der Schriftform. Dies gilt auch für die Aufhebung dieses Schriftformerfordernisses.

13. Side Agreements/Written Form

No side agreements have been made. Subject to the priority of individually agreed terms over standard business terms according to Section 305b BGB, modifications of and amendments to this Termination Agreement must be in writing in order to be valid. This applies also to a waiver of this written form requirement.

14. Salvatorische Klausel

Sollte eine Bestimmung dieses Aufhebungsvertrages ganz oder teilweise unwirksam sein oder werden, so bleibt die Gültigkeit der übrigen Bestimmungen hiervon unberührt. Anstelle der unwirksamen Bestimmung gilt diejenige wirksame Bestimmung, die wirtschaftlich dem am nächsten kommt, was die Parteien gewollt hätten, wenn sie die Unwirksamkeit bedacht hätten. Dasselbe gilt auch für den Fall einer planwidrigen Lücke in diesem Aufhebungsvertrages.

14. Salvation Clause

Should any clause of this Termination Agreement be or become partially or totally invalid, this shall not affect the validity of the remaining clauses. Instead of the invalid clause that valid clause shall apply that comes as close as possible to what the parties had intended the invalid clause to achieve economically had they considered the invalidity. The same apply in the event of an unintended gap in this Termination Agreement.

15. Maßgebliche Fassung

Im Falle von Differenzen zwischen der deutschen und der englischen Fassung dieses Aufhebungsvertrages ist die deutsche Fassung maßgebend.

15. Relevant Version

In the event of differences between the German and the English version of this Termination Agreement the German version shall prevail.

_____ (*Ort*), den _____ (*Datum*)

(*Personalleiter*)   (*Stv. Personalleiter*)   (*Mitarbeiter*)

▲

c) Abfindungsangebot im Sinne von § 1a KSchG

▼

466 **Muster 1c.30: Abfindungsangebot im Sinne von § 1a KSchG**

Sehr geehrte Frau _____/sehr geehrter Herr _____,

wir nehmen Bezug auf unser gemeinsames Gespräch vom _____ und kündigen hiermit das zwischen Ihnen und der _____ bestehende Arbeitsverhältnis nebst sämtlichen bestehenden Änderungs-, Ergänzungs-, Zusatz- und Nebenvereinbarungen ordentlich fristgerecht zum _____, hilfsweise zum nächstmöglichen Termin. Wie bereits erläutert, stützt sich diese Kündigung auf dringende betriebliche Erfordernisse.

Sofern Sie gegen diese Kündigung binnen drei Wochen ab Zugang keine Klage erheben, gewähren wir Ihnen eine Abfindung gemäß § 1a KSchG. Die Höhe der Abfindung beträgt 0,5 Monatsverdienste für jedes Jahr des Bestehens des Arbeitsverhältnisses. In Ihrem Fall errechnet sich hieraus eine Abfindung in Höhe von _____.

Wir weisen Sie ergänzend darauf hin, dass Sie aufgrund dieser Kündigung gemäß § 38 SGB III verpflichtet sind, sich spätestens drei Monate vor Beendigung des Arbeitsverhältnisses persönlich bei der Agentur für Arbeit arbeitsuchend zu melden. Eine verspätete Meldung kann zu Beeinträchtigungen beim Bezug von Sozialleistungen führen.

Mit freundlichen Grüßen

▨▨▨▨ (*Ort*), den ▨▨▨▨ (*Datum*)

▨▨▨▨   ▨▨▨▨

(*Personalleiter*)   (*Stv. Personalleiter*)

Hiermit bestätige ich, das Original dieses Schreibens vom ▨▨▨ am ▨▨▨ erhalten zu haben.

▨▨▨▨ (*Unterschrift*)

▲

d) Widerruf eines abgeschlossenen Aufhebungsvertrags

③①

▼

Muster 1c.31: Widerruf eines abgeschlossenen Aufhebungsvertrags   467

Sehr geehrte Frau ▨▨▨▨/sehr geehrter Herr ▨▨▨▨,

ich nehme Bezug auf das mir eingeräumte/gemäß ▨▨▨ zustehende Widerrufsrecht und widerrufe hiermit den am ▨▨▨ abgeschlossenen Aufhebungsvertrag.

▨▨▨▨ (*Ort*), den ▨▨▨▨ (*Datum*)

▨▨▨▨ (*Unterschrift*)

▲

e) Abwicklungsvertrag

③②

▼

Muster 1c.32: Abwicklungsvertrag   468

Abwicklungsvertrag

Zwischen

der ▨▨▨ (*Name*),

vertreten durch ▨▨▨,

▨▨▨ (*Adresse*)

(im Folgenden: „Gesellschaft")

und

Herrn/Frau ▨▨▨ (*Name*),

(*Adresse*)

(im Folgenden: „Mitarbeiter" sowie gemeinsam mit der Gesellschaft: „die Parteien")

wird folgender Abwicklungsvertrag geschlossen:

1. Beendigung

Zwischen den Parteien besteht Einigkeit, dass das zwischen ihnen bestehende Arbeitsverhältnis aufgrund der Kündigung vom ▨▨▨ mit Ablauf des ▨▨▨ enden wird/geendet hat. Darüber hinaus werden mit Wirkung zum selben Zeitpunkt alle etwa zwischen dem Mitarbeiter und mit der Gesellschaft verbundenen Gesellschaften bestehenden Arbeitsverhältnisse beendet.

Alternativ: *Die Gesellschaft hat das mit dem Mitarbeiter bestehende Arbeitsverhältnis am ▨▨▨ aus betriebsbedingten Gründen fristgerecht zum ▨▨▨ gekündigt. Der Mitarbeiter verzichtet auf die Erhebung einer Kündigungsschutzklage.*

Alternativ: *Die Gesellschaft hat das mit dem Mitarbeiter bestehende Arbeitsverhältnis am* ▒▒▒▒▒ *aus betriebsbedingten Gründen fristgerecht zum* ▒▒▒▒▒ *gekündigt. Der Mitarbeiter hat hiergegen Kündigungsschutzklage erhoben, welche beim Arbeitsgericht* ▒▒▒▒▒ *unter dem Aktenzeichen* ▒▒▒▒▒ *geführt wird. Der Mitarbeiter verpflichtet sich, die anhängige Kündigungsschutzklage unverzüglich nach Unterzeichnung dieses Abwicklungsvertrages/unverzüglich nach Erhalt der Abfindung gemäß Ziffer* ▒▒▒▒▒ *dieses Abwicklungsvertrages zurückzunehmen.*

2. Ergänzungen

(weitere Regelungen siehe oben Rdn 464)

▒▒▒▒▒ (*Ort*), den ▒▒▒▒▒ (*Datum*)

(*Personalleiter*)   (*Stv. Personalleiter*)   (*Mitarbeiter*)

▲

f)   Unterbreitung eines Vergleichs durch die Parteien im schriftlichen Verfahren gemäß § 278 Abs. 6 ZPO

33

▼

469   Muster 1c.33: Unterbreitung eines Vergleichs durch die Parteien im schriftlichen Verfahren

An das

Arbeitsgericht ▒▒▒▒▒

▒▒▒▒▒ (*Adresse*)

In dem Rechtsstreit

▒▒▒▒▒ ./. ▒▒▒▒▒

Az.: ▒▒▒▒▒

teilen wir mit, dass sich die Parteien zwischenzeitlich außergerichtlich auf Folgendes verständigen konnten:

1. Die Parteien sind darüber einig, dass das zwischen ihnen bestehende Arbeitsverhältnis aufgrund ordentlicher, arbeitgeberseitiger Kündigung vom ▒▒▒▒▒ mit dem ▒▒▒▒▒ sein Ende gefunden hat.

2. Bis zu dem vorgenannten Termin wird das Arbeitsverhältnis wie folgt ordnungsgemäß abgerechnet: Der Kläger erhält seine monatliche Grundvergütung in Höhe von ▒▒▒▒▒ sowie ▒▒▒▒▒, ▒▒▒▒▒, ▒▒▒▒▒.

3. Sämtlicher dem Kläger zustehender Urlaub ist bereits in natura gewährt und auch genommen worden.

4. Damit ist der vorliegende Rechtsstreit vor dem Arbeitsgericht ▒▒▒▒▒, Az.: ▒▒▒▒▒, erledigt

Der Kläger/Die Beklagte erteilt bereits jetzt schon seine/ihre

Zustimmung

zu diesem Vergleich. Die Gegenseite wird ihre Zustimmung dem Arbeitsgericht gegenüber gesondert mitteilen.

Wir bitten sodann höflich um entsprechende Protokollierung gemäß § 278 Abs. 6 ZPO. Zur Vermeidung unnötiger Schreibarbeit übermitteln wir den Vergleichstext bei Bedarf gerne per E-Mail als Datei. Ggf. wird um einen kurzen telefonischen Hinweis gebeten.

▒▒▒▒▒ (*Unterschrift*)

Rechtsanwalt[775]

▲

---

[775] Zu den maßgeblichen Streitwerten bei einem Beendigungsvergleich siehe LAG Rheinland-Pfalz 8.5.2008 – 1 Ta 49/08, zit. Nach, juris.

g) Zustimmung zu einem Vergleichsvorschlag im schriftlichen Verfahren gemäß § 278 Abs. 6 ZPO

34

▼

Muster 1c.34: Zustimmung zu einem Vergleichsvorschlag im schriftlichen Verfahren 470

An das

Arbeitsgericht

(*Adresse*)

In dem Rechtsstreit

./.

Az.:

nehmen wir Bezug auf den Schriftsatz des Klägers/der Beklagten vom   und erteilen hierzu namens und in Vollmacht des Klägers/der Beklagten ebenfalls die

Zustimmung

zu diesem Vergleich.

Wir bitten ebenfalls höflich um entsprechende Protokollierung gemäß § 278 Abs. 6 ZPO.

(*Unterschrift*)

Rechtsanwalt

▲

h) Annahme eines gerichtlichen Vergleichsvorschlags im schriftlichen Verfahren gemäß § 278 Abs. 6 ZPO

35

▼

Muster 1c.35: Annahme eines gerichtlichen Vergleichsvorschlags im schriftlichen Verfahren 471

An das

Arbeitsgericht

(*Adresse*)

In dem Rechtsstreit

./.

Az.:

nehmen wir Bezug auf den vom Gericht unterbreiteten Vergleichsvorschlag vom   und erklären hierzu namens und in Vollmacht des Klägers/der Beklagten die

Annahme

dieses Vergleichsvorschlags.

Sofern sich auch die Gegenseite diesem Vergleichsvorschlag anschließt, bitten wir höflich um entsprechende Feststellung gemäß § 278 Abs. 6 ZPO.

(*Unterschrift*)

Rechtsanwalt

▲

i) Aufhebungsvertrag mit einem GmbH-Geschäftsführer

▼

472 **Muster 1c.36: Aufhebungsvertrag mit einem GmbH-Geschäftsführer**

Aufhebungsvertrag

Zwischen

▨▨▨ (*Name*),

vertreten durch die Gesellschafterversammlung,

diese wiederum vertreten durch ▨▨▨ als gesondert bestellten Vertreter,

▨▨▨ (*Adresse*)

(im Folgenden: „Gesellschaft")

und

Herrn ▨▨▨ (*Name*),

▨▨▨ (*Adresse*)

(im Folgenden: „Herr ▨▨▨", sowie gemeinsam mit der Gesellschaft: „die Parteien")

Präambel

Herr ▨▨▨ ist mit Gesellschafterbeschluss vom ▨▨▨ als Geschäftsführer der Gesellschaft abberufen worden. Der Geschäftsführer-Dienstvertrag ist indes noch nicht beendet. Vor diesem Hintergrund schließen die Parteien folgenden Aufhebungsvertrag:

1. Beendigung des Geschäftsführer-Dienstvertrages

Die Parteien sind sich einig, dass der zwischen ihnen bestehende Geschäftsführer-Dienstvertrag vom ▨▨▨ auf Veranlassung der Gesellschaft zum ▨▨▨ (*Beendigungszeitpunkt*) sein Ende finden wird.

Alternativ, sofern noch keine Abberufung erfolgt ist: *Herr* ▨▨▨ *legt sein Amt als Geschäftsführer zum* ▨▨▨ *nieder. Die Niederlegungserklärung ist dieser Vereinbarung als Anlage* ▨▨▨ *beigefügt.*

Mit Abschluss dieser Vereinbarung werden auch sämtliche sonstige etwa mit der Gesellschaft sowie mit dieser i.S.v. § 15 ff. AktG verbundenen Unternehmen und Beteiligungen der Gesellschaft ggf. bestehenden Arbeits- und/oder Dienstverhältnisse aufgehoben. Die Gesellschaft handelt insoweit als bevollmächtigte Vertreterin der betroffenen Unternehmen.

2. Vergütungsfortzahlung

Bis zum Beendigungszeitpunkt zahlt die Gesellschaft an Herrn ▨▨▨ die monatliche Grundvergütung in Höhe von ▨▨▨ fort.

Darüber hinaus zahlt die Gesellschaft an Herrn ▨▨▨ die Tantieme für das Wirtschaftsjahr ▨▨▨ gemäß den in der Zusatzvereinbarung zum Geschäftsführer-Dienstvertrag vom ▨▨▨ festgelegten Bedingungen vier Wochen nach Beendigung des Wirtschaftsjahres aus.

Ein weitergehender Vergütungsanspruch besteht nicht.

3. Freistellung

Die Gesellschaft stellt Herrn ▨▨▨ mit Abschluss dieses Aufhebungsvertrages bis zum Beendigungszeitpunkt unwiderruflich von der Pflicht zur Erbringung der Dienstleistung frei.

4. Widerruf von Vollmachten

Sämtliche dem Geschäftsführer erteilten Kontovollmachten sowie eine etwaige (General-)Vollmacht für die Gesellschaft bzw. für Tochtergesellschaften und Beteiligungen der Gesellschaft werden mit sofortiger Wirxung widerrufen. Der Geschäftsführer wird in seinem Besitz befindliche, seine Vollmachten nachweisende Dokumente unverzüglich an die Gesellschaft zurückgeben.

5. Urlaub

Zwischen den Parteien besteht Einigkeit, dass sämtlicher Urlaub für die Jahre ▒▒▒ und ▒▒▒ Herrn ▒▒▒ bereits in natura gewährt und von ihm auch genommen worden sind.

6. Abfindung

Als Ausgleich für den Verlust der Dienststellung und des sozialen Besitzerstandes zahlt die Gesellschaft an Herrn ▒▒▒ eine Abfindung entsprechend den §§ 9, 10 KSchG, §§ 34, 24 EStG in Höhe von ▒▒▒ EUR (in Worten: ▒▒▒ EUR) brutto. Der Abfindungsanspruch entsteht mit Abschluss dieses Aufhebungsvertrages und ist vererbbar. Die Abfindung ist bis spätestens zum ▒▒▒ fällig.

7. Rückgabe von Unterlagen

Herr ▒▒▒ wird unverzüglich, spätestens jedoch bis zum ▒▒▒, unaufgefordert alle ihm zur Nutzung überlassenen, einer Rückgabepflicht unterliegenden Gegenstände und Dateien (einschließlich des überlassenen Dienst-Laptops und des Dienst-Handys, sämtlicher Dateien, Daten, Datenträger, Waren, Geräte, Apparaturen und alle Unterlagen – auch solche, die im Zusammenhang mit seiner Tätigkeit für die Gesellschaft entstanden sind) vollständig im Original an die Gesellschaft zurückgeben. Gleiches gilt hinsichtlich Kopien von solchen Unterlagen und Daten. Ein Zurückbehaltungsrecht besteht nicht. Herr ▒▒▒ wird auf Verlangen der Gesellschaft schriftlich bestätigen, dass er sämtliche der vorstehend genannten Gegenstände, Daten, Unterlagen und Informationen an diese herausgegeben hat. Herr ▒▒▒ ist zudem verpflichtet, unverzüglich sämtliche unternehmensrelevanten elektronischen Daten, die auf einem nicht der Gesellschaft zurückgegebenen bzw. zurückzugebenden Speichermedium gespeichert sind, dauerhaft zu löschen und dies der Gesellschaft auf deren Verlangen schriftlich zu bestätigen.

Herr ▒▒▒ teilt der Gesellschaft unverzüglich alle Codes, Passwörter, Persönliche Identifikationsnummern (PINs) und sonstige Zugangssperren mit und wird von ihnen selbst keinen Gebrauch mehr machen.

8. Dienstwagen

Herr ▒▒▒ ist berechtigt, den ihm zur Verfügung gestellten Dienstwagen nebst Tankkarte bis zum Beendigungszeitpunkt im bisherigen Umfang auch weiterhin zu privaten Zwecken zu nutzen.

Herr ▒▒▒ wird den Dienstwagen nebst sämtlichen Papieren und Schlüsseln sowie der Tankkarte spätestens zum Beendigungszeitpunkt an die Gesellschaft an deren Firmensitz zurückgeben. Ein Zurückbehaltungsrecht besteht nicht.

9. Aufhebung des nachvertraglichen Wettbewerbsverbots

Das nachvertragliche Wettbewerbsverbot gemäß Ziffer ▒▒▒ des Geschäftsführer-Dienstvertrages wird einvernehmlich mit sofortiger Wirkung aufgehoben. Ein Anspruch auf Karenzentschädigung besteht nicht.

10. Mobiltelefon

Herr ▒▒▒ ist berechtigt, das ihm überlassene Mobiltelefon mit der Nr. ▒▒▒ bis zu seinem Ausscheiden wie bisher auch weiterhin privat zu nutzen. Die Gesellschaft wird – falls möglich – veranlassen, dass Herr ▒▒▒ zum Beendigungstermin die o.g. Rufnummer übernehmen und fortführen kann. Die Gesellschaft wird rechtzeitig alle zur Übertragung des Vertrages bzw. zur Portierung der Rufnummer erforderlichen Erklärungen auf eigene Kosten abgeben. Etwaige aus der Übertragung und Übereignung resultierende Steuern und Abgaben trägt Herr ▒▒▒.

11. Verschwiegenheit; Vertragsstrafe

Herr ▒▒▒ wird darüber belehrt und erkennt an, dass er auch nach Vertragsende fortgeltenden Treuepflichten unterworfen bleibt, insbesondere im Hinblick auf seine nachvertragliche Verschwiegenheitspflicht, dem Verbot Produkte und/oder Produktideen, Dienstleistungen und/oder Dienstleistungsideen der Gesellschaft zu kopieren bzw. anderweitig zu verwerten bzw. verwerten zu lassen.

Ergänzend verpflichtet sich Herr ▒▒▒, alle ihm während seiner Tätigkeit für die Gesellschaft zur Kenntnis gelangten betriebsinternen Vorgänge, insbesondere Geschäfts- und Betriebsgeheimnisse, auch nach seinem Ausscheiden strengstens geheim zu halten; dies gilt nicht, sofern eine Information bereits allgemein bekannt ist. Die vorgenannte Verschwiegenheitsverpflichtung erstreckt sich insbesondere auf:

■ Handels- und Geschäftsgeheimnisse,

■ spezielle technische Informationen und Know-How (auch wenn diese nicht urheberrechtlich oder sonst schützbar sind),

■ Produkte, potentielle Produkte,

■ Dienstleistungen, potentielle Dienstleistungen,

■ Kooperationspartner, Lieferanten,

■ Erfindungen, Strategien, Prognosen,

■ Budgets, Finanzinformationen, Marketinginformation, Kunden- und Preislisten,

■ andere Geschäfts- und Betriebsdaten, einschließlich seiner Arbeitsergebnisse

(nachstehend „Vertrauliche Informationen"). Insbesondere ist Herrn ░░░░░ untersagt, Vertrauliche Informationen jedweder Art, von denen er während seiner Beschäftigungsdauer Kenntnis erlangt hat, gegenüber Dritten offen zu legen oder Vertrauliche Informationen Dritten zugänglich zu machen oder zu seinen Gunsten oder zugunsten Dritter zu verwerten bzw. anderweitig zu benutzen. Herr ░░░░░ wird zudem darauf hingewiesen, dass ein Verstoß gegen die Verschwiegenheitsverpflichtung eine Straftat darstellen kann, z.B. gemäß § 17 UWG, § 85 GmbHG, § 404 AktG sowie ggf. weiterer einschlägiger Straftatbestände. Die vorstehende Verschwiegenheitsverpflichtung erstreckt sich auch auf Vertrauliche Informationen der mit der Gesellschaft i.S.v. §§ 15 ff. AktG verbundenen Unternehmen, auf sämtliche Beteiligungen der Gesellschaft sowie auf die Inhalte dieser Vereinbarung.

Für jede Handlung, durch die Herr ░░░░░ schuldhaft gegen die in vorstehender Bestimmung geregelte Herausgabe-, Bestätigungs- und Löschungspflicht, sowie die in Ziff. 11 geregelte Verschwiegenheitspflicht verstößt, hat Herr ░░░░░ – unter Ausschluss der Einrede des Fortsetzungszusammenhangs – an die Gesellschaft eine **Vertragsstrafe** i.H.v. ░░░░░ EUR zu zahlen. Mehrere Verletzungshandlungen erwirken jeweils gesonderte Vertragsstrafeverpflichtungen. Die Zahlung der Vertragsstrafe entbindet Herrn ░░░░░ nicht von der Einhaltung der Herausgabe- und Löschungspflicht bzw. der Verschwiegenheitsverpflichtung. Die Geltendmachung weitergehender Ansprüche durch die Gesellschaft, insbesondere Ansprüche auf Schadensersatz und/oder Unterlassung, bleibt daher unberührt.

12. Zeugnis

Die Gesellschaft wird Herrn ░░░░░ zum Beendigungszeitpunkt das als Anlage diesem Aufhebungsvertrag beigefügte, sich auf Führung und Leistung während des Geschäftsführer-Dienstverhältnisses erstreckende Zeugnis erteilen.

Alternativ: *Herr ░░░░░ erhält ein qualifiziertes wohlwollendes Zeugnis. Die Leistungs- und Verhaltensbewertung erfolgt mit der Note „stets zur vollsten Zufriedenheit". Das Zeugnis endet mit der Schlussformel: „Herr ░░░░░ verlässt unser Unternehmen auf eigenen Wunsch, um sich einer neuen beruflichen Herausforderung zu stellen. Wir bedauern dies sehr, respektieren jedoch seine Entscheidung und danken ihm für seine langjährige erfolgreiche Tätigkeit. Für seine berufliche wie private Zukunft wünschen wir Herrn ░░░░░ viel Erfolg und alles Gute." Herr ░░░░░ ist berechtigt, einen Formulierungsvorschlag für das Zeugnis zu unterbreiten, von dem die Gesellschaft nur aus zwingendem Grund abweichen wird. Das Zeugnis wird von Herrn/Frau ░░░░░ (z.B. Vorsitzenden des Aufsichtsrates, des Gesellschafterausschusses etc.) unterzeichnet, das Datum des ░░░░░ tragen und Herrn ░░░░░ ungeknickt übersandt oder ausgehändigt werden.*

13. Sprachregelung

Presseveröffentlichungen und interne Verlautbarungen werden die Parteien jeweils nur in einer miteinander abgestimmten Form abgeben. Nach Abschluss dieses Aufhebungsvertrages wird die Gesellschaft eine Pressemitteilung folgenden Inhalts herausgeben:

░░░░░.

Beide Parteien werden gegenüber Dritten keine negativen oder rufschädigenden Äußerungen bzgl. der jeweils anderen Partei oder ihren Organen und deren Mitgliedern abgeben. Herrn ░░░░░ betreffende Anfragen Dritter wird die Gesellschaft – insbesondere deren Geschäftsführer, die Mitglieder des Aufsichtsrates, die Mitglieder der ersten und zweiten Führungsebene sowie die Gesellschafter – ausschließlich im Sinne der vorstehenden Sprachregelung und des Zeugnisses beantworten. Weitere Erklärungen werden nicht abgegeben. Insbesondere werden jedwede negative Äußerungen über Herrn ░░░░░ unterlassen und alles daran gesetzt, das berufliche Fortkommen von Herrn ░░░░░ zu fördern.

14. Direktversicherung

Herr ░░░░░ ist berechtigt, die Direktversicherung bei der ░░░░░-Versicherung, Versicherungsnummer ░░░░░, zum Beendigungszeitpunkt nahtlos zu übernehmen, um sie im eigenen Namen und auf eigene Rechnung oder durch einen etwaigen Folgearbeitgeber fortzuführen. Die Gesellschaft wird deshalb nach Unterzeichnung dieser Vereinbarung alle hierfür erforderlichen Erklärungen abgeben. Ab dem Beendigungszeitpunkt gehen alle aus der Versicherung resultierenden Pflichten, insbesondere die Beitragspflicht, auf Herrn ░░░░░ über.

15. Entlastung

Die Gesellschaft wird Herrn ░░░░░ unverzüglich nach Abschluss dieses Aufhebungsvertrages Entlastung[776] i.S.v. § 46 Nr. 5 GmbHG für seine Tätigkeit als Geschäftsführer der Gesellschaft erteilen. Die Gesellschaft wird Herrn ░░░░░ unverzüglich den entsprechenden Gesellschafterbeschluss im Original übergeben.

Alternativ: *Die Entscheidung über die Entlastung wird nach Vorliegen des Jahresabschlusses erfolgen. Die Gesellschaft erklärt, dass ihr zum Zeitpunkt des Abschlusses des Aufhebungsvertrages keine Umstände bekannt sind, die der Erteilung der Entlastung entgegenstehen.*

16. D&O-Versicherung

Die Gesellschaft wird den Versicherungsschutz der bestehenden D&O-Versicherung, von der auch Herr ░░░░░ umfasst ist, solange im bisherigen Umfang aufrechterhalten, dass auch im Falle der Inanspruchnahme zu einem Zeitpunkt nach Beendigung des Anstellungsverhältnisses die gesamte Tätigkeit von Herrn ░░░░░ für die Gesellschaft und für mit der Gesellschaft verbundene Unternehmen erfasst ist (Claims-Made-Prinzip). Sollte an die Stelle der derzeitigen Versicherung ein an derer Versicherer treten, teilt die Gesellschaft dies Herrn ░░░░░ unverzüglich unter Nennung der Anschrift und unter Übermittlung einer Kopie der D&O-Versicherungspolice einschließlich etwaiger Nachträge mit.

Entsprechendes gilt für eine etwa von der Gesellschaft abgeschlossene, bestehende Strafrechtsschutzversicherung.

17. Aufrechnungsverbot *[optional bei Geschäftsführer-freundlichem Vertrag]*

Hinsichtlich der finanziellen Ansprüche aus dieser Aufhebungsvereinbarung ist eine Aufrechnung sowie die Geltendmachung eines Zurückbehaltungsrechtes ausgeschlossen.

18. Ausgleichsklausel

Mit Erfüllung der Verpflichtungen aus diesem Aufhebungsvertrag sind alle gegenseitigen Ansprüche der Parteien aus dem Geschäftsführer-Dienstverhältnis und seiner Beendigung – gleich aus welchem Rechtsgrund, gleich ob bekannt oder unbekannt – ausgeglichen. Davon ausgenommen sind etwaige Ansprüche von Herrn ░░░░░ aus dem Aktienoptionsprogramm der ░░░░░, über die eine gesonderte Regelung getroffen wird, und Ansprüche auf Schadenersatz wegen unerlaubter Handlung.

Vorstehendes gilt entsprechend für etwaige Ansprüche von Herrn ░░░░░ gegen mit der Gesellschaft verbundene Unternehmen und umgekehrt für etwaige Ansprüche mit der Gesellschaft verbundener Unternehmen gegen Herrn ░░░░░; insoweit handelt die Gesellschaft als bevollmächtigter Vertreter dieser verbundenen Unternehmen.

19. Stillschweigen über den Inhalt dieses Aufhebungsvertrages

Herr ░░░░░ wird über diesen Aufhebungsvertrag und seinen Inhalt Stillschweigen bewahren, es sei denn, er ist gesetzlich zur Auskunft verpflichtet oder die Auskunft ist aus steuerlichen oder sozialversicherungs-

---

776 Vgl. hierzu *Boecken/Düwell/Diller/Hanau*, Gesamtes Arbeitsrecht, Rn. 1049.

rechtlichen Gründen gegenüber Behörden oder zur Wahrung von Rechtsansprüchen gegenüber Gerichten erforderlich.

20. Nebenabreden/Schriftform

Nebenabreden zu dieser Vereinbarung existieren nicht. Änderungen und Ergänzungen bedürfen – soweit dem der Vorrang der Individualabrede nach § 305b BGB nicht entgegensteht – zu ihrer Wirksamkeit der Schriftform. Dies gilt auch für die Aufhebung dieses Schriftformerfordernisses.

21. Salvatorische Klausel

Sollte eine Bestimmung dieses Aufhebungsvertrages ganz oder teilweise unwirksam sein oder werden, so bleibt die Gültigkeit der übrigen Bestimmungen hiervon unberührt. Anstelle der unwirksamen Bestimmung gilt diejenige wirksame Bestimmung, die wirtschaftlich dem am nächsten kommt, was die Parteien gewollt hätten, wenn sie die Unwirksamkeit bedacht hätten. Dasselbe gilt auch für den Fall einer planwidrigen Lücke in diesem Aufhebungsvertrages.

(Ort), den _(Datum)_

(für die Gesellschaft) _(Name des Geschäftsführers)_

▲

j) Aufhebungsvertrag mit einem AG-Vorstand

37

▼

473 **Muster 1c.37: Aufhebungsvertrag mit einem AG-Vorstand**

Aufhebungsvertrag

Zwischen

(Name),

vertreten durch den Aufsichtsrat,

dieser wiederum vertreten durch den Aufsichtsratsvorsitzenden, Herrn ,

(Adresse)

(im Folgenden: „Gesellschaft")

und

Herrn _(Name)_,

(Adresse)

(im Folgenden: „Herr ", sowie gemeinsam mit der Gesellschaft: „die Parteien")

Präambel

Herr ist seit dem bei der Gesellschaft tätig und gehört dem Vorstand seit dem an. Er ist bis zum als Vorstandsmitglied bestellt. Gegenwärtig gilt der Vorstand-Dienstvertrag vom , der eine Vertragslaufzeit bis zum vorsieht.

Die Parteien haben sich zwischenzeitlich darüber verständigt, dass Herr zum aus dem Vorstand der Gesellschaft ausscheiden wird. Dies vorausgeschickt vereinbaren die Parteien Folgendes:

1. Aufgabe des Vorstandsmandats sowie weiterer Mandate

Herr ▨ legt sein Amt als Vorstandsmitglied mit Wirkung zum ▨ in beiderseitigem Einvernehmen nieder. Die Niederlegung seines Amtes als Mitglied des Vorstands erlangt Wirksamkeit mit Unterzeichnung dieses Aufhebungsvertrages und des bestätigenden Beschlusses des Aufsichtsrats.

Herr ▨ wird zugleich seine Ämter als Vorstandsmitglied, Geschäftsführer, Mitglied des Aufsichtsrats, Beiratsmitglied etc. innerhalb der Unternehmensgruppe der Gesellschaft oder sonstiger rechtlich und wirtschaftlich mit der Gesellschaft verbundene Unternehmen bis zum ▨ niederlegen.

2. Beendigung des Vorstand-Dienstvertrages

Die Parteien sind sich einig, dass der zwischen ihnen bestehende Vorstand-Dienstvertrag vom ▨ auf Veranlassung der Gesellschaft zum ▨ (*Beendigungszeitpunkt*) sein Ende finden wird.

3. Weitere Regelungen

(weitere Regelungen siehe oben Rdn 472)

[...]

20. Erledigungsklausel

Die Gesellschaft bestätigt, dass Herr ▨ während seiner aktiven Dienstzeit seiner Sorgfaltspflicht und Verantwortlichkeit nach Ziffern ▨ des Vorstand-Dienstvertrages vom ▨, auch im Jahre ▨, gewissenhaft nachgekommen ist.[777] Die Gesellschaft erklärt, dass ihr und ihrem Aufsichtsrat zum Zeitpunkt des Abschlusses dieser Aufhebungsvereinbarung keine Umstände bekannt sind, die einen Schadensersatzanspruch auslösen könnten. Mit der Erfüllung der Verpflichtungen aus diesem Aufhebungsvertrag sind – soweit nach § 93 Abs. 4 AktG gesetzlich zulässig – sämtliche wechselseitigen Ansprüche zwischen den Parteien erledigt.

Vorstehendes gilt entsprechend für etwaige Ansprüche von Herrn ▨ gegen mit der Gesellschaft verbundene Unternehmen und umgekehrt für etwaige Ansprüche mit der Gesellschaft verbundener Unternehmen gegen Herrn ▨; insoweit handelt die Gesellschaft als bevollmächtigter Vertreter dieser verbundenen Unternehmen.

21. Abschlussvollmacht

Der Aufsichtsrat der Gesellschaft hat dem Inhalt dieses Aufhebungsvertrages in seiner Sitzung vom ▨ zugestimmt und seinen Vorsitzenden zum Abschluss bevollmächtigt sowie zur Ausfertigung dieses Vertrages ermächtigt. Eine Ausfertigung des entsprechenden Aufsichtsratsbeschlusses ist den jeweiligen Ausfertigungen dieses Aufhebungsvertrages als Anlage beigefügt.

Alternative:

Die Wirksamkeit dieser Vereinbarung steht unter der aufschiebenden Bedingung, dass der Aufsichtsrat der Gesellschaft dem Abschluss dieser Aufhebungsvereinbarung zustimmt bzw. den Abschluss nachträglich genehmigt und das unterzeichnende Aufsichtsratsmitglied (nachträglich) ermächtigt, die vorstehende Vereinbarung zu unterzeichnen. Sollte die Zustimmung bzw. Genehmigung nicht bis zum ▨ erfolgt sein, hat Herr ▨ das Recht, binnen einer Woche nach fruchtloser Fristsetzung an den Aufsichtsrat (Mindestfrist: eine Woche) von diesem Aufhebungsvertrag zurückzutreten.

▨ (*Ort*), den ▨ (*Datum*)

▨

(*für den Aufsichtsrat*) (*Name des Vorstandes*)

▲

---

777 Sog. Bestätigungsklausel, mit der dem Vorstandsmitglied trotz § 93 Abs. 4 AktG eine gewisse Sicherheit vor einer späterer Geltendmachung weiterer Ansprüchen vermittelt werden soll (vgl. hierzu *Boecken/Düwell/Diller/Hanau*, Gesamtes Arbeitsrecht, Rn. 1049).

§ 2 Kollektivarbeitsrecht

Inhalt

	Rdn
A. Betriebsverfassungsrecht	1
I. **Allgemeine Betriebsratsarbeit**	1
1. Allgemeines	1
2. Muster und Erläuterungen	3
a) Grundmuster einer (Gesamt-/ Konzern-/Rahmen-)Betriebsvereinbarung	3
b) Erläuterungen	4
aa) Überschrift	4
bb) Parteien	5
cc) Präambel	6
dd) Geltungsbereich	7
ee) Regelungsgegenstand	8
ff) Durchführungsbestimmungen	9
gg) Inkrafttreten, Beendigung und Nachwirkung	10
hh) Schlussbestimmungen	11
ii) Formalia	12
c) Regelungsabrede zur Zusammenarbeit im Betrieb	13
d) Geschäftsordnung des Betriebsrats	15
aa) Betriebsratsvorsitz	16
bb) Betriebsausschuss	17
cc) Fachausschüsse	18
e) Rahmenvereinbarung zur Übertragung von Aufgaben auf Arbeitsgruppen, § 28a BetrVG	19
f) Betriebsvereinbarung zu Sprechstunden	21
II. **Kosten und Ausstattung des Betriebsrats**	23
1. Allgemeines	23
a) Freistellung	23
b) Kosten und Sachaufwand, § 40 BetrVG	24
2. Muster und Erläuterungen	26
a) Freistellung von BR-Mitgliedern/Teilfreistellung gem. § 38 Abs. 1 S. 5 BetrVG	26
b) Abmeldevereinbarung zu § 37 Abs. 2 BetrVG	28
c) Schreiben an Arbeitgeber wegen Kostenübernahme für Schulungsteilnahme gemäß §§ 37 Abs. 6, 40 Abs. 1 BetrVG	30
d) Beschluss des Betriebsrats zur Beauftragung eines Rechtsanwalts	33
e) Erwiderungsschreiben des Arbeitgebers zu einem Antrag des Betriebsrats auf Bereitstellung von Fachliteratur	36
f) Regelungsabrede zur technischen Ausstattung des Betriebsrats	37
g) Betriebsvereinbarung zur Budgetierung der Betriebsratskosten	40
III. **Betriebsratsstrukturen**	42
1. Allgemeines	42
a) Regelmäßige Betriebsratsstrukturen	42
aa) Betrieb und Betriebsrat	42
bb) Unternehmen und Gesamtbetriebsrat	45
cc) Konzern und Konzernbetriebsrat	46
dd) Europäischer Betriebsrat	47
ee) Betriebsrat der Societas Europaea (SE-Betriebsrat)	48
b) Sonderfall: Gemeinschaftsbetrieb, § 1 Abs. 1 S. 2, Abs. 2 BetrVG	49
c) Abweichende Betriebsratsstrukturen gemäß § 3 BetrVG	50
2. Muster und Erläuterungen	51
a) Führungsvereinbarung im gemeinsamen Betrieb i.S.d. § 1 Abs. 2 BetrVG	51
b) Vereinbarung zur Trennung des gemeinsamen Betriebs	56
c) Betriebsvereinbarung zur Verlängerung des Übergangsmandats gemäß § 21a Abs. 1 S. 4 BetrVG	59
d) Aufgabenübertragung auf den Gesamtbetriebsrat/Konzernbetriebsrat gemäß §§ 50 Abs. 2, 58 Abs. 2 BetrVG	62
e) Beschluss des Gesamtbetriebsrats zur Errichtung eines Konzernbetriebsrats gemäß § 54 Abs. 1 BetrVG	69
f) Vereinbarung über die Errichtung eines Europäischen Betriebsrats nach § 18 EBRG	70
g) Tarifvertrag gemäß § 3 Abs. 1 Nr. 1 lit. b) BetrVG	73
h) Tarifvertrag zur Bildung von Spartenbetriebsräten, § 3 Abs. 1 Nr. 2 BetrVG	76
i) Gemeinsamer Gesamtbetriebsrat mehrerer Unternehmen gem. § 3 Abs. 1 Nr. 3 BetrVG	78
IV. **Mitbestimmung in sozialen Angelegenheiten**	81
1. Allgemeines	81
a) Vorbemerkung	81

	Rdn
b) Anwendungsbereich.............	84
aa) Persönlicher Geltungs-bereich......................	84
bb) Räumlicher Geltungsbereich	88
cc) Zeitlicher Geltungsbereich .	89
(1) Beginn/Rückwirkung ...	89
(2) Beendigung durch Be-fristung/Bedingungsein-tritt/Zweckerreichung...	92
(3) Beendigung durch or-dentliche/außerordentli-che Kündigung, Teil-kündigung, Insolvenz-anpassung..............	94
(4) Folgen der Beendigung der Betriebsverein-barung – Nachwirkung .	100
(5) Wegfall der Geschäfts-grundlage	102
(6) Ablösung durch neue Betriebsvereinbarung/einvernehmliche Been-digung..................	103
dd) Exkurs: Wegfall Betriebsrat, Betriebsstilllegung, Be-triebs(teil-)-übergang, Än-derung der Betriebsorgani-sation, Zusammenfassung von Betrieben..............	104
c) Gegenstand der Mitbestimmung	112
aa) Kollektiver Bezug als Vo-raussetzung der Mitbestim-mung......................	112
bb) Einschränkung und Erwei-terung der Mitbestim-mungsrechte	116
d) Grenzen der Mitbestimmung....	118
aa) Gesetzesvorrang	118
bb) Verhältnis zu tariflichen Regelungen: Tarifvorrang ..	122
cc) Verhältnis zu individualver-traglichen Regelungen......	126
e) Ausübung der Mitbestimmung ..	134
aa) Zwingende Mitbestimmung – Mitbestimmung als Wirk-samkeitsvoraussetzung – Rechtsfolgen eines Verstoßes	134
bb) Initiativrecht des Betriebs-rats	142
cc) Form der Ausübung........	145
dd) Mitbestimmung bei beson-derem Zeitdruck	150
ee) Missbrauch des Mitbestim-mungsrechts/Koppelungs-geschäft	154
f) Prozessuales	157
aa) Einigungsstelle..............	157

	Rdn
bb) Unterlassungsanspruch	158
2. Muster und Erläuterungen zur Ar-beitszeit.................	159
a) Typischer Sachverhalt...........	159
b) Erläuterungen....................	160
aa) Umfang der Mitbestim-mungspflicht bei Lage der Arbeitszeit, Pausenzeiten...	167
bb) Mitbestimmung bei vorü-bergehender Verkürzung oder Verlängerung der be-triebsüblichen Arbeitszeit ..	171
cc) Mitbestimmung bei Teilzeit	177
dd) Folgen des Verstoßes gegen die Mitbestimmungsrechte des Betriebsrats	180
c) Muster: Betriebsvereinbarung über die Altersteilzeit (ATZ)....	183
d) Betriebsvereinbarung zu (flexib-ler) Arbeitszeit, Langzeitkonten.	184
aa) Allgemeines.................	184
bb) Betriebsvereinbarung zu (flexibler) Arbeitszeit/Lang-zeitkonten...................	185
cc) Erläuterungen...............	186
(1) Überschrift/Präambel...	186
(2) Vertragsparteien........	187
(3) Geltungsbereich, § 1....	188
(4) Regelmäßige wöchentli-che Arbeitszeit, Vertei-lung der Arbeitszeit, § 2	189
(5) Festlegung der Lage der Arbeitszeit/Arbeitszeit-verteilung/Beteiligung des Betriebsrats bei Ab-weichungen, § 3	190
(6) Mehrarbeit/Überstun-den, § 4.................	191
(7) Notfälle/Eilfälle, § 5....	192
(8) Arbeitszeitkonto, Zeit-erfassung, Ausgleichs-zeitraum, § 6............	193
(9) Verwendung der Zeit-guthaben, Ausgleich Zeitsaldo bei Beendi-gung und Ruhen des Ar-beitsverhältnisses, To-desfall, § 7	194
(10) Abwesenheitszeiten, § 8	195
(11) Zeiterfassung, § 9	196
(12) Langzeitkonto, § 10 ...	197
(13) Insolvenzsicherung, § 11	198
(14) Meinungsverschieden-heiten, § 12	201
(15) Teilzeitmitarbeiter, § 13	202

Rdn

(16) Schlussbestimmungen,
§ 14 203
e) Betriebsvereinbarung zur Vertrauensarbeitszeit 204
aa) Allgemeines 204
bb) Betriebsvereinbarung zur
Vertrauensarbeitszeit 205
f) Betriebsvereinbarung Gleitzeit .. 206
aa) Allgemeines 206
bb) Muster Betriebsvereinbarung Gleitzeit 207
g) Betriebsvereinbarung Überstunden 208
aa) Rechtliche Grundlagen 208
bb) Betriebsvereinbarung Überstunden 219
h) Muster: Betriebsvereinbarung
Dienstpläne/Schichtarbeit/Ruf-
bereitschaft 220
aa) Allgemeines 220
bb) Betriebsvereinbarung
Dienstpläne/Schichtarbeit/
Rufbereitschaft/Bereit-
schaftsdienst 221
cc) Erläuterungen 222
(1) Überschrift 222
(2) Geltungsbereich § 1 223
(3) Wöchentliche Arbeits-
zeit/Pausen, § 2 224
(4) Schichtdienst/Schichten 225
(5) Erstellung der (wö-
chentlichen/monatli-
chen/vierteljährlichen)
Dienst(Schicht-)pläne,
Mitwirkung des Be-
triebsrats, § 4 226
(6) Abweichungen von
Dienstplänen/Tausch
von Schichten, § 6 228
(7) Rufbereitschaft und Bereitschaftsdienst, §§ 7, 8 229
(8) Meinungsverschieden-
heiten, § 9 230
(9) Härtefallklausel, § 11 ... 231
i) Betriebsvereinbarung zu Kurzarbeit 232
aa) Typischer Sachverhalt (Beispielsfall) 232
bb) Rechtliche Grundlagen 233
(1) Allgemeines 233
(2) Kurzarbeitergeld 235
(3) Mitbestimmungsrecht
des Betriebsrates 240
(4) Zuständiges Gremium .. 244
(5) Inhaltliche Mindest-
anforderungen an eine
Betriebsvereinbarung
zur Kurzarbeit 245

Rdn

(6) Mitbestimmung bei
Maßnahmen zur Mil-
derung finanzieller
Folgen 246
(7) Freiwillige Leistungen
und Entgeltfortzah-
lungen 247
(8) Ausschließlichkeitsverhältnis betriebsbedingte
Kündigung – Kurzarbeit 250
(9) Kurzarbeit bei beabsichtigter Massenentlassung 251
(10) Kurzarbeit und
Arbeitskampf 252
(11) Praktische Hinweise ... 255
cc) Muster 256
3. Betriebliche Lohngestaltung 257
a) Betriebsvereinbarung über die
Vergütung der außertariflichen
Angestellten 257
aa) Rechtliche Grundlagen 257
bb) Betriebsvereinbarung über
die Vergütung der außer-
tariflichen Angestellten 263
b) Betriebsvereinbarung über die
Gewährung einer außertarifli-
chen/übertariflichen Zulage 264
aa) Rechtliche Grundlagen 264
bb) Betriebsvereinbarung über
die Gewährung einer außer-
tariflichen/übertariflichen
Zulage 270
c) Muster: Betriebsvereinbarung
Provision (Verkauf/Vertrieb/Au-
ßendienst) 271
aa) Allgemeines 271
bb) Muster Betriebsvereinbarung Provision (Verkauf/
Vertrieb/Außendienst) 274
cc) Erläuterungen 275
(1) Die Vereinbarungspar-
teien 275
(2) Geltungsbereich, § 1 276
(3) Provisionsanspruch,
Provisionssätze, § 2 277
(4) Berechnungsgrundlage,
§ 3 278
(5) Abrechnung und Fälligkeit der Provision,
Rückzahlung, § 4 279
(6) Krankheit, Feiertag, Urlaub, Schwangerschaft,
§ 5 280
(7) Provisionsanspruch bei
Ausscheiden, § 6 ....
(8) Anpassungsvorbehalt/
Teilkündigung, § 7 281

Rdn

d) Muster: Betriebsvereinbarung zu Zielvereinbarungen/Zielvorgaben 282
  aa) Allgemeines................. 282
  bb) Betriebsvereinbarung zu Zielvereinbarungen 283
  cc) Erläuterungen 284
    (1) Präambel und Geltungsbereich, § 1 284
    (2) Festlegung der Ziele/Zielvorgaben/Zielvereinbarung, § 2 285
    (3) Ziele, Wertung der Zielerreichung, § 3 291
    (4) Unterjähriges Ein- und Ausscheiden, Auswirkungen von Fehl- und Freistellungszeiten, § 6 . 294
    (5) Konfliktlösung, § 8 296
4. Muster und Erläuterungen zu technischen Einrichtungen 297
  a) Gesamtbetriebsvereinbarung EDV-Systeme und Schutz personenbezogener Daten........... 297
    aa) Rechtliche Grundlagen 297
    bb) Gesamtbetriebsvereinbarung EDV-Systeme und Schutz personenbezogener Daten...................... 310
  b) Betriebsvereinbarung zur Telefon-Nutzung 311
    aa) Typischer Sachverhalt 311
    bb) Rechtliche Grundlagen 312
      (1) Allgemeines............. 312
      (2) Inhaltliche Kontrolle.... 314
      (3) Datenkontrolle 320
        (a) Dienstliche Nutzung 320
        (b) Private Nutzung..... 323
        (aa) Gestattung privater Nutzung........... 323
        (bb) Kontrollmöglichkeiten auf Grundlage der gesetzlichen Bestimmungen 325
        (cc) Kontrollmöglichkeiten auf Grundlage von Einwilligungen........... 329
      (4) Mitbestimmungsrechte des Betriebsrates........ 330
        (a) § 87 Abs. 1 Nr. 6 BetrVG............. 330
        (b) § 87 Abs. 1 Nr. 1 BetrVG............. 335
        (c) Zuständiges Gremium............... 336

Rdn

      (d) Möglichkeiten der Regelung........... 337
    cc) Rechtsfolgen bei unzulässiger Nutzung durch den Arbeitnehmer................. 340
    dd) Rechtsfolgen bei unzulässiger Kontrolle durch den Arbeitgeber.................. 343
    ee) Muster....................... 346
  c) Betriebsvereinbarung zu Internet-, E-Mail- und Social Media-Nutzung......................... 347
    aa) Typischer Sachverhalt 347
    bb) Rechtliche Grundlagen 348
      (1) Allgemeines............. 348
      (2) Mitbestimmungsrechte des Betriebsrates........ 350
        (a) § 87 Abs. 1 Nr. 6 BetrVG............. 350
        (b) § 87 Abs. 1 Nr. 1 BetrVG............. 357
        (c) Zuständiges Gremium............... 358
        (d) Möglichkeiten der Regelung........... 359
      (3) Dienstliche Nutzung 360
      (4) Private Nutzung........ 370
        (a) Gestattung der Privatnutzung 371
        (b) Kontrollmöglichkeiten................. 374
        (aa) Kontrolle von E-Mails 376
        (bb) Kontrolle der Internetnutzung 384
        (c) Kontrolle durch Einwilligung............ 387
    cc) Rechtsfolgen 394
    dd) Social Media Guidelines.... 396
    ee) Muster Betriebsvereinbarung zu Internet-, E-Mail- und Social-Media-Nutzung . 398
5. Sozialeinrichtungen 399
6. Betriebsvereinbarung zur Betriebsordnung.......................... 407
  a) Betriebsvereinbarung zur Arbeitsordnung.................... 414
    aa) Rechtliche Grundlagen 414
    bb) Muster Betriebsvereinbarung zur Arbeitsordnung . 423
  b) Betriebsvereinbarung zu Ethikrichtlinien........................ 424
    aa) Typischer Sachverhalt 424
    bb) Rechtliche Grundlagen 425
      (1) Ausgangslage 425
      (2) Beteiligung des Betriebsrats 427

	Rdn
(3) Typische Regelungsinhalte	431
(4) Zuständiges Gremium	442
cc) Muster	443
c) Betriebsvereinbarung über eine einheitliche Dienstkleidung	444
aa) Rechtliche Grundlagen	444
bb) Betriebsvereinbarung über eine einheitliche Dienstkleidung	448
d) Betriebliches Eingliederungsmanagement	449
aa) Typischer Sachverhalt	449
bb) Betriebliches Eingliederungsmanagement und Bestandsschutz	450
cc) Erfasster Personenkreis	451
dd) Maßgeblichkeit des Zeitraums	452
ee) Ablauf des BEM	454
ff) Mitbestimmungsrechte des Betriebsrates	458
(1) Mitbestimmungsrechte gemäß § 87 Abs. 1 Nr. 1 BetrVG	460
(2) Mitbestimmungsrecht gemäß § 87 Abs. 1 Nr. 6 BetrVG	461
(3) Mitbestimmungsrecht gemäß § 87 Abs. 1 Nr. 7 BetrVG	462
(4) Überwachungspflicht des Betriebsrats gem. § 84 Abs. 2 S. 7 SGB IX i.V.m. § 80 Abs. 1, 2 BetrVG	464
gg) Vorschläge der Bundesarbeitsgemeinschaft der Integrationsämter und Hauptfürsorgestellen (BIH)	466
hh) Vorschlag zur Vorgehensweise	469
ii) Exkurs: Stufenweise Wiedereingliederung	474
jj) Wer bietet finanzielle und organisatorische Hilfen an?.	476
kk) BEM und Arbeitsrecht	482
(1) Auswirkungen eines fehlenden BEM auf die Zulässigkeit einer krankheitsbedingten Kündigung	482
(2) Darlegungs- und Beweislast im Kündigungsschutzprozess	485
(3) Nutzung gesundheitsbezogener Daten, die im Rahmen eines BEM ge-	

	Rdn
wonnen wurden, bei einer krankheitsbedingten Kündigung	490
(4) Außergerichtliche Mediation und BEM	492
ll) Muster	493
7. BV Betriebliches Vorschlagswesen	496
a) Typischer Sachverhalt	496
b) Rechtliche Grundlagen	497
aa) Allgemeines	497
bb) Umfang der Mitbestimmung	500
cc) Beendigung der Betriebsvereinbarung	502
c) Muster	503
8. Muster und Erläuterungen zum Urlaub	504
a) Einleitung	504
aa) Umfang des Mitbestimmungsrechtes	505
bb) Einzelne Gegenstände der Mitbestimmung	506
(1) Allgemeine Urlaubsgrundsätze	506
(2) Urlaubsplan	507
(3) Lage des Urlaubs für einzelne Arbeitnehmer	510
cc) Form der Mitbestimmung	511
dd) Rechtsfolgen einer Nichtbeteiligung des Betriebsrats	514
ee) Gesetzliche oder tarifliche Regelungen	516
b) Allgemeine Betriebsvereinbarung zum Urlaub und zu Urlaubsgrundsätzen	517
V. Mitbestimmung in personellen Angelegenheiten	518
1. Allgemeines	518
2. Muster und Erläuterungen	523
a) Anhörung des Betriebsrats zu einer geplanten Einstellung und Eingruppierung	523
aa) Rechtliche Grundlagen	523
bb) Muster	536
b) Antrag auf Zustimmung des Betriebsrats zur beabsichtigten Versetzung eines Arbeitnehmers, § 99 BetrVG	537
aa) Rechtliche Grundlagen	537
bb) Muster	547
c) Antwort des Betriebsrats zum Antrag auf Zustimmung zu einer geplanten Einstellung/Eingruppierung oder Versetzung/Umgruppierung, § 99 Abs. 1 BetrVG	548
aa) Rechtliche Grundlagen	548
bb) Muster	557

	Rdn
d) Antrag auf Zustimmung des Betriebsrats zum Einsatz eines Leiharbeitnehmers	558
aa) Rechtliche Grundlagen	558
bb) Muster	568
e) Unterrichtung über eine vorläufige Einstellung/Versetzung, § 100 BetrVG	569
aa) Rechtliche Grundlagen	569
bb) Muster	575
f) Antwort des Betriebsrats auf Unterrichtung über eine vorläufige personelle Maßnahme, § 100 BetrVG	576
aa) Rechtliche Grundlagen	576
bb) Muster	580
g) Einführung zu §§ 102, 103 BetrVG	581
aa) Sinn und Zweck des § 102 BetrVG	581
bb) Anwendungsbereich	584
cc) Anhörung	591
(1) Inhalt der Anhörung	592
(2) Kündigungsfrist und Beendigungstermin	594
(3) Inhalt/subjektive Determinierung/Umfang	595
(4) Prüfungsumfang	603
dd) Weitergehende Mitteilungspflichten	604
ee) Form der Mitteilung	605
ff) Adressat der Mitteilung	606
gg) Zeitpunkt der Anhörung	607
hh) Anhörungsfrist	609
ii) Empfangsbestätigung/Zugangsbestätigung beim BR	612
jj) Fehler im Anhörungsverfahren	613
(1) Fehler auf Seiten des Betriebsrats	613
(2) Fehler auf Seiten des Arbeitgebers	615
kk) Nichtigkeit der Kündigung	616
ll) Besonderheiten bei außerordentlicher Kündigung (§ 626 Abs. 2 BGB)	617
mm) Änderungskündigungen	619
nn) Sonstige Fälle	620
oo) Stellungnahme des Betriebsrats	621
(1) Frist bei ordentlicher oder außerordentlicher Kündigung	621
(2) Beschlussfassung des BR	622
(3) Nichtäußerung	625
(4) Zustimmung	626

	Rdn
(5) Bedenken oder Widerspruch des BR	627
pp) Einzelne Widerspruchsgründe	632
(1) Fehlerhafte Sozialauswahl (Nr. 1)	633
(2) Verstoß gegen eine Auswahlrichtlinie nach § 95 BetrVG (Nr. 2)	634
(3) Weiterbeschäftigungsmöglichkeit auf einem anderen Arbeitsplatz (Nr. 3)	635
(4) Weiterbeschäftigung nach zumutbaren Umschulungs- oder Fortbildungsmaßnahmen (Nr. 4)	640
(5) Weiterbeschäftigung unter geänderten Vertragsbedingungen mit Einverständnis des Arbeitnehmers (Nr. 5)	643
qq) Bedeutung des Widerspruchs	644
rr) Besonderheiten	645
ss) Nachschieben von Kündigungsgründen	649
tt) Darlegungs- und Beweislast	652
uu) Widerspruch und betriebsverfassungsrechtlicher Weiterbeschäftigungsanspruch, § 102 Abs. 5 BetrVG	654
(1) Gerichtliche Durchsetzung des Weiterbeschäftigungsanspruchs	664
(2) Entbindung des Arbeitgebers von der Weiterbeschäftigungspflicht	666
(3) Entbindungsgründe	669
(a) Mangelnde Erfolgsaussichten der Klage des Arbeitnehmers (Nr. 1)	670
(b) Unzumutbare wirtschaftliche Belastung (Nr. 2)	671
(c) Offensichtliche Unbegründetheit des Widerspruchs des BR (Nr. 3)	672
(4) Beendigung der Weiterbeschäftigung aus sonstigen Gründen	674
vv) Erweiterung der Mitbestimmung (§ 102 Abs. 6 BetrVG)	675
ww) Vorschriften über die Beteiligung des BR nach dem	

Rdn

Kündigungsschutzgesetz
(§ 102 Abs. 7 BetrVG) 676
xx) Checkliste: BR-Anhörung
zur betriebsbedingten Kündigung...................... 677
yy) Checkliste: BR-Anhörung
zur personenbedingten Kündigung...................... 678
zz) Checkliste: BR-Anhörung
zur verhaltensbedingten
Kündigung 679
h) Anhörung des BR zur Kündigung
während der Wartezeit 680
i) Anhörung des BR gemäß § 102
BetrVG zur ordentlichen betriebsbedingten Kündigung...... 683
j) Anhörung des BR gemäß § 102 zu
betriebsbedingten Kündigungen
wegen Betriebsschließung....... 690
k) Anhörung des BR zur betriebsbedingten Änderungskündigung
gemäß § 102 BetrVG (ein-
schließlich Zustimmungsantrag
nach § 99 BetrVG bei Versetzung, Umgruppierung) 697
l) Anhörung des BR zur ordentli-
chen/außerordentlichen verhaltensbedingten Kündigung (einschließlich Verdachtskündigung) 702
m) Anhörung des BR gemäß § 102
BetrVG zur ordentlichen krankheitsbedingten Kündigung....... 711
n) Antrag auf Zustimmung zur außerordentlichen Kündigung eines
BR-Mitglieds gemäß § 103
BetrVG.......................... 720
o) Anhörung zur Kündigung eines
Kündigungsgeschützten nach
§ 102 BetrVG (§ 15 Abs. 4 und
Abs. 5 KSchG).................. 733
p) Betriebsinterne Stellenausschreibung........................... 741
aa) Rechtliche Grundlagen 741
bb) Betriebsinterne Stellenausschreibung 749
q) Auswahlrichtlinien für Kündigungen 750
aa) Regelungszweck............ 750
bb) Auswahlrichtlinie im Einzelfall 753
cc) Inhalt der Richtlinie 756
dd) Abschließende Regelungen. 758
ee) Wirkung/Beendigung....... 759
ff) Initiativrecht des BR........ 760
gg) Zuständige Arbeitnehmervertretung 762

Rdn

hh) Inhaltliche Vorgaben für
Kündigungs-Auswahlricht-
linien...................... 764
ii) Rechtsfolgen bei Verstoß
gegen das Mitbestimmungs-
recht........................ 766
jj) Überprüfung des Spruchs
der Einigungsstelle 770
kk) Auswahlrichtlinie bei Kündigungen 771
VI. Mitbestimmung in wirtschaftlichen
Angelegenheiten 772
1. Einleitung............................ 772
2. Typischer Sachverhalt............... 774
3. Rechtliche Grundlagen zum Interessenausgleich 775
a) Begriff der „Betriebsänderung" . 776
aa) Betriebs(teil)stilllegung..... 778
bb) Betriebseinschränkung
durch reinen Personalabbau 780
cc) Verlegung des Betriebs oder
von wesentlichen Betriebsteilen 782
dd) Zusammenschluss oder
Spaltung von Betrieben..... 784
ee) Betriebsübergang 785
ff) Änderungen auf Unternehmensebene 786
b) Allgemeine Voraussetzungen für
die Beteiligungsrechte des
§§ 111 ff. BetrVG 787
aa) Unternehmensgröße 788
bb) Vorhandensein eines Betriebsrats 789
cc) Sonderfälle................. 790
c) Zuständige Arbeitnehmervertretung 793
d) Inhalt des Interessenausgleichs.. 796
aa) Allgemein zum Inhalt 797
bb) Transfergesellschaften...... 800
cc) Interessenausgleich mit Namensliste, § 1 Abs. 5 KSchG 801
dd) Rahmenvereinbarungen,
„bedingter" Interessenausgleich....................... 806
e) Form des Interessenausgleichs .. 808
f) Rechtsnatur des Interessenausgleichs 812
g) Verfahren beim „Versuch" des
Interessenausgleichs............ 815
h) Folgen eines unterlassenen Ver-
suchs des Interessenausgleichs .. 819
i) Unterlassungsanspruch des Betriebsrats?..................... 825
j) Verhandlungssituation beim Interessenausgleich 829
k) Verhältnis zu sonstigen Beteiligungsrechten des Betriebsrats . 831

	Rdn
aa) Anhörung des Betriebsrats nach § 102 BetrVG	832
bb) Beteiligung bei Massenentlassungen nach § 17 Abs. 2 KSchG	836
4. Checkliste	839
5. Muster zum Interessenausgleich	840
a) Interessenausgleich bei Betriebsstilllegung	840
b) Interessenausgleich bei Teilbetriebsstilllegung einschließlich Namensliste und Transfergesellschaft	841
c) Interessenausgleich bei umfassender Reorganisation (Verkauf Teilbetrieb, Betriebsverlegung, Personalabbau)	842
6. Allgemeine Einführung zum Sozialplan	843
a) Erzwingbarkeit des Sozialplans	844
b) Zuständiges Betriebsratsgremium	847
c) Leitende Angestellte	848
d) Rechtliche Wirkung des Sozialplans	849
e) Verfahren	851
f) Laufzeit	854
g) Allgemeines Gleichbehandlungsgesetz	855
h) Besondere Fälle	859
7. Checkliste	866
8. Muster zum Sozialplan	867
9. Klausel-ABC zum Sozialplan	868
a) Arbeitgeberdarlehen	868
b) Betriebliche Altersversorgung	869
c) Betriebsübergang	870
d) Direktversicherung	871
e) Doppelte Haushaltsführung/Pendlerpauschale	872
aa) Doppelte Haushaltsführung; Heimreise	872
bb) Pendlerpauschale	873
f) Härtefonds	874
g) Jubiläumszusagen	875
h) Outplacement	876
i) Sozialeinrichtungen	877
j) Transfergesellschaft	878
k) Transfermaßnahmen	879
l) Turboprämie	880
m) Umschulung/Weiterbildung	881
n) Umzugsregelung	882
o) Urlaubsgeld/Weihnachtsgeld	883
p) Verdienstausgleich	884
q) Vorzeitige einvernehmliche Beendigung des Arbeitsverhältnisses	885
r) Vorzeitige Altersrente mit Abschlägen	886

	Rdn
s) Weiterbeschäftigung	887
t) Wiedereinstellung	888
10. Vereinbarung zwischen Transfergesellschaft und Arbeitgeber	889
B. Betriebsübergang und Umwandlung	890
I. Betriebsübergang	890
1. Typischer Sachverhalt	890
2. Rechtliche Grundlagen	891
a) Vorliegen eines Betriebs-/Betriebsteilübergangs	891
b) Übergang der Arbeitsverhältnisse	893
c) Unterrichtungspflicht	894
aa) Mindestinhalt	895
(1) (Geplanter) Zeitpunkt des Übergangs	896
(2) Grund des Übergangs	897
(3) Rechtliche, wirtschaftliche und soziale Folgen	898
(a) Übergang des Arbeitsverhältnisses	899
(b) Widerspruchsrecht	900
(c) Verzichtsrecht	901
(d) Fortgeltung kollektivrechtlicher Regelungen: Grundsätzliches	902
(aa) Fortgeltung von Betriebsvereinbarungen	903
(bb) Fortgeltung von Tarifverträgen	904
(cc) Bezugnahmeklauseln und Betriebsübergang	905
(e) Haftung	907
(f) Kündigungsverbot und Kündigungsschutz	908
(g) Arbeitnehmervertretung auf Betriebs- und Unternehmensebene	910
(h) Sekundärfolgen	911
(4) Hinsichtlich der Arbeitnehmer in Aussicht genommene Maßnahmen	912
bb) Form der Unterrichtung	915
cc) Zeitpunkt und Zugang der Unterrichtung	917
dd) Rechtsfolgen fehlerhafter oder unvollständiger Unterrichtung; Heilung von Fehlern	918
d) Besonderheiten der Unterrichtungspflicht bei Umwandlungsfällen	919

Rdn

3. Checklisten 920
   a) Sieben Hauptkriterien für einen Betriebsübergang 920
   b) Mindestinhalt des Unterrichtungsschreibens über den Betriebsübergang 921
4. Muster 922
   a) Informationsschreiben nach § 613a Abs. 5 BGB 922
   b) Empfangsbestätigung 923
   c) Empfangsbestätigung und Verzichtserklärung 924

II. **Arbeitsrechtliche Angaben bei Umwandlungstatbeständen** 925
1. Typischer Sachverhalt 925
2. Rechtliche Grundlagen 926
   a) Umwandlungsformen nach dem UmwG 926
   b) Die arbeitsrechtlichen Angabepflichten nach dem UmwG 927
      aa) Folgen für die Arbeitsverträge 928
         (1) Übergang von Arbeitsverhältnissen 928
         (2) Haftung 929
         (3) Kündigung 930
         (4) Widerspruchsrecht 931
      bb) Tarifverträge 932
      cc) Betriebsvereinbarungen 933
      dd) Auswirkungen auf die Arbeitnehmervertretungen 934
      ee) Unternehmensmitbestimmung 935
      ff) Weitere angabepflichtige Inhalte 936
   c) Zuleitungspflicht 937
      aa) Gegenstand 938
      bb) Adressat.................. 939
      cc) Monatsfrist................ 940
   d) Nachträgliche Änderungen 941
3. Checkliste: Unterrichtung der Arbeitnehmerseite bei Umwandlungsvorgängen........................... 942
4. Muster 943
   a) Angaben im Umwandlungsvertrag (hier: Verschmelzungsvertrag) 943
   b) Zuleitung des Verschmelzungsvertrages an den Betriebsrat 944
   c) Verkürzung der Zuleitungsfrist.. 945

C. **Arbeitsrecht in der Insolvenz** 946
I. **Das Arbeitsverhältnis in der Insolvenz** 946
1. Typischer Sachverhalt 946
2. Rechtliche Grundlagen 947
   a) Beendigung des Arbeitsverhältnisses in der Insolvenz........... 948

Rdn

      aa) Arbeitgeberstellung in der Insolvenz................... 949
         (1) Vorläufiger Insolvenzverwalter vor der Insolvenzeröffnung 950
         (2) Insolvenzeröffnungsbeschluss ohne allgemeines Verfügungsverbot (Auszug) 951
         (3) Insolvenzverwalter nach der Insolvenzeröffnung . 952
         (4) Aufnahme des Rechtsstreits nach Unterbrechung gemäß § 240 ZPO 953
      bb) Kündigungsrecht des Insolvenzverwalters.............. 954
      cc) Freistellungsrecht des Insolvenzverwalters.............. 955
      dd) Kündigungsrecht des Arbeitnehmers 957
      ee) Checkliste: Fristlose Kündigung durch den Arbeitnehmer...................... 960
      ff) Abmahnung durch den Arbeitnehmer 961
      gg) Betriebsbedingte Kündigung in der Insolvenz....... 962
      hh) Wiedereinstellungsanspruch in der Insolvenz............. 968
      ii) Nachkündigung durch den Insolvenzverwalter 970
      jj) Kündigungsfristen in der Insolvenz..................... 971
      kk) Besonderer Kündigungsschutz 972
         (1) Schwangerschaft und Mutterschutz........... 973
         (2) Elternzeit und Pflegezeit 974
         (3) Schwerbehinderung..... 975
         (4) Ausbildungsverhältnis .. 976
         (5) Mitglieder des Betriebsrates 977
      ll) Insolvenzanfechtung von Entgeltzahlungen 978
   b) Betriebsübergang (§ 613a BGB) in der Insolvenz................... 979
      aa) Einschränkung des Kündigungsschutzes................ 979
      bb) Haftungsbeschränkung des Betriebserwerbers.......... 982
      cc) Auszug aus einem Unternehmenskaufvertrag zwischen Insolvenzverwalter und Erwerber 984
   c) Verfahren bei Massenentlassung 985

		Rdn
II.	**Kollektives Arbeitsrecht in der Insolvenz**	986
	1. Beteiligungsrechte des Betriebsrates	987
	2. Interessenausgleich in der Insolvenz	989
	3. Namensliste nach § 125 InsO	991
	4. Beschlussverfahren nach § 126 InsO	993
	5. Sozialplan in der Insolvenz	994
	6. Betriebsvereinbarungen in der Insolvenz	996
III.	**Ansprüche des Arbeitnehmers aus dem Arbeitsverhältnis**	997
	1. Typischer Sachverhalt	997
	2. Rechtliche Grundlagen	998
	a) Ansprüche aus der Zeit vor der Insolvenzeröffnung	999
	aa) Entgeltschutz in der Insolvenz	1000
	bb) Durchsetzung von Insolvenzforderungen	1001
	cc) Feststellung streitiger Forderungen	1004
	dd) Klage auf Feststellung zur Insolvenztabelle	1005

		Rdn
	ee) Vom vorläufigen Insolvenzverwalter begründete Vergütungsansprüche	1006
	b) Insolvenzgeld	1007
	aa) Insolvenzgeldberechtigter	1008
	bb) Leistungszeitraum	1009
	cc) Höhe des Insolvenzgeldes	1010
	dd) Verfahrensvorschriften	1014
	ee) Antrag auf Insolvenzgeld	1016
	ff) Anspruchsübergang	1017
	gg) Vorschuss und Vorfinanzierung des Insolvenzgeldes	1018
	hh) Checkliste: Insolvenzgeld	1020
	c) Ansprüche für die Zeit nach der Insolvenzeröffnung	1021
	aa) Masseverbindlichkeiten	1022
	bb) Durchsetzung von Masseverbindlichkeiten	1025
	d) Zeugniserteilung	1027
	e) Betriebliche Altersversorgung in der Insolvenz	1028

A. Betriebsverfassungsrecht

I. Allgemeine Betriebsratsarbeit

Literatur: *Blanke*, Arbeitsgruppen und Gruppenarbeit in der Betriebsverfassung, RdA 2003, 140; *Dütz*, Die Abschaffung des Minderheitenschutzes durch das BetrVerf-ReformG 2001, DB 2001, 1306; *Eichhorn/Hickler/Steinmann*, Handbuch Betriebsvereinbarung 3. Aufl. 2002; *Franzen*, Zwingende Wirkung der Betriebsverfassung, NZA 2008, 250; *Frey/Pulte*, Betriebsvereinbarungen in der Praxis, 2005; *Hanau*, Denkschrift zu dem Entwurf eines Gesetzes zur Reform des Betriebsverfassungsgesetzes, RdA 2001, 64; *Hunold*, Die Rechtsprechung zur vertrauensvollen Zusammenarbeit zwischen Arbeitgeber und Betriebsrat, NZA-RR 2003, 169; *Löwisch*, Änderung der Betriebsverfassung durch das Betriebsverfassungsreformgesetz, BB 2001, 1734; *Natzel*, Die Delegation von Aufgaben an Arbeitsgruppen nach dem neuen § 28a BetrVG, DB 2001, 1362; *Ohm*, Die Sprechstunde des Betriebsrats, AiB 1996, 407; *Plocher*, Betriebliche Einigung – Update zum Abschluss von Betriebsvereinbarungen, DB 2013, 1485; *Raab*, Die Arbeitsgruppe als neue betriebsverfassungsrechtliche Beteiligungsebene – Der neue § 28a BetrVG, NZA 2002, 474; *Richardi/Annuß*, Neues Betriebsverfassungsgesetz: Revolution oder strukturwahrende Reform?, DB 2001, 41; *Schweibert/Buse*, Rechtliche Grenzen der Begünstigung von Betriebsratsmitgliedern – Schattenbosse zwischen „Macht und Ohnmacht", NZA 2007, 1080; *Thüsing*, Arbeitsgruppen nach § 28a BetrVG, ZTR 2002, 3; *Wedde*, Rahmenvereinbarung gemäß § 28a BetrVG, AiB 2001, 631.

1. Allgemeines

Die Arbeit des Betriebsrats ist geprägt durch die in § 2 Abs. 1 BetrVG geregelte **Kooperationsmaxime**, die 1 Arbeitgeber und Betriebsrat zu einer vertrauensvollen Zusammenarbeit zum Wohl der Arbeitnehmer und des Betriebs verpflichtet. Dies wird in § 74 BetrVG durch **Grundsätze der Zusammenarbeit** konkretisiert: Arbeitgeber und Betriebsrat sollen mindestens einmal im Monat zu einer Besprechung zusammentreten und hierbei über strittige Fragen mit dem Willen zur Einigung verhandeln und Vorschläge für die Beilegung von Meinungsverschiedenheiten machen (§ 74 Abs. 1 BetrVG).

Arbeitskämpfe zwischen Arbeitgeber und Betriebsrat erklärt § 74 Abs. 2 S. 1 BetrVG für unzulässig. Betätigungen, die den Arbeitsablauf oder den Betriebsfrieden beeinträchtigen, müssen die Betriebsparteien ebenso unterlassen wie jede parteipolitische Betätigung, § 74 Abs. 2 S. 2 und 3 BetrVG. Gemäß § 74 Abs. 3 BetrVG werden Arbeitnehmer, die im Rahmen des BetrVG Aufgaben übernehmen, hierdurch in der Betätigung für ihre Gewerkschaft auch im Betrieb nicht beschränkt.

Vereinbarungen zwischen Arbeitgeber und Betriebsrat über die Inhalte und Formalia der Ausübung von Mitbestimmungsrechten und organisatorische Fragen werden als **Betriebsvereinbarung** bezeichnet und vom Arbeitgeber durchgeführt (§ 77 Abs. 1 S. 1 BetrVG). Der Betriebsrat darf nicht durch einseitige Handlungen in die Leistung des Betriebes eingreifen (§ 77 Abs. 1 S. 2 BetrVG). Betriebsvereinbarungen wirken unmittelbar und zwingend auf die Arbeitsverhältnisse ein (normative Wirkung nach § 77 Abs. 4 BetrVG) und bedürfen der Schriftform (§ 77 Abs. 2 BetrVG).

> *Hinweis*
>
> Daneben nutzt man in der Praxis häufig im BetrVG nicht erwähnte „**Regelungsabreden**",[1] die sowohl in mitbestimmungspflichtigen Angelegenheiten als auch freiwillig, d.h. außerhalb der erzwingbaren Mitbestimmungsrechte abgeschlossen werden können. Sie bedürfen keiner Form. Ihr großer Nachteil ist, dass sie nicht normativ auf die Arbeitsverhältnisse einwirken und daher noch der individualarbeitsrechtlichen Implementierung in die Arbeitsverträge bedürfen, was im Regelfall der wirksamen Ausübung des Direktionsrechts oder des Einverständnisses der betroffenen Arbeitnehmer bedarf. Regelungsabreden wirken nach ihrem Ende – anders als Betriebsvereinbarungen (§ 77 Abs. 6 BetrVG) – auch in mitbestimmungspflichtigen Angelegenheiten nicht nach.

---

1 *Fitting u.a.*, § 77 BetrVG Rn 216 ff.; *Plocher*, DB 2013, 1485, 1487.

2 Die **Geschäftsführung** des Betriebsrats ist in §§ 26 ff. BetrVG geregelt, wobei der Betriebsrat eigene ergänzende und konkretisierende Regelungen zur Geschäftsführung in einer Geschäftsordnung gem. § 36 BetrVG bestimmen kann.

2. Muster und Erläuterungen

a) Grundmuster einer (Gesamt-/Konzern-/Rahmen-)Betriebsvereinbarung

▼

3 **Muster 2.1: (Gesamt-/Konzern-/Rahmen-)Betriebsvereinbarung [Nr. ...] über [Gegenstand] vom [Datum]**

Zwischen der

X-GmbH/X-AG,

vertreten durch ihren Geschäftsführer/Vorstand █████████

und

dem (Gesamt-/Konzern-)Betriebsrat der X-GmbH/X-AG,

wird folgende

(Gesamt-/Konzern-/Rahmen-)Betriebsvereinbarung [ggfls. Einfügen: Nr. █████]
zu █████ [*Gegenstand näher definieren*]

geschlossen.

Präambel

Ziel dieser Vereinbarung ist █████████.

Zu diesem Zweck wird mit dieser Betriebsvereinbarung nachfolgend geregelt, ... [Regelungsgegenstand beschreiben].

§ 1 Geltungsbereich

(1) Persönlicher Geltungsbereich:

Diese Betriebsvereinbarung gilt für alle Arbeitnehmerinnen und Arbeitnehmer (nachfolgend: Arbeitnehmer) der X-GmbH, die zum Zeitpunkt des Inkrafttretens der Vereinbarung in einem ungekündigten Arbeitsverhältnis stehen,

Alternativ:

[...] die vor dem [Datum] eingestellt wurden,

Alternativ:

[...] in Vollzeitbeschäftigung,

Alternativ:

[...] die unter den Geltungsbereich des TV [Bezeichnung] vom [Datum] fallen,

mit Ausnahme der leitenden Angestellten gemäß § 5 Abs. 3 BetrVG/mit Ausnahme der Auszubildenden.

Als Ergänzung:

Die Regelungen dieser Betriebsvereinbarung gelten auch für im Betrieb tätige Leiharbeitnehmer.

(2) Räumlicher Geltungsbereich:

Diese Betriebsvereinbarung gilt für alle Arbeitnehmer in den Filialen/Betrieben [örtliche Bezeichnung aufnehmen].

Alternativ:

Diese Betriebsvereinbarung gilt für alle Betriebe und Betriebsstätten der X-GmbH/Z-AG in den Bundesländern [Aufzählung].

Alternativ: Diese Betriebsvereinbarung gilt für alle Unternehmen des Konzerns der X-AG Gruppe [ggfls. näher definieren].

(3) Fachlicher Geltungsbereich:

Diese Betriebsvereinbarung gilt für alle [Bezeichnung der Tätigkeit].

§ 2 Regelungsgegenstand

[...]

§ 3 Durchführungsbestimmungen

(1) Bei Meinungsverschiedenheiten über die Durchführung dieser Betriebsvereinbarung entscheidet ein zwischen Arbeitgeber und (Gesamt-/Konzern-)Betriebsrat zu bildender paritätischer Ausschuss.

Kommt eine Einigung nicht zustande, entscheidet die Einigungsstelle. Die Einigungsstelle besteht aus dem Vorsitzenden [ggf. Name einsetzen, falls die Betriebsparteien sich auf einen Vorsitzenden geeinigt haben oder eine ständige Einigungsstelle besteht] und [zwei] Beisitzern.

(2) Bei Meinungsverschiedenheiten über eine den Tarifvertrag [Bezeichnung] ausfüllende oder ergänzende Bestimmung sind die zuständigen Organisationsvertreter der Tarifvertragsparteien hinzuzuziehen. Kommt auch nach Hinzuziehung der Organisationsvertreter eine Einigung nicht zustande, entscheidet die Einigungsstelle.

§ 4 Inkrafttreten, Beendigung und Nachwirkung

(1) Diese Betriebsvereinbarung tritt am Tag ihrer Unterzeichnung in Kraft.

Alternativ:

Diese Betriebsvereinbarung tritt am [Datum] in Kraft.

(2) Diese Betriebsvereinbarung kann mit einer Frist von drei [alternative Frist einsetzen, zB. Sechs/zwölf] Monaten [ggf. Fristenddatum einsetzen: zum Ende eines Monats/Quartals/Halbjahres/Jahres], erstmals zum [Datum], schriftlich gekündigt werden.

Alternativ:

Diese Betriebsvereinbarung endet, ohne dass es einer Kündigung bedarf, mit ...[Bezeichnung des tatsächlichen Ereignisses, etwa der Betriebsstilllegung].

(3) Nach Beendigung dieser Betriebsvereinbarung erstreckt sich die Nachwirkung gem. § 77 Abs. 6 BetrVG auf ihren gesamten Inhalt.

Alternativ:

Die Betriebsparteien sind sich darüber einig, dass diese Betriebsvereinbarung im Falle ihrer Beendigung entgegen § 77 Abs. 6 BetrVG keine Nachwirkung entfaltet.

§ 5 Schlussbestimmungen

(1) [Salvatorische Klausel]

Sollte eine Bestimmung dieser Betriebsvereinbarung unwirksam sein oder werden, wird hierdurch die Wirksamkeit der übrigen Regelungen nicht berührt. Die Betriebsparteien verpflichten sich für diesen Fall, eine wirksame Regelung zu vereinbaren, die dem am nächsten kommt, was sie ursprünglich gewollt haben bzw. nach dem Sinn und Zweck dieser Betriebsvereinbarung, entsprechend der Präambel, gewollt haben würden, wenn sie diesen Punkt von vornherein bedacht hätten.

(2) Sofern im Nachhinein Nachteile für die von dieser Betriebsvereinbarung betroffenen Arbeitnehmer auftreten, die nicht erkannt wurden, werden die Betriebsparteien über einen angemessenen sowie dem Sinn und Zweck dieser Vereinbarung Rechnung tragenden Ausgleich verhandeln und eine entsprechende Regelung treffen.

(3) Diese Betriebsvereinbarung ersetzt zum Zeitpunkt ihres Inkrafttretens die Betriebsvereinbarung [Bezeichnung] vom [Datum].

(4) Die als Anlage beigefügte(n) [Bezeichnung des Dokuments/der Dokumente] in der Fassung vom [Datum] ist/sind Bestandteil dieser Betriebsvereinbarung.

(*Ort, Datum*)

(*Unterschrift*)   (*Unterschrift*)

(*Name, Firma*)   (*Betriebsratsvorsitzender*)

▲

b) Erläuterungen
aa) Überschrift

4   Für Betriebsvereinbarungen ist eine Überschrift gesetzlich nicht vorgeschrieben. Die Betriebsvereinbarung muss auch nicht als solche deklariert werden, um wirksam zu sein.[2] Auch die Benennung des Regelungsgegenstandes ist zwar nicht zwingend, in der Praxis jedoch sehr empfehlenswert und sinnvoll, um ein Ordnungssystem zu entwickeln und Verwechslungen nicht nur für die Betriebsparteien sondern vor allem für die Mitarbeiter des Betriebs zu vermeiden.[3] Dazu kann auch die Angabe der laufenden Nummer und des Datums, an dem die Betriebsvereinbarung geschlossen wurde, dienen.

> *Hinweis*
>
> Betriebsvereinbarungen unterliegen dem Schriftformerfordernis (§ 77 Abs. 2 S. 1 BetrVG) und sind auch an geeigneter Stelle („Schwarzes Brett") im Betrieb bekannt zu machen (§ 77 Abs. 2 S. 3 BetrVG). Hat jeder Arbeitnehmer im Betrieb die Möglichkeit der Einsichtnahme per Bildschirm, soll diese Bekanntgabe auch in elektronischer Form erfolgen können.[4] Eine Wirksamkeitsvoraussetzung ist die Bekanntmachung nicht.[5] Die Aushändigung an jeden Arbeitnehmer ist nicht notwendig, kann aber sinnvoll sein, wie z.B. bei einer allgemeinen Betriebsordnung oder einem Sozialplan.

Ferner sollte schon in der Überschrift klargestellt werden, ob es sich um eine auf den Betrieb bezogene Betriebsvereinbarung oder eine Gesamt- bzw. Konzernbetriebsvereinbarung handelt.

> *Praxistipp*
>
> Sinnvoll ist auch eine Paginierung und Nummerierung der einzelnen Seiten. Mit Blick auf den Empfängerkreis sollte die Sprache klar und so einfach wie möglich sein. Details sollten in Anhänge verbracht werden. Berechnungsbeispiele gehören in Protokollnotizen, sie können bei der Vorstellung solcher Betriebsvereinbarungen z.B. auf Betriebsversammlungen in einer Präsentation dargestellt werden.

bb) Parteien

5   Daraufhin werden, wie in jedem Vertrag üblich, die Parteien genannt, die den Vertrag geschlossen haben. Deren Bezeichnung sollte so genau wie möglich erfolgen. Die Nennung der gesetzlichen Vertretungsorgane

---

2 DKK/*Berg*, Formularbuch BetrVG, § 77 Rn 3.
3 *Eichhorn/Hickler/Steinmann*, Handbuch Betriebsvereinbarung, 2.1.
4 *Fitting u.a.*, § 77 BetrVG, Rn 25.
5 *Plocher*, DB 2013, 1485, 1487.

ist in der Praxis üblich, jedoch nicht zwingend erforderlich, da die Betriebsvereinbarung ohnehin nur durch sie wirksam abgeschlossen werden kann.[6] Auch hier sollte wiederum klargestellt werden, ob der Gesamt- bzw. Konzernbetriebsrat handelt.

Praxistipp

Ist bei Standortsicherungsvereinbarungen zwischen Arbeitgeber, Betriebsrat und Gewerkschaft (sog. „Dreiseitige Vereinbarung") unklar, was Tarifvertrag und was Betriebsvereinbarung ist, ist die Vereinbarung unwirksam. Sicherheitshalber sollten getrennte Dokumente (jeweils Tarifvertrag und Betriebsvereinbarung gesondert) geschaffen werden.[7]

cc) Präambel

Die Bedeutung einer – nicht gesetzlich vorgeschriebenen – Präambel ist nicht zu unterschätzen. Sie dient   6 zum einen dazu, den von der Betriebsvereinbarung betroffenen Arbeitnehmern die Zielsetzung der Betriebsparteien sowie deren Motive und Interessenlagen zu erläutern. Denn bei der Betriebsvereinbarung handelt es sich um den auf dieser Grundlage getroffenen Kompromiss.[8] Zum anderen dienen die Ausführungen in der Präambel als Auslegungshilfe bei Meinungsverschiedenheiten im Zusammenhang mit der Anwendung der Betriebsvereinbarung. Ist ihr Wortlaut nicht eindeutig, ist der Wille der vertragsschließenden Parteien maßgeblich, der (auch) in der Präambel zum Ausdruck kommt (zur Auslegung vgl. auch unten Rdn 82 m.w.N.).[9]

Schließlich können die Betriebsparteien in einer Präambel ggf. klarstellen, dass einzelne Regelungsbestandteile der Betriebsvereinbarung in einem untrennbaren Zusammenhang zueinander stehen und daher nicht isoliert zu betrachten sind. Dies kann sich insbesondere auf die Nachwirkung „teilmitbestimmter" Betriebsvereinbarungen auswirken, die sowohl aus mitbestimmungspflichtigen als auch aus mitbestimmungsfreien Regelungen bestehen. Denn im Falle der Beendigung der Betriebsvereinbarung kann die Frage aufkommen, ob auch die nicht erzwingbaren Bestandteile entgegen der Regelung in § 77 Abs. 6 BetrVG fortgelten.[10] Dies kann freilich auch ausdrücklich in der Betriebsvereinbarung geregelt werden (siehe insoweit auch oben § 4 Abs. 3 der Muster-Betriebsvereinbarung).

dd) Geltungsbereich

Sollen nicht alle Arbeitnehmer des Betriebs/Unternehmens/Konzerns von der Betriebsvereinbarung erfasst   7 werden, ist ihr Geltungsbereich in persönlicher, räumlicher und fachlicher Hinsicht genau zu definieren. Der zeitliche Geltungsbereich kann bereits an dieser Stelle oder aber im Rahmen eines gesonderten Regelungskomplexes festgelegt werden (wie hier in § 4 geregelt).

Praxistipp

Regelungen zur Beendigung sollten der Klarheit willen in einer eigenen Regelung aufgenommen sein.

Der persönliche Geltungsbereich (siehe unten Rdn 84 ff.) kann in vielerlei Hinsicht eingegrenzt werden. So kann bestimmt werden, dass die Regelungen der Betriebsvereinbarung nur für die ungekündigten, in Vollzeit beschäftigten oder die vor einem bestimmten Stichtag eingestellten Arbeitnehmer gelten. Denkbar ist auch, nur die Arbeitnehmer einzubeziehen, die unter den Geltungsbereich eines bestimmten Tarifvertrags fallen, etwa um diesen durch konkrete Regelungen zu ergänzen. Der Hinweis, dass die Betriebsverein-

---

6 *Eichhorn/Hickler/Steinmann*, Handbuch Betriebsvereinbarung, 2.2.
7 BAG 15.4.2008, NZA 2008, 1074; *Plocher*, DB 2013, 1485, 1491.
8 DKK/*Berg*, Formularbuch BetrVG, § 77 Rn 3.
9 DKK/*Berg*, Formularbuch BetrVG, § 77 Rn 3.
10 DKK/*Berg*, Formularbuch BetrVG, § 77 Rn 3; *Eichhorn/Hickler/Steinmann*, Handbuch Betriebsvereinbarung, 2.3 unter Hinweis auf LAG Köln 27.4.1995, AiB 1996, 250, das eine Nachwirkung des nicht mitbestimmungspflichtigen Teils der Betriebsvereinbarung bejaht hatte.

barung nicht für leitende Angestellte gilt, ist nicht erforderlich, da sich dies bereits unmittelbar aus § 5 Abs. 3 S. 1 BetrVG ergibt. Er dient der Klarstellung.[11]

Eine Eingrenzung des räumlichen Geltungsbereichs (vgl. hierzu auch Rdn 88) kommt insbesondere bei Filialbetrieben oder Unternehmen mit mehreren Betriebsstätten in Betracht. Weitere Konstellationen sind denkbar, etwa die Beschränkung auf alle Arbeitnehmer der Hauptverwaltung des Unternehmens.[12]

Auch in fachlicher Hinsicht kann unterschieden werden, wenn dies Sinn macht. Um Auslegungsschwierigkeiten zu vermeiden, ist darauf zu achten, dass die einzelnen Tätigkeiten möglichst detailliert beschrieben werden.

Praxistipp

Eine in originärer Zuständigkeit des Gesamtbetriebsrats nach § 50 Abs. 1 S. 1 BetrVG abgeschlossene (Gesamt-)Betriebsvereinbarung gilt in allen Betrieben des Unternehmens. Wurde aufgrund von Übertragungsbeschlüssen nach § 50 Abs. 2 S. 1 BetrVG gehandelt, gilt die Betriebsvereinbarung nicht für betriebsratslose Betriebe. Entsprechendes gilt auch im Verhältnis zum Konzernbetriebsrat (§ 58 BetrVG).[13]

Zudem führt der Abschluss mit dem falschen Gremium ohne originäre Zuständigkeit oder hinreichende Delegationsbeschlüsse zur Unwirksamkeit der Betriebsvereinbarungen.[14]

ee) Regelungsgegenstand

8   Kern der Betriebsvereinbarung ist immer der jeweilige **Regelungsgegenstand**, der sich an dem Mitbestimmungstatbestand aus dem Katalog des § 87 Abs. 1 BetrVG oder anderer Mitbestimmungstatbestände und den dazu von den Betriebsparteien getroffenen Festlegungen ergibt. Neben diesen erzwingbaren Betriebsvereinbarungen können freiwillige Betriebsvereinbarungen abgeschlossen werden, wie § 88 BetrVG verdeutlicht. Diese können – anders als sonst – nicht über die Einigungsstelle erzwungen werden. Immer ist Wert auf eine klare Struktur und Gliederung zu legen.[15]

Hinweis

Für die Wirksamkeit insbesondere im Bereich der Mitbestimmung in sozialen Angelegenheiten nach § 87 Abs. 1 BetrVG ist im Hinblick auf die normative Wirkung nach § 77 Abs. 4 BetrVG erforderlich, dass die Regelungen dem für Rechtsnormen geltenden Bestimmtheitsgrundsatz genügen, damit der normunterworfene Arbeitnehmer die sich aus der Betriebsvereinbarung folgenden Rechte und Pflichten zuverlässig erkennen kann (Grundsatz der **Normenklarheit**).[16]

Grenzen der **Regelungsbefugnis** ergeben sich aus den Gesetzen: Betriebsvereinbarungen dürfen nicht zu Ungunsten der Arbeitnehmer gegen höherrangiges Recht verstoßen, es sei denn, das Gesetz oder der auf den Betrieb anwendbare Tarifvertrag[17] lassen dies durch eine Öffnungsklausel ausdrücklich zu (wie z.B. in § 7 Abs. 1 bzw. Abs. 3 S. 1 ArbZG für den nicht tarifgebundenen Arbeitgeber). Betriebsvereinbarungen unter-

---

11 *Eichhorn/Hickler/Steinmann*, Handbuch Betriebsvereinbarung, 2.3.1.
12 Vgl. das Beispiel bei DKK/*Berg*, Formularbuch BetrVG, § 77 Rn 3.
13 *Fitting u.a.*, § 50 BetrVG Rn 30 f., § 58 BetrVG Rn 28; *Plocher*, DB 2013, 1485, 1486.
14 *Lunk*, NZA 2013, 233 m.w.N.
15 Mit Beispielen *Eichhorn/Hickler/Steinmann*, Handbuch Betriebsvereinbarung, 2.3.2.
16 Instruktives Beispiel zu den Anforderungen an eine normenklare Betriebsvereinbarung zur Einführung von Kurzarbeit: LAG Hamm 1.8.2012, NZA-RR 2013, 244, 246: Beginn und Dauer der Kurzarbeit, die Lage und Verteilung der Arbeitszeit, die Auswahl der von der Kurzarbeit betroffenen Arbeitnehmer oder die Abteilung sowie die Zeiträume, in denen die Arbeit ganz oder zum Teil ausfallen soll, müssen geregelt sein.
17 Dazu HWK/*Gaul*, § 77 BetrVG Rn 52 m.w.N.

liegen zudem einer Rechtskontrolle anhand der Maßstäbe des § 75 Abs. 1 BetrVG.[18] Insbesondere sind sie am Maßstab des Schutzes des Arbeitnehmerpersönlichkeitsrechts (§ 75 Abs. 2 BetrVG) zu messen.

Arbeitsentgelte und sonstige materielle Arbeitsbedingungen, die durch Tarifvertrag geregelt sind oder üblicherweise geregelt werden, können nicht Gegenstand einer Betriebsvereinbarung sein (§ 77 Abs. 3 BetrVG). Das gilt auch, wenn die Betriebsvereinbarung günstiger ist oder nur Nichttarifgebundene betroffen sind. Ausnahmen gelten nur bei einer entsprechenden Öffnungsklausel im Tarifvertrag (§ 77 Abs. 3 S. 2 BetrVG). In vertragliche Ansprüche von Arbeitnehmern kann wegen des Günstigkeitsprinzips nicht eingegriffen werden, sofern der Arbeitsvertrag dies nicht konkludent oder ausdrücklich zulässt (sog. Betriebsvereinbarungsöffnungsklausel).[19]

> *Hinweis*
>
> Im Bereich der Mitbestimmung in sozialen Angelegenheiten nach § 87 Abs. 1 BetrVG hat der Betriebsrat dann kein Mitbestimmungsrecht und es ermangelt der Regelungskompetenz der Betriebsparteien, wenn und soweit eine (abschließende) gesetzliche oder tarifvertragliche Regelung besteht. Die Üblichkeit der Regelung genügt nicht.

ff) Durchführungsbestimmungen

Hier kann festgelegt werden, wie im Falle von im Nachhinein auftretenden Auslegungsschwierigkeiten zu verfahren ist. Dadurch kann ein vorschnelles Anrufen der Einigungsstelle (und die damit verbundene Zeit- und Kostenbelastung) vermieden werden. Sinnvoll ist insbesondere die Einbindung der Tarifvertragsparteien, wenn um Regelungen gestritten wird, die einen Tarifvertrag konkretisieren oder ergänzen. **9**

gg) Inkrafttreten, Beendigung und Nachwirkung

Da es an einer gesetzlichen Regelung fehlt, ist der Zeitpunkt des Inkrafttretens von den Betriebsparteien in der Betriebsvereinbarung selbst festzulegen. Haben diese keinen Zeitpunkt bestimmt, tritt die Betriebsvereinbarung am Tag ihres Abschlusses in Kraft.[20] In Betracht kommt auch der Abschluss einer Betriebsvereinbarung unter einer aufschiebenden Bedingung. Dies setzt allerdings voraus, dass der Eintritt der vereinbarten Bedingung für alle Beteiligten, auch für die Arbeitnehmer als Normunterworfene, ohne Weiteres feststellbar ist.[21] Eine Rückwirkung von Betriebsvereinbarungen darf nur dann vereinbart werden, wenn die Regelungen ausschließlich günstig für die betroffenen Arbeitnehmer sind.[22] Etwas anderes gilt ausnahmsweise dann, wenn die Arbeitnehmer mit einer rückwirkenden Verschlechterung der bisherigen Regelung rechnen mussten.[23] **10**

Sowohl die ordentliche Kündbarkeit als auch die Nachwirkung von Betriebsvereinbarungen sind gesetzlich geregelt, § 77 Abs. 5 und 6 BetrVG. Es bedarf keines Kündigungsgrundes und auch eine Inhaltskontrolle der Kündigung findet nicht statt (Ausnahme: Kündigungen bei Betriebsvereinbarungen zur betrieblichen Altersversorgung, siehe unten Rdn 95). Lediglich die Frist von drei Monaten (zum Tag) muss eingehalten werden, § 77 Abs. 5 BetrVG. Von den Vorgaben des Gesetzgebers dürfen die Betriebsparteien jedoch durch Vereinbarung abweichen (siehe unten Rdn 94). Insbesondere die Modalitäten der Kündigung können modifiziert werden. Es können kürzere oder längere Kündigungsfristen, bestimmte Kündigungstermine oder gar ein Ausschluss der ordentlichen Kündbarkeit für eine gewisse Zeit oder auf Dauer festgelegt werden.[24]

---

18 Dazu HWK/*Reichold*, § 75 BetrVG Rn 2 ff. m.w.N.
19 Zur Vereinbarung einer Altersgrenze durch betriebsvereinbarungsoffenen Verweis im Arbeitsvertrag auf eine Betriebsvereinbarung BAG 5.3.2013, DB 2013, 1852.
20 DKK/*Berg*, Formularbuch BetrVG, § 77 Rn 3.
21 BAG 15.1.2002, EzA Nr. 1 zu § 614 BGB; DKK/*Berg*, § 77 BetrVG Rn 86.
22 DKK/*Berg*, § 77 BetrVG Rn 87.
23 *Fitting u.a.*, § 77 BetrVG Rn 44 m.w.N.
24 *Fitting u.a.*, § 77 BetrVG Rn 145.

Zum Teil kann es auch sinnvoll sein, die Beendigung von einem bestimmten Ereignis abhängig zu machen, etwa der tatsächlichen Einstellung der Produktion.[25]

> *Praxistipp*
>
> Betriebsvereinbarungen können auch befristet werden.
>
> Wird die Betriebsvereinbarung durch die Betriebsparteien aufgehoben, sollte dies aus Gründen der Rechtssicherheit schriftlich dokumentiert werden.

Soll die Kündigung eines Teils der Betriebsvereinbarung (ausnahmsweise) gestattet werden, bedarf es der ausdrücklichen Vereinbarung eines Rechts zur Teilkündigung der Betriebsvereinbarung, sonst bleibt diese unzulässig.[26]

> *Praxistipp*
>
> Dann sollte zur Klarstellung auch eine Regelung zur Nachwirkung der teilgekündigten Regelung getroffen werden.

Die Betriebsparteien können die Nachwirkung von Betriebsvereinbarungen von vornherein ausschließen.[27] Auch eine zeitliche Befristung der Nachwirkung (etwa während der Dauer von Verhandlungen über eine Neuregelung) ist möglich.[28]

> *Praxistipp*
>
> Bei teilbestimmten Betriebsvereinbarungen empfiehlt es sich aus Betriebsratssicht regelmäßig, die Nachwirkung auf die gesamte Betriebsvereinbarung, also auch die nicht-mitbestimmten Regelungen, zu erstrecken (zur Nachwirkung bei teilmitbestimmten Betriebsvereinbarungen detailliert siehe unten Rdn 100 f.).

hh) Schlussbestimmungen

11 In die Schlussbestimmungen sollte eine salvatorische Klausel aufgenommen werden für den Fall, dass sich einzelne Bestimmungen der Betriebsvereinbarung im Nachhinein als unwirksam erweisen. Gleichzeitig können sich die Betriebsparteien verpflichten, in diesem Fall eine angemessene Ersatzregelung zu treffen. Auch eine Nachverhandlungspflicht der Betriebsparteien sollte aufgenommen werden für den Fall, dass sich erst im Rahmen der Durchführung der Betriebsvereinbarung für die Arbeitnehmer nachteilige Regelungen offenbaren.

Gilt im Zeitpunkt des Inkrafttretens der Betriebsvereinbarung noch eine ältere Betriebsvereinbarung mit identischem oder zumindest teilweise identischem Regelungsgehalt bzw. wirkt eine derartige Vereinbarung gem. § 77 Abs. 6 BetrVG nach, sollte ausdrücklich klargestellt werden, dass diese durch die neue Betriebsvereinbarung ersetzt wird.[29] Auch wenn die sog. Zeitkollisionsregel[30] gilt, wonach die jüngere und den gleichen Regelungsgegenstand betreffende Betriebsvereinbarung die ältere ersetzt, sollte dies klargestellt werden.

Schließlich sollten zu der Betriebsvereinbarung gehörige Dokumente (z.B. Berechnungsfaktoren oder Namenslisten) als Anlage beigefügt und ausdrücklich als Vertragsinhalt deklariert werden.[31]

---

25 So das Beispiel von *Eichhorn/Hickler/Steinmann*, Handbuch Betriebsvereinbarung, 2.3.5.
26 S.unten bei Rn 84.
27 BAG 9.2.1984, NZA 1984, 96; Fitting, § 77 BetrVG Rn 180.
28 *Fitting u.a.*, § 77 BetrVG Rn 180.
29 DKK/*Berg*, Formularbuch BetrVG, § 77 BetrVG Rn 3.
30 BAG 17.3.1979, NZA 1987, 855.
31 DKK/*Berg*, Formularbuch BetrVG, § 77 BetrVG Rn 3.

Praxistipp

Oft werden Auslegungshinweise durch sog. „Protokollnotizen" niedergelegt, entweder bei Abschluss der Betriebsvereinbarung oder danach. Manchmal sollen auch Teile des Inhalts vor der Betriebsöffentlichkeit verschleiert werden. Ob es sich bei Protokollnotizen um Teile der Betriebsvereinbarung selbst (und damit mit normativer Wirkung nach §§ 77 Abs. 4 S. 1 BetrVG) handelt oder um bloße Auslegungshilfen, bedarf der Auslegung.[32]

ii) Formalia

Betriebsvereinbarungen bedürfen der Schriftform und sind von beiden Seiten zu unterzeichnen (§ 77 Abs. 2 **12** BetrVG). Anzugeben sind vor der Unterschriftszeile Ort und Datum, um die Identifizierung und spätere Inbezugnahme der Betriebsvereinbarung zu ermöglichen. Beide Betriebsparteien unterzeichnen auf derselben Urkunde. Werden Anlagen nicht unterzeichnet, sollten sie paraphiert und mit dem Text der Betriebsvereinbarung durch Heftung verbunden werden.

Hinweis

Im Hinblick auf die Normenklarheit ist Vorsicht bei der Bezugnahme auf andere Betriebsvereinbarungen und Tarifverträge geboten.[33]

Für das Unternehmen gelten die allgemeinen Regelungen hinsichtlich der Bevollmächtigung. Neben den Organen (Vorstand, Geschäftsführer) unterzeichnet häufig der Personalleiter. Der Betriebsrat wird bei der Unterschrift durch den Betriebsratsvorsitzenden vertreten, § 26 Abs. 2 S. 1 BetrVG, da dieser Vertreter in der Erklärung ist, die er im Namen des Betriebsrats abgeben (und entgegennehmen) darf.[34]

Praxistipp

Der Betriebsrat muss daher zuvor eine ordnungsgemäße Beschlussfassung nach § 33 BetrVG herbeiführen. Sonst ist die Betriebsvereinbarung unwirksam. Eine Entscheidungsbefugnis hat der Betriebsratsvorsitzende – wie auch sonst – nicht, da er nicht Vertreter im Willen ist.[35]

c) Regelungsabrede zur Zusammenarbeit im Betrieb

Muster 2.2: Regelungsabrede zur Zusammenarbeit im Betrieb **13**

Zwischen

dem Betriebsrat der X-GmbH,

vertreten durch den Betriebsratsvorsitzenden

– im Folgenden: Betriebsrat –

und

der X-GmbH,

vertreten durch ihren Geschäftsführer

– im Folgenden: Arbeitgeber –

wird folgende Regelungsabrede getroffen:

---

32 BAG 2.10.2007, DB 2008, 648; *Plocher*, DB 2013, 1485.
33 BAG 22.8.2006, DB 2007, 639; *Plocher*, DB 2013, 1485.
34 BAG 19.3.2003, AP BetrVG 1972 § 40 Nr. 77; Richardi/*Thüsing*, § 26 BetrVG, Rn 34.
35 *Fitting u.a.*, § 26 BetrVG, Rn 22; Richardi/*Thüsing*, § 26 BetrVG, Rn 34.

Regelungsabrede zur Zusammenarbeit im Betrieb

1. Zur Förderung einer vertrauensvollen Zusammenarbeit zwischen Arbeitgeber und Betriebsrat findet mindestens einmal im Monat eine Besprechung zwischen Vertretern beider Seiten statt. Arbeitgeber und Betriebsrat verpflichten sich, über strittige Fragen mit dem ernsten Willen zur Einigung zu verhandeln und Vorschläge für die Beilegung von Meinungsverschiedenheiten zu machen.

2. Die regelmäßige Besprechung findet am 1. Freitag jedes Monats ab ▮▮▮▮▮ Uhr in Raum ▮▮▮▮▮ statt. Die Besprechung soll in der Regel eine Dauer von ▮▮▮▮▮ Stunden nicht überschreiten. Sie kann auf Antrag des Arbeitgebers oder des Betriebsrats bei wichtigen Verhinderungsgründen auf eine andere Uhrzeit und/oder einen anderen Tag innerhalb desselben Monats verschoben werden. Die Besprechung kann nur in Ausnahmefällen entfallen, wenn beide Seiten übereinstimmend feststellen, dass kein Gesprächsbedarf besteht.

3. Auf Seiten des Betriebsrats nehmen alle Betriebsratsmitglieder an der Besprechung teil. Der Betriebsrat behält sich vor, diese Aufgabe dem Betriebsausschuss oder einem anderen Ausschuss zu übertragen. Auf Seiten des Arbeitgebers nimmt grundsätzlich der Geschäftsführer an der Besprechung teil. Er kann sich durch die Personalleitung vertreten lassen.

4. Neben Betriebsrat und Arbeitgeber nimmt die Schwerbehindertenvertretung an der regelmäßigen Besprechung teil. Die Jugend- und Auszubildendenvertretung wird vom Betriebsrat hinzugezogen, wenn diese betreffende Angelegenheiten auf der Tagesordnung stehen. Beide Parteien können sachkundige Betriebsangehörige hinzuziehen, wenn dies zu speziellen Tagesordnungspunkten erforderlich ist. Die Hinzuziehung weiterer Personen, insb. von Verbandsvertretern, ist nur im Einvernehmen zwischen Arbeitgeber und Betriebsrat möglich. Die Zustimmung ist zu erteilen, wenn die Teilnahme im Hinblick auf bestimmte Tagesordnungspunkte aus sachlichen Gründen erforderlich ist.

5. Die Tagesordnung wird spätestens eine Woche vor dem Besprechungstermin zwischen dem Geschäftsführer und dem Betriebsratsvorsitzenden festgelegt und an alle teilnehmenden Personen übermittelt. In der Besprechung wechseln sich beide Parteien in der Gesprächsleitung und Protokollführung regelmäßig ab.

6. Diese Vereinbarung ist mit einer Frist von drei Monaten zum Monatsende kündbar.

(Ort, Datum)

(Unterschriften)

▲

14   Die monatliche Besprechung gem. **§ 74 Abs. 1 BetrVG** stellt eine regelmäßige Kommunikation und so eine Zusammenarbeit von Arbeitgeber und Betriebsrat sicher. Für das Verfahren der Einberufung und Durchführung dieser Besprechungen gibt es keine gesetzlichen Vorschriften, weshalb Ort, Zeitpunkt, der teilnehmende Personenkreis und das Verfahren durch eine Regelungsabrede festgelegt werden sollten. Das Muster konkretisiert die von Rechtsprechung und Literatur zu § 74 Abs. 1 BetrVG entwickelten Grundsätze.[36]

d) Geschäftsordnung des Betriebsrats

▼

15   **Muster 2.3: Geschäftsordnung des Betriebsrats**

Geschäftsordnung des Betriebsrats

Der Betriebsrat der ▮▮▮▮▮ (*Unternehmensbezeichnung*) hat in seiner Sitzung vom ▮▮▮▮▮ (*Datum*) gemäß § 36 BetrVG folgende Geschäftsordnung beschlossen, welche die in §§ 26–41 BetrVG enthaltenen Vorschriften ausgestalten und ergänzen soll:

§ 1 Betriebsratsvorsitz

(1) Die Wahl des Vorsitzenden und seines Stellvertreters gemäß § 26 Abs. 1 BetrVG und die Wahl eines zweiten Stellvertreters erfolgt in drei getrennten Wahlgängen in der konstituierenden Sitzung des Betriebs-

---

36 Vgl. z.B. *Fitting u.a.*, § 74 BetrVG Rn 4 ff.

rats. Die Wahl wird durch offene Stimmabgabe durchgeführt, außer ein Betriebsratsmitglied beantragt eine geheime Abstimmung. Gewählt ist der Bewerber auf den die meisten Stimmen entfallen. Bei Stimmengleichheit ist die Abstimmung zu wiederholen. Bei wiederholter Stimmengleichheit entscheidet das Los.

(2) Legt der Vorsitzende oder einer seiner Stellvertreter sein Amt nieder oder wird durch Beschluss des Betriebsrats aus seinem Amt abberufen, erfolgt eine Neuwahl in der nächsten ordentlichen Betriebsratssitzung.

(3) Der Vorsitzende übernimmt die im BetrVG genannten Aufgaben, Zuständigkeiten und Befugnisse, insbesondere vertritt er den Betriebsrat im Rahmen der von ihm gefassten Beschlüsse und ist zuständig für die Entgegennahme von Erklärungen, die dem Betriebsrat gegenüber abzugeben sind.

(4) Ist der Vorsitzende verhindert, werden seine Aufgaben durch den Stellvertreter wahrgenommen. Ist auch der Stellvertreter verhindert, übernimmt für die Dauer der Verhinderung der gewählte zweite Stellvertreter vorläufig die Aufgaben des Vorsitzenden.

§ 2 Betriebsausschuss

(1) Der gemäß § 27 BetrVG gewählte Betriebsausschuss führt die laufenden Geschäfte des Betriebsrats. Dazu gehören insbesondere:

- Erledigung des Schriftverkehrs
- Organisation des Betriebsratsbüros
- Vorbereitung der Betriebsratssitzungen
- Vorbereitung der Betriebs- und Abteilungsversammlungen

(2) Daneben werden dem Betriebsausschuss folgende Aufgaben zur selbstständigen Erledigung übertragen:

- Angelegenheiten der Kostenerstattung gemäß § 40 BetrVG
-

(3) Der Betriebsausschuss informiert den Betriebsrat nach jeder Sitzung des Betriebsausschusses durch Übermittlung der entsprechend § 34 BetrVG aufzunehmenden Sitzungsniederschrift. Die Mitglieder des Betriebsrats können jederzeit in die Unterlagen des Betriebsausschusses Einsicht nehmen.

§ 3 Übertragung von Aufgaben auf Ausschüsse

(1) Der Betriebsrat bildet folgende weitere Ausschüsse gemäß § 28 BetrVG:

- Personalausschuss
- Ausschuss für Arbeitssicherheit
-

Die Ausschüsse sind mit jeweils   Betriebsratsmitgliedern zu besetzen. Die Wahl erfolgt gemäß §§ 28 Abs. 1 S. 2 i.V.m. § 27 Abs. 1 S. 3–5 BetrVG.

(2) Jeder Ausschuss hat die Aufgabe, den Betriebsrat bei seiner Tätigkeit zu unterstützen und die Beschlussfassung des Betriebsrats vorzubereiten. Daneben können den Ausschüssen durch Beschluss des Betriebsrats gemäß § 28 Abs. 1 BetrVG Aufgaben zur selbstständigen Erledigung übertragen werden.

(3) Dem Personalausschuss wird die Ausübung der Mitbestimmungsrechte in personellen Angelegenheiten gemäß §§ 99–103 BetrVG zur selbstständigen Erledigung übertragen.

(4) Die Ausschüsse haben den Betriebsrat laufend über ihre Tätigkeit zu unterrichten.

§ 4 Betriebsratssitzungen

(1) Betriebsratssitzungen finden nach Bedarf während der Arbeitszeit statt, mindestens aber einmal wöchentlich und zwar jeweils am   (*Wochentag*) ab   Uhr. Der Betriebsratsvorsitzende und im Verhinderungsfalle sein Stellvertreter kann jederzeit eine außerordentliche Betriebsratssitzung einberufen. Beantragt ein Viertel der Mitglieder des Betriebsrats oder der Arbeitgeber die Einberufung einer Sitzung

unter Angabe des Beratungsgegenstandes, ist der Vorsitzende verpflichtet, eine Sitzung einzuberufen und den Gegenstand auf die Tagesordnung zu setzen.[37] Bei der Ansetzung von Betriebsratssitzungen wird auf die betrieblichen Notwendigkeiten Rücksicht genommen.[38] Der Arbeitgeber ist vom Zeitpunkt der Sitzung vorher zu verständigen.[39]

(2) Der Betriebsratsvorsitzende stellt vor jeder Sitzung eine Tagesordnung auf. Jedes Betriebsratsmitglied kann Anträge zur Tagesordnung stellen. Um in der nächsten Sitzung berücksichtigt zu werden, muss der Antrag mindestens ▯▯▯ Arbeitstage vor der Sitzung gestellt werden. Die Einladung zu den Betriebsratssitzungen erfolgt schriftlich unter Mitteilung der Tagesordnung spätestens ▯▯▯ Arbeitstage vor der jeweiligen Sitzung.

(3) Zu den Sitzungen sind neben den Betriebsratsmitgliedern und ggf. Ersatzmitgliedern gemäß § 25 BetrVG die Schwerbehindertenvertretung (§ 32 BetrVG) und in den Fällen des § 67 Abs. 1 BetrVG die Jugend- und Auszubildendenvertretung einzuladen. Vertreter der im Betrieb vertretenen Gewerkschaften werden auf Antrag – ggf. auch einer Minderheit von ¼ – der Mitglieder des Betriebsrates zu den Betriebsratssitzungen eingeladen.[40] Der Vorsitzende ist berechtigt, den Arbeitgeber zu einzelnen Tagesordnungspunkten einzuladen. Hierzu ist er verpflichtet, wenn der Arbeitgeber die Einberaumung der Sitzung beantragt hat.[41]

(4) Ist ein Mitglied des Betriebsrats an der Sitzungsteilnahme gehindert, hat es dies dem Vorsitzenden unter Angabe der Gründe unverzüglich mitzuteilen. Der Vorsitzende hat in diesem Fall unverzüglich ein Ersatzmitglied nachzuladen. Für einen verhinderten Jugend- und Auszubildendenvertreter oder Schwerbehindertenvertreter gilt Entsprechendes.[42]

(5) Der Betriebsratsvorsitzende bzw. sein Stellvertreter eröffnet und leitet die Betriebsratssitzung. Er übt im Sitzungssaal das Hausrecht aus.[43] Die Betriebsratssitzung ist nicht öffentlich. Zu Beginn der Sitzung lässt der Vorsitzende eine Anwesenheitsliste anfertigen und stellt die Beschlussfähigkeit des Betriebsrats fest. Der Vorsitzende hat das Wort in der Reihenfolge der Wortmeldungen zu erteilen. Er kann nach vorheriger Ermahnung aus sachlichen Gründen das Wort entziehen.

(6) Eine Änderung oder Ergänzung der Tagesordnung ist während der Sitzung zulässig, wenn die anwesenden Betriebsratsmitglieder einstimmig ihr Einverständnis erteilen bzw. wenn kein anwesendes Betriebsratsmitglied widerspricht.[44]

(7) Diese Vorschrift gilt für Sitzungen des Betriebsausschusses (§ 27 BetrVG) und weiterer Ausschüsse (§ 28 BetrVG) entsprechend.

§ 5 Beschlüsse

(1) Beschlüsse des Betriebsrats werden nur in ordnungsgemäß einberufenen Sitzungen gefasst. Der Betriebsrat ist beschlussfähig, wenn mindestens die Hälfte seiner Mitglieder einschließlich etwaiger Ersatzmitglieder an der Beschlussfassung teilnimmt.[45]

(2) Ist ein Betriebsratsmitglied oder ein anderer abstimmungsberechtigter Teilnehmer von einer Entscheidung persönlich betroffen, ist für diesen Tagesordnungspunkt ein Ersatzmitglied zu laden. Der betroffene Teilnehmer wird zur Sache angehört und muss anschließend während der Beratung und Abstimmung den Sitzungssaal verlassen.[46]

---

37 § 29 Abs. 3 BetrVG.

38 § 30 Satz 2 BetrVG.

39 § 30 Satz 3 BetrVG.

40 § 31 BetrVG; BAG 28.2.1990, AP Nr. 1 zu § 31 BetrVG 1972; *Fitting u.a.*, § 31 BetrVG Rn 5 ff.

41 § 29 Abs. 4 BetrVG.

42 § 29 Abs. 2 Satz 5, 6 BetrVG; zu Ersatzmitgliedern der Schwerbehindertenvertretung *Fitting u.a.*, § 29 BetrVG Rn 40.

43 Zur umstrittenen Frage, ob das Hausrecht auch den Ausschluss von Mitgliedern abdeckt *Fitting u.a.*, § 29 BetrVG Rn 50 m.w.N.

44 Seit BAG 15.4.2014 AP Nr. 9 zu § 29 BetrVG 1972 kann eine Tagesordnung in der laufenden Sitzung geändert werden, wenn sämtliche Betriebsratsmitglieder geladen wurden, der Betriebsrat beschlussfähig ist und die anwesenden Betriebsratsmitglieder die Änderung einstimmig beschließen. Bis zu dieser Entscheidung hatte das BAG zusätzlich verlangt, dass an der Sitzung alle Betriebsratsmitglieder teilnehmen, vgl. BAG 18.10.1992, AP Nr. 4 zu § 29 BetrVG 1972; BAG 18.2.2003, AP Nr. 11 zu § 77 BetrVG 1972; BAG 24.5.2006, AP Nr. 6 zu § 29 BetrVG 1972. Dazu *Fitting u.a.*, § 29 BetrVG Rn 48 ff.; DKK/*Wedde*, § 29 BetrVG Rn 24 ff; a.A. Richardi/*Thüsing*, § 29 BetrVG Rn 39.

45 § 33 Abs. 2 BetrVG.

46 Vgl. BAG 3.8.1999, AP Nr. 7 zu § 25 BetrVG 1972.

(3) Die Abstimmungen finden grundsätzlich offen statt, außer ein Betriebsratsmitglied beantragt eine geheime Abstimmung.

(4) Während der Anwesenheit des Arbeitgebers finden keine Abstimmungen statt.

(5) Soweit im BetrVG nichts anderes bestimmt ist, werden Beschlüsse mit der einfachen Mehrheit der Stimmen der anwesenden Mitglieder gefasst. Über jeden Antrag wird einzeln abgestimmt. Die Stimmen werden gezählt und das Abstimmungsergebnis im Protokoll vermerkt. Bei Stimmengleichheit ist ein Antrag abgelehnt.

(6) Nimmt die Jugend- und Auszubildendenvertretung an einer Beschlussfassung teil, so werden die Stimmen der Jugend- und Auszubildendenvertreter bei der Feststellung der Stimmenmehrheit mitgezählt.[47] Erachtet die Mehrheit der Jugend- und Auszubildendenvertretung oder die Schwerbehindertenvertretung einen Beschluss des Betriebsrats als eine erhebliche Beeinträchtigung wichtiger Interessen der durch sie vertretenen Arbeitnehmer, so ist auf ihren Antrag der Beschluss auf die Dauer von einer Woche vom Zeitpunkt der Beschlussfassung an auszusetzen, damit in dieser Frist eine Verständigung, ggf. mit Hilfe der im Betrieb vertretenen Gewerkschaften, versucht werden kann. Nach Ablauf der Frist ist über die Angelegenheit neu zu beschließen. Wird der Beschluss bestätigt oder nur unerheblich geändert, kann der Antrag auf Aussetzung nicht wiederholt werden.[48]

§ 6 Sitzungsniederschrift gemäß § 34 BetrVG

(1) Über jede Betriebsratssitzung ist eine Niederschrift anzufertigen. Sie ist von einem vom Betriebsrat zu wählenden Schriftführer zu erstellen. Der Schriftführer ist außerdem für die Erstellung der Anwesenheitsliste zuständig, die der Niederschrift als Anlage beizufügen ist.

(2) Die Niederschrift muss den Verlauf der Sitzung erkennen lassen und alle Beschlüsse und das Stimmenverhältnis der Abstimmung enthalten.

(3) Die Niederschrift ist vom Vorsitzenden des Betriebsrats und dem Schriftführer zu unterschreiben.

(4) Die Niederschrift wird allen Sitzungsteilnehmern in Kopie mit der Einladung zur nächsten Sitzung zugesandt. Dem Arbeitgeber und dem/den Gewerkschaftsbeauftragten sind Niederschriften nur für den Teil der Sitzung auszuhändigen, an dem sie teilgenommen haben. Einwendungen gegen die Richtigkeit der Niederschrift sind unverzüglich, spätestens zu Beginn der nächsten Sitzung schriftlich geltend zu machen. Sie sind der Niederschrift beizufügen.

§ 7 Bekanntmachungen des Betriebsrats

Alle für die Belegschaft bestimmten Bekanntmachungen erfolgen am Schwarzen Brett ▓▓▓▓▓ (*Standort*) und zusätzlich auf der Homepage des Betriebsrats unter der Adresse ▓▓▓▓. Werden neue Informationen auf der Homepage zur Verfügung gestellt, erhalten alle Mitarbeiter zusätzlich eine E-Mail über das betriebliche E-Mail-System.

§ 8 Vertraulichkeit

Alle Mitglieder des Betriebsrats sind verpflichtet, die ihnen bei ihrer Betriebsratstätigkeit bekannt gewordenen Informationen, insbesondere den Inhalt der Sitzungen, vertraulich zu behandeln. Dies gilt auch für Sitzungsniederschriften und andere Sitzungsunterlagen. Die Weitergabe von Betriebsratsunterlagen an andere Personen ist nur nach Einholung des Einverständnisses des Betriebsratsvorsitzenden zulässig.

§ 9 Betriebsversammlungen

(1) Der Betriebsrat führt vierteljährlich eine regelmäßige Betriebsversammlung durch. Der Betriebsrat kann in jedem Halbjahr eine weitere Betriebsversammlung durchführen, wenn dies aus besonderen Gründen zweckmäßig erscheint. Auf Wunsch des Arbeitgebers oder von mindestens einem Viertel der wahlberechtigten Arbeitnehmer ist der Betriebsrat verpflichtet, eine Betriebsversammlung einzuberufen und den beantragten Beratungsgegenstand auf die Tagesordnung zu setzen.

(2) Der Betriebsrat beschließt zuvor über die Einberufung, die Tagesordnung und den abzugebenden Tätigkeitsbericht. Durch Beschluss des Betriebsrats kann die Betriebsversammlung auch als Teilversamm-

---

47 § 33 Abs. 3 BetrVG.
48 § 35 BetrVG.

lungen (§ 42 Abs. 1 S. 3 BetrVG) oder als Abteilungsversammlung (§ 43 Abs. 2 S. 1 BetrVG) durchgeführt werden.

(3) Die Einladung samt Tagesordnung wird spätestens ▓▓▓▓▓ Wochen vor einer Betriebsversammlung gemäß § 8 bekannt gemacht.

(4) Die Betriebsversammlung wird vom Vorsitzenden des Betriebsrats geleitet und findet nicht öffentlich statt.

(5) An der Betriebsversammlung nehmen alle Arbeitnehmer des Betriebs und Beauftragte der im Betrieb vertretenen Gewerkschaften teil. Der Arbeitgeber nimmt an den regelmäßigen Betriebsratssitzungen teil oder wenn auf seinen Wunsch eine außerordentliche Betriebsversammlung einberufen wurde, im Übrigen nur nach Einladung durch den Betriebsrat. Den Gewerkschaftsbeauftragten und dem Arbeitgeber sind der Zeitpunkt und die Tagesordnung der Betriebsversammlung rechtzeitig schriftlich mitzuteilen.

§ 10 Inkrafttreten und Geltung der Geschäftsordnung

Die Geschäftsordnung tritt am ▓▓▓▓▓ (*Datum*) in Kraft und gilt für die Dauer der laufenden Amtsperiode. Sie kann jederzeit mit der Mehrheit der Stimmen der Betriebsratsmitglieder geändert oder aufgehoben werden.

(*Unterschrift des Betriebsratsvorsitzenden*)

aa) Betriebsratsvorsitz

16 § 1 der GO konkretisiert **§ 26 BetrVG** durch Verfahrensregelungen zum Wahlverfahren. § 26 BetrVG sieht lediglich die Wahl des Vorsitzenden und eines Stellvertreters vor, während der Fall, dass beide Personen vorübergehend verhindert sind, ungeregelt bleibt. Ohne Regelung in der Geschäftsordnung kann bei Eintritt dieses Falls ein weiterer Stellvertreter gewählt werden.[49] Eine Vertretungslücke kann verhindert werden, wenn bereits in der GO eine Regelung getroffen wird. Diese kann wie das Muster die **Wahl eines zweiten Stellvertreters** vorsehen oder z.B. anknüpfend an das Lebensalter oder das Dienstalter vorsorglich ein Betriebsratsmitglied bestimmen, das im doppelten Verhinderungsfall die Vertretung übernehmen soll.[50]

bb) Betriebsausschuss

17 § 2 trifft eine Regelung zu einem Betriebsausschuss. In Betriebsräten ab neun Mitgliedern gehört die Bildung eines Betriebsausschusses gem. **§ 27 BetrVG** zu den Pflichtaufgaben des Betriebsrats. Seine originäre Aufgabe ist die Führung der laufenden Geschäfte. Um in der Praxis Kompetenzkonflikte zwischen Betriebsausschuss und Betriebsrat zu vermeiden, sollte die GO den Kreis der laufenden Geschäfte konkretisieren. Zu den **laufenden Geschäften** zählen unstreitig jedenfalls die internen verwaltungsmäßigen und organisatorischen Aufgaben des Betriebsrats.[51] Welche Aufgaben anfallen, hängt stark vom jeweiligen Betrieb und der Größe eines Betriebsrats ab und sollte deshalb in der GO durch eine beispielhafte Aufstellung der für den jeweiligen Betriebsrat typischen laufenden Geschäfte veranschaulicht werden.[52] Die Ausübung von Mitwirkungs- und Mitbestimmungsrechten des Betriebsrats gehört hingegen nach zutreffender h.M. nicht zu den laufenden Geschäften.[53] Möchte der Betriebsrat Routineaufgaben aus diesem Bereich, z.B. das Zustim-

---

49 *Fitting u.a.*, § 26 BetrVG Rn 50; DKK/*Wedde*, § 26 BetrVG Rn 34; ErfK/*Koch*, § 26 BetrVG Rn 3.

50 DKK/*Wedde*, BetrVG Formularbuch, § 36 Rn 8.

51 *Fitting u.a.*, § 27 BetrVG Rn 67; NomosK-ArbR/*Wolmerath*, § 27 BetrVG Rn 10; ErfK/*Koch*, § 27 BetrVG Rn 4.

52 Vgl. *Fitting u.a.*, § 27 BetrVG Rn 69 mit Beispielen.

53 *Fitting u.a.*, § 27 BetrVG Rn 68; DKK/*Wedde*, § 27 BetrVG Rn 33; NomosK-ArbR/*Wolmerath*, § 27 BetrVG Rn 10; ErfK/*Koch*, § 27 BetrVG Rn 4; Wlotzke/Preis/*Kreft*, § 27 BetrVG Rn 19; a.A. Richardi/*Thüsing*, § 27 BetrVG Rn 54.

mungsrecht gem. § 103 BetrVG,[54] an den Betriebsausschuss delegieren, besteht aber die Möglichkeit der **Aufgabenübertragung** nach § 27 Abs. 2 S. 2–4 BetrVG.[55] Eine Grenze der Delegationsmöglichkeit ergibt sich aus § 27 Abs. 2 S. 2 Hs. 2 BetrVG, wonach der Abschluss von Betriebsvereinbarungen nicht dem Betriebsausschuss übertragen werden kann. Dem Betriebsrat muss ferner ein Kernbereich seiner gesetzlichen Befugnisse verbleiben.[56] Dieser Kernbereich ist nicht tangiert, wenn einem Ausschuss alle mitbestimmungsrelevanten Personalmaßnahmen der §§ 99–103 BetrVG übertragen werden.[57] Nicht übertragungsfähig sind die organisatorischen Entscheidungen des Betriebsrats, z.B. die Wahl seines Vorsitzenden und alle Grundlagenentscheidungen für die das BetrVG für den Beschluss des Betriebsrats die Mehrheit der Stimmen seiner Mitglieder erfordert.[58] Auch die Aufgabenübertragung selbst bedarf einer qualifizierten Mehrheit und gemäß § 27 Abs. 2 S. 3 BetrVG der **Schriftform**. Da für die Geschäftsordnung dieselben Anforderungen gelten (§ 36 BetrVG), kann die Aufgabenübertragung an den Betriebsausschuss bereits in der GO geregelt werden.[59] In der gleichen Form kann die Aufgabenübertragung gem. § 27 Abs. 2 S. 4 BetrVG durch Widerruf rückgängig gemacht werden. Gemäß § 34 Abs. 3 BetrVG haben die Mitglieder des Betriebsrats das Recht, die Unterlagen des Betriebsausschusses jederzeit einzusehen. § 2 Abs. 3 der GO stellt durch eine Pflicht zur unaufgeforderten Übermittlung einer Kopie der Sitzungsniederschrift des Betriebsausschusses den Informationsfluss zwischen den Organen sicher.

Hinweis

Das LAG Baden-Württemberg sieht die Bildung sog. „Koordinationsausschüsse", die im Rahmen einer weitreichenden inhaltlichen Zuständigkeit für die Betreuung der Arbeitnehmer in räumlich abgegrenzten Teilen eines Betriebes zuständig sind, als zulässig an, wenn für deren Bildung die Grundsätze der Verhältniswahl eingehalten werden.[60]

cc) Fachausschüsse

Fachausschüsse regelt § 3 des Musters. In Betrieben mit mehr als 100 Arbeitnehmern können gemäß § 28 BetrVG Fachausschüsse gebildet werden. Zu unterscheiden sind vorbereitende Ausschüsse ohne eigene Sachkompetenz und Ausschüsse, denen nach § 28 Abs. 1 S. 3 BetrVG Aufgaben zur selbstständigen Erledigung übertragen werden. Letzteres ist nur in Betrieben möglich, in denen ein Betriebsausschuss gemäß § 27 BetrVG gebildet wurde. Für die Aufgabenübertragung gelten die gleichen Grundsätze wie bei § 27 BetrVG. Der Kreis der delegierbaren Angelegenheiten ist grds. nicht begrenzt, insbesondere können sämtliche Mitbestimmungsrechte in personellen Angelegenheiten an einen Personalausschuss übertragen werden.[61] Die Größe und Zusammensetzung der Ausschüsse ist vom Betriebsrat ausgerichtet an den betrieblichen Erfordernissen festzulegen.[62]

18

Hinweis

Nach Auffassung des LAG Baden-Württemberg können darüber hinaus „Fachbeauftragte" benannt werden, die dauerhaft den Betriebsrat hinsichtlich bestimmter Themen unterrichten und beraten sowie An-

---

54 BAG 17.3.2005, NZA 2005, 1064.
55 BAG 17.3.2005, NZA 2005, 1064; *Fitting u.a.*, § 27 BetrVG Rn 74; NomosK-ArbR/*Wolmerath*, § 27 BetrVG Rn 11; ErfK/*Koch*, § 27 BetrVG Rn 5.
56 BAG 1.6.1976, AP Nr. 1 zu § 28 BetrVG 1972; BAG 20.10.1993, AP Nr. 5 zu § 28 BetrVG 1972; BAG 17.3.2005, NZA 2005, 1064; *Fitting u.a.*, § 27 BetrVG Rn 78; NomosK-ArbR/*Wolmerath*, § 27 BetrVG Rn 11; Richardi/*Thüsing*, § 27 BetrVG Rn 62.
57 BAG 17.3.2005, NZA 2005, 1064.
58 *Fitting u.a.*, § 27 BetrVG Rn 77; Richardi/*Thüsing*, § 27 BetrVG Rn 62.
59 *Fitting u.a.*, § 27 BetrVG Rn 83; NomosK-ArbR/*Wolmerath*, § 27 BetrVG Rn 11.
60 LAG Baden-Württemberg 10.4.2013, ArbRB 2013, 240 (*Windeln*), Rechtsbeschwerde beim BAG unter 7 ABR 214/13 anhängig.
61 BAG 1.6.1976, AP Nr. 1 zu § 28 BetrVG 1972; *Fitting u.a.*, § 28 BetrVG Rn 10.
62 NomosK-ArbR/*Wolmerath*, § 28 BetrVG Rn 9 ff.

sprechpartner für die Beschäftigten in Bezug auf diese Themen sind. Sie sollen durch Mehrheitsbeschluss gewählt werden können.[63]

e) Rahmenvereinbarung zur Übertragung von Aufgaben auf Arbeitsgruppen, § 28a BetrVG

▼

19 **Muster 2.4: Rahmenvereinbarung zur Übertragung von Aufgaben auf Arbeitsgruppen, § 28a BetrVG**

Zwischen

dem Betriebsrat der X-GmbH, vertreten durch den Betriebsratsvorsitzenden ▓▓▓▓

– im Folgenden: Betriebsrat –

und

der X-GmbH, vertreten durch ihren Geschäftsführer ▓▓▓▓

– im Folgenden: Arbeitgeber –

wird gemäß § 28a BetrVG folgende Rahmenvereinbarung zur Übertragung von Aufgaben an die Arbeitsgruppe Außendienst getroffen:

§ 1 Geltungsbereich und Zusammensetzung der Arbeitsgruppe

Diese Rahmenvereinbarung gilt für die Arbeitsgruppe Außendienst. Die Arbeitsgruppe setzt sich aus allen im Außendienst tätigen Mitarbeitern des Betriebs in ▓▓▓▓ (*Ort*) zusammen. Dies sind zurzeit folgende Mitarbeiter:

▓▓▓▓

Veränderungen der personellen Zusammensetzung der Arbeitsgruppe teilt der Arbeitgeber dem Betriebsrat unverzüglich mit.

§ 2 Aufgabenübertragung

Der Arbeitsgruppe können durch schriftlichen Übertragungsbeschluss des Betriebsrats gemäß § 28a Abs. 1 BetrVG folgende Aufgaben übertragen werden:

■ Gestaltung der Arbeitszeit, namentlich Beginn und Ende der täglichen Arbeitszeit einschließlich der Pausen sowie Verteilung der Arbeitszeit auf die einzelnen Wochentage (§ 87 Abs. 1 Nr. 2 BetrVG)

■ Regelung des Urlaubsplans

■ gruppenspezifische Berufsbildungsmaßnahmen

■ Einführung und Anwendung gruppenspezifischer technischer Überwachungseinrichtungen

§ 3 Organisation der Arbeitsgruppe

(1) Die Arbeitsgruppe wählt als Ansprechpartner für Betriebsrat und Arbeitgeber einen Arbeitsgruppensprecher und einen Stellvertreter. Für die Wahl gelten §§ 26 Abs. 1, 29 Abs. 1 BetrVG entsprechend. Der Wahlvorstand wird vom Betriebsrat ernannt. Der Arbeitsgruppensprecher bzw. sein Stellvertreter vertreten die Arbeitsgruppe gegenüber Arbeitgeber und Betriebsrat, § 26 Abs. 2 BetrVG gilt entsprechend.

(2) Für die vom Arbeitsgruppensprecher einberufenen Sitzungen der Arbeitsgruppe gelten §§ 29 Abs. 2 S. 1, Abs. 3, 4 und § 30 BetrVG entsprechend. Bei jeder Sitzung ist eine Niederschrift aufzunehmen, § 34 BetrVG gilt entsprechend.

(3) Beschlüsse der Arbeitsgruppe werden mit der Mehrheit der Stimmen der anwesenden Mitglieder gefasst. Die Arbeitsgruppe ist nur beschlussfähig, wenn mindestens die Hälfte ihrer Mitglieder an der Beschlussfassung teilnimmt. § 33 Abs. 1 und 2 BetrVG gelten entsprechend.

---

63 LAG Baden-Württemberg 10.4.2013, ArbRB 2013, 240 (*Windeln*), Rechtsbeschwerde beim BAG unter 7 ABR 214/13 anhängig.

§ 4 Gruppenvereinbarungen

Gruppenvereinbarungen zwischen Arbeitgeber und Arbeitsgruppe sind unverzüglich dem Betriebsrat vorzulegen. Sie treten erst in Kraft, wenn der Betriebsrat nicht innerhalb von einer Woche gegenüber Arbeitgeber und Arbeitsgruppensprecher widersprochen hat. (**Alternativ:** *Von Arbeitgeber und Gruppensprecher unterzeichnete Gruppenvereinbarungen werden erst nach Unterzeichnung durch einen Vertreter des Betriebsrats wirksam.*)

§ 5 Zusammenarbeit zwischen Betriebsrat und Arbeitsgruppe

(1) Der Gruppensprecher informiert den Betriebsrat in einer wöchentlichen Besprechung über die Tätigkeit der Arbeitsgruppe. Eine Kopie jeder Sitzungsniederschrift gemäß § 3 Abs. 2 dieser Vereinbarung ist unverzüglich an den Betriebsrat weiterzuleiten.

(2) Vertreter des Betriebsrats können an allen Verhandlungen und Arbeitsgruppensitzungen beratend teilnehmen.

§ 6 Schlussbestimmungen

Diese Vereinbarung tritt mit Wirkung vom ▮▮▮▮ in Kraft. Sie kann mit einer Frist von drei Monaten zum Jahresende gekündigt werden. Die Betriebsvereinbarung entfaltet keine Nachwirkung. Im Falle der Kündigung fallen zum Jahresende die auf die Arbeitsgruppe übertragenen Mitbestimmungsrechte wieder an den Betriebsrat zurück.

▲

Der Begriff der **Arbeitsgruppe** i.S.d. § 28a BetrVG ist weit zu verstehen und erfasst jede Zusammenfassung **20** von Arbeitnehmern, denen bestimmte Arbeitsaufgaben zur gemeinsamen Erledigung übertragen worden sind.[64] Der Begriff ist weiter als derjenige der Gruppenarbeit i.S.d. § 87 Abs. 1 Nr. 13 BetrVG und erfasst auch sonstige Formen von Team- und Projektarbeit.[65] Die Übertragung von Aufgaben auf Arbeitsgruppen gemäß **§ 28a BetrVG** ist nur in Betrieben mit mehr als 100 Arbeitnehmern möglich und setzt zwingend den Abschluss einer **Rahmenvereinbarung** zwischen Arbeitgeber und Betriebsrat voraus. Die Vereinbarung kann nur als förmliche Betriebsvereinbarung abgeschlossen werden[66] und ist als freiwillige Betriebsvereinbarung auch nicht über die Einigungsstelle erzwingbar.[67] Gegenstand einer solchen Rahmenvereinbarung können eine genaue Umschreibung der Arbeitsgruppe, Regelungen zur Größe und Zusammensetzung der Arbeitsgruppe sowie Verfahrens- und Zuständigkeitsregelungen sein.[68] Die Rahmenvereinbarung kann bereits den Kreis der Angelegenheiten eingrenzen, die der Arbeitsgruppe übertragen werden können. Die Übertragung konkreter Aufgaben erfordert aber einen von der Rahmenvereinbarung zu trennenden **Übertragungsbeschluss des Betriebsrats** mit qualifizierter Mehrheit.[69] Dieser Beschluss hat gemäß § 28a Abs. 1 S. 3 BetrVG die Schriftform zu wahren und muss dem Arbeitgeber und der Arbeitsgruppe mitgeteilt werden. Die übertragungsfähigen Sachbereiche werden durch § 28a Abs. 1 S. 2 BetrVG insofern begrenzt, als die Aufgaben im Zusammenhang mit den von der Arbeitsgruppe zu erledigenden Tätigkeiten stehen müssen. Folge der Übertragung ist, dass die Arbeitsgruppe anstelle des Betriebsrats in den übertragenen Angelegenheiten regelungsbefugt wird und mit der Mehrheit der Stimmen ihrer Mitglieder mit dem Arbeitgeber Gruppenvereinbarungen gem. § 28a BetrVG abschließen kann. Die Übertragung steht wie auch die Ausübung der Widerrufsmöglichkeit in § 28a Abs. 1 S. 4 BetrVG im pflichtgemäßen Ermessen des Betriebsrats.[70]

64 *Fitting u.a.*, § 28a BetrVG Rn 11; *Löwisch*, BB 2001, 1734, 1740.

65 BT-Drucks 14/5741, S. 40; *Fitting u.a.*, § 28a BetrVG Rn 11.

66 *Fitting u.a.*, § 28a BetrVG Rn 18; DKK/*Wedde*, § 28a BetrVG Rn 25; Richardi/*Thüsing*, § 28a BetrVG Rn 13; NomosK-ArbR/*Wolmerath*, § 28a BetrVG Rn 8; a.A. *Natzel*, DB 2001, 1362; *Raab* NZA 2002, 474, 477.

67 *Fitting u.a.*, § 28a BetrVG Rn 19; Richardi/*Thüsing*, § 28a BetrVG Rn 18; *Löwisch*, BB 01, 1736, 1740; *Natzel*, DB 2001, 1362, 1363.

68 NomosK-ArbR/*Wolmerath*, § 28a BetrVG Rn 10; siehe Muster-Rahmenvereinbarung bei DKK/*Wedde*, Formularbuch BetrVG, § 28a Rn 3.

69 *Fitting u.a.*, § 28a BetrVG Rn 15; NomosK-ArbR/*Wolmerath*, § 28a BetrVG Rn 9.

70 *Fitting u.a.*, § 28a BetrVG Rn 25 f.; NomosK-ArbR/*Wolmerath*, § 28a BetrVG Rn 11.

f) Betriebsvereinbarung zu Sprechstunden

▼

21 Muster 2.5: Betriebsvereinbarung zu Sprechstunden

Zwischen

dem Betriebsrat der X-GmbH,

vertreten durch den Betriebsratsvorsitzenden ▮▮▮▮▮

– im Folgenden: Betriebsrat –

und

der X-GmbH,

vertreten durch ihren Geschäftsführer ▮▮▮▮▮

– im Folgenden: Arbeitgeber –

wird folgende

Betriebsvereinbarung Sprechstunden

gemäß § 39 BetrVG abgeschlossen:

1. Die Sprechstunde des Betriebsrats gemäß § 39 BetrVG findet innerhalb der Arbeitszeit statt. Die Parteien vereinbaren, dass der Betriebsrat seine Sprechstunde gemäß § 39 BetrVG an jedem ▮▮▮▮ (*Wochentag*) in der Zeit von ▮▮▮▮ bis ▮▮▮▮ Uhr durchführen kann. Die Sprechstunde findet im Sitzungssaal des Betriebsrats statt.

2. Solange die Jugend- und Auszubildendenvertretung keine eigenen Sprechstunden durchführt, findet im Anschluss an jede zweite Sprechstunde des Betriebsrats in der Zeit von ▮▮▮▮ bis ▮▮▮▮ Uhr eine gesonderte Sprechstunde für die Belange von jungen Arbeitnehmern und Auszubildenden i.S.d. § 60 BetrVG statt. Hieran kann ein Mitglied der Jugend- und Auszubildendenvertretung teilnehmen.

3. Zieht der Betriebsrat Gewerkschaftsvertreter zu seinen Sprechstunden hinzu, muss der Arbeitgeber zuvor hiervon unterrichtet werden.

4. Alle Arbeitnehmer des Betriebs haben Zugang zu den Sprechstunden. Die Parteien sind sich darüber einig, dass der erforderliche Besuch der Sprechstunden weder zu einer Minderung des Entgelts noch zu sonstigen Nachteilen für die betroffenen Arbeitnehmer führen wird.[71] Hält der Arbeitgeber häufige Besuche der Sprechstunde einzelner Arbeitnehmer für nicht erforderlich, ergreift er Maßnahmen wie eine Entgeltkürzung erst nach Aufklärung des Betroffenen und Rücksprache mit dem Betriebsrat.

5. Der Betriebsrat informiert die Arbeitnehmer auf seinem Aushang zur Sprechstunde über ihre Pflicht, sich bei der Teilnahme an einer Sprechstunde bei ihrem Vorgesetzten ordnungsgemäß abzumelden und nach Rückkehr zum Arbeitsplatz zurückzumelden.

6. Die nähere Organisation seiner Sprechstunden regelt der Betriebsrat selbst durch Beschluss oder im Rahmen seiner Geschäftsordnung.

(*Ort, Datum*)

(*Unterschriften*)

▲

22   Die Einrichtung von Sprechstunden gemäß § 39 Abs. 1 BetrVG erfordert einen **Beschluss** des Betriebsrats, aber keine Zustimmung des Arbeitgebers.[72] Lediglich bzgl. Zeit und Ort der Sprechstunden verlangt § 39 Abs. 1 S. 2 eine **Vereinbarung mit dem Arbeitgeber**, die formlos oder als förmliche Betriebsvereinbarung

---

71 § 39 Abs. 3 BetrVG.
72 *Fitting u.a.*, § 39 BetrVG Rn 5; ErfK/*Koch*, § 39 BetrVG Rn 1; Richardi/*Thüsing*, § 39 BetrVG Rn 4.

getroffen werden kann.[73] Die Absprache zur Zeit der Sprechstunden betrifft sowohl deren Häufigkeit, die Festlegung zur zeitlichen Lage als auch die Dauer der Sprechstunden.[74] Neben diesem Kern der Vereinbarung (hier Nr. 1 des Musters) können weitere Regelungen zur Konfliktvermeidung getroffen werden. Nr. 2 des Musters konkretisiert **§ 39 Abs. 2 BetrVG**. Ein Teilnahmerecht für Mitglieder der Jugend- und Auszubildendenvertretung besteht nur, wenn Jugendliche und Auszubildende die Sprechstunde aufsuchen, nicht bei Inanspruchnahme der Sprechstunde durch andere Arbeitnehmer. Es ist deshalb zweckmäßig, getrennte Sprechstunden für diese Arbeitnehmergruppe einzurichten.[75] Die Regelung in Nr. 3 zur Teilnahme von Gewerkschaftsvertretern ist deklaratorisch und entspricht § 2 Abs. 2 BetrVG.[76] Regelungspunkt Nr. 4 entspricht **§ 39 Abs. 3 BetrVG**. Die Entgeltfortzahlungspflicht des Arbeitgebers besteht nur, soweit der Besuch der Sprechstunde „erforderlich" ist, was einen sachlichen Grund des Besuchs voraussetzt.[77] Da der Arbeitnehmer den Anlass seines Sprechstundenbesuchs nicht mitzuteilen braucht,[78] ist die Erforderlichkeit für den Arbeitgeber häufig schwierig zu beurteilen. Anerkannt ist aber die Pflicht der Arbeitnehmer, sich vor dem Besuch der Sprechstunde bei ihrem Vorgesetzten ordnungsgemäß abzumelden und nach ihrer Rückkehr wieder zurückzumelden.[79]

II. Kosten und Ausstattung des Betriebsrats

Literatur: *Bergmann*, Finanzielle Haftung von Betriebsratsmitgliedern, NZA 2013, 57; *Bayreuther*, Sach- und Personalausstattung des Betriebsrats, NZA 2013, 758; *Däubler*, Schulung und Fortbildung, § 37 Abs. 6 und 7 BetrVG, 5. Aufl. 2005; *Däubler*, Internet und Arbeitsrecht, 4. Aufl. 2013; *Dzida*, Persönliche Haftung von Betriebsratsmitgliedern – Wie lässt sich das Risiko minimieren?, ArbRB 2013, 126; *Hinrichs/Plitt*, Der Anspruch des Betriebsrats auf die Freistellung von Beratungskosten, NZA 2011, 1006; *Jaeger/Steinbrück*, Persönliche Haftung von Betriebsratsmitgliedern für Beraterhonorare?, NZA 2013, 401; *Korinth*, Das Recht des Betriebsrates zur Hinzuziehung eines Rechtsanwaltes, ArbRB 2008, 53; *Rieble*, Die Betriebsratsvergütung, NZA 2008, 276; *Schneider/Sittard*, Die Erforderlichkeit von Betriebsratsschulungen und ihre Erzwingung im Wege der einstweiligen Verfügung, ArbRB 2008, 241; *Schweibert/Buse*, Rechtliche Grenzen der Begünstigung von Betriebsratsmitgliedern – Schattenbosse zwischen „Macht und Ohnmacht", NZA 2007, 1080; *Ch. Weber*, Erforderlichkeit von Computer und Internet für die Betriebsratsarbeit?, NZA 2008, 280.

1. Allgemeines

a) Freistellung

Zur Sicherstellung der Arbeitsfähigkeit des Betriebsrats sieht **§ 38 BetrVG** für größere Betriebe mit mindestens 200 Arbeitnehmern die vollständige Freistellung von Betriebsratsmitgliedern von ihrer beruflichen Tätigkeit vor. Durch Tarifvertrag oder Betriebsvereinbarung sind aber gem. § 38 Abs. 1 S. 5 BetrVG Abweichungen möglich (siehe Muster zur Freistellung von BR-Mitgliedern/Teilfreistellung gem. § 38 Abs. 1 S. 5 BetrVG, Rdn 26). Neben diesem generellen Freistellungsanspruch haben Betriebsratsmitglieder über **§ 37 Abs. 2 BetrVG** einen Anspruch auf Befreiung von ihrer beruflichen Tätigkeit unter Fortzahlung ihres Entgelts, wenn und soweit dies nach Umfang und Art des Betriebs zur ordnungsgemäßen Durchführung ihrer Aufgaben erforderlich ist. Für die **Erforderlichkeit** ist entscheidend, ob das Betriebsratsmitglied bei gewissenhafter Überlegung und ruhiger, vernünftiger Würdigung aller Umstände die Arbeitsbefreiung

23

---

73 *Fitting u.a.*, § 39 BetrVG Rn 11; DKK/*Wedde*, § 39 BetrVG Rn 10.

74 *Fitting u.a.*, § 39 BetrVG Rn 12; NomosK-ArbR/*Wolmerath*, § 39 BetrVG Rn 5; ErfK/*Koch*, § 39 BetrVG Rn 1; Wlotzke/Preis/*Kreft*, § 39 BetrVG Rn 3; a.A. zur Dauer der Sprechstunden DKK/*Wedde*, § 39 BetrVG Rn 11 f.; Richardi/*Thüsing*, § 39 BetrVG Rn 5.

75 *Fitting u.a.*, § 39 BetrVG Rn 20; Richardi/*Thüsing*, § 39 BetrVG Rn 18.

76 Vgl. *Fitting u.a.*, § 39 BetrVG Rn 9; Richardi/*Thüsing*, § 39 BetrVG Rn 12.

77 *Fitting u.a.*, § 39 BetrVG Rn 29; DKK/*Wedde*, § 39 BetrVG Rn 23; Richardi/*Thüsing*, § 39 BetrVG Rn 24.

78 *Fitting u.a.*, § 39 BetrVG Rn 26; DKK/*Wedde*, § 39 BetrVG Rn 23; Richardi/*Thüsing*, § 39 BetrVG Rn 23.

79 BAG 23.6.1983, AP Nr. 45 zu § 37 BetrVG 1972; *Fitting u.a.*, § 39 BetrVG Rn 28; ErfK/*Koch*, § 39 BetrVG Rn 3; DKK/*Wedde*, § 39 BetrVG Rn 23; Richardi/*Thüsing*, § 39 BetrVG Rn 23, 26.

für erforderlich halten durfte, um den gestellten Aufgaben gerecht zu werden.[80] Beim Verlassen des Arbeitsplatzes ist das Betriebsratsmitglied verpflichtet, sich beim Vorgesetzten abzumelden (hierzu auch das Muster Abmeldevereinbarung, siehe Rdn 28). **§ 37 Abs. 6 und Abs. 7 BetrVG** enthalten spezielle Freistellungsansprüche für die Teilnahme von Betriebsratsmitgliedern an **Schulungsveranstaltungen**. § 37 Abs. 6 BetrVG stellt auf den Betriebsrat als Kollektivorgan ab und setzt voraus, dass die Teilnahme an der Schulungsveranstaltung Kenntnisse vermittelt, die für die Arbeit des Betriebsrats erforderlich sind. § 37 Abs. 7 BetrVG vermittelt hingegen einen individuellen Anspruch[81] des Betriebsratsmitglieds auf drei Wochen bezahlte Freistellung zur Teilnahme an Schulungsveranstaltungen, die von der obersten Arbeitsbehörde des Landes als geeignet anerkannt sind, ohne dass es auf die konkrete Erforderlichkeit der vermittelten Kenntnisse ankäme. Beide Ansprüche, die nebeneinander geltend gemacht werden können,[82] setzen einen Beschluss des Betriebsrats voraus, der hinsichtlich der Festlegung der zeitlichen Lage der Teilnahme die betrieblichen Notwendigkeiten zu berücksichtigen hat (§ 37 Abs. 6 S. 3, Abs. 7 S. 3 BetrVG). Der Arbeitgeber ist gem. § 37 Abs. 6 S. 4, Abs. 7 S. 3 BetrVG rechtzeitig über die Teilnahme und die zeitliche Lage der Veranstaltung zu unterrichten. Dieser kann bei fehlerhafter Berücksichtigung der betrieblichen Interessen die Einigungsstelle anrufen (§ 37 Abs. 6 S. 5, Abs. 7 S. 3 BetrVG). Beide Normen begründen lediglich den Anspruch auf bezahlte Freistellung von der Arbeitsleistung, während sich die Kostentragungspflicht des Arbeitgebers für die Schulungsveranstaltung nach § 40 BetrVG richtet.

b) Kosten und Sachaufwand, § 40 BetrVG

24   Die Kostentragungspflicht des Arbeitgebers für die Tätigkeit des Betriebsrats **(§ 40 Abs. 1 BetrVG)** besteht nur im Rahmen des für die Betriebsratsarbeit Erforderlichen[83] und steht unter dem Vorbehalt der Verhältnismäßigkeit.[84] Werden Sach- und Personalmittel zur Verfügung gestellt, die nicht erforderlich sind und bei denen es darüber hinaus an einer erkennbaren Kausalitätsbeziehung zur Betriebsratstätigkeit mangelt, kann es sich um eine unzulässige Begünstigung nach § 78 S. 2 BetrVG handeln.[85] Unter Abs. 1 fallen sämtliche **Geschäftsführungskosten**, die für eine sachgerechte Wahrnehmung der Aufgaben des Betriebsrats notwendig sind,[86] z.B. die Kosten für die Hinzuziehung eines Beraters gem. § 111 S. 2 BetrVG[87] oder eines Dolmetschers.[88] Ebenfalls zu erstatten sind die Kosten für die gerichtliche Rechtsverfolgung bzw. -verteidigung[89] (siehe hierzu das Muster Beschluss des Betriebsrats zur Beauftragung eines Rechtsanwalts, vgl. unten Rdn 33) und für die anwaltliche Vertretung des Betriebsrats vor der Einigungsstelle.[90] Zu erstatten sind nicht nur die Kosten des Gremiums, sondern auch die **Aufwendungen einzelner Betriebsratsmitglie-**

---

80 BAG 6.7.1962, AP Nr. 7 zu § 37 BetrVG; BAG 6.8.1981, AP Nr. 39 zu § 37 BetrVG; BAG 15.3.1995, NZA 1995, 961; NomosK-ArbR/*Wolmerath*, § 37 BetrVG Rn 14; *Fitting u.a.*, § 37 BetrVG Rn 38 m.w.N. Beim Restmandat nach § 21b BetrVG besteht kein Vergütungsanspruch für nach der Beendigung des Arbeitsverhältnisses durchgeführte Betriebsratstätigkeit, BAG 5.5.2010, NZA 2010, 1025, weshalb aus Betriebsratssicht eine Vereinbarung (etwa im Interessenausgleich) geboten ist.

81 BAG 6.11.1973, AP Nr. 5 zu § 37 BetrVG 1972; BAG 28.8.1996, AP Nr. 117 zu § 37 BetrVG 1972; *Fitting u.a.*, § 37 BetrVG Rn 195.

82 BAG 6.11.1973, AP Nr. 5 zu § 37 BetrVG 1972; BAG 4.5.1984, AP Nr. 46 zu § 37 BetrVG 1972; NomosK-ArbR/*Wolmerath*, § 37 BetrVG Rn 52; *Fitting u.a.*, § 37 BetrVG Rn 229;

83 BAG 27.9.1974, AP Nr. 18 zu § 37 BetrVG 1972; BAG 19.4.1989 AP Nr. 29 zu § 40 BetrVG 1972; *Fitting u.a.*, § 40 BetrVG Rn 9; *Richardi/Thüsing*, § 40 BetrVG Rn 6; *Wlotzke/Preis/Kreft*, § 40 BetrVG Rn 9.

84 BAG 27.9.1974, AP Nr. 18 zu § 37 BetrVG 1972 (zu Schulungskosten); BAG 25.5.2005, NZA 2005, 1002 (zu Fahrtkosten); *Richardi/Thüsing*, § 40 BetrVG Rn 7; *Wlotzke/Preis/Kreft*, § 40 BetrVG Rn 10; *Fitting u.a.*, § 40 BetrVG Rn 10; a.A. DKK/*Wedde*, § 40 BetrVG Rn 5.

85 *Bayreuther*, NZA 2013, 758, 759.

86 *Fitting u.a.*, § 40 BetrVG Rn 12; NomosK-ArbR/*Wolmerath*, § 40 BetrVG Rn 6.

87 *Fitting u.a.*, § 40 BetrVG Rn 16; dazu ausführlich *Hinrichs/Plitt*, NZA 2011, 1006. Beratungsverträge, die für nach der Erforderlichkeitsgrenze des § 40 Abs. 1 BetrVG überschreiten, sind insoweit unwirksam und können eine Haftung des vertragsschließenden Betriebsratsmitglieds entsprechend § 179 Abs. 1 BGB auslösen, BGH 25.10.2012, NZA 2012, 1382 (zu den Konsequenzen für die Praxis *Bergmann*, NZA 2013, 57 ff.).

88 ArbG Frankfurt 5.3.1997, AiB 1998, 524; NomosK-ArbR/*Wolmerath*, § 40 BetrVG Rn 6; *Fitting u.a.*, § 40 BetrVG Rn 19.

89 *Fitting u.a.*, § 40 BetrVG Rn 21 ff.

90 BAG 14.2.1996, AP Nr. 5 zu § 76a BetrVG 1972; *Fitting u.a.*, § 40 BetrVG Rn 36 ff.

der für die Tätigkeit des Betriebsrats, insbesondere Fahrt- und Reisekosten,[91] Schulungskosten[92] und die Kosten einzelner Betriebsratsmitglieder bei Rechtsstreitigkeiten in betriebsverfassungsrechtlichen Angelegenheiten.[93] Im Einzelfall kann die Zurverfügungstellung eines Dienstwagens erforderlich sein; die Einräumung der Privatnutzung stellt einen Entgeltbestandteil dar.[94] Im Rahmen einer verfassungskonformen Auslegung sind schließlich Kinderbetreuungskosten eines alleinerziehenden Betriebsratsmitglieds zu erstatten.[95]

Gemäß § 40 Abs. 2 BetrVG hat der Arbeitgeber dem Betriebsrat Räume, sachliche Mittel, Informations- und 25 Kommunikationstechnik und Büropersonal zur Verfügung zu stellen. Hierbei handelt es sich um eine Naturalleistungspflicht. Der Betriebsrat hat entsprechend kein Recht, selbst entsprechende Mittel anzuschaffen und dem Arbeitgeber in Rechnung zu stellen.[96] Neben funktionsgerechten Räumlichkeiten sind vom Arbeitgeber u.a. die üblichen Büromaterialien,[97] Fachliteratur (siehe hierzu das Muster zur Korrespondenz zwischen Arbeitgeber und Betriebsrat zu einem Antrag auf Bereitstellung von Fachliteratur, vgl. unten Rdn 36), Informations- und Kommunikationstechnik und Büropersonal[98] bereitzustellen, soweit dies für die Aufgabenerfüllung durch den Betriebsrat erforderlich ist.

2. Muster und Erläuterungen

a) Freistellung von BR-Mitgliedern/Teilfreistellung gem. § 38 Abs. 1 S. 5 BetrVG

▼

Muster 2.6: Freistellung von BR-Mitgliedern/Teilfreistellung gem. § 38 Abs. 1 S. 5 BetrVG 26

Zwischen

dem Betriebsrat der X-GmbH, vertreten durch den Betriebsratsvorsitzenden

– im Folgenden: Betriebsrat –

und

der X-GmbH, vertreten durch ihren Geschäftsführer

– im Folgenden: Arbeitgeber –

wird folgende Betriebsvereinbarung getroffen:

Betriebsvereinbarung zu Freistellungen gemäß § 38 Abs. 1 S. 4 BetrVG

Präambel

Im Betrieb der X-GmbH in   (*Standort*) sind derzeit 170 Arbeitnehmer beschäftigt. Abweichend von § 38 Abs. 1 BetrVG vereinbaren die Parteien eine anderweitige Regelung über die Freistellung von Arbeitnehmern mit dem Ziel, sowohl eine ordnungsgemäße Durchführung der Aufgaben des Betriebsrats als auch eine geringere Belastung des Arbeitgebers durch zeitlich nicht vorhersehbare Freistellungen gemäß § 37 Abs. 2 BetrVG zu erreichen.

---

91 BAG 25.5.2005, AP Nr. 13 zu § 24 BetrVG 1972; BAG 13.6.2007, AP Nr. 31 zu § 38 BetrVG 1972; BAG 16.1.2008, AP Nr. 92 zu § 40 BetrVG 1972; *Fitting u.a.*, § 40 BetrVG Rn 46 f.
92 BAG 31.10.1972, AP Nr. 2 zu § 40 BetrVG; BAG 28.3.2007 – 7 ABR 33/06, zit. nach juris; *Fitting u.a.*, § 40 BetrVG Rn 66 ff.
93 BAG 14.10.1982, AP Nr. 19 zu § 40 BetrVG 1972; BAG 19.4.1989 AP Nr. 29 zu § 40 BetrVG 1972; BAG 31.1.1990, AP Nr. 28 zu § 103 BetrVG 1972; *Fitting u.a.*, § 40 BetrVG Rn 60 ff.
94 *Bayreuther*, NZA 2013, 758, 763 m.w.N.
95 BAG 23.6.2010 – 7 ABR 103/08, NZA 2010, 1298.
96 BAG 21.4.1983, AP Nr. 20 zu § 40 BetrVG 1972; *Fitting u.a.*, § 40 BetrVG Rn 105; ErfK/*Koch*, § 40 BetrVG Rn 15.
97 *Fitting u.a.*, § 40 BetrVG Rn 114.
98 Zu Assistenzkräften *Bayreuther*, NZA 2013, 758, 761 f. Problematisch im Hinblick auf das Begünstigungsverbot ist insbesondere der Einsatz nicht freigestellter Betriebsratsmitglieder als Bürokraft.

§ 1 Anderweitige Regelung über die Freistellung von Arbeitnehmern

(1) Im Betrieb in ▓▓▓▓ (*Standort*) werden zwei Betriebsratsmitglieder im Umfang von je 50 % der Arbeitszeit eines vollzeitbeschäftigten Arbeitnehmers von derzeit 40 Wochenstunden teilweise von ihrer beruflichen Tätigkeit freigestellt.

(2) Ein Betriebsratsmitglied wird werktäglich in der Zeit von 9–13 Uhr, das andere Betriebsratsmitglied werktäglich in der Zeit von 14–18 Uhr von seiner beruflichen Tätigkeit freigestellt. (**ggf.:** *Namen der Betriebsratsmitglieder einfügen*)

§ 2 Inkrafttreten und Laufzeit

Diese Betriebsvereinbarung tritt am ▓▓▓▓ (*Datum*) in Kraft. Sie kann von beiden Parteien unter Einhaltung einer Frist von drei Monaten zum Monatsende gekündigt werden. Die Kündigung bedarf der Schriftform.

(*Ort, Datum*)

(*Unterschriften*)

27   § 38 Abs. 1 S. 4 BetrVG erlaubt den Betriebs- und Tarifvertragsparteien vom Gesetz abweichende Freistellungsregelungen zu treffen. Dies betrifft zum einen die Zahl der freizustellenden Arbeitnehmer und die Schwellenwerte gem. § 38 Abs. 1 S. 1 BetrVG, die sowohl angehoben als auch abgesenkt werden können. So können auch in Betrieben unter der gesetzlichen Mindestschwelle von 200 Arbeitnehmern pauschale Freistellungen vorgesehen werden.[99] Genauso kann eine geringere Zahl von Freistellungen als die durch Gesetz vorgesehene Staffelung vereinbart werden.[100] Der vollständige Ausschluss von Freistellungen wäre jedoch unzulässig.[101] Die anderweitige Regelung kann auch die Voraussetzungen und Modalitäten der Teilfreistellungen nach § 38 Abs. 1 S. 3 BetrVG, z.B. den Mindestumfang oder die Lage der Teilfreistellungen regeln.[102] Die Betriebsvereinbarung kann nur freiwillig und nicht durch Spruch der Einigungsstelle zustande kommen.[103] Die von den Parteien getroffene Regelung ist insofern abschließend, als der Betriebsrat keinen Anspruch auf weitergehende Freistellungen hat.[104] Zwar bleibt der Anspruch auf Arbeitsbefreiung aus besonderen Anlässen gem. § 37 Abs. 2 BetrVG unberührt, den Betriebsrat trifft aber für die Erforderlichkeit eine erhöhte Darlegungslast.[105]

b)   Abmeldevereinbarung zu § 37 Abs. 2 BetrVG

28   **Muster 2.7: Abmeldevereinbarung zu § 37 Abs. 2 BetrVG**

Zwischen

dem Betriebsrat der X-GmbH,

vertreten durch den Betriebsratsvorsitzenden ▓▓▓▓

– im Folgenden: Betriebsrat –

und

der X-GmbH,

---

99   *Fitting u.a.*, § 38 BetrVG Rn 28; NomosK-ArbR/*Wolmerath*, § 38 BetrVG Rn 8.
100   BAG 11.6.1997, AP Nr. 22 zu § 38 BetrVG 1972; *Fitting u.a.*, § 38 BetrVG Rn 30; ErfK/*Koch*, § 38 BetrVG Rn 5; Richardi/*Thüsing*, § 38 BetrVG Rn 22 ff.; a.A. DKK/*Wedde*, § 38 BetrVG Rn 28.
101   *Fitting u.a.*, § 38 BetrVG Rn 30.
102   *Fitting u.a.*, § 38 BetrVG Rn 28.
103   *Fitting u.a.*, § 38 BetrVG Rn 31; ErfK/*Koch*, § 38 BetrVG Rn 5.
104   *Fitting u.a.*, § 38 BetrVG Rn 33; ErfK/*Koch*, § 38 BetrVG Rn 5; Richardi/*Thüsing*, § 38 BetrVG Rn 18.
105   Richardi/*Thüsing*, § 38 BetrVG Rn 17.

vertreten durch ihren Geschäftsführer

– im Folgenden: Arbeitgeber –

wird folgende

Abmeldevereinbarung

zur Durchführung der Arbeitsbefreiung gemäß § 37 Abs. 2 BetrVG getroffen.

§ 1 Abmeldeverfahren

(1) Jedes Betriebsratsmitglied hat sich rechtzeitig vor dem Verlassen seines Arbeitsplatzes abzumelden.

(2) Für das Abmeldeverfahren wird das betriebliche E-Mail-System eingesetzt. Die Abmeldung erfolgt durch eine E-Mail mit dem Betreff „Abmeldung zur Durchführung von Betriebsratsaufgaben". Im Text der E-Mail sind der Ort, der voraussichtliche Beginn und die voraussichtliche Dauer der Betriebsratstätigkeit anzugeben. Eine Mitteilung der Art der beabsichtigten Betriebsratstätigkeit ist nicht erforderlich. Die Abmelde-E-Mail ist an den jeweiligen Vorgesetzten und in Kopie an die Personalleitung unter der Adresse „personalleitung@firma.de" zu richten.

(3) Die Parteien sind sich darüber einig, dass die Festlegung eines einheitlichen Abmeldeverfahrens und eine Dokumentation der Abmeldung durch Verwendung des E-Mail-Systems sinnvoll sind, um Konflikte über eine ordnungsgemäße Abmeldung zu vermeiden und einen ungestörten Betriebsablauf zu gewährleisten. Das Abmeldeverfahren nach Abs. 2 kann deshalb grundsätzlich nicht durch andere Arten der Abmeldung (z.B. persönlich, mündlich, telefonisch) ersetzt werden, außer die Nutzung des betrieblichen E-Mail-Systems ist aus technischen Gründen nicht möglich.

§ 2 Unabkömmlichkeit des Betriebsratsmitglieds

Die Arbeitsbefreiung tritt unabhängig von einer Zustimmung des Arbeitgebers ein. Macht ein Vorgesetzter als Reaktion auf die Abmeldung jedoch geltend, dass das Betriebsratsmitglied für die Zeit der beabsichtigten Betriebsratstätigkeit an seinem Arbeitsplatz unabkömmlich ist und betriebsbedingte Gründe eine zeitliche Verlegung der Betriebsratsarbeit verlangen, ist das Betriebsratsmitglied verpflichtet zu überprüfen, ob und inwieweit die geplante Wahrnehmung der Betriebsratsaufgaben aufgeschoben werden kann. Ist nach Auffassung des Betriebsratsmitglieds die Betriebsratsaufgabe auch unter Berücksichtigung der betrieblichen Belange dringend und unaufschiebbar, hat er dies dem Vorgesetzten darzulegen und zu begründen.

§ 3 Rückmeldeverfahren

Nach Abschluss der Durchführung von Betriebsratsaufgaben hat sich das Betriebsratsmitglied an seinem Arbeitsplatz zurückzumelden. Auch für das Rückmeldeverfahren wird das betriebliche E-Mail-System eingesetzt. Die Rückmeldung erfolgt durch eine E-Mail mit dem Betreff „Rückmeldung nach Durchführung von Betriebsratsaufgaben". Weitere Mitteilungen sind nicht erforderlich. Die Rückmelde-E-Mail ist an den jeweiligen Vorgesetzten und in Kopie an die Personalleitung unter der Adresse personalleitung@firma.de zu richten.

(*Ort, Datum*)

(*Unterschriften*)

▲

Die Arbeitsbefreiung nach § 37 Abs. 2 BetrVG ist nicht von einer Zustimmung des Arbeitgebers abhängig.[106] Damit sich der Arbeitgeber auf die Abwesenheit des Betriebsratsmitglieds einstellen kann, ist das Mitglied jedoch verpflichtet, sich rechtzeitig beim Verlassen des Arbeitsplatzes unter Angabe des Ortes der Betriebsratstätigkeit und der voraussichtlichen Dauer seiner Abwesenheit beim Vorgesetzten **abzumelden,** wobei dieser allerdings die Mitteilung der Art der Betriebsratstätigkeit nicht verlangen kann. Feste Ankündigungsfristen bestehen nicht.[107] Eine Begründungspflicht kommt nach der Rechtsprechung allenfalls

29

---

106 BAG 8.3.1957, AP Nr. 4 zu § 37 BetrVG; BAG 15.3.1995, NZA 95, 961; *Fitting u.a.*, § 37 BetrVG Rn 49 m.w.N.; DKK/*Wedde*, § 37 BetrVG Rn 44.
107 DKK/*Wedde*, § 37 BetrVG Rn 45.

in Betracht, wenn der Arbeitgeber wegen betrieblicher Notwendigkeiten die Unabkömmlichkeit des Betriebsratsmitglieds geltend macht (vgl. dazu § 2 des Musters, der die Rechtsprechung des BAG wiedergibt).[108] Kehrt das Mitglied an seinen Arbeitsplatz zurück, ist er zur **Rückmeldung** verpflichtet.[109] Die Ab- und Rückmeldepflichten sind vertragliche Nebenpflichten, deren Verletzung eine **Abmahnung** zur Folge haben kann.[110] Inhalt der Verpflichtung ist lediglich die ordnungsgemäße Unterrichtung des Arbeitgebers, während die Art und Weise der Meldung dem Betriebsratsmitglied freisteht. Der Arbeitgeber kann über sein Direktionsrecht keine **Weisungen** zum Abmeldeverfahren erteilen und so z.B. nicht einseitig festlegen, dass die Meldung persönlich und mündlich zu erfolgen hat. Daraus folgt, dass auch kein Mitbestimmungsrecht des Betriebsrats nach § 87 Abs. 1 Nr. 1 BetrVG besteht.[111] Das Interesse des Arbeitgebers an einem einheitlichen und geordneten Ablauf des Meldeverfahrens kann aber über den Abschluss einer **freiwilligen Betriebsvereinbarung** nach obigem Muster gewahrt werden.[112]

c) Schreiben an Arbeitgeber wegen Kostenübernahme für Schulungsteilnahme gemäß §§ 37 Abs. 6, 40 Abs. 1 BetrVG

(8)

▼

30   Muster 2.8: Schreiben an Arbeitgeber wegen Kostenübernahme für Schulungsteilnahme gemäß §§ 37 Abs. 6, 40 Abs. 1 BetrVG

Rechtsanwalt ░░░░░ (*Name, Anschrift*)

An die X-GmbH (*Firmenbezeichnung, Anschrift*)

(Ort, Datum)

Schulungsteilnahme gemäß § 37 Abs. 6 BetrVG durch Betriebsratsmitglied ░░░░ *(Name)*

Sehr geehrter Herr ░░░░ *(Name)*,

in o.g. Angelegenheit bin ich vom Betriebsrat bei Ihnen im Hause durch Beschl. v. ░░░░ *(Datum)* mit der Vertretung seiner rechtlichen Interessen beauftragt worden und fordere Sie auf,

1. das Betriebsratsmitglied (*Name*) von seiner Zahlungsverpflichtung i.H.v. ░░░░ EUR gegenüber dem Seminarveranstalter ░░░░ (*Veranstalter*) freizustellen,

2. dem Betriebsratsmitglied ░░░░ (*Name*) die Aufwendungen für die Teilnahme an der Schulungsveranstaltung vom ░░░░ (*Datum*) i.H.v. insgesamt ░░░░ EUR zu erstatten.

1.

In seiner Sitzung vom ░░░░ (*Datum*) hat der Betriebsrat beschlossen, das Betriebsratsmitglied ░░░░ (*Name*) zu einer von der **Firma** ░░░░ (*Veranstalter*) durchgeführten, **am** ░░░░ (*Datum*) **in** ░░░░ (*Schulungsort*) stattfindenden, Schulung zum **Thema „Grundlagen des Betriebsverfassungsrechts"** zu entsenden.

Die Veranstaltung behandelte folgende Themen:

■ ░░░░

■ ░░░░

---

108 BAG 15.3.1995, NZA 1995, 961; *Fitting u.a.*, § 37 BetrVG Rn 50a f.; NomosK-ArbR/*Wolmerath*, § 37 BetrVG Rn 11.; a.A. DKK/*Wedde*, § 37 BetrVG Rn 46.
109 BAG 13.5.1997, AP Nr. 137 zu § 37 BetrVG 1972; BAG 15.3.1995, NZA 1995, 961; *Fitting u.a.*, § 37 BetrVG Rn 52; DKK/*Wedde*, § 37 BetrVG Rn 47.
110 BAG 15.7.1992, AP Nr. 9 zu § 611 BGB Abmahnung; *Fitting u.a.*, § 37 BetrVG Rn 56; a.A. DKK/*Wedde*, § 37 BetrVG Rn 32.
111 BAG 23.6.1983, AP Nr. 45 zu § 37 BetrVG 1972; BAG 13.5.1997, AP Nr. 137 zu § 37 BetrVG 1972; *Fitting u.a.*, § 37 BetrVG Rn 53; DKK/*Wedde*, § 37 BetrVG Rn 48.
112 DKK/*Wedde*, § 37 BetrVG Rn 49.; *Löwisch/Reimann*, Anm. zu BAG 23.6.83, AP Nr. 45 zu § 37 BetrVG 1972.

Der Betriebsrat hat Sie am ▓▓▓▓ (*Datum*) mit der Bitte um Zustimmung von der beabsichtigten Schulungsteilnahme unterrichtet und hat Sie gebeten die Formulare des Veranstalters zur Kostenübernahme unterschrieben zurückzusenden.

Mit Schreiben vom ▓▓▓▓ (*Datum*) haben Sie der Teilnahme an der Schulungsveranstaltung widersprochen, da Sie der Auffassung sind, die Schulung vermittle keine für die Betriebsratsarbeit erforderlichen Kenntnisse. Sie haben sich geweigert, die Veranstaltungskosten und die mit der Veranstaltung verbundenen Aufwendungen des Betriebsratsmitglieds ▓▓▓▓ (*Name*) für Unterbringung, Verpflegung und Fahrtkosten zu übernehmen.

Herr ▓▓▓▓ (*Name des Betriebsratsmitglieds*) hat am ▓▓▓▓ (*Datum*) gleichwohl an der Veranstaltung teilgenommen.

2.

Gemäß § 37 Abs. 6 BetrVG sind Betriebsratsmitglieder von ihrer Arbeit unter Entgeltfortzahlung freizustellen, wenn sie an Schulungs- und Bildungsveranstaltungen teilnehmen, soweit diese Kenntnisse vermitteln, die für die Arbeit des Betriebsrats erforderlich sind. Die Kosten für die Teilnahme inklusive der Aufwendungen des Betriebsratsmitglieds sind dann gemäß § 40 Abs. 1 BetrVG vom Arbeitgeber zu tragen.

Die Teilnahme des Betriebsratsmitglieds ▓▓▓▓ (*Name*) an der Schulungsveranstaltung war erforderlich i.S.d. § 37 Abs. 6 BetrVG. Die Schulungsveranstaltung vermittelte Kenntnisse, die für die Arbeit des Betriebsrats erforderlich sind. Grundkenntnisse im Betriebsverfassungsrecht sind nach der Rechtsprechung des Bundesarbeitsgerichts für alle Mitglieder des Betriebsrats unabdingbare Voraussetzung ihrer Betriebsratsarbeit. Dies gilt insbesondere für alle erstmals gewählten Betriebsratsmitglieder, sofern sie nicht bereits ausreichende Kenntnisse über das BetrVG erlangt haben. Das vom Betriebsrat entsandte Mitglied ▓▓▓▓ (*Name*) befindet sich in seiner ersten Amtszeit, hat noch nie an einer Schulung zum BetrVG teilgenommen und besaß vor der Teilnahme an der Veranstaltung diese für die tägliche Arbeit notwendigen Kenntnisse noch nicht.

3.

Die Zahlungsverpflichtung gegenüber dem Seminarveranstalter beläuft sich auf ▓▓▓▓ EUR (siehe Anlage 1). Durch die Teilnahme an der Veranstaltung sind dem Betriebsratsmitglied ▓▓▓▓ (*Name*) Aufwendungen i.H.v. insgesamt ▓▓▓▓ EUR entstanden, nämlich

■ Fahrtkosten i.H.v. ▓▓▓▓ EUR (Anlage 2)

■ Unterbringungskosten i.H.v. ▓▓▓▓ EUR (Anlage 3)

■ Verpflegungskosten i.H.v. ▓▓▓▓ EUR (Anlage 4).

Sollten Sie Ihrer Kostentragungspflicht nicht bis zum ▓▓▓▓ (*Datum*) nachkommen, wird ein arbeitsgerichtliches Beschlussverfahren eingeleitet.

Mit freundlichem Gruß

(*Unterschrift*)

▲

Der Freistellungsanspruch aus § 37 Abs. 6 BetrVG besteht nur, sofern die Teilnahme an der Schulungsveranstaltung Kenntnisse vermittelt, die für die Arbeit des Betriebsrats erforderlich sind. **Erforderlich** sind Veranstaltungen, wenn der Betriebsrat sie unter Berücksichtigung der konkreten Situation benötigt, um seinen derzeitigen oder demnächst anfallenden Aufgaben gerecht zu werden.[113] Es ist hierbei zwischen sog. Grundschulungen und Veranstaltungen zur Vermittlung von Spezialkenntnissen zu differenzieren. Für Schulungsveranstaltungen, auf denen das für die Ausübung des Betriebsratsamts unverzichtbare **Grundlagenwissen** vermittelt wird, ist von der Erforderlichkeit der Schulung grds. ohne nähere

31

---

113 BAG 15.1.1997, AP Nr. 118 zu § 37 BetrVG 1972; BAG 7.5.2008, AP Nr. 145 zu § 37 BetrVG 1972; NomosK-ArbR/*Wolmerath*, § 37 BetrVG Rn 32; *Fitting u.a.*, § 37 BetrVG Rn 141.

Darlegung auszugehen.[114] Hierzu zählen Veranstaltungen zu Grundkenntnissen des Betriebsverfassungsrechts, zum allg. Arbeitsrecht und zur Arbeitssicherheit und Unfallverhütung,[115] nicht hingegen Grundkenntnisse des Sozial- und Sozialversicherungsrechts.[116] Eine besondere Darlegung der Erforderlichkeit ist nicht nur bei neu gewählten Betriebsratsmitgliedern, sondern auch dann entbehrlich, wenn die Schulung erst kurz vor Ablauf der Amtszeit erfolgen soll.[117] Die Erforderlichkeit fehlt aber auch bei Grundschulungen, wenn das Betriebsratsmitglied z.B. durch eine langjährige Tätigkeit im Betriebsrat oder durch frühere Schulungen bereits das erforderliche Grundwissen erworben hat.[118] Dient die Veranstaltung hingegen der Vertiefung dieser Grundkenntnisse oder der Vermittlung von **Spezialkenntnissen**, muss der Betriebsrat einen aktuellen oder absehbaren betrieblichen Anlass für den konkreten Schulungsbedarf darlegen.[119] So ist z.B. die Teilnahme an einer Schulungsveranstaltung zum Thema „Mobbing" nur bei einer diesbezüglichen betrieblichen Konfliktlage erforderlich.[120]

32   Die Arbeitsbefreiung für die Teilnahme an einer Schulungsveranstaltung nach § 37 Abs. 6 BetrVG ist nicht von einer Zustimmung des Arbeitgebers abhängig. Widerspricht der Arbeitgeber der Teilnahme wegen fehlender Erforderlichkeit der Schulung, muss das Betriebsratsmitglied also vor der Teilnahme keine Zustimmung erwirken, sondern sich lediglich ordnungsgemäß abmelden.[121] Umstritten ist, ob der Betriebsrat vor der Veranstaltung die Erforderlichkeit der Schulungsteilnahme im Wege einer einstweiligen Verfügung auf Freistellung des Betriebsratsmitglieds klären kann.[122] Die Frage der Kostentragungspflicht gem. § 40 Abs. 1 BetrVG kann jedenfalls noch nach der Teilnahme im arbeitsgerichtlichen Beschlussverfahren geklärt werden.[123] Der Betriebsrat kann im eigenen Namen auch die Freistellungs- und Erstattungsansprüche seiner Mitglieder geltend machen, nicht jedoch deren individualrechtliche Ansprüche.[124]

d) Beschluss des Betriebsrats zur Beauftragung eines Rechtsanwalts

▼

33   **Muster 2.9: Beschluss des Betriebsrats zur Beauftragung eines Rechtsanwalts**

Der Arbeitgeber hat am ▮▮▮▮▮ (*Datum*) vor dem Arbeitsgericht ▮▮▮▮▮ (*Ort*) ein arbeitsgerichtliches Beschlussverfahren mit dem Antrag eingeleitet, die Zustimmung des Betriebsrats als Antragsgegner zur Einstellung des Arbeitnehmers ▮▮▮▮▮ (*Name*) zu ersetzen und festzustellen, dass die vorläufige Einstellung aus sachlichen Gründen dringend erforderlich war. Das Verfahren wird unter dem Aktenzeichen ▮▮▮▮▮ geführt.

---

114 BAG 19.7.1995, AP Nr. 110 zu § 37 BetrVG 1972; BAG 7.5.2008, AP Nr. 145 zu § 37 BetrVG 1972; *Fitting u.a.*, § 37 BetrVG Rn 143; NomosK-ArbR/*Wolmerath*, § 37 BetrVG Rn 34.

115 BAG 19.7.1995, AP Nr. 110 zu § 37 BetrVG 1972; BAG 7.5.2008, AP Nr. 145 zu § 37 BetrVG 1972; NomosK-ArbR/*Wolmerath*, § 37 BetrVG Rn 42; *Fitting u.a.*, § 37 BetrVG Rn 143 f.

116 BAG 4.6.2003, AP 136 zu § 37 BetrVG 1972; NomosK-ArbR/*Wolmerath*, § 37 BetrVG Rn 41.

117 BAG 7.5.2008, AP Nr. 145 zu § 37 BetrVG 1972 unter Aufgabe von BAG 7.6.1989, AP Nr. 67 zu § 37 BetrVG 1972; ErfK/*Koch*, § 37 BetrVG Rn 14.

118 BAG 16.10.1986, AP Nr. 58 zu § 37 BetrVG; BAG 19.3.2008 – 7 ABR 2/07, zit. nach juris; BAG 7.5.2008, AP Nr. 145 zu § 37 BetrVG 1972; LAG Köln 9.6.2000 – 11 TaBV 28/00, zit. nach juris; Richardi/*Thüsing*, § 37 BetrVG Rn 103 f.

119 BAG 15.1.1997, AP Nr. 118 zu § 37 BetrVG 1972; BAG 7.5.2008, AP Nr. 145 zu § 37 BetrVG 1972; ErfK/*Koch*, § 37 BetrVG Rn 14; *Fitting u.a.*, § 37 BetrVG Rn 145.

120 BAG 15.1.1997, AP Nr. 118 zu § 37 BetrVG 1972; *Fitting u.a.*, § 37 BetrVG Rn 149 mit weiteren Beispielen.

121 *Fitting u.a.*, § 37 BetrVG Rn 250; ErfK/*Koch*, § 37 BetrVG Rn 24; DKK/*Wedde*, § 37 BetrVG Rn 156 ff.; Richardi/*Thüsing*, § 37 BetrVG Rn 140 ff.; a.A. GK-BetrVG/*Weber*, § 37 Rn 294 ff.

122 Wohl h.M.: LAG Hamm 24.10.1974, DB 1974, 2486; LAG Frankfurt 19.8.2004 – 9 TaBVGa 114/04, zit. nach juris; HWK/*Reichold*, § 37 BetrVG Rn 41; DKK/*Wedde*, § 37 BetrVG Rn 160; a.A. LAG Düsseldorf 6.9.1995, NZA-RR 1996, 12; LAG Köln 22.11.2003 – 5 TaBV 69/03, zit. nach juris; LAG Hamm 21.5.2008 – 10 TaBVGa 7/08, zit. nach juris; Wlotzke/Preis/*Kreft*, § 37 BetrVG Rn 70; *Schneider/Sittard*, ArbRB 2007, 241.

123 BAG 17.9.1974, AP Nr. 17 zu § 37 BetrVG 1972; *Fitting u.a.*, § 37 BetrVG Rn 259.

124 BAG 27.3.1979, AP Nr. 7 zu § 80 ArbGG 1953; BAG 15.1.1992, AP Nr. 41 zu § 40 BetrVG 1972; ausführlich GK-BetrVG/*Weber*, § 37 Rn 306 ff., 320 ff.; Wlotzke/Preis/*Kreft*, § 37 BetrVG Rn 92 f.

Der Betriebsrat beschließt, Herrn Rechtsanwalt ▨▨▨ (*Name, Adresse*) unter Zusage einer Vergütung in Höhe der gesetzlichen Gebühren mit der Vertretung in diesem arbeitsgerichtlichen Beschlussverfahren zu beauftragen.

(*Ort, Datum*)

(*Unterschrift des Betriebsratsvorsitzenden*)

Zu den vom Arbeitgeber zu tragenden Kosten der Tätigkeit des Betriebsrats gem. § 40 Abs. 1 BetrVG ge- **34** hören auch Kosten der gerichtlichen Rechtsverfolgung, insb. die Kosten einer Prozessvertretung durch einen Rechtsanwalt. Grundvoraussetzung für die Hinzuziehung eines Rechtsanwalts ist ein ordnungsgemäßer **Beschluss** des Betriebsrats.[125] Dieser muss den Gegenstand der Beauftragung näher konkretisieren, während der Name des zu beauftragenden Rechtsanwalts noch nicht zwingend genannt werden muss.[126] Der Beschluss ist grds. vor Einleitung des Verfahrens für jede Instanz zu fassen, der Mangel wird aber geheilt, wenn der Beschluss noch bis zum Abschluss der jeweiligen Instanz ordnungsgemäß nachgeholt wird.[127] Der Anspruch des Betriebsrats auf Freistellung von den Kosten besteht nur, soweit sich die Rechtsverfolgungskosten im Rahmen des **Erforderlichen** halten. Zum einen muss die Rechtsverfolgung selbst erforderlich sein, was nicht der Fall ist, wenn sie offensichtlich aussichtslos oder mutwillig ist[128] oder vor der Einleitung eines Verfahrens durch den Betriebsrat zuvor der Ausgang eines Parallel- oder Musterverfahrens abgewartet werden kann.[129] Zum anderen muss die Beauftragung eines Rechtsanwalts erforderlich sein, wobei darauf abzustellen ist, ob der Betriebsrat seine Zuziehung bei pflichtgemäßer und verständiger Abwägung der zu berücksichtigenden Umstände für notwendig erachten konnte.[130] Der Betriebsrat muss sich insbesondere nicht auf die Vertretung durch Gewerkschaftsvertreter verweisen lassen.[131] Auch die Honorarzusage darf die Grenzen des Erforderlichen nicht überschreiten, so dass i.d.R. nur eine Beauftragung auf Grundlage der gesetzlichen Vergütung gemäß RVG gerechtfertigt ist.[132]

> *Hinweis*
>
> Wenn und soweit die Beratung zur Erfüllung der Betriebsratsaufgaben nicht erforderlich ist, können Betriebsratsmitglieder nach der neuen Rechtsprechung des BGH[133] persönlich nach § 179 BGB dem Berater gegenüber haften.[134] Daher empfiehlt sich, im Beratervertrag einmal darauf hinzuweisen, dass der Betriebsratsvorsitzende möglicherweise außerhalb der Vertretungsmacht handelt, um § 179 Abs. 1 BGB auszuschließen. Zum anderen sollte die Geltung des § 179 Abs. 1 BGB gegenüber dem Berater ausgeschlossen werden.[135] Sinnvollerweise sollte der Betriebsrat nicht nur im Bereich des § 40 BetrVG sondern bei Vorliegen der Voraussetzungen des § 111 S. 2 BGB Umfang und Kostentragung der Beratung mit dem Arbeitgeber vereinbaren, um solche Situationen im Vorhinein auszuschließen.[136]

125 Vgl. BAG 14.2.1996, AP Nr. 5 zu § 76a BetrVG 1972; BAG 5.4.2000, AP Nr. 33 zu § 78a BetrVG 1972; BAG 19.3.2003, AP Nr. 77 zu § 40 BetrVG 1972; *Fitting u.a.*, § 40 BetrVG Rn 32; NomosK-ArbR/*Wolmerath*, § 40 BetrVG Rn 7; *Korinth*, ArbRB 2008, 53, 54. Das Vorliegen eines solchen Beschlusses kann der Arbeitgeber mit Nichtwissen bestreiten, BAG 19.1.2005 – 7 ABR 24/04, zit. nach juris.

126 LAG Schleswig-Holstein 20.9.2001 – 5 TaBV 8/01, zit. nach juris; *Fitting u.a.*, § 40 BetrVG Rn 32; *Korinth*, ArbRB 2008, 53 (54).

127 BAG 18.2.2003, AP Nr. 11 zu § 77 BetrVG 1972; *Fitting u.a.*, § 40 BetrVG Rn 32; *Wlotzke/Preis/Kreft*, § 40 BetrVG Rn 15.

128 BAG 19.4.1989, AP Nr. 29 zu § 40 BetrVG 1972; ErfK/*Koch*, § 40 BetrVG Rn 3; *Fitting u.a.*, § 40 BetrVG Rn 22.

129 ErfK/*Koch*, § 40 BetrVG Rn 3; *Fitting u.a.*, § 40 BetrVG Rn 22; *Richardi/Thüsing*, § 40 BetrVG Rn 22; *Wlotzke/Preis/Kreft*, § 40 BetrVG Rn 13.

130 BAG 3.10.1978, AP Nr. 14 zu § 40 BetrVG 1972; *Fitting u.a.*, § 40 BetrVG Rn 24; *Richardi/Thüsing*, § 40 BetrVG Rn 23; *Wlotzke/Preis/Kreft*, § 40 BetrVG Rn 14.

131 BAG 3.10.1978, AP Nr. 14 zu § 40 BetrVG 1972; *Fitting u.a.*, § 40 BetrVG Rn 26.

132 BAG 20.10.1999, AP Nr. 67 zu § 40 BetrVG 1972; ErfK/*Koch*, § 40 BetrVG Rn 4.

133 BGH 25.10.2012, NZA 2012, 1382, dazu *Jaeger/Steinbrück*, NZA 2013, 401 ff.

134 *Bayreuther*, NZA 2013, 758, 759; *Bergmann*, NZA 2013, 57 ff..

135 *Dzida*, ArbRB 2013, 126, 127.; *Jaeger/Steinbrück*, NZA 2013, 401, 406.

136 Dann dürfte der Arbeitgeber im Hinlick auf § 2 BetrVG die Kostenübernahme schulden, *Jaeger/Steinbrück*, NZA 2013, 401, 407.

35 Beauftragt der Betriebsrat einen Rechtsanwalt, kann dieser auch als **Sachverständiger** i.S.d. § 80 Abs. 3 BetrVG tätig werden. Die Beauftragung und Kostenerstattung hängen nach dieser Vorschrift – anders als bei § 40 BetrVG – von einer Vereinbarung mit dem Arbeitgeber ab. Für die Abgrenzung ist entscheidend, ob der Rechtsanwalt zumindest auch zur Vorbereitung eines Rechtsstreits, zur Wahrung und Verteidigung von Rechten des Betriebsrats tätig wird oder ob er dem Betriebsrat lediglich ohne Bezug zu einer konkreten gerichtlichen oder außergerichtlichen Auseinandersetzung Rechtskenntnisse vermitteln soll.[137]

e) Erwiderungsschreiben des Arbeitgebers zu einem Antrag des Betriebsrats auf Bereitstellung von Fachliteratur

🔟

▼

36 **Muster 2.10: Erwiderungsschreiben des Arbeitgebers zu einem Antrag des Betriebsrats auf Bereitstellung von Fachliteratur**

Rechtsanwalt ▓▓▓ (*Name, Anschrift*)

An den Betriebsrat der X-GmbH (*Firmenbezeichnung*)

z.H. des Betriebsratsvorsitzenden Herrn ▓▓▓ (*Name*)

(*Adresse*)

(*Ort, Datum*)

Anträge des Betriebsrats auf Fachliteratur vom ▓▓▓ **(*Datum*) und** ▓▓▓ **(*Datum*)**

Sehr geehrter Herr ▓▓▓ (*Name des Betriebsratsvorsitzenden*),

in vorgenannter Angelegenheit hat mich die X-GmbH mit der Wahrnehmung ihrer rechtlichen Interessen beauftragt.

Mit Ihren Schreiben vom ▓▓▓ (*Datum*) und ▓▓▓ (*Datum*) haben Sie Ihren Arbeitgeber aufgefordert, dem Betriebsrat folgende Mittel zur Verfügung zu stellen:

■ den Kommentar Fitting, Betriebsverfassungsgesetz, 26. Auflage 2012

■ ein Abonnement der Zeitschrift „Der Betriebsrat"

■ ein Abonnement der Zeitung „Handelsblatt"

Diesen Anträgen kann nicht entsprochen werden. Die Verpflichtung zur Bereitstellung von Sachmitteln besteht nur in dem Umfang, wie es nach Art und Beschaffenheit des Betriebs zur ordnungsgemäßen Erfüllung der Aufgaben des Betriebsrats erforderlich ist.[138]

1.

Der Kommentar „Fitting, Betriebsverfassungsgesetz" in der 26. Auflage 2012 ist nicht erforderlich in diesem Sinne, da der Betriebsrat bereits mit einer aktuellen Ausgabe des BetrVG-Kommentars von Däubler/Kittner/Klebe ausgestattet ist. Der Betriebsrat hat nicht dargelegt, wofür in einem kleinen Betriebsrat mit 5 Mitgliedern mehrere Kommentare zum Betriebsverfassungsgesetz benötigt werden. Allenfalls in mittleren und großen Betriebsräten kann eine Verpflichtung des Arbeitgebers bestehen, mehrere aktuelle Kommentare zur Verfügung zu stellen.[139]

---

137 LAG Köln 2.2.2007, 4 TaBV 61/06, zit nach juris; Richardi/*Thüsing*, § 40 BetrVG Rn 26; *Fitting u.a.*, § 80 BetrVG Rn 86 f.
138 DKK/*Wedde*, § 40 BetrVG Rn 117; NomosK-ArbR/*Wolmerath*, § 40 BetrVG Rn 27; *Fitting u.a.*, § 40 BetrVG Rn 104.
139 Vgl. BAG 26.10.1994, AP Nr. 43 zu § 40 BetrVG 1972; LAG Hessen 2.12.1993, DB 1994, 1044; *Fitting u.a.*, § 40 BetrVG Rn 120; NomosK-ArbR/*Wolmerath*, § 40 BetrVG Rn 28.

2.

Auch die Zeitschrift „Der Betriebsrat" ist nicht erforderlich, da der Betriebsrat bereits ein Abonnement der Zeitschrift „Arbeitsrecht im Betrieb"[140] bezieht. Die Überlassung einer Fachzeitschrift ist ausreichend.[141] Da die gewünschte Zeitschrift dasselbe Themenspektrum abdeckt wie die AiB ist auch nicht erkennbar, wie diese zusätzliche Lektüre die Aufgaben des Betriebsrats überhaupt fördern könnte.

3.

Auch der Bezug einer Tageszeitung trägt unter keinem Gesichtspunkt zur Erfüllung der Aufgaben des Betriebsrats bei, da die aktuelle Tagespolitik nicht zu dem im BetrVG definierten Aufgabenbereich des Betriebsrats gehört.[142]

Mit freundlichen Grüßen

(*Unterschrift*)

f) Regelungsabrede zur technischen Ausstattung des Betriebsrats

▼

Muster 2.11: Regelungsabrede zur technischen Ausstattung des Betriebsrats 37

Zwischen

dem Betriebsrat der X-GmbH, vertreten durch den Betriebsratsvorsitzenden

– im Folgenden: Betriebsrat –

und

der X-GmbH, vertreten durch ihren Geschäftsführer

– im Folgenden: Arbeitgeber –

wird folgende

Vereinbarung zur technischen Ausstattung des Betriebsrats

getroffen:

§ 1 Technische Ausstattung

Dem Betriebsrat wird vom Arbeitgeber die zur Erfüllung seiner Aufgaben erforderliche technische Ausstattung, insbesondere die erforderliche Informations- und Kommunikationstechnik zur Verfügung gestellt:

1. Telefon

a) Das Betriebsratsbüro erhält einen telefonischen Nebenanschluss mit eigener Durchwahl. Ihm wird ein betriebsübliches Telefon der Marke ▨ zur Verfügung gestellt.[143]

b) Die Parteien sind sich einig, dass der Anschluss nicht abgehört wird. Der Betriebsrat ist damit einverstanden, dass das Telefon an einen automatischen Gebührenzähler angeschlossen wird, der den Zeitpunkt, die Dauer und die anfallenden Gebühreneinheiten bei Gesprächen aufzeichnet. Die Zielnummer wird nicht aufgezeichnet.[144] Der Telefonanschluss darf nur zum Zwecke der Wahrnehmung der Aufgaben des Betriebsrats, nicht aber für Privatgespräche verwendet werden.

---

140 Vgl. hierzu BAG 21.3.1983, AP Nr. 20 zu § 40 BetrVG 1972.

141 *Fitting u.a.*, § 40 BetrVG Rn 124; NomosK-ArbR/*Wolmerath*, § 40 BetrVG Rn 28.

142 BAG 29.11.1989, AP Nr. 32 zu § 40 BetrVG 1972; Richardi/*Thüsing*, § 40 BetrVG Rn 78; Wlotzke/Preis/*Kreft*, § 40 BetrVG Rn 48; a.A. „unter besonderen Umständen" *Fitting u.a.*, § 40 BetrVG Rn 125; DKK/*Wedde*, § 40 BetrVG Rn 195.

143 Vgl. *Fitting u.a.*, § 40 BetrVG Rn 128.

144 Vgl. *Fitting u.a.*, § 40 BetrVG Rn 129.

c) Die Parteien sind sich einig, dass die Ausstattung der Betriebsratsmitglieder mit Mobiltelefonen zzt. nicht für die Erfüllung der Betriebsratsaufgaben erforderlich ist.[145]

2. Telefax

Dem Betriebsrat wird vom Arbeitgeber ein Telefaxgerät der Marke ▮▮▮▮▮ und ein Telefaxanschluss zur Verfügung gestellt.[146]

3. PC

a) Der Betriebsrat erhält einen Büro-PC mit einem CD-ROM-Laufwerk. Die Hardware des PCs muss mindestens die Systemanforderungen des Betriebssystems Windows XP erfüllen. Eine Lizenz des Betriebssystems wird vom Arbeitgeber zur Verfügung gestellt.

b) Die übrige Software kann der Betriebsrat kostenlos aus dem Internet beziehen. Als Programm für die Textverarbeitung und Tabellenkalkulation verwendet der Betriebsrat die betriebsübliche kostenlose Software „Open Office".

c) Der PC-Arbeitsplatz wird zusätzlich mit einem Monitor der Marke ▮▮▮▮▮, Maus und Tastatur sowie einem Tintenstrahl-Drucker der Marke ▮▮▮▮▮ ausgestattet. Bei längeren Ausdrucken ist der Betriebsrat berechtigt, zusätzlich den Laser-Drucker des Arbeitgebers in Raum ▮▮▮▮▮ zu nutzen.

d) Die Parteien sind sich einig, dass der Betriebsrat zzt. keinen Laptop für seine Aufgaben benötigt.

4. E-Mail, Internet und Intranet

a) Der Betriebsrats-PC wird in das betriebliche Intranet eingebunden.

Der Betriebsrat hat das Recht, im Intranet eine eigene Homepage mit Informationen zur Betriebsratstätigkeit einzurichten. Gewerkschaftswerbung auf der Betriebsratsseite ist zu unterlassen.

b) Der Betriebsrats-PC wird in das betriebliche E-Mail-System eingebunden. Der Betriebsrat und die einzelnen Betriebsratsmitglieder erhalten eigene E-Mail-Adressen für die Ausübung ihrer Tätigkeit. Als Software wird das betriebsübliche E-Mail-Programm Mozilla Thunderbird verwendet.

c) Der Betriebsrats-PC erhält einen DSL-Zugang zum Internet.

d) Für die Nutzung des Intranet, Internet und E-Mail-Systems gilt auch für den Betriebsrat und seine Mitglieder die Betriebsvereinbarung „IT und Datenschutz", auf die hiermit verwiesen wird.

§ 2 Inkrafttreten und Laufzeit

Die Vereinbarung tritt sofort in Kraft. Der Arbeitgeber stellt die Ausstattung spätestens bis zum ▮▮▮▮▮ (*Datum*) zur Verfügung und beauftragt die IT-Firma ▮▮▮▮▮ mit der Einrichtung des Betriebsrats-PCs. Diese Vereinbarung wird alle zwei Jahre, erstmals am ▮▮▮▮▮ (*Datum*) an den Stand der allgemeinen und betrieblichen technischen Entwicklung angepasst.

(*Ort, Datum*)

(*Unterschriften*)

▲

38   Die Ausstattung des Betriebsrats mit **Informations- und Kommunikationstechnik** gehörte zu den umstrittensten Fragen des § 40 Abs. 2 BetrVG. Nach der früheren Rechtsprechung des BAG zählte ein **PC** noch nicht zur „Normalausstattung eines Betriebsrats", sondern sollte nur erforderlich sein, wenn der Betriebsrat darlegen kann, dass er ohne diese Ausstattung die ihm obliegenden Aufgaben vernachlässigen müsste. Dass mit einem PC Aufgaben effektiver erledigt werden können, genügte nicht.[147] Hinsichtlich des **Internet-**

---

145 Mobiltelefone sind nur in Sonderfällen (z.B. Außendiensttätigkeit) erforderlich, vgl. *Fitting u.a.*, § 40 BetrVG Rn 128; DKK/*Wedde*, § 40 BetrVG Rn 177; *Besgen*, NZA 2006, 959, 960.
146 Vgl. *Fitting u.a.*, § 40 BetrVG Rn 130.
147 BAG 12.5.1999, AP Nr. 65 zu § 40 BetrVG 1972; BAG 16.6.2007, AP Nr. 90 zu § 40 BetrVG; ErfK/*Koch*, § 40 BetrVG Rn 16; *Weber*, NZA 2008, 280; a.A. *Fitting u.a.*, § 40 BetrVG Rn 131; Richardi/*Thüsing*, § 40 BetrVG Rn 74 m.W.n.

zugangs hing die Erforderlichkeit bis 2010 von den konkreten betrieblichen Gegebenheiten ab.[148] Nunmehr darf der Betriebsrat im Rahmen seines Beurteilungsspielraums einen Internetzugang für den Betriebsrat als Gremium für erforderlich halten, was aus technischen Gründen die Nutzung eines PC mit erfasst wird.[149] Erforderlich wird jetzt regelmäßig auch ein Internet- und **E-Mail-Account** für einzelne Betriebsratsmitglieder sein.[150] Nicht erforderlich ist hingegen die Einrichtung eines separaten, externen Internetzugangs allein wegen der abstrakten Möglichkeit der Kontrolle und Überwachung der Internetnutzung des Betriebsrats durch den Arbeitgeber.[151] Allerdings kann der Betriebsrat einen nicht personalisierten Zugang zum Internet über den ihm zur Verfügung gestellten PC verlangen.[152]

Ist im Betrieb ein **Intranet** eingerichtet, ist der Betriebsrat grds. zur Nutzung und auch zur Einrichtung einer eigenen Homepage berechtigt.[153] Gleiches gilt für die Nutzung des betrieblichen E-Mail-Systems.[154] Die Ausstattung mit einem Laptop wird nur unter besonderen Umständen, z.B. bei Betriebsratsmitgliedern im Außendienst, anzuerkennen sein.[155]

Um gerichtliche Auseinandersetzungen über Einzelheiten der IT-Ausstattung zu vermeiden, sollten Arbeit- **39** geber und Betriebsrat zu einer Einigung gelangen, die in einer **Regelungsabrede** festgehalten werden kann. Da § 40 BetrVG zwingendes Recht darstellt, können die Ansprüche des Betriebsrats durch eine Betriebsvereinbarung nicht eingeschränkt werden.[156] Insofern schließt die Vereinbarung nicht aus, dass der Betriebsrat einen über die Vereinbarung hinausgehenden Bedarf an Technik geltend machen kann, wenn dieser für die Betriebsratsarbeit „erforderlich" i.S.d. § 40 Abs. 2 BetrVG ist.

g) Betriebsvereinbarung zur Budgetierung der Betriebsratskosten

▼

Muster 2.12: Betriebsvereinbarung zur Budgetierung der Betriebsratskosten   **40**

Zwischen

dem Betriebsrat der X-GmbH, vertreten durch den Betriebsratsvorsitzenden ▨▨▨

– im Folgenden: Betriebsrat –

und

der X-GmbH, vertreten durch ihren Geschäftsführer ▨▨▨

– im Folgenden: Arbeitgeber –

wird folgende

Betriebsvereinbarung zur Budgetierung der Betriebsratskosten

vereinbart:

---

148 BAG 3.9.2003, AP Nr. 79 zu § 40 BetrVG 1972; BAG 23.8.2006, AP Nr. 88 zu § 40 BetrVG 1972; *Hunold*, NZA 2007, 314.
149 BAG 20.1.2010, NZA 2010, 709: Entgegen der früheren Rspr. zu PC und Internet dürfen diese nur noch bei „berechtigten" Interessen des Arbeitgebers verweigert werden. Diese werden kaum begründbar sein. Wie der Arbeitgeber privates Surfen der Betriebsratsmitglieder von Betriebsratsarbeit effektiv abgrenzen soll, ist schwer vorstellbar (dazu *Lunk*, ArbRB 2010, 207). Denkbar ist die Vereinbarung entsprechender Kontrollrechte analog zur Regelung zur An- und Abmeldung.
150 BAG 14.7.2010, DB 2010, 2731, 2732 für den Fall, dass die Betriebsratsmitglieder an PC-Arbeitsplätzen beschäftigt sind, so dass es lediglich der Freischaltung des Internets und Einrichtung der Mail-Adresse bedarf.
151 LAG Baden-Württemberg 23.1.2013, MMR 2013, 336 f., Rechtsbeschwerde beim BAG unter 7 ABR 15/13 anhängig.
152 BAG 18.7.2012, NZA 2013, 49.
153 BAG 3.9.2003, AP Nr. 78 zu § 40 BetrVG 1972; BAG 1.12.2004, AP Nr. 82 zu § 40 BetrVG 1972; *Fitting u.a.*, § 40 BetrVG Rn 133 m.w.N.
154 *Fitting u.a.*, § 40 BetrVG Rn 133a m.w.N., *Besgen*, NZA 2006, 959, 961.
155 *Fitting u.a.*, § 40 BetrVG Rn 132; *Besgen*, NZA 2006, 959, 962.
156 BAG 9.6.1999, BAGE 92, 26; *Fitting u.a.*, § 40 BetrVG Rn 3.

Präambel

Grundlage und Ziel dieser Vereinbarung ist die vertrauensvolle Zusammenarbeit zwischen Arbeitgeber und Betriebsrat. Die Vereinbarung soll dazu beitragen, Konflikte über die Kostenerstattung gemäß § 40 BetrVG zu vermeiden und für beide Parteien eine administrative Vereinfachung bewirken.

§ 1 Budget

(1) Dem Betriebsrat wird ein jährliches Budget als Vorschuss auf die gemäß § 40 BetrVG im Geschäftsjahr zu erwartenden Kosten für die Tätigkeit des Betriebsrats (§ 40 Abs. 1 BetrVG) und den Sachaufwand des Betriebsrats (§ 40 Abs. 2 BetrVG) zur Verfügung gestellt.

(2) In Orientierung an den Gesamtkosten des Betriebsrats für o.g. Bereiche in den vergangenen 3 Jahren i.H.v. durchschnittlich ▮▮▮▮ EUR wird das Gesamtbudget für das Jahr 2009 auf ▮▮▮▮ EUR festgelegt. Hiervon sind für die einzelnen Teilbereiche folgende Beträge vorgesehen:

1. Kosten des Betriebsrats

    a) Allgemeine Geschäftsführungskosten: ▮▮▮▮ Euro

    b) Kosten für Rechts- und Regelungsstreitigkeiten: ▮▮▮▮ Euro

2. Aufwendungen der Betriebsratsmitglieder

    a) Reise- und Fahrtkosten: ▮▮▮▮ Euro

    b) Schulungskosten: ▮▮▮▮ Euro

    c) Kosten bei Rechtsstreitigkeiten: ▮▮▮▮ Euro

    d) Sonstige: ▮▮▮▮ Euro

3. Sachaufwand: ▮▮▮▮ Euro

(3) Die Abteilung Rechnungswesen wird vom Arbeitgeber angewiesen, auf Anforderung des Betriebsrats Zahlungen für den Betriebsrat auszuführen bis das Gesamtbudget aufgebraucht ist. Die in Abs. 2 vorgesehenen Teilbudgets sind für den Betriebsrat lediglich ein Anhaltspunkt und nicht bindend. Ist das Gesamtbudget im laufenden Kalenderjahr ausgeschöpft, werden weitere Zahlungen nur auf Antrag des Betriebsrats geleistet. Der Antrag ist an den Arbeitgeber zu richten und die Erforderlichkeit der Kosten zu begründen.

(4) **einfügen, falls Arbeitgeber dies akzeptiert:** *Unterschreitet der Betriebsrat das Gesamtbudget, kann der Restbetrag für ein für alle Beschäftigten abzuhaltendes Betriebsfest oder für eine Spende für eine gemeinnützige Einrichtung verwendet werden.*

§ 2 Abrechnung

(1) Über die Verwendung des Budgets wird monatlich abgerechnet. Der Betriebsrat legt dem Arbeitgeber zum Ende eines jeden Monats eine Abrechnung über die Verwendung des Budgets im Vormonat samt Belegen vor. Zu diesem Zweck führt der Betriebsrat eine laufende Excel-Tabelle nach anliegendem Muster. Belege werden nummeriert in einem Ordner abgeheftet. Neben der Tabelle und dem Belegordner hat der Betriebsrat dem Arbeitgeber eine Übersicht über die Gesamtausgaben unterteilt nach Teilbudgets vorzulegen. (**Alternative**: *Zu diesem Zweck verwendet der Betriebsrat die Software ▮▮▮▮ , so dass die Verwendung des Budgets jederzeit für Betriebsrat und Finanzbuchhaltung im normalen Kontenplan einsehbar ist. Alle Ausgabenbelege sind vom Betriebsrat aufzubewahren und dem Arbeitgeber auf Verlangen vorzulegen.*)

(2) Mit Ausnahme von Reisekosten, die nach der betrieblichen Reisekostenordnung pauschal abgerechnet werden können, sind alle Ausgaben einzeln aufzuführen und zu belegen.

§ 3 Anpassung

Der Arbeitgeber teilt dem Betriebsrat bis zum 31.06. jedes Jahres die Höhe des Budgets für das folgende Jahr mit. Die Höhe richtet sich nach den Gesamtausgaben des Vorjahres abzüglich der vom Arbeitgeber nicht als erforderlich anerkannten Kosten.

§ 4 Kündigung

(1) Beide Parteien können diese Vereinbarung mit einer Frist von 3 Monaten zum Jahresende schriftlich kündigen. Im Falle der Kündigung werden im auf die Kündigung folgenden Geschäftsjahr wieder alle anfallenden erforderlichen Kosten der Betriebsratstätigkeit einzeln abgerechnet und erst nach Prüfung der Erforderlichkeit vom Arbeitgeber ausgezahlt.

(2) Der Arbeitgeber ist jederzeit zur außerordentlichen, fristlosen Kündigung dieser Vereinbarung berechtigt, wenn der Betriebsrat seinen Abrechnungspflichten gem. § 2 dieser Vereinbarung nicht genügt oder sich aus der Abrechnung objektive Anhaltspunkte dafür ergeben, dass der Betriebsrat das Budget treuwidrig für nicht erforderliche oder unverhältnismäßige Ausgaben verwendet. In diesem Fall sind mit sofortiger Wirkung alle Kosten einzeln abzurechnen.

§ 5 Inkrafttreten

Diese Vereinbarung tritt am 1.1.2011 in Kraft und findet somit erstmalig für das Geschäftsjahr 2011 Anwendung.

(*Ort, Datum*)

(*Unterschriften*)

Nach h.M. soll es zulässig sein, dem Betriebsrat einen **Dispositionsfonds** oder ein **Budget** als Vorschuss zur Verfügung zu stellen, aus dem er die ihm oder den Betriebsratsmitgliedern entstehenden Kosten bezahlen kann.[157] Hier bewegt man sich in einer rechtlichen Grauzone. § 40 BetrVG bestimmt unabdingbar, dass die erforderlichen Betriebsratskosten vom Arbeitgeber zu tragen sind. Dies gilt auch, wenn ein eingeräumtes Budget aufgebraucht ist, so dass Nachforderungen des Betriebsrats und seiner Mitglieder für erforderliche Kosten durch die Budgetierung gerade nicht ausgeschlossen werden.[158] Über eine Budgetlösung ist für den Arbeitgeber rechtlich keine Kostendeckelung durchsetzbar. Immerhin macht sie den finanziellen Aufwand für den Arbeitgeber besser kalkulier- und planbar und führt möglicherweise praktisch zur Kostendeckelung.   **41**

Es fehlt noch an Rechtsprechung zu solchen Budgetlösungen. Das BAG hat bisher lediglich klargestellt, dass ein solcher Fonds nur der Geschäftsvereinfachung dienen darf und deshalb in angemessenen Zeitabständen abgerechnet werden muss.[159] Eine freie Verfügbarkeit ohne Abrechnung würde entgegen § 37 Abs. 1 BetrVG zu einem unzulässigen vergütungsähnlichen Vorteil für die Betriebsratsmitglieder führen. Dies verstößt gegen das in § 119 Abs. 1 Nr. 3 BetrVG strafbewehrte **Verbot der Betriebsratsbegünstigung** in § 78 S. 2 BetrVG.[160] Bei einer allzu freizügigen Finanzierung von Betriebsratsmitgliedern kann der Arbeitgeber auch in die Nähe des Untreuetatbestandes (§ 266 StGB) geraten.[161] Eine konkrete Abrechnung und Prüfung der Erforderlichkeit der Betriebsratsausgaben ist also auch bei Budgetvereinbarungen unverzichtbar. Dennoch hat sie den Vorteil einer Verwaltungsvereinfachung und der Vermeidung (zeit- und kostenträchtiger) Konflikte mit dem Betriebsrat um jede Einzelausgabe für sich. Durch das Budget ändert sich auch nichts daran, dass nur tatsächlich entstandene Kosten und Aufwendungen vom Arbeitgeber zu erstatten sind. Aus Praktikabilitätsgründen wird zwar z.T. vertreten, die Betriebsparteien könnten eine pauschale Aufwandsentschädigung für Betriebsratsmitglieder vereinbaren, solange sich der Betrag im Rahmen der üblichen und notwendigen Aufwendungen halte und keine versteckte Vergütung enthalte.[162] Eine solche **Aufwandspauschale** ist jedoch abzulehnen, da sie sich weder mit dem Ehrenamtsprinzip des § 37

---

157 Offen gelassen von BAG 29.9.2004, AP Nr. 81 zu § 40 BetrVG 1972; DKK/*Wedde*, § 40 BetrVG Rn 13; *Fitting u.a.*, § 40 BetrVG Rn 91; Richardi/*Thüsing*, § 40 BetrVG Rn 48; GK-BetrVG/*Weber*, § 40 Rn 36.
158 LAG Köln 13.9.1984, DB 1985, 394.
159 BAG 29.9.2004, AP Nr. 81 zu § 40 BetrVG 1972; DKK/*Wedde*, § 40 BetrVG Rn 13; *Fitting u.a.*, § 40 BetrVG Rn 91.
160 *Rieble*, NZA 2008, 276, 277.
161 LG Braunschweig 22.2.2008 – 6 KLs 20/07, BeckRS 2009, 29834, zu „Lustreisen" des Betriebsrats von VW.
162 Vgl. BAG 9.11.55, AP Nr. 1 zu Art IX KRG Nr. 22 Betriebsrätegesetz; DKK/*Wedde*, § 40 BetrVG Rn 12; *Fitting u.a.*, § 40 BetrVG Rn 41; *Schweibert/Buse*, NZA 2007, 1080, 1082 f.

Abs. 1 BetrVG noch mit dem Verbot der Betriebsratsbegünstigung in § 78 S. 2 BetrVG in Einklang bringen lässt.[163] Eine Pauschale ist nur für genau bestimmte, konkrete Aufwendungen unproblematisch, z.B. bei Reisekosten nach einer betrieblichen Reisekostenordnung.[164]

III. Betriebsratsstrukturen

Literatur: *Annuß*, Schwierigkeiten mit § 3 Abs. 1 Nr. 3 BetrVG?, NZA 2002, 290; *Boecken*, Gemeinschaftsbetrieb und Anwendbarkeit der §§ 111 ff. BetrVG, FS 50 Jahre BAG, S. 931; *Franzen*, Zwingende Wirkung der Betriebsverfassung, NZA 2008, 250; *Gragert*, Übers Ziel hinaus? – Das Übergangsmandat nach § 21a BetrVG, NZA 2004, 289; *Kania/Klemm*, Möglichkeiten und Grenzen der Schaffung anderer Arbeitnehmervertretungsstrukturen nach § 3 Abs. 1 Nr. 3 BetrVG, RdA 2006, 22; *Kleinebrink*, Die Vereinbarung zur Führung eines gemeinsamen Betriebs, ArbRB 2007, 300; *Kort*, Betriebsverfassungsrecht als Unternehmensrecht? – Das Verhältnis von § 3 BetrVG n.F. zum Gesellschaftsrecht, AG 2003, 13; *Lunk*, Die originäre Zuständigkeit des Gesamtbetriebsrats gem. § 50 I 1 BetrVG, NZA 2013, 233; *Reinhard*, Alternative Betriebsratsstrukturen – Was bei Zuordnungsbeschlüssen und Strukturvereinbarungen zu beachten ist, ArbRB 2010, 56; *Rieble*, Das Übergangsmandat nach § 21a BetrVG, NZA 2002, 233; *Richardi/Annuß*, Neues Betriebsverfassungsgesetz: Revolution oder strukturwahrende Reform?, DB 2001, 41; *Salamon*, Die Anbindung des Gesamtbetriebsrats an das Unternehmen, RdA 2008, 24; *Teusch*, Organisationstarifverträge nach § 3 BetrVG, NZA 2007, 124; *Thüsing*, Vereinbarte Betriebsratsstrukturen, ZIP 2003, 693.

1. Allgemeines

a) Regelmäßige Betriebsratsstrukturen
aa) Betrieb und Betriebsrat

42   Dreh- und Angelpunkt des Betriebsverfassungsrechts ist der **Betrieb** als die organisatorische Einheit, innerhalb derer ein Arbeitgeber allein oder mit seinen Arbeitnehmern mit Hilfe von technischen und immateriellen Mitteln bestimmte arbeitstechnische Zwecke fortgesetzt verfolgt.[165] Ein Betrieb wird **betriebsratsfähig**, sobald in der Regel mindestens fünf wahlberechtigte Arbeitnehmer beschäftigt werden, von denen drei wählbar sind (§ 1 Abs. 1 S. 1 BetrVG).

43   Ein Betrieb kann in mehrere **Betriebsteile** untergliedert sein. Ein Betriebsteil i.S.d. BetrVG ist auf den Zweck des Hauptbetriebes ausgerichtet und in dessen Organisation eingegliedert, ist dabei aber gegenüber dem Hauptbetrieb organisatorisch abgrenzbar und relativ verselbstständigt.[166] Grundsätzlich wird für einen Betrieb und seine Betriebsteile nur ein Betriebsrat gewählt. Hiervon macht § 4 Abs. 1 BetrVG eine Ausnahme, indem Betriebsteile als selbstständige Betriebe gelten, wenn sie selbst die Voraussetzungen des § 1 Abs. 1 BetrVG erfüllen und entweder räumlich weit vom Hauptbetrieb entfernt oder durch Aufgabenbereich und Organisation eigenständig sind. **Hauptbetrieb** i.S.d. § 4 Abs. 1 BetrVG ist derjenige Betrieb, der für den Betriebsteil die Leitungsfunktionen in personellen und sozialen Angelegenheiten wahrnimmt.[167] Für die Gesamtwürdigung des Kriteriums der räumlichen Entfernung i.S.d. § 4 Abs. 1 Nr. 1 BetrVG sind vor allem die Verkehrsverbindungen zwischen Betriebsteil und Hauptbetrieb entscheidend.[168] Die Eigenständigkeit im Aufgabenbereich ist insbesondere gegeben, wenn in dem Betriebsteil ein vom Hauptbetrieb abweichender, gesonderter arbeitstechnischer Zweck verfolgt wird.[169] Die kumulativ erforderliche organisatorische Eigenständigkeit setzt voraus, dass auf der Ebene des Betriebsteils eine institutio-

---

163 Wlotzke/Preis/*Kreft*, § 40 BetrVG Rn 23; Richardi/*Thüsing*, § 40 BetrVG Rn 48.

164 Wlotzke/Preis/*Kreft*, § 40 BetrVG Rn 23; Richardi/*Thüsing*, § 40 BetrVG Rn 48; GK-BetrVG/*Weber*, § 40 Rn 33 f.

165 Ständige Rspr. des BAG, zuletzt BAG 17.1.2007, NZA 2007, 703; *Fitting u.a.*, § 1 BetrVG Rn 63; NomosK-ArbR/*Kloppenburg*, § 1 BetrVG Rn 4.

166 BAG 25.9.1986, AP Nr. 7 zu § 1 BetrVG 1972; BAG 19.2.2002, AP Nr. 13 zu § 4 BetrVG 1972; BAG 17.1.2007, NZA 2007, 703; HWK/*Gaul*, § 4 BetrVG Rn 5; *Reinhard*, ArbRB 2010, 56, 57.

167 BAG 7.5.2008, NZA 2008, 328, 331; *Fitting u.a.*, § 4 BetrVG Rn 10; Richardi/*Richardi*, § 4 BetrVG Rn 18.

168 BAG 23.9.1960, AP Nr. 4 zu § 3 BetrVG; BAG 24.2.1976, AP Nr. 2 zu § 4 BetrVG 1972; BAG 7.5.2008, NZA 2008, 328, 331; instruktiv mit Beispielen HWK/*Gaul*, § 4 BetrVG Rn 6.

169 Richardi/*Richardi*, § 4 BetrVG Rn 26; *Fitting u.a.*, § 4 BetrVG Rn 24.

nell verankerte eigene Leitungsstruktur existiert, die den wesentlichen Kern der der betrieblichen Mitbestimmung unterliegenden Arbeitgeberfunktionen ausübt.[170] Ist in einem solchen qualifizierten Betriebsteil noch kein Betriebsrat gewählt, können deren Arbeitnehmer nach § 4 Abs. 1 S. 2 BetrVG mit Stimmenmehrheit[171] formlos die Teilnahme an der Wahl des Betriebsrats im Hauptbetrieb beschließen.

Für einem Unternehmen zugehörige **Kleinstbetriebe**, die als selbstständige Betriebe die Voraussetzungen der Betriebsratsfähigkeit in § 1 Abs. 1 BetrVG nicht erfüllen, bestimmt § 4 Abs. 2 BetrVG ihre Zuordnung zum Hauptbetrieb. Während die herrschende Literaturmeinung den **Hauptbetrieb i.S.d. § 4 Abs. 2 BetrVG** nach dem Kriterium der räumlichen Nähe auswählen möchte,[172] ist nach der Rechtsprechung des BAG derjenige Betrieb Hauptbetrieb i.S.d. § 4 Abs. 2 BetrVG, der gegenüber dem nicht betriebsratsfähigen Kleinstbetrieb eine hervorgehobene Bedeutung hat. Entscheidend sei, welcher Betrieb – wenn auch lediglich beratend – Arbeitgeberfunktionen im mitbestimmungsrelevanten Bereich auch für den nicht betriebsratsfähigen Kleinstbetrieb wahrnimmt.[173] **44**

bb) Unternehmen und Gesamtbetriebsrat

Das **Unternehmen** als nächst höhere Ebene des Betriebsverfassungsrechts setzt einen einheitlichen Rechtsträger voraus[174] und ist in Abgrenzung zum Betrieb eine organisatorische Einheit, in der wirtschaftliche oder ideelle Zwecke verfolgt werden.[175] In Unternehmen mit mehreren Betriebsräten ist gemäß § 47 Abs. 1 BetrVG zwingend ein **Gesamtbetriebsrat** zu errichten. **45**

cc) Konzern und Konzernbetriebsrat

Sind mehrere Unternehmen zu einem Konzern zusammengeschlossen,[176] kann durch Beschlüsse der einzelnen Gesamtbetriebsräte gemäß § 54 Abs. 1 BetrVG fakultativ ein **Konzernbetriebsrat** errichtet werden, wenn die Zustimmung der Gesamtbetriebsräte der Konzernunternehmen vorliegen, in denen insgesamt mehr als 50 % der Arbeitnehmer der Konzernunternehmen beschäftigt sind. Für den Begriff des Konzerns verweist § 54 Abs. 1 BetrVG auf die Definition des **Unterordnungskonzerns** in § 18 Abs. 1 AktG. Betriebsverfassungsrechtlich setzt ein Konzern damit voraus, dass ein herrschendes und ein oder mehrere abhängige Unternehmen unter der einheitlichen Leitung des herrschenden Unternehmens zusammengefasst sind. Nicht erfasst wird damit der Gleichordnungskonzern des § 18 Abs. 2 AktG, für den folglich grds. kein Konzernbetriebsrat gebildet werden kann.[177] **46**

dd) Europäischer Betriebsrat

Das Gesetz über Europäische Betriebsräte (EBRG) regelt die Errichtung und Stellung des Europäischen Betriebsrates für gemeinschaftsweit tätige Unternehmen mit Sitz in der Bundesrepublik sowie für gemeinschaftsweit tätige Unternehmensgruppen mit Sitz des herrschenden Unternehmens in der Bundesrepublik (§ 2 Abs. 1 EBRG). Das EBRG setzt die Richtlinie 2008/38/EG[178] für die Bundesrepublik Deutschland um. In den anderen EU-Mitgliedsstaaten und EWR-Staaten (Island, Liechtenstein und Norwegen) gelten entsprechende Gesetze, die anzuwenden sind, wenn der maßgebliche Unternehmenssitz in deren Hoheitsgebiet **47**

---

170 BAG 29.1.1992, AP Nr. 1 zu § 7 BetrVG 1972; BAG 21.7.2004, AP Nr. 15 zu § 4 BetrVG 1972; HWK/*Gaul*, § 4 BetrVG Rn 11; *Reinhard*, ArbRB 2010, 56, 57.
171 Nach der h.M. der Lit. mit absoluter Stimmenmehrheit, *Reinhard*, ArbRB 2010, 56, 57 m.w.N.
172 *Fitting u.a.*, § 4 BetrVG Rn 10; Richardi/*Richardi*, § 4 BetrVG Rn 47; DKK/*Trümner*, § 4 BetrVG Rn 139.
173 BAG 17.1.2007, NZA 2007, 703; HWK/*Gaul*, § 5 BetrVG Rn 17.
174 BAG 11.12.1987, AP Nr. 7 zu § 47 BetrVG 1972; BAG 13.2.2007, AP Nr. 17 zu § 47 BetrVG 1972; *Fitting u.a.*, § 47 BetrVG Rn 10 f.
175 BAG 23.9.1980, AP Nr. 4 zu § 47 BetrVG 1972; *Fitting u.a.*, § 1 BetrVG Rn 145; NomosK-ArbR/*Kloppenburg*, § 1 BetrVG Rn 4.
176 Zur Abgrenzung zwischen Unternehmen und Konzern BAG 13.2.2007, AP Nr. 17 zu § 47 BetrVG 1972.
177 BAG 22.11.1995, AP Nr. 7 zu § 54 BetrVG 1972; BAG 23.8.06, AP Nr. 12 zu § 54 BetrVG; *Fitting u.a.*, § 54 BetrVG Rn 9a; zur Möglichkeit in einem Gleichordnungskonzern durch Tarifvertrag gem. § 3 Abs. 1 Nr. 3 BetrVG einen KBR zu errichten vgl. DKK/*Trümner*, § 3 BetrVG Rn 68 m.w.N.
178 Vormals Richtlinie 94/45/EG.

liegt. Liegt die zentrale Leitung in einem Drittstaat, kommt es darauf an, ob sich die nachgeordnete Leitung in der Bundesrepublik befindet (§ 2 Abs. 2 EBRG).

In Unternehmen oder Unternehmensgruppen mit mindestens 1000 Arbeitnehmern insgesamt, von denen jeweils mindestens 150 Arbeitnehmer in zwei Mitgliedsstaaten der EU beschäftigt sind, kann ein Europäischer Betriebsrat errichtet werden (§§ 2, 3 EBRG). Zur Einleitung des Errichtungsprozesses muss die Arbeitnehmerseite zunächst ein besonderes Verhandlungsgremium bilden (§§ 8 – 11 EBRG). Die zentrale Leitung des Unternehmens oder der Unternehmensgruppe und das besondere Verhandlungsgremium können im Anschluss frei vereinbaren, ob sie einen Europäischen Betriebsrat errichten, mit welchen Befugnissen und welchem Organisationsstatut sie ihn versehen oder ob sie gemäß § 19 EBRG stattdessen ein anderes Verfahren zur Unterrichtung und Anhörung der Arbeitnehmer schaffen. Scheitern die Verhandlungen, wird der Europäische Betriebsrat kraft Gesetzes gebildet (§ 21 Abs. 1 EBRG). Seine Rechtsstellung ergibt sich dann aus den Auffangregeln der §§ 22 – 40 EBRG. Der Europäische Betriebsrat hat keine echten Mitbestimmungsrechte, sondern nur Unterrichtungs- und Anhörungsrechte. Seine Funktion ähnelt der eines Wirtschaftsausschusses nach §§ 106 ff. BetrVG.

ee) Betriebsrat der Societas Europaea (SE-Betriebsrat)

48   Für die SE wird kein Europäischer Betriebsrat, sondern ein sog. SE-Betriebsrat gebildet (§ 47 Abs. 1 Ziff. 2 SEBG). Liegt ihr Sitz in der Bundesrepublik, ist das aufgrund der Richtlinie 2001/86/EG erlassene SE-Beteiligungsgesetz (SEBG) maßgebliche Rechtsgrundlage. Die Rechtsstellung des SE-Betriebsrats wird ähnlich wie für einen Europäischen Betriebsrat zwischen einem besonderen Verhandlungsgremium der Arbeitnehmerseite und der Arbeitgeberseite ausgehandelt (§§ 11 – 21 SEBG). Gelingt es in den Verhandlungen nicht, fristgemäß eine wirksame Einigung zu erzielen, wird der Betriebsrat der SE kraft Gesetzes nach den Auffangregeln der §§ 22 – 44 SEBG gebildet. Wie auch der Europäische Betriebsrat hat der SE-Betriebsrat dann nur Unterrichtungs- und Anhörungsrechte, aber keine echten Mitbestimmungsrechte.

Die Besonderheit besteht allerdings darin, dass diese Verhandlungen bereits im Gründungsstadium der SE durch die unmittelbar an der Gründung beteiligten Gesellschaften abgeschlossen werden müssen. Andernfalls wird der SE die Eintragung in das Handelsregister nach Art. 12 Abs. 2 der Verordnung 2157/2001/EG verwehrt. Schwellenwerte für Mindestbeschäftigtenzahlen gibt es nicht, auch für Kleinstunternehmen muss über den SE-Betriebsrat verhandelt werden. Die h.M. geht allerdings davon aus, dass ohne Verhandlung mit der Arbeitnehmerseite eine Vorrats-SE eingetragen werden kann, wenn deren Gründungsgesellschaften keine oder weniger als zehn Arbeitnehmer beschäftigen und ein besonderes Verhandlungsgremium der Arbeitnehmerseite deshalb schon faktisch nicht gebildet werden kann.[179]

b)   Sonderfall: Gemeinschaftsbetrieb, § 1 Abs. 1 S. 2, Abs. 2 BetrVG

49   Das BAG setzt für das Vorliegen eines **gemeinsamen Betriebs** i.S.d. § 1 Abs. 1 S. 2, Abs. 2 BetrVG als betriebsratsfähige Einheit eine gemeinsame Betriebsstätte voraus, in der die Betriebsmittel und die Arbeitnehmer zur Erreichung eines einheitlichen arbeitstechnischen Zwecks von den beteiligten Arbeitgebern zusammengefasst sind und von einer einheitlichen Leitung eingesetzt werden.[180] Die **einheitliche Leitung** muss von den Unternehmen zumindest stillschweigend vereinbart sein (sog. **Führungsvereinbarung**, hierzu das Muster vgl. Rdn 51).[181] Angesichts der Schwierigkeiten, eine Leitungsvereinbarung nachzuweisen, wurden in § 1 Abs. 2 BetrVG gesetzliche Vermutungen für das Vorliegen eines Gemeinschaftsbetriebs eingeführt. Die Vermutung greift, wenn Betriebsmittel und Arbeitnehmer zur Verfolgung arbeitstech-

179 OLG Düsseldorf 30.3.2009, ZIP 2009, 918; AG Düsseldorf 16.1.2006, ZIP 2006, 287; AG München 29.3.2006, ZIP 2006, 1300; *Forst*, RdA 2010, 55; *Luke* NZA 2013, 941; *Caspar/Schäfer*, ZIP 2007, 653; MüKo-AktG/*Jacobs*,§ 3 SEBG Rn 2a; HWK/*Hohenstatt/Dzida* SEBG Rn 5; a.A. LG Hamburg 30.9.2005, ZIP 2005, 2017; *Blanke*, ZIP 2006, 789, 791.
180 BAG 23.3.1984, BAGE 45, 259; BAG 22.6.2005, AP Nr. 23 zu § 1 BetrVG 1972 – Gemeinsamer Betrieb; BAG 13.8.2008 – 7 ABR 21/07, zit. nach juris.
181 BAG 18.1.1990, AP Nr. 9 zu § 23 KSchG 1969; BAG 13.8.2008 – 7 ABR 21/07, zit. nach juris.

nischer Zwecke von den Unternehmen gemeinsam eingesetzt werden (Nr. 1) oder wenn sich bei einer Unternehmensspaltung die Organisation des betroffenen Betriebs nicht wesentlich verändert (Nr. 2).

c) Abweichende Betriebsratsstrukturen gemäß § 3 BetrVG

§ 3 BetrVG ermöglicht Tarifvertragsparteien und z.T. auch den Betriebsparteien (§ 3 Abs. 2 BetrVG) ab- **50** weichende Regelungen zu den betriebsverfassungsrechtlichen Strukturen und erlaubt u.a. die Bildung unternehmenseinheitlicher Betriebsräte, regionaler Betriebsräte und die Errichtung von Spartenbetriebsräten. Werden Betriebe und Betriebsteile zu solchen Organisationseinheiten zusammengefasst, gelten sie infolge der Fiktion in § 3 Abs. 5 S. 1 BetrVG als ein Betrieb i.S.d. BetrVG. Die nach § 3 BetrVG gebildete Einheit ist so u.a. maßgeblich für die Anzahl der Betriebsratsmitglieder nach § 9 BetrVG, die Größe seiner Ausschüsse nach §§ 27, 28 BetrVG oder die Anzahl der Freistellungen nach § 38 BetrVG.[182] Die Fiktion führt aber nicht zum Verlust der betriebsverfassungsrechtlichen Identität der zusammengefassten Einheiten. Bestehende Vollstreckungstitel[183] und Betriebsvereinbarungen gelten im fingierten Betrieb beschränkt auf ihren bisherigen Wirkungsbereich weiter.[184]

2. Muster und Erläuterungen

a) Führungsvereinbarung im gemeinsamen Betrieb i.S.d. § 1 Abs. 2 BetrVG

▼

Muster 2.13: Führungsvereinbarung im gemeinsamen Betrieb i.S.d. § 1 Abs. 2 BetrVG   51

Zwischen

1. dem Unternehmen ▨▨▨ (*Bezeichnung*),

vertreten durch ▨▨▨

– im Folgenden X-GmbH–

und

2. dem Unternehmen ▨▨▨ (*Bezeichnung*),

vertreten durch ▨▨▨

– im Folgenden Y-GmbH–

wird folgende Vereinbarung geschlossen:

§ 1

Die Unternehmen X-GmbH und Y-GmbH führen den Betrieb (*Bezeichnung*) der X-GmbH und den Betrieb (*Bezeichnung*) der Y-GmbH in ▨▨▨ (*Ort*) ab dem ▨▨▨ (*Datum*) als gemeinsamen Betrieb beider Unternehmen, in dem die vorhandenen Betriebsmittel und Arbeitnehmer von den Unternehmen gemeinsam eingesetzt werden.

§ 2

Die gemeinsame Leitung des gemeinsamen Betriebs übernimmt die Personalabteilung unter der Leitung von ▨▨▨ (*Personalleiter*). Die Personalabteilung ist für alle im gemeinsamen Betrieb beider Unternehmen beschäftigten Arbeitnehmer zuständig und Ansprechpartner des Betriebsrats. Bezüglich der Kostenerstattung für die Leitungsaufgaben treffen die Parteien eine gesonderte Vereinbarung. Die Kosten der Personalabrechnung trägt jede Partei für die bei ihr beschäftigten Arbeitnehmer.

---

182 NomosK-ArbR/*Kloppenburg*, § 3 BetrVG Rn 58; ErfK/*Koch*, § 3 BetrVG Rn 12.
183 BAG 18.3.2008, AP Nr. 6 zu § 3 BetrVG 1972.
184 BAG 18.3.2008, AP Nr. 6 zu § 3 BetrVG 1972; ErfK/*Koch*, § 3 BetrVG Rn 12.

§ 3

(1) Die gemeinsame Leitung ist für alle personellen Angelegenheiten i.S.d. BetrVG aller Arbeitnehmer der am gemeinsamen Betrieb beteiligten Unternehmen zuständig. Der gemeinsame Betrieb der Parteien ist ein Betrieb i.S.d. Kündigungsschutzgesetzes. Die Parteien sind sich einig, dass deshalb Kündigungen nur nach Zustimmung beider Parteien ausgesprochen werden.

(2) Die Zuständigkeit der gemeinsamen Leitung erstreckt sich auch auf alle sozialen Angelegenheiten i.S.d. BetrVG mit Ausnahme der betrieblichen Vergütungsordnung gemäß §§ 87 Abs. 1 Nr. 10 und 11 BetrVG.

§ 4

Die X-GmbH und die Y-GmbH tragen die finanziellen Verpflichtungen aus dem BetrVG grundsätzlich zu je 50 % (**Alternativ:** *... im Verhältnis der Beschäftigtenzahl zum Stichtag jeweils zum 1.7. eines Jahres*). Davon ausgenommen sind Verpflichtungen aus Sozialplänen oder einem Nachteilsausgleich gemäß §§ 112 ff. BetrVG, die allein vom jeweiligen Vertragsarbeitgeber zu tragen sind.

§ 5

Beide Parteien können diese Führungsvereinbarung mit einer Frist von drei Monaten zum Monatsende kündigen. Für den Fall der Kündigung verpflichten sich die Parteien, bis zum Ablauf der Kündigungsfrist eine neue Vereinbarung zur organisatorischen Trennung des gemeinsamen Betriebs zu treffen.

(*Ort, Datum*)

(*Unterschriften*)

▲

52   Voraussetzung für das Vorliegen eines Gemeinschaftsbetriebs ist eine zumindest stillschweigend, besser aber schriftlich vereinbarte Verbindung der beteiligten Unternehmen zu einer gemeinsamen Leitung des Betriebs. Die **institutionelle Einheitlichkeit** wird im Formular durch eine gemeinsame Personalleitung, die als Ansprechpartner des Betriebsrats in allen Angelegenheiten fungiert, sichergestellt. Die institutionell einheitliche Leitung muss sich auf die **wesentlichen Arbeitgeberfunktionen in sozialen und personellen Angelegenheiten** i.S.d. BetrVG erstrecken, eine bloße Zusammenarbeit der Unternehmen reicht nicht.[185] Auch im gemeinsamen Betrieb bleiben Fragen der Entlohnung jedoch Sache des jeweiligen Vertragsarbeitgebers, da der arbeitsrechtliche Gleichbehandlungsgrundsatz nur im Verhältnis zu demselben Arbeitgeber gilt.[186] Entsprechend können die Beteiligungsrechte nach § 87 Abs. 1 Nr. 10 und 11 BetrVG in der Zuständigkeit der einzelnen Vertragsarbeitgeber verbleiben und aus der Führungsvereinbarung ausgenommen werden.[187] Der Wahlvorstand hat bei Anhaltspunkten für das Bestehen eines Gemeinschaftsbetriebes zweier Unternehmen im Wege des einstweiligen Verfügungsverfahrens Anspruch auf die Personaldaten sämtlicher Arbeitnehmer unabhängig von der Unternehmenszugehörigkeit.[188]

53   Im Bereich der **wirtschaftlichen Mitbestimmung** (§§ 106 ff. BetrVG) ist keine einheitliche Leitung erforderlich.[189] Dennoch kann das Vorliegen eines gemeinsamen Betriebs auch Auswirkungen auf diese Mitbestimmungsrechte haben: So ist in einem einheitlichen Betrieb mit mehr als 100 Arbeitnehmern auch dann ein Wirtschaftsausschuss zu bilden, wenn keines der beteiligten Unternehmen, auf die der Wortlaut der Vorschrift abstellt, selbst diesen Schwellenwert überschreitet.[190] Dieselbe Frage stellt sich im Rahmen der Beteiligungsrechte nach §§ 111 ff. BetrVG, die für den Schwellenwert von 20 Arbeitnehmern ebenfalls

185 BAG 22.10.2003, AP Nr. 21 zu § 1 BetrVG 1972 Gemeinsamer Betrieb; BAG 22.6.2005, AP Nr. 23 zu § 1 BetrVG 1972 Gemeinsamer Betrieb; BAG 13.8.2008 – 7 ABR 21/07, zit. nach juris.

186 BAG 19.11.1992, NZA 1993, 405; BAG 12.12.2006, AP Nr. 27 zu § 1 BetrVG 1972 Gemeinsamer Betrieb; *Kleinebrink*, ArbRB 2007, 300, 302; a.A. DKK/*Trümner*, § 1 BetrVG Rn 200.

187 Vgl. *Fitting u.a.*, § 1 BetrVG Rn 107; *Kleinebrink*, ArbRB 2007, 300, 302.

188 LAG Hamm 30.3.2010, zit. nach juris = ArbRB 2010, 209 (Anm. *Marquardt/Goletz*).

189 BAG 29.1.1987, AP Nr. 6 zu § 1 BetrVG 1972.

190 BAG 1.8.1990, AP Nr. 8 zu § 106 BetrVG 1972; *Fitting u.a.*, § 106 BetrVG Rn 18; NomosK-ArbR/*Spirolke*, § 106 BetrVG Rn 4; DKK/*Trümner*, § 1 BetrVG Rn 183; ErfK/*Kania*, § 106 BetrVG Rn 2; a.A. Richardi/*Annuß*, § 106 BetrVG Rn 8.

auf das Unternehmen abstellen.[191] Ob auch hier die Beteiligungsrechte bereits ausgelöst werden, wenn im Gemeinschaftsbetrieb mehr als 20 Arbeitnehmer beschäftigt werden, während die Arbeitnehmerzahl der beteiligten Unternehmen den Schwellenwert unterschreitet, ist umstritten.[192] Hierfür lässt sich anführen, dass sich das BAG auch im Rahmen des § 99 BetrVG für eine analoge Anwendung der Vorschrift auf Versetzungen im Gemeinschaftsbetrieb entschieden hat, wenn mehrere Unternehmen mit jeweils weniger als 20 Arbeitnehmern einen gemeinsamen Betrieb führen, in dem mehr als 20 Arbeitnehmer beschäftigt sind. Ob das BAG diese Rechtsprechung auf die §§ 111 ff. BetrVG übertragen wird, bleibt abzuwarten.

Die Führung eines gemeinsamen Betriebs hat außerdem Folgen für den **Kündigungsschutz**. Der Gemein- 54
schaftsbetrieb ist auch im Sinne des KSchG ein einheitlicher Betrieb, mit der Folge, dass für die Sozialauswahl und für Weiterbeschäftigungsmöglichkeiten im Betrieb auf die Verhältnisse aller am Gemeinschaftsbetrieb beteiligten Unternehmen abzustellen ist.[193] Dies erfordert zweckmäßigerweise vor Ausspruch der Kündigung eine Verständigung zwischen den beteiligten Unternehmen. Wenn der Gemeinschaftsbetrieb im Zeitpunkt einer Kündigung nicht mehr besteht, ist allerdings keine unternehmensübergreifende Sozialauswahl durchzuführen.[194] Gleiches gilt, wenn zum Zeitpunkt der Kündigung bereits feststeht, dass der Gemeinschaftsbetrieb nach Ablauf der Kündigungsfrist stillgelegt sein wird.[195]

Ohne gesonderte Kostenregelung haften die beteiligten Unternehmen für die allgemeinen **Kosten** des Be- 55
triebsrats (z.B. Sachmittel, Personal) als Gesamtschuldner, während aber der jeweilige Arbeitgeber allein die Kosten einzelner Betriebsratsmitglieder (z.B. Freistellung, Schulungen) zu tragen hat.[196] § 4 des Entwurfs sieht intern eine hälftige Teilung aller durch die Betriebsratstätigkeit entstehenden Kosten vor. Hiervon ausgenommen werden Ansprüche aus einem Sozialplan oder Nachteilsausgleich, die allein dem jeweiligen Vertragsarbeitgeber zur Last fallen.[197]

b) Vereinbarung zur Trennung des gemeinsamen Betriebs

▼

Muster 2.14: Vereinbarung zur Trennung des gemeinsamen Betriebs 56

Zwischen

dem Unternehmen ▒▒▒▒ (*Bezeichnung*),

vertreten durch ▒▒▒

– im Folgenden X-GmbH–

und

dem Unternehmen ▒▒▒▒ (*Bezeichnung*),

vertreten durch ▒▒▒

– im Folgenden Y-GmbH–

wird folgende Vereinbarung geschlossen:

---

191 Vor der BetrVG-Reform war Bezugspunkt der Betrieb, BAG 11.11.1997, AP Nr. 42 zu § 111 BetrVG 1972.
192 Dafür LAG Berlin, 23.1.2003, NZA-RR 2003, 477; DKK/*Trümner*, § 1 BetrVG Rn 195; *Boecken*, FS 50 Jahre BAG, 931 ff.; a.A. ErfK/*Kania*, § 111 BetrVG Rn 5; *Richardi/Annuß*, § 111 BetrVG Rn 5; differenzierend nach dem Gegenstand der Beteiligungsrechte *Fitting u.a.*, § 111 BetrVG Rn 20 ff.; NomosK-ArbR/*Spirolke*, § 111 BetrVG Rn 5.
193 BAG 13.6.1985, AP Nr. 10 zu § 1 KSchG 1969; BAG 29.11.2007, AP Nr. 95 zu § 1 KSchG 1969 Soziale Auswahl; DKK/*Trümner*, § 1 BetrVG Rn 148; *Kleinebrink*, ArbRB 2007, 300, 303.
194 BAG 13.9.1995, NZA 1996, 307; BAG 24.2.2005, AP Nr. 4 zu § 1 KSchG 1969 Gemeinschaftsbetrieb; BAG 29.11.2007, AP Nr. 95 zu § 1 KSchG 1969 Soziale Auswahl.
195 BAG 24.2.2005, AP Nr. 4 zu § 1 KSchG 1969 Gemeinschaftsbetrieb; BAG 14.8.2007, NZA 2007, 1431.
196 *Fitting u.a.*, § 1 BetrVG Rn 109; ErfK/*Koch*, § 1 BetrVG Rn 16; DKK/*Trümner*, § 1 BetrVG Rn 192.
197 Vgl. BAG 21.11.2002, NZA 2003, 676.

§ 1

Die Unternehmen X-GmbH und Y-GmbH führen den bisher gemeinsam geführten Betrieb in ▮▮▮▮▮ (*Ort*) ab dem ▮▮▮▮ (*Datum*) wieder als getrennte Betriebe.

§ 2

Die gemeinsame Leitung des Betriebs durch die Personalabteilung unter der Leitung des ▮▮▮▮ (*Personalleiter*) wird ab dem ▮▮▮▮ (*Datum*) aufgelöst. Ab diesem Zeitpunkt ist für den Betrieb der X-GmbH die Personalabteilung der X-GmbH unter der Leitung des ▮▮▮▮ (*Personalleiter*) für alle personellen, sozialen und wirtschaftlichen Angelegenheiten zuständig. Für den Betrieb der Y-GmbH ist die Personalabteilung unter der Leitung des ▮▮▮▮ (*Personalleiter*) zuständig.

§ 3

(1) Die Parteien sind sich einig, dass der gemeinsame Betriebsrat gemäß § 21a BetrVG zunächst im Amt bleibt und seine Geschäfte für beide Betriebe weiterführt. Das Übergangsmandat endet, sobald in den Betriebsteilen ein neuer Betriebsrat gewählt und das Wahlergebnis bekannt gegeben ist, spätestens jedoch sechs Monate nach Wirksamwerden der Spaltung.

(2) Die Kosten für die Tätigkeit des Betriebsrats und der Betriebsratsmitglieder während des Übergangsmandats (insb. Freistellungskosten, Schulungskosten, Sachmittelkosten etc.) trägt die X-GmbH zu ▮▮▮▮ % und die Y-GmbH zu ▮▮▮▮ %.

(*Ort, Datum*)

(*Unterschriften*)

▲

57 Weder die Kündigung der Führungsvereinbarung noch der Abschluss einer Vereinbarung zur Trennung des Betriebs führen zur Auflösung des gemeinsamen Betriebs, solange sich die organisatorische Struktur in Form eines einheitlichen Leitungsapparats nicht tatsächlich ändert.[198] Nur der Nachweis einer tatsächlichen Trennung der Leitungsfunktionen kann die Vermutung des § 1 Abs. 2 Nr. 1 BetrVG widerlegen.[199] Eine Trennungsvereinbarung, die teilweise auch als „negative Führungsvereinbarung" bezeichnet wird, empfiehlt sich dennoch zu Dokumentationszwecken und um Regelungen für eine geordnete Abwicklung der Betriebstrennung zu treffen. Hierin ist insbesondere festzulegen, wer für die künftig getrennten Betriebe die Leitungsfunktionen ausübt und Ansprechpartner des Betriebsrats in personellen und sozialen Angelegenheiten ist.

58 Die Trennung des Gemeinschaftsbetriebs kann als Betriebsspaltung gemäß **§ 21a BetrVG** zu einem **Übergangsmandat** des bisherigen Betriebsrats führen.[200] Voraussetzung ist, dass die bisher dem Gemeinschaftsbetrieb zugeordneten Betriebsteile nach der Trennung die Voraussetzungen des § 1 Abs. 1 BetrVG erfüllen und nicht in einen Betrieb eingegliedert werden, in dem bereits ein Betriebsrat besteht. Besteht in einem aufnehmenden Betrieb kein Betriebsrat, gilt das Übergangsmandat auch für seine übrigen Beschäftigten.[201] Das Übergangsmandat endet, sobald in den Betriebsteilen ein neuer Betriebsrat gewählt und das Wahlergebnis bekannt geworden ist. Hierfür sieht das Gesetz ein Frist von sechs Monaten vor, die aber durch Tarifvertrag oder Betriebsvereinbarung um weitere sechs Monate verlängert werden kann, § 21a Abs. 1 S. 4 BetrVG (zu den Kosten des Übergangsmandats siehe unten Rdn 61). Die Betriebsspaltung stellt eine Betriebsänderung gemäß § 111 S. 3 Nr. 3 BetrVG mit der Notwendigkeit eines Interessenausgleichs und bei wirtschaftlichen Nachteilen eines Sozialplans gemäß § 112 BetrVG dar.

---

198 *Fitting u.a.*, § 1 BetrVG Rn 89; DKK/*Trümner*, § 1 BetrVG Rn 216.
199 *Fitting u.a.*, § 1 BetrVG Rn 89; DKK/*Trümner*, § 1 BetrVG Rn 128; NomosK-ArbR/*Kloppenburg*, § 1 BetrVG Rn 23.
200 NomosK-ArbR/*Stoffels/Bergwitz*, § 21a BetrVG Rn 5, 24; *Fitting u.a.*, § 21a BetrVG Rn 9a; *Rieble*, NZA 2002, 233, 238.
201 LAG Hamm 22.10.2010 – 10 TaBVGa 19/10, zit. nach juris; LAG Hessen 26.11.2009 – 9/5 TaBVGa 226/09, zit. nach juris.

c) Betriebsvereinbarung zur Verlängerung des Übergangsmandats gemäß § 21a Abs. 1 S. 4 BetrVG

▼

Muster 2.15: Betriebsvereinbarung zur Verlängerung des Übergangsmandats 59

Zwischen

dem Betriebsrat am Standort ░░░░░░ ,

vertreten durch den Betriebsratsvorsitzenden ░░░░░░

– im Folgenden: Betriebsrat –

und

1. der A-GmbH,

vertreten durch ihren Geschäftsführer ░░░░░░

– im Folgenden: A-GmbH –

2. der B-GmbH,

vertreten durch ihren Geschäftsführer ░░░░░░

– im Folgenden: B-GmbH –

wird folgende Vereinbarung getroffen:

Betriebsvereinbarung zur Verlängerung des Übergangsmandats gemäß § 21a Abs. 1 S. 4 BetrVG

I. Durch Vereinbarung vom ░░░░░░ (*Datum*) hat die A-GmbH ihren Fuhrpark an die B-GmbH veräußert. Seit dem ░░░░░░ (*Datum*) wurde der Fuhrpark aus dem Betrieb der A-GmbH in ░░░░░░ (*Standort*) ausgegliedert und wird seit diesem Datum von der B-GmbH am Standort ░░░░░░ (*Ort*) betrieben.

II. Der Betriebsrat der A-GmbH in ░░░░░░ (*Standort*) nimmt seit diesem Datum ein Übergangsmandat gemäß § 21a Abs. 1 S. 1 BetrVG für den ausgegliederten Fuhrpark wahr. Die gesetzliche Übergangsfrist endet am ░░░░░░ (*Datum*). Ein neuer Betriebsrat ist im neuen Betrieb der B-GmbH noch nicht gewählt.

III. Die Parteien vereinbaren deshalb gemäß § 21 Abs. 1 S. 4 BetrVG eine Verlängerung des Übergangsmandats um weitere drei Monate.

IV. Während des verlängerten Übergangsmandats haften die A-GmbH und die B-GmbH für die allgemeinen Kosten der Betriebsratstätigkeit weiterhin gem. § 40 BetrVG gegenüber dem Betriebsrat als Gesamtschuldner. Die Freistellungs- und Entgeltzahlungsansprüche einzelner Betriebsratsmitglieder richten sich nur gegen den jeweiligen Vertragsarbeitgeber. Die A-GmbH und die B-GmbH treffen zum internen Kostenausgleich folgende Vereinbarung: Die Kosten des Betriebsrats und seiner Mitglieder während des Übergangsmandats trägt die A-GmbH zu ░░░░░░ % und die B-GmbH zu ░░░░░░ %.

(*Ort, Datum*)

(*Unterschriften*)

▲

Die gesetzliche Frist für das Übergangsmandat gem. § 21a BetrVG kann durch Kollektivvereinbarung um 60
weitere sechs Monate verlängert werden. Dieser Zeitraum muss nach h.M. nicht ausgeschöpft werden.[202]
Die Vereinbarung muss vor Ablauf der Sechsmonatsfrist wirksam vereinbart werden, da andernfalls das
Übergangsmandat beendet ist und schon begrifflich nicht mehr „verlängert" werden kann.[203]

Grundsätzlich wird die **Betriebsvereinbarung** zur Verlängerung des Übergangsmandats zwischen dem be- 61
troffenen Betriebsrat und dem neuen Arbeitgeber abgeschlossen, für dessen Betrieb das Übergangsmandat

---

202 *Fitting u.a.*, § 21a BetrVG Rn 26; Richardi/*Thüsing*, § 21a BetrVG Rn 24; ErfK/*Koch*, § 21a BetrVG Rn 1; DKK/*Buschmann*, § 21a BetrVG Rn 48; Richardi/*Annuß*, DB 2001, 41, 45.
203 *Fitting u.a.*, § 21a BetrVG Rn 26.

wahrgenommen wird.[204] Hat der Arbeitgeber des Ursprungsbetriebs bei ihm beschäftigte Betriebsratsmitglieder für die Wahrnehmung des Übergangsmandats freizustellen, muss er in die ihn belastende Betriebsvereinbarung miteinbezogen werden.[205] Für die **Kosten** gemäß § 40 BetrVG haften beide Rechtsträger während des Übergangsmandats nach h.M. als Gesamtschuldner.[206] Die Ansprüche auf Freistellung richten sich allein gegen den jeweiligen Vertragsarbeitgeber,[207] der diesen gegenüber auch dann zur Entgeltfortzahlung verpflichtet ist, wenn das Betriebsratsmitglied im Übergangsmandat Betriebsratstätigkeiten für den Betrieb des anderen Rechtsträgers ausübt.[208] In dieser Konstellation ist es deshalb besonders wichtig, eine Vereinbarung über die interne Kostenverteilung während des Übergangsmandats zu treffen,[209] die sich z.B. an der Belegschaftsgröße orientieren kann.

d) Aufgabenübertragung auf den Gesamtbetriebsrat/Konzernbetriebsrat gemäß §§ 50 Abs. 2, 58 Abs. 2 BetrVG

▼

62 **Muster 2.16: Aufgabenübertragung auf den Gesamtbetriebsrat**

Der Betriebsrat der Firma ▨▨▨ (*Bezeichnung*)

An den Gesamtbetriebsrat

der Firma ▨▨▨ (*Bezeichnung*)

z.H. des Gesamtbetriebsratsvorsitzenden ▨▨▨ (*Name*)

(*Adresse*)

(*Ort, Datum*)

Beschluss des Betriebsrats zur Aufgabenübertragung gemäß § 50 Abs. 2 BetrVG

Sehr geehrter Herr ▨▨▨(*Name*),

Der Betriebsrat hat in der Betriebsratssitzung vom ▨▨▨ (*Datum*) mit der Mehrheit der Stimmen seiner Mitglieder gemäß § 50 Abs. 2 BetrVG beschlossen, den Gesamtbetriebsrat mit der Verhandlung über eine Betriebsvereinbarung zur Regelung der Arbeitszeit zu beauftragen.

(**ggf:** *Der Betriebsrat behält sich gemäß § 50 Abs. 2 S. 2 BetrVG die Entscheidung über den Abschluss einer Betriebsvereinbarung vor.*)

(*Unterschrift des Betriebsratsvorsitzenden*)

▲

▼

63 **Muster 2.17: Aufgabenübertragung auf den Gesamtbetriebsrat mit Zustimmung zur Folgedelegation an den Konzernbetriebsrat**

Der Betriebsrat der Firma ▨▨▨ (*Bezeichnung*)

An den Gesamtbetriebsrat

---

204 NomosK-ArbR/*Stoffels/Bergwitz*, § 21a BetrVG Rn 35; *Fitting u.a.*, § 21a BetrVG Rn 26; a.A. Richardi/*Thüsing*, § 21a BetrVG Rn 23.

205 NomosK-ArbR/*Stoffels/Bergwitz*, § 21a BetrVG Rn 35; *Fitting u.a.*, § 21a BetrVG Rn 26; a.A. Richardi/*Thüsing*, § 21a BetrVG Rn 23.

206 ArbG Leipzig, 5.5.2006, NZA-RR 2007, 24; *Fitting u.a.*, § 21a BetrVG Rn 27; *Gragert*, NZA 2004, 289, 291 f.; a.A. ErfK/*Koch*, § 21a BetrVG Rn 8.

207 NomosK-ArbR/*Stoffels/Bergwitz*, § 21a BetrVG Rn 37; *Fitting u.a.*, § 21a BetrVG Rn 27; ErfK/*Koch*, § 21a BetrVG Rn 8; *Gragert*, NZA 2004, 289, 292.

208 NomosK-ArbR/*Stoffels/Bergwitz*, § 21a BetrVG Rn 37; *Fitting u.a.*, § 21a BetrVG Rn 27; ErfK/*Koch*, § 21a BetrVG Rn 8; *Gragert*, NZA 2004, 289, 292 f.; a.A. Richardi/*Thüsing*, § 21a BetrVG Rn 30.

209 NomosK-ArbR/*Stoffels/Bergwitz*, § 21a BetrVG Rn 36 f.; *Rieble*, NZA 2002, 233, 236.

der Firma ████████ (*Bezeichnung*)

z.H. des Gesamtbetriebsratsvorsitzenden ████████ (*Name*)

(*Adresse*)

(*Ort, Datum*)

Beschluss des Betriebsrats zur Aufgabenübertragung gemäß § 50 Abs. 2 BetrVG

Sehr geehrter Herr ████████ *(Name)*,

Der Betriebsrat hat in der Betriebsratssitzung vom ████████ (*Datum*) mit der Mehrheit der Stimmen seiner Mitglieder gemäß § 50 Abs. 2 BetrVG beschlossen, den Gesamtbetriebsrat mit der Behandlung der nachfolgend geschilderten Angelegenheit zu beauftragen.

Die Beauftragung umfasst das Verhandlungs- und das Abschlussmandat und erfolgt mit der Maßgabe, dass der Gesamtbetriebsrat seinerseits berechtigt ist, den für den Betrieb zuständigen Konzernbetriebsrat gemäß § 58 Abs. 2 BetrVG zu beauftragen.

Die Beauftragung erfolgt unwiderruflich, d.h. der Betriebsrat wird von seinem Recht auf Widerruf der Delegation aus §§ 50 Abs. 2 S. 3, 27 Abs. 2 S. 4 BetrVG keinen Gebrauch machen.

Angelegenheit: Verhandlung über eine Betriebsvereinbarung zur Regelung der Arbeitszeit.

(*Unterschrift des Betriebsratsvorsitzenden*)

▲

18

▼

Muster 2.18: Zusammengefasste Aufgabenübertragung mehrerer Betriebsräte auf den Gesamtbetriebsrat

64

Die Betriebsräte der Firma ████████ (*Bezeichnung*) für die Standorte ████████, ████████, ████████, ████████.

An den Gesamtbetriebsrat

der Firma ████████ (*Bezeichnung*)

z.H. des Gesamtbetriebsratsvorsitzenden ████████ (*Name*)

(*Adresse*)

(*Ort, Datum*)

Delegation gemäß § 50 Abs. 2 BetrVG

Sehr geehrter Herr ████████ *(Name)*,

Die unterzeichnenden Betriebsräte haben gesondert beschlossen, sämtliche Beteiligungsrechte, die mit der Behandlung der nachfolgend geschilderten Angelegenheit einhergehen und in Verbindung stehen, auf den Gesamtbetriebsrat der Firma ████████ nach § 50 Abs. 2 BetrVG zu delegieren. Dies umfasst das Verhandlungs- und das Abschlussmandat sowie das Recht des Gesamtbetriebsrats, mit der Behandlung der Angelegenheit seinerseits den Konzernbetriebsrat gemäß § 58 Abs. 2 BetrVG unwiderruflich zu beauftragen.

Diese Delegationsbeschlüsse erfolgten unwiderruflich, d.h. die beschlussfassenden Betriebsräte werden von ihrem Recht auf Widerruf der Delegation aus §§ 50 Abs. 2 S. 3, 27 Abs. 2 S. 4 BetrVG keinen Gebrauch machen.

Kopien der entsprechenden Beschlüsse sind als Anlage dieser Delegation beigefügt.

Nach Maßgabe dieser Beschlüsse erfolgt hiermit eine nochmalige vorsorgliche Delegation an den Gesamtbetriebsrat.

Angelegenheit: Verhandlung über eine Betriebsvereinbarung zur Regelung der Arbeitszeit.

(*Unterschriften der einzelnen Betriebsratsvorsitzenden*)

▲

19

▼

65   **Muster 2.19: Folgedelegation an den Konzernbetriebsrat**

Der Gesamtbetriebsrat der Firma ▨▨▨ (*Bezeichnung*)

An den Konzernbetriebsrat

gebildet bei ▨▨▨ (*Bezeichnung*)

z.H. des Konzernbetriebsratsvorsitzenden ▨▨▨ (*Name*)

(*Adresse*)

(*Ort, Datum*)

Delegation gemäß § 58 Abs. 2 BetrVG

Sehr geehrter Herr ▨▨▨ (*Name*),

Die für das Unternehmen ▨▨▨ bestehenden Betriebsräte in sämtlichen Betrieben, in denen Betriebsräte gebildet sind, nämlich der Betriebe ▨▨▨, ▨▨▨ und ▨▨▨, haben durch korrespondierende Beschlussfassungen am ▨▨▨ (*Datum*) den Gesamtbetriebsrat beauftragt, die unten folgend näher beschriebene Angelegenheit gemäß § 50 Abs. 2 BetrVG für sie zu behandeln. Unter Bezugnahme auf diese Beschlusslage hat der Gesamtbetriebsrat am heutigen Tage gesondert beschlossen, die Angelegenheit gemäß § 58 Abs. 2 BetrVG an den Konzernbetriebsrat, gebildet bei ▨▨▨ zu delegieren. Dieser Delegationsbeschluss erfolgt unwiderruflich, d.h. der Gesamtbetriebsrat wird von seinem Recht auf Widerruf der Delegation aus §§ 58 Abs. 2 S. 3, 27 Abs. 2 S. 4 BetrVG keinen Gebrauch machen.

Nach Maßgabe dieses in Ablichtung beigefügten Beschlusses erfolgt hiermit nochmals eine vorsorgliche Delegation an den Konzernbetriebsrat.

Angelegenheit: Verhandlung über eine Betriebsvereinbarung zur Regelung der Arbeitszeit.

(*Unterschrift des Gesamtbetriebsratsvorsitzenden*)

▲

66   Für die Zuständigkeitsabgrenzung zwischen Betriebsrat und Gesamtbetriebsrat gilt gemäß § 50 Abs. 1 BetrVG das **Subsidiaritätsprinzip**: Sofern der Gesamtbetriebsrat nicht vom Betriebsrat gemäß § 50 Abs. 2 BetrVG beauftragt wird, für ihn eine Angelegenheit zu behandeln, ist er nur zuständig, wenn die Angelegenheit das Gesamtunternehmen oder mehrere Betriebe betrifft und nicht durch die einzelnen Betriebsräte innerhalb der Betriebe geregelt werden kann. Die bloße Zweckmäßigkeit kann keine originäre Zuständigkeit des Gesamtbetriebsrats begründen, solange kein **zwingendes Erfordernis** für eine betriebsübergreifende Regelung besteht.[210] So fallen z.B. Arbeitszeitregelungen nur ausnahmsweise in die Zuständigkeit des Gesamtbetriebsrats, wenn wegen der produktionstechnischen Abhängigkeit mehrere Betriebe voneinander eine einheitliche Arbeitszeitregelung zwingend aus sachlichen Gründen erforderlich ist, da andernfalls eine technisch untragbare Störung mit unangemessenen betrieblichen und wirtschaftlichen Auswirkungen eintreten würde.[211]

Insbesondere bei Betriebsänderungen im Rahmen unternehmensweiter Restrukturierungen besteht oftmals nicht ohne Weiteres die Zuständigkeit des Gesamtbetriebsrats,[212] was die Regelung durch ein unzuständiges Organ und damit erhebliche Risiken (bis hin zum Fehlen eines wirksamen Interessenausgleichs mit der Folge von Unterlassungsansprüchen und Nachteilsausgleich) für den Arbeitgeber zur Folge haben kann.

---

210 BAG 15.1.2002, AP Nr. 23 zu § 50 BetrVG 1972; BAG 9.12.2003, AP Nr. 27 zu § 50 BetrVG 1972; BAG 10.10.2006, NZA 2007, 523; ErfK/*Koch*, § 50 BetrVG Rn 3; zur originären Zuständigkeit des Gesamtbetriebsrats *Lunk*, NZA 2013, 233 ff.
211 BAG 23.9.1975, AP Nr. 1 zu § 50 BetrVG 1972; vgl. BAG 9.12.2003, AP Nr. 27 zu § 50 BetrVG 1972; *Fitting u.a.*, § 50 BetrVG Rn 37; zu anderen Mitbestimmungstatbeständen *Lunk*, NZA 2013, 233, 235 ff.
212 *Fitting u.a.*, § 50 BetrVG Rn 59.

Vereinzelt fallen auch die Zuständigkeiten bzgl. Interessenausgleich und Sozialplan auseinander.[213] Der Arbeitgeber hat daher ein Interesse hinsichtlich einer wirksamen Aufgabenübertragung.

Ist die Zuständigkeit des Gesamtbetriebsrats zweifelhaft, empfiehlt es sich zur Schaffung von Rechtssicher- **67** heit über das zuständige Gremium, Übertragungsbeschlüsse der Betriebsräte gemäß § 50 Abs. 2 BetrVG herbeizuführen. Die Delegation von Aufgaben an den Gesamtbetriebsrat gemäß § 50 Abs. 2 S. 1 BetrVG setzt einen mit **qualifizierter Mehrheit** gefassten Beschluss des Betriebsrats voraus. Wegen des Verweises auf § 27 Abs. 2 S. 3 BetrVG bedarf die Übertragung der **Schriftform** und ist deshalb vom Betriebsratsvorsitzenden zu unterzeichnen. Sie wird mit dem Zugang der schriftlichen Mitteilung an den Vorsitzenden des Gesamtbetriebsrats wirksam.[214] § 50 Abs. 2 BetrVG ermöglicht nur die Übertragung einzelner Angelegenheiten, nicht hingegen ganzer Sachbereiche.[215] Der Betriebsrat kann sich gemäß § 50 Abs. 2 S. 2 BetrVG die Entscheidungsbefugnis vorbehalten. Die Übertragung kann jederzeit durch einen mit absoluter Mehrheit zu fassenden **Widerrufsbeschluss** rückgängig gemacht werden, der dem Gesamtbetriebsratsvorsitzenden gemäß § 50 Abs. 2 S. 3 i.V.m. § 27 Abs. 2 S. 4 BetrVG ebenfalls schriftlich mitzuteilen ist.

Die vorgehenden Muster zeigen, wie durch Delegationsbeschlüsse die Zuständigkeiten mehrerer örtlicher Be- **68** triebsräte zunächst auf Unternehmensebene bei dem Gesamtbetriebsrat und schließlich auf Konzernebene beim Konzernbetriebsrat zusammengefasst werden. In zahlreichen Mitbestimmungsfragen ist es zweckmäßig, durch Verhandlungen auf Konzernebene einheitliche Standards für den gesamten Konzern zu schaffen. Da allein die Zweckmäßigkeit konzerneinheitlicher Verhandlungen noch keine originäre Zuständigkeit des Konzernbetriebsrates gemäß § 58 Abs. 1 BetrVG begründet, muss dessen Verhandlungsmandat im Wege einer Delegation geschaffen werden. Nach § 58 Abs. 1 BetrVG ist keine Direktübertragung der Zuständigkeiten örtlicher Betriebsräte auf den Konzernbetriebsrat vorgesehen. Deshalb fassen die Einzelbetriebsräte in einem ersten Schritt Beauftragungsbeschlüsse an den Gesamtbetriebsrat. In den Beauftragungsbeschlüssen wird dem Gesamtbetriebsrat die Zustimmung erteilt, die Angelegenheit an den Konzernbetriebsrat zu delegieren. Diese Beschlüsse werden dem Gesamtbetriebsratsvorsitzenden unter Beachtung der maßgeblichen Schriftform in einer Mitteilung übersandt, wobei in dieser Mitteilung vorsorglich die Delegation wiederholt wird. Daraufhin fassen die wiederum zu beteiligenden Gesamtbetriebsräte ihre Beauftragungsbeschlüsse für den Konzernbetriebsrat und übersenden sie dem Konzernbetriebsratsvorsitzenden in entsprechenden Mitteilungsschreiben. Die Gesamtbetriebsratsbeschlüsse bedürfen nach §§ 59 Abs. 1, 51 Abs. 3 S. 1 BetrVG der absoluten Mehrheit.[216] Verhandlungs- und damit auch Abschlusspartner des beauftragten Konzernbetriebsrats soll grundsätzlich nicht das Unternehmen an der Konzernspitze sein, sondern die jeweilige Leitung des Unternehmens, dessen Gesamtbetriebsrat den Konzernbetriebsrat beauftragt hat.[217] Durch entsprechende Bevollmächtigungen empfiehlt es sich, auch auf Arbeitgeberseite die Verhandlungsmandate auf der Konzernebene zusammenzufassen.

e) Beschluss des Gesamtbetriebsrats zur Errichtung eines Konzernbetriebsrats gemäß § 54 Abs. 1 BetrVG

▼ 20

Muster 2.20: Beschluss des Gesamtbetriebsrats zur Errichtung eines Konzernbetriebsrats **69**

Der Gesamtbetriebsrat der ▓▓▓▓ (*Firmenname*)

(*Adresse*)

Gesamtbetriebsratsvorsitzender: ▓▓▓▓ (*Name*)

---

213 BAG 3.5.2006, NZA 2007, 1245.
214 NomosK-ArbR/*Bodem*, § 50 BetrVG Rn 9; *Fitting u.a.*, § 50 BetrVG Rn 64; ErfK/*Koch*, § 50 BetrVG Rn 10; Richardi/*Annuß*, § 50 BetrVG Rn 60.
215 BAG 26.1.1993, NZA 1993, 714; NomosK-ArbR/*Bodem*, § 50 BetrVG Rn 9; *Fitting u.a.*, § 50 BetrVG Rn 65.
216 ErfK/*Koch*, § 58 BetrVG Rn 5.
217 BAG 17.3.2015, AP Nr. 6 zu § 58 BetrVG 1972; BAG 12.11.1997, NZA 1998, 497; ErfK/*Koch*, § 58 BetrVG Rn 5.

Beschluss des Gesamtbetriebsrats gemäß § 54, 55 BetrVG

(1) Der Gesamtbetriebsrat hat in seiner Sitzung vom ▓▓▓▓▓ (*Datum*) mit der Mehrheit der Stimmen der anwesenden Mitglieder (Abstimmungsergebnis: ▓▓▓▓▓) die Errichtung eines Konzernbetriebsrats beschlossen.

Gemäß § 54 BetrVG wird der Errichtung eines Konzernbetriebsrats für die ▓▓▓▓▓ (*Firmenname*) zugestimmt.

(2) Als Mitglieder für den Konzernbetriebsrat entsenden wir:

1. Herrn ▓▓▓▓▓ (Abstimmungsergebnis: ▓▓▓▓▓)

Als Ersatzmitglieder werden benannt:

a) Herr ▓▓▓▓▓ (Abstimmungsergebnis: ▓▓▓▓▓)

b) Herr ▓▓▓▓▓ (Abstimmungsergebnis: ▓▓▓▓▓)

2. Frau ▓▓▓▓▓ (Abstimmungsergebnis: ▓▓▓▓▓)

Als Ersatzmitglieder werden benannt:

a) Frau ▓▓▓▓▓ (Abstimmungsergebnis: ▓▓▓▓▓)

b) Frau ▓▓▓▓▓ (Abstimmungsergebnis: ▓▓▓▓▓)

(*Ort, Datum*)

(*Unterschrift des Gesamtbetriebsratsvorsitzenden*)

▲

Mit dem Zustimmungsbeschluss zur Errichtung eines Konzernbetriebsrats können bereits die Beschlüsse zur Entsendung von Mitgliedern des Gesamtbetriebsrats in den künftigen Konzernbetriebsrat verbunden werden. Gemäß **§ 55 BetrVG** entsendet jeder Gesamtbetriebsrat unter angemessener Berücksichtigung der Geschlechter zwei seiner Mitglieder in den Konzernbetriebsrat. Für jedes Mitglied ist mindestens ein Ersatzmitglied und bei mehreren Ersatzmitgliedern auch die Reihenfolge ihres Nachrückens festzulegen. Wie bei der Entsendung von Mitgliedern des Betriebsrats zum Gesamtbetriebsrat gem. § 47 Abs. 2 BetrVG ist für die Entsendung ein Geschäftsführungsbeschluss mit einfacher Stimmenmehrheit nach § 33 Abs. 1 BetrVG erforderlich,[218] wobei für jedes entsandte Mitglied eine gesonderte Beschlussfassung erforderlich ist.[219]

21

f) Vereinbarung über die Errichtung eines Europäischen Betriebsrats nach § 18 EBRG

▼

70 **Muster 2.21: Vereinbarung über die Errichtung und Ausgestaltung eines Europäischen Betriebsrates nach § 18 EBRG**

Zwischen der

X-AG [zentrale Leitung gemäß § 1 Abs. 7 EBRG],

vertreten durch ihren Vorstand ▓▓▓▓▓

und

dem besonderen Verhandlungsgremium

mit den Mitgliedern ▓▓▓▓▓

---

218 Zu § 47 Abs. 2 BetrVG: BAG 21.7.2004, AP Nr. 13 zu § 47 BetrVG 1972; *Fitting u.a.*, § 47 BetrVG Rn 33 m.w.N.
219 Zu § 47 Abs. 2 BetrVG: *Fitting u.a.*, § 47 BetrVG Rn 33; ErfK/*Koch*, § 47 BetrVG Rn 6; DKK/*Trittin*, § 47 BetrVG Rn 82 ff.

werden auf Grundlage der Richtlinie 2009/38/EG die gemeinschaftsweiten Unterrichtungs- und Anhörungsrechte der Belegschaft durch eine Vereinbarung über die Errichtung und Ausgestaltung eines Europäischen Betriebsrates im Sinne des § 18 EBRG wie folgt geregelt:

§ 1 Geltungsbereich[220]

(1) Diese Vereinbarung gilt für alle Betriebe der X-AG (*Alternativ*: ..., soweit sie sich in einem EU- oder EWR-Mitgliedsland befinden).

Alternativ:

Diese Vereinbarung gilt für die Betriebe aller Unternehmen, welche gemäß § 6 EBRG einem beherrschenden Einfluss durch die X-AG unterliegen (X-Gruppe) (*Alternativ: ..., soweit sie sich in einem EU- oder EWR-Mitgliedsland befinden*).

(2) Zum Zeitpunkt des Abschlusses dieser Vereinbarung sind das folgende Betriebe/Unternehmen:

░░░░░░░ (*Name, Anschrift*),

░░░░░░░ (*Name, Anschrift*),

[Aufzählung]

§ 2 Errichtungsbeschluss

Für den Geltungsbereich nach § 1 wird ein Europäischer Betriebsrat errichtet. Dessen innere Organisation und seine Rechte und Pflichten gegenüber der X-AG richten sich nach den folgenden Bestimmungen. Der Europäische Betriebsrat kommt am ░░░░░ (*Datum*) erstmalig zu einer konstituierenden Sitzung am Hauptsitz der Gesellschaft zusammen. Bis zu diesem Termin soll die Wahl seiner Erstmitglieder abgeschlossen sein.

§ 3 Mitglieder des Europäischen Betriebsrats[221]

(1) Mitglieder des Europäischen Betriebsrates können nur Arbeitnehmer der durch § 1 erfassten Betriebe sein. Die Arbeitnehmereigenschaft richtet sich im Rahmen dieser Vereinbarung nach den jeweiligen nationalen Gesetzen des Landes, in dem sich der Betrieb befindet. Für jedes Mitglied wird ein Ersatzmitglied bestellt.[222]

(2) Die Mitgliedschaft im Europäischen Betriebsrat beträgt vier Jahre, sofern sie nicht wegen Mandatsniederlegung, Ausschluss, Beendigung des Arbeitsverhältnisses oder Tod vorzeitig endet.

(3) Die Bestellung und der Ausschluss der Mitglieder und Ersatzmitglieder des Europäischen Betriebsrates richten sich nach den jeweiligen nationalen Bestimmungen zur Wahl und zum Ausschluss von Arbeitnehmervertretern, die auf den entsendenden Betrieb/das entsendende Unternehmen Anwendung finden.[223]

(4) Für jeden Anteil der in einem Staat beschäftigten Arbeitnehmer, der 10 Prozent der Gesamtzahl der in allen Staaten beschäftigten Arbeitnehmer der X-AG/X-Gruppe oder einen Bruchteil davon beträgt, wird ein Mitglied aus diesem Staat in den Europäischen Betriebsrat entsandt (**Alternativ:** ... jedoch höchstens 4 Mitglieder pro Staat). Zum Zeitpunkt des Abschlusses dieser Vereinbarung entsenden die jeweiligen Staaten nach diesem Grundsatz Mitglieder in folgender Zahl:

Deutschland ░░░░░

Frankreich ░░░░░

[*Aufzählung*]

Alternativ:

Jeder Betrieb/jedes Unternehmen entsendet ein Mitglied in den Europäischen Betriebsrat. Betriebe/Unternehmen mit mehr als 1000 Beschäftigten entsenden zwei Mitglieder.

---

220 § 18 Abs. 1 Nr. 1 EBRG.
221 § 18 Abs. 1 Nr. 2 EBRG.
222 Siehe dazu HWK/*Giesen*, EBRG Rn 14.
223 Siehe dazu HWK/*Giesen*, EBRG Rn 42.

Alternativ:

Für jeden Anteil der in einem Staat beschäftigten Arbeitnehmer, der 10 Prozent der Gesamtzahl der in allen Staaten beschäftigten Arbeitnehmer der X-AG/X-Gruppe beträgt, wird ein Mitglied aus diesem Staat in den Europäischen Betriebsrat entsandt. Staaten, deren Arbeitnehmerzahlen diesen Schwellenwert nicht erreichen, bilden zusammen einen Entsendekreis. Für den Entsendekreis gilt S. 1 mit der Maßgabe entsprechend, dass der Entsendekreis wie ein einheitlicher Staat behandelt wird, aber mindestens ein Mitglied in den Europäischen Betriebsrat entsendet. Der Entsendekreis wählt die durch ihn entsandten Mitglieder in einer elektronischen Urabstimmung aller in ihm beschäftigten Arbeitnehmer. Hierbei findet die Wahlordnung in **Anlage 1** Anwendung.

Als Ergänzung:

(5) Staaten, in denen weniger als 20 Arbeitnehmer beschäftigt sind, bilden einen gemeinsamen Entsendungskreis, der ein Mitglied als gemeinsamen Repräsentanten in den Europäischen Betriebsrat entsendet. Der Entsendekreis wählt den gemeinsamen Repräsentanten in einer elektronischen Urabstimmung aller in ihm beschäftigten Arbeitnehmer. Hierbei findet die Wahlordnung in **Anlage 1** Anwendung.

§ 4 Geschäftsführung

(1) Der Europäische Betriebsrat wählt aus seiner Mitte einen Vorsitzenden und dessen Stellvertreter. Der Vorsitzende und im Falle seiner Verhinderung sein Stellvertreter vertritt den Europäischen Betriebsrat im Rahmen der von ihm gefassten Beschlüsse und ist zur Entgegennahme von Erklärungen bevollmächtigt. Der Vorsitzende wird von seiner Arbeitspflicht unter Fortzahlung der Vergütung freigestellt.

(2) Der Europäische Betriebsrat gibt sich durch Beschluss eine Geschäftsordnung. Der Beschluss wird durch eine Mehrheit von zwei Dritteln der Mitglieder des Europäischen Betriebsrats gefasst. Die Geschäftsordnung regelt insbesondere die Einberufung und den Ablauf der Sitzungen des Europäischen Betriebsrats und die Bildung, Zusammensetzung, Befugnisse und Arbeitsweise von Ausschüssen.[224]

(3) Die ordentliche Sitzung des Europäischen Betriebsrats findet einmal im Kalenderjahr am Hauptsitz der X-AG statt. Die ordentliche Sitzung darf eine Dauer von ▓▓▓▓▓▓ Tagen nicht überschreiten, es sei denn, die X-AG erteilt ihre Zustimmung.[225]

(4) Außerordentliche Sitzungen dürfen nur in Abwesenheit, insbesondere als Video- oder Telefonkonferenz durchgeführt werden, es sei denn, die X-AG erteilt ihre Zustimmung.

Als Ergänzung:

Die X-AG ist zur Erteilung der Zustimmung verpflichtet, wenn eine außerordentliche Sitzung unter Anwesenden in dringenden Angelegenheiten zur ordnungsgemäßen Wahrnehmung der Aufgaben des Europäischen Betriebsrates unerlässlich ist.

(5) Der Europäische Betriebsrat fasst seine Beschlüsse mit der Mehrheit der Anwesenden Mitglieder.

(6) Die Mitglieder des Europäischen Betriebsrates sind verpflichtet, die Betriebe/Unternehmen zu unterrichten, durch welche sie entsandt wurden, wobei § 5 Abs. 2 Beachtung findet. Die Unterrichtung erfolgt gegenüber der örtlichen Arbeitnehmervertretung oder, wenn eine solche nicht besteht, unmittelbar gegenüber den Arbeitnehmern.

§ 5 Zusammenarbeit

(1) Der Europäische Betriebsrat arbeitet vertrauensvoll mit der X-AG (**Alternativ:** … und den von ihr beherrschten Unternehmen) zusammen.

(2) Die Mitglieder des Europäischen Betriebsrats müssen Betriebs- und Geschäftsgeheimnisse der X-AG (**Alternativ:** … und der von ihr beherrschten Unternehmen) auch über ihre Amtszeit hinaus streng vertraulich behandeln.

224　§ 18 Abs. 1 Nr. 5 EBRG lässt es zu, die Regelung der Ausschüsse auf den Europäischen Betriebsrat zu übertragen GK-BetrVG/*Oetker*, § 18 EBRG Rn 10.
225　§ 18 Abs. 1 Nr. 4 EBRG.

§ 6 Jährliche Unterrichtung und Anhörung

(1) Die X-AG ist verpflichtet, den Europäischen Betriebsrat einmal im Kalenderjahr über die Entwicklung der Geschäftslage und die Perspektiven des gemeinschaftsweit tätigen Unternehmens/der X-Gruppe unter rechtzeitiger Vorlage der erforderlichen Unterlagen zu unterrichten und hört ihn an. Die Unterrichtung erfolgt in einem schriftlichen Bericht, der allen Mitgliedern des Europäischen Betriebsrates spätestens zwei Wochen vor der ordentlichen Sitzung des Europäischen Betriebsrates nach § 4 Abs. 3 zugestellt wird. Die Anhörung nach S. 1 erfolgt im Anschluss an die ordentliche Sitzung des Europäischen Betriebsrats. Die X-AG ist verpflichtet, die Vorschläge des Europäischen Betriebsrates eingehend zu prüfen und schriftlich Stellung zu nehmen. Auf Verlangen des Europäischen Betriebsrates müssen Vertreter beider Seiten auf einer gemeinsamen Sitzung zusammentreten und sich mit dem ernsthaften Bemühen zur Einigung mit den Vorschlägen des Europäischen Betriebsrates auseinandersetzen. Eine Pflicht zur Einigung besteht nicht. Unaufschiebbare Maßnahmen dürfen durch die X-AG/X-Gruppe bereits vor dieser Sitzung durchgeführt werden.

(2) Zu der Entwicklung der Geschäftslage und den Perspektiven nach Abs. 1 gehören insbesondere

1. die Struktur der X-AG/X-Gruppe sowie deren wirtschaftliche und finanzielle Lage,

2. die voraussichtliche Entwicklung der Geschäfts-, Produktions- und Absatzlage,

3. die Beschäftigungslage und ihre voraussichtliche Entwicklung,

4. Investitionen (Investitionsprogramme),

5. grundlegende Änderungen der Organisation,

6. die Einführung neuer Arbeits- und Fertigungsverfahren,

7. die Verlegung von Unternehmen, Betrieben oder wesentlichen Betriebsteilen sowie Verlagerungen der Produktion,

8. Zusammenschlüsse oder Spaltungen von Unternehmen oder Betrieben,

9. die Einschränkung oder Stilllegung von Unternehmen, Betrieben oder wesentlichen Betriebsteilen,

10. Massenentlassungen,

sofern ein grenzüberschreitender Bezug besteht. Wesentlich ist ein Betriebsteil, wenn in ihm wenigstens ▒▒▒▒ Arbeitnehmer beschäftigt sind. Ein grenzüberschreitender Bezug besteht, wenn die Angelegenheit zwei Unternehmen/Betriebe in verschiedenen Staaten betrifft. Betroffen ist ein Staat bereits dann, wenn von ihm aus Entscheidungen für Betriebe getroffen werden, die sich in einem anderen Staat befinden.[226]

(3) Der Europäische Betriebsrat kann nicht die Unterlassung von Maßnahmen nach Abs. 2 fordern.[227]

§ 7 Entscheidungsbezogene Unterrichtung und Anhörung

(1) Bevor durch die X-AG/in der X-Gruppe eine unterrichtungspflichtige Entscheidung nach Abs. 2 getroffen wird, hat sie den Europäischen Betriebsrat rechtzeitig unter Vorlage der erforderlichen Unterlagen zu unterrichten und auf Verlangen anzuhören, sofern dies nicht bereits im Rahmen einer Unterrichtung nach § 6 in ausreichendem Umfang erfolgt ist. Außer bei unvorhersehbar eingetretenen Umständen, die keinen weiteren Aufschub der Entscheidungsfindung dulden, müssen auf rechtzeitiges Verlangen des Europäischen Betriebsrates Vertreter beider Seiten auf einer gemeinsamen Sitzung zusammentreten und sich mit dem ernsthaften Bemühen zur Einigung mit den Vorschlägen des Europäischen Betriebsrates auseinandersetzen.[228] Eine Pflicht zur Einigung besteht nicht.

(2) Unterrichtungspflichtige Entscheidungen sind außergewöhnliche Entscheidungen, die erhebliche Auswirkungen auf die Interessen der Arbeitnehmer haben, insbesondere:

---

226 HWK/*Giesen*, EBRG Rn 67; AKRR/*Kühn*, § 30 EBRG Rn 5; DKK/*Däubler*, § 1 EBRG Rn 4; a.A. AKRR/*Annuß*, § 1 EBRG Rn 6.
227 HWK/*Giesen*, EBRG Rn 71.
228 HWK/*Giesen*, EBRG Rn 14.

1. [*definierte unterrichtungspflichtige Entscheidungen benennen*]

2. [...]

Alternativ:

Unterrichtungspflichtige Entscheidungen sind ausschließlich

1. die Verlegung von Unternehmen, Betrieben oder wesentlichen Betriebsteilen,

2. die Stilllegung von Unternehmen, Betrieben oder wesentlichen Betriebsteilen,

3. Massenentlassungen,

4. der Zusammenschluss und die Spaltung von Unternehmen, Betrieben oder wesentlichen Betriebsteilen,

5. die grundlegende Änderung der Organisation, des Zwecks oder der Anlagen von Unternehmen, Betrieben oder wesentlichen Betriebsteilen,

6. die Einführung grundlegend neuer Arbeitsmethoden oder Fertigungsverfahren,

soweit ein grenzüberschreitender Bezug besteht.

(3) Der Europäische Betriebsrat kann nicht die Unterlassung von Maßnahmen nach Abs. 2 fordern.

§ 8 Aufwendungsersatz; Schulungen

(1) Die durch die Tätigkeit des Europäischen Betriebsrats entstehenden erforderlichen Kosten trägt die X-AG. Die Erstattungsfähigkeit von Reise-, Verpflegungs- und Aufenthaltskosten richtet sich nach der Reisekostenrichtlinie der X-AG. Die jährlichen Kosten für Sachverständige werden ohne gesonderte Überprüfung der Erforderlichkeit auf ein Budget von ▮▮▮▮ EUR begrenzt. Die jährlichen Kosten für Übersetzungsleistungen werden ohne gesonderte Überprüfung der Erforderlichkeit auf ein Budget von ▮▮▮▮ EUR begrenzt. Ist am Ende des Geschäftsjahres noch Budget vorhanden, ist dieses dem Budget für das Folgejahr gutzuschreiben.

(2) Mitglieder des Europäischen Betriebsrates sind zur Teilnahme an Schulungs- und Bildungsveranstaltungen berechtigt, soweit diese Kenntnisse vermitteln, die für die Arbeit des Europäischen Betriebsrats erforderlich sind.

(3) Der Europäische Betriebsrat ist berechtigt, das Intranet der X-AG/X-Gruppe zur unmittelbaren Kommunikation mit den Arbeitnehmern zu verwenden.[229]

§ 9 Schlichtung

(1) Der Rechtsweg wegen Streitigkeiten über die Rechte und Pflichten aus dieser Vereinbarung steht nur nach Scheitern eines Schlichtungsverfahrens nach Abs. 2 offen. Für einen bereits rechtshängigen Antragsgegenstand kann das Schlichtungsverfahren nach Abs. 2 nicht mehr wirksam nachgeholt werden.

(2) Zur Beilegung von Streitigkeiten über die Rechte und Pflichten aus dieser Vereinbarung, kann jede Seite die Schlichtungsstelle anrufen. Die Schlichtungsstelle wird gebildet, indem jede Seite zwei zur Vertretung berechtigte Beisitzer entsendet. Die Beisitzer einigen sich auf einen unparteiischen Schlichtungsstellenvorsitzenden ohne Stimmrecht. Gelingt eine Einigung über den Schlichtungsstellenvorsitzenden nicht, gilt das Schlichtungsverfahren als gescheitert. Gelingt eine Einigung unter Vermittlung des Schlichtungsstellenvorsitzenden trotz ernsthaftem Bemühen um Einigung nicht, gilt das Schlichtungsverfahren als gescheitert.

§ 10 Schlussbestimmungen

(1) Diese Vereinbarung tritt mit Wirkung zum ▮▮▮▮ in Kraft. Sie kann mit einer Frist von einem Jahr zum Jahresende schriftlich gekündigt werden. Im Fall der Kündigung gilt die Vereinbarung solange weiter, bis sie durch eine Vereinbarung nach §§ 17 – 19 EBRG ersetzt wird oder Verhandlungen gemäß § 21 Abs. 1 u. 2 EBRG ohne Einigung beendet werden.

---

229 GK-BetrVG/*Oetker*, § 18 EBRG Rn 6; ohne gesonderte Regelung hätte der Europäische Betriebsrat diese Befugnis nicht, LAG Baden-Württemberg 2.10.2014 – 11 TaBV 6/13, zit. nach juris; HWK/*Giesen* EBRG Rn 112.

Als Ergänzung:

An Stelle des besonderen Verhandlungsgremiums nach §§ 8, 9 EBRG verhandelt der Europäische Betriebsrat.

(2) Sollte sich die Struktur der X-AG/X-Gruppe wesentlich ändern, werden beide Seiten über eine Anpassung dieser Vereinbarung verhandeln. Als wesentliche Strukturänderungen im Sinne des Satzes 1 gelten nur das Hinzukommen oder der Wegfall von Betrieben/beherrschten Unternehmen.[230]

(3) Diese Vereinbarung ersetzt alle bestehenden Vereinbarungen i.S.d. §§ 17 – 19 EBRG. Nebenabreden bestehen nicht. Soweit diese Vereinbarung nicht entgegensteht, gelten die §§ 22 – 40 EBRG entsprechend.

(4) Sollte eine Bestimmung dieser Vereinbarung unwirksam sein oder werden, wird hierdurch die Wirksamkeit der übrigen Regelungen nicht berührt. Die Parteien verpflichten sich für diesen Fall, eine wirksame Regelung zu vereinbaren, die dem am nächsten kommt, was sie ursprünglich gewollt haben bzw. nach dem Sinn und Zweck dieser Vereinbarung gewollt haben würden, wenn sie diesen Punkt von vornherein bedacht hätten.

(5) Gerichtsstand für alle Streitigkeiten aus dieser Vereinbarung ist der Sitz der X-AG.

(Ort, Datum)

(Unterschriften)   *(Unterschriften)*

X-AG   *Besonderes Verhandlungsgremium*

▲

§ 18 EBRG ermöglicht es, die Rechte, Pflichten und die innere Organisation des Europäischen Betriebsrats **71** durch eine Vereinbarung zwischen dem Arbeitgeber und einem durch die Arbeitnehmerseite gebildeten besonderen Verhandlungsgremium zu regeln. Scheitert eine Einigung, wird der Europäische Betriebsrat gemäß § 21 Abs. 1 EBRG kraft Gesetzes mit den sich aus **§§ 22 – 40 EBRG** ergebenden Rechten, Pflichten und Organisationsmaßgaben gebildet. Den dort vorgesehenen Umfang an Rechten wird die Arbeitnehmerseite also einseitig durchsetzen können. Eine einvernehmliche Regelung wird sich im Regelfall weitgehend an diesem gesetzlichen Regelwerk orientieren. Will die Arbeitgeberseite bestimmte Rechte des Europäischen Betriebsrates im Verhältnis zur gesetzlichen Konzeption beschränken, wird sie ein Einvernehmen der Arbeitnehmerseite durch Zugeständnisse erkaufen müssen. Die Arbeitgeberseite wird vor allem ein Interesse daran haben, die Kosten der Arbeit des Europäischen Betriebsrates zu begrenzen.[231] Daneben sind einvernehmliche Regelungen zweckmäßig, mit denen gegenüber der gesetzlichen Konzeption zusätzliche Klarstellungen erzielt oder Abläufe konkreter strukturiert werden.

Prinzipiell bestehen weitreichende **Gestaltungsspielräume**. Zu beachten ist, dass die Vereinbarung nach **72** § 17 EBRG zumindest die Unterrichtung und Anhörung schriftlich regeln und sich zwingend auf alle Arbeitnehmer der Mitgliedsstaaten erstrecken muss.[232] Werden diese Vorgaben nicht erfüllt, liegt keine Vereinbarung nach § 18 EBRG vor und das besondere Verhandlungsgremium besteht fort.[233] Ungeklärt ist in diesem Zusammenhang, unter welchen Voraussetzungen es zulässig ist, Schwellenwerte für eine Mindestarbeitnehmerzahl festzulegen, die in einem Mitgliedsstaat wenigstens vorhanden sein muss, damit er ein eigenes Mitglied in den Europäischen Betriebsrat entsenden darf. Es besteht ein praktisches Bedürfnis, Bagatellbetriebe mit im Extremfall nur ein oder zwei Arbeitnehmern daran zu hindern, ein eigenes Mitglied in den Europäischen Betriebsrat zu entsenden.[234] Nach h.M. soll eine Regelung zulässig sein, die Mitglieds-

---

230 Die gesetzliche Regelung nach § 37 Abs. 1 EBRG dürfte den Begriff der wesentlichen Strukturänderung unangemessen weit gefasst haben und sollte eingeschränkt werden, HWK/*Giesen*, EBRG Rn 81.

231 Zum Kostenproblem HWK/*Giesen*, EBRG Rn 6 m.w.N.

232 GK-BetrVG/*Oetker*, § 18 EBRG Rn 7.

233 NomosK-ArbR/*Breitenfeld*, §§ 17–20 EBRG, Rn 5; HWK/*Giesen*, EBRG Rn 56.

234 HWK/*Giesen*, EBRG Rn 12.

staaten, in denen lediglich Bagatellbetriebe vorhanden sind, zu einem gemeinsamen Entsendungskreis zusammenfasst.[235] Hierzu muss ein besonderes landesgrenzenüberschreitendes Wahlverfahren geregelt werden. Nach § 14 EBRG können Betriebe und Unternehmen in Staaten, die weder Mitglied der EU oder des EWR sind (Drittstaaten), bei der Bildung des Europäischen Betriebsrates zusätzlich mit einbezogen und durch eigene Mitglieder des Europäischen Betriebsrats repräsentiert werden.[236]

Die h.M. geht davon aus, dass es unzulässig ist, dem Europäischen Betriebsrat über die Unterrichtungs- und Anhörungsrechte hinaus echte Mitbestimmungsrechte zu verleihen, da die §§ 17 ff. EBRG auch ein Höchstmaß an Regelungsinhalt vorgeben.[237]

g) Tarifvertrag gemäß § 3 Abs. 1 Nr. 1 lit. b) BetrVG

▼

73   **Muster 2.22: Tarifvertrag gemäß § 3 Abs. 1 Nr. 1 lit. b) BetrVG**

Zwischen dem Unternehmen ▨▨▨ *(Bezeichnung)*

vertreten durch ▨▨▨

und der

Gewerkschaft ▨▨▨ *(Bezeichnung)*,

vertreten durch ▨▨▨

wird in Ausgestaltung des § 3 BetrVG nachfolgender

Tarifvertrag zur Bildung regionaler Betriebsratsstrukturen

vereinbart.

§ 1 Geltungsbereich

Dieser Tarifvertrag gilt

- räumlich für die Bundesländer ▨▨▨
- fachlich für sämtliche als Betriebe, Betriebsteile und Kleinstbetriebe anzusehenden Betriebsstätten des Unternehmens ▨▨▨ *(Bezeichnung)*
- persönlich für alle Arbeitnehmer/-innen des Unternehmens ▨▨▨ *(Bezeichnung)* im Sinne des § 5 Abs. 1 BetrVG

§ 2 Zweck

(1) Zur Gewährleistung eines erfolgreichen Zusammenwirkens zwischen den Arbeitnehmer/-innen, dem Arbeitgeber und der Gewerkschaft in Fragen der Betriebsverfassung sind sich die Parteien darüber einig, gem. § 3 Abs. 1 Nr. 1b) des BetrVG Betriebe, Betriebsteile und Kleinstbetriebe zur Bildung regionaler Betriebsratsstrukturen regional zusammenzufassen. Die Regelung erleichtert die Bildung von Betriebsräten und dient einer sachgerechten Wahrnehmung der Interessen der Arbeitnehmer.

(2) Die regional zusammengefassten Betriebsstätten gelten als ein Betrieb i.S.d. BetrVG. Der Betriebsbegriff anderer Gesetze wird von dieser Vereinbarung nicht berührt.

§ 3 Wahlregionen

(1) Die Betriebsstätten des Unternehmens ▨▨▨ *(Bezeichnung)* werden in ▨▨▨ *(Anzahl)* Regionen unterteilt. Die diesen Regionen zugeordneten Betriebe ergeben sich aus Anlage 1 dieses Tarifvertrags.

---

235 Für die Zulässigkeit DKK/*Däubler*, § 17 EBRG Rn 14; DKK/*Däubler*, Formularbuch BetrVG, EBRG Rn 12; NomosK-ArbR/*Breitenfeld*, §§ 17–20 EBRG Rn 9; *Gaul*, NJW 1996, 3378, 3381.
236 DKK/*Däubler*, § 1 EBRG Rn 7 u. § 18 EBRG Rn 5; HWK/*Giesen*, EBRG Rn 14. *Gaul*, NJW 1996, 3378, 3380.
237 HWK/*Giesen*, EBRG Rn 14 Rn 70; GK-BetrVG/*Oetker*, § 17 EBRG Rn 9; MünchArbR/*Jost*, § 274 Rn 103 a.A. DKK/*Däubler*, § 18 EBRG Rn 13.

(2) Sämtliche Betriebsstätten werden jeweils einer Region zugeordnet mit der Folge, dass die in dieser Region tätigen Arbeitnehmer/-innen gemeinsam einen Betriebsrat wählen, dessen Zuständigkeit sich auf sämtliche in seiner Region liegenden Betriebe erstreckt.

(3) Sitz des jeweiligen regionalen Betriebsrats ist die Betriebsstätte des/der jeweils amtierenden Betriebsratsvorsitzenden. Nach jeder Betriebsratswahl bzw. bei Veränderungen erhält der Arbeitgeber unverzüglich eine Mitteilung über den jeweils aktuellen Sitz des regionalen Betriebsrats.

§ 4 Neue Betriebsstätten

Die Regelung des § 3 gilt auch für neue Betriebe, die während der Geltungsdauer dieses Tarifvertrags errichtet oder übernommen werden.

§ 5 Erstmalige Wahl

Nach Inkrafttreten dieses Tarifvertrages finden unverzüglich Betriebsratswahlen in den nach § 3 definierten Regionen statt. Die Wahlvorstände werden durch den Gesamtbetriebsrat eingesetzt. Die Amtszeit der zurzeit amtierenden Betriebsräte endet mit den jeweiligen konstituierenden Sitzungen. Der Betriebsrat der Region _____ lädt unverzüglich nach den konstituierenden Sitzungen der regionalen Betriebsräte zur konstituierenden Sitzung des Gesamtbetriebsrats ein.

§ 6 Kosten der regionalen Betriebsräte

Betriebsratskosten sind Gemeinschaftskosten und werden entsprechend dem Anteil der Personalkosten der einzelnen Betriebsstätten umgelegt.

§ 7 Betriebsversammlung

Einmal im Kalenderjahr findet eine Betriebsräteversammlung gemäß § 53 BetrVG statt, an der alle Mitglieder der Regionalbetriebsräte teilnehmen können.

§ 8 Tarifschiedsstelle

Für Streitigkeiten zur Auslegung des Tarifvertrags wird eine Tarifschiedsstelle gebildet. Sie setzt sich aus je 3 Personen der vertragsschließenden Parteien zusammen.

§ 9 Inkrafttreten und Geltungsdauer

Dieser Tarifvertrag tritt am _____ (Datum) in Kraft und wird auf unbestimmte Zeit abgeschlossen. Er kann mit einer Frist von 6 Monaten zum Ende der Legislaturperiode, erstmals zum Ende der Periode _____ gekündigt werden. Ein Sonderkündigungsrecht von vier Wochen zum Monatsende besteht, wenn außerhalb der Legislaturperiode Betriebsratswahlen durchgeführt werden. Eine Nachwirkung des Tarifvertrags ist ausgeschlossen.

(Ort, Datum)

(Unterschriften)

▲

§ 3 Abs. 1 Nr. 1 BetrVG ermöglicht Unternehmen einen unternehmenseinheitlichen Betriebsrat zu bilden (lit. a) oder Betriebe zusammenzufassen (lit. b), wenn dies die Bildung von Betriebsräten erleichtert oder einer sachgerechten Wahrnehmung der Interessen der Arbeitnehmer dient. Diese Zwecksetzung sollte von den Vertragsparteien ausdrücklich vereinbart werden (hier § 2). **Betriebe** im Sinne der Vorschrift sind auch die Betriebsteile, die über die Fiktion in § 4 Abs. 1 S. 1 BetrVG als selbstständige Betriebe gelten. In Abweichung von § 4 Abs. 1 S. 2 BetrVG ist diesen Betriebsteilen dann nicht mehr freigestellt, eigene Betriebsräte zu wählen, da die Zuordnung des Tarifvertrags vorrangig ist.[238] Unternehmensübergreifende **Gemeinschaftsbetriebe** i.S.d. § 1 Abs. 1 S. 2, Abs. 2 BetrVG können in eine Vereinbarung gemäß § 3 Abs. 1 Nr. 1a) oder b) BetrVG nicht einbezogen werden, da Nr. 1 voraus- **74**

---

238 NomosK-ArbR/*Kloppenburg*, § 3 BetrVG Rn 21; *Fitting u.a.*, § 3 BetrVG Rn 26, 33; DKK/*Trümner*, § 3 BetrVG Rn 38.

setzt, dass die Betriebe demselben Unternehmen angehören.[239] Eine vom Gesetz abweichende unternehmensübergreifende Arbeitnehmervertretungsstruktur unter Einbeziehung der anderen am gemeinsamen Betrieb beteiligten Unternehmen kann nur über einen Tarifvertrag nach § 3 Abs. 1 Nr. 3 BetrVG geschaffen werden (vgl. auch Rdn 78).

75   Wird ein Tarifvertrag i.S.v. § 3 BetrVG gekündigt, führt dies nach einem Übergangsmandat gemäß § 21a BetrVG[240] zur Rückkehr zur gesetzlichen Betriebsratsstruktur. Nach überwiegender Auffassung wirken Tarifverträge nach § 3 Abs. 1 Nr. 1–3 BetrVG nicht gemäß § 4 Abs. 5 TVG nach.[241] Solange diese Frage nicht vom BAG geklärt ist, sollte die Nachwirkung zur Sicherheit deklaratorisch ausgeschlossen werden (§ 9 S. 3 des Musters).

Ist der Arbeitgeber tarifgebunden (§ 3 Abs. 2 TVG), ist der Tarifvertrag auf Arbeitnehmerseite ohne Rücksicht auf die Gewerkschaftszugehörigkeit verbindlich. Ein Tarifvertrag i.S.v. § 3 Abs. 1 Nr. 1–3 BetrVG kann bei mehreren im Betrieb vertretenen und tarifzuständigen Gewerkschaften von einer Gewerkschaft einzeln ohne Beteiligung der anderen Gewerkschaften abgeschlossen werden, sofern sich deren Zuständigkeit auf den gesamten Geltungsbereich des Tarifvertrages erstreckt.[242] Dieser Grundsatz wurde durch das Tarifeinheitsgesetz[243] mit § 4a Abs. 3 TVG bestätigt.[244] Will der Arbeitgeber einen Tarifvertrag nach § 3 Abs. 1 Nr. 1–3 BetrVG abschließen, hat er also die Wahl, ob er ihn mit der Mehrheitsgewerkschaft oder einer Minderheitengewerkschaft verhandelt und kann versuchen, mehrere Gewerkschaften gegeneinander auszuspielen.[245] Schließt der Arbeitgeber mit unterschiedlichen Gewerkschaften gleichzeitig kollidierende[246] Tarifverträge nach Abs. 1 Nr. 1 bis 3 ab, hat nach § 4a Abs. 2 S. 2 TVG der mit der Mehrheitsgewerkschaft vereinbarte Tarifvertrag Vorrang. Nach § 4 Abs. 2 S. 4 TVG können durch Tarifverträge nach § 3 Abs. 1 Nr. 1–3 BetrVG auch die Betriebseinheiten definiert werden, welche für die Ermittlung der Mitgliedermehrheiten der Gewerkschaften maßgeblich sind. Ist z.B. eine Gewerkschaft im Unternehmen in der Minderheit, in einzelnen Betrieben aber in der Mehrheit, kann sie durch Errichtung eines unternehmenseinheitlichen Betriebsrats nach § 3 Abs. 1 Nr. 1a) BetrVG generell in eine Minderheitenrolle gedrängt werden.[247]

h)   Tarifvertrag zur Bildung von Spartenbetriebsräten, § 3 Abs. 1 Nr. 2 BetrVG

▼

76   ## Muster 2.23: Tarifvertrag zur Bildung von Spartenbetriebsräten

Zwischen dem Unternehmen ▓▓▓▓▓ (*Bezeichnung*)

vertreten durch ▓▓▓▓▓

und der

Gewerkschaft ▓▓▓▓▓ (*Bezeichnung*),

vertreten durch ▓▓▓▓▓

wird in Ausgestaltung des § 3 Absatz 1 Nr. 2 BetrVG folgender

---

239 Richardi/*Richardi*, § 3 BetrVG Rn 18; *Fitting u.a.*, § 3 BetrVG Rn 27; Wlotzke/Preis/*Kreft*, § 3 BetrVG Rn 10; *Kort*, AG 2003, 13, 18; *Teusch*, NZA 2007, 124, 126; a.A. ErfK/*Koch*, § 3 BetrVG Rn 3; DKK/*Trümner*, § 3 BetrVG Rn 37; NomosK-ArbR/*Kloppenburg*, § 3 BetrVG Rn 21.

240 Richardi/*Richardi*, § 3 BetrVG Rn 65 m.w.N.; a.A. *Fitting u.a.*, § 3 BetrVG Rn 84 für Fortbestand des bisherigen BR bis zum Ende seiner regelmäßigen Amtszeit.

241 ErfK/*Franzen*, § 4 TVG Rn 55; HWK/*Gaul*, § 3 BetrVG Rn 7; Richardi/*Richardi*, § 3 BetrVG Rn 65; *Thüsing*, ZIP 2003, 693, 704; a.A. *Teusch*, NZA 2007, 124, 129.

242 BAG 29.7.2009, BB 2010, 1604 (mit Anm. *Scharff*); ErfK/*Koch*, § 3 BetrVG Rn 2.; *Wendeling-Schröder*, NZA 2015, 525, 527.

243 BGBl I 2015 Nr. 28, S. 1130 f.

244 *Fitting u.a.*, § 3 BetrVG Rn 16b.

245 *Fitting u.a.*, § 3 BetrVG Rn 16c u. 16d.

246 Zum Kollisionsfall ErfK/*Koch*, § 3 BetrVG Rn 2a.

247 DKK/*Trümner*, § 3 Rn 221e; *Greiner*, RdA 2015, 36, 40.

Tarifvertrag zur Bildung von Spartenbetriebsräten

vereinbart:

§ 1 Geltungsbereich

Dieser Tarifvertrag gilt

- räumlich für das Gebiet der Bundesrepublik Deutschland,

- fachlich für sämtliche als Betriebe, Betriebsteile und Kleinstbetriebe anzusehenden Betriebsstätten des Unternehmens ▨ (*Bezeichnung*)

- persönlich für alle Arbeitnehmer/-innen des Unternehmens ▨ (*Bezeichnung*) im Sinne des § 5 Abs. 1 BetrVG

§ 2 Zweck

Die Geschäftstätigkeit des Unternehmens ▨ (*Bezeichnung*) ist in drei Sparten, namentlich die Geschäftsbereiche

- (*Sparte 1*),

- (*Sparte 2*) und

- (*Sparte 3*)

untergliedert.

Da alle Entscheidungen in beteiligungspflichtigen Angelegenheiten von der jeweiligen Spartenleitung gefällt werden, dient es der sachgerechten Wahrnehmung der Interessen der Arbeitnehmer, durch diesen Tarifvertrag die Betriebsratsstrukturen der Struktur des Unternehmens anzupassen.

§ 3 Bildung der Spartenbetriebsräte

(1) Die einzelnen Betriebsstätten des Unternehmens (Betriebe, Betriebsteile und Kleinstbetriebe) werden den in § 2 genannten Sparten zugeordnet. Die Zuordnung ergibt sich aus Anlage 1 dieses Tarifvertrags.

(2) Die gemäß Anlage 1 nach Sparten zusammengefassten Betriebsstätten des Unternehmens gelten als ein Betrieb im Sinne des BetrVG. Es werden drei Spartenbetriebsräte gebildet, welche alle bisher in den Betriebsstätten der Gesellschaft gewählten Betriebsräte ersetzen.

§ 4 Neue Betriebsstätten

Die Regelung in § 3 gilt auch für neue Betriebe, die während der Geltungsdauer dieses Tarifvertrags errichtet oder übernommen werden.

§ 5 Erstmalige Wahl

Nach Inkrafttreten dieses Tarifvertrages finden unverzüglich Betriebsratswahlen in den nach §§ 2, 3 dieses Vertrags definierten Sparten statt. Die Wahlvorstände werden durch den Gesamtbetriebsrat eingesetzt. Die Amtszeit der zurzeit amtierenden Betriebsräte endet mit den jeweiligen konstituierenden Sitzungen.

§ 6 Gesamtbetriebsrat

Die Spartenbetriebsräte bilden einen Gesamtbetriebsrat. Der Betriebsrat der Sparte ▨ (*Bezeichnung*) lädt unverzüglich nach den konstituierenden Sitzungen der Spartenbetriebsräte zur konstituierenden Sitzung des Gesamtbetriebsrats ein.

§ 7 Betriebsversammlung

Einmal im Kalenderjahr findet eine Betriebsräteversammlung gemäß § 53 BetrVG statt, an der alle Mitglieder der Regionalbetriebsräte teilnehmen können.

§ 8 Tarifschiedsstelle

Für Streitigkeiten zur Auslegung des Tarifvertrags, insb. auch bei Streitigkeiten über die Zuordnung neuer Betriebsstätten gemäß § 4 dieses Vertrags, wird eine Tarifschiedsstelle gebildet. Sie setzt sich aus je 3 Personen der vertragsschließenden Parteien zusammen.

§ 9 Inkrafttreten und Geltungsdauer

Dieser Tarifvertrag tritt am ▒▒▒ in Kraft und wird auf unbestimmte Zeit abgeschlossen. Er kann mit einer Frist von 6 Monaten zum Ende der Legislaturperiode, erstmals zum Ende der Periode ▒▒▒ gekündigt werden. Ein Sonderkündigungsrecht von vier Wochen zum Monatsende besteht, wenn außerhalb der Legislaturperiode Betriebsratswahlen durchgeführt werden. Eine Nachwirkung des Tarifvertrags ist ausgeschlossen.

(*Ort, Datum*)

(*Unterschriften*)

▲

77　Spartenbetriebsräte können unter den Voraussetzungen des § 3 Abs. 1 Nr. 2 BetrVG für Unternehmen und Konzerne gebildet werden. Das Muster geht davon aus, dass die **Leitung der Sparte** sämtliche Entscheidungen in beteiligungspflichtigen Angelegenheiten trifft. Diese Gestaltung kann organisatorisch sinnvoll sein, ist aber nicht Voraussetzung für die Bildung von Spartenbetriebsräten, da die Norm lediglich voraussetzt, dass die Leitung „auch Entscheidungen" in diesen Angelegenheiten trifft. Die Spartenbetriebsräte innerhalb eines Unternehmens bilden gem. § 47 Abs. 1 BetrVG einen Gesamtbetriebsrat.[248]

i)　Gemeinsamer Gesamtbetriebsrat mehrerer Unternehmen gem. § 3 Abs. 1 Nr. 3 BetrVG

▼

78　**Muster 2.24: Gemeinsamer Gesamtbetriebsrat mehrerer Unternehmen**

Zwischen

1. dem Unternehmen ▒▒▒ (*Bezeichnung*),

vertreten durch ▒▒▒

– im Folgenden: X-AG –

2. dem Unternehmen ▒▒▒ (*Bezeichnung*),

vertreten durch ▒▒▒

– im Folgenden: Y-GmbH–

und der

Gewerkschaft ▒▒▒ (*Bezeichnung*)

vertreten durch ▒▒▒

– im Folgenden: Gewerkschaft –

wird gemäß § 3 Abs. 1 Nr. 3 BetrVG folgender

Tarifvertrag über einen gemeinsamen Gesamtbetriebsrat

vereinbart.

§ 1 Geltungsbereich

Dieser Tarifvertrag gilt

■ räumlich für das Gebiet der Bundesrepublik Deutschland,

■ fachlich für sämtliche Betriebe der vertragsschließenden Unternehmen

■ persönlich für alle Arbeitnehmer der vertragsschließenden Unternehmen i.S.d. § 5 BetrVG

---

248 Strittig ist, ob Spartenbetriebsräte nur auf der untersten, dem Betrieb im gesetzlichen Sinn entsprechenden Repräsentationsebene gebildet werden können, oder ob das auch auf der Organisationsebene „Unternehmen" (Sparten-GBR) oder „Konzern" (Sparten-KBR) nach § 3 Abs. 1 Nr. 2 BetrVG möglich ist, verneinend GK-BetrVG/*Franzen*, § 3 Rn 17 m.w.N.; differenzierend HWK/*Gaul*, § 3 BetrVG Rn 11: Zulässig, wenn keine Doppelvertretung der Arbeitnehmer durch verschiedene Betriebsräte erfolgt.

§ 2 Zweck

(1) Die vertragsschließenden Unternehmen unterhalten ausschließlich gemeinsame Betriebe i.S.d. § 1 Abs. 1 S. 2, Abs. 2 BetrVG. Grundlage der Zusammenarbeit in den gemeinsamen Betrieben in ▒▒▒▒ (*Standort 1*), in ▒▒▒▒ (*Standort 2*) und ▒▒▒▒ (*Standort 3*) ist die zwischen den vertragsschließenden Unternehmen getroffene Führungsvereinbarung vom ▒▒▒▒ (*Datum*). Gemäß § 5 dieser Vereinbarung werden alle Entscheidungen in mitbestimmungsrechtlichen Angelegenheiten von den vertragsschließenden Unternehmen gemeinsam getroffen.

(2) Nachdem vor Kurzem an allen Standorten Betriebsräte gewählt wurden, wären gemäß § 47 Abs. 1 BetrVG in beiden vertragsschließenden Unternehmen separate Gesamtbetriebsräte zu errichten. Die Parteien sind sich jedoch einig, dass aufgrund dieser Zusammenarbeit der Unternehmen an mehreren Standorten ein gemeinsamer Gesamtbetriebsrat für alle Betriebe der vertragsschließenden Unternehmen einer wirksamen und zweckmäßigen Interessenvertretung der Arbeitnehmer dient.

§ 3 Errichtung eines gemeinsamen Gesamtbetriebsrats

(1) Es wird ein gemeinsamer unternehmensübergreifender Gesamtbetriebsrat für die vertragsschließenden Unternehmen errichtet, der die bei den vertragsschließenden Unternehmen zu bildenden selbstständigen Gesamtbetriebsräte ersetzt. Es gelten die §§ 47 ff. BetrVG entsprechend.

(2) Unverzüglich nach Inkrafttreten dieses Tarifvertrags hat der Betriebsrat im Betrieb ▒▒▒▒ (*Standort*) entsprechend § 51 Abs. 2 BetrVG zu der Wahl des Vorsitzenden und des stellvertretenden Vorsitzenden des gemeinsamen Gesamtbetriebsrats einzuladen. Die Einladung enthält die Aufforderung an alle Betriebsräte, gemäß § 47 Abs. 2, 3 BetrVG Mitglieder des Gesamtbetriebsrats zu bestellen und zu entsenden.

§ 4 Zuständigkeiten

(1) Für die Zuständigkeit des gemeinsamen Gesamtbetriebsrats gilt § 50 BetrVG entsprechend.

(2) Der gemeinsame Gesamtbetriebsrat bildet einen gemeinsamen Wirtschaftsausschuss, der für alle wirtschaftlichen Angelegenheiten der vertragsschließenden Unternehmen zuständig ist. Die §§ 106 ff. BetrVG gelten entsprechend. Auf § 79 BetrVG kann sich jedes Unternehmen in Bezug auf seine Geheimnisse berufen.

(3) Die vertragsschließenden Unternehmen sind gemeinsam für Verhandlungen mit dem gemeinsamen Gesamtbetriebsrat zuständig. In Verhandlungen mit dem Gesamtbetriebsrat entsenden beide vertragsschließenden Unternehmen jeweils einen Vertreter.

§ 5 Inkrafttreten und Geltungsdauer

Dieser Tarifvertrag tritt am ▒▒▒▒ (*Datum*) in Kraft und wird auf unbestimmte Zeit abgeschlossen. Er kann mit einer Frist von 6 Monaten gekündigt werden. Eine Nachwirkung des Tarifvertrags ist ausgeschlossen.

(*Ort, Datum*)

(*Unterschriften*)

§ 3 Abs. 1 Nr. 3 BetrVG eröffnet den Tarifvertragsparteien einen weiten Spielraum, die Arbeitnehmervertretungsstrukturen an die Besonderheiten der Betriebs-, Unternehmens- oder Konzernorganisation oder an besondere Formen der Zusammenarbeit von Unternehmen anzupassen, wenn dies einer wirksamen und zweckmäßigen Interessenvertretung der Arbeitnehmer dient. Mangels abschließendem Charakter („insbesondere") können auch Sacherwägungen, wie z.B. solche der Unternehmensorganisation (bspw. eine regionale Struktur für die Unternehmensleitung) als Begründung dienen.[249] Die Abweichungsmöglichkeit bezieht sich auf alle Ebenen von Arbeitnehmervertretungen und eröffnet so auch die Möglichkeit, die Gesamtbetriebsrats- und Konzernbetriebsratsstrukturen abweichend vom BetrVG zu gestalten.[250]

79

---

249 HWK/*Gaul,* § 3 BetrVG Rn 15 m.w.N.
250 *Fitting u.a.,* § 3 BetrVG Rn 50; ErfK/*Koch,* § 3 BetrVG Rn 6; DKK/*Trümner,* § 3 BetrVG Rn 63 ff.; HWK/*Gaul,* § 3 BetrVG Rn 15; *Kania*/*Klemm,* RdA 2006, 22, 23 f.; *Annuß,* NZA 2002, 290, 292; a.A. *Thüsing,* ZIP 2003, 693, 703 f.; *Teusch,* NZA 2007, 124, 127.

80   Ein Bedarf hierfür kann sich z.B. bei Unternehmen ergeben, die Gemeinschaftsbetriebe i.S.d. § 1 Abs. 1 S. 2 BetrVG führen. Das BAG hat bestätigt, dass für Betriebe verschiedener Rechtsträger kein gemeinsamer **unternehmensüberschreitender Gesamtbetriebsrat** errichtet werden kann. Dies gilt auch für Gemeinschaftsbetriebe.[251] Aus § 47 Abs. 9 BetrVG folgt, dass Betriebsräte in Gemeinschaftsbetrieben jeweils Mitglieder in sämtliche bei den Trägerunternehmen zu errichtenden Gesamtbetriebsräte entsenden. Es ist davon auszugehen, dass das BAG von diesen Grundsätzen auch dann keine Ausnahme machen wird, wenn die Trägerunternehmen ausschließlich gemeinsame Betriebe führen, so dass in allen Trägerunternehmen Gesamtbetriebsräte zu errichten wären.[252] Ein gemeinsamer Gesamtbetriebsrat kann nur über einen Tarifvertrag – nicht jedoch durch Betriebsvereinbarungen und/oder Interessenausgleiche/Sozialpläne[253] anlässlich von Umstrukturierungen – nach § 3 Abs. 1 Nr. 3 BetrVG errichtet werden.[254]

Tarifverträge, die vom Betriebsverfassungsgesetz abweichende Arbeitnehmervertretungsstrukturen bestimmen, ohne den hierfür vorgesehenen gesetzlichen Voraussetzungen zu genügen, sind unwirksam. Eine auf der Grundlage eines solchen Tarifvertrags durchgeführte Betriebsratswahl ist nach § 19 Abs. 1 BetrVG anfechtbar.[255]

> *Hinweis*
>
> Ist eine im Unternehmen ursprünglich geltende Regionalstruktur aufgegeben worden, fehlt es an den Voraussetzungen für die Schaffung von Regionalbetriebsräten durch Tarifvertrag. Das BAG stellt die detaillierte Prüfung der tatbestandlichen Voraussetzungen des § 3 Abs. 1 Nr. 3 BetrVG zum Zeitpunkt der Betriebsratswahl heraus, auch wenn der Tarifvertrag schon älter ist.[256]

IV. Mitbestimmung in sozialen Angelegenheiten

Literatur: *Bachner*, Die Mitbestimmung des Betriebsrates nach § 87 BetrVG bei der Gestaltung von Formulararbeitsverträgen, NZA 2007, 536; *Bepler*, Die Mitbestimmung des Betriebsrates bei der Regelung der Arbeitszeit, NZA-Beil. 2006, 45; *Boemke*, Ausländische Bestimmungen als Mitbestimmungssperre i.S.v. § 87 BetrVG, DB 2010, 843; *Cisch/Bleeck/Karst*, BB-Rechtsprechungsreport zur betrieblichen Altersversorgung 2015/2016, BB 2016, 1014; *Düwell/Dahl*, Mitbestimmung des Betriebsrats beim Einsatz von Leiharbeitnehmern, NZA-RR 2011, 1; *Gutzeit*, Theorie der notwendigen Mitbestimmung, NZA 2008, 255; *Joussen*, Der Verzicht des Betriebsrats auf seine Mitbestimmungsrechte, RdA 2005, 31; *Lingemann/Gotham*, AGG – Benachteiligungen wegen des Alters in kollektivrechtlichen Regelungen, NZA 2007, 663; *Lützeler/Bissels*, Social Media-Leitfaden für Arbeitgeber: Rechte und Pflichten im Arbeitsverhältnis, ArbR 2011, 499; *Maaß/Schmidt-Du Mont Wolff*, Die Zulässigkeit der Teilkündigung einer Betriebsvereinbarung, ArbRAktuell 2010, 335; *Meyer*, Ablösung von Betriebs-, Gesamt- und Konzernbetriebsvereinbarungen beim Betriebsübergang, DB 2000, 1174; *Moll/Roebers*, Mitbestimmung des Betriebsrats beim Dienstwagen, DB 2012, 2672; *Säcker*, Die Mitbestimmung des Betriebsrates bei variablen Vergütungselementen und Zielvereinbarungen gemäß § 87 Abs. 1 Nr. 10 BetrVG und die Kompetenz der Einigungsstelle, in: FS für Peter Kreutz, 1. Aufl. 2010; *Salamon*, Betriebsvereinbarung und Wegfall der Geschäftsgrundlage, ArbRAktuell 2009, 108; *Thüsing*, Folgen einer Umstrukturierung für Betriebsrat und Betriebsvereinbarung, DB 2004, 2474; *Walk/Shipton*, Zu den Beteiligungsrechten des Betriebsrats im Rahmen des AGG, BB 2012, 1917; *Waltermann*, Zu Grundfragen der Betriebsvereinbarung, insbesondere zu ihrer personellen Reichweite, in: FS für Peter Kreutz, 2010, S. 476 ff.; *Westhauser/Sediq*, Mitbestimmungsrechtliche Aspekte des Beschwerderechts nach § 13 AGG, NZA 2008, 78.

---

251 BAG 13.2.2007, AP Nr. 17 zu § 47 BetrVG 1972; BAG 17.3.2010, AP Nr. 18 zu § 47 BetrVG 1972.

252 *Fitting u.a.*, § 47 BetrVG Rn 80; Willemsen u.a./*Hohenstatt*, D Rn 121; HWK/*Gaul* § 3 BetrVG Rn 15; a.A. DKK/*Trümner*, § 1 BetrVG Rn 172 ff. m.w.N.

253 Mit einem solchen Betriebsrat abgeschlossene Betriebsvereinbarungen und Sozialpläne sind unwirksam, BAG 17.3.2010, AP Nr. 18 zu § 47 BetrVG 1972 für Sozialpläne anlässlich einer Umstrukturierung.

254 Willemsen u.a./*Hohenstatt*, D Rn 121.

255 BAG 14.3.2013, NZA 2013, 738, 742 f. Zudem sind solche Tarifverträge normenklar auszugestalten, was Rn 44 des Beschlusses herausstellt.

256 BAG 14.3.2013, NZA 2013, 738, 742 f.

1. Allgemeines

a) Vorbemerkung

§ 87 BetrVG regelt die Mitbestimmung in sozialen Angelegenheiten.[257] Die in § 87 Abs. 1 Nr. 1–13 BetrVG **81** aufgeführten Tatbestände stellen einen **abschließenden Katalog** der Regelungsbereiche dar, in denen die einseitige Anordnung des Arbeitgebers durch eine **Einigung zwischen Betriebsrat und Arbeitgeber** ersetzt wird.[258] **Zweck** ist, den Arbeitnehmer im Hinblick auf einseitige Weisungen des Arbeitgebers im Wege des **Direktionsrechts** durch Mitwirkung des Betriebsrats zu schützen – Zweck ist also der **Schutz der Arbeitnehmer**.[259] Entsprechend endet das Mitbestimmungsrecht dort, wo der Arbeitgeber bereits durch eine abschließende gesetzliche oder tarifliche Regelung gebunden ist, also auch selbst keinen **Regelungsspielraum** mehr hat.[260]

Zentrales Mittel zur Ausübung der Mitbestimmungsrechte nach § 87 BetrVG ist die **Betriebsverein- 82 barung**.[261] Diese wirkt – wie ein Gesetz – unmittelbar und zwingend, § 77 Abs. 4 BetrVG. Entsprechend sind Betriebsvereinbarungen **wie Gesetze auszulegen**.[262] Es kommt also auf den im **Wortlaut** der Betriebsvereinbarung zum Ausdruck gelangten **Willen** der Betriebspartner an.[263] Weiter sind der **Zweck** der Regelung, der **Gesamtzusammenhang** und die **Entstehungsgeschichte** zu berücksichtigen. Maßgeblich ist insofern auch, wie eine entsprechende Regelung im Betrieb bereits tatsächlich gelebt wurde.[264] Es gebührt derjenigen Auslegung der Vorzug, die zu einem vernünftigen und praktikablen Ergebnis führt.[265]

> *Hinweis* **83**
>
> Die Beachtung der Mitbestimmungsrechte setzt nicht zwingend den Abschluss einer Betriebsvereinbarung voraus. Es genügt auch eine **formlose** (auch **mündliche**) **Einigung** der Betriebsparteien.[266] Im Streitfall führt diese allerdings zu Darlegungs- und Beweisschwierigkeiten.
>
> Stets erforderlich zur Wahrung der Beteiligungsrechte ist ein hierauf bezogener wirksamer **Beschluss des Betriebsratsgremiums**.[267] (Zur Form der Ausübung der Mitbestimmung in sozialen Angelegenheiten siehe Rdn 145 ff.).

b) Anwendungsbereich
aa) Persönlicher Geltungsbereich

Die Mitbestimmung nach § 87 BetrVG gilt für alle Arbeitnehmer i.S.d. § 5 Abs. 1 BetrVG.[268] Sie erstreckt **84** sich somit insbesondere auch auf alle **außertariflichen Angestellten** (sog. AT- bzw. ÜT-Angestellte), sofern es sich **nicht** um **leitende Angestellte** i.S.d. § 5 Abs. 3 BetrVG handelt, da diese nicht vom Betriebsrat vertreten werden.[269] Auch eine Vertretungsberechtigung für bereits ausgeschiedene Arbeitnehmer fehlt. Grundsätzlich entfällt damit auch die Regelungskompetenz des Betriebsrats für **Betriebsrentner**. Die

---

257 *Richardi/Richardi*, § 87 BetrVG Rn 1–3; ErfK/*Kania*, § 87 BetrVG Rn 1–3.
258 GK-BetrVG/*Wiese*, § 87 Rn 4, 5.
259 GK-BetrVG/*Wiese*, § 87 Rn 95–97; *Fitting u.a.*, § 87 BetrVG Rn 2. Zusätzlich auf eine Integrationsfunktion abstellend *Richardi/Richardi*, § 87 BetrVG Rn 8; *Emmert*, S. 49 ff.
260 GK-BetrVG/*Wiese*, § 87 Rn 69.
261 GK-BetrVG/*Wiese*, § 87 Rn 234.
262 BAG 12.9.1984 – 4 AZR 336/82, NZA 1985, 160.
263 BAG 12.9.1984 – 4 AZR 336/82, NZA 1985, 160.
264 GK-BetrVG/*Kreutz*, § 77 Rn 69.
265 BAG 19.1.2000 – 4 AZR 814/98, NZA 2000, 1300.
266 BAG 24.4.2001 – 1 AZR 583/00, EzA Nr. 71 zu § 87 BetrVG 1972 Betriebliche Lohngestaltung sowie NZA 2002, 55 (LS); *Fitting u.a.*, § 87 BetrVG Rn 579.
267 *Fitting u.a.*, § 87 BetrVG Rn 2; BAG 9.12.2014 – 1 ABR 19/13, NZA 2015, 368.
268 ErfK/*Kania*, § 87 BetrVG Rn 4.
269 *Fitting u.a.*, § 87 BetrVG Rn 10. Zur Abgrenzung der leitenden Angestellten in der Betriebsverfassung Richardi/*Richardi*, § 5 BetrVG Rn 194 ff.; BeckOK ArbR/*Besgen*, § 5 BetrVG Rn 40 ff.

Rechtsprechung hat aber ausdrücklich offen gelassen, ob dies so auch für Fragen der betrieblichen Altersversorgung uneingeschränkt gilt.[270]

85 **Leiharbeitnehmer** gelten betriebsverfassungsrechtlich nur eingeschränkt als Arbeitnehmer des Entleiherbetriebes, da sie auch während der Zeit ihrer Arbeitsleistung bei dem Entleiher **Angehörige des Verleiherbetriebs** bleiben.[271] Dies gilt unabhängig davon, dass gemäß § 7 S. 2 BetrVG die Leiharbeitnehmer, die länger als drei Monate im Entleiherbetrieb eingesetzt werden, den dortigen Betriebsrat mitwählen und zukünftig bei den für die Mitbestimmung geltenden Schwellenwerten auch beim Entleiher zu berücksichtigen sind, sofern dies der Zielrichtung der jeweiligen Norm nicht widerspricht.[272] Gleichwohl erstrecken sich die Mitbestimmungsrechte nach § 87 Abs. 1 BetrVG jedenfalls immer dann auch auf Leiharbeitnehmer, wenn der **Normzweck** und das dem Entleiher zustehende **Weisungsrecht** dessen betriebsverfassungsrechtliche Zuordnung zu dem Entleiherbetrieb erforderlich machen, da ansonsten ein kollektiver Schutz durch eine Interessenvertretung für die Zeit des Einsatzes im Entleiherbetrieb unterbliebe.[273] Zuständig ist dann der Betriebsrat des Entleiherbetriebs. Sind hingegen materielle Fragen der Vertragsgestaltung zwischen Verleiherbetrieb und zu entleihendem Arbeitnehmer berührt (etwa die Entgeltgestaltung im Verleiherbetrieb oder die Überschreitung der arbeitsvertraglich vereinbarten Stundenzahl durch eine höhere regelmäßige Wochenstundenzahl im Betrieb des Entleihers), bleibt hierfür in der Regel allein der Betriebsrat des Verleihers zuständig.[274] Ein allgemeines – anlassunabhängiges – Zutrittsrecht des Betriebsrats des Verleiherbetriebs wird von der Rechtsprechung jedoch abgelehnt.[275]

86 *Hinweis*

Möchte der Entleiher auch gegenüber den in seinem Betrieb eingesetzten Leiharbeitnehmern Überstunden anordnen, hat hierüber der Betriebsrat des Einsatzbetriebs mitzubestimmen.[276]

87 Ebenfalls dem persönlichen Geltungsbereich des § 87 BetrVG zuzuordnen ist die Frage, ob und inwieweit sich das Mitbestimmungsrecht des Betriebsrats in sozialen Angelegenheiten auf Arbeitnehmer inländischer Betriebe erstreckt, die sich zu **Tätigkeiten im Ausland** aufhalten (etwa auf Montage oder als Entsandte).[277] Für ihre Beantwortung kommt es auf die **Beurteilung des konkreten Einzelfalles** an,[278] wobei Umfang und Inhalt der Weisungsbefugnis des inländischen Arbeitgebers gegenüber dem im Ausland eingesetzten Mitarbeiter[279] sowie eine fortgesetzte **Zugehörigkeit zur inländischen betrieblichen Arbeitsorganisation**[280] eine maßgebliche Rolle spielen; gleiches gilt für den konkreten Regelungsgegenstand. Das BetrVG gilt auch für die im Ausland tätigen Arbeitnehmer, sofern sich deren zeitlich beschränkte Auslandstätigkeit

---

270 BAG 17.6.2008 – 3 AZR 409/06, NZA 2008, 1244 ff.; krit. *Waltermann* in: FS Kreutz, S. 476 ff.
271 BAG 15.10.2014 – 7 ABR 74/12, AuA 2015, 615.
272 Nach der Rechtsprechung werden Leiharbeitnehmer bei der Erreichung der Schwellenwerte bereits in vielen Bereichen berücksichtigt, wenn der Einsatz auf einem regelmäßigen Beschäftigungsbedarf beruht: z.B. Schwellenwerte für die Betriebsratswahl und die Freistellung von Betriebsratsmitgliedern (BAG 13.3.2013 – 7 ABR 69/11, NZA 2013, 789); Kündigungsschutz (BAG 24.1.2013 – 2 AZR 140/12, NZA 2013, 726). Nach den beabsichtigten Änderung des Arbeitnehmerüberlassungsgesetzes und anderer Gesetzes (Entwurf Stand 20.5.2016) sollen Leiharbeitnehmer, deren Einsatzdauer sechs Monate übersteigt, zukünftig auch bei der Erreichung der Schwellenwerte u.a. zur Unternehmensmitbestimmung mitzählen (siehe hierzu die Ergänzung zu § 14 Abs. 2 BetrVG) – siehe BAG 4.11.2015 – 7 ABR 42/13, NZA 2016, 559 (zur Berücksichtigung von Leiharbeitnehmern auf Arbeitsplätzen von Stammarbeitnehmern nach § 9 Abs. 1 und Abs. 2 MitbestG).
273 BAG 15.12.1992 – 1 ABR 38/92, NZA 1993, 513; zu weiteren Mitbestimmungsrechten des Betriebsrats des Entleiherbetriebes *Düwell/Dahl*, NZA-RR 2011, 1.
274 BAG 19.6.2001 – 1 ABR 43/00, NZA 2001, 1263; vgl. *Fitting u.a.*, § 87 BetrVG Rn 11.
275 BAG 15.10.2014 – 7 ABR 74/12, AuA 2015, 615.
276 BAG 25.8.2004 – 1 AZB 41/03, NZA 2004, 1240.
277 BAG 22.3.2000 – 7 ABR 34/98, NZA 2000, 1119; *Fitting u.a.*, § 1 BetrVG Rn 22.
278 ErfK/*Koch*, § 1 BetrVG Rn 4.
279 BAG 7.12.1989 – 2 AZR 228/89, NZA 1990, 658.
280 DKKW/*Trümner*, § 5 Rn 50.

als „**Ausstrahlung**" des Inlandsbetriebes darstellt,[281] m.a.W. trotz des Auslandseinsatzes eine hinreichend konkrete materielle Beziehung zum Inlandsbetrieb besteht. Somit kann das Mitbestimmungsrecht auch auf Arbeitnehmer anzuwenden sein, die im Ausland in eine betriebliche Organisation eingegliedert tätig sind[282] und gleichwohl weiterhin als Arbeitnehmer des inländischen Betriebes gelten.

Hingegen fehlt es in der Regel dann an der hinreichend konkreten materiellen Beziehung zum Inlandsbetrieb, wenn der Arbeitnehmer nur für einen Auslandseinsatz von einem inländischen Betrieb eingestellt wird,[283] selbst wenn man ihn dort kurzzeitig auf den Auslandseinsatz vorbereitet.[284] Letztlich kommt es auch hier maßgeblich darauf an, ob der Arbeitnehmer im Rahmen der **Zwecksetzung** des inländischen Betriebes eingesetzt wird und den von dort erteilten Weisungen unterliegt.[285] Die Tatsache allein, dass zwischen den Arbeitsvertragsparteien deutsches Arbeitsrecht Anwendung findet, führt noch nicht zu einer automatischen Geltung des deutschen Betriebsverfassungsrechtes für den Arbeitnehmer im ausländischen Betrieb.[286]

bb) Räumlicher Geltungsbereich

Das Mitbestimmungsrecht gilt ausschließlich innerhalb der Grenzen der Bundesrepublik Deutschland (sog. **Territorialitätsprinzip**)[287] und **erstreckt** sich **auf den Betrieb** (nicht das Unternehmen). Ohne Bedeutung in diesem Zusammenhang ist die **Staatsangehörigkeit**, was für Arbeitgeber und Arbeitnehmer gleichermaßen gilt. Auch das Arbeitsvertragsstatut der Arbeitnehmer ist insoweit nicht von Bedeutung.[288]

88

Liegt also der Betrieb im Inland, findet das BetrVG und somit das Mitbestimmungsrecht in sozialen Angelegenheiten Anwendung.[289] Umgekehrt findet das Mitbestimmungsrecht **keine Anwendung** auf die **im Ausland gelegenen Betriebe** deutscher Unternehmen.[290] Somit steht etwa einem deutschen Betriebsrat kein Mitbestimmungsrecht für eine nur im Ausland geltende Regelung von Arbeitsbedingungen auf Montagebaustellen und in Betrieben im Ausland zu.[291]

cc) Zeitlicher Geltungsbereich
(1) Beginn/Rückwirkung

Die Regelungen von Betriebsvereinbarungen gelten grds. – soweit nichts Abweichendes vereinbart wird – unmittelbar und zwingend ab dem Zeitpunkt ihres **Abschlusses bis zu ihrer Beendigung** bzw. dem Ende der Nachwirkung (siehe hierzu Rdn 100 f.).

89

Hinweis

Das Ende der Amtszeit des Betriebsrats hat keinen Einfluss auf die Geltung der Betriebsvereinbarungen. Gleiches gilt, wenn der Betrieb betriebsratlos wird. Freilich stellt sich in letzterem Fall die Frage, wer Adressat einer etwaigen Kündigung einer bestehenden Betriebsvereinbarung ist. Überwiegend werden die Arbeitnehmer des Betriebs als Kündigungsadressaten angesehen.

90

---

281 BAG 16.1.1990 – 1 ABR 47/88, ZTR 1990, 299; *Fitting u.a.*, § 1 BetrVG Rn 22 ff.
282 ErfK/*Koch*, § 1 BetrVG Rn 4.
283 BAG 21.10.1980 – 6 AZR 640/79, NJW 1981, 1175.
284 ErfK/*Koch*, § 1 BetrVG Rn 4; a.A. *Fitting u.a.*, § 1 BetrVG Rn 26.
285 ErfK/*Koch*, § 1 BetrVG Rn 4; *Fitting u.a.*, § 1 BetrVG Rn 26; GK-BetrVG/*Franzen*, § 1 Rn 17.
286 ErfK/*Koch*, § 1 BetrVG Rn 4; BAG 30.4.1987 – 2 AZR 192/86, NZA 1988, 135. Zum maßgeblichen Arbeitsvertragsstatut bei Auslandstätigkeit in Europa *Emmert/Widhammer*, ArbR 2010, 214 ff.
287 BAG 22.3.2000 – 1 ABR 43/00, NZA 2000, 1119.
288 BAG 22.3.2000 – 7 ABR 34/98, NZA 2000, 1119.
289 *Fitting u.a.*, § 1 BetrVG Rn 13.
290 BAG 10.9.1985 – 1 ABR 28/83, AP Nr. 3 zu § 117 BetrVG 1972.
291 LAG Düsseldorf, Kamm. Köln 14.2.1979 – 16 TaBV 52/78, DB 1979, 2233 ff.

91 Da die Betriebspartner den zeitlichen Geltungsbereich der Betriebsvereinbarung bestimmen, sind sie grds. auch befugt, ihren Regelungen **rückwirkende Kraft** beizulegen, d.h. ihr Inkrafttreten für einen Zeitpunkt vor ihrem Abschluss zu vereinbaren.[292] Diese **Rückwirkung** gilt jedoch **nicht schrankenlos**, sondern kann nur Arbeitnehmer erfassen, die noch unter die personelle Reichweite der Betriebsautonomie fallen.[293] Materiell kommt eine Rückwirkung nur in Betracht, wenn sie sich auf Rechte und Pflichten bezieht, die bei Abschluss der Betriebsvereinbarung noch erfüllt werden können.[294] Deshalb können etwa sämtliche Normen, die sich mit der betrieblichen Ordnung und dem betrieblichen Verhalten der Arbeitnehmer befassen, nur mit Rechtswirkung für die Zukunft festgelegt werden.[295] Soweit eine Rückwirkung möglich ist, müssen die Betriebspartner die Schranken beachten, die sich aus dem Grundsatz des Vertrauensschutzes ergeben, wie sie in ähnlichem Umfang auch den staatlichen Gesetzgeber binden.[296]

(2) Beendigung durch Befristung/Bedingungseintritt/Zweckerreichung

92 Die Betriebsparteien können Betriebsvereinbarungen für einen im Voraus bestimmten Zeitraum abschließen. Die Beendigung der Betriebsvereinbarung tritt bei solchen **befristeten Betriebsvereinbarungen** mit Ablauf der Zeit ein, für die sie abgeschlossen wurden. Es bedarf **keines sachlichen Grundes** für die Befristung.[297]

Ebenso ist die Vereinbarung einer **auflösenden Bedingung** zulässig.[298] Eine Bedingung ist eine Bestimmung, welche die Rechtswirkungen des Geschäfts von einem künftigen, ungewissen Ereignis abhängig macht. **Mit Eintritt dieses Ereignisses** endet die Wirkung der Betriebsvereinbarung (§ 158 Abs. 2 BGB).

93   *Praxistipp*

Fehlt es an einer ausdrücklichen Vereinbarung zur Bedingung oder Befristung, kann sich eine solche auch aus dem **Zweck der Betriebsvereinbarung** ergeben.[299] So soll eine Betriebsvereinbarung, die als Ergänzung zu einem Tarifvertrag abgeschlossen wird, grds. in ihrer Laufzeit auf die Dauer des Tarifvertrags sowie dessen Nachwirkungszeitraum beschränkt sein.[300] Zur Vermeidung von späteren Auseinandersetzungen empfiehlt es sich jedoch, von vornherein eine eindeutige Regelung zu treffen.

(3) Beendigung durch ordentliche/außerordentliche Kündigung, Teilkündigung, Insolvenzanpassung

94 Nach § 77 Abs. 5 BetrVG ist eine Betriebsvereinbarung grds. mit einer **Frist von drei Monaten kündbar**. Den Betriebsvertragsparteien steht es aber frei, eine **kürzere oder längere Kündigungsfrist** zu vereinbaren. Die Kündigung bedarf keines Grundes.[301] Allerdings können die Parteien vereinbaren, dass die (ordentliche) Kündigung nur aus bestimmten Gründen erfolgen kann.

95   *Praxistipp*

Auch **Betriebsvereinbarungen über die betriebliche Altersversorgung** sind frei kündbar. Allerdings begrenzt das BAG die Folgen der Kündigung, indem es diese einer am **Verhältnismäßigkeitsgrundsatz** und **Vertrauensschutz** orientierten gerichtlichen Kontrolle unterwirft.[302] Das BAG greift auf das für die

---

292 BAG 19.9.1995 – 1 AZR 208/95, NZA 1996, 386; *Richardi/Richardi*, § 77 BetrVG Rn 128 f.
293 *Richardi/Richardi*, § 77 BetrVG Rn 128.
294 HSWG/*Worzalla*, § 77 BetrVG Rn 44.
295 *Richardi/Richardi*, § 77 BetrVG Rn 129.
296 *Richardi/Richardi*, § 77 BetrVG Rn 130.
297 GK-BetrVG/*Kreutz*, § 77 Rn 353.
298 BAG 22.7.2003 – 1 AZR 575/02, DB 2003, 2658.
299 BAG 20.12.1961 – 4 AZR 213/60, DB 1962, 375; BAG 17.1.1995 – 1 AZR 784/94, n.v.
300 BAG 25.8.1983 – 6 ABR 40/82, DB 1984, 1302.
301 BAG 26.10.1993 – 1 AZR 46/93, NZA 1994, 572; BAG 10.3.1992 – 3 ABR 54/91, NZA 1993, 234.
302 BAG 10.3.1992 – 3 ABR 54/91, NZA 1993, 234.

Ablösung von Betriebsvereinbarungen entwickelte Prüfungsschema zurück.[303] Als Faustregel gilt: Je mehr die Folgen der Kündigung in Besitzstände und Anwartschaften der Arbeitnehmer eingreifen, desto höher sind die Anforderungen an die Eingriffsgründe.[304] Diesen Grundsatz hat das BAG durch ein dreistufiges Prüfungsschema konkretisiert (3-Stufen-Theorie).[305]

Neben dem ordentlichen Kündigungsrecht aus § 77 Abs. 5 BetrVG steht den Parteien bei Vorliegen eines **96** wichtigen Grundes ein (nicht abdingbares) Recht zur **außerordentlichen Kündigung** zu.[306] An das Vorliegen eines solchen wichtigen Grundes sind indes sehr hohe Anforderungen zu stellen.[307] Eine außerordentliche Kündigung kommt daher nur in Betracht, wenn der betreffenden Partei ein Festhalten an der Betriebsvereinbarung bis zum Ablauf der Kündigungsfrist nicht mehr zugemutet werden kann.[308] Die Kündigung ist grds. an **keine Form** geknüpft.[309] Sie kann daher, soweit zwischen den Parteien nichts anderes vereinbart ist, auch mündlich erfolgen.

Praxistipp **97**

Aus Beweisgründen sollte für die Kündigung stets die Schriftform gewählt und der Empfangsnachweis sichergestellt werden.

Eine **Teilkündigung** einer Betriebsvereinbarung ist bei selbstständigen Regelungskomplexen, die ebenso **98** Gegenstand einer eigenständigen Betriebsvereinbarung sein könnten, regelmäßig zulässig. Soll die Teilkündigung ausgeschlossen sein, muss dies ausdrücklich vereinbart werden oder in sonstiger Weise durch die Betriebsparteien zum Ausdruck gebracht werden.[310] Eine Teilkündigung scheidet folglich aus, wenn hierdurch das von den Betriebsparteien zugrunde gelegte **Äquivalenzgefüge** beeinträchtigt wird.

99

Praxistipp

Im Falle der **Insolvenz** des Arbeitgebers ist § 120 InsO zu beachten, der der Entlastung der Insolvenzmasse dient.[311] Nach § 120 Abs. 1 S. 1 InsO sollen Betriebsrat und Insolvenzverwalter über die **einvernehmliche Herabsetzung** von Leistungen einer belastenden Betriebsvereinbarung beraten. Zudem ermöglicht § 120 Abs. 1 S. 2 InsO eine Kündigung innerhalb einer Frist von drei Monaten, auch wenn im Einzelfall eine längere Kündigungsfrist zwischen den Betriebsparteien vereinbart wurde.

(4) Folgen der Beendigung der Betriebsvereinbarung – Nachwirkung

Zwar verliert die Betriebsvereinbarung bei Vorliegen eines Beendigungstatbestands grds. ihre **unmittel-** **100** **bare und zwingende Wirkung**.[312] Gemäß § 77 Abs. 6 BetrVG entfalten jedoch abgelaufene Betriebsvereinbarungen über Angelegenheiten, in denen der Spruch der Einigungsstelle die Einigung zwischen Arbeitgeber und Betriebsrat ersetzen kann (sog. erzwingbare Betriebsvereinbarungen), **Nachwirkung**.[313] Betriebsvereinbarungen, die sowohl zwingend als auch nichtzwingend mitbestimmte Gegenstände regeln

---

303 BAG 11.5.1999 – 3 AZR 21/98, NZA 2000, 322.
304 BAG 26.8.1997 – 3 AZR 235/96, NZA 1998, 817; hierzu GK-BetrVG/*Kreutz*, § 77 Rn 361 ff.
305 Std. Rspr. seit 17.4.1985 – 3 AZR 72/83, NZA 1986, 57; *Fitting u.a.*, § 77 BetrVG Rn 195; *Cisch/Bleeck/Karst*, BB 2016, 1014.
306 BAG 17.1.1995 – 1 ABR 29/94, NZA 1995, 1010.
307 BAG 19.7.1957 – 1 AZR 420/54, AP Nr. 1 zu § 52 BetrVG.
308 *Fitting u.a.*, § 77 BetrVG Rn 151; *Richardi/Richardi*, § 77 BetrVG Rn 201; BAG 28.4.1992 – 1 ABR 68/91, NZA 1993, 31.
309 BAG 9.12.1997 – 1 AZR 319/97, NZA 1998, 661.
310 BAG 6.11.2007 – 1 AZR 826/06, DB 2008, 1218; kritisch *Richardi/Richardi*, § 77 BetrVG Rn 206; *Maaß/Schmidt-Du Mont/Wolff*, ArbRAktuell 2010, 335. Anders die vorangegangene Rspr. – siehe hierzu BAG 29.5.1964 – 1 AZR 281/63, DB 1964, 1342.
311 *Steindorf/Regh*, Rn 423.
312 GK-BetrVG/*Kreutz*, § 77 Rn 352.
313 BAG 26.8.2008 – 1 AZR 354/07, NZA 2008, 1426.

(**teilmitbestimmte Betriebsvereinbarung**), wirken grundsätzlich nur hinsichtlich der Gegenstände nach, die der zwingenden Mitbestimmung unterfallen. Dies setzt allerdings voraus, dass sich die Betriebsvereinbarung sinnvoll in einen nachwirkenden und einen nachwirkungslosen Teil aufspalten lässt. Andernfalls entfaltet zur Sicherung der Mitbestimmung die gesamte Betriebsvereinbarung Nachwirkung.[314] Nach der Rechtsprechung sollen auch solche Betriebsvereinbarungen Nachwirkung entfalten, in denen eine **tarifliche Schlichtungsstelle** die Einigung der Betriebsparteien ersetzt, also eine abschließende Entscheidung trifft.[315]

Im Nachwirkungszeitraum verliert eine Betriebsvereinbarung ihre zwingende Wirkung; sie gilt aber unmittelbar weiter bis sie durch eine andere Abmachung ersetzt worden ist.[316] Bei den sozialen Angelegenheiten des § 87 Abs. 1 BetrVG handelt es sich um solche Gegenstände der erzwingbaren Mitbestimmung, § 87 Abs. 2 BetrVG.

101

Praxistipp

Die Betriebspartner können die **Nachwirkung** ausschließen.[317] Die Regelungen der Betriebsvereinbarung finden dann mit Beendigung keine Anwendung mehr. Ob dies gewünscht und sinnvoll ist, muss abhängig vom Regelungsgegenstand und den sonstigen Umständen des Einzelfalles entschieden werden.

Die Nachwirkung scheidet bei einer wirksamen fristlosen Kündigung einer Betriebsvereinbarung für die Regelungsinhalte aus, derentwegen die **fristlose Kündigung** erfolgt ist. Als Voraussetzung wird man aber auch hier annehmen müssen, dass die fortgesetzte Anwendung der Regelungen in Form der Nachwirkung als Überbrückung für die kündigende Betriebspartei unzumutbar ist.[318]

(5) Wegfall der Geschäftsgrundlage

102   Bei **Änderung der tatsächlichen Verhältnisse** können auch bei Betriebsvereinbarungen die Grundsätze des **Fehlens bzw. Wegfalls der Geschäftsgrundlage** (§ 313 BGB) zur Anwendung kommen.[319] Die Betriebsvereinbarung endet nicht automatisch. Es besteht vielmehr ein Anspruch auf **Anpassungsverhandlungen**, der in Mitbestimmungsangelegenheiten nötigenfalls durch einseitige Anrufung der Einigungsstelle durchgesetzt werden kann.[320] Nur soweit eine Anpassung ausscheidet oder diese unzumutbar ist, kann eine Lossagung von der Vereinbarung erfolgen (in Form einer außerordentlichen Kündigung). Bei fehlender Zumutbarkeit aufgrund Wegfalls der Geschäftsgrundlage wird man dann auch die Nachwirkung verneinen müssen.[321]

(6) Ablösung durch neue Betriebsvereinbarung/einvernehmliche Beendigung

103   Für Betriebsvereinbarungen gilt – wie für Tarifverträge und Gesetze – die **Zeitkollisionsregel**.[322] Danach löst die jüngere, den gleichen Regelungsgegenstand und Adressatenkreis betreffende Regelung, die ältere Betriebsvereinbarung ab.[323] Im Rahmen der **Zeitkollisionsregel** findet das Günstigkeitsprinzip keine Anwendung.[324]

---

314 BAG 26.8.2008 – 1 AZR 354/07, NZA 2008, 1426.
315 BAG 29.9.2004 – 1 AZR 445/03, NZA 2005, 532; *Fitting u.a.*, § 77 BetrVG Rn 177.
316 *Fitting u.a.*, § 77 BetrVG Rn 177.
317 BAG 9.2.1984 – 6 ABR 10/81, NZA 1984, 96.
318 *Fitting u.a.*, § 77 BetrVG Rn 179; GK-BetrVG/*Kreutz*, § 77 Rn 427. Im Fall der fristlosen Kündigung eines Sozialplans hat das BAG allerdings die Nachwirkung gleichwohl bejaht, BAG 10.8.1994 – 10 ABR 61/93, NZA 1995, 314.
319 Vgl. BAG 23.9.2003 – 3 AZR 551/02, NZA 2005, 72.
320 BAG 10.8.1994 – 10 ABR 61/93, NZA 1995, 314 (zum Wegfall der Geschäftsgrundlage eines Sozialplans – das BAG hat die Nachwirkung hier allerdings bejaht); GK-BetrVG/*Kreutz*, § 77 Rn 384; *Richardi/Richardi*, § 77 BetrVG Rn 196.
321 *Fitting u.a.*, § 77 BetrVG Rn 152; *Salomon*, ArbRAktuell 2009, 108.
322 BAG 17.3.1987 – 3 AZR 64/84, NZA 1987, 855.
323 BAG 10.8.1994 – 10 ABR 61/93, NZA 1995, 314.
324 GK-BetrVG/*Kreutz*, § 77 BetrVG Rn 356.

Eine Betriebsvereinbarung kann zudem **einvernehmlich** durch die Betriebspartner wieder beendet bzw. **aufgehoben** werden.[325] Als actus contrarius bedarf die Aufhebung der **Schriftform** gem. § 77 Abs. 2 BetrVG.[326] Fehlt es an der Schriftform, kommt eine Umdeutung in eine formlos gültige Kündigung in Betracht.[327] Zudem kann sie auch nur durch die **zuständigen Betriebspartner** sowohl auf Arbeitgeber- wie auf Arbeitnehmerseite aufgehoben oder geändert werden.[328]

Eine Ablösung lokaler Betriebsvereinbarungen kann – bei originärer oder durch Delegation begründeter **Zuständigkeit** des Gesamtbetriebsrats – auch durch Gesamtbetriebsvereinbarung erfolgen.[329] Eine solche Situation kann sich insbesondere im Zusammenhang mit einem Betriebsübergang ergeben, wenn im übernommenen Betrieb (lokale) Betriebsvereinbarungen zum selben Regelungsgegenstand gelten, die im aufnehmenden Unternehmen durch **Gesamtbetriebsvereinbarung** (in originärer Zuständigkeit des Gesamtbetriebsrats nach § 50 Abs. 1 BetrVG) abgeschlossen wurden.[330] Das Günstigkeitsprinzip findet auch in diesem Fall keine Anwendung.[331]

dd) Exkurs: Wegfall Betriebsrat, Betriebsstilllegung, Betriebs(teil-)-übergang, Änderung der Betriebsorganisation, Zusammenfassung von Betrieben

Die **Betriebsstilllegung** führt grds. dazu, dass Betriebsvereinbarungen, die das aktive Arbeitsverhältnis betreffen, durch **Zweckerreichung** enden.[332] Etwas anderes gilt für solche Vereinbarungen, die auch oder gerade für den Fall der Stilllegung Wirkung zeigen[333] – hierzu gehört v.a. der **Sozialplan**, der anlässlich der Betriebsstilllegung geschlossen wird. Auch **Betriebsvereinbarungen zur betrieblichen Altersversorgung** entfalten weiterhin Wirkung.

104

Hinweis

105

Das Ende der Amtszeit des Betriebsrats hat keinen Einfluss auf die Geltung der Betriebsvereinbarungen.[334] Gleiches gilt, wenn der Betrieb betriebsratlos wird.[335] Freilich stellt sich in letzterem Fall die Frage, wer Adressat einer etwaigen Kündigung einer bestehenden Betriebsvereinbarung ist. Überwiegend werden die Arbeitnehmer des Betriebs als Kündigungsadressaten angesehen.[336]

Der **Wechsel des Betriebsinhabers** als solcher hat grds. ebenfalls keinen Einfluss auf den Bestand und die Rechtswirkungen der Betriebsvereinbarungen. Veränderungen im Betrieb führen dann nicht zur Beendigung von Betriebsvereinbarungen, solange die **organisatorische Einheit** als solche bestehen bleibt.[337] Kommt es beim Wechsel des Betriebs- oder Betriebsteilinhabers auch zu einer Änderung der Betriebsorganisation, ergibt sich das Schicksal von Betriebsvereinbarung und Regelungsabrede aus

106

---

325 *Richardi/Richardi*, § 77 BetrVG Rn 194.

326 GK-BetrVG/*Kreutz*, § 77 Rn 355; *Fitting u.a.*, § 77 BetrVG Rn 143; ausdrücklich offen lassend: BAG 20.11.1990 – 1 AZR 643/89, NZA 1991, 426.

327 HSWG/*Worzalla*, § 77 BetrVG Rn 217; GK-BetrVG/*Kreutz*, § 77 Rn 355.

328 Zur Zuständigkeit von Gesamt- und Konzernbetriebsrat BAG 3.5.2006 – 1 ABR 15/05, NZA 2007, 1245 (Sozialplan); BAG 19.6.2007 – 1 AZR 454/06, NZA 2007, 1184 (Kürzung freiwilliger Leistung – Zuständigkeit des lokalen Betriebsrats); BAG 17.4.2012 – 1 AZR 119/11, NZA 2012, 1240 (keine Ablösung freiwilliger Gesamtbetriebsvereinbarung durch lokale Betriebsvereinbarung); BAG 19.7.2012 – 2 AZR 386/11, NZA 2013, 333 (Interessenausgleich mit Namensliste); BAG 11.12.2001 – 1 AZR 193/01, NZA 2002, 688 (keine Ablösung freiwilliger lokaler Betriebsvereinbarung durch freiwillige Gesamtbetriebsvereinbarung, aber Ablösung bei originärer Zuständigkeit des Gesamtbetriebsrats); *Fitting u.a.*, § 50 BetrVG Rn 15 ff.

329 *Fitting u.a.*, § 50 BetrVG Rn 76 f.

330 ErfK/*Preis*, § 613a BGB Rn 115; MünchKomArbR/*Müller-Glöge*, § 613a BGB Rn 15; *Meyer*, DB 2000, 1174, 1177 f.

331 *Meyer*, DB 2000, 1174, 1177 f.

332 GK-BetrVG/*Kreutz*, § 77 Rn 374.

333 *Fitting u.a.*, § 77 BetrVG Rn 161.

334 BAG 28.7.1981 – 1 ABR 76/79, DB 1981, 2621.

335 BAG 18.9.2002 – 1 ABR 54/01, NZA 2003, 670.

336 ErfK/*Kania*, § 77 Rn 126.

337 *Richardi/Richardi*, § 77 BetrVG Rn 215 f.

der den **Betriebsübergang regelnden gesetzlichen Vorschrift des § 613a BGB**.[338] Folgende grobe Übersicht bietet einen Anhaltspunkt:

107

	Geltung beim Erwerber	
	Betriebsvereinbarungen des Veräußerers	Gesamtbetriebsvereinbarungen des Veräußerers
Übergehender Betrieb bzw. Betriebsteil wird beim Erwerber als eigenständiger Betrieb fortgeführt	Fortgeltung als Betriebsvereinbarung, soweit nicht Ablösung beim Erwerber durch Gesamtbetriebsvereinbarung zum selben Regelungsgegenstand kraft originärer Zuständigkeit erfolgt	Fortgeltung als (lokale) Betriebsvereinbarung, soweit nicht beim Erwerber Ablösung durch Gesamtbetriebsvereinbarung zum selben Regelungsgegenstand kraft originärer Zuständigkeit erfolgt
Übergehende Betriebe werden beim Erwerber als Betriebe weiter geführt	Fortgeltung als Betriebsvereinbarung, soweit nicht Ablösung beim Erwerber durch Gesamtbetriebsvereinbarung zum selben Regelungsgegenstand kraft originärer Zuständigkeit erfolgt	Fortgeltung als Gesamtbetriebsvereinbarung
Übergehender Betrieb bzw. Betriebsteil wird beim Erwerber in einen vorhandenen Betrieb eingegliedert	Transformation zum Bestandteil des Arbeitsverhältnisses mit kollektiver Wirkung/Ablösung durch Betriebs- oder Gesamtbetriebsvereinbarungen des Erwerbers zum selben Regelungsgegenstand	Transformation zum Bestandteil des Arbeitsverhältnisses mit kollektiver Wirkung/Ablösung durch Betriebs- oder Gesamtbetriebsvereinbarungen des Erwerbers zum selben Regelungsgegenstand
Übergehender Betrieb bzw. Betriebsteil wird beim Erwerber mit einem vorhandenen Betrieb zu einem vollständig neuen Betrieb zusammengeschlossen	Str. z.T.: Fortgeltung jeweils als Betriebsvereinbarung für die jeweils übergehenden Arbeitnehmer besser: Transformation zum Bestandteil des Arbeitsverhältnisses mit kollektiver Wirkung	wie Betriebsvereinbarung

108 Hingegen fehlt es an einer gesetzlichen Regelung bei **unternehmensinternen Umstrukturierungen**, die den **Verlust der Betriebsidentität** zur Folge haben.[339] Aber auch eine unternehmensinterne Umstrukturierung ohne Betriebs(teil-)inhaberwechsel kann zu einer **Änderung der Betriebsorganisation** führen und damit Auswirkung auf die Betriebsvereinbarungen haben. Auch hier sind die Regelungen des § 613a BGB analog anzuwenden:[340]

109 Bei der **Betriebsspaltung** bzw. **Ausgliederung von Betriebsteilen** ist im Hinblick auf die Auswirkungen auf Betriebsvereinbarungen des **Ursprungsbetriebs** maßgeblich, ob der abgespaltene Betrieb bzw. Be-

---

338 ErfK/*Preis*, § 613a BGB insbes. Rn 111 ff.; *Richardi/Richardi*, § 77 BetrVG Rn 215 f.
339 Hierzu ausführlich *Thüsing*, DB 2004, 2474, 2476 ff.; *Gaul*, § 7 Rn 63 ff.
340 BAG 18.9.2002 – 1 ABR 54/01, NZA 2003, 670; *Fitting u.a.*, § 77 BetrVG Rn 160.

riebsteil seine Identität wahrt und im Anschluss als eigenständiger Betrieb fortgeführt wird.[341] Ist dies der Fall, gelten die Betriebsvereinbarungen dort kollektivrechtlich als Betriebsvereinbarungen weiter.[342]

Erfolgt eine **Eingliederung** des abgespaltenen oder ausgegliederten Betriebs(teils), führt dies für den ein- 110 gegliederten Betriebsteil zur **Ablösung** der bisherigen Betriebsvereinbarungen **durch die Betriebsvereinbarungen des aufnehmenden Betriebs**, soweit diese denselben Regelungsgegenstand betreffen.[343] Die Betriebsvereinbarungen des eingegliederten Betriebs verlieren also – unabhängig von einer etwaigen Günstigkeit – ihre Wirkung, es sei denn, diese sind gerade darauf angelegt, die Spaltung des Betriebes zu überdauern, wie z.B. bei einem Sozialplan.[344] Fehlt es beim aufnehmenden Betrieb an entsprechenden Betriebsvereinbarungen, gelten die Rechte und Pflichten aus den Betriebsvereinbarungen des eingegliederten Betriebs **als Bestandteil des Arbeitsverhältnisses kollektivrechtlich** weiter, wenn und soweit ihre Anwendung auch im aufnehmenden Betrieb möglich und sinnvoll ist.[345] Sie können allerdings durch den Betriebsrat des aufnehmenden Betriebes, der nunmehr allein zuständig ist, geändert oder aufgehoben werden.[346]

Bei der **Zusammenlegung** von Betrieben zur Schaffung einer **neuen organisatorischen Einheit** (Neu- 111 gründung durch Zusammenschluss) wird z.T. angenommen, dass die Betriebsvereinbarungen der betroffenen Betriebe parallel kollektivrechtlich weiter gelten, soweit eine gleichzeitige Anwendung sinnvoll und möglich ist.[347] Die räumliche und organisatorische Abgrenzbarkeit des bisherigen Geltungsbereichs innerhalb der neuen Organisationseinheit allein ist nach der Rechtsprechung jedoch kein taugliches Abgrenzungskriterium.[348] Eine Fortgeltung der Betriebsvereinbarung ist nur dann gerechtfertigt, wenn die ursprüngliche organisatorische (Teil-)Einheit als **betriebsverfassungsrechtlicher Bezugspunkt** fortbesteht. Entscheidend ist, ob die Organisation der Arbeitsabläufe, der Betriebszweck und die Leitungsstruktur, welche die Betriebsidentität prägen, nach der erfolgten Zusammenfassung unverändert geblieben sind.[349] Dies kann auch bei der Zusammenfassung von Betrieben durch Tarifvertrag der Fall sein. Ergreift der Arbeitgeber aber zusätzliche Maßnahmen, die Organisations- und Leitungsstruktur der betroffenen Betriebe auch tatsächlich zu ändern und zusammenzuschließen, entfällt die bisherige betriebsverfassungsrechtliche Einheit als Anknüpfungspunkt. Überzeugender ist es, für den Fall, dass die bisherige betriebsverfassungsrechtliche Einheit nicht mehr als Bezugspunkt fortbesteht, davon auszugehen, dass Rechte und Pflichten, die bislang in Betriebsvereinbarungen der zusammengelegten Betriebe bzw. Betriebsteile geregelt waren, zum **Inhalt des Arbeitsverhältnisses mit kollektiver Wirkung** transformieren.[350] Eine Harmonisierung kann durch ablösende Betriebsvereinbarung des dann für den neuen Betrieb zu wählenden Betriebsrats erfolgen.

c) Gegenstand der Mitbestimmung
aa) Kollektiver Bezug als Voraussetzung der Mitbestimmung

Die überwiegende Anzahl der Mitbestimmungsrechte nach § 87 Abs. 1 BetrVG bezieht sich auf **kollek-** 112 **tive (generelle) Angelegenheiten** und somit nicht auf (individuelle) Einzelfälle.[351] Von diesem Grund-

---

341 ErfK/*Preis*, § 613a BGB BetrVG Rn 114.
342 GK-BetrVG/*Kreutz*, § 77 Rn 378; *Gaul*, § 25 Rn 120 f.
343 GK-BetrVG/*Kreutz*, § 77 Rn 379.
344 GK-BetrVG/*Kreutz*, § 77 Rn 379.
345 *Gaul*, § 25 Rn 116 ff., 182 f.; *Fitting u.a.*, § 77 BetrVG Rn 163.
346 ErfK/*Kania*, § 77 BetrVG Rn 122.
347 *Fitting u.a.*, § 77 BetrVG Rn 164.
348 Für den Fall der Zusammenfassung von Betrieben durch Tarifvertrag nach § 3 Abs. 1 Nr. 1b BetrVG BAG 7.6.2011 – 1 ABR 110/09, NZA 2012, 110.
349 BAG 7.6.2011 – 1 ABR 110/09, NZA 2012, 110.
350 *Gaul*, § 25 Rn 169.
351 *Fitting u.a.*, § 87 BetrVG Rn 14.

satz abweichende **Ausnahmen**, in denen auch die Regelung von Einzelfällen mitbestimmungspflichtig ist, finden sich in den Nr. 5 (Urlaub für einzelne Arbeitnehmer) und Nr. 9 (Zuweisung und Kündigung von Wohnräumen).[352]

113 Soweit der kollektive Bezug Voraussetzung für das Eingreifen des Mitbestimmungsrechts ist, kommt es für die Abgrenzung maßgeblich darauf an, inwiefern sich eine **Maßnahme abstrakt auf den ganzen Betrieb oder eine Gruppe von Arbeitnehmern oder einen Arbeitsplatz bezieht**, und nicht auf einen Arbeitnehmer persönlich. Mitbestimmungsfrei ist daher nur die Umsetzung von Vereinbarungen, die den individuellen Besonderheiten einzelner Arbeitsverhältnisse Rechnung tragen und deren Auswirkungen sich auf das Arbeitsverhältnis gerade dieses Arbeitnehmers beschränken.[353] Von untergeordneter Bedeutung für die Abgrenzung ist die **zeitliche Dimension**, d.h., ob es sich um eine auf Dauer angelegte Regelung oder um eine einmalige Maßnahme handelt. Auch ein einmaliger Vorgang kann einen kollektiven Bezug haben.[354] Ebenso wenig kommt es für die Frage, ob Maßnahmen oder Entscheidungen des Arbeitgebers einen kollektiven Bezug haben, auf die Zahl der betroffenen Arbeitnehmer an.[355] Diese stellt lediglich ein Indiz dar; entscheidungsrelevant sind hingegen allein **Inhalt und Auswirkungen der Maßnahme**.[356]

114 *Beispiel*

Ein kollektiver Bezug kann auch bei Sonderzahlungen wegen besonderer Leistungen bestehen, weil es hier stets des Vergleichs mit anderen Mitarbeitern bedarf, um den besonderen Leistungsbeitrag zu ermitteln.[357] Gleiches gilt für eine Vielzahl individuell gewährter Boni. Regelmäßig stellt auch die Überstundenanordnung eine kollektive Maßnahme dar – auch wenn sie (ggf.) nur einen Arbeitnehmer betrifft.[358]

115 *Hinweis*

Ob insoweit allein die Tatsache, dass eine Vertragsbedingung in Gestalt eines **Formulararbeitsvertrages** vereinbart wird, für das Vorliegen des kollektiven Bezugs ausreicht, ist fraglich;[359] denn angesichts der hohen Anforderungen, die das BAG an die individuelle Aushandlung i.S.d. §§ 305 ff. BGB stellt, ist das Fehlen eines solchen individuellen Aushandelns nicht zwangsläufig gleichbedeutend mit einer Vereinbarung, die sich abstrakt auf eine Gruppe von Arbeitnehmern beziehen muss.

bb) Einschränkung und Erweiterung der Mitbestimmungsrechte

116 Die Vorschrift des § 87 BetrVG ist insofern zwingend, als die notwendige Mitbestimmung des Betriebsrats in sozialen Angelegenheiten **weder durch Tarifvertrag, Betriebsvereinbarung, Betriebsabsprache noch Arbeitsvertrag aufgehoben oder eingeschränkt** werden kann.[360] Auch kann der Betriebsrat selbst nicht auf die Ausübung seines Mitbestimmungsrechts gänzlich verzichten oder seine Mitwirkungsbefugnisse nach § 87 BetrVG auf den Arbeitgeber übertragen.[361] Gleichwohl können sich Einschränkungen insoweit ergeben, als ein Tarifvertrag Regelungen enthalten kann, die das Mitbestimmungsrecht des Betriebsrats inhaltlich begrenzen (zu den Grenzen der Mitbestimmung vgl. unten Rdn 118 ff.).

---

352 ErfK/*Kania*, § 87 BetrVG Rn 6.
353 BAG GS 3.12.1991 – GS 1/90, DB 1991, 2593; BAG 22.9.1992 – 1 AZR 461/90, NZA 1993, 569.
354 Schaub/*Koch*, ArbR-Hdb., § 235 Rn 3.
355 ErfK/*Kania*, § 87 BetrVG Rn 6.
356 *Fitting u.a.*, § 87 BetrVG Rn 19.
357 BAG 29.2.2000 – 1 ABR4/99, NZA 2000, 1066.
358 *Fitting u.a.*, § 87 BetrVG Rn 17.
359 So aber *Bachner*, NZA 2007, 536, 537.
360 GK-BetrVG/*Wiese*, § 87 Rn 8.
361 BAG 26.4.2005 – 1 AZR 76/04, NZA 2005, 892; BAG 29.1.2008 – 3 AZR 43/06, NZA-RR 2008, 469; *Fitting u.a.*, § 87 BetrVG Rn 3; differenzierend *Joussen*, RdA 2005, 31.

Das Gesetz lässt die Frage, ob sich die notwendige Mitbestimmung **über** die in § 87 Abs. 1 BetrVG genann-   117
ten Angelegenheiten **hinaus erweitern** lässt, unbeantwortet. Unbedenklich ist dies zu bejahen, wenn in einem Tarifvertrag oder in einer freiwilligen Betriebsvereinbarung nach § 88 BetrVG eine Angelegenheit geregelt und nur die Ausübung eines dem Arbeitgeber zustehenden Rechts an die Zustimmung des
Betriebsrats geknüpft wird, ohne dass ein neuer Regelungsgegenstand geschaffen wird.[362] Auch wird
eine erweiterte Mitbestimmung **durch Tarifvertrag** überwiegend für zulässig erachtet, sofern es sich
um einen Betrieb handelt, dessen Arbeitgeber tarifgebunden ist.[363] Ob die Betriebsparteien darüber hinaus
legitimiert sind, auch eine inhaltliche Erweiterung der Mitbestimmung durch Betriebsvereinbarung vorzunehmen, wird weiterhin sehr uneinheitlich beurteilt.[364]

d) Grenzen der Mitbestimmung
aa) Gesetzesvorrang

Das Mitbestimmungsrecht greift nach § 87 Abs. 1 ES BetrVG nicht, soweit eine **gesetzliche Regelung be-**   118
steht. Denn existiert bereits eine Norm zum Regelungsgegenstand, ist der Arbeitnehmer hinreichend geschützt, sodass es der Mitwirkung des Betriebsrats nicht bedarf.[365] Dies setzt freilich voraus, dass dem Arbeitgeber aufgrund der gesetzlichen Regelung **kein Entscheidungsspielraum** mehr bleibt.[366] Es muss sich
also um **zwingendes Gesetzesrecht** (förmliche Gesetze, Verordnungen, autonome Satzungen) handeln,[367]
welches eine **abschließende Regelung** trifft. Nach der Rechtsprechung kann die Mitbestimmung auch
durch Verwaltungsakt eingeschränkt sein.[368]

> *Hinweis*
>
> Daher besteht z.B. hinsichtlich der Frage, **ob** eine **Beschwerdestelle** i.S.d. AGG eingerichtet werden
> soll, kein Mitbestimmungsrecht des Betriebsrates, da § 13 AGG eine entsprechende gesetzliche Ver-
> pflichtung des Arbeitgebers vorsieht und damit insoweit eine abschließende Regelung darstellt.[369]
> Nach der Rechtsprechung ist auch die Besetzung der Beschwerdestelle mitbestimmungsfrei; ein Mit-
> bestimmungsrecht nach § 87 I Nr. 1 BetrVG besteht aber hinsichtlich der Ausgestaltung des Verfahrens
> vor der Beschwerdestelle.[370] Auch hinsichtlich des „Ob" der Einführung eines betrieblichen **Rauchver-**
> **bots** dürfte aufgrund der Existenz von § 5 Abs. 1 S. 2 ArbStättV ein Mitbestimmungsrecht des Betriebs-
> rates ausscheiden.[371]

Nach der Rechtsprechung[372] schließen **ausländische Vorschriften** wegen des Territorialitätsprinzips die   119
Mitbestimmungsrechte jedenfalls dann nicht als gesetzliche Norm aus, wenn keine wirksame (völkerrecht-
liche) Umsetzung in das deutsche Recht erfolgte.

Auch die betriebliche Regelung selbst ist wiederum den **Grenzen zwingenden staatlichen Rechts** un-   120
terworfen (z.B. §§ 134, 138 BGB). Betriebsvereinbarungen unterliegen nach § 310 Abs. 4 S. 1 BGB

---

362 GK-BetrVG/*Wiese*, § 87 Rn 5.
363 BAG 23.2.10 – 1 ABR 65/08, AP Nr. 100 zu § 77 BetrVG 172; BAG 18.8.1987, AP Nr. 23 zu § 87 BetrVG 1972; *Fitting u.a.*, § 87
   BetrVG Rn 6; ErfK/*Kania*, § 87 BetrVG Rn 139.
364 Vgl. hierzu exemplarisch DKKW/*Klebe*, § 87 BetrVG Rn 45 ff. sowie andererseits Stege/*Weinspach/Schiefer*, § 87 BetrVG Rn 5 ff. Umfangreiche Nachweise bei GK-BetrVG/*Wiese*, § 87 Rn 7 f., der die Befugnis zur Erweiterung der Mitbestimmung jedenfalls nicht schrankenlos gewährleistet sieht.
365 BAG 28.5.2002 – 1 ABR 37/01, NZA 2003, 171.
366 HSWG/*Worzalla*, § 87 BetrVG Rn 51; ErfK/*Kania*, § 87 BetrVG Rn 13.
367 *Fitting u.a.*, § 87 BetrVG Rn 32; Wlotzke/Preis/*Bender*, § 87 BetrVG Rn 20.
368 BAG 11.12.2012 – 1 ABR 78/11, NZA 2013, 913.
369 LAG Hamburg 17.4.2007 – 3 TaBV 6/07, NZA-RR 2007, 413; *Westhauser/Sediq*, NZA 2008, 781; *Walk/Shipton*, BB 2012, 1917.
370 BAG 21.7.2009 – 1 ABR 42/08, NZA 2009, 1049.
371 *Uhl/Polloczek*, BB 2008, 1114.
372 BAG 22.7.2008 – 1 ABR 40/07, NZA 2008, 1248, dazu ausführlich *Boemke*, DB 2010, 843 ff.

zwar **nicht den für Allgemeine Geschäftsbedingungen** geltenden gesetzlichen Regelungen der §§ 305 ff. BGB.[373] Die strengen Vorgaben zur Inhalts- oder Transparenzkontrolle nach § 307 BGB finden also keine Anwendung.[374]

121 Die Rechtsprechung nimmt aber eine **Rechts- und Billigkeitskontrolle** vor.[375] Maßgeblich sind der **Gleichbehandlungsgrundsatz** und – insbesondere bei verschlechternden Betriebsvereinbarungen – Gesichtspunkte des **Vertrauensschutzes** und der **Verhältnismäßigkeit**.[376] Die Betriebsparteien haben jedoch einen recht weiten **Beurteilungsspielraum** hinsichtlich der tatsächlichen Voraussetzungen und Folgen der von ihnen gesetzten Regelungen.[377]

bb) Verhältnis zu tariflichen Regelungen: Tarifvorrang

122 Nach dem **Tarifvorrang**[378] des § 87 Abs. 1 ES BetrVG ist das Mitbestimmungsrecht des Betriebsrats in den sozialen Angelegenheiten des § 87 Abs. 1 Nr. 1–13 BetrVG dort ausgeschlossen, wo eine tarifliche Regelung besteht („**Tarifsperre**"[379]).

Ob die **tarifliche Regelung abschließend** ist und damit das Mitbestimmungsrecht ausschließt, ist durch Auslegung zu ermitteln.[380] Verbleibt dem Arbeitgeber ein **Regelungsspielraum**, greift das Mitbestimmungsrecht ein.[381] Besteht eine abschließende tarifliche Regelung, sind abweichende oder ergänzende Betriebsvereinbarungen nur zulässig, soweit der Tarifvertrag diese ausdrücklich zulässt (sog. **Öffnungsklausel**).[382]

123 Die tarifliche Regelung muss im relevanten Betrieb gelten.[383] Anders als beim Tarifvorbehalt des § 77 Abs. 3 BetrVG setzt das **Bestehen** einer tariflichen Regelung i.S.d. § 87 Abs. 1 ES BetrVG weiter voraus, dass der **Arbeitgeber an die tarifliche Regelung gebunden** ist.[384] Weder schließt die bloße Üblichkeit einer tariflichen Regelung das Mitbestimmungsrecht aus, noch ein nach § 4 Abs. 5 TVG nachwirkender Tarifvertrag.[385] Auch ein nach § 613a Abs. 1 S. 2 BGB zum Inhalt des Arbeitsverhältnisses transformierter Tarifvertrag schließt die Mitbestimmung nicht aus.[386] Auf die **Tarifbindung der Arbeitnehmer** kommt es **nicht** an.[387] Die Mitbestimmung nach § 87 Abs. 1 BetrVG erhält also in Betrieben nicht tarifgebundener Arbeitgeber ein größeres Gewicht.[388]

124 Liegt eine soziale Angelegenheit des § 87 Abs. 1 Nr. 1–13 BetrVG vor, kommt es auf den **Vorbehalt tariflicher Regelung** des § 77 Abs. 3 S. 1 BetrVG nicht an (**Vorrangtheorie**).[389] Vielmehr ist in den Rege-

---

373 BAG 1.2.2006 – 5 AZR 187/05, NZA 2006, 563.

374 BAG 1.2.2006 – 5 AZR 187/05, NZA 2006, 563.

375 BAG 30.1.1970 – 3 AZR 44/68, DB 1970, 1393; BAG 8.12.1981 – 3 ABR 53/80, DB 1982, 46; kritisch z.B. GK-BetrVG/*Kreutz*, § 77 Rn 299 ff. m.w.N. Schaub/*Koch*, Arbeitsrechts-Handbuch, § 231 Rn 10.

376 GK-BetrVG/*Kreutz*, § 77 Rn 306.

377 BAG 22.3.2005 – 1 AZR 49/04, NZA 2005, 773.

378 *Fitting u.a.*, § 87 BetrVG Rn 39 ff.

379 BAG 18.3.2014 – 1 ABR 75/12 – NZA, 2014, 984; BAG 10.12.2013 – 1 ABR 39/, NZA 2014, 1040.

380 GK-BetrVG/*Kreutz*, § 77 Rn 106; *Richardi/Richardi*, § 77 BetrVG Rn 304; *Fitting u.a.*, § 87 BetrVG Rn 48 ff.

381 BAG 18.2.2003 – 9 AZR 164/02, NZA 2003, 1392.

382 GK-BetrVG/*Kreutz*, § 77 Rn 145.

383 *Fitting u.a.*, § 87 BetrVG Rn 43 ff.

384 BAG 15.4.2008 – 1 AZR 65/07, NZA 2008, 888; BAG 22.3.2005 – 1 ABR 64/03, NZA 2006, 383; BAG 24.2.1987 – 1 ABR 18/85, NZA 1987, 639; GK-BetrVG/*Wiese*, § 87 Rn 67.

385 GK-BetrVG/*Wiese*, § 87 Rn 78; *Richardi/Richardi*, § 87 BetrVG Rn 152.

386 *Richardi/Richardi*, § 87 BetrVG Rn 152.

387 *Richardi/Richardi*, § 77 BetrVG Rn 265.

388 *Fitting u.a.*, § 87 BetrVG Rn 45.

389 Std. Rspr. seit BAG GS 3.12.1991 – GS 1/90, DB 1991, 662; BAG 13.3.2012 – 1 AZR 659/10, NZA 2012, 990; BAG 29.10.2002 – 1 AZR 573/01, NZA 2003, 393.

lungsbereichen des § 87 Abs. 1 BetrVG allein maßgeblich, ob eine abschließende tarifliche Regelung besteht, an die der Arbeitgeber gebunden ist.[390] Fehlt eine solche (etwa weil der Arbeitgeber mangels Verbandsmitgliedschaft nicht an die tarifliche Regelung gebunden ist), können die Betriebsparteien die soziale Angelegenheit auch dann regeln, wenn diese Materie üblicherweise Gegenstand von Tarifverträgen ist.[391] Die **Mitbestimmungspflichtigkeit eines Teils der Regelungen** führt aber nicht etwa dazu, dass der Tarifvorbehalt auch für die mitbestimmungsfreien Regelungen aufgehoben wäre – vielmehr reicht der Tarifvorrang nur soweit, wie eine auch mitbestimmungspflichtige soziale Angelegenheit vorliegt.[392]

Hinweis   125

Nach § 77 Abs. 3 S. 1 BetrVG können **Arbeitsentgelte und sonstige Arbeitsbedingungen**, die durch Tarifvertrag **geregelt sind** oder **üblicherweise** geregelt werden, nicht Gegenstand einer Betriebsvereinbarung sein. Die Vorschrift soll die **Funktionsfähigkeit** der Tarifautonomie gewährleisten.[393] Dazu räumt sie den Tarifvertragsparteien eine **Normsetzungsprärogative** ein.[394] Das **Günstigkeitsprinzip** findet auf das Verhältnis von Betriebsvereinbarung und Tarifvertrag nach der Rechtsprechung **keine Anwendung**;[395] nach der gesetzlichen Konzeption kann es nicht zu Überschneidungen kommen. In der Praxis ist dies freilich häufig anders.

Anders als der Tarifvorrang nach § 87 Abs. 1 ES BetrVG greift die **Sperrwirkung des § 77 Abs. 3 BetrVG** bereits ein, wenn der Betrieb vom räumlichen, betrieblichen, fachlichen und personellen Geltungsbereich des Tarifvertrages erfasst ist.[396] Auf die **Tarifbindung** des Arbeitgebers kommt es für den Tarifvorbehalt **nicht** an.[397] Es genügt, dass die Regelung der betreffenden Materie in Form eines Tarifvertrags in der entsprechenden **Branche üblich** ist.[398] Eine gegen die Regelungssperre des § 77 Abs. 3 S. 1 BetrVG **verstoßende Betriebsvereinbarung** über Regelungsgegenstände außerhalb des § 87 Abs. 1 BetrVG ist schwebend – oder endgültig – **unwirksam**.[399]

cc) Verhältnis zu individualvertraglichen Regelungen

Die Regelungsmacht der Betriebspartner ist durch den **Individualschutz** der Arbeitnehmer begrenzt, § 75   126
Abs. 2 S. 1 BetrVG.[400]

Hinweis   127

So sind bspw. **Lohnverwendungsbestimmungen**[401] oder Regelungen zur außerbetrieblichen **Lebensgestaltung**[402] in Betriebsvereinbarungen unzulässig. Die Vereinbarung eines Lohnabtretungsverbots in einer Betriebsvereinbarung ist indes zulässig,[403] nicht jedoch das (auch teilweise) Abwälzen der Kosten

---

390 BAG 24.1.1996 – 1 AZR 597/95, NZA 1996, 948; BAG 29.10.2002 – 1 AZR 573/01, NZA 2003, 393; zur Gegenüberstellung der sogenannten Zwei-Schranken-Theorie und Vorrangtheorie *Fitting u.a.*, § 87 BetrVG Rn 59 f.; *Emmert*, S. 87 ff.
391 BAG 13.3.2012 – 1 AZR 659/10, NZA 2012, 990.
392 BAG 5.3.1997 – 4 AZR 532/95, NZA 1997, 951; *Richardi/Richardi*, § 87 BetrVG Rn 166 ff., § 77 BetrVG Rn 251.
393 BAG GS 3.12.1991 – GS 1/90, DB 1991, 662; *Richardi/Richardi*, § 77 BetrVG Rn 245; GK-BetrVG/*Kreutz*, § 77 Rn 78.
394 BAG 20.2.2001 – 1 AZR 233/00, NZA 2001, 903.
395 GK-BetrVG/*Kreutz*, § 77 Rn 129.
396 ErfK/*Kania*, § 77 BetrVG Rn 49.
397 BAG 20.11.2001 – 1 AZR 12/01, NZA 2002, 872.
398 BAG 22.3.2005 – 1 ABR 64/03, NZA 2006, 383.
399 BAG 20.4.1999 – 1 AZR 631/98, NZA 1999, 1059.
400 BAG 29.6.2004 – 1 ABR 21/03, NZA 2004, 1278.
401 BAG 11.7.2000 – 1 AZR 551/99, NZA 2001, 462 (Kantinenessen).
402 BAG 28.5.2002 – 1 ABR 32/01, NZA 2003, 166 (Ethikregeln).
403 BAG 20.12.1957 – 1 AZR 237/56, BB 1958, 448; BAG 5.9.1960 – 1 AZR 509/57, BB 1960, 1202.

für grds. vom Arbeitgeber zu stellende Arbeits- und Schutzbekleidung.[404] Bei Regelungen zur Videoüberwachung ist der Verhältnismäßigkeitsgrundsatz zu wahren.[405]

128   **Altersgrenzen** für die automatische Beendigung von Arbeitsverhältnissen ohne Kündigung in Betriebsvereinbarungen sind – auch im Lichte des § 10 S. 3 Nr. 5 AGG – zulässig.[406] Die dabei von den Betriebsparteien zu beachtenden Grundsätze von Recht und Billigkeit (§ 75 Abs. 1 BetrVG) sind gewahrt, wenn
die Altersgrenze an den Zeitpunkt anknüpft, zu dem der Arbeitnehmer die Regelaltersrente aus der gesetzlichen Rentenversicherung beziehen kann. Eine solche Regelung verstößt nicht gegen das Verbot
der Altersdiskriminierung.[407]

> *Hinweis*
>
> Inzwischen hat das BAG – entgegen seiner eigenen früheren Rechtsprechung[408] – entschieden, dass die
> **tariflichen** Altersgrenzen für Piloten, wonach das Arbeitsverhältnis mit dem Ende des Monats der Voll-
> endung des 60. Lebensjahres endet, gegen das Benachteiligungsverbot wegen Alters verstößt (§ 7 Abs. 1
> i.V.m. § 1 AGG).[409] Die Beendigung des Arbeitsverhältnisses zu einem Zeitpunkt, zu dem der Arbeit-
> nehmer die Regelaltersrente aus der gesetzlichen Rentenversicherung beziehen kann, ist zulässig.

129   Die Mitbestimmung stößt dort an ihre Grenzen, wo mit dem Arbeitnehmer **einzelvertraglich für diesen
günstigere** Regelungen getroffen werden.[410] Als **Kollisionsregelung** gilt also das **Günstigkeitsprinzip**.[411]
Welche Arbeitsbedingungen günstiger sind, ist durch einen **Sachgruppenvergleich** zu ermitteln.[412]

130   *Hinweis*

> Im Rahmen des Günstigkeitsprinzips können solche Bedingungen in den Vergleich einbezogen werden,
> die in einem **sachlichen Zusammenhang** stehen. Ein solcher Zusammenhang wird z.B. bejaht für Re-
> gelungen zur Urlaubsdauer, zur Länge der Wartezeit, zur Höhe des Urlaubsgeldes,[413] sowie zur Dauer
> der Arbeitszeit und zur Vergütung;[414] ebenso bei übertariflichen Zulagen, die zugleich tarifliche Zula-
> gen abgelten.[415]

131   Nur dann, wenn der **Arbeitsvertrag** eine abweichende – verschlechternde – Regelung durch Betriebsvereinbarung zulässt, kann die Betriebsvereinbarung auch zu Eingriffen in bislang individualvertraglich gewährte Ansprüche führen.[416] Nach Maßgabe des **Transparenzgebotes** läge es nahe, bei formulärmäßig
verwendeten Arbeitsverträgen hierfür eine **konkrete Bezeichnung** derjenigen Arbeitsbedingungen zu
verlangen, die der **Disposition der Betriebsparteien** unterstellt werden sollen.[417] Die neuere Rechtsprechung scheint hier weiter zu gehen: Maßgeblich soll sein, ob die vertragliche Regelung „**betriebsvereinbarungsoffen**" gestaltet ist. Diese Betriebsvereinbarungsoffenheit könne sich aus den Begleitumständen

---

404 BAG 1.12.1992 – 1 AZR 20/92, NZA 1993, 711.
405 BAG 29.6.2004 – 1 ABR 21/03, NZA 2004, 1278.
406 Bejahend zum alten Recht: BAG GS 7.11.1989 – GS 3/85, NZA 1990, 816; bestätigt zum neuen Recht BAG 5.3.2013 – 1 AZR
     417/12, NZA 2013, 916.
407 Zum Meinungsstand MüKo-BGB/*Thüsing*, § 10 AGG Rn 24 ff. m.w.N.
408 BAG 17.6.2009 – 7 AZR 112/08 (A), NZA 2009, 1355.
409 BAG 18.1.2012 – 7 AZR 112/08, NZA 2012, 575.
410 BAG 14.1.2014 – 1 ABR 57/12, NZA 2014, 922; BAG GS 16.9.1986, NZA 1987, 168; *Fitting u.a.*, § 77 BetrVG Rn 196.
411 BAG GS 7.11.1989 – GS 3/85, NZA 1990, 816.
412 BAG 27.1.2004 – 1 AZR 148/03, NZA 2004, 667; BAG 15.4.2015 – 4 AZR 587/13, NZA 2015, 1264 (für den Günstigkeitsvergleich
     nach § 4 Abs. 3 TVG); *Emmert*, S. 265 ff.
413 BAG 23.5.1984 – 4 AZR 129/82, NZA 1984, 255.
414 BAG 15.4.2015 – 4 AZR 587/13, NZA 2015, 1264 (für den Günstigkeitsvergleich nach § 4 Abs. 3 TVG).
415 BAG 1.4.1987 – 4 AZR 77/86, NZA 1987, 593; BAG 13.9.1994 – 3 AZR 148/04, NZA 1995, 740.
416 BAG 12.8.1982 – 6 AZR 1117/79, DB 1982, 2298.
417 BAG 12.12.2006 – 3 AZR 57/06, DB 2007, 2435; BAG 24.1.2006 – 3 AZR 483/04, NZA-RR 2007, 595.

ergeben. Durch die **Verwendung von AGB** mache der Arbeitgeber deutlich, dass es sich um eine kollektive Regelung handle, die der Gestaltung durch die Betriebsparteien offen sei.[418]

> *Hinweis* 132
>
> Sicherer wird es sein, die Betriebsvereinbarungsdispositivität ausdrücklich in den Arbeitsvertrag aufzunehmen und die Bedingungen zu bezeichnen, die der Disposition der Betriebsparteien unterstellt sein sollen.

Bei **vertraglichen Einheitsregelungen** und **Gesamtzusagen** handelt es sich nach der Rechtsprechung zwar 133 grds. um individuelle Ansprüche.[419] Bei diesen ist jedoch der **kollektive Bezug** bereits in der Regelung angelegt. Eine Ablösung durch Betriebsvereinbarung ist jedenfalls unter Berücksichtigung eines **kollektiven Günstigkeitsvergleichs** möglich.[420] Es kommt im Rahmen des Sachgruppenvergleichs also nicht darauf an, dass die konkurrierende Betriebsvereinbarung für den Einzelnen nicht ungünstiger ist als die Gesamtzusage. Maßgeblich ist vielmehr, dass sich bei Änderung der Verteilungsgrundsätze für die Arbeitnehmer die **Gesamtbelastung des Arbeitgebers nicht reduziert**.[421] Ob man nach der neueren Rechtsprechung[422] nun grundsätzlich bei vertraglichen Einheitsregelungen und Gesamtzusagen von einer Betriebsvereinbarungsdispositivität – ohne (kollektives) Günstigkeitserfordernis – ausgehen kann, ist noch offen.

e) Ausübung der Mitbestimmung
aa) Zwingende Mitbestimmung – Mitbestimmung als Wirksamkeitsvoraussetzung – Rechtsfolgen eines Verstoßes

Der Arbeitgeber kann eine mitbestimmungspflichtige Maßnahme nach § 87 Abs. 1 BetrVG **nur mit Zu-** 134 **stimmung des Betriebsrats** durchführen.

> *Hinweis* 135
>
> Hierzu bedarf es der Entscheidung im Gremium nach ordnungsgemäßer **Ladung**, der **Beschlussfähig-keit** des Betriebsrats (§ 33 BetrVG) und der durch Abstimmung herbeigeführten einheitlichen **Willensbildung**. Eine nicht von einem wirksamen Betriebsratsbeschluss umfasste Erklärung des Vorsitzenden führt nicht zu einer wirksamen Betriebsvereinbarung. Allerdings besteht die Möglichkeit der **Heilung** durch spätere **ordnungsgemäße Beschlussfassung** und **Genehmigung**.[423]

Gelingt eine Verständigung nicht und will der Arbeitgeber eine Regelung herbeiführen, bedarf es der An- 136 rufung der **Einigungsstelle**. Für die Ausübung des Mitbestimmungsrechts reicht es insbesondere nicht, wenn der Betriebsrat zu erkennen gibt, er sehe kein Mitbestimmungsrecht, und dem Arbeitgeber in einer mitbestimmungspflichtigen Angelegenheit ohne inhaltliche Mitgestaltung „freie Hand" gibt.[424] In der Praxis dürfte die Handhabung in diesen Fällen aber eine andere sein und die tatsächliche Anrufung der Einigungsstelle eher die Ausnahme darstellen – was zur Folge hat, dass das Risiko aus der „Theorie der Wirksamkeitsvoraussetzung" (siehe hierzu Rdn 138) für den Arbeitgeber verbleibt.

---

418 So BAG 5.3.2013 – 1 AZR 417/12, NZA 2013, 916 (zur Einführung einer Altersgrenze durch Betriebsvereinbarung – der Arbeitsvertrag enthielt hierzu keine Regelung). Deutlich strenger allerdings BAG 5.8.2009 – 10 AZR 483/08, NZA 2009, 1105 (mit der Ablehnung zur Einführung von Kurzarbeit durch Betriebsvereinbarung bei Fehlen einzelvertraglicher Grundlage).
419 *Küttner/Kreitner*, Betriebsvereinbarung Rn 15.
420 BAG 24.5.2006 – 7 AZR 201/05, NZA 2006, 1364.
421 BAG 16.9.1986 – GS 1/82, NZA 1987, 168; BAG 28.3.2000 – 1 AZR 366/99, NZA 2001, 49.
422 Insbesondere unter Berücksichtigung von BAG 5.3.2013 – 1 AZR 417/12, NZA 2013, 916 (zur Einführung einer Altersgrenze durch Betriebsvereinbarung – der Arbeitsvertrag enthielt hierzu keine Regelung).
423 BAG 9.12.2014 – 1 ABR 19/13, NZA 2015, 368 m.w.N. zur Rechtsprechung.
424 BAG 29.1.2008 – 3 AZR 43/06, NZA-RR 2008, 469.

137   Welche **Rechtsfolgen** ein **mitbestimmungswidriges Verhalten** des Arbeitgebers auslöst, der eine Maßnahme ohne Betriebsratsbeteiligung durch einseitige Weisung oder Vereinbarung mit betroffenen Arbeitnehmern durchführt, ist durch das BetrVG (anders als etwa in §§ 101, 102 Abs. 1 S. 2 BetrVG für personelle
Angelegenheiten bzw. Kündigungen) **nicht geregelt.**

138   Das BAG hat schon früh entschieden, dass – trotz des Fehlens einer gesetzlichen Sanktion – das mitbestimmungswidrige Verhalten des Arbeitgebers **auf individualrechtlicher Ebene** zur **Unwirksamkeit** aller mitbestimmungswidrigen Weisungen und Abreden zum Nachteil des Arbeitnehmers führt (sog. **Theorie der
Wirksamkeitsvoraussetzung**).[425]

139   *Hinweis*

Die beschriebene Rechtsfolge der individualrechtlichen Unwirksamkeit entfaltet insbesondere auf dem
Gebiet der Entgeltgestaltung (einseitige Ablösung einer Vergütungsordnung, Widerruf von freiwilligen
Zulagen) sowie der Arbeitszeit (einseitige Anordnung von Überstunden oder Kurzarbeit, einseitiger
Wechsel in ein anderes Schichtmodell) hohe praktische Bedeutung.

Wichtig:

Eine **nachträgliche Zustimmung** des Betriebsrats **heilt die Unwirksamkeit** einer vom Arbeitgeber einseitig getroffenen Maßnahme **nicht**.[426]

140   **Kollektivrechtlich** führt ein Verstoß gegen die zwingende Mitbestimmung zu einem **Anspruch des Betriebsrats** gegen den einseitig handelnden Arbeitgeber **auf Unterlassung** der Maßnahme.[427] Dieser
kann auch im Wege der einstweiligen Verfügung nach § 85 ArbGG durchgesetzt werden.[428] Wirkt die belastende Maßnahme fort, kann der Betriebsrat verlangen, dass sie **rückgängig** gemacht wird,[429] da es um die
Beseitigung eines betriebsverfassungswidrigen Zustandes geht.[430] Besteht bereits eine Betriebsvereinbarung, kann der Betriebsrat auf deren Einhaltung klagen.[431]

141   Die Verletzung gesetzlicher Mitbestimmungsrechte führt nicht zu einem **Beweisverwertungsverbot.** Das
BAG hatte die generelle Frage zunächst offen gelassen[432] und entschieden, dass jedenfalls im Fall der nachträglichen Zustimmung des Betriebsrats zur Verwendung des mitbestimmungswidrig erlangten Beweismit-
tels der ursprüngliche Verstoß gegen Mitbestimmungsrechte kein Beweisverwertungsverbot begründe.[433]
Später entschied das BAG, dass allein die Verletzung eines Mitbestimmungstatbestands oder die Nichteinhaltung einer Betriebsvereinbarung es nicht rechtfertigen, einen entscheidungserheblichen, unstreitigen
Sachvortrag der Parteien unberücksichtigt zu lassen. Auch die Theorie der Wirksamkeitsvoraussetzung fordere dies nicht. Das Prozessrecht kenne kein „Sachvortragsverwertungsverbot".[434]

---

425 Ständige Rechtsprechung des BAG, vgl. etwa BAG GS 3.12.1991 – GS 1/90, DB 1991, 2593; BAG 5.5.2015 – 1 AZR 435/13, NZA
   2015, 1207; BAG 15.4.2008 – 1 AZR 65/07, NZA 2008, 888; BAG 21.1.2003 – 1 AZR 125/02, NZA 2003, 1056; *Fitting u.a.*, § 87
   BetrVG Rn 599 f.
426 GK-BetrVG/*Wiese*, § 87 Rn 100.
427 *Fitting u.a.*, § 87 BetrVG Rn 596; ErfK/*Koch*, § 85 ArbGG Rn 4.
428 ErfK/*Koch*, § 85 ArbGG Rn 4.
429 BAG 16.6.1998 – 1 ABR 68/97, NZA 1999, 49; *Fitting u.a.*, § 87 BetrVG Rn 597.
430 BAG 9.12.2003 – 1 ABR 44/02, NZA 2004, 746; *Fitting u.a.*, § 87 BetrVG Rn 597.
431 BAG 13.10.1987 – 1 ABR 51/86, NZA 1998, 253; *Fitting u.a.*, § 87 BetrVG Rn 598.
432 BAG 27.3.2003 – 2 AZR 51/02, NZA 2003, 1193; jedenfalls verneinend LAG Baden-Württemberg 6.5.1999 – 12 Sa 115/97, BB
   1999, 1435.
433 BAG 27.3.2003 – 2 AZR 51/02, NZA 2003, 1193; *Fitting u.a.*, § 87 BetrVG Rn 598.
434 BAG 13.12.2007 – 2 AZR 537/06, NZA 2008, 1008; *Fitting u.a.*, § 87 BetrVG Rn 607.

bb) Initiativrecht des Betriebsrats

Das Mitbestimmungsrecht des Betriebsrats in sozialen Angelegenheiten des § 87 Abs. 1 BetrVG ist nicht **142** von einer Aktivität des Arbeitgebers abhängig. Aus dem Grundsatz der **betrieblichen Parität** folgt, dass der Betriebsrat – ebenso wie der Arbeitgeber – die **Initiative** zur Umsetzung solcher Angelegenheiten ergreifen kann.[435] Kommt es nicht zu einer Einigung, ist auch der Betriebsrat berechtigt, die Ersetzung der fehlenden Einigung durch die Einigungsstelle zu veranlassen.[436] Allerdings kann sich eine **Einschränkung des Initiativrechts** aus dem Inhalt des Mitbestimmungsrechts ergeben, soweit dies nur eine **abwehrende Funktion** hat.[437] So ist der Betriebsrat etwa grds. nicht berechtigt, die Einführung einer technischen Überwachungseinrichtung zu verlangen, da sein Mitbestimmungsrecht nach Nr. 6 allein dem Schutz der Arbeitnehmer vor den Gefahren einer technischen Überwachung dient.[438]

> *Hinweis* **143**
>
> Für Fragen der **betrieblichen Ordnung** gemäß § 87 Abs. 1 Nr. 1 BetrVG besteht keine Einschränkung des Initiativrechts nach Sinn und Zweck des Mitbestimmungsrechts.[439]

Der Sache nach kann sich das Initiativrecht des Betriebsrats sowohl auf die **Schaffung einer neuen Regelung** **144** als auch auf die **Änderung einer bestehenden Regelung** beziehen.[440] Es umfasst darüber hinaus auch den Fall, dass der Betriebsrat in einer mitbestimmungspflichtigen Angelegenheit die bisherige betriebliche Praxis zum Inhalt einer Betriebsvereinbarung machen will.[441]

cc) Form der Ausübung

§ 87 Abs. 1 BetrVG trifft **keine Aussagen** über die **Form der Ausübung des Mitbestimmungsrechts** in **145** sozialen Angelegenheiten. Das Gesetz beschränkt sich vielmehr auf die Anordnung, dass der Betriebsrat mitzubestimmen hat und regelt, dass die Einigungsstelle entscheidet, wenn keine Einigung zwischen Arbeitgeber und Betriebsrat zustande kommt (§ 87 Abs. 2 S. 1 BetrVG).

In der betrieblichen Praxis erfolgt die Umsetzung der Mitbestimmung zumeist durch **Vereinbarung zwischen den Betriebsparteien**. Geht es hierbei nur um die Begründung von schuldrechtlichen Rechten und **146** Pflichten zwischen den Betriebspartnern, kann dies durch **Regelungsabreden oder Betriebsabsprachen** erfolgen. Sollen Rechte und Pflichten zwischen Arbeitgeber und Arbeitnehmern normativ begründet werden, bedarf es hierfür des Abschlusses einer **Betriebsvereinbarung**, die wie eine Rechtsnorm auf die Arbeitsverhältnisse **unmittelbar** und **zwingend** einwirkt und deren Inhalt bestimmt, § 77 Abs. 4 BetrVG. Beide Betriebspartner (Arbeitgeber wie Betriebsrat) können verlangen, dass eine Regelungsabrede inhaltlich in eine Betriebsvereinbarung umgewandelt wird.[442]

Definitorisch handelt es sich bei der **Betriebsvereinbarung** um einen schriftlichen Vertrag zwischen Arbeitgeber und Betriebsrat zur Regelung von Rechten und Pflichten der Betriebspartner und zur Festlegung **147**

---

435 *Fitting u.a.*, § 87 BetrVG Rn 583.

436 BAG 14.11.1974 – 1 ABR 65/73, BB 1975, 420; *Fitting u.a.*, § 87 BetrVG Rn 590; *Emmert*, S. 74 ff.

437 BAG 21.7.2009 – 1 ABR 42/08, NZA 2009, 1049; *Richardi/Richardi*, § 87 BetrVG Rn 72 ff.; *Fitting u.a.*, § 87 BetrVG Rn 584; ErfK/*Kania*, § 87 BetrVG Rn 9.

438 BAG 28.11.1989 – 1 ABR 98/88, NZA 1990, 406; a.A. ArbG Berlin 20.3.2013 – 28 BV 2178/13, juris; LAG Berlin-Brandenburg 22.1.2015 – 10 TaBV 1812/14, juris; auch im Hinblick auf den Umgang mit Social Media wird man die Frage des Initiativrechts neu beleuchten müssen – zum Mitbestimmungsrecht des Betriebsrats bei Social Media *Lützeler/Bissels*, ArbR 2011, 501.

439 LAG Nürnberg 10.9.2002 – 6 (5) TaBV 41/01, NZA-RR 2003, 197.

440 *Stege/Weinspach/Schiefer*, § 87 BetrVG Rn 19a.

441 BAG 8.8.1989 – 1 ABR 62/88, NZA 1990, 322.

442 BAG 8.8.1989 – 1 ABR 62/88, NZA 1990, 322.

von Rechtsnormen über Inhalt, Abschluss und Beendigung von Arbeitsverhältnissen sowie über betriebliche und betriebsverfassungsrechtliche Fragen.[443] Für sie gilt gem. § 77 Abs. 2 BetrVG die **Schriftform**, es bedarf also der Unterzeichnung durch beide Parteien.[444]

148   Die **Regelungsabrede** (oder Betriebsabsprache) hingegen stellt eine (bloße) schuldrechtliche Vereinbarung zwischen Arbeitgeber und Betriebsrat dar, durch die der Betriebsrat seine Zustimmung zu Rechtsgeschäften oder tatsächlichen Maßnahmen des Arbeitgebers zum Ausdruck bringt.[445] Im Gegensatz zur Betriebsvereinbarung **fehlt** ihr **jegliche normative**, also unmittelbare und zwingende **Wirkung**; um Wirkung zwischen Arbeitgeber und Arbeitnehmer zu entfalten, muss sie durch individualrechtliche Maßnahmen (z.B. Änderungskündigung, Vereinbarung oder Weisung im Rahmen des Direktionsrechts) in die einzelnen Arbeitsverträge transformiert werden.[446] Inhalt der Regelungsabrede können alle betriebsverfassungsrechtlichen Angelegenheiten i.S.d. §§ 80 ff. BetrVG sein.[447] Sie kommt auch in Konstellationen in Betracht, in denen eine Regelung durch Betriebsvereinbarung unzulässig ist.[448] Im Gegensatz zur Betriebsvereinbarung kann die Regelungsabrede **formlos** zustande kommen, also etwa auch durch schlüssiges Verhalten. Allerdings bedarf es auch hierfür eines **Beschlusses des Betriebsrates**, sodass etwa bloßes Schweigen des Betriebsrates auf Vorschläge des Arbeitgebers keine Zustimmung bedeutet.[449] Auch wenn an die Formulierung eines Beschlusses keine strengen Maßstäbe angelegt werden dürfen, muss doch ersichtlich sein, dass dieser den Willen hat, der begehrten Maßnahme seine Zustimmung zu erteilen.[450]

149   *Hinweis*

In der betrieblichen Praxis kommt dem Institut der **Betriebsvereinbarung** die weitaus größere Bedeutung zu; sie stellt die **klarste Form** der Einigung zwischen Arbeitgeber und Betriebsrat dar und reduziert durch textliche Festlegung Unklarheiten. Das formlose Verfahren der Regelungsabrede entfaltet insbesondere dort seine Vorzüge, wo betriebliche Regelungen ohne Dauerwirkung zu gestalten sind.

dd) Mitbestimmung bei besonderem Zeitdruck

150   Der Gesetzgeber hat auf dem Gebiet der sozialen Angelegenheiten keine Regelung für vorläufige Maßnahmen vorgenommen, wie dies etwa in § 100 BetrVG für vorläufige personelle Maßnahmen erfolgt ist. Die Rechtsprechung sieht das Mitbestimmungsrecht des Betriebsrats selbst in sog. **Eilfällen** nicht eingeschränkt, in denen eine Regelung umgehend getroffen werden muss, wie etwa bei plötzlichem Bedarf der Anordnung von Überstunden wegen eines unerwartet und eilig zu erledigenden Auftrags oder eines Maschinenausfalls.[451] Um das Mitbestimmungsrecht zu wahren, ist der Arbeitgeber auf eine sofortige Einigung mit dem Betriebsrat angewiesen. Hierfür genügt bereits eine formlose Regelungsabrede.[452] Gelingt eine solche Einigung nicht, ist der **Arbeitgeber nicht berechtigt, vorläufig einseitige Anordnungen zu treffen**.[453] Dies gibt dem Betriebsrat nicht selten die Möglichkeit, die Zustimmungserteilung z.B. zur An-

443 HSWG/*Worzalla*, § 77 BetrVG Rn 6.
444 *Richardi/Richardi*, § 77 BetrVG Rn 34.
445 *Hromadka/Maschmann*, Bd. 2, Rn 414.
446 AR-Kom/*Rieble*, § 77 BetrVG Rn 38.
447 ErfK/*Kania*, § 77 BetrVG Rn 136.
448 *Fitting u.a.*, § 77 BetrVG Rn 224.
449 *Richardi/Richardi*, § 87 BetrVG Rn 80; *Fitting u.a.*, § 87 BetrVG Rn 582.
450 *Richardi/Richardi*, § 87 BetrVG Rn 80.
451 BAG 5.3.1974 – 1 ABR 28/73, NJW 1974, 1724; BAG 17.11.1998 – 1 ABR 12/98, NZA 1999, 662; LAG Hamm 8.9.2015 – 7 TaBVGa 5/15, juris; *Richardi/Richardi*, § 87 BetrVG Rn 80; *Fitting u.a.*, § 87 BetrVG Rn 23 f.
452 ErfK/*Kania*, § 87 BetrVG Rn 7; *Fitting u.a.*, § 87 BetrVG Rn 24.
453 BAG 9.7.2013 – 1 ABR 19/12, NZA 2014, 99; BAG 17.11.1998 – 1 ABR 12/98, NZA 1999, 854; *Fitting u.a.*, § 87 BetrVG Rn 24; ErfK/*Kania*, § 87 BetrVG Rn 7.

ordnung von erforderlichen Überstunden von (nicht mitbestimmungspflichtigen) Zugeständnissen des Arbeitgebers abhängig zu machen, sogenannte „**Koppelungsgeschäfte**" (siehe hierzu Rdn 154 ff.).[454]

> *Hinweis*   **151**
>
> In generell vorhersehbaren Konstellationen (etwa der zeitweise wiederkehrenden Notwendigkeit der kurzfristigen Anordnung von Überstunden) lässt sich die drohende Bedrängnis des Arbeitgebers durch den Abschluss von **Rahmenbetriebsvereinbarungen** vermeiden, die es dem Arbeitgeber gestatten, unter bestimmten Voraussetzungen im Einzelfall z.B. Mehrarbeit anzuordnen. Eine derartige Handhabung ist zulässig.[455]

Nach überwiegender Ansicht kommt eine **einstweilige Regelung** einer mitbestimmungspflichtigen Ange-   **152** legenheit durch einstweilige Verfügung nicht in Betracht, da die Arbeitsgerichte nicht für betriebsverfassungsrechtliche Regelungsstreitigkeiten zuständig sind[456] (zum einstweiligen Rechtsschutz, Antrag auf Unterlassung mitbestimmungswidrigen Verhaltens des Arbeitgebers vgl. § 3 Rdn 647 ff.).

Anders als in Eilfällen entfallen die Mitbestimmungsrechte nach § 87 Abs. 1 BetrVG dagegen **in sog. Not-**   **153** **fällen**.[457] Hierunter ist eine plötzliche, nicht voraussehbare und schwerwiegende Situation zu verstehen, die zur Verhinderung nicht wieder gutzumachender Schäden zu unaufschiebbaren Maßnahmen zwingt; es muss eine **Extremsituation** vorliegen[458] (z.B. Brände, Überschwemmungen oder ähnliche Katastrophen). Hier folgt bereits aus dem Grundsatz der vertrauensvollen Zusammenarbeit das Recht des Arbeitgebers, in einer derartigen Notsituation, vorläufig zur Abwendung akuter Gefahren oder Schäden eine Maßnahme durchzuführen, sofern er unverzüglich die Beteiligung des Betriebsrats nachholt.[459]

ee) Missbrauch des Mitbestimmungsrechts/Koppelungsgeschäft

Der Betriebsrat entscheidet nach freiem Ermessen, ob er einer Maßnahme zustimmt oder nicht. Er ist aus § 2   **154** Abs. 1 BetrVG zur vertrauensvollen Zusammenarbeit mit dem Arbeitgeber verpflichtet, die es ihm verwehrt, seine Zustimmung von Zugeständnissen des Arbeitgebers abhängig zu machen, die er aufgrund seiner Mitbestimmung nicht erwirken kann.[460] Eine unzulässige Rechtsausübung (**Rechtsmissbrauch**) kann vorliegen, wenn der Betriebsrat sich aus Gründen, die offensichtlich keinerlei Bezug zu der beabsichtigten mitbestimmungspflichtigen Maßnahme aufweisen, einer Einigung widersetzt und die Einleitung und Durchführung des Einigungsstellenverfahrens zu verzögern bzw. zu vereiteln versucht.[461]

Allerdings kommt auch in solch gravierenden Fällen nach überwiegender Ansicht ein Verlust des Mit-   **155** bestimmungsrechts nicht in Betracht, da dieses zum Schutz der Belegschaft und nicht des Betriebsrates eingeräumt worden sei. Als Konsequenz wird vielmehr die Anrufung der **Einigungsstelle** für erforderlich gehalten.[462] Auch könne bei missbräuchlicher Ausübung des Mitbestimmungsrechts nach Maßgabe des § 23 Abs. 1 BetrVG vorgegangen werden.[463]

---

454 *Fitting u.a.*, § 87 BetrVG Rn 27.
455 BAG 3.6.2003 – 1 AZR 349/02, NZA 2003, 1155; BAG 12.1.1988 – 1 ABR 54/86, NZA 1988, 517.
456 HSWG/*Worzalla*, § 87 BetrVG Rn 31; *Fitting u.a.*, § 87 BetrVG Rn 24; a.A. *Richardi/Richardi*, § 87 BetrVG Rn 61.
457 *Richardi/Richardi*, § 87 BetrVG Rn 62; *Fitting u.a.*, § 87 BetrVG Rn 25.
458 BAG 2.3.1982 – 1 ABR 74/79, DB 1982, 1115.
459 BAG 19.2.1991 – 1 ABR 31/90, NZA 1991, 609; bestätigt durch BAG 17.11.1998 – 1 ABR 12/98, NZA 1999, 854; *Richardi/Richardi*, § 87 BetrVG Rn 62.
460 HSWG/*Worzalla*, § 87 BetrVG Rn 75.
461 BAG 18.2.2003 – 1 ABR 17/02, NZA 2004, 336; HSWG/*Worzalla*, § 87 BetrVG Rn 35g; GK-BetrVG/*Wiese*, § 87 Rn 361; a.A. *Fitting u.a.*, § 87 BetrVG Rn 27.
462 MünchArbR/*Matthes*, § 242 Rn 45.
463 GK-BetrVG/*Wiese*, § 87 Rn 361.

156 Das BAG hat darauf hingewiesen, dass ein Widerspruch des Betriebsrates im Rahmen des § 87 BetrVG dann unbeachtlich sein kann, wenn er etwas durchsetzen will, worauf kein Mitbestimmungsrecht besteht.[464] Methodisch lässt sich dies derart begründen, dass der Betriebsrat, der erkennen lässt, dass die Zustimmung zu einer mitbestimmungspflichtigen Maßnahme nur vom Nachgeben des Arbeitgebers in einem anderen Punkt abhänge, zugleich geltend macht, gegen die Maßnahme an sich keine Einwände zu haben. Das **Kopplungsangebot** des Betriebsrats ist demnach nichts anderes als eine, wenn auch aufschiebend bedingte, Zustimmung. Die Bedingung ist, soweit von dem Mitbestimmungstatbestand nicht gedeckt, **unerheblich**, die Zustimmung als erteilt zu behandeln und der Arbeitgeber somit berechtigt, die beabsichtigte Maßnahme umzusetzen.[465] Es ist insbesondere rechtsmissbräuchlich, wenn der Betriebsrat die Zustimmung zur beantragten Mehrarbeit von der Zahlung zusätzlicher Leistungen abhängig macht oder für die Einführung von Schichtarbeit weitere Zuschläge oder gar den Ausschluss einer ordentlichen Kündigung verlangt.[466]

f) Prozessuales
aa) Einigungsstelle

157 Erzielen die Betriebsparteien über einen Tatbestand des § 87 Abs. 1 BetrVG keine Einigung, können sowohl der **Arbeitgeber** als auch der **Betriebsrat** die **Einigungsstelle** einschalten, § 87 Abs. 2 BetrVG. Dies gilt auch dann, wenn der Arbeitgeber das Bestehen eines Mitbestimmungsrechts ablehnt und zur Klärung dieser Rechtsfrage das Arbeitsgericht anruft.[467] Der **Spruch der Einigungsstelle ersetzt die Einigung**, wobei die Einigungsstelle nicht an die Vorschläge der Parteien gebunden ist.[468] Ob das Mitbestimmungsrecht besteht, ist allerdings eine **Rechtsfrage**, die der Entscheidung der **Arbeitsgerichte im Beschlussverfahren** unterstellt ist (zur Errichtung der Einigungsstelle, zum Verfahren, zum Spruch und seinen Wirkungen sowie zur gerichtlichen Überprüfung vgl. § 3 Rdn 428 ff., 451 ff.).

bb) Unterlassungsanspruch

158 Zur **Sicherung der Mitbestimmungsrechte** in sozialen Angelegenheiten gewährt die Rechtsprechung dem Betriebsrat einen **allgemeinen Unterlassungsanspruch** aus § 87 BetrVG.[469] Unabhängig vom Vorliegen der Voraussetzungen des § 23 Abs. 3 BetrVG kann der Betriebsrat also gerichtlich gegen mitbestimmungswidrige Handlungen des Arbeitgebers vorgehen (zum Verfahren zum vorbeugenden allgemeinen Unterlassungsanspruch, vgl. § 3 Rdn 460 ff.; zum einstweiligen Rechtschutz, Antrag auf Unterlassung mitbestimmungswidrigen Verhaltens des Arbeitgebers vgl. § 3 Rdn 647 ff.).

2. Muster und Erläuterungen zur Arbeitszeit

Literatur: *Bepler*, Mitbestimmung des Betriebsrats bei der Regelung der Arbeitszeit, NZA-Beil. 2006, 45; *Bissels/Domke/Wisskirchen*, BlackBerry & Co.: Was ist heute Arbeitszeit? DB 2010, 2052; *Franzen*, Umkleidezeiten und Arbeitszeit, NZA 2016, 136; *Gaul/Hofelich*, Arbeitsschutzrechtliche Pflicht zur Bezahlung von Umkleidezeit bei der Verwendung von Schutzausrüstungen, NZA 2016, 149; *Gutzeit*, Die Mitbestimmung des Betriebsrates bei Fragen der Arbeitszeit, BB 1996, 106; *Hohenstatt/Schramm*, Neue Gestaltungsmöglichkeiten zur Flexibilisierung der Arbeitszeit, NZA 2007, 238; *Hunold*, Arbeitszeit, insbesondere Reisezeit, im Außendienst, NZA 1993, 10; *Kühn*, Umkleidezeit als Arbeitszeiten, ArbuR 2010, 303; *Reiserer*, Atmendes Entgelt, atmende Arbeitszeit, NZA-Beilage 2010, 39.

---

464 BAG 26.5.1998 – 1 AZR 704/97, NZA 1998, 1292.
465 HWK/*Clemenz*, § 87 BetrVG Rn 36.
466 GK-BetrVG/*Wiese*, § 87 Rn 361; HWK/*Clemenz*, § 87 BetrVG Rn 37, jeweils m.w.N und Beispielen; a.A. MünchArbR/*Matthes*, § 242 Rn 45 m.w.N.
467 *Fitting u.a.*, § 87 BetrVG Rn 592.
468 *Fitting u.a.*, § 87 BetrVG Rn 590; zum Spruch der Einigungsstelle bei Vergütungselementen und Zielvereinbarung *Säcker*, in: FS Kreutz 2010, 399 ff.
469 BAG 3.5.1994 – 1 ABR 24/93, NZA 1995, 40, bestätigt in std. Rechtsprechung: BAG 23.7.1996 – 1 ABR 13/96, NZA 1997, 274; LAG Hamm 7.12.2005 – 13 TaBV 107/05, zit. nach juris.

a) Typischer Sachverhalt

Beispiel **159**

Der Arbeitgeber möchte in seinem Produktionsbetrieb ein Schichtsystem einführen, um die Maschinenlaufzeit zu erhöhen und so eine bessere Ausnutzung der Investitionen erreichen zu können. Wegen der erfreulichen Auftragslage soll zudem die wöchentliche Arbeitszeit von 38 Stunden auf 40 Stunden erhöht werden. Daneben soll in der Produktion kurzfristig am folgenden Samstag eine Sonderschicht eingeführt werden, um einen zeitkritischen Auftrag fristgemäß fertigstellen zu können. In der Verwaltung sollen die Mitarbeiter – insbesondere in der Auftragsannahme – auch außerhalb der betriebsüblichen Arbeitszeit mobil erreichbar sein.

Der Betriebsrat ist mit diesen Plänen des Arbeitgebers überhaupt nicht einverstanden. Allenfalls für die Sonderschicht am folgenden Samstag besteht die Bereitschaft, dieser zuzustimmen. Wegen des Freizeitverlustes für die Mitarbeiter (und der Wochenendeinschränkung) sollte Voraussetzung aber eine ordentliche Zulage für die Mitarbeiter sein.

b) Erläuterungen

Zur Arbeitszeit enthält § 87 Abs. 1 BetrVG zwei Mitbestimmungstatbestände. So erstreckt sich das Beteiligungsrecht des § 87 Abs. 1 Nr. 2 BetrVG auf die Festlegung von **Beginn** und **Ende** der täglichen Arbeitszeit einschließlich der **Pausen** und **Verteilung** der Arbeitszeit auf die Wochentage. Nach § 87 Abs. 1 Nr. 3 BetrVG ist vom Mitbestimmungsrecht die **vorübergehende Verkürzung** oder **Verlängerung** der betriebsüblichen Arbeitszeit erfasst. **Nicht** erfasst ist die generelle Festlegung der **Dauer der Arbeitszeit**. Hierzu fehlt dem Betriebsrat die Regelungskompetenz, § 77 Abs. 3 BetrVG (siehe hierzu auch Rdn 167). Zweck der Beteiligungsrechte ist, dem Direktionsrecht des Arbeitgebers zum Schutz der Arbeitnehmer Schranken zu setzen. Der Betriebsrat soll der Berücksichtigung der Interessen der Arbeitnehmer an der Arbeitszeitlage und der Freizeit zur Gestaltung des Privatlebens Geltung verschaffen.[470] **160**

Arbeitszeit im Sinne des § 87 Abs. 1 Nr. 2 und 3 BetrVG ist nach Sinn und Zweck des Mitbestimmungsrechts zu definieren. Der Begriff ist gerade nicht deckungsgleich mit dem der **vergütungspflichtigen Arbeitszeit** oder dem des Arbeitszeitgesetzes.[471] „Arbeitszeit" im betriebsverfassungsrechtlichen Sinne ist die Zeit, während derer der Arbeitnehmer die von ihm in einem bestimmten zeitlichen Umfang vertraglich geschuldete Arbeitsleistung erbringen soll.[472] Zu ihr gehören auch Zeiten der Arbeitsbereitschaft, des Bereitschaftsdienstes und der Rufbereitschaft (siehe hierzu Rdn 169).[473] Zeiten, in denen der Mitarbeiter außerhalb der betriebsüblichen Arbeitszeit auf Anordnung seines Arbeitgebers mobil erreichbar ist, sind jedenfalls dann als Arbeitszeit im Sinne des Arbeitszeitgesetzes zu werten, wenn der Mitarbeiter tatsächlich tätig wird (d.h. z.B. Telefonate führt oder Emails mobil bearbeitet) und dieses Tätigwerden nicht bloß in jeder Hinsicht geringfügig ist.[474] **161**

Ob Reise- oder **Dienstreisezeiten** unter diesen Arbeitszeitbegriff fallen, ist abhängig von der Ausgestaltung: Ein Rechtssatz, dass Reisezeit stets zu vergüten sei, besteht nicht.[475] Es ist zu differenzieren: Muss der Arbeitnehmer während der Dienstreisezeit arbeiten, stellt dies Arbeitszeit dar – muss er nicht arbeiten, stellt dies nach der Rechtsprechung keine mitbestimmungspflichtige Arbeitszeit dar.[476] Für **Reisezeiten** der **Außendienstmitarbeiter, Zugbegleiter, Reiseleiter** etc. gilt hingegen, dass die Reisetätigkeit Teil der ver- **162**

---

470 BAG 12.11.2013 – 1 ABR 59/12, NZA 2014, 557; Richardi/*Richardi*, § 87 BetrVG Rn 225.
471 BAG 14.11.2006 – 1 ABR 5/06, NZA 2007, 458.
472 BAG 14.11.2006 – 1 ABR 5/06, NZA 2007, 458.
473 BAG 14.11.2006 – 1 ABR 5/06, NZA 2007, 458; Richardi/*Richardi*, § 87 BetrVG Rn 256.
474 Zu den vielfältigen Fragen, die die zunehmende mobile Erreichbarkeit der Mitarbeiter u.a. auch im Rahmen des Arbeitszeitgesetzes aufwirft, siehe *Bissels/Domke/Wisskirchen*, DB 2010, 2052.
475 BAG 3.9.1997 – 5 AZR 428/96, NZA 1998, 540.
476 BAG 14.11.2006 – 1 ABR 5/06, NZA 2007, 458; BAG 23.7.1996 – 1 ABR 17/96, NZA 1997, 2016; ErfK/*Kania*, § 87 BetrVG Rn 25.

traglich geschuldeten Leistung ist, denn andernfalls könnten sie ihre Arbeitsvertragspflichten nicht erfüllen.[477] Entsprechend sieht die Rechtsprechung die Reisezeit des Außendienstmitarbeiters (z.B. vom Homeoffice) zum ersten **Kundenbesuch** ebenso als Arbeitszeit an, wie die Zeit der Rückreise vom letzten Kundenbesuch.[478] Die Mitbestimmungstatbestände des § 87 Abs. 1 Nr. 2 und 3 BetrVG erfassen also auch solche Reise- bzw. Dienstreisezeiten.

163   Ob z.B. **Umkleidezeiten** zur vertraglich geschuldeten (und vergütungspflichtigen) Arbeitsleistung gehören, ist davon abhängig, ob das Umkleiden dem fremden (arbeitgeberseitigen) Bedürfnis dient oder zugleich auch ein eigenes Bedürfnis des Mitarbeiters erfüllt.[479] Mitbestimmungspflichtig (und vergütungspflichtig) ist die Umkleidezeit dann, wenn der Arbeitgeber bzw. Gesundheits- oder Hygienevorschriften bestimmte Kleidung vorschreiben und das Umkleiden im Betrieb erfolgen muss.[480] Das Mitbestimmungsrecht des Betriebsrats umfasst dabei allerdings nicht die Dauer der (Reise-/Umkleide-)Zeit, sondern – nach dem Zweck des Beteiligungsrechts – lediglich die Lage.[481]

164   Der Mitbestimmung des Betriebsrats unterliegen die **Produktions-** oder **Betriebszeiten**; die **Ladenöffnungszeiten** unterliegen nicht der Mitbestimmung.[482] Gleichwohl können sich aus dem Erfordernis der Wahrung der Beteiligungsrechte hierauf massive Auswirkungen ergeben. Kommt es nicht zu einer Einigung über die Anordnung von Schichten auch am Wochenende und wird diese auch nicht durch die Einigungsstelle ersetzt, scheidet die Nutzung des Samstags als Produktionszeit letztlich aus.[483] Gleiches gilt für die Erweiterung der Öffnungszeiten eines Kaufhauses: gelingt die Einigung über die Verteilung der Arbeitszeit nicht, kann die (nach dem **Ladenschlussgesetz**) mögliche Öffnungszeit nicht vollständig genutzt werden.[484]

165   *Hinweis*

Stets sind bei der Gestaltung der Arbeitszeit die Vorgaben des **Arbeitszeitgesetzes** zu beachten. Dieses schreibt bei einer Arbeitszeit von sechs bis neun Stunden eine mindestens 30-minütige Pause vor. Bei einer Arbeitszeit ab neun Stunden pro Tag ist eine mindestens 45-minütige Mittagspause zwingend. Möglich ist, Pausenzeiten in Abschnitte von 15 Minuten aufzuteilen.[485] Täglich dürfen **maximal acht Stunden** gearbeitet werden, wobei eine Verlängerung auf bis zu zehn Stunden zulässig ist, wenn im Schnitt von sechs Kalendermonaten oder 24 Wochen acht Stunden werktäglich nicht überschritten werden, § 3 ArbZG. Die möglichen Ausnahmen von diesen grundsätzlichen Vorgaben sind im ArbZG streng limitiert.

Der Arbeitgeber muss die **Einhaltung dieser Grenzen** auch bei vereinbarter Vertrauensarbeitszeit **sicherstellen**.[486] Er hat dem Betriebsrat über diese Daten Auskunft zu geben.[487]

---

477 BAG 22.4.2009 – 5 AZR 292/08, NZA-RR 2010, 230; BAG 14.11.2006 – 1 ABR 5/06, NZA 2007, 458.

478 BAG 22.4.2009 – 5 AZR 292/08, NZA-RR 2010, 230; BAG, 14.11.2006 – 1 ABR 5/06, NZA 2007, 458; Richardi/*Richardi*, § 87 BetrVG Rn 257.

479 BAG 10.11.2009 – 1 ABR 54/08, NZA-RR 2010, 301; *Kühn*, ArbR 2010, 303.

480 BAG 19.3.2014 – 5 AZR 954/12, NZA 2014, 787; *Franzen*, NZA 2016, 136; *Gaul/Hofelich*, NZA 2016, 149. Das LAG Hamburg (6.7.2015, NZA-RR 2016, 66) geht noch weiter und sieht solche Umkleidezeiten ausnahmslos als vergütungspflichtige Arbeitszeit an, die auch einer abweichenden Regelung auf individual- und kollektivrechtlicher Ebene entzogen sei.

481 BAG 15.5.2007 – 1 ABR 32/06, NZA 2007, 1240; Richardi/*Richardi*, § 87 BetrVG Rn 262.

482 Richardi/*Richardi*, § 87 BetrVG Rn 258 f.

483 Vgl. Richardi/*Richardi*, § 87 BetrVG Rn 288 f.

484 BAG 31.8.1982 – 1 ABR 87/80, DB 1983, 453; BAG 13.10.1987 – 1 ABR 69/86, NZA 1988, 870; zu Recht a.A. Richardi/*Richardi*, § 87 BetrVG Rn 315.

485 Küttner/*Poeche*, Pause Rn 5.

486 BAG 6.5.2003 – 1 ABR 13/02, NZA 2003, 1348.

487 BAG 6.5.2003 – 1 ABR 13/02, NZA 2003, 1348.

Der Verstoß gegen die Vorgaben des Arbeitszeitgesetzes stellt eine bußgeldbewährte Ordnungswidrigkeit – in Extremfällen sogar eine Straftat – dar, §§ 22 ArbZG.

Checkliste: Vorbereitung Arbeitszeitmodelle

Vor der Einführung oder Änderung von Arbeitszeitmodellen sind einige Vorüberlegungen durchzuführen: **166**

☐ Ist der Arbeitgeber an einen Tarifvertrag gebunden und wenn ja, welche Vorgaben und Grenzen enthält dieser für die Festlegung bzw. Flexibilisierung der Arbeitszeit?

☐ In welchem Umfang soll eine Flexibilisierung erfolgen? In welchen Bereichen/Abteilungen/Konstellationen besteht Regelungsbedarf? Welcher Regelungsbedarf besteht? Welche Auswirkungen hat dies auf die betrieblichen Abläufe? Welche Folgen haben die geplanten Maßnahmen für die Arbeitnehmer?

☐ Für welche Abteilungen bzw. welche Mitarbeitergruppen bestehen welche Anforderungen an die Arbeitszeitgestaltung? Denn Beginn und Ende der täglichen Arbeitszeit einschließlich der Pausen brauchen nicht für alle Arbeitnehmer in gleicher Weise festgesetzt zu werden, sondern können für einzelne Betriebsabteilungen/Gruppen von Arbeitnehmern oder jahreszeitlich – je nach Anforderung – unterschiedlich geregelt werden.

☐ Welche Arbeitszeitmodelle „passen"? Welche konkreten Bedarfe gibt es an welcher Stelle (ggf. auch zu welcher Zeit – täglich bzw. auch phasenweise)? Bedarf es konkreter Anwesenheitszeiten (Service-Zeiten, Kernarbeitszeit, Erreichbarkeitszeiten, Abteilungsmindestbesetzungen etc.)?

☐ Welcher grundsätzliche Flexibilisierungsbedarf besteht?

☐ Welche durchschnittliche wöchentliche Arbeitszeit entspricht der regelmäßigen Vergütung? Ist die Nutzung von Überstunden sinnvoll (wirtschaftlich sowie in der praktischen Handhabung)? Welche alternativen Konzepte kommen in Betracht?

☐ Kommen Arbeitszeitkonten in Betracht? Wenn ja, welcher Ausgleichszeitraum ist zugrunde zu legen?

☐ Wie soll die konkrete Arbeitszeitfestlegung erfolgen? Durch den Mitarbeiter, den Arbeitgeber, den Arbeitgeber gemeinsam mit dem Mitarbeiter? Stets sind die Beteiligungsrechte zu beachten. Eine vollständige Delegation der Festlegung durch den Arbeitgeber ist nicht zulässig.

☐ Welcher Vorlauf zur Arbeitszeiteinteilung kann eingehalten werden? Besteht die Notwendigkeit kurzfristiger Anpassungen? Wenn ja, mit welchem zeitlichen Vorlauf?

☐ Wie soll die Arbeitszeiterfassung erfolgen?

☐ Wie sind etwaige Umkleidezeiten einzuordnen und zu erfassen? Wie sind etwaige Reisezeiten einzuordnen und zu erfassen?

☐ Welche Kontrollmöglichkeiten sollen eingesetzt werden?

☐ Wann liegen (zuschlagspflichtige) Überstunden vor und wie wird zwischen flexiblen Zeitguthaben und ggf. höher zu vergütenden Überstunden differenziert und wie soll der Ausgleich erfolgen?

☐ Was passiert bei einem Unterschreiten der Arbeitszeitvorgaben?

☐ Gibt es Eilfälle, die der Regelung bedürfen (etwa zur Überstundenanordnung)? Wenn ja, mit welchen Zeitfenstern?

Daneben sollten **Verfahrensfragen** geregelt werden, z.B. zu/zur

☐ Regelungen bezüglich Kontrollrechten,

☐ Ankündigungs- und Entscheidungsfristen (etwa zu Dienstplangestaltungen oder Überstundenthemen),

☐ Vorlage von Unterlagen, Umfang und Zeitpunkt von Informationsweitergabe an den Betriebsrat,

☐ Behandlung von Meinungsverschiedenheiten/Streitfällen, Konfliktlösungsmechanismen – ggf. Errichtung einer ständigen Einigungsstelle (mit Benennung von Vorsitzendem und möglichen Vertretern sowie Anzahl der Beisitzer), Regelung der Verfahrensfragen zur Anrufung der Einigungsstelle und Fristen zur Entscheidung,

☐ Formvorschriften zum zeitlichen Geltungsbereich sowie Ablösung ggf. bereits existierender Regelungen, Befristung,

☐ (Schriftform der) Kündigung,

☐ Nachwirkung oder Ausschluss der Nachwirkung.

aa) Umfang der Mitbestimmungspflicht bei Lage der Arbeitszeit, Pausenzeiten

167   Der Betriebsrat hat mitzubestimmen über die **Lage der täglichen Arbeitszeit und der Verteilung der Arbeitszeit auf die einzelnen Wochentage. Nicht** erfasst ist die Festlegung der **Dauer** der **wöchentlichen** Arbeitszeit.[488] Vielmehr ist diese in einer Betriebsvereinbarung bei Üblichkeit einer tariflichen Regelung wegen Verstoßes gegen § 77 Abs. 3 BetrVG **unwirksam,**[489] es sei denn der Tarifvertrag sieht eine entsprechende Öffnungsklausel für die Festlegung durch die Betriebsparteien vor. Gleichwohl kann eine Abstimmung mit dem Betriebsrat über die Dauer der Arbeitszeit erfolgen – dann aber nur in Form einer **Regelungsabrede**: Dies kann die Grundlage für eine betriebseinheitliche Regelung schaffen, die dann – bei fehlender Tarifbindung des Arbeitgebers – einzelvertraglich umzusetzen ist.[490]

168   Nur für den Sonderfall der vorübergehenden Verkürzung oder Verlängerung der betriebsüblichen Arbeitszeit räumt § 87 Abs. 1 Nr. 3 BetrVG dem Betriebsrat ein Mitbestimmungsrecht über die Dauer der Arbeitszeit ein.[491] Erfasst hiervon sind insbesondere **Überstundenanordnung** und **Kurzarbeit** (siehe hierzu unten Rdn 175).154

Hinsichtlich der **Pausenzeiten** steht dem Betriebsrat zwar ein Mitbestimmungsrecht sowohl hinsichtlich der Lage als auch bezüglich deren Dauer zu. Jedoch meint „**Pause**" im Rahmen des § 87 BetrVG ausschließlich die Ruhepausen, d.h. einen Zeitraum, der nicht zur Arbeitszeit zählt, d.h. in dem der Arbeitnehmer weder bezahlt wird, noch Arbeit leisten, noch sich zur Arbeit bereit halten muss.[492] Muss sich der Arbeitnehmer hingegen bereit halten oder wird er für den fraglichen Zeitraum bezahlt, liegt Arbeitszeit vor, deren Dauer nicht mitbestimmungspflichtig ist.[493] Keine Pausen sind Erholungszeiten im Akkord, Arbeitsunterbrechungen aufgrund Maschinenstillstands o.ä.[494]

169   Der Mitbestimmung unterliegen Regelungen zur Arbeitsbereitschaft, zum Bereitschaftsdienst und zur Rufbereitschaft:[495]

■ **Arbeitsbereitschaft** liegt vor, wenn der Mitarbeiter in „wacher Achtsamkeit im Zustand der Entspannung"[496] an seinem Arbeitsplatz zur Verfügung steht, seine Tätigkeit auszuüben.

■ **Bereitschaftsdienst** liegt vor, wenn der Mitarbeiter sich für Zwecke des Betriebs lediglich an einer vom Arbeitgeber bestimmten Stelle innerhalb oder außerhalb des Betriebes aufzuhalten hat, um erforderlichenfalls seine volle Arbeitstätigkeit unverzüglich aufnehmen zu können.[497]

■ Bei der **Rufbereitschaft** kann der Arbeitnehmer seinen Aufenthaltsort frei wählen, wenn er jederzeit erreichbar ist und innerhalb einer bestimmten, vorgegebenen Zeit seine Arbeit aufnehmen kann.[498]

---

488 BAG 22.7.2003 – 1 ABR 28/02, NZA 2004, 507; BAG, 15.5.2007 – 1 ABR 32/06, NZA 2007, 1240; ErfK/*Kania*, § 87 BetrVG Rn 25.

489 GK-BetrVG/*Wiese*, § 87 Rn 280.

490 BAG 18.8.1987 – 1 ABR 30/86, NZA 1987, 779; GK-BetrVG/*Wiese*, § 87 Rn 280.

491 ErfK/*Kania*, § 87 BetrVG Rn 25.

492 ErfK/*Kania*, § 87 BetrVG Rn 25; einschränkend: Richardi/*Richardi*, § 87 BetrVG Rn 276, wonach das Fehlen der Vergütung nicht zwingend zum Pausenbegriff des § 87 Abs. 1 Nr. 2 BetrVG gehört.

493 BAG 1.7.2003 – 1 ABR 20/02, NZA 2004, 620; *Bissels/Domke/Wisskirchen*, DB 2010, 2052.

494 Richardi/*Richardi*, § 87 BetrVG Rn 277,

495 *Fitting u.a.*, § 87 BetrVG Rn 96.

496 BAG 30.1.1996 – 3 AZR 1030/94, NZA 1996, 1164; GK-BetrVG/*Wiese*, § 87 Rn 337.

497 BAG 10.6.1959 – 4 AZR 567/56, BB 1959, 920. Zum Mindestentgeltanspruch nach der PflegeArbbV im Bereitschaftsdienst BAG 18.11.2015 – 1 AZR 761/13, MDR 2016,533; BAG 19.11.2014 – 5 AZR 1101/12, MDR 2015, 403.

498 BAG 29.10.2002 – 1 AZR 603/01, NZA 2003, 1212.

Arbeitszeitrechtlich sind **alle drei Varianten als Arbeitszeit** zu werten.[499] Wie diese Arbeitszeit zu **vergüten** ist, ist damit noch nicht festgelegt,[500] sondern bedarf vielmehr der Vereinbarung. Fehlt eine klare Regelung, ist durch Auslegung zu ermitteln, ob und in welcher Höhe ein Anspruch auf Vergütung besteht. Der Betriebsrat hat bei der Festlegung der verschiedenen Dienste (nicht der Vergütungshöhe) mitzubestimmen. Denn schließlich hat die Ausgestaltung Einfluss auf die Freizeitmöglichkeiten der betroffenen Mitarbeiter und ist damit vom Schutzzweck des § 87 Abs. 1 Nr. 2 BetrVG gedeckt. Dabei geht es **nicht um die Mitbestimmung über das Ob** der Einführung, **sondern** um die Mitbestimmung bei der **Ausgestaltung**.[501] Mitbestimmungsfrei kann der Arbeitgeber bei im Voraus rechtswirksamer Anordnung von **Bereitschaftsdienst** entscheiden, ob er den angeordneten Bereitschaftsdienst in Anspruch nimmt oder er im Anschluss an die Regelarbeitszeit **Überstunden** anordnet.[502] Freilich wird die Zustimmung des Betriebsrats zu bestimmten Ausgestaltungen der Arbeitszeitlage leichter zu erzielen sein, wenn diese für die Mitarbeiter auch finanzielle Vorteile bietet.

Hinweis   **170**

Das Mitbestimmungsrecht erfasst **alle Arbeitszeitsysteme**.[503] Mitbestimmungspflichtig ist die Einführung und Ausgestaltung von Schichtsystemen,[504] die Anordnung von Zusatzschichten sowie die Streichung von Schichten, nicht aber z.B. die Festlegung der Betriebsnutzungszeit[505] (d.h. die Dauer der Produktion). Mitbestimmungspflichtig ist das Aufstellen und Ändern von Dienstplänen, die Einführung und Ausgestaltung von Rufbereitschaft, die Einführung einer Vier-, Fünf- oder Sechs-Tage-Woche,[506] die Einführung von Sonn- und Feiertagsarbeit (im Rahmen der Vorgaben des Arbeitszeitgesetzes),[507] die regelmäßige Arbeitsbefreiung an bestimmten Tagen im Jahr (Karneval, Heiligabend, Silvester),[508] die Änderung eines üblicherweise arbeitsfreien Wochentages,[509] die Einführung und Gestaltung von Vertrauensarbeitszeit,[510] die Einführung und Gestaltung von Gleitzeitmodellen und flexiblen Arbeitszeitregelungen[511] einschließlich Jahresarbeitszeitkonten u.ä.[512] Erfasst wird z.B. auch die Einführung eines rollierenden Systems.[513] Mitbestimmungspflichtig sind Lage und Dauer der Pausenzeiten.

Erholungszeiten beim Akkord oder **Arbeitsunterbrechungen** aus technischen Gründen unterliegen nicht der Mitbestimmung.[514] Bei der Gestaltung von Akkordarbeitszeit kann aber ein Mitbestimmungsrecht nach § 87 Abs. 1 Nr. 10 bzw. 11 BetrVG bestehen (zur Mitbestimmung bei betrieblicher Lohngestaltung siehe § 2 Rdn 257 ff.).

---

499 EuGH 3.10.2000 – C-303/98, NZA 2000, 1227; hieran anschließend BAG 18.2.2003 – 1 ABR 2/02, NZA 2003, 742; BAG 28.1.2004 – 5 AZR 530/02, NZA 2004, 656.

500 Möglich ist auch eine Pauschalierung, es bedarf nicht zwingend derselben Vergütung wie Vollarbeitszeit, BAG 28.1.2004 – 5 AZR 530/02, NZA 2004, 656.

501 Richardi/*Richardi*, § 87 BetrVG Rn 303.

502 BAG 25.4.2007 – 6 AZR 799/06, NZA 2007, 1108.

503 ErfK/*Kania*, § 87 BetrVG Rn 27 ff.

504 BAG 27.6.1989 – 1 ABR 33/88, NZA 1990, 35; BAG 28.10.1986 – 1 ABR 11/85, NZA 1987, 248.

505 GK-BetrVG/*Wiese*, § 87 Rn 322.

506 BAG 13.10.1987 – 1 ABR 10/86, NZA 1988, 251.

507 BAG 25.2.1997 – 1 ABR 69/96, NZA 1997, 955; BAG 31.1.1989 – 1 ABR 69/87, NZA 1989, 646.

508 BAG 26.10.2004 – 1 ABR 31/03 (A), NZA 2005, 538.

509 BAG 13.10.1987 – 1 ABR 10/86, NZA 1988, 251.

510 *Fitting u.a.*, § 87 BetrVG Rn 116.

511 BAG 21.8.1990 – 1 AZR 567/89, NZA 1991, 154.

512 ErfK/*Kania*, § 87 BetrVG Rn 29.

513 BAG 25.7.1989 – 1 ABR 46/88, NZA 1989, 979.

514 Richardi/*Richardi*, § 87 BetrVG Rn 277.

bb) Mitbestimmung bei vorübergehender Verkürzung oder Verlängerung der betriebsüblichen Arbeitszeit

171   Der Mitbestimmungstatbestand des § 87 Abs. 1 Nr. 3 BetrVG erfasst – obwohl er die Verkürzung und Verlängerung der betriebsüblichen Arbeitszeit betrifft – **nur vorübergehende** Fälle und eröffnet insbesondere **kein Mitbestimmungsrecht** bei der generellen bzw. dauerhaften Festlegung der **Dauer** der Arbeitszeit (siehe hierzu auch Rdn 167).[515]

172   Das Mitbestimmungsrecht erstreckt sich auf die **Anordnung von Überstunden**.[516] Ausreichend ist ein **kollektiver Bezug**. Dieser kann bereits bei der Anordnung von Überstunden **für einen einzelnen Arbeitnehmer** gegeben sein – auch dann, wenn dem Mitarbeiter freigestellt ist, ob er die Überstunden leisten möchte.[517] Denn auch hierdurch werden kollektive Interessen der Belegschaft berührt.[518] Das Mitbestimmungsrecht besteht sogar bei bloßer Duldung freiwillig geleisteter Überstunden.[519]

173   Mitbestimmungspflichtig ist dabei die Frage, ob überhaupt **Überstunden** zu leisten sind, in welchem Umfang und in welchen Bereichen. Vom Beteiligungsrecht erfasst ist damit auch das Dulden von Überstunden durch den Arbeitgeber. Erforderlich ist, dass die Betriebsparteien zumindest den Rahmen der Anordnung festlegen – es reicht nicht aus, wenn dem Arbeitgeber die Anordnung der Überstunden völlig frei überlassen wird.[520] Möglich ist aber, dass sich die Betriebsparteien auf die Festlegung der Grundsätze beschränken und die konkrete Umsetzung dann dem Arbeitgeber überlassen.

> *Hinweis*
>
> Eine **Verpflichtung, Überstunden abzuleisten**, ergibt sich nicht bereits aus einer entsprechenden Betriebsvereinbarung. Sie besteht nur, wenn und soweit der **Arbeitsvertrag** (oder der anwendbare Tarifvertrag) zur Leistung von Überstunden (ausdrücklich oder konkludent) verpflichtet oder diesbezügliche Änderungen des Arbeitsvertrages durch Betriebsvereinbarung zulässt (**Betriebsvereinbarungsdispositivität**). Fehlt es an einer ausdrücklichen Regelung, kommt es auf die Umstände des Einzelfalles an.[521]

Mitbestimmungsfrei ist die Frage, **ob** Überstunden zu vergüten oder **Zuschläge** zu leisten sind. Erfolgt jedoch eine Vergütung oder werden Zuschläge gewährt, sind die Verteilungsgrundsätze wiederum nach § 87 Abs. 1 Nr. 10 BetrVG mitbestimmungspflichtig. Es besteht **kein Mitbestimmungsrecht** beim Abbau von Überstunden.

174   Die Streichung einer oder mehrerer Schichten ist eine vorübergehende Verkürzung der betriebsüblichen Arbeitszeit und betrifft die Verteilung der Arbeitszeit – sie unterliegt damit ebenfalls dem Mitbestimmungsrecht des Betriebsrats.[522] Gleiches gilt für die Anordung von zusätzlichen Schichten als vorübergehende Verlängerung der betriebsüblichen Arbeitszeit bzw. Änderung der Verteilung. Dabei bleibt es den Parteien überlassen, ob sie jeden einzelnen Schichtplan gemeinsam aufstellen wollen oder sich auf die Festlegung der Kriterien und Grundsätze beschränken, nach denen die Aufstellung der konkreten Einzelschichtpläne nach diesen Vorgaben dann dem Arbeitgeber überlassen bleibt.[523] Das Beteiligungsrecht greift unabhängig davon ein, ob die Veränderung (insbesondere die Verkürzung der Arbeitszeit) Auswirkungen auf die Vergütung der Arbeitnehmer hat.[524] Vom Mitbestimmungsrecht erfasst ist die **vorübergehende Verkürzung**

---

515 GK-BetrVG/*Wiese*, § 87 Rn 385.
516 BAG 17.11.1998 – 1 ABR 12/98, NZA 1999, 662.
517 *Fitting u.a.*, § 87 BetrVG Rn 134; ErfK/*Kania*, § 87 BetrVG Rn 34.
518 BAG 3.12.1991 – GS 1/90, DB 1991, 2593.
519 BAG 27.11.1990 – 1 ABR 77/89, NZA 1991, 382.
520 BAG 1.7.2003 – 1 ABR 22/02, NZA 2003, 1209.
521 Vgl. *Fitting u.a.*, § 87 BetrVG Rn 127.
522 BAG 1.7.2003 – 1 ABR 22/02, NZA 2003, 1209.
523 BAG 1.7.2003 – 1 ABR 22/02, NZA 2003, 1209.
524 BAG 1.7.2003 – 1 ABR 22/02, NZA 2003, 1209.

der betrieblichen Arbeitszeit. Der Mitbestimmungstatbestand umfasst jede **vorübergehende** Senkung der regelmäßigen Arbeitszeit im Betrieb. Dabei ist gleichgültig, ob es sich um Stunden oder Tage (z.B. **Freischichten**) oder sogar **einzelne Wochen** handelt.

Der Mitbestimmung unterliegt damit insbesondere die Einführung von **Kurzarbeit**.[525] Diese dient bei auftretendem Arbeitsmangel sowohl dem Interesse des Arbeitgebers an der Beibehaltung der eingearbeiteten Belegschaft als auch dem Interesse der Arbeitnehmer an dem Erhalt ihrer Arbeitsplätze und wird deshalb z.T. als **Ermächtigungsgrundlage** für **entsprechende Betriebsvereinbarungen** gesehen.[526] Voraussetzung ist aber, dass die Betriebsvereinbarung zur Einführung von Kurzarbeit die Rechte und Pflichten so deutlich regelt, dass diese für die Arbeitnehmer erkennbar sind. Erforderlich sind die Bestimmung von Beginn und Dauer der Kurzarbeit, die Festlegung der Lage und Verteilung der Arbeitszeit sowie die Auswahl der betroffenen Arbeitnehmer bzw. Festlegung des von der Kurzarbeit betroffenen Bereichs.[527] Fehlt es an diesen Mindestregelungen, kann der Arbeitnehmer trotz Leistens von Kurzarbeit wegen Annahmeverzugs des Arbeitgebers die volle Vergütung verlangen. **175**

Hinweis **176**

Während eines Streiks kann der Arbeitgeber **ohne die Beteiligung des Betriebsrats** die Lage der Arbeitszeit ändern, um den Betriebsablauf trotz Streiks aufrecht zu erhalten. Ein Mitbestimmungsrecht besteht in diesem Fall wegen des Neutralitätsgebots des Betriebsrats nicht.[528]

cc) Mitbestimmung bei Teilzeit

Der einzelne Arbeitnehmer hat zwar nach § 8 TzBfG einen – mitbestimmungsfreien – **Anspruch auf Teilzeitarbeit** einschließlich der Festlegung ihrer **Verteilung**.[529] Die Regelung ist aber nicht abschließend i.S.d. § 87 Abs. 1 ES BetrVG.[530] Der Betriebsrat hat daher bei **generellen Regelungen** über die Lage der täglichen Teilzeitarbeit ebenso wie bei vollzeitbeschäftigten Arbeitnehmern mitzubestimmen.[531] Das Mitbestimmungsrecht besteht also im Hinblick auf die Verteilung der Arbeitszeit auf einzelne Wochentage, die Höchstzahl an Arbeitstagen pro Woche, die Mindestdauer der täglichen Arbeitszeit, Dauer und Lage der Pausen etc.[532] Dies gilt jedenfalls, wenn die **Arbeitszeitwünsche einzelner Arbeitnehmer** auf die Lage der Arbeitszeit anderer Arbeitnehmer Einfluss haben (kollektiver Bezug) – was regelmäßig der Fall sein dürfte.[533] **177**

Hinweis **178**

Das Mitbestimmungsrecht ist nicht einschlägig, wenn es um die **Arbeitszeitregelung nur für einen einzelnen Mitarbeiter** geht. An einem solchen individuellen Fall fehlt es jedoch, wenn das Regelungsbedürfnis unabhängig von der individuellen Person des Arbeitnehmers besteht.[534] Weiter entfällt das Mitbestimmungsrecht, wenn die Lage der Arbeitszeit auf **Wunsch des Arbeitnehmers** in einer bestimmten Weise festgelegt wird, also gerade nicht auf einer betrieblichen Notwendigkeit beruht.[535]

---

525 BAG 5.3.1974 – 1 ABR 28/73, BB 1974, 931.
526 HSWG/*Worzalla*, § 87 BetrVG Rn 228; LAG Rheinland-Pfalz 12.8.2010 – 10 Sa 160/10, ArbRB 2011, 207,
527 BAG 18.11.2015 – 5 AZR 491/14, NZA 2016, 565.
528 BAG 22.12.1980 – 1 ABR 76/79, DB 1981, 327.
529 BAG 18.8.2009 – 9 AZR 517/08, NZA 2009, 1207.
530 BAG 18.2.2003 – 9 AZR 164/02, NZA 2003, 1392.
531 BAG 25.2.1997 – 1 ABR 69/96, NZA 1997, 955.
532 GK-BetrVG/*Wiese*, § 87 Rn 314.
533 BAG 18.8.2009 – 9 AZR 517/08, NZA 2009, 1207; BAG 24.6.2008 – 9 AZR 313/07, NZA 2008, 1309; Richardi/*Richardi*, § 87 BetrVG Rn 308.
534 BAG 20.1.1998 – 9 AZR 698/96, NZA 1998, 1237; GK-BetrVG/*Wiese*, § 87 Rn 16, 33.
535 BAG 18.8.2009 – 9 AZR 517/08, NZA 2009, 1207; Richardi/*Richardi*, § 87 BetrVG Rn 309.

> Die einzelvertragliche Erhöhung der regelmäßigen wöchentlichen Arbeitszeit eines vollzeitbeschäftigten Mitarbeiters von 35 auf 40 Stunden ist mitbestimmungsfrei.[536]

179 Inwieweit dem Betriebsrat hinsichtlich der **Arbeit auf Abruf** ein Mitbestimmungsrecht gemäß § 87 Abs. 1 Nr. 2 BetrVG zusteht, ist hingegen umstritten.[537] Nach überwiegender Auffassung besteht ein solches Mitbestimmungsrecht sowohl bezüglich der Einführung und Abschaffung der Abrufarbeit, als auch hinsichtlich der Festlegung der Modalitäten wie Festlegung der Mindestdauer der täglichen Arbeitszeit.[538] Mitbestimmungsfrei ist hingegen der Abruf der Arbeitszeit im konkreten Einzelfall, solange sich dieser nicht auf den gesamten Betrieb oder eine Gruppe von Arbeitnehmern bezieht.[539]

dd) Folgen des Verstoßes gegen die Mitbestimmungsrechte des Betriebsrats

180 Fehlt es an der Beteiligung des Betriebsrats oder erfolgt die Anordnung zur Arbeitszeitlage oder vorübergehenden Verlängerung oder Verkürzung der Arbeitszeit unter **Verstoß gegen das Mitbestimmungsrecht**, ist diese Anordnung unwirksam.[540] Der Arbeitnehmer ist also nicht verpflichtet, den arbeitgeberseitigen Anordnungen Folge zu leisten. Trotz entsprechender arbeitsvertraglicher Klausel, die dem Arbeitgeber das Recht zur Anordnung von Überstunden oder Einführung von Schichtdiensten gibt, muss der Arbeitnehmer bei fehlender Wahrung der Beteiligungsrechte die Arbeit nicht aufnehmen – also weder Überstunden leisten noch zu den angeordneten Schichten erscheinen.

181 Dem Betriebsrat steht gegen den Arbeitgeber ein allgemeiner **Unterlassungsanspruch** auf Unterlassen der Durchführung mitbestimmungswidriger Maßnahmen zu, den er auch im Wege der **einstweiligen Verfügung** durchsetzen kann.[541] Eine grobe Pflichtverletzung des Arbeitgebers ist für die Begründung des Unterlassungsanspruchs nicht erforderlich.

Bei **groben Verstößen** gegen die Mitbestimmungsrechte kommt zudem ein Verfahren nach **§ 23 III BetrVG** in Betracht, wenn die engen weiteren Voraussetzungen vorliegen.[542]

182 Erbringt der Mitarbeiter trotz fehlender Einigung mit dem Betriebsrat **Überstunden** oder folgt er der Arbeitseinteilung, hat er selbstverständlich auch **Anspruch auf die entsprechende Vergütung.**[543] Der Arbeitnehmer kann aber ebenso das Ableisten von Überstunden ablehnen, ohne dass dies zu negativen arbeitsrechtlichen Konsequenzen führt.[544] Freilich entsteht dann auch kein Vergütungsanspruch für diese (nicht geleisteten) Überstunden.

 c) Muster: Betriebsvereinbarung über die Altersteilzeit (ATZ)
▼

183 **Muster 2.25: Betriebsvereinbarung Altersteilzeit (ATZ)**

Zwischen ▨▨▨▨ (*Name, Adresse Firma*)

und

---

536 Das BAG sieht hierin weder eine Einstellung nach § 99 BetrVG (mangels Erheblichkeit) noch eine Mitbestimmungspflicht nach § 87 Abs. 1 Nr. 2 oder Nr. 3 BetrVG (mangels Mitbestimmungsrechts über die Dauer der Arbeitszeit), BAG 15.5.2007 – 1 ABR 32/06, NZA 2007, 1240.

537 *Hohenstatt/Schramm*, NZA 2007, 238, 241.

538 BAG 28.9.1988 – 1 ABR 41/87, NZA 1989, 184; BAG 23.10.1987 – 1 ABR 10/86, BB 1988, 270; so auch *Löwisch/Kaiser*, § 87 Rn 78; *Reiserer*, NZA-Beilage 2010, 39, 42.

539 *Hohenstatt/Schramm*, NZA 2007, 238, 241; *Reiserer*, NZA-Beilage 2010, 39, 42.

540 BAG 5.7.1976 – 5 AZR 264/75, BB 1976, 1223.

541 BAG 23.7.1996 – 1 ABR 13/96 NZA 1997, 274; BAG 3.5.1994 – 1 ABR 24/93, NZA 1995, 40.

542 BAG 8.8.1989 – 1 ABR 59/88, NZA 1999, 569; *Richardi/Richardi*, § 87 BetrVG Rn 98.

543 *Richardi/Richardi*, § 87 BetrVG Rn 333.

544 GK-BetrVG/*Wiese*, § 87 Rn 353.

dem Betriebsrat der ████████ (*Name Firma*) am Standort ████████, vertreten durch den Betriebsratsvorsitzenden ████████, wird folgende Vereinbarung geschlossen:

Präambel

Diese Betriebsvereinbarung regelt die Anwendung des Altersteilzeitgesetzes sowie des Tarifvertrags zur Förderung der Altersteilzeit (TV-ATZ) der X-Industrie.

Geschäftsführung und Betriebsrat haben mit der Regelung zur Altersteilzeit einen zeitgemäßen Weg für die Beschäftigten[545] geschaffen, in den vorzeitigen Ruhestand eintreten zu können. Darüber hinaus bietet dieses Instrument Chancen, die Alters- und Qualifikationsstruktur auf die heutigen Herausforderungen einzustellen, Auszubildende in feste Dauerarbeitsverhältnisse übernehmen zu können und die Entwicklungs- und Aufstiegschancen für die Beschäftigten zu erweitern.

§ 1 Geltungsbereich

Diese Betriebsvereinbarung gilt für alle Beschäftigten des Unternehmens ████████ (*Name Firma*), einschließlich der außertariflichen Angestellten gem. § 1 Manteltarifvertrag (MTV). Sie gilt nicht für leitende Angestellte im Sinne des § 5 Abs. 3 BetrVG.[546]

§ 2 Anspruchsvoraussetzungen

Altersteilzeitarbeit (allgemein hierzu siehe auch § 1b Rdn 382 ff.) kann[547] mit Beschäftigten vereinbart werden, die bei Beginn des Altersteilzeitvertrages das 55. Lebensjahr vollendet haben, in einem unbefristeten Arbeitsverhältnis stehen und in den letzten fünf Jahren vor Beginn der Altersteilzeit mindestens 1080 Kalendertage eine versicherungspflichtige Beschäftigung nach SGB III bei ████████ (*Name Firma*) ausgeübt haben.

§ 3 Überforderungsschutz

Die Firma behält sich für jede Niederlassung die Anwendung der Überforderungsschutzregelung des § ████████ TV-ATZ vor.

Alternativ für Konstellationen, in denen keine tarifliche Überforderungsklausel existiert: *Der Anteil der insgesamt im Unternehmen/jeweiligen Betrieb Beschäftigten ist auf höchstens* ████████ *% der Gesamtbelegschaft des Unternehmens/jeweiligen Betriebes begrenzt.*

§ 4 Arbeitszeitumfang und Verteilung während der Altersteilzeit

Die wöchentliche Arbeitszeit des Altersteilzeit-Beschäftigten beträgt die Hälfte seiner bisherigen wöchentlichen Arbeitszeit. Die Altersteilzeit wird grundsätzlich nach dem sog. Blockmodell gewährt. Im Blockmodell wird die während der vereinbarten Dauer der Altersteilzeit zu leistende Arbeitszeit vollständig im ersten Abschnitt geleistet (sog. Arbeitsphase), im zweiten Abschnitt wird der Beschäftigte aufgrund des in der ersten Hälfte erworbenen Zeitguthabens unter Aufrechterhaltung des Arbeitsverhältnisses vollständig von der Verpflichtung zur Arbeitsleistung freigestellt (sog. Freistellungsphase).

Eine von der Verblockung abweichende Gestaltung, durch die die Arbeitszeit während der gesamten Laufzeit der Altersteilzeit gleichmäßig auf die Hälfte reduziert wird (sog. Kontinuitätsmodell), kann ggf. einzelfallbezogen vereinbart werden.

§ 5 Antrag auf Altersteilzeit und ATZ-Vereinbarung

(1) Der Abschluss eines Altersteilzeitvertrages ist spätestens sechs Monate vor dem gewünschten Beginn des Altersteilzeitarbeitsverhältnisses schriftlich im Bereich Human Resources zu beantragen. Der Antrag muss den gewünschten Beginn und die Dauer des Altersteilzeitarbeitsverhältnisses umfassen. Der Beginn und der Wechsel in die Freistellungsphase müssen auf einem Monatsersten liegen.

---

545 Soweit sprachlich möglich findet in dieser Betriebsvereinbarung der geschlechtneutrale Begriff des bzw. der „Beschäftigten" Anwendung. Wo dies nicht möglich ist, wird eine sprachliche Vereinfachung verwendet, die jeweils Arbeitnehmerinnen und Arbeitnehmer umfasst.

546 Die Ausnahme der leitenden Angestellten ergibt sich bereits aus dem Gesetz, § 5 Abs. 3 BetrVG – dem Betriebsrat fehlt die Zuständigkeit.

547 Es besteht kein gesetzlicher Anspruch auf Eingehung eines Altersteilzeitvertrages. Häufig werden jedoch kollektivrechtlich begründete Ansprüche (aus Tarifvertrag oder Betriebsvereinbarung) vorliegen.

(2) Der Altersteilzeitvertrag ist spätestens zwei Monate vor dem gewünschten Beginn des Altersteilzeit-arbeitsverhältnisses schriftlich abzuschließen. Kommt der Arbeitgeber dem Begehren des Beschäftigten nicht nach, soll er diesem seine Ablehnung spätestens zu diesem Zeitpunkt schriftlich mitteilen.

§ 6 Dauer der Altersteilzeit

Die Dauer einer Vereinbarung zur Altersteilzeit muss mindestens 24 Kalendermonate umfassen.[548]

§ 7 Ende der Altersteilzeit

Das Altersteilzeitarbeitsverhältnis endet

a) zu dem in der Altersteilzeitvereinbarung vereinbarten Zeitpunkt,

b) mit Ablauf des Kalendermonats, in dem der Beschäftigte die Altersteilzeit tatsächlich beendet hat,

c) mit Ablauf des Kalendermonats vor dem Kalendermonat, für den der Beschäftigte erstmalig eine unge-kürzte Rente wegen Alters oder, wenn er von der Versicherungspflicht in der gesetzlichen Rentenver-sicherung befreit ist, eine vergleichbare Leistung einer Versicherungs- oder Versorgungseinrichtung oder eines Versicherungsunternehmens beanspruchen kann; dies gilt nicht für Renten, die vor dem für den Beschäftigten maßgebenden Rentenalter in Anspruch genommen werden können,

d) mit Beginn des Kalendermonats, für den der Beschäftigte – ggf. auch mit Abschlägen – eine Rente wegen Alters, eine Knappschaftsausgleichsleistung, eine ähnliche Leistung öffentlich-rechtlicher Art oder, wenn er von der Versicherungspflicht in der gesetzlichen Rentenversicherung befreit ist, eine vergleichbare Leistung einer Versicherungs- oder Versorgungseinrichtung oder eines Versicherungsunternehmens bezieht.

§ 8 Entgeltleistungen während der Altersteilzeit

Das Entgelt des Mitarbeiters während der Altersteilzeit setzt sich aus folgenden Bestandteilen zusammen:

- Altersteilzeitentgelt (sog. Regelarbeitsentgelt)
- Aufstockungszahlung
- Einmalzahlungen.

(1) Altersteilzeitentgelt (sog. Regelarbeitsentgelt)

a) Feste Entgeltbestandteile

Der Mitarbeiter erhält für die Dauer der Altersteilzeit ein monatliches Regelarbeitsentgelt nach Maßgabe sei-ner gemäß § 4 reduzierten Arbeitszeit. Bei der Ermittlung des Regelarbeitsentgelts werden neben dem lau-fenden Arbeitsentgelt und den vermögenswirksamen Leistungen auch alle regelmäßigen Zulagen, die für die Berechnung des Urlaubs- und Weihnachtsgeldes relevant sind, berücksichtigt. Nicht berücksichtigungs-fähig sind hingegen alle Entgeltbestandteile, die nicht laufend (z.B. Jahressondervergütungen oder Urlaubs-geld) oder nicht für die vereinbarte Arbeitszeit (z.B. Mehrarbeitszuschläge) gezahlt werden.

Alternativ (generösere Ausgestaltung): Der Beschäftigte erhält über den gesamten Verteilzeitraum durchgehend Arbeitsentgelt für Altersteilzeitarbeit in Höhe von 50 % des bisherigen Arbeitsentgelts. Das bis-herige Arbeitsentgelt umfasst alle zuletzt vor der Altersteilzeit regelmäßig bezogenen festen sowie variablen Vergütungsbestandteile mit Ausnahme der Vergütung für geleistete Mehrarbeit. Die variable Vergütung er-rechnet sich aus dem Durchschnitt der in den letzten drei Jahren vor dem Wechsel des Beschäftigten in die Altersteilzeit gezahlten variablen Vergütungsbestandteile. Diese werden ab dem Wechsel des Beschäftig-ten in die Altersteilzeit monatlich anteilig gezahlt und somit zu laufendem Arbeitsentgelt.

Leistungen mit Aufwandsersatzcharakter sind kein Bestandteil des Arbeitsentgelts und sind unvermindert zu zahlen, solange der zugrunde liegende Aufwand anfällt.

Das Regelarbeitsentgelt nimmt in der Arbeitsphase auf der Basis des vereinbarten Bruttomonatsentgelts zu 100 %, in der Freistellungsphase zu 50 % an den allgemeinen tariflichen Erhöhungen des Entgelts teil.

---

[548] Teilweise wird in Betriebsvereinbarungen auch eine Maximallaufzeit der Altersteilzeitverhältnisse festgelegt. In der betrieblichen Praxis beträgt diese Obergrenze zumeist 60 bzw. 72 Monate.

b) Variable Entgeltbestandteile

Variable Entgeltbestandteile wie z.B. betriebliche Erschwerniszulagen, Schichtzulagen, Mehrarbeits-, Nacht-, Sonn- und Feiertagszuschläge kommen in dem Monat, in dem sie anfallen, vollständig zur Auszahlung. Alle übrigen variablen Entgeltbestandteile, wie z.B. variable Bonuszahlungen werden für die Arbeitsphase entsprechend der tatsächlichen Zielerreichung ausgezahlt und entfallen in der Freistellungsphase.

(2) Aufstockungsbetrag

Zusätzlich zum Regelarbeitsentgelt erhält der Beschäftigte während der Dauer der Altersteilzeit einen monatlichen Aufstockungsbetrag.

Der Aufstockungsbetrag ist so zu bemessen, dass das monatliche Nettoentgelt mindestens 82 % des um die gesetzlichen Abzüge, die bei Beschäftigten gewöhnlich anfallen, verminderten vereinbarten Bruttomonatsentgelts gemäß Ziffer 8 (1) beträgt. Beschäftigte, die vor oder während der Arbeitsphase der Altersteilzeit ihr 25-jähriges Dienstjubiläum erreichen, erhalten 85 % dieses Betrages mit Beginn der Altersteilzeit über die gesamte Laufzeit.

Anmerkung: Nach der gesetzlichen Regelung muss der Arbeitgeber das Regelarbeitsentgelt lediglich um mindestens 20 % aufstocken, wobei die Aufstockung auch weitere, nicht laufend gezahlte, Entgeltbestandteile umfassen kann. Die in der BV gewählte Formulierung entspricht als über das gesetzlich vorgeschriebene Mindestmaß hinausgehende Regelung dem in der betrieblichen Praxis häufig anzutreffenden Fall, dass eine weitergehende tarifvertragliche Verpflichtung besteht oder betrieblich begründet wird.

(3) Einmalzahlungen

In der Arbeitsphase erhält der Beschäftigte 50 % der tariflichen oder betrieblichen Sonderzahlungen (Weihnachtsgeld) sowie entsprechend 50 % des tariflichen/betrieblichen zusätzlichen Urlaubsgeldes. Berechnungsbasis ist dabei jeweils das Vollzeit- bzw. Teilzeitbruttomonatsentgelt vor Eintritt in die Arbeitsphase.

Die betriebliche Erfolgsbeteiligung wird in der Arbeitsphase zu 100 % ausbezahlt.

Während der gesamten Altersteilzeit wird das Jubiläumsgeld auf Basis des vor der Altersteilzeit vereinbarten Verdienstes gezahlt.

(4) Vermögenswirksame Leistungen

Während der gesamten Altersteilzeit werden die Vermögenswirksamen Leistungen entsprechend den tariflichen Bestimmungen in Höhe von 50 % der bisherigen Leistungen weitergewährt.

(5) Anteilige Gewährung im Jahr des Wechsels in die Freistellungsphase

Im Jahr des Wechsels von der Arbeits- in die Freistellungsphase besteht ein Anspruch auf die Einmalzahlungen anteilig entsprechend der Dauer der Arbeitsphase.

(6) Ausgleichszahlung bei vorzeitigem Ausscheiden während der Altersteilzeit

Endet das Arbeitsverhältnis vorzeitig, hat der Beschäftigte Anspruch auf eine etwaige Differenz zwischen den ausgezahlten Leistungen (Altersteilzeitentgelt und Aufstockungsbetrag) und dem Entgelt für den tatsächlichen Zeitraum seiner Beschäftigung. Dies gilt auch bei Tod des in Altersteilzeit befindlichen Beschäftigten, dessen Anspruch auf seine Erben übergeht.

§ 9 Zusatzbeiträge zur Rentenversicherung

Während der Dauer der Altersteilzeit entrichtet ▮▮▮▮▮ (*Name Firma*) für den Beschäftigten zusätzlich Beiträge zur gesetzlichen Rentenversicherung in Höhe des Betrages, der auf 80 % des Regelarbeitsentgelts für die Altersteilzeitarbeit gemäß § 8 entfällt. Die Verpflichtung ist begrenzt auf den Unterschiedsbetrag zwischen 90 % der Beitragsbemessungsgrenze in der gesetzlichen Rentenversicherung und dem Regelarbeitsentgelt.

§ 10 Ausgleich von Rentenabschlägen

Ein Ausgleich von Rentenabschlägen bei vorzeitiger Inanspruchnahme von Altersrente findet nicht statt.

Anmerkung: In der betrieblichen Praxis finden sich häufig Kompensationsregelungen. Eine solche könnte etwa wie folgt lauten: *Wird die gesetzliche Rente wegen der nach Ende der Altersteilzeit vorzeiti-*

gen Inanspruchnahme gekürzt, erhält der Mitarbeiter hierfür eine pauschale Abfindung. Der Höchstpauschalbetrag beträgt ▮▮▮▮ EUR brutto. Der individuelle Pauschalbetrag errechnet sich aus einem Betrag in Höhe von ▮▮▮▮ EUR, der mit der Zahl der vollen Kalendermonate – höchstens mit 48 Kalendermonaten – multipliziert wird, die zwischen der Beendigung des Altersteilzeitarbeitsverhältnisses und dem Zeitpunkt, an dem der Beschäftigte Anspruch auf ungeminderte Altersrente gehabt hätte, liegen. Der Betrag ist bei Teilzeitarbeit vor der Altersteilzeit entsprechend dem Verhältnis zwischen der Teilzeitarbeit und der regelmäßigen wöchentlichen Arbeitszeit nach § 6 Abs. 2 Altersteilzeitgesetz zu reduzieren.

§ 11 Betriebliche Altersversorgung

Für die Berechnung der Betriebsrente werden die Arbeitszeit und der Verdienst vor Beginn der Altersteilzeit herangezogen. Als Dienstzeit zählt die gesamte Altersteilzeit einschließlich der Freistellungsphase. Der erworbene Betriebsrentenanspruch wird wegen der aufgrund der Altersteilzeit vorgezogenen Gewährung versicherungsmathematisch nicht gekürzt.

§ 12 Urlaub und Zeitguthaben

Urlaubsansprüche und sonstige Zeitguthaben müssen im Blockmodell in der Zeit abgebaut werden, in der der Beschäftigte noch zur Arbeitsleistung verpflichtet ist (Arbeitsphase). Nicht in der Arbeitsphase abgebaute Zeitguthaben verfallen; es erfolgt keine finanzielle Abgeltung. Für die Zeit der Freistellung von der Arbeit (Freistellungsphase) besteht kein Urlaubsanspruch.

§ 13 Krankheit während der Arbeitsphase

Im Falle krankheitsbedingter Arbeitsunfähigkeit leistet ▮▮▮▮ (*Name Firma*) Entgeltfortzahlung nach den für das Arbeitsverhältnis geltenden Bestimmungen.

Im Falle des Bezugs von Entgeltersatzleistungen nach Ablauf der Entgeltfortzahlung gewährt ▮▮▮▮ (*Name Firma*) weiterhin die Aufstockungszahlungen und zusätzlichen Rentenversicherungsbeiträge, sofern der betroffene Beschäftigte zugleich individualvertraglich seine etwaigen Ansprüche nach § 10 Abs. 2 ATG gegen die Bundesagentur für Arbeit an ▮▮▮▮ (*Name Firma*) abgetreten hat (hierzu siehe auch § 1b Rdn 417). ▮▮▮▮ (*Name Firma*) verzichtet auf die Nacharbeit von krankheitsbedingten Fehlzeiten ab dem Ende des Zeitraumes der Entgeltzahlung.[549]

§ 14 Nebentätigkeiten

Der in Altersteilzeit Beschäftigte hat dem Arbeitgeber Nebentätigkeiten anzuzeigen. Soweit durch sie die in § 5 Abs. 3 ATG genannten Grenzen überschritten werden, bedürfen sie der schriftlichen Zustimmung des Arbeitgebers. Bei einem Überschreiten der Geringfügigkeitsgrenzen entfällt der Anspruch auf den Aufstockungsbetrag sowie auf den zusätzlichen Rentenversicherungsbeitrag. Soweit der Beschäftigte ohne Zustimmung des Arbeitgebers eine Nebentätigkeit ausübt, die die Grenzen des § 5 Abs. 3 ATG überschreitet, hat er dem Arbeitgeber den Aufstockungsbetrag sowie die zusätzlichen Rentenbeiträge insoweit zu erstatten.

§ 15 Insolvenzsicherung[550]

Bei verblockter Altersteilzeit sichert der Arbeitgeber das Wertguthaben des in Altersteilzeit Beschäftigten sowie den darauf entfallenden Arbeitgeberanteil am Gesamtsozialversicherungsbeitrag durch

a) den Abschluss einer Bankbürgschaft,

b) die Einrichtung eines Treuhandkontos auf den Namen des Beschäftigten, auf das der Beschäftigte nur im Falle der Insolvenz oder Zahlungsunfähigkeit des Arbeitgebers Zugriff erhält oder

c) durch Abschluss einer Altersteilzeit-Versicherung von Beginn der Altersteilzeit an gegen Insolvenz oder Zahlungsunfähigkeit des Arbeitgebers.

Der Arbeitgeber weist die Insolvenzsicherung nach Ablauf des ersten Monats der Altersteilzeit und danach alle sechs Monate gegenüber dem Beschäftigten durch geeignete Unterlagen nach.

---

549 Da im Blockmodell während des Bezugs von Entgeltersatzleistungen kein Wertguthaben für die Freistellungsphase aufgebaut werden kann, muss der Arbeitgeber, sofern er eine Verschiebung des Beginns der Freistellungsphase vermeiden möchte, auf die Nacharbeit verzichten und das Wertguthaben um den fehlenden Teil erhöhen.

550 Seit dem 1.7.2004 ist durch § 8a ATG eine Insolvenzsicherung für Wertguthaben aus Altersteilzeit zwingend vorgeschrieben.

§ 16 Information des Betriebsrates

Der Betriebsrat ist unverzüglich über abgeschlossene und abgelehnte Altersteilzeitverträge zu informieren. Abgelehnte Anträge werden auf Wunsch des Beschäftigten gemeinsam zwischen Betriebsrat, Human Resources und betroffenem Fachbereich mit dem Ziel einer einvernehmlichen Lösung erörtert. Der Betriebsrat erhält ferner jeweils zum Jahresende eine Liste aller im nächsten Jahr auslaufenden Altersteilzeitverträge. Außerdem ist er regelmäßig über die Insolvenzsicherung zu informieren.

§ 17 Schlussbestimmungen

1. Diese Vereinbarung tritt mit Wirkung ab dem _____ (*Datum*) _____ in Kraft und endet ohne Nachwirkung am _____ (*Datum*) _____ . Für Beschäftigte, die bis zum _____ (*Datum*) _____ in Altersteilzeit eingetreten sind, gelten die Bestimmungen bis zum Ende ihres Altersteilzeit-Arbeitsverhältnisses weiter.

2. Unabhängig davon kann diese Vereinbarung mit der gesetzlichen Frist von drei Monaten gekündigt werden, ohne dass eine Nachwirkung eintritt. Eine Kündigung ist frühestens zum _____ möglich.

3. Künftige gesetzliche oder tarifliche Änderungen finden auf diese Vereinbarung Anwendung. Etwaige hierdurch für die Beschäftigten entstehende Nachteile, insbesondere Verminderungen der Vergütung, die sich aus steuerlichen Gründen ergeben, werden von _____ (*Name Firma*) nicht ausgeglichen.

4. Die von _____ (*Name Firma*) erbrachten Aufstockungsleistungen sind nach den derzeitigen gesetzlichen Bestimmungen steuerfrei (§ 3 Nr. 28 EStG). Dies gilt auch für Beiträge, die über die gesetzlich vorgesehenen Aufstockungsleistungen hinausgehen und seitens _____ (*Name Firma*) freiwillig gezahlt werden. _____ (*Name Firma*) weist darauf hin, dass diese nach § 32b Abs. 1 Nr. 1g EStG jedoch dem Progressionsvorbehalt unterliegen und insofern bei der Bestimmung des anzuwendenden Steuersatzes im Rahmen der Jahreseinkommensteuerveranlagung zum Einkommen hinzuzurechnen sind. _____ (*Name Firma*) weist ausdrücklich darauf hin, keinen Ausgleich für steuerliche Belastungen aus dem Progressionsvorbehalt zu erbringen.

5. Soweit in dieser Betriebsvereinbarung oder in den Altersteilzeit-Vereinbarungen mit den Beschäftigten nichts Abweichendes vereinbart ist, gelten für die Begründung und Abwicklung von Altersteilzeitarbeitsverhältnissen das Altersteilzeitgesetz und der Tarifvertrag in der jeweils gültigen Fassung.

6. Ergibt sich im Zuge der Anwendung dieser Vereinbarung ein zusätzlicher Regelungsbedarf, werden die entsprechenden Punkte durch gemeinsame Protokollnotizen zu dieser Vereinbarung geregelt.

_____ (*Ort*), den _____ (*Datum*)

_____ (*Name Firma*)   _____ (*Betriebsratsvorsitzender*)

▲

d) Betriebsvereinbarung zu (flexibler) Arbeitszeit, Langzeitkonten

Literatur: *Bepler*, Mitbestimmung des Betriebsrats bei der Regelung der Arbeitszeit, NZA-Beilage 2006, 45; *Bittmann/Schwarz*, Arbeitnehmer nur zum Ausgleich eines freiwillig herbeigeführten Zeitsaldos verpflichtet?, BB 2009, 559; *Günther/Böglmüller*, Arbeitsrecht 4.0 – Arbeitsrechtliche Herausforderungen in der vierten industriellen Revolution, NZA 2015, 1025; *Hanau/Veit*, Neues Gesetz zur Verbesserung der Rahmenbedingungen für die Absicherung flexibler Arbeitszeitregelungen und zur Änderung anderer Gesetze, NJW 2009, 182; *Lemke*, Das Mindestlohngesetz und seine Auswirkungen auf die arbeitsrechtliche Praxis, NZA 2015, 70; *Raif/Nann*, Arbeitsrecht 4.0 – Möglichkeiten und Hürden in der digitalen Arbeitswelt, GWR 2016, 221; *Riebel*, Flexible Gestaltung von Entgelt und Arbeitszeit im Arbeitsvertrag, NZA-Beil. 2000, 34; *Rolfs*, Übergang vom Erwerbsleben in den Ruhestand, Deutsches Arbeits- und Sozialrecht, NZA-Beilage 2010, 139; *Rolfs/Witschen*, Neue Regeln für Wertguthaben, NZS 2009, 295; *Schlegel*, Grenzenlose Arbeit, NZA-Beilage 2014, 16; *Steffan*, Arbeitszeit(recht) auf dem Weg zu 4.0, NZA 2015, 1409; *Ulbrich/Rhein*, Zeitwertkonten nach Flex II: Ansichten der Sozialversicherungsträger, DB 2009, 1466; *Wank*, Facetten der Arbeitszeit, RdA 2014, 285; *Wisskirchen/Bissels*, Arbeiten, wenn Arbeit da ist – Möglichkeiten und Grenzen der Vereinbarungsbefugnis zur Lage der Arbeitszeit, NZA-Beil. 2006, 24; *Wisskirchen/Bissels/Domke*, Blackberry & Co.: Was ist heute Arbeitszeit, DB 2010, 2052; *Witteler*, Zeitwertkonten und bAV, AuA 2013, 237.

aa) Allgemeines

184 Flexible Arbeitszeitmodelle sollen auf Seiten des Arbeitgebers einen bedarfsgerechten Einsatz der Mitarbeiter ermöglichen. Dies sieht das Arbeitszeitgesetz ausdrücklich vor, § 1 Nr. 1 ArbZG. Zum Schutz der Arbeitnehmerinteressen bei der Ausgestaltung der Lage der Arbeitszeit besteht das Mitbestimmungsrecht des Betriebsrats gemäß § 87 Abs. 1 Nr. 2 BetrVG. Nachfolgendes Muster einer Betriebsvereinbarung zeigt einige Gestaltungsvarianten auf. Die Grenzen des Arbeitszeitgesetzes sind dabei stets zu beachten. Hierfür trägt der Arbeitgeber auch dann die Verantwortung, wenn er die konkrete Ausgestaltung der Arbeitszeit seinen Mitarbeitern überlässt.[551] Dem Betriebsrat steht ein korrespondierender Auskunftsanspruch gemäß § 80 BetrVG zu.[552] Daneben sind bei Tarifbindung des Arbeitgebers oder Allgemeinverbindlichkeit eines Tarifvertrages die darin enthaltenen Vorgaben zur Arbeitszeit einzuhalten.

26 bb) Betriebsvereinbarung zu (flexibler) Arbeitszeit/Langzeitkonten
▼

185 ## Muster 2.26: Betriebsvereinbarung zu flexibler Arbeitszeit/Langzeitkonten

Zwischen ▨▨▨▨ (*Name, Adresse Firma*)

und

dem Betriebsrat[553] der ▨▨▨▨ (*Name Firma*) des Betriebs ▨▨▨▨ ,

wird zur Regelung flexibler Arbeitszeit/Langzeitkonten folgende Vereinbarung getroffen:

Präambel

Geschäftsführung und Betriebsrat haben sich auf die Einführung eines Modells der flexiblen Arbeitszeitgestaltung mit Langzeitkonto geeinigt. Die Betriebsparteien sind sich einig, dass hierdurch den betrieblichen Notwendigkeiten einer flexiblen Arbeitszeitgestaltung nach den tatsächlichen Kapazitätsanforderungen Rechnung getragen und gewährleistet werden soll, dass eine am Arbeitsaufkommen orientierte, wirtschaftlich sinnvolle Auslastung der Mitarbeiter stattfindet. Gleichzeitig soll den Interessen der Mitarbeiter an einer flexiblen Gestaltung der Arbeitszeit innerhalb des vorgegebenen Rahmens Rechnung getragen werden. Die Einführung des Langzeitkontos soll den Mitarbeitern ermöglichen, durch langfristige Ansparung von Arbeitszeitguthaben eine bezahlte Freistellung von entsprechender Dauer zu erhalten. Das Langzeitkonto soll insbesondere die Möglichkeit zur Verkürzung der Lebensarbeitszeit schaffen.

§ 1 Geltungsbereich

Diese Betriebsvereinbarung gilt für die Mitarbeiter/Innen – nachfolgend Mitarbeiter – der Abteilung ▨▨▨▨ (z.B. Verwaltung/Einkauf).[554] Sie gilt nicht für ▨▨▨▨ (*z.B. Praktikanten/Auszubildende und)* leitende Angestellte im Sinne des § 5 Abs. 3 BetrVG.

§ 2 Regelmäßige wöchentliche Arbeitszeit, Verteilung der Arbeitszeit

(1) Die regelmäßige wöchentliche Arbeitszeit wird auf Basis der tariflichen Öffnungsklausel gemäß ▨▨▨▨ *(Bezugnahme auf konkrete tarifliche Klausel)* für vollzeitbeschäftigte Mitarbeiter auf ▨▨▨▨ Stunden festgelegt.

Alternativ – bei tariflicher Vorgabe ohne Öffnungsklausel: *Es gilt die wöchentliche Arbeitszeit nach* ▨▨▨▨ *(Bezugnahme auf konkrete tarifliche Klausel).*

---

551 BAG 6.5.2003 – 1 ABR 13/02, NZA 2003, 1348.

552 BAG 6.5.2003 – 1 ABR 13/02, NZA 2003, 1348; hierzu *Bepler*, NZA-Beilage 2006, 45.

553 Regelmäßig sind die örtlichen Betriebsräte für die Gestaltung der Arbeitszeitfragen zuständig. Der Geltungsbereich einer Betriebsvereinbarung kann nicht über den Betrieb hinaus erstreckt werden. Nur bei enger, technisch-organisatorischer überbetrieblicher Verknüpfung der Arbeitsabläufe kann die Regelungszuständigkeit des örtlichen Betriebsrats entfallen und die Zuständigkeit des Gesamtbetriebsrats begründet sein. In diesem Fall kann der Geltungsbereich dann auch auf betriebsratslose Betriebe erstreckt werden, BAG 19.6.2012 – 1 ABR 19/11, NZA 2012, 1237.

554 Die Beschränkung ist in den Grenzen des § 75 BetrVG (Gleichbehandlungsrundsatz) zulässig. Im Hinblick auf die Regelungen zum Langzeitkonto ist eine Herausnahme bzw. Beschränkung auf bestimmte Abteilungen allerdings nicht sinnvoll.

Fehlt tarifliche Regelung: *Die regelmäßige wöchentliche Arbeitszeit beträgt für vollzeitbeschäftigte Mitarbeiter derzeit* ▮▮▮▮▮ *Stunden.*[555]

(2) Arbeitszeit ist die Zeit, innerhalb derer der Mitarbeiter verpflichtet ist, seine vertraglich geschuldete Arbeitsleistung anzubieten.[556] Hierzu gehören auch:

■ Umkleidezeiten, soweit das Anlegen der Arbeitskleidung aus arbeitsschutzrechtlicher Sicht bzw. aufgrund behördlicher Genehmigungsvorschriften vorgeschrieben ist – wie im Bereich ▮▮▮▮▮ – oder – wie im Bereich ▮▮▮▮▮ (*z.B. Bereich mit starker Verschmutzung, für den der Arbeitgeber gesonderte Dienstkleidung zur Verfügung stellt und das Waschen übernimmt)* – für die Tätigkeitsausübung erforderlich ist. Gleiches gilt für Umkleidezeiten im Bereich ▮▮▮▮▮ (*z.B. Bereich, in dem das Tragen der Dienstkleidung im ausschließlichen Interesse des Arbeitgebers liegt*).[557]

■ Reisezeit, soweit diese (z.B. bei Außendienstmitarbeitern) zu den vertraglich geschuldeten Pflichten gehört bzw. der Mitarbeiter während der Reisezeit Arbeitsleistungen zu erbringen hat.[558]

(3) Pausenzeit ist die (*ggf.: unbezahlte*) Unterbrechung der Arbeitszeit, während derer der Mitarbeiter weder Arbeit leisten noch sich zur Arbeitsleistung bereithalten muss.[559]

(4) Bei Mitarbeitern mit einer vertraglich, abweichend von § 2 Abs. 1, vereinbarten Arbeitszeit gilt die jeweils vertraglich vereinbarte Dauer der Arbeitszeit.

(5) Die betriebliche Arbeitszeit wird regelmäßig auf die Werktage Montag bis Freitag festgelegt (**ggf.:** *im Ausnahmefall zusätzlich auf Samstag*) (**alternativ**: *Die Arbeitszeit wird regelmäßig auf Montag bis Samstag festgelegt*). Im Rahmen des gesetzlich Zulässigen kann bei betrieblicher Notwendigkeit eine Arbeitszeitanordnung an (*ggf.: Samstagen,*) Sonn- und Feiertagen erfolgen.

(6) Die regelmäßige tägliche Soll-Arbeitszeit beträgt ⅕ (*alternativ: ⅙*) der regelmäßigen wöchentlichen Arbeitszeit nach § 2 Abs. 1. Bei der Verteilung der regelmäßigen Arbeitszeit soll die tägliche Ist-Arbeitszeit acht Stunden nicht überschreiten, sie kann bis zu zehn Stunden betragen. Ist-Arbeitszeit ist die Wochen-Arbeitszeit, die der Mitarbeiter tatsächlich leistet.

(7) Die Bestimmungen des Arbeitszeitrechts, des Jugendarbeitsschutzgesetzes und des Mutterschutzgesetzes sind einzuhalten.

Alternative:

(1) Die wöchentliche Arbeitszeit beträgt zwischen ▮▮▮▮▮ und ▮▮▮▮▮ Wochenstunden. Sie verteilt sich auf fünf bzw. sechs Arbeitstage von Montag bis Samstag. Die verschiedenen Arbeitszeitvarianten sind in der Anlage geregelt.

(2) Unabhängig von der jeweiligen Arbeitszeitvariante wird der Monatslohn/das monatliche Gehalt gleichmäßig auf Basis der durchschnittlichen (*ggf.: tariflichen*) Arbeitszeit (z.Zt. ▮▮▮▮▮ Wochenstunden) be-

---

555 Die Festlegung der Dauer der Arbeitszeit unterliegt nicht der Mitbestimmung des Betriebsrats, BAG 17.3.2010 – 5 AZR 296/09, DB 2010, 1130. Die Regelung ist daher nur deklaratorisch.

556 BAG 14.11.2006 – 1 ABR 5/06 – NZA 2007, 458: „Der Arbeitszeitbegriff in § 87 Abs. 1 Nr. 2 BetrVG – und gleichermaßen der in § 87 Abs. 1 Nr. 3 BetrVG – ist nicht gänzlich deckungsgleich mit dem Begriff der vergütungspflichtigen Arbeitszeit und dem des Arbeitszeitgesetzes oder der EGRL 88/2003 über bestimmte Aspekte der Arbeitszeitgestaltung vom 4.11.2003. Er bestimmt sich vielmehr nach dem Zweck des Mitbestimmungsrechts. Die Beteiligung des Betriebsrats nach § 87 Abs. 1 Nr. 2 BetrVG dient dazu, die Interessen der Arbeitnehmer an der Lage ihrer Arbeitszeit und damit zugleich ihrer freien und für die Gestaltung ihres Privatlebens nutzbaren Zeit zur Geltung zu bringen."

557 Zur Umkleidezeit als Arbeitszeit bei Hygienevorgaben und sonstiger behördlicher Verpflichtung – BAG 19.9.2012 – 5 AZR 678/11, NZA-RR 2013, 63; zur Umkleidezeit als Arbeitszeit bei auffälliger Dienstkleidung BAG 17.11.2015 – 1 ABR 76/13, NZA 2016, 247, BAG 12.11.2013 – 1 ABR 59/12, NZA 2014, 557.

558 Zur Reisezeit BAG 14.11.2006 – 1 ABR 5/06, NZA 207, 458: „Bei einer Dienstreise – einer Fahrt des Arbeitnehmers von seiner regulären Arbeitsstätte an einen oder mehrere auswärtige Orte, an denen ein Dienstgeschäft zu erledigen ist – erbringt der Arbeitnehmer durch das bloße Reisen keine Arbeitsleistung. Reisen gehört regelmäßig nicht zu den vertraglichen Hauptleistungspflichten, es sei denn, der betreffende Arbeitnehmer könnte – etwa als Außendienstmitarbeiter – mangels festen Arbeitsorts seine vertraglich geschuldete Tätigkeit ohne dauernde Reisetätigkeit gar nicht erfüllen.".

559 Beachte: zum Teil enthalten tarifliche Regelungen eine Vergütungspflicht auch für Pausenzeiten. Maßgeblich für das Vorliegen einer Pause ist nicht die Frage der Vergütungspflicht, sondern, dass der Arbeitnehmer weder arbeiten noch sich zur Arbeitsleistung bereithalten muss, BAG 1.7.2003 – 1 ABR 20/02, NZA 2004, 620.

zahlt. Für die Vergütung von Feiertagsarbeit und die Entgeltfortzahlung gelten die *(ggf.: tariflichen und)* gesetzlichen Bestimmungen.

§ 3 Festlegung der Lage der Arbeitszeit/Arbeitszeitverteilung/Beteiligung des Betriebsrats bei Abweichungen

(1) Die regelmäßige tägliche Arbeitszeit beginnt um _____ Uhr und endet um _____ Uhr, freitags um _____ Uhr. Pausenzeiten sind von _____ bis _____ Uhr. *(ggf.: Differenzierung nach Abteilungen).*

1. Alternative:

(1) Der Mitarbeiter kann innerhalb der folgenden Grenzen die Arbeitszeit selbst angemessen gestalten, wobei eine Anwesenheit innerhalb der Kernarbeitszeit sichergestellt sein muss. Kernarbeitszeit ist die Zeit zwischen spätestem Arbeitsbeginn und frühestem Arbeitsende. Kernarbeitszeit ist: *(ggf.: Sonderregelungen für einzelne Geschäftsbereiche/Abteilungen)*

montags bis donnerstags von _____ bis _____ Uhr, freitags von _____ bis _____ Uhr.

(2) Gestaltungsrahmen des Mitarbeiters

Guthaben

rot: > + _____ Stunden   nur bis zu _____ Wochen zulässig bei vorab mit dem Vorgesetzten abgestimmten, konkreten Zeitausgleich zum Abbau des Guthabens

Guthaben

gelb: + _____ bis + _____ Stunden   Disposition des Mitarbeiters nach Zustimmung des Vorgesetzten

grün: – _____ bis + _____   Der Mitarbeiter bestimmt die Festlegung der Arbeitszeit eigenverantwortlich, soweit nicht ein Abweichen aus betrieblichen Gründen geboten ist.

Zeitschuld

gelb: – _____ bis – _____   Disposition des Mitarbeiters nach Zustimmung des Vorgesetzten

rot: < – _____   nur bis zu _____ Wochen zulässig bei vorab mit dem Vorgesetzten abgestimmten, konkreten Zeitausgleich zum Abbau der Zeitschuld

2. Alternative:

(1) Arbeitgeber und Betriebsrat legen spätestens bis Ablauf des zweiten Monats des laufenden Quartals die Arbeitszeitverteilung für das folgende Quartal einvernehmlich fest. *(**Alternativ** andere Zeiträume, z.B.: spätestens bis zum 1. Dezember eines jeden Jahres für das Folgejahr oder bis zum 3. eines Monats für den Folgemonat).*

3. Alternative:

(1) Die wöchentliche Arbeitszeit beträgt _____ Wochenstunden. Sie verteilt sich auf fünf Arbeitstage von Montag bis Freitag.

(2) Der Arbeitgeber kann die wöchentliche Arbeitszeit für die Dauer von maximal _____ Monaten bei geringem Arbeitsanfall um bis zu _____ Stunden vorübergehend kürzen und bei erhöhtem Arbeitsanfall um maximal bis zu _____ Stunden vorübergehend verlängern. Im Fall der vorübergehenden Verkürzung ist eine Verteilung auch auf weniger Tage pro Woche möglich. Im Fall der vorübergehenden Verlängerung kann die Arbeitszeit auch auf sechs Tage pro Woche verteilt werden, wobei die Anordnung der Samstagsarbeit nur zulässig ist, wenn diese in dringendem betrieblichen Interesse ist und der Bedarf nicht durch andere Verteilung der Arbeitszeit gedeckt werden kann. Die Vorgaben des ArbZG, JuArbSchG, MuSchuG sind einzuhalten.

(3) Der Arbeitgeber hat die vorgenannte Veränderung dem Betriebsrat unter Angabe der Gründe, des Zeitraums und der konkreten Ausgestaltung bis spätestens ▮▮▮▮▮ Wochen vor dem beabsichtigten Beginn schriftlich zur Zustimmungserteilung zuzuleiten. Der Betriebsrat teilt der ▮▮▮▮▮ (z.B. Betriebs-/Personalleitung) innerhalb von ▮▮▮▮▮ Tagen mit, ob er der Festlegung zustimmt oder diese ablehnt. Der Betriebsrat hat etwaige Einwände gegen die Festlegung und etwaige konkrete Änderungsvorstellungen innerhalb von ▮▮▮▮▮ Tagen schriftlich (*alternativ: in Textform*) der ▮▮▮▮▮ (z.B. Betriebs-/Personalleitung) mitzuteilen.[560] Kommt eine Einigung zwischen Betriebsrat und ▮▮▮▮▮ (z.B. Betriebs-/Personalleitung) nicht innerhalb von ▮▮▮▮▮ Tagen zustande, entscheidet die paritätische Kommission (*alternativ: die betriebliche Einigungsstelle*) nach § 12 dieser Betriebsvereinbarung.

4. Alternative:

(2) Der Arbeitgeber kann aus betrieblichen Gründen für einzelne Mitarbeiter oder Gruppen von Mitarbeitern sowie einzelne oder mehrere Abteilungen an einzelnen Arbeitstagen den Arbeitsbeginn oder das Arbeitsende festlegen. Abweichungen von der getroffenen Festlegung leitet der Arbeitgeber dem Betriebsrat unter Angabe der Gründe, des Zeitraums, der betroffenen Mitarbeiter und der konkreten Ausgestaltung bis spätestens ▮▮▮▮▮ Wochen vor dem beabsichtigten Beginn schriftlich zur Zustimmungserteilung zu. Der Betriebsrat teilt der ▮▮▮▮▮ (z.B. Betriebs-/Personalleitung) innerhalb von ▮▮▮▮▮ Tagen mit, ob er der Festlegung zustimmt oder diese ablehnt. Der Betriebsrat hat etwaige Einwände gegen die Festlegung und etwaige konkrete Änderungsvorstellungen innerhalb von ▮▮▮▮▮ Tagen schriftlich (*alternativ: in Textform*) der ▮▮▮▮▮ (z.B. Betriebs-/Personalleitung) mitzuteilen. Kommt eine Einigung zwischen Betriebsrat und ▮▮▮▮▮ (z.B. Betriebs-/Personalleitung) nicht innerhalb von ▮▮▮▮▮ Tagen zustande, entscheidet die paritätische Kommission (*alternativ: die betriebliche Einigungsstelle*) nach § 12 dieser Betriebsvereinbarung.

(3) Der Betriebsrat kann seine Zustimmung verweigern, wenn die Festlegung

- gegen ein Gesetz, geltende Tarifverträge oder gegen diese oder eine andere gültige Betriebsvereinbarung verstößt;

- Mitarbeiter bei der Arbeitszeitfestlegung – unbeschadet gewährter Urlaubszeiten – nicht in vergleichbarer Art und in vergleichbarem Umfang berücksichtigt sind und hierfür sachliche Gründe nicht bestehen;

- die Ableistung von Überstunden vorsieht, die – falls erforderlich – vom Betriebsrat nicht genehmigt wurden.

(*ggf.* ergänzen um weitere Gründe für die Zustimmungsverweigerung)

(4) Bei (*ggf.: fehlender Zustimmung oder*)[561] Beanstandung der Arbeitszeitfestlegung durch den Betriebsrat verhandeln die (*z.B. Betriebs-/Personalleitung*) und der Betriebsrat innerhalb ▮▮▮▮▮ Tage (*ggf.: Woche*) nach Verweigerung der Zustimmung des Betriebsrats mit dem Ziel einer gütlichen Einigung. Kommt eine Einigung nicht bis spätestens ▮▮▮▮▮ Tage vor dem geplanten Inkrafttreten der Arbeitszeitfestlegung zustande, entscheidet die paritätische Kommission (*alternativ: die betriebliche Einigungsstelle*) nach § 12 dieser Betriebsvereinbarung.

5. Alternative:

(1) Die Regelarbeitszeit für die tägliche Arbeitszeit beginnt um ▮▮▮▮▮ Uhr und endet um ▮▮▮▮▮ Uhr, freitags um ▮▮▮▮▮ Uhr. (*ggf.: Differenzierung nach Abteilungen*). Innerhalb dieser Regelarbeitszeit erbringt der Mitarbeiter seine Arbeit grundsätzlich nach dem jeweiligen Arbeitsanfall und dem betrieblichen Bedarf.

(2) Die Regelarbeitszeit kann je nach Arbeitsanfall und betrieblichem Bedarf bei dringender Notwendigkeit seitens des Arbeitgebers auf einzelne Tage und Wochen ungleichmäßig verteilt und auch reduziert werden. Die wöchentliche Arbeitszeit muss hierbei jedoch mindestens ▮▮▮▮▮ (*z.B. mindestens 32*) Stunden und darf höchstens ▮▮▮▮▮ Stunden betragen. Eine solche Abweichung darf der Arbeitgeber maximal für die

---

560 Denkbar wäre in dieser Variante, die Voraussetzungen für die vorübergehende Kürzung/Verlängerung in Absatz (2) noch enger zu definieren und insbesondere das Verfahren zur Auswahl der betroffenen Mitarbeiter zu konkretisieren. In diesem Fall könnte dann auch eine Umsetzung durch den Arbeitgeber ohne erneute Zustimmung des Betriebsrats zur konkreten Anordnung vereinbart werden.

561 Die Beteiligungsrechte sind nur gewahrt, wenn der Betriebsrat zustimmt. Eine fehlende Beanstandung kann nicht als Zustimmung gewertet oder fingiert werden, BAG 8.12.2015 – 1 ABR 2/14, BB 2016, 1524.

Dauer von [blank] Wochen und maximal [blank] pro Kalenderjahr anordnen, ohne dass diese der erneuten Zustimmung des Betriebsrats bedarf. Der Betriebsrat ist unverzüglich unter Angabe der Dauer der Abweichung und betroffenen Mitarbeiter zu unterrichten.[562]

(3) Ist seitens des Arbeitgebers eine Abweichung von der Regelarbeitszeit im Rahmen von Absatz 2 beabsichtigt, teilt der Arbeitgeber den Mitarbeitern mindestens [blank] Tage im Voraus die Lage und die Dauer der jeweiligen Arbeitszeit mit. Die fortlaufende Vergütung des Mitarbeiters bleibt hiervon unberührt. Die Erfassung der gegenüber der Regelarbeitszeit abweichenden Dauer erfolgt im Rahmen des Arbeitszeitkontos.

§ 4 Mehrarbeit/Überstunden

(1) Überstunden sollen grundsätzlich vermieden werden. Es gelten die tariflichen Bestimmungen.

Alternativ: Überstunden liegen vor, wenn die tatsächliche wöchentliche Arbeitszeit die festgelegte Wochenarbeitszeit (alternativ: die regelmäßige Wochenarbeitszeit nach § 2) übersteigt. Zuschlagspflichtige Überstunden beginnen ab der [blank]. Wochenstunde. Dies gilt auch für Teilzeitkräfte mit geringerer Wochenstundenzahl. Überstunden und eventuell anfallende Zuschläge sind durch Freizeit auszugleichen.

(2) Die Anordnung von Überstunden in einem maximalen Gesamtvolumen von [blank] Überstunden im Bereich [blank] (Konkretisierung: etwa nach einzelnen Abteilungen/Bereichen) pro Kalenderjahr kann durch Anordnung des [blank] *(etwa: Abteilungsleiters/Geschäftsleitung)* jeweils ohne erneute vorherige Zustimmung des Betriebsrats durchgeführt werden. Diese Überstunden dürfen für den einzelnen Mitarbeiter die Summe von [blank] Überstunden pro Monat nicht überschreiten. Der Betriebsrat ist über die Anordnung von Überstunden, deren Grund, Umfang und betroffenen Mitarbeiter unverzüglich zu informieren. Jede über diese Grenze hinausgehende Durchführung von Überstunden bedarf der gesonderten Zustimmung des Betriebsrats nach § 4 Abs. 3 dieser Betriebsvereinbarung.[563]

Alternativ:

(2) Der Arbeitgeber kann Mehr- oder Kurzarbeit im Umfang von [blank] *(z.B. einer Stunde täglich)* pro Mitarbeiter, in einem maximalen Gesamtvolumen von [blank] Überstunden im Bereich [blank] (Konkretisierung: etwa nach einzelnen Abteilungen/Bereichen) pro Kalenderjahr anordnen, soweit sich die Zeitschuld bzw. das Zeitguthaben des jeweiligen Mitarbeiters innerhalb des Volumens nach § 3 Abs. 2 bewegt (*alternativ: soweit der Mitarbeiter sich nicht in der Rotphase nach § 3 Abs. 2 befindet*). Einer gesonderten Zustimmung des Betriebsrats bedarf es hierfür nicht. Der Betriebsrat ist über die Anordnung unverzüglich zu informieren unter Angabe der Gründe, Umfang der Mehr- oder Kurzarbeitsanordnung, betroffenen Abteilung und betroffenen Mitarbeiter.

(3) Die Anordnung von Überstunden, die über den in Absatz 2 beschriebenen Rahmen hinausgehen, wird dem Betriebsrat unverzüglich unter Angabe der Funktion, des Namens der Mitarbeiter, Umfang und Datum der Überstunden vor deren Durchführung in Textform angezeigt. Der Betriebsrat teilt der [blank] *(z.B. Betriebs-/Personalleitung)* unverzüglich, spätestens innerhalb von [blank] Tagen mit, ob er der Überstundenanordnung zustimmt oder diese ablehnt. Bei fehlender Zustimmung, entscheidet die paritätische Kommission (*alternativ: die betriebliche Einigungsstelle*) nach § 12 dieser Betriebsvereinbarung.

(4) Bei der Anordnung von Überstunden sind stets die Belange der Mitarbeiter, insbesondere die persönlichen Verhältnisse sowie die familiäre Situation, angemessen zu berücksichtigen.

---

562 Die Beteiligungsrechte sind nur gewahrt, wenn der Betriebsrat zustimmt. Eine fehlende Beanstandung kann nicht als Zustimmung gewertet oder fingiert werden, BAG 8.12.2015 – 1 ABR 2/14, BB 2016, 1524. Allerdings bleibt es den Betriebsparteien unbenommen, nicht jeden Einzelfall zu regeln, sondern Rahmenregelungen zu treffen, innerhalb derer keine erneute, einzelfallbezogene Zustimmung des Betriebsrats erforderlich ist, BAG 28.5.2002 – 1 ABR 40/01, NZA 2003, 1352. Die Grenzen sind fließend; jedenfalls darf sich der Betriebsrat nicht vollständig seines Mitbestimmungsrechts begeben; siehe hierzu *Salomon/Gatz*, NZA 2016, 197 ff.

563 Dem Zustimmungserfordernis des Betriebsrats unterliegt grundsätzlich die Anordnung sämtlicher Überstunden (soweit – was regelmäßig der Fall ist – ein kollektiver Bezug vorliegt), BAG 19.6.2001 – 1 ABR 43/00, BB 2001, 2882: Inhalt des Mitbestimmungsrechts ist die Regelungsfrage, ob zusätzlicher Arbeitsbedarf durch eine vorübergehende Erhöhung der regelmäßigen Arbeitszeit abgedeckt werden soll und welche Arbeitnehmer oder Arbeitnehmergruppen in welchem Umfang diese Arbeit leisten sollen. Allerdings kann das Mitbestimmungsrecht auch durch Aufstellung von Rahmenregelungen gewahrt werden, wenn diese die Grenzen der Anordnung durch den Arbeitgeber (eng) vorgeben, BAG 28.5.2002 – 1 ABR 40/01, NZA 2003, 1352.

§ 5 Notfälle/Eilfälle

(1) Der Arbeitgeber kann in Notfällen die Arbeitszeit einzelner oder mehrerer Mitarbeiter oder einzelner oder mehrerer Abteilungen verlängern oder eine andere Lage und Verteilung der Arbeitszeit anordnen. Ein solcher Notfall liegt insbesondere in Fällen nicht voraussehbarer und schwerwiegender Situationen vor, insbesondere[564]

■ bei drohenden schwerwiegenden Nachteilen für das Unternehmen, die Mitarbeiter und/oder die Allgemeinheit,

■ aufgrund von Naturkatastrophen, Unfällen, Brand oder sonstigen Fällen höherer Gewalt, auf die der Arbeitgeber keinen Einfluss hat und die unverzüglich Maßnahmen zur Abwehr erfordern.

Der Betriebsrat ist unverzüglich zu unterrichten.

(2) In Eilfällen,[565] in denen eine Abweichung von den vorgenannten Regelungen zur Überstundenanordnung bzw. Änderung der Lage und/oder Verteilung der Arbeitszeit kurzfristig und unerwartet erforderlich wird, erfolgt grundsätzlich eine Beteiligung des Betriebsrats nach § 3 Abs. 3 ff. dieser Betriebsvereinbarung, wobei sich die jeweiligen Fristen auf 24 h reduzieren. Kurzfristigkeit liegt vor, wenn die Kenntnis des Änderungsbedarfs erst so spät vorliegt, dass die oben in § 3 Abs. 3 ff. dieser Betriebsvereinbarung vorgesehenen Fristen nicht mehr eingehalten werden können. Unerwartet ist die Erforderlichkeit, wenn sich die Maßnahme aufgrund von kurzfristiger krankheitsbedingter oder sonstiger Abwesenheit eines Mitarbeiters ergibt, aufgrund Maschinenausfalls oder sonstiger ungeplanter Störungen des Betriebsablaufs oder aufgrund sonstiger vergleichbarer ungeplanter Ereignisse.

Kann die Beteiligung des Betriebsrats selbst innerhalb dieser kurzen Fristen von jeweils 24 h nicht umgesetzt oder im Fall der fehlenden Zustimmung des Betriebsrats zu der Maßnahme eine Entscheidung der paritätischen Kommission (*alternativ: der Einigungsstelle*[566]) nach § 12 dieser Betriebsvereinbarung nicht rechtzeitig erreicht werden, kann der Arbeitgeber die Maßnahme auch ohne Zustimmung des Betriebsrats vorläufig durchführen.[567] Hiervon hat der Arbeitgeber den Betriebsrat unverzüglich zu unterrichten. Beiden Parteien bleibt vorbehalten, die Entscheidung der paritätischen Kommission (*alternativ: der Einigungsstelle*) nach § 12 auch noch nachträglich einzuholen; diese entscheidet, ob die Maßnahme nach den Grundsätzen dieser Betriebsvereinbarung gerechtfertigt war oder nicht. Zugleich kann diese Regelung erlassen, wie in vergleichbaren zukünftigen Eilfällen verfahren werden soll.

§ 6 Arbeitszeitkonten, Zeiterfassung, Ausgleichszeitraum

(1) Für jeden Mitarbeiter wird ein Arbeitszeitkonto geführt. Dieses dient einerseits der Erfüllung der Nachweispflicht nach dem ArbZG, andererseits der Erfassung der Soll- und Ist-Arbeitszeit und Saldenermittlung aus Minusstunden sowie Erfassung etwaiger Überstunden zur Ermittlung etwaiger Zuschläge.[568] Aus diesem Arbeitszeitkonto können Zeitguthaben nach § 10 dieser Betriebsvereinbarung in das Langzeitkonto übertragen werden.

(2) Die täglichen Arbeitszeiten werden durch jeden Mitarbeiter im Wege der ▨▨▨▨ *(Details, z.B. Selbsterfassung, elektronische Zeiterfassung)* erfasst, siehe hierzu § 9 dieser Betriebsvereinbarung. (*Alternativ:*

---

564 ErfK/*Kania*, § 87 BetrVG Rn 8.

565 Für bestimmte Mitbestimmungstatbestände hat der Gesetzgeber Eilregelungen vorgesehen (z.B. §§ 100, 115 Abs. 7 Nr. 4 BetrVG). Für soziale Angelegenheiten nach § 87 BetrVG fehlen solche Regelungen. Vielmehr besteht das Mitbestimmungsrecht uneingeschränkt fort – mit dem Erfordernis, die Einigung über die Einigungsstelle zu ersetzen, BAG 9.7.2013 – 1 ABR 19/12, NZA 2014, 99.

566 Ein Verweis auf die Einigungsstelle ist in diesen Fällen nur sinnvoll, wenn eine ständige Einigungsstelle gebildet ist.

567 Wiederum gilt, dass sich der Betriebsrat nicht grundsätzlich seines Mitbestimmungsrechts dadurch begeben darf, dass er dem Arbeitgeber das Alleinentscheidungsrecht zugesteht (selbst dann nicht, wenn der Betriebsrat davon ausgeht, dass kein Mitbestimmungsrecht besteht, BAG 29.1.2008 – 3 AZR 43/06, NZA-RR 2008, 469). Im Rahmen der hier sehr eng gefassten Ausnahmeregelung ist davon auszugehen, dass die Beteiligungsrechte hinreichend gewahrt sind. Denn es handelt sich um Verfahrensregelungen für außergewöhnliche Fälle; vgl. BAG 9.7.2013 – 1 ABR 19/12, NZA 2014, 99; BAG 17.11.1998 – 1 ABR 12/98, NZA 1999, 662; *Salomon/Gatz*, NZA 2016, 197.

568 Denkbar ist auch, hierzu jeweils getrennte Konten zu führen. Erforderlich ist dies aber nicht, soweit der Nachweispflicht – insbesondere der Aufzeichnungspflicht hinsichtlich der die acht Stunden pro Arbeitstag überschreitenden Arbeitszeit sowie der Aufbewahrungspflicht – genügt wird, § 16 Abs. 2 ArbZG.

Einzelheiten regelt die Betriebsvereinbarung (z.B. BV Zeiterfassung)). Die Mitarbeiter können ihre Zeitkontenstände im Zeiterfassungsterminal jederzeit einsehen.

(3) Die regelmäßige Wochenarbeitszeit gemäß § 2 Abs. 1 dieser Vereinbarung muss im Durchschnitt eines Ausgleichszeitraums von ___ *(z.B. zwölf)* Monaten *(ggf. nach Ausgleichszeitraum des Tarifvertrages anzupassen)* erreicht werden.

(4) Der Ausgleichszeitraum beginnt am ___ und endet nach Ablauf von ___ Monaten. Die weiteren Ausgleichszeiträume schließen sich dann für jeweils weitere ___ Monate an *(ggf. nach Ausgleichszeitraum des Tarifvertrages anzupassen).*

Alternativ: *Ausgleichszeitraum ist das Kalenderjahr.*

(4) Das Zeitguthaben und die Zeitschuld dürfen jeweils höchstens ___ *(z.B. +/– 200)* Stunden betragen (für Auszubildende ___ *(z.B. +/– 100)* Stunden), *(soweit nicht eine Übertragung in das Langzeitkonto nach § 10 erfolgt.)*[569]

(5) Der Betriebsrat erhält halbjährlich (*alternativ: quartalsweise/monatlich/auf Wunsch)* eine Aufstellung.

§ 7 Verwendung der Zeitguthaben, Ausgleich Zeitsaldo bei Beendigung und Ruhen des Arbeitsverhältnisses, Todesfall

(1) Zeitsalden werden grundsätzlich durch Zeitguthaben ausgeglichen. Bei Unterschreiten des Zeitsaldos von ___ Stunden erfolgt ein Ausgleich durch Vergütungsabzug in den gesetzlichen Grenzen.

Auf Wunsch des Mitarbeiters kann auch bei einem geringeren Zeitsaldo ein Ausgleich durch Vergütungsabzug mit dem Mitarbeiter vereinbart werden.

(2) Zeitguthaben werden grundsätzlich durch Freizeitgewähr ausgeglichen:

- Für Brückentage, die zwischen Arbeitgeber und Betriebsrat vereinbart werden.
- In Abstimmung mit dem jeweiligen Vorgesetzten für Gleitzeittage/freie Tage – maximal jedoch für ___ Gleitzeittage/freie Tage pro ___ *(Monat/Quartal/Ausgleichszeitraum)*
- In Abstimmung mit dem jeweiligen Vorgesetzten auch stundenweise.
- Zur Übertragung in das Langzeitkonto nach Maßgabe von § 10.

Können Zeitguthaben oder Zeitschulden aus persönlichen Gründen nicht ausgeglichen werden (z.B. wegen Krankheit), ist dem Mitarbeiter eine angemessene Frist einzuräumen, das Zeitkonto auszugleichen. Scheidet ein Ausgleich auch innerhalb dieser Frist aus persönlichen Gründen aus, erfolgt ein finanzieller Ausgleich.

(3) Bei ausscheidenden Arbeitnehmern ist rechtzeitig für einen Saldenausgleich zu sorgen. Soweit sich bei Beendigung des Arbeitsverhältnisses ein Zeitguthaben ergibt, wird dieses vergütet. Soweit sich bei Beendigung des Arbeitsverhältnisses eine Zeitschuld ergibt, wird diese vom noch ausstehenden Lohn/Gehalt in den gesetzlichen Grenzen abgezogen. *(**Alternativ**: Die Vergütung für eine bei Beendigung des Arbeitsverhältnisses bestehende Zeitschuld, wird nicht zurückgefordert.)*[570]

(4) Bei absehbaren längeren Ruhenszeiten des Arbeitsverhältnisses, wie z.B. bei Erziehungsurlaub, Rente auf Zeit, Langzeiterkrankung über den Entgeltfortzahlungszeitraum hinaus etc., erfolgt eine Saldierung des Zeitkontos (Vergütung vorhandener Zeitguthaben bzw. Abzug einer Zeitschuld) auf den Zeitpunkt des Eintritts des Ruhenszeitraums auf Basis der zu diesem Zeitpunkt geltenden individuellen Vergütung (soweit nicht eine Übertragung des Zeitguthabens in das Langzeitkonto nach Maßgabe von § 10 erfolgt.)

(5) Im Todesfall des Mitarbeiters erhalten seine Erben die angesammelten Zeitguthaben mit dem zum Todeszeitpunkt gültigen Stundensatz in Geld vergütet.

569 Auch hierzu enthalten tarifliche Regelungen zum Teil Vorgaben.

570 Als Argument für den Verfall der Zeitschuld wird in der Regel angeführt, dass der Arbeitgeber das Recht hat, die Arbeitszeit zu flexibilisieren und auch das Betriebsrisiko trägt. D.h. der Arbeitgeber habe es in der Hand, den Ausgleich einer Zeitschuld durch Anordnung der Arbeitsleistung sicherzustellen. In der Praxis erweisen sich die Gründe für eine hohe Zeitschuld allerdings nicht selten als durch den Arbeitnehmer verursacht. Hier gilt es arbeitgeberseitig rechtzeitig gegenzusteuern – allerdings sind auch in diesen Fällen grundsätzlich die Beteiligungsrechte des Betriebsrats zu beachten.

§ 8 Abwesenheitszeiten

(1) Bei ganztägiger Abwesenheit z.B. durch Krankheit, Urlaub, Dienstreisen etc. erfolgt eine Gutschrift auf dem Arbeitszeitkonto entsprechend der betriebsüblichen *(alternativ: tariflichen)* täglichen Arbeitszeit (derzeit ▨ Stunden).[571] *(Ggf.: Gleiches gilt für Rosenmontag (ggf.: Aufnahme weiterer „Sondertage").* *Wird gleichwohl für einzelne Mitarbeiter oder Abteilungen für diesen Tag die Erbringung der Arbeitsleistung angeordnet, erfolgt eine zusätzliche Gutschrift der tatsächlich gearbeiteten Stunden.)*

(2) Bei stundenweiser Abwesenheit aus dienstlichen Gründen, die ein Verlassen des Firmengeländes erfordern, hat sich der Mitarbeiter bei seinem Vorgesetzten ab- und bei Rückkehr wieder anzumelden. Beginnt oder endet die dienstliche Abwesenheit außerhalb der betriebsüblichen Arbeitszeit, erfolgt die An- und Abmeldung in der zwischen dem Mitarbeiter und dem Vorgesetzen abgestimmten Form. Dem Arbeitgeber bleibt vorbehalten, eine bestimmte Form der Ab- und Anmeldung vorzuschreiben.

(3) Bei stundenweiser Abwesenheit aus anderen Gründen hat der Mitarbeiter die Zeiterfassung zu betätigen. *(ggf.: Diese Zeiten werden nicht vergütet. § 615 BGB findet keine Anwendung.)*

§ 9 Zeiterfassung

Die Erfassung von Arbeitsbeginn und Arbeitsende wird durch die Mitarbeiter elektronisch mittels Werksausweis durchgeführt und zum Zwecke der Dokumentation gemäß § 16 Abs. 2 ArbZG gespeichert. Wenn bei Tätigkeiten außerhalb des Unternehmens (Dienstreisen) keine elektronische Zeiterfassung erfolgen kann, erfassen die Mitarbeiter Beginn und Ende ihrer Tätigkeit über das Formular „Stundennachweis" und reichen dieses zur Aufbewahrung und als Nachweis beim Arbeitszeitbeauftragten *(alternativ: der Personalabteilung)* ein. Einer Gegenzeichnung durch den jeweiligen Vorgesetzten bedarf es nicht.

§ 10 Langzeitkonto

(1) Jeweils zum Ende des Ausgleichszeitraums nach § 6 dieser Betriebsvereinbarung kann ein Zeitguthaben vom Arbeitszeitkonto von maximal ▨ Stunden in das Langzeitkonto übertragen werden.[572] Die Übertragung erfolgt durch schriftliche Erklärung gegenüber der Personalabteilung. Das Langzeitkonto wird als Arbeitsentgeltguthaben einschließlich des darauf entfallenden Arbeitgeberanteils am Gesamtsozialversicherungsbeitrag geführt.[573]

(2) Die in das Langzeitkonto übertragenen Guthaben sollen der Verkürzung der Lebensarbeitszeit dienen, wobei bei der Freistellung von der Arbeit durch Entnahme der Guthaben das Arbeitsverhältnis mit allen Rechten und Pflichten unverändert fortbesteht. Weitere Verwendungsarten der Entnahme aus dem Lebensarbeitszeitkonto (z.B. im Rahmen eines Sabbaticals, Langzeitpflege, längerfristiger Kinderbetreuung, beruflicher Qualifizierungsmaßnahmen o.ä.) sind unter Berücksichtigung der betrieblichen Belange mit Zustimmung des jeweiligen Vorgesetzten möglich. Ein Anspruch hierauf besteht nicht.[574] Entnahmen werden mit dem zum Entnahmezeitpunkt gültigen Stundensatz vergütet. Vor einer Entnahme aus dem Lebensarbeitszeitkonto muss der Jahresurlaub genommen sein.

(3) Im Langzeitkonto können maximal ▨ Stunden Zeitguthaben angespart werden.

---

571 Das Arbeitszeitkonto ist letztlich eine andere Form der Darstellung des Vergütungsanspruchs, so dass hierüber auch Entgeltfortzahlung im Krankheitsfall sowie Urlaubsvergütung erfasst werden kann, BAG 28.1.2004 – 5 AZR 58/03, NZA 2005, 656; BAG 13.2.2002 – 5 AZR 470/00, NZA 2002, 683. Für Krankheitszeiten müssen nach dem Lohnausfallprinzip die Zeiten gutgeschrieben werden, die der Arbeitnehmer ohne Arbeitsunfähigkeit gearbeitet hätte (Lohnausfallprinzip); auch für Urlaubstage ist die Sollarbeitszeit in das Konto einzustellen, BAG 19.6.2012 – 9 AZR 712/10, NZA 2012, 1227.

572 In das Guthaben des Langzeitkontos können neben Plusstunden bei entsprechender Vereinbarung auch weitere Leistungen eingestellt werden: Teile des laufenden Arbeitsentgelts – in den Grenzen des MiLoG, Mehrarbeitsvergütung, Einmalzahlungen, freiwillige zusätzliche Leistungen des Arbeitgebers, Urlaubsabgeltung (vgl. Gemeinsames Rundschreiben der Spitzenverbände 31.3.2009, S. 23 ff.). Etwaige entgegenstehende tarifliche Regelungen sind zu beachten.

573 Seit dem 1.1.2009 sind Arbeitgeber verpflichtet, alle echten Wertguthaben in Geld zu führen – eine Führung des Langzeitkontos in Zeit ist seit dem ausgeschlossen, BeckOK SozR/*Rittweger*, § 7d SGB IV Rn 3, 4. Zu den weiteren Anforderungen der Führung des Langzeitkontos vgl. Gemeinsames Rundschreiben der Spitzenverbände 31.3.2009 – sozialrechtliche Absicherung flexibler Arbeitszeitregelungen.

574 Siehe § 7c Abs. 2 SGB IV.

(4) Soweit die Inanspruchnahme des Langzeitkontos zur Verkürzung der Lebensarbeitszeit mit der Inanspruchnahme von Altersteilzeit verknüpft wird, bedarf dies einer gesonderten Vereinbarung zwischen dem Arbeitgeber und dem Mitarbeiter.

(5) Der Arbeitgeber wird die Mitarbeiter mindestens einmal jährlich in Textform über die Höhe ihres im Langzeitkonto vorhandenen Guthabens unterrichten.[575]

(6) Scheidet der Mitarbeiter vor Inanspruchnahme des Guthabens aus dem Langzeitkonto aus dem Arbeitsverhältnis aus, hat er folgende Möglichkeiten: der Mitarbeiter kann durch schriftliche Erklärung gegenüber dem Arbeitgeber verlangen, dass das Wertguthaben nach § 7b SGB IV

■ auf einen neuen Arbeitgeber übertragen wird, wenn dieser mit dem Mitarbeiter eine Wertguthabenvereinbarung nach § 7b SGB IV abgeschlossen und der Übertragung zugestimmt hat, oder

■ auf die Deutsche Rentenversicherung Bund übertragen wird, wenn das Wertguthaben einschließlich des Gesamtsozialversicherungsbeitrages einen Betrag in Höhe des Sechsfachen der monatlichen Bezugsgröße übersteigt; die Rückübertragung ist ausgeschlossen.

Nach der Übertragung sind die mit dem Wertguthaben verbundenen Arbeitgeberpflichten – je nach vorgenannter Wahl – vom neuen Arbeitgeber bzw. von der Deutschen Rentenversicherung Bund – zu erfüllen.

Eine Auszahlung des Guthabens kann nur dann erfolgen, wenn das Guthaben nicht zur Freistellung genutzt werden kann, weil die Beendigung des Arbeitsverhältnisses zuvor aufgrund verminderter Erwerbsfähigkeit, Erreichen der Altersgrenze mit Anspruch auf Altersrente oder durch Versterben des Mitarbeiters erfolgt.[576] In diesem Fall erfolgt die Auszahlung des Guthabens zu dem zum Beendigungszeitpunkt des Arbeitsverhältnisses geltenden Vergütungssatz unter Berücksichtigung der dann maßgeblichen Steuer- und Sozialversicherungsabzüge an den Mitarbeiter – im Fall des vorzeitigen Versterbens des Mitarbeiters an dessen Erben.

§ 11 Insolvenzsicherung

(1) Der Arbeitgeber nimmt gemäß seiner gesetzlichen Verpflichtung aus §§ 7d, 7e SGB IV für die Höhe des auf dem Langzeitkonto angesparten Wertguthabens zzgl. des hierauf entfallenden Arbeitgeberanteils am Gesamtsozialversicherungsbeitrag eine Insolvenzsicherung vor.[577] Die Insolvenzsicherung erfolgt durch Abschluss eines doppelseitigen Treuhandvertrags (contractual trust arrangement) mit einer dritten Person unter Ausschluss der Rückführung.[578]

(2) Der Arbeitgeber wird die Mitarbeiter über die Vorkehrungen zum Insolvenzschutz der Wertguthaben aus dem Langzeitkonto und deren Höhe jährlich in geeigneter Weise schriftlich unterrichten.[579]

§ 12 Meinungsverschiedenheiten

Bei Meinungsverschiedenheiten aus dieser Betriebsvereinbarung entscheidet eine paritätische Kommission. Sie besteht aus je zwei Vertretern des Arbeitgebers und des Betriebsrats. Die Entscheidung muss innerhalb von ▮▮▮▮ Tagen, in Eilfällen innerhalb von ▮▮▮▮ Stunden, nach Anrufung der Kommission erfolgen. Die Anrufung erfolgt bei Anrufung durch den Betriebsrat durch Erklärung in Textform gegenüber der ▮▮▮▮ (z.B. Betriebsleiter/Personalleitung – Festlegung wie oben), bei Anrufung durch den Arbeitgeber durch Erklärung in Textform gegenüber dem Betriebsrat. Kommt eine Mehrheitsentscheidung in der Kommission nicht zustande, sind nach Maßgabe des Eingangs der Anrufung im Wechsel die Stimmen der Arbeitgebervertreter und die des Betriebsrats entscheidend. Über das „Erstentscheidungsrecht" entscheidet das Los. Ein gesondertes Einigungsstellenverfahren findet nicht statt.

---

575 § 7d Abs. 2 SGB IV.

576 Siehe § 7 Abs. 1 S. 4 SGB IV.

577 Der Insolvenzsicherung bedarf es, wenn das Wertguthaben die monatliche Bezugsgröße übersteigt und für die beabsichtigte Zeit der Freistellung ein Anspruch auf Insolvenzgeld (ggf. zum Teil) nicht besteht. Die Sicherung muss mit der erstmaligen Einstellung von Guthaben für das vollständige Guthaben beginnen, wenn das Wertguthaben voraussichtlich in der Ansparphase die monatliche Bezugsgröße übersteigt und die Freistellungsphase den Zeitraum übersteigen wird, in dem ein Anspruch auf Insolvenzgeld besteht (d.h. die letzten drei Monate vor der Insolvenzeröffnung).

578 Zu den möglichen Sicherungsformen, Gemeinsames Rundschreiben der Spitzenverbände 31.3.2009, S. 27 ff. Die Überprüfung der Maßnahmen zum Insolvenzschutz erfolgt im Rahmen der regelmäßigen Betriebsprüfungen.

579 § 7e Abs. 4 SGB IV.

Alternative: *Betriebliche Einigungsstelle Arbeitszeit*

(1) Für den Fall, dass die Betriebsparteien im Zusammenhang mit mitbestimmungspflichtigen Angelegenheiten nach dieser Betriebsvereinbarung nicht zu einer Einigung kommen, kann jede Seite jederzeit die betriebliche Einigungsstelle anrufen.

(2) Die ständige betriebliche Einigungsstelle besteht aus einem Vorsitzenden und je einem Beisitzer jeder Seite. Zum Vorsitzenden ist Herr/Frau ▮▮▮▮ ernannt. Im Fall der Verhinderung des/der Vorsitzenden ist Stellvertreter Herr/Frau ▮▮▮▮, im Fall von dessen/deren Verhinderung ist Herr/Frau ▮▮▮▮ Stellvertreter des Vorsitzenden.

(3) Die Anrufung der Einigungsstelle erfolgt durch Unterrichtung der jeweils anderen Partei in Textform (die Unterrichtung an den Arbeitgeber erfolgt gegenüber ▮▮▮▮ (z.B. Betriebsleiter/Personalleitung – Festlegung wie oben)) und fernmündlich oder in Textform gegenüber dem/der Vorsitzenden mit der Bitte, unverzüglich die Einigungsstelle einzuberufen. Die Ladungsfrist beträgt ▮▮▮▮ Stunden. Die Entscheidung der Einigungsstelle ergeht innerhalb von ▮▮▮▮ Tagen, in Eilfällen innerhalb von ▮▮▮▮ Stunden.

§ 13 Teilzeitmitarbeiter

Für Teilzeitmitarbeiter gelten die vorstehenden Regelungen entsprechend.[580] Überstunden/Mehrarbeit liegt auch bei Teilzeitmitarbeitern – losgelöst von der individuellen Arbeitszeit – erst bei Überschreiten der betriebsüblichen Vollzeitarbeitszeit ab der ▮▮▮▮. Stunde vor.

§ 14 Schlussbestimmungen

(1) Diese Betriebsvereinbarung tritt mit Wirkung ab dem ▮▮▮▮ in Kraft. Die Betriebsvereinbarung ist zunächst befristet bis zum ▮▮▮▮. Die Betriebsvereinbarung verlängert sich jeweils um ein weiteres Jahr, wenn sie nicht mit einer Frist von ▮▮▮▮ Monaten vor Ablauf schriftlich gekündigt wird.

Alternativ: Die Betriebsvereinbarung tritt mit Wirkung ab dem ▮▮▮▮ in Kraft. Sie kann mit einer Frist von ▮▮▮▮ Monaten zum Monatsende gekündigt werden.

(2) Nach Ausspruch einer Kündigung sind unverzüglich Verhandlungen über den Abschluss einer neuen Betriebsvereinbarung aufzunehmen. Bis zum Abschluss der neuen Vereinbarung wirken die Bestimmungen der gekündigten Betriebsvereinbarung nach.[581]

Alternativ: Die Nachwirkung ist ausgeschlossen.

(3) Sollte sich bei der Auslegung und Anwendung dieser Betriebsvereinbarung eine planwidrige Regelungslücke ergeben, sind die Parteien verpflichtet, möglichst kurzfristig zu versuchen, eine neue Regelung zu finden, die dem Zweck dieser Betriebsvereinbarung und der darin getroffenen Vereinbarung am nächsten kommt.

▮▮▮▮, den ▮▮▮▮   ▮▮▮▮ *(Firma)*   ▮▮▮▮ *(Betriebsratsvorsitzender)*

▲

cc) Erläuterungen
(1) Überschrift/Präambel

Die Aufnahme einer Überschrift ist nicht erforderlich, aber in der Praxis sinnvoll, da sich die Vereinbarungen dann leichter voneinander abgrenzen lassen. Im Fall einer Kündigung kann hierauf Bezug genommen werden.

186

Auch die Aufnahme einer Präambel ist nicht zwingend. Jedoch können Ziel, Sinn und Zweck der getroffenen Regelungen definiert werden. Dadurch kann im konkreten Fall unterschieden werden zwischen Ar-

---

580 Bei der Anordnung von Überstunden bzw. der vorübergehenden Verkürzung/Verlängerung der Arbeitszeit sind die Interessen der Mitarbeiter in Teilzeit gesondert zu berücksichtigen, denn die Teilzeitgestaltung dürfte häufig dem Betreuungserfordernis von Kindern oder pflegebedürftigen Angehörigen geschuldet sein. Wichtig ist, dass der individuelle Teilzeitarbeitsvertrag entsprechende Änderungen durch Betriebsvereinbarung bzw. arbeitgeberseitige Weisungen vorsieht.

581 Fehlt eine Regelung, gelten § 77 Abs. 5, 6 BetrVG.

beitszeitkonten, für die keine Insolvenzsicherung vorgenommen werden muss und solchen, für die Insolvenzsicherung nach § 7e SGB IV zwingend ist (siehe dazu Anmerkung zu § 11 des Musters). In Zweifelsfragen kann die Beschreibung in der Präambel die Auslegung erleichtern.

(2) Vertragsparteien

187   Die Angabe der gesetzlichen Vertreter ist – weder auf Arbeitgeber- noch auf Betriebsratsseite – erforderlich. Regelmäßig sind die örtlichen Betriebsräte für die Gestaltung der Arbeitszeitfragen zuständig.[582] Existieren weitere Betriebe, sollte bei den Betriebspartnern eine Konkretisierung erfolgen.

(3) Geltungsbereich, § 1

188   Denkbar ist, für unterschiedliche Bereiche und Abteilungen oder auch unterschiedliche Arbeitnehmergruppen gesonderte Regelungen vorzusehen. Die Definition des Geltungsbereichs ermöglicht es, für jeden Bereich die passenden Arbeitszeitregelungen (mit dem notwendigen Flexibilisierungspotential) zu entwickeln. Denn die Anforderungen an die Arbeitszeitlage und -flexibilisierungserfordernisse werden z.B. in der Verwaltung und dem Einkauf oder auch Vertrieb ganz andere sein als in der Produktion. Allerdings dürften z.B. Regelungen zu Langzeitkonten die gesamte Belegschaft betreffen. Die Ausnahme der leitenden Angestellten ergibt sich bereits aus dem Gesetz, § 5 Abs. 3 BetrVG – dem Betriebsrat fehlt die Zuständigkeit.

(4) Regelmäßige wöchentliche Arbeitszeit, Verteilung der Arbeitszeit, § 2

189   Den Betriebsparteien fehlt die Kompetenz, Arbeitszeitdauer und Lohnhöhe zu regeln, § 77 Abs. 3 BetrVG.[583] Fehlt eine tarifliche Regelung der wöchentlichen Arbeitszeit, wird die Dauer einzelvertraglich vereinbart. § 2 Abs. 1 hat lediglich deklaratorische Bedeutung. Die Definition der Arbeitszeit vermeidet unnötige Unklarheiten. Dabei sind die von der Rechtsprechung entwickelten Grundsätze z.B. zu Umkleide-[584] und Reisezeiten[585] zu beachten. In der Anlage zu den verschiedenen Arbeitszeitvarianten können verschiedene Verteilungsvarianten oder rollierende Systeme dargestellt werden. Die Vereinbarung sieht verschiedene Varianten zur üblichen wöchentlichen Arbeitszeitlage vor.

(5) Festlegung der Lage der Arbeitszeit/Arbeitszeitverteilung/Beteiligung des Betriebsrats bei Abweichungen, § 3

190   Der Entwurf enthält diverse Varianten zur Flexibilisierung. Die einfachste Festlegung bestimmt feste Zeiten für den täglichen Arbeitszeitbeginn, die Pausenlage und Arbeitszeitende. Eine solch starre Regelung wird man heute in den wenigsten Betrieben finden – jedenfalls dürfte die praktische Handhabung hiervon deutlich abweichen.

Die 1. Alternative gewährt dem Mitarbeiter die Möglichkeit, seine Arbeitszeitlage und damit die Dauer der täglichen Arbeitszeit selbst zu bestimmen. Durch Festlegung der Kernarbeitszeiten kann z.B. in Verwaltung und Vertrieb eine Erreichbarkeit der Ansprechpartner sichergestellt werden. Siehe hierzu auch die Muster 2.23 und Muster 2.24 Rdn 205 und 207). Freilich eignet sich eine solche Regelung nicht für Produktionsbetriebe in Bereichen mit zwingenden Maschinenbedienzeiten.

Die 2. Alternative sieht die einvernehmliche Festlegung der Arbeitszeitlage für bestimmte Zeiträume vor. Vorteil ist, dass dies – je nach Zeitraum – eine recht große Flexibilität eröffnet, allerdings stets nur mit Zustimmung des Betriebsrats. Der Nachteil einer solchen Regelung besteht darin, dass stets neu verhandelt

---

582 BAG 19.6.2012 – 1 ABR 19/11, NZA 2012, 1237.
583 BAG 17.3.2010 – 5 AZR 296/09, DB 2010, 1130.
584 Zur Umkleidezeit als Arbeitszeit bei Hygienevorgaben und sonstiger behördlicher Verpflichtung BAG 19.9.2012 – 5 AZR 678/11, NZA-RR 2013, 63; zur Umkleidezeit als Arbeitszeit bei auffälliger Dienstkleidung BAG 17.11.2015 – 1 ABR 76/13, NZA 2016, 247, BAG 12.11.2013 – 1 ABR 59/12, NZA 2014, 557.
585 Zur Reisezeit BAG 14.11.2006 – 1 ABR 5/06, NZA 207, 458.

werden muss und dies Gelegenheit gibt, andere Themen – außerhalb der Festlegung der Arbeitszeit – in die Diskussion einzubringen.

Die 3. Alternative eröffnet dem Arbeitgeber auf Basis einer grundsätzlich festgelegten Lage der Arbeitszeit Flexibilisierungsmöglichkeiten für einen jeweils eng begrenzten Zeitraum mit Zustimmung des Betriebsrats. Denkbar ist, hier das Verfahren insbesondere zur Auswahl der Mitarbeiter und die konkreten Bedingungen, unter denen eine abweichende Festlegung erfolgen darf, noch genauer zu beschreiben (siehe auch 5. Alternative). Dann kann der Betriebsrat auch mit Abschluss der Betriebsvereinbarung seine Beteiligungsrechte wahren, sodass es dann nicht mehr der Beteiligung im konkreten Einzelfall bedarf. Denn auch wenn der Betriebsrat nicht auf sein Mitbestimmungsrecht verzichten darf, so muss er nicht in jedem Einzelfall beteiligt werden, wenn die Betriebsparteien den Rahmen der Festlegung durch den Arbeitgeber konkretisiert haben.[586]

Die 4. Alternative enthält weitere Optionen zur Gestaltung von Abweichungen und zur Regelung des Verfahrens zur Zustimmungserteilung.

Die 5. Alternative beschreibt den Rahmen, innerhalb dessen der Arbeitgeber von der grundsätzlich festgelegten Arbeitszeit abweichen darf, ohne dass es im Einzelfall einer erneuten Beteiligung des Betriebsrats bedarf.

(6) Mehrarbeit/Überstunden, § 4

Soweit ein Tarifvertrag Anwendung findet, enthält dieser regelmäßig eine Definition der Überstunden. Die   **191** Begriffe Mehrarbeit und Überstunden werden zumeist nicht einheitlich verwendet. Das Muster sieht – für den Fall, dass keine tarifliche Bestimmung Anwendung findet – eine entsprechende Definition vor.

Grundsätzlich unterliegt die Anordnung sämtlicher Überstunden dem Zustimmungserfordernis des Betriebsrats (soweit – was regelmäßig der Fall ist – ein kollektiver Bezug vorliegt).[587] D.h. der Betriebsrat hat darüber mit zu entscheiden, ob zusätzlicher Arbeitsbedarf durch eine vorübergehende Erhöhung der regelmäßigen Arbeitszeit abgedeckt werden soll und welche Arbeitnehmer oder Arbeitnehmergruppen in welchem Umfang diese Arbeit leisten sollen. Allerdings kann das Mitbestimmungsrecht auch durch Aufstellung von Rahmenregelungen gewahrt werden, wenn diese die Grenzen der Anordnung durch den Arbeitgeber (eng) vorgeben.[588] Auch diese Optionen sind im Muster vorgesehen.

Im Hinblick auf **Leiharbeitnehmer** ist zur Zuständigkeit der Betriebsräte zu differenzieren: Übersteigt die wöchentliche Arbeitszeit im Einsatzbetrieb die grundsätzliche wöchentliche Arbeitszeit des Verleihers, so ist der Betriebsrat des Verleihbetriebs bei dieser Anordnung der Überstunden zu beteiligen. Werden Überstunden im Entleihbetrieb angeordnet, ist hierfür – auch für die Leiharbeitnehmer – der Betriebsrat des Entleihbetriebs zuständig.[589]

(7) Notfälle/Eilfälle, § 5

Der Gesetzgeber hat für soziale Angelegenheiten nach § 87 BetrVG gerade keine Sonderregelung für Not-   **192** oder Eilfälle getroffen. Insbesondere ist die einseitige Anordnung bei drohendem Verlust oder Nichterteilung eines Auftrags nicht zulässig, denn diese stellen regelmäßig gerade keine Notfälle dar.[590] Für alle Fälle, in denen schnell eine Entscheidung getroffen werden muss, empfiehlt es sich, eine Regelung zu treffen. Denn auch in diesen Fällen besteht das Mitbestimmungsrecht grundsätzlich uneingeschränkt – mit dem Erfordernis, bei fehlender Einigung, diese über die Einigungsstelle zu ersetzen.[591] Zu empfehlen sind daher

---

586 BAG 28.5.2002 – 1 ABR 40/01, NZA 2003, 1352.
587 BAG 19.6.2001 – 1 ABR 43/00, BB 2001, 2882.
588 BAG 28.5.2002 – 1 ABR 40/01, NZA 2003, 1352.
589 ErfK/*Kania*, § 87 BetrVG Rn 34; BAG 19.6.2001 – 1 ABR 43/00, NZA 2001, 1263.
590 BAG 17.11.1998 – 1 ABR 12/98, NZA 1999, 662.
591 BAG 9.7.2013 – 1 ABR 19/12, NZA 2014, 99.

insbesondere die Verkürzung etwaiger Fristen und kurzfristige Lösungsmöglichkeiten – ggf. über eine für diese Fälle eingerichtete ständige Einigungsstelle (oder paritätische Kommission), die schnell eine Entscheidung treffen kann (siehe § 12 und die Erläuterung hierzu).

(8) Arbeitszeitkonto, Zeiterfassung, Ausgleichszeitraum, § 6

193 Eine Begrenzung der Zeitschuld und der Zeitguthaben ist zwar nicht zwingend erforderlich, erleichtert aber – insbesondere, wenn es nicht um eine Gestaltung mit Langzeitkonto geht – die Handhabung in der Praxis. Auch hierzu enthalten die tariflichen Regelungen häufig Vorgaben. Die Möglichkeit, Minusstunden aufzubauen, setzt voraus, dass der Arbeitgeber eine verstetigte Vergütung zahlt. Stets sind die Grenzen des ArbZG zu beachten, also auch die Einhaltung einer durchschnittlichen Arbeitszeit von acht Stunden pro Tag in einem Zeitraum von sechs Monaten/24 Wochen. Das ArbZG geht von einer Sechs-Tage-Woche aus, sodass innerhalb von sechs Monaten ein Wochendurchschnitt von 48 Stunden nicht überschritten werden darf. Eine Verlängerung dieses Ausgleichszeitraums ist nur dann möglich, wenn dies in einem Tarifvertrag vorgesehen ist, § 7 Abs. 1 ArbZG.

(9) Verwendung der Zeitguthaben, Ausgleich Zeitsaldo bei Beendigung und Ruhen des Arbeitsverhältnisses, Todesfall, § 7

194 Zu definieren ist, wie ein Ausgleich von Zeitguthaben und Zeitschuld erfolgen soll. Auch hierzu enthalten tarifliche Regelungen zum Teil Vorgaben. Das Muster sieht u.a. die Übertragung von Zeitguthaben in ein Langzeitkonto vor. Für diese Fälle sind dann die besonderen gesetzlichen Vorgaben, insbesondere zur Insolvenzsicherung, zu beachten, siehe §§ 10, 11 und die Erläuterungen hierzu.

(10) Abwesenheitszeiten, § 8

195 Für die Erfassung von Abwesenheitszeiten aufgrund von Krankheit sind die Vorgaben des EntgeltfortzahlungsG zu beachten. Entsprechend ist die Arbeitszeit nach dem Lohnausfallprinzip einzustellen.[592] Für die Erfassung der Urlaubstage kann die Sollarbeitszeit eingestellt werden – wobei für die Bemessung des Urlaubsentgelts der Referenzzeitraum der letzten 13 Wochen maßgeblich ist, § 11 Abs. 1 BUrlG.

(11) Zeiterfassung, § 9

196 Häufig ist die Form der Zeiterfassung (einschließlich des hierzu verwendeten EDV-Systems sowie der technischen Ausgestaltung) in einer gesonderten Betriebsvereinbarung geregelt. In diesem Fall bedarf es keiner gesonderten/erneuten Regelung. Vielmehr sollte dann lediglich ein entsprechender Verweis aufgenommen werden.

(12) Langzeitkonto, § 10

197 Mit Blick auf die Verlängerung der Lebensarbeitszeit durch die (schrittweise) Anhebung des Renteneintrittsalters steigt das Bedürfnis, anderweitige Möglichkeiten eines vorzeitigen Austritts aus dem Arbeitsleben bei finanzieller Absicherung für den Mitarbeiter zu suchen. Diesem Bedürfnis tragen die Regelungen zum Langzeitkonto Rechnung. Der Mitarbeiter erhält die Gelegenheit, vorzuarbeiten. Bei Inanspruchnahme des Langzeitkontos kann er dann die eingebrachte Arbeitszeit „abfeiern" und erhält weiterhin seine Vergütung. Die Handhabung des Langzeitkontos stellt insbesondere sozialversicherungsrechtlich eine Besonderheit dar, denn es muss gewährleistet werden, dass der Mitarbeiter – obwohl er bei Inanspruchnahme des Langzeitkontos keine Arbeitsleistung mehr erbringt – weiterhin in der Sozialversicherung verbleibt. Weiter muss gesetzlich geklärt sein, wie die Beiträge abzuführen sind für eine Vergütung, die der Mitarbeiter durch die vorgezogene Arbeitsleistung bereits erdient, die er aber erst bei Inanspruchnahme des Lang-

---

592 BAG 19.6.2012 – 9 AZR 712/10, NZA 2012, 1227. Nach LAG Rheinland-Pfalz, 29.9.2010 – 8 Sa 134/10, ist bei schwankender Arbeitszeit zur „Bestimmung der „regelmäßigen" Arbeitszeit im Sinne des § 4 Abs. 1 EntgeltfortzahlungsG eine vergangenheitsbezogene Betrachtung zulässig und geboten. Der Vergleichszeitraum ist so zu bemessen, dass das Arbeitsverhältnis mit seinen Besonderheiten möglichst umfassend in den Blick kommt und Zufallsergebnisse vermieden werden. Dabei ist grundsätzlich ein Vergleichszeitraum von zwölf Monaten vor dem Beginn der Arbeitsunfähigkeit heranzuziehen."

zeitkontos ausbezahlt bekommt. Diesen Anforderungen tragen die §§ 7b ff. SGB IV Rechnung. Die Darstellung der Einzelheiten zur Beitragsabführung – und insbesondere zur sozialversicherungsrechtlichen Handhabung sogenannter Störfälle (vorzeitigen Versterbens, Eintritt Erwerbsunfähigkeit etc.) – würden den Rahmen der Darstellung in diesem Handbuch überschreiten. Hilfreich sind u.a. die Angaben im Gemeinsamen Rundschreiben der Spitzenverbände vom 31.3.2009. Die arbeitsrechtlich relevanten Regelungen sind im vorgeschlagenen Muster abgebildet. Gestaltungsspielraum besteht bei der Festlegung, zu welchen Zwecken das Guthaben verwendet werden kann. Sinnvoll ist sicherlich, alle hier vorgeschlagenen Nutzungsmöglichkeiten vorzusehen.

(13) Insolvenzsicherung, § 11

Die vom Gesetzgeber erlassenen Regelungen zur Insolvenzsicherung von Wertguthaben[593] sehen vor, dass **198** Bilanzrückstellungen oder zwischen Konzernunternehmen begründete Einstandspflichten (wie Bürgschaft, Patronatserklärung oder Schuldbeitritt) keine ausreichende Sicherung darstellen, § 7d Abs. 3 SGB IV. Das Wertguthaben muss vielmehr unter Ausschluss der Rückführung auf einen Treuhänder übertragen oder es muss anderweitig sichergestellt werden, dass es von dem in die Insolvenzmasse fallenden Vermögen des Arbeitgebers getrennt wird. Alternativ kann ein anderes, einem Treuhandverhältnis gleichwertiges Sicherungsmittel (§ 7e Abs. 2 S. 2 SGB IV) vereinbart werden.

Allerdings stellt nur diejenige Vereinbarung ein „Wertguthaben" i.S.d. § 7b Nr. 2 SGB IV dar, deren primärer **199** Zweck die Verwendung von angespartem Arbeitsentgelt zur Freistellung von der Arbeitsleistung ist,[594] wie dies im Muster mit der Einführung eines Langzeitkontos in § 10 vorgesehen ist. Soll lediglich die werktägliche oder wöchentliche Arbeitszeit flexibel gestaltet oder auf betriebliche Arbeitszeit- oder Produktionszyklen reagiert werden („Flexikonten") – wie dies im Muster in den weiteren Regelungen außerhalb § 10 enthalten ist –, so ist das insoweit angesparte Arbeitsentgelt kein Wertguthaben i.S.d. § 7b Nr. 2 SGB IV und bedarf daher keiner Insolvenzsicherung.[595] Die Pflicht zur Insolvenzsicherung besteht nur bezüglich Wertguthaben, die einen Betrag in Höhe der monatlichen Bezugsgröße übersteigen, § 7e Abs. 1 S. 1 Nr. 2 SGB IV,[596] was aber regelmäßig der Fall sein dürfte. Maßgeblich ist das voraussichtliche Gesamtvolumen, welches letztlich durch die Vergütungshöhe des Mitarbeiters und die Gesamtgrenze der in das Langzeitkonto zu übertragenden Guthaben bestimmt wird. Ist absehbar, dass die Grenze der monatlichen Bezugsgröße in der Zukunft überschritten wird, bedarf es der Vorkehrungen zur Insolvenzsicherung bereits zu Beginn.

Das in § 10 des Musters geregelte Langzeitkonto stellt nach der oben dargestellten Definition ein Wertgut- **200** haben dar und muss daher durch gemäß § 7e Abs. 2 SGB IV vorgesehene Maßnahmen insolvenzgesichert werden, wie z.B. dem im Muster vorgesehenen CTA (contractual trust agreement).[597] Eine Nichtbeachtung der Insolvenzsicherungspflicht bzw. die Auswahl eines ungeeigneten Sicherungsmittels lässt gemäß § 7e Abs. 7 SGB IV einen Schadensersatzanspruch gegen den Arbeitgeber entstehen. Darüber hinaus räumt § 7e Abs. 5 SGB IV für den Fall, dass der Arbeitgeber seinen Pflichten aus § 7e Abs. 1–3 SGB IV nicht nachkommen sollte, dem Arbeitnehmer ein Kündigungsrecht bzgl. der Wertguthabenvereinbarung ein. Die ansonsten in diesem Muster vorgesehenen Arbeitszeitflexibilisierungen bzw. Arbeitszeitkonten bezwecken nach der Präambel ausdrücklich eine am zyklischen Arbeitsaufkommen orientierte, wirtschaftlich sinnvolle Auslastung der Arbeitskräfte, sodass § 7d Abs. 3 SGB IV auf diese nicht anwendbar ist. Eine Insolvenzsicherung muss daher insoweit nicht erfolgen.

---

593 Gesetz zur Verbesserung der Rahmenbedingungen für die Absicherung flexibler Arbeitszeitregelungen und zur Änderung anderer Gesetze, BGBl I 2008, 2940, in Kraft getreten zum 1.1.2009.

594 Zur Definition des Begriffs des Wertguthabens ErfK/*Rolfs*, § 7d SGB IV Rn 3; *Rolfs/Witschen*, NZS 2009, 295.

595 Zur Abgrenzung *Hanau/Veit*, NJW 2009, 183; *Rolfs/Witschen*, NZS 2009, 295; *Ulbrich/Rhein*, DB 2009, 1466.

596 Zur monatlichen Bezugsgröße siehe § 18 SGB IV i.V.m. § 2 der jeweiligen Sozialversicherungs-RechengrößenVO; Bezugsgröße 2016: 2.905 EUR/Monat (West) (2015: 2.835 EUR/Monat), 2.520 EUR/Monat (Ost) (2015: 2.415 EUR/Monat).

597 Zum CTA als Mittel der Insolvenzsicherung *Passarge*, NZI 2006, 20; zur Insolvenzsicherung von Zeitwertkonten, *Witteler*, AuA 2013, 237.

(14) Meinungsverschiedenheiten, § 12

201   Zur Lösung von Meinungsverschiedenheiten sind zwei Alternativen vorgeschlagen. Die erste Variante läuft bei fehlender Einigung auf eine Losentscheidung des ersten Falles und dann abwechselnde Entscheidung hinaus. Die Praxis zeigt, dass dies die Parteien letztlich zu einer vernünftigen Lösungsfindung zwingt. Die zweite Variante sieht die Einrichtung einer ständigen Einigungsstelle vor. Vorteil kann eine schnelle Entscheidungsfindung sein. Nachteil sind mögliche zusätzliche Kosten und – bei unglücklicher Wahl des/ der Vorsitzenden – ggf. Entscheidungen, mit denen die eine oder die andere Seite weniger zufrieden ist. Wichtig ist insbesondere, für den Verhinderungsfall des/der Vorsitzenden Vertretungsregelungen aufzunehmen. Nur so lässt sich auch in Eilfällen eine schnelle Entscheidungsfindung erreichen.

(15) Teilzeitmitarbeiter, § 13

202   Bei Teilzeitmitarbeitern kann – je nach Gestaltung des Einzelfalls – die Lage der Arbeitszeit ausdrücklicher Bestandteil der einzelvertraglichen Festlegung sein (etwa weil Kinderbetreuungszeiten bzw. Zeiten der Pflege eines Angehörigen zu berücksichtigen sind). In diesen Fällen wird die einzelvertragliche Regelung den in der Betriebsvereinbarung getroffenen Festlegungen vorgehen – es sei denn, der Teilzeitvertrag enthält einen entsprechenden Änderungsvorbehalt (Betriebsvereinbarungsdispositivität). Andererseits kann eine bestehende Betriebsvereinbarung dem Teilzeitanspruch bzw. Anspruch auf eine bestimmte Verteilung der Arbeitszeit entgegenstehen.[598]

(16) Schlussbestimmungen, § 14

203   Zu entscheiden ist grundsätzlich, ob eine Betriebsvereinbarung im Fall der Kündigung Nachwirkung haben soll. Für den Fall der mitbestimmungspflichtigen Angelegenheiten geht der Gesetzgeber nach § 77 Abs. 6 BetrVG grundsätzlich von der Nachwirkung aus. Diese Regelung ist aber dispositiv, d.h. die Betriebsparteien können eine hiervon abweichende Vereinbarung treffen. Für Betriebsvereinbarungen zur Lage der Arbeitszeit stellt sich dann freilich die Frage, wie die Einteilung nach Ende der Betriebsvereinbarung erfolgen soll. Denn ohne Wahrung der Beteiligungsrechte ist der Arbeitgeber nicht berechtigt, die Arbeitszeitlage zu bestimmen. Denkbar ist – insbesondere bei Einführung neuer Modelle, die erst noch in der Betriebspraxis erprobt werden sollen – nach Ende der (neuen) Betriebsvereinbarung die Geltung der Regelungen einer vorangegangenen Betriebsvereinbarung zu vereinbaren.

e) Betriebsvereinbarung zur Vertrauensarbeitszeit

Literatur: *Bepler*, Mitbestimmung des Betriebsrats bei der Regelung der Arbeitszeit, NZA-Beil. 2006, 45; *Compensis*, Vertrauensarbeitszeit – arbeitnehmerbestimmte Arbeitszeit (auch) im Arbeitgeberinteresse, NJW 2007, 3089; *Günther/Bögelmüller*, Arbeitsrecht 4.0 – Arbeitsrechtliche Herausforderungen in der vierten industriellen Revolution, NZA 2015, 1025; *Raif/Nann*, Arbeitsrecht 4.0 – Möglichkeiten und Hürden in der digitalen Arbeitswelt, GWR 2016,221; *Schlegel*, Grenzenlose Arbeit, NZA-Beilage 2014, 16; *Schlottfeldt/ Hoff*, „Vertrauensarbeitszeit" und arbeitszeitrechtliche Aufzeichnungspflicht nach § 16 Abs. 2 ArbZG, NZA 2001, 530; *Steffan*, Arbeitszeit(recht) auf dem Weg zu 4.0, NZA 2015, 1409; *Wank*, Facetten der Arbeitszeit, RDA 2014, 285.

aa) Allgemeines

204   Vertrauensarbeitszeit kann geeignet sein, Motivation und damit Produktivität von Mitarbeitern zu verbessern.[599] Denn bei diesem Arbeitszeitmodell verzichtet der Arbeitgeber auf die Kontrolle und – nach bisheriger Umsetzung – förmliche Erfassung der Arbeitszeit. In der Regel wird in der Praxis vereinbart, dass der Mitarbeiter innerhalb eines bestimmten vorgegebenen Rahmens seine Arbeitszeit selbst bestimmen kann. Aus der Vereinbarung der „Vertrauensarbeitszeit" folgt nicht, dass eine von arbeits- oder tarifvertraglichen Vorgaben freie Festlegung der wöchentlichen Arbeitszeit erfolgen dürfe oder der Arbeitgeber über die tatsächlich erbrachte Arbeitszeit hinaus Arbeitsleistungen anordnen kann.[600] Grenzen ergeben sich nach der Rechtsprechung auch daraus, dass der Arbeitgeber verpflichtet ist, die Einhaltung der Gesetze, Tarifverträge und Betriebsvereinbarungen zu gewähr-

---

598 BAG 18.8.2009 – 9 AZR 517/08, ZTR 2009, 651.
599 Vgl. *Compensis*, NJW 2007, 3089.
600 BAG 24.5.2012 – 2 AZR 124/11, NZA 2012, 1223.

leisten und dem Betriebsrat die hierzu erforderlichen Informationen und Dokumentation zur Verfügung zu stellen. Entsprechend muss der Arbeitgeber die erforderlichen Daten erfassen.[601] Hiervon ausgenommen sind nur die leitenden Angestellten i.S.d. § 5 Abs. 3 BetrVG, die nicht in die Zuständigkeit des Betriebsrats fallen. Damit hat auch bei der Vertrauensarbeitszeit ein Mindestmaß an Erfassung der tatsächlichen Arbeitszeit zu erfolgen.

Die Einführung oder Änderung der Regelungen zur Vertrauensarbeitszeit sind vom Mitbestimmungsrecht des Betriebsrats gem. § 87 Abs. 1 Nr. 2 BetrVG erfasst. Zwar könnte man argumentieren, dass das Mitbestimmungsrecht entfällt, wenn der Zeitraum der Erbringung der Arbeitsleistung gänzlich ins Ermessen des Arbeitnehmers gestellt wird. Denn dann erfolgt ja gerade keine Festlegung der täglichen Arbeitszeit oder deren Verteilung auf die Wochentage durch den Arbeitgeber. Die h.M. leitet jedoch auch in diesen Fällen aus Sinn und Zweck des § 87 Abs. 1 Nr. 2 BetrVG ein Mitbestimmungsrecht des Betriebsrates ab.[602] Das folgende Muster sieht – der gängigen Praxis entsprechend – eine Rahmenarbeitszeit vor, innerhalb derer die Arbeitnehmer ihre Arbeitszeit selbst festlegen können. Unter Berücksichtigung der Aufzeichnungsnotwendigkeiten im Hinblick auf § 80 BetrVG als auch nach dem Arbeitszeitgesetz sind Regelungen zur Dokumentation enthalten, die allerdings dem Arbeitnehmer auferlegt sind. Der Arbeitgeber hat durch Stichproben sicherzustellen, dass diesen Dokumentationserfordernissen genügt wird.

bb) Betriebsvereinbarung zur Vertrauensarbeitszeit

Muster 2.27: Betriebsvereinbarung zur Vertrauensarbeitszeit 205

Zwischen ▓▓▓▓ (*Name, Adresse Firma*)

und

dem Betriebsrat[603] der ▓▓▓▓ (*Name Firma*) des Betriebs ▓▓▓▓, vertreten durch den Betriebsratsvorsitzenden ▓▓▓▓,

wird zur Regelung der Vertrauensarbeitszeit folgende Betriebsvereinbarung geschlossen:

Präambel

Geschäftsführung und Betriebsrat haben sich auf die Einführung der Vertrauensarbeitszeit geeinigt, um den Mitarbeitern/Innen – nachfolgend Mitarbeiter – eine individuelle Gestaltung der Arbeitszeit unter Beachtung der betrieblichen Notwendigkeiten zu ermöglichen. Im Rahmen dieser Vereinbarung können die Mitarbeiter Arbeitsbeginn und Arbeitsende (***ggf.:** in Absprache mit dem jeweiligen Vorgesetzten*) selbst bestimmen. Arbeitgeber und Betriebsrat sind sich darüber einig, dass diese Vereinbarung ein hohes Maß an Verantwortungsbewusstsein von Führungskräften und Mitarbeitern verlangt und die unbedingte Bereitschaft zur kollegialen Zusammenarbeit voraussetzt.

§ 1 Geltungsbereich

Diese Betriebsvereinbarung gilt für die Mitarbeiter der Abteilung ▓▓▓▓ (*z.B. Verwaltung/Einkauf*).[604]

---

601 BAG 6.5.2003 – 1 ABR 13/02, NZA 2003, 1348. Einschränkend LAG Köln 6.9.2010 – 15 TaBV 14/10: „Soweit durch die im Betrieb geltende Rahmenregelung zur Vertrauensarbeitszeit die Einhaltung der gesetzlichen Ruhezeiten und Ruhepausen strukturell gesichert ist, reduziert sich der Umfang des Auskunftsanspruchs."

602 Vgl. *Fitting u.a.*, § 87 BetrVG Rn 116.

603 Regelmäßig sind die örtlichen Betriebsräte für die Gestaltung der Arbeitszeitfragen zuständig, BAG 19.6.2012 – 1 ABR 19/11, NZA 2012, 1237.

604 Die Überwachungsbefugnisse des Betriebsrats nach § 80 BetrVG – und die korrespondierende Dokumentationspflicht des Arbeitgebers – erstrecken sich bei Tarifangestellten auch auf Einhaltung der tarifvertraglichen Vorgaben. Sie gehen damit weiter als bei den AT-Angestellten, für die sich die Überwachung auf die Einhaltung der gesetzlichen Vorgaben beschränkt, BAG 6.5.2003 – 1 ABR 13/02, NZA 2003, 1348. Entsprechend ist denkbar, den Geltungsbereich weiter einzuschränken. Dabei sind die Vorgaben aus § 75 BetrVG zu beachten, so dass der Kreis der Berechtigten den Gleichbehandlungsgrundsatz beachten muss.

§ 2 Regelmäßige wöchentliche Arbeitszeit

Diese Regelung entspricht weitestgehend derjenigen zu Muster 2.26 Betriebsvereinbarung zu flexibler Arbeitszeit/Langzeitkonten (siehe Rdn 185).

(1) Die regelmäßige wöchentliche Arbeitszeit wird auf Basis der tariflichen Öffnungsklausel gemäß ▓▓▓▓▓ (Bezugnahme auf konkrete tarifliche Klausel) für vollzeitbeschäftigte Mitarbeiter auf ▓▓▓▓▓ Stunden festgelegt.[605]

Alternativ – bei tariflicher Vorgabe ohne Öffnungsklausel: Es gilt die wöchentliche Arbeitszeit nach ▓▓▓▓▓ *(Bezugnahme auf konkrete tarifliche Klausel.*

(Fehlt tarifliche Regelung: Die regelmäßige wöchentliche Arbeitszeit beträgt für vollzeitbeschäftigte Mitarbeiter derzeit ▓▓▓▓▓ *Stunden.)*

(2) Arbeitszeit ist die Zeit, innerhalb derer der Mitarbeiter verpflichtet ist, seine vertraglich geschuldete Arbeitsleistung anzubieten.[606] Hierzu gehören auch: (siehe Muster 2.26).

(3) Pausenzeit ist die *(ggf.: unbezahlte)* Unterbrechung der Arbeitszeit, während derer der Mitarbeiter weder Arbeit leisten muss noch sich zur Arbeitsleistung bereithalten muss.[607] Der Mitarbeiter stellt sicher, dass er bei der individuellen Gestaltung seiner Arbeitszeit die gesetzlichen *(ggf. tariflichen)* Vorgaben zu den Pausenzeiten einhält. Danach ist die Arbeitszeit durch im Voraus feststehende Ruhepausen von 30 Min. bei einer Arbeitszeit von mehr als 6 Stunden bis 9 Stunden und 45 Min. bei einer Arbeitszeit von mehr als neun Stunden zu unterbrechen. Die Ruhepausen können in Zeitabschnitte von 15 Min. aufgeteilt werden. Spätestens nach 6 Stunden Arbeit muss eine Ruhepause eingelegt werden. *(Bei abweichenden tariflichen Regelungen ist auf diese zu verweisen).*

(2) Bei Mitarbeitern mit einer vertraglich vereinbarten Arbeitszeit von mehr bzw. weniger als ▓▓▓▓▓ Stunden *(ggf.: Aufnahme tariflicher Referenzwert/tarifliche/betriebsübliche Wochenarbeitszeit)* gilt die jeweils einzelvertraglich vereinbarte Arbeitszeit.

(3) Die Vertrauensarbeitszeit darf nicht zu einer Veränderung der Dauer der individuellen, durchschnittlichen Arbeitszeit führen. Die tatsächliche Arbeitszeit soll diese Arbeitszeitdauer in einem Ausgleichszeitraum von ▓▓▓▓▓ Monaten (z.B. 6 Monaten) weder unter- noch überschreiten.

§ 3 Festlegung der Lage der Arbeitszeit/Arbeitszeitverteilung

(1) Mit der Vertrauensarbeitszeit wird dem Mitarbeiter das Recht zur eigenverantwortlichen Bestimmung der Lage der Arbeitszeit in den nachfolgend beschriebenen Grenzen eingeräumt. Der Arbeitgeber verzichtet auf die Festlegung von Beginn und Ende der täglichen Arbeitszeit und Verteilung auf die Wochentage sowie die Bestimmung der Lage der Pausen – wobei die nachfolgenden Rahmen durch den Mitarbeiter zu beachten sind.

(2) Die Arbeitsleistung wird durch den Mitarbeiter von Montag bis Freitag im Zeitraum von ▓▓▓▓▓ Uhr bis ▓▓▓▓▓ Uhr, samstags zwischen ▓▓▓▓▓ Uhr und ▓▓▓▓▓ Uhr erbracht.[608] Die konkrete Festlegung der Arbeitszeit innerhalb dieser Zeitkorridore bleibt dem Mitarbeiter überlassen. Für ein Arbeiten außerhalb dieser Zeitkorridore bedarf der Mitarbeiter der gesonderten Zustimmung des Vorgesetzten. Diese Änderung bedarf zudem der Zustimmung des Betriebsrats.

---

605 Die Festlegung der Dauer der Arbeitszeit unterliegt nicht der Mitbestimmung des Betriebsrats, BAG 17.3.2010 – 5 AZR 296/09, DB 2010, 1130. Die Regelung ist daher nur deklaratorisch.

606 BAG 14.11.2006 – 1 ABR 5/06 – NZA 2007, 458: „Der Arbeitszeitbegriff in § 87 Abs. 1 Nr. 2 BetrVG – und gleichermaßen der in § 87 Abs. 1 Nr. 3 BetrVG – ist nicht gänzlich deckungsgleich mit dem Begriff der vergütungspflichtigen Arbeitszeit und dem des Arbeitszeitgesetzes oder der EGRL 88/2003 über bestimmte Aspekte der Arbeitszeitgestaltung vom 4.11.2003. Er bestimmt sich vielmehr nach dem Zweck des Mitbestimmungsrechts. Die Beteiligung des Betriebsrats nach § 87 Abs. 1 Nr. 2 BetrVG dient dazu, die Interessen der Arbeitnehmer an der Lage ihrer Arbeitszeit und damit zugleich ihrer freien und für die Gestaltung ihres Privatlebens nutzbaren Zeit zur Geltung zu bringen.".

607 Beachte: zum Teil enthalten tarifliche Regelungen eine Vergütungspflicht auch für Pausenzeiten. Maßgeblich für das Vorliegen einer Pause ist nicht die Frage der Vergütungspflicht, sondern, dass der Arbeitnehmer weder arbeiten noch sich zur Arbeitsleistung bereithalten muss, BAG 1.7.2003 – 1 ABR 20/02, NZA 2004, 620.

608 Denkbar ist auch, den Rahmen völlig wegzulassen – insbesondere wenn es keiner besonderen Erreichbarkeit innerhalb bestimmter Geschäftszeiten bedarf. Allerdings dürfte dies nach dem Urteil des BAG 6.5.2003 – 1 ABR 13/02, NZA 2003, 1348 zu einer erweiterten Dokumentationspflicht führen.

(3) Vorgesetzte und Mitarbeiter haben die Funktionsfähigkeit der Abteilungen/Teams und die Erreichbarkeit von Ansprechpartnern für externe und interne Kunden sicherzustellen. Dabei sind neben den betrieblichen Erfordernissen auch die persönlichen Belange der Mitarbeiter angemessen zu berücksichtigen. Im Zweifel oder bei gleicher Gewichtung haben betriebliche Interessen Vorrang. Solche betrieblichen Interessen sind insbesondere Einhaltung von Abgabefristen und Terminen, Erfordernisse der Erreichbarkeit des Vertriebs *(ggf. alternative oder weitere relevante Gesichtspunkte ergänzen).*

(4) Bei der Festlegung der individuellen Arbeitszeit sind die gesetzlichen *(ggf.: und tariflichen)* Vorgaben zu beachten. Die maximale tägliche Arbeitszeit darf dabei die Vorgaben des § 3 ArbZG (d.h. nur in Ausnahmefällen zehn Stunden am Tag, ansonsten maximal acht Stunden am Tag, durchschnittlich acht Stunden/Tag im Zeitraum von sechs Monaten; wöchentlich maximal 48 Stunden) nicht überschreiten. Insbesondere im Zusammenhang mit Reisezeiten haben die Mitarbeiter auch darauf zu achten, dass eine Ruhezeit zwischen Ende der Reise und Wiederaufnahme der Arbeit von elf Stunden eingehalten werden muss.

(5) Der Arbeitgeber ist bei Vorliegen sachlicher Gründe berechtigt, einzelne Mitarbeiter oder auch Mitarbeitergruppen aus dem System der Vertrauensarbeitszeit herauszunehmen oder auch den Abbau von Stundensaldos oder –guthaben anzuordnen. In diesen Fällen kann der Arbeitgeber die Arbeitszeitlage der Mitarbeiter vorgeben. Dabei werden die Lage der Arbeitszeit sowie die voraussichtliche Dauer der Festlegung angegeben. Die Unterrichtung der betroffenen Mitarbeiter erfolgt durch ⬚ *(Art der Unterrichtung, z.B. schriftlich/durch den Vorgesetzten)* mit einer Ankündigungsfrist von ⬚ Wochen.

(6) Der Betriebsrat ist über die geplante Herausnahme einzelner Mitarbeiter oder auch Mitarbeitergruppen aus der Vertrauensarbeitszeit unter Angabe der Gründe spätestens ⬚ Wochen vor dem geplanten Inkrafttreten zu unterrichten. Der Betriebsrat teilt der ⬚ *(z.B. Personalleitung)* innerhalb von ⬚ Tagen mit, ob er der Herausnahme zustimmt oder diese ablehnt. Dabei hat er etwaige Einwände schriftlich *(alternativ: in Textform)* innerhalb der vorgenannten Frist mitzuteilen. Erfolgt keine gütliche Einigung bis spätestens ⬚ Tage vor dem geplanten Inkrafttreten der Herausnahme, entscheidet die paritätische Kommission *(alternativ: die betriebliche Einigungsstelle)* nach § 8 dieser Betriebsvereinbarung.

Alternativ

Der Arbeitgeber ist bei Vorliegen eines Zeitsaldos bzw. Zeitguthabens einzelner Mitarbeiter oder auch Mitarbeitergruppen von mehr als ⬚ Stunden berechtigt, diese Mitarbeiter bzw. Mitarbeitergruppen bis zum Abbau des Zeitsaldos bzw. Zeitguthabens auf maximal ⬚ Stunden aus dem System der Vertrauensarbeitszeit herauszunehmen oder den Abbau von Stundensaldos oder -guthaben anderweitig anzuordnen. In diesen Fällen kann der Arbeitgeber die Arbeitszeitlage der Mitarbeiter vorgeben. Dabei werden die Lage der Arbeitszeit sowie die voraussichtliche Dauer der Festlegung angegeben. Gleiches gilt für den wiederholten Verstoß des Mitarbeiters gegen die Verpflichtung zur Zeiterfassung und Dokumentation nach § 5 dieser Betriebsvereinbarung, nach erfolgter schriftlicher Verwarnung des Mitarbeiters. Die Unterrichtung der betroffenen Mitarbeiter erfolgt durch ⬚ (Art der Unterrichtung, z.B. schriftlich/durch den Vorgesetzten) mit einer Ankündigungsfrist von ⬚ Wochen. Der Betriebsrat ist hierüber unter Angabe der Gründe zu unterrichten. Einer gesonderten Zustimmung bedarf die Anordnung bzw. Herausnahme in diesen Fällen nicht.[609]

§ 4 Mehrarbeit/Überstunden

Regelung aus Muster 2.26 Betriebsvereinbarung zu flexibler Arbeitszeit/Langzeitkonten (siehe Rdn 185).

§ 5 Zeiterfassung und Dokumentation

(1) Gemäß § 16 Abs. 2 ArbZG muss der Arbeitgeber die über die werktägliche Arbeitszeit nach § 3 ArbZG, d.h. über 8 Stunden, hinausgehende Arbeitszeit sowie Arbeit an Sonn- und Feiertagen aufzeichnen und die Aufzeichnung mindestens zwei Jahre aufbewahren. Weiter hat der Betriebsrat die Aufgabe, die Einhaltung der Gesetze, Tarifverträge und Betriebsvereinbarungen zu überwachen, § 80 BetrVG. Auch

---

609 Die Beteiligungsrechte sind nur gewahrt, wenn der Betriebsrat zustimmt. Eine fehlende Beanstandung kann nicht als Zustimmung gewertet oder fingiert werden, BAG 8.12.2015 – 1 ABR 2/14, BB 2016, 1524. Allerdings bleibt es den Betriebsparteien unbenommen, Rahmenregelungen aufzustellen, innerhalb derer keine erneute, einzelfallbezogene Zustimmung des Betriebsrats erforderlich ist, BAG 28.5.2002 – 1 ABR 40/01, NZA 2003, 1352.

hierzu ist der Arbeitgeber zur Dokumentation von Beginn und Ende der täglichen Arbeitszeit sowie Über- bzw. Unterschreiten der Wochenarbeitszeit verpflichtet.[610]

(2) Die Erfassung von Arbeitsbeginn und Arbeitsende wird durch die Mitarbeiter elektronisch mittels Werksausweis durchgeführt *(alternativ: durch Erfassung auf dem Zeiterfassungsformular nach der Anlage[611] zu dieser Betriebsvereinbarung)* und zum Zwecke der vorstehend erforderlichen Dokumentation gespeichert. Einer Gegenzeichnung durch den jeweiligen Vorgesetzten bedarf es nicht.

(3) Die Zeiterfassung wird durch den Mitarbeiter jeweils für den Vormonat bis zum ▨▨▨ des Monats an den Arbeitszeitbeauftragten *(alternativ: die Personalabteilung)* ausgehändigt und dort zum Zwecke der Dokumentation aufbewahrt.

(4) Abwesenheitszeiten (Urlaub, Kur, Ehrenamt etc.) sind weiterhin über das Formular „Abwesenheitszeiten" beim Vorgesetzten zu beantragen und nach Genehmigung als Dokumentation dem Arbeitszeitbeauftragten *(alternativ: der Personalabteilung)* auszuhändigen.

(5) Die Zeiterfassung dient der Erfüllung der gesetzlichen Pflichten. Sie stellt keine Anerkennung oder Nachweis der geleisteten Arbeitszeit dar. Sowohl Arbeitgeber als auch Mitarbeiter und Betriebsrat haben das Recht, auf die Dokumentation der erfassten Zeit und die beim Arbeitszeitbeauftragten (**alternativ: Personalabteilung**) aufbewahrten Unterlagen zurückzugreifen. *(Ggf.: Will der Arbeitgeber Einblick in die erfassten Zeiten nehmen, so ist dies dem Mitarbeiter und dem Betriebsrat vorher mitzuteilen.)*

(Ggf.: § 6 Übergangsregelung für bestehende Gleitzeitkonten)

(1) Arbeitgeber und Betriebsrat sind sich einig, dass im Rahmen der Vertrauensarbeitszeit keine Gutschrift und kein Abzug von Zeitguthaben aus den bestehenden Gleitzeitkonten erfolgt. Die bestehenden Gleitzeitkonten werden als Übergangsregelung wie folgt bis auf Null abgebaut. Maßgeblich ist hierbei der Stand des Gleitzeitkontos am ▨▨▨ laut System.

(2) Gleitzeitkonten im Plusbereich werden zum ▨▨▨ aufgelöst. Die Mitarbeiter müssen bis spätestens zum ▨▨▨ einen Abbauplan vorlegen, nach dem sie unter Berücksichtigung der betrieblichen Belange und unter Einbindung der Vorgesetzten ihre Gleitzeitkonten bis zum ▨▨▨ abbauen.

(3) Gleitzeitkonten im Minusbereich müssen bis zum ▨▨▨ ausgeglichen werden. Bis dahin können die Mitarbeiter unter Berücksichtigung der gesetzlichen Regelungen, der betrieblichen Belange und unter Einbindung der Vorgesetzten ihre Gleitzeitkonten ausgleichen. Stunden, die nicht bis zum ▨▨▨ ausgeglichen worden sind, werden in den Folgemonaten mit dem Gehalt verrechnet. Die Verrechnung erfolgt mit höchstens ▨▨▨ (z.B. zehn) Minusstunden pro Monat.

(4) Die Abbau- und Ausgleichspläne sind von allen Abteilungen, Bereichen und Teams bis zum ▨▨▨ zu erstellen. Vertretungen sollen auch abteilungs-, bereichs- oder teamübergreifend berücksichtigt werden. Die Abbaupläne sind von den Mitarbeitern in gegenseitiger Absprache und Vereinbarung mit dem Vorgesetzten so zu gestalten, dass die Mitarbeiter mit hohen Konten vorrangig die Möglichkeit bekommen, diese abzubauen oder auszugleichen. Dabei ist die Funktionsfähigkeit der Abteilung, des Bereichs oder Teams zu gewährleisten.

(5) Die Auszahlung von Zeitguthaben ist ausgeschlossen.

§ 7 Teilzeitmitarbeiter

Regelung wie Muster 2.26 Betriebsvereinbarung zu flexibler Arbeitszeit/Langzeitkonten (siehe Rdn 185).

§ 8 Meinungsverschiedenheiten

Regelung wie Muster 2.26 Betriebsvereinbarung zu flexibler Arbeitszeit/Langzeitkonten (siehe Rdn 185).

§ 9 Schlussbestimmungen

(**Ggf.:** (1) Bereits bestehende einzelvertragliche Vereinbarungen zu einer Vertrauensarbeitszeit bleiben von dieser Betriebsvereinbarung unberührt.)

---

610 Siehe BAG 6.5.2003 – 1 ABR 13/02, NZA 2003, 1348.

611 Inhalt des Zeiterfassungsformulars für die individuelle manuelle Zeiterfassung: Datum, Beginn der Arbeitszeit, Ende der Arbeitszeit, Pausendauer, Zeitraum sonstiger Unterbrechung sowie Angaben zur Überschreitung der wöchentlichen Arbeitszeit enthalten.

(Oder wie Muster 2.26 Betriebsvereinbarung zu flexibler Arbeitszeit/Langzeitkonten (siehe Rdn 185)

▒▒▒, den ▒▒▒

▒▒▒ *(Firma)*   ▒▒▒ *(Betriebsratsvorsitzender)*

▲

f) Betriebsvereinbarung Gleitzeit
aa) Allgemeines

Zum „Ob" und „Wie" der Einführung eines Arbeitszeitmodells, welches das Verschieben der Arbeitszeit inner-   206
halb eines Arbeitstages[612] und unterschiedlich lange Arbeitszeiten an den einzelnen Tagen der Arbeits-
woche[613] ermöglicht (Gleitzeit), steht dem Betriebsrat ein Mitbestimmungsrecht gemäß § 87 Abs. 1 Nr. 2
BetrVG zu. Die wesentlichen Entscheidungen, die bei Einführung eines solchen Arbeitszeitmodells zu klären
sind, sind die Festlegung der Zeiten der obligatorischen Anwesenheit („Kernarbeitszeit"), des Rahmenzeit-
raums, innerhalb dessen die tägliche Arbeitszeit verschoben werden kann und der Zeitspanne, innerhalb derer
Zeitrückstände und Zeitguthaben ausgeglichen werden sollen. Diese Aspekte werden vom Mitbestimmungsrecht des Betriebsrates erfasst und sind in der folgenden Musterbetriebsvereinbarung berücksichtigt.

bb) Muster Betriebsvereinbarung Gleitzeit
▼

28

Muster 2.28: Betriebsvereinbarung Gleitzeit   207

Zwischen ▒▒▒ *(Name, Adresse Firma)*

und

dem Betriebsrat[614] der ▒▒▒ *(Name Firma)* des Betriebs ▒▒▒ vertreten durch den Betriebsratsvorsitzenden ▒▒▒,

wird zur Regelung der gleitenden Arbeitszeit die folgende Vereinbarung geschlossen:

Präambel

Geschäftsführung und Betriebsrat haben sich auf die Einführung gleitender Arbeitszeit geeinigt. Im Rahmen
dieser Vereinbarung können die Mitarbeiter/Innen – nachfolgend Mitarbeiter – Arbeitsbeginn und Arbeitsende
und die Dauer der täglichen Arbeitszeit in der Rahmenarbeitszeit selbst bestimmen. Ziel ist, einerseits den betrieblichen Bedürfnissen Rechnung zu tragen, andererseits den Mitarbeitern eine gewisse Flexibilität im Hinblick
auf die zeitliche Lage ihrer individuellen Arbeitszeit einzuräumen. Die Gestaltungsmöglichkeit besteht im Rahmen der Sicherung der Leistungsfähigkeit des Betriebes. Arbeitgeber und Betriebsrat sind sich einig, dass diese
Vereinbarung ein hohes Maß an Verantwortungsbewusstsein von Führungskräften und Mitarbeitern verlangt
und die unbedingte Bereitschaft zur kollegialen Zusammenarbeit voraussetzt. Bei der Arbeitszeitgestaltung haben die Mitarbeiter durch Abstimmung mit dem Vorgesetzen und ihren Kollegen sicherzustellen, dass die anfallenden Aufgaben ordnungsgemäß erledigt werden und der tägliche Arbeitskräftebedarf abgedeckt ist.

§ 1 Geltungsbereich

Diese Betriebsvereinbarung gilt für die Mitarbeiter der Abteilung ▒▒▒ *(z.B. Verwaltung/Einkauf).*[615]

---

612 Sog. einfache Gleitzeit – bloße Verschiebung des täglichen Arbeitszeitvolumens innerhalb eines bestimmten Zeitrahmens.
613 Sog. qualifizierte Gleitzeit, die innerhalb der vorgegebenen Grenzen auch eine Festlegung der Dauer der täglichen Arbeitszeit durch
     den Mitarbeiter ermöglicht.
614 Regelmäßig sind die örtlichen Betriebsräte für die Gestaltung der Arbeitszeitfragen zuständig, BAG 19.6.2012 – 1 ABR 19/11, NZA
     2012, 1237.
615 Für die einzelnen Abteilungen und Funktionen ist zu prüfen, ob die Einführung der Gleitzeitmöglichkeit mit den betrieblichen Be-
     langen vereinbar ist. Eine entsprechende Beschränkung auf bestimmte Bereiche ist in den Grenzen des § 75 BetrVG (Gleichbehand-
     lungsrundsatz) zulässig.

§ 2 Sollarbeitszeit, Ist-Arbeitszeit, Reisezeit und Pausen

(1) Sollarbeitszeit ist die vertraglich (*alternativ: tariflich*) geschuldete Arbeitszeit. Sie bildet die Grundlage für die Berechnung des Gleitzeitsaldos. Sie wird auf Basis der tariflichen Öffnungsklausel gemäß _____ *(Bezugnahme auf konkrete tarifliche Klausel)* für vollzeitbeschäftigte Mitarbeiter auf _____ Stunden/Woche festgelegt. Sie beträgt damit ausgehend von einer Fünftagewoche durchschnittlich _____ Stunden/Tag. Am Ende des jeweiligen Ausgleichszeitraums muss das Gleitzeitsaldo ausgeglichen sein.

(2) Ist-Arbeitszeit ist die vom Mitarbeiter innerhalb der Rahmenarbeitszeit tatsächlich geleistete Arbeitszeit.

(3) Zur Arbeitszeit gehören auch: Reisezeiten (siehe Muster 2.26 Betriebsvereinbarung zu flexibler Arbeitszeit/Langzeitkonten (siehe Rdn 185).

(4) Pausenzeit ist die (***ggf.:** unbezahlte*) Unterbrechung der Arbeitszeit, während derer der Mitarbeiter weder Arbeit leisten muss noch sich zur Arbeitsleistung bereithalten muss.[616] Der Mitarbeiter stellt sicher, dass er die gesetzlichen Pausenzeiten einhält: Danach ist die Arbeit durch eine Pause von 30 Min. bei einer Arbeitszeit von mehr als 6 Stunden bis 9 Stunden und von 45 Min. bei einer Arbeitszeit von mehr als neun Stunden zu unterbrechen. Die Ruhepausen können in Zeitabschnitte von 15 Min. aufgeteilt werden. Spätestens nach 6 Stunden Arbeit muss eine Ruhepause eingelegt werden.

(5) Bei Mitarbeitern mit einer vertraglich, abweichend von § 2 Abs. 1, vereinbarten Arbeitszeit gilt die jeweils vertraglich vereinbarte Dauer der Arbeitszeit.

§ 3 Kernarbeitszeit, Regelarbeitszeit, Pausenzeiten

(1) Kernarbeitszeit ist die Zeit zwischen spätestem Arbeitsbeginn und frühestem Arbeitsende. Kernarbeitszeit ist: *(ggf.: Sonderregelungen für einzelne Geschäftsbereiche/Abteilungen)* montags bis donnerstags _____ Uhr – _____ Uhr, freitags _____ Uhr – _____ Uhr. Die Mitarbeiter sind verpflichtet, diese Kernarbeitszeit einzuhalten, es sei denn, es liegt eine vorherige Zustimmung des Vorgesetzten vor, der Mitarbeiter ist im Urlaub, krank oder aus einem der Gründe des § 616 BGB verhindert.

(2) Die Regelarbeitszeit beginnt um _____ Uhr und endet um _____ Uhr, freitags entsprechend eine Stunde früher.

§ 4 Rahmenarbeitszeit, tägliche Arbeitszeit

(1) Rahmenarbeitszeit ist der Zeitrahmen, innerhalb dessen der Mitarbeiter – vorbehaltlich der Kernzeit und der nachfolgenden Einschränkungen – Beginn und Ende seiner Arbeitszeit und damit auch die Dauer der täglichen Arbeitszeit selbst bestimmen kann. Rahmenarbeitszeit ist:

- montags bis freitags _____ Uhr – _____ Uhr

- *Alternativ: montags bis freitags, Beginn zwischen:* _____ – _____ *Uhr, Ende zwischen:* _____ – _____ *Uhr*

- Zeiterfassungen vor und nach der Rahmenarbeitszeit werden registriert, aber nicht als Ist-Zeiten erfasst, es sei denn für die Tätigkeit außerhalb der Rahmenarbeitszeit liegt die Zustimmung des Vorgesetzten vor und die Beteiligungsrechte des Betriebsrats wurden gewahrt.

(2) Die tägliche Mindestarbeitszeit beträgt _____ Stunden, soweit einzelne Arbeitsverträge nichts anderes bestimmen. Die tägliche Höchstarbeitszeit richtet sich nach den gesetzlichen Vorgaben. Sie beträgt – vorbehaltlich der Regelung des § 3 ArbZG – 10 Stunden. Mitarbeiterinnen, die dem Mutterschutz unterliegen, dürfen täglich nicht länger als 8,5 Stunden arbeiten.

(3) Die gesetzlichen Bestimmungen, insbesondere des ArbZG, des Jugendarbeitsschutzgesetzes und des Mutterschutzgesetzes sind einzuhalten.

(Ggf.: § 5 Sonderregelung für Jugendliche)

(1) Jugendliche sind alle Beschäftigten bis zum vollendeten 18. Lebensjahr.

(2) Jugendliche nehmen an der gleitenden Arbeitszeit nur insoweit teil, als sie ihren

---

616 Maßgeblich für das Vorliegen einer Pause ist nicht die Frage der Vergütungspflicht, sondern, dass der Arbeitnehmer weder arbeiten noch sich zur Arbeitsleistung bereithalten muss, BAG 1.7.2003 – 1 ABR 20/02, NZA 2004, 620.

■ *Arbeitsbeginn Montag – Freitag zwischen*   *Uhr –*   *Uhr*

■ *und das Arbeitsende Montag – Freitag zwischen*   *Uhr –*   *Uhr*

selbst bestimmen können.

(3) An Tagen mit Ausbildungsveranstaltungen ist für den Beginn der Arbeitszeit der Beginn des Unterrichts maßgeblich.)

§ 6 Festlegung der Lage der Arbeitszeit/Arbeitszeitverteilung

(1) Der Mitarbeiter kann den Beginn und das Ende der täglichen Arbeitszeit innerhalb der Rahmenarbeitszeit selbst bestimmen, wobei er seine Arbeitsleistung auf jeden Fall innerhalb der Kernarbeitszeit zu erbringen und die betrieblichen Belange zu berücksichtigen hat.

(2) Das Recht der Mitarbeiter auf Wahl des täglichen Arbeitsbeginns und -endes kann aus sachlichem Grund, insbesondere bei Vorliegen betrieblicher Erfordernisse oder wiederholtem Verstoß des Mitarbeiters gegen die Vorgaben der Rahmen- und/oder Kernarbeitszeit, durch Weisung des Vorgesetzten eingeschränkt werden. Wird keine abweichende Anordnung getroffen, gilt die Regelarbeitszeit. Die Einschränkung der freien Wahl des Mitarbeiters sowie die Anordnung bestimmter Arbeitszeiten hat spätestens   Tage vor dem relevanten Tag zu erfolgen. Der Arbeitsbeginn darf jedoch nicht vor   Uhr und Arbeitsende nicht nach   Uhr liegen. Die Einschränkung darf sich auf maximal insgesamt zwei Monate pro Kalenderjahr erstrecken, ohne dass es der gesonderten Zustimmung des Betriebsrats bedarf.[617] Hierüber ist der Betriebsrat zu informieren.

*(**Alternativ**: Für die Mitarbeiter kann die gleitende Arbeitszeit aus betrieblichen Gründen ausgesetzt werden. Die beabsichtigte Aussetzung wird dem Betriebsrat unverzüglich unter Angabe der Funktion, der Namen der Mitarbeiter, Umfang und Beginn der Aussetzung vor deren Durchführung in Textform angezeigt. Der Betriebsrat teilt der   (z.B. Betriebs-/Personalleitung) spätestens innerhalb von   Tagen mit, ob er der Aussetzung zustimmt oder diese ablehnt. Kommt eine Einigung nicht zustande, entscheidet die paritätische Kommission (**alternativ**: die betriebliche Einigungsstelle) nach § 12 dieser Betriebsvereinbarung.*

§ 7 Sonderregelungen für Schulungs- und Informationsveranstaltungen, betrieblich veranlasste Veranstaltungen

Der Arbeitgeber ist berechtigt, im dienstlichen Interesse liegende Schulungs-, Fortbildungs- oder Informationsveranstaltungen oder sonstige betrieblich veranlasste Veranstaltungen für einzelne Mitarbeitergruppen oder auch alle Mitarbeiter auch außerhalb der Kernzeit – aber innerhalb der Rahmenarbeitszeit – anzuordnen.[618] Für maximal   Ereignisse dieser Art kann der Arbeitgeber die Anordnung ohne gesonderte Zustimmung des Betriebsrats treffen. Der Betriebsrat ist unverzüglich über Datum, Dauer und Inhalt dieser Veranstaltung zu informieren.

§ 8 Zeiterfassung, Abwesenheitszeiten, Urlaub

(1) Die täglichen Ist-Arbeitszeiten werden durch jeden Mitarbeiter im Wege der   (Einfügung Details, z.B. Selbsterfassung, elektronische Zeiterfassung) erfasst. Einzelheiten regelt die Betriebsvereinbarung   ) *(alternativ: sind in der Anlage zu dieser Betriebsvereinbarung geregelt)*. Die Mitarbeiter können ihre Zeitkontostände im Zeiterfassungsterminal einsehen.

(2) Die gesetzlichen Pausenzeiten werden täglich automatisch vom Arbeitszeitkonto abgezogen.

(3) Bei ganztägigen Abwesenheiten durch Urlaub oder Krankheit wird – soweit es sich um bezahlte Fehlzeiten handelt – vom betriebsüblichen (*z.B. Acht-*)Stundentag (*bzw. freitags sieben Stunden*) ausgegangen (*alternativ: wird die jeweilige vertragliche, (durchschnittliche) tägliche Arbeitszeit zugrunde gelegt*). Bei Dienst-

---

617 Der Betriebsrat darf zwar nicht auf sein Mitbestimmungsrecht dadurch verzichten, dass er dem Arbeitgeber das Alleinentscheidungsrecht zugesteht (selbst dann nicht, wenn der Betriebsrat davon ausgeht, dass kein Mitbestimmungsrecht besteht, BAG 29.1.2008 – 3 AZR 43/06, NZA-RR 2008, 469). Da hier aber der Rahmen des arbeitgeberseitigen Alleinentscheidungsrechts sehr eng gefasst ist, sind die Beteiligungsrechte hinreichend gewahrt, vgl. BAG 9.7.2013 – 1 ABR 19/12, NZA 2014, 99; BAG 17.11.1998 – 1 ABR 12/98, NZA 1999, 662; *Salomon/Gatz*, NZA 2016, 197.

618 BAG 18.4.1989, AP Nr. 33 zu § 87 BetrVG 1972 Arbeitszeit, bejaht auch in diesem Fall ein Mitbestimmungsrecht des Betriebsrats.

reisen etc. hat der Mitarbeiter die Personalbuchhaltung über die tatsächlich anzurechnenden Stunden zu informieren, z.B. durch das vom Vorgesetzten unterzeichnete Formular.

(4) Bei dienstlichen Arbeitsunterbrechungen, die ein Verlassen des Betriebsgeländes erfordern, meldet sich der Mitarbeiter bei seinem Vorgesetzen ab. Dienstliche Abwesenheitszeiten sind durch Aus- und Einbuchen an den Zeiterfassungsgeräten oder durch Ausfüllen entsprechender Formulare zu vermerken. *(ggf.: Beginnt oder endet eine dienstliche Abwesenheit während eines Arbeitstages, so werden als Arbeitszeiten neben den im Betrieb angefallenen Stunden zusätzlich die tatsächlich noch geleisteten Arbeitsstunden (während der dienstlichen Abwesenheit) abzüglich Pausen angerechnet. Diese Regelung gilt sinngemäß, wenn die An- oder Abreise einer Dienstfahrt aus dienstlichen Erfordernissen an Samstagen sowie an Sonn- oder Feiertagen unumgänglich ist.)*

(5) Urlaubszeit ist auf den Urlaubsformularen rechtzeitig zu beantragen und vom Vorgesetzten schriftlich genehmigen zu lassen. Zwischen Gleitzeit-Guthaben und Urlaubsansprüchen besteht kein verrechenbarer Zusammenhang. Gleitzeit-Guthaben können nicht in Urlaubsgutschriften und Urlaubsguthaben nicht in Gleitzeit-Gutschriften umgewandelt werden.

(ggf.: (6) Arztbesuche oder andere private Gänge sind vom jeweiligen Vorgesetzten schriftlich genehmigen zu lassen. Für einen Arztbesuch ist ein entsprechendes Attest an die Personalbuchhaltung weiterzuleiten. Es ist die normale „Gehen-" und „Kommen-„Buchung durchzuführen. § 615 BGB findet keine Anwendung.)

§ 9 Überstunden

(1) Gleitzeit ist von zu vergütenden Überstunden zu trennen. Die beim Gleitzeitverfahren über die Sollarbeitszeit hinaus gearbeiteten Stunden sind grundsätzlich keine zuschlagspflichtigen Überstunden. Zuschlagspflichtige Überstunden können nur dann entstehen, wenn sie vom Vorgesetzten vor Ableistung angeordnet sind. Der Betriebsrat ist ordnungsgemäß zu beteiligen.

(2) Überstunden sollen grundsätzlich vermieden werden. *(Ggf.: Es gelten die tariflichen Bestimmungen.)* Überstunden liegen vor, wenn die tatsächliche wöchentliche Arbeitszeit die festgelegte Wochenarbeitszeit übersteigt. Überstunden und eventuell anfallende Zuschläge sind durch Freizeit auszugleichen.

(3) Überstunden werden dem Betriebsrat unter Angabe der Abteilung/des Namens des Mitarbeiters, Umfang und Datum/Zeitraum der Überstunden vor deren Durchführung schriftlich angezeigt. Der Betriebsrat erteilt seine Zustimmung oder teilt etwaige Einwände spätestens innerhalb von   Tagen schriftlich (**alternativ:** *in Textform)* der   *(z.B. Personalleitung)* mit. Kommt eine Einigung nicht zustande, entscheidet die paritätische Kommission (**alternativ:** *die Einigungsstelle)*[619] nach § 12 dieser Betriebsvereinbarung.

§ 10 Gleitzeitkonto, Ausgleichszeitraum

(1) Für jeden Mitarbeiter wird ein Gleitzeitkonto geführt. Dieses dient einerseits der Erfüllung der Nachweispflicht nach dem ArbZG, andererseits der Erfassung der Soll- und Ist-Arbeitszeit und der Saldenermittlung aus Minusstunden sowie der Erfassung etwaiger Überstunden zur Ermittlung etwaiger Zuschläge.

(2) Die effektiv geleistete monatliche *(alternativ: wöchentliche)* Arbeitszeit soll grundsätzlich der monatlichen *(alternativ: wöchentlichen)* Sollarbeitszeit entsprechen. Die Differenz aus effektiv geleisteter Arbeitszeit (abzüglich etwaiger Überstunden) und monatlicher *(alternativ: wöchentlicher)* Sollarbeitszeit ergibt das monatliche Gleitzeitsaldo.

(3) Die regelmäßige Wochenarbeitszeit gemäß § 2 dieser Vereinbarung muss im Durchschnitt eines Ausgleichszeitraums von   Monaten *(ggf. nach Bezugszeitraum des Tarifvertrages anzupassen)* erreicht werden. Der Ausgleichszeitraum beginnt am   *(Datum)* und endet nach Ablauf von   Monaten. Die weiteren Ausgleichszeiträume schließen sich dann für jeweils weitere   Monate an. *(alternativ: Ausgleichszeitraum ist das Kalenderjahr.)*

Alternativ: Der Zeitausgleich endet und beginnt erneut beim Erreichen bzw. Durchschreiten eines Zeitkontensaldos von Null. Dieser muss innerhalb von   Monaten mindestens einmal erreicht werden.)

*Ggf. (4) Das Zeitguthaben und die Zeitschuld dürfen jeweils höchstens   Stunden pro Woche (**alternativ:** Monat/Quartal) betragen (ggf.: für Auszubildende   Stunden). Eine Zeitschuld von bis*

---

[619] Ein Verweis auf die Einigungsstelle ist in diesen Fällen nur sinnvoll, wenn eine ständige Einigungsstelle gebildet ist.

zu ▒▒▒▒ Stunden pro Monat kann auf den Folgemonat übertragen werden. Überschreitungen sind dem Vorgesetzten zu melden. Soweit die Zeitschuld am Ende des Monats ▒▒▒▒ Stunden übersteigt, muss diese im folgenden Monat auf die erlaubte Höhe zurückgeführt werden. Gelingt dies am folgenden Monatsende nicht, wird die Zeitschuld mit dem Stundenverdienst am Ende des Abrechnungszeitraumes vom Gehalt abgezogen.

(7) Der Betriebsrat erhält halbjährlich (*alternativ: quartalsweise/monatlich/auf Wunsch*) eine Aufstellung der Arbeitszeitkonten der Mitarbeiter.)

Alternativ:

(1) Die Soll- und Ist-Arbeitszeit wird täglich saldiert. Abweichungen am Monatsende sind nur bis max. ▒▒▒▒ Stunden zulässig. Über ▒▒▒▒ Stunden hinausgehende Abweichungen im Hinblick auf Guthabenstunden bleiben unberücksichtigt und verfallen.[620] Nur in begründeten Ausnahmefällen (z.B. Krankheit, Dienstreisen etc.) ist in Abstimmung mit dem Vorgesetzen und dem Betriebsrat ein Übertrag in den Folgemonat möglich.

(2) Zeitguthaben können einmal wöchentlich bis zu ▒▒▒▒ Stunden während der Rahmenarbeitszeit verrechnet werden. Außerdem kann ein Zeitguthaben einmal monatlich mit max. ▒▒▒▒ Stunden an einem Tag verrechnet werden.

(3) Zeitschulden sind im Folgemonat im Rahmen der täglichen Rahmenarbeitszeit in den zulässigen Grenzen des ArbZG (ggf.: und der tariflichen Vorgaben) auszugleichen. (Ggf.: ▒▒▒▒ Stunden überschreitende Zeitschulden sind bei der Gehaltsabrechnung für den jeweiligen Monat in Abzug zu bringen.

§ 11 Verwendung von Zeitguthaben, Ausgleich Zeitsaldo bei Beendigung und Ruhen des Arbeitsverhältnisses

(1) Der Ausgleich von Zeitguthaben kann durch Freizeit bis zum Ausgleich des Gleitzeitkontos, auch in Form eines oder mehrerer ganzer Arbeitstage erfolgen. Können Zeitguthaben oder Zeitschulden aus persönlichen oder betriebsbedingten Gründen nicht ausgeglichen werden (z.B. wegen Krankheit, Kurzarbeit, etc.), kann dem Mitarbeiter eine angemessene Frist eingeräumt werden, das Gleitzeitkonto auszugleichen. Die Entscheidung hierüber trifft der Vorgesetzte (*alternativ: Arbeitgeber/Teamleiter*) unter Berücksichtigung betrieblicher Belange und unter angemessener Berücksichtigung der Interessen des Mitarbeiters. Ein finanzieller Ausgleich erfolgt nur in den in § 11 Abs. 2 und 3 geregelten Fällen.

(2) Zeitguthaben oder Zeitschulden sind quartalsweise (*alternativ: bis zum Ende des Arbeitsverhältnisses/ monatlich/kalenderjährlich*) auszugleichen. Verbleibende Differenzen werden mit dem letzten Gehalt (*alternativ: nächsten Gehaltslauf*) verrechnet. Soweit sich bei Beendigung des Arbeitsverhältnisses ein Zeitguthaben ergibt, wird dieses vergütet. Soweit sich bei Beendigung des Arbeitsverhältnisses eine Zeitschuld ergibt, wird diese vom noch ausstehenden Lohn/Gehalt abgezogen.

(3) Bei absehbar längeren Ruhenszeiten des Arbeitsverhältnisses, wie z.B. Erziehungsurlaub, Rente auf Zeit, Langzeiterkrankung (nach Ablauf des Entgeltfortzahlungszeitraums) etc., erfolgt eine Saldierung des Zeitkontos (Vergütung vorhandener Zeitguthaben bzw. Abzug einer Zeitschuld nach § 11 Abs. 1 und 2) auf den Zeitpunkt des Eintritts des Ruhenszeitraums.

Alternativ: § 11 Ausgleich Zeitkonten

(1) Der Ausgleich von Zeitguthaben kann durch Freizeit bis zum Ausgleich des Gleitzeitkontos, auch in Form eines oder mehrerer ganzer Arbeitstage erfolgen. Die Mitarbeiter steuern diesen Ausgleich innerhalb des Ausgleichzeitraums selbst – unter Beachtung der betrieblichen Belange. Ausgleichszeitraum ist (der Monat/ das Quartal/das Kalenderjahr). Das Gleitzeitkonto darf jedoch jeweils zum Ende des Kalendermonats maximal ein Zeitguthaben von ▒▒▒▒ Stunden und ein Zeitsaldo von ▒▒▒▒ Stunden aufweisen. Ein darüber hinausgehender Übertrag in den Folgemonat ist nur mit Zustimmung des Vorgesetzten (alternativ: der Personalleitung) zulässig. Bei einem erhöhten Zeitsaldo ist der Vorgesetzte berechtigt, die Gleitzeitvereinbarung auszusetzen, bis das maximale Zeitsaldo erreicht ist. Der Betriebsrat ist hierüber zu informieren. Bei einem erhöhten Zeitguthaben hat der Vorgesetzte mit dem Mitarbeiter die Ursachen und Möglichkeiten des Abbaus zu erörtern, um eine Reduzierung des Zeitguthabens auf das maximal zulässige Maß bis zum Ende des Folgemonats zu erreichen.

---

620 Vgl. zur Wirksamkeit von „Stundenkappung" BAG 10.12.2013 – 1 ABR 40/12, NZA 2014, 675.

(2) Der Ausgleich der Zeitguthaben erfolgt durch Freizeitnahme. Diese hat in Abstimmung mit dem Vorgesetzten zu erfolgen, wenn sie mehr als ▓▓▓ *Stunden pro Tag umfasst. Der Freizeitausgleich soll grundsätzlich in freien Tagen erfolgen, allerdings kann pro Monat höchstens ein ganzer freier Tag genommen werden. Die Freizeitnahme setzt voraus, dass betriebliche Belange nicht entgegenstehen.*

(3) Vor Beendigung des Arbeitsverhältnisses sind Zeitguthaben durch Freizeitnahme auszugleichen, soweit nicht betriebliche Belange entgegenstehen. Der Arbeitgeber ist berechtigt, den Ausgleich durch Freizeitnahme bzw. – bei einem Gleitzeitsaldo durch Anordnung der Arbeitszeit innerhalb der Rahmenarbeitszeit – anzuordnen. Weist das Gleitzeitkonto mit Beendigung des Arbeitsverhältnisses ein Zeitguthaben aus, ist dieses abzugelten. Weist das Gleitzeitkonto mit Beendigung des Arbeitsverhältnisses ein Zeitsaldo auf, ist der Arbeitgeber in den gesetzlichen Grenzen berechtigt, dieses durch Verrechnung mit Lohn- und Gehaltsansprüchen auszugleichen. Dies gilt nicht, wenn das Zeitsaldo durch Arbeitsmangel entstanden ist.[621]

§ 12 Meinungsverschiedenheiten

Siehe Muster 2.26 Betriebsvereinbarung zu flexibler Arbeitszeit/Langzeitkonten (siehe Rdn 185).

§ 13 Teilzeitmitarbeiter

Siehe Muster 2.26 Betriebsvereinbarung zu flexibler Arbeitszeit/Langzeitkonten (siehe Rdn 185).

§ 14 Schlussbestimmungen

Siehe Muster 2.26 Betriebsvereinbarung zu flexibler Arbeitszeit/Langzeitkonten (siehe Rdn 185).

▓▓▓ , den ▓▓▓

▓▓▓ *(Firma)*   ▓▓▓ *(Betriebsratsvorsitzender)*

Anlage zur BV Gleitzeit

1. Zur Zeiterfassung wird das System ▓▓▓ genutzt. Einzelheiten ergeben sich aus anliegender System- und Funktionsbeschreibung. Regelmäßige Aktualisierungen des Systems sind zulässig.

2. Das System dient der Zeiterfassung und Zugangskontrolle. Folgende Daten werden erfasst ▓▓▓. Das System ist so gesichert, dass Unbefugte nicht auf Daten zugreifen oder Auswertungen vornehmen können.

3. Jeder Mitarbeiter erhält einen individuell codierten Ausweis zur Zeiterfassung (Kommen-Gehen-Buchung). Die Zeiterfassungsgeräte sind am Betriebseingang *(Gebäudeeingang etc.)* installiert. Der Ausweis ist sorgfältig aufzubewahren und darf nur durch den jeweiligen Mitarbeiter zur Kommen- und Gehen-Buchung persönlich genutzt werden. Der Verlust des Ausweises ist unverzüglich zu melden.

4. Zeiterfassungen vor ▓▓▓ und nach ▓▓▓ werden registriert, aber nicht auf die Istzeit angerechnet. Bei einer mindestens sechsstündigen Anwesenheitszeit erfolgt automatisch eine Berücksichtigung der Pausenzeit von 30 min.

5. Wird die Buchung versäumt, erfolgt eine Erfassung der Anwesenheitszeit als Ist-Zeit nur nach schriftlicher Bestätigung durch den Vorgesetzten *(Alternativ: Abteilungsleiter etc.).*

6. Die erfassten Daten werden für ▓▓▓ Monate gespeichert. Im Anschluss daran werden die Daten gelöscht.

▲

g) Betriebsvereinbarung Überstunden

Literatur: *Kock*, Arbeitszeitflexibilisierung – Gestaltung einer Betriebsvereinbarung zur Anordnung von Überstunden, MDR 2005, 1261; *Linsenmaier*, Normsetzung der Betriebsparteien und Individualrechte der Arbeitnehmer, RdA 2008, 1; *Otto*, Mitbestimmung des Betriebsrats bei der Regelung von Dauer und Lage der Arbeitszeit, NZA 1992, 97; *Rieble/Klebeck*, Strafrechtliche Risiken der Be-

---

[621] Siehe LAG Mecklenburg-Vorpommern 26.3.2008 – 2 Sa 314/07, BB 2009, 588 m. Anm. *Bittmann/Schwarz*.

triebsratsarbeit, NZA 2006, 758; *Salamon/Gatz*, Arbeitgeberseitige Gestaltungsspielräume im Rahmen der mitbestimmten Personaleinsatzplanung, NZA 2016, 197; *Wiebauer*, Zeitarbeit und Arbeitszeit, NZA 2012, 68.

aa) Rechtliche Grundlagen

Gemäß § 87 Abs. 1 Nr. 3 BetrVG besteht ein Mitbestimmungsrecht bei der „vorübergehenden … Verlängerung der betriebsüblichen Arbeitszeit." Damit sind hauptsächlich Überstunden gemeint. Von Überstunden ist Mehrarbeit begrifflich abzugrenzen. **Überstunden** sind die vorübergehende Verlängerung der vertraglichen Arbeitszeit, **Mehrarbeit** ist die Arbeitszeit, die über die gesetzlich zulässige regelmäßige Arbeitszeit hinausgeht.[622] In der betrieblichen Praxis wird allerdings häufig nicht zwischen Überstunden und Mehrarbeit unterschieden. Auch für das Mitbestimmungsrecht des Betriebsrats spielt diese Unterscheidung keine Rolle.   **208**

§ 87 Abs. 1 Nr. 3 BetrVG spricht zwar von der Verlängerung der „betriebsüblichen" Arbeitszeit. Der dadurch zum Ausdruck gebrachte kollektive Bezug des Mitbestimmungstatbestandes ist durch das BAG aber weitgehend beseitigt worden, „betriebsüblich" ist nämlich die tarifliche oder geschuldete Arbeitszeit eines jeden Arbeitnehmers. Es muss sich also nicht um alle Arbeitnehmer oder eine Gruppe von Arbeitnehmern handeln; auf die Anzahl der betroffenen Arbeitnehmer kommt es nicht an. Begründung: Bei jedem Arbeitsmehrbedarf muss der Arbeitgeber entscheiden, ob er eine Überstunde anordnet und welchen Arbeitnehmer er heranzieht.[623] Nur dann, wenn eine Überstunde ausnahmsweise auf den Bedürfnissen und Wünschen eines Arbeitnehmers beruht und die Interessen anderer Arbeitnehmer davon nicht betroffen sind, entfällt die Mitbestimmungspflicht des Betriebsrats.[624] Das ist so gut wie nie der Fall.   **209**

Allerdings entspricht Arbeitszeit im Sinne von § 87 Abs. 1 Nr. 2 und 3 BetrVG nicht stets der vergütungspflichtigen Zeit oder der Arbeitszeit im Sinne des Arbeitszeitgesetzes. Vielmehr ist Arbeitszeit im mitbestimmungsrechtlichen Sinne die Zeit, in welcher der Arbeitnehmer verpflichtet bzw. berechtigt ist, seine vertraglich geschuldete Leistung zu erbringen.[625] **Dienstreisen** gehören nicht dazu, mögen sie auch vergütungspflichtig sein. Bei der Anordnung von Dienstreisen außerhalb der Arbeitszeit handelt es sich also mitbestimmungsrechtlich nicht um Überstunden, sofern keine zusätzlichen Arbeitsleistungen zu erbringen sind.[626] Keine Überstunden im mitbestimmungsrechtlichen Sinne sind ferner bloße Verschiebungen der Lage der Arbeitszeit (z.B. Mehrleistungen, die durch entsprechende Verkürzungen ausgeglichen werden), denn dadurch verlängert sich die Arbeitszeit nicht.[627] Die Mitbestimmungspflicht ergibt sich in solchen Fällen aber aus § 87 Abs. 1 Nr. 2 BetrVG. Schließlich stellt es keine Überstunde im mitbestimmungsrechtlichen Sinne dar, wenn die in **Dienstplänen festgelegte Arbeitszeit geringfügig überschritten** wird.[628]   **210**

Das Mitbestimmungsrecht bei Überstunden ist, abgesehen von den gerade beschriebenen Einschränkungen, umfassend. Es greift auch dann ein, wenn Arbeitnehmer freiwillig Überstunden leisten oder der Arbeitgeber die Leistung von Überstunden nicht anordnet, sondern „nur" duldet. Das Mitbestimmungsrecht erstreckt sich darauf, ob und wie Überstunden geleistet werden und wer Überstunden leistet.[629] Auch in Eilfällen muss der Betriebsrat vorher angehört werden.[630] Nur in echten Notfällen – Naturkatastrophe, drohender   **211**

---

622 Richardi/*Richardi*, § 87 BetrVG Rn 349.
623 BAG 16.7.1991 – 1 ABR 69/90, NZA 1992, 70; BAG 26.10.2004 – 1 ABR 31/03, NZA 2005, 538; *Fitting u.a.*, § 87 BetrVG Rn 134.
624 BAG 16.3.2004 – 9 AZR 323/03, NZA 2004, 1047.
625 BAG 14.11.2006 – 1 ABR 5/06, NZA 2007, 458; GK-BetrVG/*Wiese*, § 87 Rn 398; a.M. DKKW/*Klebe*, § 87 BetrVG Rn 123.
626 BAG, 23.7.1996 – 1 ABR 17/96, NZA 1997, 216; BAG 14.11.2006 – 1 ABR 5/06, NZA 2007, 458; *Fitting u.a.*, § 87 Rn 140.
627 BAG 11.11.1997 – 9 AZR 566/96, NZA 1998, 1011; LAG Rheinland-Pfalz, 24.10.2000 – 2 TaBV 693/00, NZA-RR 2001, 369; *Linck*, in: Schaub, Arbeitsrechtshandbuch, § 69 Rn 9.
628 BAG 23.3.1999 – 1 ABR 33/98, NZA 1999, 1230.
629 NK-GA/*Schwarze*, § 87 BetrVG Rn 115.
630 Dazu BAG 8.12.2015 – 1 ABR 2/14, BeckRS 2016, 68740.

Ausfall der IT, Eintritt schwerer Schäden etc. – kann der Arbeitgeber ausnahmsweise ohne vorherige Zustimmung des Betriebsrats Überstunden anordnen.[631]

212   Diese umfassenden Mitbestimmungsrechte gelten jedoch nur für die in den Betrieb eingegliederten eigenen Arbeitnehmer. Für **Leiharbeitnehmer** ist grundsätzlich ein etwaiger Betriebsrat des Verleihers zuständig. Nur dann kann der Betriebsrat des Entleihers Mitbestimmungsrechte geltend machen und zwar dann, wenn der Entleiher aufgrund einer Vereinbarung mit dem Verleiher von sich aus die Überstunden der Leiharbeitnehmer anordnet.[632] Es kommt also darauf an, wer die Entscheidung über die Überstunden trifft, der Verleiher oder der Entleiher.[633]

213   Die Möglichkeit, bei betrieblichem Bedarf Überstunden anzuordnen, ist für nahezu alle Unternehmen und Betriebe extrem wichtig. So müssen etwa unerwartete Eilaufträge abgearbeitet, Krankheitsvertretungen kurzfristig ausgeglichen, Verspätungen von Drittunternehmen abgefangen werden. Die vorherige Anhörung des Betriebsrats ist nicht immer möglich. Zudem hat ein streitlustiger Betriebsrat durch die Ablehnung von Überstunden ein gewisses Druckpotential, welches er für Koppelungsgeschäfte nutzen kann.[634] Zumal er die Ablehnung von Überstunden nach überwiegender Auffassung nicht einmal begründen muss.[635] Auch der Einwand des rechtsmissbräuchlichen Verhaltens des Betriebsrats – etwa wenn der Arbeitgeber dringend auf die Überstunden angewiesen ist – sticht in der Praxis nicht.[636]

214   Deshalb bietet es sich an, über die Voraussetzungen und das Verfahren für das Anordnen von Überstunden eine Betriebsvereinbarung zu schließen. Allerdings darf eine solche Betriebsvereinbarung nicht vorsehen, dass der Betriebsrat pauschal seine Zustimmung für Überstunden oder zumindest für eine gewisse Anzahl von Überstunden erteilt. Das wäre ein nicht wirksamer Verzicht auf das Mitbestimmungsrecht. Der Betriebsrat kann aber für bestimmte Fälle den Arbeitgeber zu einer Anordnung ermächtigen (= Vorabzustimmung) und für diese Fälle eine Verfahrens- und Kontrollregelung treffen.[637] Eine solche Regelung ist gerade bei Überstunden sinnvoll, da der Bedarf häufig unvorhergesehen auftritt und eine vorherige Beteiligung des Betriebsrats nicht immer möglich ist. Einer solchen Regelung über Eil- und Notfälle darf sich der Betriebsrat nicht versagen; sie kann – in engen Grenzen – auch durch Spruch der Einigungsstelle herbeigeführt werden.[638]

215   In einer solchen Betriebsvereinbarung sollten Eil- und Notfälle präzise definiert und für diese Fälle ein besonderes Verfahren festgelegt werden. So kommt eine nachträgliche Information des Betriebsrats oder die vorläufige Beteiligung erreichbarer Betriebsratsmitglieder in Betracht. Weiterhin kann die Betriebsvereinbarung für die Ablehnung von Überstunden bestimmte Fristen und ein Begründungserfordernis aufstellen. Auf der anderen Seite kann die Betriebsvereinbarung besondere Kontrollrechte des Betriebsrats oder eine Höchstzahl von Überstunden pro Mitarbeiter festlegen.

---

631 BAG 17.11.1998 – 1 ABR 12/98, NZA 1999, 662; *Fitting u.a.*, § 87 BetrVG Rn 135.

632 BAG 19.6.2001 – 1 ABR 43/00, NZA 2001, 1263; BAG, 25.8.2004 – 1 AZB 41/03, NZA 2004, 1240; *Worzalla*, in: Hess u.a., § 87 BetrVG Rn 242.

633 Vgl. *Wiebauer*, NZA 2012, 68, 69.

634 Vgl. LAG Hessen 13.10.2005 – 5/9 TaBV 51/05, BeckRs2008, 54549 (Koppelung der Zustimmung für Überstunden an die Verlängerung befristeter Arbeitsverträge sei zulässig); DKKW/*Klebe*, § 87 Rn 16; *Fitting u.a.*, § 87 BetrVG Rn 27; strenger *Otto*, NZA 1992, 97, 109; *Rieble/Klebeck*, NZA 2006, 758.

635 BAG 8.12.2015 – 1 ABR 2/14, BeckRS 2016, 68740; *Fitting u.a.*, § 87 Rn 27; zu Recht differenziert HWK/*Clemenz*, § 87 BetrVG Rn 36.

636 LAG Hamm 15.7.2016 – 13 TaBVGa 2/16, BeckRS 2016, 71841.

637 Dazu BAG 12.1.1988 – 1 ABR 54/86, AP Nr. 8 zu § 81 ArbGG 1979; BAG 17.11.1998 – 1 ABR 12/98, NZA 1999, 662; BAG 3.6.2003 – 1 ABR 19/02, DB 2004, 385; BAG 26.4.2005 1 ABR 1/04, AP Nr. 12 zu § 87 BetrVG 1972; LAG Hamm 28.1.2010 – 7 TaBVGa 2/09, AE 2010, 182; LAG Niedersachsen 20.2.2012 – 9 TaBV 66/11, BeckRS 2012, 68033; *Kock*, MDR 2005, 1261, 1262 f.; *Salomon/Gatz*, NZA 2016, 197, 201 ff.

638 Vgl. BAG 2.3.1982 – 1 ABR 74/79, ArbG Braunschweig 8.3.2011 – 2 BV 31/10, jurisPR-ArbR 41/2011 Nr. 4 mit Anmerkung *Dahl*.

In vielen Betriebsvereinbarungen finden sich Regelungen, dass beim Anfall von Überstunden zunächst auf **216** Freiwillige zurückgegriffen werden muss, erst danach kann der Arbeitgeber auch andere Arbeitnehmer heranziehen.[639] Ein reiner Freiwilligkeitsvorbehalt empfiehlt sich allerdings nicht, weil sich der Arbeitgeber dann seines Direktionsrechts begibt. Dagegen eignet sich ein Freiwilligkeitsvorbehalt durchaus für Eil- und Notfälle, wenn der Betriebsrat nicht mehr vorher angehört werden kann.

Ferner kann eine Betriebsvereinbarung Regelungen zum Ausgleich von Überstunden oder zu Überstunden- **217** zuschlägen enthalten. Allerdings kann er solche Regelungen nicht gegen den Willen des Arbeitgebers durchsetzen, auch nicht durch die Einigungsstelle: Denn weder der Ausgleich von Überstunden noch die Einführung von Überstundenzuschlägen fällt unter § 87 Abs. 1 Nr. 3 BetrVG.[640]

Schließlich kann eine Betriebsvereinbarung auch Rechtsgrundlage für die (individualrechtliche) Verpflich- **218** tung zu Überstunden sein.[641] Das ist dann von Bedeutung, wenn weder der Arbeitsvertrag noch ein anwendbarer Tarifvertrag eine entsprechende Regelung enthält. Schließt der Arbeitsvertrag allerdings Überstunden ausdrücklich aus, kann dies nicht durch anderslautende Regelungen in einer Betriebsvereinbarung unterlaufen werden.

bb) Betriebsvereinbarung Überstunden

▼

Muster 2.29: Betriebsvereinbarung Überstunden **219**

Der ▨▨▨ (*Bezeichnung des Unternehmens, des Betriebs, Adresse*)

– nachfolgend: **Arbeitgeber** –

und

der Betriebsrat der ▨▨▨ (*Bezeichnung des Unternehmens*) des Betriebs ▨▨▨, vertreten durch den Betriebsratsvorsitzenden ▨▨▨, wohnhaft ▨▨▨ (*Adresse*)

– nachfolgend: **Betriebsrat** –

schließen folgende Betriebsvereinbarung zur Anordnung und Leistung von Überstunden:

§ 1 Anwendungsbereich

Diese Betriebsvereinbarung gilt für alle Arbeitnehmer des Betriebs ▨▨▨. (**alternativ**: *für alle Arbeitnehmer der Abteilungen* ▨▨▨ *des Betriebs* ▨▨▨), ausgenommen leitende Angestellte im Sinne des § 5 Abs. 3 BetrVG und Leiharbeitnehmer.

§ 2 Definition „Überstunde" und „Arbeitszeit"

2.1 Unter Überstunde wird in dieser Betriebsvereinbarung jede vorübergehende Verlängerung der tariflichen oder vertraglichen Arbeitszeit eines Arbeitnehmers verstanden.

2.2 Arbeitszeit im Sinne dieser Betriebsvereinbarung ist die Zeit, in der der Arbeitnehmer berechtigt und verpflichtet ist, seine vertraglich geschuldete Arbeit zu leisten. Dienstreisen, während derer der Arbeitnehmer keine Arbeitsleistung zu erbringen hat, zählen nicht zur Arbeitszeit.

§ 3 Befugnis zur Anordnung von Überstunden

3.1 Jeder Arbeitnehmer ist verpflichtet, auf Anordnung des Arbeitgebers Überstunden zu leisten. Dies betrifft auch Überstunden an Sonntagen und in der Nacht. Der Arbeitgeber wird sicherstellen, dass die Grenzen des ArbZG beachtet werden.

3.2 Die Betriebsparteien sind sich einig, dass jeder Arbeitnehmer monatlich nicht mehr als ▨▨▨ Überstunden leisten soll.

---

639 *Kock*, MDR 2005, 1261, 1263.
640 Vgl. *Otto*, NZA 1992, 97, 109; *Richardi/Richardi*, § 87 BetrVG Rn 372; *Hess u.a.*, § 87 Rn 237; NK-GA/*Wichert*, § 2 ArbZG Rn 54.
641 BAG 3.6.2003 – 1 AZR 349/02, NZA 2003, 1155; *Fitting u.a.*, § 87 BetrVG Rn 141; *Linsenmeier*, RdA 2008, 1, 11.

3.3 Bei der Anordnung von Überstunden wird der Arbeitgeber die gesundheitlichen, persönlichen und familiären Belange der betreffenden Arbeitnehmer ausreichend berücksichtigen.

3.4 Bei der Anordnung von Überstunden ist der Gleichbehandlungsgrundsatz zu wahren.

3.5 Sind Überstunden voraussehbar, wird der Arbeitgeber dies den betroffenen Arbeitnehmern eine Woche vorher ankündigen. Kann die Wochenfrist nicht eingehalten werden, weil es sich um einen Eil- oder Notfall handelt, wird der Arbeitgeber seine Ankündigungspflicht gegenüber den betroffenen Arbeitnehmern unverzüglich nach Feststellung des Überstundenbedarfs erfüllen.

3.6 Ein Anspruch der Arbeitnehmer auf Ableistung von Überstunden wird durch diese Betriebsvereinbarung nicht begründet.

§ 4 Beteiligung des Betriebsrats im Normalfall

4.1 Der Arbeitgeber wird die Zustimmung zu voraussehbaren Überstunden beim Betriebsrat spätestens eine Woche vorher schriftlich (E-Mail wahrt das Schriftformerfordernis) beantragen. In dem Antrag werden der Grund für die Überstunden, deren voraussichtliche Lage und Dauer, die betroffene Abteilung und die betroffenen Arbeitnehmer genannt. Der Antrag erfolgt durch die Personalabteilung, ersatzweise durch den Abteilungsleiter.

4.2 Der Betriebsrat wird unverzüglich zusammentreten und dem Arbeitgeber mitteilen, ob er den beantragten Überstunden zustimmt. Wenn der Betriebsrat keine Zustimmung erteilt, so hat er die maßgeblichen Gründe dafür schriftlich (E-Mail wahrt das Schriftformerfordernis) zu erläutern.

Die Zustimmung des Betriebsrats zu dem Antrag des Arbeitgebers auf Überstunden gilt als erteilt,[642]

▪ wenn der Betriebsrat sich nicht innerhalb von fünf Tagen nach Eingang des Antrags äußert oder

▪ wenn der Betriebsrat den Antrag ablehnt, aber die Ablehnung nicht innerhalb von fünf Tagen nach Eingang des Antrags konkret begründet.

Voraussetzung für den Eintritt der Zustimmungsfiktion ist, dass der Antrag des Arbeitgebers die in Nr. 4.1 genannten Angaben enthält.

§ 5 Beteiligung des Betriebsrats im Eilfall

5.1 Die Parteien sind sich einig, dass nicht voraussehbare eilige Überstunden entstehen können. Dies ist insbesondere in folgenden Situationen der Fall: (Definition des Eilfalls).[643]

Für die Beteiligung des Betriebsrats im Eilfall gelten folgende Regelungen:

5.2 Auch in einem Eilfall versucht der Arbeitgeber, die vorherige Zustimmung des Betriebsrats zu den Überstunden zu erlangen. Soweit möglich, tritt der Betriebsrat unverzüglich zusammen und beschließt über den Antrag auf Überstunden. Der Betriebsrat kann für den Fall, dass er als Gremium nicht mehr zusammentreten und über den Eilfall beschließen kann, dem Arbeitgeber gegenüber ein entscheidungsbefugtes Betriebsratsmitglied benennen, dessen Zustimmung eingeholt werden muss. Äußert sich der Betriebsrat bzw. der entscheidungsbefugte Vertreter nicht unverzüglich oder lehnt der Betriebsrat bzw. der entscheidungsbefugte Vertreter den Antrag ohne Begründung ab, so gilt die Zustimmung des Betriebsrats bzw. des entscheidungsbefugten Vertreters als erteilt. Voraussetzung dafür ist, dass der Antrag des Arbeitgebers die in Nr. 4.1 genannten Angaben enthält.

5.3 Kann die Zustimmung des Betriebsrats nicht mehr eingeholt werden, so kann der Vorgesetzte die Überstunden ohne Zustimmung des Betriebsrats anordnen. Dabei darf er nur freiwillige Mitarbeiter berücksichtigen. Finden sich keine Freiwilligen, müssen die Überstunden unterbleiben.

---

642 Die Zustimmungsfiktion ist der Regelung in § 99 BetrVG nachgebildet. Ein Verzicht auf Mitbestimmung liegt darin nicht. Allerdings hat dies die Rechtsprechung bislang nicht bestätigt; Die Entscheidung BAG 8.12.2015 – 1 ABR 2/14, BeckRS 2016, 68740, verhält sich nicht zu einer solchen Regelung in einer Betriebsvereinbarung.
643 An dieser Stelle sind die Fälle, die nach den Umständen des Betriebs zu einer Eilbedürftigkeit führen können, möglichst genau und einschränkend aufzuführen. Eine abschließende Aufzählung sollte aber nicht erfolgen, vielmehr sollte ausdrücklich festgelegt werden, dass die Eilbedürftigkeit auch in vergleichbaren Fällen entstehen kann.

5.4 Konnte die vorherige Zustimmung des Betriebsrats aufgrund Eilbedürftigkeit nicht eingeholt werden, so muss ihm binnen einer Woche nach Anordnung der betreffenden Überstunden Folgendes schriftlich – E-Mail wahrt das Schriftformerfordernis – mitgeteilt werden: Grund für die Überstunden, deren tatsächliche Lage und Dauer, die betroffene Abteilung und die betroffenen Arbeitnehmer. Außerdem muss schriftlich mitgeteilt werden, warum die Anordnung der Überstunden nicht vorhersehbar war, wer wann und wie versuchte, die vorherige Zustimmung des Betriebsrats noch einzuholen.

5.5 Werden innerhalb eines Zeitraums von drei aufeinander folgenden Monaten mehr als   Überstunden geleistet, denen der Betriebsrat aufgrund Eilbedürftigkeit nicht vorher zustimmen konnte, werden die Betriebsparteien unverzüglich Gespräche aufnehmen, um Wege zu finden, die Anzahl der eilbedürftigen Überstunden zu verringern.

§ 6 Beteiligung des Betriebsrats im Notfall

6.1 Bei Notfällen (Naturkatastrophen, Maschinen- oder Computerausfällen, Drohen hoher Schäden etc.) kann der Arbeitgeber die erforderlichen Überstunden anordnen, falls die vorherige Zustimmung des Betriebsrats oder eines entscheidungsbefugten Vertreters nicht mehr eingeholt werden kann.

6.2 Hat der Arbeitgeber aufgrund eines Notfalls Überstunden ohne vorherige Zustimmung des Betriebsrats angeordnet, so teilt er diesem binnen einer Woche nach Anordnung der betreffenden Überstunden Folgendes schriftlich (E-Mail wahrt das Schriftformerfordernis) mit: Grund für die Überstunden, deren tatsächliche Lage und Dauer, die betroffene Abteilung und die betroffenen Arbeitnehmer.

§ 7 Ausgleich von Überstunden

7.1 Es werden nur angeordnete oder geduldete Überstunden ausgeglichen. Sind Überstunden durch den Arbeitsvertrag des betreffenden Arbeitnehmers mit der regulären Vergütung abgegolten, so erhält er keinen gesonderten Überstundenausgleich.

7.2 Der Ausgleich von Überstunden erfolgt nach Wahl des betroffenen Arbeitnehmers (*alternativ*: *des Arbeitgebers*) in Geld oder in Freizeit.

7.3 Ist ein Ausgleich in Freizeit aus betrieblichen Gründen nicht möglich, so kann der Arbeitgeber Überstunden in Geld ausgleichen.

§ 8 Kontrollrechte des Betriebsrats

8.1 Der Arbeitgeber wird dem Betriebsrat monatlich die angefallenen Überstunden durch eine Liste mitteilen. Diese Liste muss enthalten: Namen aller Mitarbeiter mit Überstunden, die Abteilung der jeweils betroffenen Mitarbeiter und die Anzahl der monatlichen Überstunden jedes Mitarbeiters. Sie ist dem Betriebsrat jeweils bis zum 10. des Folgemonats zur Verfügung zu stellen, die Übersendung per E-Mail genügt.

8.2 Die Betriebsparteien werden sich halbjährlich zusammensetzen, um

    die Anzahl der angefallenen Überstunden zu besprechen,

    zu überprüfen, ob die Belange der Arbeitnehmer ausreichend berücksichtigt worden sind,

    und Maßnahmen zum Abbau von Überstunden erörtern.

Diese Besprechungen sollen möglichst im Juli des laufenden Jahres und im Januar des Folgejahres stattfinden.

§ 9 Schlussbestimmungen

9.1 Die Betriebsvereinbarung tritt ab   (*Datum*) in Kraft. Sie kann mit einer Frist von   Monaten zum Monatsende gekündigt werden, erstmals zum   (*Datum*). Die Betriebsvereinbarung kann nur als Ganze und nicht in ihren Teilen gekündigt werden. (***alternativ:*** *Die Regelungen in Nr.* ▨ *können in den in Satz* ▨ *festgelegten Fristen gesondert gekündigt werden. In dem Fall gelten die übrigen Regelungen dieser Betriebsvereinbarung weiter.*)[644]

9.2 Ist die Betriebsvereinbarung wirksam gekündigt, so wirkt sie bis zum Abschluss einer neuen Betriebsvereinbarung nach. (***alternativ:*** ▨ *so wirkt sie nicht nach*). (***alternativ:*** *Für den Fall, dass Teile der Betriebsvereinbarung wirksam gekündigt sind, so wirken diese nach/nicht nach*).

9.3 Sollte sich bei der Auslegung und Anwendung dieser Betriebsvereinbarung eine planwidrige Regelungslücke ergeben, verpflichten sich die Parteien, möglichst kurzfristig zu versuchen, eine neue Regelung zu finden, die dem Zweck der Betriebsvereinbarung und der darin getroffenen Regelungen am nächsten kommt.

(*Ort, Datum*)

(*Unterschriften*)

▲

h)   Muster: Betriebsvereinbarung Dienstpläne/Schichtarbeit/Rufbereitschaft

Literatur: *Baeck/Loesler*, Neue Entwicklungen im Arbeitszeitrecht, NZA 2005, 247; *Bepler*, Mitbestimmung des Betriebsrats bei der Regelung der Arbeitszeit, NZA-Beilage, 2006, 45; *Joussen*, Die Rechte des Betriebsrats bei unvorhergesehenem Schichtausfall, DB 2004, 1314; *Lembke*, Das Mindestlohngesetz und seine Auswirkungen auf die arbeitsrechtliche Praxis, NZA 2015, 70; *Salamon/Gatz*, Arbeitgeberseitige Gestaltungsspielräume im Rahmen der mitbestimmten Personaleinsatzplanung, NZA 2016, 197; *Schlegel*, Grenzenlose Arbeit, NZA-Beilage 2014, 16; *Schlottfeldt/Kutscher*, Freizeitausgleich für Bereitschaftsdienst: Arbeitszeitrechtliche Aspekte der Anrechnung von Bereitschaftsdienst auf die Regelarbeitszeit, NZA 2009, 697; *Wank*, Facetten der Arbeitszeit, RdA 2004, 285.

aa)   Allgemeines

220   Dienst- und Schichtplangestaltungen finden sich in den verschiedensten Branchen: im Gesundheitswesen, in Produktionsbetrieben, im Dienstleistungsbereich. Im Rahmen der Gestaltung ist entscheidend, welche Schichten geleistet werden müssen, wie deren Festlegung erfolgt und wie die Mitarbeiter im Schichtsystem den konkreten Schichten zugewiesen werden sollen. Da es sich hierbei um die Ausübung des arbeitgeberseitigen Direktionsrechts zur Festlegung der konkreten Lage der Arbeitszeit handelt, unterliegt diese dem Mitbestimmungsrecht des Betriebsrates gemäß § 87 Abs. 1 Nr. 2 BetrVG. Vom Mitbestimmungsrecht erfasst sind dabei alle Fragen zur Einführung und Umsetzung eines Schichtsystems sowie die Festlegung des Verfahrens zur konkreten Schichtbesetzung, Festlegung der zeitlichen Lage der einzelnen Schichten, Abgrenzung des Personenkreises, der Schichtarbeit zu leisten hat, der Schichtplan und dessen nähere Ausgestaltung bis hin zur konkreten Zuordnung der Arbeitnehmer zu den einzelnen Schichten.[645] Selbiges gilt für die Festlegung der Ruf- und Bereitschaftszeiten. Auch diese sind arbeitszeitrechtlich wie betriebsverfassungsrechtlich als Arbeitszeit zu werten (siehe Rdn 169).[646]

---

644 Vgl. dazu BAG 6.11.2007 – 1 AZR 826/06, BB 2008, 385.

645 BAG 19.6.2012 – 1 ABR 19/11, NZA 2012, 1237; BAG 26.3.1991 – 1 ABR 43/90, NZA 1991, 783; *Fitting u.a.*, § 87 BetrVG Rn 120 ff.

646 Rufbereitschaft und Bereitschaftsdienst stellen Arbeitszeit im Sinne der Arbeitszeitrichtlinie und des ArbZG dar – siehe hierzu EuGH 3.10.2000 – C-303/98, NZA 2000, 1227; hieran anschließend BAG 18.2.2003 – 1 ABR 2/02, NZA 2003, 742; BAG 28.1.2004 – 5 AZR 530/02, NZA 2004, 656; ErfK/*Kania*, § 87 BetrVG Rn 29; zur Abgrenzung Rufbereitschaft von Überstunden BAG 25.4.2007 – 6 AZR 799/06, NZA 2007, 1108; zur Vergütung jedenfalls des Bereitschaftsdienstes mindestens in Höhe des Mindestlohnes, BAG 18.11.2015 – 5 AZR 761/13, MDR 2016, 533; BAG 19.11.2014 – 5 AZR 1101/12, MDR 2015, 403.

bb) Betriebsvereinbarung Dienstpläne/Schichtarbeit/Rufbereitschaft/Bereitschaftsdienst

30

▼

Muster 2.30: Betriebsvereinbarung 221
Dienstpläne/Schichtarbeit/Rufbereitschaft/Bereitschaftsdienst

Zwischen ▓▓▓▓ (*Name, Adresse Firma*)

und

dem Betriebsrat[647] der ▓▓▓▓ (*Name Firma*) am Standort ▓▓▓▓, vertreten durch den Betriebsratsvorsitzenden ▓▓▓▓, wird zur Dienstplangestaltung *(Schichtarbeit)* folgende Vereinbarung geschlossen:

§ 1 Geltungsbereich

Diese Betriebsvereinbarung gilt für alle Mitarbeiter/Innen – nachfolgend Mitarbeiter – im Bereich der ▓▓▓▓ (*z.B. Pflege/Station xyz/Produktionsbereich 1/Abteilung xyz, wie in der Anlage beschrieben*).[648] Sie gilt nicht für ▓▓▓▓ (*z.B. Praktikanten/Auszubildende und*) leitende Angestellte im Sinne des § 5 Abs. 3 BetrVG.

§ 2 Wöchentliche Arbeitszeit/Arbeitszeitdefinition/Pausenzeit

(1) Die regelmäßige wöchentliche Arbeitszeit wird auf Basis der tariflichen Öffnungsklausel gemäß ▓▓▓▓ *(Bezugnahme auf konkrete tarifliche Klausel)* für vollzeitbeschäftigte Mitarbeiter auf ▓▓▓▓ Stunden festgelegt.

Alternativ – bei tariflicher Vorgabe ohne Öffnungsklausel: *Es gilt die wöchentliche Arbeitszeit nach* ▓▓▓▓ *(Bezugnahme auf konkrete tarifliche Klausel.)*

Fehlt tarifliche Regelung: *Die regelmäßige wöchentliche Arbeitszeit beträgt für vollzeitbeschäftigte Mitarbeiter derzeit* ▓▓▓▓ *Stunden.*[649]

(2) Arbeitszeit ist die Zeit, innerhalb derer der Mitarbeiter verpflichtet ist, seine vertraglich geschuldete Arbeitsleistung anzubieten.[650] Hierzu gehören auch:

■ Umkleidezeiten, soweit das Anlegen der Arbeitskleidung aus arbeitsschutzrechtlicher Sicht bzw. aufgrund behördlicher Genehmigungsvorschriften vorgeschrieben ist – wie im Bereich ▓▓▓▓, oder – wie im Bereich ▓▓▓▓ (*z.B. Bereich mit starker Verschmutzung, für den der Arbeitgeber gesonderte Dienstkleidung zur Verfügung stellt und das Waschen übernimmt*) – für die Tätigkeitsausübung erforderlich ist. Gleiches gilt für Umkleidezeiten im Bereich ▓▓▓▓ (*z.B. Bereich, in dem das Tragen der Dienstkleidung im ausschließlichen Interesse des Arbeitgebers liegt*).[651]

---

647 Regelmäßig sind die örtlichen Betriebsräte für die Gestaltung der Arbeitszeitfragen zuständig. Der Geltungsbereich einer Betriebsvereinbarung kann nicht über den Betrieb hinaus erstreckt werden. Nur bei enger, technisch-organisatorischer überbetrieblicher Verknüpfung der Arbeitsabläufe kann die Regelungszuständigkeit des örtlichen Betriebsrats entfallen und die Zuständigkeit des Gesamtbetriebsrats begründet sein. In diesem Fall kann der Geltungsbereich dann auch auf betriebsratslose Betriebe erstreckt sein, BAG 19.6.2012 – 1 ABR 19/11, NZA 2012, 1237.

648 Die Beschränkung auf bestimmte Bereiche ist insbesondere bei der Schichtplangestaltung sinnvoll, denn zumeist werden nicht alle Arbeitnehmergruppen betroffen sein (etwa die Verwaltung). Die Beschränkung ist in den Grenzen des § 75 BetrVG (Gleichbehandlungsrundsatz) zulässig.

649 Die Festlegung der Dauer der Arbeitszeit unterliegt nicht der Mitbestimmung des Betriebsrats, BAG 17.3.2010 – 5 AZR 296/09, DB 2010, 1130. Die Regelung ist daher nur deklaratorisch.

650 BAG 14.11.2006 – 1 ABR 5/06 – NZA 2007, 458: „Der Arbeitszeitbegriff in § 87 Abs. 1 Nr. 2 BetrVG – und gleichermaßen der in § 87 Abs. 1 Nr. 3 BetrVG – ist nicht gänzlich deckungsgleich mit dem Begriff der vergütungspflichtigen Arbeitszeit und dem des Arbeitszeitgesetzes oder der EGRL 88/2003 über bestimmte Aspekte der Arbeitszeitgestaltung vom 4.11.2003. Er bestimmt sich vielmehr nach dem Zweck des Mitbestimmungsrechts. Die Beteiligung des Betriebsrats nach § 87 Abs. 1 Nr. 2 BetrVG dient dazu, die Interessen der Arbeitnehmer an der Lage ihrer Arbeitszeit und damit zugleich ihrer freien und für die Gestaltung ihres Privatlebens nutzbaren Zeit zur Geltung zu bringen."

651 Zur Umkleidezeit als Arbeitszeit bei Hygienevorgaben und sonstiger behördlicher Verpflichtung – BAG 19.9.2012 – 5 AZR 678/11, NZA-RR 2013, 63; zur Umkleidezeit als Arbeitszeit bei auffälliger Dienstkleidung BAG 17.11.2015 – 1 ABR 76/13, NZA 2016, 247, BAG 12.11.2013 – 1 ABR 59/12, NZA 2014, 557.

■ Zeiten des Bereitschaftsdienstes, während derer sich der Mitarbeiter arbeitgeberseitig an bestimmten Stellen innerhalb oder außerhalb des Betriebes aufzuhalten hat, um erforderlichenfalls seine volle Arbeitstätigkeit unverzüglich aufzunehmen.[652]

■ Zeiten der Rufbereitschaft, während derer der Mitarbeiter seinen Aufenthaltsort frei wählen kann, aber jederzeit erreichbar und innerhalb von ▮▮▮▮ Stunden seine Arbeit aufnehmen muss.[653]

(3) Pausenzeit ist die (*ggf.: unbezahlte*) Unterbrechung der Arbeitszeit, während derer der Mitarbeiter weder Arbeit leisten muss noch sich zur Arbeitsleistung bereithalten muss.[654]

§ 3 Schichtdienst/Schichten/Pausen

(1) Die regelmäßige wöchentliche Arbeitszeit wird unter Beachtung von § 6 ArbZG auf die einzelnen Wochentage Montag bis Freitag (*ggf.: Samstag/Sonntag*) verteilt. Dabei wird im Schichtdienst mit ▮▮▮▮ Schichten gearbeitet, und zwar in Früh-, Mittags-, (*ggf.: Spät-*) und Nachtschicht. Die tägliche Arbeitszeit beträgt in der Regel ▮▮▮▮ Stunden, soweit nicht nachfolgend abweichendes vereinbart ist:

die Frühschicht beginnt um ▮▮▮▮ Uhr und endet um ▮▮▮▮ Uhr,

Pausenzeiten[655] Gruppe 1:   1. Pause: in der Zeit von ▮▮▮▮ Uhr bis ▮▮▮▮ Uhr

2. Pause: in der Zeit von ▮▮▮▮ Uhr bis ▮▮▮▮ Uhr

Pausenzeiten Gruppe 2:   1. Pause: in der Zeit von ▮▮▮▮ Uhr bis ▮▮▮▮ Uhr

2. Pause: in der Zeit von ▮▮▮▮ Uhr bis ▮▮▮▮ Uhr

die Mittagsschicht beginnt um ▮▮▮▮ Uhr und endet um ▮▮▮▮ Uhr,

Pausenzeiten Gruppe 1:   1. Pause: in der Zeit von ▮▮▮▮ Uhr bis ▮▮▮▮ Uhr

2. Pause: in der Zeit von ▮▮▮▮ Uhr bis ▮▮▮▮ Uhr

Pausenzeiten Gruppe 2:   1. Pause: in der Zeit von ▮▮▮▮ Uhr bis ▮▮▮▮ Uhr

2. Pause: in der Zeit von ▮▮▮▮ Uhr bis ▮▮▮▮ Uhr

(*die Spätschicht beginnt um ▮▮▮▮ Uhr und endet um ▮▮▮▮ Uhr*),

Pausenzeiten Gruppe 1:   1. Pause: in der Zeit von ▮▮▮▮ Uhr bis ▮▮▮▮ Uhr

2. Pause: in der Zeit von ▮▮▮▮ Uhr bis ▮▮▮▮ Uhr

Pausenzeiten Gruppe 2:   1. Pause: in der Zeit von ▮▮▮▮ Uhr bis ▮▮▮▮ Uhr

2. Pause: in der Zeit von ▮▮▮▮ Uhr bis ▮▮▮▮ Uhr

die Nachtschicht beginnt um ▮▮▮▮ Uhr und endet um ▮▮▮▮ Uhr,

Pausenzeiten Gruppe 1:   1. Pause: in der Zeit von ▮▮▮▮ Uhr bis ▮▮▮▮ Uhr

---

652 Siehe zum Bereitschaftsdienst und Berechnung des Freizeitausgleichs *Schlottfeldt/Kutscher*, NZA 2009, 697.

653 Rufbereitschaft und Bereitschaftsdienst stellen Arbeitszeit im Sinne der Arbeitszeitrichtlinie und des ArbZG dar – siehe hierzu EuGH 3.10.2000 – C-303/98, NZA 2000, 1227; hieran anschließend BAG 18.2.2003 – 1 ABR 2/02, NZA 2003, 742; BAG 28.1.2004 – 5 AZR 530/02, NZA 2004, 656. Wie diese Arbeitszeit zu vergüten ist, ist damit noch nicht festgelegt; insbesondere unterliegt die Festlegung der Vergütungshöhe nicht der Mitbestimmung des Betriebsrats. Allerdings sind jedenfalls für den Bereitschaftsdient die Vorgaben des MiLoG einzuhalten, BAG 18.11.2015 – 5 AZR 761/13, MDR 2016, 533; BAG 19.11.2014 – 5 AZR 1101/12, MDR 2015, 403.

654 Beachte: zum Teil enthalten tarifliche Regelungen eine Vergütungspflicht auch für Pausenzeiten. Maßgeblich für das Vorliegen einer Pause ist nicht die Frage der Vergütungspflicht, sondern, dass der Arbeitnehmer weder arbeiten noch sich zur Arbeitsleistung bereithalten muss, BAG 1.7.2003 – 1 ABR 20/02, NZA 2004, 620.

655 Beachte: der Betriebsrat hat einen Unterlassungsanspruch bei Anordnung von Arbeit während festgelegter Pausenzeiten, BAG 7.2.2012 – 1 ABR 77/10, NZA-RR 2012, 359.

	2. Pause: in der Zeit von [ ] Uhr bis [ ] Uhr
Pausenzeiten Gruppe 2:	1. Pause: in der Zeit von [ ] Uhr bis [ ] Uhr
	2. Pause: in der Zeit von [ ] Uhr bis [ ] Uhr

Die Einteilung der konkreten Pausengruppen nehmen die Mitarbeiter einvernehmlich vor. Kommt eine Einigung nicht zustande, erfolgt die Einteilung nach [ ] *(z.B. Betriebszugehörigkeit/Alphabet/durch das Los)*.

(2) Folgende Schichtmodelle sind möglich:[656]

(a) 15-Schichten-Modell mit gekürzter Arbeitszeit am Freitag (letzte Schicht):

Das Schichtmodell umfasst 15 Schichten pro Woche – mit insgesamt [ ] Arbeitsstunden. Die erste Schicht einer Woche beginnt am Montag um [ ] Uhr, die letzte Schicht einer Woche endet am Freitag um [ ] Uhr. Die Schichten haben an den Tagen von Montag bis Donnerstag eine Dauer von jeweils [ ] Stunden; die Schichten am Freitag (Arbeitsbeginn) haben eine Dauer von jeweils [ ] Stunden.

(b) 15-Schichten-Modell mit durchgängiger Arbeitszeit:

Das Schichtmodell umfasst 15 Schichten pro Woche – mit insgesamt [ ] Arbeitsstunden. Die erste Schicht einer Woche beginnt am Montag um [ ] Uhr, die letzte Schicht einer Woche endet am Freitag um [ ] Uhr. Die Schichten haben an den Tagen von Montag bis Freitag eine Dauer von jeweils [ ] Stunden.

(c) 16-Schichten-Modell mit durchgängiger Arbeitszeit:

Das Schichtmodell umfasst 16 Schichten pro Woche – mit insgesamt [ ] Arbeitsstunden. Die erste Schicht einer Woche beginnt am Montag um [ ] Uhr, die letzte Schicht einer Woche endet am Samstag um [ ] Uhr. Die Schichten haben an den Tagen von Montag bis Samstag eine Dauer von jeweils [ ] Stunden.

(c) [ ]-Schichten-Modell mit durchgängiger Arbeitszeit:

Das Schichtmodell umfasst [ ] Schichten pro Woche – mit insgesamt [ ] Arbeitsstunden. Die erste Schicht einer Woche beginnt am Sonntag um [ ] Uhr, die letzte Schicht einer Woche endet am [ ] um [ ] Uhr. Die Schichten haben eine Dauer von jeweils [ ] Stunden.

(3) Die Mitarbeiter werden regelmäßig zu [ ] Arbeitsschichten und daran anschließend mindestens [ ] Freischichten eingeteilt. Die Schichten wechseln wöchentlich *(alle zwei Wochen/monatlich/quartalsweise)*. Der Schichtwechsel ist den Mitarbeitern mindestens [ ] Wochen im Voraus anzukündigen.

(4) Jeder Mitarbeiter ist verpflichtet, so frühzeitig am Arbeitsplatz zu erscheinen und den vorherigen Kollegen abzulösen, dass die Tätigkeit übergangslos fortgesetzt werden kann. **Alternativ:** *Jeder Mitarbeiter ist verpflichtet, [ ] Min. vor Schichtbeginn am Arbeitsplatz zu erscheinen, um den vorherigen Kollegen abzulösen, sodass die Tätigkeit übergangslos fortgesetzt werden kann.*

Kommt der Mitarbeiter zu spät zur Schicht, ist der direkte Vorgesetzte hierüber zu informieren. Ein Mitarbeiter darf seinen Arbeitsplatz nur verlassen, wenn er von einem Kollegen abgelöst wurde oder sein direkter Vorgesetzter dem zugestimmt hat. *(**Ggf.:** Diese Wartezeit durch verspätetes Eintreffen des Kollegen wird als Mehrarbeit vergütet.)*

§ 4 Erstellung der (wöchentlichen/monatlichen/vierteljährlichen/jährlichen) Dienst(Schicht-)pläne, Mitwirkung des Betriebsrats

(1) Um die gleichmäßige Heranziehung der Mitarbeiter zu den verschiedenen Schichten zu gewährleisten und den Mitarbeitern eine zeitliche Planung ihrer Freizeit zu ermöglichen, erstellt die [ ] *(z.B. Betriebs-/*

---

656 Abhängig von der betrieblichen Arbeitszeit und Schichtenausnutzung sind hier im teil- und vollkontinuierlichen Schichtbetrieb verschiedene Varianten denkbar.

Produktions-/Pflegedienst-/Personalleitung) jeweils für einen Kalendermonat (*alternativ: Woche/zwei Wochen/Quartal/Jahr)* geltende Dienstpläne *(Schichtpläne)* im Rahmen der vorgenannten Schichtmodelle. Die Erstellung erfolgt unter Angabe der konkreten Arbeitnehmer. Ein anonymisiertes Beispiel ist als Anlage dieser Betriebsvereinbarung beigefügt. *(Ggf.: Der Dienstplan enthält zudem Angaben der Ersatzkräfte, die bei krankheitsbedingtem oder sonstigem Ausfall von eingeteilten Mitarbeitern eingesetzt werden können).*

(2) Der Dienstplan ist dem Betriebsrat spätestens ▒▒▒▒ Wochen vor seinem geplanten Inkrafttreten zur Zustimmungserteilung vorzulegen. Der Betriebsrat teilt der ▒▒▒▒ (*z.B. Betriebs-/Produktions-/Pflegedienst-/Personalleitung*) innerhalb von ▒▒▒▒ Tagen mit, ob er dem Dienstplan zustimmt oder diesen ablehnt. Der Betriebsrat hat etwaige Einwände gegen den Dienstplan und etwaige konkrete Änderungsvorstellungen innerhalb von ▒▒▒▒ Tagen schriftlich (*alternativ: in Textform)* der ▒▒▒▒ (*z.B. Betriebs-/Produktions-/Pflegedienst-/Personalleitung*) mitzuteilen.

(3) Der Betriebsrat kann seine Zustimmung verweigern, wenn der Dienstplan

■ gegen ein Gesetz, geltende Tarifverträge oder gegen diese oder eine andere gültige Betriebsvereinbarung verstößt;

■ in Zusammenschau mit vorangegangenen Dienstplänen, die Mitarbeiter bei der Diensteinteilung – unbeschadet gewährter Urlaubszeiten – insbesondere an Wochenenden und Feiertagen nicht in vergleichbarer Art und in vergleichbarem Umfang berücksichtigt sind und hierfür sachliche Gründe nicht bestehen;

■ die Ableistung von Überstunden vorsieht, die – falls erforderlich – vom Betriebsrat nicht genehmigt wurden.

*(**ggf.** ergänzen um weitere Gründe für die Zustimmungsverweigerung)*

(4) Bei *(**ggf.**: fehlender Zustimmung oder)*[657] Beanstandung eines Dienstplans durch den Betriebsrat verhandeln die *(z.B. Betriebs-/Produktions-/Pflegedienst-/Personalleitung)* und der Betriebsrat innerhalb ▒▒▒▒ Tagen *(**ggf.**:* ▒▒▒▒ Woche) nach Verweigerung der Zustimmung des Betriebsrats mit dem Ziel einer gütlichen Einigung. Erfolgt eine gütliche Einigung nicht bis spätestens ▒▒▒▒ Tage vor dem geplanten Inkrafttreten des Dienstplans, entscheidet die paritätische Kommission (*alternativ: die betriebliche Einigungsstelle)* nach § 10 dieser Betriebsvereinbarung.

§ 5 Bereitschaftsdienst[658]

(1) Die Mitarbeiter können zum Bereitschaftsdienst eingeteilt werden. Während des Bereitschaftsdienstes hat der Mitarbeiter sich in ▒▒▒▒ (*z.B. Bereitschaftszimmer/Aufenthaltsraum etc.)* aufzuhalten, um auf Abruf unverzüglich seine Arbeit aufnehmen zu können.

(2) Der Bereitschaftsdienst dauert von ▒▒▒▒ bis ▒▒▒▒. Die maximale Dauer des Bereitschaftsdienstes beträgt ▒▒▒▒ Tage. Der Mitarbeiter darf maximal zu ▒▒▒▒ Bereitschaftsdiensten pro Kalenderjahr (*alternativ: Monat/Quartal)* eingeteilt werden. Zwischen zwei Bereitschaftsdienstwochen müssen mindestens ▒▒▒▒ Wochen bereitschaftsfreie Zeit liegen.

(3) Die Einteilung zum Bereitschaftsdienst erfolgt im Rahmen der Erstellung der (wöchentlichen/monatlichen/vierteljährlichen/jährlichen) Dienst(Schicht-)pläne nach § 4. Alternativ kann der Arbeitgeber die Einteilung zum Bereitschaftsdienst unter Angabe der konkreten Arbeitnehmer spätestens ▒▒▒▒ Wochen vor dem geplanten Einsatz dem Betriebsrat zur Zustimmung vorlegen. Der Betriebsrat teilt der ▒▒▒▒ (*z.B. Betriebs-/Produktions-/Pflegedienst-/Personalleitung*) innerhalb von ▒▒▒▒ Tagen mit, ob er der Einteilung zustimmt oder diese ablehnt. Der Betriebsrat hat etwaige Einwände gegen die Einteilung und etwaige konkrete Änderungsvorstellungen innerhalb von ▒▒▒▒ Tagen nach seiner Vorlage schriftlich (*alternativ: in Textform)* der ▒▒▒▒ (*z.B. Betriebs-/Produktions-/Pflegedienst-/Personalleitung*) mitzuteilen. Im Übrigen gilt § 4.

---

657 Die Beteiligungsrechte sind nur gewahrt, wenn der Betriebsrat zustimmt. Eine fehlende Beanstandung kann nicht als Zustimmung gewertet oder fingiert werden, BAG 8.12.2015 – 1 ABR 2/14, BB 2016, 1524.

658 Bereitschaftsdienst ist Arbeitszeit im Sinne des ArbZG – es gelten also grundsätzlich die täglichen und wöchentlichen Höchstarbeitszeitregelungen. Allerdings besteht die Möglichkeit der Verlängerung der werktäglichen Arbeitszeit durch Tarifvertrag oder aufgrund eines Tarifvertrags durch Betriebs- oder Dienstvereinbarung, wenn in die Arbeitszeit regelmäßig und in erheblichem Umfang Arbeitsbereitschaft oder Bereitschaftsdienst fällt, § 7 Abs. 1 Nr. 1 ArbZG. Nach BAG 18.11.2015 – 5 AZR 761/13, MDR 2016, 533; BAG 19.11.2014 – 5 AZR 1101/12, MDR 2015, 403 sind Zeiten des Bereitschaftsdienstes mindestens mit dem Mindestlohn zu vergüten.

(4) Die Vergütung während des Bereitschaftsdienstes richtet sich nach ▬▬▬ *(Bezugnahme auf konkrete tarifliche Klausel).*

Alternativ: *Ruft der Arbeitgeber während des Bereitschaftsdienstes Arbeitsleistungen ab, handelt es sich um uneingeschränkt vergütungspflichtige Arbeitszeit (Vollarbeitszeit). Darüber hinaus wird der Bereitschaftsdienst mit* ▬▬▬ *% (z.B. 55 %) der Vergütung der Vollarbeit, mindestens jedoch in Höhe des Mindestlohnes nach dem MiLoG in der jeweils gültigen Fassung vergütet.*[659]

(5) Der Betriebsrat erhält jeweils am Monatsende eine Aufstellung über die im Bereitschaftsdienst tatsächlich geleistete Arbeitszeit.

§ 6 Rufbereitschaft[660]

(1) Die Mitarbeiter können zur Rufbereitschaft eingeteilt werden. Während der Rufbereitschaft ist der Mitarbeiter in der Wahl seines Aufenthaltsortes frei. Er muss allerdings während der Rufbereitschaft jederzeit über die von ihm angegebene Mobilnummer *(Piepser)* erreichbar sein und seine Arbeit innerhalb von ▬▬▬ Stunden aufnehmen können. Der Mitarbeiter hat die Erreichbarkeit zu kontrollieren und – bei Beeinträchtigung der Erreichbarkeit – unverzüglich für anderweitige Erreichbarkeit zu sorgen. Er darf während der Rufbereitschaft keinerlei Einschränkung der Arbeits- oder Fahrtauglichkeit – etwa durch Alkohol- oder Drogenkonsum – herbeiführen.

(2) Die Rufbereitschaft dauert von ▬▬▬ bis ▬▬▬. Die maximale Dauer der Rufbereitschaft beträgt ▬▬▬ Tage. Der Mitarbeiter darf maximal zu ▬▬▬ Rufbereitschaftsdiensten pro Kalenderjahr *(alternativ: Monat/Quartal)* eingeteilt werden. Zwischen zwei Rufbereitschaftswochen müssen mindestens ▬▬▬ Wochen bereitschaftsfreie Zeit liegen.

(3) Die Einteilung zur Rufbereitschaft erfolgt im Rahmen der Erstellung der (wöchentlichen/monatlichen/vierteljährlichen/jährlichen) Dienst(Schicht-)pläne nach § 4. Alternativ kann der Arbeitgeber die Einteilung zur Rufbereitschaft unter Angabe der konkreten Arbeitnehmer spätestens ▬▬▬ Wochen vor dem geplanten Einsatz dem Betriebsrat zur Zustimmung vorlegen. Der Betriebsrat teilt der ▬▬▬ *(z.B. Betriebs-/Produktions-/Pflegedienst-/Personalleitung)* innerhalb von ▬▬▬ Tagen mit, ob er der Einteilung zustimmt oder diese ablehnt. Der Betriebsrat hat etwaige Einwände gegen die Einteilung und etwaige konkrete Änderungsvorstellungen innerhalb von ▬▬▬ Tagen nach seiner Vorlage schriftlich (**alternativ:** *in Textform)* der ▬▬▬ *(z.B. Betriebs-/Produktions-/Pflegedienst-/Personalleitung)* mitzuteilen. Im Übrigen gilt § 4.

(4) Die Vergütung während der Rufbereitschaft richtet sich nach ▬▬▬ *(Bezugnahme auf konkrete tarifliche Klausel).*

Alternativ: *Ruft der Arbeitgeber während der Rufbereitschaft Arbeitsleistungen ab, handelt es sich um uneingeschränkt vergütungspflichtige Arbeitszeit (Vollarbeitszeit). Die Vergütung während der Rufbereitschaft im Übrigen (d.h. der nicht gearbeiteten Zeit) richtet sich nach folgender Staffelung:* ▬▬▬.

Stufe	Arbeitsleistung innerhalb des Bereitschafts-dienstes	Bewertung als Arbeitszeit
A	0–10 %	15 %
B	mehr als 10–25 %	25 %
C	mehr als 25–40 %	55 %
D	mehr als 40 %	55 %

---

659 Beachte: Die Vergütung erfolgt in der Regel nach Maßgabe des üblichen Heranziehungsgrades. Die tariflichen Regelungen sehen unterschiedliche Staffelungen vor – siehe z.B. § 8 TVöDB. Nach BAG 18.11.2015 – 5 AZR 761/13, MDR 2016, 533, BAG 19.11.2014 – 5 AZR 1101/12 MDR 2015, 403 ist Bereitschaftsdienst mindestlohnpflichtige Vollarbeitszeit. Die hier vorgeschlagene Klausel stellt sicher, dass die Mindestlohneinhaltung auch bei unteren Einkommensgruppen gewährleistet ist.
660 Zur Abgrenzung von Rufbereitschaft und Überstunden vgl. BAG 25.4.2007 – 6 AZR 799/06, NZA 2007, 1108.

Mindestens erfolgt die Vergütung der Rufbereitschaft in Höhe des Mindestlohnes nach dem MiLoG.[661]

Auf Wunsch des Mitarbeiters erfolgt alternativ eine Vergütung durch Freizeitgewähr nach folgender Berechnung .

(5) Der Betriebsrat erhält jeweils am Monatsende eine Aufstellung über die in der Rufbereitschaft tatsächlich geleistete Arbeitszeit.

§ 7 Ausgleich für Nachtarbeit

Der Ausgleich der Nachtarbeit richtet sich nach den tariflichen Regelungen.

Alternativ – dort, wo kein Tarifvertrag besteht: Zum Ausgleich für die Nachtarbeit erhalten die Mitarbeiter einen Nachtarbeitszuschlag in Höhe von 25 % des jeweiligen Stundenentgelts.[662] *Nachtarbeit liegt vor, wenn der Mitarbeiter mehr als zwei Stunden in der Nachtzeit (23:00 Uhr bis 6:00 Uhr) arbeitet, § 2 Abs. 2 und 3 ArbZG.*

§ 8 Veröffentlichung der Dienstpläne

Die Dienstpläne werden spätestens Tage (*ggf.:* Wochen) vor ihrem Inkrafttreten an geeigneter Stelle *(zu konkretisieren: z.B. am Schwarzen Brett/Station etc.)* veröffentlicht. Vom Betriebsrat rechtzeitig und ordnungsgemäß beanstandete Dienstpläne werden mit dem Hinweis versehen, dass der Betriebsrat seine Zustimmung verweigert hat und diese noch nicht verbindlich sind.

§ 9 Abweichungen von Dienstplänen/Tausch von Schichten

(1) Abweichungen vom veröffentlichten (verbindlichen) Dienstplan sind nur nach Zustimmung des Betriebsrats zulässig. Dies gilt nicht in Notfällen, die sich vorheriger Planung entziehen – hier bedarf es der unverzüglichen Information des Betriebsrats.[663]

(2) Der Arbeitgeber informiert den Betriebsrat unverzüglich über Abweichungen vom Dienstplan/Schichtwechsel/Wegfall von Schichten/Zusatzschichten und teilt die Gründe mit. Der Betriebsrat erteilt unverzüglich seine Zustimmung oder teilt etwaige Einwände und etwaige konkrete Änderungsvorstellungen unverzüglich, spätestens innerhalb von Tagen schriftlich (*alternativ: in Textform*) der (z.B. *Betriebs-/Produktions-/Pflegedienst-/Personalleitung*) mit. Erfolgt eine gütliche Einigung nicht bis spätestens Tage vor der Abweichung vom Dienstplan, entscheidet die paritätische Kommission (*alternativ: die Einigungsstelle*[664]) nach § 7 dieser Betriebsvereinbarung.

---

661 Beachte: Für den Bereitschaftsdienst/die Arbeitsbereitschaft hat das BAG entschieden, dass diese als Vollarbeitszeit dem gesetzlichen Mindestlohn unterliegt – BAG 18.11.2015 – 5 AZR 761/13, MDR 2016, 533; BAG 19.11.2014 – 5 AZR 1101/12MDR 2015, 403. Ob dies so uneingeschränkt auch für die Rufbereitschaft gilt, ist noch offen, aber wohl zu bejahen. Allerdings bedarf es auch nach dem MiLoG nicht zwingend der Gewähr des Mindestlohnes für die Bereitschaftszeiten, wenn im Zuge des verstetigten Entgelts die Einhaltung des Mindestlohnes für (Voll-)Arbeitszeit und Bereitschaftszeit sichergestellt ist. Die hier vorgeschlagene Klausel stellt sicher, dass die Mindestlohneinhaltung insbesondere auch bei unteren Einkommensgruppen gewährleistet ist.

662 Beachte hierzu BAG 9.12.2015 – 10 AZR 423/14, NZA 2016, 426: „Ein Zuschlag i.H.v. 25 % auf den jeweiligen Bruttostundenlohn bzw. die Gewährung einer entsprechenden Anzahl von bezahlten freien Tagen stellt ohne das Vorliegen besonderer Umstände, die auf eine höhere oder geringere Belastung schließen lassen, regelmäßig einen angemessenen Ausgleich für geleistete Nachtarbeit i.S.v. § 6 Abs. 5 ArbZG dar. Bei Erbringung der regulären Arbeitsleistung in Dauernachtarbeit erhöht sich der Ausgleichsanspruch regelmäßig auf 30 %."
Alternativ ist auch ein angemessener Ausgleich in Freizeit möglich. Auch dieser wird sich an der vorgenannten Rechtsprechung zur Angemessenheit orientieren müssen. Bei der Ausgestaltung des Ausgleichs hat der Betriebsrat mitzubestimmen – insbesondere bei der Frage, ob der Ausgleich in Geld oder in Freizeit erfolgen soll. Bei der Höhe des Ausgleichs besteht hingegen kein erzwingbares Mitbestimmungsrecht, BAG 17.1.2012 – 1 ABR 62/10, NZA 2012, 513; BAG 26.4.2005 – 1 ABR 1/04, NZA 205, 884.

663 Der Mitbestimmung des Betriebsrats unterfällt die Festlegung der Schichten und die Aufstellung der konkreten Dienstpläne einschließlich der arbeitnehmerbezogenen Besetzung der Schichten. Ebenso ist der Wechsel von Arbeitnehmern in andere Schichten als ihre ursprüngliche Einteilung mitbestimmungspflichtig. Auch sonstige Abweichungen vom Schichtplan, einschließlich der Streichung von Schichten, unterliegen grundsätzlich der Mitbestimmung des Betriebsrats, BAG 29.9.2004 – 5 AZR 559/03, NZA 2005, 184; BAG 1.7.2003 – 1 ABR 22/02, NZA 2003, 1209; BAG 28.5.2002 – 1 ABR 40/01, NZA 2003, 1352. Für bestimmte Mitbestimmungstatbestände hat der Gesetzgeber Eilregelungen vorgesehen (z.B. §§ 100, 115 Abs. 7 Nr. 4 BetrVG). Für soziale Angelegenheiten nach § 87 BetrVG hat der Gesetzgeber keine solche Regelungen getroffen. Vielmehr besteht das Mitbestimmungsrecht auch in diesen Fällen uneingeschränkt fort – zur Not mit dem Erfordernis, eine Einigung über die Einigungsstelle zu ersetzen, BAG 9.7.2013 – 1 ABR 19/12, NZA 2014, 99.

664 Ein Verweis auf die Einigungsstelle ist in diesen Fällen nur sinnvoll, wenn eine ständige Einigungsstelle gebildet ist.

Ggf.: Bei krankheitsbedingtem oder sonstigem Ausfall eines Mitarbeiters kann der Arbeitgeber die alternative Besetzung ohne erneute Zustimmung des Betriebsrats vornehmen, soweit der alternativ eingesetzte Mitarbeiter im Dienstplan als Ersatzkraft angegeben war und mit dem Einsatz einverstanden ist. Bei der Auswahl hat der Arbeitgeber die Ersatzkräfte gleichermaßen zu berücksichtigen.[665]

(3) Die betroffenen Mitarbeiter sind von einer Änderung unverzüglich durch ▮▮▮▮ *(z.B. Betriebs-/Produktions-/Pflegedienst-/Personalleitung)* zu informieren.

(4) Der Tausch von einzelnen Diensten, Schichten und freien Tagen zwischen Mitarbeitern ist grundsätzlich möglich. Er bedarf der Zustimmung der ▮▮▮▮ *(z.B. Betriebs-/Produktions-/Pflegedienst-/Personalleitung).* *(Ggf.: Die Zustimmung ist zu erteilen, soweit nicht betriebliche Interessen oder schützenswerte Interessen anderer Mitarbeiter entgegenstehen.)* Die Vorgaben des Arbeitszeitgesetzes sind zu beachten. Durch eine auf Tausch beruhende Dienstplanänderung werden keine individuellen Sondervergütungsansprüche (z.B. Ansprüche auf Überstundenvergütung) begründet.

§ 10 Meinungsverschiedenheiten

Bei Meinungsverschiedenheiten aus dieser Betriebsvereinbarung entscheidet eine paritätische Kommission. Sie besteht aus je 2 Vertretern des Arbeitgebers und des Betriebsrats. Die Entscheidung der Kommission ergeht innerhalb von ▮▮▮▮ Tagen, in Eilfällen innerhalb von ▮▮▮▮ Stunden. Die Anrufung erfolgt bei Anrufung durch den Betriebsrat durch Erklärung in Textform gegenüber der ▮▮▮▮ *(z.B. Betriebsleiter/ Produktionsleitung/Pflegedienstleitung/Personalleitung – Festlegung wie oben)*, bei Anrufung durch den Arbeitgeber durch schriftliche Erklärung gegenüber dem Betriebsrat. Kommt eine Mehrheitsentscheidung in der Kommission nicht zustande, sind nach Maßgabe des Eingangs der Anrufung im Wechsel die Stimmen der Arbeitgebervertreter und die des Betriebsrats entscheidend. Über das „Erstentscheidungsrecht" entscheidet das Los. Ein gesondertes Einigungsstellenverfahren findet nicht statt.

Alternativ: Betriebliche Einigungsstelle Schichtplan

(1) Für den Fall, dass die Betriebsparteien im Zusammenhang mit mitbestimmungspflichtigen Angelegenheiten nach dieser Betriebsvereinbarung nicht zu einer Einigung kommen, kann jede Seite jederzeit die betriebliche Einigungsstelle anrufen.

(2) Die ständige betriebliche Einigungsstelle besteht aus einem Vorsitzenden und je einem Beisitzer jeder Seite. Zum Vorsitzenden ist Herr/Frau ▮▮▮▮ ernannt. Im Fall der Verhinderung des Vorsitzenden ist Stellvertreter Herr/Frau ▮▮▮▮, im Fall von dessen Verhinderung ist Herr/Frau ▮▮▮▮ Stellvertreter des Vorsitzenden.

(3) Die Anrufung der Einigungsstelle erfolgt durch Unterrichtung der jeweils anderen Partei in Textform (die Unterrichtung an den Arbeitgeber erfolgt gegenüber ▮▮▮▮ (z.B. Betriebsleiter/Produktionsleitung/Pflegedienstleitung/Personalleitung – Festlegung wie oben)) und fernmündlich oder in Textform gegenüber dem Vorsitzenden mit der Bitte, unverzüglich die Einigungsstelle einzuberufen. Die Ladungsfrist beträgt ▮▮▮▮ Stunden. Die Entscheidung der Einigungsstelle ergeht innerhalb von ▮▮▮▮ Tagen, in Eilfällen innerhalb von ▮▮▮▮ Stunden.

§ 11 Ärztliche Untersuchungen

(1) Die Mitarbeiter im Schichtsystem nehmen an regelmäßigen werksärztlichen Vorsorge- und Überwachungsuntersuchungen teil. Nach drei Jahren regelmäßiger Schichtarbeit mit Nachtarbeit und Erreichen des 50. Lebensjahres wird die Untersuchung im Abstand von ▮▮▮▮ Jahren durchgeführt.[666]

(2) Der Mitarbeiter wird für die Dauer der Untersuchung sowie die notwendigen Wege und Wartezeiten unter Fortzahlung der Vergütung freigestellt. Die Kosten der Untersuchung trägt der Arbeitgeber.

(ggf. § 12 Härtefallklausel)

(1) Mitarbeiter, die aus persönlichen (gesundheitlichen oder familiären) Gründen nicht am Schichtbetrieb teilnehmen können, müssen dies mit qualifizierter Begründung und unter Vorlage entsprechender Belege

---

665 Auch wenn der Betriebsrat nicht auf sein Mitbestimmungsrecht verzichten kann, so bedarf es nicht der Zustimmung in jedem Einzelfall, wenn die Betriebsparteien den Rahmen der Festlegung durch den Arbeitgeber vereinbart haben und die Beteiligungsrechte auf diese Weise gewahrt werden, BAG 28.5.2002 – 1 ABR 40/01, NZA 2003, 1352.

666 Nach § 6 ArbZG haben Arbeitnehmer, die in Wechselschicht regelmäßig auch Nachtarbeit leisten müssen, u.a. das Recht auf regelmäßige Untersuchung.

den Betriebsparteien mitteilen. Soweit eine Veränderung der Situation/Herausnahme aus dem Schichtbetrieb möglich ist, werden die Betriebsparteien sich um eine Lösung bemühen.

(2) Mitarbeiter, die das 58. Lebensjahr vollendet haben und mindestens 10 Jahre im vollkontinuierlichen Schichtbetrieb ohne Unterbrechung tätig waren, werden soweit möglich nicht mehr in wechselnden Schichten eingesetzt. Die Betriebsparteien werden sich um eine solche Lösung bemühen.

Alternativ: Mitarbeiter können gemäß § 6 Abs. 4 ArbZG unter folgenden Voraussetzungen die Umsetzung auf einen geeigneten Arbeitsplatz ohne Schichtdienst, bzw. den Einsatz ausschließlich in Tagschichten (Früh-/Mittags-/Spätschicht) beanspruchen:

(a) Die weitere Verrichtung der Nachtarbeit gefährdet nach arbeitsmedizinischen Feststellungen die Gesundheit des Mitarbeiters (hier bedarf es des Nachweises durch ärztliches Attest);

(b) Die Nachtarbeit gefährdet die Betreuungspflicht gegenüber einem Kind unter 12 Jahren, das im Haushalt des Mitarbeiters lebt und dessen Betreuung nicht durch eine andere im Haushalt lebende Person gesichert werden kann (hier bedarf es der schriftlichen Darstellung der Gründe, warum eine andere Betreuung nicht gesichert werden kann);

(c) Die Nachtarbeit gefährdet die Versorgungspflicht gegenüber einem schwerpflegebedürftigen Angehörigen, der im Haushalt lebt (hier bedarf es der schriftlichen Darstellung der Gründe, warum eine andere Betreuung nicht gesichert werden kann);

und dringende betriebliche Gründe stehen der Umsetzung auf einen Tagarbeitsplatz bzw. Herausnahme aus der Vollschicht nicht entgegen.[667]

§ 13 Teilzeitmitarbeiter

Für Teilzeitmitarbeiter gelten die vorstehenden Regelungen entsprechend. Überstunden/Mehrarbeit liegen auch bei Teilzeitmitarbeitern – losgelöst von der individuellen Arbeitszeit – erst bei Überschreiten der betriebsüblichen Vollzeitarbeitszeit ab der ▨▨▨▨ Stunde vor.

§ 14 Schlussbestimmungen

(1) Diese Betriebsvereinbarung tritt mit Wirkung ab dem ▨▨▨▨ in Kraft. Die Betriebsvereinbarung ist zunächst befristet bis zum ▨▨▨▨. Die Betriebsvereinbarung verlängert sich jeweils um ein weiteres Jahr, wenn sie nicht mit einer Frist von 6 Monaten vor Ablauf schriftlich gekündigt wird.

Alternativ: Die Betriebsvereinbarung tritt mit Wirkung ab dem ▨▨▨▨ in Kraft. Sie kann mit einer Frist von ▨▨▨▨ Monaten zum Monatsende gekündigt werden.)

(2) Nach Ausspruch einer Kündigung sind unverzüglich Verhandlungen über den Abschluss einer neuen Betriebsvereinbarung aufzunehmen. Bis zum Abschluss der neuen Vereinbarung wirken die Bestimmungen der gekündigten Betriebsvereinbarung nach. *(alternativ: Die Nachwirkung ist ausgeschlossen.)*

(3) Sollte sich bei der Auslegung und Anwendung dieser Betriebsvereinbarung eine planwidrige Regelungslücke ergeben, sind die Parteien verpflichtet, möglichst kurzfristig zu versuchen, eine neue Regelung zu finden, die dem Zweck dieser Betriebsvereinbarung und der darin getroffenen Vereinbarungen am nächsten kommt.

▨▨▨▨, den ▨▨▨▨

▨▨▨▨ *(Firma)*   ▨▨▨▨ *(Betriebsratsvorsitzender)*

▲

cc) Erläuterungen
(1) Überschrift

222   Der Mitbestimmung des Betriebsrats nach § 87 Abs. 1 Nr. 2 BetrVG unterliegt der „gesamte Komplex der Schichtarbeit",[668] insbesondere auch die Abgrenzung des im Schichtdienst arbeitenden Personenkreises,

---

667 Vgl. hierzu auch § 6 Abs. 4 ArbZG.
668 BAG 28.10.1986 – 1 ABR 11/85, NZA 1987, 248 ff.

die zeitliche Lage der Schichten und damit der Schichtdauer sowie die Aufstellung der Dienstpläne einschließlich der konkreten Zuordnung der Mitarbeiter zu den einzelnen Schichten.

(2) Geltungsbereich § 1

Die Schichtplanfestlegung wird in der Regel nicht alle Bereiche eines Betriebes betreffen, sondern vor allem z.B. die Produktion in einem Produktionsbetrieb oder auch einzelne Stationen in einem Krankenhaus oder einer Pflegeeinrichtung. Die Definition des Geltungsbereichs ermöglicht es, für jeden Bereich die passenden Arbeitszeitregelungen (mit dem notwendigen Flexibilisierungspotential) zu entwickeln. Denn die Anforderungen an die Arbeitszeitlage werden in der Verwaltung und dem Einkauf oder auch Vertrieb ganz andere sein als in der Produktion. **223**

(3) Wöchentliche Arbeitszeit/Pausen, § 2

Es empfiehlt sich, die Arbeitszeit und Pausen nach den betrieblichen Besonderheiten nochmals zu definieren, um unnötige Auseinandersetzungen zu vermeiden. Dabei sind die von der Rechtsprechung entwickelten Grundsätze z.B. zu Umkleide[669]- und Reisezeiten[670] ebenso zu beachten wie die Einordnung der Arbeits- und Rufbereitschaft sowie des Bereitschaftsdienstes als Arbeitszeit.[671] **224**

(4) Schichtdienst/Schichten

Bei der Festlegung der Anzahl der Schichten und deren Lage sind die betrieblichen Notwendigkeiten ausschlaggebend. Dabei sind eine Vielzahl von Gestaltungen denkbar, die einen flexiblen Einsatz, variable Produktionszeiten, Ausnutzen der Maschinenlaufzeiten einerseits und Berücksichtigung der Freizeitinteressen der Arbeitnehmer und Vorhersehbarkeit ihres Arbeitseinsatzes andererseits berücksichtigen. Dabei können Freischichten im Rahmen des Schichtsystems einen Ausgleich zu einem bestimmten (z.B. tariflichen) Arbeitszeitvolumen (etwa im Rahmen einer 35-h-Woche) ermöglichen. Bei allen Gestaltungen sind die Vorgaben des Arbeitszeitgesetzes – insbesondere auch im Hinblick auf etwaige Genehmigungserfordernisse der Sonn- und Feiertagsarbeit (§§ 9, 10 ArbZG) – zu beachten. **225**

Bei Durchführung von Nachtschichten sind nicht nur etwaige tarifliche Zuschläge zur Nachtarbeit zu gewähren, sondern auch bei fehlender Tarifbindung nach § 6 Abs. 5 ArbZG entweder eine angemessene Zahl bezahlter freier Tage oder ein angemessener Zuschlag auf das Bruttoarbeitsentgelt zu gewähren. Diesen angemessenen Zuschlag hat das BAG bei grundsätzlich 25 % angenommen, soweit nicht besondere Umstände vorliegen, die auf eine höhere oder geringere Belastung schließen lassen. Bei Erbringung der Arbeitsleitung in Dauernachtarbeit erhöht sich der Ausgleichsanspruch regelmäßig auf 30 %.[672]

(5) Erstellung der (wöchentlichen/monatlichen/vierteljährlichen) Dienst(Schicht-)pläne, Mitwirkung des Betriebsrats, § 4

Nach der Rechtsprechung des BAG[673] sind „die Betriebsparteien frei in der Entscheidung, ob sie sich auf eine Regelung über die Grundsätze der Schichtplanung beschränken oder ob sie jeden einzelnen Schichtplan selbst aufstellen wollen. Begnügen sie sich mit der Regelung von Kriterien und Grundsätzen, ist es zulässig, die Aufstellung von Einzelschichtplänen nach diesen Vorgaben dem Arbeitgeber zu überlassen." Eine detaillierte Re- **226**

---

669 Zur Umkleidezeit als Arbeitszeit bei Hygienevorgaben und sonstiger behördlicher Verpflichtung – BAG 19.9.2012 – 5 AZR 678/11, NZA-RR 2013, 63; zur Umkleidezeit als Arbeitszeit bei auffälliger Dienstkleidung – BAG 17.11.2015 – 1 ABR 76/13, NZA 2016, 247, BAG 12.11.2013 – 1 ABR 59/12, NZA 2014, 557.

670 Zur Reisezeit – BAG 14.11.2006 – 1 ABR 5/06, NZA 207, 458.

671 Rufbereitschaft und Bereitschaftsdienst stellen Arbeitszeit im Sinne der Arbeitszeitrichtlinie und des ArbZG dar – siehe hierzu EuGH 3.10.2000 – C-303/98, NZA 2000, 1227; hieran anschließend BAG 18.2.2003 – 1 ABR 2/02, NZA 2003, 742; BAG 28.1.2004 – 5 AZR 530/02, NZA 2004, 656; ErfK/*Kania*, § 87 BetrVG Rn 29; zur Abgrenzung Rufbereitschaft von Überstunden – BAG 25.4.2007 – 6 AZR 799/06, NZA 2007, 1108. Zur Vergütung jedenfalls des Bereitschaftsdienstes mindestens in Höhe des Mindestlohnes – BAG 18.11.2015 – 5 AZR 761/13, MDR 2016, 533; BAG 19.11.2014 – 5 AZR 1101/13, MDR 2015, 403.

672 BAG 9.12.2015 – 10 AZR 423/14, NZA 2016, 426.

673 BAG 28.5.2002 – 1 ABR 40/01, NZA 2003, 1352.

gelung aller Einzelheiten ist zur Wahrung des Mitbestimmungsrechts also nicht erforderlich, wenn der Betriebsrat bereit ist, dem Arbeitgeber mehr Freiheit in der Gestaltung der einzelnen Dienstpläne zu gewähren und die Betriebsparteien hierfür den erforderlichen Rahmen definieren. Zu solchen Rahmenregelungen gehören insbesondere Verfahrensregeln und Grundregeln zur Aufstellung der Schichtplanung. So kann die Rahmenregelung arbeitgeberseitige Gestaltungsmöglichkeiten für einen abstrakt-verbindlich beschriebenen Anlass und (bzw. oder) eine entsprechend zahlenmäßige Begrenzung vorsehen (etwa im Hinblick auf die Heranziehung zu Bereitschaftsdienst und Rufbereitschaft).[674] Auch dort, wo dem Zweck der Mitbestimmung (Berücksichtigung der Interessen der Arbeitnehmer an der Gestaltung ihres Privatlebens im Hinblick auf die Lage der Arbeitszeit) bereits Rechnung getragen ist, kann z.B. beim Einsatz von Ersatzkräften und Rückgriff nur auf Freiwillige eine Rahmenregelung ausreichen, die die Bedingungen regelt.

227   Reagiert der Betriebsrat auf die Vorlage eines Dienstplanentwurfs nicht, so kann nach einer neuen Entscheidung des BAG[675] nicht die Fiktion einer Zustimmung vereinbart werden. Auch bedarf die Stellungnahme des Betriebsrats keiner bestimmten Form. Beides widerspräche dem in § 87 Abs. 2 BetrVG vorgesehenen Verfahren zur Auflösung von Konflikten zwischen den Betriebsparteien. Aus den gleichen Erwägungen ist auch eine Vereinbarung unzulässig, die eine vorläufige Geltung des Dienstplans bis zur Entscheidung der Einigungsstelle bestimmt, wenn Meinungsverschiedenheiten gegeben sind.[676]

(6) Abweichungen von Dienstplänen/Tausch von Schichten, § 6

228   Für den krankheitsbedingten oder sonstigen Ausfall einzelner Mitarbeiter ist hier eine konkrete Ersetzungsregelung vorgesehen, die dem Arbeitgeber ein schnelles Handeln ohne erneute Durchführung der Beteiligung des Betriebsrats ermöglicht. Die Regelungen sind zulässig, da die konkret als Ersatz vorgesehenen Mitarbeiter dem Betriebsrat bereits mit der Dienstplanvorlage bekannt gegeben werden, sodass eine abstrakte Berücksichtigung der Freizeitinteressen dieser Mitarbeiter durch die Beteiligung des Betriebsrats bereits gewahrt ist. Ein zusätzlicher Schutz ist durch die Freiwilligkeit der Übernahme der Schicht gewährleistet. Werden weitergehende Änderungen des Schichtplans notwendig, ist wiederum die Zustimmung des Betriebsrats erforderlich. Denkbar ist, hier kürzere Fristen vorzusehen, als bei der allgemeinen Dienstplanerstellung.

(7) Rufbereitschaft und Bereitschaftsdienst, §§ 7, 8

229   Die getroffenen Regelungen müssen sich bei Tarifbindung im Rahmen der tariflichen Vorgaben halten. Dies ist jeweils abzugleichen. Wesentlich dürfte hier sein, dass es sich sowohl bei Rufbereitschaft als auch bei Bereitschaftsdienst um (vergütungspflichtige) Arbeitszeit im Sinne des ArbZG und des MiLoG[677] handelt, sodass die Vorgaben zur Höchstarbeitszeit und den Ruhezeiten auch unter Berücksichtigung der Bereitschaftsdienstzeiten einzuhalten sind. Allerdings besteht die Möglichkeit der Verlängerung der werktäglichen Arbeitszeit durch Tarifvertrag oder aufgrund eines Tarifvertrags durch Betriebs- oder Dienstvereinbarung, wenn in die Arbeitszeit regelmäßig und in erheblichem Umfang Arbeitsbereitschaft oder Bereitschaftsdienst fällt, § 7 Abs. 1 Nr. 1 ArbZG.

(8) Meinungsverschiedenheiten, § 9

230   Zur Lösung von Meinungsverschiedenheiten werden zwei Alternativen vorgeschlagen. Die erste Variante läuft bei fehlender Einigung auf eine Losentscheidung des ersten Falles und dann abwechselnde Entscheidung hinaus. Die Praxis zeigt, dass dies die Parteien letztlich zu einer vernünftigen Lösungsfindung zwingt. Die zweite Variante sieht die Einrichtung einer (klassischen) ständigen Einigungsstelle vor. Vorteil kann eine schnelle Entscheidungsfindung sein. Nachteil sind mögliche zusätzliche Kosten und – bei unglücklicher Wahl des/der Vorsitzenden – ggf. Entscheidungen, mit denen die eine oder die andere Seite weniger zufrieden ist.

---

674 Sie hierzu *Salamon/Gatz*, NZA 2016, 197 ff.
675 BAG 9.7.2013 – 1 ABR 19/12, NZA 2014, 99.
676 BAG 9.7.2013 – 1 ABR 19/12, NZA 2014, 99.
677 BAG 18.11.2015 – 5 AZR 761/13, MDR 2016, 533; BAG 19.11.2014 – 5 AZR 1101/12, MDR 2015, 403.

(9) Härtefallklausel, § 11

Die Regelungen orientieren sich an den gesetzlichen Vorgaben des § 6 Abs. 4 ArbZG. Denkbar ist die Auf-   231
nahme weiterer Härtefallregelungen. Zudem kann ein Verfahren aufgenommen werden, dass regelt, wie zu
verfahren ist, wenn der Arbeitgeber vom Vorliegen entgegenstehender betrieblicher Erfordernisse ausgeht.
Weiter sind etwaige zusätzliche tarifliche Vorgaben zu berücksichtigen.

i) Betriebsvereinbarung zu Kurzarbeit

Literatur: *Bischof*, Mitbestimmung bei Einführung und Abbau von Kurzarbeit, NZA 1995, 1021; *Boecken*, Arbeitsrecht und Sozialrecht
– Insbesondere zu den rechtlichen Grundlagen der Einführung von Kurzarbeit, RdA 2000, 7; *Call*, Sozialverträglicher Personalabbau, NJ
2012, 93; *Hanau*, Möglichkeiten und Grenzen der Vereinbarung zur Dauer der Arbeitszeit, NZA Beilage 2006 Heft 1, 34; *Köhler*, Einführung von Kurzarbeit, DB 2013, S. 232; *Meinhold*, Mitbestimmung des Betriebsrats bei der Einführung von Kurzarbeit und betriebsbedingter Kündigung, BB 1988, 623; *Meyer*, Die Neuregelung des zweiten SGB III Änderungsgesetzes, NZA 1999, 902; *Roos*, Reform
der arbeitsmarktpolitischen Instrumente, NJW 2012, 652; *Schiefer*, Betriebsbedingte Kündigung – Kündigungsursache und Unternehmerentscheidung, NZA-RR 2005, 1; *Schoof*, AiB 2003, 210; *Schwarz*, Sonderzahlungen: Ausfall und Kürzung bei Fehlzeiten, NZA 1996,
571; *Waltermann*, Anordnung von Kurzarbeit durch Betriebsvereinbarungen?, NZA 1993, 679.

aa) Typischer Sachverhalt (Beispielsfall)

Die im Bereich der Kunststoffproduktion insbesondere als Automobilzulieferer tätige A-GmbH hat einen erheb-   232
lichen Auftragsrückgang zu verzeichnen. Dieser hängt zum einen mit den erhöhten Ölpreisen und der damit verbundenen Schwächung der Automobilindustrie, zum anderen mit aktuellen Streiks in der Automobilindustrie zusammen. Es besteht jedoch die berechtigte Hoffnung, dass sich in einigen Monaten die Auftragslage verbessert.
Da die Geschäftsleitung ihre gut ausgebildeten Fachkräfte nicht betriebsbedingt kündigen möchte, entschließt sie
sich, zeitlich begrenzt Kurzarbeit einzuführen, und beginnt dahingehende Gespräche mit dem Betriebsrat.

Alternativ:

Die im Bausektor tätige B-GmbH hat Mitte Oktober aufgrund eines überraschend starken und frühen Winter-
einbruchs einen erheblichen Auftragsrückgang zu verzeichnen. Die Geschäftsführung geht jedoch berechtigterweise davon aus, nach Ablauf einiger Monate wieder eine normale Auslastung erreichen zu können. Da die
Geschäftsleitung ihre gut ausgebildeten Fachkräfte nicht betriebsbedingt kündigen möchte, entschließt sie sich,
Saison-Kurzarbeit einzuführen, und beginnt dahingehende Gespräche mit dem Betriebsrat.

bb) Rechtliche Grundlagen
(1) Allgemeines

Kurzarbeit ist das vorübergehende Absenken der betriebsüblichen regelmäßigen Arbeitszeit bei entsprechen-   233
der Reduzierung des Entgelts.[678] Das Ziel der Kurzarbeit liegt darin, den Betrieben eingearbeitete Arbeitnehmer zu erhalten und insbesondere betriebsbedingte Kündigungen zu vermeiden. Hierzu wird die Produktion –
oftmals aufgrund Auftragsmangels – und gleichzeitig die Lohnkostenbelastung des Arbeitgebers eingeschränkt.[679] Sinn und Zweck ist die vorübergehende wirtschaftliche Entlastung des Betriebs durch **Senkung
der Personalkosten** unter gleichzeitiger **Erhaltung der Arbeitsplätze**. Kurzarbeit ist das Mittel der Wahl,
wenn nach einem vorübergehenden verringerten Personalbedarf wieder Vollauslastung erwartet wird.

Zur Kurzarbeit zählt auch die sogenannte „Kurzarbeit Null", also die gänzliche Reduzierung der Arbeits-   234
zeit. Zwar hatte das BSG in einer Entscheidungen vom 14.9.2010 Zweifel geäußert, ob „Kurzarbeit Null"
das Kriterium des erheblichen Arbeitsausfalls erfülle.[680] Dies wurde jedoch durch eine Gesetzesänderung
bestätigt (§ 96 Abs. 1 Satz 1 Nr. 4 SGB III).[681]

---

678 *Bischof*, NZA 1995, 1021.
679 *Meinhold*, BB 1988, 623, 624.
680 BSG 14.9.2010, B 7 AL 21/09 R, NZS 2011, 753.
681 *Roos*, NJW 2012, 652, 656.

Die Einführung von Kurzarbeit bedarf einer besonderen normativen oder vertraglichen Grundlage.[682] Für die Einführung von Kurzarbeit in betriebsratslosen Betrieben ist grundsätzlich eine individualrechtliche Umsetzung mit allen betroffenen Arbeitnehmern erforderlich. Sofern ein entsprechendes Recht des Arbeitgebers nicht bereits arbeitsvertraglich geregelt wurde und der Arbeitnehmer nicht bereit ist, der Kurzarbeit zuzustimmen, ist eine Änderungskündigung notwendig.[683] Denn eine einseitige Verkürzung der Arbeitszeit ist in der Regel nicht vom allgemeinen Direktionsrecht des Arbeitgebers gedeckt.[684]

(2) Kurzarbeitergeld

235   Kurzarbeit wird durch **Kurzarbeitergeld** nach den Voraussetzungen der § 95 ff. SGB III gefördert. Arbeitnehmer haben Anspruch auf Kurzarbeitergeld, wenn (i) ein erheblicher Arbeitsausfall mit Entgeltausfall vorliegt, (ii) die betrieblichen Voraussetzungen erfüllt sind, (iii) die persönlichen Voraussetzungen erfüllt sind und (iv) der Arbeitsausfall der Agentur für Arbeit angezeigt worden ist.[685]

236   Ein **erheblicher Arbeitsausfall** liegt immer dann vor, wenn im jeweiligen Kalendermonat mindestens ein Drittel der in dem Betrieb beschäftigten Arbeitnehmer von einem Entgeltausfall von jeweils mehr als 10 % ihres monatlichen Bruttoentgelts betroffen sind (§ 96 Abs. 1 S. 1 Nr. 4 SGB III). Der Arbeitsausfall darf zudem nicht vermeidbar sein (§ 96 Abs. 1 S. 1 Nr. 3 SGB III). Daher sind alle zumutbaren Vorkehrungen zu treffen, um den Eintritt des Arbeitsausfalls zu vermeiden, bevor Kurzarbeitergeld gezahlt wird. Hierzu gehören grundsätzlich die Gewährung von Urlaub, der Abbau von Arbeitszeitguthaben bis hin zum Aufbau eines zulässigen Arbeitszeitsaldos sowie der Abbau von Leiharbeitnehmern.

237   Die §§ 95 ff. SBG III stellen grundsätzlich auf den **Betrieb** als Berechnungseinheit ab. Dadurch eröffnet sich die Möglichkeit, die Kurzarbeit nicht pauschal für alle Arbeitnehmer innerhalb eines Unternehmens oder Konzerns einzuführen. Vielmehr kann die Arbeitszeitverkürzung auf diejenigen Betriebe oder auch Betriebsabteilungen beschränkt werden, die von einem Auftragseinbruch besonders stark betroffen sind.

238   Kurzarbeitergeld wird nach § 104 Abs. 1 S. 1 SGB III maximal für eine Dauer von **zwölf Monaten** gezahlt. Nach § 109 Abs. 1 Nr. 2 SGB III kann das Bundesministerium für Arbeit und Soziales jedoch durch entsprechende Verordnung die auf zwölf Monate begrenzte gesetzliche Bezugsfrist für den Bezug des Kurzarbeitergeldes bis zur Dauer von 24 Monaten verlängern, wenn außergewöhnliche Verhältnisse auf dem gesamten Arbeitsmarkt vorliegen. Die Höhe des Kurzarbeitergeldes beträgt 67 % bzw. 60 % der Nettoentgeltdifferenz im Anspruchszeitraum (§§ 105, 106 Abs. 1 SGB III). Die Nettoentgeltdifferenz entspricht dem Unterschiedsbetrag zwischen dem pauschalierten Nettoentgelt aus dem Sollentgelt (Bruttoarbeitsentgelt, das ohne Berücksichtigung von Einmalzahlungen und Zahlungen für Mehrarbeit in dem Anspruchszeitraum erzielt worden wäre) und dem pauschalierten Nettoentgelt aus dem Ist-Entgelt (das in dem Anspruchszeitraum tatsächlich erzielte Bruttoentgelt des Arbeitnehmers unter Einschluss der Mehrarbeitsvergütung), § 106 Abs. 1 S. 1 SGB III. Der Arbeitgeber trägt die Sozialversicherungsbeiträge (ohne Beitrag zur Arbeitslosenversicherung) auf das Kurzarbeitergeld grundsätzlich allein.

239   Als Sonderform existiert das **Saisonkurzarbeitergeld** nach § 101 SGB III. Hierauf besteht vom 1. Dezember bis zum 31. März (Schlechtwetterzeit) Anspruch für Mitarbeiter, die in einem Betrieb des Baugewerbes oder einem Wirtschaftszweig beschäftigt sind, der von saisonbedingtem Arbeitsausfall betroffen ist. Im Übrigen müssen die Voraussetzungen des regulären Kurzarbeitergeldes vorliegen.

---

682 BAG 10.10.2006, AP Nr. 85 zu § 75 BPersVG; *Fitting u.a.*, § 87 BetrVG Rn 150.
683 BAG 14.2.1991, NZA 1991, 607.
684 *Bischof*, NZA 1995, 1021, 1022; GK-BetrVG/*Wiese*, § 87 Rn 364; *Otto*, NZA 1992, 97; *Meinhold*, BB 1988, 623, 624.
685 Vgl. dazu ausführlich *Köhler*, DB 2013, 232, 233 f.

(3) Mitbestimmungsrecht des Betriebsrates

Die Einführung von Kurzarbeit unterliegt nach § 87 Abs. 1 Nr. 3 BetrVG dem Mitbestimmungsrecht des **240** Betriebsrats.[686] Dieses umfasst die Fragen, ob, in welchem Umfang und von welchen Arbeitnehmern des Betriebs Kurzarbeit geleistet wird.[687]

Das Mitbestimmungsrecht entfällt aufgrund des **Tarifvorrangs** des § 87 Abs. 1 S. 1 BetrVG dann, wenn alle **241** mitbestimmungspflichtigen Fragen bereits abschließend in einem Tarifvertrag geregelt sind.[688] Dieser greift allerdings nur vereinzelt ein, da in Tarifverträgen äußerst selten genaue Vereinbarungen zum Thema Kurzarbeit getroffen werden.[689] Häufiger sind dagegen tarifvertragliche Öffnungsklauseln anzutreffen. Diese ermächtigen den Arbeitgeber grundsätzlich zur Einführung von Kurzarbeit, während die genauen Modalitäten wiederum einer Vereinbarung zwischen den Betriebsparteien überlassen bleiben.[690] Macht ein Tarifvertrag Vorgaben für die Kurzarbeit, darf die Betriebsvereinbarung dagegen nicht verstoßen, da diese ansonsten unwirksam wäre.[691]

Eine förmliche Betriebsvereinbarung, die den Arbeitgeber berechtigt, Kurzarbeit im Betrieb einzuführen, führt **242** eine Veränderung der Arbeitsverträge hinsichtlich der Arbeitszeit und der Lohnfortzahlungspflicht für die Dauer der Kurzarbeitsperiode ohne Rücksicht auf den Willen der Arbeitnehmer herbei.[692] Der Bestimmung des § 87 Abs. 1 Nr. 3 BetrVG wird der Charakter einer Ermächtigungsgrundlage in dem Sinne beigemessen, dass Arbeitgeber und Betriebsrat durch unmittelbar und zwingend wirkende Betriebsvereinbarungen selbst die rechtliche Grundlage für die Einführung von Kurzarbeit mit entsprechender Vergütungsminderung schaffen können.[693] Bei einem bestehendem Mitbestimmungsrecht nach § 87 Abs. 1 Nr. 3 BetrVG sollte daher stets der Weg des Abschlusses einer Betriebsvereinbarung gewählt werden. Eine formlose Regelungsabrede zwischen Betriebsrat und Arbeitgeber über die Einführung von Kurzarbeit wahrt zwar auch das Mitbestimmungsrecht des Betriebsrats nach § 87 Abs. 1 Nr. 3 BetrVG, führt aber nicht zu einer entsprechenden Änderung der Arbeitsverträge der hiervon betroffenen Arbeitnehmer.[694] Soweit lediglich eine Regelungsabrede vereinbart wird, müsste der Arbeitgeber die Kurzarbeit mit allen betroffenen Arbeitnehmern einzelvertraglich vereinbaren.[695] Wird das Mitbestimmungsrecht des Betriebsrats missachtet, ist die Maßnahme unwirksam. Der Arbeitgeber schuldet in diesem Fall den Verzugslohn nach § 615 BGB.[696]

Leitende Angestellte sind nach § 5 Abs. 3 BetrVG nicht vom Geltungsbereich einer Betriebsvereinbarung erfasst. Sofern auch für diese Kurzarbeit angestrebt wird, sind einzelvertragliche Regelungen zu treffen.

Dem Betriebsrat steht nach der Rechtsprechung des BAG auch ein **Initiativrecht** bezüglich der Einführung **243** von Kurzarbeit zu.[697] Kein Mitbestimmungsrecht hat der Betriebsrat jedoch, wenn der Arbeitgeber einseitig vorzeitig eine beschlossene Kurzarbeitsregelung aufheben möchte.[698] In **Notfällen** oder bei **Eilbedürftig-**

686 *Fitting u.a.*, § 87 BetrVG Rn 130; Richardi/*Richardi*, § 87 BetrVG Rn 353; ErfK/*Kania*, § 87 BetrVG Rn 35.

687 DKK/*Klebe*, § 87 BetrVG Rn 101, 104; ErfK/*Kania*, § 87 BetrVG Rn 35; Richardi/*Richardi*, § 87 BetrVG Rn 356.

688 BAG 25.10.2000, NZA 2001, 328; Richardi/*Richardi*, § 87 BetrVG Rn 377.

689 *Bischof*, NZA 1995, 1021, 1023.

690 *Bischof*, NZA 1995, 1021, 1023.

691 BAG 12.10.1994, NZA 1995, 641.

692 *Bischof*, NZA 1995, 1021, 1023; GK-BetrVG/*Wiese*, § 87 Rn 372.

693 BAG 14.2.1991, NZA 1991, 607; *Hanau*, RdA 2000, 7, 11; *Fitting u.a.*, § 87 BetrVG Rn 158; GK-BetrVG/*Wiese*, § 87 Rn 363; aA *Boecken*, RdA 2000, 7, 11, *Waltermann*, NZA 1993, 679, 684.

694 BAG 14.2.1991, NZA 1991, 607; DKK/*Klebe*, § 87 BetrVG Rn 103; GK-BetrVG/*Wiese*, § 87 Rn 364; *Bischof*, NZA 1995, 1021,1023.

695 BAG 14.2.1991, NZA 1991, 607.

696 *Call*, NJ 2012, 93, 96.

697 BAG 4.3.1986, BB 1986; 1041; *Fitting u.a.*, § 87 BetrVG Rn 159; *Bischof*, NZA 1995, 1021, 1024; ErfK/*Kania*, § 87 BetrVG Rn 35; Richardi/*Richardi*, § 87 BetrVG Rn 365; a.A. GK-BetrVG/*Wiese*, § 87 Rn 365.

698 BAG 21.11.1978, BB 1979, 576; *Stege/Weinspach*, § 87 BetrVG Rn 76 b; Richardi/*Richardi*, § 87 BetrVG Rn 354; a.A. *Fitting u.a.*, § 87 BetrVG Rn 151; GK-BetrVG/*Wiese*, § 87 Rn 388.

keit entfällt das Mitbestimmungsrecht nach herrschender Ansicht allerdings nicht.[699] Diesbezüglich sollten zur Sicherheit explizite Regelungen in Betriebsvereinbarungen getroffen werden, um dem Arbeitgeber die notwendige Entscheidungsfreiheit zu überlassen.

(4) Zuständiges Gremium

244   Zuständig für den Abschluss einer Betriebsvereinbarung zur Kurzarbeit ist aufgrund der Anknüpfung an den Betrieb in aller Regel der **örtliche Betriebsrat**.[700] Dies gilt auch, wenn ein Gesamtbetriebsrat besteht. Eine Zuständigkeit des Gesamtbetriebsrates kommt ausnahmsweise dann in Betracht, wenn im konkreten Fall ein zwingendes Erfordernis für eine unternehmenseinheitliche Lösung besteht, etwa aufgrund der engen produktionstechnischen Verknüpfung mehrerer Betriebe.[701]

(5) Inhaltliche Mindestanforderungen an eine Betriebsvereinbarung zur Kurzarbeit

245   Eine Betriebsvereinbarung über Kurzarbeit muss mindestens die tatbestandlichen Vorgaben für die vorübergehende Verkürzung der betrieblichen Arbeitszeit regeln.[702] Für eine normative Wirkung muss in einer Betriebsvereinbarung daher Beginn und Dauer der Kurzarbeit, die Lage und Verteilung der Arbeitszeit, die Auswahl der von der Kurzarbeit betroffenen Arbeitnehmer oder Abteilungen sowie auch die Zeiträume, in denen die Arbeit ganz ausfallen soll, festgelegt werden.[703]

(6) Mitbestimmung bei Maßnahmen zur Milderung finanzieller Folgen

246   Umstritten ist, ob ein Mitbestimmungsrecht des Betriebsrates auch bezüglich Maßnahmen zur Milderung der finanziellen Folgen der Kurzarbeit besteht. In Teilen der Literatur wird hierzu die Auffassung vertreten, ein Mitbestimmungsrecht insbesondere bezüglich einer Aufstockung des Kurzarbeitergelds durch den Arbeitgeber sei nach dem Schutzzweck des § 87 Abs. 1 Nr. 3 BetrVG geboten.[704] Demgegenüber lehnt die herrschende Meinung – zu Recht – ein erzwingbares Mitbestimmungsrecht in diesem Zusammenhang ab.[705] Nach Ansicht des BAG schütze das Mitbestimmungsrecht des § 87 Abs. 1 Nr. 3 BetrVG zwar auch vor Entgelteinbußen. Der Verlust von Entgeltansprüchen sei aber nur Folge der eingeschränkten Arbeitszeit. Insofern reiche der auf Arbeitszeitfragen beschränkte Umfang des Mitbestimmungsrechts zum Schutz der Arbeitnehmer aus.[706] Entgeltfragen sind allein nach Maßgabe des § 87 Abs. 1 Nr. 10 und 11 BetrVG mitbestimmungspflichtig.[707]

(7) Freiwillige Leistungen und Entgeltfortzahlungen

247   Auch wenn dem Betriebsrat nach zutreffender Ansicht bezüglich Maßnahmen zur Milderung der finanziellen Folgen der Kurzarbeit kein Mitbestimmungsrecht zusteht, wird üblicherweise eine kurzfristige Vereinbarung zur Kurzarbeit nur möglich sein, wenn auch bezüglich dieser Regelungstatbestände Einigkeit erzielt wird. Ausdrücklich geregelt werden sollte jeweils die Berechnung „freiwilliger" Leistungen wie Urlaubsgeld, vermögenswirksamer Leistungen und jährlicher Sonderzuwendungen, um spätere Streitigkeiten zu vermeiden.

248   Zum Teil existieren gesetzliche Regelungen. Beim Urlaubsentgelt regelt § 11 Abs. 1 S. 3 BUrlG, dass dieses nach dem vollen, ungekürzten Arbeitsentgelt zu berechnen ist. Verdienstkürzungen infolge der Kurzarbeit im Berechnungszeitrahmen (dreizehn Wochen vor Beginn des Urlaubs) haben für die Berechnung des Ur-

---

699 BAG 5.3.1974, AP Nr. 1 zu § 87 BetrVG 1972 Kurzarbeit; BAG 13.7.1977, AP Nr. 2 zu § 87 BetrVG 1972 Kurzarbeit Nr. 2; Richardi/*Richardi*, § 87 BetrVG Rn 370.

700 Richardi/*Richardi*, § 87 BetrVG Rn 403.

701 Richardi/*Richardi*, § 87 BetrVG Rn 83.

702 LAG Berlin 29.10.1998 – 10 Sa 95/98; ErfK/*Kania*, § 87 BetrVG Rn 36.

703 LAG Hessen 14.2.1997, NZA-RR 1997, 479.

704 DKK/*Klebe*, § 87 BetrVG Rn 102; *Schoof*, AiB 2003, 210.

705 BAG 21.1.2003, NZA 2003, 1100; ErfK/*Kania*, § 87 BetrVG Rn 37; *Fitting u.a.*, § 87 BetrVG Rn 153, 160; Richardi/*Richardi*, § 87 BetrVG Rn 372.

706 BAG 21.1.2003, NZA 2003, 1100.

707 GK-BetrVG/*Wiese*, § 87 Rn 360.

laubsentgelts außer Betracht zu bleiben.[708] Bei der Entgeltfortzahlung hingegen ist der Arbeitgeber lediglich zur Berechnung der Vergütung auf Basis der Kurzarbeit verpflichtet. Beim Zusammentreffen von Kurzarbeitszeit und Feiertagen sieht § 2 Abs. 1 EFZG vor, dass sich die Verpflichtung zur Entgeltfortzahlung an den Verpflichtungen zur Zahlung an Feiertagen bemisst. Nach dem Entgeltausfallprinzip gilt dabei als fort zu zahlendes Arbeitsentgelt die Höhe, die aufgrund des Feiertages entfallen ist, demnach bei Kurzarbeit die entsprechende Kurzarbeitsvergütung.[709]

Bei den übrigen Sonderzahlungen, bei denen sich die Berechnungen nicht auf Grundlage gesetzlicher Regelungen ergeben, ist nach der Rechtsprechung des BAG nach dem mit der Sonderzahlung verfolgten Zweck zu entscheiden. Handelt es sich um Sonderleistungen, die für die Tätigkeit innerhalb eines gewissen Zeitraumes erbracht werden sollen (beispielsweise Urlaubsgeld, Weihnachtsgeld etc.) ist eine entsprechende Kürzung oder Berücksichtigung der Kurzarbeit rechtlich zulässig.[710]   249

(8) Ausschließlichkeitsverhältnis betriebsbedingte Kündigung – Kurzarbeit

Die Rechtsprechung geht grundsätzlich von einem Ausschließlichkeitsverhältnis zwischen Kurzarbeit und   250
dem Ausspruch betriebsbedingter Kündigungen aus.[711] Denn die Einführung von Kurzarbeit setzt voraus, dass der Arbeitgeber lediglich von einem vorübergehenden Arbeitsmangel ausgeht. Eine betriebsbedingte Kündigung erfordert jedoch einen dauerhaften Arbeitsmangel und ist nur dann zulässig, wenn zu den Umständen der Kurzarbeit weitergehende Gründe hinzutreten, die eine betriebsbedingte Kündigung rechtfertigen können.[712] Weitergehende Gründe sind dabei solche, aus denen abzuleiten ist, dass für den gekündigten Arbeitnehmer auf unbestimmte Dauer das Bedürfnis der Weiterbeschäftigung entfallen ist. Erforderlich ist eine an objektiven Umständen (z.B. Auftragslage) anknüpfende Prognose.[713] Die häufig anzutreffende Klausel in Betriebsvereinbarungen zu Kurzarbeit, während der Dauer der Kurzarbeit von betriebsbedingten Kündigungen abzusehen, ist also in der Regel nur eine Wiedergabe der Rechtsprechung des BAG.

(9) Kurzarbeit bei beabsichtigter Massenentlassung

Anstelle einer Betriebsvereinbarung kann Rechtsgrundlage für die Kurzarbeit auch die Zulassung der Bundes-   251
agentur für Arbeit nach § 19 KSchG bei einer beabsichtigten Massenentlassung sein. Voraussetzungen hierfür ist, dass eine Massenentlassung nach § 17 KSchG vorliegt und der Arbeitgeber nicht im Stande ist, die Arbeitnehmer bis zum Ablauf der Sperrfrist des § 18 KSchG voll zu beschäftigen. Ihre Grenzen findet die Zulassungsbefugnis der Bundesagentur für Arbeit nach § 19 Abs. 3 KSchG in tariflichen Regelungen über Einführung und Ausmaß möglicher Kurzarbeitszeiträume; insofern besteht Bindungswirkung. § 19 KSchG erweitert damit die Individualrechte des Arbeitgebers. Er wird durch die Zulassung ermächtigt, bei fehlender tarif- oder einzelvertraglicher Regelung dennoch Kurzarbeit anordnen zu können.[714] Die praktische Bedeutung der Vorschrift ist jedoch gering. Dies hängt insbesondere damit zusammen, dass üblicherweise die mit der Kurzarbeit verbundene Lohn- oder Gehaltskürzung bei der entsprechenden Zulassung durch die Bundesagentur für Arbeit erst von dem Zeitpunkt an wirksam wird, an dem das Arbeitsverhältnis nach den allgemein gesetzlichen oder den vereinbarten Bestimmungen enden würde (§ 19 Abs. 2 KSchG). Vor diesem Hintergrund ist die Einführung von Kurzarbeit auf Grundlage einer Zulassung der Bundesagentur für Unternehmen wenig attraktiv.

---

708 ErfK/*Dörner*, § 11 BUrlG Rn 24; APS/*Moll*, § 19 KSchG Rn 35.
709 *Schmidt*, § 2 Rn 102 f.
710 BAG 10.5.1995, NZA 1995 1106; *Schwarz*, NZA 1996, 571.
711 BAG 26.6.1997, NZA 1997, 1286.
712 *Schiefer*, NZA-RR 2005, 1, 9; *Meinhold*, BB 1988, 623, 624.
713 *Schiefer*, NZA-RR 2005, 1, 9.
714 ErfK/*Kiel*, § 19 KSchG Rn 4.

Trotz der Ermächtigung des Arbeitgebers durch die Agentur für Arbeit betrifft dies nur das Verhältnis der Arbeitsvertragsparteien. Das Mitbestimmungsrecht des Betriebsrats gilt im Fall des § 19 KSchG weiterhin uneingeschränkt.[715]

(10) Kurzarbeit und Arbeitskampf

252 Bei einem Arbeitskampf kollidiert das Mitbestimmungsrecht des Betriebsrats mit dessen Neutralitäts-pflicht. Daher ist die Frage der Mitbestimmung bei der Einführung von Kurzarbeit differenzierter zu be-trachten. Hinsichtlich der Frage der Mitbestimmung ist zu unterscheiden, ob der Betrieb, in welchem Kurz-arbeit eingeführt werden soll, unmittelbar oder mittelbar vom Streik betroffen ist.

253 Ist der Betrieb **unmittelbar vom Streik betroffen**, besteht kein Mitbestimmungsrecht des Betriebsrates bei der Anordnung von Kurzarbeit.[716] Bei einem lediglich **mittelbar kampfbetroffenen Betrieb** ist zu unterscheiden: Droht eine Beeinträchtigung der Kampfparität, beispielsweise weil der mittelbar betroffene Betrieb derselben Branche angehört und demnach für diesen dieselben Verbände zuständig sind wie für den bestreikten Betrieb oder zwischen dem mittelbar betroffenen Betrieb und dem bestreikten Betrieb eine enge wirtschaftliche Ver-flechtung besteht, ist die Einführung von Kurzarbeit ebenfalls mitbestimmungsfrei. Allerdings gilt die Mit-bestimmungsfreiheit lediglich bezüglich des „ob" der Kurzarbeit. Das „wie", also die näheren Modalitäten der Kurzarbeitsdurchführung, unterliegen weiterhin dem Mitbestimmungsrecht des Betriebsrates.[717]

254 Folgt man dieser Rechtsprechung, bedarf der Betriebsrat einer gerichtlichen Überprüfungsmöglichkeit bezüg-lich des arbeitskampfbedingten Ausschlusses seiner Mitbestimmungsrechte. Insoweit verweist das BAG den Betriebsrat ausdrücklich auf die Beantragung einer einstweiligen Verfügung im Beschlussverfahren.[718]

(11) Praktische Hinweise

255 Vor Abschluss einer Betriebsvereinbarung sollten zunächst Maßnahmen ergriffen werden, die geeignet sind, die Kurzarbeitsperiode so kurz wie möglich zu gestalten. In Betracht kommt etwa der Abbau von Über-stunden, die Abwicklung von Resturlaub, Betriebsurlaub, sonstige Betriebsschließungstage, unbezahlte Freistellung oder die Möglichkeit, auf Lager zu produzieren sowie Um- und Versetzungen, Aufhebungsver-träge oder Vorruhestandsregelungen.[719]

Um einerseits einen möglichst zusammenhängenden Zeitraum zur Produktion zu schaffen und andererseits die notwendige Akzeptanz in der Belegschaft zu gewährleisten, sollte die Lage der Arbeitszeit bestenfalls so gewählt werden, dass die entfallenden Arbeitstage an das Wochenende gelegt werden.

cc) Muster

256 **Muster 2.31: Betriebsvereinbarung Kurzarbeit**

Betriebsvereinbarung

über die Einführung von Kurzarbeit

Zwischen

░░░░░░░ *(Name und Anschrift des Arbeitgebers)*

– nachfolgend „Arbeitgeber" genannt –

---

715 *Fitting u.a.*, § 87 BetrVG Rn 155; DKK/*Klebe*, § 87 BetrVG Rn 103; GK-BetrVG/*Wiese*, § 87 Rn 393; Richardi/*Richardi*, § 87 BetrVG Rn 376.
716 BAG 22.12.1980, NJW 1981, 937; ErfK/*Kania*, § 87 BetrVG Rn 38; *Fitting u.a.*, § 87 BetrVG Rn 166; GK-BetrVG/*Wiese*, § 87 Rn 406.
717 BAG 22.12.1980, NJW 1981, 937.
718 BAG 22.12.1980, NJW 1981, 937 ff.
719 *Bischof*, NZA 1995, 1021, 1027.

und

dem Betriebsrat des Betriebs ▓▓▓ der ▓▓▓ (*Name des Arbeitgebers*)

– nachfolgend „Betriebsrat" genannt –

– Arbeitgeber und Betriebsrat nachfolgend gemeinsam „Betriebspartner" genannt –

wird aufgrund der derzeitigen volkswirtschaftlichen Situation, speziell der ▓▓▓ Krise und den damit verbundenen konkreten Auswirkungen auf das Unternehmen in Form eines erheblichen Auftragsrückganges nachstehende Vereinbarung zur vorübergehenden Einführung von Kurzarbeit gemäß § 87 Absatz 1 Ziffer 3 BetrVG mit der Zielsetzung getroffen, den Fortbestand des Unternehmens zu sichern und betriebsbedingte Kündigungen zu vermeiden.

§ 1 Einführung von Kurzarbeit; Umfang und Lage der Kurzarbeit

(1) Mit Wirkung vom ▓▓▓ wird für die Zeit vom ▓▓▓ bis ▓▓▓ Kurzarbeit eingeführt.

(2) Kurzarbeiten werden alle Arbeitnehmer des Betriebes i.S.d. § 5 Abs. 1 BetrVG aller Betriebsabteilungen zu gleichen Anteilen.

Alternativ: *(2) Kurzarbeiten werden die im Folgenden genannten Arbeitnehmer:* ▓▓▓

Alternativ: *(2) Kurzarbeiten werden alle in den Betriebsabteilungen* ▓▓▓ *und* ▓▓▓ *tätigen Arbeitnehmer.*

(3) Von der Kurzarbeit ausgenommen werden die Auszubildenden und das mit der Ausbildung beauftragte Personal. Arbeiten von Auszubildenden zur Aufrechterhaltung der Produktion während der Kurzarbeitsperiode sind unzulässig.

(4) Die regelmäßige wöchentliche Arbeitszeit wird während der Kurzarbeit von ▓▓▓ Stunden auf ▓▓▓ Stunden verringert.

(5) Die Lage der wöchentlichen Arbeitszeit soll so festgelegt werden, dass die Arbeit an Tagen, die dem Wochenende vorangehen bzw. folgen, ruht, sofern nicht betriebliche Belange dem entgegenstehen.

(6) Geschäftsleitung und Betriebsrat werden jeweils mindestens sieben Kalendertage vorher den Mitarbeitern in geeigneter Form schriftlich mitteilen, an welchen Tagen und für welche Schichten die Arbeit im darauffolgenden Monat entfällt.

(7) In Eil- und Notfällen sowie zur Erledigung fristgebundener Aufträge kann die Lage der wöchentlichen Arbeitszeit durch den Arbeitgeber abweichend festgelegt werden.

Alternativ: *(7) Soweit in Eil- und Notfällen für bestimmte Arbeitnehmer Abweichungen hinsichtlich der Arbeitszeit und der Lage des Arbeitsausfalls erforderlich werden, erfolgt hierüber eine gesonderte Einigung zwischen dem Arbeitgeber und dem Betriebsrat.*

§ 2 Kurzarbeitergeld

(1) Der Arbeitgeber stellt unverzüglich bei der zuständigen Agentur für Arbeit die erforderlichen Anträge auf Gewährung von Kurzarbeitergeld. Das Kurzarbeitergeld wird vom Arbeitgeber bei der üblichen Lohnabrechnung im Folgemonat abgerechnet. Kommt es bei der Auszahlung durch die Agentur für Arbeit zu vom Arbeitgeber unverschuldeten Verzögerungen um ein oder zwei Monate und ist der Arbeitgeber zur Vorfinanzierung nicht in der Lage, kann es zu entsprechenden Verzögerungen der Auszahlung kommen, bis das Kurzarbeitergeld abgerechnet und ausgezahlt wird.

(2) Verweigert die Agentur für Arbeit die Zahlung von Kurzarbeitergeld aus einem vom Arbeitgeber zu vertretenden Grund, so ist die volle Arbeitsvergütung während der Kurzarbeitszeit zu zahlen. Dasselbe gilt, wenn sich durch die Anrechnung von Über- und Mehrarbeitsstundenleistungen das Kurzarbeitergeld verringert.

(3) Während der Kurzarbeit werden nachfolgende Vergütungsbestandteile so berechnet, als wäre voll gearbeitet worden:

1. Urlaubsgeld

2. Entgelt für gesetzliche Feiertage

3. Vermögenswirksame Leistungen

4. Entgeltfortzahlung im Krankheitsfall

5. Vergütungsfortzahlung bei sonstiger Arbeitsverhinderung

6. Jährliche Sonderzuwendungen (bspw. Weihnachtsgeld).

Alternativ: *(3) Sämtliche Vergütungsbestandteile werden auf Basis der abgeleisteten Kurzarbeit berechnet, sofern sich nicht aus gesetzlichen Regelungen anderes ergibt (bspw. Urlaubsentgelt). Dies gilt für die Entgeltfortzahlung im Krankheitsfall, Vergütungsfortzahlung bei sonstiger Arbeitsverhinderung, Entgelt für gesetzliche Feiertage sowie Sonderleistungen, die auf das Kalenderjahr abstellen (Urlaubsgeld, jährliche Sonderzuwendungen etc.).*

(4) Der Anspruch auf Freischichten wird durch die Kurzarbeit nicht reduziert.

§ 3 Unterrichtung des Betriebsrats

Der Betriebsrat wird durch den Arbeitgeber in jeweils zum Monatsende stattfindenden Besprechungen über die Entwicklung des Auftragsbestandes informiert. Die Information erfolgt während und ████████ Monate nach Beendigung der Kurzarbeit. Auf Verlangen legt der Arbeitgeber dem Betriebsrat Unterlagen vor, aus denen der Mitarbeiter- und Auftragsbestand in den beiden zurückliegenden Monaten sowie in den gleichen Monaten der beiden Vorjahre zu entnehmen ist.

§ 4 Kontakt mit der Agentur für Arbeit

Der Betriebsrat nimmt mit einem hierfür freigestellten Mitglied an allen Gesprächen des Arbeitgebers mit der Agentur für Arbeit teil. Auf Verlangen sind dem Betriebsrat die gleichen Unterlagen und Erklärungen zur Verfügung zu stellen, die die Agentur für Arbeit erhält.

§ 5 Urlaub

(1) Vorhandener Resturlaub aus dem Jahre ████████ ist bis zum ████████ abzuwickeln. Dies gilt nicht, wenn der Urlaub bereits zu einem anderen Zeitpunkt geplant und seitens des Arbeitgebers genehmigt ist.

(2) Den betroffenen Arbeitnehmern ist für die vereinbarten Kurzarbeitstage Urlaub zu gewähren, sofern sie dies spätestens einen Monat vor Urlaubsbeginn beim jeweiligen Vorgesetzten und der Personalabteilung beantragen, es sei denn, dem stehen dringende betriebliche Belange entgegen. Bei Einverständnis des Mitarbeiters, des Vorgesetzen und der Personalabteilung kann die Antragsfrist verkürzt werden.

§ 6 Überstunden

Während der Kurzarbeitsperiode werden Überstunden und Zusatzschichten nur in dringenden Ausnahmefällen angeordnet. Das Mitbestimmungsrecht des Betriebsrates nach § 87 Abs. 1 Nr. 3 BetrVG bleibt unberührt.

Alternativ: *Während der Kurzarbeitsperiode werden keine Überstunden und Zusatzschichten angesetzt. Sollten Überstunden bzw. Mehrarbeit aufgrund dringender und plötzlich auftretender Ausnahmefälle erforderlich sein, wird vor deren Anordnung die Zustimmung des Betriebsrates eingeholt.*

§ 7 Betriebsbedingte Kündigungen

Der Arbeitgeber verpflichtet sich, während der Kurzarbeitsperiode (**ggf.:** *und* ████████ *Monate danach*) keine betriebsbedingten Kündigungen auszusprechen. Die Möglichkeit der Kündigung aus einem anderen Grund bleibt unberührt.

Alternativ:

Der Arbeitgeber verpflichtet sich, währen der Kurzarbeitsperiode (**ggf.:** *und* ████████ *Monat danach*) keine betriebsbedingten Kündigungen auszusprechen. Ausgenommen hiervon sind betriebsbedingte Kündigungen, die in keinem Zusammenhang mit der Kurzarbeit stehen. Die Möglichkeit der Kündigung aus einem anderen Grund bleibt unberührt.

§ 8 Auswärtsvergabe

Während des Kurzarbeitszeitraumes werden keine Aufträge, die auch im Unternehmen des Arbeitgebers erledigt werden können, an auswärtige Unternehmen vergeben. Als auswärtige Unternehmen gelten auch rechtlich verbundene Unternehmen.

§ 9 Verkürzung oder Verlängerung der Kurzarbeitsperiode

(1) Sollte sich die Auftragslage überraschend verbessern, kann der Arbeitgeber die Kurzarbeitsperiode jederzeit und ohne erneute Zustimmung des Betriebsrates entweder einseitig beenden oder während der Kurzarbeit zeitweise die wöchentliche Arbeitszeit bis zur Höhe der vor Beginn der Kurzarbeit zu leistenden wöchentliche Arbeitszeit anheben.

(2) Eine Veränderung der Kurzarbeit dahingehend, dass die wöchentliche Arbeitszeit die in § 1 (4) vereinbarte Anzahl von Stunden unterschreiten soll, bedarf der vorherigen Zustimmung des Betriebsrats.

(3) Besteht der Bedarf die Kurzarbeitsperiode zu verlängern, werden sich die Betriebsparteien unverzüglich über eine derartige Verlängerung verständigen. Eine Verlängerung der Kurzarbeitsperiode bedarf der Zustimmung des Betriebsrates.

§ 10 Kündigung dieser Vereinbarung

Diese Vereinbarung kann mit einer Frist von drei Monaten zum Ende eines Kalendermonats, erstmalig zum ▨▨▨▨▨, gekündigt werden. Die Kündigung bedarf der Schriftform.

§ 11 Schlussbestimmungen

(1) Die Wirkung dieser Betriebsvereinbarung endet mit der Beendigung der Kurzarbeitsperiode und der Abwicklung der sich aus der Betriebsvereinbarung ergebenden Pflichten. Bei Verlängerung der Kurzarbeitsperiode bleibt die Betriebsvereinbarung für den jeweiligen Verlängerungszeitraum in Kraft.

(2) Für den Arbeitnehmer günstigere gesetzliche oder tarifliche Regelungen bleiben durch diese Vereinbarung unberührt.

(3) Mündliche Nebenabreden bestehen nicht. Änderungen und Ergänzungen dieser Betriebsvereinbarung, einschließlich dieser Bestimmung, bedürfen zu ihrer Wirksamkeit der Schriftform.

(4) Sollte eine Bestimmung dieser Vereinbarung ganz oder teilweise unwirksam sein, so wird die Wirksamkeit der übrigen Bestimmungen nicht berührt.

(5) Sollte eine Änderung der tatsächlichen oder rechtlichen Bedingungen, die Grundlage dieser Vereinbarung sind, eintreten, so werden die Betriebspartner unverzüglich in Verhandlungen treten mit der Zielsetzung, eine Anpassung herbeizuführen.

(Ort, Datum)

(Unterschriften)

▲

3. Betriebliche Lohngestaltung

a) Betriebsvereinbarung über die Vergütung der außertariflichen Angestellten

Literatur: *Hunold*, Außertarifliche Angestellte: Gehalt, Arbeitszeit, Betriebsrat, NZA-RR 2010, 505; *Richardi*, Mitbestimmung bei der Entgeltgestaltung, NZA-Beilage 2014, 155; *Roloff*, Entwicklungslinien der Rechtsprechung zu § 87 Abs. 1 Nr. 10 BetrVG, RdA 2014, 228.

aa) Rechtliche Grundlagen

Als außertarifliche Angestellte werden diejenigen Arbeitnehmer bezeichnet, deren Vergütung nicht   257
durch den Tarifvertrag geregelt wird, weil ihre **Tätigkeit höher zu bewerten** ist als die Tätigkeit in der obersten Tarifgruppe.[720] Die Vergütung der nicht tarifgebundenen Arbeitnehmer erfährt zwar ebenfalls keine Regelung durch den Tarifvertrag, sie werden aber gleichwohl nicht als außertarifliche Angestellte bezeichnet, da ihre Tätigkeit grundsätzlich in den Geltungsbereich des Tarifvertrages fällt. Von den außertariflichen Angestellten zu unterscheiden sind leitende Angestellte im Sinne des § 5 Abs. 3

---

720 BAG 21.8.1990, NZA 1991, 434, 435.

BetrVG. Während das BetrVG für außertarifliche Angestellte uneingeschränkt gilt,[721] findet es auf leitende Angestellte nur in ausdrücklich bestimmten Ausnahmefällen Anwendung.

258   Ein Bedürfnis für die Regelung ihrer Vergütung durch Schaffung einer gerechten Vergütungsordnung besteht bei den außertariflichen Angestellten ebenso wie bei den Tarifmitarbeitern. Das Mitbestimmungsrecht des Betriebsrats bei der Regelung der Vergütung für die außertariflichen Angestellten ergibt sich aus § 87 Abs. 1 Nr. 10 BetrVG. Dieses Mitbestimmungsrecht erstreckt sich auf die **betriebliche Lohngestaltung**, insbesondere die Aufstellung von Entlohnungsgrundsätzen und die Einführung und Anwendung von neuen Entlohnungsmethoden sowie deren Änderung. Durch Ausübung seines Mitbestimmungsrechts hat der Betriebsrat die Möglichkeit, Einfluss auf die Lohngestaltung dahingehend auszuüben, dass die innerbetriebliche Lohngerechtigkeit hergestellt wird.[722] Soweit der Betriebsrat bei der Vergütung der außertariflichen Angestellten gemäß § 87 Abs. 1 Nr. 10 BetrVG mitzubestimmen hat, steht ihm auch ein Initiativrecht zu.[723] Der Betriebsrat hat allerdings nach § 87 Abs. 1 Nr. 10 BetrVG ein Mitbestimmungsrecht nur, soweit eine gesetzliche oder tarifliche Regelung nicht besteht. Das Fehlen einer tariflichen Regelung oder die Öffnung durch Tarifvertrag ist damit Grundvoraussetzung für eine Regelung durch Betriebsvereinbarung. Für die Vergütung der außertariflichen Angestellten ist diese Voraussetzung, sofern der Tarifvertrag nicht ausnahmsweise die Vergütung für sämtliche Arbeitnehmer abschließend regelt[724] und damit Vorrang nach § 87 Abs. 1 BetrVG genießt, naturgemäß gegeben. Bei der Vergütung der außertariflichen Angestellten greift auch die Sperre des § 77 Abs. 3 BetrVG nicht ein, da es an einer üblichen Regelung im Tarifvertrag meistens fehlt.[725]

259   Zuständig für die Regelung der Vergütung der im Betrieb beschäftigten außertariflichen Angestellten in einer Betriebsvereinbarung ist der Betriebsrat. Soll in einem Unternehmen mit mehreren Betrieben eine einheitliche Vergütungsordnung für die außertariflichen Angestellten eingeführt werden, bleibt der Betriebsrat nach Ansicht des BAG[726] ebenfalls zuständig. Ein zwingendes Erfordernis für eine betriebsübergreifende Regelung im Sinne des § 50 Abs. 1 BetrVG ergebe sich nicht aus dem arbeitsrechtlichen Gleichbehandlungsgrundsatz, dieser könne sich für den Gesamtbetriebsrat nicht zuständigkeitsbegründend auswirken. Da die Vergütung der außertariflichen Angestellten keine freiwillige Leistung betreffe, könne der Arbeitgeber auch nicht mitbestimmungsfrei darüber entscheiden, ob sie unternehmenseinheitlich erbracht werden soll oder nicht.[727]

260   In der Betriebsvereinbarung müssen die Betriebsparteien – ähnlich wie die Tarifvertragsparteien bei einem Vergütungstarifvertrag – Gehaltsgruppen bilden und ihre Wertigkeit zueinander regeln. Sie müssen insbesondere darauf achten, dass die Betriebsvereinbarung nur für Angestellte gilt, deren Aufgabengebiet höhere Anforderungen stellt als die der höchsten tariflichen Entgeltgruppe. Die Obersätze für die außertariflichen Vergütungsgruppen sind deshalb davon abhängig, was in den Obersätzen der tariflichen Entgeltgruppen geregelt ist. Je nachdem, welche Anforderungen und Qualifikationsmerkmale die höchste tarifliche Entgeltgruppe des im konkreten Betrieb anwendbaren Vergütungstarifvertrages vorsieht, müssen bei den Vergütungsgruppen des außertariflichen Bereiches höhere Anforderungen und Qualifikationen hinzukommen.[728] Diese Anforderungen und Qualifikationen sollten deutlich über den Anforderungen der

---

721 *Hunold*, NZA-RR 2010, 505.

722 BAG 21.8.1990, NZA 1991, 434, 435; *Roloff*, RdA 2014, 228.

723 *Richardi*, NZA-Beilage 2014, 155, 158..

724 Dafür bedarf es aber einer ausreichenden Regelung im Tarifvertrag selbst, anderenfalls kann die Mitbestimmung nach § 87 Abs. 1 Nr. 10 BetrVG nicht durch Tarifvertrag ausgeschlossen werden, BAG 21.8.1990, NZA 1991, 434, 435.

725 BAG 22.1.1980, NJW 1981, 75, 76.

726 BAG 18.5.2010, NZA 2011, 171; anders noch LAG Düsseldorf 4.3.1992, NZA 1992, 613.

727 BAG 18.5.2010, NZA 2011, 171.

728 In der Praxis wird häufig bei der Festlegung dieser Kriterien auf das Stellenbewertungssystem der Hay Group zurückgegriffen. Mit der Hay Group-Methode werden die Stellen im Rahmen eines standardisierten Verfahrens objektiv nach ihren Anforderungen bewertet und einer Vergütungsstufe zugeordnet. Die Bewertung erfolgt dabei anhand der drei Kriterien Wissen, Problemlösungskompetenz und Verantwortlichkeit.

höchsten tariflichen Entgeltgruppe liegen, damit ein Verstoß gegen den Tarifvertrag durch die außertarifliche Eingruppierung ausgeschlossen werden kann.

Bei der Eingruppierung der Mitarbeiter in die außertariflichen Vergütungsgruppen hat der Arbeitgeber den **261** Betriebsrat gemäß § 99 BetrVG zu beteiligen. Für diese Beteiligungsrechte des Betriebsrats ist es unerheblich, dass die Regelung der Vergütungsgruppen in einer Betriebsvereinbarung und nicht in einem Tarifvertrag enthalten ist.[729]

Dagegen hat der Betriebsrat im Rahmen des § 87 Abs. 1 Nr. 10 BetrVG – anders als bei § 87 Abs. 1 Nr. 11 **262** BetrVG hinsichtlich der Geldfaktoren bei leistungsbezogenen Entgelten – **kein Mitbestimmungsrecht in Bezug auf die Höhe der zu zahlenden Gehälter**.[730] Nicht mitbestimmungspflichtig ist damit auch die Festlegung des Wertunterschieds zwischen der höchsten tariflichen Entgeltgruppe und der ersten außertariflichen Vergütungsgruppe.[731] Ist z.B. in der Öffnungsklausel eines Tarifvertrages vorgesehen, dass eine außertarifliche Vergütung mindestens 5 % über dem höchstmöglichen Jahresgehalt eines tariflichen Angestellten liegen muss, anderenfalls eine Vergütung gemäß dem dann anwendbaren Tarifvertrag zu zahlen ist, hat der Betriebsrat ebenfalls kein Mitbestimmungsrecht in Bezug auf eine Regelung dieses Mindestabstands. Demgegenüber ist die isolierte Festsetzung der Wertunterschiede zwischen den einzelnen außertariflichen Vergütungsgruppen – z.B. in Form von Prozentsätzen oder sonstigen Bezugsgrößen – nach § 87 Abs. 1 Nr. 10 BetrVG mitbestimmungspflichtig.[732]

bb) Betriebsvereinbarung über die Vergütung der außertariflichen Angestellten

▼

Muster 2.32: Betriebsvereinbarung Vergütung außertariflicher Angestellter **263**

Zwischen

der ▨▨▨ (*Bezeichnung und Anschrift des Unternehmens*)

– nachfolgend „**Arbeitgeber**" genannt –

und dem Betriebsrat der ▨▨▨ (*Bezeichnung des Unternehmens*), vertreten durch den Betriebsratsvorsitzenden ▨▨▨

– nachfolgend „**Betriebsrat**" genannt –

wird folgende Betriebsvereinbarung über die Vergütung der außertariflichen Angestellten geschlossen:

§ 1 Geltungsbereich

(1) Diese Betriebsvereinbarung gilt in persönlicher Hinsicht für alle Arbeitnehmerinnen und Arbeitnehmer des Betriebs, deren Tätigkeit die Merkmale der höchsten tariflichen Entgeltgruppe der im Betrieb anwendbaren Vergütungstarifverträge übersteigt und deren Arbeitsverhältnisse deshalb nicht vom persönlichen Anwendungsbereich dieser Tarifverträge erfasst sind (nachfolgend „außertarifliche Angestellte" genannt), mit Ausnahme der leitenden Angestellten im Sinne des § 5 Abs. 3 BetrVG.

(2) Die Betriebsvereinbarung gilt in sachlicher Hinsicht für die Ausgestaltung der Vergütung der außertariflichen Angestellten.

(3) Soweit im Folgenden die männliche Bezeichnung verwendet wird, gilt die Betriebsvereinbarung auch für weibliche Angestellte; die Verwendung der männlichen Bezeichnung dient ausschließlich der Vereinfachung.

---

729 BAG 28.1.1986, AP Nr. 32 zu § 99 BetrVG 1972; BAG 12.12.2006, NZA 2007, 348, 349.
730 BAG 22.1.1980, NJW 1981, 75, 77; BAG 21.8.1990, NZA 1991, 434, 436; BAG 28.9.1994, AP Nr. 68 zu § 87 BetrVG – Lohngestaltung; BAG 30.10.2001, NZA 2002, 919, 921; BAG 21.1.2003, AP Nr. 117 zu § 87 BetrVG – Lohngestaltung.
731 BAG 22.1.1980, NJW 1981, 75, 77; BAG 21.8.1990, NZA 1991, 434, 436; BAG 28.9.1994, AP Nr. 68 zu § 87 BetrVG – Lohngestaltung; BAG 21.1.2003, AP Nr. 117 zu § 87 BetrVG – Lohngestaltung; *Roloff*, RdA 2014, 228, 229.
732 BAG 21.8.1990, NZA 1991, 434, 436.

§ 2 Vergütungsgruppen

(1) Für die Vergütung der außertariflichen Angestellten werden Vergütungsgruppen gebildet, in die sie eingruppiert werden. Die Eingruppierung in eine bestimmte Vergütungsgruppe richtet sich danach, ob bestimmte Merkmale erfüllt werden, die in einer Vergütungsgruppe aufgestellt sind.

(2) Es bestehen folgende Vergütungsgruppen:

Vergütungsgruppe I

Angestellte, deren Arbeitsaufgaben eine abgeschlossene kaufmännische Lehre voraussetzen, und die eine Budgetverantwortung von über ▓▓▓▓▓ EUR oder Personalverantwortung für mindestens ▓▓▓▓▓ Mitarbeiter haben.

Vergütungsgruppe II

Angestellte, deren Arbeitsaufgaben ein abgeschlossenes Fachhochschulstudium oder Hochschulstudium oder eine ähnliche Ausbildung voraussetzen, und die eine Budgetverantwortung von über ▓▓▓▓▓ EUR oder Personalverantwortung für mindestens ▓▓▓▓▓ Mitarbeiter haben.

Vergütungsgruppe III

Angestellte, die eine Abteilung mit mindestens ▓▓▓▓▓ Mitarbeitern oder ein Projektteam mit mindestens ▓▓▓▓▓ Projektmitarbeitern leiten.

Vergütungsgruppe IV

▓▓▓▓▓

§ 3 Eingruppierungsgrundsätze

(1) Die Eingruppierung der außertariflichen Angestellten in eine Vergütungsgruppe erfolgt nach den übertragenen und ausgeübten Tätigkeiten, nicht nach der Bezeichnung des Arbeitsplatzes. Dabei sind die überwiegend ausgeübten Tätigkeiten maßgeblich.

(2) Nach Inkrafttreten dieser Betriebsvereinbarung ist die Eingruppierung der außertariflichen Angestellten in die neuen Vergütungsgruppen innerhalb eines Zeitraums von drei Monaten unter Berücksichtigung der Beteiligungsrechte des Betriebsrats, die in nachfolgendem § 4 geregelt sind, vorzunehmen. Zur Vermeidung von Streitigkeiten über die Eingruppierung einzelner Angestellter im Rahmen dieser Beteiligung haben die Parteien für die in der **Anlage** zu dieser Betriebsvereinbarung genannten Stellen eine Vorauswahl für ihre Eingruppierung getroffen. Die Parteien werden diese Liste regelmäßig, mindestens jedoch einmal jährlich, auf ihre Aktualität hin überprüfen.

(3) Die Eingruppierung neuer außertariflicher Angestellter in die unter § 2 beschriebenen Vergütungsgruppen erfolgt bei deren Einstellung – ebenfalls unter Berücksichtigung der Beteiligungsrechte des Betriebsrats, die in nachfolgendem § 4 geregelt sind. Bei dieser Eingruppierung wird sich der Arbeitgeber an der geplanten tatsächlichen Tätigkeit des neuen Angestellten orientieren und die Zuordnung anhand einer in der **Anlage** zu dieser Betriebsvereinbarung gelisteten Stelle vornehmen, sofern die geplante Tätigkeit dieser Stelle entspricht.

(4) Der Arbeitgeber überprüft in regelmäßigen Zeitabständen, längstens aber nach jeweils zwei Jahren, ob sich die Tätigkeit der einzelnen außertariflichen Angestellten in der Zwischenzeit derart stark geändert hat, dass eine neue Eingruppierung entsprechend der geänderten Tätigkeit vorgenommen werden muss. Eine solche Änderung der Tätigkeit ist anzunehmen, wenn sie die Qualität einer Versetzung im Sinne des § 95 Abs. 3 BetrVG hat.[733] Hat sich die Tätigkeit entsprechend geändert, ist eine Umgruppierung des betreffenden außertariflichen Angestellten unter Berücksichtigung der Beteiligungsrechte des Betriebsrats hinsichtlich der Versetzung und Umgruppierung gemäß nachfolgendem § 4 vorzunehmen.

§ 4 Beteiligungsrechte des Betriebsrats

(1) Bei der Eingruppierung, Umgruppierung oder Versetzung der außertariflichen Angestellten wird der Arbeitgeber den Betriebsrat gemäß §§ 99 f. BetrVG beteiligen.

---

733 Vgl. BAG 18.6.1991, NZA 1991, 852, 853.

(2) Der Betriebsrat ist über neue Stellen, die im Betrieb für außertarifliche Angestellte eingeführt werden, anhand einer Stellenbeschreibung zu informieren. Der Arbeitgeber hat mit dem Betriebsrat über die Zuordnung dieser Stellen zu den Vergütungsgruppen durch entsprechende Ergänzung der **Anlage** zu dieser Betriebsvereinbarung zu beraten.[734]

§ 5 Höhe der Vergütung

(1) Die Höhe der den einzelnen Vergütungsgruppen zugewiesenen Gehälter wird durch den Arbeitgeber in eigener Verantwortung festgesetzt und jährlich neu überprüft.[735]

(2) Der Arbeitgeber unterrichtet den Betriebsrat zu Beginn der Laufzeit dieser Betriebsvereinbarung und nach jeder Änderung über die Höhe der von ihm festgesetzten Gehälter für die Vergütungsgruppen nach dieser Vereinbarung.

§ 6 Abgeltung von Überstunden

(1) Mit der außertariflichen Vergütung sind – vorbehaltlich einer anders lautenden arbeitsvertraglichen Regelung – Überstunden im Umfang von insgesamt bis zu 15 Stunden im Monat pro Mitarbeiter abgegolten.[736]

(2) Überstunden, die über diesen Umfang hinausgehen, werden einem Zeitkonto gut geschrieben und innerhalb von zwei Monaten nach Ablauf des Monats, in dem die Überstunden angefallen sind, durch Inanspruchnahme von Freizeit abgegolten. Bei der Festlegung der zeitlichen Lage des Freizeitausgleichs hat sich der außertarifliche Angestellte mit einem Vertreter abzustimmen.

(3) Ist eine Abgeltung durch Freizeit innerhalb des genannten Zeitraums aus betrieblichen Gründen nicht möglich, erfolgt eine Auszahlung der Überstunden ohne Aufschlag mit der nächsten monatlichen Gehaltsabrechnung nach der Formel

monatliches Grundgehalt/(vertraglich vereinbarte monatliche Arbeitszeit + 15 Stunden).

§ 7 Jahressondervergütung[737]

Die außertariflichen Angestellten erhalten zusätzlich zu ihrem Gehalt entsprechend ihrer Vergütungsgruppe nach dieser Betriebsvereinbarung, soweit nicht bereits anderweitig geregelt, eine jährliche Sondervergütung in Höhe der tariflich festgelegten Jahressondervergütung für die Arbeitnehmer der höchsten tariflichen Entgeltgruppe.

§ 8 Einigungsverfahren bei Streitigkeiten

Arbeitgeber und Betriebsrat verpflichten sich, bei Streitigkeiten, die Auslegung und Anwendung dieser Betriebsvereinbarung betreffen, unverzüglich Verhandlungen mit dem Ziel einer einvernehmlichen Regelung aufzunehmen. Ist über einzelne Fragen kein Einvernehmen zu erzielen, so kann eine Seite die Einigungsstelle nach § 76 Abs. 5 BetrVG anrufen.[738]

---

734 Kommt eine Einigung zwischen Arbeitgeber und Betriebsrat nicht zustande, ist damit die erleichterte Zuordnung anhand der Liste der Stellen in der Anlage zu dieser Betriebsvereinbarung nicht möglich. Die Eingruppierung ist aber auch in diesem Fall anhand der Kriterien der Obersätze der Vergütungsgruppen in § 2 ohne weiteres möglich.

735 Die den einzelnen Vergütungsgruppen zugewiesenen Gehälter könnten auch an die Tariflohnerhöhungen für die tariflichen Mitarbeiter gekoppelt und entsprechend dem Prozentsatz der Tariflohnerhöhung linear erhöht werden. Der Arbeitgeber kann auch mitbestimmungsfrei entscheiden, ob und in welchem Umfang (Dotierungsrahmen) er zusätzlich zu der außertariflichen Vergütung freiwillige Zulagen gewährt oder diese vollständig wieder einstellt. Der Betriebsrat hat allerdings ein Mitbestimmungsrecht bei der Festlegung oder Änderung der Verteilungsgrundsätze für die Zulagen, BAG 11.8.1992, AP Nr. 53 zu § 87 BetrVG 1972 – Lohngestaltung; BAG 3.5.1994, AP Nr. 23 zu § 23 BetrVG 1972.

736 Eine vollständige Abgeltung von Überstunden dürfte, auch wenn sie in einer Betriebsvereinbarung erfolgt, wegen Verstoßes gegen § 75 Abs. 1 BetrVG unwirksam sein.

737 Es unterliegt nicht dem Mitbestimmungsrecht des Betriebsrats, ob und in welcher Höhe eine Jahressonderzahlung gewährt wird; er kann nur bei der Verteilung dieser freiwilligen Leistung mitbestimmen, Richardi/*Richardi*, § 87 BetrVG Rn 745.

738 Durch diese Regelung wird die Einleitung eines arbeitsgerichtlichen Verfahrens letztlich nicht ausgeschlossen. Aus der Bezugnahme auf § 2 Abs. 1 und 2 ArbGG in § 4 ArbGG leitet das BAG ab, dass für Gegenstände des Beschlussverfahrens der Rechtsweg zu den Arbeitsgerichten nicht ausgeschlossen werden kann. Die Festlegung der Verbindlichkeit des Einigungsstellenspruchs und damit der endgültige Ausschluss des Rechtswegs zu den Arbeitsgerichten wäre eine unzulässige Vereinbarung eines Schiedsgerichts, vgl. BAG 20.11.1990, NZA 1991, 473, 477, ebenso BAG 27.10.1987, NZA 1988, 207, 208.

§ 9 Inkrafttreten, Kündigung

(1) Diese Betriebsvereinbarung tritt mit ihrer Unterzeichnung in Kraft. Ansprüche nach dieser Betriebsvereinbarung werden erstmals ab dem Zeitpunkt der Eingruppierung in die neuen Vergütungsgruppen erworben, die gemäß der Übergangsregelung in § 3 Abs. 2 dieser Vereinbarung vorzunehmen ist.

(2) Die Betriebsvereinbarung ist auf unbestimmte Zeit geschlossen und von beiden Seiten mit einer Frist von drei Monaten zum Ende eines Kalenderjahres kündbar. Sie kann nur als Ganze und nicht in ihren Teilen gekündigt werden;[739] die Kündigung hat schriftlich zu erfolgen.

(3) Nach wirksamer Kündigung wirkt die Betriebsvereinbarung bis zum Abschluss einer neuen Betriebsvereinbarung nach.

Alternativ: *(3) Eine Weitergeltung der Betriebsvereinbarung gemäß § 77 Abs. 6 BetrVG wird ausgeschlossen.*

§ 10 Schlussbestimmungen

(1) Mündliche Nebenabreden bestehen nicht. Änderungen und Ergänzungen dieser Betriebsvereinbarung, einschließlich dieser Bestimmung, bedürfen zu ihrer Rechtswirksamkeit der Schriftform.

(2) Die **Anlage** zu dieser Betriebsvereinbarung ist Bestandteil der Vereinbarung. Eine Änderung dieser **Anlage** durch Aktualisierung der Zuordnung der Stellen zu den Vergütungsgruppen berührt die Wirksamkeit der Vereinbarung im Übrigen nicht.

(3) Sollte eine Bestimmung dieser Betriebsvereinbarung ganz oder teilweise unwirksam sein oder werden, so wird hiervon die Wirksamkeit der übrigen Bestimmungen nicht berührt. Anstelle der unwirksamen Bestimmung werden Arbeitgeber und Betriebsrat die gesetzlich zulässige Bestimmung vereinbaren, die dem mit der unwirksamen Bestimmung Gewollten am nächsten kommt. Dasselbe gilt für den Fall einer vertraglichen Lücke.

(4) Sollten sich die dieser Betriebsvereinbarung zugrunde liegenden tatsächlichen oder rechtlichen Bedingungen grundlegend ändern, so werden Arbeitgeber und Betriebsrat unverzüglich in Verhandlungen treten mit dem Ziel, die Vereinbarung an die geänderten Bedingungen anzupassen.

Ort, Datum   Ort, Datum

(Arbeitgeber)   *(Betriebsrat)*

Anlage zur Betriebsvereinbarung über die Vergütung der außertariflichen Angestellten

Vergütungsgruppe I

(Auflistung der entsprechenden Stellen)

Vergütungsgruppe II

(Auflistung der entsprechenden Stellen)

Vergütungsgruppe III

(Auflistung der entsprechenden Stellen)

Vergütungsgruppe IV

(Auflistung der entsprechenden Stellen)

▲

---

739 Vgl. dazu BAG 6.11.2007, NZA 2008, 422.

b) Betriebsvereinbarung über die Gewährung einer außertariflichen/übertariflichen Zulage

Literatur: *Grau/Sittard*, Nachwirkung einer Betriebsvereinbarung – Besprechung des Beschlusses BAG v. 5.10.2010 – 1 ABR 20/09, RdA 2013, 118; *Hunold*, Freiwillige Zulagen: übertariflich – außertariflich?, NZA 2007, 912; *Lunk/Leder*, Mitbestimmung der Betriebsräte bei freiwilligen Leistungen, NZA 2011, 249; *Roloff*, Entwicklungslinien der Rechtsprechung zu § 87 Abs. 1 Nr. 10 BetrVG, RdA 2014, 228; *Salamon*, Das kurzfristige Gastspiel einer betriebsverfassungsrechtlichen freiwilligen Gesamtvergütung, NZA 2011, 549; *Ziepke/Schneider*, Anrechnung und Widerruf, 2. Aufl. 2000.

aa) Rechtliche Grundlagen

Der Arbeitgeber kann seinen Arbeitnehmern mehr bezahlen, als der Tarifvertrag vorsieht, etwa durch eine **264** Zulage. Der Grund dafür kann sein, dass der Arbeitgeber einen Anreiz für besonders qualifizierte Arbeitnehmer setzen möchte, er eine engere Bindung der Mitarbeiter an das Unternehmen herbeiführen will oder er die tarifliche Vergütung aus anderen Gründen für unangemessen hält. Bei solchen Zulagen differenziert das BAG begrifflich zwischen übertariflichen und außertariflichen Zulagen. Eine „übertarifliche Zulage" ist eine Zulage, die über eine im Tarifvertrag vorgesehene Leistung hinausgeht; eine „außertarifliche Zulage" ist eine Zulage, die eine Leistung vorsieht, die es im Tarifvertrag nicht gibt.[740]

Bei Gewährung einer übertariflichen oder außertariflichen Zulage ist das Mitbestimmungsrecht des Be- **265** triebsrats nach § 87 Abs. 1 Nr. 10 BetrVG zu beachten. Dieses bezieht sich allerdings nicht darauf, ob und in welcher Höhe der Arbeitgeber Mittel für eine Zulage bereitstellt („Dotierungsrahmen"), welcher Personenkreis begünstigt werden soll und welchen Zweck die Zulage verfolgen soll, sondern ausschließlich darauf, wie eine etwaige Zulage verteilt wird.[741]

Kommt es später zu Tariflohnerhöhungen, können diese auf die Zulage angerechnet werden. Solche tarif- **266** liche Lohnerhöhungen können auch durch Alterssprünge, Umgruppierungen und Arbeitszeitreduzierungen entstehen.[742] Die Anrechnung einer Tariflohnerhöhung kann ebenfalls unter das Mitbestimmungsrecht nach § 87 Abs. 1 Nr. 10 BetrVG fallen. Wird die Tariflohnerhöhung aber vollständig und gleichmäßig auf alle Arbeitnehmer angerechnet oder zwar nicht vollständig, aber bei allen Arbeitnehmern gleichmäßig zu einem bestimmten Prozentsatz, so ist das mitbestimmungsfrei.[743] Wurde in einem Beschlussverfahren ein Mitbestimmungsrecht des Betriebsrats bei der Anrechnung einer Tariflohnerhöhung auf eine freiwillige Zulage rechtskräftig verneint, so hat diese Entscheidung eine präjudizielle Bindungswirkung für nachfolgende Individualverfahren.[744]

Das Mitbestimmungsrecht des § 87 Abs. 1 Nr. 10 BetrVG übt grundsätzlich der lokale Betriebsrat aus. Will **267** der Arbeitgeber allerdings eine freiwillige Leistung einführen, darf er ihre Gewährung von einer überbetrieblichen Regelung abhängig machen und auf diese Weise die Zuständigkeit des Gesamt- oder Konzernbetriebsrats für den Abschluss einer entsprechenden Betriebsvereinbarung herbeiführen.[745]

Die Betriebsvereinbarung über eine außer-/übertarifliche Zulage betrifft eine freiwillige Leistung. Deshalb **268** gibt es bei Beendigung der Betriebsvereinbarung, weil die betreffenden Leistungen vollständig eingestellt werden sollen, grundsätzlich keine Nachwirkung.[746] Allerdings muss der Arbeitgeber dem Betriebsrat und/oder den begünstigten Mitarbeitern aus Gründen der Rechtsklarheit mitteilen, dass die Zulage ersatzlos entfällt, weil er dafür keine Mittel mehr bereitstellt.[747] Anders liegen die Dinge, wenn der Arbeitgeber die Be-

---

740 BAG 7.2.2007, NZA 2007, 934; *Hunold*, NZA 2007, 912.

741 BAG 26.5.1998, AP Nr. 98 zu § 87 BetrVG 1972 Lohngestaltung; ErfK/*Kania*, § 87 BetrVG Rn 107 f.; NK-GA/*Schwarze*, § 87 Rn 232.

742 Arens/Düwell/Wichert/*Wichert*, § 7 Rn 323 ff.

743 BAG 8.6.2004, NZA 2005, 66, 67; ArbG Nürnberg 14.6.2012, BeckRS 2013, 69478; LAG Düsseldorf 9.2.2012, BeckRS 2014, 71742; Arens/Düwell/Wichert/*Wichert*, § 7 Rn 355 ff.; *Ziepke/Schneider*, Anrechnung und Widerruf, S. 59 f.; *Roloff*, RdA 2014, 228, 231 f.

744 BAG 23.2.2016, NZA 2016, 906.

745 BAG 9.12.2003, NZA 2005, 234; BAG 18.5.2010, NZA 2011, 171; *Fitting u.a.*, § 50 Rn 46; *Lunk/Leder*, NZA 2011, 249.

746 Dazu BAG 10.11.2009, NZA 2011, 475; LAG Hamm 6.5.2010, BeckRS 2010, 71966.

747 Vgl. BAG 5.10.2010, NZA 2011, 598; dazu *Salamon*, NZA 2011, 549; *Grau/Sittard*, RdA 2013, 118.

triebsvereinbarung kündigt, weil er das Volumen reduzieren und den Verteilungsschlüssel ändern will. Dann wird die Nachwirkung der gesamten Betriebsvereinbarung bejaht.[748]

269 Bei der Gewährung einer außertariflichen/übertariflichen Zulage durch eine Betriebsvereinbarung ist die Sperrwirkung des § 77 Abs. 3 BetrVG zu beachten. Es wird allgemein wie folgt differenziert: Zulagen, welche ohne besondere Voraussetzungen das tarifliche Entgelt erhöhen, fallen regelmäßig unter § 77 Abs. 3 BetrVG. Dann bedarf es für eine Betriebsvereinbarung einer Öffnungsklausel im Tarifvertrag. Dagegen ist bei Zulagen, welche tariflich nicht geregelte Sonderleistungen von Arbeitnehmern honorieren oder Sondertatbestände betreffen, § 77 Abs. 3 BetrVG regelmäßig nicht einschlägig.[749]

33 ▼
bb) Betriebsvereinbarung über die Gewährung einer außertariflichen/übertariflichen Zulage

270 **Muster 2.33: Betriebsvereinbarung über die Gewährung einer außertariflichen/übertariflichen Zulage**

Der ▨ (*Bezeichnung des Unternehmens, des Betriebs, Adresse*)

– nachfolgend: **Arbeitgeber** –

und

der Betriebsrat der ▨ (*Bezeichnung des Unternehmens*) des Betriebs ▨, vertreten durch den Betriebsratsvorsitzenden ▨,

– nachfolgend: **Betriebsrat** –

schließen folgende Betriebsvereinbarung über die Gewährung einer außertariflichen/übertariflichen Zulage:

§ 1 Anwendungsbereich

Diese Betriebsvereinbarung gilt für alle Arbeitnehmer des Betriebs ▨, ausgenommen leitende Angestellte und AT-Angestellte.[750]

§ 2 Außertarifliche/übertarifliche Zulage

(1) Der Arbeitgeber gewährt den Arbeitnehmern eine jährliche Zulage in Höhe von ▨ EUR brutto pro Beschäftigungsjahr.[751] Mit dieser Zulage wird folgender Zweck verfolgt:[752] ▨

(2) Die Zulage wird jeweils mit dem Juli-Gehalt eines Jahres ausgezahlt.

(3) Die Zulage gewährt der Arbeitgeber freiwillig. Bei Beendigung dieser Betriebsvereinbarung besteht kein Rechtsanspruch auf Fortführung der Zulage.

Alternativ:[753]

(1) Der Arbeitgeber entscheidet im Mai eines jeden Jahres, ob er jedem Arbeitnehmer eine Zulage gewährt.

(2) Gewährt der Arbeitgeber eine Zulage, so beträgt sie für jeden Arbeitnehmer ▨ *% seines Bruttogrundgehalts. Sie wird mit dem Juli-Gehalt ausgezahlt.*

(3) Die Zulage gewährt der Arbeitgeber freiwillig. Die ein- oder mehrmalige Gewährung der Zulage begründet keinen Rechtsanspruch für die Zukunft.

---

748 BAG 26.10.1993, NZA 1994, 572; vgl. auch NK-GA/*Schwarze*, § 77 BetrVG Rn 91; ErfK/*Kania*, § 77 BetrVG Rn 109.

749 Zum ganzen *Fitting u.a.*, § 77 Rn 84 ff.; Richardi/*Richardi*, § 77 Rn 280 ff.; DKKW/*Berg*, § 77 Rn 130, alle mit weiteren Nachweisen.

750 Da AT-Angestellte in der Regel ein gesondertes Vergütungssystem mit gesonderten Zulagen/Boni haben, werden sie häufig von gesonderten Leistungen für die übrigen Arbeitnehmer herausgenommen. Zwingend ist das aber nicht.

751 Die Anknüpfung an die Betriebsdauer stellt keine unzulässige Diskriminierung dar, vgl. dazu EuGH 3.10.2006, NJW 2007, 47.

752 Eine Zulage, die keinen besonderen Zweck verfolgt oder die an keine besonderen Voraussetzungen gebunden ist, kann wegen § 77 Abs. 3 BetrVG nicht ohne weiteres in einer Betriebsvereinbarung geregelt werden. Ausnahme: Der einschlägige Tarifvertrag enthält eine Öffnungsklausel.

753 Wird die Alternativklausel gewählt, bedarf es nicht der Notlagenklausel in § 4. Auch kann bei Vereinbarung der Alternativklausel erwogen werden, dass die Betriebsvereinbarung nach Beendigung nachwirken soll.

Kaya/Wichert

§ 3 Anrechnung von Tariflohnerhöhungen

(1) Der Arbeitgeber ist berechtigt, Tariflohnerhöhungen teilweise oder vollständig auf die Zulage anzurechnen. Anrechenbar sind auch Tariflohnerhöhungen, die aufgrund von Alterssprüngen, Umgruppierungen oder einer tariflichen Arbeitszeitverkürzung entstehen.

(2) Etwaige gesonderte Beteiligungsrechte des Betriebsrats bei der Anrechnung bleiben von dieser Betriebsvereinbarung unberührt.

Alternativ: *Tariflohnerhöhungen werden auf die Zulage nicht angerechnet.*

§ 4 Wirtschaftliche Notlage[754]

(1) Der Arbeitgeber ist berechtigt, die Zulage in einer wirtschaftlichen Notlage[755] ganz oder teilweise zu kürzen. Dies hat er den Arbeitnehmern zwei Monate vorher schriftlich anzukündigen.

(2) Der Arbeitgeber ist verpflichtet, dem Betriebsrat die wirtschaftliche Notlage durch die geeigneten Informationen und Unterlagen nachzuweisen.

§ 5 Schlussbestimmungen

(1) Die Betriebsvereinbarung tritt ab ▇▇▇▇▇ (*Datum*) in Kraft. Sie kann mit einer Frist von drei Monaten zum Jahresende gekündigt werden. Die Betriebsvereinbarung kann nur als Ganze und nicht in ihren Teilen gekündigt werden.[756]

(2) Ist die Betriebsvereinbarung wirksam gekündigt oder aus anderen Gründen beendet, so wirkt sie nicht nach.

(*Ort, Datum*)

(*Unterschriften Arbeitgeber/Betriebsrat*)

c) Muster: Betriebsvereinbarung Provision (Verkauf/Vertrieb/Außendienst)

Literatur: *Gründel/Butz*, Provisionen bei Fehlzeiten eines Arbeitnehmers, BB 2014, 1210; *Jacobs/Frieling*, Betriebsratsvergütung bei arbeitszeitunabhängiger Provision, NZA 2015, 513; *Salamon*, Mitarbeitersteuerung durch erfolgs- und bestandsabhängige Gestaltung von Vergütungsbestandteilen, NZA 2010, 314; *Schwab*, Rechtsprobleme der Arbeit im Leistungslohn, NZA-RR 2009, 57; *Simon/Hidalgo/Koschker*, Flexibilisierung von Bonusregelungen – eine unlösbare Aufgabe?, NZA 2012, 1071.

aa) Allgemeines

Die Provision ist gerade im Vertrieb eine klassische erfolgsbezogene Vergütungsform. Diese knüpft an dem Wert des vom Mitarbeiter abgeschlossenen oder vermittelten Geschäfts oder Vertrags an. Denkbar ist auch die Bezugnahme auf eine bestimmte Stückzahl oder Menge des vom Mitarbeiter vermittelten Produkts. Vorteil dieser erfolgsbezogenen Vergütungsform ist, dass die Ermittlung des Verdienstes typischerweise durch einfach mathematische Operationen zuverlässig berechnet werden kann. **271**

Gesetzliche Vorgaben für die Gestaltung von Provisionsregelungen ergeben sich aus dem HGB. Soweit eine **Provision** zugesagt oder vereinbart wird, finden die **§§ 87 ff. HGB** bei allen Arbeitnehmern Anwendung, losgelöst davon, ob es sich um einen Handlungsgehilfen gem. § 65 HGB handelt.[757] Es dürfte auch nicht darauf ankommen, ob die Provisionszusage ihre Grundlage auf arbeitsvertraglicher oder betriebsverfassungsrechtlicher Grundlage findet – der Anspruch ist in jedem Fall im Sinne des § 65 HGB „bedungen" (durch Vereinbarung begründet) und der Anwendungsbereich der Verweisung eröffnet.

---

754 Da die Betriebsvereinbarung gemäß § 5 Abs. (1) mit drei Monaten zum Jahresende kündbar ist, muss der Arbeitgeber bis dahin entschieden haben, ob er für das Folgejahr eine Zulage gewähren will. Hat er sich entschieden und stellt sich im Folgejahr wider Erwarten eine wirtschaftliche Notlage ein, so kann er aufgrund des § 4 hinsichtlich der Zulagen die Notbremse ziehen.

755 Die „wirtschaftliche Notlage" ist aus Gründen der Flexibilität nicht näher definiert. Das kann man aber auch anders handhaben.

756 Vgl. dazu BAG 6.11.2007, BB 2008, 835.

757 BAG 21.1.2015 – 10 AZR 84/14, AP HGB § 92 Nr. 8 Rn 28; BAG 16.2.2012 – 8 AZR 242/11 Rn 37; ErfK/*Oetker*, § 65 HGB Rn 5.

Entsprechend gelten die Vorschriften für Handelsvertreter zu den Voraussetzungen (§ 87 Abs. 1 und 3 HGB),[758] der Fälligkeit (§ 87a HGB), Höhe (§ 86b HGB) und Abrechnung der Provisionen (§ 87c HGB) auch für die Schaffung betriebsverfassungsrechtlicher Regelungen. Auch hier ist allerdings den rechtlichen Unterschieden zwischen einem selbstständigen Dienstverpflichteten und einem Arbeitnehmer angemessen Rechnung zu tragen.[759] Keine Anwendung finden die für selbstständige Handelsvertreter verbindlichen Vorgaben zur Verfügungstellung von Unterlagen und Mitteilungspflichten (§ 86a HGB), zum Bezirksschutz (§ 87 Abs. 2 HGB), zur Inkassoprovision (§ 87 Abs. 4 HGB), zur Verjährung (§ 88 HGB) und zum Ausgleichsanspruch nach Vertragsbeendigung (§ 89a HGB).[760]

Von der klassischen Provision zu unterscheiden ist eine allgemeine – d.h. losgelöst von der individuellen Vermittlungstätigkeit des Mitarbeiters – etwa an den Unternehmenserfolg anknüpfende variable Vergütung wie zum Beispiel eine „Umsatzprovision" (dazu unten, siehe Rdn 282 ff.).

272   Zwar ist denkbar, die **Vergütung** eines Mitarbeiters allein auf **Provisionsbasis** zu vereinbaren.[761] Eine solche Vereinbarung kann aber nach § 138 BGB wegen Sittenwidrigkeit unwirksam sein, insbesondere wenn es diesem nicht möglich ist, ein ausreichendes Einkommen zu erzielen und ein **auffälliges Missverhältnis von Leistung und Gegenleistung** besteht. Dies ist der Fall, wenn die Vergütung nicht einmal zwei Drittel des Tariflohns bzw. der üblichen Vergütung für diese Tätigkeit im Wirtschaftsgebiet erreicht.[762] Jedenfalls muss der Mindestlohn gemäß § 1 MiLoG erreicht werden. Provisionen erfüllen den Mindestlohnanspruch, soweit sie gemäß § 2 MiLoG rechtzeitig abgerechnet werden.[763] Grundsätzlich bleibt es dem Arbeitgeber bis zur Grenze der Willkür im Übrigen unbenommen, auch solche Organisationsentscheidungen umzusetzen, die zu einer Reduzierung der Provisionsansprüche des Arbeitnehmers führen.[764]

273   Der Betriebsrat hat bei Provisionsregelungen ein Mitbestimmungsrecht gemäß § 87 Abs. 1 Nr. 10 BetrVG;[765] hingegen erfüllen Provisionen in der Regel gerade nicht den Tatbestand der Leistungsentlohnung i.S.d. § 87 Abs. 1 Nr. 11 BetrVG, da es an der Verknüpfung mit einer Bezugsleistung fehlt.[766] Mitbestimmungspflichtig sind gemäß § 87 Abs. 1 Nr. 10 BetrVG insbesondere das Verhältnis der Provision zum Gehaltsfixum sowie das Verhältnis der Provisionen zueinander und ihre Bezugsgröße (linear, progressiv oder degressiv) sowie die Staffelung der Provisionssätze. Mitbestimmungspflichtig ist das Verfahren zur Ermittlung des Bestehens (oder Nichtbestehens) eines Provisionsanspruches.[767] Soll bezüglich der Provisionsansprüche nach verschiedenen Gruppen der Belegschaft differenziert werden, unterliegt auch die Bildung dieser Gruppen der zwingenden Mitbestimmung des Betriebsrates. Die Bestimmung des Dotierungsrahmens oder eines bestimmten Geldbetrages je Provisionspunkt ist hingegen mitbestimmungsfrei.[768] Das Mitbestimmungsrecht bezieht sich nicht auf die Einteilung der Verkaufsbezirke. Die betrieblichen Regelungen sind im Einzelfall mit etwaig bestehenden tariflichen Regelungen in Einklang zu bringen.

---

758 Von denen durch Formularvertrag nur begrenzt abgewichen werden kann, vgl. LAG Berlin-Brandenburg 8.5.2015 – 3 Sa 1915/14, juris; Revision anhängig vom BAG unter Az. 10 AZR 398/15.
759 LAG Schleswig-Holstein 16.4.2013 – 1 Sa 290/12, ArbR 2013, 343.
760 ErfK/*Oetker*, § 65 HGB Rn 4.
761 BAG 16.2.2012 – 1 AZR 98/11, BB 2012, 571 Rn 33.
762 BAG 16.2.2012 – 1 AZR 98/11, BB 2012, 571 Rn 33.
763 *Greiner*, in: Beck'scher Online-Kommentar Arbeitsrecht, *Rolfs/Giesen/Kreikebohm/Udsching*, § 1 Rn 52 m.w.N.
764 BAG 16.2.2012 – 1 AZR 98/11, BB 2012, 571 Rn 51.
765 BAG 29.3.1977 – 1 ABR 123/74, DB 1977, 1415; BAG 13.3.1984 – 1 ABR 57/82, NZA 1984, 296.
766 BAG 13.3.1984 – 1 ABR 57/82, NZA 1984, 296; ErfK/*Kania*, § 87 BetrVG Rn 127; inzwischen auch *Fitting u.a.*, § 87 BetrVG Rn 532.
767 *Fitting u.a.*, § 87 BetrVG Rn 417, 418.
768 BAG 29.3.1977 – 1 ABR 123/74, NJW 1977, 1654; BAG 13.3.1984 – 1 ABR 57/82, NZA 1984, 296.

bb) Muster Betriebsvereinbarung Provision (Verkauf/Vertrieb/Außendienst)

▼

Muster 2.34: Betriebsvereinbarung Provision

274

Zwischen ▨▨▨ (Name, Adresse Firma)

und

dem Betriebsrat der ▨▨▨ (Name Firma) am Standort ▨▨▨, vertreten durch den Betriebsratsvorsitzenden ▨▨▨, wird zur Regelung von Provisionszahlungen die folgende Vereinbarung geschlossen:

§ 1 Geltungsbereich

Diese Betriebsvereinbarung gilt für die Mitarbeiter/Innen – nachfolgend Mitarbeiter – im ▨▨▨ (z.B. Verkauf/Vertrieb/Außendienst/Key Account Management; ggf. Beschränkung auf bestimmte Positionen) im Betrieb ▨▨▨. Sie gilt nicht für leitende Angestellte im Sinne des § 5 Abs. 3 BetrVG.

§ 2 Provisionsanspruch, Provisionssätze

(1) Der Mitarbeiter erhält für alle durch ihn vermittelten Verkaufsgeschäfte, die der Arbeitgeber mit den im Vertriebsgebiet des Mitarbeiters ansässigen Kunden während der Dauer des Arbeitsverhältnisses abschließt, zusätzlich zu seinem Grundgehalt Provisionen *(ggf. auch: Provisionen, die auf das Grundgehalt angerechnet werden, …)* nach Maßgabe der folgenden Regelungen.

Ggf. zusätzlich: *Daher entsteht in den folgenden Fällen kein Provisionsanspruch:*

z.B.:

■ *für Verkaufsgeschäfte, die von Key Account Managern mit den von ihnen unmittelbar betreuten Schlüsselkunden erzielt wurden, auch soweit diese Schlüsselkunden im Vertriebsgebiet des Mitarbeiters ansässig sind,*

■ *für Verkaufsgeschäfte, die der Arbeitgeber mit Kunden schließt, die er ohne Mitwirkung der Mitarbeiter geworben hat;*

■ *für Verkaufsgeschäfte, die mit Kunden geschlossen werden, die ihren Sitz außerhalb des jeweiligen Vertriebsgebiets des Mitarbeiters haben, auf deren Wunsch aber eine Fakturierung auf Niederlassungen erfolgt, die ihren Sitz im Vertragsgebiet haben.*

(2) Die Provisionssätze ergeben sich aus der in der Anlage zu dieser Betriebsvereinbarung beigefügten Aufstellung Provisionssätze.

Alternativ:

Die Provisionssätze werden wie folgt festgelegt:

▨▨▨ % aus allen Verkaufsgeschäften mit einem fakturierten Nettoumsatz (§ 3 Abs. 1) von weniger als ▨▨▨ EUR,

▨▨▨ % aus allen Verkaufsgeschäften mit einem fakturierten Nettoumsatz (§ 3 Abs. 1) von mehr als ▨▨▨ EUR.

Alternativ:

Das Verkaufsziel für das Kalenderjahr (Geschäftsjahr) beträgt ▨▨▨ Einheiten. Bis zur Erreichung dieses Verkaufsziels fällt keine Provision an. Für darüber hinaus erzielte Abschlüsse erhält der Mitarbeiter eine Provision in Höhe von ▨▨▨ % des jeweiligen fakturierten Nettoumsatzes (§ 3 Abs. 1).

(3) Der Provisionsanspruch entsteht aufschiebend bedingt auf die Zahlung des Kaufpreises durch den Kunden. Der Provisionsanspruch entsteht auch, soweit die Ausführung des Geschäfts aus vom Arbeitgeber zu vertretenden Umständen unterbleibt oder der Arbeitgeber es nicht so ausführt, wie es abgeschlossen ist. Der Arbeitgeber hat die Nichtausführung eines Geschäfts nicht zu vertreten, soweit er dem Vertreter rechtzeitig Meldung von der drohenden Nichtausführung gemacht und ihm Gelegenheit zur Vertragsnachbearbeitung gegeben hat. Steht fest, dass der Dritte endgültig nicht leistet, ohne dass dies vom Arbeitgeber zu vertreten wäre, so entfällt der Anspruch auf Provision.

(4) Steht für ein Geschäft auch (einem oder mehreren) anderen Mitarbeitern Provision zu, so ist der Arbeitgeber nur verpflichtet, insgesamt einmal Provision zu zahlen. Er ist berechtigt, die Provision entsprechend des Beitrags, den die Mitarbeiter jeweils an dem Zustandekommen und der Durchführung des Geschäfts geleistet haben, angemessen – im Zweifel zu gleichen Anteilen – aufzuteilen. Die beabsichtigte Aufteilung nebst Begründung hat er vor Auszahlung der Provision den Mitarbeitern schriftlich mitzuteilen.

*(**ggf.:** Widerspricht einer der Mitarbeiter schriftlich innerhalb von vier Wochen, ist ein Gespräch unter Einbeziehung der weiteren Mitarbeiter zu führen, an dem ein Betriebsratsmitglied und ein Mitglied aus der Personalabteilung teilnehmen. Kommt keine Einigung zustande, entscheidet der Arbeitgeber über die Verteilung verbindlich.)*

(5) Kostenlose Reklamationslieferungen und -leistungen sind nicht provisionspflichtig.

§ 3 Berechnungsgrundlagen

Maßgebend für die Berechnung der Provision ist der fakturierte Nettoumsatz abzüglich etwaiger bei Geschäftsabschluss vereinbarter Boni und Skonti sowie Nebenkosten wie Fracht, Verpackung, Zoll oder Steuern (*ggf. ergänzen/streichen*). Neben- und Zusatzleistungen wie z.B. im Kundenauftrag eingeholte und dem Kunden berechnete Gutachten werden nicht verprovisioniert.

§ 4 Abrechnung und Fälligkeit der Provision, Vorschuss, Rückzahlung

(1) Der Arbeitgeber hat die Provision, auf die der Mitarbeiter Anspruch hat, monatlich (*alternativ: vierteljährlich etc.*) abzurechnen. Die Zahlung der Provision ist mit Erteilung der Abrechnung fällig und erfolgt mit der jeweiligen Gehaltsabrechnung.

(2) Der Mitarbeiter erhält einen Provisionsvorschuss in Höhe von monatlich ▓▓▓▓▓ EUR. Dieser wird am letzten Werktag des Monats mit der jeweiligen Gehaltsabrechnung ausgezahlt.

Alternativ: *Der Mitarbeiter erhält einen Provisionsvorschuss in Höhe von 80 % des Anspruchs, der sich bei deren Ausführungen durch den Kunden für die in dem jeweiligen Monat getätigten Abschlüsse ergeben würde. Dieser wird mit dem letzten Werktag des nachfolgenden Monats mit der jeweiligen Gehaltsabrechnung ausgezahlt.*

(3) Der Arbeitgeber hat Anspruch auf Rückzahlung überzahlter Provisionen (§ 2 Abs. 3 S. 1 und S. 4) sowie eines etwaig gezahlten Vorschusses. Der Arbeitgeber ist berechtigt, bis zur Pfändungsfreigrenze den Rückzahlungsanspruch mit etwaig fälligen Netto-Gehaltsansprüchen[769] und/oder nachfolgenden Provisionsansprüchen[770] zu verrechnen.

Alternativ: *Die Höhe der für die Provisionsberechnung relevanten Umsätze wird monatlich durch ▓▓▓▓▓ (etwa die Kaufmännische Abteilung) ermittelt. Die sich hieraus ergebende Provision wird durch ▓▓▓▓▓ (etwa den Leiter Außendienst) bestätigt und der Personalabteilung mitgeteilt. Die Auszahlung der dem Mitarbeiter zustehenden Provision erfolgt mit der Gehaltsabrechnung – soweit die Provision noch nicht gemäß § 2 Abs. 2 verdient ist als Vorschuss. Der Mitarbeiter erhält eine aussagekräftige Aufstellung der für die Provisionsberechnung relevanten Umsätze, aus der sich sein Provisionsanspruch ergibt.*

(4) Der Mitarbeiter hat die Abrechnung unverzüglich zu prüfen. Ein etwaiger Widerspruch oder sonstige Beanstandungen der Abrechnung sind innerhalb von ▓▓▓▓ Monaten schriftlich gegenüber der Personalabteilung (*alternativ: Geschäftsleitung/Kaufmännischen Leitung*) geltend zu machen. Dabei sind die Gründe der Beanstandung anzugeben.

§ 5 Krankheit, Urlaub, Feiertag, Schwangerschaft

(1) Die Mitarbeiter erhalten im Krankheitsfalle und an Feiertagen Entgeltfortzahlung nach dem Entgeltfortzahlungsgesetz. Die Provisionen, die der Mitarbeiter in dieser Zeit ohne Krankheit/Feiertag verdient hätte, werden fortgezahlt. Dabei werden die durchschnittlichen Provisionszahlungen der letzten zwölf (*alternativ: z.B. sechs*) Monate zugrunde gelegt. Soweit das Arbeitsverhältnis noch keine zwölf (*alternativ: z.B. sechs*) Monate besteht, werden die Provisionszahlungen seit Bestehen des Arbeitsverhältnisses zugrunde gelegt.

---

769 Küttner/*Griese*, Provision Rn 28 m.w.N.
770 Die Zulässigkeit der Aufrechnung mit künftigen Provisionsansprüchen ist umstritten (vgl. BAG 25.3.1976 – 3 AZR 331/75, AP Nr. 9 zu § 65 HGB).

(2) Während des Erholungsurlaubs und während der Mutterschutzfristen wird die Provision fortgezahlt. Gemäß § 11 BUrlG, § 11 MuSchG werden dabei die durchschnittlichen Provisionszahlungen der letzten 12 Wochen zugrunde gelegt.[771]

§ 6 Provisionsanspruch bei Ausscheiden

(1) Fällt die Ausführung eines während der Vertragslaufzeit abgeschlossenen Verkaufsgeschäfts gem. § 2 Abs. 1 in die Zeit nach Beendigung des Arbeitsverhältnisses, erhält der ausgeschiedene Mitarbeiter die darauf anfallende Provision ausgezahlt.

(2) Für nach Ausscheiden des Mitarbeiters abgeschlossene Verkaufsgeschäfte gem. § 2 Abs. 1 hat dieser einen Provisionsanspruch unter den Voraussetzungen des § 87 Abs. 3 HGB. Die angemessene Frist zum Abschluss des Geschäfts gemäß § 87 Abs. 3 Nr. 1 HGB beträgt drei Monate.

(3) Soweit ein Anspruch dem ausgeschiedenen Mitarbeiter zusteht, besteht nach dieser Betriebsvereinbarung kein Anspruch etwaiger nachfolgender Mitarbeiter.

§ 7 Anpassungsvorbehalt/Teilkündigung

(1) Der Arbeitgeber ist berechtigt, eine Teilkündigung dieser Betriebsvereinbarung dergestalt vorzunehmen, dass eine Änderung der provisionspflichtigen Geschäfte und der Provisionssätze erfolgt. Diese ist für den Mitarbeiter auch dann zumutbar, wenn sie zu einer Minderung der Provisionsansprüche führt, soweit der Mitarbeiter mindestens 80 % der im Vorjahr (letzten zwölf Monate) durchschnittlich bezogenen Vergütung (Bruttomonatsgehalt × 12 zzgl. Provision) bei gleichem Gehaltsverlauf erdienen kann.

(2) Eine Änderung der provisionspflichtigen Geschäfte oder Provisionssätze ist stets nur für die Zukunft möglich. Bereits erdiente Provisionsansprüche bleiben hiervon unberührt.

§ 8 Schlussbestimmungen

(1) Diese Betriebsvereinbarung tritt mit Wirkung ab dem   in Kraft. Die Betriebsvereinbarung ist zunächst befristet bis zum   . Die Betriebsvereinbarung verlängert sich jeweils um ein weiteres Jahr, wenn sie nicht mit einer Frist von sechs Monaten vor Ablauf schriftlich gekündigt wird.

Alternativ: *Die Betriebsvereinbarung tritt mit Wirkung ab dem*   *in Kraft. Sie kann mit einer Frist von*   *Monaten zum Monatsende gekündigt werden.*

(2) Nach Ausspruch einer Kündigung sind unverzüglich Verhandlungen über den Abschluss einer neuen Betriebsvereinbarung aufzunehmen. Bis zum Abschluss der neuen Vereinbarung wirken die Bestimmungen der gekündigten Betriebsvereinbarung nach.[772] (*alternativ: Die Nachwirkung ist ausgeschlossen.*)

(3) Sollte sich bei der Auslegung und Anwendung dieser Betriebsvereinbarung eine planwidrige Regelungslücke ergeben, sind die Parteien verpflichtet, möglichst kurzfristig zu versuchen, eine neue Regelung zu finden, die dem Zweck dieser Betriebsvereinbarung und der darin getroffenen Vereinbarungen am nächsten kommt.

     , den   (*Firma*   (*Betriebsratsvorsitzender*)

▲

cc) Erläuterungen

(1) Die Vereinbarungsparteien

Der wirksame Abschluss einer Betriebsvereinbarung setzt die ordnungsgemäße Beschlussfassung des Betriebsratsgremiums voraus. Zuständig ist grundsätzlich der örtliche Betriebsrat, soweit nicht eine Angelegenheit vorliegt, die das Gesamtunternehmen oder mehrere Betriebe betreffen und diese Angelegenheit nicht durch die einzelnen Betriebsräte geregelt werden kann, § 50 Abs. 1 BetrVG. Die Voraussetzungen

275

---

771 Vgl. BAG 11.4.2000 – 9 AZR 266/99, NZA 2001, 153 mit einem Bemessungszeitraum von drei Monaten bei regelmäßigen Provisionsvorschusszahlungen durch den Arbeitgeber.
772 Fehlt eine Regelung, gelten § 77 Abs. 5, 6 BetrVG.

müssen kumulativ vorliegen.[773] Erforderlich ist eine zwingende sachliche Notwendigkeit.[774] Sie muss sich aus der Natur der Sache aufdrängen.[775] Daneben hat der Betriebsrat mittels schriftlichen Übertragungsbeschlusses die Möglichkeit, die Regelungskompetenz an den Gesamtbetriebsrat zu delegieren. Je nach Unternehmensaufstellung kann es sich für den Außendienst empfehlen, unternehmenseinheitliche Provisionsregelungen mit dem Gesamtbetriebsrat zu vereinbaren.[776]

(2) Geltungsbereich, § 1

276   Die Betriebsvereinbarung muss nicht zwangsläufig alle Mitarbeiter erfassen. Vielmehr können – innerhalb der Vorgaben des Gleichbehandlungsgrundsatzes – gesonderte Regelungen für einzelne Personengruppen getroffen werden. Die Differenzierung vergleichbarer Sachverhalte bedarf also eines rechtfertigenden sachlichen Grundes. Eine solche Beschränkung des persönlichen Geltungsbereichs auf Außendienstmitarbeiter empfiehlt sich hier bereits aus dem Regelungsgegenstand.

Bereits kraft Gesetzes gilt die Betriebsvereinbarung nicht für den in § 5 Abs. 2 und 3 BetrVG aufgeführten Personenkreis.

(3) Provisionsanspruch, Provisionssätze, § 2

277   Zu Abs. 1: Wird überhaupt ein Provisionsanspruch zwischen Arbeitgeber und Mitarbeiter begründet („bedungen" gem. § 65 HGB), sind gemäß der gesetzlichen Regelung die während des Vertragsverhältnisses abgeschlossenen Geschäfte, deren Abschluss bzw. Vermittlung dem Arbeitnehmer übertragen war[777] und für die das Tätigwerden des Mitarbeiters (mit)ursächlich[778] geworden ist, provisionspflichtig (§§ 65, 87 Abs. 1 S. 1 Var. 1 HGB). Nicht von §§ 65, 87 Abs. 1 HGB geregelt ist, inwieweit dem Mitarbeiter der Abschluss und die Vermittlung bestimmter Geschäfte zugewiesen werden kann. Insofern kann durch Definition des Aufgabenfeldes der Arbeitsvertrag bestimmen, für welche Geschäfte überhaupt Provision verdient werden kann.

Dagegen stellt es bereits eine Abweichung von der gesetzlichen Regelung der §§ 65, 87 Abs. 1 S. 1 Var. 1 HGB dar, wenn aus einem größeren Kreis von Geschäften, deren Vermittlung bzw. Abschluss zu den vertraglichen Aufgaben des Mitarbeiters gehört, nur bestimmte als provisionspflichtig ausgewählt werden sollen.[779] Da letztlich keine gesicherte Rechtsprechung besteht, ob §§ 65, 87 Abs. 1 S. 1 Var. 1 HGB – ob nun durch Arbeitsvertrag oder Betriebsvereinbarung – abdingbar ist, sollte im Zweifelfall die Beschränkung durch die Beschränkung der Aufgaben erfolgen. In diesem Sinne geht das Muster davon aus, dass die Mitarbeiter nur in einem bestimmten Verkaufsgebiet tätig werden und zudem nicht für Key Accounts zuständig sind.

Das Gesetz sieht zusätzlich gem. §§ 65, 87 Abs. 1 S. 1 Var. 2 HGB auch solche Geschäfte als provisionspflichtig an, die ohne sonstigen Beitrag des Provisionsberechtigten mit Kunden abgeschlossen werden, die der Provisionsberechtigte neu als Kunden für Geschäfte der gleichen Art geworben hat. Dieser Anspruch kann nach der h.M. arbeitsvertraglich abbedungen werden,[780] was in dem Muster vorgesehen ist. Eine höchstrichtliche Bestätigung der Abdingbarkeit steht jedoch ebenfalls noch aus.

Gem § 65 HGB findet § 87 Abs. 2 HGB keine Anwendung auf Handlungsgehilfen (oder sonstige Arbeitnehmer), so dass von Gesetzes wegen kein Gebietsschutz besteht.

---

773 BAG 18.10.1994 – 1 ABR 9/94, AP Nr. 70 zu § 87 BetrVG 1972 Lohngestaltung; ErfK/*Koch*, § 50 BetrVG Rn 3 ff.

774 BAG 15.1.2002 – 1 ABR 10/01, AP Nr. 23 zu § 50 BetrVG 1972 = NZA 2002, 988.

775 BAG 6.12.1988 – 1 ABR 44/87, AP Nr. 37 zu § 87 BetrVG 1972 Lohngestaltung.

776 Zur Zuständigkeitsabgrenzung insb. *Fitting u.a.*, § 87 BetrVG Rn 44f; Richardi/*Annuß*, § 87 Rn 29.

777 Baumbach/*Hopt*, § 87 Rn 7; insofern auch *Hagen*, in: BeckOK-Arbeitsrecht, 40. Ed. 1.6.2016, § 87 HGB Rn 8.

778 BAG 22.1.1971 – 3 AZR 42/70, BB 1971, 779; LAG Köln 23.10.2006 – 14 Sa 459/06, NZA-RR 2007, 236.

779 Insofern ungenau *Hagen*, in: BeckOK-Arbeitsrecht, 40. Ed. 1.6.2016, § 87 HGB Rn 6.

780 ErfK/*Oetker*, § 87 Rn 11; vgl. auch *Hagen*, in: BeckOK-Arbeitsrecht, 40. Ed. 1.6.2016, § 87 HGB Rn 46.

Zu Abs. 2: In der Aufstellung der Provisionssätze können z.B. für bestimmte Produkte oder Systeme feste Beträge pro Verkaufseinheit – oder auch pro Verkaufseinheit nach Erreichen eines bestimmten Mindestumsatzes – zugewiesen werden.

Zu Abs. 3: Gemäß § 87a Abs. 1 S. 2–3 HGB ist die Ausführung des Geschäfts durch den Geschäftspartner des Arbeitgebers der letztmögliche Zeitpunkt, zu dem eine Provision verdient sein kann. Die Regelung nutzt also – was durchaus üblich ist[781] – den insofern bestehenden Gestaltungspielraum zugunsten des Arbeitgebers aus. Hierbei geht die Regelung ebenso wie die §§ 87a ff. HGB davon aus, dass der Arbeitgeber vorleistet. Preis dieser Gestaltung ist, dass gemäß § 87a Abs. 1 S. 2 HGB ein angemessener Vorschuss zu zahlen ist, soweit der Arbeitgeber zuvor seinerseits den Vertrag ausführt, d.h. vorleistet. Entsprechend ist der monatliche Vorschuss (§ 4 Abs. 2 des Musters) zu bemessen.

Zudem bildet die Regelung des § 87a Abs. 3 HGB, die unabdingbar ist (§ 87a Abs. 5 HGB), ab. Für § 87a Abs. 2 HGB ist dagegen in der hiesigen Konstellation kein Raum, da der Anspruch nach § 87a Abs. 1 S. 3 HGB schon nicht entsteht, soweit der Dritte endgültig nicht leistet.[782] Es ist dann nur ein etwaiger Vorschuss zurückzuzahlen.

Hinsichtlich § 87a Abs. 3 HGB ist unsicher, ob auch nur eine Konkretisierung des Verschuldensmaßstabes zulässig oder stets eine Einzelfallprüfung vorzunehmen ist.[783] Da ein erhebliches praktisches Bedürfnis für eine solche Konkretisierung besteht, wird sie hier versucht. Jedenfalls dürfte die Normierung dieser Anforderung in der Tendenz zu einer eher gerichtsfesten Handhabung beitragen. Die Anforderungen orientieren sich in der Sache an der Rechtsprechung zur Vertragsnachbearbeitung im Versicherungsrecht.[784]

Zu Abs. 4: Da nach dem Gesetz der volle Provisionsanspruch bereits bei Mitursächlichkeit der Tätigkeit des Mitarbeiters entsteht (vgl. oben zu Abs. 1),[785] sollte – auch bei möglichst klarer Abgrenzung der Tätigkeitsbereiche – gerade für diesen Fall ausdrücklich eine Teilung des Anspruchs geregelt werden. Derartige Regelungen sind nach einhelliger Ansicht zulässig.[786]

(4) Berechnungsgrundlage, § 3

Zu Abs. 1: Diese Regelung weicht von der gesetzlichen Regelung der Berechnungsgrundlage (§§ 65, 87 Abs. 2 HGB) – zulässigerweise[787] – ab.   **278**

Zu Abs. 2: Die Fiktion der Zustimmung zu einer Abrechnung kann nicht wirksam vereinbart werden.[788]

(5) Abrechnung und Fälligkeit der Provision, Rückzahlung, § 4

Zum Nachteil des provisionsberechtigten Mitarbeiters darf von den gesetzlichen Fälligkeitsregelungen des § 87a HGB nicht abgewichen werden, § 87a Abs. 5 HGB. Allerdings ist rechtlich zulässig, den Abrechnungszeitraum auf bis zu maximal drei Monate auszuweiten, § 87c Abs. 1 HGB.   **279**

(6) Krankheit, Feiertag, Urlaub, Schwangerschaft, § 5

Für die Fälle der gesetzlich zwingenden Entgeltfortzahlung ohne Arbeit enthält die Regelung eine Klarstellung. Die Entgeltfortzahlung an Feiertagen und im Krankheitsfall richtet sich nach dem Lohnausfallprinzip.   **280**

---

781 Vgl. nur Baumbach/*Hopt*, § 87a Rn 8. Unrichtig dagegen LAG Schleswig-Holstein 16.4.2013 – 1 Sa 290/12, ArbR 2013, 343, wonach eine entsprechende AGB-Regelung wegen unangemessener Benachteiligung des Kunden unwirksam sein soll. Der Mitabeiter ist ausreichend über den Provisionsanspruch (§ 87a Abs. 1 S. 2 HGB) und § 87a Abs. 3 HGB geschützt.

782 Baumbach/*Hopt*, § 87 HGB Rn 13.

783 Kritisch *Thume*, BB 2012, 975, 976; vgl. auch jüngst: BAG v. 21.1.2015 – 10 AZR 84/14, AP Nr. 8 zu § 92 HGB (maßgeblich seien „die Umständen des Einzelfalls").

784 Vgl. nur BAG v. 21.1.2015 – 10 AZR 84/14, AP Nr. 8 zu § 92 HGB.

785 BAG 4.11.1968 – 6 AZR 64/88, AP HGB § 65 Nr. 5.

786 Baumbach/*Hopt*, § 87 HGB Rn 21 m.w.N.

787 BAG 24.9.1965 – 3 AZR 231/65, AP HGB § 87b Nr. 1; Baumbach/Hopt, § 87b Rn 28; ErfK/*Oetker*, § 87b Rn 5; Hagen, in BeckOK, § 87 Rn 13.

788 ErfK/*Oetker*, § 87c HGB Rn 6.

Der Mitarbeiter ist also – auch hinsichtlich der Provision – so zu stellen, als wenn er gearbeitet hätte. Um ein Schätzen der Höhe zu vermeiden, erfolgt hier eine Klarstellung anhand der bisherigen durchschnittlichen Provisionshöhe. Für Urlaub und Schwangerschaft gelten § 11 BUrlG und § 11 MuSchG. Für sonstige Fälle fehlender Arbeitsleistung – etwa im Fall der Freistellung zum Ausgleich von Arbeitszeitkonten – hat der Mitarbeiter keinen Provisionsanspruch, wenn die Verprovisionierung bereits nach dem generellen System erfolgt ist.[789]

(7) Provisionsanspruch bei Ausscheiden, § 6

Abs. 1: Dieser Absatz regelt die Auszahlung sog. Überhangprovisionen. Für die Entstehung des Provisionsanspruchs ist nicht maßgeblich, ob die dafür notwendige aufschiebende Bedingung vor oder erst nach der Beendigung des Handelsvertretervertrages eintritt. Entscheidend ist vielmehr allein, dass noch vor der Vertragsbeendigung ein provisionspflichtiger Geschäftsabschluss erfolgt.[790] Da das BAG – siehe den Kommentar zu Abs. 2 – schon dem vertraglichen Ausschluss der nachvertraglich entstehenden Provisionsansprüche kritisch gegenübersteht, dürften die bereits während der Vertragslaufzeit als bedingter Anspruch entstandenen Überhangprovisionen jedenfalls nicht ausgeschlossen werden.

Abs. 2: Die ältere Rechtsprechung erlaubte es, die sog. nachvertraglich entstandenen Provisionsansprüche[791] jedenfalls dann abzubedingen, wenn hierfür ein sachlicher Grund vorlag.[792] Das BAG hat in einer jüngeren Entscheidung offen gelassen, ob hieran festzuhalten ist. In der Tendenz scheint es jedoch eher einer völligen Unabdingbarkeit zuzuneigen.[793] Jedenfalls hielt das BAG aber die pauschale Reduktion von Überhangprovisionen durch eine AGB-Regelung auf die Hälfte wegen der Abweichung von der gesetzlichen Regelung für eine unangemessene Benachteiligung und damit unwirksam.[794] Die hier gewählte Regelung trägt dieser Tendenz der Rechtsprechung Rechnung und belässt dem Arbeitnehmer auch die sog. nachvertraglich entstandenen Provisionsansprüche durch Verweis auf die gesetzliche Regelung. Einzig die angemessene Frist wird geregelt. Ihre Dauer hängt von der Eigenart des jeweiligen Geschäfts ab. Generell sind nach überwiegender Ansicht im Interesse einer schnellen Bereinigung des Rechtsverhältnisses eher kurze, bei Massengeschäften sehr kurze Fristen angemessen.[795]

Abs. 3: Die Regelung entspricht § 87 Abs. 1 S. 3 HGB.

(8) Anpassungsvorbehalt/Teilkündigung, § 7

281   Bei individualvertraglich vereinbarten Provisionen gilt für Widerrufsvorbehalte, dass der widerrufliche Anteil nicht über 25 bis 30 % der Gesamtvergütung liegen und der Widerruf auch nicht grundlos erfolgen darf.[796] Die widerrufliche Leistung muss nach Art und Höhe eindeutig sein und die Gründe des Widerrufs sind anzugeben. In Betriebsvereinbarungen geregelte Widerrufsvorbehalte unterliegen zwar gemäß § 310 Abs. 4 S. 1 BGB nicht der AGB-Kontrolle, sind aber an § 75 BetrVG zu messen.[797] Für Provisionsvereinbarungen wird man daher – bei entsprechender Regelung in der Betriebsvereinbarung – die Beendigung etwaiger Provisionszusagen erst für zukünftig abzuschließende Geschäfte wirksam vereinbaren können.

---

789 Vgl. BAG 28.1.2004 – 5 AZR 364/02, BAGReport 2004, 209.
790 *Thume* in: *Röhricht/Graf von Westphalen/Haas*, HGB, 4. Aufl. 2014, § 87a HGB Rn 8.
791 *Thume* in: *Röhricht/Graf von Westphalen/Haas*, HGB, 4. Aufl. 2014, § 87a HGB Rn 8.
792 BAG 20.8.1996 – 9 AZR 471/95, BAGE 84, 17 [22]= NZA 1996, 1151 = NJW 1997, 541.
793 BAG 20.2.2008 – 10 AZR 125/07, juris Rn 12.
794 BAG 20.2.2008 – 10 AZR 125/07, juris Rn 16.
795 *Hagen*, in: BeckOK Rn 40; ErfK/*Schaub* Rn 35; vgl. jedoch auch die sehr langen Beispiele bei MüKoHGB/*von Hoyningen-Huene*, § 87 BetrVG Rn 111.
796 BAG 12.1.2005 – 5 AZR 364/04, NZA 2005, 465.
797 BAG 12.1.2005 – 5 AZR 364/04, NZA 2005, 465.

d) Muster: Betriebsvereinbarung zu Zielvereinbarungen/Zielvorgaben

Literatur: *Annuß*, Arbeitsrechtliche Aspekte von Zielvereinbarungen in der Praxis, NZA 2007, 290; *Bauer/Diller/Göpfert*, Zielvereinbarungen auf dem arbeitsrechtlichen Prüfstand, BB 2002, 882; *Däubler*, Zielvereinbarungen als Mitbestimmungsproblem, NZA 2005, 793; *Domke/Nikolaus*, Bonusregelung und Freiwilligkeitsvorbehalt – wie passt das zusammen?, DB 2015, 1352; *Gaul/Rauf*, Bonusanspruch trotz unterlassener Zielvereinbarung – oder: Von den Risiken arbeitgeberseitiger Untätigkeit, DB 2008, 869; *Heiden*, Entgeltvariabilisierung durch Zielvereinbarungen, DB 2009, 1705; *Heins/Leder*, Stichtagsklauseln und Bonuszusagen unvereinbar?, NZA 2014, 520; *Horcher*, Inhaltskontrolle von Zielvereinbarungen, BB 2007, 2065; *Hund*, Zielvereinbarungen und Boni, AuA 2014, 364; *Hümmerich*, Zielvereinbarungen in der Praxis, NJW 2006, 2294; *Kort*, Informationsrechte des Betriebsrats nach § 80 II BetrVG bei Mitarbeitergesprächen, Zielvereinbarungen und Talent Management, NZA 2015, 520; *Lindemann/Simon*, Flexible Bonusregelungen im Arbeitsvertrag, BB 2002, 1807; *Mauer*, Zielbonusvereinbarungen als Vergütungsgrundlage im Arbeitsverhältnis, ArbRB 2012, 87; *Mues*, Mitbestimmung bei Zielvereinbarungen, ArbRB 2012, 87; *Reiserer*, Zielvereinbarung – ein Instrument der Mitarbeiterführung, NJW 2008, 609; *Rieble/Gistel*, Betriebsratszugriff auf Zielvereinbarungsinhalte?, BB 2004, 2462; *Riesenhuber/Steinau-Steinrück*, Zielvereinbarungen, NZA 2005, 785; *Salamon*, Mitarbeitersteuerung durch erfolgs- und bestandsabhängige Gestaltung von Vergütungsbestandteilen, NZA 2010, 314; *Salamon*, Variable Vergütung: Anpassung von Zielen während des Bezugzeitraums, NZA 2015, 1089; *Simon/Hidalgo/Koschker*, Flexibilisierung von Bonusregelungen – eine unlösbare Aufgabe?, NZA 2012, 1071.

aa) Allgemeines

Zielvereinbarungen haben sich als Instrument der Personalführung etabliert. Inhaltlich handelt es sich um Absprachen zwischen Arbeitgeber und Arbeitnehmer über bestimmte betriebliche oder auch persönliche Ziele, die innerhalb einer festgelegten Zeitperiode zu erreichen sind. Eine **Zielvorgabe** liegt vor, wenn die zu erreichenden Ziele einseitig vom Arbeitgeber festgelegt werden.[798] Typischerweise wird in einer Zielvereinbarung bzw. Zielvorgabe für das Erreichen der vereinbarten (oder vorgegebenen) Ziele ein Entgelt oder sonstiger Benefit zugesagt, um einen monetären Leistungsanreiz zu schaffen.[799] Anknüpfungspunkt können dabei Unternehmens-, Abteilungs-, teambezogene Umsatzziele, Verkaufsziele, Projektvorgaben, Gewinnbeteiligungen oder auch individuelle Projektvorgaben sein – ebenso wie weiche Faktoren etwa hinsichtlich Führungsverhalten, Kommunikationsprozessen o. ä. Ziele sollten klar und eindeutig formuliert sein und ihre Erreichung bestenfalls messbar bzw. eindeutig feststellbar.

282

Zielvereinbarungen betreffen die betriebliche Lohngestaltung und unterliegen damit grundsätzlich der Mitbestimmung des Betriebsrats gemäß § 87 Abs. 1 Nr. 10 BetrVG. Die Entscheidung, **ob** ein Zielvereinbarungssystem festgelegt werden soll, und welche finanziellen Mittel hierfür zur Verfügung gestellt werden, ist jedoch mitbestimmungsfrei.[800] Hinsichtlich aller struktureller Merkmale eines solchen Systems, also Bewertungsmethoden, Zielgrößen, Verhältnis von festen zu variablen Einkommensbestandteilen, Verhältnis der variablen Einkommensbestandteile untereinander, Zuordnung von Geldbeträgen zu bestimmten Leistungsgraden etc., steht dem Betriebsrat hingegen ein Mitbestimmungsrecht zu.[801] Die Festlegung der konkreten Ziele eines einzelnen Arbeitnehmers ist dagegen als Einzelfallregelung nicht mitbestimmungspflichtig.[802]

Für den Fall, dass die Zielboni an die individuelle Leistung des Arbeitnehmers geknüpft sind, wird darüber hinaus das Bestehen eines Mitbestimmungsrechts gem. § 87 Abs. 1 Nr. 11 BetrVG diskutiert.[803] Ein solches Mitbestimmungsrecht würde sich auch auf die Höhe der Zielboni erstrecken.[804] Maßgebliches Abgrenzungskriterium wird dabei stets sein, ob die Leistung des Einzelnen an einer Vergleichsgröße bemessen wird. Ob eine mit einem einzelnen Arbeitnehmer abgeschlossene Zielvereinbarung ein Mit-

---

798 *Reiserer*, NJW 2008, 609.

799 *Däubler*, NZA 2005, 793.

800 H.M., BAG 8.12.1981 – ABR 55/79 – AP NR. 1 zu § 87 BetrVG 1972 Prämie; *Fitting u.a.*, § 87 BetrVG Rn 445 f.; GK-*Wiese*, Rn 872ff.; a.A. *Däubler*, NZA 2005, 793.

801 *Annuß*, NZA 2007, 296; *Fitting u.a.*, § 87 BetrVG Rn 414, 418; *Mues*, ArbRB 2012, 87.

802 ErfK/*Kania*, § 87 Rn 100; Fitting, u.a., § 87 Rn 414; *Däubler*, NZA 2005, 793.

803 Dagegen *Annuß*, NZA 2007, 296; *Rieble/Gistel*, BB 2004, 2462; a.A. *Däubler*, NZA 2005, 796; bejahend in obiter dictum das BAG 21.10.2003 – 1 ABR 39/02, NZA 2004, 936.

804 *Annuß*, NZA 2007, 296.

bestimmungsrecht gemäß § 87 Abs. 1 Nr. 11 BetrVG entstehen lässt, ist umstritten.[805] Allerdings stellt die Rechtsprechung grundsätzlich an das Vorliegen eines kollektiven Bezuges keine hohen Anforderungen. In der Regel reicht, dass die Bemessung der Leistung des Einzelnen einen Vergleich mit der Leistung anderer Mitarbeiter erforderlich macht. Wird ein unmittelbares Verhältnis zwischen individueller (etwa Verkaufs-)Leistung und variabler Vergütung hergestellt (Provision), gelten gem. § 65 HGB die §§ 87 ff. HGB (siehe hierzu Rdn 271).

bb) Betriebsvereinbarung zu Zielvereinbarungen

▼

283   **Muster 2.35: Betriebsvereinbarung zu Zielvereinbarungen**

Betriebsvereinbarung zu Zielvereinbarungen

Zwischen ▇▇▇▇ (*Name, Adresse Firma*)

und

dem Betriebsrat der ▇▇▇▇ (*Name Firma*) am Standort ▇▇▇▇, vertreten durch den Betriebsratsvorsitzenden ▇▇▇▇, wird zur Regelung von Zielvereinbarungen folgende Vereinbarung getroffen:

Präambel

Der Arbeitgeber möchte bei positivem Geschäftsverlauf die Leistungen der Mitarbeiter/Innen – nachfolgend Mitarbeiter – auch wirtschaftlich anerkennend würdigen. Bei Erreichen des budgetierten Jahresergebnisses (*alternativ:* eine Dividendenausschüttung an seine Aktionäre) und Erreichen der individuell vereinbarten Ziele soll den von dieser Betriebsvereinbarung erfassten Mitarbeitern daher ein Zielerreichungsbonus nach Maßgabe nachfolgender Regelungen gewährt werden.

§ 1 Geltungsbereich

(1) Diese Betriebsvereinbarung gilt für die Mitarbeiter der Abteilung ▇▇▇▇. Sie gilt nicht für leitende Angestellte im Sinne des § 5 Abs. 3 BetrVG.[806]

(*Ggf.:* (2) Für Mitarbeiter im rentennahen Alter (drei Jahre vor Erreichen des gesetzlichen Regelrentenalters) ist die Teilnahme freiwillig.)

§ 2 Festlegung der Ziele/Zielvereinbarung (alternativ: Zielvorgaben)

(1) Die Ziele werden zwischen Mitarbeiter und dem unmittelbaren Vorgesetzten jährlich spätestens bis zum ▇▇▇▇ für das folgende Kalenderjahr (**alternativ:** *Geschäftsjahr*) im Voraus vereinbart und schriftlich niedergelegt. Erfolgt bis zum ▇▇▇▇ keine Einigung, werden die Ziele vom unmittelbaren Vorgesetzten nach billigem Ermessen unter Berücksichtigung der Ziele des Vorjahres bestimmt.

Alternativ: *Die Zielvorgaben für den einzelnen Mitarbeiter* (**alternativ:** *die Abteilung*) *werden jährlich spätestens bis* ▇▇▇▇ *für das folgende Kalenderjahr* (**alternativ:** *Geschäftsjahr*) *durch den Arbeitgeber festgelegt und schriftlich niedergelegt.*

(*Ggf.:* (2) Für Mitarbeiter ohne Führungsaufgaben können Zielvorgaben auch als Gruppenziele vorgegeben werden.)

§ 3 Ziele, Wertung der Zielerreichung, Budgeterreichung/Dividendenausschüttung als Voraussetzung der Bonuszahlung

(1) Die Ziele setzen sich aus ▇▇▇▇ Zielkategorien zusammen, die für die Zielerreichung und die daran anknüpfende Höhe der Boni wie folgt gewichtet werden:

---

805 *Riesenhuber/v. Steinau-Steinrück*, NZA 2005, 788.

806 Die Ausnahme der leitenden Angestellten ergibt sich bereits aus dem Gesetz, § 5 Abs. 3 BetrVG – dem Betriebsrat fehlt die Zuständigkeit.

(z.B.:

■ Unternehmensziel: Dies betrifft den durch den Arbeitgeber für das kommende Kalenderjahr (Geschäfts-jahr) festzulegenden Zieljahresumsatz, dessen Erreichung sich nach den Feststellungen zum Jahres-abschluss richtet (*alternativ*: *Jahresgewinn nach* ▓▓▓▓▓▓ (*Angabe der Berechnungsmodalitäten*))

■ Die Erreichung des Unternehmensziels wird mit ▓▓▓▓ % gewichtet.

■ Team-/Abteilungsziel: Dies umfasst das durch den Teamleiter/Abteilungsleiter jeweils für das Team/die Abteilung definierte ▓▓▓▓ (Einfügung, z.B. (Umsatz-) Ziel/Handlungsziel/Erfolgsziel etc.).

Die Erreichung des Team-/Abteilungsziels wird mit ▓▓▓▓ % gewichtet.

■ Individuelles Ziel: Dies umfasst das durch den Teamleiter/Abteilungsleiter für den einzelnen Mitarbeiter festgelegte individuelle Ziel (*alternativ*: *die durch den Team-/Abteilungsleiter gemeinsam mit dem ein-zelnen Mitarbeiter vereinbarten individuellen Ziele*). Erfasst werden z.B. fachliche Entwicklungsziele, Qualifizierungs- und Fortbildungsziele, Umsatzziele, Kundenzufriedenheit, Führungskompetenz, Sozi-alkompetenz, Teamfähigkeit (**ggf.**: *weitere/Alternativen*). Der Mitarbeiter soll hierzu Vorschläge unter-breiten.

Die Erreichung des individuellen Ziels wird mit ▓▓▓▓ % gewichtet.

(*Ggf.*: *Einfügung weiterer oder anderer Zielkategorien*)

(2) Die Ziele sind genau zu definieren. Soweit möglich, sind Minimalziele, Ziele und Maximalziele anzuge-ben. Das Minimalziel stellt das Resultat dar, ab dem eine Berücksichtigung bei der variablen Vergütung er-folgt. Das Ziel stellt die zu 100 % durch besonderen Einsatz realistischerweise erreichbare Zielvorgabe dar. Das Maximalziel bezeichnet die Zielerreichung, bis zu der eine Berücksichtigung bei der variablen Ver-gütung erfolgt.

(3) Voraussetzung für die Entstehung des Bonusanspruchs ist das Erreichen des budgetierten Jahresergeb-nisses (*alternativ*: *eine Dividendenausschüttung an seine Aktionäre*) sowie eine Zielerreichung des jewei-ligen Mitarbeiters von insgesamt (*alternativ*: *in jeder Zielkategorie*) mindestens ▓▓▓▓ (z.B. 60 %). Zwi-schen ▓▓▓▓ % und 100 % wird der Bonusanspruch anteilig gewährt. Wird das Ziel überschritten, erfolgt eine anteilige Erhöhung als Bonus bis zu maximal ▓▓▓▓ % Zielerreichung. Die Höhe des Bonus ergibt sich aus der individuellen Zielvereinbarung. Sie soll bei 100 % Zielerreichung mindestens ▓▓▓▓ % und maxi-mal ▓▓▓▓ % des Bruttogrundjahresgehalts betragen.

Alternativ:

Der Zielerreichungsbonus richtet sich nach folgenden Bonusstufen. Voraussetzung für die Entstehung des Bonusanspruchs ist eine Zielerreichung von mindestens ▓▓▓▓ *(Einfügung z.B. 60 %). Dabei wird bei ei-ner Zielerreichung von 100 % ein Bonus in Höhe von* ▓▓▓▓ *% des Bruttojahresgrundgehalts (Maximalbo-nus) gewährt:*

Bonusstufe	Zielerreichung	Bonus-Ausschüttung in % vom Maximalbonus
0	Bis (z.B. 60) %	0
1	▓▓▓▓ – ▓▓▓▓ %	▓▓▓▓
2	▓▓▓▓ – <100 %	▓▓▓▓
3	100 %	100
4	<100 – ▓▓▓▓ %	▓▓▓▓
5	▓▓▓▓ % und mehr	▓▓▓▓

(*Alternativ*: *Die Staffelung ergibt sich aus der in der Anlage beigefügten Tabelle.*)

§ 4 Feststellung Zielerreichung

(1) Die Feststellung des Erreichens des budgetierten Jahresergebnisses sowie die Feststellung des Grades der Zielerreichung erfolgt durch den Arbeitgeber innerhalb von einem Monat nach Feststellung und Vorliegen des Jahresabschlusses.

(2) Die Feststellung der Erreichung der individuellen Ziele erfolgt innerhalb eines Monats nach Vorliegen des Jahresabschlusses durch den Arbeitgeber. Der Arbeitgeber führt hierzu ein Zielerreichungsgespräch mit dem Mitarbeiter.

§ 5 Fälligkeit

Der sich nach der Feststellung der Zielerreichung für den einzelnen Mitarbeiter ergebende Zielerreichungsbonus wird mit der darauf folgenden Gehaltsabrechnung ausgezahlt.

§ 6 Unterjähriges Ein- und Ausscheiden, Auswirkungen von Fehl- und Freistellungszeiten

(1) Mitarbeiter, deren Arbeitsverhältnis unterjährig beginnt, haben keinen Anspruch auf Beteiligung an der Zielvereinbarung. Sie nehmen erst am nächsten Turnus nach § 2 Abs. 1 teil.

Alternativ: *Mitarbeiter, deren Arbeitsverhältnis unterjährig beginnt, nehmen im Jahr ihres Eintritts nur an den Unternehmens- und Team/Abteilungszielen teil und können nur einen hierauf entfallenden variablen Vergütungsbestandteil pro rata temporis erdienen.*

(2) Endet das Arbeitsverhältnis vor Ablauf des der Zielvereinbarung zugrunde liegenden Zeitraums, entsteht ein Anspruch auf Auszahlung des pro rata temporis erdienten Bonus. Bezugszeitraum ist das Kalenderjahr (*alternativ: Geschäftsjahr*). Im Fall einer unberechtigten außerordentlichen Kündigung durch den Mitarbeiter oder einer berechtigten außerordentlichen verhaltensbedingten Kündigung durch die Gesellschaft entfällt der Bonusanspruch für das laufende Geschäftsjahr vollständig.

(3) Im Krankheitsfall erhält der Mitarbeiter Entgeltfortzahlung nach dem Entgeltfortzahlungsgesetz. Der Zielerreichungsbonus, den der Mitarbeiter in der Zeit ohne Krankheit verdient hätte, wird – basierend auf einer fiktiven Berechnung – fortgezahlt. Dabei wird der durchschnittliche Zielerreichungsgrad des bisherigen Bezugszeitraums zugrunde gelegt. Bei über den gesetzlichen Entgeltfortzahlungszeitraum hinausreichenden Fehlzeiten erfolgt eine anteilige Kürzung. Ebenso gilt dies für Zeiten, in denen das Arbeitsverhältnis ruht, insbesondere bei Elternzeit, Wehr- und Ersatzdienst.

§ 7 Ziel-Anpassungsgespräch

Auf Verlangen des Mitarbeiters wird ein Zielanpassungsgespräch geführt, wenn sich aufgrund nicht voraussehbarer Umstände die Zielvereinbarung als unzumutbar herausstellt. Voraussetzung des Zielanpassungsgesprächs ist eine unverzügliche schriftliche Mitteilung während des laufenden Zielvereinbarungszeitraums. Ein Anspruch auf Zielanpassung ist hiermit nicht verbunden.

§ 8 Konfliktlösung

Bei Meinungsverschiedenheiten über den Grad der Erreichung der Team-/Abteilungsziele oder der individuellen Ziele wird auf Wunsch des Mitarbeiters ein weiteres Zielerreichungsgespräch geführt, an dem ein Betriebsratsmitglied und ein Mitglied aus der Personalabteilung teilnehmen. Kommt auch dann keine Einigung zustande, wird zur Klärung der nächsthöhere Vorgesetzte hinzugezogen. Wird auch dann keine Einigung erzielt, entscheidet dieser Vorgesetzte (*alternativ: der Teamleiter/Abteilungsleiter/Arbeitgeber*) nach pflichtgemäßem Ermessen.

Alternativ: *Kommt auch dann keine Einigung zustande, entscheidet eine paritätische Kommission über das Vorliegen der tatsächlichen Voraussetzungen der Zielerreichung und deren Grad. Die Kommission besteht aus je zwei Vertretern des Arbeitgebers und des Betriebsrats. Die Entscheidung muss binnen drei Tagen nach Anrufung der Kommission erfolgen. Kommt eine Mehrheitsentscheidung in der Kommission nicht zustande, sind nach Maßgabe des Eingangs der Anrufung im Wechsel die Stimmen der Arbeitgebervertreter und die des Betriebsrats entscheidend. Über das „Erstentscheidungsrecht" entscheidet das Los.*

§ 9 Schlussbestimmungen

(wie Muster Flexible Arbeitszeit, siehe Rdn 185)

(1) Diese Betriebsvereinbarung tritt mit Wirkung ab dem ▩▩▩▩ in Kraft. Die Betriebsvereinbarung ist zunächst befristet bis zum ▩▩▩▩. Die Betriebsvereinbarung verlängert sich jeweils um ein weiteres Jahr, wenn sie nicht mit einer Frist von sechs Monaten vor Ablauf schriftlich gekündigt wird.

Alternativ: *Die Betriebsvereinbarung tritt mit Wirkung ab dem* ▩▩▩▩ *in Kraft. Sie kann mit einer Frist von* ▩▩▩▩ *Monaten zum Monatsende gekündigt werden.*

(2) Nach Ausspruch einer Kündigung sind unverzüglich Verhandlungen über den Abschluss einer neuen Betriebsvereinbarung aufzunehmen. Bis zum Abschluss der neuen Vereinbarung wirken die Bestimmungen der gekündigten Betriebsvereinbarung nach. (**Alternativ:** *Die Nachwirkung ist ausgeschlossen.*)

(3) Sollte sich bei der Auslegung und Anwendung dieser Betriebsvereinbarung eine planwidrige Regelungslücke ergeben, sind die Parteien verpflichtet, möglichst kurzfristig zu versuchen, eine neue Regelung zu finden, die dem Zweck dieser Betriebsvereinbarung und der darin getroffenen Vereinbarungen am nächsten kommt.

▩▩▩▩, den ▩▩▩▩

▩▩▩▩ (Firma)   ▩▩▩▩ (Betriebsratsvorsitzender)

▲

cc) Erläuterungen
(1) Präambel und Geltungsbereich, § 1

Als Voraussetzung der Gewähr eines Zielbonus kann durchaus der wirtschaftliche Erfolg des Unternehmens festgelegt werden. Nach der Rechtsprechung kann hierfür geeigneter Maßstab die Ausschüttung einer Dividende an die Eigentümer der Gesellschaft sein.[807]   284

Die Ausnahme der leitenden Angestellten ergibt sich bereits aus dem Gesetz, § 5 Abs. 3 BetrVG – dem Betriebsrat fehlt die Zuständigkeit. Umstritten ist hingegen, ob die Festlegung des vom Zielvereinbarungssystem potentiell begünstigten Personenkreises mitbestimmungspflichtig ist. Da es sich bei den in der Zielvereinbarung zugesagten Bonuszahlungen um freiwillige Leistungen des Arbeitgebers handelt, dürfte auch die Auswahl der begünstigten Personengruppen mitbestimmungsfrei sein – die Auswahl muss allerdings dem Gleichbehandlungsgrundsatz entsprechen und daher auf sachlichen Gründen basieren.

(2) Festlegung der Ziele/Zielvorgaben/Zielvereinbarung, § 2

Es benachteiligt den Arbeitnehmer unangemessen, wenn die Zusage einer Erfolgsvergütung an das Bestehen eines ungekündigten Dienstverhältnisses zum Zeitpunkt der Fälligkeit geknüpft wird. Denn ein entstandener Anspruch auf Arbeitsentgelt kann nicht durch eine Stichtagsklausel nach Ablauf des Leistungszeitraums wieder entzogen werden; dies gilt auch für Stichtagsregelungen in einer Betriebsvereinbarung.[808]   285

Die zu erreichenden Ziele können grundsätzlich auf zwei Wegen festgelegt werden: Entweder durch einseitige Vorgabe durch den Arbeitgeber. Dann handelt es sich um eine Zielvorgabe, die zum einen vom Arbeitsvertrag gedeckt sein und sich zum anderen in den durch § 315 BGB gesetzten Grenzen halten muss. Beruhen die zu erreichenden Ziele hingegen auf einer Vereinbarung zwischen Arbeitgeber und Arbeitnehmer, liegt eine Zielvereinbarung vor. Da dies Folge ausgeübter Vertragsfreiheit ist, scheidet eine Inhalts- bzw. Billigkeitskontrolle gemäß §§ 242, 315 BGB aus; vielmehr unterliegt eine solche Vereinbarung lediglich einer Sittenwidrigkeitskontrolle.[809] Sind die Zielvorgaben in Gestalt einer Betriebsvereinbarung geregelt, scheidet eine derartige allgemeine Billigkeitskontrolle ohnehin aus, da Betriebsvereinbarungen aufgrund ihrer Qualität als Rechtsnormen zuvorderst an höherrangigem Recht zu messen   286

---

807 BAG 18.1.2012 – 10 AZR 667/10, AP Nr. 57 zu § 307 BGB.
808 BAG 18.1.2012 – 10 AZR 667/10, AP Nr. 292 zu § 611 BGB Gratifikation; BAG 5.7.2011 – 1 AZR 94/10, AP Nr. 139 zu § 87 BetrVG 1972 Lohngestaltung.
809 *Annuß*, NZA 2007, 290.

sind. Auch die in Gestalt einer Betriebsvereinbarung getroffene Zielvereinbarung dürfte daher bis zur Grenze der Sittenwidrigkeit kontrollfrei sein.

287　Aus praktischer Sicht liegt der Vorteil der Betriebsvereinbarung zum einen in der größeren „Richtigkeitschance"[810] wegen der weniger intensiven rechtlichen Kontrolle. Zum anderen dürfte von allgemeinen Zielparametern, die im Rahmen einer Betriebsvereinbarung unter Berücksichtigung der Arbeitnehmerinteressen durch den Betriebsrat festgelegt wurden, ähnlich wie von einvernehmlich zwischen Arbeitgeber und Arbeitnehmer festgelegten Zielen, ein stärkerer Motivationseffekt ausgehen als von einseitig durch den Arbeitgeber festgelegten Zielen.[811]

288　Versäumt es der Arbeitgeber, einseitig eine **Zielvorgabe** für die jeweilige Bezugsperiode festzulegen bzw. verschuldet es der Arbeitgeber, dass es zu keiner oder einer unwirksamen Einigung über die zu erreichenden Ziele im Zuge einer **Zielvereinbarung** kommt, steht dem Arbeitnehmer ein Anspruch auf Schadensersatz gemäß §§ 280 Abs. 1, 3 i.V.m. §§ 283 S. 1, 252 BGB zu.[812] Dabei ist zu beachten, dass die Rechtsprechung auch bei der im Muster vorgesehenen Regelung, dass die Ziele „gemeinsam mit dem Mitarbeiter" festzulegen sind, die alleinige Initiativpflicht beim Arbeitgeber sieht.[813] Zur Berechnung des entgangenen Gewinns als Schaden zieht das BAG § 252 BGB als Beweiserleichterung i.S.d. § 287 ZPO heran. Laut BAG ist daher bei der Schätzung des Schadens grundsätzlich davon auszugehen, dass der Arbeitnehmer die vereinbarten Ziele erreicht hätte, wenn nicht besondere Umstände diese Annahme ausschließen.[814] Es besteht damit mindestens Anspruch auf die Boni, die bei 100 %-Zielerreichung gewährt worden wären.

289　Ein etwaiges Mitverschulden des Arbeitnehmers ist angemessen zu berücksichtigen, falls diesen auch ein Verschulden am Nichtzustandekommen der **Zielvereinbarung** trifft. Nimmt z.B. der Arbeitnehmer ein Angebot des Arbeitgebers zur Fortführung einer abgelaufenen Zielvereinbarung nicht an, kann das Verschulden des Arbeitgebers zum Nichtzustandekommen der Zielvereinbarung ausgeschlossen sein.[815]

290　Der Vorschlag sieht ein zweistufiges Zielfestlegungsverfahren vor. Damit soll der Gefahr begegnet werden, dass im Falle des Scheiterns der Zielvereinbarungsgespräche der Arbeitnehmer aus Schadensersatzgesichtspunkten Anspruch auf jedenfalls erhebliche Teile des Bonus hat. Die vorrangig vorgesehene einvernehmliche Zielfestlegung hat – neben einer besseren Akzeptanz – auch den rechtlichen Vorteil, dass der Mitarbeiter die Angemessenheit der Ziele nur sehr begrenzt in Frage stellen kann (vgl. Rdn 286). Scheitert die Zielvereinbarung indes, kann der Arbeitgeber auf der zweiten Stufe einseitig Ziele vorgeben. Dies erhöht die Chance, dass ein Schadensersatzanspruch vermieden werden kann. Zudem besteht so die Möglichkeit, eine Steuerungswirkung zu erreichen. Um die Fehleranfälligkeit zu vermeiden, ist vorgesehen, dass die Festlegung sich an den Zielen des Vorjahres orientieren soll. Dies ist freilich insbesondere dort geeignet, wo nur Zielgrößen (z.B. Verkaufszahlen) anzupassen sind.

(3) Ziele, Wertung der Zielerreichung, § 3

291　Werden mehrere Zielkategorien zugrunde gelegt, müssen diese gewichtet werden. Verbreitet wird angenommen, dass auch diese Festlegung der Ziele und die Gewichtung der Ziele gegeneinander – und damit letztlich auch die an diese Ziele anknüpfende variable Vergütung – der zwingenden Mitbestimmung des Betriebsrates unterliegt.[816] Dies ist jedenfalls zweifelhaft. Andererseits ist nämlich allgemein anerkannt, dass der Arbeitgeber den Dotierungsrahmen und Leistungszweck freiwilliger Leistungen mitbestimmungs-

810　*Riesenhuber/v. Steinau-Steinrück*, NZA 2005, 786, für die Zielvereinbarung im Allgemeinen.

811　*Heiden*, DB 2009, 1705.

812　BAG 12.12.2007 – 10 AZR 97/07, NZA 2008, 409; BAG 10.12.2008 – 10 AZR 889/07, NZA 2008, 409; ErfK/*Preis* § 611 BGB Rn 504.

813　LAG Berlin-Brandenburg 17.9.2008 – 15 Sa 283/08, ArztR 2009, 210, alternativ: DB 2008, 2544, aber nur Leitsatz.

814　BAG 12.12.2007 – 10 AZR 97/07, NZA 2008, 409; *Heiden*, DB 2009, 1078; *Gaul/Rauf*, DB 2008, 869, 870.

815　BAG 10.12.2008 – 10 AZR 889/07, NZA 2009, 256.

816　*Fitting u.a.*, § 87 Rn 414; ErfK/*Kania*, § 87 Rn 100.

frei vorgeben kann.[817] Diese Entscheidung erschöpft sich freilich nicht darin, dass überhaupt ein Zielvereinbarungsbonus eingeführt werden soll. Sie wird sich vielmehr regelmäßig auch auf einzelne Ziele und den jeweils dafür anfallenden Bonus erstrecken. Es wäre daher nur konsequent, auch die Festlegung der Ziele und des jeweils darauf entfallenden Bonusanteils für mitbestimmungsfrei zu halten. Auch dann stünde freilich dem Betriebsrat gemäß § 80 Abs. 2 S. 1 BetrVG ein weitreichender Informationsanspruch hinsichtlich der Durchführung einer Zielvereinbarung zu, insbesondere hinsichtlich der Festlegung der vollen Zielerreichung, dem Zielerreichungsgrad je Arbeitnehmer und der konkret vereinbarten Tätigkeitsziele.[818]

Die Höhe der Vergütung ist nach h.M. nicht mitbestimmungspflichtig. Vielmehr greift hier der Tarifvorbehalt des § 77 Abs. 3 BetrVG ein. Der Betriebsrat hat folglich nur hinsichtlich der Verteilungsgrundsätze mitzubestimmen.[819] Allerdings kann sich auch eine Verringerung des Arbeitsentgelts mittelbar auf die Verteilungsgrundsätze auswirken und daher ein Mitbestimmungsrecht entstehen lassen.[820] Entsprechend kann der Betriebsrat weder die Höhe des Dotierungsrahmens noch die Zwecksetzung der Leistungsgewähr bestimmen. Mitbestimmungspflichtig ist aber das Verhältnis der Leistungen zueinander. **292**

Eine Zielvereinbarung, die das Arbeitsentgelt an die Zielerreichung knüpft, hat zur Folge, dass sich das Gehalt des Arbeitnehmers aus einem fixen und einem variablen Bestandteil zusammensetzt. Insoweit stellt sich die Frage, ob – in Anlehnung an die Rechtsprechung des BAG zum Widerrufsvorbehalt – eine Grenze von maximal 25–30 % des variablen Bestandteils der Vergütung einzuhalten ist.[821] Angesichts von § 310 Abs. 4 BGB, der Betriebsvereinbarungen ausdrücklich aus dem Anwendungsbereich der Billigkeitskontrolle der §§ 305 ff. BGB ausnimmt, gilt diese Begrenzung allerdings für Zielvereinbarungen in Betriebsvereinbarungen nicht.[822] Ob sich aus § 75 BetrVG oder der Grenze der Sittenwidrigkeit eine ähnliche Begrenzung des zulässigen Anteils des variablen Gehaltsbestandteils ergibt, ist zwar dogmatisch zweifelhaft.[823] Angesichts des Trends hin zu einer strengen Prüfung auch von Betriebsvereinbarungen am Maßstab des § 75 BetrVG ist hier eine eher vorsichtige Linie zu empfehlen. In der Praxis wird die entsprechende Aufteilung in Fixgehalt und variablen Gehaltsbestandteil ohnehin zumeist im Individualarbeitsvertrag erfolgen. **293**

(4) Unterjähriges Ein- und Ausscheiden, Auswirkungen von Fehl- und Freistellungszeiten, § 6
Scheidet der Arbeitnehmer vor Ablauf eines Geschäftsjahres bzw. vor Ablauf des in der Zielvereinbarung zugrunde gelegten Berechnungszeitraums aus, stellt sich zwangsläufig die Frage nach der Berechnung des Bonusanteils. Hierzu sollte eine Regelung getroffen werden. Fehlt eine solche, ist der Umfang des Bonusanspruches mittels Auslegung (§§ 133, 157 BGB) zu ermitteln. Grundsätzlich dürfte dabei von einem Bonusanspruch auszugehen sein, der sich pro rata temporis errechnet.[824] Streitig ist hingegen, ob die Parteien die Bonuszahlung bei unterjährigem bzw. vor Ablauf der Berechnungsperiode liegendem Austritt gänzlich ausschließen können. Das BAG legt inzwischen jedenfalls strenge Maßstäbe an: Die für die Erreichung vereinbarter Ziele gezahlte Vergütung ist unmittelbare Gegenleistung für die entsprechend der Zielvereinbarung erbrachte Arbeitsleistung.[825] Einmal verdientes Entgelt kann dem Arbeitnehmer **294**

817 *Fitting u.a.*, § 87 Rn 444; ErfK/*Kania*, § 87 Rn 108 f.; GK-Wiese Rn 869 ff.
818 BAG 21.10.2003 – 1 ABR 39/02, NZA 2004, 936, allerdings für den Fall eines tarifvertraglich festgelegten Entgeltsystems; kritisch *Rieble/Gistel*, BB 2004, 2462.
819 BAG 3.12.1991 – GS 2/90, NZA 1992, 749; BAG 28.2.2006 – 1 ABR 4/05, NZA 2006, 1426.
820 BAG 28.2.2006 – 1 ABR 4/05, NZA 2006, 1426; BAG 26.8.2008 – 1 AZR 354/07, NZA 2008, 1426 mit Anm. *Boemke*, jurisPR-ArbR 2/2009 Anm. 2.
821 Vgl. BAG 12.1.2005 – 5 AZR 364/04, NZA 2005, 465; einschränkend zur Anwendung dieses Grundsatzes auf Zielvereinbarungen *Horcher*, BB 2007, 2067.
822 Vgl. *Fitting u.a.*, § 77 BetrVG Rn 233.
823 *Annuß*, NZA 2007, 290, 291.
824 G.h.M. *Riesenhuber/v. Steinau-Steinrück*, NZA 2005, 790; *Lindemann/Simon*, BB 2002, 1807, 1813; *Horcher*, BB 2007, 2067.
825 Vgl. nur den Überblick bei BAG 18.1.2012 – 10 AZR 667/10, NZA 2012, 620 Rn 10 m.w.N., auch zur Abgrenzung von reinen Treueprämien.

– ob durch AGB-Regelung oder Betriebsvereinbarung – nicht wegen des unterjährigen Ausscheidens wieder entzogen werden.[826] Erst recht kann die Bonuszahlung nicht an das Bestehen eines ungekündigten Arbeitsverhältnisses oder an das Bestehen des Arbeitsverhältnisses zu einem außerhalb des Bezugszeitraums liegenden Stichtags geknüpft werden.[827] Jedoch kann unter Umständen vereinbart werden, dass Entgelt erst dann verdient ist, wenn der Bezugszeitraum vollständig zurückgelegt wurde. Dies ist insbesondere dann möglich, wenn eine Gesamtbetrachtung über den gesamten Bezugszeitraum erfolgen soll. Ein Bonus, der auf das Geschäftsergebnis bezogen ist, kann etwa erst dann verdient sein, wenn das Geschäftsjahr abgeschlossen ist.[828] Dieser Gedanke dürfte auch auf andere Ziele zu übertragen sein, die an den Unternehmenserfolg anknüpfen.[829] An der erforderlichen Gesamtbetrachtung fehlt es allerdings, wenn in bestimmten Fällen eine pro-rata Auszahlung für zulässig erklärt wird. Etablieren die Vertrags- oder Betriebsparteien eine solche Regelung, ist anzunehmen, dass der Bonus auch pro-rata verdient wird. Er ist dann auch in allen anderen Fällen eines unterjährigen Ausscheidens pro-rata zu zahlen.[830]

295   Umstritten ist, ob auch im Krankheitsfall allein an das Erreichen der Ziele angeknüpft werden kann[831] oder der (hypothetische) Zielbonus im Rahmen der Entgeltfortzahlung zu gewähren ist.[832] In der Praxis wird häufig eine anteilige Kürzung des Bonus vereinbart. Allerdings dürften solche Vereinbarungen nur insoweit gültig sein, als sie einen Zeitraum betreffen, für den der Arbeitgeber nicht zur Entgeltzahlung nach dem EFZG verpflichtet ist. Während des sechswöchigen Zeitraums der Entgeltfortzahlung ist hingegen eine Kürzung nur gemäß § 4a EFZG zulässig, wobei allerdings Boni in der Regel nicht unter den Begriff der Sondervergütung fallen, sondern laufendes Arbeitsentgelt darstellen.[833] Ruht das Arbeitsverhältnis hingegen, ist die Arbeitgeberpflicht zur Entgeltzahlung suspendiert, sodass auch der Bonus als laufendes Entgelt pro rata temporis gekürzt werden kann.

(5) Konfliktlösung, § 8

296   Die Betriebsparteien dürfen paritätische Kommissionen einsetzen, die entsprechend §§ 317, 319 BGB verbindlich klären, ob die tatsächlichen Voraussetzungen für einen Zielerreichungsbonus vorliegen.[834] Das Ergebnis des von der Kommission abgegebenen Schiedsgutachtens ist gerichtlich in entsprechender Anwendung der §§ 317, 319 BGB nur auf grobe Unbilligkeit – die sich aus dem Inhalt der Entscheidung und dem zugrunde liegenden Verfahren ergeben kann – sowie auf Verstöße gegen die zugrunde liegenden Vorschriften überprüfbar.[835] Die verbindliche Entscheidung über den Anspruch kann der Kommission jedoch nicht übertragen werden (vgl. §§ 4, 101 ff. ArbGG). Dann handelt es sich namentlich um eine unzulässige Subsumtion unter einem unbestimmten Rechtsbegriff.[836]

---

826 BAG 18.1.2012 – 10 AZR 667/10, NZA 2012, 620 Rn 9; BAG 13.11.2013 – 10 AZR 848/12, für Betriebsvereinbarungen: BAG 5.7.2011 – 1 AZR 94/10, AP BetrVG 1972 § 87 Lohngestaltung Nr. 139.

827 Vgl. bereits BAG 24.10.2007 – 10 AZR 825/06, NZA 2008, 40.; ErfK/*Preis*, § 611 Rn 534a.

828 BAG 6.5.2009 – 10 AZR 443/08, NZA 2009, 783, AP BGB § 307 Nr. 43; bestätigt in BAG 18.1.2012 – 10 AZR 667/10, NZA 2012, 620 Rn 10; BAG 13.11.2013 – 10 AZR 848/12, AP BGB § 611 Gratifikation Nr. 303.

829 ErfK/*Preis*, § 611 Rn 538.

830 Vgl. z.B. OLG Düsseldorf 3.2.2012 – 6 Sa 1081/11, CCZ 2013, 113 Rn 207 ff.

831 So *Bauer/Diller/Göpfert*, BB 2002, 882.

832 So *Lindemann/Simon*, BB 2002, 1807.

833 *Riesenhuber/v. Steinau-Steinrück*, NZA 2005, 790.

834 Vgl. z.B. jüngst BAG v. 19.5.2015 – 9 AZR 863/13, DB 2015, 2704 zum betrieblichen Vorschlagswesen; dies dürfte auf die hiesige Fallgestaltung wegen der ebenfalls besonderen Sachnähe der Betriebsparteien für die Tatsachenfeststellung übertragbar sein; vgl. auch zu den allgemeinen Voraussetzungen Schwab/Weth/*Zimmerling*, ArbGG, 4. Aufl. 2015, § 4 Rn 9f.

835 BAG 19.5.2015 – 9 AZR 863/13, DB 2015, 2704.

836 BAG 19.5.2015 – 9 AZR 863/13, DB 2015, 2704.

4. Muster und Erläuterungen zu technischen Einrichtungen

a) Gesamtbetriebsvereinbarung EDV-Systeme und Schutz personenbezogener Daten

Literatur: *Ehmann*, Datenschutz und Mitbestimmungsrechte bei der Arbeitnehmer- Datenverarbeitung, NZA 1993, 241; *Ehrich*, Der betriebliche Datenschutzbeauftragte, DB 1991, 1981; *Grimm/Schiefer*, Videoüberwachung am Arbeitsplatz, RdA 2009, 329; *Haußmann/Krets*, EDV-Betriebsvereinbarungen im Praxistest, NZA 2005, 259; *Kock/Franke*, Mitarbeiterkontrolle durch systematischen Datenabgleich zur Korruptionsbekämpfung, NZA 2009, 646; *Linnenkohl/Linnenkohl*, Betriebsverfassungsrechtlicher Schutz des Persönlichkeitsrechts bei der Einführung neuer Kommunikationstechnologien, BB 1992, 770; *Thüsing*, Verbesserungsbedarf beim Beschäftigtendatenschutz, NZA 2011, 16.

aa) Rechtliche Grundlagen

Der Einsatz von modernen EDV-Systemen in den Betrieben wirft eine Vielzahl von Fragen auf, insbesondere im Hinblick auf Mitbestimmungsrechte des Betriebsrats und den Schutz von Arbeitnehmerdaten. **297**

Mitbestimmungsrechte des Betriebsrats werden nach § 87 Abs. 1 Nr. 6 BetrVG ausgelöst, wenn der Einsatz der EDV-Systeme die Möglichkeit einer **Überwachung** des Verhaltens oder der Leistung der Arbeitnehmer bietet. Dies ist bei den modernen EDV-Systemen regelmäßig der Fall, da sie Daten der Arbeitnehmer erfassen oder verarbeiten können und damit zur Überwachung des Verhaltens oder der Leistung der Arbeitnehmer **objektiv geeignet** sind.[837] Für die Annahme eines Mitbestimmungsrechts nach § 87 Abs. 1 Nr. 6 BetrVG kommt es auf die Zweckbestimmung des entsprechenden Systems nicht an, vielmehr reicht dessen tatsächliche Eignung zur Erfassung von Verhaltens- oder Leistungsdaten.[838] Der Betriebsrat hat also bei der Einführung und Nutzung von EDV-Systemen im Betrieb in der Regel ein Mitbestimmungsrecht nach § 87 Abs. 1 Nr. 6 BetrVG. Sinn dieser Vorschrift ist es, Eingriffe in den Persönlichkeitsbereich der Arbeitnehmer durch Verwendung technischer Kontrolleinrichtungen nur bei gleichberechtigter Mitbestimmung des Betriebsrats zuzulassen.[839] Die gleichberechtigte Mitbestimmung des Betriebsrats wird beachtet, indem der Arbeitgeber mit ihm eine Betriebsvereinbarung über den Einsatz der technischen Einrichtungen abschließt. **298**

Im Hinblick auf den Schutz von Arbeitnehmerdaten legt § 75 Abs. 2 BetrVG dem Arbeitgeber und dem Betriebsrat die Verpflichtung auf, die freie Entfaltung der Persönlichkeit der im Betrieb beschäftigten Arbeitnehmer zu schützen. Dieser Schutz wird zugleich durch Art. 2 Abs. 1 i.V.m. Art. 1 Abs. 1 GG gewährleistet[840] und umfasst das **Recht auf informationelle Selbstbestimmung**, d.h. die Befugnis des Einzelnen, grundsätzlich selbst über die Preisgabe und Verwendung seiner persönlichen Daten zu bestimmen.[841] Die nähere Regelung dieses Rechts ergibt sich insbesondere aus dem **BDSG**, das gemäß § 1 Abs. 2 Nr. 3 BDSG auch für die Erhebung und Nutzung personenbezogener Daten durch nicht-öffentliche Stellen gilt, zu denen gemäß § 2 Abs. 4 BDSG natürliche und juristische Personen sowie Personenvereinigungen des privaten Rechts gehören. Im Hinblick auf den Schutz von Arbeitnehmerdaten sollten durch das geplante Beschäftigtendatenschutzgesetz umfangreiche Regelungen dem BDSG hinzugefügt werden. Da der entsprechende Entwurf eines Beschäftigtendatenschutzgesetzes[842] nicht weiterverfolgt wurde, wird auf die geplanten Regelungen nicht näher eingegangen. **299**

Noch nicht absehbar sind die Auswirkungen der bereits verabschiedeten und ab 2018 geltenden **EU-DSGVO** auf den Beschäftigtendatenschutz. Art. 88 EU-DSGVO enthält diesbezüglich eine „Öffnungsklausel" und bietet den Mitgliedstaaten die Möglichkeit, für den Beschäftigtendatenschutz durch Rechtsvorschriften oder durch Kollektivvereinbarungen spezifischere Vorschriften vorzusehen. Diese Vorschriften können gemäß Art. 88 Abs. 2 EU-DSGVO auch die Übermittlung personenbezogener Daten innerhalb einer Unternehmensgruppe oder einer Gruppe von Unternehmen umfassen.

---

837 Richardi/*Richardi*, § 87 Rn 501.
838 BAG 27.1.2004, NZA 2004, 556, 558.
839 BAG 27.1.2004, NZA 2004, 556, 558.
840 *Linnenkohl/Linnenkohl*, BB 1992, 770.
841 BVerfG 11.7.2007, NJW 2007, 3707.
842 BT-Drucks 17/4230.

300   Nach dem geltenden § 4 Abs. 1 BDSG ist eine Beeinträchtigung des allgemeinen Persönlichkeitsrechts der Arbeitnehmer durch Erhebung, Verarbeitung oder Nutzung ihrer personenbezogenen Daten seitens des Arbeitgebers nur zulässig, soweit das BDSG oder eine andere Rechtsvorschrift sie erlaubt oder anordnet oder der Betroffene eingewilligt hat.

301   Die Einwilligung der betroffenen Arbeitnehmer muss den Anforderungen des § 4a Abs. 1 BDSG genügen, d.h. auf der Grundlage einer ausreichenden Information freiwillig und grundsätzlich in schriftlicher Form erteilt werden. Diese Anforderungen können beim Abschluss von Arbeitsverträgen mit den betroffenen Arbeitnehmern grundsätzlich erfüllt werden.[843] Dagegen wird es in bereits bestehenden Arbeitsverhältnissen und bei einer Vielzahl von betroffenen Arbeitnehmern nur mit größerem Aufwand für den Arbeitgeber möglich sein, die Einwilligung sämtlicher Mitarbeiter einzuholen. Darüber hinaus kann die Einwilligung jederzeit widerrufen werden,[844] so dass der Arbeitgeber spätestens dann auf eine Erlaubnisnorm angewiesen wäre. Das Recht, die einmal erteilte Einwilligung jederzeit widerrufen zu dürfen, ist nunmehr in Art. 7 Abs. 3 S. 1 EU-DSGVO ausdrücklich normiert.

302   Die maßgebliche Erlaubnisnorm im Arbeitsverhältnis stellt § 32 Abs. 1 BDSG dar. Danach ist die Erhebung, Verarbeitung und Nutzung personenbezogener Daten der Beschäftigten für Zwecke des Beschäftigungsverhältnisses zulässig, wenn sie für die Entscheidung über die Begründung, für die Durchführung oder für die Beendigung des Beschäftigungsverhältnisses erforderlich sind. Darüber hinaus kann sich eine Erlaubnis aus einer anderen Rechtsvorschrift i.S.d. § 4 Abs. 1 BDSG ergeben. Als eine solche andere Rechtsvorschrift wird die **Betriebsvereinbarung** angesehen.[845] Auch Art. 88 Abs. 1 EU-DSGVO eröffnet die Möglichkeit, durch Kollektivvereinbarungen, zu denen die Betriebsvereinbarung zählt, spezifischere Regelungen für den Beschäftigtendatenschutz vorzusehen. Der Abschluss einer Betriebsvereinbarung über die Einführung und Nutzung eines EDV-Systems hat den Vorteil, dass darin nicht nur die Einzelheiten der Erhebung, Verarbeitung und Nutzung der Mitarbeiterdaten im Rahmen der Leistungs- und Verhaltenskontrolle durch den Arbeitgeber geregelt werden können, sondern damit zugleich das Mitbestimmungsrecht des Betriebsrats nach § 87 Abs. 1 Nr. 6 BetrVG beachtet wird.

303   Allerdings ist der Regelungsspielraum der Betriebsparteien beim Abschluss einer solchen Betriebsvereinbarung, die Kontroll- und Überwachungsmaßnahmen durch den Arbeitgeber zulässt, nicht schrankenlos. Sie haben wiederum gemäß § 75 Abs. 2 BetrVG den Persönlichkeitsschutz der Arbeitnehmer zu beachten. Zwar hat die Rechtsprechung in einer älteren Entscheidung eine Abweichung von den Vorgaben des BDSG auch zu Ungunsten der Arbeitnehmer in einer Betriebsvereinbarung zugelassen,[846] jedoch muss eine solche Abweichung gegebenenfalls durch schutzwürdige Belange des Arbeitgebers gerechtfertigt sein. Danach bedarf die Beeinträchtigung des allgemeinen Persönlichkeitsrechts der Mitarbeiter auch beim Vorliegen einer Betriebsvereinbarung einer **Rechtfertigung**, anderenfalls ist die Betriebsvereinbarung unwirksam.[847] Insoweit gilt der Grundsatz, dass durch die Beteiligung des Betriebsrats nicht zulässig wird, was datenschutzrechtlich unzulässig ist.[848]

304   In der Praxis wird oft nicht für jedes System und seine Anwendung eine eigene umfangreiche Betriebsvereinbarung abgeschlossen, sondern zur Regelung der Einführung und Nutzung von EDV-Systemen häufig eine sog. **Rahmenbetriebsvereinbarung** getroffen. Eine solche Rahmenbetriebsvereinbarung bietet sich deshalb an, weil damit gemeinsame Regelungen für unterschiedliche EDV-Systeme getroffen und fortwäh-

---

843   Die Freiwilligkeit der beim Abschluss eines Arbeitsvertrages erteilten Einwilligung wird in der Literatur teilweise angezweifelt, vgl. *Kock/Franke*, NZA 2009, 646, 647.

844   *Grimm/Schiefer*, RdA 2009, 329, 336.

845   BAG 20.12.1995, NZA 1996, 945, 947; BAG 27.5.1986, NZA 1986, 643, 646; *Ehmann*, NZA 1993, 241, 247; *Thüsing*, NZA 2011, 16, 18.

846   BAG 27.5.1986, NZA 1986, 643.

847   BAG 29.6.2004, NZA 2004, 1278; *Haußmann/Kretz*, NZA 2005, 259, 263.

848   *Richardi/Richardi*, § 87 Rn 530.

rende Verhandlungen/Streitigkeiten über einzelne neue Systeme vermieden werden können. Gesonderte Betriebsvereinbarungen sind dann nur noch nötig, wenn spezifische Eigenheiten eines einzusetzenden EDV-Systems besondere Regelungen erfordern.

Der Abschluss einer Rahmenbetriebsvereinbarung ist aber nach der Rechtsprechung nur einvernehmlich möglich, d.h. nicht über eine Einigungsstelle erzwingbar. Die Einigungsstelle kann gemäß § 87 Abs. 2 BetrVG nur über konkrete Streitigkeiten zwischen den Betriebsparteien über die Einführung und Anwendung einer bestimmten technischen Einrichtung im Sinne des § 87 Abs. 1 Nr. 6 BetrVG mit zwingender Wirkung entscheiden. Dagegen ist die Einigungsstelle offensichtlich unzuständig, wenn etwa der Betriebsrat den Abschluss einer Betriebsvereinbarung über allgemeine Regeln zum Einsatz von Informationstechnik als Rahmenbetriebsvereinbarung fordert, ohne dass die Ausgestaltung einer konkreten technischen Anlage in Frage steht.[849] 305

Aus dem Abschluss einer generellen Rahmenbetriebsvereinbarung kann eine Vorabzustimmung des Betriebsrats zu jedem EDV-System, das der Arbeitgeber künftig einführt und einsetzt, nicht zwingend hergeleitet werden. Die Frage der Zustimmung zu dem Einsatz von bestimmten EDV-Systemen kann in der Rahmenbetriebsvereinbarung offen gehalten werden, sofern eine Einigung auch über die Einführung und Einsetzung des konkreten EDV-Systems erwartet werden kann. Bei einem streitigen Verhältnis der Betriebsparteien empfiehlt sich die Aufnahme einer festen Verfahrensordnung in die Rahmenbetriebsvereinbarung mit engen zeitlichen Vorgaben, wann eine erforderliche Zustimmung zur Einführung eines EDV-Systems einzuholen und bei fehlender Einigung die Einigungsstelle anzurufen ist. 306

Für die Regelung des Einsatzes von EDV-Systemen und für den Schutz personenbezogener Daten der Mitarbeiter wird häufig der **Gesamtbetriebsrat** anstelle des Betriebsrats zuständig sein. Die Zuständigkeit des Gesamtbetriebsrats und damit das Bedürfnis für eine Regelung in einer Gesamtbetriebsvereinbarung ergeben sich regelmäßig daraus, dass die EDV-Systeme im gesamten Unternehmen einheitlich eingesetzt und Mitarbeiterdaten aus mehreren Betrieben verarbeitet werden. In einem solchen Fall ist eine Regelung des Einsatzes von EDV-Systemen durch einzelne Betriebsräte innerhalb ihrer Betriebe gemäß § 50 Abs. 1 BetrVG nicht möglich, vielmehr der Gesamtbetriebsrat originär zuständig.[850] Die Zuständigkeit des jeweiligen Betriebsrats bei Einführung eines EDV-Systems in nur einem Betrieb bleibt unberührt; in diesem Fall gilt der Grundsatz der Zuständigkeitstrennung, d.h. der Gesamtbetriebsrat kann auch keine Verfahrensordnung für die Einführung des EDV-Systems mit dem Arbeitgeber vereinbaren, an die sich der Betriebsrat im Rahmen seiner Zuständigkeit halten muss.[851] 307

Im Zusammenhang mit dem Datenschutz ist noch die mögliche Verpflichtung des Arbeitgebers zu beachten, einen Beauftragten für den Datenschutz zu bestellen. Der **Datenschutzbeauftragte** hat nach § 4g Abs. 1 S. 1 BDSG auf die Einhaltung der Datenschutzbestimmungen hinzuwirken. Die Pflicht zur Bestellung eines Datenschutzbeauftragten hängt davon ab, wie viele Mitarbeiter mit der Datenverarbeitung beschäftigt sind. Ein Beauftragter für Datenschutz ist nach § 4f BDSG zu bestellen, wenn im Unternehmen mehr als neun Personen ständig mit der automatisierten Verarbeitung personenbezogener Daten beschäftigt sind. Der Datenschutzbeauftragte muss gemäß § 4f Abs. 1 S. 2 BDSG binnen eines Monats nach Eintritt der Voraussetzungen für seine Einsetzung bestellt werden; die Bestellung hat schriftlich zu erfolgen. Der Datenschutzbeauftragte genießt nach § 4f Abs. 3 S. 5 BDSG besonderen Kündigungsschutz, die Kündigung seines Arbeitsverhältnisses ist nur aus wichtigem Grund möglich. Dem Betriebsrat oder Gesamtbetriebsrat stehen 308

---

849 LAG Düsseldorf 4.11.1988, NZA 1989, 146.
850 BAG 14.11.2006, NZA 2007, 399.
851 BAG 14.11.2006, NZA 2007, 399, 403.

bei der Bestellung eines Datenschutzbeauftragten keine Mitbestimmungsrechte zu,[852] Regelungen dazu können in der Rahmenbetriebsvereinbarung nur auf freiwilliger Basis getroffen werden.

309   Schließlich haben nicht-öffentliche Stellen, die personenbezogene Daten erheben, verarbeiten oder nutzen, gemäß § 9 BDSG die technischen und organisatorischen Maßnahmen zu treffen, die zur Ausführung des BDSG erforderlich sind. Hierzu gehören nach Anlage 9 zu § 9 BDSG Maßnahmen zur Zutritts-, Zugangs-, Zugriffs-, Weitergabe-, Eingabe-, Auftrags- und Verfügbarkeitskontrolle.

36   bb) Gesamtbetriebsvereinbarung EDV-Systeme und Schutz personenbezogener Daten
▼

310   Muster 2.36: Gesamtbetriebsvereinbarung EDV-Systeme und Schutz personenbezogener Daten

Zwischen

der ▨▨▨▨▨ (*Bezeichnung und Anschrift des Unternehmens*)

– nachfolgend „Arbeitgeber" genannt –

und dem Gesamtbetriebsrat der ▨▨▨▨▨ (*Bezeichnung des Unternehmens*), vertreten durch den Vorsitzenden des Gesamtbetriebsrats

– nachfolgend „Gesamtbetriebsrat" genannt –

wird folgende Gesamtbetriebsvereinbarung über den Einsatz von elektronischen Datenverarbeitungssystemen (EDV-Systemen) und den Schutz personenbezogener Daten der Mitarbeiterinnen und Mitarbeiter (nachfolgend „Mitarbeiter" genannt) geschlossen:

Präambel

Arbeitgeber und Gesamtbetriebsrat sind sich darüber einig, dass der Einsatz von EDV-Systemen für eine effektive Aufgabenerledigung durch die Mitarbeiter, für die Sicherung der Wettbewerbsfähigkeit des Unternehmens und für die Erhaltung von zukunftssicheren Arbeitsplätzen unverzichtbar ist. Sie legen mit dieser Gesamtbetriebsvereinbarung Rahmenbedingungen für den Einsatz von EDV-Systemen mit dem Ziel fest, die Persönlichkeitsrechte der Mitarbeiter zu schützen und Konflikte bei der Einführung, Nutzung und späteren Anpassung von EDV-Systemen zu vermeiden. Die Vereinbarung umfasst die Grundsätze für die Einführung, Anwendung und Weiterentwicklung von EDV-Systemen, den Umgang mit personenbezogenen Daten der Mitarbeiter, die etwaigen Leistungs- und Verhaltenskontrollen durch den Arbeitgeber sowie die Qualifizierung und Beteiligung der Mitarbeiter.

§ 1 Geltungsbereich

(1) Diese Gesamtbetriebsvereinbarung gilt in persönlicher Hinsicht für alle Arbeitnehmer des Unternehmens, einschließlich der Auszubildenden und der auf einem Telearbeitsplatz beschäftigten Mitarbeiter, mit Ausnahme der leitenden Angestellten im Sinne des § 5 Abs. 3 BetrVG. Sie entfaltet auch Schutzwirkung zugunsten ehemaliger Mitarbeiter und Bewerber sowie Familienangehöriger.

(2) Die Vereinbarung gilt in sachlicher Hinsicht für alle vom Arbeitgeber eingesetzten und noch einzusetzenden EDV-Systeme.

(3) Werden EDV-Arbeiten auf Drittfirmen übertragen, stellt der Arbeitgeber die Einhaltung dieser Gesamtbetriebsvereinbarung durch entsprechende vertragliche Vereinbarung sicher.

§ 2 Ergänzende Vereinbarungen

(1) Abweichungen von dieser Gesamtbetriebsvereinbarung sind nur in dem Maße erlaubt, wie sie in ergänzenden Vereinbarungen ausdrücklich zugelassen sind.

---

852 *Ehrich*, DB 1991, 1981, 1983.

(2) Ergänzende Betriebsvereinbarungen werden auf der Grundlage dieser Gesamtbetriebsvereinbarung für EDV-Systeme abgeschlossen, deren Einführung, Anwendung, Änderung oder Erweiterung weitergehende Regelungen erfordern.

§ 3 Begriffsbestimmungen

(1) EDV-Systeme im Sinne dieser Gesamtbetriebsvereinbarung sind Hard- und Softwarekomponenten, die geeignet sind, das Verhalten oder die Leistung der Mitarbeiter zu überwachen und/oder personenbezogene Daten aus Arbeitsabläufen zu erfassen, zu speichern, zu verarbeiten und/oder zu übermitteln.

(2) Personenbezogene Daten sind Einzelangaben über persönliche oder sachliche Verhältnisse einer bestimmten oder bestimmbaren Person im Sinne des § 3 Abs. 1 Bundesdatenschutzgesetz.

(3) Unter Erhebung wird das Beschaffen, unter Verarbeitung die Speicherung, Veränderung, Übermittlung, Sperrung sowie Löschung von personenbezogenen Daten verstanden.

(4) Im Übrigen gelten die Begriffsbestimmungen des Bundesdatenschutzgesetzes.

§ 4 Information/Rechte des Gesamtbetriebsrats und einzelner Betriebsräte

(1) Mit Abschluss dieser Vereinbarung wird der Gesamtbetriebsrat über alle bereits eingeführten EDV-Systeme, den Umfang der bereits erhobenen personenbezogenen Daten der Mitarbeiter und deren Weitergabe an Dritte informiert.

(2) Der Gesamtbetriebsrat wird rechtzeitig und umfassend über die geplante Einführung, den Betrieb, den Ausbau und die Änderung von EDV-Systemen, insbesondere über deren Auswirkungen auf die

- Arbeitsplätze

- Arbeitsinhalte

- Arbeitsabläufe

- Organisationsstrukturen

- Personaleinsätze

- Stellenplanung

- Personalentwicklung

- Arbeitsbedingungen

unterrichtet. Die Information ist nur dann rechtzeitig, wenn noch keine vertragliche Festlegung gegenüber Dritten stattgefunden und der Gesamtbetriebsrat die Gelegenheit hat, seine ihm gesetzlich zustehenden Beratungs- und Mitbestimmungsrechte auszuüben.

(3) Die Unterrichtung findet auf aussagefähigen Formularen, im Dialog am Bildschirm oder auf andere geeignete Weise statt. Auf Verlangen des Gesamtbetriebsrats erfolgt die Information schriftlich.

(4) Soweit es sich um örtlich spezifische Umstände handelt, werden die örtlichen Betriebsräte entsprechend unterrichtet.

(5) Zur Wahrnehmung der Aufgaben aus dieser Vereinbarung sind der Gesamtbetriebsrat oder von ihm beauftragte Mitglieder berechtigt, die Anwendung der jeweiligen Programme in anonymisierter Form zu überprüfen und die dafür erforderlichen Unterlagen einzusehen.

(6) Auf Antrag des Gesamtbetriebsrats nimmt eines seiner Mitglieder vor der Einführung, Änderung oder Erweiterung von EDV-Systemen auf Kosten des Arbeitgebers an erforderlichen Schulungsmaßnahmen teil, die ihm Kenntnisse und Qualifikationen über das jeweilige EDV-System zur Wahrnehmung der Aufgaben aus dieser Gesamtbetriebsvereinbarung vermitteln.

(7) Der Gesamtbetriebsrat kann einen Sachverständigen hinzuziehen, soweit dies zur ordnungsgemäßen Erfüllung seiner Aufgaben aus dieser Vereinbarung erforderlich ist. Als Sachverständige werden zunächst sachkundige Mitarbeiter des Unternehmens zu Rate gezogen, die der Arbeitgeber dem Gesamtbetriebsrat benannt hat. Nach näherer Vereinbarung mit dem Arbeitgeber kann der Gesamtbetriebsrat auch einen ex-

ternen Sachverständigen hinzuziehen, soweit dies zur ordnungsgemäßen Erfüllung seiner Aufgaben auch nach der Beratung durch sachkundige Mitarbeiter weiterhin erforderlich ist.

§ 5 Information/Rechte der Mitarbeiter

(1) Rechtzeitig vor der Einführung, Anwendung, Änderung oder Erweiterung von EDV-Systemen werden die betroffenen Mitarbeiter über die künftigen Arbeitsabläufe informiert. Ihnen ist ausreichend Gelegenheit zur Einarbeitung zu geben.

(2) Sofern erforderlich, werden die betroffenen Mitarbeiter rechtzeitig vor der Einführung, Änderung oder Erweiterung von EDV-Systemen in geeigneter Weise für ihre Arbeit qualifiziert. Neue Mitarbeiter werden entsprechend ihren persönlichen Vorkenntnissen qualifiziert

(3) Die Mitarbeiter haben das Recht, die über sie gespeicherten personenbezogenen Daten in Form einer Auflistung einmal jährlich bei der für sie zuständigen Personalabteilung unentgeltlich einzusehen und die Korrektur nachweislich unrichtiger Daten zu verlangen. Sie sind gehalten, verantwortungsvoll mit den ihnen anvertrauten Daten und Systemen umzugehen.

§ 6 Grundsätze zum Datenschutz

(1) Die Erhebung, Verarbeitung und Verwendung von personenbezogenen Daten der Mitarbeiter sind nur zulässig, soweit sie aufgrund gesetzlicher oder tarifvertraglicher Vorschriften, zum Erreichen der Zweckbestimmung des Arbeitsverhältnisses oder aus betriebsbedingten Gründen erforderlich sind oder der Arbeitnehmer ausdrücklich zugestimmt hat.

(2) Erhoben und gespeichert werden die personenbezogenen Daten der Mitarbeiter insbesondere

■ zur Erfüllung bestehender Verpflichtungen aus Gesetzen, Verordnungen, Tarifverträgen, Betriebsvereinbarungen und einzelvertraglichen Zusagen;

■ zur Lohn- und Gehaltsabrechnung;

■ zur Personaleinsatzplanung und Disposition;

■ zur Erfassung von An- und Abwesenheitszeiten;

■ zur Personalverwaltung (z.B. Darlehensabwicklung, Dienstwagenabwicklung, Versicherungen, Versorgungswerk usw.);

■ zum Personalberichtswesen;

■ zur Reisekostenabrechnung,

■ zur Lohn- und Gehaltspfändung,

■ zur Personalplanung und Personalcontrolling;

■ zur Personalentwicklung (etwa Nachwuchssicherung zum Personalaustausch und im Rahmen der Aus- und Fortbildung);

■ zur Speicherung von Wiedervorlagedaten (z.B. Ablauf der Probezeit, Befristung, Dauer des Mutterschutzes usw.).

(3) Personenbezogene Daten der Mitarbeiter werden grundsätzlich nicht an Dritte weitergegeben, es sei denn, der Personalleiter hat in begründeten Ausnahmefällen ausdrücklich seine Zustimmung erteilt oder die Weitergabe ist entsprechend dem vorstehenden Abs. (1) zulässig. Ausdrücklich gestattet ist die Übermittlung von Arbeitnehmerdaten im Konzern im Rahmen der Zweckbestimmung der Vertragsverhältnisse oder mit Zustimmung der betroffenen Mitarbeiter. Konzernunternehmen sind nicht Dritte im Sinne dieser Vereinbarung.

(4) Auf den EDV-Systemen sind durch geeignete technische und organisatorische Maßnahmen die Einhaltung der Vorschriften des Bundesdatenschutzgesetzes zu gewährleisten, der unbefugte Zugriff auf die Daten der Mitarbeiter zu unterbinden und die Daten vor Manipulation, Verlust oder Zerstörung zu schützen. Zugriffsberechtigungen auf personenbezogene Daten werden nur soweit vergeben, wie das Aufgabengebiet des Zugriffsberechtigten dies erfordert.

(5) Mitarbeiter dürfen nur die zur Erfüllung ihrer arbeitsvertraglichen Aufgaben erforderlichen Daten erheben, verarbeiten oder nutzen. Soweit Mitarbeiter im Rahmen ihrer beruflichen Tätigkeit auch nur gelegentlich mit der Verarbeitung von personenbezogenen Daten zu tun haben, sind sie bei Aufnahme ihrer Tätigkeit gemäß § 5 Bundesdatenschutzgesetz ausdrücklich auf das Datengeheimnis zu verpflichten. Danach ist es ihnen untersagt, personenbezogene Daten unbefugt zu einem anderen als dem zur jeweiligen rechtmäßigen Aufgabenerfüllung gehörenden Zweck zu erheben, zu verarbeiten oder sonst zu nutzen. Diese Verpflichtung besteht auch nach Beendigung ihrer Tätigkeit fort.

(6) Soweit die Nutzung personenbezogener Daten nicht notwendig ist, werden die Daten in anonymer Form verwendet. Als anonym gilt eine Auswertung, in der keine personenidentifizierbaren Daten erhalten sind, wie z.B. Namen, Geburtsdaten, Personalnummern, Telefonnummern, Kostenstellen, Adressen, Kfz-Kennzeichen. Rückverfolgungen anonymer Auswertungen auf Einzelpersonen oder individualisierbarer Gruppen sind nicht gestattet, soweit nicht in Ausnahmefällen der Personalleiter hierzu ausdrücklich seine Zustimmung erteilt hat.

§ 7 Leistungs- und Verhaltenskontrolle

(1) Die EDV-Systeme werden grundsätzlich nicht zur Datenerfassung mit dem Ziel der automatisierten Kontrolle der Leistung und des Verhaltens der Mitarbeiter eingesetzt oder personenbezogen ausgewertet.

(2) Zulässig sind Auswertungen, in denen Erfahrungswerte oder anonymisierte Daten zu Analysen oder Wirtschaftlichkeitsbetrachtungen (z.B. Standortvergleiche) zusammengestellt werden und die aufgrund der Anonymisierung nicht zur Leistungs- und Verhaltenskontrolle geeignet sind.

(3) Dagegen sind systematische Auswertungen ohne die Zustimmung – je nach Zuständigkeit – des Gesamtbetriebsrats oder des lokalen Betriebsrats grundsätzlich unzulässig. Systematische Auswertungen in diesem Sinne sind solche Auswertungen, die durch programmgesteuerte Verknüpfung von Arbeitsplatzdaten und Mitarbeiterdaten eine maschinelle Leistungs- oder Verhaltensprüfung oder einen maschinellen Leistungs- oder Verhaltensvergleich zwischen Mitarbeitern zum Gegenstand haben. Folgenden systematischen Auswertungen stimmt der Gesamtbetriebsrat zu:

■ mitarbeiterbezogene Fehlzeitenstatistiken,

■ Umsatzvergleiche zwischen Vertriebsmitarbeitern,

■ ░░░░░░░░.

(4) Bei berechtigtem Interesse sind auch Einzelauswertungen zulässig. Einzelauswertungen in diesem Sinne sind Auswertungen der Daten eines einzelnen Mitarbeiters (z.B. individuelle Kommt-/Geht-Zeit, Zugriff auf die EDV-Systeme von einem einzelnen Arbeitsplatz aus). Ein berechtigtes Interesse liegt insbesondere vor, wenn die Einhaltung gesetzlicher, tarifvertraglicher oder durch Betriebsvereinbarung oder Arbeitsvertrag geregelter Pflichten zu prüfen ist.

(5) Zur Aufdeckung von Straftaten bei konkretem und zu dokumentierendem Verdacht und zur Gewährleistung der Systemsicherheit sind – sofern erforderlich und verhältnismäßig – abweichend von Abs. (3) auch weitere systematische Auswertungen zulässig, zu denen – je nach Zuständigkeit – der Vertreter des Gesamtbetriebsrats oder des lokalen Betriebsrats sowie der betriebliche Datenschutzbeauftragte hinzuzuziehen sind. Sind sie kurzfristig nicht erreichbar, werden sie unverzüglich nachträglich über die Auswertung informiert.

(6) Auswertungen aus EDV-Systemen dürfen, soweit sie gegen die Regelungen dieser Vereinbarung verstoßen, nicht ohne vorherige Zustimmung – je nach Zuständigkeit – des Gesamtbetriebsrats oder des örtlichen Betriebsrats zur Begründung einer personellen Maßnahme herangezogen werden.

§ 8 Datenschutzbeauftragter

(1) Der Arbeitgeber bestellt nach Erörterung mit dem Gesamtbetriebsrat einen Datenschutzbeauftragten. Über die zu bestellende Person wird der Arbeitgeber den Gesamtbetriebsrat vorab informieren und mit diesem zwecks einer Einigung beraten. Der Gesamtbetriebsrat ist berechtigt, Gegenvorschläge zu unterbreiten. Kommt eine Einigung nicht zustande, entscheidet der Arbeitgeber über die zu bestellende Person.

(2) Zum Datenschutzbeauftragten darf nur bestellt werden, wer die zur Erfüllung seiner Aufgaben erforderliche Fachkunde und Zuverlässigkeit besitzt.

(3) Die Bestellung des Datenschutzbeauftragten erfolgt unbefristet. Sie kann vom Arbeitgeber jederzeit aus wichtigem Grund widerrufen werden.

(4) Bei der Anwendung seiner Fachkunde auf dem Gebiet des Datenschutzes unterliegt der Datenschutzbeauftragte keinen Weisungen. Im Übrigen untersteht er unmittelbar der Geschäftsleitung.

(5) Der Datenschutzbeauftragte darf wegen der Erfüllung seiner Aufgaben auf dem Gebiet des Datenschutzes nicht benachteiligt werden. Er darf insbesondere hinsichtlich seines beruflichen Fortkommens nicht beeinträchtigt werden.

(6) Aufgabe des Datenschutzbeauftragten ist es, auf die Einhaltung des Bundesdatenschutzgesetzes und anderer beim Arbeitgeber bestehender Vorschriften über den Datenschutz hinzuwirken. Zu seinen Aufgaben gehört es auch, die Einhaltung der Regelungen dieser Gesamtbetriebsvereinbarung hinsichtlich des Datenschutzes zu überwachen.

(7) Der Arbeitgeber unterstützt den Datenschutzbeauftragten bei der Erfüllung seiner Aufgaben und stellt ihm die hierzu erforderlichen Informationen zur Verfügung.

(8) Tätigkeitsberichte und Stellungnahmen, die der Datenschutzbeauftragte dem Arbeitgeber vorlegt, werden unverzüglich an den Gesamtbetriebsrat weitergeleitet, es sei denn, es stehen gewichtige betriebliche Interessen entgegen.

(9) Der Datenschutzbeauftragte fungiert als interner Sachverständiger des Gesamtbetriebsrats und der lokalen Betriebsräte in allen Fragen des betrieblichen Datenschutzes. Die Hinzuziehung externer Sachverständiger kommt nur in Ausnahmefällen in Betracht.

§ 9 Einigungsverfahren bei Streitigkeiten

Arbeitgeber und Gesamtbetriebsrat verpflichten sich, bei Streitigkeiten, die Auslegung und Anwendung dieser Vereinbarung betreffen, unverzüglich Verhandlungen mit dem Ziel einer einvernehmlichen Regelung aufzunehmen. Ist über einzelne Fragen kein Einvernehmen zu erzielen, so kann eine Seite die Einigungsstelle nach § 76 Abs. 5 BetrVG anrufen.

§ 10 Inkrafttreten, Kündigung

(1) Diese Gesamtbetriebsvereinbarung tritt mit ihrer Unterzeichnung in Kraft.

(2) Die Gesamtbetriebsvereinbarung ist auf unbestimmte Zeit geschlossen und von beiden Seiten mit einer Frist von drei Monaten zum Monatsende kündbar. Sie kann nur als Ganze und nicht in ihren Teilen gekündigt werden. Die Kündigung hat schriftlich zu erfolgen. Eine Weitergeltung der Gesamtbetriebsvereinbarung gemäß § 77 Abs. 6 BetrVG wird ausgeschlossen.

§ 11 Schlussbestimmungen

(1) Mündliche Nebenabreden bestehen nicht. Änderungen und Ergänzungen dieser Gesamtbetriebsvereinbarung, einschließlich dieser Bestimmung, bedürfen zu ihrer Rechtswirksamkeit der Schriftform.

(2) Sollte eine Bestimmung dieser Vereinbarung ganz oder teilweise unwirksam sein oder werden, so wird hiervon die Wirksamkeit der übrigen Bestimmungen nicht berührt. Anstelle der unwirksamen Bestimmung werden Arbeitgeber und Gesamtbetriebsrat die gesetzlich zulässige Bestimmung vereinbaren, die dem mit der unwirksamen Bestimmung Gewollten am nächsten kommt. Dasselbe gilt für den Fall einer vertraglichen Lücke.

(3) Sollten sich die dieser Gesamtbetriebsvereinbarung zugrunde liegenden tatsächlichen oder rechtlichen Bedingungen grundlegend ändern, so werden Arbeitgeber und Gesamtbetriebsrat unverzüglich in Verhandlungen treten mit dem Ziel, die Vereinbarung an die geänderten Bedingungen anzupassen.

Ort, Datum   *Ort, Datum*

(Arbeitgeber)   *(Gesamtbetriebsrat)*

▲

b) Betriebsvereinbarung zur Telefon-Nutzung

Literatur: *Altenburg/v. Reinersdorff/Leister*, Telekommunikation am Arbeitsplatz, MMR 2005, 135; *dies.*, Betriebsverfassungsrechtliche Aspekte der Telekommunikation am Arbeitsplatz, MMR 2005, 222; *Auer-Reinsdorff/Conrad*, Handbuch IT- und Datenschutzrecht 2. Auflage 2016; *Bachner/Rupp*, Die originäre Zuständigkeit des Konzernbetriebsrates bei der Einführung technischer Einrichtungen, NZA 2016, 207; *Barton*, Betriebliche Übung und private Nutzung des Internetarbeitsplatzes – „Arbeitsrechtliche Alternativen" zur Wiedereinführung der alleinigen dienstlichen Verwendung, NZA 2006, 460; *Beckschulze*, Internet-, Intranet- und E-Mail-Einsatz am Arbeitsplatz, DB 2003, 2777; *Bissels/Löw/Jordan*, Arbeitnehmerkontrolle im Call-Center durch Silent Monitoring und Voice Recording, BB 2008, 2626; *Bizer*, Die dienstliche Telekommunikation unter dem Schutz des Fernmeldegeheimnisses, DuD 2001, 618; *Brink*, Empfehlungen zur IuK-Nutzung am Arbeitsplatz, Rechtsgrundlagen und Regelungsmöglichkeiten bei betrieblicher und privater Nutzung, ZD 2015, 295; *Däubler*, Das neue Bundesdatenschutzgesetz und seine Auswirkungen im Arbeitsrecht, NZA 2001, 874; *ders.*, Internet und Arbeitsrecht, 5. Auflage 2015; *ders.*, Das Fernsprechgeheimnis des Arbeitnehmers, AiB 1995, 149; *Dann/Gastell*, Geheime Mitarbeiterkontrollen: Straf- und arbeitsrechtliche Risiken bei unternehmensinterner Aufklärung, NJW 2008, 2945; *Ernst*, Der Arbeitgeber, die E-Mail und das Internet, NZA 2002, 585; *Fleischer*, Handbuch des Vorstandsrechts, 2006; *Fleischmann*, Betriebliche Übung zur Privatnutzung üblicher elektronischer Kommunikationsmittel – Erwiderung auf Koch, NZA 2008, 911; *Fülbier/Splittgerber*, Keine (Fernmelde-) Geheimnisse vor dem Arbeitgeber?, NJW 2012, 1995; *Gola*, Neuer Tele-Datenschutz für Arbeitnehmer? Die Anwendung von TKG und TDDSG im Arbeitsverhältnis, MMR 1999, 322; *ders.*, Datenschutz im Call Center, 2. Auflage 2006; *ders.*, Das Mithören und Aufzeichnen von Call Center-Telefonaten, RDV 2005, 105, *Gola/Wronka*, Handbuch zum Arbeitnehmerdatenschutz, 5. Auflage 2009; *Grimm*, Überwachung im Arbeitsverhältnis: Von Befragungen bis zur GPS-Ortung – wie viel Kontrolle ist erlaubt?, jM 2016, 17; *Grobys/Panzer*, Stichwortkommentar Arbeitsrecht, 2. Auflage, 8. Edition, 2016; *Hammann/Schmitz/Apitzsch*, Überwachung und Arbeitnehmerdatenschutz, 2. Auflage 2014; *Haußmann/Krets*, EDV-Betriebsvereinbarungen im Praxistest, NZA 2005, 259; *Klebe*, Mitbestimmung bei technischer Überwachung, NZA 1985, 44; *Koch*, Rechtsprobleme privater Nutzung betrieblicher elektronischer Kommunikationsmittel, NZA 2008, 911; *Königshofen/Ulmer*, Datenschutz-Handbuch Telekommunikation, 2006; *Kopke*, Heimliches Mithörenlassen eines Telefongesprächs, NZA 1999, 917; *Lindemann/Simon*, Betriebsvereinbarungen zur E-Mail-, Internet- und Intranet-Nutzung, BB 2001, 1950; *Löwisch*, Fernmeldegeheimnis und Datenschutz bei der Mitarbeiterkontrolle, DB 2009, 2782; *Lunk*, Prozessuale Verwertungsverbote im Arbeitsrecht, NZA 2009, 457; *Mengel*, Kontrolle der Telekommunikation am Arbeitsplatz, BB 2004, 1445; *dies.*, Kontrolle der E-Mail- und Internetkommunikation am Arbeitsplatz, BB 2004, 2014; *Oberwetter*, Arbeitnehmerrechte bei Lidl, Aldi & Co., NZA 2008, 609; *Panzer*, Mitarbeiterkontrolle und neue Medien, 2003; *Post-Ortmann*, Der Arbeitgeber als Anbieter von Telekommunikations- und Telediensten, RDV, 1999, 102; *Richardi/Kortstock*, Videoüberwachung am Arbeitsplatz – allgemeines Persönlichkeitsrecht – Grundsatz der Verhältnismäßigkeit, Besprechung des Beschlusses BAG v. 29.6.2004, RdA 2005, 381; *Riesenhuber*, Die Einwilligung des Arbeitnehmers im Datenschutzrecht, RdA 2011, 257; *Rieß*, TK-Datenschutz im Unternehmen (Teil 1), DuD 2001, 672; *Rieß*, TK-Datenschutz im Unternehmen (Teil 2), DuD 2001, 740; *Rolf/Stöhr*, Datenerhebung im Arbeitsverhältnis und Beweisverwertung – Überlegungen in Hinblick auf die Neugestaltung des Datenschutzes, RDV 2012, 119; *Scheben/Klos*, Analyse von Chatprotokollen und E-Mails- Was ist erlaubt? Was ist verwertbar?, CCZ 2013, 83; *Schimmelpfennig/Wenning*, Arbeitgeber als Telekommunikationsdiensteanbieter?, DB 2006, 2290; *Schmidt*, Vertrauen ist gut – Compliance ist besser, BB 2009, 1295; *von Steinau-Steinrück/Glanz*, Grenzen der Mitarbeiterüberwachung, NJW-Spezial 2008, 402; *Thüsing*, Arbeitnehmerdatenschutz und Compliance, 2010; *Tonner*, Mitbestimmung des Betriebsrats bei der Einführung von EDV im Spiegel der höchstrichterlichen Rechtsprechung, BB 1988, 1813; *Weißgerber*, Das Einsehen kennwortgeschützter Privatdaten des Arbeitnehmers durch den Arbeitgeber, NZA 2003, 1005; *Wronka*, Berechtigte Eingrenzungen des informationellen Selbstbestimmungsrechts des Arbeitnehmers, RDV 2012, 277.

aa) Typischer Sachverhalt

Die U-GmbH beschäftigt 350 Mitarbeiter. Jeder Mitarbeiter verfügt an seinem Arbeitsplatz über ein eigenes **311** (Festnetz-)Telefon, welches laut interner Regelung lediglich dienstlich genutzt werden darf. Die 30 Außendienstmitarbeiter verfügen zusätzlich über ein Mobiltelefon; dieses darf laut Arbeitsvertrag – bei entsprechender Kostenübernahme durch den Arbeitnehmer – auch privat genutzt werden. In der Vergangenheit wurde auf (unerlaubte) Privattelefonate vom Arbeitsplatz aus seitens des Arbeitgebers nicht reagiert. Auch die Kostenübernahme durch die Außendienstmitarbeiter wurde nicht weiter kontrolliert.

Vor dem Arbeitsgericht sind nun zwei Kündigungsschutzverfahren wegen unerlaubter Nutzung des Telefons anhängig. In einem Fall hatte ein Arbeitnehmer von seinem Arbeitsplatz aus wiederholt und für längere Zeiträume ohne dienstliche Veranlassung während der Arbeitszeit seine Ehefrau angerufen, im zweiten Fall wurden über ein Handy in erheblichem Maße Privattelefonate geführt, nicht als solche gekennzeichnet und dementsprechend die Kosten auch nicht erstattet. Vor Gericht sollen die Einzelverbindungsnachweise als Beweis herangezogen werden. Beide Arbeitnehmer machen geltend, der Arbeitgeber habe sie unerlaubt überwacht.

Der Arbeitgeber beschließt daraufhin, mit dem Betriebsrat eine Betriebsvereinbarung abzuschließen, in der festgelegt werden soll, dass die private Nutzung bei Dienstapparaten in geringem Umfang gestattet und bei Mobiltelefonen gegen Kostenübernahme erlaubt sein soll. Zusätzlich sollen auch mögliche Sanktionen seitens des Arbeitgebers bei Verstößen gegen die Betriebsvereinbarung dargelegt sowie die Kontrollmöglichkeiten geregelt werden.

bb) Rechtliche Grundlagen
(1) Allgemeines

312   Betriebliche Telefonanlagen sind aus dem Unternehmensalltag nicht mehr weg zu denken. Ebenso ist die Zurverfügungstellung von Mobiltelefonen für gewisse Gruppen von Mitarbeitern mittlerweile üblich. In den 80er Jahren des letzten Jahrtausends stellten insbesondere die entstehenden Kosten bei unerlaubter oder übermäßiger Privatnutzung ein großes Thema in den Unternehmen dar. Die Kosten wurden daher oftmals als Kündigungsbegründung bei derartigen Fällen mit angeführt. Mittlerweile haben sich die Kosten – zumindest bei Festnetztelefonen – durch Flatrates etc. derart verringert, dass die Privatnutzung diesbezüglich kaum mehr ein Problem darstellt. Anders kann sich die Situation bei Mobiltelefonen darstellen. Zudem stellt sich weiterhin die Frage der Vergeudung von Arbeitszeit, wenn nicht gar des Arbeitszeitbetruges, wenn die Mitarbeiter während der Arbeitszeit unerlaubt oder übermäßig privat telefonieren.

313   Zudem stellt sich für den Arbeitgeber das Problem, dass er vielleicht gerne die Privatnutzung in einem gewissen Rahmen gestatten möchte, jedoch Sorge vor den Folgen hat. Denn gestattet der Arbeitgeber seinen Mitarbeitern die Privatnutzung der von ihm zur Verfügung gestellten Telekommunikationsmöglichkeiten, wird er zum Telekommunikationsdiensteanbieter (s. auch Rdn 314) und muss die Regelungen des TKG berücksichtigen. Schließlich befürchtet oftmals der Betriebsrat die potentiellen Überwachungsmöglichkeiten, die moderne Telefonanlagen bieten und fordert entsprechende betriebliche Regelungen und Einschränkungen.

(2) Inhaltliche Kontrolle

314   Inhaltskontrolle bedeutet, dass der Arbeitgeber Kenntnis vom Inhalt der geführten Gespräche der Arbeitnehmer erlangt. Diese Kontrolle kann zum einen durch **Mithören** der entsprechenden Gespräche erfolgen. Zum anderen ist an das **Aufzeichnen** von Gesprächsinhalten zu denken. Bei der inhaltlichen Kontrolle ist **das allgemeine Persönlichkeitsrecht** des Arbeitnehmers aus Art. 2 Abs. 1 i.V.m. 1 Abs. 1 GG – insbesondere das **Recht am eigenen Wort** – zu beachten. Das Recht am eigenen Wort gewährleistet, dass der Arbeitnehmer selbst bestimmen kann, wem ein Kommunikationsinhalt bekannt werden soll.[853] Auf dieses Recht kann sich der Arbeitnehmer sowohl bei Dienst- als auch bei Privatgesprächen berufen.[854]

Bei erlaubten Privatgesprächen sind neben dem BDSG zudem die Vorschriften des TKG, speziell des § 88 TKG (**Fernmeldegeheimnis**) zu berücksichtigen, da der Arbeitgeber nach allgemeiner Ansicht bei der gestatteten privaten Nutzung der Telefonanlage zum Telekommunikationsdiensteanbieter im Sinne des § 3 Nr. 10 TKG wird.[855] Eine beachtliche Mindermeinung im Schrifttum spricht sich – unseres Erachtens zumindest i.E. – zu Recht gegen eine Qualifizierung des Arbeitgebers als Provider und damit gegen eine Anwendbarkeit des TKG aus.[856] Auch einige Gerichtsentscheidungen gehen von einer mangelnden Anwendbarkeit des TKG im Arbeitsverhältnis aus.[857] Trotzdem sollte der Arbeitgeber angesichts

---

853 BVerfG 19.12.1991, NJW 1992, 815; BAG 29.10.1997, NJW 1998, 1331; Gola/*Wronka*, Rn 10.
854 BVerfG 19.12.1991, NJW 1992, 815.
855 Statt vieler *Schmidt*, BB 2009, 1295, 1297 Rn 13 m.w.N.; *Ernst*, NZA 2002, 585, 587; *Gola*, MMR 1999, 322, 323 ff; *Brink*, ZD 2015, 295, 296.ErfK/*Franzen*, § 32 BDSG Rn 26.
856 *Thüsing*, Rn 220 ff.; *Löwisch* DB 2009, 2782 f.; *Schimmelpfennig/Wenning*, DB 2006, 2290 ff, *Scheben/Klos*, CCZ 2013, 85; *Fülbier/Splittgerber*, NJW 2012, 1995.
857 LAG Berlin-Brandenburg 16.2.2011, NZA-RR 2011, 342; LAG Niedersachsen 31.5.2010, NZA-RR 2010, 46; LAG Berlin-Brandenburg 14.1.2016. BB 2016, 89 e ff.

fehlender höchstrichterlicher Rechtsprechung sowie insb. der vorherrschenden Ansicht der Datenschutzaufsichtsbehörden und der insoweit eindeutigen Gesetzesbegründung des TKG[858] von einer Anwendbarkeit des TKG im Fall der gestatteten Privatnutzung betrieblicher IuK-Mittel ausgehen, denn § 3 Nr. 10 TKG setzt für die geschäftsmäßige Erbringung von Telekommunikationsdiensten weder eine Gewinnerzielungsabsicht noch eine Entgeltpflicht voraus, sondern nur das nachhaltige Angebot von Telekommunikation für Dritte. Zudem scheint der Bundesbeauftragte für den Datenschutz und die Informationsfreiheit auch weiterhin den Arbeitgeber als Telekommunikationsdiensteanbieter im Sinne des § 3 Nr. 10 TKG einzustufen.[859]

Ab Mai 2018 ist die **Datenschutzgrundverordnung**,[860] die die geltende Datenschutzrichtlinie 95/46/EG ablösen wird, als weitere datenschutzrechtliche Grundlage zu berücksichtigen. Die Verordnung zum Schutz natürlicher Personen bei der Verarbeitung personenbezogener Daten und zum freien Datenverkehr erlangt unmittelbar Geltung, eine Transferierung in das nationale Recht ist nicht erforderlich. Die Verordnung greift einige Punkte auf, die dem deutschen Rechtsanwender bereits bekannt sind. U.a. ist eine Datenverarbeitung nur nach ausdrücklicher Einwilligung der betroffenen Person erlaubt. Die Verordnung enthält jedoch keine separaten Regelungen zum Mitarbeiterdatenschutz. Art. 88 DS-GVO sieht eine sog. „Öffnungsklausel" vor. Hiernach dürfen die Mitgliedsstaaten den Bereich der Verarbeitung personenbezogener Beschäftigtendaten eigenständig regeln und zur Gewährleistung des Schutzes der Rechte und Freiheiten spezifische Vorschriften erlassen. Es wird abzuwarten bleiben, ob der deutsche Gesetzgeber nun in der nächsten Legislaturperiode die Chance wahrnimmt, und das seit Jahrzehnten geplante Arbeitnehmerdatenschutzgesetz erlässt.

Das Mithören (gestatteter) **Privatgespräche** und erst recht deren Aufzeichnung (vgl. § 201 StGB) verstößt **315** grundsätzlich gegen das allgemeine Persönlichkeitsrecht des betroffenen Mitarbeiters sowie zumindest auch gegen das Fernmeldegeheimnis und ist damit unzulässig.[861] Das gilt auch, wenn der Arbeitgeber einen Dritten das Gespräch mithören lässt.[862] Dies gilt grundsätzlich auch für den Fall, dass sich der Arbeitgeber Beweismittel für ein zivilrechtliches Verfahren sichern will. Lediglich ausnahmsweise kann, wenn die Interessen des Arbeitgebers eindeutig überwiegen (so etwa im Fall der Beweisführungsnot oder einer Notstands- oder Notwehrlage bei Abwehr von Straftaten oder Verrat von Geschäftsgeheimnissen) eine Kontrolle in Betracht kommen.[863] Das Mithören und die Aufzeichnung eines privaten Gespräches sind daher nahezu ausgeschlossen.[864]

Auch bei der inhaltlichen Kontrolle von **Dienstgesprächen** ist das allgemeine Persönlichkeitsrecht zu be- **316** rücksichtigen. Allerdings kann bei Dienstgesprächen durchaus ein berechtigtes Interesse des Arbeitgebers an der inhaltlichen Überwachung vorliegen. Dies gilt beispielsweise bei Tätigkeiten, die überwiegend die Nutzung des Telefons erfordern (bspw. Call Center[865]) so z.B. zur Leistungskontrolle im gewissen Umfang,

---

858 „Dem Fernmeldegeheimnis unterliegen damit z.B. Corporate Networks, Nebenstellen, Betriebe und Behörden, soweit sie dem Beschäftigten zur privaten Nutzung zur Verfügung gestellt sind", BT-Drucks 13/3609, 53.
859 *Panzer*, in Grobys/Panzer, SWK, 2. Auflage, 8. Edition, 2016, Stichwort 63, Rn 7 m.w.N., u.A. auf die Stellungnahme des Bundesbeauftragten für den Datenschutz.
860 EU-DSGVO 5419/16; Text abrufbar unter https://www.datenschutz-grundverordnung.eu/wp-content/uploads/2016/04/CONSIL_ST_5419_2016_INIT_DE_TXT.pdf (aufgerufen am 10.10.2016).
861 *Weißgerber*, NZA 2003, 1005, 1006; *Mengel*, BB 2004, 1445, 1451.
862 BAG 29.10.1997, NZA 1998, 307; ErfK/*Preis*, § 611 BGB Rn 622.
863 BAG 29.10.1997, NZA 1998, 307; BAG 30.8.1995, NZA 1996, 218; *Oberwetter*, NZA 2008, 609, 611; *Altenburg/v. Reinersdorff/Leister*, MMR 2005, 135, 136.
864 Jüngst BAG 23.4.2009, BeckRS 2009, 68654 auch bzgl. zufällig mithörenden Zeugen; hierzu krit., NJW-Spezial 2009, 676; BAG 29.10.1997, NZA 1998, 307; BGH 13.10.1987, NJW 1988, 1016.
865 Ausf. hierzu *Grobys*, Die Überwachung von Arbeitnehmern in Call Centern, 2007.

insbesondere während einer Einarbeitungs- oder Ausbildungsphase[866] oder wenn wie etwa beim Telefonbanking aus Beweisgründen Telefongespräche mitgeschnitten werden.[867] Allerdings ist auch hier die Kontrolle auf das notwendige Maß zu beschränken (Stichproben, keine Routinemaßnahme),[868] eine Interessenabwägung muss in jedem Fall erfolgen[869] (Beispiel: nur während der Probezeit oder an einem bestimmten zugeteilten Arbeitsplatz).[870] Der Kontrolle muss zudem ein transparentes Verfahrens zugrunde liegen.[871] Der Arbeitgeber darf nicht willkürlich einzelne Mitarbeiter überwachen, dies ist bereits aufgrund des betrieblichen Gleichbehandlungsgrundsatzes (§ 75 Abs. 2 BetrVG) unzulässig.

317   Die Kontrolle von Dienstgesprächen muss grundsätzlich zuvor angekündigt werden.[872] **Heimliches Mithören** von Dienstgesprächen ist **unzulässig**. Eine Rechtfertigung für heimliches Mithören liegt insbesondere nicht darin, dass die moderne Technik dies ohne weiteres ermöglicht, und deshalb jeder Arbeitnehmer mit einem Mithören zu rechnen habe bzw. bei Benutzung der Technik darin konkludent einwillige.[873] Vom Kontrollzweck abhängig ist sodann die Frage, ob eine allgemeine Ankündigung möglicher Kontrollen genügt, oder das Mithören jeweils konkret angekündigt werden muss.[874] Erfolgt die Kontrolle zu Ausbildungszwecken oder Sicherung der Arbeitsqualität kann beispielsweise eine konkrete Ankündigung im Einzelfall den Kontrollzweck vereiteln, so dass eine generelle Ankündigung ausreichend, aber auch erforderlich ist.[875]

318   Lediglich in **Ausnahmefällen** kommt auch eine **heimliche Kontrolle** von Dienstgesprächen in Betracht. Dies ist immer dann der Fall, wenn eine vorherige Ankündigung den Kontrollzweck vereiteln würde. Dazu kann zum einen die Verhinderung des Verrats von Betriebs- und Geschäftsgeheimnissen zählen, zum anderen aber auch die Aufklärung von Straftaten wie Diebstahl zu Lasten des Arbeitgebers oder die Verfolgung erpresserischer Anrufe sowie die Sicherung der Funktionstüchtigkeit des Unternehmens.[876] Für die Frage der heimlichen inhaltlichen Kontrolle von Dienstgesprächen gelten daher nahezu dieselben Grundsätze wie für die zulässige inhaltliche Kontrolle privater Telefongespräche.

319   Mit Blick insbesondere auf § 201 StGB ist strittig, unter welchen Voraussetzungen eine **Aufzeichnung** der geführten **dienstlichen Telefonate** durch den Arbeitgeber möglich ist. Durch die Aufzeichnung wird das gesprochene Wort quasi verdinglicht[877] und kann auch außerhalb des Kontextes wiedergegeben werden. Von daher erscheint der Arbeitnehmer hier noch schutzwürdiger. Eine Ausnahme wird erneut für Ausbildungszwecke anzunehmen sein.[878] Aber auch hier muss die Aufzeichnung dann zweckgebunden verwendet (Beispiel: im Gespräch zwischen dem Auszubildenden und dem Arbeitgeber zur Beurteilung der Leistung) und nach Wegfall dieses Zwecks, in aller Regel Kontrolle des Arbeitsverhaltens, vernichtet werden.

---

866 BAG 30.8.1995, NZA 1996, 218, 220 f; *Oberwetter*, NZA 2008, 609, 611; *Ernst*, NZA 2002, 585, 589; *Gola*, MMR 1999, 322, 325; *Lindemann/Simon*, BB 2001, 1950, 1951; *Gola*, Datenschutz im Call Center, S. 43 ff. und öfters; *Bissels/Löw/Jordan*, BB 2008, 2626.

867 Gola/*Wronka*, Rn 780 ff.; *Oberwetter*, NZA 2008, 609, 611.

868 *Gola*, Datenschutzberater 2001, 17 ff.; *Mengel*, BB 2004, 1445, 1449.

869 BAG 30.8.1995, NZA 1996, 218.

870 *Däubler*, Rn 246: *Oberwetter*, NZA 2008, 609, 611.

871 *Rieß*, DuD 2001, 672, 673.

872 BAG 29.10.1997, NZA 1998, 307; *Kopke*, NZA 1999, 917; *Mengel*, BB 2004, 1445, 1449.

873 BVerfG 19.12.1991, NJW 1992, 815; anders noch BGH 21.10.1963, NJW 1964, 165; Gola/*Wronka*, Rn 776 ff.

874 Hierzu *Bissels/Lös/Jordan*, BB 2008, 2626, 2628.

875 *Bissels/Lös/Jordan*, BB 2008, 2626, 2628; zur Besonderheit in Call Centern s. *Grobys*, S. 40 ff.

876 LAG Berlin 15.2.1988, DB 1988, 1024, 1024; *Däubler*, AiB 1995, 149, 150; *Lindemann/Simon*, BB 2001, 1950, 1951; *Post-Ortmann*, RDV, 1999, 102, 106; *Panzer*, S. 236; *Haußmann/Krets*, NZA 2005, 259, 260; *Oberwetter*, NZA 2008, 609, 611.

877 BVerfG 19.12.1991, NJW 1992, 815; BAG 29.10.1997, NJW 1998, 1331.

878 Zu Call Centern BAG 30.8.1995, NZA 1996, 218, 220 f. *Oberwetter*, NZA 2008, 609, 611;

(3) Datenkontrolle
(a) Dienstliche Nutzung

Für die Zulässigkeit der Datenkontrolle bei dienstlichen Telefongesprächen ist das **BDSG** und mittelbar   320
natürlich weiterhin das allgemeine Persönlichkeitsrecht, hier dann das **Recht auf informationelle
Selbstbestimmung** maßgeblich.[879] Das Recht auf informationelle Selbstbestimmung als Ausprägung
des allgemeinen Persönlichkeitsrechtes gewährleistet die Befugnis, selber über die Preisgabe und Verwendung seiner persönlichen Daten zu bestimmen.[880] Es ist grundsätzlich auch bei der dienstlichen Nutzung des Telefons zu beachten, denn dem Arbeitnehmer steht das allgemeine Persönlichkeitsrecht auch
am Arbeitsplatz zu.[881] Allerdings findet es nicht uneingeschränkt Anwendung. Es muss zurücktreten,
sofern überwiegende berechtigte Interessen des Arbeitgebers vorliegen und die Beeinträchtigung des informationellen Selbstbestimmungsrechtes dem Verhältnismäßigkeitsgrundsatz entspricht und damit so
gering wie möglich erfolgt.

Die Datenverarbeitung im Rahmen eines Arbeitsverhältnisses ist in § 32 BDSG geregelt. Das Erheben oder   321
Verarbeiten personenbezogener Daten eines Beschäftigten (§ 3 Abs. 11 BDSG) oder ihre Nutzung ist zulässig, (i) wenn dies für die Entscheidung über die Begründung eines Beschäftigungsverhältnisses, oder
(ii) nach Begründung des Beschäftigungsverhältnisses für dessen Durchführung oder Beendigung erforderlich ist (§ 32 Abs. 1 S. 1 BDSG).

Wegen der berechtigten Interessen des Arbeitgebers ist eine Erfassung der dienstlichen Verbindungsdaten   322
generell als zulässig anzusehen.[882] Dies dürfte als erforderlich für die Durchführung des Arbeitsverhältnisses anzusehen sein. Es dürfen daher – weiterhin – grundsätzlich Tag und Uhrzeit des Telefonats, Beginn und
Ende, die angewählte Rufnummer[883] sowie die Anzahl der Einheiten erfasst werden.[884] Die grundsätzliche
Zulässigkeit der Erhebung, Speicherung und Nutzung der Verbindungsdaten darf jedoch nicht zur Dauer-
überwachung des Arbeitnehmers führen. Durch die Zulässigkeit der Datenkontrolle soll der Arbeitgeber
einerseits das Arbeitsverhalten seiner Arbeitnehmer kontrollieren können, zum anderen soll ihm eine nachvollziehbare Kostenkontrolle ermöglicht werden.[885] Dienstlich veranlasste sowie unerlaubte Privatgespräche stehen einem Dienstgespräch gleich.[886] Natürlich ist auch hier wieder der Verhältnismäßigkeitsgrundsatz zu berücksichtigen. Die Kontrolle darf nur so weit gehen, wie sie zur Erreichung des zulässigen Zwecks
erforderlich ist.

(b) Private Nutzung
(aa) Gestattung privater Nutzung

Grundsätzlich haben Arbeitnehmer keinen Anspruch auf die private Nutzung des dienstlichen Telefons,   323
denn dieses gehört zu den Betriebsmitteln des Arbeitgebers, über deren Organisation und Einsatz er allein
entscheiden kann. Das bedeutet, dass er die private Nutzung gänzlich verbieten oder erlauben kann.[887] Er
kann den Umfang der privaten Nutzung auch an betrieblichen Belangen orientiert festlegen, zum Beispiel
die Art oder die Dauer der privaten Nutzung einschränken.[888] Der Arbeitnehmer ist an diesen Umfang gebunden. Verbietet der Arbeitgeber Privatgespräche, sind Ausnahmen nur für die Fälle der Pflichtenkollision, anderer Notfälle oder der Privatgespräche aus dienstlichem Anlass gegeben.[889]

---

879 *Mengel*, BB 2004, 1445, 1446; *Panzer*, S. 241.
880 „Volkszählungsurteil", BVerfG 15.12.1983, NJW 1984, 419.
881 BAG 29.10.1997, DB 1998, 371; *Däubler*, AiB 1995, 149 f.
882 BAG 27.5.1986, NZA 1986, 643; *Panzer*, S. 240.
883 Differenziert hierzu *Mengel*, BB 2004, 1445, 1449.
884 BAG 27.5.1986, NZA 1986, 643; ErfK/*Franzen*, § 32 BDSG Rn 25; *Panzer*, S. 240.
885 BAG 27.5.1986, NZA 1986, 643; *Oberwetter*, NZA 2008, 609, 611; ErfK/*Franzen*, § 32 BDSG Rn 25.
886 *Däubler*, Rn 247.
887 *Altenburg/v. Reinersdorff/Leister*, MMR 2005, 135.
888 *Von Steinau-Steinrück/Glanz*, NJW-Spezial 2008, 402, 403; *Dann/Gastell*, NJW 2008, 2945, 2949.
889 *Von Steinau-Steinrück/Glanz*, NJW-Spezial 2008, 402; *Ernst*, NZA 2002, 585, 588; *Mengel*, BB 2004, 1445, 1446.

324 Die Gestattung von Privattelefonaten kann durch individuelle Nutzungsvereinbarung, kollektive Erlaubnis oder auch Duldung der Nutzung geschehen. Gerade bei letzterem muss jedoch berücksichtigt werden, dass bei längerfristiger Duldung (zwischen sechs und zwölf Monaten)[890] nach Ansicht in der Literatur auch eine betriebliche Übung entstehen kann.[891] Eine betriebliche Übung entsteht immer dann, wenn der Arbeitnehmer aus einer regelmäßigen Wiederholung bestimmter Verhaltensweisen des Arbeitgebers schließen kann, dass die hierdurch gewährte Leistung auch zukünftig gewährt werden soll. Auf einen Verpflichtungswillen des Arbeitgebers kommt es nicht an.[892] Es kann zwar vertreten werden, dass durch eine reine Duldung gerade keine Leistung gewährt wird und damit auch keine betriebliche Übung entstehen kann. Die Praxis sollte jedoch bis zur Klärung durch die (höchstrichterliche) Rechtsprechung mit der Möglichkeit der Entstehung von Ansprüchen aus betrieblicher Übung rechnen. Zur präventiven Vermeidung einer betrieblichen Übung kommen Freiwilligkeitsvorbehalte in Betracht, zur nachträglichen Beseitigung Widerrufsvorbehalte, in begrenztem Maße ablösende Betriebsvereinbarungen oder Änderungskündigungen.[893] Im Falle einer betrieblichen Übung kann der Arbeitnehmer von der Duldung in angemessenem Umfang ausgehen.[894] Gestattet der Arbeitgeber einigen Arbeitnehmern die Privatnutzung kann sich für die anderen Arbeitnehmer ein Anspruch auf Gestattung aus dem Gleichbehandlungsgrundsatz ergeben.

(bb) Kontrollmöglichkeiten auf Grundlage der gesetzlichen Bestimmungen

325 Gestattet der Arbeitgeber seinen Mitarbeitern die private Nutzung des Telefons, wird er zum **Telekommunikationsdienstanbieter** (siehe auch Rdn 314).[895] Das bedeutet, dass bei der Frage, ob Kontrollen zulässig sind, das TKG zu beachten ist, insbesondere das **Fernmeldegeheimnis**, § 88 TKG sowie die weiteren datenschutzrechtlichen Vorschriften §§ 91–107 TKG. Dies gilt sowohl bei der entgeltpflichtigen als auch bei der kostenlosen Gestattung.[896] Dem Fernmeldegeheimnis unterliegen der Inhalt der Telekommunikation und ihre näheren Umstände, so auch die Tatsache, ob jemand an einem Telekommunikationsvorgang beteiligt ist oder war. Das Fernmeldegeheimnis erstreckt sich auch auf die näheren Umstände erfolgloser Verbindungsversuche (§ 88 Abs. 1 TKG). Als Diensteanbieter ist es dem Arbeitgeber untersagt, sich oder anderen über das für die geschäftsmäßige Erbringung der Telekommunikationsdienste einschließlich des Schutzes ihrer technischen Systeme erforderliche Maß hinaus Kenntnis vom Inhalt oder den näheren Umständen der Telekommunikation zu verschaffen.

326 Im Gegensatz zu § 88 TKG sind die weiteren, in den §§ 91 bis 107 TKG enthaltenen Datenschutzvorschriften nicht auf die Dauer des Telekommunikationsvorgangs begrenzt. Gemäß § 91 Abs. 1 S. 1 TKG regelt der entsprechende Abschnitt den Schutz personenbezogener Daten der Teilnehmer und Nutzer von Telekommunikation bei der Erhebung und Verwendung dieser Daten durch Unternehmen und Personen, die geschäftsmäßig Telekommunikationsdienste in Telekommunikationsnetzen, einschließlich Telekommunikationsnetzen, die Datenerfassungs- und Identifizierungsgeräte unterstützen, erbringen oder an deren Erbringung mitwirken. Dem Fernmeldegeheimnis unterliegende Einzelangaben über Verhältnisse einer bestimmten oder bestimmbaren juristischen Person oder Personengesellschaft, sofern sie Rechte erwerben oder Verbindlichkeiten eingehen können, stehen grundsätzlich den personenbezogenen Daten gleich (§ 91 Abs. 1 S. 2 TKG).

---

[890] *Barton*, NZA 2006, 460, 461 f. m.w.N. zum Streit hinsichtlich des Zeitpunkts der Entstehung der betrieblichen Übung.

[891] *Fleischmann*, NZA 2008, 1397; *Barton*, NZA 2006, 460, 461 f.; *Däubler*, AiB 1995, 149, 153; a.A. *Koch*, NZA 2008, 911; *Mengel*, BB 2004, 1445, 1446 f.

[892] Vgl. nur BAG 28.3.2000, BB 2001, 679 m.w.N.

[893] Zu den einzelnen Problemen *Barton*, NZA 2006, 460, 462 ff.

[894] LAG Köln 11.2.2005, NZA 2006, 106.

[895] *Ernst*, NZA 2002, 585, 587; *Gola*, MMR 1999, 322, 323 ff.; ErfK/*Franzen*, § 32 BDSG Rn 26.

[896] *Bizer*, DuD 2001, 618.

§ 93 TKG statuiert die Informationspflichten, die der Diensteanbieter bereits bei Vertragsschluss gegenüber dem Teilnehmer erfüllen muss. Insbesondere muss über Art, Umfang, Ort und Zweck der Erhebung und Verwendung personenbezogener Daten in allgemein verständlicher Form unterrichtet werden (§ 93 Abs. 1 S. 1 TKG). § 94 TKG enthält die Voraussetzungen für die Rechtmäßigkeit einer Einwilligung im elektronischen Verfahren. Das TKG unterscheidet im Folgenden zwischen Bestands-, Verkehrs- und Standortdaten. Bestandsdaten sind Daten eines Teilnehmers, die für die Begründung, inhaltliche Ausgestaltung, Änderung oder Beendigung eines Vertragsverhältnisses über Telekommunikationsdienste erhoben werden (§ 3 Nr. 3 TKG). Bestandsdaten dürfen erhoben und verwendet werden, soweit dies für die genannten Zwecke erforderlich ist (§ 95 Abs. 1 S. 1 TKG). Auch die Nutzung der Bestandsdaten zu anderen Zwecken wie Werbung ist unter bestimmten Voraussetzungen zulässig (vgl. § 98 Abs. 2 TKG). § 96 TKG regelt dagegen die Zulässigkeit der Erhebung und Verarbeitung von Verkehrsdaten. Als solche bezeichnet man Daten, die bei der Erbringung eines Telekommunikationsdienstes erhoben, verarbeitet oder genutzt werden (§ 3 Nr. 30 TKG). Sowohl der Zweck der Erhebung als auch die Art der zu erhebenden Daten werden durch gesetzliche Vorschriften abschließend festgelegt (z.B. § 97 TKG: Entgeltermittlung und -abrechnung). Am restriktivsten ist die Verwendung von Standortdaten geregelt. Dies sind Daten, die in einem Telekommunikationsnetz oder von einem Telekommunikationsdienst erhoben oder verwendet werden und die den Standort des Endgeräts eines Endnutzers eines öffentlich zugänglichen Telekommunikationsdienstes angeben (§ 3 Nr. 19 TKG). Eine Datenerhebung und -verarbeitung ist nur im zur Bereitstellung von Diensten mit Zusatznutzen erforderlichen Umfang und innerhalb dieses Umfangs zulässig; zusätzlich müssen die Daten entweder anonymisiert werden, oder der Teilnehmer muss seine Einwilligung erteilen (§ 98 Abs. 1 S. 1 TKG). Die weiteren Vorschriften enthalten datenschutzrechtliche Regelungen zu den Sonderbereichen Einzelverbindungsnachweis (§ 99 TKG), Störungen von Telekommunikationsanlagen und Missbrauch von Telekommunikationsdiensten (§ 100 TKG), Mitteilen ankommender Verbindungen (§ 101 TKG), Rufnummernanzeige und -unterdrückung (§ 102 TKG), automatische Anrufweiterschaltung (§ 103 TKG), Teilnehmerverzeichnisse (§ 104 TKG), Auskunftserteilung (§ 105 TKG), Telegrammdienste (§ 106 TKG) und Nachrichtenübermittlungssysteme mit Zwischenspeicherung (§ 107 TKG).

Die Datenkontrolle wird daher bei der erlaubten privaten Benutzung des Telefons erheblich restriktiver gehandhabt als bei der dienstlichen, denn eine Abweichung vom TKG ist lediglich aufgrund einer gesetzlichen Vorschrift zulässig (§ 88 Abs. 3 S. 3 TKG).[897] Als Erlaubnisnormen für die Erhebung und Verwendung der Verkehrsdaten kommen insbesondere §§ 96, 97 TKG in Betracht. Daher ist danach zu differenzieren, ob der **Arbeitgeber** oder der **Arbeitnehmer** die **Kosten** der Telefonnutzung trägt.

Wenn der Arbeitgeber die private Nutzung des Telefons lediglich gegen Entgelt gestattet, darf er die **Ver-** **327** **kehrsdaten** (Nummer und Kennung der beteiligten Anschlüsse, Zeitpunkt sowie Dauer des Anrufs, Anzahl der Gebühreneinheiten) zunächst erfassen und sodann die zur Ermittlung des Entgelts und zur Abrechnung erforderlichen Daten maximal sechs Monate nach Versendung der Rechnung speichern (§§ 96, 97 TKG). Für die Abrechnung nicht erforderliche Daten sind unverzüglich zu löschen (§ 97 Abs. 3 S. 3 TKG).

Unter Berücksichtigung des allgemeinen Persönlichkeitsrechts, darf die Zielnummer jedoch nur verkürzt gespeichert werden.[898]

Hat der Arbeitgeber die **kostenlose Benutzung** gestattet, darf er nach Maßgabe des TKG nach dem Ende der **328** Verbindung keine Verkehrsdaten weiter speichern oder auswerten.[899] Nach § 96 Abs. 2 S. 2 TKG sind die Daten in diesem Fall nach dem Ende der Verbindung unverzüglich zu löschen. Eine Ausnahme ergibt sich nach § 100 TKG dann, wenn ein konkreter Verdacht auf Leistungserschleichungen und sonstige rechtswidrige Inanspruchnahmen der Telekommunikationsnetze besteht. In diesem Fall dürfen die Verkehrsdaten er-

---

897 Hierzu Beck'scher Online-Kommentar/*Bock*, § 88 TKG, Rn 28 ff. m.w.N.
898 *Panzer*, S. 245; so auch *Mengel*, BB 2004, 1445, 1450.
899 Gola/*Wronka*, Rn 744 f.

hoben und verwendet werden, die zum Aufdecken sowie Unterbinden derartiger Vorkommnisse erforderlich sind. Als rechtswidrige Inanspruchnahme dürfte auch der Verstoß gegen vom Arbeitgeber aufgestellte Regeln zur Privatnutzung (bspw. Überschreiten des zulässigen Umfangs, etc.) zu fassen sein.

(cc) Kontrollmöglichkeiten auf Grundlage von Einwilligungen

329   Diese gesetzliche Ausgangssituation ist für den Arbeitgeber unbefriedigend. Insbesondere bei der kostenlosen Gestattung der Privatnutzung führt sie zu nicht unerheblichem technischem Aufwand. Daher wird in der Praxis oftmals versucht, auf die Möglichkeit der Einholung einer Einwilligung der Mitarbeiter zur Erfassung und Speicherung der Telefondaten zurück zu greifen. Sowohl nach § 4a BDSG als auch nach § 96 Abs. 3 TKG kann eine Einwilligung eine über das gesetzliche zulässige Maß hinausgehende „Kontrolle" legitimieren. Eine derartige Einwilligung ist jedoch nur wirksam, wenn sie auf der freien Entscheidung des betroffenen Arbeitnehmers beruht. An die Freiwilligkeit sind im Rahmen eines Arbeitsverhältnisses hohe Anforderungen zu stellen. So darf der Arbeitnehmer nicht unzulässig unter Druck gesetzt werden, zum Beispiel, indem ihm vermeidbare Nachteile in Aussicht gestellt werden.[900] Die Einwilligung muss zudem informiert erfolgen. Es muss auf den vorgesehenen Zweck der Erhebung sowie auf die Folgen der Verweigerung der Einwilligung hingewiesen werden.[901] Die Einwilligung bedarf schließlich der Schriftform, soweit nicht wegen besonderer Umstände eine andere Form angemessen ist. Nach der Ansicht des Bundesdatenschutzbeauftragten ist davon auszugehen, dass eine Einwilligung in weitergehende Kontrollbefugnisse des Arbeitgebers auch konkludent erfolgen kann.[902] Allerdings stellen sich bei einer konkludenten Einwilligung im Streitfall Beweisprobleme. Der Arbeitgeber, der sich auf die Einwilligung verlässt, muss sich bewusst sein, dass er sich hierbei in einem rechtlichen Risikobereich befindet. Zudem ist eine Einwilligung aufgrund des Erfordernisses der Freiwilligkeit jederzeit widerruflich und stellt bereits aus diesem Grund eine wenig taugliche Rechtsgrundlage dar.

(4) Mitbestimmungsrechte des Betriebsrates
(a) § 87 Abs. 1 Nr. 6 BetrVG

330   Neben den Bestimmungen des BDSG und des TKG muss der Arbeitgeber bei der **Einführung** und **Nutzung** einer **Telefonanlage** das Mitbestimmungsrecht des Betriebsrats gemäß § 87 Abs. 1 Nr. 6 BetrVG berücksichtigen. Danach besteht ein Mitbestimmungsrecht bei Einführung und Anwendung technischer Einrichtungen, die dazu bestimmt sind, das Verhalten oder die Leistung der Arbeitnehmer zu überwachen. Dies gilt auch für eine Telefonanlage, mit deren Hilfe Daten über die geführten Telefongespräche erfasst werden können (Uhrzeit und Dauer des Gesprächs, Zielrufnummer).[903]

331   An den Begriff der **technischen Einrichtung** werden keine großen Anforderungen gestellt. Technische Einrichtungen sind alle optischen, mechanischen, akustischen oder elektronischen Geräte.[904] Der Begriff der **Überwachung** ist ebenfalls sehr weitgehend. Sowohl die reine Erhebung von Daten, sobald sie mit Hilfe einer technischen Einrichtung ausgeführt wird, als auch die Phase der technischen Verarbeitung, auch wenn die Erhebung der Daten auf manuellem Wege erfolgt ist, fällt unter den Begriff der Überwachung im Sinne des § 87 Abs. 1 Nr. 6 BetrVG.[905] Auch die Phasen der Speicherung oder der Auswertung sind unter den Begriff der Überwachung zu subsumieren.[906]

332   Weiterhin ist es ausreichend, dass die Einrichtung aufgrund ihrer Konstruktion oder technischen Ausstattung **objektiv** zur Überwachung **geeignet** ist. Auf eine konkrete Überwachungsabsicht des Arbeitgebers

---

900 *Däubler*, NZA 2001, 874, 877.
901 *Riesenhuber*, RdA 2011, 257, 259.
902 *Panzer*, in Grobys/Panzer, SWK, Stichwort Elektronische Kommunikationsmittel, Rn 35.
903 BAG 11.11.1998, NZA 1999, 947; BAG 27.5.1986, NZA 1986, 643.
904 ErfK/*Kania*, § 87 BetrVG Rn 48; Richardi/*Richardi*, § 87 BetrVG Rn 484 ff.
905 Richardi/*Richardi*, § 87 BetrVG Rn 488 ff. m.w.N.
906 GK-BetrVG/*Wiese*, § 87 Rn 520 ff.

kommt es nicht an. Es ist deshalb auch irrelevant, ob die Überwachung Ziel der technischen Einrichtung oder nur möglicher Nebeneffekt ist. Ausreichend ist allein die objektive Geeignetheit der Anlage, keinesfalls aber genügt die bloße Möglichkeit einer Überwachung.[907]

Gegenstand der Überwachung muss das **Verhalten** oder die **Leistung** des Arbeitnehmers sein. Unter   333
Leistung versteht man grundsätzlich die vom Arbeitnehmer in Erfüllung seiner vertraglichen Arbeitspflicht erbrachte Arbeit. Verhalten ist jedes für das Arbeitsverhältnis relevante Tun oder Unterlassen.[908] Begrifflich wird auch hier die Leistung mit eingeschlossen, so dass es auf eine Differenzierung letztlich nicht ankommt.[909] Die Überwachungsmaßnahmen sind nur dann erheblich, wenn sie einem bestimmten Arbeitnehmer zugeordnet werden können. Denn durch das Mitbestimmungsrecht soll gerade dem Persönlichkeitsschutz des einzelnen Arbeitnehmers gedient werden. Daher ist das Mitbestimmungsrecht ausgeschlossen, wenn die Identifizierung eines bestimmten Arbeitnehmers unmöglich ist.[910]

Durch das Mitbestimmungsrecht des Betriebsrats soll sichergestellt werden, dass keine rechtlich unzuläs-   334
sigen Eingriffe in das Persönlichkeitsrecht des Arbeitnehmers stattfinden.[911] Es soll die Möglichkeit der Mitgestaltung rechtlich zulässiger Eingriffe gewährleistet werden. Ob eine Maßnahme verhältnismäßig ist oder nicht, muss anhand einer Verhältnismäßigkeitsprüfung festgestellt werden, in die alle Gesamtumstände mit einzubeziehen sind.[912] Das Mitbestimmungsrecht des Betriebsrats endet bei der einseitigen Belastung der Arbeitnehmer mit den Kosten sowie der Sachherrschaft des Arbeitgebers über seine Betriebsmittel. Das bedeutet, dass der Arbeitgeber allein entscheiden kann, ob eine private Nutzung generell gestattet oder verboten ist.[913]

(b) § 87 Abs. 1 Nr. 1 BetrVG

Das Mitbestimmungsrecht nach § 87 Abs. 1 Nr. 1 BetrVG bezieht sich auf die Gestaltung der Ordnung im   335
Betrieb durch Schaffung allgemein verbindlicher **Verhaltensregeln** (Ordnungsverhalten). Mitbestimmungsfrei sind alle Maßnahmen, mit denen die Arbeitspflicht näher konkretisiert wird.[914] Auch wenn die Frage, ob die Privatnutzung gestattet wird oder nicht, vom Arbeitgeber allein entschieden werden kann, hat er für den Fall, dass allgemeingültige Regeln bezüglich der privaten Nutzung aufgestellt werden sollen, diese mit dem Betriebsrat abzustimmen.[915]

(c) Zuständiges Gremium

Für die Betriebsratszuständigkeit gelten bei der Einführung und Nutzung von Telefonanlagen grundsätz-   336
lich keine Besonderheiten. Sind mehrere Betriebe in einem Unternehmen oder das Gesamtunternehmen betroffen und kann die Angelegenheit nicht durch die Einzelbetriebsräte geregelt werden, ist der Gesamtbetriebsrat nach § 50 Abs. 1 BetrVG zuständig.[916] Entsprechendes gilt demnach auch für die Zuständigkeit des Konzernbetriebsrates nach § 58 Abs. 1 BetrVG. Sind die Art und Beschaffenheit der verwendeten Kommunikationsmittel im gesamten Konzern bzw. Unternehmen einheitlich (z.B. durch die Verwendung von VoIP-Technologie), so erstreckt sich die jeweilige Zuständigkeit dabei auch auf die nähere Aus-

---

907 Richardi/*Richardi*, § 87 BetrVG Rn 501 ff.; BAG 27.1.2004, NZA 2004, 556; *Altenburg/v. Reinersdorff/Leister*, MMR 2005, 222,
    223; a.A. insoweit *Klebe*, NZA 1985, 44, 45; *Tonner*, BB 1988, 1813, 1814.
908 *Fitting u.a.*, § 87 BetrVG Rn 221.
909 BAG 11.3.1986, NZA 1986, 526.
910 BAG 6.12.1983, AP Nr. 7 zu § 87 BetrVG 1972 Überwachung; BAG 10.4.1984, AP Nr. 7 zu § 87 BetrVG 1972 Ordnung des Be-
    triebs, vgl. auch zur Abgrenzbarkeit *Richardi*, § 87 BetrVG Rn 499 f.
911 *Haußmann/Krets*, NZA 2005, 259, 262; *Fitting u.a.*, § 87 BetrVG Rn 216.
912 BAG 29.6.2004, AP Nr. 41 zu § 87 BetrVG 1972 Überwachung.
913 *Von Steinau-Steinrück/Glanz*, NJW-Spezial 2008, 402, 403; *Dann/Gastell*, NJW 2008, 2945, 2949.
914 BAG 11.6.2002, AP Nr. zu § 87 Abs. 1 BetrVG.
915 *Lindemann/Simon*, BB 2001, 1954.
916 BAG 14.11.2006, NZA 2007, 399.

gestaltung der Nutzung.[917] Ist hingegen nur ein Betrieb in dieser Weise betroffen, bleibt der jeweilige Einzelbetriebsrat zuständig. Entsprechendes muss auch für den Fall gelten, dass in einzelnen Betrieben spezifische Kommunikationseinrichtungen zum Einsatz kommen und eine einheitliche Reglung nicht getroffen werden kann.[918]

(d) Möglichkeiten der Regelung

337   Die Betriebspartner müssen bei der Wahrung der Mitbestimmung nicht zwingend eine **Betriebsvereinbarung** abschließen. Auch eine formlose **Betriebsabsprache** ist zur Wahrung des Mitbestimmungsrechts ausreichend.[919] In der Praxis wird allerdings meist bei technischen Einrichtungen im Sinne des § 87 Abs. 1 Nr. 6 BetrVG eine Betriebsvereinbarung abgeschlossen. Eine Betriebsvereinbarung hat im Gegensatz zu einer formlosen Betriebsabsprache den Vorteil, dass diese normative Wirkung entfaltet. Sie ist eine Rechtsvorschrift. Daher kann sie eine vom Bundesdatenschutzgesetz zu Ungunsten der Mitarbeiter abweichende Datenverarbeitung zulassen (§ 4 BDSG).[920]

338   Allerdings besteht die **Regelungsbefugnis** von Arbeitgeber und Betriebsrat **nicht grenzenlos**. Ihre Kompetenz endet zum einen bei den grundgesetzlichen Wertungen und zwingendem Gesetzesrecht, zum anderen beim Persönlichkeitsrecht des Arbeitnehmers.[921] Selbst wenn Betriebsrat und Arbeitgeber in diesem Punkt übereinstimmen, könnte beispielsweise lediglich in besonderen Ausnahmesituationen eine lückenlose Telefonüberwachung rechtmäßig sein.[922] Dies folgt auch aus § 75 Abs. 2 BetrVG, nach dem die Betriebspartner die freie Entfaltung der Persönlichkeit der im Betrieb beschäftigten Arbeitnehmer zu beachten haben.

339   Nimmt der Arbeitgeber im mitbestimmungspflichtigen Bereich Maßnahmen ohne Mitbestimmung des Betriebsrates vor, so ist der Arbeitnehmer nicht verpflichtet, die Anweisungen des Arbeitgebers zu befolgen; die Maßnahmen des Arbeitgebers sind unwirksam (Theorie der Wirksamkeitsvoraussetzung).[923] Aus dieser Nichtbefolgung können dem Arbeitnehmer keine Nachteile erwachsen. Der Betriebsrat hat Anspruch auf Unterlassung oder Rückgängigmachung einer bereits durchgeführten Maßnahme.[924]

cc) Rechtsfolgen bei unzulässiger Nutzung durch den Arbeitnehmer

340   Eine unzulässige Inanspruchnahme des Telefons (unerlaubte oder übermäßige Privatnutzung) stellt eine Pflichtverletzung aus dem Arbeitsvertrag dar. Je nach Schwere der Pflichtverletzung kommt daher eine – auch außerordentliche[925] – Kündigung in Betracht. Allerdings müssen zum einen die betrieblichen Interessen belastet sein, zum anderen muss bei einer Kündigung im Regelfall vorher eine Abmahnung ausgesprochen werden.[926] Diese ist nur dann entbehrlich, wenn dem Arbeitnehmer entweder klar sein musste, dass der Arbeitgeber schon einen einmaligen Pflichtenverstoß nicht tolerieren würde, oder eine Änderung des Verhaltens selbst durch eine Abmahnung nicht erwartet werden kann.[927]

---

917 *Bachner/Rupp*, NZA 2016, 207, 209.

918 *Däubler*, Rn 303.

919 Richardi/*Richardi*, § 87 BetrVG Rn 527.

920 BAG 27.5.1986, NZA 1986, 643.

921 *Panzer*, S. 252; *Richardi/Kortstock*, RdA 2005, 381 ff.; jüngst BAG 26.8.2008 AP Nr. 54 zu § 75 BetrVG 1972 mit Anm. *Wiese*.

922 So für das Telefon- bzw. Online-Banking Fleischer/*Spindler*, § 15 Rn 114 f.; regelmäßig ist eine lückenlose Telefonüberwachung nicht möglich.

923 ErfK/*Kania*, § 87 BetrVG, Rn 136; *Fitting u.a.*, § 87 BetrVG Rn 599.

924 Auch im Rahmen einer einstweiligen Verfügung; ErfK/*Kania*, § 87 BetrVG, Rn 138.

925 Verneinend im Einzelfall: LAG Düsseldorf 16.9.2015, AuR 2016, 81, keine außerordentliche Kündigung bei Verwendung des Diensttelefons zur Teilnahme an kostenpflichtigen Telefongewinnspielen eines Radiosenders während der Pausenzeiten.

926 LAG Nürnberg, 6.8.2002, NZA-RR 2003, 191; LAG Niedersachsen 13.1.1998, NZA-RR 1998, 259; *Ernst*, NZA 2002, 585, 590.

927 LAG Baden-Württemberg, BeckRS 2008, 55640 (Sex-Hotline); LAG Frankfurt/Main 25.11.2004, MMR 2005, 451; BAG 4.3.2004, NZA 2004, 717.

Werden private Telefongespräche absichtlich falsch als Dienstgespräch deklariert, soll dies zur fristlosen **341** Kündigung berechtigen.[928] Denn dies stellt eine erhebliche Vertragspflichtverletzung dar, die an der Ehrlichkeit und der Loyalität des Arbeitnehmers zweifeln lässt. Voraussetzung ist jedoch eine klare betriebliche Regelung, durch die unmissverständlich zum Ausdruck gebracht wird, dass Privatgespräche zu kennzeichnen und ihre Kosten vom Arbeitnehmer zu tragen sind.[929]

Entsteht bei der unzulässigen Nutzung ein bezifferungsfähiger Schaden, muss der Arbeitnehmer dafür **342** haften.[930] Bei hierdurch entstehenden Kosten soll der Arbeitgeber auch die Vergütung anteilig kürzen dürfen.[931]

dd) Rechtsfolgen bei unzulässiger Kontrolle durch den Arbeitgeber

Ist die Telefonüberwachung seitens des Arbeitgebers unzulässig, kann dies weitreichende zivilrechtliche **343** und strafrechtliche Folgen haben. Zunächst hat der Arbeitnehmer einen vertraglichen **Unterlassungsanspruch** nach § 1004 BGB analog gegen den Arbeitgeber, nicht rechtswidrig in seinem Persönlichkeitsrecht verletzt zu werden. Solange die Verletzung andauert, steht dem Arbeitnehmer ein **Zurückbehaltungsrecht** nach § 273 BGB zu, wodurch der Arbeitgeber in Annahmeverzug kommt (§§ 611, 615 BGB). Der Arbeitnehmer behält in diesem Fall seinen Anspruch auf den Arbeitslohn.

Darüber hinaus kann dem Arbeitnehmer bei einer schweren Verletzung der zulässigen Kontrollgrenzen und **344** damit verbundenen Persönlichkeitsrechtsverletzungen ein Schadensersatz- und ggf. **Schmerzensgeldanspruch** zustehen.[932] Ein **Schadensersatzanspruch** kann sich zum einen aus § 7 BDSG, zum anderen aus § 823 Abs. 1, 2 BGB in Verbindung mit dem allgemeinen Persönlichkeitsrecht (Art. 2 Abs. 1, 1 Abs. 1 GG) oder mit einem Schutzgesetz (z.B. § 201 StGB) ergeben. Auch ist an §§ 280, 281, 241 Abs. 2 BGB (Schadensersatz wegen Nebenpflichtverletzung) zu denken. Voraussetzung ist jedoch immer ein nachweisbarer materieller Schaden, an dem es zumeist fehlen wird. Für den Zuspruch von **Schmerzensgeld** muss eine so schwere Persönlichkeitsrechtsverletzung vorliegen, dass Genugtuung nicht anders zu erreichen ist. Die Rechtsprechung ist äußerst zurückhaltend bei der Zuerkennung von Schmerzensgeld;[933] die zugesprochenen Maximalsummen sind weit entfernt von den „punitive damages" des amerikanischen Rechts. Ferner können in Ausnahmefällen bei schwerer Verletzung des allgemeinen Persönlichkeitsrechts auch eine außerordentliche Kündigung und ein entsprechender Schadensersatz in Betracht kommen (§§ 628, 626 Abs. 2 BGB).

Zudem besteht in aller Regel ein **Beweisverwertungsverbot**, wenn ein Verstoß gegen das allgemeine Persönlichkeitsrecht des Arbeitnehmers vorliegt.[934] Zwar führt nicht jede rechtswidrige Beweiserhebung auch **345** zu einem Beweisverwertungsverbot.[935] Denn ein ausdrückliches Beweisverwertungsverbot gibt es im deutschen Arbeitsrecht nicht. Erforderlich ist daher immer eine Abwägung zwischen den jeweils betroffenen Rechtsgütern.[936] Es wird jedoch selten bei einer rechtswidrigen Beweiserlangung zu einem überwiegenden Interesse des Arbeitgebers an der Beweisverwertung kommen. Schließlich besteht die Gefahr, dass unzulässige Kontrollmaßnahmen auch strafrechtlich relevant sind. In Betracht kommen § 206 StGB (Verstoß gegen das Fernmeldegeheimnis) sowie § 201 StGB (Verletzung der Vertraulichkeit des Wortes).

---

928 BAG 5.12.2002, NJOZ 2003, 2491; BAG 4.3.2004, NJW 2004, 2612.

929 LAG Hamm 28.11.2008, BeckRS 2009 55074; LAG Baden-Württemberg, Beschl. v. 9.7.2008, BeckRS 2008, 55640 (Militärdienstrichtlinie).

930 *Altenburg/v. Reinersdorff/Leister*, MMR 2005, 135, 139.

931 *Altenburg/v. Reinersdorff/Leister*, MMR 2005, 135, 139; vgl. auch *Beckschulze*, DB 2003, 2777, 2781.

932 *Ernst*, NZA 2002, 585, 587; *Mengel*, BB 2004, 2014, 2021.

933 Vgl. LAG Rheinland-Pfalz 16.8.2001, NZA-RR 2002, 121; ArbG Dresden 7.7.2003 – 5 Ca 5954/02, n.v.; LAG Köln 5.10.2007 – 28 O 558/06, n.v.

934 BAG 29.10.1997, NZA 1998, 307; ErfK/*Schmidt*, Art. 2 GG Rn 79.

935 *Lunk*, NZA 2009, 457, 459; *Rolf/Stöhr*, RDV 2012, 119; *Wronka*, RDV 2012, 277, 278 f.

936 BAG 13.12.2007, NZA 2008, 1008.

ee) Muster

▼

346   Muster 2.37: Betriebsvereinbarung über die Nutzung der betrieblichen Telefonanlage/der Mobiltelefone

Zwischen der ▢▢▢▢ (*Firma, gesetzliche Vertretung und Anschrift des Arbeitgebers*)

– nachfolgend „Arbeitgeber" genannt –

und

dem (Gesamt-/Konzern-)Betriebsrat des Betriebs der ▢▢▢▢ (*Firma des Arbeitgebers*)

– nachfolgend „Betriebsrat" genannt –

– Arbeitgeber und Betriebsrat nachfolgend gemeinsam „Betriebspartner" genannt –

Präambel

Das Telefon ist eines der wichtigsten betrieblichen Kommunikationsmittel in der heutigen Arbeitswelt. Ziel dieser Vereinbarung ist es, die Nutzungsbedingungen des dienstlichen Telefons (Festnetz und Mobiltelefon) und die Protokollierung der bei der Nutzung anfallenden Daten transparent zu gestalten. Die Interessen des Arbeitgebers an einem Schutz des Betriebsvermögens sowie der Kontrolle der Arbeitsleistung und die Interessen der Beschäftigten an der Wahrung ihres allgemeinen Persönlichkeitsrechtes sollen zu einem möglichst gleichwertigen Ausgleich gebracht, der Schutz der personenbezogenen Daten gewährleistet werden. Insbesondere soll die Betriebsvereinbarung den Schutz der Arbeitnehmer vor unangemessener Überwachung sicherstellen. Die Vereinbarung gewährleistet die Einhaltung der gesetzlichen Regelungen des Datenschutzes im Anwendungsfall. Daher bleiben die gesetzlichen Bestimmungen (BDSG, TKG) von dieser Vereinbarung unberührt, sofern sich aus dieser nicht ausdrücklich etwas anderes ergibt. Der Arbeitgeber hat insbesondere das Fernmeldegeheimnis zu beachten.

§ 1 Geltungsbereich

(1) Diese Betriebsvereinbarung gilt sachlich für die Nutzung des geschäftlichen Festnetzanschlusses und des überlassenen Mobiltelefons sowie die Aufzeichnung, Speicherung und Auswertung der dabei anfallenden Daten.

(2) Sie gilt persönlich für alle Arbeitnehmer der U-GmbH mit Ausnahme der leitenden Angestellten im Sinne des § 5 Abs. 3 BetrVG.

(3) Der räumliche Geltungsbereich erstreckt sich auf alle Betriebsstätten der U-GmbH im Geltungsbereich des BetrVG.

(4) Der Arbeitgeber vereinbart bei Verträgen mit Dritten, dass diese Betriebsvereinbarung auch im Rahmen der Dienstleistung für den Arbeitgeber eingehalten wird.

(5) Soweit im Folgenden die männliche Bezeichnung verwendet wird, gilt diese Betriebsvereinbarung auch für Arbeitnehmerinnen; volle Gleichberechtigung ist gewährleistet.

§ 2 Definitionen

Im Sinne dieser Betriebsvereinbarung sind

- Dienstgespräche alle Gespräche, die ein Arbeitnehmer zur Erfüllung und im Rahmen seiner arbeitsvertraglichen Pflichten führt,

- dienstlich veranlasste Privatgespräche alle zeitlich kurzen Gespräche, die ein Arbeitnehmer aus plötzlichen betrieblichen Anlässen mit Personen aus seinem privaten Umfeld führt,

- Privatgespräche alle Gespräche, die in keinerlei Bezug zur Erbringung der Arbeitsleistung stehen,

- Verbindungsdaten die bei der Nutzung der betrieblichen Telefonanlage oder des Mobiltelefons automatisch erfassten Daten wie die Nummer des Telefonanschlusses, die gewählte Rufnummer, die Gebühreneinheiten sowie Datum, Uhrzeit und Dauer des Telefonats etc.

§ 3 Nebenstellennutzung

(1) Jeder Arbeitnehmer hat Anspruch auf ein Telefon an seinem Arbeitsplatz (Nebenstelle). Dieses dient in erster Linie der Erfüllung der Arbeitsaufgaben. Für die Nutzung der Nebenstelle ist die Eingabe der persönlichen PIN des Arbeitnehmers erforderlich.

(2a) Die Nebenstelle darf in zeitlich begrenztem Umfang auch für Privatgespräche genutzt werden, sofern dies die Arbeitsleistung nicht beeinträchtigt. Für die Privatnutzung der Nebenstelle muss der Arbeitnehmer die Ziffer 1 vorwählen. Die Kosten der Privatnutzung trägt der Arbeitnehmer. Er erhält über die von ihm geführten Privatgespräche jeweils zu Beginn des Monats eine Rechnung samt Einzelverbindungsnachweis, in welchem die Zielnummern lediglich verkürzt dargestellt sind. Die sich aus dieser Rechnung ergebenden Kosten werden jeweils mit der folgenden Gehaltsabrechnung in Abzug gebracht.

Alternativ: *(2b) Die Nebenstelle darf in zeitlich begrenztem Umfang – kostenfrei – auch für Privatgespräche genutzt werden, sofern dies die Arbeitsleistung nicht beeinträchtigt. Die Privatnutzung ist beschränkt auf Inlandstelefonate. Die Benutzung kostenpflichtiger Rufnummern ist untersagt. Für die Privatnutzung der Nebenstelle muss der Arbeitnehmer die Ziffer 1 vorwählen.*

(3) Die Gestattung der privaten Nutzung der Nebenstelle erfolgt freiwillig. Auch bei längerfristiger Gewährung der Privatnutzung entsteht hierdurch kein Rechtsanspruch der Arbeitnehmer für die Zukunft.

(4) Werden Nachrichten auf einem zur Nebenstelle gehörenden Anrufbeantworter bzw. einer Mailbox gespeichert, so darf lediglich der Arbeitnehmer die Nachrichten abhören, dem die Nebenstelle zugeordnet ist. Die dafür dem Arbeitnehmer zugewiesene PIN-Nummer ist geheim zu halten. Für den Fall kurz- oder längerfristiger Abwesenheit beispielsweise durch Krankheit oder Urlaub hat der Arbeitnehmer einen Vertreter zu benennen. Auf diesen wird sodann die Rufnummer umgeleitet. Ebenso ist der Vertreter berechtigt, im Falle von Abwesenheit des Mitarbeiters, den Anrufbeantworter/die Mailbox abzuhören.

§ 4 Datenerfassung und -kontrolle bei den Nebenstellen

(1) Alle Nebenstellen des Unternehmens sind an die digitale Telefonanlage angeschlossen. Von dieser werden sämtliche Verbindungsdaten automatisch erfasst. Die erfassten Daten werden maximal für die Dauer von 3 (*alternativ: 6*) Monaten gespeichert und danach gelöscht.

(2) Für jede Nebenstelle werden monatlich Einzelverbindungsnachweise für die dienstliche und die private Nutzung erstellt. Der Einzelverbindungsnachweis bezüglich der privaten Telefongespräche enthält eine verkürzte Angabe der Zielnummern. Er wird lediglich dem jeweiligen Arbeitnehmer ausgehändigt.

(Bei Alternative 2a: *Bezüglich der privaten Telefonate erhält der Arbeitgeber die Angabe der entstandenen Kosten).*

(3) Die Telefondatenerfassung dient vorrangig der Kostenkontrolle aber auch der Kontrolle der Arbeitsleistung.

(4) Im Falle eines begründeten Verdachtes auf missbräuchliche Nutzung der Nebenstelle (mangelndes Vorwählen der 1 bei Privatgesprächen, übermäßige Privatnutzung etc.) dürfen die Einzelverbindungsnachweise vom Arbeitgeber – nach vorheriger Informierung des örtlich zuständigen Betriebsrates und des Datenschutzbeauftragten – entsprechend hinsichtlich dieses Verdachtes kontrolliert werden.

§ 5 Mobiltelefon-Nutzung

(1) Jedem Mitarbeiter im Außendienst wird – sofern es für die Durchführung der Arbeitsaufgaben erforderlich ist – ein firmeneigenes Mobiltelefon zur Verfügung gestellt. Das Mobiltelefon dient in erster Linie der Erfüllung der Arbeitsaufgaben.

(2) Das Mobiltelefon darf in angemessenen Umfang, und sofern hierdurch die Arbeitsleistung nicht beeinträchtigt wird, auch privat genutzt werden. Die Kosten für die Privatnutzung sind vom Arbeitnehmer zu tragen.

(3a) Für die Privatnutzung wird die Möglichkeit der Nutzung einer TwinBill zur Verfügung gestellt. Der Arbeitnehmer muss vor der Führung privater abgehender Gespräche die entsprechende PIN eingeben. Er erhält zu Beginn eines jeden Monats die Rechnung über die von ihm im Vormonat geführten Privatgespräche. Der Arbeitgeber hat keinen Zugriff auf diese Rechnung und die in dieser befindlichen Daten. Der Arbeitgeber erhält vom externen Telekommunikationsdiensteanbieter lediglich die Gesamtkosten der Privatnutzung mitgeteilt. Diese werden sodann bei der jeweils folgenden Gehaltsabrechnung in Abzug gebracht (**ggf.**: *sofern sie einen Betrag von* ▓▓▓▓▓ *EUR übersteigen*).

Alternativ: *(3b) Der Arbeitnehmer erhält zu Beginn eines jeden Monats die vollständige Mobiltelefonrechnung samt Einzelverbindungsnachweis. Diese enthält die Zielnummern lediglich in verkürzter Form. Der Arbeitnehmer ist verpflichtet, die von ihm geführten Privatgespräche entsprechend zu markieren und die markierte Rechnung bis zum 15. des Monats bei der Personalabteilung einzureichen. Die sich aus der Markierung erfolgenden Kosten werden sodann mit der folgenden Gehaltsabrechnung in Abzug gebracht* (**ggf.**: *sofern sie einen Betrag von* ▓▓▓▓▓ *(Summe) übersteigen*).

(4) Der Arbeitnehmer hat das Mobiltelefon sorgfältig zu behandeln. Für Beschädigung, Zerstörung und Diebstahl haftet der Arbeitnehmer bei Vorsatz und grober Fahrlässigkeit.

(5) Die Gestattung der privaten Mobiltelefonnutzung erfolgt freiwillig. Auch bei längerfristiger Gewährung der Privatnutzung entsteht hierdurch kein Rechtsanspruch der Arbeitnehmer für die Zukunft.

(6) Nach Ende des Arbeitsverhältnisses ist das Mobiltelefon zurückzugeben.

§ 6 Kontrolle der Mobiltelefonnutzung

Bei Alternative 3a:

(1) Der Arbeitgeber erhält die Rechnung samt Einzelverbindungsnachweis bezüglich der dienstlichen Nutzung. Diese wird maximal für einen Zeitraum von ▓▓▓▓▓ (*Anzahl*) Monaten aufbewahrt. Dies dient Nachweiszwecken gegenüber Kunden. Im Bedarfsfalle können die Einzelverbindungsnachweise auch zur Kontrolle der Arbeitsleistung genutzt werden.

(2) Der Arbeitgeber hat keinen Zugriff auf die Rechnung samt Einzelverbindungsnachweis bezüglich der privaten Nutzung. Er erhält vom externen Provider lediglich die Angabe der entstandenen Kosten. Bei begründetem Verdacht auf eine unberechtigte oder missbräuchliche Nutzung des Mobiltelefons ist der Arbeitnehmer verpflichtet, dem Arbeitgeber die Einzelverbindungsnachweise bezüglich der Privatnutzung vorzulegen.

Bei Alternative 3b:

(1) Der Arbeitgeber erhält die Rechnung samt Einzelverbindungsnachweis. Diese wird für einen Zeitraum von ▓▓▓▓▓ (*Anzahl*) Monaten aufbewahrt. Dies dient Nachweiszwecken gegenüber Kunden. Im Bedarfsfalle können die Einzelverbindungsnachweise auch zur Kontrolle der Arbeitsleistung genutzt werden.

(2) Der Arbeitgeber ist nicht berechtigt, mit Hilfe eines Ortungssystems (bspw. GPS) über das Mobiltelefon den Aufenthaltsort des Arbeitnehmers ausfindig zu machen, um eine dauerhafte Kontrolle der Aufenthaltsorte des Arbeitnehmers vorzunehmen.

§ 7 Inhaltliche Kontrolle

(1) Eine inhaltliche Kontrolle der geführten Telefongespräche findet grundsätzlich nicht statt.

(2) Ausnahmsweise kann eine inhaltliche Kontrolle in folgenden Fällen zulässig sein:

a) zu Ausbildungszwecken und während der Probezeit,

b) zur Kontrolle der Qualität der Arbeitsleistung,

c) bei begründeten Verdacht des Verrats von Betriebs- oder Geschäftsgeheimnissen,

d) bei begründeten Verdacht auf sonstige Straftaten gegen den Arbeitgeber oder Dritte.

(3) In den Fällen 2 a) und b) erfolgt ein Mithören oder Aufzeichnen durch den Fachvorgesetzten nur nach vorheriger – zumindest allgemeiner – Ankündigung. Unverzüglich nach der Aufzeichnung findet ein Gespräch zwischen dem Arbeitgeber und dem Arbeitnehmer statt, in dem die Aufzeichnung ausgewertet wird. Danach wird die Aufzeichnung gelöscht.

(4) In den Fällen 2 c) und d) erfolgt die inhaltliche Kontrolle nur bei vorheriger Zustimmung des örtlich zuständigen Betriebsrates.

§ 8 Rechtsfolgen bei unerlaubter Nutzung

(1) Bei Missachtung der in dieser Betriebsvereinbarung befindlichen Regelungen kommen arbeitsrechtliche Sanktionen – bis hin zur außerordentlichen Kündigung – in Betracht. Die Art der konkreten Sanktion richtet sich insbesondere nach der Schwere des Verstoßes.

(2) Entsteht dem Arbeitgeber durch die unerlaubte oder übermäßige Nutzung der Nebenstelle oder des Mobiltelefons ein Vermögensschaden, so kann er gegen den Arbeitnehmer einen Anspruch auf Schadenersatz haben.

§ 9 Rechte des Betriebsrates

(1) Der Betriebsrat hat das Recht, jederzeit unter Wahrung der Persönlichkeitsrechte der Beschäftigten die Einhaltung dieser Betriebsvereinbarung unter Hinzuziehung des Datenschutzbeauftragten zu überprüfen.

(2) Der Betriebsrat kann zur Durchführung seiner aus dieser Betriebsvereinbarung resultierenden Aufgaben nach Abstimmung mit dem Arbeitgeber Sachverständige seiner Wahl hinzuziehen; die notwendigen Kosten trägt nach vorheriger Abstimmung der Arbeitgeber.

(3) Dem Betriebsrat sind, soweit nicht anders geregelt, auf Anforderung alle erforderlichen Unterlagen zur Erfüllung seiner Pflicht und Ausübung seiner Rechte zur Verfügung zu stellen.

§ 10 Schlussbestimmungen

(1) Diese Betriebsvereinbarung tritt am   (*Datum*) in Kraft.

(2) Sie kann von beiden Vertragspartnern mit einer Frist von drei Monaten zum Monatsende, frühestens jedoch zum   (*Datum*) gekündigt werden. Die Kündigung muss schriftlich erfolgen.

(3) Diese Betriebsvereinbarung entfaltet Nachwirkung, bis sie durch eine neue Regelung ersetzt wird.

(*Ort, Datum*)

(*Unterschriften*)

c) Betriebsvereinbarung zu Internet-, E-Mail- und Social Media-Nutzung

Literatur: *Andres*, Moderne Technologien, 2000; *Arning/Moos*, Bring Your Own Device – Eine Entscheidungshilfe zur datenschutz- und lizenzkonformen Einführung im Unternehmen, DB 2013, 2607; *Auer-Reinsdorff/Conrad*, Handbuch IT- und Datenschutzrecht, 2016; *Barton*, Betriebliche Übung und private Nutzung des Internetarbeitsplatzes, NZA 2006, 460; *Beckschulze*, Internet-, Intranet- und E-Mail-Einsatz am Arbeitsplatz, DB 2003, 2777; *Behling*, Compliance versus Fernmeldegeheimnis, BB 2010, 892; *Bertram*, Offline – Verbot privater Internetnutzung am Arbeitsplatz jederzeit möglich, GWR 2012, 388; *Besgen/Prinz*, Neue Medien und Arbeitsrecht, 2006; *Bissels/Lützeler/Wisskirchen*, Facebook, Twitter & Co.: Das Web 2.0 als arbeitsrechtliches Problem, 2010, 2433; *Bloesinger*, Grundlagen und Grenzen privater Internetnutzung am Arbeitsplatz, BB 2007, 2177; *Byers/Mößner*, Die Nutzung des Web 2.0. am Arbeitsplatz: Fluch und Segen für den Arbeitgeber, BB 2012, 1665; *Däubler*, Internet und Arbeitsrecht, 5. Aufl. 2015; *ders.*, Nutzung des Internet durch Arbeitnehmer, K&R 2000, 323; *ders.*, Gläserne Belegschaften?, 5. Aufl. 2009; *ders./Bonin/Deinert*, AGB-Kontrolle im Arbeitsrecht, 2014; *Dickmann*, Inhaltliche Ausgestaltung von Regelungen zur privaten Internetnutzung im Betrieb, NZA 2003, 1009; *Ernst*, Der Arbeitgeber, die E-Mail und das Internet, NZA 2002, 585; *ders.*, Social Networks im Unternehmen – Wem gehört der Account nach der Kündigung?, CR 2012, 276; *Feldmann*, Unterliegen Arbeitgeber der Pflicht zur Vorratsdatenspeichern gem. § 113 TKG?, NZA 2008, 1398; *Fleischmann*, Betriebliche Übung zur Privatnutzung üblicher elektronischer Kommunikationsmittel, NZA 2008, 1397; *Gola/Wronka*, Handbuch zum Arbeitnehmerdatenschutz, 4. Aufl. 2008; *Göpfert/Wilke*, Nutzung privater Smartphones für dienstliche Zwecke, NZA 2012, 765; *Hanau/Hoeren/Andres*, Private Internetnutzung durch Arbeitnehmer, 2003; *Härting*, E-Mail und Telekommunikationsgeheimnis, CR 2007, 311; *Heilmann/Tege*, Informationstechnologie im Unternehmen, AuA 2001, 52; *Hilber/Frik*, Rechtliche Aspekte der Nutzung von Netzwerken durch Arbeitnehmer und Betriebsrat, RdA 2002, 89; *Hoeren/Sieber/Holznagel*, Multimedia-Recht, 2015; *Hoffmann-Remy/Tödtmann*, Sicherung der Arbeitgeberrechte an Social Media-Kontakten, NZA 2016, 792; *Hoppe/Braun*, Arbeitnehmer-E-Mails: Vertrauen ist gut – Kontrolle ist schlecht: Auswirkungen der neuesten Rechtsprechung des BVerfG auf das Arbeitsverhältnis, MMR 2010, 80; *Kaya*, Nutzung betrieblicher E-Mail- und Intranet-Systeme für gewerkschaftliche Zwecke, 2007; *Koch*, Rechtsprobleme privater Nutzung betrieblicher elektronischer Kommunikationsmittel, NZA 2008, 911; *Kramer*, Internetnutzung als Kündigungsgrund, NZA 2004, 457; *Kramer*, Kündigung wegen privater Internetnutzung, NZA 2006, 194; *Kitz*, Meine E-Mails les' ich nicht!, CR 2005, 450; *Kömpf/Kunz*, Kontrolle der Nutzung von Internet und E-Mail am Arbeitsplatz in Frankreich und in Deutschland, NZA 2007, 1341; *Kronisch*, Privates Internet-Surfen am Arbeitsplatz, AuA 1999, 550; *Lindemann/Simon*, Betriebsvereinbarungen zur E-Mail-, Internet- und Intranet-Nutzung, BB 2001, 1950; *Lunk*, Prozessuale Verwertungsverbote im Arbeitsrecht, NZA 2009, 457; *Mengel*, Kontrolle der E-Mail- und Internetkommunikation am Arbeitsplatz, BB 2004, 2014; *dies.*, Alte arbeitsrechtliche Realitäten im Umgang mit der neuen virtuellen Welt, NZA 2005, 752; *dies.*, Kontrolle der Telekommunikation am Arbeitsplatz, BB 2004, 1445; *Oberwetter*, Soziale Netzwerke im Fadenkreuz des Arbeitsrechts, NJW 2011, 417; *Panzer*, Arbeitnehmerkontrolle und neue Medien, 2003; *Post-Ortmann*, Der Arbeitgeber als Anbieter von Telekommunikations- und Telediensten, RDV 1999, 102; *Pröpper/Römermann*, Nutzung von Internet und E-Mail am Arbeitsplatz (Mustervereinbarung), MMR 2008, 514; *Riesenhuber*, Die Einwilligung des Arbeitnehmers im Datenschutzrecht, RdA 2011, 257; *Röhrborn/ Lang*, Zunehmend sorgloser Umgang mit mobilen Endgeräten – ein unbeherrschbares Risiko für den Arbeitgeber, BB 2015, 2357; *Rosenbaum/Tölle*, Aktuelle rechtliche Probleme im Bereich Social Media, MMR 2013, 209; *Roßnagel*, Handbuch Datenschutzrecht, 2003; *Sassenberg/Mantz*, Die (private) E-Mail-Nutzung in Unternehmen, BB 2013, 889; *Schimmelpfennig/Wenning*, Arbeitgeber als Telekommunikationsdienste-Anbieter?, DB 2006, 2290; *Schmidl*, E-Mail-Filterung am Arbeitsplatz, MMR 2005, 343; *Seel*, Aktuelles zum Umgang mit E-Mails und Internet im Arbeitsverhältnis – Was sind die Folgen privater Nutzungsmöglichkeit?, öAT 2013, 4; *von Steinrau-Steinrück/Glanz*, Grenzen der Arbeitnehmerüberwachung, NJW-Spezial 2008, 402; *Thüsing/Wurth*, Social Media im Betrieb, Arbeitsrecht und Compliance, 2015; *Waltermann*, Anspruch auf private Internetnutzung durch betriebliche Übung?, NZA 2007, 529; *Wolf/Mulert*, Die Zulässigkeit der Überwachung von E-Mail Korrespondenz am Arbeitsplatz, BB 2008, 442; *Zintl/Naumann*, Verhalten von Arbeitnehmern im Bereich Social Media, NJW-Spezial 2013, 306; *Zscherpe*, Anforderungen an die datenschutzrechtliche Einwilligung im Internet, MMR 2004, 723.

aa) Typischer Sachverhalt

347   Die A-GmbH ist ein Unternehmen mit ca. 500 Arbeitnehmern, von denen sämtliche Arbeitnehmer, mit Ausnahme derjenigen in der Produktion, über einen Arbeitsplatzrechner/Laptop mit Internetzugang und einer persönlichen dienstlichen E-Mail-Adresse verfügen. Bei Einrichtung des Internetzuganges und der E-Mail-Adressen wurden keine Regelungen zur Frage der Nutzung getroffen. Im Laufe der Zeit haben sich vereinzelt Probleme mit übermäßiger Privatnutzung des Internetzuganges, Nutzung pornographischer Seiten aber auch der Verbreitung von Ketten-E-Mails etc. ergeben. Im Rahmen eines arbeitsgerichtlichen Verfahren wegen einer aufgrund pornographischer Nutzung des Internets ausgesprochenen verhaltensbedingten Kündigung wurde dem Arbeitgeber vom Arbeitsgericht vorgehalten, dass dieses – unstreitige – Verhalten des Arbeitnehmers insbesondere aufgrund des Fehlens klarer Anweisungen, welche Art der Nutzung gestattet ist und welche nicht, ohne vorherige Abmahnung eine Kündigung nicht rechtfertige.

Nachdem der betriebliche Datenschutzbeauftragte von einer aktuellen Schulung zurückkehrend den Arbeitgeber über die Risiken der Gestattung der Privatnutzung – Anwendbarkeit der bereichsspezifischen Datenschutzgesetze TKG und TMG, Arbeitgeber wird zum Telekommunikationsdiensteanbieter – hinweist, beabsichtigt die Unternehmensleitung klare Regeln aufzustellen. Ein Verbot der Privatnutzung empfindet die Geschäftsleitung jedoch nicht als zeitgemäß. Sowohl der Internetzugang als auch die E-Mail-Adresse sollen in geringem Umfang auch zur privaten Nutzung zur Verfügung stehen, sofern keine Auswirkungen auf die Arbeitsleistung zu erwarten sind.

bb) Rechtliche Grundlagen
(1) Allgemeines

348   Die Nutzung elektronischer Informations- und Kommunikationsmittel wie Internet und E-Mail gehört in den meisten Unternehmen zum Arbeitsalltag. Vielfach werden zum Zeitpunkt der Einführung keine konkreten Regeln über den Umgang mit diesen Medien aufgestellt. Insbesondere die Fragen der Privatnutzung und der Nutzungsüberwachung, die in der Praxis vermehrt zu Problemen führen, bleiben meist unbeantwortet.

349   Gerade weil sich durch die Vernetzung der Arbeitsplätze in Unternehmen und der Nutzung elektronischer Kommunikationsmittel auch Überwachungsmöglichkeiten des Arbeitgebers eröffnen, wird dieser Bereich von Betriebsräten thematisiert und der Abschluss einer entsprechenden Betriebsvereinbarung gefordert. Vielfach existieren aber auch bereits Regelungen – durchaus in Form von Betriebsvereinbarungen – die aufgrund der technischen Veränderungen sowie der rechtlichen Entwicklungen aktualisiert und angepasst werden müssen.

(2) Mitbestimmungsrechte des Betriebsrates
(a) § 87 Abs. 1 Nr. 6 BetrVG

Bei der betrieblichen Internet- und E-Mail-Nutzung eröffnet sich allein durch die Standardsoftware eine 350
Vielzahl von **Überwachungsmöglichkeiten** für den Arbeitgeber. Sowohl bei der Einführung eines Internetzuganges als auch bei der Einrichtung eines E-Mail-Anschlusses steht dem Betriebsrat grundsätzlich
nach § 87 Abs. 1 Nr. 6 BetrVG ein Mitbestimmungsrecht zu.[937] Nach dieser Vorschrift hat der Betriebsrat
ein zwingendes Mitbestimmungsrecht bei der Einführung und Anwendung technischer Einrichtungen, sofern diese dazu bestimmt sind, das Verhalten oder die Leistungen der Arbeitnehmer zu überwachen.

An den Begriff der **technischen Einrichtung** werden keine großen Anforderungen gestellt. Technische 351
Einrichtungen sind alle optischen, mechanischen, akustischen oder elektronischen Geräte.[938] Bei einem Internetzugang oder einer E-Mail-Adresse handelt es sich damit um eine technische Einrichtung. Der Arbeitgeber darf aber wohl eine konzernweite Facebook-Seite einrichten, ohne den Konzernbetriebsrat hieran zu
beteiligen. Denn auch eine Facebook-Seite sei – jedenfalls in der konkret genutzten Form – keine technische
Einrichtung.[939]

Der Begriff der **Überwachung** ist ebenfalls sehr weitgehend. Sowohl die reine Erhebung von Daten, sobald 352
sie mit Hilfe einer technischen Einrichtung ausgeführt wird, als auch die Phase der technischen Verarbeitung, auch wenn die Erhebung der Daten auf manuellem Wege erfolgt ist, fällt unter den Begriff der Überwachung im Sinne des § 87 Abs. 1 Nr. 6 BetrVG.[940] Ebenso sind die Phasen der Speicherung oder der Auswertung unter den Begriff der Überwachung zu subsumieren.[941]

Weiterhin ist es entgegen des Gesetzeswortlautes ausreichend, dass die Einrichtung aufgrund ihrer Konstruktion oder technischen Ausstattung **objektiv zur Überwachung geeignet** ist.[942] Auf eine konkrete Überwachungsabsicht des Arbeitgebers kommt es nicht an.[943] Es ist deshalb auch irrelevant, ob die Überwachung Ziel der technischen Einrichtung oder nur möglicher Nebeneffekt ist. Ausreichend ist allein die
objektive Möglichkeit.[944]

Gegenstand der Überwachung muss dabei das **Verhalten** oder die **Leistung** des Arbeitnehmers sein. Unter 354
Leistung versteht man grundsätzlich die vom Arbeitnehmer in Erfüllung seiner vertraglichen Arbeitspflicht
erbrachte Arbeit. Verhalten ist jedes für das Arbeitsverhältnis relevante Tun oder Unterlassen. Begrifflich
wird hier auch die Leistung mit eingeschlossen, so dass es auf eine Differenzierung letztlich nicht ankommt.[945]

Das Mitbestimmungsrecht dient dem Persönlichkeitsschutz des einzelnen Arbeitnehmers vor den Gefahren 355
anonymer Kontrolleinrichtungen.[946] Es sind daher nur solche Überwachungsmaßnahmen maßgeblich, die
einem **bestimmten Arbeitnehmer** zugeordnet werden können.[947]

Das Mitbestimmungsrecht des Betriebsrates ist unabhängig von der Frage, ob der Internetzugang und die 356
E-Mail-Adresse nur dienstlich oder auch privat genutzt werden dürfen.

---

937 *Däubler*, Internet und Arbeitsrecht, Rn 293; *ders.*, Gläserne Belegschaften?, Rn 833; *Beckschulze/Henkel*, DB 2001, 1491, 1500;
   Panzer, Mitarbeiterkontrolle und neue Medien, S. 284; *Kömpf/Kunz*, NZA 2007, 1341, 1344.
938 ErfK/*Kania*, § 87 BetrVG Rn 48.
939 LAG Düsseldorf 12.1.2015, NZA-RR 2015, 355, anhängig BAG, Az: 1 ABR 7/15, voraus. Termin: 13.12.2016.
940 *Richardi*, § 87 BetrVG Rn 489 ff. m.w.N.
941 GK-BetrVG/*Wiese*, § 87 Rn 520 ff.
942 *Fitting u.a.*, § 87 BetrVG Rn 226.
943 *Fitting u.a.*, § 87 BetrVG Rn 226.
944 BAG 27.1.2004, NZA 2004, 556; *Däubler*, Gläserne Belegschaften?, Rn 756.
945 BAG 11.3.1986, NJW 1986, 2724; *Fitting u.a.*, § 87 BetrVG Rn 221.
946 *Fitting u.a.*, § 87 BetrVG Rn 215.
947 *Fitting u.a.*, § 87 BetrVG Rn 219.

(b) § 87 Abs. 1 Nr. 1 BetrVG

357 Das Mitbestimmungsrecht nach § 87 Abs. 1 Nr. 1 BetrVG bezieht sich auf die Gestaltung der Ordnung im Betrieb durch Schaffung allgemein verbindlicher Verhaltensregeln (Ordnungsverhalten). Mitbestimmungsfrei sind alle Maßnahmen, mit denen die Arbeitspflicht näher konkretisiert wird.[948] Auch wenn die Frage, ob die Privatnutzung gestattet wird oder nicht, vom Arbeitgeber allein entschieden werden kann, hat er für den Fall, dass allgemeingültige Regeln bezüglich der privaten Nutzung aufgestellt werden sollen, diese mit dem Betriebsrat abzustimmen.[949]

(c) Zuständiges Gremium

358 Für die Betriebsratszuständigkeiten gelten bei der Einführung moderner Informations- und Kommunikationseinrichtungen grundsätzlich keine Besonderheiten. Sind mehrere Betriebe in einem Unternehmen oder das Gesamtunternehmen betroffen und kann die Angelegenheit nicht durch die Einzelbetriebsräte geregelt werden (etwa bei einem unternehmensweiten Intranet), ist der Gesamtbetriebsrat nach § 50 Abs. 1 BetrVG zuständig.[950] Entsprechendes gilt demnach auch für die Zuständigkeit des Konzernbetriebsrates nach § 58 Abs. 1 BetrVG. Ist hingegen nur ein Betrieb betroffen, bleibt der jeweilige Einzelbetriebsrat zuständig.[951]

(d) Möglichkeiten der Regelung

359 Die Betriebspartner müssen bei der Wahrung der Mitbestimmung nicht zwingend eine **Betriebsvereinbarung** abschließen. Eine formlose Betriebsabsprache ist ausreichend.[952] In der Praxis wird allerdings bei technischen Einrichtungen im Sinne des § 87 Abs. 1 Nr. 6 BetrVG zumeist eine Betriebsvereinbarung abgeschlossen. Eine Betriebsvereinbarung hat im Gegensatz zu einer formlosen Betriebsabsprache den Vorteil, dass sie **normative Wirkung** entfaltet.[953] Da sie eine Rechtsvorschrift ist, kann sie im Anwendungsbereich des BDSG grundsätzlich auch als andere Rechtsvorschrift im Sinne des § 4 BDSG eine vom BDSG zu Ungunsten der Arbeitnehmer abweichende Datenverarbeitung zulassen.[954]

(3) Dienstliche Nutzung

360 Bei der dienstlichen Nutzung des Internet- und E-Mail-Zuganges richtet sich die Zulässigkeit der Überwachung nach dem **BDSG** sowie mittelbar nach dem **allgemeinen Persönlichkeitsrecht** der Arbeitnehmer, speziell dem **Recht auf informationelle Selbstbestimmung**.[955] Dienstliche Nutzung liegt immer dann vor, wenn ein Bezug zu den dienstlichen Aufgaben besteht. Die Zweckmäßigkeit ist nicht entscheidend.[956] Ausschlaggebend ist der Wille des Arbeitnehmers.

361 Unter Berücksichtigung des **allgemeinen Persönlichkeitsrechts** darf die Überwachung nur insoweit erfolgen, als ein berechtigtes Interesse des Arbeitgebers vorliegt und die Beschränkung des allgemeinen Persönlichkeitsrechts so gering wie möglich erfolgt. Dies ist der Fall, wenn der Eingriff des Arbeitgebers geeignet, erforderlich und angemessen ist und demnach dem Verhältnismäßigkeitsprinzip entspricht.

362 Das **BDSG** als einfach gesetzliche Normierung des Rechts auf informationelle Selbstbestimmung enthält ein sogenanntes Verbot mit Erlaubnisvorbehalt. Nach § 4 BDSG dürfen personenbezogenen Daten nur erhoben, verarbeitet und genutzt werden, soweit dieses Gesetz oder eine andere Rechtsvorschrift dies erlaubt oder anordnet oder der Betroffene eingewilligt hat (§ 4 Abs. 1 BDSG). **Personenbezogene Daten** sind nach

---

948 BAG 11.6.2002, AP Nr. zu § 87 Abs. 1 BetrVG.
949 *Lindemann/Simon*, BB 2001, 1954.
950 BAG 14.11.2006, NZA 2007, 399.
951 Zu Zuständigkeitskonflikten vgl. *Bachner/Rupp*, NZA 2016, 207.
952 Richardi/*Richardi*, § 87 BetrVG Rn 527.
953 GK-BetrVG/*Kreutz*, § 77 Rn 30; *Barton*, NZA 2006, 460, 465.
954 BAG 27.5.1986, NZA 1987, 674; BAG 30.8.1995, NZA 1996, 218; *Panzer*, Mitarbeiterkontrolle und neue Medien, S. 159.
955 BAG 14.9.1984, NJW 1985, 450; *Wolf/Mulert*, BB 2008, 442; *Däubler*, Internet und Arbeitsrecht, Rn 287; *Panzer*, Mitarbeiterkontrolle und neue Medien, S. 260, 275; *Mengel*, BB 2004, 20; *Lindemann/Simon*, BB 2001, 1950.
956 *Bloesinger*, BB 2007, 2177; *Kramer*, NZA 2004, 457, 458; *Däubler*, K&R 2000, 323.

§ 3 Abs. 1 BDSG Einzelangaben über persönliche oder sachliche Verhältnisse einer bestimmten oder bestimmbaren natürlichen Person (Betroffener). Personenbezogene Daten sind damit die E-Mail-Adresse als solche, Zeitpunkt und Dauer der Versendung, die Inhalte einer E-Mail, die IP-Adresse des Rechners, Zeitpunkt und Dauer des Surfens, die besuchte Webseite etc.[957] Unter die Begriffe Erhebung, Verarbeitung und Nutzung fällt jeder Tatbestand, der mit personenbezogenen Daten vorgenommen werden kann.

Maßgebliche Vorschrift für die Überwachung einer dienstlichen Mail oder der dienstlichen Internetnutzung im Rahmen eines Arbeitsverhältnisses ist § 32 BDSG. Danach ist das Erheben oder Verarbeiten personenbezogener Daten eines Beschäftigten (§ 3 Abs. 11 BDSG) oder ihre Nutzung zulässig, (i) wenn dies für die Entscheidung über die Begründung eines Beschäftigungsverhältnisses, oder (ii) nach Begründung des Beschäftigungsverhältnisses für dessen Durchführung oder Beendigung erforderlich ist (§ 32 Abs. 1 S. 1 BDSG). **363**

Nach § 32 Abs. 1 S. 2 BDSG dürfen zur Aufdeckung von Straftaten (repressive Kontrollen) personenbezogene Daten eines Beschäftigten nur dann erhoben werden, wenn (i) zu dokumentierende tatsächliche Anhaltspunkte den Verdacht einer Straftat im Beschäftigungsverhältnis begründen, (ii) eine Kontrolle zur Aufdeckung erforderlich ist **und** (iii) keine überwiegenden schutzwürdigen Interessen des Beschäftigten an dem Ausschluss der Kontrolle überwiegen, insbesondere der Verhältnismäßigkeitsgrundsatz gewahrt ist. **364**

Bezüglich der Aufdeckung von Vertragsverletzungen und hinsichtlich präventiver Kontrollen enthält § 32 BDSG keine ausdrückliche Regelung. Präventive Kontrollen zur Verhinderung von Straftaten oder sonstigen Rechtsverstößen – und damit auch Compliance-Kontrollen – sollen laut Gesetzesbegründung nach Satz 1 zu beurteilen sein.[958] Es ist davon auszugehen, dass auch Kontrollmaßnahmen hinsichtlich der Aufdeckung etwaiger Vertragsverletzungen unter den Tatbestand des § 32 Abs. 1 S. 1 BDSG fallen, da diese zur Durchführung bzw. Beendigung des Arbeitsverhältnisses erforderlich sein können.[959] Auch bei diesen ist natürlich eine Interessenabwägung im Sinne des Verhältnismäßigkeitsgrundsatzes durchzuführen.[960] Denn rechtsdogmatisch kaum zu vertreten wäre die Ansicht, dass präventive Kontrollen und Maßnahmen zur Aufdeckung von Vertragsverletzungen unter erleichterten Voraussetzungen als Kontrollmaßnahmen zur Aufdeckung von Straftaten zulässig sind. Zudem kann auch vertreten werden, dass für die Aufdeckung von Vertragsverletzungen auf § 28 Abs. 1 Nr. 2 BDSG zurück zu greifen ist, da § 32 BDSG lex specialis lediglich gegenüber § 28 Abs. 1 Nr. 1 BDSG darstellt.[961] Auch nach § 28 Abs. 1 Nr. 2 BDSG ist eine Interessenabwägung erforderlich. **365**

Hinweis **366**

Angesichts der nach einhelliger Ansicht äußerst missglückten Vorschrift des § 32 BDSG, ist dem Arbeitgeber durchaus anzuraten, eine Betriebsvereinbarung zu diesem Themenkomplex zu schließen. Denn diese kann nach der Rechtsprechung des BAG auch eine vom BDSG zu Ungunsten der Arbeitnehmer abweichende Datenverarbeitung zulassen.[962]

Im Übrigen erstreckt sich der Schutzbereich des § 32 BDSG auch auf solche Daten, die nicht automatisiert verarbeitet werden (§ 32 Abs. 2 BDSG). **367**

Nach allgemeiner Ansicht ist eine **Kontrolle der Verbindungsdaten** der dienstlichen Internet- und E-Mail-Nutzung zulässig.[963] Zum einen dient dies der Durchführung des Vertragsverhältnisses, der Arbeitskon- **368**

---

957 *Wolf/Mulert*, BB 2008, 442, 446.
958 Gesetzesbegründung, BT-Drucks 16/13657, S. 36.
959 Vgl. LAG Berlin-Brandenburg 14.1.2016, BB 2016, 89 e ff.
960 So *Thüsing*, NZA 2009, 865, 868; ErfK/*Franzen*, § 32 BDSG Rn 30 ff.
961 Gesetzesbegründung, BT-Drucks 16/13657, S. 35.
962 BAG 27.5.1986, NZA 1987, 674; BAG 30.8.1995, NZA 1996, 218; *Panzer*, Mitarbeiterkontrolle und neue Medien, S. 159.
963 *Wolf/Mulert*, BB 2008, 442; *Lindemann/Simon*, BB 2001, 1952; *Kömpf/Kunz*, NZA 2007, 1341, 1344.

trolle und gegebenenfalls Dokumentationspflichten, zum anderen werden dem Arbeitgeber in diesem Zusammenhang auch überwiegende berechtigte Interessen zugesprochen. Insbesondere hat der Arbeitgeber das Recht, stichprobenartig zu prüfen, ob das Surfen bzw. E-Mail Versenden dienstlicher Natur ist.[964] Die Kontrolle hat sich stets im Rahmen der Verhältnismäßigkeit zu bewegen, eine anlasslose Rundumüberwachung mit dem Ziel das Arbeitsverhalten systematisch auszuwerten wäre daher unzulässig.[965]

369 Umstrittener ist die Frage der **Kontrolle des Inhalts einer dienstlichen E-Mail**. Nach einer Ansicht sind hier Parallelen zur Überwachung der Telefonkommunikation zu ziehen und die Kontrolle des Inhalts einer dienstlichen E-Mail als unzulässig anzusehen.[966] Richtigerweise ist eine E-Mail jedoch eher dem traditionellen Schriftverkehr als der Telefonkommunikation zuzuordnen und diese ebenso wie schriftliche dienstliche Kommunikation kontrollierbar.[967] Die restriktive Handhabung der Zulässigkeit der Kontrolle des Inhalts der Telefonkommunikation liegt in dem Charakter der Mündlichkeit und damit der Flüchtigkeit eines Gesprächs begründet. Auch wenn in der Praxis die E-Mail-Kommunikation ebenfalls häufig flüchtiger erfolgt, als der traditionelle Schriftverkehr, ist aber gerade hier nicht die Flüchtigkeit gegeben, die das Bundesverfassungsgericht bei der Telekommunikation als besonders schutzwürdig ansieht. Die E-Mail-Kommunikation ist daher richtigerweise mit der Briefpost oder einem Fax vergleichbar. Entsprechend ist die inhaltliche Kontrolle von dienstlichen E-Mails grundsätzlich zulässig. Auch hier bedarf es selbstverständlich wieder einer Abwägung im Rahmen des Verhältnismäßigkeitsprinzips. Ein heimliches Durchforsten dienstlicher E-Mails ist sicherlich nicht erforderlich. Die Verpflichtung des Arbeitnehmers, E-Mails auszudrucken und dem Vorgesetzen vorzulegen[968] ist jedoch ebenso wie die Verpflichtung, den dienstlichen E-Mail-Account für den Kollegen oder Vorgesetzten freizuschalten unproblematisch zulässig.

(4) Private Nutzung

370 Ein zentrales Thema in Bezug auf elektronische Informations- und Kommunikationsmittel ist die Handhabung der privaten Nutzung betrieblicher Systeme durch den Arbeitnehmer.

(a) Gestattung der Privatnutzung

371 Grundsätzlich haben Arbeitnehmer keinen Anspruch auf die Privatnutzung des Internetanschlusses und der E-Mail-Adresse. Der Arbeitgeber entscheidet allein darüber, ob und in welchem Umfang er die Privatnutzung gestattet.[969] Ein umfassendes Verbot der privaten Nutzung des Internet- und E-Mail-Verkehrs ist nicht mitbestimmungspflichtig.[970] Grund dafür ist, dass ein Verbot ausschließlich dem Arbeitsverhalten des einzelnen Arbeitnehmers zuzuordnen ist und keine Belange der Betriebsordnung betrifft.[971] Zudem ergibt sich dieses Recht aus der Sachherrschaft des Arbeitgebers.

372 Die private Nutzung des Internets ist bei einer fehlenden ausdrücklichen Gestattung oder Duldung des Arbeitgebers grundsätzlich nicht erlaubt.[972] Ohne ausdrückliche Regelung zur Frage der Art der gestatteten Nutzung besteht jedoch die Gefahr der Entstehung einer **betrieblichen Übung**. Betriebliche Übung ist die regelmäßige Wiederholung bestimmter Verhaltensweisen des Arbeitgebers, aus denen der Arbeitnehmer schließen kann, ihm solle eine Leistung oder Vergünstigung auf Dauer gewährt werden. In der Literatur

964 Leitfaden des BMI zur Nutzung von Internetdiensten am Arbeitsplatz, KBSt Schriftenreihe, Brief 6–2003, Mai 2003.
965 *Kömpf/Kunz*, NZA 2007, 1341, 1344; vgl. *Däubler*, Gläserne Belegschaften?, Rn 351.
966 *Ernst*, NZA 2002, 585, 589; *Däubler*, Internet und Arbeitsrecht, Rn 249; *Däubler*, K&R 2000, 323, 327.
967 *Wolf/Mulert*, BB 2008, 442, 443; *Kömpf/Kunz*, NZA 2007, 1341, 1344; *Lindemann/Simon*, BB 2001, 1952; a.A. *Däubler*, Gläserne Belegschaften?, Rn 351.
968 *Lindemann/Simon*, BB 2001, 1952.
969 *Bloesinger*, NZA 2007, 2177; *Ernst*, NZA 2002, 585; *Kömpf/Kunz*, NZA 2007, 1341, 1345; *Lindemann/Simon*, BB 2001, 1953; *Däubler*, K&R 2000, 323; *Kramer*, NZA 2004, 457, 458.
970 *Dickmann*, NZA 2003, 1009, 1010; *Schmidl*, MMR 2005, 343, 344; *Seel*, öAT 2013, 4.
971 LAG Hamm 7.4.2006, NZA-RR 2007, 20.
972 BAG 7.7.2005, MMR 2006, 94; *Kramer*, NZA 2006, 194, 196.

wird überwiegend die Auffassung vertreten, dass allein durch die länger andauernde Duldung der privaten Internet- und E-Mail-Nutzung eine entsprechende betriebliche Übung mit der Folge des individualrechtlichen Anspruches der Arbeitnehmer auf Privatnutzung entstehen kann.[973] Ebenso ist umstritten, welcher Art die Duldung sein muss und welcher Zeitraum maßgeblich ist. Das ArbG Wesel übertrug 2001 die Grundsätze der privaten Telefonnutzung auf die private Internetnutzung. Das Gericht nahm eine betriebliche Übung an, wenn die private Internetnutzung des Arbeitnehmers über einen Zeitraum von mindestens sechs Monaten vom Arbeitgeber geduldet wurde.[974] Die herrschende Ansicht im Schrifttum lehnt dies mit dem Argument ab, dass eine Duldung der Privatnutzung eine reine Vorteilsgewährung sei, also eine bloße Annehmlichkeit vorliege, die nicht Gegenstand einer betrieblichen Übung sein könne. Erstmals liegt mit einem Urteil des LAG Nürnberg aus dem Jahr 2015 eine instanzrechtliche Rechtsprechung vor, die in einem *orbiter dictum* das Entstehen einer betrieblichen Übung bei der gestatteten Internet-/E-Mail-Nutzung ablehnt.[975] Höchstrichterliche Rechtsprechung zu dieser Thematik im Bereich der Internet- und E-Mail-Nutzung besteht – soweit ersichtlich – nicht.

Im Falle der Gestattung der Privatnutzung sollte der Hinweis erfolgen, dass diese freiwillig geschieht. **373** Durch diesen Hinweis entsteht kein Rechtsanspruch der Arbeitnehmer auf die private Nutzung.[976] Sie kann mit Wirkung für die Zukunft beseitigt werden.

(b) Kontrollmöglichkeiten

Gestattet der Arbeitgeber seinen Arbeitnehmern die private Internet- und E-Mail-Nutzung, so erbringt er **374** einem Dritten gegenüber geschäftsmäßig einen Telekommunikationsdienst und wird – nach überwiegender Auffassung[977] – gegenüber diesem zum Telekommunikationsdiensteanbieter (§ 3 Nr. 6 und Nr. 24 TKG). Denn der Arbeitnehmer ist in diesem Fall Privatperson und damit Dritter i.S.d. TKG, sodass dessen Regelungen Anwendung finden.[978] Dies gilt sowohl bei der entgeltpflichtigen als auch bei der kostenlosen Gestattung der privaten Internetnutzung.[979]

Als Telekommunikationsdiensteanbieter hat der Arbeitgeber bei der gestatteten privaten E-Mail- und Internetnutzung damit zunächst das **Fernmelde- bzw. Telekommunikationsgeheimnis** nach § 88 TKG zu wahren, das durch § 206 StGB strafrechtlich geschützt wird.[980] Weiterhin sind die datenschutzrechtlichen Vorschriften des TKG zu berücksichtigen.

Bei der privaten Nutzung des Internets wird der Arbeitgeber auch zum Telemediendiensteanbieter. Neben **375** den Regelungen des TKG unterfällt die Frage der Kontrolle privater Internet- und E-Mail-Nutzung damit auch dem **TMG**.[981]

---

973 *Barton*, NZA 2006, 460, 461; *Beckschulze/Henkel*, DB 2001, 1491, 1492; *Dickmann*, NZA 2003, 1009, 1010; *Däubler*, K&R 2000, 323; *Fleischmann*, NZA 2008, 1352; *Kramer*, NZA 2004, 460, 458; a.A. *Bloesinger*, NZA 2007, 2177, 2178; *Waltermann*, NZA 2007, 529, 533; *Koch*, NZA 2008, 911.

974 ArbG Wesel 21.3.2001, NJW 2001, 2490, 2492.

975 LAG Nürnberg 5.8.2015, BeckRS 2015, 71725 Kein Entstehen einer betrieblichen Übung bei Raucherpausen: „Die Situation ist ähnlich wie bei der privaten Nutzung der betrieblichen Telefonanlagen, des E-Mail-Servers oder des Internets."

976 *Waltermann*, NZA 2007, 529, 532; vgl. zur Durchsetzung des Verbots privater Internetnutzung auch *Bertram*, GWR 2012, 388.

977 S. oben Rn 284; dagegen, aber ohne Begründung: LAG Berlin-Brandenburg 16.2.2011, NZA-RR 2011, 342; LAG Niedersachen 31.5.2010, NZA-RR 2010, 406.

978 *Feldmann*, NZA 2008, 1398; *Härting*, CR 2007, 311; *Hilber/Frik*, RdA 2002, 89, 93; *Wolf/Mulert*, BB 2008, 442, 445; *von Steinrau-Steinrück/Glanz*, NJW-Spezial 2008, 402; *Kömpf/Kunz*, NZA 2007, 1341, 1345; *Schmidl*, MMR 2005, 343, 344; a.A. *Schimmelpfennig/Wenning*, DB 2006, 2290, 2292 ff.

979 *Ernst*, NZA 2002, 585, 587; *Wolf/Mulert*, BB 2008, 442, 445; anders LAG Berlin-Brandenburg 16.2.2011, NZA-RR 2011, 342 für E-Mails nach Abschluss des Sende- und Empfangsvorgangs.

980 *Lindemann/Simon*, BB 2001, 1950, 1953; a.A. *Kitz*, CR 2006, 450, 454.

981 *Kömpf/Kunz*, NZA 2007, 1341, 1345.

(aa) Kontrolle von E-Mails

376 Aufgrund der Anwendbarkeit des Fernmeldegeheimnisses scheidet eine **inhaltliche Kontrolle** in aller Regel aus.[982] Dasselbe Ergebnis ergibt sich unter Berücksichtigung des allgemeinen Persönlichkeitsrechtes bzw. des Rechtes auf informationelle Selbstbestimmung. Lediglich in Ausnahmefällen kann ein inhaltliches Kontrollrecht des Arbeitgebers bestehen, wenn z.B. der konkrete Verdacht auf Verrat von Geschäftsgeheimnissen oder Begehung einer Straftat vorliegt.[983]

377 Umstritten ist jedoch, ob und wie lange E-Mails bzw. die dazu gespeicherten Daten dem Fernmeldegeheimnis unterliegen. Das BVerfG hatte 2006 geurteilt, dass

> die nach Abschluss des Übertragungsvorgangs im Herrschaftsbereich des Kommunikationsteilnehmers gespeicherten Verbindungsdaten [...] nicht durch Art. 10 Abs. 1 GG, sondern durch das Recht auf informationelle Selbstbestimmung (Art. 2 Abs. 1 i.V.m. Art. 1 Abs. 1 GG) und gegebenenfalls durch Art. 13 Abs. 1 GG geschützt [werden].[984]

2009 wurde dieses Urteil in gewisser Weise revidiert; die Sicherstellung und Beschlagnahme von E-Mails auf dem Mailserver des Providers seien am Grundrecht auf Gewährleistung des Fernmeldegeheimnisses aus Art. 10 Abs. 1 GG zu messen.[985]

Diese divergierende Rechtsprechung hat zu erheblicher Unsicherheit in der Praxis geführt, auf welche Weise sich ein Arbeitgeber bei der Kontrolle von empfangenen E-Mails rechtmäßig verhalten könne. Diese Frage wird in der Literatur unterschiedlich beantwortet: die Meinungen reichen vom nahezu völligen Ausschluss der Kontrolle[986] bis zur Verneinung der Anwendbarkeit des Fernmeldegeheimnisses nach Abschluss des Übermittlungsvorgangs und der Beurteilung der Rechtmäßigkeit ausschließlich anhand der Regelungen des BDSG.[987]

Die besseren Gründe sprechen wohl dafür, auch bereits empfangene E-Mails in den Schutzbereich des Fernmeldegeheimnisses einzubeziehen. Dieses greift nur dann nicht ein, wenn der Arbeitnehmer von der eingehenden Mail tatsächlich Kenntnis genommen hat und einen Zugriff des Arbeitgebers auf diese Mail vollständig verhindern kann.[988]

Das BVerfG hat im Jahr 2006 die Anwendung des Fernmeldegeheimnisses im Wesentlichen damit verneint, dass die spezifischen Gefahren des Kommunikationsvorgangs nach Beendigung der Übermittlung nicht mehr gegeben wären.[989] Der Empfänger könne in seinem eigenen Herrschaftsbereich Schutzvorkehrungen gegen den ungewollten Datenzugriff treffen, deshalb seien die erleichterten Zugriffsmöglichkeiten Dritter nicht mehr gegeben. Außerdem könne ein Zugriff ohne Wissen des Kommunikationsteilnehmers nicht stattfinden und dieser könne selbst beeinflussen, ob vorhandene Daten dauerhaft gespeichert werden.[990]

Dem kann für das Arbeitsverhältnis nicht einschränkungslos gefolgt werden. Denn im Regelfall werden die E-Mails nicht nur auf dem PC des Arbeitnehmers, sondern insbesondere auch auf einem internen Server gespeichert, auf den der Arbeitgeber ebenfalls Zugriff hat. Unerheblich ist, ob der Arbeitnehmer nur mit Hilfe einer Internetverbindung auf die E-Mails zugreifen kann. Diese Voraussetzung hat keine Bedeutung für die Frage, ob gleichzeitig eine zweite Zugriffsmöglichkeit besteht. Damit sind die E-Mails gerade nicht im alleinigen Herrschaftsbereich des Arbeitnehmers gespeichert. Der Zugriff des Arbeitgebers wird dem Arbeitnehmer auch nicht angezeigt. Der Arbeitnehmer kann diesen Zugriff im Regelfall nicht verhindern,

---

982 *Wolf/Gerrit*, BB 2008, 442, 446.

983 *Pröpper/Römermann*, MMR 2008, 514, 515; *Mengel*, BB 2004, 2014, 2019; *Wolf/Gerrit*, BB 2008, 442, 445.

984 BVerfG 2.3.2006, NJW 2006, 976.

985 BVerfG 16.6.2009, MMR 2009, 673.

986 *Hoppe/Braun*, MMR 2010, 80, 81 f.

987 *Behling*, BB 2010, 892, 893 ff.; *Sassenberg/Mantz*, BB 2013, 889, 890 f.

988 So auch *Hoppe/Braun*, MMR 2010, 80, 82.

989 BVerfG 2.3.2006, NJW 2006, 976.

990 BVerfG 2.3.2006, NJW 2006, 976.

gleiches gilt für die Vervielfältigung und die Weitergabe der E-Mails. Damit entspricht die Situation des Arbeitsverhältnisses im Wesentlichen dem Sachverhalt, in dem das BVerfG 2009 die Anwendbarkeit des Fernmeldegeheimnisses bejahte.[991]

Das Fernmeldegeheimnis gilt solange, wie der Arbeitgeber die Zugriffsmöglichkeit auf die E-Mails des Arbeitnehmers hat. Das wäre ausgeschlossen, wenn der Arbeitnehmer empfangene E-Mails an einer selbstgewählten Stelle im betrieblichen System archiviert oder speichert.[992] Letztlich kommt es hier aber entscheidend auf das verwendete E-Mail-System an. Solange eine Kopie der E-Mail oder einzelne Daten weiterhin für den Arbeitgeber abrufbar gespeichert sind, gilt das Fernmeldegeheimnis fort. Erst wenn allein dem Arbeitnehmer die Möglichkeit obliegt, den Zugriff auf die E-Mail zu verhindern oder zu gestatten, endet der Anwendungsbereich des Fernmeldegeheimnisses.[993]

Bei der Beurteilung der Rechtmäßigkeit einer Kontrolle sind neben dem Fernmeldegeheimnis auch die datenschutzrechtlichen Vorschriften der §§ 91–107 TKG zu beachten (siehe oben Rdn 326). Ohne Einwilligung des Arbeitnehmers ist eine **Kontrolle der Verbindungsdaten** nach den Vorschriften des TKG nur zu Abrechnungszwecken erlaubt, also wenn die private E-Mail-Nutzung kostenpflichtig ist (§§ 96, 97 Abs. 1 TKG).[994] Erfolgt die Überwachung der E-Mail-Korrespondenz jedoch nicht zwecks Kostenerfassung – was der Regelfall ist –, sondern beispielsweise zum Schutz des Unternehmens vor Schäden oder aus reinen Aufbewahrungsgründen, dürfen die Verbindungsdaten privater E-Mails mangels entsprechender Rechtsgrundlage nicht erfasst und auch nicht gespeichert werden.[995]   378

Auch wenn der Arbeitgeber die private E-Mail-Nutzung nur kostenpflichtig gestattet, ist jedenfalls die Erfassung, Speicherung und Auswertung der vollständigen E-Mail-Adresse nicht für die Abrechnung erforderlich.[996]   379

Die Erhebung und Verarbeitung von Daten nach § 100 Abs. 1 TKG kommt ebenfalls nicht in Betracht, da die Kontrolle privater E-Mails bei der Erkennung und Beseitigung von Störungen an der Telekommunikationsanlage nicht erforderlich ist.[997] Auch eine generelle Kontrolle aus Gründen der **Missbrauchsvorbeugung** gemäß § 100 Abs. 3 S. 1 TKG ist unzulässig, da diese einen konkreten Verdacht bzw. Anlass voraussetzt und keine fortlaufende Kontrolle rechtfertigt.[998] Bei vorliegenden konkreten Missbrauchsverdachtsmomenten ist daher lediglich eine Kontrolle in der Zukunft zulässig. Etwa wenn z.B. der konkrete Verdacht auf Verrat von Geschäftsgeheimnissen oder Begehung einer Straftat vorliegt.[999]   380

Die rechtliche Situation führt in der Praxis zu erheblichen Schwierigkeiten. Selbst der Arbeitgeber, der in keiner Weise beabsichtigt, die E-Mail-Nutzung zu kontrollieren, findet sich in folgender Situation wieder: Üblicherweise erfolgen in Unternehmen keinerlei technische Trennungen der privaten und dienstlichen E-Mail-Nutzung. Beide erfolgen über eine einheitliche dienstliche E-Mail-Adresse. Die dienstlichen E-Mails dürfen nach den Regelungen des BDSG in erforderlichem Umfang aufbewahrt und kontrolliert werden. Zudem bestehen oftmals Aufbewahrungspflichten nach speziellen Rechtsvorschriften (beispielsweise Abgabenordnung, Einkommensteuergesetz, Buchführungsgesetz). Da nach den Regelungen im TKG die Daten der privaten E-Mail-Nutzung bei der kostenfreien Nutzung nicht weiter aufbewahrt werden dürfen, müsste der Arbeitgeber die privaten E-Mails auf seinem Netzwerk unverzüglich löschen. Dies wäre ihm jedoch lediglich möglich, wenn er die privaten von den dienstlichen E-Mails unterscheiden könnte.   381

---

991 BVerfG 16.6.2009, MMR 2009, 673.
992 VGH Kassel 19.5.2009, NJW 2009, 2470.
993 So auch *Hoppe/Braun*, MMR 2010, 80, 82.
994 *Lindemann/Simon*, BB 2001, 1950, 1953; *Wolf/Gerrit*, BB 2008, 442, 445.
995 *Mengel*, BB 2004, 2014, 2018; *Wolf/Gerrit*, BB 2008, 442, 445; *Däubler*, Gläserne Belegschaften?, Rn 368.
996 *Mengel*, BB 2004, 2014, 2018.
997 *Wolf/Gerrit*, BB 2008, 442, 445.
998 *Barton*, NZA 2006, 460, 462; *Hilber/Frik*, RdA 2002, 89, 94; *Mengel*, BB 2004, 2014, 2018; *Wolf/Gerrit*, BB 2008, 442, 445.
999 *Pröpper/Römermann*, MMR 2008, 514, 515; *Mengel*, BB 2004, 2014, 2019; *Wolf/Gerrit*, BB 2008, 442, 445.

Nimmt der Arbeitgeber keine derartige Trennung dienstlicher und privater E-Mail vor, strahlt das Fernmeldegeheimnis auf die betriebliche Kommunikation aus, die dann wie private Kommunikation zu behandeln wäre.[1000] Der Arbeitgeber müsste daher sämtliche E-Mails löschen.

382   Um dieser Problematik zu entgehen, ist dem Arbeitgeber zu empfehlen, eine zweite private E-Mail-Adresse einzurichten. Diese Vorgehensweise hat den Vorteil, dass es zu keinen Abgrenzungsschwierigkeiten zwischen dienstlicher und privater elektronischer Post kommt. Zudem lassen sich Kontrollmaßnahmen leichter gestalten.

383   Anstatt eine zweite private E-Mail-Adresse einzurichten, ist zu überlegen, die private Nutzung des E-Mail-Accounts zu untersagen, nicht jedoch das Surfen im Internet. Durch die Freigabe der Internetnutzung und des Zugriffs auf externe E-Mail-Accounts wird dem Interesse der Arbeitnehmer auf private E-Mail-Nutzung am Arbeitsplatz Rechnung getragen. In diesem Zusammenhang sollte jedoch mit der jeweiligen IT-Abteilung erörtert werden, ob der Zugriff auf externe E-Mail-Accounts gefahrlos möglich ist.

(bb) Kontrolle der Internetnutzung

384   Wie bei der gestatteten E-Mail Nutzung ist die Erfassung, Speicherung und Nutzung der **Verbindungsdaten** einschließlich der angewählten Internetadressen zulässig, wenn der Arbeitgeber mit dem Arbeitnehmer eine Kostenerstattung für die Privatnutzung vereinbart hat. In der Regel wird der Arbeitgeber die Nutzung jedoch kostenlos zur Verfügung stellen. In diesem Fall besteht keine Rechtsgrundlage für eine automatische Kontrolle der Verbindungsdaten. Folglich ist nur in Fällen eines konkreten Missbrauchsverdachts eine Kontrolle zulässig.[1001]

385   Nur in Ausnahmefällen, vor allem bei dem konkreten Verdacht strafbarer Handlungen, darf der Arbeitgeber eine **inhaltliche Kontrolle** und somit die Erfassung der aufgerufenen Internetadressen vornehmen.[1002] Insoweit ist die Rechtslage dieselbe wie bei der gestatteten privaten E-Mail-Nutzung. Allerdings existiert mit einer Entscheidung des LAG Berlin-Brandenburg vom 14.1.2016[1003] eine instanzgerichtliche Entscheidung, die deutlich die gegensätzliche Auffassung vertritt. Mangels Anwendbarkeit des TKG auf die gestattete private Internetnutzung sei für die Kontrolle der Internetnutzung § 32 BDSG anwendbar. Die Aufzeichnung der bei Telekommunikation entstehenden Verbindungsdaten zum Zwecke der Missbrauchskontrolle sei der Durchführung des Arbeitsverhältnisses nach § 32 Abs. 1 S. 1 BDSG zuzuordnen. Es bleibt abzuwarten, inwiefern andere Arbeitsgerichte dieser Auffassung folgen werden.

386   Vor diesem Hintergrund der eingeschränkten Kontrollmöglichkeiten sollte der Arbeitgeber überlegen, ob er private Internetnutzung vom dienstlichen Rechner aus verbietet und stattdessen ein so genanntes Internetcafé einrichtet, in welchem die Arbeitnehmer an einem stand-alone-Rechner privat surfen dürfen. Weitere Alternative ist ein zweiter, separater Zugang, der lediglich der Privatnutzung dient und grundsätzlich nicht kontrolliert wird.

(c) Kontrolle durch Einwilligung

387   Wird die private Nutzung des dienstlichen E-Mail-Accounts und das private Surfen zugelassen, so ist eine Kontrolle, außer in den oben aufgezeigten Fällen, nur mit der **Einwilligung** des Arbeitnehmers zulässig (§ 96 Abs. 3 TKG bzw. § 12 Abs. 1 TMG).

1000 Roßnagel/*Rieß*, Abschn. 6, Rn 27; *Koch*, NZA 2008, 913; *Mengel*, BB 2004, 2014, 2018.
1001 *Mengel*, BB 2004, 2014, 2020.
1002 *Pröpper/Römermann*, MMR 2008, 514, 515; *Mengel*, BB 2004, 2014, 2020.
1003 LAG Berlin-Brandenburg 14.1.2016, BB 2016, 89 e ff.

Eine Einwilligung muss vor der betreffenden Verarbeitung personenbezogener Daten erfolgen. Sie muss   388
bestimmt sein und sich auf einen eindeutigen und genau umschriebenen Verarbeitungsvorgang beziehen.[1004] Weiterhin muss die Einwilligung auf informierter Basis erfolgen.[1005]

Die Einwilligung soll nach Ansicht des Bundesdatenschutzbeauftragten auch konkludent durch die Privat-   389
nutzung bei Kenntnis der Gleichbehandlung der Daten der dienstlichen mit der privaten Nutzung erteilt werden können.[1006] Die Wirksamkeit einer derartigen konkludenten Einwilligung ist jedoch äußerst fraglich.[1007] Es sollte daher eine entsprechende ausdrückliche Einwilligung eingeholt werden.

Schließlich muss die Einwilligung nach allgemeinen Grundsätzen freiwillig erfolgen. An die **Freiwilligkeit**   390
sind im Rahmen eines Arbeitsverhältnisses hohe Anforderungen zu stellen. Häufig wird eingewandt, dass
die Einwilligung gegenüber Arbeitgebern selten freiwillig sein kann, da den Arbeitnehmern häufig keine
andere Wahl bliebe, als die geforderten Daten zur Verfügung zu stellen. Daher wird die Verwendung
von Einwilligungserklärungen im Arbeitsverhältnis, insbesondere im Zusammenhang mit der Frage der Zulässigkeit des Datentransfers in internationalen Konzernen, von einigen Datenschutzbehörden kritisch gesehen.[1008] Von einem Teil der Literatur wird die Möglichkeit einer freiwilligen Einwilligung im Arbeitsverhältnis nahezu ausgeschlossen.[1009]

Eine solche pauschale Betrachtungsweise wird jedoch den Unterschieden der verschiedensten Arbeitsver-   391
hältnisse nicht gerecht. Vielmehr wird in jedem individuellen Einzelfall abgewogen werden müssen, ob
eine „soziale Zwangslage" die freie Entscheidung des Betroffenen so stark einschränkt, dass keine freiwillige Entscheidung mehr angenommen werden kann.[1010] Diese Voraussetzungen dürften etwa dann vorliegen, wenn die Einwilligung durch Ausnutzung einer wirtschaftlichen Machtposition oder durch eine
arglistige Täuschung erlangt wurde.[1011] Nach Ansicht des Bundesdatenschutzbeauftragten kann die Gestattung der privaten Nutzung unter den Vorbehalt einer entsprechenden Einwilligung bzgl. eines gewissen
Umganges mit den anfallenden Verbindungsdaten gestellt werden.[1012]

Des Weiteren muss auch der jeweilige Kommunikationspartner einwilligen.[1013] Ein konkludentes Einver-   392
ständnis ist ausreichend. Dies ist beispielsweise anzunehmen, wenn sich aus einer E-Mail-Adresse die betriebliche Herkunft der Mail ergibt. In diesem Fall muss der Empfänger damit rechnen, dass Dritte am Her-
kunftsort Kenntnis vom Inhalt der Mail erhalten. Umgekehrt kann der Versender einer E-Mail nicht auf
Geheimnisschutz vertrauen, wenn er eine E-Mail mit privatem Inhalt an eine betriebliche E-Mail-Adresse
richtet.[1014]

Der Arbeitgeber, der die Einwilligung als Rechtsgrundlage nutzt, muss sich jedoch bewusst sein, dass er   393
sich hierbei mangels einschlägiger Rechtsprechung durchaus in einem rechtlichen Risikobereich befindet.

1004 *Zscherpe*, MMR, 2004, 723, 725; *Däubler*, Gläserne Belegschaften?, Rn 148.
1005 *Zscherpe*, MMR, 2004, 723, 725; *Riesenhuber*, RdA 2011, 257, 260.
1006 Leitfaden „Internet am Arbeitsplatz", Stand 2008, https://www.bfdi.bund.de/SharedDocs/Publikationen/Arbeitshilfen/Leitfaden-
    InternetAmArbeitsplatzneu.pdf?__blob=publicationFile (aufgerufen am 10.10.2016).
1007 *Zscherpe*, MMR 2004, 723, 725.
1008 Vgl. *Zscherpe*, MMR 2004, 723, 727.
1009 *Zscherpe*, MMR 2004, 723, 727.
1010 Besgen/*Prinz*, § 10 Rn 59.
1011 *Zscherpe*, MMR 2004, 723, 726; *Däubler*, Gläserne Belegschaften?, Rn 160.
1012 Leitfaden zu datenschutzrechtlichen Grundsätzen bei der dienstlichen/privaten Internet- und E-Mail Nutzung am Arbeitsplatz,
    Sept. 2007, www.datenschutzbeauftragter.de.
1013 OLG Karlsruhe 10.1.2005, MMR 2005, 178, 180 zum Tatbestandsmerkmal „unbefugt" in § 206 StGB; *Härting*, CR 2007, 311, 312;
    Schimmerpfennig/Wenning, DB 2006, 2290, 2292; a.A. *Heidrich*, MMR 2005, 178, 182.
1014 *Härting*, CR 2007, 311, 313.

cc) Rechtsfolgen

394   Eine unzulässige Kontrolle der Telekommunikation am Arbeitsplatz kann für den Arbeitgeber empfindliche zivilrechtliche und ggf. sogar strafrechtliche Folgen haben. Zudem besteht in aller Regel ein Beweisverwertungsverbot.[1015] Darüber hinaus kann dem Arbeitnehmer bei schwerer Verletzung der zulässigen Kontrollgrenzen und damit verbundener Persönlichkeitsverletzungen ein Schadensersatz- und ggf. Schmerzensgeldanspruch zustehen.[1016]

395   Das LAG Berlin-Brandenburg hat jüngst entschieden, dass eine exzessive Privatnutzung des dienstlichen Internetanschlusses den Arbeitgeber zu einer außerordentlichen Kündigung berechtigen kann, und zwar auch dann, wenn die Privatnutzung grundsätzlich, aber nur während der Arbeitspausen, erlaubt war. Im Kündigungsschutzprozess können zu Lasten des Arbeitnehmers die vom Arbeitgeber ohne Hinzuziehung des Arbeitnehmers ausgewerteten Einträge der aufgerufenen Internetseiten in der Chronik des auf dem Dienstrechner installierten Browsers als Beweismittel für die exzessive Internetnutzung verwendet werden, wenn ein Fall der Missbrauchskontrolle gegeben ist. Auch aus § 88 Abs. 3 TKG folgt in diesem Fall kein Beweisverwertungsverbot, weil das TKG auch dann nicht anwendbar sei, wenn der Arbeitgeber eine private Nutzung des dienstlichen Browsers erlaubt hat.[1017] Dies ist aus Sicht des LAG Berlin-Brandenburg nur folgerichtig, da dieses eine Anwendbarkeit des TKG bei gestatteter Privatnutzung abgelehnt hat.

dd) Social Media Guidelines

396   Viele Internetnutzer schließen sich beruflich wie privat in virtuellen Gemeinschaften zusammen. Die Tatsache, dass Arbeitgeber über ihre Arbeitnehmer in den sozialen Netzwerken partizipieren, birgt Probleme im Hinblick auf den **Beschäftigtendatenschutz** und **Compliance**, aber nicht nur in dieser Hinsicht bestehen Risiken. Zur besseren Abgrenzung von privater und kommerzieller Nutzung werden oftmals in Unternehmen **Social Media Guidelines**, also **Richtlinien,** zur Festschreibung verbindlicher Handhabungen der Internetdienste eingesetzt. Die Befugnis zur Schaffung dieser Richtlinien folgt aus dem arbeitgeberlichen Direktionsrecht, §§ 315 Abs. 1 BGB, 106 GewO.[1018] Existiert ein Betriebsrat bietet sich der Abschluss einer Betriebsvereinbarung an, da ein Mitbestimmungsrecht nach § 87 Abs. 1, Nr. 1, 6 BetrVG besteht.

397   Der Arbeitgeber kann die Privatnutzung von sozialen Medien am Arbeitsplatz einschränken oder aber auch gänzlich verbieten (vgl. § 1a Rdn 1302 f.), zumal eine umfassende Nutzung am Arbeitsplatz einen erheblichen Verlust geschuldeter Arbeitszeit bedeuten kann.

Social Media Guidelines ermöglichen es dem Arbeitgeber verbindliche Verhaltensregeln im Arbeitsverhältnis zu schaffen. Darauf sollte der Arbeitgeber immer dann zurückgreifen, wenn er eine Nutzungserlaubnis gewähren will. Es ist zu beachten, dass die Nutzung auch konkludent gestattet werden kann. Durch die Richtlinie kann der Arbeitgeber seine finanziellen Risiken mindern und Haftungsfälle eingrenzen.[1019]

ee) Muster Betriebsvereinbarung zu Internet-, E-Mail- und Social-Media-Nutzung
▼

398   **Muster 2.38: Betriebsvereinbarung zu Internet-, E-Mail- und Social-Media-Nutzung**

Zwischen der ▨▨▨ (*Firma, gesetzliche Vertretung und Anschrift des Arbeitgebers*)

– nachfolgend „Arbeitgeber" genannt –

und

1015 BAG 27.3.2003, NJW 2003, 3436; *Ernst*, NZA 2002, 585, 587; *Lunk*, NZA 2009, 457, 459 ff.; *Rolf/Stöhr*, RDV 2012, 119; *Wronka*, RDV 2012, 277, 278 f.

1016 *Dickmann*, NZA 2003, 1010, 1012; *Ernst*, NZA 2002, 585, 587; *Mengel*, BB 2004, 2014, 2021; *von Steinau-Steinrück/Glanz*, NJW-Spezial 2008, 402, 403.

1017 LAG Berlin-Brandenburg 14.1.2016, BB 2016, 891 ff.

1018 *Thüsing* in Thüsing/Wurth, I. 6, Rn 32.

1019 *Conrad/Huppertz* in: Auer-Reinsdorf/Conrad, § 37 Rn 341; *dies.* für eine Muster-Social-Media-Richtlinie § 37 Rn 348.

dem (Gesamt-/Konzern-)Betriebsrat des Betriebs der ▓▓▓▓ (*Firma des Arbeitnehmers*)

– nachfolgend „Betriebsrat" genannt –

– Arbeitgeber und Betriebsrat nachfolgend gemeinsam „Betriebspartner" genannt –

Präambel

Internet, E-Mail und Social Media haben sich zu einem wichtigen Informations- und Kommunikations-medium entwickelt und bieten ein großes und attraktives Potential. Allerdings sind mit dem Zugang zu Inter-net-, E-Mail-Diensten und sozialen Netzwerken auch Gefahren für die Sicherheit interner Daten und des internen Netzwerks verbunden. Das Internet ist ein virtuelles Werkstor, das wie jeder andere Zugang einer Kontrolle bedarf. Diese Kontrollen führen oftmals zu Interessenskonflikten zwischen Arbeitgebern und Ar-beitnehmern. Das Eigentumsrecht des Arbeitgebers auf der einen Seite und das Persönlichkeitsrecht des einzelnen Arbeitnehmers auf der anderen Seite müssen daher zu einem Ausgleich gebracht werden.

Ziel dieser Vereinbarung ist es, die Nutzungsbedingungen des geschäftlichen Internetzugangs, der ge-schäftlichen E-Mail-Adresse, der Social-Media-Nutzung sowie die Protokollierung der bei der Nutzung an-fallenden Daten transparent zu gestalten. Zudem sollen die Interessen des Arbeitgebers an einem Schutz des internen Netzwerks sowie der Kontrolle der Arbeitsleistung und die Interessen der Arbeitnehmer zu ei-nem möglichst gleichwertigen Ausgleich gebracht, die Persönlichkeitsrechte der Arbeitnehmer gesichert und der Schutz ihrer personenbezogenen Daten gewährleistet werden.

§ 1 Geltungsbereich

(1) Diese Betriebsvereinbarung gilt sachlich für die Nutzung des geschäftlichen Internetzuganges, der ge-schäftlichen E-Mail-Adresse, für die Social-Media-Nutzung im Unternehmen sowie für die Aufzeichnung, Speicherung und Auswertung der dabei anfallenden Daten.

(2) Sie gilt persönlich für alle Arbeitnehmer der X-GmbH mit Ausnahme der leitenden Angestellten im Sinne des § 5 Abs. 3 BetrVG.

(3) Der räumliche Geltungsbereich erstreckt sich auf alle Betriebsstätten der X-GmbH im Geltungsbereich des BetrVG.

(4) Der Arbeitgeber vereinbart bei Verträgen mit Dritten, dass diese Betriebsvereinbarung auch im Rahmen der Dienstleistung für den Arbeitgeber eingehalten wird.

§ 2 Definitionen

Erläuterung:

Zur Klarstellung können die in der Betriebsvereinbarung enthaltenen Fachbegriffe unter Verweis auf die ein-schlägigen gesetzlichen Begriffsbestimmungen definiert werden. Insgesamt ist eine Vielzahl von Begriffs-bestimmungen denkbar, die je nach Ausgestaltung und Detailtiefe der Betriebsvereinbarung vorgenommen werden sollten.

§ 3 Internetnutzung

(1) Der geschäftliche Internetzugang dient grundsätzlich zur Informationsbeschaffung im Rahmen der dienstlichen Tätigkeit. Ein Internetzugang wird zur Verfügung gestellt und freigeschaltet, soweit die einzel-nen Arbeitnehmer diesen zur Unterstützung ihrer Arbeit benötigen.

(2) Ausnahmsweise darf der geschäftliche Internetanschluss auch privat genutzt werden. Die private Nut-zung ist nur in verantwortungsbewusstem, angemessenem Rahmen gestattet. Mit der privaten Nutzung darf keine Beeinträchtigung der Arbeitsleistung und der technischen Einrichtung des Arbeitgebers verbun-den sein.

(3) Die Gestattung der privaten Nutzung des geschäftlichen Internetzuganges erfolgt freiwillig. Auch bei län-gerfristiger Gewährung der Privatnutzung entsteht hierdurch kein Rechtsanspruch der Arbeitnehmer für die Zukunft.

(4) Beim Herunterladen (Download) von Dateien und Dokumenten sind lizenz- und urheberrechtliche Bestimmungen zu beachten. Herunterladen im Sinne dieser Betriebsvereinbarung ist jedes Abspeichern einer Datei, etwa im Netzwerk, auf der Festplatte oder auf einem anderen Datenträger.

(5) Der etwa erfolgende Einsatz von Filtersoftware entbindet nicht von der Einhaltung der in dieser Betriebsvereinbarung geregelten vorstehenden Verpflichtungen der Arbeitnehmer.

§ 4 E-Mail-Nutzung

(1) Die geschäftliche E-Mail-Adresse dient ausschließlich zur Kommunikation im Rahmen der dienstlichen Tätigkeit intern wie extern. Die private Nutzung ist ausnahmslos untersagt.

(2) Die Arbeitnehmer haben die Möglichkeit, über ihren dienstlichen Internetanschluss externe private E-Mail-Accounts zu nutzen. Diese Gestattung steht unter dem Vorbehalt, dass die Nutzung der externen E-Mail-Accounts keine Gefährdung für das interne Netzwerk darstellt.

(3) Die Gestattung der Nutzung externer privater E-Mail-Accounts erfolgt freiwillig. Auch bei längerfristiger Gewährung der Privatnutzung entsteht hierdurch kein Rechtsanspruch für die Zukunft.

Alternativ:

(1) Die geschäftliche E-Mail-Adresse dient grundsätzlich zur Kommunikation im Rahmen der dienstlichen Tätigkeit intern wie extern. Die private Nutzung ist in angemessenem Umfang gestattet, sofern die Arbeitsleistung nicht beeinträchtigt wird.

(2) Die Gestattung der Privatnutzung der dienstlichen E-Mail-Accounts erfolgt freiwillig. Auch bei längerfristiger Gewährung der Privatnutzung entsteht hierdurch kein Rechtsanspruch für die Zukunft. Die Gestattung steht unter dem Vorbehalt, dass der betreffende Arbeitnehmer schriftlich seine Einwilligung mit den Inhalten dieser Vereinbarung und dem beschriebenen Umgang mit seinen Verkehrs-/Verbindungsdaten erteilt. Darüber hinaus erklärt der Beschäftigte bereits durch die private Nutzung die entsprechende Einwilligung.

§ 5 Social-Media-Nutzung

(1) Die private Social-Media-Nutzung während der Arbeitszeit ist untersagt. In den Pausenzeiten ist die private Nutzung jedoch grundsätzlich gestattet. Der Arbeitnehmer darf sich während seiner Pausenzeiten auch unter Verwendung betrieblicher Kommunikationsmittel in sozialen Netzwerken bewegen, sofern er zuvor schriftlich in die Aufzeichnung und Kontrolle personenbezogener Daten über sein Nutzungsverhalten eingewilligt hat. Rein dienstliche Social-Media-Accounts dürfen nicht für die private Nutzung verwendet werden.

(2) Der Arbeitgeber kann die gestattete Privatnutzung bei Vorliegen eines sachlichen Grundes mit sofortiger Wirkung im Einzelfall widerrufen. Ein sachlicher Grund besteht insbesondere bei schwerwiegenden Verstößen gegen diese Betriebsvereinbarung.

(3) Soziale Medien dürfen bei der privaten Nutzung nicht in der Weise verwendet werden, dass dadurch ein Schaden beim Arbeitgeber entsteht. Jederzeit müssen die arbeitsvertragliche Verschwiegenheits- und Loyalitätspflicht gewahrt werden und Betriebs- und Geschäftsgeheimnisse dürfen in keinem Fall verbreitet werden. Insbesondere ist es zu verhindern, dass durch die Social-Media-Nutzung das Ansehen des Arbeitgebers in der Öffentlichkeit geschädigt wird, die Sicherheit und Integrität der betrieblichen IT-Systeme gefährdet oder gegen geltendes Recht (insbes. Straf-, Urheber-, Wettbewerbs-, Marken-, Persönlichkeitsrecht) verstoßen wird. Sollte im Wege der Social-Media-Nutzung der Abruf und die Verbreitung von gewaltverherrlichenden, pornographischen, rassistischen und/oder beleidigenden Inhalts durch den Arbeitnehmer begünstigt werden, so kann dies arbeitsrechtlich zu Abmahnungen oder ggf., nach der jeweiligen Schwere des Verstoßes, zur Kündigung des Arbeitsverhältnisses führen.

(4) Die dienstliche Social-Media-Nutzung während der Arbeitszeit wird nur in den folgenden Abteilungen gestattet: ▓▓▓▓ *(z.B. Marketing, Customer Service, HR o.ä.).*

Eine dienstliche Nutzung durch andere als die aufgezählten Abteilungen ist untersagt. In welchem Umfang soziale Medien eingesetzt werden, entscheidet der einzelne Arbeitnehmer in Abstimmung mit seinem Vorgesetzten. Das arbeitgeberliche Recht zur Erteilung von Weisungen im Einzelfall wird hierdurch nicht eingeschränkt. Weitere Regelungen zur dienstlichen Social-Media-Nutzung enthält die Betriebsvereinbarung zur dienstlichen Social-Media-Nutzung.

§ 6 Passwort

Jeder Arbeitnehmer erhält eine persönliche Zugangsberechtigung über ein Passwort. Das Passwort besteht aus 8 Zeichen, von denen mindestens 3 Zeichen Zahlen sein müssen. Jeder Arbeitnehmer hat ein eigenes Passwort auszuwählen und dieses geheim zu halten. Das Passwort ist alle drei Monate zu erneuern.

§ 7 Vertretungsregeln

(1) Jeder Arbeitnehmer ist verpflichtet, im Falle seiner Abwesenheit den Abwesenheitsassistenten zu aktivieren. Weiterhin ist dem fachlichen Vertreter eine Leseberechtigung auf das E-Mail-Postfach freizuschalten oder sämtliche E-Mails automatisch an diesen weiterzuleiten.

(2) Im Falle einer ungeplanten Abwesenheit kann auf Veranlassung des Vorgesetzten die Leseberechtigung für den Stellvertreter durch den Administrator eingerichtet werden. Der Auftrag an den Administrator ist dem Arbeitnehmer automatisch zuzuleiten. Nach dessen Rückkehr ist diese Berechtigung unverzüglich aufzuheben.

§ 8 Untersagte Nutzung

Folgende Nutzung ist in jedem Fall untersagt:

(1) Das Aufrufen von Internetseiten mit Inhalten, die gegen Gesetze verstoßen oder die geeignet sind, den Betriebsfrieden zu stören, sowie das Herunterladen von Dateien und Dokumenten solchen Inhalts und das Versenden von E-Mails mit entsprechendem Inhalt. Hierzu gehören insbesondere Inhalte, die sich gegen die Würde des Menschen richten, vor allem pornographische, sexistische, pädophile, gewaltverherrlichende, fremdenfeindliche, nazistische, rassistische, politisch-radikale oder sittenwidrige Inhalte.

(2) Das Herunterladen von Programmen und die Installation dieser Programme auf dem Arbeitsplatzrechner oder dem geschäftlichen Laptop. Auf diesen dürfen nur Programme installiert werden, die durch die IT-Abteilung autorisiert wurden.

(3) Das Herunterladen von Radioprogrammen, Filmen, MP3-Dateien, Spielen und Ähnlichem.

(4) Das Aufsuchen so genannter Chatrooms aus privaten Gründen sowie die Teilnahme an interaktiven Spielen.

(5) Die Versendung von Bildern, Filmen, Tondateien und ähnlichem. Bei dem Empfang privater E-Mails mit solchen Anhängen dürfen diese nicht geöffnet und weitergeleitet werden. Sie sind sofort zu löschen.

(6) Das Mitteilen oder Verbreiten jeglicher Art von Betriebsinterna an Externe durch das E-Mail-System oder per Internet.

(7) Die Werbung, das Starten oder Weiterleiten von Kettenmails, die beispielsweise Warnungen vor Gefahren (Viren oder ähnliches) zum Inhalt haben.

(8) Die Nutzung von kostenpflichtigen Internetseiten.

(9) (gegebenenfalls weitere Beispiele, die in der betrieblichen Praxis bereits zu Problemen geführt haben)

§ 9 Protokollierung/Kontrolle

(1) Bei der Nutzung des geschäftlichen Internetzugangs, der geschäftlichen E-Mail-Adresse und sozialer Netzwerke werden folgende Daten automatisch protokolliert und gespeichert:

- Datum/Uhrzeit,
- User ID,
- Adresse der Internetseite,
- Übertragene Datenmenge,
- Adresse des E-Mail-Versenders,
- Adresse des E-Mail-Empfängers,
- Uhrzeit der Versendung/des Empfanges,
- (gegebenenfalls weitere Daten)

(2) Eine Trennung der Daten der geschäftlichen und privaten Nutzung erfolgt nicht.

(3) Die Protokolldaten dienen der Optimierung des Netzbetriebes, der Gewährleistung von System- und Netzsicherheit, der Analyse und Korrektur von technischen Fehlern sowie der Optimierung der Rechnerleistungen. Die Protokolldaten werden für eine Dauer von sechs Monate gespeichert. Nach diesem Speicherzeitraum werden sie gelöscht.

(4) Weiterhin kommen so genannte Contentfilterprogramme zum Einsatz, mit denen E-Mail-Inhalte auf pornographische, rassistische oder programmschädliche Inhalte gefiltert werden. Für eingehende Mails wird außerdem ein Spam-Filter eingesetzt, der Werbemails von außerhalb filtert. Der Nutzer erhält jeweils am darauf folgenden Tage eine Übersicht über die für seinen E-Mail-Account gefilterten Werbemails. Er hat sodann die Möglichkeit, die Freigabe einzelner E-Mails zu beantragen, die gegebenenfalls fälschlicherweise ausgefiltert wurden. Eine Auswertung erfolgt nicht.

(5) Zudem existiert eine Firewall, die den Zugriff auf das Internet herstellt. Hierdurch erfolgt die Speicherung des Surfverhaltens.

(6) Eine generelle Überwachung der Internet- sowie der E-Mail-Nutzung zur Leistungs- und Verhaltenskontrolle findet nicht statt.

(7) Ergibt sich ein begründeter Verdacht auf eine unberechtigte oder missbräuchliche Nutzung des Internet- oder E-Mail-Zugangs, einer strafbaren Handlung oder eines sonstigen Vergehens oder Arbeitspflichtverletzung, erhält der Arbeitgeber nach vorheriger Zustimmung des Betriebsrates unter Hinzuziehung eines Mitgliedes des Betriebsrates und des betrieblichen Datenschutzbeauftragten Zugriff auf die Protokolldaten, die zur Aufklärung des Verdachts erforderlich sind.

§ 10 Rechte des Betriebsrates

(1) Der Betriebsrat hat das Recht, jederzeit unter Wahrung der Persönlichkeitsrechte der Arbeitnehmer die Einhaltung dieser Betriebsvereinbarung unter Hinzuziehung des Datenschutzbeauftragten zu überprüfen.

(2) Der Betriebsrat kann zur Durchführung seiner aus dieser Betriebsvereinbarung resultierenden Aufgaben nach Abstimmung mit dem Arbeitgeber Sachverständige seiner Wahl hinzuziehen; die notwendigen Kosten trägt nach vorheriger Abstimmung der Arbeitgeber.

(3) Dem Betriebsrat sind, soweit nicht anders geregelt, auf Anforderung alle erforderlichen Unterlagen zur Erfüllung seiner Pflichten und Ausübung seiner Rechte zur Verfügung zu stellen.

§ 11 Verstöße gegen diese Betriebsvereinbarung

(1) Verstöße gegen die in dieser Vereinbarung aufgeführten Verhaltensregeln zur Nutzung des geschäftlichen Internet-, E-Mail-Zugangs und Social Media können arbeitsrechtliche Konsequenzen nach sich ziehen.

(2) Bei einer vereinbarungswidrigen oder sonst missbräuchlichen Nutzung kann eine Abmahnung oder, je nach Schwere des Verstoßes, eine (auch fristlose) Kündigung des Arbeitsverhältnisses in Betracht kommen.

(3) Bei festgestellten Verstößen gegen die vorliegenden Verhaltensregeln kann der Internet-Zugang des jeweiligen Arbeitnehmers gesperrt oder die private Nutzung des Internets und/oder der E-Mail-Adresse sowie der sozialen Netzwerke untersagt werden.

(4) Für etwaige, aus der vereinbarungswidrigen oder missbräuchlichen Nutzung entstehende Schäden behält sich der Arbeitgeber die Geltendmachung von Schadenersatzforderungen vor.

§ 12 Schlussbestimmungen

(1) Diese Betriebsvereinbarung wird allen Arbeitnehmern mit Internetanschluss und/oder geschäftlicher E-Mail-Adresse zur Kenntnis gebracht.

(2) Sie kann von beiden Vertragspartnern mit einer Frist von drei Monaten zum Monatsende – frühestens jedoch zum ░░░░░░ (*Datum*) – gekündigt werden.

(3) Diese Betriebsvereinbarung entfaltet Nachwirkung, bis sie durch eine neue Regelung ersetzt wird.

(Ort, Datum)

(Unterschriften)

Ich erkläre meine Einwilligung mit dem Inhalt der vorstehenden Betriebsvereinbarung sowie des hierin beschriebenen Umgangs mit den bei der Nutzung des dienstlichen Internetanschlusses und der dienstlichen E-Mail-Adresse anfallenden Daten.

(Ort, Datum)

(Unterschrift des jeweiligen Arbeitnehmers)

5. Sozialeinrichtungen

Literatur: *Bachmann*, Mitbestimmung bei Umstrukturierung betrieblicher Sozialeinrichtungen, NZA 2002, 1130; *Jahnke*, Die Mitbestimmung des Betriebsrats auf dem Gebiet der betrieblichen Sozialleistungen, ZfA 1980, 863; *Reinecke*, Zur Mitbestimmung des Betriebsrats in der betrieblichen Altersversorgung, AuR 2004, 328; *Vielmeier*, Zugang zu Gemeinschaftseinrichtungen nach § 13b AÜG, NZA 2012, 535.

§ 87 Abs. 1 Nr. 8 BetrVG gewährt dem Betriebsrat ein zwingendes Mitbestimmungsrecht bezüglich Form, **399** Ausgestaltung und Verwaltung von Sozialeinrichtungen, deren Wirkungsbereich auf den Betrieb, das Unternehmen oder den Konzern beschränkt ist. Das Mitbestimmungsrecht nach Nr. 8 steht in einem engen sachlichen Zusammenhang zu dem der Nr. 10 (betriebliche Lohngestaltung), der sich auf alle geldwerten Leistungen – und damit auch auf soziale Leistungen – bezieht. Nr. 8 ist insoweit bezüglich der Sozialleistungen der speziellere Tatbestand.[1020]

Unter einer Sozialeinrichtung ist ein zweckgebundenes Sondervermögen[1021] mit abgrenzbarer, auf Dauer **400** gerichteter besonderer Organisation zu verstehen, das eine rechtliche und tatsächliche Verwaltung verlangt.[1022] Wesen einer **Einrichtung** ist, dass deren Mittel für die Sozialleistungen **vom übrigen Betriebsvermögen abgrenzbar** sind und ein gewisses Maß an organisatorischer Eigenständigkeit gewahrt ist.[1023] Außerdem muss diese Einrichtung **sozialen Zwecken** dienen. Der soziale Charakter setzt voraus, dass den Arbeitnehmern des Betriebes und gegebenenfalls deren Familienangehörigen über das unmittelbare Arbeitsentgelt für die Arbeitsleistung hinaus weitere Vorteile gewährt werden; diese haben insoweit Entgeltcharakter.[1024] Die Leistungen aus dem **Sondervermögen** sind typischerweise **auf eine gewisse Dauer gerichtet** und werden nicht nur in einem Einzelfall gewährt. Beispiele für Sozialeinrichtungen i.S.d. § 87 Abs. 1 Nr. 8 BetrVG sind z.B. Kantinen, Kindergärten, Erholungseinrichtungen, Pensions- und Unterstützungskassen, Werksbusverkehr und Beschäftigungs- und Qualifizierungsgesellschaften.[1025]

Grundsätzlich kommt ein Mitbestimmungsrecht des Betriebsrates nur in Betracht, wenn die Sozialeinrich- **401** tung Arbeitnehmer begünstigt, die vom Betriebsrat repräsentiert werden. Daher ist eine Sozialeinrichtung, die ausschließlich für leitende Angestellte i.S.d. § 5 Abs. 3 BetrVG und Organmitglieder errichtet wird, mitbestimmungsfrei.[1026] Die bloße Mitbenutzungsmöglichkeit der Einrichtung durch leitende Angestellte nimmt der Einrichtung hingegen nicht das Mitbestimmungsrecht. Ebenso ist es unschädlich, wenn Sozial-

---

1020 Vgl. etwa *Fitting u.a.*, § 87 BetrVG Rn 332; MünchArbR/*Matthes*, § 249 Rn 2 f.
1021 BAG 10.2.2009 – 1 ABR 94/07, NZA 2009, 563.
1022 BAG 16.6.1998 – 1 ABR 67/97, NZA 1998, 1185.
1023 Erf/*Kania*, § 87 BetrVG Rn 68.
1024 *Jahnke*, ZfA 1980, 863, 872 ff.; Richardi/*Richardi*, § 87 BetrVG Rn 608f.
1025 Weitere ausführliche Beispiele und Gegenbeispiele bei HSWG/*Worzalla*; § 87 BetrVG Rn 394 f.
1026 Richardi/*Richardi*, § 87 BetrVG Rn 617.

leistungen auch Personen zugutekommen, die dem Unternehmen oder Konzern nicht mehr angehören (etwa Betriebsrentner[1027]), oder nicht angehören, aber mit dem Unternehmen verbunden sind (etwa Familienangehörige).[1028]

Da eine Sozialeinrichtung zugleich eine Gemeinschaftseinrichtung i.S.d. § 13b AÜG darstellt, haben auch Leiharbeitnehmer einen Anspruch auf Zugang zu den Sozialeinrichtungen des Entleihers, sofern nicht eine unterschiedliche Behandlung aus sachlichen Gründen – etwa die Kürze des Einsatzes – gerechtfertigt ist.[1029]

402   Das **Mitbestimmungsrecht** nach § 87 Abs. 1 Nr. 8 BetrVG erstreckt sich allein auf **Form, Ausgestaltung und Verwaltung der Sozialeinrichtung.** Dazu gehört innerhalb der Zweckbestimmung auch die abstrakte Festlegung des begünstigten Personenkreises.[1030] Nicht mitbestimmt ist dagegen die Entscheidung über die Errichtung einer Sozialeinrichtung, deren Zweckbestimmung sowie deren Dotierung.[1031] Auch das „spiegelbildliche" Handeln, nämlich die Entscheidung über die vollständige Streichung oder die Einschränkung der finanziellen Mittel einer einmal durch den Arbeitgeber gewährten finanziellen Ausstattung löst kein Mitbestimmungsrecht aus.[1032] Allerdings führt die Kürzung der finanziellen Mittel zu einer Neuverteilung der verbleibenden Mittel, über deren Grundsätze der Betriebsrat mitzubestimmen hat.[1033]

403   Das Mitbestimmungsrecht des Betriebsrats beginnt bereits bei der Entscheidung, in welcher Rechtsform (unselbstständige Einrichtung des Betriebs bzw. Unternehmens oder selbstständige juristische Person) die Sozialeinrichtung errichtet werden soll.[1034] Die tatsächliche Ausübung der Mitbestimmung kann sodann in Abhängigkeit der gewählten Rechtsnatur der Sozialeinrichtung auf verschiedene Arten erfolgen. Handelt es sich bei dieser um eine **juristisch unselbstständige Einrichtung**, kann die Mitbestimmung entweder durch die Einsetzung eines gemeinsamen Ausschusses nach § 28 Abs. 2 BetrVG oder eines anderen paritätisch besetzten Gremiums zur Verwaltung der Einrichtung ausgeübt werden.[1035] Handelt es sich hingegen um eine **juristisch selbstständige Einrichtung**, ergeben sich wiederum zwei Alternativen, die Mitbestimmung zu verwirklichen. Der tatsächlich einfachere Weg besteht in der Entsendung von Betriebsratsmitgliedern in die satzungsmäßigen Organe der Einrichtung, um auf diesem Wege unmittelbaren Einfluss auf die dortigen Verwaltungsentscheidungen zu nehmen (sog. organschaftliche Lösung). Fehlt es an einer organschaftlichen Regelung, gilt die – aufwändigere – sog. zweistufige Lösung.[1036] Hierzu bedarf es zunächst – notfalls über die Einigungsstelle – der inhaltlichen Einigung zwischen Arbeitgeber und Betriebsrat, die anschließend durch den Arbeitgeber gegenüber der juristischen Person durchzusetzen ist.[1037] Hierzu ist der Arbeitgeber betriebsverfassungsrechtlich aus §§ 2 Abs. 1, 77 Abs. 1 S. 1 BetrVG verpflichtet.

404   Die Entscheidung über die Übertragung des Betriebs der Sozialeinrichtung auf einen Dritten als Pächter (z.B. durch die Verpachtung einer Werkskantine) unterliegt als Ausgestaltung der Form der Sozialeinrich-

---

1027 BAG 21.6.1979 – 3 ABR 3/78, DB 1979, 2039.
1028 Erf/*Kania*, § 87 BetrVG Rn 70.
1029 *Vielmeier*, NZA 2012, 539.
1030 DKKW/*Klebe*, § 87 BetrVG Rn 268.
1031 GK-BetrVG/*Wiese*, § 87 BetrVG Rn 705– 715.
1032 BAG 10.3.1991 – 3 AZR 221/91, DB 1992, 1885.
1033 BAG 26.4.1988 – 3 AZR 168/86, BB 1988, 2249; *Fitting u.a.*, § 87 BetrVG Rn 355.
1034 Richardi/*Richardi*, § 87 BetrVG Rn 634.
1035 GK-BetrVG/*Wiese*, § 87 BetrVG Rn 743.
1036 *Reinecke*, AuR 2004, 328,334.
1037 BAG 13.7.1978 – 3 ABR 108/77, DB 1978, 2129.

tung hinsichtlich des „Ob" und des „Wie" der Übertragung der vollen Mitbestimmung des Betriebsrates.[1038] Der Arbeitgeber bleibt auch in diesem Fall Adressat der Mitbestimmung.[1039] Der Pachtvertrag selbst wird allein zwischen dem Arbeitgeber und dem Dritten abgeschlossen, da der Betriebsrat nicht rechtsfähig ist.

In bestimmten Konstellationen kann es zur Frage nach einer möglichen Kollision von Beteiligungsrechten **405** kommen, wenn nämlich die Sozialeinrichtung selbst einen eigenständigen, betriebsratsfähigen Betrieb darstellt, für die ein eigener Betriebsrat gebildet worden ist. Unstrittig ist, dass die Mitbestimmungsrechte des Betriebsrates des Stammbetriebs bezüglich Form, Ausgestaltung und Verwaltung der Sozialeinrichtung hierdurch nicht berührt werden.[1040] Ansonsten hängt es von der Art der Maßnahme ab, welcher Betriebsrat mitzubestimmen hat. Kommt es im Einzelfall zu einer Berührung der Mitbestimmungsrechte beider Betriebsräte, vollzieht sich die Mitbestimmung auf zwei Stufen:[1041] Zunächst hat der Betriebsrat des Stammbetriebs mitzubestimmen und erst anschließend ist der Betriebsrat der Sozialeinrichtung zu beteiligen.[1042]

▼

Muster 2.39: Betriebsvereinbarung für die Sozialeinrichtung „Kantine" **406**

Zwischen ▨▨▨▨ (*Arbeitgeber*), vertreten durch den Vorstand,

und

dem Betriebsrat ▨▨▨▨

wird folgende Betriebsvereinbarung für die Sozialeinrichtung „Kantine"

geschlossen:

Präambel

Der Arbeitgeber unterhält im Gebäude ▨▨▨▨ eine Kantine. Die Kantine soll ein Mittagessen anbieten, welches nach Art, Menge und Qualität den Anforderungen der Belegschaft möglichst gerecht wird. Der Betriebsrat wirkt bei der Ermittlung dieser Anforderungen im Kantinenausschuss nach besten Kräften mit. Um die Preise für die Speisen so niedrig wie möglich zu halten, stellt ▨▨▨▨ die Küche mit Einrichtung, die entsprechenden Wirtschaftsräume, das Geschirr sowie Strom, Wasser und Wärme zur Durchführung des Betriebes unentgeltlich zur Verfügung.

§ 1 Errichtung eines Kantinenausschusses

Arbeitgeber und Betriebsrat richten gemeinsam einen paritätischen Ausschuss, genannt Kantinenausschuss, ein. Er besteht aus je zwei Vertretern des Arbeitgebers und des Betriebsrates. Im ersten Kalenderhalbjahr führt ein Betriebsratsvertreter, im zweiten Halbjahr ein Vertreter des Arbeitgebers den Vorsitz. Der Ausschuss kann im laufenden Geschäft jederzeit die Hinzuziehung von Gästen beschließen.

§ 2 Aufgaben des Kantinenausschusses

Aufgaben des Kantinenausschusses sind insbesondere:

a) auf die Einhaltung des jeweiligen Pachtvertrages zu achten, soweit es die Sozialeinrichtung „Kantine" betrifft,

b) auf eine abwechslungsreiche Gestaltung der Speisepläne hinzuwirken, sowie auf Art, Menge, Qualität und Preisniveau der angebotenen Speisen einzuwirken,

---

1038 Erf/*Kania*, § 87 BetrVG Rn 79. Ausführlich zur Mitbestimmung bei der Umstrukturierung betrieblicher Sozialeinrichtungen *Bachmann*, NZA 2002, 1130 ff.
1039 Richardi/*Richardi*, § 87 BetrVG Rn 635.
1040 Vgl. etwa MünchArbR/*Matthes*, § 339 Rn 45.
1041 HSWG/*Worzalla*, § 87 BetrVG Rn 433.
1042 Weitergehend anhand anschaulicher Beispiele erläutert bei Richardi/*Richardi*, § 87 BetrVG Rn 670.

c) auf die Einhaltung der einschlägigen hygienischen Regeln hinzuwirken, sowie ggf. einen Ernährungswissenschaftler als Gast im Sinne des § 1 dieser Betriebsvereinbarung zur Beratung, z.B. der Speisepläne, hinzuzuziehen,

d) über geplante Neu-, Um- und Erweiterungsbauten, über technische Anlagen, über Arbeitsverfahren und Arbeitsabläufe im Kantinenbereich zu beraten sowie Verbesserungen vorzuschlagen,

e) Wünsche und Beanstandungen der Belegschaft entgegenzunehmen und auf deren Umsetzung bzw. Abhilfe hinzuwirken,

f) die Kantinenöffnungszeiten in Abstimmung mit dem jeweiligen Pächter festzulegen.

Der Kantinenausschuss kann weitere Angelegenheiten des § 87 Abs. 1 Nr. 8 BetrVG betreffend die Sozialeinrichtung „Kantine" beraten und Empfehlungen an Vorstand und Betriebsrat weiterleiten.

§ 3 Sitzungen des Kantinenausschusses

Der Ausschuss tagt im Bedarfsfall, mindestens jedoch einmal im Quartal. Der Ausschuss ist beschlussfähig, wenn mindestens drei seiner Mitglieder anwesend sind. Beschlüsse werden mit einfacher Stimmenmehrheit der Anwesenden gefasst.

Der jeweilige Vorsitzende des Kantinenausschusses ist verantwortlich für die Einberufung der Sitzungen und die Bearbeitung der Aufgaben des Kantinenausschusses gem. § 2 dieser Betriebsvereinbarung. Über die Sitzungen des Kantinenausschusses ist eine Ergebnisniederschrift zu führen. Das Protokoll ist innerhalb von zwei Wochen den Ausschussmitgliedern zuzuschicken. Die Betriebsöffentlichkeit ist regelmäßig in geeigneter Art und Weise (z.B. Intranet, schwarzes Brett) über die wesentlichen Tätigkeiten des Kantinenausschusses zu informieren.

§ 4 Schlussbestimmungen

Weitergehende Rechte des Betriebsrates aus dem Betriebsverfassungsgesetz bleiben unberührt.

Die Betriebsvereinbarung tritt zum ░░░░░░ (*Datum*) in Kraft. Sie kann mit einer Frist von drei Monaten zum Quartalsende, erstmals jedoch zum ░░░░░ (*Datum*) gekündigt werden. Ihre Regelungen bestehen fort, bis eine andere an ihrer Stelle tritt.

(*Ort, Datum*)

(*Unterschriften*)

▲

6. Betriebsvereinbarung zur Betriebsordnung

Literatur: *Bergwitz*, Das betriebliche Rauchverbot, NZA-RR 2004, 169; *Fischer*, Mitbestimmung bei der Dienstbekleidung, NZA-RR 2015, 169; *Franzen*, Drittbezogene Betriebsratsrechte im Einsatzbetrieb, in: Rieble/Junker/Giesen, Freie Dienstleistung als Alternative zur regulierten Zeitarbeit, ZAAR Schriftenreihe Band 26 (2012), S. 85; *Kleinebrink*, Inhalt und Gestaltung von Arbeits- und Betriebsordnungen, ArbRB 2010, 161; *Kreßel*, Parkplätze für Betriebsangehörige, RdA 1992, 169; *Schirmer*, Die betriebsverfassungsrechtliche Stellung des Leiharbeitnehmers im Entleiherbetrieb, in: Oetker/Preis/Rieble (Hrsg.), 50 Jahre Bundesarbeitsgericht, 2004, S. 1063; *Vielmeier*, Zugang zu Gemeinschaftseinrichtungen nach § 13b AÜG, NZA 2012, 535.

407   In der Praxis werden die Begriffe Arbeits- und Betriebsordnung oft synonym verwendet und dieselben Regelungen mal unter der Bezeichnung Arbeitsordnung, ein anderes Mal im Rahmen einer Betriebsordnung getroffen. Hier wird wie folgt unterschieden: Die **Betriebsordnung** enthält in erster Linie Regelungen über das (Ordnungs-)Verhalten der Arbeitnehmer im Betrieb; es handelt sich in aller Regel um mitbestimmungspflichtige Tatbestände i.S.d. § 87 Abs. 1 Nr. 1 BetrVG. Wenn es allerdings um das Arbeitsverhalten der Arbeitnehmer geht – Beispiele: Arbeitsanweisungen, Tätigkeitsberichte etc. -, ist der Betriebsrat nicht zwingend zu beteiligen.[1043] Die **Arbeitsordnung** (siehe Rdn 414 ff.) befasst sich dagegen im Wesentlichen mit materiellen Arbeitsbedingungen zwischen Arbeitgeber und Arbeitnehmer. Diese materiellen Arbeitsbedin-

---

1043 ErfK/*Kania*, § 87 BetrVG Rn 18 ff.; NK-GA/*Schwarze*, § 87 BetrVG Rn 65 ff.

gungen unterliegen regelmäßig nicht der Mitbestimmung des Betriebsrats, so dass die Arbeitsordnung als Gegenstand der freiwilligen Mitbestimmung im Sinne des § 88 BetrVG zu qualifizieren ist.[1044] Diese Abgrenzung zwischen Betriebs- und Arbeitsordnung ist allerdings fließend. Auch deshalb spricht grundsätzlich nichts dagegen, die Regelungsgegenstände einer Betriebs- und einer Arbeitsordnung in einer Betriebsvereinbarung zusammenzufassen. Aber auch dann sind die jeweiligen Regelungsgegenstände hinsichtlich der Mitbestimmungspflicht und der Auswirkung auf das Arbeitsverhältnis zu unterscheiden.[1045]

Die Betriebsordnung gilt für alle Arbeitnehmer des Betriebs. Aber wie steht es mit im Betrieb beschäftigten **Leiharbeitnehmern**? Diese können je nach Regelungsgegenstand der Zuständigkeit des Betriebsrats des Verleihers oder der Zuständigkeit des Betriebsrats des Entleihers unterliegen.[1046] Geht es um mitbestimmungsrechtliche Fragen des § 87 Abs. 1 Nr. 1 BetrVG, so ist der Betriebsrat des Entleihers regelmäßig auch für die Leiharbeitnehmer zuständig, deswegen ist für sie auch eine entsprechende Betriebsvereinbarung anwendbar.[1047] Dies gilt gerade für den Zugang zu Gemeinschaftseinrichtungen, welcher § 13b AÜG den Leiharbeitnehmern seit dem 1.12.2011 gewährt.[1048] Anders ist es bei Arbeitnehmern eines externen Dienstleisters, der auf Basis eines Dienst- oder Werkvertrags tätig wird. Insofern stehen dem Betriebsrat des Einsatzbetriebes regelmäßig keine Mitbestimmungsrechte zu.[1049] Daher sind solche Arbeitnehmer auch nicht von einer Betriebsordnung erfasst. **408**

Typische Regelungen in einer Betriebsordnung sind etwa: Regelungen zum Aufenthalt auf dem Betriebsgelände, zur Benutzung von Arbeitsmitteln, zu einem Firmenausweis oder zur Benutzung von Dienstkleidung. Häufig enthalten Betriebsordnungen auch Rauch- oder Alkoholverbote und Regelungen zur Benutzung eines Firmenparkplatzes. **409**

Bei **Rauchverboten** ist Folgendes zu beachten: Die Betriebspartner sind befugt, durch Betriebsvereinbarung ein betriebliches Rauchverbot einzuführen.[1050] Dabei ist die Verpflichtung in § 5 ArbStättV zu berücksichtigen, wonach die erforderlichen Maßnahmen zu treffen sind, um die nichtrauchenden Arbeitnehmer vor den Gesundheitsgefahren durch Tabakrauch zu schützen. Auf der anderen Seite muss der Arbeitgeber aber auch die Belange der Raucher in Erwägung ziehen; deshalb wäre etwa ein Rauchverbot im Freien nicht gerechtfertigt.[1051] Auch kann der Arbeitgeber verpflichtet sein, im Betrieb Rauchmöglichkeiten zu schaffen, sofern dies nicht unverhältnismäßigen Aufwand erfordert. Gegen den Willen des Arbeitgebers kann der Betriebsrat aber keine bezahlte Rauchpause durchsetzen, auch nicht mittels Einigungsstelle.[1052] **410**

Die Entscheidung, ob **Firmenparkplätze** zur Verfügung gestellt werden, trifft der Arbeitgeber mitbestimmungsfrei.[1053] Die Lage der Firmenparkplätze kann der Arbeitgeber ebenfalls mitbestimmungsfrei festlegen.[1054] Regelungen über die Benutzung eines Firmenparkplatz unterfallen dagegen § 87 Abs. 1 Nr. 1 BetrVG; darunter können auch Regelungen über den berechtigten Personenkreis fallen, ausgenommen lei- **411**

1044 BAG 12.12.2006 – 1 AZR 96/06, NZA 2007, 453 (454); GK-BetrVG/*Wiese*, § 87 Rn 197.
1045 BAG 15.12.1992 – 1 ABR 38/92, NZA 1993, 513; BAG 19.6.2001 – 1 ABR 43/00, NZA 2001, 1263.
1046 BAG 15.12.1992 – 1 ABR 38/92, NZA 1993, 513; BAG 19.6.2001 – 1 ABR 43/00, NZA 2001, 1263.
1047 *Schirmer*, in: Oetker/Preis/Rieble (Hrsg.), 50 Jahre BAG, 2004, S. 1065, 1068 f.; *Linsenmaier/Kiel*, RdA 2014, 135, 150.
1048 Hierzu *Vielmeier*, NZA 2012, 535; *Krannich/Grieser*, AuA 2012, 81.
1049 *Franzen*, in: Rieble/Junker/Giesen, ZAAR Schriftenreihe Band 26 (2012), S. 85; NK-GA/*Ulrici*, § 14 AÜG Rn 5.
1050 BAG 19.1.1999 – 1 AZR 499/98, NZA 1999, 546.
1051 BAG 19.1.1999 – 1 AZR 399/98, NZA 1999, 546; vgl. auch *Bergwitz*, NZA-RR 2004, 169, 171 f.
1052 LAG Schleswig-Holstein 21.6.2007 – 4 TaBV 12/07, BeckRS 2007, 46031; NK-GA/*Wichert*, § 4 ArbZG Rn 4.
1053 BAG 7.2.2012 – 1 ABR 63/10, NZA 2012, 685; LAG Köln 12.5.2010 – 8 TaBV 4/10, NZA-RR 2011, 26; GK-BetrVG/*Wiese*, § 87 Rn 219 f.; *Kreßel*, RdA 1992, 169, 176 f.
1054 LAG Baden-Württemberg 4.11.1986 – 14 TaBV 4/86, NZA 1987, 428; HSWG/*Worzalla*, § 87 BetrVG Rn 113.

tende Angestellte.[1055] Enthält die Betriebsvereinbarung keine Befugnis, verbotswidrig geparkte Fahrzeuge abzuschleppen, kann dies nur erfolgen, wenn Dritte behindert oder Rettungswege versperrt werden.[1056]

412 Die Regelungen einer Betriebsordnung können auch durch eine **Betriebsbuße** abgesichert werden. Die Betriebsbuße als Sanktion bei Verstößen gegen die betriebliche Ordnung ist zwar in § 87 Abs. 1 Nr. 1 BetrVG nicht genannt. Nach überwiegender Auffassung ist sie aber zulässig, und zwar weil die Regelungsbefugnis der Betriebsparteien weit zu verstehen und weil es sinnvoll ist, ein Sanktionsinstrument zu haben.[1057] Allerdings bedarf es für die Verhängung einer Betriebsbuße einer Rechtsgrundlage wie Tarifvertrag oder Betriebsvereinbarung. Außerdem muss das Verfahren zur Verhängung einer Betriebsbuße rechtsstaatlichen Grundsätzen entsprechen.[1058] Schließlich bedarf die Verhängung jeder einzelnen Betriebsbuße der Mitbestimmung des Betriebsrats.[1059]

413 **Muster 2.40: Betriebsvereinbarung zur Betriebsordnung**

Zwischen

der ▓▓▓▓▓▓

– nachfolgend „**Gesellschaft**" genannt –

und

dem Betriebsrat der ▓▓▓▓▓, vertreten durch den Betriebsratsvorsitzenden,

– nachfolgend „**Betriebsrat**" genannt –

wird folgende Betriebsordnung vereinbart:

§ 1 Geltungsbereich

Die Betriebsordnung gilt räumlich für den Betrieb ▓▓▓▓▓. Dort gilt sie für alle Arbeitnehmer mit Ausnahme der leitenden Angestellten im Sinne des § 5 Abs. 3 des Betriebsverfassungsgesetzes. Ferner gilt sie für die in den Betrieb eingegliederten Leiharbeitnehmer entsprechend, ausgenommen § 10 (Betriebsbuße).[1060]

§ 2 Bekanntmachung gegenüber den Arbeitnehmern des Betriebs

Jeder Arbeitnehmer des Betriebs erhält ein Exemplar dieser Betriebsordnung. Den Empfang hat er schriftlich zu quittieren. Bei einer Änderung dieser Betriebsordnung ist jedem Arbeitnehmer ein aktuelles Exemplar auszuhändigen. Den Empfang hat er schriftlich zu quittieren.

Je ein Exemplar der aktuellen Betriebsordnung ist bei der Personalabteilung und dem Betriebsrat zur Einsicht durch die Arbeitnehmer bereit zu halten.

§ 3 Betriebsausweis

Jeder Arbeitnehmer hat einen Betriebsausweis. Neue Arbeitnehmer erhalten bei Arbeitsantritt einen Betriebsausweis. Bei Beendigung des Arbeitsverhältnisses ist der Betriebsausweis unaufgefordert zurückzugeben. Ein Zurückbehaltungsrecht besteht nicht. Der Arbeitnehmer darf den Betriebsausweis nicht Dritten überlassen.

Der Betriebsausweis steht im Eigentum der Gesellschaft. Er ist schonend zu behandeln. Sein Verlust oder seine Beschädigung ist der Gesellschaft unverzüglich schriftlich anzuzeigen. In einem solchen Fall erhält der Arbeitnehmer einen Ersatzausweis; dessen Empfang hat er schriftlich zu quittieren. Beruhen Verlust oder

---

1055 BAG 7.2.2012 – 1 ABR 63/10, NZA 2012, 685; LAG Köln 12.5.2010 – 8 TaBV 4/10, NZA-RR 2011, 26; vgl. auch GK-BetrVG/ *Wiese*, § 87 Rn 220.
1056 LAG Frankfurt 15.1.1979, DB 1979, 1851; *Kreßel*, RdA 1992, 169, 178.
1057 BAG 17.10.1989 – 1 ABR 100/88, NZA 1990, 193; GK-BetrVG/*Wiese*, § 87 Rn 235 ff. m.w.N.
1058 BAG 17.10.1989 – 1 ABR 100/88, NZA 1990, 193; ErfK/*Kania*, § 87 BetrVG Rn 24; *Fitting u.a.*, § 87 Rn 93.
1059 BAG 17.10.1989 – 1 ABR 100/88, NZA 1990, 193; GK-BetrVG/*Wiese*, § 87 Rn 263 m.w.N.
1060 Ob gegenüber Leiharbeitnehmern Betriebsbußen verhängt werden dürfen, ist zweifelhaft, vgl. Richardi/*Richardi*, § 87 Rn 252.

Beschädigung des Betriebsausweises auf einem grob fahrlässigen oder vorsätzlichen Handeln des Arbeitnehmers, so hat er die Kosten für den Ersatzausweis zu tragen.

§ 4 Aufenthalt auf dem Betriebsgelände

Das Betriebsgelände darf nur durch den hierfür bestimmten Ein- und Ausgang betreten und verlassen werden. Dort befinden sich Empfangsmitarbeiter.

Jeder Arbeitnehmer hat bei Betreten des Betriebsgeländes seinen Betriebsausweis unaufgefordert dem jeweiligen Empfangsmitarbeiter vorzuzeigen. Auf dem Betriebsgelände hat er stets seinen Betriebsausweis mit sich zu führen und nach außen sichtbar zu tragen.

Betriebsfremde Personen müssen sich beim Empfang unter Angabe ihres Namens, ihres Anliegens und ihres Ansprechpartners anmelden. Sie dürfen das Betriebsgelände nur betreten, wenn sie einen Besucherausweis erhalten. Dieser ist nach außen sichtbar zu tragen. Beim Verlassen des Betriebsgeländes ist der Besucherausweis zurückzugeben. Diese Regelungen gelten auch für Angehörige eines Arbeitnehmers.

Der Aufenthalt auf dem Betriebsgelände ist nur während der Arbeitszeit gestattet.

§ 5 Benutzung des Betriebsparkplatzes

Die Gesellschaft stellt einen Betriebsparkplatz zur Verfügung, den auch die Arbeitnehmer nutzen können. Es gibt keinen Rechtsanspruch auf einen Parkplatz. Durch diese Betriebsvereinbarung wird die Gesellschaft nicht verpflichtet, auch künftig einen Betriebsparkplatz zur Verfügung zu stellen.

Das Parken von Fahrzeugen einschließlich Motorräder, Motorroller, Mofas, Fahrräder etc. ist nur auf den hierfür gekennzeichneten Stellen auf dem Betriebsparkplatz gestattet. Als Besucher- und Sonderparkplätze ausgewiesene Flächen dürfen nicht von den Arbeitnehmern benutzt werden.

Die Arbeitnehmer sind verpflichtet, die abgestellten Fahrzeuge ausreichend gegen Diebstahl zu sichern. Weiterhin sind die Arbeitnehmer verpflichtet, wertvolle Gegenstände in geparkten Fahrzeugen ausschließlich so unterzubringen, dass sie von außen nicht sichtbar sind.

Die Gesellschaft haftet nur dann für Diebstahl, Beschädigung und alle sonstigen Schäden, die bei der Benutzung des Betriebsparkplatzes entstehen, wenn sie bzw. ihre Erfüllungsgehilfen vorsätzlich oder grob fahrlässig gehandelt haben.

Stillgelegte Fahrzeuge dürfen nicht auf dem Betriebsparkplatz abgestellt werden. Das Waschen oder die Wartung/Reparatur von geparkten Fahrzeugen ist nicht gestattet.

Auf dem Betriebsgelände gelten die Vorschriften der Straßenverkehrsordnung. Verbotswidrig geparkte Fahrzeuge einschließlich Motorräder, Motorroller, Mofas, Fahrräder etc. werden auf Kosten der Mitarbeiter ohne Vorankündigung abgeschleppt oder entfernt.

§ 6 Benutzung der Wasch- und Umkleideräume

Die Wasch- und Umkleideräume sind pfleglich zu behandeln und sauber zu halten. Der Aufenthalt in Wasch- und Umkleideräumen ist nur zur zweckgerechten Nutzung gestattet.

§ 7 Benutzung von Arbeitsmitteln

Arbeitsmittel, welche die Gesellschaft zur Verfügung stellt, sind pfleglich zu behandeln. Beschädigung oder Verlust sind dem Vorgesetzten unverzüglich anzuzeigen. Bei Beendigung des Arbeitsverhältnisses sind alle Arbeitsmittel unaufgefordert zurückzugeben. Ein Zurückbehaltungsrecht besteht nicht.

§ 8 Rauchverbot

Das Rauchen ist ausschließlich in den gesondert ausgewiesenen Raucherräumen gestattet (siehe Anlage 1 zu dieser Betriebsvereinbarung). Ansonsten besteht in allen Betriebsräumen ein Rauchverbot.

Es besteht kein Anspruch auf bezahlte Rauchpausen.

§ 9 Verbot von alkoholischen Getränken und Drogen

Es ist untersagt, das Betriebsgelände in alkoholisiertem Zustand oder unter Drogeneinfluss zu betreten.

Auf dem Betriebsgelände ist der Konsum von alkoholischen Getränken untersagt. Ausgenommen davon ist der maßvolle Konsum von alkoholischen Getränken zu besonderen Gelegenheiten (Geburtstage, Jubiläen, Betriebsfeiern), sofern der jeweilige Abteilungsleiter vorab damit einverstanden ist.

Auf dem Betriebsgelände sind der Besitz, der Konsum und die Weitergabe von Drogen untersagt.

§ 10 Betriebsbußen

Verstößt ein Arbeitnehmer gegen die Betriebsordnung, kann dies je nach Schwere des Verstoßes eine Verwarnung, einen Verweis oder eine Geldbuße von bis zu EUR 500,– nach sich ziehen (Betriebsbuße).

Vor Verhängung einer Betriebsbuße ist dem betroffenen Arbeitnehmer Gelegenheit zur Stellungnahme zu geben. Er kann die Anwesenheit eines Betriebsratsmitglieds oder einer rechtskundigen Person verlangen.

Die Verhängung einer Betriebsbuße bedarf der Zustimmung des Betriebsrats. Werden sich die Betriebsparteien über eine Betriebsbuße nicht einig, entscheidet auf Antrag einer der Betriebsparteien die Einigungsstelle.

Die Entscheidung über die Verhängung einer Betriebsbuße ist schriftlich zu begründen, von einem Vertreter der Gesellschaft und dem/der Betriebsratsvorsitzenden zu unterzeichnen und dem betroffenen Arbeitnehmer im Original auszuhändigen. Eine Kopie der Entscheidung kommt in die Personalakte. Sie muss dort nach zwei Jahren herausgenommen werden, es sei denn, innerhalb dieser Frist wird eine weitere Betriebsbuße verhängt. In dem Fall beginnt die Zweijahresfrist mit der letzten Entscheidung über eine Betriebsbuße.

Wird eine Geldbuße verhängt, ist die Gesellschaft berechtigt, den Geldbetrag im Rahmen der maßgeblichen Pfändungsfreibeträge vom Gehalt abzuziehen. Der Geldbetrag wird folgender karikativen Einrichtung/Sozialeinrichtung zur Verfügung gestellt:

Das Recht der Gesellschaft, bei Verstößen gegen die Betriebsordnung mit einzelvertraglichen Maßnahmen (Abmahnung, Kündigung, Geltendmachung von Schadensersatz etc.) zu reagieren, bleibt unberührt.

§ 11 Inkrafttreten und Kündigung

Diese Betriebsvereinbarung tritt ab Unterzeichnung in Kraft. Sie ist auf unbestimmte Zeit geschlossen und kann von beiden Betriebsparteien mit einer Frist von 3 Monaten zum Ende eines jeden Kalenderjahres gekündigt werden. Eine Kündigung einzelner Teile dieser Betriebsvereinbarung ist nicht zulässig.[1061]

Nach Beendigung wirkt diese Betriebsvereinbarung bis zum Abschluss einer neuen Betriebsvereinbarung nach/nicht nach.

§ 12 Schlussbestimmungen

Diese Betriebsvereinbarung löst folgende bisherige Betriebsvereinbarungen über die betriebliche Ordnung ab:

Mündliche Nebenabreden bestehen nicht. Änderungen und Ergänzungen der Betriebsordnung, einschließlich dieser Bestimmung, bedürfen zu ihrer Rechtswirksamkeit der Schriftform.

Sollte eine Bestimmung dieser Betriebsvereinbarung ganz oder teilweise unwirksam sein oder werden, so wird hiervon die Wirksamkeit der übrigen Bestimmungen nicht berührt. Anstelle der unwirksamen Bestimmungen werden die Betriebspartner die gesetzlich zusätzliche Bestimmung vereinbaren, die dem mit der unwirksamen Bestimmung Gewollten am nächsten kommt. Dasselbe gilt für den Fall einer Lücke.

Sollten sich die dieser Betriebsvereinbarung zugrunde liegenden tatsächlichen oder rechtlichen Bedingungen grundlegend ändern, so werden die Betriebsparteien unverzüglich mit dem Ziel in Verhandlungen treten, die Betriebsvereinbarung an die geänderten Bedingungen anzupassen.

(Ort, Datum)

(Unterschrift für die Gesellschaft)　　　　　　　　*(Unterschrift für den Betriebsrat)*

1061 Vgl. dazu BAG 6.11.2007 – 1 AZR 826/06, NZA 2008, 422.

a) Betriebsvereinbarung zur Arbeitsordnung

Literatur: *Eich*, Betriebsvereinbarung – Das verkannte Medium, NZA 2010, 1389; *Keller*, Die ärztliche Untersuchung des Arbeitnehmers im Rahmen des Arbeitsverhältnisses, NZA 1988, 561; *Kleinebrink*, Inhalt und Gestaltung von Arbeits- und Betriebsordnungen, ArbRB 5/2010, 161; *Linsenmaier*, Normsetzung der Betriebsparteien und Individualrechte der Arbeitnehmer, RdA 2008, 1; *Preis/Ulber*, Die Rechtskontrolle von Betriebsvereinbarungen, RdA 2013, 211; *Rieble/Schul*, Arbeitsvertragliche Bezugnahme auf Betriebsvereinbarungen, RdA 2006, 339; *Waltermann*, Gestaltung von Arbeitsbedingungen durch Vereinbarung mit dem Betriebsrat, NZA 1996, 357; *ders.*, „Umfassende Regelungskompetenz" der Betriebsparteien zur Gestaltung durch Betriebsvereinbarung?, RdA 2007, 257.

aa) Rechtliche Grundlagen

In der Praxis werden die Begriffe Arbeits- und Betriebsordnung oft synonym verwendet und dieselben Regelungen mal unter der Bezeichnung Arbeitsordnung, ein anderes Mal im Rahmen einer Betriebsordnung getroffen. Hinsichtlich der Regelungsgegenstände und deren Mitbestimmungspflichtigkeit ist aber zwischen einer Arbeits- und einer Betriebsordnung zu unterscheiden. **414**

Die nachfolgend anhand eines Musters dargestellte Arbeitsordnung enthält eine Zusammenfassung der wesentlichen **im Verhältnis zwischen Arbeitgeber und den einzelnen Arbeitnehmern geltenden Arbeitsbedingungen**. Die Regelung dieser materiellen Arbeitsbedingungen ist nicht mitbestimmungspflichtig nach § 87 Abs. 1 BetrVG, so dass die entsprechende Arbeitsordnung nur durch eine **freiwillige Betriebsvereinbarung** nach § 88 BetrVG zwischen dem Arbeitgeber und dem Betriebsrat zustande kommen kann.[1062] Demgegenüber enthält eine Betriebsordnung (siehe oben Rdn 407 ff.) insbesondere nach § 87 Abs. 1 Nr. 1 BetrVG der Mitbestimmung des Betriebsrats unterliegende Regelungsgegenstände. Es spricht zwar grundsätzlich nichts dagegen, die Regelungsgegenstände einer Arbeits- und die einer Betriebsordnung in einer Betriebsvereinbarung festzulegen; aber auch in dem Fall sind die Regelungsgegenstände hinsichtlich der Mitbestimmungspflichtigkeit und der Auswirkung auf die Arbeitsverhältnisse zu differenzieren.[1063] **415**

Anstatt die Rechte und Pflichten zwischen dem Arbeitgeber und den einzelnen Arbeitnehmern in einer Arbeitsordnung in Form einer Betriebsvereinbarung mit dem Betriebsrat zu regeln, könnten entsprechende Regelungen auch in einheitlichen Arbeitsverträgen mit den Arbeitnehmern getroffen werden. Bei diesen Formularverträgen würde aber seit der Schuldrechtsreform gemäß § 310 Abs. 4 S. 2 BGB eine **Inhaltskontrolle** für allgemeine Geschäftsbedingungen nach §§ 305 ff. BGB stattfinden, die zur Unwirksamkeit einzelner Regelungen führen könnte. Da eine solche Inhaltskontrolle nach § 310 Abs. 4 S. 1 BGB nicht bei Betriebsvereinbarungen erfolgt,[1064] bietet die Regelung der materiellen Arbeitsbedingungen der Arbeitnehmer in einer Arbeitsordnung, die mit dem Betriebsrat in Form einer Betriebsvereinbarung zustande kommt, für den Arbeitgeber mehr Gestaltungsmöglichkeiten.[1065] Diese Gestaltungsmöglichkeiten des Arbeitgebers bestehen allerdings nicht unbeschränkt, vielmehr müssen dabei der Grundsatz der Verhältnismäßigkeit und zwingende gesetzliche Bestimmungen, insbesondere § 75 Abs. 2 BetrVG beachtet werden, der die Betriebsparteien zur Achtung der Persönlichkeitsrechte der Arbeitnehmer verpflichtet. Von den Betriebsparteien können in einer Betriebsvereinbarung keine Angelegenheiten geregelt werden, die nicht im Zusammenhang mit dem Arbeitsverhältnis stehen und in den Bereich der persönlichen Lebensführung der Arbeitnehmer einwirken.[1066] **416**

Der Grund für die Herausnahme der Betriebsvereinbarungen aus dem Anwendungsbereich der §§ 305 ff. BGB ist folgender: Der Gesetzgeber ging bei der Regelung in § 310 Abs. 4 S. 1 BGB davon aus, dass die **417**

1062 BAG 12.12.2006, NZA 2007, 453, 454.
1063 Vgl. dazu auch *Kleinebrink*, ArbRB 5/2010, 161, 162.
1064 LAG Niedersachsen 16.6.2014, NZA-RR 2014, 524, 526. Eine Inhaltskontrolle findet auch dann nicht statt, wenn eine ablösende Betriebsvereinbarung zur Verschlechterung einer betriebsvereinbarungsoffenen vertraglichen Einheitsregelung führt, BAG 17.7.2012, NZA 2013, 338.
1065 Zu den Vorteilen der Betriebsvereinbarung gegenüber einzelvertraglichen Regelungen *Eich*, NZA 2010, 1389.
1066 MünchArbR/*Matthes*, § 238 Rn 51.

gleichberechtigte Mitwirkung des Betriebsrats eine gewisse Gewähr dafür bietet, dass die Interessen der Arbeitnehmer bei einer Betriebsvereinbarung berücksichtigt und die Arbeitnehmer nicht unangemessen belastet werden.[1067] Dies gilt umso mehr für freiwillige Betriebsvereinbarungen nach § 88 BetrVG, die nur dann zustande kommen, wenn der Betriebsrat sie für angemessen hält und abschließt.

418 Fraglich ist allerdings, inwieweit eine Bezugnahme des Arbeitsvertrages auf eine Betriebsvereinbarung, etwa zur Arbeitsordnung, AGB-rechtlich privilegiert ist.[1068] Die Bezugnahme auf eine Betriebsvereinbarung ist abzugrenzen von der Gestaltung, dass der Arbeitsvertrag betriebsvereinbarungsoffen ist.

419 Wegen des im Verhältnis zwischen Betriebsvereinbarungen und Einzelarbeitsverträgen geltenden **Günstigkeitsprinzips** sind für die Arbeitnehmer günstigere einzelvertragliche Vereinbarungen vorrangig gegenüber belastenden Regelungen in Betriebsvereinbarungen.[1069] Es greift insoweit nicht die unmittelbare und zwingende Wirkung der Betriebsvereinbarungen über materielle Arbeitsbedingungen nach § 77 Abs. 4 S. 1 BetrVG ein. Diese Kollisionsregel kommt aber dann nicht zum Tragen, wenn die Arbeitsverträge eine Öffnung gegenüber Betriebsvereinbarungen enthalten (z.B. „Betriebsvereinbarungen gehen den Regelungen des Arbeitsvertrages auch dann vor, wenn die arbeitsvertraglichen Regelungen für den Arbeitnehmer günstiger sind"). In diesen Fällen der sog. **Betriebsvereinbarungsoffenheit** findet das Günstigkeitsprinzip keine Anwendung;[1070] vielmehr gehen die Regelungen der Betriebsvereinbarungen den Arbeitsverträgen vor.[1071] Dies wiederum gilt nicht, wenn die Arbeitsverträge nur auf Betriebsvereinbarungen, etwa zur Arbeitsordnung, Bezug nehmen.[1072]

420 Nach der Rechtsprechung des BAG und der herrschenden Meinung in der Literatur haben Arbeitgeber und Betriebsrat aufgrund der ihnen durch das BetrVG verliehenen Betriebsautonomie eine grundsätzlich umfassende Kompetenz zur Regelung von (allen) formellen und materiellen Arbeitsbedingungen, sie können daher in einer Betriebsvereinbarung nähere Regelungen über den Inhalt, den Abschluss und die Beendigung von Arbeitsverhältnissen treffen.[1073] Arbeitgeber und Betriebsrat können danach in freiwilligen Betriebsvereinbarungen, die ebenfalls gemäß § 77 Abs. 4 S. 1 BetrVG unmittelbar und zwingend auf das Arbeitsverhältnis jedes einzelnen Mitarbeiters einwirken, auch Regelungen treffen, welche die Arbeitnehmer belasten.[1074] Die Regelungsbefugnis der Betriebsparteien ist beschränkt durch die Tarifsperre des § 77 Abs. 3 BetrVG. Danach haben einschlägige und übliche tarifliche Regelungen Vorrang vor Betriebsvereinbarungen, wenn der Tarifvertrag diese nicht ausdrücklich zulässt. Daraus folgt, dass immer dann, wenn eine tarifliche Regelung nicht üblich ist, die Arbeitsbedingungen Gegenstand einer Betriebsvereinbarung sein können. Die Betriebsparteien haben daher kraft Gesetzes grundsätzlich die gleiche Regelungskompetenz wie die Tarifvertragsparteien, die den Inhalt der Arbeitsverhältnisse durch Tarifvertrag regeln können.[1075]

421 Ohne die Möglichkeit der Vereinheitlichung der Arbeitsbedingungen durch eine Betriebsvereinbarung – hier zur Arbeitsordnung – könnte der Arbeitgeber einheitliche Regelungen für alle Arbeitnehmer nur durch den Abschluss einzelner gleich lautender Arbeitsverträge erreichen. Diese zusätzliche Regelungsmöglichkeit durch Betriebsvereinbarung nach dem BetrVG setzt allerdings eine Einigung mit dem Betriebsrat vo-

---

1067 BAG 12.12.2006, NZA 2007, 453, 455.
1068 Dazu *Rieble/Schul*, RdA 2006, 339, 343 ff.; *Richardi/Richardi*, § 77 BetrVG Rn 135.
1069 BAG 12.12.2006, NZA 453, 455; *Kleinebrink*, ArbRB 5/2010, 161, 163.
1070 *Linsenmaier*, RdA 2008, 1, 9.
1071 *Kleinebrink*, ArbRB 5/2010, 161, 163.
1072 *Rieble/Schul*, RdA 2006, 339, 340, 343.
1073 BAG 18.8.1987, NZA 1987, 779; BAG GS 7.11.1989, NZA 1990, 816; BAG 12.12.2006, NZA 2007, 453; zusammenfassend zur Rechtsprechung *Linsenmaier*, RdA 2008, 1, 3; ebenso Richardi/*Richardi*, § 77 BetrVG Rn 66 f.; a.A. *Preis/Ulber*, RdA 2013, 211, 214; *Waltermann*, NZA 1996, 357, 360.
1074 BAG 12.12.2006, NZA 2007, 453, 454.
1075 MünchArbR/*Matthes*, § 238 Rn 48.

raus. Kommt es zu keiner Einigung, verbleibt es bei demjenigen Rechtszustand, der ohne das BetrVG bestehen würde und der Arbeitgeber wäre auf individualrechtliche Gestaltungsmittel angewiesen.[1076]

Zuständig für den Abschluss einer Betriebsvereinbarung zur Arbeitsordnung ist regelmäßig der lokale Betriebsrat. Sollen die materiellen Arbeitsbedingungen sämtlicher Arbeitnehmer in einem Unternehmen mit mehreren Betrieben durch eine Arbeitsordnung vereinheitlicht werden, kommt eine Gesamtbetriebsvereinbarung mit dem Gesamtbetriebsrat nach § 50 Abs. 1 BetrVG in Betracht.   422

bb) Muster Betriebsvereinbarung zur Arbeitsordnung

Muster 2.41: Betriebsvereinbarung zur Arbeitsordnung   423

Zwischen

der ▨▨▨ (*Bezeichnung und Anschrift des Unternehmens*)

– nachfolgend „Arbeitgeber" genannt –

und dem Betriebsrat der ▨▨▨ (*Bezeichnung des Unternehmens*), vertreten durch den Betriebsratsvorsitzenden

– nachfolgend „Betriebsrat" genannt –

wird folgende Betriebsvereinbarung zur Arbeitsordnung geschlossen:

Präambel

Diese Betriebsvereinbarung regelt Rechte und Pflichten zwischen dem Arbeitgeber und den Arbeitnehmerinnen und Arbeitnehmern des Betriebes. Sie fasst die für alle Arbeitnehmerinnen und Arbeitnehmer im Rahmen ihres Arbeitsverhältnisses einheitlich geltenden Arbeitsbedingungen zusammen. Jeder Arbeitnehmer ist verpflichtet, sich mit dem Inhalt dieser Betriebsvereinbarung vertraut zu machen, die seinen Arbeitsvertrag unmittelbar und zwingend ergänzt.

A. Allgemeine Regelungen

§ 1 Geltungsbereich

(1) Diese Betriebsvereinbarung gilt in persönlicher Hinsicht für alle Arbeitnehmerinnen und Arbeitnehmer des Betriebs ▨▨▨ (nachfolgend „Arbeitnehmer" oder „Mitarbeiter" genannt), mit Ausnahme der leitenden Angestellten im Sinne des § 5 Abs. 3 BetrVG.

(2) Die Betriebsvereinbarung gilt nicht, soweit ihr zwingende gesetzliche Bestimmungen oder gegebenenfalls für den Betrieb anwendbare Tarifverträge entgegenstehen. Vereinbarungen des Arbeitgebers mit einzelnen Arbeitnehmern haben den Vorrang vor dieser Betriebsvereinbarung, sofern die einzelvertraglichen Vereinbarungen für den Arbeitnehmer günstiger sind.

(3) Soweit im Folgenden die männliche Bezeichnung verwendet wird, gilt die Betriebsvereinbarung auch für Mitarbeiterinnen; die Verwendung der männlichen Bezeichnung dient ausschließlich der Vereinfachung.

§ 2 Aushändigung der Arbeitsordnung

Jedem Mitarbeiter wird ein Abdruck der in dieser Betriebsvereinbarung enthaltenen Arbeitsordnung ausgehändigt. Die Aushändigung der Arbeitsordnung und die Kenntnisnahme von ihr sind von den Mitarbeitern schriftlich zu bestätigen. Die Arbeitsordnung wird außerdem bei der Personalabteilung und beim Betriebsrat zur Einsichtnahme ausgelegt.

1076 BAG 18.8.1987, NZA 1987, 779, 783.

B. Begründung des Arbeitsverhältnisses

§ 3 Einstellung der Arbeitnehmer

(1) Die Einstellung der Arbeitnehmer erfolgt durch die Personalabteilung unter Beachtung der Mitwirkungsrechte des Betriebsrats nach § 99 BetrVG.

(2) Vor Beginn des Arbeitsverhältnisses ist die ordentliche Kündigung ausgeschlossen.[1077]

(3) Falls im Arbeitsvertrag nicht abweichend geregelt, gelten für sämtliche Arbeitsverhältnisse die ersten sechs Monate als Probezeit. Während der Probezeit kann das Arbeitsverhältnis von beiden Seiten mit einer Frist von zwei Wochen gekündigt werden.

(4) Alle neuen Arbeitnehmer müssen die üblichen Unterlagen wie Urlaubsbescheinigung des vorherigen Arbeitgebers, etwaige Ausweise, Zeugnisse und den ausgefüllten Einstellungsfragebogen unverzüglich bei der Personalabteilung einreichen.

(5) Die neuen Arbeitnehmer haben die Fragen über ihre persönlichen und beruflichen Verhältnisse wahrheitsgemäß und vollständig zu beantworten. Wer unrichtige Ausweispapiere oder Zeugnisse vorlegt oder den Einstellungsfragebogen bewusst wahrheitswidrig oder unvollständig ausfüllt, muss mit einer außerordentlichen Kündigung oder einer Anfechtung des Arbeitsvertrages rechnen. Die Angaben im Einstellungsfragebogen werden zur Grundlage des Arbeitsvertrages.

(6) Auf Verlangen des Arbeitgebers muss sich jeder Arbeitnehmer vor seiner Einstellung einer ärztlichen Eignungsuntersuchung[1078] unterziehen. Gegenstand dieser Eignungsuntersuchung ist die gesundheitliche Eignung des Arbeitnehmers für den konkreten Arbeitsplatz. Insoweit befreit der Arbeitnehmer den Arzt von seiner Schweigepflicht, während der Untersuchungsbefund als solcher der ärztlichen Schweigepflicht unterliegt. Der Arbeitnehmer kann die Eignungsprüfung beim Werksarzt auf Kosten des Arbeitgebers oder von einem Arzt seines Vertrauens auf eigene Kosten durchführen lassen. Im letzteren Fall erhält er eine Arbeitsplatzbeschreibung von der Personalabteilung, die er dem die Eignungsprüfung durchführenden Arzt vorzulegen hat.

§ 4 Form und Inhalt des Arbeitsvertrages

(1) Die Einstellung der Arbeitnehmer erfolgt auf der Grundlage eines schriftlichen Arbeitsvertrages. Mündliche Vereinbarungen, die das Arbeitsverhältnis betreffen, werden erst verbindlich, wenn sie schriftlich bestätigt worden sind.

(2) In den Arbeitsvertrag sind aufzunehmen:[1079]

1.   der Name und die Anschrift der Vertragsparteien;

2.   der Zeitpunkt des Beginns des Arbeitsverhältnisses;

3.   bei befristeten Arbeitsverhältnissen die vorhersehbare Dauer des Arbeitsverhältnisses;

4.   der Arbeitsort oder, falls der Arbeitnehmer nicht nur an einem bestimmten Arbeitsort tätig sein soll, ein Hinweis darauf, dass der Arbeitnehmer an verschiedenen Orten beschäftigt werden kann;

1077 Ein Arbeitsverhältnis kann grundsätzlich auch schon vor Arbeitsantritt von beiden Seiten unter Einhaltung der ordentlichen Kündigungsfrist gekündigt werden, BAG 25.3.2004, NZA 2004, 1089. Die Kündigungsfrist soll auch dann mit dem Zugang der Kündigungserklärung beginnen. Um zu verhindern, dass der Arbeitnehmer vor Arbeitsbeginn kündigt, kann die Kündigung vor Beginn des Arbeitsverhältnisses ausgeschlossen werden.

1078 Da die ärztliche Eignungsprüfung vor der Einstellung durchgeführt wird, kann der (potentielle) Arbeitnehmer zu diesem Zeitpunkt nicht vom Geltungsbereich der Betriebsvereinbarung erfasst werden. Gleichwohl ist eine solche Regelung in der Betriebsvereinbarung sinnvoll, weil der Betriebsrat dadurch Einfluss auf ihre Ausgestaltung nehmen und ihre Einhaltung durch den Arbeitgeber leichter überwachen kann. Eine werks- oder vertrauensärztliche Untersuchung, die sich ausschließlich an den Anforderungen des zukünftigen Arbeitsplatzes orientiert und bei der der untersuchende Arzt dem Arbeitgeber gegenüber schweigepflichtig ist, diesem also nur das Ergebnis der Untersuchung („geeignet/ungeeignet") mitteilt, wird als zulässig angesehen, *Keller*, NZA 1988, 561, 562. Durch diese Untersuchung kann der Arbeitgeber feststellen, ob der (potentielle) Arbeitnehmer für die in Aussicht genommene Tätigkeit geeignet ist und sein Anforderungsprofil erfüllt. Die Kosten der Untersuchung hat der Arbeitgeber nach § 670 BGB zu tragen, wenn keine andere Abmachung getroffen wird.

1079 Die Anforderungen ergeben sich aus § 2 Abs. 1 NachwG.

5. die kurze Charakterisierung oder Beschreibung der vom Arbeitnehmer zu leistenden Tätigkeit;

6. die Zusammensetzung und die Höhe des Arbeitsentgelts einschließlich der Zuschläge, der Zulagen, Prämien und Sonderzahlungen sowie anderer Bestandteile des Arbeitsentgelts und deren Fälligkeit;

7. die vereinbarte Arbeitszeit;

8. die Dauer des jährlichen Erholungsurlaubs;

9. die Fristen für die Kündigung des Arbeitsverhältnisses;

10. ein in allgemeiner Form gehaltener Hinweis auf die Tarifverträge und Betriebsvereinbarungen, die auf das Arbeitsverhältnis anzuwenden sind.

§ 5 Unterweisungen

Jeder neue Mitarbeiter wird spätestens bei Arbeitsaufnahme unterrichtet über:[1080]

1. die von ihm zu erbringende Tätigkeit und deren Einordnung in den Arbeitsablauf des Betriebes;

2. seine direkten Vorgesetzten, deren Weisungen er unterliegt;

3. die übrigen Mitarbeiter, mit denen er gemeinsam arbeiten soll;

4. die Unfall- und Gesundheitsgefahren, denen er bei der Arbeit ausgesetzt ist;

5. die Maßnahmen und Einrichtungen zur Abwendung von Unfall- und Gesundheitsgefahren;

6. die Maßnahmen des Umweltschutzes;

7.

C. Rechte und Pflichten aus dem Arbeitsverhältnis

§ 6 Rechtsgrundlagen für Rechte und Pflichten aus dem Arbeitsverhältnis

Rechtsgrundlagen für die Rechte und Pflichten der Arbeitsvertragsparteien sind das Gesetz, die gegebenenfalls für den Betrieb anwendbaren Tarifverträge und die für den Betrieb geltenden Betriebsvereinbarungen einschließlich dieser Arbeitsordnung sowie der Arbeitsvertrag.

§ 7 Arbeitsleistung

(1) Jeder Mitarbeiter ist verpflichtet, seine volle Arbeitskraft dem Arbeitgeber zur Verfügung zu stellen, die ihm übertragenen Aufgaben nach bestem Können unter Beachtung des geltenden Rechts zu erfüllen und während der festgelegten Arbeitszeit nur die ihm übertragenen Arbeiten zu erledigen.

(2) Die Mitarbeiter dürfen ohne vorherige Zustimmung des zuständigen Vorgesetzten sich nicht bei ihrer Arbeit vertreten lassen oder einen anderen Mitarbeiter bei dessen Arbeit vertreten.

(3) Die Mitarbeiter haben die Anordnungen ihrer Vorgesetzten und der mit Ordnungs- und Sicherheitsaufgaben betrauten Personen sowie die Unfallverhütungs- und Arbeitsschutzvorschriften gewissenhaft zu befolgen.

(4) Bei vorübergehendem Arbeitsmangel oder in Notfällen sind die Mitarbeiter verpflichtet, im Rahmen des Zumutbaren auch Arbeiten zu verrichten, die nicht unter ihren arbeitsvertraglich vereinbarten Aufgabenbereich fallen.

§ 8 Arbeitszeit

(1) Die Dauer der regelmäßigen wöchentlichen Arbeitszeit richtet sich nach den gesetzlichen bzw. den für den Betrieb geltenden tariflichen Bestimmungen.

(2) Der Beginn und das Ende der täglichen Arbeitszeit einschließlich der Pausen sowie die Verteilung der Arbeitszeit auf die einzelnen Wochentage werden mit dem Betriebsrat vereinbart.[1081]

1080 Die Pflichten ergeben sich insbesondere aus § 81 Abs. 1 BetrVG und § 12 ArbSchG.
1081 Der Betriebsrat hat insoweit ein Mitbestimmungsrecht nach § 87 Abs. 1 Nr. 2 BetrVG.

(3) Die Arbeitnehmer sind verpflichtet, sich zur festgesetzten Uhrzeit für den Arbeitsbeginn am Arbeitsplatz einzufinden und die Arbeitszeit einzuhalten. Umziehen, Waschen und ähnliche Vorbereitungsmaßnahmen haben außerhalb der Arbeitszeit und nur in den dazu bestimmten Räumen zu erfolgen.

(4) Mitarbeiter, die verspätet die Arbeit aufnehmen oder die für längere Zeit ihren Arbeitsplatz verlassen müssen, haben sich vorher bei ihrem Vorgesetzten zu melden. Ein vorzeitiges dauerhaftes Verlassen des Arbeitsplatzes ist nur mit Erlaubnis des Vorgesetzten zulässig.

(5) Die Arbeitnehmer sind auf entsprechende Anordnung des Arbeitgebers zur Leistung von Mehr-, Nacht-, Schicht-, Sonn- und Feiertagsarbeit im Rahmen der gesetzlichen und tariflichen Bestimmungen verpflichtet.[1082] Umfang und Dauer werden möglichst frühzeitig bekannt gegeben, die dem Betriebsrat zustehenden Mitbestimmungsrechte werden dabei beachtet.

(6) Überstunden sind spätestens am Folgetag von den Mitarbeitern dem zuständigen Vorgesetzten zu melden. Sie werden nur anerkannt, wenn sie von einem zuständigen Vorgesetzten angeordnet wurden oder in einem unvorhergesehenen Fall betrieblich notwendig waren.[1083]

(7) Die Mitarbeiter sind verpflichtet, für den Fall, dass die Voraussetzungen für die Gewährung von Kurzarbeitergeld erfüllt sind, Kurzarbeit zu leisten.[1084] Bei der Anordnung von Kurzarbeit hat der Arbeitgeber gegenüber dem betroffenen Mitarbeiter eine Ankündigungsfrist von vier Wochen einzuhalten. Die Kurzarbeit kann nur für die Dauer von bis zu 12 Monaten und nur mit Kurzarbeit von mindestens 50 % der bisherigen Arbeitszeit angeordnet werden und nur dann, wenn entweder der ganze Betrieb oder zumindest die Betriebsabteilung des Mitarbeiters betroffen sind und die in Satz 1 genannte Voraussetzung erfüllt ist.

§ 9 Arbeitsentgelt

(1) Die Höhe des Arbeitsentgelts richtet sich bei tarifgebundenen Arbeitnehmern nach den tariflichen Bestimmungen sowie der persönlichen Leistung des Arbeitnehmers, im Übrigen nach den einzelvertraglichen Vereinbarungen. Vergütet wird nur die tatsächlich geleistete Arbeit.

(2) Ist einem Mitarbeiter aus betrieblichen Gründen vorübergehend eine andere Arbeit zugewiesen worden, die niedriger zu entlohnen wäre, so behält er dennoch seinen Anspruch auf das bisherige Arbeitsentgelt. Eine Ausnahme hiervon besteht dann, wenn der Mitarbeiter die Zuweisung der anderen Tätigkeit durch schuldhaftes Verhalten selbst verursacht hat.

(3) Übertarifliche und außertarifliche Bestandteile des Arbeitsentgelts können mit tariflich vereinbarten Lohn- und Gehaltsteigerungen verrechnet werden. Übertarifliche und außertarifliche Leistungen können auf Erhöhungen des Tarifentgelts angerechnet werden.

(4) Die Bezahlung von Mehr-, Nacht-, Schicht-, Sonn- und Feiertagsarbeit richtet sich nach den gesetzlichen, tariflichen und arbeitsvertraglichen Regelungen.

(5) Das Arbeitsentgelt wird monatlich abgerechnet und bargeldlos[1085] ausgezahlt. Die Zahlung erfolgt bei Lohnempfängern spätestens bis zum 10. des Folgemonats, bei Gehaltsempfängern mit festem Einkommen bis zum letzten Werktag vor dem Monatsletzten. Jeder Mitarbeiter ist verpflichtet, sich auf eigene Kosten ein Konto einzurichten und dies der Personalabteilung innerhalb von 10 Tagen nach Beginn des Arbeitsverhältnisses anzugeben. Änderungen der Bankverbindung sind unverzüglich mitzuteilen.

(6) Reisekosten und sonstige Aufwendungen im Interesse des Arbeitgebers werden dem Arbeitnehmer gegen Nachweis im Rahmen und nach Maßgabe der jeweils anwendbaren betrieblichen und gesetzlichen (insbesondere steuerrechtlichen) Vorschriften erstattet.

(7) Stimmt das ausgezahlte Arbeitsentgelt nicht mit der aus dem Abrechnungsbeleg ersichtlichen Endsumme überein, so ist dies unverzüglich der Personalabteilung zu melden. Im Übrigen haben Beanstandungen der Lohn- und Gehaltsabrechnungen innerhalb der tariflichen Ausschlussfristen bei der Personalabtei-

---

1082 Die Arbeitnehmer können in einer Betriebsvereinbarung grundsätzlich zur Leistung von Überstunden verpflichtet werden, BAG 3.6.2003, NZA 2003, 1155; a.A. *Preis/Ulber*, RdA 2013, 211, 214.

1083 Damit soll verhindert werden, dass die Arbeitnehmer im eigenen Interesse einfach Überstunden oder Mehrarbeit leisten, ohne dass diese erforderlich wären.

1084 Die Betriebsparteien können in eine Betriebsvereinbarung die Möglichkeit zur Verkürzung der Arbeitszeit der Arbeitnehmer wirksam aufnehmen, BAG 14.2.1991, NZA 1991, 607; a.A. *Waltermann*, NZA 1996, 357, 362.

1085 Der Betriebsrat hat insoweit ein Mitbestimmungsrecht nach § 87 Abs. 1 Nr. 4 BetrVG.

lung zu erfolgen. Nachzuzahlende Differenzbeträge werden bei der nächsten Lohn- oder Gehaltszahlung überwiesen, Überzahlungen hat der Arbeitnehmer zurück zu erstatten. Der Einwand der Entreicherung durch den Arbeitnehmer ist ausgeschlossen, wenn die rechtsgrundlose Überzahlung so offensichtlich war, dass der Arbeitnehmer dies hätte erkennen müssen, oder wenn die Überzahlung auf Umständen beruht, die der Arbeitnehmer zu vertreten hat.

§ 10 Entgeltfortzahlung bei Krankheit

Wird ein Arbeitnehmer durch Arbeitsunfähigkeit infolge Krankheit an seiner Arbeitsleistung verhindert, ohne dass ihn ein Verschulden trifft, so hat er Anspruch auf Entgeltfortzahlung im Krankheitsfall durch den Arbeitgeber für die Zeit der Arbeitsunfähigkeit bis zur Dauer von sechs Wochen.[1086]

§ 11 Abtretung und Verpfändung des Arbeitsentgelts

Ohne vorherige schriftliche Zustimmung des Arbeitgebers dürfen Ansprüche auf das Arbeitsentgelt nicht abgetreten oder verpfändet werden.[1087]

§ 12 Abtretung von Schadenersatzansprüchen

(1) Die Arbeitnehmer sind bei einer Verletzung von Körper, Gesundheit oder Eigentum verpflichtet, ihre Schadensersatzansprüche gegenüber Dritten in dem Umfang an den Arbeitgeber abzutreten, wie dieser ihnen Lohn- oder Gehaltsfortzahlung oder sonstige Leistungen gewährt.[1088]

(2) Die Arbeitnehmer sind weiterhin verpflichtet, unverzüglich den Schadensfall dem Arbeitgeber zu melden und genaue Angaben über die Person des Schädigers und den Hergang des Schadensfalles zu machen. Sie haben den Arbeitgeber nach besten Kräften bei der Verfolgung von Schadensersatzansprüchen zu unterstützen.

§ 13 Arbeitsverhinderung

(1) Können Mitarbeiter wegen Krankheit oder aus sonstigen unvorhergesehenen Gründen nicht zur Arbeit erscheinen, haben sie unverzüglich nach Kenntnis, möglichst vor dem Zeitpunkt der erwarteten Arbeitsaufnahme, ihrem Vorgesetzten, dessen Vertreter oder der Personalabteilung die Arbeitsverhinderung und deren voraussichtliche Dauer mitzuteilen.[1089] Bei anstehenden Terminsachen hat der Mitarbeiter auf vordringlich zu erledigende Arbeiten hinzuweisen.

(2) Beruht die Arbeitsverhinderung auf einer Erkrankung oder einem Unfall, so ist die Arbeitsunfähigkeit vor Ablauf des dritten[1090] Kalendertages nach deren Beginn durch Vorlage einer ärztlichen Bescheinigung nachzuweisen.[1091] Aus dieser Bescheinigung soll sich auch die voraussichtliche Dauer der Arbeitsunfähigkeit ergeben. Dauert die Arbeitsunfähigkeit länger als in der Bescheinigung angegeben, so ist der Arbeitnehmer verpflichtet, spätestens am ersten Tag des verlängerten Zeitraums der Arbeitsunfähigkeit eine neue Bescheinigung vorzulegen.

(3) Nach längerer Arbeitsverhinderung unterrichtet der Mitarbeiter rechtzeitig vor Wiederaufnahme der Arbeit seinen Vorgesetzten oder die Personalabteilung über den Zeitpunkt der Wiederaufnahme der Arbeit.

(4) Über Anträge auf Kuren oder Heilverfahren hat der Arbeitnehmer die Personalabteilung unverzüglich zu unterrichten. Die Bewilligung eines Heilverfahrens oder einer Erholungskur durch einen Sozialversiche-

---

1086 Vgl. § 3 Abs. 1 S. 1 EntgFG.
1087 LAG Niedersachsen 16.6.2014, NZA-RR 2014, 524, hält ein in einer Betriebsvereinbarung Arbeitsordnung geregeltes umfassendes Lohn- und Gehaltsabtretungsverbot für grundsätzlich wirksam; kritisch *Preis/Ulber*, RdA 2013, 211, 222. Die durch die Bearbeitung von Verpfändungen des Arbeitsentgelts dem Arbeitgeber entstehenden Kosten können den Arbeitnehmern durch Betriebsvereinbarungen nicht wirksam auferlegt werden, BAG 18.7.2006, NZA 2007, 462; *Linsenmaier*, RdA 2008, 1, 10 f.
1088 Im Falle der Entgeltfortzahlung gehen nach § 6 Abs. 1 EFZG Schadensersatzansprüche gegen den Dritten in Höhe der Entgeltfortzahlung auf den Arbeitgeber über.
1089 Die entsprechende Verpflichtung zur Mitteilung der Arbeitsunfähigkeit ergibt sich aus § 5 Abs. 1 S. 1 EFZG.
1090 Nach § 5 Abs. 1 S. 2 EFZG hat der Arbeitnehmer nach dem dritten Tag der Arbeitsunfähigkeit am darauffolgenden Arbeitstag eine ärztliche Bescheinigung vorzulegen. Der Arbeitgeber kann aber gemäß § 5 Abs. 1 S. 3 EFZG die Vorlage der Bescheinigung auch früher verlangen. Da die Regelung in § 5 Abs. 1 S. 2 EFZG missverständlich formuliert ist, empfiehlt sich in der Praxis eine Verpflichtung zur Vorlage der Bescheinigung über die Arbeitsunfähigkeit bereits am dritten Krankheitstag. Eine solche Regelung soll allerdings nach § 87 Abs. 1 Nr. 1 BetrVG mitbestimmungspflichtig sein, vgl. BAG 25.1.2000, NZA 2000, 665.
1091 Der Arbeitgeber kann nach § 7 Abs. 1 Nr. 1 EFZG bis zur Vorlage der ärztlichen Bescheinigung die Entgeltfortzahlung verweigern.

rungsträger oder eine andere Stelle ist ebenfalls unverzüglich der Personalabteilung unter Vorlage des Bewilligungsbescheides und Angabe des Zeitpunkts des Antritts mitzuteilen. Die Bescheinigung über die Bewilligung soll Angaben über die voraussichtliche Dauer der Kur oder des Heilverfahrens enthalten. Dauert die Kur oder das Heilverfahren länger als in der Bescheinigung angegeben, so ist der Arbeitnehmer verpflichtet, dem Arbeitgeber unverzüglich eine weitere entsprechende Bescheinigung vorzulegen.

§ 14 Urlaub

(1) Die Dauer des Erholungsurlaubs richtet sich nach den gesetzlichen[1092] und geltenden tariflichen Bestimmungen, soweit im Einzelfall keine für den Arbeitnehmer günstigere Regelung getroffen ist. Der Urlaub soll nach Möglichkeit zusammenhängend genommen werden.

(2) Der Arbeitgeber kann im Einvernehmen mit dem Betriebsrat für einzelne Abteilungen einen Urlaubsplan aufstellen, in den Beginn und Dauer des Urlaubs der Arbeitnehmer eingetragen werden. Berechtigte Wünsche der Arbeitnehmer werden bei rechtzeitiger Anmeldung berücksichtigt, sofern nicht dringende betriebliche Gründe entgegenstehen.[1093]

(3) Ebenfalls im Einvernehmen mit dem Betriebsrat kann der Arbeitgeber für den Betrieb oder einzelne Abteilungen Betriebsferien einführen. In diesem Fall haben die Arbeitnehmer ihren Urlaub während der Betriebsferien zu nehmen.

(4) Während des Urlaubs dürfen Mitarbeiter keine dem Urlaubszweck widersprechende Erwerbstätigkeit ausüben.

(5) Nicht genommener Urlaub verfällt spätestens am 31. März des Folgejahres. Der Urlaub verfällt erst am 31. März des zweiten Folgejahres, wenn er wegen Arbeitsunfähigkeit des Arbeitnehmers nicht genommen werden konnte.[1094]

§ 15 Mitteilungspflichten

Die Arbeitnehmer sind verpflichtet, Änderungen ihrer persönlichen Verhältnisse, die für das Arbeitsverhältnis bedeutsam sind, ohne besondere Aufforderung unverzüglich der Personalabteilung zu melden und durch die Vorlage entsprechender Unterlagen nachzuweisen. Mitzuteilen sind insbesondere:

1. jeder Wohnungs- oder Anschriftenwechsel;

2. Erwerb und Verlust von gesetzlichen Sonderrechten, z.B. Mutterschutz- oder Elternzeit;

3. Zuerkennung oder Verlust von Berufs- oder Erwerbsunfähigkeitsrenten, Renten wegen verminderter Erwerbsfähigkeit;

4. Eheschließungen, Scheidung oder Todesfall des Ehegatten;

5. Geburts- oder Sterbefälle von unterhaltsberechtigten Personen.

§ 16 Geheimhaltung und Verschwiegenheitspflicht

(1) Die Arbeitnehmer sind verpflichtet, Betriebs- und Geschäftsgeheimnisse sowie betriebliche Angelegenheiten vertraulicher Natur, die vom Arbeitgeber schriftlich oder mündlich als solche bezeichnet werden bzw. offensichtlich als vertraulich zu erkennen sind, geheim zu halten und ohne ausdrückliche Genehmigung des Arbeitgebers keinen dritten Personen zugänglich zu machen.[1095] Diese Pflicht erstreckt sich auch auf Angelegenheiten anderer Gesellschaften, mit denen der Arbeitgeber wirtschaftlich oder organisatorisch verbunden ist.

(2) Die Pflicht zur Verschwiegenheit besteht sowohl gegenüber Außenstehenden, als auch gegenüber anderen Mitarbeitern des Arbeitgebers, die mit dem betreffenden Sachverhalt nicht unmittelbar befasst sind.

1092 Nach § 3 BUrlG hat jeder Arbeitnehmer Anspruch auf jährlich mindestens 24 Werktage Urlaub, so dass mindestens diese oder mehr Urlaubstage vereinbart werden können.

1093 Die Regelung entspricht § 7 Abs. 1 BUrlG.

1094 Vgl. dazu BAG 7.8.2012, NZA 2012, 1216.

1095 Der Arbeitnehmer unterliegt grundsätzlich einer allgemeinen Verschwiegenheitspflicht als Ausprägung der Treuepflicht aus dem Arbeitsverhältnis, die eine Nebenpflicht nach § 241 Abs. 2 BGB darstellt.

(3) Die Verschwiegenheitspflicht endet nicht mit der Beendigung des Arbeitsverhältnisses, sondern wirkt darüber hinaus fort.[1096]

§ 17 Nutzung von Internet, E-Mail und Telekommunikationseinrichtungen

(1) Die Arbeitnehmer dürfen den betrieblichen Internetzugang und das betriebliche E-Mail-System ausschließlich für dienstliche Zwecke verwenden. Die Nutzung für private Zwecke ist nicht gestattet. Gleiches gilt für die Nutzung betrieblicher Telekommunikationseinrichtungen (Telefon, Telefax). Kurze dienstlich veranlasste Privattelefonate sind zulässig, jedoch auf das unbedingt erforderliche Maß zu beschränken.

(2) Der Internetzugang darf nur mit der gültigen persönlichen Zugangsberechtigung genutzt werden. Diese Zugangsberechtigung in Form der Benutzerkennung und das dazugehörige Passwort dürfen nicht an andere weitergegeben werden.

(3) Fremde Dateien/Programme aus dem Internet oder von externen Datenträgern dürfen nicht auf dem Computer gespeichert, installiert oder eingesetzt werden. Auf den Einsatz von Virenschutzprogrammen ist zu achten. Werden Störungen auf dem Computer entdeckt, die auf einen Computervirus oder sonstige ausführbare Programmcodes hindeuten, muss unverzüglich der Systemadministrator informiert werden.

§ 18 Nebentätigkeit

(1) Die Mitarbeiter dürfen eine Nebentätigkeit während der Dauer des Arbeitsverhältnisses nur nach vorheriger schriftlicher Zustimmung des Arbeitgebers aufnehmen. Der Arbeitgeber hat seine Zustimmung zu geben, wenn nicht seine berechtigten Interessen dagegen sprechen und der Umfang der zu erwartenden Nebentätigkeit den Mitarbeiter nicht in seiner Leistungsfähigkeit beeinträchtigt. Eine bereits erteilte Zustimmung zur Aufnahme einer Nebentätigkeit kann der Arbeitgeber widerrufen, sofern er feststellt, dass der Mitarbeiter durch die Ausübung der Nebentätigkeit seine arbeitsvertragliche Hauptpflicht vernachlässigt, fehlerhafte Arbeitsergebnisse liefert oder gegen das Arbeitszeitgesetz verstößt.

(2) Während der Dauer des Arbeitsverhältnisses ist es den Arbeitnehmern untersagt, direkt oder indirekt (z.B. als Leiharbeitnehmer), als freier Mitarbeiter oder als Arbeitnehmer für ein mit dem Arbeitgeber in Wettbewerb stehendes Unternehmen zu arbeiten oder eigene unternehmerische Tätigkeiten zu entfalten, die mit dem Arbeitgeber in Konkurrenz treten könnten.[1097] Ebenfalls untersagt ist die direkte oder indirekte (z.B. über Dritte) Beteiligung an einem im Wettbewerb zu dem Arbeitgeber stehenden Unternehmen.

(3) Vorträge und Veröffentlichungen der Mitarbeiter, die den Tätigkeitsbereich des Arbeitgebers betreffen, sind nur mit Zustimmung des Arbeitgebers zulässig. Die Annahme von Ehrenämtern und ähnlichen Aufgaben, die das Arbeitsverhältnis beeinträchtigen können, bedarf der Zustimmung des Arbeitgebers, sofern keine staatsbürgerliche Verpflichtung vorliegt.

§ 19 Erfindungen und technische Verbesserungsvorschläge

(1) Für Rechte an Erfindungen oder technischen Verbesserungen, die der Arbeitnehmer während seiner Tätigkeit für den Arbeitgeber oder im Zusammenhang mit seiner Tätigkeit für den Arbeitgeber oder aufgrund von Arbeitserzeugnissen des Arbeitgebers gemacht oder erarbeitet hat, gilt das Arbeitnehmererfindungsgesetz.

(2) Der Arbeitnehmer ist verpflichtet, jede von ihm während der Dauer des Arbeitsverhältnisses gemachte Erfindung nach Abs. 1 dem Arbeitgeber unverzüglich schriftlich zu melden und hierbei kenntlich zu machen, dass es sich um die Meldung einer Erfindung handelt.

§ 20 Ausschlussfristen

(1) Alle Ansprüche aus dem Arbeitsverhältnis müssen innerhalb einer Frist von drei Monaten nach Fälligkeit schriftlich geltend gemacht werden. Erfolgt dies nicht, verfallen diese Ansprüche.

1096 Diese Regelung hindert den Arbeitnehmer nicht daran, nach Beendigung des Arbeitsverhältnisses zu einem Arbeitgeber in Wettbewerb zu treten. Möchte der Arbeitgeber das verhindern, hat er ein entsprechendes Wettbewerbsverbot nach §§ 74 ff. HGB zu vereinbaren und dafür eine Karenzentschädigung zu zahlen.

1097 In entsprechender Anwendung des § 60 HGB ist dem Arbeitnehmer während der Dauer des Arbeitsverhältnisses eine Konkurrenztätigkeit untersagt. Die Wettbewerbstätigkeit steht also auch nicht unter dem Zustimmungsvorbehalt wie bei anderen Nebentätigkeiten.

(2) Lehnt der Anspruchsgegner den Anspruch schriftlich ab oder äußert er sich nicht innerhalb von vier Wochen nach schriftlicher Geltendmachung des Anspruchs, so verfällt dieser, wenn er nicht innerhalb von drei Monaten nach der Ablehnung oder nach dem Fristablauf gerichtlich geltend gemacht wird.[1098]

(3) Die Ausschlussfristen gelten nicht für Ansprüche, die auf einer vorsätzlichen Schädigung oder unerlaubten Handlung beruhen.

D. Beendigung des Arbeitsverhältnisses

§ 21 Ende des Arbeitsverhältnisses

(1) Das Arbeitsverhältnis endet durch Kündigung, Aufhebungsvereinbarung, Zeitablauf oder Tod des Mitarbeiters.

(2) Das Arbeitsverhältnis endet ferner mit Ablauf des Monats, in dem der Arbeitnehmer die Altersgrenze nach dem SGB VI erreicht.[1099] Eine Weiterbeschäftigung kann nur aus dringenden betrieblichen Gründen oder persönlichen Gründen des Arbeitnehmers erfolgen.

(3) Wird durch den Bescheid eines Rentenversicherungsträgers festgestellt, dass der Arbeitnehmer die gesetzlichen Voraussetzungen zum Bezug einer Rente wegen voller Erwerbsminderung erfüllt, so endet das Arbeitsverhältnis mit Ablauf des Monats, in dem der Bescheid dem Arbeitnehmer zugestellt wird.

(4) Alle Ansprüche aus dem Arbeitsverhältnis und solche, die mit dem Arbeitsverhältnis in Verbindung stehen, werden mit der Beendigung des Arbeitsverhältnisses fällig, es sei denn, dass im Einzelfall etwas anderes vereinbart ist.

§ 22 Kündigung des Arbeitsverhältnisses

(1) Zur Erklärung und Entgegennahme von Kündigungen ist neben der Geschäftsführung nur der Leiter der Personalabteilung oder ein von diesem beauftragter Vertreter berechtigt.

(2) Die Kündigung durch den Arbeitgeber ist nur nach vorheriger Anhörung des Betriebsrats wirksam.

(3) Jede Kündigung bedarf der Schriftform.

(4) Für die ordentliche Kündigung gelten nach Ablauf der Probezeit die gesetzlichen Kündigungsfristen. Bestehen für die Kündigung durch den Arbeitgeber längere tarifliche oder gesetzliche Kündigungsfristen, gelten diese Fristen in gleicher Weise auch für die Kündigung durch den Arbeitnehmer.

(5) Das Recht zur außerordentlichen Kündigung aus wichtigem Grund richtet sich nach den gesetzlichen Bestimmungen. Der Kündigende hat auf Verlangen dem anderen Teil unverzüglich den Grund für die außerordentliche Kündigung mitzuteilen.

§ 23 Freistellung von der Arbeit

(1) Nach einer vom Arbeitgeber oder vom Mitarbeiter ausgesprochenen Kündigung des Arbeitsverhältnisses ist der Arbeitgeber berechtigt, den Mitarbeiter bis zum Ablauf der Kündigungsfrist unter Weiterzahlung des Arbeitsentgelts von der Arbeit freizustellen, soweit sein Interesse an der Freistellung das des Arbeitnehmers an der Weiterbeschäftigung überwiegt. § 102 Abs. 5 BetrVG bleibt unberührt.

(2) Die Freistellung erfolgt unter Anrechnung der dem Arbeitnehmer eventuell noch zustehenden Urlaubsansprüche sowie sonstiger Freizeitabgeltungsansprüche. Der Urlaub wird zu Beginn der Freistellungsphase gewährt. Das vertragliche Wettbewerbsverbot gilt auch in der Zeit der Freistellung. Einen in der Zeit der Freistellung durch Verwendung seiner Arbeitskraft erzielten anderweitigen Verdienst muss sich der Arbeitnehmer auf den Vergütungsanspruch gegenüber dem Arbeitgeber anrechnen lassen.

[1098] Eine Regelung in einer Betriebsvereinbarung, die von den Arbeitnehmern verlangt, dass sie Annahmeverzugsansprüche, die vom Ausgang eines Kündigungsschutzprozesses abhängen, bereits während des Kündigungsschutzprozesses einklagen, wäre unwirksam, BAG 12.12.2006, NZA 2007, 453.

[1099] Nach BAG 5.3.2013, NZA 2013, 916, sind Altersgrenzenregelungen in Betriebsvereinbarungen von der Regelungskompetenz der Betriebsparteien umfasst. Auch *Linsenmaier*, RdA 2008, 1, 10, hält eine solche Altersgrenzenregelung in einer Betriebsvereinbarung für grundsätzlich zulässig; a.A. *Preis/Ulber*, RdA 2013, 211, 216.

Kaya

§ 24 Herausgabe von Eigentum des Arbeitgebers

Der Arbeitnehmer ist verpflichtet, bei Beendigung des Arbeitsverhältnisses sämtliche im Eigentum des Arbeitgebers stehende Gegenstände wie Werkzeuge, Arbeitskleidung, Arbeitsmaterial, Werksausweis, Geschäftsunterlagen, dienstliche Aufzeichnungen oder Schlüssel ohne besondere Aufforderung und unverzüglich in ordnungsgemäßem Zustand an den Arbeitgeber herauszugeben.

§ 25 Ausscheiden aus dem Arbeitsverhältnis unter Vertragsbruch

(1) Scheidet ein Mitarbeiter unter Vertragsbruch aus dem Arbeitsverhältnis aus, werden Verdienstansprüche in Höhe eines halben Monatsverdienstes verwirkt.[1100] Ist die Einbehaltung in Höhe dieses Betrages nicht möglich, so wird der Differenzbetrag bis zur Verwirkungsobergrenze als Vertragsstrafe geschuldet.[1101]

(2) Das Recht des Arbeitgebers, weitergehenden Schadenersatz zu verlangen, bleibt unberührt.

§ 26 Pflichten des Arbeitgebers bei Beendigung des Arbeitsverhältnisses

(1) Der Arbeitgeber ist bei Beendigung des Arbeitsverhältnisses verpflichtet,

1. das restliche Arbeitsentgelt einschließlich Urlaubsabgeltung zu den regelmäßigen Lohn- bzw. Gehaltzahlungsterminen auszuzahlen;

2. an den Arbeitnehmer die Arbeitspapiere einschließlich einer Bescheinigung über den gewährten Urlaub herauszugeben oder eine Zwischenbescheinigung zu übergeben, wenn die Arbeitspapiere noch nicht ausgehändigt werden können.

(2) Auf Wunsch des Arbeitnehmers hat der Arbeitgeber nach Ausspruch einer Kündigung ein Zwischenzeugnis auszustellen, das bei Beendigung des Arbeitsverhältnisses durch ein endgültiges ersetzt wird.

§ 27 Inkrafttreten, Kündigung

(1) Diese Betriebsvereinbarung tritt mit ihrer Unterzeichnung in Kraft.

(2) Die Betriebsvereinbarung ist auf unbestimmte Zeit geschlossen und von beiden Seiten mit einer Frist von drei Monaten zum Ende eines Kalenderjahres kündbar. Sie kann nur als Ganzes und nicht in ihren Teilen gekündigt werden,[1102] die Kündigung hat schriftlich zu erfolgen.

(3) Nach wirksamer Kündigung wirkt die Betriebsvereinbarung nicht nach.

§ 28 Schlussbestimmungen

(1) Mündliche Nebenabreden bestehen nicht. Änderungen und Ergänzungen dieser Betriebsvereinbarung, einschließlich dieser Bestimmung, bedürfen zu ihrer Rechtswirksamkeit der Schriftform.

(2) Sollte eine Bestimmung dieser Betriebsvereinbarung ganz oder teilweise unwirksam sein oder werden, so wird hiervon die Wirksamkeit der übrigen Bestimmungen nicht berührt. Anstelle der unwirksamen Bestimmung werden Arbeitgeber und Betriebsrat die gesetzlich zulässige Bestimmung vereinbaren, die dem mit der unwirksamen Bestimmung Gewollten am nächsten kommt. Dasselbe gilt für den Fall einer vertraglichen Lücke.

(3) Sollten sich die dieser Betriebsvereinbarung zugrunde liegenden tatsächlichen oder rechtlichen Bedingungen grundlegend ändern, so werden Arbeitgeber und Betriebsrat unverzüglich mit dem Ziel in Verhandlungen treten, die Vereinbarung an die geänderten Bedingungen anzupassen.

Ort,   *Datum*   Ort,   *Datum*

(Arbeitgeber)   *(Betriebsrat)*

▲

1100 Eine solche Vertragsstrafe kann in einer Betriebsvereinbarung grundsätzlich wirksam enthalten sein, vgl. BAG 6.8.1991, NZA 1992, 177; a.A. *Waltermann*, RdA 2007, 257, 267. Falls Vertragsstrafen zur Sicherung des Dienstantritts vorgesehen werden, ist zu beachten, dass die Strafe nicht höher ist als das Entgelt für die Dauer der Kündigungsfrist.

1101 Hinsichtlich der Wirksamkeit der Regelung ist zu beachten, dass Betriebsvereinbarungen nicht der Inhaltskontrolle nach § 310 Abs. 4 BGB unterliegen.

1102 Vgl. dazu BAG 6.11.2007, NZA 2008, 422.

b) Betriebsvereinbarung zu Ethikrichtlinien

Literatur: *Abraham*, Whistleblowing – Neue Chance für eine Kurswende!?, ZRP 2012, 11; *Arnold*, Verantwortung und Zusammenwirken des Vorstands und Aufsichtsrats bei Compliance-Untersuchungen, ZGR 2014, 76; *Berndt/Hoppler*, Whistleblowing – ein integraler Bestandteil effektiver Corporate Governance, BB 2005, 2623; *Borgmann*, Ethikrichtlinien und Arbeitsrecht, NZA 2003, 352; *Fahrig*, Die Zulässigkeit von Whisteblowing aus arbeits- und datenschutzrechtlicher Sicht, NZA 2010, 1223; *Junker*, Konzernweite „Ethikregeln" und nationale Betriebsverfassungen, BB 2005, 602; *Kort*, Ethik-Richtlinien im Spannungsfeld zwischen US-amerikanischer Compliance und deutschem Konzernbetriebsverfassungsrecht, NJW 2009, 129; *Klebe/Wroblewski*, Verbotene Liebe?, in: Gedächtnisschrift für Ulrich Zachert, 2010, S. 313; *Köhler/Häferer*, Mitbestimmungsrechte des Betriebsrats im Zusammenhang mit Compliance-Systemen, GWR 2015, 159; *Lunk*, Prozessuale Verwertungsverbote im Arbeitsrecht, NZA 2009, 457; *Mahnhold*, „Global Whistle" oder „deutsche Pfeife" – Whistleblowing-Systeme im Jurisdiktionskonflikt, NZA 2008, 737; *Maume/Haffke*, Whistleblowing als Teil der Unternehmenscompliance, ZIP 2016, 199; *Meyer*, Ethikrichtlinien internationaler Unternehmen und deutsches Arbeitsrecht, NJW 2006, 3605; *Mengel/Hagemeister*, Compliance und arbeitsrechtliche Implementierung im Unternehmen, BB 2007, 1387; *dies.*, Compliance und Arbeitsrecht, BB 2006, 2466; *Oberwetter*, Arbeitnehmerrechte bei Lidl, Aldi & Co., NZA 2008, 609; *Schmidl*, Datenschutz für Whistleblowing-Hotline, DuD 2006, 353; *Schneider/Sittard*, Ethikrichtlinien als Präventivmaßnahmen im Sinne des § 12 AGG?, NZA 2007, 654; *Schulz*, Compliance – Internes Whistleblowing, BB 2011, 629; *Schuster/Darsow*, Einführung von Ethikrichtlinien durch Direktionsrecht, NZA 2005, 273; *Seffer/Mayer-Wegelin*, Whistleblowing – Chancen und Risiken von Hinweisgebersystemen für Unternehmen, ITRB, 2009, 41; *Studt*, Ethikrichtlinien: Verhaltenskodex oder Code of Conduct – die neue Herausforderung für deutsche Unternehmen, GmbHR 2008, 177; *Stück*, Compliance in der GmbH, GmbHR 2016, 561; *Ulber*, Whistleblowing und der EGMR, NZA 2011, 962; *Wisskirchen/Körber/Bissels*, „Whistleblowing" und „Ethikhotlines", BB 2006, 1567; *von Zimmermann*, „Whistleblowing" – Anforderungen des Sarbanes-Oxley-Acts, WM 2007, 1060; *ders.*, Whistleblowing und Datenschutz, RDV 2006, 242.

aa) Typischer Sachverhalt

424   Die auf Informationstechnologie spezialisierte A-GmbH ist in den letzten Jahren häufiger mit einem Fehlverhalten ihrer Mitarbeiter konfrontiert worden, das nicht deren Arbeits-, sondern deren Ordnungsverhalten betraf. Die Geschäftsleitung beschließt daher, für alle Betriebe des Unternehmens einheitliche Ethik-Richtlinien zu formulieren, um das Ordnungsverhalten der Arbeitnehmer zu kanalisieren. Insbesondere soll gewährleistet sein, dass die regelmäßig eigenverantwortlich beschäftigten Mitarbeiter auch gegenseitig auf die Einhaltung der ethischen Vorgaben achten. Die Geschäftsführung beginnt daraufhin Gespräche mit dem Gesamtbetriebsrat.

Alternativ:

Die B-AG ist Teil eines internationalen Konzerns. Die US-amerikanische Konzernmutter ist an der New York Stock Exchange gelistet. Nachdem die Konzernführung in den USA einen „Code of conduct and ethics" für alle Konzernunternehmen beschlossen hat, fragt sich der Vorstand der deutschen Tochtergesellschaft B-AG, ob und ggf. mit welchen Modifikationen eine Ethikrichtlinie bei sich und ihren Tochtergesellschaften eingeführt werden kann, die der Konzernvorgabe entspricht. Bestandteil des „Code of conduct and ethics" ist ein Meldesystem, das eine Telefonhotline für anonyme Anzeigen vorsieht, über die jeder Verstoß gegen die Ethikrichtlinien zu melden ist. Der Konzernbetriebsrat lehnt die Pläne ab.

bb) Rechtliche Grundlagen
(1) Ausgangslage

425   Arbeitnehmer geraten in Ausübung ihrer Tätigkeit regelmäßig in Situationen, in denen aufgrund eines **Interessenkonflikts** Schwierigkeiten bei der Entscheidungsfindung entstehen. Ethikrichtlinien sollen eine **Hilfestellung** dabei sein, diese Interessenkonflikte im Sinne des Unternehmens aufzulösen.[1103] Der Arbeitgeber kann durch sie unmittelbar auf das Verhalten der Mitarbeiter Einfluss nehmen. Ethische Standards sollen zudem regelmäßig der Umsetzung gesetzlicher Verpflichtungen, der Sicherung berufsethischer Anforderungen sowie der Verbesserung der Außendarstellung dienen. Versäumt es die Unternehmensführung, eine auf Schadensprävention und Risikokontrolle angelegte Compliance-Organisation einzurichten, kann darin eine zur Haftung führende Organisationspflichtverletzung liegen.[1104]

1103 Siehe *Schneider/Sittard*, NZA 2007, 654.
1104 LG München 10.12.2014 – 5 HK O 1387/10, ZIP 2014, 570; siehe auch *Arnold*, ZGR 2014, 78 ff.; *Maume/Haffke*, ZIP 2016, 199, 201; *Stück*, GmbHR 2016, 561.

Will ein Unternehmen Ethikrichtlinien für die Mitarbeiter in verbindliche Organisations- und Verhaltens- **426** pflichten umsetzen, kann dies individualrechtlich qua **Direktionsrechts** oder **arbeitsvertraglicher Regelung** erfolgen.[1105] Sofern ein Betriebsrat besteht, hat der Arbeitgeber in Gestalt der **Betriebsvereinbarung** eine dritte Option. Die Beteiligung des Betriebsrats ist ohnehin unumgänglich, wenn – wie im Regelfall – Teile der Ethikrichtlinien mitbestimmungspflichtig sind. Aufwendige Verhandlungs- oder Zustimmungsverfahren in Bezug auf den einzelnen Arbeitnehmer sind dadurch vermeidbar, im weiteren Verlauf auch anpassende oder ablösende Vereinbarungen mit nur einem Verhandlungspartner möglich. Für die Einführung von Ethikrichtlinien in betriebsratslosen Betrieben ist hingegen eine individualrechtliche Umsetzung mit allen betroffenen Arbeitnehmern erforderlich.[1106]

(2) Beteiligung des Betriebsrats

Zentraler Mitbestimmungstatbestand für Ethikrichtlinien ist § 87 Abs. 1 Nr. 1 BetrVG. Denn betroffen ist **427** regelmäßig das **Ordnungsverhalten** der Arbeitnehmer. Gemäß § 87 Abs. 1 Nr. 1 BetrVG hat der Betriebsrat bei Fragen der Ordnung des Betriebs und des Verhaltens der Arbeitnehmer im Betrieb mitzubestimmen. Gegenstand des Mitbestimmungsrechts ist das betriebliche Zusammenleben und Zusammenwirken der Arbeitnehmer.[1107] Nicht von der Mitbestimmung erfasst sind Regelungen zum so genannten Arbeitsverhalten, also Vorgaben, mit denen die Arbeitspflicht unmittelbar konkretisiert und abgefordert wird.[1108] Betrifft die Ethikrichtlinie das Ordnungsverhalten, hängt das Mitbestimmungsrecht des Betriebsrats nicht davon ab, ob verbindliche Verhaltensregeln statuiert werden. Ausreichend ist nach Rechtsprechung des BAG bereits, wenn die Maßnahme **darauf gerichtet** ist, das **Verhalten der Arbeitnehmer zu steuern** oder die Ordnung des Betriebs zu gewährleisten.[1109]

Gemäß § 87 Abs. 1 Nr. 6 BetrVG unterliegt der Mitbestimmung des Betriebsrats ebenfalls die **Verwendung** **428** **technischer Einrichtungen**, welche im Rahmen von Ethikrichtlinien durchaus Bedeutung erlangt. Erfasst wird neben der automatischen Sammlung relevanter Daten auch die automatisierte Auswertung von Daten, die durch nicht-technische Einrichtungen gesammelt werden.[1110] Mitbestimmungspflichtig ist daher der Einsatz von Informationstechnik zur Erfassung und Auswertung der im Rahmen von Ethikrichtlinien verwendeten händisch oder online auszufüllenden Fragebögen[1111] sowie die elektronische Registrierung von erteilten Auskünften in Meldesystemen (etwa bezüglich des Wertpapierhandels).[1112]

Kein Mitbestimmungsrecht des Betriebsrats besteht, wenn lediglich die Unternehmensphilosophie – also **429** allgemeine **ethisch-moralische Programmsätze** oder Zielvorgaben – dargestellt bzw. Selbstverpflichtungen des Unternehmens benannt werden.[1113] Wiederholt die Betriebsvereinbarung **gesetzliche Bestimmungen** (etwa Diskriminierungs- oder Korruptionsverbote), ohne diese inhaltlich zu erweitern, liegt ebenfalls ein mitbestimmungsfreier Sachverhalt vor. Die Rechtsprechung nimmt bei einer **Kombination von mitbestimmungsfreien und mitbestimmungspflichtigen Sachverhalten** im Rahmen einer Betriebsvereinbarung regelmäßig keine unauflösbare Verknüpfung an, welche eine Ausweitung des partiellen Mitbestim-

---

1105 Ausführlich dazu *Borgmann*, NZA 2003, 352, 353; *Meyer*, NJW 2006, 3605, 3607 ff.; *Stück*, GmbHR 2016, 561, 563 f.
1106 Vgl. dazu *Mengel/Hagemeister*, BB 2007, 1386, 1387 ff.
1107 Siehe *Fitting u.a.*, § 87 BetrVG Rn 62; *Richardi/Richardi*, § 87 BetrVG Rn 176.
1108 BAG 27.1.2004 – 1 ABR 7/03, NZA 2004, 556.
1109 BAG 18.4.2000 – 1 ABR 22/99, NZA 2000, 1176, 1177; BAG 22.7.2008 – 1 ABR 40/07, NZA 2008, 1248, 1254; ebenso *Kort*, NJW 2009, 129; *Köhler/Häferer*, GWR 2015, 159, 160 f.
1110 Vgl. *Fitting u.a.*, § 87 BetrVG Rn 217 f.; *Richardi/Richardi*, § 87 BetrVG Rn 490.
1111 Ein Mitbestimmungsrecht des Betriebsrats kann insoweit auch aus § 94 Abs. 1 BetrVG folgen.
1112 Dazu *Borgmann*, NZA 2003, 352, 356; *Studt*, GmbHR 2008, 177, 178; *Stück*, GmbHR 2016, 561, 564.
1113 Vgl. BAG 22.7.2008 – 1 ABR 40/07, NZA 2008, 1248, 1253.

mungsrechts auf das Gesamtwerk zur Folge hätte.[1114] Grundsätzlich ist also eine getrennte Betrachtung möglich und geboten.

430   *Praxistipp*

Aus Gründen der **Vereinheitlichung** enthalten Betriebsvereinbarungen zu Ethikrichtlinien regelmäßig auch **nicht-mitbestimmungspflichtige Regelungsgegenstände**. Diese können dann nicht mehr durch Ausübung des Direktionsrechts anderweitig geregelt werden. Der Arbeitgeber kann die Betriebsvereinbarung ggf. kündigen und anschließend die mitbestimmungsfreien Regelungsgegenstände direktionsrechtlich adressieren oder arbeitsvertraglich regeln. Der mitbestimmungspflichtige Teil der Betriebsvereinbarung wirkt grundsätzlich gemäß § 77 Abs. 6 BetrVG nach. Alternativ ist die Nutzung verschiedener Regelungsinstrumente in Kauf zu nehmen und von vornherein **strikt** zwischen mitbestimmungsfreien und mitbestimmungspflichtigen Teilen **zu trennen**.

(3) Typische Regelungsinhalte

431   Ethikrichtlinien sind stets **unternehmensspezifisch**. Gerade in regulierten Wirtschaftsbereichen sind oftmals spezielle Verhaltensregeln für alle oder bestimmte Mitarbeiter geboten bzw. gesetzlich gefordert.[1115] So kommen spezielle Ethikrichtlinien für Arbeitnehmer mit Zugang zu Insiderinformationen oder für Angestellte in besonders korruptionsanfälligen Abteilungen, wirtschaftlichen Einheiten oder Regionen in Betracht. Branchenübergreifend können in Ethikrichtlinien alle denkbaren Verhaltensweisen normiert sein: von dem Verbot der Annahme von Geschenken, dem Verbot der Alkohol- und Drogeneinnahme bzw. des Forderns von Vorteilen gegenüber Kollegen oder Dritten über den Umgang mit Medienanfragen bis hin zur Meldepflicht bei Interessenkonflikten. Neben den eigentlichen Wohlverhaltensregeln finden sich **Verfahrensvorschriften** für den Fall des Vorgehens bei Verstößen.[1116]

432   Typisch für Ethikrichtlinien ist zunächst die Darstellung **allgemeiner ethischer Grundeinstellungen** des Unternehmens. Die Rede ist üblicherweise von Qualitätsbewusstsein, Objektivität, Fairness, Kollegialität, Lauterkeit oder Unabhängigkeit.[1117] Die Grundeinstellungen können in Bezug auf das Verhältnis der Arbeitnehmer untereinander, von Arbeitnehmer zu Arbeitgeber, gegenüber Kunden, Lieferanten, Dritten oder der Öffentlichkeit formuliert sein. Solche allgemeinen ethisch-moralische Programmsätze oder Zielvorgaben sind – obgleich nicht mitbestimmungspflichtig – oftmals einleitender Bestandteil eines betrieblichen Verhaltenskodex.

433   Regelmäßig werden in Ethikrichtlinien durch das AGG inkriminierte **Benachteiligungen und Belästigungen** explizit als verboten benannt. Selbst wenn nur der gesetzliche Wortlaut übernommen wird, liegt darin nicht lediglich eine überflüssige und **deklaratorische Aufzählung gesetzlicher Pflichten**. Denn gleichzeitig kann der Arbeitgeber damit der in § 12 Abs. 1 S. 2, Abs. 2 AGG normierten Pflicht zur Ergreifung präventiver Maßnahmen gegen Benachteiligungen im Sinne des AGG nachkommen bzw. sich durch die Implementation von Ethikrichtlinien ggf. gemäß § 12 Abs. 2 S. 2 AGG exkulpieren.[1118] Zudem können die Betriebspartner auch solche Verhaltensweisen als unerwünscht kennzeichnen, welche unterhalb der im AGG aufgestellten Schwelle für Belästigungen und Benachteiligungen liegen. Im Übrigen kommt der Ar-

---

1114 BAG 22.7.2008 – 1 ABR 40/07, NZA 2008, 1248, 1253; siehe auch *Dzida*, NZA 2008, 1269; *Junker*, BB 2005, 602, 604; *Kort*, NJW 2009, 129, 130.

1115 Siehe für Kreditinstitute § 25a KWG, für Wertpapierdienstleistungsunternehmen §§ 31–33 WpHG, für Wirtschaftsprüfer § 57a WPO, für Rechtsanwälte §§ 43, 43a BRAO.

1116 So *Klebe/Wroblewski*, in: GS Zachert, 2010, S. 313 f.; *Mengel/Hagemeister*, BB 2007, 1386.

1117 Siehe dazu *Borgmann*, NZA 2003, 352; *Klebe/Wroblewski*, in: GS Zachert, 2010, S. 313 f.

1118 Dazu *Schneider/Sittard*, NZA 2007, 654; *Mengel/Hagemeister*, BB 2006, 2466, 2468.

beitgeber seiner **Fürsorgepflicht** nach, wenn er die Mitarbeiter auf die für sie geltenden Standards hinweist und so schon vor dem Verdacht rechtswidrigen Verhaltens schützt.[1119]

Der **außerbetriebliche, private Lebensbereich** der Arbeitnehmer ist der Regelungsbefugnis der Betriebsparteien grundsätzlich entzogen.[1120] In der vielbeachteten Wal-Mart-Entscheidung hat das LAG Düsseldorf festgestellt, dass eine Ethikrichtlinie, die **Beziehungen zwischen Beschäftigten** bei potentiell möglicher Einflussnahme auf die Arbeitsbedingungen des Partners generell verbietet, gegen Art. 1 und 2 GG verstößt und daher unwirksam ist.[1121] Ausnahmsweise kann das Verhalten der Arbeitnehmer außerhalb der Betriebsstätte normiert werden. So hat das BAG die Regelungsbefugnis der Betriebsparteien für eine Ethikrichtlinie angenommen, welche ein Verfahren vorgibt, nach dessen Maßgabe Redakteure einer Wirtschaftszeitung dem Arbeitgeber den **Handel mit Wertpapieren** solcher Unternehmen melden müssen, über die sie berichten.[1122] Durch einen eindeutig berufsbezogenen Interessenkonflikt kann der private Lebensbereich der Mitarbeiter (hier die Vermögensbildung) zu einem reglementierbaren Teil des betrieblichen Geschehens werden. Stets ist zu überprüfen, ob **Grundrechte des Arbeitnehmers** einen Eingriff in den privaten Lebensbereich ausschließen.[1123] Die Grundrechtsbindung der Betriebspartner folgt aus § 75 Abs. 1, 2 BetrVG.

Praxishinweis

Ausländische Muttergesellschaften geben deutschen konzernangehörigen Unternehmen mitunter einen „Code of business conduct and ethics" vor, der neben unzulässigen Regelungen, die den privaten Lebensbereich betreffen, auch Vorgaben **zu typischerweise arbeitsvertraglich festgelegten Inhalten** (wie etwa Nebentätigkeits- und Wettbewerbsverboten, Verschwiegenheitspflichten, Immaterialgüterrechten) beinhaltet. Eine umfassende Betriebsvereinbarung zu Ethikrichtlinien, die entsprechende Vorgaben aufnähme, kann die diesbezüglich bereits arbeitsvertraglich normierten Pflichten deklaratorisch wiederholen, arbeitsvertragliche Rechte oder Pflichten jedoch **nicht abändern**.

Regelmäßig enthalten Ethikrichtlinien so genannte **Whistleblower-Klauseln**, welche den Arbeitnehmer anhalten oder verpflichten, dem Arbeitgeber eigene oder fremde Verstöße gegen gesetzliche Vorschriften sowie die Regelungen des Ethikkodex zu kommunizieren. Aus § 241 Abs. 2 BGB folgt bereits die gesetzliche Nebenpflicht des Arbeitnehmers, Schaden für den Arbeitgeber abzuwenden, also grundsätzlich auch Auskunft hinsichtlich des eigenen sowie des Verhaltens anderer zu geben und potentielle Schädigungen anzuzeigen.[1124] Regelungsgegenstand der Whistleblower-Klauseln ist regelmäßig das sogenannte interne Whistleblowing, im Rahmen dessen sich der Arbeitnehmer an zentrale oder dezentrale unternehmensinterne Stellen (innerbetriebliche Beschwerdestelle, Vorgesetzte, Betriebsrat, Aufsichtsrat, etc.) oder an vom Unternehmen beauftragte und zur Verschwiegenheit verpflichtete Dritte (Dienstleister, Ombudsmann, Vertrauensanwalt, o.ä.) wenden soll.[1125] Davon abzugrenzen ist das externe Whistleblowing, also die Bekanntgabe von Betriebsinterna an Dritte (Aufsichtsbehörden, Medien, etc.).

Die Rechtsprechung hat hinsichtlich der Pflicht, sich oder andere zu bezichtigen, eine **Zumutbarkeitsgrenze** gesetzt: Unter Abwägung der konkreten Gefahren und Nachteile sowie moralischer Gesichtspunkte ist zu prüfen, ob die Offenlegung angezeigt ist.[1126] Danach dürften Regelungen, die eine **generelle Anzei-**

434

435

436

1119 *Borgmann*, NZA 2003, 352.
1120 BAG 22.7.2008 – 1 ABR 40/07, NZA 2008, 1248, 1254.
1121 LAG Düsseldorf 14.11.2005 – 10 TaBV 46/05, NZA-RR 2006, 81.
1122 Siehe BAG 28.5.2002 – 1 ABR 32/01, NZA 2003, 166, 171.
1123 Dazu *Mengel/Hagemeister*, BB 2006, 2466, 2468 f.; *Meyer*, NJW 2006, 3605, 3608 f.
1124 Vgl. *Schuster/Darsow*, NZA 2005, 273, 276; siehe auch ErfK/*Preis*, § 611 BGB Rn 741 ff.
1125 *Maume/Haffke*, ZIP 2016, 199 f.; *Schulz*, BB 2011, 630; zum externen Whistleblowing siehe EGMR 21.7.2011 – 28274/08 (Heinisch/Deutschland), NZA 2011, 1269 sowie *Ulber*, NZA 2011, 963 f.
1126 Maßgebend BGH 23.2.1989 – IX ZR 236/86, BB 1989, 649.

gepflicht bei jeder Form des Verstoßes unabhängig von seiner Schwere vorsehen, unzulässig sein.[1127] Die teilweise postulierte Pflicht zur Selbstanzeige begegnet ebenso erheblichen Bedenken wie die Pflicht zur (vor allem anonymen) Meldung sämtlicher Verstöße gegen Ethikrichtlinien; es droht eine Unternehmenskultur der Denunziation.[1128] Hingegen greifen Regelungen, die lediglich eine **unverbindliche Erwartungshaltung** zur Anzeige von Verstößen gegen unternehmensinterne Verhaltensregeln formulieren, nicht unzumutbar in Rechte des adressierten Arbeitnehmers ein; ihm steht die Anzeige ja frei.[1129]

437   Stets werden über die bloße abstrakte Hinweispflicht hinaus **Verfahrensvorschriften zum Whistleblowing** geregelt, im Rahmen derer der Whistleblower das eigene oder das (potentielle) Fehlverhalten eines Kollegen mitteilen soll. Konkret: Wem kann ein Verstoß über welches Kommunikationsmittel ggf. anonym gemeldet werden, wie wird der Schutz des Meldenden gewährleistet? Eine solche Koordinierung interner Abläufe betrifft die betriebliche Ordnung und ist damit – im Gegensatz zur Konkretisierung der Mitteilungspflicht an sich – gemäß § 87 Abs. 1 Nr. 1 BetrVG mitbestimmungspflichtig.[1130] Bei Nutzung von Informationstechnologie kann zudem § 87 Abs. 1 Nr. 6 BetrVG relevant werden.[1131]

438   *Exkurs*

Der **Sarbanes-Oxley Act** (SOX) aus dem Jahr 2002 verpflichtet die an einer US-amerikanischen Börse notierten Unternehmen zur Einrichtung interner Überwachungssysteme; darunter fällt auch die Etablierung von Whistleblowing-Verfahren.[1132] Da US-amerikanische Gerichte die SOX-Vorschriften auch auf nicht-börsennotierte Tochtergesellschaften einer börsennotierten Gesellschaft anwenden, tendieren börsennotierte US-Gesellschaften dazu, für alle Konzerngesellschaften ein **einheitliches Compliance-Konzept** unter Einschluss eines Whistleblowing-Verfahrens zu implementieren. Zu prüfen ist bei der Übernahme, ob deutsches Verfassungs-, Arbeitnehmerschutz- oder Datenschutzrecht im Einzelfall Modifizierungen oder Auslassungen erfordert.

439   Jede Mitteilung über das Fehlverhalten führt zu einer **Erhebung personenbezogener Daten** des betroffenen Arbeitnehmers, und zwar (zunächst) ohne dessen Wissen. Inwieweit daher Whistleblowing nach deutschem Datenschutzrecht überhaupt zulässig ist, hat die Gerichtspraxis bislang offen gelassen, während dies in der Literatur uneinheitlich beurteilt wird.[1133] Die Tendenz geht zu einem **restriktiven Verständnis**.[1134] Die Interessen des Arbeitgebers an der Einhaltung der kodifizierten Verhaltenspflichten müssen diejenigen des Arbeitnehmers, nicht dem Risiko falscher Verdächtigungen ausgesetzt zu werden, übertreffen. Dies ist unter Berücksichtigung der §§ 32, 28 Abs. 1 S. 1 Nr. 2 BDSG nur dann der Fall, wenn es um **schwerwiegende (regelmäßig strafrechtsrelevante) Verstöße** gegen den Verhaltenskodex geht, die prinzipiell zu einer außerordentlichen Kündigung berechtigten. Der Verdächtigte ist unmittelbar oder im direkten Anschluss über den Anwurf zu informieren.[1135]

440   Da **anonymes Whistleblowing** wahrheitswidrigen und ehrverletzenden Anzeigen Vorschub leistet und deren Überprüfung erschwert, ist es aus datenschutz- und persönlichkeitsrechtlicher Perspektive abzulehnen.[1136] Der Anzeigende kann effektiv dadurch geschützt werden, dass seine Identität gegenüber dem An-

---

1127 *Schuster/Darsow*, NZA 2005, 273, 276; dazu auch *Klebe/Wroblewski*, in: GS Zachert, 2010, S. 317 f.

1128 Ebenso *Mahnhold*, NZA 2008, 737, 738 f.; *Klebe/Wroblewski*, in: GS Zachert, 2010, S. 319.

1129 Vgl. *Klebe/Wroblewski*, in: GS Zachert, 2010, S. 317; *Mahnhold*, NZA 2008, 737, 738.

1130 Ebenso *Schuster/Darsow*, NZA 2005, 273, 276;

1131 ArbG Wuppertal 15.6.2005 – 5 BV 20/05, NZA-RR 2005, 476; kritisch *Mengel/Hagemeister*, BB 2007, 1386, 1392.

1132 *Berndt/Hoppler*, BB 2005, 2623, 2625; *Schulz*, BB 2011, 629; *von Zimmermann*, WM 2007, 1060.

1133 Siehe dazu die Übersicht von *Schmidl*, DuD 2006, 353; vgl. auch ErfK/*Franzen*, § 32 BDSG Rn 22; *Maume/Haffke*, ZIP 2016, 199 f.

1134 Vgl. die Stellungnahme der Datenschutzbeauftragten der EU-Mitgliedstaaten vom 1.2.2006 (zitiert bei *Wisskirchen/Körber/Bissels*, BB 2006, 1567, 1568); *Fahrig*, NZA 2010, 1223; *Schmidl*, DuD 2006, 353, 359.

1135 *Seffer/Mayer-Wegelin*, ITRB 2009, 41, 43; *von Zimmermann*, RDV 2006, 242, 246 f.

1136 So *Mahnhold*, NZA 2008, 737, 740; vgl. *Wisskirchen/Körber/Bissels*, BB 2006, 1567, 1568.

gezeigten geheim gehalten wird. Persönlichen Nachteilen durch die Anzeige eines Verdachts ist vorzubeugen. Darauf ist im Kodex ebenso hinzuweisen wie auf die Ahndung missbräuchlicher Verwendung des Anzeigesystems zur vorsätzlichen Schädigung eines Unschuldigen.[1137]

> *Praxishinweis*
>
> Ist das Meldesystem – insbesondere bei multinationalen Unternehmen – so eingerichtet, dass der Whistleblower **personenbezogene Daten ins Nicht-EU-Ausland** transferieren muss, ist dort ein angemessenes Datenschutzniveau im Sinne des § 4b Abs. 2 S. 2 BDSG zu gewährleisten. Ein solches schließt die EU-Kommission in fast allen Nicht-EU-Staaten, insbesondere den USA, aus. Dass der ausländische Datenempfänger zum Konzern gehört, ist irrelevant. Der erforderliche **individuelle Nachweis eines angemessenen Datenschutzniveaus beim Empfänger** kann durch vertragliche Vereinbarung zwischen den Daten übertragenden Unternehmen oder durch behördliche Beteiligung erfolgen (zum Beispiel „Safe Harbor-Verfahren").[1138]

Effektiv sind Ethikrichtlinien nur dann, wenn Verstöße gegen ihren Inhalt zu **Sanktionen** für den Arbeitnehmer führen. Auch wenn ein Sanktionskatalog aufgestellt wird, verdrängt dieser nicht die aus dem KSchG sowie der dazu ergangenen Rechtsprechung resultierenden Vorgaben zu Abmahnung und verhaltensbedingter Kündigung.[1139]   **441**

(4) Zuständiges Gremium

Die Zuständigkeit für den Abschluss einer Betriebsvereinbarung zu Ethikrichtlinien hängt von der beabsichtigten Geltungsreichweite ab. Sollen Ethikrichtlinien für einen bestimmten Betrieb festgelegt werden, sind Verhandlungen mit dem örtlichen Betriebsrat aufzunehmen. Betrifft die Regelung mehrere Betriebe oder das ganze Unternehmen i.S.d. § 50 Abs. 1 BetrVG, ist der Gesamtbetriebsrat zuständig. Soll hingegen durch einen Verhaltenskodex eine konzerneinheitliche Unternehmensphilosophie umgesetzt und für ein „ethisch-moralisch einheitliches Erscheinungsbild" sowie eine konzernweite Identität gesorgt werden, steht das Mitbestimmungsrecht nach Maßgabe von § 58 Abs. 1 BetrVG dem Konzernbetriebsrat zu.[1140]   **442**

cc) Muster

Muster 2.42: Betriebsvereinbarung zu Ethikrichtlinien   **443**

zwischen

▨▨▨▨▨▨ (*Name und Anschrift des Arbeitgebers*)

– nachfolgend „Arbeitgeber" genannt –

und

dem (Konzern-/Gesamt-)Betriebsrat ▨▨▨▨ der ▨▨▨▨ (*Name des Arbeitgebers*)

– nachfolgend „Betriebsrat" genannt –

– Arbeitgeber und Betriebsrat nachfolgend gemeinsam „Betriebspartner" genannt –

1137 *Abraham*, ZRP 2012, 12.
1138 Siehe dazu *Mengel/Hagemeister*, BB 2006, 2466, 2469; *Schmidl*, DuD 2006, 353, 354 ff.
1139 *Studt*, GmbHR 2008, 177, 178; vgl. auch *Klebe/Wroblewski*, in: GS Zachert, 2010, S. 324.
1140 BAG 17.5.2011 – 1 ABR 121/09, CCZ 2012, 119, 22.7.2008 – 1 ABR 40/07, NZA 2008, 1248; *Stück*, GmbHR 2016, 561, 564; zur Zuständigkeit bei Konzernen mit im Ausland ansässiger Konzernspitze siehe LAG München 4.9.2014 – 2 TaBV 50/13, ArbR 2015, 334.

Präambel

Ziel dieser Betriebsvereinbarung ist es, für das Unternehmen (**Alternativ:** *den Konzern*) einheitliche und adäquate Ethikrichtlinien aufzustellen, die zum einen den Erfordernissen der nationalen und europäischen gesetzlichen Vorgaben genügen, zum anderen die hohen ethischen Ansprüche des Unternehmens im Verhältnis zum Kunden, zu den Beschäftigten sowie zwischen den Beschäftigten aufnehmen und verdeutlichen. Die nachfolgenden ethischen Richtlinien sind Grundlage einer offenen, demokratischen und rechtskonformen Unternehmenskultur, der die Geschäftsführung und die Mitarbeiter verpflichtet sind und die es jeden Tag aufs Neue zu schützen und zu fördern gilt.

§ 1 Geltungsbereich

Diese Betriebsvereinbarung zu Ethikrichtlinien (im Folgenden „Ethikrichtlinien") gilt räumlich für das gesamte Unternehmen (*alternativ: für den gesamten Konzern*) der   . An sie sind Geschäftsleitung, leitende Angestellte, Arbeitnehmer sowie Personen, die den Beschäftigten funktionell gleichwertig eingesetzt werden (wie etwa Leiharbeitnehmer oder Berater), gebunden.

§ 2 Einhaltung gesetzlicher Vorschriften

(1) In den jeweiligen Betrieben sind die geltenden nationalen und internationalen Gesetze und Vorschriften, industriellen Mindeststandards, Konventionen der Internationalen Arbeitsorganisation (ILO) und der UN sowie alle anderen relevanten Bestimmungen (im Folgenden insgesamt „gesetzliche Normen") einzuhalten.

(2) Die Einhaltung der Ethikrichtlinien sowie der gesetzlichen Normen darf nicht durch Vereinbarungen oder vergleichbare Maßnahmen umgangen werden.

(3) Ist ein Mitarbeiter unsicher, ob oder in welchem Umfang eine gesetzliche Norm für sein konkretes Handeln maßgebend ist, muss er seinen Vorgesetzten oder die Rechtsabteilung des Unternehmens zurate ziehen. Ansprechpartner in der Rechtsabteilung ist   , Kontaktdaten: .

§ 3 Verpflichtungen des Arbeitgebers

(1) Der Arbeitgeber schafft ein Arbeitsumfeld, das den Mitarbeitern berufliche und persönliche Perspektiven eröffnet und in dem sie hervorragende Leistungen und Ergebnisse erbringen können. Keinem Mitarbeiter darf aus Einhaltung der ethischen Prinzipien ein Nachteil erwachsen.

(2) Alle Mitarbeiter sind mit Würde und Respekt zu behandeln. Kein Mitarbeiter darf verbaler, psychischer, physischer oder sexueller Gewalt, Nötigung oder Belästigung ausgesetzt werden.

(3) Der Arbeitgeber trägt Sorge für ein sicheres und gesundes Arbeitsumfeld und trifft die erforderlichen Maßnahmen, um Gesundheitsschäden der Mitarbeiter zu vermeiden.

(4)   (*weitere mögliche Themen: Umweltschutz, soziale Verantwortung, etc.*)

§ 4 Interessenkonflikte

(1) Die   erwartet von ihren Mitarbeitern Loyalität gegenüber dem Unternehmen. Sämtliche Mitarbeiter sind angehalten, solche Situationen zu vermeiden, in denen ihre persönlichen oder finanziellen Interessen mit denen des Unternehmens in Konflikt geraten. Potentielle oder absehbare Interessenkonflikte sind dem jeweiligen Vorgesetzten rechtzeitig anzuzeigen, um die Konfliktsituation vermeiden oder auflösen zu können. Konflikte können beispielsweise entstehen bei der Beteiligung an bzw. Nebenbeschäftigung bei einem anderen Unternehmen.

(2) Die   begrüßt das private Engagement ihrer Mitarbeiter. Ihnen ist jedoch untersagt, den Namen des Unternehmens oder ihre Stellung im Unternehmen in Zusammenhang mit den eigenen politischen, kulturellen oder religiösen bzw. weltanschaulichen Aktivitäten zu bringen, um dadurch den Anschein zu erwecken, die   unterstütze als Unternehmen eine bestimmte Gruppierung.

(3) Die   respektiert das Privatleben ihrer Mitarbeiter. Die private Beziehung von Mitarbeitern zueinander – insbesondere eine Freundschafts- bzw. Liebesbeziehung – darf jedoch nicht zu einer Beeinträchtigung des betrieblichen Miteinanders führen. Weder im täglichen Umgang noch bei personalrechtlichen Maßnahmen (wie Beförderung, Versetzung, direktionsrechtlicher Weisung, etc.) darf eine private Bindung zwischen Mitarbeitern Entscheidungen zum Vor- oder Nachteil beeinflussen bzw. eine Benachteiligung oder Zurücksetzung anderer Mitarbeitern bewirken.

Ggf.: *(4) Den Mitarbeitern ist es untersagt, unter Verwendung von im Rahmen der arbeitsvertraglichen Tätigkeit erlangten Insiderinformationen Wertpapiere (zum Beispiel für den Handel an Börsen zugelassene Wertpapiere der ▯ oder anderer Konzernunternehmen) zu erwerben oder zu veräußern, einem anderen Insiderinformationen unbefugt mitzuteilen oder zugänglich zu machen oder einem anderen den Erwerb oder die Veräußerung zu empfehlen oder ihn dazu zu verleiten.*

§ 5 Verhalten im Unternehmen

(1) Alle Mitarbeiter sind angehalten, ein Arbeitsumfeld des gegenseitigen Respekts, der Professionalität, der Ehrlichkeit, Höflichkeit und Fairness zu schaffen und zu bewahren.

(2) Jeder Mitarbeiter ist verpflichtet, Betriebseinrichtungen (insbesondere ▯ sowie Informations- und Kommunikationssysteme) sorgfältig und zweckbestimmt zu behandeln. Ohne ausdrückliche Zustimmung des Vorgesetzten darf Unternehmenseigentum nicht für private Zwecke genutzt oder aus dem räumlichen Bereich des Unternehmens entfernt werden.

(3) Die Gesundheit der Kollegen ist von jedem Mitarbeiter zu schützen. Es gilt ein generelles Rauchverbot am Arbeitsplatz; das Rauchen ist ausschließlich in den dafür gekennzeichneten Räumen gestattet. Ebenso ist es verboten, alkoholische Getränke in den jeweiligen Betrieb mitzubringen, dort vorrätig zu halten oder zu verzehren.

(4) Der Missbrauch illegaler Drogen am Arbeitsplatz wird nicht toleriert. Jeder Mitarbeiter, der Beratung oder Hilfe benötigt, kann sich vertrauensvoll entweder an seinen Vorgesetzten oder an die unternehmensinterne Beratungsstelle (Kontaktdaten: ▯) wenden.

§ 6 Verbot der Benachteiligung und Belästigung

(1) Jegliches verbale oder physische Verhalten, das die Würde einer Person verletzt (zum Beispiel durch Benachteiligung, Belästigung, Mobbing), ist unzulässig.

(2) Niemand darf aus Gründen der ethischen Herkunft, der Hautfarbe, der Nationalität, der Abstammung, des Geschlechts (einschließlich Schwanger- oder Mutterschaft), des Familienstands, des Alters, der Religion oder Weltanschauung, der politischen Einstellung, der sexuellen Identität, der Aussehens oder der körperlichen Konstitution belästigt werden oder eine weniger günstige Behandlung als eine andere Person in vergleichbarer Position erfahren. **Ggf.:** *Maßstab für die ▯ und ihre Mitarbeiter soll sein, dass sich der Betroffene aufgrund eines Verhaltens lediglich benachteiligt fühlen kann. Schon ein solches Verhalten soll unterbleiben.*

(3) Verboten sind insbesondere unwillkommene sexuelle Zudringlichkeiten oder Körperkontakte, Gesten und Aussagen sexuellen Inhalts sowie das Zeigen oder Verbreiten von Bildern, Karikaturen oder Witzen sexueller Natur. **Ggf.:** *Hierunter fällt jedes Verhalten, dass auch nur potentiell von den Betroffenen als unerwünscht angesehen wird.*

§ 7 Verhalten gegenüber Dritten

(1) Von allen Mitarbeitern wird ein geschäftliches Verhalten gegenüber Kunden erwartet, das auf Fairness und Einhaltung der relevanten gesetzlichen Normen basiert.

(2) Den Mitarbeitern ist untersagt, Entscheidungsträger in anderen Unternehmen, Behörden oder anderen Institutionen unerlaubt zu beeinflussen, indem sie Vorteile anbieten, versprechen oder gewähren. Dritte (etwa Berater, Makler, Sponsoren, Vertreter oder andere Vermittler) dürfen nicht zur Umgehung dieser Regelung genutzt werden.

(3) Die Beschäftigten haben sich untereinander und gegenüber Dritten so zu verhalten, dass keine persönliche Abhängigkeit, Verpflichtung und Beeinflussung entsteht. Vorteile im geschäftlichen Handeln von Dritten zu fordern, sich versprechen zu lassen oder anzunehmen, ist verboten. Einladungen und Geschenke dürfen nur insoweit angenommen werden, als sie sich innerhalb der Grenzen geschäftsüblicher Gastfreundschaft halten und die Wertgrenze von ▯ EUR nicht überschreiten; der Vorgesetzte ist über die Annahme solcher Geschenke zu unterrichten. Die Annahme von Bargeld oder mit Bargeld vergleichbarer Leistungen ist generell untersagt.

§ 8 Interne Sorgfalt und Gewissenhaftigkeit

(1) Im Aufgabenbereich des jeweiligen Mitarbeiters müssen alle geschäftlichen Vorgänge umfassend, termingerecht, verständlich und wahr in Übereinstimmung mit den gesetzlichen und den darüber hinaus beim Arbeitgeber geltenden Vorschriften dokumentiert werden. Für die Buchhaltung relevante Dokumente dürfen keine falschen oder irreführenden Einträge bzw. Auslassungen enthalten.

(2) Alle Mitarbeiter sind verpflichtet, einen schnellen und reibungslosen Informationsaustausch innerhalb des Unternehmens zu gewährleisten. Relevantes Wissen darf nicht unrechtmäßig vorenthalten, verändert oder selektiv weitergegeben werden. Soweit nicht ausnahmsweise vorrangige Interessen (etwa Geheimhaltung, Datenschutz) eingreifen, müssen Informationen stets richtig und vollständig kommuniziert werden.

§ 9 Meldung von Verstößen

(1) Beanstandungen oder Hinweise auf Verstöße gegen diese Ethikrichtlinien können jederzeit an die folgenden Ansprechpartner gemeldet werden:

■ Ansprechpartner: Compliance-Beauftragter ▧▧▧▧▧, Kontaktdaten: ▧▧▧▧▧.

■ Ansprechpartner im Fall von ▧▧▧▧▧, Kontaktdaten: ▧▧▧▧▧.

■ Ansprechpartner im Fall von ▧▧▧▧▧, Kontaktdaten: ▧▧▧▧▧.

Dieselben Ansprechpartner stehen zur Verfügung, wenn weitere Informationen benötigt werden oder Unklarheiten im Zusammenhang mit diesen Ethikrichtlinien bestehen sollten.

Alternativ:

(1) Alle Mitarbeiter sind aufgerufen, Verstöße gegen die Ethikrichtlinien zu melden. Schwerwiegende Verstöße gegen die Ethikrichtlinie bzw. gesetzliche Vorgaben, die gleichzeitig Strafrechtstatbestände erfüllen (wie etwa Korruption, Geldwäsche oder sexuelle Nötigung), müssen zwingend gemeldet werden. Jeder Mitarbeiter hat die Möglichkeit, seine Eingaben telefonisch, per Brief oder per E-Mail an ▧▧▧▧▧ zu richten. Alternativ können sich die Mitarbeiter an ihren unmittelbaren Vorgesetzten wenden. Die zügige und effektive Bearbeitung der Eingabe sowie die Aufklärung der Angelegenheit durch die fachlich zuständige Stelle wird garantiert.

(2) Die anzeigende Person sollte nur solche Tatsachen melden, deren Richtigkeit sie annimmt oder vermutet. Missbrauch wird geahndet.

(3) Der anzeigende Mitarbeiter wird keinen benachteiligenden Maßnahmen oder Disziplinarmaßnahmen ausgesetzt. Die Betriebspartner untersagen jeden Versuch, einen Mitarbeiter daran zu hindern, Verstöße gegen die Ethikrichtlinien oder gesetzliche Normen zu melden, oder einen Mitarbeiter nach erfolgter Anzeige Repressalien irgendwelcher Art auszusetzen.

(4) Jede Meldung soll namentlich erfolgen, wobei dem Anzeigenden strengste Vertraulichkeit zugesichert wird. Der Beschuldigte wird unverzüglich über den Inhalt der Anzeige, den weiteren Fortlauf der Aufklärung, die Identität der beteiligten Personen (mit Ausnahme des Anzeigenden) sowie seine Auskunfts- und Einsichtsrechte umfassend informiert. Ausnahmsweise erfolgt die Benachrichtigung mit Verzögerung, wenn der dringende Verdacht besteht, dass der Beschuldigte sonst die Beweislage erheblich beeinträchtigen könnte. Die gespeicherten persönlichen Daten werden spätestens zwei Monate nach Abschluss der Untersuchungen gelöscht, wenn nicht ausnahmsweise die Einleitung weiterer rechtlicher Schritte gegen den Beschuldigten oder gegen den bewusst falsch Anzeigenden eine längerfristige Speicherung der Daten erforderlich macht.

§ 10 Sanktionen und Abhilfemaßnahmen

(1) Die Betriebspartner sind berechtigt, die Einhaltung der aus diesen Ethikrichtlinien folgenden Verpflichtungen von Arbeitgeber und Mitarbeitern zu überwachen.

(2) Wird ein bewusstes Fehlverhalten und/oder ein nachhaltiger Verstoß gegen die Ethikrichtlinie bzw. gesetzliche Normen festgestellt, leitet der Arbeitgeber unverzüglich entsprechende Abhilfemaßnahmen ein. Das Fehlverhalten wird durch die – je nach Schwere und Umfang des Verstoßes – gebotenen arbeits- oder zivilrechtlichen Disziplinarmaßnahmen (etwa Ermahnung, Abmahnung, außerordentliche Kündigung) konsequent geahndet. Bei möglichen Verstößen gegen Normen des Ordnungswidrigkeiten- und Strafrechts behält sich der Arbeitgeber die Einschaltung der Strafverfolgungsbehörden vor.

§ 11 Schlussbestimmungen

(1) Mündliche Nebenabreden bestehen nicht. Änderungen und Ergänzungen dieser Betriebsvereinbarung, einschließlich dieser Bestimmung, bedürfen zu ihrer Wirksamkeit der Schriftform.

(2) Sollte eine Bestimmung dieser Vereinbarung ganz oder teilweise unwirksam sein, so wird die Wirksamkeit der übrigen Bestimmungen nicht berührt.

(3) Sollte eine Änderung der tatsächlichen oder rechtlichen Bedingungen, die Grundlage dieser Vereinbarung sind, eintreten, so werden die Betriebspartner unverzüglich in Verhandlungen treten mit der Zielsetzung, eine Anpassung herbeizuführen.

(Ort, Datum)

(Unterschriften)

▲

c) Betriebsvereinbarung über eine einheitliche Dienstkleidung

aa) Rechtliche Grundlagen

Die Einführung einer einheitlichen Dienstkleidung im Betrieb unterliegt gemäß § 87 Abs. 1 Nr. 1 BetrVG   **444** der Mitbestimmung des Betriebsrats.[1141] Gegenstand dieses Mitbestimmungsrechts ist die Gestaltung des Zusammenlebens und Zusammenwirkens der Arbeitnehmer im Betrieb.[1142] Daher sind Maßnahmen mitbestimmungspflichtig, durch die der Arbeitgeber in Ausübung seiner Ordnungsmacht bestimmt, welche Arbeiten in welcher Art und Weise zu verrichten sind. Mitbestimmungsfrei sind dagegen nur Maßnahmen, mit denen die Arbeitspflicht unmittelbar konkretisiert wird. Die Festlegung einer einheitlichen Dienstkleidung betrifft die Art und Weise der Verrichtung der Arbeit und ist damit eine Maßnahme, die Fragen der Ordnung des Betriebs betrifft und deshalb gemäß § 87 Abs. 1 Nr. 1 BetrVG **mitbestimmungspflichtig** ist.[1143] Nach Ansicht des LAG Nürnberg hat der Betriebsrat nach § 87 Abs. 1 Nr. 1 BetrVG auch ein Initiativrecht hinsichtlich der Einführung von Dienstkleidung. Der Betriebsrat könne auch dann das Tragen einer einheitlichen Dienstkleidung – einschließlich deren Anschaffung auf Kosten des Arbeitgebers – verlangen und dies über die Einigungsstelle erzwingen, wenn der Arbeitgeber selbst das Tragen einer Dienstkleidung nicht verlangt.[1144]

Von der Dienstkleidung, die der Arbeitgeber seinen Mitarbeitern vorschreibt, um einen einheitlichen Auf-   **445** tritt des Unternehmens zu gewährleisten, ist die Schutzkleidung zu unterscheiden, die an bestimmten Arbeitsplätzen zum Schutz gegen Unfälle oder Berufskrankheiten getragen und durch Unfallverhütungsvorschriften vorgeschrieben wird. Beide gehören zu der sog. Arbeitskleidung im weiteren Sinn, zu der auch die Berufskleidung etwa von Köchen oder Krankenschwestern und die von den Arbeitnehmern zur Schonung ihrer eigenen Kleidung getragene Arbeitskleidung im engeren Sinn gehören.[1145] Anders als bei der vom Arbeitgeber selbst vorgeschriebenen Dienstkleidung hat der Betriebsrat bei der Einführung einer Schutzkleidung nach § 87 Abs. 1 Nr. 1 BetrVG kein Mitbestimmungsrecht, soweit das Tragen der Schutzkleidung etwa durch Unfallverhütungsvorschriften zwingend vorgeschrieben ist.

Für die Einführung einer einheitlichen Dienstkleidung ist regelmäßig der Betriebsrat zuständig, weil die   **446** Maßnahme Fragen der Ordnung des Betriebs betrifft und daher betriebsbezogen zu regeln ist.[1146] Demgegenüber hat das BAG für die Regelung einer einheitlichen Dienstkleidung des Bodenpersonals eines

---

1141 BAG 17.1.2012, NZA 2012, 687, 688; Richardi/*Richardi*, § 87 Rn 188.
1142 LAG Köln, NZA-RR 2011, 85, 87; *Fitting u.a.*, § 87 Rn 63.
1143 BAG 1.12.1992, NZA 1993, 711; BAG 11.6.2002, NZA 2002, 1299; BAG 13.2.2007, NZA 2007, 640, 641; BAG 17.1.2012, NZA 2012, 687, 688.
1144 LAG Nürnberg 10.9.2002, NZA-RR 2003, 197.
1145 Schaub/*Koch*, ArbR-Hdb., § 82 Rn 19.
1146 *Lunk*, NZA 2013, 233, 235.

deutschlandweit tätigen Luftfahrtunternehmens den Gesamtbetriebsrat als gemäß § 50 Abs. 1 BetrVG zuständig angesehen, weil das mit der Vereinheitlichung verfolgte Ziel, das Bodenpersonal des Arbeitgebers gegenüber den Fluggästen besonders kenntlich zu machen und es von dem Personal anderer Fluggesellschaften zu unterscheiden, nur durch eine unternehmenseinheitliche Regelung erreicht werden könne.[1147] Die Betriebsparteien können in einer Betriebsvereinbarung nach § 87 Abs. 1 Nr. 1 BetrVG, durch die zur Verbesserung des äußeren Erscheinungsbildes des Unternehmens eine einheitliche Dienstkleidung eingeführt wird, nicht regeln, dass sich die Arbeitnehmer an den Kosten für die Gestellung der Dienstkleidung zu beteiligen haben.[1148] Die Betriebspartner haben nur hinsichtlich der Ordnung des Betriebs und des Verhaltens der Arbeitnehmer im Betrieb eine gesetzliche Regelungskompetenz. Ein Mitbestimmungsrecht über die anlässlich einer Regelung nach § 87 Abs. 1 Nr. 1 BetrVG anfallenden Kosten ist dem Gesetz hingegen nicht zu entnehmen. Die Kosten sind vielmehr von demjenigen zu tragen, in dessen Sphäre sie anfallen. Verursacht die Regelung eines mitbestimmungspflichtigen Tatbestandes zusätzliche betriebliche **Kosten**, so hat diese, wie alle Betriebskosten, grundsätzlich der **Arbeitgeber zu tragen**.[1149] Die Betriebspartner können allerdings nach einer neueren Entscheidung des BAG im Rahmen einer freiwilligen Betriebsvereinbarung gemäß § 88 BetrVG Regelungen über die Tragung der Kosten einer einheitlichen Personalkleidung treffen.[1150] Falls diese Regelungen eine Kostenbeteiligung der Arbeitnehmer an der zur Verfügung gestellten Dienstkleidung vorsehen, greift die entsprechende Verpflichtung belastend in die individualvertraglichen Rechte der betroffenen Arbeitnehmer ein und ist deshalb nach dem Günstigkeitsprinzip unwirksam.[1151] Dies gilt jedoch nicht, wenn die Arbeitsverträge eine Öffnung gegenüber Betriebsvereinbarungen enthalten. In den Fällen der sog. Betriebsvereinbarungsoffenheit findet das Günstigkeitsprinzip keine Anwendung.[1152]

447   Die Einführung einer einheitlichen Dienstkleidung durch eine Betriebsvereinbarung verletzt als solche nicht das durch § 75 Abs. 2 BetrVG geschützte allgemeine Persönlichkeitsrecht der betroffenen Arbeitnehmer aus Art. 2 Abs. 1 i.V.m. Art. 1 Abs. 1 GG. Die vom Arbeitgeber angestrebte Verbesserung des äußeren Erscheinungsbildes des Unternehmens durch die Einführung einheitlicher Dienstkleidung rechtfertigt eine mögliche Beeinträchtigung des allgemeinen Persönlichkeitsrechts der betroffenen Arbeitnehmer.[1153] Nicht gerechtfertigt und damit unwirksam sind Regelungen in einer Betriebsvereinbarung über eine einheitliche Dienstkleidung, die ohne das Bestehen eines sachlichen Grundes für eine vergleichbare Personengruppe unterschiedliche Vorgaben enthält, etwa die Piloten zum Tragen einer Cockpit-Mütze in der Öffentlichkeit verpflichtet und ihren weiblichen Kollegen diesbezüglich ein Wahlrecht einräumt.[1154] Eine solche Regelung verstößt gegen den Gleichbehandlungsgrundsatz des § 75 Abs. 1 BetrVG, der den Betriebsparteien eine Ungleichbehandlung der Arbeitnehmer wegen ihres Geschlechts untersagt. Sofern die private Nutzung der Dienstkleidung nach der Betriebsvereinbarung nicht gestattet ist, muss eine Regelung zur Pflicht des Arbeitgebers getroffen werden, Umkleidemöglichkeiten im Betrieb zur Verfügung zu stellen. Die Arbeitnehmer können nicht darauf verwiesen werden, sich auf den Toiletten umzukleiden oder die Dienstkleidung zu Hause anzuziehen und den Arbeitsweg darin und damit als Arbeitnehmer eines bestimmten Unternehmens erkennbar zurückzulegen.[1155] Dies gilt bei besonders auffälliger Dienstkleidung, die fremdnützig zugunsten des Arbeitgebers getragen wird. Bei einer derartigen Dienstkleidung zählt das Umkleiden des Ar-

---

1147 BAG 17.1.2012, NZA 2012, 687.
1148 BAG 1.12.1992, NZA 1993, 711, 712.
1149 BAG 1.12.1992, NZA 1993, 711, 712; LAG Nürnberg 10.9.2002, NZA-RR 2003, 197, 199.
1150 BAG 13.2.2007, NZA 2007, 640, 643; enger BAG 1.12.1992, NZA 1993, 711, 712.
1151 BAG 1.12.1992, NZA 1993, 711, 712.
1152 *Linsenmaier*, RdA 2008, 1, 9.
1153 BAG 13.2.2007, NZA 2007, 640, 643.
1154 BAG 30.9.2014, NZA 2015, 121.
1155 BAG 17.1.2012, NZA 2012, 687.

beitnehmers zur mitbestimmungspflichtigen Arbeitszeit i.S.d. § 87 Abs. 1 Nr. 2 BetrVG.[1156] Damit sind jedoch nicht zwangsläufig die Voraussetzungen vergütungspflichtiger Arbeitszeit erfüllt. Eine Vergütungspflicht gemäß § 611 BGB erfordert die Erfüllung der Hauptleistungspflicht des Arbeitnehmers.[1157] Durch das Umkleiden erbringt der Arbeitnehmer aber in aller Regel keine arbeitsvertraglich geschuldete Leistung. Vielmehr handelt es sich lediglich um eine Vorbereitungshandlung, durch die sich der Arbeitnehmer erst leistungsbereit macht.[1158] Eine Vergütungspflicht kann sich dann allenfalls aus § 612 BGB ergeben. Eine entsprechende Vergütungserwartung des Arbeitnehmers wird angenommen, wenn er die Dienstkleidung tragen muss und diese nicht auf dem Weg zur Arbeit tragen darf oder wenn die Arbeitskleidung so auffällig ist, so dass ihm das Tragen auf dem Weg zur Arbeitsstätte nicht zugemutet werden kann und er sich deshalb im Betrieb umzieht.[1159]

bb) Betriebsvereinbarung über eine einheitliche Dienstkleidung

43

▼

Muster 2.43: Betriebsvereinbarung über eine einheitliche Dienstkleidung

448

Zwischen

der ▓▓▓▓ (*Bezeichnung und Anschrift des Unternehmens*)

– nachfolgend „**Arbeitgeber**" genannt –

und dem Betriebsrat der ▓▓▓▓ (*Bezeichnung des Unternehmens*), vertreten durch den Betriebsratsvorsitzenden ▓▓▓▓

– nachfolgend „**Betriebsrat**" genannt –

wird folgende Betriebsvereinbarung über eine einheitliche Dienstkleidung geschlossen:

Präambel

Diese Betriebsvereinbarung regelt die Bereitstellung, das Tragen und die Pflege einer einheitlichen Dienstkleidung. Dienstkleidung sind Kleidungsstücke, die von den Mitarbeiterinnen und Mitarbeitern (nachfolgend „Mitarbeiter" genannt) während der Ausübung ihrer Tätigkeit getragen werden müssen. Die Dienstkleidung soll ein ordentliches und einheitliches Erscheinungsbild der Mitarbeiter vermitteln, die Zugehörigkeit zum Unternehmen unterstreichen und die Qualität der Dienstleistungen des Unternehmens verdeutlichen.

§ 1 Geltungsbereich

(1) Die Betriebsvereinbarung gilt in persönlicher Hinsicht für alle Mitarbeiter der Abteilungen ▓▓▓▓ , einschließlich der Auszubildenden, mit Ausnahme der leitenden Angestellten im Sinne des § 5 Abs. 3 BetrVG.

(2) Die Vereinbarung gilt in sachlicher Hinsicht für alle Kleidungsstücke, die zur besonderen Kenntlichmachung im dienstlichen Interesse des Unternehmens von den Mitarbeitern während der Arbeit getragen werden müssen.

(3) Die Betriebsvereinbarung gilt nicht für Schutzkleidung, d.h. für Kleidungsstücke und ähnliche Ausrüstungsgegenstände, die bei bestimmten Tätigkeiten an bestimmten Arbeitsplätzen zum Schutz gegen Unfälle oder Berufskrankheiten (insbesondere unter Beachtung der jeweiligen Unfallverhütungsvorschriften) zu tragen sind.

1156 BAG 17.11.2015, NZA 2016, 247; BAG 10.11.2009, NZA-RR 2010, 301.
1157 BAG 11.10.2000, NZA 2001, 458.
1158 *Franzen*, NZA 2016, 136, 138.
1159 *Franzen*, NZA 2016, 136, 138 f.

§ 2 Überlassung der Dienstkleidung

(1) Der Arbeitgeber stellt jedem Mitarbeiter als Dienstkleidung drei Arbeitshosen und -jacken unentgeltlich zur Verfügung. Die Kleidung wird an der Arbeitsstelle für die Entgegennahme durch den Mitarbeiter bereitgehalten.

(2) Die überlassene Dienstkleidung bleibt Eigentum des Arbeitgebers und ist an ihn zurückzugeben, wenn sie nicht mehr getragen werden muss. Soweit die Dienstkleidung durch häufiges Tragen unbrauchbar geworden ist, erhält der Mitarbeiter umgehend Ersatz.

(3) Die Kosten für die Bereitstellung der Dienstkleidung trägt der Arbeitgeber.

(4) Der Arbeitgeber stellt geeignete Umkleidemöglichkeiten im Betrieb zur Verfügung. Die vom Mitarbeiter für das An- und Ablegen der Dienstkleidung und den Weg zu den Umkleideräumen aufgewendete Zeit im arbeitstäglichen Umfang von insgesamt 15 Minuten gilt als vergütungspflichtige Arbeitszeit.

§ 3 Reinigung und Instandhaltung der Dienstkleidung

(1) Der Arbeitgeber organisiert die Reinigung und Instandhaltung der überlassenen Dienstkleidung. Er trägt die dabei anfallenden Kosten.

(2) Die Reinigung findet je nach Zustand der Kleidung statt, mindestens einmal wöchentlich.

§ 4 Pflichten der Mitarbeiter

(1) Jeder Mitarbeiter ist verpflichtet, die ihm zur Verfügung gestellte Dienstkleidung während der Arbeitszeit innerhalb und außerhalb des Betriebs zu tragen. Das Tragen privater Oberbekleidung ist den Mitarbeitern während der Arbeitszeit untersagt.

(2) Außerhalb der Arbeitszeit und für den privaten Gebrauch darf die überlassene Dienstkleidung nicht getragen werden.

(3) Die Mitarbeiter sind verpflichtet, ihre Dienstkleidung pfleglich zu behandeln und etwaige Verluste unverzüglich zu melden. Sie haben darauf zu achten, dass sie nicht in verschmutzter oder verschlissener Dienstkleidung arbeiten und dadurch das positive Image des Arbeitgebers beeinträchtigen. Verschmutzte Dienstkleidung ist schnellstmöglich durch saubere auszutauschen.

(4) Eine Änderung der überlassenen Dienstkleidung durch den Mitarbeiter ist nicht gestattet.

(5) Bei Beendigung oder Wechsel der Tätigkeit hat der Mitarbeiter die empfangene Kleidung vollzählig und in ordnungsgemäßem Zustand zurückzugeben. Für nicht zurückgegebene Dienstkleidung hat er Wertersatz zu leisten.

§ 5 Einigungsverfahren bei Streitigkeiten

Arbeitgeber und Betriebsrat verpflichten sich, bei Streitigkeiten, die Auslegung und Anwendung dieser Vereinbarung betreffen, unverzüglich Verhandlungen mit dem Ziel einer einvernehmlichen Regelung aufzunehmen. Ist über einzelne Fragen kein Einvernehmen zu erzielen, so kann eine Seite die Einigungsstelle nach § 76 Abs. 5 BetrVG anrufen.

§ 6 Inkrafttreten, Kündigung

(1) Diese Betriebsvereinbarung tritt mit ihrer Unterzeichnung in Kraft.

(2) Die Betriebsvereinbarung ist auf unbestimmte Zeit geschlossen und von beiden Seiten mit einer Frist von drei Monaten zum Ende eines Kalenderjahres kündbar. Sie kann nur als Ganze und nicht in ihren Teilen gekündigt werden; die Kündigung hat schriftlich zu erfolgen. Nach wirksamer Kündigung wirkt die Betriebsvereinbarung bis zum Abschluss einer neuen Betriebsvereinbarung nach.

§ 7 Schlussbestimmungen

(1) Mündliche Nebenabreden bestehen nicht. Änderungen und Ergänzungen dieser Betriebsvereinbarung, einschließlich dieser Bestimmung, bedürfen zu ihrer Rechtswirksamkeit der Schriftform.

(2) Sollte eine Bestimmung dieser Vereinbarung ganz oder teilweise unwirksam sein oder werden, so wird hiervon die Wirksamkeit der übrigen Bestimmungen nicht berührt. Anstelle der unwirksamen Bestimmung

werden Arbeitgeber und Betriebsrat die gesetzlich zulässige Bestimmung vereinbaren, die dem mit der unwirksamen Bestimmung Gewollten am nächsten kommt. Dasselbe gilt für den Fall einer vertraglichen Lücke.

(3) Sollten sich die dieser Betriebsvereinbarung zugrunde liegenden tatsächlichen oder rechtlichen Bedingungen grundlegend ändern, so werden Arbeitgeber und Betriebsrat unverzüglich in Verhandlungen treten mit dem Ziel, die Vereinbarung an die geänderten Bedingungen anzupassen.

(Ort, Datum)   *(Ort, Datum)*

(Arbeitgeber)   *(Betriebsrat)*

▲

d) Betriebliches Eingliederungsmanagement

Literatur: *Balders/Lepping,* Das betriebliche Eingliederungsmanagement nach dem SGB IX, NZA 2005, 854; *Gagel,* Betriebliches Eingliederungsmanagement, NZA 2004, 1359; *Hoffmann-Remy,* „Betriebliches Eingliederungsmanagement als Ende der krankheitsbedingten Kündigung!?", NZA 2016, 267; *Kothe,* Betriebliches Eingliederungsmanagement und Bestandsschutz, DB 2008, 582; *Matheis/Hipeli,* Außergerichtliche Mediation und Betriebliches Eingliederungsmanagement, DB 2016, 1134; *Schiefer, Bernd,* Das betriebliche Eingliederungsmanagement, RdA 2016, 196; *Schiefer/Borchard,* Betriebliches Eingliederungsmanagement (BEM) – „Erste Eckpunkte", DB 2010, 1884.

aa) Typischer Sachverhalt

Ein Arbeitnehmer ist seit vielen Jahren bei seinem Arbeitgeber beschäftigt. Der Gesundheitszustand des Arbeitnehmers hat sich in den letzten Jahren der langen Betriebszugehörigkeit verschlechtert. Es kommt zu erheblichen Arbeitsunfähigkeitszeiten mit Ausfallquoten bis zu 75 %, teilweise liegen diese über einen mehrjährigen Zeitraum bei 100 %. Nachdem der Arbeitgeber von seinem Arbeitnehmer keine hinreichend klaren Angaben über die weitere Gesundheitsprognose erhält, kündigt er das Arbeitsverhältnis.   **449**

bb) Betriebliches Eingliederungsmanagement und Bestandsschutz

Gemäß § 84 Abs. 2 SGB IX ist der Arbeitgeber seit 2004 verpflichtet, bei Beschäftigten, die innerhalb eines Jahres länger als sechs Wochen ununterbrochen oder wiederholt arbeitsunfähig sind, ein betriebliches Eingliederungsmanagement (BEM) durchzuführen. Es handelt sich hierbei um ein frühzeitiges Präventionsund Integrationsverfahren. Das Gesetz selbst enthält keine konkreten Aussagen darüber, unter welchen Voraussetzungen ein solches Eingliederungsmanagement durchzuführen ist und insbesondere, welche rechtlichen Konsequenzen das Unterbleiben eines oder ein fehlerhaft durchgeführtes BEM hat.[1160] Es benennt lediglich die zu beteiligenden Personen und Stellen und fordert vom Arbeitgeber, mit den zuvor genannten Stellen die Möglichkeiten zu erörtern, wie die Arbeitsunfähigkeit möglichst überwunden werden kann und mit welchen Leistungen oder Hilfen erneuter Arbeitsunfähigkeit vorgebeugt und der Arbeitsplatz erhalten werden kann. Das Gesetz „zwingt" den Arbeitgeber damit, die Initiative für das BEM zu ergreifen, ohne ihm jedoch aufzuerlegen, welche Mittel er auf jeden Fall oder auf gar keinen Fall in Erwägung zu ziehen hat. Selbiges gilt für bestimmte Ergebnisse, die das Eingliederungsmanagement haben muss bzw. nicht haben darf. Hinter allem steht das Ziel, mit dem – ordnungsgemäß durchgeführten – BEM im Rahmen einer rechtzeitigen Klärung mit eventuell durchzuführenden notwendigen Maßnahmen dafür zu sorgen, dass das Beschäftigungsverhältnis möglichst dauerhaft fortgesetzt wird.[1161] Von dem BEM ist die Gefährdungsbeurteilung abzugrenzen, die einen präventiven Ansatz verfolgt. § 84 Abs. 2 SGB IX zielt dagegen darauf ab, einer bereits eingetretenen Arbeitsunfähigkeit insoweit Rechnung zu tragen, als dass mit allen am BEM Beteiligten versucht wird, Maßnahmen zu ergreifen, die einer erneuten Arbeitsunfähigkeit vorbeugen.   **450**

1160 KR/*Griebeling,* § 1 KSchG Rn 324e.
1161 BAG 4.10.2005 – 9 AZR 632/04, DB 2006, 902.

cc) Erfasster Personenkreis

451 Zunächst ist der Anwendungsbereich des § 84 Abs. 2 SGB IX zu festzulegen. Nach dem Gesetzeswortlaut ist das BEM bei Beschäftigten durchzuführen. Fraglich ist, was unter Beschäftigten im Sinne des § 84 Abs. 2 SGB IX zu verstehen ist. Nach einer Auffassung[1162] spricht die Gesetzessystematik dafür, den Anwendungsbereich dieser Norm einzugrenzen. § 84 Abs. 2 SGB IX steht im Teil 2 des SGB IX, der gem. § 68 SGB IX nur für Schwerbehinderte und diesen gleichgestellte behinderte Menschen gilt. Auch aus der Gesetzesbegründung[1163] lässt sich herleiten, dass der Anwendungsbereich des § 84 SGB IX auf Schwerbehinderte und diesen gleichgestellte behinderte Menschen zu begrenzen ist. Dort heißt es: „Vom Gesetz vorgesehen wird, dass bei den gesundheitlichen Störungen zukünftig mit Zustimmung des betroffenen behinderten Arbeitnehmers eine gemeinsame Klärung möglicher Maßnahmen durch alle Beteiligten (Arbeitgeber, betriebliche Interessenvertretung, Schwerbehindertenvertretung, Integrationsamt, gemeinsame Servicestelle sowie Werks- oder Betriebsarzt) erfolgen soll, um kurzfristig Beschäftigungshindernisse überwinden und den Arbeitsplatz durch Leistungen und Hilfen erhalten zu können".

Nach der Rechtsprechung und der Mehrheit in der Literatur[1164] gilt die Vorschrift für alle Arbeitnehmer und nicht nur für die behinderten Menschen.[1165] Dies folge aus dem Wortlaut des § 84 Abs. 2 SGB IX und der gesetzlichen Systematik. Dort sei von Beschäftigten und „außerdem" von schwerbehinderten Menschen und der Einschaltung der Schwerbehindertenvertretung geredet. Dieses Ergebnis werde durch den Sinn und Zweck der Regelung bestätigt. Nach der Gesetzesbegründung[1166] sollen krankheitsbedingte Kündigungen bei allen Arbeitnehmern durch das BEM verhindert werden.

Es ist somit im Hinblick auf die gefestigte Rechtsprechung des BAG festzuhalten, dass die Vorschrift des § 84 Abs. 2 SGB IX nicht nur auf schwerbehinderte Mitarbeiter anzuwenden ist, sondern auf alle Beschäftigten eines Arbeitgebers.[1167]

dd) Maßgeblichkeit des Zeitraums

452 Der Anwendungsbereich des § 84 Abs. 2 IX ist dann eröffnet, wenn der Beschäftigte innerhalb eines Jahres länger als sechs Wochen ununterbrochen oder wiederholt arbeitsunfähig ist,[1168] wobei aus dem Präventionsgedanken des § 84 Abs. 2 SGB IX folgt, dass der Zeitraum der sechswöchigen Arbeitsunfähigkeit auf die jeweils zurückliegenden 12 Monate zu beziehen ist.

Wie oben bereits ausgeführt, „zwingt" das Gesetz den Arbeitgeber zur Durchführung des BEM. Der Arbeitgeber hat die Initiativlast für die Durchführung des BEM. Der Jahreszeitraum bemisst sich nach § 191 BGB und ist ein Zeitraum von 365 Tagen.[1169] Der jeweils zurückliegende Jahreszeitraum ist insofern maßgeblich mit der Folge, dass der Arbeitgeber erneut ein BEM anbieten muss, wenn sich in einem neuen Jahreszeitraum wiederum Fehlzeiten im in § 84 Abs. 2 SGB IX genannten Umfang angesammelt haben[1170].

453 Nach dem Wortlaut des § 84 Abs. 2 SGB IX kommt es nicht darauf an, ob die Arbeitsunfähigkeit etwa auf dieselbe oder auf verwandte Ursachen zurückzuführen ist. Zwar könnte ein Eingliederungsmanagement bei zusammenhanglosen Arbeitsunfähigkeitszeiten, die in der Addition zufällig sechs Wochen oder mehr ergeben, ins Leere laufen. Darauf kommt es jedoch ebenso wenig an, wie auf die Schwere der jeweiligen Krank-

---

1162 *Balders/Lepping*, NZA 2005, 854; vgl. die Übersicht bei *Schiefer/Borchard*, DB 2010, 1884, 1885 Fn 14.
1163 BT-Drucks 15/1783 S. 12.
1164 Vgl. KR/*Griebeling*, § 1 KSchG Rn 324b m.w.N.
1165 BAG 12.7.2007 – 2 AZR 716/06, DB 2008, 189, 190; LAG Niedersachsen 29.3.2005 – 1 Sa 1429/04, BB 2005, 1682, bestätigt durch BAG 23.4.2008 – 2 AZR 1012/06, EzA Nr. 55 zu § 1 KSchG Krankheit; BAG 10.12.2009 – 2 AZR 400/08, NZA 2010, 398 und 2 AZR 198/09, NZA 2010, 639; zuletzt BAG 20.11.2014 – 2 AZR 755/13, DB 2015, 1290, 1292.
1166 BT-Drucks 15/1783 S. 15.
1167 Vgl. auch die Übersicht bei *Kothe*, DB 2008, 5812, 583 dort Fn 18.
1168 *Plocher*, DB 2015, 2875; LAG S-H 03.06.2015 – 6 SA 396/14, BeckRS 2015, 72174
1169 LAG S-H 03.06.2015 – 6 SA 396/14, BeckRS 2015, 72174 Rz 63
1170 LAG S-H 03.06.2015 – 6 SA 396/14, BeckRS 2015, 72174 Rz 63

heit. Ein BEM ist auch dann durchzuführen, wenn der Zeitraum von sechs Wochen aufgrund einer Erkrankung wegen einer Erkältung überschritten wird.

ee) Ablauf des BEM

Aus dem Gesetz lassen sich keine Anhaltspunkte herleiten, wie das BEM auszusehen hat, es schreibt lediglich gewisse Mindeststandards vor, die einzuhalten sind.[1171] Das BAG hat in mehreren Entscheidungen[1172] seine bisherige Rechtsprechung zum BEM fortgeführt und überzeugende Grundsätze zur Durchführung bzw. Nichtdurchführung eines BEM aufgestellt und auf die entsprechenden Rechtsfolgen hingewiesen. Entscheidend dabei ist, dass es sich von sämtlichen in den Instanzgerichten teilweise alle Beteiligten überfordernden Anforderungen abgewendet hat und Orientierungspunkte für die betriebliche Praxis aufgestellt hat und damit den notwendigen Spielraum einräumt, den ein derartiges Verfahren zur gerechten Beurteilung jedes Einzelfalles benötigt. Das BAG führt dazu in ständiger Rechtsprechung aus, dass es sich beim BEM „um einen rechtlich regulierten verlaufs- und ergebnisoffenen Suchprozess handelt, der individuell angepasste Lösungen zur Vermeidung zukünftiger Arbeitsunfähigkeit ermitteln soll".[1173] **454**

Dem Arbeitgeber wird für das BEM ein weitreichender Handlungsspielraum zur Verfügung gestellt. Hervorzuheben ist jedoch, dass ein nicht entsprechend den gesetzlichen Bestimmungen durchgeführtes Eingliederungsmanagement Auswirkungen auf die Rechtmäßigkeit einer krankheitsbedingten Kündigung haben kann. Die Rechtsprechung des BAG zu § 84 Abs. 2 SGB IX macht zunehmend die krankheitsbedingte Kündigung insbesondere bei häufigen Kurzerkrankungen dann unmöglich, wenn nicht alle formalen und inhaltlichen Voraussetzungen des § 84 Abs. 2 SGB IX erfüllt sind.[1174] Das gesamte Kündigungsrecht ist geprägt vom Verhältnismäßigkeitsgrundsatz. Eine Kündigung ist unverhältnismäßig und damit unwirksam, wenn sie durch mildere Mittel vermieden werden kann, d.h. wenn die Kündigung nicht zur Beseitigung der betrieblichen Beeinträchtigungen bzw. der eingetretenen Vertragsstörung geeignet oder nicht erforderlich ist.[1175] Dieser Grundsatz wird in § 84 Abs. 2 SGB IX konkretisiert. Zwar ist das BEM als solches kein milderes Mittel, aber durch das BEM können mildere Mittel wie z.B. die Umgestaltung des Arbeitsplatzes oder die Weiterbeschäftigung auf einem – notfalls freizumachenden – anderen Arbeitsplatz entdeckt und realisiert werden.[1176] **455**

Das BEM ist ein individuelles Verfahren, welches kein formalisiertes betriebliches Ablaufschema erfordert.[1177] Völlig ausreichend ist, dass der Arbeitgeber die in § 84 Abs. 2 SGB IX inhaltlich vorgesehenen Schritte und Maßnahmen prüft und durchführt. Auch hierbei gilt der Grundsatz, dass eine formelle Bezeichnung nicht erforderlich ist. Entscheidend ist vielmehr, dass der Arbeitgeber die Prüfung durchführt[1178] und mit diesem Verfahren einen unverstellten, verlaufs- und ergebnisoffenen Suchprozess etabliert.[1179] **456**

Dem Arbeitgeber kann dabei nicht empfohlen werden, ein festes Gremium für die Durchführung des BEM einzurichten, da es dem Arbeitnehmer im Rahmen der Durchführung eines BEM freisteht, der Hinzuziehung von Personen zu widersprechen, so dass eine Mitarbeit dieser Personen in einem festen Gremium ausscheidet. Sofern sich der Arbeitgeber dennoch für die Installation eines derartigen festen Gremium entscheidet, in dem zum Beispiel Vertreter des Arbeitgebers und des Betriebsrates sowie der Schwerbehindertenvertretung und des betriebsärztlichen Dienstes mitarbeiten können, sollte dieses Gre- **457**

1171 Vgl. zuletzt BAG 20.11.2014 – 2 AZR 755/13, DB 2015, 1290.
1172 BAG 10.12.2009 – 2 AZR 400/08, NZA 2010, 398 und 2 AZR 198/09, NZA 2010, 639.
1173 BAG 20.11.2014 – 2 AZR 755/13, DB 2015, 1290, 1293; vgl. auch *Schiefer*, RdA 2016, 196, 200.
1174 Vgl. den Überblick bei *Hoffmann-Remy*, NZA, 2016, 267 ff.
1175 BAG 12.07.2007 – 2 AZR 716/06, BAGE 123,234.
1176 BAG 10.12.2009 – 2 AZR 198/09, NZA 2010, 639, 640; BAG 10.12.2009 – 2 AZR 400/08, NZA 2010, 398, 399.
1177 Vgl. § 83 Abs. 2a Nr. 5 SGB IX; *Gagel*, NZA 2004, 1359, der eine Verfahrensordnung für sinnvoll erachtet.
1178 LAG Berlin 27.10.2005 – 10 Sa 783/05, NZA-RR 2006, 184.
1179 *Gagel*, NZA 2004, 1359; *Balders/Lepping*, NZA 2005, 854; KR/*Griebeling*, § 1 KSchG Rn 324a ff.

mium lediglich eine beratende Funktion erhalten. Letztlich sollte der Arbeitgeber auf jeden Fall das Letztentscheidungsrecht für sich beanspruchen.

ff) Mitbestimmungsrechte des Betriebsrates

458   Gemäß § 84 Abs. 2 S. 6 und 7 SGB IX können die zuständige Interessenvertretung – in der Regel der (lokale)[1180] Betriebsrat, bei schwer behinderten Menschen zudem die Schwerbehindertenvertretung – die Klärung bezüglich des BEM verlangen. Außerdem haben diese Gremien darüber zu wachen, dass arbeitgeberseitig die gesetzlich obliegenden Verpflichtungen erfüllt werden. Hieraus ist jedoch kein Mitbestimmungsrecht[1181] abzuleiten, es handelt sich hier nur um die Mitwirkungsrechte die der Rechtskontrolle dienen.

459   Ob und inwieweit dem Betriebsrat im Rahmen des BEM sonstige Mitbestimmungsrechte zustehen, ist umstritten. Sofern der Arbeitgeber jeden Einzelfall im Anwendungsbereich des § 84 Abs. 2 SGB IX individuell behandelt, fehlt es an einem kollektiven Tatbestand, so dass Mitbestimmungsrechte nicht bestehen. Sofern der Arbeitgeber ein formalisiertes, abstrakt-generelle Regelungen enthaltendes Eingliederungsmanagement einführt, sind Mitbestimmungsrechte zu prüfen:

(1) Mitbestimmungsrechte gemäß § 87 Abs. 1 Nr. 1 BetrVG

460   § 87 Abs. 1 Nr. 1 BetrVG setzt voraus, dass das Ordnungsverhalten der Arbeitnehmer durch Regelungen des Arbeitgebers betroffen ist. Mit der Einführung eines BEM wird den Arbeitnehmern aber weder ein bestimmtes Verhalten abverlangt, noch besteht ein Bezug zur betrieblichen Ordnung. Es geht um die Leistungsfähigkeit einzelner Arbeitnehmer zur Erbringung der arbeitsvertraglich geschuldeten Arbeitsleistung und nicht um die Festlegung allgemeiner Verhaltensregeln. Auch wird durch das BEM für sich genommen nichts geregelt. Ob hier die Entscheidung des BAG zum Mitbestimmungsrecht bei formalisierten Krankengesprächen[1182] zur Anwendung kommt, ist zu prüfen. In dem zu entscheidenden Sachverhalt hatte das BAG ein Mitbestimmungsrecht angenommen, weil die Arbeitnehmer seitens des Arbeitgebers dazu aufgefordert wurden, an der Aufklärung hinsichtlich der krankheitsbedingten Fehlzeiten mitzuwirken. Das BAG hat dazu ausgeführt, dass die Arbeitnehmer bei dieser Mitwirkung eine arbeitsvertragliche Nebenpflicht erfüllen würden. Deshalb sei dieser Bereich dem Ordnungsverhalten zuzurechnen, woraus ein Mitbestimmungsrecht gemäß § 87 Abs. 1 Nr. 1 BetrVG folge. Hinsichtlich der Durchführung des BEM ist dieser Gedanke so allerdings nicht übertragbar, weil eine Mitwirkungspflicht des Arbeitnehmers im Sinne einer echten Rechtspflicht nicht besteht, denn das gesamte Verfahren im Rahmen des BEM ist durch den Grundsatz der Freiwilligkeit dominiert und den Arbeitnehmer trifft gerade keine Pflicht zur Aufklärung oder Mitwirkung an der Aufklärung hinsichtlich seiner Krankheit. Zudem wird das BEM im Interesse des Arbeitnehmers durchgeführt, da ist es schließlich um den Erhalt des Arbeitsplatzes des Arbeitnehmers geht. Insofern ist die Entscheidung zu den formalisierten Krankengesprächen aufgrund der unterschiedlichen Interessenlage nicht anwendbar.

(2) Mitbestimmungsrecht gemäß § 87 Abs. 1 Nr. 6 BetrVG

461   Sofern ein Arbeitgeber ein EDV-System zur Erfassung der Arbeitsunfähigkeitszeiten einführt, besteht ein Mitbestimmungsrecht gemäß § 87 Abs. 1 Nr. 6 BetrVG.[1183] Im Hinblick darauf, dass in den meisten Betrieben ein entsprechendes System mit Zustimmung des Betriebsrates installiert sein dürfte, ist auf dieses Mitbestimmungsrecht im Rahmen der Durchführung des BEM nicht näher einzugehen. Das BAG hat in seinem

---

1180 LAG Düsseldorf 4.2.2013 – 9 TaBV 129/12, BeckRS 2013, 67335.
1181 *Balders/Lepping*, NZA 2005, 854, 856.
1182 BAG 8.11.1994 – 1 ABR 22/94, NZA 1995, 857.
1183 BAG 11.3.1986 – 1 ABR 12/84, DB 1986, 1469.

Beschluss vom 13.03.2102[1184] noch einmal bestätigt, dass ein Mitbestimmungsrecht des Betriebsrates bei der Nutzung und Verarbeitung von Gesundheitsdaten gegeben ist.

(3) Mitbestimmungsrecht gemäß § 87 Abs. 1 Nr. 7 BetrVG

Der Betriebsrat hat bei Regelungen über die Verhütung von Arbeitsunfällen und Berufskrankheiten sowie   462
über den Gesundheitsschutz im Rahmen der gesetzlichen Vorschriften oder der Unfallverhütungsvorschriften mitzubestimmen. Dieses Mitbestimmungsrecht dient sowohl dem Schutz der Gesundheit als auch des Lebens am Arbeitsplatz. Die Beschäftigten sollen im Betrieb keinerlei Gefährdungen ausgesetzt werden. Nach dem Sinn und Zweck ist diese Vorschrift nicht auf das BEM anzuwenden, da es einen ganz anderen Zweck verfolgte. Mit dem BEM soll nämlich zum einen geklärt werden, ob und durch welche Maßnahmen eine erneute Arbeitsunfähigkeit des Arbeitnehmers vermieden werden kann, und zum anderen, ob und durch welche Maßnahmen der Arbeitsplatz erhalten werden kann. Da es sich hierbei um eine individuelle Maßnahme handelt, greift das Mitbestimmungsrecht in diesem Fall noch nicht. Darauf hinzuweisen ist jedoch, dass das BEM im Einzelfall durchaus eine Notwendigkeit zur Handlung beim betrieblichen Gesundheitsschutz aufdecken kann, weil die Erkrankung möglicherweise auf betriebliche Ursachen zurückzuführen ist. In einem derartigen Fall würde dabei das Mitbestimmungsrecht des § 87 Abs. 1 Nr. 7 BetrVG greifen, nicht jedoch bereits bei der Durchführung des BEM.

Das BAG hat in seinem Beschluss vom 13.03.2012 noch einmal bekräftigt, dass der in § 84 Abs. 2 S. 1   463
SGB IX enthaltene Begriff der Arbeitsunfähigkeit einer Ausgestaltung durch Arbeitgeber und Betriebsrat nicht zugänglich ist. Vielmehr ist von dem gesetzlichen Begriff der Arbeitsunfähigkeit auszugehen, wie er auch den Regelungen des EFZG zu Grunde liegt. Das BAG verweist in seiner Begründung darauf, dass der Arbeitgeber zusammen mit dem Betriebsrat und mit Zustimmung und Beteiligung des Arbeitnehmers ein BEM durchführen kann, wenn die Voraussetzungen der gesetzlichen Regelung („Beschäftigte innerhalb eines Jahres länger als sechs Wochen ununterbrochen oder wiederholt krank sind) vorliegen. Der Gesetzgeber verfolge mit dieser Regelung den Zweck, durch die gemeinsame Anstrengung aller in der Vorschrift genannten Beteiligten ein Verfahren zu schaffen,[1185] das Arbeitsplätze durch geeignete Gesundheitsprävention des Arbeitsumfeldes möglichst dauerhaft sichere, weil viele Abgänge in die Arbeitslosigkeit aus Krankheitsgründen erfolgten und arbeitsplatzsichernde Hilfen der Integrationsämter vor der Beantragung einer Zustimmung zur Kündigung kaum in Anspruch genommen würden. Die Maßnahmen dienen damit neben der Gesundheitsprävention auch der Vermeidung einer Kündigung und der Verhinderung von Arbeitslosigkeit erkrankter und kranker Menschen.[1186] Da im Falle einer negativen Gesundheitsprognose eine krankheitsbedingte Kündigung der zu erwartenden Entgeltfortzahlungskosten für einen Zeitraum von mehr als sechs Wochen im Jahr vorbehaltlich einer einzelfallbezogenen Interessenabwägung in Betracht komme, werde deutlich, dass der Gesetzgeber mit der Verwendung des Begriffes „arbeitsunfähig" auf die zu § 3 Abs. 1 EFZG ergangene Begriffsbestimmung Bezug genommen habe und keinen hiervon abweichenden eigenen Begriff mit anderen Merkmalen schaffen wollte. Für die Bemessung des Zeitraumes von sechs Wochen komme es auf die dem Arbeitgeber durch den Arbeitnehmer angezeigten Arbeitsunfähigkeitszeiten an. Nur so sei eine praktikable und sichere Anwendung dieser Vorschrift gewährleistet. Damit gibt es keinen Spielraum für den Betriebsrat, im Rahmen der Mitbestimmung nach § 87 Abs. 1 Nr. 7 BetrVG den Begriff der gesetzlich festgelegten Arbeitsunfähigkeit zu konkretisieren.[1187] Insofern haben Arbeitgeber und Betriebsrat keine Möglichkeit, durch Vereinbarung ein eigenständiges Verfahren zur Kennzeichnung einer Arbeitsunfähigkeit festzulegen. In dem der Entscheidung zu Grunde liegenden Fall hatte der Betriebsrat – im Rahmen eines Einigungsstellenverfahrens – den von der Einigungsstelle zu Recht

---

1184 BAG 13.3.2012 – 1 ABR78/10, NZA 2012, 748.
1185 Mitbestimmungsrecht zur Aufstellung von Verfahrensgrundsätzen, BAG 13.3.2012 – 1 AZR 78/10, NZA 2012, 748.
1186 BAG 13.3.2012 – 1 ABR 78/10, NZA 2012, 748 Rn 14; BAG 30.9.2010 – 2 AZR 88/09, NZA 2011, 39 Rn 32.
1187 BAG v. 13.3.2012 – 1 ABR 78/10, NZA 2012, 748 Rn 14.

abgelehnten Vorschlag unterbreitet, ein Verfahren zur Analyse der Arbeitsfähigkeit zu vereinbaren. Danach sollten alle Arbeitnehmer einen so genannten Check-Up durchlaufen, bei dem die Arbeitsfähigkeit des jeweiligen Arbeitnehmers mit „schlecht", „mittelmäßig", „gut" und „sehr gut" eingestuft würde. Arbeitnehmer mit den Werten „schlecht" und „mittelmäßig" sollten dann ein BEM durchlaufen.

In den Zuständigkeitsbereich des Betriebsrates i.R.d. betrieblichen Mitbestimmung nach Nr. 7 fällt auch nicht das Recht, Einfluss auf die für die Umsetzung des BEM zuständige Stelle zu nehmen. So kann der Betriebsrat nicht die Einrichtung eines paritätisch besetzten Gremiums oder auch die Einrichtung eines Dauer-Gremiums zur Behandlung des BEM verlangen.[1188]

(4) Überwachungspflicht des Betriebsrats gem. § 84 Abs. 2 S. 7 SGB IX i.V.m. § 80 Abs. 1, 2 BetrVG

464   Gemäß § 87 Abs. 2 S. 7 SGB IX ist der Betriebsrat als Interessenvertretung gem. § 93 SGB IX dafür zuständig,[1189] den Arbeitgeber bei der Einhaltung ihm obliegender Verpflichtungen gem. § 84 SGB IX zu überwachen. Das BAG hatte darüber zu entscheiden, ob ein Betriebsrat im Zusammenhang mit dieser Pflicht verlangen kann, dass ihm der Arbeitgeber sämtliche Namen bekannt gibt, die für die Durchführung eines BEM in Betracht kommen. In dem zu entscheidenden Fall hatten die Betriebsparteien in einer Betriebsvereinbarung festgelegt, dass der Betriebsrat quartalsmäßig zusammen mit einer Mitarbeiterliste ein Verzeichnis derjenigen Mitarbeiter erhält, die die Voraussetzungen für ein BEM erfüllen. Der Arbeitgeber sollte gleichzeitig mitteilen, ob er aus seiner Sicht ein BEM für geeignet und sinnvoll erachte und eine nachvollziehbare Begründung dafür abgeben. Sofern der Arbeitgeber ein BEM nicht für sinnvoll erachte und der Betriebsrat diese Auffassung teile, finde ein BEM nicht statt. Ferner war in dieser Vereinbarung geregelt, dass im Falle einer Nichteinigkeit der Betriebsparteien der Arbeitgeber einen ersten, nicht formellen Kontakt mit dem betroffenen Mitarbeiter aufnehme.

465   Der Arbeitgeber war der Auffassung, dass die Übermittlung personenbezogener Daten nach der Betriebsvereinbarung von einer Zustimmung des betroffenen Arbeitnehmers abhängig sei. Dies folge sowohl aus den Bestimmungen des BDSG als auch aus dem Grundrecht auf informationelle Selbstbestimmung. Das BAG ist dieser Auffassung nicht gefolgt. Zur Begründung führt es an, dass der Betriebsrat lediglich die Herausgabe von Eckdaten wie Namen und Fehlzeiten der entsprechenden Arbeitnehmer fordere. Sensible Gesundheitsdaten wie etwa die Art und Schwere der Erkrankung oder Information darüber, ob eine Fortsetzungserkrankung oder mehrere voneinander unabhängige Erkrankungen vorliegen, würden nicht gefordert. Eine anonymisierte Darstellung der Mitarbeiterdaten lasse lediglich die Anzahl der betroffenen Arbeitnehmer erkennen; es sei in diesem Fall aber eine Bekanntgabe auch der Namen erforderlich. Auch die Tatsache, dass es sich um besondere personenbezogene Daten handele, stehe der Übermittlung nicht entgegen, weil der Betriebsrat diese Daten zur Durchführung einer gesetzlichen Aufgabe verwendet. Selbiges gelte hinsichtlich des aus Art. 2 Abs. 1 GG folgenden Grundrechts auf informationelle Selbstbestimmung. Dieses stehe unter einem allgemeinen Gesetzesvorbehalt und werde durch die entsprechenden Vorschriften der §§ 84 Abs. 2 S. 7 SGB IX und 80 Abs. 1, 2 BetrVG zulässigerweise eingeschränkt. Eine einschränkende Auslegung der entsprechenden Vorschrift der Betriebsvereinbarung sei deshalb nicht erforderlich. Insoweit überzeugt die Begründung des BAG, dass es nur so dem Betriebsrat möglich sei festzustellen, ob der Arbeitgeber den ihm obliegenden Verpflichtungen gemäß § 84 Abs. 2 SGB IX nachkomme.

Mit dieser Entscheidung weicht das BAG aber von der verwaltungsgerichtlichen Rechtsprechung[1190] ab. Damit verbunden sind erhebliche Auswirkungen für die Arbeitgeber, denn diese können sich zukünftig im Rahmen der Überprüfung durch den Betriebsrat nicht mehr auf das Datenschutzrecht berufen. Im Hin-

---

1188 BAG 22.3.2016 – 1 ABR 14/14, FD ArbR 2016, 376868.

1189 Eine BEM-Pflicht besteht i.Ü. unabhängig davon, ob eine Interessenvertretung i.S.d. § 93 SGB IX tatsächlich existiert, BAG 13.05.2015 – 2 AZR 565/14 , NZA 2015, 1249.

1190 OVG Berlin-Brandenburg v. 20.11.2008 – OVG 60 PV 9.07 n.v. Rn 40; Bay. VGH v. 30.4.2009 – 17 P 08.33889, VGHE BY 62, 41 Rn 40.

blick darauf, dass das Auskunftsrecht des Betriebsrats auf die Nennung der Namen der Arbeitnehmer und der Dauer der Fehlzeiten für die Feststellung der Auslösung einer Handlungspflicht nach § 84 Abs. 2 SGB IX ausreichend ist, beschränkt sich der Anspruch des Betriebsrats auf diese Angaben. Ein Anspruch des Betriebsrats auf Informationen zur Schwere der Erkrankung, zu einer daraus abzuleitenden Prognose weiterer Informationen, besteht dagegen außerhalb der Durchführung des BEM nicht.

gg) Vorschläge der Bundesarbeitsgemeinschaft der Integrationsämter und Hauptfürsorgestellen (BIH)

Da das Gesetz selbst keine materiellen Vorgaben für die Ausgestaltung eines BEM gibt, wurden hierzu von   466
verschiedenen Institutionen Vorschläge unterbreitet. Zunächst ist hier auf die Vorschläge des BIH näher einzugehen. Da bei schwerbehinderten und diesen gleichgestellten behinderten Menschen das Integrationsamt einer Kündigung zustimmen muss, besteht das Risiko, dass die Integrationsämter die Zustimmung zu einer krankheitsbedingten Kündigung verweigern, weil ein BEM ihrer Meinung nach nicht richtig durchgeführt wurde. Deshalb werden im Folgenden die Vorschläge der BIH dargestellt. Der Arbeitgeber soll ein System mit folgenden Komponenten einfügen:

- Frühwarnsystem,
- Instrumente der Erfassung und Spezifizierung von Daten,
- Schaltstelle im Unternehmen für die Verarbeitung, Entscheidung und Umsetzung,
- Umsetzung konkreter Maßnahmen und
- Dokumentation und Evaluierung.

Für die Integrationsämter wurde dann folgende Prüfliste entwickelt: 467

Checkliste: Betriebliches Eingliederungsmanagement

- Seit wann ist der Arbeitnehmer erkrankt?
- In welcher Form treten Fehlzeiten auf?
- lang andauernd
- häufige Kurzerkrankungen
- Liegt eine Schwerbehinderung oder Gleichstellung vor?
- Findet eine kontinuierliche ärztliche Betreuung statt?
- Besteht ein Zusammenhang zwischen Erkrankung und Arbeitsplatz?
- Gibt es eine Gefährdungsbeurteilung?
- Sind med. Reha-Maßnahmen durchgeführt worden oder geplant?
- Liegt bezogen auf den Arbeitsplatz ein Anforderungs- und Fähigkeitsprofil vor?
- Kann die techn. Ausstattung des Arbeitsplatzes optimiert werden?
- Können die Arbeitsbelastungen minimiert werden?
- z.B. durch organisatorische Maßnahmen
- Gibt es geeignetere Einsatzmöglichkeiten für die Betroffenen?
- Gibt es Qualifizierungsbedarf?

Allerdings ist darauf hinzuweisen, dass es sich hier lediglich um Vorschläge handelt, die weder für den Ar-   468
beitgeber noch für die jeweiligen Integrationscenter bindend sind. Die BIH hat gegenüber den Integrationscentern nämlich keine Weisungsbefugnis.

hh) Vorschlag zur Vorgehensweise

Die Einhaltung der Sechswochenfrist muss überwacht werden. Ist dieser Referenzzeitraum überschritten,   469
muss das BEM einsetzen. Dazu ist zunächst der Arbeitnehmer anzuschreiben und über die Ziele des BEM und über die in diesem Zusammenhang erhobenen und verwendeten Daten zu informieren, Musterschreiben nebst Antwort siehe unten Rdn 455 f.

470   Ist der Arbeitnehmer mit der Durchführung eines BEM einverstanden, sollte ein erstes Gespräch zwischen Arbeitgeber und Arbeitnehmer stattfinden, in dem nachfolgende Fragen angesprochen werden sollten:

- Gibt es betriebliche Ursachen für die Erkrankung?
- Worin liegen die hauptsächlichen Einschränkungen der Leistungsfähigkeit?
- Welche Leistungsmöglichkeiten verbleiben?
- Welche Perspektive sieht der Mitarbeiter selbst?

471   Stellt sich im Laufe des ersten Gesprächs heraus, dass die Erkrankung des Arbeitnehmers offensichtlich nicht auf betriebliche Ursachen zurückzuführen ist (Sportunfall in der Freizeit) und damit auch nicht durch betriebliche Maßnahmen beeinflusst werden kann, ist das BEM hier zu beenden. Der Arbeitgeber muss die Privatsphäre des Arbeitnehmers achten. Nur Erkrankungen, die vom Arbeitgeber beeinflussbar sind, können mit Hilfe eines BEM gemindert oder gar ausgeschlossen werden. Wurzelt die Erkrankung des Arbeitnehmers im privaten Bereich, ist das BEM ungeeignet.

472   Anhand der im Gespräch gewonnenen Erkenntnisse kann der Arbeitgeber dann entscheiden, welche Maßnahmen geeignet sind, um die Arbeitsunfähigkeit möglichst zu überwinden und erneute Arbeitsunfähigkeit vorzubeugen und den Arbeitsplatz zu erhalten. Ein Handlungsplan nach dem Gespräch könnte folgendes beinhalten:

- Anforderungsprofil für den Arbeitsplatz erstellen,
- Fähigkeits- und Leistungsprofil des Arbeitnehmers erstellen,
- Arbeitsplatzanalyse und Arbeitsplatzbegehung durchführen,
- Möglichkeit der Arbeitsplatzanpassung prüfen,
- Externe Maßnahmen der medizinischen Rehabilitation oder sonstige Leistungen zur Teilhabe sinnvoll nutzen,
- Umsetzung bzw. Versetzung möglich?
- Stufenweise Wiedereingliederung sinnvoll?

473   Es besteht aber kein Anspruch des Arbeitnehmers auf die Durchführung bestimmter Maßnahmen. Grenze bleibt immer die Zumutbarkeit der Maßnahme für den Arbeitgeber sowohl in organisatorischer wie auch finanzieller Hinsicht (bezüglich schwerbehinderter Beschäftigter ist dies ausdrücklich in § 81 Abs. 2 S. 3 SGB IX geregelt).

ii) Exkurs: Stufenweise Wiedereingliederung

474   Gemäß § 74 SGB V (gesetzliche Krankenversicherung) und § 28 SGB IX (Rehabilitation und Teilhabe) ist bei arbeitsunfähigen Versicherten, die nach ärztlicher Feststellung ihre bisherige Tätigkeit teilweise verrichten können, eine stufenweise Wiederaufnahme der Tätigkeit möglich, wenn dadurch eine bessere Eingliederung in das Erwerbsleben ermöglicht werden kann. Das Wiedereingliederungsverhältnis ist ein Rechtsverhältnis eigener Art, weil es nicht auf eine Arbeitsleistung im üblichen Sinne gerichtet ist, sondern als Maßnahme der Rehabilitation dem Arbeitnehmer ermöglichen soll, die Arbeitsfähigkeit wiederherzustellen.

475   Die Begründung eines Wiedereingliederungsverhältnisses bedarf einer gesonderten Vereinbarung zwischen Arbeitgeber und Arbeitnehmer. Es besteht nach derzeitiger Rechtsprechung kein Anspruch auf Abschluss einer solchen Wiedereingliederung. Es besteht auch kein Vergütungsanspruch, da mit der Tätigkeit gerade nicht die arbeitsvertraglich geschuldete Leistung erbracht wird.

jj) Wer bietet finanzielle und organisatorische Hilfen an?

476   Externe Berater, Behörden und der Sozialversicherungsträger können die Wiedereingliederung arbeitsunfähiger Arbeitnehmer unterstützen. Ihre Beratung in das BEM einzubinden, kann für den Arbeitgeber im Einzelfall hilfreich sein.

Den Werks- oder Betriebsarzt zieht der Arbeitgeber nach dem Willen des Gesetzgebers zur Klärung möglicher Maßnahmen „soweit erforderlich hinzu". Die Betriebsärzte haben hier die Aufgabe, den Arbeitgeber beim Arbeitsschutz und bei der Unfallverhütung in allen Fragen des Gesundheitsschutzes zu unterstützen. Sie können den Arbeitgeber zum Beispiel beraten bei Fragen zur Gestaltung der Arbeitsplätze, des Arbeitsablaufes und der Arbeitsumgebung sowie der Eingliederung und Wiedereingliederung behinderter Menschen.

Der Arbeitgeber soll im Rahmen des BEM auch klären, mit welchen Leistungen oder Hilfen erneuter Arbeitsunfähigkeit vorgebeugt und der Arbeitsplatz erhalten werden kann. Hierzu besteht ein umfangreiches Leistungsangebot, unter anderem um die Teilhabe des Arbeitnehmers am Arbeitsleben entsprechend seinen Neigungen und Fähigkeiten dauerhaft zu sichern. Auch direkt an den Arbeitgeber können Leistungen erbracht werden, insbesondere als Eingliederungszuschüsse oder als Zuschüsse für Arbeitshilfen im Betrieb. 477

Um sich hierüber zu informieren und eine Förderung geltend zu machen, sollte der Arbeitgeber Kontakt aufnehmen mit den örtlichen gemeinsamen Servicestellen der Rehabilitationsträger oder bei schwerbehinderten Beschäftigten mit dem Integrationsamt. Die gemeinsamen örtlichen Servicestellen sollen unter anderem die Arbeitgeber und behinderte oder von Behinderung bedrohte Menschen bei folgenden Fragen beraten: 478

- Welche Voraussetzungen müssen für eine Leistung vorliegen?
- Welcher Rehabilitationsbedarf besteht?
- Welcher Rehabilitationsträger ist zuständig?

Die Integrationsämter führen unter anderem die begleitende Hilfe im Arbeitsleben in Zusammenarbeit mit der Bundesagentur für Arbeit und den übrigen Rehabilitationsträger durch. Sie können auch an Arbeitgeber Geldleistungen zur behindertengerechten Einrichtung von Arbeits- und Ausbildungsplätzen erbringen. 479

Die Praxis der Sozialversicherungsträger, direkt bei dem Arbeitgeber Unterstützung bei der Durchführung des BEM anzubieten, ist noch sehr unterschiedlich. Als grobe Richtschnur für die Entscheidung des Arbeitgebers, an welchen Zweig der Sozialversicherung er sich vorrangig wenden sollte, können folgende Überlegungen dienen: 480

- Die Berufsgenossenschaft sollte hinzugezogen werden, wenn eine Arbeitsunfähigkeit erkennbar auf einen Arbeitsunfall oder eine Berufskrankheit zurückgeführt werden kann.
- Mit der Rentenversicherung sollte Kontakt aufgenommen werden, wenn die Erwerbsfähigkeit des Arbeitnehmers endgültig in Frage stehen könnte.
- Die Krankenversicherung des Arbeitnehmers kommt als erster Ansprechpartner in den übrigen Fällen in Betracht. Gegebenenfalls besitzt die Krankenversicherung bereits weitergehende Informationen zu Art und Ursache der Erkrankung. In Fällen längerer Arbeitsunfähigkeit berät und begutachtet der medizinische Dienst der Krankenkasse, nachdem er in ihrem Auftrag Kontakt mit dem Versicherten aufgenommen hat.

Darüber hinaus können die Rehabilitationsträger und Integrationscenter Arbeitgeber, die ein BEM einführen, durch Prämien und einen Bonus fördern. Ob und in welcher Höhe Förderungen erbracht werden, ist regional und unter den Trägern sehr unterschiedlich. 481

kk) BEM und Arbeitsrecht

(1) Auswirkungen eines fehlenden BEM auf die Zulässigkeit einer krankheitsbedingten Kündigung
Nach ständiger Rechtsprechung des BAG[1191] ist die Zulässigkeit einer krankheitsbedingten Kündigung anhand von Kriterien zu prüfen: 482

- Negative Gesundheitsprognose

1191 Vgl. zuletzt BAG 8.11.2007, NZA 2008, 471.

- erhebliche Beeinträchtigung betrieblicher und wirtschaftlicher Interessen und
- Interessenabwägung/Verhältnismäßigkeit

483   Mit Inkrafttreten des § 84 Abs. 2 SGB IX sind vereinzelt Einzelstimmen laut geworden, wonach eine krankheitsbedingte Kündigung voraussetze, dass zuvor ein BEM angeboten und bei Zustimmung des Betroffenen auch durchgeführt wurde.[1192] Nach überwiegender Auffassung und nunmehr ständiger BAG-Rechtsprechung[1193] ist aber das dreistufige Prüfungsschema bei einer krankheitsbedingten Kündigung beizubehalten, jedoch im Rahmen der Interessenabwägung zu berücksichtigen, ob ein BEM durchgeführt wurde. Wurde ein BEM nicht durchgeführt, könnte die Kündigung unverhältnismäßig sein. Nach der Rechtsprechung reicht es aber aus, dass der Arbeitgeber die in § 84 Abs. 2 SGB IX vorgesehenen Schritte und Maßnahmen prüft und durchführt, der Arbeitgeber muss dies nicht unter dem Etikett eines BEM tun.[1194] Durch die zusätzliche Einziehung einer Kündigungsvoraussetzung hat sich jedoch das BEM bzw. die nicht – ordnungsgemäße – Durchführung zu einer weiteren Hürde einer krankheitsbedingten Kündigung entwickelt und verschärft. Es steht zu vermuten, dass die Rechtsprechung die Anforderungen durch den Einzug von gesetzlichen Regelungen, die außerhalb der gesetzlichen Konzeption des Kündigungsschutzes stehen, in den Kündigungsschutz weiter erhöht und damit auch Rechtsunsicherheiten begründet.[1195]

484   Richtigerweise ist die Frage, ob ein BEM durchgeführt wurde, im Rahmen der Verhältnismäßigkeitsprüfung zu berücksichtigen.[1196] Hat ein BEM überhaupt nicht stattgefunden, ist zu beurteilen, ob ein BEM ein milderes Mittel als die Kündigung zur Beseitigung der Störung gewesen wäre. Hier muss dann berücksichtigt werden, ob und welche Maßnahmen mithilfe eines BEM hätten getroffen werden können. Erscheint ein BEM von vornherein aussichtslos, braucht der Arbeitgeber dieses Verfahren auch nicht durchzuführen, weil dann das BEM kein geeignetes Mittel zur Behebung der Störung ist. Eine qualitative Änderung der Anforderungen für die Zulässigkeit einer krankheitsbedingten Kündigung dürfte damit nicht vorliegen, da auch schon bisher im Rahmen der Verhältnismäßigkeitsprüfung geklärt werden musste, ob und inwieweit ein leidensgerechter Arbeitsplatz oder ein sonstiges Hilfsmittel zur Vermeidung der Kündigung in Betracht kommt. Diese Maßstäbe dürften auch dann gelten, wenn ein BEM zwar durchgeführt wurde, der gekündigte Mitarbeiter aber vortragen würde, dass das Verfahren mangelhaft gewesen sei. Auch hier steht letztlich die Verhältnismäßigkeit der Kündigung im Streit.

(2) Darlegungs- und Beweislast im Kündigungsschutzprozess

485   Im Falle der Einleitung eines Kündigungsschutzprozesses hat die dem Arbeitgeber gesetzlich auferlegte Pflicht zur Durchführung eines BEM Auswirkungen auf die Verteilung der Darlegungs- und Beweislast.

486   Wurde ein BEM zwar ordnungsgemäß durchgeführt, hat es aber zu einem negativen Ergebnis geführt, genügt der Arbeitgeber seiner Darlegungslast, wenn er diesen Umstand darlegt und vorträgt, dass es keine anderweitigen Beschäftigungsmöglichkeiten gebe.[1197] In diesem Fall sei es dann Sache des Arbeitnehmers, im Einzelnen darzulegen und ggf. zu beweisen, dass es entgegen dem Ergebnis des BEM weitere Alternativen gebe, die entweder dort trotz ihrer Erwähnung nicht behandelt worden seien oder sich erst nach dessen Abschluss ergeben hätten. Der Arbeitnehmer muss sämtliche Alternativbeschäftigungsmöglichkeiten zum Zeitpunkt der BEM-Durchführung einbringen. Der Verweis auf nicht behandelte Alternativen als Folge eines ordnungsgemäß durchgeführten BEM ist grundsätzlich ausgeschlossen, vielmehr muss der Arbeitnehmer diese in das BEM einbringen[1198]

1192 Zusammenfassend *Kothe*, DB 2008, 582.
1193 Vgl. zuletzt BAG 20.11.2014 – 2 AZR 755/13, DB 2015, 1290, 1291
1194 BAG 10.12.2009 – 2 AZR 400/08, NZA 2010, 398, 399.
1195 *Schiefer*, RdA 2016, 196, 205.
1196 BAG 20.3.2014 – 2 AZR 565/12, DB 2014, 1378.
1197 BAG 10.12.2009 – 2 AZR 400/08, NZA 2010, 398, 399.
1198 BAG 10.12.2009 – 2 AZR 400/08, NZA 2010, 398, 399.

Hat der Arbeitgeber entgegen der ihm gesetzlich auferlegten Pflicht kein BEM durchgeführt, darf er sich **487** nach der Auffassung des BAG hierdurch keine darlegungs- und beweisrechtlichen Vorteile verschaffen. Er könne sich dann nicht darauf berufen, er kenne keine alternativen Beschäftigungsmöglichkeiten und es gebe keine leidensgerechten Arbeitsplätze. Vielmehr habe der Arbeitgeber von sich aus denkbare oder von dem Arbeitnehmer (außergerichtlich) bereits genannte Alternativen zu würdigen und im Einzelnen darzulegen, aus welchen Gründen sowohl eine Anpassung des bisherigen Arbeitsplatzes als auch die Beschäftigung auf einem anderen – leidensgerechten – Arbeitsplatz ausscheiden. Erst dann müsse der Arbeitnehmer sich hierauf substantiiert einlassen und darlegen, wie er sich selbst eine leidensgerechte Beschäftigung vorstelle.[1199] Beweist der Arbeitgeber hingegen, dass ein BEM objektiv nutzlos gewesen wäre, dann führt ein fehlendes BEM nicht zu den o.a. Konsequenzen. Das BAG stellt jedoch hohe Anforderungen an die objektive Nutzlosigkeit und stellt klar, dass die Bewilligung einer Rente wegen voller Erwerbsminderung nach § 43 Abs. 2 SGB VI nicht ausreichend sei.[1200]

Hat ein BEM stattgefunden und zu einem positiven Ergebnis geführt, ist der Arbeitgeber grundsätzlich verpflichtet, die empfohlene Maßnahme – soweit dies in seiner alleinigen Macht steht – vor Ausspruch einer **488** Kündigung als milderes Mittel umzusetzen. Kündigt er ohne sie umgesetzt zu haben, muss er im Einzelnen und konkret darlegen, warum die Maßnahme entweder trotz Empfehlung undurchführbar war oder selbst bei einer Umsetzung diese keinesfalls zu einer Vermeidung oder Reduzierung von Arbeitsunfähigkeitszeiten geführt hätte. Dem wird der Arbeitnehmer regelmäßig mit einem einfachen Bestreiten entgegentreten können.[1201] Allerdings ist der Arbeitgeber nicht verpflichtet, die alternative Beschäftigung durchzuführen, wenn die Durchführung des BEM ergeben hat, dass die vom Arbeitnehmer vorgebrachte alternative Beschäftigungsmöglichkeit keine Aussicht auf eine störungsfreie Beschäftigung verspricht.[1202]

Im Übrigen ist darauf hinzuweisen, dass das BAG vom Arbeitnehmer eine Einwilligung oder Initiative des **489** Arbeitnehmers verlangt, wenn dies zur Umsetzung einer Empfehlung aus dem BEM erforderlich ist. Hierzu kann der Arbeitgeber dem Arbeitnehmer auch eine angemessene Frist setzen und ggf. nach ergebnislosem Fristablauf das Arbeitsverhältnis kündigen, wenn er auf diesen Umstand zuvor hingewiesen hat.[1203]

(3) Nutzung gesundheitsbezogener Daten, die im Rahmen eines BEM gewonnen wurden, bei einer krankheitsbedingten Kündigung

§ 84 Abs. 2 S. 3 SGB IX verlangt ausdrücklich, dass der Arbeitnehmer auf Art und Umfang der erhobenen **490** und verwendeten Daten hinzuweisen ist. Klarzustellen ist hierbei insbesondere, dass nur diejenigen Daten erhoben und verwendet werden, die erforderlich sind, um ein zielführendes und der Gesundung und Gesunderhaltung des Mitarbeiters dienendes BEM durchzuführen.[1204] Nur dann, wenn eine ordnungsgemäße Aufklärung i.S.d. BDSG erfolgt ist, kann von einer wirksamen Einwilligung zur Durchführung des BEM und damit von einer ordnungsgemäßen Durchführung eines BEM ausgegangen werden.[1205] Bei gesundheitsbezogenen Daten handelt sich um besondere Arten personenbezogener Daten gemäß § 3 Abs. 9 BDSG. Soweit besondere Arten personenbezogener Daten erhoben, verarbeitet oder genutzt werden, muss sich die Einwilligung des Arbeitnehmers ausdrücklich auf diese Daten beziehen, § 4a Abs. 3 BDSG.

Es ist davon auszugehen, dass sich die in dem BEM-Verfahren erteilte Einwilligung des Betroffenen zur Verarbeitung gesundheitsbezogener Daten nur auf das BEM-Verfahren bezieht. Will der Arbeitgeber die hierbei gewonnenen Daten auch für eine krankheitsbedingte Kündigung heranziehen, müsste sich die Ein-

---

1199 BAG 10.12.2009 – 2 AZR 400/08, NZA 2010, 398, 399.
1200 BAG 13.5.2015 – 2 AZR 565/14, NJW 2016, 106 ff.
1201 BAG 10.12.2009 – 2 AZR 400/08, NZA 2010, 398, 399 a.E., 400.
1202 BAG 10.12.2009 – 2 AZR 198/09, NZA 2010, 639, 641.
1203 BAG 10.12.2009 – 2 AZR 400/08, NZA 2010, 398, 400.
1204 BAG 20.11.2014 – 2 AZR 755/13, DB 2015, 1290, 1293.
1205 LAG S-H 22.9.2015 – 1 SA 48a/15, NZA-RR 2016, 250.

willigung des Betroffenen ausdrücklich hierauf beziehen.[1206] Die Verknüpfung der Frage nach der Einwilligung zum BEM mit der Einwilligung zur Nutzung der Daten für eine krankheitsbedingte Kündigung dürfte wohl der absolute Ausnahmefall sein.

491   Ohne ausdrücklich erteilte Einwilligung können deshalb gesundheitsbezogene Daten nur unter den Voraussetzungen des § 28 Abs. 6 und 7 BDSG erhoben, verarbeitet und genutzt werden. Die gesetzlichen Voraussetzungen sind aber so eng, dass sie eine Datenverarbeitung für das BEM und eine anschließende Kündigung nicht erlauben. Ebenfalls nicht möglich ist es, die Daten zunächst in einem BEM-Verfahren mit Einwilligung des Betroffenen zu erheben und sie dann im Rahmen eines Kündigungsverfahrens zu nutzen. Dies stellt eine Zweckänderung dar, für die das Gesetz die gleichen hohen Hürden aufstellt, wie auf eine Datenerhebung ohne Einwilligung, (§ 28 Abs. 8 BDSG verweist insofern wiederum auf § 28 Abs. 6 und 7 BDSG).

(4) Außergerichtliche Mediation und BEM

492   Außergerichtliche Mediation kann immer auch im Rahmen eines BEM nützlich sein.[1207] Dabei kommt dem Präventionsgesetz (PrävG) eine große Bedeutung zu. Das PrävG will verhindern, dass Mitarbeiter arbeitsunfähig werden, das BEM hingegen hat zum Ziel, arbeitsunfähig gewordene Mitarbeiter vor erneuter Krankheit zu bewahren. Für die Anwendung einer außergerichtlichen Mediation ist deshalb das Vorliegen eines Konflikts Voraussetzung, der im Rahmen einer Mediation überwunden werden kann.

Ein derartiger Konflikt kann in der Durchführung eines BEM liegen, aber auch im Fall einer krankheitsbedingten Kündigung. Im letzteren Fall ist er vergleichbar mit jeder anderen Kündigung auch und dazu müssen entsprechende Maßnahmen ergriffen werden. Im Falle der Durchführung des BEM ist es hingegen oftmals für alle Beteiligten erheblich schwerer zu erkennen, welche Maßnahmen zu ergreifen sind. Zum einen steht beim Mitarbeiter eine Kündigung an, zum anderen ist es für den Arbeitgeber fraglich, ob der Mitarbeiter noch Interesse an dem Arbeitsplatz hat. Insofern ist ein hoher Bedarf an außergerichtlicher Mediation auch im Rahmen eines BEM gegeben.

 II) Muster

▼

493   **Muster 2.44: Musteranschreiben BEM**

(*Firmenanschrift*)

(*Anschrift der Mitarbeiterin/des Mitarbeiters*)

(*Ort, Datum*)

Prävention bei längerer Arbeitsunfähigkeit gemäß § 84 Abs. 2 SGB IX – Betriebliches Eingliederungsmanagement

Sehr geehrte Frau   /Sehr geehrter Herr   ,

Alt. 1 (bei ununterbrochener Arbeitsunfähigkeit):

Sie sind seit dem   (*Datum*) arbeitsunfähig erkrankt.

Alt. 2 (bei wiederholter Arbeitsunfähigkeit):

Sie waren innerhalb der letzten 12 Monate insgesamt länger als 6 Wochen arbeitsunfähig erkrankt.

Die gesetzliche Bestimmung des § 84 Abs. 2 SGB IX (Betriebliches Eingliederungsmanagement) verpflichtet uns als Ihren Arbeitgeber, gemeinsam mit Ihnen nach Lösungen zu suchen, um Ihre Arbeitsunfähigkeit zu überwinden und Vorschläge für Leistungen und Hilfen zu erarbeiten. Mit diesen soll einer erneuten Arbeitsunfähigkeit vorgebeugt und der Arbeitsplatz erhalten werden. Dabei können auch, soweit erforderlich, personenbezogene, vorrangig gesundheitsbezogene, Daten erhoben und verwendet werden. Einer derartigen

---

1206 BAG 24.3.2011 – 2 AZR 170/10 – NZA 2011, 992.
1207 *Matheis/Hippeli*, DB 2016, 1134.

Erhebung und Verwendung müssen Sie ausdrücklich zustimmen. Zu einem solchen betrieblichen Eingliederungsmanagement bieten wir Ihnen hiermit ein gemeinsames Gespräch an.

Sofern Sie es wünschen, können an diesem Gespräch auch Vertreter des Betriebsrates (**ggf. bei schwerbehinderten und diesen gleichgestellten behinderten Menschen:** *und/oder der Schwerbehindertenvertretung*) teilnehmen. Das betriebliche Eingliederungsmanagement setzt zu jedem Zeitpunkt Ihre Beteiligung und Zustimmung voraus. In Ihrer Entscheidung sind Sie selbstverständlich frei. Wir bitten Sie, das beiliegende Formular ausgefüllt an Frau ▇▇▇/Herrn ▇▇▇, ▇▇▇ (*Abteilung*), ▇▇▇ (*Anschrift*) zurückzusenden.

Wenn Sie dieses Schreiben nicht bis zum ▇▇▇ (*Datum*) beantworten, müssen wir davon ausgehen, dass Sie kein betriebliches Eingliederungsmanagement durchführen lassen wollen.

Mit freundlichen Grüßen

(*Unterschrift*)

▲

▼

45

Muster 2.45: Einverständniserklärung BEM   494

▇▇▇ (*Anschrift der Mitarbeiterin/des Mitarbeiters*)

▇▇▇ (*Firmenanschrift*)

(*Ort, Datum*)

Prävention bei längerer Arbeitsunfähigkeit gemäß § 84 Abs. 2 SGB IX

Sehr geehrte Frau ▇▇▇/Sehr geehrter Herr ▇▇▇,

ich nehme Ihr Gesprächsangebot zur Prävention im Sinne von § 84 Abs. 2 SGB IX (Betriebliches Eingliederungsmanagement)

☐ an   ☐ nicht an.

Ich stimme einer Erhebung, Verarbeitung und Nutzung personenbezogener Daten, insbesondere gesundheitsbezogener Daten (§ 3 Abs. 9 BDSG)

☐ zu   ☐ nicht zu.

Ich möchte das Gespräch unter Hinzuziehung

eines Mitgliedes des Betriebsrates

☐ ja   ☐ nein,

eines Mitgliedes der Schwerbehindertenvertretung

☐ ja   ☐ nein,

durchführen.

Mit freundlichen Grüßen

(*Unterschrift der Mitarbeiterin/des Mitarbeiters*)

▲

▼

495 **Muster 2.46: Betriebsvereinbarung Betriebliches Eingliederungsmanagement**

Zwischen der

XY GmbH

– nachfolgend Arbeitgeber –

und dem Betriebsrat der XY GmbH

– nachfolgend Betriebsrat –

wird nachfolgende Betriebsvereinbarung zum

Betrieblichen Eingliederungsmanagement

geschlossen.

Präambel

Die Gesundheit der Mitarbeiterinnen und Mitarbeiter (zukünftig Mitarbeiter) zu erhalten und zu fördern ist ein wesentliches personalpolitisches Ziel der Arbeitgeberin. Auf der Basis dieser Zielsetzung und nach Maßgabe des § 84 Abs. 2 SGB IX wird das Betriebliche Eingliederungsmanagement – nachfolgend BEM – bei der XY GmbH durchgeführt mit dem Ziel,

■ die Arbeitsfähigkeit der Mitarbeiter zu erhalten, zu verbessern und wiederherzustellen

■ die Arbeitszufriedenheit und -motivation zu steigern sowie

■ die betrieblich beeinflussbaren Fehlzeiten und Krankenkosten zu reduzieren.

Hierdurch soll eine möglichst dauerhafte Teilhabe des Mitarbeiters am Arbeitsleben gewährleistet werden.

In diesem Zusammenhang erklären die Betriebsparteien klarstellend, dass erkrankte Beschäftigte nicht wegen ihrer Krankheit – schwerbehinderte und behinderte Beschäftigte nicht wegen ihrer Behinderung – benachteiligt werden dürfen.

1. Geltungsbereich

Diese Betriebsvereinbarung gilt für alle Mitarbeiter der XY GmbH sowie deren Tochtergesellschaften.

2. Zielsetzung

Nach Maßgabe des § 84 Abs. 2 SGB IX wird ein BEM durchgeführt, um

■ die Arbeitsfähigkeit der Mitarbeiter wiederherzustellen,

■ die betrieblich beeinflussbaren Fehlzeiten und Krankenkosten zu reduzieren.

Das BEM beinhaltet gemäß gesetzlicher Vorgaben die folgenden Ziele:

■ Überwindung und Vorbeugung erneuter Arbeitsunfähigkeit und

■ Erhaltung des Arbeitsplatzes.

3. Erfasster Mitarbeiterkreis

Das BEM erfasst grundsätzlich alle Mitarbeiter, die innerhalb von 12 Monaten länger als sechs Wochen ununterbrochen oder wiederholt arbeitsunfähig sind, vgl. § 84 Abs. 2 SGB IX.

Auf andere Mitarbeiter kann das dargestellte Verfahren im Einzelfall mit deren Zustimmung Anwendung finden, wenn damit die Entstehung einer Behinderung und/oder eine chronische Gesundheitsstörung vermieden werden kann.

4. Freiwilligkeit

Die Durchführung des BEM ist für den Mitarbeiter freiwillig und bedarf seiner Zustimmung.

5. Verfahren

Das BEM beinhaltet regelmäßig die nachfolgend beschriebenen Schritte.

5.1 Datenauswertung

Zur Identifizierung der betroffenen Mitarbeiter gem. Ziff. 3 findet monatlich eine elektronische Auswertung der krankheitsbedingten Abwesenheitszeiten statt, bei der diejenigen Mitarbeiter ermittelt werden, die innerhalb der letzten 12 Monate insgesamt länger als sechs Wochen (ununterbrochen oder wiederholt) arbeitsunfähig erkrankt waren bzw. sind. Zugriff auf diese Auswertung erhält der jeweilige BEM-Koordinator zzgl. eines oder mehrerer Stellvertreter.

Die Auswertung sollte folgende Daten enthalten:

- Personalnummer
- Organisationseinheit
- Nachname
- Vorname
- Geburtsdatum
- krankheitsbedingte Ausfallzeiten der letzten 12 Monate

5.2 BEM-Koordinator

Der BEM-Koordinator nimmt eine wesentliche Rolle in einem BEM-Fall wahr. Er muss eine datenschutzrechtliche Erklärung unterzeichnen.

5.2.1 Benennung des BEM-Koordinators

Der Arbeitgeber nominiert nach Rücksprache mit dem örtlichen Betriebsrat je Standort einen BEM-Koordinator.

Bei Nichtzustimmung des Betriebsrates erfolgt eine Beratung durch den jeweiligen Standortpersonalleiter und den Betriebsratsvorsitzenden des entsprechenden Standorts mit dem Ziel einer einvernehmlichen Lösung. Die Schwerbehindertenvertretung kann hierbei mit ihrer Expertise beratend hinzu gezogen werden.

Wesentlich bei der Auswahl des BEM-Koordinators sind die Akzeptanz und das Vertrauen von Arbeitgeber- und Arbeitnehmervertreterseite in den Koordinator. Bei Nichteinigung entscheidet letztendlich jedoch der Arbeitgeber, um seiner gesetzlichen Verpflichtung gem. § 84 Abs. 2 SGB IX nachkommen zu können.

5.2.2. Qualifikation des BEM-Koordinators

Der BEM-Koordinator hat grundsätzlich über eine fachliche Qualifikation im Bereich der beruflichen Wiedereingliederung zu verfügen. Zudem hat er Kenntnisse über das Umfeld des Betriebes am jeweiligen Standort und genießt darüber weitestgehend das Vertrauen und die Akzeptanz bei den Beteiligten des BEM-Verfahrens und den Beschäftigten.

5.2.3 Aufgaben des BEM-Koordinators

Der BEM-Koordinator stellt die Auswertung der notwendigen Mitarbeiterdaten gem. Ziff. 5.1 sicher. Darauffolgend ist er verantwortlich für den Erstkontakt zu dem jeweiligen Mitarbeiter und für die Rückmeldung, die das weitere Verfahren anstößt oder beendet.

Der BEM-Koordinator begleitet generell alle BEM-Fälle, wobei einen besonderen Schwerpunkt das Zusammenbringen von Expertise bzw. der involvierten Fachbereiche darstellt. Zudem stellt er einen Abschluss des BEM-Falles sicher und überprüft zum Ende die Ergebnisse auf Wirksamkeit, um – wenn notwendig – gegenzusteuern.

5.3 Einleitung des BEM (Kontaktaufnahme)

Das BEM wird durch die Kontaktaufnahme zum erfassten Mitarbeiter eingeleitet.

Die Kontaktaufnahme erfolgt in zwei Schritten:

■ Im ersten Schritt wird der Mitarbeiter durch den Koordinator, i.d.R. schriftlich, auf die Zielsetzungen des BEM, das Verfahren sowie über die dazu erforderliche Datenerhebung hingewiesen.

■ Sofern der Mitarbeiter zustimmt, erfolgt im zweiten Schritt regelmäßig ein Gespräch zur Klärung und Abstimmung der Vorgehensweise und Feststellung des Bedarfes. An diesem Gespräch nehmen grds. neben dem BEM-Koordinator ein erforderlicher Vertreter des Arbeitgebers und grds. ein Vertreter des jeweils örtlich zuständigen Betriebsrates sowie – im Falle schwerbehinderter Mitarbeiter – die jeweilige Schwerbehindertenvertretung teil, soweit der Mitarbeiter zustimmt.

5.4 Analyse und Festlegung von Maßnahmen

Der Handlungsbedarf wird unter Beteiligung des Mitarbeiters festgestellt, und es wird ein Eingliederungsplan erstellt. In diesem werden Angaben über Art, Umfang und Zielsetzung der Maßnahmen festgelegt, auf die man sich mit dem Mitarbeiter geeinigt hat. Bei Bedarf und mit Zustimmung des Mitarbeiters werden hierbei weitere interne und externe Fachkräfte zur Beratung hinzugezogen.

Um zu einer individuellen Maßnahmenauswahl und -gestaltung zu kommen, können bei der Eingliederungsplanung berücksichtigt werden:

■ Art, Ausmaß und ggf. Besonderheiten der möglichen gesundheitlichen (Mehrfach-)Einschränkung des Mitarbeiters,

■ die Arbeitsplatzsituation,

■ die Qualität von und Zugang zu Hilfen und Leistungen

Im Eingliederungsplan werden nur solche Maßnahmen vereinbart, die im individuellen Fall angemessen und durchführbar sind. Bei der Festlegung der Maßnahmen ist die persönliche Qualifikation des Mitarbeiters angemessen zu berücksichtigen.

Bei Bedarf werden Maßnahmen nach dem Eingliederungsplan mit den örtlichen gemeinsamen Servicestellen der Rehabilitationsträger – bei schwerbehinderten Menschen mit dem Integrationsamt – abgesprochen. Kommen finanzielle Fördermöglichkeiten der o.g. Stellen in Betracht, so werden diese beantragt.

5.5 Maßnahmenspektrum

Das Spektrum der Maßnahmen umfasst zwei Schwerpunkte:

■ Maßnahmen der

■ Prävention und der

■ Rehabilitation.

Konkrete Anknüpfungspunkte finden sich in den Bereichen der individuellen Arbeitsplatzgestaltung, der Arbeitsorganisation, der stufenweisen Wiedereingliederung sowie der medizinischen und beruflichen Rehabilitation. Im Einzelfall wird geprüft, ob die Maßnahmen des Eingliederungsplanes durch eine angemessene und durchführbare Qualifizierung unterstützt werden können.

5.6 Durchführung

Die Maßnahmen werden auf der Grundlage des festgelegten Eingliederungsplanes umgesetzt.

5.7 Überprüfung der Ergebnisse

Die einzelnen Eingliederungsmaßnahmen werden unter Einbeziehung des örtlichen Betriebsrates bzw. – im Falle schwerbehinderter Mitarbeiter – der jeweiligen Schwerbehindertenvertretung auf ihre Wirksamkeit überprüft. Die Ergebnisse sind in geeigneter Form zu dokumentieren.

Sollten die konkreten Maßnahmen erfolglos bleiben, ist zu prüfen, inwieweit alternative Maßnahmen erfolgversprechender erscheinen.

Sollten sich aus der Umsetzung des BEM allgemeine Erkenntnisse zu Erkrankungen ergeben, die einen Rückschluss auf die Arbeitsbedingungen zulassen, ist diesen umgehend in geeigneter Form nachzugehen.

6. Örtliche Regelungen

Die örtlichen Betriebsparteien können ergänzende Regelungen treffen, die nicht hinter diese Regelungen zurückfallen und den Besonderheiten des Standortes Rechnung tragen. Hierbei soll die jeweilige Schwerbehindertenvertretung beteiligt werden.

7. Qualifizierung der Vorgesetzten

Der Arbeitgeber wird die Führungskräfte entsprechend qualifizieren, um den Besonderheiten des Eingliederungsprozesses gerecht zu werden.

8. Berichterstattung

Der Arbeitgeber erteilt dem jeweils am Standort zuständigen Betriebsrat sowie der Schwerbehindertenvertretung auf Anfrage einmal jährlich Auskunft über die Durchführung des BEM im zurückliegenden Jahr sowie die laufenden Prozesse.

9. Datenschutz

Das BEM erfolgt unter Beachtung der allgemeinen datenschutzrechtlichen Bestimmungen. Soweit Ärzte beteiligt sind und angehört werden sollen, dürfen diese die ihnen bekannt gewordenen persönlichen gesundheitlichen Informationen nur dann weitergeben, wenn der Mitarbeiter sie zuvor schriftlich von der ärztlichen Schweigepflicht entbunden hat.

10. Inkrafttreten

Diese Betriebsvereinbarung tritt mit Unterzeichnung in Kraft. Sie kann von jeder Seite unter Einhaltung einer Kündigungsfrist von drei Monaten gekündigt werden.

(Ort, Datum)

(Unterschriften Arbeitgeber, Betriebsrat)

7. BV Betriebliches Vorschlagswesen

Literatur: *Bartenbach/Volz*, Arbeitnehmererfindungsgesetz, 5. Aufl. 2013; *Bontrup*, Mit Betrieblichem Vorschlagswesen Reserven erschließen, AuA 1997, 151; *Martin*, Die arbeitsrechtliche Behandlung betrieblicher Verbesserungsvorschläge unter Berücksichtigung immaterialgüterrechtlicher Grundlagen (Diss. Trier), 2003; *Pfisterer*, Gestaltungshinweise zu einer Betriebsvereinbarung gemäß § 87 Abs. 1 Ziff. 12 BetrVG, AiB 1995, 334; *Rieble/Gistel*, Ideenmanagement und betriebliche Mitbestimmung, DB 2005, 1382; *Schwab*, Arbeitnehmererfindungsrecht, 3. Aufl. 2014; *ders.*, Arbeitnehmererfindungsgesetz, AiB 2009, 545; *ders.*, Betriebsrat und betriebliches Ideenmanagement, AiB 2007, 520; *ders.*, Der Arbeitnehmer als Vorschlagseinreicher, NZA-RR, 2015, 225; *Wollwert*, Ideenmanagement im Konzern, NZA 2012, 889.

a) Typischer Sachverhalt

Das im Spezialschiffbau tätige Unternehmen L. hat sich nicht zuletzt aufgrund einiger Verbesserungsvorschläge von Mitarbeitern gut entwickelt. Die Geschäftsführung will auch weiterhin Innovationen durch die Belegschaft fördern. Der Betriebsrat will sicherstellen, dass dies auch in Zeiten einer etwaigen schlechteren Konjunktur so bleibt. Zudem will er gerechte und transparente Kriterien für die Vergütung von Verbesserungsvorschlägen schaffen. Beide Betriebsparteien sind daher an einer Umsetzung dieser Ziele im Wege einer Betriebsvereinbarung interessiert. **496**

b) Rechtliche Grundlagen
aa) Allgemeines

Das **betriebliche Vorschlagswesen** ist in **§ 87 Abs. 1 Nr. 12 BetrVG** geregelt und zählt daher zum Bereich der **erzwingbaren Mitbestimmung**. Es gewinnt in der betrieblichen Praxis an Bedeutung. Im Jahre **497**

2010 gingen ausweislich einer Befragung von 163 Unternehmen mit ca. 2,33 Mio. Arbeitnehmern ca. 1,23 Mio. Verbesserungsvorschläge ein (gegenüber ca. 213.000 im Jahre 1978), was zu Prämien von ca. 130 Mio. EUR (Prämiendurchschnitt 170 EUR) geführt haben soll.[1208] Im Jahre 2012 wurden 119 Mio. EUR ausgeschüttet bei durchschnittlich 74 EUR pro Prämie.[1209] Das Mitbestimmungsrecht dient der gerechten Bewertung der Vorschläge und damit jedenfalls mittelbar der Entfaltung der Persönlichkeit der Arbeitnehmer. Sie sollen durch ein betriebliches Vorschlagswesen zur Teilnahme an der Gestaltung und Entwicklung ihres Arbeitsplatzes motiviert werden.[1210] Prämien sind uneingeschränkt lohnsteuer- und sozialversicherungspflichtig.[1211]

498   Unter einem **Verbesserungsvorschlag** ist jede Anregung einzelner oder mehrerer Arbeitnehmer zu verstehen, welche nicht zum Bereich des vertraglich geschuldeten Leistungsumfanges des Vorschlagenden zählt, und zur Verbesserung gegenüber dem Ist-Zustand führt, wobei unerheblich ist, ob es sich insoweit um den kaufmännischen, technischen oder den Bereich der Zusammenarbeit untereinander handelt.[1212] In der Praxis ist insbesondere die Abgrenzung zu dem vertraglich geschuldeten Bereich problematisch.[1213] Ob sich der Verbesserungsvorschlag bloß auf den eigenen Aufgabenbereich des Arbeitnehmers erstreckt, dürfte unerheblich sein – entscheidend ist, ob eine arbeitsvertragliche Verpflichtung besteht, diejenigen Dinge zu entwickeln, die Gegenstand eines Verbesserungsvorschlages sind.[1214] Maßgeblich ist im Zweifel der Wortlaut der Prämienregelung.[1215]

499   **Erfindungen**, die patent- oder gebrauchsmusterfähig sind, fallen nicht in den Regelungsbereich des § 87 Abs. 1 Nr. 12 BetrVG. Für sie gilt das **Gesetz über Arbeitnehmererfindungen**.[1216] Da es abschließende Regelungen enthält, ist in dessen Anwendungsbereich kein Raum für eine Mitbestimmung des Betriebsrats.[1217] Eine **Besonderheit** gilt für **technische Verbesserungsvorschläge** (§ 3 ArbnErfG). Sind sie qualifiziert, so besteht ein gesetzlicher Vergütungsanspruch, der wiederum das Mitbestimmungsrecht ausschließt, jedoch freiwillige Betriebsvereinbarungen nach § 88 BetrVG ermöglicht.[1218] Für einfache technische Verbesserungsvorschläge lässt § 20 Abs. 2 ArbnErfG eine Regelung durch Tarifvertrag oder Betriebsvereinbarung zu, so dass bei Fehlen einer abschließenden tarifvertraglichen Regelung ein Mitbestimmungsrecht in Betracht kommt. Für Verbesserungsvorschläge außerhalb des technischen Bereiches sieht das ArbnErfG keine Einschränkungen oder Sonderregelungen vor.

bb) Umfang der Mitbestimmung

500   Dem **Betriebsrat** steht ein **Initiativrecht** in Bezug auf die Einführung eines betrieblichen Vorschlagswesens zu,[1219] wobei kein Vorprüfungsrecht existiert, ob überhaupt ein Bedürfnis für die Schaffung eines betrieblichen Vorschlagswesens gegeben ist, sondern dies ggf. die Einigungsstelle im Rahmen der Zweckmäßigkeitsprüfung berücksichtigen muss, und auch die mit dem Initiativrecht verbundenen Folge-

---

1208 Deutsches Institut für Betriebswirtschaft, dib-Report 2010, 1 ff.

1209 Dib-Report 2013: http://www.dib.de/ideenmanagement/dib-reports.html.

1210 BAG 28.4.1981 – 1 ABR 53/79, AP Nr. 1 zu § 87 BetrVG 1972 Vorschlagswesen; BAG 16.3.1982 – 1 ABR 63/80, AP Nr. 2 zu § 87 BetrVG 1972 Vorschlagswesen; ErfK/*Kania*, § 87 BetrVG Rn 128.

1211 *Schwab*, NZA-RR 2015, 225, 229.

1212 *Fitting u.a.*, § 87 BetrVG Rn 536; DKK/*Klebe*, § 87 BetrVG Rn 361 ff.; ErfK/*Kania*, § 87 BetrVG Rn 129.

1213 ArbG Heilbronn 15.5.1986 – 4 Ca 136/8, DB 1987, 541; *Fitting u.a.*, § 87 BetrVG Rn 541; DKK/*Klebe*, § 87 BetrVG Rn 364.

1214 Zutreffend *Rieble/Gistel*, DB 2005, 1382.

1215 BAG 19.5.2015 – 9 AZR 863/13, NZA 2015, 1468.

1216 BGBl I S. 253; vgl. im Übrigen die einschlägigen Kommentare zum ArbnErfG.

1217 DKK/*Klebe*, § 87 BetrVG Rn 361; *Fitting u.a.*, § 87 BetrVG Rn 542; *Schwab*, NZA-RR 2015, 225, 227.

1218 Der Vergütungsanspruch nach §§ 9, 12 ArbnErfG ist insoweit abschließend, *Fitting u.a.*, § 87 BetrVG Rn 544; *Schwab*, NZA-RR 2015, 225, 227.

1219 BAG 28.4.1981 – 1 ABR 53/79, AP Nr. 1 zu § 87 BetrVG 1972 Vorschlagswesen; *Fitting u.a.*, § 87 BetrVG Rn 551; *Schwab*, NZA-RR 2015, 225, 227.

kosten auf Arbeitgeberseite der Zuerkennung eines solchen Initiativrechts grundsätzlich nicht entgegen-stehen.[1220] Zwar ist der Arbeitgeber im Einklang mit den Grundprinzipien der Betriebsverfassung bei Zurverfügungstellung freiwilliger Leistungen nicht verpflichtet, für ein betriebliches Vorschlagswesen Mittel zur Verfügung zu stellen.[1221] Dies ist freilich nicht praxisrelevant. Denn das **BAG gewährt** dem Arbeitnehmer, dessen Verbesserungsvorschlag vom Arbeitgeber zu dessen Vorteil verwertet wird, einen **individuellen Vergütungsanspruch** entsprechend § 612 BGB.[1222] Verbesserungsvorschläge ge-hören nämlich nicht zur vertraglich geschuldeten Leistung, so dass sie auch nicht von der regulären Ver-gütung umfasst sind. Um derartigen – im Einzelfall schwer zu beziffernden – individuellen Vergütungs-ansprüchen aus dem Wege zu gehen, wird daher auch der Arbeitgeber Interesse haben, Mittel für eine kollektive Vergütungsordnung zur Verfügung zu stellen. Entscheidet nämlich eine **paritätische Kom-mission** verbindlich und abschließend aufgrund einer entsprechenden Ermächtigungsgrundlage in einer Betriebsvereinbarung, so ist diese Entscheidung in entsprechender Anwendung der §§ 317, 319 BGB nur auf grobe Unbilligkeit sowie auf Verstöße gegen die zugrunde liegenden Vorschriften über-prüfbar.[1223] Dies gilt jedenfalls für die abschließende Bewertung und Feststellung von Tatsachen.[1224] Man wird dies so verstehen müssen, dass eine derartige **verbindliche Entscheidung zugleich die übliche Vergütung im Sinne des § 612 Abs. 2 BGB** mit der Folge darstellt, dass ein darüber hinausgehender In-dividualanspruch vom Arbeitnehmer nicht mit Erfolg geltend gemacht werden kann. Lediglich dann, wenn die maßgebliche Kommissionsentscheidung nicht einmal stichwortartig begründet und damit für niemanden nachvollziehbar ist, kann es noch zu einer abweichenden Festsetzung durch das Gericht kom-men, § 319 BGB.[1225] Prämienansprüche können von Ausschlussfristen erfasst sein.[1226] Sie verjähren ge-mäß § 195 BGB nach drei Jahren, wobei sich der Fristbeginn aus der zugrunde liegenden kollektiven Re-gelung ergibt (bspw. Ablehnung der Prämie).[1227]

Grundsätzlich hat der **Betriebsrat mitzubestimmen**, nach welchen Grundsätzen und Methoden die Prä-   **501** mien bemessen werden sollen, bei der Frage, wie der Nutzen eines Verbesserungsvorschlages zu ermitteln ist, über die Grundsätze für die Höhe und Art der Prämie, über die Verteilung einer Prämie bei Gruppen-vorschlägen oder hinsichtlich der Prämiengrundsätze und Bewertungsmaßstäbe sowie darüber, wie eine Prämie für einen Verbesserungsvorschlag bestimmt werden soll, dessen Nutzen nicht zu ermitteln ist.[1228] Einigen sich Arbeitgeber und Betriebsrat grundsätzlich auf einen Beauftragten für das betriebliche Vor-schlagswesen, so darf der Arbeitgeber allein bestimmen, welche Person diese Funktion ausübt.[1229] Insoweit ist jedoch ein Beteiligungsrecht aus § 99 BetrVG zu beachten. Überwiegend wird ein Mitbestimmungsrecht hinsichtlich der Frage verneint, in welchem Verhältnis die Vergütung zum Nutzen des Vorschlages stehen soll, also etwa in welchem Prozentsatz des Einsparvolumens sich die Vergütung bewegt.[1230] Deshalb kann im Zweifel nicht durch Spruch der Einigungsstelle bestimmt werden, dass die Prämie bei Verbesserungs-

1220 GK-BetrVG/*Wiese*, § 87 Rn 1026 ff.; MünchArbR/*Matthes*, § 252 Rn 8; DKK/*Klebe*, § 87 BetrVG Rn 365.
1221 GK-BetrVG/*Wiese*, § 87 Rn 1027; *Fitting u.a.*, § 87 BetrVG Rn 549; ErfK/*Kania*, § 87 BetrVG Rn 131.
1222 BAG 28.4.1981 – 1 ABR 53/79, AP Nr. 1 zu § 87 BetrVG 1972 Vorschlagswesen; GK-BetrVG/*Wiese*, § 87 Rn 1028.
1223 BAG 19.5.2015 – 9 AZR 863/13, NZA 2015, 1468; BAG 16.12.2014 – 9 AZR 431/13, NZA-RR 2015, 229; BAG 20.1.2004 – 9 AZR 393/03, NZA 2004, 994, 997; LAG Köln 28.10.2003 – 13 Sa 492/03; LAG Hessen 24.8.2010 – 12 Sa 940/09.
1224 BAG 19.5.2015 – 9 AZR 863/15, NZA 2015, 1468; BAG 16.12.2014 – 9 AZR 431/13, NZA-RR 2015, 229.
1225 BAG 20.1.2004 – 9 AZR 393/03, NZA 2004, 994, 997.
1226 BAG 22.1.2008 – 9 AZR 516/07, NZA-RR 2008, 525.
1227 BAG 16.12.2014 – 9 AZR 431/13, NZA-RR 2015, 229.
1228 BAG 28.4.1981 – 1 ABR 53/79, AP Nr. 1 zu § 87 BetrVG 1972 Vorschlagswesen III 2 a) der Gründe; ErfK/*Kania*, § 87 BetrVG Rn 132; *Fitting u.a.*, § 87 BetrVG Rn 552.
1229 BAG 16.3.1982 – 1 ABR 63/80, AP Nr. 2 zu § 87 BetrVG 1972 Vorschlagswesen; *Schwab*, NZA-RR 2015, 225, 227; GK-BetrVG/ *Wiese*, § 87 Rn 1039; ErfK/*Kania*, § 87 BetrVG Rn 133; a.A. DKK/*Klebe*, § 87 BetrVG Rn 369.
1230 BAG 28.4.1981 – 1 ABR 53/79, AP Nr. 1 zu § 87 BetrVG 1972 Vorschlagswesen; BAG 16.3.1982 – 1 ABR 63/80, AP Nr. 2 zu § 87 BetrVG 1972 Vorschlagswesen; ErfK/*Kania*, § 87 BetrVG Rn 133; GK-BetrVG/*Wiese*, § 87 Rn 1043; a.A. *Fitting u.a.*, § 87 BetrVG Rn 554; DKK/*Klebe*, § 87 BetrVG Rn 370.

vorschlägen mit erkennbaren Vorteilen einen bestimmten Prozentsatz des Netto-Jahresvorteils beträgt. In der Praxis finden sich freilich regelmäßig auch hierzu Aussagen in den insoweit freiwilligen Teilen der Betriebsvereinbarung. Mitbestimmungsfrei darf der Arbeitgeber ferner entscheiden, ob er einen Verbesserungsvorschlag annimmt und umsetzt.[1231] Zwar steht dem Arbeitgeber in Anlehnung an die Grundsätze der Mitbestimmung bei freiwilligen Leistungen aus § 87 Abs. 1 Nr. 10 und 11 BetrVG das Recht zu, den Kreis der in Betracht kommenden Begünstigten festzulegen. In der Praxis wird dies jedoch von Arbeitgeberseite kaum genutzt, weil es betriebspolitisch unklug wäre, bestimmte Arbeitnehmergruppen von vornherein von der Möglichkeit auszunehmen, am betrieblichen Vorschlagswesen teilzunehmen.[1232] Will der Arbeitgeber nicht umgesetzte Verbesserungsvorschläge gleichwohl honorieren, so unterliegt auch dies keiner Mitbestimmung.[1233] In der Praxis machen jedoch viele Arbeitgeber von der Möglichkeit Gebrauch, dies nach § 88 BetrVG innerhalb der Betriebsvereinbarung über das betriebliche Vorschlagswesen freiwillig mit zu regeln.

cc) Beendigung der Betriebsvereinbarung

502 Zwar unterfällt der Bereich des betrieblichen Vorschlagswesens grundsätzlich der erzwingbaren Mitbestimmung nach § 87 Abs. 1 Nr. 12 BetrVG, so dass im Falle der Kündigung die **Nachwirkung des § 77 Abs. 6 BetrVG** in Betracht kommt. Da in der Praxis wie gezeigt Betriebsvereinbarungen über den Themenkomplex jedoch häufig auch freiwillige Regelungen im Sinne des § 88 BetrVG enthalten, stellt sich, sofern die Betriebsparteien die Nachwirkung nicht ausdrücklich regeln, die Frage, ob auch der freiwillige Teil von der Nachwirkung umfasst ist. Grundsätzlich wirken bei teils erzwingbaren, teils freiwilligen Regelungen nur die Gegenstände nach, die der zwingenden Mitbestimmung unterfallen.[1234] Dies setzt jedoch voraus, die Betriebsvereinbarung sinnvoll in einen nachwirkenden und einen nachwirkungslosen Teil aufspalten zu können. Ist dies nicht möglich, entfaltet sie zur Sicherung der Mitbestimmung insgesamt Nachwirkung.[1235] Will der Arbeitgeber bei derart **teilmitbestimmten Betriebsvereinbarungen** seine finanziellen Leistungen vollständig und ersatzlos einstellen, tritt keine Nachwirkung ein – anders wenn die Herabsetzung des Dotierungsrahmens zugleich mit einer Änderung des Leistungsplans verbunden ist; will der Arbeitgeber lediglich den Dotierungsrahmen verringern, ohne den Verteilungsplan zu ändern, wirkt die Betriebsvereinbarung ausschließlich hinsichtlich des Verteilungsplanes nach.[1236] Da der Arbeitgeber wegen der oben genannten Auswirkungen auf evtl. individuelle Vergütungsansprüche der Arbeitnehmer die Leistung im Zweifel nicht ersatzlos entfallen lassen und auch nicht lediglich den Dotierungsrahmen verringern will, sondern den Leistungsplan ändern möchte, nach dem sich die Verteilung bemisst, wird man im Zweifel von einer Nachwirkung der gesamten Betriebsvereinbarung auszugehen haben. Für die Praxis empfiehlt sich jedoch eine ausdrückliche Regelung, zumal die Betriebsparteien auch in Gegenständen der echten Mitbestimmung die Nachwirkung einvernehmlich ausschließen dürfen.[1237] Um auch für die beteiligten Arbeitnehmer Klarheit zu schaffen, sollten die **Betriebsparteien** daher eindeutige **Aussagen zur Nachwirkung treffen**.[1238]

1231 BAG 16.3.1982 – 1 ABR 63/80, AP Nr. 2 zu § 87 BetrVG 1972 Vorschlagswesen; ErfK/*Kania*, § 87 BetrVG Rn 133.

1232 So auch *Rieble/Gistel*, DB 2005, 1382 f.

1233 *Schwab*, NZA-RR 2015, 225, 228; BAG 16.3.1982 – 1 ABR 63/80, AP Nr. 2 zu § 87 BetrVG 1972 Vorschlagswesen, zweifelnd *Fitting u.a.*, § 87 BetrVG Rn 550.

1234 BAG 5.10.2010 – 1 ABR 20/09, NZA 2011, 598, 599.

1235 BAG 26.8.2008 – 1 AZR 354/07, AP Nr. 15 zu § 87 BetrVG 1972 = NZA 2008, 1426; *Fitting u.a.*, § 77 BetrVG Rn 189 f.

1236 *Fitting u.a.*, § 77 BetrVG Rn 190 m.w.N.

1237 BAG 17.1.1995 – 1 ABR 29/94, AP Nr. 7 zu § 77 BetrVG 1972 Nachwirkung; GK-BetrVG/*Kreutz*, § 77 Rn 452; *Fitting u.a.*, § 77 BetrVG Rn 180.

1238 Zum Problem der Nachwirkung bei Betriebsvereinbarungen über das betriebliche Vorschlagswesen siehe auch *Rieble/Gistel*, DB 2005, 1382, 1387.

c) Muster

▼

Muster 2.47: Betriebsvereinbarung über die Einführung eines betrieblichen Vorschlagswesens

503

zwischen

▓▓▓▓▓▓

– nachfolgend „Arbeitgeber" –

und

dem Betriebsrat des Betriebes der ▓▓▓▓▓▓

– nachfolgend „Betriebsrat" –

Präambel

Die Betriebsparteien stimmen überein, dass in der Vergangenheit Vorschläge aus dem Kreise der Belegschaft einen wesentlichen Teil der Innovationskraft und damit des wirtschaftlichen Erfolges des Unternehmens begründet haben. Um somit einerseits sicherzustellen, dass diese Beiträge der Belegschaft auch weiterhin gewürdigt werden und dadurch zum Unternehmenswohl beitragen, um andererseits einen transparenten Rahmen für die Behandlung betrieblicher Verbesserungsvorschläge zu schaffen, haben sich die Betriebsparteien auf diese Betriebsvereinbarung verständigt.

§ 1 Persönlicher Geltungsbereich

Diese Betriebsvereinbarung gilt für alle Arbeitnehmerinnen und Arbeitnehmer (nachfolgend einheitlich „Arbeitnehmer" genannt) des Betriebes des Arbeitgebers. Sie findet keine Anwendung auf leitende Angestellte gemäß § 5 Abs. 3 BetrVG. (**Ggf.:** *Diese Betriebsvereinbarung findet jedoch Anwendung auf die im Betrieb tätigen Leiharbeitnehmerinnen und Leiharbeitnehmer, sobald sie länger als drei Monate im Betrieb eingesetzt waren*).

§ 2 Sachlicher Geltungsbereich

1. Diese Betriebsvereinbarung gilt nicht für Arbeitnehmererfindungen oder qualifizierte technische Verbesserungsvorschläge im Sinne des Arbeitnehmererfindungsgesetzes, insbesondere dessen § 20 Abs. 1.

2. Ein Verbesserungsvorschlag im Sinne dieser Betriebsvereinbarung ist eine Anregung, die einen innerbetrieblichen Zustand positiv verändern soll, wobei diese Veränderung ohne den Verbesserungsvorschlag nicht eingetreten wäre. Hierunter fallen auch Ideen für neue Produkte und Verfahren, Unterstützung von Marketing, Vertriebs- und Akquisitionsaktivitäten. Erforderlich ist eine möglichst genaue Beschreibung von Ist- und Sollzustand, eines Lösungsweges oder -ansatzes zur Erreichung des Soll-Zustandes unter Hinweisen zur Machbarkeit und Umsetzbarkeit sowie Hinweisen zum Nutzen nach der Umsetzung durch den Vorschlagenden.

3. Ein Verbesserungsvorschlag ist in folgenden Fällen nicht gegeben:

   ▪ Der Vorschlag stammt aus dem Bereich der vertraglich geschuldeten Leistungen des Vorschlagenden.

   ▪ Der Arbeitnehmer darf die Durchführung der im Verbesserungsvorschlag behandelten Maßnahmen selbst anordnen.

   ▪ Es handelt sich lediglich um einen Hinweis auf einen bestehenden Mangel oder einen Reparaturvorschlag.

   ▪ Es handelt sich um Vorschläge, die ausschließlich sozial-, personal-, gesellschafts- oder unternehmenspolitische Entscheidungen (z.B. Lieferantenauswahl, Einkaufspolitik, Grundzüge des Personalwesens) betreffen.

- Es handelt sich um bloße Vorschläge zur Nutzung oder Weiterentwicklung von bestehenden IT-Systemen.

- Es handelt sich um das Ergebnis einer Projekttätigkeit, an welcher der Mitarbeiter außerhalb seines originären arbeitsvertraglich geschuldeten Bereiches beteiligt war.

- (*Ggf. betriebsspezifische Ausschlussgründe einfügen*).

§ 3 Einreichen von Verbesserungsvorschlägen

Verbesserungsvorschläge können unter Verwendung des entsprechenden Formulars, welches in der Personalabteilung erhältlich ist, oder über das entsprechende Software-Tool (im Intranet) bei dem Referenten für das betriebliche Vorschlagswesen oder dem jeweiligen Vorgesetzten eingereicht werden. Der Eingang wird jeweils schriftlich oder per E-Mail bestätigt.

Verbesserungsvorschläge können einzeln oder von mehreren Personen gemeinsam (Gruppenvorschläge) eingereicht werden und sind im letzteren Fall als solche zu kennzeichnen. Ein Ansprechpartner für einen Gruppenvorschlag ist zu identifizieren.

(**Ggf.**: *Auf besonderen Wunsch ist eine anonymisierte Einreichung eines Verbesserungsvorschlages zulässig. Die Zuordnung zum Einreicher muss jedoch spätestens im Falle der Überprüfung der Prämienentscheidung offengelegt werden*).

Falls mehrere Verbesserungsvorschläge dem Sinn und Inhalt nach übereinstimmen, wird nur der zuerst eingereichte als Verbesserungsvorschlag behandelt. Nur im Falle seiner Ablehnung wird auf nachfolgende vergleichbare Verbesserungsvorschläge wieder eingegangen.

§ 4 Referent und Ausschuss für das betriebliche Vorschlagswesen

1. Es wird ein Referent für das betriebliche Vorschlagswesen („Referent") ernannt. Ernennung und Abberufung steht dem Arbeitgeber zu. Der Betriebsrat ist jeweils vorher zu hören. Der Referent ist für die Betreuung der eingereichten Vorschläge sowie die sich aus dieser Betriebsvereinbarung ergebenden weiteren Aufgaben zuständig.

2. Es wird ein Ausschuss für das betriebliche Vorschlagswesen („Ausschuss") eingesetzt. Er besteht aus mindestens vier stimmberechtigten Mitgliedern und dem Referenten für das betriebliche Vorschlagswesen. Der Referent hat den Vorsitz und führt das Protokoll.

3. Für jedes Mitglied muss ein Ersatzmitglied bestimmt werden. Die Mitglieder des Ausschusses und die Ersatzmitglieder werden jeweils zur Hälfte vom Arbeitgeber und vom Betriebsrat ernannt. Der Ausschuss kann paritätisch erweitert werden.

4. Der Ausschuss ist nur bei Anwesenheit von mindestens zwei stimmberechtigten Mitgliedern sowie des Referenten beschlussfähig. Kommt es im Einzelfall nicht zu einer Mehrheitsentscheidung, so erfolgt eine zweite Abstimmung in Bezug auf den jeweiligen Verbesserungsvorschlag. In dieser zweiten Abstimmung steht dem Referenten ein Stimmrecht zu.

5. Der Ausschuss prüft das Vorliegen der Voraussetzungen nach dieser Betriebsvereinbarung für einen zu prämierenden Verbesserungsvorschlag. Er setzt die Vergütung anhand der Vergütungsrichtlinien fest und teilt dem jeweiligen Vorschlagenden das Ergebnis schriftlich mit.

6. Der Ausschuss fertigt über jede Sitzung ein Protokoll. In ihm ist, getrennt nach den jeweils behandelten Verbesserungsvorschlägen, die Begründung für die Entscheidung des Ausschusses mit den jeweils tragenden Erwägungen schriftlich darzulegen. Die Protokolle sind von den Mitgliedern des Ausschusses sowie vom Referenten zu unterzeichnen und in geeigneter Form für mindestens ▉▉▉ (*z.B. fünf*) Jahre aufzubewahren.

7. Die Sitzungen des Ausschusses sind nicht öffentlich. Mit Einverständnis aller Ausschussmitglieder können jedoch Dritte hinzugezogen werden; dies gilt auch für betriebliche oder außerbetriebliche Dritte, soweit deren Anwesenheit erforderlich ist, damit der Ausschuss eine sachgerechte Entscheidung über den Verbesserungsvorschlag treffen kann.

§ 5 Annahme eines Verbesserungsvorschlages

1. Es steht dem Arbeitgeber frei, ob und in welchem Umfang ein Verbesserungsvorschlag angenommen und durchgeführt wird. Der Arbeitgeber soll den Ausschuss sowie den Einreicher alsbald von der Entscheidung in Kenntnis setzen.

2. Alle Rechte an angenommenen Verbesserungsvorschlägen gehen auf den Arbeitgeber über.

§ 6 Prämienhöhe

1. Die Prämie für einen vom Arbeitgeber angenommenen Verbesserungsvorschlag richtet sich nach dem zu erwartenden Jahresnutzen, soweit sich aus 2. nichts Abweichendes ergibt. Der Jahresnutzen berechnet sich aus den innerhalb eines Jahres erzielten Kosteneinsparungen abzüglich der anteiligen Einführungskosten nach folgender Formel, wobei Schätzungen zulässig sind:

   Jahresnutzen = jährliche Kosteneinsparungen – ¼ Einführungskosten.

   In Abhängigkeit vom Jahresnutzen ergibt sich die Prämie aus der folgenden Tabelle:

Jahresnutzen in EUR		Prämie in EUR
Von	Bis	
0	4.999	250
5.000	9.999	500
10.000	24.999	1.000
25.000	49.999	2.000
50.000	74.999	3.250
75.000	99.999	4.500
100.000	149.999	6.500
150.000	199.999	8.500
200.000	299.999	12.500
300.000	399.999	17.500
400.000	500.000	22.500
über 500.000		25.000

   Sollte der Jahresnutzen 500.000 EUR deutlich überschreiten, steht es einzig im Ermessen des Arbeitgebers, eine höhere Prämie zu zahlen. Auch in diesem Fall darf jedoch die Prämie _____ EUR (*z.B. 75.000*) nicht überschreiten. Dies ist der Maximalbetrag pro Verbesserungsvorschlag.

2. Der Ausschuss ist berechtigt, in Ausnahmefällen auch solche Verbesserungsvorschläge zu prämieren, die zwar die Kriterien dieser Betriebsvereinbarung für einen zu prämierenden Verbesserungsvorschlag nicht erfüllen, beispielsweise weil der Arbeitgeber den Vorschlag nicht angenommen hat oder kein messbarer Jahresnutzen für den Arbeitgeber entsteht, für den der Ausschuss jedoch gleichwohl der Auffassung ist, dass eine Prämierung sachgerecht ist. Für derartige Prämien stellt der Arbeitgeber pro Kalenderjahr einen einmaligen Betrag in Höhe von _____ EUR (*z.B. 5.000*) zur Verfügung. Dieser Betrag wird in der jeweils letzten Sitzung des Ausschusses im Kalenderjahr verteilt. Nicht verbrauchte Mittel verbleiben beim Arbeitgeber. Die Entscheidung des Ausschusses ist abschließend.

3. Anderweitige Prämien oder Leistungen, welche der Arbeitgeber wegen oder im Zusammenhang mit dem Verbesserungsvorschlag zahlt, werden im Zweifel auf die Prämie gemäß dieser Betriebsvereinbarung angerechnet, so dass Doppelzahlungen ausgeschlossen sind.

§ 7 Der Prüfungsausschuss

1. Ergänzend zum Ausschuss wird ein Prüfungsausschuss gebildet. Er besteht aus je zwei Mitgliedern der Arbeitgeber- und der Arbeitnehmerseite. Mitglieder des Ausschusses dürfen nicht Mitglieder des Prüfungsausschusses sein. Der Prüfungsausschuss tritt einmal jährlich gegen Jahresende zusammen.

2. Je ein Arbeitgeber- und ein Arbeitnehmervertreter wechseln sich jährlich im Vorsitz ab. Den erstmaligen Vorsitz im Jahre des Abschlusses dieser Betriebsvereinbarung hat die _____ (*Arbeitnehmerseite/Arbeitgeberseite*) inne. Der Prüfungsausschuss entscheidet mit Mehrheit seiner Stimmen. Im Falle der Stimmengleichheit gibt die Stimme des Vorsitzenden den Ausschlag.

3. Der Prüfungsausschuss überprüft die Entscheidungen des Ausschusses, sofern sich ein Arbeitnehmer, dessen Verbesserungsvorschlag vom Arbeitgeber angenommen und im Ausschuss behandelt wurde, schriftlich an den Prüfungsausschuss wendet. Entscheidungen des Ausschusses nach § 6.2 werden nicht überprüft. Es gilt eine Ausschlussfrist. Sie beginnt mit dem Zugang der Entscheidung des Ausschusses und beträgt einen Monat. Der Prüfungsausschuss überprüft die Einhaltung dieser Frist. Verspätete Einwendungen bleiben unberücksichtigt. Der Prüfungsausschuss ist zu erreichen unter der Adresse der Geschäftsführung oder des Referenten.

4. Die Entscheidung des Prüfungsausschusses ist abschließend. Der Rechtsweg gegen seine Entscheidungen wird nicht eröffnet.

§ 8 Auszahlung der Prämie

1. Die Prämie wird binnen eines Monats nach Entscheidung des Ausschusses fällig. Sie ist auf das bekannte Gehaltskonto zu überweisen.

2. Die Prämie steht ggf. den Erben zu; der Arbeitgeber hat das Recht auf Hinterlegung.

3. Die Prämie unterliegt den jeweiligen sozialversicherungsrechtlichen und steuerlichen Vorgaben zum Zeitpunkt des Zuflusses. Sämtliche Beträge in dieser Betriebsvereinbarung verstehen sich als brutto.

§ 9 Datenschutz, Ausschluss von Nachteilen

1. Alle mit der Bearbeitung von Verbesserungsvorschlägen befassten Personen sind bezüglich personenbezogener Daten und vertraulicher Informationen des Einreichenden zur Vertraulichkeit verpflichtet. Wenn und soweit dies für die Behandlung des Verbesserungsvorschlages erforderlich ist, wird vom Einreichenden eine gesonderte Einwilligung in die Offenlegung personenbezogener Daten angefordert.

2. Die Einreichung eines Verbesserungsvorschlages darf auf Seiten des Einreichenden nicht zu Nachteilen führen.

§ 10 Durchführung der Mitbestimmung

1. Die Betriebsparteien sind sich einig, dass mit Abschluss dieser Betriebsvereinbarung der Komplex „betriebliches Vorschlagswesen" sowie die in dieser Betriebsvereinbarung ergänzend geregelten Dinge, insbesondere die Einführung und Verwendung der maßgeblichen EDV-Tools zur Speicherung und Aufbereitung der Verbesserungsvorschläge, umfassend und abschließend mitbestimmt sind.

2. Der erste Referent ist _____. Die Zustimmung zu der entsprechenden Versetzung nach § 99 BetrVG wird hiermit erteilt.

§ 11 Schlussbestimmungen

1. Diese Betriebsvereinbarung tritt mit Wirkung zum _____ in Kraft. Sie ersetzt alle etwa zu dem hier geregelten Komplex bereits bestehenden Regelungsabreden oder Betriebsvereinbarungen, insbesondere folgende Regelungen: _____.

2. Diese Betriebsvereinbarung kann mit einer Frist von drei Monaten jeweils zum Ende des Kalenderjahres ordentlich gekündigt werden. Sie wirkt im Falle einer Kündigung (nicht) (*ggf. streichen*) nach.

(*Ort, Datum*)

(*Unterschriften*)

▲

8. Muster und Erläuterungen zum Urlaub

a) Einleitung

Die Aufstellung allgemeiner Urlaubsgrundsätze und des Urlaubsplans sowie die Festlegung der zeitlichen 504
Lage des Urlaubs unterliegt der betrieblichen Mitbestimmung gemäß § 87 Abs. 1 Nr. 5 BetrVG. Durch diese
Beschränkung des arbeitgeberseitigen Gestaltungsrechts sollen die Urlaubswünsche des einzelnen Arbeit-
nehmers mit den betrieblichen Belangen in Einklang gebracht werden und die Urlaubswünsche mehrerer
Arbeitnehmer koordiniert werden.[1239]

aa) Umfang des Mitbestimmungsrechtes

Das Mitbestimmungsrecht erstreckt sich auf jede Form bezahlten und unbezahlten Urlaubs. Es erfasst nicht 505
nur den gesetzlichen Mindesturlaub gemäß § 1 BUrlG, sondern auch zusätzlichen Erholungsurlaub nach
Tarif- oder Einzelarbeitsvertrag, Zusatzurlaub für Schwerbehinderte,[1240] den Bildungsurlaub nach den
Landesgesetzen zur Arbeitnehmerweiterbildung[1241] sowie Sonderurlaub.[1242] Umfasst sind auch sog. Sabbaticals.[1243] Auch die Voraussetzungen und die zeitliche Lage bezahlter und unbezahlter Freistellungen von
der Arbeit unterliegen der Mitbestimmung, sofern dadurch Urlaubswünsche anderer Arbeitnehmer beeinträchtigt werden können.[1244]

Die Mitbestimmung erstreckt sich dagegen nicht auf die Dauer des Urlaubs,[1245] die Berechnung des Urlaubsentgelts[1246] bzw. die Gewährung von zusätzlichem Urlaubsgeld. Hier gelten die gesetzlichen bzw. (ta-
rif-)vertraglichen Regelungen. Ebenso wenig unterliegt eine Regelung über den Ausgleich von Abwesenheitszeiten durch Anrechnung auf den Urlaubsanspruch der Mitbestimmung des Betriebsrats.[1247]

bb) Einzelne Gegenstände der Mitbestimmung
(1) Allgemeine Urlaubsgrundsätze

Allgemeine Urlaubsgrundsätze sind die betrieblichen Richtlinien, nach denen der Urlaub im Einzelfall ge- 506
währt oder – wie z.B. in Saison- und Kampagnenbetrieben – nicht gewährt werden darf oder soll.[1248] Hierzu
gehört vor allem die generelle Entscheidung, ob der Erholungsurlaub von den Arbeitnehmern während des
ganzen Jahres genommen werden kann oder während einer bestimmten Urlaubsperiode bzw. der zu diesem
Zweck erfolgten Schließung des Betriebs (**Betriebsferien**) genommen werden muss.[1249] Auch können für
bestimmte Gruppen von Arbeitnehmern Urlaubszeiten festgelegt werden. So ist beispielsweise für die Zeit
eines Schlussverkaufs eine Urlaubssperre wegen dringender betrieblicher Belange denkbar.[1250]

Es kann geregelt werden, ob der Erholungsurlaub unter Berücksichtigung des § 7 Abs. 2 und 3 BUrlG zusammenhängend genommen werden muss oder wie er auf das Urlaubsjahr verteilt bzw. auf das nächste Ur-

---

1239 BAG 18.6.1974, NJW 1975, 80; BAG 28.5.2002, AP BetrVG 1972 § 87 Urlaub Nr. 10.
1240 Hess. LAG 16.2.1987, BB 1987, 1461.
1241 BAG 28.5.2002, NZA 2003, 171.
1242 BAG 18.6.1974, NJW 1975, 80; BAG 17.11.1977 AP Nr. 8 zu BUrlG § 9. Für bestimmte Arbeitnehmergruppen unterliegt der unbe-
     zahlte Sonderurlaub der Mitbestimmung des Betriebsrates nur dann, soweit der Sonderurlaub in unmittelbarem Zusammenhang
     mit bezahltem Erholungsurlaub gewährt werden soll.
1243 *Fitting u.a.*, § 87 BetrVG Rn 193; DKK/*Klebe* § 87 BetrVG Rn. 141.
1244 BAG 18.6.1974, NJW 1975, 80; ErfK/*Kania*, § 87 BetrVG Rn 43; Richardi/*Richardi*, § 87 BetrVG Rn 441; *Fitting u.a.*, § 87
     BetrVG Rn 194.
1245 LAG Hamm 12.12.2011 – 10 TaBV 87/11, n.v., zit. nach juris.
1246 BAG 14.1.1992, NZA 1992, 759.
1247 Hess. LAG 30.10.1990, BB 1991, 1190.
1248 BAG 18.6.1974, NJW 1975, 80.
1249 BAG 28.7.1981, NJW 1982, 959.
1250 BAG 28.5.2002, AP Nr. 10 zu § 87 BetrVG 1972 Urlaub.

laubsjahr übertragen werden darf.[1251] Im Übrigen sind die Betriebsparteien an das Gebot der Wunschberücksichtigung in § 7 Abs. 1 BUrlG gebunden. Dazu gehört, dass Arbeitnehmer mit schulpflichtigen Kindern den Erholungsurlaub bevorzugt während der Schulferien erhalten. Auch Lebensalter, Familienstand und Berufstätigkeit des Ehegatten können berücksichtigt werden. Rechtswirksam eingeführte Betriebsferien begründen aber nach Ansicht des BAG individualrechtlich dringende betriebliche Belange, hinter denen nach § 7 Abs. 1 BUrlG die individuellen Urlaubswünsche der Arbeitnehmer zurückstehen müssen.[1252]

Ferner zählt zu den allgemeinen Urlaubsgrundsätzen auch das Verfahren zur Festlegung des Urlaubs sowie Regelungen über die gegenseitige Vertretung.

Gegenstand allgemeiner Urlaubsgrundsätze ist dagegen nicht die Anrechnung von Zeiten der Arbeitsunfähigkeit auf den Urlaubsanspruch gemäß § 4a EFZG. Denn materiell rechtlich handelt es sich hierbei um einen Verzicht des Arbeitnehmers auf den Urlaubsanspruch, der nicht der Mitbestimmung unterliegt.[1253]

(2) Urlaubsplan

507 Über die allgemeinen Urlaubsgrundsätze hinaus besteht das Mitbestimmungsrecht auch bei der Aufstellung des Urlaubsplans. Unter dem Begriff des Urlaubsplans ist die genaue Festlegung der zeitlichen Lage des Urlaubs der einzelnen Arbeitnehmer für das jeweilige Urlaubsjahr, bei Betriebsferien deren zeitliche Lage, zu verstehen.[1254]

Ist durch den in einer Betriebsvereinbarung niedergelegten Urlaubsplan die zeitliche Lage des Urlaubs der einzelnen Arbeitnehmer festgesetzt worden, so ist damit ihr Urlaubsanspruch konkretisiert, sodass die Arbeitnehmer zu dem bezeichneten Zeitpunkt den Urlaub antreten können und sich lediglich bei dem Arbeitgeber abzumelden brauchen.[1255]

508 Von dem Urlaubsplan zu unterscheiden ist die sog. **Urlaubsliste**. Diese wird üblicherweise vor Beginn des Urlaubsjahres im Betrieb ausgelegt, damit jeder Arbeitnehmer seine Wünsche hinsichtlich der zeitlichen Lage des Urlaubs eintragen kann. Die Führung einer Urlaubsliste betrifft das Verfahren der Urlaubsgewährung und ist deshalb als Urlaubsgrundsatz mitbestimmungspflichtig.

Im Gegensatz zum Urlaubsplan begründet die Urlaubsliste noch keinen Anspruch des einzelnen Arbeitnehmers, seinen Urlaub zu einem bestimmten Zeitpunkt antreten zu können. Stimmt der Arbeitgeber den in der Urlaubsliste geäußerten Wünschen der Arbeitnehmer jedoch in vollem Umfang zu, wird die Urlaubsliste zum Urlaubsplan, der vom Betriebsrat mitzubestimmen ist.

509 Da der Urlaubsplan die Urlaubswünsche der einzelnen Arbeitnehmer untereinander und das betriebliche Interesse des Arbeitgebers an der Kontinuität des Betriebsablaufs aufeinander abzustimmen versucht, handelt es sich um einen kollektiven Tatbestand, so dass auch eine Änderung des Urlaubplans der Mitbestimmung des Betriebsrats unterliegt. Dagegen ist die Verlegung des Urlaubs im Einzelfall aufgrund einer vom Urlaubsplan abweichenden Individualvereinbarung mitbestimmungsfrei, solange dadurch keine Urlaubswünsche anderer Arbeitnehmer berührt bzw. beeinträchtigt werden.[1256]

1251 In Bezug auf den Verfall von Urlaubsansprüchen zu beachten sind folgende Entscheidungen: BAG 7.8.2012 – 9 AZR 353/10, zit. nach juris (Verfall der gesetzlichen Urlaubsansprüche 15 Monate nach Ablauf des Urlaubsjahres aufgrund unionsrechtskonformer Auslegung des § 7 Abs. 3 S. 3 BurlG); EuGH 20.1.2009 – C-350/06, NZA 2009, 135 („Schultz-Hoff"); EuGH 22.11.2011 – C-214/10, NZA 2011, 1333 („Schulte"); BAG 22.5.2012 – 9 AZR 575/10, zit. nach juris.
1252 BAG 28.7.1981, NJW 1982, 959.
1253 Richardi/*Richardi*, § 87 BetrVG Rn 446.
1254 Richardi/*Richardi*, § 87 BetrVG Rn 448; GK-BetrVG/*Wiese*, § 87 Rn 460; ErfK/*Kania*, § 87 BetrVG Rn 45.
1255 Richardi/*Richardi*, § 87 BetrVG Rn 451; *Fitting u.a.*, § 87 BetrVG Rn 201.
1256 GK-BetrVG/*Wiese*, § 87 BetrVG Rn 468.

(3) Lage des Urlaubs für einzelne Arbeitnehmer

Ausnahmsweise unterliegt auch ein Individualtatbestand der Mitbestimmung des Betriebsrats: Wird zwischen Arbeitgeber und einzelnem Arbeitnehmer bezüglich der endgültigen Festlegung der zeitlichen Lage des Urlaubs kein Einverständnis erzielt, ist der Betriebsrat auch im Einzelfall zu beteiligen. Auszugehen ist dann von den Grundsätzen nach § 7 Abs. 1 BUrlG, wonach der Arbeitgeber den Urlaub zu dem vom Arbeitnehmer gewünschten Zeitraum nur verweigern kann, wenn dringende betriebliche Belange oder Urlaubswünsche anderer Arbeitnehmer, die unter sozialen Gesichtspunkten den Vorzug verdienen, entgegenstehen.[1257] Nach überwiegender Ansicht greift dieser Mitbestimmungstatbestand bei jedem Streit zwischen Arbeitgeber und Arbeitnehmer ein.[1258] Es ist somit nicht notwendig, dass mindestens zwei Arbeitnehmer betroffen sind. Kommt eine Einigung zwischen Betriebsrat und Arbeitgeber nicht zustande, entscheidet die Einigungsstelle. **510**

cc) Form der Mitbestimmung

Die Betriebsparteien sind nicht verpflichtet, allgemeine Urlaubsgrundsätze bzw. einen Urlaubsplan aufzustellen. Entscheidet sich der Arbeitgeber jedoch für eine solche Aufstellung, so hat der Betriebsrat mitzubestimmen. Mitbestimmungspflichtig ist sowohl die Aufstellung als auch spätere Änderung allgemeiner Urlaubsgrundsätze und des Urlaubsplans. **511**

Dem Betriebsrat steht insoweit ein **Initiativrecht** zu, d.h. er kann verlangen, dass allgemeine Urlaubsgrundsätze und ein Urlaubsplan aufgestellt werden. Der Betriebsrat kann allerdings nicht die Schließung des Betriebs durchsetzen, damit der Urlaub in dieser Zeit von allen Arbeitnehmern genommen wird.[1259] Die Schließung des Betriebs ist eine allein dem Arbeitgeber vorbehaltene unternehmerische Entscheidung, die der Mitbestimmung des Betriebsrats entzogen ist. **512**

Für die Aufstellung allgemeiner Urlaubsgrundsätze bzw. eines Urlaubsplans kann der **Gesamtbetriebsrat** zuständig sein, wenn die einzelnen Betriebe eines Unternehmens arbeitsmäßig derart eng miteinander verzahnt sind, dass eine einheitliche Regelung erforderlich ist. Ebenso ist denkbar, dass nur für die Aufstellung der Urlaubsgrundsätze eine unternehmenseinheitliche Regelung erforderlich ist, während die Aufstellung des Urlaubsplans den einzelnen Betrieben überlassen bleiben muss. **513**

dd) Rechtsfolgen einer Nichtbeteiligung des Betriebsrats

Hat der Arbeitgeber einseitig allgemeine Urlaubsgrundsätze oder einen Urlaubsplan aufgestellt, so ist diese Maßnahme unwirksam. In diesem Fall hat die Festsetzung des Urlaubs für die einzelnen Arbeitnehmer mitbestimmungsfrei einseitig durch den Arbeitgeber unter Berücksichtigung des § 7 BUrlG zu erfolgen, solange über die Festsetzung der zeitlichen Lage des Urlaubs zwischen den Arbeitsvertragsparteien Einverständnis erzielt wird. Somit ist die Aufstellung allgemeiner Urlaubsgrundsätze und des Urlaubsplans keine Wirksamkeitsvoraussetzung für die Erteilung des Urlaubs.[1260] **514**

Hat dagegen ein Arbeitnehmer der einseitigen Urlaubsfestsetzung durch den Arbeitgeber widersprochen und besteht Streit zwischen den Arbeitsvertragsparteien über die zeitliche Lage des Urlaubs, so ist die einseitige Maßnahme des Arbeitgebers nach h.M. unwirksam.[1261] Hier ist die Zustimmung des Betriebsrats Wirksamkeitsvoraussetzung. Solange also der Betriebsrat der Urlaubsfestsetzung nicht zugestimmt hat, gerät der Arbeitgeber in Annahmeverzug, wenn er für die von ihm vorgesehen Urlaubszeit die Beschäftigung des Arbeitnehmers ablehnt. **515**

1257 BAG 18.12.1986, NZA 1987, 379; BAG 20.6.2000, BB 2000, 2313.

1258 *Fitting u.a.*, § 87 BetrVG Rn 206; Richardi/*Richardi*, § 87 BetrVG Rn 467; DKK/*Klebe*, § 87 BetrVG Rn 149; a.A. GK-BetrVG/*Wiese*, § 87 Rn 474.

1259 Richardi/*Richardi*, § 87 BetrVG Rn 454; GK-BetrVG/*Wiese*, § 87 Rn 457, 463; *Fitting u.a.*, § 87 BetrVG Rn 212.

1260 Richardi/*Richardi*, § 87 BetrVG Rn 463; GK-BetrVG/*Wiese*, § 87 Rn 479.

1261 GK-BetrVG/*Wiese*, § 87 Rn 480; Richardi/*Richardi*, § 87 BetrVG Rn 119.

ee) Gesetzliche oder tarifliche Regelungen

516 Das Mitbestimmungsrecht entfällt, soweit mitbestimmungspflichtige Fragen bereits in einem Gesetz oder Tarifvertrag abschließend geregelt sind. Freiwillige Betriebsvereinbarungen sind nur möglich, wenn eine Tarifregelung nicht besteht und auch nicht üblich ist oder der Tarifvertrag auf diesem Gebiet eine Öffnungsklausel vorsieht.[1262]

b) Allgemeine Betriebsvereinbarung zum Urlaub und zu Urlaubsgrundsätzen

▼

517 Muster 2.48: Allgemeine Betriebsvereinbarung zum Urlaub

Allgemeine Betriebsvereinbarung zum Urlaub und zu Urlaubsgrundsätzen

Zwischen

der Firma ▨▨▨

und

dem Betriebsrat der Firma ▨▨▨

wird folgende Betriebsvereinbarung geschlossen:

§ 1 Geltungsbereich

Diese Betriebsvereinbarung gilt für alle Arbeitnehmer und Arbeitnehmerinnen (nachfolgend einheitlich „Arbeitnehmer") des Betriebs der ▨▨▨ (*Firma*). Sie gilt nicht für leitende Angestellte im Sinne des § 5 Abs. 3 BetrVG.

§ 2 Begriffsbestimmung

(1) Urlaub im Sinne dieser Betriebsvereinbarung ist der dem Arbeitnehmer zustehende Erholungsurlaub einschließlich des Zusatzurlaubs für schwerbehinderte Arbeitnehmer gemäß § 125 SGB IX.

(2) Urlaub im Sinne dieser Betriebsvereinbarung ist nicht eine allgemeine Freistellung von der Arbeit.

§ 3 Beantragung des Urlaubs

(1) Für zusammenhängende Urlaubszeiten von mehr als ▨▨▨ Arbeitstagen werden für das jeweilige Urlaubsjahr ab Anfang November des Vorjahres in den jeweiligen Abteilungen Urlaubslisten ausgehängt.

(2) Die Arbeitnehmer stellen ihren Urlaubsantrag durch Eintragung ihrer Urlaubswünsche in die Urlaubslisten. Für das 1. Quartal des Urlaubsjahres erfolgt der Eintrag bis zum 15.11. des Vorjahres, sonst bis zum 15.02. des Urlaubsjahres.

(3) Verspätet abgegebene Urlaubsanträge finden bei der Gewährung des Urlaubs nur dann Berücksichtigung, wenn dem Antrag nicht andere, rechtzeitig eingegangene Urlaubsanträge entgegenstehen.

(4) Das Urlaubsjahr ist das Kalenderjahr.

§ 4 Urlaubsgewährung

(1) Der Urlaub wird grundsätzlich entsprechend den betrieblichen Bedürfnissen erteilt. Dabei sind die Urlaubswünsche der einzelnen Arbeitnehmer zu berücksichtigen, es sei denn, dass ihrer Berücksichtigung dringende betriebliche Belange oder Urlaubswünsche anderer Arbeitnehmer, die unter sozialen Gesichtspunkten den Vorrang verdienen, entgegenstehen.

(2) Der Urlaub soll nicht in den Zeiträumen von ▨▨▨ bis ▨▨▨ des Urlaubsjahres genommen werden.

(3) Der Urlaub muss grundsätzlich im laufenden Kalenderjahr gewährt und angetreten werden, es sei denn, dass dringende betriebliche oder in der Person des Arbeitnehmers liegende Gründe entgegenstehen.

1262 BAG 25.4.1989, NZA 1989, 976.

(4) Arbeitnehmer mit schulpflichtigen Kindern haben während der Schulferien Vorrang. Soweit nicht allen Arbeitnehmern mit schulpflichtigen Kindern Urlaub gewährt werden kann, kann Teilurlaub gewährt werden, so dass allen vorrangig Berechtigten einen Anteil des Urlaubs während der Schulferien gewährt wird. Soweit Arbeitnehmer mit schulpflichtigen Kindern in einem Jahr aus betrieblichen Gründen keinen Urlaub während der Schulferien nehmen konnten, haben sie im darauf folgenden Jahr Vorrang.

(5) Arbeitnehmer mit berufstätigen Ehepartnern ist der Urlaub nach Möglichkeit so zu gewähren, dass sie gemeinsam mit dem Ehepartner in Urlaub gehen können.

(6) Arbeitnehmer, die aus gesundheitlichen Gründen ihren Urlaub während einer bestimmten Jahreszeit nehmen wollen, wird im Rahmen der betrieblichen Möglichkeiten der Urlaub in der gewünschten Jahreszeit gewährt. Gleiches gilt für Urlaubswünsche im Anschluss an eine Maßnahme der medizinischen Vorsorge oder der Rehabilitation.

§ 5 Nachträgliche Änderung

(1) Ein genehmigter Urlaub kann von der Geschäftsleitung nur aus dringenden betrieblichen Gründen widerrufen werden. Dies gilt sowohl für die Verschiebung, den Abbruch als auch die Unterbrechung des genehmigten Urlaubs.

(2) Die   (*Firma*) trägt alle Kosten, die den Arbeitnehmern durch den Widerruf des zuvor genehmigten Urlaubs gemäß Abs. 1 erwachsen.

(3) Genehmigte Urlaubsanträge können auf Antrag des Arbeitnehmers nachträglich geändert werden. Es gelten die Grundsätze von verspätet eingegangenen Urlaubsanträgen gem. § 3 Abs. 3.

§ 6 Erkrankung während des Urlaubs

Im Falle der Erkrankung während des Urlaubs ist, sofern die Erkrankung nicht nachweisbar fortbesteht, die Arbeit zu dem vor dem Urlaub festgelegten Zeitpunkt wieder aufzunehmen. Eine Verlängerung des Urlaubs um die Tage der nachgewiesenen Arbeitsunfähigkeit ist nur mit ausdrücklicher Zustimmung der Geschäftsleitung möglich.

§ 7 Kein Schadensersatz

Die Buchung von Reiseleistungen durch Arbeitnehmer, denen zuvor kein Urlaub genehmigt wurde, erfolgt auf eigenes Risiko. Die Nichtgewährung von Urlaub begründet in diesen Fällen keine Schadensersatzansprüche gegenüber   (*Firma*).

§ 8 Streitigkeiten

Bei Streitigkeiten über die Gewährung des Urlaubs verhandeln Geschäftsleitung und Betriebsrat gemäß den Bestimmungen des Betriebsverfassungsgesetzes mit dem ernsthaften Willen zur Einigung. Die Vorschriften über ein mögliches Einigungsstellenverfahren werden durch diese Betriebsvereinbarung nicht berührt.

§ 9 Inkrafttreten/Kündigung

Diese Betriebsvereinbarung tritt mit Unterzeichnung in Kraft und kann mit einer Kündigungsfrist von drei Monaten zum Ende eines Kalendermonats gekündigt werden, erstmalig jedoch mit Wirkung zum   (*Datum*). Im Falle einer Kündigung entfaltet diese Betriebsvereinbarung Nachwirkung, bis eine neue Betriebsvereinbarung die vorstehende Vereinbarung ersetzt.

(*Ort, Datum*)

(*Unterschriften*)

V.   Mitbestimmung in personellen Angelegenheiten

1.   Allgemeines

518   Die Mitbestimmungsrechte des BR bei personellen Einzelmaßnahmen nach den §§ 99–105 BetrVG sind von ganz unterschiedlicher Intensität. Während die personellen Einzelmaßnahmen Einstellung, Eingruppierung, Umgruppierung und Versetzung nach § 99 BetrVG der **Zustimmung des BR** bedürfen und gegebenenfalls ein gerichtliches Zustimmungsersetzungsverfahren durchzuführen ist, bevor die personelle Einzelmaßnahme auch nur vorläufig nach § 100 BetrVG umgesetzt werden darf, besteht bei ordentlichen und außerordentlichen Kündigungen nach § 102 BetrVG grundsätzlich lediglich ein **Anhörungserfordernis**. Außerordentliche Kündigungen von Mandatsträgern (etwa den Mitgliedern des BR, des Wahlvorstandes sowie Mitgliedern der Jugend- und Auszubildendenvertretung oder auch Wahlbewerbern) bedürfen indes ebenfalls der Zustimmung des BR. Versetzungen des vorgenannten Personenkreises, die zum Verlust des Amtes oder der Wählbarkeit führen (Versetzungen in einen anderen Betrieb) bedürfen der Zustimmung des BR, wenn der Betroffene nicht einverstanden ist. Schließlich hat der BR gemäß § 104 BetrVG ein **Initiativrecht** und kann vom Arbeitgeber die Entfernung betriebsstörender Arbeitnehmer durch Entlassung oder Versetzung verlangen; in der Praxis wird hiervon aber selten Gebrauch gemacht. Dabei bedeutet „Entlassung" die Entfernung aus dem Betrieb, weil bereits auf diese Weise die Störungsquelle beseitigt wird.[1263]

519   Da das BetrVG auf **leitende Angestellte** (vgl. § 5 Abs. 3 S. 1 BetrVG) keine Anwendung findet, bestehen insoweit auch keine Mitbestimmungsrechte des BR. Ausnahme von diesem Grundsatz ist § 105 BetrVG, der den Arbeitgeber verpflichtet, dem BR eine beabsichtigte **Einstellung oder personelle Veränderung** eines leitenden Angestellten im Sinne von § 5 Abs. 3 BetrVG rechtzeitig **mitzuteilen**. Beteiligungsrechte eines etwa gebildeten **Sprecherausschusses der leitenden Angestellten** bei Einstellung, personeller Veränderung oder Kündigung bleiben hiervon unberührt, § 31 Abs. 1, 2 SprAuG.

520   Die Mitbestimmungsrechte des BR bei personellen Einzelmaßnahmen dienen sowohl dem **kollektiven Interesse** der Belegschaft als auch den **Individualinteressen** der betroffenen Arbeitnehmer. Dass diese Interessen nicht gleichlaufen müssen, sondern durchaus auch widerstreiten können, zeigt insbesondere das Recht des BR, die Entfernung eines betriebsstörenden Arbeitnehmers zu verlangen (§ 104 BetrVG). In solchen Fällen muss der BR kollektive und individuelle Interessen gegeneinander abwägen.

521   Die Mitbestimmung nach § 99 BetrVG bei Einstellung, Eingruppierung, Umgruppierung und Versetzung einerseits und bei Kündigungen gemäß §§ 102 f. BetrVG andererseits knüpft auch an unterschiedliche Voraussetzungen im Hinblick auf die Betriebs- bzw. Unternehmensgröße an: Während die Anwendbarkeit des Zustimmungserfordernisses nach § 99 BetrVG davon abhängig ist, dass im Betrieb oder Unternehmen in der Regel mehr als 20 wahlberechtigte Arbeitnehmer beschäftigt werden, besteht das Mitbestimmungsrecht bei Kündigungen in jedem Betrieb, in dem ein BR gebildet wurde, d.h. bereits in Betrieben mit in der Regel mindestens fünf ständigen wahlberechtigten Arbeitnehmern, von denen drei wählbar sind, § 1 Abs. 1 S. 1 BetrVG.

522   **In Tendenzbetrieben** ist das Mitbestimmungsrecht des BR bei personellen Einzelmaßnahmen nach § 99 BetrVG beschränkt (§ 118 Abs. 1 S. 1 BetrVG): So steht dem BR etwa bei der Einstellung von Redakteuren in Tendenzbetrieben kein Zustimmungsverweigerungsrecht zu, der Arbeitgeber hat aber vollumfängliche Informationspflichten.[1264]

1263 MünchArbR/*Matthes*, § 267 Rn 6.
1264 BAG 1.9.1987 NZA 1988, 97.

2. Muster und Erläuterungen

a) Anhörung des Betriebsrats zu einer geplanten Einstellung und Eingruppierung

Literatur: *Bayreuther*, Das Verhältnis von §§ 99 und 87 I Nr. 2 BetrVG bei der Einstellung von Arbeitnehmern, NZA 2016, 921; *Forst*, Bewerberauswahl über soziale Netzwerke im Internet, NZA 2010, 427; *Hexel/Lüders*, Mitbestimmung bei personellen Einzelmaßnahmen – BAG weist die Betriebsparteien in ihre Schranken bei Vertragsstrafenvereinbarungen, NZA 2010, 613; *Hunold*, Änderung, insbesondere Erhöhung der Arbeitszeit als Einstellung, NZA 2005, 910; *Kleinebrink*, Bedeutung und Technik der Eingruppierung, BB 2013, 2357; *Richardi*, Die Mitbestimmung bei Einstellungen als Generalklausel einer Beteiligung an Änderungen des Arbeitsvertrags, NZA 2009, 1.

aa) Rechtliche Grundlagen

Der Betriebsrat ist in Unternehmen mit in der Regel mehr als 20 wahlberechtigten Arbeitnehmern vor jeder **Einstellung** anzuhören. Bei der Einstellung leitender Angestellter muss der Betriebsrat aber nur informiert werden, § 105 BetrVG. Unter Einstellung wird nicht der Abschluss des Arbeitsvertrags, sondern die tatsächliche Eingliederung in den Betrieb verstanden.[1265] Das betrifft zunächst die Eingliederung der Arbeitnehmer, mit denen der Arbeitgeber einen Arbeitsvertrag geschlossen hat, gleich ob als Vollzeit, Teilzeit-, Aushilfs- oder Abrufkraft. Auch die Beschäftigung von ABM-Kräften, Ein-Euro-Jobbern und Zivildienstleistenden, sofern diese nicht hoheitlich zugewiesen sind, fällt unter § 99 BetrVG.[1266]   **523**

Wird ein **befristetes Arbeitsverhältnis in ein unbefristetes Arbeitsverhältnis** umgewandelt, muss zweimal angehört werden: vor der befristeten und dann vor der unbefristeten Einstellung.[1267] Davon ausgenommen sind nur **Probezeitbefristungen**, sofern dem Betriebsrat mitgeteilt worden ist, dass der Arbeitnehmer bei Bewährung übernommen werden soll.[1268] Die bloße Vorschaltung einer Probezeit spielt von vornherein keine Rolle; hier ist der Betriebsrat bei der Einstellung zu beteiligen, aber nicht ein zweites Mal vor Ablauf der Probezeit. Wird die Arbeitszeit für mehr als einen Monat um mindestens 10 Stunden erhöht, so wird dies als eine neue mitbestimmungspflichtige Einstellung gewertet.[1269] Die Verringerung der Arbeitszeit stellt allerdings keine Neueinstellung dar.[1270] Eine Einstellung ist auch die Eingliederung von **Leiharbeitnehmern**, vgl. § 14 Abs. 3 AÜG (siehe auch Rdn 568). Auch die Übernahme eines Auszubildenden ist nach h.M. eine Einstellung i.S. § 99 BetrVG.[1271]   **524**

Keine Einstellung stellt die Tätigkeit eines **freien Mitarbeiters** oder **fremder Arbeitnehmer** auf Basis eines **Werk- oder Dienstvertrags** mit dessen Arbeitgeber dar.[1272] Bei dem Einsatz eines Unternehmens im Betrieb des Arbeitgebers auf Basis eines Werk- oder Dienstvertrags ist das allerdings stark umstritten. Gesichert scheint nur, dass dann, wenn der Arbeitgeber trotz des Werk- oder Dienstvertrags (zumindest teilweise) die Personalhoheit über die fremden Mitarbeiter hat, § 99 BetrVG einschlägig ist.[1273] In einem solchen Fall wird es sich aber in der Regel um einen Scheinwerk- oder Scheindienstvertrag handeln. Ist das nicht der Fall, so sind die fremden Arbeitnehmer nicht eingegliedert, mag es auch zu einer organisatorischen   **525**

1265 BAG 28.4.1992 – 1 ABR 73/91, AP Nr. 98 zu § 99 BetrVG 1972; *Besgen*, Betriebsverfassungsrecht, § 21 Rn 12; kritisch *Fitting u.a.*, § 99 Rn 31 f.

1266 Gross u.a./*Woitaschek*, § 99 BetrVG Rn 8; *Fitting u.a.*, § 99 Rn 54.

1267 BAG 28.10.1986 – 1 ABR 16/85, AP Nr. 32 zu § 118 BetrVG 1972; BAG 27.10.2010 – 7 ABR 86/09, NZA 2011, 418; HWK/*Ricken*, § 99 BetrVG Rn 20; a.M. etwa Richardi/*Thüsing*, § 99 Rn 39 ff.

1268 BAG 7.8.1990 – 1 ABR 68/89, AP Nr. 82 zu § 99 BetrVG.

1269 BAG 9.12.2008 – 1 ABR 74/07, DB 2009, 743; BAG 25.1.2005 – 1 ABR 59/03, NZA 2005, 945; Hess. LAG 13.12.2005 – 4 TaBV 120/03, AuR 2006, 214; LAG Schleswig-Holstein 18.7.2007 – 6 TaBV 31/06, n.v.; *Richardi*, NZA 2009, 1, 4 f.; krit. *Hunold*, NZA 2005, 910.

1270 BAG 25.1.2005 – 1 ABR 59/03, NZA 2005, 945.

1271 GK-BetrVG/*Raab*, § 99 Rn 35 m.w.N.

1272 BAG 30.8.1994 – 1 ABR 3/94, NZA 1995, 649; *Besgen*, Betriebsverfassungsrecht, § 21 Rn 26 ff.; Gross u.a./*Woitaschek*, § 99 BetrVG Rn 9.

1273 BAG 5.3.1991 – 1 ABR 39/90, NZA 1991, 686; BAG, 13.12.2005 – 1 ABR 51/04, NZA 2006, 1369; BAG 13.5.2014 – 1 ABR 50/12 – NZA 2014, 1149; LAG Hannover 28.8.2014 – 1 BV 4/13 – juris.

Zusammenarbeit mit den Arbeitnehmern des Betriebs kommen.[1274] Auch reine werks- oder dienstbezogene Weisungen schaden nicht, wie sich schon aus § 645 Abs. 1 S. 1 BGB ergibt. Bei einem echten Werk- oder Dienstvertrag hat der Betriebsrat also kein Mitbestimmungsrecht nach § 99 BetrVG. Für die Zukunft soll der Betriebsrat in solchen Fällen aber verstärkte Informationsrechte erhalten; dies sieht der „Entwurf eines Gesetzes zur Änderung des Arbeitnehmerüberlassungsgesetzes und anderer Gesetze" vor.[1275]

526 Gehen Arbeitsverhältnisse aufgrund eines **Betriebs- oder Teilbetriebsübergangs** über, so ist dies keine Einstellung bei dem aufnehmenden Unternehmen.[1276] Schließlich ist die Rückkehr eines Mitarbeiters aus einer Freistellung oder nach gewonnenem Kündigungsschutzprozess keine Einstellung im Sinne des § 99 BetrVG.[1277]

527 § 99 BetrVG schreibt für die Anhörung des Betriebsrats keine **Form** vor. Aus Dokumentationsgründen ist es aber unerlässlich, den Betriebsrat schriftlich anzuhören. Mangels Formvorschriften kann das auch durch E-Mail passieren. § 99 BetrVG sieht auch keine **Frist** vor, die Anhörung muss lediglich vor der Einstellung, also vor tatsächlicher Eingliederung erfolgen. Wegen der Zustimmungsfrist des Betriebsrats von sieben Tagen sollte die Anhörung spätestens sieben Tage vor Einstellung erfolgen. Für eine vorzeitige Einstellung kommt sonst nur eine Maßnahme nach § 100 BetrVG in Betracht.

528 Wenn Einstellung die Eingliederung in das Arbeitsverhältnis ist, kann es eigentlich auf den Arbeitsvertrag nicht ankommen. Dennoch vertritt die h.M., dass die Anhörung vor Abschluss des Arbeitsvertrags erfolgen muss.[1278] Das ist nicht leicht nachzuvollziehen. Denn das bedeutet, dass dann, wenn der Betriebsrat die Zustimmung verweigert, vor Abschluss des Zustimmungsersetzungsverfahrens kein Vertrag geschlossen werden darf, es sei denn, es geht um eine Eilmaßnahme nach § 100 BetrVG. Wenn dies tatsächlich so gehandhabt werden muss, sind die guten Bewerber längst weg, bevor rechtskräftig über das Zustimmungsersetzungsverfahren entschieden wird. Wird ein Arbeitsvertrag vor Anhörung des Betriebsrats geschlossen, ist es auf alle Fälle empfehlenswert, in den Arbeitsvertrag Regelungen für den Fall aufzunehmen, dass die Zustimmung nicht vom Betriebsrat erteilt und nicht vom Arbeitsgericht ersetzt wird. Sonst ist der Arbeitgeber vertraglich gebunden und zur Zahlung der Vergütung verpflichtet, kann den Betreffenden aber womöglich nicht beschäftigen. Allerdings ist in diesen Fällen auch immer eine Maßnahme nach § 100 BetrVG in Betracht zu ziehen.

529 Sofern in dem Betrieb eine Vergütungsordnung besteht, muss der Arbeitgeber auch zur geplanten Eingruppierung Angaben machen.[1279] Dies gilt auch bei Bestehen einer außertariflichen Vergütungsordnung.[1280] Es handelt sich um ein Mitbeurteilungsrecht des Betriebsrats in dem konkreten Fall; die abstrakte Bewertung eines Arbeitsplatzes oder einer Tätigkeit ist dagegen keine Eingruppierung und spielt bei der Mitbestimmung des § 99 BetrVG keine Rolle.[1281] Über individuelle Absprachen zur Gehaltshöhe braucht der Arbeitgeber nicht zu informieren.[1282]

530 Der Arbeitgeber muss den Betriebsrat insoweit informieren, dass dieser sich ein Bild über den ausgewählten Bewerber, seine fachliche und persönliche Eignung für die offene Stelle und über das Vorliegen von Zustimmungsverweigerungsrechten machen kann.[1283] Dazu gehören auch, sofern dem Arbeitgeber bekannt,

---

1274 So auch Richardi/*Thüsing*, § 99 Rn 60 f.;ErfK/*Kania*, § 99 BetrVG Rn 9; NK-GA/*Preuss*, § 99 Rn 63; a.M. etwa *Fitting u.a.*, § 99 Rn 65 ff.
1275 BT-Drs 18/9232; dazu: *Olbertz/Groth*, GWR 2016, 371.
1276 BAG 7.11.1975 – 1 ABR 78/74, DB 1976, 152; LAG Düsseldorf 23.1.2003 – 11 TaBV 73/02, AiB 2003, 435; NK-GA/*Preuss*, § 99 BetrVG Rn 53.
1277 Vgl. GK-BetrVG/*Raab*, § 99 Rn 45.
1278 *Fitting u.a.*, § 99 BetrVG Rn 30 ff.; GK-BetrVG/*Raab*, § 99 Rn 28 ff., beide mit weiteren Nachweisen.
1279 Zum Vorliegen einer Vergütungsordnung vgl. BAG 17.11.2010 – 7 ABR 123/09, DB 2011, 1000; *Kleinebrink*, BB 2013, 2357.
1280 BAG 12.12.2006 – 1 ABR 13/06, NZA 2007, 348; *Hunold*, NZA-RR 2010, 505, 509.
1281 BAG 17.11.2010 – 7 ABR 123/09, DB 2011, 1000.
1282 GK-BetrVG/*Raab*, § 99 Rn 123 mit weiteren Nachweisen.
1283 *Jäger u.a./Lunk*, § 24 Rn 67.

Angaben über Schwerbehinderteneigenschaft und Schwangerschaft. Der Arbeitgeber hat die vollständigen Bewerbungsunterlagen des ausgewählten Bewerbers vorzulegen, allerdings nur soweit sie ihm selbst vorliegen. Dazu gehört indes nicht der beabsichtigte (oder bereits abgeschlossene) Arbeitsvertrag.[1284] Auch konkrete Einzelabsprachen muss der Arbeitgeber dem Betriebsrat nicht mitteilen.[1285] Beruht die Entscheidung für den Bewerber maßgeblich auf den Angaben im Vorstellungsgespräch, so muss der Arbeitgeber darüber unterrichten.[1286] Der Arbeitgeber hat den Betriebsrat auch über diejenigen zu informieren, die sich beworben haben, die er aber nicht berücksichtigt hat.[1287] Auch deren Bewerbungsunterlagen müssen, soweit vorhanden, vorgelegt werden. Hat der Arbeitgeber Internetauskünfte über den oder die Bewerber eingeholt, soll der Betriebsrat über die Ergebnisse unterrichtet werden müssen.[1288]

Bei Einschaltung eines externen Personalberatungsunternehmens beschränkt sich die Unterrichtungspflicht auf die Personen und Bewerbungsunterlagen, die der Arbeitgeber vom Personalberatungsunternehmen erhalten hat.[1289] Anders ist es nur, wenn das Personalberatungsunternehmen für den Arbeitgeber einen geeigneten Bewerber über Stellenanzeigen sucht; in dem Fall ist der Arbeitgeber verpflichtet, vom Personalberatungsunternehmen die Unterlagen aller Bewerber herauszuverlangen, um sie der Unterrichtung nach § 99 BetrVG beizufügen.[1290] Erfolgt die Stellenauswahl über ein konzerninternes Recruitment-Center, so muss über alle Personen und deren Unterlagen unterrichtet werden, die sich dort auf die konkrete Stelle beworben haben.[1291] **531**

Warum der Arbeitgeber den ausgewählten Bewerber den übrigen Bewerbern vorgezogen hat, braucht in der Anhörung nicht angegeben werden. Die Auswahlentscheidung ist allein Sache des Arbeitgebers.[1292] Dennoch verlangt die Rechtsprechung häufig, dass bei mehreren Bewerbern die Auswahlentscheidung begründet werden muss. Ggf. bedürfe es einer vergleichenden Darstellung, warum der ausgewählte Bewerber besser war als die anderen.[1293] Das erscheint übertrieben, weil es keinen Bezug zu den Zustimmungsverweigerungsgründen hat. Unabhängig von der rechtlichen Seite können solche Angaben über die bessere Eignung des ausgewählten Bewerbers sinnvoll sein, um den Betriebsrat zu überzeugen und dessen Zustimmung zu erhalten. Hat sich auf eine offene Stelle auch ein beim Arbeitgeber bislang befristet beschäftigter Arbeitnehmer beworben und kommt dieser nicht in Betracht, muss der Arbeitgeber etwas zur besseren Eignung des ausgewählten Bewerbers sagen. Das ergibt sich aus § 99 Abs. 2 Nr. 3 Hs. 2 BetrVG. Bestehen im Betrieb Auswahlrichtlinien i.S.d. § 95 BetrVG, bedarf es in der Anhörung Angaben dazu, dass diese Richtlinien im konkreten Fall eingehalten wurden. **532**

Die Unterlagen müssen beigefügt sein, der Betriebsrat hat also nicht ein bloßes Einsichtsrecht.[1294] Der Arbeitgeber hat auch standardisierte Interview- und Prüfungsergebnisse und standardisierte Gesprächspro- **533**

1284 BAG 18.10.1988 – 1 ABR 33/87, DB 1989, 530; GK-BetrVG/*Raab*, § 99 Rn 123.

1285 BAG 27.10.2010 – 7 ABR 36/09, DB 2011, 713; GK-BetrVG/*Raab*, § 99 Rn 123.

1286 BAG 28.6.2005 – 1 ABR 26/04, NZA 2006, 112; vgl. auch LAG Hamburg 1.8.2003 – 10 TaBV 2/03, NZA-RR 2003, 84; DKKW/*Bachner*, § 99 BetrVG Rn 146.

1287 BAG 18.7.1978 – 1 ABR 8/75, AP Nr. 7 zu § 99 BetrVG 1972; Jäger u.a./*Lunk*, § 24 Rn 69; Gross u.a./*Woitaschek*, § 99 BetrVG Rn 17; a.M. GK-BetrVG/*Raab*, § 99 Rn 127.

1288 *Forst*, NZA 2010, 427, 432; Fitting u.a., § 99 Rn 175.

1289 BAG 18.12.1990 – 1 ABR 15/90, NZA 1991, 482; *Fitting u.a.*, § 99 Rn 169.

1290 BAG 21.10.2014 – 1 ABR 10/13, NZA 2015, 311; NK-GA/*Preuss*, § 99 BetrVG Rn 127; differenzierend GK-BetrVG/*Raab*, § 99 Rn 125: Entscheidet das Personalberatungsunternehmen, welche Kandidaten , die sich auf die Stellenanzeige beworben haben, er dem Arbeitgeber vorschlägt, so muss dieser auch nur die Unterlagen der ausgewählten Kandidaten vorlegen.

1291 BAG 21.10.2014 – 1 ABR 10/13, NZA 2015, 311; *Fitting u.a.*, § 99 Rn 169.

1292 BAG 14.4.2015 – 1 ABR 58/13, NZA 2015, 1081; BAG 28.6.2005 – 1 ABR 26/04, NZA 2006, 111; *Fitting u.a.*, § 99 Rn 169; GK-BetrVG/*Raab*, § 99 Rn 127.

1293 BAG 28.6.2005 – 1 ABR 26/04, NZA 2006, 111; LAG Schleswig-Holstein 29.11.2012 – 5 TaBV 8/12, BeckRS 2013, 67297; LAG Hamm 22.1.2010 – 13 TaBV 60/09, BeckRS 2010, 67645.

1294 BAG 3.12.1985 – 1 ABR 72/83, EzA § 99 BetrVG 1972 Nr. 46; *Fitting u.a.*, § 99 BetrVG Rn 181; a.M. etwa GK-BetrVG/*Raab*, § 99 Rn 134.

tokolle vorzulegen.[1295] Dazu gehören nicht formlose unstrukturierte Gesprächsnotizen, die für die Auswahlentscheidung keine Rolle spielen.[1296]

534   Die Mitglieder des Betriebsrats sind hinsichtlich der Angaben, die ihnen der Arbeitgeber im Rahmen des § 99 BetrVG erteilt, zur Verschwiegenheit verpflichtet, § 99 Abs. 1 S. 3 BetrVG. Es schadet nicht, in der Anhörung vorsorglich darauf hinzuweisen.

535   Verweigert der Betriebsrat seine Zustimmung zur geplanten Einstellung, so darf diese erst einmal nicht erfolgen. Der Arbeitgeber muss zuvor die Zustimmung gerichtlich ersetzen lassen (vgl. § 3 Rdn 332 ff.) oder eine vorläufige Einstellung nach § 100 BetrVG vornehmen (vgl. Rdn 569). Hält sich der Arbeitgeber nicht daran, so kann der Betriebsrat nach § 101 BetrVG vorgehen (vgl. § 3 Rdn 349 ff.). Dagegen können die Betriebsparteien nicht vereinbaren, dass der Arbeitgeber eine Vertragsstrafe bezahlen muss, wenn er das Verfahren der §§ 99, 100 BetrVG nicht beachtet[1297] (zu sonstigen Vereinbarungen über das Verfahren nach §§ 99, 100 BetrVG vgl. § 3 Rdn 331 ff.). Fraglich ist, ob der Betriebsrat bei der ersten Eingliederung eines neuen Mitarbeiters in den Schichtplan ein Mitbestimmungsrecht nach § 87 Abs. 1 Nr. 2 BetrVG hat oder ob es sich insofern um eine Einzelmaßnahme handelt, bei der §§ 99, 100 BetrVG abschließend sind.[1298]

49   **bb) Muster**
▼

536   **Muster 2.49: Unterrichtung und Einholung der Zustimmung des Betriebsrats zu einer geplanten Einstellung und Eingruppierung**

An: Betriebsrat

Zu Händen des Betriebsratsvorsitzenden

– im Hause –

Von: Personalabteilung

Datum:

Betr.: Unterrichtung über die beabsichtigte Einstellung und Eingruppierung einer neuen Mitarbeiterin/eines neuen Mitarbeiters gemäß § 99 Abs. 1 BetrVG

Einholung der Zustimmung des Betriebsrats

Sehr geehrtes Gremium, sehr geehrter Herr Betriebsratsvorsitzender,

es ist beabsichtigt, folgende **Einstellung und Eingruppierung** vorzunehmen:

Name:

Geburtsdatum:

Familienstand:

Beabsichtigtes Einstellungsdatum:

Abteilung:

Position:

Vorgesetze Position:

1295 BAG 14.12.2004 – 1 ABR 55/03, NZA 2005, 827; BAG 28.6.2005 – 1 ABR 26/04, NZA 2006, 111.
1296 BAG 17.6.2008 – 1 ABR 20/07, NZA 2008, 1139; BAG 14.4.2015 – 1 ABR 58/13, NZA 2015, 1081.
1297 BAG 23.6.2009 – 1 ABR 23/08, NZA 2009, 1430; *Hexel/Lüders*, NZA 2010, 613.
1298 Siehe einerseits LAG Baden-Württenberg 5.11.2015 – 6 TaBV 4/15, NZA-RR 2016, 264 (§ 87 Abs. 1 Nr. 2 BetrVG ist einschlägig), andererseits GK-BetrVG/*Wiese*, § 87 Rn 289; *Bayreuther*, NZA 2016, 921 (§ 87 Abs. 1 Nr. 2 BetrVG ist nicht einschlägig).

Eingruppierung: Tarifgruppe ▓▓▓ des derzeit anwendbaren Vergütungstarifvertrags vom ▓▓▓ (*Datum*)

Arbeitszeit: ▓▓▓ Stunden/Woche

Arbeitsverhältnis: befristet bis ▓▓▓/unbefristet[1299]

Zu den Aufgaben der/des Frau/Herrn ▓▓▓ werden insbesondere Folgende gehören: ▓▓▓ (*kurze Darstellung, Stichworte, Aufzählung*)

Im Übrigen wird auf die als **Anlage** beigefügte Tätigkeitsbeschreibung verwiesen.

Alternativ bei Befristungen zur Probe: *Sofern sich Frau/Herr ▓▓▓ (Name) innerhalb der Befristung zur Probe für eine fortdauernde Beschäftigung in unserem Hause bewährt, beabsichtigen wir schon jetzt, das Anstellungsverhältnis nach Ablauf der Befristung als unbefristetes fortzuführen.*

Wir werden unsere Entscheidung Frau/Herrn ▓▓▓ (Name) und dem Betriebsrat rechtzeitig mitteilen und gehen davon aus, dass im Falle einer unbefristeten Weiterbeschäftigung keine weitere Beteiligung gemäß § 99 BetrVG erforderlich ist.[1300]

Im Einzelnen möchten wir noch folgende Angaben machen:

I. Stellenausschreibung

Die Stelle wurde intern[1301] (*und extern*) wie folgt ausgeschrieben:

Interne Stellenausschreibung: ▓▓▓ vom ▓▓▓ (*Datum*) (**Anlage**)

Externe Stellenausschreibung: FAZ.net vom ▓▓▓ (*Datum*), Monster.de vom ▓▓▓ (*Datum*), Ausdruck in der **Anlage**

II. Angaben zu dem ausgewählten Bewerber

Frau/Herr ▓▓▓ ist für die offene Position bestens geeignet. Sie/Er hat entsprechende Vorkenntnisse, Qualifikationen und ähnliche vorherige Beschäftigungsverhältnisse. Sie/Er erfüllt die in der Stellenausschreibung genannten Anforderungen, insbesondere ▓▓▓ (*kurze Aufzählung, anhand der Voraussetzungen der Stellenausschreibung*). Weiterhin ist zu ihrer/seiner persönlichen und fachlichen Eignung zu sagen: ▓▓▓

Das ergibt sich u.a. aus den als **Anlage** beigefügten Bewerbungsunterlagen. (**Ggf.:** *Im Vorstellungsgespräch vom ▓▓▓ (Datum) hat Frau/Herr ▓▓▓ darüber hinaus mitgeteilt, dass ▓▓▓*).

III. Angaben zu den übrigen Bewerbern

Um die Stelle haben sich außer Frau/Herrn ▓▓▓ noch andere Personen beworben, und zwar:

Interne Bewerber: ▓▓▓ (*Namen*)

Externe Bewerber: ▓▓▓ (*Namen*)

Die vollständigen Bewerbungsunterlagen dieser Bewerber haben wir ebenfalls als **Anlage** beigefügt.

1299 Die Angabe, ob es sich um ein befristetes oder unbefristetes Arbeitsverhältnis handelt, ist erforderlich. Fehlt sie, kann der Betriebsrat die Zustimmung verweigern, Hessisches LAG 31.7.2007 – 4 TaBV 35/07, AuR 2008, 77; Gross u.a./*Woitaschek*, § 99 BetrVG Rn 18.

1300 Vgl. BAG 7.8.1990 – 1 ABR 68/89 AP Nr. 82 zu § 99 BetrVG 1972, sowie BAG 28.4.1992 – 1 ABR 73/91, AP Nr. 98 zu § 99 BetrVG 1972; *Besgen*, Betriebsverfassungsrecht, § 21 Rn 12.

1301 Auf Verlangen des Betriebsrats muss eine offene Stelle betriebsintern ausgeschrieben werden, § 93 BetrVG.

Alternativ bei Einschaltung eines Personalberatungsunternehmens: *Wir haben das Personalbera-tungsunternehmen* ▓▓▓ *eingeschaltet. Dieses hat uns insgesamt folgende Bewerber vorgeschla-gen:* ▓▓▓. *Die uns zu diesen Bewerbern vorliegenden Unterlagen fügen wir als* **Anlage** *bei.*

Wir haben uns aus folgenden Gründen für Frau/Herrn entschieden: ▓▓▓ *(hier Angaben über Qualifika-tionen, persönliche Eignung, Gesamteindruck etc. des ausgewählten Bewerbers im Vergleich zu den übri-gen Bewerbern).*

IV. Eingruppierung

Die offene Position gehört in Tarifgruppe ▓▓▓ des derzeit anwendbaren Vergütungstarifvertrags vom ▓▓▓ *(Datum) (ggf. nähere Erläuterung)*

V. Auswirkungen auf die Belegschaft

Für uns sind derzeit keine Auswirkungen der Einstellung von Frau/Herrn ▓▓▓ auf die übrige Belegschaft ersichtlich.

Alternativ: *Die Einstellung kann auf die übrige Belegschaft folgende Auswirkungen haben:* ▓▓▓ *(kurze Darstellung,* **Beispiel:** *Abbau von Überstunden; Aufteilung/Umverteilung der Arbeit in der Abteilung; neue Teams; Schaffung/Wegfall von Stellen; Beförderung anderer Arbeitnehmer in der Abteilung; etc.)*

VI. Kontaktaufnahme mit Agentur für Arbeit zwecks Besetzung mit schwerbehinderten Men-schen[1302]

Im Vorfeld der Auswahlentscheidung haben wir geprüft, ob der Arbeitsplatz mit einem schwerbehinderten Menschen, insbesondere mit einem bei der Agentur für Arbeit arbeitslos oder arbeitssuchend gemeldeten schwerbehinderten Menschen besetzt werden kann. Dazu haben wir bereits am ▓▓▓ *(Datum)* mit der Arbeitsagentur ▓▓▓ Kontakt aufgenommen und unter Vorlage der Stellenausschreibung nachgefragt, ob geeignete schwerbehinderte Bewerber bekannt seien. Uns wurde kein geeigneter schwerbehinderter Bewerber genannt. Unser Schreiben an die Arbeitsagentur fügen wir als **Anlage** bei.

VII. Beigefügte Unterlagen[1303]

Dieser Unterrichtung sind folgende Unterlagen beigefügt:

Tätigkeitsbeschreibung

Interne Stellenausschreibung

Externe Stellenausschreibung

Bewerbungsunterlagen des einzustellenden Bewerbers

Personalfragebogen

Bewerbungsunterlagen der übrigen Kandidaten

Mitschriften/Tests bei den Bewerbungsgesprächen

Schreiben an die Bundesagentur für Arbeit wegen Besetzung mit einem Schwerbehinderten

VIII. Hinweis auf Verschwiegenheitsverpflichtung

Vorsorglich möchten wir das Gremium auf seine **Verschwiegenheitsverpflichtung** gemäß § 99 Abs. 1 S. 3 BetrVG hinweisen. Außerdem bitten wir, die überlassenen Bewerbungsunterlagen und Protokolle/Notizen aus den jeweiligen Gesprächen (soweit hier überlassen) nach der Beschlussfassung, spätestens jedoch nach Ablauf der Frist des § 99 Abs. 3 S. 2 BetrVG, an uns zurückzugeben.

1302 Verstößt der Arbeitgeber gegen § 81 Abs. 1 S. 1 und 2 SGB IX, so hat der Betriebsrat bei einer Einstellung (nicht aber bei einer Versetzung) jedenfalls dann einen Zustimmungsverweigerungsgrund gemäß § 99 Abs. 2 Nr. 1 BetrVG, wenn der Arbeitgeber auch externe Bewerber in Betracht zieht, vgl. BAG 17.6.2008 – 1 ABR 20/07, NZA 2009, 1139; *Fitting u.a.*, § 99 Rn 195a, 195b. Weitergehend LAG Hamm 23.1.2016 – 13 TaBV 44/14, BeckRS 2015, 66949: Prüfung § 81 Abs. I S. 1 und 2 SGB IX sei auch dann vorzunehmen, wenn sich der Arbeitgeber von vornherein auf eine interne Stellenbesetzung festgelegt habe.

1303 Die Unterlagen müssen beigefügt sein, der Betriebsrat hat also nicht ein bloßes Einsichtsrecht, BAG 3.12.1985 – 1 ABR 72/83, EzA 1985 § 99 BetrVG 1972 Nr. 46; *Fitting u.a.*, § 99 BetrVG Rn 181; a.M. etwa GK-BetrVG/*Raab*, § 99 Rn 134.

Wir bitten um Zustimmung zu der beabsichtigten Einstellung und Eingruppierung.

Mit freundlichen Grüßen

(*Unterschrift Personalabteilung*)

b) Antrag auf Zustimmung des Betriebsrats zur beabsichtigten Versetzung eines Arbeitnehmers, § 99 BetrVG
aa) Rechtliche Grundlagen

Der Betriebsrat ist in Unternehmen mit in der Regel mehr als 20 wahlberechtigten Arbeitnehmern vor jeder **Versetzung** anzuhören. Bei der Versetzung leitender Angestellter muss der Betriebsrat dagegen nur informiert werden, § 105 BetrVG. Versetzung i.S.v. § 99 BetrVG ist unabhängig von dem arbeitsvertraglichen Versetzungsbegriff und der arbeitsvertraglichen Möglichkeit der Versetzung. Diese ist vielmehr separat zu betrachten. Ist die Versetzung mit einer **Umgruppierung** verbunden, muss der Arbeitgeber den Betriebsrat auch zu der Umgruppierung anhören (vgl. auch Rdn 529). Es handelt sich betriebsverfassungsrechtlich um zwei gesondert zu betrachtende Maßnahmen. | 537

Versetzung i.S.d. § 99 BetrVG ist in § 95 BetrVG definiert. Danach handelt es sich um die **Zuweisung eines anderen Arbeitsbereichs**, die voraussichtlich die **Dauer von einem Monat** überschreitet, **oder** die mit einer **erheblichen Änderung der Arbeitsumstände** verbunden ist. Der Begriff **Arbeitsbereich** wird in § 81 BetrVG wie folgt umschrieben: Aufgabe und Verantwortung, Art der Tätigkeit, Einordnung in den Arbeitsablauf des Betriebs.[1304] Die **Zuweisung eines anderen Arbeitsbereichs** liegt vor, wenn sich die neue Tätigkeit des Arbeitnehmers wesentlich von der bisherigen Tätigkeit unterscheidet, so dass sie vom Standpunkt eines mit den betrieblichen Verhältnissen vertrauten Beobachters als eine andere angesehen werden muss.[1305] | 538

Das bedeutet: Nicht jede Veränderung der Tätigkeit macht den bisherigen Arbeitsbereich zu einem anderen Arbeitsbereich. Jeder Arbeitsplatz unterliegt gewissen Änderungen. Erst wenn die üblichen Schwankungen überschritten werden, kann die Zuweisung eines anderen Arbeitsbereichs angenommen werden. Die Rechtsprechung tendiert dazu, bei Änderung des Inhalts der Tätigkeit zwischen 20 % und 25 % eine Änderung des Arbeitsbereichs anzunehmen.[1306] Allerdings dürfen diese Prozentzahlen nicht schematisch angewendet werden. Änderungen wichtiger Teilaufgaben können auch unterhalb dieser Prozentschwelle ausnahmsweise als Versetzung i.S.d. § 99 BetrVG gewertet werden.[1307] | 539

Die Zuweisung eines anderen Arbeitsbereichs muss entweder **länger als ein Monat** dauern. Dann ist die Maßnahme stets mitbestimmungspflichtig, oder die Zuweisung des anderen Arbeitsbereichs dauert nur bis zu einem Monat; dann muss die **Änderung der Arbeitsumstände erheblich** sein. Die dauerhafte Änderung des **Arbeitsortes** ist immer eine Versetzung.[1308] Ausnahme: Der Ortswechsel vollzieht sich innerhalb derselben Stadt, und es gibt auch sonst keine erschwerten Umstände. Dagegen sind etwa kurzfristige Veränderungen des Arbeitsorts durch gewöhnliche Dienstreisen mitbestimmungsfrei.[1309] Darüber hinausgehende kurzfristige Änderungen des Arbeitsorts, etwa der Einsatz als Streikbrecher in einer anderen Stadt oder einem anderen Land, können unter § 99 BetrVG fallen. Maßgeblich sind jeweils die Umstände des Einzelfalls. Bei einer **dauerhaften Versetzung** in einen anderen Betrieb hat der Betriebsrat des abge- | 540

1304 Siehe *Fitting u.a.*, § 99 BetrVG Rn 124.
1305 BAG 28.3.2000 – 1 ABR 17/99, NZA 2000, 1355; BAG 23.11.1993 – 1 ABR 38/93, NZA 1994, 718.
1306 BAG 2.4.1996 – 1 ABR 39/95, SAE 1998, 92; *Fitting u.a.*, § 99 BetrVG Rn 129; HaKo-BetrVG/*Kreuder*, § 99 BetrVG Rn 38; *Jäger u.a./ Schuster*, § 23 Rn 56.
1307 BAG 2.4.1996 – 1 ABR 39/95, SAE 1998, 92; LAG Frankfurt 22.2.1983 – 5 TaBV 88/82, DB 1983, 2143;NK-GA/*Preuss*, § 99 BetrVG Rn 102.
1308 Vgl. DKKW/*Bachner*, § 99 BetrVG Rn 106.
1309 ErfK/*Kania*, § 99 BetrVG Rn 16, mit Nachweisen zur teilweise strengeren früheren Rechtsprechung.

benden Betriebs nur dann ein Mitbestimmungsrecht wegen Versetzung, wenn der Arbeitnehmer **nicht** einverstanden ist.[1310]

541   Eine **wesentliche Änderung des Arbeitsbereichs** und damit eine Versetzung gemäß § 99 BetrVG kann auch darin liegen, dass der Betroffene bei gleichbleibender Tätigkeit einer **anderen Abteilung** mit anderen Arbeitskollegen und anderem Vorgesetzen mit relevanten Personalbefugnissen zugewiesen wird.[1311] Dagegen ist die Änderung der **Arbeitszeiten** keine Versetzung, auch nicht die Reduzierung oder die Aufstockung der Wochenarbeitszeit.[1312] Letzteres kann aber eine Einstellung im Sinne des § 99 BetrVG sein (vgl. Rdn 524). Außerdem können Veränderungen der Arbeitszeit Mitbestimmungsrechte nach § 87 Abs. 1 Nr. 2, 3 BetrVG auslösen. Auch die **Freistellung eines Arbeitnehmers** ist keine Versetzung.[1313]

542   Eine mitbestimmungspflichtige Versetzung setzt nicht einen einzigen Versetzungsakt des Arbeitgebers voraus. Vielmehr kann eine Versetzung dadurch geschehen, dass sich die **Arbeitsumstände nach und nach bis zur Erheblichkeitsschwelle** ändern.[1314] Versetzungen müssen schließlich auf **Initiative des Arbeitgebers** beruhen.[1315] Das bedeutet im Umkehrschluss: Versetzungen, die ausnahmsweise allein auf Initiative des betreffenden Arbeitnehmers zurückzuführen sind und die keine Auswirkungen auf die anderen Arbeitnehmer des Betriebs haben, fallen nicht unter § 99 BetrVG.

543   § 99 BetrVG schreibt für die Anhörung des Betriebsrats keine **Form** vor. Aus Dokumentationsgründen ist es aber unerlässlich, den Betriebsrat schriftlich anzuhören. Mangels Formvorschriften kann das auch durch E-Mail passieren. § 99 BetrVG sieht auch keine **Frist** vor, die Anhörung muss lediglich vor der Versetzung erfolgen.

544   Auch bei einer Versetzung muss der Arbeitgeber den Betriebsrat insoweit informieren, dass dieser sich ein Bild über den ausgewählten Bewerber, seine fachliche und persönliche Eignung für die Stelle und über das Vorliegen von Zustimmungsverweigerungsrechten machen kann (zur Anhörung bei einer Einstellung vgl. Rdn 530). Der Arbeitgeber hat bei Ausschreibung der (Versetzungs-)Stelle auch die vollständigen Bewerbungsunterlagen des ausgewählten Bewerbers vorzulegen. Dazu gehört indes nicht die Personalakte.[1316] Beruht die Entscheidung maßgeblich auf den Angaben in einem Vorstellungs- bzw. Versetzungsgespräch, so muss der Arbeitgeber darüber unterrichten.[1317] Zu den für die Anhörung relevanten Informationen gehört auch die Information über das Einverständnis oder fehlende Einverständnis des zu versetzenden Arbeitnehmers.[1318] Der Arbeitgeber hat standardisierte Interview- und Prüfungsergebnisse und standardisierte Gesprächsprotokolle vorzulegen.[1319] Dazu gehören nicht formlose, unstrukturierte Gesprächsnotizen, die für die Auswahlentscheidung keine Rolle spielen.[1320]

545   Der Arbeitgeber hat den Betriebsrat auch über diejenigen zu informieren, die sich auf die Versetzungsstelle beworben haben, die er aber nicht berücksichtigt hat. Musste der Arbeitgeber die Stelle nicht ausschreiben und gab es keine anderen Interessenten, so kann diese Information entfallen. Bei Einschaltung eines Personalberatungsunternehmens zur Besetzung der offenen Stelle beschränkt sich die Unterrichtungspflicht auf die Personen und Bewerbungsunterlagen, die der Arbeitgeber vom Personalberatungsunternehmen er-

---

1310 BAG 20.9.1990 – 1 ABR 37/90, NZA 1991, 195; ErfK/*Kania*, § 99 BetrVG Rn 15; Gross u.a./*Woitaschek*, § 99 BetrVG Rn 14.
1311 BAG 17.6.2008 – 1 ABR 38/06, NJOZ 2008, 5195; Hessisches LAG 10.4.2012 – 4 TaBV 172/11, BeckRS 2012, 75092; *Fitting u.a.*, § 99 Rn 139.
1312 Vgl. NK-GA/*Preuss*, § 99 BetrVG Rn 107.
1313 BAG 28.3.2000 – 1 ABR 17/99, NZA 2000, 1355; *Besgen*, Betriebsverfassungsrecht, § 21 Rn 33.
1314 Vgl. DKKW/*Bachner*, § 99 BetrVG Rn 102.
1315 *Fitting u.a.*, § 99 BetrVG Rn 152; HaKo-BetrVG/*Kreuder*, § 99 Rn 36.
1316 HaKo-BetrVG/*Kreuder*, § 99 BetrVG Rn 44.
1317 BAG 28.6.2005 – 1 ABR 26/04, NZA 2006, 111; vgl. auch LAG Hamm 1.8.2003, NZA-RR 2004, 84; DKKW/*Bachner*, § 99 BetrVG Rn 163.
1318 Richardi/*Thüsing*, § 99 BetrVG Rn 186.
1319 BAG 14.12.2004 1 ABR 55/03, NZA 2005, 827; BAG 28.6.2005 – 1 ABR 26/04, NZA 2006, 111.
1320 BAG 17.6.2008 – 1 ABR 20/07, NZA 2008, 1139.

halten hat.[1321] Anders ist es nur, wenn das Personalberatungsunternehmen für den Arbeitgeber einen geeigneten Bewerber über Stellenanzeige sucht; in dem Fall ist der Arbeitgeber verpflichtet, vom Personalberatungsunternehmen die Unterlagen aller Bewerber herauszuverlangen, um sie der Unterrichtung nach § 99 BetrVG beizufügen.[1322] Erfolgt die Stellenauswahl über ein konzerninternes Recruitment-Center, so muss über alle Personen und deren Unterlagen unterrichtet werden, die sich dort auf die konkrete Stelle beworben haben.[1323]

Die Mitglieder des Betriebsrats sind hinsichtlich der Angaben, die ihnen der Arbeitgeber im Rahmen des 546 § 99 BetrVG erteilt, zur Verschwiegenheit verpflichtet, § 99 Abs. 1 S. 3 BetrVG. Es schadet nicht, in der Anhörung vorsorglich darauf hinzuweisen.

bb) Muster

50

Muster 2.50: Unterrichtung und Einholung der Zustimmung des Betriebsrats zu einer geplanten Versetzung und Umgruppierung

547

An: Betriebsrat

Zu Händen des Betriebsratsvorsitzenden

– im Hause –

Von: Personalabteilung

Datum:

Betr.: Unterrichtung über die beabsichtigte Versetzung und Umgruppierung einer Mitarbeiterin/eines Mitarbeiters gemäß § 99 Abs. 1 BetrVG

Einholung der Zustimmung des Betriebsrats

Sehr geehrtes Gremium, sehr geehrter Herr Betriebsratsvorsitzender,

es ist beabsichtigt, folgende **Versetzung und Umgruppierung** vorzunehmen:

Name:

Geburtsdatum:

Familienstand:

Bisherige Position:

In Abteilung:

Versetzung in Position:

In Abteilung:

Bisherige Eingruppierung: Tarifgruppe   des derzeit anwendbaren Vergütungstarifvertrags vom   (*Datum*).

Neue Eingruppierung: Tarifgruppe   des derzeit anwendbaren Vergütungstarifvertrags vom   (*Datum*).

1321 BAG 18.12.1990 – 1 ABR 15/90, NZA 1991, 482.
1322 BAG 21.10.2014 – 1 ABR 10/13, NZA 2015, 311; NK-GA/*Preuss*, § 99 BetrVG Rn 127; differenzierend GK-BetrVG/*Raab*, § 99 Rn 125: Entscheidet das Personalberatungsunternehmen, welche Kandidaten , die sich auf die Stellenanzeige beworben haben, er dem Arbeitgeber vorschlägt, so muss dieser auch nur die Unterlagen der ausgewählten Kandidaten vorlegen.
1323 BAG 21.10.2014 – 1 ABR 10/13, NZA 2015, 311; *Fitting u.a.*, § 99 Rn 169.

Alternativ: *Eingruppierung: Die Eingruppierung ändert sich nicht. Frau/Herr bleibt weiterhin eingruppiert in Tarifgruppe* ▓▓▓▓▓ *des derzeit anwendbaren Vergütungstarifvertrags vom* ▓▓▓▓ *(Datum).*

Datum der Maßnahme: Die Versetzung soll am ▓▓▓▓ *(Datum)* erfolgen. Sie ist unbefristet/befristet bis zum ▓▓▓▓ *(Datum).*[1324]

Zu den neuen Aufgaben der/des Frau/Herrn ▓▓▓▓ gehört insbesondere: *(kurze Darstellung, Stichworte, Aufzählung)*

Ergänzend wird auf die als **Anlage** beigefügte Tätigkeitsbeschreibung für die neue Position verwiesen.

Im Übrigen möchten wir noch folgende Angaben machen:

I. Stellenausschreibung

Die Stelle wurde intern *(und extern)* wie folgt ausgeschrieben:

Interne Stellenausschreibung: ▓▓▓▓ vom ▓▓▓▓ *(Datum)* **(Anlage)**

Externe Stellenausschreibung: FAZ.net vom ▓▓▓▓ *(Datum)*, Monster.de vom ▓▓▓▓ *(Datum)*, Ausdruck in der **Anlage**

II. Angaben zu dem ausgewählten Mitarbeiter

Frau/Herr ist seit ▓▓▓▓ *(Datum)* bei uns tätig. Sie/Er hat sich in ihrer/seiner bisherigen Position stets bewährt. Sie/Er wird auch von ihrem/seinem Vorgesetzten gut beurteilt. Auch für die offene Position ist sie/er bestens geeignet. Sie/Er hat entsprechende Vorkenntnisse, Qualifikationen und ähnliche vorherige Beschäftigungsverhältnisse. Sie/Er erfüllt die in der Stellenausschreibung genannten Anforderungen, insbesondere *(kurze Aufzählung, anhand der Voraussetzungen der Stellenausschreibung)*. Weiterhin ist zu ihrer/seiner persönlichen und fachlichen Eignung zu sagen: ▓▓▓▓

Ggf. bei Ausschreibung der Stelle und Bewerbung des ausgewählten Mitarbeiters: *Das ergibt sich auch bereits aus den als Anlage beigefügten Bewerbungsunterlagen. (Ggf.: Im Bewerbungsgespräch vom* ▓▓▓▓ *(Datum) hat Frau/Herr* ▓▓▓▓ *darüber hinaus mitgeteilt, dass* ▓▓▓▓ *).*

Frau/Herr ▓▓▓▓ ist mit der Versetzung und Umgruppierung einverstanden.

Alternativ: *Frau/Herr* ▓▓▓▓ *ist mit der Versetzung nicht einverstanden. Dies deshalb, weil* ▓▓▓▓.

III. Angaben zu den übrigen Bewerbern

Um die Stelle haben sich außer Frau/Herrn ▓▓▓▓ noch andere Personen beworben, und zwar:

Interne Bewerber: ▓▓▓▓ *(Namen)*

Externe Bewerber: ▓▓▓▓ *(Namen)*

Die vollständigen Bewerbungsunterlagen dieser Bewerber haben wir ebenfalls als **Anlage** beigefügt.

Alternativ bei Einschaltung eines Personalberatungsunternehmens: *Wir haben das Personalberatungsunternehmen* ▓▓▓▓ *eingeschaltet. Dieses hat uns insgesamt folgende Bewerber vorgeschlagen:* ▓▓▓▓. *Die uns zu diesen Bewerbern vorliegenden Unterlagen fügen wir als Anlage bei.*

Wir haben uns aus folgenden Gründen für die interne Bewerbung von Frau/Herrn entschieden: ▓▓▓▓ *(hier Angaben über Qualifikationen, persönliche Eignung, Gesamteindruck etc. des ausgewählten (internen) Bewerbers im Vergleich zu den übrigen Bewerbern).*

1324 Die Angabe, ob es sich um eine befristete oder unbefristete Versetzung handelt, ist erforderlich, Richardi/*Thüsing*, § 99 BetrVG Rn 186.

IV. Eingruppierung

Frau/Herr ist bislang in die Tarifgruppe ▭ des derzeit anwendbaren Vergütungstarifvertrags vom ▭ *(Datum)* eingruppiert. Die offene Position gehört in Tarifgruppe ▭ *(ggf. nähere Erläuterung).*

Alternativ: *Die Eingruppierung ändert sich nicht. Frau/Herr* ▭ *bleibt weiterhin in Tarifgruppe* ▭ *des derzeit anwendbaren Vergütungstarifvertrags vom* ▭ *(Datum) (ggf. nähere Ausführungen).*

V. Auswirkungen auf die Belegschaft

Für uns sind derzeit keine Auswirkungen der Versetzung von Frau/Herrn ▭ auf die übrige Belegschaft ersichtlich.

Alternativ: *Die Versetzung kann auf die übrige Belegschaft folgende Auswirkungen haben:* ▭ *(kurze Darstellung, **Beispiel:** Abbau von Überstunden; Aufteilung/Umverteilung der Arbeit in der Abteilung; neue Teams; Schaffung/Wegfall von Stellen; Beförderung anderer Arbeitnehmer in der Abteilung; etc.).*

VI. Kontaktaufnahme mit Agentur für Arbeit zwecks Besetzung mit schwerbehinderten Menschen[1325]

Im Vorfeld der Auswahlentscheidung haben wir geprüft, ob der Arbeitsplatz mit einem schwerbehinderten Menschen, insbesondere mit einem bei der Agentur für Arbeit arbeitslos oder arbeitssuchend gemeldeten schwerbehinderten Menschen besetzt werden kann. Dazu haben wir bereits am ▭ *(Datum)* mit der Arbeitsagentur ▭ Kontakt aufgenommen und unter Vorlage der Stellenausschreibung nachgefragt, ob geeignete schwerbehinderte Bewerber bekannt seien. Uns wurde kein geeigneter schwerbehinderter Bewerber genannt. Unser Schreiben an die Arbeitsagentur fügen wir als **Anlage** bei.

VII. Beigefügte Unterlagen[1326]

Dieser Unterrichtung sind folgende Unterlagen beigefügt:

Tätigkeitsbeschreibung

Interne Stellenausschreibung

Ggf. Externe Stellenausschreibung

Bewerbungsunterlagen des einzustellenden Bewerbers

Bewerbungsunterlagen der übrigen Kandidaten

Mitschriften/Tests bei den Bewerbungsgesprächen

Schreiben an die Bundesagentur für Arbeit wegen Besetzung mit einem Schwerbehinderten

VIII. Hinweis auf Verschwiegenheitsverpflichtung

Vorsorglich möchten wir das Gremium auf seine **Verschwiegenheitsverpflichtung** gemäß § 99 Abs. 1 S. 3 BetrVG hinweisen. Außerdem bitten wir, die überlassenen Bewerbungsunterlagen und Protokolle/Notizen aus den jeweiligen Gesprächen (soweit hier überlassen) nach der Beschlussfassung, spätestens jedoch nach Ablauf der Frist des § 99 Abs. 3 S. 2 BetrVG, an uns zurückzugeben.

Wir bitten um Zustimmung zu der beabsichtigten Versetzung und Umgruppierung.

Mit freundlichen Grüßen

(Unterschrift Personalabteilung)

1325 Verstößt der Arbeitgeber gegen § 81 Abs. 1 S. 1 und 2 SGB IX, so hat der Betriebsrat bei einer Versetzung – anders als bei einer Einstellung – keinen Zustimmungsverweigerungsgrund gemäß § 99 Abs. 2 Nr. 1 BetrVG, vgl. BAG 17.6.2008 – 1 ABR 20/07; ErfK/*Kania*, § 99 BetrVG Rn 24. Insofern kann VI. bei einer Versetzungsanhörung sanktionslos entfallen.

1326 Die Unterlagen müssen beigefügt sein, der Betriebsrat hat also nicht ein bloßes Einsichtsrecht, BAG 3.12.1985 1 ABR 72/83, EzA 1985 § 99 BetrVG 1972 Nr. 46; *Fitting u.a.*, § 99 BetrVG Rn 181; a.M. etwa GK-BetrVG/*Raab*, § 99 Rn 134.

c)   Antwort des Betriebsrats zum Antrag auf Zustimmung zu einer geplanten Einstellung/Eingruppierung oder Versetzung/Umgruppierung, § 99 Abs. 1 BetrVG

aa) Rechtliche Grundlagen

548   Der Betriebsrat hat drei Möglichkeiten, dem Antrag des Arbeitgebers auf Zustimmung zu einer geplanten personellen Maßnahme zu begegnen: Er stimmt ausdrücklich zu; er antwortet nicht in der Wochenfrist des § 99 Abs. 3 BetrVG, dann wird seine Zustimmung fingiert; oder er widerspricht der geplanten Maßnahme. Handelt es sich um eine Einstellung **und** Eingruppierung oder eine Versetzung **und** Umgruppierung, so sind die beiden Maßnahmen jeweils unabhängig. Der Betriebsrat muss dann deutlich zum Ausdruck bringen, wenn er beiden Maßnahmen widersprechen will.

549   § 99 Abs. 3 BetrVG schreibt vor, dass der Betriebsrat **schriftlich** widersprechen muss. Das heißt, das Schreiben muss vom Betriebsratsvorsitzenden oder dessen Stellvertreter unterzeichnet sein und dem Arbeitgeber im **Original** oder per Telefax zugehen.[1327] Ein Zugang per E-Mail ohne qualifizierte Signatur reichte nach lange herrschender Auffassung **nicht** aus.[1328] Allerdings sieht das BAG das neuerdings anders.[1329] Danach wahrt eine E-Mail auch ohne qualifizierte Signatur das Schriftformerfordernis, sofern sie nur der Textform des § 126b BGB entspricht. Erforderlich ist, dass eine maschinenschriftliche Erklärung den Aussteller zu erkennen gibt und das Textende durch eine Grußformel mit Namensangabe markiert wird.[1330] Der schriftliche Widerspruch muss **binnen einer Woche** eingehen. Maßgeblich sind §§ 187 Abs. 1, 188 Abs. 2 BGB. Durch Vereinbarung der Betriebsparteien kann die Frist verlängert werden.[1331]

550   Über den Antrag des Arbeitgebers muss der Betriebsrat durch ordnungsgemäßen Beschluss entscheiden. Dabei ist zu beachten, dass bei einer Maßnahme, die **unmittelbar** ein Betriebsratsmitglied (oder auch seinen Ehegatten) berührt, dieses für die Abstimmung verhindert ist und weder beraten noch mitstimmen darf.[1332] Anderenfalls ist der Betriebsratsbeschluss unwirksam. Dann kommt es nach Ablauf der Wochenfrist des § 99 Abs. 3 BetrVG zur Zustimmungsfiktion. Ist der Betriebsratsvorsitzende betroffen, so kann (und muss) er den Widerspruch aber unterzeichnen.[1333] Ist ein Betriebsratsmitglied dagegen nur **mittelbar** betroffen – Beispiel: erfolglose Bewerbung auf die betreffende Stelle –, so liegt nach Auffassung des BAG keine Verhinderung vor; das Betriebsratsmitglied kann und muss also bei dem Beschluss über die Einstellung des erfolgreichen Bewerbers mitstimmen.[1334]

551   Ist der Betriebsrat der Ansicht, dass Informationen oder Unterlagen fehlen, muss er das binnen der Wochenfrist rügen, anderenfalls verliert er diese Rügemöglichkeit. Das gilt nur dann nicht, wenn das Anhörungsschreiben offenkundig unvollständig ist, weil der Arbeitgeber zu einzelnen der in § 99 Abs. 1 BetrVG genannten Aspekten gar keine Angaben macht.[1335] Solche vom Betriebsrat innerhalb der Wochenfrist gerügten oder offenkundigen Verstöße gegen das Verfahren des § 99 BetrVG führen dazu, dass die Einwochenfrist nicht läuft. Dagegen stellen sie keinen Verweigerungsgrund gemäß § 99 Abs. 2 Nr. 1 BetrVG dar.[1336]

1327 BAG 11.6.2002 – 1 ABR 43/01, NZA 2003, 226; ErfK/*Kania*, § 99 BetrVG Rn 39.

1328 LAG Thüringen 5.8.2004 – 2 TaBV 2/04, LAGE Nr. 2 zu § 99 BetrVG 2001; Hessisches LAG 18.9.2007 – 4 TaBV 83/07, AuR 2008, 77; ArbG Bielefeld 15.1.2003 3 BV 78/02, NZA-RR 2004, 88.

1329 BAG 10.3.2009 -1 ABR 93/07, NZA 2009, 622; ErfK/*Kania*, § 99 BetrVG Rn 39; DKKW/*Bachner*, § 99 Rn 181.

1330 BAG 9.12.2008 -1 ABR 93/07, NZA 2009, 627.

1331 BAG 16.11.2004 – 1 ABR 48/03, NZA 2005, 775; BAG 3.5.2006 – 1 ABR 2/05, NZA 2007, 47; GK-BetrVG/*Raab*, § 99 Rn 148.

1332 BAG 3.8.1999, NZA 2000, 440; BAG 19.3.2003 – 7 ABR 15/02, NZA 2003, 870; LAG Düsseldorf, 16.12.2004 – 11 TaBV 79/04, DB 2005, 954; vgl. auch LAG Nürnberg 16.10.2012 – 7 TaBV 28/12; *Fitting u.a.*, § 99 BetrVG Rn 273; DKKW/*Bachner*, § 99 BetrVG Rn 173; § 33 Rn 25 (keine Befangenheit im Hinblick auf Familienangehörige).

1333 BAG 19.3.2003 – 7 ABR 15/02, NZA 2003, 870; *Besgen*, Betriebsverfassungsrecht, § 21 Rn 79; HaKo-BetrVG/*Kreuder*, § 99 Rn 56.

1334 BAG 24.4.2013 – 7 ABR 82/11, DB 2013, 1794; BAG 6.11.2013 – 7 ABR 84/11, NZA-RR 2014, 196.

1335 BAG 14.12.2004 – 1 ABR 55/03, NZA 2005, 827; BAG 28.6.2005 1 ABR 26/04, NZA 2006, 111; *Fitting u.a.*, § 99 BetrVG Rn 268 ff.; kritisch HaKo-BetrVG/*Kreuder*, § 99 Rn 54.

1336 *Fitting u.a.*, § 99 BetrVG Rn 206 f.; NK-GA/*Preuss*, § 99 BetrVG Rn 146.

Der Verweigerungsgrund muss konkret benannt sein. Die formelhafte Wiedergabe des Gesetzestextes oder 552 die Angabe von Gründen, die offenkundig nicht unter § 99 Abs. 2 Nr. 1 – 6 BetrVG fallen, reicht nicht aus.[1337] Der Betriebsrat muss Tatsachen nennen, die unter einen der abschließend aufgezählten Verweigerungsgründe fallen können. Im späteren Zustimmungsersetzungsverfahren kann sich der Betriebsrat nur auf die Gründe berufen, die in seinem Widerspruch enthalten sind. Ein Nachschieben von Gründen ist also unzulässig.[1338] Allerdings kann der Betriebsrat im Zustimmungsersetzungsverfahren seinen Vortrag vertiefen und neue **rechtliche** Argumente bringen.[1339]

Der Verweigerungsgrund **„Gesetzesverstoß"** (§ 99 Abs. 2 Nr. 1 BetrVG) meint, dass der Arbeitgeber mit 553 der geplanten Maßnahme gegen ein Gesetz verstößt, dessen Zweck es gerade ist, die personelle Maßnahme selbst zu verhindern. Das ist dann der Fall, wenn das Ziel des Gesetzes allein dadurch verhindert werden kann, dass die personelle Maßnahme unterbleibt.[1340] Der Betriebsrat kann also keine allgemeine Rechtmäßigkeitskontrolle vornehmen, er ist nicht der „betriebliche Hüter des zwingenden Rechts".[1341] Er kann also auch nicht einzelne Arbeitsvertragsbedingungen überprüfen und die Zustimmungsverweigerung darauf stützen.[1342] Entsprechendes gilt bei Verstößen gegen einen Tarifvertrag oder eine Betriebsvereinbarung. Auch insofern muss die Maßnahme selbst gegen die betreffende Vereinbarung verstoßen; es reicht nicht, wenn einzelne Vertragsklauseln nicht im Einklang stehen.[1343]

Hinsichtlich des Verweigerungsgrundes „der **Besorgnis der ungerechtfertigten Benachteiligung eines** 554 **im Betrieb beschäftigten Arbeitnehmers"** (§ 99 Abs. 2 Nr. 3 BetrVG) muss der Betriebsrat konkrete Tatsachen angeben, Vermutungen über die Benachteiligung eines oder mehrerer Arbeitnehmer reichen nicht.[1344] Solche Nachteile können insbesondere eine Kündigung eines Arbeitnehmers oder die Nichtberücksichtigung eines befristet beschäftigten Arbeitnehmers für eine unbefristete Position sein. Der Verlust einer Beförderungschance stellt keinen Nachteil dar, es sei denn, der Betreffende hat bereits eine entsprechende Rechtsposition erlangt.[1345] Liegt ein Nachteil im Sinne des § 99 Abs. 2 Nr. 3 BetrVG vor, kommt es darauf an, ob er aus betrieblichen oder personellen Gründen gerechtfertigt ist. In dem Fall greift der Zustimmungsverweigerungsgrund nicht.[1346]

Der Verweigerungsgrund **„ungerechtfertigte Benachteiligung des betroffenen Arbeitnehmers"** (§ 99 555 Abs. 2 Nr. 4 BetrVG) spielt nur bei Versetzungen eine Rolle.[1347] Der Nachteil kann darin liegen, dass sich die inhaltlichen oder die äußeren Arbeitsbedingungen ändern (tarifliche Herabstufung, verlängerter Anfahrtsweg etc.). Ist der betroffene Arbeitnehmer mit der Änderung aber einverstanden (nicht: erzwungenes Einverständnis), entfällt dieser Zustimmungsverweigerungsgrund.[1348] Allein die Tatsache, dass der be-

---

1337 BAG 24.7.1979 – 1 ABR 78/77, AP Nr. 11 zu § 99 BetrVG 1972; HWK/*Ricken*, § 99 BetrVG Rn 90.

1338 BAG 3.7.1984 – 1 ABR 74/82, NZA 1985, 67; ErfK/*Kania*, § 99 BetrVG Rn 39; Gross u.a./*Woitaschek*, § 99 BetrVG Rn 37; kritisch HaKo-BetrVG/*Kreuder*, § 99 Rn 51, 56.

1339 Dazu auch *Fitting u.a.*, § 99 BetrVG Rn 264.

1340 BAG 17.6.2008 1 ABR 20/07, NZA 2008, 1139; BAG 25.1.2005 – 1 ABR 61/03, NZA 2005, 1199; BAG 14.12.2004 – 1ABR 54/03, NZA 2005, 424; *Besgen*, Betriebsverfassungsrecht, § 21 Rn 64; ErfK/*Kania*, § 99 BetrVG Rn 23 f.; Gross u.a./*Woitaschek*, § 99 BetrVG Rn 23; kritisch HaKo-BetrVG/*Kreuder*, § 99 Rn 58.

1341 BAG 9.7.1996 – 1 ABR 55/95, AP Nr. 9 zu § 99 BetrVG 1972 Einstellung.

1342 BAG 28.6.1994 – 1 ABR 59/93, NZA 1995, 387; BAG 27.10.2010 – 7 ABR 96/09, NZA 2011, 418; BAG 27.10.2010 – 7 ABR 36/09, NZA 2011, 527; *Jäger u.a./Lunk*, § 24 Rn 86.

1343 BAG 27.10.2010 – 7 ABR 36/09, NZA 2011, 527; HWK/*Ricken*, § 99 BetrVG Rn 69.

1344 LAG Rheinland-Pfalz 10.12.1981 – 4 TaBV 2781, DB 1982, 652; ErfK/*Kania*, § 99 BetrVG Rn 28; *Jäger u.a./Lunk*, § 24 Rn 94.

1345 BAG 13.6.1989 – 1 ABR 11/88, NZA 1989, 937; BAG 18.9.2002 – 1 ABR 56/01, NZA 2003, 622; Richardi/*Thüsing*, § 99 BetrVG Rn 217; a.M. DKKW/*Bachner*, § 99 BetrVG Rn 210:schon die Verschlechterung einer „wahrscheinlichen" beruflichen Entwicklung eines Arbeitnehmers reiche aus.

1346 *Fitting u.a.*, § 99 BetrVG Rn 238.

1347 BAG 5.4.2001 – 2 AZR 580/99, NZA 2001, 893; ErfK/*Kania*, § 99 BetrVG Rn 32; *Jäger u.a./Lunk*, § 24 Rn 98.

1348 BAG 2.4.1996 – 1 ABR 39/95, NZA 1997, 219; BAG 9.10.2013 – 7 ABR 1/12, NZA 2014, 156; GK-BetrVG/*Raab*, § 99 Rn 206; Gross u.a./*Woitaschek*, § 99 BetrVG Rn 32; kritisch *Fitting u.a.*, § 99 BetrVG Rn 246; DKKW/*Bachner*, § 99 BetrVG Rn 225.

troffene Arbeitnehmer keine arbeitsgerichtliche Klage erhebt, lässt aber noch nicht auf dessen Einverständnis schließen.[1349] Liegt ein Nachteil im Sinne des § 99 Abs. 2 Nr. 4 BetrVG vor, so kommt es darauf an, ob dieser aufgrund betrieblicher oder in der Person des Arbeitnehmers liegenden Gründe gerechtfertigt ist.[1350] In dem Fall greift der Verweigerungsgrund nicht.

556   Der Verweigerungsgrund **„Besorgnis der Störung des Betriebsfriedens"** (§ 99 Abs. 2 Nr. 6 BetrVG) kommt bei Einstellung und Versetzung in Betracht. Der Betriebsrat muss konkrete Tatsachen benennen, die eine Störung des Betriebsfriedens besorgen lassen, bloße Vermutungen reichen nicht.[1351] Störungen in der Vergangenheit sind nur dann relevant, wenn sich aus ihnen eine Besorgnis weiterer Störungen in der Zukunft ableiten lässt.[1352] Beispiele für störendes Verhalten: rassistische oder fremdenfeindliche Betätigung, sexuelle Belästigung, Mobbing, Schlägereien am Arbeitsplatz etc.[1353]

bb) Muster

▼

557   **Muster 2.51: Antwort des Betriebsrats zum Antrag auf Zustimmung zu einer geplanten Einstellung/Eingruppierung oder Versetzung/Umgruppierung**

An:

Personalabteilung

Zu Händen der Personalleiterin

– im Hause –

Von: Betriebsrat

Datum: ▮

Betr.: Unterrichtung über die beabsichtigte Einstellung und Eingruppierung einer Mitarbeiterin/eines Mitarbeiters gemäß § 99 Abs. 1 BetrVG

(Alternativ: Unterrichtung über die beabsichtigte Versetzung und Umgruppierung einer Mitarbeiterin/eines Mitarbeiters gemäß § 99 Abs. 1 B*etrVG*)

Sehr geehrte Personalabteilung,

sehr geehrte Frau ▮,

das Anhörungsschreiben zur Einstellung/Eingruppierung *(alternativ: Versetzung/Umgruppierung)* der/des ▮ ist bei uns am ▮ *(Datum)* eingegangen. Hierzu nehmen wir wie folgt Stellung:

I.

Zunächst müssen wir Ihnen mitteilen, dass Ihr Anhörungsschreiben nicht vollständig ist. Es fehlen folgende Angaben **(ggf.:** *Unterlagen)*: ▮. Aufgrund dessen kann der Betriebsrat nicht sachgerecht über Ihren Antrag entscheiden. Wir bitten um Ergänzung. Vorsorglich teilen wir Ihnen mit, dass wegen der fehlenden Angaben **(ggf.:** *Unterlagen)* die Widerspruchsfrist des § 99 Abs. 3 BetrVG noch nicht läuft.

II.

Weiterhin teilen wir Ihnen mit, dass der Betriebsrat mit Beschl. v. ▮ *(Datum)* entschieden hat, der geplanten Maßnahme derzeit nicht zuzustimmen. Dies möchten wir wie folgt begründen:

1349 BAG 2.4.1996 – 1 ABR 39/95, NZA 1997, 219.
1350 Richardi/*Thüsing*, § 99 BetrVG Rn 260.
1351 BAG 16.11.2004 – 1 ABR 48/03, NZA 2005, 775; NK-GA/*Preuss*, § 99 BetrVG Rn 214; HWK/*Ricken*, § 99 BetrVG Rn 87.
1352 *Besgen*, Betriebsverfassungsrecht, § 21 Rn 76; DKKW/*Bachner*, § 99 BetrVG Rn 236; GK-BetrVG/*Raab*, § 99 Rn 209.
1353 Vgl. ErfK/*Kania*, § 99 BetrVG Rn 36.

1. **Verstoß gegen Gesetz, Verordnung, Unfallverhütungsvorschrift, Tarifvertrag, Betriebsverein-barung, gerichtliche Entscheidung, behördliche Anordnung (§ 99 Abs. 2 Nr. 1 BetrVG)**

Hierzu wird im Einzelnen wie folgt vorgetragen: ▓▓▓▓

2. **Verstoß gegen Richtlinie (§ 99 Abs. 2 Nr. 2 BetrVG)**

Die Maßnahme verstößt gegen die Richtlinie vom ▓▓▓▓ (*Datum*). Denn ▓▓▓▓.

3. **Besorgnis der ungerechtfertigten Benachteiligung eines im Betrieb beschäftigten Arbeitneh-mers (§ 99 Abs. 2 Nr. 3 BetrVG)**

Hierzu wird im Einzelnen wie folgt vorgetragen: ▓▓▓▓

4. **Ungerechtfertigte Benachteiligung des betroffenen Arbeitnehmers (§ 99 Abs. 2 Nr. 4 BetrVG)**

Hierzu wird im Einzelnen wie folgt vorgetragen: ▓▓▓▓

5. **Fehlende Ausschreibung gemäß § 93 BetrVG (§ 99 Abs. 2 Nr. 5 BetrVG)**

Der Betriebsrat hat am ▓▓▓▓ (*Datum*) die Ausschreibung aller offenen Positionen verlangt (§ 93 BetrVG). Eine Ausschreibung ist hier offenkundig unterblieben (**Alternativ:** *Die Ausschreibung war feh-lerhaft, denn* ▓▓▓▓).

6. **Besorgnis der Störung des Betriebsfriedens (§ 99 Abs. 2 Nr. 6 BetrVG)**

Hierzu wird im Einzelnen wie folgt vorgetragen: ▓▓▓▓

III.

Die uns überlassenen Anlagen geben wir hiermit zu unserer Entlastung zurück. Es handelt sich um folgende Unterlagen: ▓▓▓▓

Bitte haben Sie Verständnis, dass wir der Maßnahme nicht zustimmen können.

Mit freundlichen Grüßen

(*Unterschrift Betriebsratsvorsitzende/r*)

▲

d) Antrag auf Zustimmung des Betriebsrats zum Einsatz eines Leiharbeitnehmers

Literatur: *Böhm*, Rechte des Kundenbetriebsrats bei Bildung eines Zeitarbeitpools und Abruf einzelner Arbeitnehmer, DB 2008, 2026; *Düwell/Dahl*, Mitbestimmung des Betriebsrats beim Einsatz von Leiharbeitnehmern, NZA-RR 2011, 1; *Edenfeld*, Prüfungspflichten aus § 81 I SGB IX bei Leiharbeit, NZA 2006, 126; *Freihube/Sasse*, Das Ende der kurzfristigen Personalplanung durch Leiharbeit?, BB 2011, 1657; *Grimm/Brock*, Das Gleichbehandlungsgebot nach dem Arbeitnehmerüberlassungsgesetz und die Mitbestimmungsrechte des Be-triebsrats des Entleiherbetriebs, DB 2003, 1113; *Hamann*, Leiharbeitnehmer-Pools, NZA 2008, 1042; *Hunold*, Die Rechtsprechung zu den Beteiligungsrechten des Entleiher-Betriebsrats bei Einsatz von Leiharbeitnehmer, NZA-RR 2008, 281; *Schüren*, Leiharbeit in Deutschland, RdA 2007, 231; *Stück*, Leiharbeit – Die Mitbestimmungsrechte des Entleiherbetriebsrats, MDR 2013, 829; *Tilling*, Betei-ligungsrechte beim Einsatz von Leiharbeitnehmern, BB 2009, 2422; *Wensing/Freise*, Beteiligungsrechte des Betriebsrats bei der Über-nahme von Leiharbeitnehmern, BB 2004, 2238.

aa) Rechtliche Grundlagen

Der Einsatz eines Leiharbeitnehmers ist wie eine Einstellung zu behandeln, § 14 Abs. 3 AÜG. Der Betriebs-rat ist also entsprechend anzuhören. Allerdings sind dabei einige Besonderheiten, die sich aus dem Leih-arbeitnehmerverhältnis ergeben, zu beachten. **558**

Nicht nur der erste Einsatz eines Leiharbeitnehmers löst die Beteiligungsrechte des Betriebsrats nach §§ 99 – 101 BetrVG aus, sondern auch die **Verlängerung** des ursprünglich geplanten Einsatzes.[1354] Auch bei- **559**

[1354] BAG 25.1.2005 – 1 ABR 59/03, NZA 2005, 945; Hessisches LAG 29.1.2013 – 4 TaBV 202/12, BeckRS 2013, 68888; *Besgen*, Betriebsverfassungsrecht, § 21 Rn 18.

bloßem **Austausch** eines Leiharbeitnehmers muss nach herrschender, aber zu Recht bezweifelter Auffassung neu angehört werden.[1355] Die Übernahme eines Leiharbeitnehmers in ein Arbeitsverhältnis ist ebenfalls wie eine Einstellung zu behandeln; es muss dann also gesondert angehört werden.[1356] Bei einer **konzerninternen Arbeitnehmerüberlassung** im Sinne von § 1 Abs. 3 Nr. 2 AÜG ist § 14 Abs. 3 AÜG zwar nicht anwendbar. Aber auch in diesem Fall ist der Einsatz des Leiharbeitnehmers als Einstellung im Sinne des § 99 BetrVG zu sehen.[1357]

560   Zweifelhaft ist, ob bei einem bloßen **Wechsel des Leiharbeitgebers** bei ansonsten unveränderten Arbeitsbedingungen eine Einstellung des bereits tätigen Leiharbeitnehmers liegt. Das ist zu verneinen.[1358] Noch keine Einstellung ist die **Aufnahme in einen Leiharbeitnehmerpool**, das ist vielmehr erst der konkrete Einsatz der Betreffenden im Betrieb.[1359] Allerdings sollte es möglich sein, dass die Betriebsparteien sich in einem solchen Fall auf ein abweichendes Mitbestimmungsverfahren einigen.[1360] Eine entsprechende Betriebsvereinbarung darf dem Arbeitgeber bei dem Einsatz von Leiharbeitnehmern nicht vollkommen freie Hand geben; dies würde das Mitbestimmungsrecht substantiell beeinträchtigen und wäre unwirksam.[1361] Begehrt der Arbeitnehmer allgemein die Zustimmung des Betriebsrats, ohne den Einsatz zeitlich zu konkretisieren, so liegt kein wirksamer Antrag nach § 99 BetrVG vor.[1362]

561   Grundsätzlich muss die Anhörung des Betriebsrat bei dem geplanten Einsatz eines Leiharbeitnehmers folgende Angaben enthalten: Auswahl, Qualifikation, Einstellungstermin, Einsatzdauer, vorgesehener Arbeitsplatz, Auswirkungen auf die Beschäftigten.[1363] Allerdings erfolgt die Auswahl des Leiharbeitnehmers häufig durch den Verleiher. Nicht immer ist dem Entleiher der Name des ausgewählten Leiharbeitnehmers frühzeitig bekannt. Es war streitig, wie in einem solchen Fall zu verfahren ist: Eine Auffassung verlangt, dass bei der Anhörung immer der Name des Leiharbeitnehmers benannt werden muss; erfährt der Entleiher das erst ganz kurzfristig, muss er notfalls eine vorläufige Einstellung nach § 100 BetrVG vornehmen.[1364] Die Gegenauffassung verneint eine Verpflichtung zur Benennung des Namens, wenn der Entleiher diesen selbst nicht kennt, weil nicht der Einsatz eines bestimmten Leiharbeitnehmers geschuldet ist.[1365] Mittlerweile hat das BAG die Frage zugunsten der erstgenannten Auffassung entschieden: Der Name des Leiharbeitnehmers muss bei der Anhörung nach § 99 BetrVG also immer benannt werden.[1366] Danach wird sich die Praxis richten.

562   Über das Arbeitsverhältnis zwischen Leiharbeitnehmer und Leiharbeitsunternehmen braucht der Arbeitgeber, selbst wenn er Informationen hierzu hätte, keine Angaben zu machen.[1367] Im Entleiherbetrieb kommt

---

1355 Hessisches LAG 16.1.2007 – 4 TaBV 203/06, EzAÜG § 14 AÜG Betriebsverfassung Nr. 66; ArbG Verden 1.8.1989 – 2 BV 24/89, EzAÜG § 14 AÜG Betriebsverfassung Nr. 26; *Besgen*, Betriebsverfassungsrecht, § 21 Rn 18; *Fitting u.a.*, § 99 BetrVG Rn 58; a.M. LAG Niedersachsen 13.10.1999 – 13 TaBV 106/98, n.v.; *Hunold*, NZA-RR 2008, 281, 282; *Wensing/Freise*, BB 2004, 2238.

1356 LAG Hannover 23.4.2012 – 10 TaBV 34/11, jurisPR-ArbR 40/2012 Nr. 2 mit ablehnender Anmerkung *Boemke*, dort auch Nachweise zum Streitstand.

1357 *Jäger u.a./Lunk*, § 24 Rn 20; *Richardi/Thüsing*, § 99 BetrVG Rn 56; ErfK/*Wank*, § 1 AÜG Rn 62.

1358 Verneinend: LAG Düsseldorf 30.10.2008 – 15 TaBV 12/08, BeckRS 2009, 53374; *Tilling*, BB 2009, 2422, 2423; bejahend: *Hamann*, jurisPR-ArbR 18/2009 Nr. 6; *Düwell/Dahl*, NZA-RR 2011, 1, 3.

1359 BAG 23.1.2008 – 1 ABR 74/06, DB 2008, 822; *Hamann*, NZA 2008, 1042; Gross u.a./*Woitaschek*, § 99 BetrVG Rn 10; *Düwell*, in: Arens/Düwell/Wichert, § 10 Rn 119; vgl. zu den sich daraus ergebenden praktischen Schwierigkeiten *Böhm*, DB 2008, 2026.

1360 So auch GK-BetrVG/*Raab*, § 99 Rn 238.

1361 Hessisches LAG 3.11.2011 – 5 TaBV 70/11, BeckRS 2012, 68853; dazu *Dahl*, jurisPR-ArbR 24/2012 Nr. 5.

1362 ArbG Cottbus 25.4.2012 – 2 BV 8/12, BeckRS 2012, 75437; *Düwell*, in: Arens/Düwell/Wichert, § 10 Rn 12.

1363 Vgl. LAG Köln 12.6.1987 – 4 TaBV 10/87, DB 1987, 2106; *Fitting u.a.*, § 99 BetrVG Rn 178.

1364 ArbG Verden 1.8.1989 – 2 BV 24/89, EzAÜG § 14 AÜG Betriebsverfassung Nr. 26; *Fitting u.a.*, § 99 Rn 178c.

1365 LAG Hamm 25.9.2009 – 10 TaBV 21/09, BeckRS 2009, 74672; ArbG Mainz 11.1.2007 – 7 BV 17/06, AiB 2007, 726; ähnlich GK-BetrVG/*Raab*, § 99 Rn 245 f.; *Hunold*, NZA-RR 2008, 281, 282.

1366 BAG 9.3.2011 – 7 ABR 137/09, NZA 2011, 871; ablehnend Thüsing/*Thüsing*, AÜG, § 14 Rn 165.

1367 BAG 6.6.1978 – 1 ABR 66/75, AP Nr. 6 zu § 99 BetrVG 1972.

auch keine Eingruppierung in Betracht, diese betrifft nämlich das Verhältnis Verleiher und Leiharbeitnehmer.[1368] Der Entleiher braucht also bei der Anhörung nichts zur Eingruppierung oder zur Vergütung des Leiharbeitnehmers zu sagen.[1369] Bisweilen interessieren sich Betriebsräte des Entleihers dafür, ob der Verleiher das Equal-Pay-Gebot der §§ 9 Nr. 2, 3 Abs. 1 Nr. 3 AÜG einhält. In dem Fall können die Angabe einer fiktiven Eingruppierung und die Benennung eines etwaigen Tarifvertrags hilfreich sein, sie sind aber nicht notwendig. Denn eine etwaige Verletzung des Equal-Pay-Gebots durch den Verleiher gibt dem Betriebsrat des Entleihers kein Zustimmungsverweigerungsrecht gemäß § 99 Abs. 2 Nr. 1 BetrVG.[1370]

Der Entleiher muss dem Betriebsrat die AÜG-Erlaubnis des Verleihers vorlegen (§ 14 Abs. 3 S. 2 AÜG), ferner nach überwiegender Auffassung seinen Vertrag mit dem Entleiher.[1371] Dagegen braucht er den Arbeitsvertrag zwischen Verleiher und Leiharbeitnehmer, selbst wenn er ihn hätte, nicht beifügen.[1372] Der Arbeitgeber hat dem Betriebsrat auch diejenigen mitzuteilen, die sich beworben haben, die er aber nicht berücksichtigt hat.[1373] Auch deren Bewerbungsunterlagen müssen, soweit vorhanden, vorgelegt werden. Keine Informationen schuldet der Arbeitgeber darüber, ob er auch Kontakt zu anderen Verleihfirmen hatte. Denn dies hat nichts mit dem Einsatz des konkreten Leiharbeitnehmers zu tun. **563**

Auch wenn der Arbeitgeber einen freien Arbeitsplatz dauerhaft mit Leiharbeitnehmern besetzen möchte, ist er zur Ausschreibung verpflichtet, sofern der Betriebsrat das wirksam verlangt hat.[1374] Dies gilt grundsätzlich auch bei vorübergehenden Einsätzen; allerdings ist eine Ausschreibung entbehrlich, wenn feststeht, dass mit Bewerbungen von im Betrieb beschäftigten Arbeitnehmern auf die in Frage kommenden Arbeitsplätze offenkundig nicht zu rechnen ist.[1375] Das dürfte bei einem vorübergehenden Einsatz von unter 4 Wochen der Fall sein.[1376] Ist der Arbeitgeber zur Ausschreibung verpflichtet, so kann er in der Ausschreibung darauf hinweisen, dass er die offene Stelle mit einem freien Mitarbeiter oder Leiharbeitnehmer besetzen will.[1377] Sonst werden die Arbeitnehmer durch die Ausschreibung in die Irre geführt.[1378] Der Arbeitgeber muss in der Stellenausschreibung auch nicht aufzeigen, dass interne Mitarbeiter Bewerbungen an ihn richten, um mit ihm möglicherweise einen geänderten Arbeitsvertrag zu schließen.[1379] **564**

Die Entscheidung, ob eine Stelle durch einen Arbeitnehmer oder Leiharbeitnehmer besetzt wird, trifft alleine der Arbeitgeber im Rahmen seines unternehmerischen Ermessens. Der Betriebsrat kann also dem Einsatz des konkreten Leiharbeitnehmers nicht mit allgemeinen Erwägungen gegen die Leiharbeit widerspre- **565**

1368 LAG Düsseldorf 20.1.2007, AE 2007, 336; *Besgen*, Betriebsverfassungsrecht, § 21 Rn 47; *Fitting u.a.*, § 99 BetrVG Rn 83; *Hunold*, NZA-RR 2008, 281, 285; *Tilling*, BB 2009, 2422, 2424.
1369 LAG Düsseldorf 30.10.2008 – 15 TaBV 114/08, BeckRS 2009, 53373; LAG Berlin-Brandenburg 9.10.2014 – 14 TaBV 940/14, BeckRS 2015, 65828; *Düwell/Dahl*, NZA-RR 2011, 1, 3.
1370 BAG 21.7.2009 – 1 ABR 35/08 – NZA 2009, 1156; BAG 25.1.2005 – 1 ABR 61/03, NZA 2005, 1199 (für nicht gewerbsmäßige Überlassung); *Fitting u.a.*, § 99 BetrVG Rn 191 f.; *Hamann*, NZA 2003, 526, 533; *Hunold*, NZA-RR 2008, 281, 283; differenzierend DKKW/*Bachner*, § 99 BetrVG Rn 197; a.M. *Grimm/Brock*, DB 2003, 1113, 1116.
1371 BAG 6.6.1978 – 1 ABR 66/75, AP Nr. 6 zu § 99 BetrVG 1972; *Fitting u.a.*, § 99 BetrVG Rn 178a; *Düwell/Dahl*, NZA-RR 2011, 1, 3; kritisch etwa *Hunold*, NZA-RR 2008, 281, 282 f.
1372 BAG 6.6.1978 – 1 ABR 66/75, DB 1978, 1841; *Düwell/Dahl*, NZA-RR 2011, 1, 3; *Besgen*, Betriebsverfassungsrecht, § 21 Rn 56; *Jäger u.a./Lunk*, § 24 Rn 72.
1373 BAG 18.7.1978 – 1 ABR 8/75, AP Nr. 7 zu § 99 BetrVG 1972; *Gross u.a./Woitaschek*, § 99 BetrVG Rn 17.
1374 BAG 1.2.2011 – 1 ABR 79/09, NZA 2011, 703.
1375 BAG 15.10.2013 – 1 ABR 25/12, NZA 2014, 14; vgl. auch BAG 7.6.2016 – 1 ABR 33/14, BeckRS 2016, 72326.
1376 Vgl. auch NK-GA/*Eylert/Waskow*, § 93 BetrVG Rn 10.
1377 Hessisches LAG 24.4.2007 – 4 TaBV 24/07, BeckRS 2007, 47235; LAG Niedersachsen 19.11.2008 – 15 TaBV 159/07, zit. nach juris; HWK/*Ricken*, § 93 BetrVG Rn 8.
1378 Dazu *Freihube/Sasse*, BB 2011, 1657.
1379 BAG 7.6.2016 – 1 ABR 33/14, BeckRS 2016, 72326.

chen. Es können auch nicht undifferenziert Nachteile der Stammbelegschaft ins Feld geführt werden.[1380] Dies gilt auch, wenn ein Arbeitgeber zur Senkung der Personalkosten in großem Umfang Leiharbeitnehmer beschäftigt; dies ist kein Verstoß gegen § 242 BGB oder institutioneller Rechtsmissbrauch.[1381] Allerdings kann der Betriebsrat gemäß § 99 Abs. 2 Nr. 1 BetrVG widersprechen, wenn der Einsatz des Leiharbeitnehmers entgegen dem neuen § 1 Abs. 1 S. 2 AÜG nicht nur vorübergehend ist.[1382] Wie das Merkmal „vorübergehend" einzugrenzen ist, brauchte das BAG nicht entscheiden, da in den beiden zugrunde liegenden Fällen ein dauerhafter Einsatz des betreffenden Leiharbeitnehmers geplant war.[1383] Für die Zukunft soll eine Überlassungshöchstdauer von 18 Monaten gelten; dies sieht der „Entwurf eines Gesetzes zur Änderung des Arbeitnehmerüberlassungsgesetzes und anderer Gesetze" vor.[1384]

566 Verstößt der Arbeitgeber gegen § 81 Abs. 1 S. 1 und 2 SGB IX, so kann der Betriebsrat bei einer Einstellung (nicht aber bei einer Versetzung) einen Zustimmungsverweigerungsgrund gemäß § 99 Abs. 2 Nr. 1 BetrVG haben.[1385] Ob dies auch bei kurzfristigen Einsätzen von Leiharbeitnehmern gilt, etwa wegen Krankheitsvertretung, ist aber fraglich; insofern dürfte es schon an einem freien Arbeitsplatz mangeln.[1386] Ebenfalls fraglich ist, ob die Verletzung der Konsultationspflicht nach § 81 Abs. 1 S. 6 SGB IX Auswirkungen auf das Zustimmungsersetzungsverfahren hat.[1387]

Ob und in welchem Umfang Auswahlrichtlinien nach § 95 BetrVG einem Einsatz von Leiharbeitnehmern entgegengehalten werden können, ist noch nicht ausreichend geklärt.[1388]

567 Die Mitglieder des Betriebsrats sind hinsichtlich der Angaben, die ihnen der Arbeitgeber im Rahmen des § 99 BetrVG erteilt, zur Verschwiegenheit verpflichtet, § 99 Abs. 1 S. 3 BetrVG. Es schadet nicht, in der Anhörung vorsorglich darauf hinzuweisen.

bb) Muster

568 **Muster 2.52: Unterrichtung und Einholung der Zustimmung des Betriebsrats zu einer geplanten Einstellung eines Leiharbeitnehmers**

An:

Betriebsrat

Zu Händen des Betriebsratsvorsitzenden

– im Hause –

Von: Personalabteilung

Datum:

1380 Vgl. *Tilling*, BB 2009, 2422, 2427 ff.; *Düwell*, in: Arens/Düwell/Wichert, § 10 Rn 131.

1381 Zurückhaltend etwa BAG 21.7.2009 – 1 ABR 35/08, NZA 2009, 1156, 1158 Rn 30: § 242 BGB sei keine Verbotsnorm i.S.v. § 99 Abs. 2 Nr. 1 BetrVG; zurückhaltend zum Institut des institutionellen Rechtsmissbrauchs LAG Düsseldorf 21.6.2013 – 10 Sa 1747/12, juris; anders LAG Niedersachsen 19.9.2012 – 17 TaBV 124/11, BeckRS 2012, 74786.

1382 BAG 10.7.2013 – 7 ABR 91/11 – NZA 2013, 1296.; BAG 30.9.2014 – 1 ABR 79/12 – NZA 2015, 240.

1383 BAG 10.7.2013 – 7 ABR 91/11 – NZA 2013, 1296; BAG 30.9.2014 – 1 ABR 79/12 – NZA 2015, 240.. Vgl. zum Streitstand über die Definition von „vorübergehend" in § 1 Abs. 1 S. 2 AÜG: *Thüsing/Stiebert*, DB 2012, 632; *Stück*, MDR 2013, 829; *Brors*, AuR 2013, 108.

1384 BT-Drs 18/9232.

1385 BAG 17.6.2008 – 1 ABR 20/07, NZA 2008, 1139; BAG 23.6.2010 – 7 ABR 3/09, NZA 2010, 1361; *Düwell*, in Arens/Düwell/Wichert, § 10 Rn 124; a.M. etwa GK-BetrVG/*Raab*, § 99 Rn 254; *Edenfeld*, NZA 2006, 126.

1386 Dazu *Freihube/Sasse*, BB 2011, 1657.

1387 Verneint von LAG Düsseldorf 30.10.2008 – 15 TaBV 24/08, BeckRS 2009, 53373; bejaht von *Düwell*, in Arens/Düwell/Wichert, § 10 Rn 124;

1388 Hierzu Thüsing/*Thüsing*, AÜG, § 14 Rn 169; *Gussen*, NZA 2011, 830; HaKo-ArbR/*Lorenz*, § 14 AÜG Rn 51.

Betr.: Unterrichtung über den beabsichtigten Einsatz eines Leiharbeitnehmers gemäß § 99 Abs. 1 BetrVG

Einholung der Zustimmung des Betriebsrats

Sehr geehrtes Gremium, sehr geehrter Herr Betriebsratsvorsitzender,

folgender Einsatz eines Leiharbeitnehmers ist beabsichtigt:

Name des überlassenen Arbeitnehmers: **Alternativ:** *noch nicht bekannt*

Qualifikation:

Beabsichtigte Einsatzdauer: von   bis

Arbeitszeit: 40 Stunden

Fiktive Eingruppierung: Frau/Herr   wäre bei uns in der Tarifgruppe   des derzeit anwendbaren Vergütungstarifvertrags vom   (*Datum*) eingruppiert (**Alternativ:** *keine Angaben zur fiktiven Eingruppierung*)

Verleihunternehmen:

Zu den Aufgaben der/des Frau/Herrn   wird insbesondere gehören: (*kurze Darstellung, Stichworte, Aufzählung*)

Im Einzelnen möchten wir noch folgende Angaben machen:

I. Stellenausschreibung[1389]

Die Stelle wurde intern wie folgt ausgeschrieben:

Interne Stellenausschreibung: vom   (*Datum*) (**Anlage**)

Hinweis: *Hat der Betriebsrat keine Stellenausschreibung verlangt, entfällt dieser Punkt.*

II. Angaben zu dem Leiharbeitnehmer

Im Einzelnen sind zu Qualifikation und persönlicher Eignung von Frau/Herr   folgende Angaben zu machen:

Frau/Herr wird uns von einem Leiharbeitsunternehmen, und zwar der   , zur Verfügung gestellt. Eine Kopie unseres Vertrags mit dem Leiharbeitsunternehmen ist beigefügt. Das Verleihunternehmen verfügt über die nach dem Arbeitnehmerüberlassungsgesetz erforderlichen Genehmigungen. Eine Kopie der schriftlichen Genehmigung fügen wir bei.

Hinsichtlich Auswahl und Qualifikation des Leiharbeitnehmers ist Folgendes zu sagen: Sie/Er ist für die offene Position bestens geeignet. Sie/Er hat entsprechende Vorkenntnisse, Qualifikationen und ähnliche vorherige Beschäftigungsverhältnisse. Sie/Er erfüllt die in der Stellenausschreibung genannten Anforderungen, insbesondere (*kurze Aufzählung, anhand der Voraussetzungen der Stellenausschreibung*). Die uns zu dem Leiharbeitnehmer vorliegenden Unterlagen fügen wir bei.

Alternativ: *Die Auswahl des Leiharbeitnehmers obliegt allein dem Leiharbeitsunternehmen. Wegen der Qualifikation haben wir folgende Vorgaben gemacht:*   . *Das Verleihunternehmen hat uns noch nicht den Namen des ausgewählten Leiharbeitnehmers genannt. Sobald uns der Name vorliegt, werden wir ihn unverzüglich an den Betriebsrat weiterleiten.*

1389 Auch wenn die Stelle von vornherein durch einen Leiharbeitnehmer besetzt werden soll, muss sie auf Verlangen des Betriebsrats nach § 93 BetrVG betriebsintern ausgeschrieben werden.

III. Angaben zu den übrigen Bewerbern

Um die Stelle haben sich außer Frau/Herrn ▮▮▮▮ noch andere Personen beworben, und zwar:

Interne Bewerber: ▮▮▮▮ *(Namen)*

Die vollständigen Bewerbungsunterlagen dieser Bewerber haben wir ebenfalls als **Anlage** beigefügt.

Wir haben uns im Rahmen unseres unternehmerischen Ermessens für den Einsatz eines Leiharbeitnehmers entschieden.

Alternativ: *Auf unsere Stellenausschreibung vom* ▮▮▮▮ *(Datum) hat sich kein interner Bewerber gemeldet. Die Stellenausschreibung enthielt den Hinweis, dass wir uns vorrangig zu dem Einsatz eines Leiharbeitnehmers entschieden haben.*

IV. Fiktive Eingruppierung

Als Leiharbeitnehmer wird Frau/Herr ▮▮▮▮ bei uns nicht eingruppiert. Bei uns würde er/sie in Tarifgruppe ▮▮▮▮ des derzeit anwendbaren Vergütungstarifvertrags vom ▮▮▮▮ *(Datum)* gehören.[1390]

In dem Verleihunternehmen existiert ein Tarifvertrag, und zwar ▮▮▮▮.[1391]

V. Auswirkungen auf die Belegschaft

Für uns sind derzeit keine Auswirkungen der Einstellung von Frau/Herrn ▮▮▮▮ auf die übrige Belegschaft ersichtlich.

Alternativ: *Die Einstellung kann auf die übrige Belegschaft folgende Auswirkungen haben: (kurze Darstellung,* **Beispiel:** *Abbau von Überstunden; Aufteilung/Umverteilung der Arbeit in der Abteilung; neue Teams; Schaffung/Wegfall von Stellen; Beförderung anderer Arbeitnehmer in der Abteilung; etc.)*

VI. Kontaktaufnahme mit Agentur für Arbeit zwecks Besetzung mit schwerbehinderten Menschen

Im Vorfeld der Auswahlentscheidung haben wir geprüft, ob der Arbeitsplatz mit einem schwerbehinderten Menschen, insbesondere mit einem bei der Agentur für Arbeit arbeitslos oder arbeitssuchend gemeldeten schwerbehinderten Menschen besetzt werden kann. Dazu haben wir bereits am ▮▮▮▮ *(Datum)* mit der Arbeitsagentur ▮▮▮▮ Kontakt aufgenommen und unter Vorlage der Stellenausschreibung nachgefragt, ob geeignete schwerbehinderte Bewerber bekannt seien. Uns wurde kein geeigneter schwerbehinderter Bewerber genannt. Unser Schreiben an die Arbeitsagentur fügen wir als **Anlage** bei.

VII. Beigefügte Unterlagen[1392]

Dieser Unterrichtung sind folgende Unterlagen beigefügt:

Interne Stellenausschreibung

Arbeitnehmerüberlassungsvertrag

Genehmigung nach Arbeitnehmerüberlassungsgesetz

Unterlagen über den Leiharbeitnehmer

Bewerbungsunterlagen der übrigen Kandidaten

Schreiben an die Bundesagentur für Arbeit wegen Besetzung mit einem Schwerbehinderten

VIII. Hinweis auf Verschwiegenheitsverpflichtung

Vorsorglich möchten wir das Gremium auf seine **Verschwiegenheitsverpflichtung** gemäß § 99 Abs. 1 S. 3 BetrVG hinweisen. Außerdem bitten wir, die überlassenen Bewerbungsunterlagen und Protokolle/

1390 Dieser Hinweis ist entbehrlich.

1391 Diese Angabe ist entbehrlich, aber bisweilen sinnvoll, um ungerechtfertigten Widersprüchen wegen angeblichen Verstoßes gegen das Equal-Pay-Gebot zuvorzukommen.

1392 Die Unterlagen müssen beigefügt sein, der Betriebsrat hat also nicht ein bloßes Einsichtsrecht, BAG 3.12.1985 – 1 ABR 72/83, EzA 1985 § 99 BetrVG 1972 Nr. 46; *Fitting u.a.*, § 99 BetrVG Rn 181; a.M. etwa GK-BetrVG/*Raab*, § 99 Rn 134.

Notizen aus den jeweiligen Gesprächen (soweit hier überlassen) nach der Beschlussfassung, spätestens jedoch nach Ablauf der Frist des § 99 Abs. 3 S. 2 BetrVG, an uns zurückzugeben.

Wir bitten um Zustimmung zu der beabsichtigten Einstellung.

Mit freundlichen Grüßen

(*Unterschrift Personalabteilung*)

e) Unterrichtung über eine vorläufige Einstellung/Versetzung, § 100 BetrVG

Literatur: *Gillen/Vahle*, Vorläufige Personalmaßnahme nach § 100 BetrVG, BB 2010, 761; *Kania*, Schweigen des Betriebsrats auf eine Unterrichtung nach § 100 II 1 BetrVG, NZA 2016, 614; *Matthes*, Vorläufige Personalmaßnahmen ohne sachlichen Grund, BB 2010, 2109.

aa) Rechtliche Grundlagen

Soll eine **Einstellung** oder **Versetzung** erfolgen, zu der keine Zustimmung des Betriebsrats vorliegt, auch **569** nicht im Wege der Zustimmungsfiktion des § 99 Abs. 3 BetrVG, kommt eine vorläufige Maßnahme nach § 100 BetrVG in Betracht. Ansonsten muss der Arbeitgeber bis zum Abschluss des gerichtlichen Zustimmungsersetzungsverfahrens warten. Das Verfahren des § 100 BetrVG ist nach h.M. allerdings nicht einschlägig, wenn es um eine **Ein- oder Umgruppierung** geht, die der Betriebsrat abgelehnt hat.[1393] Zur Begründung dieser Einschränkung wird entweder darauf abgestellt, dass eine Ein- oder Umgruppierung nicht eilbedürftig sei[1394] oder dass die Ein- oder Umgruppierung keine nach außen wirkende Maßnahme ist, die nach § 101 BetrVG aufgehoben werden kann.[1395] Praktisch bedeutet das, dass der Arbeitgeber die für richtig gehaltene Vergütung von Beginn an zahlt (damit auch die Ein- oder Umgruppierung durchführt) und parallel dazu das Zustimmungsersetzungsverfahren nach § 99 Abs. 4 BetrVG einleitet.[1396] Das Zustimmungsersetzungsverfahren kann der Betriebsrat aber auch über § 101 BetrVG erzwingen.[1397]

Die Unterrichtungspflicht unterliegt keiner **Form**. Aus Gründen der Beweisbarkeit sollte sie aber auf jeden **570** Fall schriftlich erfolgen. Hinsichtlich des **Zeitpunkts** der Unterrichtung gilt: Sie muss im **Regelfall vor** Durchführung der vorläufigen Maßnahme liegen. Kann wegen Dringlichkeit ausnahmsweise vorher nicht unterrichtet werden, muss der Arbeitgeber die Unterrichtung unverzüglich nachholen.[1398] Die Unterrichtung kann bereits im Anhörungsschreiben nach § 99 BetrVG erfolgen; da es sich um zwei unterschiedliche Gegenstände handelt, muss aber deutlich zum Ausdruck kommen, dass der Arbeitgeber auch nach § 100 BetrVG unterrichtet.[1399] Ob eine vorläufige Maßnahme schon vor Anhörung des Betriebsrats nach § 99 BetrVG zulässig ist, ist streitig.[1400] Im laufenden Zustimmungsersetzungsverfahren kann noch eine vorläufige Maßnahme vorgenommen werden, wenn erst dann die Dringlichkeit auftritt.

Die vorläufige Maßnahme ist nur zulässig, wenn sie aus sachlichen Gründen dringend erforderlich ist. Maß- **571** geblich ist die Lage zum Zeitpunkt der Durchführung der Maßnahme, spätere Änderungen spielen keine Rolle.[1401] Die sachlichen Gründe sind im Unterrichtungsschreiben konkret darzulegen, eine bloße Bezugnahme auf den Gesetzeswortlaut oder eine offenkundig unvollständige Begründung genügen dem nicht: In

---

1393 *Fitting u.a.*, § 100 BetrVG Rn 5; *Richardi/Thüsing*, § 100 BetrVG Rn 4; in diese Richtung auch BAG 27.1.1987 – 1 ABR 66/85, BAGE 54, 147; a.M. GK-BetrVG/*Raab*, § 100 Rn 5 ff.
1394 So *Fitting u.a.*, § 100 BetrVG Rn 5.
1395 So *Richardi/Thüsing*, § 100 BetrVG Rn 4.
1396 Vgl. auch *Jäger u.a./Lunk*, § 24 Rn 127.
1397 BAG 26.10.2004 – 1 ABR 37/03, NZA 2005, 367; LAG Hamm 16.2.2016, ArbRAktuell 2016, 290; *Fitting u.a.*, § 101 BetrVG Rn 8.
1398 ErfK/*Kania*, § 100 BetrVG Rn 3; GK-BetrVG/*Raab*, § 100 Rn 17, 24; DKKW/*Bachner*, § 100 BetrVG Rn 14.
1399 *Jäger u.a./Lunk*, § 24 Rn 137.
1400 Zust.: GK-BetrVG/*Raab*, § 100 Rn 16; abl: DKKW/*Bachner*, § 100 Rn 12.
1401 NK-GA/*Preuss*, § 99 BetrVG Rn 19 m.w.N.

dem Fall kann der Betriebsrat eine Aufhebung der Maßnahme nach § 101 BetrVG verlangen.[1402] Als Begründung für eine vorläufige Einstellung kommt etwa in Betracht: Gefahr von Betriebsablaufstörungen; Gefahr der Stornierung von Aufträgen; qualifizierter Bewerber springt möglicherweise ab.[1403] In solchen Fällen braucht sich der Arbeitgeber nicht darauf verweisen lassen, er könne eine andere Person einstellen, die vorhandenen Arbeitnehmer könnten Überstunden leisten, die offene Stelle könnte vorübergehend durch Leiharbeitnehmer ausgefüllt werden.[1404] Von den Gerichten werden solche Gründe schnell akzeptiert. Ob dies auf einem Verständnis für die betrieblichen Notwendigkeiten beruht oder ob diese Sicht der Arbeitsgerichte zu kritisieren ist,[1405] sei hier offen gelassen.

572 § 100 BetrVG schreibt anders als § 99 Abs. 1 BetrVG nicht die Vorlage von Unterlagen vor, solche brauchen also nicht beigefügt werden, und zwar auch dann nicht, wenn der Betriebsrat das aufgrund § 80 Abs. 2 BetrVG verlangt.[1406] Allerdings kann die Beifügung weiterer Unterlagen sinnvoll sein, um den Betriebsrat von einem Bestreiten der Dringlichkeit abzuhalten.

573 Bestreitet der Betriebsrat die Dringlichkeit, so muss der Arbeitgeber binnen drei Tagen das Arbeitsgericht einschalten (§ 100 Abs. 2 S. 3 BetrVG, dazu siehe unten § 3 Rdn 342). Ist die vorläufige Maßnahme nach Ablauf der drei Tage bereits beendet, muss der Arbeitgeber aber kein Verfahren nach §§ 100, 99 Abs. 4 BetrVG einleiten.[1407] Bestreitet der Betriebsrat die Dringlichkeit nicht oder antwortet er zu spät, so kann der Arbeitgeber die vorläufige Maßnahme durchführen bzw. aufrechterhalten. Er ist dann auch nicht gezwungen, binnen drei Kalendertagen ein gerichtliches Zustimmungsersetzungsverfahren einzuleiten; § 100 Abs. 2 S. 3 BetrVG ist nicht anwendbar.[1408] Zögert der Arbeitgeber das gerichtliche Zustimmungsersetzungsverfahren allerdings unangemessen hinaus, so kann der Betriebsrat dem mit einem Antrag nach § 101 BetrVG begegnen.[1409]

574 Der Arbeitgeber muss den einzustellenden Arbeitnehmer über die Sach- und Rechtslage aufklären, dies ist eine Obliegenheit gemäß § 100 Abs. 1 S. 2 BetrVG. Unterlässt er die Aufklärung, so hat das keine Auswirkung auf die vorläufige personelle Maßnahme.[1410] Es kann den Arbeitgeber aber zu Schadensersatz gegenüber dem Bewerber verpflichten. Tunlichst enthält der Arbeitsvertrag bei vorläufiger Einstellung einen Vorbehalt oder eine Bedingung für den Fall, dass der Arbeitgeber die vorläufige Maßnahme oder die Beschäftigung überhaupt nicht fortsetzen kann.[1411] Allerdings kann so etwas auf einen qualifizierten Bewerber auch abschreckend wirken. Dann wird der Arbeitgeber abwägen müssen, ob er nicht lieber den Vorbehalt unterlässt und das Risiko auf sich nimmt.

1402 Hessisches LAG 27.5.2008 – 4 TaBV 288/07, AuR 2008, 362; vgl. auch GK-BetrVG/*Raab*, § 100 Rn 23; Gross u.a./*Woitaschek*, § 100 BetrVG Rn 4.
1403 *Gillen/Vahlen*, BB 2010, 761, 762 ff.
1404 *Gillen/Vahlen*, BB 2010, 761, 762; in einem Sonderfall a.M. Hessisches LAG 6.5.2003 – 4 TaBV 101/02, zit. nach juris.
1405 Kritisch etwa *Matthes*, BB 2010, 2109.
1406 NK-GA/*Preuss*, § 100 BetrVG Rn 25; GK-BetrVG/*Raab*, § 100 Rn 25; a.M. DKKW/*Bachner*, § 100 BetrVG Rn 15.
1407 LAG Rheinland-Pfalz 14.12.2007 – 6 TaBV 49/07, NZA-RR 2008, 248.
1408 Richardi/*Thüsing*, § 100 Rn 20 ff.; *Kania*, NZA 2016, 614; a.M. etwa *Fitting u.a.*, § 100 Rn 9; Gross u.a./*Woitaschek*, § 100 BetrVG Rn 5.
1409 *Kania*, NZA 2016, 614, 617.
1410 DKKW/*Bachner*, § 100 BetrVG Rn 17; *Besgen*, Betriebsverfassungsrecht, § 22 Rn 7; Gross u.a./*Woitaschek*, § 100 BetrVG Rn 3.
1411 NK-GA/*Preuss*, § 100 BetrVG Rn 54, 57.

bb) Muster

53

▼

Muster 2.53: Unterrichtung über eine vorläufige Einstellung/Versetzung 575

An:

Betriebsrat

Zu Händen des Betriebsratsvorsitzenden

– im Hause –

Von: Personalabteilung

Datum:

Betr.: Unterrichtung über die vorläufige Einstellung des ▓▓▓ gemäß § 100 BetrVG

Sehr geehrtes Gremium, sehr geehrter Herr Betriebsratsvorsitzender,

wir nehmen Bezug auf unseren Antrag auf Zustimmung zur Einstellung des ▓▓▓ vom ▓▓▓ (*Datum*). Sie verweigerten die Zustimmung mit Schreiben vom ▓▓▓ (*Datum*). Wir halten Ihre Verweigerung für unwirksam und sind nun gezwungen, ein Zustimmungsersetzungsverfahren einzuleiten.

Hiermit möchten wir Sie darüber unterrichten, dass wir Herrn ▓▓▓ ab dem ▓▓▓ (*Datum*) gemäß § 100 BetrVG vorläufig als Vertriebsleiter für den Verkaufsdistrikt Düsseldorf einstellen werden. Dies ist aus folgenden sachlichen Gründen dringend erforderlich:

Die bisherige Stelleninhaberin, Frau ▓▓▓, hat bekanntlich gekündigt und wird unser Unternehmen am ▓▓▓ (*Datum*) verlassen. Damit ist die Position des Vertriebsleiters im Verkaufsdistrikt Düsseldorf vakant.

Der Verkaufsdistrikt Düsseldorf ist unser umsatzstärkster Verkaufsdistrikt. Dort ist letztes Jahr ein Umsatz von ▓▓▓ generiert worden. Dem Verkaufsdistrikt Düsseldorf sind insgesamt 10 Arbeitnehmer/innen im Außendienst und 6 Arbeitnehmer/innen im Innendienst zugeordnet.

Zur Sicherstellung des Umsatzes und der operativen Abläufe benötigen wir dringend eine Führungskraft mit langjähriger Managementerfahrung und fundierten Fachkenntnissen im Vertrieb. Über beides verfügt Herr ▓▓▓, wie Sie aufgrund unserer Anhörung vom ▓▓▓ (*Datum*) wissen.

Von den 14 Mitarbeitern des Verkaufsdistrikts Düsseldorfs weist keiner die Erfahrung auf, die für so eine Position erforderlich ist. Eine vorübergehende Besetzung der Stelle durch einen unserer bisherigen Mitarbeiter kommt also nicht in Betracht.

Stellen wir Herrn ▓▓▓ nicht sofort ein, befürchten wir insbesondere folgende Betriebsablaufstörungen: ▓▓▓

Es kommt hinzu, dass Herr ▓▓▓ uns am ▓▓▓ (*Datum*) mitgeteilt hat, dass er die Stelle nur sofort antreten wird. Wenn er länger warten müsse, werde er sich für ein anderes Angebot entscheiden. Wir würden dann einen besonders qualifizierten Bewerber verlieren und erneut in den Bewerbungsprozess übergehen müssen. Ob wir einen so qualifizierten Bewerber wieder finden, halten wir für wenig wahrscheinlich.

Die Einstellung von Herrn ▓▓▓ duldet also keinen Aufschub und ist im Interesse des Verkaufsdistrikts Düsseldorf und des Unternehmens dringend erforderlich.

Herr ▓▓▓ wurde von uns am ▓▓▓ (*Datum*) über die Sach- und Rechtslage bei einer vorläufigen Einstellung aufgeklärt.[1412]

Wir bitten den Betriebsrat, die Dringlichkeit der Maßnahme nicht zu bestreiten.

Mit freundlichen Grüßen

(*Unterschrift Personalabteilung*)

▲

1412 Dieser Hinweis ist in dem Unterrichtungsschreiben entbehrlich.

f) Antwort des Betriebsrats auf Unterrichtung über eine vorläufige personelle Maßnahme, § 100 BetrVG

Literatur: *Gillen/Vahle*, Vorläufige Personalmaßnahme nach § 100 BetrVG, BB 2010, 761; *Schulze/Schreck*, Personelle Einzelmaßnahmen nach § 99 BetrVG – Handlungsmöglichkeiten des Betriebsrates, ArbRAktuell 2013, 341090.

aa) Rechtliche Grundlagen

576   Die Stellungnahme des Betriebsrats zur Unterrichtung des Arbeitgebers nach § 100 BetrVG bedarf **keiner Form**.[1413] Aus Beweisgründen ist es aber sinnvoll, **schriftlich** zu antworten. In der Verweigerung der Zustimmung nach § 99 BetrVG liegt nicht zugleich das Bestreiten der sachlichen Notwendigkeit der vorläufigen Maßnahme. Dies muss vielmehr gesondert erfolgen, auch wenn das in der gleichen Urkunde geschehen kann.[1414]

577   Hinsichtlich der **Stellungnahmefrist** gilt: Der Betriebsrat hat unverzüglich Stellung zu nehmen, also ohne schuldhaftes Zögern, § 121 BGB. Maßgeblich sind die Umstände des Einzelfalls. Die Stellungnahme setzt einen wirksamen Betriebsratsbeschluss voraus.[1415] Ob der Betriebsrat dafür bei einem wöchentlichen Sitzungsturnus stets bis zur nächsten Sitzung abwarten kann,[1416] erscheint zweifelhaft. Man wird dem Betriebsrat durchaus zumuten dürfen, zu einer besonderen Sitzung zusammen zu kommen und dort zu beschließen. Der Arbeitgeber hat bei einem negativen Beschluss ja auch nur drei Tage, um die erforderlichen Anträge beim Arbeitsgericht zu stellen. Nimmt der Betriebsrat nicht Stellung oder bestreitet er die Dringlichkeit der vorläufigen personellen Maßnahme zu spät, kann der Arbeitgeber die vorläufige Maßnahme durchführen. Gleiches gilt, wenn der zugrunde liegende Betriebsratsbeschluss unwirksam ist, etwa weil die vorläufige personelle Maßnahme ein Betriebsratsmitglied betrifft, das unzulässigerweise an Beratung und/oder Beschlussfassung mitgewirkt hat (vgl. oben Rdn 550).

578   Der Betriebsrat muss seine Entscheidung **nicht begründen**.[1417] Ein auf vertrauensvolle Zusammenarbeit bedachter Betriebsrat wird das dennoch tun, schon um den Verdacht auszuräumen, er blockiere willkürlich eine personelle Maßnahme. Da der Betriebsrat seine Entscheidung nicht begründen muss, ist er in einem späteren gerichtlichen Feststellungsverfahren auch nicht an die genannten Gründe gebunden, sondern kann weitere Gründe nachschieben.

579   Bestreitet der Betriebsrat wirksam die sachliche Erforderlichkeit der vorläufigen Einstellung, so kann der Arbeitgeber diese nur aufrechterhalten, wenn er binnen drei Kalendertagen das Arbeitsgericht anruft[1418] (wegen der Einzelheiten hierzu, siehe § 3 Rdn 342).

bb) Muster

580   **Muster 2.54: Antwort des Betriebsrats auf Unterrichtung über eine vorläufige personelle Maßnahme**

An: Personalabteilung

Zu Händen der Personalleiterin

– im Hause –

Von: Betriebsrat

Datum:

1413 DKKW/*Bachner*, § 100 BetrVG Rn 20; *Stege/Weinspach*, §§ 99–101 BetrVG Rn 111.
1414 Vgl. LAG Berlin-Brandenburg 16.12.2010 – 25 TaBV 2017/10, BeckRS 2011, 70435; DKKW/*Bachner*, § 100 Rn 21.
1415 HWK/*Ricken*, § 100 BetrVG Rn 9.
1416 So Jäger u.a./*Lunk*, § 24 Rn 141; NK-GA/*Preuss*, § 100 BetrVG Rn 32.
1417 NK-GA/*Preuss*, § 100 BetrVG Rn 32; HWK/*Ricken*, § 100 BetrVG Rn 9.
1418 *Gillen/Vahle*, BB 2010, 761, 765 f.

Betr.: Unterrichtung über eine vorläufige personelle Maßnahme nach § 100 BetrVG

Stellungnahme des Betriebsrats

Sehr geehrte Personalabteilung,

sehr geehrte Frau ▓▓▓▓ ,

Ihr Unterrichtungsschreiben über die geplante vorläufige Einstellung des ▓▓▓▓ ist bei uns am ▓▓▓▓ (*Datum*) eingegangen. Bedauerlicherweise müssen wir die Dringlichkeit der vorläufigen Einstellung des ▓▓▓▓ bestreiten. Dies hat der Betriebsrat in seiner Sitzung vom ▓▓▓▓ (*Datum*) beschlossen.

Unsere Entscheidung begründen wir wie folgt:

In Ihrem Unterrichtungsschreiben berufen Sie sich darauf, dass die Stelle des Vertriebsleiters vakant ist und sofort besetzt werden muss. In diese zeitliche Bedrängnis haben Sie sich selbst gebracht. Die bisherige Vertriebsleiterin, Frau ▓▓▓▓ , hat am ▓▓▓▓ (*Datum*) mit einer Frist von 6 Monaten gekündigt. Sie hätten also den Bewerbungsvorgang ab ▓▓▓▓ (*Datum*) starten können. Stattdessen haben Sie damit drei Monate gewartet. Bei einem solchen zögerlichen Verhalten können Sie sich nicht auf Dringlichkeit berufen.

Zudem könnte der stellvertretende Vertriebsleiter die vakante Position kommissarisch ausüben. Wir halten ihn für sehr gut geeignet. Auch deshalb können wir keine Dringlichkeit erkennen.

Bitte haben Sie Verständnis, dass wir deshalb die Dringlichkeit der Maßnahme bestreiten müssen.

Mit freundlichen Grüßen

(*Unterschrift Betriebsratsvorsitzende/r*)

g) Einführung zu §§ 102, 103 BetrVG

aa) Sinn und Zweck des § 102 BetrVG

Vor Ausspruch einer Kündigung hat der Arbeitgeber den BR des Betriebes anzuhören, in dem der zu kündigende Arbeitnehmer tätig ist. Die ohne BR-Anhörung erklärte Kündigung ist **unwirksam**. Das Anhörungsverfahren nach § 102 BetrVG soll dem BR ermöglichen, **ohne zusätzliche eigene Ermittlungen** zu der beabsichtigten Kündigung gegenüber dem Arbeitgeber aus Sicht der Arbeitnehmer Stellung zu nehmen, damit dieser etwaige Bedenken oder den Widerspruch des BR gegen die beabsichtigte Kündigung bei seiner Entscheidung berücksichtigen kann.[1419] Die Sanktion der evtl. Unwirksamkeit seiner Kündigung zwingt den Arbeitgeber, seiner Anhörungspflicht tatsächlich gerecht zu werden, da er andernfalls Gefahr läuft, dass die Kündigung von vornherein unwirksam ist.[1420]   581

Nach Ansicht des BAG soll die Anhörung in geeigneten Fällen dazu beitragen, dass es gar nicht zum Ausspruch der Kündigung kommt.[1421] Sinn und Zweck des Anhörungserfordernisses ist also nicht die Wirksamkeitsüberprüfung der Kündigung durch den BR, sondern dessen **Einflussnahme auf den Willensbildungsprozess des Arbeitgebers**.[1422]   582

Adressat der Anhörung zu einer Kündigung ist grundsätzlich der örtliche BR. Nur in seltenen Ausnahmefällen ist der Gesamtbetriebsrat Adressat für die Beteiligung bei personellen Einzelmaßnahmen wie der Anhörung nach § 102 BetrVG, wenn ein Arbeitnehmer mehreren Betrieben gleichzeitig zugeordnet, d.h. in diese eingegliedert ist.[1423] Hingegen ist der Gesamtbetriebsrat nicht bereits zuständig, wenn die Kündigung infolge einer Betriebsänderung auszusprechen ist, für die – ausnahmsweise – Interessenausgleichs- und Sozialplanverhandlungen mit dem Gesamtbetriebsrat zu führen waren. Etwas anderes gilt nur, wenn der zu-   583

1419 BAG 24.11.1983, NZA 1984, 93.
1420 BR-Drucks 715/70, S. 72.
1421 BAG 2.11.1983, BAGE 44, 201.
1422 BAG 22.9.1994, BAGE 78, 39.
1423 BAG 21.3.1996, NJW 1997, 410 ff. Rn 15 m.w.N.; GK-BetrVG/*Raab*, § 102 Rn 50.

ständige örtliche BR seine Kompetenz im Einzelfall gemäß § 50 Abs. 2 BetrVG auf den Gesamt- oder Konzernbetriebsrat übertragen hat.[1424]

bb) Anwendungsbereich

584 Zwingende Voraussetzung der Anhörungspflicht ist die Existenz eines funktionsfähigen BR. Ein neu gewählter BR ist **ab seiner Konstituierung** bei der Kündigung von Arbeitnehmern des Betriebes nach § 102 BetrVG zu beteiligen.[1425] Die Pflicht zur Anhörung besteht auch im Falle eines **Übergangsmandats** nach § 21a BetrVG, sofern der Betrieb nicht in einen Betrieb mit BR eingegliedert wird und im Rahmen eines gemäß § 21b BetrVG bestehenden **Restmandats**.[1426] Auch ein wegen Verhinderungen **beschlussunfähiger BR** ist anzuhören, selbst wenn er der Kündigung nicht mehr wirksam widersprechen kann. Ob der Arbeitgeber bei bloß vorübergehender **Funktionsunfähigkeit** des BR rechtsmissbräuchlich handelt, wenn er eine Kündigung sofort ausspricht, ohne die Funktionsfähigkeit des BR abzuwarten, ist umstritten. Nach einer älteren Entscheidung des BAG aus dem Jahr 1984[1427] besteht die Anhörungspflicht erst ab Konstituierung des BR. Dagegen bejahen Teile der Literatur eine Beteiligungspflicht schon ab Bekanntgabe des Wahlergebnisses.[1428] Ob ein funktionsunfähiger BR anzuhören ist, ist noch nicht höchstrichterlich geklärt. Nach verbreiteter Auffassung soll aber die vorübergehende Verhinderung des Gremiums nicht zu Lasten des Arbeitgebers gehen, sondern die Anhörungspflicht entfallen lassen,[1429] wobei z.T. eine Grenze des Rechtsmissbrauchs betont wird.[1430] Wegen des Grundsatzes der vertrauensvollen Zusammenarbeit könnte es dem Arbeitgeber zumutbar sein, mit dem Ausspruch der Kündigung abzuwarten, bis die Funktionsfähigkeit des BR (wieder-)hergestellt ist, sofern keine besonderen Gründe (etwa die Ausschlussfrist des § 626 Abs. 2 BGB) entgegenstehen.

> *Hinweis*
>
> In der Praxis empfiehlt es sich, zunächst ohne zeitliches Zuwarten und ohne Unterrichtung noch vor der Konstituierung bzw. während der vorübergehenden Funktionsunfähigkeit des BR zu kündigen, als auch erneut danach – nun aber nach vorheriger Anhörung des nunmehr existenten/funktionsfähigen BR.

585 Eine krankheitsbedingte Arbeitsunfähigkeit des einzigen BR-Mitgliedes kann, muss aber nicht zu dessen Verhinderung führen, denn Arbeitsunfähigkeit ist von **Amtsunfähigkeit** zu unterscheiden.[1431] Hat der Arbeitgeber den BR bereits in einer anderen Frage während der Erkrankung beteiligt, muss er ihn auch vor dem Ausspruch der Kündigung anhören. Jedenfalls liegt aber eine **Funktionsunfähigkeit** erst dann vor, wenn alle BR- und Ersatzmitglieder nicht nur kurzfristig, d.h. nicht nur für wenige Tage, an der Ausübung ihres Amtes verhindert sind.[1432] Ist der BR lediglich nicht mehr beschlussfähig, findet § 22 BetrVG entsprechende Anwendung, so dass der BR beschlussfähig ist, wenn mindestens die Hälfte der noch vorhandenen Mitglieder an der Beschlussfassung teilnimmt.[1433]

586 Ist das BR-Büro vorübergehend aus vom Arbeitgeber ausgehenden Gründen (bspw. Betriebsferien) unbesetzt, führt dies nicht zwingend zur Funktionsunfähigkeit des BR. Vielmehr ist es dem Arbeitgeber zumut-

---

1424 Richardi/*Thüsing*, BetrVG, § 102 Rn 92.
1425 Nach Richardi/*Thüsing*, BetrVG, § 102 Rn 32, § 29 Rn 16: besteht Funktionsfähigkeit bereits ab der Wahl des Vorsitzenden, die Konstituierung des BR ist aber erst mit der Wahl des Stellvertreters abgeschlossen.
1426 Richardi/*Thüsing*, BetrVG, § 102 Rn 33; LAG Niedersachsen 6.3.2006 – 17 Sa 85/06, juris.
1427 BAG, 23.8.1984, 6 AZR 520/82, NZA 1985, 566–568.
1428 Vgl. APS/*Koch*, § 102 BetrVG, Rn 45.
1429 Richardi/*Thüsing*, BetrVG, § 102 Rn 31.
1430 ErfK/*Kania*, § 102 BetrVG Rn. 2, APS/*Koch*, § 102 BetrVG, Rn 48.
1431 BAG 15.11.1984, BAGE 47, 201.
1432 BAG 18.8.1982, BAGE 40, 42.
1433 BAG 18.8.1982, BAGE 40, 42.

bar, sich an die Privatadresse des BR-Vorsitzenden zu wenden; scheitert dies, ist der BR als funktionsunfähig anzusehen.[1434] Ein absichtliches Zuwarten des Arbeitgebers mit dem Ausspruch einer Kündigung bis zum Eintritt einer absehbaren Verhinderung könnte indes missbräuchlich sein.[1435]

Für die Anhörungspflicht ist das **Territorialitätsprinzip** maßgeblich, so dass eine Anhörung auch bei der   **587** Entlassung ausländischer Arbeitnehmer in einem ausländischen Unternehmen durchzuführen ist, wenn sich der Betrieb in der Bundesrepublik Deutschland befindet.[1436] Unbedeutend ist ferner, ob deutsches Arbeitsvertragsrecht Anwendung findet.[1437] Die Anhörungspflicht kann sogar bei einem im Ausland tätigen Arbeitnehmer bestehen, wenn dieser aufgrund einer tatsächlichen und rechtlichen Bindung einem Betrieb im Inland zuzuordnen ist (**„Ausstrahlung"**).[1438]

Da der BR nach dem Wortlaut **„vor jeder Kündigung"** zu hören ist, sind die Dauer des Arbeitsverhältnisses   **588** und die Eröffnung des Anwendungsbereichs des KSchG irrelevant.[1439] Damit besteht die Anhörungspflicht auch in Kleinbetrieben (§ 23 Abs. 1 KSchG) und auch während der kündigungsschutzrechtlichen **Wartezeit** (§ 1 Abs. 1 KSchG). Auch die Art der Kündigung ist unerheblich, so dass der BR auch bei einer Änderungskündigung anzuhören ist, denn auch diese ist geeignet, das Arbeitsverhältnis in seinem Bestand zu gefährden. Lediglich die – ohnehin nur unter engen Voraussetzungen zulässige – Teilkündigung löst keine Anhörungspflicht aus, da in diesem Fall die Stellung des Arbeitnehmers in der Belegschaft nicht berührt wird.[1440] Bei allen übrigen Kündigungen besteht indes die Anhörungspflicht, sogar wenn der Arbeitnehmer mit der Kündigung einverstanden ist, diese also hinnehmen möchte und einen Abwicklungsvertrag mit dem Arbeitgeber vereinbart.[1441] Mithin ist die Anhörungspflicht unabdingbar; auch der BR kann auf sein Recht nicht verzichten.[1442]

Nicht anzuhören ist der BR bei einer Beendigung des Arbeitsverhältnisses auf andere Weise als durch Kün-   **589** digung, etwa bei Abschluss eines **Aufhebungsvertrages**, bei Zeitablauf eines **befristeten Arbeitsvertrages** (auch nicht im Falle einer Mitteilung nach § 15 Abs. 2 TzBfG), bei **Anfechtung** nach § 123 BGB wegen arglistiger Täuschung oder widerrechtlicher Drohung oder bei der Mitteilung der **Nichtübernahme nach § 78a Abs. 1 BetrVG** an den Jugend- und Auszubildendenvertreter. Ebenso wenig besteht Anhörungspflicht nach § 102 BetrVG im Falle einer bloßen **Freistellung** eines Arbeitnehmers.

Die Kündigung **leitender Angestellter i.S.v. § 5 Abs. 3 BetrVG** löst ebenfalls keine Anhörungspflicht,[1443]   **590** sondern lediglich eine Informationspflicht nach § 105 BetrVG aus. Daneben ist nach § 31 Abs. 2 SprAuG die **Anhörung des Sprecherausschusses** der leitenden Angestellten erforderlich, deren Fehlen ebenfalls zur Unwirksamkeit der Kündigung führt.[1444] Ist allerdings – wie in der Praxis nicht selten – die Stellung als leitender Angestellter im Rechtssinne zweifelhaft oder sind vernünftige Zweifel jedenfalls nicht ausgeschlossen, empfiehlt es sich aus Gründen der Vorsicht, ein (vorsorgliches) Anhörungsverfahren nach § 102 BetrVG einzuleiten,[1445] also sowohl den Sprecherausschuss als auch den BR anzuhören, zumal die Zuordnung eines Mitarbeiters zur Gruppe der leitenden Angestellten außerhalb von § 18a BetrVG keine Rechtswirkung entfaltet. Auch wenn sich also die Betriebsparteien darüber einig sind, dass ein Arbeitnehmer der Gruppe der leitenden Angestellten zuzurechnen ist, kann sich der Betroffene im Kündigungsschutzverfahren durchaus auf eine gegebenenfalls fehlende BR-Anhörung berufen.

1434 Differenzierend GK-BetrVG/*Raab*, § 102 Rn 13.
1435 ErfK/*Kania*, § 102 BetrVG Rn 1.
1436 BAG 9.11.1977, AP Nr. 13 zu Internat. Privatrecht, Arbeitsrecht; BAG 30.4.1987, AP Nr. 15 zu § 12 SchwbG.
1437 BAG 9.11.1977, AP Nr. 13 zu Internat. Privatrecht, Arbeitsrecht.
1438 BAG 7.12.1989 – 2 AZR 228/89, NZA 1990, 658.
1439 BAG 13.7.78, AP Nr. 17 zu § 102 BetrVG 1972; BAG 16.9.2004, AP Nr. 142 zu § 102 BetrVG 1972.
1440 H.M. vgl. *Fitting u.a.*, § 102 BetrVG Rn 5.
1441 BAG 28.6.2005, AP Nr. 146 zu § 102 BetrVG 1972 (Leitsatz und Gründe, red. Leitsatz).
1442 KR/*Etzel/Rinck*, § 102 Rn 112.
1443 BAG 6.12.2001, AP Nr. 3 zu § 263 ZPO.
1444 *Preis*, Arbeitsrecht, Kollektivarbeitsrecht, S. 705.
1445 Schaub/*Linck*, ArbRHdb, § 124 Rn 8; *Hanau*, AuR 1988, 261.

Anzuhören ist der BR auch bei der Kündigung sogenannter **AT-Angestellter,** es sei denn, es handelt sich zugleich um (echte) leitende Angestellte.

cc) Anhörung

591   Die Betriebsratsanhörung ist eine Willenserklärung nichttypischer Art[1446] und als solche nach den Regeln über Willenserklärungen auslegungsfähig. Umfang und Ausgestaltung der Unterrichtung durch den Arbeitgeber ergeben sich aus dem Sinn und Zweck der Vorschrift; sie kann **schriftlich oder mündlich** erfolgen.

(1) Inhalt der Anhörung

592   Dabei hat der Arbeitgeber den BR zunächst unmissverständlich über seine **Kündigungsabsicht** zu unterrichten und die maßgeblichen sozialen Daten des zu kündigenden Arbeitnehmers mitzuteilen, also Name, Vorname, Alter, Familienstand und Unterhaltspflichten. Allerdings hat der Arbeitgeber dem BR nur jene Informationen zu übermitteln, die aus seiner Sicht für die Kündigung relevant sind (sog. **Grundsatz der subjektiven Determinierung**). Für die Beurteilung der Kündigung durch den BR unverzichtbar sind jedoch das Lebensalter, die Dauer der Betriebszugehörigkeit sowie ein eventuell bestehender Sonderkündigungsschutz.[1447] Die Mitteilung erübrigt sich bei Informationen, die dem BR ohnehin bereits bekannt sind. Da aber die Kenntnis des BR von diesen Informationen u.U. für den Arbeitgeber schwierig zu beweisen ist, empfiehlt sich gleichwohl die Unterrichtung über sämtliche Sozialdaten. Auch darf der Arbeitgeber bei einer verhaltensbedingten Kündigung auf die Mitteilung persönlicher Umstände des Arbeitnehmers nicht gänzlich verzichten, wenn sie sich bei objektiver Betrachtung entscheidend zu Gunsten des Arbeitnehmers auswirken.[1448]

593   Die **beabsichtigte Kündigungsart** – außerordentlich oder ordentlich, Beendigungs- oder Änderungskündigung – ist genau zu bezeichnen.[1449] Will der Arbeitgeber außerordentlich und **hilfsweise ordentlich kündigen**, muss er den BR entsprechend „doppelt" anhören und darauf hinweisen, dass er zu beiden Kündigungen anhört (auch wenn die Anhörung gleichzeitig und auch zusammen erfolgen kann). In diesem Fall sind auch die unterschiedlichen Äußerungsfristen des BR nach § 102 Abs. 2 S. 1 und S. 3 BetrVG zu berücksichtigen. Das BAG hat vom Grundsatz der gesonderten Anhörung zu jeder Kündigungsart eine Ausnahme zugelassen, wenn der Arbeitgeber den BR zur außerordentlichen Kündigung angehört hat, der BR der Kündigung zugestimmt hat und auch aus den sonstigen Umständen des Falles nicht ersichtlich ist, dass der BR im Falle der Unwirksamkeit der außerordentlichen Kündigung der ordentlichen Kündigung widersprochen hätte.[1450] Allerdings sollte sich ein Arbeitgeber hierauf keinesfalls verlassen, sondern den BR unbedingt zu jeder beabsichtigten Kündigung anhören. Jedenfalls in allen anderen Fällen ersetzt die Anhörung zu einer Kündigungsart nämlich mitnichten die weitere Anhörung zu der anderen. Dennoch können beide Anhörungen ohne Weiteres in einem Schreiben bzw. in einer mündlichen Mitteilung des Arbeitgebers an den BR durchgeführt werden.

(2) Kündigungsfrist und Beendigungstermin

594   Seinem Wortlaut nach verlangt § 102 BetrVG zwar nur die Mitteilung der Gründe für die Kündigung, nicht der Kündigungsfristen oder des Kündigungstermins, der Arbeitgeber darf aber gleichwohl nicht gänzlich offen lassen, wann, unter Einhaltung welcher Frist und zu welchem Kündigungstermin eine Kündigung ausgesprochen werden soll. Denn da der BR vor jeder Kündigung anzuhören ist, muss auch eine zeitliche Konkretisierung der Kündigung erfolgen. Insbesondere ist bei einer beabsichtigten **außerordentlichen Kündigung mit Auslauffrist** diese zu benennen.[1451] Das ungefähre Vertragsende und die zwischen Ausspruch der

---

1446 BAG 22.9.2005, NZA 2006, 429; BAG 22.9.1994, BAGE 78, 39.
1447 BAG 15.12.1994, NZA 1995, 521; BAG 15.11.2001, NZA 2002, 970.
1448 BAG 23.10.2014, NZA 2015, 476.
1449 BAG 29.8.1991, AP Nr. 58 zu § 102 BetrVG 1972; *Fitting u.a.*, § 102 BetrVG Rn 25.
1450 BAG 16.3.1978, AP Nr. 15 zu § 102 BetrVG 1972; BAG 20.9.1984, AP Nr. 80 zu § 626 BGB.
1451 KR/*Etzel/Rinck*, § 102 BetrVG Rn 77.

Kündigung und Entlassungstermin liegende Zeitdauer sind anzugeben, wobei die exakte Angabe aufgrund der Ungewissheit des Kündigungszugangs nicht erforderlich ist.[1452] Der BR benötigt die Angabe der Frist sowohl für die Interessenabwägung als auch für seine Prüfung, ob die angegebenen Gründe zu dem Entlassungszeitpunkt überhaupt vorliegen (Bsp. Anhörung zu einer Kündigung wegen beabsichtigter Betriebsstilllegung). Sie ist **nur dann entbehrlich**, wenn der BR über die tatsächlichen Umstände für die Berechnung unterrichtet ist.[1453] Auch hat das BAG im Hinblick auf das Bestimmtheitserfordernis von Kündigungen zuletzt entschieden, dass die Kündigungserklärung eines Insolvenzverwalters ausreichend bestimmt sei, die das Arbeitsverhältnis „ordentlich zum nächstmöglichen Zeitpunkt" beende, wenn zugleich die Kündigungsfristen des § 622 BGB und des § 113 InsO benannt werden, und dass § 113 InsO insoweit zu einer Begrenzung längerer Fristen führe; die Klägerin habe aus dem Kündigungsschreiben unter Berücksichtigung ihrer Betriebszugehörigkeit folglich den für sie maßgeblichen Kündigungstermin „unschwer ermitteln" können.[1454] Berücksichtigt man diese Entscheidung, dürften hinsichtlich Kündigungsfristen und -terminen keine allzu hohen Anforderungen an die Anhörung des BR zu stellen sein.

(3) Inhalt/subjektive Determinierung/Umfang

Die Anhörung ist ordnungsgemäß erfolgt, wenn der Arbeitgeber dem BR die aus seiner Sicht tragenden Umstände der Kündigung unterbreitet hat (sogenannter **Grundsatz der subjektiven Determinierung**).[1455] Dieser eigene, besonders strukturierte Erkenntnisprozess[1456] unterscheidet sich somit vom Kündigungsschutzprozess. Der Grundsatz der subjektiven Determinierung beschränkt die Mitteilungspflichten des Arbeitgebers auf die Rahmendaten des zu kündigenden Arbeitnehmers und die aus seiner Sicht tragenden Kündigungsgründe. Hat der Arbeitgeber dem BR Informationen nicht mitgeteilt, die aus seiner Sicht keine Rolle spielen oder die ihm selbst nicht bekannt waren, ist der Anhörungspflicht dennoch Genüge getan. Im Kündigungsschutzprozess mag sich die nicht mitgeteilte Information aber als wesentlich herausstellen, so dass die Kündigung aus anderen Gründen – als der Mangelhaftigkeit der BR-Anhörung – für unwirksam befunden wird, etwa weil dem Arbeitgeber entlastende Umstände bei einer verhaltensbedingten Kündigung nicht bekannt waren oder die Krankheitsursachen bei einer personenbedingten Kündigung die Negativprognose nicht stützen. Eine bei objektiver Würdigung **unvollständige Mitteilung** der Kündigungsgründe führt daher nicht automatisch zur Unwirksamkeit der Kündigung nach § 102 Abs. 1 S. 3 BetrVG. Teilt der Arbeitgeber dem BR aber einen aus seiner Sicht unrichtigen oder unvollständigen Sachverhalt oder für den Arbeitnehmer ungünstige Tatsachen mit, von denen er selbst für möglich hält, dass sie nicht der Wahrheit entsprechen und stellt er damit seinen Kenntnisstand bewusst als umfassender dar als er wirklich ist, ist die Anhörung unwirksam. Indes liegt bei einer vermeidbaren, aber unbewusst und damit gutgläubig erfolgten, „bloß" objektiven Fehlinformation für sich genommen noch kein Verstoß gegen § 102 BetrVG vor.[1457]

595

Der Umfang der **Unterrichtungspflicht ist eingeschränkt**, wenn dem BR die Daten des Arbeitnehmers und die **Kündigungsgründe bereits bekannt** sind. Kann sich der BR aufgrund seines Kenntnisstandes bereits über die Person und den Kündigungsgrund ein hinreichendes Bild machen und anhand dessen zur beabsichtigten Kündigung Stellung nehmen und weiß der Arbeitgeber von der Kenntnis des BR, oder kann er diese nach den gegebenen Umständen als sicher annehmen, wäre es reine Förmelei, dem Arbeitgeber gleichwohl noch eine detaillierte Begründung und Information abzuverlangen.[1458] Denn das Anhörungs-

596

1452 BAG 15.12.1994, NZA 1995, 521; möglich ist auch der Hinweis, der Zugang der Kündigung sei „voraussichtlich in der Zeit vom … bis..." beabsichtigt.
1453 BAG 29.3.1990, NZA 1990, 894; BAG 15.12.1994, NZA 1995, 521.
1454 BAG 20.6.2013 – 6 AZR 805/11, juris.
1455 BAG 18.10.2006 DB 2007, 810; BAG 6.7.2006, NZA 2007, 266; BAG 24.6.2004, NZA 2004, 1330; BAG 22.9.1994, AP Nr. 68 zu § 102 BetrVG 1972 Kündigungsgründe.
1456 *Fitting u.a.*, § 102 BetrVG Rn 33.
1457 BAG 16.7.2015, NZA 2016, 99.
1458 BAG 15.12.1994, NZA 1995, 521.

verfahren soll es dem BR ermöglichen, gegenüber dem Arbeitgeber zur Kündigung aus Sicht der Arbeitnehmer Stellung zu nehmen und ggf. dadurch dessen Kündigungsentscheidung zu beeinflussen, ohne eigene zusätzliche Ermittlungen anstellen zu müssen. Hat der BR die zur Beurteilung erforderlichen Kenntnisse aber bereits, bedarf es gerade keiner weiteren Information durch den Arbeitgeber. Bei Betriebsänderungen kann es daher zur Darlegung einer ordnungsgemäßen Anhörung ausreichen, wenn der Arbeitgeber zur Betriebsratsanhörung weitgehend auf den dem BR aus den Verhandlungen über den Interessenausgleich und die Namensliste bekannten Sachverhalt Bezug nimmt. Erst wenn der Arbeitnehmer diesen Sachvortrag konkret bestreitet, muss der Arbeitgeber in diesem Punkt gegebenenfalls die Vorkenntnisse des BR weiter substantiieren beziehungsweise beweisen.[1459]

597   Andererseits genügt aber eine bloß pauschale, schlagwort- oder stichwortartige Umschreibung der Kündigungsgründe dem Anhörungserfordernis ebenso wenig wie ein Werturteil.[1460] Dies gilt grundsätzlich auch bei Kenntnis des BR, so dass der schlichte Hinweis, Gründe gäbe es genug und sie seien dem BR bekannt, nicht ausreicht, sondern ein zumindest pauschaler Verweis auf dem BR bekannte Kündigungsgründe erforderlich.[1461] Der BR muss **ohne zusätzliche Nachforschungen** in der Lage sein, die Stichhaltigkeit der Kündigungsgründe zu prüfen und sich über eine Stellungnahme schlüssig zu werden.[1462]

598   Bei einer **Kündigung innerhalb der ersten sechs Monate** eines Arbeitsverhältnisses („Wartezeit") ist auch hinsichtlich der BR-Unterrichtung über die Kündigungsgründe zu berücksichtigen, dass die kündigungsschutzrechtliche Wartezeit dem gegenseitigen Kennenlernen der Arbeitsvertragsparteien und der Erprobung dient. Der Arbeitgeber hat sich daher bei der Mitteilung nicht nach den objektiven Merkmalen der Kündigungsgründe des noch nicht anwendbaren § 1 KSchG zu richten, sondern muss die Umstände darlegen, aus denen er seinen Kündigungsentschluss subjektiv herleitet. Kann der Arbeitgeber keine auf Tatsachen gestützten und durch Tatsachen konkretisierbaren Kündigungsgründe benennen, genügt es daher in diesem Fall, wenn er der Personalvertretung nur seine subjektiven Wertungen mitteilt, die ihn zur Kündigung veranlassen.[1463] Stützt der Arbeitgeber die Kündigungsentscheidung lediglich auf ein subjektives, nicht durch objektivierbare Tatsachen begründbares Werturteil bspw. „Der Arbeitnehmer hat sich während der Probezeit nicht bewährt. Er ist nicht geeignet, die ihm übertragenen Aufgaben ordnungsgemäß zu erfüllen. Das für eine dauerhafte Zusammenarbeit notwendige Vertrauensverhältnis konnte aufgrund seiner mangelnden persönlichen Eignung nicht aufgebaut werden,"[1464] ist er auch im Rahmen des Anhörungsverfahrens nach § 102 BetrVG nicht verpflichtet, dieses Werturteil gegenüber der Arbeitnehmervertretung zu substantiieren oder zu begründen. Er ist aber in einer sich gegen die Kündigung richtenden Feststellungsklage des Arbeitnehmers (gerichtet auf Feststellung der Unwirksamkeit der Kündigung außerhalb des KSchG nach § 256 ZPO) gehindert, sich auf Gründe zu berufen, die er dem BR im Rahmen der Anhörung nach § 102 BetrVG nicht mitgeteilt hat.

599   **Vor Ausspruch der Kündigung** kann der Arbeitgeber seine Informationen gegenüber dem BR **jederzeit ergänzen**. Auch verlangt die Rechtsprechung bislang nicht, dass der Arbeitgeber im Anhörungsverfahren alle notwendigen Informationen aus eigenem Antrieb erteilt,[1465] so dass die **Mitteilung weiterer Details erst auf Nachfrage** des BR nicht per se schädlich ist. Allerdings kann das spätere Ergänzen von Informationen dazu führen, dass die Stellungnahmefrist des BR erneut zu laufen beginnt (was insbesondere bei einer außerordentlichen Kündigung wegen der Ausschlussfrist des § 626 Abs. 2 BGB misslich sein mag, aber

1459 BAG 21.2.2001, NZA 2002, 1360.
1460 BAG 22.9.1994, BAGE 78, 39.
1461 Schaub/*Linck*, ArbRHdb, § 124 Rn 19.
1462 BAG 15.11.1995, NZA 1996, 419.
1463 BAG 22.4.2010, – 6 AZR 828/08, Rn 26, zit. nach juris; BAG 23.4.2009 – 6 AZR 516/08, Rn 14, AP Nr. 161 zu § 102 BetrVG 1972 = EzA Nr. 25 zu § 102 BetrVG 2001.
1464 So bspw. der Inhalt der Personalratsanhörung im Urteil des BAG vom 22.4.2010 – 6 AZR 828/08, Rn 8, zit. nach juris.
1465 BAG 6.2.1997, NZA 1997, 656.

auch bei einer ordentlichen Kündigung im Hinblick auf einen bestimmten Kündigungstermin). Daher kann sich der Arbeitgeber im Kündigungsschutzprozess auf später hinzugefügte Tatsachen nur stützen, wenn er die Kündigung erst nach dem erneuten Ablauf der (vollen) Anhörungsfrist oder der vorfristigen, aber erkennbar abschließenden Stellungnahme des BR ausgesprochen hat.[1466] Sofern der BR die Informationen nicht durch Nachfrage beim Arbeitgeber, sondern **auf sonstige Weise** erlangt hat, heilt dies die zuvor unzureichende Unterrichtung durch den Arbeitgeber dagegen nicht, es sei denn, der Arbeitgeber wusste von der anderweitigen Kenntniserlangung; aber auch dann empfiehlt sich ein zumindest pauschaler Verweis auf die dem BR bekannten Kündigungsgründe.[1467]

Für die dem BR bekannten Tatsachen ist der Arbeitgeber darlegungs- und beweispflichtig.[1468] Im Hinblick   **600**
auf ein evtl. späteres Kündigungsschutzverfahren ist es daher riskant, wenn der Arbeitgeber im Rahmen der Anhörung des BR von der Erwähnung bestimmter, für die Kündigung wesentlicher Tatsachen absieht, weil sie dem BR ohnehin bekannt sind. Denn im Prozess wird der Arbeitgeber – jedenfalls bei substantiiertem Bestreiten durch den Arbeitnehmer[1469] – u.U. die Kenntnis des BR von diesen Fakten nachweisen müssen; zur Vermeidung späterer Beweisnot empfiehlt sich daher von vornherein die umfassende (oder erneute) Unterrichtung, die im Umfang oftmals einer Klageerwiderung im Kündigungsschutzprozess kaum nachsteht.

Eine **Änderung des Kündigungssachverhalts während der Anhörungsfrist** muss der Arbeitgeber dem   **601**
BR noch vor Ausspruch der Kündigung mitteilen. Gleiches gilt, wenn der Arbeitgeber während der Kündigungsfrist erfährt, dass er den BR über einen für die Kündigung wesentlichen Umstand irrtümlich falsch informiert hat.[1470]

Der Arbeitgeber muss dem BR auch alle Umstände mitteilen, die diesen nach § 102 Abs. 3 Nr. 2–5 BetrVG   **602**
zum Widerspruch berechtigen.

Beispiele

Bei einer **personenbedingten Kündigung** wegen Krankheit sind dem BR die Prognosegrundlagen für die zu erwartenden weiteren Fehlzeiten oder die Unmöglichkeit zur Ausführung der vertraglich geschuldeten Tätigkeit mitzuteilen.[1471] Soll **verhaltensbedingt gekündigt** werden, müssen auch den Arbeitnehmer entlastende Umstände mitgeteilt werden.[1472] Vor einer beabsichtigten **Änderungskündigung** muss der BR sowohl über die Beendigungsgründe als auch über den Inhalt des Änderungsangebotes unterrichtet werden.[1473] Bei einer **betriebsbedingten Kündigung** ist mitzuteilen, dass und wodurch der Arbeitsplatz weggefallen ist; soll eine Sozialauswahl stattfinden, muss der Arbeitgeber die Sozialdaten aller aus seiner Sicht in die Sozialauswahl fallenden Arbeitnehmer übermitteln.[1474]

(4) Prüfungsumfang

Der Arbeitgeber ist im Rahmen der BR-Anhörung nicht verpflichtet, die Richtigkeit dokumentierter Daten   **603**
zu überprüfen, denn grundsätzlich ist der Arbeitnehmer für die Unterrichtung des Arbeitgeber über Ver-

---

1466 BAG 6.2.1997, NZA 1997, 656.
1467 Schaub/*Linck*, ArbRHdb, § 124 Rn 19..
1468 BAG 28.8.2003, AP Nr. 134 zu § 102 BetrVG 1972; BAG 21.2.2001, NZA 2002, 1360.
1469 BAG 21.2.2001, NZA 2002, 1360.
1470 BAG 17.2.2000, BAGE 93, 366, wobei das BAG die Problematik einer nachträglichen Anhörung vor Ausspruch der Kündigung offensichtlich übersehen hat.
1471 BAG 25.11.1982, AP Nr. 30 zu § 1 KSchG 1969 Krankheit.
1472 BAG 2.11.1983 AP Nr. 29 zu § 102 BetrVG 1972.
1473 BAG 30.11.1989, AP Nr. 53 zu § 102 BetrVG 1972.
1474 BAG 16.9.1993, AP Nr. 62 zu § 102 BetrVG 1972.

änderungen seiner Personalien verantwortlich.[1475] Hat der Arbeitnehmer den Arbeitgeber nicht über eine Änderung seiner persönlichen Daten informiert, darf sich dieser mangels anderweitiger Kenntnisse auf die Richtigkeit der Eintragungen in der Lohnsteuerkarte verlassen, hat dies aber dann gegenüber dem BR zu kennzeichnen.[1476]

dd) Weitergehende Mitteilungspflichten

604   Wendet sich der BR schon vor der Einleitung des Anhörungsverfahrens an den Arbeitgeber und macht bspw. geltend, ein konkreter Arbeitsplatz sei derzeit unbesetzt und der später zu kündigende Arbeitnehmer könne auf diesem weiterbeschäftigt werden, führt dies zu weitergehenden Mitteilungspflichten des Arbeitgebers,[1477] der dann im Einzelnen darlegen muss, warum eine Weiterbeschäftigung des Arbeitnehmers auf dem genannten Arbeitsplatz nicht in Betracht kommt.

ee) Form der Mitteilung

605   Für die Unterrichtung besteht kein Formzwang. Die Anhörung des BR bedarf selbst dann nicht der Schriftform bzw. der Übergabe vorhandener schriftlicher Unterlagen, wenn der Kündigungssachverhalt ungewöhnlich komplex ist.[1478] Allerdings empfiehlt sich – nicht nur bei letzteren – die Schriftform aus Gründen der Beweissicherung, da der Arbeitgeber im Kündigungsschutzprozess auch für die ordnungsmäßige Durchführung der BR-Anhörung nach § 102 BetrVG darlegungs- und beweisbelastet ist.

Wenn sich der Arbeitgeber eines Boten oder Vertreters bedient und der Anhörung keine Vollmachtsurkunde beifügt, kann der BR die Anhörung nicht gemäß § 174 S. 1 BGB analog zurückweisen.[1479] Während § 174 BGB dem Schutz des Rechtsverkehrs, insbesondere dem Gewissheitsinteresse des Gegners einer empfangsbedürftigen Willenserklärung dient, ist dem Zweck des Anhörungsverfahrens nach § 102 BetrVG auch Genüge getan, wenn kein entsprechender Nachweis vorgelegt wird, denn der BR ist nicht gehindert, seine Auffassung zu der Kündigung zu äußern und Einfluss auf den Willensbildungsprozess des Arbeitgebers zu nehmen.[1480] Vielmehr schützt der Grundsatz der vertrauensvollen Zusammenarbeit den BR hinreichend; der BR kann dem Arbeitgeber etwaige Zweifel an der Vertretungsmacht des Erklärenden im Rahmen seiner Stellungnahme mitteilen.[1481] Ein abstrakt schützenswertes Interesse daran, klare Verhältnisse zu schaffen und sicher zu sein, dass die Stellungnahmefrist des § 102 Abs. 2 S. 1 BetrVG zu laufen beginnt oder begonnen hat, hat der BR vor dem Hintergrund des Zwecks des § 102 BetrVG nicht.[1482]

ff) Adressat der Mitteilung

606   Adressat der Anhörungspflicht ist nach § 102 BetrVG der BR. Empfangsberechtigt zur Entgegennahme der Erklärungen des Arbeitgeber ist der **BR-Vorsitzende** oder im Verhinderungsfall dessen Stellvertreter, vgl. § 26 Abs. 2 S. 2 BetrVG. Liegen die Voraussetzungen der §§ 27 Abs. 3, 28 BetrVG (mindestens neun BR-Mitglieder) vor, kann der BR die Mitwirkungsrechte bei Kündigungen einem Ausschuss übertragen mit der Folge, dass der Ausschussvorsitzende zu unterrichten ist.[1483]

1475 BAG 6.7.2006, NZA 2007, 266; BAG 24.11.2005, NZA 2006, 665; LAG Baden-Württemberg 9.11.1990, LAGE Nr. 25 zu § 102 BetrVG 1972; LAG Schleswig-Holstein 1.4.1999, LAGE Nr. 30 zu § 1 KSchG Soziale Auswahl; KR/*Etzel/Rinck*, § 102 BetrVG Rn 74.

1476 BAG 6.7.2006, NZA 2007, 266; BAG 24.11.2005, NZA 2006, 665; KR/*Etzel/Rinck*, § 102 BetrVG Rn 74.

1477 BAG 6.7.1979, BAGE 30, 370; BAG 17.2.2000, BAGE 93, 366.

1478 BAG, 6.2.1997, NZA 1997, 656; ErfK/*Kania*, § 102 BetrVG Rn 4; a.A. *Fitting u.a.*, § 102 BetrVG Rn 26, der unter Hinweis auf die gegenteilige Auffassung des BAG auf § 80 Abs. 2 BetrVG verweist, wonach dem BR auf Verlangen die erforderlichen Unterlagen zur Verfügung zu stellen sind.

1479 BAG 13.12.2012, ArbRB 2013, 144 f.

1480 BAG 13.12.2012, ArbRB 2013, 144 f.

1481 BAG 13.12.2012, ArbRB 2013, 144 f.

1482 BAG 13.12.2012, ArbRB 2013, 144 f.

1483 KR-*Etzel/Rinck*, § 102 BetrVG Rn 119.

gg) Zeitpunkt der Anhörung

Der BR ist nach dem Wortlaut des § 102 Abs. 1 S. 1 BetrVG **„vor jeder Kündigung"** anzuhören, also vor 607 dem Zugang der Kündigungserklärung; es kommt daher nicht darauf an, wann das Kündigungsschreiben ausgefertigt oder rechtsverbindlich unterschrieben wird. Eine Kündigung ist schon dann ohne Anhörung des BR im Sinne des § 102 Abs. 1 S. 3 BetrVG ausgesprochen, wenn der Arbeitgeber seinen Kündigungswillen bereits vor der Stellungnahme des BR oder vor dem Ablauf der in § 102 Abs. 2 BetrVG festgelegten Frist verwirklicht[1484] und die Kündigung gegenüber dem Arbeitnehmer erklärt. Daher muss das Anhörungsverfahren vollständig abgeschlossen sein, bevor die Kündigung den Machtbereich des Arbeitgebers verlässt.[1485] Letzteres ist noch nicht der Fall, wenn der Arbeitgeber das Kündigungsschreiben bereits am letzten Tag der Äußerungsfrist bei Dienstschluss einem Kurierdienst übergeben und gleichzeitig für eine so späte Zustellung gesorgt hat, dass er sie noch verhindern kann, falls der BR wider Erwarten doch zu der Kündigungsabsicht Stellung nimmt.[1486] Vom Abschluss der Anhörung kann der Arbeitgeber erst dann ausgehen, wenn der BR eine Erklärung abgegeben hat, aus der sich ergibt, dass dieser keine weitere Erörterung des Falles wünscht, es sich also um seine abschließende Stellungnahme handelt.[1487] Dies kann auch schon vor Ablauf der Wochenfrist der Fall sein, wenn der BR ausdrücklich oder konkludent zum Ausdruck bringt, dass die Anhörung abgeschlossen ist.[1488] Anspruch auf eine vorzeitige Stellungnahme des BR hat der Arbeitgeber allerdings nicht und zwar auch dann nicht, wenn ihm die Versäumung einer Frist (etwa der des § 626 Abs. 2 BGB oder einer Quartalskündigungsfrist) droht, selbst dann nicht, wenn der BR über die Kündigung bereits in einer Sitzung befunden hat.

Im Falle einer erneuten Kündigung ist zu beachten, dass die Anhörung nach § 102 Abs. 1 BetrVG grund- 608 sätzlich nur Wirkung für das Verfahren entfaltet, für das sie eingeleitet worden ist; das in der Kündigung liegende Gestaltungsrecht und die damit im Zusammenhang stehende BR-Anhörung ist mit dem Zugang der Kündigungserklärung verbraucht.[1489] Auch eine **Wiederholungskündigung** bedarf damit der **erneuten Anhörung.** Das gilt auch, wenn der Arbeitgeber die Kündigung auf den gleichen Sachverhalt stützt und insbesondere auch bei einer vorsorglichen weiteren Kündigung wegen Bedenken gegen die Wirksamkeit der ersten. Als neue Kündigung gilt auch die Wiederholung einer zunächst von einem Vertreter ausgesprochenen Kündigung durch den Vertretenen.[1490] Sind hingegen lediglich **mehrere Zustellversuche** notwendig, bedarf es keiner erneuten Anhörung.[1491]

Eine **nachträgliche Anhörung** zu einer bereits erklärten Kündigung ist dagegen nicht möglich, selbst wenn der BR der Kündigung ausdrücklich zustimmt.[1492] Die nachträglich erfolgte Anhörung kann auch nicht etwa das Anhörungsverfahren für eine danach auszusprechende Kündigung ersetzen.[1493]

hh) Anhörungsfrist

Die Anhörungsfrist beginnt mit der Entgegennahme der Anhörung durch den BR-Vorsitzenden. Verweigert 609 dieser die Annahme einer Mitteilung außerhalb der Arbeitszeit, läuft die Anhörungsfrist erst ab Zugang während der Arbeitszeit. Nimmt die zur Entgegennahme auf Seiten des BR berechtigte Person sie indes widerspruchslos hin, ist die Anhörung zugegangen und die Anhörungsfrist beginnt zu laufen.[1494] Zwar kann

---

1484 BAG 13.11.1975, AP Nr. 7 zu § 102 BetrVG 1972.
1485 BAG 13.11.1975, AP Nr. 7 zu § 102 BetrVG 1972.
1486 BAG 8.4.2003, NZA 2003, 961 ff.
1487 BAG 1.4.1976, AP Nr. 8 zu § 102 BetrVG 1972.
1488 LAG Berlin-Brandenburg 22.3.2012 – 26 Sa 2327/11, juris.
1489 BAG 10.11.2005, NZA 2006, 491–494.
1490 BAG 5.9.2002, AP Nr. 1 zu § 78 LPVG Sachsen.
1491 BAG 10.11.2005, NZA 2006, 491 ff.
1492 Schaub/*Linck*, ArbR-Hdb., § 124 Rn 14.
1493 BAG 15.12.1994, NZA 1995, 521.
1494 BAG 27.8.1982, AP Nr. 25 zu § 102 BetrVG 1972.

der Fristbeginn auch durch Einlegen des Anhörungsschreibens in das Postfach des BR ausgelöst werden, aus Beweisgründen empfiehlt sich aber die persönliche Übergabe (gegen Empfangsbestätigung).

610 Übergibt der Arbeitgeber die schriftliche Anhörung nicht dem zur Entgegennahme berechtigten Vertreter des BR, zumeist dem BR-Vorsitzenden, sondern einer **anderen Person** (auch einem anderen BR-Mitglied), oder teilt er dieser mündlich die Kündigungsgründe mit, so ist diese andere Person lediglich **Erklärungsbote**. Die Anhörungsfrist beginnt damit erst, wenn die Arbeitgebererklärung dem empfangsberechtigten BR-Mitglied zugeht. Der Arbeitgeber trägt hier also das volle Übermittlungsrisiko; auch eine etwaige Unvollständigkeit der (mündlichen) Anhörung geht zu seinen Lasten. Der BR muss den Arbeitgeber auch nicht darauf hinweisen, dass die Anhörungsfrist mit Zugang bei dem Erklärungsboten noch nicht begonnen hat; es ist vielmehr Sache des Arbeitgebers, sich zu erkundigen, wann die Frist begonnen hat und wann sie endet. Selbst wenn der BR in der Vergangenheit die Anhörung gegenüber einem für die Entgegennahme von Informationen des Arbeitgeber unzuständiges Mitglied hingenommen hat, und den Fristbeginn daher gegen sich gelten lassen musste, kann daraus nicht geschlossen werden, dass er dies auch künftig tun wird.[1495]

611 Die Anhörungsfrist kann aus Gründen der Rechtssicherheit und Rechtsklarheit auch in **Eilfällen** nicht einseitig vom Arbeitgeber verkürzt werden.[1496] Dies würde eine nicht hinnehmbare Einmischung in die Amtsführung des BR bedeuten, der dann nicht mehr autonom entscheiden könnte, welche Maßnahmen er innerhalb der gesetzlichen Frist in welcher Art und Weise durchführen will. Ob der Arbeitgeber und der BR die Stellungnahmefrist einvernehmlich verkürzen können, ist umstritten: Während dies nach einer Auffassung einen unzulässigen Verzicht des BR auf die ihm gesetzlich übertragenen Mitwirkungsrechte zu Lasten des Arbeitnehmers darstellen soll,[1497] handelt es sich nach anderer Ansicht dabei um eine bloße Verfahrensregelung, so dass eine Vereinbarung über die Abkürzung der Frist für zulässig erachtet wird.[1498]

ii) Empfangsbestätigung/Zugangsbestätigung beim BR

612   *Empfangsbestätigung des BR*

Ich/Wir bestätige(n), die Unterrichtung zur beabsichtigten Kündigung des Arbeitnehmers/der Arbeitnehmerin am (…) (*Datum*) um (…) Uhr erhalten zu haben.

(…), den (…)

(*Unterschrift Betriebsratsvorsitzende/r*)

jj) Fehler im Anhörungsverfahren
(1) Fehler auf Seiten des Betriebsrats

613 Äußert sich ein einzelnes BR-Mitglied – oder sogar der BR-Vorsitzende – gegenüber dem Arbeitgeber zur beabsichtigten Kündigung und weiß dieser oder muss er davon ausgehen, dass die ihm mitgeteilte Ansicht nicht durch einen entsprechenden Beschluss des Gremiums gedeckt ist, ist die Anhörung zu diesem Zeitpunkt noch nicht abgeschlossen.[1499] So ist z.B. eine Spontanantwort des BR-Vorsitzenden zu einer soeben erst erfolgten Kündigungsanhörung als erkennbare Einzeläußerung anzusehen, die mit dem BR-Gremium nicht abgestimmt sein kann.[1500] Im Übrigen aber ist das Anhörungsverfahren grundsätzlich abgeschlossen,

---

1495 KR/*Etzel/Rinck*, § 102 BetrVG Rn 126.
1496 BAG 13.11.1975, AP Nr. 7 zu § 102 BetrVG 1972, das eine solche Verkürzung allenfalls im Falle einer plötzlichen und unvorhergesehenen Veränderung der wirtschaftlichen Lage des Unternehmens derart, dass der sofortige Ausspruch von Kündigungen unabweisbar nötig ist, für denkbar hält. Allerdings käme dann wohl zur Wahrung der Rechte des BR eher eine außerordentliche Kündigung mit sozialer Auslauffrist in Betracht.
1497 KR/*Etzel/Rinck*, § 102 BetrVG Rn 130; Erfk/*Kania*, § 102 BetrVG Rn 11.
1498 APS/*Koch*, § 102 BetrVG Rn 131; Richardi/*Thüsing*, BetrVG, § 102 Rn 111.
1499 BAG 13.11.1975, AP Nr. 7 zu § 102 BetrVG 1972. Allerdings muss der Arbeitgeber nicht allein aus dem Umstand, dass der BR zwölf Minuten nach Erhalt der schriftlichen Unterrichtung seine abschließende Stellungnahme abgibt, Arbeitgeberschließen, dass kein ordnungsgemäßes Beschlussverfahren durchgeführt worden ist, BAG 16.1.2003, NZA 2003, 927.
1500 BAG 22.11.2012 – 2 AZR 732/11, NZA 2013, 665.

wenn der BR seine Zustimmung erteilt hat oder seine sonstige Stellungnahme abgibt.[1501] Mängel, die im Zuständigkeits- und Verantwortungsbereich des BR – also in dessen Sphäre – entstehen, gehen nicht zu Lasten des Arbeitgebers.[1502] Dies gilt aber dann nicht, wenn der Arbeitgeber selbst den Fehler durch unsachgemäßes Verhalten veranlasst hat.[1503] Mängel bei der Beschlussfassung des BR haben aber grundsätzlich selbst dann keine Auswirkungen auf die Ordnungsgemäßheit seiner Anhörung, wenn der Arbeitgeber im Kündigungszeitpunkt weiß oder erkennen kann, dass der BR die Angelegenheit nicht fehlerfrei behandelt hat. Solche Fehler – etwa die Abgabe der Stellungnahme durch ein dafür unzuständiges Mitglied des BR – gehen schon deshalb nicht zu Lasten des Arbeitgebers, weil er keine rechtliche Möglichkeit eines Einflusses auf die Beschlussfassung des BR hat.[1504] Im Übrigen bleibt die **Kündigung bei Fehlern auf Seiten des BR wirksam** (sog. **Sphärentheorie**). Der Arbeitgeber hat keine Möglichkeit, Fehler in der Sphäre des BR zu kontrollieren oder zu beheben. Wäre die Kündigung bei einem Fehler des BR unwirksam, könnte dieser die Wirksamkeit der Kündigung manipulieren, ohne dass der Arbeitgeber dies beeinflussen könnte.

Die Beschlussfassung im **Umlauf-** oder **„Rundrufverfahren"**, bei dem der BR-Vorsitzende telefonisch   614
die Stimmen der einzelnen BR-Mitglieder abfragt, wird nach überwiegender Auffassung für unzulässig erachtet;[1505] und zwar selbst bei Einverständnis aller BR-Mitglieder, denn die gesetzliche Regelung zur Beschlussfassung im BR sieht die Mehrheit der „anwesenden" Mitglieder des BR vor, § 33 Abs. 1 BetrVG.[1506] Grund dafür ist, dass nur bei Anwesenheit auch eine ordnungsgemäße Beratung vor der Beschlussfassung gewährleistet werden kann. Grundsätzlich dürften aber Fehler in der Beschlussfassung der Wirksamkeit des Anhörungsverfahrens nicht entgegenstehen, denn der Arbeitgeber hat von ihnen regelmäßig keine Kenntnis.

(2) Fehler auf Seiten des Arbeitgebers

Eine aus Sicht des Arbeitgebers unvollständige oder bewusst unrichtige und damit irreführende Darstellung   615
stellt keine ordnungsgemäße Anhörung dar.[1507] Dabei kann die Fehlerhaftigkeit sowohl aus der Aufbereitung der mitgeteilten Tatsachen, als auch aus dem Weglassen von gegen die Kündigung sprechenden, den Arbeitnehmer entlastenden Informationen resultieren.[1508] Unterliegt der Arbeitgeber zwar vermeidbar, aber unbewusst einer „bloß" objektiven Fehlinformation, führt die irrtümlich falsche Unterrichtung des BR allein nicht zur Unwirksamkeit – die Beweislast für seine Gutgläubigkeit trägt der Arbeitgeber.[1509]

kk) Nichtigkeit der Kündigung

Unterrichtet der Arbeitgeber den BR nicht ausführlich genug oder sonst fehlerhaft, ist die Kündigung nach   616
ständiger Rechtsprechung entsprechend § 102 Abs. 1 S. 3 BetrVG unwirksam,[1510] denn der Arbeitgeber kann im Kündigungsschutzprozess keine Gründe nachschieben, die nicht Gegenstand der BR-Anhörung waren. Legt der Arbeitgeber die der Kündigung zugrunde liegenden Umstände nur mittelbar dar, reicht dies für die Ordnungsmäßigkeit der Kündigungsanhörung aus, wenn sich der BR nicht auf fehlende Informationen beruft und seine Stellungnahme bzw. sein Widerspruch anders begründet wird.[1511]

1501 BAG 18.8.1982, BAGE 40, 42.
1502 BAG 15.11.1995, NZA 1996, 419.
1503 BAG 18.8.1982, BAGE 40, 42; BAG 15.11.1995, NZA 1996, 419.
1504 BAG 22.11.2012 – 2 AZR 732/11, NZA 2013, 665.
1505 HWK/*Ricken*, § 102 BetrVG Rn 53.
1506 BAG 19.5.1983 – 2 AZR 454/81, n.v., zit. nach juris, Rn 43.
1507 BAG 6.7.2006, NZA 2007, 266.
1508 BAG 22.9.1994, BAGE 78, 39.
1509 BAG 16.7.2015, NZA 2016, 99.
1510 BAG 28.2.1974, BAGE 26, 27; BAG 17.2.2000, BAGE 93, 366.
1511 BAG 24.11.1983, NZA 1984, 93.

Die Anhörung ist allerdings nicht bereits allein deshalb fehlerhaft, weil der Arbeitgeber von einer unzutreffenden Kündigungsfrist ausgeht und diese in der Anhörung angibt.[1512]

ll) Besonderheiten bei außerordentlicher Kündigung (§ 626 Abs. 2 BGB)

617   Hat der Arbeitgeber im Fall der außerordentlichen Kündigung nicht die genauen Sozialdaten des zu kündigenden Arbeitnehmers mitgeteilt, so steht dies der Wirksamkeit der außerordentlichen Kündigung jedenfalls dann nicht entgegen, wenn es dem Arbeitgeber wegen der Schwere der Kündigungsvorwürfe auf die genauen Daten ersichtlich nicht ankommt, der BR die ungefähren Daten kennt und er daher die Kündigungsabsicht des Arbeitgebers ausreichend beurteilen kann.[1513]

618   Bei einer **außerordentlichen Kündigung** gegenüber einem ordentlich Unkündbaren **mit sozialer Auslauffrist** ist der BR nach den Regeln für ordentliche Kündigungen zu beteiligen.[1514] Mit dem Erfordernis der Auslauffrist soll gewährleistet werden, dass zugunsten des besonders geschützten Arbeitnehmers zumindest die Kündigungsschranken beachtet werden, die im Fall einer ordentlichen Kündigung gelten würden.[1515] Der ansonsten unkündbare Arbeitnehmer soll nicht den Schutz des stärkeren Beteiligungsrechts des BR verlieren. Der Arbeitgeber muss allerdings in der Anhörung klarstellen, dass er eine außerordentliche Kündigung mit sozialer Auslauffrist aussprechen möchte.[1516]

mm) Änderungskündigungen

619   Der BR ist vor jeder Kündigung anzuhören. Dies gilt auch für die Änderungskündigung, obwohl bei dieser noch gar nicht feststeht, ob es überhaupt zu einer Kündigung kommen wird, weil zunächst noch unklar ist, ob der Arbeitnehmer das Änderungsangebot annimmt oder nicht. Der BR muss dann sowohl über die Kündigungsgründe als auch über das Änderungsangebot informiert werden.[1517] Die Anhörungspflicht besteht auch, wenn der Arbeitnehmer bereits zuvor ein Änderungsangebot abgelehnt hat; in diesem Fall ist der BR zusätzlich über die Ablehnung des Angebots durch den Arbeitnehmer zu unterrichten.

Auch die nicht ordnungsgemäße Mitteilung des Änderungsangebots führt nach § 102 Abs. 1 S. 3 BetrVG zur Unwirksamkeit der Kündigung.

nn) Sonstige Fälle

620   Der vorbehaltene **Widerruf einzelner Arbeitsbedingungen** und die **Nichtverlängerung eines befristeten Arbeitsverhältnisses** sind nicht anhörungspflichtig.[1518] Ebenso wenig bedarf es einer BR-Anhörung bei einer Mitteilung an den **vorläufig eingestellten Arbeitnehmer** nach § 100 Abs. 3 BetrVG, wenn zuvor durch rechtskräftige arbeitsgerichtliche Entscheidung festgestellt wurde, dass die vorläufige Einstellung nicht aus sachlichen Gründen dringend erforderlich war; in diesem Fall endet das Arbeitsverhältnis zwei Wochen nach der Rechtskraft. Auch bei einem **Auflösungsantrag nach § 9 KSchG** oder bei der **Aussperrung im Arbeitskampf** ist keine BR-Anhörung erforderlich. Die beabsichtigte einseitig herbeigeführte Änderung von Vertragsbedingungen durch **Teilkündigung** ist nach Auffassung des BAG generell unzulässig; da sie ohnehin nicht auf die Vertragsbeendigung abzielt, ist aber jedenfalls auch keine BR-Anhörung vorzunehmen.

Indes ist eine BR-Anhörung vor Ausspruch einer **vorsorglichen** (weiteren) **Kündigung** ebenso erforderlich wie bei **Betriebsstilllegungen** und im **Insolvenzverfahren**.

1512 BAG 29.1.1986 AP Nr. 42 zu § 102 BetrVG 1972; BAG 15.12.1994, NZA 1995, 521.
1513 BAG 15.11.1995, NZA 1996, 420.
1514 BAG 12.1.2006, AP Nr. 13 zu § 626 BGB Krankheit.
1515 BAG 26.11.2009 – 2 AZR 272/08, zit. nach juris; BAG 8.4.2003 – 2 AZR 355/02, AP Nr. 181 zu § 626 BGB; BAG 11.3.1999 – 2 AZR 427/98, AP Nr. 150 zu § 626 BGB.
1516 BAG 29.8.1991, AP Nr. 58 zu § 102 BetrVG 1972.
1517 BAG 19.5.1993, NZA 1993, 1075.
1518 Schaub/*Linck*, ArbR-Hdb, § 124 Rn 3.

oo) Stellungnahme des Betriebsrats

(1) Frist bei ordentlicher oder außerordentlicher Kündigung

Dem BR steht für seine Stellungnahme zur **ordentlichen Kündigung** ein Zeitraum von einer Woche zur **621** Verfügung; § 102 Abs. 1 S. 1 BetrVG. Die Stellungnahme zur **außerordentlichen Kündigung** hat unverzüglich, längstens aber binnen drei Tagen zu erfolgen, § 102 Abs. 1 S. 3 BetrVG. Die Fristberechnung richtet sich nach den §§ 186 ff. BGB. Entsprechend § 188 Abs. 2 BGB fällt das **Fristende** auf den Ablauf des Tages (24:00 Uhr), welcher durch seine Benennung dem Tage entspricht, an dem das Anhörungsschreiben dem BR zugegangen ist.

(2) Beschlussfassung des BR

Bevor sich der BR gegenüber dem Arbeitgeber zur Kündigung äußert, muss er einen entsprechenden Beschluss fassen (§ 33 BetrVG). Dieser Beschluss umfasst das Ob und das Wie der Stellungnahme. Das Gesetz schreibt insoweit keine bestimmte Vorgehensweise im Vorfeld der Beschlussfassung vor; insbesondere ist der BR auch nicht etwa verpflichtet, den zu kündigenden Arbeitnehmer anzuhören; zwar soll er dies tun, § 102 Abs. 2 S. 4 BetrVG, ein etwaiges Unterlassen macht die Anhörung jedoch nicht unwirksam. Ebenso wenig kann der betroffene Arbeitnehmer verlangen (oder gar einklagen), dass der BR tätig wird. Da die Stellungnahme nicht formgebunden ist, kann sich der BR **mündlich oder schriftlich** zu der Kündigungsabsicht des Arbeitgebers äußern.

Ist der BR für die Dauer der Anhörungsfrist beschlussunfähig, kommt entsprechend § 22 BetrVG dem **623** **Rest-BR** das Beteiligungsrecht zu.[1519]

Jede Äußerung des BR vor Ablauf der Frist ist danach auszulegen, ob sie eine **abschließende Stellung-** **624** **nahme** darstellen soll mit der Folge, dass der Arbeitgeber auch bereits vorzeitig kündigen könnte. Die Auslegung erfolgt nach den Auslegungsregeln für Willenserklärungen (§§ 133, 157 BGB). Für die Annahme einer vorfristig abgegebenen verfahrensbeendenden Äußerung bedarf es „besonderer Anhaltspunkte".[1520] Stimmt der BR der Kündigung ausdrücklich und vorbehaltlos zu, erklärt er, gegen die Kündigung keine Bedenken zu haben oder widerspricht er ihr mit näherer Begründung, kann der Arbeitgeber aufgrund dieser besonderen Umstände davon ausgehen, dass der BR keine weitere Erörterung der Angelegenheit wünscht.[1521] In diesem besonderen Fall muss er den Ablauf der verbleibenden gesetzlichen Anhörungsfrist nicht abwarten, sondern kann – sofern er dies auch nach Kenntnisnahme der Äußerung des BR noch beabsichtigt – die Kündigung erklären.[1522] Nicht ausreichend ist es hingegen, wenn der Arbeitgeber aus der Mitteilung des Betriebsrats entnehmen konnte, der Betriebsrat wünsche keine weitere Erörterung des Falles.[1523] Keine abschließende Stellungnahme ist richtigerweise in der mündlichen Äußerung des BR-Vorsitzenden gegenüber dem Arbeitgeber zu sehen, der BR habe gegen die Kündigung Bedenken und beabsichtige, diese noch schriftlich mitzuteilen. Nach Auffassung des LAG Berlin-Brandenburg[1524] ist selbst dann, wenn der BR-Vorsitzende dem Arbeitgeber – ohne den Anhörungsbogen zurückzureichen – mitteilt, der BR habe über die Kündigungsabsicht abschließend beraten und „werde" ihr nicht widersprechen, gerade keine Erklärung dahingehend abgegeben worden, dass der BR nicht doch noch bis zum Ablauf der Anhörungsfrist widersprechen wird; er habe nicht erklärt, dass der BR der Kündigung (jetzt) nicht widerspreche. Auch wenn diese Auslegung (übertrieben) „spitzfindig" erscheint,[1525] verdeutlicht sie doch das Dilemma des Arbeitgebers, der beim Ausspruch einer Kündigung vor Abschluss des Anhörungsverfahrens allein das Risiko der richtigen Einschätzung der Rechtslage trägt. Im Zweifel, sofern nicht einfach das Ver-

---

1519 HWK/*Ricken*, § 102 BetrVG Rn 53.
1520 BAG 25.5.2016, NZA 2016, 1140.
1521 BAG 11.7.1991, AP Nr. 57 zu § 102 BetrVG 1972.
1522 BAG 25.5.2016, NZA 2016, 1140.
1523 So unter ausdrücklicher Aufgabe seiner gegenteiligen früheren Rspr. BAG 25.5.2016, NZA 2016, 1140.
1524 LAG Berlin-Brandenburg 22.10.2009 – 2 Sa 1186/09, EzA-SD 2010, Nr. 1, 15 (Leitsatz).
1525 So *Hunold*, NZA 2010, 797 (798).

streichenlassen der vollen Anhörungsfrist in Betracht kommt (beispielsweise wegen Versäumung einer Quartalskündigungsfrist oder gar drohender Ausschlussfrist des § 626 Abs. 2 BGB), sollte der Arbeitgeber daher beim BR nachfragen, ob seine Äußerung als abschließende Antwort zu verstehen ist. Dies gilt etwa bei der (vorfristigen) Mitteilung des BR, er lasse die **Frist** (gegebenenfalls **ohne Stellungnahme**) **verstreichen,**[1526] oder er nehme die Kündigung **zur Kenntnis.**

(3) Nichtäußerung

625   Gibt der BR binnen der Wochenfrist keine Stellungnahme ab, greift bei der ordentlichen Kündigung die **Zustimmungsfiktion** des § 102 Abs. 2 S. 2 BetrVG. Erklärt der BR indes innerhalb der Wochenfrist, er sehe von einer Stellungnahme ab, würde die Fiktionswirkung der Wochenfrist zwar erst mit deren Ablauf eintreten, allerdings liegt in dieser Äußerung bereits die abschließende Stellungnahme des BR.[1527] Gleiches soll nach Auffassung des Hessischen LAG gelten, wenn der BR vorfristig erklärt, er lasse die Wochenfrist ohne eigene Stellungnahme verstreichen.[1528]

Auf die Anhörung zur außerordentlichen Kündigung ist die Zustimmungsfiktion des § 102 Abs. 2 S. 2 BetrVG nicht anwendbar; so dass ein Schweigen des BR hier nicht als Zustimmung gilt.

(4) Zustimmung

626   Erteilt der BR ausdrücklich seine Zustimmung zur Kündigung, ist das Anhörungsverfahren abgeschlossen. Der Arbeitgeber muss sich hierauf verlassen können und seine Dispositionen treffen dürfen. Eine Rücknahme der Zustimmung zur Kündigung ist deswegen nicht möglich.[1529]

Durch seinen Widerspruch oder das Anmelden von Bedenken kann der BR **Gegenvorstellungen** zur Kündigung äußern.

(5) Bedenken oder Widerspruch des BR

627   Das Erheben von **Bedenken** ist vom Widerspruch des BR zu unterscheiden und diesem nicht gleichzusetzen.[1530] Macht der BR Bedenken geltend, bevor die Wochenfrist abgeschlossen ist, endet damit auch das Anhörungsverfahren. Einen Katalog von Gründen, derentwegen Bedenken angemeldet werden können, gibt es nicht, so dass Bedenken auf jedweden Grund gestützt werden können, etwa die soziale Härte einer beabsichtigten Kündigung oder die Ungleichbehandlung von Arbeitnehmern. Angemeldete Bedenken begründen allerdings nicht den betriebsverfassungsrechtlichen Weiterbeschäftigungsanspruch des § 102 Abs. 5 BetrVG und stellen auch keinen Widerspruch i.S.d. § 1 Abs. 2 KSchG dar. Auch beim Anmelden von Bedenken ist aber die Wochenfrist und die Schriftform zu wahren; nicht frist- oder formgerecht angemeldete Bedenken begründen die Zustimmungsfiktion des § 102 Abs. 2 S. 2 BetrVG. Wenn der BR vor Abschluss der Wochenfrist lediglich Bedenken angemeldet hat und diese Erklärung als abschließende Äußerung zu verstehen war, kann er danach keinen Widerspruch mehr erheben – selbst wenn er dabei die Wochenfrist wahrt.

628   Der **Widerspruch** gegen die beabsichtigte Kündigung geht über das bloße Anmelden von Bedenken hinaus. Letzteres ist in der Regel auch nicht als Widerspruch auszulegen; etwas anderes gilt nur, wenn die Kündigung in den Bedenken des BR als rechtswidrig bezeichnet oder Widerspruchsgründe i.S.d. § 102 Abs. 3 BetrVG genannt werden.[1531] Andererseits ist es aber nicht zwingend erforderlich, dass der BR den Begriff

---

1526 Das BAG (NZA 1988, 137) sieht darin allerdings eine abschließende Stellungnahme des BR; ihm folgend KR/*Etzel/Rinck*, § 102 BetrVG Rn 151 und 186 sowie *Hunold*, NZA 2010, 797 (799); a.A. LAG Berlin-Brandenburg 22.10.2009 – 2 Sa 1186/09, EzA-SD 2010, Nr. 1, 15 (Leitsatz), Rn 27.

1527 BAG 12.3.1987, EzA Nr. 71 zu § 102 BetrVG 1972 m. Anm. *Kraft*.

1528 Hess. LAG 18.6.1997, LAGE Nr. 61 zu § 102 BetrVG 1972 (Leitsatz 1–2).

1529 Schaub/*Linck*, ArbR-Hdb, § 124 Rn 34; KR/*Etzel/Rinck*, § 102 BetrVG Rn 184.

1530 KR/*Etzel/Rinck*, § 102 BetrVG Rn 193.

1531 KR/*Etzel/Rinck*, § 102 BetrVG Rn 194.

„Widerspruch" verwendet, sondern er kann auch andere Wortwendungen wählen, sofern diese unmissverständlich die Ablehnung der Kündigung zum Ausdruck bringen.[1532] Die Verwendung der im Gesetz vorgegebenen Begriffe ist aber sowohl aus Sicht des BR, als auch im Interesse des Arbeitgebers und des zu kündigenden Arbeitnehmers zu empfehlen.

Hinsichtlich einer beabsichtigten **außerordentlichen Kündigung** fehlt es an einer gesetzlichen Regelung des Widerspruchsrechts; der BR kann aber dennoch auch der außerordentlichen Kündigung widersprechen, denn der Widerspruch ist nichts anderes als eine qualifizierte Form der Anmeldung von Bedenken. Letztere hat der Gesetzgeber aber in § 102 Abs. 1 S. 3 BetrVG anerkannt. Allerdings sieht das Gesetz für den Fall des Widerspruchs gegen eine außerordentliche Kündigung keine Konsequenzen vor. **629**

Bei der **ordentlichen Kündigung** hingegen kommt dem Widerspruch ganz erhebliche rechtliche Bedeutung zu. Voraussetzung dafür ist allerdings, dass der BR seinen Widerspruch dem Arbeitgeber innerhalb der Wochenfrist mitteilt und schriftlich begründet. Die **Widerspruchsbegründung** darf sich nicht in der Wiederholung der abstrakten Widerspruchsgründe des § 102 Abs. 3 BetrVG oder im Verweis auf diese erschöpfen, sondern muss **konkrete Tatsachen** bezeichnen, auf die der BR seinen Widerspruch stützt.[1533] Die vorgebrachten Tatsachen müssen sodann einem der insoweit abschließenden Kataloggründe des § 102 Abs. 3 BetrVG zugeordnet werden können. Dabei kommt es für die Wirksamkeit des Widerspruchs nicht darauf an, ob der betreffende Widerspruchsgrund tatsächlich gegeben ist; es muss aufgrund der Ausführungen des BR aber möglich erscheinen, dass (ausreichende) Widerspruchsgründe vorliegen. **630**

Da es sich nicht um eine Willenserklärung des BR handelt, ist zur Fristwahrung nicht die **Schriftform** des § 126 BGB erforderlich, sondern der Widerspruch per Telefax genügt,[1534] das allerdings die Unterschrift des zur Abgabe der Erklärung berechtigten Person (also i.d.R. des BR-Vorsitzenden) tragen muss; eine E-Mail soll nicht ausreichend sein.[1535] **631**

pp) Einzelne Widerspruchsgründe

Die Widerspruchsgründe des BR gegen die beabsichtigte Arbeitgeberkündigung sind in § 102 Abs. 3 Nr. 1–5 BetrVG abschließend aufgezählt, wobei durch Tarifvertrag oder durch (freiwillige) Betriebsvereinbarung weitere Widerspruchsgründe geschaffen werden können:[1536] **632**

(1) Fehlerhafte Sozialauswahl (Nr. 1)

Nach § 102 Abs. 3 Nr. 1 BetrVG kann der BR **wegen nicht- oder nicht ausreichender Berücksichtigung sozialer Gesichtspunkte** bei der Auswahl des zu kündigenden Arbeitnehmers Widerspruch gegen die beabsichtigte ordentliche **betriebsbedingte Kündigung** erheben. Dieser Widerspruchsgrund kommt allerdings nicht in Betracht beim Ausspruch **personen- oder verhaltensbedingter Kündigungen**, und zwar auch dann nicht, wenn der Arbeitgeber zusätzlich personen- oder verhaltensbedingte Gründe als alternative Kündigungsbegründung heranzieht. Im Übrigen bezieht sich der Widerspruch ausschließlich auf die vom Arbeitgeber getroffene soziale Auswahl des für die Kündigung vorgesehenen Arbeitnehmers, nicht auf die Betriebsbedingtheit der Kündigung. Diese muss der BR zwar nicht als Begründung akzeptieren, insoweit besteht aber kein Widerspruchsrecht. Rügt der BR daher lediglich, dass es an einem Kündigungsgrund fehle, weil kein Arbeitsplatz entfallen sei, äußert sich aber nicht zur getroffenen Sozialauswahl, ist sein Widerspruch unbeachtlich. Stützt der BR seinen Widerspruch aber auf die seiner Auffassung nach fehlerhafte Sozialauswahl, hat er **konkret aufzuzeigen**, welcher vom Arbeitgeber bei der sozialen Auswahl nicht berücksichtigte Arbeitnehmer gegenüber dem Betroffenen sozial weniger schutzwürdig ist; der weniger **633**

1532 HWK/*Ricken*, § 102 BetrVG Rn 68.

1533 BAG 11.5.2000 – 2 AZR 54/99, NZA 2000, 1055 (1056).

1534 KR/*Etzel*/*Rinck*, § 102 BetrVG Rn 200 unter Verweis auf die Rspr. des BAG zu § 99 BetrVG; diesem folgend HWK/*Ricken*, § 102 BetrVG Rn 68; ebenso Richardi/*Thüsing*, BetrVG, § 102 Rn. 189.

1535 ArbG Frankfurt, 16.3.2004 – 4 Ga 43/04, zit. nach juris; dem folgend Richardi/*Thüsing*, BetrVG, § 102 Rn. 189.

1536 Dazu KR/*Etzel*/*Rinck*, § 102 BetrVG Rn 209 unter Verweis auf § 1 Abs. 1 TVG bzw. § 102 Abs. 6 BetrVG.

schutzwürdige Arbeitnehmer muss jedenfalls anhand abstrakter Merkmale aus dem Widerspruchsschreiben **bestimmbar** sein.[1537] Darüber hinaus muss der BR **plausibel** darlegen, warum ein anderer Arbeitnehmer sozial weniger schutzwürdig sein soll. Hierzu sind zwar nicht die einzelnen Sozialdaten i.S.d. § 1 Abs. 3 S. 1 KSchG aufzuführen, der BR muss aber aufzeigen, welche Gründe aus seiner Sicht zu einer anderen Bewertung der sozialen Schutzwürdigkeit führen.[1538] Sind **gleichzeitig mehrere betriebsbedingte Kündigungen** beabsichtigt, setzt der wirksame Widerspruch nach § 102 Abs. 3 Nr. 1 BetrVG voraus, dass der BR in jedem Einzelfall auf bestimmte oder bestimmbare, seiner Ansicht nach weniger schutzwürdige Arbeitnehmer verweist.[1539] Beabsichtigt der Arbeitgeber mehrere betriebsbedingte Kündigungen, soll der BR aber nach Auffassung des BAG nicht unter Verweis auf ein angebliches Außerachtlassen derselben weniger schutzwürdigen Vergleichspersonen allen/mehreren Kündigungen widersprechen können.

(2) Verstoß gegen eine Auswahlrichtlinie nach § 95 BetrVG (Nr. 2)

634 Nach § 102 Abs. 3 Nr. 2 BetrVG kann der BR mit seinem Widerspruchsschreiben rügen, dass die Kündigung gegen eine Auswahlrichtlinie nach § 95 BetrVG verstößt. Dabei muss der BR die Auswahlrichtlinie sowie die Tatsachen, aus denen sich der Verstoß ergeben soll, konkret bezeichnen. Der Widerspruchsgrund des § 102 Abs. 3 Nr. 2 BetrVG kommt regelmäßig nur bei **betriebsbedingten Kündigungen** in Betracht. Auswahlrichtlinien sind Grundsätze, die bei der Entscheidung, wem gegenüber eine personelle Einzelmaßnahme (hier: betriebsbedingte Kündigung) vorzunehmen ist, zu berücksichtigen sind. Diese Festlegung der Auswahlkriterien dient der Versachlichung und Transparenz der jeweiligen Personalentscheidung, wobei dem BR bei der Aufstellung der Auswahlrichtlinien ein Mitbestimmungsrecht nach § 95 BetrVG zukommt. Ein **Punkteschema** für die soziale Auswahl ist auch dann eine nach § 95 Abs. 1 BetrVG mitbestimmungspflichtige Auswahlrichtlinie, wenn es der Arbeitgeber nicht generell auf alle künftigen betriebsbedingten Kündigungen, sondern nur auf konkret bevorstehende Kündigungen anwenden will.[1540] Dies gilt auch dann, wenn das Punkteschema nur Grundlage für die Auswahlentscheidung ist und für eine Berücksichtigung von Einzelkriterien noch Raum ist. Besteht eine Auswahlrichtlinie, hat der Arbeitgeber eine Auswahlentscheidung entsprechend der Richtlinie durchzuführen. Der BR kann der Auswahlentscheidung widersprechen, wenn der Arbeitgeber die Sozialauswahl nicht gemäß der vereinbarten oder durch Spruch der Einigungsstelle erlassenen Auswahlrichtlinie vorgenommen hat. Ein Verstoß gegen eine **wirksame Auswahlrichtlinie** hat die Fehlerhaftigkeit der Sozialauswahl zur Folge, so dass die **Kündigung** sozial ungerechtfertigt und daher **unwirksam** ist. Der Arbeitnehmer kann sich hierauf unmittelbar berufen, wenn der BR der Kündigung deswegen widersprochen hat, § 1 Abs. 2 S. 2 Nr. 1a KSchG.[1541] Umstritten ist allerdings, was gilt, wenn die **Auswahlrichtlinie** (etwa in Form eines Punkteschemas) **betriebsverfassungswidrig zur Anwendung** kommt, der Arbeitgeber sie also unter Verstoß gegen das Beteiligungsrecht des BR aufgestellt hat (dazu und zu den Rechtsfolgen der fehlerhaften Aufstellung oder Anwendung von Auswahlrichtlinien siehe Rdn 766 ff.).

(3) Weiterbeschäftigungsmöglichkeit auf einem anderen Arbeitsplatz (Nr. 3)

635 Der Widerspruchstatbestand der Nummer 3 greift bei allen ordentlichen Kündigungsarten, bei der betriebsbedingten wie bei der verhaltens- oder personenbedingten Kündigung. Einer beabsichtigten ordentlichen Kündigung kann der BR widersprechen, wenn in demselben Betrieb oder einem anderen Betrieb des Unternehmens eine Weiterbeschäftigungsmöglichkeit an einem anderen Arbeitsplatz besteht. Dieser Widerspruchsgrund nach § 102 Abs. 3 Nr. 3 BetrVG entspricht damit § 1 Abs. 2 S. 2 Nr. 1b KSchG, wonach die Kündigung in diesem Fall auch sozial ungerechtfertigt ist. Den gesetzlichen Anforderungen **ungenügend** ist daher ein Widerspruch des BR, der auf die Möglichkeit zur **Weiterbeschäftigung des Arbeitneh-**

1537 BAG 9.7.2003, NZA 2003, 1191–1193.
1538 BAG 9.7.2003, NZA 2003, 1191–1193.
1539 BAG, 9.7.2003, NZA 2003, 1191–1193, offenbar anderer Auffassung insoweit: KR/*Etzel/Rinck*, § 102 BetrVG Rn 213.
1540 BAG 26.7.2005, NZA 2005, 1372–1374.
1541 KR/*Griebeling/Rachor* § 1 KSchG Rn 199 und Rn 711; GK-BetrVG/*Raab*, § 95 Rn 51..

mers auf demselben Arbeitsplatz hinweist.[1542] Vielmehr muss der BR darlegen, auf welchem **vorhandenen freien anderen Arbeitsplatz im Betrieb oder in einem Betrieb desselben Unternehmens** die Weiterbeschäftigung des zu kündigenden Arbeitnehmers möglich sein soll; den freien Arbeitsplatz hat er in zumindest bestimmbarer Weise anzugeben.[1543] Es genügt also nicht, wenn der BR nur allgemein auf anderweitige Beschäftigungsmöglichkeiten in demselben Betrieb oder in einem anderen Betrieb des Unternehmens verweist oder eine Beschäftigungsmöglichkeit beschreibt, ohne einen vorhandenen konkreten freien Arbeitsplatz zu benennen. Der Arbeitsplatz muss bis spätestens zum Ablauf der Kündigungsfrist frei werden. Nicht erforderlich ist, dass er bereits bei Einlegung des Widerspruchs frei ist. Allerdings ist der Arbeitgeber nicht verpflichtet, einen neuen, freien Arbeitsplatz zu schaffen. Wenn ein Arbeitsplatz infolge einer Fremdvergabe nicht mehr von eigenen Arbeitnehmern besetzt ist, handelt es sich nicht um einen freien Arbeitsplatz im Sinne der Norm; auch insoweit besteht also eine Parallele zum Recht des Arbeitgebers, bestimmte Aufgaben künftig nicht mehr selbst, sondern durch freie Mitarbeiter ausführen zu lassen und die bisher beschäftigten eigenen Arbeitnehmer infolgedessen betriebsbedingt zu kündigen.[1544]

Der Widerspruchsgrund nach § 102 Abs. 3 Nr. 3 BetrVG ist aber nur gegeben, wenn es das **Direktionsrecht** des Arbeitgebers zulässt, den Arbeitnehmer auch tatsächlich auf den anderen Arbeitsplatz umzusetzen, anderenfalls besteht ausschließlich eine Widerspruchsmöglichkeit nach § 102 Abs. 3 Nr. 5 BetrVG, die – anders als bei Nr. 3 – das vorherige Einverständnis des Arbeitnehmers voraussetzt.[1545] Erlaubt das Direktionsrecht die einseitige Umsetzung nicht, und lehnt der Arbeitnehmer in Kenntnis der bevorstehenden Kündigung ausdrücklich die Übernahme der anderen Tätigkeit gegenüber dem Arbeitgeber oder dem BR ab, ist der Widerspruch gestützt auf Nr. 3 ausgeschlossen.[1546] Hinzu kommt, dass der Arbeitnehmer die für die neue Position erforderliche **Qualifikation** besitzen muss; insoweit haben die Arbeitsgerichte grundsätzlich die vom Arbeitgeber für diesen Arbeitsplatz im Rahmen seiner Unternehmerdisposition aufgestellten Anforderungen zu respektieren, sofern die Qualifikationsmerkmale einen nachvollziehbaren Bezug zur Organisation der auszuführenden Arbeiten haben.[1547]   **636**

Der Widerspruch nach Nr. 3 beinhaltet zugleich die **Zustimmung zur Versetzung** nach § 99 BetrVG; der Arbeitgeber muss dann nicht mehr die (erneute) Zustimmung des BR zur Versetzung nach § 99 BetrVG einholen.[1548] Dies gilt jedenfalls dann, wenn der BR einen ganz bestimmten anderen Arbeitsplatz in seinem Widerspruch bezeichnet hat. Handelte es sich allerdings um mehrere bestimmbare freie Arbeitsplätze, kann der BR seine Zustimmung zur Versetzung nach § 99 BetrVG u.U. verweigern.[1549] Bezieht sich der Widerspruch nach Nr. 3 indes auf einen **freien Arbeitsplatz in einem anderen Betrieb** desselben Unternehmens, so ist jedenfalls zur Einstellung des Arbeitnehmers die **Zustimmung durch den aufnehmenden BR** nach § 99 BetrVG erforderlich; verweigert dieser die Zustimmung, kann der andere Arbeitsplatz nicht als frei angesehen werden.[1550] Fehlt es an der Zustimmung, kann die Weiterbeschäftigungspflicht des Arbeitgebers nach § 102 Abs. 5 S. 2 BetrVG entfallen,[1551] sofern nicht ohnehin bereits das Widerspruchsrecht nach Nr. 3 mangels Zustimmung des aufnehmenden BR zur Weiterbeschäftigung in dem anderen Betrieb zu   **637**

1542 BAG 12.9.1985, AP Nr. 7 zu § 102 BetrVG 1972 Weiterbeschäftigung.

1543 BAG 17.6.1999, NZA 1999, 1154 ff.

1544 BAG 13.3.2008, NZA 2008, 878 ff.; BAG 9.5.1996, AP Nr. 79 zu § 1 KSchG 1969 Betriebsbedingte Kündigung.

1545 APS/*Koch*, § 102 BetrVG Rn 196; KR/*Etzel/Rinck*, § 102 BetrVG Rn 229.

1546 APS/*Koch*, § 102 BetrVG Rn 196.

1547 BAG 24.6.2004, NZA 2004, 1268, 1270.

1548 Richardi/*Thüsing*, § 102 BetrVG Rn 178.

1549 Hierzu APS/*Koch*, § 102 BetrVG Rn 201, der allerdings die Durchführung eines gesonderten Zustimmungsverfahrens nach § 99 BetrVG generell für erforderlich hält, entgegen etwa KR/*Etzel/Rinck*, § 102 BetrVG Rn 227.

1550 KR/*Etzel/Rinck*, § 102 BetrVG Rn 228; APS/*Koch*, § 102 BetrVG Rn 201.

1551 So APS/*Koch*, § 102 BetrVG Rn 201.

verneinen ist.[1552] Die Durchführung eines Zustimmungsersetzungsverfahrens gemäß § 99 Abs. 4 BetrVG gegen den BR des anderen aufnehmenden Betriebs ist dem Arbeitgeber nicht zuzumuten.

638 Das Widerspruchsrecht besteht nicht im Falle einer Weiterbeschäftigungsmöglichkeit auf einem freien Arbeitsplatz im **Konzern**.[1553] Dies ist ausnahmsweise dann anders, wenn arbeitsvertraglich eine **konzernweite Versetzung** per Direktionsrecht vereinbart ist.

639 Widerspricht der BR unter Verweis auf freie Arbeitsplätze einer **verhaltens- oder personenbedingten Kündigung**, hat er neben der Benennung eines freien anderen Arbeitsplatzes auch darzulegen, dass die vom Arbeitgeber in der Anhörung des BR aufgeführten **Kündigungsgründe** in der Person und in dem Verhalten des Arbeitnehmers wegen der Versetzung **nicht mehr bestehen**.

(4) Weiterbeschäftigung nach zumutbaren Umschulungs- oder Fortbildungsmaßnahmen (Nr. 4)

640 § 102 Abs. 3 Nr. 4 BetrVG gilt für **alle Kündigungsgründe**. Im Rahmen dieses Widerspruchsgrundes muss der BR darlegen, welche dem Arbeitgeber **zumutbaren Umschulungs- und Fortbildungsmaßnahmen** für den zu kündigenden Arbeitnehmer möglich wären und welcher **freie Arbeitsplatz nach Durchführung** dieser Maßnahme mit dem betroffenen Arbeitnehmer besetzt werden könnte. Gemäß § 1 Abs. 2 S. 3 KSchG führt das Vorhandensein einer solchen Weiterbeschäftigungsmöglichkeit auch zur Sozialwidrigkeit der ausgesprochenen Kündigung. Anders als beim Widerspruchsgrund nach Nr. 3 kommt eine **Weiterbeschäftigung** nach zumutbaren Umschulungs- oder Fortbildungsmaßnahmen **auch am bisherigen Arbeitsplatz** in Betracht.

641 Allerdings fehlt es bislang an einer hinreichenden richterlichen Konkretisierung der Begriffe **Umschulung und Fortbildung**; eine Übertragung der Begrifflichkeiten des § 1 Abs. 4 und 5 BBiG dürfte wegen der unterschiedlichen Zweckbestimmungen der Gesetze nicht möglich sein.[1554] Dennoch gibt es Parallelitäten, denn eine Umschulung bezweckt den Erwerb anderer beruflicher Kenntnisse und Fähigkeiten, die den betreffenden Arbeitnehmer nach Durchführung der Umschulung zur Verrichtung einer anderen Tätigkeit befähigen sollen und in der Regel mit einer Vertragsänderung einhergehen werden, wohingegen die Fortbildung dem Arbeitnehmer die gleiche Funktion belässt, ihn aber für gestiegene Berufsanforderungen qualifizieren soll, etwa aufgrund technischen Fortschritts. Schlagwortartig lässt sich sagen: Fortbildung ist die Weiterbildung in dem bisherigen Beruf, Umschulung die Ausbildung in einem anderen Beruf,[1555] wobei dies nach umstrittener Auffassung nicht zwingend eine gleichwertige Qualifikation sein muss.[1556]

642 Die **Zumutbarkeit** orientiert sich ausschließlich am Arbeitgeber, da der Arbeitnehmer ohnehin frei entscheiden kann, ob er an der Umschulung oder Fortbildung teilnehmen will. Will er dies nicht, entfällt sein Weiterbeschäftigungsanspruch nach § 102 Abs. 5 BetrVG. Vor Inanspruchnahme des Widerspruchsrechts muss der BR die **Zustimmung des betroffenen Arbeitnehmers** einholen und diese dem Arbeitgeber gegenüber darlegen, und zwar spätestens zeitgleich mit dem Zugang des Widerspruchs beim Arbeitgeber.[1557] Die Zumutbarkeit hängt von den mit der Umschulung oder Fortbildung einhergehenden **betrieblichen und wirtschaftlichen Belastungen** des Arbeitgebers ab, die sich wiederum nach verschiedenen, arbeitnehmerspezifischen Bedingungen, wie der Dauer der (bisherigen und restlichen) Beschäftigung, seinem Lebensalter, seiner persönlichen und fachlichen Qualifikation bestimmen, und die die Erfolgsaussichten der Umschulung oder Fortbildung beeinflussen. Hat der Arbeitgeber durch eine unternehmerische Entscheidung die Ursache gesetzt, sind ihm die mit einer Umschulung oder Fortbil-

---

1552 So KR/*Etzel/Rinck*, § 102 BetrVG Rn 228.
1553 H.M., vgl. ErfK/*Kania*, § 102 BetrVG Rn 20; Richardi/*Thüsing*, § 102 BetrVG Rn 177.
1554 APS/*Kiel*, § 1 KSchG Rn 617.
1555 So *Berkowsky*, Die betriebsbedingte Kündigung, 6. Auflage 2008, § 8 Rn 30.
1556 v. Hoyningen-Huene/Linck/*Krause*, KSchG, § 1 Rn 1116.
1557 APS/*Koch*, § 102 BetrVG Rn 202; KR/*Etzel*, § 102 BetrVG Rn 169c.

dung einhergehenden Belastungen umso eher zuzumuten. Maßgeblich für die Kostenlast ist das Arbeitsentgelt während der Umschulung oder Fortbildung, wobei die wirtschaftliche Leistungsfähigkeit des Arbeitgebers mit in die Abwägung einzubeziehen ist.[1558]

(5) Weiterbeschäftigung unter geänderten Vertragsbedingungen mit Einverständnis des Arbeitnehmers (Nr. 5)

Wie Nr. 4 ist auch der Widerspruchsgrund nach Nr. 5 nicht auf betriebsbedingte Kündigungen beschränkt, **643** sondern findet auf alle Kündigungsgründe Anwendung. Die Weiterbeschäftigungsmöglichkeit kann **im Betrieb oder in einem anderen Betrieb des Unternehmens** aufgezeigt werden. Der Arbeitnehmer hat seine **Zustimmung** zur Weiterbeschäftigung zu veränderten Vertragsbedingungen entweder **gegenüber dem Arbeitgeber oder gegenüber dem BR** zu erklären. Das Einverständnis des Arbeitnehmers muss bei Einlegung des Widerspruchs durch den BR vorliegen[1559] und – im Falle der Äußerung gegenüber dem BR – dem Arbeitgeber spätestens bis zum Ende der Anhörung des BR mitgeteilt werden.[1560] Der Arbeitnehmer kann sein Einverständnis auch unter dem **Vorbehalt der sozialen Rechtfertigung** der geänderten Arbeitsbedingungen gemäß § 2 KSchG erklären.[1561] Ein entsprechendes konkretes Vertragsangebot des Arbeitgebers an den Arbeitnehmer ist nicht Voraussetzung dieses Widerspruchsgrundes; vielmehr geht die Initiative zur Weiterbeschäftigung zu geänderten Bedingungen und damit zur Vertragsänderung regelmäßig vom BR aus. Verweist der Widerspruch aber lediglich auf die Möglichkeit der Einführung von Kurzarbeit, ist er indes unbegründet.[1562] Denn die vom BR vorgeschlagenen geänderten Vertragsbedingungen dürfen nicht im Widerspruch zu gesetzlichen oder zwingenden Vorschriften aus Tarifverträgen oder Betriebsvereinbarungen stehen.[1563] Allerdings wäre ein Widerspruch, der eine kollektivrechtlich mitbestimmungspflichtige Änderung der Arbeitsbedingungen erfordert, zugleich als Angebot zum Abschluss einer entsprechenden Betriebsvereinbarung – etwa zur Einführung von Kurzarbeit – auszulegen,[1564] so dass die betriebsbedingte Kündigung überflüssig würde.[1565]

qq) Bedeutung des Widerspruchs

Der Arbeitgeber wird auch durch den form- und fristgemäßen Widerspruch nicht am Ausspruch der Kün- **644** digung gehindert, sondern hat dem betreffenden Arbeitnehmer zunächst lediglich mit dem Kündigungsschreiben eine Abschrift des Widerspruchs zuzuleiten, § 102 Abs. 4 BetrVG. Darüber hinaus treten im Falle **eines ordnungsgemäß vorgebrachten Widerspruchs** gegen eine ordentliche Kündigung **zwei Rechtsfolgen ein:** Zum einen ist der gekündigte Arbeitnehmer nach Erhebung einer Kündigungsschutzklage i.S.d. § 4 KSchG berechtigt, seine Weiterbeschäftigung über den Ablauf der Kündigungsfrist hinaus bis zum Abschluss des Kündigungsschutzverfahrens zu verlangen und gegebenenfalls gerichtlich durchsetzen, § 102 Abs. 5 KSchG, sog. betriebsverfassungsrechtlicher **Weiterbeschäftigungsanspruch.** Zum anderen bedeutet ein **begründeter Widerspruch** auch die **Sozialwidrigkeit der Kündigung** i.S.d. § 1 Abs. 2 KSchG; eine gerichtliche Interessenabwägung erfolgt in diesem Fall also nicht mehr.[1566]

1558 APS/*Kiel*, § 1 KSchG Rn 620; v. Hoyningen-Huene/Linck/*Krause*, KSchG, § 1 Rn 1117.

1559 H.M., u.a. APS/*Koch*, § 102 BetrVG Rn 203; *Fitting* u.a., § 102 BetrVG Rn. 95; HWK/*Ricken*, § 102 BetrVG Rn 78.

1560 Hessisches LAG 15.2.2013 – 14 SaGa 1700/12, zit. nach juris.

1561 KR/*Etzel/Rinck*, § 102 BetrVG Rn 240; APS/*Koch*, § 102 BetrVG Rn 204.

1562 ErfK/*Kania*, § 102 BetrVG Rn 22; *Fitting* u.a., § 102 BetrVG Rn 97.

1563 KR/*Etzel/Rinck*, § 102 BetrVG Rn 238; Richardi/*Thüsing*, § 102 BetrVG Rn 185.

1564 KR/*Etzel/Rinck*, § 102 BetrVG Rn 238..

1565 ErfK/*Kania*, § 102 BetrVG Rn 22; *Fitting* u.a., § 102 BetrVG Rn 97.

1566 ErfK/*Kania*, § 102 BetrVG Rn 22; Richardi/*Thüsing*, § 102 BetrVG Rn 203.

rr) Besonderheiten

645   Das Anhörungsrecht gilt auch in **Tendenzbetrieben**. Insoweit muss der Arbeitgeber dem BR auch tendenzbezogene Gründe mitteilen, allerdings besteht im Fall des Widerspruchs des BR dann kein Weiterbeschäftigungsanspruch,[1567] denn der Widerspruch des BR darf keine Rechtsfolgen auslösen, von denen § 118 BetrVG gerade befreien will.

646   Liegt ein **Entlassungsverlangen** des BR nach § 104 BetrVG vor und kündigt der Arbeitgeber zeitnah, ist in dem Verlangen des BR zugleich dessen Zustimmung nach § 102 BetrVG zu sehen, so dass eine erneute Anhörung nicht erforderlich ist.[1568] Auch ist im Falle des § 104 BetrVG die Zustimmung des BR nach § 103 BetrVG nicht erforderlich.[1569]

647   Bei der Kündigung eines **Schwerbehinderten** kann der Arbeitgeber das Anhörungsverfahren gegenüber dem BR bereits vor Abschluss des Zustimmungsverfahrens nach § 85 SGB IX gegenüber dem Integrationsamt einleiten.[1570]

648   Während **Arbeitskämpfen** ist die Anwendung des § 102 BetrVG umstritten. Grenze der Beteiligungsrechte des BR muss hier die Möglichkeit von Auswirkungen auf das Kampfgeschehen sein.[1571] Der BR ist während des Arbeitskampfes zur Neutralität verpflichtet. Daher ist das Mitbestimmungsrecht in diesem Fall ebenso wie im Tendenzbetrieb hinsichtlich der Rechtsfolge einzuschränken.[1572] Reagiert der Arbeitgeber auf eine rechtswidrige Kampfmaßnahme mit einer außerordentlichen Kündigung (sog. Kampfkündigung), bedarf es keiner Beteiligung des BR.[1573]

ss) Nachschieben von Kündigungsgründen

649   Während des laufenden Anhörungsverfahrens und bis zum Ausspruch der Kündigung kann der Arbeitgeber – aus eigener Veranlassung oder wegen konkreter Nachfragen des BR – jederzeit weitere Tatsachen als Kündigungsgrund in das Anhörungsverfahren einführen. Schiebt der Arbeitgeber weitere Gründe nach, hat er (erneut) die Anhörungsfrist des § 102 Abs. 2 BetrVG von einer Woche bzw. drei Tagen bei ordentlichen bzw. außerordentlichen Kündigungen abzuwarten, bevor er die beabsichtigte Kündigung ausspricht.[1574] Andernfalls sind die nachgeschobenen Kündigungsgründe im Kündigungsschutzprozess nicht verwertbar, denn der Arbeitgeber muss dem BR alle Gründe mitteilen, die ihn zur Kündigung veranlasst haben (Grundsatz der subjektiven Determinierung der Betriebsratsanhörung). Dementsprechend können Kündigungsgründe, die **bei Ausspruch der Kündigung bereits entstanden waren, dem Arbeitgeber aber erst später bekannt wurden**, in den Kündigungsschutzprozess nach entsprechender Anhörung des BR gemäß § 102 BetrVG eingeführt werden. Dafür muss der Arbeitgeber dann ggf. – obgleich er bereits eine Kündigung ausgesprochen hat – den BR nachträglich über die ihm bekannt gewordenen, weiteren Kündigungsgründe informieren und mitteilen, dass er beabsichtigt, diese in den Prozess einzuführen. Nach Ablauf der jeweiligen Anhörungsfrist des § 102 Abs. 2 BetrVG ist dies dann möglich.

650   Existierten die **Kündigungsgründe** hingegen **bereits bei Ausspruch der Kündigung** und waren sie **dem Arbeitgeber auch bekannt**, ist ihr **Nachschieben** im Kündigungsschutzprozess selbst bei nachgeholter Anhörung des BR **unzulässig**. Dies gilt auch dann, wenn der BR der beabsichtigten Kündigung bereits aufgrund der ihm zuvor mitgeteilten Gründe uneingeschränkt zugestimmt hat.[1575]

1567 BAG 7.11.1975, AP Nr. 4 zu § 118 BetrVG 1972; BVerfG 6.11.1979, AP Nr. 14 zu § 118 BetrVG 1972.
1568 BAG 15.5.1997, NZA 1997, 1106.
1569 Richardi/*Thüsing*, § 104 BetrVG Rn 17.
1570 BAG 1.4.1981, BAGE 35, 190; BAG 23.10.2008, AP Nr. 18 zu § 1 KSchG 1969 Namensliste.
1571 Daher sind die Grundsätze der Arbeitskampfrisikolehre (BAG 22.12.90, AP Nr. 70, 71 zu Art. 9 GG Arbeitskampf) zu beachten, auch hinsichtlich der Weiterbeschäftigungspflicht.
1572 Im Ergebnis ebenso GK-BetrVG/*Raab*, § 102 Rn 18.
1573 BAG 14.2.1978, AP Nr. 57 zu Art. 9 GG Arbeitskampf; APS/*Koch*, § 102 BetrVG Rn 15; Richardi/*Thüsing*, § 102 BetrVG Rn 49 f.
1574 BAG 6.2.1997, AP Nr. 85 zu § 102 BetrVG 1972; *Preis*, Arbeitsrecht, Kollektivarbeitsrecht, § 155 S. 712.
1575 BAG 26.9.1991, AP Nr. 28 zur § 1 KSchG Krankheit.

Vom Nachschieben von Kündigungsgründen im Prozess ist die **Erläuterung oder Konkretisierung** der 651
dem BR mitgeteilten Kündigungsgründe zu unterscheiden. Diese ist möglich, wenn es sich um Tatsachen
handelt, die den Kündigungssachverhalt nicht wesentlich verändern und dem BR daher dem Grunde nach
bereits mitgeteilt worden sind.[1576] Eine solche Konkretisierung des bisherigen Sachvortrags liegt vor, wenn
der Arbeitgeber in der Kündigungsanhörung des BR vorgetragen hat, es gäbe keine oder nur bestimmte, von
ihm benannte vergleichbare Arbeitnehmer, und er dann im Kündigungsschutzprozess näher erläutert, weswegen bestimmte Arbeitnehmer nicht in die Sozialauswahl einzubeziehen waren, nachdem der klagende
Arbeitnehmer dies gerügt hat.[1577] Indes handelt es sich um ein unzulässiges Nachschieben und nicht
bloß um eine Konkretisierung von Kündigungsgründen, wenn sich der Arbeitgeber im Kündigungsschutzprozess über eine verhaltensbedingte Kündigung erstmals auf das Vorhandensein und den Inhalt einer einschlägigen Abmahnung beruft, sofern dies dem BR nicht mitgeteilt wurde.[1578]

Befand sich der Arbeitgeber im **Irrtum** über die Kündigungsgründe, darf er ausnahmsweise die richtigen
Gründe nachschieben; er trägt aber dann im Prozess die Darlegungs- und Beweislast dafür, dass er den BR
nicht bewusst in die Irre geführt hat.[1579]

tt) Darlegungs- und Beweislast

Für die ordnungsgemäße Anhörung des BR besteht eine **abgestufte Darlegungs- und Beweislast**. Im Pro- 652
zess hat der Arbeitnehmer zunächst auf der ersten Stufe vorzutragen, dass ein BR besteht und deshalb nach
§ 102 BetrVG vor Ausspruch einer Kündigung dessen Anhörung erforderlich war (Bestreiten ordnungsgemäßer Anhörung). Auf der nächsten Stufe obliegt es dem Arbeitgeber, darzulegen, dass der BR ordnungsgemäß angehört wurde. Danach darf sich der Arbeitnehmer nicht mehr darauf beschränken, die ordnungsgemäße BR-Anhörung pauschal mit Nichtwissen nach § 138 Abs. 4 ZPO zu bestreiten, sondern ihn trifft
nach § 138 Abs. 2 ZPO dann die Pflicht, sich vollständig zu dem vom Arbeitgeber vorgetragenen Sachverhalt zu erklären und konkret zu rügen.[1580] Mithin muss der Arbeitnehmer erläutern, welche Tatsachen er für
unzutreffend hält, sei es, dass er die Erklärungen des Arbeitgebers über die Anhörung bezweifelt oder dass
er die mitgeteilten Tatsachen für unzutreffend hält.

Da im Urteilsverfahren **keine Amtsermittlung** betrieben wird, ist das Gericht von Amts wegen weder 653
berechtigt noch verpflichtet zu überprüfen, ob eine Betriebsratsanhörung stattgefunden hat,[1581] sondern
hat nach § 139 ZPO nur „erforderliche" Fragen zu stellen und Erklärungen der Parteien zu „erheblichen"
Tatsachen zu bewirken; der Vortrag des Arbeitnehmers muss daher entsprechenden Anlass zu solchen
Fragen geben.[1582]

uu) Widerspruch und betriebsverfassungsrechtlicher Weiterbeschäftigungsanspruch, § 102 Abs. 5 BetrVG

Bei einer **ordentlichen Kündigung**, der der BR widersprochen hat, kann der gekündigte Arbeitnehmer, bis 654
zum rechtskräftigen Abschluss des Kündigungsschutzprozesses seine Weiterbeschäftigung auch über den
Ablauf der Kündigungsfrist hinaus verlangen. Voraussetzung für diesen betriebsverfassungsrechtlichen
Weiterbeschäftigungsanspruch ist der **frist- und ordnungsgemäße Widerspruch** des BR und die **Erhe-**

1576 BAG 18.9.1997, EzA Nr. 53 zu § 1 KSchG Betriebsbedingte Kündigung; BAG NZA 1997, 761; Moll/*Schulte*, § 47 Rn 100.

1577 BAG 7.11.1996 – 2 AZR 720/95, juris.

1578 BAG 18.12.1980, NJW 1981, 2316.

1579 BAG 22.9.1994, AP Nr. 68 zu § 102 BetrVG 1972.

1580 BAG 23.6.2005, NZA 2005, 1233 ff.; BAG 20.9.2006, AP Nr. 24 zu § 17 KSchG 1969.

1581 BAG 23.6.2005, NZA 2005, 1233 ff.

1582 Ähnlich wohl auch APS/*Koch* § 102 BetrVG Rn 163, der nur „bei Zweifeln" das Gericht zur Befragung des Arbeitnehmers gem.
§ 139 ZPO verpflichten will, die es jedoch nur geben kann, wenn bereits Anhaltspunkte für die Existenz und nichtordnungsgemäße
Anhörung des BR vorliegen; unklar KR/*Etzel/Rinck*, § 102 BetrVG Rn 267, der „gegebenenfalls" auf die Hinweismöglichkeit des
Gerichts nach § 139 ZPO verweist.

bung einer **fristgerechten Feststellungsklage** nach dem Kündigungsschutzgesetz, dass das Arbeitsverhältnis nicht durch die Kündigung aufgelöst ist; der Antrag muss § 4 KSchG entsprechen. Im Falle einer **Änderungskündigung** entfällt der Weiterbeschäftigungsanspruch zu den bisherigen Bedingungen, wenn die angebotenen neuen Arbeitsbedingungen zumindest unter dem **Vorbehalt** angenommen wurden, dass die Änderung der Arbeitsbedingungen nicht sozial ungerechtfertigt war, vgl. § 2 KSchG.[1583] Dies gilt nur dann nicht, wenn mit der Änderungskündigung eine Versetzung einhergeht, zu der der BR seine Zustimmung verweigert, denn dann ist die Wirkung der Änderungskündigung bis zur Zustimmung des BR suspendiert[1584] und der Arbeitnehmer kann die Weiterbeschäftigung auf seinem ursprünglichen Arbeitsplatz verlangen.[1585] Schließlich setzt der Weiterbeschäftigungsanspruch das **ausdrückliche Verlangen** des Arbeitnehmers voraus, nach Ablauf der Kündigungsfrist bis zum rechtskräftigen Abschluss des Rechtsstreits bei unveränderten Arbeitsbedingungen weiterbeschäftigt zu werden.

655 Der betriebsverfassungsrechtliche Weiterbeschäftigungsanspruch unterscheidet sich erheblich vom **allgemeinen Weiterbeschäftigungsanspruch** nach der Rechtsprechung des Großen Senats des BAG,[1586] denn im Gegensatz zu diesem besteht das Arbeitsverhältnis beim betriebsverfassungsrechtlichen Weiterbeschäftigungsanspruch für die Dauer der Weiterbeschäftigung auflösend bedingt bis zum rechtskräftigen Abschluss des Kündigungsschutzverfahrens fort. Dies bedeutet vor allem, dass die **Vergütung** wie im ungekündigten Arbeitsverhältnis auch für bestimmte **Zeiten ohne Arbeitsleistung** beansprucht werden kann, etwa bei Arbeitsunfähigkeit nach dem EFZG oder im Falle des § 616 S. 1 BGB,[1587] anders als bei einer Beschäftigung aufgrund des allgemeinen Weiterbeschäftigungsanspruchs. Ist der betriebsverfassungsrechtliche Weiterbeschäftigungsanspruch tituliert, erfüllt der Arbeitgeber ihn aber nicht, schuldet er dennoch das Annahmeverzugsentgelt,[1588] sofern der Arbeitgeber erkennbar gemäß § 102 Abs. 5 BetrVG – und nicht etwa nur wegen des allgemeinen Weiterbeschäftigungsanspruchs – zur Weiterbeschäftigung verurteilt wurde.

656 Fällt das Arbeitsverhältnis – wegen zu kurzer Betriebszugehörigkeit oder nicht erreichter Unternehmensgröße (§§ 1 Abs. 1, 23 Abs. 1 KSchG) – **nicht unter den Geltungsbereich des KSchG**, entfällt der betriebsverfassungsrechtliche Weiterbeschäftigungsanspruch, denn § 102 Abs. 5 BetrVG setzt die Erhebung einer Feststellungsklage nach § 4 KSchG voraus. Nach a.A. wird aus der Neufassung des § 4 S. 1 KSchG, wonach der Arbeitnehmer nicht nur die fehlende soziale Rechtfertigung sondern auch die Unwirksamkeit der Kündigung aus anderen Gründen binnen der Drei-Wochen-Frist anzugreifen hat, gefolgert, dass auch Arbeitnehmer ohne Kündigungsschutz den Weiterbeschäftigungsanspruch nach § 102 Abs. 5 BetrVG geltend machen können.[1589] Allerdings dürfte dann im Regelfall die Möglichkeit der **Entbindung** des Arbeitgebers von der Verpflichtung zur Weiterbeschäftigung nach § 102 Abs. 5 S. 2 Nr. 1 BetrVG in Ermangelung hinreichender Erfolgsaussichten der Klage bestehen[1590] und der Weiterbeschäftigungsanspruch wegen einer entsprechenden einstweiligen Verfügung ins Leere laufen.

657 Bei **Rücknahme der Kündigungsschutzklage** entfällt der Anspruch auf Weiterbeschäftigung. Gleiches gilt, wenn der BR einer **weiteren ordentlichen Kündigung** nicht form- und fristgerecht widerspricht oder der Arbeitnehmer nicht gemäß § 4 KSchG Kündigungsschutzklage erhebt. Da der Weiterbeschäftigungsanspruch nur im Falle der ordentlichen Kündigung besteht, entfällt er auch bei einer nachträglich ausgesprochenen **außerordentlichen Kündigung**.

1583 LAG Nürnberg 13.3.2001, NZA-RR 2001, 366 f.
1584 BAG 30.9.1993, NZA 1994, 615 ff.
1585 ErfK/*Kania*, § 102 BetrVG Rn 32.
1586 BAG 27.2.1985, NZA 1985, 702 ff. (Leitsatz 1–2 und Gründe).
1587 *Korinth*, Teil I Rn 153.
1588 BAG 12.9.1985, NZA 1986, 424 ff. (Leitsatz 1 und Gründe).
1589 KR/*Etzel/Rinck*, § 102 BetrVG Rn 292.
1590 KR/*Etzel/Rinck*, § 102 BetrVG Rn 292.

Das Recht zur Geltendmachung der vorläufigen Weiterbeschäftigung steht nur dem einzelnen Arbeitneh-   **658**
mer, nicht aber dem BR zu. Der Antrag ist **innerhalb der Kündigungsfrist** zu stellen; nach der Rechtsprechung des BAG hat er aber allerspätestens am ersten Arbeitstag nach Ablauf der Kündigungsfrist zu
erfolgen, denn entscheidend ist, dass keine Beschäftigungslücke entsteht.[1591] Etwas anderes gilt nur,
wenn die Kündigungsfrist kürzer als die Drei-Wochen-Frist für die Erhebung der Kündigungsschutzklage
(§ 4 KSchG) ist; in diesem Fall genügt es, wenn der Arbeitnehmer unverzüglich nach fristgerechter Erhebung der Kündigungsschutzklage seine vorläufige Weiterbeschäftigung gemäß § 102 Abs. 5 BetrVG
verlangt.[1592]

Der Arbeitnehmer kann die **Weiterbeschäftigung zu den bisherigen Arbeitsbedingungen** verlangen. Da-   **659**
mit steht zugleich fest, dass der Anspruch **nicht weiter** geht, **als im ungekündigten Arbeitsverhältnis**.[1593]
Gestattet es der Arbeitsvertrag dem Arbeitgeber, den Arbeitnehmer unter Fortzahlung der Vergütung zu be-
urlauben, kann die Weiterbeschäftigung nach § 102 Abs. 5 BetrVG daher nicht durchgesetzt werden.
Ebenso entspricht eine vom Direktionsrecht des Arbeitgebers gedeckte Versetzung des Arbeitnehmers
auf einen anderen Arbeitsplatz einer Weiterbeschäftigung „zu bisherigen Arbeitsbedingungen", denn der
Arbeitnehmer soll durch den betriebsverfassungsrechtlichen Weiterbeschäftigungsanspruch **nicht besser
gestellt** werden als er im ungekündigten Arbeitsverhältnis stünde. Dementsprechend kann der Weiterbeschäftigungsanspruch und der daran geknüpfte Vergütungsanspruch auch entfallen oder sich reduzieren,
wenn im Betrieb zulässigerweise Kurzarbeit eingeführt wird oder eine Aussperrung infolge eines Arbeitskampfes erfolgt. Gleiches gilt für Betriebsstilllegungen. Abgesehen von solchen Ausnahmen ist der Anspruch des Arbeitnehmers auf **tatsächliche Weiterbeschäftigung** gerichtet, nicht auf bloße **Fortzahlung
der Vergütung**. Denn der Weiterbeschäftigungsanspruch hat den Sinn, den Arbeitsplatz des Arbeitnehmers
zu erhalten und dadurch faktisch die Fortsetzung des Arbeitsverhältnisses nach gegebenenfalls gewonnenem Kündigungsschutzprozess zu ermöglichen.

Gewährt der Arbeitgeber bestimmte Leistungen nur an Arbeitnehmer im ungekündigten Arbeitsverhältnis,   **660**
z.B. eine freiwillige Weihnachtsgratifikation,[1594] kann der nur aufgrund des Weiterbeschäftigungsanspruchs tatsächlich beschäftigte Arbeitnehmer die Zahlung an sich nicht verlangen, wobei jedoch ein
Nachzahlungsanspruch entsteht, wenn er den Kündigungsrechtsstreit rechtskräftig gewinnt.

Umstritten ist, ob die Zeit der Weiterbeschäftigung nach § 102 Abs. 5 BetrVG mit zu berücksichtigen ist,   **661**
wenn es für Zahlungsansprüche des Arbeitnehmers auf die **Dauer der Betriebszugehörigkeit** ankommt.
Richtigerweise ist dies nicht der Fall, wenn nicht nachträglich die Unwirksamkeit der Kündigung rechtskräftig festgestellt wird.[1595]

Für die Dauer der Weiterbeschäftigung nach § 102 Abs. 5 BetrVG ist der gekündigte Arbeitnehmer bei Be-   **662**
triebsratswahlen sowohl **aktiv** als auch **passiv wahlberechtigt**.

Beabsichtigt der Arbeitgeber während der Dauer der Weiterbeschäftigung den **Ausspruch einer wei-**   **663**
teren Kündigung, hat er etwa erforderliche **Behördenzustimmungen** (z.B. nach § 85 SGB IX) einzuholen, denn die Schutzrechte des Arbeitnehmers gelten fort bzw. können nach Ausspruch der ersten Kündigung auch erstmalig erworben werden (z.B. nach § 9 Abs. 3 MuSchG).[1596] Ein etwa noch
schwebendes behördliches Zustimmungsverfahren endet jedoch automatisch, wenn die Kündigungs-

---

1591 BAG 11.5.2000, AP Nr. 13 zu § 102 BetrVG 1972 Weiterbeschäftigung.
1592 KR/*Etzel/Rinck*, § 102 BetrVG Rn 296; *Fitting u.a.*, § 102 BetrVG Rn 106.
1593 LAG Berlin 27.6.1986, LAGE Nr. 4 zu § 15 KSchG; KR/*Etzel/Rinck*, § 102 BetrVG Rn 303.
1594 Vgl. BAG 18.1.2012, NZA 2012, 620 ff. einerseits und BAG 12.4.2011, NZA 2011, 989 ff mit Anm. *Lunk*, ArbRB 2011, 262, an-
    dererseits.
1595 Ebenso *Fitting u.a.*, § 102 BetrVG Rn 114; a.A. KR/*Etzel/Rinck*, § 102 BetrVG Rn 308; Richardi/*Thüsing*, § 102 BetrVG Rn 242.
1596 *Korinth*, Teil I Rn 176.

schutzklage rechtskräftig abgewiesen wird, denn damit steht das Ende des Arbeitsverhältnisses zum Ablauf der ursprünglichen Kündigungsfrist fest.

(1) Gerichtliche Durchsetzung des Weiterbeschäftigungsanspruchs

664 Der Weiterbeschäftigungsanspruch kann im **Urteilsverfahren** mittels Klage oder im Wege der **einstweiligen Verfügung** durchgesetzt werden (Muster hierzu siehe unten § 3 Rdn 589). Beantragt der Arbeitgeber nach § 102 Abs. 5 S. 2 BetrVG im Wege der einstweiligen Verfügung die Entbindung von der Weiterbeschäftigungspflicht, ist stets das Arbeitsgericht zuständig, auch wenn der Kündigungsrechtsstreit oder das einstweilige Verfügungsverfahren nach § 102 Abs. 5 S. 1 BetrVG im Berufungsverfahren beim Landesarbeitsgericht anhängig ist.[1597] Im Klageverfahren ist das Vorliegen der Voraussetzungen des § 102 Abs. 5 BetrVG zu **beweisen**, im einstweiligen Verfügungsverfahren **glaubhaft** zu machen. Zu beweisen bzw. glaubhaft zu machen sind der frist- und formgerechte Widerspruch des BR gegen die Kündigung, die fristgerechte Erhebung der Kündigungsschutzklage nach § 4 KSchG und das rechtzeitig geltend gemachte Weiterbeschäftigungsverlangen. Dabei ist der Vortrag hinsichtlich des ordnungsgemäßen Betriebsratswiderspruchs nur vollständig, wenn auch der ordnungsgemäß gefasste Betriebsratsbeschluss bewiesen bzw. glaubhaft gemacht wird.[1598]

665 Die Anforderungen an den **Verfügungsgrund** sind umstritten: Während nach der Rechtsprechung einiger Landesarbeitsgerichte allein der drohende Zeitablauf genügt,[1599] da sich aus der Rechtsnatur des Anspruchs das für § 935 ZPO notwendige Sicherungsinteresse ergebe, verlangen andere Landesarbeitsgerichte und Teile der Literatur, dass die Gefahr einer Rechtsvereitelung oder sonstiger wesentlicher Nachteile glaubhaft gemacht wird, weil auch für den betriebsverfassungsrechtlichen Weiterbeschäftigungsanspruch der ordentliche Klageweg eröffnet sei.[1600] Damit das Weiterbeschäftigungsurteil hinreichend bestimmt und damit vollstreckbar ist, muss es die Tätigkeitsbezeichnung des Arbeitnehmers enthalten.[1601]

(2) Entbindung des Arbeitgebers von der Weiterbeschäftigungspflicht

666 Seinen Anspruch auf Entbindung von der Weiterbeschäftigungspflicht muss der Arbeitgeber mit einem **eigenen Antrag auf Erlass einer einstweiligen Verfügung** nach § 102 Abs. 5 S. 2 BetrVG geltend machen (Muster hierzu siehe unten § 3 Rdn 590). Zuständig ist das Gericht der Hauptsache. Das heißt, es handelt sich nicht lediglich um einen Einwand des Arbeitgebers im Urteils- oder einstweiligen Verfügungsverfahren des Arbeitnehmers gerichtet auf Durchsetzung des Anspruchs auf Weiterbeschäftigung bzw. auf Vollstreckung aus einem entsprechenden Titel, sondern nach h.M. muss der Arbeitgeber die Entbindung von der Weiterbeschäftigungspflicht selbst im Wege des einstweiligen Rechtsschutzes erwirken.[1602] Nach anderer Auffassung kann der Arbeitgeber sein Verlangen auch im einstweiligen Verfügungsverfahren des Arbeitnehmers auf Beschäftigung einredeweise geltend machen, ebenso im Berufungsverfahren gegen eine erlassene einstweilige Verfügung.[1603] Dagegen dürfte aber Wortlaut des § 102 Abs. 5 S. 2 BetrVG sprechen, der insoweit einen Antrag des Arbeitgebers auf Erlass der einstweiligen Verfügung verlangt. Der Eilantrag des Arbeitgebers kann aber als **Gegenantrag im einstweiligen**

1597 APS/*Koch*, § 102 BetrVG Rn 225; KR/*Etzel/Rinck*, § 102 BetrVG Rn 333.

1598 LAG Berlin 16.9.2004, LAGReport 2005, 90–92 (Leitsatz 1–3 und Gründe) unter Hinweis auf die abgestufte Darlegungs- und Beweislast; *Korinth*, Teil I Rn 166.

1599 LAG München 16.8.1995, LAGE Nr. 22 zu § 102 BetrVG 1972 Beschäftigungspflicht; LAG Hamm 24.1.1994, LAGE Nr. 14 zu § 102 BetrVG 1972 Beschäftigungspflicht; *Korinth*, Teil I Rn 113 und 204.

1600 LAG Nürnberg 17.8.2004, LAGE Nr. 2 zu § 102 BetrVG 2001 Beschäftigungspflicht; LAG Baden-Württemberg 30.8.1993, LAGE Nr. 20 zu § 102 BetrVG 1972 Beschäftigungspflicht; LAG Köln 18.1.1984, NZA 1984, 57; LAG München 10.2.1994, LAGE Nr. 14 zu § 102 BetrVG 1972 Beschäftigungspflicht; *Reinhard/Kliemt*, NZA 2005, 545, 548.

1601 LAG Berlin, BB 1993, 732; LAG Rheinland-Pfalz, NZA-RR 2005, 550.

1602 KR/*Etzel/Rinck*, § 102 BetrVG Rn 334; *Korinth*, Teil I Rn 180; wohl auch APS/*Koch*, § 102 BetrVG Rn 225.

1603 *Fitting u.a.*, § 102 BetrVG Rn 117.

Rechtsschutzverfahren des Arbeitnehmers geltend gemacht werden,[1604] dies allerdings nur während der ersten Instanz und nicht erstmals im Berufungsverfahren des Arbeitnehmers. Insbesondere fehlt es einem solchen Widerantrag nicht am Rechtsschutzbedürfnis, weil sowohl die Zurückweisung des Weiterbeschäftigungsantrags als auch des Entbindungsantrags möglich ist.[1605]

Der Arbeitgeber kann den Entbindungsantrag auch schon stellen, bevor der Arbeitnehmer Kündigungsschutzklage erhoben hat, wenn diese zu erwarten ist; dies ergibt sich aus dem Sinn und Zweck der einstweiligen Verfügung, die Rechte des Arbeitgebers möglichst schnell durchzusetzen und auch der Wortlaut des § 102 Abs. 5 S. 2 BetrVG steht dem nicht entgegen.[1606] Allerdings muss der Entbindungsgrund bereits im Zeitpunkt der gerichtlichen Entscheidung vorliegen.[1607] Umgekehrt ist der Entbindungsantrag auch noch während des Weiterbeschäftigungsverhältnisses zulässig, wenn sich erst später ein Entbindungsgrund ergibt.[1608]

Im Verfahren des Arbeitnehmers auf Durchsetzung seines betriebsverfassungsrechtlichen Weiterbeschäftigungsanspruchs kann sich der Arbeitgeber nur auf Gründe berufen, die das **Entstehen dieses Anspruchs verhindern**. So kann er sich auf den nicht form- oder fristgerechten BR-Widerspruch berufen, auf Mängel in der Beschlussfassung des BR, fehlendes (rechtzeitiges) Verlangen der Weiterbeschäftigung oder auf die Unmöglichkeit der Erfüllung durch endgültigen Wegfall des Arbeitsplatzes. Letztere kann der Arbeitgeber im Zwangsvollstreckungsverfahren des Arbeitnehmers nur noch geltend machen, wenn die Unmöglichkeit erst nach Rechtskraft der Entscheidung eingetreten ist. Die **Gründe für die Entbindung von der Weiterbeschäftigungspflicht** nach § 102 Abs. 5 S. 2 BetrVG kann der Arbeitgeber indes nur im Rahmen des von ihm angestrengten Entbindungsverfahrens vorbringen, gegebenenfalls als Gegenantrag (siehe oben Rdn 666).[1609]

667

Im Rahmen des Entbindungsverfahrens bedarf es aber keiner gesonderten Darlegung des **Verfügungsgrundes**, denn das Gesetz setzt bereits die Eilbedürftigkeit voraus, in dem es ausschließlich das Eilverfahren vorsieht.

668

(3) Entbindungsgründe
Die Entbindungsgründe sind in § 102 Abs. 5 S. 2 BetrVG abschließend aufgezählt:

669

(a) Mangelnde Erfolgsaussichten der Klage des Arbeitnehmers (Nr. 1)
Verspricht die Kündigungsschutzklage nach **summarischer Prüfung** keine hinreichenden Erfolgsaussichten oder erscheint sie mutwillig, kann der Arbeitgeber auf seinen Antrag durch einstweilige Verfügung von der Weiterbeschäftigungsverpflichtung entbunden werden. Dabei ist Nr. 1 dem Wortlaut des § 114 ZPO nachgebildet, der die Gewährung von Prozesskostenhilfe regelt. Nach allgemeiner Auffassung kann daher auf die dort geltenden Grundsätze für die Beurteilung der Erfolgsaussichten zurückgegriffen werden. Mutwillig ist eine Klage danach, „wenn eine verständige Partei ihre Rechte nicht in gleicher Weise verfolgen würde".[1610] Die Regelung ist eng auszulegen und auf Ausnahmefälle beschränkt. Der Arbeitgeber muss die entsprechenden Tatsachen glaubhaft machen.

670

(b) Unzumutbare wirtschaftliche Belastung (Nr. 2)
Würde der Arbeitgeber durch die Weiterbeschäftigung unzumutbar wirtschaftlich belastet, kann dies auch Grund für seine Entbindung sein. Dabei ist hinsichtlich der unzumutbaren wirtschaftlichen Belastung auf

671

1604 Hess. LAG, 15.2.2013 – 14 SaGa 1700/12, juris; *Korinth*, Teil I Rn 179.
1605 Hess. LAG, 15.2.2013 – 14 SaGa 1700/12, juris.
1606 Richardi/*Thüsing*, § 102 BetrVG Rn 265.
1607 Richardi/*Thüsing*, § 102 BetrVG Rn 265.
1608 Richardi/*Thüsing*, § 102 BetrVG Rn 265 f. m.w.N.
1609 *Korinth*, Teil I Rn 179.
1610 KR/*Etzel/Rinck*, § 102 BetrVG Rn 321.

das **Unternehmen** und nicht auf den Betrieb abzustellen. Die Anforderungen an den Grad der Belastung sind hoch: Der bloße Umstand, dass die Weiterbeschäftigung des Arbeitnehmers Vergütungsansprüche auslöst, genügt insoweit nicht. Da der Arbeitgeber im Falle der Weiterbeschäftigung im Gegenzug die Arbeitsleistung des Arbeitnehmers erhielte, werden die Voraussetzungen von Nr. 2 auch nur im Ausnahmefall vorliegen. Auch der bloße Fortfall des Arbeitsplatzes infolge der unternehmerischen Entscheidung reicht nicht. Vielmehr müssen die **wirtschaftlichen Belastungen existenziell** sein, der Arbeitgeber muss also darlegen, dass seine wirtschaftliche Leistungsfähigkeit durch die Lohnzahlungspflicht existenzgefährdend eingeschränkt ist. Drohen aufgrund der Weiterbeschäftigung Insolvenztatbestände (Zahlungsunfähigkeit oder Überschuldung, §§ 17 ff. InsO) – etwa bei gleichzeitig geltend gemachten Weiterbeschäftigungsansprüchen bei Massenentlassungen, §§ 17 ff. KSchG –, kann nicht etwa die **Einbringung zusätzlicher Gesellschaftermittel** verlangt werden, um die **Insolvenzreife** abzuwenden. Anderseits genügt auch nicht die bloße Verschlechterung der **Gewinnsituation**. Der Arbeitgeber ist im Rahmen des von ihm gestellten Entbindungsantrags zu konkreten und nachvollziehbaren Darstellungen der derzeitigen und absehbaren wirtschaftlichen Lage des Unternehmens (nicht des Betriebs) verpflichtet.

(c) Offensichtliche Unbegründetheit des Widerspruchs des BR (Nr. 3)

672   Als dritten und letzten Entbindungsgrund sieht § 102 Abs. 5 S. 2 Nr. 3 BetrVG die offensichtliche Unbegründetheit des Widerspruchs des BR vor. Nur wenn sich die Grundlosigkeit des formell ordnungsgemäßen Widerspruchs bei unbefangener Beurteilung geradezu aufdrängt, ist dieser aus rechtlichen oder tatsächlichen Gründen offensichtlich unbegründet.[1611] Dies ist der Fall, wenn der Äußerung des BR die Grundlosigkeit „auf die Stirn geschrieben steht".[1612] Die Unbegründetheit darf nicht erst nachträglich erkennbar sein; maßgeblich ist der **Zeitpunkt der Erhebung des Widerspruchs**.[1613]

673   Offensichtliche Unbegründetheit des Widerspruchs des BR liegt insbesondere vor, wenn er sich nicht auf einen der in § 102 Abs. 3 Nr. 1–5 BetrVG abschließend aufgezählten Widerspruchsgründe bezieht. Auch wenn der Arbeitgeber glaubhaft machen kann, dass die vom BR vorgebrachten Widerspruchsgründe tatsächlich nicht vorliegen, kann der Widerspruch offensichtlich unbegründet sein. Dies ist etwa dann der Fall, wenn der BR auf Weiterbeschäftigungsmöglichkeiten in einem anderen Konzernunternehmen verweist (und keine Konzernversetzungsklausel vereinbart ist) oder die behauptete Auswahlrichtlinie nach § 95 BetrVG nicht existiert.[1614] Auch wenn ein Widerspruch, der an formellen Mängeln leidet (etwa nicht fristgerecht erhoben oder nicht schriftlich mitgeteilt wurde) und daher unbegründet ist, an sich bereits keinen Weiterbeschäftigungsanspruch i.S.d. § 102 Abs. 5 S. 1 BetrVG auslöst, besteht in diesen Fällen aus Sicht des Arbeitgebers gleichwohl die Gefahr, einem Weiterbeschäftigungsverlangen des Arbeitnehmers ausgesetzt zu sein, so dass auch bei formell nicht ordnungsgemäß erhobenem Widerspruch des BR die Entbindungsmöglichkeit nach § 102 Abs. 5 S. 2 Nr. 3 BetrVG besteht.[1615] Allerdings fehlt es am Rechtsschutzbedürfnis des Arbeitgebers, solange der Arbeitnehmer seine Weiterbeschäftigung nach § 102 Abs. 5 BetrVG nicht verlangt hat.

(4) Beendigung der Weiterbeschäftigung aus sonstigen Gründen

674   Unabhängig von einer Entbindung des Arbeitgebers endet dessen Weiterbeschäftigungspflicht nach § 102 Abs. 5 BetrVG mit der rechtskräftigen Beendigung des Kündigungsschutzprozesses. Nimmt der Arbeitnehmer die Kündigungsschutzklage zurück oder unterliegt er rechtskräftig, endet zugleich die Verpflichtung des Arbeitgebers zur Weiterbeschäftigung nach § 102 Abs. 5 BetrVG. Ebenso beendet ein das

1611 LAG München, NZA-RR 2005, 312; APS/*Koch*, § 102 BetrVG Rn 223.
1612 LAG Hamburg, 10.5.1993 – 4 Sa 20/93, juris (Ls.).
1613 KR/*Etzel/Rinck*, § 102 BetrVG Rn 327.
1614 LAG Berlin 5.9.2003 – 13 Sa 1629/03, EzA-SD 2003, Nr. 22, 12 (Leitsatz 1).
1615 Hess. LAG, 15.2.2013 – 14 SaGa 1700/12, juris; LAG Schleswig-Holstein 19.5.2010 – 6 SaGa 9/10, juris; LAG Nürnberg 5.9.2006 – 6 Sa 485/06, juris; KR/*Etzel/Rinck*, § 102 BetrVG Rn 329.

Arbeitsverhältnis aufhebender Vergleich zugleich die Weiterbeschäftigungsverpflichtung. Obsiegt der Arbeitnehmer im Kündigungsschutzverfahren, bedarf es der vorläufigen Weiterbeschäftigung nach § 102 Abs. 5 BetrVG nicht, weil der Beschäftigungsanspruch dann unmittelbar aus dem Arbeitsverhältnis folgt. Zwar entfällt damit zugleich für den Arbeitnehmer der Vollstreckungstitel, so dass der Arbeitnehmer auf den ersten Blick nach Obsiegen im Kündigungsschutzverfahren schlechter gestellt ist als während des noch laufenden Verfahrens. Andernfalls würde der Weiterbeschäftigungsanspruch dem Arbeitnehmer aber zu einer Besserstellung im Vergleich zum ungekündigten Arbeitsverhältnis verhelfen, denn auch während dessen steht dem Arbeitnehmer kein Vollstreckungstitel zur permanenten Durchsetzung seines Beschäftigungsanspruchs zur Verfügung.

vv) Erweiterung der Mitbestimmung (§ 102 Abs. 6 BetrVG)

Nach § 102 Abs. 6 BetrVG können Arbeitgeber und BR freiwillige Betriebsvereinbarungen[1616] zur Erweiterung der Mitbestimmung bei Kündigungen abschließen. Darin kann vereinbart werden, dass die **Zustimmung des BR für** sämtliche **Kündigungen** erforderlich ist. Im Zweifel gilt eine solche Vereinbarung dann auch für außerordentliche Kündigungen.[1617] Möglich ist auch die Beschränkung auf bestimmte Kündigungsarten, etwa für betriebsbedingte oder außerordentliche Kündigungen. Nicht zulässig ist hingegen die Einführung eines Zustimmungserfordernisses für Kündigungen seitens der Arbeitnehmer.[1618] Ein Zustimmungsverfahren im Rahmen einer solchen Betriebsvereinbarung ersetzt zugleich das Anhörungsverfahren nach Abs. 1. Bei Vereinbarung eines Einigungsstellenverfahrens für den Fall der Nichterteilung der Zustimmung kann der Arbeitgeber zudem seine Mitteilungen zu den Kündigungsgründen auch noch in diesem Verfahren vervollständigen.[1619] Damit kann er nach mitgeteilter Zustimmungsverweigerung noch neue Gründe nachschieben, auf die er sich folglich auch im Kündigungsschutzprozess noch berufen kann. Durch eine solche freiwillige Betriebsvereinbarung entfällt das Widerspruchsrecht des BR nach § 102 Abs. 3 BetrVG und daran anknüpfend folglich auch der Weiterbeschäftigungsanspruch des Arbeitnehmers nach Abs. 5.[1620] Wird in der Betriebsvereinbarung jedoch nicht die Zuständigkeit der Einigungsstelle vereinbart, bleibt das Arbeitsgericht für die Zustimmungsersetzung zuständig.[1621] Die Einzelheiten der Dauer der Anhörung und die Frage, ob und ab wann Schweigen des BR als Zustimmung gewertet werden kann, können in der Betriebsvereinbarung vereinbart werden. Dabei ist für die außerordentliche Kündigung die Ausschlussfrist zu beachten. Die Entscheidung der Einigungsstelle ist als Rechtsentscheidung durch das Arbeitsgericht überprüfbar.[1622] § 76 Abs. 5 S. 4 BetrVG ist nicht anwendbar.[1623] Eine solche Regelung kann auch in einem **Tarifvertrag** getroffen werden.[1624]

675

ww) Vorschriften über die Beteiligung des BR nach dem Kündigungsschutzgesetz (§ 102 Abs. 7 BetrVG)

Gemeint sind die Beteiligungsrechte des BR nach § 3 KSchG, also das Recht des Arbeitnehmers zur Einlegung eines Einspruchs gegen eine seiner Meinung nach sozial ungerechtfertigte Kündigung und das daran geknüpfte Recht des BR, eine Verständigung mit dem Arbeitgeber zu suchen sowie die besonderen Mitwirkungsrechte des BR bei Massenentlassungen gemäß §§ 17 ff. KSchG.

676

1616 BAG 14.2.1978, AP Nr. 60 zu Art 9 GG Arbeitskampf.
1617 LAG Düsseldorf 25.8.1995 AuR 1996, 238; a.A. *Matthes*, FA 2004, 354: nur für ordentliche Kündigungen.
1618 KR/*Etzel/Rinck*, § 102 BetrVG Rn 346; Richardi/*Thüsing*, § 102 BetrVG Rn 295.
1619 BAG 7.12.2000, NZA 2001, 495.
1620 BeckOK/*Mauer*, § 102 BetrVG Rn 33; *Fitting u.a.*, § 102 BetrVG Rn 125.
1621 BAG 21.6.2000, NZA 2001, 271.
1622 BAG 21.6.2000, NZA 2001, 271; BAG 7.12.2000, NZA 2001, 495.
1623 BAG 7.12.2000, NZA 2001, 495.
1624 BAG 21.6.2000, NZA 2001, 271.

xx) Checkliste: BR-Anhörung zur betriebsbedingten Kündigung

677 ■ Richtiger Adressat (BR)

■ Mindestinhalt

▦ Eindeutige Namensbezeichnung des zu kündigenden Arbeitnehmers

▦ Art der beabsichtigten Kündigung (ordentlich betriebsbedingt, vorsorglich erneute)

▦ Voraussichtlicher Ablauf der Kündigungsfrist

▦ Sozialdaten

▦ Grundlage der Kündigung: unternehmerische Entscheidung/Darlegung des Fortfalls des Arbeitsplatzes

▦ Darstellung zur Unmöglichkeit anderweitiger Beschäftigung

▦ Darlegung Sozialauswahl

■ Empfangsbekenntnis des BR

yy) Checkliste: BR-Anhörung zur personenbedingten Kündigung

678 ■ Richtiger Adressat (BR)

■ Mindestinhalt

▦ Eindeutige Namensbezeichnung des zu kündigenden Arbeitnehmers

▦ Art der beabsichtigten Kündigung (außerordentliche/ordentliche, vorsorglich erneute)

▦ Voraussichtlicher Ablauf der Kündigungsfrist

▦ Sozialdaten

▦ Darlegung des Kündigungsgrundes

▦ Darstellung der negativen Zukunftsprognose

▦ Beeinträchtigung betrieblicher Belange

▦ Darstellung zur Unmöglichkeit anderweitiger Beschäftigung

▦ Umfassende Interessenabwägung

■ Empfangsbekenntnis des BR

zz) Checkliste: BR-Anhörung zur verhaltensbedingten Kündigung

679 ■ Richtiger Adressat (BR)

■ Mindestinhalt

▦ Eindeutige Namensbezeichnung des zu kündigenden Arbeitnehmers

▦ Art der beabsichtigten Kündigung (außerordentliche/ordentliche, vorsorglich erneute, Verdachtskündigung)

▦ Voraussichtlicher Ablauf der Kündigungsfrist

▦ (empfehlenswert) Sozialdaten

▦ Darlegung des Kündigungsgrundes

▦ Bei Verdachtskündigung: Darlegung der Anhörung des Arbeitnehmers zum konkreten Vorwurf unter Hinweis auf evtl. drohende Kündigung, Einlassung des Arbeitnehmers

▦ Darstellung des Nichtvorhandenseins milderer Mittel (z.B. Versetzung, Änderungskündigung)

▦ Umfassende Interessenabwägung

■ Empfangsbekenntnis des BR

h) Anhörung des BR zur Kündigung während der Wartezeit

680 Unabhängig von den Voraussetzungen des KSchG und dessen zeitlicher Anwendbarkeit nach § 1 Abs. 1 KSchG (Erfüllung der 6-monatigen Wartefrist) ist zur Wirksamkeit der Kündigung, stets eine ordnungsgemäße Anhörung des BR nach § 102 BetrVG erforderlich, sofern ein solcher existiert. In diesem Rahmen

sind auch die dem Arbeitgeber bekannten und konkretisierbaren Kündigungsgründe substantiiert mitzuteilen.[1625] Gleiches gilt für die Kündigung während vereinbarter Probezeit. Kann der Arbeitgeber keine auf Tatsachen gestützten oder durch Tatsachen konkretisierbaren Kündigungsgründe benennen, reicht die **Mitteilung seiner subjektiven Wertungen** an den BR;[1626] insoweit genügt also die Erklärung, der Arbeitnehmer erfülle nicht die in ihn gesetzten Erwartungen.[1627] Der Arbeitgeber muss auch nicht vollumfänglich sämtliche, den Arbeitnehmer entlastenden Umstände mitteilen. Vielmehr genügt die Information über die Minderleistung, eine nähere Erläuterung, dass der Arbeitnehmer auf Krankheitsgründe hinsichtlich der Minderleistung hingewiesen hat, ist nicht erforderlich.[1628]

 55

▼

Muster 2.55: Anhörung des BR zur Kündigung während der Wartezeit 681

An den

Betriebsrat

z.H. des Betriebsratsvorsitzenden

Betrifft: Anhörung zur ordentlichen Kündigung während der Wartezeit

Es ist beabsichtigt, das Arbeitsverhältnis mit folgendem Arbeitnehmer außerordentlich, hilfsweise ordentlich zum nächstzulässigen Zeitpunkt, das ist nach unseren Berechnungen der ▨▨▨ (*Datum*), zu kündigen:

Name: ▨▨▨

Anschrift: ▨▨▨

Familienstand: ▨▨▨

geboren am: ▨▨▨

Kinder: ▨▨▨, davon unterhaltspflichtig ▨▨▨ (*wenn nicht bekannt, das jeweilige Alter, wenn auch dies nicht bekannt, Anzahl mitteilen*)

Beginn Betriebszugehörigkeit: ▨▨▨ (*Datum*) *ggf.: Probezeit endet am* ▨▨▨

Ausgeübte Tätigkeit: ▨▨▨

Wochenarbeitszeit: ▨▨▨

Bruttovergütung: ▨▨▨ (*gegebenenfalls aufschlüsseln in Tariflohn, Zulage, freiwillige Leistungen*)

Schwerbehinderung/anerkannte
Gleichstellung: ja/nein.

Der Kündigung liegt der folgende Sachverhalt zugrunde:

Der Arbeitnehmer hat seine Tätigkeit bei uns als ▨▨▨ (*ausgeübte Tätigkeit*) am ▨▨▨ (*Datum*) begonnen. Die sechsmonatige Probezeit endet am ▨▨▨ (*Datum*). Anders als aufgrund der guten Bewerbungsunterlagen und des positiven Eindrucks des Vorstellungsgesprächs erhofft, sind die Leistungen von ▨▨▨ (*Name des Arbeitnehmers*) jedoch weit hinter unseren Erwartungen zurückgeblieben. Ein Personalgespräch am ▨▨▨ (*Datum*) zeigte zudem, dass ▨▨▨ (*Name des Arbeitnehmers*) nicht die notwendige Einsichtsfähigkeit in seine Leistungsdefizite besitzt. Wir sind daher der Auffassung, dass eine weitere

---

1625 St. Rechtsprechung, BAG 22.9.20005, NZA 2006, 429.
1626 BAG 22.9.2005, AP Nr. 24 zu § 130 BGB; BAG 16.9.2004, AP Nr. 142 zu § 102 BetrVG 1972.
1627 BAG 3.12.1998, AP Nr. 99 zu § 102 BetrVG 1972.
1628 BAG 11.7.1991, AP Nr. 57 zu § 102 BetrVG 1972.

Zusammenarbeit nicht den betrieblichen Interessen gedeihlich ist und beabsichtigen somit die Kündigung noch innerhalb der vereinbarten Wartezeit nach dem Kündigungsschutzgesetz.

Sie werden hiermit zu dieser Kündigung (**Alternativ:** *zu den beabsichtigten Kündigungen*) angehört.

(*Unterschrift*)

▲

682   *Praxistipp*

Zu empfehlen ist, dem BR ein **Empfangsbekenntnis** beizufügen und für dessen Unterzeichnung zu sorgen (siehe oben Rdn 612).

i) Anhörung des BR gemäß § 102 BetrVG zur ordentlichen betriebsbedingten Kündigung

683   Dem BR sind die unternehmerische Entscheidung und deren Auswirkungen auf den Betrieb sowie der sich daraus ergebende Wegfall des Arbeitsplatzes mitzuteilen, ferner ist er über eventuell freie Arbeitsplätze und die getroffenen Sozialauswahl einschließlich der konkreten Sozialdaten des zu kündigenden Arbeitnehmers zu informieren.

Der Arbeitgeber darf sich hinsichtlich der Weiterbeschäftigungsmöglichkeiten des zu kündigenden Arbeitnehmers mit einem ausdrücklichen oder konkludenten Hinweis auf **fehlende Weiterbeschäftigungsmöglichkeiten** begnügen.[1629] Rügt der BR aber innerhalb der Frist des § 102 Abs. 2 BetrVG eine zunächst fehlerhafte Information des Arbeitgebers hinsichtlich der Weiterbeschäftigungsmöglichkeit und benennt einen Arbeitsplatz, auf dem eine Weiterbeschäftigung möglich sei, ist der Arbeitgeber verpflichtet, dem BR ergänzend mitzuteilen, warum eine Weiterbeschäftigung des zu kündigenden Arbeitnehmers auf diesem Arbeitsplatz aus seiner Sicht dennoch nicht in Betracht kommt. Die Frist des § 102 Abs. 2 BetrVG wird im Zeitpunkt dieser Mitteilung erneut in Gang gesetzt.[1630] Spricht der Arbeitgeber die Kündigung hingegen ohne diese Ergänzung aus, ist sie nach § 102 Abs. 1 S. 3 BetrVG unwirksam.[1631]

684   Im Regelfall sind die **Namen** und die **auswahlrelevanten Sozialdaten** des oder der zu kündigenden und der vergleichbaren Arbeitnehmer **mitzuteilen**, und zwar auch ohne Aufforderung des BR, da die richtige Sozialauswahl Voraussetzung für die Wirksamkeit einer betriebsbedingten Kündigung ist. Außerdem könnte der BR andernfalls sein Widerspruchsrecht nach § 102 Abs. 3 Nr. 1 BetrVG nicht geltend machen. Die mitzuteilenden Sozialdaten sind: das Lebensalter, die Dauer der Betriebszugehörigkeit, die Anzahl der Unterhaltspflichten[1632] und das etwaige Vorhandensein einer Schwerbehinderung, § 1 Abs. 3 KSchG. Dabei darf sich der Arbeitgeber auf die ihm bekannten Sozialdaten, etwa aus der Lohnsteuerkarte, verlassen, auch wenn sie objektiv unzutreffend sein sollten; er hat dies dann aber gegenüber dem BR offenzulegen.[1633]

685   Der Arbeitgeber hat dem BR die Gründe der **Sozialauswahl** selbstständig mitzuteilen. Kommt eine Sozialauswahl nach seiner Einschätzung nicht in Betracht, wird die Anhörung nicht dadurch fehlerhaft, dass er den BR davon unterrichtet.[1634] Umgekehrt muss der Arbeitgeber den BR nicht über eine abstrakt mögliche, aber nicht durchgeführte soziale Auswahl informieren, da es für den Arbeitgeber bei seiner Auswahlentscheidung hierauf gerade nicht ankam.[1635] Aus diesem Grund besteht auch keine Mitteilungspflicht hinsichtlich der Sozialdaten von Arbeitnehmern, die gar nicht in die Sozialauswahl einbezogen worden sind.[1636] Gleichwohl kann der Arbeitgeber diese Sozialdaten im Kündigungsschutzprozess noch nachträglich vortragen,

1629 BAG 17.2.2000, AP Nr. 113 zu § 102 BetrVG 1972.
1630 BAG 6.2.1997, AP Nr. 85 zu § 102 BetrVG 1972; KR/*Etzel/Rinck* § 102 BetrVG Rn 86.
1631 BAG 17.2.2000, AP Nr. 113 zu § 102 BetrVG 1972.
1632 Allgemein zur Berücksichtigung von Unterhaltspflichten bei der Sozialauswahl: *Wortmann*, ArbRB 2013, 52 ff.
1633 BAG 6.7.2006, NZA 2007, 266–269; 24.11.2005, NZA 2006, 665 ff.; GK-BetrVG/*Raab*, § 102 Rn 65; speziell für den Fall der Insolvenz: BAG 28.6.2012 – 6 AZR 682/10, *Jacobi*, ArbRB 2012, 332.
1634 Schaub/*Linck*, ArbR-Hdb., § 124 Rn 28.
1635 BAG 13.5.2004, AP Nr. 140 zu § 102 BetrVG 1972; BAG 27.9.2001, AP Nr. 40 zu § 4 TVG Nachwirkung.
1636 BAG 5.10.1995, AP Nr. 71 zu § 1 KSchG 1969 Betriebsbedingte Kündigung.

wenn sich der Arbeitnehmer auf diese und damit auf die angeblich fehlerhafte Sozialauswahl beruft,[1637] denn dieser weitere Vortrag stellt lediglich eine Konkretisierung des bisherigen Kündigungssachverhalts dar. Ist die Sozialauswahl auch unter Berücksichtigung dieser weiteren Sozialdaten nicht zu beanstanden, war einerseits die Kündigung nicht wegen einer unzutreffenden Sozialauswahl sozialwidrig sowie andererseits die BR-Anhörung nicht fehlerhaft und demzufolge die Kündigung auch aus diesem Grund nicht unwirksam, denn der Arbeitgeber hat dem BR alle Gründe mitgeteilt, die ihn zur Kündigung veranlasst haben (**Grundsatz der subjektiven Determinierung** der Kündigungsanhörung). Etwaige Überlegungen für eine „vorsorgliche Sozialauswahl" sind für die Ordnungsmäßigkeit der BR-Anhörung nicht erforderlich, aber zulässig.

Hat der Arbeitgeber einen oder mehrere Beschäftigte nach § 1 Abs. 3 S. 2 KSchG aus der Sozialauswahl herausgenommen („**Leistungsträgerklausel**"), muss er dies und die dafür maßgeblichen Gründe dem BR mitteilen, insbesondere die **berechtigten betrieblichen Interessen** an der Herausnahme, wobei dies nicht schlagwortartig, sondern konkret anhand der tatsächlichen Umstände, die den Arbeitnehmer zum Leistungsträger machen, darzulegen ist. Solche berechtigten Interessen können etwa betriebstechnische, wirtschaftliche oder sonstige betriebliche Bedürfnisse für die Weiterbeschäftigung eines oder mehrerer Arbeitnehmer sein, die dann einer Auswahl nach sozialen Gesichtspunkten entgegenstehen.[1638] Nicht erforderlich ist das Bestehen einer „gewissen Zwangslage" für die Weiterbeschäftigung; vielmehr reicht es aus, wenn die Weiterbeschäftigung eines bestimmten Arbeitnehmers im Interesse eines geordneten Betriebsablaufs notwendig ist,[1639] wobei jedoch dargelegt werden muss, warum es sich insoweit nicht lediglich um einen unbeachtlichen Routinevorsprung des vermeintlichen Leistungsträgers handelt.[1640] Aus dem Umstand, dass das Gesetz ein „berechtigtes" betriebliches Interesse fordert, folgt, dass dieses betriebliche Interesse auch „unberechtigt" sein kann. Dem betrieblichen Interesse und damit der Herausnahme von Leistungsträgern aus der Sozialauswahl können nur die Belange des sozial schwächeren Arbeitnehmers entgegenstehen, diese sind gegen das betriebliche Interesse an der Herausnahme von Leistungsträgern abzuwägen; je schutzbedürftiger dabei der sozial schwächere Arbeitnehmer ist, umso gewichtiger müssen die Gründe für die Ausklammerung des Leistungsträgers sein.[1641]

Haben sich Arbeitgeber und BR im Rahmen eines Interessenausgleichs auf eine **Namensliste nach § 1 Abs. 5 KSchG** geeinigt, kann der Arbeitgeber bei der Anhörung Bezug auf diese Verhandlungen nehmen, wenn zwischen den Verhandlungen des Interessenausgleichs und der Anhörung ein kürzerer („überschaubarer") Zeitraum liegt.[1642] Allerdings unterliegt die Anhörung keinen erleichterten Anforderungen. Bestreitet der Arbeitnehmer im Kündigungsschutzprozess diesen Sachvortrag, muss der Arbeitgeber die Kenntnis des BR allerdings substantiiert darlegen und gegebenenfalls beweisen.[1643]

686

687

56

Muster 2.56: Anhörung des BR gemäß § 102 BetrVG zur ordentlichen betriebsbedingten Kündigung

688

An den

Betriebsrat

z. H. des Betriebsratsvorsitzenden

Betrifft: Anhörung zur ordentlichen betriebsbedingten Kündigung

1637 BAG 29.3.1990, AP Nr. 50 zu § 1 KSchG 1969 Betriebsbedingte Kündigung.
1638 BAG 7.12.2006, NZA-RR 2007, 460 ff. (red. Leitsatz und Gründe).
1639 BAG 7.12.2006, NZA-RR 2007, 460 ff. (red. Leitsatz und Gründe); Ohle, ArbRB 2007, 230.
1640 Vgl. beispielhaft ArbG Mönchengladbach 15.11.2012 – 4 Ca 1987/12, juris.
1641 BAG 19.7.2012 – 2 AZR 352/11, juris.
1642 BAG 5.11.2009 – 2 AZR 676/08, juris: dort betrug der Zeitraum rund einen Monat.
1643 BAG 21.2.2002, NZA 2002, 1360.

Wir beabsichtigen, das Arbeitsverhältnis mit folgendem Arbeitnehmer ordentlich zum nächstzulässigen Zeitpunkt, das ist nach unseren Berechnungen der ▒▒▒▒ (*Datum*), betriebsbedingt zu kündigen:

Name:	▒▒▒▒
Anschrift:	▒▒▒▒
Familienstand:	▒▒▒▒
geboren am:	▒▒▒▒
Kinder:	▒▒▒▒, davon unterhaltspflichtig (*wenn nicht bekannt, das jeweilige Alter, wenn auch dies nicht bekannt, Anzahl mitteilen*)
Ununterbrochene/anzuerkennende Betriebszugehörigkeit	seit dem: ▒▒▒▒ (*erforderlichenfalls einschließlich Betriebszugehörigkeit bei Rechtsvorgängern, etwa nach Betriebsübergang i.S.d. § 613a BGB*)
Ausgeübte Tätigkeit:	▒▒▒▒
Wochenarbeitszeit:	▒▒▒▒
Bruttovergütung:	▒▒▒▒ (*gegebenenfalls aufschlüsseln in Tariflohn, Zulage, freiwillige Leistungen*)
Schwerbehinderung/anerkannte Gleichstellung:	ja/nein.

Der Kündigung liegt der folgende Sachverhalt zugrunde:

Aufgrund des Ihnen bekannten Wegfalls der Aufträge unseres Kunden ▒▒▒▒ mit Wirkung ab ▒▒▒▒ hat die Geschäftsleitung am ▒▒▒▒ die unternehmerische Entscheidung getroffen, zukünftig in der Abteilung ▒▒▒▒ nur noch mit ▒▒▒▒ Mitarbeitern zu produzieren, um den Arbeitsanfall an die verringerte Auftragssituation anzupassen. Dadurch bedingt entfällt unmittelbar das Bedürfnis zur Beschäftigung von ▒▒▒▒ Mitarbeitern.

Freie Arbeitsplätze, auf welche die betroffenen Arbeitnehmer zum Zwecke der Weiterbeschäftigung versetzt werden könnten, gibt es nicht. Für die vakante Stelle des ▒▒▒▒ besitzt Herr/Frau ▒▒▒▒ nicht die erforderliche Ausbildung zum/zur ▒▒▒▒. Sonstige Versetzungs- oder Umschulungsmöglichkeiten bestehen nicht.

Wir haben eine soziale Auswahl innerhalb der Gruppe der vergleichbaren Arbeitnehmer durchgeführt. Eine Liste der Sozialdaten der vergleichbaren Arbeitnehmer ist beigefügt.

Dabei wurde der/die Arbeitnehmer(in) ▒▒▒▒ von der Sozialauswahl ausgenommen. Seine/Ihre Herausnahme erfolgte nach § 1 Abs. 3 S. 2 KSchG aufgrund berechtigter betrieblicher Belange betriebstechnischer Natur, die ihre Weiterbeschäftigung im Interesse eines geordneten Betriebsablaufs notwendig machen. Dies sind im Einzelnen ▒▒▒▒. Eine Abwägung betrieblichen Belange mit den Interessen des zu kündigenden Herrn/Frau ▒▒▒▒ ergab, dass ▒▒▒▒.

Sie werden hiermit zu dieser Kündigung angehört.

(*Unterschrift*)

Anlagenverzeichnis: ▒▒▒▒

▲

689   *Praxistipp*

Zu empfehlen ist, dem Schreiben an den BR ein **Empfangsbekenntnis** beizufügen (siehe oben Rdn 612).

j) Anhörung des BR gemäß § 102 zu betriebsbedingten Kündigungen wegen Betriebsschließung

Im Fall einer Betriebsschließung bleibt der bisherige BR im Wege des **Restmandats** nach § 21b BetrVG bis 690 zur Abwicklung des gesamten Betriebes und bis zur Erledigung aller mitwirkungspflichtigen Angelegenheiten im Amt.[1644] Damit ist er auch im Fall einer beabsichtigten Betriebsschließung für die Anhörungen nach § 102 BetrVG zuständig und anzuhören (zur Kündigung von Mandatsträgern in einem solchen Fall vgl. das Muster zur Kündigung eines Kündigungsgeschützten nach § 102 BetrVG (§ 15 Abs. 4 und Abs. 5 KSchG, siehe unten Rdn 739).

Da sich ein **Betriebsübergang** nach § 613a BGB bzw. eine **Betriebsveräußerung** ohne Arbeitgeberwechsel 691 und eine Betriebsstilllegung/Betriebsschließung gegenseitig ausschließen, ist im Einzelfall sorgfältig zu prüfen, ob der Betrieb lediglich unter Übertragung auf einen anderen Arbeitgeber teilweise eingeschränkt, räumlich verlagert oder sonst unter Wahrung seiner Identität fortgeführt werden soll oder ob der Betrieb tatsächlich stillgelegt wird.

Die Betriebsstilllegung setzt den **ernsten und endgültigen Entschluss des Unternehmers** voraus, die 692 Betriebs- und Produktionsgemeinschaft zwischen Arbeitgeber und Belegschaft dauerhaft oder für einen längeren, wirtschaftlich nicht unerheblichen Zeitraum aufzuheben. Die Kündigung kann dabei schon vor dem Zeitpunkt der tatsächlichen Betriebsstilllegung erklärt werden, wenn die zugrunde liegende unternehmerische Entscheidung bereits **greifbare Formen angenommen** hat und eine vernünftige betriebswirtschaftliche Betrachtung die Prognose rechtfertigt, dass der Arbeitnehmer nach Auslaufen der Kündigungsfrist mit einiger Sicherheit entbehrt werden kann; maßgeblich ist insoweit der Zeitpunkt des Zugangs der Kündigung.[1645]

Solange der Arbeitgeber jedoch beabsichtigt, noch **Verhandlungen über eine Veräußerung des Betriebes** 693 **oder die Erlangung neuer Aufträge** zu führen oder sich an **Ausschreibungen** zu beteiligen, besteht keine endgültige Schließungsabsicht.[1646] Es handelt sich dann lediglich um eine unzulässige Vorratskündigung „ins Blaue hinein", ohne dass der Schließungsentschluss bereits greifbare Formen angenommen hat. Insoweit ist aber stets der Zeitpunkt des Zugangs der Kündigungserklärung ausschlaggebend. Wurde die Kündigung bereits ausgesprochen und geht dem Arbeitgeber erst später ein Übernahmeangebot zu, das – im Falle der erfolgreichen Betriebsveräußerung – die bereits endgültig geplante und eingeleitete Kündigung obsolet machen könnte, bleibt die bereits erklärte Kündigung dennoch sozial gerechtfertigt; insbesondere liegt auch keine Umgehung von § 613a Abs. 1 BGB vor.[1647] In Betracht kommt allerdings ein Wiedereinstellungsanspruch des Arbeitnehmers.

Der BR ist bei einer geplanten Betriebsstilllegung lediglich darüber zu informieren, dass alle Arbeitnehmer ge- 694 kündigt werden sollen. Da in diesem Fall keine Sozialauswahl stattfindet, müssen dem BR auch nicht die Sozialdaten der **Arbeitnehmer** mitgeteilt werden. Etwas anderes gilt dann, wenn es sich um eine Betriebsstilllegung in **Etappen** handelt, bei der der Arbeitgeber auf jeder Stufe die Grundsätze der Sozialauswahl erneut zu beachten hat, selbst wenn nur noch wenige Arbeitnehmer mit Abwicklungsarbeiten beschäftigt werden.

▼

Muster 2.57: Anhörung des BR gemäß § 102 BetrVG zur ordentlichen betriebsbedingten 695
Kündigung wegen Betriebsstilllegung

An den

Betriebsrat

z. H. des Betriebsratsvorsitzenden

Betrifft: Anhörung zur ordentlichen betriebsbedingten Kündigung

1644 BAG 8.12.2009, NZA 2010, 665–668.
1645 BAG 13.2.2008, NZA 2008, 821–824.
1646 BAG 12.4.2002, NJW 2002, 3795, 3796; dazu kritisch *Schiefer*, DB 2007, 54, 55.
1647 BAG 28.4.1988, EzA § 613a BGB Nr. 80.

Aufgrund der mit Ihnen geführten Interessenausgleichsverhandlungen, die am ▨▨▨ (*Datum*) mit dem Abschluss eines Interessenausgleichs und eines Sozialplan endeten, ist Ihnen bekannt, dass am ▨▨▨ (*Datum*) die unternehmerische Entscheidung getroffen wurde, unseren Produktionsbetrieb in ▨▨▨ (*Betriebsort*) zum ▨▨▨ (*Datum*) endgültig, insbesondere aus Gründen seiner Unrentabilität stillzulegen.

Wir beabsichtigen daher, die Arbeitsverhältnisse sämtlicher Arbeitnehmer des Betriebes ordentlich zum nächstzulässigen Zeitpunkt, jedoch nicht vor dem o.g. Zeitpunkt der beabsichtigten Betriebsstilllegung, zu kündigen. Eine Liste mit den Namen aller Arbeitnehmer nebst einer Übersicht über die jeweils individuell geltenden Kündigungsfristen aller Arbeitnehmer finden Sie in der Anlage. Es kommen die tariflichen Kündigungsfristen zur Anwendung, soweit nicht individuell längere Fristen vereinbart sind. Der im Interessenausgleich vereinbarte früheste Stilllegungszeitpunkt ist in jedem Einzelfall gewahrt.

Von einer umfassenden Darstellung der Sozialdaten sehen wir ab. Da es keine Sozialauswahl geben kann, weil alle Arbeitnehmer des Betriebs betroffen sind, sollen alle Arbeitsverhältnisse aller Beschäftigten einschließlich derjenigen der Mitglieder des Betriebsrates und der Jugend- und Auszubildendenvertretung – nach § 15 Abs. 4 KSchG – ordentlich gekündigt werden. Insbesondere wird die Stilllegung auch nur in einem Schritt vollzogen und nicht etwa stufenweise.

Das Massenentlassungsanzeigeverfahren nach §§ 17 ff. KSchG wurde eingeleitet.

Sie werden hiermit zu den beabsichtigten Kündigungen angehört.

(*Unterschrift*)

Anlagenverzeichnis: ▨▨▨

▲

696   *Praxistipp*

Es wird empfohlen, dem Schreiben an den BR ein **Empfangsbekenntnis** beizufügen (siehe oben Rdn 612).

k) Anhörung des BR zur betriebsbedingten Änderungskündigung gemäß § 102 BetrVG (einschließlich Zustimmungsantrag nach § 99 BetrVG bei Versetzung, Umgruppierung)

697   Die Änderungskündigung zielt in erster Linie auf eine Änderung der Arbeitsbedingungen unter Aufrechterhaltung statt Beendigung des Arbeitsverhältnisses ab, sofern der Arbeitgeber diese neuen Arbeitsbedingungen nicht bereits durch Ausübung seines Direktionsrechts herbeiführen kann. Der Arbeitgeber kann daher das Arbeitsverhältnis kündigen und dem Arbeitnehmer im Zusammenhang mit der Kündigung die Fortsetzung des Arbeitsverhältnisses zu geänderten Bedingungen anbieten, § 2 KSchG. Bei Vorliegen der tatsächlichen Voraussetzungen hierfür ist die Änderungskündigung Ausdruck des Ultima-ratio-Prinzips. Es handelt sich um eine „echte" Kündigung, da sie – je nach Verhalten des Gekündigten, auch die Beendigung des Arbeitsverhältnisses insgesamt herbeiführen kann.[1648] Nach Erhalt einer Änderungskündigung kann der Arbeitnehmer diese entweder – jeweils vorbehaltlos – annehmen oder ablehnen oder aber ihre **Annahme unter dem Vorbehalt** erklären, dass die Änderung der Arbeitsbedingungen nicht sozial ungerechtfertigt ist. Diese Erklärung ist innerhalb der Kündigungsfrist, spätestens binnen drei Wochen zu erklären, § 2 S. 2 KSchG; ferner ist beim Arbeitsgericht Klage auf Feststellung zu erheben, dass die Änderung der Arbeitsbedingungen sozial ungerechtfertigt oder aus anderen Gründen rechtsunwirksam ist, § 4 S. 2 KSchG.

698   In einer Änderungskündigung – zu der der BR nach § 102 BetrVG angehört werden muss – liegt oftmals **zugleich eine personelle Einzelmaßnahme in Form der Umgruppierung und/oder Versetzung**, die ihrerseits nach § 99 BetrVG zusätzlich der Zustimmung des BR bedarf; allerdings ist das Mitbestimmungsverfahren nach §§ 99 ff. BetrVG nur in Unternehmen mit in der Regel mehr als 20 wahlberechtigten Arbeit-

---

1648 KR/*Kreft*, § 2 KSchG Rn 11.

nehmern durchzuführen. Zwar führt eine unterlassene Beteiligung des BR nach § 99 BetrVG nicht dazu, dass die soziale Rechtfertigung der Änderungskündigung entfällt. Die Änderung der Arbeitsbedingungen kann aber erst nach Einholung oder Ersetzung der Zustimmung des BR gemäß § 99 BetrVG vollzogen werden.[1649] Auch wenn die ordnungsgemäße Beteiligung des BR nach § 102 BetrVG nicht dessen Zustimmung zur Versetzung oder Umgruppierung nach § 99 BetrVG voraussetzt, besteht zwischen beiden Mitwirkungstatbeständen eine Wechselwirkung, so dass der Arbeitgeber anstelle der Änderungskündigung eine Beendigungskündigung aussprechen kann, wenn der BR der Versetzung nicht zustimmt.[1650]

Bei Änderungskündigungen muss der Arbeitgeber den BR sowohl über das **Änderungsangebot** unterrichten[1651] als auch über die **für die Kündigung maßgebenden Gründe**; im Falle einer betriebsbedingten Änderungskündigung also über den Wegfall des bisherigen Arbeitsplatzes und die für die getroffene Sozialauswahl relevanten persönlichen Daten des zu Kündigenden sowie der vergleichbaren Arbeitnehmer. Insoweit gelten die Ausführungen zu den Anhörungspflichten des Arbeitgebers gegenüber dem BR bei den anderen Kündigungsarten entsprechend.

699

58

▼

Muster 2.58: Anhörung des BR gemäß § 102 BetrVG zur betriebsbedingten Änderungskündigung

700

An den

Betriebsrat

z.H. des Betriebsratsvorsitzenden

Betrifft: Anhörung zur ordentlichen betriebsbedingten Änderungskündigung

Es ist beabsichtigt, gegenüber folgendem Arbeitnehmer eine Änderungskündigung zum nächstzulässigen Zeitpunkt, das ist nach unseren Berechnungen der ▨▨▨ (*Datum*), auszusprechen:

Name: ▨▨▨

Anschrift: ▨▨▨

Familienstand: ▨▨▨

geboren am: ▨▨▨

Kinder: ▨▨▨, davon unterhaltpflichtig (*wenn nicht bekannt, das jeweilige Alter, wenn auch dies nicht bekannt, Anzahl mitteilen*)

Ununterbrochene/anzuerkennende Betriebszugehörigkeit: seit dem: ▨▨▨ (*erforderlichenfalls einschließlich Betriebszugehörigkeit bei Rechtsvorgängern, etwa nach Betriebsübergang i.S.d. § 613a BGB*)

Ausgeübte Tätigkeit: ▨▨▨

Wochenarbeitszeit: ▨▨▨

Bruttovergütung: ▨▨▨ (*gegebenenfalls aufschlüsseln in Tariflohn, Zulage, freiwillige Leistungen*)

Schwerbehinderung/anerkannte Gleichstellung: ja/nein.

1649 BAG 17.6.1998, AP Nr. 49 zu § 2 KSchG 1969.
1650 Richardi/*Thüsing*, § 102 BetrVG Rn 288: insoweit besteht keine Pflicht zur Durchführung eines Zustimmungsersetzungsverfahrens.
1651 BAG 11.10.1989, zit. nach juris; GK-BetrVG/*Raab*, § 102 Rn 83.

Dem liegt folgender Sachverhalt zugrunde:

Durch eine unternehmerische Entscheidung vom ▨▨▨▨▨ (*Datum*) sind folgende Arbeitsplätze mit Wirkung zum ▨▨▨▨▨ (*Datum*) weggefallen: ▨▨▨▨▨. Infolgedessen kann Herr/Frau ▨▨▨▨▨ (*Name des Arbeitnehmers*) über diesen Zeitpunkt hinaus nicht mehr auf dem bisherigen Arbeitsplatz weiterbeschäftigt werden.

In der Abteilung ▨▨▨▨▨ existiert jedoch ein freier Arbeitsplatz als ▨▨▨▨▨. Herr/Frau ▨▨▨▨▨ (*Name des Arbeitnehmers*) verfügt über die notwendige Ausbildung und Erfahrung, um diese Aufgaben nach einer kurzen Einarbeitungszeit vollwertig zu übernehmen. Eine einfache Versetzung auf den freien Arbeitsplatz scheidet jedoch aus, da dieser nicht mehr vom Direktionsrecht erfasst und daher nicht ohne Änderung des Vertragsinhalts zugewiesen werden kann.

Gegenüber den anderen, vom Arbeitsplatzwegfall gleichermaßen betroffenen Arbeitnehmern ist er/sie am sozial schutzwürdigsten; eine Liste mit den Sozialdaten der übrigen vom Arbeitsplatzwegfall betroffenen Arbeitnehmern fügen wir als Anlage bei.

Aus diesem Grund soll Herr/Frau ▨▨▨▨▨ (*Name des Arbeitnehmers*) die im Entwurf beigefügte Änderungskündigung zur Weiterbeschäftigung als ▨▨▨▨▨ in der Abteilung ▨▨▨▨▨ erklärt werden. Der neue Arbeitsplatz wird, anders als der bisherige, nicht außertariflich, sondern nach der tariflichen Entgeltgruppe ▨▨▨▨▨ vergütet.

Sie werden hiermit zu dieser Änderungskündigung angehört. Diese beinhaltet zugleich eine Versetzung und eine Umgruppierung/Eingruppierung, zu denen Sie mit dem beigefügten Schreiben gesondert um Ihre Zustimmung nach § 99 BetrVG ersucht werden.

(*Unterschrift*)

Anlagenverzeichnis: ▨▨▨▨▨

▲

Es gilt, die Zustimmung des BR nach § 99 BetrVG einzuholen (vgl. hierzu auch das entsprechende Muster, siehe oben Rdn 547).

701   *Praxistipp*

Der BR-Anhörung nach § 102 BetrVG und dem Zustimmungsantrag nach § 99 BetrVG sollte jeweils ein **Empfangsbekenntnis** beigefügt werden (siehe oben Rdn 612).

l) Anhörung des BR zur ordentlichen/außerordentlichen verhaltensbedingten Kündigung (einschließlich Verdachtskündigung)

702 Verhaltensbedingte Kündigungen kommen als ordentliche und außerordentliche Kündigungen in Betracht. Bei einer beabsichtigten **außerordentlichen Kündigung** muss der Arbeitgeber dem BR alles mitteilen, was aus seiner Sicht den wichtigen Grund i.S.d. § 626 Abs. 1 BGB zur Kündigung des Arbeitsverhältnisses begründet. Der Arbeitgeber muss auch darüber informieren, zu welchem Zeitpunkt der zur Kündigung Berechtigte von diesen Tatsachen Kenntnis erlangt hat, um dem BR eine Stellungnahme zur Frage der Wahrung der zweiwöchigen **Ausschlussfrist** des § 626 Abs. 2 BGB zu ermöglichen. Ist beabsichtigt, mit der außerordentlichen Kündigung **hilfsweise** auch eine **ordentliche Kündigung** zu verbinden, muss der BR auch hiervon unterrichtet werden. Wegen der Kündigungsgründe kann dabei auf die Ausführungen zur außerordentlichen Kündigung verwiesen werden, jedoch ist die Kündigungsfrist zu ergänzen.

Die Zwei-Wochen-Frist des § 626 Abs. 2 BGB wird durch die Verpflichtung des Arbeitgebers, den BR vor Ausspruch der Kündigung anzuhören, weder verlängert noch gehemmt.

703 Bei verhaltensbedingten Kündigungen ist zwischen der **Tatkündigung** und der **Verdachtskündigung** zu unterscheiden: Der Arbeitgeber muss im Rahmen der BR-Anhörung klarstellen, ob er die verhaltensbedingte Kündigung auf eine **nachgewiesene oder nachweisbare** Verfehlung oder Vertragspflichtverletzung des Arbeitnehmers stützen will (Tatkündigung), oder ob er den dringenden Verdacht einer strafbaren Handlung oder sonstigen Verfehlung des Arbeitnehmers, die das notwendige Vertrauensverhältnis für die Fortsetzung des Arbeitsverhältnisses zerstört hat, zur Grundlage seiner Kündigungsabsicht macht (Verdachtskündigung).[1652] Der Arbeitgeber kann die Kündigung allerdings auch zumindest hilfsweise auf einen Verdacht stützen.[1653] Im Kündigungsschutzprozess kann sich der Arbeitgeber zudem darauf berufen, dass die den Verdacht begründenden (und dem BR mitgeteilten) Pflichtwidrigkeiten auch eine Tatkündigung rechtfertigen.[1654] Informiert der Arbeitgeber den BR hingegen nur über eine aus seiner Sicht erfolgte Vertragspflichtverletzung des Arbeitnehmers, kann er sich im späteren Kündigungsschutzprozess zur Begründung der Kündigung nicht mehr auf den Tatverdacht stützen, wenn ihm die Verdachtsmomente bei Ausspruch der Kündigung bekannt waren; dies wäre ein unzulässiges **Nachschieben von Kündigungsgründen**, denn der Verdacht einer strafbaren Handlung stellt gegenüber dem Vorwurf, der Arbeitnehmer habe die Tat begangen, einen eigenständigen Kündigungsgrund dar, der im Tatvorwurf nicht enthalten ist.[1655] Lagen die Verdachtsgründe zwar bereits objektiv bei Ausspruch der Kündigung vor, waren sie dem Arbeitgeber jedoch nicht bekannt, kann er– nach vorheriger Anhörung des BR – diese Gründe noch in den Kündigungsschutzprozess einführen; weil die Kündigung bereits ausgesprochen ist, bedarf es in diesem besonderen Fall auch keiner gesonderten **Anhörung** des Arbeitnehmers zu den Verdachtsmomenten.[1656]

Im Gegensatz zur Tatkündigung ist bei der Verdachtskündigung die **vorherige Anhörung** des Arbeitnehmers **Wirksamkeitsvoraussetzung** für die Kündigung.[1657] Außerhalb der Verdachtskündigung gibt es nach Auffassung des BAG jedoch keinen allgemeinen Rechtssatz des Inhalts, dass eine außerordentliche Kündigung stets ausgeschlossen ist, wenn der Arbeitnehmer zu den Kündigungsgründen nicht zuvor angehört wurde. Ob eine solche aber im eigenen Interesse des Arbeitgebers geboten ist, richtet sich nach den besonderen Umständen des Einzelfalls. Auch bezüglich der Tatkündigung kann eine vorherige Anhörung des Arbeitnehmers erforderlich sein; bei der Verdachtskündigung ist sie zwingend erforderlich, da der Arbeitgeber alle **zumutbaren Anstrengungen zur Aufklärung des Sachverhalts** unternommen haben muss, bevor er zum Mittel der Verdachtskündigung greifen darf. **704**

Der Verdacht gegen den Arbeitnehmer muss im Rahmen der Anhörung so konkret mitgeteilt werden, dass dieser sich **substantiiert einlassen** kann. Dabei sind die Einzelheiten allerdings umstritten: Das beginnt bereits mit der Frage, welche Anforderungen an den Inhalt einer Einladung zum Anhörungsgespräch zu stellen sind, ob also dem Arbeitnehmer bereits in Vorbereitung der Anhörung konkrete Verdachtsmomente bekannt zu geben sind, was ggf. eine Verdunkelungsgefahr (also die Gefahr einer Vernichtung von Beweismitteln oder Beeinflussung von Zeugen durch den Arbeitnehmer) birgt.[1658] Demgegenüber wird in der Rechtsprechung zum Teil verlangt, die Einladung zur Anhörung vor Ausspruch einer Verdachtskündigung müsse den Gegenstand des Gesprächs beinhalten, damit der Arbeitnehmer Gelegenheit hat, sich auf das Gespräch vorzubereiten.[1659] Ebenfalls umstritten ist, ob dem Arbeitnehmer während der Anhörung neben dem konkreten Sachverhalt auch der sich hieraus ergebende Verdacht mitzuteilen ist, um ihm die Bedeutung der von ihm erwarteten Stellungnahme deutlich zu machen.[1660] Schließlich wird auch die Frage, ob dem Arbeitnehmer ausdrücklich die Möglichkeit der **Hinzuziehung eines Rechtsanwalts** eingeräumt werden muss, in **705**

1652 BAG 10.6.2010, NZA 2010, 1227 ff. („Emmely").
1653 BAG 8.6.2000, NZA 2001, 91.
1654 BAG 23.6.2009 – 2 AZR 474/07, juris; BAG 3.7.2003, NZA 2004, 307; BAG 10.6.2010, NZA 2010, 1227 ff. („Emmely").
1655 BAG 23.4.2008, NZA 2008, 1081 ff.; BAG 3.4.1986, NZA 1986, 677 ff.
1656 BAG 23.6.2009, NZA 2009, 1136 ff.; APS/*Koch*, § 102 BetrVG Rn 128; KR/*Fischermeier*, § 626 BGB Rn 230; a.A. Moll/*Schulte*, § 44 Rn 100.
1657 BAG 13.3.2008, NZA 2008, 809 ff.; LAG Köln 27.1.2010, LAGE Nr. 11 zu § 102 BetrVG 2001.
1658 *Lembke*, NZA-RR 2013, 82, 88, der dies als zu weitgehend ablehnt; a.A. aber *Eylert/Friedrichs*, DB 2007, 2203, 2205.
1659 LAG Berlin-Brandenburg 30.3.2012, NZA-RR 2012, 353, 355.
1660 So LAG Berlin-Brandenburg 6.11.2009, DB 2009, 2724.

Rechtsprechung und Literatur nicht einheitlich beantwortet: Während das BAG dem Arbeitnehmer die Hinzuziehung eines Rechtsanwalts lediglich zugestehen will,[1661] wird z.T. sogar eine Hinweispflicht des Arbeitgebers statuiert;[1662] dies geht aber zu weit, und die BR-Anhörung muss sich darauf nicht erstrecken.

706   Die Verdachtskündigung wird – ebenso wie die sog. **Bagatellkündigung,**[1663] um die es sich häufig zugleich handelt – trotz zum Teil vehement geführter (v.a. politischer) Diskussionen, weiterhin allgemein anerkannt. So kann der Verdacht einer Straftat oder eines sonstigen Fehlverhaltens Grund für eine außerordentliche Kündigung sein; jedoch dürfte auch die ordentliche Kündigung nicht ausgeschlossen sein. Dies gilt auch für den Verdacht des Diebstahls oder der Unterschlagung einer **geringwertigen Sache,** denn als personenbezogenes Dauerschuldverhältnis setzt das Arbeitsverhältnis das gegenseitige Vertrauen der Vertragspartner voraus, so dass der Verlust des Vertrauens einen (wichtigen) Grund zur Kündigung darstellen kann.

707   Der Arbeitgeber ist verpflichtet, dem BR auch alle Tatsachen mitzuteilen, die gegen die Kündigung sprechen, also insbesondere jene, die der Arbeitnehmer in seiner **Stellungnahme** zu den gegen ihn erhobenen Vorwürfen vorbringt.[1664] Stellt der Arbeitgeber indes nur einseitig die Verdachtsmomente dar und lässt ihm bekannte, entlastende Tatsachen unerwähnt, vereitelt er eine sachgemäße Beurteilung seitens des BR; eine solche bewusste Irreführung steht einer Nichtinformation des BR gleich[1665] und führt zur Unwirksamkeit der Kündigung. Indes ist der Arbeitgeber aber nicht verpflichtet, dem BR Beweismittel für die Richtigkeit der Kündigungsgründe vorzulegen.

▼

708   **Muster 2.59: Anhörung des BR nach § 102 BetrVG zur außerordentlichen, hilfsweise ordentlichen verhaltensbedingten Verdachtskündigung**

An den

Betriebsrat

z.H. der Betriebsratsvorsitzenden

Betrifft: Anhörung zur außerordentlichen verhaltensbedingten Verdachtskündigung (**ggf.:** *sowie hilfsweise ordentlichen Kündigung*)

Es ist beabsichtigt, gegenüber der folgenden Arbeitnehmerin eine außerordentliche verhaltensbedingte Verdachtskündigung zum nächstzulässigen Zeitpunkt, das ist nach unseren Berechnungen der ▒▒▒▒▒▒ (*Datum*), auszusprechen:

Name:	▒▒▒▒▒
Anschrift:	▒▒▒▒▒
Familienstand:	▒▒▒▒▒
geboren am:	▒▒▒▒▒
Kinder:	▒▒▒▒▒▒, davon unterhaltspflichtig (*wenn nicht bekannt, das jeweilige Alter, wenn auch dies nicht bekannt, Anzahl mitteilen*)
Ununterbrochene/anzuerkennende Betriebszugehörigkeit	seit dem: ▒▒▒▒▒ (*erforderlichenfalls einschließlich Betriebszugehörigkeit bei Rechtsvorgängern, etwa nach Betriebsübergang i.S.d. § 613a BGB*)

1661 BAG 13.3.2008, NZA 2008, 809 ff.
1662 LAG Berlin-Brandenburg 6.11.2009, DB 2009, 2724, das sich insoweit allerdings unzutreffend auf BAG 13.3.2008, NZA 2008, 809 ff. beruft. Ebenso ArbG Berlin 18.5.2012 – 28 Ca 3881/12 und 12.7.2013 – 28 Ca 3420/13, beide juris.
1663 BAG 10.6. 2010, NZA 2010. 1227 ff. („Emmely").
1664 BAG 22.9.1994, BAGE 78, 39.
1665 BAG 22.9.1994, BAGE 78, 39.

Ausgeübte Tätigkeit: Verkäuferin mit Kassiertätigkeit

Wochenarbeitszeit:

Bruttovergütung: (*gegebenenfalls aufschlüsseln in Tariflohn, Zulage, freiwillige Leistungen*)

Schwerbehinderung/anerkannte Gleich-   ja/nein.
stellung:

Hilfsweise soll auch eine ordentliche Kündigung erklärt werden. Die hierfür maßgebliche Kündigungsfrist beträgt nach unseren Berechnungen   .

Der beabsichtigten außerordentlichen Kündigung liegt folgender Sachverhalt zugrunde:

Am   (*Datum*) wurde Frau   (*Name der Arbeitnehmerin*) von ihrer Kollegin, Frau   , dabei beobachtet, wie sie in unserer Filiale   eine Flasche Parfüm der Marke   in ihre Umhängetasche steckte und sich danach zur Kasse begab, um dort ihre Arbeit anzutreten. Dies begründet den dringenden Tatverdacht eines Diebstahls bzw. einer Unterschlagung zu Lasten ihres Arbeitgebers.

Nachdem der Filialleiter sofort informiert worden war, hat er im Beisein des Betriebsratsmitglieds   (*Name des BR-Mitglieds*) Frau   (*Name der Arbeitnehmerin*) noch am   (*Datum*) zu dem Vorfall angehört und ihr dabei eröffnet, dass der Verdacht eines versuchten Diebstahls bzw. versuchten Unterschlagung zu Lasten ihres Arbeitgebers bestünde und sie mit einer außerordentlichen Kündigung zu rechnen habe, wenn sich der Verdacht nicht ausräumen ließe. Frau   (*Name der Arbeitnehmerin*) ließ sich dahingehend ein, sie habe das Parfüm bei Dienstende oder in ihrer Pause bezahlen wollen, sei hierzu aber nicht mehr gekommen, da sie dann bereits zum Personalgespräch gebeten worden war. Das Protokoll der Anhörung liegt als Anlage bei.

Die Einlassung kann nach unserer Überzeugung den dringenden Tatverdacht eines versuchten Diebstahls bzw. Unterschlagung nicht entkräften. Es ist nicht glaubhaft, dass Frau   (*Name der Arbeitnehmerin*) noch beabsichtigte, die bereits in ihre Handtasche gelegte Flasche Parfüm, die einen Verkaufspreis von EUR 36,– hat, später zu bezahlen. Hätte sie diese Absicht gehabt, so hätte sie die Flasche zudem offen mit zur Kasse nehmen können, was gerade nicht der Fall war.

Zudem verstößt das Verhalten von Frau   (*Name der Arbeitnehmerin*) in erheblicher Weise gegen die Kassenanweisungen unseres Hauses, die ihr bekannt sind und deren Erhalt sie am   (*Datum*) quittiert hat.

Nach Abwägung aller für und wider die beabsichtigte Kündigung sprechenden Umstände haben wir uns daher zum Ausspruch einer außerordentlichen Kündigung entschlossen. Wir sind der Auffassung, dass auch bei umfassender Interessenabwägung die Interessen des Arbeitgebers an der sofortigen Beendigung des Arbeitsverhältnisses das Interesse von Frau   (*Name der Arbeitnehmerin*) an dessen Fortführung überwiegen. Auch unter Berücksichtigung der langjährigen Betriebszugehörigkeit von Frau   (*Name der Arbeitnehmerin*) und des Umstandes, dass sie zuvor noch nicht einschlägig abgemahnt worden ist, ist es uns nicht zumutbar, das Arbeitsverhältnis auch nur bis zum Ablauf der ordentlichen Kündigungsfrist fortzusetzen. Für die Beschäftigung einer Kassiererin ist besonderes Vertrauen in die Redlichkeit erforderlich, da sie erleichterten Zugriff auf das Vermögen des Arbeitgebers hat. Der versuchte Diebstahl einer Parfümflasche als eines hochwertigen Luxusguts zerstört unser Vertrauen in Frau   (*Name der Arbeitnehmerin*) endgültig und unwiederbringlich. Daher scheidet insbesondere auch der Ausspruch einer Abmahnung als geeignetes milderes Mittel aus.[1666]

Die Ausschlussfrist des § 626 Abs. 2 BGB wurde gewahrt, wie Sie den vorstehenden Darlegungen ohne weiteres entnehmen können.

Hilfsweise soll aus denselben Gründen auch eine ordentliche Kündigung des Arbeitsverhältnisses erklärt werden. Eine vorherige Abmahnung ist im vorliegenden Fall entbehrlich; Frau   (*Name der Arbeitnehmerin*) wusste auch ohne eine solche, dass der objektive und dringende Verdacht einer Straftat zu Lasten ihres Arbeitgebers eine Kündigung des Arbeitsverhältnisses nach sich ziehen kann.

1666 Dazu auch BAG 10.6. 2010, NZA 2010 1227 ff. („Emmely").

Sie werden hiermit zu dieser Kündigung angehört.

Alternativ: *Der Betriebsrat wird gebeten, sich unverzüglich zu dieser Kündigung zu äußern. Wegen besonderer Eilbedürftigkeit wird darum gebeten, unverzüglich eine Betriebsratssitzung einzuberufen und die beabsichtigte Kündigung zu erörtern. Die besondere Eilbedürftigkeit besteht darin, dass* ▓▓▓▓▓▓.

(*Unterschrift*)

Anlagenverzeichnis: ▓▓▓▓▓▓

▲

709   *Praxistipp*

Es wird empfohlen, der BR-Anhörung ein **Empfangsbekenntnis** beizufügen (siehe oben Rdn 612).

Checkliste: BR-Anhörung zur Verdachtskündigung

710
- Genügt das Verhalten, dessen der Arbeitnehmer verdächtig ist, für eine (i.d.R.) außerordentliche Kündigung (Kündigungsgrund „an sich")?
- Darlegung des Inhalts und des Ergebnisses der Arbeitnehmer-Anhörung zum Tatvorwurf.
- Darlegung aller sonstigen unternommenen Anstrengungen zur Aufklärung des Sachverhalts sowie des Ergebnisses dieser Ermittlungen.
- Hat der Arbeitgeber damit alles ihm Zumutbare unternommen?
- Besteht dringender Tatverdacht?
    - Liegt der Verdacht objektiv zum Zeitpunkt der Kündigung vor?
- Sind mildere Mittel (z.B. Abmahnung, Versetzung, Änderungskündigung) ausgeschlossen?
- Darlegung der umfassenden Interessenabwägung
- Bei außerordentlicher Verdachtskündigung: Darlegung der Wahrung der Ausschlussfrist des § 626 Abs. 2 BGB

m)   Anhörung des BR gemäß § 102 BetrVG zur ordentlichen krankheitsbedingten Kündigung

711   Bei einer Kündigung aus krankheitsbedingten Gründen muss der Arbeitgeber dem BR die **Fehlzeiten** des Arbeitnehmers in der Vergangenheit benennen und – soweit bekannt – auch die Art/en der Erkrankung/en mitteilen[1667] sowie die daraus folgende **negative Zukunftsprognose**.[1668] Waren **Arbeitsunfälle** für krankheitsbedingte Fehlzeiten ursächlich, ist der BR auch hiervon in Kenntnis zu setzen, es sei denn, diese sind für das Gesamtbild ohne Bedeutung.[1669]

712   Ferner sind dem BR die aus den Fehlzeiten folgenden **wirtschaftlichen Belastungen** oder **Beeinträchtigungen des Betriebsablaufs** darzulegen.[1670] Dabei genügt nach der Rechtsprechung die Information über die jeweilige Krankheitsdauer in Kalendertagen, da daraus die Anzahl der ausgefallenen Arbeitstage ersichtlich ist und die Nennung der Entgeltfortzahlungskosten ohne nähere Aufschlüsselung; erforderlich und ausreichend ist eine Mitteilung der durchschnittlichen monatlichen Bruttovergütung oder der Lohngruppe des betroffenen Arbeitnehmers sowie der bereits aufgelaufenen Kosten der Entgeltfortzahlung.[1671] Denn anhand dieser Informationen ist für den BR erkennbar, dass der Arbeitgeber diese Belastungen für unzumutbar hält und die Kündigung hierauf stützen will; sollten danach noch Unklarheiten bestehen, kann der BR beim Arbeitgeber nachfragen.[1672]

1667 GK-BetrVG/*Raab*, § 102 Rn 78.
1668 KR/*Etzel/Rinck*, § 102 BetrVG Rn 95.
1669 BAG 7.11.2002, AP Nr. 40 zu § 1 KSchG 1969 Krankheit.
1670 BAG 24.11.1983, AP Nr. 30 zu § 102 BetrVG 1972; KR/*Etzel/Rinck*, § 102 BetrVG Rn 94.
1671 LAG Schleswig-Holstein 1.9.2004, NZA-RR 2004, 635.
1672 BAG 7.11.2002, AP Nr. 40 zu § 1 KSchG 1969 Krankheit; GK-BetrVG/*Raab*, § 102 Rn 78.

Da die Beeinträchtigung betrieblicher Interessen Teil des Kündigungsgrundes ist, muss der Arbeitgeber   713
dem BR jene Tatsachen vortragen, die betriebliche Ablaufstörungen und/oder wirtschaftliche Belastungen
des Arbeitgebers aufgrund der Fehltage und der zu erwartenden Ausfallzeiten ergeben sollen; andernfalls
versäumt er es, dem BR einen Teil des Kündigungsgrundes mitzuteilen.[1673] Angaben zu den betrieblichen
Auswirkungen der Fehlzeiten können ausnahmsweise entbehrlich sein, wenn der BR den Arbeitsplatz des
Arbeitnehmers kennt und deshalb die Folgen der Ausfälle abschätzen kann;[1674] allerdings ist der Arbeitgeber für das Vorliegen dieses Ausnahmetatbestandes beweispflichtig.[1675]

Stützt der Arbeitgeber die Kündigung auf die **dauernde Unmöglichkeit** des Arbeitnehmers zur Erbringung   714
der geschuldeten Leistung, sind darüber hinausgehende Darlegungen der Betriebsbeeinträchtigungen nicht
erforderlich.[1676] Die **Ungewissheit der Wiederherstellung der Arbeitsfähigkeit** steht einer krankheitsbedingten dauernden Leistungsunfähigkeit gleich, wenn in den nächsten 24 Monaten mit einer anderen
Prognose nicht gerechnet werden kann;[1677] auch über die Grundlage einer solchen Prognose ist der BR zu
informieren.

Beabsichtigt der Arbeitgeber, eine Kündigung wegen **häufiger Kurzerkrankungen** auszusprechen, und   715
teilt er sämtliche Kurzerkrankungen über einen längeren Zeitraum mit, dann gibt er damit auch die für
die Negativprognose maßgeblichen Umstände an.[1678] Aus der mit Kurzerkrankungen einhergehenden wirtschaftlichen Belastung ergibt sich in der Regel auch die Beeinträchtigung betrieblicher Belange. Insoweit
sind daher zumindest die Gesamtzahl der Fehltage nach Kalendertagen und die sich daraus ergebenden Entgeltfortzahlungskosten darzustellen, besser noch die Fehlzeiten detailliert nach Arbeitstagen aufzuschlüs-
seln. In diesem Fall ist eine Darstellung der wirtschaftlichen Belastungen oder der Beeinträchtigungen des
Betriebsablaufs unerlässlich; es gelten dieselben Grundsätze wie bei **Langzeiterkrankungen**.[1679]

Beabsichtigt der Arbeitgeber eine Kündigung wegen **krankheitsbedingter Leistungsminderung** ist der   716
Grad der so geminderten Leistungsfähigkeit gegenüber dem BR darzustellen, da sich hieraus die betriebliche Beeinträchtigung in Form der Störung des Äquivalenzverhältnisses ableiten lässt.

Auch wenn der Arbeitgeber ein **betriebliches Eingliederungsmanagement** nach § 84 Abs. 2 SGB IX unter   717
Beteiligung des BR durchgeführt hat – oder der Arbeitnehmer ein solches abgelehnt hat – empfiehlt es sich,
den BR vorsorglich über diesen Umstand, die dortigen Ergebnisse und – bei schwerbehinderten oder diesen
gleichgestellten Menschen – die erforderlichenfalls eingeholte Zustimmung des Integrationsamtes zur
Kündigung zu unterrichten.

60

Muster 2.60: Anhörung BR gemäß § 102 BetrVG zur ordentlichen krankheitsbedingten   718
Kündigung

An den

Betriebsrat

z.H. des Betriebsratsvorsitzenden

Betrifft: Anhörung zur ordentlichen krankheitsbedingten Kündigung

Es ist beabsichtigt, gegenüber dem folgendem Arbeitnehmer eine ordentliche personenbedingte Kündigung
zum nächstzulässigen Zeitpunkt, das ist nach unseren Berechnungen der ▨▨▨▨, auszusprechen:

1673 BAG 24.11.1983, NZA 1984, 93.
1674 LAG Schleswig-Holstein 1.9.2004, NZA-RR 2004, 635; BAG 24.11.1983, NZA 1984, 93.
1675 LAG Hamm 25.11.1987, NZA 1988, 483.
1676 BAG 24.4.2002, NZA 2002, 1081–1085.
1677 BAG 29.4.1999, NZA 1999, 978–981; BAG NZA 2002, 1081–1085.
1678 BAG 24.11.1983, NZA 1984, 93.
1679 GK-BetrVG/*Raab*, § 102 Rn 78.

Name:

Anschrift:

Familienstand:

geboren am:

Kinder: , davon unterhaltspflichtig (*wenn nicht bekannt, das jeweilige Alter, wenn auch dies nicht bekannt, Anzahl mitteilen*)

Ununterbrochene/anzuerkennende Be-   seit dem: (*erforderlichenfalls einschließlich Betriebs-*
triebszugehörigkeit   *zugehörigkeit bei Rechtsvorgängern, etwa nach Betriebsüber-gang i.S.d. § 613a BGB*)

Ausgeübte Tätigkeit:

Wochenarbeitszeit:

Bruttovergütung: (*gegebenenfalls aufschlüsseln in Tariflohn, Zulage, freiwillige Leistungen*)

Schwerbehinderung/anerkannte Gleich-   ja/nein.
stellung:

Dem liegt folgender Sachverhalt zugrunde:

1. Alternative: Lang andauernde Krankheit

Herr/Frau   (*Name des Arbeitnehmers*) ist seit dem   (*Datum*) und damit lang andauernd arbeitsunfähig erkrankt. Bei der Erkrankung handelt es sich weder um eine arbeitsbedingte Erkrankung noch um einen Betriebsunfall. Es gibt keinerlei Anzeichen einer Besserung, so dass von einer negativen Zukunftsprognose ausgegangen werden muss. Dies hat sich letztlich auch in der nach Maßgabe von § 84 Abs. 2 SGB IX unter Beteiligung des BR durchgeführten betrieblichen Eingliederungsmaßnahme (betriebliches Eingliederungsmanagement) bestätigt; weder Herr/Frau   (*Name des Arbeitnehmers*) noch der Betriebsarzt konnten aufzeigen, durch welche betrieblichen Maßnahmen die derzeitige Arbeitsunfähigkeit überwunden und ihr künftig vorgebeugt werden könnte.

Die Fehlzeiten stellen eine erhebliche wirtschaftliche Belastung des Unternehmens dar: Die Kosten für Entgeltfortzahlung betrugen im Jahr   bereits   EUR; im Jahr   sogar   EUR. Hinzu kommen die Kosten für befristet beschäftigte Ersatzkräfte in Höhe von   bzw.   . Die zusätzlich für die Ersatzkräfte zu leistende Einarbeitung durch Herrn/Frau   führte zu Arbeitsausfällen im Umfang von   und damit zu weiteren zusätzlichen Lohnkosten, die durch die Langzeiterkrankung verursacht wurden.

Alternativ: *Die Fehlzeiten beeinträchtigen in erheblicher Weise die Betriebsabläufe: Die Stelle des*   *ist zur Aufrechterhaltung des Betriebsablaufs erforderlich.*   *Bislang wurde die Stelle durch befristet Beschäftigte besetzt, die jeweils neu eingewiesen werden mussten, aber immer wieder fachliche Mängel erkennen ließen. Es hat sich insoweit gezeigt, dass qualifizierte Arbeitskräfte für eine nur befristet angebotene Beschäftigung nicht zur Verfügung stehen; jedenfalls haben sich trotz externer/interner Stellenausschreibung und Rückfrage bei der Agentur für Arbeit keine geeigneten Bewerber gefunden.*

2. Alternative: Häufige Kurzerkrankungen

Im Zeitraum   kam es zu folgenden Fehlzeiten:

im Jahr 2010   vom   bis zum   (Arbeitstage)

                vom   bis zum   (Arbeitstage)

                vom   bis zum   (Arbeitstage)

im Jahr 2011   vom ▓ bis zum ▓   (▓ Arbeitstage)

                vom ▓ bis zum ▓   (▓ Arbeitstage)

im Jahr 2012   vom ▓ bis zum ▓   (▓ Arbeitstage)

                vom ▓ bis zum ▓   (▓ Arbeitstage)

Die Erkrankungen stehen in keinem erkennbaren Zusammenhang mit dem Arbeitsverhältnis. Die Ursachen der Erkrankungen sind uns auch nicht bekannt. Aufgrund der Häufigkeit der krankheitsbedingten Fehlzeiten in der Vergangenheit müssen wir davon ausgehen, dass Herr/Frau ▓ (*Name des Arbeitnehmers*) auch in Zukunft in vergleichbarem Umfang fehlen wird (negative Zukunftsprognose). Dies hat sich letztlich auch in der nach Maßgabe von § 84 Abs. 2 SGB IX unter Beteiligung des BR durchgeführten betrieblichen Eingliederungsmaßnahme (betriebliches Eingliederungsmanagement) bestätigt; weder Herr/Frau ▓ noch der Betriebsarzt konnten aufzeigen, welche betrieblichen Maßnahmen die derzeitige Arbeitsunfähigkeit überwinden und künftigen Arbeitsunfähigkeiten vorbeugen könnten.

Wir haben für sämtliche Krankheitszeiten Entgeltfortzahlung geleistet, dadurch sind Entgeltfortzahlungskosten im Jahr in Höhe von ▓ EUR, im Jahr in Höhe von ▓ EUR und im Jahr in Höhe von ▓ EUR entstanden. Dies stellt eine wirtschaftliche Belastung dar, die in Zukunft nicht mehr zumutbar ist. [**Oder/Und:** *Durch die Fehlzeiten sind wesentliche Abläufe im Betrieb massiv gestört worden, und zwar* ▓ */Außerdem musste auf dem für* ▓ *wichtigen Arbeitsplatz stets ein Mitarbeiter aus einer anderen Schicht neu eingewiesen werden. Dadurch kam es zu erheblichen Verzögerungen im Betriebsablauf.*

Sie werden hiermit zu dieser Kündigung angehört.

(*Unterschrift*)

Anlagenverzeichnis: ▓

▲

Praxistipp   **719**

Es empfiehlt sich, der BR-Anhörung ein **Empfangsbekenntnis** beizufügen (siehe oben Rdn 612).

n) Antrag auf Zustimmung zur außerordentlichen Kündigung eines BR-Mitglieds gemäß § 103 BetrVG

§ 103 BetrVG bezweckt in erster Linie die **Sicherung der Funktionsfähigkeit** der betriebsverfassungs-   **720** rechtlichen Organe und die **Kontinuität der Amtsführung** durch personelle Konstanz[1680] und den Schutz der Betriebsverfassungsorgane, der Wahlbewerber und Mitglieder des Wahlvorstandes vor willkürlichen außerordentlichen Kündigungen, auch vor solchen mit sozialer Auslauffrist.[1681] Die Regelung soll den Arbeitgeber dazu anhalten, bei Amtspflichtverletzungen des BR den dafür vorgesehenen Ausschluss aus dem BR gemäß § 23 Abs. 1 BetrVG anstelle der außerordentlichen Kündigung des BR-Mitgliedes zu wählen.[1682] Nur Verstöße, die eine **Verletzung von Arbeitsvertragspflichten** – gegebenenfalls auch gleichzeitig mit einer Amtspflichtverletzung (sog. **Simultantheorie**) – darstellen, können eine außerordentliche Kündigung nach § 626 BGB begründen und damit einen Zustimmungsantrag nach § 103 BetrVG rechtfertigen. Verstößt ein Arbeitnehmer gegen seine Pflichten aus einem **Aufsichtsratsmandat**, kommen zunächst die Sanktionen des Gesellschaftsrechts, vor allem die **Abberufung aus dem Aufsichtsrat** gemäß § 103 Abs. 3 AktG, in Betracht; eine außerordentliche Kündigung des Arbeitsverhältnisses ist nur zulässig, wenn zugleich eine

1680 *Preis*, Arbeitsrecht, Kollektivarbeitsrecht, S. 542.
1681 BAG 18.2.1993, AP Nr. 35 zu § 15 KSchG 1969.
1682 *Fitting u.a.*, § 103 Rn 1; *Preis*, Arbeitsrecht, Kollektivarbeitsrecht, S. 543.

arbeitsvertragliche Pflichtverletzung vorliegt und die Auswirkungen auf das Arbeitsverhältnis so schwer sind, dass jede weitere Beschäftigung des Arbeitnehmers dem Arbeitgeber unzumutbar erscheint.[1683]

721 Liegt ein wichtiger Grund für die Kündigung vor, ist der BR **zur Zustimmung verpflichtet,** ohne dass er einen Ermessensspielraum hat.[1684] Auf Antrag des Arbeitgebers ersetzt das Arbeitsgericht die verweigerte Zustimmung, „wenn die außerordentliche Kündigung unter Berücksichtigung aller Umstände gerechtfertigt ist", § 103 Abs. 2 BetrVG. Dabei prüft das Gericht das Vorliegen eines wichtigen Grundes i.S.v. § 626 BGB und die individuellen Interessen des Arbeitgebers und des Arbeitnehmers sowie die möglichen kollektiven Interessen der Belegschaft.

722 Die tendenzbezogene Kündigung eines BR-Mitgliedes, das **Tendenzträger** ist, bedarf wegen § 118 BetrVG nicht der Zustimmung des BR;[1685] stattdessen ist nur eine Anhörung nach § 102 BetrVG erforderlich.

723 Der durch das Zustimmungserfordernis des § 103 BetrVG **geschützte Personenkreis** ergibt sich aus § 15 KSchG i.V.m. § 103 BetrVG; zeitlich gilt der Schutz während der Amtszeit. Die bisher umstrittene Frage, ob für den Geltungszeitraum die Abgabe oder der Zugang der Kündigung maßgeblich ist,[1686] hat das BAG jüngst zugunsten der letztgenannten Auffassung entschieden.[1687] Dies entspreche dem Sinn und Zweck des § 103 BetrVG, den Schutz der Arbeit des BR vor Eingriffen des Arbeitgebers zu gewährleisten, denn ein Eingriff liege erst ab Zugang der Kündigung vor.[1688] Die Frage spielt maßgeblich bei **Ersatzmitgliedern** eine Rolle, die wegen einer zeitweiligen Verhinderung eines regulären Betriebsratsmitglieds gem. § 25 Abs. 1 S. 2 BetrVG tätig waren und denen der besondere Kündigungsschutz gem. § 15 Abs. 1 S. 1 KSchG i.V.m. § 103 BetrVG gleichermaßen zuteil wird. Allerdings besteht das Zustimmungserfordernis i.S.v. § 103 BetrVG nur, wenn das Ersatzmitglied entweder endgültig für ein ausgeschiedenes Mitglied nachgerückt ist, oder wenn und solange es ein zeitweilig verhindertes Mitglied vertritt, § 25 Abs. 1 S. 1 und S. 2 BetrVG. Ersatzmitglieder, die nach Beendigung der Vertretungszeit wieder aus dem BR ausgeschieden sind, haben hingegen nur noch den nachwirkenden Kündigungsschutz gem. § 15 Abs. 1 S. 2 KSchG.[1689] Der Sonderkündigungsschutz für Ersatzmitglieder beginnt in dem Zeitpunkt, zu dem das ordentliche Mitglied erstmals verhindert ist; im Falle einer Betriebsratssitzung bereits ab der Ladung, frühestens jedoch drei Tage vor dem eigentlichen Vertretungsfall.[1690] Damit soll die zur Wahrnehmung des Amtes erforderliche **Vorbereitungszeit miteinbezogen**, gleichzeitig aber verhindert werden, dass der Schutzbereich willkürlich ausgedehnt wird. Der Kündigungsschutz entfällt auch dann nicht, wenn sich im Nachhinein herausstellt, dass in Wahrheit kein Vertretungsfall vorgelegen hat; etwas anderes gilt, wenn der Vertretungsfall nur durch kollusive Absprachen herbeigeführt wurde[1691] oder es sich dem Ersatzmitglied hätte aufdrängen müssen, dass kein Vertretungsfall vorlag.[1692]

1683 BAG 23.10.2008, NZA 2009, 855–859.
1684 BAG 25.3.1976, AP Nr. 6 zu § 103 BetrVG 1972; GK-BetrVG/*Raab*, § 103 Rn 62.
1685 BAG 28.8.2003, AP Nr. 49 zu § 103 BetrVG 1972.
1686 Für Zugang: GK-BetrVG/*Raab*, § 103 Rn 24; Richardi/*Thüsing*, § 103 BetrVG Rn 16; für Abgabe: KR/*Etzel*, § 103 Rn 62.
1687 BAG 27.9.2012, NZA 2013, 425 ff.
1688 BAG 27.9.2012, NZA 2013, 425 ff. Zwar trage der Arbeitgeber insoweit das Risiko für zwischen Abgabe und Zugang der Kündigungserklärung eintretende Veränderungen wie eine Verhinderung des regulären BR-Mitgliedes und ein Eintreten des Ersatzmitgliedes, er habe es aber auch in der Hand, den Zugang des Kündigungsschreibens zeitnah sicherzustellen.
1689 BAG 5.11.2009, NZA-RR 2010, 236 ff.; BAG 12.2.2004, AP Nr. 1 zu § 15 KSchG 1969 Ersatzmitglied. Der nachwirkende Kündigungsschutz setzt allerdings ebenfalls voraus, dass das Ersatzmitglied tatsächlich konkrete Vertretungsaufgaben wahrgenommen hat, BAG 19.4.2012, NZA 2012, 1449 ff.
1690 BAG 17.1.1979, AP Nr. 5 zu § 15 KSchG 1969.
1691 BAG 8.9.2011, NZA 2012, 400 ff: in diesem Fall ist die Berufung auf den Sonderkündigungsschutz gemäß § 242 BGB ausgeschlossen.
1692 BAG 12.2.2004, AP Nr. 1 zu § 15 KSchG 1969 Ersatzmitglied.

Bei der Wahl des ersten BR gilt der Kündigungsschutz bereits für die Mitglieder des Wahlvorstandes und   **724**
die Wahlbewerber. Will der Arbeitgeber ihnen kündigen, muss er die Erteilung der Zustimmung direkt beim
Arbeitsgericht beantragen.[1693] Entsprechendes gilt bei der Kündigung des letzten Betriebsratsmitglieds.

Sachlich gilt der Kündigungsschutz des § 103 BetrVG i.V.m. § 15 KSchG auch für **Massenänderungskün-**   **725**
digungen. Dies wird zwar in der Literatur unter Hinweis auf die Gleichbehandlungsverpflichtung des § 78
BetrVG kritisiert,[1694] das BAG hat aber eine teleologische Reduktion des § 15 Abs. 1 KSchG ausdrücklich
abgelehnt.[1695] § 15 Abs. 1 KSchG sei vielmehr lex specialis gegenüber § 78 S. 2 BetrVG. Grundsätzlich
stelle dies keine Bevorzugung der BR-Mitglieder im Vergleich zu den übrigen Arbeitnehmern dar; eine
Verweigerung der Zustimmung durch den BR im Rahmen einer Massenänderungskündigung trotz Vorliegens der Voraussetzungen stelle im Übrigen eine Amtspflichtverletzung dar.[1696]

Hat der BR nach § 104 BetrVG die Entlassung eines nach § 103 Abs. 1 BetrVG geschützten Arbeitnehmers   **726**
verlangt, liegt in dem Verlangen zugleich auch die nach § 103 Abs. 1 BetrVG erforderliche Zustimmung zur
Kündigung.[1697]

Verweigert der BR die Zustimmung und beantragt der Arbeitgeber ihre Ersetzung durch das Arbeitsgericht,   **727**
kann die Kündigung erst erfolgen, wenn die **Zustimmung rechtskräftig ersetzt** wurde. Eine Äußerungsfrist ist in § 103 BetrVG nicht vorgesehen. Für die Zustimmung zur außerordentlichen Kündigung gilt jedoch **§ 102 Abs. 2 S. 3 BetrVG analog,** sodass der BR unverzüglich, wegen der kurzen Ausschlussfrist des
§ 626 Abs. 2 BGB spätestens binnen drei Tagen, über den Antrag des Arbeitgebers auf Erteilung der Zustimmung zu entscheiden hat. **Schweigen** des BR gilt aber – anders als in § 102 Abs. 2 S. 2 BetrVG – nicht
als Zustimmung. Wenn der BR also nicht ausdrücklich zustimmt, ist stets das Zustimmungsersetzungsverfahren erforderlich (siehe hierzu Muster 2.58 unter Rdn 731).[1698] Nach Eintritt der formellen Rechtskraft
der Entscheidung über die Ersetzung der Zustimmung beginnt analog § 91 Abs. 5 SGB IX die Frist zur unverzüglichen Erklärung der Kündigung zu laufen.[1699]

Hat der Arbeitgeber mit (ggf. ersetzter) Zustimmung des BR außerordentlich gekündigt, steht dem Ar-   **728**
beitnehmer unabhängig davon der individuelle Kündigungsschutz nach dem KSchG zu. Die im Zustimmungsersetzungsverfahren vom Arbeitsgericht rechtskräftig erlangte Zustimmung erwächst jedoch in
Rechtskraft, sofern das BR-Mitglied beteiligt wurde (Ladung genügt); in diesem Fall hat das Beschlussverfahren aber Präjudizwirkung für das Urteilsverfahren und die Rechtfertigung der außerordentlichen Kündigung im Zeitpunkt der letzten mündlichen Verhandlung steht mit Bindungswirkung für den Arbeitnehmer
fest („**Vorwegnahme des Kündigungsschutzprozesses**").[1700] Etwas anderes gilt nur, wenn der Arbeitnehmer neue Tatsachen vortragen kann, die im Beschlussverfahren noch nicht vorgebracht werden konnten.[1701]
Die Präjudizwirkung besteht auch nicht für nachträglich zu beseitigende oder eintretende Kündigungshin-
dernisse, wie etwa die fehlende Zustimmung des Integrationsamtes oder eine rückwirkend festgestellte
Schwerbehinderung sowie für Mängel bei Form und Frist.[1702] Schließlich wirkt eine rechtskräftige Zustimmungsersetzung auch nicht bindend für einen späteren Kündigungsschutzprozess, in dem der Arbeitnehmer
die Sozialwidrigkeit einer auf denselben Sachverhalt gestützten ordentlichen Kündigung geltend macht.[1703]

1693 BAG 12.8.1976, AP Nr. 2 zu § 15 KSchG 1969; BAG 30.5.1978, AP Nr. 4 zu § 15 KSchG 1969.
1694 Richardi/*Thüsing*, § 78 BetrVG Rn 29; *Fitting u.a.*, § 103 BetrVG Rn 12; GK-BetrVG/*Raab*, § 103 BetrVG Rn 30.
1695 BAG 7.10.2004, AP Nr. 56 zu § 15 KSchG 1969.
1696 BAG 7.10.2004, AP Nr. 56 zu § 15 KSchG 1969.
1697 BAG 15.5.1997, AP Nr. 1 zu § 104 BetrVG 1972.
1698 GK-BetrVG/*Raab*, § 103 Rn 65.
1699 Zu den diffizilen Einzelheiten vgl. etwa GK-BetrVG/*Raab*, § 103 Rn 92 ff.
1700 GK-BetrVG/*Raab*, § 103 Rn 83; *Fitting u.a.*, § 103 BetrVG Rn 47.
1701 Ausführlich GK-BetrVG/*Raab*, § 103 Rn 91.
1702 Richardi/*Thüsing*, § 103 BetrVG Rn 89.
1703 BAG 15.8.2002, NZA 2003, 432 ff.

729   **Muster 2.61: Antrag auf Zustimmung zur außerordentlichen Kündigung eines BR-Mitglieds gemäß § 103 BetrVG**

An den

Betriebsrat

z.H. des Betriebsratsvorsitzenden (*sofern nicht diesem gekündigt werden soll*)

Betrifft: Anhörung zur außerordentlichen Kündigung eines Betriebsratsmitglieds

Es ist beabsichtigt, das Arbeitsverhältnis mit folgendem Arbeitnehmer, der zugleich ordentliches Mitglied des Betriebsrates ist, außerordentlich zu kündigen:

Name:	
Anschrift:	
Ununterbrochene/anzuerkennende Betriebszugehörigkeit	seit dem: (*erforderlichenfalls einschließlich Betriebszugehörigkeit bei Rechtsvorgängern, etwa nach Betriebsübergang i.S.d. § 613a BGB*)
Ausgeübte Tätigkeit:	
Bruttovergütung:	(*gegebenenfalls aufschlüsseln in Tariflohn, Zulage, freiwillige Leistungen*)
Schwerbehinderung/anerkannte Gleichstellung:	ja/nein.

Der Kündigung liegt folgender Sachverhalt zugrunde:[1704]

Herr ▓▓▓ (*Name des Arbeitnehmers*) wird in unserem Schnellrestaurant am Kurfürstendamm in Berlin seit 16 Jahren als Assistant-Manager (Schichtleiter) beschäftigt. Er erhält eine monatliche Bruttovergütung in Höhe von ▓▓▓ EUR und er gehört dem Betriebsrat an.

Herr ▓▓▓ (*Name des Arbeitnehmers*) war am Sonntag, dem 3.7.2016, ab 18.00 Uhr zum Spätdienst, der bis ca. 3.00 Uhr des folgenden Tages dauerte, eingeteilt. An diesem Sonntag beabsichtigte er an einem Cricket-Spiel seines Vereins als Spieler der 2. Mannschaft teilzunehmen. Es war ein Punktspiel angesetzt. Er hatte deshalb versucht, einen Dienstplantausch mit Mitarbeitern der Antragstellerin zu erreichen, was ihm jedoch misslang.

Am 30.6.2016 meldete sich Herr ▓▓▓ (*Name des Arbeitnehmers*) arbeitsunfähig krank und legte uns eine am selben Tage ausgestellte Arbeitsunfähigkeitsbescheinigung der Fachärztin für Allgemeinmedizin, Dr. med. ▓▓▓. vor, wonach er voraussichtlich bis einschließlich 3.7.2016 arbeitsunfähig krank sei. Einer ärztlichen Bescheinigung derselben Ärztin vom 5.7.2016 zufolge war ihm für den 30.6.2016 Bettruhe verordnet worden.

Da wegen des gescheiterten Dienstplantausches von Herrn ▓▓▓ (*Name des Arbeitnehmers*) und dessen bekannter Absicht, an dem Cricket-Spiel teilzunehmen, der Verdacht aufgekommen war, die am Nachmittag des 30.6.2016 eingegangene Arbeitsunfähigkeitsbescheinigung könnte arglistig erschlichen worden sein, beauftragten wir einen Privatdetektiv mit der Überwachung von Herrn ▓▓▓ (*Name des Arbeitnehmers*) am 3.7.2016. Das fragliche Cricket-Spiel fand am 3.7.2016 gegen 12.00 Uhr statt und dauerte bis etwa 16.00 Uhr. An diesem Spiel nahm auch Herr ▓▓▓ (*Name des Arbeitnehmers*) mindestens 20 bis 30 Minuten lang teil. Seinen vorgesehenen Schichtdienst ab 18.00 Uhr nahm Herr ▓▓▓ (*Name des Arbeitnehmers*) nicht auf.

1704 Der Sachverhalt ist LAG Berlin 3.8.1998, BB 1999, 421–423, nachgebildet.

Am 4.7.2016 haben wir Herrn ▓▓▓ (*Name des Arbeitnehmers*) in Anwesenheit des Betriebsratsvorsitzenden und des weiteren Betriebsratsmitgliedes ▓▓▓ zu den Vorwürfen angehört, er habe sich die Arbeitsunfähigkeitsbescheinigung erschlichen und sei in Wahrheit gar nicht arbeitsunfähig krank gewesen. Wegen der Einzelheiten wird auf das beigefügte Befragungsprotokoll vom 4.7.2016 verwiesen. Im Rahmen seiner Anhörung wog besonders schwer, dass Herr ▓▓▓ (*Name des Arbeitnehmers*) wahrheitswidrig in Abrede gestellt hat, an dem Cricket-Spiel teilgenommen zu haben. Erst auf mehrfaches Nachfragen unter Hinweis auf die gegenteilige Zeugenaussage räumte er schließlich ein, aktiv an dem Cricket-Spiel mitgewirkt zu haben.

Vorliegend kommt sowohl ein gesundheitswidriges Verhalten als auch der Verdacht der Simulation einer Krankheit in Betracht. In beiden Fällen, ist aber zu berücksichtigen, dass Herr ▓▓▓ (*Name des Arbeitnehmers*) als Schichtleiter eine Vertrauensstellung innehat und durch sein hartnäckiges Leugnen, an dem fraglichen Cricket-Spiel teilgenommen zu haben, die Vertrauensgrundlage derart erschüttert hat, dass uns ein weiteres Festhalten am Arbeitsverhältnis nicht zugemutet werden kann.

Dabei sind auch die zugunsten von Herrn ▓▓▓ (*Name des Arbeitnehmers N*) sprechenden Umstände, etwa sein Lebensalter und die Dauer seiner bislang unbeanstandeten Betriebszugehörigkeit sowie das dadurch erworbene Vertrauenskapital[1705] und schließlich die für ihn angesichts seiner fehlenden Berufsausbildung eher schlechten Arbeitsmarktaussichten durchaus in unsere Abwägungsüberlegungen eingeflossen; sie können jedoch letztlich gegenüber dem zerstörten Vertrauen des Arbeitgebers nicht überwiegen. Insbesondere wäre eine Abmahnung nicht geeignet, dieses Vertrauen wieder herzustellen.

Es wird hiermit die Zustimmung zur beabsichtigten fristlosen Entlassung von Herrn ▓▓▓ (*Name des Arbeitnehmers*) beantragt.

(Unterschrift)

Anlagenverzeichnis: ▓▓▓

▲

Praxistipp **730**

Es wird empfohlen, der BR-Anhörung ein **Empfangsbekenntnis** anzufügen (siehe oben Rdn 612).

62

▼

Muster 2.62: Antrag auf Ersetzung der Zustimmung des Betriebsrates zur außerordentlichen Kündigung eines BR-Mitglieds gemäß § 103 BetrVG **731**

An das Arbeitsgericht ▓▓▓

In dem Beschlussverfahren

mit den Beteiligten

1. ▓▓▓ (*genaue Bezeichnung der Arbeitgeberin nebst Adresse*)

Beteiligte zu 1

und Antragstellerin,

2. Betriebsrat der ▓▓▓, vertreten durch den Betriebsratsvorsitzenden ▓▓▓ (*genaue Bezeichnung nebst Betriebsadresse*)

Beteiligter zu 2

und Antragsgegner,

3. das Betriebsratsmitglied Herr ▓▓▓ (*Namen und Privatanschrift*)

Beteiligter zu 3

wegen Ersetzung der Zustimmung des Betriebsrats zur außerordentlichen Kündigung des Beteiligten zu 3. vertreten wir die Antragstellerin und beantragen:

1705 Dazu BAG 10.6. 2010, NZA 2010. 1227 ff. („Emmely").

Die Zustimmung des Antragsgegners zur außerordentlichen Kündigung des Beteiligten zu 3 wird gemäß § 103 Abs. 2 BetrVG ersetzt.

Begründung:

I.

1. Die Antragstellerin betreibt mehrere Schnellrestaurants. In ihrer Berliner Filiale am Kurfürstendamm sind ▇▇▇▇ Mitarbeiter beschäftigt. Der Antragsgegner ist der bei der Antragstellerin gebildete Betriebsrat, dem der Beteiligte zu 3. seit ▇▇▇▇ Jahren angehört.

2. Dem Beteiligte zu 3. wird folgendes erhebliches Fehlverhalten zur Last gelegt: ▇▇▇▇ *(näher auszuführen, vgl. **Muster 2.57 unter** Rdn 729).*

   Die Geschäftsleitung erfuhr von der Teilnahme des Beteiligten zu 3. an besagtem Cricket-Spiel noch am Sonntag, den 3.7.2016. Nach Anhörung des Beteiligten zu 3. beantragte die Antragstellerin mit dem als **Anlage ASt 1** beigefügten Schreiben vom 4.7.2016 die Zustimmung des Antragsgegners zur außerordentlichen Kündigung des Beteiligten zu 3. gemäß § 103 BetrVG.

   Der Antragsgegner hat sich hierzu bis einschließlich Donnerstag, den 7.7.2016 nicht geäußert. Da die Zustimmung somit als verweigert gilt, ist der vorliegende Zustimmungsersetzungsantrag geboten.

II.

1. Die Zustimmung des Betriebsrates ist zu ersetzen, denn die Voraussetzungen einer außerordentlichen Verdachtskündigung des Beteiligten zu 3. nach § 626 Abs. 1 BGB liegen vor.

   Der Beteiligte zu 3. hat seine arbeitsvertraglichen Pflichten in eklatanter Weise verletzt und die Antragstellerin getäuscht, indem er entweder die Arbeitsunfähigkeitsbescheinigung missbräuchlich erschlich oder sich bewusst gesundheitsschädigend verhielt. *(näher auszuführen, vgl. **Muster 2.57 unter** Rdn 729).*

   Dabei handelt es sich um rein arbeitsvertragliche Pflichtverletzungen, die mit dem Betriebsratsamt des Beteiligten zu 3. in keinerlei Zusammenhang stehen. Somit gelten die Grundsätze des § 626 Abs. 1 BGB uneingeschränkt. Es liegen Tatsachen vor, aufgrund derer der Antragstellerin unter Berücksichtigung aller Umstände und gründlicher Abwägung der Interessen beider Vertragsteile die Fortsetzung des Arbeitsverhältnisses nicht zuzumuten ist. Wäre der Beteiligte zu 3. nicht Betriebsratsmitglied, könnte der Antragstellerin angesichts der gravierenden Vergehen eine Fortsetzung der Arbeitsverhältnisses bis zum Ablauf der Kündigungsfrist ebenfalls nicht zugemutet werden.

2. Mit der Antragstellung am heutigen Tag ist die Zwei-Wochen-Frist des § 626 Abs. 2 BGB gewahrt.

Zwei beglaubigte und zwei einfache Abschriften zum Zwecke der Zustellung an die Beteiligten zu 2. und 3. anbei.

(Unterschrift)

▲

732   *Praxistipp*

   Es wird empfohlen, der BR-Anhörung ein **Empfangsbekenntnis** anzufügen (siehe oben Rdn 612).

o) Anhörung zur Kündigung eines Kündigungsgeschützten nach § 102 BetrVG (§ 15 Abs. 4 und Abs. 5 KSchG)

733   Wird der **Betrieb stillgelegt**, kann der Arbeitgeber auch die Arbeitsverhältnisse der betriebsverfassungsrechtlichen Mandatsträger im Sinne des § 15 Abs. 1 bis 3 KSchG (u.a. Mitglieder des BR, Mitglieder des Wahlvorstands, Wahlbewerber, Mitglieder der Jugend- und Auszubildendenvertretung) kündigen, sofern keine Weiterbeschäftigungsmöglichkeit in einem anderen Betrieb des Unternehmens besteht. Anders als in sonstigen Kündigungsfällen handelt es sich hierbei nicht um eine außerordentliche Kündigung mit Erfordernis der Zustimmung des BR, sondern um eine **ordentliche Kündigung** nach § 15 Abs. 4 KSchG. Gleiches gilt bei **Stilllegung der Betriebsabteilung**, in der der Mandatsträger beschäftigt wird, wenn es keine Weiterbeschäftigungsmöglichkeit in einer anderen Betriebsabteilung desselben Betriebs gibt, § 15 Abs. 5 KSchG. Der

Arbeitgeber ist in diesem Fall auch nicht verpflichtet, dem Mandatsträger einen freien höherwertigen Arbeitsplatz anzubieten.[1706] Ist aber ein gleichwertiger Arbeitsplatz in einer anderen Abteilung vorhanden und mit einem nicht durch § 15 KSchG geschützten Arbeitnehmer besetzt, muss der Arbeitgeber versuchen, den Arbeitsplatz durch Umverteilung der Arbeit, Ausübung seines Direktionsrechts oder ggf. auch durch den Ausspruch einer Kündigung für den Mandatsträger freizumachen.[1707] Die Kündigung ist frühestens zum Zeitpunkt der Betriebsstilllegung zulässig, es sei denn, für eine frühere Kündigung gäbe es zwingende betriebliche Gründe.[1708]

Ein **Betrieb** i.S.d. § 15 Abs. 4 KSchG ist eine **organisatorische Einheit von Arbeitsmitteln**, mit deren   734
Hilfe der Unternehmer allein oder mit seinen Mitarbeitern einen bestimmten arbeitstechnischen Zweck fortgesetzt verfolgt.[1709] Mit dem Begriff der **Betriebsabteilung** i.S.d. § 15 Abs. 5 KSchG wird ein **organisatorisch abgrenzbarer Teil eines Betriebs** bezeichnet, der eine personelle Einheit sowie eigene technische Betriebsmittel und die Verfolgung eigener Betriebszwecke erfordert, der auch in einem Hilfszweck für den arbeitstechnischen Zweck des Gesamtbetriebs bestehen kann.[1710]

Der generelle Ausschluss der ordentlichen Kündigung von Mandatsträgern erfährt in § 15 Abs. 4 KSchG   735
eine Ausnahme, die dadurch gerechtfertigt ist, dass es im Falle einer Betriebsstilllegung mangels Belegschaft keiner Interessenvertretung mehr bedarf.

Nach § 15 Abs. 3a KSchG besteht besonderer Kündigungsschutz auch für (bis zu drei) **Initiatoren der**   736
Wahl eines BR, einer Jugend- und Auszubildendenvertretung etc. Wie die Amtsträger können auch sie nicht ordentlich, sondern – bei Vorliegen der entsprechenden Voraussetzungen – allenfalls außerordentlich gekündigt werden. Im Gegensatz zu den Amtsträgern nach § 15 Abs. 1 und 2 KSchG ist die außerordentliche Kündigung jedoch auch ohne die Zustimmung des BR zulässig. Soweit in § 15 Abs. 4 KSchG für die Kündigungsmöglichkeit im Falle der Betriebsstilllegung kein Verweis auf Abs. 3a enthalten ist, beruht dies nach allgemeiner Meinung auf einem Redaktionsversehen.[1711]

Steht nach **Stilllegung einer Betriebsabteilung** nur eine begrenzte Zahl von Weiterbeschäftigungsmöglichkei-   737
ten in einer anderen Abteilung des Betriebes zur Verfügung, genießen nach dem Sinn und Zweck von § 15 KSchG die aktiven Mandatsträger bei der Besetzung der Stellen Vorrang vor den im Nachwirkungszeitraum sonderkündigungsgeschützten Ersatzmitgliedern;[1712] auf diese Weise soll die Kontinuität der BR-Arbeit gesichert werden. Eine Interessenabwägung gegenüber Arbeitnehmern ohne Sonderkündigungsschutz findet nicht statt.[1713]

Für die Anhörung des BR gemäß § 102 BetrVG zur ordentlichen betriebsbedingten Kündigung im Falle ei-   738
ner vollständigen **Betriebsstilllegung** kann auf das entsprechende Muster zurückgegriffen werden (siehe oben Rdn 695).

▼

Muster 2.63: Anhörung zur Kündigung eines Kündigungsgeschützten nach § 102 BetrVG im   739
Fall der Stilllegung einer Betriebsabteilung

An den

Betriebsrat

z.H. des Betriebsratsvorsitzenden

Betrifft: Anhörung zur ordentlichen betriebsbedingten Kündigung

---

1706 BAG 23.2.2010, NZA 2010, 1288 ff.
1707 BAG 12.3.2009, NZA 2009, 1264 ff.
1708 BAG NZA 2002, 212.
1709 Richardi/*Thüsing*, § 1 BetrVG Rn 22 ff.
1710 BAG 2.3.2006, NZA 2006, 988–990.
1711 BAG 4.11.2004, AP Nr. 57 zu § 15 KSchG 1969; ErfK/*Kiel*, § 15 KSchG Rn 35; APS/*Linck*, § 15 KSchG Rn 58a.
1712 BAG 2.3.2006, NZA 2006, 988–990.
1713 *Lunk*, ArbRB 2006, 262–262.

Aufgrund der mit Ihnen geführten Interessenausgleichsverhandlungen, die am ▓▓▓▓ (*Datum*) mit dem Abschluss eines Interessenausgleichs und eines Sozialplan endeten, ist Ihnen bekannt, dass am ▓▓▓▓ (*Datum*) von der Geschäftsführung die unternehmerische Entscheidung getroffen wurde, unsere Abteilung „Technisches Zeichnen" im Produktionsbetrieb Berlin aus Rationalisierungsgründen zum ▓▓▓▓ (*Datum*) aufzugeben. Wir werden bei entsprechendem Bedarf künftig ausschließlich mit externen Architektur- und Zeichenbüros zusammenarbeiten, wie dies auch schon in der Vergangenheit zur Auslastung von Arbeitsspitzen und in Vertretungsfällen gehandhabt wurde.

Wir beabsichtigen daher, die Arbeitsverhältnisse sämtlicher Arbeitnehmer der Betriebsabteilung ordentlich zum nächstzulässigen Zeitpunkt, jedoch nicht vor dem o.g. Zeitpunkt der beabsichtigten Betriebsstilllegung, zu kündigen. Die Abteilungsassistentin Frau ▓▓▓▓ kann jedoch im Personalbüro als ▓▓▓▓ eingesetzt werden; hierzu wird Ihnen ein gesonderter Antrag auf Zustimmungserteilung zur Versetzung zugehen. Eine Liste mit den Namen aller Arbeitnehmer der Betriebsabteilung nebst einer Übersicht über die jeweils individuell geltenden Kündigungsfristen aller Arbeitnehmer finden Sie in der Anlage. Es kommen die tariflichen Kündigungsfristen zur Anwendung, soweit nicht individuell längere Fristen vereinbart sind. Der im Interessenausgleich vereinbarte früheste Stilllegungszeitpunkt wird in jedem Einzelfall gewahrt.

Auch die Sozialdaten aller technischen Zeichner sind in der beigefügten Aufstellung ersichtlich. Da es jedoch keine Sozialauswahl geben kann, weil alle technischen Zeichner der Betriebsabteilung und damit zugleich des Betriebs von der Stilllegung der Abteilung „Technisches Zeichnen" zum o.g. Zeitpunkt betroffen sind, und außerhalb der Betriebsabteilung „Technisches Zeichnen" keine vergleichbaren Arbeitsplätze im Betrieb vorhanden sind, werden sämtliche Arbeitsverhältnisse der technischen Zeichner gekündigt, darunter auch das des ordentlichen Betriebsratsmitgliedes Herrn/Frau ▓▓▓▓. Auch er/sie soll nach § 15 Abs. 4 und 5 KSchG ordentlich zum nächstmöglichen Zeitpunkt gekündigt werden.

Da die beabsichtigte Abteilungsstilllegung nur in einem Schritt und nicht stufenweise vollzogen wird, kommt auch nicht etwa in Betracht, das Arbeitsverhältnis des Betriebsratsmitgliedes Herrn/Frau ▓▓▓▓ erst zu einem späteren Zeitpunkt zu kündigen.

Freie Arbeitsplätze, auf die Herr/Frau ▓▓▓▓ versetzt werden könnte und für die er/sie ausreichend qualifiziert ist, gibt es nicht. Wie dem Betriebsrat bekannt ist, beschäftigen wir in der Produktion ausschließlich Mitarbeiter mit folgenden abgeschlossenen handwerklichen Ausbildungen: ▓▓▓▓. In der personell vollständig besetzten Verwaltung werden nur Mitarbeiter mit kaufmännischer Ausbildung beschäftigt. Anders qualifizierte Mitarbeiter können daher nirgends beschäftigt werden; es gibt keine „Anlernarbeitsplätze". Herr/Frau ▓▓▓▓ verfügt über keine entsprechende Berufsausbildung. Aus den genannten betrieblichen Gründen ist eine Übernahme in eine andere Abteilung des Betriebs nicht möglich. Es bleibt daher nur die ordentliche betriebsbedingte Kündigung.

Ggf.: *Das Massenentlassungsanzeigeverfahren nach §§ 17 ff. KSchG wurde eingeleitet.*

Sie werden hiermit zu den beabsichtigten Kündigungen angehört.

(Unterschrift)

Anlagenverzeichnis: ▓▓▓▓

▲

740   *Praxistipp*

Es ist empfehlenswert, der BR-Anhörung ein **Empfangsbekenntnis** beizufügen (siehe oben Rdn 612).

p)   Betriebsinterne Stellenausschreibung

Literatur: *Besgen*, Die Auswirkungen des AGG auf das Betriebsverfassungsrecht, BB 2007, 213; *Hunold*, Bewerbungsfrist und Ausschreibungsdauer, AuA 2011, 516; *Kleinebrink*, Mitbestimmungsrecht und Gestaltungsmöglichkeiten bei innerbetrieblichen Stellenausschreibungen, ArbRB 2006, 217; *Stück*, Die Stellenausschreibung in Recht und Praxis, ArbRAktuell 2012, 363; *Wichert/Zange*, AGG: Suche nach Berufsanfängern in Stellenanzeigen, DB 2007, 970.

aa)   Rechtliche Grundlagen

741   Innerbetriebliche Stellenausschreibungen müssen erfolgen, wenn der **Betriebsrat das verlangt,** § 93 BetrVG. Das Verlangen des Betriebsrats kann sich auf alle offenen Positionen oder aber auf bestimmte offene Positionen beziehen. Für einen Einzelfall oder nur von Fall zu Fall kann der Betriebsrat keine Ausschreibung verlangen.[1714] Der Betriebsrat kann eine **betriebsbezogene**, nicht aber eine unternehmens- oder konzernbezogene Ausschreibung verlangen.[1715] Anderes mag gelten, wenn ausnahmsweise der Gesamtbetriebsrat oder der Konzernbetriebsrat zuständig ist.[1716] Auf leitende Angestellte i.S.d. § 5 Abs. 3 BetrVG ist § 93 BetrVG nicht anwendbar.[1717]

Die Ausschreibungspflicht wird von der überwiegenden Auffassung sehr weit gefasst. Danach muss der Arbeitgeber auch ausschreiben, wenn von vornherein nur ein externer Kandidat geeignet sein kann.[1718] Auch die Umwandlung einer (besetzten) befristeten in eine unbefristete Stelle soll die Ausschreibungspflicht auslösen.[1719] Schließlich soll die Ausschreibungspflicht bestehen, wenn eine Teilzeitstelle in gewissem Umfang zeitlich aufgestockt wird, und zwar auch wenn von vornherein klar ist, dass derjenige, der die Stelle besetzt, auch die Stelle behält.[1720] Auf sonstige Änderungen eines bereits besetzten Arbeitsplatzes lässt sich das aber nicht ohne Weiteres übertragen. Ändern sich etwa in gewissem Umfang inhaltliche Anforderungen einer bereits besetzten Stelle, so dass eine Versetzung im Sinne des § 95 Abs. 3 BetrVG angenommen werden kann, liegt noch keine offene Position vor, die ausgeschrieben werden muss. **742**

Die Ausschreibungspflicht wird auch dann bejaht, wenn der Arbeitgeber die offene Stelle durch einen **freien Mitarbeiter** besetzen will, sofern dieser in den Betrieb eingegliedert wird.[1721] Das Gleiche soll gelten, wenn der Arbeitgeber auf der offenen Position **Leiharbeitnehmer** beschäftigen will.[1722] Danach besteht eine Ausschreibungspflicht, wenn eine Position dauerhaft mit einem Leiharbeitnehmer besetzt werden soll.[1723] Auch ein befristeter Einsatz eines Leiharbeitnehmers von 4 Wochen oder länger soll die Ausschreibungspflicht auslösen.[1724] Jedenfalls kann der Arbeitgeber in solchen Fällen in der Ausschreibung darauf hinweisen, dass er die offene Stelle mit einem freien Mitarbeiter oder Leiharbeitnehmer besetzen will.[1725] Sonst werden die Arbeitnehmer durch die Ausschreibung in die Irre geführt. Der Arbeitgeber muss auch nicht aufzeigen, dass interne Mitarbeiter Bewerbungen an ihn richten, um mit ihm möglicherweise einen geänderten Arbeitsvertrag zu schließen.[1726] **743**

1714 LAG München 6.10.2005 – 3 TaBV 24/05, zit. nach juris; GK-BetrVG/*Raab*, § 93 Rn 23; HWK/*Ricken*, § 93 BetrVG Rn 2; a.A. DKKW/*Buschmann*, § 93 BetrVG Rn 9.

1715 NK-GA/*Eylert/Waskowt*, § 93 BetrVG Rn 7; GK-BetrVG/*Raab*, § 93 Rn 30.

1716 Hierzu ArbG Hamburg 20.6.2008 – 27 BV 5/08, BeckRS 2008, 55915; ArbG Ulm 12.8.2009 – 4 BV 5/09, NZA-RR 2010, 27; Richardi/*Thüsing*, § 93 Rn 17 ff. mit weiteren Nachweisen.

1717 DKKW*Buschmann*, § 93 Rn 7.

1718 LAG Sachsen 13.8.1993 – 3 TaBV 2/93, AuA 1994, 26; LAG Berlin-Brandenburg 14.1.2010 – 26 TaBV 1954/09, BeckRS 2010, 74505; *Fitting u.a.*, § 93 Rn 5; a.M. GK-BetrVG/*Raab*, § 93 Rn 12.

1719 LAG Hamm 31.10.2000 – 13 TaBV 47/00, LAGE BetrVG 1972 § 93 Nr. 3; LAG Berlin-Brandenburg 14.1.2010 – 26 TaBV 1954/09, BeckRS 2010, 74505.

1720 BAG 25.1.2005 – 1 ABR 59/03, NZA 2005, 945; BAG 9.12.2008 – 1 ABR 94/07, NZA-RR 2009, 260; kritisch zur Ausschreibungspflicht in diesen Fällen ErfK/*Kania*, § 93 BetrVG Rn 2.

1721 BAG 27.7.1993 – 14 TaBV 5/92, AP Nr. 3 zu § 93 BetrVG 1972; *Fitting u.a.*, § 93 Rn 5; kritisch GK-BetrVG/*Raab*, § 93 Rn 13.

1722 BAG 1.2.2011 – 1 ABR 79/09, NZA 2011, 703; AG Bremen 5.11.2009 – 3 TaBV 16/09, BeckRS 2010, 72373; LAG Bremen 12.11.2009 – 3 TaBV 14/09, BeckRS 2010, 72374; ArbG Detmold 12.9.2007 – 1 BV 43/07 und 2 BV 44/07, AiB 2007, 729; a.M. etwa GK-BetrVG/*Raab*, § 93 Rn 14.

1723 BAG 1.2.2011 – 1 ABR 79/09, NZA 2011, 703.

1724 BAG 15.10.2013 – 1 ABR 25/12 – NZA 2014, 214; BAG 7.6.2016 – 1 ABR 33/14, BeckRS 2016, 72326.

1725 Hessisches LAG 24.4.2007 – 4 TaBV 24/07, BeckRS 2007, 47235; LAG Niedersachsen 19.11.2008 – 15 TaBV 159/07, zit. nach juris; HWK/*Ricken*, § 93 BetrVG Rn 7; in diese Richtung jetzt auch BAG 7.6.2016 – 1 ABR 33/14, BeckRS 2016, 72326.

1726 BAG 7.6.2016 – 1 ABR 33/14, BeckRS 2016, 72326.

744   Form, Inhalt und Frist der Ausschreibung bestimmt der Arbeitgeber, das ist also mitbestimmungsfrei.[1727] Allerdings können die Betriebsparteien hierzu auch eine freiwillige Betriebsvereinbarung schließen (§ 88 BetrVG).[1728] Die Stellenausschreibung muss einen bestimmten Mindestinhalt haben, damit sie überhaupt als eine Stellenausschreibung bezeichnet werden kann. Das ist der Fall, wenn die Stellenausschreibung Angaben über den Arbeitsplatz, die Anforderungen und die Bewerbungsfrist enthält, alle weiteren Angaben sind verzichtbar.[1729] Die Bewerbungsfrist muss so bemessen sein, dass die interessierten Arbeitnehmer unter normalen Umständen die Ausschreibung zur Kenntnis nehmen und sich nach einer gewissen Überlegungsfrist bewerben können; eine Bewerbungsfrist von zwei Wochen wird dem regelmäßig gerecht.[1730] Der Arbeitgeber muss sich an die gesetzte Bewerbungsfrist halten. Anderenfalls kann das ein Indiz für eine Diskriminierung nach dem AGG sein.[1731] Soweit in der Ausschreibung ein bestimmter Zeitpunkt für die Stellenbesetzung genannt ist, darf die tatsächliche Stellenbesetzung von diesem Zeitpunkt nicht so weit entfernt sein, dass die Arbeitnehmer annehmen müssen, eine Entscheidung über die Stellenbesetzung stehe nicht mehr bevor.[1732] Im Hinblick auf die Form der Stellenausschreibung reicht es aus, wenn diese wie andere betriebliche Mitteilungen bekannt gemacht wird, etwa am Schwarzen Brett, im Intranet oder durch Rundschreiben per E-Mail.[1733]

745   Es steht dem Arbeitgeber frei, die Stelle zusätzlich extern auszuschreiben, etwa über Stellenanzeige oder im Internet. Allerdings darf der Arbeitgeber in der externen Ausschreibung nicht geringere Anforderungen als in der internen Bewerbung stellen.[1734] Der Arbeitgeber muss interne Kandidaten gegenüber externen Kandidaten nicht bevorzugen.[1735] Allerdings kann sich eine entsprechende Verpflichtung aus einer Betriebsvereinbarung ergeben.[1736]

746   Gemäß § 7 Abs. 1 TzBfG hat der Arbeitgeber einen Arbeitsplatz auch als Teilzeitarbeitsplatz auszuschreiben, wenn sich dieser hierfür eignet. Ob sich der Arbeitsplatz für einen Teilzeitarbeitsplatz eignet, entscheidet der Arbeitgeber im Rahmen seines nur beschränkt nachprüfbaren unternehmerischen Ermessens.[1737] Verletzt der Arbeitgeber seine Ausschreibungspflicht aus § 7 Abs. 1 TzBfG, so erwächst dem Betriebsrat daraus kein Zustimmungsverweigerungsrecht nach § 99 Abs. 2 Nr. 5 TzBfG.[1738]

747   Bei den Voraussetzungen, welche der Bewerber/die Bewerberin laut Stellenbeschreibung erfüllen muss, sind die Vorgaben des AGG zu berücksichtigen (vgl. § 11 AGG).[1739] Verletzt die Stellenausschreibung diese Vorgaben des AGG, so ist streitig, ob das zu einem Zustimmungsverweigerungsrecht des Betriebsrats nach § 99 Abs. 2 Nr. 5 BetrVG führt.[1740]

1727 BAG 27.5.1982 – 6 ABR 105/79, DB 1982, 2410; BAG 23.2.1988 – 1 ABR 82/86, NZA 1988, 551; BAG 10.3.2009 – 1 ABR 93/07, NZA 2009, 622; BAG 6.10.2010 – 7 ABR 18/09, DB 2011, 658; Richardi/*Thüsing*, § 93 Rn 22; a.M. DKKW/*Buschmann*, § 93 Rn 10.

1728 BAG 6.10.2010 – 7 ABR 18/09, DB 2011, 658; ErfK/*Kania*, § 93 BetrVG Rn 5.

1729 Vgl. BAG 10.3.2009 – 1 ABR 93/07, NZA 2009, 622; *Kleinebrink*, ArbRB 2006, 217, 220; HWK/*Ricken*, § 93 BetrVG Rn 7.

1730 BAG 6.10.2010 – 7 ABR 18/09, DB 2011, 658; *Hunold*, AuA 2011, 516.

1731 BAG 17.8.2010 – 9 AZR 839/09, NZA 2011, 153; *Hunold*, AuA 2011, 516, 517 f.

1732 BAG 30.4.2014 – 7 ABR 51/12 – NZA 2015, 698: ein zeitlicher Abstand von 6 Monaten sei regelmäßig unschädlich, vorbehaltlich der Umstände des Einzelfalls.

1733 BAG 6.10.2010 – 7 ABR 18/09, DB 2011, 658.

1734 BAG 23.2.1988 – 1 ABR 82/86, AP Nr. 2 zu § 93 BetrVG 1972; NK-GA/*Eylert/Waskow*, § 93 BetrVG Rn 11.

1735 BAG 18.11.1980 – 1 ABR 63/78, AP Nr. 1 zu § 93 BetrVG 1972; NK-GA/*Eylert/Waskow*, § 93 BetrVG Rn 11.

1736 ArbG Bonn 23.11.1990 – 3 BV 89/90 –, AiB 1991, 108; NK-GA/*Eylert/Waskowt*, § 93 BetrVG Rn 11.

1737 ErfK/*Preis*, § 7 TzBfG Rn 2 f.; HWK/*Schmalenberg*, § 7 TzBfG Rn 4; strenger etwa *Heyn*, in: Meynel/Heyn/Herms, TzbfG, § 7 Rn 10; NK-GA/*Michels/Kortmann*, § 7 TzBfG Rn 2.

1738 ArbG Hannover 13.1.2005, AuR 2005, 275; ErfK/*Kania*, § 99 BetrVG Rn 34; ErfK/*Preis*, § 7 TzBfG Rn 11; a.A. DKKW/*Kittner*, § 99 Rn 230; Richardi/*Thüsing*, § 99 Rn 267.

1739 Vgl. zur Thematik: Diskriminierung Älterer in Stellenausschreibungen: BAG 19.8.2010 – 8 AZR 530/09, NZA 2010, 1412; BAG 24.1.2013 – 8 AZR 429/11, NZA 2013, 498; BAG 18.8.2009 – 1 ABR 47/08, NZA 2010, 222; *Wichert/Zange*, DB 2007, 970.

1740 Dafür Hessisches LAG 13.7.1999 – 4 TaBV 192/97, AuR 2000, 35 (zu § 611b BGB); ErfK/*Kania*, § 99 BetrVG Rn 34; dagegen *Besgen*, BB 2007, 213, 216; Richardi/*Thüsing*, § 99 Rn 217 (bei Einstellungen); GK-BetrVG/*Raab*, § 99 BetrVG Rn 173.

Schreibt der Arbeitgeber trotz wirksamen Verlangens des Betriebsrats nicht aus oder unterschreitet die Aus- **748** schreibung die Mindestanforderungen, so kann dieser später seine Zustimmung zur Einstellung oder zur Versetzung verweigern, § 99 Abs. 2 Nr. 5 BetrVG. Der Arbeitgeber kann allerdings die Ausschreibung im laufenden gerichtlichen Zustimmungsersetzungsverfahren nachholen.[1741]

bb) Betriebsinterne Stellenausschreibung

▼

Muster 2.64: Betriebsinterne Stellenausschreibung

749

der   GmbH

Betrieb:

Stellenbezeichnung: Kurierfahrer (m/w)

Eingruppierung:[1742] Tarifgruppe 4

Wochenarbeitszeit: 40 Stunden wöchentlich

Teilzeitarbeitsplatz: Die Stelle ist als Teilzeitarbeitsplatz geeignet/nicht geeignet.

Standort: Betrieb

Abteilung:

Vorgesetzter:

Dauer:[1743] unbefristet (befristet bis   )

Zu besetzen ab:

Hauptaufgaben/Verantwortlichkeiten:

Abholung und Auslieferung von Paketsendungen beim Kunden

Ausfüllungen der Frachtpapiere

Kundenberatung

Ergänzend ist auf die anliegende Stellenbeschreibung zu verweisen (**Anlage**).

Voraussetzungen:

Gültige Fahrerlaubnis Klasse B

Gepflegtes Erscheinungsbild und Umgangsformen

Gute Deutsch- und Englischkenntnisse

Gute mündliche und schriftliche Kommunikationsfähigkeit

Kundenorientiertes Verhalten

Zuverlässigkeit und Selbstständigkeit

1741 Streitig – dafür bei einer vorläufigen Einstellung: LAG Berlin 26.9.2003 – 6 TaBV 609/03 und 6 TaBV 633/03, LAG Report 2004, 23; Richardi/*Thüsing*, § 99 Rn 265; strenger LAG Bremen 5.11.2009 – 3 TaBV 16/09, BeckRS 2010, 72373.

1742 Die Tarifgruppe muss nicht genannt werden, BAG 10.3.2009 – 1 ABR 93/07, NZA 2009, 622; LAG Berlin, 11.2.2005 – 6 TaBV 2252/04, AuR 2005, 238; *Kleinebrink*, ArbRB 2006, 217, 220; a.M. etwa *Fitting u.a.*, § 93 Rn 7.

1743 Der Hinweis, ob die Stelle befristet oder unbefristet zu besetzen ist, ist sinnvoll, aber nicht erforderlich. Fehlt er, so hat der Betriebsrat kein Zustimmungsverweigerungsrecht, denn der Arbeitgeber bestimmt über den Inhalt der Stellenausschreibung, und die etwaige Befristung gehört nicht zu dem einzuhaltenden Mindestinhalt, so auch LAG Schleswig-Holstein 6.3.2012 – 2 TaBV 37/11, BeckRS 2012, 68807; *Stück*, ArbRAktuell 2012, 363, 364; a.M. *Fitting u.a.*, § 93 Rn 7; Richardi/*Thüsing*, § 93 Rn 11.

Bewerbungsfrist:

Bewerbungen sind bis zum ▮▮▮▮▮▮ an die Personalabteilung zu richten. Zur Wahrung der Frist ist der Zugang der schriftlichen Bewerbung in der Personalabteilung maßgeblich. Zugang per Telefax oder E-Mail genügt nicht. Nach der Frist eingehende Bewerbungen können nicht berücksichtigt werden. **Achtung:** Die Übergabe der Bewerbung an den Vorgesetzten reicht zur Fristwahrung **nicht** aus.

Form der Bewerbung:

Die Bewerbung muss auf dem unternehmensinternen Bewerbungsbogen erfolgen. Dieser ist erhältlich beim Vorgesetzten, der Personalabteilung oder dem Betriebsrat. Der Bewerbungsbogen muss im Original vom Bewerber unterzeichnet sein.

Für Rückfragen steht die Personalabteilung zur Verfügung.

(*Ort, Datum*)

(*Personalabteilung*)

▲

q) Auswahlrichtlinien für Kündigungen

Literatur: *Gaul/Lunk*, Gestaltungsspielraum bei Punkteschemata zur betriebsbedingten Kündigung, NZA 2004, 184–190; *Lingemann/ Beck*, Auswahlrichtlinie, Namensliste, Altersgruppenbildung und Altersdiskriminierung, NZA 2009, 577–560; *Löwisch/Röder/Krieger*, Punkteschemata für die Sozialauswahl bei betriebsbedingten Kündigungen im Zeitalter von Diskriminierungsverboten, BB 2008, 610 ff.; *Wenning-Morgenthaler*, Die Einigungsstelle, 6. Auflage 2013; *Spengler/Hahn/Pfeiffer*, Betriebliche Einigungsstelle, 1. Auflage 2010.

aa) Regelungszweck

750   Der Gesetzgeber hat den Betriebsparteien in § 95 Abs. 1 und 2 BetrVG die Möglichkeit eingeräumt, mithilfe von Richtlinien **Personalentscheidungen zu versachlichen** und damit für die Betroffenen **durchschaubarer** zu machen.[1744] Solche Auswahlrichtlinien können Personalauswahlentscheidungen bei Einstellungen, Versetzungen, Umgruppierungen und Kündigungen betreffen. Dabei handelt es sich um Grundsätze, die zu berücksichtigen sind, wenn bei beabsichtigten personellen Einzelmaßnahmen, für die mehrere Arbeitnehmer oder Bewerber in Frage kommen, zu entscheiden ist, welchem gegenüber sie vorgenommen werden sollen.[1745] Der Arbeitnehmer soll erkennen können, warum er und nicht ein anderer von einer ihn belastenden Personalmaßnahme betroffen wird oder warum eine günstige Maßnahme nicht ihm, sondern einem anderen zuteil wird.[1746] Durch die Aufstellung objektiver Kriterien wird der Arbeitgeber an willkürlichen Personalentscheidungen gehindert; dies soll den Betriebsfrieden fördern und einer gerechten Behandlung der Arbeitnehmer dienen.[1747] Stellt der Arbeitgeber Auswahlrichtlinien auf oder praktiziert er bei seinen Personalentscheidungen ein bestimmtes Auswahlsystem, besteht grundsätzlich ein Mitbestimmungsrecht des BR aus § 95 Abs. 1 BetrVG; in Betrieben mit mehr als 500 Arbeitnehmern ist die Aufstellung von Auswahlrichtlinien sogar erzwingbar, § 95 Abs. 2 S. 1 BetrVG.

751   Die Auswahl selbst ist dabei Sache des Arbeitgebers.[1748] Die Richtlinien sollen lediglich seinen Ermessensspielraum durch die Aufstellung von Entscheidungskriterien beschränken.[1749] Dabei steuert die Richtlinie nicht die personelle Maßnahme als solche, sondern lediglich die im Zusammenhang mit dieser getroffene personelle Auswahl.[1750] Auswahlrichtlinien zu Kündigungen sind allein für **betriebsbedingte**

1744 Amtl. Begründung zum BetrVG 1972, BR-Drucks715/70, S. 32; GK-BetrVG/*Raab*, § 95 Rn 1; *Wenning-Morgenthaler*, Rn 941.
1745 BAG 28.3.2006, NZA 2006, 1367–1369; GK-BetrVG/*Raab*, § 95 Rn 5.
1746 BAG 28.3.2006, NZA 2006, 1367–1369; BAG 10.12.2002, ZTR 2003, 584–587.
1747 ErfK/*Kania*, § 95 BetrVG Rn 1; GK-BetrVG/*Raab*, § 95 Rn 1.
1748 BAG 10.12.2002, AP BetrVG 1972 § 95 Nr. 42; *Wenning-Morgenthaler*, Rn 942.
1749 BAG 10.12.2002, AP BetrVG 1972 § 95 Nr. 42.
1750 BAG 10.12.2002, AP BetrVG 1972 § 95 Nr. 42.

Kündigungen denkbar, da es bei **personen- und verhaltensbedingten Kündigungen** nicht um eine Auswahl zwischen mehreren Arbeitnehmern gehen kann. Bei betriebsbedingten Kündigungen regeln sie die Sozialauswahl.[1751]

Keine Auswahlrichtlinien sind **Stellenausschreibungen** (dazu § 93 BetrVG)[1752] sowie Stellen-[1753] oder Funktionsbeschreibungen,[1754] Anforderungsprofile[1755] oder die Aufstellung von Kriterien für die Zuweisung von Planstellen,[1756] auch wenn teilweise Überschneidungen mit Auswahlrichtlinien vorliegen können.[1757] Bei diesen handelt es sich aber um Maßnahmen, die allein der betrieblichen Organisationsgewalt des Arbeitgebers unterfallen.[1758]

752

bb) Auswahlrichtlinie im Einzelfall

Legt der Arbeitgeber für eine beabsichtigte Maßnahme lediglich die Voraussetzungen fest, unter denen diese durchgeführt wird, stellt dies noch keine Auswahlrichtlinie dar.[1759] Mitbestimmungspflichtig ist erst die Aufstellung von allgemeinen Kriterien durch den Arbeitgeber, anhand derer er die Voraussetzungen für eine personelle Maßnahme festlegt.[1760] Zu unterscheiden ist daher zwischen der **vorgangsbezogenen – mitbestimmungsfreien** – und der **personenbezogenen – mitbestimmungspflichtigen** – Kriterienfestlegung. Auswahlrichtlinien können auch anlässlich einer **konkreten Personalmaßnahme**[1761] oder als **abstrakt-generelle Dauerregelung** aufgestellt werden. Voraussetzung ist nicht ihre allgemeine Geltung für künftige personelle Einzelmaßnahmen; ausreichend ist eine gewisse Generalisierung, die daher auch bei einer aufgrund eines konkreten betrieblichen Anlasses anstehenden Personalmaßnahme vorliegen kann.[1762]

753

Eine **bestimmte Form** ist für den Abschluss einer Auswahlrichtlinie **nicht vorgesehen**; auch für die **Zustimmung des BR** nach § 95 Abs. 1 BetrVG besteht **kein Formerfordernis**. Mündliche **Regelungsabreden** sind daher denkbar.[1763] Schon wegen der erheblichen Rechtsfolgen, die an eine Auswahlrichtlinie geknüpft sind, ist allerdings dringend die Schriftform anzuraten. Eine formlose Auswahlrichtlinie scheidet zudem jedenfalls aus, wenn sie in einem Interessenausgleich über eine geplante Betriebsänderung aufgestellt wird, denn insoweit verlangt § 112 Abs. 1 S. 1 BetrVG zwingend die Schriftform. Die für Kündigungen aufgestellten Auswahlkriterien sollten in Form einer Betriebsvereinbarung i.S.d. § 77 Abs. 2 BetrVG geregelt werden, da andernfalls die Privilegierung des § 1 Abs. 4 KSchG nicht eingreift, wonach die gerichtliche Überprüfung der Bewertung der sozialen Gesichtspunkte im Verhältnis zueinander auf grobe Fehlerhaftigkeit beschränkt ist.[1764]

754

Praxishinweis

755

Wird eine Kündigungsauswahlrichtlinie als Teil eines **Interessenausgleichs** abgeschlossen, ist zweifelhaft, ob die Privilegierung des § 1 Abs. 4 KSchG greift, da der Interessenausgleich gerade nicht die Wirkung einer Betriebsvereinbarung i.S.d. § 77 Abs. 2 BetrVG hat.[1765] Es ist daher ratsam, den Interessen-

---

1751 Siehe bereits BAG 11.3.1976, BB 1976, 883.
1752 BAG 27.10.1992, NZA 1993, 607–613.
1753 BAG 31.1.1984, AP BetrVG 1972 § 95 Nr. 3.
1754 BAG 14.1.1986, AP BetrVG 1972 § 87 Lohngestaltung Nr. 21.
1755 BAG 31.5.1983, AP BetrVG 1972 § 95 Nr. 2.
1756 BAG 28.3.2006, AP BetrVG 1972 § 87 Lohngestaltung Nr. 128.
1757 Dazu Richardi/*Thüsing*, § 95 BetrVG Rn 19 ff.
1758 BAG 27.10.1992, NZA 1993, 607–613.
1759 BAG 31.5.2005, NZA 2006, 56.
1760 BAG 10.12.2002, AP BetrVG 1972 § 95 Nr. 42.
1761 BAG 9.11.2006, NZA 2007, 549–552; BAG 26.7.2005, NZA 2005, 1372–1374.
1762 BAG 26.7.2005, NZA 2005, 1372–1374.
1763 Richardi/*Thüsing*, § 95 BetrVG Rn 56.
1764 *Gaul/Lunk*, NZA 2004, 186; Richardi/*Thüsing*, § 95 BetrVG Rn 56.
1765 Nach § 112 Abs. 1 S. 3 BetrVG haben nur Sozialpläne die Wirkung einer Betriebsvereinbarung.

ausgleich ausdrücklich in Form einer Betriebsvereinbarung abzuschließen.[1766] Andererseits will dies aber wohlüberlegt sein, denn dadurch kann ein Durchführungsanspruch ausgelöst werden.[1767]

Praxishinweis

Da die Auswahlrichtlinie i.S.d. § 1 Abs. 4 KSchG „in" einer Betriebsvereinbarung enthalten sein muss, ist darauf zu achten, dass sie beiderseits unterzeichnet ist bzw. dann, wenn sie sich ganz oder teilweise in einer Anlage wiederfindet, durch Inhalt/Druckgestaltung und Unterschriften eindeutig auf die Betriebsvereinbarung bezogen oder fest mit der Haupturkunde verbunden wird.[1768]

cc) Inhalt der Richtlinie

756   Anders als § 95 Abs. 1 BetrVG beschränkt Abs. 2 den Gegenstand der erzwingbaren Auswahlrichtlinien auf die „persönlichen und fachlichen Voraussetzungen sowie soziale Gesichtspunkte". Im Vergleich dazu ist in Abs. 1 umfassender von einer „Richtlinie über die personelle Auswahl" die Rede. Daraus wird geschlossen, dass im Falle des § 95 Abs. 1 BetrVG auch die Regelung des Auswahlverfahrens selbst – also Regelungen betreffend das Zustandekommen der Auswahlentscheidung des Arbeitgebers – Gegenstand der Auswahlrichtlinie sein könne.[1769] Da das Mitbestimmungsrecht des BR nach Abs. 1 jedoch nicht erzwingbar ist, kann ein solcher Teil einer Auswahlrichtlinie nicht gegen den Willen des Arbeitgebers eingeführt werden.

757   Auswahlrichtlinien dürfen **nicht gegen Gesetze verstoßen**. Besonders zu beachten sind daher Art. 3 Abs. 3 GG, § 75 BetrVG, § 1 Abs. 3 KSchG, das AGG, § 613a BGB und die allgemeinen Grundsätze des Arbeitsrechts. Der Regelungsspielraum richtet sich nach der angestrebten Personalmaßnahme. Auswahlrichtlinien aufgrund eines Spruchs der Einigungsstelle sind gerichtlich auf etwaige Rechtsverstöße überprüfbar.

dd) Abschließende Regelungen

758   Auswahlrichtlinien zu Kündigungen dürfen seit der Einführung des § 1 Abs. 4 KSchG so detailliert sein, dass sie zu einem eindeutigen Ergebnis führen, ohne Raum für abschließende Einzelfallentscheidungen zu lassen.[1770]

ee) Wirkung/Beendigung

759   Wird eine **Betriebsvereinbarung über eine Auswahlrichtlinie** geschlossen, ist ihre **Kündigung gemäß § 77 Abs. 5 BetrVG** möglich, wenn nichts anderes vereinbart ist. Betriebsvereinbarungen über erzwingbare Auswahlrichtlinien unterliegen zudem der **Nachwirkung** gemäß § 77 Abs. 6 i.V.m. § 95 Abs. 2 BetrVG. Der BR kann seine einmal gegebene Zustimmung zu einer Auswahlrichtlinie nicht widerrufen.[1771]

ff) Initiativrecht des BR

760   In Betrieben mit **mehr als 500 Arbeitnehmern** kann der BR eine Auswahlrichtlinie im Wege des **Initiativrechts**, notfalls im Einigungsstellenverfahren, erzwingen und auf diese Weise eine bestimmte inhaltliche Gestaltung durchsetzen. Für die Größe des Betriebes ist nach allgemeiner Auffassung die Anzahl der regelmäßig beschäftigten Arbeitnehmer maßgeblich.[1772] Dabei soll allein die Zahl der Arbeitnehmer im Zeit-

---

1766 *Gaul/Lunk*, NZA 2004, 186; *Lingemann/Beck*, NZA 2009, 578; nach HWK/*Quecke*, § 1 KSchG Rn 409 „drängt sich" die entsprechende Anwendung des § 1 Abs. 4 KSchG auf die Auswahlrichtlinie in einem Interessenausgleich auf.

1767 *Lingemann/Beck*, NZA 2009, 578; zum Durchführungsanspruch etwa *Fitting u.a.*, §§ 112, 112a BetrVG Rn 45 ff.

1768 BAG 7.5.1998, NZA 1998, 1110; *Gaul/Lunk*, NZA 2004, 187.

1769 ErfK/*Kania*, § 95 BetrVG Rn 7; allgemeiner *Wenning-Morgenthaler*, Rn 942, „weitere Gesichtspunkte"; a.A. Richardi/*Thüsing*, § 95 BetrVG Rn 12, der meint, die beiden Absätze unterschieden sich nicht im Mitbestimmungstatbestand, sondern nur in der Art des Mitbestimmungsrechts (Zustimmungs- oder Initiativrecht).

1770 BAG 9.11.2006, NZA 2007, 549–552; LAG Hamm 11.11.2009, EzA-SD 2010, Nr. 8, S. 4; HWK/*Quecke*, § 1 KSchG Rn 409; GK-BetrVG/*Raab*, § 95 Rn 42; *Gaul/Lunk*, NZA 2004, 187 f.

1771 GK-BetrVG/*Kraft/Raab*, § 95 Rn 7; Richardi/*Thüsing*, § 95 BetrVG Rn 53.

1772 *Fitting u.a.*, § 95 BetrVG, Rn 15; ErfK/*Kania*, § 95 BetrVG Rn 6.

punkt des Verlangens durch den BR maßgebend sein.[1773] Leitende Angestellte und Leiharbeitnehmer sollen nicht mitgezählt werden,[1774] wobei abzuwarten bleibt, ob letzteres angesichts der jüngsten Rechtsprechungsänderung zur Berücksichtigung von Leiharbeitnehmern bei der für die BR-Größe maßgeblichen Arbeitnehmerzahl[1775] so bleibt.[1776] Maßgeblich ist nach dem eindeutigen Wortlaut allein die Mitarbeiterzahl im Betrieb.[1777]

In Betrieben mit **bis zu 500 Arbeitnehmern** hat der BR nur ein **Zustimmungsverweigerungsrecht**. Der **761** BR kann in diesen kleineren Betrieben die Aufstellung von Auswahlrichtlinien mit dem vom Arbeitgeber gewünschten Inhalt allenfalls verhindern, ihre **Aufstellung aber nicht erzwingen**. Das Mitbestimmungsrecht des BR besteht insoweit also nur dann, wenn der Arbeitgeber initiativ wird und von sich aus Auswahlrichtlinien aufstellt oder ändert. **Ob** der Arbeitgeber Auswahlrichtlinien aufstellt oder verwendet, liegt in seinem **freien Ermessen**.[1778] In kleineren Betrieben kann daher allein der Arbeitgeber die **Einigungsstelle** anrufen.[1779] Ruft er sie trotz Zustimmungsverweigerung des BR jedoch nicht an, darf er die Auswahlrichtlinien nicht anwenden. Verstößt er hiergegen, kommt ein Unterlassungsanspruch des BR in Betracht, darüber hinaus aber kein Recht auf Einschaltung der Einigungsstelle.[1780]

gg) Zuständige Arbeitnehmervertretung

Unter den Voraussetzungen des § 50 Abs. 1 BetrVG, bzw. § 58 Abs. 1 BetrVG ist bei zwingender Notwen- **762** digkeit einer einheitlichen Auswahlrichtlinie für alle oder mehrere Betriebe eines Unternehmens die Zuständigkeit des **Gesamt- bzw. Konzernbetriebsrats** denkbar,[1781] wobei Letzteres allenfalls ausnahmsweise der Fall sein wird. Zu beachten ist, dass im Falle einer Zuständigkeit des GBR auch dessen Initiativrecht durch die Bindung an die Betriebsgröße beschränkt ist, so dass auch er nur Auswahlrichtlinien für Betriebe mit mehr als 500 Arbeitnehmern verlangen kann.[1782] Wurde eine GBV über Auswahlrichtlinien geschlossen, hat der Einzel-BR hinsichtlich des in ihr geregelten Gegenstandes kein Initiativrecht mehr.[1783] In Tendenzbetrieben besteht für die Aufstellung von Auswahlrichtlinien **für Tendenzträger kein Zustimmungserfordernis**.[1784]

Bestehen andere **spezialgesetzliche Mitwirkungsrechte** (bspw. eine Integrationsvereinbarung nach § 83 **763** SGB IX), so wird § 95 BetrVG **nicht verdrängt**, sondern bleibt selbstständig daneben anwendbar.[1785]

hh) Inhaltliche Vorgaben für Kündigungs-Auswahlrichtlinien

Regelungen zur Sozialauswahl bei betriebsbedingten Kündigungen stellen wohl die größte Gruppe der Aus- **764** wahlrichtlinien dar. Dabei ist die Gewichtung bzw. das Verhältnis der einzelnen Sozialdaten zueinander

---

1773 Richardi/*Thüsing*, § 95 BetrVG Rn 53.
1774 BAG 16.4.2003, NZA 2003, 1345–1348; Richardi/*Thüsing*, § 95 BetrVG Rn 53; *Fitting u.a.*, § 95 BetrVG Rn 15.
1775 BAG 13.3.2013 – 7 ABR 69/11, PM 18/13; BAG 12.9.2012, NZA-RR 2013, 197.
1776 Richardi/ *Thüsing*, § 95 BetrVG Rn 52 geht davon aus, dass die Rechtsprechung die Leiharbeitnehmer auch hier berücksichtigen wird.Entgegen der h.M. stellt DKK/*Klebe*, § 95 BetrVG Rn 15, auf die Wahlberechtigten im Sinne des § 7 BetrVG ab und will und daher auch Leiharbeitnehmer mit berücksichtigen.
1777 Richardi/*Thüsing*, § 95 BetrVG Rn 54.
1778 Schaub/*Koch*, ArbR-Hdb., § 238 Rn 30.
1779 BAG 10.12.2002, AP BetrVG 1972 § 95 Nr. 42; *Wenning-Morgenthaler*, Rn 946; *Fitting u.a.*, § 95 BetrVG Rn 15; Richardi/*Thüsing*, § 95 BetrVG Rn 65.
1780 BAG 10.12.2002, AP BetrVG 1972 § 95 Nr. 42; GK-BetrVG/*Raab*, § 95 Rn 29; a.A. DKK/*Klebe*, § 95 BetrVG Rn 17.
1781 Richardi/*Thüsing*, § 95 BetrVG Rn 62; BAG 31.5.1983, NZA 1984, 49–51; BAG 3.5.1984, AP BetrVG 1972 § 95 Nr. 5. Die bloße Zweckmäßigkeit einer betriebsübergreifenden Regelung reicht allerdings nicht aus, vielmehr dürfte eine Wahrung der Arbeitnehmer-Interessen auf betrieblicher Ebene nicht mehr möglich sein, BAG 10.12.2002, AP BetrVG 1972 § 95 Nr. 42.
1782 LAG München 5.5.2010 – 11 TaBV 93/09, juris; Richardi/*Thüsing*, § 95 BetrVG Rn 63; a.A. DKK/*Klebe*, § 95 BetrVG Rn 21; *Wenning-Morgenthaler*, Rn 944.
1783 Richardi/*Thüsing*, § 95 BetrVG Rn 64; BAG 3. 5. 1984 AP BetrVG 1972 § 95 Nr. 5.
1784 *Fitting u.a.*, § 118 BetrVG Rn 33.
1785 LAG Köln 3.5.2005, NZA-RR 2006, 580.

nicht vorgegeben; die Betriebsparteien haben insoweit einen Wertungsspielraum.[1786] Dabei ist von den vier gesetzlich in § 1 Abs. 3 KSchG vorgegebenen Sozialauswahlkriterien auszugehen. Ist in einer Betriebsvereinbarung nach § 95 BetrVG festgelegt, wie die sozialen Gesichtspunkte im Verhältnis zueinander zu bewerten sind, kann diese Gewichtung nach § 1 Abs. 4 KSchG nur auf grobe Fehlerhaftigkeit überprüft werden. Sie ist **grob fehlerhaft**, wenn sie jede Ausgewogenheit vermissen lässt und einzelne Sozialdaten überhaupt nicht, eindeutig unzureichend oder mit eindeutig überhöhter Bedeutung berücksichtigt wurden.[1787] Eine Auswahlrichtlinie, die ein Sozialkriterium, das bei allen Arbeitnehmern vorliegen kann (Alter, Betriebszugehörigkeit), nicht oder so gering bewertet, dass es in fast allen denkbaren Fällen nicht mehr den Ausschlag geben kann, erfüllt die gesetzlichen Vorgaben des § 1 Abs. 4 KSchG nicht und ist deshalb auch nicht geeignet, den Arbeitgeber durch die Anwendung des eingeschränkten Prüfungsmaßstabs der groben Fehlerhaftigkeit zu privilegieren.[1788] Allerdings führt die fehlerhafte Bewertung eines Sozialkriteriums nicht zu einer Änderung des Prüfungsmaßstabes und Beschränkung der Prüfung auf § 1 Abs. 3 KSchG, wenn die Fehlerhaftigkeit für die konkrete Sozialauswahl unerheblich ist, denn Fehler in Auswahlrichtlinien können nur dann Auswirkungen haben, wenn der Arbeitgeber die Auswahlrichtlinie insoweit bei der konkreten Sozialauswahl überhaupt anwendet.[1789] Die Berücksichtigung des Lebensalters als eines von mehreren Kriterien bei der Sozialauswahl ist trotz des Verbots der **Altersdiskriminierung** gem. §§ 1, 2 Abs. 1 Nr. 2 AGG im Grundsatz nicht zu beanstanden.[1790] Dementsprechend ist die lineare Berücksichtigung des Lebensalters bei der Sozialauswahl im Rahmen einer Auswahlrichtlinie als eines von mehreren Auswahlkriterien grundsätzlich mit dem Verbot der Altersdiskriminierung zu vereinbaren.[1791] Auch die **Altersgruppenbildung** zur Sicherung der Altersstruktur (§ 1 Abs. 3 S. 2 KSchG) ist unter der Geltung des AGG grundsätzlich zulässig, und dies kann nach § 10 S. 1, 2 AGG durch legitime Ziele gerechtfertigt sein; davon ist regelmäßig auszugehen, wenn die Altersgruppenbildung bei Massenkündigungen aufgrund einer Betriebsänderung erfolgt.[1792]

765 Auswahlrichtlinien nach § 95 BetrVG, die nach § 1 Abs. 4 KSchG zu einer eingeschränkten Sozialauswahlprüfung führen, können nicht im Vorfeld betriebsbedingter Kündigungen die **Vergleichbarkeit der Arbeitnehmer** festlegen oder die Herausnahme einzelner Arbeitnehmer aus der Sozialauswahl aus **berechtigtem betrieblichem Interesse** regeln,[1793] soweit es nicht um Altersgruppenbildung geht.[1794] Zwar dürfte eine solche Auswahlrichtlinie nach § 95 BetrVG wirksam sein, ihr kommt aber nicht die privilegierende Wirkung des § 1 Abs. 4 KSchG zu.[1795] Insbesondere können Auswahlrichtlinien nach § 95 BetrVG i.V.m. § 1 Abs. 4 KSchG die gesetzlichen Anforderungen an die Sozialauswahl nach § 1 Abs. 3 KSchG nicht verdrängen.[1796] Im Rahmen eines Beurteilungsspielraums können zwar Erfahrungen der Betriebspartner hinsichtlich der Vergleichbarkeit der Arbeitnehmer bestimmter Arbeitsplätze einfließen, es können aber nicht von vornherein Arbeitnehmer bestimmter Abteilungen oder Arbeitsgruppen ohne ausreichende sachliche Kriterien als nicht vergleichbar eingestuft werden.[1797]

1786 *Fitting u.a.*, § 95 BetrVG Rn 26.
1787 BAG 18.3.2010, 2 AZR 468/08, NZA 2010, 1059–1063.
1788 BAG 18.10.2006, NZA 2007, 504–507.
1789 BAG 18.10.2006, NZA 2007, 504–507.
1790 BAG 27.9.2012 – 2 AZR 520/11, juris; BAG 5.11.2009, NZA 2010, 457–460; BAG 6.11.2008, AP Nr. 182 zu § 1 KSchG 1969 Betriebsbedingte Kündigung.
1791 BAG 18.3.2010, 2 AZR 468/08, NZA 2010, 1059–1063; BAG 5.11. 2009, NZA 2010, 457–460.
1792 BAG 6.11.2008, NZA 2009, 361–367; *Lingemann/Beck*, NZA 2009, 579.
1793 BAG 5.6.2008, NZA 2008, 1120–1124; So schon ablehnend unter Hinweis auf das Gesetzgebungsverfahren *Gaul/Lunk*, NZA 2004, 185, 186; *Fitting u.a.*, § 95 BetrVG Rn 29.
1794 BAG 18.3.2010, 2 AZR 468/08, NZA 2010, 1059–1063; dafür Richardi/*Thüsing*, § 95 BetrVG Rn 45; dagegen *Gaul/Lunk*, NZA 2004, 185; *Fitting u.a.*, § 95 BetrVG Rn 29.
1795 HWK/*Ricken*, § 95 BetrVG Rn 8; Richardi/*Thüsing*, § 95 BetrVG Rn 45.
1796 BAG 5.6.2008, NZA 2008, 1120–1124.
1797 BAG 5.6.2008, NZA 2008, 1120–1124.

ii) Rechtsfolgen bei Verstoß gegen das Mitbestimmungsrecht

Verstößt der Arbeitgeber im Rahmen der Sozialauswahl gegen eine **wirksame Auswahlrichtlinie**, ist die 766 Sozialauswahl fehlerhaft und damit die **Kündigung** sozial ungerechtfertigt und **unwirksam. Kollektivrechtliche Folge** der Nichtbeachtung der Auswahlrichtlinie ist, dass der BR der Kündigung nach § 102 Abs. 3 Nr. 2 BetrVG **widersprechen** kann. Tut er das, kann sich der Arbeitnehmer unmittelbar auf die Unwirksamkeit der Kündigung berufen, § 1 Abs. 2 S. 2 Nr. 1a KSchG.[1798] Auf Verlangen des Arbeitnehmers hin entsteht nach ordnungsgemäß erhobener Kündigungsschutzklage der **betriebsverfassungsrechtliche Weiterbeschäftigungsanspruch** gemäß § 102 Abs. 5 BetrVG.

Kein Verstoß liegt vor, wenn Arbeitgeber und BR die Auswahlrichtlinie später oder zeitgleich – etwa bei Abschluss eines Interessenausgleichs mit Namensliste – ändern, indem sie sich in einem bestimmten Punkt gemeinsam über die Auswahlrichtlinie hinwegsetzen; in diesem Fall gilt die Namensliste.[1799]

Von der fehlerhaften Anwendung einer Auswahlrichtlinie ist deren **betriebsverfassungswidrige Anwen-** 767 **dung** zu unterscheiden, also der Fall, dass der Arbeitgeber eine **Auswahlrichtlinie** (etwa ein **Punkteschema**) anwendet, die er ohne Beteiligung des BR aufgestellt hat. Zum Teil wird insoweit vertreten, der Betriebsrat könne in dem Fall der Sozialauswahlentscheidung widersprechen.[1800] Nach anderer Auffassung hingegen ist die Auswahlrichtlinie wegen Verstoßes gegen § 95 BetrVG unwirksam, mit der Folge, dass sich auch der BR nicht auf sie zur Begründung seines Widerspruchs berufen könnte.[1801] Nach Auffassung des BAG steht dem BR ein Unterlassungsanspruch nach § 23 Abs. 3 BetrVG gegen die Anwendung der Auswahlrichtlinie mittels Punkteschemas zu.[1802] Die Kündigung sei aber wirksam, denn eine dem § 102 BetrVG bzw. § 108 Abs. 2 BPersVG entsprechende Vorschrift existiert nicht.[1803] Auch kann die Sozialauswahl im Einzelfall dennoch (zufällig) wirksam durchgeführt worden sein kann.[1804] Der **Unterlassungsanspruch** kann mittels **einstweiliger Verfügung** durchgesetzt werden;[1805] er erfasst allerdings nur die Nichtanwendung der mitbestimmungswidrig aufgestellten Auswahlrichtlinie, nicht aber die Unterlassung des Ausspruchs betriebsbedingter Kündigungen.[1806]

Handelt es sich um eine **inhaltlich unwirksame Auswahlrichtlinie**, folgt daraus **nicht in jedem Fall die** 768 **Unwirksamkeit der Kündigung**, sondern zunächst nur die Anwendung der allgemeinen Regeln zur Sozialauswahl gemäß § 1 Abs. 3 KSchG. Die getroffene Sozialauswahl des Arbeitgebers unterliegt in vollem Umfang der gerichtlichen Kontrolle und nicht dem eingeschränkten Prüfungsmaßstab der „groben Fehlerhaftigkeit" nach § 1 Abs. 4 KSchG.[1807] Dies ist etwa dann anzunehmen, wenn eines der gesetzlichen Sozialauswahlkriterien in der Auswahlrichtlinie nicht oder so gering bewertet wird, dass es in fast allen denkbaren Fällen nicht mehr den Ausschlag geben kann.[1808] Dabei gilt wie bei der Überprüfung der Kündigung gemäß § 1 Abs. 3 KSchG, dass sich eine fehlerhafte Bewertung der gesetzlichen Sozialkriterien in einer Auswahlrichtlinie nur dann auf die im Einzelfall getroffene Sozialauswahl auswirken kann, wenn der Bewertungsfehler bei der konkret getroffenen Sozialauswahl überhaupt eine Rolle spielen kann.[1809] So hat z.B. die Vorgabe in einer Auswahlrichtlinie, etwaige Schwerbehinderungen nicht zu berücksichtigen, nicht die

---

1798 KR/*Griebeling/Rachor*, § 1 KSchG Rn 199 und Rn 711; GK-BetrVG/*Raab*, § 95 BetrVG Rn 51.

1799 BAG, 24.10.2013, NZA 2014, 46.

1800 APS/*Koch*, § 102 BetrVG Rn 195a.

1801 KR/*Etzel/Rinck*, § 102 BetrVG Rn 223.

1802 BAG 26.7.2005, NZA 2005, 1372–1374; BAG 6.7.2006, NZA 2007, 139–145; vgl. dazu auch GK-BetrVG/*Raab*, § 95 BetrVG Rn 25.

1803 BAG 6.7.2006, NZA 2007, 139–145; MünchArbR/*Matthes*, § 260 Rn 28; *Löwisch/Röder/Krieger*, BB 2008, 610; *Lingemann/Beck*, NZA 2009, 578, dort Fn 5; GK-BetrVG/*Raab*, § 95 BetrVG Rn 29 und Rn 51.

1804 HWK/*Quecke*, § 1 KSchG Rn 415; *Spengler/Hahn/Pfeiffer*, § 12 Rn 154.

1805 *Fitting u.a.*, § 95 BetrVG Rn 31.

1806 ErfK/*Kania*, § 95 BetrVG Rn 18; LAG Berlin-Brandenburg 13.1.2016 – 23 Sa 1445/15, zit. nach juris Rn 58.

1807 LAG Schleswig-Holstein 17.12.2008 – 3 Sa 290/08, zit. nach juris; KR/*Griebeling/Rachor*, § 1 KSchG Rn 700.

1808 BAG 18.10.2006, NZA 2007, 504–507; *Pünnel/Wenning-Morgenthaler*, Rn 827.

1809 BAG 18.10.2006, NZA 2007, 504–507.

Unwirksamkeit der Sozialauswahl zur Folge, wenn der betroffene Arbeitnehmer gar nicht schwerbehindert ist.[1810] Allein die falsche Bewertung eines Sozialkriteriums führt daher nicht zur Unanwendbarkeit des § 1 Abs. 4 KSchG und einer Prüfung der Kündigung anhand von § 1 Abs. 3 KSchG.

769   Stimmt indes eine Auswahlrichtlinie nach § 95 BetrVG nicht mit den Vorgaben des § 1 Abs. 4 KSchG überein, verliert der Arbeitgeber lediglich die Privilegierung des eingeschränkten Prüfungsmaßstabes nach § 1 Abs. 4 KSchG.

jj) Überprüfung des Spruchs der Einigungsstelle

770   Für die gerichtliche Überprüfung von Einigungsstellensprüchen im **Beschlussverfahren** kommt es darauf an, ob die Einigungsstelle eine Regelungsentscheidung (mit Ermessensausübung) oder eine **Rechtsentscheidung** getroffen hat. Trägt der BR vor, er habe seine Zustimmung verweigert, weil der Inhalt der Auswahlrichtlinie unzulässig sei, und teilt die Einigungsstelle diese Ansicht, handelt es sich um eine Rechtsentscheidung, die der vollen gerichtlichen Kontrolle unterliegt; die Arbeitsgerichte überprüfen die Vereinbarkeit mit dem Gesetz unabhängig von der Zwei-Wochen-Frist des § 76 Abs. 5 S. 4 BetrVG.[1811] Bei anderen Entscheidungen hängt die Qualifikation vom Inhalt der Richtlinie ab. Wird die fehlerhafte Ausübung des **Ermessens** gerügt, so bleibt es bei der Anwendbarkeit des § 76 Abs. 5 S. 4 BetrVG.

Die Überprüfung ist dabei auch außerhalb des Beschlussverfahrens als Vorfrage der Wirksamkeit einer Kündigung im kündigungsschutzrechtlichen **Urteilsverfahren** möglich.[1812]

65   kk) Auswahlrichtlinie bei Kündigungen

771   **Muster 2.65: Auswahlrichtlinie bei Kündigungen**

Es wird die folgende Betriebsvereinbarung über eine Auswahlrichtlinie gem. § 95 BetrVG i.V.m. § 1 Abs. 4 KSchG zur Regelung der den Gegenstand des Interessenausgleichs vom ▓▓▓▓ (*Datum*) bildenden betriebsbedingten Beendigungs- und Änderungskündigungen vereinbart:

Präambel

Zur Schaffung von mehr Rechtssicherheit im Rahmen der Sozialauswahl i.S.d. § 1 Abs. 3 S. 1 KSchG und zur Erhöhung der Nachvollziehbarkeit der zu treffenden Maßnahmen für die Arbeitnehmer eröffnet § 95 BetrVG den Betriebspartnern die Möglichkeit, gemeinsam Richtlinien über die personelle Auswahl bei betriebsbedingten Kündigungen aufzustellen. Hiervon machen die Betriebspartner durch Abschluss dieser Betriebsvereinbarung Gebrauch.

§ 1 Geltungsbereich

(1) Diese Betriebsvereinbarung gilt in persönlicher Hinsicht für alle Mitarbeiter, soweit sie nicht Leitende Angestellte i.S.v. § 5 Abs. 3 BetrVG sind.

(2) Sachlich erstreckt sie sich auf betriebsbedingte Beendigungs- und Änderungskündigungen, die aufgrund des Interessenausgleichs vom ▓▓▓▓ (*Datum*) ausgesprochen werden. Sie gilt nicht für außerordentliche und ordentliche Kündigungen, die auf Gründe in der Person oder im Verhalten des Mitarbeiters gestützt werden.

(3) Der räumliche Geltungsbereich erstreckt sich auf den Betrieb ▓▓▓▓.

§ 2 Allgemeine Grundsätze

Alle Kündigungsentscheidungen erfolgen unter Berücksichtigung der gesetzlichen, tariflichen und betrieblichen Vorschriften. Dabei sind insbesondere die in § 75 BetrVG niedergelegten Grundsätze für die Behandlung der Betriebsangehörigen, das AGG sowie die allgemeinen Diskriminierungsverbote zu beachten.

1810 BAG 18.10.2006, NZA 2007, 504–507.
1811 BAG 11.3.1976, AP Nr. 1 zu § 95 BetrVG; Richardi/*Thüsing*, § 95 BetrVG Rn 70; a.A. GK-BetrVG/*Raab*, § 95 Rn 23.
1812 BAG 19.3.1975, AP Nr. 5 zu § 102 BetrVG 1972.

§ 3 Auswahlgrundsätze für die Sozialauswahl

(1) Die Sozialauswahl erfolgt ausschließlich anhand der in § 1 Abs. 3 S. 1 KSchG genannten sozialen Auswahlkriterien (Dauer der Betriebszugehörigkeit, Lebensalter, Unterhaltspflichten und Schwerbehinderung).

(2) Zur Auswahl des zu kündigenden Arbeitnehmers aus dem Kreis der vergleichbaren Arbeitnehmer kommen die unter Abs. 1 genannten vier sozialen Kriterien mit folgender Gewichtung zur Anwendung:[1813]

Kriterium	Punkte
Betriebszugehörigkeit:	
je Jahr	1,5 Punkte
Lebensalter:	
für jedes vollendete Jahr nach dem 18. Lebensjahr	1 Punkt
Behinderungen:	
Schwerbehinderte	11 Punkte
Gleichgestellte	9 Punkte
Unterhaltspflichten:	
Ehegatten	5 Punkte
Lebenspartner i.S.d. LPartG	5 Punkte
unterhaltsberechtigte Kinder	7 Punkte je Kind

§ 4 Altersgruppenbildung

(1) Zur Sicherung einer ausgewogenen Altersstruktur im Betrieb wird die Sozialauswahl anteilsmäßig in folgenden Altersgruppen durchgeführt:

bis zum vollendeten 25. Lebensjahr;

älter als 25 Jahre bis zum vollendeten 35. Lebensjahr;

älter als 35 Jahre bis zum vollendeten 45. Lebensjahr;

älter als 45 Jahre bis zum vollendeten 55. Lebensjahr;

älter als 55 Jahre.

(2) Dies geschieht dergestalt, dass innerhalb des Kreises der vergleichbaren Arbeitnehmer die aufgeführten Altersgruppen – bezogen auf die Altersstruktur im Betrieb – möglichst prozentual gleichmäßig betroffen werden.

1813 Dieses Punkteschema hat das BAG in seiner Entscheidung vom 6.11.2008, NZA 2009, 361–367, gebilligt; vgl. bspw. auch BAG 27.9.2012 – 2 AZR 520/11, juris; BAG 15.12.2011 – 2 AZR 42/10, zit. nach juris; BAG 5.11.2009 – 2 AZR 676/08, juris; BAG 6.9.2007, NZA 2008, 405–407; BAG 19.6.2007, NZA 2008, 103–107; BAG 9.11.2006, NZA 2007, 549–552; weitere Beispiele bei *Gaul/Lunk*, NZA 2004, 185, 188. Dieses und andere Punkteschemata, die bereits höchstrichterlich geprüft wurden und dem Stand hielten, dürften im Regelfall als ausgewogen gelten können, sollten aber dennoch stets im Einzelfall geprüft werden.

§ 5 Mitarbeiterbefragung zur Sozialdatenerhebung[1814]

(1) Zur Ermittlung der sozialen Auswahlkriterien führt der Arbeitgeber in Abstimmung mit dem Betriebsrat bis zum ▨▨▨▨ (*Datum*) eine schriftliche Befragung (zulässig auch per E-Mail) der Arbeitnehmer mittels des als **Anlage** ▨▨▨ beigefügten Fragebogens durch. Die Arbeitnehmer sind verpflichtet, den Fragebogen wahrheitsgemäß, vollständig und unter Beifügung von Unterlagen, die ihre Angaben bestätigen, auszufüllen und binnen zwei Wochen seit Erhalt ihrem jeweiligen Arbeitgeber auszuhändigen.

(2) Es werden nur Daten berücksichtigt, die dem Arbeitgeber innerhalb der Frist des Abs. 1 bekannt geworden sind. Soweit der Arbeitgeber keine Daten erhält, kann er die ihm bekannten Daten verwenden.

§ 6 Inkrafttreten, Ausschluss der Kündigung, Nachwirkung

Diese Betriebsvereinbarung tritt am ▨▨▨▨ (*Datum*) in Kraft. Sie endet, ohne dass es einer Kündigung bedarf, mit dem Ende des Interessenausgleichs. Eine vorherige Kündigung ist ausgeschlossen. Sie entfaltet keine Nachwirkung.[1815]

§ 7 Schlussbestimmungen

(1) Diese Betriebsvereinbarung löst alle etwa bestehenden vorherigen Auswahlrichtlinien über betriebsbedingte Kündigungen und Änderungskündigungen ab. Mündliche Nebenabreden bestehen nicht. Änderungen oder Ergänzungen dieser Betriebsvereinbarung, einschließlich dieser Bestimmung, bedürfen zu ihrer Wirksamkeit der Schriftform.

(2) Sollte eine Bestimmung dieser Betriebsvereinbarung ganz oder teilweise unwirksam sein oder werden, so wird hiervon die Wirksamkeit der übrigen Bestimmungen nicht berührt. Anstelle der unwirksamen Bestimmung werden die Betriebspartner die gesetzlich zulässige Bestimmung vereinbaren, die dem mit der unwirksamen Bestimmung Gewollten wirtschaftlich am nächsten kommt. Dasselbe gilt für den Fall einer vertraglichen Lücke.

(*Unterschriften Arbeitgeber und BR*)

VI. Mitbestimmung in wirtschaftlichen Angelegenheiten

Literatur: *Ackermann*, Interessenausgleich und Sozialplan regeln und umsetzen, PersF 2009, 84; *Ahrendt*, Zum Bemessungsdurchgriff beim Sozialplan, RdA 2012, 340; *Ahrens*, Sozialpläne im Insolvenzverfahren, ZInsO 2003, 581; *Annuß*, Sozialplanabfindung nur bei Verzicht auf Kündigungsschutz?, RdA 2006, 378; *Bachner/Schindele*, Beschäftigungssicherung durch Interessenausgleich und Sozialplan, NZA 1999, 130; *Baeck/Diller*, Zur Teilbarkeit von Betriebsänderungen, NZA 1997, 689; *Bartholomä*, Sozialplanauslegung entgegen abweichendem Willen der Betriebsparteien, BB 2005, 100; *Benecke*, Sozialplanleistungen und Verzicht auf Kündigungsschutz: die neue Rechtsprechung des BAG zu Funktionen und Grenzen des Sozialplans, BB 2006, 938; *Bissels/Jordan/Wisskirchen*, Sozialverträglicher Personalabbau durch den Einsatz von Transfergesellschaften, NZI 2009, 865; *Busch*, Abfindungen nur bei Klageverzicht jetzt auch in Sozialplänen?, BB 2004, 267; *Butz/Wahlig*, Interessenausgleich und Sozialplan, AuA 2012, 392; *Danko/Heckschen/Plesterninks*, Umstrukturierungen im Unternehmen, 2002; *Diepenbroik-Grüter*, Der Sozialplan in der Insolvenz, 2004; *Eisemann*, Die Beratungsverfügung in: FS für Klaus Bepler, Arbeitsgerichtsbarkeit und Wissenschaft, 2012, S. 131; *Fischer*, Unternehmensbezogener Interessenausgleich und Namensliste nach § 1 Abs. 5 KSchG, BB 2004, 1001; *ders.*, Sozialplanabfindung als Entgelt i.S. des Europäischen Arbeitsrechts, DB 2002, 1994; *Fischinger*, Streik um Tarifsozialpläne?, NZA 2007, 310; *Forst*, Unterlassungsanspruch des Betriebsrats bei Betriebsänderungen kraft Unionsrecht, ZESAR 2011, 107; *Freckmann/Imping*, Interessenausgleich und Sozialplan bei Betriebsänderungen, 2008; *Gaul*, Beteiligungsrechte des Betriebsrats aus §§ 111, 112 BetrVG bei der Spaltung eines gemeinsamen Betriebs mehrerer Unternehmen, NZA 2003, 695; *Gaul*, Das Arbeitsrecht der Betriebs- und Unternehmensspaltung, 2. Aufl. 2014; *ders.*, Wirtschaftliche Vertretbarkeit eines Sozialplans, DB 2004, 1498; *Gaul/Bonanni/Otto*, Hartz III: Veränderte Rahmenbedingungen für Kurzarbeit, Sozialplanzuschüsse und Transfermaßnahmen, DB 2003, 2386; *Gaul/Lunk*, Gestaltungsspielraum bei Punkteschemata zur betriebsbedingten

---

1814   Hinsichtlich der Sozialdaten trifft den AG eine Erkundigungspflicht, HWK/*Quecke*, § 1 KSchG Rn 377; *Gaul/Lunk*, NZA 2004, 185, 187. Das BAG (17.1.2008, NZA-RR 2008, 571–573) hat dazu jedoch festgestellt, dass § 1 Abs. 1 S. 1 KSchG an sich nicht auf die Sozialdaten gemäß Lohnsteuerkarte abhebt, vielmehr käme es auf die tatsächlichen, nicht die dort eingetragenen Daten an. Den Bedürfnissen der Praxis werde ausreichend dadurch Rechnung getragen, dass der Arbeitgeber auf die ihm bekannten Daten vertrauen kann, wenn er keinen Anlass zu der Annahme hat, sie könnten nicht zutreffen. Dabei könne die Lohnsteuerkarte einen wichtigen Anhaltspunkt bieten.
1815   Nachwirkung bei Auswahlrichtlinien greift in den Fällen, in denen der Spruch der Einigungsstelle die Einigung zwischen den Betriebsparteien ersetzen kann, § 76 Abs. 6 BetrVG, also in den Fällen des § 95 Abs. 2 BetrVG, nicht des Abs. 1.

Kündigung, NZA 2004, 184; *Giese*, Zur wirtschaftlichen Vertretbarkeit eines Sozialplans, FS Wißmann, 314; *Göpfert/Dornbusch/Rott-meier*, „Odar" – Diskriminierung bei Sozialplanabfindung – auch im Sozialtarifvertrag? NZA 2015, 1172; *Göpfert/Griese*, „Vorschläge zur Sicherung und Förderung der Beschäftigung" – New Rules of the Game für Personalabbaumaßnahmen?, NZA 2016, 463; *Göpfert/ Krieger*, Wann ist die Anrufung der Einigungsstelle bei Interessenausgleich und Sozialplan zulässig, NZA 2005, 254; *Hamm*, Sozialplan und Interessenausgleich, AiB 2009, 150; *Häsemeyer*, Die Systemwidrigkeit der insolvenzrechtlichen Sozialplanregelung (§§ 123, 124 InsO) und ihre Folgen, ZIP 2003, 229; *Hohenstatt*, Der Interessenausgleich in einem veränderten rechtlichen Umfeld, NZA 1998, 846; *Hohenstatt/Schramm*, Erstreikbarkeit von „tariflichen Sozialplänen"?, DB 2004, 2214; *Hohenstatt/Stamer*, Die Dotierung von Sozial-plänen „Alle Macht den Einigungsstellen"?, DB 2005, 2410; *Hunold*, Die Rechtsprechung zum Interessenausgleich, Nachteilsausgleich und Sozialplan, §§ 112 bis 113 BetrVG – Teil 2, NZA-RR 2005, 57; *ders.*, Ausgewählte Rechtsprechung zur Gleichbehandlung im Be-trieb – 2. Teil – Sonderzahlungen, betriebliche Altersversorgung, sonstige Arbeitsbedingungen, Kündigung, Sozialplan, NZA-RR 2006, 617; *ders.*, Die Rechtsprechung zu Interessenausgleich, Nachteilsausgleich und Sozialplan, §§ 112 bis 113 BetrVG – Teil 1, NZA 2004, 561; *Hützen*, Benachteiligung durch Minderung der Sozialplanabfindung für Schwerbehinderte, EWiR 2016, 479; *Junker*, Rechtsfragen grenzüberschreitender Betriebsverlagerungen, NZA-Beilage 2012, Nr. 1, 8; *Kamanabrou*, Die arbeitsrechtlichen Vorschriften des All-gemeinen Gleichbehandlungsgesetzes, RdA 2006, 321; *Kania/Joppich*, Der Interessenausgleichsversuch und sein Scheitern, NZA 2005, 749; *Kappenhagen*, Namensliste nach § 1 V KSchG in einem freiwilligen Interessenausgleich?, NZA 1998, 968; *Karlsfeld*, Der steinige Weg bis zum Scheitern des Interessenausgleichs, ArbRB 2010, 18; *Kleinebrink*, Sozialplan und Interessenausgleich bei „reinem" Per-sonalabbau, ArbRB 2009, 74; *ders.*, Die Namensliste zum Interessenausgleich als Gestaltungsmittel, ArbRB 2010, 62; *Kleinebrink/Com-mandeur*, Der „neue" Betriebsbegriff bei Massenentlassungen und dessen Folgen, NZA 2015, 853; *Kreuzer/Rößner*, Die Betriebsände-rung in der Insolvenz und die Darstellung der „wirtschaftlichen Lage des Unternehmens" nach § 122 InsO, NZI 2012, 699; *Krieger/Fischinger*, Umstrukturierung mit Hilfe von Beschäftigungs- und Qualifizierungsgesellschaften, NJW 2007, 2289; *Krieger/Ter-horst*, Absprachen zwischen Arbeitgeber und Betriebsrat über künftige Betriebsänderungen – Das Modell des prozessorientierten Interes-senausgleichs, NZA 2014, 689; *Kühling/Bertelsmann*, Tarifautonomie und Unternehmerfreiheit – Arbeitskampf aus Anlass von Stand-ortentscheidungen, NZA 2005, 1017; *Kuhn/A. Willemsen*, Gestaltungsspielräume bei Tarifsozialplänen, NZA 2012, 593; *Langner/Widhammer*, Abgrenzung zwischen Vorbereitungshandlung und Betriebs(teil-) Stilllegung, NZA 2011, 430; *Lerch/Weinbren-ner*, Einigungsstellenbesetzungsverfahren bei Betriebsänderungen, NZA 2015, 1228; *Lingemann*, Betriebsänderungen nach neuem BetrVG, NZA 2002, 934; *Lingemann/Gotham*, AGG – Benachteiligung wegen des Alters in kollektivrechtlichen Regelungen, NJW 2007, 663; *Lipinski/Ferme*, Erstreikbarkeit von Tarifsozialplänen zulässig – Erste Gedanken zu Gegenmaßnahmen der Arbeitgeberseite, DB 2007, 1250; *Lipinski/Meyer*, Beurteilung der wirtschaftlichen Vertretbarkeit eines Sozialplans (§ 112 V BetrVG) auch unter Berücksich-tigung der Konzernmutter, DB 2003, 1846; *Löwisch*, Haftungsdurchgriff und Berechnungsdurchgriff bei Sozialplänen, ZIP 2015, 209; *ders.*, Beschäftigungssicherung als Gegenstand betrieblicher und tariflicher Regelungen von Arbeitskämpfen, DB 2005, 554; *Matthes*, Betriebsübergang und Betriebsteilübergang als Betriebsänderung, NZA 2000, 1073; *Meinel/Heyn/Herms*, Allgemeines Gleichbehand-lungsgesetz, 2. Aufl. 2010; *Meyer*, Erzwingbarkeit von Eingliederungsmaßnahmen nach SBG III im Sozialplan, DB 2003, 206; *ders.*, Die Gestaltungsformen des Sozialplans: Einzel-, Rahmen-, Dauer-, vorsorglicher und Transfersozialplan und ihr Verhältnis zueinander, RdA 2006, 192; *ders.*, Bindungswirkung eines Interessenausgleichs, BB 2001, 882; *ders.*, Transfer-Maßnahmen und Transfer-Kurzarbeiter-geld nach §§ 216a und b SGB III, BB 2004, 490; *ders.*, Aktuelle Gestaltungsfragen beim Betriebsübergang, NZA-RR 2013, 225; *Neef/ Schrader*, Betriebsübergang und Sozialplanregelung, NZA 1998, 804; *Nicolai*, Zur Zulässigkeit tariflicher Sozialpläne – zugleich ein Beitrag zu den Grenzen der Tarifmacht, RdA 2006, 33; *Ohlendorf/Salamon*, Interessenausgleich mit Namensliste im Zuständigkeits-bereich des Gesamtbetriebsrats, NZA 2006, 131; *Picot*, Unternehmenskauf und Restrukturierung, 4. Aufl. 2013; *Piehler*, Rechtsfolgen einer „Teil-Namensliste" nach § 1 V KSchG, NZA 1998, 970; *Pils*, Umgehung von § 613a BGB durch Einsatz einer Transfergesellschaft, NZA 2013, 125; *Reichold*, Zulässigkeitsgrenzen eines Arbeitskampfes zur Standortsicherung, BB 2004, 2814; *ders.*, Der Wegfall der Geschäftsgrundlage bei arbeitsrechtlichen Kollektivverträgen am Beispiel des Tarifvertrages und des Sozialplans, NZA 2007, 851; *Rieble*, Interessenausgleich über Auslandsinvestitionen, NZA 2004, 1029; *ders.*, Betriebsverfassungsrechtliche Folgen der Betriebs-und Unternehmensumstrukturierung, NZA 2003, Sonderbeilage zu Heft 16, 62; *Röder/Baeck*, Interessenausgleich und Sozialplan, 5. Aufl. 2016; *Römer*, Interessenausgleich und Sozialplan bei Outsourcing und Auftragsneuvergabe, 2001; *Röger/Tholuck*, Der erzwun-gene Sozialplan bei Betriebsspaltungen (§ 134 UmwG) und Konzernverbindungen, NZA 2012, 294; *Rupp*, Allgemeine Anforderungen an den Sozialplan, AiB 2002, 478; *ders.*, Interessenausgleich und Sozialplan, AiB 2009, 649; *Salamon*, Unterrichtung und Beratung im Konsultationsverfahren nach § 17 KSchG, NZA 2015, 789; *Salamon/von Stechow*, Planung und Durchführung einer Betriebsänderung während der Gesamtbeteiligung des Betriebsrats, NZA 2016, 85; *Schiefer/Worzalla*, Neues-Altes-Kündigungsrecht, NZA 2004, 345; *Schleuse-ner/Suckow/Voigt*, Allgemeines Gleichbehandlungsgesetz, 4. Aufl. 2013; *Schmitt-Rolfes*, Interessenausgleich und Sozialplan in Unter-nehmen und Konzern, BAG-FS 2004, 1081; *Scholz*, Dotierung eines Sozialplans durch die Einigungsstelle, BB 2006, 1498; *Schütte*, Transfergesellschaft und Einigungsstelle, NZA 2013, 249; *Schweibert*, Berechnungsdurchgriff im Konzern zum Zwecke der Sozialplan-finanzierung – Schimäre oder reale Chance?, NZA 2016, 321; *Sieg/Maschmann*, Unternehmensumstrukturierung aus arbeitsrechtlicher Sicht, 2. Aufl. 2010; *Steffan*, Die Rechtsprechung des BAG zur Mitbestimmung bei Betriebsänderungen nach §§ 111 ff. BetrVG, NZA-RR 2000, 337; *Stindt*, Die Bedrohung durch Arbeitslosigkeit und deren Vermeidung durch das Transfer-Sozialplan-Konzept, BAG FS 2004, 1101; *Temming*, Die Massenentlassung in der Zweckmühle – Beteiligungsrechte des Betriebsrats de lege lata und de lege ferenda, NZA 2016, 599; *Thannheiser*, Berechnungsgrundlagen beim Sozialplan, AiB 2002, 484; *ders.*, Keine Betriebsänderung ohne Interessenausgleich, AiB 2008, 605; *Thüsing/Donat/Wege*, Freiwilliger Interessenausgleich und Sozialauswahl, BB 2005, 213; *Trittin/Fütterer*, Interessenausgleich und Sozialplan in Kleinbetrieben, NZA 2009, 1305; *Walk/Shipton*, Interessenausgleich und Sozial-plan, AuA 2009, 30; *Welkoborsky*, Aktuelle Rechtsprechung zu Interessenausgleich und Sozialplan, ArbRAktuell 2014, 186; *Willemsen*, Sinn und Grenzen des gesetzlichen Sozialplans – Zugleich Besprechung des EuGH-Urteils v. 6.12.2012 – Rs. C-152/11 (Odar), RdA

2013, 166; *Willemsen/Hohenstatt*, Zur umstrittenen Bindungs- und Normwirkung des Interessenausgleichs, NZA 1997, 345; *Willemsen/ Hohenstatt/Schweibert/Seibt*, Umstrukturierung und Übertragung von Unternehmen, 5. Aufl. 2016; *Willemsen/Schweibert*, Schutz der Beschäftigten im Allgemeinen Gleichbehandlungsgesetz, NJW 2006, 2583; *Willemsen/Stamer*, Erstreikbarkeit tariflicher Sozialpläne: Die Wiederherstellung der Arbeitskampfparität, NZA 2007, 413; *Wißmann*, Altersdiskriminierung – Abfindungsbeschränkungen bei Möglichkeit des Bezugs von Altersrente, Besprechung des Urteils EuGH vom 12.10.2010 – Rs. C-499/08, RdA 2011, 181; *Wolff*, Gestaltungsformen des Sozialplans, 2003; *Wolter*, Standortsicherung, Beschäftigungssicherung, Unternehmensautonomie, Tarifautonomie, RdA 2002, 218; *Zange*, Diskriminierung bei Berechnung einer Sozialplanabfindung – Nicht wegen des Alters, wohl aber wegen Schwerbehinderung, NZA 2013, 601.

1. Einleitung

772 Die Beteiligungsrechte des Betriebsrats in wirtschaftlichen Angelegenheiten sind in §§ 106–113 BetrVG geregelt. Der erste Unterabschnitt (§§ 106–110 BetrVG) befasst sich mit der Unterrichtung des Betriebsrats in wirtschaftlichen Angelegenheiten, die in der dort vorgesehenen Form (z.B. Bildung eines Wirtschaftsausschusses) nur dann erfolgen muss, wenn das Unternehmen i.d.R. mehr als 100 Arbeitnehmer beschäftigt. Der zweite Unterabschnitt (§§ 111–113 BetrVG) beschäftigt sich mit dem Mitbestimmungsrecht des Betriebsrats bei Betriebsänderungen, die wesentliche Nachteile für die Arbeitnehmer zur Folge haben können. Diese Mitbestimmungsrechte – die häufig unter dem Stichwort „Interessenausgleichs- und Sozialplanpflicht" zusammengefasst werden – sind Gegenstand der folgenden Muster und Kommentierungen.

773   *Praxishinweis*

Wichtig für das Verständnis der §§ 111 ff. BetrVG ist, dass diese besonderen Beteiligungsrechte bei Betriebsänderungen die sonstigen Mitbestimmungsrechte des Betriebsrats nicht entfallen lassen. Die wirtschaftliche Mitbestimmung nach §§ 111 ff. BetrVG ist sozusagen „vorgeschaltet", bevor die individuellen Beteiligungsrechte des Betriebsrats hinsichtlich der einzelnen Arbeitnehmer greifen. Ist z.B. eine Betriebsänderung mit Kündigungen oder Versetzungen von Arbeitnehmern verbunden, muss der Arbeitgeber mit dem Betriebsrat zunächst einen Interessenausgleich und Sozialplan gemäß §§ 111 ff. BetrVG verhandeln und ihn dann zusätzlich zu den Kündigungen anhören (§ 102 BetrVG) und die Zustimmung des Betriebsrats zu den Versetzungen einholen (§ 99 BetrVG). Eine Verbindung der Verfahren ist zwar möglich; der Arbeitgeber sollte aber nie vergessen, dass es sich um verschiedene Verfahren handelt, deren Einhaltung er im Streitfall getrennt darlegen und beweisen muss.

2. Typischer Sachverhalt

774 Die A-GmbH unterhält Betriebe in Göttingen, Hannover und Darmstadt, in denen jeweils ein Betriebsrat gewählt wurde. Ein Gesamtbetriebsrat ist ebenfalls gebildet. Die Geschäftsleitung beschließt, aufgrund marktbedingter Umsatzrückgänge und Preisverfall bei ihren Produkten einschneidende Restrukturierungsmaßnahmen durchzuführen. Sie will sich auf ihre Kernkompetenz konzentrieren und alle anderen Produktsparten abstoßen. Die Tätigkeit im Produktsegment C soll deshalb generell eingestellt werden. Hiervon sind 87 von insgesamt 460 Arbeitnehmern am Standort Hannover betroffen. Man hat allerdings einen Käufer gefunden, der die maßgeblichen Betriebsmittel des Betriebsteils am Standort Hannover übernehmen wird. Die Produktion am Standort Darmstadt soll mit den Aktivitäten am Standort Göttingen zusammengeführt und Synergien gehoben werden. Außerdem sollen insgesamt alle Arbeitsplätze überprüft werden und durch Umstrukturierungen von Arbeitsabläufen mindestens 320 Arbeitsplätze im Gesamtunternehmen abgebaut werden.

3. Rechtliche Grundlagen zum Interessenausgleich

In Unternehmen mit in der Regel mehr als 20 wahlberechtigten Arbeitnehmern muss der Unternehmer den   775
Betriebsrat über geplante Betriebsänderungen rechtzeitig und umfassend unterrichten und die geplante Betriebsänderung mit ihm beraten (§ 111 S. 1 BetrVG).

a) Begriff der „Betriebsänderung"

Was eine „Betriebsänderung" ist, ergibt sich in erster Linie aus den in § 111 S. 3 Nr. 1–Nr. 5 BetrVG auf-   776
gezählten Maßnahmen:

- Einschränkung oder Stilllegung des Betriebs oder wesentlicher Betriebsteile,
- Verlegung des gesamten Betriebs oder von wesentlichen Betriebsteilen,
- Zusammenschluss oder Spaltung von Betrieben,
- Grundlegende Änderungen der Betriebsorganisation, des Betriebszwecks oder der Betriebsanlagen,
- Einführung grundlegend neuer Arbeitsmethoden und Fertigungsverfahren.

Die Beschreibung dessen, was unter den einzelnen Maßnahmen genau zu verstehen ist und wann sie vor-   777
liegen, würde den hier vorgegebenen Rahmen sprengen. Deshalb wird auf die einschlägigen Kommentierungen verwiesen. Es seien lediglich kurz die in der Praxis häufigsten Betriebsänderungen herausgegriffen
und umschrieben.

aa) Betriebs(teil)stilllegung

Eine Betriebsstilllegung bedeutet nach der ständigen Rechtsprechung des BAG die Auflösung der zwischen   778
Arbeitgeber und Arbeitnehmer bestehenden Betriebs- und Produktionsgemeinschaft, die ihren Ausdruck
darin findet, dass der Arbeitgeber seine wirtschaftliche Betätigung einstellt.[1816]

Auch die Stilllegung eines wesentlichen Betriebsteils ist eine Betriebsänderung. „Wesentlich" ist der Be-   779
triebsteil dann, wenn in ihm ein erheblicher Teil der Gesamtbelegschaft beschäftigt wird (**quantitative Betrachtung**). Dies ist der Fall, wenn die Anzahl der Mitarbeiter im Betriebsteil die Zahlenwerte des § 17
Abs. 1 KSchG erreicht, wobei in größeren Betrieben mindestens 5 % der Gesamtbelegschaft in dem Betriebsteil tätig sein müssen.[1817] Ob auch dann ein „wesentlicher" Betriebsteil vorliegt, wenn seine Bedeutung für den Betrieb groß ist, die Zahlenwerte des § 17 Abs. 1 KSchG aber nicht erreicht sind (**qualitative
Betrachtung**), ist nicht abschließend geklärt. Das BAG hat diese Frage bisher jedenfalls stets verneint, ohne
sie grds. zu entscheiden.[1818]

bb) Betriebseinschränkung durch reinen Personalabbau

Allein die Entlassung von Arbeitnehmern ohne Verringerung der sächlichen Betriebsmittel kann eine Ein-   780
schränkung des Betriebs oder von wesentlichen Betriebsteilen darstellen. Erforderlich ist hierfür, dass eine
größere Anzahl von Arbeitnehmern betroffen ist, deren Arbeitsplätze wegfallen sollen. Maßgeblich sind die
Zahlen und Prozentangaben, die auch für die Anzeigepflicht bei Massenentlassungen nach § 17 Abs. 1
KSchG maßgeblich sind. Bei Großbetrieben ist eine Betriebseinschränkung i.S.d. § 111 S. 2 Nr. 1 BetrVG
allerdings erst bei einem Personalabbau von 5 % der Gesamtbelegschaft gegeben.[1819]

Praxishinweis   781

Die in § 112a Abs. 1 S. 1 BetrVG enthaltenen (im Vergleich zu § 17 Abs. 1 KSchG) höheren Zahlengrenzen sind nicht maßgeblich für die Frage, ob eine interessenausgleichspflichtige Betriebseinschränkung vorliegt; sie sind nur relevant bei der Frage, ob beim bloßen Personalabbau ein Sozialplan über die

---

1816 St. Rspr. des BAG, z.B. BAG 16.2.2012, NZA-RR 2012, 465.
1817 BAG 27.6.2002, EzA Nr. 119 zu § 1 KSchG Betriebsbedingte Kündigung.
1818 Vgl. z.B. BAG 28.3.2006, AP Nr. 12 zu § 112a BetrVG 1972.
1819 St. Rspr. des BAG, z.B. BAG 9.11.2010, NZA 2011, 466; BAG 28.3.2006, NZA 2006, 932.

Einigungsstelle durch den Betriebsrat erzwungen werden kann. Ein Interessensausgleich muss deshalb auch dann „versucht" werden, wenn ein Sozialplan nicht erzwingbar ist, weil die Zahlungsgrenzen des § 112a BetrVG nicht erreicht werden.

cc) Verlegung des Betriebs oder von wesentlichen Betriebsteilen

782   Eine Verlegung ist jede, nicht nur geringfügige Ortsveränderung des Betriebs oder von wesentlichen Betriebsteilen, die unter Weiterbeschäftigung der gesamten oder des größeren Teils der Belegschaft erfolgt. Entscheidend ist dabei, dass der Betrieb bzw. Betriebsteil auch am neuen Ort seine Identität wahrt. Ein Umzug innerhalb einer Gemeinde um 3 km kann bereits eine Betriebsverlegung darstellen, wenn sich z.B. die Anfahrtswege für die Mitarbeiter wesentlich ändern.[1820]

783   *Praxishinweis*

In der Praxis bereitet die Abgrenzung zwischen der Betriebsverlegung und der Betriebsstilllegung häufig Schwierigkeiten. Denn wird die Belegschaft am neuen Betriebsort nicht weiterbeschäftigt, geht die Identität des bisherigen Betriebs verloren. In diesem Fall handelt es sich um eine Betriebsstilllegung mit einer anschließenden Neuerrichtung eines Betriebes. Ob die Belegschaft aber unter Wahrung der bisherigen Betriebsidentität weiterbeschäftigt werden kann, liegt häufig nicht in der Macht des Arbeitgebers, sondern die Arbeitnehmer entscheiden selbst, ob sie dem Betrieb bei einer Betriebsverlegung folgen.[1821] Die Unklarheit in diesem Bereich ist teilweise schwer zu ertragen, da die „Art" der Betriebsänderung über die Zuständigkeit der Arbeitnehmervertretung entscheidet: Bei einer Betriebsstilllegung ist üblicherweise der örtliche Betriebsrat für Interessenausgleichs- und Sozialplanverhandlungen zuständig, bei einer Betriebsverlegung häufig der Gesamtbetriebsrat, wenn die Verlegung an einen bereits bestehenden Standort unter Zusammenschluss von zwei Betrieben erfolgt.[1822]

dd) Zusammenschluss oder Spaltung von Betrieben

784   In der Praxis ist vor allem die Spaltung eines bisher organisatorisch einheitlichen Betriebs relevant. Sie kann einmal zu zwei neuen, selbstständigen Betrieben innerhalb des Unternehmens führen, wobei der Arbeitgeber für die betroffenen Arbeitnehmer gleich bleibt. Sie kann aber auch in der Abspaltung eines Betriebsteils unter Übertragung auf einen neuen Betriebsinhaber liegen. Jeder Verkauf eines Betriebsteils führt damit normalerweise zu einer interessenausgleichspflichtigen Betriebsspaltung, wenn Verkäufer und Erwerber sich nicht auf die Führung eines gemeinsamen Betriebs einigen.

ee) Betriebsübergang

785   Nach der ständigen Rechtsprechung des BAG stellt ein **Betriebsübergang allein keine Betriebsänderung** i.S.d. § 111 BetrVG dar. Nur wenn sich der Betriebsübergang nicht in dem bloßen Betriebsinhaberwechsel erschöpft, sondern mit Maßnahmen verbunden ist, die als solche eine Betriebsänderung i.S.v. § 111 BetrVG darstellen, handelt es sich um eine interessenausgleichspflichtige Maßnahme.[1823] Ein Betriebsteilübergang

---

1820 BAG 27.6.2006, NZA 2006, 1289, wobei eine zustimmungspflichtige Versetzung nach § 99 BetrVG in diesem Fall nicht vorliegt, wenn sämtliche Mitarbeiter eines räumlich gesonderten Betriebsteils umziehen und sich an der Arbeitsumgebung des Einzelnen deshalb nichts ändert.

1821 BAG 24.1.1996, NZA 1996, 1107 stellt deshalb maßgeblich auf die Planung des Arbeitgebers ab, nicht auf die tatsächliche Weiterbeschäftigung. Die Literatur hält aber überwiegend die tatsächliche Weiterbeschäftigung und damit die Wahrung der Betriebsidentität für maßgeblich, vgl. z.B. Richardi/*Annuß*, § 111 BetrVG Rn 91; *Fitting* u.a., § 111 BetrVG Rn 68, 82; DKKW/*Däubler*, § 111 BetrVG Rn 89; GK-BetrVG/*Oetker*, § 111 BetrVG Rn 76.

1822 BAG 24.1.1996, NZA 1996, 1107 eröffnet aber die Möglichkeit, dass der Arbeitgeber bei Zweifeln an der Zuständigkeit alle in Betracht kommende Gremien zur Klärung der Zuständigkeitsfrage auffordern kann. Einigen sich die Gremien, stellt die Verhandlung mit dem benannten Gremium jedenfalls einen ausreichenden Verhandlungsversuch dar, der einen Nachteilsausgleichsanspruch gem. § 113 BetrVG ausschließt.

1823 Vgl. z.B. BAG 25.1.2000, AP Nr. 137 zu § 112 BetrVG 1972.

ist deshalb regelmäßig mit einer mitbestimmungspflichtigen Spaltung eines Betriebs i.S.v. § 111 S. 3 Nr. 3 BetrVG verbunden, so dass eine Interessenausgleichspflicht besteht.[1824]

ff) Änderungen auf Unternehmensebene

Änderungen auf der Unternehmensebene – z.B. Umwandlungen nach dem UmwG – lösen keine Betei- **786** ligungsrechte des Betriebsrats nach § 111 BetrVG aus, solange sie nicht mit Änderungen der betrieblichen Organisation verbunden sind. Ist aber z.b. eine Unternehmensspaltung mit einer Spaltung des Betriebs verbunden, ist der Betriebsrat an dieser Spaltung nach § 111 BetrVG zu beteiligen. Außerdem können sich Beteiligungsrechte aus anderen Gesetzen (z.B. dem UmwG) ergeben.

b) Allgemeine Voraussetzungen für die Beteiligungsrechte des §§ 111 ff. BetrVG

Liegt eine Betriebsänderung grds. vor, setzt das Mitbestimmungsrecht des Betriebsrats nach §§ 111 ff. **787** BetrVG allgemein voraus, dass

- im Unternehmen i.d.R. **mehr als 20 wahlberechtigte Arbeitnehmer** beschäftigt werden,
- bereits ein **Betriebsrat** in dem Betrieb vorhanden ist, der von der Betriebsänderung betroffen wird und
- es nicht um ein **Tendenzunternehmen** oder ein **neu gegründetes Unternehmen** geht, bei dem die Rechte des Betriebsrats nach §§ 111 ff. BetrVG eingeschränkt sind.

aa) Unternehmensgröße

Maßgeblich für die Beteiligungsrechte des Betriebsrats ist also zunächst die **Unternehmensgröße**. Es **788** kommt darauf an, dass im Unternehmen in der Regel mehr als 20 wahlberechtigte Arbeitnehmer beschäftigt werden. Leiharbeitnehmer sind bei der Ermittlung dieses Schwellenwertes zu berücksichtigen, wenn sie länger als drei Monate im Unternehmen eingesetzt sind, da sie dann gem. § 7 Satz 2 BetrVG wahlberechtigt werden.[1825] Wie viele Arbeitnehmer der Betrieb hat, der von der Betriebsänderung betroffen ist, ist dagegen irrelevant.

bb) Vorhandensein eines Betriebsrats

Die Interessenausgleichspflicht ist außerdem vom Bestehen eines Betriebsrats in dem Betrieb abhängig, der **789** von der Betriebsänderung betroffen ist. Wird der **Betriebsrat erst gewählt**, wenn der Unternehmer schon mit der Betriebsänderung begonnen hat, kann der gerade gewählte Betriebsrat die Beteiligungsrechte nach §§ 111 ff. BetrVG nicht mehr in Anspruch nehmen. Dies gilt auch dann, wenn dem Unternehmer im Zeitpunkt seines Beschlusses zur Betriebsänderung bekannt war, dass ein Betriebsrat gewählt werden soll. Denn er muss mit der Umsetzung der geplanten Betriebsänderung nicht warten, bis sich ein Betriebsrat konstituiert hat.[1826]

cc) Sonderfälle

Bei sog. **Tendenzunternehmen** – also Unternehmen, die unmittelbar und überwiegend politischen, koali- **790** tionspolitischen, konfessionellen, karitativen, erzieherischen, wissenschaftlichen oder künstlerischen Bestimmungen oder Zwecken der Berichterstattung oder Meinungsäußerung dienen – sind die Beteiligungsrechte der §§ 111–113 BetrVG eingeschränkt (vgl. § 118 Abs. 1 S. 2 BetrVG). Nach der Rechtsprechung des BAG[1827] muss der Unternehmer in einem Tendenzbetrieb den Interessenausgleich mit dem Betriebsrat nicht versucht haben, um die Betriebsänderung umzusetzen. Er muss aber den Betriebsrat rechtzeitig und umfassend über die geplante Betriebsänderung unterrichten und diese mit ihm im Hinblick auf die so-

---

1824 BAG 10.12.1996, AP Nr. 110 zu § 112 BetrVG 1972.
1825 BAG 18.10.2011 – 1 AZR 335/10, zit. nach juris.
1826 BAG 28.10.1992, AP Nr. 63 zu § 112 BetrVG 1972; ErfK/*Kania*, § 111 BetrVG Rn 6; *Fitting u.a.*, § 111 BetrVG Rn 34; Richardi/ *Annuß*, § 111 BetrVG Rn 27.
1827 BAG 27.10.1998, AP Nr. 65 zu § 118 BetrVG 1972.

zialen Folgen auch beraten. Verletzt er diese Pflicht, hat der von der Betriebsänderung betroffene Arbeitnehmer einen Nachteilsausgleichsanspruch nach § 113 Abs. 3 BetrVG.

791   *Praxishinweis*

Die häufig vertretene Auffassung, dass die Regelungen zum Interessenausgleich bei Tendenzbetrieben vollständig ausgeschlossen seien, ist vor dem Hintergrund der BAG-Rechtsprechung risikobehaftet. Will der Unternehmer Nachteilsausgleichsansprüche der Arbeitnehmer vermeiden, muss er den Betriebsrat wie in „normalen" Betrieben umfassend informieren und mit ihm die sozialen Folgen der geplanten Betriebsänderung beraten.

792   Einen weiteren Sonderfall bei den wirtschaftlichen Beteiligungsrechten nach §§ 111 ff. BetrVG stellen **neu gegründete Unternehmen** dar: Bei diesen ist in den ersten vier Jahren seit der Gründung ein Sozialplan nicht erzwingbar (§ 112a Abs. 2 BetrVG). Hinsichtlich der Pflicht, einen Interessenausgleich mit dem Betriebsrat zu versuchen, ergeben sich aber keine Besonderheiten. Auch ein neu gegründetes Unternehmen darf mit der Betriebsänderung erst dann beginnen, wenn ein Interessenausgleich mit dem Betriebsrat ausreichend „versucht" wurde.

c)   Zuständige Arbeitnehmervertretung

793   Vor Aufnahme von Interessenausgleichsverhandlungen muss geklärt werden, welche **Arbeitnehmervertretung für die Verhandlungen zuständig** ist. Bei Zweifeln über den zuständigen Verhandlungspartner muss der Arbeitgeber alle in Betracht kommenden Arbeitnehmervertretungen zur Klärung der Zuständigkeitsfrage auffordern. Einigen sich die Gremien und wird ihm ein Verhandlungspartner genannt, hat der Arbeitgeber bei Einbeziehung des genannten Verhandlungspartners einen Interessenausgleich ausreichend versucht, selbst wenn er letztlich unzuständig sein sollte. Das gleiche gilt, wenn sich die Arbeitnehmergremien auf Aufforderung des Arbeitgebers nicht einigen und der Arbeitgeber entscheidet, welches Gremium er für zuständig hält.[1828]

794   Grds. ist jeweils der **örtliche Betriebsrat** für die Ausübung sämtlicher gesetzlicher Mitbestimmungsrechte zuständig und nimmt die Interessen der Belegschaft des einzelnen Betriebs gegenüber dem Arbeitgeber wahr. Nur ausnahmsweise ist der **Gesamtbetriebsrat** gem. § 50 Abs. 1 BetrVG zuständig, wenn ein zwingendes Erfordernis nach einer betriebsübergreifenden Regelung vorliegt. Für die Vereinbarung über einen Interessenausgleich ist der Gesamtbetriebsrat dann zuständig, wenn sich die geplante Betriebsänderung auf alle oder mehrere Betriebe eines Unternehmens auswirkt und deshalb einer einheitlichen Regelung bedarf. Der betriebsübergreifende Regelungsbedarf bestimmt sich dabei nach der vom Arbeitgeber geplanten Maßnahme: Liegt ihr ein unternehmenseinheitliches Konzept zugrunde, ist der Interessenausgleich mit dem Gesamtbetriebsrat zu vereinbaren.[1829]

795   *Praxishinweis*

Damit der Arbeitgeber ein wirksames Interessenausgleichsverfahren durchführt, muss er zwingend mit der „richtigen" Arbeitnehmervertretung verhandeln, wobei er die Initiativlast trägt. Der Arbeitgeber trägt dementsprechend auch das Risiko, dass sein Verhandlungsversuch mit der „falschen" Arbeitnehmervertretung als unzureichend gewertet wird.[1830] In diesem Fall haben Arbeitnehmer – trotz des durch-

---

1828 BAG 24.1.1996, AP Nr. 16 zu § 50 BetrVG 1972.
1829 BAG 3.5.2006, AP Nr. 29 zu § 50 BetrVG 1972; BAG 11.12.2001, NZA 2002, 688; BAG 20.4.1994, NZA 1995, 89.
1830 BAG 24.1.1996, AP Nr. 16 zu § 50 BetrVG 1972.

geführten Verfahrens! – Nachteilsausgleichsansprüche gem. § 113 Abs. 3 BetrVG, wenn der Arbeitgeber mit der Umsetzung der Betriebsänderung beginnt, ohne zuvor den „richtigen" Betriebsrat beteiligt zu haben.[1831]

d) Inhalt des Interessenausgleichs

Nach der vollständigen und umfassenden Information des Betriebsrats über die geplante Betriebsänderung   796
müssen beide Seiten darüber beraten, ob, wann und wie die geplante Betriebsänderung durchgeführt werden
soll. Ziel dieser Beratungen ist der Abschluss eines Interessenausgleichs, also eine Einigung über die unternehmerische Entscheidung als solche.

aa) Allgemein zum Inhalt

Die **genaue Beschreibung** der geplanten unternehmerischen Maßnahme – also der Betriebsänderung i.S.d.   797
§ 111 BetrVG – und ihre Durchführung ist der Kern des Interessenausgleichs und sein wesentlicher Inhalt.
Diese Beschreibungen stellen die Einigung der Betriebspartner über das „Ob" und „Wie" der Betriebsänderung dar. Zur Durchführung der Maßnahme gehört häufig auch die **Vermeidung von Nachteilen für die
Belegschaft**, indem sämtliche Instrumente zur Reduzierung des Personalbestandes ohne Ausspruch von
Kündigungen genutzt und im Interessenausgleich festgehalten werden. In Zeiten immer rascherer Umstrukturierungsprozesse und Globalisierung gewinnt der Interessenausgleich an Bedeutung, weil Sozialpläne
häufig den Verlust des Arbeitsplatzes nicht mehr ausgleichen können. Gefragt sind daher Lösungen in einem Interessenausgleich, die nach Möglichkeit bereits den Eintritt erheblicher Nachteile für die Arbeitnehmer vermeiden, ohne die erforderlichen Rationalisierungs- und Modernisierungsprozesse in Betrieb und
Unternehmen zu verhindern.[1832]

Häufig sind die zu regelnden Materien in diesem Zusammenhang zu komplex, um sie im Interessenaus-   798
gleich auszuführen. Üblich ist es dann, im Interessenausgleich auf Anlagen zu verweisen und diese **Anlagen**
beizufügen (z.B. Schließungsplan, Zeitplan für die Umsetzung einer Betriebsverlagerung, sonstige Pläne,
Konzepte, Mitarbeiterlisten usw.). Es gibt aber auch einfache, kurze Interessenausgleiche. Letztlich bestimmen die Betriebsparteien, in welcher Tiefe sie bestimmte Regelungen treffen wollen.

Es lohnt sich, auf die Formulierung des Interessenausgleichs **Sorgfalt zu verwenden**. Denn da er sich mit   799
der „unternehmerischen Maßnahme an sich" beschäftigt, ist er die Grundlage für die Begründung von betriebsbedingten Kündigungen, Änderungskündigungen und Versetzungen. Dass die Formulierungen im Interessenausgleich dabei **von den Gerichten sehr ernst** genommen werden, zeigt eine Entscheidung des
BAG:[1833] Das BAG folgerte aus den Regelungen des Interessenausgleichs, dass einem Arbeitnehmer vor
einer Änderungskündigung ein Home-Office Arbeitsplatz eingerichtet werden müsse. Denn dass solche Arbeitsplätze mit dem unternehmerischen Konzept grds. vereinbar wären, ergäbe sich aus dem Interessenausgleich, der ausdrücklich vorsah, dass den betroffenen Mitarbeitern auf deren Wunsch ein Home-Office eingerichtet werde.

bb) Transfergesellschaften

Transfergesellschaften (auch: „Beschäftigungs- und Qualifizierungsgesellschaften") sind mittlerweile bei   800
Umstrukturierungen etabliert. Sie sollen die Arbeitslosigkeit der entlassenen Mitarbeiter vermeiden und ihnen durch Unterstützung bei der Bewerbung, Qualifizierung und Vermittlung von Arbeitsangeboten den
Wechsel zu einem anderen Arbeitgeber erleichtern. Thematisch gehören derartige Regelungen einmal in
den Interessenausgleich, da sie sich unmittelbar mit der Umsetzung der geplanten Betriebsänderung

---

1831 Zu den Schwierigkeiten bei Untätigkeit des eigentlich zuständigen Gesamt- oder Konzernbetriebsrats, vgl. *Röder/Gradert*, DB
  1996, 1674.
1832 *Fitting u.a.*, §§ 112, 112a BetrVG Rn 14.
1833 BAG 2.3.2006, NZA 2006, 985.

(„Wie") und mit der Vermeidung von Nachteilen für die Arbeitnehmer beschäftigen. Soweit es um die finanzielle Ausstattung der Transfergesellschaft geht, gehören diese Regelungen jedoch auch in Sozialpläne (Ausführungen zum Sozialplan vgl. unten Rdn 843 ff., 867). **Transfergesellschaften** können entweder für einen konkreten Personalabbau gegründet werden, oder der Arbeitgeber nutzt eine der vielen vorhandenen Dienstleister, die sich auf die Qualifizierung und Vermittlung von Arbeitnehmern spezialisiert haben. Daneben ist es auch möglich, die von den Rationalisierungsmaßnahmen betroffenen Arbeitnehmer innerhalb des Unternehmens – also ohne rechtliche Verselbstständigung – in einer **betriebsorganisatorisch eigenständigen Einheit** zusammenzufassen. Üblicherweise wechseln die Arbeitnehmer im Rahmen von **dreiseitigen Verträgen** in die Transfergesellschaft: Das Arbeitsverhältnis mit dem Arbeitgeber wird einvernehmlich (häufig unter Abkürzung der geltenden Kündigungsfrist) beendet, und es wird ein neues Arbeitsverhältnis mit der Transfergesellschaft begründet. Ein Betriebs(teil)übergang nach § 613a BGB scheidet regelmäßig aus, weil die Transfergesellschaft einen anderen Betriebszweck (die Qualifizierung und Vermittlung) verfolgt, und die Arbeitsbedingungen der überführten Arbeitnehmer sich entsprechend ändern. Die **Finanzierung der Transfergesellschaft** erfolgt durch den (ehemaligen) Arbeitgeber und die Arbeitsagentur, die bei Vorliegen der Voraussetzungen (§ 111 SGB III) Transferkurzarbeitergeld für die Dauer von maximal 12 Monaten gewährt. Das Transferkurzarbeitergeld entspricht in der Höhe dem Kurzarbeitergeld. Zusätzlich können Zuschüsse zu Qualifizierungsmaßnahmen im Einzelfall gem. § 110 SGB III bewilligt werden. Der Arbeitgeber übernimmt üblicherweise die Remanenzkosten (Gesamtsozialversicherungsbeiträge, Entgelt für Feiertage, Urlaub und Krankheit), die Verwaltungskosten der Transfergesellschaft sowie häufig auch die Zahlung eines Zuschusses an die Arbeitnehmer, um das Transferkurzarbeitergeld aufzustocken.[1834]

> *Praxistipp*
>
> Damit die Arbeitsagentur den Arbeitnehmern in der Transfergesellschaft Transferkurzarbeitergeld bewilligt, ist es seit 2012 notwendig, dass sich Betriebsrat und Arbeitgeber im Rahmen der Interessenausgleichs- und Sozialplanverhandlungen von der Arbeitsagentur beraten lassen (§ 111 Abs. 1 Nr. 4 SGB III). Die Beratung muss vor Abschluss des Interessenausgleichs/Sozialplans erfolgen. Die Arbeitsagenturen reagieren bisher relativ schnell auf Beratungsanfragen. Wer diese Beratung allerdings nicht rechtzeitig in Anspruch nimmt, muss damit rechnen, dass die Arbeitsagentur die Finanzierung der Transfergesellschaft durch Zahlung des Transferkurzarbeitergeldes ablehnt. Damit scheitert das gesamte Finanzierungskonzept des Arbeitgebers, was zu bösen Überraschungen führen kann, wenn die Mitarbeiter die dreiseitigen Verträge zum Übertritt in die Transfergesellschaft bereits unterzeichnet haben.

cc) Interessenausgleich mit Namensliste, § 1 Abs. 5 KSchG

801 Gelingt es dem Arbeitgeber, sich mit dem Betriebsrat im Rahmen der Interessenausgleichsverhandlungen auf eine Namensliste zu einigen, in der **die zu kündigenden Arbeitnehmer namentlich bezeichnet** sind, hat dies für ihn den großen Vorteil, dass gem. § 1 Abs. 5 S. 1 KSchG vermutet wird, dass die aufgrund der Namensliste ausgesprochenen Kündigungen durch dringende betriebliche Erfordernisse bedingt sind. Voraussetzung ist allerdings, dass die der Kündigung zugrunde liegende Betriebsänderung vollumfänglich im Interessenausgleich niedergelegt ist; ein Interessenausgleich nur über Teile der Betriebsänderung reicht nicht aus, um die Vermutungswirkung des § 1 Abs. 5 Satz 1 KSchG zu begründen.[1835] Ist dies der Fall und die geplante Betriebsänderung vollständig im Interessenausgleich erfasst, greift die Vermutungswirkung allerdings auch bei **„Teil-Namenslisten"** ein, wenn Arbeitgeber und Betriebsrat die zu kündigenden Arbeitnehmer entsprechend den geplanten „Entlassungswellen" jeweils pro „Welle" vollständig auf die

---

1834 Vgl. zu den Neuregelungen des § 216b SGB III seit 1.1.2004 *Gaul/Bonanni/Otto*, DB 2003, 2387; *Meyer*, BB 2004, 490; *Lembke*, BB 2004, 779; *Mengel/Ullrich*, BB 2005, 1109. Zum Streitstand bei der Erzwingbarkeit einer Transfergesellschaft vor der Einigungsstelle, *Schütte*, NZA 2013, 249.
1835 BAG 17.3.2016, NZA 2016, 1072.

Liste setzen.[1836] Bei **Änderungskündigungen** führt die Namensliste dazu, dass sich die Vermutungswirkung auch darauf erstreckt, dass die Änderung der Arbeitsbedingungen durch betriebliche Erfordernisse veranlasst war.[1837] Die soziale Auswahl der Arbeitnehmer kann außerdem nur auf grobe Fehlerhaftigkeit überprüft werden (§ 1 Abs. 5 S. 2 KSchG). Der **Prüfungsmaßstab der groben Fehlerhaftigkeit** nach § 1 Abs. 5 S. 2 KSchG erstreckt sich dabei nicht nur auf die sozialen Kriterien und deren Gewichtung zueinander. Vielmehr wird auch die Bildung der auswahlrelevanten Gruppen nur nach diesem eingeschränkten Prüfungsmaßstab beurteilt.[1838] Durch einen Interessenausgleich mit Namensliste können Arbeitgeber und Betriebsrat auch eine Auswahlrichtlinie i.S.v. § 1 Abs. 4 KSchG später oder zeitgleich ändern. Setzen sich die Betriebsparteien in einem bestimmten Punkt gemeinsam über die Auswahlrichtlinie hinweg, gilt die Namensliste.[1839]

Der eingeschränkte Prüfungsmaßstab der groben Fehlerhaftigkeit nach § 1 Abs. 5 KSchG gilt jedoch nur dann, wenn der Arbeitgeber eine ordentliche betriebsbedingte (Änderungs-) Kündigung ausspricht. Auf **außerordentliche betriebsbedingte Kündigungen** mit sozialer Auslauffrist findet § 1 Abs. 5 KSchG von vorne herein keine Anwendung.[1840] Auch wenn ein Interessenausgleich mit Namensliste vereinbart ist, muss der Arbeitgeber nach § 1 Abs. 3 S. 3 Hs. 2 KSchG dem Arbeitnehmer auf dessen Verlangen im Prozess die Gründe mitteilen, die zu der getroffenen Sozialauswahl geführt haben. Erst nach Erfüllung der Auskunftspflicht trägt der Arbeitnehmer die volle Darlegungs- und Beweislast für die Fehlerhaftigkeit der Sozialauswahl.[1841] Insofern müssen die Betriebsparteien auch bei einem Interessenausgleich mit Namensliste eine „echte" Sozialauswahl durchführen und sicherstellen, dass diese keine groben Fehler aufweist. Werden z.B. Altersgruppen nach § 1 Abs. 3 S. 2 KSchG gebildet, muss wie üblich außerhalb insolventer Betriebe sichergestellt werden, dass die prozentuale Verteilung der Belegschaft auf die Altersgruppen festgestellt und die Gesamtzahl der auszusprechenden Kündigungen diesem Proporz entsprechend auf die einzelnen Altersgruppen verteilt wird. Die Namensliste schafft hier also keine Erleichterung. Werden diese Voraussetzungen nicht eingehalten, wird die Sozialauswahl ohne Rücksicht auf die gebildeten Altersgruppen geprüft und erweist sich dann – weil auch ältere Arbeitnehmer mit höherer Schutzwürdigkeit als Jüngere gekündigt wurden – hinsichtlich der älteren Arbeitnehmer normalerweise als grob fehlerhaft.[1842]

Praxishinweis   803

Vor diesem Hintergrund kann es sinnvoll sein, nicht nur die Namensliste in den Interessenausgleich aufzunehmen, sondern zusätzlich festzuhalten, welche Kriterien und Umstände zur Auswahl der namentlich genannten Mitarbeiter geführt haben.

Damit das **Schriftformerfordernis** des Interessenausgleichs nach § 112 Abs. 1 S. 1 BetrVG gewahrt ist,   804
muss die Namensliste nicht unbedingt im Interessenausgleich selbst aufgeführt sein. Sie kann auch (wie meist) in einer Anlage zum Interessenausgleich enthalten sein. Voraussetzung ist dann grundsätzlich, dass der Interessenausgleich von den Betriebsparteien unterzeichnet ist, in ihm ausdrücklich auf die Anlage Bezug genommen wird und die Haupturkunde mit der Anlage mittels Heftmaschine körperlich derart zu einer einheitlichen Urkunde verbunden ist, dass eine Lösung nur durch Gewaltanwendung (Lösen der Heftklammer) möglich ist.[1843] Allerdings ist das Schriftformerfordernis nach Auffassung des BAG auch dann erfüllt, wenn die Namensliste zeitnah nach Abschluss des Interessenausgleichs erstellt, eigenhändig von den

---

1836 BAG 17.3.2016 , NZA 2016, 1072.
1837 BAG 19.6.2007 – 2 AZR 304/06, zit. nach juris.
1838 St. Rspr., vgl. z.B. BAG 21.7.2005, NZA 2006, 162; BAG 21.9.2006, AP Nr. 12 zu § 1 KSchG 1969 Namensliste.
1839 BAG, 24.10.2013, NZA 2014, 46.
1840 BAG 28.5.2009 – 2 AZR 844/07, zit. nach juris.
1841 St. Rspr., vgl. z.B. BAG 21.2.2002, NZA 2002, 1360; BAG 22.1.2004, AP Nr. 1 zu § 112 BetrVG 1972 Namensliste.
1842 BAG 26.3.2015, NJW 2015, 3116.
1843 St. Rspr., vgl. z.B. BAG 19.7.2012 – 2 AZR 352/11; BAG 6.7.2006, NZA 2007, 266.

Betriebsparteien unterzeichnet und in ihr auf den abgeschlossenen Interessenausgleich verwiesen wird. Eine „zeitnahe Ergänzung" hat das BAG z.B. dann angenommen, wenn das Verständnis über die Namensliste etwa sechs Wochen nach Unterzeichnung des Interessenausgleichs erfolgte.[1844] Sicherheitshalber sollte zusätzlich im Interessenausgleich die Möglichkeit seiner nachträglichen Ergänzung um eine Namensliste formuliert sein.[1845]

805   Zusammenfassend sind die Voraussetzungen für einen wirksamen Interessenausgleich mit Namensliste nach § 1 Abs. 5 KSchG wie folgt:

- Vorliegen einer Betriebsänderung nach § 111 S. 1 und S. 3 Nr. 1 bis 5 BetrVG,
- vollständige Erfassung der geplanten Betriebsänderung im Interessenausgleich (kein „Teil-Interessenausgleich"),
- rechtswirksamer Abschluss des Interessenausgleichs (Schriftform, Zuständigkeit BR/GBR),
- namentliche Nennung des zu kündigenden Arbeitnehmers in der Namensliste (bei „Entlassungswellen" auch in „Teil-Namenslisten" möglich),
- Zugang der (ordentlichen!) Kündigung nach Abschluss des Interessenausgleichs mit Namensliste,
- „Beruhen" der Kündigung auf der im Interessenausgleich geregelten Betriebsänderung.

dd) Rahmenvereinbarungen, „bedingter" Interessenausgleich

806   Der Interessenausgleich ist seiner Natur nach **auf den Einzelfall bezogen**, denn durch ihn soll der Betriebsrat Einfluss auf die Gestaltung der konkreten Betriebsänderung nehmen können. Er soll sich mit dem Arbeitgeber einigen, ob und ggf. in welchem Umfang und auf welche Art und Weise die geplante Betriebsänderung verwirklicht wird. Dies schließt vorweg genommene Regelungen für künftige, in ihren Einzelheiten noch nicht absehbare Maßnahmen aus. Würde der Betriebsrat sein Einverständnis zu einer ihrer Art und ihrem Ausmaß nach noch völlig ungewissen Betriebsänderung geben, liefe dies auf einen unzulässigen Verzicht auf seine Beteiligungsrechte hinsichtlich der Herbeiführung eines Interessenausgleichs hinaus.[1846] Unabhängig davon wird in der Praxis bei großen Umstrukturierungen häufiger auch schon vor Abschluss der Planungen eine **„Rahmenvereinbarung"** (auch **„prozessorientierter Interessenausgleich"** genannt) getroffen, in der grundsätzliche Regelungen und Absprachen über das Verfahren) enthalten sind.[1847] Dies entbindet die Parteien zwar nicht von Verhandlungen, sobald die Betriebsänderung sich konkret abzeichnet. Sie kann ihnen aber den Prozess erleichtern. Das BAG hat in diesem Zusammenhang entschieden, dass der konkrete Verweis auf genau bezeichnete andere schriftliche Regelungen (z.B. eine Gesamt- oder Konzernbetriebsvereinbarung) dem Schriftformerfordernis genügt.[1848]

807   Ob ein **„bedingter Interessenausgleich"** zwischen den Betriebsparteien geschlossen werden kann, der z.B. nur dann gelten soll, wenn der Arbeitgeber zur Fortführung des Geschäftsbetriebs einen dringend erforderlichen Kredit erhält (eine solche „vorgezogene" Vereinbarung kann sinnvoll sein, um die Umsetzung der unternehmerischen Maßnahmen nach der Kreditgewährung zu beschleunigen) oder ob ein Interessenausgleich grds. bedingungsfeindlich ist, hat das BAG ausdrücklich offen gelassen. Ein solch „bedingter Interessenausgleich" kann aber zumindest einen ausreichenden „Versuch" darstellen, so dass Nachteilsausgleichsansprüche gem. § 113 Abs. 3 BetrVG ausscheiden.[1849]

e)   Form des Interessenausgleichs

808   Kommt zwischen Unternehmer und Betriebsrat ein Interessenausgleich über die geplante Betriebsänderung zustande, muss dieser schriftlich niedergelegt und von beiden Verhandlungspartnern unterschrieben wer-

---

1844 BAG 26.3.2009, NZA 2009, 1151.
1845 BAG 26.3.2009, NZA 2009, 1151.
1846 BAG 19.1.1999, NZA 1999, 949; BAG 29.11.1983, AP Nr. 10 zu § 113 BetrVG 1972.
1847 Vgl. *Krieger/Terhorst*, NZA 2014, 689.
1848 BAG 14.11.2006, NZA 2007, 339.
1849 BAG 21.7.2005, NZA 2006, 162.

den (§ 112 Abs. 1 S. 1 BetrVG). Nicht erforderlich ist es, dass der Interessenausgleich ausdrücklich als solcher bezeichnet und gesondert abgeschlossen wird; er kann auch mit dem Sozialplan zusammen in einer Urkunde niedergelegt werden. Maßgebend ist nur, dass sich die Betriebsparteien über die Betriebsänderung geeinigt haben.[1850]

Die Wahrung der **Schriftform** ist **Wirksamkeitsvoraussetzung**. Eine mündliche Vereinbarung genügt nicht.[1851] Der ohne die erforderliche Form abgeschlossene Interessenausgleich stellt nicht einmal den „Versuch" eines Interessenausgleichs dar, so dass die Arbeitnehmer in diesem Fall Nachteilsausgleichsansprüche nach § 113 Abs. 3 BetrVG geltend machen können. **809**

Zweck des Schriftformerfordernisses ist es, Zweifel über den Inhalt des Interessenausgleichs auszuschließen. Deshalb ist dem Schriftformerfordernis nach Auffassung des BAG auch dann genügt, wenn im Interessenausgleich auf **genau bezeichnete andere schriftliche Regelungen** (z.B. eine Gesamtbetriebs- oder Konzernbetriebsvereinbarung) **verwiesen** wird. Es ist nicht notwendig, dass die in Bezug genommenen Regelungen wörtlich im Interessenausgleich wiedergegeben oder ihm als Anlage beigefügt werden.[1852] **810**

Werden dem Interessenausgleich **Anlagen** beigefügt, muss im Interessenausgleich auf diese ausdrücklich verwiesen werden, sie müssen mit der Haupturkunde vor Unterzeichnung körperlich zu einer einheitlichen Urkunde verbunden sein (z.B. durch Heftklammern) und der Interessenausgleich selbst muss von den Betriebsparteien unterzeichnet werden.[1853] Es wird sogar empfohlen, zur Ausschaltung jeden Risikos auch sämtliche Anlagen des Interessenausgleichs zu unterzeichnen.[1854] Bei einer **Namensliste** hält es das BAG allerdings für ausreichend, wenn diese von den Betriebsparteien eigenhändig unterzeichnet und in Bezug genommen wird; sie kann sogar zeitnah nach Abschluss des Interessensausgleichs vereinbart werden.[1855] **811**

f) Rechtsnatur des Interessenausgleichs

Beim Interessenausgleich handelt es sich um eine **kollektive Vereinbarung besonderer Art**, nicht um eine Betriebsvereinbarung. Er entfaltet daher auch keine normative Wirkung für die Arbeitsverhältnisse der Arbeitnehmer.[1856] Die umstrittenste Frage im Zusammenhang mit der Rechtsnatur des Interessenausgleichs ist, inwieweit der Betriebsrat einen gerichtlich durchsetzbaren Anspruch gegen den Arbeitgeber hat, die Betriebsänderung entsprechend dem Interessenausgleich durchzuführen und davon abweichende Maßnahmen zu unterlassen.[1857] Nach Auffassung des BAG hat der Betriebsrat keinen derartigen Anspruch, da es sich beim Interessenausgleich lediglich um eine **Naturalobligation** handelt.[1858] **812**

Enthält ein Interessenausgleich aber Bestimmungen, die ihrem Inhalt nach Sozialplanregelungen i.S.v. § 112 Abs. 1 S. 2 BetrVG darstellen – also nicht das „Ob" und „Wie" der Betriebsänderung regeln, sondern den Ausgleich und die Abmilderung der den Arbeitnehmern hierdurch entstehenden wirtschaftlichen Nachteile –, können sich hieraus Ansprüche der Arbeitnehmer ergeben.[1859] Die Betriebsparteien können außerdem über den Interessenausgleich eine **freiwillige Betriebsvereinbarung** schließen (§ 88 BetrVG), mit der Folge, dass der Betriebsrat einen eigenständigen Erfüllungsanspruch nach § 77 Abs. 1 BetrVG hat. Dies wird häufig vom Betriebsrat gefordert. **813**

1850 BAG 20.4.1994, NZA 1995, 89.
1851 BAG 9.7.1985, AP Nr. 13 zu § 113 BetrVG 1972; BAG 20.4.1994, NZA 1995, 89.
1852 BAG 14.11.2006, NZA 2007, 339; BAG 3.6.1997, NZA 1998, 382.
1853 St. Rspr., z.B. BAG 6.7.2007, NZA 2007, 266.
1854 *Hohenstatt*, NZA 1998, 846, 851.
1855 BAG 26.3.2009, NZA 2009, 1151.
1856 BAG 20.4.1994, NZA 1995, 89; BAG 14.11.2006, NZA 2007, 339.
1857 GK-BetrVG/*Oetker*, §§ 112, 112 a Rn 82 ff. mit umfassenden Nachweisen zum Streitstand und unten unter Rn 787 zur aktuellen Rechtsprechung der LAG.
1858 BAG 28.8.1991, AP Nr. 2 zu § 85 ArbGG 1979.
1859 BAG 14.11.2006, NZA 2007, 339.

814   *Praxishinweis*

Will der Arbeitgeber vermeiden, dass der Betriebsrat einen Erfüllungsanspruch hinsichtlich der Regelungen im Interessenausgleich hat, empfiehlt es sich, streng zwischen dem Interessenausgleich und dem Sozialplan (der nach § 112 Abs. 1 S. 3 BetrVG eine Betriebsvereinbarung darstellt) zu unterscheiden und zwei Dokumente zu verfassen, um jede „Nähe" zu einer Betriebsvereinbarung zu vermeiden.

g) Verfahren beim „Versuch" des Interessenausgleichs

815   Kommt ein Interessenausgleich zustande, kann der Unternehmer im Anschluss daran mit der Umsetzung der Betriebsänderung beginnen, also z.B. Kündigungen aussprechen.

816   Einigen sich die Betriebsparteien über die geplante Betriebsänderung nicht, genügt es dem Unternehmer, wenn er einen Interessenausgleich lediglich „versucht" hat. Der Betriebsrat kann den Abschluss eines Interessenausgleichs (im Gegensatz zum Sozialplan) nicht über die Einigungsstelle erzwingen. Der Unternehmer muss aber für einen ausreichenden „Versuch" das **Verfahren** nach §§ 111, 112 BetrVG **voll ausschöpfen**, wenn er Nachteilsausgleichsansprüche vermeiden möchte.[1860] Denn durch das Verfahren soll gewährleistet werden, dass der Betriebsrat Einfluss auf die Willensbildung und Entscheidung des Unternehmers nehmen kann, um die Interessen der Arbeitnehmer möglichst früh einfließen zu lassen. Deshalb ist ein Interessenausgleich auch erst dann ausreichend „versucht", wenn der Unternehmer oder der Betriebsrat die **Einigungsstelle** angerufen hat (§ 112 Abs. 2 S. 2 BetrVG) und diese das Scheitern der Verhandlungen erklärt.

817   *Praxishinweis*

Das Gesetz sieht außerdem vor, dass Unternehmer oder Betriebsrat vor Einschaltung der Einigungsstelle auch den **Vorstand der Bundesagentur für Arbeit** um Vermittlung ersuchen können (§ 112 Abs. 2 S. 1 BetrVG). Von dieser Möglichkeit wird in der Praxis allerdings selten Gebrauch gemacht.

818   Sobald das Verfahren zum Versuch eines Interessenausgleichs abgeschlossen ist – also die Einigungsstelle das Scheitern der Verhandlungen erklärt hat –, kann der Unternehmer (unabhängig von einer Zustimmung des Betriebsrats) die geplante Betriebsänderung umsetzen, ohne dass ihm rechtliche Nachteile drohen. Hinsichtlich des Interessenausgleichs hat der Betriebsrat also nur die Möglichkeit, die Umsetzung der Betriebsänderung zu verzögern (was wirtschaftlich aber sehr bedeutsam sein kann), nicht aber, sie zu verhindern.

h) Folgen eines unterlassenen Versuchs des Interessenausgleichs

819   Unterrichtet der Unternehmer den Betriebsrat nicht über die geplante Betriebsänderung, stellt dies eine **Ordnungswidrigkeit** dar, die mit einer Geldbuße bis zu 10.000 EUR geahndet werden kann (§ 121 BetrVG).

820   Beginnt der Unternehmer mit der Umsetzung der geplanten Betriebsänderung, ohne einen Interessenausgleich mit dem Betriebsrat ausreichend „versucht" zu haben, trifft ihn die **Nachteilsausgleichspflicht** des § 113 Abs. 3 BetrVG, wenn Arbeitnehmer entlassen werden oder andere wirtschaftliche Nachteile erleiden. Auf ein Verschulden oder eine Vorwerfbarkeit des Verhaltens des Unternehmers kommt es nicht an; die Sanktion des § 113 Abs. 3 BetrVG greift auch dann ein, wenn zwingende Gründe für die Betriebsänderung vorliegen oder Arbeitgeber und Betriebsrat sich einig über die Betriebsänderung sind, aber diese Einigung nicht in einem schriftlichen Interessenausgleich niederlegen.[1861] Vor diesem Hintergrund ist es entscheidend, wann der Unternehmer mit der Durchführung einer Betriebsänderung beginnt. Dies ist

---

1860 St. Rspr., vgl. z.B. BAG 16.5.2007, NZA 2007, 1296.
1861 BAG 16.5.2007, NZA 2007, 1296.

nach der Rechtsprechung des BAG dann der Fall, wenn er unumkehrbare Maßnahmen ergreift und damit vollendete Tatsachen schafft.[1862] Die bloße Einstellung einer Geschäftstätigkeit, die Anhörung des Betriebsrats zu den beabsichtigten Kündigungen nach § 102 BetrVG und die Erstattung der Massenentlassungsanzeige nach § 17 KSchG sowie die widerrufliche Freistellung der Arbeitnehmer stellen noch keinen Beginn der Betriebsstilllegung dar, da sie rückgängig gemacht werden können und nicht zum Ausspruch von Kündigungen zwingen.[1863]

Praxishinweis   821

Die Nachteilsausgleichspflicht erwartet den Unternehmer auch dann, wenn er ohne zwingenden Grund von einem vereinbarten Interessenausgleich abweicht (§ 113 Abs. 1 und Abs. 2 BetrVG) oder wenn er das Interessenausgleichsverfahren mit einer unzuständigen Arbeitnehmervertretung durchgeführt hat.[1864]

Der Anspruch der Arbeitnehmer richtet sich üblicherweise darauf, den Arbeitgeber zur Zahlung von **Abfin-**   822 **dungen** zu verurteilen, wenn sie im Zuge der Umsetzung der Betriebsänderung entlassen werden. Es kann aber auch der Ausgleich anderer **vermögenswerter Nachteile** bis zu einem Zeitraum von 12 Monaten gefordert werden, z.B. erhöhte Fahrkosten bei einer Betriebsverlegung.

Die **Höhe der Abfindung**, die ein Gericht i.R.d. Nachteilsausgleichs für einen entlassenen Arbeitnehmer   823 festsetzen kann, richtet sich nach § 10 KSchG (§ 113 Abs. 1 Hs. 2 BetrVG). Dieser sieht je nach Lebensalter und Beschäftigungsdauer einen Rahmen von maximal 12, 15 oder 18 Monatsverdiensten vor. Bei der Bemessung der Abfindung berücksichtigt das Arbeitsgericht insbesondere das Alter des Arbeitnehmers, seine Betriebszugehörigkeit und seine Aussichten auf dem Arbeitsmarkt. Außerdem kann das Gericht das Ausmaß des betriebsverfassungswidrigen Verhaltens des Arbeitgebers berücksichtigen. Die wirtschaftlichen Verhältnisse des Arbeitgebers spielen dagegen für die Höhe der Abfindung keine Rolle, weil der Nachteilsausgleich **Sanktionscharakter** hat.[1865]

Praxishinweis   824

Wegen des Sanktionscharakters des Nachteilsausgleichs ist umstritten, ob die aufgrund eines Sozialplans gezahlte Abfindung auf den Anspruch auf Nachteilsausgleich angerechnet werden kann. Dies wird in Sozialplänen häufig so vereinbart. Nach Auffassung des BAG[1866] ist eine Anrechnung in voller Höhe jedenfalls dann zulässig, wenn ein Verstoß gegen Art. 2 der EG-Massenentlassungsrichtlinie nicht festzustellen ist. Diese verlangt – anders als das Interessenausgleichsverfahren – die Einschaltung der Einigungsstelle nicht.

i) Unterlassungsanspruch des Betriebsrats?

Äußerst umstritten ist, ob der Betriebsrat zusätzlich zu den individualrechtlichen Konsequenzen nach   825 § 113 Abs. 3 BetrVG die Möglichkeit hat, im Wege einer **einstweiligen Verfügung** im Beschlussverfahren die Unterlassung der Betriebsänderung bis zum Abschluss des Verfahrens nach §§ 111, 112 BetrVG zu verlangen.[1867]

1862 St. Rspr.vgl. z.B. BAG 14.4.2005 – 1 AZR 794/13, zit. nach juris
1863 BAG 14.4.2005 – 1 AZR 794/13, zit. nach juris.
1864 BAG 24.1.1996, AP Nr. 16 zu § 50 BetrVG 1972.
1865 BAG 22.7.2003 – 1 AZR 541/02, zit. nach juris.
1866 BAG 20.11.2001, AP Nr. 39 zu § 113 BetrVG 1972; BAG 16.5.2007 – 8 AZR 693/06, zit. nach juris.
1867 Der Europäische Betriebsrat hat nach richtiger Auffassung keinen Unterlassungsanspruch, wenn er vor einer Betriebsänderung nicht ordnungsgemäß informiert wurde, vgl. LAG Baden-Württemberg 12.10.2015, NZA-RR 2016, 358; Rechtsbeschwerde zum BAG unter dem Az. 1 ABR/9/16 eingelegt.

826   Das **Bundesarbeitsgericht** hat sich zu dieser Frage im Rahmen eines Kostenerstattungsverfahrens dahingehend geäußert, dass ein Interessenausgleich keinen Anspruch des Betriebsrats auf dessen Einhaltung erzeugt, sondern es sich lediglich um eine Naturalobligation handelt. Deshalb kann der Betriebsrat nach Auffassung des BAG die Einhaltung des Interessenausgleichs gegenüber dem Arbeitgeber auch nicht erzwingen. Ihm steht nämlich kein Verfügungsanspruch zur Sicherung eines solchen – nicht bestehenden – Rechtes zu.[1868] Im Zusammenhang mit der Entwicklung des allgemeinen Unterlassungsanspruchs des Betriebsrats hat das BAG entschieden, dass nicht jede Verletzung von Rechten des Betriebsrats ohne weiteres zu einem Unterlassungsanspruch führt. Vielmehr kommt es auf die einzelnen Mitbestimmungstatbestände, deren konkrete gesetzliche Ausgestaltung und die Art der Rechtsverletzung an. Deshalb sei es auch nicht widersprüchlich, einen Unterlassungsanspruch bei Verstößen gegen § 87 BetrVG zu bejahen, ihn aber im Zusammenhang mit der Mitbestimmung in wirtschaftlichen Angelegenheiten zu verneinen.[1869]

827   Die **Landesarbeitsgerichte** – die im einstweiligen Verfügungsverfahren wegen §§ 85 Abs. 2, 92 Abs. 1 S. 3 ArbGG letztinstanzlich entscheiden – folgen dem Bundesarbeitsgericht allerdings nur teilweise. Es kommt deshalb für den Unternehmer sehr darauf an, in welchem Gerichtsbezirk sich der Betrieb befindet, in dem die Betriebsänderung geplant ist. Ein Teil der Landesarbeitsgerichte bejaht den Unterlassungsanspruch[1870] des Betriebsrats (üblicherweise mit dem einschränkenden Hinweis, dass der Unterlassungsanspruch allein der Sicherung des Verhandlungsanspruchs dient und hierauf beschränkt ist), der andere Teil lehnt den Unterlassungsanspruch ab.[1871] Es war eine Zeit lang die Tendenz festzustellen, dass sich immer mehr Gerichte der Auffassung anschließen, dass ein Unterlassungsanspruch des Betriebsrats besteht. Begründet wurde dies vor allem damit, dass seit 23.3.2005 die Umsetzungsfrist der EU-Richtlinie 2002/14/EG verstrichen ist, die eine effektive Konsultation der Arbeitnehmervertreter vor grundlegenden Änderungen der Beschäftigungssituation verlangt. Der Unterlassungsanspruch sollte deshalb im Wege der richtlinienkonformen Auslegung anerkannt werden müssen.[1872] Andererseits haben trotz dieser europarechtlichen Argumente Gerichte ihre bisherige Rechtsprechung bestätigt und einen Unterlassungsanspruch nach wie vor abgelehnt.[1873] Eine „Trendwende" ist deshalb nicht erkennbar.

1868 BAG 28.8.1991, AP Nr. 2 zu § 85 ArbGG 1979.

1869 BAG 3.5.1994, NZA 1995, 40.

1870 **Unterlassungsanspruch bejaht:** LAG Berlin-Brandenburg 19.6.2014 – 7a BVGa 1219/14, zit. nach juris; LAG Berlin 25.6.2008 – 15 TaBVGa 1145/08, zit. nach juris; LAG Berlin 7.9.1995, NZA 1996, 1284; LAG Hamburg 26.6.1997, NZA-RR 1997, 296; LAG Hamburg 27.6.1997, LAGE Nr. 15 zu § 111 BetrVG 1972; LAG Thüringen 18.8.2003, ZIP 2004, 1118; LAG Hamm 17.2.2015, NZA-RR 2015, 247; LAG Hamm 20.4.2012 – 10 TaBVGa 3/12, zit. nach juris; LAG Hamm 28.6.2010 – 13 TaBVGa 372/10, zit. nach juris; LAG Hamm 21.8.2008 – 13 TaBVGa 16/08, zit. nach juris; LAG Hamm 30.4.2008 – 13 TaBVGa 8/08, zit. nach juris; LAG Hamm 30.7.2007 – 10 TaBVGa 17/07, zit. nach juris; LAG Hamm 26.2.2007, NZA-RR 2007, 469; LAG Hamm 28.8.2003, NZA-RR 2004, 80 (unter Aufgabe der früheren Rspr.); LAG Hessen 19.1.2010, NZA-RR 2010, 187; LAG Hessen 21.9.1982, DB 1983, 163; LAG Hessen 2.10.2014 – 4 TaBVGa 137/07, zit. nach juris; LAG Rheinland-Pfalz 2.10.2014 – 3 TaBVGa 5/14, zit. nach juris; LAG Schleswig-Holstein 15.12.2010 – 3 TaBVGa 12/10, zit. nach juris; LAG Schleswig-Holstein 20.7.2007 – 3 TaBVGa 1/07, zit. nach juris; LAG Niedersachsen 4.5.2007 – 17 TaBVGa 57/07, zit. nach juris; LAG München 22.12.2008, BB 2010, 896, wobei die 6. Kammer hier die bis dahin gefestigte Rechtsprechung des LAG München durchbrochen hat.

1871 **Unterlassungsanspruch verneint:** LAG Düsseldorf 19.11.1996, NZA-RR 1997, 297; LAG Düsseldorf 14.12.2005 – 12 TaBV60/05, zit. nach juris; LAG Baden-Württemberg 21.10.2009 – 20 TaBVGa 1/09, zit. nach juris; LAG Baden-Württemberg 28.8.1985, DB 1986, 805; LAG Mainz 28.3.1989, NZA 1989, 863; LAG Hannover 5.6.1987, LAGE Nr. 11 zu § 23 BetrVG 1972; LAG Kiel 13.1.1992, DB 1992, 1788; LAG München 24.9.2003, NZA-RR 2004, 536; LAG München 28.6.2005, ArbRB 2006, 78; LAG Köln 27.5.2009 – 2 TaBVGa 7/09, zit. nach juris; LAG Köln 30.4.2004, NZA-RR 2005, 199; LAG Köln 30.3.2006 – 2 Ta 145/06, zit. nach juris; LAG Rheinland-Pfalz 27.8.2014 – 4 TaBVGa 4/14, zit. nach juris; LAG Rheinland-Pfalz 30.3.2006 – 11 TaBV 53/05, zit. nach juris (vom LAG Rheinland-Pfalz offen gelassen aber am 5.2.2010 – 6 TaBVGa 5/09, zit. nach juris); LAG Sachsen-Anhalt 30.11.2004 – 11 TaBV 18/04, zit. nach juris; LAG Nürnberg 9.3.2009, ZTR 2009, 554.

1872 LAG Niedersachsen 4.5.2007 – 17 TaBVGa 57/07, zit. nach juris; LAG Schleswig-Holstein 20.7.2007 – 3 TaBVGa 1/07, zit. nach juris; LAG Hamm 30.7.2007 – 10 TaBVGa 17/07, zit. nach juris; LAG München 22.12.2008, BB 2010, 896; *Richardi/Annuß,* § 111 BetrVG Rn 168; *Fauser/Nacken,* NZA 2006, 1136; *Gruber,* NZA 2011, 1011; dagegen argumentieren *Lipinski/Reinhardt,* NZA 2009, 1184; *Bauer/Krieger,* BB 2010, 53.

1873 LAG Nürnberg 9.3.2009, ZTR 2009, 554; LAG Baden-Württemberg 21.10.2009 – 20 TaBVGa 1/09, zit. nach juris; LAG Köln 27.5.2009 – 2 TaBVGa 7/09, zit. nach juris; LAG Rheinland-Pfalz 27.8.2014 – 4 TaBVGa 4/14, zit. nach juris.

Praxishinweis 828

Bezieht sich die Betriebsänderung auf einen Betrieb, der sich in einem der Gerichtsbezirke befindet, in denen dem Antrag des Betriebsrats auf Erlass einer Unterlassungsverfügung stattgegeben werden kann (also v. a. Berlin, Frankfurt, Hamburg, Hamm), ist es ratsam, zumindest eine Schutzschrift zu hinterlegen (vgl. § 3 Rdn 618 ff.).

j) Verhandlungssituation beim Interessenausgleich

Noch eine Bemerkung zur Interessenlage bei Interessenausgleichs- und Sozialplanverhandlungen: Meist 829 hat der Unternehmer ein großes Interesse daran, die geplante Betriebsänderung so schnell wie möglich umzusetzen. Deshalb soll aus seiner Sicht das Verfahren hinsichtlich des Interessenausgleichs zügig zum Abschluss gebracht werden. Der Betriebsrat weiß, dass er die Umsetzung der Betriebsänderung letztlich nicht verhindern kann. Deshalb richtet sich sein Interesse üblicherweise darauf, die Dotierung des Sozialplans so hoch wie möglich zu gestalten. Sein vorrangiges Druckmittel in diesem Zusammenhang ist die Verzögerung des Verfahrens hinsichtlich des Interessenausgleichs. Deshalb gilt meist der Grundsatz: Je schneller die Betriebsänderung umgesetzt werden soll, desto höher muss der Sozialplan dotiert werden.

Praxishinweis 830

Seit das BAG in seinem Urt. v. 24.4.2007[1874] entschieden hat, dass Gewerkschaften einen Arbeitskampf auch um einen **Tarifsozialplan** führen können (also einen Streik mit dem Ziel einer tariflichen Regelung zum Ausgleich wirtschaftlicher Nachteile für Beschäftigte im Zusammenhang mit einer konkreten Betriebsänderung), hat sich die **Verhandlungssituation für den Arbeitgeber** erheblich verschlechtert. Er muss nämlich damit rechnen, dass Betriebsrat und Gewerkschaft ihr Vorgehen koordinieren und der Betriebsrat der Gewerkschaft zur Durchsetzung ihrer Forderung dadurch Unterstützung zukommen lässt, dass er die Interessenausgleichsverhandlungen noch länger als bei „rein innerbetrieblichen" Verhandlungen hinauszuzögern versucht.[1875]

k) Verhältnis zu sonstigen Beteiligungsrechten des Betriebsrats

Die besonderen Beteiligungsrechte des Betriebsrats nach §§ 111 ff. BetrVG lassen die sonstigen Mitbestim- 831 mungsrechte des Betriebsrats grds. unberührt. Ist eine Betriebsänderung z.B. mit Kündigungen von Arbeitnehmern verbunden, muss der Arbeitgeber den Betriebsrat zusätzlich zu den einzelnen Kündigungen anhören (§ 102 BetrVG) und ggf. seine Beteiligungsrechte bei Massenentlassungen (§ 17 KSchG) wahren.

aa) Anhörung des Betriebsrats nach § 102 BetrVG

Die Anhörung des Betriebsrats zu Kündigungen nach § 102 BetrVG – für die stets der örtliche Betriebsrat 832 zuständig ist – unterliegt **keinen erleichterten Anforderungen**. Auch bei einem vorgeschalteten Interessenausgleichs- und Sozialplanverfahren muss der Arbeitgeber dem Betriebsrat neben näheren Informationen über die Person des betroffenen Arbeitnehmers die Art und den Zeitpunkt der Kündigung und die seiner Ansicht nach maßgeblichen Kündigungsgründe mitteilen und zwar individuell für jeden einzelnen betroffenen Arbeitnehmer.[1876] Nur die Tatsachen, die dem Betriebsrat bereits aus den Verhandlungen über den Interessenausgleich bekannt sind, muss der Arbeitgeber im Anhörungsverfahren nicht erneut vortragen. Derartige Vorkenntnisse des Betriebsrats muss der Arbeitgeber im Fall eines Rechtsstreits über die betriebsbedingte Kündigung aber konkret darlegen und ggf. beweisen.[1877]

1874 BAG 24.4.2007, NZA 2007, 1011.
1875 Zu eventuellen Gegenmaßnahmen des Arbeitgebers vgl. *Willemsen/Stamer*, NZA 2007, 413; *Lipinski/Ferme*, DB 2007, 1250.
1876 St. Rspr., vgl. z.B. BAG 22.1.2004, AP Nr. 1 zu § 112 BetrVG 1972 Namensliste.
1877 BAG 22.1.2004, AP Nr. 1 zu § 112 BetrVG Namensliste; BAG 28.8.2003, BB 2004, 1056.

833 Auch wenn Arbeitgeber und Betriebsrat einen **Interessenausgleich mit Namensliste** i.S.d. § 1 Abs. 5 S. 1 KSchG vereinbart haben, ist der Arbeitgeber nicht von der Pflicht zur Anhörung des Betriebsrats gem. § 102 BetrVG entbunden. Er muss trotzdem eine individuelle Anhörung für jeden einzelnen Arbeitnehmer durchführen.[1878]

834 Das Verfahren nach § 102 BetrVG kann deshalb zwar **mit den Verhandlungen über den Interessenausgleich verbunden** werden.[1879] Die Anhörung des Betriebsrats wird in diesem Fall aber nicht schon deshalb als ordnungsgemäß angesehen, weil der Betriebsrat im Interessenausgleich bestätigt, dass er zu allen Kündigungen ordnungsgemäß angehört worden ist.[1880] Es ist deshalb **große Vorsicht** dabei geboten, die Betriebsratsanhörung „pauschal" im Interessenausgleichsverfahren „mitzuerledigen".

835   *Praxishinweis*

Trotzdem kann es aber – insbesondere bei einem Interessenausgleich mit Namensliste, bei dem üblicherweise sehr detailliert über die einzelnen Arbeitnehmer gesprochen und diskutiert wird – empfehlenswert sein, die **individuelle Betriebsratsanhörung mit dem Interessenausgleichsverfahren zu verbinden** und die Stellungnahme des Betriebsrats zu den einzelnen Kündigungen „gesammelt" im Interessenausgleich wiederzugeben. Dadurch vermeidet der Arbeitgeber das Risiko, dass der Betriebsrat nach umfangreichen Verhandlungen und Erstellung der Namensliste im Rahmen der individuellen Betriebsratsanhörungen nach § 102 Abs. 3 BetrVG den Kündigungen widerspricht und die zu kündigenden Arbeitnehmer so einen Weiterbeschäftigungsanspruch nach § 102 Abs. 5 BetrVG geltend machen können. Dafür kann es sich lohnen, etwaige Beweisschwierigkeiten in Kauf zu nehmen. Auf der sicheren Seite ist der Arbeitgeber, wenn er dem „kooperierenden Betriebsrat" individuelle Anhörungsschreiben übergibt und vor diesem Hintergrund im Interessenausgleich die „Erledigung" des Anhörungsverfahrens nach § 102 BetrVG festgehalten wird.

bb) Beteiligung bei Massenentlassungen nach § 17 Abs. 2 KSchG

836 Auch die Beteiligung des Betriebsrats i.R.v. Massenentlassungen gem. § 17 Abs. 2 KSchG muss grds. gesondert erfolgen. Der Arbeitgeber kann zwar das Interessenausgleichsverfahren nach § 111 ff. BetrVG mit dem **Konsultationsverfahren** nach § 17 Abs. 2 S. 2 KSchG verbinden und die Informations- und Beratungspflichten gleichzeitig erfüllen, soweit sie identisch sind.[1881] Er muss in diesem Fall aber hinreichend klarstellen, dass und welchen Pflichten er zeitgleich nachkommen will. Die Einleitung des Konsultationsverfahrens erfordert zumindest, dass dem Betriebsrat die Absicht des Arbeitgebers, Massenentlassungen vorzunehmen, erkennbar ist.[1882] Wird dem Betriebsrat dies nicht erkennbar und wird das Konsultationsverfahren nach § 17 Abs. 2 S. 2 KSchG deshalb nicht durchgeführt, sind Kündigungen wegen Verstoßes gegen ein gesetzliches Verbot i.S.v. § 134 BGB unwirksam.[1883]

Zudem muss der Arbeitgeber den Betriebsrat **schriftlich gemäß § 17 Abs. 2 S. 2 KSchG unterrichten** über die Gründe für die geplanten Entlassungen, die Zahl und die Berufsgruppen der i.d.R. beschäftigten und der zu entlassenden Arbeitnehmer, den Zeitraum, in dem die Entlassungen vorgenommen werden sollen, die vorgesehenen Kriterien für die Auswahl der zu entlassenden Arbeitnehmer und die für die Berechnung etwaiger Abfindungen vorgesehenen Kriterien.[1884] Diese Informationen sind nicht deckungsgleich mit den

---

1878 St. Rspr., vgl. z.B. BAG 22.1.2004, AP Nr. 1 zu § 112 BetrVG 1972 Namensliste.
1879 BAG 20.5.1999, BB 1999, 2032.
1880 BAG 28.8.2003, BB 2004, 1056.
1881 BAG 21.3.2013, NZA 2013, 966.
1882 BAG 26.2.2015, NZA 2015, 881.
1883 BAG 21.3.2013, NZA 2013, 966.
1884 Dabei sollte der Arbeitgeber auch solche Arbeitnehmer einbeziehen, deren Kündigungen möglicherweise außerhalb des 30-Tages-Zeitraums ausgesprochen werden, weil ein behördliches Zustimmungsverfahren vorgeschaltet ist (z.B. Mitarbeiter in Mutterschutz/Elternzeit oder schwerbehinderte Mitarbeiter). Andernfalls besteht das Risiko, dass der Entzug des besonderen Kündigungsschutzes bei Massenentlassungen diskriminierend ist und die ausgesprochenen Kündigungen trotz Zugangs außerhalb der 30-Tage-Frist wegen Verstoßes gegen § 17 KSchG unwirksam sind, vgl. BVerfG 8.6.2016, NZA 2016, 939.

Informationen, die der Arbeitgeber üblicherweise im Rahmen des Interessenausgleichsverfahrens gibt. Die Arbeitsagentur muss eine Abschrift der schriftlichen Unterrichtung des Betriebsrats vom Arbeitgeber erhalten (§ 17 Abs. 3 S. 1 KSchG). Der Betriebsrat soll dann eine **Stellungnahme zu den Entlassungen** abgeben, die der Massenentlassungsanzeige beizufügen ist (§ 17 Abs. 3 S. 2 KSchG). Fehler bei der Unterrichtung des Betriebsrats (z.B. eine unterbliebene Unterrichtung über die Berufsgruppen oder evtl. Schriftformverstöße[1885]) können durch eine abschließende Stellungnahme des Betriebsrats geheilt werden, der zu entnehmen ist, dass der Betriebsrat seinen Beratungsanspruch als erfüllt ansieht.[1886]

Der **Interessenausgleich ersetzt** diese Stellungnahme des Betriebsrats nach dem Gesetzeswortlaut eigentlich nicht. Nur, wenn die aufgrund der Betriebsänderung zu kündigenden Arbeitnehmer in einer Namensliste aufgeführt sind, gilt der Interessenausgleich gleichzeitig als Stellungnahme des Betriebsrats nach § 17 Abs. 3 S. 2 KSchG (vgl. § 1 Abs. 5 S. 3 KSchG). Es bedarf in diesem Fall deshalb keiner gesonderten Stellungnahme des Betriebsrats zu den geplanten Entlassungen mehr. Das BAG hat jedoch erfreulich praxisnah entschieden: Auch wenn es sich um einen Interessenausgleich ohne Namensliste handelt, genügt dieser als Stellungnahme des Betriebsrats nach § 17 Abs. 3 S. 2 KSchG, wenn sich hieraus eindeutig ergibt, dass die Kündigungen auch nach Auffassung des Betriebsrats unvermeidbar sind.[1887]   837

Gibt der Betriebsrat keine Stellungnahme ab oder entspricht die erfolgte Stellungnahme nicht den Anforderungen des § 17 Abs. 3 KSchG, muss der Arbeitgeber bei Erstattung der Anzeige glaubhaft machen, dass er den Betriebsrat mindestens **zwei Wochen vor Erstattung der Anzeige ordnungsgemäß unterrichtet** hat und selbst den Stand der Beratungen mit dem Betriebsrat mitteilen (§ 17 Abs. 3 S. 3 KSchG). Es empfiehlt sich deshalb, den Betriebsrat spätestens zwei Wochen vor Erstattung der Massenentlassungsanzeige schriftlich zu unterrichten. Die ordnungsgemäße Unterrichtung des Betriebsrats wird i.d.R. dadurch glaubhaft gemacht, dass die Durchschrift der schriftlichen Unterrichtung und eine Empfangsbestätigung des Betriebsratsvorsitzenden bei der Arbeitsagentur vorgelegt werden.   838

4. Checkliste

■ Voraussetzungen der Interessenausgleichspflicht   839

▨ Hat das Unternehmen mehr als 20 Arbeitnehmer?
▨ Besteht ein Betriebsrat/Gesamtbetriebsrat?
▨ Liegt eine Betriebsänderung nach § 111 BetrVG vor?
▨ Geht es um ein Tendenzunternehmen (§ 118 Abs. 1 S. 2 BetrVG)?

■ Verfahren/Strategie

▨ Welches Betriebsratsgremium ist zuständig?
▨ Wann und wie erfolgt die Information der Arbeitnehmervertreter?
▨ Handelt es sich um eine Massenentlassung, müssen gesonderte Informationen gegeben werden, können die Verfahren verbunden werden?
▨ Liegt der Betrieb in einem LAG-Bezirk, bei dem der Unterlassungsanspruch des Betriebsrats bei Durchführung einer Betriebsänderung ohne Abschluss des Interessenausgleichsverfahrens bejaht wird?

■ Inhalt des Interessenausgleichs

▨ Welche unternehmerischen Maßnahmen sollen in welcher Form umgesetzt werden?
▨ Wie können Nachteile für die Belegschaft vermieden werden?
▨ Kommt ein Interessenausgleich mit Namensliste in Betracht?
▨ Gibt es Rahmenvereinbarungen im Unternehmen/Konzern, auf die Bezug genommen werden kann?

1885 BAG 20.9.2012, NZA 2013, 32.
1886 BAG 9.6.2016 – 6 AZR 405/15, FD-ArbR 2016, 378831.
1887 BAG 21.3.2012 – 6 AZR 596/10, zit. nach juris.

- ◼ Form des Interessenausgleichs
- ▨ Wird der Interessenausgleich gesondert/als Teil des Sozialplans/als freiwillige Betriebsvereinbarung abgeschlossen?
- ▨ Soll mit Verweisen auf Rahmenvereinbarungen gearbeitet werden?
- ▨ Sind dem Interessenausgleich Anlagen beizufügen?
- ◼ Sonstige Beteiligungsrechte des Betriebsrats
- ▨ Welche sonstigen Beteiligungsrechte des Betriebsrats sind bei Umsetzung der unternehmerischen Maßnahme zu beachten?
- ▨ In welcher zeitlichen Reihenfolge soll die Beteiligung des Betriebsrats jeweils erfolgen?

5.   Muster zum Interessenausgleich

a)   Interessenausgleich bei Betriebsstilllegung

▼

840   **Muster 2.66: Interessenausgleich bei Betriebsstilllegung**

Die Firma ▨▨▨▨▨ (*Name und Anschrift der Gesellschaft*)

         – nachfolgend „Gesellschaft" genannt –

und

der Betriebsrat des Betriebs ▨▨▨▨▨ der Gesellschaft

         – nachfolgend „Betriebsrat" genannt –

vereinbaren folgenden Interessenausgleich:

Präambel

Die Gesellschaft hat ein weiteres, wirtschaftlich schwieriges Jahr hinter sich. Trotz bereits erzielter Kosteneinsparungen gelang es nicht, die Kosten den sinkenden Erträgen anzupassen. Da es auch nicht gelungen ist, einen Käufer für den Betrieb in ▨▨▨▨▨ zu finden, ist die Schließung des Betriebs aus wirtschaftlichen Gründen unumgänglich. Der Betriebsrat sieht rechtlich keine Möglichkeit, die Betriebsstilllegung zu verhindern.

Alternativ: *Der Betriebsrat stimmt der Betriebsstilllegung zu.*

Alternativ: *Betriebsrat und Geschäftsleitung stimmen darin überein, dass die Betriebsstilllegung leider unumgänglich ist.*

Alternativ: *Der Betriebsrat nimmt die Betriebsstilllegung zur Kenntnis.*

§ 1 Geltungsbereich

Dieser Interessenausgleich gilt für alle Mitarbeiterinnen und Mitarbeiter (zukünftig aus Gründen der Lesbarkeit zusammen: „Mitarbeiter") des Betriebs in ▨▨▨▨▨, soweit sie von den Maßnahmen des § 2 betroffen sind und dem Betriebsverfassungsgesetz unterliegen. Leitende Angestellte gemäß § 5 Abs. 3 und Abs. 4 BetrVG sind ausdrücklich vom Geltungsbereich dieses Interessenausgleichs ausgenommen.

§ 2 Unternehmerische Maßnahmen

(1) Gegenstand des Interessenausgleichs ist die Stilllegung des Betriebs in ▨▨▨▨▨ zum ▨▨▨▨▨.

(2) Durch die Betriebsstilllegung entfallen alle Arbeitsplätze im Betrieb in ▨▨▨▨▨ spätestens zum ▨▨▨▨▨. Die Rest- und Abwicklungsarbeiten – die spätestens bis zum ▨▨▨▨▨ abgeschlossen werden – werden von ca. ▨▨▨▨▨ Mitarbeitern durchgeführt, die die folgenden Qualifikationen benötigen: ▨▨▨▨▨.

§ 3 Durchführung

(1) Der Personalabbau der im Betrieb in ▓▓▓▓ beschäftigten Mitarbeiter erfolgt durch Aufhebungsverträge und betriebsbedingte Kündigungen („Entlassungen"). Die Entlassungen werden unter Einhaltung der jeweils für die Gesellschaft geltenden Kündigungsfristen vorgenommen. Die Gesellschaft bleibt daneben berechtigt, Kündigungen aus anderen Gründen auszusprechen.

(2) Alle Mitarbeiter, für die eine Beschäftigungsmöglichkeit nicht mehr vorhanden ist, können bis zum rechtlichen Ende ihres Arbeitsverhältnisses unter Fortzahlung ihrer Vergütung sowie unter Anrechnung bestehender Resturlaubs- und sonstiger Freizeitausgleichsansprüche unwiderruflich freigestellt werden. Ein Anspruch auf Freistellung besteht nicht.[1888]

§ 4 Sonstige Beteiligungsrechte des Betriebsrats

(1) Die Anhörung des Betriebsrats gemäß § 102 BetrVG zu den ordentlichen, betriebsbedingten Kündigungen wird gesondert durchgeführt.

(2) Die Gesellschaft hat den Betriebsrat im Rahmen der Interessenausgleichsverhandlungen schriftlich nach § 17 Abs. 2 KSchG informiert. Die Parteien haben die Möglichkeit beraten, Entlassungen zu vermeiden oder einzuschränken bzw. ihre Folgen zu mildern, wobei die Gesellschaft am ▓▓▓▓ darauf hingewiesen hat, dass die Beratungen im Rahmen des Interessensausgleichsverfahrens mit dem Konsultationsverfahren nach § 17 Abs. 2 S. 2 KSchG verbunden werden. Der Betriebsrat gibt folgende Stellungnahme nach § 17 Abs. 3 S. 2 KSchG ab:

„Der Betriebsrat sieht seine Rechte gemäß § 17 Abs. 2 KSchG hinsichtlich Information und Konsultation vollumfänglich gewahrt und sieht keine Möglichkeit, die geplanten Entlassungen zu vermeiden."

§ 5 Sozialplan

Zum Ausgleich bzw. zur Milderung der wirtschaftlichen Nachteile, die den Arbeitnehmern durch die Betriebsstilllegung entstehen, wird ein Sozialplan abgeschlossen.

§ 6 Schlussbestimmungen

(1) Die Parteien sind sich einig, dass durch diesen Interessenausgleich das Interessenausgleichsverfahren zu der in § 2 beschriebenen Betriebsstilllegung beendet ist.

(2) Der Interessenausgleich tritt mit Unterzeichnung in Kraft und endet mit Abschluss der Betriebsstilllegung.

▓▓▓▓ *(Ort)*, den ▓▓▓▓ *(Datum)*

▓▓▓▓   ▓▓▓▓

(Gesellschaft)   *(Betriebsrat)*

▲

b) Interessenausgleich bei Teilbetriebsstilllegung einschließlich Namensliste und Transfergesellschaft

▼

Muster 2.67: Interessenausgleich bei Teilbetriebsstilllegung (einschließlich Namensliste   841 **und Transfergesellschaft)**

Die Firma ▓▓▓▓ *(Name und Anschrift der Gesellschaft)*

        – nachfolgend „Gesellschaft" genannt –

und

1888 Ob ein **Mitarbeiter im Einzelfall freigestellt** werden kann oder nicht, ist nicht durch die Betriebsparteien im Interessenausgleich regelbar, sondern muss für jeden Mitarbeiter anhand des konkreten Falles und aufgrund seines Arbeitsvertrages gesondert geprüft werden, vgl. hierzu *Bauer*, NZA 2007, 409.

der Betriebsrat des Betriebs ▮▮▮▮ der Gesellschaft

– nachfolgend „Betriebsrat" genannt –

vereinbaren folgenden Interessenausgleich:

Präambel

Aufgrund marktbedingter Umsatzrückgänge und Preisverfall bei den Produkten muss die Gesellschaft einschneidende Restrukturierungsmaßnahmen durchführen, um sich der geänderten Marktsituation anzupassen. Hierfür ist es erforderlich, dass die Gesellschaft die Tätigkeit an nicht profitablen Produkten schnellstmöglich einstellt. Aus diesem Grund muss der Betriebsteil „Automatisierung" geschlossen werden. Der Betriebsrat nimmt die Teilbetriebsstilllegung zur Kenntnis.

§ 1 Geltungsbereich

Dieser Interessenausgleich gilt für alle Mitarbeiterinnen und Mitarbeiter (zukünftig aus Gründen der Lesbarkeit zusammen: „Mitarbeiter") des Betriebs in ▮▮▮▮, soweit sie von den Maßnahmen gemäß § 2 betroffen sind und dem Betriebsverfassungsgesetz unterliegen.

Leitende Angestellte gemäß § 5 Abs. 3 und Abs. 4 BetrVG sind ausdrücklich vom Geltungsbereich dieses Interessenausgleichs ausgenommen.

§ 2 Unternehmerische Maßnahmen

(1) Gegenstand des Interessenausgleichs ist die Schließung des Betriebsteils „Automatisierung" in ▮▮▮▮ zum ▮▮▮▮.

(2) Das operative Geschäft im Bereich „Automatisierung" wird in den nachfolgend genannten Abteilungen sukzessive, spätestens bis zu den angegebenen Zeitpunkten eingestellt, wovon jeweils die angegebene Anzahl von Mitarbeitern betroffen ist:

- Abteilung ▮▮▮▮　　zum ▮▮▮▮　　▮▮▮▮ Mitarbeiter
- Abteilung ▮▮▮▮　　zum ▮▮▮▮　　▮▮▮▮ Mitarbeiter
- Abteilung ▮▮▮▮　　zum ▮▮▮▮　　▮▮▮▮ Mitarbeiter
- Abteilung ▮▮▮▮　　zum ▮▮▮▮　　▮▮▮▮ Mitarbeiter

(3) Durch die Teilbetriebsstilllegung entfallen insgesamt ▮▮▮▮ Arbeitsplätze im Betrieb in ▮▮▮▮ mit Wirkung zu den oben angegebenen Daten.

§ 3 Durchführung der Maßnahmen

Der durch die Teilbetriebsstilllegung notwendige Personalabbau erfolgt durch betriebsbedingte Kündigungen und einvernehmliche Beendigungsvereinbarungen. Die Kündigungen werden unter Einhaltung der jeweils geltenden Kündigungsfristen vorgenommen.

§ 4 Namensliste

(1) Die Mitarbeiter, denen aufgrund der Teilbetriebsstilllegung aus betriebsbedingten Gründen gekündigt werden soll, werden namentlich im Folgenden bezeichnet:

- ▮▮▮▮ (Name, Vorname, Personalnummer, Abteilung)
- ▮▮▮▮ (Name, Vorname, Personalnummer, Abteilung)
- ▮▮▮▮ (Name, Vorname, Personalnummer, Abteilung)

(2) Bei der Erstellung der Namensliste haben die Parteien zunächst folgende Vergleichsgruppen gebildet: ▮▮▮▮. Innerhalb der Vergleichsgruppen wurden die sozialen Kriterien nach § 1 Abs. 3 KSchG wie folgt gewichtet: ▮▮▮▮. Nicht einbezogen in die soziale Auswahl wurden die in Anlage ▮▮▮▮ genannten Mitarbeiter, deren Weiterbeschäftigung im berechtigten betrieblichen Interesse liegt.

§ 5 Transfergesellschaft

Die Parteien sind sich darüber einig, dass den Mitarbeitern die Möglichkeit eröffnet werden soll, in eine Transfergesellschaft zu wechseln. Die Parteien haben sich dabei auf die Zusammenarbeit mit ▮▮▮▮▮ als Dienstleister geeinigt. Voraussetzung für einen Wechsel in die Transfergesellschaft ist, dass für diese Maßnahme Transferkurzarbeitergeld gemäß § 111 SGB III gewährt wird. Entscheidet sich ein von der Entlassung bedrohter Mitarbeiter (§ 4 dieses Interessenausgleichs) für den Wechsel in die Transfergesellschaft, und teilt er dies der Personalabteilung bis ▮▮▮▮ mit, wird sein Arbeitsvertrag mit der Gesellschaft im gegenseitigen Einvernehmen zum ▮▮▮▮ beendet und ein auf maximal zwölf Monate befristeter Arbeitsvertrag mit der Transfergesellschaft abgeschlossen (dreiseitige Vereinbarung gemäß Anlage). Die Verweildauer in der Transfergesellschaft beträgt maximal zwölf Monate; die genaue Dauer bestimmt sich danach, wie lange die Arbeitsagentur Transferkurzarbeitergeld gewährt. Die Einzelheiten ergeben sich aus dem Vertrag zwischen der Gesellschaft und der ▮▮▮▮ (vgl. Anlage). Im Übrigen (insbesondere zur finanziellen Ausstattung der Transfergesellschaft) gilt der Transfersozialplan (vgl. § 7 dieses Interessenausgleichs).

§ 6 Sonstige Beteiligungsrechte des Betriebsrats

(1) Der Betriebsrat wurde im Zusammenhang mit den Verhandlungen über diesen Interessenausgleich und der Erstellung der Namensliste gemäß § 4 über den Wegfall der Arbeitsplätze der in der Namensliste aufgeführten Mitarbeiter umfassend informiert. Gleichzeitig wurden etwaige Weiterbeschäftigungsmöglichkeiten diskutiert und übereinstimmend festgestellt, dass solche für die in der Namensliste aufgeführten Mitarbeiter nicht bestehen. Weiter wurde der Betriebsrat über folgende Angaben informiert: Vor- und Nachname der Mitarbeiter, derzeitige Tätigkeit und Abteilung, Alter, Betriebszugehörigkeit, Unterhaltspflichten, besondere Schutzbedürftigkeit (z.B. Schwerbehinderung, Elternzeit, Mutterschutz), individuelle Kündigungsfristen und Kündigungstermine. Darüber hinaus wurden die Sozialdaten vergleichbarer Mitarbeiter und die Herausnahme von Mitarbeitern aus der Sozialauswahl erläutert und sonstige Umstände, die für die Beurteilung der beabsichtigten Kündigung maßgeblich sind, mitgeteilt.

Sämtliche dieser Informationen wurden dem Betriebsrat auch mit der Bitte zugeleitet, sie als Einleitung der Betriebsratsanhörung nach § 102 BetrVG für die auf der Namensliste aufgeführten Mitarbeiter anzusehen und den betriebsbedingten Kündigungen zuzustimmen. Die abschließende Stellungnahme des Betriebsrats zu den Kündigungen der in § 4 namentlich genannten Arbeitnehmer lautet wie folgt: Der Betriebsrat widerspricht den Kündigungen der in § 4 namentlich genannten Arbeitnehmer nicht.

(2) Der Betriebsrat wurde im Rahmen der Interessenausgleichsverhandlungen gemäß § 17 Abs. 2 KSchG schriftlich unterrichtet. Die Parteien haben die Möglichkeiten beraten, Entlassungen zu vermeiden oder einzuschränken bzw. ihre Folgen zu mildern (Konsultationsverfahren nach § 17 Abs. 2 S. 2 KSchG). Dieser Interessenausgleich gilt zugleich als Stellungnahme des Betriebsrats zu der beabsichtigen Massenentlassung nach § 17 Abs. 3 S. 2 KSchG (§ 1 Abs. 5 Satz 4 KSchG).

(3) Im Übrigen bleiben die Mitwirkungsrechte des Betriebsrats von diesem Interessenausgleich unberührt.

§ 7 Sozialplan

Zum Ausgleich bzw. zur Milderung der wirtschaftlichen Nachteile, die den Arbeitnehmern durch die geplante Teilbetriebsstilllegung entstehen, wird ein Transfersozialplan abgeschlossen.

§ 8 Schlussbestimmungen

(1) Die Parteien sind sich darüber einig, dass durch diesen Interessenausgleich das Interessenausgleichsverfahren zu der in § 2 beschriebenen Teilbetriebsstilllegung beendet ist.

(2) Der Interessenausgleich tritt mit Unterzeichnung in Kraft und endet mit Abschluss der Teilbetriebsstilllegung.

▮▮▮▮ (*Ort/Datum*)

(*Gesellschaft*)   (*Betriebsrat*)

▲

c) Interessenausgleich bei umfassender Reorganisation (Verkauf Teilbetrieb, Betriebsverlegung, Personalabbau)

68 Das nachfolgende Muster orientiert sich am eingangs dargestellten Beispielfall (siehe oben Rdn 774 ff.).

▼

842 Muster 2.68: Interessenausgleich bei umfassender Reorganisation

Die Firma   (*Name und Anschrift der Gesellschaft*)

         – nachfolgend „Gesellschaft" genannt –

und

der Gesamtbetriebsrat der Gesellschaft

         – nachfolgend „Gesamtbetriebsrat" genannt –

vereinbaren folgenden Interessenausgleich:

Präambel

Nachdem es in den letzten zwei Jahren trotz Maßnahmen zur Kostenreduzierung und zur Verbesserung der Produktivität nicht gelungen ist, die Profitabilität der Gesellschaft zu steigern, soll nun eine umfassende Reorganisation der Gesellschaft erfolgen. Ziel ist es, die Wettbewerbsfähigkeit der Gesellschaft durch Konzentration auf ihre Kernkompetenz und Nutzung von vorhandenen Synergien nachhaltig zu stärken. Zu diesem Zweck wird der Geschäftsbereich   ersatzlos aufgegeben. Es konnte jedoch ein Käufer gefunden werden, der die wesentlichen Betriebsmittel dieses Geschäftsbereichs mit Wirkung zum   übernimmt. Die Produktion für   wird am Standort   konzentriert. Im Rahmen einer umfassenden Reorganisation werden 320 weitere Arbeitsplätze im gesamten Unternehmen abgebaut. Gesamtbetriebsrat und Geschäftsleitung stimmen darin überein, dass die geplanten Maßnahmen – so schmerzhaft sie sind – zur Erhaltung der Gesellschaft notwendig sind.

§ 1 Geltungsbereich

Dieser Interessenausgleich gilt für alle Mitarbeiterinnen und Mitarbeiter (zukünftig aus Gründen der Lesbarkeit zusammen: „Mitarbeiter") der Gesellschaft, soweit sie von den Maßnahmen gemäß § 2 betroffen sind und dem Betriebsverfassungsgesetz unterliegen. Leitende Angestellte gemäß § 5 Abs. 3 und Abs. 4 BetrVG sind ausdrücklich vom Geltungsbereich dieses Interessenausgleichs ausgenommen.

§ 2 Unternehmerische Maßnahmen

(1) Die Gesellschaft stellt ihre Tätigkeit im Geschäftsbereich   mit Wirkung zum   vollständig ein. Die wesentlichen materiellen und immateriellen Betriebsmittel des am Standort   betriebenen Geschäftsbereichs   wurden mit Kaufvertrag vom   an die Firma   verkauft. Ab Unterzeichnung dieses Interessenausgleichs wird der Geschäftsbereich aus dem Betrieb   ausgegliedert und als organisatorisch eigenständiger Betrieb weitergeführt (Spaltung des Betriebs, vgl. zu den Einzelheiten Anlage 1). Von dieser Maßnahme sind alle   Arbeitsplätze des Geschäftsbereichs   am Standort   betroffen.

(2) Die Produktion am Standort   wird mit Wirkung zum   nach   verlegt und mit der dortigen Produktion zusammengeführt. Durch diese Maßnahme entfallen sämtliche 380 Arbeitsplätze am Standort   . Am Standort   entstehen durch die Verlagerung der Produktion bei gleichzeitiger Nutzung von Synergien   neue Arbeitsplätze. Die Einzelheiten der Betriebsverlegung und der damit verbundenen Umstrukturierung sind in Anlage 2 zu diesem Interessenausgleich enthalten.

(3) Von den verbleibenden Arbeitsplätzen in den Betrieben   werden insgesamt   Arbeitsplätze abgebaut. Darauf entfallen auf den Betrieb   Arbeitsplätze, auf den Betrieb   Arbeitsplätze und auf den Betrieb   Arbeitsplätze. In welchem Umfang die einzelnen Abteilungen betroffen sind, können den Anlagen 3 bis 5 zu diesem Interessenausgleich entnommen werden.

(4) Insgesamt werden durch die Reorganisation   Arbeitsplätze im gesamten Unternehmen gestrichen.

§ 3 Durchführung des Betriebsteilübergangs

(1) Von dem Verkauf des Geschäftsbereichs   an die Firma   sind die in Anlage 6 zu diesem Interessenausgleich aufgeführten   Mitarbeiter betroffen, da sie diesem Geschäftsbereich zugeordnet sind.

(2) Der Verkauf des Geschäftsbereichs ▓▓▓▓ an die Firma ▓▓▓▓ stellt einen Betriebsteilübergang im Sinne des § 613a Abs. 1 BGB dar. Mit dem Übergang des Betriebsteils gehen die Arbeitsverhältnisse der in Anlage 6 genannten Mitarbeiter mit Wirkung zum ▓▓▓▓ auf die Firma ▓▓▓▓ über. Sie werden gemäß § 613a Abs. 5 BGB über den Übergang ihrer Arbeitsverhältnisse schriftlich informiert.

(3) Mit dem Betriebsteilübergang entfallen alle ▓▓▓▓ Arbeitsplätze des Geschäftsbereichs ▓▓▓▓ am Standort ▓▓▓▓. Widerspricht ein in Anlage 6 genannter Mitarbeiter dem Übergang seines Arbeitsverhältnisses auf die Firma ▓▓▓▓, ist die Gesellschaft zur betriebsbedingten Kündigung berechtigt, wenn für den widersprechenden Mitarbeiter keine Weiterbeschäftigungsmöglichkeit besteht.

(4) Der Betriebsrat am Standort ▓▓▓▓ bleibt von dem Betriebsteilübergang unberührt. Er nimmt für den ausgegliederten Betriebsteil ein Übergangsmandat nach § 21a BetrVG wahr. Das Übergangsmandat endet mit der Bekanntgabe des Wahlergebnisses eines neuen Betriebsrats, spätestens jedoch sechs Monate nach dem Betriebsteilübergang. Die Betriebsvereinbarungen des Standorts ▓▓▓▓ gelten ebenso wie die Gesamt- und Konzernbetriebsvereinbarungen für den ausgegliederten Betriebsteil kollektivrechtlich weiter.

§ 4 Durchführung der Betriebsverlegung und Zusammenlegung der Produktionen

(1) Die von der Verlagerung der Produktion von ▓▓▓▓ nach ▓▓▓▓ betroffenen ▓▓▓▓ Mitarbeiter sind in Anlage 7 aufgeführt.

(2) Die Umsetzung der Produktionsverlagerung erfolgt durch den Ausspruch von Änderungs- und Beendigungskündigungen sowie durch Abschluss einvernehmlicher Regelungen. Die Auswahl der Arbeitnehmer, denen im Rahmen von Änderungskündigungen die neu geschaffenen Arbeitsplätze im Betrieb in ▓▓▓▓ angeboten werden, erfolgt nach fachlicher Eignung und – bei gleicher Eignung – nach sozialen Kriterien. Die Kündigungen werden den Mitarbeitern unter Beachtung der jeweils gültigen Kündigungsfrist ausgesprochen.

(3) Lehnt ein Mitarbeiter den ihm im Rahmen der Änderungskündigung angebotenen Arbeitsplatz vorbehaltlos ab, wird er einem Mitarbeiter angeboten, der eine Beendigungskündigung erhalten hat. Die Auswahl dieses Mitarbeiters erfolgt nach seiner fachlichen Eignung und – bei gleicher Eignung – nach sozialen Kriterien.

(4) Der Betriebsrat des Standorts ▓▓▓▓ hat ein Restmandat nach § 21b BetrVG. Mitarbeiter, die ihre Tätigkeit auf einem der Arbeitsplätze im Betrieb in ▓▓▓▓ aufnehmen, werden ab diesem Zeitpunkt von dem Betriebsrat des Betriebs in ▓▓▓▓ vertreten; die Betriebsvereinbarungen des Betriebs in ▓▓▓▓ gelten ab diesem Zeitpunkt auch für den wechselnden Mitarbeiter.

§ 5 Durchführung des Personalabbaus

(1) Der Personalabbau erfolgt vorrangig durch den Abschluss von Aufhebungsverträgen, wobei die Gesellschaft den Mitarbeitern grundsätzlich das Ausscheiden zu den von ihnen gewünschten Zeitpunkten ermöglicht. Die Gesellschaft kann den Abschluss eines Aufhebungsvertrages mit einem Mitarbeiter ablehnen, wenn sie dessen Weiterbeschäftigung für erforderlich hält.

(2) Kann die notwendige Personalreduzierung über Aufhebungsverträge nicht erreicht werden, wird die Gesellschaft die erforderlichen betriebsbedingten Kündigungen unter Beachtung der jeweils gültigen Kündigungsfristen aussprechen.

§ 6 Auswahlrichtlinie nach § 95 BetrVG

Für die soziale Auswahl der zu kündigenden Mitarbeiter haben die Parteien die anliegende Betriebsvereinbarung über eine Auswahlrichtlinie nach § 95 BetrVG abgeschlossen.[1889]

1889 Vereinbaren Arbeitgeber und Arbeitnehmer für die soziale Auswahl der zu kündigenden Mitarbeiter eine **Auswahlrichtlinie nach § 95 BetrVG**, in der die Sozialkriterien nach § 1 Abs. 3 S. 1 KSchG im Verhältnis zueinander bewertet werden (z.B. durch ein Punkteschema), so kann die **Gewichtung der Sozialkriterien** zueinander gem. § 1 Abs. 4 KSchG nur auf **grobe Fehlerhaftigkeit** überprüft werden. Voraussetzung für den eingeschränkten Prüfungsmaßstab ist allerdings, dass die Auswahlrichtlinie in einer **Betriebsvereinbarung** vereinbart wird. Nachdem der Interessenausgleich eine „kollektivrechtliche Vereinbarung eigener Art" und gerade keine Betriebsvereinbarung ist, empfiehlt es sich, die Auswahlrichtlinie in einer eigenen Betriebsvereinbarung festzuhalten und im Interessenausgleich lediglich auf die Betriebsvereinbarung zu verweisen. Zu Beispielen für Punkteschemata vgl. *Gaul/Lunk*, NZA 2004, 184.

§ 7 Vermeidung von betriebsbedingten Kündigungen

(1) Die Parteien sind sich darüber einig, dass der Ausspruch betriebsbedingter Kündigungen im Rahmen der geplanten Reorganisation nach Möglichkeit durch die nachfolgend in Abs. 2 bis 5 aufgezählten Maßnahmen vermieden werden soll.

(2) Die natürliche Fluktuation wird soweit wie möglich ausgenutzt, indem frei werdende Stellen nicht wieder besetzt werden, soweit dies aus betrieblichen Gründen möglich ist.

(3) Interne Stellen werden vorrangig mit von der Reorganisation betroffenen Mitarbeitern besetzt. Neueinstellungen erfolgen nur dann, wenn geeignete interne Bewerber trotz zumutbarer Qualifizierungsmaßnahmen nicht für die Besetzung der freien Stellen zur Verfügung stehen.

(4) Alle Möglichkeiten zum Ringtausch werden nach Absprache zwischen Gesamtbetriebsrat und Geschäftsführung genutzt. Ringtausch liegt vor, wenn ein Mitarbeiter seine Bereitschaft zum Abschluss eines Aufhebungsvertrages bekundet, dessen Arbeitsplatz nicht im Rahmen der Reorganisation abgebaut werden soll. Sofern betriebliche Notwendigkeiten nicht dagegensprechen, ist dem Mitarbeiter die Möglichkeit zur Beendigung des Beschäftigungsverhältnisses einzuräumen. Der frei werdende Arbeitsplatz ist von einem Mitarbeiter zu besetzen, dessen Arbeitsplatz an sich durch die Reorganisation entfällt. Dabei sind – erforderlichenfalls und sofern betrieblich vertretbar – Qualifizierungsmaßnahmen durch die Gesellschaft zu ermöglichen.

(5) Teilzeitarbeit und Altersteilzeit wird gefördert, wenn dadurch betriebsbedingte Kündigungen vermieden werden können.

§ 8 Unterstützung der Mitarbeiter

(1) Mitarbeiter, die entlassen werden oder zur Entlassung anstehen, erhalten auf Wunsch innerhalb von   Arbeitstagen ein qualifiziertes Zwischenzeugnis.

(2) Gekündigte Mitarbeiter werden für die Stellensuche in angemessenem Rahmen bezahlt freigestellt. Bei der Vereinbarung von Vorstellungsterminen ist auf betriebliche Belange Rücksicht zu nehmen.

(3) Die von einer betriebsbedingten Entlassung betroffenen Mitarbeiter, für die eine Beschäftigungsmöglichkeit nicht mehr vorhanden ist, können bis zum rechtlichen Ende ihres Arbeitsverhältnisses unter Fortzahlung ihrer Vergütung sowie unter Anrechnung bestehender Resturlaubs- und sonstiger Freizeitausgleichsansprüche unwiderruflich freigestellt werden. Ein Anspruch auf Freistellung besteht nicht.

(4) Vom Personalabbau betroffene Mitarbeiter werden durch eine externe Outplacementberatung bei der Stellensuche unterstützt. Die Einzelheiten regelt der noch abzuschließende Sozialplan.

(5) Mitarbeiter, die aufgrund einer betriebsbedingten Kündigung aus dem Arbeitsverhältnis ausscheiden, sollen innerhalb von   (*Monaten/Jahren*) nach der rechtlichen Beendigung des Arbeitsverhältnisses bei gleicher Eignung bei der Besetzung freier Arbeitsplätze bevorzugt gegenüber externen Bewerbern berücksichtigt werden. Voraussetzung hierfür ist die rechtzeitige Bewerbung der Arbeitnehmer.

§ 9 Sonstige Beteiligungsrechte

(1) Das Konsultationsverfahren nach § 17 KSchG wird nach Abschluss dieses Interessenausgleichs gesondert durchgeführt.

(2) Die Mitwirkungs- und Beteiligungsrechte der örtlichen Betriebsräte im Zusammenhang mit der Umsetzung der unternehmerischen Maßnahme – insbesondere bei Kündigungen und Versetzungen – werden gewahrt.

§ 10 Schlussbestimmungen

(1) Die Parteien sind sich darüber einig, dass durch diesen Interessenausgleich das Interessenausgleichsverfahren zu den in § 2 beschriebenen unternehmerischen Maßnahmen beendet ist.

(2) Der Interessenausgleich tritt mit Unterzeichnung in Kraft und endet mit Abschluss der in § 2 beschriebenen unternehmerischen Maßnahme.

▓▓▓▓▓ *(Ort/Datum)*

▓▓▓▓▓   ▓▓▓▓▓

(Gesellschaft)   *(Gesamtbetriebsrat)*

▲

6. Allgemeine Einführung zum Sozialplan

Nach der Legaldefinition des § 112 Abs. 1 S. 2 BetrVG ist der Sozialplan die Einigung über den **Ausgleich**   843
oder die **Milderung** der **wirtschaftlichen Nachteile**, die den Arbeitnehmern infolge der geplanten Betriebsänderung entstehen. Liegt eine Betriebsänderung vor, ist die Aufstellung eines Sozialplans grds. erforderlich. Dies gilt selbst dann, wenn der Arbeitgeber unter Inkaufnahme von Nachteilsausgleichsansprü-
chen das Interessenausgleichsverfahren nicht durchgeführt hat. Der Arbeitgeber kann sich also nicht durch
eine zügige Umsetzung der geplanten Betriebsänderung der Sozialplanpflicht und dem Verfahren zur Aufstellung eines Sozialplans entziehen. Bestehen wiederum Unsicherheiten darüber, ob eine Betriebsänderung vorliegt, können Arbeitgeber und Betriebsrat zwar einen Sozialplan für den Fall vereinbaren, dass
es sich bei den Maßnahmen um eine Betriebsänderung handelt. Die Aufstellung ist dann allerdings freiwillig und fällt nicht unter §§ 111 ff. BetrVG.[1890] Endet das Amt des Betriebsrats, bspw. im Zuge einer Betriebsschließung oder Betriebsspaltung, hat der Betriebsrat für die Sozialplanverhandlungen ggf. ein **Restmandat**.[1891]

a) Erzwingbarkeit des Sozialplans

Die Aufstellung eines Sozialplans ist erzwingbar, soweit nicht die Ausnahmetatbestände des § 112a BetrVG   844
greifen. Einschränkungen hinsichtlich der Erzwingbarkeit bestehen gem. § 112a BetrVG, wenn eine geplante Betriebsänderung in einem bloßen Personalabbau besteht, sowie im Falle von Neugründungen
von Unternehmen. Beim bloßen Personalabbau ist der Sozialplan nur erzwingbar, wenn die Schwellenwerte
des § 112a Abs. 1 BetrVG erreicht sind.[1892] Neugegründete Unternehmen werden in den ersten vier Jahren
vor einer Sozialplanpflicht geschützt, wobei die Ausnahme von der Sozialplanpflicht gem. § 112a Abs. 2
S. 2 BetrVG nicht im Falle von Neugründungen im Zusammenhang mit der rechtlichen Umstrukturierung
von Unternehmen und Konzernen greift.

Praxishinweis   845

Die Pflicht zur Verhandlung eines Interessenausgleichs bleibt durch § 112a BetrVG unberührt.

Kommt in den Fällen des erzwingbaren Sozialplans eine Einigung zwischen den Betriebspartnern nicht zu-   846
stande, entscheidet die **Einigungsstelle** verbindlich. Mit der Umsetzung der Betriebsänderung muss der Arbeitgeber aber nicht bis zum Abschluss eines Sozialplans abwarten. Vielmehr kann er damit beginnen, wenn
entweder ein Interessenausgleich zustande gekommen ist oder die Interessenausgleichsverhandlungen endgültig gescheitert sind.

b) Zuständiges Betriebsratsgremium

Vor Aufnahme der Sozialplanverhandlungen ist zu klären, welche Arbeitnehmervertretung für die Ver-   847
handlungen zuständig ist. Aus der Zuständigkeit des Gesamtbetriebsrats für die Interessenausgleichsver-

---

1890 BAG 22.3.2016, NZA 2016, 894.
1891 Vgl. zu den Einzelheiten *Fitting u.a.*, § 21b BetrVG Rn 17 ff.; Richardi/*Thüsing*, § 21b BetrVG Rn 3 ff.
1892 Nach Ansicht des LAG Köln soll es für die Frage, ob in einem Betrieb genügend Arbeitnehmer beschäftigt sind, um die Sozialplanpflichtigkeit einer Betriebsänderung zu begründen, auf den Zeitpunkt der Entschlussfassung des Arbeitgebers hinsichtlich der Betriebsänderung ankommen, LAG Köln 5.6.2014, AuR 2015, 32.

handlungen folgt nicht ohne weiteres auch dessen **Zuständigkeit** für den **Abschluss** des **Sozialplans**.[1893] Vielmehr ist gesondert zu prüfen, ob der Ausgleich oder die Milderung der durch die Betriebsänderung entstehenden Nachteile zwingend unternehmenseinheitlich oder betriebsübergreifend geregelt werden muss. Der Umstand, dass die Mittel für den Sozialplan von ein und demselben Arbeitgeber zur Verfügung gestellt werden müssen, genügt alleine nicht, um die Zuständigkeit des Gesamtbetriebsrats für den Sozialplanabschluss zu begründen. Etwas anderes gilt, wenn ein mit dem Arbeitgeber im Rahmen eines Interessenausgleichs vereinbartes, das gesamte Unternehmen betreffendes Sanierungskonzept nur auf der Grundlage eines bestimmten, auf das gesamte Unternehmen bezogenen Sozialplanvolumens realisiert werden kann.[1894]

c) Leitende Angestellte

848 Ein Sozialplan gilt nicht mit unmittelbarer und zwingender Wirkung für leitende Angestellte i.S.v. § 5 Abs. 3 BetrVG. Diese haben auch aufgrund des Gleichbehandlungsgrundsatzes keinen Anspruch auf Sozialplanleistungen.[1895] Freilich können Arbeitgeber und Betriebsrat leitende Angestellte aber durch Vertrag zugunsten Dritter (§ 328 BGB) in die Leistungen des Sozialplans einbeziehen.

d) Rechtliche Wirkung des Sozialplans

849 Ist für die Interessenausgleichs- und Sozialplanverhandlungen dasselbe Betriebsratsgremium zuständig, können Interessenausgleich und Sozialplan in einer Vereinbarung zusammengefasst werden. Aus Sicht des Arbeitgebers dürfte sich eine einheitliche Regelung wohl nur empfehlen, wenn anzunehmen ist, dass eine Einigung zügig erzielt werden kann. Andernfalls droht Zeitverlust in Bezug auf die Umsetzung der Betriebsänderung. Zu bedenken ist weiter, dass der Sozialplan anders als der Interessenausgleich gem. § 112 Abs. 1 S. 2 BetrVG die Wirkung einer **Betriebsvereinbarung** hat.[1896] Seine Regelungen räumen den erfassten Arbeitnehmern gem. § 77 Abs. 4 S. 1 BetrVG unmittelbare und zwingende Rechtsansprüche ein.[1897] Ein Verzicht auf diese Ansprüche ist nur mit Zustimmung des Betriebsrats möglich. Hierauf ist insbesondere zu achten, wenn mit Arbeitnehmern bereits vor Abschluss des Sozialplans eine Aufhebungsvereinbarung geschlossen wird, die die Zahlung einer Abfindung vorsieht. Soll insoweit eine Verrechnung mit späteren Sozialplanansprüchen erfolgen, muss vereinbart werden, dass die Sozialplanabfindung auf die gem. Aufhebungsvereinbarung zu zahlende Abfindung angerechnet wird und nicht umgekehrt die gem. Aufhebungsvereinbarung zu zahlende Abfindung auf die Sozialplanabfindung. In letzterem Falle würde nämlich gegen das Zustimmungserfordernis des § 77 Abs. 4 S. 2 BetrVG verstoßen.

850 Anders als bei sonstigen Betriebsvereinbarungen gilt der Tarifvorbehalt des § 77 Abs. 3 BetrVG für den Sozialplan nicht, vgl. § 112 Abs. 1 S. 4 BetrVG. Vergleichbare tarifliche Regelungen, insbesondere **Rationalisierungsschutzabkommen**, schließen einen Sozialplan daher nicht aus.[1898]

e) Verfahren

851 Für die Aufstellung eines Sozialplanes gelten zunächst dieselben **Verfahrensvorschriften** wie für den Interessenausgleich. Kommt es zu keiner Einigung zwischen den Betriebspartnern und damit zu einem Einigungsstellenverfahren, sollen Arbeitgeber und Betriebsrat der Einigungsstelle Vorschläge zur Beilegung

---

1893 St. Rspr. des BAG, z.B. BAG 11.12.2001, NZA 2002, 688; BAG 23.10.2002, AP Nr. 26 zu § 50 BetrVG 1972; zu den Verfahrensbeteiligten bei Streit über die Sozialplanzuständigkeit in einem Konzern vgl. LAG Düsseldorf 12.2.2014, BeckRS 2014, 72366.
1894 BAG 3.5.2006, NZA 2007, 1245; zur fehlenden Zuständigkeit des Konzernbetriebsrats bei Neustrukturierung des Vertriebs im Konzern vgl. LAG Düsseldorf 12.2.2014, BeckRS 2014, 72366.
1895 Siehe aber die Konstellation in BAG 10.2.2009, NZA 2009, 970; vgl. dazu auch BAG 16.7.1985, AP Nr. 32 zu § 112 BetrVG 1972; *Hunold*, NZA-RR 2006, 617; *Röder/Baeck*, Interessenausgleich und Sozialplan, S. 138.
1896 Als „Betriebsvereinbarungen eigener Art" sind Sozialpläne wegen ihrer normativen Wirkungen wie Tarifverträge auszulegen, vgl. nur BAG 17.11.2015, NJOZ 2016, 660; BAG 13.10.2015, AP Nr. 230 zu § 112 BetrVG 1972; BAG 5.5.2015, BeckRS 2015, 71004.
1897 Zur Darlegungs- und Beweislast für die einen Sozialplanabfindungsanspruch begründenden Tatsachen vgl. LAG Rheinland-Pfalz 27.5.2014, BeckRS 2014, 72305.
1898 Zur Erstreikbarkeit tariflicher Sozialpläne vgl. BAG 24.4.2007, NZA 2007, 987; *Willemsen/Stamer*, NZA 2007, 413.

der Meinungsverschiedenheiten über den Sozialplan machen, vgl. § 112 Abs. 3 S. 1 BetrVG. Die Einigungsstelle hat gem. § 112 Abs. 3 S. 2 BetrVG eine Einigung der Parteien zu versuchen. Kommt eine Einigung
nicht zustande, endet damit – anders als im Falle des Interessenausgleichs – allerdings nicht die Zuständigkeit der Einigungsstelle. Vielmehr entscheidet diese dann über den Sozialplaninhalt. Gem. § 112 Abs. 5 S. 2
BetrVG hat sich die Einigungsstelle dabei von den Ermessensgrundsätzen nach § 112 Abs. 5 S. 2 Nr. 1–3
BetrVG leiten zu lassen.[1899] Auf diese Grundsätze im Einzelnen einzugehen, sprengte den hiesigen Rahmen. Insoweit wird auf die einschlägigen Kommentierungen verwiesen.[1900]

> *Praxishinweis* 852
>
> Bei ihrer Entscheidung hat die Einigungsstelle sowohl die sozialen Belange der betroffenen Arbeitneh-
> mer zu berücksichtigen als auch auf die wirtschaftliche Vertretbarkeit ihrer Entscheidung für das Unter-
> nehmen zu achten. Nach Auffassung des BAG sind dabei zunächst Ober- und Untergrenze des So-
> zialplanbedarfs zu ermitteln und zwar unabhängig von den wirtschaftlichen Verhältnissen des
> Unternehmens.[1901] § 112 Abs. 5 S. 1, S. 2 Nr. 3 BetrVG komme sodann eine Korrekturfunktion zu.[1902]

Der vereinbarte Sozialplan ist schriftlich niederzulegen und von den Betriebspartnern zu unterschreiben, 853
andernfalls ist die Vereinbarung unwirksam, vgl. § 112 Abs. 1 S. 2 BetrVG, § 125 BGB. Der Arbeitgeber
ist gem. § 77 Abs. 2 S. 3 BetrVG verpflichtet, den Sozialplan an geeigneter Stelle im Betrieb auszulegen.

f) Laufzeit

Der Sozialplan endet, wenn der mit ihm verfolgte Zweck, also der Ausgleich oder die Milderung der wirt- 854
schaftlichen Nachteile der von ihm erfassten Arbeitnehmer, erreicht ist, die Leistungen also gewährt worden sind. Häufig enthalten Sozialpläne allerdings auch ausdrückliche Klauseln zur Laufzeit.[1903]

g) Allgemeines Gleichbehandlungsgesetz

Wenngleich die Betriebsparteien bei der Ausgestaltung des Sozialplans einen weiten Gestaltungsraum ha- 855
ben, haben sie neben Funktion des Sozialplans und Normzweck des § 112 Abs. 1 S. 2 BetrVG auch zwingendes Gesetzesrecht zu beachten. Von besonderer Bedeutung in diesem Zusammenhang sind die Vorschriften des AGG, wenn Sozialpläne Regelungen enthalten, die Differenzierungen aufgrund des Alters
der betroffenen Arbeitnehmer beinhalten. Gem. § 10 AGG ist eine unterschiedliche Behandlung von Arbeitnehmern wegen des Alters zulässig, wenn diese objektiv und angemessen und durch ein legitimes Ziel gerechtfertigt ist. Die Mittel zur Erreichung dieses Ziels müssen angemessen und erforderlich sein. Gem. § 10
S. 3 Nr. 6 AGG können derartige unterschiedliche Behandlungen Differenzierungen von Leistungen in Sozialplänen einschließen, wenn die Parteien eine nach Alter oder Betriebszugehörigkeit gestaffelte Abfindungsregelung geschaffen haben, in der die wesentlich vom Alter abhängigen Chancen auf dem Arbeitsmarkt durch eine verhältnismäßig starke Betonung des Lebensalters erkennbar berücksichtigt worden sind,
oder Beschäftigte von den Leistungen des Sozialplans ausgeschlossen haben, die wirtschaftlich abgesichert
sind, weil sie, ggf. nach Bezug von Arbeitslosengeld rentenberechtigt sind. Die Regelung nach § 10 S. 3
Nr. 6 AGG steht im Einklang mit Art. 6 Abs. 1 der Richtlinie 2000/78/EG.[1904]

1899 Vgl. dazu sowie zum Bemessungsdurchgriff im Konzern BAG 15.3.2011, DB 2011, 1698.
1900 Siehe z.B. Richardi/*Annuß*, § 112 BetrVG Rn 136 ff.; vgl. dazu auch *Kuhn/A. Willemsen*, NZA 2012, 593.
1901 Nach Auffassung des BAG hat der Gesetzgeber den höchstmöglichen Sozialplanbedarf mit dem Leistungsumfang festgelegt, der
    erforderlich wäre, um einen vollständigen Ausgleich der mit einer Betriebsänderung verbundenen wirtschaftlichen Nachteile zu
    erreichen. Andererseits müsse als Untergrenze des Sozialplans zumindest eine „spürbare" Entlastung der Arbeitnehmer erfolgen
    (BAG 24.8.2004, DB 2005, 397; BAG 6.5.2003, DB 2004, 193).
1902 BAG 24.8.2004, DB 2005, 397; BAG 6.5.2003, DB 2004, 193. Zur Minderung des durch die Einigungsstelle festgesetzten Sozial-
    planvolumens wegen wirtschaftlicher Unvertretbarkeit vgl. BAG 22.1.2013, NZA-RR 2013, 409. Ausführlich zur Berücksichti-
    gung der wirtschaftlichen Leistungsfähigkeit konzernangehöriger Unternehmen *Ahrendt*, RdA 2012, 340.
1903 Zur Möglichkeit der Kündigung von Sozialplänen vgl. BAG 10.8.1994, AP Nr. 86 zu § 112 BetrVG 1972.
1904 BAG 12.4.2011, NZA 2011, 985; BAG 26.5.2009, NZA 2009, 849; vgl. auch BAG 23.3.2010, NZA 2010, 774.

856   Nicht zuletzt durch Inkrafttreten des Allgemeinen Gleichbehandlungsgesetzes hatte sich das BAG immer wieder mit der Frage zu befassen, inwieweit Abfindungen auf Grundlage der Betriebszugehörigkeit und des Lebensalters der Arbeitnehmer bestimmt werden können. Eine Anknüpfung an das Alter kann vor dem Hintergrund der §§ 7, 10 AGG gerechtfertigt werden, soweit sich auf der Grundlage einer typisierenden Betrachtung darlegen lässt, dass das Alter einen besonderen Nachteil gegenüber den Angehörigen anderer Altersgruppen verursacht. Nach Ansicht des BAG dürfen die Betriebsparteien im Rahmen ihres Beurteilungsspielraums davon ausgehen, dass sich die Arbeitsmarktchancen der von einer Betriebsänderung betroffenen Arbeitnehmer mit zunehmendem Alter fortschreitend verschlechtern.[1905] Vor diesem Hintergrund hatte das BAG entschieden, dass die Betriebsparteien mit der Regelung eines **Alterszuschlags** bei Sozialplanabfindungen legitime Ziele i.S.d. § 10 AGG verfolgen. Ob der konkrete Alterszuschlag nach § 10 S. 2 AGG angemessen und erforderlich ist, unterliegt allerdings der gerichtlichen Überprüfung im Einzelfall.[1906] Auch eine nach Altersgruppen gestaffelte Abfindungsregelung ist demnach möglich, soweit die wesentlich vom Alter abhängenden Chancen auf dem Arbeitsmarkt durch eine verhältnismäßig starke Betonung des Lebensalters erkennbar berücksichtigt werden.[1907] Zulässig sind überdies **Kappungsgrenzen** für Abfindungsansprüche.[1908] Weiter darf ein Sozialplan nach Ansicht des EuGH eine geminderte Entlassungsabfindung für Arbeitnehmer vorsehen, die kurz vor dem Renteneintritt stehen. Allerdings stellt es nach Ansicht des EuGH eine nach dem Unionsrecht verbotene Diskriminierung dar, wenn bei der Berechnung dieser Minderung die Möglichkeit einer **vorzeitigen Altersrente** wegen einer Behinderung berücksichtigt wird.[1909] Der den Betriebsparteien durch § 10 S. 3 Nr. 6 AGG eingeräumte Gestaltungs- und Beurteilungsspielraum für eine unmittelbar auf dem Alter beruhende Ungleichbehandlung bei Sozialplanleistungen wird nach Ansicht des BAG nicht überschritten, wenn ältere Arbeitnehmer von Sozialplanleistungen ausgeschlossen werden, die nach dem Bezug von Arbeitslosengeld I nahtlos eine **Regelaltersrente** beanspruchen können und zuvor die Fortsetzung ihres Arbeitsverhältnisses an einem anderen Unternehmensstandort abgelehnt haben.[1910] In einem Ausschluss einer Entlassungsentschädigung in gesetzlich vorgeschriebener Höhe bei Möglichkeit des Bezugs einer „Volksrente" sieht auch der EuGH keine Altersdiskriminierung.[1911] Besteht hingegen lediglich die Möglichkeit der Inanspruchnahme einer Altersrente, die der Arbeitgeber aus einem privaten Rentensystem zu zahlen hat, dem der Arbeitnehmer vor Vollendung seines 50. Lebensjahres beigetreten war, ist sowohl ein vollständiger Ausschluss eines Abfindungsanspruch in gesetzlich vorgeschriebener Höhe gegen einen staatlichen Arbeitgeber wie auch ein Ausschluss eines entsprechenden Abfindungsanspruchs gegen einen privaten Arbeitgeber unionsrechtlich unzulässig.[1912]

857   **Folge** einer gem. AGG **unzulässigen Regelung** wäre deren **Unanwendbarkeit**, so dass die benachteiligten Arbeitnehmer ggf. die – höhere – Abfindung beanspruchen könnten.

1905 BAG 26.5.2009, NZA 2009, 849; BAG 12.4.2011, NZA 2011, 985; vgl. dazu auch BAG 23.3.2010, NZA 2010, 774.
1906 BAG 12.4.2011, NZA 2011, 985.
1907 BAG 12.4.2011, NZA 2011, 988.
1908 BAG 21.7.2009, NZA 2009, 1107, allerdings für einen vor Inkrafttreten des AGG vereinbarten Sozialplan; vgl. aber EuGH 12.10.2010, NZA 2010, 1341 und EuGH 19.4.2016, NZA 2016, 537, jeweils zur Versagung einer Abfindung bei Anspruch auf Altersrente.
1909 EuGH 6.12.2012, NZA 2012, 1435; vgl. auch BAG 26.3.2013, BB 2013, 947; zu Risiken bei Kürzungen aufgrund vorzeitiger Rente für Frauen vgl. die Urteilsanmerkung von *Bauer*, FD-ArbR 2013, 344952; zur Unzulässigkeit einer pauschalen Abfindung für Schwerbehinderte, die eine entsprechende Rente in Anspruch nehmen können, wenn ansonsten eine individuelle Berechnung erfolgt, siehe BAG 17.11.2015, NZA 2016, 501; vgl. dazu auch die Anm. von *Hützen*, EWiR 2016, 479.
1910 BAG 9.12.2014, NZA 2015, 365, wonach im zugrundeliegenden Fall der Ausschluss „älterer" Arbeitnehmer von Abfindungs- und Sozialplanleistungen „noch" angemessen i.S.v. § 10 S. 2 AGG und mithin zulässig i.S.v. § 10 S. 3 Nr. 6 Alt. 2 AGG war.
1911 EuGH 26.2.2015, NZA 2015, 473.
1912 EuGH 12.10.2010, NZA 2010, 1341 und EuGH 19.4.2016, NZA 2016, 537; vgl. dazu auch die Anm. *Krieger*, ArbRAktuell 2016, 305.

Praxishinweis   858

Wegen der Regelung in § 10 S. 3 Nr. 6 AGG ist es empfehlenswert, im Vorfeld der Sozialplanverhandlungen bei der **Bundesagentur für Arbeit** Informationen und Statistiken hinsichtlich der Aussichten der
von der Betriebsänderung betroffenen Arbeitnehmer auf dem Arbeitsmarkt einzuholen. Ferner empfiehlt sich eine umfassende Dokumentation der den differenzierenden Klauseln zugrunde liegenden Beurteilungen.

h) Besondere Fälle

Möglich ist sowohl der Abschluss eines Sozialplans im Hinblick auf eine bestimmte Betriebsänderung   859
als auch der Abschluss eines **Rahmensozialplans** für mögliche, aber noch nicht geplante Betriebsänderungen.[1913]

Ein Sozialplan muss nicht zwingend eine Abfindung für die Arbeitnehmer vorsehen. Abfindungen sind le-   860
diglich dann erforderlich, wenn Entlassungen drohen und keine Weiterbeschäftigungsmöglichkeiten bestehen. Bei einer **Betriebsverlegung** an einen 15 km entfernter Ort ist es daher bspw. denkbar, lediglich Regelungen zum Ausgleich erhöhter Anfahrtskosten der Arbeitnehmer zu vereinbaren. Hat der Arbeitgeber
daher ein großes Interesse am Fortbestand der Arbeitsverhältnisse, sollte die Vereinbarung von Abfindungen für den Fall einer Ablehnung der Weiterbeschäftigung gut überlegt werden.

Die Zahlung einer Abfindung darf im Sozialplan auch nach Einführung des § 1a KSchG nicht davon abhän-   861
gig gemacht werden, dass der Arbeitnehmer keine Kündigungsschutzklage erhebt.[1914] Die Betriebsparteien
sind allerdings nicht gehindert, bei einer Betriebsänderung im Interesse des Arbeitgebers an alsbaldiger Pla-
nungssicherheit **zusätzlich** zu einem Sozialplan in einer freiwilligen Betriebsvereinbarung Leistungen für
den Fall vorzusehen, dass der Arbeitnehmer von der Möglichkeit zur Erhebung einer Kündigungsschutzklage keinen Gebrauch macht, sog. **Turboprämie**. Das Verbot, Sozialplanleistungen von einem entsprechenden Verzicht abhängig zu machen, darf indes nicht dadurch umgangen werden, dass die Leistungen
nach dem Sozialplan letztlich keine angemessene Abmilderung der den Arbeitnehmern durch die Betriebsänderung entstehenden wirtschaftlichen Nachteile darstellte.[1915]

Von besonderer Bedeutung ist der sog. **Transfersozialplan**. Das SGB III sieht i. R. d. „aktiven Arbeitsför-   862
derung" gem. § 3 Abs. 4 SGB III diverse Förderungsmöglichkeiten zur Vermeidung von Arbeitslosigkeit
vor. Nach § 112 Abs. 5 S. 2 Nr. 2a BetrVG soll die Einigungsstelle diese Förderungsmöglichkeiten beachten. § 110 SGB III regelt Leistungen zur Förderung der Teilnahme an **Transfermaßnahmen**. Auf diese
Weise soll der direkte Übergang aus einem alten in ein neues Arbeitsverhältnis gefördert werden. An
den entstehenden Kosten beteiligt sich die Bundesagentur für Arbeit, wenn die Förderungsvoraussetzungen
erfüllt sind. Die Kostenbeteiligung soll einen Anreiz für die Betriebsparteien bilden, keine reinen „Abfin-
dungssozialpläne" zu vereinbaren, sondern die Sozialplanmittel „**beschäftigungsfördernd**" einzusetzen.
Mit dem Beschäftigungschancengesetz[1916] wurde insbesondere eine Beratungspflicht der Betriebsparteien

---

1913 Auch Rahmensozialpläne verbrauchen das Mitbestimmungsrecht des Betriebsrats, vgl. BAG 26.8.1997, AP Nr. 117 zu § 112
BetrVG 1972; BAG 19.1.1999, NZA 1999, 949; zur fehlenden Erzwingbarkeit von Rahmen- und Dauersozialplänen vgl. BAG
22.3.2016, NZA 2016, 894.
1914 BAG 31.5.2005, AP Nr. 175 zu § 112 BetrVG 1972 = NZA 2005, 997; zur fehlenden generellen Anspruchskonkurrenz zwischen
einer Sozialplanabfindung und einer Abfindung nach § 1a KSchG und damit zur Gefahr doppelter Abfindungsansprüche siehe
LAG Berlin-Brandenburg 10.7.2015, NZA-RR 2016, 139.
1915 BAG 31.5.2005, AP Nr. 175 zu § 112 BetrVG 1972 = NZA 2005, 997; vgl. dazu auch LAG München 9.12.2015, BB 2016, 1468;
zum unzulässigen Ausschluss beurlaubter Beamter von solchen Klagverzichtsprämien vgl. BAG 8.12.2015, NZA 2016, 767; zum
Ausschluss eines tariflichen Abfindungsanspruchs für den Fall der Erhebung einer Kündigungsschutzklage vgl. BAG 6.12.2006,
DB 2007, 1362.
1916 BGBl 2010 I, 1417 ff.

„im Vorfeld" der Entscheidung über die Einführung von Transfermaßnahmen, insbesondere im Rahmen von Interessenausgleichs- oder Sozialplanverhandlungen, implementiert, vgl. § 110 Abs. 1 Nr. 1 SGB III. Eine Missachtung der Beratungspflicht führt ggf. zum Entfall der Förderungspflicht. Voraussetzung ist gem. § 110 Abs. 1 S. 1 SGB III ferner, dass die Arbeitnehmer aufgrund einer Betriebsänderung von Arbeitslosigkeit bedroht sind. Weitere Voraussetzungen sind, dass die Maßnahme von einem Dritten durchgeführt wird, die vorgesehene Maßnahme der Eingliederung der Arbeitnehmer in den Arbeitsmarkt dienen soll, die Durchführung der Maßnahme gesichert ist und ein System zur Sicherung der Qualität angewendet wird. Gem. § 110 Abs. 1 S. 2 SGB III sind Transfermaßnahmen alle Maßnahmen zur Eingliederung von Arbeitnehmern in den Arbeitsmarkt, an deren Finanzierung sich Arbeitgeber angemessen beteiligen. Nach § 110 Abs. 3 S. 1 SGB III ist eine Förderung ausgeschlossen, wenn die Maßnahme dazu dient, die Arbeitnehmer auf eine Anschlussbeschäftigung im selben Betrieb oder in einem anderen Betrieb desselben Unternehmens vorzubereiten. Entsprechendes gilt für eine Anschlussbeschäftigung in einem anderen Konzernunternehmen, vgl. § 110 Abs. 3 S. 1 SGB III.[1917]

863   Als weiteres Gestaltungsmittel kommt die Überführung von Arbeitnehmern in eine sog. **Transfergesellschaft** oder Beschäftigungs- und Qualifizierungsgesellschaft (BQG) in Betracht. Solche Gesellschaften können von den Unternehmen, die sozialplanpflichtige Entlassungen planen, für den konkreten Fall gegründet werden. Üblicherweise beauftragen Unternehmen allerdings dritte Anbieter, die regional oder teilweise auch überregional agieren und über die erforderliche Infrastruktur verfügen. Die von einer Kündigung betroffenen Arbeitnehmer schließen mit ihrem Arbeitgeber sowie der Transfergesellschaft **dreiseitige Vereinbarungen** (vgl. oben Rdn 800), die zum einen die Beendigung des bisherigen Arbeitsverhältnisses sowie die – befristete – Neugründung eines Arbeitsverhältnisses mit der Transfergesellschaft beinhalten.[1918] Die Finanzierung erfolgt – sofern die Voraussetzungen vorliegen – über das sog. **Transferkurzarbeitergeld** (Transfer-Kug) gem. § 111 SGB III.[1919] Die verbleibenden Kosten hat der Arbeitgeber durch Bereitstellung von Sozialplanmitteln zu tragen. Häufig wird insofern vereinbart, dass die Arbeitnehmer ohne Einhaltung der Kündigungsfrist in die Transfergesellschaft übertreten oder die Abfindung oder ein Teil der Abfindung für die Finanzierung der Transfergesellschaft verwendet wird.[1920]

864   *Hinweis*

Die Gestaltungsmöglichkeiten einer BQG im Falle einer anschließenden Betriebsveräußerung sind zwischenzeitlich deutlich beschränkt. Zwar können die Arbeitsvertragsparteien nach Auffassung des BAG das Arbeitsverhältnis im Zusammenhang mit einem Betriebsübergang wirksam durch einen Aufhebungsvertrag auflösen, wenn die Vereinbarung auf das endgültige Ausscheiden des Arbeitnehmers aus dem Betrieb gerichtet ist und nicht der Unterbrechung der Kontinuität des Arbeitsverhältnisses dient. Dies gilt auch, wenn zugleich ein Übertritt des Arbeitnehmers in eine BQG vereinbart wird. Eine Umgehung des § **613a BGB** liegt indes vor, wenn der Aufhebungsvertrag die Beseitigung der Kontinuität des

---

1917 Zur Trägerzulassungspflicht ab dem Jahr 2013 vgl. § 178 SGB III.

1918 Nach Ansicht des LAG Berlin-Brandenburg kann eine Transfergesellschaft auch durch Spruch der Einigungsstelle errichtet werden, durch Spruch könnten aber keine Regelungen zum dreiseitigen Vertrag zum Übergang in die Transfergesellschaft getroffen werden; zudem erfülle die Einigungsstelle ihren Regelungsauftrag nicht, wenn sie die Verteilung der finanziellen Mittel zur Qualifizierung nicht im Sozialplan regelt, sondern dies „je nach individuellem Weiterbildungs- und Qualifizierungsbedarf" der Transfergesellschaft überlässt, LAG Berlin-Brandenburg 1.3.2016, BeckRS 2016, 69494; nach Ansicht des LAG Hamm verstößt der vollständige Ausschluss der Arbeitnehmer von Sozialplanansprüchen, die das sofortige Ausscheiden aus dem Arbeitsverhältnis und den Wechsel in die Transfergesellschaft abgelehnt haben, gegen den arbeitsrechtlichen Gleichbehandlungsgrundsatz, LAG Hamm 14.5.2014, BeckRS 2014, 73735.

1919 Zur vorherigen Beratungspflicht der Betriebsparteien durch die Agentur für Arbeit vgl. § 111 Abs. 1 Nr. 4 SGB III; das Transfer-Kug berechnet sich nach §§ 105 ff. SGB III, vgl. § 111 Abs. 10 SGB III; zum fehlenden eigenständigen Vergütungsanspruch gegen die Transfergesellschaft siehe BAG 19.3.2014, BeckRS 2014, 69881; zur außerordentlichen Kündigung nach Wegfall der Refinanzierungszahlungen einer Transfergesellschaft siehe BAG 24.1.2013, NZA 2013, 959.

1920 Zum Förderungsausschluss bei Anschlussbeschäftigung vgl. § 111 Abs. 8 SGB III.

Arbeitsverhältnisses bei gleichzeitigem Erhalt des Arbeitsplatzes bezweckt, weil zugleich ein neues Arbeitsverhältnis vereinbart oder zumindest verbindlich in Aussicht gestellt wird.[1921] Entsprechendes soll gelten, wenn dem Arbeitnehmer „aufgrund der gesamten Umstände klar" sein dürfte, dass er von dem Betriebserwerber eingestellt werde.[1922] Es besteht also nur in engen Grenzen die Möglichkeit, dass sich der Erwerber ohne Durchführung einer Sozialauswahl seine neue „Mannschaft" aus dem Kreis der in die BQG übergetretenen Arbeitnehmer „zusammenstellt".

Im Falle der **Arbeitgeberinsolvenz** gelten gesetzliche Beschränkungen hinsichtlich des Volumens des Sozialplans. Weitere Besonderheiten gelten für den vor Insolvenzeröffnung aufgestellten Sozialplan (zu den Einzelheiten vgl. Rdn 946 f.). 865

7. Checkliste

■ Voraussetzungen der Sozialplanpflicht 866

▨ Betriebsänderung
▨ Bei bloßem Personalabbau: Erreichen der Schwellenwerte gem. § 112a Abs. 1 BetrVG
▨ Neugründungsprivileg gem. § 112a Abs. 2 BetrVG
▨ Wirtschaftliche Nachteile der Arbeitnehmer infolge der Betriebsänderung
■ Verfahren/Strategie
▨ Zuständiges Betriebsratsgremium
▨ Risiko Sozialplanstreik?
■ Inhalt des Sozialplans
▨ Kreis der betroffenen Arbeitnehmer
▨ Informationen/Statistiken der Bundesagentur für Arbeit hinsichtlich Aussichten am Arbeitsmarkt
▨ Ermittlung der wirtschaftlichen Nachteile
▨ Prüfung von Weiterbeschäftigungsmöglichkeiten
▨ Bestehen von Rationalisierungsschutzabkommen
▨ Bestehen von Rahmensozialplänen

8. Muster zum Sozialplan

69

▼

Muster 2.69: Sozialplan 867

Sozialplan

zwischen

der ▨

– nachfolgend „Gesellschaft" genannt –

und

dem Betriebsrat des Betriebs ▨ der Gesellschaft

– nachfolgend „Betriebsrat" genannt –

1921 BAG 18.8.2011, NZA 2012, 152; BAG 23.11.2006, NZA 2007, 866; vgl. dazu auch *Pils*, NZA 2013, 125.
1922 BAG 25.10.2012, BeckRS 2013, 65639.

Präambel

Zum Ausgleich bzw. zur Milderung der den Arbeitnehmern und Arbeitnehmerinnen der Gesellschaft infolge der im Interessenausgleich vom ▮▮▮▮▮▮ beschriebenen Maßnahmen[1923] entstehenden wirtschaftlichen Maßnahmen vereinbaren die Betriebspartner den nachfolgenden Sozialplan.

§ 1 Geltungsbereich

(1) Vorbehaltlich nachfolgendem § 2 gilt dieser Sozialplan für alle Arbeitnehmer und Arbeitnehmerinnen (nachfolgend aus Gründen der Lesbarkeit einheitlich: Arbeitnehmer) des Betriebs ▮▮▮▮▮ der Gesellschaft, soweit sie von personellen Maßnahmen infolge der Betriebsänderung gemäß dem Interessenausgleich vom ▮▮▮▮▮▮ betroffen sind oder betroffen sein werden.

(2) Dieser Sozialplan gilt nicht für

■ leitende Angestellte gemäß § 5 Abs. 3 BetrVG

■ Arbeitnehmer, deren Arbeitsverhältnis aufgrund einer Befristung oder während der ersten sechs Monate des Anstellungsverhältnisses endet

■ Arbeitnehmer, die aufgrund nicht von der Gesellschaft veranlasster Eigenkündigung oder Aufhebungsvereinbarung aus dem Arbeitsverhältnis ausscheiden[1924]

■ Arbeitnehmer, deren Arbeitsverhältnis aufgrund krankheits- oder verhaltensbedingter ordentlicher oder außerordentlicher Kündigung oder einer aus diesem Grunde abgeschlossenen Aufhebungsvereinbarung endet

■ Arbeitnehmer, die vertragswidrig vor Ablauf der für sie geltenden Kündigungsfrist oder vertragswidrig vor dem vereinbarten Austrittsdatum ausscheiden

■ Arbeitnehmer, die wegen Erwerbsunfähigkeit aus dem Betrieb ausscheiden[1925]

■ Arbeitnehmer, die spätestens nach Ablauf der für sie maßgeblichen Kündigungsfrist oder innerhalb von ▮▮▮▮ Monaten nach diesem Zeitpunkt ohne Abschläge Leistungen aus der gesetzlichen Rentenversicherung beanspruchen können.[1926]

§ 2 Abfindung

(1) Arbeitnehmer, deren Arbeitsverhältnis infolge der in vorstehendem § 1 beschrieben Betriebsänderung beendet wird, erhalten für den Verlust des Arbeitsplatzes eine Abfindung nach Maßgabe der folgenden Bestimmungen:

Betriebszugehörigkeit × Bruttomonatsentgelt × ▮▮▮▮▮▮

1923 Kommt kein Interessenausgleich zustande, empfiehlt es sich, die geplante Betriebsänderung möglichst genau zu beschreiben.

1924 Zur Zulässigkeit solcher Differenzierungsklauseln vgl. BAG 1.2.2011, DB 2011, 1284; *Hunold*, NZA-RR 2006, 617; BAG 20.4.1994, NZA 1995, 489; BAG 19.7.1995, NZA 1996, 271; zur Zulässigkeit von Treueprämien und deren wirksamer Ausgestaltung siehe BAG 9.12.2014, NZA 2015, 557.

1925 Zur Verfassungsmäßigkeit des Ausschlusses von Sozialplanleistungen bei Bezug von Erwerbsminderungsrente siehe BVerfG 25.3.2015, NZA 2015, 1248.

1926 Das BAG hält einen Ausschluss für Arbeitnehmer, die nach dem Bezug von Arbeitslosengeld I nahtlos eine Regelaltersrente beanspruchen können und zuvor die Fortsetzung ihres Arbeitsverhältnisses an einem anderen Unternehmensstandort abgelehnt hatten, für zulässig. Weiter hatte das BAG entschieden, dass die durch einen Sozialplan ausgleichsfähigen Nachteile bei Arbeitnehmern, die nach dem Bezug von Arbeitslosengeld I eine Regelaltersrente in Anspruch nehmen können, sich regelmäßig auf die Differenz zwischen dem Arbeitsentgelt abzüglich des gewährten Arbeitslosengelds beschränken. Darüber hinausgehende Abfindungsbeträge stellen demnach keine Entschädigung für den bevorstehenden Arbeitsplatzverlust dar, BAG 9.12.2014, NZA 2015, 356. Vor diesem Hintergrund sollte bei einem solchen Ausschluss allerdings zwischen Ablauf der Kündigungsfrist und Möglichkeit des Bezugs einer gesetzlichen Regelaltersrente allenfalls ein überschaubarer Zeitraum liegen. Für den Fall des Ausschlusses gesetzlicher Abfindungsansprüche differenziert der EuGH zwischen der Möglichkeit des unmittelbaren Bezugs einer Volksrente einerseits, EuGH 26.2.2015, NZA 2015, 473, und der Möglichkeit des unmittelbaren Bezugs einer Rente, die der Arbeitgeber aus einem privaten Rentensystem zahlt, andererseits, EuGH vom 12.10.2010, NZA 2010, 1341 sowie vom 19.4.2016, NZA 2016, 537.

(2) Die Abfindung beträgt mindestens ████████ EUR brutto.[1927]

(3) Betriebszugehörigkeit und Lebensalter bemessen sich in vollendeten Monaten am Tag der rechtlichen Beendigung des Arbeitsverhältnisses, geteilt durch 12 und kaufmännisch auf eine Stelle nach dem Komma gerundet.

(4) Das maßgebliche Bruttomonatsentgelt definiert sich wie folgt:

■ Bei gewerblichen Arbeitnehmern und tariflichen Angestellten: Das regelmäßige tarifliche Monatsgehalt zzgl. ████████

■ Bei AT-Angestellten: Das monatliche Bruttogrundgehalt zzgl. ████████

Zugrunde gelegt wird das durchschnittliche Bruttomonatsentgelt der letzten 12 Abrechnungsmonate vor der rechtlichen Beendigung des Arbeitsverhältnisses.[1928]

(5) Die Abfindung erhöht sich für Schwerbehinderte im Sinne von § 2 Abs. 2 SGB IX um ████████ EUR brutto und für den Schwerbehinderten gleichgestellte Arbeitnehmer im Sinne von § 2 Abs. 3 SGB IX (Mindestbehinderungsgrad 30 %) pro 10 % des Grads der Behinderung um ████████ EUR brutto. Voraussetzung für die Zahlung ist, dass die Feststellung der Schwerbehinderung oder die Gleichstellung spätestens am ████████ rechtskräftig erfolgt war.

(6) Die Abfindung erhöht sich für jedes im Rahmen der elektronischen Lohnsteuerabzugsmerkmale (ELSTAM) erfasste unterhaltsberechtigte Kind um ████████ EUR.[1929] Bei Kindern, die im Rahmen von ELSTAM nur teilweise berücksichtigt sind, wird der Kinderzuschlag entsprechend gekürzt.

§ 3 Kürzung der Abfindung

(1) Übersteigt die Abfindung zusammen mit dem Anspruch auf Arbeitslosengeld im Zeitraum zwischen der rechtlichen Beendigung des Arbeitsverhältnisses bis zum frühestmöglichen Bezug einer Sozialversicherungsrente die Gesamtnettobezüge, die der Arbeitnehmer bei Fortbestand des Arbeitsverhältnisses in diesem Zeitraum erhalten hätte, erfolgt eine Kürzung der Abfindung. Die Abfindung wird in diesem Fall so bemessen, dass sie zusammen mit dem Arbeitslosengeld 100 % der Gesamtnettobezüge nicht übersteigt.[1930] Vorstehender Satz 1 gilt nicht für den Fall einer Sozialversicherungsrente für schwerbehinderte Menschen.[1931]

(2) Die Berechnung erfolgt auf der Grundlage der Gegebenheiten im Zeitpunkt der rechtlichen Beendigung des Arbeitsverhältnisses. Spätere Änderungen (insbesondere eine Kürzung des Arbeitslosengeldes oder anderweitiges Einkommen) werden nicht berücksichtigt.

[1927] Denkbar ist auch die Begrenzung der Abfindung „nach oben" vgl. zuletzt BAG 21.7.2009, NZA 2009, 1107; BAG 2.10.2007, DB 2008, 69. In der zitierten Entscheidung hatte das BAG sich zwar nicht mit § 10 S. 3 Nr. 6 AGG zu befassen, indes hatte es angenommen, dass eine Höchstbetragsklausel keine Differenzierung nach dem Alter beinhalte. Anders aber bei BAG 26.3.2013, BB 2013, 947, wo eine gesonderte Kappungsgrenze für rentennahe Arbeitnehmer explizit nach § 10 S. 3 Nr. 6 AGG für gerechtfertigt gehalten wurde.

[1928] Zur Höhe der Sozialplanabfindung bei Teilzeitbeschäftigten vgl. BAG 22.9.2009, NJW-Spezial 2010, 19; vgl. aber auch EuGH 22.10.2009, NZA 2010, 29.

[1929] Zur Rechtmäßigkeit des Erfordernisses der Eintragung auf der früheren Lohnsteuerkarte vgl. BAG 12.3.1997, NZA 1997, 1058; das LAG Nürnberg hat allerdings in solchen Regelungen eine mittelbare Diskriminierung von Frauen mit Lohnsteuerklasse V erblickt, LAG Nürnberg 3.11.2015, DStR 2016, 1484 (Revision zugelassen); das LAG Düsseldorf sieht einen Verstoß gegen den allgemeinen Gleichbehandlungsgrundsatz, LAG Düsseldorf 2.9.2015, BeckRS 2015, 72657 für den Fall der Inanspruchnahme der Steuerklasse V durch den Kindsvater (Revision zugelassen); vorsorglich könnte die Regelung daher wie folgt ergänzt werden: „Arbeitnehmern ohne ein entsprechendes Lohnsteuerabzugsmerkmal bleibt der Nachweis einer gleichwohl bestehenden entsprechenden Unterhaltsverpflichtung durch Vorlage geeigneter schriftlicher Belege nachgelassen".

[1930] Vgl. hierzu BAG 9.12.2014, NZA 2015, 356.

[1931] Vgl. hierzu EuGH 6.12.2012, NZA 2012, 1435; vgl. auch BAG 9.12.2014, NZA 2015, 356; zur Berücksichtigung der Möglichkeit des Bezugs einer vorgezogenen Altersrente siehe BAG 26.3.2013, BB 2013, 947; zu Risiken bei Kürzungen aufgrund vorzeitiger Rente für Frauen vgl. die Urteilsanmerkung von *Bauer*, FD-ArbR 2013, 344952.

(3) Auf Verlangen der Gesellschaft legt der Arbeitnehmer einen schriftlichen Nachweis des Sozialversicherungsträgers über den frühestmöglichen Bezug einer Sozialversicherungsrente nach Maßgabe von Abs. 1 vor.

§ 4 Anrechnungsvorschriften

(1) Abfindungsansprüche des Arbeitnehmers aufgrund eines Aufhebungs- oder Abwicklungsvertrags oder Vergleichs oder solche, die dem Arbeitnehmer durch ein Gericht zuerkannt werden, werden auf den Abfindungsanspruch aus diesem Sozialplan angerechnet. Die Anrechnung erfolgt auch, wenn der Vertrag oder der Vergleich oder das Gericht keine Anrechnung vorsehen.

(2) Gleichermaßen werden etwaige Nachteilsausgleichsansprüche gemäß § 113 BetrVG auf den Abfindungsanspruch aus diesem Sozialplan angerechnet.

(3) Ferner werden auf den Abfindungsanspruch aus diesem Sozialplan sämtliche Leistungen aus Tarifverträgen und/oder Betriebsvereinbarungen, die im Zusammenhang mit Betriebsänderungen oder Rationalisierungsmaßnahmen gewährt werden, angerechnet. Dies gilt insbesondere für Abfindungen gemäß § ▓▓▓▓▓▓ des Rationalisierungsschutzabkommens vom ▓▓▓▓▓▓.

§ 5 Entstehen und Fälligkeit des Abfindungsanspruches

(1) Der Abfindungsanspruch entsteht mit der rechtlichen Beendigung des Arbeitsverhältnisses und ist vererblich.[1932] Der Abfindungsanspruch kann nicht abgetreten oder verpfändet werden. Vorbehaltlich der nachfolgenden Regelung wird der Abfindungsanspruch mit der allgemeinen, auf die Beendigung des Arbeitsverhältnisses folgenden letzten Gehaltsabrechnung zur Auszahlung fällig.

(2) Greift ein Arbeitnehmer die Beendigung seines Arbeitsverhältnisses gerichtlich an, wird der Anspruch auf Zahlung einer Abfindung erst fällig, wenn die Beendigung des Arbeitsverhältnisses rechtskräftig feststeht. Hat der Arbeitnehmer im Zeitpunkt der Klageerhebung die Abfindung bereits erhalten, ist die Abfindung unverzüglich und unter Ausschluss von Zurückbehaltungsrechten zurück zu zahlen.

§ 6 Freistellung zu Bewerbungszwecken/Zeugnis

(1) Arbeitnehmer, deren Arbeitsverhältnis im Rahmen der in vorstehendem § 1 beschriebenen Betriebsänderung zu kündigen ist, werden auf Wunsch zum Zwecke der Stellensuche in angemessenem Umfang von der Verpflichtung zur Arbeitsleistung unter Fortzahlung der Vergütung freigestellt.[1933]

(2) Auf Wunsch erteilt die Gesellschaft Arbeitnehmern, deren Arbeitsverhältnis im Rahmen der in vorstehendem § 1 beschriebenen Betriebsänderung zu kündigen ist, ein qualifiziertes Zwischen- bzw. Endzeugnis.

§ 7 Schlussbestimmungen

(1) Dieser Sozialplan regelt abschließend den Ausgleich bzw. die Milderung wirtschaftlicher Nachteile aufgrund der in vorstehendem § 1 beschriebenen Betriebsänderung.

(2) Sollten einzelne Bestimmungen dieses Sozialplans unwirksam sein oder werden, bleiben die übrigen Bestimmungen in Kraft. Die Betriebspartner verpflichten sich, in einem solchen Falle anstelle der unwirksamen Bestimmung eine Regelung zu treffen, die dem mit der unwirksamen Bestimmung verfolgten Zweck möglichst nahe kommt. Entsprechendes gilt im Falle einer von den Betriebspartnern nicht bedachten Lücke oder falls eine der vorstehenden Regelungen undurchführbar sein oder werden sollte.[1934]

(3) Der Sozialplan tritt mit Unterzeichnung in Kraft. Er endet im Zeitpunkt des vollständigen Abschlusses der in vorstehendem § 1 beschrieben Betriebsänderung, spätestens aber am ▓▓▓▓▓▓ und entfaltet keine Nachwirkung.

1932 Ist der Zeitpunkt der Entstehung des Abfindungsanspruchs nicht ausdrücklich geregelt, ist er durch Auslegung des Sozialplans zu ermitteln, BAG 27.6.2006, DB 2006, 2131.

1933 An sich handelt es sich hierbei um eine Klausel für einen Interessenausgleich. Allerdings verlangen Betriebsräte häufig die Aufnahme einer solchen Bestimmung in den Sozialplan, damit die Arbeitnehmer ihre Ansprüche aus einem Dokument ersehen können (zu Ansprüchen des Arbeitnehmers aus einer Bestimmung im Interessenausgleich, die ihrem Inhalt nach eine Sozialplanregelung darstellt, vgl. BAG 14.11.2006, NZA 2007, 339).

1934 Als Betriebsvereinbarung unterliegt der Sozialplan nicht dem Recht der Allgemeinen Geschäftsbedingungen, vgl. § 310 Abs. 4 BGB.

██████ *(Ort, Datum)*

██████ ██████

(Gesellschaft) *(Betriebsrat)*

▲

9. Klausel-ABC zum Sozialplan

a) Arbeitgeberdarlehen

Soweit Arbeitnehmer von der Gesellschaft ein Arbeitgeberdarlehen in Anspruch genommen haben, wird **868** dieses innerhalb von (…) Monaten nach Beendigung des Arbeitsverhältnisses zur Rückzahlung fällig. Auf Wunsch des Arbeitnehmers können bis zu (…) % der Abfindung gem. § (…) dieses Sozialplans auf die Darlehensforderung der Gesellschaft angerechnet werden.

Alternativ: Arbeitgeberdarlehen, die bei der Beendigung des Arbeitsverhältnisses fällig werden, können auf schriftlichen Antrag, der bei der Personalabteilung zu stellen ist, zu den bisherigen Bedingungen fortgeführt werden.

b) Betriebliche Altersversorgung

Arbeitnehmer, die während ihrer Tätigkeit für die Gesellschaft unverfallbare Ansprüche auf betriebliche **869** Altersversorgung erworben haben, erhalten bei Ausscheiden eine Bescheinigung gem. § 4a BetrVG.

c) Betriebsübergang

Arbeitnehmer, deren Arbeitsverhältnis gem. § 613a BGB auf den Betriebserwerber übergeht, erhalten **870** keine Abfindung, wenn ihre Arbeitsstätte beim Betriebserwerber nicht weiter als (…) km von ihrer bisherigen Arbeitsstätte entfernt liegt. Liegt die Arbeitsstätte weiter als (…) km entfernt von der bisherigen Arbeitsstätte, erhalten Arbeitnehmer, deren Arbeitsverhältnis gem. § 613a BGB auf den Betriebserwerber übergeht, (…) % der Abfindung gem. § (…) dieses Sozialplans.[1935]

Kündigt der Betriebserwerber das Arbeitsverhältnis aus betriebsbedingten Gründen innerhalb eines Zeitraums von (…) Monaten nach dem Betriebsübergang, erhält der Arbeitnehmer die volle Abfindung gem. § (…) dieses Sozialplans, wobei bereits geleistete Abfindungszahlungen sowie Abfindungszahlungen des Betriebserwerbers voll angerechnet werden. Die Abfindung wird zur Zahlung fällig, sobald die Beendigung des bisherigen Arbeitsverhältnisses mit der Gesellschaft rechtskräftig feststeht.

Arbeitnehmer, die dem Übergang ihres Arbeitsverhältnisses gem. § 613a Abs. 6 BGB widersprechen, erhalten keine Abfindung, wenn ihre Arbeitsstätte beim Betriebserwerber nicht weiter als (…) km entfernt von ihrer bisherigen Arbeitsstätte läge. Läge die Arbeitsstätte weiter als (…) km entfernt von der bisherigen Arbeitsstätte, erhalten Arbeitnehmer, die dem Übergang ihres Arbeitsverhältnisses gem. § 613a Abs. 6 BGB widersprechen, (…) % der Abfindung gem. § (…) dieses Sozialplans.[1936]

d) Direktversicherung

Soweit eine Fortführung der über die (…) Lebensversicherung AG durchgeführte Direktversicherung **871** durch den Arbeitnehmer oder einen zukünftigen neuen Arbeitgeber möglich ist, wird die Gesellschaft

---

1935 Vgl. hierzu auch BAG 24.5.2012, NZA 2013, 277.
1936 Nach Ansicht des LAG Berlin-Brandenburg verstößt die Herausnahme von Arbeitnehmern, die dem Übergang ihres Arbeitsverhältnisses widersprochen haben, aus einem in einem Sozialplan geregelten Ausschluss betriebsbedingter Kündigung gegen den betriebsverfassungsrechtlichen Gleichbehandlungsgrundsatz und ist damit rechtsunwirksam, LAG Berlin-Brandenburg 10.2.2015, FD-ArbR 2015, 366453 (Revision zugelassen).

sämtliche erforderlichen Erklärungen zur Übertragung der Direktversicherung auf den Arbeitnehmer oder einen zukünftigen neuen Arbeitgeber abgeben.

e) Doppelte Haushaltsführung/Pendlerpauschale
aa) Doppelte Haushaltsführung; Heimreise

872   Liegt im Falle einer Änderungskündigung der Gesellschaft oder im Falle einer einvernehmlichen Versetzung der künftige Arbeitsort eines Arbeitnehmers mindestens (…) km entfernt vom bisherigen Arbeitsort des Arbeitnehmers und zieht der Arbeitnehmer nicht um, sondern unterhält er stattdessen an seinem künftigen Arbeitsort einen weiteren Wohnsitz, werden ihm monatlich im Nachhinein für einen Zeitraum von (…) Monaten gegen Vorlage geeigneter Nachweise die Mietkosten bis zu einer Höhe von monatlich (…) EUR brutto erstattet. Ferner erstattet die Gesellschaft dem Arbeitnehmer für denselben Zeitraum monatlich im Nachhinein gegen Vorlage geeigneter Nachweise die Kosten für eine wöchentliche, tatsächlich angetretene Heimreise in der 2. Klasse der Bahn. Besitzt der Arbeitnehmer eine Bahncard, ist er verpflichtet, diese zu verwenden. Bei Benutzung des eigenen Pkw werden 0,(…) EUR je Entfernungskilometer erstattet. Mietwagenkosten werden nicht erstattet. Etwaige Steuern für den geldwerten Vorteil trägt der Arbeitnehmer.

bb) Pendlerpauschale

873   Liegt im Falle einer Änderungskündigung der Gesellschaft oder im Falle einer einvernehmlichen Versetzung der künftige Arbeitsort eines Arbeitnehmers künftig mindestens (…) km entfernt vom bisherigen Arbeitsort des Arbeitnehmers und zieht der Arbeitnehmer nicht um, sondern pendelt er unter Beibehaltung seiner bisherigen Wohnung täglich zu seinem künftigen Arbeitsort, werden ihm monatlich im Nachhinein gegen Vorlage geeigneter Nachweise für einen Zeitraum von (…) Monaten die tatsächlich angefallenen Pendelkosten bis zu einer Gesamthöhe von maximal (…) EUR brutto erstattet. Besitzt der Arbeitnehmer eine Bahncard, ist er verpflichtet, diese zu verwenden. Mietwagenkosten werden nicht erstattet. Etwaige Steuern für den geldwerten Vorteil trägt der Arbeitnehmer.

f) Härtefonds

874   Für den Ausgleich bzw. die Milderung besonderer Härten, die im Zusammenhang mit der Durchführung dieses Sozialplans entstehen, richtet die Gesellschaft einen Härtefonds ein und stattet diesen mit (…) EUR aus.

Leistungen aus dem Härtefonds werden nur auf Antrag gewährt. Über das Vorliegen eines besonderen Härtefalls entscheidet ein Gremium, in das beide Betriebsparteien je zwei Mitglieder entsenden. Den Vorsitz haben abwechselnd eines der von der Gesellschaft und eines der vom Betriebsrat entsandten Mitglieder inne. Der Vorsitzende hat zwei Stimmen. Vorbehaltlich einer abweichenden einstimmigen Entscheidung des Härtefall-Gremiums dürfen im Einzelfall nicht mehr als (…) EUR brutto gewährt werden.

Über die Anträge wird in der Reihenfolge des Eingangs, bei selbem Eingangsdatum nach alphabetischer Reihenfolge des Nachnamens entschieden.

Härtefälle im Sinne dieser Vorschrift können insbesondere sein:

- Zusätzliche, erhebliche Aufwendungen, bedingt durch längerfristige doppelte Haushaltsführung wegen fehlender Verlegbarkeit der Berufstätigkeit des Ehe-/Lebenspartners.
- Versterben des Ehe-/Lebenspartners in engem zeitlichen Zusammenhang mit der Betriebsänderung.
- Geburt eines Kindes innerhalb von (…) Wochen nach der rechtlichen Beendigung des Arbeitsverhältnisses, vorausgesetzt, der Arbeitnehmer leistet Unterhalt für dieses Kind.

Ein Anspruch auf eine Härtefallzahlung besteht nur aufgrund eines entsprechenden Mehrheitsbeschlusses des Härtefall-Gremiums und nur in der im Beschluss vorgesehenen Höhe, maximal aber bis zur Erschöpfung der Mittel des Härtefonds.

Für Fälligkeit und Auszahlung der Härtefall-Zahlung gelten die Vorschriften dieses Sozialplans für Abfindungen entsprechend.

Werden Mittel aus dem Härtefonds nicht verbraucht, entscheiden die Betriebsparteien einvernehmlich über deren weitere Verwendung.

g) Jubiläumszusagen

Arbeitnehmer, die bis zum Ende des Kalenderjahres, in dem die für sie maßgebliche Kündigungsfrist   **875**
endet, die Voraussetzungen für eine Jubiläumszusage nach Maßgabe der Betriebsvereinbarung vom (…) erworben hätten, wäre ihr Arbeitsverhältnis nicht infolge der in § 1 dieses Sozialplans beschriebenen Betriebsänderung beendet worden, erhalten die reguläre Jubiläumszusage. Arbeitnehmer, die bis zum Ende des darauf folgenden Kalenderjahres die Voraussetzungen für eine Jubiläumszusage erworben hätten, erhalten (…) % der Jubiläumszusage. Für Fälligkeit und Auszahlung der Jubiläumszusage gelten die Vorschriften dieses Sozialplans für Abfindungen entsprechend.

h) Outplacement

Arbeitnehmer, die infolge der Betriebsänderung gem. § 1 dieses Sozialplans von Arbeitslosigkeit be-   **876**
droht sind, sind zur Teilnahme an einem Outplacement-Programm der Firma (…) berechtigt. Die Konditionen des Outplacement-Programms, insbesondere Umfang und Kosten für die Teilnahme des Arbeitnehmers, werden zwischen der Firma (…) und der Gesellschaft ausgehandelt. Ein darüber hinausgehender Anspruch des Arbeitnehmers auf Teilnahme an einem Outplacement-Programm besteht nicht. Das Outplacement kann nur bis (…) in Anspruch genommen werden. Wird kein Outplacement in Anspruch genommen, besteht kein Anspruch auf Geldersatz. Sämtliche Steuern und Abgaben im Zusammenhang mit der Teilnahme an dem Outplacement-Programm trägt der teilnehmende Arbeitnehmer.

i) Sozialeinrichtungen

Arbeitnehmer, deren Arbeitsverhältnis infolge der Betriebsänderung gem. § 1 dieses Sozialplans been-   **877**
det wird, sind berechtigt, die ihnen überlassene Werkswohnung zu den bisherigen Konditionen für einen Zeitraum von (…) Jahren weiterzunutzen. Sämtliche Steuern und Abgaben im Zusammenhang mit der weiteren Nutzung trägt der Arbeitnehmer. Nach Ablauf dieses Zeitraums ist die Gesellschaft berechtigt, mit sofortiger Wirkung eine Erhöhung des Mietzinses auf das marktübliche Niveau zu verlangen. Möchte die Gesellschaft von diesem Recht Gebrauch machen, teilt sie dies dem betroffenen Arbeitnehmer mindestens sechs Monate vor Ablauf des vorgenannten Zeitraums mit. Der Arbeitnehmer ist in diesem Fall zu einer Kündigung der Werkswohnung unter Einhaltung der vertraglichen Kündigungsfrist oder, sofern die vertragliche Kündigungsfrist sechs Monate überschreitet, nach seiner Wahl unter Einhaltung einer verkürzten Kündigungsfrist von sechs Monaten, berechtigt.

j) Transfergesellschaft

878   Zur sozialverträglicheren Durchführung des Personalabbaus erhalten die Arbeitnehmer, deren Arbeitsverhältnis infolge der Betriebsänderung gem. § 1 dieses Sozialplans zu kündigen wäre, die Möglichkeit, mittels einer als Muster in Anlage (…) zu diesem Sozialplan beigefügten dreiseitigen Vereinbarung ihr Arbeitsverhältnis mit der Gesellschaft mit sofortiger Wirkung zu beenden und zugleich in eine Transfergesellschaft gem. § 111 Abs. 3 Nr. 2 SGB III zu wechseln.[1937] Das Angebot zum Wechsel in die Transfergesellschaft kann nur innerhalb (…) nach Zugang angenommen werden. Machen Arbeitnehmer von dem Angebot zum Wechsel in eine Transfergesellschaft Gebrauch, erhalten sie eine um (…) % gekürzte Abfindung. Der verbleibende Teil der Abfindung wird zur Finanzierung der Leistungen der Transfergesellschaft verwendet. Während der Verweildauer in der Transfergesellschaft haben die Arbeitnehmer einen Urlaubsanspruch von (…) Arbeitstagen pro Monat der Verweildauer. Die Verweildauer in der Transfergesellschaft beträgt maximal 12 Monate.[1938] Auf Wunsch des Arbeitnehmers und im Einvernehmen mit der Transfergesellschaft kann ein Arbeitnehmer vorzeitig aus der Transfergesellschaft ausscheiden. In diesem Falle erhält der Arbeitnehmer mit rechtskräftigem Ausscheiden eine zusätzliche Abfindung in Höhe von (…) % der durch sein vorzeitiges Ausscheiden durch die Gesellschaft[1939] eingesparten Zuzahlungen. Dies gilt nicht, wenn der Arbeitnehmer zugleich die Beendigung seines Arbeitsverhältnisses mit der Gesellschaft angreift oder im Anschluss an sein Ausscheiden aus der Transfergesellschaft eine Beschäftigung mit der Gesellschaft oder mit einem mit der Gesellschaft verbundenen Unternehmen aufnimmt.[1940]

k) Transfermaßnahmen

879   Zur Unterstützung der Arbeitnehmer bei der Suche nach einer Anschlussbeschäftigung haben die Betriebspartner die Transferagentur (…) mit der Durchführung von Transfermaßnahmen i.S.v. § 110 SBG III beauftragt, an deren Finanzierung sich die Gesellschaft beteiligt. Zur Teilnahme an den Transfermaßnahmen sind alle Arbeitnehmer berechtigt, die infolge der Betriebsänderung gem. § 1 dieses Sozialplans von Arbeitslosigkeit bedroht sind.

l) Turboprämie

880   Ergänzend zu dem am (…) abgeschlossenen Sozialplan vereinbaren die Betriebspartner Folgendes: Arbeitnehmer, deren Arbeitsverhältnis infolge der Betriebsänderung gem. § (…) des Sozialplans vom (…) aus betriebsbedingten Gründen gekündigt wird und die innerhalb von sieben Tagen nach Zugang der Kündigung gegenüber der Personalabteilung auf die Erhebung einer Kündigungsschutzklage schriftlich mittels der als Anlage (…) beigefügten Verzichtserklärung verzichten, erhalten eine weitere Abfindung in Höhe von (…) EUR brutto. Diese weitere Abfindung wird mit der rechtlichen Beendigung des Arbeitsverhältnisses, frühestens aber nach Ablauf der Klagerhebungsfrist gem. § 4 KSchG zur Zahlung fällig.[1941]

m) Umschulung/Weiterbildung

881   Besteht nach zumutbaren Umschulungs- oder Fortbildungsmaßnahmen eine Weiterbeschäftigungsmöglichkeit bei der Gesellschaft, trägt die Gesellschaft die Kosten dieser Umschulungs- oder Fortbildungsmaßnahmen. Zumutbar ist eine Umschulungs- oder Fortbildungsmaßnahme, wenn die Kosten einschließlich

---

1937 Zur Regelungsbefugnis im Rahmen eines Einigungsstellenspruchs siehe LAG Berlin-Brandenburg 1.3.2016, BeckRS 2016, 69494.
1938 Zur Leistungsdauer des Transfer-Kug vgl. § 111 Abs. 2 S. 2 SGB III.
1939 Achtung: gemeint ist nicht die Transfergesellschaft, sondern der bisherige Arbeitgeber.
1940 Beachte aber § 111 Abs. 8 SGB III.
1941 Zu den Voraussetzungen einer zulässigen „Turboprämie" im Einzelnen vgl. BAG 31.5.2005, AP Nr. 175 zu § 112 BetrVG 1972.

Gehaltszahlungen für den Arbeitnehmer im Einzelfall (…) EUR brutto nicht übersteigen. Werden die Umschulungs- und Fortbildungsmaßnahmen nicht beansprucht, besteht kein Anspruch auf Geldersatz.

n) Umzugsregelung

Liegt der künftige Arbeitsort eines Arbeitnehmers infolge einer Änderungskündigung oder einvernehmlichen Versetzung mindestens (…) km entfernt vom bisherigen Arbeitsort des Arbeitnehmers und zieht der Arbeitnehmer um, erstattet die Gesellschaft dem Arbeitnehmer gegen Vorlage geeigneter Nachweise tatsächlich entstandene Umzugs- und Maklerkosten bis zu einer Gesamthöhe von maximal (…) EUR brutto.   882

Gegen Vorlage geeigneter Nachweise erstattet die Gesellschaft dem Arbeitnehmer ferner die Fahrtkosten zur Wohnungssuche für insgesamt maximal (…) tatsächlich angetretene Fahrten in der 2. Klasse der Bahn. Besitzt der Arbeitnehmer eine Bahncard, ist er verpflichtet, diese zu verwenden. Bei Benutzung des eigenen Pkw werden 0,(…) EUR je Entfernungskilometer erstattet. Mietwagenkosten werden nicht erstattet. Etwaige Steuern für den geldwerten Vorteil trägt der Arbeitnehmer.

o) Urlaubsgeld/Weihnachtsgeld

Urlaubsgeld und Weihnachtsgeld werden im Austrittsjahr anteilig (pro rata temporis) mit der allgemeinen, auf die Beendigung des Anstellungsverhältnisses folgenden letzten Gehaltsabrechnung ausgezahlt.   883

p) Verdienstausgleich

Arbeitnehmer, die im Rahmen von Änderungskündigungen oder einvernehmlichen Versetzungen eine Entgeltminderung um mehr als (…) % ihres bisherigen Bruttomonatsentgelts erleiden, erhalten einen Verdienstausgleich nach Maßgabe nachfolgender Bestimmungen. Für die Berechnung des bisherigen Bruttomonatsentgelts ist die Definition des Bruttomonatsentgelts gem. § (…) dieses Sozialplans maßgeblich.   884

Betriebszugehörigkeit	Höhe Verdienstausgleich	Dauer Verdienstausgleich
Mind. (…) und maximal (…) Jahre	(…) %	(…) Monate
Mehr als (…), aber weniger als (…) Jahre	(…) % (…) % (…) %	(…) Monate (…) Monate
Mehr als (…) Jahre	(…) % (…) % (…) %	(…) Monate (…) Monate (…) Monate

q) Vorzeitige einvernehmliche Beendigung des Arbeitsverhältnisses

Wird das Arbeitsverhältnis nach Abschluss dieses Sozialplans und vor Ablauf der jeweils gültigen Kündigungsfrist einvernehmlich beendet, erhöht sich die gem. § (…) zu zahlende Abfindung um (…) % des durch die Gesellschaft zwischen dem Zeitpunkt der rechtlichen Beendigung und dem Zeitpunkt, zu dem das Arbeitsverhältnis bei Einhaltung der regulären maßgeblichen Kündigungsfrist geendet hätte, eingesparten Bruttomonatsentgelts, ohne Berücksichtigung des Arbeitgeberanteils an der Sozialversicherung. Für die Berechnung des eingesparten Bruttomonatsentgelts ist im Übrigen die Definition des Bruttomonatsentgelts gem. § (…) dieses Sozialplans maßgeblich.   885

r) Vorzeitige Altersrente mit Abschlägen

886   Arbeitnehmer, die entweder unmittelbar im Anschluss an die Beendigung ihres Arbeitsverhältnisses oder nach Bezug von Arbeitslosengeld im unmittelbaren Anschluss an die Beendigung ihres Arbeitsverhältnisses Anspruch auf vorgezogene Altersrente, verbunden mit Abschlägen, haben, erhalten für jeden Monat der vorzeitigen Inanspruchnahme zum Ausgleich der Rentenkürzung eine Abfindungspauschale i.H.v. (…) EUR brutto, insgesamt jedoch höchstens (…) EUR brutto. Voraussetzung der Zahlung ist die Vorlage eines Nachweises des Sozialversicherungsträgers über die vorzeitige Inanspruchnahme der Rente. Die Beträge sind jeweils am (…) zur Zahlung fällig.

s) Weiterbeschäftigung

887   Arbeitnehmer, deren Arbeitsverhältnis infolge der Betriebsänderung gem. § 1 dieses Sozialplans betriebsbedingt gekündigt wird und die im unmittelbaren Anschluss an die Beendigung ihres Arbeitsverhältnisses mit der Gesellschaft[1942] oder innerhalb von (…) Monaten nach diesem Zeitpunkt ein Angebot zu einer Weiterbeschäftigung bei einem gem. § 18 AktG mit der Gesellschaft verbundenen Unternehmen zu im wesentlichen gleichen Konditionen annehmen oder ein solches Angebot ablehnen, erhalten (…) % der Abfindung gem. § (…) dieses Sozialplans.[1943] Hat der Arbeitnehmer bereits eine höhere Abfindung erhalten, ist der übersteigende Teil der Abfindung unverzüglich und unter Ausschluss von Zurückbehaltungsrechten an die Gesellschaft zurück zu zahlen. Der neue Arbeitgeber ist im Rahmen der Pfändungsgrenzen ggf. zur Aufrechnung berechtigt.

Im Wesentlichen gleiche Konditionen liegen vor, wenn

- die Betriebszugehörigkeit des Arbeitnehmers bei der Gesellschaft mindestens zur Hälfte angerechnet wird und
- das durchschnittliche Bruttomonatsentgelt des Arbeitnehmers sich um maximal (…) % seines bisherigen durchschnittlichen Bruttomonatsentgelts verringert
- und der neue Arbeitsort maximal (…) km vom bisherigen Arbeitsort des Arbeitnehmers entfernt liegt.

Für die Berechnung des bisherigen Bruttomonatsentgelts ist die Definition gem. § (…) dieses Sozialplans maßgeblich. Wird das neue Arbeitsverhältnis mit dem verbundenen Unternehmen innerhalb von (…) Monaten nach Beginn aus betriebsbedingten Gründen gekündigt, erhält der Arbeitnehmer die Differenz zwischen der bereits gewährten Abfindung und der Abfindung gem. § (…) dieses Sozialplans. Diese restliche Abfindung ist zur Zahlung fällig, sobald die Beendigung des neuen Arbeitsverhältnisses sowie des bisherigen Arbeitsverhältnisses mit der Gesellschaft rechtskräftig feststeht. Eine vom verbundenen Unternehmen für den Verlust des Arbeitsplatzes gezahlte Abfindung wird auf die restliche Abfindung voll angerechnet.

t) Wiedereinstellung

888   Werden bei der Gesellschaft innerhalb eines Zeitraums von (…) Monaten wider Erwarten Arbeitsplätze frei, werden die Bewerbungen von Arbeitnehmern, die infolge der Betriebsänderung gem. § 1 dieses Sozialplans ausgeschieden sind, bevorzugt berücksichtigt. Ein Anspruch auf Wiedereinstellung besteht jedoch nicht. Erfolgt innerhalb von (…) Monaten eine unbefristete Wiedereinstellung, kann die Gesellschaft (…) % der gezahlten Abfindung zurückverlangen. Ein Zurückbehaltungsrecht für den Arbeitnehmer besteht in diesem Falle nicht. Die Gesellschaft ist innerhalb der Pfändungsgrenzen zur

---

1942 Zur Rechtmäßigkeit des Ausschlusses von Beamten von Sozialplanabfindungen bei anderweitigem Arbeitsplatzangebot siehe BAG 8.12.2015, NZA 2016, 767; zum Ausschluss bei Angebot einer Weiterbeschäftigung in einem anderen Konzernunternehmen vor Ablauf der Kündigungsfrist vgl. LAG Berlin-Brandenburg 19.2.2015, BeckRS 2015, 68953.
1943 Zur Zulässigkeit solcher Kürzungsvorschriften vgl. BAG 6.11.2007, ZIP 2008, 327.

Aufrechnung berechtigt. Im Falle einer Wiedereinstellung, die frühestens (…) Monate nach dem Zeitpunkt der rechtlichen Beendigung des Arbeitsverhältnisses erfolgt, werden frühere Zeiten der Betriebszugehörigkeit bei der Gesellschaft nicht angerechnet.

10. Vereinbarung zwischen Transfergesellschaft und Arbeitgeber

▼

Muster 2.70: BQG/Transfergesellschaft 889

Kooperationsvertrag

zwischen

der ▓▓▓▓▓

– nachfolgend „Transfergesellschaft" genannt –

und

der ▓▓▓▓▓

– nachfolgend „Gesellschaft" genannt –

Präambel

Im Interessenausgleich vom ▓▓▓▓▓ und im Sozialplan vom ▓▓▓▓▓ haben die Gesellschaft und ihr Betriebsrat vereinbart, dass die von betriebsbedingten Kündigungen bedrohten Arbeitnehmerinnen und Arbeitnehmer ein Angebot zur Beendigung ihres Arbeitsverhältnisses mit der Gesellschaft und zum Übertritt in die Transfergesellschaft für einen Verweilzeitraum von maximal 12 Monaten erhalten.

§ 1 Durchführung der betriebsorganisatorischen eigenständigen Einheit; Garantien

(1) Die Transfergesellschaft wird mit der Organisation und Durchführung der betriebsorganisatorischen eigenständigen Einheit (nachfolgend: „beE") für den Zeitraum von maximal 12 Monaten, beginnend mit dem ▓▓▓▓▓, beauftragt. Ferner wird die Transfergesellschaft berufliche Qualifizierungsmaßnahmen sowie Maßnahmen zur Rückkehr in den Arbeitsmarkt nach Maßgabe der Anlage ▓▓▓▓▓ zu diesem Kooperationsvertrag durchführen.

(2) Die Transfergesellschaft garantiert der Gesellschaft die Erfüllung sämtlicher gesetzlicher Vorgaben sowie sämtlicher von der Bundesagentur für Arbeit und der zuständigen Agentur für Arbeit erwarteten Mindeststandards hinsichtlich der Durchführung dieses Kooperationsvertrags, insbesondere hinsichtlich der beE und der dort durchzuführenden Maßnahmen. Die Transfergesellschaft verfügt über eine Trägerzulassung nach § 178 SGB III.

§ 2 Wechsel von Arbeitnehmern in die Transfergesellschaft; Profiling

(1) Die Transfergesellschaft sowie die Gesellschaft verpflichten sich, den in der Anlage ▓▓▓▓▓ zu diesem Kooperationsvertrag namentlich benannten Arbeitnehmerinnen und Arbeitnehmern (nachfolgend aus Gründen des Lesbarkeit einheitlich: Arbeitnehmer), deren Arbeitsverhältnis infolge der Betriebsänderung gemäß § ▓▓▓▓▓ dieses Sozialplans zu kündigen wäre, den Abschluss der als Muster in Anlage ▓▓▓▓▓ zu diesem Kooperationsvertrag beigefügten dreiseitigen Vereinbarung zur sofortigen Beendigung ihres Arbeitsverhältnisses mit der Gesellschaft und zum sofortigen Übertritt in die Transfergesellschaft für einen Verweilzeitraum von maximal 12 Monaten gemäß § 111 Abs. 3 Nr. 2 SGB III anzubieten.

(2) Die in der Anlage ▓▓▓▓▓ zu diesem Kooperationsvertrag namentlich benannten Arbeitnehmer haben bereits an einem Profiling teilgenommen und ihre persönlichen Voraussetzungen hinsichtlich des Eintritts in die beE überprüfen lassen. Die zuständige Arbeitsagentur hat das durchgeführte Profiling bereits jeweils anerkannt.

§ 3 Transferkurzarbeitergeld; Weiterbeschäftigung der Arbeitnehmer

(1) Die Gesellschaft erklärt, dass die Voraussetzungen für die Bewilligung von Transferkurzarbeitergeld erfüllt sind. Die Transfergesellschaft beantragt bei der zuständigen Agentur für Arbeit die Bewilligung von Transferkurzarbeitergeld.[1944] Die Parteien dieses Kooperationsvertrags gehen von der Bewilligung von Transferkurzarbeitergeld durch die zuständige Agentur für Arbeit aus.

(2) Erfolgt die Bewilligung des Transfer-Kurzarbeitergelds wider Erwarten nicht oder kommt es aus anderen Gründen nicht zur Durchführung dieses Kooperationsvertrags, verpflichtet sich die Gesellschaft gemäß § ▓▓▓▓▓ der dreiseitigen Vereinbarung zur Weiterbeschäftigung der in der Anlage ▓▓▓▓ zu diesem Kooperationsvertrag namentlich benannten Arbeitnehmer zu unveränderten Bedingungen, und zwar bis zum Ablauf der Kündigungsfrist nach Ausspruch einer Kündigung.

§ 4 Aufstockung des Transferkurzarbeitergeldes

Für den Verweilzeitraum in der Transfergesellschaft stockt die Gesellschaft gemäß der dreiseitigen Vereinbarung für die in der beE beschäftigten Arbeitnehmer das Transferkurzarbeitergeld auf ▓▓▓▓▓ % des letzten Nettoentgelts auf. Das letzte Nettoentgelt entspricht dem durchschnittlichen Nettoentgelt der letzten ▓▓▓▓ Abrechnungsmonate vor dem Wechsel in die Transfergesellschaft und ist in der dreiseitigen Vereinbarung für den jeweiligen Arbeitnehmer festgeschrieben.

§ 5 Personalabrechnung

Die Transfergesellschaft übernimmt die Personalabrechnung und garantiert der Gesellschaft die stets pünktliche und ordnungsgemäße Durchführung der Personalabrechnung. Unter Beachtung der datenschutzrechtlichen Bestimmungen übermittelt die Gesellschaft der Transfergesellschaft sämtliche zur Durchführung der ordnungsgemäßen Personalabrechnung erforderlichen Daten und Unterlagen wie insbesondere den Interessenausgleich vom ▓▓▓▓▓ sowie den Sozialplan vom ▓▓▓▓▓.

§ 6 Qualifizierungsmaßnahmen

Während der Beschäftigung in der Transfergesellschaft führt die Transfergesellschaft die in der Anlage ▓▓▓▓ zu diesem Kooperationsvertrag im Einzelnen beschriebenen Qualifizierungsmaßnahmen durch, wobei es im Ermessen der Transfergesellschaft steht zu beurteilen, welche Arbeitnehmer wie lange an welchen Qualifizierungsmaßnahmen teilnehmen.

§ 7 Informationspflichten; Unterstützung

(1) Die Transfergesellschaft garantiert der Gesellschaft die ordnungsgemäße und vollständige Erfüllung der Informationspflichten gemäß § 111 Abs. 9 SGB III.

(2) Die Parteien werden einander bei der Durchführung dieses Kooperationsvertrags nach besten Kräften unterstützen.

§ 8 Finanzierung

(1) Die Transfergesellschaft garantiert der Gesellschaft, dass durch den Verbleib der Arbeitnehmer in der Transfergesellschaft der von der Gesellschaft zur Finanzierung der Transfergesellschaft (einschließlich der Kosten zur Aufstockung des Transfer-Kurzarbeitergelds, zur Qualifizierung sowie zur Durchführung der beE) zur Verfügung gestellte Rahmen von ▓▓▓▓▓ EUR brutto nicht überschritten wird.

(2) Anteilig pro Arbeitnehmer belaufen sich die monatlichen Kosten für die Gesellschaft auf maximal ▓▓▓▓▓ EUR brutto.

§ 9 Fälligkeit; Abrechnung; Bankbürgschaft

(1) Die Kosten gemäß § 8 Nr. 2 dieser Vereinbarung werden monatlich im Voraus jeweils zum ▓▓▓▓▓ eines Kalendermonats zur Zahlung fällig.

(2) Die Transfergesellschaft wird jeweils zum Quartalsende über den tatsächlich entstandenen Aufwand abrechnen. Etwaige Überzahlungen kann die Gesellschaft auf künftige Zahlungsverpflichtungen anrechnen.

1944 Da die Arbeitnehmer nach dem Wechsel in die Transfergesellschaft Arbeitnehmer der Transfergesellschaft sind, muss die Transfergesellschaft den Antrag stellen.

(3) Zur Sicherung der Forderungen der Transfergesellschaft wird die Gesellschaft binnen ▨▨▨ Banktagen nach Unterzeichnung dieses Kooperationsvertrags eine Bankbürgschaft der ▨▨▨ Bank vorlegen. Wird die Bankbürgschaft nicht frist- und ordnungsgemäß vorgelegt, ist die Transfergesellschaft binnen ▨▨▨ Tagen zum Rücktritt von diesem Kooperationsvertrag mit sofortiger Wirkung berechtigt.

§ 10 Geheimhaltung

Die Parteien verpflichten sich – auch für den Zeitraum nach Beendigung des Kooperationsvertrags – wechselseitig zur Geheimhaltung sämtlicher ihnen im Zusammenhang mit dem Abschluss und/oder der Durchführung dieses Kooperationsvertrags zur Kenntnis gebrachten Umstände, Sachverhalte, Daten und sonstigen Informationen, soweit diese nicht öffentlich bekannt sind.

§ 11 Gerichtsstand

Ausschließlicher Gerichtsstand für Streitigkeiten aus und im Zusammenhang mit diesem Kooperationsvertrag ist ▨▨▨.

§ 12 Schlussbestimmungen

(1) Diese Vereinbarung endet mit dem Abschluss der beE. Eine ordentliche Kündigung dieses Kooperationsvertrags ist ausgeschlossen.

(2) Dieser Kooperationsvertrag einschließlich der dazugehörigen Anlagen ist inhaltlich vollständig. Nebenabreden bestehen nicht.

(3) Änderungen und Ergänzungen dieses Kooperationsvertrags bedürfen der Schriftform. Dies gilt auch für die Änderung oder Aufhebung des Schriftformerfordernisses.

(4) Sollten einzelne Bestimmungen dieses Kooperationsvertrags unwirksam sein oder werden, bleiben die übrigen Bestimmungen in Kraft. Die Parteien verpflichten sich, in einem solchen Falle anstelle der unwirksamen Bestimmung eine Regelung zu treffen, die dem mit der unwirksamen Bestimmung verfolgten Zweck möglichst nahe kommt. Entsprechendes gilt im Falle einer von den Parteien nicht bedachten Lücke oder falls eine der vorstehenden Regelungen undurchführbar sein oder werden sollte.

▨▨▨ (*Ort/Datum*)

▨▨▨   ▨▨▨

(*Transfergesellschaft*)   (*Gesellschaft*)

B. Betriebsübergang und Umwandlung

I. Betriebsübergang

Literatur: *Altenburg/Leister*, Der Widerspruch des Arbeitnehmers beim umwandlungsbedingten Betriebsübergang, NZA 2005, 15; *Annuß*, Informationspflicht und Widerspruchsrecht beim Betriebsübergang, Festschrift ARGE im DAV 2006, 563; *Bauer*, Arbeitsrechtliche Chancen und Risiken bei Umstrukturierungen aus anwaltlicher Sicht, NZA-Beilage 2009, 5; *Bauer/Günther*, Bezugnahmeklauseln bei Verbandswechsel und Betriebsübergang – Ein Irrgarten?, NZA 2008, 6; *Bauer/v. Steinau-Steinrück*, Neuregelung des Betriebsübergangs: Erhebliche Risiken und viel mehr Bürokratie!, ZIP 2002, 457; *dies.*, Betriebsübergang: Haftungsrisiken und Handlungsvorschläge, Sonderbeilage zu NZA 2003, 72; *Bepler*, Tarifverträge im Betriebsübergang, RdA 2009, 65; *Bittmann/Rosemann*, Reichweite der Unterrichtung weiterhin unklar, BB 2008, 1346; *dies.*, Unterrichtung kann weiterhin nicht sorgfältig genug sein, BB 2008, 2075; *Borsch*, Kauf eines Aktienpakets: Anforderungen an die Due Diligence, DB 2005, 2175; *Bunte*, Nichtigkeit eines Erlassvertrags zur Umgehung der Rechtsfolgen des § 613a I 1 BGB, NZA 2010, 319; *Commandeur/Kleinebrink*, Gestaltungsgrundsätze im Anwendungsbereich des § 613a BGB, NJW 2008, 3467; *dies.*, Läuft das Kündigungsverbot bei einem Betriebsübergang ins Leere?, BB 2012, 1857; *dies.*, Das Ende der dynamischen Verweisungsklauseln beim Betriebsübergang, BB 2014, 181; *Döring/Grau*, Überkreuz mit der Überkreuzablösung – Kein Vorrang von Betriebsvereinbarungen gegenüber „transformierten" tariflichen Ansprüchen beim Betriebsübergang?, BB 2009, 158; *Düwell*, Auswirkungen von Umwandlung und Betriebsübergang auf den Arbeitsgerichtsprozess, NZA 2012, 761; *Dzida*, Verwirkung des Widerspruchsrechts beim Betriebsübergang, DB 2010, 167; *Dzida/Wagner*, Vertragsänderungen nach Betriebsübergang, NZA 2008, 571; *Elking/Aszoms*, Die Unterrichtung der Arbeitnehmer über die rechtlichen, wirtschaftlichen und sozialen Folgen des Betriebsübergangs, BB 2014, 2041; *Fliss*, Keine Erweiterung der Haftung des Betriebsinhabers beim Betriebsübergang anlässlich eines Vergabeverfahrens, NJW 2010, 485; *Forst*, Betriebsübergang: Ende der Dynamik einer arbeitsvertraglichen Bezugnahme auf einen Tarifvertrag?, DB 2013, 1847; *ders.*, Änderung oder Beendigung einer als Inhalt des Arbeitsverhältnisses fortgeltenden Betriebsvereinbarung nach Betriebsübergang, in: Festschrift für Jobst-Hubertus Bauer zum 65. Geburtstag, 2010, 339; *Fuhlrott*, Zwischengeschaltete Transfergesellschaften zur Vermeidung von Betriebsübergängen, NZA 2010, 549; *ders.*, Die Übernahme von know-how-Trägern ohne Eingehung von Arbeitsverhältnissen als Betriebsübergang, NZA 2013, 183; *ders.*, Erwerberkonzeptkündigungen als Alternative zum BQG-Modell bei Betriebsübergängen, BB 2013, 2042; *ders./Fabritius*, Das Schicksal arbeitgebergebundener Rechtspositionen beim Betriebsübergang, BB 2013, 1592; *ders./Ritz*, Anforderungen an Unterrichtungsschreiben bei Betriebsübergängen, BB 2012, 2689; *ders./Salamon*, Vermeidungsstrategien und Gestaltungsmöglichkeiten bei Betriebsübergängen, BB 2012, 1793; *Gaul*, Das Arbeitsrecht der Betriebs- und Unternehmensspaltung, 2002; *ders.*, Änderung oder Beendigung einer als Inhalt des Arbeitsverhältnisses fortgeltenden Betriebsvereinbarung nach Betriebsübergang, in: Festschrift für Jobst-Hubertus Bauer zum 65. Geburtstag, 2010, 229; *ders.*, Betriebsübergang: Grenzen der Unterrichtungspflicht in Bezug auf Tarifverträge und Betriebsvereinbarungen, RdA 2015, 206; *ders./Krause*, Sorgfalt wird (endlich) belohnt: Zur ordnungsgemäßen Unterrichtung über den Betriebsübergang nach § 613a Abs. 5 BGB, RdA 2013, 39; *ders./Ludwig*, Betriebsübergang: Auswirkungen auf Vereinbarungen über nachvertragliche Wettbewerbsverbote, NZA 2013, 489; *ders./Mückl*, Off-Shoring – Freier Gestaltungsspielraum oder § 613a BGB?, DB 2011, 2318; *ders./Naumann*, Rechtsfolgen eines Betriebsübergangs für unternehmens- und konzernspezifische Sonderleistungen, NZA 2011, 121; *ders./Niklas*, Wie gewonnen, so zerronnen: Unterrichtung, Widerspruch und Verwirkung bei § 613a BGB, DB 2009, 452; *ders./Ott*, Konsequenzen einer Spaltung nach § 123 UmwG für Firmentarifverträge, BB 2014, 500; *Göpfert/Buschmann*, „Vierseitiger Vertrag" zur Abwehr von Widerspruchsrisiken bei Insolvenz des Betriebserwerbers, ZIP 2011, 64; *Göpfert/Meyer*, Datenschutz bei Unternehmenskauf: Due Diligence und Betriebsübergang, NZA 2011, 486; *Göpfert/Winzer*, Nach-Unterrichtungspflicht beim Betriebsübergang?, ZIP 2008, 761; *Göpfert/Siegrist*, Betriebsübergänge – ein unkalkulierbares Risiko? – „Vier Jahre nach Agfa und BenQ", ArbRAktuell 2010, 60 *Graf*, Tarifpluralität und Tarifeinheit nach Betriebs(teil)übergang, NZA 2016, 327; *Grau*, Rechtsfolgen von Verstößen gegen die Unterrichtungspflicht bei Betriebsübergang gemäß § 613a Abs. 5 BGB, RdA 2005, 367; *Grobys*, Die Neuregelung des Betriebsübergangs in § 613a BGB, BB 2002, 726; *Günther/Falter*, Die Unterrichtung fremdsprachiger Arbeitnehmer über einen Betriebsübergang, ArbRAktuell 2011, 164; *Gutzeit*, Verträge von Betriebs- oder Personalräten mit potenziellen Betriebserwerbern, ZIP 2009, 354; *Hauck*, Die Tatbestandsmerkmale des Betriebsübergangs in der Rechtsprechung des BAG und des EuGH, in: Festschrift für Jobst-Hubertus Bauer zum 65. Geburtstag, 2010, 401; *ders.*, Information über einen Betriebsübergang nach § 613a V BGB und Widerspruch nach § 613a VI BGB, NZA Beilage 2009, Nr. 1, 18; *Hausch*, Gestaltungsmittel im Asset Deal-Unternehmenskaufvertrag im Hinblick auf § 613a BGB, BB 2008, 1392; *Heinlein*, Statik statt Dynamik beim Betriebsübergang?, NJW 2008, 321; *Hidalgo/Kobler*, Die betriebsverfassungsrechtlichen Folgen des Widerspruchs bei einem Betriebsübergang, NZA 2014, 295; *Heinze*, Ausgewählte Rechtsfragen zu § 613a BGB, in: Tarifautonomie für ein neues Jahrhundert – Festschrift für Günter Schaub zum 65. Geburtstag; *Hohenstatt*, Die Fortgeltung von Tarifnormen nach § 613a I 2 BGB, NZA 2010, 23; *ders./Grau*, Arbeitnehmerunterrichtung beim Betriebsübergang, NZA 2007, 13; *ders./Schuster*, Auswirkungen des Tarifeinheitsgesetzes auf Umstrukturierungen, ZIP 2016, 5; *Houben*, Gespaltener Kündigungsschutz – Auslegung des § 23 I KSchG bei Betriebsübergang, NJW 2010, 125; *Jacobs*, Fortgeltung und Änderung von Tarif- und Arbeitsbedingungen bei der Umstrukturierung von Unternehmen, NZA-Beilage 2009, Nr. 1, 45; *Jacobsen/Menke*, Arbeitgeber auf Abruf? Zum Inhalt von Unterrichtungsschreiben nach § 613a BGB und zur Verwirkung des Widerspruchsrechts beim Betriebsübergang, NZA-RR 2010, 393; *Jaeger*, Die Unterrichtungspflicht nach § 613a BGB in der Praxis der Betriebsübernahme, ZIP 2004, 433; *Karthaus*, Betriebsübergang als interessensausgleichspflichtige Maßnahme nach der Richtlinie 2002/14/EG, AuR 2007, 114; *Kemper*, Das Schicksal von Contractual Trust Arrangements bei einem Betriebsübergang, BB 2012, 2433; *Kern*, Störfälle im Anwendungsbereich von Konzernbetriebsvereinbarungen, NZA 2009, 1313; *Kittner*, Die Verwirkung des Widerspruchsrechts beim Betriebsübergang, NJW 2012, 1180; *Kliemt/Teusch*, Die wirtschaftlichen und sozialen Folgen des Betriebsübergangs – Umfang und Grenzen der Unterrichtungspflicht nach § 613a Abs. 5 Nr. 3 BGB, in:

Festschrift für Jobst-Hubertus Bauer zum 65. Geburtstag, 2010, 538; *Koller-van Delden*, Unterrichtungspflichten und Widerspruchsrecht beim Betriebsübergang, DStR 2008, 776; *Krieger/Willemsen*, Der Wiedereinstellungsanspruch nach Betriebsübergang, NZA 2012, 1128; *Langner*, Betriebsübergang: Form und Sprache der Unterrichtung gem. § 613a Abs. 5 BGB, DB 2008, 2082; *Leder/Rodenbusch*, Anmerkung zum Urteil des EuGH vom 6.9.2011, Az. C-108/10 – Zur Anwendung des § 613a BGB beim gesetzlichen Betriebsübergang, EWiR 2011, 737; *Lindemann/Wolter-Roßteutscher*, Die Informationsverpflichtung nach § 613a Abs. 5 BGB – Rechtsgutachten oder plausible Entscheidungshilfe für den Arbeitnehmer?, BB 2007, 938; *Lingemann*, Richtig unterrichten beim Betriebsübergang – neue Hilfestellungen des BAG, NZA 2010, 546; *Lobinger*, EuGH zur dynamischen Bezugnahme von Tarifverträgen beim Betriebsübergang, NZA 2013, 945; *Löwisch/Göpfert/Siegrist*, Verwirkung des Widerspruchsrechts beim Betriebsübergang, DB 2007, 2538; *Lunk*, Schadensersatz wegen Verstoßes gegen die Unterrichtungspflicht bei einem Betriebsübergang gemäß § 613a BGB, RdA 2009, 48; *ders.*, Gestaltungsoptionen bei Betriebsübergangs-Sachverhalten, Festschrift ARGE im DAV 2006, 645; *Means/Klebeck*, Sperrzeit durch Widerspruch bei Betriebsübergang, NZA 2008, 143; *Meyer*, Transformierende Betriebsvereinbarungen bei Betriebsübergang, NZA 2007, 1408; *ders.*, Unterrichtung und Widerspruch bei Betriebsübergang, SAE 2008, 145; *ders.*, Die Unterrichtung der Arbeitnehmer vor Betriebsübergang, 1. Auflage 2007; *ders.*, Betriebsübergang: Neues zur Transformation gem. § 613a Abs. 1 Satz 2 BGB, DB 2010, 1404; *ders.*, Regelungsidentität beim Betriebsübergang, DB 2004, 1886; *ders.*, Transformierende Betriebsvereinbarungen bei Betriebsübergang, NZA 2007, 1408; *ders.*, Normative Fortgeltung einer Gesamtbetriebsvereinbarung bei Betriebsübergang, NZA 2016, 749; *ders./Rebel*, Der „Kern der Wertschöpfung" als geeigneter Anknüpfungspunkt für das Vorliegen eines Betriebsübergangs?, in: Festschrift für Peter Kreutz zum 70. Geburtstag, 2009, 91; *Moderegger*, Offshoring als Betriebsübergang: Wer darf mit?, ArbRB 2011, 373; *ders.*, Auswirkungen eines Betriebs(teil)übergangs auf das Betriebsratsamt, ArbRB 2011, 2981; *Mohnke/Betz*, Unterrichtung der Mitarbeiter über die Fortgeltung von Betriebsvereinbarungen bei einem Betriebs(teil)übergang, DB 2008, 498; *Mückl*, Alemo-Herron – Ende der Dynamik einer Bezugnahmeklausel beim Betriebsübergang?, ZIP 2014, 207; *Moll/Ersfeld*, Betriebsratsstruktur nach Betriebsübergang, DB 2011, 1108; *Müller-Bonanni*, Betriebsübergang – ja oder nein? – Die aktuelle Rechtsprechung zum Tatbestand des § 613a BGB, NZA-Beilage 2009, Nr. 1,13; *ders./Mehrens*, Sicherung der kollektiven Tarifgeltung nach Betriebsübergang, NZA 2012, 195; *Nebeling/Brauch*, § 613a Abs. 5 BGB: Es ist niemals zu spät… oder manchmal doch?, BB 2010, 1474; *Neufeld/Beyer*, Der nachträgliche Widerspruch nach § 613a VI BGB und seine Folgen für das Arbeitsverhältnis, die betriebliche Altersversorgung und deren Insolvenzsicherung, NZA 2008, 1157; *Niklas/Mückl*, Auswirkungen eines Betriebsübergangs auf betriebsverfassungsrechtliche Ansprüche, DB 2008, 2250; *Niklas*, „Übernahme" des nach Zahl und Sachkunde wesentlichen Personals, BB 2013, 2165; *Olberz/Fahrig*, Offshoring als Betriebs(teil)übergang gemäß § 613a BGB, ZIP 2012, 2045; *Pils*, Umgehung von § 613a BGB durch Einsatz einer Transfergesellschaft, NZA 2013, 125; *Preis/Greiner*, Vertragsgestaltung bei Bezugnahmeklauseln nach der Rechtsprechung des BAG, NZA 2007, 1073; *Reinecke*, Betriebsübergang: Rettungsanker Verwirkung des Widerspruchsrechts, DB 2012, 50; *Reinhard*, Die Pflicht zur Unterrichtung über wirtschaftliche Folgen eines Betriebsübergangs – ein weites Feld, NZA 2009, 63; *Rieble*, Betriebsführungsvertrag als Gestaltungsinstrument, NZA 2010, 1145; *Rudkowski*, Das „ewige" Widerspruchsrecht des Arbeitnehmers nach § 613a VI BGB und seine Grenzen, NZA 2010, 739; *Rupp*, Auswirkungen von Umstrukturierungen auf die Interessenvertretungen, AiB 2007, 159; *Salamon*, Die kollektivrechtliche Geltung von Betriebsvereinbarungen beim Betriebsübergang unter Berücksichtigung der neueren BAG-Rechtsprechung, RdA 2007, 153; *ders.*, Auslegung, Wegfall der Geschäftsgrundlage und Auflösung von Konkurrenzen bei Gesamtbetriebsvereinbarungen Folgefragen der kollektivrechtlichen Fortgeltung beim Betriebsübergang, RdA 2009, 175; *Scharff*, Auswirkungen eines Betriebsübergangs auf arbeitsvertragliche Bezugnahmeklauseln, DB 2016, 1315; *Schiefer*, Betriebsübergang gem. § 613a BGB, in: Festschrift für Jobst-Hubertus Bauer zum 65. Geburtstag, 2010, 901; *ders./Worzalla*, Betriebsübergang (§ 613a BGB) – Fragen über Fragen, DB 2008, 1566; *dies.*, Unterrichtungspflicht bei Betriebsübergang nach § 613a V BGB, NJW 2009, 558; *Schielke*, Betriebsübergang – Unterrichtungspflicht und Widerspruchsrecht in der Rechtsprechung, MDR 2007, 1052; *Schlachter*, Entwicklungen im Individualarbeitsrecht unter dem Einfluss der Rechtsprechung des EuGH – erforderliche und entbehrliche Veränderungen, RdA 2009, Sonderbeilage zu Heft 5, 31: *Schneider/Sittard*, Annahmeverzug des Arbeitgebers bei Widerspruch gegen den Betriebsübergang, BB 2007, 2230; *Schnitker/Grau*, Unterrichtung der Arbeitnehmer gemäß § 613a Abs. 5 BGB im Spiegel der Betriebsübernahmepraxis, BB 2005, 2238; *Schumacher-Mohr/Urban*, Sozialauswahl im Veräußererbetrieb nach Widerspruch gegen Betriebsübergang, NZA 2008, 513; *Simon/Weninger*, Betriebsübergang und Gesamtrechtsnachfolge: Kein Widerspruch – keine Unterrichtung?, BB 2010, 117; *Schwarz*, Kleine dynamische Bezugnahmeklausel – Abschied vom Tarifwechsel, BB 2010, 1021; *Sittard/Flockenhaus*, „Scattolon" und die Folgen für die Ablösung von Tarifverträgen und Betriebsvereinbarungen nach einem Betriebsübergang, NZA 2013, 652; *Trappehl/Zimmer*, Unternehmenseinheitlicher Betriebsrat bei Verschmelzung, BB 2008, 778; *Wiebauer*, Betriebsübergang und öffentlich-rechtliche Genehmigungen, NZA 2010, 733; *Willemsen*, Aktuelles zum Betriebsübergang – § 613a BGB im Spannungsfeld von deutschem und europäischem Recht, NJW 2007, 2065; *ders.*, Erneute Wende im Recht des Betriebsübergangs – ein „Christel Schmidt II"-Urteil des EuGH?, NZA 2009, 289; *ders.*, Europäisches und deutsches Arbeitsrecht im Widerstreit? – Aktuelle „Baustellen" im Recht des Betriebsübergangs, NZA-Beilage 2008, Nr. 4, 155; *ders.*, Mehr Klarheit nach „Klarenberg"!, NZA 2014, 1010; *Willemsen/Hohenstatt/Schweibert/Seibt*, Umstrukturierung und Übertragung von Unternehmen, 5. Auflage 2016; *Willemsen/Lembke*, Die Neuregelung von Unterrichtung und Widerspruchsrecht der Arbeitnehmer bei Betriebsübergang, NJW 2002, 1159; *Willemsen/Sagan*, Der Tatbestand des Betriebsübergangs nach „Klarenberg", ZIP 2010, 1205; *Wißmann/Schneider*, Europa hat gesprochen: Betriebsübergang ohne Erhalt der organisatorischen Einheit!, BB 2009, 1126; *Woerz*, Rechtskonformer Umgang mit Arbeitnehmerdaten in allen Phasen des Betriebsübergangs, ArbRAktuell 2011, 502; *Wortmann*, Neue Regeln beim Betriebsübergang, ArbRB 2010, 123; *Worzalla*, Neue Spielregeln bei Betriebsübergang – Die Änderungen des § 613a BGB, NZA 2002, 353; *Zöll*, Informationsschreiben entscheidend – Unterrichtungspflichten beim Betriebsübergang, AuA 2006, 18.

1. Typischer Sachverhalt

890 Die X-Gesellschaft möchte einen ihrer Geschäftsbereiche an den Standorten A, B und C ausgliedern. An den Teilbetrieben ist die Y-Gesellschaft interessiert. Im Wege der Spaltung werden die Teilbetriebe durch Gesamtrechtsnachfolge auf die neu zu gründende Tochtergesellschaft Z übertragen. Zeitgleich erfolgt eine Spaltung der Betriebe in A, B und C nach § 111 Nr. 3 BetrVG. Die Teilbetriebe werden zu einem Betrieb der Z-Gesellschaft zusammengefasst. Anschließend werden die Anteile der X-Gesellschaft an der Z-Gesellschaft von der Y-Gesellschaft im Wege eines Sharedeals übernommen. Die Z-Gesellschaft verpflichtet sich eine Tarifbindung herzustellen. Freiwillige Sozialleistungen der X-Gesellschaft sollen hingegen teilweise eingestellt werden.

2. Rechtliche Grundlagen

a) Vorliegen eines Betriebs-/Betriebsteilübergangs

891 Ein Betriebs- oder Betriebsteilübergang liegt gemäß § 613a Abs. 1 S. 1 BGB vor, wenn ein **Betrieb** oder **Betriebsteil** durch **Rechtsgeschäft**[1945] auf einen **anderen Inhaber** übergeht.

Dies ist anzunehmen, wenn eine so genannte **wirtschaftliche Einheit** unter **Wahrung ihrer Identität** vom neuen Inhaber weitergeführt oder wieder aufgenommen wird.[1946] Dies soll dann der Fall sein, wenn die übergehenden sächlichen Betriebsmittel bei wertender Betrachtungsweise den „eigentlichen Kern des zur Wertschöpfung erforderlichen Funktionszusammenhangs" ausmachen.[1947] Bis zur Rechtssache „Klarenberg" war hierzu ein im Wesentlichen unveränderter Fortbestand der organisierten Gesamtheit „Betrieb bzw. Betriebsteil" beim neuen Inhaber erforderlich.[1948] Nach dem Urteil des EuGH vom 12.2.2009[1949] ist eine fortbestehende organisatorische Selbstständigkeit nicht mehr zwingend erforderlich; schon „**eine funktionelle Verknüpfung zwischen den übertragenen Produktionsfaktoren**" beim Erwerber soll ausreichen. Auch wenn das BAG inzwischen klargestellt hat, dass es ausreicht, wenn unmittelbar nach dem Übergang die bisherige Grundtätigkeit weiter überwiegt,[1950] so fehlen bisher eindeutige Anhaltspunkte, wann von einer funktionellen Verknüpfung zwischen den übertragenen Produktionsfaktoren auszugehen ist.[1951] Allerdings ist nach der Rechtsprechung des BAG[1952] und auch des EuGH[1953] vor der Prüfung, ob beim Erwerber eine funktionelle Verknüpfung zwischen den übertragenen Produktionsfaktoren besteht, zunächst sorgfältig zu bestimmen, (i) ob die zu veräußernden Produktionsfaktoren überhaupt einen Betrieb(-steil) beim Veräußerer darstellen, wofür eine beim Veräußerer bestehende funktionelle Verknüpfung von Produktionsfaktoren nicht genüge, und (ii) ob ein bestimmter Arbeitnehmer diesem Betrieb(-steil) zuzuordnen sei. So relativierten das BAG und der EuGH die Befürchtung, im Falle einer Auftragsnachfolge

---

1945 Zum Übergang aufgrund einseitiger Entscheidung staatlicher Stellen: BAG 22.5.2014, NZA 2014, 1335; zur Übernahme nach Vertragsende: EuGH 26.11.2015, NZA 2016, 31.

1946 Vgl. EuGH 13.9.2007, NZA 2007, 1151; EuGH 11.3.1997, NZA 1997, 433; BAG 14.8.2007, NZA 2007, 1431; BAG 26.7.2007, NZA 2008, 112; BAG 22.7.2004, NZA 2004, 1383; Willemsen u.a./*Willemsen*, G Rn 33; *Hausch*, BB 2008, 1392.

1947 Erstmals BAG 2.3.2006, NZA 2006, 1105, 1107; BAG 6.4.2006, NZA 2006, 723; kritisch hierzu *Houben*, NJW 2007, 2075; ausführlich *Müller-Bonanni*, NZA 2009, Beil. 1, 13.

1948 Vgl. zur alten Rechtslage *Schiefer/Worzalla*, DB 2008, 1566 f.; *Müller-Bonanni*, NZA 2009, Beil. 1, 13 f.

1949 EuGH 12.2.2009, NZA 2009, 251; BAG 27.1.2011, NZA 2011, 1162, 1164; BAG 22.5.2014, NZA 2014, 1335.

1950 BAG 22.5.2014, NZA 2014, 1335, wonach eine Tätigkeitsveränderung mit einem Zeitanteil von 35 % dem Betriebsübergang nicht entgegensteht.

1951 Kritisch daher *Willemsen*, NZA 2009, 289; *Willemsen/Sagan*, ZIP 2010, 1205; *Wissmann/Schneider*, BB 2009, 1126; soll ein Betriebsübergang vermieden werden, kann daher nicht mehr auf die fehlende organisatorische Einheit abgestellt werden. Vielmehr muss schon beim Übergang der Produktionsfaktoren angesetzt werden. Allgemein zu möglichen Gestaltungsoptionen beim Betriebsübergang *Lunk*, in: FS ARGE im DAV 2006, 645.

1952 BAG 13.10.2011, ZIP 2012, 488; BAG 10.11.2011, NZA 2012, 509; BAG 21.5.2013, BeckRS 2015, 72506.

1953 EuGH .3.2014, NZA 2014, 423; vgl. *Willemsen*, NZA 2014, 1010.

müsse nach den Grundsätzen der „Klarenberg"-Rechtsprechung des EuGH in aller Regel von einem Betriebsübergang ausgegangen werden. Damit und auch durch die vorangegangene Entscheidung des BAG, eine Veränderung des Betriebskonzepts durch den Erwerber schließe auch bei weitgehender Übernahme sächlicher Betriebsmittel die Annahme eines Betriebsübergangs aus,[1954] wurden die potentiellen Folgen der Rechtssache „Klarenberg" erheblich entschärft.

Ein nach § 613a BGB selbstständig übergangsfähiger Betriebsteil besteht, wenn innerhalb des betrieblichen Gesamtzwecks ein Teilzweck verfolgt wird. Die Wahrnehmung eines Teilzwecks führt nur dann zu einer selbstständigen übergangsfähigen Einheit, wenn eine organisierte Gesamtheit von Personen und Sachen vorliegt.[1955]

Wann von einem Übergang der wirtschaftlichen Einheit unter Wahrung ihrer Identität auszugehen ist, richtet sich nach den Umständen des Einzelfalls und ist anhand einer typologischen Gesamtbetrachtung festzustellen.[1956]

Maßgeblich sind insbesondere **sieben Hauptkriterien**:[1957]   892

- Art des Betriebes (Grobraster: Produktions- oder Dienstleistungsbetrieb)
- Übertragung und Wert sächlicher Betriebsmittel (z.B. Gebäude oder Maschinen)
- Übernahme immaterieller Aktiva (Patente, Lizenzen, Know-how etc.)
- Übernahme der Hauptbelegschaft unter Berücksichtigung der Qualifikation der Arbeitnehmer und deren Bedeutung für den Fortbestand des Betriebes (Know-how-Träger)
- Übergang von Kundschaft und Lieferantenbeziehungen
- Grad der Ähnlichkeit mit der Betriebstätigkeit des bisherigen Arbeitgebers
- Dauer einer eventuellen Unterbrechung der Betriebstätigkeit[1958]

Nicht ausreichend für die Annahme der Übernahme einer wirtschaftlichen Einheit sind etwa:

- Bloße Fortführung der Tätigkeit bzw. Funktionsnachfolge (denn die wirtschaftliche Einheit darf nicht als bloße Tätigkeit verstanden werden)[1959]
- Bloßer Wechsel von Gesellschaftern („Share deal")[1960]
- Bloße Änderung der Eigentumsverhältnisse[1961]
- Übertragung von Tätigkeiten in Ausübung hoheitlicher Befugnisse[1962]

1954 BAG 17.12.2009, NZA 2010, 499.
1955 Vgl. BAG 27.9.2007, NZA 2008, 1130, 1133; BAG 17.12.2009, NZA 2010, 499; BAG 9.12.2009, DB 2010, 1409; BAG 22.5.2014, NZA 2014, 1335.
1956 Vgl. nur ErfK/*Preis*, § 613a BGB Rn 10 ff.
1957 Vgl. EuGH 26.11.2015, NZA 2016, 13; BVerfG 15.1.2015, BeckRS 2015, 03433; BAG 14.8.2007 – 8 AZR 804/06, BeckRS 2009, 66005; BAG 14.8.2007, NZA 2007, 1428; BAG 22.5.2014, NZA 2014, 1335; *Hauck*, in: FS Bauer 2010, 401, 402 f.
1958 Zur Abgrenzung zur Betriebsstilllegung siehe BAG 22.10.2009, NZA-RR 2010, 660; zur Unwirksamkeit einer „Stilllegungskündigung" siehe LAG Düsseldorf 29.4.2009, NZA-RR 2009, 637; LAG Baden-Württemberg 17.9.2009, BeckRS 2009, 74882; LAG Baden-Württemberg BeckRS 2010, 67370.
1959 Vgl. BAG 15.12.2011, DB 2012, 1690, 1692, BAG 22.1.2009, NZA 2009, 905; BAG 25.9.2008, NZA-RR 2009, 469; EuGH 11.3.1997 – Ayse Süzen, NJW 1997, 2039; EuGH 20.1.2011 – CLECE SA, NZA 2011, 148, 150; *Willemsen*, NJW 2007, 2065.
1960 Vgl. BAG 14.8.2007 – 8 AZR 804/06, BeckRS 2009, 66005; BAG 14.8.2007, NZA 2007, 1428.
1961 Vgl. BAG 14.8.2007 – 8 AZR 804/06, BeckRS 2009, 66005; BAG 14.8.2007, NZA 2007, 1428; BAG 20.3.2003, NZA 2003, 1338: z.B. bei der Sicherungsübereignung, da in diesem Fall keine Änderung der Nutzungsberechtigung erfolgt.
1962 BAG 22.5.2014, NZA 2014, 1335; 26.3.2015, NZA 2015, 866.

b) Übergang der Arbeitsverhältnisse

893   Infolge des Betriebs(teil)übergangs gehen die Arbeitsverhältnisse derjenigen Arbeitnehmer über, die der konkreten wirtschaftlichen Einheit zuzuordnen sind. Für die Zuordnung der Arbeitnehmer beim Betriebsübergang stellt die Rechtsprechung im Rahmen einer Gesamtschau primär auf den Willen der Beteiligten ab, hilfsweise auf objektive Kriterien.[1963] Ist ein Arbeitnehmer in verschiedenen Bereichen tätig, so ist dabei in erster Linie auf den zeitlichen Aufwand und Arbeitseinsatz abzustellen.[1964]

> *Praxistipp*
>
> Grundsätzlich obliegt dem Arbeitgeber kraft seines Direktionsrechts gemäß § 106 GewO die Untergliederung des Betriebs in Betriebsteile und die Zuordnung von Arbeitnehmern zu einzelnen Betriebsteilen. Sofern keine abweichenden Vereinbarungen im Arbeitsvertrag getroffen sind, kann der Arbeitgeber durch eine entsprechende Gestaltung beeinflussen, welche Arbeitnehmer bei einem späteren Betriebsübergang übergehen. Eine solche Gestaltung sollte jedoch in möglichst großem zeitlichen Abstand und inhaltlich unabhängig von einem konkret geplanten Betriebsübergang vorgenommen werden, da sonst das Risiko besteht, dass die Zuordnung unwirksam ist. Die Zuordnung eines Arbeitnehmers zu einem Betriebsteil im Interessenausgleich etwa hat das BAG wegen Verstoßes gegen § 613a BGB ausdrücklich für unwirksam erklärt.[1965]

c) Unterrichtungspflicht

894   Gemäß § 613a Abs. 5 BGB hat der bisherige Arbeitgeber oder der neue Inhaber die von dem Betriebsübergang betroffenen Arbeitnehmer über den Betriebsübergang zu informieren.[1966] Dabei handelt es sich um eine **gesamtschuldnerische Pflicht**[1967] (**echte Rechtspflicht**)[1968] des bisherigen Arbeitgebers und des neuen Inhabers im Hinblick auf den Betriebsübergang und dessen Rechtsfolgen.

> *Praxistipp*
>
> Obwohl es ausreichen würde, wenn die Unterrichtung der Arbeitnehmer entweder durch den bisherigen Arbeitgeber oder den neuen Inhaber erfolgt, empfiehlt sich eine **gemeinsame Unterrichtung**. Bei getrennter Unterrichtung bestünde das Risiko einer unvollständigen oder widersprüchlichen Unterrichtung.

aa) Mindestinhalt

895   Nach § 613a Abs. 5 BGB sind Veräußerer und Erwerber verpflichtet, die von dem Betriebsübergang betroffenen Arbeitnehmer so zu informieren, dass sie sich als Grundlage für die Ausübung oder Nichtausübung ihres Widerspruchsrechts ein Bild über die Person des Erwerbers und in § 613a Abs. 5 BGB genannten Um-

---

1963 Vgl. BAG 21.2.2013, NZA 2013, 617, 620; 24.1.2013, BeckRS 2013, 69658; BAG 25.9.2003, BeckRS 2003, 41875; BAG 13.2.2003, BeckRS 2003, 40650; BAG 18.3.1997, NZA 1998, 97; kritisch hierzu *Bauer*, NZA 2009, Beil. 1, 5,11. Die Bedeutung der Prüfung der Zuordnung eines Arbeitnehmers zu einer wirtschaftlichen Einheit betont BAG 13.10.2011, ZIP 2012, 488. Der EuGH nimmt unter Umständen bei langfristiger konzerninterner Arbeitnehmerüberlassung an, dass der für die wirtschaftliche Tätigkeit der übertragenen Einheit verantwortliche Entleiher trotz fehlender vertraglicher Beziehungen zu den Leiharbeitnehmern Veräußerer im Rahmen eines Betriebsübergangs sein kann, 21.10.2010 – Albron Catering, NJW 2011, 439.

1964 BAG v. 17.10.2013, NZA-RR 2014, 175.

1965 BAG 21.2.2013, NZA 2013, 617, 620.

1966 Eine Unterrichtung nach § 613a Abs. 5 BGB ist auch nach vollzogenem Betriebsübergang noch möglich, vgl. BAG 14.12.2006, NZA 2007, 682; *Schiefer/Worzalla*, NJW 2009, 558, 560.

1967 Vgl. BAG 2.4.2009, NZA 2009, 1149, 1151; KR/*Treber*, § 613a Rn 93; APS/*Steffan*, § 613a BGB Rn 203; *Meyer*, Die Unterrichtung der Arbeitnehmer vor Betriebsübergang, Rn 15; *Hausch*, BB 2008, 1392, 1401; *Koller-van Delden*, DStR 2008, 776; *Willemsen/Lembke*, NJW 2002, 1159, 1162; a.A. *Worzalla*, NZA 2002, 353, 354.

1968 BAG 31.1.2008, NZA 2008, 642; BAG 24.5.2005, NZA 2005, 1302; ErfK/*Preis*, § 613a BGB Rn 94; *Willemsen/Lembke*, NJW 2002, 1159, 1161; a.A. noch BAG 22.4.1993, NZA 1994, 360; *Bauer/v. Steinau-Steinrück*, ZIP 2002, 457, 458; *Grobys*, BB 2002, 726, 727.

stände machen und im Bedarfsfall Rechtsrat einholen können.[1969] Obwohl § 613a Abs. 5 BGB dies nicht ausdrücklich erwähnt, sind die Arbeitnehmer über die Identität des Betriebserwerbers so zu informieren, dass sie in die Lage versetzt werden, Erkundigungen über ihren möglichen neuen Arbeitgeber einzuholen.[1970] Aufzunehmen ist der neue Inhaber mit Namen oder Firma einschließlich Nennung der Rechtsform und Anschrift.[1971] Bei juristischen Personen ist der gesetzliche Vertreter oder zumindest eine natürliche Person mit Personalkompetenz anzugeben.[1972] Auch Angaben zu Handelsregisterinformationen (zuständiges Handelsregistergericht und Handelsregisternummer) sollten (vorsorglich)[1973] – vor allem bei Verwechslungsgefahr – mitgeteilt werden. Ansonsten ergibt sich der **Mindestinhalt** der Unterrichtung aus § 613a Abs. 5 Nr. 1–4 BGB. Danach sind die betroffenen Arbeitnehmer über den Zeitpunkt oder den geplanten Zeitpunkt des Übergangs (Nr. 1), den Grund für den Übergang (Nr. 2), die rechtlichen, wirtschaftlichen und sozialen Folgen des Übergangs für die Arbeitnehmer (Nr. 3) sowie die hinsichtlich der Arbeitnehmer in Aussicht genommenen Maßnahmen (Nr. 4) zu unterrichten.

Hinweis

Entscheidend ist grundsätzlich der **subjektive Kenntnisstand** des bisherigen Arbeitgebers bzw. neuen Inhabers zum Zeitpunkt der Unterrichtung.[1974] Mitzuteilen sind daher nur solche Umstände, die zum Zeitpunkt der Unterrichtung konkret absehbar sind.[1975] Ein Anspruch auf ergänzende Unterrichtung bei geändertem Planungshorizont (wie bei dynamischen Transaktionsprozessen üblich) besteht nicht.[1976] Gleichwohl ist zur Reduzierung des Risikos eines gesetzlich unbegrenzten Widerspruchsrechts jedenfalls dann eine **nachträgliche Korrektur der Unterrichtung** zu empfehlen, wenn eine erhebliche Verschiebung des Betriebsübergangszeitpunktes vorliegt, die im konkreten Fall auch Einfluss auf die Widerspruchsentscheidung haben kann.[1977]

Kommt es zum Streit über die Frage, ob der Arbeitnehmer ordnungsgemäß unterrichtet wurde, so gilt für den Inhalt der Unterrichtung eine abgestufte Darlegungslast: Genügt die Unterrichtung formal den gesetzlichen Anforderungen und ist sie nicht offensichtlich fehlerhaft, so muss der Arbeitnehmer die Mängel konkret darlegen. Erst dann ist es am Arbeitgeber, diese zu entkräften.[1978]

1969 BAG 21.8.2008, NZA-RR 2009, 62, 64, BAG 10.11.2011, NJOZ 2012, 860, 865.
1970 BAG 23.7.2009, NZA 2010, 89; es kann sinnvoll, gegebenenfalls sogar erforderlich sein, im Zusammenhang mit der Darstellung des Betriebserwerbers auf dessen bisherige und künftige Geschäftsaktivitäten einzugehen und seine Konzernverflechtungen darzustellen. Hierfür genügt es nicht, schlagwortartig über Aktivitäten des gesamten Konzerns zu informieren, ohne im Einzelnen auf den Betriebsübernehmer einzugehen.
1971 Vgl. BAG 21.8.2008, NZA-RR 2009, 62; BAG 13.7.2006, NZA 2006, 1268. Soweit im Zeitpunkt der Unterrichtung solche Angaben zum Betriebserwerber nicht gemacht werden können, weil dieser erst noch zu gründen ist, muss dies bei der Unterrichtung offengelegt werden, vgl. BAG 23.7.2009, NZA 2010, 89. Bei Übertragung auf eine neu zu gründende Gesellschaft sollte das Unterrichtungsschreiben vor dem Hintergrund dieser Entscheidung darüber informieren, wer Gesellschafter der neuen Gesellschaft sein wird; so auch *Gaul/Niklas*, DB 2009, 452. Laut dem LAG München (16.7.2009 – 3 Sa 214/09, BeckRS 2009, 72968) ist die Angabe von Sitz und Anschrift des Erwerbers entbehrlich, wenn dieser ohnehin bekannt ist. Bis diese Frage höchstrichterlich geklärt ist, sollten aber vorsorglich weiterhin in jedem Fall vollständige Angaben gemacht werden.
1972 BAG 23. 7. 2009, NZA 2010, 89.
1973 BAG 13.7.2006, NZA 2006, 1268; offen gelassen von BAG 10.11.2011, NJOZ 2012, 860; zu den Besonderheiten bei juristischen Gesellschaften in Gründung: BAG 14.11.2013, NZA 2014, 610.
1974 Vgl. BAG 14.12.2006, NZA 2007, 682; BAG 13.7.2006, NZA 2006, 1273; *Bauer/v. Steinau-Steinrück*, ZIP 2002, 457, 463; *Grobys*, BB 2002, 726, 728; a.A. *Worzalla*, NZA 2002, 353, 354.
1975 BAG 10.11.2011, NJOZ 2012, 860; zum Zeitpunkt der Unterrichtung, vgl. *Nebeling/Brauch*, BB 2010, 1474.
1976 BAG 13.7.2006, NZA 2006, 1273; *Hohenstatt/Grau*, NZA 2007, 13, 19.
1977 *Zöll*, AuA 2006, 18, 19; *Schnitker/Grau*, BB 2005, 2238, 2242.
1978 BAG 10.11.2011 NJOZ 2012, 860.

In Unterrichtungsschreiben sind insbesondere zu berücksichtigen:

(1) (Geplanter) Zeitpunkt des Übergangs

896   Unterrichtet werden muss über den (geplanten) Zeitpunkt des Übergangs. Der Zeitpunkt des Übergangs ist derjenige, in dem der neue Inhaber die rechtlich begründete tatsächliche Leitungsmacht über die wirtschaftliche Einheit erlangt.[1979] Allerdings lässt § 613a Abs. 5 BGB auch die Angabe des „geplanten" Übergangs genügen. Um sich eine gewisse Flexibilität bei der Umsetzung des Betriebsübergangs zu verschaffen, sollte das Unterrichtungsschreiben daher besser auf einen **„geplanten Zeitpunkt"** (datumsmäßige Bezeichnung) hinweisen.[1980]

(2) Grund des Übergangs

897   Darüber hinaus ist der Arbeitnehmer über den „Grund" des Betriebsübergangs zu unterrichten. Dafür ist die Angabe des dem Betriebsübergang zugrunde liegenden Rechtsgeschäftes erforderlich, aber nicht ausreichend.[1981] Nach der Rechtsprechung sollten auch die unternehmerischen Gründe zumindest schlagwortartig mitgeteilt werden, die sich im Falle eines Widerspruchs auf den Arbeitsplatz auswirken können.[1982]

Praxistipp

Daher sollte neben dem **Rechtsgrund des Betriebsübergangs** (z.B. Unternehmenskaufvertrag, Miet- oder Pachtvertrag, Outsourcingvertrag, Verschmelzung) auch eine **kurze Beschreibung des unternehmerischen Motivs** (z.B. Hinweis auf versuchte Steigerung der Wettbewerbsfähigkeit, Nutzung von Synergieeffekten, Konzentration auf das Kerngeschäft, Kostenverringerung etc.) erfolgen.

(3) Rechtliche, wirtschaftliche und soziale Folgen

898   Nach dem sehr allgemein gehaltenen Wortlaut des § 613a Abs. 5 Nr. 3 BGB soll die Unterrichtung auch die rechtlichen, wirtschaftlichen und sozialen Folgen des Betriebsübergangs erfassen. Der Gesetzgeber meint damit vor allem eine Information über die in § 613a Abs. 1–4 BGB genannten Folgen.[1983] Dabei sind den Arbeitnehmern lediglich Umstände von einer **gewissen Erheblichkeit** mitzuteilen, die einen **konkreten Bezug zum übergehenden Arbeitsverhältnis** und zur Erbringung der geschuldeten Arbeitsleistung beim bisherigen Arbeitgeber haben.[1984] Die Folgen müssen nicht konkret bezogen auf jedes einzelne Arbeitsverhältnis benannt werden. Ausreichend ist eine **kollektive, abstrakte Beschreibung** für alle Arbeitnehmer oder für Arbeitnehmergruppen, die vom Übergang betroffen sind, sofern sie dem Arbeitnehmer ermöglichen, sein Arbeitsverhältnis einer der Gruppen zuzuordnen.[1985]

Hinweis

Die Unterrichtung über die Rechtsfolgen darf **keine juristischen Fehler** enthalten – eine lediglich im Kern richtige Darstellung ist nicht ausreichend.[1986] Bei komplexen Rechtsfragen liegt nach der Rechtsprechung des BAG dann keine fehlerhafte Unterrichtung vor, wenn der Arbeitgeber nach angemessener

---

1979 Vgl. BAG 22.7.2004, BB 2005, 216, 218; *Hausch*, BB 2008, 1392, 1393: Eine bloße Fortführungsmöglichkeit ohne tatsächliche Fortführung genügt nicht.
1980 Moll/*Cohnen*, § 55 Rn 25; *Bauer/v. Steinau-Steinrück*, Sonderbeil. zu NZA 16/2003, 72, 73; *Koller-van Delden*, DStR 2008, 776, 777.
1981 BAG 13.7.2006, NZA 2006, 1268.
1982 BAG 13.7.2006, NZA 2006, 1268, 1271; *Hohenstatt/Grau*, NZA 2007, 13, 15.
1983 Vgl. BT-Drucks 14/7760, 19.
1984 *Grobys*, BB 2002, 726, 728.
1985 BAG 13.7.2006, NZA 2006, 1273, 1275; BAG 10.11.2011, NJOZ 2012, 860, 865; *Fuhlrott/Ritz*, BB 2012, 2689, 2691; *Willemsen/Lembke*, NJW 2002, 1159, 1163; *Zöll*, AuA 2006, 18, 19.
1986 Vgl. BAG 14.12.2006, NZA 2007, 682; BAG 23.7.2009, NZA 2010, 89.

Prüfung eine „vertretbare Position" gegenüber den Arbeitnehmern kundtut, solange eine Rechtsfrage höchstrichterlich nicht geklärt ist.[1987] Hierfür kann die **Einholung von Rechtsrat** bezüglich der höchstrichterlichen Rechtsprechung erforderlich sein.[1988]

Im Einzelnen ist insbesondere über die nachstehenden rechtlichen, wirtschaftlichen und sozialen Folgen zu unterrichten:

(a) Übergang des Arbeitsverhältnisses

Die Arbeitnehmer sind im Einzelnen darauf hinzuweisen, was der Eintritt des neuen Inhabers in die Rechte und **899** Pflichten aus dem Arbeitsverhältnis bedeutet. Dabei muss insbesondere deutlich werden, dass der neue Inhaber zum Zeitpunkt des Betriebsübergangs neuer Schuldner arbeitsvertraglicher Ansprüche ist und ihm das Direktionsrecht zusteht. Außerdem kann besonderer Hinweisbedarf zu einzelnen Vertragsgegenständen bestehen[1989] (z.B. hinsichtlich Betriebszugehörigkeit und Kündigungsfrist,[1990] Werkdienstwohnungen, Firmenrabatten, Aktienoptionen,[1991] Arbeitgeberdarlehen, Altersteilzeit, nachvertraglichem Wettbewerbsverbot[1992]).

(b) Widerspruchsrecht

Das Widerspruchsrecht des Arbeitnehmers ist ein „**Rechtsfolgenverweigerungsrecht**", da es auf die Ver- **900** hinderung der Rechtsfolgen des § 613a Abs. 1 S. 1 gerichtet ist.[1993] Laut BAG ist nicht nur der Übergang des Arbeitsverhältnisses, sondern auch das Recht, dem Übergang zu widersprechen, eine Rechtsfolge des Betriebsübergangs i.S.d. § 613a Abs. 5 Nr. 3 BGB.[1994] Vor diesem Hintergrund sollte der Arbeitgeber im Informationsschreiben auch auf das Widerspruchsrecht hinweisen.

Dabei sollte der Arbeitgeber insbesondere über Folgendes informieren:

- **Form des Widerspruchs:** Schriftform
- **Widerspruchsfrist:** Ein Monat ab Zugang der Unterrichtung
- **Widerspruchsadressat:** Bisheriger Arbeitgeber oder neuer Inhaber
- **Rechtsfolge des Widerspruchs:** Kein Übergang des Arbeitsverhältnisses auf den neuen Inhaber, (gegebenenfalls) keine Arbeitsmöglichkeit mehr beim bisherigen Arbeitgeber mit der möglichen Folge einer betriebsbedingten Kündigung, möglicherweise Verlust der Ansprüche aus einem Sozialplan bei Betriebsänderung nach § 111 BetrVG.[1995]

Ist einem Betriebsübergang bereits ein Betriebsübergang vorausgegangen, so kann der Arbeitnehmer dem Übergang seines Arbeitsverhältnisses aufgrund dieses früheren Betriebsübergangs nur widersprechen, wenn er zuvor dem Übergang seines Arbeitsverhältnisses aufgrund des weiteren Betriebsübergangs wirksam widersprochen hat und sein Widerspruchsrecht bezüglich des früheren Übergangs noch besteht.[1996] Dabei ist angesichts der neueren Rechtsprechung des BAG insbesondere zu prüfen, ob das Widerspruchsrecht nicht erloschen

---

1987 Vgl. BAG 13.7.2006, NZA 2006, 1273, 1275, BAG 10.11.2011, NJOZ 2012, 860, 866; BAG 26.3.2015, NZA 2015, 866; vgl. *Koller-van Delden*, DStR 2008, 776, 778.
1988 Vgl. BAG 14.12.2006, NZA 2007, 682, 685; BAG 13.7.2006, NZA 2006, 1273, 1275.
1989 Eine Angabe über die betriebliche Altersversorgung ist laut BAG (22.5.2007, NZA 2007, 1283, 1284; 22.5.2007, NZA 2007, 1285, 1286) nicht erforderlich. Ansprüche aus betrieblicher Altersversorgung sind keine Folge des Übergangs, da sie bis zum Zeitpunkt des Übergangs ohne Rücksicht auf diesen entstehen.
1990 Vgl. BAG 13.7.2006, NZA 2006, 1268, 1272; BAG 20.3.2008, NZA 2008, 1354.
1991 Zum Verfall von Aktienoptionen beim Betriebsübergang siehe *Schnitker/Grau*, BB 2002, 2497.
1992 *Altenburg/Leister*, NZA 2005, 15, 22 f.; *Gaul/Ludwig*, NZA 2013, 489.
1993 BAG 27.4.1995, NZA 1995, 1155; BAG 21.8.2014, NZA 2014, 1405; *Willemsen*, NJW 2007, 2065, 2072.
1994 BAG 20.3.2008, NZA 2008, 1354; BAG 13.7.2006, NZA 2006, 1273; zustimmend *Schielke*, MDR 2007, 1052, 1055; APS/*Steffan*, § 613a BGB Rn 210; *Worzalla*, NZA 2002, 353; *Annuß* in: FS ARGE im DAV 2006, 563, 572; a.A. *Bauer/v. Steinau-Steinrück*, ZIP 2002, 457, 463; *Jaeger*, ZIP 2004, 433, 442.
1995 Zur Zulässigkeit des Ausschlusses von widersprechenden Arbeitnehmern aus dem Sozialplan, vgl. BAG 22.11.2005, NZA 2006, 220; differenzierend ArbG Solingen 14.5.2008 – 5 Ca 1791/07, BeckRS 2008, 55792; *Altenburg/Leister*, NZA 2005, 15, 21.
1996 BAG 19.11.2015, NZA 2016, 647; offen gelassen noch von BAG 21.8.2014, NZA 2014, 1405.

ist (vgl. Rdn 918). Ob und inwieweit in dem Unterrichtungsschreiben zu dem weiteren Betriebsübergang über das Recht, gegen den Übergang des Arbeitsverhältnisses aufgrund eines früheren Betriebsübergangs zu widersprechen, und das Erlöschen dieses Rechts zu unterrichten ist, ist bislang nicht geklärt. Sofern ein Betriebsübergang vorangegangen ist, empfiehlt es sich, vorsorglich auch hierüber zu informieren.

(c) Verzichtsrecht

901 Der Arbeitnehmer ist auf sein Recht hinzuweisen, auf den Widerspruch zum Betriebsübergang zu verzichten. Ein solcher Verzicht ist im Hinblick auf den konkret bevorstehenden Betriebsübergang möglich,[1997] muss aber zur Wahrung der Warn- und Beweisfunktion in analoger Anwendung des § 613a Abs. 6 BGB schriftlich erklärt werden.[1998] Noch nicht abschließend geklärt ist, ob ein solcher Verzicht nur nach einer ordnungsgemäßen Unterrichtung gemäß § 613a Abs. 5 BGB erklärt werden kann oder ob hierin nicht zugleich der Verzicht auf die Erfüllung der Unterrichtungspflicht liegt.[1999]

> *Praxistipp*
>
> Es empfiehlt sich dem Unterrichtungsschreiben eine **vorgefertigte Verzichtserklärung** beizufügen, um die Beschäftigten möglichst schnell zu einer Stellungnahme zu bewegen.[2000]

(d) Fortgeltung kollektivrechtlicher Regelungen: Grundsätzliches

902 Zu informieren ist auch darüber, ob kollektivrechtliche Regelungen (Tarifverträge, Konzernbetriebsvereinbarungen, Gesamtbetriebsvereinbarungen, Betriebsvereinbarungen, Sprecherausschussrichtlinien gemäß § 28 Abs. 2 SprAuG) fortgelten.[2001] Dabei ist zu präzisieren, ob die kollektiven Regelungen normativ oder in transformierter Form gemäß § 613a Abs. 1 S. 2 BGB weiter gelten.[2002] Sofern einzelne Regelungen infolge des Übergangs gegenstandslos werden, weil sie eine Zugehörigkeit zum Erwerber voraussetzen, so kann eine Fortgeltung dieser Regelungen ausscheiden.[2003]

Nach § 613a Abs. 1 S. 2 BGB transformieren nur die Rechte und Pflichten des Arbeitgebers (v.a. Inhaltsnormen), nicht hingegen betriebsverfassungsrechtliche Normen.[2004] Laut BAG[2005] handelt es sich bei der Fortgeltung gemäß § 613a Abs. 1 S. 2 BGB nicht um eine individualvertragliche Fortgeltung. Vielmehr bleibt der kollektivrechtliche Charakter der Normen auch nach dem Betriebsübergang erhalten. Die Wirkung solcher transformierter Normen sei daher mit der Nachbindung des aus einem tarifschließenden Arbeitgeberverband ausgetretenen Arbeitgebers gemäß § 3 Abs. 3 TVG vergleichbar.[2006] Diese Wirkung gemäß § 613a Abs. S. 2 BGB hält lediglich für die Dauer eines Jahres an. Anschließend entspräche die Wirkung einem nachwirkenden Tarifvertrag nach § 4 Abs. 5 TVG.[2007] Die einjährige Veränderungssperre findet indes nur solange und soweit Anwendung, wie die kollektivrechtliche Regelung nicht aus anderen Gründen innerhalb der Jahresfrist endet oder ihre zwingende Wirkung (z.B. durch Befristung oder Kündigung) verliert.[2008] Auch in diesem Fall entfällt aber nur die zwingende

1997 BAG 15.2.1984, AP Nr. 37 zu § 613a BGB; BAG 19.3.1998, NZA 1998, 750, 751; *Bauer/v. Steinau-Steinrück*, ZIP 2002, 457, 464; *Worzalla*, NZA 2002, 353, 357; zweifelnd: *Grobys*, BB 2002, 726, 730. Ein arbeitsvertraglicher Verzicht im Vorfeld eines möglichen Betriebsübergangs wird hingegen weitestgehend für unzulässig gehalten.
1998 APS/*Steffan*, § 613a BGB Rn 233. *Hauck*, NZA 2009, Beil.1, 18, 22.
1999 Von letzterem gehen z.B. ErfK/*Preis*, § 613a BGB Rn. 102 und Moll/*Cohnen*, § 55 Rn 85 aus, jeweils m.w.N.
2000 MünchArbR/*Wank*, § 102 Rn 106.
2001 BT-Drucks 14/7760, 19; BAG 13.7.2006, NZA 2006, 1268, 1272; *Koller-van Delden*, DStR 2008, 776, 778.
2002 BAG 13.7.2006, NZA 2006, 1268; BAG 14.12.2006, NZA 2007, 682; *Worzalla*, NZA 2002, 353, 355; *Mohnke/Betz*, BB 2008, 498.
2003 BAG 18.9.2002, NZA 2003, 670; *Meyer*, NZA 2016, 749.
2004 BAG 18.1.2012, NZA-RR 2013, 133 zu Zuordnungstarifverträgen nach § 3 BetrVG; a.A. LAG Baden-Württemberg 13.8.2014, BeckRS 2014, 71917, das im Hinblick auf eine Regelung nach § 117 Abs. 1 BetrVG eine europarechtskonforme Auslegung des Begriffs „Rechte und Pflichten aus dem Arbeitsverhältnis" in § 613a Abs. 1 S. 2 BGB vornimmt.
2005 BAG 22.4.2009, NZA 2010, 41; BAG 26.8.2009, NZA 2010, 238.
2006 BAG 22.4.2009, NZA 2010, 41, 46; *Hohenstatt*, NZA 2010, 23, 25; kritisch hierzu *Meyer*, DB 2010, 1404.
2007 BAG 22.4.2009, NZA 2010, 41, 47; BAG 3.7.2013, NZA 2014, 80; *Hohenstatt*, NZA 2010, 23, 25.
2008 *Gaul*, in: FS Bauer 2010, 339, 341.

Wirkung und es tritt die Wirkung eines nachwirkenden Tarifvertrags vor Ablauf der Jahresfrist ein, es sei denn, die Nachwirkung ist ausgeschlossen worden.[2009] Das Unterrichtungsschreiben muss ferner darauf eingehen, ob und inwieweit die bisher bestehenden Regelungen durch beim neuen Inhaber geltende Bestimmungen nach § 613a Abs. 1 S. 3 und 4 BGB abgelöst werden.[2010]

Hinweis

Es ist weder eine detaillierte Bezeichnung einzelner Betriebsvereinbarungen und Tarifverträge erforderlich,[2011] noch sind sämtliche Kollektivvereinbarungen des bisherigen Arbeitgebers und neuen Inhabers in einer Anlage synoptisch gegenüberzustellen.[2012] Vielmehr ist ausreichend, wenn die neuen kollektiven Regelungen dem Unterrichtungsschreiben entweder beigefügt werden[2013] oder darauf verwiesen wird, Einsicht könne im Betrieb genommen werden.[2014]

Sofern Anspruchsvoraussetzungen aus kollektivrechtlichen Regelungen nach dem Betriebsübergang (möglicherweise) nicht mehr erfüllt werden können, genügt es allerdings nach der neueren Rechtsprechung des Bundesarbeitsgerichts nicht, auf die Fortgeltung dieser Vereinbarungen hinzuweisen, sondern die Arbeitnehmer müssen (gemäß § 613a Abs. 5 Nr. 3 BGB) auch darüber informiert werden, dass die Ansprüche (möglicherweise) nicht mehr entstehen können.[2015]

(aa) Fortgeltung von Betriebsvereinbarungen

Im Falle eines **identitätswahrenden Übergangs eines Betriebs(teils)** ist eine kollektivrechtliche Fortgeltung beim Erwerber ohne Transformation der Normen möglich.[2016] Von einer solchen Wahrung der betrieblichen Identität ist zumindest dann auszugehen, wenn der Betrieb als Ganzes übergeht und nicht in eine fremde Betriebsorganisation eingegliedert wird;[2017] im Falle von Betriebsteilen, wenn diese jeweils als eigenständige Betriebe fortgeführt werden.[2018]

903

Veränderte Umstände im Unternehmen des Erwerbers können zu einem Wegfall der Geschäftsgrundlage einer Betriebsvereinbarung und einem damit einhergehenden Anpassungsanspruch der Betriebsparteien führen.[2019] Existiert bereits eine Betriebsvereinbarung beim Erwerber, so kommt es, den **gleichen Regelungsgegenstand** vorausgesetzt, in der Regel zu einer **Ablösung** der Betriebsvereinbarung des Veräußererbetriebs durch die beim Erwerber geltenden Betriebsvereinbarungen.[2020] Eine Ablösung kommt hingegen nicht in Betracht, wenn die

---

2009 BAG 3.7.2013, NZA 2014, 80.

2010 Der Hinweis, Tarifverträge und Betriebsvereinbarungen gelten gem. § 613a BGB weiter, reicht nicht aus, vgl. BAG 23.7.2009, NZA 2010, 89.

2011 So BAG 14.12.2006, NZA 2007, 682, 685 mit dem Verweis auf BT-Drucks 14/7760, 19.

2012 Moll/*Cohnen*, § 55 Rn 33; a.A. *Jaeger*, ZIP 2004, 433, 441 für Betriebs- und Gesamtbetriebsvereinbarungen; differenzierend: HWK/*Willemsen/Müller-Bonnanni*, § 613a BGB Rn 327.

2013 So *Annuß* in: FS ARGE im DAV 2006, 563, 572.

2014 Dies ergibt sich aus der entsprechenden Anwendung des § 2 Abs. 1 Nr. 10 NachwG, vgl. *Zöll*, AuA 2006, 18, 20.

2015 BAG 26.3.2015, NZA 2015, 866, BAG 23.7.2015, BeckRS 2015, 72766; kritisch hierzu: *Gaul*, RdA 2015, 206.

2016 Eine Ausnahme bildet die sog. „unternehmensbezogene Betriebsvereinbarung", vgl. BAG 18.9.2002, NZA 2003, 670; Moll/*Cohnen*, § 54 Rn 33; zur Auslegung von Tarifverträgen im Falle eines Betriebsübergangs, vgl. *Salamon*, RdA 2009, 175, 176 f.; weitere Sonderfälle in denen keine kollektivrechtliche Fortgeltung anzunehmen ist, sind der Rechtsformwechsel der Arbeitnehmervertretung und ein Betrieb, der nicht mehr dem BetrVG (zum Beispiel wegen § 118 Abs. 2 BetrVG) unterliegt, vgl. hierzu ErfK/*Preis*, § 613a BGB Rn 113b.

2017 Ausführlich auch *Salamon*, RdA 2007, 153.

2018 BAG 18.9.2002, NZA 2003, 670; BAG 18.11.2015, NZA 2016, 310; *Salamon*, RdA 2007, 153; a.A. Willemsen u.a./*Hohenstatt*, E Rn 21 f.

2019 Ausführlich hierzu *Salamon*, RdA 2009, 175, 178 f.; ein Anpassungsanspruch wird indes die Ausnahme darstellen, denn wie der 4. Senat in seiner Entscheidung vom 22.4.2009 (NZA 2010, 41) klargestellt hat, sei es geradezu die Regel, dass die tatsächlichen Bedingungen beim Erwerber andere sind. Selbst im Falle des Branchenwechsels gelte § 613a Abs. 1 S. 2 BGB.

2020 *Jacobs*, NZA 2009, Beil. 1, 45, 47 f.; HWK/*Willemsen/Müller-Bonnanni*, § 613a BGB Rn 271. Für den Sprecherausschuss gilt Vergleichbares, vgl. hierzu Willemsen u.a./*Hohenstatt*, E Rn 73; Moll/*Cohnen*, § 54 Rn 61.

beim Erwerber geltende Betriebsvereinbarung sachlich begrenzt ist und sich nicht auf neue Betriebe erstreckt.[2021] Ob dies der Fall ist, muss durch Auslegung ermittelt werden. Die zur Ablösung führende Betriebsvereinbarung kann dabei auch erst nach dem Betriebsübergang abgeschlossen werden.[2022] Auch eine Ablösung durch einen Tarifvertrag ist bei gleichem Regelungsgegenstand grundsätzlich möglich.[2023] Unsicherheiten über rechtliche Zweifelsfragen können durch eine trilaterale Überleitungsvereinbarung vermieden werden.[2024]

Die Graphik gibt eine Übersicht[2025] über die möglichen Konstellationen und ihre Folgen:

Rechtliches Schicksal von Betriebsvereinbarungen im Falle eines Betriebsübergangs				
	Identitätswahrender Übergang des Betriebs(teils), keine Eingliederung des Betriebs in die Betriebsstruktur des Erwerbers	Aufgabe der Identität des Betriebs	Art der Fortgeltung	Ablösungsmöglichkeiten[2026]
EinzelBV	X		Unmittelbare Fortgeltung, keine Transformation[2027]	Kollision mit Gesamt/KonzernBV des Erwerbers bei gleichem Regelungsgegenstand möglich; die Gesamt/KonzernBV des Erwerbers setzt sich durch[2028]
		X	Transformation nach § 613a Abs. 1 S. 2 BGB mit der Folge einer einjährigen Veränderungssperre,[2029] Normen verlieren aber nicht „kollektiv-rechtlichen Charakter"[2030]	Liegt eine BV mit gleichem Regelungsgegenstand vor, geht diese nach § 613a Abs. 1 S. 3 BGB den transformierten Normen vor

2021 Willemsen u.a./*Hohenstatt*, E Rn 64; Moll/*Cohnen*, § 54 Rn 46.

2022 BAG 14.8.2001, NZA 2002, 276; *Gaul*, in: FS Bauer 2010, 339, 345 f.

2023 Das BAG (1.8.2001, NZA 2002, 41) hat diese Frage bisher offen gelassen. Die praktische Relevanz ist aufgrund des Tarifvorrangs gemäß §§ 77 Abs. 3, 87 Abs. 1 Einleitungssatz BetrVG ohnehin gering, vgl. Willemsen u.a./*Hohenstatt*, E Rn 55. Auf die Darstellung der Ablösungsmöglichkeit einer Betriebsvereinbarung durch einen Tarifvertrag wurde daher in der folgenden Graphik verzichtet. Umstritten ist, ob in diesem Fall lediglich eine arbeitgeberseitige (so *Gaul*, in: FS Bauer 2010, 339, 348), oder beidseitige Tarifbindung (so Moll/*Cohnen*, § 54 Rn 60) erforderlich ist.

2024 Siehe zu dieser Möglichkeit ausführlich *Meyer*, NZA 2007, 1408.

2025 Die Darstellung bezieht sich lediglich auf die Fortgeltung von kollektivrechtlichen Vereinbarungen. Schuldrechtliche Absprachen zwischen den Vertragsparteien werden nicht transformiert, weil diese lediglich das Verhältnis der Betriebs- bzw. Tarifpartner untereinander und nicht die Arbeitsverhältnisse der einzelnen Arbeitnehmer regeln, vgl. hierzu ErfK/*Preis*, § 613a BGB Rn 118.

2026 Aufgezeigt werden lediglich die kollektivrechtlichen Ablösungsmöglichkeiten. Zu weiteren Möglichkeiten vgl. *Jacobs*, NZA 2009, Beil. 1, 45, 48 f.; *Schwarz*, BB 2010, 1021, 1024 f.

2027 BAG 10.11.2011, NJOZ 2012, 860.

2028 Moll/*Cohnen*, § 54 Rn 59; Willemsen u.a./*Hohenstatt*, E Rn 13, 44, 46. Eine Kollision von Einzelbetriebsvereinbarungen ist ausgeschlossen, da der räumliche Geltungsbereich einer Einzelbetriebsvereinbarung jeweils auf den einzelnen Betrieb beschränkt ist (BAG 1.8.2001, NZA 2002, 41).

2029 BAG 10.11.2011, NJOZ 2012, 860.

2030 BAG 22.4.2009, NZA 2010, 41 zu Tarifverträgen.

Rechtliches Schicksal von Betriebsvereinbarungen im Falle eines Betriebsübergangs			
GesamtBV	X	Übergang eines Betriebs: Unmittelbare Fortgeltung, GesamtBV wird zu EinzelBV[2031]	
		Übergang mehrerer Betriebe als Gesamtidentität: Unmittelbare Fortgeltung, GesamtBV bleibt GesamtBV[2033]	Kollision mit Gesamt/KonzernBV des Erwerbers bei gleichem Regelungsgegenstand möglich, die Gesamt/KonzernBV des Erwerbers setzt sich durch[2032]
		Erwerber hat keine Betriebe und übernimmt alle Betriebe: Unmittelbare Fortgeltung, GesamtBV bleibt GesamtBV[2034]	
	X	Transformation nach § 613a Abs. 1 S. 2 BGB[2035] mit der Folge einer einjährigen Veränderungssperre, Normen verlieren aber nicht „kollektiv-rechtlichen Charakter"[2036]	Liegt eine BV mit gleichem Regelungsgegenstand vor, geht diese nach § 613a Abs. 1 S. 3 BGB den transformierten Normen vor[2037]

2031 BAG 18.9.2002, NZA 2003, 670; BAG 5.5.2015, NZA 2015, 1331, ausdrücklich auch für den Fall, dass ein Betrieb identitätswahrend von einem Unternehmen mit mehreren Betrieben übernommen wird; BAG 18.11.2015, NZA 2016, 310; a.A. Willemsen u.a./ *Hohenstatt*, E Rn 58 f., der von einer Fortgeltung gemäß § 613a Abs. 1 S. 2 BGB ausgeht.

2032 Bisher ist das Konkurrenzverhältnis von Gesamtbetriebsvereinbarung untereinander oder mit einer Konzernbetriebsvereinbarung vom BAG offen gelassen worden (BAG 18.9.2002, NZA 2003, 670). Die Literatur nimmt indes überwiegend einen Vorrang der Gesamt- bzw. Konzernbetriebsvereinbarung des Erwerbers an, vgl. Moll/*Cohnen*, § 54 Rn 46.; Willemsen u.a./*Hohenstatt*, E Rn 64.

2033 BAG 18.9.2002, NZA 2003, 670; BAG 5.5.2015, NZA 2015, 1331; a.A. Willemsen u.a./*Hohenstatt*, E Rn 61, der von einer Fortgeltung gemäß § 613a Abs. 1 S. 2 BGB ausgeht.

2034 BAG 18.9.2002, NZA 2003, 670; BAG 10.11.2011, NJOZ 2012, 860; LAG Hamm 3.7.2014, BeckRS 73762.

2035 BAG 10.11.2015, NJOZ 2012, 860.

2036 BAG 22.4.2009, NZA 2010, 41 zu Tarifverträgen.

2037 BAG 10.11.2011, NJOZ 2012, 860.

Rechtliches Schicksal von Betriebsvereinbarungen im Falle eines Betriebsübergangs			
Kon-zernBV	X	Erwerber gehört Konzern an: Unmittelbare Fort-geltung der KonzernBV als KonzernBV[2038]	–
		Konzernfremder identi-tätswahrender Übergang eines Betriebs: Unmittel-bare Fortgeltung, Kon-zernBV wird zu einer EinzelBV[2039]	Kollision mit KonzernBV des Erwerbers bei gleichem Regelungsgegenstand mög-lich, die KonzernBV des Er-werbers setzt sich durch[2040]
		Konzernfremder identi-tätswahrender Übergang mehrerer Betriebe: Un-mittelbare Fortgeltung, KonzernBV wird zur Ge-samtBV[2041]	
	X	Wie im Falle von Ge-samtBVs	Wie im Falle von GesamtBVs

(bb) Fortgeltung von Tarifverträgen

904   Für die Frage der Fortgeltung von Tarifverträgen ist zwischen **Verbands- und Firmentarifverträgen** zu unterscheiden. Ferner ist von Belang, ob der Betriebsübergang im Wege der **Gesamt- oder Einzelrechts-nachfolge** erfolgt. Dabei ist, wie auch bei Betriebsvereinbarungen, eine nach § 613a Abs. 1 S. 2 BGB transformierte kollektivrechtliche Regelung auch im Nachhinein (z.B. durch Abschluss eines neuen Ta-rifvertrags oder durch eine erst nach dem Übergang eintretende beidseitige Tarifbindung) abänderbar.[2042] Gemäß § 613a Abs. 1 S. 2 BGB transformierte Normen gelten dabei statisch mit dem Inhalt fort, den sie im Zeitpunkt des Betriebsübergangs hatten.[2043] Ist eine **Dynamik im Tarifvertrag** selbst angelegt, gilt diese allerdings fort.[2044] Firmentarifverträge können dabei auch von Verbandstarifverträgen abgelöst

---

2038 Zu allen genannten Möglichkeiten der Fortgeltung von Konzernbetriebsvereinbarungen fehlt bisher höchstrichterliche Rechtspre-chung. Auf Grundlage der Rechtsprechung zu Gesamtbetriebsvereinbarungen ist das genannte Ergebnis indes allgemein aner-kannt, vgl. nur *Gaul*, RdA 2015, 206; *Moll/Cohnen*, § 54 Rn 44; *Willemsen u.a./Hohenstatt*, E Rn 70, m.w.N., letzterer bei gleich-zeitiger Distanz zur Rechtsprechung des BAG.

2039 *Willemsen u.a./Hohenstatt*, E Rn 70; *Moll/Cohnen*, § 54 Rn 44; die kollektivrechtliche Fortgeltung von Konzernbetriebsverein-barungen hält das BAG für eine zumindest vertretbare Rechtsauffassung, BAG 10.11.2011, NJOZ 2012, 860.

2040 Auch zum Konkurrenzverhältnis von Konzernbetriebsvereinbarungen untereinander fehlt bisher höchstrichterliche Rechtspre-chung. Vgl. hierzu ausführlich *Kern*, NZA 2009, 1313; *Willemsen u.a./Hohenstatt*, E Rn 70; die kollektivrechtliche Fortgeltung von Konzernbetriebsvereinbarungen hält das BAG für eine vertretbare Rechtsauffassung, BAG 10.11.2011, NJOZ 2012, 860.

2041 *Willemsen u.a./Hohenstatt*, E Rn 70; *Moll/Cohnen*, § 54 Rn 44.

2042 BAG 16.5.1995, NZA 1995, 1166; BAG 11.5.2005, NZA 2005, 1362.

2043 BAG 3.7.2013, NZA-RR 2014, 80; ausführlich hierzu *Bepler*, RdA 2009, 65, 67 f.

2044 BAG 14.11.2007, NZA 2008, 420; BAG 19.9.2007, NZA 2008, 241.

werden.[2045] Eine **Ablösung** durch einen Tarifvertrag des Erwerbers nach § 613a Abs. 1 S. 3 BGB setzt sowohl eine **beidseitige Tarifbindung**[2046] als auch einen **identischen Regelungsgegenstand** voraus.[2047] Ein identischer Regelungsgegenstand wird von der herrschenden Meinung angenommen, wenn der Erwerbertarifvertrag für die gleiche Sachgruppe eine Regelung enthält.[2048] Ob aus der Scattolon-Entscheidung des EuGH[2049] folgt, dass sich die Arbeitsbedingungen durch eine Ablösung nicht insgesamt verschlechtern dürfen, hat das BAG zuletzt offengelassen.[2050] Eine Ablösung der tariflichen Regelungen durch eine Betriebsvereinbarung (sog. „Über-Kreuz-Ablösung") ist unzulässig.[2051] Da der Betriebserwerber nicht aufgrund des Betriebsübergangs zur Partei eines Tarifvertrages wird, kann eine **Kündigung** des Tarifvertrages nach Betriebsübergang auch nicht dem Erwerber gegenüber, sondern muss der anderen Tarifvertragspartei – dem **Betriebsveräußerer** – gegenüber erklärt werden.[2052] Eventuell fortgeltende kollektivrechtliche Regelungen sind ferner auch im Falle von Neueinstellungen, die zeitlich nach dem Betriebsübergang erfolgen, zu beachten.[2053]

Hinweis

Das BAG[2054] hat jüngst klargestellt, dass es trotz des EuGH-Urteils in der Rs. **Alemo-Herron**[2055] an seiner Rechtsprechung zur Fortgeltung von Tarifverträgen nach Betriebsübergängen festhalten will, und hat die Frage dem EuGH vorgelegt. Der EuGH hatte in der Rs. *Alemo-Herron* im Anschluss an die *Werhof*-Entscheidung[2056] zum englischen Recht entschieden, dass der Erwerber nach einem Betriebsübergang nicht an einen Tarifvertrag gebunden ist, der aufgrund arbeitsvertraglicher Bezugnahme gilt, wenn der Tarifvertrag nach dem Betriebsübergang abgeschlossen wurde und der Arbeitgeber auf seinen Inhalt keinen Einfluss nehmen konnte. Der EuGH begründet das zum einen mit dem praktischen Argument, der Erwerber müsse in der Lage sein „die für die Fortsetzung seiner Tätigkeit erforderlichen Anpassungen vor[zu]nehmen", zum anderen mit der primärrechtlich durch Art. 6 Abs. 1 EUV, 16 EuGRCh gewährleisteten Vertragsfreiheit des Arbeitgebers, die einer Bindung an Tarifverträge entgegenstehe, die der Arbeitgeber nicht selbst inhaltlich beeinflussen könne.

2045 Jacobs/Krause/*Oetker*, § 6 Rn 121.

2046 H.M.: BAG 23.1.2008, AP Nr. 63 zu § 1 TVG Bezugnahme auf Tarifvertrag; BAG, 11.5.2005, NZA 2005, 1362; ErfK/*Preis*, § 613a BGB Rn 123; Staudinger/*Annuß*, § 613a BGB Rn 228.; andere halten die Tarifbindung des Erwerbers für ausreichend: *Heinze*, in: FS Schaub 1998, 275, 290; zum Meinungsstand: Willemsen u.a./*Hohenstatt*, E Rn 149 ff.

2047 BAG 23.1.2008, AP Nr. 63 zu § 1 TVG Bezugnahme auf Tarifvertrag; Willemsen u.a./*Hohenstatt*, E Rn 145 f.

2048 BAG 23.1.2008, AP Nr. 63 zu § 1 TVG Bezugnahme auf Tarifvertrag; Willemsen u.a./*Hohenstatt*, E Rn 147; allgemein zur Regelungsidentität *Meyer*, DB 2004, 1886.

2049 EuGH 6.9.2011, NZA 2011, 1077.

2050 BAG 12.9.2013, NZA-RR 2014, 154; ein Verschlechterungsverbot ablehnend: *Leder/Rodenbusch*, EWiR 2011, 737; *Sittard/Flockenhaus*, NZA 2013, 652.

2051 BAG, 6.11.2007, NZA 2008, 542; BAG 13.11.2007, NZA 2008, 600; BAG 21.4.2010, AP BGB § 613a Nr. 387 Rn 44 ff.; *Jacobs*, NZA 2009, Beil. 1, 45, 48, ausführlich auch *Döring/Grau*, BB 2009, 158.

2052 BAG 22.4.2009, NZA 2010, 41. Dabei ist unerheblich, dass der Tarifvertrag bei dem Betriebsveräußerer wegen der fehlenden Betriebsfortführung keine Wirkung mehr entfaltet. Inwieweit die neue Rechtsprechung des 4. Senats auf die Kündigungsmöglichkeiten bei Betriebsvereinbarungen übernommen werden kann, ist fraglich; dafür *Gaul*, in: FS Bauer 2010, 339, 344. Allerdings knüpft die Arbeitgeberstellung in der Betriebsverfassung an die arbeitsorganisatorische Einheit des Betriebes an. Daher kann der Erwerber in die Rechte und Pflichten des Arbeitgebers i.S.d. Betriebsverfassungsgesetzes eintreten. Es spricht daher viel für eine Kündigungsmöglichkeit gegenüber dem Erwerber.

2053 Nach dem BAG (8.12.2009, NZA 2010, 404; 14.4.2010, NZA-RR 2011, 83) kann ein beim Veräußerer geltendes tarifliches Entgeltschema nach dem Betriebsübergang auch für Neueinstellungen beim Erwerber maßgeblich sein. Ob neu eingestellte Arbeitnehmer entsprechend einzugruppieren sind, ist laut BAG abhängig vom Geltungsgrund der Vergütungsordnung.

2054 BAG 17.6.2015, NZA 2016, 373; ebenso LAG Hessen 24.6.2014, BeckRS 2014, 72009 (Revision anhängig unter Az: 4 AZR 512/14).

2055 EuGH 18.7.2013, NZA 2013, 835.

2056 EuGH 9.3.2006, NZA 2006, 376.

Das BAG ist aber bislang davon ausgegangen, dass arbeitsvertraglich vereinbarte dynamische Bezugnahmeklauseln im Zweifel auch nach dem Betriebsübergang ihre Dynamik behalten. Dies gilt im Zweifel auch für die von tarifgebundenen Arbeitgebern nach dem 31.12.2001 vereinbarten Bezugnahmeklauseln, die nicht mehr als bloße Gleichstellungsabrede zu verstehen seien (siehe auch Rdn 905 f.).[2057] Hieran will das BAG auch angesichts der *Alemo-Herron*-Entscheidung festhalten und begründet dies mit dem Unterschied zwischen der individualrechtlichen Bezugnahme und der kollektivrechtlichen Geltung. Von der individualrechtlichen Bezugnahme können sich der Arbeitgeber mit dem vom deutschen Recht vorgesehenen Instrumentarium (Änderungsvereinbarung und -kündigung) lösen, so dass es auf eine Möglichkeit zur Teilnahme an den Tarifvertragsverhandlungen nicht ankomme. Auch sei die durch Art. 16 EuGRCh geschützte unternehmerische Freiheit nicht unverhältnismäßig beeinträchtigt.[2058]

Es bleibt daher abzuwarten, ob der EuGH sich der Absage des BAG an die Möglichkeit, sich „den dynamischen Bindungen elegant [zu] entziehen",[2059] anschließen wird.[2060]

Hinweis

Es bleibt ebenfalls abzuwarten, wie sich der durch das Tarifeinheitsgesetz[2061] eingeführte § 4a TVG auf die tarifvertragliche Situation beim Erwerber und Veräußerer nach einem Betriebsübergang auswirkt. Auch wenn § 613a Abs. 1 S. 2–4 BGB als speziellere Regelungen wohl § 4a Abs. 2 S. 2 TVG vorgehen werden,[2062] so ist nicht auszuschließen, dass die tarifliche Situation beim Veräußerer oder Erwerber im Einzelfall künftig anders zu beurteilen ist.[2063]

Über die Einzelheiten der Fortgeltung nach bisheriger Rechtsprechung des BAG gibt folgende Graphik Aufschluss:

2057 BAG 14.12.2005, NZA 2006, 607.
2058 BAG 17.6.2015, NZA 2016, 373; ebenso LAG Hessen 24.6.2014, BeckRS 2014, 72009 (Revision anhängig unter Az: 4 AZR 512/14); a.A. *Elking/Aszmons*, BB 2014, 2041.
2059 *Thüsing*, FAZ v. 28.8.2013, S. 19.
2060 Vgl. *Mückl*, ZIP 2014, 207; *Scharff*, DB 2016, 1315.
2061 Die Frage, ob dieses Gesetz verfassungskonform ist, ist bislang nicht abschließend geklärt, vgl. BVerfG 16.6.2016, NZA 2016, 893; BVerfG 6.10.2015, NZA 2015, 1271; *Hohenstatt/Schuster*, ZIP 2016, 5 m.w.N.
2062 So *Graf*, NZA 2016, 327 und *Hohenstatt/Schuster*, ZIP 2016, 5.
2063 Ausführlich hierzu *Graf*, NZA 2016, 327 und *Hohenstatt/Schuster*, ZIP 2016, 5.

Rechtliches Schicksal von Tarifverträgen im Falle eines Betriebsübergangs			Art der Fortgeltung	Ablösungsmöglichkeiten
Verbandstarifvertrag	Einzelrechtsnachfolge	TV ist allgemeinverbindlich	Unmittelbare Fortgeltung[2064]	–
		Erwerber unterliegt selben tariflichen Geltungsbereich und ist Mitglied im selben Arbeitgeberverband		
		Andernfalls	Transformation nach § 613a Abs. 1 S. 2 BGB mit der Folge einer einjährigen Veränderungssperre, Normen verlieren aber nicht „kollektiv-rechtlichen Charakter"[2065]	H.M.: § 613a Abs. 1 S. 3 BGB bei kongruenter Tarifbindung und gleichem Regelungsgegenstand[2066]
	Gesamtrechtsnachfolge	Verschmelzung	Mitgliedschaft im tarifschließenden Verband geht nicht auf Erwerber über, daher grds. Transformation nach § 613a Abs. 1 S. 2 BGB.[2067] Ausnahme: TV ist allgemeinverbindlich oder Erwerber unterliegt selben tariflichen Geltungsbereich und ist Mitglied im selben Arbeitgeberverband	Je nach Fortgeltungsart wie im Falle der Einzelrechtsnachfolge
		Spaltung		

2064 HWK/*Willemsen/Müller-Bonnanni*, § 613a BGB Rn 262.
2065 BAG 22.4.2009, NZA 2010, 41.
2066 BAG 11.5.2005, NZA 2005, 1362; BAG 7.7.2010, NZA-RR 2011, 30, 33; vgl. auch *Jacobs*, NZA 2009, Beil. 1, 45, 47, m.w.N.
2067 BAG 24.6.1998, NZA 1998, 1346; Willemsen u.a./*Hohenstatt*, E Rn 100, 109.

Firmentarifvertrag	Einzelrechtsnachfolge		Transformation nach § 613a Abs. 1 S. 2 BGB mit der Folge einer einjährigen Veränderungssperre. Ausnahme: Erwerber vereinbart „Übernahme" mit der zuständigen Gewerkschaft[2068]	H.M.: § 613a Abs. 1 S. 3 BGB bei kongruenter Tarifbindung und gleichem Regelungsgegenstand. Außer es wird „Übernahme" vereinbart.
	Gesamtrechtsnachfolge	Verschmelzung	Erwerber tritt in den FirmenTV ein.[2069] Daher gelten die Normen unmittelbar fort. Erfolgt die Verschmelzung auf einen bestehenden Rechtsträger mit eigenen Arbeitnehmern, so ist die Wirkung des FirmenTVs (zumindest in der Regel) auf die übergehenden Arbeitsverhältnisse beschränkt.[2070]	–
		Spaltung	Unmittelbare Fortgeltung nur, wenn der Spaltungs- und Übernahmevertrag dem Erwerber die Vertragsstellung aus dem FirmenTV zuweist.[2071]	Fehlt eine Zuweisung, so gilt § 613a Abs. 1 S. 3 BGB bei kongruenter Tarifbindung und gleichem Regelungsgegenstand

Von der Transformation tarifrechtlicher Regelungen zu unterscheiden ist die Behandlung von vor dem Betriebsübergang entstandenen tariflichen Ansprüchen. Deren Rechtsnatur ändert sich durch den Betriebsübergang nicht, so dass z.B. ein Verzicht unter den Voraussetzungen des § 4 Abs. 4 TVG möglich ist.[2072]

2068 H.M. BAG 20.6. 2001, NZA 2002, 517; BAG 29.8.2001, NZA 2002, 513; Staudinger/*Annuß*, § 613a BGB Rn 200; a.A. Kempen/ Zachert/*Kempen*, § 3 TVG Rn 122.

2069 Der Firmentarifvertrag ist nämlich Teil der Verbindlichkeiten nach § 20 Abs. 1 Nr. 1 UmwG; vgl. BAG 24.6.1998, NZA 1998, 1346; BAG 4.7.2007, NZA 2008, 307; Willemsen u.a./*Hohenstatt*, E Rn 101 f.

2070 LAG Baden-Württemberg 29.9.2014, BeckRS 2015, 65311, wonach die Auslegung des Tarifvertrags in der Regel zu dem Ergebnis führt, dass sich der Firmentarifvertrag nach der Verschmelzung nicht auch auf im Unternehmen bereits bestehende Betriebe erstrecken soll. Dies entspricht auch der herrschenden Lehre, wonach die Wirkung des Tarifvertrags auf die übergehenden Arbeitsverhältnisse beschränkt ist, vgl. nur Willemsen u.a./*Hohenstatt*, E Rn 102 f. Diese Konstellation ist vom BAG bisher offen gelassen worden, vgl. BAG 4.7.2007, NZA 2008, 307, und es bleibt abzuwarten, wie es über die Revision gegen die Entscheidung des LAG Baden-Württemberg entscheidet (anhängig unter Az: 4 AZR 805/14).

2071 BAG 21.11.2012, NZA 2013, 512, wonach bei Fehlen einer Regelung der übertragende Rechtsträger Vertragspartei des Firmentarifvertrags bleibt; vgl. *Gaul/Otto*, BB 2014, 500; Moll/*Cohnen*, § 54 Rn 72, m.w.N.

2072 BAG 12.2.2014, NZA 2014, 613.

(cc) Bezugnahmeklauseln und Betriebsübergang

Häufig erfolgt die Anwendung des Tarifvertrags nicht aufgrund der beidseitigen Tarifbindung gemäß § 4   **905**
Abs. 1 TVG, sondern durch arbeitsvertragliche Inbezugnahme.

Die Tarifverträge gelten dann lediglich **schuldrechtlich** und beim Betriebsübergang gemäß § 613a Abs. 1
S. 1 BGB weiter.[2073] Weder die Veränderungssperre des § 613a Abs. 1 S. 2 BGB,[2074] noch die Ablösungs-
regelung des § 613a Abs. 1 S. 3 BGB finden demnach Anwendung.[2075] Die Rechtsfolgen eines Betriebsübergangs für Bezugnahmeklauseln hängen (i) vom Zeitpunkt ihrer Vereinbarung und (ii) von der Art der
jeweiligen Klausel ab. Auf Grund des vom 4. Senat des BAG[2076] vollzogenen Rechtsprechungswandels
sind nunmehr lediglich arbeitsvertragliche Bezugnahmen **bis zum 31.12.2001** (sog. Altverträge) als
Gleichstellungsabreden auszulegen.[2077] Für **ab dem 1.1.2002** geschlossene Arbeitsverträge[2078] soll
der **Wortlaut** der Verweisungsklausel entscheidend sein.[2079] Wie der EuGH auf die Vorlage des BAG[2080]
im Anschluss an die EuGH-Entscheidung der Rs. *Alemo-Herron* reagieren wird, bleibt abzuwarten (siehe
oben Rdn 904).[2081] Das rechtliche Schicksal einer Bezugnahmeklausel richtet sich zudem nach der
Art der Klausel, also danach, ob es sich um eine statische, eine kleine dynamische, oder eine große dynamische Verweisung handelt.[2082] Auch organisierte Arbeitnehmer haben neben dem tarifvertraglichen
Anspruch einen arbeitsvertraglichen Anspruch auf tarifvertraglich vereinbarte Leistungen, da das
BAG in seiner jüngeren Rechtsprechung[2083] auch für Gewerkschaftsmitglieder eine konstitutive Wirkung von Bezugnahmeklauseln annimmt (für Details zu Bezugnahmeklauseln siehe die Kommentierung
von *Oetker,* vgl. oben § 1a Rdn 947 ff.).

Die Einzelheiten illustriert folgende Graphik: **906**

2073 Willemsen u.a./*Hohenstatt,* E Rn 189; ErfK/*Preis,* § 613a BGB Rn 127.
2074 BAG 4.3.1993, NZA 1994, 260; Willemsen u.a./*Hohenstatt,* E Rn 189.
2075 Willemsen u.a./*Hohenstatt,* E Rn 190, m.w.N.
2076 BAG 14.12.2005, NZA 2006, 607. Umgesetzt wurde die angekündigte Rechtsprechung mit dem Judikat vom 18.4.2007 (BAG
    NZA 2007, 965); bestätigt durch BAG 22.10.2008, NZA 2009, 323.
2077 Dies soll auch bei Bezugnahme auf allgemeinverbindliche Tarifverträge gelten, vgl. BAG 27.1.2010, DB 2010, 1409.
2078 Bei der Änderung von Altverträgen nach dem 31.12.2001 kommt es nach der Rechtsprechung des BAG darauf an, ob die Bezug-
    nahmeklausel „Gegenstand der rechtsgeschäftlichen Willensbildung der Vertragsparteien" war, BAG 18.11.2009, NZA 2010, 170;
    16.5.2012, BeckRS 2012, 74487.
2079 BAG 14.12.2005, NZA 2006, 607; *Preis/Greiner,* NZA 2007, 1073, 1075.
2080 BAG 17.6.2015, NZA 2016, 373.
2081 EuGH 18.7.2013 – C-426/11, NZA 2013, 835.
2082 Allgemein zu dieser Differenzierung: *Jacobs,* NZA 2009, Beil. 1 45, 50; Willemsen u.a./*Hohenstatt,* E Rn 180 ff.; *Bauer/Günther,*
    NZA 2008, 6.
2083 BAG 29.8.2007, NZA 2008, 364; Willemsen u.a./*Hohenstatt,* E Rn 179.

Rechtliches Schicksal von Bezugnahmeklauseln im Falle eines Betriebsübergangs		
	Ver-tragsart	Art der Fortgeltung
Außen-seiterar-beitneh-mer	Altver-träge: Klausel-zweck = Gleich-stellung	Keine Tarifbindung des bisheri-gen und neuen Arbeitgebers	Gleichstellungsthese findet keine An-wendung, da bisheriger Arbeitgeber nicht tarifgebunden ist. Es gilt daher eine kleine dynamische Verweisung auf die TV des Veräußerers.[2084]
		Identische Tarifbindung des Ver-äußerers und Erwerbers	Dynamischer Verweis auf identischen TV[2085]
		Tarifbindung des Veräußerers, fehlende Tarifbindung des Erwer-bers	Statischer Verweis auf TV des Veräuße-rers, da Anwendung von § 613a Abs. 1 S. 2 BGB und damit statische Verweisung für organisierte Arbeitnehmer[2086]
		Kongruente Tarifbindung des Er-werbers	Dynamischer Verweis auf TV des Er-werbers, da Anwendung von § 613a Abs. 1 S. 3 BGB auf organisierte Arbeit-nehmer[2087]
		Inkongruente Tarifbindung des Erwerbers	Statischer Verweis auf TV des Veräußerers, da zwar § 613a Abs. 1 S. 2 BGB, nicht aber § 613a Abs. 1 S. 3 BGB auf organisierte Arbeitnehmer Anwendung findet.[2088]
	Neuver-träge: Klausel-wortlaut ent-schei-dend	Statischer Verweis	Statischer Verweis auf TV des Veräuße-rers[2089]
		Kleiner dynamischer Verweis	Dynamischer Verweis auf TV des Ver-äußerers[2090]
		Großer dynamischer Verweis	Dynamischer Verweis auf TV des Er-werbers[2091]
		Gleichstellungsabrede[2092]	Verweis ist abhängig von der Fortgel-tungsart bei organisierten Arbeitnehmern.

2084 BAG 25.9.2002, NZA 2003, 807; Willemsen u.a./*Hohenstatt*, E Rn 191.

2085 Willemsen u.a./*Hohenstatt*, E Rn 198.

2086 BAG 20.6.2001, NZA 2002, 517; BAG 29.8.2001, NZA 2002, 513; mit der abweichenden Begründung, das arbeitsvertraglich in Bezug genommene Tarifvertragsrecht bleibe nach § 613a Abs. 1 Satz 1 BGB Teil des Arbeitsvertrages, BAG 15.2.2011, NZA 2011, 928, 931.

2087 Willemsen u.a./*Hohenstatt*, E Rn 200 f.; Moll/*Cohnen*, § 54 Rn 105.

2088 BAG 30.8.2000, NZA 2001, 510; *Bauer/Günther*, NZA 2008, 6, 10; *Kania*, DB 1995, 625, 628; Willemsen u.a./*Hohenstatt*, E Rn 203.

2089 Däubler/*Lorenz*, TVG § 3 Rn 265.

2090 BAG 18.4.2007, NZA 2007, 965; *Bauer/Günther*, NZA 2008, 6, 9 f.; BAG 23.9.2009, NZA 2010, 513 = NJW 2010, 1831.

2091 Moll/*Cohnen*, § 54 Rn 111.

2092 Eine Gleichstellungsabrede ist indes weiterhin möglich, vgl. BAG 14.12.2005, NZA 2006, 607; BAG 18.4.2007, NZA 2007, 965, 968.

Rechtliches Schicksal von Bezugnahmeklauseln im Falle eines Betriebsübergangs			
Gewerkschaftsmitglieder	Altverträge	Gleichstellungsabrede	Keine Veränderung, da Gleichstellung mit sich selbst.
	Neuverträge	Statischer Verweis	Nach § 613a Abs. 1 S. 1 gilt der Tarifinhalt als Inhalt des Arbeitsverhältnisses je nach Klausel statisch oder dynamisch fort. Normativ gilt der TV des Veräußerers entweder gemäß § 613a Abs. 1 S. 2 BGB in transformierter Form fort oder er wird durch ein neues Tarifwerk des Erwerbers ersetzt. In diesem Fall ist das Günstigkeitsprinzip im Wege eines Sachgruppenvergleichs anzuwenden und der für den organisierten Arbeitnehmer günstigere Regelungskomplex zu wählen.[2093]
		Kleiner dynamischer Verweis	
		Großer dynamischer Verweis	Tarifwechselklausel führt zur Konkurrenz zwischen einer Fortgeltung nach § 613a Abs. 1 S. 1 BGB und § 613a Abs. 1 S. 2 BGB.[2094]
		Gleichstellungsabrede	Keine Veränderung, da Gleichstellung mit sich selbst.

(e) Haftung

Zu informieren ist auch über die haftungsrechtlichen Folgen des Übergangs nach § 613a Abs. 1 S. 1 BGB.[2095] Hierzu gehört insbesondere der Hinweis über die beschränkte Haftung des bisherigen Arbeitgebers auf den bis zum Übergang entstandenen, anteiligen Betrag bei Fälligkeit nach Betriebsübergang (z.B. zeitanteilige Jahressonderzahlung, anteiliger Urlaubsabgeltungsanspruch).[2096] Gleiches gilt für die fehlende Haftung des bisherigen Arbeitgebers für erst bei Beendigung des Arbeitsverhältnisses fällig werdende Ansprüche (z.B. aus „Frühruhestandsvereinbarung").[2097] Das Unterrichtungsschreiben muss hinreichend klar zum Ausdruck bringen, dass die Haftung des bisherigen Arbeitgebers mit dem Eintritt des neuen Arbeitgebers in die Arbeitsverhältnisse grundsätzlich beendet ist und das Gesetz eine gesamtschuldnerische

907

2093 Allgemein zur Anwendung des Günstigkeitsprinzips im Verhältnis zwischen Individualvertragsrecht und Tarifvertrag: BAG 29.8.2007, NZA 2008, 364; BAG 15.4.2015, NZA 2015, 1274; *Bepler*, RdA 2009, 65, 75; *Jacobs*, NZA 2009, Beil. 1, 45, 51, der das Günstigkeitsprinzip indes lediglich auf einen Fall des § 613a Abs. 1 S. 2 BGB anwendet. Kritisch zu einem Sachgruppenvergleich *Franzen*, RdA 2008, 193, 197.

2094 Wie diese Konkurrenz aufzulösen ist, hat der 4. Senat bisher offen gelassen (BAG 21.2.2001, NZA 2001, 1318, 1324). Die Anwendung des Günstigkeitsprinzips würde in der Regel zu einer Verdrängung der fortgeltenden Normen nach § 613a Abs. 1 S. 1 BGB führen. Ein Tarifwechsel würde verhindert. In der Literatur wird diese Rechtsfolge vermieden, indem die Tarifwechselklausel als Bezugnahme i.S.d. § 613a Abs. 1 S. 4 Alt. 2 BGB verstanden wird. Vgl. hierzu *Jacobs*, NZA 2009, Beil. 1, 45, 51; *Willemsen u.a./Hohenstatt*, E Rn 205 f.

2095 BAG 24.7.2008, NZA-RR 2009, 294; BAG 20.3.2008, NZA 2008, 1354; *Annuß* in: FS ARGE im DAV 2006, 563, 571; APS/*Stefan*, § 613a BGB Rn 211. Zur Haftung eines Betriebsinhabers beim Betriebsübergang anlässlich eines Vergabeverfahrens siehe *Fliss*, NJW 2010, 485.

2096 BAG 13.7.2006, NZA 2006, 1273.

2097 Vgl. BAG 20.3.2008, NZA 2008, 1354; *Bittmann/Rosemann*, BB 2008, 2075.

Haftung nur in engen Grenzen vorsieht.[2098] Nur die vollständige Darstellung des Haftungssystems von § 613a Abs. 1 S. 1 und Abs. 2 BGB (bzw. §§ 133, 134 UmwG) versetzt die Arbeitnehmer in die Lage, gegebenenfalls näheren Rat einzuholen.[2099]

(f) Kündigungsverbot und Kündigungsschutz

908 Die Unterrichtungspflicht umfasst darüber hinaus den Hinweis darauf, dass die Kündigung des Arbeitsverhältnisses eines Arbeitnehmers wegen des Betriebsübergangs durch den bisherigen Arbeitgeber oder den neuen Inhaber gemäß § 613a Abs. 4 S. 1 BGB unwirksam ist.[2100]

909 Gleichzeitig sollte darauf aufmerksam gemacht werden, dass Kündigungen aus anderen Gründen möglich sind, § 613a Abs. 4 S. 2 BGB. Insbesondere sollte darüber aufgeklärt werden, wenn **beim bisherigen Arbeitgeber** wegen des Wegfalls seines Arbeitsplatzes unter Umständen **keine Arbeitsmöglichkeiten mehr** bestehen und aus diesem Grund eine betriebsbedingte Kündigung in Betracht kommt.[2101]

(g) Arbeitnehmervertretung auf Betriebs- und Unternehmensebene

910 (Vorsorglich)[2102] gehört zu der Unterrichtung über die rechtlichen, wirtschaftlichen und sozialen Folgen auch ein Hinweis zu Auswirkungen auf betriebsverfassungsrechtliche Organe (Betriebsrat, Gesamtbetriebsrat, Sprecherausschuss).[2103] Das Schicksal der Arbeitnehmervertretungen betrifft im Falle eines durch den Betriebsübergang hervorgerufenen Wechsels des zuständigen Repräsentationsorgans auch die Arbeitnehmer. Dabei bleiben die Betriebsvereinbarungen zwar als solche bestehen, es ändert sich aber ihr Anwendungsbereich.[2104] Zudem ist die Existenz eines Betriebsrates beim neuen Inhaber für die betroffenen Arbeitnehmer ein auch angesichts möglicher Sozialplanpflichtigkeit zukünftiger Umstrukturierungen wesentlicher, die Widerspruchsentscheidung beeinflussender Aspekt.

(h) Sekundärfolgen

911 Auch über mittelbare, etwa wirtschaftliche Folgen des Betriebsübergangs ist zu unterrichten, sofern diese **absehbar und für die Ausübung des Widerspruchsrechts von Bedeutung** sein können,[2105] insbesondere:

- Verschlechterung des kündigungsrechtlichen Status der Beschäftigten infolge des Betriebsübergangs, z.B. infolge eines Unterschreitens des Schwellenwertes des § 23 KSchG[2106]
- Änderung von für den Arbeitnehmer wesentlichen Arbeitsbedingungen, z.B. längere Anfahrtswege infolge einer mit dem Betriebsübergang einhergehenden Betriebsverlegung oder das Fehlen von Sozialeinrichtungen (Kantine, Kindertagesstätte usw.) beim neuen Inhaber[2107] (als Anregung für die anzusprechenden Regelungsgegenstände können dabei die in § 2 Abs. 1 NachwG bzw. § 126 Abs. 2 Nr. 11 UmwG geregelten Bedingungen dienen)[2108]

2098 Vgl. BAG 23.7.2009, NZA 2010, 89, 93.

2099 Vgl. BAG 23.7.2009, NZA 2010, 89, 93; BAG 22.1.2009, NZA 2009, 547, 549.

2100 ErfK/*Preis*, § 613a BGB Rn 88a.

2101 APS/*Steffan*, § 613a BGB Rn 210, 212.

2102 Vgl. *Willemsen*, NJW 2007, 2065, 2070; Moll/*Cohnen*, § 55 Rn 40, der eine Unterrichtung der betroffenen Mitglieder der betriebsverfassungsrechtlichen Organe empfiehlt.

2103 Vgl. dazu den Überblick bei *Rupp*, AiB 2007, 159 f.; siehe auch *Moderegger*, ArbRB 2011, 281; *Moll/Ersfeld*, DB 2011, 1108.

2104 Vgl. zutreffend *Salomon*, RdA 2007, 153, 157.

2105 BAG 13.7.2006, NZA 2006, 1273; *Koller-van Delden*, DStR 2008, 776, 778; *Hohenstatt/Grau*, NZA 2007, 13, 16; kritisch *Reinhard*, NZA 2009, 63, 66.

2106 APS/*Steffan*, § 613a BGB Rn 213; *Zöll*, AuA 2006, 18, 20; zum gespaltenen Kündigungsschutz in Kleinbetrieben nach einem Betriebsübergang *Houben*, NJW 2010, 125.

2107 Moll/*Cohnen*, § 55 Rn 48.

2108 *Gaul*, Das Arbeitsrecht der Betriebs- und Unternehmensspaltung, § 11 Rn 15; *Zöll*, AuA 2006, 18, 20.

- Laufendes Insolvenzverfahren beim neuen Inhaber[2109]
- Verlust der Sozialplanpflichtigkeit im Hinblick auf § 112a Abs. 2 BetrVG[2110]
- Wegfall der Möglichkeit, die Voraussetzungen für Ansprüche aus fortgeltenden kollektivrechtlichen Regelungen zu erfüllen[2111]
- Absicht des neuen Inhabers, eine beim bisherigen Arbeitgeber bestehende Prämienregelung zu kündigen[2112]
- Angaben zur geplanten Aufspaltung des Betriebsvermögens[2113]
- Wesentliche Verringerung der Haftungsmasse[2114]
- Zahlung eines negativen Kaufpreises[2115]
- Wegfall von Sozialleistungen, die nach Sinn und Zweck nicht mit übergehen[2116]

Hinweis

Die Annahme, ein Widerspruch gegen den Betriebsübergang könne zu einer Sperrzeit nach § 144 Abs. 1 S. 2 Nr. 1 SGB III führen, hat hingegen keine entsprechende Unterrichtungspflicht zur Folge.[2117] § 613a Abs. 5 BGB gibt ebenfalls keinen Anspruch auf Unterrichtung über zum Zeitpunkt des Betriebsübergangs erworbene Anwartschaften auf betriebliche Altersvorsorge, da diese ihre Ursache nicht im Betriebsübergang haben.[2118]

(4) Hinsichtlich der Arbeitnehmer in Aussicht genommene Maßnahmen

Zu den hinsichtlich der Arbeitnehmer in Aussicht genommenen Maßnahmen zählt das BAG alle durch den 912 Veräußerer oder Erwerber geplanten erheblichen Änderungen der rechtlichen, wirtschaftlichen oder sozialen Situation der betroffenen Arbeitnehmer.[2119] Hierzu gehören in erster Linie geplante **Maßnahmen im Sinne der §§ 92–105 BetrVG**. Nach der Gesetzesbegründung zählen hierzu vor allem beabsichtigte **Weiterbildungsmaßnahmen** im Zusammenhang mit Produktionsumstellungen oder Umstrukturierungen und andere Maßnahmen, die abhängig vom Handeln des bisherigen Arbeitgebers oder neuen Inhabers sind[2120] und die berufliche Entwicklung der Arbeitnehmer betreffen.[2121]

Ist der Betriebsübergang mit einer Betriebsänderung im Sinne der §§ 111–113 BetrVG verbunden, muss 913 entsprechend den §§ 5 Abs. 1 Nr. 9, 126 Abs. 1 Nr. 11 UmwG auch über die **in einem Interessenausgleich und Sozialplan geregelten Maßnahmen** unterrichtet werden.[2122] Unter Umständen ist ausreichend, wenn auf einen bereits abgeschlossenen Interessenausgleich bzw. Sozialplan verwiesen oder erklärt wird, über

2109 Vgl. BAG 31.1.2008, BB 2008, 1342; *Schiefer/Worzalla*, NJW 2009, 558, 562; *Bittmann/Rosemann*, BB 2008, 1346, 1347; *Worzalla*, NZA 2002, 353, 355; *Zöll*, AuA 2006, 18, 20.
2110 BAG 14.11.2014, NZA 2014, 610; *Annuß* in: FS ARGE im DAV 2006, 563, 572; APS/*Steffan*, § 613a BGB Rn 213.
2111 BAG 26.3.2015, NZA 2015, 866; BAG 23.7.2015, BeckRS 2015, 72766.
2112 BAG 24.5.2005, NZA 2005, 1302.
2113 Vgl. BAG 31.1.2008, BB 2008, 1342, 1345; *Bittmann/Rosemann*, BB 2008, 1346.
2114 BAG 31.1.2008, NZA 2008, 642; in diesem Fall hat der Betriebserwerber nur die beweglichen Anlagenteile des Betriebs, nicht jedoch das Betriebsgrundstück übernommen. Vgl. auch *Lunk*, RdA 2009, 48.
2115 LAG München 9.10.2008, BeckRS 2009, 63349.
2116 BAG 13.12.2006, NZA 2007, 325; BAG 7.9.2004, NZA 2005, 941.
2117 *Means/Klebeck*, NZA 2008, 143, 146 f.; der Widerspruch als solches stellt indes keinen sperrzeitrelevanten Sachverhalt dar, vgl. BSG 8.7.2009, NJW 2010, 2459.
2118 Vgl. BAG 22.5.2007, DB 2008, 191 mit Ausführungen zu einem nur ausnahmsweise gegebenen Auskunftsanspruch aus § 242 BGB; unabhängig vom Betriebsübergang bestehen jedoch ggf. Auskunftsansprüche nach dem Betriebsrentengesetz, insbesondere nach § 4a BetrAVG.
2119 BAG 14.11.2013, NZA 2014, 610.
2120 Vgl. BAG, 22.5.2007, DB 2008, 191: Ansprüche aus betrieblicher Altersversorgung sind deshalb keine in Aussicht genommenen Maßnahmen.
2121 BT-Drucks 14/7760, 19.
2122 BAG 10.11.2011, NJOZ 2012, 860; ErfK/*Preis*, § 613a BGB Rn 89.

einen Interessenausgleich oder Sozialplan solle verhandelt werden.[2123] Die Unterrichtungspflicht besteht allerdings nur dann, wenn die Maßnahmen bereits konkret geplant sind und im Zusammenhang mit dem Betriebsübergang stehen.[2124]

914 Gleichfalls ist über mögliche **betriebsbedingte Kündigungen** aufgrund eines in Aussicht genommenen Personalreduzierungs- oder Umstrukturierungskonzeptes des neuen Inhabers und über ins Auge gefasste Anpassungen der bisherigen Organisation an die nach dem Übergang bestehenden Gegebenheiten (**Umgruppierungen, Versetzungen**)[2125] zu informieren. Teilweise wird unter § 613 Abs. 5 Nr. 4 BGB auch die Information hinsichtlich einer Kündigungsabsicht des bisherigen Arbeitgebers[2126] oder dort geplanter Freistellungen[2127] in Bezug auf widersprechende Arbeitnehmer gefasst.

bb) Form der Unterrichtung

915 Die Unterrichtung hat in **Textform** i.S.d. § 126b BGB zu erfolgen.[2128] Dabei ist die Person des Erklärenden zu nennen und der Abschluss der Erklärung durch Nachbildung der Namensunterschrift oder anders erkennbar zu machen. Möglich ist damit eine **Unterrichtung per Post, Fax oder E-Mail**.[2129] Nicht ausreichend ist hingegen eine mündliche Mitteilung auf einer Betriebsversammlung[2130] oder die Information auf der internen Homepage oder im Internet.

916 Das Unterrichtungsschreiben kann auch standardisiert etwa durch ein **Formularschreiben** erfolgen. Es muss jedoch stets die Besonderheiten des Arbeitsverhältnisses erfassen, wobei maßgebend der **konkrete Bezug zum Arbeitsplatz** ist.[2131] Als „Kompromiss" können Standardschreiben für jede Arbeitnehmergruppe oder Standardschreiben mit jeweils passendem Absatz für jede individualisierbare Gruppe erstellt werden, z.B. für Tarif- und AT-Mitarbeiter, leitende Angestellte, ATZ-Mitarbeiter.[2132] Nach wohl herrschender Auffassung kann die Unterrichtung der Arbeitnehmer grundsätzlich in deutscher Sprache erfolgen. Ausnahmsweise kann die Unterrichtung in einer weiteren Sprache erforderlich sein, wenn auch bislang wesentliche arbeitgeberseitige Informationen, Weisungen und Vereinbarungen in dieser Sprache erfolgt sind oder Vertragssprache eine andere Sprache ist.[2133] Erforderlich ist jedenfalls eine auch dem Laien verständliche Abfassung des Unterrichtungsschreibens.[2134] Eine bloße Wiedergabe des § 613a BGB genügt nicht. Der Arbeitgeber muss dem Arbeitnehmer als juristischem Laien für diesen unverständliche juristische Begriffe erläutern. So forderte das BAG etwa im Jahre 2009 eine Erörterung der Begriffe des Entstehens und der Fälligkeit eines Anspruchs.[2135] Hieran hat es jedoch in einer späteren Entscheidung nicht mehr festgehalten.[2136]

2123 *Gaul*, Das Arbeitsrecht der Betriebs- und Unternehmensspaltung, § 11 Rn 19.

2124 BAG 31.1.2008, NZA 2008, 642; *Gaul*, Das Arbeitsrecht der Betriebs- und Unternehmensspaltung, § 11 Rn 19; *Willemsen/ Lembke*, NJW 2002, 1159, 1163.

2125 Vgl. zu § 5 UmwG: OLG Düsseldorf 15.5.1998, NZA 1998, 766.

2126 BAG 13.7.2006, NZA 2006, 1273; BAG 13.7.2006, NZA 2006, 1268; *Hohenstatt/Grau*, NZA 2007, 13, 17.

2127 BAG 20.3.2008, NZA 2008, 1354.

2128 *Langner*, DB 2008, 2082; *Schielke*, MDR 2007, 1052, 1053.

2129 *Grobys*, BB 2002, 726, 727; *Worzalla*, NZA 2002, 353, 356.

2130 ErfK/*Preis*, § 613a BGB Rn 91.

2131 Vgl. BAG 14.12.2006, NZA 2007, 682; BAG 13.7.2006, NZA 2006, 1268.

2132 Vgl. *Koller-van Delden*, DStR 2008, 776, 777.

2133 Überblick über den Meinungsstand bei *Langner*, DB 2008, 2082 f.; *Schiefer/Worzalla*, NJW 2009, 558, 560; *Günther/Falter*, ArbRAktuell 2011, 164.

2134 BAG 14.12.2006, NZA 2007, 682; *Meyer*, SAE 2008, 145.

2135 Vgl. BAG 23.7.2009, NZA 2010, 89, 93; s. auch Musterinformationsschreiben unter B.I.4.a); vgl. auch *Fuhlrott/Ritz*, BB 2012, 2689, 2692 („zeitanteilig"); großzügiger BAG 10.11.2011, NJOZ 2012, 860, 865.

2136 BAG 10.11.2011, BeckRS 2012, 66397, das das Unterrichtungsschreiben trotz des Fehlens einer solchen Erörterung unbeanstandet lässt.

cc) Zeitpunkt und Zugang der Unterrichtung

Das Gesetz verlangt in § 613a Abs. 5 BGB lediglich eine Unterrichtung „vor dem Betriebsübergang", ein genauer **Zeitpunkt für die Unterrichtung** ist nicht vorgeschrieben.

917

Mit dem Zugang der vollständigen und zutreffenden Unterrichtung beginnt die **einmonatige Widerspruchsfrist** des Arbeitnehmers (§ 613a Abs. 6 S. 1 BGB).[2137] Die **Beweislast für den Zugang** des Unterrichtungsschreibens trifft den bisherigen Arbeitsgeber oder den neuen Inhaber.

Hinweis

In der Praxis hat es sich jedoch als sinnvoll erwiesen, die Unterrichtung **etwas mehr als einen Monat vor dem Betriebsübergang** vorzunehmen, damit zum Zeitpunkt des Inhaberwechsels Rechtsklarheit hinsichtlich der übergehenden Arbeitsverhältnisse herrscht.[2138] Dies gilt aufgrund der jüngeren Rechtsprechung erst recht bei mehrfachen Betriebsübergängen, da nur eine frühzeitige Unterrichtung das Widerspruchsrecht gegen den Übergang des Arbeitsverhältnisses aufgrund eines früheren Betriebsübergangs zum Erlöschen bringen kann (siehe unten Rdn 918). Allerdings kann auch nach dem Betriebsübergang eine Unterrichtung nachgeholt werden.[2139] In diesem Fall beginnt die Widerspruchsfrist erst mit dem Zugang der Unterrichtung[2140] und ein etwaiges Widerspruchsrecht gegen einen früheren Betriebsübergang erlischt nicht.

Praxistipp

Ist die Anzahl der vom Betriebsübergang betroffenen Arbeitnehmer überschaubar, kann eine **persönliche Übergabe** des Schreibens an jeden einzelnen Arbeitnehmer – etwa auf einer Betriebsversammlung – gegen eine unterschriebene **Empfangsbestätigung** auf einer Kopie des Unterrichtungsschreibens erfolgen.[2141] Bei umfangreichen Umstrukturierungen, die für eine Vielzahl von Arbeitnehmern einen Betriebsübergang zur Folge haben, sollte den Arbeitnehmern das Unterrichtungsschreiben samt Kopie und Empfangsbestätigung **mit einem frankierten Rückumschlag zugesandt** werden.

Schließlich sollte, um das Risiko von Widersprüchen selbst zu begrenzen, im Unterrichtungsschreiben eine **Widerspruchsfrist** gesetzt werden und dem Widerspruchsschreiben eine **Verzichtserklärung** beigefügt werden.

dd) Rechtsfolgen fehlerhafter oder unvollständiger Unterrichtung; Heilung von Fehlern

Nur eine vollständige und zutreffende Unterrichtung löst die Widerspruchsfrist des § 613a Abs. 6 BGB aus.[2142] Bei fehlerhafter Unterrichtung läuft die einmonatige Frist nicht,[2143] der Arbeitnehmer kann daher grundsätzlich bis zur Grenze der Verwirkung[2144] nachträglich[2145] widersprechen und damit den Verbleib

918

2137 Entsprechend der Frist zur Ausübung des Widerspruchsrechts muss gegebenenfalls auch ein Wiedereinstellungs- oder Fortsetzungsverlangen nach betriebsbedingter Kündigung und späterer Planungsänderung binnen einer Frist von einem Monat ab Bekanntwerden der Planungsänderung geltend gemacht werden, vgl. BAG 25.10.2007, NZA 2008, 357.

2138 Vgl. *Hausch*, BB 2008, 1392, 1401; *Koller-van Delden*, DStR 2008, 776, 780.

2139 Vgl. die Gesetzesbegründung, BT-Drucks 14/7760, 20.

2140 BAG 14.12.2006, NZA 2007, 682.

2141 *Schielke*, MDR 2007, 1052, 1055; Moll/*Cohnen*, § 55 Rn 15.

2142 Vgl. BAG 13.7.2006, NZA 2006, 1268; BAG 26.3.2015, NZA 2015, 866; zu einem möglichen Schadensersatzanspruch des Arbeitnehmers wegen unrichtiger Unterrichtung vgl. *Lunk*, RdA 2009, 48.

2143 BAG 23.7.2009, NZA 2010, 89; BAG 21.8.2008, NZA-RR 2009, 62; BAG 24.5.2005, NZA 2005, 1302.

2144 BAG 14.12.2006, NZA 2007, 682; BAG 20.3.2008, NZA 2008, 1354; BAG 2.4.2009, NZA 2009, 1149; BAG 23.7.2009, NZA 2010, 89; BAG 12.11.2009, NZA 2010, 761; *Dzida*, DB 2010, 167; *Gaul/Niklas*, DB 2009, 452; *Löwisch/Göpfert/Siegrist*, DB 2007, 2538; kritisch zur Rechtsprechung des BAG *Reinecke*, DB 2012, 50; *Kittner*, NJW 2012, 1180.

2145 Vgl. *Neufeld/Beyer*, NZA 2008, 1157 f. Dabei ist keine Kausalität zwischen einer fehlerhaften Information und einem nicht ausgeübten Widerspruch erforderlich, vgl. BAG 25.6.2009, 8 AZR 336/08 – NZA-RR 2010, 224; kritisch hierzu *Lindemann/Wolter-Roßteutscher*, BB 2007, 938 f.; *Willemsen*, NJW 2007, 2065, 2071.

beim bisherigen Arbeitgeber bewirken.[2146] Eine gezielte Herbeiführung der Verwirkung wird diskutiert.[2147] Behält sich der Arbeitnehmer vor, dem Betriebsübergang zu widersprechen, so ist der Vorbehalt für sich weder verwirkungshemmend noch begründet er ein Umstandsmoment für die Verwirkung.[2148]

Folgen mehrere Betriebsübergänge nacheinander, so erlischt das Widerspruchsrecht im Hinblick auf den vorangegangenen Betriebsübergang in der Regel, wenn der Arbeitnehmer über den weiteren Betriebsübergang mehr als einen Monat vor diesem weiteren Übergang informiert wird und er nicht auch binnen eines Monats dem vorangegangenen Übergang seines Arbeitsverhältnisses widerspricht. Voraussetzung ist lediglich, dass der Arbeitnehmer zu jedem Betriebsübergang einige grundlegende Informationen (nämlich Übergang des Arbeitsverhältnisses aufgrund Betriebsübergangs, den (geplanten) Zeitpunkt des Betriebsübergangs, den Gegenstand des Betriebsübergangs sowie den Betriebserwerber) in Textform von dem jeweiligen Veräußerer und/oder Erwerber erhalten hat.[2149] Ob die Unterrichtung im Übrigen den Anforderungen des § 613a Abs. 5 BGB genügt, ist nur für einen Widerspruch gegen den Übergang des Arbeitsverhältnisses aufgrund des weiteren Betriebsübergangs relevant.

Laut BAG ist eine **Heilung von Unterrichtungsfehlern** durch Korrektur beziehungsweise Vervollständigung der Unterrichtung möglich. Ab Zugang der Korrektur oder Vervollständigung wird dann die Widerspruchsfrist in Gang gesetzt, sofern die Korrektur in Textform gemäß § 613a Abs. 5 BGB durchgeführt und das Schreiben ausdrücklich als Unterrichtung gemäß § 613a BGB gekennzeichnet wird.[2150] Es empfiehlt sich, in dem Schreiben auf den Beginn der Widerspruchsfrist mit Zugang der Korrektur oder Ergänzung hinzuweisen.

d) Besonderheiten der Unterrichtungspflicht bei Umwandlungsfällen

919   § 324 UmwG[2151] enthält für die Fälle von **Verschmelzungen, Spaltungen oder Vermögensübertragungen** eine Rechtsgrundverweisung auf § 613a Abs. 1, Abs. 4–6 BGB. Die Voraussetzungen des Betriebsübergangs sind demzufolge auch für die übertragenden Umwandlungen selbstständig zu prüfen.[2152] Als „Rechtsgeschäft" wird in den Umwandlungsfällen dabei der Verschmelzungs-, Spaltungs- oder Übertragungsvertrag angesehen.[2153] Die Informationspflicht gemäß § 613a Abs. 5 BGB gilt dabei auch **unabhängig von §§ 5 Abs. 1 Nr. 9, Abs. 3, 126 Abs. 1 Nr. 11, Abs. 3 UmwG.** Danach sind im Umwandlungsvertrag insbesondere die Folgen der Umwandlung für die Arbeitnehmer und ihre Vertretungen sowie die insoweit vorgesehenen Maßnahmen anzugeben und der Umwandlungsvertrag dem Betriebsrat zuzuleiten.

Gleichwohl sollten bei der Unterrichtung gemäß § 613a Abs. 5 BGB die **umwandlungsrechtlichen Besonderheiten** (vgl. dazu Rdn 925 ff.) bedacht werden.

> *Hinweis*
>
> Die Informationspflichten aus §§ 5 Abs. 1 Nr. 9, Abs. 3, 126 Abs. 1 Nr. 11, Abs. 3 UmwG bilden regelmäßig das Gerüst für die notwendigen Angaben gemäß §§ 324 UmwG, 613a Abs. 5 BGB.[2154] Das hier vorgeschlagene Muster-Informationsschreiben (vgl. Rdn 922) muss gegebenenfalls an die umwandlungsrechtlichen Besonderheiten des Einzelfalls angepasst werden, etwa betreffend die Haftung oder den Zeitpunkt des Übergangs der Arbeitsverhältnisse, da die tatsächliche Übernahme der Leitungsmacht und die Eintragung der Umwandlung in das Handelsregister zeitlich auseinanderfallen können.

2146 APS/*Steffan*, § 613a Rn 222; HWK/*Willemsen/Müller-Bonnanni*, § 613a Rn 341.
2147 Vorschläge hierfür finden sich bei *Dzida* (NZA 2009, 641, 646); kritisch zu diesen *Göpfert/Siegrist*, ArbRAktuell 2010, 60.
2148 BAG 17.10.2013, NZA 2014, 774.
2149 BAG 19.11.2015, NZA 2016, 647.
2150 BAG 23.7.2009, NZA 2010, 89, 91; s. auch *Schnitker/Grau*, BB 2005, 2238, 2242; *Fuhlrott/Ritz*, BB 2012, 2689, 2693.
2151 Vgl. zum unglücklichen Wortlaut von § 324 UmwG *Bernsau/Dreher/Hauck*, § 613a BGB Rn 98.
2152 Vgl. BAG 25.5.2000, ZIP 2000, 1630, 1634.
2153 Vgl. Kallmeyer/*Willemsen*, § 324 UmwG Rn 12.
2154 Vgl. zu den Schnittmengen Kallmeyer/*Willemsen*, § 5 UmwG Rn 60a.

3. Checklisten

a) Sieben Hauptkriterien für einen Betriebsübergang

■ Art des Betriebes (Grobraster: Produktions- oder Dienstleistungsbetrieb) **920**

■ Übertragung und Wert sächlicher Betriebsmittel (z.B. Gebäude oder Maschinen)

■ Übernahme immaterieller Aktiva (Patente, Lizenzen, Know-how etc.)

■ Übernahme der Hauptbelegschaft unter Berücksichtigung der notwendigen Qualifizierung der Arbeitnehmer und deren Bedeutung für den Fortbestand des Betriebes (Know-how-Träger)

■ Übergang der Kundschaft und Lieferantenbeziehungen

■ Grad der Ähnlichkeit mit der Betriebstätigkeit des bisherigen Arbeitgebers

■ Dauer einer eventuellen Unterbrechung der Betriebstätigkeit

b) Mindestinhalt des Unterrichtungsschreibens über den Betriebsübergang

■ **Neuer Inhaber** mit Firmenbezeichnung und Anschrift und ggf. gesetzlichem Vertreter **921**

■ Zeitpunkt oder geplanter **Zeitpunkt des Übergangs**

■ **Grund für den Übergang** (Rechtsgrund und schlagwortartige Angabe der unternehmerischen Gründe)

■ **Rechtliche, wirtschaftliche und soziale Folgen des Übergangs** (insbesondere Informationen zu Übergang des Arbeitsverhältnisses, Widerspruchsrecht, Verzichtsrecht, Fortgeltung kollektivrechtlicher Regelungen, Haftung, Kündigungsverbot und Kündigungsschutz, Arbeitnehmervertretung auf Betriebs- und Unternehmensebene, Sekundärfolgen)

■ Hinsichtlich der Arbeitnehmer **in Aussicht genommene Maßnahmen**

4. Muster

a) Informationsschreiben nach § 613a Abs. 5 BGB

▼

Muster 2.71: Informationsschreiben nach § 613a Abs. 5 BGB **922**

1. X-Gesellschaft   2. Y-Gesellschaft

⬜ (*Anschrift*)   ⬜ (*Anschrift*)

Frau/Herrn ⬜ (*Name*)   ⬜ (*Datum*)

Unterrichtung über Betriebsübergang nach § 613a Abs. 5 BGB

Sehr geehrte/geehrter Frau/Herr ⬜ (*Name*),

die X-Gesellschaft GmbH ⬜ (*Handelsregisterinformation*) (nachfolgend: „X") hat sich entschlossen, den Teilbetrieb ⬜ (nachfolgend: „Teilbetrieb") auf eine neu gegründete Gesellschaft zu übertragen, die eine Tochtergesellschaft der Y-Gesellschaft ⬜ (*Handelsregisterinformation*) (nachfolgend: „Y") werden wird. Mit diesem Schreiben informieren wir Sie über die sich aus der Übertragung ergebenden Folgen für Ihr Arbeitsverhältnis:

Ihr Arbeitgeber X wird den Teilbetrieb als Gesamtheit im Wege der Ausgliederung zur Neugründung gemäß § 123 Abs. 3 Ziff. 2 UmwG auf eine neue eigenständige Gesellschaft übertragen (nachfolgend: der „Teilbetriebsübergang" oder die „Ausgliederung"). X will sich von dem bislang selbst vorgehaltenen ⬜ (*Geschäftsbereich*) trennen, weil man sich auf das Kerngeschäft fokussieren möchte und den Spezialbereich der ⬜ (*Geschäftsbereich*) jemandem überlassen möchte, zu dessen Kernkompetenz die ⬜ (*Geschäftsbereich*) zählt. Die neue Gesellschaft hat die Rechtsform ⬜ (*Rechtsform*). Sie wird firmieren als Z-Gesellschaft (nachfolgend: „Z" oder neue Arbeitgeberin). Diese Gesellschaft wird im Handelsregister des Amtsgerichts ⬜ (*zuständiges Amtsgericht*) eingetragen werden. Unmittelbar nach der Eintragung werden die dann noch im Eigentum von X stehenden Geschäftsanteile an Z zu 100 % von Y übernommen werden (Anteilsübertragung durch Sharedeal). Die Z wird ihren Sitz in ▮▮▮▮ (*Firmensitz*) haben und geschäftsansässig sein unter ▮▮▮▮ (*Anschrift*). Zum Geschäftsführer der Z soll Herr/Frau ▮▮▮▮ (*Name*) bestellt werden.

Die Ausgliederung soll mit Wirkung zum ▮▮▮▮ (*Übergangsstichtag*) (im Folgenden: „Übergangsstichtag")
erfolgen. Der genaue Übergangsstichtag ist zwar abhängig von der Eintragung im Handelsregister. Wir beabsichtigen jedoch, in Abstimmung mit dem Handelsregister die Eintragung am ▮▮▮▮ (*Datum*) vornehmen zu lassen.

Aus der Ausgliederung ergeben sich für Ihr Arbeitsverhältnis folgende Konsequenzen:

Ihr Arbeitsverhältnis geht zum Übergangsstichtag automatisch kraft Gesetzes auf die Z als Ihre neue Arbeitgeberin über (§§ 613a BGB, 324, 131 UmwG). Die Z wird zu diesem Zeitpunkt in das derzeit zwischen Ihnen und X bestehende Arbeitsverhältnis mit allen Rechten und Pflichten eintreten. Ihre Rechte und Pflichten gelten daher nach dem Teilbetriebsübergang grundsätzlich fort. Die Z übernimmt insbesondere die Pflichten aus eventuellen Zusagen auf eine betriebliche Altersversorgung.

Ab dem Übergangsstichtag haftet die Z unbeschränkt für alle Verpflichtungen aus dem bisher zwischen Ihnen und X bestehenden Arbeitsverhältnis.

Für Umwandlungsfälle, § 133 Abs. 2 und 3 UmwG:

X wird neben der Z weiter für solche Verpflichtungen haften, die vor dem Übergangsstichtag entstanden sind und vor dem Übergangsstichtag oder innerhalb von fünf Jahren nach dem Übergangsstichtag fällig werden, sobald sie in einer in § 197 Abs. 1 Nr. 3–5 BGB bezeichneten Art festgestellt sind oder eine gerichtliche oder behördliche Vollstreckungshandlung vorgenommen oder beantragt wird; der Ablauf der 5-Jahresfrist wird durch Erhebung der Klage oder einer der Klage gleichstehenden Maßnahme gehemmt. Für vor dem Übergang begründete Versorgungsverpflichtungen aus betrieblicher Altersversorgung beträgt die vorgenannte Frist zehn Jahre. Im Übrigen gelten die §§ 133, 134 UmwG.

Alternativ für sonstige Fälle, § 613a Abs. 1 und 2 BGB:

X wird neben der Z grundsätzlich weiter für solche Verpflichtungen haften, die vor dem Übergangsstichtag entstanden sind und vor dem Übergangsstichtag oder innerhalb von einem Jahr nach dem Übergangsstichtag fällig werden. Für Ansprüche, die vor dem Betriebsübergang entstanden, aber erst nach dem Betriebsübergang fällig geworden sind, haftet X nur anteilmäßig entsprechend dem im Übergangszeitpunkt abgelaufenen Bemessungszeitraum, d.h. etwa bei Jahressonderzahlungen nur anteilig für den Teil des Jahres, in dem er noch Betriebsinhaber war.

Für alle anderen Ansprüche, die nach dem Übergang entstehen und fällig werden, ist Ihre alleinige Schuldnerin die Z. Ein Anspruch ist entstanden, wenn alle seine Voraussetzungen vorliegen; ein Anspruch ist fällig, wenn der Berechtigte seine Erfüllung verlangen kann und der Verpflichtete den Anspruch erfüllen muss.

Bei X gibt es sowohl lokale Betriebsräte als auch einen Gesamtbetriebsrat. Außerdem ist ein Wirtschaftsausschuss gebildet. Die Z hat keine Arbeitnehmer und keinen Betriebsrat. Es besteht auch kein Gesamtbetriebsrat. Ab dem Übergangsstichtag stehen den in den Betrieben A, B und C gebildeten lokalen Betriebsräten grundsätzlich Übergangsmandate gemäß § 21a BetrVG zu, d.h. sie nehmen vorerst auch nach dem Betriebsübergang ihre betriebsverfassungsrechtlichen Aufgaben wahr. Dabei ist vorgesehen, die übertragenen Betriebsteile künftig betriebsverfassungsrechtlich als einen eigenständigen Betrieb zu führen. Das Übergangsmandat endet insofern, sobald das Ergebnis der Wahl eines neuen Betriebsrates bekannt gegeben worden ist, spätestens jedoch 12 Monate nach dem Übergangsstichtag.[2155]

Der bei X gebildete Gesamtbetriebsrat und der Wirtschaftsausschuss verlieren ab dem Übergangsstichtag ihre Zuständigkeit.

Die bisher für Ihr Arbeitsverhältnis geltenden Betriebsvereinbarungen gelten bei Z kollektivrechtlich, d.h. mit unmittelbarer und zwingender Wirkung, entsprechend ihrem derzeitigen Status solange weiter, bis sie auslaufen, gekündigt oder durch eine neue Vereinbarung rechtswirksam ersetzt werden. Die für Ihr Arbeitsver

---

2155 Sollte ein Betriebsrat beim neuen Inhaber bestehen, so ist ein Hinweis dahingehend erforderlich, dass ab dem Zeitpunkt des Übergangs nicht mehr der Betriebsrat des Veräußerers, sondern der Betriebsrat des Erwerbers für den Arbeitnehmer zuständig ist.

hältnis bisher geltenden Gesamtbetriebsvereinbarungen und Konzernbetriebsvereinbarungen gelten bei der Z als Einzelbetriebsvereinbarungen gleichermaßen kollektivrechtlich fort.

X ist Mitglied im Arbeitgeberverband ░░░░░░░ (*Name des Arbeitgeberverbands des Veräußerers*) und daher an die geltenden Tarifverträge gebunden. Die Z wird unverzüglich nach ihrer Eintragung im Handelsregister dem Arbeitgeberverband ░░░░░░ (*Name des Arbeitgeberverbands des Erwerbers*) beitreten und dadurch eine Tarifbindung begründen.[2156] Sofern Sie Mitglied der ░░░░░░ (*Name des Arbeitnehmerverbands des Veräußerers*) sind und in den persönlichen Geltungsbereich der abgeschlossenen Tarifverträge fallen, werden die entsprechenden tarifvertraglichen Regelungen nach dem Übergang gem. § 613a Abs. 1 S. 2 BGB mit dem Stand zum Zeitpunkt des Betriebsübergangs zum Inhalt Ihres Arbeitsverhältnisses und dürfen grundsätzlich nicht vor Ablauf eines Jahres nach dem Übergangsstichtag zu Ihrem Nachteil geändert werden. Spätere Änderungen der Tarifverträge sind unbeachtlich. Eine vorzeitige Änderung zu Ihren Lasten ist nur zulässig, wenn der jeweilige Tarifvertrag nicht mehr gilt oder bei fehlender beiderseitiger Tarifgebundenheit im Geltungsbereich eines anderen Tarifvertrags dessen Anwendung zwischen der Z und Ihnen vereinbart wird, § 613a Abs. 1 Satz 4 BGB. Eine kollektivrechtliche Ablösung der bei X geltenden Tarifverträge durch die bei Z geltenden Tarifverträge findet nur statt, sofern Sie zugleich Mitglied der ░░░░░░ (*Name des Arbeitnehmerverbands des Veräußerers*) und der ░░░░░░ (*Name des Arbeitnehmerverbands des Erwerbers*) sein sollten.[2157] Die geltenden Tarifverträge können jederzeit bei der Personalabteilung der X eingesehen werden.

Die Kündigung Ihres Arbeitsverhältnisses seitens X und seitens Z wegen des Betriebsübergangs ist unzulässig. Das arbeitgeberseitige Recht zur Kündigung des Arbeitsverhältnisses aus anderen Gründen, also nicht wegen des Betriebsübergangs, bleibt aber unberührt.

Zwar werden, wie oben dargelegt, nach Maßgabe der gesetzlichen Regelung insbesondere nach § 613a BGB Ihre sozialen Besitzstände grundsätzlich aufrechterhalten. Allerdings gibt es eine Reihe von Nebenleistungen, die die Z aus verschiedenen Gründen in Zukunft nicht weiter aufrechterhalten kann bzw. die im Rahmen einer Sinn und Zweck-Betrachtung nicht am Betriebsübergang teilhaben. Dabei handelt es sich im Einzelnen um folgende freiwillige Sozialleistungen: ░░░░░░ (*Namen der Betriebsvereinbarungen und anderer leistungsbegründender Vereinbarungen/Erklärungen*). Auch diese können bei der Personalabteilung der X eingesehen werden.

Soweit X Ihnen Arbeitnehmerdarlehen gewährt hat, bleibt dieser Darlehensvertrag von dem Übergang Ihres Arbeitsverhältnisses unberührt, d.h. X bleibt zu den bisherigen Konditionen Gläubiger der Darlehensverpflichtung und die Darlehensverträge werden zwischen Ihnen und X zu den vereinbarten Konditionen fortgeführt.

Es gibt bei Z bzw. bei Y derzeit keine konkreten Planungen in Bezug auf Maßnahmen, die Sie als übergegangenen Arbeitnehmer betreffen. Ggf. kommt es nach dem Übergang innerhalb der Z zu Anpassungen der Arbeitsaufgaben, die sich unter Beteiligung des Betriebsrates ggf. als betriebsverfassungsrechtliche Versetzungen (§ 99 BetrVG) darstellen können.

Gem. §§ 613a Abs. 6 BGB, 324, 131 UmwG können Sie dem Übergang Ihres Arbeitsverhältnisses auf die Z innerhalb eines Monats nach Zugang dieses Schreibens schriftlich widersprechen. Danach ist kein wirksamer Widerspruch mehr möglich. Widersprechen Sie innerhalb der vorgenannten Frist nicht oder nicht schriftlich, ist Ihr Arbeitsverhältnis auf die Z übergegangen. Der Widerspruch kann gegenüber X oder Z erklärt werden.

Die Adresse für den Widerspruch bei der X ist:

░░░░░░ (*Adresse*)

Die Adresse für den Widerspruch bei Z ist:

░░░░░░ (*Adresse*)

Durch einen wirksamen Widerspruch bleibt Ihr Arbeitsverhältnis weiter mit der X bestehen. Da die Teilbetriebe in A, B und C vollständig auf Z übergehen, ist indes eine Weiterbeschäftigungsmöglichkeit bei X un-

---

2156 Entsprechend ist ein Hinweis erforderlich, sollte eine Tarifbindung des neuen Inhabers weder bereits bestehen noch geplant sein.

2157 Ist eine Bezugnahme auf einen Tarifvertrag vereinbart, so ist auf eine mögliche Fortgeltung hinzuweisen. Dabei ist auch erforderlich, klarzustellen, ob es sich um eine statische oder dynamische Fortgeltung handelt.

wahrscheinlich und eine betriebsbedingte Kündigung – vorbehaltlich einer Prüfung der individuellen Voraussetzungen – nicht ausgeschlossen.[2158] Ob im Falle eines Widerspruchs und einer daraufhin erfolgenden Kündigung durch die X für Sie Sozialplanansprüche in Betracht kämen, hängt u.a. von der Anzahl der Widersprüche sowie der näheren Ausgestaltung eines möglichen Sozialplans ab und kann zur Zeit nicht zuverlässig beantwortet werden.

Wenn Sie mit dem Übergang Ihres Arbeitsverhältnisses auf die Z einverstanden sind, bitten wir Sie, auf Ihr Widerspruchsrecht zu verzichten und damit Ihr Einverständnis mit dem Übergang zum Ausdruck zu bringen. Zu diesem Zweck bitten wir Sie, das beigefügte Antwortschreiben bis spätestens zum

░░░░░░░ (*Datum*)

unterzeichnet an uns zurückzusenden.

In jedem Fall bitten wir Sie, durch Ihre Unterschrift auf der beigefügten Kopie zu bestätigen, dass Sie dieses Informationsschreiben erhalten haben.

Sollten trotz dieses Schreibens Unklarheiten hinsichtlich der Auswirkungen des Betriebsübergangs bestehen, steht Ihnen die Personalabteilung der X selbstverständlich bis zum Ablauf der für einen etwaigen Widerspruch geltenden Monatsfrist für Rückfragen jederzeit gerne zur Verfügung. Bitte melden Sie sich daher bei Unklarheiten innerhalb der Monatsfrist. Ansonsten gehen wir von der Vollständigkeit der Ihnen erteilten Informationen aus.

Wir danken Ihnen für Ihr bisheriges Engagement für X und würden uns freuen, Sie zukünftig als Mitarbeiter/in der Z begrüßen zu dürfen.

Mit freundlichen Grüßen

X-Gesellschaft

gez. Herr/Frau ░░░░░░ (*Name*)

Z-Gesellschaft (als zukünftige Gesellschafterin der zu gründenden Z)

gez. Herr/Frau ░░░░░░ (*Name*)

Anlage

Formblatt zur Mitteilung Ihrer Entscheidung

▲

72   **b) Empfangsbestätigung**

▼

923   **Muster 2.72: Empfangsbestätigung**

Hiermit bestätige ich, ░░░░░░ (*Vor- und Nachname*),

das Unterrichtungsschreiben über einen Betriebsübergang nach §§ 613a Abs. 5 BGB, 324, 131 UmwG[2159] von der X auf die Z in Schriftform am heutigen Tage erhalten zu haben.

░░░░░░ (*Ort*), den ░░░░░░ (*Datum*)

░░░░░░ (*Unterschrift*)

▲

2158 Verbleibt ein Betriebsteil beim Veräußerer oder kann der Arbeitnehmer auf einer anderen freien Stelle weiterbeschäftigt werden, muss dies entsprechend angegeben werden.

2159 Handelt es sich nicht um einen Umwandlungsfall, ist lediglich § 613a Abs. 5 BGB zu zitieren.

c) Empfangsbestätigung und Verzichtserklärung

73

▼

Muster 2.73: Empfangsbestätigung und Verzichtserklärung 924

Hiermit bestätige ich, ░░░░░ (*Vor- und Nachname*),

das Unterrichtungsschreiben über einen Betriebsübergang nach §§ 613a Abs. 5 BGB, 324, 131 UmwG[2160] von der X auf die Z in Schriftform am heutigen Tage erhalten zu haben.

Ich bin an einer Weiterarbeit interessiert und verzichte hiermit auf mein Recht, dem Übergang meines Arbeitsverhältnisses auf die Z nach § 613a Abs. 6 BGB zu widersprechen.

░░░░░ (*Ort*), den ░░░░░ (*Datum*)

░░░░░ (*Unterschrift*)

▲

II. Arbeitsrechtliche Angaben bei Umwandlungstatbeständen

Literatur: *Bachner*, Fortgeltung von Gesamt- und Einzelbetriebsvereinbarungen nach Betriebsübergang, NJW 2003, 2861; *ders.*, Individualarbeits- und kollektivrechtliche Auswirkungen des neuen Umwandlungsgesetzes, NJW 1995, 2881; *Baeck/Winzer*, Auswirkungen umwandlungsrechtlicher Vorgänge auf Tarifverträge, NZG 2013, 655; *Bauer/v. Steinau-Steinrück*, Betriebsübergang: Haftungsrisiken und Handlungsvorschläge, Sonderbeilage zu NZA 2003, 72; *Blechmann*, Die Zuleitung des Umwandlungsvertrags an den Betriebsrat, NZA 2005, 1143; *Boecken*, Der Übergang von Arbeitsverhältnissen bei Spaltung nach dem neuen Umwandlungsrecht, ZIP 1994, 1087; *Drygala*, Die Reichweite der arbeitsrechtlichen Angaben im Verschmelzungsvertrag, ZIP 1996, 1365; *Fandel*, Die Angabepflicht nach § 5 Abs. 1 Nr. 9 UmwG, 2004; *Fandel/Hausch*, Das Widerspruchsrecht gemäß § 613a Abs. 6 BGB bei Umwandlungen nach dem UmwG unter Wegfall übertragender Rechtsträger, BB 2008, 2402; *Hausch*, Arbeitsrechtliche Pflichtangaben nach dem UmwG, RNotZ 2007, 308 (Teil 1) und 396 (Teil 2); *Hjort*, Der notwendige Inhalt eines Verschmelzungsvertrags aus arbeitsrechtlicher Sicht, NJW 1999, 750; *Hohenstatt/Müller-Bonanni*, Auswirkungen eines Betriebsinhaberwechsels auf Gesamtbetriebsrat und Gesamtbetriebsvereinbarungen – Zugleich Besprechung der Entscheidungen BAG vom 5.6.2002 und 18.9.2002, NZA 2003, 766; *Hohenstatt/Schramm*, Arbeitsrechtliche Angaben im Umwandlungsvertrag – eine Bestandsaufnahme, FS ARGE ArbR 2006, 629; *Joost*, Arbeitsrechtliche Angaben im Umwandlungsvertrag, ZIP 1995, 976; *Kallmeyer*, Das neue Umwandlungsgesetz, ZIP 1994, 1746; *Müller*, Die Zuleitung des Verschmelzungsvertrages an den Betriebsrat nach § 5 Abs. 3 Umwandlungsgesetz, DB 1997, 713; *Preis/Richter*, Grenzen der normativen Fortgeltung von Betriebsvereinbarungen bei Betriebsübergang, ZIP 2004, 925; *Röger/Tholuck*, Der erzwungene Sozialplan bei Betriebsspaltungen (§ 134 UmwG) und Konzernverbindungen – Grenzenloser Durchgriff?, NZA 2012, 294; *Simon/Weninger*, Betriebsübergang und Gesamtrechtsnachfolge: Kein Widerspruch – keine Unterrichtung?, BB 2010, 117; *Trappehl/Nussbaum*, Auswirkungen einer Verschmelzung auf den Bestand von Gesamtbetriebsvereinbarungen, BB 2011, 2869; *Trittin*, Umwandlungsgesetz, AiB 1996, 270; *Willemsen*, Die Beteiligung des Betriebsrats im Umwandlungsverfahren, RdA 1998, 23; *Wlotzke*, Arbeitsrechtliche Aspekte des neuen Umwandlungsrechts, DB 1995, 40.

1. Typischer Sachverhalt

Die A-GmbH mit 400 Mitarbeitern und die B-GmbH mit 200 Mitarbeitern führen beide jeweils mehrere 925 Betriebe, für die jeweils Betriebsräte bestehen. Darüber hinaus bestehen für beide Unternehmen Gesamtbetriebsräte sowie Wirtschaftsausschüsse. Es gelten in beiden Unternehmen sowohl Einzelbetriebsvereinbarungen sowie miteinander vergleichbare Gesamtbetriebsvereinbarungen. Tarifwerke finden weder unmittelbare, noch im Weg der Bezugnahme mittelbare Anwendung.

Die B-GmbH soll auf die A-GmbH im Wege der Aufnahme verschmolzen werden. Die A-GmbH soll sämtliche Betriebe der B-GmbH zum Verschmelzungsstichtag übernehmen, die sie unverändert weiterführt (*Variante:* Ein Betrieb der B-GmbH wird im Zuge der Verschmelzung verlegt, worüber bereits mit dem zuständigen Betriebsrat ein entsprechender Interessenausgleich und Sozialplan abgeschlossen worden ist).

2160 Handelt es sich nicht um einen Umwandlungsfall, ist lediglich § 613a Abs. 5 BGB zu zitieren.

2. Rechtliche Grundlagen

a) Umwandlungsformen nach dem UmwG

926   § 1 Abs. 1 UmwG bestimmt die vier Grundformen der Unternehmensumwandlung: Verschmelzung, Spaltung, Vermögensübertragung und Formwechsel.

Im Rahmen der **Verschmelzung** (§§ 2 ff. UmwG) übertragen ein oder mehrere Rechtsträger das gesamte Vermögen auf einen anderen schon bestehenden (Verschmelzung zur Aufnahme) oder neu zu gründenden Rechtsträger (Verschmelzung zur Neugründung). Die übertragenden Rechtsträger erlöschen dabei im Wege der Auflösung ohne Abwicklung. Als Gegenleistung werden den Anteilsinhabern des übertragenden Rechtsträgers Anteile oder Mitgliedschaften am übernehmenden oder neuen Rechtsträger gewährt.

Die **Spaltung** (§§ 123 ff. UmwG) ist in drei Arten möglich: als Aufspaltung, Abspaltung oder Ausgliederung. Im Falle der Aufspaltung überträgt ein Rechtsträger unter Auflösung ohne Abwicklung sein Vermögen durch gleichzeitige Übertragung der Vermögensteile jeweils als Gesamtheit auf zwei oder mehrere andere Rechtsträger. Bei der Abspaltung hingegen überträgt ein Rechtsträger lediglich einen Teil oder mehrere Teile seines Vermögens jeweils als Gesamtheit auf einen oder mehrere andere Rechtsträger. Sowohl bei der Auf- als auch bei der Abspaltung werden den Anteilsinhabern des übertragenden Rechtsträgers als Gegenleistung für die Übertragung des Vermögens Anteile oder Mitgliedschaften an dem anderen Rechtsträger gewährt. Bei der Ausgliederung gelangen im Unterschied zur Abspaltung die als Gegenleistung gewährten Anteile in das Vermögen des übertragenen Rechtsträgers selbst. Damit vollzieht sich die Ausgliederung nur auf Rechtsträgerebene, nicht auf der Anteilseigner- oder Mitgliederebene. Bei sämtlichen Spaltungsarten ist eine gleichzeitige Übertragung sowohl auf bestehende als auch auf neu gegründete Rechtsträger möglich (§ 123 Abs. 4 UmwG).

Bei der **Vermögensübertragung** (§§ 174 ff. UmwG) werden den Anteilseignern – im Unterschied zur Verschmelzung und Spaltung – als Gegenleistung für die Übertragung des Vermögens (Vollübertragung) oder eines Teils davon (Teilübertragung) keine Beteiligungen am übertragenden Rechtsträger, sondern ein Gegenwert in anderer Form (besonderes Entgelt) gewährt.[2161] Diese Übertragungsform ist auf die Besonderheiten von Umwandlungsvorgängen unter Beteiligung öffentlich-rechtlicher Rechtsträger zugeschnitten.

Bei einem **Formwechsel** (§§ 190 ff. UmwG) ändert sich lediglich die Rechtsform und somit die rechtliche Struktur des Rechtsträgers. Die rechtliche und wirtschaftliche Identität bleiben hingegen gewahrt und die bisherigen Anteilsrechte grundsätzlich bestehen.

b) Die arbeitsrechtlichen Angabepflichten nach dem UmwG

927   Für jede Umwandlungsform ist gesetzlich bestimmt, welche zwingenden Mindestangaben der einer Umwandlung zugrunde liegende Umwandlungsvertrag, -plan oder -beschluss zu enthalten hat, z.B. für den Fall der Verschmelzung in § 5 Abs. 1 UmwG. Hierzu gehören gem. § 5 Abs. 1 Nr. 9 UmwG auch die Folgen der Verschmelzung für die Arbeitnehmer und ihre Vertretungen sowie die insoweit vorgesehenen Maßnahmen.[2162] Entsprechende Angabepflichten gelten für die anderen Umwandlungsformen nach §§ 126 Abs. 1 Nr. 11, 176 Abs. 1, 177 Abs. 1 und 194 Abs. 1 Nr. 7 UmwG.[2163]

Diesen Angabepflichten unterliegen folgende Inhalte:

2161 *Fandel*, Angabepflicht, S. 18; *Wlotzke*, DB 1995, 40.
2162 Bei grenzüberschreitender Verschmelzung von Kapitalgesellschaften siehe §§ 122a ff. UmwG, insbesondere § 122e UmwG.
2163 Diese umwandlungsrechtlichen Angabepflichten stehen neben den Unterrichtungspflichten aus anderen Gesetzen (z.B. nach § 111 S. 1 BetrVG), sog. „Trennungstheorie", vgl. Semler/Stengel/*Simon*, 5 UmwG 80; Schmitt/Hörtnagl/Stratz/*Langner*, § 5 UmwG Rn 91; *Willemsen*, RdA 1998, 23, 29; *Joost*, ZIP 1995, 976, 977.

aa) Folgen für die Arbeitsverträge
(1) Übergang von Arbeitsverhältnissen

Soweit im Zuge der Umwandlung Betriebe oder Betriebsteile auf einen anderen Rechtsträger übergehen, 928
hat der Umwandlungsvertrag über den **Eintritt** des übernehmenden Rechtsträgers **in die Rechte und
Pflichten aus dem Arbeitsverhältnis** gem. § 324 UmwG i.V.m. § 613a Abs. 1 S. 1 BGB zu informieren.

Für den Inhalt der arbeitsvertraglichen Verpflichtungen ist der Rechtszustand maßgeblich, der zum **Zeitpunkt des Betriebs(teil)übergangs** besteht. Dies wird – soweit nichts Abweichendes bestimmt ist – der
Zeitpunkt des Wirksamwerdens der Umwandlung sein. Insofern kommt es auf den Zeitpunkt der Eintragung
der Umwandlung an (vgl. bspw. § 20 Abs. 1 UmwG). Dies gilt insbesondere für die Dauer der Betriebszugehörigkeit beim alten Rechtsträger, die vollständig übertragen wird und nach der sich die Berechnung von
Wartezeiten, Kündigungsfristen sowie Unverfallbarkeitsfristen richtet.[2164]

Für die **Versorgungsansprüche aus betrieblicher Altersvorsorge** ist darüber hinaus zu beachten, dass bei
Umwandlung sowohl die Versorgungszusagen der aktiven Arbeitnehmer als auch die Ruhegeldansprüche
von Pensionären und die Ansprüche ausgeschiedener Arbeitnehmer aus unverfallbaren Anwartschaften der
betrieblichen Altersversorgung auf den anderen Rechtsträger übergehen. Der Übergang solcher Zusagen
aus im Zeitpunkt des Betriebs(teil)übergangs bestehenden Arbeitsverhältnissen ergibt sich bereits aus
§ 613a Abs. 1 S. 1 BGB, die Gesamtrechtsnachfolge in entsprechende Verpflichtungen gegenüber ausgeschiedenen Mitarbeitern folgt aus den umwandlungsrechtlichen Vorschriften (bspw. § 20 Abs. 1 Nr. 1
UmwG).[2165]

(2) Haftung

Aufgrund des mit dem Betriebsübergang einhergehenden Eintritts des übernehmenden Rechtsträgers in die 929
Rechte und Pflichten aus bestehenden Arbeitsverhältnissen haftet dieser gem. § 613a Abs. 2 BGB auch für
die Verbindlichkeiten, die vor der Umwandlung zwischen dem alten Arbeitgeber und den Arbeitnehmern
begründet wurden. Eine zusätzliche Haftung des alten Arbeitgebers besteht nur, sofern er nicht aufgrund der
Umwandlung erlischt, § 613a Abs. 3 BGB. Darüber hinaus sind die §§ 22, 133, 134 UmwG ergänzend zu
beachten.[2166]

(3) Kündigung

Des Weiteren muss der Umwandlungsvertrag angeben, dass eine Kündigung wegen der Umwandlung aus- 930
geschlossen ist, § 613a Abs. 4 S. 1 BGB i.V.m. § 324 UmwG.[2167] Eine Kündigung aus anderen Gründen
bleibt jedoch weiterhin zulässig, § 613a Abs. 4 S. 2 BGB. Dies ist v.a. in Bezug auf betriebsbedingte Kündigungen relevant, die schon vor Vollzug der Umwandlung ins Auge gefasst worden sind und nach dem
Umwandlungsvorgang ausgesprochen werden sollen.[2168] Bei Spaltungen und Teilübertragungen ist zudem
auf § 323 Abs. 1 UmwG hinzuweisen. Nach dieser Vorschrift verändert sich die kündigungsrechtliche Stel-

---

[2164] Vgl. Erfk/*Preis*, § 613a BGB Rn 76. Schmitt/Hörtnagl/Stratz/*Langner*, Vor §§ 322–325 Rn 2. Hinsichtlich der Unverfallbarkeit
von Versorgungsanwartschaften vgl. BAG 8.2.1983, AP Nr. 35 zu § 613a BGB.
[2165] *Hohenstatt/Schramm*, in: FS ARGE ArbR 2006, 628, 635; APS/*Steffan*, § 126 Rn 32; Semler/Stengel/*Simon*, § 20 Rn 36. Die Angabe zum Übergang von Versorgungsanwartschaften oder -ansprüchen ausgeschiedener Mitarbeiter dürfte indes nicht zu den umwandlungsrechtlichen Pflichtangaben gehören, da sie nicht dem dortigen Arbeitnehmerbegriff unterfallen (vgl. *Hausch*, RNotZ
2007, 308, 319).
[2166] Siehe hierzu ErfK/*Oetker*, § 324 UmwG Rn 5 m.w.N. sowie *Hausch*, RNotZ 2007, 308, 337 ff. Hinsichtlich der Zuweisung von
Versorgungsverbindlichkeiten im Fall der Spaltung vgl. insbesondere BAG 15.3.2011, NZA 2011, 1112; BAG 22.2.2005, DB
2005, 954; *Röger/Tholuck*, NZA 2012, 294. Zur Haftung für Lohnansprüche vgl. auch LAG Schleswig-Holstein 25.9.2012 – 1
Sa 488/11, n.v.
[2167] APS/*Steffan*, § 324 UmwG Rn 29.
[2168] Vgl. nur APS/*Steffan*, § 324 UmwG Rn 29; ErfK/*Oetker*, § 324 UmwG Rn 6.

lung der Arbeitnehmer für die Dauer von zwei Jahren ab dem Zeitpunkt des Wirksamwerdens der Spaltung oder Teilübertragung nicht.[2169] Dies soll allerdings nach Auffassung des Bundesarbeitsgerichts eng auszulegen sein. Hiervon würden nur Verschlechterungen erfasst, die sich als unmittelbare Folge einer Umwandlung darstellen. Lediglich zeitlich nachfolgende Entwicklungen sollen hingegen unberührt bleiben und können sich durchaus nachteilig für die Arbeitnehmer auswirken.[2170]

(4) Widerspruchsrecht

931   Grundsätzlich steht den Arbeitnehmern im Falle eines mit der Umwandlung verbundenen Betriebsübergangs ein Widerspruchsrecht gem. § 613 Abs. 6 BGB i.V.m. § 324 UmwG zu. Bei einer Verschmelzung, Aufspaltung oder Vermögensvollübertragung geht jedoch der übertragende Rechtsträger unter, so dass nach Wirksamwerden des Umwandlungsvorgangs eine „Rückkehr" zu diesem Rechtsträger nicht mehr möglich ist. Vor diesem Hintergrund soll nach der Rechtsprechung des BAG in diesen Fällen kein Widerspruchsrecht bestehen; den betroffenen Arbeitnehmern wird allerdings ein außerordentliches Kündigungsrecht eingeräumt.[2171] Ein gleichwohl erklärter Widerspruch ist nicht gemäß § 140 BGB in eine außerordentliche Kündigung umdeutbar.[2172]

bb) Tarifverträge

932   Zu den angabepflichtigen Folgen der Umwandlung zählen darüber hinaus Informationen zur Fortgeltung der bisher für den übertragenden Rechtsträger geltenden Tarifverträge hinsichtlich der im Zuge der Umwandlung auf einen anderen Rechtsträger übergehenden Arbeitsverhältnisse. Insofern ist zwischen Verbandstarifverträgen und Firmentarifverträgen zu differenzieren.

Verbandstarifverträge gelten für übergehende Arbeitsverhältnisse nur dann unbeschadet der Umwandlung kollektivrechtlich fort, wenn die beteiligten Rechtsträger im selben Arbeitgeberverband organisiert oder kraft Allgemeinverbindlichkeit an dieselben Verbandstarifverträge gebunden sind.[2173] Ansonsten werden die für die Arbeitnehmer bisher geltenden Rechte und Pflichten aus dem Tarifvertrag allenfalls nach Maßgabe der § 613a Abs. 1 S. 2 bis 4 BGB i.V.m. § 324 UmwG transformiert und können damit individualrechtlich fortgelten, sofern sie nicht von Regelungen beim aufnehmenden Rechtsträger abgelöst werden.[2174]

Firmentarifverträge gelten hingegen wegen der im UmwG angeordneten Gesamtrechtsnachfolge (vgl. z.B. § 20 Abs. 1 Nr. 1 UmwG) grundsätzlich kollektivrechtlich fort;[2175] dies gilt zumindest für den Fall der Umwandlung zur Neugründung, wozu auch der Fall einer Umwandlung unter Verwendung eines vorgehaltenen „Firmenmantels" ohne eigene Arbeitnehmer zählt.[2176] Nach herrschender Auffassung in der Literatur soll sich im Falle eines Betriebs(teil)übergangs diese kollektivrechtliche Fortgeltung beim überneh-

---

2169 Siehe hierzu: *Blechmann*, NZA 2005, 1143, 1146; ErfK/*Oetker*, § 324 UmwG Rn 6 sowie § 323 Rn 2 ff.

2170 BAG 22.9.2005, NZA 2006, 658; ErfK/*Oetker*, § 324 UmwG Rn 6.

2171 BAG 21.2.2008, NZA 2008, 815. Siehe auch: LAG Düsseldorf 15.11.2002 – 9 Sa 945/02, n.v.; APS/*Steffan*, § 324 UmwG Rn 10; ErfK/*Oetker*, § 324 UmwG Rn 8 f.; *Simon/Weninger*, BB 2010, 117. Anderer Auffassung: LAG Baden-Württemberg 31.1.2007 – 22 Sa 5/06, n.v.; ArbG Münster 14.4.2000, DB 2000, 1182; *Fandel/Hausch*, BB 2008, 2402, 2403 ff.; *Bauer/v. Steinau-Steinrück*, Sonderbeil. NZA 16/2003, 72, 76; *Bachner*, NJW 1995, 2881, 2882; *Boecken*, ZIP 1994, 1087, *Picot/Picot/Schnitker*, Unternehmenskauf und Restrukturierung, Teil III Rn 83. Indifferent: MünchArbR/*Wank*, § 102 Rn 197. Vgl. zur alten Rechtslage auch BAG 25.5.2000, NZA 2000, 1115, 1117 f. Zu den sozialversicherungsrechtlichen Folgen vgl. BSG 8.7.2009 – B 11 AL 17/08 R (mit Anm. *Fandel/Hausch*).

2172 BAG 21.2.2008, NZA 2008, 815; ErfK/*Oetker*, § 324 UmwG Rn 9.

2173 Vgl. *Baeck/Winzer*, NZG 2013, 655, 658; APS/*Steffan*, § 324 UmwG Rn 12. Zu dem Ausnahmefall einer vereinbarten Übertragung der Mitgliedschaft im Umwandlungsvertrag vgl. LAG Baden-Württemberg, 24.10.2000, AP Nr. 18 zu § 3 TVG Verbandszugehörigkeit.

2174 Vgl. hierzu auch BAG 24.6.1998, NZA 1998, 1346, 1347 f.; BAG 13.7.1994, NZA 1995, 479 (wonach aber ggf. eine Nachwirkung analog § 4 Abs. 5 TVG in Betracht zu ziehen sei); *Baeck/Winzer*, NZG 2013, 655, 658; APS/*Steffan*, § 324 UmwG Rn 12.

2175 BAG 20.6.2001, NZA 2002, 517, 518; BAG 24.6.1998, NZA 1998, 1346, 1347 f; ErfK/*Oetker*, § 324 UmwG Rn 4.

2176 Vgl. LAG Berlin-Brandenburg 13.10.2011 – 14 Sa 585/11, n.v.; LAG Berlin-Brandenburg 24.8.2011 – 15 Sa 586/11, n.v.

menden Rechtsträger jedoch auf die übergegangenen Betriebe bzw. Betriebsteile beschränken, da sich ein Firmentarifvertrag allein auf die betrieblichen Verhältnisse des den Vertrag abschließenden Rechtsträgers beziehe.[2177] Kommt es beim aufnehmenden Rechtsträger zur Kollision eines Verbands- und eines Firmentarifvertrages, so soll diese Tarifpluralität nach dem Prinzip der Tarifeinheit zugunsten des Firmentarifvertrages aufzulösen sein, wenn die satzungsmäßig fachnähere Gewerkschaft den Firmentarifvertrag abgeschlossen hat.[2178] Geht mit der Umwandlung zugleich eine Zusammenlegung der übertragenen Betriebe oder Betriebsteile mit Betrieben oder Betriebsteilen beim Übernehmer einher, entfällt die Grundlage für eine Weitergeltung des Firmentarifvertrages und es kommt lediglich eine Transformation gem. § 613a Abs. 1 S. 2 bis 4 BGB in Betracht.[2179] Sofern in dieser Konstellation zugleich ein Haus- oder Verbandstarifvertrag beim übernehmenden Rechtsträger besteht, gilt dann gem. § 613a Abs. 1 S. 3 BGB allein dieser Haus- bzw. Verbandstarifvertrag.[2180]

Bei der Ausgliederung eines Betriebs im Wege der Spaltung nach § 123 Abs. 3 Nr. 1 UmwG ist aufgrund der damit verbundenen partiellen Gesamtrechtsnachfolge im Spaltungs- und Übernahmevertrag gemäß § 126 Abs. 1 Nr. 9 UmwG festzulegen, welcher der beiden Rechtsträger in die Rechtsstellung als Vertragspartei eines Haustarifvertrages eintritt. Fehlt es an einer solchen Regelung, verbleibt der übertragende Rechtsträger in dieser Rechtsstellung.[2181]

cc) Betriebsvereinbarungen

Die normative Geltung von **Betriebsvereinbarungen** gem. § 77 Abs. 4 S. 1 BetrVG bleibt auch nach der Umwandlung bestehen, solange diese nur die Unternehmensebene und nicht die Betriebsebene tangiert. Insofern fehlt es am Einfluss auf die für die Betriebsvereinbarung maßgebliche betriebliche Einheit.[2182] Bedeutung für Betriebsvereinbarungen erlangt die Umwandlung erst, wenn mit ihrem Vollzug zugleich Änderungen der betrieblichen Strukturen erfolgen, die sich auf den Fortbestand der betrieblichen Identität und damit auf die Geltungsgrundlage der Betriebsvereinbarungen auswirken. In diesen Fällen finden über § 324 UmwG grundsätzlich die Regelungen aus § 613a Abs. 1 S. 2 und 4 BGB Anwendung, die lediglich eine individualrechtliche Fortgeltung vorsehen. Dieses gesetzliche Regelwerk ist allerdings durch die Rechtsprechung des BAG zunehmend in Frage gestellt worden. Hiernach sollen Betriebsvereinbarungen sogar im Fall einer Übertragung von Betriebsteilen bei dem neuen Inhaber als Kollektivrecht fort gelten, wenn dieser den übertragenen Betriebsteil als betriebsverfassungsrechtlich selbstständigen Betrieb weiterführt.[2183] Entsprechendes dürfte – bspw. im Fall der Abspaltung – für den beim übertragenden Unternehmen verbleibenden „Rumpfbetrieb" gelten, sofern dieser weiterhin betriebsratsfähig bleibt und eigenständig weitergeführt wird. Im Kollisionsfall wird nach Auffassung des BAG und der herrschenden Auffassung in der Literatur eine kollektivrechtlich fortgeltende Betriebsvereinbarung des übertragenden Rechtsträgers durch eine einschlägige Gesamt- oder Konzernbetriebsvereinbarung des übernehmenden Rechtsträgers verdrängt, was zugleich eine individualrechtliche Geltung ausschließt.[2184]

Im Detail dogmatisch sehr umstritten[2185] ist die Fortgeltung von **Gesamtbetriebsvereinbarungen**. Nach dem BAG sollen sie im Falle einer organisatorisch unveränderten Übertragung mehrerer Betriebe bei

933

2177 Vgl. nur APS/*Steffan*, § 324 UmwG Rn 13 ff. (m.w.N.). Kritisch hierzu: *Hausch*, RNotZ 2007, 308, 332.

2178 LAG Baden-Württemberg 31.5.2005 – 20 TaBV 3/04, n.v. Vgl. auch BAG 24.6.1998, NZA 1998, 1346 zur Verschmelzung im Wege der Neugründung. Siehe hierzu aber auch BAG 23.6.2010 – 10 AS 2/10 und 10 AS 3/10, n.v. sowie BAG 27.1.2010, NZA 2010, 645. *Baeck/Winzer*, NZG 2013, 655, 657.

2179 Vgl. *Baeck/Winzer*, NZG 2013, 655, 657.

2180 *Baeck/Winzer*, NZG 2013, 655, 657 f.

2181 BAG 21.11.2012, NZA 2013, 512.

2182 Vgl. hierzu APS/*Steffan*, § 324 UmwG Rn 16.

2183 BAG 18.9.2002, NZA 2003, 670, 675. Vgl. hierzu auch APS/*Steffan*, § 324 UmwG Rn 17.

2184 BAG 27.6.1985, AP Nr. 14 zu § 77 BetrVG 1972; APS/*Steffan*, § 324 Rn 19; ErfK/*Preis*, § 613a BGB Rn 123; *Preis/Richter*, ZIP 2004, 925, 938; a.A. *Bachner*, NJW 2003, 2861, 2864.

2185 Vgl. *Trappehl/Nussbaum*, BB 2011, 2869, 2870 ff.

dem neuen Betriebsinhaber ebenfalls kollektivrechtlich fort gelten, und zwar unabhängig davon, ob der neue Betriebsinhaber bei Übernahme bereits über eigene Betriebe verfügt. Der Geltungsbereich der Gesamtbetriebsvereinbarungen soll sich in solchen Fällen allerdings auf die übernommenen Betriebe beschränken. Wird nur ein Betrieb übernommen, sollen die dort bis zur Übernahme geltenden Gesamtbetriebsvereinbarungen als Einzelbetriebsvereinbarungen fortbestehen. Entsprechendes soll für einen übernommenen Betriebsteil gelten, der beim übernehmenden Rechtsträger als selbstständiger Betrieb weitergeführt wird.[2186] Kommt es zu einer Normenkonkurrenz mit einer beim aufnehmenden Rechtsträger geltenden Gesamtbetriebsvereinbarung, ist umstritten, inwieweit die Gesamtbetriebsvereinbarung des übertragenden Rechtsträgers fort gilt. Konsequenterweise dürfte in diesem Fall die beim aufnehmenden Rechtsträger bestehende Regelung vorrangig sein.[2187]

Konzernbetriebsvereinbarungen wirken ausschließlich dann kollektivrechtlich fort, sofern auch der neue Betriebsinhaber zum Konzern des bisherigen Arbeitgebers gehört. Demgegenüber bleibt in den Fällen, in denen der Betriebsübergang auf einen Rechtsträger außerhalb des Konzerns erfolgt, lediglich Raum für eine individualrechtliche Fortgeltung gem. § 613a Abs. 1 S. 2 bis 4 BGB i.V.m. § 324 UmwG.[2188]

dd) Auswirkungen auf die Arbeitnehmervertretungen

934   Zu den angabepflichtigen Inhalten zählen ferner die Auswirkungen der Umwandlung auf die Arbeitnehmervertretungen, insbesondere den Betriebsrat, Gesamtbetriebsrat, Konzernbetriebsrat und Wirtschaftsausschuss.[2189]

Sofern die Umwandlung die Betriebsidentität[2190] unberührt lässt, bleibt auch der **Betriebsrat** weiter im Amt. Sofern sich indes die Betriebsstruktur verändert und damit die Betriebsidentität entfällt, kommt – abhängig von der jeweiligen konkreten Fallgestaltung – lediglich ein Übergangsmandat nach § 21a BetrVG oder auch nur ein Restmandat nach § 21b BetrVG in Betracht.[2191]

Der **Gesamtbetriebsrat eines übertragenden Rechtsträgers** geht unter, sofern mit der Umwandlung das Erlöschen des Rechtsträgers verbunden ist.[2192] Führt der Umwandlungsvorgang hingegen nicht zum Erlöschen des übertragenden Rechtsträgers, besteht der Gesamtbetriebsrat fort, sofern nicht alle Betriebe übergehen und die weiteren Voraussetzungen für seine Errichtung gegeben sind.[2193] Hingegen bleibt der **Gesamtbetriebsrat eines aufnehmenden Rechtsträgers** bei der Verschmelzung zur Aufnahme grundsätzlich erhalten, solange die Voraussetzungen für seine Errichtung weiterhin vorliegen.[2194] Die Betriebsräte des übertragenden Rechtsträgers senden in diesem Fall nach Maßgabe des § 47 BetrVG ihre Vertreter in den Gesamtbetriebsrat des aufnehmenden Rechtsträgers, so dass sich die Mitgliederzahl des Gesamtbetriebsrates erhöht.[2195] Ggf. ist auch ein solcher Gesamtbetriebsrat nach dem Umwandlungsvorgang sowie der damit verbundenen Übernahme von Betrieben erstmals zu bilden.

2186 Vgl. hierzu eingehend BAG 18.9.2002, NZA 2003, 670; APS/*Steffan*, § 324 UmwG Rn 17.

2187 So auch APS/*Steffan*, § 324 UmwG Rn 19; *Trappehl/Nussbaum*, BB 2011, 2869, 2871 ff.

2188 APS/*Steffan*, § 324 UmwG Rn 18. Angesichts der Rechtsprechung des BAG (18.9.2002, NZA 2003, 670, 674) dürfte ggf. auch eine Fortgeltung als Einzelbetriebsvereinbarung in Betracht kommen, vgl. hierzu auch *Hausch*, RNotZ 2007, 308, 332 f.

2189 Vgl. *Joost*, ZIP 1995, 976, 981; Schmitt/Hörtnagl/Stratz/*Langner*, § 5 UmwG Rn 103.

2190 Siehe zu Einzelfällen die Darstellung bei Schaub/*Ahrendt/Koch*, Arbeitsrechts-Handbuch, § 116 Rn 40 ff.

2191 Vgl. BAG 24.5.2012, NZA 2013, 277.

2192 Vgl. BAG 5.6.2002, AP Nr. 11 zu § 47 BetrVG 1972; Schmitt/Hörtnagl/Stratz/*Langner*, Vor §§ 322–325 Rn 61; *Trappehl/Nussbaum*, BB 2011, 2869, 2870. Eine Ausnahme von diesen Grundsätzen gilt für den Fall zu erwägen, dass ein neuer, bisher arbeitnehmerloser Rechtsträger sämtliche Betriebe des übertragenden Unternehmens übernimmt und die Betriebsidentität aller Betriebe erhalten bleibt: so *Hohenstatt/Müller-Bonanni*, NZA 2003, 766, 767 f.; demgegenüber offen gelassen von BAG 5.6.2002, AP Nr. 11 zu § 47 BetrVG 1972; BAG 18.9.2002, AP Nr. 7 zu § 77 BetrVG 1972 Betriebsvereinbarung.

2193 Vgl. nur Richardi/*Annuß*, § 47 BetrVG Rn 27.

2194 Vgl. BAG 16.3.2005, AP Nr. 5 zu § 51 BetrVG 1972; differenzierend: *Hohenstatt/Müller-Bonanni*, NZA 2003, 766, 768.

2195 *Trappehl/Nussbaum*, BB 2011, 2869, 2870.

Für einen **Wirtschaftsausschuss** gelten die vorstehenden Ausführungen zu den Gesamtbetriebsräten entsprechend. Für einen **Konzernbetriebsrat** gelten sie zumindest dann entsprechend, wenn die Konzernobergesellschaft betroffener Rechtsträger des Umwandlungsvorgangs ist.

ee) Unternehmensmitbestimmung

Nach der herrschenden Meinung sind auch Angaben zur **Mitbestimmung in Unternehmensorganen** zu   935
machen.[2196] Zwar sind mitbestimmte Unternehmensorgane keine Vertretungen allein der Arbeitnehmer.
Dennoch erfolgt dort eine Vertretung der Arbeitnehmerinteressen durch die Stimmen der Arbeitnehmervertreter. Veränderungen in diesem Bereich sind daher für die Arbeitnehmerseite ebenfalls relevant.

Es ist darauf hinzuweisen, dass mitbestimmte Organe und die entsprechenden Organpositionen erlöschen, sofern im Zuge der Umwandlung der Rechtsträger erlischt oder die dortige Arbeitnehmerzahl unter den jeweils relevanten Schwellenwert sinkt. Im letztgenannten Fall ist indes die Sonderregelung zur Mitbestimmungsbeibehaltung in § 325 Abs. 1 UmwG zu beachten.

Ggf. sind zugleich neu entstehende Mitbestimmungsmöglichkeiten bei einem anderen beteiligten Rechtsträger aufzuführen, sofern im Zuge der Umwandlung die mitbestimmungsrelevante Arbeitnehmerzahl eines Rechtsträgers einen relevanten Schwellenwert, insbesondere den von 500 Arbeitnehmern (§ 1 Abs. 1 DrittelbG) oder den von 2.000 Arbeitnehmern (§ 1 Abs. 1 Nr. 2 MitbestG), übersteigt.

Bei einem Formwechsel können Angaben zum (veränderten) Mitbestimmungsstatut erforderlich sein, selbst wenn der Rechtsträger bestehen und die personelle Situation unverändert bleibt.

ff) Weitere angabepflichtige Inhalte

Umstritten ist, ob neben den vorstehend aufgeführten **unmittelbaren Folgen** eines Umwandlungsvorgangs   936
auch nur mittelbar durch die Umwandlung bewirkte Auswirkungen angabepflichtig sind.[2197] Zu diesen **mittelbaren Folgen** zählen etwa nach der Umwandlung durchgeführte Personalabbaumaßnahmen, Versetzungen oder Umgruppierungen.[2198]

Mit Blick auf den Schutzzweck der umwandlungsrechtlichen Angabepflichten ist auch eine Darstellung dieser mittelbaren Folgen zu verlangen. Nach der Gesetzesbegründung[2199] sollen den Arbeitnehmern und ihren Vertretungen durch die Pflichtangaben die durch die Umwandlung eintretenden individual- und kollektivarbeitsrechtlichen Änderungen aufgezeigt werden. Hierdurch soll eine sozialverträgliche Durchführung der Verschmelzung erleichtert werden. Die Arbeitnehmer und ihre Vertretungen werden indes nur durch eine umfassende Unterrichtung in die Lage versetzt, das tatsächliche Ausmaß der Veränderungen ohne aufwendige eigene Analyse zu erfassen und sich hierauf vorzubereiten sowie die Mitbestimmungstatbestände zu ermitteln und Vorschläge zu Ausgleichsmaßnahmen zu unterbreiten.[2200] Ob sich die mittelbaren Folgen für die Arbeitnehmer nachteilig oder vorteilhaft auswirken, ist dabei nach zutreffender Ansicht des OLG Düsseldorf irrelevant.[2201]

Die **Grenze der Angabepflicht** ist allerdings dort zu ziehen, wo die konkrete Planung der am Umwandlungsvorgang beteiligten Rechtsträger endet. Eine Angabe von mittelbaren Folgen ohne konkrete Planung

---

2196 *Fandel*, Angabepflicht, S. 31 (m.w.N.); *Joost*, ZIP 1995, 976, 983.
2197 Eingehend hierzu *Fandel*, S. 31 ff. sowie *Hausch*, RNotZ 2007, 308, 320 ff. Eine Angabe der mittelbaren Folgen befürwortend:
        Joost, ZIP 1995, 976, 979; *Wlotzke*, DB 1995, 40, 45; dagegen ablehnend: *Drygala*, ZIP 1996, 1365, 1368; *Müller*, DB 1997,
        713, 714; Schmitt/Hörtnagl/Stratz/*Langner*, § 5 UmwG Rn 89. Explizit offen gelassen: OLG Düsseldorf 15.5.1998, NZA 1998,
        766.
2198 Vgl. nur APS/*Steffan*, § 126 UmwG Rn 44.
2199 Abgedruckt bei *Widmann/Mayer*, Ordner 1, Fach Gesetzesbegründungen.
2200 ASP/*Steffan*, § 126 UmwG Rn 47; *Fandel*, Angabepflicht, S. 66 ff.
2201 OLG Düsseldorf 15.5.1998, NZA 1998, 766.

hätte für die betroffenen Arbeitnehmer und ihre Vertretungen keinen relevanten Informationswert.[2202] Entsprechendes gilt für die **insoweit vorgesehenen Maßnahmen**, die ebenfalls der Angabepflicht unterliegen.

Hinweis

Es ist zu beachten, dass das Fehlen einer konkreten Planung von für die Arbeitnehmer relevanten Veränderungen nach Ansicht der Rechtsprechung nicht dazu führt, dass das relevante Umwandlungsdokument gar keine Angaben hinsichtlich der genannten Punkte zu enthalten braucht.[2203] Im Hinblick auf die Überprüfbarkeit der Unterlagen bei Eintragung durch das Registergericht nach § 17 Abs. 1 UmwG ist von den Rechtsträgern vielmehr zu verlangen, dass zumindest eine dahingehende **Negativerklärung** aufgenommen wird.[2204] Ein Registerrichter, der das Vorhandensein der arbeitnehmerbezogenen Pflichtangaben feststellen soll, kann ansonsten anhand der Eintragungsunterlagen nicht nachprüfen, ob die Rechtsträger ihrer Angabepflicht entsprochen haben und damit das Umwandlungsdokument ordnungsgemäß ist.

c) Zuleitungspflicht

937 Mit den jeweiligen Angabepflichten korrespondieren entsprechende Zuleitungspflichten gem. §§ 5 Abs. 3, 126 Abs. 3, 176 Abs. 1, 177 Abs. 1 und 194 Abs. 2 UmwG. Durch diese Zuleitungspflichten soll sichergestellt werden, dass die Arbeitnehmerseite rechtzeitig an die für sie relevanten Informationen gelangt und der zuständigen Arbeitnehmervertretung die Möglichkeit gegeben wird, etwaige Einwendungen gegen die Umwandlung rechtzeitig geltend zu machen sowie ggf. auf Änderungen hinzuwirken.[2205]

aa) Gegenstand

938 Zuzuleiten ist das jeweilige Dokument, das die Pflichtangaben enthält (bspw. bei Verschmelzung der Verschmelzungsvertrag bzw. sein Entwurf). Gegenstand der Zuleitung ist das Dokument in seiner Gesamtheit, auch wenn es der Arbeitnehmervertretung vornehmlich auf die arbeitsrechtlichen Angaben ankommen wird.[2206] Erforderlich ist in diesem Zusammenhang nicht, dass das der Umwandlung zugrunde liegende Dokument stets genau in seiner später beurkundeten Form oder in einer zusammengefassten Urkunde dem Betriebsrat zugeleitet wird.[2207] Es ist vielmehr ausreichend, wenn mehrere Urkunden in ihrer Gesamtheit und wechselnden Bezugnahme aufeinander ein vollständiges und richtiges Bild von dem Inhalt des der Umwandlung zugrunde liegenden Dokuments ergeben.[2208]

bb) Adressat

939 Die Zuleitung hat nach den genannten Vorschriften an den „zuständigen Betriebsrat" zu erfolgen. Die Frage, welcher Betriebsrat jeweils zuständig ist, richtet sich nach den Vorschriften des Betriebsverfassungsrechts, dort §§ 50, 58 BetrVG.[2209] Zuleitungsadressat kann demnach entweder der örtliche Betriebsrat, der Gesamtbetriebsrat oder ein Konzernbetriebsrat sein.[2210] Der Konzernbetriebsrat wird indes nur in Einzelfällen zuständig sein, wenn die Umwandlung auf der Ebene der einzelnen Betriebsräte oder Gesamtbetriebsräte nicht geregelt werden kann.[2211] Sofern ein Gesamtbetriebsrat existiert, wird im Regelfall die Zuleitung an ihn zu erfolgen haben. Er ist auf Unternehmensebene das kompetente Gremium. Nicht notwen-

2202 *Fandel*, Angabepflicht, S. 73 ff.; *Hjort*, NJW 1999, 750, 753.
2203 OLG Frankfurt 4.4.2011, AG 2011, 793; OLG Düsseldorf 15.5.1998, NZA 1998, 766.
2204 Vgl. hierzu auch OLG Frankfurt 4.4.2011, AG 2011, 793.
2205 *Kallmeyer*, ZIP 1994, 1746, 1757; Semler/Stengel/*Simon*, § 5 UmwG Rn 140.
2206 OLG Sachsen-Anhalt 17.3.2003, GmbHR 2003, 1433; Semler/Stengel/*Simon*, § 5 UmwG Rn 141; *Joost*, ZIP 1995, 976.
2207 OLG Sachsen-Anhalt 17.3.2003, AP Nr. 2 zu § 5 UmwG; vgl. auch in Bezug auf den Spaltungsvertrag: LG Essen 15.3.2002, ZIP 2002, 893.
2208 OLG Sachsen-Anhalt 17.3.2003, AP Nr. 2 zu § 5 UmwG.
2209 Vgl. die Gesetzesbegründung, abgedr. bei *Widmann/Mayer*, Umwandlungsrecht, Ordner 1, Fach Gesetzesbegründungen.
2210 Eingehend hierzu *Hausch*, RNotZ 2007, 308, 312 f.
2211 APS/*Steffan*, § 126 UmwG Rn 54; *Blechmann*, NZA 2005, 1143, 1148; *Trittin*, AiB 1996, 270, 275.

dig ist in diesem Fall die gleichzeitige Zuleitung an alle Einzelbetriebsräte des Rechtsträgers,[2212] selbst wenn dies im Interesse der Transparenz und des sozialen Friedens im Unternehmen geboten erscheint.[2213] Das Gesetz ist insofern eindeutig. Anders liegt der Fall, wenn ausnahmsweise kein Gesamtbetriebsrat, aber mehrere Einzelbetriebsräte bestehen. In dieser Situation ist die Zuleitung an alle Betriebsräte erforderlich.[2214] Besteht nur ein Betriebsrat, erfolgt die Zuleitung an diesen.

Besteht kein Betriebsrat, entfällt die Zuleitungspflicht, nicht aber die Angabepflicht überhaupt.[2215] Das Fehlen eines Betriebsrats ist dem Registergericht gegenüber glaubhaft zu machen.[2216]

cc) Monatsfrist

Die Zuleitung hat einen Monat vor der Versammlung der Anteilsinhaber, die über die Umwandlung beschließt, zu erfolgen (vgl. insb. §§ 5 Abs. 3, 126 Abs. 3 und 194 Abs. 2 UmwG). Da es sich um eine gesetzliche Fristbestimmung handelt, hat die Fristberechnung nach §§ 187 Abs. 1, 188 Abs. 2 BGB zu erfolgen.[2217]

940

Der Nachweis der rechtzeitigen Zuleitung des der Umwandlung zugrunde liegenden Dokumentes an den zuständigen Betriebsrat ist eine notwendige Anlage der Anmeldung zum Register und damit Eintragungsvoraussetzung (vgl. bspw. zur Verschmelzung § 17 Abs. 1 UmwG). Insofern ist die Einholung eines datierten Empfangsbekenntnisses des Betriebsratsvorsitzenden oder für den Fall seiner Verhinderung seines Stellvertreters zu empfehlen.[2218] Demgegenüber sind in diesem Zusammenhang eine bloße Erklärung der beteiligten Rechtsträger[2219] oder eine Kopie des Versendungsschreibens[2220] nicht ausreichend, da hierdurch nicht der Zugang belegt wird.

> *Praxistipp*
>
> Um die Anforderungen des § 17 Abs. 1 UmwG zu erfüllen, empfiehlt es sich daher, dem Betriebsrat neben dem Original auch eine Kopie des Zuleitungsschreibens verbunden mit einer detaillierten Empfangsbestätigung sowie eine Kopie des Umwandlungsdokuments zu übergeben. Der Betriebsrat ist zugleich aufzufordern, die überreichte Kopie des Umwandlungsdokuments zu paraphieren und damit die Entsprechung von Original und Kopie zu bestätigen. Durch die Kopie des Zuleitungsschreibens nebst Empfangsbestätigung und die paraphierte Kopie des Umwandlungsdokuments kann sodann der für die Registeranmeldung erforderliche Nachweis geführt werden.

Im Hinblick auf den Schutzzweck der Monatsfrist ist sowohl eine **Verkürzung**[2221] als auch ein **Verzicht** auf die Einhaltung der Frist durch den zuständigen Betriebsrat möglich.[2222] Der Zweck der umwandlungsrechtlichen Zuleitungspflichten verlangt lediglich, dass den Arbeitnehmervertretungen Gelegenheit gegeben wird, sich mit den Folgen der Umwandlung vertraut zu machen. Hierzu können sie nach eigenem Er-

---

2212 *Müller*, DB 1997, 713, 715.

2213 So empfiehlt *Wlotzke* die Zuleitung auch an die Einzelbetriebsräte. Dies soll sogar für Betriebsräte in Betrieben, die selbst durch die Verschmelzung nicht unmittelbar berührt werden, gelten: vgl. *Wlotzke*, DB 1995, 40, 45.

2214 *Müller*, DB 1997, 713, 715.

2215 *Hausch*, RNotZ 2007, 308, 315 f.; Semler/Stengel/*Simon*, § 5 UmwG Rn 148; Schmitt/Hörtnagl/Stratz/*Langner*, § 5 UmwG Rn 119; a.A.: *Joost*, ZIP 1995, 976, 985.

2216 AG Duisburg 4.1.1996, GmbHR 1996, 372.

2217 APS/*Steffan*, § 126 UmwG Rn 55 (m.w.N.); *Hausch*, RNotZ 2007, 308, 314; Schmitt/Hörtnagl/Stratz/*Langner*, § 5 UmwG Rn 126.

2218 APS/*Steffan*, § 126 UmwG Rn 53; *Hausch*, RNotZ 2007, 308, 314.

2219 Vgl. AG Duisburg 4.1.1996, GmbHR 1996, 372.

2220 *Gaul*, § 29 Rn 175; *Joost*, ZIP 1995, 976, 986.

2221 LG Stuttgart 11.4.2000, GmbHR 2000, 622; APS/*Steffan*, § 126 UmwG Rn 55.

2222 Vgl. LG Gießen 14.4.2004, Der Konzern 2004, 622; OLG Sachsen-Anhalt 17.3.2003, AP Nr. 2 zu § 5 UmwG; Schmitt/Hörtnagl/Stratz/*Langner*, § 5 UmwG Rn 125.

messen auch in kürzerer Zeit in der Lage sein. Die Verkürzung bzw. der Verzicht hat indes wegen der genannten Nachweispflicht bei Registeranmeldung schriftlich zu erfolgen.[2223] Ein Verzicht auf die Zuleitung an sich ist hingegen unzulässig.[2224]

d) Nachträgliche Änderungen

941 Umstritten ist, ob eine erneute Zuleitung unter Wahrung der Monatsfrist zu erfolgen hat, wenn das der Umwandlung zugrunde liegende Dokument nachträglich geändert wird. In diese Richtung dürfte die Entscheidung des OLG Sachsen-Anhalt zu interpretieren sein, nach der bei Ergänzung des ursprünglichen Umwandlungsvertrages dem Betriebsrat alle ergänzenden Urkunden zuzuleiten sein sollen, unabhängig davon, ob diese wichtige oder unwichtige Angaben enthalten.[2225] Diese Ansicht des OLG Sachsen-Anhalt ist jedoch mit dem LG Essen[2226] und der herrschenden Ansicht in der Literatur[2227] abzulehnen. Vielmehr wird man davon ausgehen dürfen, dass nur **wesentliche Änderungen** des Dokuments betreffend die Arbeitnehmer und ihre Vertretungen eine erneute Pflicht zur Vorlage auslösen. Anderenfalls würde der Sinngehalt der umwandlungsrechtlichen Angabepflichten überzogen. Gleichwohl sollten aus Gründen der Absicherung geänderte Dokumente soweit wie möglich stets unter Wahrung der Monatsfrist erneut dem zuständigen Betriebsrat zugeleitet werden, um ein Scheitern des Umwandlungsvorgangs aufgrund formeller Umstände zu vermeiden.[2228] Erforderlichenfalls sollte die Zuleitung mit der Bitte um Verzicht auf die Einhaltung der Monatsfrist verbunden werden.

3. Checkliste: Unterrichtung der Arbeitnehmerseite bei Umwandlungsvorgängen

942 ■ Pflichtangaben

- Übergang der Arbeitsverhältnisse (inkl. Versorgungsanwartschaften sowie -ansprüchen)
- Haftung der beteiligten Rechtsträger
- Kündigungsverbot (§ 613a Abs. 4 BGB)
- Widerspruchsrecht/Außerordentliches Kündigungsrecht bei Erlöschen des Rechtsträgers
- Fortgeltung von Verbandstarifverträgen/Firmentarifverträgen
- Fortgeltung von Betriebsvereinbarungen/Gesamtbetriebsvereinbarungen/Konzernbetriebsvereinbarungen
- Fortbestand von Arbeitnehmervertretungen (v.a. Betriebsrat/Gesamtbetriebsrat/Konzernbetriebsrat/ Wirtschaftsausschuss), ggf. Übergangsmandat oder Restmandat
- Unternehmensmitbestimmung (Änderungen/Wegfall/Neubildung)
- weitere (mittelbare) Folgen der Umwandlung/insoweit vorgesehene Maßnahmen

■ Zuleitung an Betriebsrat

- Komplettes Dokument, ggf. auch nachträgliche Änderungen
- Zuständiger Betriebsrat: i.d.R. Gesamtbetriebsrat oder Einzelbetriebsrat, in Ausnahmefällen Konzernbetriebsrat
- Wahrung der Monatsfrist, ggf. Verzicht oder Verkürzung

2223 APS/*Steffan*, § 126 UmwG Rn 55.
2224 OLG Sachsen-Anhalt 17.3.2003, AP Nr. 2 zu § 5 UmwG
2225 OLG Sachsen-Anhalt 17.3.2003, AP Nr. 2 zu § 5 UmwG; so auch *Trittin*, AiB 1996, 270, 275. Anders noch: OLG Sachsen-Anhalt 6.2.1997, NZA-RR 1997, 177 ff.
2226 LG Essen 15.3.2002, NZG 2002, 736.
2227 Vgl. hierzu Schmitt/Hörtnagl/Stratz/*Langner*, § 5 UmwG Rn 120.
2228 So auch *Hausch*, RNotZ 2007, 308, 316 f.

4. Muster

a) Angaben im Umwandlungsvertrag (hier: Verschmelzungsvertrag)

Das nachfolgende Muster orientiert sich an dem eingangs dargestellten Beispielfall (siehe oben Rdn 925).

▼

Muster 2.74: Angaben im Umwandlungsvertrag 943

Verschmelzungsvertrag

zwischen

der A-GmbH mit Sitz in M.,

eingetragen im Handelsregister des Amtsgerichts M. unter ▓▓▓▓▓

– im Folgenden als „übernehmende Gesellschaft" bezeichnet –

und

der B-GmbH mit Sitz in K.

eingetragen im Handelsregister des Amtsgerichts K. unter ▓▓▓▓▓

– im Folgenden als „übertragende Gesellschaft" bezeichnet –

§ 1 Verschmelzung/Übertragung des Gesellschaftsvermögens

(1) Die übertragende Gesellschaft wird nach Maßgabe dieses Vertrages unter Auflösung ohne Abwicklung im Wege der Verschmelzung durch Aufnahme gem. den §§ 2 bis 35, 46 ff. UmwG auf die übernehmende Gesellschaft verschmolzen.

(2) Die übertragende Gesellschaft überträgt ihr Vermögen als Ganzes mit allen Rechten und Pflichten unter Ausschluss der Abwicklung auf die übernehmende Gesellschaft. Die Vermögensübertragung erfolgt mit Eintragung der Verschmelzung in das Handelsregister ▓▓▓▓ (Verschmelzungsstichtag). Ab diesem Zeitpunkt an gelten alle Handlungen und Geschäfte der übertragenden Gesellschaft als für Rechnung der übernehmenden Gesellschaft vorgenommen.

[...]

§ [...] Folgen der Verschmelzung für die Arbeitnehmer

(1) Die übertragende Gesellschaft beschäftigt derzeit 200 Arbeitnehmer. Die übernehmende Gesellschaft beschäftigt derzeit 400 Arbeitnehmer.

(2) Die Folgen der Verschmelzung für die Arbeitnehmer der Gesellschaften und für ihre Vertretungen ergeben sich aus § 20 Abs. 1 Nr. 1 und 2 UmwG sowie § 324 UmwG, § 613a BGB.

(3) Mit dem Wirksamwerden der Verschmelzung (Eintragung in das Handelsregister der übernehmenden Gesellschaft) gehen die Rechte und Pflichten der zu diesem Zeitpunkt bei der übertragenden Gesellschaft bestehenden Arbeitsverhältnisse auf die übernehmende Gesellschaft über (§ 324 UmwG, § 613a Abs. 1 S. 1 BGB). Die übernehmende Gesellschaft tritt in die Rechte und Pflichten aus diesen Arbeitsverhältnissen ein und haftet hierfür ausschließlich. Eine zusätzliche Haftung der übertragenden Gesellschaft entfällt gem. § 613a Abs. 3 BGB.

Für den Inhalt der arbeitsvertraglichen Verpflichtungen ist der Rechtszustand maßgeblich, der zum Zeitpunkt des Wirksamwerdens der Verschmelzung besteht. Dies umfasst auch bestehende Versorgungsverpflichtungen (insbesondere verfallbare und unverfallbare Anwartschaften).[2229] Bei allen von der Dauer der Betriebszugehörigkeit abhängigen Regelungen werden die bei der übertragenden Gesellschaft erdienten und die von ihr jeweils anerkannten Zeiten von der übernehmenden Gesellschaft vollständig angerechnet.

2229 Aufgrund der Vielzahl denkbarer Fallgestaltungen wird hinsichtlich der Versorgungsleistungen von einer umfassenderen Musterformulierung abgesehen.

(4) Die übergehenden Arbeitsverhältnisse können wegen der Verschmelzung weder durch die übertragende noch durch die übernehmende Gesellschaft gekündigt werden. Das Recht zur Kündigung aus anderen Gründen bleibt unberührt.

(5) Die Arbeitnehmer der übertragenden Gesellschaft werden gesondert gem. § 613a Abs. 5 BGB über die mit der Verschmelzung verbundenen Betriebsübergänge von der übertragenden Gesellschaft auf die übernehmende Gesellschaft informiert werden. Den vom Betriebsübergang betroffenen Arbeitnehmern steht hinsichtlich des Übergangs ihrer Arbeitsverhältnisse kein Widerspruchsrecht zu, da die übertragende Gesellschaft erlöschen wird; sie haben jedoch die Möglichkeit, das Anstellungsverhältnis aufgrund der Verschmelzung außerordentlich zu kündigen.

(6) Weder die übertragende noch die übernehmende Gesellschaft ist derzeit in irgendeiner Form tarifgebunden. Die Bestimmungen der Tarifverträge der ░░░░░ gelten für sie daher nicht.

(7) Die in den Betrieben der übertragenden Gesellschaft sowie der übernehmenden Gesellschaft geltenden Betriebsvereinbarungen bleiben auch nach Wirksamwerden der Verschmelzung weiter bestehen. Die bislang für die Betriebe der übertragenden Gesellschaft geltenden Gesamtbetriebsvereinbarungen werden durch die bei der übernehmenden Gesellschaft geltenden Gesamtbetriebsvereinbarungen gleichen Inhalts abgelöst.

(8) Bei der übertragenden Gesellschaft bestehen für sämtliche Betriebe jeweils Betriebsräte sowie ein Gesamtbetriebsrat und ein Wirtschaftsausschuss. Da sämtliche Betriebe der übertragenden Gesellschaft auf die übernehmende Gesellschaft unverändert übergehen, bleiben die Betriebsräte in diesen Betrieben weiterhin im Amt. Die Ämter der Mitglieder des Wirtschaftsausschusses und des Gesamtbetriebsrats erlöschen mit dem Wirksamwerden der Verschmelzung.

Die bei der übernehmenden Gesellschaft bestehenden Betriebsräte sowie der Gesamtbetriebsrat und der Wirtschaftsausschuss führen ihre Ämter fort. Die Betriebsräte aus den von der übertragenden Gesellschaft übernommenen Betrieben entsenden nach Maßgabe des § 47 BetrVG Vertreter in den bei der übernehmenden Gesellschaft existierenden Gesamtbetriebsrat.

(9) Mit Wirksamwerden der Verschmelzung wird die übernehmende Gesellschaft mehr als 500 Mitarbeiter haben. Daher ist nach Maßgabe des Gesetzes über die Drittelbeteiligung der Arbeitnehmer im Aufsichtsrat für die übernehmende Gesellschaft ein Aufsichtsrat zu bilden, der zu einem Drittel aus Arbeitnehmervertretern zu bestehen hat (§§ 1 Abs. 1 Nr. 3, 4 ff. DrittelbG). Die hierfür erforderlichen Maßnahmen werden unverzüglich eingeleitet.

(10) Weitere Auswirkungen für die Arbeitnehmer der übernehmenden und übertragenden Gesellschaft ergeben sich aus der Verschmelzung nicht. Es sind auch keine besonderen arbeitsrechtlichen Maßnahmen aus Anlass der Verschmelzung vorgesehen. (*Variante:* Im Zuge der Verschmelzung wird der Betrieb in ░░░░░ nach ░░░░░ verlagert. Die hiermit verbundenen personellen Maßnahmen sind bereits Gegenstand des zwischen der Geschäftsführung und dem Betriebsrat am Standort ░░░░░ abgeschlossenen Interessenausgleichs und Sozialplans vom ░░░░░, die als Anlage beigefügt sind und auf die ergänzend verwiesen wird. Weitere Auswirkungen ░░░░░)

▲

 75

b) Zuleitung des Verschmelzungsvertrages an den Betriebsrat

▼

944   **Muster 2.75: Zuleitung des Verschmelzungsvertrages an den Betriebsrat**

Sehr geehrte Frau ░░░░░/sehr geehrter Herr ░░░░░,

hiermit leite ich Ihnen als Anlage den Entwurf des Verschmelzungsvertrags zwischen der A-GmbH mit Sitz in M., eingetragen im Handelsregister des Amtsgerichts M. unter ░░░░░, als der übernehmenden Gesellschaft und der B-GmbH mit Sitz in K, eingetragen im Handelsregister des Amtsgerichts K. unter ░░░░░, als der übertragenden Gesellschaft vom ░░░░░ gemäß § 5 Abs. 3 UmwG zu.

░░░░░ *(Ort),* den ░░░░░ *(Datum)*

░░░░░ *(Unterschrift)*

Hiermit bestätige ich, das Original dieses Schreibens nebst Anlage (Entwurf des Verschmelzungsvertrags vom   ) am   erhalten zu haben.

          (Unterschrift Gesamtbetriebsratsvorsitzender)

▲

c) **Verkürzung der Zuleitungsfrist**

▼

Muster 2.76: Verkürzung der Zuleitungsfrist   **945**

Erklärung über die Verkürzung

der Zuleitungsfrist gemäß § 5 Abs. 3 UmwG

Hiermit erkläre ich,   in meiner Funktion als Vorsitzender des Gesamtbetriebsrats der A-GmbH bezüglich der im Zuleitungsschreiben vom   genannten Unterlagen den teilweisen Verzicht auf die Einhaltung der Zuleitungsfrist von einem Monat gemäß § 5 Abs. 3 UmwG. Hinsichtlich dieser im Zuleitungsschreiben vom   genannten Unterlagen wird die Zuleitungsfrist gemäß § 5 Abs. 3 UmwG um zwei Wochen verkürzt.

          (Datum)

          (Unterschrift)

          (Unterschrift des Gesamtbetriebsratsvorsitzenden)

▲

C.   Arbeitsrecht in der Insolvenz

Literatur: *Arens/Brand*, Arbeits- und Sozialrecht in der Insolvenz, 3. Aufl. 2014; *Bayreuther*, Sanierungs- und Insolvenzklauseln im Arbeitsverhältnis, ZIP 2008, 573; *Berscheid*, Arbeitsverhältnisse in der Insolvenz, 1999; *ders.*, Ausgewählte arbeitsrechtliche Probleme im Insolvenzeröffnungsverfahren, NZI 2000, 1; *Eisenbeis/Mues*, Arbeitsrecht in der Insolvenz, 2000; *Hess*, Insolvenzarbeitsrecht Kommentar, 2. Aufl. 2000; *Kübler/Prütting/Bork (Hrsg.)*, Kommentar zur Insolvenzordnung, 67. Lieferung Mai 2016; *Lakies*, Das Arbeitsverhältnis in der Insolvenz, 2. Aufl. 2014; *ders.*, Die Vergütungsansprüche der Arbeitnehmer in der Insolvenz, NZA 2001, 521; *Lembke*, Besonderheiten beim Betriebsübergang in der Insolvenz, BB 2007, 1333; *Mückl*, Arbeitsrecht in der Krise und Insolvenz – Aktuelle Entwicklungen, 2. Aufl. 2015; *Peters-Lange*, Sozialrecht in der Insolvenz, 2005; *Regh* (Hrsg.), Arbeitsrecht in der Insolvenz, 2. Aufl. 2015; *Schmidt*, Arbeits- und Sozialrecht in der Insolvenz – Ein Leitfaden, 2010; *Schmittmann/Theurich/Brune*, Das insolvenzrechtliche Mandat, 4. Aufl. 2012; *Schrader/Straube*, Insolvenzarbeitsrecht, 2008; *Schubert*, Der Wiedereinstellungsanspruch des Arbeitnehmers nach betriebsbedingter Kündigung in der Insolvenz, ZIP 2002, 554; *Tretow*, Die Betriebsveräußerung in der Insolvenz, ZInsO 2000, 309; *Uhlenbruck*, Insolvenzordnung Kommentar, 14. Aufl. 2015; *Wroblewski*, „Recht auf Arbeit" in der Insolvenz – Freistellung, Beschäftigung und die Folgen, NJW 2011, 347; *Zwanziger*, Das Arbeitsrecht in der Insolvenzordnung, Kommentar, 5. Aufl. 2015, *ders.*, Die aktuelle Rechtsprechung des Bundesarbeitsgerichts in Insolvenzsachen, BB 2003, 630, BB 2004, 824, BB 2005, 1386, BB 2006, 1682, BB 2008, 946, BB 2009, 668, BB 2011, 1205 und BB 2012, 1601.

I.   Das Arbeitsverhältnis in der Insolvenz

1.   Typischer Sachverhalt

946   Die A-GmbH mit 50 Arbeitnehmern und einem gebildeten Betriebsrat hat seit Monaten wirtschaftliche Probleme. Mitte April 2017 stellt der Geschäftsführer mit seinen rechtlichen Beratern fest, dass die Gesellschaft sowohl ausweislich ihrer Bilanz überschuldet als auch zahlungsunfähig ist. Vereinzelt hat der Geschäftsführer bereits im März und April 2017 Arbeitsverhältnisse mit Arbeitnehmern gekündigt und diese freigestellt. Drei Arbeitnehmer haben beim Arbeitsgericht Kündigungsschutzklage gegen die Kündigung erhoben. Seit Anfang 2017 wurden die Gehälter an alle Arbeitnehmer verspätet gezahlt. Die März-2017-Gehälter wurden gar nicht mehr ausgezahlt. Am 13.4.2017 stellt der Geschäftsführer beim Insolvenzgericht den Antrag auf Eröffnung des Insolvenzverfahrens über das Vermögen der A-GmbH. Am 14.4.2017 wird ein vorläufiger Insolvenzverwalter bestellt und am 31.5.2017 das Insolvenzverfahren eröffnet. Alle Arbeitnehmer der A-GmbH sind bereits im vorläufigen Insolvenzverfahren verunsichert, da sie nicht wissen, was mit ihren Arbeitsverhältnissen passiert.

2.   Rechtliche Grundlagen

947   Der Gesetzgeber hat mit der am 1.1.1999 umfassend in Kraft getretenen Insolvenzordnung[2230] ein einheitliches Insolvenzverfahren geschaffen. Die Gläubiger werden durch ein geregeltes und vom Insolvenzgericht überwachtes Verfahren gleichmäßig befriedigt.[2231] Wegen einer besseren Verteilungsgerechtigkeit und akzeptableren Quoten für alle Gläubiger gibt es im Insolvenzverfahren – anders als noch durch die Regelungen in der Konkursordnung[2232] – keine bevorrechtigten Gläubigergruppen mehr. Rückständiges Arbeitsentgelt ist als einfache Insolvenzforderung gemäß § 38 InsO zur Insolvenztabelle anzumelden, so dass

---

2230 BGBl I 1994, 2866; Art. 110 Abs. 1 EGInsO v. 5.10.1994, BGBl I S. 2911; Nerlich/Römermann/*Andres*, § 38 InsO Rn 4.
2231 Zum Gang des Insolvenzverfahrens *Schrader/Straube*, S. 3 ff.; *Lakies*, Rn 21 ff.; *Zwanziger*, Einf. Rn 21 ff.
2232 Die rückständigen Lohnforderungen der Arbeitnehmer in den letzten sechs Monaten vor Eröffnung des Konkursverfahrens waren als Masseschulden bevorrechtigt (§ 59 Abs. 1 Nr. 3 lit. a KO) bzw. für die drei letzten Monate vor der Verfahrenseröffnung durch das Konkursausfallgeld (Kaug) abgesichert. Die Arbeitnehmerforderungen, die vom siebten bis zwölften Monat vor Konkurseröffnung rückständig waren, wurden nach den Masseschulden als bevorrechtigte Konkursforderungen an erster Rangstelle befriedigt (§ 61 Abs. 1 Nr. 1 lit. a KO).

den Arbeitnehmern darüber ein Stimmrecht in der Gläubigerversammlung zukommt.[2233] Es gibt jedoch kein besonderes Arbeitsrecht der Insolvenz.[2234]

a) Beendigung des Arbeitsverhältnisses in der Insolvenz

Die Insolvenz des Arbeitgebers[2235] hat auf die Anwendbarkeit der arbeitsrechtlichen Vorschriften, wie bei-   **948**
spielsweise den Kündigungsschutz und die Geltung des § 613a BGB sowie auf den Bestand des Arbeitsverhältnisses, grundsätzlich keine Auswirkungen (§ 108 Abs. 1 S. 1 InsO). Prinzipiell soll auch in der Insolvenz
der Schutz der Arbeitnehmer durch zwingendes Arbeitsrecht erhalten bleiben. Die Interessen der Arbeitnehmer stehen lediglich dort zurück, wo der Gesetzgeber den Interessen der anderen Insolvenzgläubiger
ausdrücklich Vorrang eingeräumt hat, so z.B. in den Vorschriften §§ 113, 120–122 und 125–128 InsO.

aa) Arbeitgeberstellung in der Insolvenz

Mit **Eröffnung** des Insolvenzverfahrens geht das Verwaltungs- und Verfügungsrecht und damit auch die   **949**
Arbeitgeberstellung kraft Gesetzes vom Gemeinschuldner auf den Insolvenzverwalter über (§ 80 Abs. 1
InsO).[2236] Voraussetzung dafür ist, dass das Arbeitsverhältnis zum Eröffnungszeitpunkt noch fortbesteht.
Der Gemeinschuldner behält nur ausnahmsweise bei Anordnung der Eigenverwaltung unter Aufsicht eines
Sachwalters weitgehend die Arbeitgeberstellung.[2237]

(1) Vorläufiger Insolvenzverwalter vor der Insolvenzeröffnung

Im Insolvenzeröffnungsverfahren, also nach Antragstellung auf Insolvenzeröffnung durch den Gemein-   **950**
schuldner oder einen Gläubiger, bestellt das Insolvenzgericht einen **vorläufigen Insolvenzverwalter**.
Wenn das Gericht als Sicherungsmaßnahme dem Gemeinschuldner ein allgemeines Verfügungsverbot
auferlegt (§ 21 Abs. 2 Nr. 2 Alt. 1 InsO), verliert der Gemeinschuldner bereits zu diesem Zeitpunkt seine
Arbeitgeberstellung an den sog. **starken** vorläufigen Insolvenzverwalter (§ 22 InsO).[2238] In der Regel
ordnet das Gericht aber lediglich an, dass Verfügungen des Gemeinschuldners nur mit Zustimmung
des vorläufigen Insolvenzverwalters wirksam sind. Bei diesem Zustimmungsvorbehalt bestellt das Gericht einen sog. **schwachen** vorläufigen Insolvenzverwalter. Die Arbeitgeberstellung und damit auch
die Kündigungsbefugnis verbleiben beim Gemeinschuldner.[2239] Die erforderliche Zustimmung des
schwachen vorläufigen Insolvenzverwalters ist bei einer Kündigung des Arbeitsverhältnisses dieser in
urkundlicher Form beizufügen. Andernfalls kann die Kündigung nach § 182 Abs. 3 BGB i.V.m. § 111
S. 2 BGB zurückgewiesen werden.[2240]

2233 Nach § 67 Abs. 2 S. 2 InsO soll einem eingesetzten Gläubigerausschuss ein Arbeitnehmervertreter angehören. Seit Einführung des
ESUG im März 2012 gilt dies auch unabhängig davon, ob und in welcher Höhe die Arbeitnehmer Forderungen als Insolvenzgläubiger haben.

2234 Den europäischen Mindestschutz der Arbeitnehmer bei Zahlungsunfähigkeit des Arbeitgebers regelt die EU-Arbeitnehmerschutz-
richtlinie (Richtlinie 2008/94/EG des Europäischen Rates und des Parlamentes vom 22.10.2008), ABl Nr. L 283 S. 36. Durch das
ESUG wurde ab März 2012 die kollisionsrechtliche Vorschrift des § 337 InsO angepasst. Das Recht des Staates, dem das Arbeitsverhältnis unterliegt, soll auch über die Wirkungen des Insolvenzverfahrens auf das Arbeitsverhältnis befinden (Arbeitsvertragsstatut). Die Regelung entspricht inhaltlich Art. 10 EuInsVO.

2235 Die Insolvenz des Arbeitnehmers berührt das Arbeitsverhältnis nicht und wird hier nicht weiter behandelt.

2236 Kübler/Prütting/*Pape*, § 22 InsO Rn 67 sowie Kübler/Prütting/*Lüke*, § 80 InsO Rn 43 ff.

2237 BAG 22.10.1998, ZInsO 1999, 361 (LS); Regh/*Regh*, § 3 Rn 25.

2238 Kündigt der starke vorläufige Insolvenzverwalter aus dringenden betrieblichen Erfordernissen die Arbeitsverhältnisse, sollte das
Insolvenzgericht der vorzeitigen, ggf. teilweisen Betriebsstilllegung zugestimmt haben. Zwar ist diese Zustimmung nach § 22
Abs. 1 S. 2 Nr. 2 InsO keine Wirksamkeitsvoraussetzung für die Kündigung von Arbeitsverhältnissen (BAG 27.10.2005, AP
Nr. 4 zu § 22 InsO = NZA 2006, 727; a.A. *Zwanziger*, Einf. Rn 252k). Fehlt die Zustimmung jedoch, kann der starke vorläufige
Insolvenzverwalter sich ggf. nach § 60 InsO schadensersatzpflichtig machen.

2239 BAG 20.1.2005, AP Nr. 18 zu § 113 InsO = NZA 2006, 1352; BAG 10.10.2002, AP Nr. 1 zu § 21 InsO = ZIP 2003, 1161; MüKo-
InsO/*Caspers*, vor §§ 113–128 Rn 25.

2240 BAG 10.10.2002, AP Nr. 1 zu § 21 InsO = ZIP 2003, 1161; dazu Anm. *Peters-Lange*, EWiR 2004, 709.

77 **(2) Insolvenzeröffnungsbeschluss ohne allgemeines Verfügungsverbot (Auszug)**

▼

951 **Muster 2.77: Insolvenzeröffnungsbeschluss ohne allgemeines Verfügungsverbot**

Az. ▓▓▓▓

Amtsgericht ▓▓▓▓

Beschluss

In dem Insolvenzeröffnungsverfahren über das Vermögen

der im Handelsregister des Amtsgerichts ▓▓▓ unter HRB ▓▓▓ eingetragenen ▓▓▓-GmbH, ▓▓▓ (*Anschrift*), vertreten durch ▓▓▓,

Geschäftszweig: ▓▓▓,

wird heute am ▓▓▓, um ▓▓▓ Uhr, zur Sicherung der künftigen Insolvenzmasse und zur Aufklärung des Sachverhaltes angeordnet (§§ 21, 22 InsO):

Zum vorläufigen Insolvenzverwalter wird Herr Rechtsanwalt ▓▓▓, ▓▓▓ (*Anschrift*), bestellt.

Verfügungen der Schuldnerin über Gegenstände ihres Vermögens sind nur noch mit Zustimmung des vorläufigen Insolvenzverwalters wirksam (§ 21 Abs. 2 Nr. 2 Alt. 2 InsO).

Der vorläufige Insolvenzverwalter ist nicht allgemeiner Vertreter der Schuldnerin. Er hat die Aufgabe, durch Überwachung der Schuldnerin deren Vermögen zu sichern und zu erhalten.

▓▓▓ (Weitere Maßnahmen)

▓▓▓, den ▓▓▓

(*Unterschrift*)

(Richter am Amtsgericht)

▲

(3) Insolvenzverwalter nach der Insolvenzeröffnung

952 Mit dem Insolvenzeröffnungsbeschluss ernennt das Gericht den Insolvenzverwalter (§ 27 InsO). Dieser nimmt – wie bereits der starke vorläufige Insolvenzverwalter im Eröffnungsverfahren – sämtliche mit der Arbeitgeberstellung verbundenen Rechte und Pflichten aus dem Arbeitsverhältnis wahr. Auch die sozialversicherungs- und lohnsteuerrechtlichen Verpflichtungen obliegen dem Insolvenzverwalter. Damit ist allein der Insolvenzverwalter kündigungsberechtigt.[2241] Eine Kündigungsschutzklage ist gegen ihn zu richten[2242] bzw. das Rubrum in einem laufenden Rechtsstreit auf ihn umzustellen. Anhängige Rechtsstreite, die die Insolvenzmasse betreffen, sind nach § 240 S. 1 ZPO unterbrochen. Sie werden nur nach den insolvenzrechtlichen Vorschriften wieder aufgenommen (§ 240 S. 1 ZPO i.V.m. § 86 Abs. 1 Nr. 3 InsO).[2243] Bestehende Titel sind auf den Insolvenzverwalter umzuschreiben.[2244] Nach § 60 Abs. 1 InsO haftet der Insolvenzverwalter gegenüber den Beteiligten des Insolvenzverfahrens für die schuldhafte Verletzung seiner insolvenzspezifischen Pflichten. Kann er eine durch seine Rechtshandlung begründete Masseverbindlichkeit nicht erfüllen, ist er dem Massegläubiger zum Schadensersatz[2245] verpflichtet (§ 61 InsO).

2241 Uhlenbruck/*Ries/Zobel*, § 22 InsO Rn 62; *Hess*, § 113 InsO Rn 110.

2242 Der Insolvenzverwalter ist nicht gesetzlicher Vertreter, sondern nach der sog. Amtstheorie „Partei kraft Amtes", so st. Rspr. seit RGZ 29, 29; BAG 18.4.2002, AP Nr. 232 zu § 613a BGB; Nerlich/Römermann/*Delhaes*, vor § 56 InsO Rn 8 ff.; ErfK/*Müller-Glöge*, Einf. InsO Rn 6.

2243 Eine Kündigungsschutzklage ebnet den Weg für vermögensrechtliche Ansprüche und betrifft folglich immer die Insolvenzmasse. Vgl. BAG 18.10.2006, NZI 2007, 300 = NZA 2007, 765; Zöller/*Stöber*, § 727 ZPO Rn 9 ff.

2244 Zöller/*Stöber*, § 727 ZPO Rn 18.

2245 Die persönliche Haftung des Insolvenzverwalters nach § 61 InsO ist auf das negative Interesse begrenzt (BAG 19.1.2006, NZA 2006, 860).

(4) Aufnahme des Rechtsstreits nach Unterbrechung gemäß § 240 ZPO

Muster 2.78: Aufnahme des Rechtsstreits nach Unterbrechung gemäß § 240 ZPO

953

An das

Arbeitsgericht

Az.

In dem Rechtsstreit

./. -GmbH

wird der Rechtsstreit für den Kläger nach Unterbrechung aufgenommen und um Anberaumung eines Gütetermins gebeten.

Die Klage richtet sich nunmehr gegen Herrn Rechtsanwalt in seiner Eigenschaft als Insolvenzverwalter über das Vermögen der -GmbH, (*Anschrift*), als Beklagten.

Begründung

Durch Beschluss des Amtsgerichtes vom , Az. , wurde über das Vermögen der -GmbH, der Gemeinschuldnerin, am das Insolvenzverfahren eröffnet und der Beklagte zum Insolvenzverwalter bestellt.

Beweis: Beschluss des Amtsgerichtes vom (**Anlage**).

Durch Beschluss vom wurde der Rechtsstreit gemäß § 240 ZPO i.V.m. § 46 Abs. 2 ArbGG unterbrochen. Nach Eröffnung des Insolvenzverfahrens kann der unterbrochene Rechtsstreit gemäß § 86 Abs. 1 Nr. 3 InsO vom Kläger wieder aufgenommen werden.

(*Unterschrift*)

(*Rechtsanwalt*)

bb) Kündigungsrecht des Insolvenzverwalters

Die Insolvenz des Arbeitgebers als solche stellt keinen Grund zur ordentlichen oder außerordentlichen Kündigung von Arbeitsverhältnissen dar. Nach § 108 Abs. 1 InsO bestehen Dienstverhältnisse und damit auch Arbeitsverhältnisse über die Insolvenzeröffnung mit Wirkung für die Insolvenzmasse fort. Um erforderliche Kündigungen im Insolvenzverfahren zu beschleunigen, sieht § 113 InsO für Dienstverhältnisse ein gesetzliches Kündigungsrecht und eine gesetzliche Kündigungsfrist von **drei Monaten** zum Monatsende vor, wenn nicht eine kürzere Frist gilt.[2246] Als lex specialis geht diese Vorschrift allen längeren Kündigungsfristen, unabhängig von deren Rechtsgrundlage durch Gesetz, Tarifvertrag, Betriebsvereinbarung oder Anstellungsvertrag, vor.[2247] Die Kündigungsmöglichkeit besteht auch für befristete Dienstverhältnisse und für solche, in denen das Recht zur ordentlichen Kündigung ausgeschlossen ist.[2248] Das Recht zur Änderungs- und Beendigungskündigung nach § 113 InsO steht beiden Vertragsparteien während der gesamten Verfahrensdauer zu. Für die außerordentliche Kündigung nach § 626 BGB gelten in der Insolvenz keine Besonderheiten. Bei einer Kündigung durch den Insolvenzverwalter gemäß § 113 InsO kann der Arbeitnehmer

954

2246 Regh/*Regh*, § 5 Rn 14; Kübler/Prütting/*Moll*, § 113 InsO Rn 37 ff.; *Berscheid*, Rn 522; ErfK/*Müller-Glöge*, § 113 InsO Rn 8. Nach abzulehnender Mindermeinung (*Hess*, § 113 InsO Rn 250 ff.; Küttner/*Kania*, Insolvenz des Arbeitgebers, Rn 6) habe der Insolvenzverwalter das Wahlrecht nach § 103 InsO, wenn ein Arbeitnehmer seine Tätigkeit vor Insolvenzeröffnung noch nicht begonnen hat. Wähle er die Nichterfüllung, stehe dem Arbeitnehmer kein Erfüllungs-, sondern nur ein Schadensersatzanspruch wegen Nichterfüllung zu.

2247 ErfK/*Müller-Glöge*, § 113 InsO Rn 8; Kübler/Prütting/*Moll*, § 113 InsO Rn 67 ff.

2248 Allgemein BAG 20.9.2006, NZA 2007, 387; zum tariflich unkündbaren Arbeitsverhältnis BAG 19.1.2000, AP Nr. 5 zu § 113 InsO = NZA 2000, 658; BAG 16.6.2005, NZA 2006, 270; zur Unkündbarkeitsklausel in Betriebsvereinbarungen BAG 22.9.2005, NZA 2006, 658; zur Befristung BAG 16.6.2005, NZA 2006, 270.

nach Satz 3 der Vorschrift den sog. Verfrühungsschaden zur Insolvenztabelle anmelden. Erfasst sind dabei nicht nur die Schäden aus der verkürzten Kündigungsfrist, sondern auch sonstige Nachteile.[2249] § 113 InsO regelt jedoch keinen eigenständigen Kündigungsgrund.[2250] Der allgemeine und etwaige besondere Kündigungsschutz der Arbeitnehmer gelten fort. Zur Erhebung einer Kündigungsschutzklage gilt nach Aufhebung des § 113 Abs. 2 InsO a.F. die Drei-Wochen-Frist des § 4 KSchG.

cc) Freistellungsrecht des Insolvenzverwalters

955   Ist im Insolvenzverfahren eine Beschäftigung eines Arbeitnehmers nicht mehr möglich, kann der Insolvenzverwalter den Arbeitnehmer von der Verpflichtung zur tatsächlichen Arbeitsleistung freistellen.[2251] Er hat dabei die Grenzen des billigen Ermessens nach § 315 BGB zu beachten.[2252] Nach Anzeige der Masseunzulänglichkeit gemäß § 208 InsO muss der Insolvenzverwalter den Arbeitnehmer bei fehlendem Beschäftigungsbedarf von der Arbeitspflicht freistellen und gleichzeitig das Arbeitsverhältnis zum frühestmöglichen Termin beenden. Auch der starke vorläufige Insolvenzverwalter kann bereits im Insolvenzeröffnungsverfahren die Arbeitnehmer von der Arbeitspflicht freistellen. Bei der Freistellung nach Insolvenzeröffnung stellen die Ansprüche des Arbeitnehmers als sonstige Masseverbindlichkeiten i.S.v. § 209 Abs. 1 Nr. 3 InsO eine nachrangige Masseforderung dar.[2253] Unterlässt der Insolvenzverwalter die schnellstmögliche Beendigung des Arbeitsverhältnisses, stellen die Gehaltsansprüche des freigestellten Arbeitnehmers Neumasseverbindlichkeiten i.S.v. § 209 Abs. 2 Nr. 2 InsO dar.[2254] Ist der Arbeitnehmer von der Arbeitsleistung freigestellt, muss er sich nach § 615 BGB dasjenige anrechnen lassen, was er infolge des Unterbleibens der Arbeitsleistung erspart oder durch anderweitige Verwendung seiner Arbeitskraft erwirbt oder böswillig zu erwerben unterlässt. Nach § 157 Abs. 3 SGB III kann der freigestellte Arbeitnehmer Arbeitslosengeld als sog. Gleichwohlgewährung beziehen. Der Anspruch des Arbeitnehmers auf Arbeitsentgelt geht dann gemäß § 115 SGB X auf die Bundesagentur für Arbeit über. Bei Stilllegung des Betriebes hat der Betriebsrat wegen der Freistellung der Arbeitnehmer während der Kündigungsfrist nach § 87 Abs. 1 Nr. 3 oder Nr. 5 BetrVG kein Mitbestimmungsrecht.[2255] Auch stellt der Entzug der Arbeitsaufgaben durch Freistellung keine Versetzung i.S.v. §§ 99 Abs. 1, 95 Abs. 3 S. 1 BetrVG dar.[2256]

956   Stellt der Insolvenzverwalter den Arbeitnehmer unwiderruflich unter Anrechnung etwaiger Urlaubsansprüche frei, behält dieser in der Urlaubszeit seinen arbeitsvertraglichen Vergütungsanspruch. Der Vergütungsanspruch stellt eine Masseverbindlichkeit nach § 55 Abs. 1 Nr. 2 InsO dar. Demgegenüber ist der Vergütungsanspruch nur eine nachrangige Masseverbindlichkeit i.S.v. § 209 Abs. 1 Nr. 3 InsO, wenn der Arbeitnehmer vor Anzeige der Masseunzulänglichkeit von der Arbeitspflicht durch Urlaubsgewährung freigestellt wurde.[2257]

2249 Als sonstiger Nachteil gelten z.B. das Nichterreichen der Unverfallbarkeit der betrieblichen Altersversorgung sowie mittelbare Schäden wie der Verlust der Beitragsfreiheit in der gesetzlichen Krankenversicherung während der Elternzeit (BAG 27.2.2014, DB 2014, 1145). Bei vereinbarter Unkündbarkeit des Arbeitnehmers ist der Schadensersatzanspruch auf die ohne die vereinbarte Unkündbarkeit maßgebliche längste ordentliche Kündigungsfrist beschränkt (BAG 16.5.2007, ZIP 2007, 1829 = ZInsO 2007, 1117). Vgl. *Zwanziger*, § 113 InsO Rn 39 f.

2250 BAG 29.9.2005, AP § 1 KSchG 1969 Betriebsbedingte Kündigung Nr. 139; BAG 20.9.2006, NZA 2007, 387; ErfK/*Müller-Glöge*, § 113 InsO Rn 9; *Hess*, § 113 InsO Rn 180 f.

2251 Vgl. ausführlich *Wroblewsi*, NJW 2011, 347.

2252 LAG Nürnberg 30.8.2005, ZIP 2006, 256 (LS); zum Vergütungsanspruch BAG 23.1.2008, NZA 2008, 595; *Zwanziger*, § 108 InsO Rn 7; *Arens/Brand*, § 1 Rn 199.

2253 Gelingt es dem Arbeitnehmer, den Beschäftigungsanspruch während der laufenden Kündigungsfrist gerichtlich durchzusetzen, sind seine Ansprüche wieder Masseverbindlichkeiten nach § 55 InsO.

2254 BAG 31.3.2004, ZIP 2004, 1323; dazu Anm. *Bork*, EWiR 2004, 815.

2255 LAG Köln 16.3.2000, ZInsO 2000, 571 (LS); LAG Hamm 20.9.2002, ZInsO 2003, 531.

2256 BAG 28.3.2000, AP Nr. 39 zu § 95 BetrVG 1972 = NZA 2000, 1355.

2257 Auf die Ursache der Nichtbeschäftigung kommt es nicht an, vgl. LAG Hessen 19.2.2004 – 11 Sa 534/03, n.v.

dd) Kündigungsrecht des Arbeitnehmers

Für die Kündigung des Arbeitsverhältnisses durch den Arbeitnehmer gelten, bis auf die Regelung in § 113 **957** InsO, keine insolvenzrechtlichen Besonderheiten. Der Arbeitnehmer kann das Arbeitsverhältnis jederzeit unter Einhaltung der für ihn geltenden Kündigungsfrist **ordentlich kündigen**. Bei der Eigenkündigung nach § 113 InsO steht dem Arbeitnehmer kein Schadensersatzanspruch zu, da § 113 S. 3 InsO nur für die Kündigung durch den Insolvenzverwalter gilt.

Durch die drohende Insolvenz des Arbeitgebers bzw. die Eröffnung des Insolvenzverfahrens kann sich für **958** den Arbeitnehmer auch akuter Handlungsbedarf ergeben, insbesondere wenn der Arbeitgeber bereits mit erheblichen Gehaltszahlungen im Rückstand ist und diese u.U. nicht mehr vom Dreimonatszeitraum des Insolvenzgeldes nach § 165 Abs. 1 SGB III erfasst sind. Es kann daher sinnvoll sein, dass der Arbeitnehmer das Arbeitsverhältnis selbst **aus wichtigem Grund fristlos** kündigt. Bei einer gerechtfertigten Eigenkündigung drohen ihm weder Schadensersatzansprüche des Insolvenzverwalters, noch wird die Agentur für Arbeit eine Sperrzeit für den Arbeitslosengeldbezug nach § 159 Abs. 1 S. 2 Nr. 1 SGB III verhängen.[2258] Für die außerordentliche Kündigung durch den Arbeitnehmer gelten die allgemeinen Grundsätze, insbesondere die Notwendigkeit einer Abmahnung, die Einhaltung der Ausschlussfrist und die Vornahme einer Interessenabwägung.[2259] Die Darlegungs- und Beweislast für die Unzumutbarkeit der Weiterbeschäftigung trägt im Streitfall der Arbeitnehmer. Allein die Eröffnung des Insolvenzverfahrens begründet kein außerordentliches Kündigungsrecht des Arbeitnehmers,[2260] ebenso wenig die Möglichkeit zum Abschluss eines anderen neuen Arbeitsvertrages. Der Arbeitnehmer sollte in diesen Fällen anstreben, mit dem Insolvenzverwalter einen Aufhebungsvertrag zu schließen. Ansonsten kann er das Arbeitsverhältnis fristlos kündigen, wenn der Arbeitgeber sich mit Lohn- und Gehaltszahlungen entweder zeitlich oder dem Betrag nach erheblich in Verzug befindet bzw. Arbeitssicherheitsvorschriften nicht einhält.[2261] Bleibt der Arbeitgeber über längere Zeit fortlaufend mit Lohn- und Gehaltszahlungen in kündigungsrelevantem Umfang im Rückstand, beginnt die Ausschlussfrist des § 626 Abs. 2 BGB wegen dieses Dauertatbestandes erst mit dessen Beendigung. Die Zweiwochenfrist ist also gewahrt, wenn der Dauertatbestand in den letzten zwei Wochen vor Ausspruch der Arbeitnehmerkündigung angehalten hat. Lehnt der Arbeitgeber demgegenüber die Zahlungen ab und zeigt damit seine Zahlungsunwilligkeit, liegt ein abgeschlossener Sachverhalt vor mit der Folge, dass die Frist des § 626 Abs. 2 BGB mit der ersten Zahlungsablehnung zu laufen beginnt. Nach Eröffnung des Insolvenzverfahrens ist die Kündigung gegenüber dem Insolvenzverwalter auszusprechen. Ein etwaiger Schadensersatzanspruch des Arbeitnehmers wegen des Auflösungsschadens nach § 628 Abs. 2 BGB ist eine Insolvenzforderung nach § 38 InsO.[2262]

Vor Ausspruch einer außerordentlichen Kündigung bedarf es in der Regel einer **Abmahnung** durch den **959** Arbeitnehmer.[2263] Die Anforderungen an diese Abmahnung weisen keine Besonderheiten gegenüber der vom Arbeitgeber auszusprechenden Abmahnung auf. Die Pflichtverletzung muss konkret benannt sein. Ebenso muss deutlich werden, dass der Bestand des Arbeitsverhältnisses gefährdet ist, wenn der Arbeitgeber sich zukünftig nicht vertragskonform verhält.[2264] Der Arbeitnehmer trägt die Darlegungs- und Beweislast für den Abmahnungsgrund und den Zugang der Abmahnung. Auch kann der Arbeitnehmer bei

---

2258 Regh/*Regh*, § 5 Rn 416.

2259 BAG 19.6.1967, EzA Nr. 1 zu § 124 GewO; BAG 17.1.2002, EzA Nr. 20 zu § 628 BGB = NZA 2003, 816; *Hess*, § 113 InsO Rn 549 ff.; ErfK/*Müller-Glöge*, § 626 BGB Rn 158; KR/*Fischmeier*, § 626 BGB Rn 481 ff.

2260 BAG 26.7.2007, NZA 2007, 1419.

2261 BAG 12.3.2009, NZA 2009, 840; BAG 26.7.2001, AP Nr. 13 zu § 628 BGB = NZA 2002, 325; LAG Schleswig-Holstein 8.2.1955, DB 1955, 484 (LS); LAG Düsseldorf, 12.9.1957, DB 1957, 1132 (LS); LAG Berlin 12.5.1986, EWiR 1986, 661; ErfK/*Müller-Glöge*, § 626 BGB Rn 160, 166.

2262 Nerlich/Römermann/*Hamacher*, § 113 InsO Rn 208; Schmittmann/Theurich/*Brune*, § 5 Rn 89.

2263 Die Abmahnung ist entbehrlich, wenn keine Aussicht auf Rückkehr des Arbeitgebers zum vertragskonformen Verhalten besteht. Vgl. BAG 17.1.2002, EzA Nr. 20 zu § 628 BGB = NZA 2003, 816; BAG 26.7.2007, NZA 2007, 1419.

2264 BAG 8.6.1995 – 2 AZR 1037/94, n.v.

einem mehr als geringfügigen Lohnrückstand, nach vorheriger Androhung mit Fristsetzung, sein Zurückbehaltungsrecht nach §§ 273 Abs. 1, 298 und 615 BGB ausüben.[2265]

ee) Checkliste: Fristlose Kündigung durch den Arbeitnehmer

960   ■ Keine insolvenzrechtlichen Besonderheiten (außer § 113 InsO)

■ Abmahnung des Arbeitgebers durch den Arbeitnehmer

■ Wichtiger Grund gemäß § 626 BGB, z.B. erheblicher Verzug bei Lohn-/Gehaltszahlung

■ Zweiwöchige Ausschlussfrist des § 626 Abs. 2 BGB

■ Nach Insolvenzeröffnung ist der Insolvenzverwalter Kündigungsadressat.

ff) Abmahnung durch den Arbeitnehmer

▼

961 **Muster 2.79: Abmahnung durch den Arbeitnehmer**

An die ▨▨▨▨-GmbH (*Arbeitgeber*)

▨▨▨▨ (*Anschrift*)

(*Datum*)

Mein Arbeitsverhältnis

Sehr geehrte Damen und Herren,

seit ▨▨▨ erfolgt die Auszahlung meines monatlichen Gehalts mit erheblicher Verzögerung. Mein Gehalt für den Monat ▨▨▨ war am ▨▨▨ fällig und wurde erst am ▨▨▨ auf meinem Konto gutgeschrieben. Das zum ▨▨▨ fällige ▨▨▨-Gehalt ging erst am ▨▨▨ ein. Für die Monate ▨▨▨ und ▨▨▨ haben Sie bislang gar kein Gehalt gezahlt. Diese Gehaltszahlungen waren gemäß meinem Arbeitsvertrag am ▨▨▨ sowie am ▨▨▨ fällig. Sie befinden sich daher mit meinen Gehaltszahlungen erheblich im Verzug. Ich bin nicht länger bereit, dies hinzunehmen.

Ich fordere Sie daher auf, meine ausstehenden Nettogehälter für die Monate ▨▨▨ und ▨▨▨ unverzüglich, spätestens bis zum ▨▨▨, eingehend auf meinem Konto, zu zahlen. Bei fruchtlosem Verstreichen der vorstehenden Frist werde ich meine Gehaltsansprüche gegen Sie gerichtlich durchsetzen.

Gleichzeitig mahne ich Sie hiermit wegen Zahlungsverzuges ab und weise Sie darauf hin, dass ich bei Nichteinhaltung der vorgenannten Frist bzw. erneutem Zahlungsverzug mein Arbeitsverhältnis aus wichtigem Grund fristlos kündigen werde.

Mit freundlichen Grüßen

(*Unterschrift*)

(Arbeitnehmer)

▲

gg) Betriebsbedingte Kündigung in der Insolvenz

962   Im Insolvenzverfahren besteht, u.a. aus dem Grund, das Unternehmen oder auch nur einen Teil davon sanieren zu wollen, bei der Sozialauswahl ein modifiziertes und damit vereinfachtes Kündigungsverfahren. Ansonsten gelten dieselben Voraussetzungen wie bei Kündigungen ohne Insolvenz, da die Insolvenz des Arbeitgebers grundsätzlich keinen Einfluss auf die Arbeitsverhältnisse hat.[2266]

963   Die dringenden betrieblichen Erfordernisse für eine betriebsbedingte Kündigung i.S.v. § 1 Abs. 2 KSchG können sich auch im Insolvenzverfahren aus innerbetrieblichen Umständen, wie einer Betriebsstill-

---

2265 BAG 17.1.2002, EzA Nr. 20 zu § 628 BGB = NZA 2003, 816; BAG 8.5.2014, ZIP 2014, 1498; ErfK/*Preis*, § 611 BGB Rn 690; *Mückl*, Rn 339 ff.

2266 Hintergrund für die Weitergeltung des „allgemeinen Arbeitsrechts" in der Insolvenz ist, eine Wettbewerbsverzerrung zu vermeiden. Siehe dazu *Schrader/Straube*, S. 83.

legung, und/oder außerbetrieblichen Umständen, wie Auftragsmangel, ergeben. Die unternehmerische Entscheidung zur Umsetzung organisatorischer Maßnahmen, die zum Wegfall der Beschäftigung von Arbeitnehmern führen, ist in einem auch für das Arbeitsgericht nachvollziehbaren Konzept darzustellen. Dies gilt insbesondere bei der Entscheidung über die **Betriebsstilllegung**.[2267] Eine Zweckmäßigkeitsprüfung erfolgt dabei nicht. Nach ständiger Rechtsprechung des BAG ist daher als Unternehmerentscheidung für die soziale Rechtfertigung von Kündigungen geeignet, dass der Arbeitgeber ab sofort keine neuen Aufträge mehr annimmt, allen Arbeitnehmern zum nächstmöglichen Termin kündigt, zur Abarbeitung der vorhandenen Aufträge eigene Arbeitnehmer nur noch während der geltenden Kündigungsfristen einsetzt und den Betrieb schnellstmöglich stilllegt.[2268] Auch wird nicht beanstandet, wenn die Arbeitnehmer nicht alle zum gleichen Kündigungsendtermin, sondern unter Berücksichtigung ihrer jeweiligen Kündigungsfristen ausscheiden.[2269]

Die Unterrichtungspflicht gegenüber dem Betriebsrat ist bei Wegfall des Erfordernisses der Sozialauswahl wegen Betriebsstilllegung eingeschränkt. So braucht der Arbeitgeber den Betriebsrat nicht nach § 102 BetrVG über Familienstand und Unterhaltspflichten der zu kündigenden Arbeitnehmer zu unterrichten.[2270] **964**

Die insolvenzrechtlichen Zustimmungsvoraussetzungen bei der Betriebsstilllegung wie z.B. die Zustimmung der Gläubigerversammlung (§ 157 InsO) oder des Gläubigerausschusses (§ 158 InsO) sind keine Wirksamkeitsvoraussetzung für die betriebsbedingte Kündigung.[2271] Ebenso wenig schlägt ein fehlender Gesellschafterbeschluss vor der Stilllegungsentscheidung auf die Wirksamkeit einer Kündigung durch. Kündigungsrechtlich wird allein darauf abgestellt, dass die Stilllegungsentscheidung getroffen wurde und die darauf basierende Prognose im Zeitpunkt des Ausspruchs der Kündigung gerechtfertigt war.[2272] **965**

Die Sozialauswahl ist im Insolvenzverfahren betriebsbezogen und damit abteilungsübergreifend und nicht unternehmens- bzw. konzernbezogen durchzuführen, auch bei einer beabsichtigten Teilbetriebsstilllegung bzw. einem Teilbetriebsübergang.[2273] Im Insolvenzverfahren ist auch auf die horizontale Vergleichbarkeit der Arbeitnehmer abzustellen. Es ist zu prüfen, ob die Arbeitnehmer ohne längere Einarbeitungszeit oder Änderungskündigung austauschbar sind, also per Direktionsrecht des Arbeitgebers auf einen anderen Arbeitsplatz versetzt werden können. **966**

Wird ein Interessenausgleich mit Namensliste abgeschlossen, ist auch im Insolvenzverfahren die Herausnahme sog. Leistungsträger aus der Sozialauswahl nach § 1 Abs. 3 S. 2 KSchG nur auf grobe Fehlerhaftigkeit zu prüfen (§ 1 Abs. 5 S. 2 KSchG, § 125 Abs. 1 S. 1 Nr. 2 InsO). Der Arbeitgeber hat die Gründe für die fehlende Vergleichbarkeit bzw. die Ausklammerung von Leistungsträgern nur in groben Zügen darzulegen.[2274] **967**

hh) Wiedereinstellungsanspruch in der Insolvenz

Ein Wiedereinstellungsanspruch des gekündigten Arbeitnehmers besteht nach der Rechtsprechung des BAG, wenn die für die Kündigung maßgeblichen Gründe während der laufenden Kündigungsfrist wegfallen, der Arbeitgeber noch keine Dispositionen getroffen hat und die unveränderte Fortsetzung des Arbeitsverhältnisses für ihn zumutbar ist.[2275] Damit wird ein Anspruch auf Fortsetzung des Arbeitsverhältnisses **968**

2267 BAG 18.1.2001, ZInsO 2001, 872 (LS) = ZIP 2001, 1022; FK/*Eisenbeis*, vor §§ 113 ff. InsO Rn 11 ff.; Uhlenbruck/*Zobel*, § 113 InsO Rn 22 ff.; Nerlich/Römermann/*Hamacher*, § 113 InsO Rn 129 ff.

2268 BAG 7.3.2002, EzA Nr. 116 zu § 1 KSchG Betriebsbedingte Kündigung. Zur Entscheidungsbefugnis des Insolvenzverwalters *Schrader/Straube* S. 94 ff.; *Zwanziger*, Einf. Rn 252a ff.

2269 BAG 7.7.2005, NZA 2005, 1351; BAG 18.1.2001, ZInsO 2001, 872 (LS) = ZIP 2001, 1022.

2270 BAG 13.5.2004, ZIP 2004, 1773, unter teilweiser Aufgabe von BAG 16.9.1993, BAGE 74, 185.

2271 Zur Gläubigerversammlung LAG Hamm 7.7.2004 – 2 Sa 175/04, LAGReport 2005, 56; *Schrader/Straube*, S. 98.

2272 BAG 5.4.2001, ZIP 2001, 1731; BAG 8.4.2003, AP Nr. 40 zu § 113 BetrVG 1972 = ZIP 2003, 1260.

2273 BAG 22.3.2001, NZA 2002, 1349; zum Konzern BAG 21.2.2002, BB 2002, 2335.

2274 LAG Köln 10.5.2005, ZIP 2005, 1524.

2275 BAG 28.6.2000, NJW 2001, 1297; BAG 21.2.2001, ZIP 2001, 1825; *Schubert*, ZIP 2002, 554.

nur bestehen, wenn die schützenswerten Interessen des Arbeitnehmers die des Arbeitgebers im Einzelfall überwiegen. Nach Ablauf der Kündigungsfrist hat das BAG den Wiedereinstellungsanspruch gerade im Insolvenzverfahren abgelehnt.[2276] Ebenso wird der Anspruch bei einem wirksam befristeten Arbeitsverhältnis bzw. nach Abschluss eines Aufhebungsvertrages verneint.[2277] Die Auswahl zwischen vergleichbaren wiedereinzustellenden Arbeitnehmern erfolgt entsprechend § 1 Abs. 3 KSchG nach sozialen Kriterien.[2278] Die Frist zur Geltendmachung des Wiedereinstellungsanspruchs beträgt in Anlehnung an §§ 4, 7 KSchG drei Wochen ab Kenntnis.

969   Ein (Teil-)Betriebsübergang nach Kündigungsausspruch ändert grds. nichts an der Wirksamkeit der Kündigung. Er kann aber zu einem Weiterbeschäftigungsanspruch gegenüber dem Veräußerer bzw. dem nachfolgenden Erwerber führen, wenn der Kündigungsgrund noch innerhalb der Kündigungsfrist wegfällt. Bei einem (Teil-)Betriebsübergang nach Ablauf der Kündigungsfrist und damit nach Beendigung des Arbeitsverhältnisses besteht nach Rechtsprechung des BAG kein Anspruch auf Wiedereinstellung beim Erwerber.[2279]

> *Hinweis*
>
> Nach Eröffnung des Insolvenzverfahrens sind nach der Rechtsprechung des BAG die Wiedereinstellungsvoraussetzungen nur dann zu prüfen, wenn die Kündigungsfrist des gekündigten Arbeitnehmers noch nicht abgelaufen ist. Gleiches gilt für den etwaigen Wiedereinstellungsanspruch gegenüber einem Erwerber nach § 613a BGB.

ii) Nachkündigung durch den Insolvenzverwalter

970   Hatte der Arbeitgeber oder der starke vorläufige Insolvenzverwalter vor Verfahrenseröffnung eine Kündigung des Arbeitsverhältnisses schon ausgesprochen und läuft die Kündigungsfrist noch, kann der Insolvenzverwalter nach der Eröffnung das Arbeitsverhältnis nochmals kündigen. Für diese „Nachkündigung" gilt dann die kürzere gesetzliche Frist des § 113 S. 2 InsO.[2280] Darin ist keine unzulässige Wiederholungskündigung zu sehen. Will sich der Arbeitnehmer gegen die Kündigungen wehren, muss er gegen jede der Kündigungen fristgemäß Klage erheben.

> *Hinweis*
>
> Auch für die „Nachkündigung" durch den Insolvenzverwalter nach Insolvenzeröffnung gilt die dreiwöchige Frist zur Klagerhebung gemäß § 4 KSchG. Beklagter ist der Insolvenzverwalter.

jj) Kündigungsfristen in der Insolvenz

971   Nach Insolvenzeröffnung können der Insolvenzverwalter und der Arbeitnehmer nach § 113 S. 2 InsO das Arbeitsverhältnis mit einer Frist von **drei Monaten** zum Monatsende kündigen, wenn nicht eine kürzere Frist maßgeblich ist.[2281] Kündigt der Insolvenzverwalter nicht sofort nach der Eröffnung des Verfahrens, ist darin kein Verzicht auf eine Kündigung zu sehen.[2282] Die verkürzte Frist des § 113 S. 2 InsO gilt nicht für eine Kündigung, die der vorläufige Insolvenzverwalter, gleich ob schwacher oder starker vorläufiger

---

2276 BAG 13.5.2004, ZIP 2004, 1610 = DB 2004, 2107; BAG 28.10.2004, NZA 2005, 405 = ZIP 2005, 412; Uhlenbruck/*Zobel*, § 128 InsO Rn 32 ff.

2277 Zur Befristung BAG 20.2.2002, NZA 2002, 897; zur Aufhebung BAG 10.12.1998, ZIP 1999, 320.

2278 BAG 4.12.1997, DB 1998, 1087; BAG 21.9.2000, ZIP 2001, 388.

2279 BAG 13.5.2004, ZIP 2004, 1610 = DB 2004, 2107.

2280 BAG 8.4.2003, ZIP 2003, 1260; BAG 13.5.2004, BB 2004, 1056; BAG 26.7.2007, NZA 2008, 112; Kübler/Prütting/*Moll*, § 113 InsO Rn 127 ff.; *Lakies*, Rn 266.

2281 Das BVerfG hat zwei Vorlagebeschlüsse von Arbeitsgerichten zur Frage der Verfassungsmäßigkeit der Verkürzung als unzulässig verworfen, 8.2.1999, ZIP 1999, 1221 und 21.5.1999, ZIP 1999, 1219.

2282 ErfK/*Müller-Glöge*, § 113 InsO Rn 7b.

Verwalter, ausspricht.[2283] Die verkürzte Kündigungsfrist setzt sich gegenüber allen längeren Kündigungsfristen und Befristungen sowie Unkündbarkeitsregelungen durch.[2284] Bei einer „Nachkündigung" überholt sie ggfs. eine vor Insolvenzeröffnung erklärte Kündigung, die zu einem späteren Zeitpunkt ausgesprochen wurde. Die verkürzte Frist des § 113 S. 2 InsO gilt auch für Änderungskündigungen.

kk) Besonderer Kündigungsschutz

Der Insolvenzverwalter hat nach Eröffnung des Verfahrens, wie jeder andere Arbeitgeber auch, den besonderen Kündigungsschutz der Arbeitnehmer zu beachten. § 113 InsO schließt die Anwendbarkeit des besonderen Kündigungsschutzes nicht aus.[2285]   **972**

(1) Schwangerschaft und Mutterschutz

In der Insolvenz gilt auch nach § 9 Abs. 1 MuSchG das Kündigungsverbot gegenüber einer Frau während der **Schwangerschaft** und bis zum Ablauf von vier Monaten nach der Entbindung. Voraussetzung dafür ist, dass dem Insolvenzverwalter als Arbeitgeber zum Zeitpunkt der Kündigung die Schwangerschaft oder die Entbindung bekannt war bzw. innerhalb von zwei Wochen nach Zugang der Kündigung mitgeteilt wird. Nach Absatz 3 der Vorschrift kann die für den Arbeitsschutz zuständige oberste Landesbehörde oder eine von ihr bestimmte Stelle in besonderen Fällen die Kündigung auf Antrag des Insolvenzverwalters ausnahmsweise für zulässig erklären. Ob die Insolvenzeröffnung als ein besonderer Fall i.S.d. § 9 Abs. 3 MuSchG gilt, ist bisher nicht entschieden worden. Jedoch stellt die insolvenzbedingte vollständige Betriebsstilllegung einen solchen besonderen Fall dar.[2286]   **973**

(2) Elternzeit und Pflegezeit

Auch Arbeitnehmern in **Elternzeit** (§ 15 BEEG) darf in der Insolvenz nach § 18 Abs. 1 BEEG während der Elternzeit nicht gekündigt werden. Bei Arbeitnehmern in **Pflegezeit** (§§ 2 und 3 PflegeZG) darf in der Insolvenz das Arbeitsverhältnis von der Ankündigung der Pflegezeit bis zu deren Beendigung nicht gekündigt werden (§ 5 PflegeZG).[2287] Die Kündigung kann aber jeweils in besonderen Fällen von der für den Arbeitsschutz zuständigen obersten Landesbehörde oder einer von ihr bestimmten Stelle auf Antrag des Insolvenzverwalters ausnahmsweise für zulässig erklärt werden.[2288]   **974**

(3) Schwerbehinderung

Ein **schwerbehinderter Arbeitnehmer** oder ein nach § 2 Abs. 3 SGB IX diesem Gleichgestellter kann im Insolvenzverfahren nur nach vorheriger Zustimmung des Integrationsamtes vom Insolvenzverwalter nach den §§ 85 ff. SBG IX gekündigt werden. Bestand das Arbeitsverhältnis bei Zugang der Kündigung noch nicht länger als sechs Monate, gilt das Zustimmungserfordernis nicht (§ 90 Abs. 1 Nr. 1 SGB IX). Bei einer wesentlichen Betriebseinschränkung soll das Integrationsamt die Zustimmung zur Kündigung erteilen, hat also ein reduziertes Ermessen. Demgegenüber besteht kein Ermessensspielraum des Integrationsamtes bei einer vollständigen Betriebsstilllegung. In diesem Fall hat es nach § 89 Abs. 1 S. 1 SGB IX dem Antrag zuzustimmen, wenn zwischen dem Kündigungszugang und dem Tag, bis zu dem Lohn oder Gehalt gezahlt wird, mindestens drei Monate liegen. Eine weitere Sonderregelung für die Ermessensbetätigung des Integrationsamtes im Insolvenzverfahren enthält § 89 Abs. 3 SGB IX. Danach soll die Zustimmung erteilt wer-   **975**

2283 BAG 20.1.2005, ZIP 2005, 1289 = NZA 2006, 1352; MüKo-InsO/*Haarmeyer*, § 22 Rn 63; Nerlich/Römermann/*Hamacher*, vor § 113 InsO Rn 21; FK/*Eisenbeis*, § 113 InsO Rn 10.

2284 Zur Befristung BAG 16.6.2005, NZA 2006, 270; zur tariflichen Unkündbarkeit BAG 19.1.2000, AP Nr. 5 zu § 113 InsO; BAG 16.6.2005 NZA 2006, 270; zur Unkündbarkeit in Betriebsvereinbarungen BAG 22.9.2005, NZA 2006, 658.

2285 Kübler/Prütting/*Moll*, § 113 InsO Rn 74; *Berscheid*, Rn 547 f.; ErfK/*Müller-Glöge*, § 113 InsO Rn 10; *Hess*, § 113 InsO Rn 579 ff.

2286 BVerwG 18.8.1977, AP Nr. 5 zu § 9 MuSchG 1968; *Hess*, § 113 InsO Rn 589 ff.

2287 ErfK/*Gallner*, § 5 PflegeZG Rn 2, 4.

2288 Nach Ziffer 2 der gemäß § 18 Abs. 1 S. 4 BEEG erlassenen allgemeinen Verwaltungsvorschriften erteilt die Behörde die Zustimmung zur Kündigung bei der Stilllegung oder Verlagerung des Betriebs(teils).

den, wenn der Schwerbehinderte im Interessenausgleich namentlich benannt, die Schwerbehindertenvertretung beteiligt und der Schwerbehindertenschutz gewahrt wurde.[2289]

(4) Ausbildungsverhältnis

976 Ein **Berufsausbildungsverhältnis** kann nach Ablauf der Probezeit vom Insolvenzverwalter nur aus wichtigem Grund ohne Einhaltung einer Kündigungsfrist gekündigt werden (§ 22 Abs. 2 BBiG). Die Vorschrift des § 113 InsO gilt nicht für Berufsausbildungsverhältnisse, da sie die gesetzliche Regelung zur Unkündbarkeit nicht verdrängt. In der Rechtsprechung des BAG wird aber als Kündigungsgrund anerkannt, dass die Fortsetzung der Ausbildung nicht mehr möglich ist. Der Insolvenzverwalter darf daher bei einer Betriebsstilllegung eine außerordentliche Kündigung, mit der gesetzlichen Kündigungsfrist des § 113 InsO als Auslauffrist, aussprechen.[2290]

(5) Mitglieder des Betriebsrates

977 Für Betriebsverfassungsorgane wie die Mitglieder des **Betriebsrats**,[2291] der Jugendvertretung oder des Wahlvorstandes bleibt in der Insolvenz der besondere Kündigungsschutz des § 15 KSchG bestehen. Die Eröffnung des Verfahrens stellt keinen wichtigen Grund dar, den Betriebsratsmitgliedern außerordentlich zu kündigen. Eine Kündigung ist nach § 15 Abs. 4 KSchG nur dann ausnahmsweise zulässig, wenn der Betrieb ganz oder teilweise stillgelegt wird oder der Arbeitsplatz wegen fehlender anderweitiger Beschäftigungsmöglichkeit wegfällt (§ 15 Abs. 4, 5 KSchG).[2292] Dabei ist die ordentliche Kündigung nach § 15 Abs. 4 KSchG frühestens zum Zeitpunkt der Betriebsstilllegung zulässig. Bei einer Verzögerung der Stilllegung ist auf die tatsächliche Betriebsstilllegung abzustellen, wenn nicht die geltende Kündigungsfrist über diesen Zeitpunkt hinaus läuft.

II) Insolvenzanfechtung von Entgeltzahlungen

978 Leistet der Arbeitgeber in der Krise, d.h. vor der Eröffnung des Insolvenzverfahrens, an den Arbeitnehmer Entgeltzahlungen, kann der Insolvenzverwalter diese Rechtshandlungen u.a. wegen Gläubigerbenachteiligung nach § 130 Abs. 1 Nr. 1 InsO anfechten[2293] und zurückfordern, wenn die Zahlung in den letzten drei Monaten vor dem Antrag auf Insolvenzeröffnung erfolgte, der Arbeitgeber zu dieser Zeit (bereits) zahlungsunfähig war, und der Arbeitnehmer zu dieser Zeit die Zahlungsunfähigkeit kannte. Nach Absatz 2 der Vorschrift steht der Kenntnis der Zahlungsunfähigkeit die Kenntnis der Umstände gleich, die zwingend auf die Zahlungsunfähigkeit schließen lassen. Nach neuerer Rechtsprechung des BAG wird eine solche Entgeltzahlung in der Krise grundsätzlich als Bargeschäft von der Privilegierung des § 142 InsO erfasst.[2294] Damit ist die Rechtshandlung nur noch bei Vorliegen der Voraussetzungen der Vorsatzanfechtung gemäß § 133 Abs. 1 InsO anfechtbar. Allein der Umstand, dass der Arbeitgeber gegenüber dem Arbeitnehmer mit Gehaltszahlungen im Rückstand ist, und der Arbeitnehmer weiß, dass dies auch in Bezug auf andere Arbeit-

---

2289 FK/*Eisenbeis*, § 113 InsO Rn 63 ff.; Nerlich/Römermann/*Hamacher*, § 113 InsO Rn 209 ff.

2290 BAG 27.5.1993, AP Nr. 9 zu § 22 KO; ErfK/*Müller-Glöge*, § 113 InsO Rn 3; FK/*Eisenbeis*, § 113 InsO Rn 20; *Zwanziger*, § 113 InsO Rn 17.

2291 BAG 17.11.2005, NZA 2006, 370; MüKo-InsO/*Caspers*, § 113 Rn 22; Nerlich/Römermann/*Hamacher*, § 113 InsO Rn 210 f.

2292 BAG 18.9.1997, AP § 103 BetrVG 1972 Nr. 35 = BB 1998, 482.

2293 Nach dem Beschluss des Gemeinsamen Senats der obersten Gerichtshöfe des Bundes vom 27.9.2010 ist für die Klage des Insolvenzverwalters gegen einen Arbeitnehmer auf Rückgewähr der vom Arbeitgeber geleisteten Vergütung das Arbeitsgericht nach § 2 Abs. 1 Nr. 3a ArbGG zuständig (NZA 2011, 534).

2294 Die Zusage eines Retentionsbonus (Halteprämie) begründet jedoch keine Inkongruenz, wenn und soweit dem Arbeitnehmer im Zeitpunkt der Zusage für den Fall, dass er weiter betriebstreu bleibt, lediglich ein Anspruch auf die arbeitsvertraglich vereinbarte Gegenleistung, nicht aber auf die ihm erst mit ergänzender Vereinbarung zugesagte Halteprämie zustand, BAG 12.9.2013, ZIP 2014, 37.

nehmer der Fall ist, rechtfertigt in der Regel nicht die Schlussfolgerung auf die Zahlungsunfähigkeit oder -einstellung des Arbeitgebers.[2295]

b) Betriebsübergang (§ 613a BGB) in der Insolvenz
aa) Einschränkung des Kündigungsschutzes

Die Vorschrift des § 613a BGB gilt grundsätzlich auch in der Insolvenz.[2296] Damit tritt nach Absatz 1 Satz 1 der Vorschrift der Erwerber bei einem (Teil-)Betriebsübergang in die Rechte und Pflichten der bestehenden Arbeitsverhältnisse ein. Nach § 613a Abs. 4 S. 1 BGB ist die Kündigung eines Arbeitsverhältnisses wegen (Teil-)Betriebsüberganges unwirksam.[2297] Ein Betriebsübergang liegt nach der Rechtsprechung vor, wenn ein neuer Rechtsträger die wirtschaftliche Einheit unter Wahrung ihrer Identität fortführt.[2298] Die Fortführung des Betriebes durch den Insolvenzverwalter selbst stellt keinen Betriebsübergang i.S.d. § 613a BGB dar.

979

Die Kündigungsschutzregelung des § 613a Abs. 4 BGB gilt in der Insolvenz jedoch nur eingeschränkt. Entsprechend ist gemäß der Rechtsprechung des BAG eine Kündigung durch den Insolvenzverwalter nach einem Sanierungskonzept des Erwerbers, aber auch nach einem Sanierungskonzept des Insolvenzverwalters selbst möglich.[2299] Zusätzlich gelten die Besonderheiten der InsO, so z.B. die Regelung des § 128 InsO. Häufig stehen der Personalbestand des Betriebes bzw. die Klagmöglichkeit der Arbeitnehmer gegen eine Kündigung einer aussichtsreichen Betriebsveräußerung durch den Insolvenzverwalter entgegen. Um dieses potentielle Hindernis abzuschwächen, hat der Gesetzgeber durch die Regelungen in §§ 125–128 InsO die Stellung des Betriebserwerbers gegenüber der alten Rechtslage in der KO verbessert, ohne aber zu sehr in den Kündigungsschutz einzugreifen.[2300]

980

So ermöglicht § 128 Abs. 1 InsO, dass der Insolvenzverwalter bereits vor dem Betriebsübergang Kündigungen ausspricht wegen einer geplanten Betriebsänderung, die erst nach der Betriebsveräußerung vom späteren Erwerber durchgeführt werden soll. Die Anwendung der §§ 125–127 InsO wird damit, hinsichtlich des Interessenausgleiches oder des Feststellungsantrages, auf die zeitlich nach dem Betriebsübergang liegende Betriebsänderung erstreckt. Ferner erstreckt § 128 Abs. 2 InsO die Vermutungswirkung des § 125 Abs. 1

981

2295 Vor der Entscheidung des Gemeinsamen Senats der obersten Gerichtshöfe des Bundes vom 27.9.2010 hat der BGH – Urteile vom 19.2.2009, NJW 2009, 1202, und vom 15.10.2009, ZInsO 2009, 2244 – angenommen, dass den Arbeitnehmer ohne Einblick in die Liquiditäts- und Zahlungslage des Arbeitgebers in der Krise keine Erkundigungspflicht treffe. In Fortführung dieser Rechtsprechung hat das BAG in seiner neueren Entscheidung ausgeführt, dass bei dieser Frage die Stellung und Funktion des Arbeitnehmers im Unternehmen per se nicht maßgebend sei (BAG 6.10.2011, NZA 2012, 330). Das BAG prüft sowohl das Indiz der Zahlungsunfähigkeit des Arbeitgebers als auch diese Kenntnis beim Arbeitnehmer einzelfallbezogen (29.1.2014, ZIP 2014, 628). Ausführlich dazu *Möckl*, Rn 453 ff. So sind Entgeltzahlungen nicht nach § 131 InsO anfechtbar, wenn sie in für das Arbeitsverhältnis üblicher Weise über das Geschäftskonto des Arbeitgebers, auch wenn es sich um ein Konto eines Dritten handelt, erfolgen, BAG 22.10.2015, NZA 2016, 44 = ZInsO 2016, 97.
2296 EuGH 12.3.1998, ZIP 1998, 1408; BAG 20.3.2003, NZA 2003, 1027 = ZIP 2003, 1671; BAG 19.12.2007, BB 2007, 1281; *Tretow*, ZInsO 2000, 309; *Lembke*, BB 2007, 1333; FK/*Mues*, vor §§ 113 ff. InsO Rn 49 ff.; *Lakies*, Rn 386 ff.
2297 Die Rechtsfolgen des § 613a BGB treten nicht ein, wenn das Arbeitsverhältnis zwischen dem Insolvenzverwalter und dem Arbeitnehmer durch einen dreiseitigen Vertrag unter Einbeziehung einer Beschäftigungs- und Qualifizierungsgesellschaft als neuer Arbeitgeber endet. Allerdings muss die vertragliche Regelung auf das endgültige Ausscheiden des Arbeitnehmers aus dem Betrieb gerichtet sein, andernfalls ist es eine gesetzeswidrige Umgehung des § 613a BGB. Dies wäre z.B. der Fall, wenn bei Unterzeichnung des Aufhebungsvertrages ein neues Arbeitsverhältnis gleichzeitig verbindlich mit dem Betriebserwerber in Aussicht gestellt worden ist, BAG 18.8.2011, NZA 2012, 152.
2298 EuGH 18.3.1986, Rs 24/85, EAS Nr. 2 zu Art. 1 RL 77/187/EWG – Spijkers; BAG 22.5.1997, NZA 1997, 1050.
2299 Zum Erwerberkonzept BAG 20.3.2003, NZA 2003, 1027 = ZIP 2003, 1671; zum Insolvenzverwalterkonzept BAG 20.9.2006, NZA 2007, 387 = ZIP 2007, 595; allgemein *Arens/Brand*, § 1 Rn 750 ff.
2300 Begründung des Regierungsentwurfes einer Insolvenzordnung – InsO (RegEntw InsO), BT-Drucks 12/2443, 97.

S. 1 InsO darauf, dass eine vom Insolvenzverwalter ausgesprochene Kündigung nicht wegen Betriebsübergangs erfolgt.[2301] Das Kündigungsverbot des § 613a Abs. 4 S. 1 BGB ist damit gelockert. Der Arbeitnehmer trägt die volle Darlegungs- und Beweislast, dass die Kündigung nicht auf anderen Gründen beruht.[2302]

bb) Haftungsbeschränkung des Betriebserwerbers

982   Neben der Einschränkung des Kündigungsschutzes beim Betriebsübergang in der Insolvenz gilt die Haftungsnachfolge des Erwerbers für die vor dem Betriebsübergang entstandenen Verpflichtungen nach § 613a Abs. 2 BGB nur eingeschränkt (**teleologische Reduktion**). Nach der Rechtsprechung des BAG haftet der Betriebserwerber nicht für solche Ansprüche, die bereits vor der Insolvenzeröffnung entstanden sind. Um nicht gegen den insolvenzrechtlichen Grundsatz der gleichmäßigen Gläubigerbefriedigung zu verstoßen, haftet der Betriebserwerber uneingeschränkt nur für die Ansprüche, die nach der Insolvenzeröffnung bis zum Betriebsübergang entstanden sind.[2303] Bei Ansprüchen auf Jahressonderleistungen, die nach dem Betriebsübergang fällig werden, ist zu differenzieren. Ist die Leistung nicht arbeitsleistungsbezogen, entsteht der Anspruch erst bei Fälligkeit und der Erwerber schuldet die volle Leistung.[2304] Bei Sozialplananspruchen gilt die Haftungserleichterung für den Erwerber unabhängig davon, ob der Sozialplan vor oder nach der Insolvenzeröffnung abgeschlossen wurde.[2305] Der Urlaubsanspruch hingegen geht auch in der Insolvenz ohne Haftungsbeschränkung auf den Erwerber über.[2306] Arbeitsverhältnisse von Arbeitnehmern in Altersteilzeit, die sich im Blockmodell in der Freistellungsphase befinden, gehen auf den Erwerber über. Dies gilt auch, wenn über das Vermögen des Veräußerers das Insolvenzverfahren eröffnet wurde. Ansprüche auf Altersteilzeitvergütung, die auf Arbeitsleistungen vor der Insolvenzeröffnung beruhen, muss der Erwerber erfüllen, soweit diese nach dem Betriebsübergang fällig werden.[2307] Bei Anwartschaften auf betriebliche Altersversorgung schuldet der Erwerber wegen der Haftungserleichterung im späteren Versorgungsfall nicht die volle Leistung. Er schuldet nur den Teil der Leistung, den der Arbeitnehmer beginnend ab der Insolvenzeröffnung bei ihm erdient hat.[2308] Für die beim Gemeinschuldner erdienten unverfallbaren Anwartschaften haftet der Träger der gesetzlichen Insolvenzsicherung (PSVaG) nach § 7 Abs. 2 BetrAVG.[2309] Anwartschaften, die bei der Insolvenzeröffnung noch verfallbar waren, sind weder über den Erwerber noch über den Pensionssicherungsverein aG abgesichert. Der Arbeitnehmer kann sie als Insolvenzforderung zur Tabelle anmelden.[2310]

983   Die Haftungsbeschränkung nach § 613a Abs. 2 BGB kommt bei einem Betriebsübergang dann nicht zum Tragen, wenn die Insolvenzeröffnung mangels Masse unterblieben ist oder der Erwerber den Betrieb vor dem Eröffnungsbeschluss noch im Insolvenzeröffnungsverfahren übernimmt.[2311]

2301 Liegt keine Betriebsänderung nach § 111 BetrVG, sondern ausschließlich ein (Teil-)Betriebsübergang vor, kommt § 128 Abs. 2 InsO nicht zum Tragen (BAG 26.7.2007, NZA 2008, 112).

2302 BAG 29.9.2005, AP § 1 KSchG 1969 Betriebsbedingte Kündigung Nr. 139.

2303 BAG 20.11.1984, DB 1985, 1135; BAG 4.12.1986, DB 1987, 745; BAG 20.6.2002, NZA 2003, 318 = BB 2003, 423; BAG 9.12.2009, NZA 2010, 461. Vgl. dazu allgemein *Schrader/Straube* S. 165 ff.

2304 BAG 11.10.1995, DB 1996, 1478.

2305 BAG 15.1.2002, NZA 2002, 1034.

2306 BAG 18.11.2003, NZA 2004, 651 und BAG 18.11.2003, NZA 2004, 654.

2307 BAG 31.1.2008, ZIP 2008, 1133.

2308 BAG 22.12.2009, NZA 2010, 568; BAG 19.5.2005, DZWIR 2006, 67.

2309 BAG 11.2.1992, AP § 1 BetrAVG Betriebsveräußerung Nr. 13; BAG 4.7.1989, ZIP 1989, 1422; BVerwG 13.7.1999, ZIP 1999, 2067; Nerlich/Römermann/*Hamacher*, vor § 113 InsO Rn 119.

2310 BAG 29.10.1985, AP § 1 BetrAVG Betriebsveräußerung Nr. 4.

2311 BAG 20.6.2002, NZA 2003, 318 = BB 2003, 423, unter Hinweis auf BAG 17.1.1980, AP § 613a BGB Nr. 18; KR/*Treber*, § 613a BGB Rn 75; Kübler/Prütting/*Moll*, § 128 InsO Rn 10; *Berscheid*, NZI 2000, 1.

cc) Auszug aus einem Unternehmenskaufvertrag zwischen Insolvenzverwalter und Erwerber

▼

Muster 2.80: Unternehmenskaufvertrag zwischen Insolvenzverwalter und Erwerber –   **984**
Auszug

§ ▨▨▨ **Arbeitnehmer**

(1) Der Insolvenzverwalter als Veräußerer und der Erwerber gehen davon aus, dass ein Betriebsübergang nach § 613a BGB vorliegt. Der Erwerber tritt in sämtliche Arbeitsverhältnisse, die zum Zeitpunkt des Übernahmestichtags im Betrieb des Veräußerers bestehen, zu unveränderten Bedingungen ein. Die zu übernehmenden Arbeitnehmer sind in der Anlage ▨▨▨, die Bestandteil dieses Vertrages ist, angeführt. Eine betriebliche Altersversorgung zugunsten der Arbeitnehmer besteht nicht.

(2) Der Insolvenzverwalter als Veräußerer verpflichtet sich, dem Erwerber sämtliche ihm vorliegenden Personalunterlagen, insbesondere die Listen zu den Gehaltszahlungen, Urlaubstagen, Sozialversicherungs-, Kranken- und Pflegeversicherungsbeiträgen, zu übergeben. Der Erwerber verpflichtet sich, die Personalunterlagen zu übernehmen.

(3) Der Insolvenzverwalter als Veräußerer und der Erwerber werden die in der Anlage ▨▨▨ genannten Arbeitnehmer in einem gemeinsamen Schreiben zeitnah und umfassend gemäß § 613a Abs. 5 BGB über den bevorstehenden Betriebsübergang informieren. Soweit einzelne Arbeitnehmer von ihrem Widerspruchsrecht gemäß § 613a Abs. 6 BGB Gebrauch machen, bleiben die jeweiligen Arbeitsverhältnisse mit dem Veräußerer bestehen.

(4) Der Insolvenzverwalter als Veräußerer hat zur Entlastung der Insolvenzmasse alle Arbeitsverhältnisse der in der Anlage ▨▨▨ angeführten Arbeitnehmer fristgemäß gekündigt. Der Erwerber ist hierüber informiert.

▲

c) Verfahren bei Massenentlassung

Bei bevorstehenden Massenentlassungen gilt auch im Insolvenzverfahren gemäß §§ 17, 18 KSchG uneinge-   **985**
schränkt das Verfahren zur **Melde- und Anzeigepflicht**.[2312] Nach den neueren Entscheidungen des EuGH[2313] und des BAG[2314] ist unter dem Begriff „Entlassung" i.S.d. §§ 17 ff. KSchG die Kündigungserklärung des Arbeitgebers zu verstehen. Entsprechend hat der Insolvenzverwalter vor Ausspruch von Kündigungen, aber auch bei allen anderen Beendigungsformen, die von ihm veranlasst sind,[2315] die Mitwirkungsrechte des Betriebsrates zu beachten.[2316] Gleichzeitig hat er nach § 17 Abs. 3 KSchG die beabsichtigten Massenentlassungen gegenüber der Agentur für Arbeit ordnungsgemäß anzuzeigen.[2317]

2312 EuGH, 17.12.1998, NZA 1999, 305 = ZIP 1999, 1183; Uhlenbruck/*Zobel*, § 113 InsO Rn 118; *Arens*/*Brand*, § 1 Rn 927 ff.

2313 EuGH, 27.1.2005, NZA 2005, 213 = ZIP 2005, 230.

2314 BAG 23.3.2006, NZA 2006, 971; BAG 13.7.2006, ZIP 2006, 2396 = NZA 2007, 25; BAG 22.3.2007, NZA 2007, 1101, unter Aufgabe der früheren Rechtsprechung, wonach unter „Entlassung" die tatsächliche Beendigung des Arbeitsverhältnisses verstanden wurde.

2315 Zum Aufhebungsvertrag BAG 11.3.1999, NZA 1999, 761.

2316 Der Betriebsrat muss vollständig unterrichtet und mit ihm muss beraten worden sein. Eine Einigung vor Durchführung der Massenentlassung muss nicht mit ihm erzielt worden sein. Vgl. BAG 13.7.2006, ZIP 2006, 2396 = NZA 2007, 25.

2317 Die Entlassungssperre nach § 18 Abs. 1 KSchG hindert weder den Ausspruch einer Kündigung nach Anzeige der Massenentlassung während des Laufs der Sperrfrist, noch verlängert sie die Kündigungsfristen (BAG 6.11.2008, ZIP 2009, 487). Die Sperrfrist stellt lediglich einen Mindestzeitraum bis zur Beendigung des Arbeitsverhältnisses dar mit der Folge, dass u.U. das Arbeitsverhältnis über die (kürzere) Kündigungsfrist hinaus erst mit Ablauf der Sperrfrist endet. Vgl. BAG 28.5.2009, ZInsO 2009, 1968 = NZA 2009, 1267. Bei einem Verstoß gegen die Vorschriften der §§ 17 ff. KSchG sind nach neuerer Rechtsprechung alle ausgesprochenen Kündigungen und Aufhebungsverträge rechtsunwirksam (BAG 12.7.2007, NZA 2008, 425). Als sog. relativer Unwirksamkeitsgrund muss sich der betroffene Arbeitnehmer nach herrschender Meinung darauf fristgemäß berufen. Vgl. ErfK/*Kiel*, § 17 KSchG Rn 35 ff.; Uhlenbruck/*Zobel*, § 113 InsO Rn 143 ff.

II. Kollektives Arbeitsrecht in der Insolvenz

986   Die Eröffnung des Insolvenzverfahrens hat generell keine Auswirkungen auf das kollektive Arbeitsrecht, soweit der Gesetzgeber in den Vorschriften §§ 113, 120–122 und 125–128 InsO nichts anderes geregelt hat.

1. Beteiligungsrechte des Betriebsrates

987   Die Beteiligungsrechte der Betriebsverfassungsorgane, insbesondere des Betriebsrates bleiben im Insolvenzverfahren bestehen. Die Insolvenzeröffnung hat rechtlich keinen Einfluss auf die Amtszeit des Betriebsrates, da die nach § 80 InsO auf den Insolvenzverwalter übergehende Verwaltungs- und Verfügungsbefugnis auch die betriebsverfassungsrechtlichen Rechte und Pflichten umfasst.[2318] Es gilt beispielsweise die Anhörungspflicht des Betriebsrates zur beabsichtigten Kündigung nach § 102 BetrVG, nicht jedoch vor einer Freistellung,[2319] sowie das Mitbestimmungsrecht des Betriebsrates bei Betriebsänderungen, insbesondere einer (Teil-)Betriebsstilllegung, nach §§ 111 ff. BetrVG.

988   Wurde in dem Betrieb noch kein Betriebsrat gebildet, wird bei drohender Insolvenz des Arbeitgebers häufig erstmals eine Betriebsratswahl initiiert, insbesondere um Sozialplanleistungen zu verhandeln. Wird der Betriebsrat jedoch erst nach dem Betriebsänderungs- oder Stilllegungsbeschluss gewählt, kann dieser den Abschluss eines Interessenausgleichs und Sozialplans nicht mehr verlangen.[2320] Die Pflichten des Insolvenzverwalters, die Betriebsänderung mit dem Betriebsrat zu beraten und einen Interessenausgleich abzuschließen, bestehen auch dann, wenn dieser erst nach der Insolvenzeröffnung gewählt wurde.[2321]

Praxistipp

Besteht in einem Betrieb kein Betriebsrat, so muss dieser vor dem Betriebsänderungs-/Stilllegungsbeschluss gewählt werden, um mit dem Insolvenzverwalter einen Interessenausgleich und Sozialplan wegen Abfindungszahlungen zu verhandeln.

2. Interessenausgleich in der Insolvenz

989   Generell besteht im Insolvenzverfahren die Pflicht des Insolvenzverwalters, bei einer **Betriebsänderung** i.S.d. § 111 BetrVG einen Interessenausgleich zu versuchen. Andernfalls kann der von einer Betriebsänderung betroffene Arbeitnehmer gemäß § 113 Abs. 3 BetrVG Ansprüche auf Nachteilsausgleich[2322] geltend machen, sobald der Insolvenzverwalter mit der geplanten Betriebsänderung beginnt.[2323]

990   Um aber die Sanierungsbemühungen des Insolvenzverwalters bzw. eine beabsichtigte Betriebsveräußerung auf einen Erwerber wegen Unklarheiten der Arbeitsverhältnisse nicht zu verzögern, wird das Verfahren durch die Regelungen der §§ 121, 122 InsO **beschleunigt**. Nach § 121 InsO findet ein Vermittlungsversuch nur dann statt, wenn der Insolvenzverwalter und der Betriebsrat gemeinsam darum ersuchen. Erscheint dem Insolvenzverwalter auch die Anrufung der Einigungsstelle zu langwierig, kann er mit arbeitsgerichtlicher Zustimmung von der Verpflichtung befreit werden, einen Interessenausgleich nach § 112 Abs. 2 BetrVG zu

---

2318 *Fitting u.a.*, § 21 BetrVG Rn 36; ErfK/*Koch*, § 21 BetrVG Rn 5.

2319 BAG 22.1.1998, ZInsO 1998, 190.

2320 BAG 28.10.1992, AP Nr. 63 zu § 112 BetrVG; a.A. ArbG Reutlingen, 29.10.1998, ZInsO 1999, 303 (LS).

2321 BAG 18.11.2003, ZIP 2004, 235 = NZA 2004, 220; ErfK/*Kania*, §§ 112, 112a BetrVG Rn 10.

2322 Bereits die unwiderrufliche Freistellung aller Arbeitnehmer durch den Insolvenzverwalter kann als faktische Betriebsstilllegung als Beginn einer Betriebsänderung i.S.d. § 111 BetrVG gewertet werden mit der Folge, dass ohne vorherigen Abschluss eines Interessenausgleiches den Arbeitnehmern Nachteilsausgleichsansprüche zustehen (LAG Berlin-Brandenburg 2.3.2012, ZIP 2012, 1429 (LS)).

2323 Hinsichtlich der Höhe des Nachteilsausgleichs verweist § 113 Abs. 1 BetrVG auf § 10 KSchG. Vgl. zur objektiven Pflichtverletzung BAG 23.9.2003, NZA 2004, 440 = ZIP 2004, 627; dazu Anm. *Lunk*, ArbRB 2004, 104.

versuchen (§ 122 Abs. 1 InsO). Das Arbeitsgericht hat die Zustimmung nach § 122 Abs. 2 InsO zu erteilen, wenn die wirtschaftliche Lage des Unternehmens dies auch unter Berücksichtigung der Arbeitnehmerbelange erfordert.[2324]

3. Namensliste nach § 125 InsO

Nach § 125 Abs. 1 InsO können der Insolvenzverwalter und der Betriebsrat einen Interessenausgleich vereinbaren, der die Arbeitnehmer, denen gekündigt werden soll, namentlich bezeichnet.[2325] Dies gilt auch für Änderungskündigungen. Die Gestaltungsmöglichkeiten bei einem **Interessenausgleich mit Namensliste** führen zu einer erheblichen Einschränkung des individuellen Kündigungsschutzes des Arbeitnehmers.[2326] Zum einen wird vermutet, dass die Kündigung der in der Liste genannten Arbeitnehmer durch dringende betriebliche Erfordernisse bedingt ist.[2327] Zum anderen wird die Sozialauswahl nur hinsichtlich der Betriebszugehörigkeit, des Alters und der Unterhaltspflichten gerichtlich auf grobe Fehlerhaftigkeit nachgeprüft.[2328] Die Namensliste muss Bestandteil des Interessenausgleiches sein. Bei getrennten Dokumenten muss die Namensliste mit dem Interessenausgleich vor Unterzeichnung z.B. durch Heftung zu einer einheitlichen Urkunde fest verbunden sein.[2329] Der Abschluss des Interessenausgleichs mit Namensliste kann mit dem Anhörungsverfahren gemäß § 102 BetrVG verbunden werden. Die Anforderungen an die Anhörung sind dabei nicht herabgesetzt.[2330]

991

Kommt ein Interessenausgleich mit Namensliste zustande, ersetzt dieser nach § 125 Abs. 2 InsO zugleich die Stellungnahme des Betriebsrats im Rahmen der Massenentlassungsanzeige nach § 17 Abs. 3 S. 2 KSchG.[2331] Die Konsultationspflicht des Betriebsrates nach § 17 Abs. 2 S. 1 KSchG bleibt bestehen, es sei denn, der Arbeitgeber erfüllt gleichzeitig seine Pflichten gegenüber dem Betriebsrat aus den Vorschriften §§ 102, 111 BetrVG sowie § 17 Abs. 2 KSchG, soweit sie übereinstimmen. Möchte er dies, muss hinreichend klargestellt sein, dass und welche Verfahren gleichzeitig durchgeführt werden sollen.[2332]

992

> *Hinweis*
>
> Aus Beschleunigungsgründen werden der Interessenausgleich mit Namensliste und die Anhörungen nach § 102 BetrVG häufig miteinander verbunden.

2324 Gegen den Beschluss ist keine Beschwerde beim Landesarbeitsgericht, sondern nur die Rechtsbeschwerde beim BAG möglich, wenn diese durch das Arbeitsgericht zugelassen ist (§ 122 Abs. 3 InsO).

2325 Nach einer neueren Entscheidung des BAG ist im Geltungsbereich der EuInsVO auch ein Administrator, der in der vom englischen Insolvenzrecht vorgesehenen Weise für den Gemeinschuldner handelt, befugt, einen Interessenausgleich nach § 125 InsO abzuschließen. Nur mit dieser Auslegung lassen sich effiziente und wirksame grenzüberschreitende Insolvenzverfahren sicherstellen, vgl. BAG 20.9.2012, NZI 2012, 1011.

2326 Da eine Betriebsänderung nach § 111 BetrVG Voraussetzung für die Anwendung von § 125 InsO ist, greift die Vorschrift nicht bei Kleinbetrieben. Der Insolvenzverwalter kann aber das Verfahren nach § 126 InsO einleiten.

2327 Der Insolvenzverwalter muss in einem Kündigungsrechtsstreit nur das wirksame Zustandekommen des Interessenausgleichs und die Nennung des Klägers in der Namensliste darlegen. Vgl. BAG 7.5.1998, DB 1998, 1768 = ZIP 1998, 1809. Der Sonderkündigungsschutz nach § 15 KSchG wird von der Vermutungswirkung des § 125 InsO nicht berührt. Vgl. BAG 17.11.2005, NZA 2006, 370.

2328 Die Sozialauswahl ist grob fehlerhaft, wenn ein evidenter Fehler vorliegt und der Interessenausgleich, insbesondere bei der Gewichtung der Auswahlkriterien, jede Ausgewogenheit vermissen lässt. Vgl. BAG 28.8.2003, NZA 2004, 432; BAG 3.4.2008, NZA 2008, 1060. Ferner ist bei einem Interessenausgleich mit Namensliste in der Insolvenz ausreichend, wenn sich die Betriebsparteien bei der Sozialauswahl auf die aus der Lohnsteuerkarte ersichtlichen Unterhaltsverpflichtungen beschränken, BAG 28.6.2012, NZA 2012, 1090.

2329 BAG 7.5.1998, EzA Nr. 6 zu § 1 KSchG Interessenausgleich.

2330 BAG 23.8.2003, ZIP 2004, 525.

2331 Bei einer betriebsübergreifenden Betriebsänderung ersetzt der zwischen Insolvenzverwalter und Gesamtbetriebsrat abgeschlossene Interessenausgleich mit Namensliste die Stellungnahmen der örtlichen Betriebsräte nach § 17 Abs. 3 S. 2 KSchG, BAG 7.7.2011, NZA 2011, 1108.

2332 BAG 18.1.2012, NZA 2012, 817.

4. Beschlussverfahren nach § 126 InsO

993   Hat der Betrieb keinen Betriebsrat oder kommt innerhalb von drei Wochen ein Interessenausgleich nach § 125 InsO nicht zustande, steht dem Insolvenzverwalter das Verfahren nach § 126 InsO offen. Danach kann er beim Arbeitsgericht beantragen festzustellen, dass die Kündigung der im Antrag benannten Arbeitnehmer sozial gerechtfertigt ist. Dabei gibt es anders als bei § 125 Abs. 1 InsO weder eine Beweislastumkehr, noch ist die Überprüfung auf grobe Fehlerhaftigkeit beschränkt.[2333] Nach § 128 Abs. 1 S. 2 InsO ist der mögliche Erwerber des Betriebs an dem Verfahren zu beteiligen. Die rechtskräftige Entscheidung in dem Verfahren nach § 126 InsO ist für eine etwaige Kündigungsschutzklage des Arbeitnehmers bindend (§ 127 InsO).[2334] Der Insolvenzverwalter darf bereits vor Einleitung des Beschlussverfahrens nach § 126 InsO eine Kündigung aussprechen. In diesem Fall wird das laufende Kündigungsschutzverfahren auf Antrag des Insolvenzverwalters nach § 127 Abs. 2 InsO ausgesetzt.[2335]

5. Sozialplan in der Insolvenz

994   Der Insolvenzverwalter hat in der Insolvenz wie bei einem wirtschaftlich „gesunden" Unternehmen die Pflicht, bei einer **Betriebsänderung** i.S.d. § 111 BetrVG mit dem Betriebsrat einen Sozialplan nach §§ 112 ff. BetrVG zu verhandeln. Anders als bei den Interessenausgleichsverhandlungen sieht das Gesetz für den Abschluss des Sozialplans im Insolvenzverfahren keine verfahrensrechtlichen Ausnahmeregelungen vor.[2336] Allerdings regelt § 123 Abs. 1 InsO eine **Begrenzung des Sozialplanvolumens** auf einen Gesamtbetrag von bis zu zweieinhalb Monatsverdiensten der von einer Entlassung betroffenen Arbeitnehmer (absolute Obergrenze). Dabei erhält nicht jeder Arbeitnehmer den Betrag dieser Obergrenze. Hingegen ist jeweils die individuelle Situation der Arbeitnehmer zu berücksichtigen.[2337] Gemäß Absatz 2 der Vorschrift sind Sozialplanabfindungen Masseverbindlichkeiten.[2338] Ferner darf für die Sozialplanansprüche nicht mehr als **ein Drittel der Masse** verwendet werden, die ohne den Sozialplan für die Insolvenzgläubiger zur Verfügung stünde (relative Obergrenze). Übersteigt der Gesamtbetrag der Sozialplanansprüche diese Grenze, so sind die einzelnen Sozialplanansprüche anteilig zu kürzen. Schließlich steht im Ermessen des Insolvenzverwalters und des Betriebsrates, ob die beiden Obergrenzen ausgeschöpft werden. Nach § 123 Abs. 3 S. 1 InsO soll der Insolvenzverwalter Abschläge an die Sozialplanberechtigten leisten, wenn in der Masse hinreichend Barmittel vorhanden sind.

995   Ein Sozialplan, der in den letzten drei Monaten vor Antrag auf Eröffnung des Insolvenzverfahrens abgeschlossen wurde, kann vom Insolvenzverwalter oder vom Betriebsrat gemäß § 124 Abs. 1 InsO **widerrufen** werden. Hintergrund der Regelung ist, dass die durch diesen Sozialplan begünstigten Arbeitnehmer mit den anderen Arbeitnehmern gleichgestellt werden sollen. Unterbleibt der Widerruf, sind die Sozialplanabfindungen grds. als einfache Insolvenzforderung i.S.d. § 38 InsO zur Tabelle anzumelden.[2339] Nur wenn der vorläufige starke Insolvenzverwalter den Sozialplan abgeschlossen hat, sind es Masseschulden. Bei Wi-

---

2333 Die Anhörung gemäß § 102 BetrVG ist gesondert durchzuführen. Vgl. BAG 20.5.1999, ZInsO 1999, 601 (LS). Vgl. *Eisenbeis/Mues*, Rn 662 ff.

2334 Wurde ein Interessenausgleich nach § 125 InsO geschlossen, kann das Arbeitsgericht die Voraussetzungen des § 125 InsO ausschließlich im Kündigungsschutzverfahren prüfen.

2335 BAG 29.6.2000, ZIP 2000, 1588.

2336 Zum Inhalt eines Sozialplans *Arens/Brand*, § 2 Rn 216 ff.

2337 So kann beispielsweise ein Arbeitnehmer, der unmittelbar eine Anschlussbeschäftigung gefunden hat oder eine zumutbare Weiterbeschäftigung bei einem Betriebserwerber ablehnt, keine Abfindung erhalten. Vgl. BAG 19.1.1999, ZInsO 1999, 544 (LS).

2338 Durch die relative Begrenzung des Sozialplanvolumens werden die Sozialplanberechtigten erst dann befriedigt, wenn alle übrigen Masseverbindlichkeiten erfüllt wurden. Sie sind nachrangig zu den anderen Masseforderungen. Nach § 123 Abs. 3 S. 2 InsO ist die Zwangsvollstreckung in die Masse wegen einer Sozialplanforderung mangels Rechtsschutzbedürfnis unzulässig, vgl. BAG 22.7.2010, AP Nr. 5 zu § 123 InsO; BAG 21.1.2010, NZA 2010, 413.

2339 BAG 31.7.2002, AP Nr. 1 zu § 38 InsO = NZA 2002, 1332; Uhlenbruck/*Sinz*, § 38 InsO Rn 57; *Arens/Brand*, § 2 Rn 274.

derruf des Sozialplanes können die davon betroffenen Arbeitnehmer bei einem Sozialplan nach § 123 InsO berücksichtigt werden (§ 124 Abs. 2 InsO). Allerdings dürfen nach Absatz 3 der Vorschrift schon ausgezahlte Sozialplanbeträge bei Widerruf nicht zurückgefordert werden.

6. Betriebsvereinbarungen in der Insolvenz

Die Insolvenzeröffnung berührt nicht die **Wirksamkeit** von bestehenden Betriebsvereinbarungen. Allerdings regelt § 120 Abs. 1 InsO, dass der Insolvenzverwalter und der Betriebsrat über eine einvernehmliche Herabsetzung der Leistungen verhandeln sollen, die in einer Betriebsvereinbarung geregelt sind und die Insolvenzmasse belasten. Zudem ist der Insolvenzverwalter nach dieser Vorschrift berechtigt, die Betriebsvereinbarung mit einer Dreimonatsfrist zu **kündigen**, auch wenn eine längere Frist vereinbart ist. Eine Betriebsvereinbarung über freiwillige Leistungen wirkt nach der Rechtsprechung des BAG nicht nach, wenn der Arbeitgeber sie gekündigt hat, um die freiwilligen Leistungen gänzlich einzustellen.[2340] Wird die freiwillige Leistung jedoch nur gekürzt, gilt trotz der Kündigung die Nachwirkung gemäß § 77 Abs. 6 BetrVG ebenso wie bei einer Betriebsvereinbarung im Rahmen der zwingenden Mitbestimmung nach § 87 BetrVG.

996

III. Ansprüche des Arbeitnehmers aus dem Arbeitsverhältnis

1. Typischer Sachverhalt

Die Arbeitnehmer der A-GmbH, die sich seit dem 14.4.2017 im vorläufigen Insolvenzverfahren befindet, haben seit März 2017 keine Gehälter erhalten. Nach Eröffnung des Insolvenzverfahrens am 31.5.2017 hat der Insolvenzverwalter alle Arbeitsverhältnisse gekündigt. Der Großteil der Arbeitnehmer wurde mit der Kündigung auch freigestellt. Die wenigen verbleibenden Arbeitnehmer benötigt der Insolvenzverwalter für Abwicklungsarbeiten bei der A-GmbH. Alle Arbeitnehmer fragen sich, ob und wann die rückständigen Gehälter sowie ihr vertraglich vereinbartes 13. Gehalt und das Urlaubsgeld gezahlt werden. Der (vorläufige) Insolvenzverwalter hatte die Arbeitnehmer auf den Anspruch auf Insolvenzgeld hingewiesen.

997

2. Rechtliche Grundlagen

Generell muss der Insolvenzverwalter die offenen Forderungen aller Insolvenzgläubiger aus der Insolvenzmasse (§ 35 InsO) gleichmäßig erfüllen. Den Arbeitnehmern kommt bei einer Insolvenz des Arbeitgebers jedoch in zweierlei Hinsicht eine **Sonderstellung** zu. Zum einen berührt die Insolvenz die Arbeitsverhältnisse nach § 108 Abs. 1 S. 1 InsO nicht, sie bestehen grundsätzlich fort. Zum anderen sind die sich aus dem Arbeitsverhältnis ergebenden Ansprüche der Arbeitnehmer gegenüber anderen Gläubigern bevorrechtigt; teils entstehen sogar neue Ansprüche wie z.B. gegenüber der Bundesagentur für Arbeit auf Insolvenzgeld. Für die insolvenzrechtliche Einordnung der Arbeitnehmeransprüche und damit auch deren Sicherung im Insolvenzverfahren ist zu unterscheiden, ob diese vor der Eröffnung oder nach der Eröffnung des Insolvenzverfahrens entstanden sind.

998

Praxistipp

Die Ansprüche des Arbeitnehmers aus dem Arbeitsverhältnis werden unterschiedlich behandelt, je nachdem ob sie vor oder nach der Eröffnung des Insolvenzverfahrens entstanden sind. Der Entstehungszeitpunkt ist für jeden Anspruch gesondert zu prüfen.

2340 BAG 26.10.1993, AP Nr. 6 zu § 77 BetrVG 1972 Nachwirkung = DB 1994, 987; *Hess*, § 120 InsO Rn 31 ff.; *Eisenbeis/Mues*, Rn 488 ff.

a) Ansprüche aus der Zeit vor der Insolvenzeröffnung

999   Ob es sich um einen Anspruch vor oder nach der Insolvenzeröffnung handelt, bestimmt sich nicht nach der Fälligkeit, sondern nach dem **Entstehen** der Forderung.[2341]

aa) Entgeltschutz in der Insolvenz

1000   Die ehemalige in der KO geregelte Privilegierung der Arbeitnehmeransprüche auf rückständiges Arbeitsentgelt aus der Zeit vor der Verfahrenseröffnung gilt nicht mehr. Damit sind sämtliche rückständigen Vergütungsansprüche der Arbeitnehmer, seien es Geld- oder Naturalleistungen, gemäß §§ 38, 108 Abs. 2 InsO nur noch **einfache Insolvenzforderungen**.[2342] Die Ansprüche der Sozialversicherungsträger sind gleichfalls nicht bevorrechtigt.[2343] Nach § 39 InsO sind lediglich bestimmte Nebenforderungen wie z.B. Zinsansprüche und Kosten wegen der Teilnahme am Insolvenzverfahren „nachrangig". Wertguthaben auf Arbeitszeitkonten sind den Zeiträumen der tatsächlichen Arbeitsleistung zuzuordnen.[2344] Um in der Insolvenz Nachteile des Arbeitnehmers zu vermeiden, hat der Gesetzgeber in den neuen Vorschriften der §§ 7b ff. SGB IV die insolvenzrechtliche Absicherung flexibler Arbeitszeitregelungen umgesetzt.[2345] Die Vergütungsansprüche sind damit, soweit sie nicht wegen beantragten Insolvenzgeldes auf die Bundesagentur für Arbeit übergegangen sind, wie jede andere Insolvenzforderung vom Arbeitnehmer zur Insolvenztabelle anzumelden. Voraussetzung für die Anmeldung zur Tabelle ist, dass der Vergütungsanspruch zum Zeitpunkt der Verfahrenseröffnung noch nicht aufgrund tariflicher oder vertraglicher Ausschlussfristen verfallen ist.[2346] Nach Eröffnung des Insolvenzverfahrens gelten tarifvertragliche Verfallsklauseln für die Insolvenzforderungen der Arbeitnehmer nicht mehr.[2347] Die Anmeldung als Insolvenzforderung unterbricht zudem eine laufende Verjährungsfrist (§ 204 Abs. 1 Nr. 10 BGB).

> *Hinweis*
>
> In der InsO gibt es keine bevorrechtigten Gläubigergruppen mehr. Weder die Arbeitnehmeransprüche vor Eröffnung der Insolvenz noch die Ansprüche der Sozialversicherungsträger oder Lohnsteuerforderungen sind privilegiert.

bb) Durchsetzung von Insolvenzforderungen

1001   Der Arbeitnehmer kann seine Insolvenzforderungen als Insolvenzgläubiger nur nach den Vorschriften über das Insolvenzverfahren durchsetzen (§ 87 InsO). Zwangsvollstreckungsmaßnahmen für einzelne Insolvenzgläubiger sind während der Dauer des Insolvenzverfahrens nach § 89 Abs. 1 InsO unzulässig. Der Arbeitnehmer hat seine Insolvenzforderungen, ob streitig oder unstreitig, schriftlich beim Insolvenzverwalter anzumelden (§ 174 Abs. 1 InsO), bei Arbeitsentgeltansprüchen mit dem **Bruttobetrag** und bei anderen Forderungen mit dem Wert, der für die Zeit der Insolvenzeröffnung geschätzt werden kann. Auch bereits rechtskräftig titulierte Forderungen sind anzumelden. Bei übergegangenen Forderungen, wie z.B. dem Insolvenzgeld, ist nicht der Arbeitnehmer, sondern die Bundesagentur für Arbeit anmeldebefugt. Um eine sachliche Prüfung zu ermöglichen, sollen der Anmeldung Urkunden, aus denen sich die Forderung ergibt, wie z.B. die Gehaltsabrechnung, beigefügt werden.[2348]

2341 BAG 12.1.1967, NJW 1967, 1055 (LS); Uhlenbruck/*Sinz*, § 38 InsO Rn 58; MüKo-InsO/*Ehricke*, § 38 Rn 19.
2342 *Lakies*, NZA 2001, 521; Nerlich/Römermann/*Balthasar*, § 108 InsO Rn 15.
2343 BAG 18.4.2005, AP Nr. 2 zu § 64 GmbHG = NJW 2005, 2546.
2344 BAG 24.9.2003, BB 2004, 1453 = NZA 2004, 980.
2345 Der Insolvenzschutz des § 7e SGB IV gilt auch für vor dem 1.1.2009 aufgebaute Wertguthaben. ErfK/*Rolfs*, § 7e SGB IV Rn 3.
2346 BAG 18.12.1984, NZA 1985, 396 = ZIP 1985, 754.
2347 LAG Hamm 18.5.2000, ZInsO 2000, 570 (LS); *Zwanziger*, § 108 InsO Rn 24.
2348 BAG 21.9.1999, NZA 2000, 662 = NZI 2000, 337.

Hinweis **1002**

Die Anmeldung von Insolvenzforderungen muss schriftlich beim Insolvenzverwalter erfolgen unter Beifügung aller Unterlagen, aus denen sich die Forderung ergibt.

Das **Formular zur Forderungsanmeldung** für Insolvenzverfahren, deren Eröffnung nach dem 30.6.2014 beantragt wurde, ist im Internet unter *https://www.justiz.nrw.de/WebPortal_Relaunch/BS/ formulare/insolvenz/forderungsanmeldung1/Forderungsanmeldung-im-Insolvenzver- fahren-_01_07_2014_.pdf* zu finden und das dazugehörige **Merkblatt** zur Forderungsanmeldung unter https://www.justiz.nrw.de/WebPortal_Relaunch/BS/formulare/insolvenz/forderungs- anmeldung1/Merkblatt-zur-Forderungsanmeldung-im-Insolvenzverfahren-_01_07_2014_.pdf

Im Prüfungstermin wird jede zur Insolvenztabelle angemeldete Forderung nach Betrag und Rang geprüft **1003** und bei nicht erhobenem Widerspruch in die Tabelle eingetragen. Nach § 179 Abs. 3 InsO wirkt die **Eintragung** für die festgestellte Forderung wie ein rechtskräftiges Urteil gegenüber dem Insolvenzverwalter und allen Insolvenzgläubigern.

cc) Feststellung streitiger Forderungen

Wurde eine angemeldete Forderung bestritten, obliegt es dem Gläubiger, die Feststellung durch Erhebung **1004** einer **Feststellungsklage** im ordentlichen Verfahren zu betreiben (§§ 179 Abs. 1 ff., 184 InsO).[2349] Für Forderungen aus dem Arbeitsverhältnis ist das Arbeitsgericht zuständig (§ 185 InsO).[2350] Der Klagantrag geht auf die Feststellung der streitigen Forderung zur Insolvenztabelle. Der Wert des Streitgegenstandes der Feststellungsklage bestimmt sich nicht nach der bestrittenen Forderung. Hingegen gilt der Betrag, der bei der Verteilung der Insolvenzmasse quotal für die Forderung zu erwarten ist (§ 182 InsO). Wurde im Zeitpunkt der Insolvenzeröffnung schon ein Rechtsstreit über die Forderung geführt, der nach § 240 ZPO unterbrochen wurde, ist die Feststellung durch Aufnahme des Rechtsstreites und Umstellung des Leistungsantrags auf einen Feststellungsantrag gegen den Insolvenzverwalter als Beklagten zu betreiben (§§ 180 Abs. 2, 184 S. 2 InsO). Obsiegt der Kläger in dem Klagverfahren, hat er beim Insolvenzgericht die Berichtigung der Tabelle zu beantragen (§ 183 Abs. 2 InsO). Ein Insolvenzgläubiger, dessen Forderung nicht festgestellt wurde und für die kein rechtskräftiger Titel vorliegt, muss dem Insolvenzverwalter innerhalb einer Ausschlussfrist von zwei Wochen nach der öffentlichen Bekanntgabe nachweisen, dass er Feststellungsklage erhoben bzw. den unterbrochenen Rechtsstreit wieder aufgenommen hat. Andernfalls findet seine angemeldete Forderung bei der Verteilung der Masse keine Berücksichtigung (§ 189 InsO).

Hinweis

Während der Streitwert bei der Leistungsklage der Höhe der Forderung entspricht, reduziert dieser sich bei der Feststellungsklage auf den Wert der voraussichtlichen Befriedigung (Quote).

dd) Klage auf Feststellung zur Insolvenztabelle

Muster 2.81: Klage auf Feststellung zur Insolvenztabelle **1005**

An das

Arbeitsgericht

2349 BGH 21.2.2000, ZIP 2000, 705 = NZI 2000, 259; Kübler/Prütting/*Pape/Schaltke*, § 179 InsO Rn 4 ff.; *Hess*, § 179 InsO Rn 22 ff.; *Arens/Brand*, § 3 Rn 45 ff.
2350 Nerlich/Römermann/*Becker*, § 185 InsO Rn 1; Uhlenbruck/*Sinz*, § 185 InsO Rn 16.

Klage

des ▨▨▨ (*Arbeitnehmer*)

– Kläger –

Prozessbevollmächtige: RAe ▨▨▨

gegen

Herrn Rechtsanwalt ▨▨▨ in seiner Eigenschaft als Insolvenzverwalter über das Vermögen der ▨▨▨ -GmbH, ▨▨▨ (*Anschrift*),

– Beklagter –

wegen: Feststellung einer Insolvenzforderung

vorläufiger Streitwert: ▨▨▨ EUR

Namens und in Vollmacht des Klägers erheben wir Klage gegen den Beklagten und bitten um Anberaumung eines Gütetermins.

Namens und in Vollmacht des Klägers wird beantragt werden zu erkennen,

1. es wird festgestellt, dass dem Kläger in dem Insolvenzverfahren über das Vermögen der ▨▨▨-GmbH eine Insolvenzforderung in Höhe von ▨▨▨ EUR zusteht;

2. (*sonstige Anträge*).

Begründung

Durch Beschluss des Amtsgerichtes ▨▨▨ vom ▨▨▨, Az. ▨▨▨, wurde über das Vermögen der ▨▨▨-GmbH, der Gemeinschuldnerin, am ▨▨▨ das Insolvenzverfahren eröffnet und der Beklagte zum Insolvenzverwalter bestellt.

Beweis: Beschluss des Amtsgerichtes ▨▨▨ vom ▨▨▨ (**Anlage K 1**).

Der Kläger hat mit Schreiben vom ▨▨▨ und beigefügten Anlagen seine Gehaltsansprüche aus seinem Arbeitsverhältnis als Insolvenzforderungen innerhalb der gesetzten Frist bei dem Beklagten zur Tabelle angemeldet.

Beweis: Forderungsanmeldung des Klägers vom ▨▨▨ samt Anlagen (**Anlagenkonvolut K 2**).

Der Beklagte hat im Prüfungstermin am ▨▨▨ die angemeldeten Gehaltsansprüche als Insolvenzforderungen in voller Höhe bestritten. Der Kläger erhielt den Tabellenauszug mit der Nr. ▨▨▨ vom ▨▨▨.

Beweis: beglaubigter Tabellenauszug vom ▨▨▨ (**Anlage K 3**).

Der Beklagte bestreitet die angemeldeten Gehaltsansprüche als Insolvenzforderungen zu Unrecht. Die angemeldeten Gehaltsansprüche sind als Insolvenzforderungen in voller Höhe zur Insolvenztabelle festzustellen. ▨▨▨ (*Weitere Begründung*)

(*Unterschrift*)

(Rechtsanwalt)

▲

ee) Vom vorläufigen Insolvenzverwalter begründete Vergütungsansprüche

Bei der Bestellung eines schwachen vorläufigen Insolvenzverwalters sind die Ansprüche aus einem Arbeitsverhältnis für die Zeit vor der Eröffnung einfache Insolvenzforderungen.[2351] Demgegenüber gelten Verbindlichkeiten, die von einem starken vorläufigen Insolvenzverwalters mit Verwaltungs- und Verfügungsbefugnis i.S.d. § 22 Abs. 1 InsO begründet wurden, nach Verfahrenseröffnung als Masseverbindlichkeiten (§ 55 Abs. 2 S. 1 InsO). Gleiches gilt nach Satz 2, soweit der starke vorläufige Insolvenzverwalter die Arbeitnehmer nicht von der Arbeit freigestellt hat. Das BAG hat dazu festgestellt, dass das Vorzugsrecht des § 55 Abs. 2 S. 2 InsO nur dem Schutz der Vertragspartner dient, die bei Inanspruchnahme durch den starken vorläufigen Insolvenzverwalter ein mit dem Schuldner bestehendes Dauerschuldverhältnis erfüllen. Beantragt der Arbeitnehmer jedoch Insolvenzgeld, entfällt das Vorzugsrecht. Es geht nicht auf die Bundesagentur für Arbeit über.[2352] Entsprechend ist auch in dem nachträglich eingefügten § 55 Abs. 3 InsO geregelt, dass die Bundesagentur für Arbeit bei einem Anspruchsübergang ihre Ansprüche nur als Insolvenzgläubiger geltend machen kann. 1006

b) Insolvenzgeld

Das Insolvenzgeld schützt die vorleistungspflichtigen Arbeitnehmer bei Zahlungsunfähigkeit des Arbeitgebers vor dem **Risiko des Lohnausfalls**. Es deckt den Zeitraum der letzten drei Monate des Arbeitsverhältnisses vor Eröffnung des Insolvenzverfahrens bzw. Abweisung des Antrags mangels Masse oder der vollständigen Betriebseinstellung ab (§§ 165 ff. SGB III[2353]).[2354] Neben dem ausgefallenen Arbeitsentgelt umfasst die Insolvenzgeld-Versicherung auch die Entrichtung der Pflichtbeiträge zur Sozialversicherung (§ 175 SGB III).[2355] Die erforderlichen Mittel für das Insolvenzgeld bringen die Arbeitgeber in einem Umlageverfahren auf, das von den Unfallversicherungsträgern durchgeführt wird (§§ 358 ff. SGB III). 1007

aa) Insolvenzgeldberechtigter

Anspruch auf Insolvenzgeld haben **Arbeitnehmer** und die zur Berufsausbildung Beschäftigten sowie nach neuerer Rechtsprechung des BGH je nach Einzelfall **ggfs.** auch **GmbH-Geschäftsführer**.[2356] Ein Vorstandsmitglied einer AG hat dagegen grundsätzlich keinen Anspruch auf Insolvenzgeld.[2357] Zur Abgrenzung stellt die Rechtsprechung in Zweifelsfällen auf den sozialversicherungsrechtlichen Begriff der Beschäftigung ab.[2358] Das Bestehen einer Versicherungspflicht ist aber nicht Voraussetzung für den Insolvenzgeldanspruch. Bei einem Arbeitsverhältnis mit Auslandsberührung kommt es nach § 165 Abs. 1 S. 1 SGB III entscheidend darauf an, dass der Arbeitnehmer in Deutschland beschäftigt war. Nach Satz 3 begründet in diesem Fall auch ein ausländisches Insolvenzereignis den Insolvenzgeldanspruch. Unbeachtlich ist, wo der Berechtigte seinen Wohnsitz hat bzw. welcher Nationalität er ist. 1008

bb) Leistungszeitraum

Der Arbeitnehmer hat Anspruch auf Insolvenzgeld für die **letzten drei Monate** des Arbeitsverhältnisses, die dem Insolvenzereignis kalendermäßig vorausgehen und in denen kein Arbeitsentgelt gezahlt wurde. 1009

2351 BAG 18.7.2002, NJW 2002, 3326; MüKo-InsO/*Haarmeyer*, § 22 Rn 67.

2352 BAG 3.4.2001, BB 2001, 2530 = NZA 2002, 90.

2353 Durch eine Gesetzesänderung mit Wirkung ab dem 1.4.2012 wurden u.a. die Vorschriften zum Insolvenzgeld im SGB III neu gefasst; statt der §§ 183 ff. SGB III a.F. ist das Insolvenzgeld in den §§ 165 ff. SGB III n.F. geregelt.

2354 Richtlinie 80/987/EWG des Rates vom 20.10.1980 sowie EuGH 15.5.2003, NZS 2003, 647.

2355 Vgl. *Peters-Lange*, Rn 176 ff.

2356 Zum GmbH-Geschäftsführer BGH 24.7.2003, NZA 2004, 157 bei einer Kapitalbeteiligung unter 10 %; BGH 23.1.2003, NZA 2003, 439; BSG 30.1.1997, ZIP 1997, 1120; *Hess*, § 55 InsO Rn 185.

2357 BSG 22.4.1987, ZIP 1987, 924.

2358 Nach dem BSG ist ein GmbH-Geschäftsführer, der weder über die Mehrheit der Gesellschaftsanteile noch über eine Sperrminorität verfügt, regelmäßig abhängig Beschäftigter und damit Arbeitnehmer und hat Anspruch auf Insolvenzgeld (BSG 4.7.2007, ZIP 2007, 2185). Voraussetzung sei aber zudem, dass die Tätigkeit des Geschäftsführers der Kontrolle der Gesellschafter unterliegt und diese tatsächlich ihre Gesellschafterrechte auch ausüben.

Der Tag des Insolvenzereignisses wird nicht mitgezählt. Arbeitsentgelt, das für frühere Zeiträume geschuldet wird, wird nicht durch Insolvenzgeld ausgeglichen. Endete das Arbeitsverhältnis vor der Insolvenzeröffnung, betrifft der Insolvenzgeldzeitraum die letzten drei Monate des Arbeitsverhältnisses, gerechnet vom letzten Arbeitstag. Dies gilt auch für unterbrochene Arbeitsverhältnisse.[2359] Arbeitet ein Arbeitnehmer in Unkenntnis eines Insolvenzereignisses weiter, besteht der Anspruch für die dem Tag der Kenntnisnahme vorausgehenden drei Monate des Arbeitsverhältnisses (§ 165 Abs. 3 SGB III). Nach § 165 Abs. 4 SGB III ist der Anspruch auf Insolvenzgeld vererblich. Der spätere Wegfall des Insolvenzereignisses ist anspruchsunschädlich. Bei mehreren zeitlich aufeinander folgenden Insolvenzereignissen besteht der Anspruch nur hinsichtlich des ersten Insolvenzereignisses.

cc) Höhe des Insolvenzgeldes

1010   Nach § 167 SGB III wird das Insolvenzgeld in Höhe des **Nettoarbeitsentgeltes** gezahlt, jedoch begrenzt durch die Beitragsbemessungsgrenze. Das Insolvenzgeld selbst ist nach § 3 Nr. 2 EStG steuer- und sozialabgabenfrei.

1011   Für die Gewährung von Insolvenzgeld sind nach § 165 Abs. 2 SGB III alle Arbeitsentgeltansprüche aus dem Arbeitsverhältnis erheblich, die vom Arbeitnehmer im dreimonatigen Insolvenzzeitraum erarbeitet und vom Arbeitgeber nicht ausgeglichen wurden.[2360] Dies sind das laufende Monatsentgelt, Überstundenvergütung und Zuschläge, Provisionen, laufendes Urlaubsentgelt und etwaiges Urlaubsgeld, in Naturalleistung geschuldete Bezüge, Entgeltfortzahlung im Krankheitsfall, vermögenswirksame Leistungen, Zuschüsse zum Mutterschafts- bzw. Krankengeld, geschuldeter Auslagenersatz und Spesen sowie Schadensersatzansprüche, wenn sie an die Stelle von Entgeltansprüchen treten. Mit dem neueren Satz 3 ist nunmehr auch Arbeitsentgelt, das der Arbeitnehmer gemäß § 1 Abs. 2 Nr. 3 BetrAVG umgewandelt hat, durch Insolvenzgeld geschützt. Nicht erfasst sind Nebenforderungen wie Zinsansprüche. Nach § 166 Abs. 1 SGB III sind zudem Ansprüche wegen der Beendigung des Arbeitsverhältnisses oder nach einer Anfechtung ausgenommen, so dass Abfindungszahlungen und Urlaubsabgeltung[2361] nicht erfasst sind. Auch Karenzentschädigungen wegen eines nachvertraglichen Wettbewerbsverbotes sind ausgenommen. Der Schadensersatzanspruch des Arbeitnehmers bei fristloser Kündigung nach § 628 Abs. 2 BGB ist nicht durch Insolvenzgeld gesichert.[2362] Schließlich ist Voraussetzung, dass die Ansprüche noch bestehen und durchsetzbar sind. Tarifliche oder vertragliche Ausschlussfristen sind gleichfalls zu beachten.

1012   **Einmalzuwendungen** wie Jahressonderzahlungen, die im Insolvenzgeldzeitraum fällig werden und nicht bestimmten einzelnen Monaten zugeordnet werden können, werden in voller Höhe berücksichtigt.[2363] Kann die Sonderzahlung bestimmten Monaten zugeordnet werden, findet nur der auf den Insolvenzgeldzeitraum entfallende Anteil, z.B. 3/12, Berücksichtigung. Wird die Sonderzahlung nicht im Insolvenzgeldzeitraum fällig, bleibt sie gänzlich unberücksichtigt. Beim 13. Monatsgehalt gilt die 3/12-Regelung, wenn für das Arbeitsverhältnis eine anteilige Gewährung vereinbart ist. Andernfalls wird darauf abgestellt, ob der Stichtag in den Insolvenzgeldzeitraum fällt, dann Berücksichtigung in voller Höhe, oder nicht.[2364] Bei erfolgsabhängigen Vergütungsansprüchen wie z.B. Provisionen ist darauf abzustellen, wann der Arbeitnehmer nach der konkreten arbeitsvertraglichen Regelung alles zur Erlangung einer gesicherten Provisionsanwartschaft Erforderliche getan hat.[2365] Fällt dies in den Insolvenzgeldzeitraum, ist die Netto-Provision insolvenzgeldgeschützt. Ein Anspruch auf variable Entgeltbestandteile ist auch dann durch Insolvenzgeld

2359 BSG 23.10.1984, ZIP 1985, 109.
2360 Vgl. *Peters-Lange*, Rn 156 ff.
2361 BSG 20.2.2002, SozR 3–4300, § 184 SGB III Nr. 1 = ZInsO 2002, 689; *Peters-Lange*, Rn 165 f.
2362 BSG 29.2.1984, SozR 4100, § 141b AFG Nr. 31 = ZIP 1984, 1249; BSG 28.2.1985, ZIP 1985, 626.
2363 BSG 18.3.2004, ZInsO 2005, 110 = ZIP 2004, 1376.
2364 BSG 2.11.2000, ZInsO 2002, 94 (LS).
2365 BSG 24.3.1983, SozR 4100 § 141b AFG Nr. 26. Nach dem „Erarbeitungsprinzip" ist in der Regel der Zeitpunkt des Geschäftsabschlusses maßgeblich, vgl. *Peters-Lange*, Rn 161.

auszugleichen, wenn die zugrundeliegende Zielvereinbarung aus Gründen nicht zustande kommt, die der Arbeitnehmer nicht zu vertreten hat.[2366] Das Guthaben aus einem Arbeitszeitkonto wird nur für den Insolvenzgeldzeitraum geschuldet, wenn es in diesem Zeitraum erarbeitet wird oder bestimmungsgemäß zu verwenden ist.[2367]

Erbringt der Arbeitgeber nach Ablauf des Insolvenzgeldzeitraums Leistungen auf ausstehendes Arbeitsentgelt, ist die Zahlung vorrangig den Ansprüchen zuzurechnen, die vor dem Insolvenzgeldzeitraum liegen.[2368] **1013**

dd) Verfahrensvorschriften

Insolvenzgeld wird auf **Antrag** des Berechtigten bei der Agentur für Arbeit gewährt (§§ 323 Abs. 1, 324 Abs. 1 SGB III). Zuständig ist nach § 327 Abs. 3 SGB III die Agentur, in deren Bezirk der Arbeitgeber seinen Sitz hat. Der Antrag ist an keine Form gebunden, alle erforderlichen Unterlagen sollten beigefügt werden. Üblicherweise wird der auf der beiliegenden Muster-CD enthaltene Antragsvordruck Antrag auf Insolvenzgeld (Arbeitnehmer) der Bundesagentur für Arbeit verwendet. **1014**

Nach § 324 Abs. 3 SGB III ist das Insolvenzgeld innerhalb einer **Ausschlussfrist** von **zwei Monaten** nach dem rechtserheblichen Insolvenzereignis zu beantragen.[2369] Bei einer Fristversäumung aus Gründen, die der Arbeitnehmer nicht zu vertreten hat, kann der Antrag noch innerhalb von zwei Monaten nach Wegfall des Hindernisses gestellt werden. Hat der Arbeitnehmer Ansprüche auf Arbeitsentgelt vor Stellung des Insolvenzgeldantrags abgetreten oder sind sie durch Pfändung oder Verpfändung auf einen Dritten übergegangen, hat der Dritte Anspruch auf Insolvenzgeld (§ 170 SGB III). Der Insolvenzverwalter bzw. der Arbeitgeber hat für jeden Arbeitnehmer eine Insolvenzgeldbescheinigung zu erstellen (§ 314 SGB III). Die Auszahlung des Insolvenzgeldes erfolgt i.d.R. durch die Bundesagentur für Arbeit. **1015**

ee) Antrag auf Insolvenzgeld

Hinweis **1016**

Siehe hierzu das Formular der Bundesagentur für Arbeit im Internet unter https://www.arbeitsagentur.de/web/wcm/idc/groups/public/documents/webdatei/mdaw/mdmw/~edisp/l6019022dstbai378-267.pdf?_ba.sid=L6019022DSTBAI378270

ff) Anspruchsübergang

Mit der Beantragung des Insolvenzgeldes gehen die Arbeitsentgeltansprüche, die den Anspruch auf Insolvenzgeld begründen, einschließlich der im Bruttolohn enthaltenen Lohnsteuer[2370] auf die Bundesagentur für Arbeit über (§ 169 SGB III). Die auf die Bundesagentur übergegangenen Ansprüche werden beim Insolvenzverwalter als einfache Insolvenzforderungen i.S.d. § 38 InsO berichtigt. Die Forderungen hinsichtlich der nach § 175 SGB III gezahlten Sozialversicherungsbeiträge gehen nicht auf die Bundesagentur für Arbeit über. Diese sind vom Versicherungsträger im Insolvenzverfahren geltend zu machen. Bei Ablehnung des Antrages auf Insolvenzgeld fällt der Anspruch mit Bestandskraft des ablehnenden Bescheides an den Arbeitnehmer zurück.[2371] Dieser kann nach Durchführung des Widerspruchsverfahrens vor dem Sozialgericht Klage erheben. **1017**

2366 BSG 23.3.2006, BB 2006, 1864 (LS).
2367 BSG 25.6.2002, ZIP 2004, 135 = ZInsO 2002, 1049.
2368 BSG 25.6.2002, ZIP 2004, 135 = ZInsO 2002, 1049.
2369 Die Antragsfrist widerspricht nicht dem europäischen Recht. Allerdings dürfen an die Gewährung der Nachfrist keine zu hohen Anforderungen gestellt werden (EuGH 18.9.2003, ZIP 2003, 2173).
2370 BAG 11.2.1998, ZIP 1998, 868.
2371 BAG 12.1.2005, NZA 2005, 656 (LS).

gg) Vorschuss und Vorfinanzierung des Insolvenzgeldes

1018 Nach § 168 SGB III kann die Agentur für Arbeit auf Antrag des Arbeitnehmers einen **Vorschuss** auf das zu beanspruchende Insolvenzgeld leisten. Voraussetzung für den Vorschuss ist die vorläufige Eröffnung des Insolvenzverfahrens und die rechtliche Beendigung des Arbeitsverhältnisses. Die Höhe des Vorschusses liegt im pflichtgemäßen Ermessen der Agentur für Arbeit.[2372]

1019 Der vorläufige Insolvenzverwalter kann die Entgeltansprüche der Arbeitnehmer schon vor der Eröffnungsentscheidung des Insolvenzgerichtes gegen Abtretung der Insolvenzgeldansprüche z.B. durch eine Bank vorfinanzieren lassen. Nach § 170 Abs. 4 SGB III ist jedoch zum Schutz vor missbräuchlicher Inanspruchnahme des Insolvenzgeldes die Zustimmung der Agentur für Arbeit Voraussetzung für diese kollektive **Vorfinanzierung**. Die Agentur darf der Übertragung oder Verpfändung nur zustimmen, wenn im Rahmen einer positiven Fortführungsprognose zu erwarten ist, dass durch die Vorfinanzierung der Arbeitsentgelte ein erheblicher Teil der Arbeitsplätze, z.B. bei einem Sanierungskonzept, erhalten bleibt. Die individuelle Vorfinanzierung zugunsten eines einzelnen Arbeitnehmers bedarf keiner Zustimmung. Bei der Vorfinanzierung schließt der Arbeitnehmer mit dem vorfinanzierenden Dritten einen Forderungskaufvertrag nach § 433 BGB.[2373] Der vorfinanzierende Dritte hat die Insolvenzgeldansprüche auch innerhalb der zweimonatigen Ausschlussfrist zu beantragen.

hh) Checkliste: Insolvenzgeld

1020
- Absicherung des Arbeitsentgelts der Arbeitnehmer und Auszubildenden
- Zeitraum: die letzten drei Monate des Arbeitsverhältnisses vor Eröffnung des Insolvenzverfahrens bzw. Antragsabweisung mangels Masse
- Antragstellung bei der Agentur für Arbeit durch den Berechtigten
- **Ausschlussfrist** für die Antragstellung: zwei Monate nach der Insolvenzeröffnung
- Auf Antrag Vorschuss oder Vorfinanzierung des Insolvenzgeldes möglich

c) Ansprüche für die Zeit nach der Insolvenzeröffnung

1021 Bei der Abwicklung der Insolvenz sind gemäß §§ 53, 209 InsO vorweg erstrangig die Kosten des Insolvenzverfahrens und zweitrangig die sonstigen **Masseverbindlichkeiten** aus der Insolvenzmasse zu befriedigen. Im Unterschied zu den übrigen Forderungen der Gläubiger, den Insolvenzforderungen i.S.d. § 38 InsO, entstehen Masseverbindlichkeiten erst nach der Insolvenzeröffnung.

aa) Masseverbindlichkeiten

1022 **Lohn- und Gehaltsansprüche** des Arbeitnehmers in einem fortbestehenden Arbeitsverhältnis sind Masseverbindlichkeiten gemäß § 55 Abs. 1 Nr. 2 InsO, soweit sie für die Zeit nach der Insolvenzeröffnung geschuldet werden.[2374] Der Tag der Insolvenzeröffnung zählt dabei bereits mit. Es ist nicht erforderlich, dass der Insolvenzverwalter die Arbeitsleistung in der Zeit nach der Eröffnung als Gegenleistung für die Insolvenzmasse tatsächlich in Anspruch nimmt.[2375] Auch ein Arbeitnehmer, der vom Insolvenzverwalter von der Verpflichtung zur Erbringung seiner Arbeitsleistung freigestellt wird, behält seinen Entgeltanspruch aus Gründen des Annahmeverzuges (§§ 293 ff., 615 BGB).[2376] Zahlt der Insolvenzverwalter mangels Masse kein Gehalt und bezieht der freigestellte Arbeitnehmer in der Zeit nach der Insolvenzeröffnung Arbeitslosengeld als sog. Gleichwohlgewährung nach § 157 Abs. 3 S. 1 SGB III, ist der Differenzbetrag zu seinem Nettoentgelt bis zur Beendigung

2372 Nerlich/Römermann/*Mönning*, § 22 InsO Rn 116 f.; ausführlich *Peters-Lange*, Rn 181 ff.
2373 Die Auszahlung des Nettoarbeitsentgeltes aus einem Massekredit ist als verbotenes Umgehungsgeschäft unzulässig, BSG 9.12.1997, ZIP 1998, 2169.
2374 BAG 19.10.2004, NZA 2005, 408.
2375 LAG Köln, 30.7.2001, NZA-RR 2002, 181; *Hess*, § 55 InsO Rn 181.
2376 Allerdings muss sich der vom Arbeitgeber einseitig freigestellte Arbeitnehmer das anrechnen lassen, was er infolge des Unterlassens zumutbarer Arbeitsleistung erspart hat, oder was er durch anderweitige Verwendung seiner Arbeitskraft erwirbt oder zu erwerben böswillig unterlässt, BAG 6.9.2006, NZA 2007, 36; vgl. dazu *Bayreuther*, ZIP 2008, 582.

des Arbeitsverhältnisses gleichfalls eine Masseverbindlichkeit i.S.d. § 55 Abs. 1 Nr. 2 InsO.[2377] Ansprüche aus Arbeitsverhältnissen, die der Insolvenzverwalter nach der Eröffnung neu begründet, sind Masseverbindlichkeiten gemäß § 55 Abs. 1 Nr. 1 InsO. Auch Anwartschaften der betrieblichen Altersversorgung, die nach Insolvenzeröffnung entstanden sind, stellen eine solche Masseverbindlichkeit dar.[2378] Allerdings kann der Insolvenzverwalter diese ohne Zustimmung des Arbeitnehmers nach § 3 Abs. 4 BetrAVG abfinden, wenn die Betriebstätigkeit vollständig eingestellt und das Unternehmen liquidiert wird.[2379] Die Anmeldung einer Masseverbindlichkeit zur Insolvenztabelle wahrt eine tarifliche Ausschlussfrist in Bezug auf das Erfordernis der schriftlichen Geltendmachung.[2380]

Entgeltansprüche während der Freistellungsphase bei Altersteilzeit[2381] im Blockmodell sind Insolvenzforderungen i.S.d. § 38 InsO, wenn die Arbeitsphase vor der Insolvenzeröffnung lag. Fällt die Arbeitsphase aber in die Zeit nach der Insolvenzeröffnung, sind die Arbeitnehmeransprüche Masseverbindlichkeiten.[2382] Bei Sonderzuwendungen und erfolgsabhängigen Vergütungen wird nicht auf die Fälligkeit, sondern darauf abgestellt, in welchem Zeitraum der mit der Zuwendung vergütete Dienst geleistet bzw. auf welchen Zeitraum die Zuwendung bezogen ist.[2383] Nur der Teil, der auf die Zeit nach der Eröffnung entfällt, ist eine Masseverbindlichkeit. Gleiches gilt bei einer Stichtagsregelung. Stellt die Sonderzuwendung eine Belohnung für die Betriebstreue dar, und ist der Anspruch erst nach Insolvenzeröffnung fällig, ist die gesamte Sonderzuwendung eine Masseverbindlichkeit.[2384] Es kommt also auf die konkrete Ausgestaltung der Anspruchsvoraussetzungen im Einzelfall an. Der Anspruch auf Urlaubsentgelt ist dem Zeitraum vor oder nach der Insolvenzeröffnung zuzuordnen, in dem der Urlaub tatsächlich genommen wird.[2385] Beim Anspruch auf Urlaubsabgeltung nach § 7 Abs. 4 BUrlG ist auf den Beendigungszeitpunkt abzustellen. Endet das Arbeitsverhältnis vor der Insolvenzeröffnung, ist der Urlaubsabgeltungsanspruch eine Insolvenzforderung. Endet es danach, ist der Abgeltungsanspruch Masseverbindlichkeit (§ 55 Abs. 1 Nr. 2 Alt. 2 InsO).[2386] Dabei ist unerheblich, ob die Zeit nach Insolvenzeröffnung bis zur Beendigung des Arbeitsverhältnisses ausgereicht hätte, den Urlaubsanspruch durch Freistellung von der Arbeitspflicht zu erfüllen.[2387] Auch der Anspruch auf zusätzliches Urlaubsgeld ist dann eine Masseverbindlichkeit.[2388] Ein vor der Eröffnung begründeter vertraglicher Abfindungsanspruch ist eine Insolvenzforderung.[2389]

1023

2377 Der Anspruch auf den Differenzbetrag besteht auch dann, wenn der gekündigte und freigestellte Arbeitnehmer während des Laufes der Kündigungsfrist ein neues Beschäftigungsverhältnis mit geringerem Gehalt eingeht, siehe dazu *Schmidt*, S. 112 f.

2378 Demgegenüber sind die erworbenen Anwartschaften aus einer Versorgungszusage des Arbeitgebers vor Insolvenzeröffnung reine Insolvenzforderungen und nur bei gesetzlicher Unverfallbarkeit vom PSVaG abgesichert.

2379 Nach dem BAG (22.12.2009, NZA 2010, 568) dient die Regelung des § 3 Abs. 4 BetrAVG nicht dem Kündigungsschutz, sondern der Liquidation des Unternehmens. Daher ist die Kapitalabfindung unabhängig von ihrer Höhe zulässig, wenn der Gemeinschuldner selbst keine gewerblichen oder freiberuflichen Tätigkeiten mehr entfaltet. Nur bei einem Betriebsübergang nach der Insolvenzeröffnung entfalle das Recht, da der Betriebserwerber in die Anwartschaften eintrete.

2380 BAG 15.2.2005, NZA 2005, 1124 = ZInsO 2006, 112 (LS).

2381 Bei Altersteilzeit im Blockmodell entstehen Wertguthaben, die gemäß § 8a ATG gegen das Insolvenzrisiko des Arbeitgebers zwingend abzusichern sind. Die Sicherungsart kann der Arbeitgeber wählen. Vgl. dazu *Arens/Brand*, § 3 Rn 66 ff.

2382 BAG 23.2.2005, DB 2005, 1227; FK/*Bornemann*, § 55 InsO Rn 40.

2383 Dies gilt auch für Schadensersatzansprüche des Arbeitnehmers, die darauf gestützt werden, dass der Arbeitgeber seiner Verpflichtung zum Abschluss einer Zielvereinbarung nicht nachgekommen ist, BAG 14.11.2012, NZA 2013, 273.

2384 Das LAG Schleswig-Holstein 12.3.2008, ZInsO 2008, 1095 hat dies auch bei einer Sonderzahlung mit Mischcharakter bejaht, wenn also neben der erbrachten Arbeitsleistung auch die Betriebstreue belohnt wird.

2385 BAG 15.6.2004, NZA 2005, 354; *Hess*, § 55 InsO Rn 200.

2386 BAG 21.11.2006, NZA 2007, 696; BAG 15.2.2005, NZA 2005, 1124.

2387 BAG 25.3.2003, AP Nr. 4 zu § 55 InsO = ZIP 2003, 1802.

2388 BAG 15.2.2005, NZA 2005, 1124.

2389 BAG 10.11.2011, AP Nr. 43 zu § 620 BGB Aufhebungsvertrag. Dies gilt auch, wenn der Anspruch nach Insolvenzeröffnung entsteht (BAG 27.9.2007, NZA 2009, 89).

Das Rücktrittsrecht eines Arbeitnehmers aus § 323 Abs. 1 BGB von einem mit dem Arbeitgeber vor der Insolvenz geschlossenen Aufhebungsvertrag wegen Nichtzahlung der vereinbarten Abfindung setzt die Durchsetzbarkeit der Forderung voraus. Daran fehlt es aber, wenn der Arbeitgeber nicht leisten muss oder nicht leisten darf. Dies können z.B. die fehlende Zustimmung des starken vorläufigen Insolvenzverwalters oder die spätere Anfechtbarkeit nach § 130 Abs. 1 S. 1 Nr. 2 InsO sein, vgl. BAG 10.11.2011, NZA 2012, 205.

Bei einer gerichtlichen Abfindung bzw. einer Abfindung nach § 1a KSchG ist zu unterscheiden, ob die Kündigung vor oder nach der Insolvenzeröffnung ausgesprochen wurde. Hat der Insolvenzverwalter die Kündigung ausgesprochen bzw. einen Rechtsstreit nach Insolvenzeröffnung fortgesetzt, ist die Abfindung eine Masseverbindlichkeit.[2390] Ein tarifvertraglicher Abfindungsanspruch ist demgegenüber auch dann nur eine Insolvenzforderung, wenn die Kündigung erst nach Eröffnung durch den Insolvenzverwalter erklärt wird.[2391] Die Karenzentschädigung wegen eines nachvertraglichen Wettbewerbsverbotes ist Masseverbindlichkeit, soweit die Unterlassungspflicht Zeiträume nach der Insolvenzeröffnung betrifft.[2392] Für Arbeitnehmererfindungen regelt § 27 AErfG die Insolvenz des Arbeitgebers. Es wird danach unterschieden, wie der Insolvenzverwalter mit der Diensterfindung umgeht, also z.B. sie allein bzw. mit dem Geschäftsbetrieb veräußert oder selbst verwertet.

1024   Der Anspruch auf Nachteilsausgleich nach § 113 BetrVG bei einer Kündigung des Arbeitsverhältnisses vor Insolvenzeröffnung mit Zustimmung des schwachen vorläufigen Insolvenzverwalters ist eine Insolvenzforderung. Agiert der Insolvenzverwalter bzw. der starke vorläufige Insolvenzverwalter, ist es eine Masseverbindlichkeit.[2393] Ansprüche aus einem nach Insolvenzeröffnung aufgestellten Sozialplan sind Masseverbindlichkeiten gemäß § 123 Abs. 2 S. 1 InsO. Gleiches gilt, wenn der starke vorläufiger Insolvenzverwalter den Sozialplan abgeschlossen hat. Wurde der Sozialplan vor der Insolvenzeröffnung abgeschlossen und nicht nach § 124 InsO widerrufen, sind es Insolvenzforderungen.[2394]

bb) Durchsetzung von Masseverbindlichkeiten

1025   Anders als eine Insolvenzforderung bedarf eine Masseverbindlichkeit **keiner Anmeldung** zur Insolvenztabelle. Die irrtümliche oder vorsorgliche Anmeldung bzw. Feststellung der Masseverbindlichkeit als Insolvenzforderung steht der Geltendmachung als Masseverbindlichkeit nicht entgegen.[2395] Für die Geltendmachung gibt es keine besonderen Regelungen. Allerdings sind die Verjährungs- und Ausschlussfristen zu beachten. Der Insolvenzverwalter ist von Amts wegen verpflichtet, eine Masseverbindlichkeit vorweg ordnungsgemäß zu befriedigen. Unterlässt er dies, kann er sich gemäß § 61 InsO schadensersatzpflichtig machen. Ist eine Masseverbindlichkeit fällig und wird sie dennoch nicht erfüllt, kann der Masseeläubiger seine Masseverbindlichkeit außerhalb des Insolvenzverfahrens gerichtlich mit einer Leistungsklage gegen den Insolvenzverwalter durchsetzen.[2396] Bei Ansprüchen aus einem Arbeitsverhältnis ist das Arbeitsgericht zuständig.

1026   Nach § 90 Abs. 1 InsO sind **Zwangsvollstreckungen** wegen Masseverbindlichkeiten, die nicht durch den Insolvenzverwalter begründet wurden, für die Dauer von sechs Monaten nach Insolvenzeröffnung unzulässig. Allerdings regelt Absatz 2 der Vorschrift Ausnahmen für dieses zeitlich begrenzte Vollstreckungsverbot, so z.B. für ein Arbeitsverhältnis, soweit der Insolvenzverwalter die Gegenleistung in Anspruch nimmt. Ferner darf nach § 123 Abs. 3 S. 2 InsO wegen einer Sozialplanforderung nicht in die Masse vollstreckt werden, selbst wenn es sich um eine Masseverbindlichkeit handelt.[2397]

2390 BAG 12.6.2002, AP Nr. 47 zu § 59 KO; *Hess*, § 55 InsO Rn 192 ff.
      Im Fall der danach eintretenden Masseunzulänglichkeit haftet der Insolvenzverwalter dann nicht persönlich nach § 61 InsO für die Nichtzahlung der Abfindung, wenn der Arbeitnehmer bei dem Abfindungsvergleich wußte, dass die Massezulänglichkeit unsicher ist, BAG 6.10.2011, NZA 2012, 94.
2391 BAG 27.4.2006, ZIP 2006, 1962.
2392 BAG 13.8.1980, AP Nr. 11 zu § 59 KO.
      Kündigt der Insolvenzverwalter den Anstellungsvertrag eines Geschäftsführers gemäß § 113 InsO, ohne dass beiderseits weitere Erklärungen abgegeben wurden, ist der Anspruch des gekündigten Geschäftsführers auf Karenzentschädigung aus einem vertraglichen Wettbewerbsverbot keine Masseschuld i.S.d. § 55 Abs. 1 Nr. 2 InsO, vgl. BGH 8.10.2009, ZIP 2009, 2204 = ZInsO 2009, 2150.
2393 BAG 4.12.2002, ZIP 2003, 311, wonach nicht auf den Zeitpunkt der Entlassung, sondern auf den der Durchführung der Betriebsänderung abzustellen ist; *Hess*, § 55 InsO Rn 197 f.
2394 BAG 31.7.2002, AP Nr. 1 zu § 38 InsO = NZA 2002, 1332.
2395 BAG 4.12.2002, AP Nr. 2 zu § 38 InsO; BAG 13.6.1989, NZA 1989, 894.
2396 BAG 4.6.2003, AP Nr. 2 zu § 209 InsO.
2397 Statt der Leistungs- ist die Feststellungsklage zulässig. Vgl. BAG 22.11.2005, NZA 2006, 220.

d) Zeugniserteilung

Nach neuerer Rechtsprechung des BAG hat der Gemeinschuldner als Arbeitgeber dem Arbeitnehmer ein 1027
Zeugnis zu erteilen, wenn das Arbeitsverhältnis vor Insolvenzeröffnung beendet wird. Im Insolvenzeröffnungsverfahren besteht kein Zeugnisanspruch gegen einen schwachen vorläufigen Insolvenzverwalter.
Wurde ein starker vorläufiger Insolvenzverwalter bestellt bzw. das Arbeitsverhältnis erst nach der Insolvenzeröffnung beendet, schuldet der Insolvenzverwalter das Arbeitszeugnis.[2398] Dabei ist nicht darauf abzustellen, ob und wie lange der Insolvenzverwalter den Arbeitnehmer beschäftigt hat oder eigene Kenntnisse über dessen Arbeitsleistung gewinnen konnte. Zur Erfüllung des Zeugnisanspruchs ist der
Gemeinschuldner dem Insolvenzverwalter nach § 97 InsO auskunftspflichtig.

e) Betriebliche Altersversorgung in der Insolvenz

Die Insolvenzsicherung der betrieblichen Altersversorgung ist Teil des BetrAVG.[2399] Träger der gesetzli- 1028
chen Insolvenzsicherung ist gemäß § 14 Abs. 1 BetrAVG der Pensionssicherungsverein auf Gegenseitigkeit
(PSVaG). § 7 BetrAVG nennt unter den vier Fällen, die zu einer besonderen Sicherung führen, die Eröffnung des Insolvenzverfahrens über das Vermögen des Arbeitgebers. Mit Eintritt der Insolvenz wird der
PSVaG Schuldner der Versorgungsansprüche.[2400] Es entsteht ein gesetzliches Schuldverhältnis. Gesichert
sind die laufenden Leistungen an die Betriebsrentner und die Ansprüche der Arbeitnehmer, bei denen die
Voraussetzungen für den Leistungsbezug aus der betrieblichen Altersversorgung gegeben sind.[2401] Es ist
unbeachtlich, ob das Arbeitsverhältnis des Arbeitnehmers bis zum Sicherungsfall fortbestanden oder vorher
geendet hat.[2402] Nach § 2 BetrAVG sind auch die unverfallbaren Anwartschaften gesichert, aber nur in
Höhe des gesetzlichen Mindestschutzes.[2403] Dabei kommt die gleiche Regelung zur Anwendung, die bei
der Feststellung gilt, wie hoch die gesetzlich unverfallbare Anwartschaft eines vor Eintritt des Versorgungsfalles aus dem Arbeitsverhältnis ausgeschiedenen Arbeitnehmers ist. Es gilt die zeitratierliche Berechnung.
Damit ist der Anspruch insolvenzgeschützt, der dem Verhältnis der tatsächlichen Betriebszugehörigkeit bis
zum Eintritt des Sicherungsfalls zur möglichen Betriebszugehörigkeit bis zur üblichen, festen Altersgrenze
entspricht.[2404] Die im Sicherungsfall vom PSVaG zu erbringenden Leistungen werden in § 7 Abs. 2 S. 3–5
BetrAVG bestimmt. Absatz 3 der Vorschrift legt eine Höchstgrenze fest, oberhalb derer keine Insolvenzsicherung mehr besteht.[2405]

2398 § 108 Abs. 1 InsO fingiert keine Arbeitgeberstellung des Insolvenzverwalters für bereits beendete Arbeitsverhältnisse. Vgl. BAG
23.6.2004, ZIP 2004, 1974 = NZA 2004, 1392; ErfK/*Müller-Glöge*, § 109 GewO Rn 4.

2399 Sie gilt daher nur für die betriebliche Altersversorgung i.S.d. BetrAVG und nicht für anderweitige Leistungen. Dazu *Schrader/
Straube*, S. 186 ff.; *Arens/Brand*, § 5 Rn 1 ff.

2400 Bei einer Direktversicherung zur betrieblichen Altersversorgung (§ 1b Abs. 2 BetrAVG) ist zu prüfen, ob dem Arbeitnehmer ein
Aussonderungsrecht nach § 47 InsO zusteht oder ob der Insovenzverwalter die Versicherung kündigen und den Rückkaufswert zur
Masse ziehen kann. Das Aussonderungsrecht des Arbeitnehmers besteht bei einem unwiderruflichen Bezugsrecht. Hat der Arbeitgeber als Versicherungsnehmer dem Arbeitnehmer lediglich ein widerrufliches Bezugsrecht eingeräumt (nach § 159 VVG der Normalfall), darf der Insolvenzverwalter die Versicherung verwerten. Zum Fall des „eingeschränkt" unwiderruflichen Bezugsrechts
hat das BAG entschieden, dass die Klausel im Versicherungsvertrag auszulegen sei, inwieweit die Voraussetzungen des Widerrufsrechts durch den Insolvenzverwalter vorliegen, vgl. BAG 15.6.2010, NZI 2011, 30; BAG 15.6.2010, NZA 2010, 1448 (LS). Zur
Anknüpfung des widerruflichen Bezugsrechts bis zum Ablauf der gesetzlichen Unverfallbarkeitsfrist BAG 18.9.2012, ZIP 2012,
2269.

2401 BAG 26.1.1999, NZA 1999, 711 = NZI 2000, 42.

2402 BAG 8.6.1999, ZIP 1999, 1689.

2403 Der Unverfallbarkeitsfaktor, der für die Erreichung der Insolvenzsicherung entscheidend ist, kann von den Vertragsparteien nicht
mit Wirkung für den PSVaG geändert werden. Weicht z.B. die Versorgungsordnung vom gesetzlichen Modell ab, gilt die gesetzliche Regelung (BAG 28.10.2008, NZA-RR 2009, 327).

2404 BAG 19.7.2011, ZIP 2012, 44; BVerfG 29.5.2012, NZA 2013, 164.

2405 Gesetzliche Höchstgrenze ist das Dreifache der im Zeitraum der ersten Rentenfälligkeit geltenden monatlichen Bezugsgröße gemäß § 18 SGB IV.

§ 3 Prozessrecht

Inhalt

		Rdn
A.	**Klagen im Urteilsverfahren**	1
I.	Kündigungsschutzklage	1
1.	Allgemeines	1
	a) Notwendigkeit der Klageerhebung vor dem Arbeitsgericht	1
	b) Geltendmachung von Unwirksamkeitsgründen	4
2.	Einfache Kündigungsschutzklage	7
	a) Muster	7
	b) Erläuterungen	8
	aa) Klageart	8
	bb) Wahrung der Klageerhebungsfrist	9
	cc) Zuständiges Arbeitsgericht	15
	dd) Parteibezeichnung	17
	ee) Antrag	21
	ff) Klagebegründung	23
	gg) Allgemeine Feststellungsklage	32
	hh) Formelle Anforderungen	33
3.	Kündigungsschutzklage mit Weiterbeschäftigungsantrag und weiteren Anträgen	36
	a) Muster	36
	b) Erläuterungen	37
	aa) Weiterbeschäftigung	38
	(1) Weiterbeschäftigung nach § 102 Abs. 5 S. 1 BetrVG	40
	(2) Allgemeiner Weiterbeschäftigungsanspruch	46
	bb) Zeugnis/Zwischenzeugnis	47
	cc) Zahlung	48
4.	Kündigungsschutzklage bei Änderungskündigung	50
	a) Muster	50
	b) Erläuterungen	51
	aa) Mögliche Reaktionen auf die Änderungskündigung	51
	bb) Annahme unter Vorbehalt	52
5.	Kündigungsschutzklage und nachträgliche Zulassung	58
	a) Muster	58
	b) Erläuterungen	59
	aa) Anforderungen an den Zulassungsantrag	59
	bb) Mögliche Gründe für eine nachträgliche Klagezulassung	68
6.	Auflösungsantrag des Arbeitnehmers	69
	a) Muster	69
	b) Erläuterungen	70
II.	**Klageerwiderung im Kündigungsschutzprozess**	78
1.	Allgemeines	78
	a) Vorüberlegung: Erneuter Ausspruch der Kündigung?	78
	b) Zeitpunkt der Beklagtenreaktion	81
	c) Inhalt der Klageerwiderung	83
	d) Hilfsweise: Antrag auf Auflösung des Arbeitsverhältnisses	86
2.	Betriebsbedingte Kündigung	95
	a) Darlegungs- und Beweislast	95
	aa) Unternehmerentscheidung	96
	bb) Fehlende Weiterbeschäftigungsmöglichkeit	101
	cc) Sozialauswahl	103
	b) Klageerwiderung bei betriebsbedingter Kündigung (mit Auflösungsantrag)	106
3.	Verhaltensbedingte Kündigung	107
	a) Darlegungs- und Beweislast	107
	aa) Pflichtverletzung	108
	bb) Negative Prognose und Abmahnung	111
	cc) Interessenabwägung	113
	b) Klageerwiderung bei verhaltensbedingter Kündigung	114
4.	Personenbedingte Kündigung	115
	a) Darlegungs- und Beweislast	115
	aa) Negative Prognose	117
	bb) Erhebliche Beeinträchtigung betrieblicher Interessen	119
	cc) Interessenabwägung	120
	b) Klageerwiderung bei personenbedingter Kündigung	124
III.	**Rechtsmittel**	125
1.	Allgemeines	125
2.	Berufungsschrift	130
	a) Muster	130
	b) Erläuterungen	131
	aa) Gegenstand und Statthaftigkeit der Berufung	131
	bb) Beschwer	136
	cc) Berufungsfrist	138
	dd) Berufungseinlegung	141
3.	Berufungsbegründungsschrift	147
	a) Muster	147
	b) Erläuterungen	148
	aa) Formale Anforderungen	148
	bb) Berufungsbegründungsfrist	149
	cc) Berufungsanträge	151
	dd) Inhaltliche Anforderungen	152
	ee) Exkurs: Berufungserwiderung	154

	Rdn
4. Formulierungsbeispiele für Berufungsanträge	155
a) Antrag des teilweise unterlegenen Klägers, der mit seiner Berufung die Beschwer durch das erstinstanzliche Urteil beseitigen will	155
b) Antrag des unterlegenen Klägers, der – unter Hinnahme der Entscheidung im Übrigen – nur teilweise Abänderung des erstinstanzlichen Urteils begehrt	156
c) Antrag des unterlegenen Klägers, dessen Berufung sich nicht gegen alle in erster Instanz obsiegenden Beklagten richtet	157
d) Antrag der teilweise unterlegenen Beklagten soweit sie durch das erstinstanzliche Urteil beschwert ist	158
e) Antrag der unterlegenen Beklagten, die nur teilweise Abänderung des erstinstanzlichen Urteils begehrt	159
5. Anschlussberufung	160
a) Muster	160
b) Erläuterungen	161
6. Nichtzulassungsbeschwerde	166
a) Muster	166
b) Erläuterungen	167
7. Begründung der Nichtzulassungsbeschwerde	174
a) Muster	174
b) Erläuterungen	175
aa) Beschwerdebegründungsfrist	175
bb) Inhaltliche Anforderungen	176
8. Revisionsschrift	185
a) Muster	185
b) Erläuterungen	186
aa) Gegenstand und Statthaftigkeit der Revision	186
bb) Beschwer	188
cc) Revisionsfrist	189
dd) Revisionseinlegung	190
9. Revisionsbegründung	193
a) Muster	193
b) Erläuterungen	194
aa) Revisionsbegründungsfrist	194
bb) Revisionsanträge	195
cc) Inhaltliche Anforderungen	197
dd) Anschlussrevision	209
10. Revisionsanträge	210
a) Revisionsanträge des in erster und zweiter Instanz teilweise unterlegenen Klägers	211

	Rdn
b) Revisionsanträge des in erster Instanz teilweise und in zweiter Instanz voll unterlegenen Klägers	212
c) Revisionsanträge des in erster Instanz voll und in zweiter Instanz teilweise unterlegenen Klägers	213
d) Beschränkter Revisionsantrag des in erster und zweiter Instanz unterlegenen Klägers	214
e) Revisionsanträge der in erster und zweiter Instanz im vollen Umfang unterlegenen Beklagten	215
f) Revisionsanträge der in erster Instanz teilweise und in zweiter Instanz im vollen Umfang unterlegenen Beklagten	216
g) Revisionsanträge der in erster Instanz voll und in zweiter Instanz teilweise unterlegenen Beklagten	217
h) Anschlussrevision der Beklagten	218
11. Sofortige Beschwerde	219
a) Muster	219
b) Erläuterungen	220
aa) Gegenstand und Statthaftigkeit der sofortigen Beschwerde	220
bb) Beschwerdefrist	222
cc) Beschwerdeeinlegung	223
12. Rechtsbeschwerde	225
a) Muster	225
b) Erläuterungen	226
13. Anhörungsrüge nach § 78a ArbGG	231
a) Muster	231
b) Erläuterungen	232
14. Vorabentscheidungsverfahren nach Art. 267 AEUV	237
B. Anträge im Beschlussverfahren	238
I. Anfechtung einer Betriebsratswahl	238
1. Typischer Sachverhalt	238
2. Rechtliche Grundlagen	239
a) Verletzung wesentlicher Vorschriften	240
aa) Vorschriften über das Wahlrecht	241
bb) Vorschriften über die Wählbarkeit	242
cc) Vorschriften über das Wahlverfahren	243
b) Keine rechtzeitige Berichtigung	244
c) Kausalität	245
d) Verfahren	246
aa) Anfechtungsberechtigung	249
bb) Anfechtungsfrist	250
e) Wirkung der Anfechtung	251
f) Abgrenzung zur Nichtigkeit	252

Rdn

3. Checkliste: Anfechtung einer Betriebsratswahl 253
4. Anfechtung einer Betriebsratswahl.. 254

II. **Antrag auf Freistellung von Sachmittelkosten** 255
1. Typischer Sachverhalt 255
2. Rechtliche Grundlagen 256
   a) Grundsatz für die Kostentragungspflicht des Arbeitgebers für Betriebsratstätigkeit. 256
   b) Erforderlichkeit 257
   c) Beurteilungsspielraum des Betriebsrats 258
   d) Einzelne Sachmittel 259
      aa) Büroräume 260
      bb) Büroausstattung............. 262
      cc) Informations- und Kommunikationsmittel. 263
      dd) Fachliteratur 273
      ee) Büropersonal................ 274
3. Antrag auf Übernahme bzw. Freistellung von Kosten i.S.d. § 40 Abs. 2 BetrVG. 275

III. **Antrag auf Erstattung von Schulungskosten.** 276
1. Typischer Sachverhalt 276
2. Rechtliche Grundlagen 277
   a) Schulungsmaßnahmen nach § 37 Abs. 6 BetrVG 277
      aa) Erforderlichkeit einer Schulungsveranstaltung 277
      bb) Teilweise Erforderlichkeit.. 278
      cc) Verhältnismäßigkeit 279
      dd) Zeitliche Lage der Schulungsteilnahme.............. 283
      ee) Inhaber des Schulungsanspruchs 284
      ff) Entsendebeschluss und Mitteilungspflichten des Betriebsrats 285
      gg) Rechtsfolge 286
   b) Schulungs- und Bildungsveranstaltungen gem. § 37 Abs. 7 BetrVG......................... 287
      aa) Geeignetheit einer Schulungs- und Bildungsveranstaltung 288
      bb) Anspruchsinhalt............. 289
3. Checkliste: Erstattung von Schulungskosten 290
4. Antrag auf Erstattung von Schulungskosten gemäß § 37 Abs. 6 BetrVG. 291

IV. **Antrag auf Gestattung der Hinzuziehung eines Rechtsanwalts als Sachverständigen** 292
1. Typischer Sachverhalt 292
2. Rechtliche Grundlagen 293

   a) Konkreter Bezug zu Betriebsratsaufgaben 294
   b) Erforderlichkeit der Hinzuziehung eines Rechtsanwalts 295
   c) Betriebsratsbeschluss 296
   d) Nähere Vereinbarung mit dem Arbeitgeber 297
   e) Ersetzung der Zustimmung zu der „näheren Vereinbarung" durch Beschluss 298
3. Checkliste: Hinzuziehung eines Rechtsanwalts 299
4. Antrag auf Gestattung der Hinzuziehung eines Rechtsanwalts als Sachverständigen 300

V. **Antrag des Betriebsrats auf Unterlassung und Ordnungsgeld gegen den Arbeitgeber wegen grober Pflichtverletzung, § 23 BetrVG.** 301
1. Allgemeines 301
2. Rechtliche Grundlagen 304
   a) Allgemeines 304
      aa) Antragsbefugnis 304
      bb) Pflichten nach dem BetrVG 305
      cc) Prozessstandschaft.......... 307
   b) Materiellrechtlich.............. 308
      aa) Grober Verstoß 308
      bb) Feststellungsantrag 312
      cc) Globalantrag 313
   c) Verfahrensrechtlich............. 314
      aa) Beschlussfassung des Betriebsrats 314
      bb) Feststellungsinteresse....... 315
      cc) Bestimmtheitsgebot......... 316
      dd) Einstweilige Verfügung 317
   d) Vollstreckungsrechtlich 318
      aa) Vollstreckungsfähigkeit 318
      bb) Bestimmtheit 319
      cc) Vollstreckungsvoraussetzungen 320
      dd) Haft 321
      ee) Höhe 322
      ff) Ordnungsgeld 323
      gg) Zwangsgeld 324
3. Muster 325
   a) Ausgangslage 325
   b) Antrag auf Untersagung von Überstunden 326
   c) Antrag auf Teilnahme an Personalgesprächen............. 327
   d) Erläuterungen.................. 328

VI. **Einfacher Antrag auf Zustimmung zur Einstellung nach § 99 BetrVG** 331
1. Typischer Sachverhalt 331
2. Rechtliche Grundlagen 332
   a) Gerichtliches Zustimmungsersetzungsverfahren 332
   b) Darlegungs- und Beweislast..... 333

	Rdn
c) Behebung formeller Fehler des Arbeitgebers während des gerichtlichen Zustimmungsersetzungsverfahrens	334
d) Prozessuale Stellung des betroffenen Arbeitnehmers	335
e) Antragstellung des Arbeitgebers und Entscheidung des Arbeitsgerichts	336
f) Streitwert für Zustimmungsersetzungsverfahren wegen Einstellung	337
g) Vereinbarungen der Betriebsparteien über das Zustimmungsersetzungsverfahren	338
3. Antrag auf Zustimmungsersetzung wegen einer Einstellung nach § 99 BetrVG	339
VII. Antrag auf Zustimmung zur Einstellung und Feststellung der Dringlichkeit einer vorläufigen Einstellung nach §§ 99, 100 BetrVG; vorgeschalteter allgemeiner Feststellungsantrag	340
1. Typischer Sachverhalt	340
2. Rechtliche Grundlagen	341
a) Gerichtliches Zustimmungsersetzungsverfahren	341
b) Feststellung der Dringlichkeit einer vorläufigen personellen Maßnahme	342
c) Antragstellung des Arbeitgebers und Entscheidung des Arbeitsgerichts	343
d) Entscheidungsmaßstab des Arbeitsgerichts	344
e) Erledigung der vorläufigen personellen Maßnahme während des laufenden Zustimmungsersetzungsverfahrens	345
f) Erledigung der vorläufigen personellen Maßnahme vor Ablauf der Dreitagesfrist	346
g) Streitwert	347
3. Antrag auf Zustimmung zur Einstellung und Feststellung der Dringlichkeit einer vorläufigen Einstellung nach §§ 99, 100 BetrVG	348
VIII. Antrag des Betriebsrats auf Aufhebung einer personellen Maßnahme, § 101 BetrVG	349
1. Allgemeines	349
2. Rechtliche Grundlagen	351
a) Allgemeines	351
aa) Antrag des Betriebsrats	351
bb) Antrag des Arbeitgebers	352
cc) Folgen für den Arbeitnehmer	353
b) Einstellung und Versetzung	358

	Rdn
aa) Fallgestaltungen	358
bb) Kein Anspruch auf nachträgliche Beteiligung	360
cc) Vorläufige Durchführung nach § 100 BetrVG	361
dd) Tendenzschutz	363
ee) Erledigung	364
c) Ein- und Umgruppierung	365
aa) Vergütungsordnung	365
bb) Mitbestimmung des Betriebsrats bei der Aufstellung der Vergütungsordnung	367
cc) Verpflichtung zur Eingruppierung	368
dd) Antragsgestaltung	370
ee) Fallgestaltungen	372
3. Muster	373
a) Antrag auf Aufhebung einer Einstellung	373
aa) Typischer Sachverhalt	373
bb) Muster: Antrag auf Einleitung eines Beschlussverfahrens wegen Aufhebung einer Einstellung	376
cc) Erläuterungen	377
(1) Regulärer Antrag	377
(2) Arbeitnehmer kein Beteiligter	378
(3) Vollstreckung	379
(4) Einstweilige Verfügung	382
b) Muster auf Untersagung der Aufrechterhaltung einer personellen Maßnahme	383
aa) Typischer Sachverhalt	383
bb) Muster: Antrag auf Einleitung eines Beschlussverfahrens wegen Untersagung der Aufrechterhaltung einer personellen Maßnahme	384
cc) Erläuterungen	385
(1) Hilfsantrag	385
(2) Ordnungsgeld	387
c) Muster: Antrag auf Unterlassung von mitbestimmungswidrigen Einstellungen	388
aa) Typischer Sachverhalt	388
bb) Muster: Antrag auf Einleitung eines Beschlussverfahrens wegen Unterlassung von mitbestimmungswidrigen Einstellungen	389
cc) Erläuterungen	390
(1) Kein Ausschluss durch § 101 BetrVG	390
(2) Ordnungsgeld	391
d) Muster: Antrag auf Aufhebung einer Versetzung	392
aa) Typischer Sachverhalt	392

	Rdn			Rdn

bb) Muster: Antrag auf Einleitung eines Beschlussverfahrens wegen Aufhebung einer Versetzung ... 393

cc) Erläuterungen ... 394

(1) Einverständnis des Mitarbeiters ... 394

(2) Zweck des Mitbestimmungsrechts ... 395

(3) Feststellungsantrag ... 396

e) Muster: Anträge des Betriebsrats bei vorläufiger Durchführung der personellen Maßnahme durch den Arbeitgeber ... 397

aa) Typischer Sachverhalt ... 397

bb) Muster: Antrag bei vorläufiger Durchführung der personellen Maßnahme durch den Arbeitgeber ... 399

cc) Erläuterungen ... 400

f) Muster: Antrag auf ordnungsgemäße Beteiligung des Betriebsrats bei einer Eingruppierung ... 402

aa) Typischer Sachverhalt ... 402

bb) Muster: Antrag auf Einleitung eines Beschlussverfahrens wegen ordnungsgemäßer Beteiligung des Betriebsrats bei einer Eingruppierung ... 404

cc) Erläuterungen ... 405

(1) Umgruppierung ... 405

(2) Zwangsvollstreckung ... 406

IX. Antrag des Arbeitgebers auf Entbindung von der Übernahmeverpflichtung von Amtsvertretern, § 78a BetrVG ... 407

1. Typischer Sachverhalt ... 407

2. Rechtliche Grundlagen ... 408

a) Einführung ... 408

b) Entstehung der Weiterbeschäftigungspflicht gemäß § 78a Abs. 2 BetrVG ... 410

c) Entbindung von der Weiterbeschäftigungspflicht ... 415

aa) Feststellungs- und Auflösungsantrag gemäß § 78a Abs. 4 BetrVG ... 416

bb) Zusätzlich: Allgemeiner Feststellungsantrag ... 422

cc) Prozessuales ... 424

3. Checkliste ... 426

4. Antrag auf Entbindung von der Übernahmeverpflichtung für Jugendvertreter ... 427

X. Antrag auf Einrichtung einer Einigungsstelle, § 100 ArbGG ... 428

1. Allgemeines ... 428

a) Anwendungsbereich ... 428

b) Zulässigkeit ... 432

c) Begründetheit; Entscheidung des Gerichts ... 437

aa) Einsetzung der Einigungsstelle ... 437

bb) Bestellung des Vorsitzenden ... 440

cc) Festlegung der Anzahl der Beisitzer ... 441

d) Verfahren ... 442

e) Bindungswirkung des Beschlusses ... 445

f) Rechtsbehelfe ... 449

2. Antrag auf Einrichtung einer Einigungsstelle nach § 100 ArbGG ... 450

XI. Anfechtung eines Einigungsstellenspruchs nach § 76 Abs. 5 BetrVG ... 451

1. Allgemeines ... 451

2. Zulässigkeit ... 452

a) Antragsbefugnis ... 452

b) Antrag ... 453

c) Begründung ... 454

3. Begründetheit ... 455

a) Rechtsverstöße ... 455

b) Ermessensfehler ... 456

c) Ausschlussfrist ... 457

d) Gerichtliche Entscheidung ... 458

4. Antrag auf Anfechtung eines Einigungsstellenspruchs ... 459

XII. Vorbeugender Unterlassungsanspruch des Betriebsrats, gerichtet auf Unterlassung mitbestimmungswidrigen Verhaltens durch den Arbeitgeber ... 460

1. Allgemeines ... 460

2. Rechtliche Grundlagen ... 461

a) Materiellrechtlich ... 461

aa) Allgemeines ... 461

bb) Mitbestimmungstatbestände ... 462

cc) Mitbestimmungswidriges Verhalten ... 463

dd) Kollektiver Tatbestand ... 464

ee) Verstoß gegen Betriebsvereinbarung ... 465

ff) Wiederholungs- bzw. Erstbegehungsgefahr ... 466

b) Verfahrensrechtlich ... 467

aa) Antragsbefugnis ... 467

bb) Bestimmtheit ... 468

cc) Globalantrag ... 469

c) Vollstreckungsrechtlich ... 470

aa) Vollstreckbarkeit ... 470

bb) Ordnungsgeld ... 471

cc) Androhung ... 472

dd) Antrag ... 473

3. Muster und Erläuterungen ... 474

a) § 87 Abs. 1 Nr. 2 und 3 BetrVG ... 474

aa) Ausgangslage ... 474

bb) Muster: Antrag auf Untersagung des Aufbaus eines zu

Rdn

hohen Gleitzeitsaldos und
der Überschreitung des
Gleitzeitrahmens............ 475
cc) Erläuterungen.............. 476
b) § 87 Abs. 1 Nr. 1 BetrVG 477
aa) Ausgangslage.............. 477
bb) Muster: Untersagung der
Anordnung, Anstecker an
der Kleidung zu tragen 478
cc) Erläuterungen.............. 479
(1) Bestimmtheit........... 479
(2) Vollstreckbare Ausfertigung 480
(3) Formalien des Betriebsratsbeschlusses.......... 481
c) § 95 BetrVG 482
aa) Ausgangslage.............. 482
bb) Erläuterungen.............. 484
(1) Reichweite des Unter-
lassungsanspruchs 484
(2) Hilfsantrag.............. 485
XIII. **Rechtsmittel**........................... 486
1. Allgemeines 486
2. Beschwerdeschrift.................. 492
a) Muster 492
b) Erläuterungen.................. 493
aa) Gegenstand und Statthaftigkeit der Beschwerde 493
bb) Beschwerdebefugnis und
Beschwer.................. 496
cc) Beschwerdefrist............ 499
dd) Einlegung der Beschwerde . 500
3. Beschwerdebegründungsschrift 505
a) Muster 505
b) Erläuterungen.................. 506
aa) Beschwerdebegründungs-
frist........................ 506
bb) Beschwerdeantrag 507
cc) Inhaltliche Anforderungen.. 508
dd) Anschlussbeschwerde 511
4. Formulierungsbeispiele für Anträge. 512
a) Beteiligter zu 1. (Antragsteller)
hat in erster Instanz obsiegt, Beteiligter zu 2. legt Beschwerde ein 512
b) Beteiligter zu 1. (Antragsteller)
hat in erster Instanz obsiegt, Beteiligter zu 2. legt nur bezüglich
eines Streitgegenstands Beschwerde ein.................... 513
c) Beteiligter zu 1. (Antragsteller)
war in erster Instanz unterlegen
und legt Beschwerde ein........ 514
d) Beteiligter zu 1. (Antragsteller)
war in erster Instanz teilweise
unterlegen und legt Beschwerde
ein............................. 515
e) Beteiligter zu 1. (Antragsteller)
war in erster Instanz vollen Um-

Rdn

fangs unterlegen, legt aber nur
bezüglich eines Streitgegenstands Beschwerde ein.......... 516
5. Nichtzulassungsbeschwerde......... 517
a) Muster 517
b) Erläuterungen.................. 518
6. Rechtsbeschwerde mit Rechtsbeschwerdebegründung............. 521
a) Muster 521
b) Erläuterungen.................. 522
aa) Gegenstand und Statthaftigkeit der Rechtsbeschwerde . 522
bb) Einlegung der Rechts-
beschwerde 525
cc) Rechtsbeschwerdebefugnis . 526
dd) Rechtsbeschwerdefrist...... 527
ee) Rechtsbeschwerdeantrag ... 528
ff) Rechtsbeschwerdebegründung....................... 531
gg) Anschlussrechtsbeschwerde 537
7. Formulierungsbeispiele für Anträge. 538
a) Antragsteller (Beteiligter zu 1.)
obsiegt in erster Instanz und unterliegt in zweiter Instanz........ 538
b) Antragsteller (Beteiligter zu 1.)
obsiegt in erster Instanz und unterliegt in zweiter Instanz teilweise 539
c) Antragsteller (Beteiligter zu 1.)
obsiegt in erster und zweiter Instanz teilweise 540
d) Antragsgegner oder anderer Beteiligter unterliegt in erster und
zweiter Instanz.................. 541
e) Antragsgegner oder anderer Beteiligter unterliegt nach erfolgreicher erster Instanz in zweiter
Instanz 542
C. **Zwangsvollstreckung und Vollstreckungsschutz** 543
I. **Allgemeines** 543
II. **Vorläufige Vollstreckbarkeit** 544
1. Grundsätze........................ 544
2. Vollstreckungsschutzanträge........ 545
a) Antrag auf Ausschluss der vorläufigen Vollstreckbarkeit nach
§ 62 Abs. 1 Satz 2 ArbGG....... 545
aa) Allgemeines................ 545
bb) Nicht zu ersetzender Nachteil........................ 546
(1) Erfolgsaussichten des
Rechtsmittels 547
(2) Interessenabwägung 548
(3) Weiterbeschäftigungs-
antrag 549
(4) Zahlungstitel........... 550
cc) Rechtsmittel 551

Rdn

b) Antrag auf nachträgliche Einstellung der vorläufigen Vollstreckbarkeit nach § 62 Abs. 1
S. 3 ArbGG 552
III. **Verfahren der Zwangsvollstreckung** .. 553
1. Verfahrensgrundsätze 554
2. Geldforderungen.................... 555
3. Herausgabe von Sachen 556
4. Erwirkung von Handlungen 557
5. Vollstreckung des Weiterbeschäftigungsanspruchs..................... 558
a) Hinreichende Bestimmtheit 559
b) Einwand der Unmöglichkeit..... 560
aa) Wegfall des Arbeitsplatzes . 561
bb) Weitere objektive Hindernisse........................ 562
cc) Folgekündigung, Auf-
lösungsantrag 563
c) Muster: Antrag auf Vollstreckung des Weiterbeschäftigungsanspruchs................. 564
d) Muster: Zurückweisung des Antrages auf Vollstreckung der
Weiterbeschäftigung............ 565
D. **Einstweiliger Rechtsschutz** 566
I. **Antrag auf Beschäftigung**.............. 566
1. Allgemeine Einführung............. 566
2. Fallgruppen Beschäftigungsanspruch 567
a) Nichtbeschäftigung während des
ungekündigten Arbeitsverhältnisses........................... 567
b) Nichtbeschäftigung nach Kündigung während des Laufs der
Kündigungsfrist................. 569
c) Beschäftigungsanspruch nach
Ablauf der Kündigungsfrist
während der Dauer des Kündigungsschutzprozesses 572
aa) Allgemeiner Weiterbeschäftigungsanspruch............. 573
bb) Betriebsverfassungsrechtlicher Weiterbeschäftigungsanspruch 575
d) Nicht vertragsgemäße Beschäftigung............................ 576
3. Antrag auf Beschäftigung 578
II. **Schutzschrift des Arbeitgebers wegen
zu erwartender Verfügungsanträge des
Arbeitnehmers auf Weiterbeschäftigung** 579
1. Vorbemerkung..................... 579
2. Schutzschrift...................... 580
III. **Antrag auf Weiterbeschäftigung gemäß § 102 Abs. 5 BetrVG und Antrag
auf Entbindung** 581
1. Allgemeine Einführung............. 581
a) Voraussetzungen des Weiterbeschäftigungsanspruchs.......... 582

Rdn

b) Einstweilige Verfügung des
Arbeitnehmers 585
c) Entbindung von der Verpflichtung zur Weiterbeschäftigung ... 586
d) Besonderes gesetzliches Beschäftigungsverhältnis.......... 587
2. Checkliste.......................... 588
3. Antrag auf Weiterbeschäftigung
gemäß § 102 Abs. 5 S. 1 BetrVG ... 589
4. Antrag auf Entbindung von der Weiterbeschäftigungspflicht gemäß
§ 102 Abs. 5 S. 2 BetrVG 590
IV. **Antrag des Betriebsrats auf Unterlassung einer Betriebsänderung durch den
Arbeitgeber** 591
1. Allgemeines 591
2. Rechtliche Grundlagen 594
a) Materiell-rechtlich.............. 594
aa) Anzahl der Arbeitnehmer... 594
bb) Betriebsänderung 595
cc) Wesentliche Nachteile...... 596
dd) § 112a BetrVG............. 597
ee) Zuständigkeit 598
ff) Unterlassungsanspruch 599
gg) Verfügungsgrund/Interes-
senabwägung 604
hh) Tendenzbetrieb 605
b) Verfahren 606
aa) Antrag...................... 606
bb) Verfügungsanspruch........ 607
cc) Unterlagen 608
dd) Entscheidung 609
ee) Rechtzeitigkeit............. 610
ff) Begründung................. 611
c) Muster 612
aa) Antrag auf Unterlassung von
Kündigungen............... 612
(1) Typischer Sachverhalt .. 612
(2) Antrag auf Erlass einer
einstweiligen Verfügung
im Beschlussverfahren
wegen Unterlassung von
Kündigungen............ 613
(3) Erläuterungen........... 614
bb) Antrag auf Untersagung einer Abspaltung.............. 615
(1) Typischer Sachverhalt .. 615
(2) Antrag auf Erlass einer
einstweiligen Verfügung
im Beschlussverfahren
wegen Untersagung ei-
ner Abspaltung.......... 617
V. **Schutzschrift des Arbeitgebers gegen
den Antrag des Betriebsrats im einstweiligen Verfügungsverfahren auf Unterlassung einer Betriebsänderung**..... 618
1. Typischer Sachverhalt (Beispielsfall) 618
2. Rechtliche Grundlagen 619

			Rdn
	a)	Instrument der Schutzschrift	620
	b)	Verfügungsanspruch des Betriebsrats	623
	c)	Verfügungsgrund	625
	d)	Glaubhaftmachung im einstweiligen Verfügungsverfahren	627
3.		Checkliste	630
4.		Schutzschrift im Beschlussverfahren	631
VI.		**Antrag auf Erlass einer einstweiligen Verfügung gegen eine geplante Betriebsversammlung**	632
1.		Allgemeines	632
	a)	Typischer Sachverhalt	632
	b)	Rechtliche Grundlagen	633
		aa) Verfügungsanspruch	635
		bb) Verfügungsgrund	643
	c)	Checkliste: Betriebsversammlung	644
2.		Einstweilige Verfügung gegen eine geplante Betriebsversammlung	646
VII.		**Antrag auf Unterlassung mitbestimmungswidrigen Verhaltens des Arbeitgebers**	647
1.		Allgemeines	647
2.		Rechtliche Grundlagen	648
	a)	Materiellrechtlich	648
		aa) Verfügungsanspruch	648
		bb) Verfügungsgrund	649
		cc) Zu langes Abwarten	652
		dd) Einigungsstelle	653
		ee) Vorwegnahme der Hauptsache	654
	b)	Verfahrensrechtlich	655
		aa) Mündliche Verhandlung	655
		bb) Entscheidung	656
		cc) Vollziehung	657
		dd) Beschwerde	658
		ee) Vollstreckung	659
3.		Muster und Erläuterungen	660
	a)	Antrag auf Unterlassung der Beschäftigung im Rahmen von Überstunden	660
		aa) Ausgangslage	660
		bb) Muster	661
		cc) Erläuterungen	662
	b)	Antrag auf Untersagung der Anwendung eines Dienstplans	663
		aa) Ausgangslage	663
		bb) Muster	664
		cc) Erläuterungen	665
	c)	Antrag auf Untersagung der elektronischen Bildaufzeichnung, Programmeinführung, Schließanlagenauswertung	666
		aa) Ausgangslage	666
		bb) Muster	667

			Rdn
VIII.		**Antrag auf Erlass einer einstweiligen Verfügung wegen Behinderung/Beeinflussung der Betriebsratswahl durch den Arbeitgeber**	668
1.		Beispiel	668
2.		Rechtliche Grundlagen	669
	a)	Verbotene Wahlbehinderung und Wahlbeeinflussung	669
	b)	Rechtsschutzmöglichkeiten einschließlich einstweiliger Verfügung	670
	c)	Inhalt einer einstweiligen Verfügung	671
	d)	Prozessuale Fragen bei einstweiliger Verfügung	672
	e)	Zwangsvollstreckung	673
3.		Einstweilige Verfügung auf Unterlassung von Beeinflussungen einer Betriebsratswahl	674
IX.		**Antrag auf Erlass einer einstweiligen Verfügung wegen unzulässiger Streichung eines Arbeitnehmers von der Wählerliste**	675
1.		Typischer Sachverhalt	675
2.		Rechtliche Grundlagen	676
	a)	Rolle des Wahlvorstandes	676
	b)	Bedeutung des Wahlanfechtungsverfahrens	677
	c)	Effektiver Rechtsschutz durch einstweilige Verfügung	678
	d)	Inhalt einer einstweiligen Verfügung	680
		aa) Korrigierender Eingriff und Abbruch der Wahl	680
		bb) Aufschub der Wahl bis zum Abschluss des Wahlverfahrens	682
		cc) Feststellungsverfügungen	683
	e)	Prozessuale Fragen	684
	f)	Beispiele aus der Rechtsprechung	685
	g)	Zwangsvollstreckung	688
3.		Muster	689
X.		**Einstweilige Verfügung auf Untersagung von Arbeitskampfmaßnahmen und Schutzschrift der Gewerkschaft in Verbindung mit einem Tarifsozialplan**	690
1.		Einstweilige Verfügung auf Untersagung von Arbeitskampfmaßnahmen	690
	a)	Typischer Sachverhalt	690
	b)	Rechtliche Grundlagen	691
		aa) Generelle Vorbemerkungen	691
		bb) Anmerkungen zur Zulässigkeit und Begründetheit der einstweiligen Verfügung	695
		(1) Zulässigkeit	695

	Rdn		Rdn
(2) Begründetheit	699	aa) Das Instrument der Schutzschrift	705
(a) Verfügungsanspruch	700		
(b) Verfügungsgrund	701	bb) Spezielle Anmerkungen zum materiellen Problem des Tarifsozialplanes	706
c) Checkliste	702		
d) Einstweilige Verfügung auf Untersagung einzelner Arbeitskampfmaßnahmen	703	c) Schutzschrift einer Gewerkschaft wegen zu erwartender arbeitgeberseitiger Verfügungsanträge anlässlich eines von der Gewerkschaft geforderten Tarifsozialplanes	707
2. Schutzschrift der Gewerkschaft in Verbindung mit einem Tarifsozialplan	704		
a) Typischer Sachverhalt	704		
b) Rechtliche Grundlagen	705		

A.   Klagen im Urteilsverfahren

I.   Kündigungsschutzklage

Literatur: *Bader*, Kündigungsschutzprozesse richtig führen – Typische Fehler im Kündigungsschutzprozess, NZA 1997, 905; *Bauer/ Hahn*, Der Auflösungsantrag in zweiter Instanz, DB 1990, 2471; *Berkowsky*, Kündigung durch „Nicht-Arbeitgeber" und Einhaltung der Klagefrist des § 4 KSchG, BB 2010, 1149; *Diller*, Neues zum richtigen Klageantrag im Kündigungsschutzverfahren, NJW 1998, 663; *Dresen*, Die Zurechnung des Vertreterverschuldens im Rahmen der Erhebung der Kündigungsschutzklage, §§ 4 S. 1, 5 III KSchG – Wohin geht die Reise?, NZA-RR 2004, 7; *Eylert*, Nachträgliche Zulassung der Kündigungsschutzklage, AuA 1996, 414; *Fröhlich*, Der Auflösungsantrag im Kündigungsschutzprozess, ArbRB 2006, 381; *Griebeling*, Die Zurechnung von Bevollmächtigtenverschulden im Kündigungsrecht, NZA 2002, 838; *Keßler*, Der Auflösungsantrag nach § 9 KSchG im Spiegel der Judikatur, NZA-RR 2002, 1; *Korinth*, Von Sinn und Unsinn der vielen Anträge im Kündigungsschutzprozess, ArbRB 2010, 385; *Löwisch*, Neuregelung des Kündigungs- und Befristungsrechts nach dem Gesetz zu Reformen am Arbeitsmarkt, BB 2004, 154; *Neuvians/Mensler*, Die Kündigung durch Einschreiben nach Einführung der neuen Briefzusatzleistungen, BB 1998, 1206; *Preis*, Die „Reform" des Kündigungsschutzrechts, DB 2004, 70; *Raab*, Der erweiterte Anwendungsbereich der Klagefrist gemäß § 4 KSchG, RdA 2004, 321; *Schmidt*, § 4 S. 4 KSchG und Gesetz zu Reformen am Arbeitsmarkt, NZA 2004, 79; *Schrader*, Die nachträgliche Zulassung der Kündigungsschutzklage, NJW 2009, 1541; *Schulte*, Formmängel der Kündigungsschutzklage und ihre Folgen, ArbRB 2007, 158; *Schwab*, Die Rechtsprechung des BAG zur Kombination einer Kündigungsschutzklage mit einer allgemeinen Feststellungsklage, NZA 1998, 342; *Tiedemann*, Neue Nuancen beim Streitgegenstand der Kündigungsschutzklage, ArbRB 2016, 29; *Ulrici*, 3-Wochenfrist auch für die Klage wegen Vertretungsmängeln der Kündigung, DB 2004, 250; *Vetter*, Kündigungsschutzprozesse richtig führen – häufige Fehler aus der Sicht eines Instanzrichters, NZA 2005, Beil. 1, 64; *Willemsen/Annuß*, Kündigungsschutz nach der Reform, NJW 2004, 177.

1.   Allgemeines

a)   Notwendigkeit der Klageerhebung vor dem Arbeitsgericht

1   Eine Kündigung des Arbeitsverhältnisses kann aus verschiedenen Gründen rechtsunwirksam sein. Aber selbst wenn ein Unwirksamkeitsgrund vorliegt, führt dies nicht ohne Weiteres zur Unwirksamkeit der Kündigung. Vielmehr ist ihre Wirkung zunächst offen. Die **Kündigung ist „schwebend unwirksam".**[1] Es ist Sache des Arbeitnehmers, den Bestandsschutz geltend zu machen, d.h. er muss sich in den Betrieb zurückklagen. Bleibt er untätig oder rügt die Rechtsunwirksamkeit nicht rechtzeitig, kann die Kündigung endgültig wirksam werden, § 7 KSchG.

2   Will ein Arbeitnehmer geltend machen, dass eine Kündigung unwirksam ist, so muss er innerhalb von **drei Wochen nach Zugang der Kündigung** Klage beim Arbeitsgericht auf Feststellung erheben, dass das Arbeitsverhältnis durch die Kündigung nicht aufgelöst ist, § 4 KSchG. Bei dieser Frist handelt es sich um eine **prozessuale Klageerhebungsfrist**, deren Einhaltung Prozessvoraussetzung ist.[2] Aus der Klageschrift muss der Wille zur Erhebung einer Kündigungsschutzklage hinreichend deutlich hervorgehen. Das ist der Fall, wenn aus der Klage ersichtlich ist, gegen wen sie sich richtet, wo der Kläger tätig war und vor allem, dass er die Kündigung nicht als berechtigt anerkennen will.[3] Dagegen gehört die Darlegung der klagebegründenden Tatsachen, wie die Erfüllung der kündigungsrechtlichen Voraussetzungen nach § 1 Abs. 1 KSchG und § 23 Abs. 1 KSchG, nicht zur Zulässigkeit der Kündigungsschutzklage, sondern zur Schlüssigkeit des Sachvortrags. Sie können noch bis zum Schluss der mündlichen Verhandlung erster Instanz vorgetragen werden.

3   Für Klagen über das Bestehen oder Nichtbestehen eines Arbeitsverhältnisses ist nach § 2 Abs. 1 Nr. 3b ArbGG der **Rechtsweg** zu den Gerichten für Arbeitssachen eröffnet. Die arbeitsgerichtliche Zuständigkeit ist bereits dann gegeben, wenn sich der Kläger gegen eine ordentliche Kündigung des Rechtsverhältnisses wendet, das er selbst für ein Arbeitsverhältnis hält und er sich ausschließlich auf Unwirksamkeitsgründe

---

1 KR/*Friedrich/Klose*, § 4 Rn 11.
2 BAG 26.6.1986, EzA § 4 KSchG n.F. Nr. 25; BAG 13.4.1989, NZA 1990, 395.
3 BAG 18.7.2013, NZA 2014, 109.

beruft, die seine Arbeitnehmerstellung voraussetzen.[4] Das gilt auch dann, wenn die Gegenseite das Rechtsverhältnis für ein Dienstverhältnis hält.

b) Geltendmachung von Unwirksamkeitsgründen

Nach der Änderung des Kündigungsschutzgesetzes durch das „Gesetz zu Reformen am Arbeitsmarkt" vom 24.12.2003[5] müssen **sämtliche Kündigungserklärungen**, mit Ausnahme der mündlichen Kündigung, innerhalb der Frist des § 4 KSchG mit der Klage angegriffen werden. Das bedeutet zunächst, dass sowohl gegen die Beendigungskündigung als auch gegen die Änderungskündigung innerhalb von drei Wochen geklagt werden muss, vgl. § 4 S. 2 KSchG. Für die Klagefrist ist nicht entscheidend, ob die Kündigung als ordentliche oder als außerordentliche erklärt worden ist. Die Drei-Wochen-Frist muss unabhängig davon eingehalten werden, ob die Voraussetzungen für die Anwendung des allgemeinen Kündigungsschutzes nach dem KSchG (Wartezeit, Betriebsgröße) erfüllt sind oder nicht.[6] Der Arbeitnehmer kann sich in den Fällen zwar nicht auf die mangelnde soziale Rechtfertigung der Kündigung berufen; um sonstige Unwirksamkeitsgründe (z.B. § 102 Abs. 1 S. 3 BetrVG, Verstoß gegen § 242 BGB usw.) geltend machen zu können, muss er aber die Drei-Wochen-Frist wahren. **4**

Innerhalb der Klagefrist muss **jeder Unwirksamkeitsgrund** geltend gemacht werden, nicht nur die fehlende soziale Rechtfertigung i.S.d. § 1 Abs. 1 KSchG. Insbesondere ist die nicht ordnungsgemäße oder völlig unterbliebene Anhörung des Betriebsrats oder Personalrats (§ 102 Abs. 1 S. 1 BetrVG, §§ 79 Abs. 1 S. 1 i.V.m. Abs. 4, 108 Abs. 2 BPersVG) zu rügen. Will der Arbeitnehmer die Unwirksamkeit der Kündigung auf einen von ihm behaupteten Betriebsübergang stützen (§ 613a BGB), muss er dies innerhalb der Frist des § 4 KSchG tun. Dasselbe gilt, wenn sich der Arbeitnehmer darauf berufen will, die Kündigung sei sittenwidrig (§ 138 BGB), treuwidrig (§ 242 BGB) oder verletze das Maßregelungsverbot (§ 612a BGB). Der Verstoß gegen das Verbot der ordentlichen Kündigung von Betriebs- und Personalratsmitgliedern sowie der weiteren besonders geschützten Mandatsträger ist gleichfalls innerhalb der Drei-Wochen-Frist klageweise geltend zu machen. Auch für die Berufung auf den Sonderkündigungsschutz Schwangerer, Mütter vor und nach der Geburt (§ 9 MuSchG), Arbeitnehmer in der Elternzeit (§ 18 BEEG) und schwerbehinderter Menschen (§ 85 SGB IX) gilt die Klagefrist. Innerhalb der Drei-Wochen-Frist sind auch die Geschäftsunfähigkeit (§§ 104 f. BGB) und Willensmängel (§§ 116–118 BGB) geltend zu machen.[7] **5**

Innerhalb der Drei-Wochen-Frist muss geltend gemacht werden, dass die Kündigung mangels Vorlage einer Vollmacht rechtzeitig zurückgewiesen worden ist (§ 174 BGB), sofern der Vertreterwille deutlich geworden ist.[8]

Kein Unwirksamkeitsgrund i.S.d. § 4 S. 1 KSchG ist dagegen die fehlende Berechtigung zur Kündigung, wenn ein Vertreter ohne Vertretungsmacht gekündigt hat.[9] Hier geht es um die Zurechnung einer Willenserklärung. Bei einer (formwirksam) ohne Vollmacht vom vollmachtlosen Vertreter oder von einem Nichtberechtigten erklärten Kündigung fehlt es an einer Kündigung des Arbeitgebers. Eine ohne Vollmacht des Arbeitgebers ausgesprochene Kündigung ist diesem erst bei (nachträglich) erteilter Genehmigung zurechenbar. Demnach kann die dreiwöchige Klagefrist hier frühestens mit Zugang der Genehmigung zu laufen beginnen.[10]

---

4 BAG 24.4.1996, DB 1996, 1578.
5 BGBl I 2003, 3002; vgl. *Bader*, NZA 2004, 65; *Löwisch*, BB 2004, 154; *Preis*, DB 2004, 70; *Richardi*, DB 2004, 486; *Schmidt*, NZA 2004, 79; *Willemsen/Annuß*, NJW 2004, 177.
6 ErfK/*Kiel*, § 4 KSchG Rn 2.
7 *V. Hoyningen-Huene/Linck*, § 4 Rn 19.
8 ErfK/*Kiel*, § 4 KSchG Rn 6a; *Bender/Schmidt*, NZA 2004, 358, 362; a.A. *Bauer/Preis/Schunder*, NZA 2004, 195, 196.
9 ErfK/*Kiel*, § 4 KSchG Rn 6a.
10 BAG 26.3.2009, AP Nr. 70 zu § 4 KSchG 1969; BAG 6.9.2012, NZA 2013, 524.

Die Einhaltung der einschlägigen Kündigungsfrist muss nicht innerhalb der dreiwöchigen Klagefrist einge-klagt werden, wenn sich die mit zu kurzer Frist ausgesprochene Kündigung als solche mit der rechtlich zu-treffenden Frist auslegen lässt.[11] Die unzutreffende Fristberechnung macht die ordentliche Kündigung nicht insgesamt unwirksam. Dagegen muss die Nichteinhaltung der Kündigungsfrist innerhalb der Frist des § 4 S. 1 KSchG geltend gemacht werden, wenn sich nicht durch Auslegung ermitteln lässt, dass eine frist-gemäße Kündigung ausgesprochen werden sollte.[12] Ratsam ist es allemal, die Klage innerhalb der 3-Wo-chenfrist zu erheben.

Nach § 6 S. 1 KSchG kann sich der Arbeitnehmer bis zum Schluss der mündlichen Verhandlung erster In-stanz zur Begründung der Unwirksamkeit der Kündigung auch auf innerhalb der Frist des § 4 KSchG nicht geltend gemachte Gründe berufen, sofern er innerhalb dieser Frist Kündigungsschutzklage erhoben hat. Wahrt er diese Präklusionsfrist nicht, ist er in den weiteren Rechtszügen mit dieser Rüge ausgeschlossen. Der bloße Hinweis des Arbeitsgerichts auf den Regelungsgehalt des § 6 S. 1 KSchG reicht zur Wahrung der Hinweispflicht aus § 6 S. 2 KSchG aus; weitergehende Hinweispflichten können sich aber aus § 139 ZPO sowie dem Grundsatz „iura novit curia" ergeben.[13]

6　Verletzt die Kündigung das **Schriftformerfordernis** des § 623 BGB, kann dies auch außerhalb der Frist des § 4 S. 1 KSchG geltend gemacht werden.[14] Sowohl die mündliche Kündigung als auch die per Telefax, Te-legramm, E-Mail, SMS o.Ä. ist unwirksam und wird wie eine Nichterklärung behandelt. Der Formmangel gilt nach Ablauf der Drei-Wochen-Frist nicht als geheilt. Will der Arbeitnehmer die Unwirksamkeit einer solchen Kündigung geltend machen, muss er eine Leistungsklage oder eine allgemeine Feststellungsklage mit dem Antrag erheben, festzustellen, er stehe in einem ungekündigten Arbeitsverhältnis.

2. Einfache Kündigungsschutzklage

a) Muster

7　**Muster 3.1: Einfache Kündigungsschutzklage**

An das Arbeitsgericht ▨▨▨▨▨▨

▨▨▨▨▨▨

Klage

des ▨▨▨▨▨▨

– Kläger –

Prozessbevollmächtigter: RA ▨▨▨▨▨▨

gegen

die ▨▨▨▨▨▨

– Beklagte –

wegen **Kündigungsschutz**

Es wird Klage mit den Anträgen erhoben:

1. Festzustellen, dass das Arbeitsverhältnis durch die Kündigung vom ▨▨▨▨▨▨ nicht aufgelöst worden ist/ werden wird;

11　BAG 15.12.2005, NZA 2006, 791; BAG 1.9.2010, NZA 2010, 1409.
12　BAG 1.9.2010, NZA 2010, 1409.
13　BAG 18.1.2012, NZA 2012, 817.
14　BAG 28.6.2007, AP Nr. 61 zu § 4 KSchG 1969; BAG 6.9.2012, DB 2013, 520.

2. Festzustellen, dass das Arbeitsverhältnis auch nicht durch andere Beendigungstatbestände endet, sondern über den ▩▩▩▩ (*Ablauf der Kündigungsfrist*) hinaus fortbesteht.

Begründung:

Der am ▩▩▩▩ geborene, ▩▩▩▩ (*Familienstand*) und ▩▩▩▩ Kindern unterhaltspflichtige Kläger trat am ▩▩▩▩ in die Dienste der Beklagten.

Beweis: Arbeitsvertrag vom ▩▩▩▩ (**Anlage 1**)

Er arbeitete zuletzt als ▩▩▩▩ (*Tätigkeitsbezeichnung*) und erzielte eine durchschnittliche Bruttomonatsvergütung in Höhe von ▩▩▩▩ EUR.

Beweis: Gehaltsabrechnung für ▩▩▩▩ (**Anlage 2**)

Die Beklagte beschäftigt regelmäßig mehr als zehn Arbeitnehmer in Vollzeit.

Mit Schreiben vom ▩▩▩▩, dem Kläger am ▩▩▩▩ zugegangen, kündigte die Beklagte das Arbeitsverhältnis zum ▩▩▩▩.

Beweis: Kündigungsschreiben vom ▩▩▩▩ (**Anlage 3**)

Die Kündigung ist sozial ungerechtfertigt. Soweit die Beklagte die Kündigung auf betriebsbedingte Gründe stützt, kann der Kläger zur sozialen Auswahl nicht vortragen, weil er über die erforderlichen Kenntnisse nicht verfügt. Die Beklagte wird daher aufgefordert, die sozialen Daten der Mitarbeiter vorzutragen, die sie in die soziale Auswahl einbezogen hat.

Der Kläger bestreitet mit Nichtwissen, dass die Beklagte den bei ihr gewählten Betriebsrat zur Kündigung ordnungsgemäß angehört hat. (**Ggf.:** *Der Kläger hat nach Zugang der Kündigung vergeblich versucht, vom Betriebsrat Informationen über eine etwaige Anhörung zu erhalten.*)

Der Klageantrag zu 2) beinhaltet eine selbstständige allgemeine Feststellungsklage gemäß § 256 ZPO. Dem Kläger sind zwar derzeit keine anderen Beendigungstatbestände außer der mit dem Klagantrag zu 1) angegriffenen Kündigung vom ▩▩▩▩ bekannt. Es besteht jedoch die Gefahr, dass sich die Beklagte im Laufe des Verfahrens auf weitere Kündigungen bzw. andere Beendigungstatbestände beruft. ▩▩▩▩ (*Grund für die Annahme*).

Schließlich wird gerügt, dass die Beklagte die arbeitsvertraglich vereinbarte Kündigungsfrist nicht eingehalten hat. Nach dem Vertrag kann das Arbeitsverhältnis nur mit einer Frist von ▩▩▩▩ gekündigt werden. Die Kündigung könnte daher frühestens zum ▩▩▩▩ wirksam werden.

(Unterschrift)

b) Erläuterungen

aa) Klageart

Richtige **Klageart**, mit der der gekündigte Arbeitnehmer die Unwirksamkeit der Kündigung und damit den Bestand seines Arbeitsverhältnisses geltend machen kann, ist die **Feststellungsklage**. Eine Leistungsklage, etwa gerichtet auf Weiterbeschäftigung oder Zahlung, kann den Eintritt der Fiktionswirkung des § 7 KSchG nicht verhindern, selbst wenn sie innerhalb der Drei-Wochen-Frist des § 4 S. 1 KSchG beim Arbeitsgericht eingeht. 8

bb) Wahrung der Klageerhebungsfrist

Für die Kündigungsschutzklage gilt eine **Klagefrist von drei Wochen**, § 4 S. 1 KSchG. Die Frist ist auch bei der außerordentlichen Kündigung (§ 13 Abs. 1 S. 2 KSchG), der Änderungskündigung (§ 4 S. 2 KSchG) und der Kündigung von Berufsausbildungsverhältnissen[15] zu beachten. Hat der Arbeitgeber eine außerordentliche und hilfsweise eine ordentliche Kündigung ausgesprochen, liegt also nur eine Kündigungserklärung 9

---

15 Soweit nicht nach § 111 Abs. 2 S. 5 ArbGG eine Verhandlung vor einem zur Beilegung von Auszubildendenstreitigkeiten gebildeten Ausschuss stattfinden muss.

vor, reicht es zunächst aus, wenn der Arbeitnehmer sich fristgerecht gegen die außerordentliche Kündigung zur Wehr setzt. Er kann dann bis zum Schluss der letzten mündlichen Verhandlung in der Tatsacheninstanz erklären, dass er auch die ordentliche Kündigung angreift.[16] Spricht der Arbeitgeber mehrere Kündigungen aus, muss der Arbeitnehmer dagegen jede einzelne fristgerecht angreifen, wenn er sich nach § 4 KSchG wehren will.

10 Die Frist beginnt mit dem Zugang der Kündigung (siehe Rdn 11). Dieser Tag wird bei der Fristberechnung nicht mitgerechnet, § 187 Abs. 1 BGB. Die Frist endet mit Ablauf desjenigen Tages der dritten Woche, welcher durch seine Benennung dem Tag entspricht, an dem die Kündigung zugegangen ist, § 188 Abs. 2 BGB. Die Klagefrist endet somit regelmäßig mit demselben Wochentag, an dem die Kündigung zugegangen ist (Bsp.: Zugang am Mittwoch, Fristablauf am Mittwoch drei Wochen später). An diesem Tag muss die Klage bis 24 Uhr beim Arbeitsgericht eingegangen sein. Fällt das Ende des Fristablaufs auf einen Sonntag, einen am Sitz des örtlich zuständigen Arbeitsgerichts staatlich anerkannten allgemeinen Feiertag oder einen Sonnabend, tritt an seine Stelle gem. § 222 Abs. 2 ZPO der nächste Werktag.

11 Für den **Fristbeginn für die Klagerhebung** ist der **Zugang der Kündigung** maßgebend. Der Arbeitnehmer muss die Kündigung bezeichnen. Sinnvollerweise fügt er der Klage eine Kopie des Kündigungsschreibens bei. Es muss sich um eine dem Arbeitgeber zurechenbare Kündigung handeln.[17] Der Zugangszeitpunkt hängt von der Art der Zustellung ab. Die schriftliche Kündigung unter Anwesenden gilt mit ihrer Übergabe als zugegangen, § 130 Abs. 1 BGB. Entscheidend ist, dass der Empfänger vom Inhalt des Kündigungsschreibens Kenntnis nehmen kann. Die Kenntnisnahmemöglichkeit bestand auch dann, wenn der Kündigungsempfänger das ihm übergebene Kündigungsschreiben ungelesen liegen lässt oder kurze Zeit später zurückgibt.[18] Unter Abwesenden gilt die Kündigungserklärung als zugegangen, wenn sie so in den Bereich des Empfängers gelangt, dass dieser unter normalen Verhältnissen die Möglichkeit hat, von dem Inhalt der Erklärung Kenntnis zu nehmen.[19] Wird das Kündigungsschreiben per Boten überbracht, geht es mit der Aushändigung zu. Das gilt auch dann, wenn der Arbeitnehmer das Schreiben nicht selbst entgegennimmt. Auch andere, zum Empfang berechtigte Personen können das Schreiben entgegennehmen. Empfangsermächtigt sind nicht nur die Familienangehörigen, sondern auch die Hausangestellten des Empfängers oder der Zimmervermieter.[20] Das in den Briefkasten eingeworfene Kündigungsschreiben geht zu, sobald mit der nächsten Entnahme zu rechnen ist. Regelmäßig ist das der Zeitpunkt, zu dem üblicherweise die Post zugestellt wird, zuzüglich der für die Kontrolle des Briefkastens üblichen Zeit. Folglich geht das Kündigungsschreiben, das nach der üblichen Postzustellzeit in den Briefkasten eingeworfen wird, erst am nächsten Tag zu.[21] Entsprechendes gilt bei Zustellung über ein Postfach. Auch hier ist auf den üblichen Abholtermin abzustellen. Beim Übergabeeinschreiben wird die Sendung nur an den Empfänger selbst oder eine mit besonderer Postvollmacht ausgestattete Person gegen Empfangsbestätigung ausgehändigt, so dass es für den Zugang regelmäßig auf die tatsächliche Aushändigung ankommt. Kann das Übergabeeinschreiben wegen Abwesenheit des Empfängers nicht übergeben werden, ist es auch dann nicht zugegangen, wenn der Postzusteller einen Benachrichtigungszettel hinterlässt[22] und der Adressat das Schreiben innerhalb der Niederlegungsfrist nicht abholt. Darin kann eine Zugangsvereitelung liegen, für die der Arbeitgeber die Beweislast trägt.[23] Beim Einwurfeinschreiben wird die Sendung in den Briefkasten des Empfän-

---

16 BAG 16.11.1979, DB 1971, 248.
17 BAG 26.3.2009, NZA 2009, 1146.
18 BAG 4.11.2004, NZA 2005, 513.
19 BAG 8.12.1983, EzA § 130 BGB Nr. 13; BAG 11.11.1992, EzA § 130 BGB Nr. 24.
20 BAG 16.1.1976, EzA § 130 BGB Nr. 5.
21 BAG 14.11.1984, EzA § 242 BGB Nr. 38.
22 BAG 25.4.1996, EzA § 130 BGB Nr. 27.
23 Vgl. BAG 7.11.2002, AP Nr. 21 zu § 130 BGB; ebenso, wenn der Arbeitnehmer seine neue Anschrift nicht mitteilt – BAG 22.9.2005, AP Nr. 24 zu § 130 BGB.

gers eingelegt, wenn dieser nicht angetroffen wird. Der Vermerk des Zustellers beweist (nur) den Zeitpunkt des Einwurfs in den Briefkasten.

Ein an die Heimatanschrift des Arbeitnehmers gerichtetes Kündigungsschreiben geht diesem auch dann nach den dargestellten Grundsätzen zu, wenn dem Arbeitgeber bekannt ist, dass der Arbeitnehmer während seines Urlaubs verreist ist.[24]

Soweit die Kündigung der Zustimmung einer Behörde bedarf, läuft die Klagefrist erst nach Bekanntgabe der **12** Entscheidung der Behörde an den Arbeitnehmer, § 4 S. 4 KSchG. Das betrifft die in § 9 MuSchG, § 18 BEEG und § 85 SGB IX geregelten Fälle. Erreicht diese Entscheidung den Arbeitnehmer vor Zugang der Kündigung, läuft die Frist dennoch erst ab Zugang der Kündigungserklärung.[25] Etwas anderes gilt aber, wenn der Arbeitgeber von der Notwendigkeit eines behördlichen Verfahrens nicht weiß, weil z.B. die Arbeitnehmerin eine ihr bekannte Schwangerschaft nicht mitgeteilt hat.[26] In diesem Fall muss sie die Drei-Wochen-Frist wahren.

Für die Wahrung der Frist ist der **Eingang der Klage beim Arbeitsgericht** maßgebend. Eingegangen ist die **13** Klage beim Arbeitsgericht, wenn die Klagschrift dem Gericht i.S.d. § 130 Abs. 1 ZPO zugegangen ist. Der Einwurf der Kündigungsschutzklage in den normalen Briefkasten des Arbeitsgerichts am letzten Tag der Frist reicht aus, selbst wenn ein Nachtbriefkasten vorhanden ist.[27] Der Arbeitnehmer ist aber für den rechtzeitigen Einwurf darlegungs- und beweispflichtig[28] und sollte deshalb den sichereren Weg wählen. Wird die Klage per Telefax eingereicht, ist für den Nachweis des fristgemäßen Zugangs der Ausdruck des Geräts des Empfängers (Arbeitsgericht) maßgebend.

Erst nach ihrer **Zustellung** ist die Klage rechtshängig und damit erhoben i.S.v. § 4 S. 1 KSchG. Allerdings **14** genügt es für die Fristwahrung, wenn die Klage dem Kündigenden demnächst zugestellt wird.[29] „Demnächst" i.S.v. § 46 Abs. 2 ArbGG i.V.m. §§ 495, 167 ZPO erfolgt die Zustellung, wenn die Klage in einer den Umständen nach angemessenen Frist zugestellt wird, ohne Verzögerungen, die von der klagenden Partei oder ihrem Vertreter zu verantworten sind. Zurechenbare Verzögerungen können insbesondere dadurch entstehen, dass der Arbeitnehmer eine falsche oder unvollständige Anschrift seines Arbeitgebers mitteilt und Rückfragen des Gerichts nur zögerlich beantwortet. Selbst bei laufenden Vergleichsverhandlungen sollte stets darum gebeten werden, die Klage zuzustellen und (nur) von der Terminierung einstweilen abzusehen.

cc) Zuständiges Arbeitsgericht

Die Kündigungsschutzklage ist durch Schriftsatz oder zu Protokoll der Rechtsantragsstelle bei dem Arbeits- **15** gericht zu erklären. Damit ist das **örtlich zuständige Arbeitsgericht** gemeint.[30] Für die örtliche Zuständigkeit sind die §§ 12–37 ZPO i.V.m. § 495 ZPO, § 46 Abs. 2 S. 1 ArbGG maßgebend. Zuständig ist in jedem Fall das Gericht am **Sitz des Arbeitgebers**. Ist der Arbeitgeber eine natürliche Person, so ist deren Wohnsitz maßgebend, handelt es sich um eine juristische Person, kommt es auf den Sitz der Gesellschaft an. Der besondere **Gerichtsstand der Niederlassung** (§ 21 ZPO) kommt nur in Frage, wenn das Arbeitsverhältnis mit der Niederlassung besteht. Der **Erfüllungsort** (§ 29 ZPO) beurteilt sich bei einer Kündigung danach, wo der Schwerpunkt des Arbeitsverhältnisses liegt. Nach § 48 Abs. 1a ArbGG ist nunmehr auch das Arbeitsgericht zuständig, in dessen Bezirk der Arbeitnehmer gewöhnlich seine Arbeit verrichtet oder verrichtet hat (**gewöhnlicher Arbeitsort**). Bei Außendienstmitarbeitern, die von ihrem Wohnsitz aus einen größeren Bezirk

---

24 BAG 16.3.1988, EzA § 130 BGB Nr. 16; BAG 26.4.2004, AP Nr. 22 zu § 620 BGB Kündigungserklärung.
25 Preis, DB 2004, 70.
26 BAG 19.2.2009, NZA 2009, 980; BAG 13.2.2008, NZA 2008, 1055.
27 BAG 22.2.1980, AP Nr. 6 zu § 1 KSchG Krankheit.
28 BAG 22.2.1980, AP Nr. 6 zu § 1 KSchG Krankheit.
29 BAG 13.7.1989, RzK I 84 Nr. 6.
30 ErfK/Kiel, § 4 KSchG Rn 16.

zu betreuen haben, kann ihr Wohnsitz als Arbeitsort gelten, wenn sie dort eine Arbeitsleistung erbringen oder über eine eigene betriebliche Organisation verfügen.[31]

16 Wird die Kündigungsschutzklage innerhalb der Klagefrist bei einem örtlich unzuständigen Arbeitsgericht eingereicht, ist sie trotzdem rechtzeitig eingelegt, wenn sie nach § 48 Abs. 1 ArbGG, §§ 17–17b GVG an das örtlich zuständige Arbeitsgericht verwiesen wird, und zwar auch dann, wenn die Verweisung erst nach Fristablauf erfolgt.[32]

dd) Parteibezeichnung

17 Aus der Klage muss ersichtlich sein, wer Beklagter und wer Kläger ist.

Kläger ist regelmäßig der gekündigte Arbeitnehmer. Stirbt der Arbeitnehmer nach Ablauf der Kündigungsfrist, läuft aber die Drei-Wochen-Frist noch, kann der Erbe Kündigungsschutzklage erheben, um etwaige Vergütungsansprüche (§§ 611 Abs. 1, 615 S. 1 BGB) zu sichern. Stirbt der Arbeitnehmer nach Klageerhebung und war die Kündigungsfrist bereits abgelaufen, kann der Erbe die Klage fortführen. Stirbt der Arbeitnehmer vor Ablauf der Kündigungsfrist, endet das Arbeitsverhältnis mit seinem Tod, der bereits laufende Kündigungsschutzprozess erledigt sich.

18 **Beklagter** der Kündigungsschutzklage ist der Arbeitgeber. Das ist der Arbeitsvertragspartner, der die Kündigung erklärt hat. Die Klage gegen den falschen Arbeitgeber wahrt die Klagefrist grds. nicht. Deshalb ist auf die korrekte Bezeichnung des Beklagten große Sorgfalt zu verwenden, selbst wenn die Gerichte bei nicht eindeutiger Bezeichnung die Partei durch Auslegung ermitteln.[33] Entscheidend für die Möglichkeit einer Berichtigung ist die Wahrung der rechtlichen Identität der Partei. Bei einer **natürlichen Person** als Arbeitgeber ist diese Person mit Namen und Anschrift als Beklagte zu bezeichnen. Handelt es sich bei dem Arbeitgeber um eine **juristische Person** (GmbH, AG, rechtsfähiger Verein usw.) ist diese juristische Person zu verklagen. Die Vertretungsverhältnisse sind mitzuteilen. Bei der **GmbH & Co. KG** ist zu ermitteln, ob die KG oder die GmbH Arbeitgeber ist. Hat der Arbeitnehmer einen Arbeitsvertrag mit einer **OHG** oder einer **KG**, ist die Klage gegen die Gesellschaft zu richten. Ist Arbeitgeber eine **Außengesellschaft des bürgerlichen Rechts**, kann die Gesellschaft verklagt werden, denn sie wird als aktiv- und passivparteifähig angesehen.[34] Ist dagegen eine **Erbengemeinschaft** Arbeitgeber, sind alle Erben zu verklagen.[35] Kündigt der **Insolvenzverwalter**, muss dieser als Partei kraft Amtes verklagt werden.[36] Ist stattdessen (versehentlich) der Gemeinschuldner verklagt worden, kommt ggf. eine Rubrumsberichtigung in Betracht, etwa wenn der Klage das Kündigungsschreiben des Insolvenzverwalters beigefügt ist.

19 Besondere Probleme stellen sich, wenn der Beschäftigungsbetrieb von einem **Betriebsübergang** betroffen ist.

Hier ist die Kündigungsschutzklage gegen den bisherigen Arbeitgeber zu richten, wenn er die Kündigung vor dem Betriebsübergang ausgesprochen hat.[37] Kommt es während des Kündigungsschutzprozesses zu einem Betriebsübergang, bleibt der bisherige Arbeitgeber prozessführungsbefugt. Die §§ 265 Abs. 2 S. 1, 325 Abs. 1 ZPO sind entsprechend anzuwenden. Das gilt selbst dann, wenn die Kündigungsschutzklage erst nach dem Betriebsübergang erhoben wird. Der neue Arbeitgeber muss das ergangene Urteil gegen sich gelten lassen.[38]

---

31 *Ostrowicz/Künzl/Scholz*, Rn 53a.
32 BAG 31.3.1993, AP Nr. 27 zu § 4 KSchG 1969; ErfK/*Kiel*, § 4 KSchG Rn 16.
33 BAG 20.2.2014, NZA-RR 2015, 380.
34 BAG 1.12.2004, EzA § 50 ZPO 2002 Nr. 3.
35 KR/*Friedrich/Klose*, § 4 KSchG Rn 118.
36 BAG 17.1.2002, EzA § 4 KSchG n.F. Nr. 62; BAG 21.9.2006, NZA 2007, 404.
37 BAG 18.3.1999, EzA § 613a BGB Nr. 179.
38 BAG 24.5.2005, NZA 2005, 1178.

Ist streitig, ob ein Betriebsübergang eingetreten ist, kann der gekündigte Arbeitnehmer neben seiner Kündigungsschutzklage im Wege der Klagehäufung eine Feststellungsklage gem. § 256 Abs. 1 ZPO gegen den (mutmaßlichen) Betriebserwerber erheben, mit dem Antrag, dass zu diesem ein Arbeitsverhältnis bestehe.[39] Wenn in einem solchen Fall der Fortbestand des Arbeitsverhältnisses mit dem Betriebserwerber rechtskräftig festgestellt ist, wird die Kündigungsschutzklage wegen Wegfalls des Feststellungsinteresses unzulässig. Begründet allerdings der Arbeitnehmer seine Klage nach § 4 KSchG gegen den bisherigen Arbeitgeber mit der Behauptung, der Betrieb sei bereits vor der Kündigung auf den Betriebserwerber übergegangen, ist die Klage wegen fehlender Passivlegitimation unbegründet.[40]

Ist die **Bezeichnung des beklagten Arbeitgebers nicht eindeutig**, muss durch Auslegung ermittelt werden, wer Partei ist.[41] Maßgebend ist, welcher Sinn der von dem klagenden Arbeitnehmer in der Klageschrift gewählten Parteibezeichnung bei objektiver Würdigung des Erklärungsinhalts beizumessen ist. Von besonderer Bedeutung ist in diesem Zusammenhang das Kündigungsschreiben.[42] Deshalb sollte es der Kündigungsschutzklage als Anlage beigefügt werden.   20

Eine ungenaue oder unrichtige Parteibezeichnung des Beklagten kann – sogar noch nach Ablauf der Drei-Wochen-Frist – berichtigt werden, sofern die rechtliche Identität des Beklagten gewahrt bleibt.[43]

ee) Antrag

Der Kläger muss einen **bestimmten Antrag** stellen. Wie der Antrag zu formulieren ist, ergibt sich aus § 4   21
S. 1 KSchG. Es gilt die Theorie vom erweiterten punktuellen Streitgegenstandsbegriff.[44] Auf Grundlage des Antrags prüft das Gericht, ob zum Zeitpunkt des Zugangs der Kündigung ein Arbeitsverhältnis bestanden hat und ob bis zu dem mit dieser Kündigung beabsichtigten Auflösungszeitpunkt das Arbeitsverhältnis noch bestanden hat und nicht durch irgendeinen während der Kündigungsfrist eingetretenen Umstand oder ein Ereignis aufgelöst worden ist. Auch wenn die von der Rechtsprechung gestellten Anforderungen nicht hoch sind und unklare Anträge ausgelegt werden können,[45] muss der Antrag doch erkennen lassen, gegen welche Kündigung sich die Klage richtet. Das gilt immer, wenn der Arbeitgeber mehrere Kündigungen ausgesprochen hat. Bei mehreren schriftlichen Kündigungen ist der Arbeitnehmer wegen § 4 S. 1 KSchG gezwungen, jede einzelne Kündigung, selbst wenn sie jeweils nur vorsorglich oder hilfsweise erfolgt, innerhalb der Frist des § 4 KSchG gerichtlich anzugreifen, um die Fiktionswirkung des § 7 KSchG zu vermeiden. Ist nur eine Kündigung erklärt worden, wird diese ohne Weiteres Streitgegenstand, selbst wenn der Kläger in seiner Klage ein falsches Datum für die Kündigung angegeben hat.[46] Im Antrag muss die Kündigung weder als außerordentliche noch als ordentliche bezeichnet werden. Hat der Arbeitgeber neben der außerordentlichen Kündigung hilfsweise eine ordentliche Kündigung ausgesprochen, ist es ratsam, beide Kündigungen im Antrag anzugreifen, um Auslegungszweifel gar nicht erst aufkommen zu lassen.[47]

Der Antrag könnte lauten:

> *Formulierungsbeispiel*
>
> Es wird festgestellt, dass das Arbeitsverhältnis durch die Kündigung vom … weder außerordentlich, noch ordentlich zum … beendet worden ist.

---

39 BAG 4.3.1993, EzA § 613a BGB Nr. 207; BAG 25.4.1996, NZA 1996, 1062.
40 BAG 20.3.2003, NZA 2003, 1338.
41 BAG 15.3.2001, EzA § 4 KSchG n.F. Nr. 61; BAG 27.11.2003, EzA § 4 KSchG n.F. Nr. 65.
42 BAG 27.11.2003, EzA § 4 KSchG n.F. Nr. 65; BAG 12.2.2004, AP Nr. 50 zu § 4 KSchG 1969.
43 BAG 15.3.2001, EzA § 4 KSchG n.F. Nr. 61; BAG 28.8.2008, AP Nr. 67 zu § 4 KSchG 1969.
44 Vgl. nur BAG 27.1.1994, AP Nr. 28 zu § 3 KSchG 1969.
45 Vgl. nur BAG 11.7.2013, NZA 2014, 331.
46 BAG 26.9.2013, BAGE 146, 161; BAG 18.12.2014, NZA 2015, 635.
47 Vgl. nur BAG 11.7.2013, NZA 2014, 331.

Hat der Arbeitnehmer die fristlose Kündigung fristwahrend mit dem Antrag nach § 4 S. 1 KSchG angegriffen, kann er noch bis zum Schluss der mündlichen Verhandlung erklären, auch die hilfsweise erklärte ordentliche Kündigung angreifen zu wollen.

22   Die Kündigungsschutzklage muss **unbedingt** erhoben werden. Die nur bedingt erhobene Klage wahrt die Frist des § 4 KSchG nicht. Das betrifft in der Praxis Prozesskostenhilfeanträge, denen nur der Entwurf einer Klagschrift beigefügt ist und wo die Klage erkennbar nur für den Fall erhoben werden soll, dass Prozesskostenhilfe gewährt wird.[48] Von der bedingten Klageerhebung ist die unbedingte, aber vorsorgliche Klageerhebung zu unterscheiden, die die Drei-Wochen-Frist wahren kann. So kann der Arbeitnehmer, der Zahlungsansprüche verfolgt, vorsorglich für den Fall, dass eine Kündigung erklärt worden sein sollte, einen Antrag nach § 4 KSchG stellen.

ff) Klagebegründung

23   Wie ausführlich die **Klagebegründung** auszufallen hat, hängt wesentlich davon ab, auf welche Unwirksamkeitsgründe sich der Arbeitnehmer berufen will:

24   Macht der Kläger **Kündigungsschutz nach dem KSchG** geltend, kann und sollte er sich aufgrund der Verteilung der Darlegungs- und Beweislast (§ 1 Abs. 2 S. 4 KSchG) knapp fassen. Es reicht aus, wenn erkennbar ist, dass die Kündigung nicht als berechtigt anerkannt wird. Der Arbeitgeber ist auch darlegungs- und beweisbelastet für das Fehlen von Rechtfertigungsgründen.[49]

25   Abweichend hiervon sieht **§ 1 Abs. 5 KSchG** vor, dass der Arbeitnehmer unter den dort genannten Voraussetzungen darlegen und beweisen muss, dass die Kündigung nicht betriebsbedingt war.[50]

26   Will sich der Arbeitnehmer auf eine **anderweitige Beschäftigungsmöglichkeit** berufen und bestreitet der Arbeitgeber das Vorhandensein eines freien Arbeitsplatzes, muss der Arbeitnehmer darlegen, wie er sich die anderweitige Beschäftigung vorstellt.[51]

27   Bei einer betriebsbedingten Kündigung muss der Arbeitnehmer zudem **Fehler bei der sozialen Auswahl** nachweisen. Allerdings gilt hier eine abgestufte Darlegungs- und Beweislast.[52] Das bedeutet, dass der Arbeitnehmer zunächst vorzutragen hat, die soziale Auswahl sei fehlerhaft vorgenommen worden. Ist er nicht in der Lage, substantiiert zur sozialen Auswahl auszuführen, und fordert er deshalb den Arbeitgeber auf, ihm die Gründe mitzuteilen, die ihn zu der getroffenen Auswahlentscheidung veranlasst haben, geht die Darlegungslast auf den Arbeitgeber über (siehe oben Rdn 7). Kommt der Arbeitgeber dem Auskunftsverlangen des Arbeitnehmers nach, fällt die Darlegungslast wieder an den Arbeitnehmer zurück. Dieser hat darzulegen, wer von den in die Auswahl einbezogenen Arbeitnehmern weniger schutzwürdig ist als er selbst. Gibt der Arbeitgeber dagegen keine oder keine vollständige Auskunft über seine Erwägungen, ist der Vortrag des Arbeitnehmers, es seien sozial stärkere Arbeitnehmer als er vorhanden, schlüssig und ausreichend. Trägt der Arbeitgeber nur Gründe vor, die erkennen lassen, dass die soziale Auswahl ausschließlich nach betrieblichen Interessen vorgenommen worden ist, so spricht eine tatsächliche Vermutung dafür, dass die Auswahlentscheidung auch im Ergebnis sozialwidrig ist.

28   Selbstverständlich muss der Arbeitnehmer aber zunächst darlegen und ggf. beweisen, dass die **Voraussetzungen des allgemeinen Kündigungsschutzes** erfüllt sind. Dazu gehört die Darlegung, dass zwischen den Vertragsparteien ein Arbeitsverhältnis bestand und zum Zeitpunkt des Zugangs der Kündigung die sechsmonatige Wartezeit abgelaufen war. Legt der Arbeitgeber dar, dass die Wartezeit aufgrund einer rechtlich

---

48 LAG Schleswig-Holstein 24.5.2007, 4 Ta 147/07, zit. nach juris.
49 BAG 12.8.1976, DB 1976, 2357.
50 Vgl. dazu ErfK/*Oetker*, § 1 KSchG Rn 360 ff.
51 BAG 20.1.1994, DB 1994, 1627.
52 BAG 23.3.1983, AP Nr. 12 zu § 1 KSchG Betriebsbedingte Kündigung; BAG 24.2.2000, AP Nr. 47 zu § 1 KSchG 1969 Soziale Auswahl.

relevanten Unterbrechung nicht erfüllt ist, muss der Arbeitnehmer in einem weiteren Schritt darlegen und ggf. beweisen, dass ungeachtet dessen ein enger sachlicher Zusammenhang zwischen beiden Arbeitsverhältnissen besteht.[53]

Der Arbeitnehmer muss ferner darlegen und beweisen, dass der betriebliche Anwendungsbereich des KSchG nach § 23 Abs. 1 S. 1 KSchG eröffnet ist, dass also die Anzahl der dort regelmäßig beschäftigten Arbeitnehmer oberhalb des gesetzlichen Schwellenwerts liegt.[54] In der Kündigungsschutzklage reicht zunächst ein Vortrag, aus dem sich die Anwendbarkeit des KSchG in Bezug auf die maßgebliche Arbeitnehmeranzahl ergibt.[55] Sodann ist es Sache des Arbeitgebers, gem. § 138 Abs. 2 ZPO im Einzelnen darzulegen und substantiiert zu erläutern, welche Tatsachen gegen das Überschreiten des Schwellenwerts sprechen. Diesen Vortrag hat der Arbeitgeber aufgrund seiner Sachnähe zu halten. Darauf hat wiederum der Arbeitnehmer zu erwidern. Verbleibende Zweifel gehen zu seinen Lasten. Diese Grundsätze einer abgestuften Darlegungs- und Beweislast sind auch zu beachten, wenn der Arbeitnehmer geltend macht, es liege ein gemeinsamer Betrieb vor und die Arbeitnehmer anderer daran beteiligter Arbeitgeber seien bei der Berechnung des Schwellenwertes mitzuzählen.[56]

Außerhalb des allgemeinen Kündigungsschutzes ist grds. der Arbeitnehmer darlegungs- und beweispflichtig[57] dafür, dass die Kündigung aufgrund von Rechtsvorschriften rechtsunwirksam ist, die außerhalb des KSchG zur Unwirksamkeit der Kündigung führen.[58] Deshalb setzt die Geltendmachung eines solchen Unwirksamkeitsgrundes substantiierten Vortrag zu dessen Voraussetzungen voraus. Das gilt etwa für den Sonderkündigungsschutz nach § 85 SGB IX, § 9 Abs. 1 MuSchG, § 18 BEEG, § 5 Abs. 1 PflegeZG, § 4f Abs. 3 BDSG oder aufgrund der Betriebsverfassung und Personalvertretung (§ 15 KSchG). Auch zum Verstoß gegen Treu und Glauben, gegen das Maßregelungsverbot (§ 612a BGB) und zur Sittenwidrigkeit (§ 138 BGB) muss der Arbeitnehmer im Einzelnen vortragen.

Existiert im Betrieb eine Mitarbeitervertretung, trägt der Arbeitgeber im Prozess die Darlegungs- und Beweislast dafür, dass das Anhörungsverfahren eingehalten wurde.[59] Er muss sich zur **Anhörung des Betriebs- bzw. Personalrats** aber nur äußern, wenn der Arbeitnehmer die ordnungsgemäße Anhörung der Mitarbeitervertretung bestritten hat. Weil die Betriebsratsanhörung nicht Gegenstand der Wahrnehmung des Arbeitnehmers ist, genügt regelmäßig ein Bestreiten mit Nichtwissen (§ 138 Abs. 4 ZPO).[60] Hat sich der Arbeitgeber umfassend und konkret zur Betriebsratsanhörung geäußert, muss der Arbeitnehmer seinen Vortrag – in einem nächsten Schritt – substantiieren und verdeutlichen, welche Angaben er aus welchen Gründen bestreiten will. Das Gericht muss erkennen können, welche einzelnen Behauptungen des Arbeitgebers aus welchen Gründen bestritten werden, mit der Folge, dass ggf. Beweis erhoben werden muss. Ein Bestreiten mit Nichtwissen ist dann nur noch bezüglich solcher Tatsachen möglich, die außerhalb seiner eigenen Wahrnehmung liegen.[61] Ein nur pauschales, nicht weiter erläutertes Bestreiten reicht dagegen nicht aus und führt dazu, dass die Darlegungen des Arbeitgebers gem. § 138 Abs. 3 ZPO als zugestanden gelten.

29

30

31

---

53 BAG 16.3.1989, NZA 1989, 884.
54 BAG 18.1.1990, EzA § 23 KSchG Nr. 9; BAG 24.2.2005, NZA 2005, 764; BAG 26.6.2008, AP Nr. 42 zu § 23 KSchG 1969; a.A. LAG Berlin 28.10.1994, LAGE § 23 KSchG Nr. 11; LAG Hamm 6.2.2003, LAGE § 23 KSchG Nr. 22; LAG Berlin-Brandenburg 20.3.2008 – 5 Ta 226/08, zit. nach juris.
55 BAG 23.3.1984, AP Nr. 4 zu § 23 KSchG.
56 KR/*Bader*,§ 23 KSchG Rn 71.
57 Besondere Beweislastregeln enthalten § 2 Abs. 2 S. 3 ArbPlSchG und § 2 Abs. 2 S. 3 EignungsÜG.
58 *Preis*, NZA 1997, 1256.
59 Grundlegend zur Darlegungs- und Beweislast: BAG 20.1.2000, AP Nr. 38 zu § 1 KSchG Krankheit; BAG 16.3.2000, AP Nr. 114 zu § 102 BetrVG 1972; BAG 16.3.2000, AP Nr. 2 zu § 67 LPVG Sachsen-Anhalt.
60 *Griebeling*, NZA 2007, 540.
61 BAG 16.3.2000, NZA 2000, 1322.

gg) Allgemeine Feststellungsklage

32   Zusammen mit dem Antrag nach § 4 KSchG (Klageverbindung gem. § 260 ZPO), aber auch davon unabhängig, kann eine **allgemeine Feststellungsklage (§ 256 ZPO)** erhoben werden, mit der der Bestand des Arbeitsverhältnisses geltend gemacht wird. In der Musterklage unter Rdn 7 findet sich ein solcher Antrag unter der Ziffer 2. Ziel dieser Klage ist die Feststellung, dass bis zu einem bestimmten Zeitpunkt, längstens bis zum Schluss der letzten mündlichen Verhandlung in der Tatsacheninstanz ein Arbeitsverhältnis bestanden hat.[62] Sie ist zu erwägen, wenn nicht nur eine bestimmte Kündigung angegriffen werden soll, sondern weitere Auflösungstatbestände (Anfechtung, Eigenkündigung, Aufhebungsvertrag usw.) im Raum stehen oder die Gefahr besteht, dass weitere Kündigungen (etwa in Schriftsätzen) ausgesprochen werden. Kommt es im Laufe des Kündigungsschutzverfahrens, in dem (zusätzlich) eine allgemeine Feststellungsklage erhoben worden ist, zu weiteren Kündigungen (sog. Folgekündigungen), müssen diese nicht innerhalb von drei Wochen gesondert mit der Kündigungsschutzklage angegriffen werden. Vorsichtshalber sollte der allgemeine Feststellungsantrag bis spätestens zum Schluss der mündlichen Verhandlung in der Berufungsinstanz den Erfordernissen des § 4 KSchG angepasst werden.[63] Durch diese durchaus sinnvolle Antragskombination[64] wird der Arbeitgeber gezwungen, sämtliche Tatsachen darzulegen und in den Prozess einzuführen, die in dem vom allgemeinen Feststellungsantrag erfassten Zeitraum zu einer Beendigung des Arbeitsverhältnisses geführt haben sollen. Benennt er mögliche Beendigungstatbestände nicht, kann er sich nach Rechtskraft der Entscheidung über die allgemeine Feststellungsklage auf diese Tatbestände nicht mehr berufen. Es steht dann rechtskräftig fest, dass das Arbeitsverhältnis bis zu dem im Antrag genannten Zeitpunkt bzw. bis zum Schluss der letzten mündlichen Verhandlung in der Tatsacheninstanz bestanden hat.[65]

Das für die Zulässigkeit der allgemeinen Feststellungsklage erforderliche Feststellungsinteresse ist gegeben, wenn zwischen den Parteien streitig ist, ob dem Kläger eine weitere Kündigung zugegangen ist oder ob ein anderer Beendigungstatbestand eingetreten ist. Die abstrakte Möglichkeit, dass sich der Arbeitgeber auf weitere Beendigungstatbestände beruft, reicht nicht aus. Es empfiehlt sich, den allgemeinen Feststellungsantrag ausdrücklich als solchen zu stellen und zu begründen.[66] Fügt der Kläger dem Antrag nach § 4 KSchG den Zusatz bei, festzustellen, dass das Arbeitsverhältnis unverändert fortbesteht, muss das Gericht ermitteln (§ 139 ZPO), ob der Zusatz prozessrechtlich eine vorsorgliche Feststellungsklage sein soll oder ein (unnötiges) Anhängsel zum Kündigungsschutzantrag. Die nicht weiter begründete vorsorgliche Feststellungsklage ist unzulässig. Das Feststellungsinteresse muss zum Zeitpunkt der letzten mündlichen Verhandlung vorliegen. Erklärt der Arbeitgeber zu diesem Zeitpunkt, weitere Beendigungstatbestände lägen neben der angegriffenen Kündigung nicht vor, wird der allgemeine Feststellungsantrag in der Praxis zumeist zurückgenommen.

hh) Formelle Anforderungen

33   Die Kündigungsschutzklage ist **in deutscher Sprache** abzufassen.[67] Die Gerichte haben nur in deutscher Sprache verfasste Schriftstücke zu beachten;[68] sie sind nicht gehalten, von Amts wegen Übersetzungen zu veranlassen.

34   Die Klage muss als bestimmender Schriftsatz die persönliche **Unterschrift** des Klägers oder seines Prozessbevollmächtigten tragen. Eine eigenhändige und handschriftliche Unterzeichnung ist erforderlich. Anderenfalls liegt nur ein Klagentwurf vor, der die Drei-Wochen-Frist nicht wahren kann. Ein solcher Entwurf

---

62 Vgl. BAG 12.5.2005, NZA 2005, 1259.
63 BAG 7.12.1995, EzA § 4 KSchG n.F. Nr. 56; offen gelassen BAG 26.9.2013, BAGE 146, 161.
64 Vgl. *Tiedemann*, ARbRB 2016, 29, 32.
65 BAG 21.1.1988, EzA § 4 KSchG n.F. Nr. 33; 13.3.1997, EzA § 4 KSchG n.F. Nr. 48.
66 Vgl. zu der Problematik der fehlenden Begründung: BAG 16.3.1994, EzA § 4 KSchG n.F. Nr. 49.
67 Die Gerichtssprache ist Deutsch, § 184 GVG.
68 BAG 17.2.1982, EzA § 15 SchwbG Nr. 1.

wird nicht zugestellt, sondern als nicht existent behandelt.[69] Bleibt das unbemerkt und wird die Klage (trotzdem) zugestellt, kann der Mangel der Unterschrift nach § 295 ZPO geheilt werden, wenn sich die Gegenseite rügelos auf die Klage eingelassen hat.[70] Ist die beglaubigte Abschrift unterzeichnet, die der – nicht unterzeichneten – Klageschrift beigefügt war, ersetzt dies die fehlende Unterschrift in der Klage[71]

Die Klage kann durch Einreichung eines Schriftsatzes bei Gericht aber auch mittels **Telefax** erhoben werden. Für die wirksame Klageerhebung ist in letzterem Fall erforderlich, dass die als Vorlage für die Telefaxkopie dienende Klageschrift eigenhändig unterschrieben und die Unterschrift auf der beim Arbeitsgericht eingehenden Kopie der Klagschrift wiedergegeben ist.[72] Für den Nachweis der (fristwahrenden) Übermittlung kommt es auf den Ausdruck des Geräts des Empfängers (Arbeitsgericht) an. Die Klage kann formwirksam auch durch elektronische Übertragung einer Textdatei mit eingescannter Unterschrift auf ein Empfangsgerät des Arbeitsgerichts übermittelt werden.[73] Aufgrund der Neuregelung des § 46c Abs. 1 ArbGG kann, sofern die Partei oder ihr Vertreter und das zuständige Arbeitsgericht über eine entsprechende technische Ausstattung verfügen, die Klage elektronisch erhoben werden; die eigenhändige Unterschrift kann in dem Fall durch eine qualifizierte elektronische Signatur ersetzt werden. Dabei trägt der Absender das Übermittlungsrisiko. Allerdings obliegt dem Gericht eine Hinweispflicht, falls das Dokument nur teilweise lesbar ist und der Absender festgestellt werden kann. **35**

3. Kündigungsschutzklage mit Weiterbeschäftigungsantrag und weiteren Anträgen

a) Muster

▼

Muster 3.2: Kündigungsschutzklage mit Weiterbeschäftigungsantrag und weiteren Anträgen **36**

An das Arbeitsgericht

Klage

des

– Kläger –

Prozessbevollmächtigter: RA

gegen

die

– Beklagte –

wegen Kündigungsschutz

Es wird Klage erhoben mit den Anträgen:

1. Festzustellen, dass das Arbeitsverhältnis durch die Kündigung vom   nicht aufgelöst worden ist/ werden wird;

2. Festzustellen, dass das Arbeitsverhältnis auch nicht durch andere Beendigungstatbestände endet, sondern über den   *(Ablauf der Kündigungsfrist)* hinaus fortbesteht.

69 BAG 26.1.1976, DB 1976, 1116.
70 BAG 26.6.1986, NZA 1986, 761.
71 BGH 27.4.1999, NJW-RR 1999, 1251.
72 BAG 27.3.1996, EzA § 72 ArbGG 1979 Nr. 21.
73 GmSOGB 5.4.2000, NZA 2000, 959.

3. Die Beklagte zu verurteilen, den Kläger über den ▓▓▓▓ *(Ablauf der Kündigungsfrist)* hinaus bis zum rechtskräftigen Abschluss des Kündigungsschutzverfahrens zu unveränderten Arbeitsbedingungen als ▓▓▓▓ *(Tätigkeitsbezeichnung)* weiterzubeschäftigen.

4. Die Beklagte zu verurteilen, dem Kläger ein Zwischenzeugnis zu erteilen, das sich auf Art und Dauer des Arbeitsverhältnisses sowie Führung und Leistung erstreckt.

5. die Beklagte zu verurteilen, an den Kläger ▓▓▓▓ EUR brutto nebst Zinsen in Höhe von 5 Prozentpunkten über dem Basiszinssatz seit dem ▓▓▓▓ zu zahlen.

Begründung:

Der am ▓▓▓▓ geborene, verheiratete und ▓▓▓▓ Kindern unterhaltspflichtige Kläger trat am ▓▓▓▓ in die Dienste der Beklagten.

Beweis: Arbeitsvertrag vom ▓▓▓▓ (**Anlage 1**)

Als ▓▓▓▓ erzielte er zuletzt eine durchschnittliche Bruttomonatsvergütung in Höhe von ▓▓▓▓ EUR.

Beweis: Gehaltsabrechnung ▓▓▓▓ (**Anlage 2**)

Die Beklagte beschäftigt regelmäßig mehr als zehn Arbeitnehmer in Vollzeit.

Mit Schreiben vom ▓▓▓▓, dem Kläger am ▓▓▓▓ zugegangen, kündigte die Beklagte das Arbeitsverhältnis zum ▓▓▓▓.

Beweis: Kündigungsschreiben vom ▓▓▓▓ (**Anlage 3**)

Die Kündigung ist sozial ungerechtfertigt. Soweit die Beklagte die Kündigung auf betriebsbedingte Gründe stützt, kann der Kläger zur sozialen Auswahl nicht vortragen, weil er über die erforderlichen Kenntnisse nicht verfügt. Die Beklagte wird daher aufgefordert, die sozialen Daten der Mitarbeiter vorzutragen, die sie in die soziale Auswahl einbezogen hat.

Der Kläger bestreitet mit Nichtwissen, dass die Beklagte den bei ihr gewählten Betriebsrat zur Kündigung ordnungsgemäß angehört hat.

Der Klagantrag zu 2) beinhaltet eine selbstständige allgemeine Feststellungsklage gem. § 256 ZPO. Dem Kläger sind zwar derzeit keine anderen Beendigungstatbestände außer der mit dem Klagantrag zu 1) angegriffenen Kündigung vom ▓▓▓▓ bekannt. Es besteht jedoch die Gefahr, dass sich die Beklagte im Laufe des Verfahrens auf weitere Kündigungen bzw. andere Beendigungstatbestände beruft. ▓▓▓▓ *(Grund für die Annahme)*.

Mit dem Klagantrag zu 3) begehrt der Kläger Weiterbeschäftigung bis zum rechtskräftigen Abschluss dieses Verfahrens. Der Kläger hat der Beklagten seine weitere Arbeitsleistung angeboten. Die Beklagte hat es jedoch abgelehnt, den Kläger nach Ablauf der Kündigungsfrist weiter zu beschäftigen.

(Ggf. *bei Widerspruch des Betriebsrats:*

Der Kläger kann seinen Weiterbeschäftigungsanspruch auch auf § 102 Abs. 5 BetrVG stützen, und zwar über das Ende der ordentlichen Kündigungsfrist hinaus. Die Beklagte hat den Betriebsrat am ▓▓▓▓ *zur Kündigung angehört. Der Betriebsrat hat der Kündigung innerhalb einer Woche gemäß § 102 Abs. 3 BetrVG widersprochen und geltend gemacht,* ▓▓▓▓. *Auf den Widerspruch, der zum Inhalt der Klageschrift gemacht wird, wird verwiesen.)*

Anlage: Widerspruch des Betriebsrats vom ▓▓▓▓)

Um seiner Minderungspflicht nach § 615 BGB zu genügen, benötigt der Kläger ein Zwischenzeugnis, mit dem er sich bei anderen Arbeitgebern bewerben kann. Ein solches Zeugnis begehrt der Kläger mit dem Antrag zu 4).

Mit dem Antrag zu 5) verlangt der Kläger – zur Wahrung seiner Ansprüche – die Vergütung für den Monat ▓▓▓▓. Die Beklagte hat die vom Kläger angebotenen Dienste abgelehnt. Sie befindet sich in Verzug. Zugleich werden hiermit alle Ansprüche auf zukünftiges Arbeitsentgelt geltend gemacht.

Schließlich macht der Kläger hiermit seine Urlaubs- sowie Urlaubsabgeltungsansprüche geltend, die nach Ablauf der Kündigungsfrist entstehen. Die Beklagte wird aufgefordert, den Urlaub zeitlich festzulegen.

(Unterschrift)

b) Erläuterungen

Es kann sich anbieten, weitere Streitgegenstände mit der Kündigungsschutzklage zu verbinden. Das will im Einzelfall wohl überlegt sein und sollte keinesfalls schematisch gehandhabt werden.[74]   37

aa) Weiterbeschäftigung

Mit dem Antrag zu 3) kann **Weiterbeschäftigung während des Kündigungsschutzprozesses** geltend gemacht werden. Eine Rückkehr in den Betrieb hängt nach einer Kündigung in der Praxis u.a. davon ab, wie lange die tatsächliche Trennung vom Arbeitsplatz dauert. Soll einer Entfremdung vom Betrieb vorgebeugt werden, bietet sich ein Weiterbeschäftigungsantrag an. Sinnvoll ist ein solches Vorgehen aber nur, wenn der Arbeitnehmer tatsächlich in der Lage und auch Willens ist, während des laufenden Verfahrens in den Betrieb zurückzukehren und dort zu arbeiten. Im Muster unter Rdn 36 ist der Weiterbeschäftigungsantrag im Wege der objektiven Klagehäufung (§ 260 ZPO) angekündigt worden. Der Antrag kann – aus Kostengründen – aber auch als sog. uneigentlicher Hilfsantrag für den Fall gestellt werden, dass der Kündigungsschutzklage stattgegeben wird.[75] Der Antrag würde dann lauten: 38

> *Formulierungsbeispiel*
>
> Für den Fall des Obsiegens mit dem Antrag zu 1) wird die Beklagte verurteilt, den Kläger bis zum rechtskräftigen Abschluss des Kündigungsschutzverfahrens als … weiterzubeschäftigen.

Unabhängig davon, welche dieser beiden Möglichkeiten gewählt und auf welche Grundlage der Anspruch gestützt wird, ist darauf zu achten, dass das stattgebende Urteil einen vollstreckungsfähigen Inhalt hat. Dazu müssen die Einzelheiten der Beschäftigung, ggf. im Wege der Auslegung anhand des Tatbestandes und der Gründe, für jeden Dritten aus dem Tenor ersichtlich sein.[76] Grundsätzlich reicht es aus, wenn das Berufsbild, mit dem der Arbeitnehmer beschäftigt werden soll, bezeichnet wird.[77] Im Weiterbeschäftigungsantrag ist ferner zum Ausdruck zu bringen, dass die Beschäftigung nur für den Zeitraum bis zum rechtskräftigen Abschluss des Kündigungsschutzverfahrens begehrt wird.[78] Denn nach rechtskräftigem Obsiegen im Kündigungsschutzprozess kann der Arbeitnehmer nur den allgemeinen Beschäftigungsanspruch geltend machen.

Zu unterscheiden ist der Weiterbeschäftigungsanspruch nach § 102 Abs. 5 S. 1 BetrVG und der sog. allgemeine Weiterbeschäftigungsanspruch.   39

(1) Weiterbeschäftigung nach § 102 Abs. 5 S. 1 BetrVG

Hat der Betriebsrat einer ordentlichen Kündigung frist- und ordnungsgemäß widersprochen und hat der Arbeitnehmer nach dem KSchG Klage auf Feststellung erhoben, dass das Arbeitsverhältnis durch die Kündigung nicht aufgelöst ist, muss der Arbeitgeber auf Verlangen des Arbeitnehmers diesen nach Ablauf der Kündigungsfrist bis zum Abschluss des Rechtsstreits zu unveränderten Bedingungen weiterbeschäftigen, **§ 102 Abs. 5 S. 1 BetrVG.** Diese Vorschrift gibt dem Arbeitnehmer im Kündigungsschutzprozess, unab-   40

---

74 *Korinth*, ArbRB 2010, 385.
75 BAG 8.4.1988, EzA § 611 BGB Beschäftigungspflicht Nr. 30.
76 LAG Schleswig-Holstein 6.1.1987, NZA 1987, 322; teilweise wird schon der Antrag auf Weiterbeschäftigung zu den bisherigen Arbeitsbedingungen als hinreichend bestimmt angesehen, LAG Hamm 22.1.1986, LAGE Nr. 4 zu § 888 ZPO.
77 BAG 15.4.2009, NZA 2009, 917.
78 BAG 22.3.2012, NZA 2012, 1040.

hängig von dessen Ausgang, unter bestimmten Voraussetzungen einen **Anspruch auf tatsächliche Weiterbeschäftigung**.[79] Das bisher zwischen den Parteien bestehende Arbeitsverhältnis wird kraft Gesetzes fortgesetzt.[80] Es ist auflösend bedingt durch die rechtskräftige Abweisung der Kündigungsschutzklage.

41   Der Weiterbeschäftigungsanspruch nach § 102 Abs. 5 BetrVG setzt zunächst eine **ordentliche Kündigung** voraus. Bei einer außerordentlichen Kündigung kommt er nur in Betracht, wenn es sich um eine solche mit sozialer Auslauffrist handelt,[81] bei einer Änderungskündigung nur, wenn der Arbeitnehmer die geänderten Arbeitsbedingungen vorbehaltlos ablehnt.[82]

42   Nur ein frist- und ordnungsgemäßer Betriebsratswiderspruch vermag den Weiterbeschäftigungsanspruch zu begründen. Das bedeutet, dass der Widerspruch dem Arbeitgeber **innerhalb einer Woche** zugehen (§ 102 Abs. 3 i.V.m. Abs. 2 S. 1 BetrVG) und auf einem wirksamen Betriebsratsbeschluss beruhen muss. Der Widerspruch hat **schriftlich** zu ergehen und verlangt eine **eingehende Begründung**. Er muss sich auf einen oder mehrere der in § 102 Abs. 3 BetrVG aufgezählten Gründe beziehen und den oder die Gründe fallbezogen durch Tatsachen konkretisieren.[83] Der vorgetragene Sachverhalt muss es als möglich erscheinen lassen, dass einer der im Gesetz aufgezählten Widerspruchsgründe vorliegt.[84] Die formelhafte Wiederholung des Gesetzestextes reicht für einen ordnungsgemäßen Widerspruch nicht aus.[85]

43   Der gekündigte Arbeitnehmer muss zudem in den **persönlichen und betrieblichen Geltungsbereich des KSchG** fallen und **Kündigungsschutzklage** erhoben haben. Nach der seit dem 1.1.2004 geltenden Rechtslage kommt der Weiterbeschäftigungsanspruch auch in Betracht, wenn die Feststellungsklage allein wegen Unwirksamkeit der Kündigung aus einem anderen Grund als dem der Sozialwidrigkeit erhoben worden ist.[86]

44   Die Erhebung der Kündigungsschutzklage allein reicht nicht aus, um die Weiterbeschäftigungspflicht auszulösen. Erforderlich ist vielmehr ein deutlich geäußertes **Verlangen nach Weiterbeschäftigung**. Dies kann in einem außergerichtlichen Schreiben, im Wege eines Antrags auf Erlass einer einstweiligen Verfügung oder (siehe oben Rdn 36) durch Klagehäufung neben dem Feststellungsantrag geschehen. Das Verlangen muss unverzüglich, spätestens bis zum ersten Arbeitstag nach Ablauf der Kündigungsfrist geäußert werden.[87]

45   Auf Antrag des Arbeitgebers kann das Arbeitsgericht ihn nach Maßgabe des § 102 Abs. 5 S. 2 BetrVG **durch einstweilige Verfügung von der Weiterbeschäftigungspflicht entbinden**, wenn

- die Klage des Arbeitnehmers keine hinreichende Aussicht auf Erfolg bietet oder mutwillig erscheint oder
- die Weiterbeschäftigung des Arbeitnehmers zu einer unzumutbaren wirtschaftlichen Belastung des Arbeitgebers führen würde oder
- der Widerspruch des Betriebsrats offensichtlich unbegründet war.

---

79 Siehe auch § 79 Abs. 2 BPersVG.
80 BAG 12.9.1985, EzA § 102 BetrVG 1972 Nr. 61.
81 BAG 5.2.1998, EzA § 626 BGB Unkündbarkeit Nr. 2.
82 BAG 28.3.1985, EzA § 767 ZPO Nr. 1.
83 BAG 17.6.1999, EzA § 102 BetrVG 1972 Beschäftigungspflicht Nr. 10; BAG 11.5.2000, EzA § 102 BetrVG 1972 Beschäftigungspflicht Nr. 11.
84 Vgl. zur Begründungspflicht, wenn der Betriebsrat die soziale Auswahl rügt: BAG 9.7.2003, EzA § 102 BetrVG 2001 Beschäftigungspflicht Nr. 1; wenn er sich auf das Vorhandensein eines freien Arbeitsplatzes beruft: BAG 17.6.1999, EzA § 102 BetrVG 1972 Beschäftigungspflicht Nr. 10; wenn ein Verstoß gegen eine Auswahlrichtlinie geltend gemacht wird: KR/*Etzel*, § 102 BetrVG Rn 158.
85 LAG München 2.3.1994, LAGE § 102 BetrVG 1972 Beschäftigungspflicht Nr. 15.
86 *Stahlhacke/Preis/Vossen*, Rn 2231.
87 BAG 11.5.2000, EzA § 102 BetrVG 1972 Beschäftigungspflicht Nr. 11.

(2) Allgemeiner Weiterbeschäftigungsanspruch

Außerhalb des Geltungsbereichs des § 102 Abs. 5 BetrVG kann der sog. **allgemeine Weiterbeschäftigungsanspruch** auf Grundlage der vom Großen Senat des BAG in seiner Entscheidung vom 27.2.1985 aufgestellten Grundsätze bestehen.[88] Danach muss der Arbeitgeber den Arbeitnehmer vor Erlass eines die Kündigung für unwirksam erklärenden Urteils grds. nicht weiterbeschäftigen, also bei der fristlosen Kündigung nach deren Zugang und bei der ordentlichen Kündigung nach Ablauf der Kündigungsfrist. Wenn aber ein Arbeits- oder Landesarbeitsgericht durch Urteil die Unwirksamkeit der Kündigung festgestellt hat, besteht i.d.R. ein materieller Weiterbeschäftigungsanspruch. Schon vor einem Urteil im Kündigungsschutzprozess kann der Arbeitnehmer Weiterbeschäftigung verlangen, wenn die Kündigung offensichtlich unwirksam ist[89] oder ein besonderes Beschäftigungsinteresse des Arbeitnehmers besteht.[90] Wird der Kündigungsschutzklage stattgegeben, kann der Arbeitgeber den Weiterbeschäftigungsanspruch abwehren, wenn er zusätzliche, über die Ungewissheit des Prozessausgangs hinausgehende Umstände vorträgt, aus denen sich im Einzelfall ein überwiegendes Interesse für ihn ergibt, den Arbeitnehmer nicht mehr zu beschäftigen.[91] In Betracht kommen hier Gründe, die den Arbeitgeber auch im bestehenden Arbeitsverhältnis zur Freistellung des Arbeitnehmers berechtigen würden.[92] Eine weitere ausgesprochene Kündigung beendet den Weiterbeschäftigungsanspruch, wenn sie zu einer Ungewissheit über den Fortbestand des Arbeitsverhältnisses führt. Allerdings bleibt der Weiterbeschäftigungsanspruch bestehen, falls die weitere Kündigung offensichtlich unwirksam ist. | 46

bb) Zeugnis/Zwischenzeugnis

Der Arbeitnehmer hat bei Beendigung des Arbeitsverhältnisses Anspruch auf **Erteilung eines Zeugnisses**, § 109 Abs. 1 S. 1 GewO. Es ist zu überlegen, ob bereits im Kündigungsschutzprozess die Erteilung eines (Zwischen-)Zeugnisses im Wege der objektiven Klagehäufung (§ 260 ZPO) geltend gemacht wird (siehe oben Rdn 36). In dem Fall muss der Arbeitgeber vorher zur Zeugniserteilung aufgefordert werden, da andernfalls das Rechtsschutzbedürfnis für den Antrag fehlt. Obwohl es gerade dem Interesse des Arbeitgebers entspricht, dass sich der Arbeitnehmer, mit dem er einen Kündigungsschutzprozess führt, frühzeitig und nach Möglichkeit erfolgreich um eine neue Stelle bemüht, unterlassen es Arbeitgeber vielfach durch Erteilung eines Zeugnisses eine Voraussetzung dafür zu schaffen. Weil auch der Arbeitnehmer bei ungewissem Ausgang des Kündigungsschutzverfahrens gut beraten ist, sich anderweitig zu bewerben, benötigt er ein Zeugnis. Der Anspruch auf ein Schlusszeugnis – nicht lediglich auf ein Zwischenzeugnis – entsteht nicht erst nach, sondern bereits anlässlich der Beendigung des Arbeitsverhältnisses. Das Schlusszeugnis ist daher regelmäßig, gerade wenn die Parteien in einem Kündigungsschutzprozess über die Rechtmäßigkeit einer Kündigung streiten,[93] schon vor dem tatsächlichen Ausscheiden zu erteilen. Der Arbeitnehmer verhält sich auch nicht widersprüchlich, wenn er einerseits im Kündigungsschutzprozess die Unwirksamkeit der Kündigung geltend macht und andererseits ein Zwischenzeugnis verlangt.[94] | 47

cc) Zahlung

Es kann notwendig sein, die Kündigungsschutzklage mit einer **Zahlungsklage** zu verbinden. Streitgegenstand können alle Zahlungsansprüche aus dem Arbeitsverhältnis sein, insbesondere auch die Vergütungs- | 48

---

88 BAG GS 27.2.1985, EzA § 611 BGB Beschäftigungspflicht Nr. 9.
89 Unzweifelhaft unwirksam ist die Kündigung, wenn ihr unstreitig keine Betriebsratsanhörung vorausgegangen ist oder die nach § 9 Abs. 1 S. 1 MuSchG oder § 85 SGB IX erforderliche behördliche Zustimmung fehlt.
90 Die Voraussetzung kann erfüllt sein, wenn durch die Nichtbeschäftigung eine berufliche Qualifikation ernstlich gefährdet ist.
91 BAG GS 27.2.1985, EzA § 611 BGB Beschäftigungspflicht Nr. 9.
92 Z.B. Verdacht des Verrats von Betriebsgeheimnissen oder Konkurrenztätigkeit.
93 BAG 27.2.1987, AP Nr. 16 zu § 630 BGB; ErfK/*Müller-Glöge*, § 109 GewO Rn 7.
94 ErfK/*Müller-Glöge*, § 109 GewO Rn 7.

ansprüche, die vom Bestand des Arbeitsverhältnisses abhängen. Hier ist zu beachten, dass die Kündigungsschutzklage nicht zur Hemmung der **Verjährung** eines auf § 615 BGB gestützten Entgeltanspruchs führt.[95] Auch ein auf Weiterbeschäftigung gerichteter Klageantrag stellt keine gerichtliche Geltendmachung von Zahlungsansprüchen dar.[96] Obsiegt der Arbeitnehmer im Kündigungsschutzprozess, ist damit sein Entgeltanspruch für die Zeit bis zum Erlass des Urteils noch nicht festgestellt. Der Arbeitnehmer wahrt durch die Einlegung einer Kündigungsschutzklage nach § 4 KSchG sowohl die erste als auch die zweite Stufe einer zweistufigen Ausschlussfrist bezogen auf die vom Ausgang der Bestandsschutzklage abhängigen Vergütungsansprüche. Das gilt für in allgemeinen Geschäftsbedingungen vereinbarten Ausschlussfristen[97] ebenso wie für tarifliche Ausschlussfristen.[98] Durch die Erhebung der Kündigungsschutzklage wird für den Arbeitgeber erkennbar, dass der Arbeitnehmer alle ihm möglicherweise zustehenden Ansprüche verfolgt. Die Kündigungsschutzklage beschränkt sich also nicht auf den Erhalt des Arbeitsplatzes, sondern erfasst auch darüber hinausgehende Ansprüche, die von der Wirksamkeit der Kündigung abhängen. Andere Ansprüche müssen ausdrücklich innerhalb der Ausschlussfrist geltend gemacht werden.

49 Wenn **Urlaubsansprüche** im Laufe des Kündigungsschutzverfahrens zu verfallen drohen, müssen diese gegenüber dem Arbeitgeber geltend gemacht werden. In der Erhebung der Kündigungsschutzklage liegt regelmäßig noch keine Geltendmachung von Urlaubsansprüchen.[99] Der Arbeitnehmer sollte daher den Arbeitgeber auffordern, den Urlaub zeitlich festzulegen.[100] Der Urlaubsanspruch ist befristet. Er erlischt grds. am 31.12. des Urlaubsjahres, spätestens mit dem 31.3. des Folgejahres, § 7 Abs. 3 BUrlG. Etwas anderes gilt, wenn der Arbeitnehmer während des gesamten Jahres und des Übertragungszeitraums arbeitsunfähig krank war und deshalb seinen Urlaub nicht verwirklichen konnte.[101]

Der Arbeitgeber ist zum Schadensersatz verpflichtet, wenn der Arbeitnehmer ihn vor Ablauf dieser Fristen durch eine Mahnung in Verzug gesetzt hat.[102] Die (fristgerechte) Erhebung der Kündigungsschutzklage reicht regelmäßig nicht aus.[103] Besteht parallel zum Kündigungsverfahren Streit über den Umfang des noch offenen Urlaubsanspruchs, kann es sinnvoll sein, folgenden Hilfsantrag zu stellen:

Formulierungsbeispiel

Für den Fall des Obsiegens mit dem Antrag zu 1) wird festgestellt, dass dem Kläger für das Jahr (…) noch (…) Tage Erholungsurlaub zustehen.

---

95 BAG 7.11.2002, AP Nr. 13 zu § 580 ZPO; BAG 7.11.1991, AP Nr. 6 zu § 209 BGB.
96 BAG 8.8.2000, AP Nr. 151 zu § 4 TVG Ausschlussfristen.
97 BAG 19.3.2008, AP Nr. 11 zu § 305 BGB.
98 BAG 19.9.2012, DB 2013, 65.
99 BAG 21.9.1999, DB 2000, 2611; 13.12.2011, AiB 2013, 244 – offen gelassen.
100 *Leinemann/Linck*, § 7 Rn 170 ff.
101 EuGH 20.1.2009, NZA 2009, 135; BAG 24.3.2009, NZA 2009, 538.
102 BAG 18.9.2001, EzA § 7 BUrlG Nr. 109; BAG 10.2.2004, EzA § 7 BUrlG Nr. 112.
103 BAG 21.9.1999, AP Nr. 15 zu § 7 BUrlG.

4. Kündigungsschutzklage bei Änderungskündigung

a) Muster

▼

Muster 3.3: Kündigungsschutzklage bei Änderungskündigung (nach Annahme des Änderungsangebots unter dem Vorbehalt der gerichtlichen Überprüfung) **50**

An das Arbeitsgericht ░░░░░

░░░░░

Klage

des ░░░░░

– Kläger –

Prozessbevollmächtigter: RA ░░░░░

gegen

die ░░░░░

– Beklagte –

wegen Änderungskündigung

Es wird Klage erhoben mit den Anträgen:

1. festzustellen, dass die Änderung der Arbeitsbedingungen durch die Änderungskündigung vom ░░░░░ sozial ungerechtfertigt oder aus anderen Gründen rechtsunwirksam ist;

2. festzustellen, dass das Arbeitsverhältnis über den ░░░░░ *(Datum des Ablaufs der Kündigungsfrist)* zu unveränderten Bedingungen fortbesteht.

Begründung

Der am ░░░░░ geborene Kläger ist seit dem ░░░░░ bei der Beklagten als ░░░░░ beschäftigt. Sein durchschnittliches Bruttomonatsgehalt betrug zuletzt ░░░░░ EUR. Die Beklagte beschäftigt mehr als zehn Arbeitnehmer in Vollzeit.

Mit Schreiben vom ░░░░░, dem Kläger am ░░░░░ zugegangen, kündigte sie das Arbeitsverhältnis zum ░░░░░ und bot dem Kläger gleichzeitig die Fortsetzung des Arbeitsverhältnisses zu geänderten Bedingungen an, nämlich ░░░░░ *(ausführen)*.

Beweis: Kündigungsschreiben vom ░░░░░ (**Anlage 1**)

Der Kläger hat mit Schreiben vom ░░░░░ der Beklagten mitgeteilt, dass er bereit sei, das Arbeitsverhältnis zu den geänderten Bedingungen fortzusetzen, falls nicht die Änderung der Arbeitsbedingungen sozial ungerechtfertigt ist.

Beweis: Schreiben vom ░░░░░ (**Anlage 2**)

Die Änderungskündigung ist sozial nicht gerechtfertigt. Es fehlt bereits ein Grund, der an sich geeignet ist, eine Änderung des Vertragsinhalts zu rechtfertigen. Insbesondere liegen die von der Beklagten im Kündigungsschreiben angeführten verhaltensbedingten/personenbedingten/betrieblichen Gründe nicht vor ░░░░░ *(ausführen)*.

(nur bei betriebsbedingter Änderungskündigung: Vorsorglich wird die ordnungsgemäße Durchführung der Sozialauswahl bestritten. Der Kläger kann hierzu nicht vortragen, weil er über die erforderlichen Kenntnisse nicht verfügt. Die Beklagte wird aufgefordert, die sozialen Daten der Mitarbeiter vorzutragen, die sie in die soziale Auswahl einbezogen hat).

Zudem hätte der Kläger die angebotene Vertragsänderung billigerweise nicht annehmen müssen, weil sie unverhältnismäßig ist.

*Der Kläger bestreitet mit Nichtwissen, dass die Beklagte den bei ihr gewählten Betriebsrat zur Kündigung angehört hat. (**Ggf.**: Der Kläger hat nach Zugang der Kündigung vergeblich versucht, vom Betriebsrat Informationen über eine etwaige Anhörung zu erhalten.)*

Der Klagantrag zu 2) beinhaltet eine selbstständige allgemeine Feststellungsklage gemäß § 256 ZPO. Dem Kläger sind zwar derzeit keine anderen Beendigungs- oder Änderungstatbestände außer der mit dem Klagantrag zu 1) angegriffenen Änderungskündigung vom ▨▨▨ bekannt. Es besteht jedoch die Gefahr, dass sich die Beklagte im Laufe des Verfahrens auf weitere Beendigungs- bzw. Änderungstatbestände beruft. ▨▨▨ *(Grund für die Annahme).*

(Unterschrift)

▲

b)   Erläuterungen

aa) Mögliche Reaktionen auf die Änderungskündigung

51   Zunächst ist festzustellen, ob eine Änderungskündigung oder (nur) eine Maßnahme des Direktionsrechts vorliegt. Stellen die mit der Änderungskündigung angebotenen Arbeitsbedingungen in Wirklichkeit keine Änderung des Vertragsinhalts dar, weil sie sich im Wege des Direktionsrechts durchsetzen lassen (§ 106 S. 1 GewO), ist eine Änderungskündigung überflüssig; die Änderungsschutzklage ist unbegründet.[104] Für die Änderungskündigung ist kennzeichnend, dass sie eine Kündigung des Arbeitsverhältnisses enthält. Folglich muss der Arbeitgeber bei ihrem Ausspruch die Kündigungsfrist einhalten, den Betriebsrat beteiligen und den Sonderkündigungsschutz beachten.

Auf eine Änderungskündigung kann der Arbeitnehmer auf dreierlei Weise reagieren. Nimmt er das Änderungsangebot vorbehaltlos an, wird der Arbeitsvertrag geändert, und es gelten nach Ablauf der Kündigungsfrist die neuen Arbeitsbedingungen.

Der Arbeitnehmer kann das Änderungsangebot des Arbeitgebers ablehnen. Dann bleibt ihm nur die Möglichkeit, gegen die in der Änderungskündigung enthaltene Kündigung Kündigungsschutzklage zu erheben (vgl. hierzu Rdn 7, 36), anderenfalls endet das Arbeitsverhältnis mit Ablauf der Kündigungsfrist. In diesem Rechtsstreit geht es also um die Beendigung des Arbeitsverhältnisses. Prüfungsmaßstab ist die Wirksamkeit der mit der Änderungskündigung beabsichtigten Änderung der Arbeitsbedingungen.

Schließlich kann der Arbeitnehmer das Änderungsangebot unter dem Vorbehalt annehmen, dass die Änderung der Arbeitsbedingungen nicht sozial ungerechtfertigt ist, § 2 S. 1 KSchG. Auf diese Weise begrenzt er sein Prozessrisiko. Denn im Falle des Unterliegens im Kündigungsschutzprozess verliert der Arbeitnehmer nicht seinen Arbeitsplatz, sondern kann zu geänderten Arbeitsbedingungen weiterarbeiten (siehe auch Rdn 50). Streitgegenstand der Änderungsschutzklage ist nicht die Wirksamkeit der Kündigung, sondern der Inhalt der für das Arbeitsverhältnis geltenden Vertragsbedingungen.[105] Erläutert werden im Folgenden nur die Besonderheiten gegenüber der Kündigungsschutzklage. Im Übrigen wird auf die Erläuterungen der Muster zur einfachen Kündigungsschutzklage und zur Kündigungsschutzklage mit Weiterbeschäftigungsantrag verwiesen (siehe Rdn 7, 36).

bb) Annahme unter Vorbehalt

52   Die **Vorbehaltserklärung** muss hinreichend bestimmt sein und dem Arbeitgeber zugehen. Sie ist zwar nicht an eine bestimmte Form gebunden. Aus Beweisgründen sollte sie aber schriftlich erfolgen.

---

104 BAG 19.7.2012, NZA 2012, 1038.
105 BAG 19.7.2012, NZA 2012, 1038.

Formulierungsbeispiel 53

Das in der Änderungskündigung vom (…) enthaltene Änderungsangebot nehme ich/nimmt mein Mandant unter dem Vorbehalt an, dass die Änderung der Arbeitsbedingungen nicht sozial ungerechtfertigt ist.

Den Vorbehalt muss der Arbeitnehmer dem Arbeitgeber **innerhalb der Kündigungsfrist, spätestens jedoch innerhalb von drei Wochen nach Zugang der Kündigung** erklären, § 2 S. 2 KSchG. Für die Fristwahrung ist der Zugang beim Arbeitgeber maßgebend. Das ist bedeutsam, wenn der Vorbehalt (erst) in der Änderungsschutzklage erklärt wird und die Klage dem Arbeitgeber nicht innerhalb der Frist des § 2 S. 2 KSchG, sondern erst demnächst i.S.v. § 167 ZPO zugestellt wird. Bei der außerordentlichen Änderungskündigung muss der Vorbehalt unverzüglich, d.h. ohne schuldhaftes Zögern, erklärt werden. Rechtzeitig ist eine Vorbehaltserklärung, die dem Arbeitgeber unter Einschluss des Wochenendes fünf Tage nach der außerordentlichen Änderungskündigung zugeht.[106] 54

Die Klage mit dem Antrag, die Sozialwidrigkeit der Änderung der Arbeitsbedingungen festzustellen, enthält zwar regelmäßig eine Vorbehaltserklärung.[107] Dennoch ist es sinnvoll, den Vorbehalt gesondert gegenüber dem Arbeitgeber zu erklären. Denn es besteht die Gefahr, dass die Klage dem Arbeitgeber erst nach Ablauf der Erklärungsfrist des § 2 S. 2 KSchG zugestellt wird. 55

Der Arbeitnehmer muss bis zum Schluss der mündlichen Verhandlung erster Instanz (§ 6 S. 1 KSchG) alle Gründe für die Unwirksamkeit der Änderungskündigung in den Prozess einführen (zur Rüge der Betriebsratsanhörung siehe Rdn 31). 56

Hat der Arbeitnehmer das Änderungsangebot unter Vorbehalt der sozialen Rechtfertigung der Änderung angenommen, ist er verpflichtet, nach Ablauf der Kündigungsfrist zu den geänderten Bedingungen weiterzuarbeiten. Er hat vor rechtskräftiger Entscheidung **keinen vorläufigen Weiterbeschäftigungsanspruch** zu den bisherigen Arbeitsbedingungen.[108] 57

5. Kündigungsschutzklage und nachträgliche Zulassung

a) Muster

▼

Muster 3.4: Kündigungsschutzklage und nachträgliche Zulassung 58

An das Arbeitsgericht ▨▨▨▨

▨▨▨▨

Klage

des ▨▨▨▨

– Kläger –

Prozessbevollmächtigter: RA ▨▨▨▨

gegen

die ▨▨▨▨

– Beklagte –

---

106 BAG 27.3.1987, AP Nr. 20 zu § 2 KSchG 1969.
107 *V. Hoyningen-Huene/Linck*, § 2 KSchG Rn 102.
108 BAG 18.1.1990, AP Nr. 27 zu § 2 KSchG 1969; BAG 28.5.2009, NZA 2009, 954.

wegen Kündigungsschutz und nachträglicher Zulassung

Es wird Klage erhoben mit den Anträgen:

1. festzustellen, dass das Arbeitsverhältnis durch die Kündigung vom [   ] nicht aufgelöst worden ist/ werden wird;

2. die Kündigungsschutzklage nachträglich zuzulassen.

Begründung:

Der am [   ] geborene Kläger ist seit dem [   ] bei der Beklagten beschäftigt.

Zuletzt arbeitete er als [   ] und erzielte eine durchschnittliche Bruttomonatsvergütung in Höhe von [   ] EUR.

Beweis: Arbeitsvertrag vom [   ] (**Anlage 1**)

Die Beklagte beschäftigt regelmäßig mehr als zehn Arbeitnehmer in Vollzeit. Mit Schreiben vom [   ] kündigte sie das Arbeitsverhältnis fristlos.

Beweis: Kündigungsschreiben vom [   ] (**Anlage 2**)

Die Kündigung ist unwirksam, weil ein wichtiger Grund zur außerordentlichen Beendigung des Arbeitsverhältnisses gemäß § 626 BGB nicht besteht. Vorsorglich wird auch die Einhaltung der Frist des § 626 Abs. 2 BGB gerügt. Im Fall einer Umdeutung der außerordentlichen in eine ordentliche Kündigung wäre diese sozial nicht gerechtfertigt.

Der Kläger bestreitet mit Nichtwissen, dass die Beklagte den bei ihr gewählten Betriebsrat zur Kündigung angehört hat. (**Ggf.:** *Der Kläger hat nach Zugang der Kündigung vergeblich versucht, vom Betriebsrat Informationen über eine etwaige Anhörung zu erhalten.*)

Die Beklagte hat außergerichtlich behauptet, ein Bote habe das Kündigungsschreiben am [   ] in den Hausbriefkasten des Klägers eingeworfen. Selbst wenn das zutreffen sollte, was der Kläger allerdings mit Nichtwissen bestreitet, wäre die Klage gemäß § 5 KSchG nachträglich zuzulassen.

Denn der Kläger fand das Schreiben erst am [   ] nach Rückkehr aus dem ihm für die Zeit vom [   ] bis [   ] bewilligten Urlaub vor. Seinen Urlaub hatte er in [   ] verbracht. Das war der Beklagten bekannt, denn der Kläger hatte seine Urlaubsanschrift der Personalabteilung am [   ] schriftlich mitgeteilt.

Glaubhaftmachung: Eidesstattliche Versicherung des Klägers (**Anlage 3**)

Am [   ] hat der Kläger den Unterzeichner aufgesucht und unverzüglich, jedenfalls innerhalb der 2-Wochenfrist des § 5 Abs. 3 S. 1 KSchG Klage erhoben und ihre nachträgliche Zulassung beantragt.

(Unterschrift)

b) Erläuterungen

aa) Anforderungen an den Zulassungsantrag

59   War der Arbeitnehmer an der rechtzeitigen Klageerhebung gehindert, kann er unter engen Voraussetzungen in formeller sowie in materieller Hinsicht und innerhalb bestimmter Fristen beantragen, dass seine verspätete Kündigungsschutzklage vom Arbeitsgericht doch noch zur Entscheidung zugelassen wird. § 5 KSchG gilt für alle Fälle, in denen die Klagefrist des § 4 KSchG versäumt worden ist. Über den Antrag und die Kündigungsschutzklage entscheidet das Arbeitsgericht gemeinsam durch Urteil. Nur ausnahmsweise kann ein Zwischenurteil ergehen.[109] Gegen die Zurückweisung des Antrags auf nachträgliche Zulassung ist in jedem Fall die Berufung gegeben. Aufgrund der Neuregelung des § 5 Abs. 4 KSchG[110] ist nunmehr auch der Instanzenzug zum BAG eröffnet.

---

109 BAG 28.5.2009, NZA 2009, 1229.

110 Gesetz zur Änderung der Sozialgerichtsbarkeit und des ArbGG in Kraft seit 1.4.2008; vgl. dazu *Roloff*, NZA 2009, 761; *Francken/ Natter/Rieker*, NZA 2008, 377.

Die nachträgliche Zulassung erfordert stets einen **Antrag des Arbeitnehmers**. Zwar braucht der Antrag   60
nicht ausdrücklich gestellt werden; es muss aber erkennbar sein, dass die Zulassung einer verspäteten Klage
begehrt wird.[111] Allein der Umstand, dass die Klage verspätet erhoben wurde, reicht als Zulassungsantrag
nicht aus.[112] Der Antrag kann vorsorglich für den Fall gestellt werden, dass die Klagefrist versäumt wurde.

Der Antrag ist fristgebunden. Er muss innerhalb von **zwei Wochen** nach Behebung des Hindernisses, spä-   61
testens aber binnen sechs Monaten vom Ende der versäumten Frist an gestellt werden, § 5 Abs. 3 KSchG.
Bei Versäumung dieser **Antragsfrist** gibt es keine Wiedereinsetzung in den vorigen Stand.[113] Deshalb ist
hier unbedingte Eile und Sorgfalt geboten.

Die Zwei-Wochen-Frist beginnt mit der **Behebung des Hindernisses** für die rechtzeitige Klageerhebung zu   62
laufen. Das ist spätestens dann der Fall, wenn der Arbeitnehmer erkennt, dass die Klagefrist abgelaufen ist.
Die Frist beginnt bereits vorher, wenn der Arbeitnehmer die Kenntnis vom Wegfall des Hindernisses bei
Aufbietung der zumutbaren Sorgfalt hätte erlangen können.[114] Denn von diesem Moment an ist die fortbestehende Unkenntnis nicht mehr unverschuldet.

Hat der Arbeitnehmer einen Prozessbevollmächtigten, ist dessen Kenntnis bzw. Kennenmüssen maßgebend. Kenntnis und verschuldete Unkenntnis des Prozessbevollmächtigten sind dem Arbeitnehmer zuzurechnen. Das gilt unabhängig davon, ob es sich bei dem Prozessbevollmächtigten um einen Rechtsanwalt
oder einen Gewerkschaftssekretär handelt.[115] So beginnt die Antragsfrist zu laufen, wenn ein Anwalt bei
einer Wiedervorlage erkennen kann, dass nach mehr als zwei Monaten noch keine Reaktion des Gerichts
zu verzeichnen ist. Wegen der in § 61a ArbGG angeordneten besonderen Prozessförderung in Kündigungsverfahren muss er damit rechnen, dass die Klageschrift nicht eingegangen ist. Es gibt aber keine generelle
Pflicht zur Erkundigung nach dem Eingang eines Schriftsatzes beim Gericht. Ist die Postsendung ausreichend adressiert und frankiert, darf der Anwalt grundsätzlich auf eine ordnungsgemäße Briefbeförderung
vertrauen.[116]

Die **Fristberechnung** erfolgt nach den allgemeinen Regeln, §§ 187 ff. BGB. Danach wird der Tag, an dem
das Hindernis behoben ist, nicht mitgerechnet.

Der Antrag muss die **die nachträgliche Zulassung begründenden Tatsachen** und die Mittel der Glaub-   63
haftmachung enthalten. Pauschaler Vortrag reicht nicht. Das Gericht muss erkennen können, aus welchen
Gründen der Arbeitnehmer an der rechtzeitigen Klageerhebung gehindert war und weshalb ihn an der verspäteten Klageerhebung kein Verschulden trifft. Zu beachten ist, dass dem Arbeitnehmer das Verschulden
seines Prozessbevollmächtigten zuzurechnen ist[117] Im Antrag ist insbesondere darzulegen, wann der Arbeitnehmer von der Verspätung erfahren hat; anderenfalls ist der Antrag unzulässig.[118] Macht der Arbeitnehmer z.B. eine urlaubsbedingte Abwesenheit geltend, muss er vortragen, in welchem Zeitraum er sich im
Urlaub befand, wann er zurückkehrte und wann er das Kündigungsschreiben vorgefunden hat.

Mittel der Glaubhaftmachung sind gem. § 294 ZPO alle Beweismittel sowie zusätzlich die eidesstattliche   64
Versicherung. In der Praxis kommen insbesondere die eidesstattliche Versicherung, Zeugen, Urkunden, die
anwaltliche Versicherung und amtliche Auskünfte in Betracht. Die Mittel der Glaubhaftmachung müssen
innerhalb der Zwei-Wochen-Frist nur bezeichnet werden; die Glaubhaftmachung selbst kann nachgeholt

---

111 BAG 2.3.1989, AP Nr. 17 zu § 130 BGB.
112 BAG 19.2.2009, NZA 2009, 980.
113 BAG 16.3.1988, NZA 1988, 875; LAG Köln 14.3.2003, LAGE § 5 KSchG Nr. 106a; ErfK/*Kiel*, § 5 KSchG Rn 27.
114 *V. Hoyningen-Huene/Linck*, § 5 Rn 44.
115 BAG 28.5.2009, NZA 2009, 1052; BAG 24.11.2011, NZA 2012, 413.
116 BAG 6.10.2010, NZA 2011, 477.
117 BAG 11.12.2008, NZA 2009, 692; BAG 24.11.2011, NZA 2012, 413.
118 LAG Thüringen 5.3.2001, LAGE § 5 KSchG Nr. 100.

werden. Glaubhaft gemacht ist eine Behauptung, wenn eine überwiegende Wahrscheinlichkeit dafür besteht, dass sie zutrifft.

65 Der Antrag ist **beim zuständigen Arbeitsgericht** zu stellen. Ein bei einem örtlich unzuständigen Arbeitsgericht eingereichter Antrag wahrt die Antragsfrist, wenn er an das zuständige Arbeitsgericht verwiesen und demnächst zugestellt wird.[119] Gleiches gilt, wenn der Antrag bei einem Gericht eines anderen Rechtswegs gestellt und die Sache gem. § 48 ArbGG, §§ 17 ff. GVG an das Arbeitsgericht verwiesen wird.[120]

66 Der **Antrag** auf nachträgliche Zulassung ist **mit der Klageerhebung zu verbinden**, § 5 Abs. 2 S. 1 KSchG. Ist die Klage bereits eingereicht, so ist auf sie im Antrag Bezug zu nehmen.

67 Die nachträgliche Zulassung der Klage setzt in sachlicher Hinsicht voraus, dass der Arbeitnehmer die Klage trotz Anwendung aller ihm nach Lage der Umstände zuzumutenden Sorgfalt nicht innerhalb von drei Wochen nach Zugang der Kündigung erheben konnte. Es gilt ein **strenger, subjektiv ausgerichteter Maßstab**. Maßgebend sind die persönlichen Fähigkeiten des betroffenen Arbeitnehmers und die individuelle Situation.[121] Bereits leichte Fahrlässigkeit ist schädlich.

bb) Mögliche Gründe für eine nachträgliche Klagezulassung

68 ■ **Abwarten**: Der Arbeitnehmer kann die Klagefrist gem. § 4 KSchG bis zum letzten Tag ausschöpfen. Wartet er bis zum letzten Augenblick ab, trägt er jedoch das Risiko der nicht fristgerechten Klageerhebung. Weder das Warten auf eine Deckungszusage der Rechtsschutzversicherung noch auf die Entscheidung in einem Parallelverfahren rechtfertigen eine nachträgliche Zulassung. Gleiches gilt, wenn die Klageerhebung wegen schwebender Vergleichsverhandlungen unterbleibt.[122]

■ **Arbeitgeberverhalten**: Der Arbeitgeber muss den Arbeitnehmer nicht auf die Klagefrist hinweisen. Eine nachträgliche Zulassung kommt aber in Betracht, wenn der Arbeitgeber den Arbeitnehmer arglistig von einer fristgerechten Klage abhält.[123] Sofern sich der Arbeitgeber lediglich vorbehält, er werde die Kündigung zurücknehmen[124] oder eine Abfindungsregelung in Aussicht stellt, und der Arbeitnehmer daraufhin eine Klage unterlässt, scheidet eine nachträgliche Zulassung aus.

■ **Ausländische Arbeitnehmer**: Mangelnde Sprachkenntnisse rechtfertigen grds. keine nachträgliche Klagezulassung. Der Arbeitnehmer muss sich unverzüglich um eine Übersetzung der Schreiben seines Arbeitgebers bemühen.[125]

■ **Beurteilung der Erfolgsaussichten**: Die falsche Einschätzung der Erfolgsaussichten einer Kündigungsschutzklage vermag die nachträgliche Zulassung nicht zu begründen.[126] Auch der Vortrag des Arbeitnehmers, er habe sich zunächst in Beweisschwierigkeiten befunden oder er habe angenommen, sein Arbeitsplatz werde nicht neu besetzt, entschuldigt nicht das Versäumen der Klagefrist. Eine Ausnahme gilt, wenn eine Arbeitnehmerin zunächst nicht um ihre Schwangerschaft weiß, sofern die Mitteilung an den Arbeitgeber unverzüglich nachgeholt wird, § 5 Abs. 1 S. 2 KSchG i.V.m. § 9 Abs. 1 S. 1 MuSchG.

■ **Krankheit**: Eine Erkrankung des Arbeitnehmers allein rechtfertigt noch nicht die nachträgliche Zulassung der Klage. Der Arbeitnehmer muss vielmehr darlegen, dass es ihm gerade aufgrund seiner Krankheit objektiv unmöglich war, rechtzeitig eine Klage einzureichen (etwa weil er das Haus nicht verlassen konnte) oder zumindest Rechtsrat einzuholen. Sofern der Arbeitnehmer zwar bettlägerig, aber entscheidungsfähig ist, kann von ihm erwartet werden, dass er Angehörige oder Bekannte mit der Klageer-

119 *V. Hoyningen-Huene/Linck*, § 5 Rn 42; ErfK/*Kiel*, § 5 KSchG Rn 23.
120 *V. Hoyningen-Huene/Linck*, § 5 Rn 42.
121 LAG Bremen 30.6.2005, NZA-RR 2005, 633; LAG Niedersachsen 28.1.2003, NZA-RR 2004, 17.
122 BAG 19.2.2009, NZA 2009, 980.
123 LAG München 26.4.2005, AnwBl 2005, 140.
124 LAG Köln 19.4.2004, LAGE § 5 KSchG Nr. 108.
125 LAG Hamm 24.3.1988, LAGE § 5 KSchG 1969 Nr. 32.
126 ErfK/*Kiel*, § 5 KSchG Rn 6.

hebung beauftragt.[127] Das gilt auch bei Krankenhausaufenthalten.[128] Solange der Arbeitnehmer in der Lage ist, sich Zeitschriften zu besorgen oder Lottogeschäfte zu tätigen, kann ihm auch zugemutet werden, Rechtsrat einzuholen.[129] Erkrankt der Arbeitnehmer kurz vor Ablauf der Klagefrist und ist er daher objektiv an einer fristgerechten Klage gehindert, so ist die Klage nachträglich zuzulassen.[130] War der Arbeitnehmer dagegen zu Beginn der Klagefrist erkrankt, muss er nach seiner Genesung noch innerhalb der Frist unverzüglich Klage erheben.[131]

- **Post**: Der Arbeitnehmer kann seine Kündigungsschutzklage mit normaler Post übermitteln und dabei auf die regelmäßigen Postbeförderungszeiten vertrauen.[132] Eine verzögerte Beförderung rechtfertigt daher grds. die nachträgliche Zulassung der Klage. Der Arbeitnehmer muss allerdings darlegen, dass er die Klage so rechtzeitig zur Post gegeben hat, dass sie bei normalem Postlauf fristgerecht bei Gericht eingegangen wäre.[133] Bei unsicheren Postverhältnissen (z.B. Postaufgabe im Ausland, Streikmaßnahmen) darf der Arbeitnehmer hingegen nicht darauf vertrauen, die Post werde wie üblich zugestellt; hier muss er sich durch eine Nachfrage bei Gericht über den Eingang seiner Klage rückversichern.[134]

- **Unkenntnis der Klagefrist**: Der Arbeitnehmer kann sich nicht mit Erfolg darauf berufen, er habe nicht gewusst, dass eine Klagefrist einzuhalten sei. Es gehört zu den an jeden Arbeitnehmer zu stellenden Sorgfaltsanforderungen, dass er sich nach Erhalt einer Kündigung unverzüglich darum kümmert, wie er dagegen vorgehen kann.[135]

- **Urlaub**: Der Arbeitnehmer muss auch bei Ortsabwesenheit die Klage innerhalb von drei Wochen ab Zugang der Kündigung erheben.[136] Ein Kündigungsschreiben, das während der (urlaubsbedingten) Abwesenheit in den Briefkasten des Arbeitnehmers geworfen wird, geht in dem Augenblick zu, in dem normalerweise mit der Leerung des Briefkastens zu rechnen ist. Geht das Kündigungsschreiben somit am Heimatort zu, erlangt der Arbeitnehmer hiervon aber erst nach seiner Rückkehr aus dem Urlaub – und nach Ablauf der Klagefrist – Kenntnis, ist die Klage nachträglich zuzulassen.[137] Er muss nicht sicherstellen, dass ihn rechtsgeschäftliche Erklärungen seines Arbeitgebers auch während des Urlaubs erreichen. Etwas anderes kann jedoch gelten, wenn sich der Urlaub über einen längeren Zeitraum erstreckt[138] oder aufgrund besonderer Umstände (Kündigungsandrohung, Arbeitsverweigerung) mit einer Kündigung konkret zu rechnen ist. Geht das Kündigungsschreiben bereits am Urlaubsort zu, so ist der Arbeitnehmer verpflichtet, alle zumutbaren Anstrengungen zu unternehmen, um eine fristgerechte Kündigungsschutzklage zu erheben.[139] Er muss sich der verfügbaren Kommunikationstechnik bedienen und ggf. Angehörige oder Bekannte mit der Klageerhebung beauftragen. Wartet er mit der Klage dagegen bis zu seiner Rückkehr, ist eine Verzögerung verschuldet.

- **Verschulden des Prozessbevollmächtigten oder von sonstigen Dritten**: Das Verschulden seines Prozessbevollmächtigten ist dem Arbeitnehmer über § 85 Abs. 2 ZPO zuzurechnen, auch wenn der Prozessbevollmächtigte seinerseits die Fehlleistung eines Dritten (z.B. seiner Kanzleiangestellten) mit verursacht hat, weil er diese nicht hinreichend sorgfältig ausgewählt, angewiesen oder überwacht hat.[140]

---

127 LAG Hamm 31.1.1990, LAGE KSchG 1969 § 5 Nr. 45.
128 LAG Schleswig-Holstein 5.2.2008, LAGE Nr. 118 zu § 5 KSchG.
129 LAG Düsseldorf 18.7.1978, LAGE KSchG 1969 § 5 Nr. 4.
130 LAG München 3.11.1975, DB 1976, 732; ErfK/*Kiel*, § 5 KSchG Rn 12.
131 LAG Hamm 5.8.1981, EzA § 5 KSchG Nr. 11; LAG Köln 1.9.1993, LAGE § 5 KSchG 1969 Nr. 62.
132 BVerfG 4.12.1979, AP Nr. 74 zu § 233 ZPO; BVerfG 27.2.1992, EzA § 233 ZPO Nr. 14; BAG 6.10.2010, NZA 2011, 477.
133 BAG 19.4.1990, AP Nr. 8 zu § 23 KSchG 1969.
134 BVerfG 29.12.1994, EzA § 233 ZPO Nr. 28.
135 LAG Schleswig-Holstein 28.4.2005 – 2 Ta 105/05 – n.v.
136 *V. Hoyningen-Huene/Linck*, § 5 KSchG Rn 11, 37.
137 LAG Köln 4.3.1996, LAGE § 5 KSchG 1969 Nr. 74.
138 Hessisches LAG 17.2.2005 – 15 Ta 578/04 – n.v.
139 LAG Bremen 31.10.2001, NZA 2002, 580; ErfK/*Kiel*, § 5 KSchG Rn 20.
140 BAG 11.12.2008, NZA 2009, 692; BAG 24.11.2011, NZA 2012, 413.

Dagegen wird das Verschulden von Hilfspersonen, die nicht prozessbevollmächtigt sind, dem Arbeitnehmer grds. nicht zugerechnet. Hier kommt eine Zurechnung nur in Betracht, wenn den Arbeitnehmer ein Organisations- oder Informationsverschulden trifft.

6. Auflösungsantrag des Arbeitnehmers

a) Muster

Erläuterungen zum Auflösungsantrag des Arbeitgebers finden sich weiter unten (siehe Rdn 93 ff.).

▼

69   Muster 3.5: Auflösungsantrag des Arbeitnehmers

An das Arbeitsgericht ▓▓▓▓▓

▓▓▓▓▓

Antrag

In dem Rechtsstreit

des ▓▓▓▓▓

– Kläger –

Prozessbevollmächtigter: RA ▓▓▓▓▓

gegen

die ▓▓▓▓▓

– Beklagte –

Es wird beantragt,

das zwischen den Parteien bestehende Arbeitsverhältnis zum ▓▓▓▓▓ *(Datum des Wirksamwerdens der ordentlichen Kündigung)* aufzulösen und die Beklagte zu verurteilen, an den Kläger eine angemessene Abfindung zu zahlen, die den Betrag von ▓▓▓▓▓ EUR nicht unterschreiten sollte.

Gründe:

Der Auflösungsantrag ist begründet, weil dem Kläger die Fortsetzung des Arbeitsverhältnisses trotz Sozialwidrigkeit der Kündigung nicht zuzumuten ist.

▓▓▓▓▓ *(Darlegung der Auflösungsgründe)*

(Unterschrift)

▲

b) Erläuterungen

70   Stellt das Gericht fest, dass das Arbeitsverhältnis durch die Kündigung nicht aufgelöst ist, ist jedoch dem Arbeitnehmer die Fortsetzung des Arbeitsverhältnisses nicht zuzumuten, löst das Gericht gem. § 9 Abs. 1 S. 1 KSchG auf Antrag des Arbeitnehmers das Arbeitsverhältnis auf und verurteilt den Arbeitgeber zur Zahlung einer angemessenen Abfindung. Dafür muss kein wichtiger Grund i.S.v. § 626 Abs. 1 BGB vorliegen, der dem Arbeitnehmer die Fortsetzung des Arbeitsverhältnisses selbst bis zum Ablauf der Kündigungsfrist unzumutbar machen würde. Es reicht aus, dass ihm die Fortsetzung des Arbeitsverhältnisses auf unbestimmte Zeit unzumutbar ist.[141] Als Auflösungszeitpunkt setzt das Gericht den Zeitpunkt fest,

---

141 BAG 11.7.2013; NZA 2013, 2338.

an dem es bei sozial gerechtfertigter Kündigung geendet hätte. Gestaltungsspielraum besteht insoweit nicht.[142] Im Rahmen einer Änderungsschutzklage, wenn der Arbeitnehmer das Änderungsangebot unter Vorbehalt angenommen hat, findet § 9 Abs. 1 S. 1 KSchG weder unmittelbar noch mittelbar Anwendung.[143]

Die gerichtliche Auflösung des Arbeitsverhältnisses nach § 9 KSchG setzt voraus, dass zwischen den Parteien ein **Kündigungsrechtsstreit anhängig** ist. Der Antrag kann daher frühestens mit der Erhebung der Kündigungsschutzklage gestellt werden. Das Arbeitsgericht muss über die Rechtswirksamkeit der Kündigung und über die Auflösung des Arbeitsverhältnisses grds. einheitlich entscheiden.[144] Bei dem Antrag des Arbeitnehmers handelt es sich um einen sog. **unechten Eventualantrag.** Nur wenn dem Antrag auf Feststellung der Unwirksamkeit der Kündigung stattgegeben wird, kann das Gericht über den Auflösungsantrag entscheiden. Eine positive Entscheidung setzt voraus, dass das Gericht jedenfalls **auch die Sozialwidrigkeit der Kündigung** feststellt. Unerheblich ist dann, ob zusätzlich noch andere Gründe zur Unwirksamkeit der Kündigung führen. 71

Voraussetzung für die Auflösung des Arbeitsverhältnisses ist ein entsprechender **Auflösungsantrag.** Die Auflösung von Amts wegen kommt nicht in Betracht. Im Falle einer ordentlichen Kündigung kann der Auflösungsantrag sowohl vom Arbeitnehmer als auch vom Arbeitgeber gestellt werden. Bei einer außerordentlichen Kündigung kann dagegen nur der Arbeitnehmer, nicht aber der Arbeitgeber, einen Auflösungsantrag stellen, § 13 Abs. 1 S. 3 KSchG. 72

Der Auflösungsantrag kann schriftlich, zu Protokoll der Geschäftsstelle oder durch Erklärung in der mündlichen Verhandlung gestellt werden. Das muss **bis zum Schluss der letzten mündlichen Verhandlung in der Berufungsinstanz** geschehen sein, § 9 Abs. 1 S. 3 KSchG. Bis zu diesem Zeitpunkt kann der Auflösungsantrag auch zurückgenommen werden. In der Revisionsinstanz kann der Auflösungsantrag nicht mehr gestellt werden. Der Arbeitnehmer kann den Auflösungsantrag auch dann noch stellen, wenn der Arbeitgeber im Kündigungsschutzprozess die erklärte Kündigung „zurücknimmt", er also die Beendigung des Arbeitsverhältnisses nicht mehr weiter verfolgt. 73

Es ist nicht erforderlich, aber durchaus zweckmäßig, dass im Auflösungsantrag die **Höhe der begehrten Abfindung angegeben** wird. Setzt das Arbeitsgericht eine niedrigere Abfindung fest, so stellt bereits dies eine für die Einlegung der Berufung notwendige Beschwer dar. Wenn der Antrag ohne konkreten Abfindungsbetrag (in das Ermessen des Gerichts) gestellt wird, ist diese Beschwer nicht gegeben. Ist im ersten Rechtszug kein Auflösungsantrag gestellt worden, so ist bei Obsiegen mit dem Kündigungsschutzantrag mangels Beschwer keine Berufung zulässig, mit der allein die Auflösung des Arbeitsverhältnisses erstrebt wird. 74

Das Gericht hat eine „angemessene" Abfindung festzusetzen. Bei seiner Ermessensentscheidung soll es sich von dem Grundsatz leiten lassen, dass die Abfindung den Nachteil ausgleichen soll, der dem Arbeitnehmer durch den Verlust des Arbeitsplatzes entsteht. Gebunden ist das Gericht an die **Höchstbeträge,** wie sie sich aus § 10 KSchG ergeben. Grds. liegt die Höchstgrenze für die Abfindung bei zwölf Monatsverdiensten, § 10 Abs. 1 KSchG. Hat der Arbeitnehmer zum Zeitpunkt der Auflösung des Arbeitsverhältnisses das 50. Lebensjahr vollendet und hat das Arbeitsverhältnis zu diesem Zeitpunkt mindestens 15 Jahre bestanden, darf die Abfindung maximal 15 Monatsverdienste betragen. Die Maximalabfindung erhöht sich auf 20 Monatsverdienste, wenn der Arbeitnehmer zum Zeitpunkt der Beendigung des Arbeitsverhältnisses das 55. Lebensjahr vollendet und das Arbeitsverhältnis zu diesem Zeitpunkt mindestens 20 Jahre bestanden hat. Für Arbeitnehmer, die zum Auflösungszeitpunkt bereits im gesetzlichen Rentenalter sind, liegt die Maximalabfindung stets bei zwölf Monatsverdiensten, § 10 Abs. 2 S. 2 KSchG. 75

142 BAG 25.11.1982, EzA § 9 KSchG n.F. Nr. 15.
143 BAG 24.10.2013, NZA 2014, 486.
144 BAG 4.4.1957, AP Nr. 1 zu § 301 ZPO.

76   Der Arbeitnehmer muss die **Unzumutbarkeit der Fortsetzung des Arbeitsverhältnisses** begründen. Die Berufung auf die Sozialwidrigkeit der Kündigung genügt nicht. Es müssen zusätzliche Gründe vom Arbeitnehmer dargelegt werden. Regelmäßig kommen nur solche Gründe in Betracht, die entweder in einem inneren Zusammenhang zu der vom Arbeitgeber erklärten sozialwidrigen Kündigung stehen oder die im Laufe des Kündigungsrechtsstreits entstanden sind.[145] Stehen die Umstände, die die Fortsetzung des Arbeitsverhältnisses aus der Sicht des Arbeitnehmers unzumutbar machen, dagegen nicht im inneren Zusammenhang mit der Kündigung oder dem Verhalten des Arbeitgebers während des Kündigungsrechtsstreits, so kann der Arbeitnehmer nicht die Auflösung des Arbeitsverhältnisses verlangen. Der Arbeitnehmer muss die Gründe, die die Unzumutbarkeit begründen sollen, darlegen und beweisen.[146] Lediglich pauschale Vorwürfe oder die formelhafte Wendung, die Vertrauensgrundlage sei zerrüttet, reichen nicht aus. Erforderlich ist vielmehr konkreter Tatsachenvortrag und, wenn dieser vom Arbeitgeber bestritten wird, Antritt geeigneter Beweise. In Betracht kommen etwa unzutreffende ehrverletzende Behauptungen über den Arbeitnehmer, eine völlig unberechtigte Suspendierung von der Arbeit oder angekündigte Schikanen bei Rückkehr an den Arbeitsplatz. Nicht ausreichend ist es, wenn sich der Arbeitnehmer darauf beruft, die Fortsetzung des Arbeitsverhältnisses sei ihm unzumutbar, weil er zwischenzeitlich ein neues Arbeitsverhältnis eingegangen sei. Die diesbezüglichen Konsequenzen ergeben sich aus § 12 KSchG.[147]

77   **Stellt nicht nur der Arbeitnehmer einen Auflösungsantrag**, sondern auch der Arbeitgeber, so löst das Gericht das Arbeitsverhältnis ohne Weiteres auf.[148] Zu bestimmen ist dann nur noch die Höhe der Abfindung.

II.   Klageerwiderung im Kündigungsschutzprozess

Literatur: *Adam*, Der Antrag zur Auflösung von Arbeitsverhältnissen nach § 9 KSchG, MDR 2012, 442; *Bayreuther*, Die unternehmerische Entscheidungsfreiheit im Spiegel der aktuellen BAG-Rechtsprechung zum Anspruch auf Teilzeitbeschäftigung, DB 2004, 1726; *Becker-Schaffner*, Die Darlegungs- und Beweislast in Kündigungsrechtsstreitigkeiten, BB 1992, 557; *Berkowsky*, Die personen- und verhaltensbedingte Kündigung, 4. Aufl. 2005; *ders.*, Die personenbedingte Kündigung, NZA-RR 2001, 393, 449; *Bitter*, Zur Unternehmerentscheidung zwecks Personalabbau, DB 2000, 1760; *Diller*, Fristversäumung und verspäteter Vortrag – Was tun?, FA 1998, 71; *Gravenhorst*, Der Auflösungsantrag des Arbeitgebers gemäß § 9 KSchG, NZA-RR 2007, 57; *Höger*, BB-Rechtsprechungsreport zum betrieblichen Eingliederungsmanagement – Chancen und Risiken für Arbeitgeber, BB 2012, 1537; *Holthausen/Holthausen*, Der Auflösungsantrag nach §§ 9, 14 KSchG – Taktisches Gestaltungsmittel des Arbeitgebers im Kündigungsschutzprozess, NZA-RR 2007, 449; *Hoß*, Die verhaltensbedingte Kündigung, MDR 1998, 869; *Hunold*, Rechtsprechung des BAG zur betriebsbedingten Kündigung aufgrund unternehmerischer Organisationsentscheidung, NZA-RR 2013, 57; *Hunold*, Anhörung des Mitarbeiters vor Ausspruch einer Verdachtskündigung, NZA-RR 2012, 399; *Hunold*, Unzureichende Arbeitsleistung als Abmahn- und Kündigungsgrund, BB 2003, 2345; *Joussen*, Verhältnis von Betrieblichem Eingliederungsmanagement und krankheitsbedingter Kündigung, DB 2009, 283; *Kaiser*, Die Unternehmerentscheidung bei betriebsbedingten Kündigungen, NZA 2005, Beilage 1, 31; *Kempter/Steinat*, Betriebliches Eingliederungsmanagement nach § 84 II SGB IX, Entlassungs- oder Entlassungsverhinderungs-Management?, NZA 2015, 840; *Kleinmann/Meyer-Renkes*, Strategie und Taktik im Kündigungsschutzprozess, 2008; *Kock*, BB-Rechtsprechungsreport zur personenbedingten Kündigung 2008/2009, BB 2010, 633; *Leisten*, Der beiderseitige Auflösungsantrag im Kündigungsschutzprozess, BB 1994, 2138; *Lepke*, Kündigung bei Krankheit, 12. Aufl. 2006; *Linck*, Die Darlegungs- und Beweislast bei der sozialen Auswahl nach § 1 Abs. 3 KSchG, DB 1990, 1866; *Lingemann*, Umorganisation zur Vermeidung einer krankheitsbedingten Kündigung, BB 1998, 1106; *Lücke*, Die Verdachtskündigung – Fragen aus der Praxis, BB 1998, 2259; *Lunk*, Die Sozialauswahl nach neuem Recht, NZA 2005, Beilage 1, 41; *ders.*, Auflösungsantrag (§ 9 KSchG) und Betriebsratsanhörung, NZA 2000, 807; *Mühlhausen*, Das Bestreiten der Betriebsratsanhörung mit Nichtwissen, NZA 2002, 644; *Mues/Eisenbeis/Laber*, Handbuch zum Kündigungsrecht, 2010 (zitiert: Mues u.a./*Bearbeiter*); *Tillmanns*, Fallstricke und Tücken im Kündigungsschutzprozess, NZA-Beilage 2015, 117.

---

145 BAG 24.9.1992, BAGE 71, 221; BAG 18.1.1962, AP Nr. 20 zu § 66 BetrVG.
146 BAG 30.9.1976, EzA § 9 KSchG n.F. Nr. 3.
147 BAG 19.10.1972, AP Nr. 1 zu § 12 KSchG 1969.
148 BAG 29.3.1960, AP Nr. 7 zu § 7 KSchG 1951; a.A. KR/*Spilger*, § 9 KSchG Rn 81.

1. Allgemeines

a) Vorüberlegung: Erneuter Ausspruch der Kündigung?

Nach Erhalt der Kündigungsschutzklage sollte zunächst – unabhängig vom Vorbringen in der Klageschrift – geprüft werden, ob die angegriffene Kündigung unter **offensichtlichen Mängeln** leidet. In Betracht kommen insbesondere die fehlende Anhörung des Betriebs- oder Personalrats (§§ 102 BetrVG, 75 BPersVG), ein Verstoß gegen Regelungen des besonderen Kündigungsschutzes (§ 9 MuSchG, § 18 BEEG, § 15 KSchG, § 85 SGB IX), eine berechtigte Zurückweisung der Kündigung nach § 174 BGB[149] oder die Missachtung des Schriftformerfordernisses (§ 623 BGB). Liegt ein solcher Mangel vor, so sollte die Kündigung erneut ausgesprochen werden.[150]

Praxishinweis   79

Wird eine neue Kündigung ausgesprochen, so ist zuvor erneut der Betriebsrat nach § 102 BetrVG anzuhören. Das gilt selbst, wenn die Kündigung nur wegen formeller Mängel (etwa einer Zurückweisung nach § 174 BGB) nochmals ausgesprochen wird.

Geprüft werden sollte auch, ob die Kündigungsschutzklage selber an offensichtlichen Mängeln leidet. Die   80
Einhaltung der dreiwöchigen Klageerhebungsfrist gemäß § 4 KSchG hat das Gericht zwar von Amts wegen zu prüfen, andere Fehler können jedoch durch rügelose Einlassung geheilt werden.[151]

b) Zeitpunkt der Beklagtenreaktion

Ein schriftliches Vorverfahren gibt es im Arbeitsgerichtsverfahren und daher auch im Kündigungsschutz-   81
prozess nicht. Für den beklagten Arbeitgeber besteht **keine Verpflichtung, bereits vor dem obligatorischen Gütetermin zu erwidern.** Auch wenn – was in der Praxis nicht unüblich ist – mit der Zustellung der Klage und Ladung zum Gütetermin die Aufforderung erfolgt, unverzüglich oder innerhalb einer vom Gericht gesetzten Frist auf die Kündigungsschutzklage materiell zu erwidern, entstehen dem Arbeitgeber durch die Nichtbeachtung keine prozessualen Nachteile.[152] Aus § 61a Abs. 3 ArbGG folgt, dass eine Klageerwiderung bis zur Güteverhandlung nicht zwingend ist.

Dennoch sollte geprüft werden, ob im Einzelfall die Einreichung einer Klageerwiderung vor dem Gütetermin sinnvoll ist. Dies hängt von den Erfolgsaussichten und der Komplexität des Sachverhalts ab. Eine Erwiderung vor dem Gütetermin ist insbesondere sinnvoll, wenn damit die Vergleichsgespräche in der Güteverhandlung zugunsten des Arbeitgebers beeinflusst werden können.

Praxishinweis   82

Wird die Klageerwiderung, was in der Praxis häufig vorkommt, erst wenige Tage vor dem Gütetermin dem Gericht zugeleitet, so ist es üblich, dem Klägervertreter die Erwiderung vorab per Fax zu übermitteln und hierauf am Ende des Schriftsatzes hinzuweisen.

c) Inhalt der Klageerwiderung

Die inhaltliche Ausgestaltung der Klageerwiderung orientiert sich in erster Linie an der Darlegungs- und   83
Beweislast im Kündigungsschutzprozess. Dem Arbeitnehmer obliegt es, die Voraussetzungen für die An-

---

149 Die Zurückweisung ist nur wirksam, wenn sie unverzüglich erfolgt. Nach aktueller BAG-Rechtsprechung ist dies nur dann der Fall, wenn sie innerhalb einer Woche ab Kenntnis der fehlenden Vollmachtsvorlagen erfolgt, vgl. BAG 8.12.2011, NZA 2012, 495.

150 Vgl. *Kleinmann/Meyer-Renkes*, Rn 742.

151 Dies gilt zum Beispiel für die nur mittels Paraphe unterzeichnete Kündigungsschutzklage. Dieser Mangel kann gemäß § 295 Abs. 1 ZPO durch rügelose Einlassung geheilt werden, vgl. LAG Baden-Württemberg 20.2.2013 – 4 Sa 93/12, BeckRS 2013, 67501. Zu den Anforderungen an eine ordnungsgemäße Unterschrift, vgl. BAG 25.2.2015, NZA 2015, 701.

152 Vgl. *Diller*, FA 1998, 70, 71; *Kleinmann/Meyer-Renkes*, Rn 741.

wendbarkeit des Kündigungsschutzgesetzes in persönlicher und betrieblicher Hinsicht darzulegen und zu beweisen.[153] Der Arbeitnehmer ist darlegungs- und beweispflichtig dafür, dass sein Arbeitsverhältnis ohne rechtliche Unterbrechung zum Zeitpunkt des Zugangs der Kündigung länger als sechs Monate bestand und der betriebliche Geltungsbereich des Kündigungsschutzgesetzes eröffnet ist.

84   Der Arbeitgeber hat gemäß **§ 1 Abs. 2 S. 4 KSchG** die **Tatsachen zu beweisen, die die Kündigung bedingen.**[154] Das heißt er muss – sofern der Anwendungsbereich des Kündigungsschutzgesetzes eröffnet ist[155] – darlegen und beweisen, dass die Kündigung durch Gründe, die in der Person oder in dem Verhalten des Arbeitnehmers liegen, oder durch dringende betriebliche Erfordernisse gerechtfertigt ist. Während die Klageschrift sich auf Angaben zum Eingreifen des Kündigungsschutzgesetzes und zum Ausspruch einer arbeitgeberseitigen Kündigung beschränken kann, muss der Arbeitgeber das Vorliegen einer dieser drei Kündigungsgründe substantiiert darlegen und beweisen. Die Einzelheiten der Darlegungs- und Beweislast variieren hinsichtlich der einzelnen Kündigungsgründe und werden jeweils vor den konkreten Mustern dargestellt.

85   Hinsichtlich der **Anhörung des Betriebsrats** gemäß § 102 Abs. 1 BetrVG gilt eine abgestufte Darlegungs- und Beweislast. Danach hat der Arbeitnehmer zunächst vorzutragen, dass überhaupt ein Betriebsrat besteht. Sofern der Arbeitnehmer keine Kenntnis darüber besitzt, ob und mit welchem Inhalt es ein Anhörungsverfahren gegeben hat, kann er dessen ordnungsgemäße Durchführung mit Nichtwissen (§ 138 Abs. 4 ZPO) bestreiten.[156] Ohne ein entsprechendes Vorbringen des Arbeitnehmers muss der Arbeitgeber zur Betriebsratsanhörung nichts vortragen; das Arbeitsgericht ist nicht berechtigt, das Vorliegen einer ordnungsgemäßen Betriebsratsanhörung von Amts wegen zu prüfen.[157] Auf entsprechenden Vortrag des Arbeitnehmers obliegt es dem Arbeitgeber darzulegen, dass der Betriebsrat ordnungsgemäß angehört worden ist. Dazu hat der Arbeitgeber ggf. unter Beifügung einer Kopie des Anhörungsschreibens darzulegen, wann die Anhörung mit welchem Inhalt erfolgt ist oder warum der Betriebsrat zu einzelnen Punkten bereits über einen bestimmten Kenntnisstand verfügte.[158] Nach einem solchen Vortrag des Arbeitgebers darf sich der Arbeitnehmer nicht mehr auf ein Bestreiten mit Nichtwissen beschränken. Nach § 138 Abs. 1 und 2 ZPO muss er sich vollständig über den vom Arbeitgeber vorgetragenen Sachverhalt erklären und darlegen, worin nach seiner Auffassung die Mängel der Betriebsratsanhörung liegen.[159]

d)   Hilfsweise: Antrag auf Auflösung des Arbeitsverhältnisses

86   Im Kündigungsschutzprozess wird der Handlungsspielraum des Arbeitgebers durch die Möglichkeit erweitert, einen **Auflösungsantrag nach § 9 Abs. 1 S. 2 KSchG** zu stellen. Liegen dessen Voraussetzungen vor, so löst das Arbeitsgericht das Arbeitsverhältnis gegen Zahlung einer **Abfindung** mit Wirkung zum ordentlichen Kündigungstermin auf,[160] obwohl die Kündigung nicht sozial gerechtfertigt ist.

---

153 Vgl. BAG 23.3.1984, NZA 1984, 88; KR/*Griebeling/Rachor*, § 1 KSchG Rn 159.
154 Zum Gesamtsystem der Darlegungs- und Beweislast im Kündigungsschutzprozess: *v. Hoyningen-Huene/Linck*, § 1 KSchG Rn 1125 ff.; *Tillmanns*, NZA-Beilage 2015, 117, 122 f.
155 Außerhalb des Anwendungsbereiches des Kündigungsschutzgesetzes ist der Arbeitnehmer dafür darlegungs- und beweispflichtig, dass die Kündigung wegen Verstoßes gegen Rechtsvorschriften außerhalb des Kündigungsschutzgesetzes unwirksam ist.
156 APS/*Koch*, § 102 BetrVG Rn 163; ein Bestreiten der Betriebsratsanhörung mit Nichtwissen ist allerdings dann unzulässig und prozessual unbeachtlich, wenn dem Arbeitnehmer mit dem Kündigungsschreiben eine Kopie des Anhörungsschreiben übersandt worden ist. Dadurch ist der Arbeitnehmer über den Inhalt des Schreibens im Einzelnen informiert und daher aus eigener Wahrnehmung in der Lage, sich zu den Einzelheiten der Betriebsratsanhörung nach § 102 BetrVG zu erklären (vgl. BAG 23.6.2005, NZA 2005, 1233; APS/*Koch*, § 102 BetrVG Rn 165).
157 BAG 23.6.2005, NZA 2005, 1233.
158 Vgl. APS/*Koch*, § 102 BetrVG Rn 164a.
159 BAG 23.6.2005, NZA 2005, 1233.
160 BAG 21.6.2012, NZA 2013, 199 (202).

Der Auflösungsantrag ist ein **echter Hilfsantrag**. Über ihn wird nur entschieden, wenn der Arbeitgeber 87
mit seinem auf Klagabweisung gerichteten Hauptantrag unterliegt.[161] Der Auflösungsantrag setzt eine
ordentliche Kündigung voraus,[162] bei der die Kündigungsschutzklage des Arbeitnehmers aufgrund
der **Sozialwidrigkeit der Kündigung** im Sinne des § 1 Abs. 2 und 3 KSchG Erfolg hat. Ist die Kündigung
(auch) aus einem anderen Grund unwirksam (z.b. wegen fehlender Anhörung des Betriebsrats oder Verstoß gegen § 9 MuSchG), kommt eine gerichtliche Auflösung auf Antrag des Arbeitgebers nicht in Betracht.[163]

Regelmäßig muss der Auflösungsantrag begründet werden; eine Ausnahme gilt nur für leitende Angestellte
im Sinne des § 14 KSchG. Bei allen übrigen Arbeitnehmern muss der Arbeitgeber einen **Auflösungsgrund**
darlegen und beweisen, aufgrund dessen eine den **Betriebszwecken dienliche weitere Zusammenarbeit
zwischen Arbeitnehmer und Arbeitgeber nicht zu erwarten** ist.

An die Auflösungsgründe werden grundsätzlich zwar strenge Anforderungen gestellt.[164] Die Gründe müssen jedoch nicht das Gewicht eines ordentlichen Kündigungsgrundes haben.[165] Als Auflösungsgründe
kommen Umstände in Betracht, die das persönliche Verhältnis zum Arbeitnehmer, die Wertung seiner Persönlichkeit, seiner Leistung oder sein Verhältnis zu den übrigen Arbeitnehmern betreffen.[166] Typische Auflösungsgründe sind Beleidigungen, verleumderische Tatsachenbehauptungen oder sonstige ehrverletzende
Äußerungen oder Drohungen gegenüber dem Arbeitgeber, Kollegen oder Dritten (Kunden) oder Verstöße
gegen die Verschwiegenheitspflicht.[167] Auch das Verhalten des Arbeitnehmers oder seines Prozessbevollmächtigten im laufenden Kündigungsschutzverfahren kann einen Auflösungsgrund begründen.[168] Nicht
veranlasste Erklärungen des Prozessbevollmächtigten muss der Arbeitnehmer sich zurechnen lassen,
wenn er sich die Erklärungen zu eigen macht und sich auch nachträglich nicht distanziert.[169]

Praxishinweis 88

Ergeben sich Auflösungsgründe in der mündlichen Verhandlung (etwa weil der Arbeitnehmer den Arbeitgeber beleidigt), so sollte der Arbeitgeber auf die Protokollierung der Äußerungen hinwirken.

Nicht notwendig ist, dass es sich um Tatsachen handelt, die erst nach Ausspruch der Kündigung entstanden 89
sind. Dem Arbeitgeber ist es nicht verwehrt, sich auf einen Auflösungsgrund zu berufen, der mit dem Kündigungsgrund im Zusammenhang steht.[170] Erforderlich ist allerdings, dass der Arbeitgeber substantiiert
darlegt, warum der Kündigungssachverhalt, obwohl er die Kündigung selber nicht zu rechtfertigen vermag,
eine weitere den Betriebszwecken dienliche Zusammenarbeit nicht erwarten lässt. Die bloße Bezugnahme

---

161 BAG 23.6.1993, NZA 1994, 264; ErfK/*Kiel*, § 9 KSchG Rn 11.
162 Hat der Arbeitgeber außerordentlich und nur hilfsweise ordentlich gekündigt oder beruft er sich auf die Umdeutung einer außerordentlichen Kündigung, kommt eine Auflösung in Betracht, wenn die außerordentliche Kündigung unwirksam und die ordentliche Kündigung sozialwidrig ist (BAG 7.9.2007, NZA 2008, 636; ErfK/*Kiel*, § 9 KSchG Rn 10).
163 Ständige BAG-Rechtsprechung vgl. nur BAG 24.2.2010, NZA 2010, 1123; ErfK/*Kiel*, § 9 KSchG Rn 10. Ein Auflösungsantrag scheidet auch dann aus, wenn die ordentliche Kündigung tariflich oder gesetzlich ausgeschlossen ist.
164 BVerfG 22.10.2004, AP Nr. 49 zu § 9 KSchG 1969; BAG 24.3.2011, NZA-RR 2012, 243 (244); BAG 12.1.2006, NZA 2006, 917. Die Prüfung erfolgt zweistufig: Der Grund muss an sich geeignet erscheinen, die Auflösung zu rechtfertigen. Zudem ist eine umfassende Abwägung der beiderseitigen Interessen anzustellen, BAG 23.6.2005, NZA 2006, 363, 365.
165 ErfK/*Kiel*, § 9 KSchG Rn 12.
166 BAG 10.7.2008, NZA 2009, 312; ErfK/*Kiel*, § 9 KSchG Rn 13; KR/*Spilger*, § 9 KSchG Rn 51.
167 BAG 24.5.2005, NZA 2005, 1178; BAG 7.3.2002, NZA 2003, 261; ErfK/*Kiel*, § 9 KSchG Rn 14.
168 Vgl.*Adam*, MDR 2012, 442 (444 f.); *Holthausen/Holthausen*, NZA-RR 2007, 449, 450 f.; v. *Hoyningen-Huene/Linck*, § 9 KSchG Rn 71 ff; *Müller*, NZA-RR 2006, 289, 290; *Schrader*, NZA-RR 2016, 281, 286 ff.
169 BAG 9.9.2010, NJW 2010, 3798 (3799); BAG 10.6.2010, NJW 2010, 3796 (3797).
170 KR/*Spilger*, § 9 KSchG Rn 70.

auf die für die Kündigung vorgetragenen Gründe genügt nicht.[171] Vielmehr muss der Arbeitgeber zusätzlich greifbare Tatsachen dafür vortragen, warum der Sachverhalt, der zwar die Kündigung nicht rechtfertigt, so beschaffen ist, dass er eine weitere, den Betriebszwecken dienliche, Zusammenarbeit nicht erwarten lässt.[172]

90   *Praxishinweis*

Da der Auflösungsantrag bei leitenden Angestellten im Sinne des § 14 KSchG keiner Begründung bedarf, besteht für den Arbeitgeber die Möglichkeit sich vom Arbeitnehmer zu lösen, ohne dass es der Darlegung von Gründen bedarf. Bei leitenden Angestellten kommt dem Auflösungsantrag daher in der Praxis eine hohe Bedeutung zu.

91   Die **Höhe der Abfindung** setzt das Gericht nach pflichtgemäßem Ermessen fest. Eine Bindung an etwaige Anträge der Parteien besteht nicht. Allerdings darf das Gericht bei der Festsetzung der Abfindung die **gesetzliche Höchstgrenze des § 10 KSchG** nicht überschreiten.[173] Als Bemessungsfaktoren sind vom Gericht insbesondere die Dauer der Betriebszugehörigkeit, das Alter des Arbeitnehmers und die damit verbundenen Chancen auf dem Arbeitsmarkt sowie die weiteren Sozialdaten (etwa Unterhaltspflichten, Gesundheitszustand) heranzuziehen.[174]

92   Der Auflösungsantrag kann bis zum Schluss der mündlichen Verhandlung in der Berufungsinstanz gestellt werden.[175] Ist er bereits in der ersten Instanz gestellt und abgewiesen worden, so ist die Berufung explizit auch auf den Auflösungsantrag zu erstrecken. Wird vom unterlegenen Arbeitgeber lediglich die Klagabweisung unter Abänderung des Urteils beantragt, ist der Auflösungsantrag nicht von der Berufung erfasst und eine erneute Antragstellung in der Berufungsinstanz ausgeschlossen.[176]

93   *Praxishinweis*

Regelmäßig sollte der Auflösungsantrag nicht bereits in der Klageerwiderung gestellt werden, da der Arbeitgeber dadurch zu erkennen gibt, dass er selber an der Wirksamkeit der Kündigung Zweifel hat. Dies gilt jedenfalls dann, wenn der Auflösungsantrag auf die gleichen Gründe gestützt werden soll, die auch der Kündigung zugrunde liegen.

94   Die Höhe der Abfindung muss im Antrag nicht beziffert werden.[177] Entsprechend dem Gesetzeswortlaut kann die Auflösung des Arbeitsverhältnisses bei gleichzeitiger Zahlung „einer angemessenen Abfindung" beantragt werden. Bei einem unbezifferten Antrag kann mangels Beschwer allerdings keine Berufung eingelegt werden, wenn das Arbeitsgericht eine dem Arbeitgeber zu hoch erscheinende Abfindung festsetzt.[178] Daher empfiehlt es sich, einen Höchstbetrag für die Abfindung im Antrag anzugeben.[179]

---

171 BAG 24.5.2005, NZA 2005, 1178; KR/*Spilger*, § 9 KSchG Rn 70. Zur Begründung des Auflösungsantrags können auch Gründe herangezogen werden, die im Kündigungsschutzprozess nicht berücksichtigt werden können, weil der Betriebsrat über sie nicht gemäß § 102 BetrVG unterrichtet worden ist (BAG 10.10.2002, AP Nr. 45 zu § 9 KSchG 1969; v. *Hoyningen-Huene/Linck*, § 9 KSchG Rn 64; APS/*Biebl*; § 9 KSchG Rn 52; a.A. KR/*Spilger*, § 9 KSchG Rn 71.

172 BAG 24.5.2005, NZA 2005, 1178; ErfK/*Kiel*, § 9 KSchG Rn 12.

173 Gemäß § 10 Abs. 1 KSchG ist grundsätzlich ein Betrag von bis zu zwölf Monatsverdiensten als Abfindung festzusetzen. Bei älteren Arbeitnehmern mit langer Betriebszugehörigkeit sieht § 10 Abs. 2 KSchG unter bestimmten Voraussetzungen eine Steigerung auf bis zu 18 Monatsverdienste vor.

174 Dazu ErfK/*Kiel*, § 10 KSchG Rn 6 ff.; *Mues*, u.a. Teil 12 Rn 575 ff.

175 Der Antrag kann in der zweiten Instanz gestellt werden, ohne dass dies als Klagänderung (§ 263 ZPO) zugelassen werden müsste oder als verspätetes Vorbringen nach § 67 ArbGG zurückgewiesen werden kann.

176 KR/*Spilger*, § 9 KschG Rn 20.

177 Vgl. APS/*Biebl*, § 9 KSchG Rn 23.

178 Vgl. Bauer u.a./*Diller*, M. 22.21 Fn 6.

179 Zum Kostenrisiko: APS/*Biebl*, § 9 KSchG Rn 91 ff.; KR/*Spilger*, § 9 KSchG Rn 88 ff.

2. Betriebsbedingte Kündigung

a) Darlegungs- und Beweislast

Den Arbeitgeber trifft die Darlegungs- und Beweislast dafür, dass die Kündigung durch dringende betrieb- 95
liche Erfordernisse, die einer Weiterbeschäftigung im Betrieb entgegenstehen, bedingt ist (§ 1 Abs. 4
KSchG). In der Klageerwiderung ist vom Arbeitgeber der Wegfall der Beschäftigungsmöglichkeit aufgrund
einer bestimmten Unternehmerentscheidung substantiiert darzulegen und ggf. zu beweisen. Für die weiteren Voraussetzungen einer betriebsbedingten Kündigung, nämlich das Fehlen einer anderweitigen Beschäftigungsmöglichkeit und die Durchführung einer ordnungsgemäßen Sozialauswahl, gilt eine abgestufte
Darlegungs- und Beweislast. Der Vortrag des Arbeitgebers variiert insofern aufgrund der Einlassung des
Arbeitnehmers. Im Einzelnen:

aa) Unternehmerentscheidung

Voraussetzung einer betriebsbedingten Kündigung ist der Wegfall des Beschäftigungsbedürfnisses für den 96
gekündigten Arbeitnehmer. Der Arbeitgeber muss in der Klageerwiderung darlegen, ob das Beschäftigungsbedürfnis aufgrund **außerbetrieblicher Ursachen** (z.B. Auftragsmangel, Umsatzrückgang) oder **innerbetrieblicher Ursachen**, d.h. einem organisatorischen Entschluss (z.B. Umorganisation, Stilllegung
oder Fremdvergabe[180] bestimmter Bereiche oder Änderung des Anforderungsprofils bestimmter Arbeitsplätze) entfällt.[181]

Begründet er den Wegfall der Beschäftigungsmöglichkeit mit außerbetrieblichen Gründen (sog. selbstbin-
dende Unternehmerentscheidung), so muss er das Vorliegen dieses Grundes unter Angabe genauer Zahlen
im Einzelnen darlegen und nachweisen, dass zwangsläufige Folge dieses Grundes der Wegfall der Beschäftigungsmöglichkeit ist.[182] Beruft sich der Arbeitgeber beispielsweise auf einen Umsatzrückgang, so muss er
konkret darlegen und ggf. beweisen, dass ein dauerhafter Umsatzrückgang in einem bestimmten Umfang
eingetreten ist und unmittelbar dadurch die Beschäftigungsmöglichkeit für eine bestimmte Anzahl an Arbeitnehmern entfallen ist.[183] Diese Darlegung erfordert nicht nur die (oftmals unerwünschte) Offenlegung
der Geschäftszahlen und Kalkulationsgrundlagen, sondern ist häufig auch mit erheblichen praktischen
Schwierigkeiten verbunden. Betriebsbedingte Kündigungen werden daher in der Praxis zumeist auf innerbetriebliche Ursachen gestützt.

Praxishinweis 97

Außerbetriebliche Ereignisse sollten nur zum Anlass einer gestaltenden, innerbetrieblichen Umorgani-
sationsentscheidung genommen werden.

Begründet der Arbeitgeber den Wegfall der Beschäftigungsmöglichkeit mit innerbetrieblichen Gründen 98
(sog. gestaltende Unternehmerentscheidung), so hat er darzulegen (i) wann er welche Entscheidung getroffen hat, (ii) dass er diese Entscheidung umgesetzt hat und (iii) wie sich die Umsetzung der Entscheidung auf
den betrieblichen Beschäftigungsbedarf auswirkt.[184] Nicht darzulegen braucht er seine Motivation sowie
die sachliche Rechtfertigung und wirtschaftliche Zweckmäßigkeit der Organisationsentscheidung. Denn
von den Arbeitsgerichten nachprüfbar ist nur, ob die Unternehmerentscheidung getroffen und tatsächlich
umgesetzt wurde und hierdurch das Beschäftigungsbedürfnis des Arbeitnehmers entfallen ist. Im Übrigen

---

180 Bei der Fremdvergabe bestimmter Tätigkeiten ist stets zu prüfen, ob die Voraussetzungen eines Betriebs(teil)übergangs i.S.d. § 613a
   BGB vorliegen und eine Kündigung insofern unwirksam wäre.
181 Vgl. zu möglichen Organisationsentscheidungen, KR/*Griebeling/Rachor*, § 1 KSchG Rn 560 ff.
182 ErfK/*Oetker*, § 1 KSchG Rn 227; KR/*Griebeling/Rachor*, § 1 KSchG Rn 535.
183 Vgl. BAG 15.6.1989, NZA 1990, 65; ErfK/*Oetker*, § 1 KSchG Rn 261.
184 BAG 7.7.2005, NZA 2006, 266; ErfK/*Oetker*, § 1 KSchG Rn 231, 260.

beschränkt sich die gerichtliche Prüfung auf eine Missbrauchskontrolle, d.h. die Gerichte prüfen ausschließlich, ob die Unternehmerentscheidung gesetzeswidrig, unsachlich oder willkürlich ist.[185]

Besteht die Unternehmerentscheidung allerdings (beispielsweise durch den Abbau einer Hierarchieebene oder Streichung eines einzelnen Arbeitsplatzes) ausschließlich darin, den Personalbestand zu reduzieren, so ist vom Arbeitgeber anhand konkreter Tatsachen darzulegen und ggf. zu beweisen, wie der betriebliche Ablauf dauerhaft mit dem verringerten Personalbestand aussehen soll. Erforderlich ist eine schlüssige Prognose wie die Arbeit (ggf. nach einer Umverteilung) von dem verbleibenden Arbeitnehmern bewältigt werden kann, ohne dass diese überobligatorisch belastet werden.[186]

99 *Praxishinweis*

In der Praxis üblich ist es, die Unternehmerentscheidung vor Ausspruch der Kündigung in einem Geschäftsführungs- oder Gesellschafterbeschlusses schriftlich niederzulegen.[187] Der Beschluss kann dann im Bestreitensfall im Kündigungsschutzprozess zum Nachweis, dass eine entsprechende Unternehmerentscheidung vor Ausspruch der Kündigung getroffen worden ist, vorgelegt werden.

100 Nach § 1 Abs. 2 S. 1 KSchG bedarf es für eine wirksame betriebsbedingte Kündigung eines **dringenden betrieblichen Erfordernisses**. Die Rechtsprechung fordert für die Dringlichkeit, dass unter Beachtung der vom Arbeitgeber getroffenen Unternehmerentscheidung oder der geltend gemachten außerbetrieblichen Umstände keine zumutbaren alternativen Maßnahmen zur Verfügung stehen.[188] Dies führt zwar nicht dazu, dass die Unternehmerentscheidung selber überprüft werden kann. Der Arbeitgeber hat jedoch darzutun, dass die Umsetzung der Unternehmernehmerentscheidung zwangsläufig zum Wegfall der Beschäftigungsmöglichkeit führt.[189] Dies ist nicht der Fall, wenn die Kündigung durch andere betriebliche Maßnahmen, wie beispielsweise den Abbau von Überstunden, vermieden werden konnte.[190]

bb) Fehlende Weiterbeschäftigungsmöglichkeit

101 Die soziale Rechtfertigung einer betriebsbedingten Kündigung erfordert außerdem, dass keine Möglichkeit zu einer anderweitigen Beschäftigung des gekündigten Arbeitnehmers besteht. Dieses Erfordernis ist erfüllt, wenn es keinen **freien Arbeitsplatz im Betrieb oder in einem anderen Betrieb des Unternehmens** gibt. In Betracht kommen alle gleich- oder geringerwertigen (schlechteren) Arbeitsplätze, auf denen der Arbeitnehmer nach seinen Kenntnissen und Fähigkeiten eingesetzt werden könnte.[191] Ob die Beschäftigung von Leiharbeitnehmern die Annahme rechtfertigt, im Betrieb oder Unternehmen des Arbeitgebers seien „freie" Arbeitsplätze vorhanden, hängt nach der Rechtsprechung des BAG von den Umständen des Einzelfalles ab. Werden Leiharbeitnehmer nur zur Abdeckung von „Auftragsspitzen" eingesetzt oder als „Personalreserve" zur Abdeckung von Vertretungsbedarf vorgehalten, soll dies dem Wegfall der Beschäftigungsmöglichkeit nach § 1 Abs. 2 S. 2 KSchG nicht entgegenstehen.[192] Etwas anderes gilt, wenn ein

---

185 St. Rspr. des BAG, vgl. nur BAG 4.5.2006, NZA 2006, 1096; BAG 9.5.1996; NZA 1996, 1145.
186 BAG 24.5.2012, NZA 2012, 1223; BAG 27.9.2001, NZA 2002, 1277; KR/*Griebeling/Rachor*, § 1 KSchG Rn 553; vgl. auch *Hunold*, NZA-RR 2013, 57; Es obliegt allerdings der (darzulegenden) Einschätzung des Arbeitgebers, in welcher Zeit er Aufträge abarbeiten lassen will, und ob er ggf. eine Arbeitsstreckung hinnimmt (APS/*Kiel*, § 1 KSchG Rn 483).
187 Rechtlich ist dies allerdings nicht erforderlich; die Unternehmerentscheidung unterliegt keinem Formzwang (BAG 31.7.2014, NJW 2015; 508).
188 BAG 21.4.2005, AP Nr. 79 zu § 2 KSchG; BAG 26.6.1997, AP Nr. 86 zu § 1 KSchG 1969 Betriebsbedingte Kündigung; vgl. auch KR/*Griebeling/Rachor*, § 1 KSchG Rn 529a; *v. Hoyningen-Huene/Linck*, § 1 KSchG Rn 723 ff.
189 *V. Hoyningen-Huene/Linck*, § 1 KSchG Rn 746.
190 Zur Frage, ob Kurzarbeit als milderes Mittel in Betracht kommt, vgl. KR/*Griebeling/Rachor*, § 1 KSchG Rn 531.
191 St. Rspr.; BAG 24.6.2005, AP Nr. 76 zu § 1 KSchG 1969. Zur Weiterbeschäftigung zu geänderten Arbeitsbedingungen vgl. im Einzelnen KR/*Griebeling/Rachor*, § 1 KSchG Rn 224 ff.
192 Vgl. BAG 15.12.2011, NZA 2012, 1044; BAG 18.10.2012, NZA-RR 2013, 68.

kontinuierlicher Beschäftigungsbedarf besteht und Leiharbeitnehmer auf Dauerarbeitsplätzen beschäftigt werden.[193]

Hinsichtlich der anderweitigen Beschäftigungsmöglichkeit gilt eine **abgestufte Darlegungs- und Beweislast.**[194] Der Arbeitgeber kann sich in der Klageerwiderung zunächst auf den pauschalen Hinweis beschränken, dass anderweitige Beschäftigungsmöglichkeiten nicht bestehen. Auf einen solchen Vortrag ist vom Arbeitnehmer darzulegen, wie er sich eine anderweitige Beschäftigung vorstellt. Ein konkreter Arbeitsplatz muss dabei vom Arbeitnehmer nicht benannt werden. Es genügt, wenn sich aus dem Vortrag des Arbeitnehmers ergibt, an welche Art der Beschäftigung er denkt. Dies ist der Fall, wenn der Arbeitnehmer vorträgt, in einem bestimmten anderen Bereich, in dem freie Arbeitsplätze vorhanden sind, eingesetzt werden zu können.[195] Nach einem solchen Vortrag ist vom Arbeitgeber darzulegen, warum die behauptete Beschäftigungsmöglichkeit nicht besteht.

cc) Sozialauswahl

Auch wenn dringende betriebliche Erfordernisse gegeben sind, ist die Kündigung sozial ungerechtfertigt, wenn sie gegen die Grundsätze der Sozialauswahl verstößt. Denn nach der gesetzgeberischen Wertung des § 1 Abs. 3 KSchG ist nicht der Arbeitnehmer zu kündigen, dessen konkreter Arbeitsplatz weggefallen ist, sondern derjenige, der sozial am wenigsten schutzwürdig ist.

Die Sozialauswahl erstreckt sich auf alle **vergleichbaren Arbeitnehmer eines Betriebes.** Als vergleichbar werden alle Arbeitnehmer angesehen, deren Arbeitsaufgaben dem an sich zu kündigenden Arbeitnehmer einseitig im Wege des Direktionsrechts zugewiesen werden können, ohne dass es hierfür einer Änderung des Arbeitsvertrages bedarf.[196] Entscheidend für die Bestimmung der Vergleichbarkeit ist insofern der Inhalt des Arbeitsvertrages.[197] Eine Vergleichbarkeit besteht nur auf derselben Ebene der Betriebshierarchie (sog. **horizontale Vergleichbarkeit**).[198] Grundsätzlich nicht vergleichbar und daher nicht in die Sozialauswahl einzubeziehen sind Arbeitnehmer, die gesetzlich ordentlich unkündbar sind (z.B. Betriebsratsmitglieder nach § 15 Abs. 1 S. 1 KSchG, Wehrpflichtige nach § 2 Abs. 1 ArbPlSchG)[199] sowie Arbeitnehmer mit Sonderkündigungsschutz (z.B. Schwerbehinderte, Schwangere, Arbeitnehmer in Elternzeit), sofern nicht bereits die Zustimmung der zuständigen Behörde erteilt ist oder bis zur Erklärung der Kündigung vorliegt.[200]

Die bei der Sozialwahl anzuwendenden vier **Kriterien** sind in § 1 Abs. 3 S. 1 KSchG abschließend festgelegt. Zu berücksichtigen sind danach die **Dauer der Betriebszugehörigkeit**, das **Lebensalter, die Unterhaltspflichten**[201] und eine **Schwerbehinderung**. Eine Gewichtung dieser Kriterien ist nicht vorgeschrieben. § 1 Abs. 3 S. 1 KSchG verlangt nur, dass die Kriterien **ausreichend berücksichtigt** werden. Dem Arbeitgeber kommt insofern ein Wertungsspielraum zu.[202] Im Kündigungsschutzprozess

102

103

---

193 Vgl. APS/*Kiel*, § 1 KSchG Rn 568; *v. Hoyningen-Huene/Linck*, § 1 KSchG Rn 785.

194 BAG 18.1.1990, AP Nr. 19 zu § 1 KSchG 1969 Soziale Auswahl; ErfK/*Oetker*, § 1 KSchG Rn 264.

195 BAG 20.1.1994, NZA 1994, 653; ErfK/*Oetker*, § 1 KSchG Rn 264.

196 St. Rspr. BAG 24.5.2005, NZA 2006, 31; BAG 23.11.2004, AP Nr. 70 zu § 1 KSchG 1969 Soziale Auswahl; ErfK/*Oetker*, § 1 KSchG Rn 323; KR/*Griebeling/Rachor*, § 1 KSchG Rn 621.

197 Zur Bedeutung von Versetzungsklauseln, vgl. *v. Hoyningen-Huene/Linck*, § 1 KSchG Rn 922 ff; ErfK/*Oetker*, § 1 KSchG Rn 323.

198 BAG 6.7.2006, NZA 2007, 39; ErfK/*Oetker*, § 1 KSchG Rn 328.

199 BAG 17.6.1999, AP Nr. 103 zu § 1 KSchG 1969 Betriebsbedingte Kündigung; *v. Hoyningen-Huene/Linck*, § 1 KSchG Rn 917 f.; ErfK/*Oetker*, § 1 KSchG Rn 311.

200 ErfK//*Oetker*, § 1 Rn 310. Es besteht keine Verpflichtung des Arbeitgebers, die Zustimmung zu beantragen, vgl. KR/*Griebeling/Rachor*, § 1 KSchG, Rn. 664.

201 Zur Berücksichtigung und Ermittlung der Unterhaltsansprüche und der Sozialauswahl vgl. BAG 28.6.2012, NZA 2012, 1090.

202 BAG 17.3.2005, AP Nr. 71 zu § 1 KSchG 1969 Soziale Auswahl; BAG 5.12.2002, AP Nr. 59 zu § 1 KSchG 1969 Soziale Auswahl; ErfK/*Oetker*, § 1 KSchG Rn 330.

prüfen die Gerichte nur, ob die Entscheidung vertretbar ist; die Auswahlentscheidung des Arbeitgebers muss nicht der entsprechen, die das Gericht getroffen hätte.[203]

Außerdem ist dem Arbeitgeber durch § 1 Abs. 3 S. 2 KSchG die Möglichkeit eröffnet, einzelne Arbeitnehmer, deren Weiterbeschäftigung insbesondere wegen ihrer **Kenntnisse, Fähigkeiten und Leistungen** oder zur **Sicherung einer ausgewogenen Personalstruktur**[204] des Betriebs, im berechtigten betrieblichen Interesse liegt, aus der Sozialauswahl herauszunehmen. Hierbei handelt es sich allerdings um eine **Ausnahmeregelung**. Nimmt der Arbeitgeber den überwiegenden Teil der Arbeitnehmer wegen besonderer Kenntnisse aus der Sozialauswahl aus, so spricht eine Vermutung dafür, dass soziale Gesichtspunkte nicht ausreichend berücksichtigt worden sind.[205] Ein berechtigtes betriebliches Interesse an der Weiterbeschäftigung bestimmter Arbeitnehmer ist gerichtlich voll überprüfbar.

Für eine ordnungsgemäße Sozialauswahl gilt eine **abgestufte Darlegungs- und Beweislast**.[206] Zwar sieht das Kündigungsschutzgesetz in § 1 Abs. 3 S. 1 vor, dass der Arbeitnehmer die Darlegungs- und Beweislast dafür trägt, dass soziale Gesichtspunkte nicht oder nicht ausreichend berücksichtigt worden sind.[207] Allerdings kommt der Arbeitnehmer seiner Darlegungslast bereits nach, wenn er pauschal die Sozialauswahl als fehlerhaft rügt und den Arbeitgeber auffordert, die Gründe mitzuteilen, die ihn zu der Auswahl veranlasst haben. Mit diesem Auskunftsverlangen geht die Darlegungslast auf den Arbeitgeber über.[208] Denn nach § 1 Abs. 3 S. 1, 2. Hs. KSchG hat der Arbeitnehmer einen **Auskunftsanspruch** gegenüber dem Arbeitgeber auf Mitteilung der Gründe, die zu der getroffenen Sozialauswahl geführt haben. Auf ein entsprechendes Auskunftsverlangen des Arbeitnehmers hat der Arbeitgeber die Gründe darzulegen, die ihn zu der von ihm getroffenen Auswahl veranlasst haben. Als Auskunftsverlangen ist nach der Rechtsprechung des BAG jeder Vortrag des Arbeitnehmers anzusehen, der die Erwartung erkennen lässt, zunächst möge der Arbeitgeber die von ihm für maßgeblich gehaltenen Gründe für die soziale Auswahl nennen.[209] Der Arbeitgeber hat daraufhin darzulegen, welche Arbeitnehmer in die Sozialauswahl einbezogen worden sind (Vergleichsgruppenbildung), welche sozialen Gesichtspunkte zugrunde gelegt und wie sie bewertet worden sind.[210] Beruft sich der Arbeitgeber auf die Ausnahmeregelung des § 1 Abs. 3 S. 2 KSchG, indem er einzelne Arbeitnehmer aus der Sozialauswahl ausnimmt, so muss er im Einzelnen darlegen, welche konkreten Nachteile sich ergeben würden, wenn er die zu kündigenden Arbeitnehmer allein nach dem Maßstab des § 1 Abs. 3 S. 1 KSchG auswählen würde.[211]

104   Erleichterungen der Darlegungslast für den Arbeitgeber ergeben sich, wenn der Sozialauswahl **Auswahlrichtlinien** oder ein **Interessenausgleich mit Namensliste** zugrunde liegen. Nach § 1 Abs. 4 KSchG können tarifvertraglich oder in einer Betriebsvereinbarung festgelegte Auswahlrichtlinien, die die Gewichtung der sozialen Gesichtspunkte zueinander festlegen, nur auf grobe Fehlerhaftigkeit überprüft werden. Sind bei einer Betriebsänderung nach § 111 BetrVG die zu kündigenden Arbeitnehmer in dem Interessenausgleich namentlich genannt, so wird gemäß § 1 Abs. 5 KSchG vermutet, dass die Kündigung durch dringende betriebliche Erfordernisse im Sinne des § 1 Abs. 2 KSchG bedingt ist.

---

203 BAG 2.5.2005, AP Nr. 75 zu § 1 KSchG 1969 Soziale Auswahl.
204 Zur Sicherung einer ausgewogenen Personalstruktur ist es dem Arbeitgeber gestattet, Altersgruppen innerhalb der zur Sozialauswahl anstehenden Arbeitnehmer zu bilden und diesen jeweils anteilig zu kündigen. Zu den Anforderungen einer nach Altersgruppen gestaffelten Sozialauswahl, BAG 26.3.2015, NJW 2015, 3116;. BAG 19.7.2012, NZA 2013, 86, 139; vgl. auch ErfK/*Oetker*, § 1 KSchG Rn 347 ff..
205 BAG 5.12.2002, AP Nr. 60 zu § 1 KSchG 1969 Soziale Auswahl.
206 Vgl. ErfK/*Oetker*, § 1 KSchG Rn 369.
207 KR/*Griebeling/Rachor*, § 1 KSchG Rn 683.
208 BAG 31.5.2007, AP Nr. 94 zu § 1 KSchG 1969 Soziale Auswahl.
209 BAG 21.7.1988, NZA 1989, 264; BAG 18.10.1984, AP Nr. 18 zu 1 KSchG 1969 Betriebsbedingte Kündigung; KR/*Griebeling/Rachor*, § 1 KSchG Rn 680.
210 BAG 31.5.2007, AP Nr. 94 zu § 1 KSchG 1969 Soziale Auswahl; APS/*Kiel*, § 1 KSchG Rn 788; ErfK/*Oetker*, § 1 KSchG Rn 371.
211 BAG 20.4.2005, NZA 2005, 877.

Praxishinweis

Die Vermutungswirkung des § 1 Abs. 4 KSchG erstreckt sich nur auf die Bewertung der Kriterien zueinander, bei der dem Arbeitgeber ohnehin ein Wertungsspielraum zukommt. Daher ist die praktische Bedeutung recht begrenzt. Ein Interessenausgleich mit Namensliste nach § 1 Abs. 5 KSchG führt demgegenüber dazu, dass die soziale Rechtfertigung der Kündigung insgesamt vermutet wird.[212] Im Kündigungsschutzprozess ist eine Namensliste daher eine erhebliche Erleichterung für den Arbeitgeber.

b) Klageerwiderung bei betriebsbedingter Kündigung (mit Auflösungsantrag)

▼

Muster 3.6: Klageerwiderung bei betriebsbedingter Kündigung (mit Auflösungsantrag)   106

An das

Arbeitsgericht

(*Anschrift*)

In dem Rechtsstreit

– Kläger –

Prozessbevollmächtigte:

gegen

GmbH, vertreten durch den Geschäftsführer ,

– Beklagte –

Prozessbevollmächtigte:

zeigen wir an, dass wir die Beklagte vertreten. Namens und im Auftrag der Beklagten werden wir beantragen,

1. die Klage abzuweisen;

2. hilfsweise das Arbeitsverhältnis gegen Zahlung einer Abfindung, deren Höhe in das Ermessen des Gerichts gestellt wird, die aber EUR   brutto nicht überschreiten sollte, zum   [213] aufzulösen.

Begründung:

1. Zutreffend sind die persönlichen Angaben des Klägers. Die Beklagte ist ein Unternehmen der . Sie beschäftigt   Arbeitnehmer. Zutreffend ist auch das der Kläger seit dem   auf Grundlage des Arbeitsvertrages vom   als Jurist in der Rechtsabteilung der Beklagten tätig ist.[214] Neben dem Kläger sind in der Rechtsabteilung der Leiter der Rechtsabteilung und Vorgesetzte des Klägers, Herr , sowie eine Assistentin, Frau , tätig. Zu den Aufgaben des Klägers gehören die rechtliche Beratung der internen Fachbereiche, insbesondere bei Vertragsverhandlungen und die Gestaltung von Verträgen, Erstellung von Gutachten zu einzelnen Fragestellungen sowie die Betreuung von Rechtsstreitigkeiten und behördlichen Verfahren.

Beweis:

---

212 Die Vermutung bezieht sich sowohl auf den Wegfall der bisherigen Beschäftigung als auch auf das Fehlen anderer Beschäftigungsmöglichkeiten im Betrieb. Gegen die Vermutung des § 1 Abs. 5 S. 1 KSchG ist nur der Beweis des Gegenteils zulässig (§ 292 ZPO), vgl. BAG 27.9.2012, 2 AZR 510/11, DB 2013, 880.

213 Hier sollte das Datum, zu dem die ordentliche Kündigung ausgesprochen ist, angegeben werden.

214 In der Kündigungsschutzklage machen Arbeitnehmer in der Regel Angaben zu ihrem Beschäftigungsverhältnis (insbesondere Dauer, Gehalt, Position) und ihren persönlichen Verhältnissen (Geburtsdatum, Familienstand). Diese Angaben sollten vom Arbeitgeber vor Erstellung der Klageerwiderung geprüft und ggf. korrigiert werden.

2. Die Kündigung vom ▓▓▓▓ erfolgte aus betriebsbedingten Gründen. Ihr lag eine Unternehmerentscheidung zugrunde, der zufolge die von der Gesellschaft bislang selber wahrgenommene rechtliche Beratung der internen Fachbereiche (insbesondere die Vorbereitung, Erstellung und Verhandlung von Verträgen, die Betreuung von gerichtlichen und behördlichen Verfahren, sowie sonstige rechtliche Beratungstätigkeiten) mit Wirkung zum ▓▓▓▓ reduziert werden soll. Die Beklagte wird die rechtlichen Beratungstätigkeiten einschließlich der damit verbundenen administrativen Tätigkeiten ab diesem Datum nur noch durch den Leiter der Rechtsabteilung wahrnehmen, und zwar in einem Umfang, der die Arbeitszeit eine 1,0 Vollzeitstelle nicht übersteigt.[215] Alle diesen Umfang überschreitenden Aufgaben, die zeitlich vom Leiter der Rechtsabteilung nicht wahrgenommen werden können, sollen an externe Anwälte vergeben werden. Der Leiter der Rechtsabteilung erhält die Befugnis zu entscheiden, welche Aufgaben er selber wahrnimmt und welche Aufgaben er an externe Anwälte vergibt.

Die Geschäftsführung der Beklagten hat die geschilderte Umstrukturierung am ▓▓▓▓ beschlossen und in dem in Ablichtung als

Anlage B 1

überreichten Geschäftsführungsbeschluss schriftlich niedergelegt.

Durch diese Umstrukturierung wird die Position des Juristen gestrichen, und es entfällt die Beschäftigungsmöglichkeit für den auf dieser Position tätigen Arbeitnehmer.

3. Eine anderweitige Beschäftigungsmöglichkeit besteht nicht, denn es gibt im Unternehmen der Beklagten keine freien Arbeitsplätze. Die Beklagte verfügt nur über den einen Betrieb, in dem der Kläger tätig ist.

4. Eine Sozialauswahl war nicht vorzunehmen.[216] Im Rechtsbereich beschäftigt die Beklagte wie dargelegt derzeit (i) den Leiter der Rechtsabteilung, Herrn ▓▓▓▓, (ii) einen Juristen, den Kläger, sowie (iii) eine Assistentin, Frau ▓▓▓▓.

a) Der Leiter der Rechtsabteilung ist Fachvorgesetzter der übrigen Mitarbeiter des Bereichs. Er hat eine juristische Ausbildung, d.h. ist Rechtsanwalt. Seine Funktionen ergeben sich aus der als

Anlage B 2

beigefügten Funktionsbeschreibung.

b) Der Kläger ist Jurist in der Rechtsabteilung. Er hat zwar auch eine juristische Ausbildung, untersteht jedoch dem Leiter der Rechtsabteilung. Seine Aufgaben und Funktionen, die sich aus der Funktionsbeschreibung, die wir als

Anlage B 3

beifügen, ergeben, sind von ihrer Verantwortung und Reichweite mit denen des Leiters nicht vereinbar. Denn ▓▓▓▓.

c) Die Assistentin hat kein juristisches Studium, sondern nur eine Ausbildung als Rechtsanwalts- und Notargehilfin. Sie ist mit den anfallenden administrativen Aufgaben und Sekretariatstätigkeiten betraut. Ihre Funktion ergibt sich aus der als

Anlage B 4

beigefügten Funktionsbeschreibung.

d) Nach der Umstrukturierung bleiben im Rechtsbereich weiterhin beschäftigt der Leiter der Rechtsabteilung und die Assistentin. Diese Arbeitnehmer sind nach ihrem Arbeitsvertragsinhalt mit dem Kläger nicht austauschbar und daher auch nicht vergleichbar. Das ergibt sich schon daraus, dass beide auf anderen Ebenen

---

215 Die Wirksamkeit der hier getroffenen Unternehmerentscheidung, einzelne Aufgaben nur in einem bestimmten Umfang fremd zu vergeben, ist höchstrichterlich bisher nicht geklärt, nach hiesiger Auffassung aber zu bejahen. Eine derartige Unternehmerentscheidung kann insbesondere im Fall eines Umsatzrückgangs sinnvoll sein; auf diese Weise kann der außerbetriebliche Grund des Umsatzrückgangs in einen innerbetrieblichen Grund „umgemünzt" werden.

216 Die nachfolgenden Ausführungen zur Sozialauswahl sollten nur aufgenommen werden, wenn der Arbeitnehmer die Sozialauswahl als fehlerhaft gerügt hat.

der Betriebshierarchie angesiedelt sind. Auch in anderen Abteilungen gibt es keine Arbeitnehmer, die mit dem Kläger vergleichbar sind. Eine Sozialauswahl war daher nicht erforderlich.

5. Sofern wider Erwarten doch eine Sozialauswahl erforderlich gewesen wäre, wäre diese allenfalls zwischen dem Kläger und Herrn ▨▨▨ vorzunehmen gewesen. Herr ▨▨▨ wäre dann jedenfalls als sozial schutzwürdiger einzustufen gewesen. Er wurde am ▨▨▨ eingestellt, d.h. seine Betriebszugehörigkeit ist um ▨▨▨ Jahre länger als die des Klägers. Herr ▨▨▨ wurde am ▨▨▨ geboren und ist somit ▨▨▨ Jahre älter als der Kläger. Zudem ist er ▨▨▨ Kindern unterhaltsverpflichtet, d.h. einem Kind mehr als dem Kläger.

6. Die Beklagte hörte den bei ihr gebildeten Betriebsrat mit Schreiben vom ▨▨▨,

Anlage B 5,

zur Kündigung des Klägers an. Der Betriebsrat ließ die Wochenfrist nach § 102 BetrVG verstreichen, ohne eine Stellungnahme abzugeben.

Beweis: Zeugnis des ▨▨▨

7. Der Hilfsantrag wird für den Fall gestellt, dass das Arbeitsgericht die Kündigung wider Erwarten nicht als sozial gerechtfertigt ansehen sollte. In diesem Fall wäre dem Hilfsantrag auf Auflösung stattzugeben.

Der Kläger hat nach Erhalt der Kündigung am ▨▨▨ die als

Anlage B 6

überreichte E-Mail an alle Beschäftigten versendet, in der er den Geschäftsführer der Beklagten als „geldgierigen unfähigen Pfeffersack" beschimpft, der „nicht wisse was er tue und das Unternehmen kurzfristig in den Ruin treiben werde". Aufgrund dieser ehrverletzenden Äußerungen über den Geschäftsführer ist eine den Betriebszwecken dienliche weitere Zusammenarbeit zwischen den Parteien nicht mehr zu erwarten (§ 9 Abs. 1 S. 2 KSchG). Nach dieser E-Mail hat die Beklagte jegliches Vertrauen in den Kläger verloren.

Hinsichtlich der Höhe der festzusetzenden Abfindung ist allenfalls von der Regelabfindung auszugehen, wonach 0,5 Monatsgehälter pro Jahr der Betriebszugehörigkeit zu zahlen sind. Auf der Basis eines Monatsgehaltes von EUR ▨▨▨ zuzüglich Bonus und jährlicher Sonderzahlungen in Höhe von EUR ▨▨▨ monatlich, insgesamt also EUR ▨▨▨ monatlich, und einer Betriebszugehörigkeit von ▨▨▨ Monaten resultiert ein Betrag von EUR ▨▨▨ brutto.

(*Unterschrift*)

Rechtsanwalt

▲

3. Verhaltensbedingte Kündigung

a) Darlegungs- und Beweislast

Der Arbeitgeber trägt die Darlegungs- und Beweislast für das Vorliegen eines verhaltensbedingten Kündigungsgrundes (§ 1 Abs. 2 S. 4 KSchG). Er hat im Kündigungsschutzprozess alle Umstände darzulegen, die den Vorwurf begründen, der Arbeitnehmer habe vertragswidrig gehandelt und die die Interessenabwägung zugunsten des Arbeitgebers ausfallen lassen. **107**

aa) Pflichtverletzung

Eine verhaltensbedingte Kündigung setzt eine Verletzung arbeitsvertraglicher Pflichten voraus. Die Pflichtverletzung muss dem Arbeitnehmer vorwerfbar sein, d.h. es muss sich – in Abgrenzung zum personenbedingten Kündigungsgrund – um ein **steuerbares Verhalten** handeln. In Betracht kommen insofern Verstöße gegen die Hauptleistungspflicht (Arbeitsverweigerung oder Schlechtleistung), Verstöße gegen Verhaltenspflichten, Störungen im Vertrauensbereich sowie die Verletzung von Nebenpflichten. Ein straf- **108** rechtlich relevantes Verhalten des Arbeitnehmers ist geeignet, einen verhaltensbedingten Kündigungs-grund zu begründen, wenn es arbeitsvertragsrelevant ist.[217]

109   *Praxishinweis*

Eine gravierende Schlecht- oder Minderleistung kann sowohl eine verhaltens- als auch eine personenbe-dingte Kündigung rechtfertigen. Dies hängt davon ab, ob der Arbeitnehmer die Leistung erbringen könn-te, wenn er wollte (dann verhaltensbedingt) oder ob das Leistungsdefizit auf mangelnder Eignung beruht (dann personenbedingt).[218] Da dies vom Arbeitgeber im Einzelfall teilweise schwer zu beurteilen ist, empfiehlt es sich, die Kündigung vorsorglich auf beide Gründe zu stützen. Erforderlich dafür ist aller-dings, dass der Betriebsrat zu beiden Kündigungsgründen angehört worden ist.

In der Klageerwiderung ist die Pflichtverletzung, auf die die Kündigung gestützt werden soll, vom Arbeit-geber substantiiert darzulegen und zu beweisen. Es sind insofern **Art, Ort, Zeit** und **Inhalt der Pflichtver-letzung** konkret anzugeben. Pauschale Behauptungen oder Tatsachenwertungen wie „Arbeitsverweigerung", „Beleidigungen" oder „dauerndes Zuspätkommen" genügen nicht.[219] Vom Arbeitgeber darzulegen ist auch die Rechtswidrigkeit der Pflichtverletzung. Es liegt keine Pflichtverletzung vor, wenn das Verhalten des Ar-beitnehmers nach dem Arbeitsvertrag oder den Umständen des Einzelfalls erlaubt war.[220] Insofern trifft den Arbeitgeber auch die Darlegungs- und Beweislast dafür, dass **kein Rechtfertigungsgrund** vorliegt[221] Aller-dings braucht der Arbeitgeber in der Klageerwiderung nicht schon alle denkbaren Rechtfertigungsgründe des Arbeitnehmers zu widerlegen. Der Umfang der konkreten Darlegungs- und Beweisführungslast richtet sich danach, wie substantiiert sich der Arbeitnehmer auf die Kündigungsgründe einlässt. Es obliegt zunächst dem Arbeitnehmer, Tatsachen, die einen Rechtfertigungs- oder Entschuldigungsgrund ausfüllen, substantiiert vorzutragen.[222]

Die verhaltensbedingte Kündigung kann – zumindest hilfsweise – auch auf den **Verdacht eines strafbaren oder vertragswidrigen Verhaltens** des Arbeitnehmers gestützt werden, der das für die Fortsetzung des Ar-beitsverhältnisses erforderliche Vertrauen zerstört hat (sog. Verdachtskündigung).[223] Erforderlich ist ein schwerwiegender Verdacht einer arbeitsvertraglichen Pflichtverletzung, der sich aus im Zeitpunkt der Kün-digung objektiv vorliegenden Tatsachen ergibt.[224] Der Arbeitgeber trägt die Darlegungs- und Beweislast für die den Verdacht begründenden Indizien. Bloße auf Vermutungen gestützte Verdächtigungen des Ar-beitgebers reichen nicht.[225] Bei einer Verdachtskündigung ist neben den, den Verdacht begründenden, Tat-sachen vom Arbeitgeber darzulegen, dass er vor Ausspruch der Kündigung alles Zumutbare zur Aufklärung des Sachverhalts getan hat. Hierzu gehört insbesondere die Darlegung, dass der Arbeitnehmer vor Aus-spruch der Kündigung umfassend zu dem Verdacht angehört worden ist, und der Arbeitgeber dem vom Ar-beitnehmer ggf. vorgetragenen entlastenden Tatsachen nachgegangen ist.[226]

---

217 ErfK/*Oetker*, § 1 KSchG Rn 194.

218 *Hunold*, BB 2003, 2345; vgl. dazu auch BAG 3.11.2011, NZA 2012, 607.

219 KR/*Griebeling/Rachor*, § 1 KSchG Rn 412.

220 *V. Hoyningen-Huene/Linck*, § 1 KSchG Rn 534.

221 BAG 6.8.1987, NJW 1988, 438.

222 BAG 6.8.1987, NJW 1988, 438; *v. Hoyningen-Huene/Linck*, § 1 KSchG Rn 535.

223 Eine hilfsweise oder vorsorglich erklärte Kündigung steht unter der – zulässig – auflösenden Rechtsbedingung im Sinne von § 158 Abs. 2 BGB, dass das Arbeitsverhältnis nicht schon aufgrund eines anderen Umstands endet (BAG 10.4.2014, NJW 2014, 3533).

224 BAG 14.9.1994, NZA 1995, 269; BAG 10.2.2005, NZA 2005, 1056.

225 BAG 10.2.2005, NZA 2005, 1056.

226 BAG 14.9.1994, NZA 1995, 269; BAG 13.9.1995, NZA 1996, 81; zu den Einzelheiten der Anhörungspflichten vor Ausspruch der Verdachtskündigung, *Hunold*, NZA-RR 2012, 399.

Praxishinweis 110

Um die verhaltensbedingte Kündigung für den Fall der Nichterweislichkeit der Tat hilfsweise mit dem Verdacht eines strafbaren oder vertragswidrigen Verhaltens begründen zu können, ist erforderlich, dass der Betriebsrat auch zur Verdachtskündigung angehört worden ist. Denn der Verdacht einer Pflichtverletzung oder strafbaren Handlung stellt einen eigenständigen Kündigungsgrund i.S.d § 102 BetrVG dar.[227] In Betrieben ohne Betriebsrat kann der Arbeitgeber den Kündigungsgrund „Verdachtskündigung" im Kündigungsschutzprozess unbeschränkt nachschieben.

bb) Negative Prognose und Abmahnung

Die verhaltensbedingte Kündigung erfordert eine **negative Prognose**. Vom Arbeitgeber ist darzulegen, 111 dass die Vertragsstörung so geartet ist, dass daraus geschlossen werden kann, dass der Arbeitnehmer auch zukünftig seine Vertragspflichten nicht ordnungsgemäß erfüllen wird.[228] Liegt eine ordnungsgemäße **Abmahnung** vor und verletzt der Arbeitnehmer erneut seine vertraglichen Pflichten, kann regelmäßig davon ausgegangen werden, es werde auch künftig zu weiteren Vertragsstörungen kommen. Für eine negative Prognose ist ausreichend, wenn die jeweiligen Pflichtverletzungen aus demselben Bereich stammen und Abmahnung und Kündigungsgrund in einem inneren Zusammenhang stehen.[229] Entbehrlich ist eine Abmahnung nur, wenn eine Verhaltensänderung in Zukunft selbst nach einer Abmahnung nicht zu erwarten ist oder es sich um eine so schwere Pflichtverletzung handelt, dass eine Hinnahme durch den Arbeitgeber – auch für den Arbeitnehmer erkennbar – ausgeschlossen ist. Dies gilt auch für Störungen im Vertrauensbereich.[230] Sofern eine Abmahnung erfolgt ist, hat der Arbeitgeber hierzu vorzutragen und bei Bestreiten des Arbeitnehmers zu beweisen, dass die Abmahnung tatsächlich erfolgte und berechtigt war.[231]

Auch bei der verhaltensbedingten Kündigung ist vom Arbeitgeber zu prüfen, ob der Arbeitnehmer auf ei- 112 nem anderen freien Arbeitsplatz weiterbeschäftigt werden kann.[232] Hinsichtlich der **Weiterbeschäftigungsmöglichkeit** gilt eine abgestufte Darlegungs- und Beweislast. Erst wenn der Arbeitnehmer konkret darlegt, wie er sich eine anderweitige Beschäftigung vorstellt, muss der Arbeitgeber darlegen und ggf. beweisen, dass die konkret behauptete Weiterbeschäftigungsmöglichkeit nicht vorhanden oder nicht zumutbar ist.[233]

cc) Interessenabwägung

Im Rahmen der Interessenabwägung ist vom Arbeitgeber darzulegen, dass sein Interesse an einer Beendi- 113 gung des Arbeitsverhältnisses das Fortsetzungsinteresse des Arbeitnehmers überwiegt.[234] Bei der Interessenabwägung können auf Seiten des Arbeitgebers insbesondere die Aufrechterhaltung der Funktionsfähigkeit des Betriebs, der Eintritt eines Vermögensschadens, der Schutz der übrigen Belegschaft oder konkrete Betriebsablaufstörungen herangezogen werden.[235] Auf Seiten des Arbeitnehmers sind unter anderem Art,

---

227 BAG 3.4.1986, NZA 1986, 677; BAG 23.6.2009, NZA 2009, 1136; vgl. auch KR/*Fischermeier* § 626 BGB Rn 230.
228 BAG 12.1.2006, AP Nr. 53 zu § 1 KSchG 1969 Verhaltensbedingte Kündigung; ErfK/*Oetker*, § 1 KSchG Rn 196.
229 BAG 13.12.2007, AP Nr. 64 zu § 4 KSchG 1969.
230 BAG 9.6.2011, NZA 2011, 1027 m.w.N. Zum Abmahnungserfordernis vgl. auch KR/*Fischermeier*, § 626 BGB Rn 270 ff.
231 *V. Hoyningen-Huene/Linck*, § 1 KSchG Rn 560; auch wenn der Arbeitnehmer die Abmahnung widerspruchslos hingenommen hatte, ist dies kein Eingeständnis ihrer Berechtigung, denn der Arbeitnehmer ist nicht verpflichtet, gegen eine Abmahnung vorzugehen (BAG 13.3.1987, AP Nr. 18 zu § 1 KSchG 1969).
232 BAG 22.7.1982, AP Nr. 5 zu § 1 KSchG 1969 Verhaltensbedingte Kündigung. Eine Weiterbeschäftigung auf einem anderen Arbeitsplatz muss dem Arbeitgeber allerdings möglich und zumutbar sein. Dies ist nur der Fall, wenn sie geeignet ist, weitere Störungen zu vermeiden. Insofern kommt die Versetzung nur bei arbeitsplatzbezogenen Pflichtverletzungen in Betracht. Bei arbeitgeberbezogenen Verstößen oder Verstößen im Vertrauensbereich kommt eine Versetzung regelmäßig nicht in Betracht. (ErfK/*Oetker*, § 1 KSchG Rn 195).
233 KR/*Griebeling/Rachor*, § 1 KSchG Rn 413.
234 Vgl. BAG 16.8.1991, AP Nr. 27 zu § 1 KSchG 1969 Verhaltensbedingte Kündigung; BAG, 24.6.2004, NZA 2005, 158; KR/*Griebeling/Rachor*, § 1 KSchG Rn 409 f.
235 Vgl. *Hoß*, MDR 1998, 871; KR/*Griebeling/Rachor*, § 1 KSchG Rn 411.

Schwere und Häufigkeit des Fehlverhaltens, Dauer der Betriebszugehörigkeit, ein bisher ungestörter Verlauf des Arbeitsverhältnisses, Mitverschulden des Arbeitgebers, Unterhaltspflichten[236] sowie der Grad des Verschuldens zu berücksichtigen.[237]

b)   Klageerwiderung bei verhaltensbedingter Kündigung

▼

114   Muster 3.7: Klageerwiderung bei verhaltensbedingter Kündigung

An das

Arbeitsgericht

Aktenzeichen

In dem Rechtsstreit

– Klägerin –

Prozessbevollmächtigte:

gegen

GmbH, vertreten durch den Geschäftsführer   ,

– Beklagte –

Prozessbevollmächtigte:

zeigen wir an, dass wir die Beklagte vertreten. Namens und im Auftrag der Beklagten werden wir beantragen,

die Klage abzuweisen.

Begründung:

1. Die Beklagte wird als gerichtsbekannt unterstellt. Zutreffend ist, dass die Klägerin auf Grundlage des als Anlage K 1 überreichten Arbeitsvertrages seit dem   in der Poststelle des Betriebs der Beklagten in   beschäftigt war.

2. Der außerordentlichen hilfsweise ordentlichen Kündigung vom   liegt folgender Sachverhalt zugrunde:

Am   um   Uhr erschien die Klägerin bei der für die Verwaltung des Büromaterials im Betrieb   zuständigen Mitarbeiterin, Frau   , und verlangte eine Druckerpatrone des Typs XY für den Abteilungsdrucker der Poststelle. Frau   händigte der Klägerin die von ihr gewünschte Druckerpatrone aus.

Beweis: Zeugnis der   , zu laden über die Beklagte.

Am nächsten Vormittag erschien der Kollege der Klägerin, Herr   , bei Frau   und verlangte ebenfalls eine Druckerpatrone des Typs XY für den Abteilungsdrucker.

Beweis: wie vor

Frau   war hierüber sehr verwundert, da es in der Poststelle lediglich einen Drucker gibt.

---

236 BAG 27.2.1997, NZA 1997, 761; Mues u.a./*Eisenbein*, Teil 4 Rn 80.
237 . KR/*Griebeling/Rachor*, § 1 KSchG Rn 411; Mues u.a./*Eisenbeis*, Teil 4 Rn 81 ff.

Sie verweigerte daher die Aushändigung der Druckerpatrone mit dem Hinweis, dass sie bereits am Vortag der Klägerin eine Druckerpatrone gegeben habe.

Beweis:
1. Zeugnis der Frau ░░░░░, b.b.
2. Zeugnis des Herrn ░░░░░, zu laden über die Beklagte.

Herr ░░░░░ ging daraufhin zurück in die Poststelle und sprach die Kläger auf die Druckerpatrone an. Diese teilte ihm mit, am Vortag keine Druckerpatrone bei Frau ░░░░░ geholt zu haben.

Beweis: Zeugnis des Herrn ░░░░░, b.b.

Am Nachmittag des gleichen Tages informierte Herr ░░░░░ den zuständigen Abteilungsleiter, Herrn ░░░░░, mit der als

Anlage B1

beigefügten E-Mail von dem Vorfall. Diese E-Mail leitet Herr ░░░░░ noch am selben Tag an die Personalleiterin, Frau ░░░░░, weiter.[238]

Aufgrund des Verdachts, dass die Klägerin die Druckerpatrone für private Zwecke entwendet haben könnte, wurde sie am ░░░░░ um ░░░░░ Uhr in einem Personalgespräch angehört. Das Gespräch fand im Büro des Abteilungsleiters statt. An dem Gespräch nahmen neben der Klägerin und dem Abteilungsleiter die Personalleiterin, Frau ░░░░░, sowie Herr ░░░░░ als Mitglied des Betriebsrats teil.

Im Rahmen dieses Gesprächs wurde die Klägerin mit dem oben geschilderten Sachverhalt konfrontiert. Die Klägerin gab zunächst an, keine Druckerpatrone bei Frau ░░░░░ geholt zu haben, räumte im Laufe des Gesprächs dann jedoch ein, die Druckerpatrone erhalten und mit nach Hause genommen zu haben, um sie für ihren privaten Drucker zu nutzen.

Beweis:
1. Zeugnis der ░░░░░, b.b.;
2. Zeugnis des ░░░░░, b.b.;
3. Zeugnis des ░░░░░, b.b.

3. Der von der Klägerin eingeräumte Diebstahl der Druckerpatrone stellt einen wichtigen Grund im Sinne des § 626 BGB dar und berechtigt die Beklagte auch nach der erforderlichen Interessenabwägung zur sofortigen Lösung des Arbeitsverhältnisses.

Es ist von der Rechtsprechung des BAG sowie der Instanzgerichte einhellig anerkannt, dass Eigentums- und Vermögensdelikte, die ein Arbeitnehmer zum Nachteil seines Arbeitgebers begeht, an sich geeignet sind, eine außerordentliche Kündigung aus wichtigem Grund zu rechtfertigen. Dies gilt nach der Rechtsprechung des BAG auch dann, wenn es sich um einen Diebstahl oder eine Unterschlagung von Sachen mit nur geringem Wert handelt (st. Rechtsprechung vgl. nur BAG vom 10.6.2010, NZA 2010, 1227 m.w.N.)

Auch die Interessenabwägung spricht für die Zulässigkeit der außerordentlichen Kündigung. Eine Weiterbeschäftigung der Klägerin ist der Beklagten nicht zumutbar. Das für die Fortsetzung des Arbeitsverhältnisses nötige Vertrauen ist durch die Begehung eines gegen den Arbeitgeber gerichteten Diebstahls nachhaltig zerstört. Für die Klägerin war die Rechtswidrigkeit ihres Verhaltens ohne Weiteres erkennbar. Es ist jedem Arbeitnehmer klar, dass sein Arbeitgeber es nicht hinnehmen kann, dass er zu seinen Lasten einen Diebstahl begeht. Insofern bestand auch nicht das Erfordernis einer vorherigen Abmahnung (vgl. BAG vom 12.8.1999,

---

238 Bei einer außerordentlichen Kündigung ist es erforderlich darzulegen, dass die Zwei-Wochen-Frist des § 626 Abs. 2 BGB gewahrt ist. Hierfür ist im Einzelnen darzulegen, wann wer Kenntnis vom Kündigungsgrund erlangt hat.

NZA 2000, 421).[239] Zwar ist bei der Interessenabwägung auch zu berücksichtigen, dass das Arbeitsverhältnis über mehrere Jahre beanstandungslos bestand. Dennoch überwiegt eindeutig das Interesse der Beklagten an der sofortigen Beendigung des Arbeitsverhältnisses, dem Bestandsinteresse der Klägerin.

4. Auch die weiteren Wirksamkeitsvoraussetzungen einer außerordentlichen Kündigung sind erfüllt.

a) Die Kündigung vom ░░░░░ ist innerhalb der Ausschlussfrist des § 626 Abs. 2 BGB erfolgt. Wie oben dargelegt ist der Vorfall der Personalabteilung am ░░░░░ erstmals bekannt geworden. Danach hat die Beklagte unverzüglich Maßnahmen ergriffen, um den Sachverhalt weiter aufzuklären und die Klägerin angehört.

b) Die Beklagte hörte mit Schreiben vom ░░░░░ den Betriebsrat gemäß § 102 BetrVG zur außerordentlichen Kündigung und hilfsweise zur ordentlichen verhaltensbedingten Kündigung an. Eine Ablichtung des Anhörungsschreibens überreichen wir als

Anlage B 2.

Der Betriebsrat hat der Kündigung am ░░░░░ ausdrücklich zugestimmt und erklärt, keine weitere Stellungnahme abgeben zu wollen.

Beweis: 1. Zeugnis der ░░░░░, zu laden über die Beklagte;

2. Zeugnis des ░░░░░, zu laden über die Beklagte.

Am Nachmittag des ░░░░░ übergab die Personalleiterin, Frau ░░░░░, der Klägerin das als Anlage K 2 überreichte Kündigungsschreiben persönlich.

Beweis: Zeugnis der ░░░░░, b.b.

(*Unterschrift*)

Rechtsanwalt

▲

4. Personenbedingte Kündigung

a) Darlegungs- und Beweislast

115 Ein personenbedingter Kündigungsgrund im Sinne des § 1 Abs. 2 KSchG kann vorliegen, wenn der Arbeitnehmer die Arbeitsleistung aus willensunabhängigen Gründen nicht erbringen kann. Als personenbedingte Kündigungsgründe kommen insofern Mängel in der **persönlichen** oder **fachlichen Eignung**[240] sowie in der **Arbeitsfähigkeit**[241] in Betracht.[242] Der Hauptanwendungsfall der personenbedingten Kündigung ist die **Kündigung wegen Krankheit**. Bei einer krankheitsbedingten Kündigung werden die folgenden Fallgrup-

---

239 Dies hat das BAG in der sog. Emmely-Entscheidung, bei der eine Kassiererin einen Leergutbon entwendet hatte, abweichend bewertet und eine Abmahnung als milderes Mittel aufgrund des ultima-ratio Grundsatzes für erforderlich gehalten (BAG 10.6.2010, NZA 2010, 1227),Vgl. auch KR/*Fischermeier*, § 626 BGB Rn 267 ff.

240 Beispiele mangelnder persönlicher Eignung: fehlende Aufenthaltsgenehmigung, Stasi-Tätigkeit, Straf- oder Untersuchungshaft; Beispiele mangelnder fachlicher Eignung: physische oder psychische Beeinträchtigungen, fehlende Qualifikationsnachweise, fehlende Berufsausübungserlaubnisse.

241 Beispiele mangelnder Arbeitsfähigkeit: alters- oder krankheitsbedingte Leistungsminderung, Schwerbehinderung (beachte aber die Sonderregelung in §§ 85 ff. SGB X).

242 Vgl. *Berkowsky*, NZA-RR 2001, 394 f.; *Stahlhacke/Preis/Vossen*, Rn 1204 ff.

pen unterschieden: Kündigung wegen häufiger Kurzerkrankungen, Kündigung wegen lang andauernder Erkrankung und Kündigung wegen dauernder Leistungsunfähigkeit.[243]

Das Bundesarbeitsgericht nimmt bei personenbedingten Kündigung grundsätzlich eine Drei-Stufen-Prüfung vor. Erforderlich ist (i) eine negative Prognose, (ii) eine erhebliche Beeinträchtigung betrieblicher Interessen und (iii) ein Überwiegen des Beendigungsinteresses des Arbeitgebers im Rahmen der Interessenabwägung.[244] Die Darlegungs- und Beweislast für das Vorliegen dieser Voraussetzungen trägt gemäß § 1 Abs. 2 S 4 KSchG der Arbeitgeber.[245] **116**

aa) Negative Prognose

Für die negative Prognose ist vom Arbeitgeber darzulegen, weshalb auch zukünftig von einer fehlenden oder beeinträchtigten Eignung oder Fähigkeit des Arbeitnehmers zur Erbringung seiner Arbeitsleistung auszugehen ist. Es ist erforderlich, dass der Arbeitgeber substantiiert darlegt, welche Störungen aufgetreten sind und mit welchen Störungen in Zukunft zu rechnen ist.[246] **117**

Bei krankheitsbedingten Kündigungen kennt der Arbeitgeber häufig die Ursache der Erkrankung und daher auch die zu erwartenden Auswirkungen nicht, weil der Arbeitnehmer ihm außer der Vorlage der ärztlichen Atteste keine Auskünfte erteilt.[247] In diesem Fall genügt der Arbeitgeber seiner Darlegungslast, wenn er die in der Vergangenheit angefallenen Fehlzeiten darlegt und behauptet, hieraus ergebe sich eine negative Prognose für die Zukunft.[248] Bei häufigen Kurzerkrankungen sind hierfür vom Arbeitgeber die Krankheitsperioden konkret darzulegen.[249] Die Indizwirkung der dargelegten Fehlzeiten setzt einen hinreichend prognosefähigen Zeitraum voraus. Das Bundesarbeitsgericht kennt hierfür keine festen Zeiträume.[250] In der Literatur werden Zeiträume von weniger als zwei Jahren regelmäßig als nicht hinreichend prognosefähig angesehen.[251] **118**

Hat der Arbeitgeber die Fehlzeiten in der Vergangenheit ordnungsgemäß dargelegt und sich auf eine Indizwirkung für die Zukunft berufen, so ist es Sache des Arbeitnehmers, die Indizwirkung zu erschüttern.[252] Dies kann beispielsweise dadurch geschehen, dass der Arbeitnehmer zu den Krankheitsursachen und dem Heilungsverlauf vorträgt.[253] Seiner prozessualen Mitwirkungspflicht genügt der Arbeitnehmer allerdings auch, wenn er die Behauptung des Arbeitgebers bestreitet und die behandelnden Ärzte von der Schweigepflicht entbindet, soweit darin die Behauptung liegt, die Ärzte hätten seine künftige gesundheitliche Entwicklung ihm gegenüber positiv beurteilt.[254] Auf ein solches Vorbringen muss der für die negative Gesundheitsprognose beweispflichtige Arbeitgeber den behandelnden Arzt als Zeugen benennen oder die Einholung eines Sachverständigengutachtens beantragen.[255]

---

243 Zu den Wirksamkeitsanforderungen im Einzelnen vgl. KR/*Griebeling/Rachor*, § 1 KSchG Rn 319 ff.;*Kock*, BB 2010, 633. Zur Wertung der Alkoholsucht als personenbedingten Kündigungsgrund BAG 20.12.2012, DB 2013, 882,

244 BAG 8.11.2007, NZA 2008, 593 m.w.N.

245 ErfK/*Oetker*, § 1 KSchG Rn 179; vgl. auch BAG 23.4.2008, NZA-RR 2008, 515.

246 ErfK/*Oetker*, § 1 KSchG Rn 105.

247 Es gibt keine außerprozessuale Pflicht des Arbeitnehmers, dem Arbeitgeber Auskünfte über Art und Verlauf seiner Krankheit zu erteilen (BAG 25.11.1982, AP Nr. 7 zu § 1 KSchG 1969 Krankheit).

248 BAG 10.11.2005, AP Nr. 42 zu § 1 KSchG 1969 Krankheit; BAG 6.9.1989, NZA 1990, 360; *v. Hoyningen-Huene/Linck*, § 1 KSchG Rn 387; ErfK/*Oetker*, § 1 KSchG Rn 179.

249 KR/*Griebeling/Rachor*, § 1 KSchG Rn 329.

250 BAG 10.11.2005, AP Nr. 42 zu § 1 KSchG 1969 Krankheit.

251 KR/*Griebeling/Rachor*, § 1 KSchG Rn 330.

252 KR/*Griebeling/Rachor*, § 1 KSchG Rn 333.

253 Trägt der Arbeitnehmer konkrete Umstände wie die Krankheitsursachen vor, so müssen diese geeignet sein, die Indizwirkung der bisherigen Fehlzeiten zu erschüttern; er muss jedoch nicht den Gegenbeweis führen, dass nicht mit weiteren künftigen Erkrankungen zu rechnen sei (BAG 6.9.1989, NZA 1990, 360).

254 BAG 6.9.1989, NZA 1990, 360; BAG 7.11.2002, AP Nr. 40 zu § 1 KSchG 1969 Krankheit; KR/*Griebeling/Rachor*, § 1 KSchG Rn 333.

255 BAG 10.11.2005, AP Nr. 42 zu § 1 KSchG 1969 Krankheit.

bb) Erhebliche Beeinträchtigung betrieblicher Interessen

119 Bei der Prüfung der sozialen Rechtfertigung einer personenbedingten Kündigung geht es auf der zweiten Stufe um Störungen des Arbeitsverhältnisses. Vom Arbeitgeber ist darzulegen, dass die fehlende oder beeinträchtigte Fähigkeit oder Eignung des Arbeitnehmers zur Erbringung der Arbeitsleistung zu einer erheblichen Beeinträchtigung der betrieblichen Interessen führt.[256] Als Beeinträchtigung betrieblicher Belange kommt neben Betriebsablaufstörungen insbesondere auch die wirtschaftliche Belastung des Arbeitgebers in Betracht, die in den zu erwartenden, einen Zeitraum von mehr als sechs Wochen pro Jahr übersteigenden Entgeltfortzahlungskosten oder den Kosten für eine Aushilfskraft liegen kann. Eine unzumutbare wirtschaftliche Belastung wird bejaht, wenn der Arbeitgeber während der vergangenen Jahre jeweils für mehr als sechs Wochen Entgeltfortzahlung geleistet hat und auch in Zukunft mit entsprechenden Entgeltfortzahlungskosten zu rechnen ist.[257]

cc) Interessenabwägung

120 Eine personenbedingte Kündigung ist nicht gerechtfertigt, wenn sie zur Beseitigung der betrieblichen Beeinträchtigungen und der eingetretenen Vertragsstörung nicht erforderlich ist. Der Arbeitgeber hat im Rahmen der Interessenabwägung daher zunächst darzulegen, dass er alle anderen geeigneten Mittel zur Vermeidung zukünftiger Störungen ausgeschöpft hat.[258] Dazu gehört auch das **Fehlen alternativer Beschäftigungsmöglichkeiten**, die einen zukünftigen störungsfreien Verlauf des Arbeitsverhältnisses möglich erscheinen lassen. Vom Arbeitgeber kann insofern zunächst pauschal behauptet werden, es bestünden keine anderen Beschäftigungsmöglichkeiten. Auf diesen Vortrag hat der Arbeitnehmer konkret darzulegen, wie er sich seine Weiterbeschäftigung – ggf. zu geänderten Arbeitsbedingungen – vorstellt.[259] Dem Arbeitgeber obliegt dann die Beweislast, dass auf dem vom Arbeitnehmer genannten Arbeitsplatz keine Beschäftigungsmöglichkeit besteht.[260] Bei krankheitsbedingten Kündigungen gelten diese Grundsätze allerdings nur, wenn der Arbeitgeber vor Ausspruch der Kündigung ein **Betriebliches Eingliederungsmanagement (BEM)** nach § 84 Abs. 2 SGB IX[261] hat.[262]

121 Mit Hilfe des BEM soll geklärt werden, wie die Arbeitsunfähigkeit überwunden werden und mit welchen Leistungen oder Hilfen erneuter Arbeitsunfähigkeit vorgebeugt und die Beendigung des Arbeitsverhältnisses vermieden werden kann. Die Durchführung des BEM ist nach der Rechtsprechung des Bundesarbeitsgerichts zwar nicht Wirksamkeitsvoraussetzung einer krankheitsbedingten Kündigung, hat jedoch Auswirkungen auf die Darlegungs- und Beweislast des Arbeitgebers im Kündigungsschutzprozess.[263] Die unterlassene oder unzureichende[264] Durchführung des BEM vor Ausspruch einer krankheitsbedingten Kündigung führt dazu, dass die Substantiierungsanforderungen des Arbeitgebers hinsichtlich der Vermeidbarkeit der Kündigung erheblich steigen.[265] Bei Fehlen eines BEM hat der Arbeitgeber darzulegen, weshalb denkbare oder vom Arbeitnehmer aufgezeigte Alternativen zu den bestehenden Beschäftigungsbedingungen mit der Aussicht auf eine Reduzierung der Ausfallzeit nicht in Betracht kommen. Er darf sich nicht pauschal darauf berufen,

---

256 BAG 10.12.2009, NZA 2010, 398; KR/*Griebeling/Rachor*, § 1 KSchG Rn 272.

257 BAG 10.11.2005, AP Nr. 42 zu § 1 KSchG 1969 Krankheit.

258 BAG 10.12.2009, NZA 2010, 398.

259 BAG 30.9.2010, NZA 2011, 39; BAG 10.12.2009, NZA 2010, 398.

260 BAG 30.9.2010, NZA 2011, 39, 40.

261 Zum Inhalt und den Anforderung des BEM vgl. *Höser*, BB 2012, 1537, 1540; *Kock*, BB 2010, 633, 638; *Joussen*, DB 2009, 286.

262 BAG 30.9.2010, NZA 2011, 39.

263 BAG 10.12.2009, NZA 2010, 398; BAG 12.7.2007, NZA 2008, 173..

264 § 84 Abs. 2 SGB IX enthält keine konkreten Vorgaben für die Ausgestaltung des BEM. Das BAG fordert für ein ordnungsgemäßes Verfahren, dass unter Einbeziehung der gesetzlich vorgesehenen Stellen, Ämter und Personen die eingebrachten Vorschläge sachlich erörtert worden sind, ohne dass vernünftigerweise in Betracht zu ziehende Anpassungs- oder Änderungsvorschläge ausgeschlossen worden sind (BAG 10.12.2009, NZA 2010, 398). Zum Ablauf des BEM im Einzelnen, *Kemper/Steinat*, NZA 2015, 840, 841 ff.

265 BAG 30.9.2010, NZA 2011, 39; *Höser*, BB 2012, 1537, 1538 ff.; *Kock*, BB 2010, 633, 638.

ihm seien keine alternativen, der Erkrankung angemessen Einsatzmöglichkeiten bekannt.[266] Hieran scheitern krankheitsbedingte Kündigungen, bei denen kein BEM durchgeführt wurde, in der Praxis regelmäßig.

Hat der Arbeitgeber ein BEM durchgeführt, das zu einem negativen Ergebnis geführt hat, also zu der Erkenntnis, es gebe keine Möglichkeiten, die Arbeitsunfähigkeit zu überwinden oder künftig zu vermeiden, genügt er seiner Darlegungs- und Beweislast, wenn er auf diesen Umstand hinweist und behauptet, es bestünden keine anderen Beschäftigungsmöglichkeiten.[267] Hat das BEM zu einem positiven Ergebnis geführt, ist der Arbeitgeber verpflichtet die empfohlene Maßnahme – soweit dies in seiner alleinigen Macht steht – vor Ausspruch der krankheitsbedingten Kündigung als milderes Mittel umzusetzen. Kündigt er, ohne sie umgesetzt zu haben, trägt er die volle Darlegungs- und Beweislast dafür, warum die empfohlene Maßnahme undurchführbar war oder diese selbst bei einer Umsetzung nicht zu einer Vermeidung oder Reduzierung von Arbeitsunfähigkeitszeiten geführt hätte.[268]

Die Durchführung des BEM setzt die Zustimmung des Arbeitnehmers voraus.[269] Ohne Zustimmung des **122** Arbeitnehmers kann das BEM nicht durchgeführt werden. Der Arbeitgeber trägt die Initiativlast für die Durchführung des BEM. Er genügt seiner Darlegungs- und Beweislast, wenn er darlegt, dass er den Arbeitnehmer zum BEM eingeladen hat, und dieser die Teilnahme abgelehnt hat.[270] Das Unterlassen des BEM ist „kündigungsneutral", wenn der Arbeitnehmer trotz ordnungsgemäßer Aufklärung nicht zustimmt.[271]

Abschließend wird bei personenbedingten Kündigungen im Rahmen einer **allgemeinen Interessenabwä- 123 gung** geprüft, ob die durch die Person des Arbeitnehmers ausgelöste Beeinträchtigung der betrieblichen Interessen das Bestandsschutzinteresse des Arbeitnehmers überwiegt.[272] Auf Seiten des Arbeitnehmers ist neben Alter, Unterhaltspflichten und Dauer der Betriebszugehörigkeit insbesondere zu berücksichtigen, ob die Minderung seiner Leistungsfähigkeit betrieblichen Ursachen geschuldet ist. Auf Seiten des Arbeitgebers sind sämtliche kausalen wirtschaftlichen Beeinträchtigungen in die Abwägung einzubeziehen.[273]

b) Klageerwiderung bei personenbedingter Kündigung

▼

Muster 3.8: Klageerwiderung bei personenbedingter Kündigung **124**

An das

Arbeitsgericht

Aktenzeichen

In dem Rechtsstreit

– Klägerin –

Prozessbevollmächtigte:

gegen

---

266 BAG 13.5.2015; NZA 2015, 1249; BAG 30.9.2010, NZA 2011, 39; BAG 10.12.2009, NZA 2010, 398; BAG 12.7. 2007, NZA 2008, 173.
267 BAG 10.12.2009, NZA 2010, 398; *Höser*, BB 2012, 1537, 1540.
268 BAG 10.12.2009, NZA 2010, 398; *Höser*, BB 2012, 1537, 1540.
269 BAG 24.3.2011, NZA 2011, 992, 994; *Gagel*, NZA 2004. 1359, 1360; *Balders/Lepping*, NZA 2005, 854, 1795; *Kock*, BB 2010, 633, 638; *Namendorf/Natzel*, DB 2005, 1794, 1795.
270 BAG 24.3.2011, NZA 2011, 992, 994; zu den Anforderungen an das Einladungsschreiben vgl. *Kemper/Steinot*, NZA 2015, 840, 841 ff. Die bloße Weigerung des Arbeitnehmers Angaben zu seiner Erkrankung zu machen, führt noch nicht zur Entbehrlichkeit des BEM (BAG 13.5.2015, NZA 2015, 1249).
271 BAG 24.3.2011, NZA 2011, 992, 994.
272 Vgl. BAG 20.1.2000, AP Nr. 38 zu § 1 KSchG 1969 Krankheit.
273 ErfK/*Oetker*, § 1 KSchG Rn 109 f.

▓▓▓▓ GmbH, vertreten durch den Geschäftsführer ▓▓▓▓, ▓▓▓▓

– Beklagte –

Prozessbevollmächtigte: ▓▓▓▓

zeigen wir an, dass wir die Beklagte vertreten. Namens und im Auftrag der Beklagten werden wir beantragen,

die Klage abzuweisen.

Begründung:

1. Die Beklagte ist ein Zulieferunternehmen der Automobilindustrie. Sie beschäftigt 35 Arbeitnehmerinnen und Arbeitnehmer. Der am ▓▓▓▓ geborene Kläger ist seit Beginn seines Arbeitsverhältnisses am ▓▓▓▓ als Ingenieur in der Abteilung für Planung und Weiterentwicklung tätig ist. Der Kläger ist ledig und hat keine unterhaltspflichtigen Kinder. Eine Schwerbehinderung ist nicht bekannt.

2. Die ordentliche Kündigung vom ▓▓▓▓ ist durch personenbedingte Gründe gerechtfertigt. Bereits im ersten Jahr der Beschäftigung wies der Kläger erhebliche krankheitsbedingte Ausfallzeiten auf, die in den folgenden Jahren stetig anstiegen. In den vergangenen drei Jahren war der Kläger aufgrund zahlreicher Kurzerkrankungen, die zwischen einem und elf Arbeitstagen dauerten, jeweils an mehr als 15 % der Arbeitstage arbeitsunfähig erkrankt. Im Einzelnen wies der Kläger in den letzten drei Jahren die folgenden krankheitsbedingten Fehlzeiten auf:

2010	2011	2012
▓▓▓▓	▓▓▓▓	▓▓▓▓
▓▓▓▓	▓▓▓▓	▓▓▓▓
▓▓▓▓	▓▓▓▓	▓▓▓▓

Beweis: 1.   Zeugnis des ▓▓▓▓

            2.   Vorlage der Personalakte mit Arbeitsunfähigkeitsbescheinigungen im Bestreitensfall.

Im laufenden Kalenderjahr war der Kläger an der überwiegenden Zahl der Arbeitstage arbeitsunfähig erkrankt. Im Einzelnen wies er krankheitsbedingte Fehlzeiten vom ▓▓▓▓ bis ▓▓▓▓, vom ▓▓▓▓ bis ▓▓▓▓ und vom ▓▓▓▓ bis ▓▓▓▓ auf.

Beweis: wie vor.

Die Ursachen der Erkrankungen sind der Beklagten nicht bekannt. Der Vorgesetzte des Klägers, Herr ▓▓▓▓, hat den Kläger am ▓▓▓▓ in einem Personalgespräch hierzu befragt. Der Kläger war jedoch nicht bereit, Auskünfte zu den Ursachen seiner Erkrankung und den Heilungsaussichten zu geben.

Beweis: Zeugnis des Herrn ▓▓▓▓, zu laden über die Beklagte.

Aufgrund der in der Vergangenheit angefallenen und stetig ansteigenden Fehlzeiten ist damit zu rechnen, dass Kläger auch zukünftig mindestens in vergleichbaren Umfang krankheitsbedingt fehlen wird.

In den vergangenen drei Jahren sind der Beklagten Belastungen durch Entgeltfortzahlung in Höhe von insgesamt EUR ▓▓▓▓ entstanden (im Einzelnen: 2010 ▓▓▓▓, 2011 ▓▓▓▓, 2012 ▓▓▓▓). Die Beklagte hat jeweils für Zeiträume von weit mehr als sechs Wochen Entgeltfortzahlung geleistet. Diese wirtschaftliche Belastung stellt eine erhebliche Beeinträchtigung der betrieblichen Interessen dar (vgl. *BAG* 10.11.2005, AP Nr. 42 zu § 1 KSchG 1969 Krankheit) und ist der Beklagten nicht zumutbar. Im Hinblick auf den bisherigen Verlauf des Arbeitsverhältnisses ist auch zukünftig mit erheblichen Entgeltfortzahlungskosten des Klägers zu rechnen.

Überdies kommt es durch die häufigen Kurzerkrankungen des Klägers zu folgenden Betriebsablaufstörungen ░░░░░░. Diese erheblichen betrieblichen Beeinträchtigungen sind der Beklagten zukünftig ebenfalls nicht mehr zumutbar.

Die Kündigung war auch unter Betrachtung des Verhältnismäßigkeitsgrundsatzes gerechtfertigt. Denn sie war zur Beseitigung der betrieblichen Beeinträchtigungen erforderlich. Ein milderes Mittel insbesondere eine Weiterbeschäftigung auf einem anderen Arbeitsplatz oder zu geänderten Arbeitsbedingungen kommt nicht in Betracht. Für den Kläger gibt es keine alternativen Einsatzmöglichkeiten, die er trotz seiner Erkrankung einnehmen könnte. Die Beklagte ist auch ihrer gesetzlichen Pflicht nach § 84 Abs. 2 SGB IX nachgekommen. Sie hat versucht, ein Betriebliches Eingliederungsmanagement (BEM) durchzuführen. Der Kläger hat dem jedoch nicht zugestimmt.[274] Die Beklagte hat den Kläger mit Schreiben vom ░░░░░░ unter Erläuterung der Ziel- und Zwecksetzung zum BEM am ░░░░░░ eingeladen. Mit Schreiben vom ░░░░░░ hat sie ihn erneut zum Termin am ░░░░░░ eingeladen und einen Alternativtermin am ░░░░░░ angeboten. Die Schreiben übereichen wir in Kopie als

Anlage B 1.

Der Kläger hat auf beide Schreiben nicht reagiert. Er ist zu beiden Terminen, obwohl er an diesen Tagen im Betrieb war, ohne Entschuldigung nicht erschienen.

Beweis: Zeugnis des ░░░░░░, zu laden über die Beklagte.

Am ░░░░░░ erklärte der Kläger gegenüber dem Betriebsratsvorsitzenden, Herrn ░░░░░░, auf dessen Nachfrage, warum er zu dem BEM nicht erschienen sei, an einem Eingliederungsmanagement keinerlei Interesse zu haben, da dies bei seiner Erkrankung ohnehin nichts bringen könne

Beweis: Zeugnis des ░░░░░░, zu laden über die Beklagte.

Diese Aussage wiederholte der Kläger gegenüber der Personalleiterin, Frau ░░░░░░, als diese ihm am ░░░░░░ eine weitere Einladung zum BEM mit dem Hinweis auf die sonst drohende Kündigung übergab.

Beweis: Zeugnis der ░░░░░░, zu laden über die Beklagte.

Die Interessen der Beklagten an der Beendigung des Arbeitsverhältnisses überwiegen. Der Kläger weist weder eine lange Betriebszugehörigkeit noch Unterhaltspflichten oder eine sonstige besondere soziale Schutzbedürftigkeit auf. Vielmehr verlief das Arbeitsverhältnis durch die hohen krankheitsbedingten Fehlzeiten von Beginn an nicht störungsfrei. Die Beklagte ist aus wirtschaftlichen Gründen dringend darauf angewiesen, die Stelle des Klägers neu zu besetzen. Die Beklagte beschäftigt neben dem Kläger nur einen weiteren Ingenieur. Aufgrund der erforderlichen hohe Qualifikation und der kurzfristigen und nicht vorhersehbaren Ausfälle des Klägers ist es der Beklagten nicht möglich, für ihn eine Aushilfskraft einzusetzen. Vielmehr muss der Kollege des Klägers sehr häufig und in erheblichem Umfang Überstunden und Mehrarbeit leisten um zumindest einen Teil der liegengebliebenen Arbeit abzubauen.

Beweis: Zeugnis des ░░░░░░

3. Die Beklagte hörte den bei ihr gebildeten Betriebsrat mit Schreiben vom ░░░░░░, das wir in Kopie als

---

274 Da der Arbeitgeber die Beweislast dafür trägt, dass er die Durchführung des BEM versucht hat und dieses nur an der Zustimmung des Arbeitnehmers gescheitert ist, muss der Arbeitgeber in der Klageerwiderung substantiiert darlegen und beweisen, dass und in welcher Form der Arbeitnehmer seine Zustimmung verweigert hat, BAG 24.3.2011, NZA 2011, 992, 994; *Kock*, BB 2010, 633 638).

Anlage B 2

überreichen, zur Kündigung des Klägers an. Der Betriebsrat ließ die Wochenfrist verstreichen, ohne eine Stellungnahme abzugeben.

Beweis: Zeugnis des

(Unterschrift)

Rechtsanwalt

▲

III. Rechtsmittel

Literatur: *Bepler*, Änderungen im arbeitsgerichtlichen Verfahren durch das Anhörungsrügengesetz, RdA 2005, 65; *Bram*, Häufige Fehler bei der Einlegung und Begründung von Berufung und Beschwerde, FA 2005, 226; *Doms*, Die Anschlussberufung – ein stumpfes Schwert, NJW 2004, 189; *Düwell*, Das Anhörungsrügengesetz: Mehr Rechtsschutz in den arbeitsgerichtlichen Verfahren, FA 2005, 75; *ders.*, Elektronisches Postfach für das Bundesarbeitsgericht, FA 2006, 172; *Fellner*, Berücksichtigung eines neuen Sachvortrags mit neuen Angriffs- und Verteidigungsmitteln und die Folgen in der Berufungsinstanz, MDR 2004, 241; *Fölsch*, Das Anhörungsrügengesetz in Verfahren der Zivil-, der Arbeits- und der freiwilligen Gerichtsbarkeit, SchlHA 2005, 68; *Gaier*, Der Prozessstoff des Berufungsverfahrens, NJW 2004, 110; *Germelmann/Matthes/Prütting*, ArbGG Kommentar, 8. Aufl. 2013; *Gravenhorst*, Anhörungsrügengesetz und Arbeitsgerichtsverfahren, NZA 2005, 24; *Grunsky*, Zum Tatsachenstoff im Berufungsverfahren nach der Reform der ZPO, NJW 2002, 800; *Hauck*, Die Nichtzulassungsbeschwerde im arbeitsgerichtlichen Verfahren, NZA 1998, 925; *Hauck/Helml/Biebl*, ArbGG Kommentar, 4. Aufl. 2011; *Lipke*, Die Berufung im arbeitsgerichtlichen Verfahren, AuR 2007, 1; *Münch*, Die Klageänderung im Berufungsverfahren, MDR 2004, 781; *Ostrowicz/Künzl/Scholz*, Handbuch des arbeitsgerichtlichen Verfahrens, 5. Aufl. 2014; *Pape/Notthoff*, Prozessrechtliche Probleme bei Verwendung von Telefax, NJW 1989, 417; *Schmidt/Schwab/Wildschütz*, Die Auswirkungen der Reform des Zivilprozesses auf das arbeitsgerichtliche Verfahren, NZA 2001, 1161 und 1217; *Schwab/Weth*, ArbGG Kommentar, 4. Aufl. 2015; *Schwab/Wildschütz/Heege*, Disharmonien zwischen ZPO und ArbGG, NZA 2003, 999; *Stackmann*, Die erfolgversprechende Berufungsschrift in Zivilsachen, NJW 2003, 173; *Stock*, Berufungszulassung und Rechtsmittelbelehrung im arbeitsgerichtlichen Urteil, NZA 2001, 481; *Töpperwien*, Rechtsfragen rund ums Telefax, DRiZ 1999, 241; *Treber*, Neuerungen durch das Anhörungsrügengesetz, NJW 2005, 97.

1. Allgemeines

125 **Gegen Urteile der Arbeitsgerichte** kann unter den Voraussetzungen der §§ 64 ff. ArbGG das **Rechtsmittel**[275] **der Berufung** eingelegt werden. Durch die rechtzeitige Einlegung der statthaften Berufung wird der Eintritt der formellen Rechtskraft der angefochtenen Entscheidung gehemmt. Mit der Berufungseinlegung wird der Rechtsstreit automatisch beim LAG anhängig. Für die weitere Bearbeitung ist nur noch das LAG zuständig. Vor diesem wird der Rechtsstreit im Rahmen der gestellten Anträge neu verhandelt. Das angegriffene Urteil wird in tatsächlicher und rechtlicher Hinsicht überprüft. Trotz der Änderungen durch das ZPO-Reformgesetz vom 27.7.2001 (ZPORefG)[276] hat das LAG nach wie vor die Funktion einer zweiten **Tatsacheninstanz**. Denn § 529 ZPO n.F. bindet an die erstinstanzlich festgestellten Tatsachen nur insoweit, als nicht konkrete Zweifel an der Richtigkeit und Vollständigkeit der entscheidungserheblichen Feststellungen begründet oder im Einklang mit den Präklusionsvorschriften vorgetragene neue Tatsachen zu berücksichtigen sind. Weil das Novenrecht nahezu unverändert geblieben ist, bleibt viel Raum für neuen Tatsachenvortrag.[277]

126 Das **Rechtsmittel der Revision** eröffnet die dritte Instanz **gegen Urteile der LAG** und bei der Sprungrevision (§ 76 ArbGG) gegen Urteile der Arbeitsgerichte. Zuständig ist das BAG. Es prüft die Urteile allein in

---

275 Zu den Rechtsmitteln in Abgrenzung zu den Rechtsbehelfen vgl. Schwab/Weth/*Weth*, § 9 Rn 12.
276 BGBl I 2001, 1887; vgl. *Schmidt/Schwab/Wildschütz*, NZA 2001, 1161 und 1217.
277 *Grunsky*, NJW 2002, 800.

rechtlicher und nicht in tatsächlicher Hinsicht. Grundlage der Entscheidung des BAG sind die Feststellungen im unstreitigen Tatbestand des angegriffenen Urteils. Wegen dieser Bindungswirkung ist das Urteil des LAG umgehend auf Unrichtigkeiten im Tatbestand durchzusehen, um ggf. fristgerecht einen Tatbestandsberichtigungsantrag zu stellen (vgl. dazu Rdn 198).

Die Revision ist nur statthaft, wenn sie entweder vom LAG im Urteil (§ 72 Abs. 1 ArbGG) oder vom BAG auf eine **Nichtzulassungsbeschwerde** (§ 72a ArbGG) oder bei der Sprungrevision durch das Arbeitsgericht durch Urteil oder Beschluss (§ 76 ArbGG) zugelassen worden ist.   127

Nach Umgestaltung des Beschwerderechts durch das ZPORefG gibt es nur noch die **fristgebundene sofortige Beschwerde** mit Abhilfemöglichkeit. Sie ist bei Vorliegen der Voraussetzungen des § 567 Abs. 1 ZPO gegen Entscheidungen der Arbeitsgerichte gegeben. Gegen Entscheidungen der LAG ist die **Rechtsbeschwerde** zum BAG nur eröffnet, wenn sie zugelassen worden ist.   128

Der Gesetzgeber hat durch das **Gesetz über die Rechtsbehelfe bei Verletzung des** Anspruchs **auf rechtliches Gehör** vom 9.12.2004 (Anhörungsrügengesetz)[278] zum einen den Zugang zum BAG erheblich erleichtert und zum anderen für das arbeitsgerichtliche Verfahren mit § 78a ArbGG eine eigenständige **Abhilferegelung für Fälle der Verletzung des Anspruchs auf rechtliches Gehör** geschaffen.[279] Zur Vermeidung einer Verfassungsbeschwerde ist das ArbG bei unanfechtbaren Urteilen gehalten, unter den Voraussetzungen von § 78a ArbGG sein eigenes Urteil zu überprüfen und ggf. rechtskraftdurchbrechend nachträglich noch abzuändern.   129

2. Berufungsschrift

a) Muster

▼

Muster 3.9: Berufungsschrift   130

An das

Landesarbeitsgericht

Berufungsschrift

In dem Rechtsstreit

der

– Beklagte und Berufungsklägerin –

Prozessbevollmächtigter: RA

gegen

den

– Kläger und Berufungsbeklagter –

Prozessbevollmächtigter erster Instanz: RA

lege ich namens der Beklagten/Berufungsklägerin gegen das Urteil des Arbeitsgerichts
vom   (*Verkündungsdatum*), zugestellt am   , Az.:   , fristwahrend

---

278 BGBl I 2004, 3220.
279 *Bepler*, RdA 2005, 65; *Düwell*, FA 2005, 75; *Fölsch*, SchlA 2005, 68; *Gravenhorst*, NJW 2005, 24; *Treber*, NJW 2005, 97.

Berufung

ein. Eine beglaubigte Abschrift des angefochtenen Urteils füge ich bei.

Die Berufungsanträge bleiben einem gesonderten Schriftsatz vorbehalten.

(**Ggf.**: *Die Gegenseite ist mit gleicher Post darum gebeten worden, noch keinen Rechtsanwalt für die Beru-fungsinstanz zu beauftragen, solange nicht feststeht, ob das Berufungsverfahren tatsächlich durchgeführt werden soll.*)

(Unterschrift)

b) Erläuterungen
aa) Gegenstand und Statthaftigkeit der Berufung

131 Mit der Berufung können erstinstanzliche **Endurteile (§ 300 ZPO), Teilurteile** (§ 301 ZPO), **Vorbehalts-urteile** (§ 302 ZPO) und **Ergänzungsurteile** (§ 321 ZPO) angegriffen werden. Berufungsfähig sind ferner **Zwischenurteile**, die nur **über die Zulässigkeit der Klage** entscheiden (§ 281 ZPO). Das gilt auch für ein Zwischenurteil, das einen Wiedereinsetzungsantrag zurückweist.[280] Dagegen kann ein Zwischenurteil, das allein über den Grund des Anspruchs vorab entscheidet (§ 304 ZPO), nur zusammen mit dem Endurteil an-gegriffen werden (§ 61 Abs. 3 ArbGG).

Versäumnisurteile können nur dann mit der Berufung angegriffen werden, wenn der Einspruch gegen sie nicht statthaft ist (§ 514 ZPO). Das betrifft zum einen im Wiedereinsetzungsverfahren ergangene Versäum-nisurteile gegen den Anspruchsteller (§ 238 Abs. 2 S. 2 ZPO) und zum anderen die sog. Zweiten Versäum-nisurteile (§ 345 ZPO). Gegen das erste **echte Versäumnisurteil** findet der Rechtsbehelf des Einspruchs statt.

Nicht berufungsfähig sind arbeitsgerichtliche Urteile, gegen die nach § 78 ArbGG das Rechtsmittel der so-fortigen Beschwerde gegeben ist (§ 64 Abs. 1 ArbGG).[281] Hier richtet sich das Rechtsmittelverfahren nach den §§ 567 ff. ZPO.

132 Hat das Arbeitsgericht statt eines Urteils einen Beschluss erlassen, so ist sowohl das Rechtsmittel der Be-rufung als auch das der Beschwerde gegeben. Das folgt aus dem sog. **Grundsatz der Meistbegüns-tigung.**[282] Voraussetzung ist allerdings, dass gegen die in richtiger Form erlassene Entscheidung überhaupt ein Rechtsmittel statthaft wäre. Der Fehler des Gerichts verhilft dem Rechtsmittelführer nicht zu mehr Rechten, als er bei zutreffender Entscheidung gehabt hätte.[283]

133 Gem. § 64 Abs. 2 ArbGG ist die Berufung statthaft,

- wenn sie im Urteil des Arbeitsgerichts zugelassen worden ist,
- wenn der Wert des Beschwerdegegenstandes 600 EUR übersteigt,
- in Bestandsschutzstreitigkeiten (z.B. Statusverfahren, Kündigungsverfahren, Entfristungsklagen, Streitigkeiten über die Wirksamkeit einer Anfechtung oder eines Aufhebungsvertrags) oder
- wenn es sich um ein Versäumnisurteil handelt, gegen das der Einspruch an sich nicht statthaft ist, wenn die Berufung oder Anschlussberufung darauf gestützt wird, ein Fall schuldhafter Säumnis habe nicht vorgelegen.

---

280 *Hauck/Helml/Biebl*, § 64 Rn 2.
281 Z.B. Zwischenurteile über die Zulässigkeit der Nebenintervention (§ 71 Abs. 2 ZPO), über die Berechtigung der Aussageverweige-rung eines Zeugen (§ 387 Abs. 3 ZPO) oder Kostengrundentscheidungen bei einem Anerkenntnisurteil (§ 99 Abs. 2 ZPO).
282 BGH 16.10.2003, NJW-RR 2004, 408; BAG 26.3.1992, AP Nr. 7 zu § 48 ArbGG 1979; LAG Köln 26.2.2003 – 7 Ta 229/02.
283 BGH 20.4.1993, NJW-RR 1993, 956.

Neben den drei Fällen der gesetzlichen Zulassung des Rechtsmittels kann also auch die Kammer erster In- **134** stanz eine positive **Zulassungsentscheidung im Urteilstenor** treffen.[284] Die Zulassungsgründe finden sich in § 64 Abs. 3 ArbGG. An die Zulassungsentscheidung ist das LAG gebunden, selbst wenn die Zulassung fehlerhaft ist, § 64 Abs. 4 ArbGG. Bei einer Mehrzahl von Streitgegenständen kann sich die Zulassung auf einen Streitgegenstand beschränken.[285] Die Zulassungsentscheidung als solche kann nicht gesondert angefochten werden. Fehlt dagegen die erforderliche Entscheidung, so hat auf binnen zwei Wochen ab Verkündung zu stellenden Antrag die Kammer des Arbeitsgerichts eine ergänzende Entscheidung hierüber zu treffen, § 64 Abs. 3a ArbGG.

Berufungsführer können die verfahrensbeteiligten Parteien, Streitgenossen, Nebenintervenienten oder **135** solche Personen sein, deren Eintritt in den Rechtsstreit durch Urteil versagt worden ist.

bb) Beschwer

Die Berufung ist nur dann zulässig, wenn der Berufungskläger beschwert ist. Eine **Beschwer** ist gegeben, **136** wenn die angegriffene Entscheidung hinter den vom Berufungskläger zuletzt gestellten Anträgen zurückbleibt, ihm also weniger zugesprochen worden ist, als er beantragt hat (sog. formelle Beschwer). Die klagende Partei muss ihr vom Arbeitsgericht abgewiesenes Begehren zumindest teilweise weiterverfolgen. Bei der beklagten Partei genügt die sog. materielle Beschwer, die gegeben ist, wenn sie mit der Berufung eine zu ihren Gunsten abweichende Entscheidung begehrt.[286]

Der **Beschwerdewert** stimmt nicht immer mit dem im arbeitsgerichtlichen Urteil festgesetzten Streitwert **137** überein. Entscheidend ist der Antrag des Berufungsklägers. Es kommt darauf an, wie weit das erstinstanzliche Urteil bei Einlegung der Berufung hinter dem in erster Instanz gestellten Antrag zurückbleibt. Allerdings kann der Beschwerdewert regelmäßig nicht höher sein, als der im Urteil des Arbeitsgerichts – zutreffend – festgesetzte Streitwert.[287]

> *Hinweis*
>
> Verändert sich der Beschwerdewert nach Einlegung der Berufung (z.B. durch teilweise Rücknahme der Berufung), kann die Berufung unzulässig werden, wenn der Wert unter die Rechtsmittelgrenze (600 EUR) fällt. Dies hat der Berufungsführer unbedingt zu beachten.

cc) Berufungsfrist

Die **Frist für die Einlegung der Berufung** beträgt einen Monat (§ 66 Abs. 1 ArbGG). Nach § 517 ZPO **138** handelt es sich um eine **Notfrist**, die weder verlängert noch verkürzt werden kann (§ 224 ZPO). Die Frist beginnt mit der Zustellung einer vollständigen Urteilsausfertigung oder beglaubigten Abschrift, spätestens aber mit Ablauf von fünf Monaten nach Verkündung des Urteils (§ 66 Abs. 1 ArbGG). Wird das Urteil dem Prozessbevollmächtigten des Berufungsklägers zugestellt, beginnt die Frist mit der Unterzeichnung des Empfangsbekenntnisses.

Die Zustellung einer abgekürzten Urteilsausfertigung setzt die Berufungsfrist ebenso wenig in Gang wie der Zugang der lediglich den Urteilstenor enthaltenden Sitzungsniederschrift.[288] Für den Streithelfer ist die für die Hauptpartei laufende Berufungsfrist maßgeblich.[289]

284 *Stock*, NZA 2001, 481.

285 Schwab/Weth/*Schwab*, § 64 Rn 39.

286 BAG 19.11.1985, NJW 1987, 514 – auch wenn das Arbeitsgericht die Klage als unzulässig und nicht als unbegründet abgewiesen hat.

287 BAG 13.1.1988, AP Nr. 11 zu § 64 ArbGG 1979; BAG 27.5.1994, AP Nr. 17 zu § 64 ArbGG 1979.

288 *Ostrowicz/Künzl/Scholz*, Rn 484.

289 *Ostrowicz/Künzl/Scholz*, Rn 484.

Die Frist berechnet sich nach § 222 ZPO i.V.m. §§ 187 ff. BGB. Fällt das Ende der Berufungsfrist auf einen Sonntag, einen allgemeinen Feiertag oder einen Sonnabend, endet die Frist mit Ablauf des folgenden Werktags (§ 222 Abs. 2 ZPO). Zu beachten ist, dass das Ende einer Rechtsmittelfrist wegen eines allgemeinen Feiertags nur dann herausgeschoben wird, wenn der betreffende Tag an dem Ort, an dem das Rechtsmittel einzulegen ist, ein gesetzlicher Feiertag ist. Ob dieser Tag an dem Ort, an dem der Rechtsmittelführer seinen Wohn- oder Kanzleisitz hat, ein Feiertag ist, ist unerheblich.[290] Die Frist ist nur gewahrt, wenn die Berufung spätestens am letzten Tag bis 24 Uhr beim LAG eingegangen ist bzw. bei Übermittlung per Telefax im Empfangsgerät des Gerichts gespeichert wurde.[291] Das bedeutet, dass mit der elektronischen Übermittlung so rechtzeitig begonnen werden muss, dass sie noch vor 24 Uhr abgeschlossen werden kann.[292] Es ist Sache des Berufungsklägers, sich vor der Sendung zu vergewissern, dass er über die richtige Empfängernummer verfügt, und nach der Sendung den Sendebericht zu kontrollieren.[293]

139 Die Berufung kann schon **vor Zustellung der erstinstanzlichen Entscheidung** eingelegt werden, jedoch nicht vor deren Verkündung.[294]

Nach § 517 ZPO beginnt die Berufungsfrist gegen ein noch nicht zugestelltes Urteil spätestens mit Ablauf von fünf Monaten nach seiner Verkündung. Das gilt nach der Neufassung des § 66 Abs. 1 S. 2 ArbGG durch Art. 30 des ZPORefG auch im arbeitsgerichtlichen Verfahren. An der Geltung einer 17-Monatsfrist, die sich nach alter Rechtslage durch die Hinzurechnung der Jahresfrist des § 9 Abs. 5 ArbGG ergab, kann nicht festgehalten werden.[295] Die Berufungsfrist endet vielmehr mit Ablauf des sechsten auf die Verkündung des Urteils folgenden Monats. Etwas anderes kann nur im Fall einer fehlerhaften Rechtsmittelbelehrung gelten.[296]

140 Die **Versäumung der Berufungsfrist** kann – unter den Voraussetzungen der §§ 233 ff. ZPO – durch Wiedereinsetzung in den vorigen Stand geheilt werden.[297] Hat etwa die Partei innerhalb der Berufungsfrist Prozesskostenhilfe zur Durchführung des Berufungsverfahrens beantragt, so kann sie innerhalb der Frist des § 234 Abs. 1 S. 1 ZPO Wiedereinsetzung in den vorigen Stand beantragen, wenn bei Bekanntgabe der Bewilligungsentscheidung über die Prozesskostenhilfe die Berufungsfrist bereits versäumt war.[298]

dd) Berufungseinlegung

141 Die Berufung wird durch **Einreichung der Berufungsschrift bei dem Berufungsgericht** eingelegt (§ 519 Abs. 1 ZPO).[299] Berufungsgericht ist ausschließlich das zuständige LAG. Die maßgebliche Anschrift ist der Rechtsmittelbelehrung des angefochtenen Urteils zu entnehmen. Unterhält das LAG sog. Außenkammern, kann die Berufung sowohl beim Stammgericht als auch bei den Außenkammern eingelegt werden.[300] Wird die Berufungsschrift bei einem anderen Gericht eingereicht, kommt es für die Fristwahrung auf den Eingang beim zuständigen LAG an. Entsprechendes gilt, wenn die Berufung beim Arbeitsgericht eingelegt wird. Das Arbeitsgericht hat die Berufung im Rahmen des üblichen Geschäftsgangs weiterzuleiten. Zu besonderen Eilmaßnahmen (Faxversendung der Berufung oder telefonische Benachrichtigung des Berufungsführers) ist es nicht verpflichtet. Für die Wahrung der Berufungsfrist kommt es allein auf den Zugang beim LAG

290 BAG 24.8.2011, ArbRB 2011, 371.
291 BAG 13.12.2012, NZA 2013, 636; *Töpperwien*, DRiZ 1999, 241; *Pape/Notthoff*, NJW 1989, 417.
292 BFH 28.9.2000, NJW 2000, 991.
293 BAG 30.3.1995, AP Nr. 11 zu § 66 ArbGG 1979; BGH 3.12.1996, NJW 1997, 948.
294 BAG 6.3.2003, EzA § 520 ZPO 2002 Nr. 2; BAG 16.6.2004, EzA § 520 ZPO 2002 Nr. 3.
295 BAG 28.10.2004, EzA § 66 ArbGG 1979 Nr. 38.
296 BAG 28.10.2004, EzA § 66 ArbGG 1979 Nr. 38.
297 Vgl. die Übersicht bei Zöller/*Greger*, § 233 ZPO Rn 23 ff.
298 BGH 23.3.2011, NJW-RR 2011, 995.
299 *Stockmann*, NJW 2003, 173.
300 ErfK/*Koch*, § 66 ArbGG Rn 2.

an. Das gilt selbst dann, wenn LAG und Arbeitsgericht eine gemeinsame Postannahmestelle unterhalten; maßgebend ist die angegebene Adresse.[301]

Die Berufung muss schriftlich eingelegt werden. Die Anforderungen entsprechen denen der Klage. Dem **142** **Schriftformerfordernis** genügt die Einlegung durch **Telefax** (Telekopie), **Fernschreiben** oder **Telegramm**.[302] Die beim LAG eingehende Kopie muss die Unterschrift erkennen lassen.[303] Der Berufungskläger sollte sich daher vergewissern, dass sein Telefaxschreiben vollständig beim Gericht eingegangen ist. Er hat dafür Sorge zu tragen, dass der unterschriebene Originalschriftsatz unverzüglich nachgereicht wird. Eine E-Mail entspricht weder den Anforderungen des § 130 ZPO noch denen des § 130a ZPO. Zwar kann eine bestimmender Schriftsatz auch ohne qualifizierte elektronische Signatur formgerecht per E-Mail übermittelt werden; die Rechtsmittelfrist wird aber nur gewahrt, wenn der Schriftsatz dem zuständigen Gericht mit der in Kopie wiedergegebenen Unterschrift des Prozessbevollmächtigten noch innerhalb der Frist in ausgedruckter Form vorliegt.[304] Zahlreiche Landesarbeitsgerichte verfügen über elektronische Postfächer über die Berufungen eingelegt werden können. Einzelheiten ergeben sich aus der erstinstanzlichen Rechtsmittelbelehrung.

Die Berufungsschrift muss das **Urteil**, gegen das sie sich richtet, **klar und eindeutig bezeichnen**. Zweifel **143** dürfen nicht aufkommen.[305] Sie können nur innerhalb der Berufungsfrist behoben werden. Anzugeben sind deshalb zumindest das erkennende Arbeitsgericht, das Aktenzeichen und das Verkündungsdatum. Um Zweifel von vornherein auszuschließen, ist es ratsam, entsprechend der Soll-Vorschrift des § 519 Abs. 3 ZPO und wie im Muster zur Berufungsschrift (siehe oben Rdn 130) vorgeschlagen, dieser eine Ausfertigung oder Kopie der angefochtenen Entscheidung beizufügen.

Der Berufungsschrift muss die **Erklärung** zu entnehmen sein, **dass gegen das bezeichnete Urteil das** **144** **Rechtsmittel der Berufung eingelegt wird**. Die Einlegung der Berufung darf nicht an Bedingungen geknüpft werden, denn das führt zur Unzulässigkeit des Rechtsmittels. Die Anträge können (siehe auch Rdn 130) der Berufungsbegründung vorbehalten werden, sie sind nicht notwendiger Bestandteil der Berufungsschrift. Wird in diesem Fall die Berufung vor Stellung der Berufungsanträge zurückgenommen, wird für die Kostenberechnung davon ausgegangen, dass vollen Umfangs Berufung eingelegt war.

Die Berufungsschrift muss sowohl den **Berufungskläger** als auch den **Berufungsbeklagten** konkret be- **145** zeichnen, damit erkennbar ist, für und gegen wen Berufung eingelegt wird. Zweifel können nur innerhalb der Berufungsfrist ausgeräumt werden.[306] Sachdienlich ist in jedem Fall die Angabe der ladungsfähigen Anschrift des Berufungsbeklagten. Ein Auswechseln der beklagten Partei in der Rechtsmittelinstanz ist nur zulässig, wenn der bisherige Beklagte zustimmt oder sich dessen verweigerte Zustimmung als rechtsmissbräuchlich erweist.[307]

Die Berufungsschrift ist als bestimmender Schriftsatz (§ 129 ZPO) von einem nach § 11 Abs. 2 ArbGG **146** **postulationsfähigen Vertreter eigenhändig zu unterschreiben**.[308] Das kann ein bei einem deutschen Gericht zugelassener Rechtsanwalt oder einer der in § 11 Abs. 2 ArbGG genannten Verbandsvertreter sein. Legt ausnahmsweise ein bei der Partei angestellter Rechtsanwalt das Rechtsmittel ein, muss der Rechtsmittelschrift zu entnehmen sein, dass der Handelnde als unabhängiger Prozessbevollmächtigter auftritt und als solcher ohne Bindung an die Weisungen seines Mandanten die Verantwortung für den

---

301 BAG 29.8.2001, EzA § 519 ZPO Nr. 12.
302 BAG 14.1.1985, AP Nr. 2 zu § 94 ArbGG 1979; BAG 27.3.1996, NJW 1996, 3164; BAG 14.3.1989, AP Nr. 10 zu § 130 ZPO.
303 BAG 27.3.1996, NJW 1996, 3164.
304 BGH 4.12.2008, NJW-RR 2009, 357; BAG 11.7.2013, NZA 2013, 983.
305 BAG 9.2.1981, EzA § 518 ZPO Nr. 26; BAG 18.4.2000, NJW-RR 2000, 1371.
306 BAG 18.5.1976, EzA § 518 ZPO Nr. 17.
307 BGH 26.2.1987, NJW 1987, 1946; BAG 18.5.2010, NZA 2010, 1198.
308 BAG 28.3.1977, EzA § 518 ZPO Nr. 20.

Schriftsatz übernimmt.[309] Eine Unterschrift setzt einen individuellen Schriftzug voraus, der sich als Wiedergabe eines Namens darstellt und die Absicht einer vollen Unterschriftsleistung erkennen lässt.[310] Die Unterschrift muss charakteristische Schriftmerkmale aufweisen,[311] braucht aber nicht lesbar zu sein.[312] Eine bloße Paraphe genügt nicht.[313] Ist die Berufungsschrift nicht unterschrieben, trägt jedoch die beglaubigte Abschrift eine Unterschrift, ist die Berufung in zulässiger Weise eingelegt.

3. Berufungsbegründungsschrift

a) Muster

10 ▼

147 Muster 3.10: Berufungsbegründungsschrift

An das

Landesarbeitsgericht

Berufungsbegründung

In dem Rechtsstreit

Prozessbevollmächtigter ./. Prozessbevollmächtigter

Az. Zweiter Instanz:

habe ich namens der Beklagten/Berufungsklägerin gegen das Urteil des Arbeitsgerichts vom , Az.: , mit Schriftsatz vom Berufung eingelegt.

Ich beantrage nunmehr,

das Urteil des Arbeitsgerichts abzuändern und die Klage abzuweisen.

Berufungsbegründung:

Mit der Berufung stellt die Beklagte das angegriffene Urteil insgesamt zur Überprüfung durch das Landesarbeitsgericht.

I. *Die Parteien streiten über einen Sachverhalt, der nach Maßgabe der nachfolgenden Ausführungen unstreitig ist: (Darstellung des Sach- und Streitstands)*

II. *Das Arbeitsgericht hat der Klage zu Unrecht entsprochen und das im Wesentlichen wie folgt begründet: (Wiedergabe der tragenden Gründe der erstinstanzlichen Entscheidung)*

III. *Die Entscheidung überzeugt aus folgenden Gründen nicht: (Darlegung der Berufungsgründe)*

(Unterschrift)

▲

b) Erläuterungen
aa) Formale Anforderungen

148 Wird die Berufung (siehe auch Rdn 130) nicht sogleich, sondern erst nach Einlegung der Berufung begründet, reicht es aus, ein abgekürztes Rubrum anzugeben, welches das Berufungsgericht, das Aktenzeichen des

---

309 BAG 17.9.2013, NZA 2014, 502.
310 BAG 25.2.2015, NZA 2015, 701.
311 BAG 29.7.1981, AP Nr. 46 zu § 518 ZPO.
312 BAG 28.3.1977, AP Nr. 38 zu § 518 ZPO; BAG 27.3.1996, NJW 1996, 3164.
313 BAG 28.3.1977, AP Nr. 38 zu § 518 ZPO; BAG 27.3.1996, NJW 1996, 3164.

Berufungsverfahrens, die Kurzbezeichnung der Parteien (Vor- und Zunamen, Firma), ihre Stellung im Berufungsverfahren (Berufungskläger/Berufungsbeklagter) sowie ihre Prozessbevollmächtigten enthält.

bb) Berufungsbegründungsfrist

Die Berufung muss innerhalb von zwei Monaten begründet werden, § 66 Abs. 1 S. 1 ArbGG (**Berufungs-** 149
begründungsfrist). Die nicht fristgemäß begründete Berufung ist unzulässig. Auch diese Frist beginnt mit der Zustellung des vollständig abgefassten Urteils, spätestens aber nach Ablauf von fünf Monaten nach dessen Verkündung, § 66 Abs. 1 S. 2 ArbGG. Für die Fristberechnung sind die § 222 ZPO, §§ 187 f. BGB maßgeblich. Die Frage, ob die Berufungsbegründungsfrist gewahrt worden ist, beurteilt sich nach den gleichen Grundsätzen wie bei der Berufungsfrist. Für die Bestimmung des Fristbeginns, des rechtzeitigen Eingangs der Begründungsschrift und für die Besonderheiten bei Übermittlung durch elektronische Kommunikationsmittel kann daher auf die obigen Ausführungen verwiesen werden (siehe Rdn 138 ff.).

Die Berufungsbegründungsfrist ist **keine Notfrist**. Sie kann gem. § 66 Abs. 1 S. 5 ArbGG **auf Antrag ein-** 150
mal verlängert werden, wenn dadurch keine Verzögerung droht und der Fristverlängerungsantrag auf erhebliche Gründe gestützt wird. Eine mehrmalige Fristverlängerung ist grds. nicht zulässig und deshalb unwirksam.[314] In der Praxis wird die Frist regelmäßig um bis zu einen Monat verlängert.[315] Eine Höchstfrist ergibt sich aus § 66 Abs. 1 S. 5 ArbGG jedoch nicht.[316] Ausnahmsweise kann auch eine weitergehende Fristverlängerung – etwa bei schwebenden Vergleichsverhandlungen – zulässig sein. Darauf ist im Antrag ausdrücklich hinzuweisen, möglichst mit einer entsprechenden Bestätigung der Gegenseite. Welche Anforderungen die Begründung des Fristverlängerungsantrags im Übrigen erfüllen muss, hängt von den Üblichkeiten im jeweiligen LAG-Bezirk ab. Vielfach geben sich die Gerichte mit einer formelhaften Begründung zufrieden, die auf hohe Arbeitsbelastung, Krankheit, Urlaub während des Fristlaufs oder Häufung von Fristsachen hinweist. Besteht eine solche Praxis, kann der die Fristverlängerung beantragende Rechtsanwalt darauf vertrauen, dass seinem nur kursorisch begründeten Antrag entsprochen wird.[317] Er darf dagegen nicht ohne Weiteres mit einer Fristverlängerung rechnen, wenn in dem Gerichtsbezirk eine strengere Praxis besteht oder das Gericht ausdrücklich die substantiierte Darlegung und Glaubhaftmachung der Gründe für den Verlängerungsantrag verlangt hat. In diesen Fällen ist es erforderlich, dass sich der Prozessbevollmächtigte vor Fristablauf erkundigt, ob seinem Antrag entsprochen wird. Anderenfalls riskiert er, dass bei abgelehntem Verlängerungsantrag die Verspätung auf sein Verschulden zurückgeführt und eine Wiedereinsetzung nach §§ 233 ff. ZPO abgelehnt wird.[318] Der Fristverlängerungsantrag muss in jedem Fall innerhalb der laufenden Frist bei Gericht eingehen. Eine Bescheidung ist auch danach noch möglich.

cc) Berufungsanträge

Die Berufungsbegründung muss zunächst die Erklärung enthalten, inwieweit das Urteil angefochten wird 151
und welche Abänderung des Urteils beantragt wird (= **Berufungsanträge**). Zwar können die Berufungsanträge auch durch Auslegung ermittelt werden; es sollte aber eine Selbstverständlichkeit sein, dass der Berufungskläger sein Rechtsschutzersuchen sorgfältig formuliert. Die Berufungsanträge können grds. auch noch nach Ablauf der Berufungsbegründungsfrist eingeschränkt oder erweitert werden, soweit die Voraussetzungen der §§ 263, 264 ZPO, § 67 ArbGG erfüllt sind. Bei der **freiwilligen Beschränkung der Berufung** ist darauf zu achten, dass die Berufung unzulässig wird, wenn der Beschwerdewert von 600 EUR nicht mehr erreicht wird.

---

314 BAG 13.9.1995, EzA § 66 ArbGG 1979 Nr. 22; BAG 6.12. 1994 EzA § 66 ArbGG 1979 Nr. 20.
315 *Schwab/Weth/Schwab*, § 66 Rn 81; *Ostrowicz/Künzl/Scholz*, Rn 491; a.A. ErfK/*Koch*, § 66 Rn 18.
316 BAG 16.7.2008, NZA 2009, 202.
317 BAG 4.2.1994, EzA § 66 ArbGG 1979 Nr. 17.
318 BAG 27.9.1994, EzA § 66 ArbGG 1979 Nr. 18.

dd) Inhaltliche Anforderungen

152 Die Berufungsbegründung verlangt vom Berufungsführer eine **Auseinandersetzung mit den Urteilsgründen des Arbeitsgerichts**. Die Begründung muss auf den konkreten Streitfall zugeschnitten sein und erkennen lassen, aus welchen tatsächlichen oder rechtlichen Gründen das erstinstanzliche Urteil unrichtig sein soll.[319] Dazu bedarf es zwar keiner schlüssigen, rechtlich zutreffenden oder vertretbaren Begründung.[320] Die Begründung muss sich aber mit den rechtlichen oder tatsächlichen Argumenten des angefochtenen Urteils befassen, wenn es dieses bekämpfen will.[321] Das erfordert, dass die Umstände bezeichnet werden, aus denen sich die Rechtsverletzung und ihre Erheblichkeit für die angefochtene Entscheidung ergeben. Daneben sind die Anhaltspunkte zu benennen, die Zweifel an der Richtigkeit oder Vollständigkeit der Tatsachenfeststellungen im angefochtenen Urteil begründen und deshalb eine erneute Feststellung gebieten. Hat das Arbeitsgericht seine Entscheidung auf mehrere voneinander unabhängige, selbstständig tragende rechtliche Erwägungen gestützt (Doppel- und Mehrfachbegründungen), muss die Berufungsbegründung für jede dieser Erwägungen darlegen, warum sie unzutreffend sein soll.[322] Keinesfalls ausreichend ist es, die tatsächliche oder rechtliche Würdigung durch das Arbeitsgericht mit formelhaften Wendungen zu rügen, lediglich auf das erstinstanzliche Vorbringen zu verweisen oder dieses zu wiederholen.[323] Der pauschale Hinweis auf die Entscheidung eines anderen Gerichts ersetzt die Auseinandersetzung mit der angefochtenen Entscheidung selbst dann nicht, wenn dieses Gericht zu dem vom Berufungskläger angestrebten Ergebnis gekommen ist.[324]

Liegt ein mit Urteilsgründen versehenes arbeitsgerichtliches Urteil bis zum Ablauf der Fünf-Monatsfrist nicht vor, muss der Berufungskläger innerhalb der Fristen des § 66 Abs. 2 S. 2 ArbGG die Berufung einlegen und begründen. In einem solchen Fall reicht es zur Begründung der Berufung aus, diesen Verfahrensmangel zu rügen.[325]

153 In der Berufungsbegründung müssen die nach § 67 ArbGG zulässigen neuen **Angriffs- und Verteidigungsmittel** vorgebracht werden.[326] Sie gelten als neu, wenn sie in der ersten Instanz noch nicht vorgetragen worden sind. Zu den Angriffs- und Verteidigungsmitteln zählen tatsächliche Behauptungen bzw. deren Bestreiten, das Geltendmachen von Einwendungen und Einreden, das Vorbringen von Beweismitteln und Beweiseinreden sowie Verzicht und Anerkenntnis. Aufrechnung und Anfechtung zählen dazu, wenn die zugrunde liegenden Tatsachen in das Verfahren eingeführt werden. Kein Angriffs- oder Verteidigungsmittel sind dagegen Klage, Widerklage, Klagerweiterung oder -änderung sowie das Vertreten von Rechtsansichten.

ee) Exkurs: Berufungserwiderung

154 Der **Antrag des Berufungsbeklagten** lautet dahin, die Berufung des Berufungsklägers zurückzuweisen. Die Berufung muss innerhalb einer Frist von einem Monat nach Zustellung der Berufungsbegründungsschrift beantwortet werden, § 66 Abs. 1 S. 3 ArbGG (**Berufungserwiderung**). Diese Frist kann wie die Frist zur Berufungsbegründung einmal auf Antrag verlängert werden, § 66 Abs. 1 S. 5 ArbGG. Für die Fristberechnung und die Fristverlängerung gelten die Ausführungen zur Berufungsbegründung entsprechend. Wird die Berufungserwiderungsfrist versäumt, droht dem Berufungsbeklagten die Zurückweisung neuen Vorbringens als verspätet, § 67 Abs. 4 S. 2 ArbGG.[327] Verspätet vorgebrachte Angriffs- und Verteidigungs-

---

319 BAG 10.2.2005, EzA § 64 ArbGG 1979 Nr. 40.
320 BAG 15.8.2002, EzA § 519ZPO Nr. 14.
321 BAG 15.8.2002, EzA § 519 ZPO Nr. 14; BAG 16.5.2012, NZA-RR 2012, 599.
322 BAG 21.11.2002, BAGE 104, 16; BAG 28.5.2009, BB 2010, 1863; BAG 27.10.2010, NZA 2010, 1446.
323 BAG 6.3.2003, BAGE 105, 200; BAG 16.6.2004, EzA § 520 ZPO 2002 Nr. 3; BAG 16.5.2012, NZA-RR 2012, 599.
324 BAG 19.2.2013, NZA 2013, 928.
325 BAG 13.9.1995, NZA 1996, 446.
326 *Gaier*, NJW 2004, 110.
327 BAG 5.9.1985, EzA § 4 TVG Tariflohnerhöhung Nr. 7.

mittel werden nur zugelassen, wenn dadurch die Erledigung des Rechtsstreits nicht verzögert wird oder die Partei die Verspätung genügend entschuldigt. Der im ersten Rechtszug erfolgreiche Berufungsbeklagte kann seine Klage im Berufungsrechtszug nur im Wege der Anschlussberufung erweitern.[328] Die Anschlussberufung ist zulässig bis zum Ablauf der dem Berufungsbeklagten gesetzten Frist zur Berufungserwiderung, § 524 Abs. 2 S. 2 ZPO i.V.m. § 64 Abs. 6 S. 1 ArbGG (siehe Rdn 163).

4. Formulierungsbeispiele für Berufungsanträge

a) Antrag des teilweise unterlegenen Klägers, der mit seiner Berufung die Beschwer durch das erstinstanzliche Urteil beseitigen will

Auf die Berufung des Klägers wird das Urteil des Arbeitsgerichts (…) vom (…), Az.: (…) abgeändert, soweit es die Klage abgewiesen hat.   **155**

Es wird festgestellt, dass das Arbeitsverhältnis der Parteien auch nicht durch die ordentliche Kündigung der Beklagten vom (…) aufgelöst worden ist.

oder

Die Beklagte wird verurteilt, an den Kläger weitere (…) nebst Zinsen in Höhe von 5 Prozentpunkten über dem jeweiligen Basiszinssatz seit dem (…) zu zahlen.

b) Antrag des unterlegenen Klägers, der – unter Hinnahme der Entscheidung im Übrigen – nur teilweise Abänderung des erstinstanzlichen Urteils begehrt

Auf die Berufung des Klägers wird das Urteil des Arbeitsgerichts (…) vom (…), Az.: (…) teilweise abgeändert.   **156**

Die Beklagte wird verurteilt, die Abmahnung vom (…) aus der Personalakte des Klägers zu entfernen.

oder

Die Beklagte wird verurteilt, an den Kläger (…) nebst Zinsen in Höhe von 5 Prozentpunkten über dem jeweiligen Basiszinssatz seit dem (…) zu zahlen.

c) Antrag des unterlegenen Klägers, dessen Berufung sich nicht gegen alle in erster Instanz obsiegenden Beklagten richtet

Auf die Berufung des Klägers wird das Urteil des Arbeitsgerichts (…) vom (…), Az.: (…) insoweit abgeändert, als es die gegen die Beklagte zu 1. gerichtete Klage abgewiesen hat.   **157**

Die Beklagte zu 1. wird verurteilt, an den Kläger (…) nebst Zinsen in Höhe von 5 Prozentpunkten über dem jeweiligen Basiszinssatz seit dem (…) zu zahlen.

d) Antrag der teilweise unterlegenen Beklagten soweit sie durch das erstinstanzliche Urteil beschwert ist

Auf die Berufung der Beklagten wird das Urteil des Arbeitsgerichts (…) vom (…), Az.: (…) teilweise abgeändert. Die Klage wird insgesamt abgewiesen.   **158**

---

328 BAG 24.5.2012, NZA 2012, 1223.

e)   Antrag der unterlegenen Beklagten, die nur teilweise Abänderung des erstinstanzlichen Urteils begehrt

159   Auf die Berufung der Beklagten wird das Urteil des Arbeitsgerichts (…) vom (…), Az.: (…) teilweise abgeändert. Die auf Herausgabe der Schleifmaschine des Fabrikats (…) mit der Seriennummer (…) an den Kläger gerichtete Klage wird abgewiesen.

5. Anschlussberufung

a) Muster

▼

160   Muster 3.11: Anschlussberufung

An das

Landesarbeitsgericht

▒▒▒▒

Anschlussberufung

In dem Rechtsstreit

des ▒▒▒▒

– Kläger, Berufungskläger und Anschlussberufungsbeklagter –

Prozessbevollmächtigter: RA ▒▒▒▒

gegen

die ▒▒▒▒

– Beklagte, Berufungsbeklagte und Anschlussberufungsklägerin –

Prozessbevollmächtigter: RA ▒▒▒▒

Az. zweiter Instanz: ▒▒▒▒

lege ich namens der Beklagten gegen das Urteil des Arbeitsgerichts ▒▒▒▒ vom ▒▒▒▒ zugestellt am ▒▒▒▒, Az.: ▒▒▒▒

Anschlussberufung

ein.

Es wird beantragt:

Die Berufung des Klägers wird zurückgewiesen.

Das Urteil des Arbeitsgerichts ▒▒▒▒ wird abgeändert, soweit es der Klage stattgegeben hat. Die Klage wird auch insoweit abgewiesen.

Begründung:

Das Arbeitsgericht hat der Klage teilweise stattgegeben. Dagegen wendet sich die Berufungsbeklagte mit der Anschlussberufung. ▒▒▒▒

(Begründung der Anschlussberufung wie bei selbstständiger Berufung, vgl. Rdn 152 f.)

(Unterschrift)

b) Erläuterungen

Ist ein Urteil für beide Parteien berufungsfähig, können beide innerhalb der Berufungsfrist unabhängig von- 161
einander Berufung einlegen. In diesem Fall handelt es sich um prozessual eigenständige **Hauptberufungen**
i.S.v. §§ 64 ff. ArbGG. Über sie wird aber in einem Verfahren verhandelt und entschieden.

Will eine Partei von der Berufung absehen, wenn auch die Gegenpartei das Urteil hinnimmt, kann sie deren 162
Vorgehen zunächst abwarten. Legt die Gegenpartei Berufung ein, kann sie sich dieser Berufung gegen dasselbe Urteil anschließen. Mit der **Anschlussberufung** können auch neue Ansprüche geltend gemacht werden.[329] Dem erstinstanzlich vollumfänglich obsiegenden Kläger steht für eine Klageerweiterung im Berufungsrechtszug nur der Weg der Anschlussberufung offen.

Die Anschlussberufung muss zum einen die Erklärung enthalten, dass Anschlussberufung eingelegt werde, 163
zum anderen müssen die mit dem Rechtsmittel verfolgten Anträge enthalten sein. Sie wird durch eine innerhalb der **Anschließungsfrist** einzureichende **Anschlussberufungsschrift** eingelegt. Nach § 524 Abs. 2 S. 2
ZPO i.V.m. § 64 Abs. 6 S. 1 ArbGG ist eine Anschlussberufung zulässig bis zum Ablauf der dem Berufungsbeklagten gesetzten Frist zur Berufungserwiderung (siehe oben Rdn 154). Zwar gilt im arbeitsgerichtlichen
Verfahren für die Berufungsbeantwortung die durch § 66 Abs. 1 S. 3 ArbGG bestimmte gesetzliche Frist von
einem Monat. Dennoch ist § 524 Abs. 2 S. 2 ZPO gem. § 64 Abs. 6 S. 1 ArbGG im Berufungsverfahren vor
dem LAG entsprechend anwendbar. Eine Anschlussberufung, die nicht innerhalb eines Monats nach Zustellung der Berufungsbegründung, bei Verlängerung der Berufungsbeantwortungsfrist nach § 66 Abs. 1 S. 5
ArbGG innerhalb der dann geltenden Frist, eingeht, ist entsprechend § 522 Abs. 1 ZPO zu verwerfen.[330] Das
bedeutet, dass der Berufungsbeklagte, der sich der Berufung anschließen möchte, sich spätestens bei Abfassung der Berufungserwiderung mit der Anschlussberufung befassen muss. Die Anschlussberufung ist
in der Anschlussschrift zu begründen. Eine Verlängerung der Begründungsfrist kommt nicht in Betracht.

Die Anschlussberufung ist **vom Schicksal der Hauptberufung abhängig**. Wird die Berufung zurückgenom- 164
men, als unzulässig verworfen oder durch Beschluss zurückgewiesen, verliert die Anschlussberufung ihre Wirkung. Die Anschlussberufung setzt also stets eine zulässige Berufung voraus. Die Differenzierung zwischen
selbstständiger und unselbstständiger Anschlussberufung hat sich durch die ZPO-Reform erübrigt.[331]

Eine Berufung, die unzulässig ist, weil die Berufungsbegründungsfrist nicht eingehalten worden ist, kann ohne 165
Anschließungserklärung nicht als Anschlussberufung ausgelegt werden. Das gilt selbst dann, wenn durch die
nachgereichte Berufungsbegründung die Frist für die Einlegung der Anschlussberufung gewahrt wäre.[332]

6. Nichtzulassungsbeschwerde

a) Muster

▼

Muster 3.12: Nichtzulassungsbeschwerde 166

An das

Bundesarbeitsgericht Hugo-Preuß-Platz 1 99084 Erfurt

Nichtzulassungsbeschwerde

In dem Rechtsstreit

des ▇▇▇▇▇

– Kläger, Berufungskläger und Beschwerdeführer –

---

329 *Doms*, NJW 2004, 189; vgl. BAG 24.5.2012, NZA 2012, 1223.
330 BAG 30.5.2006, BAGE 118, 211; BAG 24.5.2012, NZA 2012, 1223.
331 *V. Olshausen*, NJW 2002, 802.
332 LAG Hamm 11.5.2006, NZA-RR 2007, 35.

Prozessbevollmächtigter: RA ░░░░░░

gegen

die ░░░░░░

– Beklagte, Berufungsbeklagte und Beschwerdegegnerin –

Prozessbevollmächtigter erster und zweiter Instanz: RA ░░░░░░

lege ich namens und in Vollmacht des Klägers und Beschwerdeführers gegen das Urteil des Landesarbeitsgerichts ░░░░░░ vom ░░░░░░, zugestellt am ░░░░░░, Az.: ░░░░░░, Nichtzulassungsbeschwerde ein. Eine Abschrift des Urteils des Landesarbeitsgerichts ist beigefügt.

Ich beantrage:

Die Revision gegen das Urteil des Landesarbeitsgerichts ░░░░░░ vom ░░░░░░ – Az.: ░░░░░░ – wird zugelassen.

Die Nichtzulassungsbeschwerde wird fristgerecht in einem gesonderten Schriftsatz begründet werden.

(Unterschrift)

▲

b) Erläuterungen

167 Hat das LAG die Revision nicht zugelassen, kann die Zulassung der Revision nur über eine erfolgreiche Nichtzulassungsbeschwerde erreicht werden. Die Nichtzulassungsbeschwerde ist an das BAG zu richten. Das **LAG kann** ihr **nicht abhelfen**. Die Einlegung der **Nichtzulassungsbeschwerde verhindert den Eintritt der Rechtskraft**, führt jedoch nicht zu einer Überprüfung des Urteils in der Sache selbst.

168 Nichtzulassungsbeschwerde kann einlegen, wer durch die zweitinstanzliche Entscheidung **beschwert**, also ganz oder teilweise unterlegen ist. Entfällt die mit der anzufechtenden Entscheidung verbundene Beschwer während des Nichtzulassungsbeschwerdeverfahrens, entfällt auch das Rechtsschutzbedürfnis für die weitere Durchführung der Nichtzulassungsbeschwerde.[333]

169 Die Nichtzulassungsbeschwerde ist **innerhalb eines Monats nach Zustellung des vollständigen Urteils** schriftlich beim BAG einzulegen, § 72a Abs. 2 S. 1 ArbGG. Als **Notfrist** ist die Frist nicht verlängerbar. Für die Fristberechnung gelten § 222 ZPO i.V.m. §§ 187 ff. BGB. Wird die Entscheidung über die Nichtzulassung der Revision erst durch Ergänzung des Urteils aufgenommen, läuft die Frist ab Zustellung der ergänzten Urteilsfassung. Dagegen hat die Berichtigung des Berufungsurteils auf den Beginn und Lauf der Frist für die Einlegung der Nichtzulassungsbeschwerde grds. keinen Einfluss.[334] Wird die Frist versäumt, kann Wiedereinsetzung in den vorigen Stand beantragt werden, falls der Beschwerdeführer ohne sein Verschulden daran gehindert war, die Frist einzuhalten. Insoweit gelten die allgemeinen Grundsätze zu den §§ 233 ff. ZPO.

170 **Adressat** für die Nichtzulassungsbeschwerde ist das **BAG**. Die Einlegung beim LAG wahrt die Einlegungsfrist nur dann, wenn das LAG sie innerhalb der Notfrist an das BAG weiterleitet.[335]

171 Die Beschwerdeschrift muss als bestimmender Schriftsatz die Erklärung enthalten, dass Nichtzulassungsbeschwerde eingelegt werden soll, wer Beschwerdeführer und wer Beschwerdegegner ist.[336] Das **anzu-**

---

333 BAG 15.2.2012, NZA-RR 2012, 602.
334 BGH 12.2.2004, NJW-RR 2004, 712.
335 BAG 4.11.1980, AP Nr. 7 zu § 72a ArbGG 1979.
336 BAG 16.9.1986, NJW 1987, 1356.

fechtende Urteil ist nach Datum, Aktenzeichen und Gericht zu **bezeichnen.**[337] Der Beschwerde sollte deshalb das Urteil beigefügt werden, gegen das die Revision beabsichtigt ist.

Die Einlegung der Nichtzulassungsbeschwerde muss **schriftlich** erfolgen. Telegramm, Fernschreiben 172 oder Telefax (Telekopie) reicht aus. Auch beim Bundesarbeitsgericht ist ein elektronisches Postfach eingerichtet.[338]

Die Nichtzulassungsbeschwerde ist von einem **Rechtsanwalt** zu **unterzeichnen.** Postulationsfähig vor 173 dem BAG ist jeder vor einem deutschen Gericht zugelassene Anwalt, § 11 Abs. 2 S. 2 Hs. 2 ArbGG.

7. Begründung der Nichtzulassungsbeschwerde

a) Muster

▼

Muster 3.13: Begründung der Nichtzulassungsbeschwerde 174

An das

Bundesarbeitsgericht Hugo-Preuß-Platz 1 99084 Erfurt

In dem Rechtsstreit

des

– Kläger, Berufungskläger und Beschwerdeführer –

Prozessbevollmächtigter: RA

gegen

die

– Beklagte, Berufungsbeklagte und Beschwerdegegnerin –

Prozessbevollmächtigter erster und zweiter Instanz: RA

begründe ich meine mit Schriftsatz vom   eingelegte Nichtzulassungsbeschwerde gegen das Urteil des Landesarbeitsgerichts   vom   , Az.:

*(Darlegung eines oder mehrerer Zulassungsgründe, d.h. Darlegung der grundsätzlichen Bedeutung einer Rechtsfrage und deren Entscheidungserheblichkeit **und/oder***

*Bezeichnung der Entscheidung, von der das Urteil des Landesarbeitsgericht abweicht (Divergenz), **und/oder***

*Darlegung eines absoluten Revisionsgrundes nach § 547 Nr. 1–5 ZPO **und/oder***

Darlegung der Verletzung des Anspruchs auf rechtliches Gehör und die Entscheidungserheblichkeit dieser Verletzung)

(Unterschrift)

▲

b) Erläuterungen
aa) Beschwerdebegründungsfrist

Die Nichtzulassungsbeschwerde ist innerhalb einer **Notfrist von zwei Monaten** nach Zustellung des in 175 vollständiger Form abgefassten Urteils **zu begründen** (§ 72a Abs. 3 S. 1 ArbGG). Die Frist beginnt unab-

---

337 BAG 27.10.1981, NJW 1982, 846.
338 Dazu *Düwell*, FA 2006, 172.

hängig von der Einlegung der Beschwerde. Sie kann nicht verlängert werden. Die Begründung ist Zulässigkeitsvoraussetzung (§ 72a Abs. 5 S. 3 ArbGG).

bb) Inhaltliche Anforderungen

176 Der Beschwerdeführer hat die Tatsachen darzulegen, aus denen sich die Voraussetzungen für eine Zulassung der Revision ergeben. Sein Vortrag hat sich an den Zulassungsgründen des § 72a Abs. 3 ArbGG zu orientieren.

Der Beschwerdeführer muss die Zulassungsgründe, auf die er seine Beschwerde stützt, benennen und zu deren Voraussetzungen substantiiert vortragen. Erforderlich ist, dass das BAG allein auf der Grundlage des Berufungsurteils und der Beschwerdebegründung die Zulassungsvoraussetzungen prüfen kann. Es ist nicht Aufgabe des Revisionsgerichts, die Voraussetzungen der Zulassung anhand der Akten zu ermitteln.[339]

177 Hat das LAG seine Entscheidung auf **mehrere Begründungen** gestützt, müssen mit der Nichtzulassungsbeschwerde alle Begründungen angegriffen und die hierfür erforderlichen Tatsachen vorgetragen werden. Anderenfalls ist die Rechtsfrage nicht entscheidungserheblich.

178 Der Beschwerdeführer kann die **grundsätzliche Bedeutung einer Rechtsfrage und deren Entscheidungserheblichkeit** geltend machen. Eine Rechtsfrage in diesem Sinne ist eine Frage, welche die Wirksamkeit, den Geltungsbereich, die Anwendbarkeit oder den Inhalt einer Norm zum Gegenstand hat.[340] Entscheidungserheblich ist eine Frage, wenn sich das Landesarbeitsgericht mit ihr befasst und sie beantwortet hat und bei einer anderen Beantwortung möglicherweise eine für den Beschwerdeführer günstigere Entscheidung getroffen hätte. Eine Rechtsfrage hat grundsätzliche Bedeutung, wenn die Entscheidung des Rechtsstreits von einer klärungsfähigen und klärungsbedürftigen Rechtsfrage abhängt, und die Klärung entweder von allgemeiner Bedeutung für die Rechtsordnung ist oder wegen ihrer tatsächlichen Auswirkungen die Interessen zumindest eines größeren Teils der Allgemeinheit berührt.[341] Es muss daher nachvollziehbar dargelegt werden, warum die entscheidungserhebliche Frage klärungsbedürftig sowie klärungsfähig ist, sich in einer unbestimmten Vielzahl weiterer Fälle stellen kann und deshalb das abstrakte Interesse der Allgemeinheit an einer einheitlichen Entwicklung und Handhabung des Rechts berührt.[342] Die Frage ist klärungsbedürftig, wenn sie höchstrichterlich nicht entschieden ist. Die Rechtsfrage sollte so konkret formuliert werden, dass sie mit „Ja" oder „Nein" beantwortet werden kann. Unzulässig ist eine Fragestellung, deren Beantwortung von den Umständen des Einzelfalls abhängt und damit auf die Antwort „Kann sein" hinausläuft.[343]

179 Stellt der Beschwerdegegner diesen Vortrag substantiiert in Frage, muss der Beschwerdeführer sein Vorbringen soweit vertiefen, dass die grundsätzliche Bedeutung der Auslegungsfrage plausibel bleibt. Das kann auch noch nach Ablauf der Beschwerdebegründungsfrist geschehen.[344]

180 Die Nichtzulassungsbeschwerde kann ferner auf eine **sog. Divergenz** gestützt werden. Dazu hat der Beschwerdeführer die Entscheidung zu bezeichnen, von der die anzufechtende Entscheidung abweicht. Er muss darlegen, dass die angegriffene Entscheidung einen abstrakten Rechtssatz aufstellt, der von einem abstrakten Rechtssatz eines divergenzfähigen Gerichts abweicht.[345] Es muss sich jeweils um fallübergreifende Rechtssätze handeln, die in der Beschwerdebegründung wörtlich wiederzugeben und – zur Verdeutlichung – drucktechnisch hervorzuheben sind. Ein Rechtssatz ist aufgestellt, wenn das Gericht seiner

---

339 BAG 20.1.2005, NZA 2005, 316.
340 BAG 14.4.2005, BAGE 114, 200.
341 BAG 14.4.2005, BAGE 114, 200; BAG 22.5.2012, BB 2012, 1471; BAG 10.7.2014, NZA 2014, 982.
342 BAG 5.10.2010, AP Nr. 74 zu § 72a ArbGG 1979.
343 BAG 23.1.2007, AP Nr. 66 zu § 72a ArbGG 1979 Grundsatz.
344 BAG 26.9.2000, AP Nr. 61 zu § 72a ArbGG 1979 Grundsatz.
345 BAG 8.8.1997, AP Nr. 35 zu § 72a ArbGG 1979 Divergenz; BAG 16.9.1997, AP Nr. 36 zu § 72a ArbGG 1979 Divergenz.

Subsumtion einen Obersatz voranstellt, der über den Einzelfall hinaus für vergleichbare Sachverhalte Geltung beansprucht.[346] Hat das LAG seiner Subsumtion keinen abstrakten Obersatz vorangestellt, ist der Beschwerdeführer gezwungen, den sich aus den einzelfallbezogenen Ausführungen des LAG ergebenden Rechtssatz selbst zu formulieren.[347] Zur ordnungsgemäßen Begründung einer solchen Beschwerde ist es regelmäßig erforderlich, dass konkret und im Einzelnen begründet wird, warum das LAG von dem betreffenden Rechtssatz ausgegangen sein muss. Dabei hat der Beschwerdeführer darzulegen, wie und warum sich aus den fallbezogenen Ausführungen des LAG der behauptete Rechtssatz ableiten lässt.[348]

Keinesfalls reicht es aus, auf die von der Rechtsprechung anderer Gerichte abweichenden Erwägungen zu verweisen. Auch eine den Grundsätzen der höchstrichterlichen Rechtsprechung nicht genügende Rechtsanwendung durch das LAG begründet keine Divergenz.[349]

Die anzufechtende Entscheidung muss auf der Divergenz beruhen. Das ist der Fall, wenn das LAG bei Anwendung des Rechtssatzes aus der angezogenen Entscheidung möglicherweise eine andere, dem Beschwerdeführer günstigere Entscheidung getroffen hätte.[350] Wird die anzufechtende Entscheidung von mehreren Begründungen getragen, weichen aber nicht alle Begründungen von der divergenzfähigen Entscheidung ab, so beruht sie nicht auf dieser Abweichung.[351] Übernimmt das LAG in vollem Umfang die Entscheidung des Arbeitsgerichts, so bilden die Entscheidungsgründe des erstinstanzlichen Urteils die Grundlage für die Überprüfung im Nichtzulassungsbeschwerdeverfahren.[352] **181**

Die Revision ist auch dann zuzulassen, wenn der Beschwerdeführer geltend machen kann, dass dem LAG ein Verfahrensverstoß unterlaufen ist, der einen **absoluten Revisionsgrund gem. § 547 Nr. 1–5 ZPO** darstellt. Es handelt sich um Gründe, die die Besetzung des Gerichts, die Mitwirkung der Richter, die Vertretung im Prozess und die Öffentlichkeit der Verhandlung betreffen. Der Beschwerdeführer hat die Tatsachen, aus denen sich der Verfahrensfehler des Berufungsgerichts ergeben soll, substantiiert vorzutragen.[353] **182**

Schließlich kann die Nichtzulassungsbeschwerde auf eine **Verletzung des Anspruchs auf rechtliches Gehör** gestützt werden. Die Bedeutung dieses Zulassungsgrundes nimmt in der Praxis zu. Gerügt werden kann etwa die Verletzung der richterlichen Hinweis- und Aufklärungspflicht nach § 139 ZPO, das Übergehen des Vortrags oder eines Beweisantrags einer Partei oder die fehlerhafte Anwendung der Präklusionsvorschriften.[354] Auch in diesen Fällen ist neben der Verletzung des Anspruchs auf rechtliches Gehör die Entscheidungserheblichkeit des Verfahrensfehlers darzulegen.[355] Die Voraussetzungen des Zulassungsgrundes sind substantiiert vorzutragen, und zwar so, dass das BAG in der Lage ist, allein anhand der Lektüre der Beschwerdebegründung und des Berufungsurteils die Voraussetzungen für die Zulassung prüfen zu können.[356] **183**

Hat die Nichtzulassungsbeschwerde Erfolg, kann der Beschwerdeführer innerhalb eines Monats nach Zustellung der Beschwerdeentscheidung des BAG Revision einlegen. Ein Rechtsmittel gegen eine Entscheidung des BAG im Verfahren über die Nichtzulassungsbeschwerde findet nicht statt. Gegen die Entscheidung des BAG, die eine Nichtzulassungsbeschwerde als unzulässig verwirft oder als unbegründet zurückweist, ist eine Gegenvorstellung nicht statthaft.[357] In Betracht kommt nur eine Anhörungsrüge. **184**

---

346 BAG 1.3.2005, BAGE 114, 57.
347 BAG 14.2.2001, AP Nr. 42 zu § 72a ArbGG 1979 Divergenz.
348 BAG 6.12.2006, NZA 2007, 349.
349 BAG 17.1.2012, NZA 2012, 411.
350 BAG 15.8.2012, NZA 2012, 1116.
351 BAG 23.7.1996, AP Nr. 33 zu § 72a ArbGG 1979 Divergenz.
352 BAG 17.2.1981, NJW 1981, 2717.
353 BAG 5.12.2011, NZA 2012, 351.
354 Zu weiteren Fällen vgl. GK-ArbGG/*Mikosch*, § 72a Rn 70, § 74 Rn 67 ff.
355 GK-ArbGG/*Mikosch*, § 72a Rn 72.
356 BAG 15.10.2012, NZA 2012, 1388; 17.1.2012, NZA 2012, 411.
357 BAG 10.10.2012, NZA 2013, 167.

8. Revisionsschrift

a) Muster

▼

185 **Muster 3.14: Revisionsschrift**

An das

Bundesarbeitsgericht Hugo-Preuß-Platz 1 99084 Erfurt

In dem Rechtsstreit

des ▨▨▨

– Kläger, Berufungskläger und Revisionskläger –

Prozessbevollmächtigter: RA ▨▨▨

gegen

die ▨▨▨

– Beklagte, Berufungsbeklagte und Revisionsbeklagte –

Prozessbevollmächtigter erster und zweiter Instanz: RA ▨▨▨

lege ich namens und in Vollmacht des Klägers gegen das Urteil des Landesarbeitsgerichts ▨▨▨ vom ▨▨▨, zugestellt am ▨▨▨, Az.: ▨▨▨,

Revision

ein. Eine Abschrift des vollständigen Urteils des Landesarbeitsgerichts ▨▨▨ vom ▨▨▨ füge ich bei. Die Revisionsanträge sowie die Revisionsbegründung bleiben einem gesonderten Schriftsatz vorbehalten.

(Unterschrift)

▲

b) Erläuterungen
aa) Gegenstand und Statthaftigkeit der Revision

186 Die **Revision ist statthaft**, wenn entweder das LAG sie in seinem Urteil (im Tenor)[358] oder das BAG sie auf eine Nichtzulassungsbeschwerde hin zugelassen hat. Gegen Entscheidungen der Arbeitsgerichte ist die Sprungrevision statthaft, wenn sie das Arbeitsgericht im Urteil oder nachträglich durch Beschluss zugelassen hat.[359] Das BAG ist an die Zulassung der Revision durch das LAG gebunden (§ 72 Abs. 3 ArbGG).

187 Mit dem Rechtsmittel der Revision können Endurteile der LAG angegriffen werden, also solche Urteile, die den Rechtsstreit für die zweite Instanz ganz oder teilweise erledigen. Das sind zum einen Schlussurteile (§ 300 ZPO), Teilurteile (§ 301 ZPO), Vorbehaltsurteile (§ 302 ZPO), Ergänzungsurteile (§ 321 ZPO), unechte Versäumnisurteile und Zwischenurteile nach § 280 Abs. 2 ZPO.[360] Revisibel ist ferner ein zweites Versäumnisurteil, gegen das der Einspruch nicht gegeben ist.[361] Bei einem Zwischenurteil das (nur) über den Anspruchsgrund entscheidet, muss der Rechtsmittelführer zunächst das Betragsurteil abwarten.[362] Nach § 72 Abs. 4 ArbGG ist die Revision im einstweiligen Verfügungsverfahren und Arrestverfahren nicht

---

358 Hat das LAG ausweislich des Tenors der angegriffenen Entscheidung nicht über die Revisionszulassung entschieden, kann binnen zweier Wochen nach Verkündung Ergänzung des Urteils beantragt werden.

359 Die Zulassung der Sprungrevision setzt neben einem schriftlichen Antrag die Zustimmung des Gegners voraus, § 76 Abs. 1 ArbGG. Der Antrag kann vor Erlass des Urteils oder nachträglich innerhalb einer Notfrist von einem Monat nach Zustellung des in vollständiger Form abgesetzten Urteils gestellt werden.

360 BAG 17.10.1990, AP Nr. 9 zu § 5 ArbGG 1979.

361 BAG 22.6.1994, AP Nr. 24 zu § 72 ArbGG 1979.

362 BAG 1.12.1975, AP Nr. 2 zu § 61 ArbGG 1953 Grundurteil.

statthaft. Nicht revisibel sind auch Urteile, die mit der sofortigen Beschwerde anfechtbar sind. Soweit das LAG die Berufung durch Urteil (als unzulässig) verwirft, ist das Urteil nach Maßgabe des § 72 ArbGG revisibel. Wird die Berufung dagegen durch Beschluss als unzulässig verworfen (§ 66 Abs. 2 S. 2 i.V.m. § 522 Abs. 1 ZPO), ist die Revisionsbeschwerde eröffnet (§ 77 ArbGG), wenn das LAG sie in seinem Beschluss zugelassen hat. Auch hier gilt der Grundsatz der Meistbegünstigung, wenn statt eines Urteils fehlerhaft ein Beschluss ergeht (oder umgekehrt). In einem solchen Fall ist sowohl das an sich richtige als auch das für die fehlerhafte Entscheidungsform gesetzlich vorgesehene Rechtsmittel zulässig.[363] Lässt das LAG gesetzwidrig die Revision zu, ist das BAG nicht daran gebunden.[364]

bb) Beschwer

Die Revision setzt eine **Beschwer des Revisionsklägers** voraus. Eine formelle Beschwer ist gegeben, wenn   188
das angefochtene Urteilsergebnis hinter dem zweitinstanzlichen Rechtsschutzbegehren zurückgeblieben ist. Der Beklagte ist auch im Falle der Abweisung der Klage als unzulässig anstatt unbegründet beschwert.[365] Die Beschwer einer zur Zahlung verurteilten Partei entfällt, wenn sie den Urteilsbetrag nicht nur zur Abwendung der Zwangsvollstreckung aus einem vorläufig vollstreckbaren Urteil bezahlt, sondern einen Klaganspruch aus freien Stücken ohne Vorbehalt endgültig erfüllen will.[366]

cc) Revisionsfrist

Die Revision muss innerhalb der **Notfrist von einem Monat** nach Zustellung des in vollständiger Form ab-   189
gefassten Urteils, spätestens aber mit Ablauf von fünf Monaten nach seiner Verkündung beim BAG eingelegt werden (§ 74 Abs. 1 S. 1 und 2 ArbGG).[367] Wird die Revision durch einen Ergänzungsbeschluss gem. § 64 Abs. 3a ArbGG zugelassen, beginnt die Revisionsfrist mit dessen Zustellung.[368] Wird die Revision auf eine Nichtzulassungsbeschwerde hin zugelassen, beginnt die Frist mit der Zustellung dieser Entscheidung zu laufen, § 72a Abs. 6 S. 3 ArbGG. Maßgebend für den Lauf der Revisionsfrist ist allein die Zustellung von Amts wegen, nicht die im Parteibetrieb. Die Frist berechnet sich im Übrigen nach § 222 ZPO i.V.m. §§ 187 ff. BGB. Bei Fristversäumnis kommt unter den Voraussetzungen des § 233 ZPO Wiedereinsetzung in den vorigen Stand in Betracht.

dd) Revisionseinlegung

Die Revisionsschrift muss **das angegriffene Urteil** unter Angabe des Gerichts, des Datums und Aktenzei-   190
chens der Entscheidung **eindeutig bezeichnen**.[369] Um keine Zweifel aufkommen zu lassen, empfiehlt es sich, Urteilsabschriften beizufügen, zumal § 550 Abs. 1 ZPO es ohnehin nahe legt, der Revisionsschrift eine Ausfertigung oder beglaubigte Abschrift des angefochtenen Urteils beizugeben. Erforderlich ist ferner die Erklärung, dass gegen dieses Urteil Revision eingelegt wird.

Die Revision muss unbedingt eingelegt werden und erkennen lassen, für und gegen wen sie eingelegt wird.   191

Für die Revisionseinlegung besteht **Anwaltszwang**, § 11 Abs. 2 ArbGG.   192

---

363 BAG 5.12.1984, NJW 1986, 2784.
364 BAG 14.10.1982, AP Nr. 2 zu § 72 ArbGG 1979.
365 BAG 19.11.1985, AP Nr. 4 zu § 2 TVG Tarifzuständigkeit.
366 BAG 21.3.2012, NZA-RR 2012, 601; ob das eine oder andere anzunehmen ist, richtet sich nach den dem Zahlungsempfänger erkennbaren Umständen des Einzelfalls.
367 BAG 28.10.2004, AP Nr. 29 zu § 66 ArbGG 1979.
368 *Hauck/Helml/Biebl*, § 74 Rn 6.
369 BAG 27.8.1996, NZA 1997, 456.

9. Revisionsbegründung

a) Muster

▼

193   Muster 3.15: Revisionsbegründung

An das

Bundesarbeitsgericht Hugo-Preuß-Platz 1 99084 Erfurt

In dem Rechtsstreit

des

— Kläger, Berufungskläger und Revisionskläger —

Prozessbevollmächtigter: RA

gegen

die

— Beklagte, Berufungsbeklagte und Revisionsbeklagte —

Prozessbevollmächtigter erster und zweiter Instanz: RA

Az.:

beantrage ich namens und in Vollmacht des Klägers,

das Urteil des Landesarbeitsgerichts   vom   , Az.:   , wird aufgehoben. Auf die Berufung des Klägers wird das Urteil des Arbeitsgerichts   vom   , Az.   abgeändert. Die Beklagte wird verurteilt, an den Kläger 1.000 EUR brutto nebst Zinsen in Höhe von 5 Prozentpunkten über dem jeweiligen Basiszinssatz seit dem   zu zahlen.

Revisionsbegründung:

Die namens des Klägers gegen das Urteil des Landesarbeitsgerichts vom   eingelegte Revision ist statthaft, denn sie ist vom Landesarbeitsgericht zugelassen worden. Die Revision richtet sich gegen das Urteil des Landesarbeitsgerichts insgesamt.

I.   Das Landesarbeitsgericht hat die Berufung zurückgewiesen und dies im Wesentlichen wie folgt begründet: (*Wiedergabe der tragenden Gründe der angegriffenen Entscheidung*)

II. Die Revision rügt die Verletzung materiellen sowie formellen Rechts.   (*Darlegung der Rechtsfehler*)

(Unterschrift)

▲

b) Erläuterungen
aa) Revisionsbegründungsfrist

194   Die Revision muss innerhalb von **zwei Monaten** ab Zustellung des in vollständiger Form abgefassten Urteils, spätestens aber mit Ablauf von fünf Monaten nach der Verkündung schriftlich begründet werden (§ 74 Abs. 1 S. 2 ArbGG). Diese Frist kann einmal um **bis zu einen weiteren Monat verlängert** werden. Eine mehrmalige Verlängerung ist selbst dann nicht möglich, wenn die Verlängerungen insgesamt einen Monat nicht übersteigen würden.[370] Die Frist berechnet sich nach § 222 ZPO i.V.m. §§ 187 ff. BGB. Sofern in der fristgerechten Revisionsbegründung zumindest eine ordnungsgemäße Sach- oder Verfahrensrüge erhoben wurde, können aber auch nach Fristablauf materiell-rechtliche Rügen nachgeschoben werden. Bei Versäumnis der Revisionsbegründungsfrist kommt unter den Voraussetzungen des § 233 ZPO die Wiederein-

---

370 BAG 6.12.1994, AP Nr. 7 zu § 66 ArbGG 1979.

setzung in den vorigen Stand in Betracht. Dazu muss der Revisionskläger glaubhaft machen, dass er ohne eigenes Verschulden an der fristgemäßen Einreichung der Revisionsbegründungsschrift verhindert war.

bb) Revisionsanträge

Durch seine **Revisionsanträge** in der Revisionsbegründung macht der Revisionskläger deutlich, in wel- **195** chem Umfang er das Urteil anfechten will. Neben dem Antrag, das angefochtene Urteil (teilweise) aufzuhe- ben, gehört dazu der Sachantrag, also der Antrag, wie in der Sache entschieden werden soll. Das BAG ist an die Anträge der Parteien gebunden (zu weiteren Formulierungsbeispielen siehe Rdn 211–218).

Grds. ist eine **Klageänderung in der Revisionsinstanz** ausgeschlossen. Der Übergang von der Leistungs- **196** klage zur Feststellungsklage – und umgekehrt – kann aber zulässig sein. Auch können Haupt- und Hilfs- antrag ausgetauscht werden. Voraussetzung für eine Änderung des Sachantrags in der Revisionsinstanz ist, dass es sich um Fälle des § 264 Nr. 2 ZPO handelt und der neue Sachantrag nach den vom LAG getrof- fenen Feststellungen oder auf der Grundlage des beim BAG unstreitig gestellten Sachverhalts beurteilt wer- den kann.[371]

cc) Inhaltliche Anforderungen

Die **Revisionsgründe** müssen **in der Revisionsbegründung** enthalten sein. Ein Verweis auf andere **197** Schriftstücke, etwa außergerichtliche Korrespondenz oder Gutachten, reicht regelmäßig nicht aus. Wurde die Revision auf die Nichtzulassungsbeschwerde zugelassen, genügt die Bezugnahme hierauf (§ 551 Abs. 3 S. 2 ZPO). Hat zunächst beim BAG ein Prozesskostenhilfeverfahren stattgefunden, kann auf die dort einge- reichten Schriftsätze verwiesen werden.

Mit der Revision kann nur geltend gemacht werden, dass das Urteil des LAG auf der **Verletzung einer** **198** **Rechtsnorm** beruht (§ 73 ArbGG). Das BAG ist keine dritte Tatsacheninstanz. Es ist bei seiner Prüfung an die tatsächlichen Feststellungen des LAG gebunden. Hält der Revisionsführer die Feststellungen[372] für unvollständig oder unrichtig, muss er **Tatbestandsberichtigung** beantragen.[373] Dieser Antrag kann nur innerhalb von zwei Wochen nach Zustellung des in vollständiger Form abgefassten Urteils gestellt wer- den, § 320 ZPO. Nach Ablauf von drei Monaten ab Verkündung des Urteils ist die Berichtigung aus- geschlossen.

Die Revisionsbegründung muss deutlich machen, aus welchem Grund das Urteil falsch ist und welche **199** Rechtsverletzung vorliegt. Erforderlich ist, dass sich der Revisionsführer **mit den Gründen des angefoch- tenen Urteils auseinandersetzt**. Anderenfalls ist die Revision – wie bei fehlender Begründung – unzuläs- sig.[374] Die bloße Nennung der verletzten Rechtsnorm reicht als Revisionsbegründung nicht aus und ist im Übrigen nicht mehr erforderlich.[375] Dennoch sollte sie in der Revisionsbegründung bezeichnet und – an ihr orientiert – die Rechtsverletzung durch das angegriffene Urteil dargestellt werden. Deutlich gemacht wer- den muss zudem, dass das Urteil des LAG gerade auf der Verletzung der Rechtsnorm beruht, also bei kor- rekter Normanwendung anders ausgefallen wäre.

Hat das LAG in seinem Urteil über **mehrere Streitgegenstände** entschieden, muss sich der Revisionsführer **200** mit allen angefochtenen Teilen auseinandersetzen und zu jedem Streitgegenstand ausführen. Das ist nur dann entbehrlich, wenn die Entscheidung über den einen Streitgegenstand notwendig von dem anderen kor- rekt angegriffenen abhängt, so dass mit der Begründung der Revision über den einen Streitgegenstand

---

371 BAG 27.1.2004, AP Nr. 35 zu § 64 ArbGG 1979.
372 Zu den Tatsachenfeststellungen gehören auch solche in den Entscheidungsgründen, BAG 18.9.2003, NZA 2004, 253; ErfK/*Koch*, § 73 ArbGG Rn 1.
373 BAG 6.9.1994, AP Nr. 17 zu § 50 BAT.
374 BAG 16.4.1997, AP Nr. 35 zu § 72 ArbGG 1979.
375 BAG 6.1.2004, AP Nr. 11 zu § 74 ArbGG 1979 Nr. 11.

gleichzeitig auch dargelegt ist, inwiefern die Entscheidung über den anderen unrichtig ist.[376] Wenn eine Revisionsbegründung zu einem Streitgegenstand fehlt, ist die Revision insoweit unzulässig.[377]

201 Als **verletzte Rechtsnormen** kommen alle Gesetze, Rechtsverordnungen, Verwaltungsvorschriften, soweit sie objektives Recht enthalten, ausländisches Recht, kirchliches Recht, Gewohnheitsrecht und betriebliche Übungen in Betracht. Revisibel sind auch Satzungen und Statute öffentlich-rechtlicher und privater juristischer Personen, nicht dagegen nur behördenintern wirkende Verwaltungsvorschriften, Erlasse und Dienstanweisungen. Rechtsnormen sind enthalten im normativen Teil von Tarifverträgen und Betriebsvereinbarungen[378] sowie in Erlassen und Eingruppierungsrichtlinien.[379]

202 **Arbeitsverträge und die Auslegung von Willenserklärungen** sind grds. nicht revisibel. Hat aber das LAG alle notwendigen Feststellungen getroffen und kommen keine weiteren in Betracht, unterliegen auch Verträge und Willenserklärungen der Überprüfung durch das BAG.[380] Das gilt auch, wenn eine Vertragsurkunde auszulegen ist und besondere Umstände des Einzelfalls, die auslegungserheblich sein könnten, ausscheiden.[381] Formular- und Musterverträge, die in einer Vielzahl von Fällen gleichlautend verwandt werden, sind unbeschränkt revisibel.[382]

Bei atypischen Verträgen kann durch das BAG geprüft werden, ob materiell-rechtliche Auslegungsregeln, Denkgesetze und Erfahrungssätze verletzt worden sind und ob der Tatsachenstoff vollständig verwertet wurde.[383]

203 **Unbestimmte Rechtsbegriffe**, wie der wichtige Grund (§ 626 BGB), Treu und Glauben (§ 242 BGB), die Sozialwidrigkeit der Kündigung (§ 1 KSchG) oder das billige Ermessen (§ 315 BGB) sind nur begrenzt revisibel. Eine Rechtsverletzung liegt hier nur vor, wenn der unbestimmte Rechtsbegriff selbst verkannt oder bei der Subsumtion des Sachverhalts der Begriffsumfang verlassen, Denkgesetze oder allgemeine Erfahrungssätze verletzt, bei einer gebotenen Interessenabwägung nicht der gesamte Sachverhalt berücksichtigt oder das Ergebnis in sich widersprüchlich ist.[384] Ist dem LAG bei seiner Entscheidung Ermessen eingeräumt, kann vom Revisionsgericht nur geprüft werden, ob das Instanzgericht seinen Ermessensspielraum erkannt hat, es die Voraussetzungen und Grenzen des Ermessens richtig bestimmt und eingehalten hat und das Ermessen fehlerfrei ausgeübt worden ist.[385]

204 Auch das Verfahrensrecht ist revisibel. **Verfahrensfehler** können mit der Verfahrensrüge geltend gemacht werden. Es müssen die Tatsachen bezeichnet werden, die den Verfahrensmangel begründen (§ 551 Abs. 3 Nr. 2 lit. b ArbGG). Hier kommt es entscheidend darauf an, ob die Ursächlichkeit des Verfahrensmangels für das Ergebnis des Berufungsurteils dargelegt wird.

205 Rügt der Revisionsführer die **Verletzung der dem LAG obliegenden Aufklärungspflicht**, hat er darzulegen, welchen konkreten Hinweis das LAG aufgrund welcher Tatsachen ihm hätte erteilen müssen, welche weiteren erheblichen Tatsachen er sodann in der Berufungsinstanz vorgetragen hätte und warum die Entscheidung dann anders ausgefallen wäre.[386]

206 Macht der Revisionsführer einen **übergangenen Beweisantritt** geltend, so hat er nach Beweisthema und Beweismittel auszuführen, zu welchem Punkt das LAG rechtsfehlerhaft die gebotene Beweisaufnahme un-

376 BAG 15.11.1994, AP Nr. 39 zu § 2 BeschFG 1985; BAG 16.11.2011, AP Nr. 99 zu § 1 TVG Bezugnahme auf Tarifvertrag.
377 BAG 16.4.1997, AP Nr. 35 zu § 72 ArbGG 1979.
378 BAG 30.8.1994, AP Nr. 132 zu Art. 9 GG Arbeitskampf.
379 BAG 29.8.1984, AP Nr. 93 zu §§ 22,23, BAT 1975.
380 BAG 28.2.1991, AP Nr. 21 zu § 550 ZPO Nr. 21.
381 BAG 28.2.1990, AP Nr. 14 zu § 1 BeschFG 1985.
382 BAG 28.6.1985, AP Nr. 33 zu § 112 BetrVG 1972; BAG 20.6.1985, NZA 1986, 258.
383 BAG 26.2.1992, AP Nr. 63 zu § 74 HGB.
384 BAG 29.10.1997, AP Nr. 30 zu § 554 ZPO.
385 BAG 29.1.1992, AP Nr. 104 zu § 611 BGB Lehrer, Dozenten.
386 BAG 6.1.2004, AP Nr. 11 zu § 74 ArbGG 1979 Nr. 11.

terlassen haben soll und zu welchem Ergebnis sie hätte führen müssen.[387] Dazu ist die genaue Fundstelle der übergangenen Beweisanträge nach Schriftsatz und bei umfangreichen Schriftsätzen nach Seitenzahl anzugeben.[388] War Beweis bereits in der ersten Instanz angeboten worden, muss zusätzlich dargelegt werden, warum das LAG davon ausgehen musste, dass der Beweisantritt aufrechterhalten wurde.

Rügt der Revisionsführer **fehlerhafte Beweiswürdigung**, muss er aufzeigen, dass das LAG in der Beweis- **207** würdigung gegen Erfahrungs- und Denkgesetze verstoßen hat und die Würdigung in sich widersprüchlich ist.[389] Wird geltend gemacht, ein Sachverständigengutachten treffe nicht zu, muss die Rüge das BAG in die Lage versetzen, nachzuprüfen, ob die zugrunde gelegten Erkenntnisse und Gutachten ihren Zweck nicht erfüllen konnten und sich der Mangel dem Berufungsgericht aufdrängen musste.[390] Beruft sich der Revisionsführer darauf, das Sachverständigengutachten entspreche nicht der wissenschaftlichen Methodenlehre, so ist die Rüge nur dann ausreichend begründet, wenn ausgeführt wird, welche in der Fachliteratur oder in Fachzeitschriften erörterten oder sonst zugänglichen Erkenntnisse der Sachverständige bei der Erstattung des Gutachtens nicht berücksichtigt hat, welche anderen wissenschaftlichen Methoden hätten verwertet werden müssen und inwiefern bei Verwertung dieser Erkenntnisse ein anderes Ergebnis zu erwarten gewesen wäre.[391]

Liegt einer der in § 547 ZPO genannten **absoluten Revisionsgründe** vor, wird unwiderruflich vermutet, **208** dass die Entscheidung auf ihm beruht. Es reicht allerdings nicht aus, dass der Revisionskläger einen absoluten Revisionsgrund benennt; vielmehr hat er auch diejenigen Tatsachen substantiiert vorzutragen, aus denen sich der Verfahrensfehler des LAG ergeben soll.[392] Handelt es sich um gerichtsinterne Vorgänge, ist darzulegen, dass eine zweckentsprechende Aufklärung zumindest versucht worden ist (Einsichtnahme in Gerichtsakten, Auskunftsersuchen an Geschäftsstelle). Liegt ein absoluter Revisionsgrund vor, ist das Urteil des LAG aufzuheben und die Sache an das Berufungsgericht zurückzuverweisen. Die absoluten Revisionsgründe nach § 547 Nr. 1–3 ZPO betreffen die Besetzung des Gerichts. Dagegen nimmt § 547 Nr. 4 ZPO die fehlerhafte Vertretung und Nr. 5 Verletzungen der Vorschriften über die Öffentlichkeit in den Blick. Auf den Grund des § 547 Nr. 4 ZPO kann sich nur die Partei berufen, die in dem Verfahren ordnungsgemäß vertreten war, nicht aber ihr Prozessgegner.[393] Der absolute Revisionsgrund des § 547 Nr. 6 ZPO ist gegeben, wenn in der landesarbeitsgerichtlichen Entscheidung Gründe vollständig fehlen oder völlig unverständlich oder nichtssagend sind. Ein absoluter Revisionsgrund liegt auch vor, wenn Tatbestand und Entscheidungsgründe des Urteils des LAG nicht binnen fünf Monaten nach Verkündung schriftlich niedergelegt und von den Richtern unterschrieben der Geschäftsstelle übergeben worden sind. Diese absoluten Revisionsgründe können nur im Rahmen einer zulässigen Revision geltend gemacht werden. Ist die Revision nicht statthaft, kann sie auch nicht auf einen (gegebenen) absoluten Revisionsgrund gestützt werden.[394]

dd) Anschlussrevision

Mit der **Anschlussrevision** kann sich der Revisionsbeklagte bis zum Ablauf eines Monats nach Zustellung **209** der Revisionsbegründungsschrift der Revision anschließen (§ 72 Abs. 5 ArbGG i.V.m. § 554 ZPO). Die Anschließung ist in der Anschlussrevisionsschrift zu erklären und innerhalb der Anschließungsfrist zu begründen. Für die Einlegung gelten i.Ü. die für die Revision maßgeblichen Frist- und Formanforderungen.

---

387 BAG 6.1.2004, AP Nr. 11 zu § 74 ArbGG 1979 Nr. 11.
388 BAG 18.11.1999, AP Nr. 160 zu § 626 BGB; BAG 6.1.2004, AP Nr. 11 zu § 74 ArbGG 1979.
389 BAG 25.2.1987, AP Nr. 81 zu § 1 TVG Tarifverträge: Bau.
390 BAG 12.11.1996, AP Nr. 1 zu § 2 BAT SR 2d.
391 BAG 6.1.2004, AP Nr. 11 zu § 74 ArbGG 1979.
392 BAG 25.1.2012, NZA-RR 2013, 41.
393 BAG 14.12.2010, NZA 2011, 229.
394 *Hauck/Helml/Biebl*, § 73 Rn 13.

10. Revisionsanträge

210 Bei Abfassung der Revisionsanträge ist zu bedenken, dass die Entscheidung des Revisionsgerichts regelmäßig drei Instanzen betrifft. Das bedeutet, dass sich die Anträge nicht nur auf (teilweise) Aufhebung des Berufungsurteils richten müssen, sondern auch darauf, wie vom Revisionsgericht mit den in der Berufungsinstanz gestellten Anträgen des Revisionsklägers verfahren werden soll.

a) Revisionsanträge des in erster und zweiter Instanz teilweise unterlegenen Klägers

211 *Formulierungsbeispiel*

Das Urteil des Landesarbeitsgerichts (…) vom (…), Az.: (…), wird aufgehoben, soweit es die Berufung des Klägers gegen das Urteil des Arbeitsgerichts (…) vom (…), Az.: (…) zurückgewiesen hat. Auf die Berufung des Klägers wird das Urteil des Arbeitsgerichts (…) vom (…), Az.: (…) teilweise abgeändert. Die Beklagte wird verurteilt, an den Kläger weitere (…) EUR brutto nebst Zinsen in Höhe von 5 Prozentpunkten über dem jeweiligen Basiszinssatz seit dem (…) zu zahlen.

b) Revisionsanträge des in erster Instanz teilweise und in zweiter Instanz voll unterlegenen Klägers

212 *Formulierungsbeispiel*

Das Urteil des Landesarbeitsgerichts (…) vom (…), Az.: (…) wird aufgehoben. Auf die Berufung des Klägers wird das Urteil des Arbeitsgerichts (…) vom (…), Az.: (…) teilweise abgeändert. Die Beklagte wird verurteilt, an den Kläger weitere (…) EUR brutto nebst Zinsen in Höhe von 5 Prozentpunkten über dem jeweiligen Basiszinssatz seit dem (…) zu zahlen.

c) Revisionsanträge des in erster Instanz voll und in zweiter Instanz teilweise unterlegenen Klägers

213 *Formulierungsbeispiel*

Das Urteil des Landesarbeitsgerichts (…) vom (…), Az.: (…), wird aufgehoben, soweit es die Berufung des Klägers gegen das Urteil des Arbeitsgerichts (…) vom (…), Az.: (…) zurückgewiesen hat. Auf die Berufung des Klägers wird das Urteil des Arbeitsgerichts (…) vom (…), Az.: (…) abgeändert. Die Beklagte wird verurteilt, an den Kläger (…) EUR brutto nebst Zinsen in Höhe von 5 Prozentpunkten über dem jeweiligen Basiszinssatz seit dem (…) zu zahlen.

d) Beschränkter Revisionsantrag des in erster und zweiter Instanz unterlegenen Klägers

214 Es wird in der Revision nur einer von mehreren Streitgegenständen – im Beispiel: Zahlung – weiter verfolgt.

Formulierungsbeispiel

Das Urteil des Landesarbeitsgerichts (…) vom (…), Az.: (…), wird aufgehoben, soweit es die Berufung des Klägers gegen das seine Zahlungsklage abweisende Urteil des Arbeitsgerichts (…) vom (…), Az.: (…) zurückgewiesen hat. Auf die Berufung des Klägers wird das Urteil des Arbeitsgerichts (…) vom (…), Az.: (…) teilweise abgeändert. Die Beklagte wird verurteilt, an den Kläger (…) EUR brutto nebst Zinsen in Höhe von 5 Prozentpunkten über dem jeweiligen Basiszinssatz seit dem (…) zu zahlen.

e) Revisionsanträge der in erster und zweiter Instanz im vollen Umfang unterlegenen Beklagten

Formulierungsbeispiel   215

Das Urteil des Landesarbeitsgerichts (…) vom (…), Az.: (…), wird aufgehoben. Auf die Berufung der Beklagten wird das Urteil des Arbeitsgerichts (…) vom (…), Az.: (…) abgeändert. Die Klage wird abgewiesen.

f) Revisionsanträge der in erster Instanz teilweise und in zweiter Instanz im vollen Umfang unterlegenen Beklagten

Formulierungsbeispiel   216

Das Urteil des Landesarbeitsgerichts (…) vom (…), Az.: (…), wird aufgehoben. Auf die Berufung der Beklagten wird das Urteil des Arbeitsgerichts (…) vom (…), Az.: (…) teilweise abgeändert. Die Klage wird insgesamt abgewiesen.

g) Revisionsanträge der in erster Instanz voll und in zweiter Instanz teilweise unterlegenen Beklagten

Formulierungsbeispiel   217

Das Urteil des Landesarbeitsgerichts (…) vom (…), Az.: (…), wird aufgehoben, soweit es die Berufung der Beklagten gegen das Urteil des Arbeitsgerichts (…) vom (…), Az.: (…), zurückgewiesen hat. Auf die Berufung der Beklagten wird das Urteil des Arbeitsgerichts (…) vom (…), Az.: (…) abgeändert. Die Klage wird insgesamt abgewiesen.

h) Anschlussrevision der Beklagten

218

Formulierungsbeispiel

1. Die Revision des Klägers gegen das Urteil des Landesarbeitsgerichts (…) vom (…), Az.: (…) wird zurückgewiesen.
2. Auf die Anschlussrevision der Beklagten wird das Urteil des Landesarbeitsgerichts (…) vom (…), Az.: (…) aufgehoben, soweit es die Berufung der Beklagten gegen das Urteil des Arbeitsgerichts (…) vom (…), Az.: (…), zurückgewiesen hat. Das Urteil des Arbeitsgerichts wird abgeändert und die Klage insgesamt abgewiesen.

11. Sofortige Beschwerde

a) Muster

16

▼

Muster 3.16: Sofortige Beschwerde   219

An das

Arbeitsgericht ▨▨▨

▨▨▨

Sofortige Beschwerde

In dem Rechtsstreit

des ▨▨▨

– Kläger und Beschwerdeführer –

Prozessbevollmächtigter: RA ▨▨▨

gegen

die ▨▨▨

– Beklagte und Beschwerdegegnerin –

Prozessbevollmächtigter: RA ▨▨▨

Lege ich namens und in Vollmacht des Klägers gegen den Beschluss des Arbeitsgerichts ▨▨▨ vom ▨▨▨, zugestellt am ▨▨▨, Az.: ▨▨▨,

Sofortige Beschwerde

ein und beantrage

den Beschluss des Arbeitsgerichts ▨▨▨ vom ▨▨▨ aufzuheben und ▨▨▨ (*Sachantrag*)

Begründung:

▨▨▨ (*Auseinandersetzung mit den Gründen des angefochtenen Beschlusses*)

(Unterschrift)

▲

b) Erläuterungen

aa) Gegenstand und Statthaftigkeit der sofortigen Beschwerde

220 Die sofortige Beschwerde ist ein echtes Rechtsmittel, für das § 78 S. 1 ArbGG die Vorschriften der §§ 567–577 ZPO im arbeitsgerichtlichen Verfahren für anwendbar erklärt. Danach ist gegen Entscheidungen der Arbeitsgerichte oder ihrer Vorsitzenden bei Vorliegen der Voraussetzungen des § 567 Abs. 1 ZPO die **sofortige Beschwerde** eröffnet. Über die Beschwerde entscheidet – wenn ihr das Arbeitsgericht nicht abhilft – das LAG. Sie ist statthaft, wenn dies im Gesetz ausdrücklich bestimmt ist oder wenn es sich um eine Entscheidung handelt, die ohne mündliche Verhandlung ergehen kann und mit der ein das Verfahren betreffender Antrag einer Partei zurückgewiesen worden ist. Sind diese Voraussetzungen nicht gegeben, ist die sofortige Beschwerde nicht statthaft.

221 Die sofortige Beschwerde ist **vorgesehen** in § 71 Abs. 2 ZPO (Zwischenurteil über Nebenintervention), §§ 91a Abs. 2, 99 Abs. 2 ZPO (Kostenentscheidungen), §§ 104 Abs. 3, 107 Abs. 3 ZPO (Kostenfestsetzung), § 127 Abs. 2, 3 ZPO (Nichtbewilligung oder Aufhebung von Prozesskostenhilfe, Ablehnung der Beiordnung eines Rechtsanwalts, Auferlegung von Raten), § 135 Abs. 3 ZPO (Rückgabe von Urkunden unter Rechtsanwälten), § 252 ZPO (Aussetzung des Verfahrens), § 269 Abs. 5 ZPO (Wirkungen der Klagrücknahme), § 319 Abs. 3 ZPO (vorgenommene Urteilsberichtigung), § 336 Abs. 1 ZPO (Zurückweisung eines Antrags auf Erlass eines Versäumnisurteils), §§ 380 Abs. 3, 141 Abs. 3 S. 1 ZPO (Ordnungsmittel gegen nicht erschienene Zeugen und Parteien), § 387 Abs. 3 ZPO (Zwischenurteil über die Rechtmäßigkeit einer Zeugnisverweigerung), § 406 Abs. 5 ZPO (Ablehnung eines Sachverständigen wegen Befangenheit), § 691 Abs. 3 ZPO (Zurückweisung des Mahnantrags), § 793 ZPO (Entscheidungen im Zwangsvollstreckungsverfahren, die ohne mündliche Verhandlung ergehen), § 934 Abs. 4 ZPO (Aufhebung des Arrestes), und § 17a Abs. 4 S. 3 GVG (Zulässigkeit des Rechtswegs und der Verfahrensart).

Die Beschwerde setzt eine Beschwer des Beschwerdeführers voraus, die sich aus dem materiellen Inhalt der Entscheidung ergeben muss. Sie fehlt, wenn nur die Begründung der Entscheidung angefochten wird. Beschwerdeberechtigt ist zwar in erster Linie die Partei, die durch die gerichtliche Entscheidung einen Nach-

teil erleidet und damit beschwert ist. In Streitwert- oder Kostenverfahren kann aber auch der die Partei vertretene Rechtsanwalt beschwerdebefugt sein und im eigenen Interesse Beschwerde einlegen.[395]

In Kostensachen wird als besondere Zulässigkeitsvoraussetzung eine Mindestbeschwerdesumme von
200 EUR vorausgesetzt, § 567 Abs. 2 S. 1 ZPO, die zum Zeitpunkt der Beschwerdeeinlegung bestehen
muss. Maßgeblich ist die Differenz, um den sich der Beschwerdeführer verbessern will.[396] Hilft das Arbeitsgericht einer Beschwerde teilweise ab, so dass danach die Beschwerdesumme von 200,01 EUR nicht mehr
erreicht ist, wird die beim LAG anfallende Beschwerde unstatthaft. Wird mit der Beschwerde die Kosten-
grundentscheidung in den Fällen von § 91a Abs. 2 S. 2 ZPO und § 99 Abs. 2 S. 2 ZPO angefochten, ist die
sofortige Beschwerde nur statthaft, wenn der Streitwert der Hauptsache 600 EUR übersteigt.

Eigenständige Verfahrensregelungen und ein teilweise gesondert geregeltes Beschwerderecht finden sich
in den §§ 66–70 GKG, § 33 RVG, §§ 56, 59 RVG und § 4 Abs. 3 JVEG.

Keine Beschwerde ist gegeben, wenn die Entscheidung von Amts wegen zu treffen war oder im freien Ermessen des Gerichts stand. Das betrifft etwa die Terminsbestimmung oder die Hinzuziehung eines Dolmetschers.

bb) Beschwerdefrist

Soweit gesetzlich keine andere Frist bestimmt ist, muss die Beschwerde binnen einer **Frist von zwei Wo-** **222**
chen eingelegt werden, § 569 Abs. 1 ZPO. Als **Notfrist** kann sie nicht verlängert werden. Die Frist beginnt
mit der Zustellung der angefochtenen Entscheidung zu laufen, spätestens fünf Monate nach Verkündung
des Beschlusses. Wird die Frist versäumt, kommt Wiedereinsetzung (§ 233 ZPO) in Betracht. Praktisch bedeutsam ist die Monatsfrist für die Anfechtung abschlägiger Entscheidungen im Prozesskostenhilfeverfahren, § 127 Abs. 2, 3 ZPO.

cc) Beschwerdeeinlegung

Die Beschwerde wird durch Einreichung der **Beschwerdeschrift** eingelegt, § 569 Abs. 2 ZPO. In ihr muss **223**
die angefochtene Entscheidung zweifelsfrei bezeichnet und erklärt werden, dass Beschwerde eingelegt
wird. Ein Beschwerdeantrag ist nicht erforderlich, jedoch ratsam, um den Umfang der Anfechtung – nicht
zuletzt für den Beschwerdewert – deutlich zu machen. Ferner soll die Beschwerde begründet werden. Die
sofortige Beschwerde kann auf neues Vorbringen gestützt werden. Der Vorsitzende des Arbeitsgerichts
oder das Beschwerdegericht kann Fristen für das weitere Vorbringen setzen. Nicht fristgemäßes Vorbringen
ist nur zuzulassen, wenn die Erledigung des Beschwerdeverfahrens nicht verzögert oder die Verspätung genügend entschuldigt wird, § 571 Abs. 3 S. 2, 3 ZPO.

Die Beschwerde kann sowohl bei dem **Gericht, das die angegriffene Entscheidung erlassen hat** als auch **224**
beim **Beschwerdegericht** eingelegt werden. Weil der Ausgangsrichter darüber entscheiden muss, ob er der
sofortigen Beschwerde abhilft (§ 572 Abs. 1 ZPO), ist es – zur Vermeidung von Verzögerungen durch Ak-
tenanforderung und -rücksendung – sinnvoll, die sofortige Beschwerde beim Ausgangsgericht einzulegen.
Die Partei kann die Beschwerde selbst einlegen, denn ein Vertretungszwang i.S.v. § 11 Abs. 4 ArbGG besteht im Beschwerdeverfahren vor dem LAG nicht.

---

395 Zur Abgrenzung: Schwab/Weth/*Schwab*, § 78 Rn 40.
396 Z.B. muss bei einer Gegenstandswertbeschwerde des Rechtsanwalts die dem Anwalt zustehende Gesamtsumme der Vergütungsdifferenz aus den unterschiedlichen Gegenstandswerten (einschl. Umsatzsteuer) über 200 EUR liegen.

12.   Rechtsbeschwerde

a)   Muster

▼

225 Muster 3.17: Rechtsbeschwerde

An das

Bundesarbeitsgericht Hugo-Preuß-Platz 1 99084 Erfurt

Rechtsbeschwerde

In dem Rechtsstreit

des ▨▨▨▨▨

– Kläger und Rechtsbeschwerdeführer –

Prozessbevollmächtigter: RA ▨▨▨▨▨

gegen

die ▨▨▨▨▨

– Beklagte und Rechtsbeschwerdegegnerin –

Prozessbevollmächtigter: RA ▨▨▨▨▨

Lege ich namens des Klägers gegen den Beschluss des Landesarbeitsgerichts ▨▨▨▨▨ vom ▨▨▨▨▨, zugestellt am ▨▨▨▨▨, Az. ▨▨▨▨▨,

Rechtsbeschwerde

ein. Eine Abschrift des angefochtenen Beschlusses füge ich bei.

Ich beantrage,

den Beschluss des Landesarbeitsgerichts ▨▨▨▨▨ vom ▨▨▨▨▨ aufzuheben und

▨▨▨▨▨ (*Sachantrag*).

Begründung:

▨▨▨▨▨ (*Auseinandersetzung mit den Gründen des angefochtenen Beschlusses*)

(*Unterschrift*)

▲

b)   Erläuterungen

226 Gegen die Entscheidung des LAG als Beschwerdegericht kann **Rechtsbeschwerde** eingelegt werden, wenn dies im Gesetz ausdrücklich bestimmt ist oder die Rechtsbeschwerde in der Entscheidung zugelassen worden ist (§ 574 Abs. 1 ZPO). Die Rechtsbeschwerde ist **beim BAG** einzulegen. Sie dient der Rechtsvereinheitlichung in bedeutsamen Verfahrensfragen. Das BAG ist an die Zulassung grds. gebunden. Hat das LAG die Voraussetzungen für die Zulassung verneint, kann diese Entscheidung nicht eigenständig angefochten werden.[397]

227 Die Rechtsbeschwerde ist **innerhalb eines Monats** nach Zustellung des Beschlusses des LAG beim BAG **einzulegen** (§ 575 Abs. 1 ZPO). Eine fristwahrende Einlegung beim LAG ist nicht vorgesehen. Ihm steht auch keine Abhilfebefugnis zu.[398] Die Rechtsbeschwerdeschrift muss die Entscheidung genau bezeichnen, gegen die sie sich richtet, und muss die Erklärung enthalten, dass Rechtsbeschwerde eingelegt werden soll.

---

397 BAG 19.12.2002, AP Nr. 47 zu § 72a ArbGG 1979.
398 BT-Drucks 14/4722, 117.

Die Rechtsbeschwerde ist innerhalb der Einlegungsfrist zu begründen. Die **Begründungsfrist** kann bis zu 228
zwei Monaten verlängert werden, wenn hierdurch keine Verzögerung des Rechtsstreits eintritt oder erhebliche Gründe vom Beschwerdeführer dargelegt werden. Eine zeitliche Begrenzung entfällt bei Einwilligung des Gegners.

Die **Anforderungen an die Beschwerdebegründung** entsprechen im Wesentlichen denen an die Revisi- 229
onsbegründung (siehe Rdn 193 ff.). Erforderlich ist ein **Rechtsbeschwerdeantrag**. Ferner müssen die Rechtsbeschwerdegründe bezeichnet werden, d.h. die Umstände aus denen sich die Rechtsverletzung ergibt und/oder die Bezeichnung des Verfahrensmangels.

Für die Einlegung der Rechtsbeschwerde besteht **Vertretungszwang**, § 11 Abs. 2 ArbGG. Sie kann nur von 230
einem Rechtsanwalt erhoben werden.

13. Anhörungsrüge nach § 78a ArbGG

a) Muster

▼

Muster 3.18: Anhörungsrüge nach § 78a ArbGG

An das

Arbeitsgericht ▨

▨

Rügeschrift

In dem Rechtsstreit

des ▨

– Kläger und Rügeführer –

Prozessbevollmächtigter: RA ▨

gegen

die ▨

– Beklagte und Rügegegnerin –

Prozessbevollmächtigter: RA ▨

erhebe ich namens und in Vollmacht des Klägers gegen das Urteil des Arbeitsgerichts ▨ vom ▨,
zugestellt am ▨, Az.: ▨, die

Anhörungsrüge

nach § 78a ArbGG.

Zur Begründung wird Folgendes ausgeführt:

Durch das nicht berufungsfähige Urt. v. ▨ wurde der Kläger in seinem Anspruch auf das rechtliche Gehör verletzt.

Das erkennende Gericht hat

■ bei seiner Entscheidung den Schriftsatz des Rügeführers vom ▨ nicht berücksichtigt. **und/oder**

■ den Vortrag des Rügeführers im Schriftsatz vom ▨ zu Unrecht für verspätet gehalten und deshalb nicht berücksichtigt. **und/oder**

- das Vorbringen des Rügeführers zu ▮▮▮▮▮ als unsubstantiiert angesehen, ohne hierauf hinzuweisen. **und/oder**

- fälschlicherweise die Tatsache, dass ▮▮▮▮▮ als unstreitig behandelt. **und/oder**

- das Beweisangebot des Rügeführers im Schriftsatz vom ▮▮▮▮▮ auf Vernehmung der Zeugen ▮▮▮▮▮ übergangen.

Diese Verletzung des rechtlichen Gehörs war auch entscheidungserheblich, denn ▮▮▮▮▮ (*weitere Ausführungen*)

(Unterschrift)

▲

b) Erläuterungen

232   Das mit Wirkung zum 1.1.2005 in Kraft getretene **Anhörungsrügengesetz**[399] eröffnet durch § 78a ArbGG auf entsprechende Rüge der beschwerten Partei den Gerichten für Arbeitssachen aller Instanzen die Möglichkeit der Selbstkorrektur unanfechtbarer instanzbeendender Entscheidungen. Es handelt sich um einen außerordentlichen Rechtsbehelf eigener Art, der von der Gegenvorstellung und der außerordentlichen Beschwerde abzugrenzen ist.[400] Die Rüge dient andererseits nicht dazu, eine aus Sicht des Rügeführers fehlerhafte Rechtsanwendung durch das Gericht geltend zu machen, durch die sein Anspruch auf rechtliches Gehör nicht verletzt worden ist. Nicht jede falsche Rechtsanwendung durch ein Gericht indiziert eine Verletzung rechtlichen Gehörs des Unterlegenen.

233   Die Gehörsrüge kann sich gegen jede arbeitsgerichtliche Endentscheidung richten, gegen die mit einem Rechtsmittel oder Rechtsbehelf nicht vorgegangen werden kann (§ 78a Abs. 1 S. 2 ArbGG). Erfasst werden nicht nur Entscheidungen in der Hauptsache, z.B. nicht berufungsfähige Urteile der Arbeitsgerichte oder Entscheidungen der Landesarbeitsgerichte im einstweiligen Rechtsschutz; es können auch Entscheidungen zum Gegenstandswert, in einem Prozesskostenhilfeverfahren oder im Verfahren der einstweiligen Verfügung überprüft werden. Bei bloßen Zwischenentscheidungen und verfahrensleitenden Maßnahmen (z.B. Terminierung, Terminsvorbereitung, Beweisaufnahme) besteht die Möglichkeit der Gehörsrüge dagegen nicht.[401]

Die Anhörungsrüge setzt eine **Beschwer** der rügenden Partei voraus, die sog. Rügeberechtigung.

234   Die Rüge ist innerhalb einer **Notfrist von zwei Wochen** zu erheben, spätestens ein Jahr nach Bekanntgabe der angegriffenen Entscheidung. Die Frist beginnt mit der Kenntnis der Verletzung des Anspruchs auf rechtliches Gehör. Der Zeitpunkt der Kenntniserlangung ist glaubhaft zu machen (vgl. § 294 ZPO). Hierfür wird regelmäßig der Hinweis auf das Zustelldatum genügen. Formlos mitgeteilte Entscheidungen gelten mit dem dritten Tage nach Aufgabe zur Post als bekannt gegeben.

235   Die Anhörungsrüge ist **bei dem Gericht** zu erheben, **dessen Entscheidung angegriffen wird**. Die Rüge muss **schriftlich** erhoben werden und die angegriffene Entscheidung bezeichnen (§ 78a Abs. 2 S. 4 und 5 ArbGG).

236   Die Anhörungsrüge muss innerhalb der Zwei-Wochen-Frist auch inhaltlich begründet werden.[402] Der Rügeführer hat darzulegen, aus welchen Umständen sich eine **entscheidungserhebliche Verletzung des Anspruchs auf rechtliches Gehör** ergibt. Macht er geltend, **Sachvortrag** sei **übergangen** worden, so muss er diesen konkret bezeichnen und zusätzlich darlegen, dass die Nichtberücksichtigung dieses Sachvortrags entscheidungserheblich ist. Der Anspruch auf rechtliches Gehör verpflichtet das Gericht, die Ausführungen

---

399 BGBl I 2004, 3220; vgl. dazu *Bepler*, RdA 2005, 65; *Düwell*, FA 2005, 75; *Fölsch*, SchlHA 2005, 68; *Gravenhorst*, NZA 2005, 24; *Treber*, NJW 2005, 97.

400 GMP/*Prütting*, § 78a Rn 7 ff.

401 Vgl. den Überblick bei *Ostrowicz/Künzl/Scholz*, Rn 664a.

402 BAG 27.4.2010, ArbRB 2010, 246.

der Prozessbeteiligten zur Kenntnis zu nehmen und in Erwägung zu ziehen. Eine Verletzung des rechtlichen Gehörs liegt aber erst vor, wenn sich im Einzelfall ergibt, dass das Gericht dieser Pflicht nicht nachgekommen ist. Grundsätzlich ist davon auszugehen, dass ein Gericht das Vorbringen der Parteien zur Kenntnis genommen und in Erwägung gezogen hat.[403] Das zwingt zur sorgfältigen Angabe, wo was vorgetragen worden ist.

Entsprechendes gilt, wenn gerügt wird, ein **Beweisantritt** sei **übergangen** worden. Auch hier ist darzulegen, dass der an einer bestimmten Stelle unter Beweis gestellte Sachverhalt schlüssig ist und das Beweismittel die Behauptung bestätigt und so zu einem anderen Prozessausgang geführt hätte.

Wird die **Verletzung der Hinweispflicht** geltend gemacht, erfordert das die Formulierung der Frage, die das Gericht hätte stellen müssen, die Darstellung der Antwort, die gegeben worden wäre, und die Schlussfolgerung, dass der sich danach ergebende Sachverhalt zu einer anderen Entscheidung geführt hätte.[404]

14. Vorabentscheidungsverfahren nach. Art. 267 AEUV

Das Unionsrecht gewinnt im nationalen Recht und gerade auch im Arbeitsgerichtsverfahren zunehmend an Bedeutung. Die Kenntnis des Unionsrechts ist für den Berater insbesondere dann wichtig, wenn die Fachgerichte die europarechtlichen Vorgaben nicht ausreichend beachten.[405] Die nationalen Gerichte sind zur gemeinschaftskonformen Auslegung des Unionsrechts verpflichtet. Sie haben im Rahmen ihrer Zuständigkeit die volle Wirksamkeit des Unionsrechts zu würdigen. Weiter sind sie verpflichtet, auf eine unionsrechtliche Fragestellung hin das von ihnen zu entscheidende Verfahren ggf. auszusetzen und eine **Vorabentscheidung des EuGH nach Art. 267 AEUV** herbeizuführen. Gemäß dieser Vorschrift entscheidet der EuGH im Wege der Vorabentscheidung über die Auslegung der Verträge und über die Gültigkeit und Auslegung der Handlungen der Organe, Einrichtungen oder sonstigen Stellen der Union. Wird eine derartige Frage einem Gericht eines Mitgliedstaates gestellt und hält dieses Gericht eine Entscheidung darüber zum Erlass eines Urteils für erforderlich, so kann es diese Frage dem EuGH zur Entscheidung vorlegen. Wird eine derartige Frage in einem schwebenden Verfahren bei einem einzelstaatlichen Gericht gestellt, dessen Entscheidungen selbst nicht mehr mit Rechtsmitteln des innerstaatlichen Rechts angefochten werden können, so ist dieses Gericht zur Anrufung des EuGH verpflichtet. Mittels des Vorabentscheidungsverfahrens soll die Zusammenarbeit der nationalen Gerichte mit dem EuGH und die einheitliche Auslegung des Unionsrechts sichergestellt werden.[406] Der EuGH ist das rechtsprechende Organ des europäischen Arbeitsrechts und zuständig für die Wahrung des Rechts bei der Auslegung und Anwendung des Unionsrechts.[407]

Das Vorabentscheidungsverfahren nach Art. 267 AEUV findet in arbeitsrechtlichen Streitigkeiten statt, wenn das nationale Gericht (ArbG, LAG, BAG) dem EuGH die entscheidungserheblichen Rechtsfragen zur Beantwortung vorlegt.[408] Das kann auf Anregung der Prozessparteien geschehen. Auf die streitentscheidenden Aspekte des Unionsrechts sollte daher in den vorbereitenden Schriftsätzen hingewiesen werden. Es besteht jedoch kein subjektives Recht im Sinne eines einklagbaren Anspruchs, dass das nationale Gericht ein Vorabentscheidungsverfahren einleitet. Auch können die Verfahrensparteien den EuGH nicht selbst anrufen. Selbst wenn eine **Vorlagepflicht gem. § 267 Abs. 3 AEUV** besteht, kann die Vorlage an den EuGH

237

---

403 BAG 7.2.2012, NZA 2012, 524.
404 BAG 5.2.2013, NZA 2013, 1376.
405 Wegen der Rechtsquellen des europäischen Arbeitsrechts und ihrer Relevanz in der arbeitsrechtlichen Praxis wird auf die einschlägige Literatur verwiesen. Vgl. etwa *Franzen/Gallner/Oetker*, Kommentar zum europäischen Arbeitsrecht, 2016; *Preis/Sagan*, Europäisches Arbeitsrecht, 2015; *Fuchs/Marhold*, Europäisches Arbeitsrecht, 4. Aufl. 2014; *Thüsing*, Europäisches Arbeitsrecht, 2. Aufl. 2011.
406 EuGH 5.10.2004, NZA 2004, 1145.
407 Art. 19 EUV.
408 Vgl. zuletzt BAG 17.6.2015, NZA 2016, 373.

nicht erzwungen werden. Diese Pflicht gilt ohnehin nur für das letztinstanzlich entscheidende Gericht. Zur Vorlage verpflichtet ist danach regelmäßig das BAG. LAG und ArbG sind nur verpflichtet, soweit gegen ihre Entscheidungen kein ordentliches Rechtsmittel gegeben ist. Das bedeutet, dass das LAG dem EuGH vorlegen muss, soweit es die Revision zum BAG nicht zulässt. Verletzt ein letztinstanzliches Gericht seine Vorlagepflicht, stellt dies eine Verletzung des Rechts auf den gesetzlichen Richter gem. Art. 100 Abs. 1 S. 2 GG dar.[409]

Hat das nationale Gericht im Ausgangsverfahren einen Vorlagebeschluss gefasst[410] und dem EuGH übersandt, müssen die Parteien des Ausgangsverfahrens erst tätig werden, wenn ihnen das Vorabentscheidungsersuchen von der Kanzlei des EuGH zugestellt wird. Innerhalb einer **zwingenden Frist von zwei Monaten** nach dieser Zustellung (zzgl. der pauschalen Entfernungsfrist von 10 Tagen) können die Parteien, die Mitgliedstatten, die Kommission und ggf. die Organe, Einrichtungen und sonstige Stellen der Union beim EuGH einen **Schriftsatz** einreichen oder eine schriftliche Erklärung abgeben. Die genannte Frist kann nicht verlängert werden. Jeder Schriftsatz ist bei der Kanzlei des Gerichtshofs einzureichen. Die Einreichung unterliegt keinem besonderen Formerfordernis. Als sicherster und schnellster Weg empfiehlt sich, den Schriftsatz über e-Curia einzureichen. Auf diesem elektronischen Weg kann, ohne dass beglaubigte Kopien erstellt werden müssen, rechtssicher eingereicht werden. Wird der Schriftsatz nicht über diesen elektronischen Weg übermittelt, ist er an die Kanzlei des Gerichtshofs zu richten. Die Anschrift lautet: Rue du Fort Niedergrünewald – L – 2925 Luxemburg. Ausführliche Informationen zu den Formalitäten etc. des Vorabentscheidungsverfahrens sind den Praktische Anweisungen für die Parteien in den Rechtssachen vor dem [Europäischen] Gerichtshof zu entnehmen, die im Internet abrufbar sind.[411]

Mit dem im Vorabentscheidungsverfahren einzureichenden Schriftsatz geht es darum, dem EuGH **Antworten auf die vom nationalen Gericht formulierten Fragen** vorzuschlagen. Es sollte knapp, aber vollständig begründet werden, warum die Fragen so und nicht anders zu beantworten sind. Dabei ist es wichtig, dem Gerichtshof die tatsächlichen Umstände des Ausgangsverfahrens sowie die einschlägigen Vorschriften des in Rede stehenden nationalen Rechts deutlich zu machen. Die Argumentation anderer Verfahrensbeteiligter sollte möglichst antizipiert werden, denn es ist nicht vorgesehen, schriftlich auf die schriftlichen Erklärungen des anderen Beteiligten zu entgegnen. Eine Stellungnahme ist erst in der mündlichen Verhandlung möglich, in der die Redezeit aber streng begrenzt ist.[412] Die Schriftsätze der Beteiligten werden nach Abschluss des schriftlichen Verfahrens und Ausfertigung der nötigen Übersetzungen allen Beteiligten übermittelt.

In dem Vorabentscheidungsverfahren kann sich die Partei durch jede Person vertreten lassen, die im Ausgangsverfahren vor dem vorlegenden Gericht befugt ist, einen Verfahrensbeteiligten zu vertreten und/oder als dessen Beistand aufzutreten.

Abschließend ein Hinweis zum Datenschutz: Da der EuGH in Vorabentscheidungsverfahren grds. die in der Vorlageentscheidung enthaltenen Angaben übernimmt, insbesondere die Namensangaben und personenbezogenen Daten, ist im Rahmen der Beratung zu überlegen, ob beim vorlegenden Gericht um **Anonymisierung** nachgesucht wird. Das vorlegende Gericht kann bestimmte Angaben unkenntlich machen oder die vom Ausgangsrechtsstreit betroffenen Personen oder Einrichtungen anonymisieren. Der Wunsch auf Gewährung von Anonymität sollte kurz begründet werden. Nach Art. 95 Abs. 1 EuGH-VerfO berücksichtigt der EuGH dies in dem bei ihm anhängigen Verfahren.

---

409 BVerfG 5.8.1998, NZA 1998, 1246.
410 Zum Aufbau und Inhalt vgl. *Roloff* in Preis/Sagan, Europäisches Arbeitsrecht, § 13 Rn 75 ff.
411 Praktische Anweisung für die Parteien in den Rechtssachen vor dem Gerichtshof; E-Mail: ecj.registry@curia.eu.int.
412 Zur mündlichen Verhandlung vor dem EuGH siehe *Roloff* in Preis/Sagan, Europäisches Arbeitsrecht, § 13 Rn 101 ff.

B. Anträge im Beschlussverfahren

I. Anfechtung einer Betriebsratswahl

Literatur: *Bachner*, Urnenwahl trotz Rücksendung der Briefwahlunterlagen, NZA 2012, 1266; *Bertelsmann*, Anfechtung der Betriebsratswahl, AR-Blattei SD 530.6.1; *Boemke*, Das Wahlausschreiben zur Betriebsratswahl (§ 3 WO), BB 2009, 2758; *Bonanni/Ludwig*, Sicherstellung ordnungsgemäßer Betriebsratswahlen aus Arbeitgebersicht – Welche Handlungsmöglichkeiten bestehen vor und nach der Wahl, ArbRB 2014, 29; *Bulla*, Zum Wahlanfechtungsrecht nach dem Betriebsverfassungsgesetz, DB 1977, 303; *Dzida/Hohenstatt*, Einstweilige Verfügung auf Abbruch der Betriebsratswahl, BB-Special 14 (2005), 1; *Gräfl*, Aktuelle Rechtsprechung des Siebten Senats des Bundesarbeitsgerichts zur Anfechtung und Nichtigkeit von Betriebsratswahlen, Jahrbuch des Arbeitsrechts, Band 42 (2005), 133; *Hanau*, Die Anfechtung der Betriebsratswahl, DB 1986, Beilage Nr. 4 zu Heft 7; *Kolmhuber*, Anfechtbarkeit und Nichtigkeit der Betriebsratswahl, FA 2006, 68; *Krause/Niemann*, Mängel bei den Betriebsratswahlen – wie verfahren?, AuA 1998, 152; *Lindemann/Simon*, Wahlberechtigung und Ermittlung der Betriebsratsgröße, NZA 2002, 365; *Lunk/Schnelle/Witten*, Betriebsratswahl 2014 – Aktuelle Rechtsprechung seit der letzten Wahl, NZA 2014, 57; *Nägele*, Die Anfechtung der Betriebsratswahl, ArbRB 2006, 58; *Nimmerjahn*, Aktives und passives Wahlrecht zum Betriebsrat, ArbRAktuell 2013, 97; *Rieble/Triskatis*, Vorläufiger Rechtsschutz im Betriebsratswahlverfahren, NZA 2006, 233; *Schulze/Maußner*, Betriebsratswahlen 2014 – Aktuelle Rechtsprechung, ArbRAktuell 2013, 70; *Veit/Wichert*, Betriebsratswahlen: Einstweilige Verfügung gegen rechtswidrige Maßnahmen des Wahlvorstands, DB 2006, 390; *Wiesner*, Korrekturen von Fehlern der Betriebsratswahl, FA 2007, 38.

1. Typischer Sachverhalt

In einem Druckereibetrieb wurden am 6.5.2016 außerordentliche Betriebsratswahlen durchgeführt. Der **238** Wahlvorstand hatte zur Vorbereitung der Wahl eine Wählerliste mit insgesamt 205 Wahlberechtigten erstellt. Die Liste enthielt u.a. eine sich in Elternzeit befindende Arbeitnehmerin sowie die beiden zu ihrer Vertretung befristet eingestellten Teilzeitkräfte. Außerdem wurden auf der Liste vier Arbeitnehmer aufgeführt, welche sich bereits in der Freistellungsphase im Rahmen der Altersteilzeit befanden. Schließlich umfasste die Wählerliste vier Leiharbeitnehmer, die der Druckerei erstmalig zur Bewältigung einer Auftragsspitze von einer Zeitarbeitsfirma für einen Zeitraum von 2,5 Monaten überlassen wurden. Da der Wahlvorstand alle in der Wählerliste aufgeführten Personen als Arbeitnehmer i.S.d. § 9 Betriebsverfassungsgesetz (BetrVG) berücksichtigte, wurde ein aus neun Mitgliedern bestehender Betriebsrat gewählt. Das Wahlergebnis wurde noch am 6.5.2016 bekannt gegeben. Am 13.5.2016 reichte der Arbeitgeber beim Arbeitsgericht einen Anfechtungsantrag ein.

2. Rechtliche Grundlagen

Bei der Wahl eines Betriebsrates sind die Vorschriften der §§ 7 bis 20 BetrVG sowie der Wahlordnung **239** (WO) zu beachten. Wird bei der Durchführung der Betriebsratswahl gegen eine wesentliche Vorschrift über das Wahlrecht, die Wählbarkeit oder das Wahlverfahren verstoßen, ist die Wahl nach § 19 BetrVG anfechtbar, wenn keine rechtzeitige Berichtigung vorgenommen wurde und nicht ausgeschlossen werden kann, dass der Verstoß das Wahlergebnis beeinflusst oder geändert hat. Die Anfechtung ist wie die Nichtigkeitsfeststellung eine Möglichkeit, ein fehlerhaftes Wahlergebnis nach der Durchführung der Wahl zu korrigieren. Daneben bestehen Möglichkeiten, vor dem Wahlverfahren durch ein Statusfeststellungsverfahren nach § 18 Abs. 2 BetrVG das Vorliegen einer betriebsratsfähigen Organisationseinheit klären zu lassen und während des Wahlverfahrens durch einstweilige Verfügungen eine nichtige Wahl zu verhindern.[413]

---

413 Zusammenfassender Überblick bei *Bonanni/Ludwig*, ArbRB 2014, 29 ff.

a) Verletzung wesentlicher Vorschriften

240   Wie bereits aus dem Wortlaut des § 19 BetrVG hervorgeht, berechtigt nur ein **Verstoß gegen wesentliche Vorschriften** über das Wahlrecht, die Wählbarkeit oder das Wahlverfahren zur Anfechtung. Wesentlich sind solche Vorschriften, die tragende Grundprinzipien der Betriebsratswahl beinhalten.

> *Hinweis*
>
> Wesentliche Vorschriften sind grundsätzlich die zwingenden Wahlvorschriften des BetrVG und der WO (sog. Muss-Vorschriften).[414] Ein Verstoß gegen bloße Soll-Vorschriften, wie sie vermehrt in der WO zu finden sind, berechtigt in der Regel nicht zu einer Anfechtung. Etwas anderes gilt ausnahmsweise dann, wenn die Soll-Vorschriften, gegen die verstoßen worden ist, tragende Grundsätze des Betriebsverfassungsrechts berühren und deshalb ihrem Zweck nach als wesentlich anzusehen sind (z.B. bei § 2 Abs. 5 WO).[415]

aa) Vorschriften über das Wahlrecht

241   Mit „Vorschriften über das Wahlrecht" ist die Regelung der Wahlberechtigung (aktives Wahlrecht) in § 7 BetrVG gemeint. Ein Verstoß liegt daher sowohl bei der Zulassung von Nichtwahlberechtigten[416] als auch bei der Nichtzulassung von Wahlberechtigten[417] vor. Meist wird der Mangel schon in der unrichtigen Aufstellung der Wählerliste liegen. Ob in diesem Fall der versäumte Einspruch eines antragsberechtigten Arbeitnehmers gegen die Richtigkeit der Wählerliste gemäß § 4 WO zum Verlust seines Anfechtungsrechts führt, hat das BAG bisher offen gelassen.[418] Einigkeit besteht jedoch dahingehend, dass das Anfechtungsrecht durch die Nichteinlegung eines Einspruchs gegen die Richtigkeit der Wählerliste jedenfalls dann nicht verloren geht, wenn im Rahmen der Anfechtung „sonstige Verstöße" gerügt werden.[419]

Ferner kann sich ein Wahlfehler beim Akt der Stimmabgabe selbst ereignen oder bei der Einreichung von Wahlvorschlägen (§ 14 Abs. 3, 4 BetrVG). Wurde ein Zuordnungsverfahren gemäß § 18a BetrVG bzgl. leitender Angestellter durchgeführt, kann ein Verstoß gegen § 7 BetrVG infolge falscher Zuordnung nur dann zu einer Anfechtbarkeit der Wahl führen, wenn die Zuordnung **offensichtlich** fehlerhaft war (vgl. § 18a Abs. 5 S. 2, 3 BetrVG).

bb) Vorschriften über die Wählbarkeit

242   Verstöße gegen „Vorschriften über die Wählbarkeit" (passives Wahlrecht) beziehen sich auf § 8 BetrVG und mittelbar auf die §§ 4 bis 7 BetrVG, weil die Wahlberechtigung Voraussetzung der Wählbarkeit ist. Als Verstoß kommt daher die Wahl oder Zulassung nicht wählbarer Arbeitnehmer oder die Nichtzulassung wählbarer Arbeitnehmer als Wahlkandidaten[420] in Betracht.

In diesem Zusammenhang ist zu beachten, dass auch ein gekündigter Arbeitnehmer, dessen Arbeitsverhältnis aufgrund der Kündigung vor der Betriebsratswahl enden soll, zum Betriebsrat wählbar bleibt, wenn er

---

414 BAG 31.5.2000, NZA 2000, 1350.
415 BAG 13.10.2004, DB 2005, 675.
416 BAG 10.3.2004 – 7 ABR 36/03, n.v., zit. nach juris [Betriebszugehörigkeit von Außendienstmitarbeitern]; BAG 13.10.2004, NZA 2005, 480 [ABM-Beschäftigte]; BAG 28.4.1964, BB 1964, 883; BAG 12.2.1992, NZA 1993, 334 [Helfer im sozialen Jahr]; BAG 21.7.1993, NZA 1994, 713 [Umschüler]; BAG 20.3.1996, NZA 1997, 107 und BAG 16.11.2011 – 7 ABR 48/10, zit. nach juris [Auszubildende in reinen Ausbildungsbetrieben]; siehe auch *Nimmerjahn*, ArbRAktuell 2013, 97.
417 BAG 5.12.12, NZA 2013, 793 [Beamte und Soldaten, die in privatwirtschaftlichen Betrieben eingesetzt werden]; BAG 11.4.1958, BB 1958, 627 [Angestellter im öffentlichen Dienst]; BAG 28.4.1964, BB 1964, 883 [Leitender Angestellter]; BAG 29.1.1992, NZA 1992, 894 [Zeitungszusteller]; LAG Baden-Württemberg 1.9.2010, n.v., zit. nach juris [Außendienstmitarbeiter].
418 BAG 14.11.2001 – 7 ABR 40/00, n.v., zit. nach juris; für den Verlust des Anfechtungsrechts: *Fitting u.a.*, § 19 BetrVG Rn 14; *Richardi/Thüsing*, § 19 BetrVG Rn 10; gegen den Verlust des Anfechtungsrechts: ErfK/*Koch*, § 19 BetrVG Rn 3.
419 BAG 14.11.2001 – 7 ABR 40/00, n.v., zit. nach juris.
420 BAG 12.9.2012 – 7 ABR 37/11, zit. nach juris [zur passiven Wahlberechtigung von in Privatbetrieben tätigen Arbeitnehmern des öffentlichen Dienstes gem. § 5 Abs. 1 S. 3 BetrVG].

vor der Wahl Kündigungsschutzklage erhoben hat.[421] Denn andernfalls hätte es nach Ansicht des BAG der Arbeitgeber in der Hand, durch den Ausspruch unberechtigter Kündigungen die personelle Zusammensetzung des Betriebsrats zu beeinflussen.

Obwohl Leiharbeitnehmer im Entleiherbetrieb gem. § 7 S. 2 BetrVG das aktive Wahlrecht innehaben, wenn sie länger als drei Monate im Entleiherbetrieb eingesetzt werden, sind sie im Entleiherbetrieb nicht wählbar. Für die gewerbsmäßige Arbeitnehmerüberlassung ergibt sich dies unmittelbar aus § 14 Abs. 2 S. 1 AÜG, § 2 Abs. 3 S. 2 WO. Dies gilt nach Ansicht des BAG entsprechend für die nicht gewerbsmäßige Arbeitnehmerüberlassung.

Beachtenswert ist in diesem Zusammenhang jedoch, dass nach jüngerer Rechtsprechung des BAG in der Regel beschäftigte Leiharbeitnehmer bei den betriebsverfassungsrechtlichen Schwellenwerten des § 9 BetrVG im Entleiherbetrieb mitzuzählen sind.[422] Damit gibt das BAG seine bisherige Rechtsprechung auf, so dass „in der Regel" beschäftigte Leiharbeitnehmer nunmehr bei der Bestimmung der Betriebsgröße und damit der Anzahl der Betriebsratsmitglieder mitgezählt werden; dies gebiete eine am Sinn und Zweck der gesetzlichen Schwellenwerte orientierte Auslegung des § 9 BetrVG. Denn durch die in § 9 BetrVG vorgesehene Staffelung soll sichergestellt werden, dass die Zahl der Betriebsratsmitglieder in einem angemessenen Verhältnis zur Zahl der betriebsangehörigen Arbeitnehmer steht, deren Interessen und Rechte der Betriebsrat zu wahren hat. Schließlich wird hiervon der Tätigkeitsaufwand des Betriebsrats maßgeblich bestimmt. Das BAG sieht eine angemessene Interessenvertretung als gefährdet an, wenn die Zahl der regelmäßig im Betrieb beschäftigten Leiharbeitnehmer deutlich steigt, ohne dass dies bei der Betriebsratsgröße Berücksichtigung findet. Diese Rechtsprechung wird voraussichtlich im Wege der Reform des Arbeitnehmerüberlassungsgesetzes normativ verankert werden, denn § 14 Abs. 2 S. 4 AÜG-E sieht die Berücksichtigung von Leiharbeitnehmern bei Schwellenwerten des BetrVG (mit Ausnahme von § 112a BetrVG) im Entleiherbetrieb ausdrücklich vor.[423]

Ferner ist in Bezug auf das passive Wahlrecht im Zusammenhang mit Leiharbeitnehmern folgendes zu berücksichtigen: Begründet der Entleiher mit einem Leiharbeitnehmer im unmittelbaren Anschluss an dessen Überlassung ein Arbeitsverhältnis, ist dessen Beschäftigungszeit als Leiharbeitnehmer im entleihenden Betrieb auf die in § 8 Abs. 1 S. 1 BetrVG für die passive Wählbarkeit vorausgesetzte sechsmonatige Dauer der Betriebszugehörigkeit anzurechnen.[424]

cc) Vorschriften über das Wahlverfahren

Das „Wahlverfahren" ist durch Verstöße gegen die §§ 9 bis 18, 20 BetrVG und die Normen der Wahlordnung betroffen.[425] Als in der Praxis häufig auftretende Verstöße sind insbesondere zu nennen:

- Wahl einer fehlerhaften Anzahl von Betriebsratsmitgliedern (§ 9 BetrVG):[426]
- Nicht zu den „in der Regel" beschäftigten Arbeitnehmern i.S.d. § 9 BetrVG gehören z.B. mehrere zur Vertretung einer sich in Elternzeit befindlichen Stammarbeitskraft befristet eingestellte Ersatzkräfte[427] oder Arbeitnehmer, die sich in der Freistellungsphase der Altersteilzeit befinden[428] und leitende Angestellte i.S.d. § 5 Abs. 3 BetrVG.[429] Auch Personen, mit denen lediglich eine Rahmenvereinbarung ge-

243

---

421 BAG 14.5.1997, DB 1997, 2083 [außerordentliche Kündigung]; BAG 10.11.2004, DB 2005, 1067 [ordentliche Kündigung].
422 BAG 13.3.2013, NZA 2013, 789.
423 Entwurf eines Gesetzes zur Änderung des Arbeitnehmerüberlassungsgesetzes und anderer Gesetze, Stand: 1.6.2016, voraussichtliches Inkrafttreten: 1.1.2017.
424 BAG 10.10.2012 – 7 ABR 53/11, zit. nach juris.
425 GK-BetrVG/*Kreutz*, § 19 Rn 26.
426 BAG 16.4.2003, NZA 2003, 1345; BAG 10.3.2004 – 7 ABR 36/03, n.v., zit. nach juris; BAG 12.10.1976, BB 1977, 244.
427 BAG 15.3.2006 – 7 ABR 39/05, n.v., zit. nach juris.
428 BAG 16.4.2003, NZA 2003, 1345.
429 BAG 12.10.1976, DB 1977, 356.

schlossen wurde, die nur die Bedingungen erst noch abzuschließender, auf den jeweiligen Einsatz befristeter Arbeitsverträge wiedergibt (Tagesaushilfen), selbst aber noch keine Verpflichtung zur Arbeitsleistung begründet, zählen nicht per se zu den zu berücksichtigenden Arbeitnehmern.[430] Erst wenn diese regelmäßig beschäftigt werden und damit die den jeweiligen Betrieb kennzeichnende Personalstärke erhöhen, findet eine Hinzurechnung statt.[431]

- In der Regel beschäftigte Leiharbeitnehmer sind bei den Schwellenwerten des § 9 BetrVG zu berücksichtigen.[432]
- Verkennung des Betriebsbegriffs[433]
- Betriebsratswahl auf Grundlage eines unwirksamen Tarifvertrages über vom Gesetz abweichende Arbeitnehmerstrukturen gem. § 3 Abs. 1 Nr. 3 BetrVG[434]
- Fehlerhafte Bestellung des Wahlvorstands[435]
- Mängel des Wahlausschreibens und der Wählerliste:
- kein ordnungsgemäßer Aushang des Wahlausschreibens (§ 3 Abs. 4 WO)[436]
- keine ordnungsgemäße Unterrichtung ausländischer Arbeitnehmer, die der deutschen Sprache nicht mächtig sind (§ 2 Abs. 5 WO)[437]
- Nichtbekanntgabe von Ort und Zeit der Stimmauszählung (§ 3 Abs. 2 Nr. 13 WO)[438]
- Mängel der Wahlvorschläge:
- Unterzeichnung durch zu wenige Wahlberechtigte (§ 14 Abs. 4 BetrVG)[439]
- Verletzung der Pflicht zur unverzüglichen Prüfung eingereichter Wahlvorschläge und unverzüglichen Unterrichtung der Listenvertreter bei Ungültigkeit (§ 7 Abs. 2 S. 2 WO)[440]
- Verstoß gegen die Grundsätze geheimer, unmittelbarer, freier und allgemeiner Wahl[441]
- Einsichtnahme in die mit Stimmabgabevermerken versehene Wählerliste während der laufenden Wahl[442]
- Nichtverwendung von Wahlumschlägen bei der Stimmabgabe (§ 11 Abs. 1 WO)[443]
- Fehlerhafte Feststellung des Wahlergebnisses:
- Unrichtige Feststellung eines dem Geschlecht in der Minderheit zukommenden Sitzes (§ 15 Abs. 2 BetrVG)[444]

430 BAG 7.5.2008, NZA 2008, 1142; BAG 12.11.2008 – 7 ABR 73/07, n.v., zit. nach juris.
431 BAG 7.5.2008, NZA 2008, 1142.
432 BAG 13.3.2013, NZA 2013, 789; der Gesetzentwurf zur Änderung des Arbeitnehmerüberlassungsgesetzes und anderer Gesetze in der Fassung vom 1.6.2016 kodifiziert in § 14 Abs. 2, S. 4 AÜG-E, dass Leiharbeitnehmer im Entleiherbetrieb bei Schwellenwerten im BetrVG zu berücksichtigen sind. Das Gesetz soll, wenn es unverändert beschlossen wird, am 1.1.2017 in Kraft treten.
433 BAG 27.7.2011, NZA 2012, 345; BAG 19.11.2003, AP Nr. 55 zu § 19 BetrVG 1972; BAG 31.5.2000, NZA 2000, 1350; BAG 14.11.2001 – 7 ABR 40/00, n.v., zit. nach juris.
434 BAG 13.3.2013, NZA 2013, 789.
435 BAG 27.7.2011 – 7 ABR 61/10; BAG 31.5.2000, NZA 2000, 1350.
436 BAG 5.5.2004, NZA 2004, 1285; zur Bekanntgabe in elektronischer Form: BAG 21.1.2009, NZA-RR 2009, 481.
437 BAG 13.10.2004, DB 2005, 675.
438 BAG 15.11.2000, NZA 2001, 853.
439 BAG 25.5.2005, NZA 2006, 116.
440 BAG 18.7.2012 – 7 ABR 21/11, zit. nach juris; BAG 25.5.2005, NZA 2006, 116.
441 LAG Berlin-Brandenburg 25.8.2011, ArbuR 2011, 416; bzgl. Verstoßes gegen den Grundsatz der Allgemeinheit der Wahl bei nicht rechtzeitiger Einladung zur Betriebsversammlung zwecks Wahl eines Wahlvorstandes: LAG Hamm 13.4.2012, LAGE § 19 BetrVG 2001 Nr. 5; *Schulze/Maußner*, ArbRAktuell 2013, 70 ff.; *Bachner*, NZA 2012, 1266 ff. (zum Grundsatz der Wahlgleichheit bzgl. Urnenwahl trotz Rücksendung der Briefwahlunterlagen).
442 BAG 6.12.2000, DB 2001, 1422.
443 LAG Berlin-Brandenburg 25.8.2011, ArbuR 2011, 416.
444 BAG 10.3.2004, NZA 2004, 1340.

- Verstoß gegen das Wahlbeeinflussungsverbot des § 20 Abs. 2 BetrVG[445]
- Veränderung der Reihenfolge der Wahlbewerber auf den Stimmzetteln gegenüber den originalen Vorschlagslisten[446]

b) Keine rechtzeitige Berichtigung

Die **rechtzeitige Berichtigung** des Verstoßes im Laufe des Wahlverfahrens schließt eine Anfechtbarkeit **244** der Wahl aus. Rechtzeitig erfolgt die Berichtigung jedoch nur, wenn die Wahl danach noch ordnungsgemäß ablaufen kann. Wahlfehler, die vor der Stimmabgabe erfolgt sind, müssen daher so rechtzeitig korrigiert werden, dass ihr Einfluss auf den Wählerwillen ausgeschlossen wird.[447]

Ferner ist zu berücksichtigen, dass die Wählerliste nach Ablauf der Einspruchsfrist, nur bei Schreibfehlern, offenbaren Unrichtigkeiten, in Erledigung rechtzeitig eingelegter Einsprüche oder bei Eintritt von Wahlberechtigten in den Betrieb oder bei Ausscheiden aus dem Betrieb berichtigt werden kann (§ 4 Abs. 2 S. 3 WO). Die Berichtigung setzt einen Beschluss des Wahlvorstandes voraus[448] und kann nur bis zum Tage vor dem Beginn der Stimmabgabe erfolgen.

c) Kausalität

Ein Verstoß gegen wesentliche Wahlvorschriften berechtigt nur dann zur Anfechtung der Wahl, wenn die **245** **Möglichkeit** besteht, dass das Wahlergebnis durch den Verstoß beeinflusst werden konnte. Auf die positive Feststellung der Kausalität, d.h. einer tatsächlichen **Beeinflussung** der Wahl, kommt es nicht an.[449]

Negativ formuliert bedeutet dies, dass eine Anfechtung der Wahl ausgeschlossen ist, wenn durch den Verstoß das Wahlergebnis nicht geändert oder beeinflusst werden konnte. Das ist nach der ständigen Rechtsprechung des BAG der Fall, wenn bei einer hypothetischen Betrachtungsweise eine Wahl ohne den Verstoß unter Berücksichtigung der konkreten Umstände zwingend zu demselben Wahlergebnis geführt hätte.[450] Die **fehlende Kausalität** bedarf somit der **konkreten Feststellung**, dass auch bei Beachtung der Wahlvorschriften kein anderes Wahlergebnis erzielt worden wäre.[451] Kann diese Feststellung nicht getroffen werden, bleibt die Wahl anfechtbar, da eben nicht ausgeschlossen werden kann, dass das Wahlergebnis ohne den Verstoß möglicherweise anders ausgefallen wäre. Verbleibende Zweifel über die Kausalität gehen somit zu Lasten des Anfechtungsgegners.[452]

Sind beispielsweise nicht wahlberechtigte Arbeitnehmer irrtümlich auf die Wählerliste gesetzt oder Wahlberechtigte von der Wahl ausgeschlossen worden, so ist eine Kausalität dieses Verstoßes nur dann zu bejahen, wenn sich die Sitzverteilung bei der Zulassung bzw. Nichtzulassung der betroffenen Wähler rechnerisch hätte ändern können.[453] Ferner ist z.B. die fehlerhafte Zurückweisung eines Wahlvorschlags regelmäßig kausal für das Wahlergebnis, da nicht ausgeschlossen werden kann, dass dieses bei ordnungsgemäßer Durchführung anders ausgefallen wäre.[454]

An der erforderlichen Kausalität fehlt es dagegen, wenn sich ein Wahlverstoß lediglich auf die Reihenfolge der gemäß § 25 BetrVG nachrückenden Ersatzmitglieder auswirkt, da die Ersatzmitglieder gerade nicht gewählt und damit auch nicht Teil des Wahlergebnisses i.S.d. § 19 BetrVG sind.[455] Ebenso begründet die vor-

445 BAG 4.12.1986, NZA 1987, 166.
446 LAG Berlin-Brandenburg 25.8.2011, ArbuR 2011, 416.
447 BAG 19.9.1985, NZA 1986, 368.
448 LAG Hamm 12.10.2007, 10 TaBV 9/07, zit. nach juris.
449 BAG 15.11.2000, NZA 2001, 853.
450 BAG 5.5.2004, NZA 2004, 1285.
451 BAG 25.5.2005, NZA 2006, 116.
452 Richardi/*Thüsing*, § 19 BetrVG Rn 37.
453 BAG 28.4.1964, BB 1964, 883; BAG 31.5.2000; NZA 2000, 1350.
454 BAG 29.6.1965, DB 1965, 1253.
455 BAG 21.2.2001, NZA 2002, 282.

zeitige Schließung eines Wahllokals keine Anfechtung, wenn dadurch kein Wahlberechtigter von der Stimmabgabe abgehalten worden ist.[456]

d) Verfahren

246 Die Anfechtung erfolgt durch Antrag beim Arbeitsgericht, welches im Beschlussverfahren entscheidet. Örtlich zuständig ist gemäß § 82 ArbGG ausschließlich das Arbeitsgericht am Sitz des Betriebes.

247 Anfechtungs- und damit auch Antragsgegner ist bei einer Anfechtung der Gesamtwahl der Betriebsrat. Der Wahlvorstand ist dagegen nicht Anfechtungsgegner, da sein Amt mit Abschluss der Durchführung der Wahl erloschen ist.[457] Bezieht sich die Anfechtung nur auf die Wahl eines einzelnen Betriebsratsmitgliedes oder mehrerer Betriebsratsmitglieder (Teilanfechtung), so sind nur diese Anfechtungsgegner.[458] In diesem Fall ist jedoch der Betriebsrat am Verfahren zu beteiligen. Auch der Arbeitgeber ist stets am Verfahren zu beteiligen, wenn er nicht schon als Antragsteller fungiert.[459] Dagegen ist die Gewerkschaft, soweit sie nicht Antragsteller ist, grundsätzlich nicht zu beteiligen.[460]

248 Erfolgt eine Wahlanfechtung wegen der Verkennung des Betriebsbegriffs, muss die Anfechtung so vorgenommen werden, dass dadurch eine weitere, den gesetzlichen Vorschriften entsprechende Wahl ermöglicht wird. Wurden also beispielsweise in einem Gemeinschaftsbetrieb mehrere Betriebsräte gewählt, müssen sämtliche Betriebsratswahlen (wenn auch in getrennten Beschlussverfahren)[461] angefochten werden.[462] Der Anfechtungsantrag muss sich nicht zwingend auf die Ungültigerklärung des Wahlergebnisses insgesamt richten. Er kann auch auf die bloße Berichtigung des Wahlergebnisses beschränkt werden,[463] z.B. wenn das Wahlverfahren zwar ordnungsgemäß durchgeführt worden ist und lediglich die Stimmauszählung fehlerhaft war. In einem solchen Fall ist regelmäßig die Feststellung des richtigen Wahlergebnisses zu beantragen.

> *Praxistipp*
>
> Neben dem mitunter recht langwierigen Wahlanfechtungsverfahren gemäß § 19 BetrVG besteht grundsätzlich auch die Möglichkeit, den Abbruch der Wahl durch eine einstweilige Unterlassungsverfügung zu erreichen.[464] Der gerichtliche Abbruch einer Betriebsratswahl aufgrund von Mängeln des Wahlverfahrens kommt jedoch nach Auffassung des BAG nur in Betracht, wenn die Wahl voraussichtlich nichtig wäre.[465] Die bloße Anfechtbarkeit der Wahl, z.B. aufgrund der Verkennung des Betriebsbegriffs, genügt dafür nicht.
>
> Darüber hinaus besteht ein Unterlassungsanspruch des Arbeitgebers, wenn das Gremium, das als Wahlvorstand auftritt, in dieser Funktion überhaupt nicht oder in nichtiger Weise bestellt wurde.

aa) Anfechtungsberechtigung

249 Anfechtungsberechtigt sind nach § 19 Abs. 2 S. 1 BetrVG mindestens **drei wahlberechtigte Arbeitnehmer, eine im Betrieb vertretene Gewerkschaft** oder **der Arbeitgeber**. Die Anfechtungsberechtigung umfasst sowohl die Befugnis zur Beseitigung einer rechtsfehlerhaften Betriebsratswahl im Sinne eines materiellen Gestaltungsrechts als auch die prozessuale Antragsberechtigung.[466] Als Verfahrensvoraussetzung

456 BAG 19.9.1985, NZA 1986, 368.
457 BAG 26.10.1962, DB 1963, 174.
458 *Fitting u.a.*, § 19 BetrVG Rn 42.
459 Richardi/*Thüsing*, § 19 BetrVG Rn 59.
460 BAG 19.9.1985, NZA 1986, 368.
461 BAG 14.11.2001 – 7 ABR 40/00, n.v., zit. nach juris.
462 BAG 31.5.2000, NZA 2000, 1350.
463 BAG 16.3.2005, NZA 2005, 1252.
464 *Rieble/Triskatis*, NZA 2006, 233; *Dzida/Hohenstatt*, BB-Special 14, 1 (Heft 50, 2005).
465 BAG 27.7.2011, NZA 2012, 345.
466 Richardi/*Thüsing*, § 19 BetrVG Rn 42.

muss sie in jedem Stadium des Verfahrens bis zum Termin der letzten mündlichen Verhandlung vorliegen. Für die anfechtungsberechtigten Arbeitnehmer bedeutet dies jedoch nicht, dass sie während des gesamten Verfahrens wahlberechtigt sein müssen, da für die Anfechtungsberechtigung nach § 19 Abs. 2 S. 1 BetrVG nur die Wahlberechtigung im Zeitpunkt der Wahl maßgeblich ist.[467] Ein zwischenzeitliches Ausscheiden eines der antragstellenden Arbeitnehmer lässt daher die Anfechtungsberechtigung nicht entfallen. Scheiden dagegen alle anfechtenden Arbeitnehmer aus dem Betrieb aus, entfällt das Rechtsschutzbedürfnis der Antragsteller und der Antrag wird unzulässig.[468] Anders ist es bei der Anfechtungsberechtigung einer Gewerkschaft. Sie muss bis zum Termin der letzten mündlichen Verhandlung im Betrieb vertreten sein.[469]

Arbeitgeber ist derjenige, in dessen Betrieb sich die Betriebsratswahl vollzogen hat. In Gemeinschaftsbetrieben steht das Anfechtungsrecht daher nur der einheitlichen Leitung zu. Sind mehrere Arbeitgeber in einer GbR zusammengeschlossen, ist nur die GbR antragsberechtigt, nicht aber die einzelnen Arbeitgeber im gemeinsamen Betrieb.[470]

bb) Anfechtungsfrist

Die Anfechtung ist nur innerhalb einer **zweiwöchigen Frist**, vom Tag der **ordnungsgemäßen Bekanntgabe** des Wahlergebnisses an gerechnet, zulässig (§ 19 Abs. 2 S. 2 BetrVG). Die Frist beginnt mit dem Tag nach der Bekanntmachung (§§ 187 Abs. 1, 188 Abs. 2 BGB). Erforderlich ist die ordnungsgemäße Bekanntmachung des Wahlergebnisses, also die Bekanntmachung der Namen der Gewählten durch Aushang, § 18 WO. Eine Berichtigung der Bekanntmachung löst den Lauf einer neuen Frist aus, soweit durch die Anfechtung das Wahlergebnis der berichtigten Version angegriffen wird.[471] Wird der Aushang des Wahlergebnisses vor Ablauf von zwei Wochen abgenommen, kommt es zu einer Unterbrechung der Anfechtungsfrist.[472]

250

Der Anfechtungsantrag muss innerhalb der Zwei-Wochen-Frist beim Arbeitsgericht eingehen. Fristwahrend ist auch der Eingang bei einem örtlich unzuständigen Gericht.[473] Der Zugang bei dem von der Wahlanfechtung betroffenen Betriebsrat innerhalb der Frist ist nicht erforderlich. Ausreichend ist vielmehr die Einreichung des Anfechtungsantrags beim Arbeitsgericht, wenn die Zustellung an den Betriebsrat demnächst erfolgt.[474]

Da es sich bei der Anfechtungsfrist um eine **materielle Ausschlussfrist** handelt, erlischt mit dem Ablauf der Frist die Anfechtungsberechtigung und die Wahl ist unanfechtbar. Nach Ablauf kann weder eine im Betrieb vertretene Gewerkschaft noch ein anderer Anfechtungsberechtigter dem Verfahren als Antragsteller beitreten und nach Ausscheiden eines der drei antragstellenden Arbeitnehmer das Beschlussverfahren fortsetzen.[475] Eine Verlängerung der Frist oder auch eine Wiedereinsetzung in den vorherigen Stand ist nicht möglich.[476] Mit dem Erlöschen der Anfechtungsberechtigung ist das Wahlergebnis damit wirksam und verbindlich; bei Untätigkeit aller Anfechtungsberechtigten werden somit etwaige Mängel der Betriebsratswahl geheilt, sofern nicht ausnahmsweise deren Nichtigkeit anzunehmen ist.[477]

---

467 BAG 4.12.1986, NZA 1987, 166; BAG 15.2.1989, NZA 1990, 115.
468 Richardi/*Thüsing*, § 19 BetrVG Rn 65.
469 ErfK/*Koch*, § 19 BetrVG Rn 11.
470 BAG 28.11.1977, DB 1978, 643.
471 ErfK/*Koch*, § 19 BetrVG Rn 9; weiter GK-BetrVG/*Kreutz*, § 19 Rn 82: Neubeginn der Anfechtungsfrist insgesamt, nicht nur bzgl. der berichtigten Punkte.
472 *Fitting u.a.*, § 19 BetrVG Rn 38.
473 Richardi/*Thüsing*, § 19 BetrVG Rn 52; *Fitting u.a.*, § 19 BetrVG Rn 35; vgl. auch BAG 15.7.1960, DB 1960, 1368.
474 BAG 25.6.1974, DB 1974, 2115.
475 BAG 12.2.1985, NZA 1985, 786.
476 *Fitting u.a.*, § 19 BetrVG Rn 36.
477 BAG 19.9.1985, NZA 1986, 368.

Praxistipp

Zu beachten ist, dass innerhalb der Zwei-Wochen-Frist nicht nur der Anfechtungsantrag bei Gericht eingegangen, sondern dieser auch **umfassend begründet** sein muss. Aus der Begründung muss hervorgehen, aus welchem Grund und in welchem Umfang die Wahl angefochten wird. Da im Beschlussverfahren der Untersuchungsgrundsatz gilt und das Arbeitsgericht im Rahmen seiner Entscheidung alle anhand des Sachvortrags erkennbaren Anfechtungsgründe zu berücksichtigen hat, sollte der Sachverhalt möglichst umfassend vorgetragen werden.[478] Denn nach Fristablauf können nur noch ergänzende Ausführungen gemacht werden. Anfechtungsgründe, die auf einem neuen Sachvortrag beruhen, werden dann nicht mehr berücksichtigt.

Der Mangel der Wählbarkeit kann auch noch nach Ablauf der Anfechtungsfrist, also außerhalb eines Wahlanfechtungsverfahrens gemäß § 24 Nr. 6 BetrVG geltend gemacht werden.

e) Wirkung der Anfechtung

251 Ist die Anfechtung begründet und eine nachträgliche Berichtigung des Wahlfehlers möglich, muss dass Gericht diese Korrektur im Beschluss vornehmen. Nur bei fehlender Behebbarkeit des Wahlmangels darf es die Wahl für unwirksam erklären. Insoweit geht die gerichtliche **Korrektur** der **Kassation** des Wahlergebnisses vor.[479] Erklärt das Gericht die Wahl für unwirksam, wird dem Betriebsrat die Grundlage für sein weiteres Bestehen entzogen, d.h. mit der Rechtskraft der Entscheidung endet das Amt des Betriebsrates, was einen betriebsratslosen Betrieb zur Folge hat. Insoweit gilt es zu beachten, dass der gestaltende Beschluss nur **Wirkung für die Zukunft** (ex nunc) entfaltet, sodass alle vom Betriebsrat vor der rechtskräftigen Entscheidung vorgenommenen Rechtshandlungen, einschließlich der abgeschlossenen Betriebsvereinbarungen, weiterhin Gültigkeit haben.[480] Im Gegensatz zur Nichtigkeit bleibt somit der Betriebsrat bis zur rechtskräftigen Entscheidung über die Anfechtung vollwirksam im Amt, mit der Folge, dass der Arbeitgeber bis zu der Zeit einer rechtskräftigen Entscheidung die Beteiligungsrechte des Betriebsrats weiterhin wahren und diesen beispielsweise vor Ausspruch einer Kündigung gem. § 102 BetrVG nach wie vor anhören muss. Soweit der Beschluss nur die Wahl einzelner Betriebsratsmitglieder für unwirksam erklärt, treten mit der rechtskräftigen Entscheidung die Ersatzmitglieder gemäß § 25 BetrVG an deren Stelle.

Hinweis

Da die rechtskräftige Entscheidung des Arbeitsgerichts über die Anfechtung nur Wirkung für die Zukunft entfaltet, der Betriebsrat jedoch bis dahin vollwertig im Amt verbleibt, sollte in der Praxis die Anfechtung einer Betriebsratswahl nur ausnahmsweise in Erwägung gezogen werden. Ferner ist zu berücksichtigen, dass der Betriebsrat für den Fall, dass die Anfechtung durchzugehen „droht", häufig kurz vor Rechtskraft der Entscheidung geschlossen zurücktritt und somit Neuwahlen herbeiführt.

f) Abgrenzung zur Nichtigkeit

252 Abzugrenzen von der Anfechtbarkeit der Wahl ist deren Nichtigkeit. Aus Gründen der Rechtssicherheit kommt sie nur bei **groben und offensichtlichen Verstößen** in Betracht. Das ist dann der Fall, wenn der Verstoß so gravierend ist, dass schon der Anschein einer ordnungsgemäßen Wahl fehlt. So ist von einer Nichtigkeit z.B. auszugehen, wenn es bereits an den Voraussetzungen einer Betriebsratswahl fehlt, weil der Betrieb z.B. nicht dem Anwendungsbereich des BetrVG unterliegt.[481] Nichtigkeit ist auch anzunehmen, wenn der Betriebsrat nur durch Zurufe gebildet wird[482] oder im Zeitpunkt der Wahl bereits ein Betriebsrat

---

478 LAG Hamm 21.3.2014 – 13 TaBV 110/13, n.v., zit.nach juris.
479 LAG München, 9.6.2010 – 4 TaBV 105/09, n.v., zit. nach juris; GK-BetrVG/*Kreutz*, § 19 Rn 120.
480 GK-BetrVG/*Kreutz*, § 19 Rn 117.
481 BAG 29.4.1998, NZA 1998, 1133.
482 BAG 12.10.1961, DB 1962, 70.

rechtswirksam besteht.[483] Dagegen führt die Verkennung des Betriebsbegriffs regelmäßig nicht zur Nichtigkeit der Wahl.[484] In diesem Fall kommt eine Anfechtung in Betracht.

Entgegen seiner früheren Auffassung geht das BAG nunmehr davon aus, dass eine **Häufung von Wahlverstößen** nicht zur Nichtigkeit führen kann, wenn jeder Verstoß für sich allein betrachtet lediglich die Anfechtbarkeit der Wahl begründet.[485]

Anders als bei der Anfechtung ist die Betriebsratswahl bei der Nichtigkeit **von Anfang an unwirksam** (ex tunc), sodass ein Betriebsrat nie gebildet wurde und alle Rechtshandlungen des Scheinbetriebsrats rückwirkend unwirksam sind. Die Nichtigkeit kann außerdem von jedem, der ein diesbezügliches Rechtsschutzinteresse hat, jederzeit und in jeder Form, auch als Vorfrage in einem anderen Prozess, gerichtlich geltend gemacht werden.[486] Das Recht, die Nichtigkeit der Betriebsratswahl geltend zu machen, kann nicht verwirken.[487] Auf Antrag des Arbeitgebers ist die Betriebsratswahl abzubrechen, wenn sie voraussichtlich nichtig ist.[488]

Praxistipp

Bei Unklarheiten über die Frage, ob eine Betriebsratswahl nichtig oder nur anfechtbar ist, wird in der Praxis häufig mit gestaffelten Anträgen gearbeitet: Mit dem Hauptantrag wird die Nichtigkeit, mit dem Hilfsantrag die Ungültigerklärung der Betriebsratswahl beantragt. Derart gestaffelte Anträge sind jedoch nicht erforderlich, da der Anfechtungsantrag nach ständiger Rechtsprechung grundsätzlich auch den Antrag auf Feststellung der Nichtigkeit umfasst.[489]

3. Checkliste: Anfechtung einer Betriebsratswahl

Materielle Voraussetzungen der Anfechtung: 253

■ Verstoß gegen wesentliche Wahlvorschriften
■ Keine rechtzeitige Berichtigung des Fehlers durch den Wahlvorstand
■ Kausalität des Verstoßes für das Wahlergebnis

Anfechtungsberechtigung, Anfechtungsfrist:

■ Anfechtungsberechtigt sind mindestens drei wahlberechtigte Arbeitnehmer, eine im Betrieb vertretene Gewerkschaft oder der Arbeitgeber.
■ Der Anfechtungsantrag muss innerhalb von 2 Wochen, beginnend mit der ordnungsgemäßen Bekanntgabe des Wahlergebnisses, beim Arbeitsgericht eingehen und umfassend begründet sein (materielle Ausschlussfrist).

---

483 BAG 11.4.1978, DB 1978, 1452.
484 BAG 13.3.2013, NZA 2013, 738; BAG 27.7.2011, NZA 2012, 345; BAG 21.9.2011, NZA-RR 2012, 186 ff.; BAG 14.11.2001, NZA 2002, 1231; *Schulze/Maußner*, ArbRAktuell 2013, 70 ff.
485 BAG 19.11.2003, NZA 2004, 395; LAG Thüringen 6.2.2012 – 1 TaBVGa 1/12, n.v., zit. nach juris.
486 *Lunk/Schnelle/Witten*, NZA 2014, 57, 63.
487 BAG 21.7.2004, AP Nr. 15 zu § 4 BetrVG 1972.
488 BAG 27.7.2011, NZA 2012, 345.
489 BAG 13.11.1991, NZA 1992, 989.

4.   Anfechtung einer Betriebsratswahl

▼

254   **Muster 3.19: Anfechtung einer Betriebsratswahl**

An das Arbeitsgericht

Antrag

In dem Beschlussverfahren

mit den Beteiligten

1. Firma ▓▓▓▓▓, vertreten durch ▓▓▓▓▓,

Antragstellerin,

– Verfahrensbevollmächtigte: ▓▓▓▓ –

gegen

2. Betriebsrat der ▓▓▓▓▓, vertreten durch den Betriebsratsvorsitzenden,

Antragsgegner,

– Verfahrensbevollmächtigte: ▓▓▓▓ –

bestellen wir uns zu den Verfahrensbevollmächtigten der Antragstellerin und beantragen:

Die Betriebsratswahl vom 6.5.2016 wird für unwirksam erklärt.

Begründung:

1. Die Antragstellerin unterhält einen Druckereibetrieb, welcher seit ca. 12 Jahren über einen Betriebsrat verfügt. Am 6.5.2016 wurden im Betrieb der Antragstellerin außerordentliche Betriebsratswahlen gem. § 13 Abs. 2 Nr. 2 BetrVG durchgeführt, da aufgrund des Ausscheidens einiger Betriebsratsmitglieder aus dem Betrieb trotz Nachrückens der Ersatzmitglieder die gesetzlich vorgeschriebene Zahl der Betriebsratsmitglieder unterschritten worden war.

2. Zur Vorbereitung der Wahl hatte der Wahlvorstand eine Wählerliste mit 205 Arbeitnehmern aufgestellt und diese durch Aushang am Schwarzen Brett am 18.3.2016 bekannt gegeben.

Beweis: Wählerliste vom 18.3.2016 (Anlage AS 1)

a) Die Wählerliste beinhaltete neben der sich in Elternzeit befindenden Arbeitnehmerin A auch die zu ihrer Vertretung eingestellten Mitarbeiterinnen B und C. Die für die Dauer von einem Jahr beantragte Elternzeit der A begann am 6.8.2015. Mit selbem Datum wurden die Arbeitnehmerinnen B und C befristet für die Dauer der Elternzeit der A eingestellt. B und C sind als Teilzeitkräfte jeweils halbtags angestellt.

Beweis: 1. Antrag auf Elternzeit der A vom ▓▓▓▓ (Anlage AS 2)

                 2. Arbeitsverträge der B und der C (Anlagenkonvolut AS 3)

b) Außerdem enthielt die Liste die Arbeitnehmer D, E, F und G, welche sich im Zeitpunkt der Wahl bereits in der Freistellungsphase der Altersteilzeit nach dem so genannten Blockmodell befanden.

Beweis: Altersteilzeitverträge der D, E, F und G (Anlagenkonvolut AS 4)

c) Schließlich führte die Wählerliste die Leiharbeitnehmer H, I, J und K auf, welche der Antragstellerin von der Zeitarbeitsfirma X erstmalig zur Bewältigung einer Auftragsspitze für den Zeitraum vom 1.3.2016 bis zum 15.5.2016 überlassen wurden.

Beweis: Vertrag zwischen der Antragstellerin und der Zeitarbeitsfirma X (Anlage AS 5)

3. Obwohl die Antragstellerin der Wählerliste gegenüber dem Wahlvorstand widersprochen hatte, nahm dieser keine Änderungen vor. Vielmehr berücksichtigte er sämtliche in der Wählerliste aufgeführten Personen als wahlberechtigte Arbeitnehmer i.S.d. § 9 BetrVG, so dass am 6.5.2016 ein aus 9 Mitgliedern bestehender Betriebsrat gewählt wurde.

Beweis: Urkunde über das Wahlergebnis (Anlage AS 6)

4. Das Wahlergebnis wurde noch am 6.5.2016 durch Aushang am Schwarzen Brett bekannt gegeben.

5. Die Berücksichtigung der Arbeitnehmer B, C, D, E, F, G, H, I, J und K durch den Wahlvorstand bei der Ermittlung der Anzahl der „in der Regel" wahlberechtigten Arbeitnehmer nach § 9 BetrVG war rechtswidrig. Richtigerweise hätte man diese Arbeitnehmer nicht mitzählen dürfen, so dass man von einer regelmäßigen Belegschaftsstärke von 195 wahlberechtigten Arbeitnehmern hätte ausgehen müssen, mit der Folge, dass nur ein aus 7 Mitgliedern bestehender Betriebsrat hätte gewählt werden dürfen.

6. Die für die in Elternzeit befindliche Mitarbeiterin A eingestellten Teilzeitkräfte B und C gehören nicht zu den „in der Regel" beschäftigten Arbeitnehmern i.S.d. § 9 BetrVG. Zwar ordnet § 21 Abs. 7 S. 1 BEEG an, dass, sofern im Rahmen arbeitsrechtlicher Gesetze oder Verordnungen auf die Zahl der beschäftigten Arbeitnehmer abgestellt wird, bei der Ermittlung dieser Zahl Arbeitnehmer, die sich in Elternzeit befinden, nicht mitzuzählen sind, solange für sie ein Vertreter gemäß § 21 Abs. 1 BEEG eingestellt ist. Dies gilt nach § 21 Abs. 7 S. 2 BEEG jedoch nicht, wenn der Vertreter oder die Vertreterin nicht mitzuzählen ist. Werden zum Zwecke der Vertretung für eine in Elternzeit befindliche Vollzeit-Stammkraft zwei teilzeitbeschäftigte Ersatzkräfte befristet eingestellt, ist jedenfalls dann, wenn die maßgebliche gesetzliche Regelung – wie in diesem Fall § 9 BetrVG – auf die Anzahl der „in der Regel" beschäftigten Arbeitnehmer abstellt, die verhinderte Stammkraft zu berücksichtigen, da diese dem Betrieb dauerhaft angehört und deshalb für die Belegschaftsstärke kennzeichnend ist (BAG 15.3.2006 – 7 ABR 39/05, n.v., zit. nach juris).

7. Auch die in der Freistellungsphase der Altersteilzeit befindlichen vier Arbeitnehmer D, E, F und G zählen nach der Rechtsprechung des BAG nicht zu den Arbeitnehmern des Betriebes i.S.d. § 9 BetrVG, da sie nicht mehr in die Betriebsorganisation eingegliedert und für die Belegschaftsstärke daher nicht relevant sind (BAG 16.4.2003, NZA 2003, 1345).

8. Schließlich hat der Wahlvorstand auch die vier erstmalig bei der Antragstellerin eingesetzten Leiharbeitnehmer H, I, J und K zu Unrecht als Arbeitnehmer des Betriebs i.S.d. § 9 BetrVG qualifiziert, da diese nicht in einem Arbeitsverhältnis zur Antragstellerin stehen (vgl. BAG 15.3.2006 – 7 ABR 39/05, n.v., zit. nach juris) und zudem auch nicht als „in der Regel beschäftigte Leiharbeitnehmer" zu qualifizieren sind (BAG 13.3.2013 – 7 ABR 69/11).

Bei der für die Anzahl der zu wählenden Betriebsratsmitglieder nach § 9 BetrVG maßgeblichen Belegschaftsstärke sind zum einen die betriebsangehörigen Arbeitnehmer zu berücksichtigen. Das sind Arbeitnehmer, die in einem Arbeitsverhältnis zum Betriebsinhaber stehen und in dessen Betriebsorganisation eingegliedert sind (BAG 16.4.2003, NZA 2003, 1345; BAG 21.7.2004, NZA 2005, 240). Dazu zählen die (gewerbsmäßig oder nicht gewerbsmäßig) zur Arbeitsleistung überlassenen Arbeitnehmer eines anderen Arbeitgebers zwar dem Grunde nach nicht, denn diese stehen in keiner arbeitsvertraglichen Beziehung zum Betriebsinhaber.

Allerdings werden nach der jüngsten Rechtsprechung des BAG i.R.d. § 9 BetrVG auch die im Entleiherbetrieb in der Regel beschäftigten Leiharbeitnehmer berücksichtigt (BAG 13.3.2013 – 7 ABR 69/11). Denn durch die in § 9 BetrVG vorgesehene Staffelung soll sichergestellt werden, dass die Zahl der Betriebsratsmitglieder in einem angemessenen Verhältnis zur Zahl der betriebsangehörigen Arbeitnehmer steht, deren Interessen und Rechte der Betriebsrat zu wahren hat. Schließlich wird von der Zahl der im Betrieb regelmäßig beschäftigten Arbeitnehmer der Tätigkeitsaufwand des Betriebsrats maßgeblich bestimmt.

„In der Regel" beschäftigt i.S.v. § 9 BetrVG sind diejenigen Personen, deren Beschäftigung dem „Regel-zustand" des Betriebs entspricht. Maßgebend ist somit die Beschäftigungslage, die im Allgemeinen für den Betrieb kennzeichnend ist (vgl. BAG 24.1.2013 – 2 AZR 140/12; BAG 24.2.2005 – 2 AZR 373/03). Zur Feststellung der regelmäßigen Beschäftigtenzahl bedarf es deshalb eines Rückblicks auf die bisherige personelle Stärke des Betriebs und einer Einschätzung seiner zukünftigen Entwicklung. Zeiten außerge-wöhnlich hohen oder niedrigen Geschäftsanfalls sind dabei nicht zu berücksichtigen (BAG 24.2.2005 – 2 AZR 373/03; BAG 22.1.2004 – 2 AZR 237/03). Dies gilt auch mit Blick auf Leiharbeitnehmer. Werden diese zur Vertretung von Stammarbeitnehmern beschäftigt, zählen sie grundsätzlich nicht mit. Sie zählen – ebenso wenig wie vorübergehend beschäftigte eigene Arbeitnehmer – auch dann nicht mit, wenn sie nur zur Bewältigung von Auftragsspitzen eingesetzt werden, die den allgemeinen Geschäftsbetrieb nicht kenn-zeichnen. Dagegen sind sie mitzuzählen, soweit ihre Beschäftigung dem „Regelzustand" des Betriebs ent-spricht, soweit also bestimmte Arbeitsplätze im fraglichen Referenzzeitraum stets mit Arbeitnehmern be-setzt waren bzw. sein werden, sei es mit eigenen Arbeitnehmern des Betriebsinhabers, sei es etwa nach deren Ausscheiden oder „immer schon" mit (wechselnden) Leiharbeitnehmern.

Die hier in Rede stehenden vier Leiharbeitnehmer wurden von der Antragstellerin erstmalig eingesetzt, um eine besondere Auftragsspitze zu bewältigen; dies insgesamt auch nur für eine Dauer von 2,5 Monaten. Es handelt sich bei diesen Leiharbeitnehmern mithin nicht um „in der Regel" bei der Antragstellerin beschäftigte Leiharbeitnehmer, so dass H, I, J und K von der Zeitarbeitsfirma X nicht im Rahmen des § 9 BetrVG bei der Anzahl der zu wählenden Betriebsratsmitglieder zu berücksichtigen waren.

Darüber hinaus fehlte den vier Leiharbeitnehmern auch die aktive Wahlberechtigung, da sie kürzer als drei Monate bei der Antragstellerin beschäftigt wurden. Zwar nennt § 9 S. 1 BetrVG die Voraussetzung der Wahl-berechtigung ab 101 Arbeitnehmern im Gegensatz zu den Kategorien 5 bis 100 Arbeitnehmern nicht. Unter-stellt man jedoch, dass auch ab 101 regelmäßig beschäftigten (Leih-)Arbeitnehmern die Wahlberechtigung Voraussetzung für eine Berücksichtigung beim besagten Schwellenwert ist, waren auch aufgrund der feh-lenden aktiven Wahlberechtigung die Leiharbeitnehmer H, I, J und K nicht i.R.d. § 9 BetrVG bei der Anzahl der zu wählenden Betriebsratsmitglieder zu berücksichtigen.

9. Die Berücksichtigung der zuvor unter Ziffer 6–8 genannten Personen bei der für die Anzahl der Betriebs-ratsmitglieder maßgeblichen Belegschaftsstärke war rechtswidrig und für das Wahlergebnis kausal. Denn es ist offensichtlich, dass bei einer Nichtberücksichtigung dieser Beschäftigten das Wahlergebnis anders ausgefallen wäre, da in einem Betrieb mit in der Regel 195 anstelle der tatsächlich berücksichtigten 205 Ar-beitnehmer nur 7 anstatt der gewählten 9 Betriebsratsmitglieder gem. § 9 S. 1 BetrVG hätten gewählt werden dürfen. Eine Berichtigung des Wahlergebnisses ist nicht erfolgt und nun auch nicht mehr möglich. Daher ist die Betriebsratswahl vom 6.5.2016 für unwirksam zu erklären.

10. Auch wurde die Zwei-Wochen-Frist gem. § 19 Abs. 2 Satz 2 BetrVG eingehalten, da das Wahlergebnis am 6.5.2016 durch den Wahlvorstand bekannt gegeben und der Antrag auf Anfechtung der Wahl am 13.5.2016 gestellt wurde.

(*Unterschrift*)

II.   Antrag auf Freistellung von Sachmittelkosten

Literatur: *Bayreuther*, Sach- und Personalausstattung des Betriebsrats, NZA 2013, 758; *Becker-Schaffner*, Kosten und Sachaufwand des Betriebsrats, BB 1994, 928; *Beckschulze*, Betriebsratskosten für moderne Kommunikationsmittel, DB 1998, 1815; *Besgen*, Anspruch des Betriebsrats auf sächliche Mittel, Räume und Büropersonal, AiB 1987, 170; *ders.*, Sachmittelanspruch des Betriebsrats nach § 40 Abs. 2 BetrVG bezogen auf moderne Kommunikationseinrichtungen, FS Leinemann 2006, 471; *ders.*, Blackberry und Homepage für den Be-triebsrat? – Ein aktueller Überblick zum Anspruch des Betriebsrats auf moderne Kommunikationstechnik, NZA 2006, 959; *Brill*, Kosten und Sachaufwand des Betriebsrats gemäß § 40 BetrVG, DB 1977, 2139; *Bulla*, Die Verpflichtung des Arbeitgebers, dem Betriebsrat Fachliteratur zur Verfügung zu stellen, DB 1974, 1622; *Buschbeck-Bülow*, Ersatz von Aufwendungen von Betriebsratsmitgliedern, AuA 1993, 50; *Ehrich*, Die Kosten des Betriebsrats – Umfang und Grenzen der Kostentragungspflicht des Arbeitgebers, NZA 1996, 1075; *Fischer*, Sachausstattung des Betriebsrats und Behinderungsverbot des § 78 BetrVG, BB 1999, 1920; *Gehrke/Pfeiffer*, Der Be-triebsrat im Intranet, AiB 2003, 522; *Hohn*, Ausstattung des Betriebsrats, BB 1973, 88; *Hopfner/Schrock*, Die Gewerkschaften im elek-tronischen Netzwerk des Arbeitgebers, DB 2004, 1558; *Hunold*, Die Kosten der Betriebsratsarbeit, NZA-RR 1999, 113; *ders.*, Sach- und Personalkosten, AuA 2006, 335; *ders.*, Der Internetzugang für den Betriebsrat, NZA 2004, 370; *ders.*, Der Internetzugang für den Be-triebsrat – Auf ein Neues, NZA 2007, 314; *Jansen*, Anspruch des Betriebsrats auf Internetnutzung?, BB 2003, 1726; *Junker*, Neue Kom-munikationsmittel und Rechte des Betriebsrats, Beilage zu BB 2000 Heft 48, 14; *Klebe/Kunz*, Vom Federhalter zum PC – Wann beginnt die Neuzeit für Betriebsräte?, NZA 1990, 257; *Klebe/Wedde*, Vom PC zum Internet: IT-Nutzung auch für den Betriebsrat?, DB 1999, 1954; *Kort*, Erforderliche Sachmittel gemäß § 40 Abs. 2 BetrVG, NZA 1990, 598; *Kossens*, PC, Internet und Intranet für den Betriebsrat, ArbRB 2004, 277; *Krichel*, Zur EDV-Nutzung durch den Betriebsrat, NZA 1989, 668; *Mühlhausen*, Homepage als erforderliches Sachmittel nach § 40 Abs. 2 BetrVG, NZA 1999, 136; *Weber*, Erforderlichkeit von Computer und Internet für die Betriebsratsarbeit?, NZA 2008, 280.

1. Typischer Sachverhalt

In einem Einzelhandelsunternehmen mit ca. 1.000 Arbeitnehmern verlangt der Betriebsrat die Zurver- 255
fügungstellung eines betriebsüblichen Kopierers sowie eines Telefaxgerätes zu seiner ausschließlich alleinigen Nutzung. Darüber hinaus hat der Betriebsrat ein Abonnement der Zeitschrift „Arbeitsrecht im
Betrieb" abgeschlossen und verlangt nun Freistellung von den Kosten. Die Arbeitgeberin lehnt das Begehren des Betriebsrats trotz der zu seinen Gunsten ergangenen gerichtlichen Entscheidung darüber ab, mit der
Begründung, die von ihr bereits abonnierte und dem Betriebsrat zur Verfügung gestellte NZA erfülle bereits
ausreichend dessen Informationsbedürfnis. Zudem erscheine die gewünschte Zeitschrift im gewerkschaftseigenen Verlag, den die Arbeitgeberin nicht zu unterstützen beabsichtigt. Der Betriebsrat wendet sich daraufhin an das zuständige Arbeitsgericht.

2. Rechtliche Grundlagen

a) Grundsatz für die Kostentragungspflicht des Arbeitgebers für Betriebsratstätigkeit

Gemäß § 40 Abs. 1 BetrVG hat der Arbeitgeber die durch die Tätigkeit des Betriebsrats entstehenden Kos- 256
ten zu tragen. Gegenüber dieser allgemeinen Kostentragungspflicht fordert § 40 Abs. 2 BetrVG den Arbeitgeber dazu auf, dem Betriebsrat für Sitzungen, Sprechstunden und die laufende Geschäftsführung Räume,
sachliche Mittel, Informations- und Kommunikationstechnik sowie Büropersonal zur Verfügung zu stellen.
§ 40 Abs. 2 BetrVG stellt somit keine Konkretisierung der Kostentragungspflicht des Abs. 1 dar, sondern ist
eine Sonderregelung in Form eines Überlassungsanspruchs.[490] Das Auswahlrecht bei der Beschaffung von
Sachmitteln steht mithin dem Arbeitgeber zu.[491] Kommt dieser der Beschaffungspflicht nicht nach, ist der
Betriebsrat nach bisheriger Ansicht des BAG nicht berechtigt, auf Kosten des Arbeitgebers Sachmittel
selbst zu beschaffen, Büroräume anzumieten oder Büropersonal einzustellen.[492] Nur in besonderen Ausnahmefällen kann der Betriebsrat die Sachmittel selbst beschaffen. Dies ist beispielsweise der Fall, wenn
sich der Arbeitgeber entgegen einer gerichtlichen Entscheidung weigert, die erforderlichen Sachmittel
zu überlassen oder die Erfüllung der Pflicht so verzögert, dass dadurch die ordnungsgemäße Betriebsratsarbeit unmöglich oder erheblich beeinträchtigt wird..[493]

Ob in den besonderen Ausnahmefällen der Betriebsrat die Verträge zur Beschaffung von erforderlichen
Sachmitteln selbst abschließen kann, ist seitens der Rechtsprechung noch nicht entschieden worden. Der
Betriebsrat hätte dann gegen den Arbeitgeber einen Anspruch auf Freistellung. Der BGH hat lediglich
eine Teilrechtsfähigkeit zum Abschluss von Verträgen bei der Beauftragung von Beratern anerkannt, soweit
der Betriebsrat den Vertrag im Rahmen seines gesetzlichen Wirkungskreises schließt.[494] Hinsichtlich der
Überlassung von Sachmitteln wird sich das Problem der Teilrechtsfähigkeit in der Praxis aber wohl nicht
stellen. Zum einen handelt es sich um seltene Ausnahmefälle, in denen der Betriebsrat selbst rechtsgeschäftlich handeln darf. Zum anderen besteht nach umstrittener Ansicht des BAG eine Haftung des handelnden
Betriebsratsmitglieds nach § 179 BGB, soweit die Sachmittel nicht erforderlich sind. Der Betriebsrat

---

490 *Fitting u.a.*, § 40 BetrVG Rn 104.
491 BAG 9.6.1999, AP Nr. 66 § 40 BetrVG 1972.
492 BAG 21.4.1983, AP Nr. 20 zu § 40 BetrVG 1972; ErfK/*Koch*, § 40 BetrVG Rn 15; GK-BetrVG/*Weber*, § 40 Rn 131.
493 *Fitting u.a.*, § 40 BetrVG Rn 105; GK-BetrVG/*Weber*, § 40 Rn 131.
494 BGH 25.10.2012, NJW 2013, 464.

wird daher auch in den Ausnahmefällen mit den Sanktionsmechanismen des Unterlassungsanspruchs nach § 23 BetrVG und der Straf- und Ordnungswidrigkeiten nach §§ 119, 120 BetrVG gegen den säumigen Arbeitgeber agieren, die Verträge aber im Zweifel nicht selbst abschließen.

b) Erforderlichkeit

257 Die Verpflichtung des Arbeitgebers, dem Betriebsrat Sachmittel zur Verfügung zu stellen, besteht jedoch nicht uneingeschränkt. Vielmehr setzt der Anspruch des Betriebsrats voraus, dass die sachlichen Mittel nach Art und Beschaffenheit des Betriebs zur ordnungsgemäßen Durchführung seiner Aufgaben erforderlich sind. Die Beurteilung der Erforderlichkeit erfolgt einzelfallbezogen und richtet sich im Wesentlichen nach den Aufgaben des Betriebsrats, nach der Größe und Beschaffenheit des Betriebs, nach der Größe des Betriebsrats und nach den besonderen Erfordernissen im Einzelfall.[495] § 40 Abs. 2 BetrVG gewährt somit keine – wie auch immer geartete – „Normalausstattung", so dass der Anspruch des Betriebsrats auf die Bereitstellung von Sachmitteln und Personal je nach Lage der Umstände im Einzelfall durchaus unterschiedlich beurteilt werden kann. Ungeachtet des § 40 Abs. 2 BetrVG enthält das BetrVG aber keine Begrenzung der Sachmittelausstattung nach oben. Der Arbeitgeber darf dem Betriebsrat daher aus eigenem Entschluss auch über die Erforderlichkeit hinausgehende Sachmittel zur Verfügung stellen.[496]

c) Beurteilungsspielraum des Betriebsrats

258 Die Prüfung, ob ein vom Betriebsrat verlangtes Sachmittel zur Erledigung von Betriebsratsaufgaben erforderlich und vom Arbeitgeber zur Verfügung zu stellen ist, obliegt dem Betriebsrat.[497] Dafür hat sich der Betriebsrat zum Zeitpunkt der Beschlussfassung auf den Standpunkt eines vernünftigen Dritten zu stellen, der die Interessen des Arbeitgebers einerseits und die sachgerechte Ausübung des Betriebsratsamtes andererseits gegeneinander abzuwägen hat (objektive Beurteilung ex ante).[498] Dabei wird dem Betriebsrat ein gewisser Beurteilungsspielraum zugestanden. Es wird von ihm verlangt, dass er bei seiner Entscheidungsfindung die betrieblichen Verhältnisse und die sich ihm stellenden Aufgaben berücksichtigt als auch den berechtigten Kosteninteressen des Arbeitgebers und der Größe der Belegschaft angemessen Rechnung trägt.[499] Die Kosten müssen weiterhin nicht nur „erforderlich", sondern auch „angemessen" sein. Es gilt insoweit der Grundsatz der Verhältnismäßigkeit.[500]

d) Einzelne Sachmittel

259 Zu den erforderlichen Sachmitteln im Sinne des § 40 Abs. 2 BetrVG hat sich eine umfangreiche Kasuistik entwickelt, die in wesentlichen Punkten nachfolgend zusammenfassend aufgelistet wird. Da der betriebliche Standard an Sachmitteln durch die fortschreitende Technisierung der Betriebe einem steten Wandel unterliegt, ist auch die Frage der Erforderlichkeit stets neu zu überprüfen. Schließlich dreht sich die aktuelle Rechtsprechung schon längst nicht mehr nur um Telefonanschluss, Faxgerät oder Personalcomputer, sondern auch um Notebook, Mobiltelefon, Handheld, Blackberry, Navigationsgerät, Zugang zu Online-Datenbanken, etc.

aa) Büroräume

260 Der Arbeitgeber hat dem Betriebsrat Räume zu überlassen, die eine ordnungsgemäße Aufgabenwahrnehmung gewährleisten. Art, Größe und Umfang des Betriebs und die sich daraus ableitenden Geschäftsbedürfnisse des Betriebsrats bestimmen dabei die Größe und Anzahl der zu überlassenden, notwendigen Büroräu-

---

495 BAG 16.5.2007, NZA 2007, 1117; BAG 23.8.2006, NZA 2007, 337; BAG 1.12.2004, NZA 2005, 1016; BAG 3.9.2003, NZA 2004, 278; BAG 12.5.1999, NZA 1999, 1290; BAG 11.3.1998, NZA 1998, 953.
496 *Bayreuther*, NZA, 2013, 758.
497 BAG 23.8.2006, NZA 2007, 337.
498 BAG 18.4.1967, NJW 1967, 2377.
499 BAG 16.5.2007, NZA 2007, 1117; BAG 12.5.1999, NZA 1999, 1290.
500 BAG 28.6.1995, NZA 1995, 1216; BAG 30.3.1994, NZA 1995, 382.

me. Somit hat der Arbeitgeber dem Betriebsrat regelmäßig entweder einen oder mehrere verschließbare Räume ständig oder zeitweise zur Verfügung zu stellen.[501] In kleineren Betrieben kann es aufgrund der betrieblichen Gegebenheiten unter Umständen sogar genügen, einen Raum für bestimmte Zeiten, z.B. tage- bzw. stundenweise, für Betriebsratstätigkeiten bereit zu halten, sofern hierdurch die ungestörte Abhaltung der Betriebsratssitzungen gewährleistet ist. In diesen Fällen müssen dem Betriebsrat verschließbare Aktenschränke zur Verfügung gestellt und zur alleinigen Nutzung überlassen werden.[502] Die Büroräume müssen regelmäßig im Betrieb bereitgestellt werden, d.h. innerhalb des Betriebsgeländes liegen.[503] Sie müssen über ausreichende Beheizung und Beleuchtung verfügen und den Arbeitnehmerschutzvorschriften entsprechen.[504] Ist auf dem Betriebsgelände kein geeigneter Raum vorhanden, hat der Arbeitgeber zu prüfen, ob durch entsprechende Umbaumaßnahmen ein Betriebsratsraum geschaffen werden kann.[505]

In den ihm überlassenen Räumen hat der Betriebsrat das **Hausrecht**.[506] Aus diesem folgt, dass der Betriebsrat berechtigt ist, seine auf Dauer bereitgestellten Räume abzuschließen. Der Arbeitgeber darf gegen den Willen des Betriebsrats dessen Räumlichkeit weder öffnen oder betreten.[507] Davon kann allenfalls in Notsituationen eine Ausnahme zu machen sein.[508] Das Hausrecht steht dem Betriebsrat jedoch nicht uneingeschränkt zu. Vielmehr besteht es nur zur Erfüllung der dem Betriebsrat obliegenden gesetzlichen Aufgaben.[509] Der Betriebsrat kann vom Arbeitgeber nicht unter Hinweis auf sein Hausrecht fordern, dass er Betriebsfremden ohne Bezug zur Betriebsratsarbeit den Zutritt zu den auf dem Betriebsgelände liegenden Räumen gewährt.[510] Der Arbeitgeber muss den Zugang vom Betriebsrat eingeladener Medienvertreter nur dulden, wenn und soweit die Unterrichtung der Journalisten durch den Betriebsrat zur Erfüllung seiner gesetzlichen Aufgaben erforderlich ist und der Arbeitgeber seinerseits an die Öffentlichkeit getreten ist.[511] Dagegen kann der Betriebsrat den Zugang eines von ihm zulässigerweise beauftragten Rechtsanwalts in den Räumen des Betriebsrats verlangen, wenn ein begründetes Interesse an einem Gespräch mit dem gesamten Betriebsratsgremium oder an einer Einsichtnahme in Unterlagen im Betriebsratsbüro besteht.[512] Der Betriebsrat hat keinen Anspruch darauf, die ihm einmal zugewiesenen Räume auf Dauer zu behalten. Der Arbeitgeber kann ihm an deren Stelle auch andere Räume zuweisen, soweit sie den dargelegten Anforderungen genügen und der Entzug der ursprünglichen Räume nicht willkürlich geschieht.[513] Das Hausrecht schließt jedoch Selbsthilfemaßnahmen des Arbeitgebers aus, d.h. der Arbeitgeber ist nicht berechtigt, das dem Betriebsrat zur Verfügung gestellte Büro eigenmächtig auszuräumen und mit einer neuen Schließanlage zu versehen.[514]

261

bb) Büroausstattung
Zu den nach § 40 Abs. 2 BetrVG vom Arbeitgeber dem Betriebsrat zur Verfügung zu stellenden sachlichen Mitteln für die laufende Geschäftsführung gehört weiter eine büromäßige Ausstattung, die den Betriebsrat in die Lage versetzt, seine Aufgaben ordnungsgemäß zu erfüllen. Dazu gehört das erforderliche Mobiliar, z.B. verschließbare Schränke, Schreibtische, Tische und Stühle[515] sowie Schreibmaterialien, Büro-(Klein-)

262

501 LAG Köln 19.1.2001, NZA-RR 2001, 482; GK-BetrVG/Weber, § 40 Rn 140.
502 Fitting u.a., § 40 BetrVG Rn 108; GK-BetrVG/Weber, § 40 Rn 140; DKKW/Wedde, § 40 BetrVG Rn 120.
503 ArbG Wiesbaden 21.12.1999, NZA-RR 2000, 195; Fitting u.a., § 40 BetrVG Rn 110.
504 HWK/Reichold, § 40 BetrVG Rn 28; Fitting u.a., § 40 BetrVG Rn 108 ff.; GK-BetrVG/Weber, § 40 Rn 140 ff.
505 ArbG Wiesbaden 21.12.1999, NZA-RR 2000, 195.
506 BAG 18.9.1991, NZA 1992, 315.
507 LAG Nürnberg 1.4.1999, NZA 2000, 335.
508 BAG 18.9.1991, NZA 1992, 315.
509 BAG 18.9.1991, NZA 1992, 315.
510 BAG 18.9.1991, NZA 1992, 315.
511 BAG 18.9.1991, NZA 1992, 315.
512 BAG 20.10.1999 – 7 ABR 37/98, n.v., zit. nach juris.
513 HWK/Reichold, § 40 BetrVG Rn 29.
514 ArbG Freiburg 5.11.1996, AiB 1997, 413; DKKW/Wedde, § 40 BetrVG Rn 124.
515 ArbG Bremerhaven 11.12.1985, AiB 1986, 167; ArbG Heilbronn 17.2.1984, BB 1984, 982.

Material, Aktenordner, Stempel, Briefmarken, Schreibmaschinen, Diktiergeräte u.Ä.[516] Dem Betriebsrat muss entweder ein eigenes Kopiergerät zur Verfügung gestellt oder zumindest die Möglichkeit eingeräumt werden, ein Kopiergerät des Betriebes zu nutzen. Welche dieser beiden Varianten in Betracht kommt, ist wiederum von den Eigenarten und der Größe des Betriebs sowie den Aufgaben des Betriebsrats abhängig.[517] Der Betriebsrat ist berechtigt, für seine Schreiben im Rahmen seiner Tätigkeit Firmenbriefpapier mit dem Zusatz: „Der Betriebsrat" zu benutzen. Dies kann ihm der Arbeitgeber nur verbieten, wenn er den Missbrauch oder die konkrete Gefahr eines solchen Missbrauchs nachweist.[518]

cc) Informations- und Kommunikationsmittel

263 Zu den vom Arbeitgeber bereitzustellenden sächlichen Mitteln zählen weiterhin die erforderlichen Informations- und Kommunikationsmittel. Dazu gehört regelmäßig eine dem betrieblichen Standard entsprechende **Telefonanlage**. Allenfalls in Kleinbetrieben kann dem Betriebsrat die ungestörte Mitbenutzung der Telefonanlage des Arbeitgebers zuzumuten sein, sofern die Vertraulichkeit des Gesprächs sichergestellt ist.[519] Ein Anspruch des Betriebsrats auf einen eigenen Anschluss soll dann nicht bestehen, wenn er unter Benutzung der betrieblichen Telefonanlage die erforderlichen Gespräche ohne Empfänger- und Inhaltskontrolle führen kann.[520] Ein Anspruch auf einen separaten Telefonanschluss, der unabhängig von der Telefonanlage des Arbeitgebers ist, besteht dagegen regelmäßig nicht.[521] Das BAG sieht insoweit allein wegen der abstrakten Gefahr einer missbräuchlichen Ausnutzung der technischen Kontrollmöglichkeiten durch den Arbeitgeber eine separierte Anbindung für nicht erforderlich an. In einem Unternehmen, dessen vom Betriebsrat zu betreuende Betriebsstätten räumlich voneinander entfernt sind, kann der Betriebsrat zur Ermöglichung des innerbetrieblichen Dialogs mit den von ihm repräsentierten Arbeitnehmern verlangen, dass die Betriebsratsmitglieder jederzeit telefonieren können und telefonisch erreichbar sind.[522] Bei der Telefonbenutzung des Betriebsrats muss sichergestellt werden, dass der Betriebsrat ungestört und ohne zumutbare zeitliche Einschränkung telefonieren kann.

264 Für die sachgerechte Erledigung der Betriebsratsaufgaben kann es unter besonderen Umständen erforderlich sein, dem Betriebsrat ein oder mehrere **Mobiltelefone** zur Verfügung zu stellen. Die bloße Verwendung durch den Arbeitgeber oder die Nützlichkeit der Mobiltelefone bedingt jedoch nicht automatisch auch deren Erforderlichkeit für die Betriebsratstätigkeit.[523] Hinzukommen müssen vielmehr besondere Umstände, so dass die telefonische Erreichbarkeit der Betriebsratsmitglieder durch die stationäre Telefonanlagen nicht mehr gewährleistet ist.[524] Dies könnte z.B. angenommen werden, wenn in dem vom Betriebsrat zu betreuenden weit auseinander liegenden Betriebsstätten keine gesonderten Betriebsratsbüros eingerichtet sind und eine anderweitige Kommunikation zwischen diesen in einem zeitlich vertretbaren Rahmen nicht durchführbar ist[525] oder das Betriebsratsmitglied im Außendienst tätig ist. Ein genereller Anspruch ist jedoch abzulehnen.[526]

---

516 *Fitting u.a.*, § 40 BetrVG Rn 114; GK-BetrVG/*Weber*, § 40 Rn 144 ff.

517 *Fitting u.a.*, § 40 BetrVG Rn 114; GK-BetrVG/*Weber*, § 40 Rn 147.

518 LAG Frankfurt 21.8.1973, DB 1973, 2451.

519 LAG Rheinland-Pfalz 9.12.1992, NZA 1993, 426.

520 BAG 1.8.1990, DB 1991, 47.

521 BAG 20.4.2016, NZA 2016, 1033.

522 BAG 27.11.2002, NZA 2003, 803; BAG 19.1.2005, 7 ABR 24/04, n.v., zit. nach juris; LAG Niedersachsen 21.9.2009 AE 2010, 104.

523 LAG München 20.12.2005 – 8 TaBV 57/05, n.v., zit. nach juris.

524 LAG Hamm 20.5.2011, LAGE § 40 BetrVG 2001 Nr. 16 (Rechtsbeschwerde eingelegt: Az. 7 ABR 41/11); BAG 27.11.2002 – 7 ABR 31/01; BAG 19.1.2005 – 7 ABR 24/04, n.v., zit. nach juris.

525 ArbG Frankfurt am Main 12.8.1997, AiB 1998, 223; ArbG Wesel 14.4.1999, AuR 2000, 37; LAG Hamm 14.5.2010, NZA-RR 2010, 522; differenzierend GK-BetrVG/*Weber*, § 40 Rn 180.

526 LAG Hamm 20.5.2011, LAGE § 40 BetrVG 2001 Nr. 16 (Rechtsbeschwerde eingelegt: Az. 7 ABR 41/11); LAG München 20.12.2005 – 8 TaBV 57/05, n.v., zit. nach juris; LAG Baden-Württemberg 3.3.2006 – 5 TaBV 9/05, n.v., zit. nach juris.; *Besgen*, NZA 2006, 959; a.A. ArbG Berlin 7.10.2005, AuR 2006, 37, Berufung eingelegt beim LAG Berlin unter Aktenzeichen 18 TaBV 2050/05.

Nach dem Prinzip äquivalenter Mittel kann der Betriebsrat bei einem entsprechenden betrieblichen Stan- 265
dard auch die Zurverfügungstellung eines **Telefax-Gerätes** verlangen. Hierbei ist wegen der Kostentragungspflicht des Arbeitgebers die Möglichkeit der Mitbenutzung des Telefax-Gerätes abzuwägen, sofern
die Vertraulichkeit gewährleistet bleibt.[527] Durch eine entsprechende Geräteeinstellung muss also sichergestellt sein, dass die Telefax-Daten an einem Gerät, das vom Betriebsrat mitbenutzt werden soll, nicht gespeichert und ausgewertet werden.[528]

Ob der Betriebsrat Anspruch auf Überlassung eines sogenannten **Handhelds (PDA)**, eines **Blackberrys** 266
oder eines **Navigationsgeräts** hat, beurteilt sich ebenfalls anhand des Merkmals der Erforderlichkeit.
Der Betriebsrat wird insoweit konkret darlegen müssen, weshalb ihm gerade auch diese besonderen Arbeitsmittel für die Betriebsratsarbeit zur Verfügung zu stellen sind. Dabei ist auch der Kostentragungspflicht des
Arbeitgebers Rechnung zu tragen. Zu berücksichtigen ist im Übrigen der betriebliche Standard. Der Effi-
zienzgewinn reicht für die Erforderlichkeit allein nicht aus. Vielmehr hat der Betriebsrat darzulegen, dass er
ohne das besondere Arbeitsmittel seine gesetzlichen Aufgaben nicht erfüllen kann.[529] Schließlich ist der
Arbeitgeber nicht verpflichtet, dem Betriebsrat automatisch dieselben Sachmittel zur Verfügung zu stellen,
wie sie von ihm selbst benutzt werden.[530] Dies schließt allerdings nicht aus, dass der Einsatz moderner
Kommunikationsmittel auf Arbeitgeberseite den erforderlichen Umfang der dem Betriebsrat zur Verfügung
zu stellenden Sachmittel beeinflusst. Überträgt man hier die Rechtsprechung zur Überlassung eines Mobiltelefons, können moderne Kommunikationsmittel wie ein PDA oder Blackberry nur als erforderlich angesehen werden, wenn die Betriebsräte einer erhöhten Reisetätigkeit ausgesetzt sind und eine angemessene
Kommunikation mit den Arbeitnehmern auf sonstige Weise nicht in ausreichendem Maße gewährleistet
werden kann.[531] Entsprechendes gilt für die Überlassung eines Navigationsgerätes. Der Betriebsrat wird
jedoch regelmäßig bei diesen Geräten einen Zusammenhang mit der Betriebsratsarbeit nur schwer darlegen
können.

Die Nutzung eines **Personalcomputers** (PC) **mit Peripherie** (Bildschirm, Drucker) **und Software** gehören 267
mittlerweile zu einer normalen Büroausstattung und sind jedenfalls in mittleren bzw. größeren Betrieben
regelmäßig dem Betriebsrat zur Verfügung zu stellen. Als erforderlich wird hier ein PC mit Hard- und Soft-
ware-Standardausstattung angesehen. Die Prüfung der Erforderlichkeit erfolgt jedoch auch hier stets einzelfallbezogen. Dabei genügt es nicht, wenn der Betriebsrat ihm obliegende Aufgaben mithilfe eines PC effektiver und rationeller erledigen kann. Aus Effektivitätsgründen darf der Betriebsrat die Überlassung eines PC
nur für erforderlich halten, wenn er ohne diese technische Ausstattung ihm obliegende Aufgaben vernachlässigen müsste.[532] Das konkrete Ausstattungsniveau an Hard- und Software richtet sich nach dem Umfang
der Betriebsratsaufgaben. Verlangt der Betriebsrat spezielle Software, so hat er deren Erforderlichkeit für
die Betriebsratsarbeit konkret zu begründen.

Ein tragbarer Computer (**Laptop, Notebook**) wird aber nur in Einzelfällen erforderlich sein, z.B. wenn dem 268
Betriebsratsmitglied die Betreuung zahlreicher Filialen obliegt, in denen keine eigenständigen Betriebsratsbüros eingerichtet sind, und durch die Nutzung der vorhandenen technischen Infrastruktur die ordnungsgemäße Erfüllung der Betriebsratsaufgaben nicht ausreichend gewährleistet werden kann.[533] Es kann insoweit auf die Kriterien bezüglich der Erforderlichkeit von Mobiltelefonen zurückgegriffen werden. Dagegen
begründet die bloß erhöhte Reisetätigkeit eines Gesamtbetriebsratsmitglieds keinen Anspruch auf einen

---

527 LAG Niedersachsen 27.5.2002, NZA-RR 2003, 250; LAG Düsseldorf 24.6.1993, NZA 1993, 1143.
528 LAG Niedersachsen 27.5.2002, NZA-RR 2003, 250; ArbG Braunschweig 14.10.1998, NZA-RR 1999, 489.
529 BAG 3.9.2003, NZA 2004, 278.
530 BAG 3.9.2003, NZA 2004, 278.
531 *Besgen*, NZA 2006, 959.
532 BAG 16.5.2007, NZA 2007, 1117.
533 *Fitting u.a.*, § 40 BetrVG Rn 132.

Laptop, wenn diesem in den jeweiligen Niederlassungen stationäre Computer der Einzelbetriebsräte zur Verfügung stehen.[534]

269 Sind die Mitarbeiter eines Betriebs an ein **betriebsinternes Emailsystem** bzw. das **Intranet** angeschlossen und erfolgt die innerbetriebliche Kommunikation im Wesentlichen auf dessen Basis, kann der Betriebsrat die Mitbenutzung verlangen. Der Betriebsrat wird – soweit berechtigte Interessen des Arbeitgebers nicht entgegenstehen – die Einrichtung eines Email-Accounts als auch eigener E-Mail-Adressen für die Betriebsratsmitglieder verlangen können, ohne dass es eines konkreten Nachweises der Erforderlichkeit im Einzelfall bedarf[535] – nicht jedoch über einen separaten, vom Proxy-Server des Arbeitgebers unabhängigen Internetzugang.[536] Der Betriebsrat muss sich in einem solchen Fall nicht darauf verweisen lassen, die Mitarbeiter des Betriebs durch Aushänge am Schwarzen Brett, mithilfe von Rundschreiben oder im Rahmen von Betriebsversammlungen zu informieren.[537]

270 Ob der Betriebsrat einen generellen Anspruch auf Zugang zum **Internet** hat, wurde seitens des BAG in der Vergangenheit uneinheitlich entschieden. Während das BAG in seiner Entscheidung vom 3.9.2003 den Anschluss an das Internet für erforderlich hielt, wenn dem Arbeitgeber dadurch keine zusätzlichen Kosten entstehen und er keine anderen entgegenstehenden betrieblichen Belange geltend macht,[538] äußerte sich das Gericht in seiner Entscheidung vom 23.8.2006 deutlich zurückhaltender und hielt die Internetnutzung zum Zwecke der Informationsbeschaffung nicht für allgemein üblich.[539] Mit den Entscheidungen vom 20.1.2010,[540] vom 17.2.2010[541] und jüngst vom 20.4.2016[542] hat das BAG jedoch klargestellt, dass der Betriebsrat einen Zugang zum Internet regelmäßig für die sachgerechte Wahrnehmung seiner Aufgaben für erforderlich halten darf, ohne dass es der Darlegung konkreter Aufgaben bedarf, zu deren Erledigung Informationen aus dem Internet benötigt werden. Danach kann der Betriebsrat vom Arbeitgeber die Bereitstellung eines Internetanschlusses jedenfalls dann verlangen, wenn er bereits über einen PC verfügt, im Betrieb ein Internetanschluss vorhanden ist, die Freischaltung des Internetzugangs für den Betriebsrat keine zusätzlichen Kosten verursacht und dem Internetzugang durch den Betriebsrat keine sonstigen berechtigten Belange des Arbeitgebers entgegenstehen. Insoweit kann der Betriebsrat die Einrichtung eines Internetzugangs und einer E-Mail-Adresse nicht nur für das Betriebsratsgremium, sondern auch für jedes einzelne Betriebsratsmitglied vom Arbeitgeber verlangen.[543] Es liegt somit im Rahmen des Beurteilungsspielraums des Betriebsrats zu entscheiden, ob der Zugang zum Internet den einzelnen Betriebsratsmitgliedern auch an deren Arbeitsplatz oder nur über einen zentralen Rechner im Betriebsratsbüro eingerichtet werden soll und ob den einzelnen Betriebsratsmitgliedern ein personalisierter Zugang ermöglicht oder für das Gremium nur ein Gruppenaccount zur Verfügung gestellt werden soll.[544] Der Betriebsrat darf jedoch allein wegen der abstrakten Gefahr der missbräuchlichen Ausnutzung der Kontrollmöglichkeit keinen *separaten* Internetanschluss über einen externen Provider bzw. einen vom Proxy-Server des Arbeitgebers *unabhängigen* In-

---

534 LAG Köln 17.10.1997, NZA-RR 1998, 163.
535 BAG 14.7.2010 – 7 ABR 80/08, n.v., zit. nach juris.
536 BAG 20.4.2016, NZA 2016, 1033.
537 LAG Baden-Württemberg 26.9.1997, DB 1998, 887; BAG 3.9.2003, NZA 2004, 278.
538 BAG 3.9.2003, NZA 2004, 280; LAG Baden-Württemberg 23.1.2013 – 13 TaBV 8/12, n.v., zit. nach juris: Betriebsrat hat keinen Anspruch auf einen externen Internetanschluss, wenn dadurch zusätzliche Kosten entstehen, und er über einen Anschluss für das firmeninterne Netzwerk verfügt.
539 BAG 23.8.2006, NZA 2007, 337.
540 BAG 20.1.2010 – 7 ABR 79/08, NJW-Spezial 2010, 339.
541 BAG 17.2.2010 – 7 ABR 81/09, n.v., zit. nach juris.
542 BAG 20.4.2016, NZA 2016, 1033.
543 BAG 14.7.2010 – 7 ABR 80/08, n.v., zit. nach juris.
544 BAG 18.7.2012, NZA 2013, 49.

ternetzugang für erforderlich halten.[545] Ohne das Vorliegen konkreter Anhaltspunkte könne dem Arbeitgeber schließlich nicht unterstellt werden, dass er von den technischen Überwachungsmöglichkeiten in unzulässiger Weise Gebrauch macht. Einer solchen Vermutung stehe bereits der Grundsatz der vertrauensvollen Zusammenarbeit entgegen.[546] Soweit der Arbeitgeber für sämtliche Arbeitsplätze einen Internetzugang gewährt und durch die Konfiguration Zugriffsrechte auf einzelne Seiten gesperrt oder beschränkt sind, kann der Betriebsrat auch nur in diesem Umfang einen Internetzugang verlangen.[547] Denn durch die Zwischenschaltung des Proxy-Servers des Arbeitgebers werden schädigende Programme ausgefiltert und Webseiten mit unerlaubten (strafbaren und/oder sittenwidrigen) Inhalten gesperrt, hinsichtlich derer ein Zugriffsinteresse des Betriebsrates nicht besteht. Sollte der Betriebsrat bestimmte andere, nicht verfügbare Internetseiten unter Berücksichtigung der berechtigten Interessen des Arbeitgebers zur Erledigung betriebsverfassungsrechtlicher Aufgaben für erforderlich erachten, könnte er gegebenenfalls deren Freischaltung nach § 40 Abs. 2 BetrVG verlangen.[548]

Da dem Kosteninteresse des Arbeitgebers bei der Beurteilung der Erforderlichkeit stets in angemessen Umfang Rechnung zu tragen ist, erscheint bis auf weiteres ein Zugang des Betriebsrats zu kostenpflichtigen **juristischen Online-Datenbanken** (z.B. Beck Online, Juris) angesichts der Möglichkeiten herkömmlicher Informationsbeschaffung und kostenfreier Angebote im Internet nicht zwingend erforderlich.[549]   **271**

Der Betriebsrat hat keinen Anspruch auf die **Einrichtung einer Homepage im öffentlich zugänglichen Internet**, da es zum einen regelmäßig an einem Aufgabenbezug fehlen wird, es der Arbeitgeber zum anderen aber auch nicht hinnehmen muss, dass betriebsinterne Informationen nach außen gelangen.[550] Dagegen kann der Arbeitgeber dazu verpflichtet sein, dem Betriebsrat zur Information der Belegschaft eine eigene **Homepage im betriebseigenen Intranet** zur Verfügung zu stellen, wenn die betriebsinterne Kommunikation per Intranet in dem betreffenden Betrieb üblich ist.[551] Hat der Arbeitgeber das Intranet nur unternehmensweit und damit betriebsübergreifend ausgestaltet, steht das dem Nutzungsanspruch des Betriebsrats nicht entgegen. Denn der Arbeitgeber hat die Möglichkeit, entweder technisch den Zugriff zur Homepage des Betriebsrats auf die von ihm vertretenen Arbeitnehmer zu beschränken oder durch Anweisungen den Arbeitnehmern der anderen Betriebe den Zugriff zu untersagen.[552]   **272**

dd) Fachliteratur

Zu den zur Verfügung zu stellenden Sachmitteln gehört weiterhin die Fachliteratur. Der Arbeitgeber hat dem Betriebsrat arbeits- und sozialrechtliche Gesetzessammlungen, die wichtigsten einschlägigen Gesetzestexte, Kommentare, Unfallverhütungsvorschriften, einschlägige Tarifverträge, Fachzeitschriften und Entscheidungssammlungen zur Verfügung zu stellen.[553] Ob dem Betriebsrat eigene Fachliteratur zur Verfügung gestellt wird oder lediglich die Mitbenutzung der im Betrieb vorhandenen Literatur eingeräumt wird, hängt von Art und Umfang der zu erledigenden Aufgaben unter Berücksichtigung der betrieblichen Gegebenheiten ab.[554] Die wichtigsten arbeitsrechtlichen Gesetzestexte, wie sie in den gängigen Taschenbuchausgaben ent-   **273**

---

545 BAG 20.4.2016, NZA 2016, 1033; allerdings kann der Betriebsrat aufgrund dieser abstrakten Gefahr anstelle eines personalisierten Internetzugangs die Einrichtung eines Gruppenaccounts auf dem Proxy-Server des Arbeitgebers verlangen (BAG 18.7.2012, NZA 2013, 49).

546 BAG 20.4.2016, NZA 2016, 1033.

547 BAG 20.4.2016, NZA 2016, 1033.

548 BAG 20.4.2016, NZA 2016, 1033.

549 GK-BetrVG/*Weber*, § 40 BetrVG Rn 190 ff.; LAG Baden-Württemberg 23.1.2013 – 13 TaBV 8/12, n.v., zit. nach juris.

550 HWK/*Reichhold*, § 40 BetrVG Rn 36; ArbG Paderborn 29.1.1998, DB 1998, 678.

551 *Weber*, NZA 2008, 283.

552 BAG 1.12.2004, NJOZ 2005, 3571.

553 BAG 21.4.1983, AP Nr. 20 zu § 40 BetrVG 1972; BAG 29.11.1989, AP Nr. 32 zu § 40 BetrVG 1972; BAG 25.1.1995, AP Nr. 46 zu § 40 BetrVG 1972.

554 BAG 21.4.1983, AP Nr. 20 zu § 40 BetrVG 1972; BAG 26.10.1994, AP Nr. 43 zu § 40 BetrVG 1972.

halten sind, sind jedem Betriebsratsmitglied zu überlassen.[555] Gleiches gilt – auch in Kleinbetrieben – für die Überlassung eines aktuellen Kommentars zum Betriebsverfassungsgesetz.[556] Dabei darf der Betriebsrat bei der Auswahl des Kommentars oder der Fachzeitschrift ein bestimmtes Werk bevorzugen.[557] Der Arbeitgeber kann beispielsweise ein Abonnement der Zeitschrift Arbeitsrecht im Betrieb nicht ablehnen, weil die im gewerkschaftseigenen Verlag erscheint.[558] Der Bezug einer Fachzeitschrift kann auch verlangt werden, wenn dem Betriebsrat ein unbeschränkter Internetzugang zur Verfügung steht.[559] In mittleren und größeren Betrieben kann der Betriebsrat unter Umständen auch kommentierte Ausgaben der wichtigsten arbeitsrechtlichen Gesetze verlangen.[560] Dem Betriebsrat ist jedoch zuzumuten, eine bereits angekündigte Neuauflage der verlangten Literatur abzuwarten, wenn zu vermuten ist, dass die Neuauflage erhebliche, aktualisierte Änderungen enthält und das Abweichen bis zum Erscheinen die Arbeit des Betriebsrats nicht über Gebühr erschwert.[561] Zu der erforderlichen Literatur gehört dagegen nicht der regelmäßige Bezug der Tagespresse.[562] Gleiches gilt für die Lohnabzugstabelle oder einen Kommentar zum Lohnsteuerrecht, da die Kontrolle des Lohnsteuerabzugs nicht zu den Aufgaben des Betriebsrats zählt.[563]

ee) Büropersonal

274   Ob dem Betriebsrat eine oder mehrere Hilfskräfte und ob diese ihm voll oder zeitweise zur Verfügung zu stellen sind, hängt von Art und Größe des Betriebes und dem tatsächlichen Arbeitsanfall ab.[564] Neben den erforderlichen Schreibkräften steht dem Betriebsrat bei weiterem Arbeitsanfall, der von den Schreibkräften nicht erledigt werden kann, ein Anspruch auf weiteres Personal zu.[565] Erfasst von einem Anspruch aus § 40 Abs. 2 BetrVG sind nur Mitarbeiter, die den Betriebsrat bei der Vorbereitung und Abwicklung von Entscheidungen und der Wahrnehmung seiner Beteiligungsrechte unterstützen.[566] Die Auswahl des Büropersonals trifft der Arbeitgeber, zu dem trotz der Tätigkeit für den Betriebsrat das Arbeitsverhältnis besteht. Der Betriebsrat hat kein eigenes Auswahlrecht, er darf aber die (Weiter-)Beschäftigung einer Bürokraft ablehnen, wenn kein Vertrauensverhältnis (mehr) zu dieser besteht.[567]

3.   Antrag auf Übernahme bzw. Freistellung von Kosten i.S.d. § 40 Abs. 2 BetrVG

▼

275   **Muster 3.20: Antrag auf Übernahme bzw. Freistellung von Kosten i.S.d. § 40 Abs. 2 BetrVG**

An das Arbeitsgericht

In dem Beschlussverfahren mit den Beteiligten

1. Betriebsrat der ▓▓▓▓▓ (*Firma*), vertreten durch den Betriebsratsvorsitzenden ▓▓▓▓▓,

Antragsteller,

– Verfahrensbevollmächtigte: ▓▓▓▓▓ –

---

555 BAG 24.1.1996, AP Nr. 52 zu § 40 BetrVG 1972; LAG Bremen 3.5.1996, NZA 1996, 1288.
556 BAG 26.10.1994, AP Nr. 43 zu § 40 BetrVG 1972; *Fitting u.a.*, § 40 BetrVG Rn 120.
557 BAG 26.10.1994, AP Nr. 43 zu § 40 BetrVG 1972; *Fitting u.a.*, § 40 BetrVG Rn 120.
558 LAG Niedersachen 15.2.1989, AiB 1989, 254.
559 LAG Baden-Württemberg 25.9.2013, 4 TaBV 3/13, n.v., zit. nach juris.
560 LAG Rheinland-Pfalz 18.11.1999, NZA-RR 2000, 533; LAG Bremen 3.5.1996, NZA 1996, 1288.
561 LAG Bremen 3.5.1996, NZA 1996, 1288.
562 BAG 29.11.1989, AP Nr. 32 zu § 40 BetrVG 1972.
563 BAG 11.12.1973, DB 1974, 880.
564 GK-BetrVG/*Weber*, § 40 Rn 195; BAG 20.4.2005, NZA 2005, 1010.
565 BAG 29.4.2015, NZA 2015, 1397.
566 BAG 19.6.2012, NZA 2012, 1237; BAG 29.4.2015, NZA 2015, 1397.
567 BAG 17.10.1990, AP Nr. 8 zu § 108 BetrVG 1972; BAG 5.3.1997, AP Nr. 56 zu § 40 BetrVG 1972.

gegen

2. die Firma [   ], vertreten durch [   ],

Antragsgegnerin,

– Verfahrensbevollmächtigte: [   ] –

bestellen wir uns zu Verfahrensbevollmächtigen des Antragstellers und beantragen:

1. Die Antragsgegnerin wird verpflichtet, dem Antragsteller ein betriebsübliches Kopiergerät sowie ein Telefaxgerät zur ausschließlichen Nutzung zur Verfügung zu stellen.[568]

2. Der Antragsgegnerin wird aufgegeben, den Antragsteller von der Rechnung der [   ] vom [   ] über einen Betrag in Höhe von EUR [   ] freizustellen.

Begründung:

1. Die Antragsgegnerin ist ein Unternehmen im Bereich des Einzelhandels und beschäftigt regelmäßig 1.000 Arbeitnehmer in [   ]. Der Antragsteller ist der bei der Antragsgegnerin gebildete Betriebsrat.

2. Für die laufende Geschäftsführung steht dem Antragsteller weder ein Kopiergerät noch ein Faxgerät zur alleinigen Benutzung zur Verfügung. Bisher ist der Antragsteller darauf angewiesen, das vom Betriebsratsbüro räumlich nächstgelegene Kopiergerät in einem etwa 1.500 m entfernt gelegenen Betriebsgebäude zu nutzen.

Beweis: Zeugnis des [   ]

Gleiches gilt für das Telefaxgerät, das sich in der Telefonzentrale des zuvor benannten Betriebsgebäudes befindet. Eingehende Telefaxschreiben, die für den Antragsteller bestimmt sind, werden regelmäßig im Eingangsbereich der Telefonzentrale in ein für jeden zugängliches Betriebsratsfach gelegt.

Beweis: Zeugnis des [   ]

3. Die Mitbenutzung des Kopiergerätes sowie des Telefaxgerätes ist dem Antragsteller nicht weiter zumutbar. Vielmehr benötigt er zur Wahrnehmung seiner betriebsverfassungsrechtlichen Aufgaben unter Wahrung des berechtigten Geheimhaltungsinteresses jeweils ein eigenes Kopier- und Telefaxgerät. Der Antragsteller hat daher in der Betriebsratssitzung vom [   ] einstimmig die Erforderlichkeit der Anschaffung eines eigenen Kopierers sowie eines eigenen Telefaxgeräts beschlossen.

Beweis: Beschluss des Antragstellers vom [   ] (Anlage AS 1).

4. Die Antragsgegnerin hat die Anschaffung der geforderten Sachmittel mit Schreiben vom [   ] abgelehnt. Dies begründete sie damit, dass mit der Neuanschaffung der gewünschten Geräte erhebliche Kosten verbunden seien, die sie nicht zu tragen gewillt ist. Zudem könne der Antragsteller weiterhin die im Betrieb vorhandenen Kopier- und Telefaxgeräte mitbenutzen. Dadurch sei sein Anspruch gem. § 40 Abs. 2 BetrVG bereits erfüllt.

Beweis: Schreiben der Antragsgegnerin vom [   ] (Anlage AS 2).

5. Die Bereitstellung eines separaten Kopiergeräts in den Räumen des Antragstellers ist jedoch zur ordnungsgemäßen Durchführung der betriebsverfassungsrechtlichen Aufgaben erforderlich. Das Erstellen von Arbeitsunterlagen, die schriftliche Kommunikation mit dem Arbeitgeber, den im Betrieb vertretenen Ge-

---

568 Der Anspruch des Betriebsrats bzw. des Betriebsratsmitglieds auf Kostentragung kann verschiedene Inhalte haben. Da der Betriebsrat nach § 40 Abs. 2 BetrVG nur einen Überlassungsanspruch gegen den Arbeitgeber hat, richtet sich der Antrag regelmäßig auf Übernahme der konkret zu bezeichnenden Kosten. In dringenden Ausnahmefällen kann der Betriebsrat aber zur Selbstbeschaffung der erforderlichen Sachmittel berechtigt sein, so dass grundsätzlich auch Freistellungs- oder Erstattungsansprüche in Betracht kommen. Ist das Betriebsratsmitglied bereits eine Verbindlichkeit eingegangen, hat es diese aber noch nicht erfüllt, richtet sich der Anspruch auf Freistellung von der Zahlungsverpflichtung. Hat es die Verbindlichkeit durch Zahlung bereits erfüllt, ist der Antrag auf Erstattung der Kosten zu richten. Erstattungs- und Freistellungsansprüche einzelner Betriebsratsmitglieder können sowohl durch den Betriebsrat als auch von ihnen selbst geltend gemacht werden (BAG 15.1.1992, AP Nr. 41 zu § 40 BetrVG 1972). In beiden Fällen findet das arbeitsgerichtliche Beschlussverfahren Anwendung. Macht der Betriebsrat Freistellungs- und Erstattungsansprüche von Betriebsratsmitgliedern im eigenen Namen geltend, so kann er die gewünschte Leistung (Freistellung/Erstattung) nicht an sich selbst, sondern nur an das betroffene Betriebsratsmitglied verlangen, welches Beteiligte(r) des Verfahrens ist.

werkschaften und der Belegschaft sowie die Dokumentation dieser Vorgänge gehören zu der laufenden Geschäftsführung des Antragstellers und sind damit Bestandteil seiner gesetzlichen Aufgaben. Dafür sind regelmäßig zahlreiche Kopien anzufertigen. Dem Antragsteller kann jedoch wegen der räumlichen Entfernung die Mitbenutzung des Kopiergerätes in dem 1.500 m entfernt liegenden Betriebsgebäude nicht zugemutet werden. Angesichts der Größe des Betriebs belastet die Anschaffung des Kopierers und dessen Unterhalt die Antragsgegnerin auch nicht unangemessen.

6. Weiterhin entspricht auch der Antrag auf Überlassung eines Telefaxgerätes zur ausschließlichen Nutzung pflichtgemäßem Ermessen. Die derzeitige Mitbenutzung des Telefaxgerätes der Antragsgegnerin trägt den Geheimhaltungsinteressen des Antragstellers nicht ausreichend Rechnung. So kann beispielsweise bei eingehenden Telefaxschreiben nicht ausgeschlossen werden, dass diese längere Zeit für jeden einsehbar im Betriebsratsfach der Posteingangsstelle liegen. Dieser Zustand kann auch durch die Vereinbarung einer telefonischen Ankündigung des Telefaxschreibens nicht abschließend beseitigt werden, da eine solche Abrede mit Außenstehenden regelmäßig nicht zuvor getroffen werden kann. Aber selbst die zeitnahe Abholung eines telefonisch angekündigten Telefax ist bei der Größe des Betriebs der Antragsgegnerin dem Antragsteller nicht zumutbar. Bei wie hier betriebsüblicher Telefax-Kommunikation kann dem Geheimhaltungsschutz des Betriebsrats folglich nur durch Bereitstellung eines Gerätes Rechnung getragen werden, zu dem weder der Arbeitgeber noch Dritte im Betrieb Zugang haben.

7. Ferner ist der Antragsteller von den Kosten des von ihm abgeschlossenen Abonnements der Zeitschrift Arbeitsrecht im Betrieb in Höhe von ▓▓▓▓ EUR gem. Rechnung vom ▓▓▓▓ freizustellen. Die Antragsgegnerin weigerte sich entgegen des rechtskräftigen Beschlusses des Arbeitsgericht ▓▓▓▓ vom ▓▓▓▓, Az. ▓▓▓▓, beharrlich, für den Antragsteller ein Abonnement der Zeitschrift Arbeitsrecht im Betrieb abzuschließen mit der Begründung, die von ihr abonnierte und dem Antragsteller zur Verfügung gestellte NZA erfülle bereits das Informationsbedürfnis des Antragstellers, so dass der Bezug einer weiteren Zeitschrift nicht erforderlich sei. Zudem erscheine die Zeitschrift Arbeitsrecht im Betrieb im gewerkschaftseigenen Verlag, den die Antragsgegnerin nicht unterstützen wolle, zumal die Zeitschrift die abgehandelten Themen einseitig interessenbezogen darstelle. Infolge dieser Weigerung entgegen der gerichtlichen Entscheidung war der Antragsteller gezwungen, das gewünschte Abonnement selbst abzuschließen, so dass dieser von den Kosten freizustellen ist. Insbesondere hat bereits das Arbeitsgericht ▓▓▓▓ mit rechtskräftigem Beschl. v. ▓▓▓▓ festgestellt, dass der Antragsteller mit seinem Beschluss, das Zurverfügungstellen der Zeitschrift „Arbeitsrecht im Betrieb" zu verlangen, weder sein Ermessen überschritten noch missbräuchlich ausgeübt hat, so dass der Bezug besagter Zeitschrift als erforderlich zu qualifizieren ist.

(*Unterschrift*)

III. Antrag auf Erstattung von Schulungskosten

Literatur: *Besgen*, Die Auswirkungen des AGG auf das Betriebsverfassungsrecht, BB 2007, 213; *Bitsch/Drechsler*, Betriebsratsschulungen, AuA 2014, 140; *Bleistein*, Schulungs- und Bildungsveranstaltungen und Bildungsurlaub für Betriebsratsmitglieder (§ 37 Abs. 6 und 7 BetrVG), DB 1975 Beil. 1; *Bohn*, Teilnahme von Betriebsratsmitgliedern an Schulungs- und Bildungsveranstaltungen, BB 1975, 1392; *Ehrich/Hoß*, Die Kosten des Betriebsrats – Umfang und Grenzen der Kostentragungspflicht des Arbeitgebers, NZA 1996, 1075; *Eich*, Die Schulung und Bildung von Betriebsräten, BB 1973, 1032; *Esser*, Erforderlichkeit mit Beurteilungsspielraum? – Zur Anwendung des § 37 Abs. 6 BetrVG, RdA 1976, 229; *Hohn*, Schulungsveranstaltungen nach § 37 Abs. 6 BetrVG, BB 1977, 400; *Jacobi/Rausch*, *Kappelhoff/Kühnel*, Der Schulungsanspruch nach § 37 Abs. 6 BetrVG aus Betriebsratsicht, ArbRB 2014, 179; Auslagenerstattung an Betriebsratsmitglieder bei Teilnahme an Schulungs- und Bildungsveranstaltungen nach § 37 Abs. 6 BetrVG, DB 1972, 972; *Keßler*, Bildungsurlaub für Betriebsratsmitglieder, AuA 1995, 121; *Kittner*, Ersatz von Kosten für den Besuch von Schulungsveranstaltungen nach § 37 Abs. 6 BetrVG, BB 1972, 969; *Klinkhammer*, Die Erstattungspflicht des Arbeitgebers für Schulungskosten der Betriebsratsmitglieder, BB 1973, 1399; *Loritz*, Die Erforderlichkeit und Geeignetheit von Betriebsräte-Schulungs- und Bildungsveranstaltungen, NZA 1993, 2; *Maußner/Schuhmacher*, Der Schulungsanspruch des Betriebsrats, ArbRAktuell, 2014, 221; *Ohlgardt*, Die Kostentragung bei gewerkschaftlicher Schulung von Betriebsräten, BB 1974, 1029; *Richter*, Nach der Betriebsratswahl: In welchem Umfang muss der Arbeitgeber die Schulung von Betriebsratsmitgliedern finanzieren?, BB 2014, 2233; *Schiefer*, Inhalt und Kosten von Betriebsratsschulungen, NZA 1995, 454; *Schneider*, Schulungsansprüche erstmals gewählter Betriebsratsmitglieder, AiB 1987, 196, *Sowka*, Schulungsveranstaltungen für Betriebsräte gemäß § 37 BetrVG, BB 1996, 1165; *Walter*, Kosten und Erforderlichkeit von Bildungsveranstaltungen für Betriebs- und Personalräte nach § 37 Abs. 6 BetrVG, AUR 1996, 111; *Wank/Maties*, Die Erforderlichkeit von Schulungen der Personalvertretungen nach BetrVG und BPersVG, NZA 2005, 1033; *Wichert*, Betriebsräteschulung gemäß § 37 Abs. 6 BetrVG, DB 1997, 2325; *Windeln*, Der Schulungsanspruch nach § 37 Abs. 6 BetrVG aus Arbeitgebersicht, ArbRB 2014, 182.

1. Typischer Sachverhalt

In einem Dienstleistungsunternehmen mit ca. 120 Arbeitnehmern plant der zuständige Betriebsrat, ein neu **276** gewähltes Betriebsratsmitglied zu der von ver.di angebotenen 3-tägigen Schulungsveranstaltung „Arbeitsrecht, Teil 1" zu entsenden. Nach entsprechender Beschlussfassung unterrichtet der Betriebsrat die Arbeitgeberin über die beabsichtigte Teilnahme an der Schulungsveranstaltung und beantragt die Übernahme von Schulungs- und Fahrtkosten sowie einer Verpflegungspauschale. Die Arbeitgeberin lehnt die Schulungsteilnahme aus Kostengründen und wegen fehlender Erforderlichkeit ab. Der Betriebsrat leitet daraufhin bei dem zuständigen Arbeitsgericht ein Beschlussverfahren über die Erstattung von Schulungskosten ein.

2. Rechtliche Grundlagen

a) Schulungsmaßnahmen nach § 37 Abs. 6 BetrVG
aa) Erforderlichkeit einer Schulungsveranstaltung

Nach § 40 Abs. 1 BetrVG hat der Arbeitgeber die durch die Tätigkeit des Betriebsrats entstehenden Kosten **277** zu tragen. Dazu gehören auch die Kosten, die anlässlich der Teilnahme eines Betriebsratsmitglieds an einer Schulungsveranstaltung nach § 37 Abs. 6 BetrVG entstanden sind, sofern das bei der Schulung vermittelte Wissen für die Betriebsratsarbeit erforderlich ist.[569] Zu unterscheiden ist stets zwischen der objektiven Erforderlichkeit einer Schulung für die ordnungsgemäße Wahrnehmung von betriebsverfassungsrechtlichen Aufgaben und der subjektiven Erforderlichkeit einer Schulung für die konkret zu entsendende(n) Person(en).[570]

Die Vermittlung von Kenntnissen ist für die Betriebsratsarbeit **objektiv erforderlich**, wenn sie unter Berücksichtigung der konkreten Verhältnisse im Betrieb und im Betriebsrat notwendig sind, damit der Betriebsrat seine gegenwärtigen oder in naher Zukunft anstehenden Aufgaben sach- und fachgerecht erfüllen kann. Erforderlich ist regelmäßig die Vermittlung von **Grundkenntnissen** des Betriebsverfassungsrechts, ohne dass dies von dem Betriebsrat näher dargelegt zu werden braucht. Die Kenntnisse der gesetzlichen Grundlage sind für die ordnungsgemäße Tätigkeit bei jedem Betriebsratsmitglied Voraussetzung.[571] Überdies wird zutreffend die Schulung jedes Betriebsratsmitglieds im allgemeinen Arbeitsrecht sowie im Bereich der Arbeitssicherheit und Unfallverhütung für erforderlich erachtet, da das Betriebsratsmitglied ohne Kenntnisse die Überwachungsaufgabe nach § 80 BetrVG nicht unabhängig wahrnehmen kann.[572] Der Betriebsrat muss sich nicht darauf verweisen lassen, dass sich das zu der Schulung zu entsendende Betriebsratsmitglied die erforderlichen Kenntnisse auch auf andere Weise, wie etwa durch Selbststudium oder durch Befragung der übrigen, besser informierten Betriebsratsmitglieder, verschaffen könnte.[573]

Dagegen bedarf die Vermittlung von **Spezialwissen** der Darlegung eines aktuellen oder absehbaren betrieblichen oder betriebsbezogenen Anlasses, aus dem sich der konkrete Schulungsbedarf ergibt.[574] Der Betriebsrat muss darlegen, dass er die durch Schulung zu vermittelnden Kenntnisse unter Berücksichtigung der konkreten Situation des Betriebs und Betriebsrats sofort oder aufgrund einer typischen Fallgestaltung demnächst benötigt.[575] Nicht ausreichend ist die bloß theoretische Möglichkeit, die Kennt-

---

569 BAG 28.3.2007, AP Nr. 89 zu § 40 BetrVG 1972; BAG 4.6.2003, AP Nr. 1236 zu § 37 BetrVG 1972; BAG 8.3.2000, AP Nr. 68 zu § 40 BetrVG 1972.

570 BAG 16.10.1986, AP Nr. 58 zu § 37 BetrVG 1972; BAG 24.5.1995, AP Nr. 109 zu § 37 BetrVG 1972.

571 BAG 20.8.2014, NZA 2014, 1349; BAG 18.1.2012, NZA 2012, 813; *Fitting*, § 37 BetrVG Rn 163.

572 BAG 14.1.2015 – 7 ABR 95/1, NZA 2015, 632; *Maußner/Schuhmacher*, ArbRAktuell 2014, 221, 222.

573 BAG 15.5.1986, AP Nr. 54 zu § 37 BetrVG 1972; BAG 16.10.1986, AP Nr. 58 zu § 37 BetrVG 1972.

574 BAG 20.12.1995, AP Nr. 113 zu § 37 BetrVG 1972; BAG 19.7.1995, AP Nr. 110 zu § 37 BetrVG 1972.

575 BAG 14.1.2015, NZA 2015, 632.

nisse könnten später erforderlich sein.[576] So ist beispielsweise die Vermittlung allgemeiner Grundkennt-nisse des Sozial- und Sozialversicherungsrechts ohne einen konkreten betriebsbezogenen Anlass nicht erforderlich im Sinne von § 37 Abs. 6 BetrVG, da die Beratung von Arbeitnehmern in sozialversiche-rungsrechtlichen Fragen nicht zu den betriebsverfassungsrechtlichen Aufgaben des Betriebsrats ge-hört.[577] Ebenso werden spezielle Themenstellungen mit rein allgemein bildenden, künstlerischen, unter-haltenden, allgemein politischen oder kirchlichen Themen, die keinen konkreten Bezug zu den Aufgaben des Betriebsrats aufweisen, regelmäßig als nicht erforderlich im Sinne des § 37 Abs. 6 BetrVG angese-hen.[578] Schulungen zu allgemeinen Themen wie Rhetorik oder Verhandlungsführung können aber erfor-derlich sein, wenn das Betriebsratsmitglied beispielsweise besonders häufig mit dem Arbeitgeber über betriebliche Regelungen verhandelt.[579] Dagegen kann es nach Ansicht des BAG im Einzelfall erforder-lich i.S.v. § 37 Abs. 6 S. 1 BetrVG sein, dass sich einzelne Betriebsratsmitglieder über die aktuelle Recht-sprechung des BAG durch die Teilnahme an einer Schulungsveranstaltung informieren; in diesem Fall ist jedoch die Darlegung des betrieblichen Bezugs durch den Betriebsrat erforderlich, da Kenntnisse der ak-tuellen Rechtsprechung des BAG nicht zum unverzichtbaren Grundwissen der einzelnen Betriebsratsmit-glieder gehören.[580]

Bei der **subjektiven Erforderlichkeit** wird auf die Erfahrungen und Vorkenntnisse des zu der Schulung zu entsendenden Betriebsratsmitglieds abgestellt. Bei der Vermittlung von **Grundkenntnissen** kann auf eine nähere Darlegung der Schulungsbedürftigkeit bei erstmals gewählten Betriebsratsmitgliedern verzichtet werden.[581] Die Entsendung zu einer derartigen Veranstaltung scheidet mangels Erforderlichkeit jedoch aus, wenn das ausgewählte Betriebsratsmitglied die erforderlichen Kenntnisse bereits besitzt. Dabei muss es sich allerdings um persönliche Kenntnisse des Betriebsratsmitglieds handeln, nicht um Kenntnisse des Gremiums „Betriebsrat" oder anderer Betriebsratsmitglieder.[582] Hat das vom Betriebsrat ausgewählte Betriebsratsmitglied selbst Vorkenntnisse, z.B. durch den Besuch anderer Veranstaltungen nach § 37 Abs. 6 BetrVG, durch die Teilnahme an einer Bildungsveranstaltung nach § 37 Abs. 7 BetrVG, durch Eigenstu-dium oder durch eine frühere Tätigkeit bei einer Gewerkschaft, im Betriebsrat oder in anderen Gremien, kann es an der Erforderlichkeit einer (weiteren) Information über die Grundbegriffe des Arbeitsrechts oder Betriebsverfassungsrechts fehlen. Daher wird die Vermittlung von Grundkenntnissen bei einem Be-triebsratsmitglied, das dem Betriebsrat bereits längere Zeit angehört, regelmäßig nicht erforderlich sein. Eine andere Beurteilung kann bei konkreter Darlegung der die Erforderlichkeit begründenden Umstände im Einzelfall geboten sein, etwa dann, wenn in einem kleinen Betrieb jahrelang nur in geringem Umfang Betriebsratstätigkeiten angefallen sind, so dass die Betriebsratsmitglieder keine Erfahrungen sammeln konnten, oder wenn ein Betriebsratsmitglied durch längere Krankheit oder Urlaub gehindert war, Erfah-rungswissen zu erwerben.[583] Kurz vor dem Ausscheiden eines Betriebsratsmitglieds aus dem Betriebsrat oder auch kurz vor dem bevorstehenden Ende des Arbeitsverhältnisses ist eine Schulung grundsätzlich nicht

---

576 BAG 9.10.1973, AP Nr. 4 zu § 37 BetrVG 1972; BAG 16.3.1988, AP Nr. 63 zu § 37 BetrVG 1972; BAG 15.1.1997, AP Nr. 63 zu § 37 BetrVG 1972.
577 BAG 4.6.2003, NZA 2003, 1284.
578 BAG 26.8.1975, AP Nr. 21 zu § 37 BetrVG 1972; LAG Berlin 11.12.1989, DB 1990, 696; LAG Hamm 25.6.2004 – 10 Sa 2025/03, n.v.
579 BAG 12.1.2011, NZA 2011, 813, Fitting, § 37 BetrVG Rn 153.
580 BAG 18.1.2012, NZA 2012, 813..
581 BAG 4.6.2003, AP Nr. 136 zu § 37 BetrVG 1972; BAG 19.7.1995, AP Nr. 110 zu § 37 BetrVG 1972; BAG 15.5.1986, AP Nr. 54 zu § 37 BetrVG 1972.
582 BAG 16.10.1986, AP Nr. 58 zu § 37 BetrVG 1972.
583 BAG 16.10.1986, AP Nr. 58 zu § 37 BetrVG 1972 Nr. 58.

mehr erforderlich, weil die in der Schulung erworbenen Kenntnisse vom Betriebsratsgremium nicht mehr genutzt werden können.[584] Hält der Betriebsrat die Schulung dennoch für erforderlich, hat er dies konkret darzulegen.[585]

Bei der Vermittlung von **Spezialwissen** muss das Betriebsratsmitglied mit der betreffenden Materie der beabsichtigten Schulung aufgrund der konkreten betrieblichen Situation derzeit befasst sein oder sich in unmittelbarer Zukunft damit befassen. So wird die Entsendung eines Mitglieds des Wirtschaftsausschusses zu einem Seminar zu betriebswirtschaftlichen Themen subjektiv erforderlich sein, die Entsendung eines Mitglieds des IT-Ausschusses zur Schulung über die betriebliche Altersvorsorge dagegen nicht.[586]

bb) Teilweise Erforderlichkeit

Verlangt der Betriebsrat die Arbeitsbefreiung bzw. Kostenerstattung für eine Schulungsmaßnahme, die nur zum Teil erforderliche Kenntnisse vermittelt, ist wie folgt zu unterscheiden: Können die einzelnen Themen der Schulung klar voneinander abgegrenzt und zeitlich so begrenzt werden, dass ein zeitweiser Besuch sinnvoll und möglich ist, so besteht der Anspruch nach § 37 Abs. 6 BetrVG nur für diesen abtrennbaren und „erforderlichen" Teil der Veranstaltung.[587] Ist ein zeitweiser Besuch dagegen ausgeschlossen, so ist die gesamte Schulungsveranstaltung als erforderlich anzusehen, wenn die erforderlichen Themen mit mehr als 50 v.H. überwiegen.[588] Dabei ist nicht die Zahl der Themen, sondern allein der Zeitaufwand der einzelnen Themen maßgebend.[589] Vor diesem Hintergrund hat der Betriebsrat stets den Seminar- bzw. Schulungsplan und die zeitliche Gewichtung der dort zu behandelnden Sachthemen darzulegen.[590]   278

cc) Verhältnismäßigkeit

Neben der Erforderlichkeit ist bei Schulungsmaßnahmen auch der Grundsatz der Verhältnismäßigkeit zu beachten.[591] Das bedeutet, dass auch die Anzahl der zu der Schulung zu entsendenden Mitglieder als auch die Dauer sowie die Kosten der Schulung an sich verhältnismäßig sein müssen.[592]   279

In Bezug auf die Frage der **Zahl der zu entsendenden Betriebsratsmitglieder** ist zu beachten, dass vor allem bei größeren Betriebsräten im Hinblick auf die dort unumgängliche Geschäftsverteilung nicht alle Betriebsratsmitglieder gleichmäßig geschult zu werden brauchen. Während Grundkenntnisse im Betriebsverfassungsrecht,[593] im allgemeinen Arbeitsrecht[594] sowie im Bereich der Arbeitssicherheit und der Unfallverhütung regelmäßig für sämtliche Betriebsratsmitglieder als erforderlich angesehen werden, genügt es bei der Vermittlung von Spezialkenntnissen in der Regel, dass nur diejenigen Betriebsratsmitglieder geschult werden, denen die Wahrnehmung dieser Aufgaben im Rahmen des Kollektivorgans „Betriebsrat" obliegt.[595]   280

Auch die mögliche **Dauer einer Schulung** ergibt sich stets aus den konkreten betrieblichen Umständen im Einzelfall. Dabei ist auf den Wissensstand der zu schulenden Betriebsratsmitglieder, den Umfang der zu   281

---

584 BAG 17.11.2010, NZA 2011, 816 ff.; GK-BetrVG/*Weber*, § 37 Rn 166; Richardi/*Thüsing*, § 37 BetrVG Rn 135.
585 BAG 7.6.1989, AP Nr. 67 zu § 37 BetrVG 1972, BAG 17.11.2010, NZA 2011, 816 ff.: Kann der Betriebsrat Art und Umfang der beteiligungspflichtigen Angelegenheiten, die voraussichtlich bis zum Ende des Arbeitsverhältnisses des zu schulenden Betriebsratsmitglieds anfallen würden, nicht beurteilen, kann er die Teilnahme eines erstmals in den Betriebsrat gewählten Mitglieds als erforderlich ansehen.
586 Vgl. *Maußner/Schuhmacher*, ArbRAktuell 2014, 221, 222.
587 BAG 10.5.1974, AP Nr. 4 zu § 65 BetrVG 1972; BAG 28.5.1976, AP Nr. 24 zu § 37 BetrVG 1972.
588 BAG 28.5.1976, AP Nr. 24 zu § 37 BetrVG 1972; BAG 21.7.1978, AP Nr. 4 zu § 38 BetrVG 1972.
589 GK-BetrVG/*Weber*, § 37 Rn 185.
590 Hess. LAG 13.7.1989, LAGE Nr. 29 zu § 37 BetrVG 1972; Hess. LAG 27.1.1994, NZA 1994, 1134.
591 BAG 28.6.1995, AP Nr. 48 zu § 40 BetrVG 1972; GK-BetrVG/*Weber*,§ 37 Rn 197 ff.
592 BAG 27.9.1974, AP Nr. 18 zu § 37 BetrVG 1972; BAG 28.5.1976, AP Nr. 24 zu § 37 BetrVG 1972; BAG 8.2.1977, AP Nr. 26 zu § 37 BetrVG 1972.
593 BAG 21.11.1978, AP Nr. 35 zu § 37 BetrVG 1972.
594 BAG 16.10.1986, AP Nr. 58 zu § 37 BetrVG 1972.
595 BAG 9.10.1973, AP Nr. 4 zu § 37 BetrVG 1972; BAG 20.12.1995, AP Nr. 113 zu § 37 BetrVG 1972.

erwerbenden Kenntnisse und die Schwierigkeit des Schulungsinhalts abzustellen. Für die Vermittlung von Grundkenntnissen werden üblicherweise bis zu einwöchige, bei Spezialschulungen auch bis zu 14 Tage dauernde Schulungen als verhältnismäßig angesehen.[596]

282 Auch die **Kosten der Schulungsmaßnahme** hat der Betriebsrat auf das notwendige Maß zu beschränken und nach pflichtgemäßem Ermessen zu prüfen, ob die zu erwartenden Schulungskosten mit der Größe und Leistungsfähigkeit des Betriebes zu vereinbaren sind.[597] Der Betriebsrat ist allerdings nicht gehalten, anhand einer umfassenden Marktanalyse den günstigsten Anbieter zu ermitteln und ohne Rücksicht auf andere Erwägungen auszuwählen. Seine Auswahlentscheidung kann er daher bei vergleichbaren Seminarinhalten auch von dem Veranstalter selbst abhängig machen.[598] Bei gleichartigen und gleichwertigen Schulungsmaßnahmen ist regelmäßig nur die kostengünstigste verhältnismäßig.[599] Dabei ist es für den Anspruch nach § 37 Abs. 6 BetrVG grundsätzlich unerheblich, wer Träger der Schulungsmaßnahme ist.[600] Als Veranstalter kommen daher neben den Gewerkschaften auch Arbeitgeberverbände, Arbeiter- und Angestelltenkammern, Berufsgenossenschaften, rechtlich selbstständige Bildungseinrichtungen, Verwaltungs- und Wirtschaftsakademien, Volkshochschulen und kirchliche Einrichtungen in Betracht. Führen jedoch Gewerkschaften oder gewerkschaftsnahe Träger die Schulungsmaßnahme durch, ist die Kostenerstattungspflicht des Arbeitgebers durch den koalitionsrechtlichen Grundsatz eingeschränkt, dass die Gewerkschaft aus der Schulungsveranstaltung zumindest keinen Gewinn erzielen darf.[601] Der Betriebsrat hat die Schulungskosten daher im Einzelnen nachzuweisen und abzurechnen.[602] Der Arbeitgeber braucht in diesem Fall nur die tatsächlichen Kosten zu tragen, die der Gewerkschaft durch die konkrete Schulung entstehen.[603]

dd) Zeitliche Lage der Schulungsteilnahme

283 Der Betriebsrat hat bei der Festlegung der zeitlichen Lage der Teilnahme an einer Schulungsveranstaltung die betrieblichen Notwendigkeiten nach pflichtgemäßem Ermessen zu berücksichtigen. Beispielsweise kann aufgrund der mit der Schulung verbundenen Freistellung von der Arbeitspflicht bei gleichzeitiger Schulung mehrerer Betriebsratsmitglieder eine Beeinträchtigung des Betriebsablaufs bestehen. Der Betriebsrat hat dem Arbeitgeber die zeitliche Lage rechtzeitig, d.h. regelmäßig zwei bis drei Wochen vor dem geplanten Beginn der Schulung mitzuteilen.[604] Der Arbeitgeber muss nämlich noch die Möglichkeit haben, soweit er die betrieblichen Notwendigkeiten für nicht ausreichend berücksichtigt hält, zur Klärung die Einigungsstelle anzurufen. Selbst bei der geplanten Teilnahme von freigestellten Betriebsratsmitgliedern an externen Schulungen bedarf es dieses zeitlichen Vorlaufs, da der Arbeitgeber ein schützenswertes Interesse daran hat, Kenntnis von der Anzahl der im Betrieb zur Verfügung stehenden Betriebsratsmitglieder zu haben, um so den Ausfall eines Ansprechpartners aus dem Betriebsrat bereits im Vorfeld kompensieren zu können.[605] Obwohl das Gesetz selbst keine Frist für die Anrufung der Einigungsstelle vorsieht, hat der Arbeitgeber nach überwiegender Ansicht in analoger Anwendung des § 38 Abs. 2 Satz 4 BetrVG die Einigungsstelle innerhalb von zwei Wochen nach Erhalt der Mitteilung durch den Betriebsrat anzurufen, wenn er die betrieblichen Notwendigkeiten für nicht ausreichend berücksichtigt hält.[606] Dagegen obliegt die Entscheidung über die Frage, ob die Schulungsveranstaltung für die Betriebsratsarbeit erforderliche oder zumindest überwiegend erforderliche Kenntnisse vermittelt, dem Arbeitsgericht.

---

596 *Fitting u.a.*, § 37 BetrVG Rn 173; *Windeln*, ArbRB 2014, 182, 183.

597 BAG 8.2.1977, AP Nr. 26 zu § 37 BetrVG 1972.

598 BAG 28.6.1995, AP Nr. 48 zu § 40 BetrVG 1972.

599 GK-BetrVG/*Weber*, § 40 Rn 72.

600 GK-BetrVG/*Weber*, § 37 Rn 159.

601 BAG 30.3.1994, NZA 1995, 382; BAG 15.1.1992, NZA 1993, 189; BAG 31.10.1972, AP Nr. 2 zu § 40 BetrVG 1972.

602 BAG 30.3.1994, NZA 1995, 382; BAG 29.4.1976, AP Nr. 9 zu § 40 BetrVG 1972.

603 BAG 15.1.1992, NZA 1993, 189.

604 *Fitting u.a.*, § 37 BetrVG Rn 240.

605 BAG 24.2.2016 – 7 ABR 20/14.

606 DKKW/*Wedde*, § 37 BetrVG Rn 159; ErfK/*Koch*, § 37 BetrVG Rn 24; *Fitting u.a.*, § 37 BetrVG Rn 244.

ee) Inhaber des Schulungsanspruchs

Inhaber des Schulungsanspruchs gemäß § 37 Abs. 6 BetrVG ist grundsätzlich der Betriebsrat als Kollekti- **284** vorgan. Erst wenn der Betriebsrat im Rahmen des Entsendebeschlusses ein bestimmtes Mitglied für eine Schulungsteilnahme bestimmt hat, erwirbt dieses einen abgeleiteten Individualanspruch auf die Schulungsteilnahme.[607]

Schulungsberechtigt sind grundsätzlich die ordentlichen Mitglieder des Betriebsrats, wobei den in Teilzeit beschäftigten Betriebsratsmitgliedern der Anspruch auf Schulung im selben Umfang wie vollzeitbeschäftigten Betriebsratsmitgliedern zu gewähren ist. Dagegen darf der Betriebsrat die Schulung von Ersatzmitgliedern nur unter besonderen Umständen für erforderlich halten. Allein die Erwartung von Vertretungsfällen aufgrund des Urlaubs oder der vorübergehenden Erkrankung der ordentlichen Betriebsratsmitglieder reicht zur Rechtfertigung der Schulung von Ersatzmitgliedern regelmäßig nicht aus.[608] Vielmehr hat der Betriebsrat zu prüfen, ob er seine Arbeitsfähigkeit nicht durch andere ihm zumutbare und den Arbeitgeber finanziell weniger belastende Maßnahmen gewährleisten kann.[609] Gleichwohl darf der Betriebsrat die Schulung eines Ersatzmitglieds ausnahmsweise für erforderlich halten, wenn z.B. das Ersatzmitglied häufig für längere Zeit ein Betriebsratsmitglied vertreten muss[610] oder wenn dies im Einzelfall zur Gewährleistung der Arbeitsfähigkeit des Betriebsrats erforderlich ist.[611]

ff) Entsendebeschluss und Mitteilungspflichten des Betriebsrats

Voraussetzung für die Teilnahme eines oder mehrerer Betriebsratsmitglieder an einer Schulung ist eine ent- **285** sprechende Beschlussfassung des Betriebsrats. Bei der Beschlussfassung hat sich der Betriebsrat auf den Standpunkt eines vernünftigen Dritten zu stellen, der die Interessen des Betriebs einerseits sowie des Betriebsrats und der Arbeitnehmerschaft andererseits gegeneinander abzuwägen hat.[612] Dabei hat er jedoch hinsichtlich Inhalt und Umfang der erforderlichen Kenntnisse und Schulungen einen Beurteilungsspielraum.[613]

Inhalt des Beschlusses müssen Thema, Schulungsort und Veranstalter sein. Im Beschluss sind auch die Anzahl und die Auswahl der Betriebsratsmitglieder sowie die zeitliche Lage der Schulung zu benennen.[614] Dabei muss der Beschluss formell ordnungsgemäß sein. Nach Abschluss der Schulungsmaßnahme kann der Beschluss nicht nachträglich geheilt werden..[615]

gg) Rechtsfolge

Der Arbeitgeber wird gemäß § 37 Abs. 6 BetrVG zur Arbeitsbefreiung und Fortzahlung des Arbeitsentgelts **286** verpflichtet. Es gilt dabei das Lohnausfallprinzip. Die Kosten der Schulungsteilnahme, wie z.B. Schulungsgebühr, Reise-, Übernachtungs- und Verpflegungskosten, trägt der Arbeitgeber dagegen gemäß § 40 Abs. 1 BetrVG.

> *Hinweis*
>
> Bitte beachten Sie, dass nur die Freistellungsverpflichtung sowie die Übernahme der Schulungs-, Reise-, Übernachtungs- und Verpflegungskosten im Wege des Beschlussverfahrens geltend zu machen sind. Anspruchsberechtigt sind sowohl der Betriebsrat als Gremium, als auch das einzelne Betriebsratsmit-

---

607 *Windeln*, ArbRB 2014, 182, 184.
608 BAG 15.5.1986, AP Nr. 53 zu § 37 BetrVG 1972.
609 BAG 15.5.1986, AP Nr. 53 zu § 37 BetrVG 1972; BAG 20.12.1995, AP Nr. 113 zu § 37 BetrVG 1972.
610 BAG 15.5.1986, AP Nr. 53 zu § 37 BetrVG 1972; BAG 14.12.1994, AP Nr. 100 zu § 37 BetrVG 1972; BAG 19.9.2001, AP Nr. 9 zu § 25 BetrVG 1972.
611 BAG 19.9.2001, AP Nr. 9 zu § 25 BetrVG 1972.
612 BAG 15.1.1997, AP Nr. 118 zu § 37 BetrVG 1972; BAG 15.2.1995, AP Nr. 106 zu § 37 BetrVG 1972.
613 BAG 9.10.1973, AP Nr. 4 zu § 37 BetrVG 1972.
614 *Kappelhoff/Kühnel*, ArbRB 2014, 179, 180.
615 BAG 8.3.2000, NZA 2000, 838.

glied selbst. Besteht dagegen Streit über die Fortzahlung des Arbeitsentgelts für die Dauer der Schulungsveranstaltung, kommt allein die übliche Lohnklage durch den Arbeitnehmer im Wege des Urteilsverfahrens in Betracht.[616]

b) Schulungs- und Bildungsveranstaltungen gem. § 37 Abs. 7 BetrVG

287 Im Gegensatz zu dem Schulungsanspruch nach § 37 Abs. 6 BetrVG handelt es sich bei § 37 Abs. 7 BetrVG um einen Individualanspruch des einzelnen Betriebsratsmitglieds, ohne Rücksicht auf seinen konkreten Wissenstand.[617] Ein weiterer Unterschied besteht darin, dass Schulungen nach § 37 Abs. 6 BetrVG für die Betriebsratsarbeit „erforderliche" Kenntnisse vermitteln müssen, während es für die Veranstaltungen im Sinne des § 37 Abs. 7 BetrVG genügt, dass sie ihrem Zweck und Inhalt nach auf die ordnungsgemäße Durchführung der Aufgaben des Betriebsrats bezogen und sie zu fördern „geeignet" sind. Beide Ansprüche bestehen selbstständig und unabhängig voneinander, so dass der Betriebsrat nicht zu einem vorrangigen Ausschöpfen des Anspruchs auf Bildungsurlaub nach § 37 Abs. 7 BetrVG verpflichtet werden kann. Die bereits erfolgte Teilnahme an einer Bildungsveranstaltung nach § 37 Abs. 7 BetrVG kann jedoch wegen mangelnder Erforderlichkeit einem Anspruch auf Arbeitsbefreiung über den gleichen Schulungsgegenstand nach § 37 Abs. 6 BetrVG entgegenstehen.[618]

aa) Geeignetheit einer Schulungs- und Bildungsveranstaltung

288 Das Merkmal der Geeignetheit gemäß § 37 Abs. 7 BetrVG ist weiter auszulegen als das der Erforderlichkeit gemäß § 37 Abs. 6 BetrVG. Da Betriebsratsmitglieder nach § 78 Satz 2 BetrVG wegen ihrer Tätigkeit nicht begünstigt werden dürfen, können nur Veranstaltungen in Betracht kommen, die nach Zweck und Inhalt auf die ordnungsgemäße Durchführung der Aufgaben des Betriebsrats bezogen und sie zu fördern geeignet sind, ohne dass die vermittelten Kenntnisse für die konkrete Arbeit im konkreten Betrieb benötigt werden.[619] Geeignet sind somit alle Schulungen, die die Voraussetzungen des § 37 Abs. 6 BetrVG erfüllen, darüber hinaus aber auch Themen tarifpolitischer, sozialpolitischer und wirtschaftlicher Art, die einen Bezug zur Betriebsratstätigkeit aufweisen. Dagegen ist die Geeignetheit zu verneinen bei Veranstaltungen, die parteipolitischen, allgemein politischen, gewerkschaftspolitischen, gesellschaftspolitischen oder kirchlichen Schulungen dienen.[620] Die Bildungsveranstaltungen werden von der zuständigen obersten Arbeitsbehörde des Landes als geeignet anerkannt.[621]

bb) Anspruchsinhalt

289 Der Anspruch nach § 37 Abs. 7 BetrVG bezieht sich auf die bezahlte Freistellung. Dagegen braucht der Arbeitgeber die Kosten der Teilnahme an einer Schulungsveranstaltung nach § 37 Abs. 7 BetrVG nur zu tragen, soweit zugleich „erforderliche" Kenntnisse im Sinne des § 37 Abs. 6 BetrVG vermittelt werden. Im Gegensatz zu § 37 Abs. 6 BetrVG besteht ein Anspruch auf Freizeitausgleich auch dann nicht, wenn Zeiten der Schulungsteilnahme außerhalb der persönlichen Arbeitszeit des Betriebsratsmitglieds liegen.

---

616 BAG 17.9.1974, AP Nr. 17 zu § 37 BetrVG 1972.
617 BAG 28.8.1996, NZA 1997, 169.
618 BAG 6.11.1973, AP Nr. 5 zu § 37 BetrVG 1972.
619 BAG 11.10.1995, AP Nr. 115 zu § 37 BetrVG 1972; BAG 11.8.1993, AP Nr. 92 zu § 37 BetrVG 1972; BAG 9.9.1992, AP Nr. 86 zu § 37 BetrVG 1972.
620 BAG 18.12.1973, AP Nr. 7 zu § 37 BetrVG 1972; BAG 11.10.1995, AP Nr. 115 zu § 37 BetrVG 1972.
621 Richardi/*Thüsing*, § 37 Rn 141.

3. Checkliste: Erstattung von Schulungskosten

■ Objektive Erforderlichkeit der Schulung   **290**

▪ Grundwissen: Erforderlichkeit wird ohne nähere Darlegung regelmäßig bejaht bei Vermittlung von Grundkenntnissen im Betriebsverfassungsrecht, allgemeinen Arbeitsrecht sowie im Bereich Arbeitssicherheit und Unfallverhütung.

▪ Spezialwissen: Bei der Vermittlung von Spezialwissen muss ein konkreter betriebsbezogener Anlass vorliegen und vom Betriebsrat dargelegt werden, der jetzt oder in absehbarer Zeit die Kenntnisse erfordert (objektive Prognoseentscheidung des Betriebsrats ex ante).

■ Subjektive Erforderlichkeit für das Betriebsratsmitglied

▪ Hat das zu entsendende Betriebsratsmitglied bereits die entsprechenden Kenntnisse, besteht kein Anspruch.

▪ Verbleibt dem zu entsendenden Betriebsratsmitglied keine oder nur eine unverhältnismäßig kurze Restmandatszeit, wird die Schulung regelmäßig für nicht erforderlich angesehen. Im Einzelfall hat der Betriebsrat die konkreten Gründe für die seiner Ansicht nach bestehende Erforderlichkeit darzulegen.

▪ Grundwissen: Erforderlichkeit wird regelmäßig für jedes Betriebsratsmitglied bejaht.

▪ Bei Spezialwissen muss das Betriebsratsmitglied mit der betreffenden Materie der beabsichtigten Schulung aufgrund der konkreten betrieblichen Situation derzeit befasst sein oder sich in unmittelbarer Zukunft damit befassen.

■ Anzahl der zu entsendenden Betriebsratsmitglieder

▪ Grundwissen: Bei Grundschulungen besteht die Erforderlichkeit grundsätzlich für alle mit der betreffenden Materie noch nicht Geschulten.

▪ Spezialwissen: Bei Spezialschulungen darf die Kenntnis noch nicht in dem Betriebsratsgremium in ausreichendem Maße vorhanden sein. Bei größeren Betriebsräten muss sich der Betriebsrat an die interne Geschäftsverteilung halten, d.h. nur entsprechend befasste Mitglieder dürfen zur Schulung.

■ Dauer der Schulung

▪ Es gilt der Grundsatz der Verhältnismäßigkeit: „So viel wie nötig, so wenig wie möglich."

▪ Grundsätzlich abhängig von der Schwere und Bedeutung der Materie sowie dem Stand der Vorkenntnisse der zu entsendenden Betriebsratsmitglieder.

4. Antrag auf Erstattung von Schulungskosten gemäß § 37 Abs. 6 BetrVG

▼

Muster 3.21: Antrag auf Erstattung von Schulungskosten gemäß § 37 Abs. 6 BetrVG   **291**

An das Arbeitsgericht

Antrag

In dem Beschlussverfahren

mit den Beteiligten

1. Betriebsrat der ▨▨▨▨ (*Firma*), vertreten durch den Betriebsratsvorsitzenden ▨▨▨▨,

Antragsteller,

– Verfahrensbevollmächtigte: ▨▨▨▨ –

gegen

2. die Firma ▨▨▨▨, vertreten durch ▨▨▨▨,

Antragsgegnerin,

– Verfahrensbevollmächtigte: ▨▨▨▨ –

bestellen wir uns zu den Verfahrensbevollmächtigten des Antragstellers und beantragen:

Der Antragsgegnerin wird aufgegeben, den Antragsteller von den Kosten i.H.v. ▢ EUR für den Besuch des Seminars „▢" beim Veranstalter ver.di in ▢ in der Zeit vom ▢ bis ▢ sowie von den Verpflegungs- und Anreisekosten i.H.v. ▢ EUR freizustellen.[622]

Begründung:

1. Die Antragsgegnerin ist ein Unternehmen im Bereich des Dienstleistungsgewerbes. Sie beschäftigt regelmäßig 120 Arbeitnehmer in ▢. Der Antragsteller ist der bei der Antragsgegnerin gebildete Betriebsrat.

2. Der Antragsteller beschloss am ▢ die Teilnahme des erst kürzlich in den Betriebsrat gewählten Mitglieds ▢ an der Schulungsveranstaltung „Arbeitsrecht, Teil 1" in der Zeit vom ▢ bis ▢ in ▢.

Beweis: Betriebsratsbeschluss vom ▢ (Anlage AS 1).

Veranstalter des Seminars ist ver.di.

3. Die Schulung vermittelt nach der Ausschreibung u.a. Kenntnisse über die Anbahnung von Arbeitsverhältnissen, über Vorstellungsgespräche, über Form und Inhalt von Arbeitsverträgen (Standard-/Formulararbeitsverträge), über das Nachweisgesetz, über die Mitbestimmungsrechte des Betriebsrats bei den vorgenannten Themen sowie über Gesetze, Tarifverträge und Betriebsvereinbarungen. Außerdem stand die Teilnahme an einer Sitzung des Arbeitsgerichts oder des Landesarbeitsgerichts auf dem Programm.

4. Mit Schreiben vom ▢ unterrichtete der Antragsteller den Personalleiter der Antragsgegnerin über die Teilnahme des Betriebsratsmitglieds ▢ an der Schulungsveranstaltung.

Beweis: Schreiben des Antragstellers vom ▢ (Anlage AS 2).

5. Der Personalleiter der Antragsgegnerin widersprach der Schulungsteilnahme aus Kostengründen sowie mit der Begründung, dass seiner Ansicht nach die Schulung nicht erforderlich sei, da sich das neu gewählte Betriebsratsmitglied die in der Schulung zu vermittelnden Kenntnisse auch im Wege des Eigenstudiums bzw. durch Befragung der übrigen Betriebsratsmitglieder verschaffen könnte.

Beweis: Zeugnis des Personalleiters, zu laden über die Antragsgegnerin.

6. Die Teilnahme des Betriebsratsmitglieds ▢ an der vorstehenden Schulungsveranstaltung ist entgegen der Auffassung der Antragsgegnerin erforderlich. Denn im Rahmen dieser Veranstaltung werden Grundkenntnisse im allgemeinen Arbeitsrecht vermittelt. Da das Betriebsratsmitglied ▢ erst vor kurzer Zeit erstmals in den Betriebsrat gewählt worden ist und über kein ausreichendes Erfahrungswissen mangels einer vergleichbaren vorherigen Tätigkeit im Rahmen eines Betriebsratsgremiums verfügt, ist die streitgegenständliche Schulungsveranstaltung als erforderlich im Sinne des § 37 Abs. 6 BetrVG anzusehen.

7. Kostengünstigere Alternativen zur Teilnahme des Betriebsratsmitglieds an der Schulung bestehen nicht. Auch kann der Antragsteller nach der ständigen Rechtsprechung des BAG nicht darauf verwiesen werden, das zur der Schulung zu entsendende Betriebsratsmitglied könne sich die erforderlichen Kenntnisse auf andere Weise, wie etwa durch Selbststudium oder durch Befragung der übrigen, besser informierten Betriebsratsmitglieder, verschaffen.

---

622   Soweit die Schulung noch nicht gebucht worden ist und die Schulung demnach auch noch nicht stattgefunden hat, ist die gewählte Antragsvariante statthaft. Hat der Betriebsrat die Schulungsveranstaltung bereits gebucht oder hat das vom Betriebsrat ausgewählte Betriebsratsmitglied an der Schulungsveranstaltung bereits teilgenommen, sind die entstandenen und bisher lediglich in Rechnung gestellten Kosten im Rahmen eines Freistellungsanspruchs geltend zu machen. Der Antrag könnte in diesem Fall lauten: *„Die Antragsgegnerin wird verpflichtet, den Antragsteller von der Zahlungsverpflichtung in Höhe von EUR (...) gegenüber dem Seminarveranstalter (...) bezüglich des am (...) in (...) stattfindenden/stattgefundenen Seminars „Arbeitsrecht, Teil 1" freizustellen."* Hat das einzelne Betriebsratsmitglied anlässlich der besagten Schulungsteilnahme bereits Kosten aufgewendet, kann der Betriebsrat grundsätzlich auch einen Erstattungsanspruch gegenüber dem Arbeitgeber auf Erstattung der Kosten an das Betriebsratsmitglied geltend machen (BAG 18.1.1989, NZA 1989, 641). Ein solcher Antrag könnte lauten: *„Die Antragsgegnerin wird verpflichtet, dem Betriebsratsmitglied (...) EUR (...) nebst Zinsen in Höhe von 5 Prozentpunkten über dem Basiszinssatz seit Rechtshängigkeit zu zahlen."* Diesen Anspruch könnte auch das einzelne Betriebsratsmitglied als Beteiligter im Beschlussverfahren geltend machen.

8. Auch ist die Dauer der Schulungsveranstaltung (3 Tage) unter Berücksichtigung des zu vermittelnden Wissens als angemessen anzusehen. Gleiches gilt für die zu erwartenden Kosten. Die Gebühr für die Teilnahme an der Schulung beträgt EUR ▓▓▓▓▓ .

Beweis: Schulungsprospekt von ver.di (Anlage AS 3).

Die Kosten der Anreise sowie die Verpflegungspauschale belaufen sich auf EUR ▓▓▓▓▓ und EUR ▓▓▓▓▓ .

9. Die Antragsgegnerin hat daher die Kosten der Schulung, bestehend aus Schulungsgebühr, Fahrtkosten sowie Verpflegungspauschale, gem. §§ 37 Abs. 6, 40 Abs. 1 BetrVG zu übernehmen.

(*Unterschrift*)

▲

IV. Antrag auf Gestattung der Hinzuziehung eines Rechtsanwalts als Sachverständigen

Literatur: *Althoff*, Die Vergütung des Betriebsratsanwalts in der arbeitsrechtlichen Praxis, NZA 2014, 74; *Hinrichs/Plitt*, Der Anspruch des Betriebsrats auf die Freistellung von Beratungskosten, NZA 2011, 1006; *Hunold*, Rechtsanwalt als Sachverständiger des Betriebsrats für die Überprüfung der Arbeitsverträge, NZA 2006, 583; *Jobs*, Hinzuziehung von Sachverständigen gemäß § 80 Abs. 3 S. 1 BetrVG zur Beurteilung der Beteiligungsrechte des Betriebsrats bei Einführung und Anwendung von EDV-Systemen, RDV 1987, 125; *Linnenkohl/Kilz*, Die Hinzuziehung von Sachverständigen durch den Betriebsrat gemäß § 80 Abs. 3 BetrVG, RDV 1988, 289; *Lüders/Weller*, Die Kosten des Betriebsratsanwalts, DB 2015, 2149; *Kleinebrink*, Grenzen bei der Hinzuziehung von Sachverständigen durch den Betriebsrat, ArbRB 2006, 278; *Natzel*, Hinzuziehung internen wie externen Sachverstands nach dem neuen Betriebsverfassungsgesetz, NZA 2001, 872; *Pflüger*, Die Hinzuziehung eines Sachverständigen gemäß § 80 Abs. 3 BetrVG, NZA 1988, 45; *Venema*, Der Anspruch des Betriebsrats auf Hinzuziehung eines Sachverständigen gemäß § 80 Abs. 3 BetrVG beim Einsatz von EDV-Anlagen, NZA 1993, 252; *Wagner*, Zur Erforderlichkeit von Sachverständigen bei technologischen Fragestellungen, AuR 1993, 70.

1. Typischer Sachverhalt

Ein in der Automobilindustrie tätiges Unternehmen mit ca. 200 Mitarbeitern plant das Werk A zum 30.6.2016 zu schließen und sämtliche Mitarbeiter dieses Werkes zu entlassen, um die Produktion ins Ausland zu verlagern. Am 14.12.2015 setzt der Personalleiter des Unternehmens den zuständigen Betriebsrat von der Entscheidung der Geschäftsleitung in Kenntnis. Er teilt dem Betriebsrat mit, dass er anlässlich der geplanten Betriebsänderung mit ihm über einen Interessenausgleich und Sozialplan verhandeln wolle. Der Betriebsrat beschließt daraufhin am 18.12.2015, den Fachanwalt für Arbeitsrecht (…) als Sachverständigen gem. § 80 Abs. 3 BetrVG für die Verhandlungen über Interessenausgleich und Sozialplan hinzuzuziehen. Nachdem er dem Personalleiter seinen Beschluss mitgeteilt hat, lehnt dieser jedoch eine Vereinbarung über die Hinzuziehung des Rechtsanwalts kategorisch ab. Daraufhin stellt der Betriebsrat beim zuständigen Arbeitsgericht einen Antrag auf Gestattung der Hinzuziehung eines Rechtsanwalts als Sachverständigen. | 292

2. Rechtliche Grundlagen

Im Rahmen seiner Tätigkeit kann der Betriebsrat mit komplexen rechtlichen Fragestellungen konfrontiert sein, zu deren Erörterung und Lösung er auf die Beratung eines externen Rechtsanwalts angewiesen ist. Aus diesem Grund räumt § 80 Abs. 3 BetrVG dem Betriebsrat das Recht ein, bei der Durchführung seiner Aufgaben nach näherer Vereinbarung mit dem Arbeitgeber einen Sachverständigen hinzuzuziehen, soweit dies zur Erfüllung seiner Aufgaben erforderlich ist. Als Sachverständiger kommt grundsätzlich nur eine Person in Betracht, die dem Betriebsrat ihm fehlende Fachkenntnisse zur Beantwortung konkreter, aktueller Fragen vermitteln soll, damit der Betriebsrat die ihm obliegende betriebsverfassungsrechtliche Aufgabe sachgerecht erfüllen kann.[623] Auch Rechtsanwälte können als Sachverständige fungieren, wenn es darum geht, | 293

---

[623] BAG 19.4.1989, AP Nr. 35 zu § 80 BetrVG 1972; BAG 25.4.1978, AP Nr. 11 zu § 80 BetrVG 1972.

dem Betriebsrat fehlende Rechtskenntnisse zu vermitteln.[624] Liegen die im Folgenden beschriebenen Voraussetzungen des § 80 Abs. 3 BetrVG vor, sind die durch die Beratung des Rechtsanwalts entstandenen Kosten nach § 40 Abs. 1 BetrVG vom Arbeitgeber zu tragen.

a) Konkreter Bezug zu Betriebsratsaufgaben

294 Ein Recht auf Hinzuziehung eines Rechtsanwalts besteht nur, wenn dieser den Betriebsrat bei der Erfüllung einer konkreten betriebsverfassungsrechtlichen Aufgabe unterstützen soll.[625] Nicht von dem Anspruch aus § 80 Abs. 3 BetrVG erfasst ist daher die Beauftragung eines Rechtsanwalts zur allgemeinen Vermittlung von Fachkenntnissen ohne konkreten Aufgabenbezug.[626] Diese allgemeinen Kenntnisse ohne konkreten betrieblichen Aufgabenbezug werden den Betriebsratsmitgliedern auf Schulungen vermittelt, auf die diese sowie der Betriebsrat als Organ nach § 37 Abs. 6 und 7 BetrVG einen Anspruch haben.[627] Die Abgrenzung kann im Einzelfall schwierig sein, da der Betriebsrat zur Frage, welche Mitbestimmungsrechte allgemein bei Betriebsänderungen bestehen, keinen Sachverständigen hinziehen kann. Ist aber wie im oben genannten Beispiel der Betriebsrat mit der Aufforderung zur Verhandlung durch den Arbeitgeber konfrontiert und besteht somit ein Bezug zur konkreten Betriebsratsaufgabe, muss sich der Betriebsrat nicht auf den Schulungsanspruch verweisen lassen.[628]

Zudem muss die Hinzuziehung des Rechtsanwalts unabhängig von einem konkreten Rechtsstreit erfolgen. Wird ein Rechtsanwalt als Prozessbevollmächtigter in einem Beschluss- oder Einigungsstellenverfahren oder auch nur zur Vermeidung einer gerichtlichen Auseinandersetzung in einem konkreten Konfliktfall hinzugezogen, findet ausschließlich § 40 BetrVG Anwendung.[629] Die Grenze zur Tätigkeit als Sachverständiger wird erst überschritten, wenn der Rechtsanwalt losgelöst von konkreten Konfliktfällen zur Beratung hinzugezogen wird.[630] Bei der außergerichtlichen Vertretung in einem Streit um ein Mitbestimmungsrecht kann daher auch für die vorgehende Prüfung, ob ein Mitbestimmungsrecht besteht, nicht die Hinzuziehung des Rechtsanwalts als Sachverständiger verlangt werden.[631] Der Ersatz der Rechtsanwaltskosten richtet sich in diesem Fall ausschließlich nach § 40 BetrVG.

b) Erforderlichkeit der Hinzuziehung eines Rechtsanwalts

295 Die Hinzuziehung des Rechtsanwalts muss weiter erforderlich sein. Die Erforderlichkeit ist zu bejahen, wenn sich der Betriebsrat aufgrund fehlender Sachkunde das notwendige Wissen nur durch einen Rechtsanwalt verschaffen kann, um die ihm obliegenden betriebsverfassungsrechtlichen Aufgaben in Zusammenarbeit mit dem Arbeitgeber sachgemäß erfüllen zu können.[632] Bei der Beurteilung dieser Frage kommt dem Betriebsrat ein Beurteilungsspielraum zu, der nur einer eingeschränkten gerichtlichen Prüfung zugänglich ist.[633] Maßstab muss hier der Standpunkt eines vernünftigen Dritten sein, der die Interessen des Betriebs, des Betriebsrats und der Arbeitnehmer gegeneinander abwägt.[634]

Nach der Rechtsprechung des Bundesarbeitsgerichts fehlt es an der Erforderlichkeit für die Hinzuziehung eines externen Sachverständigen nach § 80 Abs. 3 S. 1 BetrVG, wenn sich der Betriebsrat die fehlende Sach-

---

624 BAG 25.4.1978, AP Nr. 11 zu § 80 BetrVG 1972.

625 BAG 16.11.2005, NZA 2006, 553.

626 BAG 16.11.2005, NZA 2006, 553; BAG 25.7.1989, NZA 1990, 33, 34; BAG 17.3.1987, AP Nr. 29 zu § 80 BetrVG 1972.

627 BAG 25.6.2014, NZA 2015, 629.

628 BAG 25.6.2014, NZA 2015, 629.

629 Vgl. BAG 15.11.2000, EzA Nr. 92 zu § 40 BetrVG 1972; BAG 26.2.1992, AP Nr. 48 zu § 80 BetrVG 1972.

630 *Fitting u.a.*, § 80 BetrVG Rn 86.

631 BAG 25.6.2014, NZA 2015, 629.

632 BAG 16.11.2005, NZA 2006, 553; BAG 26.2.1992, AP Nr. 48 zu § 80 BetrVG 1972; *Fitting u.a.*, § 80 BetrVG Rn 88; HWK/*Sittard*, § 80 BetrVG Rn 41 ff.; DKK/*Buschmann*, § 80 BetrVG Rn 156.

633 Richardi/*Thüsing*, § 80 BetrVG Rn 87; *Fitting u.a.*, § 80 BetrVG Rn 90.

634 GK-BetrVG/*Kraft/Weber*, § 80 Rn 124; a.A. DKK/*Buschmann*, § 80 BetrVG Rn 156, der die konkreten Bedürfnisse des jeweils „vernünftigen" Betriebsrats als maßgeblich erachtet.

kunde kostengünstiger als durch die Beauftragung des Sachverständigen verschaffen kann. Der Betriebsrat hat daher zum Erwerb des notwendigen Fachwissens zunächst die innerbetrieblichen Erkenntnisquellen zu erschließen, ehe er die mit Kosten verbundene Beauftragung eines Sachverständigen als erforderlich ansehen darf.[635] Diese Verpflichtung resultiert aus den Grundsätzen der vertrauensvollen Zusammenarbeit und der Verhältnismäßigkeit. Die Mitglieder des Betriebsrats haben sich insbesondere um die selbstständige Aneignung der notwendigen Kenntnisse zu bemühen und gegebenenfalls weitere, ihnen vom Arbeitgeber gebotene Möglichkeiten der Unterrichtung durch sachkundige Arbeitnehmer des Betriebs oder Unternehmens zu nutzen.[636] Dies darf der Betriebsrat nicht von vornherein mit der pauschalen Begründung ablehnen, diese Personen besäßen nicht das Vertrauen des Betriebsrats, weil sie im Dienste des Arbeitgebers stünden und deshalb nicht als neutral oder objektiv angesehen werden könnten.[637]

Schließlich kann der Betriebsrat die Hinzuziehung eines Sachverständigen nur verlangen, wenn der Arbeitgeber seine Informationspflichten aus § 80 Abs. 2 BetrVG rechtzeitig und umfassend erfüllt hat. Sind die Informationen des Arbeitgebers aus Sicht des Betriebsrats unzureichend, ist der Betriebsrat aus dem Grundsatz der vertrauensvollen Zusammenarbeit verpflichtet, von sich aus initiativ tätig zu werden und an den Arbeitgeber heranzutreten. Tut er dies nicht, liegt hierin eine unzureichende Erschließung einer innerbetrieblichen Erkenntnisquelle, die der Erforderlichkeit der Hinzuziehung eines Sachverständigen entgegensteht.[638]

Die Hinzuziehung eines Rechtsanwalts wird z.B. bei schwierigen Rechtsfragen sowie Vorbereitungen für einen Interessenausgleich und Sozialplan[639] oder Beschäftigungssicherungsplan[640] für erforderlich gehalten.

> *Praxistipp*
>
> Bitte beachten Sie, dass sich in Unternehmen mit mehr als 300 Arbeitnehmern der Anspruch des Betriebsrats auf Hinzuziehung eines externen Beraters für Interessenausgleichverhandlungen unmittelbar aus § 111 S. 2 BetrVG ergibt. Für die Sozialplanverhandlungen steht dem Betriebsrat aber auch in diesen Unternehmen ein Anspruch auf Hinzuziehung eines Rechtsanwalts nach § 80 Abs. 3 BetrVG zu.

c) Betriebsratsbeschluss

Hält der Betriebsrat die Hinzuziehung eines Rechtsanwalts für erforderlich, muss er einen ordnungsmäßigen Beschluss fassen, in dem möglichst präzise zu bezeichnen ist, für welche Aufgaben und zu welchen Themen der Betriebsrat auf die Beratung des Rechtsanwalts angewiesen ist.[641] Zwar braucht die Person des sachverständigen Rechtsanwalts im Beschluss noch nicht benannt zu werden. Dies wird jedoch regelmäßig zweckmäßig sein, da in der weiter erforderlichen Vereinbarung mit dem Arbeitgeber auch eine Einigung über die Person des sachverständigen Rechtsanwalts erfolgen muss. **296**

d) Nähere Vereinbarung mit dem Arbeitgeber

Im Hinblick auf die Kostentragungspflicht des Arbeitgebers schreibt das Gesetz vor, dass zwischen dem Betriebsrat und dem Arbeitgeber eine „nähere Vereinbarung" über die Hinzuziehung eines Rechtsanwalts zu treffen ist. Diese Vereinbarung kann auch formlos getroffen werden, da sie keine Betriebsver- **297**

---

635 BAG 4.6.1987, NZA 1988, 208; BAG 16.11.2005, NZA 2006, 553.
636 BAG 4.6.1987, NZA 1988, 208.
637 BAG 26.2.1992, NZA 1993, 86; BAG 16.11.2005, NZA 2006, 553.
638 BAG 16.11.2005, NZA 2006, 553.
639 *Fitting u.a.*, § 80 BetrVG Rn 88; BAG 13.5.1998, AP Nr. 55 zu § 80 BetrVG 1972.
640 ArbG Essen 16.12.2003, AiB 2004, 436 f..
641 GK-BetrVG/*Kraft/Weber*, § 80 Rn 126.

einbarung ist.[642] Sie muss die Person des Rechtsanwalts, das Thema, zu dessen Klärung der Rechtsanwalt hinzugezogen werden soll, und die voraussichtlichen Kosten seiner Tätigkeit festlegen.[643]

> *Praxistipp*
>
> Bezüglich des Honorars ist zu beachten, dass der Betriebsrat bei der Beauftragung eines Rechtsanwalts auch ein Stundenhonorar für erforderlich halten darf.[644] Maßgeblich sind die konkrete betriebsverfassungsrechtliche Aufgabe und die benötigten Kenntnisse.[645] Dabei wird teilweise ein Stundenhonorar von 190–250 EUR für erforderlich gehalten.[646] Daneben ist auch die bisherige Beauftragungspraxis zu berücksichtigen.[647]
>
> Zudem ist aus Betriebsratssicht folgendes zu beachten: Nach einer jüngeren Entscheidung des BGH ist der Betriebsrat nur insoweit vermögens- und somit auch rechtsfähig, als die vereinbarte Beratung zur Erfüllung der Aufgaben des Betriebsrats erforderlich sowie das versprochene Entgelt marktüblich ist, und der Betriebsrat daher einen Kostenerstattungs- und Freistellungsanspruch gegen den Arbeitgeber gemäß § 40 Abs. 1 BetrVG hat.[648] Nur in diesem Umfang kann der Betriebsrat mit dem beauftragten Rechtsanwalt einen Vertrag schließen.

e) Ersetzung der Zustimmung zu der „näheren Vereinbarung" durch Beschluss

298 Kommt eine Einigung mit dem Arbeitgeber nicht zustande, ist eine Hinzuziehung eines Rechtsanwalts nur zulässig, wenn die vom Arbeitgeber verweigerte Zustimmung zu der vorgeschlagenen Vereinbarung im Beschlussverfahren durch das Arbeitsgericht ersetzt wird. In diesem Fall darf der Betriebsrat den Rechtsanwalt jedoch erst nach Eintritt der Rechtskraft des Beschlusses hinzuziehen.[649]

Voraussetzung für die Ersetzung der Zustimmung durch Beschluss des Arbeitsgerichts ist, dass die zuvor genannten Voraussetzungen des § 80 Abs. 3 BetrVG vorliegen. Der Betriebsrat muss daher in seinem Antrag ausführen, dass die Hinzuziehung eines Rechtsanwalts zur Erfüllung einer konkreten betriebsverfassungsrechtlichen Aufgabe erforderlich ist. Da das Gericht die verweigerte Zustimmung des Arbeitgebers ersetzt, kann es nicht einen vom Antrag des Betriebsrats abweichenden Inhalt der „näheren Vereinbarung" beschließen.[650] Daher muss der Betriebsrat in seinem Antrag eine konkrete „nähere Vereinbarung" mit dem vorgeschriebenen Inhalt aufführen. Das Arbeitsgericht entscheidet dann über die strittigen Fragen, die sich auf die Erforderlichkeit der Hinzuziehung, die Person des Rechtsanwalts, den Gegenstand seiner Tätigkeit oder auch die Höhe seines Honorars beziehen können.[651]

> *Praxistipp*
>
> In zeitlich dringenden Fällen kann ggf. die Ersetzung der Zustimmung durch einstweilige Verfügung in Betracht kommen. Im Hinblick auf die Vollstreckbarkeit des Verfügungsantrags ist jedoch die Zustimmung zu einer hinreichend konkreten und wörtlich vorgeschlagenen Vereinbarung zu beantragen.

642 *Fitting u.a.*, § 80 BetrVG Rn 90.
643 BAG 26.2.1992, AP Nr. 48 zu § 80 BetrVG 1972.
644 *Althoff*, NZA 2014, 74, 75.
645 *Lüders/Weller*, DB 2015, 2149, 2152.
646 *Hinrichs/Plitt*, NZA 2011, 1006, 1010.
647 Vgl. LAG Nds. 14.10.2014 – 11 TaBV 51/14 (Rechtsbeschwerde eingelegt BAG, Az: 7 ABR 8/15).
648 BGH 25.10.2012 – III ZR 266/11, NJW 2013, 464.
649 BAG 19.4.1989, AP Nr. 35 zu § 80 BetrVG 1972.
650 GK-BetrVG/*Kraft/Weber*, § 80 Rn 129.
651 GK-BetrVG/*Kraft/Weber*, § 80 Rn 129.

3. Checkliste: Hinzuziehung eines Rechtsanwalts

- Der Rechtsanwalt muss Kenntnisse vermitteln, die für die Erledigung einer konkreten betriebsverfas- **299**
  sungsrechtlichen Aufgabe erforderlich sind.
- Diese Kenntnisse müssen außerhalb eines mit dem Arbeitgeber bestehenden Streitverfahrens benötigt
  werden.
- Vor der Hinzuziehung eines externen Rechtsanwalts müssen alle zur Verfügung stehenden kostengüns-
  tigeren Möglichkeiten zur Verschaffung der entsprechenden Fachkenntnisse ausgeschöpft werden.
  Dazu zählen:
  - Umfassende Informationsbeschaffung durch den Arbeitgeber gem. § 80 Abs. 2 BetrVG,
  - Hinzuziehung sachkundiger Arbeitnehmer des Betriebs und ggf. Selbststudium.
- Der Betriebsrat muss einen Beschluss über die Hinzuziehung des Rechtsanwalts fassen und auf dessen
  Grundlage mit dem Arbeitgeber eine „nähere Vereinbarung" treffen. Diese an keine Form gebundene
  Vereinbarung muss die Person des Rechtsanwalts, das Thema, zu dessen Klärung er hinzugezogen wer-
  den soll und die voraussichtlichen Kosten seiner Tätigkeit festlegen.
- Erst wenn der Arbeitgeber seine Zustimmung verweigert, ist der Antrag auf Gestattung der Hinzuzie-
  hung eines Rechtsanwalts im Beschlussverfahren geboten.

4. Antrag auf Gestattung der Hinzuziehung eines Rechtsanwalts als Sachverständigen

▼

Muster 3.22: Antrag auf Gestattung der Hinzuziehung eines Rechtsanwalts als **300**
Sachverständigen

An das Arbeitsgericht

Antrag

In dem Beschlussverfahren mit den Beteiligten

1. Betriebsrat der ░░░░░░ (*Firma*), vertreten durch den Betriebsratsvorsitzenden ░░░░░░ ,

Antragsteller,

– Verfahrensbevollmächtigte: ░░░░░ –

gegen

2. die Firma ░░░░░ , vertreten durch ░░░░░ ,

Antragsgegnerin,

– Verfahrensbevollmächtigte: ░░░░░ –

wegen der Hinzuziehung eines Rechtsanwalts als Sachverständigen

bestellen wir uns zu Verfahrensbevollmächtigten des Antragstellers und beantragen:

Die Antragsgegnerin wird verpflichtet, die Zustimmung zu der Hinzuziehung des Rechtsanwalts ░░░░░
(Name, Adresse) als sachverständigen Berater des Betriebsrats zu einem Stundensatz von 250 EUR zzgl.
Auslagen gemäß Nr. 7000 ff. VV RVG zzgl. Umsatzsteuer in der jeweils geltenden gesetzlichen Höhe für
eine Beratung mit einem Umfang von 100 Stunden bezüglich der geplanten Schließung des Werks A zu erteilen.

Begründung:

1. Die Antragsgegnerin ist ein in der Automobilindustrie tätiges Unternehmen mit Sitz in ░░░░░ und beschäftigt derzeit ca. 200 Arbeitnehmer. Der Antragsteller ist der im Werk A der Antragsgegnerin gewählte
Betriebsrat.

2. Der Personalleiter der Antragsgegnerin hat dem Antragsteller am 14.12.2015 mitgeteilt, dass die Geschäftsleitung beabsichtigt, das Werk A zum 30.6.2016 zu schließen und sämtliche Mitarbeiter zu entlassen. Aus diesem Grund kündigte er an, mit dem Antragsteller einen Interessenausgleich und Sozialplan verhandeln zu wollen.

Beweis: Zeugnis des ▇▇▇▇▇, zu laden über ▇▇▇▇▇.

3. Da die Mitglieder des Antragstellers weder über praktische Erfahrungen noch rechtliche Kenntnisse im Zusammenhang mit der Verhandlung von Interessenausgleich und Sozialplan verfügen, beschloss der Antragsteller in der Sitzung vom 18.12.2015 einstimmig, den Fachanwalt für Arbeitsrecht ▇▇▇▇▇ als Sachverständigen zur Klärung der rechtlichen Fragen bei der Verhandlung von Interessenausgleich und Sozialplan auf Basis des Rechtsanwaltsvergütungsgesetzes gem. § 80 Abs. 3 BetrVG hinzuzuziehen.

Beweis: Betriebsratsbeschluss vom 18.12.2015 (Anlage AS 1).

4. Diesen Beschluss teilte der Antragsteller dem Personalleiter der Antragsgegnerin am 19.12.2015 mit und ersuchte ihn um die Zustimmung zur Beauftragung des Rechtsanwalts ▇▇▇▇▇.

5. Der Personalleiter der Antragsgegnerin verweigerte jedoch die Zustimmung mit der Begründung, es gäbe im Betrieb ausreichend Literatur zum Thema Interessenausgleich und Sozialplan, sodass es dem Antragsteller möglich sei, sich die notwendigen Fachkenntnisse im Wege des Selbststudiums anzueignen. Wenn überhaupt, könne der Betriebsrat die Schulung einzelner Mitglieder oder des Gremiums nach § 37 Abs. 6 BetrVG zum Thema Interessenausgleich und Sozialplan verlangen. Die Hinzuziehung eines Rechtsanwalts sei daher nicht erforderlich.

Beweis: Zeugnis des Personalleiters ▇▇▇▇▇, zu laden über die Antragsgegnerin.

6. Diese Rechtsauffassung ist unzutreffend. Der Antragsteller benötigt zur ordnungsgemäßen Wahrnehmung seines betriebsverfassungsrechtlichen Rechtes zur Verhandlung über Interessenausgleich und Sozialplan aus §§ 111, 112 BetrVG die Unterstützung eines rechtskundigen Sachverständigen. Bei den Vorbereitungen von Interessenausgleichs- und Sozialplanverhandlungen handelt es sich um eine so komplexe Rechtsmaterie, dass rechtskundiger Beistand zur Vermittlung von Fachkenntnissen regelmäßig erforderlich ist. Aus der Komplexität der mit dem Interessenausgleich und Sozialplan zusammenhängenden Rechtsfragen folgt auch, dass dem Antragsteller ein Selbststudium weder möglich noch zuzumuten ist. Auch kann sich der Antragsteller die erforderliche Sachkunde nicht durch Einschaltung betriebsangehöriger Mitarbeiter verschaffen. Ein Schulungsanspruch kann dem Verlangen nicht entgegengehalten werden, da nicht allgemeine Kenntnisse vermittelt werden sollen, sondern spezielle Kenntnisse zur Schließung des Werks A benötigt werden. Schließlich scheint selbst der Personalleiter der Auffassung zu sein, nicht über die erforderlichen Kenntnisse zu verfügen und hat daher ebenfalls einen Rechtsanwalt eingeschaltet.

Beweis: Zeugnis des Personalleiters ▇▇▇▇▇, zu laden über die Antragsgegnerin.

Die Antragsteller hält aufgrund der Eilbedürftigkeit und der Komplexität die Vereinbarung eines Stundenhonorars für erforderlich. Eine Beratung bei den Interessenausgleichs- und Sozialplanfragen erfolgt nach Marktabfrage seitens entsprechend qualifizierter Rechtsanwälte nur auf Stundenhonorarbasis in Höhe von 250 EUR zzgl. Auslagen und Steuern. Der Antragsteller hält einen Beratungsaufwand von zunächst 100 Beratungsstunden für erforderlich.

Die Voraussetzungen einer Hinzuziehung eines Rechtsanwalts nach § 80 Abs. 3 BetrVG liegen daher vor.

(*Unterschrift*)

V. Antrag des Betriebsrats auf Unterlassung und Ordnungsgeld gegen den Arbeitgeber wegen grober Pflichtverletzung, § 23 BetrVG

Literatur: *Fiebig*, Die Bestimmtheit des Unterlassungsantrags nach § 23 Abs. 3 S. 1 BetrVG, NZA 1993, 58 f.; *Müller-Knapp*, Anträge im Beschlussverfahren, ArbRAktuell 2010, 35; *Pohl*, Unterlassungsansprüche des Betriebsrates, in: Festschrift zum 25-jährigen Bestehen der Arbeitsgemeinschaft Arbeitsrecht im DAV, S. 987 f. -left page

1. Allgemeines

Die Vorschrift des § 23 Abs. 3 BetrVG gilt als Standardinstrument des Betriebsrats zur Durchsetzung seiner **301** Rechte. Tatsächlich stellt sie jedoch nur eine von mehreren rechtlichen Möglichkeiten dar.

Inzwischen ist anerkannt, dass die Vorschrift des § 23 Abs. 3 BetrVG nicht das Recht des Betriebsrats einschränkt, nach allgemeinen Grundsätzen ein Beschlussverfahren einzuleiten, wenn der Arbeitgeber seine Pflichten nach dem BetrVG nicht erfüllt.[652] Das BAG hat mit seinem Beschl. v. 3.5.1994[653] seine entgegenstehende frühere Rechtsprechung aufgegeben und den sog. **allgemeinen Unterlassungsanspruch** nach § 87 BetrVG zugelassen, der insbesondere keinen vorherigen groben Verstoß des Arbeitgebers voraussetzt. In seiner Entscheidung vom 12.11.1997[654] hat das BAG einen Unterlassungsanspruch des Betriebsrats direkt auf § 78 S. 1 BetrVG gestützt unter Berücksichtigung dessen, dass ein solcher Anspruch in dieser Vorschrift nicht ausdrücklich geregelt ist. Er folge jedoch aus dem Zweck der Vorschrift, die Erfüllung der Betriebsratsaufgaben zu sichern. Diesen Schutz könne ein Unterlassungsanspruch unter den engen Voraussetzungen des § 23 Abs. 3 BetrVG nicht in gleicher Weise bewirken.

§ 23 Abs. 3 BetrVG ist also keine abschließende Regelung, die andere oder weitergehende Ansprüche des Betriebsrats ausschließt.[655]

Die Vorschrift des § 23 Abs. 3 BetrVG knüpft an einen in der Vergangenheit liegenden Pflichtenverstoß des Arbeitgebers an, wirkt aber in die Zukunft, indem dem Betriebsrat hierdurch die Möglichkeit gegeben wird, den zugrundeliegenden Sachverhalt zukünftig betriebsverfassungskonform zu gestalten. Dies kann in Form eines Leistungs- oder eines Unterlassungsantrags erfolgen.

Folgende Besonderheiten sind beim Anspruch nach § 23 Abs. 3 BetrVG im Vergleich zu anderen Ansprüchen zu beachten: **302**

- ◾ § 23 Abs. 3 BetrVG sichert die **künftige** Beachtung der Mitbestimmungsrechte des Betriebsrats. Er stellt weder einen Anspruch auf Rückgängigmachung einer mitbestimmungswidrigen Maßnahme dar noch einen Anspruch auf Beseitigung eines mitbestimmungswidrigen Zustands.[656] Ein solcher Anspruch kann sich aber im Zusammenhang mit dem allgemeinen Unterlassungsanspruch ergeben.[657]
- ◾ § 23 Abs. 3 BetrVG setzt voraus, dass der Arbeitgeber bereits gegen seine Verpflichtungen nach dem BetrVG **verstoßen hat**, und zwar in grobem Maße. Vorbeugend für den Fall, dass ein Verstoß des Arbeitgebers erst bevorsteht, kann Unterlassung nach dieser Vorschrift nicht verlangt werden.
- ◾ § 23 Abs. 3 BetrVG setzt anders als der allgemeine Unterlassungsanspruch[658] **keine Wiederholungsgefahr** voraus.[659]
- ◾ Nach § 23 Abs. 3 BetrVG beträgt das Höchstmaß des Ordnungsgeldes und Zwangsgeldes **10.000 EUR**. Demgegenüber gilt beim allgemeinen Unterlassungsanspruch gemäß § 890 Abs. 1 ZPO für das Ordnungsgeld ein Höchstsatz von 250.000 EUR bzw. Ordnungshaft bis zu zwei Jahren.[660]

---

652 GK-BetrVG/*Oetker*, § 23 Rn 150 ff., insbes. Rn 157; Richardi/*Thüsing*, § 23 BetrVG Rn 78.
653 BAG 3.5.1994, AP Nr. 23 zu § 23 BetrVG 1972.
654 BAG 12.11.1997, AP Nr. 27 zu § 23 BetrVG 1972.
655 H.M., insbesondere *Fitting u.a.*, § 23 BetrVG Rn 97.
656 Richardi/*Thüsing*, § 23 BetrVG Rn 80 f.
657 BAG 16.6.1998, AP Nr. 7 zu § 87 BetrVG 1972 Gesundheitsschutz.
658 BAG 29.2.2000, AP BetrVG 1972 § 87 Lohngestaltung Nr. 105. Danach besteht allerdings eine tatsächliche Vermutung für die Wiederholungsgefahr, es sei denn, dass besondere Umstände einen neuen Eingriff unwahrscheinlich machen.
659 BAG 29.2.2000, AP BetrVG 1972 § 87 Lohngestaltung Nr. 105; Hako-BetrVG/*Düwell*, § 23 Rn 66; *Fitting u.a.*, § 23 BetrVG Rn 65, danach komme allerdings ausnahmsweise anderes in Betracht, wenn eine Wiederholung des betriebsverfassungswidrigen Verhaltens aus faktischen oder rechtlichen Gründen auf absehbare Zeit ausgeschlossen ist; wie *Fitting* auch BAG 7.2.2012, NZA-RR 2012, 359; a.A. GK-BetrVG/*Oetker*, § 23 Rn 234, der grundsätzlich das Andauern des rechtswidrigen Zustands oder Wiederholungsgefahr verlangt.
660 Allerdings wird zur Vermeidung eines Wertungswiderspruchs auch beim allgemeinen Unterlassungsanspruch eine Reduzierung des Ordnungs- bzw. Zwangsgeldes auf 10.000 EUR befürwortet, BAG 29.4.2004, AP Nr. 3 zu § 77 BetrVG 1972 Durchführung.

303 Insgesamt wird der Anspruch des Betriebsrats nach § 23 Abs. 3 BetrVG als kollektivrechtliche Abmahnung des Arbeitgebers angesehen,[661] welche die Mitbestimmung des Betriebsrats nach einem groben Verstoß des Arbeitgebers gegen seine betriebsverfassungsrechtlichen Pflichten in der Vergangenheit mit dem Ziel der Vorbeugung gegen zukünftige Verstöße durch erweiterte Sanktionsmöglichkeiten sichern soll.[662]

2. Rechtliche Grundlagen

a) Allgemeines

aa) Antragsbefugnis

304 Ein Antrag nach § 23 Abs. 3 BetrVG beim Arbeitsgericht kann sowohl vom Betriebsrat als auch von einer im Betrieb vertretenen Gewerkschaft gestellt werden.

bb) Pflichten nach dem BetrVG

305 Die Vorschrift betrifft nur Verpflichtungen des Arbeitgebers, die im **BetrVG** begründet sind – nicht in anderen Gesetzen. Allerdings sind auch Verstöße, die andere Gesetze verletzen, z.B. die Beteiligung des Betriebsrats vor Massenentlassungen nach § 17 Abs. 2 KSchG oder im Schwerbehindertenrecht nach §§ 98, 99 SGB IX, als betriebsverfassungsrechtliche Verstöße von § 23 Abs. 3 BetrVG erfasst, soweit sie die betriebsverfassungsrechtlichen Rechtsbeziehungen näher ausgestalten.[663]

Kraft ausdrücklicher Verweisung auf die Vorschrift des § 23 Abs. 3 BetrVG kann der Betriebsrat gemäß § 17 Abs. 2 AGG bei einem groben Verstoß des Arbeitgebers auch dessen Verpflichtungen nach dem **AGG** einfordern.

306 Auch Pflichten, die sich für den Arbeitgeber aus einer **Betriebsvereinbarung** oder aus einem Spruch einer Einigungsstelle ergeben, fallen unter die Verpflichtungen i.S.v. § 23 Abs. 3 BetrVG, wenngleich der Betriebsrat regelmäßig bereits unmittelbar nach § 77 Abs. 1 S. 1 BetrVG bzw. direkt aus der betroffenen Betriebsvereinbarung einen Anspruch auf ordnungsgemäße Durchführung einer Betriebsvereinbarung bzw. des Spruches einer Einigungsstelle haben dürfte – und somit unabhängig vom Vorliegen eines groben Verstoßes.[664]

cc) Prozessstandschaft

307 Ausnahmsweise können durch den Betriebsrat in eigenem Namen sogar Rechte der Arbeitnehmer geltend gemacht werden, soweit das BetrVG Rechte einzelner Arbeitnehmer mit kollektivem Bezug begründet, so z.B. nach § 81 Abs. 4 S. 3 bzw. § 82 Abs. 2 S. 2 BetrVG oder nach § 75 BetrVG.[665] Allerdings kann der Betriebsrat keinesfalls generell als Prozessstandschafter die individualrechtlichen Ansprüche der Arbeitnehmer geltend machen.[666]

b) Materiellrechtlich

aa) Grober Verstoß

308 Der Anspruch nach § 23 Abs. 3 BetrVG setzt voraus, dass der Arbeitgeber bereits einen groben Verstoß begangen hat. Die bloße **Besorgnis**, der Arbeitgeber werde gegen seine Pflichten grob verstoßen, reicht für einen Antrag nach § 23 Abs. 3 BetrVG nicht aus.[667]

---

661 BAG 18.4.1985, AP Nr. 5 zu § 23 BetrVG 1972; GK-BetrVG/*Oetker*, § 23 BetrVG Rn 237: Unglückliche Kennzeichnung.
662 *Pohl*, 989; *Fitting* u.a., § 23 BetrVG Rn 108.
663 HaKo-BetrVG/*Düwell*, § 23 BetrVG Rn 58; *Fitting* u.a., § 23 Rn 60; *Pohl*, 990; *Richardi/Thüsing*, § 23 BetrVG Rn 99.
664 BAG 21.1.2003, AP Nr. 1 zu § 21a BetrVG 1972; BAG 29.4.2004, AP Nr. 3 zu § 77 BetrVG 1972 Durchführung.
665 BAG 16.11.2004, AP Nr. 3 zu § 82 BetrVG 1972; BAG 20.4.2010, NZA 2010, 1307; *Richardi/Thüsing*, § 23 BetrVG Rn 99; ErfK/*Koch*, § 23 BetrVG Rn 20; GK-BetrVG/*Oetker*, § 23 Rn 251, 252.
666 BAG 18.1.2005, AP Nr. 24 zu § 77 BetrVG 1972 Betriebsvereinbarung; BAG 20.5.2008, NZA-RR 2009, 102.
667 *Fitting* u.a., § 23 BetrVG Rn 73; Pohl, 991; a.M. GK-BetrVG/*Oetker*, § 23 Rn 232.

Eine grobe Pflichtverletzung liegt vor, wenn sie objektiv erheblich und offensichtlich **schwerwiegend** ist 309
und somit eine objektiv schwere Belastung für die betriebsverfassungsrechtliche Ordnung darstellt.[668] Eine
Gefährdung des Betriebsfriedens ist aber nicht erforderlich.[669] Auf ein **Verschulden** des Arbeitgebers
kommt es nicht an; dessen Verschulden ist also nicht erforderlich.[670]

Auch eine **einmalige** Pflichtverletzung kann einen groben Verstoß darstellen, wenn sie schwerwiegend
ist.[671]

Ein grober Verstoß liegt nicht vor, wenn der Arbeitgeber in einer schwierigen und **ungeklärten Rechtsfrage** eine bestimmte Meinung vertritt.[672]

Auch leichtere Verstöße können bei **Wiederholung** zu einem groben Verstoß führen; ein grober Verstoß ist
regelmäßig dann zu bejahen, wenn der Arbeitgeber mehrfach erzwingbare Mitbestimmungsrechte des Betriebsrats übergangen hat.[673]

Eine **Wiederholungsgefahr** ist im Gegensatz zum allgemeinen Unterlassungsanspruch nicht erforder- 310
lich, da im Rahmen von § 23 Abs. 3 BetrVG die Voraussetzung des groben Verstoßes eine ähnliche Bedeutung hat.[674]

Der grobe Verstoß des Arbeitgebers muss einen **kollektiven Tatbestand** berühren. So scheiden Mitbestim- 311
mungsrechte des Betriebsrats bei individuellen Maßnahmen ohne kollektiven Bezug aus. Ein kollektiver
Tatbestand liegt aber regelmäßig dann vor, wenn sich eine Regelungsfrage stellt, die kollektive Interessen
der Arbeitnehmer berührt.[675]

bb) Feststellungsantrag

Wenn es an einer groben Pflichtverletzung mangelt, weil die damit im Zusammenhang stehenden Rechts- 312
fragen noch ungeklärt sind, kann der Betriebsrat das Bestehen einer Verpflichtung des Arbeitgebers mit
Hilfe eines Feststellungsantrags gerichtlich klären lassen, um im Wiederholungsfall nach § 23 Abs. 3
BetrVG vorgehen zu können.[676]

cc) Globalantrag

Unter diesem Stichwort werden Anträge erfasst, die zu weit gefasst sind, die also bspw. bei Unterlassungs- 313
anträgen auch Fallgestaltungen erfassen, die nicht betriebsverfassungswidrig sind. Ein Globalantrag, mit
dem die Unterlassung einer bestimmten Handlung für viele denkbare Fallgestaltungen begehrt wird, ist
nur dann begründet, wenn die Unterlassung für alle erfassten Fallgestaltungen verlangt werden kann. Ist
die Voraussetzung auch nur teilweise nicht erfüllt, ist der Antrag im Ganzen als unbegründet zurückzuweisen,[677] soweit nicht dem Antrag selbst verschiedene Teilziele zu entnehmen sind.

---

668 Ständige Rechtsprechung; siehe insbesondere BAG 29.2.2000, AP Nr. 105 zu § 87 BetrVG 1972 Lohngestaltung; BAG 7.2.2012,
 NZA-RR 2012, 359.
669 DKKW/*Trittin*, § 23 BetrVG Rn 204.
670 Ständige Rechtsprechung, insbesondere BAG 23.6.1992, AP Nr. 20 zu § 23 BetrVG 1972; BAG 23.4.1991, AP Nr. 7 zu § 98 BetrVG
 1972; Richardi/*Thüsing*, § 23 BetrVG Rn 102.
671 BAG 14.11.1989, NZA 1990, 357; BAG 29.2.2000, AP Nr. 105 zu § 87 BetrVG 1972 Lohngestaltung.
672 BAG 27.11.1973, AP Nr. 4 zu § 40 BetrVG 1972; BAG 14.11.1989, NZA 1990, 357; BAG 23.4.1991, AP Nr. 7 zu § 98 BetrVG 1972.
673 BAG 18.4.1985, AP Nr. 5 zu § 23 BetrVG 1972; BAG 16.7.1991, AP Nr. 44 zu § 87 BetrVG 1972 Arbeitszeit; *Fitting u.a.*, § 23
 BetrVG Rn 62; DKK/*Trittin*, § 23 Rn 203.
674 BAG 23.6.1992, AP Nr. 20 zu § 23 BetrVG 1972; s. auch Rn 8; a.A. BAG 27.11.1990, AP Nr. 41 zu § 87 BetrVG 1972 Arbeitszeit,
 allerdings unter Hinweis darauf, dass die Wiederholungsgefahr durch die Vielzahl der Verstöße in der Vergangenheit indiziert
 werde.
675 BAG 27.11.1990, AP Nr. 41 zu § 87 BetrVG 1972 Arbeitszeit; BAG 16.7.1991, AP Nr. 44 zu § 87 BetrVG 1972 Arbeitszeit.
676 BAG 16.11.2004, AP Nr. 3 zu § 82 BetrVG 1972.
677 BAG 6.12.1994, AP Nr. 24 zu § 23 BetrVG 1972.

c)   Verfahrensrechtlich
aa)   Beschlussfassung des Betriebsrats

314   Für die Einleitung eines Beschlussverfahrens ist eine ordnungsgemäße Beschlussfassung des Betriebsrats über die Einleitung sowie ggf. die Beauftragung eines Verfahrensbevollmächtigten erforderlich. Die Wirksamkeit eines Betriebsratsbeschlusses setzt voraus, dass er in einer Betriebsratssitzung gefasst worden ist, zu der die Mitglieder des Betriebsrats nach § 29 Abs. 2 S. 3 BetrVG rechtzeitig unter Mitteilung der Tagesordnung geladen worden sind. Dabei müssen die im Beschlussverfahren zu stellenden Anträge nicht bereits vollständig vorformuliert sein. Ausreichend ist es, wenn der Gegenstand, über den im Beschlussverfahren eine Klärung herbeigeführt werden soll, und das angestrebte Ergebnis bezeichnet sind.[678]

bb)   Feststellungsinteresse

315   Einem Antrag, mit dem festgestellt werden soll, dass der Arbeitgeber in der Vergangenheit mit bestimmten Handlungen das Mitbestimmungsrecht des Betriebsrats verletzt hat, fehlt das nach § 256 ZPO erforderliche Feststellungsinteresse, wenn sich daraus keine Rechtsfolge für die Gegenwart oder die Zukunft ergibt. Ein Interesse des Betriebsrats an einer Dokumentation der begangenen Verstöße, um damit ein Verfahren nach § 23 Abs. 3 BetrVG vorzubereiten, reicht hierfür nicht.[679]

cc)   Bestimmtheitsgebot

316   Im Antrag müssen die Handlungen, die der Arbeitgeber vornehmen oder unterlassen soll, so **konkret bezeichnet** sein, dass der Arbeitgeber erkennen kann, was er tun oder unterlassen soll.[680] Allein die Verwendung unbestimmter Rechtsbegriffe führt aber noch nicht zur Unbestimmtheit und damit zur Unzulässigkeit des Antrags.[681] So fand das BAG den Antrag, den Betriebsrat über künftige „Informations- und Bildungsveranstaltungen" rechtzeitig vorher zu unterrichten, zu unbestimmt, nicht dagegen einen Antrag, der z.B. auf künftige „Informationsveranstaltungen gleicher Art wie derjenigen vom 2.6.1977" Bezug nimmt.

Im Schrifttum wird das Erfordernis der konkreten Bezeichnung der vorzunehmenden bzw. zu unterlassenden Handlung zum Teil entschieden **abgelehnt**, weil so der Zweck der Sicherung der betriebsverfassungsrechtlichen Ordnung nicht erreicht werden könne.[682]

Ein mangels hinreichender Bestimmtheit unzulässiger Leistungsantrag kann ggf. in einen Feststellungsantrag **umgedeutet** werden, an den hinsichtlich der Bestimmtheit geringere Anforderungen zu stellen sind.[683]

dd)   Einstweilige Verfügung

317   Umstritten ist, ob ein Unterlassungsanspruch nach § 23 Abs. 3 BetrVG ggf. auch im Wege einer einstweiligen Verfügung durchgesetzt werden kann, angesichts dessen, dass die Verhängung von Ordnungs- oder Zwangsgeld nach § 23 Abs. 3 S. 2 BetrVG die Rechtskraft der gerichtlichen Entscheidung voraussetzt.[684]

---

678 BAG 29.4.2004, AP Nr. 3 zu § 77 BetrVG 1972 Durchführung; *Fitting u.a.*, § 23 BetrVG Rn 46.

679 BAG 5.10.2000, AP Nr. 35 zu § 23 BetrVG 1972.

680 BAG 14.9.2010, NZA 2011, 365; Der Unterlassungsantrag hat die abstrahierende Beschreibung eines bestimmten Verhaltens zu beinhalten, ist allerdings der Auslegung zugänglich, BAG 19.1.2010, NZA 2010, 659 und weiter: „In Rechtskraft erwächst der in die Zukunft gerichtete Verbotsausspruch nicht als solcher, sondern nur in seinem Bezug auf die vom Gericht festgestellte(n) Verletzungshandlung(en)".

681 BAG 23.4.1991, AP Nr. 7 zu § 98 BetrVG 1972; siehe auch BAG 17.5.1983, AP Nr. 19 zu § 80 BetrVG 1972.

682 HaKo-BetrVG/*Düwell*, § 23 BetrVG Rn 40; DKK/*Trittin*, § 23 BetrVG Rn 263, *Fiebig*, 58 f.

683 BAG 18.1.2005, AP Nr. 24 zu § 77 BetrVG 1972 Betriebsvereinbarung.

684 Bejahend GK-BetrVG/*Oetker*, § 23 Rn 254 ff. m.w.N.; *Fitting* u.a., § 23 BetrVG Rn 76; DKK/*Trittin*, § 23 BetrVG Rn 279; HaKo-BetrVG/*Düwell*, § 23 Rn 73; ablehnend ErfK/*Koch*, § 23 BetrVG Rn 23; Richardi/*Thüsing*, § 23 BetrVG Rn 113; *Pohl*, 992.

d) Vollstreckungsrechtlich

aa) Vollstreckungsfähigkeit

Der Vollstreckungstitel muss einen vollstreckungsfähigen Inhalt haben. Dazu muss die Verpflichtung des 318
Schuldners hinreichend bestimmt sein. Der Schuldner muss zuverlässig erkennen können, welche Handlung er vorzunehmen oder zu unterlassen hat.[685]

bb) Bestimmtheit

Der Vollstreckungstitel ist nicht bereits deshalb zu unbestimmt, weil es im Einzelfall schwierig sein kann 319
festzustellen, ob dagegen verstoßen worden ist. Zwar dürfen Unklarheiten über den Inhalt einer titulierten Verpflichtung nicht aus dem Erkenntnis- in das Vollstreckungsverfahren verlagert werden. Das bedeutet aber nicht, dass das Vollstreckungsgericht der Notwendigkeit enthoben ist, die möglicherweise schwierige und umfangreiche Klärung darüber herbeizuführen, ob ein Verstoß vorliegt.[686]

cc) Vollstreckungsvoraussetzungen

Die Verhängung von Ordnungs- oder Zwangsgeld nach § 23 Abs. 3 BetrVG setzt voraus: 320

(1) die Rechtskraft der gerichtlichen Entscheidung im Erkenntnisverfahren,
(2) eine nachfolgende schuldhafte[687] Zuwiderhandlung des Arbeitgebers,
(3) einen Vollstreckungsantrag des Betriebsrats.

dd) Haft

Die Verhängung von Ordnungshaft oder Zwangshaft ist unzulässig, § 85 Abs. 1 S. 3 ArbGG. 321

ee) Höhe

Die Höhe des Ordnungsgeldes bzw. Zwangsgeldes beträgt maximal 10.000 EUR für jeden Einzelfall der 322
Zuwiderhandlung, § 23 Abs. 3 S. 5 BetrVG.[688]

ff) Ordnungsgeld

Ordnungsgeld wird verhängt, wenn der Arbeitgeber gegen die Verpflichtung verstößt, eine Handlung zu 323
unterlassen oder zu dulden.

Das Ordnungsgeld ist vorher anzudrohen. Die **Androhung** kann aber bereits mit dem arbeitsgerichtlichen Beschluss im Erkenntnisverfahren verbunden werden, sodass ein entsprechender Antrag grundsätzlich zu empfehlen ist.[689] Die Höhe des Ordnungsgeldes muss im Antrag nicht benannt werden. Insofern reicht der Hinweis auf das Höchstmaß des Ordnungsgeldes von maximal bis zu 10.000 EUR.

gg) Zwangsgeld

Zwangsgeld kommt in Betracht, wenn der Arbeitgeber gegen die Verpflichtung, eine Handlung vorzuneh- 324
men, verstößt.

Eine vorherige Androhung ist nicht erforderlich. Die Verhängung von Zwangsgeld setzt **kein Verschulden** des Arbeitgebers voraus.[690] Eine wiederholte Festsetzung ist zulässig, solange der Arbeitgeber der Verpflichtung nicht nachkommt.

---

685 BAG 25.8.2004, AP Nr. 41 zu § 23 BetrVG 1972; LAG Schleswig-Holstein 20.11.2000, LAGE Nr. 40 zu § 23 BetrVG 1972 in einem Fall, in dem die Vollstreckungsfähigkeit eines arbeitsgerichtlichen Beschlusses aus diesem Grund verneint wurde.

686 BAG 6.12.1994, AP Nr. 24 zu § 23 BetrVG 1972; BAG 25.8.2004, AP Nr. 41 zu § 23 BetrVG 1972; LAG Berlin 9.4.2002, AP Nr. 38 zu § 23 BetrVG 1972.

687 Anders als im Erkenntnisverfahren ist hierbei Verschulden erforderlich; hierfür reicht jedoch einfache Fahrlässigkeit, siehe *Fitting u.a.*, § 23 BetrVG Rn 84.

688 Sowohl Ordnungsgeld, als auch Zwangsgeld fallen im Falle der Beitreibung an die Staatskasse, nicht etwa an den Betriebsrat.

689 *Fitting u.a.*, § 23 Rn 72, 79.

690 *Fitting u.a.*, § 23 Rn 93; ErfK/*Koch*, § 23 BetrVG Rn 26; Richardi/*Thüsing*, § 23 BetrVG Rn 124.

Sowohl die Feststellung, als auch die Beitreibung des festgesetzten Zwangsgeldes **wird unzulässig**, sobald der Arbeitgeber die titulierte Handlung vornimmt. Deshalb sollte schon bei der Antragsgestaltung im Erkenntnisverfahren darauf geachtet werden, dass möglichst ein Unterlassungsantrag gestellt wird.

3. Muster

a) Ausgangslage

325 Zwar steht dem Betriebsrat im gesamten Komplex der sozialen Mitbestimmungsrechte des § 87 BetrVG zumindest seit der Entscheidung des BAG vom 3.5.1994[691] ein unmittelbar aus § 87 BetrVG abgeleiteter Unterlassungsanspruch zur Verfügung; dessen ungeachtet ist der auf § 23 Abs. 3 BetrVG gestützte Unterlassungsanspruch z.B. dann von Bedeutung, wenn eine Wiederholungsgefahr für die Zukunft oder ein Verschulden des Arbeitgebers nicht zu belegen ist.

Außerdem ist die Vorschrift des § 23 Abs. 3 BetrVG für alle Ansprüche von Bedeutung, mit denen vom Arbeitgeber verlangt wird, eine Handlung vorzunehmen oder zu dulden.

b) Antrag auf Untersagung von Überstunden

▼

326 **Muster 3.23: Antrag auf Untersagung von Überstunden**

An das Arbeitsgericht ▨▨▨▨

Antrag

auf Einleitung eines Beschlussverfahrens

betreffend die Firma ▨▨▨▨ (*Name, Anschrift*)

mit den Beteiligten:

1. Betriebsrat der Firma ▨▨▨▨ (*Name*), vertreten durch den Betriebsratsvorsitzenden ▨▨▨▨, ▨▨▨▨ (*Anschrift*)

– Antragsteller –

Verfahrensbevollmächtigte: RAe ▨▨▨▨

2. Firma ▨▨▨▨ (*Name*), vertreten durch ▨▨▨▨, ▨▨▨▨ (*Anschrift*)

– Beteiligte zu 2. –

Für den von uns vertretenen Antragsteller beantrage ich,

1. der Beteiligten zu 2. aufzugeben, es zu unterlassen, gegenüber Mitarbeitern in der Abteilung ▨▨▨▨ Überstunden anzuordnen oder von ihnen duldend entgegenzunehmen, solange die Zustimmung des Beteiligten zu 1. hierzu nicht vorliegt oder durch die Einigungsstelle ersetzt worden ist,

2. der Beteiligten zu 2. für jeden einzelnen Fall der Zuwiderhandlung ein Ordnungsgeld bis zu 10.000 EUR anzudrohen.

Begründung:

Der Antragsteller ist der im Betrieb der Beteiligten zu 2., in dem rund 150 Mitarbeiter beschäftigt werden, bestehende siebenköpfige Betriebsrat.

In der Vergangenheit haben die Mitarbeiter in der Abteilung XY immer wieder Überstunden abgeleistet, und zwar dann, wenn es zu Problemen in der EDV gekommen ist, die zu Arbeitsunterbrechungen führten. Und zwar haben folgende Mitarbeiter an den nachfolgend benannten Tagen Überstunden über die betriebsübliche Arbeitszeit von 8.00–16.30 Uhr hinaus geleistet: (*wird ausgeführt*)

---

691 BAG 3.5.1994, AP Nr. 23 zu § 23 BetrVG 1972.

In keinem einzigen Fall ist die vorherige Zustimmung des Betriebsrats zu diesen Überstunden eingeholt worden.

Der Betriebsrat hat die Beteiligte zu 2. mehrfach darauf angesprochen unter Hinweis auf sein Mitbestimmungsrecht nach § 87 Abs. 1 Nr. 3 BetrVG und eine Regelung verlangt. Die Beteiligte zu 2. erklärte jedoch am ▨ dem Betriebsratsvorsitzenden gegenüber, dass der Betriebsablauf ohne die Überstunden gefährdet sei und wegen der Eilbedürftigkeit und der mangelnden Vorhersehbarkeit die vorherige Einholung der Zustimmung des Betriebsrats unmöglich sei. Letztlich sei im Interesse des Fortbestands des Unternehmens auch keine andere Entscheidung als die Zustimmung zu den Überstunden denkbar.

Beweis: Zeugnis ▨

Grundsätzlich solle aber das Mitbestimmungsrecht des Betriebsrats nicht bestritten werden. Daher habe sie, die Beteiligte zu 2., den Betriebsrat auch immer sofort über die abgeleisteten Überstunden informiert.

Unabhängig davon, ob es in der Zukunft zu weiteren Verstößen kommen sollte, ist der Antrag gerechtfertigt, weil die geschilderte Handhabung der Überstunden ohne vorherige Zustimmung des Betriebsrats einen groben Verstoß i.S.v. § 23 Abs. 3 BetrVG darstellt. Die Beteiligte zu 2. hat die Mitbestimmungsrechte des Betriebsrats nicht ernst genommen, indem sie meint, die vorherige Zustimmung des Betriebsrats nicht einholen zu müssen, da eine andere Entscheidung als Zustimmung nicht denkbar sei und der Betriebsrat auch in keinem Fall widersprochen habe. Gegenstand des Mitbestimmungsrechts ist jedoch nicht ein Vetorecht des Betriebsrats, sondern das ausdrückliche Erfordernis für den Arbeitgeber, vor der Maßnahme die Zustimmung des Betriebsrats einzuholen.[692] Demgemäß ist die Beteiligte zu 2. verpflichtet, die Durchführung von Überstunden zu unterlassen, solange die Zustimmung des Beteiligten zu 1. nicht vorliegt oder ggf. durch die Einigungsstelle ersetzt worden ist.

(*Unterschrift*)

Rechtsanwalt

c) Antrag auf Teilnahme an Personalgesprächen

Muster 3.24: Antrag auf Teilnahme an Personalgesprächen

An das Arbeitsgericht ▨

Antrag

auf Einleitung eines Beschlussverfahrens

betreffend die Firma ▨ (*Name, Anschrift*)

mit den Beteiligten:

1. Betriebsrat der Firma ▨ (*Name*), vertreten durch die Betriebsratsvorsitzende ▨, ▨
(*Anschrift*)

– Antragsteller –

Verfahrensbevollmächtigte: RAe ▨

2. Firma ▨ (*Name*), vertreten durch ▨, ▨ (*Anschrift*)

– Beteiligte zu 2. –

Für den von uns vertretenen Antragsteller beantrage ich,

1. der Beteiligten zu 2. aufzugeben, es zu unterlassen, mit einem/r Arbeitnehmer/Arbeitnehmerin Personalgespräche über die Beendigung des Arbeitsverhältnisses ohne Hinzuziehung eines Betriebsratsmitglieds zu führen, wenn der/die betreffende Arbeitnehmer/in die Hinzuziehung eines Betriebsratsmitglieds

---

692 Vgl. LAG Frankfurt 24.2.1987, LAGE Nr. 9 zu § 23 BetrVG 1972.

verlangt hat und es in dem Personalgespräch auch um die Beurteilung der Leistungen des/der Arbeitnehmer/in und die Möglichkeiten seiner/ihrer beruflichen Entwicklung im Betrieb geht,

2. der Beteiligten zu 2. für jeden einzelnen Fall der Zuwiderhandlung ein Ordnungsgeld bis zu 10.000 EUR anzudrohen.

Begründung:

1. Sachverhalt

Die Beteiligten streiten über die Hinzuziehung von Betriebsratsmitgliedern zu Personalgesprächen über den Abschluss von Aufhebungsverträgen.

Bei der Beteiligten zu 2. schieden in der Vergangenheit mehrere Arbeitnehmer durch Aufhebungsvertrag aus. Zu den jeweils vorangegangenen Personalgesprächen wurden Betriebsratsmitglieder nicht hinzugezogen, obwohl zumindest die Arbeitnehmer X, Y und Z darum gebeten hatten. In zwei Fällen hat die Beteiligte zu 2. die Hinzuziehung eines Betriebsratsmitglieds ausdrücklich abgelehnt, in den anderen Fällen ist sie darüber hinweggegangen. Die Aufforderung des Betriebsrats mit Schreiben vom ▓▓▓▓▓, gemäß **Anlage Ast 1** zukünftig ein Betriebsratsmitglied zu solchen im Antrag genannten Personalgesprächen hinzuzuziehen, hat die Beteiligte zu 2. nicht beantwortet.

2. Rechtliche Würdigung

Die Verpflichtung der Beteiligten zu 2., unter den im Antrag genannten Bedingungen ein Mitglied des Betriebsrats zu Personalgesprächen über den Abschluss eines Aufhebungsvertrags hinzuzuziehen, ergibt sich aus § 82 Abs. 2 Satz 2 BetrVG.

Der Betriebsrat besitzt die erforderliche Antragsbefugnis. Er ist befugt, die streitige, sich aus § 82 Abs. 2 Satz 2 BetrVG ergebende Rechtsposition der Arbeitnehmer gegenüber der Arbeitgeberin geltend zu machen. Er handelt insoweit im Rahmen einer sich aus § 23 Abs. 3 Satz 1 BetrVG ergebenden gesetzlichen Prozessstandschaft.[693] Der sich aus § 82 BetrVG ergebende Anspruch der Arbeitnehmer auf Hinzuziehung eines Betriebsratsmitglieds stellt für den Arbeitgeber eine Verpflichtung aus dem BetrVG dar, bei deren grober Verletzung der Betriebsrat nach § 23 Abs. 3 Satz 1 BetrVG vorgehen kann.

Vorliegend hat die Beteiligte zu 2. diese Verpflichtungen mehrfach verletzt und in zwei Fällen sogar ausdrücklich. So hat sie mit den nachfolgend benannten Arbeitnehmern im Zeitraum ▓▓▓▓▓ Personalgespräche geführt, in denen es nicht nur um die Beendigung des Arbeitsverhältnisses durch Abschluss eines von der Beteiligten zu 2. angebotenen Aufhebungsvertrags ging, sondern auch um die Beurteilung der Leistungen und die Möglichkeiten der beruflichen Entwicklung der betroffenen Arbeitnehmer/Arbeitnehmerinnen, da auf Nachfrage nach den Gründen der Trennungsabsicht der Beteiligten zu 2. von ihr auf die als unzureichend empfundenen Arbeitsleistungen der Arbeitnehmer hingewiesen wurde.

Beweis: Zeugnis der Arbeitnehmer ▓▓▓▓▓, ▓▓▓▓▓, ▓▓▓▓▓.

Es ist nicht erforderlich, dass die Personalgespräche ausschließlich über die in § 82 Abs. 2 Satz 1 BetrVG genannten Gegenstände geführt werden. Es reicht aus, wenn das Gespräch zumindest auch über diese Themen geführt wird.[694]

Es liegt auch ein grober Verstoß der Beteiligten zu 2. vor, da die Rechtslage seit der Entscheidung des BAG vom 16.11.2004 zum Az. 1 ABR 53/03 als geklärt anzusehen ist und die Beteiligte zu 2. mehrfach und ausdrücklich gegen ihre Verpflichtungen verstoßen hat.

(*Unterschrift*)

Rechtsanwalt

▲

---

693 BAG 16.11.2004, AP Nr. 3 zu § 82 BetrVG 1972.
694 BAG 16.11.2004, AP Nr. 3 zu § 82 BetrVG 1972.

d) Erläuterungen

Von der Sache her handelt es sich hier um ein **Leistungsbegehren** des Betriebsrats. Ein Leistungsantrag   328
wäre praktisch jedoch nicht durchsetzbar, weil sich ein Zwangsgeldantrag im Gegensatz zu einem Ordnungsgeldantrag durch Zeitablauf erledigen würde.

In dem der Entscheidung vom 16.11.2004 zugrunde liegenden Fall war der Antrag des Betriebsrats als so   329
genannter Globalantrag zurückgewiesen worden, weil er auch Fallgestaltungen umfasste, bei denen das begehrte Recht nicht bestand. Das BAG hat entschieden, dass das Recht auf Hinzuziehung eines Betriebsratsmitglieds nicht bei jedem Personalgespräch über den Abschluss eines Aufhebungsvertrags besteht, sondern
nur dann, wenn es zumindest auch um die Gegenstände des § 82 Abs. 2 BetrVG geht. Eine **Teil-Stattgabe**
des Antrags kommt aber nur dann in Betracht, wenn sich dem Antrag der begründete Teil als eigenständiges
Teilziel des Verfahrens entnehmen lässt. Das setzt voraus, dass sich der Antrag insofern auf voneinander zu
trennende und klar abgrenzbare Sachverhalte bezieht.[695]

Regelmäßig sollte geprüft werden, ob sich der geltend zu machende Anspruch auch auf eine **andere An**   330
spruchsgrundlage als § 23 Abs. 3 BetrVG stützen lässt. So hat das BAG z.B. den Anspruch des Betriebsrats
auf Unterlassung von betriebsratswidrigen Äußerungen des Arbeitgebers über den Betriebsrat unmittelbar
aus § 78 S. 1 BetrVG abgeleitet und ausgeführt: „Dem Betriebsrat steht bei einer Störung oder einer Behinderung der Betriebsratsarbeit durch den Arbeitgeber ein Unterlassungsanspruch zu. Ein solcher Anspruch
ist in § 78 S. 1 BetrVG nicht ausdrücklich geregelt. Er folgt jedoch aus dem Zweck der Vorschrift, die Erfüllung von Betriebsratsaufgaben zu sichern, (…) und kann als selbstständig einklagbarer Nebenleistungsanspruch auch ohne ausdrückliche gesetzliche Normierung bestehen… § 78 S. 1 BetrVG schützt die Funktionsfähigkeit der darin genannten betriebsverfassungsrechtlichen Institutionen. Diesen Schutz kann ein
Unterlassungsanspruch unter den engen Voraussetzungen des § 23 Abs. 3 BetrVG nicht in gleicher Weise
bewirken. Ein Unterlassungsanspruch nach dieser Vorschrift setzt einen besonders schwerwiegenden Verstoß gegen betriebsverfassungsrechtliche Pflichten durch den Arbeitgeber voraus (…) Die Vorschrift des
§ 78 S. 1 BetrVG schützt den Betriebsrat umfassender und wirkt bereits einer weniger einschneidenden Behinderung seiner Amtsführung entgegen."[696]

VI. Einfacher Antrag auf Zustimmung zur Einstellung nach § 99 BetrVG

Literatur: *Bader/Jörchel*, Vereinheitlichung der arbeitsgerichtlichen Streitwerte, NZA 2013, 809; *Busemann*, Der Betriebsrat als Eingruppierungskläger im Beschlussverfahren, NZA 1996, 681; *Hexel/Lüders*, Mitbestimmung bei personellen Einzelmaßnahmen, BAG
weist die Betriebsparteien in ihre Schranken bei Vertragsstrafenvereinbarungen, NZA 2010, 613.

1. Typischer Sachverhalt

A ist eine Fluggesellschaft mit einem Betrieb auch in Düsseldorf. Anfang März 2016 kündigt die dem Düs   331
seldorfer Betrieb zugeordnete Vertriebsleiterin für Nordrhein-Westfalen ihren Arbeitsvertrag zum
31.8.2016. Die Personalabteilung versucht, schnell Ersatz zu bekommen. Sie schreibt die Stelle betriebsintern (§ 93 BetrVG) und extern aus. Schon im Mai 2016 kommt es zu Gesprächen mit verschiedenen externen wie internen Bewerbern. A entscheidet sich für einen externen Bewerber, der am 1.9.2016 anfangen
kann, und hört am 23.5.2016 den Betriebsrat nach § 99 Abs. 1 BetrVG zu der Einstellung und Eingruppierung an. Der Betriebsrat lehnt am 30.5.2016 die Zustimmung zu der Einstellung ab, weil ein interner Bewerber, der bisherige stellvertretende Vertriebsleiter für Nordrhein-Westfalen, besser geeignet wäre. Dieser
werde durch die beabsichtigte Einstellung benachteiligt, da er nicht auf die offene Position des Vertriebs-

---

695 BAG 16.11.2004, AP Nr. 3 zu § 82 BetrVG 1972.
696 BAG 12.11.1997, AP Nr. 27 zu § 23 BetrVG 1972.

leiters für Nordrhein-Westfalen aufrücken kann. Zur beabsichtigten Eingruppierung nimmt der Betriebsrat keine Stellung.

2. Rechtliche Grundlagen

a) Gerichtliches Zustimmungsersetzungsverfahren

332 Verweigert der Betriebsrat seine Zustimmung zu einer Einstellung, Versetzung, Eingruppierung oder Umgruppierung, so kann der Arbeitgeber von der Maßnahme Abstand nehmen. Anderes gilt nur, wenn er dem betreffenden Mitarbeiter gegenüber ausnahmsweise verpflichtet ist, ein Zustimmungsersetzungsverfahren einzuleiten.[697] Der Arbeitgeber kann aber auch von sich aus ein gerichtliches Zustimmungsersetzungsverfahren einleiten. Ist die Zustimmung des Betriebsrats rechtskräftig ersetzt, kann der Arbeitgeber die personelle Maßnahme durchführen. Eine vorherige Durchführung ist nur zulässig, wenn die Voraussetzungen für eine vorläufige personelle Maßnahme des § 100 BetrVG vorliegen (siehe dazu Rdn 342). Der Arbeitgeber kann, wenn die Wirksamkeit der Zustimmungsverweigerung des Betriebsrats zweifelhaft ist, auch den Hauptantrag stellen, dass die Zustimmung des Betriebsrats als erteilt gilt; als Hilfsantrag wird dann die Ersetzung der Zustimmung beantragt (siehe dazu Rdn 343).

Die Einleitung eines Zustimmungsersetzungsverfahrens unterliegt keiner Frist.[698] Das kann also auch noch Wochen und Monate nach Verweigerung der Zustimmung durch den Betriebsrat geschehen. Anders ist es nur, wenn der Arbeitgeber auch eine vorläufige personelle Maßnahme durchführen will, welcher der Betriebsrat widerspricht (siehe dazu Rdn 342).

Eine solche vorläufige personelle Maßnahme kann er auch noch im laufenden Zustimmungsersetzungsprozess durchführen. Verweigert der Betriebsrat auch die Zustimmung zur vorläufigen personellen Maßnahme, muss der erforderliche Feststellungsantrag nach § 100 Abs. 2 S. 3 BetrVG im laufenden Zustimmungsersetzungsprozess anhängig gemacht werden.

b) Darlegungs- und Beweislast

333 Im arbeitsgerichtlichen Beschlussverfahren ermittelt das Gericht den Sachverhalt von Amts wegen. Ergänzend dazu gelten im Zustimmungsersetzungsverfahren nach § 99 BetrVG folgende Regelungen zur Darlegungs- und Beweislast der Parteien:

Der Arbeitgeber hat darzulegen und ggf. zu beweisen, dass der Betriebsrat zu der personellen Maßnahme ordnungsgemäß angehört wurde.[699] Der Betriebsrat hat darzulegen, dass er frist- und formgemäß[700] widersprochen hat.[701] Hinsichtlich des Vorliegens/Nichtvorliegens von Zustimmungsverweigerungsgründen ist die Darlegungs- und Beweislast umstritten. Die überwiegende Auffassung geht davon aus, dass sie den Arbeitgeber trifft.[702]

Bei seiner Entscheidung berücksichtigt das Arbeitsgericht trotz Amtsermittlungsgrundsatzes allerdings nur die im Widerspruchsschreiben des Betriebsrats innerhalb der Wochenfrist des § 99 Abs. 3 BetrVG geltend

---

697 BAG 16.3.2010, NZA 2010, 1028; Richardi/*Thüsing*, § 99 Rn 279. Allerdings hat der Arbeitnehmer einen Anspruch auf zutreffende Ein- und Umgruppierung, wenn er die betreffende Tätigkeit ausführt; insofern ist der Arbeitgeber auch zur Einleitung des Zustimmungsersetzungsverfahren verpflichtet, vgl. ErfK/*Kania*, § 99 BetrVG Rn 41.

698 BAG 15.9.1987, NZA 1988, 101; ArbG Stuttgart 3.4.2008 – 24 BV 244/07, n.v.; Jäger u.a./*Lunk*, § 24 Rn 114; NK-GA/*Preuss*, § 99 BetrVG Rn 220.

699 BAG 28.1.1986, NZA 1986, 490; *Fitting u.a.*, § 99 Rn 290.

700 Entgegen dem Wortlaut des § 99 Abs. 3 S. 1 BetrVG lässt das BAG in seiner neueren Rechtsprechung die Textform des § 126b BGB ausreichen, BAG 1.6.2011, AP Nr. 139 zu § 99 BetrVG 1972.

701 LAG Köln 11.3.2009, BeckRS 2009, 63335; DKKW/*Bachner*, § 99 Rn 244.

702 So etwa *Fitting u.a.*, § 99 Rn 290; ErfK/*Kania*, § 99 BetrVG Rn 42; differenzierend Jäger u.a./*Lunk*, § 24 Rn 116; a.A. *Busemann*, NZA 1996, 681, 683.

gemachten Zustimmungsverweigerungsgründe.[703] Es findet also keine umfassende Rechtsprüfung statt;[704] der Betriebsrat kann auch keine Widerspruchsgründe nachschieben.[705]

c) Behebung formeller Fehler des Arbeitgebers während des gerichtlichen Zustimmungsersetzungsverfahrens

Hat der Arbeitgeber bei der Anhörung des Betriebsrats gemäß § 99 Abs. 1 BetrVG formelle Fehler begangen **334** (**Beispiele**: entgegen § 93 BetrVG erfolgte keine Ausschreibung der offenen Position; Verstoß gegen die Prüfungspflicht gemäß § 81 Abs. 1 S. 1 SGB IX; die Unterrichtung des Betriebsrats gemäß § 99 Abs. 1 BetrVG war nicht ausreichend), so kann er diese während des laufenden Gerichtsverfahrens beheben.[706] Er schreibt im Nachhinein die Stelle aus oder kommt seiner Prüfungspflicht zugunsten schwerbehinderter Personen nach und wählt wieder die gleiche Person für die betreffende Maßnahme aus. Damit kommt es zu einem weiteren Zustimmungsersetzungsverfahren und zu einem weiteren Streitgegenstand.

Eine unzureichende Unterrichtung kann auch durch Schriftsatzvortrag ersetzt werden.[707] Allerdings muss der Arbeitgeber in diesem Fall darauf hinweisen, dass er mit seinem Schriftsatzvortrag die unvollständige Unterrichtung vervollständigen will; dies kann auch konkludent geschehen.[708] Die Frist des § 99 Abs. 3 BetrVG beginnt dann aber noch nicht bei Eingang des Schriftsatzes beim Verfahrensbevollmächtigten, sondern erst bei Eingang beim Betriebsrat.[709] Aus Gründen der Rechtsklarheit erscheint es sinnvoll, eine weitere vollständige Anhörung des Betriebsrats gemäß § 99 Abs. 1 BetrVG außerhalb des Gerichtsverfahrens durchzuführen und diese dann in dem laufenden Gerichtsverfahren zur Begründung des Antrags zu nutzen.[710]

Ist der Betriebsrat nunmehr mit der personellen Maßnahme einverstanden, findet die Sache ihr Ende. Das laufende Verfahren wird für erledigt erklärt (siehe dazu unten Rdn 345 f.), die Maßnahme kann endgültig durchgeführt werden. Verweigert der Betriebsrat aber die Zustimmung nach der zweiten Anhörung erneut, so hat der Arbeitgeber folgende prozessuale Möglichkeiten:

- Er kann im laufenden Zustimmungsverfahren seinen Antrag **hilfsweise** auch auf die neue Anhörung stützen.[711] Das stellt eine zulässige Antragserweiterung dar.
- Er kann das laufende Zustimmungsersetzungsverfahren für erledigt erklären und ein neues Zustimmungsersetzungsverfahren einleiten, welches er auf die neue Anhörung stützt.[712]
- Er kann das **laufende Zustimmungsersetzungsverfahren** aufgrund der ersten Anhörung **fortführen** und ein **neues Zustimmungsersetzungsverfahren** aufgrund der zweiten Anhörung **einleiten**. In diesen Fällen sind allerdings beide Verfahren nach § 147 ZPO zu verbinden oder das nachfolgende Verfahren bis zur rechtskräftigen Entscheidung des ersten Verfahrens nach § 148 ZPO auszusetzen.[713]

Die letztgenannte Möglichkeit ist kompliziert, von ihr sollte der Arbeitgeber zugunsten der beiden erstgenannten Möglichkeiten absehen. Auf diese Art erreicht der Arbeitgeber, dass er die personelle Maßnahme

---

703 Jäger u.a./*Lunk*, § 24 Rn 117.
704 *Fitting u.a.*, § 99 Rn 290; GK-BetrVG/*Raab*, § 99 Rn 228; differenzierend DKKW/*Bachner*, § 99 Rn 245.
705 BAG 3.7.1984, NZA 1985, 67; BAG 10.8.1993, NZA 1994, 187; GK-BetrVG/*Raab*, § 99 Rn 228; *Fitting u.a.*, § 99 Rn 291; a.A. DKKW/*Bachner*, § 99 Rn 187.
706 BAG 28.2.2006, DB 2006, 2183; BAG 16.1.2007, DB 2007, 1820; BAG 5.5.2010, BeckRS 2010, 72051; BAG 9.3.2011, NJOZ 2011, 1299; LAG Hessen 5.11.2013, BeckRS 2015, 70497.
707 Dazu BAG 9.3.2011, NJOZ 2011, 1299; BAG 29.6.2011, NZA-RR 2012, 18.
708 BAG 9.3.2011, NJOZ 2011, 1299; BAG 29.6.2011, NZA-RR 2012, 18.
709 BAG 9.3.2011, NJOZ 2011, 1299; BAG 29.6.2011, NZA-RR 2012, 18.
710 Vgl. dazu ArbG Darmstadt 16.3.2007, AE 2007, 333.
711 BAG 16.1.2007, DB 2007, 1820; vgl. auch LAG Köln 29.1.2014, BeckRS 2014, 68592.
712 BAG 28.2.2006, DB 2006, 2183; vgl. auch LAG Köln 29.1.2014, BeckRS 2014, 68592.
713 BAG 16.1.2007, DB 2007, 1820.

trotz anfänglich begangener formeller Fehler endgültig aufrechterhalten kann, notfalls auch nach mehreren hintereinander geschalteten Anhörungen nach § 99 Abs. 1 BetrVG.

d)   Prozessuale Stellung des betroffenen Arbeitnehmers

335   Der betroffene Arbeitnehmer ist im gerichtlichen Zustimmungsersetzungsverfahren nicht Beteiligter, kann also auch keine eigenen Anträge stellen. Denn es geht in diesem Verfahren ausschließlich um einen kollektivrechtlichen Gegenstand und nicht um die individualrechtliche Stellung des Arbeitnehmers.[714]

e)   Antragstellung des Arbeitgebers und Entscheidung des Arbeitsgerichts

336   Im Hinblick auf die Antragstellung und die Entscheidung des Arbeitsgerichts wird auf die Ausführungen unten (siehe Rdn 343) verwiesen. Hält der Arbeitgeber an einer geplanten Maßnahme nicht mehr fest, so hat sich das Zustimmungsersetzungsverfahren erledigt (siehe unten Rdn 345).

f)   Streitwert für Zustimmungsersetzungsverfahren wegen Einstellung

337   Der Streitwert eines Beschlussverfahrens ist nur bei rechtsanwaltlicher Vertretung einer oder beider Parteien von Bedeutung. Zur Berechnung der anwaltlichen Gebühren nach RVG ist nach § 33 Abs. 1 RVG auf Antrag der Gegenstandswert der anwaltlichen Tätigkeit vom Gericht des Rechtszuges festzusetzen. Das kann nach Beendigung der Instanz außerhalb des Beschlusses nach § 84 ArbGG geschehen.

Bei Zustimmungsersetzungsverfahren wegen einer Einstellung ist umstritten, ob der Streitwert für die Gebührenberechnung in Anlehnung an § 42 Abs. 2 S. 1 GKG festzusetzen oder ob der Auffangwert des § 23 Abs. 3 S. 2 HS. 2 RVG maßgeblich ist.[715]

Nach einer Auffassung ist § 42 Abs. 2 GKG entsprechend anzuwenden. Als Streitwert ist also regelmäßig der Betrag des für die Dauer eines Vierteljahres zu leistenden Arbeitsentgelts zugrunde zu legen.[716] Bei befristeten Einstellungen wird dann etwa wie folgt differenziert: Bei einer Beschäftigung bis zu drei Monaten ist ein Bruttomonatsgehalt, bei einer Beschäftigung bis zu 6 Monaten zwei Bruttomonatsgehälter anzusetzen.[717] Es wird allerdings auch vertreten, dass bei einer betriebsverfassungsrechtlichen Einstellung grundsätzlich ein Abschlag zu machen ist und – vorbehaltlich besonderer Umstände des Einzelfalls – ein Wert von zwei Bruttomonatsgehältern gerechtfertigt sei.[718] Solche besonderen Umstände können bei einer Vielzahl von mitbestimmungspflichtigen personellen Einzelmaßnahmen vorliegen, die auf einer einheitlichen unternehmerischen Entscheidung beruhen; dann kann ein Wertabschlag von 50 % angemessen sein.[719]

Nach der Auffassung anderer Arbeitsgerichte ist der Wert einer Bestandsstreitigkeit nach § 42 Abs. 2 GKG ohne entscheidende Aussagekraft für den Wert eines arbeitsgerichtlichen Beschlussverfahrens, in dem es um die Zustimmung des Betriebsrats zur Einstellung geht. Für die Festsetzung des Gegenstandswerts der anwaltlichen Tätigkeit wird deshalb nach § 23 Abs. 3 S. 2 RVG der Regelwert von 5.000 EUR zugrunde gelegt.[720] Dieser Wert kann hinsichtlich jeder weiteren Einstellung um 1.000 EUR erhöht werden, wenn bei einer einheitlichen unternehmerischen Entscheidung mehrere Arbeitnehmer von der Ersetzung der Zustimmung des Betriebsrats betroffen sind.[721]

---

714 BAG 3.7.1996, NZA 1997, 713, 716; DKKW/*Bachner*, § 99 Rn 247; GK-BetrVG/*Raab*, § 99 Rn 231; kritisch Richardi/*Thüsing*, § 99 Rn 315.

715 Vgl. *Bader/Jörchel*, NZA 2013, 809, 812.

716 ArbG Köln 19.3.2008, n.v.; vgl. auch *Paschke*, in: Tschöpe/Ziemann/Altenburg, Streitwert und Kosten im Arbeitsrecht, S. 306 Rn 190 f.

717 So etwa LAG Hamm 30.11.2009, BeckRS 2010, 66695; LAG Hamm 15.10.2015, juris.

718 LAG Hamburg 26.7.2010, BeckRS 2011, 70960; LAG Hamburg 13.6.2016, juris; *Bader/Jörchel*, NZA 2013, 809, 812.

719 LAG Hamburg 13.6.2016, juris.

720 LAG Hamm 19.10.2006, NZA-RR 2007, 96; LAG Berlin 21.10.2002, NZA-RR 2003, 384; LAG Schleswig-Holstein 14.8.2007, NZA-RR 2007, 659; LAG Köln 15.5.2008 – 7 Ta 114/08, n.v.; LAG Nürnberg 15.5.2012, BeckRS 2012, 70594; LAG Schleswig-Holstein 9.7.2013, BeckRS 2013, 70692 m.w.N.

721 LAG Berlin 21.10.2002, NZA-RR 2003, 384.

Der Streitwertkatalog für die Arbeitsgerichtsbarkeit lässt offen, ob der Streitwert nach § 23 Abs. 3 S. 2 RVG oder nach § 42 Abs. 2 S. 1 GKG zu berechnen ist; im zweiten Fall schlägt er eine Orientierung am zweifachen Monatsverdienst vor.[722]

g) Vereinbarungen der Betriebsparteien über das Zustimmungsersetzungsverfahren

In begrenztem Umfang können die Betriebsparteien Vereinbarungen schließen, die das arbeitsgerichtliche Zustimmungsersetzungsverfahren beeinflussen. So können sich die Betriebsparteien vor Einleitung eines Zustimmungsersetzungsverfahrens auf einen Rechtsmittelverzicht einigen; dann ist die erstinstanzliche Entscheidung bindend.[723] Die Betriebsparteien können auch einvernehmlich die Zustimmungsverweigerungsfrist des § 99 Abs. 3 BetrVG verlängern, sofern in dem konkreten Fall die gesetzliche Frist zu diesem Zeitpunkt noch nicht abgelaufen ist.[724] Nicht zulässig ist dagegen die Vereinbarung, dass die Zustimmung des Betriebsrats als verweigert gilt, wenn er sich nicht innerhalb der Wochenfrist des § 99 Abs. 3 BetrVG äußert (Umkehrung der Zustimmungsfiktion).[725] Unzulässig sind auch Vertragsstrafenvereinbarungen für den Fall, dass der Arbeitgeber das Verfahren nach §§ 99, 100 BetrVG nicht einhält.[726] **338**

3. Antrag auf Zustimmungsersetzung wegen einer Einstellung nach § 99 BetrVG

▼

Muster 3.25: Antrag auf Zustimmungsersetzung wegen einer Einstellung nach § 99 BetrVG **339**

An das

Arbeitsgericht

In dem Beschlussverfahren

mit den Beteiligten

1. die _(genaue Bezeichnung des Arbeitgebers nebst Adresse)_

2. Betriebsrat des Betriebs Düsseldorf der , vertreten durch den Betriebsratsvorsitzenden

wegen: Ersetzung der Zustimmung des Betriebsrats zur Einstellung von Herrn

bitten wir um Anberaumung eines Termins, in dem die Beteiligte zu 1) beantragt wird:

Die verweigerte Zustimmung des Beteiligten zu 2) zur Einstellung des Herrn auf die Position des Vertriebsleiters für das Gebiet Nordrhein-Westfalen wird ersetzt.

Begründung:

I.

Die Beteiligte zu 1) ist ein Flugunternehmen mit mehreren Niederlassungen in Deutschland, u.a. auch in Düsseldorf. Dort gibt es einen Betriebsrat mit drei Betriebsratsmitgliedern, den Beteiligten zu 2). Am Standort Düsseldorf arbeiten insgesamt 43 Arbeitnehmer.

Am Standort Düsseldorf wird ab dem 1.9.2016 die Position des Vertriebsleiters Nordrhein-Westfalen offen sein. Die bisherige Stelleninhaberin, Frau , wird zum 31.8.2016 aus dem Unternehmen ausscheiden. Zwischen den Beteiligten ist unstreitig, dass es sich nicht um die Position eines leitenden Angestellten im Sinne des § 5 Abs. 3 BetrVG handelt.

---

722 Streitwertkatalog für die Arbeitsgerichtsbarkeit, überarbeitete Fassung 5.4.2016, dort Nr. 13.2.
723 BAG 8.9.2010, NZA 2011, 934.
724 BAG, 6.10.2010, NZA 2012, 50; BAG, 29.6.2011, NZA-RR 2012, 18.
725 BAG, 18.8.2009, NZA 2010, 112; dazu auch _Hexel/Lüders_, NZA 2010, 613, 614 f.
726 BAG 19.1.2010, NZA 2010, 592; dazu auch _Hexel/Lüders_, NZA 2010, 613.

II.

Die Beteiligte zu 1) beabsichtigt, Herrn ████████ am 1.9.2016 als Vertriebsleiter Nordrhein-Westfalen einzustellen. Die Beteiligte zu 1) bat am 23.5.2016 den Beteiligten zu 2) um Zustimmung zur Einstellung von Herrn ████████. In dem Anhörungsschreiben wurde dargelegt, für welche Tätigkeit der Arbeitnehmer vorgesehen ist. Außerdem wurden darin die genauen Personalien des Arbeitnehmers, die beabsichtigte Eingruppierung sowie der Einstellungsbeginn mitgeteilt. Dem Anhörungsschreiben waren die Bewerbungsunterlagen sämtlicher Bewerber sowie die Unterlagen über die Ausschreibung nach § 93 BetrVG beigefügt.

Beweis: 1.   Schreiben vom 23.5.2016, **Anlage A1**

2.   Zeugnis des Personalleiters ████████, zu laden über die Beteiligte zu 1)

Der Beteiligte zu 2) verweigerte die Zustimmung zur Einstellung mit Schreiben vom 30.5.2016, während die beabsichtigte Eingruppierung von ihm nicht angegriffen wurde. Er macht geltend, dass der stellvertretende Vertriebsleiter in Düsseldorf benachteiligt würde. Denn dieser sei besser qualifiziert als der externe Kandidat und könne die offene Position besser ausfüllen.

Beweis: Schreiben vom 30.5.2016, **Anlage A2**

Am 31.5.2016 gab es ein Gespräch zwischen dem Personalleiter der Beteiligten zu 1) und dem Beteiligten zu 2), um dessen Bedenken auszuräumen. Dies gelang leider nicht.

Zur geplanten Eingruppierung nahm der Beteiligte zu 2) keine Stellung, hierüber gibt es also keine Auseinandersetzungen.

III.

Der Beteiligte zu 2) hat seine Zustimmung zu Unrecht verweigert. Sie ist daher vom Arbeitsgericht zu ersetzen.

Zwar wäre grundsätzlich die Benachteiligung eines Mitarbeiters durch die Maßnahme ein Zustimmungsverweigerungsgrund gemäß § 99 Abs. 2 Nr. 3 BetrVG. Allerdings gilt dies nicht, wenn ein Mitarbeiter aufgrund der Maßnahme nicht befördert wird, obwohl er keinen Anspruch auf Beförderung hat. So liegt der Fall hier.

Der stellvertretende Vertriebsleiter ist sicherlich qualifiziert. Die Beteiligte zu 1) hält aber den ausgewählten Kandidaten für qualifizierter. Der Beteiligte zu 2) kann seine Auffassung nicht an Stelle der Auffassung der Beteiligten zu 1) setzen. Dies wäre ein Eingriff in die grundrechtlich gewährleistete Unternehmerfreiheit.

IV.

Vorsorglich bestreitet die Beteiligte zu 1), dass die Zustimmungsverweigerung auf einem ordnungsgemäßen Beschluss des Beteiligten zu 2) beruht.

V.

Die Beteiligte zu 1) behält sich vor, während des laufenden Zustimmungsersetzungsverfahrens eine vorläufige personelle Maßnahme nach § 100 BetrVG durchzuführen.

VI.

Sollte das Arbeitsgericht weiteren Vortrag oder zusätzliche Beweisantritte für erforderlich halten, wird um einen richterlichen Hinweis gebeten.

(*Unterschrift*)

Rechtsanwalt

▲

VII. Antrag auf Zustimmung zur Einstellung und Feststellung der Dringlichkeit einer vorläufigen Einstellung nach §§ 99, 100 BetrVG; vorgeschalteter allgemeiner Feststellungsantrag

Literatur: *Gillen/Vahle*, Vorläufige Maßnahme nach § 100 BetrVG, BB 2010, 761; *Hamann*, Leiharbeitnehmer-Pools, NZA 2008, 1042; *Hunold*, Die Rechtsprechung zu den Beteiligungsrechten des Entleiher-Betriebsrats bei Einsatz von Leiharbeitnehmern, NZA-RR 2008, 281; *Kania*, Schweigen des Betriebsrats auf eine Unterrichtung nach § 100 II 1 BetrVG, NZA 2016, 614; *Matthes*, Vorläufige Personalmaßnahmen ohne sachlichen Grund, BB 2010, 2109; *Schulze/Schreck*, Personelle Einzelmaßnahmen nach § 99 BetrVG – Handlungsmöglichkeiten des Betriebsrates, ArbRAktuell 2013, 341090; *Tiling*, Beteiligungsrechte beim Einsatz von Leiharbeitnehmern, BB 2009, 2422.

1. Typischer Sachverhalt

A ist eine Fluggesellschaft mit einem Betrieb auch in Düsseldorf. Anfang März 2016 kündigt die dem Düs- **340** seldorfer Betrieb zugeordnete Vertriebsleiterin für Nordrhein-Westfalen ihren Arbeitsvertrag zum 31.8.2016. Die Personalabteilung versucht Ersatz zu bekommen. Sie schreibt die Stelle betriebsintern (§ 93 BetrVG) und extern aus. Im Juli 2016 kommt es zu Gesprächen mit verschiedenen externen und einem internen Bewerber, dem bisherigen stellvertretenden Vertriebsleiter. A entscheidet sich für einen externen Bewerber, der am 1.9.2016 anfangen kann, und hört am **5.8.2016** den Betriebsrat nach § 99 Abs. 1 BetrVG zu der Einstellung und Eingruppierung an. Der Betriebsrat lehnt am **12.8.2016** die Zustimmung zur Einstellung ab, weil die Belegschaft durch den externen Bewerber benachteiligt werde. Zur beabsichtigten Eingruppierung nimmt der Betriebsrat keine Stellung.

Am **23.8.2016** teilt die Personalabteilung dem Betriebsrat gemäß § 100 BetrVG mit, dass sie den neuen Vertriebsleiter für Nordrhein-Westfalen zum 1.9.2016 vorläufig einstellen wird. Dies sei aus sachlichen Gründen dringend erforderlich, weil die Stelle unbedingt besetzt werden müsse. Das führt sie in dem Mitteilungsschreiben näher aus. Außerdem weist die Geschäftsleitung auf die Gefahr hin, dass der ausgewählte Bewerber abspringen würde, wenn er nicht unverzüglich eingestellt werde. Am **26.8.2016** bestreitet der Betriebsrat die Dringlichkeit der vorläufigen Einstellung, weil sich die Personalabteilung bei der Bewerbersuche zu viel Zeit gelassen und sich selbst zeitlich in Bedrängnis gebracht habe.

2. Rechtliche Grundlagen

a) Gerichtliches Zustimmungsersetzungsverfahren
Wegen des gerichtlichen Zustimmungsersetzungsverfahrens ist in vollem Umfang auf obige Ausführungen **341** (siehe Rdn 332 ff.) zu verweisen.

b) Feststellung der Dringlichkeit einer vorläufigen personellen Maßnahme
Möchte der Arbeitgeber die personelle Maßnahme schon durchführen, ehe das Zustimmungsersetzungsver- **342** fahren eingeleitet oder ein laufendes Zustimmungsersetzungsverfahren rechtskräftig entschieden ist, kommt eine vorläufige personelle Maßnahme in Betracht, § 100 BetrVG. Voraussetzung ist, dass die Maßnahme **aus sachlichen Gründen dringend erforderlich** ist. Eine solche vorläufige personelle Maßnahme kann bzw. muss allerdings nur für **Versetzungen** und **Einstellungen**, nicht aber für Ein- und Umgruppierungen durchgeführt werden (vgl. Rdn 363 ff., 397 ff.). Die sachliche Dringlichkeit kann auf mannigfachen Gründen beruhen.[727] Von den Gerichten werden solche Gründe schnell akzeptiert. Ob dies auf einem Verständnis für die betrieblichen Notwendigkeiten beruht oder ob diese Sicht der Arbeitsgerichte zu kritisieren ist,[728] sei hier offen gelassen.

---

727 Dazu *Gillen/Vahle*, BB 2010, 761, 762 ff.
728 Kritisch etwa *Matthes*, BB 2010, 2109.

Bestreitet der Betriebsrat die sachliche Rechtfertigung für die vorläufige personelle Maßnahme nicht oder nicht unverzüglich, so darf der Arbeitgeber diese durchführen. Er ist dann auch nicht gezwungen, binnen drei Kalendertagen ein gerichtliches Zustimmungsersetzungsverfahren einzuleiten; § 100 Abs. 2 S. 3 BetrVG ist nicht anwendbar.[729] Zögert der Arbeitgeber das gerichtliche Zustimmungsersetzungsverfahren allerdings unangemessen hinaus, so kann der Betriebsrat dem mit einem Antrag nach § 101 BetrVG begegnen.[730]

Bestreitet der Betriebsrat unverzüglich die sachliche Rechtfertigung der personellen Eilmaßnahme, muss sich der Arbeitgeber binnen drei Kalendertagen entscheiden: Entweder er verzichtet auf die vorläufige Durchführung der personellen Maßnahme, dann muss er warten, bis das gerichtliche Zustimmungsersetzungsverfahren abgeschlossen ist. Oder er führt die personelle Maßnahme vorläufig durch. Dann muss er binnen **drei Kalendertagen** nach Ablehnung des Betriebsrats (Achtung: Samstag, Sonntag und Feiertage zählen mit, es sei denn, sie liegen am Ende der Frist)[731] beim Arbeitsgericht die Feststellung beantragen, dass die vorläufige personelle Maßnahme aus sachlichen Gründen dringend erforderlich ist, § 100 Abs. 2 S. 3 BetrVG. Innerhalb der Dreitagesfrist hat der Arbeitgeber auch das Zustimmungsersetzungsverfahren einzuleiten. Der Arbeitgeber muss beide Anträge in dem gleichen Verfahren stellen.[732] Hatte der Arbeitgeber bereits vorher ein **gerichtliches Zustimmungsersetzungsverfahren** eingeleitet, muss der Feststellungsantrag binnen der auch dann maßgeblichen Dreitagesfrist **in diesem Verfahren** gestellt werden.

Unklarheiten wegen der Dreitagesfrist des § 100 Abs. 3 S. 2 BetrVG können entstehen, wenn der Arbeitgeber

- zeitgleich den Betriebsrat um Zustimmung zu der personellen Maßnahme nach § 99 BetrVG und die vorläufige personelle Maßnahme nach § 100 BetrVG anhört, der Betriebsrat aber vorab nur die Zustimmung zur vorläufigen personellen Maßnahme verweigert;
- vorab den Betriebsrat zur vorläufigen personellen Maßnahme nach § 100 BetrVG und erst später zur personellen Maßnahme nach § 99 BetrVG anhört.

In diesen Fällen kann der Arbeitgeber nach drei Tagen zwar den Antrag auf Feststellung der Dringlichkeit der vorläufigen personellen Maßnahme stellen, aber nicht den Antrag auf Ersetzung der Zustimmung des Betriebsrats; denn das außergerichtliche Zustimmungsverfahren nach § 99 BetrVG ist zu diesem Zeitpunkt noch nicht abgeschlossen.

Diese Konstellationen, die freilich nicht allzu häufig vorkommen, löst die überwiegende Auffassung so:[733] Der Antrag auf **Feststellung der Dringlichkeit** der vorläufigen personellen Maßnahme muss **drei Tage nach Ablehnung des Betriebsrats** gemäß **§ 100 BetrVG** gestellt werden. Der Antrag auf Ersetzung der Zustimmung des Betriebsrats zur personellen Maßnahme muss dann im gleichen Verfahren nachgeschoben werden, und zwar drei Tage nach Zustimmungsverweigerung zu der endgültigen personellen Maßnahme durch den Betriebsrat nach **§ 99 Abs. 2 BetrVG**.

Innerhalb der Dreitagesfrist des § 100 BetrVG müssen die Anträge nicht nur gestellt, sondern auch **begründet** werden.[734] Das kann dann Schwierigkeiten bereiten, wenn der Betriebsrat am Freitag der Eilmaßnahme widerspricht und der Arbeitgeber bis Montag reagiert haben muss.

---

729 Richardi/*Thüsing*, § 100 Rn 20 ff.; *Kania*, NZA 2016, 614; a.M. etwa *Fitting u.a.*, § 100 Rn 9; Gross u.a./*Woitaschek*, § 100 BetrVG Rn 5.
730 *Kania*, NZA 2016, 614, 617.
731 Zur Fristberechnung *Fitting u.a.*, § 100 Rn 11.
732 BAG 15.9.1987, AP Nr. 46 zu § 99 BetrVG 1972; DKKW/*Bachner*, § 100 Rn 27; NK-GA/*Preuss*, § 100 BetrVG Rn 37 f.
733 NK-GA/*Preuss*, § 100 BetrVG Rn 38; Richardi/*Thüsing*, § 100 Rn 30.
734 So die überwiegende Meinung, vgl. LAG Frankfurt 13.9.1988, DB 1989, 1092; DKKW/*Bachner*, § 100 Rn 29; Jäger u.a./*Lunk*, § 24 Rn 149; a.A. HWK/*Ricken*, § 100 BetrVG Rn 12; Stege/*Weinspach*, §§ 99 bis 101 Rn 118a.

c) Antragstellung des Arbeitgebers und Entscheidung des Arbeitsgerichts

Ist unklar oder streitig, ob der Betriebsrat der personellen Maßnahme innerhalb der Wochenfrist ordnungs-   **343**
gemäß widersprochen hat, so sollte dies bei der Antragstellung berücksichtigt werden. Der Arbeitgeber
kann dann die **Feststellung** beantragen, dass die Zustimmung des Betriebsrats als erteilt gilt.[735] **Hilfsweise**
beantragt er, erstens die Zustimmung des Betriebsrats durch das Arbeitsgericht zu ersetzen und zweitens
festzustellen, dass die vorläufige personelle Maßnahme aus sachlichen Gründen dringend erforderlich
war. Stellt das Arbeitsgericht fest, dass die Zustimmung des Betriebsrats als erteilt gilt, kommt es auf die
Hilfsanträge nicht an, diese werden nicht beschieden. Aber auch wenn der Arbeitgeber den Feststellungsantrag nicht stellt, hat das Arbeitsgericht dann, wenn kein ordnungsgemäßer Widerspruch des Betriebsrats
gegen die personelle Maßnahme vorliegt, die Feststellung auszusprechen, dass die Zustimmung als erteilt
gilt.[736]

Über die **Anträge auf Zustimmungsersetzung** und auf **Feststellung der besonderen Dringlichkeit der
vorläufigen personellen Maßnahme** entscheidet das Arbeitsgericht üblicherweise zusammen.[737] Eine
Vorabentscheidung über die Dringlichkeit der Maßnahme kommt so gut wie nie vor. Für das Arbeitsgericht gibt es die folgenden **vier Entscheidungsvarianten**:[738]

■ Das Arbeitsgericht ersetzt die Zustimmung des Betriebsrats zu der personellen Maßnahme und stellt
auch fest, dass die vorläufige personelle Maßnahme aus sachlichen Gründen dringend erforderlich
war. Der Arbeitgeber gewinnt also in vollem Umfang.

■ Das Arbeitsgericht ersetzt die Zustimmung des Betriebsrats zu der personellen Maßnahme und stellt
fest, dass die vorläufige personelle Maßnahme aus sachlichen Gründen **nicht** dringend erforderlich
war. Hinsichtlich der vorläufigen personellen Maßnahme wird das Verfahren dann aber gemäß § 83a
Abs. 2 ArbGG eingestellt.[739] Denn es steht ja fest, dass die Zustimmung ersetzt ist. Anders ist es nur,
wenn das Arbeitsgericht ausnahmsweise vorab über den Feststellungsantrag entscheidet.

■ Das Arbeitsgericht ersetzt die Zustimmung des Betriebsrats zu der personellen Maßnahme **nicht**, stellt
aber die Dringlichkeit der vorläufigen personellen Maßnahme fest. Steht fest, dass die Zustimmung
rechtskräftig nicht ersetzt wird, so ist auch hier hinsichtlich der vorläufigen Maßnahme das Verfahren
gemäß § 83a Abs. 2 ArbGG einzustellen.[740]

■ Das Arbeitsgericht ersetzt die Zustimmung des Betriebsrats zu der personellen Maßnahme **nicht** und
stellt fest, dass die vorläufige personelle Maßnahme aus sachlichen Gründen **nicht** dringend erforderlich war. Hier gewinnt also der Betriebsrat in vollem Umfang.

d) Entscheidungsmaßstab des Arbeitsgerichts

Das Arbeitsgericht prüft nicht, ob die vorläufige personelle Maßnahme aus sachlichen Gründen dringend   **344**
erforderlich oder nicht dringend erforderlich war. Entscheidungsmaßstab ist vielmehr, ob die vorläufige
personelle Maßnahme aus sachlichen Gründen **offensichtlich nicht** dringend erforderlich war. Das ist
nur dann der Fall, wenn der Arbeitgeber die betriebliche Notwendigkeit der vorläufigen personellen Maßnahme **grob verkannt** hat.[741] Dabei kommt es auf den Zeitpunkt der Entscheidung des Arbeitgebers über
die Maßnahme an.[742]

---

735 BAG 18.10.1988, NZA 1989, 355; LAG München 4.4.2008, BeckRS 2009, 67672; ErfK/*Kania*, § 99 BetrVG Rn 43; Jäger u.a./*Lunk*,
§ 24 Rn 115; Gross u.a./*Woitaschek*, § 99 BetrVG Rn 40.

736 BAG 18.10.1988, NZA 1989, 355; ErfK/*Kania*, § 99 BetrVG Rn 43; a.M. aber LAG München 4.4.2008, BeckRS 2009, 67672.

737 Jäger u.a./*Lunk*, § 24 Rn 145.

738 Vgl. auch NK-GA/*Preuss*, § 100 BetrVG Rn 45 ff.

739 BAG 26.10.2004, NZA 2005, 535; GK-BetrVG/*Raab*, § 100 Rn 42; NK-GA/*Preuss*, § 100 BetrVG Rn 48; a.A. *Fitting u.a.*, § 100
Rn 15; DKKW/*Bachner*, § 100 Rn 35.

740 BAG 18.10.1988, DB 1989, 435; Gross u.a./*Woitaschek*, § 100 BetrVG Rn 11.

741 BAG 7.11.1977, AP Nr. 1 zu § 100 BetrVG 1972; GK-BetrVG/*Raab*, § 100 Rn 41.

742 BAG 7.11.1977, AP Nr. 1 zu § 100 BetrVG 1972; *Fitting u.a.*, § 100 Rn 14.

Das bedeutet: Nur wenn die vorläufige personelle Maßnahme offensichtlich nicht dringend erforderlich war, wird der Feststellungsantrag des Arbeitgebers abgewiesen. Ansonsten wird dem Feststellungsantrag stattgegeben.

e) Erledigung der vorläufigen personellen Maßnahme während des laufenden Zustimmungsersetzungsverfahrens

345 Bei kurzfristigen Einstellungen oder Versetzungen, bei denen der Arbeitgeber eine vorläufige personelle Maßnahme gemäß § 100 BetrVG durchgeführt hat, kommt es vor, dass sich das Zustimmungsersetzungsverfahren vor der gerichtlichen Entscheidung erledigt, weil die Maßnahme zwischenzeitlich beendet wurde. Häufige Beispiele sind der befristete Einsatz von Leiharbeitnehmern[743] oder zeitlich befristete Versetzungen.

In dem Fall müssen die Parteien das Verfahren für erledigt erklären. Den ursprünglichen Anträgen mangelt es an dem erforderlichen Rechtsschutzbedürfnis.[744] Erklärt nur eine Partei das Verfahren für erledigt, so ist das Verfahren entsprechend § 83a Abs. 2 ArbGG einzustellen.[745] Das Arbeitsgericht prüft also nicht, ob die ursprünglichen Anträge zulässig und begründet waren, sondern nur, ob ein erledigendes Ereignis eingetreten ist. Der Betriebsrat kann in solchen Fällen keinen Unterlassungsanspruch geltend machen, sofern nur der Arbeitgeber das Verfahren nach §§ 99, 100 BetrVG ordnungsgemäß eingehalten hat.[746]

f) Erledigung der vorläufigen personellen Maßnahme vor Ablauf der Dreitagesfrist

346 Bei ganz kurzfristigen Maßnahmen kann es vorkommen, dass Erledigung innerhalb der Dreitagefrist des § 100 BetrVG eintritt. Beispiele sind kurzfristige Versetzungen oder auch kurzfristiger Leiharbeitnehmereinsatz in Vertretungsfällen wegen Krankheit oder Arbeitsspitzen.

In diesen Fällen braucht kein gerichtliches Verfahren eingeleitet zu werden, weder ein Zustimmungsersetzungsverfahren gemäß § 99 Abs. 4 BetrVG noch ein Eilantragsverfahren gemäß § 100 Abs. 2 BetrVG.[747] Allerdings wird vertreten, dass der Betriebsrat jedenfalls in solchen Fällen, in denen § 100 Abs. 2 BetrVG nicht greift, einen Unterlassungsanspruch hat, wenn die kurzfristige Maßnahme rechtswidrig ist; dieser Anspruch könne auch im Wege der einstweiligen Verfügung geltend gemacht werden.[748]

g) Streitwert

347 Zum Streitwert des Antrags auf Zustimmungsersetzung vgl. die obigen Ausführungen (siehe Rdn 337). Wird ein allgemeiner Feststellungsantrag vorgeschaltet (siehe Rdn 343), so wirkt sich dieser nicht streitwerterhöhend aus.[749] Begründung: Das Arbeitsgericht müsste diese Feststellung auch ohne Antrag treffen. Der Antrag auf Feststellung der Dringlichkeit einer vorläufigen personellen Maßnahme wird i.d.R. mit dem halben Wert des Antrags auf Zustimmungsersetzung angesetzt. Es kommt dann also darauf an, wie dieser Antrag auf Zustimmungsersetzung bewertet wird. Der Dringlichkeitsantrag wird entweder mit dem hälftigen Ausgangswert gemäß § 23 Abs. 3 S. 2 RVG, also 2.500 EUR, angesetzt[750] oder mit einem Bruttomonatsgehalt oder 1,5 Bruttomonatsgehältern bewertet.[751] Der Streitwertkatalog für die Arbeits-

743 LAG Schleswig-Holstein 10.5.2016, BeckRS 2016, 71454; *Hunold*, NZA-RR 2008, 281.
744 Vgl. dazu BAG 19.2.2008, NZA 2008, 95.
745 BAG 19.2.2008, NZA 2008, 95; BAG 8.12.2010, NZA-RR 2011, 315; *Fitting u.a.*, § 99 Rn 294; Gross u.a./*Woitaschek*, § 99 BetrVG Rn 41.
746 BAG 23.6.2009, NZA 2009, 1430; LAG Schleswig-Holstein 10.5.2016, BeckRS 2016, 71454; a.M. etwa *Schulze/Schreck*, ArbRAktuell 2013, 341090.
747 So LAG Rheinland-Pfalz 14.12.2007, NZA-RR 2008, 248; LAG Rheinland-Pfalz 6.5.2010, BeckRS 2010, 71454; dazu *Hamann*, NZA 2008, 1042, 1043; *Tiling*, BB 2009, 2422; *Fitting u.a.*, § 99 Rn 285a, 295 ff.
748 So etwa *Fitting u.a.*, § 99 Rn 295 ff.; *Schulze/Schreck*, ArbRAktuell 2013, 341090.
749 LAG Köln 16.12.2008, AE 2009, 355.
750 LAG Berlin 21.10.2002, NZA-RR 2003, 384; LAG Schleswig-Holstein 14.8.2007, NZA-RR 2007, 659.
751 LAG Hamburg 26.7.2010, BeckRS 2011, 70960: 1 Bruttomonatsgehalt; LAG Hamm, 30.11.2009, BeckRS 2010, 66695: 1,5 Bruttomonatsgehälter; so auch *Paschke*, in: Tschöpe/Ziemann/Altenburg, Streitwert und Kosten im Arbeitsrecht, Rn 198 ff.

gerichtsbarkeit bewertet das Verfahren gemäß § 100 BetrVG ebenfalls mit der Hälfte des Verfahrens nach § 99 Abs. 4 BetrVG.[752]

3. Antrag auf Zustimmung zur Einstellung und Feststellung der Dringlichkeit einer vorläufigen Einstellung nach §§ 99, 100 BetrVG

▼

Muster 3.26: Antrag auf Zustimmung zur Einstellung und Feststellung der Dringlichkeit einer vorläufigen Einstellung nach §§ 99, 100 BetrVG   348

An das

Arbeitsgericht

In dem Beschlussverfahren

mit den Beteiligten

1. die _____ (*genaue Bezeichnung des Arbeitgebers nebst Adresse*)

2. der Betriebsrat des Betriebs Düsseldorf der _____, vertreten durch den Betriebsratsvorsitzenden, _____ (*Adresse*)

wegen: Ersetzung der Zustimmung des Betriebsrats zur Einstellung des _____ und vorläufiger personeller Maßnahme

bitten wir um Anberaumung eines Termins, in dem die Beteiligte zu 1) beantragen wird:

1. Es wird festgestellt, dass die Zustimmung des Beteiligten zu 2) betreffend die Einstellung des _____ auf die Position des Vertriebsleiters für das Gebiet Nordrhein-Westfalen als ersetzt gilt.

   Hilfsweise für den Fall, dass der Antrag zu 1. abgelehnt wird:

2. Die verweigerte Zustimmung des Beteiligten zu 2) zur Einstellung des _____ auf die Position des Vertriebsleiters für das Gebiet Nordrhein-Westfalen wird ersetzt.

3. Es wird festgestellt, dass die zum 1.9.2016 vorgenommene vorläufige Einstellung des _____ auf die Position des Vertriebsleiters für das Gebiet Nordrhein-Westfalen aus sachlichen Gründen dringend erforderlich war.

Begründung:

I.

Die Beteiligte zu 1) ist ein Flugunternehmen mit mehreren Betrieben in Deutschland, u.a. auch in Düsseldorf. Dort gibt es auch einen Betriebsrat mit drei Betriebsratsmitgliedern, den Beteiligten zu 2). Am Standort Düsseldorf arbeiten insgesamt 43 Arbeitnehmer.

Im Betrieb Düsseldorf wird ab dem 1.9.2016 die Position des Vertriebsleiters für das Gebiet Nordrhein-Westfalen offen sein. Die bisherige Stelleninhaberin, Frau _____, wird zum 31.8.2016 aus dem Unternehmen ausscheiden. Zwischen den Beteiligten ist unstreitig, dass es sich nicht um die Position eines leitenden Angestellten im Sinne des § 5 Abs. 3 BetrVG handelt.

II.

Die Beteiligte zu 1) beabsichtigt, Herrn _____ am 1.9.2016 als Vertriebsleiter für das Gebiet Nordrhein-Westfalen einzustellen. Die Beteiligte zu 1) bat am **5.8.2016** den Beteiligten zu 2) um Zustimmung zur Einstellung von Herrn _____. In dem Anhörungsschreiben wurde dargelegt, für welche Tätigkeit der Arbeitnehmer vorgesehen ist. Außerdem wurden darin die genauen Personalien des Arbeitnehmers, die

---

752 Streitwertkatalog für die Arbeitsgerichtsbarkeit, überarbeitete Fassung 5.4. 2016, dort Nr. 13.5.

beabsichtigte Eingruppierung sowie der Einstellungsbeginn mitgeteilt. Dem Anhörungsschreiben waren die Bewerbungsunterlagen sämtlicher Bewerber und die Unterlagen über die innerbetriebliche Ausschreibung beigefügt.

Beweis: 1. Schreiben vom 5.8.2016, **Anlage A1**

2. Zeugnis des Personalleiters ▨▨▨, zu laden über die Beteiligte zu 1)

Der Beteiligte zu 2) verweigerte die Zustimmung zur Einstellung mit Schreiben vom **12.8.2016**. Der Beteiligte zu 2) macht pauschal geltend, dass durch den externen Bewerber die Belegschaft benachteiligt werde. Zur geplanten Eingruppierung nimmt der Beteiligte zu 2) keine Stellung, hierüber gibt es also keine Auseinandersetzung.

Beweis: Schreiben vom 12.8.2016, **Anlage A2**

Mit Schreiben vom **23.8.2016** informierte die Beteiligte zu 1) den Beteiligten zu 2), dass sie eine vorläufige Einstellung des Herrn ▨▨▨ als Vertriebsleiter für das Gebiet Nordrhein-Westfalen beabsichtige (§ 100 BetrVG). Dort trägt sie vor, dass es ohne die vorläufige personelle Maßnahme zu folgenden Betriebsablaufstörungen kommt: ▨▨▨. Außerdem teilt sie dem Beteiligten zu 2) dort mit, dass der ausgewählte Bewerber in einem Gespräch dem Personalleiter der Beteiligten Folgendes mitgeteilt hat: Er werde für die offene Position nicht zur Verfügung stehen, wenn er nicht am 1.9.2016 eingestellt werde. Der Beteiligte zu 2) lehnte die vorläufige personelle Maßnahme mit Schreiben vom **26.8.2016** dennoch ab.

Beweis: 1. Schreiben vom 23.8.2016, **Anlage A3**

2. Schreiben vom 26.8.2016, **Anlage A4**

3. Zeugnis des Personalleiters ▨▨▨, bereits benannt

Wegen der weiteren Einzelheiten zur Dringlichkeit der vorläufigen Einstellung wird auf das Informationsschreiben der Beteiligten zu 1) vom 23.8.2016 (**Anlage A3**) verwiesen.

III.

Der **Antrag zu 1.** ist begründet. Denn der Beteiligte zu 2) hat innerhalb der Wochenfrist des § 99 Abs. 3 BetrVG seine Zustimmung nur pauschal und nicht mit der erforderlichen Begründung verweigert. Er hat lediglich den Inhalt des § 99 Abs. 2 Nr. 4 BetrVG sinngemäß wiedergegeben, ohne dass in irgendeiner Weise klar würde, welcher Arbeitnehmer welchen Nachteil erlitte. Damit gilt die Zustimmung des Beteiligten zu 2) gemäß § 99 Abs. 3 BetrVG als erteilt.

Aber auch der hilfsweise gestellte **Antrag zu 2.** wäre begründet. Denn der Beteiligte zu 2) hat seine Zustimmung zu Unrecht verweigert. Zwar wäre die Benachteiligung eines Mitarbeiters durch die Maßnahme ein Zustimmungsverweigerungsgrund gemäß § 99 Abs. 2 Nr. 3 BetrVG. Allerdings ist ein solcher konkreter Nachteil der Zustimmungsverweigerung des Beteiligten zu 2) nicht zu entnehmen. Sollte der Beteiligte zu 2) gemeint haben, dass ein betriebsinterner Bewerber benachteiligt würde, so gilt folgendes: § 99 Abs. 2 Nr. 3 BetrVG ist nicht einschlägig, wenn ein Mitarbeiter aufgrund der Maßnahme nicht befördert wird und er keinen Anspruch auf Beförderung hat. So liegt der Fall hier. Der betreffende interne Bewerber, der stellvertretende Vertriebsleiter, ist tatsächlich qualifiziert. Die Beteiligte zu 1) hält aber den ausgewählten externen Kandidaten für qualifizierter. Der Beteiligte zu 2) kann seine Auffassung nicht an Stelle der Auffassung der Beteiligten zu 1) setzen. Dies wäre ein Eingriff in die grundrechtlich gewährleistete Unternehmerfreiheit.

Schließlich wäre auch der hilfsweise gestellte **Antrag zu 3.** begründet. Die Position wird ohne die vorläufige personelle Maßnahme ab dem 1.9.2016 vakant sein. Dies führte zu erheblichen Betriebsablaufstörungen. Außerdem muss die Beteiligte zu 1) befürchten, dass der Kandidat seine Bewerbung zurückzieht, wenn die Einstellung erst nach rechtskräftigem Abschluss des Zustimmungsersetzungsverfahrens erfolgen kann.

Wegen der weiteren Einzelheiten wird auf das Informationsschreiben des Beteiligten zu 1) vom 23.8.2016 (Anlage A3) verwiesen.

IV.

Vorsorglich bestreitet die Beteiligte zu 1), dass die Zustimmungsverweigerung und die Ablehnung der vorläufigen personellen Maßnahme auf ordnungsgemäßen Beschlüssen des Beteiligten zu 2) beruhen.

V.

Sollte das Arbeitsgericht weiteren Vortrag oder zusätzliche Beweisantritte für erforderlich halten, wird um einen richterlichen Hinweis gebeten.

(*Unterschrift*)

Rechtsanwalt

VIII. Antrag des Betriebsrats auf Aufhebung einer personellen Maßnahme, § 101 BetrVG

Literatur: *Matthes*, Verfahrensrechtliche Fragen im Zusammenhang mit Beteiligungsrechten des Betriebsrats bei personellen Einzelmaßnahmen, DB 1989, 1285; *ders.*, Die Aufhebung von Einstellungen und Versetzungen nach § 101 BetrVG, FS Richardi 2007, S. 685.

1. Allgemeines

Die Vorschrift des § 101 BetrVG sichert die Einhaltung der Mitwirkungsrechte des Betriebsrats in personellen Angelegenheiten nach §§ 99, 100 BetrVG. Sie soll gewährleisten, dass auch tatsächlich keine Beschäftigung entgegen dem Mitbestimmungsrecht des Betriebsrats erfolgt. Daher kann der Betriebsrat verlangen, dass der Arbeitgeber die ohne seine Zustimmung durchgeführte personelle Maßnahme wieder aufhebt. **349**

Da die Ein- und Umgruppierung keinen Gestaltungsakt, sondern einen Mitbeurteilungsakt darstellt, hat der Betriebsrat diesbezüglich nur ein Mitbeurteilungsrecht. Demgemäß unterscheiden sich die vom Betriebsrat zu stellenden Anträge erheblich, je nachdem, ob es um eine Einstellung bzw. Versetzung oder um eine Ein- bzw. Umgruppierung geht. **350**

2. Rechtliche Grundlagen

a) Allgemeines
aa) Antrag des Betriebsrats
Der Antrag auf Aufhebung einer personellen Maßnahme ist vom Betriebsrat an das für den Betrieb zuständige Arbeitsgericht im Beschlussverfahren zu stellen. **351**

Wenn der Arbeitgeber die Maßnahme bereits vorgenommen und ein Zustimmungsersetzungsverfahren nach § 99 Abs. 4 BetrVG eingeleitet hat, kann der Betriebsrat seinen Antrag auch als Gegenantrag im Zustimmungsersetzungsverfahren einbringen.[753]

bb) Antrag des Arbeitgebers
Dem gegenüber kann der Arbeitgeber im Aufhebungsverfahren des Betriebsrats nach § 101 BetrVG nicht den Gegenantrag einbringen, die fehlende Zustimmung des Betriebsrats zu ersetzen. Ein solcher Gegenantrag ist wegen der damit verbundenen Vertauschung der Parteirollen unzulässig.[754] Dem Arbeitgeber **352**

---

753 Richardi/*Thüsing*, § 101 BetrVG Rn 15.
754 BAG 18.7.1978, AP Nr. 1 zu § 101 BetrVG 1972; BAG 21.11.1978, AP Nr. 3 zu § 101 BetrVG 1972; *Fitting* u.a., § 101 BetrVG Rn 4.

ist im Aufhebungsverfahren auch der Einwand verwehrt, in Wahrheit fehle dem Betriebsrat ein Zustimmungsverweigerungsgrund.[755] Der Arbeitgeber soll also mit seinem Zustimmungsersetzungsantrag nach § 99 Abs. 4 BetrVG nicht warten dürfen, bis der Betriebsrat das Aufhebungsverfahren nach § 101 BetrVG eingeleitet hat.

cc) Folgen für den Arbeitnehmer

353   Eine betriebsverfassungsrechtlich unwirksame Maßnahme ist nicht in jedem Fall auch individualrechtlich unwirksam. „Die Durchführung einer personellen Maßnahme ohne Zustimmung des Betriebsrats stellt zunächst nur einen Pflichtverstoß gegenüber dem Betriebsrat dar; die Maßnahme ist betriebsverfassungsrechtlich unwirksam. Eine gleichzeitige individualrechtliche Unwirksamkeit kommt lediglich in Betracht, wenn Sinn und Zweck des Mitbestimmungsrechts ein Durchschlagen der Rechtswidrigkeit von der kollektiven auf die individualrechtliche Ebene zwingend erfordern. Ob eine ohne Zustimmung des Betriebsrats durchgeführte personelle Einzelmaßnahme unwirksam ist, kann daher nicht einheitlich beantwortet werden; vielmehr ist für die Entscheidung dieser Frage vom Schutzzweck des jeweils betroffenen Mitbestimmungsrechts auszugehen."[756]

354   So ist der ohne Zustimmung des Betriebsrats oder trotz mangelhafter Anhörung des Betriebsrats abgeschlossene Arbeitsvertrag wirksam.[757] Die mitbestimmungswidrige Einstellung führt nur zu einem betriebsverfassungsrechtlichen Beschäftigungsverbot. Der Betriebsrat kann also verlangen, dass der betreffende Arbeitnehmer nicht im Betrieb beschäftigt wird. Der Arbeitnehmer selbst kann sich hierauf i.S.d. Berechtigung zur Verweigerung der Arbeit nur berufen, wenn der Betriebsrat die Aufhebung der Einstellung betreibt.[758] In einem solchen Fall behält der Arbeitnehmer den Anspruch auf Entgeltzahlung trotz Nichtbeschäftigung.

355   Auch ein betriebsverfassungsrechtswidriges Arbeitsverhältnis endet nicht automatisch, sondern bedarf einer Kündigung. Hat der Arbeitgeber den Arbeitnehmer beim Abschluss des Arbeitsvertrags über die Bedenken des Betriebsrats unterrichtet, kann er bei rechtskräftig festgestellter Betriebsverfassungsrechtswidrigkeit fristlos kündigen, anderenfalls fristgemäß.[759]

356   Anders ist es bei einer Versetzung. Das Mitbestimmungsrecht des Betriebsrats bei einer Versetzung dient sowohl dem Schutz der Belegschaft, als auch vorrangig dem Schutz des betroffenen Arbeitnehmers, wie der Zustimmungsverweigerungsgrund des § 99 Abs. 2 Nr. 4 BetrVG zeigt.[760] Daher ist die ohne Zustimmung des Betriebsrats ausgesprochene Versetzung auch individualrechtlich gem. § 134 BGB unwirksam und nicht davon abhängig, dass der Betriebsrat die Aufhebung der Maßnahme betreibt.[761] In einem solchen Fall ist der Arbeitnehmer nicht verpflichtet, der Versetzung Folge zu leisten. Die Weigerung stellt keine vertragswidrige Arbeitsverweigerung dar[762] und lässt den Entgeltanspruch des Arbeitnehmers nicht entfallen.[763]

---

755 BAG 18.7.1978, AP Nr. 1 zu § 101 BetrVG 1972.
756 BAG 5.4.2001, AP Nr. 32 zu § 99 BetrVG 1972 Einstellung.
757 BAG 2.7.1980, AP Nr. 5 zu § 101 BetrVG 1972; BAG 5.4.2001, AP Nr. 32 zu § 99 BetrVG 1972 Einstellung.
758 BAG 5.4.2001, AP Nr. 32 zu § 99 BetrVG 1972 Einstellung.
759 DKK/*Kittner/Bachner*, § 100 Rn 41; differenzierend Richardi/*Thüsing*, § 99 BetrVG Rn 329–332.
760 BAG 26.1.1988, AP Nr. 50 zu § 99 BetrVG 1972; BAG 5.4.2001, AP Nr. 32 zu § 99 BetrVG 1972 Einstellung.
761 BAG 26.1.1988, AP Nr. 50 zu § 99 BetrVG 1972; BAG 5.4.2001, AP Nr. 32 zu § 99 BetrVG 1972 Einstellung; *Fitting u.a.*, § 99 Rn 283; a.M. Richardi/*Thüsing*, § 99 Rn 335,336, der lediglich von einem betriebsverfassungsrechtlichen Beschäftigungsverbot ausgeht; differenzierend GK-*Raab*, § 99 Rn 161; eine Ausnahme stellt die mit Einverständnis des Arbeitnehmers erfolgte Versetzung in einen anderen Betrieb des Unternehmens dar, in welchem Fall das Mitbestimmungsrecht des Betriebsrats gänzlich entfällt, BAG 20.9.1990, AP Nr. 84 zu § 99 BetrVG 1972; Richardi/*Thüsing*, § 99 Rn 337.
762 LAG Baden-Württemberg 10.1.1985, NZA 1985, 326.
763 DKKW/*Kittner/Bachner*, § 99 Rn 252.

In Bezug auf die Eingruppierung hat die gerichtliche Entscheidung im Zustimmungsersetzungsverfahren **357** keine präjudizielle Wirkung auf das Arbeitsverhältnis.[764] Der Arbeitnehmer kann sich aber für seinen Entgeltanspruch auf die Entscheidung im Zustimmungsersetzungsverfahren berufen, ohne dass es noch einer Prüfung der tariflichen Eingruppierungsvoraussetzungen bedarf. Allerdings ist der Arbeitnehmer nicht gehindert, gegenüber dem Arbeitgeber eine günstigere als die im Beschlussverfahren angenommene Eingruppierung geltend zu machen.[765]

b) Einstellung und Versetzung
aa) Fallgestaltungen

Der Antrag des Betriebsrats an das Arbeitsgericht mit dem Ziel der Aufhebung der personellen Maßnahme **358** der Einstellung bzw. Versetzung kommt in folgenden Fällen in Betracht:

- bei einer Beschäftigung des Arbeitnehmers ohne Unterrichtung des Betriebsrats, § 101 S. 1 Alt. 1 **359** BetrVG,
- bei einer Beschäftigung des Arbeitnehmers ohne ordnungsgemäße Unterrichtung des Betriebsrats, § 101 S. 1 Alt. 1 BetrVG,
- bei einer Beschäftigung des Arbeitnehmers ohne Zustimmung des Betriebsrats, § 101 S. 1 Alt. 1 BetrVG,
- im Fall der vorläufigen Durchführung der personellen Maßnahme bei Versäumnis des Arbeitgebers, innerhalb von drei Tagen die erforderlichen gerichtlichen Schritte einzuleiten, § 101 S. 1 Alt. 2 i.V.m. § 100 Abs. 2 S. 3 BetrVG,
- im Fall der vorläufigen Durchführung der Maßnahme bei rechtskräftiger Ablehnung der Zustimmung durch das Arbeitsgericht, § 101 i.V.m. § 100 Abs. 3 S. 1 Alt. 1 BetrVG,
- im Fall der vorläufigen Durchführung der Maßnahme bei rechtskräftiger Feststellung des Arbeitsgerichts, dass die vorläufige Durchführung der Maßnahme offensichtlich aus sachlichen Gründen nicht dringend erforderlich war, und bei gleichzeitiger Ersetzung der Zustimmung des Betriebsrats durch das Arbeitsgericht.[766]

bb) Kein Anspruch auf nachträgliche Beteiligung

Wenn der Arbeitgeber die Einstellung ohne die erforderliche Mitwirkung nach § 99 BetrVG vorgenommen **360** hat, kann der Betriebsrat nicht die nachträgliche Beteiligung an der durchgeführten Maßnahme verlangen. Er kann auch nicht eine allein auf die Vergangenheit gerichtete Feststellung verlangen, aus der sich keinerlei Rechtsfolgen für die Zukunft mehr ergeben können.[767]

cc) Vorläufige Durchführung nach § 100 BetrVG

Im Rahmen von § 100 BetrVG kann der Betriebsrat neben dem Antrag auf Zurückweisung des Arbeitgeber- **361** antrags zur Feststellung der dringenden Erforderlichkeit der vorläufigen Durchführung der personellen Maßnahme (§ 100 Abs. 2 S. 3 BetrVG) seinerseits die Feststellung beantragen, dass die (vorläufige Durchführung der) Maßnahme aus sachlichen Gründen offensichtlich nicht dringend erforderlich war (§ 100 Abs. 3 S. 1 BetrVG). Die bloße Abweisung des Feststellungsantrags des Arbeitgebers steht einer solchen ausdrücklichen Feststellung des Gerichts nicht gleich.[768] Nur bei ausdrücklicher Feststellung, dass die vorläufige Maßnahme **offensichtlich** aus sachlichen Gründen nicht dringend erforderlich war, endet binnen

---

764 BAG 9.2.1993, AP Nr. 103 zu § 99 BetrVG 1972.
765 BAG 3.5.1994, AP Nr. 2 zu § 99 BetrVG 1972 Eingruppierung.
766 Sehr umstr: *Fitting* u.a., § 100 BetrVG Rn 15; kritisch: HaKo-BetrVG/*Kreuder/Teubel*, § 100 Rn 12; a.A. BAG 26.10.2004, AP Nr. 41 zu § 99 BetrVG 1972 Versetzung; BAG 14.12.2004, AP Nr. 122 zu § 99 BetrVG 1972; DKKW-*Bachner*, § 100 Rn 35.
767 BAG 20.2.2001, AP Nr. 23 zu § 101 BetrVG; BAG 2.3.2004 – 1 ABR 15/03, n.v.
768 BAG 18.10.1988, AP Nr. 4 zu § 100 BetrVG 1972.

zwei Wochen nach Rechtskraft der Entscheidung die Berechtigung des Arbeitgebers zur vorläufigen Durchführung der personellen Maßnahme.

362   Im Rahmen von § 100 BetrVG kann der Betriebsrat diesen Feststellungsantrag mit dem Aufhebungsantrag nach § 101 BetrVG verbinden mit der Maßgabe, dass dem Arbeitgeber bei Meidung von Zwangsgeld bis zu 250 EUR für jeden Tag der Zuwiderhandlung aufgegeben wird, die personelle Maßnahme der Einstellung/Versetzung des Mitarbeiters bis spätestens zwei Wochen nach Rechtskraft dieses Beschlusses aufzuheben.[769]

dd) Tendenzschutz

363   Bei tendenzbezogenen personellen Einzelmaßnahmen hat der Betriebsrat kein Zustimmungsverweigerungs- sondern nur ein Informationsrecht. Die Regelung des § 100 Abs. 1 BetrVG über die vorläufige Durchführung von personellen Einzelmaßnahmen hat hier nur Bedeutung für die Fälle, in denen der Arbeitgeber die Maßnahme vor Ablauf der Wochenfrist für die Stellungnahme des Betriebsrats durchführen will. Bei einer unterlassenen oder nicht ordnungsgemäßen Unterrichtung des Betriebsrats steht diesem aber auch in einem Tendenzbetrieb nach § 101 BetrVG der Anspruch auf Aufhebung der personellen Maßnahme zu.[770] Das Gleiche gilt auch, wenn der Arbeitgeber für die personelle Maßnahme zu Unrecht Tendenzschutz in Anspruch genommen hat.[771]

ee) Erledigung

364   Wenn die personelle Maßnahme zum Zeitpunkt der gerichtlichen Entscheidung bereits beendet ist, ist der Aufhebungsantrag des Betriebsrats erledigt. Das Gleiche gilt bei einer vorläufig durchgeführten personellen Maßnahme i.d.R. auch für den Antrag auf Feststellung, dass die Maßnahme offensichtlich aus sachlichen Gründen nicht dringend erforderlich war.[772]

c) Ein- und Umgruppierung
aa) Vergütungsordnung

365   Eine Eingruppierung ist die erstmalige Einstufung in eine bestimmte Lohn- oder Gehaltsgruppe einer Vergütungsgruppe; Umgruppierung ist die Änderung dieser Einstufung.

Die Eingruppierung setzt voraus, dass überhaupt eine Vergütungsordnung besteht.[773]

366   Eine Vergütungsordnung i.S.v. § 99 BetrVG ist ein kollektives Entgeltschema, welches aus einem tarifvertraglichen Entgeltschema – kraft Allgemeinverbindlichkeit, kraft beiderseitiger Tarifbindung, kraft einzelvertraglicher Erstreckung oder kraft betrieblicher Übung – bestehen kann, oder in einem mit dem Betriebsrat vereinbarten Entgeltschema oder überhaupt nur kraft einseitiger Handhabung durch den Arbeitgeber.[774]

bb) Mitbestimmung des Betriebsrats bei der Aufstellung der Vergütungsordnung

367   Der Betriebsrat hat ein Mitbestimmungsrecht nach § 87 Abs. 1 Nr. 10 BetrVG betreffend die Aufstellung eines kollektiven Entgeltschemas, welches sich jedoch nicht auf die Höhe des Entgelts bezieht. Das Mitbestimmungsrecht gilt ausdrücklich auch bei der Änderung des kollektiven Entgeltschemas. Der Arbeitgeber kann dieses somit nicht einseitig abändern.[775] Solange der Betriebsrat einer Änderung der Ver-

769 LAG Hamburg 12.7.2000 – 8 TaBV 4/00, n.v.
770 BAG 8.5.1990, AP Nr. 46 zu § 118 BetrVG 1972.
771 BAG 1.9.1987, AP Nr. 11 zu § 101 BetrVG 1972.
772 BAG 26.10.2004, AP Nr. 41 zu § 99 BetrVG 1972: Versetzung für den Fall, dass rechtskräftig zugunsten des Arbeitgebers über seinen Antrag auf Zustimmungsersetzung entschieden worden ist; a.A. DKKW/*Bachner*, § 100 Rn 35; ArbG Hamburg 11.7.2006 – 21 BV 11/06, n.v. sowie ArbG Hamburg 21.7.2006 – 13 BV 25/05, n.v.
773 BAG 20.12.1988, AP Nr. 62 zu § 99 BetrVG 1972.
774 BAG 28.1.1986, AP Nr. 32 zu § 99 BetrVG; BAG 23.11.1993, AP Nr. 111 zu § 99 BetrVG 1972.
775 BAG 11.6.2002, AP Nr. 113 zu § 87 BetrVG 1972 Lohngestaltung.

gütungsordnung nicht zugestimmt hat, muss der Arbeitgeber auch die Vergütung neu eingestellter Arbeitnehmer an der Struktur der bisherigen Vergütungsordnung ausrichten.[776]

cc) Verpflichtung zur Eingruppierung

Bei Einstellungen und Versetzungen muss der Arbeitgeber gem. § 99 Abs. 1 S. 2 BetrVG eine Eingruppie- **368** rung vornehmen, sofern eine einschlägige Vergütungsordnung besteht, und diese dem Betriebsrat mitteilen. Der Arbeitgeber ist auch verpflichtet, die Zustimmung des Betriebsrats zur Eingruppierung einzuholen und im Weigerungsfall gem. § 99 Abs. 4 BetrVG ein gerichtliches Zustimmungsersetzungsverfahren durchzuführen.[777] Der Arbeitgeber ist zur Eingruppierung auch verpflichtet, wenn er die Vergütungsordnung selbst einseitig eingeführt hat.[778] Scheitert der Arbeitgeber mit seinem Zustimmungsersetzungsantrag bei Gericht, muss er die Zustimmung des Betriebsrats zur Eingruppierung in eine andere Vergütungsgruppe einholen. Bei Eingruppierungen ist das Beteiligungsverfahren nach § 99 BetrVG erst dann abgeschlossen, wenn es zu einer Eingruppierung geführt hat, für die eine vom Betriebsrat erteilte oder vom Gericht ersetzte Zustimmung vorliegt.[779]

Der Entscheidung des Betriebsrats im Rahmen seiner etwaigen Zustimmungsverweigerung unterliegt nicht **369** nur die Frage, ob der Arbeitnehmer der richtigen Gehaltsgruppe zugeordnet worden ist, sondern auch die Frage, ob überhaupt die richtige Vergütungsordnung angewandt wird.[780]

dd) Antragsgestaltung

Die Eingruppierung durch den Arbeitgeber ist kein rechtsgestaltender Akt, ebenso wenig die entsprechende **370** Entscheidung des Betriebsrats. Es geht lediglich um eine Mitbeurteilung der Rechtslage zum Zweck der Richtigkeitskontrolle. Da die Eingruppierung keine nach außen wirksame Maßnahme des Arbeitgebers ist, sondern nur ein Akt der Rechtsanwendung,[781] kann der Betriebsrat nicht die „Aufhebung" einer unzutreffenden Eingruppierung verlangen. Er kann seinerseits auch nicht die richtige Eingruppierung feststellen lassen. Der Betriebsrat hat auch kein Initiativrecht zur Abänderung einer inzwischen als unrichtig angesehenen Eingruppierung.[782]

Richtigerweise lautet der Antrag des Betriebsrats vielmehr dahingehend, dass dem Arbeitgeber aufgegeben **371** wird, den Arbeitnehmer einzugruppieren, die Zustimmung des Betriebsrats zur Eingruppierung einzuholen und im Verweigerungsfall gem. § 99 Abs. 4 BetrVG durch das Arbeitsgericht ersetzen zu lassen.[783] Wenn der Arbeitgeber die Eingruppierung vorgenommen, es aber nach der Zustimmungsverweigerung des Betriebsrats unterlassen hat, das Zustimmungsersetzungsverfahren beim Arbeitsgericht einzuleiten, lautet der Antrag dahingehend, dass dem Arbeitgeber aufgegeben wird, ein Verfahren gem. § 99 Abs. 4 BetrVG zur Ersetzung der Zustimmung des Betriebsrats einzuleiten.

ee) Fallgestaltungen

Ein Antrag des Betriebsrats nach § 101 BetrVG zur Eingruppierung kommt in folgenden Fallgestaltungen in **372** Betracht:

- Der Arbeitgeber nimmt eine Einstellung ohne Eingruppierung vor.[784]
- Der Arbeitgeber nimmt eine Versetzung ohne Eingruppierung vor.[785]

---

776 BAG 11.6.2002, AP Nr. 113 zu § 87 BetrVG 1972 Lohngestaltung; LAG Hamburg 12.1.2007 – 6 TaBV 7/06, n.v.

777 BAG 9.2.1993, AP Nr. 103 zu § 99 BetrVG 1972; BAG 31.10.1995, AP Nr. 5 zu § 99 BetrVG 1972 Eingruppierung.

778 BAG 23.11.1993, AP Nr. 111 zu § 99 BetrVG 1972.

779 BAG 3.5.1994, AP Nr. 20 zu § 101 BetrVG 1972.

780 BAG 27.1.1987, AP Nr. 42 zu § 99 BetrVG 1972; BAG 27.6.2000, AP Nr. 23 zu § 99 BetrVG 1972 Eingruppierung.

781 BAG 3.5.1994, AP Nr. 20 zu § 101 BetrVG 1972.

782 BAG 18.6.1991, AP Nr. 105 zu § 99 BetrVG 1972.

783 St. Rspr. seit BAG 20.12.1988, AP Nr. 62 zu § 99 BetrVG 1972.

784 BAG 20.12.1988, AP Nr. 62 zu § 99 BetrVG 1972.

785 BAG 18.6.1991, AP Nr. 105 zu § 99 BetrVG 1972.

- Der Arbeitgeber nimmt eine Eingruppierung vor, holt hierfür aber nicht die Zustimmung des Betriebs-rats ein.[786]
- Der Arbeitgeber nimmt eine Eingruppierung vor und hört den Betriebsrat hierzu an, leitet im Fall der Zustimmungsverweigerung jedoch nicht das Zustimmungsersetzungsverfahren nach § 99 Abs. 4 BetrVG ein.
- Der Arbeitgeber nimmt eine Umgruppierung ohne die erforderliche Zustimmung des Betriebsrats vor.[787]
- Es ändert sich die anzuwendende Vergütungsordnung.[788]

3. Muster

a) Antrag auf Aufhebung einer Einstellung
aa) Typischer Sachverhalt

373   Häufig ist dem Arbeitgeber nicht klar, dass **er selber** bei einer vom Betriebsrat verweigerten Einstellung in Form eines gerichtlichen Zustimmungsersetzungsverfahrens nach § 99 Abs. 4 BetrVG aktiv werden muss. Daher liegt dem nachfolgenden Muster ein Fall zugrunde, in dem der Arbeitgeber den Betriebsrat zwar an-gehört, nach dessen Zustimmungsverweigerung jedoch nicht das Zustimmungsersetzungsverfahren einge-leitet hat.

374   In dem Fall ist die Stellungnahme des Betriebsrats zusammen mit den an sie zu stellenden Anforderungen (Schriftlichkeit, Frist, Begründung) genau darzulegen, um dem Einwand der Zustimmungsfiktion nach § 99 Abs. 3 S. 2 BetrVG zu entgehen.

375   Wenn der Arbeitgeber jedoch eine Einstellung vorgenommen hat, ohne überhaupt eine Anhörung durch-geführt zu haben, beschränken sich die Ausführungen im Wesentlichen auf den Tatbestand der erfolgten Einstellung ohne Anhörung des Betriebsrats.

bb) Muster 3.27: Antrag auf Einleitung eines Beschlussverfahrens wegen Aufhebung einer Einstellung

▼

376   An das

Arbeitsgericht

Antrag

auf Einleitung eines Beschlussverfahrens

betreffend die Firma   *(Name, Anschrift)*

mit den Beteiligten:

1. Betriebsrat der Firma   *(Name)*, vertreten durch den Betriebsratsvorsitzenden   , *(Anschrift)*

– Antragsteller –

2. Firma   *(Name)*, vertreten durch   ,   *(Anschrift)*

– Antragsgegnerin –

---

786 BAG 22.3.1983, AP Nr. 6 zu § 101 BetrVG 1972.
787 BAG 30.5.1990, AP Nr. 31 zu § 75 BPersVG.
788 BAG 18.6.1991, AP Nr. 105 zu § 99 BetrVG 1972.

Für den von uns vertretenen Antragsteller beantrage ich,

der Beteiligten zu 2. aufzugeben, die personelle Maßnahme der Einstellung der Mitarbeiterin ▓▓▓▓ aufzuheben.

Begründung:

Die Beteiligte zu 2. ist ein Unternehmen der ▓▓▓▓-Branche mit mehr als 20 wahlberechtigten Arbeitnehmern. Der Beteiligte zu 1. ist der bei ihr/in ihrem Betrieb in ▓▓▓▓ gebildete ▓▓▓▓-köpfige Betriebsrat.

Die Beteiligte zu 2. hat Frau ▓▓▓▓ ohne Zustimmung des Beteiligten zu 1. eingestellt. Sie hat dem Beteiligten zu 1. mit Schreiben vom ▓▓▓▓ gemäß

Anlage ASt 1

zur Einstellung angehört. Dieses Schreiben ist am ▓▓▓▓ bei dem Beteiligten zu 1. eingegangen.

Der Beteiligte zu 1. hat jedoch die Zustimmung zur Einstellung mit Schreiben vom ▓▓▓▓ rechtzeitig innerhalb einer Woche gemäß

Anlage ASt 2

verweigert. Die Zustimmungsverweigerung ist wirksam, da sie sich auf die Zustimmungsverweigerungsgründe des § 99 Abs. 2 Nr. 2, 3, 4 BetrVG bezieht und der Beteiligte zu 1. eine Begründung dargelegt hat, die das Vorliegen der genannten Zustimmungsverweigerungsgründe belegt bzw. zumindest als möglich erscheinen lässt.

Dessen ungeachtet hat die Beteiligte zu 2. Frau ▓▓▓▓ mit Wirkung ab ▓▓▓▓ im Betrieb beschäftigt. Sie hat sich jedoch die Zustimmung des Beteiligten zu 1. durch das Arbeitsgericht nicht ersetzen lassen und, soweit bekannt, noch nicht einmal einen entsprechenden Antrag beim Arbeitsgericht eingereicht.

Die Beteiligte zu 2. ist aber zur Durchführung des Zustimmungsersetzungsverfahrens nach § 99 Abs. 4 BetrVG verpflichtet. Da die Zustimmung des Beteiligten zu 1. nicht vorliegt, ist die Beteiligte zu 2. verpflichtet die Einstellung von Frau ▓▓▓▓ gemäß § 101 S. 1 BetrVG aufzuheben.

(Unterschrift)

cc) Erläuterungen
(1) Regulärer Antrag
Hierbei handelt es sich um den regulären Antrag, der der Gesetzesformulierung genau entspricht. 377

(2) Arbeitnehmer kein Beteiligter
Die betroffene Arbeitnehmerin ist nicht Beteiligte des Verfahrens. Mit der Entscheidung vom 27.5.1982[789] 378
hat das BAG ausdrücklich seine früher anders lautende Rechtsprechung aufgegeben. Zur Begründung wird angeführt, dass die betroffenen Arbeitnehmer durch ein solches Beschlussverfahren nicht unmittelbar in ihren individualrechtlichen Rechtsbeziehungen betroffen seien. Soweit das Beschlussverfahren individualrechtliche Auswirkungen hat, sind diese nicht Gegenstand des Beschlussverfahrens.

(3) Vollstreckung
Die Vollstreckung erfolgt durch Festsetzung von Zwangsgeld gem. § 101 S. 2 BetrVG durch das Gericht auf 379
entsprechenden Antrag. Das Höchstmaß des Zwangsgeldes beläuft sich für jeden Tag der Zuwiderhandlung auf 250 EUR, § 101 S. 3 BetrVG.

Eine vorherige gerichtliche Androhung des Zwangsgeldes ist nicht erforderlich.[790] Von daher ist die häufig 380
verwandte Antragsformulierung „bei Meidung von Zwangsgeld für jeden Tag der Zuwiderhandlung in Höhe von bis zu 250 EUR" überflüssig, wenngleich ggf. zur Verdeutlichung zweckmäßig. Allerdings

---

789 AP Nr. 3 zu § 80 ArbGG 1979.
790 *Fitting* u.a., § 101 BetrVG Rn 10; Richardi/*Thüsing*, § 101 BetrVG Rn 28; HaKo-BetrVG/*Kreuder*, § 101 Rn 12.

kann ein Zwangsgeld auch erst dann festgesetzt werden, wenn der Arbeitgeber die Maßnahme nach Eintritt der Rechtskraft der gerichtlichen Entscheidung nicht aufhebt.[791]

381 Gegen den Beschluss, der das Zwangsgeld festsetzt, findet die sofortige Beschwerde statt. Die Einziehung des Zwangsgeldes entfällt, wenn der Arbeitgeber vor der Beitreibung die personelle Maßnahme aufhebt.

(4) Einstweilige Verfügung

382 In krassen Fällen eines gesetzwidrigen Verhaltens des Arbeitgebers kommt auch eine einstweilige Verfügung auf Aufhebung einer personellen Maßnahme in Betracht, wenn das reguläre Beschlussverfahren z.B. wegen der kurzen Befristung der vorgesehenen personellen Maßnahme nicht vor dessen Beendigung abgeschlossen sein kann und die einstweilige Verfügung zur Vermeidung einer völligen Entwertung der Mitwirkungsrechte des Betriebsrats unumgänglich ist, z.B. im Arbeitskampf oder bei regelmäßig wiederkehrenden groben Verstößen.[792]

b) Muster auf Untersagung der Aufrechterhaltung einer personellen Maßnahme
aa) Typischer Sachverhalt

383 Um den oben unter Rdn 379 ff. geschilderten Nachteilen bei der Vollstreckung des gerichtlichen Aufhebungsbeschlusses zu entgehen und um für den Arbeitgeber eine spürbare Sanktion zu schaffen, kann auch nachfolgender Antrag gestellt werden. Die Begründung unterscheidet sich nicht von derjenigen im zuvor genannten Muster. Zusätzlich sollte jedoch dargelegt werden, dass begründeter Anlass zu der Annahme besteht, dass der Arbeitgeber sich dem Aufhebungsbeschluss des Gerichts widersetzen wird, z.B. durch entsprechende Äußerungen des Arbeitgebers.

bb) Muster 3.28: Antrag auf Einleitung eines Beschlussverfahrens wegen Untersagung der Aufrechterhaltung einer personellen Maßnahme

▼

384 An das

Arbeitsgericht ▮▮▮▮▮

▮▮▮▮▮

Antrag

auf Einleitung eines Beschlussverfahrens

betreffend die Firma ▮▮▮▮ (*Name, Anschrift*)

mit den Beteiligten:

1. Betriebsrat der Firma ▮▮▮▮ (*Name*), vertreten durch den Betriebsratsvorsitzenden ▮▮▮▮, ▮▮▮▮ (*Anschrift*)

– Antragsteller –

2. Firma ▮▮▮▮ (*Name*), vertreten durch ▮▮▮▮, ▮▮▮▮ (*Anschrift*)

– Antragsgegnerin –

Für den von uns vertretenen Beteiligten zu 1. wird beantragt,

1. der Beteiligten zu 2. aufzugeben, es zu unterlassen, die personelle Maßnahme der Einstellung von Frau ▮▮▮▮ aufrecht zu erhalten;

---

791 BAG 18.6.1991, NZA 91, 903.
792 DKKW/*Kittner/Bachner*, § 101 Rn 24; LAG Niedersachsen 25.7.1995, NZA-RR 1996, 217; offengelassen: BAG 23.6.2009, NZA 09, 1430.

Müller-Knapp

2. der Beteiligten zu 2. für jeden Tag der Zuwiderhandlung gegen die Unterlassungsverpflichtung gemäß Ziff. 1 ein Ordnungsgeld bis zu 250 EUR anzudrohen.

Begründung:

Die Beteiligte zu 2. ist ein Unternehmen der ▓▓▓▓-Branche mit mehr als 20 wahlberechtigten Arbeitnehmern. Der Beteiligte zu 1. ist der bei ihr/in ihrem Betrieb in ▓▓▓▓ gebildete ▓▓▓▓-köpfige Betriebsrat.

Die Beteiligte zu 2. hat Frau ▓▓▓▓ ohne Zustimmung des Beteiligten zu 1. eingestellt. Sie hat dem Beteiligten zu 1. mit Schreiben vom ▓▓▓▓ gemäß

Anlage ASt 1

zur Einstellung angehört. Dieses Schreiben ist am ▓▓▓▓ bei dem Beteiligten zu 1. eingegangen.

Der Beteiligte zu 1. hat jedoch die Zustimmung zur Einstellung mit Schreiben vom ▓▓▓▓ rechtzeitig innerhalb einer Woche gemäß

Anlage ASt 2

verweigert. Die Zustimmungsverweigerung ist wirksam, da sie sich auf die Zustimmungsverweigerungsgründe des § 99 Abs. 2 Nr. 2, 3, 4 BetrVG bezieht und der Beteiligte zu 1. eine Begründung dargelegt hat, die das Vorliegen der genannten Zustimmungsverweigerungsgründe belegt bzw. zumindest als möglich erscheinen lässt.

Dessen ungeachtet hat die Beteiligte zu 2. Frau ▓▓▓▓ mit Wirkung ab ▓▓▓▓ im Betrieb beschäftigt. Sie hat sich jedoch die Zustimmung des Beteiligten zu 1. durch das Arbeitsgericht nicht ersetzen lassen und, soweit bekannt, noch nicht einmal einen entsprechenden Antrag beim Arbeitsgericht eingereicht.

Die Beteiligte zu 2. ist aber zur Durchführung des Zustimmungsersetzungsverfahrens nach § 99 Abs. 4 BetrVG verpflichtet. Da die Zustimmung des Beteiligten zu 1. nicht vorliegt, ist die Beteiligte zu 2. verpflichtet die Einstellung von Frau ▓▓▓▓ gemäß § 101 S. 1 BetrVG aufzuheben.

Der Geschäftsführer der Beteiligten zu 2. hat mehrfach, so z.B. am ▓▓▓▓ und ▓▓▓▓, gegenüber dem Beteiligten zu 1. erklärt, dass es ihm gleichgültig sei, was der Betriebsrat mache. Er werde in jedem Fall an der Beschäftigung von Frau ▓▓▓▓ festhalten, da sie im Betrieb benötigt werde.

Beweis: Zeugnis des Betriebsratsmitgliedes

(Unterschrift)

cc) Erläuterungen

(1) Hilfsantrag

Es wird auch die Auffassung vertreten, dass dieser Antrag generell statt des Aufhebungsantrags gestellt werden sollte, um den Verfall des Zwangsgeldes zu vermeiden und um ggf. die schärfere Sanktion der Festsetzung von Ordnungsgeld zu erreichen, welches trotz Aufhebung der personellen Maßnahme nicht entfällt.[793]   **385**

Angesichts der Regelung in § 101 S. 2 BetrVG, die eine rechtskräftige Entscheidung zur Aufhebung der personellen Maßnahme verlangt, sind jedoch Zweifel angebracht. Um einer abweisenden Entscheidung und dem damit verbundenen Zeitverlust zu entgehen, wird empfohlen, den zuletzt genannten Musterantrag vorsorglich mit dem regulären Aufhebungsantrag als Hilfsantrag zu verbinden.   **386**

---

793 *Matthes*, DB 1989, 1285, 1289; *Herbst/Bertelsmann/Reiter*, Arbeitsgerichtliches Beschlussverfahren, 2. Aufl. 1998, Anm. 1028 Rn 3.

(2) Ordnungsgeld

387   Die Höhe des Ordnungsgelds entspricht § 101 S. 3 BetrVG. Die Vollstreckung des Ordnungsgeldes erfolgt nach § 890 ZPO i.V.m. § 85 ArbGG. Bei Ordnungsgeld ist eine vorherige Androhung erforderlich, § 890 Abs. 2 ZPO.

c)   Muster: Antrag auf Unterlassung von mitbestimmungswidrigen Einstellungen

aa) Typischer Sachverhalt

388   Als typischer Sachverhalt kann angesehen werden, dass der Arbeitgeber immer wieder Einstellungen von Mitarbeitern vornimmt, ohne die Mitwirkungsrechte des Betriebsrats zu beachten, sei es, dass er den Betriebsrat gar nicht informiert, sei es, dass er den Betriebsrat zwar informiert, aber die Einstellung trotz der Zustimmungsverweigerung des Betriebsrats vornimmt.

Hier muss sich der Betriebsrat nicht auf die fortwährende Einleitung von Aufhebungsverfahren nach § 101 BetrVG verweisen lassen.

bb) Muster 3.29: Antrag auf Einleitung eines Beschlussverfahrens wegen Unterlassung von mitbestimmungswidrigen Einstellungen

29

▼

389   An das

Arbeitsgericht [ ]

[ ]

Antrag

auf Einleitung eines Beschlussverfahrens

betreffend die Firma [ ] (*Name, Anschrift*)

mit den Beteiligten:

1. Betriebsrat der Firma [ ] (*Name*), vertreten durch den Betriebsratsvorsitzenden [ ], [ ] (*Anschrift*)

– Antragsteller –

2. Firma [ ] (*Name*), vertreten durch [ ], (*Anschrift*)

– Antragsgegnerin –

Für den von uns vertretenen Beteiligten zu 1. beantrage ich,

1. der Beteiligten zu 2. aufzugeben, es zu unterlassen, in ihrem Betrieb in [ ] Einstellungen von Arbeitnehmern ohne vorherige oder im Fall der Zustimmungsverweigerung arbeitsgerichtlich ersetzte Zustimmung des Beteiligten zu 1. vorzunehmen, es sei denn, dass eine vorläufige Einstellung nach Maßgabe des § 100 BetrVG vorliegt;

2. der Beteiligten zu 2. für jeden einzelnen Fall des Verstoßes gegen die Unterlassungsverpflichtung gemäß Ziff. 1 ein Ordnungsgeld bis zu 250.000 EUR anzudrohen.

Begründung:

Die Beteiligte zu 2. ist ein Unternehmen der [ ]-Branche mit mehr als 20 wahlberechtigten Arbeitnehmern. Der Beteiligte zu 1. ist der bei ihr/in ihrem Betrieb in [ ] gebildete [ ]-köpfige Betriebsrat.

Die Beteiligte zu 2. hat in der Vergangenheit immer wieder Einstellungen ohne Beteiligung des Beteiligten zu 1. vorgenommen.

So hat die Beteiligte zu 2. Herrn [ ] als [ ] (*z.B. Maurer*) für die Baustelle [ ] eingestellt, wie der Beteiligte zu 1. anlässlich einer Baustellenbesichtigung am [ ] feststellen musste.

Beweis: Zeugnis des Betriebsratsvorsitzenden.

Eine Anhörung des Beteiligten zu 1. hierzu hat nicht stattgefunden. Mit Schreiben vom ▨▨▨▨ gemäß

Anlage ASt 1

hat der Beteiligte zu 1. die Beteiligte zu 2. aufgefordert, ihn zukünftig rechtzeitig vor einer Einstellung zu informieren und ihm Gelegenheit zur Stellungnahme nach § 99 BetrVG zu geben, anderenfalls müsste Aufhebung und Unterlassung beantragt werden. Von einem Antrag auf Aufhebung der personellen Maßnahme hat der Beteiligte zu 1. abgesehen, weil der Mitarbeiter auf der Baustelle dringend benötigt wurde und der Geschäftsführer der Beteiligten zu 2. versichert hat, dass er zukünftig die Mitbestimmung des Betriebsrats beachten werde.

Am ▨▨▨▨ hat der Beteiligte zu 1. dann durch einen Zufall herausgefunden, dass die Beteiligte zu 2. entgegen dieser Zusage ▨▨▨▨ *(z.B. zwei Zimmerleute)* eingestellt hat, die seit etwa ▨▨▨▨ *(z.B. einem Monat)* in der Werkstatt beschäftigt sind. Auch hier ist keine Anhörung des Beteiligten zu 1. erfolgt. Darauf angesprochen, erklärte der Geschäftsführer der Beteiligten zu 2., dass die beiden Mitarbeiter ja nur befristet wegen eines vorübergehenden Mehrbedarfs eingestellt worden seien.

Daraufhin hat der Beteiligte zu 1. bei Gericht Antrag auf Aufhebung der personellen Maßnahme gestellt. Das Verfahren ist anhängig beim angerufenen Gericht zum Az.: ▨▨▨▨.

Beweis: Beiziehung der Akte.

Dessen ungeachtet hat die Beteiligte zu 2. jetzt erneut ohne Anhörung des Beteiligten zu 1. einen Mitarbeiter als Krankheitsvertreter für den ▨▨▨▨ *(z.B. Platzmeister)* eingestellt, nämlich Herrn ▨▨▨▨, wie am ▨▨▨▨ durch ▨▨▨▨ festgestellt wurde.

Beweis: Zeugnis ▨▨▨▨

Auch hier hat keine vorherige Anhörung des Beteiligten zu 1. stattgefunden.

Das stellt eine grobe Missachtung der Mitwirkungsrechte des Beteiligten zu 1. dar, wie insbesondere auch die Bußgeldvorschrift des § 121 BetrVG zeigt. Die Beteiligte zu 2. ist offensichtlich nicht bereit, das Mitwirkungsrecht des Beteiligten zu 1. nach § 99 BetrVG zu beachten. Da der Beteiligte zu 1. nicht immer nur auf eine nachträgliche Beseitigung des mitbestimmungswidrigen Zustands nach § 101 BetrVG angewiesen sein möchte, ist der gestellte Antrag erforderlich, um weitere Verletzungen der Mitwirkungsrechte des Betriebsrats in der Zukunft zu verhindern. Der Antrag stützt sich auf § 23 Abs. 3 BetrVG. Ein solcher Antrag ist nicht durch § 101 BetrVG ausgeschlossen.

(Unterschrift)

cc) Erläuterungen
(1) Kein Ausschluss durch § 101 BetrVG

Der Anspruch des Betriebsrats auf künftige Beachtung seiner Mitbestimmungsrechte nach § 23 Abs. 3   **390** BetrVG ist durch § 101 BetrVG nicht ausgeschlossen. Beide Vorschriften finden vielmehr nebeneinander Anwendung: § 23 Abs. 3 BetrVG gibt dem Betriebsrat einen Anspruch auf künftige Beachtung seiner Mitbestimmungsrechte, während der in § 101 S. 1 BetrVG eingeräumte Anspruch primär ein Beseitigungsanspruch ist. § 101 BetrVG erfasst nicht die Abwehr einer zu erwartenden Mitbestimmungsverletzung. Der Betriebsrat kann nicht darauf verwiesen werden, jeweils auf den einzelnen Verstoß mit einem Aufhebungsantrag nach § 101 BetrVG zu reagieren. Der Anspruch des Betriebsrats auf künftige Beachtung seiner Mitbestimmungsrechte wird nicht dadurch erfüllt, dass eine mitbestimmungswidrig durchgeführte Maßnahme wieder aufgehoben wird.[794]

(2) Ordnungsgeld

391 Die Höhe des Ordnungsgeldes richtet sich hier nach § 23 Abs. 3 BetrVG und nicht nach § 101 S. 3 BetrVG. Die Anordnung von Ordnungshaft wie in der ZPO ist im Beschlussverfahren ausgeschlossen, § 85 Abs. 1 S. 3 ArbGG.

d) Muster: Antrag auf Aufhebung einer Versetzung
aa) Typischer Sachverhalt

392 Bei einer Versetzung gelten die Ausführungen zur Einstellung entsprechend.

bb) Muster 3.30: Antrag auf Einleitung eines Beschlussverfahrens wegen Aufhebung einer Versetzung

▼

393 An das

Arbeitsgericht ▨▨▨

▨▨▨

Antrag

auf Einleitung eines Beschlussverfahrens

betreffend die Firma ▨▨▨ (*Name, Anschrift*)

mit den Beteiligten:

1. Betriebsrat der Firma ▨▨▨ (*Name*), vertreten durch den Betriebsratsvorsitzenden ▨▨▨ , ▨▨▨ (*Anschrift*)

– Antragsteller –

2. Firma ▨▨▨ (*Name*), vertreten durch ▨▨▨ , (*Anschrift*)

– Antragsgegnerin –

Für den von uns vertretenen Beteiligten zu 1. beantrage ich,

der Beteiligten zu 2. aufzugeben, die personelle Maßnahme der Versetzung von Frau ▨▨▨ in die Abteilung ▨▨▨ aufzuheben.

Begründung:

Die Beteiligte zu 2. ist ein Unternehmen der ▨▨▨ -Branche mit mehr als 20 wahlberechtigten Arbeitnehmern. Der Beteiligte zu 1. ist der bei ihr/in ihrem Betrieb in ▨▨▨ gebildete ▨▨▨ -köpfige Betriebsrat.

Die Beteiligte zu 2. hat in der Vergangenheit immer wieder Einstellungen ohne Beteiligung des Beteiligten zu 1. vorgenommen.

So hat die Beteiligte zu 2. Herrn ▨▨▨ als ▨▨▨ (*z.B. Maurer*) für die Baustelle ▨▨▨ eingestellt, wie der Beteiligte zu 1. anlässlich einer Baustellenbesichtigung am ▨▨▨ feststellen musste.

Beweis: Zeugnis des Betriebsratsvorsitzenden.

Eine Anhörung des Beteiligten zu 1. hierzu hat nicht stattgefunden. Mit Schreiben vom ▨▨▨ gemäß

---

794 BAG 23.6.2009, NZA 09, 1430; BAG 17.3.1987, AP Nr. 7 zu § 23 BetrVG 1972; BAG 7.8.1990, AP Nr. 82 zu § 99 BetrVG 1972; LAG Hamburg 12.1.2007 – 6 TaBV 7/06, n.v.

Anlage ASt 1

hat der Beteiligte zu 1. die Beteiligte zu 2. aufgefordert, ihn zukünftig rechtzeitig vor einer Einstellung zu informieren und ihm Gelegenheit zur Stellungnahme nach § 99 BetrVG zu geben, anderenfalls müsste Aufhebung und Unterlassung beantragt werden. Von einem Antrag auf Aufhebung der personellen Maßnahme hat der Beteiligte zu 1. abgesehen, weil der Mitarbeiter auf der Baustelle dringend benötigt wurde und der Geschäftsführer der Beteiligten zu 2. versichert hat, dass er zukünftig die Mitbestimmung des Betriebsrats beachten werde.

Am ░░░░░░ hat der Beteiligte zu 1. dann durch einen Zufall herausgefunden, dass die Beteiligte zu 2. entgegen dieser Zusage ░░░░░ (z.B. zwei Zimmerleute) eingestellt hat, die seit etwa ░░░░░ (z.B. einem Monat) in der Werkstatt beschäftigt sind. Auch hier ist keine Anhörung des Beteiligten zu 1. erfolgt. Darauf angesprochen, erklärte der Geschäftsführer der Beteiligten zu 2., dass die beiden Mitarbeiter ja nur befristet wegen eines vorübergehenden Mehrbedarfs eingestellt worden seien.

Daraufhin hat der Beteiligte zu 1. bei Gericht Antrag auf Aufhebung der personellen Maßnahme gestellt. Das Verfahren ist anhängig beim angerufenen Gericht zum Az.: ░░░░░ .

Beweis: Beiziehung der Akte.

Dessen ungeachtet hat die Beteiligte zu 2. jetzt erneut ohne Anhörung des Beteiligten zu 1. einen Mitarbeiter als Krankheitsvertreter für den ░░░░░ (z.B. Platzmeister) eingestellt, nämlich Herrn ░░░░░ , wie am ░░░░░ durch ░░░░░ festgestellt wurde.

Beweis: Zeugnis ░░░░░

Auch hier hat keine vorherige Anhörung des Beteiligten zu 1. stattgefunden.

Das stellt eine grobe Missachtung der Mitwirkungsrechte des Beteiligten zu 1. dar, wie insbesondere auch die Bußgeldvorschrift des § 121 BetrVG zeigt. Die Beteiligte zu 2. ist offensichtlich nicht bereit, das Mitwirkungsrecht des Beteiligten zu 1. nach § 99 BetrVG zu beachten. Da der Beteiligte zu 1. nicht immer nur auf eine nachträgliche Beseitigung des mitbestimmungswidrigen Zustands nach § 101 BetrVG angewiesen sein möchte, ist der gestellte Antrag erforderlich, um weitere Verletzungen der Mitwirkungsrechte des Betriebsrats in der Zukunft zu verhindern. Der Antrag stützt sich auf § 23 Abs. 3 BetrVG. Ein solcher Antrag ist nicht durch § 101 BetrVG ausgeschlossen.

(Unterschrift)

cc) Erläuterungen

(1) Einverständnis des Mitarbeiters

Als einzige Besonderheit ist im Rahmen einer Versetzung zusätzlich darzulegen, dass der betroffene Mitarbeiter mit der Versetzung nicht einverstanden ist, wenn es sich um die Versetzung in einen anderen Betrieb desselben Unternehmens handelt.[795] In allen anderen Fällen kommt es auf das Einverständnis des betroffenen Mitarbeiters nicht an. **394**

(2) Zweck des Mitbestimmungsrechts

Das Mitbestimmungsrecht des Betriebsrats bei der Versetzung dient sowohl dem Schutz der Belegschaft, als auch dem Schutz des betroffenen Arbeitnehmers, wie der Zustimmungsverweigerungsgrund des § 99 Abs. 2 Nr. 4 BetrVG zeigt.[796] **395**

---

795 BAG 20.9.1990, AP Nr. 84 zu § 99 BetrVG 1972.
796 BAG 26.1.1988, AP Nr. 50 zu § 99 BetrVG 1972; BAG 5.4.2001, AP Nr. 32 zu § 99 BetrVG 1972 Einstellung.

(3) Feststellungsantrag

396   Bei Versetzungen ist häufig streitig, ob überhaupt eine Versetzung i.S.d. BetrVG vorliegt, siehe § 95 Abs. 3 BetrVG. Wenn das streitig ist und ansonsten keine Einwände gegen die Versetzung bestehen, kommt ein Feststellungsantrag in Betracht z.B. dahingehend, dass der Wechsel des Mitarbeiters aus der Abteilung xy in die Abteilung yz eine mitbestimmungspflichtige Versetzung i.S.v. § 99 BetrVG darstellt.

e)   Muster: Anträge des Betriebsrats bei vorläufiger Durchführung der personellen Maßnahme durch den Arbeitgeber

aa) Typischer Sachverhalt

397   Wenn der Arbeitgeber das gerichtliche Zustimmungsersetzungsverfahren und ggf. auch das einwöchige Anhörungsverfahren beim Betriebsrat nicht abwarten will, kann er die personelle Maßnahme nach Maßgabe des § 100 BetrVG vorläufig durchführen. Voraussetzung hierfür ist:

■ eine aus sachlichen Gründen bestehende dringende Erforderlichkeit für die vorläufige Durchführung der Maßnahme,

■ die unverzügliche Unterrichtung des Betriebsrats über die vorläufige Durchführung der personellen Maßnahme unter Hinweis auf die aus sachlichen Gründen gegebene dringende Erforderlichkeit,

■ und für den Fall des unverzüglichen Bestreitens der dringenden Erforderlichkeit durch den Betriebsrat die Einleitung des gerichtlichen Zustimmungsersetzungsverfahrens durch den Arbeitgeber innerhalb von drei Tagen, verbunden mit dem Antrag auf Feststellung, dass die Maßnahme aus sachlichen Gründen dringend erforderlich war.

398   Dem folgenden Musterantrag des Betriebsrats liegt der Sachverhalt zugrunde, dass der Arbeitgeber ein solches Beschlussverfahren beim Arbeitsgericht bereits eingeleitet und der Betriebsrat somit zu erwidern hat.

bb) Muster 3.31: Antrag bei vorläufiger Durchführung der personellen Maßnahme durch den Arbeitgeber

▼

399   An das

Arbeitsgericht

Aktenzeichen:

Im Beschlussverfahren

mit den Beteiligten:

1. Firma

(Verfahrensbevollmächtigte:)

– Antragstellerin –

2. Betriebsrat der Firma

(Verfahrensbevollmächtigte:)

– Antragsgegner –

zeige ich an, dass wir die Vertretung des Beteiligten zu 2. übernommen haben. Für den Beteiligten zu 2. beantrage ich,

1. die Anträge der Beteiligten zu 1. zurückzuweisen;

2. festzustellen, dass die vorläufige personelle Maßnahme der Einstellung von Frau   zum   offensichtlich aus sachlichen Gründen nicht dringend erforderlich war,

3. der Beteiligten zu 1. aufzugeben, die personelle Maßnahme der Einstellung von Frau ████ zum ████ aufzuheben.

Begründung:

Der Beteiligte zu 2. hat die Zustimmung zur Einstellung gemäß § 99 Abs. 2 Nr. 3, 4 BetrVG zu Recht verweigert. Zur Begründung wird auf das entsprechende Schreiben vom ████ gemäß

Anlage AG1

Bezug genommen. Zusätzlich wird zur Begründung auf Folgendes hingewiesen: ████.

Das Schreiben ist der Beteiligten zu 1. auch rechtzeitig innerhalb einer Woche übergeben worden. Daher ist der Antrag auf Ersetzung der Zustimmung zurückzuweisen.

Auf das Schreiben der Beteiligten zu 1., mit welchem diese die vorläufige Durchführung der personellen Maßnahme ankündigt und die Dringlichkeit behauptet, hat der Beteiligte zu 2. innerhalb von drei Tagen mit Schreiben vom ████ gemäß

Anlage AG2

geantwortet und die dringende Erforderlichkeit bestritten.

Die Maßnahme ist offensichtlich nicht dringend erforderlich, da der Arbeitgeber den erforderlichen Personalbedarf mit eigenem Personal decken könnte. So hat er z.B. die Mitarbeiter ████ freigestellt, obwohl sie die Arbeit, die die neu eingestellten Mitarbeiter ausführen sollen, ohne Weiteres übernehmen könnten. Im Rahmen von § 100 BetrVG muss sich die Dringlichkeit aber gerade auf die vom Arbeitgeber beabsichtigte konkrete personelle Maßnahme beziehen. Dringlichkeit liegt nur vor, wenn kein anderer zumutbarer Weg für den Arbeitgeber zur Verfügung steht.[797]

Im Übrigen hat der Arbeitgeber die Dringlichkeit selbst verursacht, da er schon vor sechs Monaten voraussehen konnte, dass es jetzt zu einem zusätzlichen Personalbedarf kommen würde. Darauf hat der Beteiligte zu 2. auch hingewiesen.

Daher ist die vorläufige Durchführung der personellen Maßnahme offensichtlich aus sachlichen Gründen nicht dringend erforderlich gewesen.

Wegen der Dringlichkeit der Angelegenheit wird gebeten, vorab durch Teilbeschluss über den Feststellungsantrag, dass die vorläufige Einstellung aus sachlichen Gründen nicht dringend erforderlich war, zu entscheiden, um der Gesetzessystematik des § 100 BetrVG Rechnung zu tragen.

(Unterschrift)

cc) Erläuterungen

Im Rahmen von § 100 BetrVG kann der Betriebsrat den Feststellungsantrag zur Dringlichkeit mit dem Aufhebungsantrag nach § 101 BetrVG verbinden mit der Maßgabe, dass dem Arbeitgeber bei Meidung von Zwangsgeld für jeden Tag der Zuwiderhandlung aufgegeben wird, die personelle Maßnahme der Einstellung/Versetzung des Mitarbeiters bis spätestens zwei Wochen nach Rechtskraft dieses Beschlusses aufzuheben.[798]   **400**

Dieser Antrag zielt auf drei Konstellationen: Zum Einen darauf, dass das Arbeitsgericht über die vorläufige personelle Maßnahme auch tatsächlich vorab entscheidet und hierbei feststellt, dass die Maßnahme offensichtlich aus sachlichen Gründen nicht dringend erforderlich war. In diesem Fall endet die vorläufige personelle Maßnahme gem. § 100 Abs. 3 BetrVG mit Ablauf von zwei Wochen nach Rechtskraft der Entscheidung.   **401**

Zum Zweiten zielt der Antrag auf den Fall, dass der Zustimmungsersetzungsantrag des Arbeitgebers zurückgewiesen wird; und zum Dritten auf den Fall, dass das Gericht gleichzeitig über die offensichtliche

---

797 *Fitting* u.a., § 100 BetrVG Rn 4 a; DKKW/*Kittner/Bachner*, § 100 Rn 5, 6.
798 LAG Hamburg 12.7.2000 – 8 TaBV 4/00, n.v.

Dringlichkeit der vorläufigen Maßnahme zugunsten des Betriebsrats und über die Zustimmungsersetzung zugunsten des Arbeitgebers entscheidet, jedoch mit einer Mindermeinung[799] gleichwohl die Aufhebung der Maßnahme anordnet.

f)   Muster: Antrag auf ordnungsgemäße Beteiligung des Betriebsrats bei einer Eingruppierung

aa)   Typischer Sachverhalt

402   Es kommt häufig vor, dass der Arbeitgeber zur Eingruppierung untätig bleibt. Das hat auch damit zu tun, dass er den Betriebsrat im Zustimmungsersetzungsverfahren nach § 99 Abs. 4 BetrVG „verklagen" muss und hierbei die Richtigkeit der von ihm vorgenommenen Eingruppierung darzulegen und zu beweisen hat. Unterbleibt dieses, ist es Sache des Betriebsrats, tätig zu werden.

403   Hierbei kann der Betriebsrat keinen Antrag auf Aufhebung der Eingruppierung stellen. Vielmehr muss er dem Arbeitgeber durch das Arbeitsgericht aufgeben lassen, die Zustimmung des Betriebsrats zur Eingruppierung einzuholen und im Verweigerungsfall ersetzen zu lassen. Wenn der Arbeitgeber dem Betriebsrat jedoch zur Eingruppierung nichts mitteilt, muss dem Arbeitgeber zusätzlich aufgegeben werden, den Mitarbeiter einzugruppieren. Keine Eingruppierung in die bestehende Vergütungsordnung liegt bspw. bei Verwendung der Kürzel OT (= ohne Tarif) vor, wenn damit zum Ausdruck gebracht werden soll, dass die bislang praktizierte tarifliche Vergütungsordnung vorliegend nicht angewendet werden soll.

bb)   Muster 3.32: Antrag auf Einleitung eines Beschlussverfahrens wegen ordnungsgemäßer Beteiligung des Betriebsrats bei einer Eingruppierung

▼

404   An das

Arbeitsgericht ████████

████████

Antrag

auf Einleitung eines Beschlussverfahrens

betreffend die Firma ████████ (*Name, Anschrift*)

mit den Beteiligten:

1. Betriebsrat der Firma ████████ (*Name*), vertreten durch den Betriebsratsvorsitzenden ████████, ████████
   (*Anschrift*)

– Antragsteller –

2. Firma ████████ (*Name*), vertreten durch ████████, ████████ (*Anschrift*)

– Antragsgegnerin –

Für den von uns vertretenen Beteiligten zu 1. beantrage ich,

der Beteiligten zu 2. aufzugeben, den Mitarbeiter ████████ einzugruppieren, die Zustimmung des Beteiligten zu 1. hierzu einzuholen und im Verweigerungsfall gemäß § 99 Abs. 4 BetrVG durch das Arbeitsgericht ersetzen zu lassen.

Begründung:

Die Beteiligte zu 2. ist ein Unternehmen der ████████-Branche mit mehr als 20 wahlberechtigten Arbeitnehmern. Der Beteiligte zu 1. ist der bei ihr/in ihrem Betrieb in ████████ gebildete ████████-köpfige Betriebsrat.

---

[799] *Fitting* u.a., § 100 BetrVG Rn 15; vgl. auch HaKo-BetrVG/*Kreuder/Teubel*, § 100 Rn 12; DKKW/*Bachner*, § 100 Rn 35; a.A. BAG 26.10.2004, AP Nr. 41 zu § 99 BetrVG 1972 Versetzung; BAG 14.12.2004, AP Nr. 122 zu § 99 BetrVG 1972.

Im Betrieb der Beteiligten zu 2. gibt es eine Vergütungsordnung. Diese besteht in der Anwendung der einschlägigen Tarifverträge. Diese sind von der Beteiligten zu 2. im Hinblick auf die Vergütung seit je her angewandt worden, und zwar auch nachdem sie durch Austritt aus dem Arbeitgeberverband aus der Tarifbindung ausgeschieden ist. Sie hat zudem die Geltung der Tarifverträge individualrechtlich in den einzelnen Arbeitsverträgen vereinbart.

Vorliegend hat die Beteiligte zu 2. den Mitarbeiter ▒▒▒▒ zum ▒▒▒▒ eingestellt entsprechend der Anhörung mit Schreiben vom ▒▒▒▒ gemäß

Anlage ASt 1.

Zur Eingruppierung hat sie lediglich mitgeteilt: „OT", also ohne Tarif. Damit hat sie zum Ausdruck gebracht, dass sie die bisherige Vergütungsordnung für diesen Mitarbeiter nicht mehr anwenden will und ihn nicht in diese Vergütungsordnung eingruppieren will.

Von dieser Vergütungsordnung kann sich die Beteiligte zu 2. nicht einseitig dadurch lossagen, dass sie Mitarbeiter ohne Tarif, d.h. außerhalb der bisherigen Vergütungsordnung, einstellen will. Das einseitige Abgehen von der bestehenden Vergütungsordnung verstößt gegen § 87 Abs. 1 Nr. 10 BetrVG und ist unwirksam. Solange der Betriebsrat nicht die Zustimmung zu einer abweichenden Vergütungsordnung erteilt hat, hat die Beteiligte zu 2. nach wie vor die bisherige Vergütungsordnung anzuwenden. Die mitbestimmungspflichtige Eingruppierungsentscheidung bezieht sich nicht nur darauf, wie ein Arbeitnehmer innerhalb einer Vergütungsordnung einzugruppieren ist, sondern auch darauf, ob ein Arbeitnehmer von einer bestimmten Vergütungsordnung erfasst wird oder nicht.

Da die Beteiligte zu 2. dieses nicht beachtet hat, ist dem Antrag stattzugeben. Der Beteiligte zu 1. hat die Beteiligte zu 2. mit Schreiben vom ▒▒▒▒ gemäß

Anlage ASt 2

zur Vornahme der Eingruppierung aufgefordert.

(Unterschrift)

cc) Erläuterungen

(1) Umgruppierung

Bei einer Umgruppierung gilt Entsprechendes wie bei der erstmaligen Eingruppierung. Bei einer Versetzung ist nach § 99 Abs. 1 S. 2 BetrVG zwingend die vorgesehene Eingruppierung mitzuteilen, unabhängig davon, ob diese unverändert bleibt, oder sich ändert, also eine Umgruppierung vorliegt. Eine Umgruppierung kann der Betriebsrat nicht erzwingen. Wenn er der Auffassung ist, dass ein Mitarbeiter wegen einer schleichenden Veränderung der ihm zugewiesenen Tätigkeiten einer höheren Vergütungsgruppe zuzuordnen ist, als ursprünglich vorgesehen, müsste zuvor das Vorliegen einer Versetzung dargelegt und bewiesen werden. **405**

(2) Zwangsvollstreckung

Die Vollstreckung erfolgt durch Anordnung von Zwangsgeld bis zu 25.000 EUR gem. § 888 ZPO. Eine vorherige Androhung ist nicht erforderlich. Zwangshaft findet nicht statt, § 85 Abs. 1 S. 3 ArbGG. **406**

IX. Antrag des Arbeitgebers auf Entbindung von der Übernahmeverpflichtung von Amtsvertretern, § 78a BetrVG

Literatur: *Barwasser*, Der Befreiungsantrag des Arbeitsgebers nach § 78a Abs. 4 BetrVG, DB 1976, 2114; *Bengelsdorf*, Die gesetzes- und verfassungswidrige Umdeutung des § 78a BetrVG, NZA 1991, 537; *Blaha/Mehlich*, Unbefristeter Arbeitsvertrag durch Wahl? – Vertragsfreiheit contra „Azubi-Schutz", NZA 2005, 667; *Houben*, Tarifvertragliche Ansprüche auf Übernahme in ein Arbeitsverhältnis – Chance oder Risiko für Auszubildende?, NZA 2011, 182; *ders.*, § 78a BetrVG – Schutz vor einer Schutznorm?, NZA 2006, 769; *Jäger/Künzl*, Probleme der Weiterbeschäftigung von Auszubildenden nach § 78a BetrVG 1972 und § 9 BPersVG, ZTR 2000, 300; *Matthes*, Die

Anträge des Arbeitgebers nach § 78a Abs. 4 BetrVG und nach § 9 BPersVG, NZA 1989, 916; *Nielebock*, Übernahme von Mitgliedern der Jugend- und Auszubildendenvertretung nach der Ausbildung, AiB 1990, 219; *Opolony*, Die Weiterbeschäftigung von Auszubildenden nach § 78a BetrVG, BB 2003, 1329; *Schäfer*, Zum Begriff der Unzumutbarkeit in § 78a Abs. 4 BetrVG, AuR 1978, 202.

1. Typischer Sachverhalt

407   Die 19-jährige A steht kurz vor Abschluss ihrer Ausbildung zur Film- und Videolaborantin. Ausbildendes Unternehmen ist die X-GmbH, die ihr Betätigungsfeld in der Filmindustrie hat. Die X-GmbH hat A bereits schriftlich mitgeteilt, sie nach Beendigung des Berufsausbildungsverhältnisses nicht in ein Arbeitsverhältnis übernehmen zu wollen. Demgegenüber verlangt A die Weiterbeschäftigung in einem unbefristeten Arbeitsverhältnis. Sie stützt ihr schriftlich niedergelegtes Verlangen darauf, dass sie während ihrer Ausbildungszeit in die Jugend- und Auszubildendenvertretung bei der X-GmbH gewählt wurde und deshalb in ein Arbeitsverhältnis zu übernehmen sei. Ferner ist sie der Ansicht, ein solches Arbeitsverhältnis werde nach Maßgabe des § 78a BetrVG bereits gesetzlich fingiert, ohne dass die X-GmbH dies verhindern könne. Die X-GmbH verfügt jedoch über keinen freien Arbeitsplatz, auf dem sie A ihrer Ausbildung und ihren Fähigkeiten entsprechend einsetzen könnte. Daher fragt sich der Geschäftsführer der X-GmbH, ob das Entstehen eines unbefristeten Arbeitsverhältnisses verhindert oder zumindest ein qua gesetzlicher Fiktion begründetes Arbeitsverhältnis wieder aufgelöst werden kann.

2. Rechtliche Grundlagen

a) Einführung

408   § 78a BetrVG dient dem **Schutz Auszubildender**, die in einem betriebsverfassungsrechtlichen Gremium tätig sind oder waren. Neben der Begründung eines Informationsrechts zugunsten des Auszubildenden (Abs. 1) wird dieser vor allem dadurch privilegiert, dass die Norm unter bestimmten Voraussetzungen ein an die Ausbildung anschließendes unbefristetes Arbeitsverhältnis fingiert (Abs. 2), gegen das der Arbeitgeber nur bei einer Unzumutbarkeit der Weiterbeschäftigung erfolgreich gerichtlich vorgehen kann (Abs. 4).[800] Der durch §§ 78, 103 BetrVG und § 15 KSchG gewährte amtsbezogene Schutz wird somit auf Auszubildende erweitert.[801] Denn dem aus § 21 BBiG folgenden automatischen Ende des Ausbildungsverhältnisses wird gleichsam ein Recht auf Übernahme in ein unbefristetes Arbeitsverhältnis gegenüber gestellt, soweit der Auszubildende Mitglied eines betriebsverfassungsrechtlichen Gremiums ist. Die Kontinuität des Amtes wird so gewahrt.[802]

409   Der in § 78a Abs. 1 BetrVG statuierten **Informationsverpflichtung** des Arbeitgebers kommt lediglich eine geringe Bedeutung zu; die Norm ist im Kern eine reine Ordnungsvorschrift.[803] Beabsichtigt der Arbeitgeber, einen Auszubildenden, der Mitglied eines betriebsverfassungsrechtlichen Gremiums ist, nach Beendigung des Berufsausbildungsverhältnisses nicht in ein Arbeitsverhältnis auf unbestimmte Zeit zu übernehmen, muss er dies dem Auszubildenden drei Monate vor Beendigung des Berufsausbildungsverhältnisses schriftlich mitteilen.[804] Da jedoch gemäß § 78a Abs. 5 BetrVG die Voraussetzungen für die Fiktion eines unbefristetes Arbeitsverhältnisses sowie deren gerichtliche Anfechtung von der Mitteilungspflicht des

---

800   Vgl. *Blaha/Mehlich*, NZA 2005, 667 ff. zur Verfassungsmäßigkeit der Einschränkung der Vertragsfreiheit.
801   DKKWW/*Kittner/Bachner*, § 78a Rn 1 f.; DLW/*Dörner*, Abschn. B Rn 72; HSWG/*Nicolai*, § 78a BetrVG Rn 3; Richardi/*Thüsing*, § 78a BetrVG Rn 2.
802   DKKWW/*Kittner/Bachner*, § 78a Rn 2; HWK/*Schrader*, § 78a BetrVG Rn 1.
803   APS/*Künzl*, § 78a BetrVG Rn 44.
804   Bedingt die vorzeitige Ablegung der Abschlussprüfung ein für den Arbeitgeber voraussehbares früheres Ende des Ausbildungsverhältnisses, hat die Mitteilung drei Monate vor diesem Zeitpunkt zu erfolgen, vgl. dazu BAG 31.10.1985, BAGE 50, 79 = AP Nr. 15 zu § 78a BetrVG 1972. Die Fristberechnung erfolgt gemäß §§ 187, 188 BGB, vgl. DKKWW/*Kittner/Bachner*, § 78a Rn 9; HWK/*Schrader*, § 78a BetrVG Rn 8. Die Schriftform muss den Voraussetzungen des § 126 BGB genügen (Richardi/*Thüsing*, § 78a BetrVG Rn 15, anderer Auffassung *Opolony*, BB 2003, 1332, der die Mitteilung per Telefax für ausreichend erachtet).

Abs. 1 unabhängig sind, hat das Unterlassen der Unterrichtung nicht bereits zur Folge, dass automatisch ein Arbeitsverhältnis begründet würde.[805] Allerdings kommen Schadensersatzansprüche des Auszubildenden gegenüber dem Arbeitgeber in Betracht, etwa wenn dieser in Erwartung der Übernahme infolge der verspäteten oder unterlassenen Mitteilung durch den Arbeitgeber ein anderes Arbeitsverhältnis ausgeschlagen hat.[806]

Praxistipp

Bietet der Arbeitgeber dem Auszubildenden ein befristetes Arbeitsverhältnis oder ein solches in Teilzeit an, empfiehlt es sich für den Auszubildenden, dieses unter Vorbehalt anzunehmen, und die Rechte aus § 78a Abs. 2 BetrVG parallel geltend zu machen.[807]

b) Entstehung der Weiterbeschäftigungspflicht gemäß § 78a Abs. 2 BetrVG

Die eigentliche Bedeutung von § 78a BetrVG liegt darin, dass der Auszubildende durch eine einseitige Er- **410** klärung ein unbefristetes Arbeitsverhältnis zu begründen vermag, selbst wenn der Arbeitgeber bereits erklärt hat, an einer Weiterbeschäftigung nicht interessiert zu sein. Ändert der Arbeitgeber seine Auffassung noch und beschäftigt den fertig Ausgebildeten weiter, gelangt nicht § 78a BetrVG, sondern § 24 BBiG zu Anwendung.[808] Nach dessen Regelungsinhalt führt – mangels vertraglicher Vereinbarung – die tatsächliche Weiterbeschäftigung nach dem Ende der Ausbildung zur Fiktion eines unbefristeten Arbeitsverhältnisses.[809] Verweigert der Arbeitgeber die tatsächliche Weiterbeschäftigung des Mitarbeiters, kann eine Weiterbeschäftigungspflicht aus § 78a Abs. 2 BetrVG erfolgen, soweit dessen Voraussetzungen erfüllt sind.

Ein Übernahmerecht haben gemäß § 78a Abs. 1, 2 BetrVG nur in Ausbildung befindliche Mitglieder von **411** Betriebsverfassungsorganen. Unter den Begriff des **Auszubildenden** sind jedenfalls solche Arbeitnehmer zu fassen, die in durch das BBiG staatlich anerkannten Ausbildungsberufen ausgebildet werden, also einen Berufsausbildungsvertrag gemäß §§ 10, 11 BBiG abgeschlossen haben.[810] Nach der Rechtsprechung des BAG erstreckt sich der Schutzzweck der Norm jedoch auch auf solche Ausbildungsverhältnisse, die tariflichen Regelungen entsprechen und eine geordnete Ausbildung von mindestens zwei Jahren Dauer vorsehen (wie etwa bei Redaktionsvolontären).[811] Entscheidend ist, dass die Pflicht des Arbeitgebers zur Ausbildung gegenüber der Pflicht des Arbeitnehmers zur bloßen Erbringung der geschuldeten Arbeitsleistung überwiegt.[812] Da § 78a BetrVG eine Lücke im betriebsverfassungsrechtlichen Schutzsystem zu schließen sucht, ist sie hinsichtlich des geschützten Personenkreises insofern weit auszulegen.[813] Schließlich muss das Ausbildungsverhältnis mit dem ausbildenden Unternehmen bestehen, so dass eine Übernahme nach § 78a Abs. 2 BetrVG in den praktischen Ausbildungsbetrieb ausscheidet, wenn der Ausbildungsvertrag mit dem Träger einer überbetrieblichen Ausbildung geschlossen wurde, der über ausbildungsgeeignete Arbeits-

---

805 ErfK/*Kania*, § 78a BetrVG Rn 3; HWK/*Schrader*, § 78a BetrVG Rn 12 f.

806 Siehe BAG 31.10.1985, BAGE 50, 79 = AP Nr. 15 zu § 78a BetrVG 1972; *Fitting u.a.*, § 78a BetrVG Rn 16; Richardi/*Thüsing*, § 78a BetrVG Rn 18 (m.w.N.); kritisch HWK/*Schrader*, § 78a BetrVG Rn 13.

807 Der Schutzbereich der Vorschrift ist weiterhin eröffnet, da sich die Mitteilungspflicht aus § 78a Abs. 1 BetrVG auf ein unbefristetes Vollzeitarbeitsverhältnis bezieht (ebenso AnwK-ArbR/*Besgen*, § 78a BetrVG Rn 4).

808 Die Norm greift unabhängig davon ein, ob der Arbeitgeber von vornherein die Weiterbeschäftigung beabsichtigt oder sich trotz einer Erklärung gemäß § 78a Abs. 1 BetrVG doch noch zur Fortführung des Beschäftigungsverhältnisses entscheidet (vgl. dazu AnwK-ArbR/*Besgen*, § 78a BetrVG Rn 6; DKKW/*Kittner/Bachner*, § 78a Rn 13; ErfK/*Kania*, § 78a BetrVG Rn 3 a.E.; *Fitting u.a.*, § 78a BetrVG Rn 28; HWK/*Schrader*, § 78a BetrVG Rn 14; Richardi/*Thüsing*, § 78a BetrVG Rn 22).

809 Vgl. APS/*Biebl*, § 24 BBiG Rn 2 ff.; ErfK/*Schlachter*, § 24 BBiG Rn 1 ff.

810 Herrschende Meinung; siehe etwa *Fitting u.a.*, § 78a BetrVG Rn 5; Richardi/*Thüsing*, § 78a BetrVG Rn 6.

811 Grundlegend BAG 23.6.1983, NJW 1994, 1779 = BAGE 43, 115.

812 Vgl. BAG 1.12.2004, NZA 2005, 779 = MDR 2005, 932; LAG Nürnberg 13.2.2004, AfP 2004, 471 = ZUM 2005, 180; ebenfalls DKKW/*Kittner/Bachner*, § 78a Rn 4; DLW/*Dörner*, Abschn. B Rn 75.

813 Ebenso DKKW/*Kittner/Bachner*, § 78a Rn 4; vgl. zur Bewertung der Umschulung als Ausbildung HWK/*Schrader*, § 78a BetrVG Rn 3; *Nielebock*, AiB 1990, 219; ErfK/*Kania*, § 78a BetrVG Rn 2.

plätze selbst nicht verfügt.[814] Dass der Arbeitgeber ausbildendes Tendenzunternehmen ist, schließt die Anwendung des § 78a Abs. 2 BetrVG nicht aus.[815] Dessen Rechtsfolge kann aus Gründen des Tendenzschutzes nach § 118 Abs. 1 BetrVG ausnahmsweise nur dann entfallen, wenn tendenzbedingte Gründe die Weiterbeschäftigung des Arbeitnehmers als für den Arbeitgeber unzumutbar ausschließen.[816]

> *Praxistipp*
>
> Besteht eine tarifliche Regelung, nach der eine Übernahme von sämtlichen Auszubildenden in ein (ggf. befristetes) Arbeitsverhältnis vorgesehen ist, stellt sich die Frage nach dem Verhältnis der tariflichen Regelung zum gesetzlichen Übernahmeanspruch besonders geschützter Auszubildender nach § 78a Abs. 2 BetrVG. Prinzipiell bestehen beide Regelungen nebeneinander, da sie verschiedenen Personengruppen unter jeweils eigenen Voraussetzungen Rechte einräumen. Allerdings gibt es Verknüpfungen.[817] Trotz eines tariflichen Übernahmeanspruchs kann sich ein Arbeitgeber etwa grundsätzlich darauf berufen, eine Weiterbeschäftigung des Auszubildenden sei ihm unzumutbar i.S.d. § 78a Abs. 4 BetrVG.

412 Der Arbeitnehmer muss **Mitglied eines betriebsverfassungsrechtlichen Organs** sein, namentlich „der Jugend- und Auszubildendenvertretung, des Betriebsrats, der Bordvertretung oder des Seebetriebsrats" (§ 78a Abs. 1 BetrVG). Voraussetzung für die Anwendung des § 78a BetrVG ist daher stets eine wirksame Wahl des Betreffenden in das entsprechende betriebsverfassungsrechtliche Gremium.[818] Dagegen fallen unter den Schutzbereich der Norm – anders als in § 15 KSchG – nicht die Mitglieder der Wahlvorstände, Wahlbewerber oder Initianten einer Wahl.[819] Der durch § 78a BetrVG vermittelte Schutz entfaltet seine Wirkung nicht erst mit dem Beginn der Amtszeit, sondern bereits mit dem Erwerb der Mitgliedschaft, also der Feststellung der ausreichenden Stimmenzahl bei der Auszählung.[820] Sein Ende findet er gemäß § 78a Abs. 3 BetrVG erst mit Ablauf eines Jahres „nach Beendigung der Amtszeit". Nach vorherrschender Ansicht ist die Norm teleologisch jedoch so auszulegen, dass nicht auf das Ende der Amtszeit, sondern auf das Ende der individuellen Mitgliedschaft des Betreffenden abzustellen ist.[821] Der Schutz erstreckt sich also auch auf ausgeschiedene Mitglieder der Betriebsverfassungsorgane während des ersten Jahres nach dem Ende der Mitgliedschaft.[822] Ersatzmitglieder fallen unter den Anwendungsbereich des § 78a BetrVG, wenn sie entweder endgültig an die Stelle eines ausgeschiedenen Mandatsträgers getreten sind oder im letzten Vierteljahr vor der Beendigung der Berufsausbildung die Vertretung eines lediglich zeitweise verhinderten Mandatsträgers übernommen haben und in dieser Vertretungszeit die Übernahme in ein unbefristetes Arbeitsverhältnis verlangen.[823] Entsprechend gilt auch die Nachwirkung nach Absatz 3 für endgültige oder vorübergehende Stellvertreter des ursprünglichen Mandatsträgers; diese sind bis zum Ablauf eines Jahres nach Ende ihrer aktiven Mitgliedschaft über § 78a Abs. 2, 3 BetrVG geschützt.[824]

---

814 So BAG 17.8.2005, NZA 2006, 624 = EzA § 78a BetrVG 2001 Nr. 2; Richardi/*Thüsing*, § 78a BetrVG Rn 6.

815 Vgl. Richardi/*Thüsing*, § 78a BetrVG Rn 6a; GK-BetrVG/*Oetker*, § 78a Rn 16, 28.

816 BAG 23.6.1983, BAGE 43, 115 = NJW 1984, 1779.

817 *Houben*, NZA 2011, 182 ff.

818 HWK/*Schrader*, § 78a BetrVG Rn 5.

819 DKKW/*Kittner/Bachner*, § 78a Rn 5; *Fitting u.a.*, § 78a BetrVG Rn 7; GK-BetrVG/*Oetker*, § 78a Rn 23.

820 BAG 22.9.1983, BAGE 44, 154 = NZA 1984, 45; DLW/*Dörner*, Abschn. B Rn 76; GK-BetrVG/*Oetker*, § 78a Rn 24.

821 Vgl. unter Hinweis auf dieselbe teleologische Auslegung des § 15 Abs. 1 S. 2 KSchG bereits BAG 21.8.1979, NJW 1980, 1541 = DB 1980, 454; siehe auch DKKW/*Kittner/Bachner*, § 78a Rn 6; *Fitting u.a.*, § 78a BetrVG Rn 10; Richardi/*Thüsing*, § 78a BetrVG Rn 10.

822 ErfK/*Kania*, § 78a BetrVG Rn 2; siehe auch *Fitting u.a.*, § 78a BetrVG Rn 10; GK-BetrVG/*Oetker*, § 78a Rn 35.

823 Zuletzt LAG Hamm 4.4.2014, NZA-RR 2014, 342; ebenso BAG 15.1.1980, DB 1980, 1649 = EzA Nr. 9 zu § 78a BetrVG 1972; ErfK/*Kania*, § 78a BetrVG Rn 2; GK-BetrVG/*Oetker*, § 78a Rn 32; *Fitting u.a.*, § 78a BetrVG Rn 11; HWK/*Schrader*, § 78a BetrVG Rn 4.

824 Vgl. BAG 13.3.1986, BAGE 51, 261 = NZA 1986, 836; GK-BetrVG/*Oetker*, § 78a Rn 36 f.; Richardi/*Thüsing*, § 78a BetrVG Rn 11; einschränkend APS/*Künzl*, § 78a BetrVG Rn 42; *Opolony*, BB 2003, 1331.

Die Fiktion eines unbefristeten Arbeitsverhältnisses hat als maßgebliche Voraussetzung, dass der Aus-   **413**
zubildende innerhalb der letzten drei Monate vor Beendigung des Berufsausbildungsverhältnisses seine
Weiterbeschäftigung schriftlich vom Arbeitgeber **verlangt**. Eine Begründung ist nicht erforderlich.[825]
Für die Anforderungen an die Schriftform gilt wiederum § 126 BGB;[826] eine E-Mail wird dem Schriftformerfordernis daher nicht gerecht, sofern sie nicht der elektronischen Form des § 126a BGB genügt.[827]
Entscheidender Zeitpunkt für die Berechnung der Drei-Monats-Frist ist der Zeitpunkt der Bekanntgabe
des Prüfungsergebnisses.[828] Eine vor Fristlauf abgegebene Erklärung entfaltet ebenso wenig Wirksamkeit wie eine verspätet abgegebene Erklärung.[829] Auch ist ein Arbeitgeber grds. nicht dazu verpflichtet,
den Auszubildenden vor Beendigung des Ausbildungsverhältnisses darauf hinzuweisen, dass sein vorzeitiges Übernahmeverlangen rechtlich unbeachtlich ist.[830] Bei minderjährigen Auszubildenden finden die
§§ 106 ff. BGB Anwendung, da das Weiterbeschäftigungsverlangen in Verbindung mit der daran anknüpfenden gesetzlichen Fiktion ein Rechtsgeschäft begründet, das infolge der aus dem Arbeitsverhältnis er-
wachsenen Pflichten nicht lediglich rechtlich vorteilhaft für den Minderjährigen ist.[831] Es bedarf insofern
also der Zustimmung des gesetzlichen Vertreters. Ob ein Widerruf der Erklärung durch den Auszubildenden bzw. seinen gesetzlichen Vertreter trotz Zugangs der Erklärung beim Arbeitgeber zulässig ist, ist umstritten.[832] Die Anfechtung des Weiterbeschäftigungsverlangens ist nach allgemeinen Regeln (§§ 119 ff.
BGB) zulässig.[833]

Rechtsfolge des form- und fristgerechten Weiterbeschäftigungsverlangen des Auszubildenden gegenüber   **414**
dem Arbeitgeber ist gemäß § 78a Abs. 2 S. 1 BetrVG die gesetzliche Fiktion eines zeitlich unbeschränkten

825 AnwK-ArbR/*Besgen*, § 78a BetrVG Rn 7; GK-BetrVG/*Oetker*, § 78a Rn 53; *Fitting u.a.*, § 78a BetrVG Rn 21.
826 Zum Schriftformerfordernis vgl. die ausführliche Darstellung bei GK-BetrVG/*Oetker*, § 78a Rn 51 (m.w.N.).
827 BAG 15.12.2011, AP BetrVG 1972 § 78a Nr. 55.
828 BAG 31.10.1995, BAGE 50, 79 = AP Nr. 15 zu § 78a BetrVG 1972; Richardi/*Thüsing*, § 78a BetrVG Rn 20.
829 Zuletzt BAG 5.12.2012, BeckRS 2013, 67179; BAG 15.12.2011, AP BetrVG 1972 § 78a Nr. 55; BAG 15.1.1980, DB 1980, 1648 =
    EzA Nr. 8 zu § 78a BetrVG 1972; GK-BetrVG/*Oetker*, § 78a Rn 56 f.; Richardi/*Thüsing*, § 78a BetrVG Rn 21. Allerdings können die
    Grundsätze von Treu und Glauben ausnahmsweise bei Vorliegen besonderer Umstände gebieten, dass ein verfrühtes Weiterbeschäf-
    tigungsverlangen als fristgemäß gilt, wenn der Arbeitgeber seiner Informationspflicht aus § 78a Abs. 1 BetrVG nicht nachgekom-
    men ist (zur vergleichbaren Regelung in § 9 BPersVG: BVerwG 9.10.1996, NZA-RR 1997, 239). Andere Stimmen halten das Wei-
    terbeschäftigungsverlangen bis zu sechs Monate vor Ende der Ausbildung generell für zulässig, da die Frist aus § 78a Abs. 2 BetrVG
    in Kongruenz zu § 5 Abs. 1 BBiG a.F. steht, wonach Vereinbarungen über die Begründung eines Arbeitsverhältnisses nichtig waren,
    die länger als drei Monate vor Beendigung des Ausbildungsverhältnisses getroffen wurden; gemäß § 12 Abs. 1 S. 2 BBiG sind mitt-
    lerweile jedoch Vereinbarungen mit dem ausbildenden Arbeitgeber ab sechs Monaten vor Ausbildungsende zulässig (so APS/*Künzl*,
    § 78a BetrVG Rn 61; *Fitting u.a.*, § 78a BetrVG Rn 19; *Jäger/Künzl*, ZTR 2000, 301 f.; *Opolony*, BB 2003, 1332 f.).
830 BAG 5.12.2012, BeckRS 2013, 67179.
831 Überzeugend GK-BetrVG/*Oetker*, § 78a Rn 52; vgl. auch DLW/*Dörner*, Abschn. B Rn 87; *Opolony*, BB 2003, 1333. Nach anderer
    Ansicht umfasst die Einwilligung des gesetzlichen Vertreters zur Eingehung eines Berufsausbildungsverhältnisses gemäß § 113
    BGB auch das Weiterbeschäftigungsverlangen (so etwa DKKW/*Kittner/Bachner*, § 78a Rn 14; *Fitting u.a.*, § 78a BetrVG
    Rn 26). Dem ist entgegen zu halten, dass sich die Ermächtigung des gesetzlichen Vertreters, ein zeitlich begrenztes Berufsausbil-
    dungsverhältnis einzugehen, gerade nicht auf den Übergang in ein unbefristetes Arbeitsverhältnis bezieht (vgl. APS/*Künzl*, § 78a
    BetrVG Rn 64 f.; Richardi/*Thüsing*, § 78a BetrVG Rn 24).
832 Dagegen unter Hinweis auf § 130 Abs. 1 S. 2 BGB sowie den gestaltenden Charakter der Willenserklärung durch Auslösen der ge-
    setzlichen Fiktion Richardi/*Thüsing*, § 78a BetrVG Rn 22a; *Opolony*, BB 2003, 1333. Die wohl herrschende Meinung verweist auf
    den Schutzzweck der Norm sowie den Umstand, dass die Fiktionswirkung des Abs. 2 Satz 1 erst mit Beendigung des Ausbildungs-
    verhältnisses eintritt (siehe DKKW/*Kittner/Bachner*, § 78a Rn 20; *Fitting u.a.*, § 78a BetrVG Rn 27; GK-BetrVG/*Oetker*, § 78
    Rn 62; ebenso zu dem vergleichbaren § 9 BPersVG siehe BVerwG 31.5.2005, NZA-RR 2005, 613 = ZTR 2005, 492). Ein Verzicht
    auf den Sonderschutz durch § 78a BetrVG wird – zumindest innerhalb der letzten drei Monate vor dem Ende des Ausbildungsver-
    hältnisses – überwiegend für zulässig erachtet (vgl. HWK/*Schrader*, § 78a BetrVG Rn 21; *Opolony*, BB 2003, 1333; Richardi/*Thü-
    sing*, § 78a BetrVG Rn 22b).
833 GK-BetrVG/*Oetker*, § 78a Rn 64; *Opolony*, BB 2003, 1333; Richardi/*Thüsing*, § 78a BetrVG Rn 22b.

Arbeitsverhältnisses, das an das beendete Berufsausbildungsverhältnis unmittelbar anschließt.[834] Die Begründung eines befristeten Arbeitsverhältnisses bedarf dagegen stets einer dahingehenden vertraglichen Vereinbarung.[835] Der Auszubildende hat zwar grundsätzlich keinen Anspruch auf einen bestimmten Arbeitsplatz, wohl aber auf eine solchen, der im Betrieb seines Mandats liegt und seiner Ausbildung entspricht.[836] Gemäß § 78a Abs. 2 S. 2 BetrVG ist auf das Arbeitsverhältnis zudem § 37 Abs. 4 und 5 BetrVG entsprechend anzuwenden. Danach muss der Auszubildende nach der Übernahme in das unbefristete Arbeitsverhältnis auch in Ausübung seines betriebsverfassungsrechtlichen Mandats die gleiche berufliche und finanzielle Entwicklung vollziehen wie ein vergleichbarer Arbeitnehmer im Betrieb des Arbeitgebers.[837]

c) Entbindung von der Weiterbeschäftigungspflicht

415 Die Fiktion eines unbefristeten Arbeitsverhältnisses gemäß § 78a Abs. 2 BetrVG führt dazu, dass der Arbeitgeber dauerhaft gegen seinen Willen an einen Beschäftigten gebunden werden kann.[838] In § 78a Abs. 4 BetrVG wird dem Arbeitgeber immerhin eine Möglichkeit eingeräumt, die Entstehung des Arbeitsverhältnisses gerichtlich überprüfen und gegebenenfalls verhindern beziehungsweise ein bereits fingiertes Vertragsverhältnis auflösen zu lassen. Wenn Tatsachen vorliegen, aufgrund derer dem Arbeitgeber unter Berücksichtigung aller Umstände die Weiterbeschäftigung nicht zugemutet werden kann, kann dieser gemäß § 78a Abs. 4 Satz 1 BetrVG spätestens bis zum Ablauf von zwei Wochen nach Beendigung des Berufsausbildungsverhältnisses beim Arbeitsgericht beantragen, festzustellen, dass ein Arbeitsverhältnis im Sinne des § 78a Abs. 2, 3 BetrVG nicht begründet wird (Nr. 1), oder ein solches bereits begründetes Arbeitsverhältnis aufzulösen (Nr. 2).

aa) Feststellungs- und Auflösungsantrag gemäß § 78a Abs. 4 BetrVG

416 Der **Feststellungsantrag** nach § 78a Abs. 4 Satz 1 Nr. 1 BetrVG soll bereits die Begründung des Arbeitsverhältnisses verhindern. Folglich kann er nur vor Beendigung des Berufsausbildungsverhältnisses gestellt werden.[839] Umstritten ist, ob der Antrag auch bereits dann zulässig ist, wenn der Auszubildende das Weiterbeschäftigungsverlangen gemäß Abs. 2 noch nicht gestellt hat.[840] Dem Streit kommt keine besondere Relevanz zu, da über den Feststellungsantrag gemäß § 78a Abs. 4 Satz 1 Nr. 1 BetrVG bis zum Ablauf des Berufsausbildungsverhältnisses in der Regel noch nicht entschieden sein wird. Nach Rechtsprechung des BAG wandelt sich ein bereits gestellter Feststellungsantrag mit dem Zeitpunkt des Endes der Ausbildung automatisch in einen Auflösungsantrag nach § 78a Abs. 4 Satz 1 Nr. 2 BetrVG um. Es bedarf keiner

---

834 Die Zulässigkeit des Weiterbeschäftigungsverlangens ist dabei nicht von einem erfolgreichen Abschluss der Berufsausbildung abhängig, wie ein Vergleich mit § 9 Abs. 1, 2 BPersVG ergibt. Ein fehlender Abschluss kann jedoch unter Umständen zur Unzumutbarkeit einer Weiterbeschäftigung im Sinne des § 78a Abs. 4 BetrVG führen (dazu DLW/*Dörner*, Abschn. B Rn 91; *Fitting u.a.*, § 78a BetrVG Rn 24; GK-BetrVG/*Oetker*, § 78a Rn 66; vgl. bereits LAG Baden-Württemberg 13.10.1977, AP Nr. 4 zu § 78a BetrVG 1972).

835 Vgl. dazu BAG 24.7.1991, BAGE 68, 187 = AP Nr. 23 zu § 78a BetrVG 1972; *Fitting u.a.*, § 78a BetrVG Rn 30; HWK/*Schrader*, § 78a BetrVG Rn 21; *Opolony*, BB 2003, 1334; Richardi/*Thüsing*, § 78a BetrVG Rn 28.

836 Siehe APS/*Künzl*, § 78a BetrVG Rn 81; DKKW/*Kittner*/*Bachner*, § 78a Rn 25; *Fitting u.a.*, § 78a BetrVG Rn 31; ausführlich GK-BetrVG/*Oetker*, § 78a Rn 69; dazu ebenfalls bereits LAG Berlin 16.12.1974, BB 1975, 837 = BetrR 1975, 382.

837 Vgl. LAG Hamm 8.11.2005, AuR 2006, 214; ebenso AnwK-ArbR/*Besgen*, § 78a BetrVG Rn 8; *Fitting u.a.*, § 78a BetrVG Rn 32; GK-BetrVG/*Oetker*, § 78a Rn 70 ff.; DKKW/*Kittner*/*Bachner*, § 78a Rn 22.

838 Siehe dazu BAG 13.11.1987, BAGE 57, 21 = NZA 1989, 439; HWK/*Schrader*, § 78a BetrVG Rn 24.

839 BAG 29.11.1989, BAGE 63, 319 = BB 1991, 65; GK-BetrVG/*Oetker*, § 78a Rn 114 (m.w.N.). Ein nach Beendigung der Berufsausbildung gestellter Feststellungsantrag ist unzulässig (siehe *Fitting u.a.*, § 78a BetrVG Rn 37).

840 Dafür spricht, dass es dem Arbeitgeber nicht zumutbar ist, bis zur Stellung des Weiterbeschäftigungsverlangens des Auszubildenden zuzuwarten. Dies nähme ihm ggf. die Möglichkeit eines Feststellungsantrages nach Nr. 1. Er kann das Feststellungsbegehren daher schon geltend machen, wenn der Eintritt der Fiktion des Abs. 2 lediglich droht (vgl. APS/*Künzl*, § 78a BetrVG Rn 134; GK-BetrVG/*Oetker*, § 78a Rn 115; HWK/*Schrader*, § 78a BetrVG Rn 27; Richardi/*Thüsing*, § 78a BetrVG Rn 33; ablehnend *Bengelsdorf*, NZA 1991, 543; *Fitting u.a.*, § 78a BetrVG Rn 35; DKKW/*Kittner*/*Bachner*, § 78a Rn 28; *Matthes*, NZA 1989, 917).

Antragsänderung, da Feststellungs- und Auflösungsantrag nach Nr. 1 und Nr. 2 insoweit denselben Streitgegenstand betreffen.[841]

> *Praxistipp*
>
> Vorsorglich ist aus Arbeitgebersicht gleichwohl anzuraten, den Antrag mit der Beendigung des Berufsausbildungsverhältnisses und der damit eintretenden Fiktion nach § 78a Abs. 2 BetrVG auch formal zu ändern.

Allein die Stellung des **Auflösungsantrags** gemäß § 78a Abs. 4 Satz 1 Nr. 2 BetrVG kommt in Betracht, **417** wenn zum Zeitpunkt der gerichtlichen Geltendmachung der Unzumutbarkeit einer Weiterbeschäftigung das Berufsausbildungsverhältnis bereits beendet ist.[842] Dieser Gestaltungsantrag ist fristgebunden: Lediglich bis zum Ablauf von **zwei Wochen** nach Beendigung des Berufsausbildungsverhältnisses kann der Antrag gestellt werden.[843] Da der Arbeitgeber mit Ablauf der Frist sein Gestaltungsklagerecht verliert, liegt darin eine materiell-rechtliche **Ausschlussfrist**.[844] Für die Fristberechnung gelten die §§ 187 ff. BGB. Der Fristlauf beginnt mit dem Ende des Ausbildungsverhältnisses – unabhängig davon, ob es durch Bestehen der Abschlussprüfung oder den Ablauf der vertraglich vereinbarten Ausbildungszeit endet.[845] Zur Fristwahrung genügt die rechtzeitige Einreichung der Antragsschrift beim zuständigen Arbeitsgericht, sofern diese demnächst zugestellt wird (§§ 80 Abs. 2 ArbGG, 167 ZPO).[846]

Zur Begründung des Antrags gemäß § 78a Abs. 4 S. 1 BetrVG muss der Arbeitgeber Tatsachen vortragen, **418** aufgrund derer ihm die Weiterbeschäftigung des Auszubildenden unter Berücksichtigung aller Umstände nicht zugemutet werden kann. Der maßgebende Zeitpunkt für die Beurteilung der Zumutbarkeit ist dabei derjenige, zu dem das Arbeitsverhältnis begründet werden soll.[847] Die zum Terminus der „Zumutbarkeit" in § 626 Abs. 1 BGB entwickelten Grundsätze können allerdings nicht unverändert auf die Konstellation des § 78a Abs. 4 BetrVG übertragen werden, da die **Unzumutbarkeit der unbefristeten Weiterbeschäftigung** des Auszubildenden, nicht aber die Unzumutbarkeit der Beschäftigung bis zu einem bestimmten Zeitpunkt in Frage steht.[848] Im Rahmen der umfassenden Interessenabwägung sind nicht nur Interessen des betroffenen Mandatsträgers, sondern auch diejenigen des betroffenen Betriebsverfassungsorgans sowie der Belegschaft gegenüber den Interessen des Arbeitgebers abzuwägen.[849] Auch wenn deshalb eine eigenständige Auslegung des Begriffs der Unzumutbarkeit erforderlich ist, lassen sich – ähnlich dem § 626 Abs. 1 BGB – Gründe für die Unzumutbarkeit in der Person des Auszubildenden, in seinem Verhalten sowie in betrieblich bedingten Umständen finden.[850]

---

841 Grundlegend (unter Aufgabe der bisherigen Rechtsprechung) BAG 29.11.1989, BAGE 63, 319 = AP Nr. 20 zu § 78a BetrVG 1972; siehe ebenfalls BAG 11.1.1995, NZA 1995, 647 = AP Nr. 24 zu § 78a BetrVG 1972; zustimmend GK-BetrVG/*Oetker*, § 78a Rn 122 f. (m.w.N.); ablehnend *Bengelsdorf*, NZA 1991, 539 ff.

842 Demgegenüber kann der Auflösungsantrag nicht vor Beendigung des Berufsausbildungsverhältnisses gestellt werden (siehe *Fitting u.a.*, § 78a BetrVG Rn 37; GK-BetrVG/*Oetker*, § 78a Rn 116, 119; *Opolony*, BB 2003, 1336; *Schaub/Neef*, Formulare ArbR, § 93 Rn 8 Fn 11).

843 Für den Feststellungsantrag gemäß § 78a Abs. 4 Satz 1 Nr. 1 BetrVG hat die Antragsfrist keine Bedeutung, da dieser Antrag nach dem Ende des Ausbildungsverhältnisses nicht mehr gestellt werden kann (vgl. GK-BetrVG/*Oetker*, § 78a Rn 110; auch *Opolony*, BB 2003, 1336; DLW/*Dörner*, Abschn. B Rn 111).

844 *Richardi/Thüsing*, § 78a BetrVG Rn 35; ebenfalls APS/*Künzl*, § 78a BetrVG Rn 139; *Fitting u.a.*, § 78a BetrVG Rn 38; *Matthes*, NZA 1989, 917; *Schäfer*, AuR 1978, 206; für eine prozessuale Antragstellungsfrist votieren *Barwasser*, DB 1976, 2115; GK-BetrVG/*Oetker*, § 78a Rn 112.

845 APS/*Künzl*, § 78a BetrVG Rn 140; siehe auch DKKW/*Kittner/Bachner*, § 78a Rn 26, 9 f.

846 Vgl. dazu Schwab/*Weth*, § 81 ArbGG Rn 100; siehe auch Germelmann u.a./*Matthes*, § 81 ArbGG Rn 71.

847 Vgl. AnwK-ArbR/*Besgen*, § 78a BetrVG Rn 12.

848 So BAG 6.11.1996, BAGE 84, 294 = AP Nr. 26 zu § 78a BetrVG 1972; siehe auch DKKW/*Kittner/Bachner*, § 78a Rn 31; DLW/*Dörner*, Abschn. B Rn 96 ff.; ErfK/*Kania*, § 78a BetrVG Rn 7.

849 So DKKW/*Kittner/Bachner*, § 78a BetrVG Rn 32; vgl. BAG 15.12.1983, BAGE 44, 355 = DB 1984, 1101.

850 Bei der Geltendmachung der Unzumutbarkeit findet zudem die Zwei-Wochen-Frist (§ 626 Abs. 2 BGB) keine Anwendung (siehe BAG 15.12.1983, AP Nr. 12 zu § 78a BetrVG 1972; APS/*Künzl*, § 78a BetrVG Rn 98).

419 Als **personenbedingte Gründe**, die eine Unzumutbarkeit der Weiterbeschäftigung begründen, kommen jedenfalls solche in Betracht, die das Gewicht eines wichtigen Grundes im Sinne des § 626 Abs. 1 BGB erreichen.[851] Darüber hinaus ist eine Übernahme aus personenbedingten Gründen unzumutbar, wenn der Amtsinhaber nicht ausreichend qualifiziert ist, etwa weil die Abschlussprüfung (mehrfach) nicht bestanden wurde oder für den in Frage kommenden Arbeitsplatz eine Spezialausbildung erforderlich ist.[852] Dass andere, nicht unter den Schutz des § 78a BetrVG fallende Auszubildende bessere Prüfungsnoten erreicht haben, reicht allein für eine Unzumutbarkeit der Weiterbeschäftigung des Amtsinhabers nicht aus. Die Note kann allerdings im Zusammenhang mit vor der Prüfung gezeigten mangelhaften Leistungen berücksichtigt werden.[853]

420 **Verhaltensbedingte Gründe** vermögen eine Unzumutbarkeit ebenfalls zumindest dann zu begründen, wenn ihnen die Qualität eines wichtigen Grundes im Sinne des § 626 Abs. 1 BGB zukommt.[854] Insofern sind gravierende Leistungsmängel, Arbeitsverweigerung, unbefugte Arbeitsversäumnisse, Straftaten sowie Verstöße gegen die betriebliche Ordnung zu nennen.[855] Stellt eine Vertragspflichtverletzung gleichzeitig eine Verletzung des betriebsverfassungsrechtlichen Amtes dar, gilt für die Unzumutbarkeit ein besonders strenger Maßstab.[856] Denn aus der Art und Weise der Ausübung des betriebsverfassungsrechtlichen Amtes kann grundsätzlich keine verhaltensbedingte Unzumutbarkeit hergeleitet werden.[857]

421 Als **betriebsbedingter Grund**,[858] der eine Entbindung von der Weiterbeschäftigungspflicht rechtfertigte, kommt vor allem das Fehlen eines zum Zeitpunkt der Übernahme freien Arbeitsplatzes in Betracht.[859] Allerdings wird der Auszubildende dadurch privilegiert, dass innerhalb von drei Monaten vor Beendigung des Ausbildungsverhältnisses frei werdende Stellen freien Stellen im Zeitpunkt der Übernahme gleichstehen, wenn nicht eine sofortige Neubesetzung aus dringenden betrieblichen Gründen geboten ist.[860] Da § 78a BetrVG auf die Gewährleistung der Ämterkontinuität abstellt, ist nach Auffassung des BAG die Weiterbeschäftigungsmöglichkeit im selben Betrieb, nicht aber im Unternehmen entscheidend.[861] Die Schaffung zusätzlicher Arbeitsplätze oder die Entlassung anderer Arbeitnehmer kann vom Arbeitgeber nicht verlangt werden.[862] Sind jedoch zum Zeitpunkt des Ausbildungsendes Arbeitsplätze frei, kann sich der Arbeitgeber nicht darauf berufen, dass diese entfielen, da der Personalbedarf zukünftig durch Leiharbeitnehmer gedeckt

---

851 BAG 16.1.1979, AP Nr. 5 zu § 78a BetrVG 1972 = BB 1979, 1037; APS/*Künzl*, § 78a BetrVG Rn 122; DKKW/*Kittner/Bachner*, § 78a BetrVG Rn 34; *Fitting u.a.*, § 78a BetrVG Rn 47.

852 Anderes gilt, wenn der Arbeitgeber ebenfalls Arbeitsplätze für an- oder ungelernte Kräfte zu besetzen hat (vgl. APS/*Künzl*, § 78a BetrVG Rn 124; DKKW/*Kittner/Bachner*, § 78a BetrVG Rn 35; *Fitting u.a.*, § 78a BetrVG Rn 50; GK-BetrVG/*Oetker*, § 78a Rn 83, 85; Richardi/*Thüsing*, § 78a BetrVG Rn 41).

853 Ein Qualifikationsvergleich scheidet aus (vgl. LAG Hamm 21.10.1992, BB 1993, 294 = LAGE Nr. 6 zu § 78a BetrVG 1972; *Fitting u.a.*, § 78a BetrVG Rn 49; kritisch *Blaha/Mehlich*, NZA 2005, 667; *Opolony*, BB 2003, 1335).

854 *Fitting u.a.*, § 78a BetrVG Rn 47; ablehnend Richardi/*Thüsing*, § 78a BetrVG Rn 36.

855 Dazu GK-BetrVG/*Oetker*, § 78a BetrVG Rn 82; *Opolony*, BB 2003, 1335; *Fitting u.a.*, § 78a BetrVG Rn 48 a.E.; vgl. zur Zumutbarkeit der Weiterbeschäftigung bei Drogenkonsum OVG Saarland 11.12.1998, AiB 1999, 463.

856 Vgl. BAG 11.12.1975, DB 1976, 678; APS/*Künzl*, § 78a BetrVG Rn 122; *Fitting u.a.*, § 78a BetrVG Rn 48.

857 Herrschende Meinung, vgl. DKKW/*Kittner/Bachner*, § 78a Rn 34; GK-BetrVG/*Oetker*, § 78a Rn 87.

858 Zur generellen Berücksichtigungsfähigkeit betrieblicher Gründe APS/*Künzl*, § 78a BetrVG Rn 100 ff.

859 Siehe etwa BAG 24.7.1991, BAGE 68, 187 = NZA 1992, 174; dazu APS/*Künzl*, § 78a BetrVG Rn ErfK/*Kania*, § 78a BetrVG Rn 9; *Fitting u.a.*, § 78a BetrVG Rn 54; Richardi/*Thüsing*, § 78a BetrVG Rn 37.

860 BAG 12.11.1997, AP Nr. 30 zu § 78a BetrVG 1972; ausführlich GK-BetrVG/*Oetker*, § 78a Rn 99 (m.w.N.); vgl. ebenfalls APS/*Künzl*, § 78a BetrVG Rn 108; DKKW/*Kittner/Bachner*, § 78a Rn 37.

861 BAG 15.11.2006, AP Nr. 38 zu § 78a BetrVG 1972; ebenso APS/*Künzl*, § 78a BetrVG Rn 104; GK-BetrVG/*Oetker*, § 78a Rn 93; für eine unternehmensbezogene Bewertung LAG Niedersachsen 26.4.1996, LAGE Nr. 9 zu § 78a BetrVG 1972; *Fitting u.a.*, § 78a BetrVG Rn 54; Richardi/*Thüsing*, § 78a BetrVG Rn 39.

862 BAG 16.1.1979, DB 1979, 1138 = AP Nr. 5 zu § 78a BetrVG 1972; vgl. *Fitting u.a.*, § 78a BetrVG Rn 55; GK-BetrVG/*Oetker*, § 78a Rn 97; HWK/*Schrader*, § 78a BetrVG Rn 46; *Opolony*, BB 2003, 1335 f.

werden solle;[863] Vielmehr kann der Arbeitgeber nach den Einzelfallumständen dazu verpflichtet sein, für den Auszubildenden einen mit einem Leiharbeitnehmer besetzten, dauerhaften und ausbildungsadäquaten Arbeitsplatz frei zu machen.[864] Kann der Auszubildende nicht in ein unbefristetes Vollzeitarbeitsverhältnis übernommen werden, steht aber ein befristeter oder Teilzeitarbeitsplatz zur Verfügung, scheidet eine gesetzliche Übernahme in ein solches Arbeitsverhältnis gleichwohl aus.[865] Allerdings ist dem Arbeitgeber die Weiterbeschäftigung des Auszubildenden auf einem eigentlich nicht geeigneten Arbeitsplatz – also einem solchen mit deutlich geringerem Anforderungsprofil, einem befristeten oder einem Teilzeitarbeitsplatz – ausnahmsweise nicht unzumutbar, wenn der Auszubildende noch vor Beendigung des Berufsausbildungsverhältnisses angeboten hat, notfalls auch zu anderen als den sich aus § 78a Abs. 2 BetrVG ergebenden Arbeitsbedingungen weiterbeschäftigt werden zu wollen, der Arbeitgeber dies jedoch zu Unrecht verneint hat.[866]

bb) Zusätzlich: Allgemeiner Feststellungsantrag

Beabsichtigt der Arbeitgeber, nicht nur die Zumutbarkeit der Weiterbeschäftigung durch das Arbeitsgericht überprüfen zu lassen, sondern ebenfalls geltend zu machen, dass bereits die materiell-rechtlichen Voraussetzungen des § 78a Abs. 2, 3 BetrVG nicht vorliegen, muss er einen dahingehenden **allgemeinen Feststellungsantrag** stellen. Dieser Antrag unterscheidet sich von den speziellen Anträgen des § 78a Abs. 4 BetrVG, da sich deren Prüfungsumfang auf das Zumutbarkeitskriterium beschränkt. Zwar gleicht der allgemeine Feststellungsantrag bei oberflächlicher Betrachtung demjenigen nach § 78a Abs. 4 S. 1 Nr. 1 BetrVG. Doch während letzterer darauf gerichtet ist, festzustellen, dass ein Arbeitsverhältnis wegen Unzumutbarkeit nicht „begründet wird", und sich daher mit dem Ende des Ausbildungsverhältnisses automatisch in einen Auflösungsantrag nach § 78a Abs. 4 S. 1 Nr. 2 BetrVG wandelt, hat der allgemeine Feststellungsantrag zum Ziel, festzustellen, dass das Arbeitsverhältnis mangels der Voraussetzungen für eine Weiterbeschäftigung gar nicht erst „begründet worden ist".[867]   **422**

> *Praxistipp*
>
> Um die Erfolgsaussichten im Prozess zu erhöhen, sollte regelmäßig auch das Stellen eines allgemeinen Feststellungsantrages überlegt werden, wenn materiell-rechtliche Mängel hinsichtlich des Vorliegens der Weiterbeschäftigungsvoraussetzungen (§ 78a Abs. 2, 3 BetrVG) – etwa die Unwirksamkeit der Wahl zum betreffenden betriebsverfassungsrechtlichen Organ, der Austritt aus dem geschützten Personenkreis sowie Frist- oder Formfehler des Weiterbeschäftigungsverlangens – denkbar sind.

Um das fingierte unbefristete Arbeitsverhältnis des Auszubildenden sowohl hinsichtlich seiner Entstehung als auch der Zumutbarkeit gerichtlich angreifen zu können, ohne gleichzeitig unnötige Kosten zu verursachen, bietet sich an, den Feststellungsantrag zur Überprüfung der Voraussetzungen von § 78a Abs. 2, 3   **423**

---

863 BAG 25.2.2009, AP Nr. 52 zu § 78a BetrVG 1972; BAG 16.7.2008, DB 2008, 2837, unter Hinweis darauf, dass durch die Organisationsentscheidung allein weder die Anzahl der Arbeitsplätze noch die Arbeitsmenge, für deren Bewältigung der Arbeitgeber Arbeitnehmer einsetzt, verändert wird.

864 BAG 17.2.2010, AP BetrVG 1972 § 78a Nr. 53.

865 So BAG 24.7.1991, BAGE 68, 187 = NZA 1992, 174; GK-BetrVG/*Oetker*, § 78a Rn 104 ff.; *Opolony*, BB 2003, 1136; kritisch APS/*Künzl*, § 78a BetrVG Rn 115; DKKW/*Kittner/Bachner*, § 78a BetrVG Rn 38.

866 Zuletzt BAG, 8.9.2010, NZA 2011, 221; BAG, 16.7.2008, DB 2008, 2837; siehe auch BAG 6.11.1996, BAGE 84, 294 = AP Nr. 26 zu § 78a BetrVG 1972; GK-BetrVG/*Oetker*, § 78a Rn 54 f., 107; HWK/*Schrader*, § 78a BetrVG Rn 48.

867 Demgegenüber muss der Auszubildende den Anspruch auf Feststellung des Bestehens und Inhalts eines Arbeitsverhältnisses im arbeitsgerichtlichen Urteilsverfahren geltend machen (BAG 23.6.1983, BAGE 43, 115 = AP Nr. 10 zu § 78a BetrVG 1972; HWK/*Schrader*, § 78a BetrVG Rn 54; ErfK/*Kania*, § 78a BetrVG Rn 11).

BetrVG als **Hauptantrag** und den Auflösungsantrag gemäß § 78a Abs. 4 S. 1 Nr. 2 BetrVG als **Hilfsantrag** zu stellen.[868] Entsprechend muss der Arbeitgeber primär vortragen, dass materiell-rechtliche Mängel das Entstehen eines unbefristeten Arbeitsverhältnisses verhindert haben. Im Rahmen der Begründung des Hilfsantrags kann er diejenigen Tatsachen vorbringen, die die Unzumutbarkeit der Weiterbeschäftigung des Auszubildenden erhärten. Hinsichtlich der Kostentragung gilt, dass der Arbeitgeber nicht für die Kosten der anwaltlichen Tätigkeit gemäß §§ 40 Abs. 1, 65 Abs. 1 BetrVG aufkommen muss, die einem Mitglied des betriebsverfassungsrechtlichen Gremiums in einem Verfahren nach § 78a Abs. 4 BetrVG entstanden sind.[869]

> *Praxistipp*
>
> Zwecks Begrenzung des Kostenrisikos sollten die Anträge in einem Eventualverhältnis gestellt werden.

cc) Prozessuales

424 Über die Anträge nach § 78a Abs. 4 S. 1 BetrVG sowie den allgemeinen Feststellungsantrag entscheidet das Arbeitsgericht im **Beschlussverfahren** (§§ 2a, 80 ff. ArbGG).[870] Gemäß § 78a Abs. 4 S. 2 BetrVG sind Beteiligte des Verfahrens – neben dem Arbeitgeber und dem Auszubildenden – der zuständige Betriebsrat und die zuständige Jugend- und Auszubildendenvertretung.[871] Während der Auszubildende überdies im Wege der **einstweiligen Verfügung** seine Weiterbeschäftigung geltend machen kann, ist dies dem Arbeitgeber hinsichtlich der Vertragsauflösung nicht möglich.[872] Allerdings kann eine einstweilige Verfügung auf Entbindung von der tatsächlichen Weiterbeschäftigungspflicht in Betracht kommen.[873]

425 Die **Rechtsfolgen** der arbeitsgerichtlichen Entscheidung orientieren sich daran, ob das Arbeitsverhältnis gemäß § 78a Abs. 2, 3 BetrVG bereits begründet wurde oder nicht.[874] Hat das Arbeitsgericht dem Antrag nach § 78a Abs. 4 Satz 1 Nr. 1 BetrVG rechtskräftig stattgegeben, so enden die rechtlichen Beziehungen mit dem Ende des Ausbildungsverhältnisses. Bei einer rechtskräftigen Ablehnung des Feststellungsantrags wird im Anschluss an das Berufsausbildungsverhältnis das Arbeitsverhältnis begründet. Ist die Fiktionswirkung des § 78a Abs. 2, 3 BetrVG – wie regelmäßig der Fall – zum Zeitpunkt der rechtskräftigen Entscheidung bereits eingetreten, beendet die stattgebende Entscheidung das unbefristete Arbeitsverhältnis ex nunc.[875] Bei gegenteiliger Entscheidung wird das Arbeitsverhältnis fortgesetzt. Die Entscheidung des Arbeitsgerichts kann mit der Beschwerde nach §§ 87 ff. ArbGG zum LAG angegriffen werden.

---

868 Ebenfalls kann – bei entsprechend frühzeitigem Vorgehen – der Antrag nach § 78a Abs. 4 Satz 1 Nr. 1 BetrVG als Hauptantrag und der allgemeine Feststellungsantrag als Hilfsantrag gestellt werden. Vgl. ferner das Beispiel bei Schaub/*Neef*, Formulare ArbR, § 93 Rn 8, wonach der Antrag nach § 78a Abs. 4 Satz 1 Nr. 1 BetrVG als Haupt- und derjenige nach Nr. 2 als Hilfsantrag gestellt wird; die Voraussetzungen des § 78a Abs. 2, 3 BetrVG werden in diesem Fall nicht überprüft.

869 So BAG 5.4.2000, NZA 2000, 2280 = BB 2001, 1357; vgl. auch AnwK-ArbR/*Besgen*, § 78a BetrVG Rn 23.

870 Ständige Rechtsprechung (vgl. BAG 5.4.1984, BAGE 45, 305 = AP Nr. 13 zu § 78a BetrVG 1972). Während das BAG ursprünglich das Urteilsverfahren als die richtige Verfahrensart erachtete, um die Voraussetzungen des § 78a Abs. 2, 3 BetrVG mittels eines allgemeinen Feststellungsantrags zu überprüfen, tendiert es neuerdings dazu, auch hierfür das Beschlussverfahren anzuwenden (vgl. BAG 5.12.2007, AP Nr. 46 zu § 78a BetrVG 1972; 13.3.1986 – 6 AZR 424/85, n.v.; BAG 11.1.1995, NZA 1995, 647 = AP Nr. 24 zu § 78a BetrVG 1972; ebenso zu § 9 Abs. 4 BPersVG BVerwG 31.5.1990, AP Nr. 7 zu § 9 BPersVG). Dies erlaubt die prozessökonomische Verbindung der Verfahren und führt zu einer Erweiterung der gerichtlichen Überprüfung des § 78a BetrVG (vgl. AnwK-ArbR/*Besgen*, § 78a BetrVG Rn 22; Bauer u.a./*Diller*, M 38.12., S. 873 Fn 5; GK-BetrVG/*Oetker*, § 78a Rn 109).

871 AnwK-ArbR/*Besgen*, § 78a BetrVG Rn 16; *Fitting u.a.*, § 78a BetrVG Rn 60; Richardi/*Thüsing*, § 78a BetrVG Rn 45.

872 *Fitting u.a.*, § 78a BetrVG Rn 45; *Houben*, NZA 2006, 772 f.; DKKW/*Kittner/Bachner*, § 78a Rn 45.

873 Dazu ErfK/*Kania*, § 78a BetrVG Rn 12; HWK/*Schrader*, § 78a BetrVG Rn 55; GK-BetrVG/*Oetker*, § 78a Rn 129; Richardi/*Thüsing*, § 78a BetrVG Rn 48a; abweichend DKKW/*Kittner/Bachner*, § 78a Rn 46.

874 Dazu DKKW/*Kittner/Bachner*, § 78a Rn 40; ausführlich auch GK-BetrVG/*Oetker*, § 78a Rn 114 ff.

875 Siehe BAG 29.11.1989, BAGE 63, 319 = BB 1991, 65; ebenso Richardi/*Thüsing*, § 78a BetrVG Rn 47.

3. Checkliste

■ Liegen die materiell-rechtlichen Voraussetzungen für die Weiterbeschäftigungspflicht nach § 78a   **426**
Abs. 2, 3 BetrVG vor?

▦ Auszubildender im Sinne der Norm (weites Verständnis)

▦ Mitglied eines betriebsverfassungsrechtlichen Organs (Schutz gemäß § 78a Abs. 3 BetrVG auch während des ersten Jahres nach Ende der Mitgliedschaft)

▦ Formgerechtes Weiterbeschäftigungsverlangen (§ 126 BGB)

▦ Fristgerechtes Weiterbeschäftigungsverlangen (Drei-Monats-Frist)

■ Liegen Tatsachen vor, aufgrund derer die Weiterbeschäftigung in einem unbefristeten Arbeitsverhältnis für den Arbeitgeber unzumutbar ist?

▦ Personenbedingte Gründe (etwa fehlende Qualifikation)

▦ Verhaltensbedingte Gründe (etwa Leistungsmängel, Pflichtverstöße)

▦ Betriebsbedingte Gründe (etwa kein adäquater freier Arbeitsplatz)

▦ Bei erstrebter Beschäftigung als Tendenzträger: Unzumutbarkeit der Weiterbeschäftigung aus tendenzbedingten Gründen (§ 118 Abs. 1 BetrVG)

■ Hinweise zur Antragstellung

▦ Regelfall: Auflösungsantrag gemäß § 78a Abs. 4 S. 1 Nr. 2 BetrVG; innerhalb von zwei Wochen nach Beendigung des Ausbildungsverhältnisses zu stellen

▦ Ausnahme: Feststellungsantrag gemäß § 78a Abs. 4 S. 1 Nr. 1 BetrVG; noch vor Beendigung des Ausbildungsverhältnisses zu stellen

▦ Feststellungsantrag nach § 78a Abs. 4 S. 1 Nr. 1 BetrVG wandelt sich mit dem Ende der Ausbildung in einen Auflösungsantrag nach Nr. 2 um (keine Antragsänderung erforderlich, aus Klarstellungsgründen jedoch ratsam)

■ Falls neben der Zumutbarkeit der Weiterbeschäftigung zugleich Zweifel am Vorliegen der Voraussetzungen des § 78a Abs. 2, 3 BetrVG bestehen:

▦ Zusätzlich: Allgemeiner Feststellungsantrag, wonach das Arbeitsverhältnis mangels der Voraussetzungen für eine Weiterbeschäftigung nicht begründet worden ist

▦ Geeignete prozessuale Verknüpfung: Allgemeiner Feststellungsantrag als Hauptantrag, Auflösungsantrag gemäß § 78a Abs. 4 S. 1 Nr. 2 BetrVG als Hilfsantrag

4. Antrag auf Entbindung von der Übernahmeverpflichtung für Jugendvertreter

33

▼

Muster 3.33: Antrag auf Entbindung von der Übernahmeverpflichtung für Jugendvertreter   **427**

An das Arbeitsgericht ▓▓▓▓▓

Antrag auf Entbindung von der Übernahmeverpflichtung für Jugendvertreter

In dem Beschlussverfahren mit den Beteiligten

1. X-GmbH, gesetzlich vertreten durch deren Geschäftsführer ▓▓▓▓▓ (*Vor- und Zuname, Adresse*)

– Antragstellerin –

Verfahrensbevollmächtigte: Rechtsanwälte ▓▓▓▓▓

2. die Auszubildende Frau ▓▓▓▓▓ (*Vor- und Zuname, Adresse*)

– Antragsgegnerin –

3. Betriebsrat der X-GmbH, vertreten durch deren Betriebsratsvorsitzenden ▓▓▓▓▓ (*Vor- und Zuname, Adresse*)

– Beteiligter zu 3) –

4. Jugend- und Auszubildendenvertretung der X-GmbH, vertreten durch deren Vorsitzende ▓▓▓▓▓ (*Vor- und Zuname, Adresse*)

– Beteiligte zu 4) –

zeigen wir an, dass wir die Antragstellerin vertreten. In deren Namen und Auftrag leiten wir ein Beschlussverfahren ein und beantragen:

1. Es wird festgestellt, dass zwischen der Antragstellerin und der Antragsgegnerin nach Ablauf der Ausbildungszeit am ▓▓▓▓ ein Arbeitsverhältnis nicht begründet worden ist.

2. Hilfsweise: Das am ▓▓▓▓ begründete Arbeitsverhältnis zur Antragstellerin wird aufgelöst.

Begründung

I. Sachverhalt

Die Antragstellerin ist ein Unternehmen der Filmindustrie, das sich auf die Herstellung von Animationsfilmen konzentriert. Bis Ende 2015 lag ein Schwerpunkt der unternehmerischen Betätigung in der Vervielfältigung von Kino- und Fernsehfilmen.

Beweis: Zeugnis des Leiters der Personalabteilung der Antragstellerin ▓▓▓▓, zu laden über die Antragstellerin.

Die Antragsgegnerin war bis zum 31.1.2016 Auszubildende zur Film- und Videolaborantin bei der Antragstellerin. Zum Beweis fügen wir in Kopie als

Anlage 1

den Ausbildungsvertrag vom ▓▓▓▓ bei. Mit diesem Tag endete unstreitig das Ausbildungsverhältnis aufgrund der erfolgreich abgelegten Abschlussprüfung.

Am 12.10.2014 wurde die Antragsgegnerin in die bei der Antragstellerin zu bildende Jugend- und Auszubildendenvertretung gewählt, hat ihr Mandat jedoch bereits am 29.10.2014 aus persönlichen Gründen niedergelegt.

Beweis: Zeugnis der Vorsitzenden der Beteiligten zu 4), zu laden über die Antragstellerin.

Mit Schreiben vom 30.10.2015, von uns in Ablichtung beigefügt als

Anlage 2,

teilte die Antragstellerin der Antragsgegnerin mit, dass sie nicht beabsichtige, die Antragsgegnerin nach dem voraussichtlichen Ende der Ausbildung am 31.1.2016 in ein Arbeitsverhältnis auf unbestimmte Zeit zu übernehmen. Dieses Schreiben wurde der Antragsgegnerin am 31.10.2015 im Betrieb übergeben; die Antragsgegnerin quittierte sogleich schriftlich den Empfang dieses Schreibens.

Mit Fax vom 15.12.2015, von uns in Kopie überreicht als

Anlage 3,

verlangte die Antragsgegnerin von der Antragstellerin die Weiterbeschäftigung.

Am 16.12.2015 wies der Leiter der Personalabteilung der Antragstellerin, Herr ▓▓▓▓ die Antragsgegnerin mündlich darauf hin, dass eine Faxübermittlung nicht der Schriftform für ein Weiterbeschäftigungsverlangen genüge. Diesen Hinweis ließ die Antragsgegnerin zunächst unbeachtet.

Beweis: Zeugnis des Leiters der Personalabteilung der Antragstellerin ▓▓▓▓, b.b.

Erst am 5.2.2016 erhielt die Antragstellerin von der Antragsgegnerin per Post das Original des im Dezember gefaxten Weiterbeschäftigungsverlangens. Zum Beweis überreichen wir eine Ablichtung dieses Schreibens mit Eingangspoststempel vom 5.2.2016 als

Anlage 4.

II. Rechtslage

1. Antrag zu Ziffer 1

Mit dem Antrag zu Ziffer 1 wird die Feststellung begehrt, dass ein Arbeitsverhältnis in der Zeit nach dem 31.1.2016 zwischen der Antragstellerin und der Antragsgegnerin nicht begründet worden ist. Der Antrag ist begründet, da die Antragsgegnerin das Weiterbeschäftigungsverlangen nach § 78a Abs. 2, 3 BetrVG weder wirksam gestellt hat noch wirksam stellen konnte.

a) Zwar kann gemäß § 78a Abs. 3 BetrVG das Weiterbeschäftigungsverlangen eines Mitglieds der Jugend- und Auszubildendenvertretung noch bis zum Ablauf eines Jahres nach Beendigung der Mitgliedschaft gestellt werden. Die Mitgliedschaft der Antragsgegnerin endete aber bereits am 29.10.2014. Nach Ablauf eines Jahres, also ab dem 30.10.2015, unterfiel die Antragsgegnerin nicht mehr dem Schutz des § 78a Abs. 2, 3 BetrVG und konnte daher im Folgenden ihre Weiterbeschäftigung nicht mehr verlangen. Soweit die Antragsgegnerin in dem der Antragstellerin zugegangenen Fax ausführt, § 78a Abs. 3 BetrVG stelle auf die Beendigung der regulären Amtszeit ab, die im Gegensatz zu ihrer Mitgliedschaft noch weiterhin andauere, kann dem nicht gefolgt werden. Die Norm erstreckt den Schutzbereich des Absatzes 2 nach ganz herrschender Meinung nur auf ausgeschiedene Mitglieder der Betriebsverfassungsorgane während des ersten Jahres nach dem Ende der Mitgliedschaft (etwa BAG 21.8.1979, NJW 1980, 1541; *Fitting u.a.*, Betriebsverfassungsgesetz, § 78a BetrVG Rn 10; Richardi/*Thüsing*, Betriebsverfassungsgesetz, § 78a BetrVG Rn 10).

b) Selbst wenn die Antragsgegnerin trotz der Niederlegung ihres Mandats in den Schutzbereich der Norm einbezogen würde, hätte diese ihre Weiterbeschäftigung nicht wirksam im Sinne des § 78a Abs. 2 BetrVG verlangt. Denn sie hat das Weiterbeschäftigungsverlangen nicht innerhalb der letzten drei Monate vor Beendigung des Ausbildungsverhältnisses schriftlich an die Antragstellerin gerichtet. Die gebotene Schriftform im Sinne des § 126 BGB verlangt bei empfangsbedürftigen Willenserklärungen den Zugang beim Adressaten im Original (siehe Palandt/*Ellenberger*, § 126 BGB Rn 12). Das der Antragstellerin am 15.12.2015 zugegangene Fax wahrte nicht die Form, das am 5.2.2016 – und damit nach Ende des Berufsausbildungsverhältnisses – zugegangene Original wahrte nicht die in § 78a Abs. 2 S. 1 BetrVG vorgegebene Frist. Der Antragstellerin ist eine Fürsorgepflichtverletzung nicht anzulasten, da sie die Antragsgegnerin unmittelbar nach Zugang des Fax über den Formfehler unterrichtet hat.

2. Antrag zu Ziffer 2

Mit dem Hilfsantrag zu Ziffer 2 wird der Antrag gemäß § 78a Abs. 4 S. 1 Nr. 2 BetrVG gestellt.

Selbst wenn das Gericht entgegen der hier vertretenen Auffassung den Schutz des § 78a BetrVG auf die Antragsgegnerin ausdehnen wollte, so wäre das gemäß § 78a Abs. 2 BetrVG zustande gekommene Arbeitsverhältnis nach § 78a Abs. 4 S. 1 Nr. 2 BetrVG aufzulösen. Denn es liegen Tatsachen vor, aufgrund derer der Antragstellerin die Weiterbeschäftigung der Antragsgegnerin nicht zugemutet werden kann.

Die Antragstellerin verfügt nämlich über keinen freien Arbeitsplatz, auf dem die Antragsgegnerin ihrer Ausbildung und ihren Fähigkeiten entsprechend eingesetzt werden könnte. Die Schaffung zusätzlicher Arbeitsplätze oder die Entlassung anderer Arbeitnehmer kann vom Arbeitgeber nicht verlangt werden (siehe BAG 16.1.1979, DB 1979, 1138 = AP Nr. 5 zu § 78a BetrVG 1972). Zwar ist die Antragsgegnerin bei der Antragstellerin zur Film- und Videolaborantin ausgebildet worden. Ende 2015 hat die Antragstellerin die Vervielfältigung von Filmmaterial, mit der die Antragsgegnerin in der Ausbildung ausschließlich beschäftigt war, eingestellt. Den Mitarbeitern in dem eingestellten Geschäftsbereich wurde betriebsbedingt gekündigt. Nunmehr beschränkt sich das Tätigkeitsfeld im Unternehmen ausschließlich auf die Herstellung von Animationsprodukten. Dies erfordert eine besondere technische Ausbildung, über die die Antragsgegnerin nicht verfügt (wird unter Beweisführung ausgeführt).

Die Ausschlussfrist des § 78a Abs. 4 S. 1 BetrVG wurde gewahrt.

(*Unterschrift*)

X. Antrag auf Einrichtung einer Einigungsstelle, § 100 ArbGG

Literatur *Bauer*, Einigungsstellen – Ein ständiges Ärgernis!, NZA 1992, 433; *Bauer/Diller*, Der Befangenheitsantrag gegen den Einigungsstellenvorsitzenden, DB 1996, 137; *Behrens*, Konkretisierung des Gegenstandes der Einigungsstelle, NZA 1991, Beilage 2, 23; *Bengelsdorf*, Rechtliche Möglichkeiten zur Beschleunigung des erzwingbaren Einigungsstellenverfahrens, BB 1991, 613; *Berger-Delhey*, Der Rechtsanwalt als Vertreter des Betriebsrats vor der Einigungsstelle, ZTR 1990, 282; *Bertelsmann*, Befangenheit von Einigungsstellenvorsitzenden, Festschrift für Hellmut Wißmann, 1995; *ders.*, Geltendmachung der Besorgnis der Befangenheit bei Einigungsstellenvorsitzenden, NZA 1996, 234; *Ebert*, Errichtung einer Einigungsstelle nach § 76 BetrVG, FA 1998, 373; *Feudner*, Die betriebliche Einigungsstelle – ein unkalkulierbares Risiko, DB 1997, 826; *Fiebig*, Der Ermessensspielraum der Einigungsstelle, 1992; *ders.*, Grundprobleme der Arbeit betrieblicher Einigungsstellen, DB 1995, 1278; *Fischer*, Der Spruch der Einigungsstelle – Folgen einer Teilunwirksamkeit, NZA 1997, 1017; *ders.*, Einigungsstellenvorsitz – Quasi richterliche oder Mediationstätigkeit sui generis?, DB 2000, 217; *ders.*, Die Beisitzer der Einigungsstelle – Schiedsrichter, Schlichter, Parteivertreter oder Wesen der vierten Art?, AuR 2005, 391; *Francken*, Streitiger Einigungsstellenvorsitz als richterliche Dienstaufgabe, NZA 2008, 750; *Friedmann*, Das Verfahren der Einigungsstelle für Interessenausgleich und Sozialplan, 1997; *Hase/v. Neumann-Cosel*, Handbuch für die Einigungsstelle, 3. Auflage 1998, *Hennige*, Das Verfahrensrecht der Einigungsstelle, 1996; *Henssler*, Die Entscheidungskompetenz der betriebsverfassungsrechtlichen Einigungsstelle in Rechtsfragen, RdA 1991, 268; *Kamphausen*, Pauschalierung oder Stundensatzvergütung für außerbetriebliche Beisitzer in Einigungsstellen, NZA 1992, 55; *ders.*, Rechtsanwälte „vor" oder „in" der Einigungsstelle – auch eine Frage der Meistbegünstigung von Anwälten?, NZA 1994, 49; *Lepke*, Zur Rechtsstellung der betrieblichen Einigungsstelle, insbesondere im arbeitsgerichtlichen Beschlussverfahren, BB 1977, 49; *Lunk/Nebendahl*, Die Vergütung der außerbetrieblichen Einigungsstellenbeisitzer, NZA 1990, 921; *Neft/Ocker*, Die Einigungsstelle im Betriebsverfassungsrecht, 2. Auflage 1995, *Schönfeld*, Die Person des Einigungsstellenvorsitzenden, DB 1988, 1996, *Tschöpe*, Die Bestellung der Einigungsstelle – Rechtliche und taktische Fragen, NZA 2004, 945.

1. Allgemeines

a) Anwendungsbereich

428 Nach § 76 Abs. 1 S. 1 BetrVG ist zur Beilegung von Meinungsverschiedenheiten zwischen Arbeitgeber und Betriebsrat bei Bedarf eine Einigungsstelle zu bilden. Diese besteht aus einer gleichen Anzahl von Beisitzern des Arbeitgebers und des Betriebsrats sowie aus einem unparteiischen Vorsitzenden. Können sich die Betriebspartner nicht auf die Person des Vorsitzenden einigen, so bestellt ihn das Arbeitsgericht auf Antrag nach § 76 Abs. 2 S. 2 BetrVG i.V.m. § 100 ArbGG. Ebenso entscheidet das Arbeitsgericht auf Antrag über die Anzahl der Beisitzer, wenn sich die Betriebsparteien diesbezüglich nicht einig werden (§ 76 Abs. 2 S. 3 BetrVG, § 100 ArbGG).

In der Praxis erlangt der Antrag nach § 100 ArbGG zudem regelmäßig in Fallkonstellationen Bedeutung, in denen eine Betriebspartei die Notwendigkeit der Bildung einer Einigungsstelle oder die Zuständigkeit der Einigungsstelle für den im Antrag benannten Regelungsgegen-stand bestreitet. Denn das Arbeitsgericht muss als Vorfrage der Einsetzung des Einigungsstellenvorsitzenden oder der Festlegung der Beisitzeranzahl die Zuständigkeit der Einigungsstelle für den im Antrag genannten Regelungsgegenstand prüfen.[876] Bestellt das Gericht einen Vorsitzenden durch Beschluss nach § 76 Abs. 2 S. 2 BetrVG i.V.m. § 100 ArbGG, so bedeutet dies zugleich, dass die Einigungsstelle wirksam eingesetzt ist.

429 Die Norm gelangt sowohl im Rahmen der **Zwangsschlichtung** nach § 76 Abs. 5 BetrVG als auch im **freiwilligen Einigungsverfahren** nach § 76 Abs. 6 BetrVG zu Anwendung.[877] Ihre praktische Bedeutung im freiwilligen Einigungsverfahren ist jedoch gering; denn wenn sich die Betriebsparteien freiwillig auf die Einsetzung einer Einigungsstelle verständigen, regeln sie regelmäßig zugleich die Fragen des Vorsitzes und der Anzahl der Beisitzer.

---

876 ErfK/*Koch*, § 100 ArbGG Rn 1.
877 ErfK/*Koch*, § 100 ArbGG Rn 1.

Praxishinweis **430**

Bei einer Einigung über die Einsetzung der Einigungsstelle ist darauf zu achten, dass angesichts der unterschiedlichen Kostenfolgen nach § 76a BetrVG geregelt wird, ob die Einigungsstelle aus außerbetrieblichen oder aus betrieblichen Beisitzern bestehen soll. Ebenso sollte die Rolle des Anwalts in der Vereinbarung definiert werden: Dieser kann als anwaltlicher Berater einer Betriebspartei oder als Beisitzer der Einigungsstelle tätig werden. Auch diesbezüglich ergeben sich – neben dem Unterschied, dass dem beratenden Anwalt im Unterschied zum Beisitzer kein Stimmrecht zusteht – Differenzen im Hinblick auf die Vergütung: Während der beratende Anwalt nach allgemeinen anwaltlichen Vergütungsgrundsätzen (insbesondere also nach dem Rechtsanwaltsvergütungsgesetz oder einem vereinbarten Stundensatz) vergütet wird, wird der beisitzende Anwalt nicht in seiner Eigenschaft als Rechtsanwalt tätig[878] und unterliegt damit der Vergütungsregel des § 76a BetrVG, d.h. er erhält im Regelfall ein Honorar in Höhe von 7/10 des Honorars des Vorsitzenden.[879]

Streitigkeiten über der Bildung einer tariflichen Schlichtungsstelle nach § 76 Abs. 8 BetrVG sind vom Anwendungsbereich des § 100 ArbGG nicht erfasst.[880] **431**

b) Zulässigkeit

Der Antrag (§§ 100 Abs. 1 S. 3, 81 Abs. 1, Hs. 1 ArbGG) unterliegt keiner besonderen **Formvorschrift**[881] **432** und keiner **Frist.**[882]

Örtlich zuständig ist gemäß §§ 100 Abs. 1 S. 3, 82 Abs. 1 ArbGG das Arbeitsgericht, in dessen Bezirk der Betrieb seinen Sitz hat. Stellt der Gesamtbetriebsrat oder der Konzernbetriebsrat den Antrag, ist der Unternehmenssitz entscheidend.

Antragsbefugt sind Arbeitgeber und Betriebsrat.[883] In den Fällen, in denen nach dem BetrVG lediglich einer der Betriebspartner zur Anrufung der Einigungsstelle befugt ist, ist auch die Antragsbefugnis für das Verfahren nach § 100 ArbGG entsprechend begrenzt.[884]

Umstritten ist, ob die Betriebsparteien den Antrag im freiwilligen Einigungsverfahren nach § 76 Abs. 6 BetrVG gemeinsam stellen müssen. Teilweise wird vertreten, dass ein Antrag in diesem Verfahren unzulässig sei, wenn er nur von einer der Parteien gestellt werde.[885] Im Ergebnis hat dieser Streit nur geringe Auswirkungen. Denn wenn eine der Betriebsparteien im freiwilligen Einigungsverfahren mit dem Tätigwerden der Einigungsstelle nicht einverstanden ist, ist der Antrag, wenn schon nicht als unzulässig, so jedenfalls als unbegründet abzuweisen.[886]

Inhaltlich ist der Antrag, je nachdem was zwischen den Betriebspartnern streitig ist, auf die Bestellung eines Vorsitzenden der Einigungsstelle oder die Festlegung der Beisitzeranzahl zu richten,[887] gegebenenfalls auf beides. **433**

---

878 Richardi/*Maschmann,* § 76a BetrVG Rn 17.

879 Vgl. ErfK/*Kania,* § 76a BetrVG Rn 6 mit zahlreichen weiteren Nachweisen.

880 Vgl. Germelmann u.a./*Schlewing,* § 98 ArbGG Rn 2 f.; Schwab/Weth/*Walker,* § 99 ArbGG Rn 4 f.

881 Siehe Richardi/*Maschmann,* § 76 BetrVG Rn 60; Schwab/Weth/*Walker,* § 99 ArbGG Rn 10.

882 Umstritten ist, ob dies auch dann gilt, wenn (wie im Fall des § 38 Abs. 2 S. 4 BetrVG) die Anrufung der Einigungsstelle an eine Frist geknüpft ist (vgl. Schwab/Weth/*Walker,* § 99 ArbGG Rn 11; DKKW/*Berg,* § 76 BetrVG Rn 48, 50; Richardi/*Maschmann,* § 76 BetrVG Rn 59).

883 LAG Köln 11.7.2001, NZA-RR 2002, 270.

884 So kann in den Fällen der §§ 37 Abs. 6 S. 5, 38 Abs. 2 S. 4 und 95 Abs. 1 S. 2 BetrVG nur der Arbeitgeber die Einigungsstelle anrufen, im Fall des § 85 Abs. 2 S. 1 BetrVG nur der Betriebsrat.

885 So DKKW/*Berg,* § 76 BetrVG Rn 88; Richardi/*Maschmann,* § 76 BetrVG Rn 55; Schwab/Weth/*Walker,* § 99 ArbGG Rn 16 f.; a.A. ErfK/*Koch,* § 100 ArbGG Rn 1; *Fitting u.a.,* § 76 BetrVG Rn 106; Germelmann u.a./*Schlewing,* § 98 ArbGG Rn 13.

886 Germelmann u.a./*Schlewing,* § 98 ArbGG Rn 13; Schwab/Weth/*Walker,* § 99 ArbGG Rn 42.

887 Siehe *Schaub,* Arbeitsgerichtsverfahren, § 61 Rn 15.

In der Praxis ist es üblich, die gewünschte Person des Einigungsstellenvorsitzenden im Antrag namentlich zu benennen und die gewünschte Anzahl der Beisitzer zu beziffern. Rechtlich gesehen sind diese Angaben zwar nicht erforderlich, da sie lediglich als Anregung für das Gericht dienen.[888] Denn das Gericht bestimmt die Person des Vorsitzenden und die Anzahl der Beisitzer nach freiem Ermessen (siehe unten Rdn 435 f.).

434   *Praxishinweis*

In der Praxis wird der Antragsteller aber klarstellen wollen, welche Person er sich als Vorsitzenden der Einigungsstelle wünscht, zumal die Gerichte regelmäßig einem der Vorschläge der Parteien folgen. Zudem zeigt die Erfahrung, dass die Gerichte häufig dem Vorschlag derjenigen Betriebspartei folgen, die ihren Kandidaten zuerst benannt hat. Insofern kann es hier zu einem „Wettlauf" der Betriebsparteien kommen.[889]

435   Der Antrag ist nicht auf die Einsetzung der Einigungsstelle zu richten, selbst wenn zwischen den Betriebsparteien umstritten ist, ob überhaupt eine Einigungsstelle zu einem bestimmten Regelungsgegenstand einzusetzen ist. Denn auch wenn die Einigungsstelle mit der Bestellung des Vorsitzenden wirksam eingesetzt ist, tenoriert das Arbeitsgericht die Einsetzung nicht ausdrücklich.

Der Regelungsgegenstand der Einigungsstelle ist im Antrag genau und umfassend zu bezeichnen. Bei der Formulierung ist darauf zu achten, dass die Einigungsstelle an den tenorierten Regelungsgegenstand gebunden ist; eine spätere Ausdehnung der Zuständigkeit auf weitere Regelungsfragen ist nur bei Einwilligung beider Betriebsparteien möglich.[890] Es ist also wichtig, den Antrag vollständig zu formulieren und sämtliche streitgegenständlichen Regelungsgegenstände abzudecken.[891]

436   Der Antrag ist zu **begründen** (§§ 253 Abs. 2 Nr. 2, 495 ZPO, 100 Abs. 1 S. 2, 80 Abs. 2, 46 ArbGG).

Der Antragsteller muss einen konkreten Sachverhalt darlegen, aus dem sich die Zuständigkeit der Einigungsstelle für den benannten Regelungsgegenstand, also das Bestehen eines – noch nicht ausgeübten – Mitbestimmungsrechts, ergibt.[892] Denn gemäß § 100 Abs. 1 S. 2 ArbGG prüft das Gericht im Rahmen der Begründetheit des Antrags kursorisch die Zuständigkeit der zu bildenden Einigungsstelle.[893] Die Darstellung des angestrebten Regelungsinhalts ist demgegenüber entbehrlich.[894]

Zudem muss der Begründung zu entnehmen sein, dass ein **Rechtsschutzinteresse** an der Einsetzung der Einigungsstelle besteht. Der Antragsteller muss entweder substantiiert geltend machen, dass die Gegenseite Verhandlungen über den mitbestimmungspflichtigen Sachverhalt verweigert, oder er muss darlegen, dass Verhandlungen zwar geführt wurden, aber gescheitert sind.[895] Neben der Darlegung des Scheiterns inhaltlicher Verhandlungen ist regelmäßig zudem die Darlegung erforderlich, dass eine konsensuale Einsetzung einer Einigungsstelle versucht wurde.[896]

---

888 Vgl. LAG Baden-Württemberg 26.6.2002, NZA-RR 2002, 523; LAG Hamm 4.12.1985, BB 1986, 258; Germelmann u.a./*Matthes*, § 98 ArbGG Rn 23; *Schönfeld*, DB 1988, 1996.

889 Vgl. aber LAG Berlin-Brandenburg 6.4.2010, DB 2010, 1891, das klarstellt, dass es keine rechtliche Grundlage für ein derartiges „Windhundprinzip" gibt.

890 Vgl. ErfK/*Koch*, § 100 ArbGG Rn 2 m.w.N.

891 Vgl. *Behrens*, NZA 1991, Beilage 2, 27; Schaub/*Neef*, Formulare ArbR, S. 745 Fn 2.

892 Vgl. die ausführliche Darstellung bei *Behrens*, NZA 1991, Beilage 2, 24 ff.; siehe auch LAG Düsseldorf, 10.12.1997, NZA-RR 1998, 319; LAG Düsseldorf 21.8.1987, NZA 1988, 211; LAG Hamburg 10.4.1991, DB 1991, 2195; *Bengelsdorf*, BB 1991, 619; Germelmann u.a./*Schlewing*, § 98 ArbGG Rn 15 f.; ErfK/*Koch*, § 100 ArbGG Rn 2.

893 Vgl. LAG Düsseldorf 21.8.1987, NZA 1988, 211; Richardi/*Maschmann,* § 76 BetrVG Rn 65.

894 Vgl. Bauer u.a./*Diller*, Kap. 44 Muster 2 Fn 5; Germelmann u.a./*Schlewing*, § 98 ArbGG Rn 15; ErfK/*Koch*, § 100 ArbGG Rn 2.

895 LAG Baden-Württemberg 16.10.1991, NZA 1992, 186; LAG Hessen 12.11.1991, NZA 1992, 853; ErfK/*Koch*, § 100 ArbGG Rn 2.

896 HWK/*Bepler*, § 100 ArbGG Rn 3.

c) Begründetheit; Entscheidung des Gerichts

aa) Einsetzung der Einigungsstelle

Die Einsetzung der Einigungsstelle wird weder ausdrücklich beantragt noch im gerichtlichen Beschluss te-   **437**
noriert. Dennoch ist der Antrag zurückzuweisen, wenn die Einigungsstelle wegen offensichtlich fehlender
Zuständigkeit für den geltend gemachten Regelungsgegenstand oder wegen eines fehlenden Rechtsschutz-
bedürfnisses nicht einzusetzen ist.

Im Hinblick auf die Zuständigkeit der Einigungsstelle ist der Prüfungsumfang des Gerichts auf einen Of-   **438**
fensichtlichkeitsmaßstab begrenzt: Nach § 100 Abs. 1 S. 2 ArbGG kann der Antrag nur zurückgewiesen
werden, wenn die Einigungsstelle **offensichtlich unzuständig** ist.

Eine offensichtliche Unzuständigkeit liegt nur vor, wenn für das Gericht sofort erkennbar ist, dass ein Mitbestimmungsrecht des Betriebsrates in der streitigen Angelegenheit unter keinem rechtlichen Gesichtspunkt in Frage kommt.[897] Die offensichtliche Unzuständigkeit der Einigungsstelle kann aus tatsächlichen
oder aus rechtlichen Gründen folgen.[898] Sie ist beispielsweise gegeben, wenn für das Gericht sofort erkennbar ist, dass sich die beizulegende Streitigkeit unter keinen Mitbestimmungstatbestand subsumieren
lässt,[899] wenn von dem einschlägigen Mitbestimmungsrecht bereits durch Abschluss einer ungekündigten
Betriebsvereinbarung Gebrauch gemacht wurde,[900] wenn zwischen den Betriebspartnern bereits rechtskräftig entschieden wurde, dass das geltend gemachte Mitbestimmungsrecht nicht besteht,[901] oder wenn
eine gefestigte Rechtsprechung des Bundesarbeitsgerichts existiert, wonach dem Betriebsrat in der einschlägigen Konstellation kein Mitbestimmungsrecht zusteht.[902] Nicht offensichtlich unzuständig ist die Einigungsstelle, wenn das Bestehen des Mitbestimmungsrechts in Rechtsprechung und Literatur umstritten
ist.[903] Gleiches gilt, wenn das Bundesarbeitsgericht zur einschlägigen Rechtsfrage nur vereinzelt Stellung
genommen hat und an dieser Rechtsauffassung beachtliche Kritik in der Instanzrechtsprechung oder der Literatur geäußert wurde.[904]

Umstritten ist, ob der Antrag auf Einsetzung einer Einigungsstelle für **mehrere streitige Regelungskom-**   **439**
plexe begründet ist, wenn die Einigungsstelle für lediglich einen dieser Regelungskomplexe offensichtlich
unzuständig ist. In einem über zwanzig Jahre alten obiter dictum war das Bundesarbeitsgericht der Ansicht,
dass ein solcher Antrag schon dann vollumfänglich begründet sei, wenn die Einigungsstelle bezüglich nur
einer der im Streit stehenden Regelungsgegenstände nicht offensichtlich unzuständig ist.[905] Gegen diese
Auffassung spricht, dass die Einigungsstelle dann auch für Regelungsstreitigkeiten eingesetzt wird, bei denen es offensichtlich an einem Mitbestimmungsrecht des Betriebsrats fehlt.[906] Sachgerechter ist es, jeden
abtrennbaren Regelungskomplex einer gesonderten Prüfung zu unterziehen und dem Antrag gegebenenfalls nur teilweise stattzugeben.[907]

---

897 Ständige Rechtsprechung der Landesarbeitsgerichte, vgl. LAG Hamm 7.7.2003, NZA-RR 2003, 637; LAG Hamburg 7.3.1985,
NZA 1985, 604; LAG Niedersachsen 30.9.1988, NZA 1989, 149; LAG Baden-Württemberg 7.8.1995, NZA-RR 1996, 53; LAG
Düsseldorf, 10.2.1997, NZA-RR 1998, 319; LAG Köln 13.1.1998, NZA 1998, 1018; LAG Berlin 22.6.1998, NZA-RR 1999, 34;
LAG Köln 19.8.1998, AP Nr. 10 zu § 98 ArbGG 1979; LAG Köln 1.3.2001, AP Nr. 11 zu § 98 ArbGG 1979.
898 Vgl. LAG München 14.3.1989, LAGE Nr. 18 zu § 98 ArbGG 1979.
899 Schwab/Weth/*Walker*, § 99 ArbGG Rn 36.
900 LAG Düsseldorf 9.9.1977, EzA Nr. 16 zu § 76 BetrVG 1972; Germelmann u.a./*Schlewing*, § 98 ArbGG Rn 9; anderer Ansicht LAG
Köln 6.9.2005 EzA Nr. 44a zu § 98 ArbGG 1979.
901 LAG Baden-Württemberg 4.10.1984, NZA 1985, 163; LAG München 13.3.1986, NZA 1987, 211.
902 LAG München 13.3.1986, LAGE Nr. 10 zu § 98 ArbGG 1979; ErfK/*Koch*, § 100 ArbGG Rn 3.
903 LAG Niedersachsen 11.11.1993, LAGE Nr. 27 zu § 98 ArbGG 1979; ErfK/*Koch*, § 100 ArbGG Rn 3.
904 LAG Baden-Württemberg 16.10.1991, NZA 1992, 186; LAG Köln 11.2.1992, NZA 1992, 1103; ErfK/*Koch*, § 100 ArbGG Rn 3.
905 So BAG 6.12.1983, AP Nr. 7 zu § 87 BetrVG 1972 Überwachung; ebenso *Olderog*, NZA 1985, 756; *Matthes*, DB 1984, 457.
906 Schwab/Weth/*Walker*, § 99 ArbGG Rn 41.
907 Vgl. ErfK/*Koch*, § 100 ArbGG Rn 3 a.E.; Germelmann u.a./*Schlewing*, § 98 ArbGG Rn 22. Sind die Regelungsgegenstände nicht
trennbar, ist es auch nach dieser Auffassung ausreichend, wenn die Einigungsstelle für lediglich einen Teil der untrennbaren Gesamtheit nicht offensichtlich unzuständig ist.

Im Rahmen eines **freiwilligen Einigungsstellenverfahrens** nach § 76 Abs. 6 BetrVG ist eine offensichtliche Unzuständigkeit gegeben, wenn der Regelungsgegenstand außerhalb der dem Betriebsrat vertraglich eingeräumten Regelungskompetenz liegt.[908]

bb) Bestellung des Vorsitzenden

440   Wird der Antrag nicht als unzulässig oder als wegen offensichtlicher Unzuständigkeit unbegründet zurückgewiesen, hat das Gericht den Vorsitzenden der Einigungsstelle – sofern beantragt – zu bestellen. Die Auswahl des Vorsitzenden liegt im **Ermessen** des Gerichts. Bei der Ermessensausübung ist das Gericht jedoch an mehrere Auswahlbeschränkungen gebunden.

Nach § 100 Abs. 1 S. 5 ArbGG darf ein **Richter** nur zum Vorsitzenden der Einigungsstelle bestellt werden, wenn aufgrund der Geschäftsverteilung ausgeschlossen ist, dass er mit der Überprüfung, der Auslegung oder der Anwendung des Einigungsstellenspruchs befasst sein wird. Die Richter der örtlichen Arbeitsgerichtsbarkeit scheiden daher aus, es sei denn der Geschäftsverteilungsplan enthält Regeln zum Einigungsstellenvorsitz und definiert diesen als Verhinderungsfall.[909]

Der Vorsitzende muss **unparteiisch** sein (§ 76 Abs. 2 S. 1, 2 BetrVG).[910] Weitere ungeschriebene Voraussetzung ist eine hinreichende **Sach- und Rechtskunde**.[911] Dass eine Person bereits mehrfach eine Einigungsstelle – insbesondere im betroffenen Unternehmen – geleitet hat, kann deren Eignungsgrad verstärken.[912]

An die **Anträge der Parteien** ist das Gericht grundsätzlich nicht gebunden.[913] Das Auswahlermessen des Gerichts ist jedoch eingeschränkt, wenn gegen die vom Antragsteller vorgeschlagene Person vom anderen Beteiligten keine oder keine nachvollziehbaren Bedenken geäußert werden und sich dem Gericht auch keine Bedenken aufdrängen.[914] In der Praxis folgen die Gerichte regelmäßig dem Vorschlag einer der Parteien. Es ist daher empfehlenswert, den eigenen Vorschlag ausführlich zu begründen und den Vorschlag der Gegenseite nicht lediglich schlagwortartig ohne Mitteilung nachvollziehbarer Gründe abzulehnen.[915]

cc) Festlegung der Anzahl der Beisitzer

441   Die Anzahl der Beisitzer wird vom Gericht unter Berücksichtigung der Schwierigkeit des Streitgegenstandes und der absehbaren personellen, räumlichen und sachlichen Auswirkungen des Einigungsstellenverfahrens festgelegt.[916] An die Vorschläge der Beteiligten ist das Gericht insoweit gebunden, als es die beantragte Zahl der Beisitzer nicht überschreiten darf; im Übrigen steht auch diese Entscheidung im **Ermessen** des Gerichts.[917]

Umstritten ist, ob eine Besetzung mit zwei Beisitzern als **Regelbesetzung** anzusehen ist, so dass eine Abweichung von dieser Zahl besonderer Gründe bedarf.[918] Da mit einer hohen Anzahl von Beisitzern regel-

---

908 Vgl. Germelmann u.a./*Schlewing*, § 98 ArbGG Rn 10; Schwab/Weth/*Walker*, § 99 ArbGG Rn 42.

909 Vgl. LAG Kiel 22.6.1989, LAGE Nr. 17 zu § 98 ArbGG 1979; Schwab/Weth/*Walker*, § 99 ArbGG Rn 49.

910 Ungeeignet sind daher Repräsentanten der Gewerkschaften oder Arbeitgeberverbände; vgl. Schwab/Weth/*Walker*, § 99 ArbGG Rn 47.

911 Vgl. LAG Hamm 21.12.2005 – 10 TaBV 173/05, zit. nach juris; LAG Hamm 26.7.2004, AuA 2005, 312; LAG Sachsen 12.10.2001, NZA-RR 2002, 362; ErfK/*Koch*, § 100 ArbGG Rn 5.

912 So LAG Hamm 10.9.2007 – 10 TaBV 85/07, zit. nach juris.

913 Vgl. Bauer u.a./*Diller*, Kap. 44 Muster 2 Fn 9; vgl. auch LAG Baden-Württemberg 26.6.2002, NZA-RR 2002, 523.

914 LAG Niedersachsen 2.7.2004, NZA-RR 2005, 100; LAG Rheinland-Pfalz 8.3.2012, BeckRS 2012, 67726; ErfK/*Koch*, § 100 ArbGG Rn 5.

915 Vgl. dazu LAG Frankfurt 23.6.1998, LAGE Nr. 12 zu § 98 ArbGG 1979; LAG Schleswig-Holstein 22.6.1989, LAGE Nr. 17 zu § 98 ArbGG 1979; LAG Nürnberg 2.7.2004, NZA-RR 2005, 100; ErfK/*Koch*, §100 ArbGG Rn 5.

916 Vgl. DKKW/*Berg*, § 76 BetrVG Rn 84.

917 Siehe LAG Baden-Württemberg 26.6.2002, NZA-RR 2002, 523; ErfK/*Koch*, § 100 ArbGG Rn 6.

918 Herrschende Meinung vgl. LAG Berlin 12.9.2001, NZA-RR 2002, 25; LAG Bremen 2.7.1982, AuR 1983, 28; LAG Hessen 22.11.1994, LAGE Nr. 43 zu § 76 BetrVG 1972; ErfK/*Koch*, § 100 ArbGG Rn 6; mit ausführlicher Darstellung des Streitstandes Schwab/Weth/*Walker*, § 99 ArbGG Rn 56; a.A. DKKW/*Berg*, § 76 BetrVG Rn 84, 27 m.w.N.

mäßig zusätzliche Kosten des Arbeitgebers verbunden sind, und weil mit ihr im Regelfall eine Minderung der Effizienz des Verfahrens einhergeht, ist dies zu bejahen. Die Festsetzung von mehr als zwei Beisitzern je Betriebspartner entspricht nur dann billigem Ermessen, wenn der Regelungsgegenstand eine besondere, über die normalen Verhältnisse hinausgehende Komplexität aufweist.[919]

Die Betriebspartner haben die alleinige Kompetenz über die **Auswahl der Beisitzer**. Eine diesbezügliche Entscheidung des Gerichts ist unzulässig.[920]

d) Verfahren

Das Verfahren nach § 100 ArbGG ist ein **Eilverfahren**.[921] Die Einlassungs- und Ladungsfristen sind nach § 100 Abs. 1 S. 4 ArbGG auf 48 Stunden verkürzt. Das Arbeitsgericht entscheidet durch den Vorsitzenden.[922] Der Beschluss ist den Beteiligten spätestens vier Wochen nach Antragstellung zuzustellen (§ 100 Abs. 1 S. 6 ArbGG).   442

Praxishinweis   443

In der Praxis kann – bei einer entsprechenden „Verzögerungshaltung" der Gegenseite – zwischen Antragstellung nach § 100 ArbGG und erster Sitzung der Einigungsstelle nach zweitinstanzlicher Entscheidung jedoch ein erheblicher Zeitraum liegen. Dies sollte bei der Planung mitbestimmungsrechtlicher Sachverhalte, insbesondere bei Betriebsänderungen nach § 111 BetrVG, berücksichtigt werden.

Es gilt der **Amtsermittlungsgrundsatz**. Sind für die Prüfung der offensichtlichen Unzuständigkeit der Einigungsstelle strittige Tatsachen relevant, ist nach wohl herrschender Meinung trotz des im Eilverfahren in besonderem Maße geltenden Beschleunigungsgrundsatzes eine **Beweisaufnahme** ohne Begrenzung der Beweismittel erforderlich.[923] Gegebenenfalls sind Zeugen zu hören.   444

e) Bindungswirkung des Beschlusses

Die Entscheidung des Gerichts ersetzt die Einigung der Betriebsparteien zur Person des Einigungsstellenvorsitzenden bzw. zur Anzahl der Beisitzer.[924] Auch wenn eine einseitige Ablehnung des gerichtlich bestellten Einigungsstellenvorsitzenden oder der gerichtlich festgelegten Anzahl der Beisitzer nicht möglich ist,[925] bleibt es den Parteien unbenommen, einverständlich einen anderen Vorsitzenden zu bestellen oder eine andere Anzahl an Beisitzern zu bestimmen.[926]   445

Die Einigungsstelle ist an den durch das Gericht bestimmten Kompetenzrahmen gebunden, der nur bei Einverständnis beider Betriebspartner überschritten werden darf.[927] Allerdings bindet der Beschluss die Einigungsstelle nicht in der Entscheidung über ihre Zuständigkeit. Denn das Gericht prüft die Zuständigkeit nur kursorisch. Trotz ihrer Errichtung durch gerichtlichen Beschluss kann die Einigungsstelle ihre Zuständigkeit daher verneinen und das Einigungsstellenverfahren damit beenden.[928]

---

919 Ebenso Germelmann u.a./*Schlewing*, § 98 ArbGG Rn 29; Schwab/Weth/*Walker*, § 99 ArbGG Rn 56.
920 Siehe DKKW/*Berg*, § 76 BetrVG Rn 85; Richardi/*Maschmann*, § 76 BetrVG Rn 46.
921 Vgl. Germelmann u.a./*Schlewing*, § 98 ArbGG Rn 18.
922 Die Entscheidung über den Antrag trifft – nach erneuter Änderung des § 98 Abs. 1 ArbGG (nunmehr § 100 ArbGG) –wieder allein der Vorsitzende Richter der zuständigen Kammer (vgl. Schwab/Weth/*Walker*, § 99 ArbGG Rn 33).
923 Siehe LAG Düsseldorf 10.12.1997, NZA-RR 1998, 319; LAG München 14.3.1989, ZTR 1990, 37; anderer Auffassung: LAG Berlin 27.1.1993, AiB 1993, 733; LAG Köln 5.12.2001, NZA-RR 2002, 586 mit Hinweis auf den Beschleunigungsgrundsatz. Der Entscheidung ist entgegen zu halten, dass der Gesetzgeber die allgemeine Vorschrift zur Beweiserhebung (§ 83 Abs. 2 ArbGG) gerade nicht von dem Verweis in § 100 Abs. 1 S. 3 ArbGG ausgenommen hat (vgl. dazu Schwab/Weth/*Walker*, § 99 ArbGG Rn 24).
924 Vgl. ErfK/*Koch*, § 100 ArbGG Rn 5 f.; Germelmann u.a./*Schlewing*, § 98 ArbGG Rn 30; *Ostrowicz/Künzl/Schäfer*, Rn 753.
925 Vgl. Germelmann u.a./*Schlewing*, § 98 ArbGG Rn 32; Schwab/Weth/*Walker*, § 99 ArbGG Rn 59.
926 Siehe DKKW/*Berg*, § 76 BetrVG Rn 86; Richardi/*Maschmann*, § 76 BetrVG Rn 70.
927 Vgl. LAG Schleswig-Holstein 29.8.1983, DB 1984, 1530; Germelmann u.a./*Schlewing*, § 98 ArbGG Rn 34.
928 So Germelmann u.a./*Schlewing*, § 98 ArbGG Rn 35; Schwab/Weth/*Walker*, § 99 ArbGG Rn 61.

446   Lehnt das Gericht den Antrag wegen offensichtlicher Unzuständigkeit der Einigungsstelle ab, bleibt den Betriebsparteien die Möglichkeit, das Bestehen des geltend gemachten Mitbestimmungsrechts im sogenannten **Vorabentscheidungsverfahren** feststellen zu lassen.[929]

Der gerichtlich bestellte Vorsitzende kann im Einigungsstellenverfahren trotz des Beschlusses wegen der **Besorgnis der Befangenheit** abgelehnt werden, selbst wenn die Besorgnis der Befangenheit schon im Zeitpunkt des gerichtlichen Beschlusses bestand.[930] Unter entsprechender Anwendung der Vorschriften über das schiedsgerichtliche Verfahren (§ 1037 ZPO) entscheidet die Einigungsstelle über die Ablehnung des Vorsitzenden, wobei dieser von der Teilnahme an der Beschlussfassung der Einigungsstelle ausgeschlossen ist.[931]

447   Der Beschluss ersetzt die Einigung der Betriebsparteien zur Person des Einigungsstellenvorsitzenden, verpflichtet die bestellte Person jedoch nicht zur Übernahme des Amtes.[932] Der Antragsteller sollte daher zuvor die **Zusage des Benannten** einholen, im Fall der gerichtlichen Bestellung das Amt anzutreten. Lehnt der Benannte die Übernahme des Amtes ab, ist ein neues Gerichtsverfahren erforderlich, es sei denn die Beteiligten einigen sich auf freiwilliger Basis auf einen anderen Vorsitzenden.[933]

448   Eine Zwangsvollstreckung aus dem Beschluss ist nicht möglich.[934] Dogmatisch lässt sich dies damit begründen, dass § 100 Abs. 1 S. 3 ArbGG ausdrücklich nicht auf § 85 ArbGG verweist. In der Praxis ist eine Vollstreckung regelmäßig aber auch nicht erforderlich. Denn für das Tätigwerden der Einigungsstelle gilt die Offizialmaxime.[935] Die Einigungsstelle wird nach der gerichtlichen Entscheidung also unter der Leitung des durch das Arbeitsgericht bestellten Vorsitzenden von sich aus tätig werden.

f)   Rechtsbehelfe

449   Gegen den Beschluss ist gemäß § 100 Abs. 2 ArbGG die **Beschwerde** an das Landesarbeitsgericht statthaft. Diese ist innerhalb von zwei Wochen nach Zustellung des Beschlusses einzureichen und zu begründen. Gegen die Entscheidung des Landesarbeitsgerichts ist kein Rechtsmittel gegeben (§§ 100 Abs. 2 S. 3, 4 ArbGG).

2.   Antrag auf Einrichtung einer Einigungsstelle nach § 100 ArbGG

▼

450   **Muster 3.34: Antrag auf Einrichtung einer Einigungsstelle nach § 100 ArbGG**

An das

Arbeitsgericht

Antrag auf Einsetzung einer Einigungsstelle gemäß § 100 ArbGG

In dem Beschlussverfahren mit den Beteiligten

1.   GmbH, vertreten durch den Geschäftsführer Herrn   , (*Adresse*)

– Beteiligte zu 1. –

Prozessbevollmächtigte:

2. Betriebsrat der   , vertreten durch den Betriebsratsvorsitzenden   , (*Adresse*)

– Beteiligter zu 2. –

---

929 Vgl. dazu BAG 22.10.1981, AP Nr. 10 zu § 76 BetrVG 1972; DKKW/*Berg*, § 76 BetrVG Rn 162; Richardi/*Maschmann*, § 76 BetrVG Rn 71 f. mit weiteren Nachweisen.

930 Vgl. BAG 9.5.1995, BAGE 80, 104; Richardi/*Maschmann*, § 76 BetrVG Rn 89.

931 So BAG 11.9.2001, NZA 2002, 572; ausführlich *Bertelsmann*, FS Wißmann, S. 230 ff.

932 Siehe LAG Berlin 22.6.1998, NZA-RR 1999, 34; DKKW/*Berg*, § 76 BetrVG Rn 23, 37; *Lepke*, BB 1977, 50.

933 Vgl. ErfK/*Koch*, § 100 ArbGG Rn 5; Germelmann u.a./*Schlewing*, § 98 ArbGG Rn 31; anderer Ansicht Richardi/*Maschmann*, § 76 BetrVG Rn 70, wonach das Bestellungsverfahren andauert bis ein vom Gericht benannter Vorsitzender den Vorsitz annimmt.

934 Ausführlich Schwab/Weth/*Walker*, § 99 ArbGG Rn 27.

935 ErfK/*Kania*, § 76 BetrVG Rn 17.

zeigen wir an, dass wir die Beteiligte zu 1. vertreten. In deren Namen und Auftrag leiten wir ein Beschlussverfahren nach § 100 ArbGG ein und beantragen:

1. Zum Vorsitzenden einer Einigungsstelle zum Regelungsgegenstand „Flexible Arbeitszeitregelungen" wird der Vorsitzende Richter am Landesarbeitsgericht ░░░░░░ bestellt.

2. Die Anzahl der Beisitzer wird auf jeweils zwei festgesetzt.

Begründung

Die Beteiligte zu 1. führt einen Produktionsbetrieb für Kunststoffteile. Sie beschäftigt derzeit ca. 180 Mitarbeiter. Der Beteiligte zu 2. ist der bei der Beteiligten zu 1. gebildete Betriebsrat.

Die Beteiligte zu 1. beabsichtigte seit längerer Zeit, die in ihrem Betrieb geltenden Arbeitszeiten zu flexibilisieren. Sie führte daher seit dem ░░░░░░ Gespräche mit dem Beteiligten zu 2. und verhandelte mit ihm in mehreren Sitzungen am ░░░░░░, ░░░░░░ und ░░░░░░ über den Abschluss einer Betriebsvereinbarung zur Flexibilisierung der Arbeitszeiten. In der Sitzung vom ░░░░░░ lehnte der Beteiligte zu 2. weitere Verhandlungen unter Hinweis auf die im Betrieb geltende Betriebsvereinbarung zu Schichtzeiten ab, die wir als

Anlage ASt 1

überreichen. Der Beteiligte zu 2. behauptete, die Arbeitszeiten seien in dieser Betriebsvereinbarung abschließend geregelt, so dass Verhandlungen nur geführt werden könnten, wenn der Beteiligte zu 1. diese Betriebsvereinbarung kündige. Mit Schreiben vom ░░░░░░, schlug die Beteiligte zu 1. daraufhin vor, eine Einigungsstelle zum Regelungsgegenstand der Flexibilisierung der Arbeitszeiten einzusetzen, den Vorsitzenden Richter am Landesarbeitsgericht ░░░░░░, als Vorsitzenden dieser Einigungsstelle zu benennen und die Zahl der Beisitzer auf je zwei Personen festzulegen. Der Beteiligte zu 2. teilte mit Schreiben vom selben Tag mit, die Bildung einer Einigungsstelle sei angesichts der bestehenden Betriebsvereinbarung zu Schichtzeiten überflüssig. Falls wider Erwarten dennoch eine Einigungsstelle einzuberufen sei, käme als Einigungsstellenvorsitzender allein Rechtsanwalt Dr. ░░░░░░ in Betracht. Wegen der Komplexität des Themas seien zudem vier Beisitzer auf jeder Seite erforderlich.

Da mit dem Beteiligten zu 2. insoweit keine Einigung erzielt werden konnte, ist die Einigungsstelle durch das Gericht einzusetzen.

Die Einigungsstelle ist für den benannten Regelungsgegenstand zuständig. Jedenfalls ist sie nicht offensichtlich unzuständig im Sinne des § 100 ArbGG. Die Einführung und Ausgestaltung eines Systems flexibler Arbeitszeit unterliegt dem Mitbestimmungsrecht nach § 87 Abs. 1 Nr. 3 BetrVG. Die Auffassung des Beteiligten zu 2., einer Regelung stehe die Betriebsvereinbarung zur Schichtarbeit entgegen, geht fehl. Denn ausweislich § 2 der als Anlage ASt 1 überreichten Betriebsvereinbarung gilt die Schichtarbeit nur, wenn sie vom Arbeitgeber ausdrücklich angeordnet wurde. Eine Regelung zu Arbeitszeiten fehlt also für jene Zeiten des Jahres, für die keine Schichtarbeit angeordnet wird.

Der vorgeschlagene Vorsitzende Richter am Landesarbeitsgericht ░░░░░░ ist in besonderer Weise für die Leitung der Einigungsstelle geeignet. Denn er war im Betrieb der Beteiligten zu 1. bereits mehrfach als Vorsitzender von Einigungsstellenverfahren tätig, und zwar ░░░░░░. In keinem der Verfahren hatte der Beteiligte zu 2. Beanstandungen an der Leitung der Einigungsstelle. Insbesondere war und ist der Vorsitzende Richter am Landesarbeitsgericht ░░░░░░ zweifellos unparteiisch. Da er mit den Beteiligten und den betrieblichen Besonderheiten vertraut ist, liegt es nahe, ihn auch für die Einigungsstelle zur Flexibilisierung der Arbeitszeiten als Vorsitzenden zu bestellen. Der Sitz der Beteiligten zu 1. liegt außerhalb des Zuständigkeitsbereichs des Landesarbeitsgerichts ░░░░░░. Es ist also ausgeschlossen, dass Herr ░░░░░░ als Richter mit der Überprüfung, Auslegung oder Anwendung des Spruchs der Einigungsstelle befasst sein wird. Die Beteiligten zu 1. hat Herrn ░░░░░░ vor Einleitung dieses Verfahrens kontaktiert. Er hat sich gern bereit erklärt, gegebenenfalls den Vorsitz der Einigungsstelle zu übernehmen.

Die Festlegung der Anzahl der Beisitzer auf jeweils zwei Personen entspricht der Regelbesetzung einer Einigungsstelle. Der Regelungsgegenstand ist nicht außergewöhnlich komplex, so dass keine Gründe ersichtlich sind, von der Regelbesetzung abzuweichen.

(*Unterschrift*)

Rechtsanwalt

▲

XI.   Anfechtung eines Einigungsstellenspruchs nach § 76 Abs. 5 BetrVG

Literatur *Fiebig*, Grundprobleme der Arbeit betrieblicher Einigungsstellen, DB 1995, 1278; *Gaul*, Die betriebliche Einigungsstelle, 2. Aufl. 1980; *Fischer*, Der Spruch der Einigungsstelle – Folgen einer Teilunwirksamkeit, NZA 1997, 1017; *Henssler*, Die Entscheidungskompetenz der betriebsverfassungsrechtlichen Einigungsstelle in Rechtsfragen, RdA 1991, 268; *Rieble*, Die Kontrolle der Einigungsstelle in Rechtsstreitigkeiten, BB 1991, 471; *Säcker/Oetker*, Alleinentscheidungsbefugnisse des Arbeitgebers in mitbestimmungspflichtigen Angelegenheiten aufgrund kollektivrechtlicher Dauerregelungen, RdA 1992, 16; *Schönfeld*, Grundsätze der Verfahrenshandhabung der Einigungsstelle, NZA 1988, Beil. 4, 3 ff.; *Weber/Burmester*, Die Ermessensentscheidung der Einigungsstelle bei Sozialplänen und ihre arbeitsgerichtlichen Überprüfung, BB 1995, 2268.

1.   Allgemeines

451 Der Spruch der Einigungsstelle beendet gemäß § 76 Abs. 5 BetrVG die Meinungsverschiedenheit zwischen Arbeitgeber und Betriebsrat mit der Wirkung, die eine Einigung der Betriebsparteien gehabt hätte.[936] Da er sowohl Rechte und Pflichten für Betriebsrat und Arbeitgeber begründet als auch normativ auf die Arbeitsverhältnisse der Arbeitnehmer einwirkt, besteht häufig ein erhebliches Interesse der Parteien, den Spruch arbeitsgerichtlich überprüfen zu lassen. Das prozessuale Mittel dazu stellt die Anfechtung des Einigungsstellenspruchs im Beschlussverfahren nach § 76 Abs. 5 BetrVG dar.

Der Spruch der Einigungsstelle ist gerichtlich auf Rechtsverstöße und auf eine Überschreitung der Grenzen billigen Ermessens überprüfbar. § 76 Abs. 5 S. 4 BetrVG sieht vor, dass die Überschreitung der Ermessensgrenzen nur innerhalb einer **Frist von zwei Wochen** nach Zuleitung des Beschlusses der Einigungsstelle geltend gemacht werden kann. Für die Geltendmachung von Rechtsverstößen besteht keine Frist.

2.   Zulässigkeit

a)   Antragsbefugnis

452 **Arbeitgeber** und **Betriebsrat** sind regelmäßig antragsbefugt. Das analog § 256 Abs. 1 ZPO erforderliche Feststellungsinteresse ist grundsätzlich für beide Betriebsparteien gegeben.[937] Nur in Einzelfällen kann das Feststellungsinteresse ausnahmsweise zu verneinen sein, etwa wenn der Einigungsstellenspruch wegen eines erledigenden Ereignisses keine Wirkung mehr entfalten kann.[938]

Die **Einigungsstelle** selber ist nicht beteiligtenfähig, da sie lediglich Hilfsfunktionen für die Betriebsparteien wahrnimmt, ihr aber keine eigenen betriebsverfassungsrechtlichen Rechte zustehen.[939]

Arbeitgeberverbände und **Gewerkschaften** sind nicht beteiligtenfähig, da ihnen keine allgemeine Aufsichtsfunktion im Hinblick auf Betriebsvereinbarungen oder Sprüche der Einigungsstelle zugewiesen ist.[940]

Ob **Arbeitnehmer** antragsbefugt sind, ist in der Literatur umstritten und höchstrichterlich bislang nicht entschieden. Die wohl herrschende Meinung[941] lehnt eine Antragsbefugnis ab, da Arbeitnehmer nicht in einer für das Verfahren nach § 76 BetrVG erforderlichen betriebsverfassungsrechtlichen Rechtsstellung betroffen sein können.

---

936 DKKWW/*Berg*, § 76 BetrVG Rn 141; ErfK/*Kania*, § 76 BetrVG Rn 26 f.
937 BAG 8.6.2004, AP Nr. 20 zu § 76 BetrVG 1972 Einigungsstelle; BAG 24.8.2004, AP Nr. 174 zu § 112 BetrVG 1972; ErfK/*Kania*, § 76 BetrVG Rn 29.
938 BAG 6.11.1990, NZA 1991, 193; BAG 27.7.1982, AP Nr. 5 zu § 83 ArbGG 1979; GK-BetrVG/*Kreutz/Jacobs*, § 76 Rn 147.
939 GK-BetrVG/*Kreutz/Jacobs*, § 76 Rn 149 m.w.N.
940 BAG 18.8.1987, NZA 1988, 26; BAG 22.1.1980, AP Nr. 7 zu § 111 BetrVG 1972; GK-BetrVG/*Kreutz/Jacobs*, § 76 Rn 148.
941 *Fitting u.a.*, § 76 BetrVG Rn 141; ErfK/*Kania*, § 76 BetrVG Rn 29; Richardi/*Maschmann*, § 76 BetrVG Rn 118 f.

b) Antrag

Die gerichtliche Entscheidung hat feststellende, nicht aber rechtsgestaltende Wirkung.[942] Der Antrag ist da-   **453**
her auf Feststellung der Unwirksamkeit des genau zu bezeichnenden Einigungsstellenspruchs zu richten.[943]
Hat die Einigungsstelle ihre Unzuständigkeit festgestellt, ist der Antrag auf das Bestehen des Mitbestimmungsrechts zu richten.

Gerichtlich überprüfbar ist nur der abschließende Spruch der Einigungsstelle, nicht aber Zwischenbeschlüsse, die sich auf den Verfahrensgang oder auf Vorfragen beziehen. Nicht eigenständig justiziabel ist daher
insbesondere ein Zwischenbeschluss, mit dem die Einigungsstelle ihre Zuständigkeit bejaht.[944]

Es ist möglich, die Anfechtung auf einen **Teil des Einigungsstellenspruchs** zu begrenzen.[945] Das setzt voraus, dass der tenorierte Teil ein abgrenzbares Teilrechtsverhältnis betrifft und die Betriebsparteien die übrigen Regelungen übereinstimmend gelten lassen wollen.[946]

c) Begründung

Die Begründung des Antrags erlangt wegen der Fristenregelung in § 76 Abs. 5 S. 4 BetrVG besondere Be-   **454**
deutung im Fall der Rüge einer **Ermessensüberschreitung** der Einigungsstelle. Denn innerhalb der Zwei-
Wochen-Frist ist nicht nur der Antrag auf Feststellung der Unwirksamkeit des Einigungsstellenspruchs zu
stellen, sondern es sind auch die Gründe der Ermessensüberschreitung im Einzelnen zu benennen.[947] Das
BAG hat zwar ausdrücklich offen gelassen, ob das Gericht nur solche Tatsachen berücksichtigen darf, die
innerhalb der Zwei-Wochen-Frist vorgetragen wurden,[948] oder ob es dem Antragsteller freisteht, die innerhalb der Frist vorgetragenen Gründe später zu konkretisieren und zu erweitern, solange dadurch nicht ein
neuer Anfechtungsgrund eingeführt wird.[949] Angesichts dieser Rechtsprechung ist es aus prozessualer Vorsicht geboten, den Antrag innerhalb der Frist eingehend zu begründen und alle relevanten Tatsachen vorzutragen.[950]

Rechtsverstöße des Einigungsstellenspruchs können, da das Gesetz diesbezüglich keine Frist aufstellt, auch
zu einem späteren Zeitpunkt gerügt werden.[951] Im Fall der Geltendmachung von Rechtsverstößen kann eine
Begründung daher auch nachträglich erfolgen; es gelten lediglich die allgemeinen prozessualen Verspä-
tungsregeln.

3. Begründetheit

a) Rechtsverstöße

Die Übereinstimmung des Einigungsstellenspruchs mit geltendem Recht ist gerichtlich voll überprüfbar.[952]   **455**
Die Unwirksamkeit des Einigungsstellenspruchs kann aus falschen tatsächlichen Feststellungen der Eini-

---

942 BAG 15.3.2006, NZA 2006, 1422.
943 BAG 15.3.2006, NZA 2006, 1422; *Fitting u.a.*, § 76 BetrVG Rn 143 m.w.N.
944 GK-BetrVG/*Kreutz/Jacobs*, § 76 Rn 144.
945 Bauer u.a./*Diller*, S. 1210 Fn 8.
946 BAG 30.5.2006, NZA 2006, 1240; LAG Hamm 27.3.1985, NZA 1985, 631; GK-BetrVG/*Kreutz/Jacobs*, § 76 Rn 176; kritisch zur
   Möglichkeit einer Teilanfechtung *Fischer*, NZA 1997, 1017 ff.
947 BAG 26.5.1988, NZA 1989, 26; *Fitting u.a.*, § 76 BetrVG Rn 158; GK-BetrVG/*Kreutz/Jacobs*, § 76 Rn 161; Richardi/*Maschmann*
   § 76 BetrVG Rn 128.
948 BAG 14.5.1985, NZA 1985, 715.
949 *Fitting u.a.*, § 76 BetrVG Rn 159; GK-BetrVG/*Kreutz/Jacobs*, § 76 Rn 161 (unter Hinweis auf die Pflicht des Gerichts, den im Antrag
   hinreichend begründeten Sachverhalt gemäß § 83 Abs. 1 S. 1 ArbGG von Amts wegen weiter zu erforschen).
950 DKKW/*Berg*, § 76 BetrVG Rn 143.
951 So BAG 26.5.1988, NZA 1989, 26; ErfK/*Kania*, § 76 BetrVG Rn 28; Richardi/*Maschmann*, § 76 BetrVG Rn 115, 128.
952 Herrschende Meinung; vgl. nur GK-BetrVG/*Kreutz/Jacobs*, § 76 Rn 151 f. m.w.N.; für eine Einschränkung der gerichtlichen Überprüfbarkeit auch von Entscheidungen der Einigungsstelle in Rechtsfragen analog § 76 Abs. 5 S. 4 BetrVG spricht sich *Rieble*, BB
   1991, 471 aus.

gungsstelle oder aus fehlerhaften rechtlichen Würdigungen folgen. Lediglich bei der Auslegung unbestimmter Rechtsbegriffe steht der Einigungsstelle nach umstrittener Auffassung ein begrenzter **Beurteilungsspielraum** zu.[953]

Insbesondere die Entscheidung der Einigungsstelle über ihre **Zuständigkeit** unterliegt der gerichtlichen Kontrolle.[954] Der Antrag auf Feststellung der Unwirksamkeit eines Einigungsstellenspruchs kann deshalb erfolgreich darauf gestützt werden, dass die Einigungsstelle zu Unrecht vom Bestehen eines Mitbestimmungsrechts ausgegangen ist oder die Grenzen eines einschlägigen Mitbestimmungsrechts überschritten hat.[955]

Verstöße gegen **wesentliche Verfahrensvorschriften**[956] der Einigungsstelle sind im Grundsatz ebenfalls überprüfbar.[957] Zu den wesentlichen Verfahrensvorschriften gehört insbesondere das Erfordernis der Gewährung rechtlichen Gehörs der Parteien durch die Einigungsstelle.[958] Ein Verfahrensfehler ist allerdings dann unbeachtlich, wenn er zwischenzeitlich geheilt wurde.[959]

Der Antragsteller kann Verfahrensverstöße im gerichtlichen Verfahren nach § 76 Abs. 5 BetrVG auch dann geltend machen, wenn er sie im Einigungsstellenverfahren nicht gerügt hat.[960] Das Gesetz sieht insoweit keine Präklusion vor. Je nach den Umständen des Einzelfalls kann aber eine Verwirkung in Betracht kommen.[961]

Justiziabel sind schließlich alle **sonstigen Rechtsverstöße**. Dazu zählen neben Verstößen gegen Grundrechte insbesondere solche gegen gesetzliche Arbeitnehmerschutzbestimmungen, etwa aus dem ArbZG, BUrlG, SGB IX, MuSchG, BEEG, gegen die im Betrieb geltenden Tarifverträge[962] sowie gegen die betriebsverfassungsrechtlichen Grundsätze der §§ 2, 75 und 77 Abs. 3 BetrVG.[963]

b) Ermessensfehler

456   Bei der Entscheidung über Regelungsfragen fasst die Einigungsstelle nach § 76 Abs. 5 S. 3 BetrVG ihre Beschlüsse „unter angemessener Berücksichtigung der Belange des Betriebs und der betroffenen Arbeitnehmer nach billigem Ermessen".[964] Nach umfassender Interessenabwägung kann sich die Einigungsstelle im Rahmen ihres Ermessens den Regelungsvorschlägen des Arbeitgebers oder des Betriebsrats anschließen oder eine eigenständige Regelung treffen.[965]

---

953 Siehe BAG 11.7.2000, NZA 2001, 402; DKKW/*Berg*, § 76 BetrVG Rn 139; *Henssler*, RdA 1991, 268; für eine uneingeschränkte gerichtliche Kontrolle plädiert demgegenüber GK-BetrVG/*Kreutz/Jacobs*, § 76 Rn 152.

954 Siehe GK-BetrVG/*Kreutz/Jacobs*, § 76 Rn 154; ErfK/*Kania*, § 76 BetrVG Rn 22; vgl. auch *Henssler*, RdA 1991, 268 ff.; Schaub/ *Neef*, Formulare ArbR, S. 728 Fn 5.

955 Vgl. BAG 20.7.1999, NZA 2000, 495; BAG 15.4.2001, NZA 2001, 1154; *Fitting u.a.*, § 76 BetrVG Rn 151.

956 Eingehend zu Verfahrensvorschriften der Einigungsstelle sowie deren Rechtskontrolle *Schönfeld*, NZA 1988, Beilage 4, S. 3.

957 BAG 18.4.1989, NZA 1989, 807; BAG 11.2.1992, NZA 1992, 702; vgl. auch *Fitting u.a.*, § 76 BetrVG Rn 151; DKKW/*Berg*, § 76 BetrVG Rn 89; Richardi/*Maschmann*, § 76 BetrVG Rn 114; Schaub/*Neef*, Formulare ArbR, S. 728 Fn 6.

958 GK-BetrVG/*Kreutz/Jacobs*, § 76 Rn 154; *Fitting u.a.*, § 76 BetrVG Rn 147 (m.w.N. aus der Rspr. des BAG).

959 Siehe dazu *Gaul*, K II Rn 15; *Schönfeld*, NZA 1988, Beilage 4, S. 4 f.

960 So BAG 18.4.1989, NZA 1989, 807.

961 Siehe dazu *Gaul*, K II Rn 15; *Schönfeld*, NZA 1988, Beilage 4, S. 4 f.

962 Vgl. ErfK/*Kania*, § 76 BetrVG Rn 24; DKKW/*Berg*, § 76 BetrVG Rn 138; *Fischer*, NZA 1997, 1018; *Fitting u.a.*, § 76 BetrVG Rn 117.

963 Siehe DKKW/*Berg*, § 76 BetrVG Rn 138; *Fitting u.a.*, § 76 BetrVG Rn 117.

964 Die Belange des Betriebs und der betroffenen Arbeitnehmer sowie die tatsächlichen Umstände, die das für die Abwägung maßgebliche Gewicht dieser Belange begründen, sind gegebenenfalls im Wege der Beweisaufnahme (Amtsermittlung gemäß § 83 Abs. 1 ArbGG) festzustellen (vgl. GK-BetrVG/*Kreutz/Jacobs*, § 76 Rn 167 m.w.N.). § 76 Abs. 5 S. 4 BetrVG ist eine Sonderregelung für die Ermessenskontrolle von Entscheidungen der Einigungsstelle im verbindlichen Einigungsverfahren. Im freiwilligen Einigungsverfahren nach § 76 Abs. 6 BetrVG ist die gerichtliche Kontrolle nicht durch § 76 Abs. 5 S. 4 beschränkt (GK-BetrVG/*Kreutz/Jacobs*, § 76 Rn 156). Für Sozialpläne schreibt § 112 Abs. 5 BetrVG spezielle Abwägungskriterien vor (vgl. ErfK/*Kania*, § 76 BetrVG Rn 25; Richardi/*Maschmann*, § 76 BetrVG Rn 126).

965 Siehe DKKW/*Berg*, § 76 BetrVG Rn 140; Richardi/*Maschmann*, § 76 BetrVG Rn 104.

Die Ausübung des Ermessens durch die Einigungsstelle ist gerichtlich überprüfbar. Die gerichtliche Kontrolle der Ermessensausübung beschränkt sich allerdings auf die Prüfung, ob die Einigungsstelle die **Ermessensgrenzen** überschritten hat. Eine Überprüfung des Ermessens selber, insbesondere der Zweckmäßigkeit der getroffenen Regelung, scheidet demgegenüber aus.[966]

Kontrollgegenstand ist allein das Entscheidungsergebnis der Einigungsstelle, nicht aber deren Überlegungen und Erwägungen bei der Entscheidungsfindung.[967] Gelangt die Einigungsstelle trotz fehlerhafter Erwägungen zu einem interessengerechten Ergebnis, ist der Spruch also gerichtlich nicht angreifbar.

Eine Überschreitung der Grenzen billigen Ermessens liegt vor, wenn die Einigungsstelle die abzuwägenden Interessen nicht oder nicht vollständig erfasst hat, insbesondere wenn sie die in § 76 Abs. 5 S. 3 BetrVG ausdrücklich als Richtschnur des Ermessens genannten Belange des Betriebs oder der betroffenen Arbeitnehmer nicht oder nicht hinreichend berücksichtigt hat. Ob die Ermessensgrenzen eingehalten wurden, orientiert sich dabei nicht zuletzt auch am Zweck des in Streit stehenden konkreten Mitbestimmungsrechts.[968] Eine Überschreitung der Grenzen billigen Ermessens kann zudem gegeben sein, wenn die Einigungsstelle von sachfremden Erwägungen ausgegangen ist[969] oder wenn sie ihr Ermessen nicht oder nicht hinreichend ausgeübt hat, insbesondere wenn sie einen Antrag lediglich ablehnt und keine eigene Regelung erlässt,[970] oder wenn sie dem Arbeitgeber eine Gestaltungsfreiheit einräumt, die einem „mitbestimmungsfreien Zustand" gleichkommt.[971]

c) Ausschlussfrist

Die Zwei-Wochen-Frist des § 76 Abs. 5 S. 4 BetrVG ist eine materiellrechtliche Ausschlussfrist. Eine Fristversäumung führt also nicht zur Unzulässigkeit des Feststellungsantrags, sondern zur von Amts wegen zu beachtenden Einschränkung des gerichtlichen Prüfungsauftrags und ggf. zur Unbegründetheit des Antrags. Der Antrag kann im Fall der Fristversäumung nicht mehr auf die Rüge einer Ermessensüberschreitung der Einigungsstelle, sondern lediglich auf Rechtsverstöße des Einigungsstellenspruchs gestützt werden.[972]

457

Die Frist beginnt – für Arbeitgeber und Betriebsrat je gesondert[973] – mit dem Tag der Zuleitung des Beschlusses der Einigungsstelle an die jeweilige Betriebspartei.[974] Das Fristende bestimmt sich nach § 193 BGB. Es handelt sich um eine Notfrist; eine Fristverlängerung oder eine Wiedereinsetzung in den vorigen Stand ist daher ausgeschlossen.[975]

Rechtsverstöße können im Grundsatz fristungebunden gerügt werden;[976] bei zu langem Zuwarten und Setzung eines Vertrauenstatbestands kommt allerdings eine Verwirkung des Anfechtungsrechts in Betracht.[977]

---

966 Ebenso DKKW/*Berg*, § 76 BetrVG Rn 147; ErfK/*Kania*, § 76 BetrVG Rn 31; *Fitting u.a.*, § 76 BetrVG Rn 153.

967 BAG 24.8.2004, NZA 2005, 302; *Fitting u.a.*, § 76 BetrVG Rn 154; DKKW/*Berg*, § 76 BetrVG Rn 147; ErfK/*Kania*, § 76 BetrVG Rn 32; anderer Auffassung *Fiebig*, DB 1995, 1280 f.; *Richardi/Maschmann*, § 76 BetrVG Rn 127.

968 BAG 31.8.1982, NJW 1983, 953; BAG 17.10.1989, NZA 1990, 399; ErfK/*Kania*, § 76 BetrVG Rn 32.

969 Maßgeblich ist der Zeitpunkt der Beschlussfassung der Einigungsstelle, nicht die letzte mündliche Verhandlung; BAG 6.5.2003, NZA 2004, 108; GK-BetrVG/*Kreutz/Jacobs*, § 76 BetrVG Rn 166.

970 BAG 30.1.1990, AP Nr. 41 zu § 87 BetrVG 1972 Lohngestaltung; *Fitting u.a.*, § 76 BetrVG Rn 156.

971 Dazu ausführlich *Säcker/Oetker*, RdA 1992, 16; siehe auch GK-BetrVG/*Kreutz/Jacobs*, § 76 Rn 168; *Fitting u.a.*, § 76 BetrVG Rn 155.

972 GK-BetrVG/*Kreutz/Jacobs*, § 76 Rn 159; DKKW/*Berg*, § 76 BetrVG Rn 148; ErfK/*Kania*, § 76 BetrVG Rn 28.

973 GK-BetrVG/*Kreutz/Jacobs*, § 76 Rn 162.

974 Zu Fristbeginn und Fristberechnung ausführlich GK-BetrVG/*Kreutz/Jacobs*, § 76 Rn 162.

975 BAG 26.5.1988, NZA 1989, 26 mit Hinweis auf den Charakter als materiell-rechtliche Ausschlussfrist; *Fitting u.a.*, § 76 BetrVG Rn 159; GK-BetrVG/*Kreutz/Jacobs*, § 76 BetrVG Rn 160.

976 BAG 26.5.1988, NZA 1989, 26; BAG 23.4.1985, AP Nr. 26 zu § 112 BetrVG 1972; *Richardi/Maschmann*, § 76 BetrVG Rn 128; GK-BetrVG/*Kreutz/Jacobs*, § 76 Rn 160; *Fitting u.a.*, § 76 BetrVG Rn 148.

977 So auch *Schönfeld*, NZA 1988, Beilage 4, S. 4 f.

d) Gerichtliche Entscheidung

458 Das Arbeitsgericht stellt lediglich die Wirksamkeit oder Unwirksamkeit des Einigungsstellenspruchs fest, trifft aber keine eigene Regelung der mitbestimmungspflichtigen Angelegenheit.[978] Gibt das Gericht dem Antrag statt und stellt die Unwirksamkeit des Einigungsstellenspruchs fest, ist die Einigungsstelle mit Rechtskraft der gerichtlichen Entscheidung verpflichtet, das Ermessen neu auszuüben und erneut über den Regelungsgegenstand zu entscheiden.[979] Etwas anderes gilt, wenn das Gericht die Unzuständigkeit der Einigungsstelle festgestellt hat, oder wenn sich die Parteien anderweitig – etwa durch gerichtlichen Vergleich – geeinigt haben.

Weist das Gericht den Antrag zurück, ist mit Rechtskraft der gerichtlichen Entscheidung die Rechtswirksamkeit des Einigungsstellenspruchs endgültig festgestellt. Denn das Gericht prüft im Rahmen der Amtsermittlung die Wirksamkeit des Spruchs unter allen – nicht nur den gerügten – rechtlichen Gesichtspunkten.[980] Es ist daher nach rechtskräftiger Zurückweisung des Antrags nicht möglich, den Einigungsstellenspruch mit anderer Begründung erneut einer gerichtlichen Prüfung zuzuführen.

Als Rechtsmittel gegen den Beschluss des Arbeitsgerichts bzw. Landesarbeitsgerichts finden Beschwerde (§§ 87 ff. ArbGG) bzw. Rechtsbeschwerde (§§ 92 ff. ArbGG) statt.

Bis zur Entscheidung des Arbeitsgerichts bleibt die Geltung des Einigungsstellenspruchs unberührt. Die Betriebsparteien sind während des laufenden Gerichtsverfahrens an den Einigungsstellenspruch gebunden. Nach umstrittener Ansicht besteht daher die Möglichkeit, den Einigungsstellenspruch trotz des anhängigen Beschlussverfahrens durch eine einstweilige Verfügung durchzusetzen.[981] Bei offensichtlichen Rechtsverstößen besteht allerdings die Möglichkeit, den Vollzug des Beschlusses einstweilig auszusetzen.[982]

4. Antrag auf Anfechtung eines Einigungsstellenspruchs

▼

459 **Muster 3.35: Antrag auf Anfechtung eines Einigungsstellenspruchs**

An das Arbeitsgericht ▒▒▒▒

Antrag auf Anfechtung eines Einigungsstellenspruchs

In dem Beschlussverfahren mit den Beteiligten

1. X-GmbH, gesetzlich vertreten durch den Geschäftsführer ▒▒▒▒ (*Vor- und Nachname, Adresse*)

– Beteiligte zu 1. –

Verfahrensbevollmächtigte: Rechtsanwälte ▒▒▒▒

2. Betriebsrat der X-GmbH, vertreten durch den Betriebsratsvorsitzenden ▒▒▒▒ (*Vor- und Nachname, Adresse*)

– Beteiligter zu 2. –

Verfahrensbevollmächtigte: Rechtsanwälte ▒▒▒▒

zeigen wir an, dass wir die Beteiligte zu 1. vertreten. In deren Namen und Auftrag leiten wir ein Beschlussverfahren ein und beantragen:

---

978 GK-BetrVG/*Kreutz/Jacobs*, § 76 Rn 174; Richardi/*Maschmann*, § 76 BetrVG Rn 135 f.; siehe auch Bauer u.a./*Diller*, S. 916 Fn 6.
979 BAG 30.1.1990, NZA 1990, 571; GK-BetrVG/*Kreutz/Jacobs*, § 76 Rn 175 m.w.N.
980 GK-BetrVG/*Kreutz/Jacobs*, § 76 Rn 172; vgl. auch BAG 16.7.1996, NZA 1997, 337.
981 LAG Mecklenburg-Vorpommern 9.3.2010 – 5 TaBVGa 6/09, juris; LAG Köln 20.4.1999, NZA-RR 2000, 311; LAG Berlin 8.11.1990, BB 1991, 206; GK-BetrVG/*Kreutz/Jacobs*, § 76 Rn 178.
982 LAG Köln 30.7.1999, NZA 2000, 334; *Fitting u.a.*, § 76 BetrVG Rn 165; DKKW/*Berg*, § 76 BetrVG Rn 167.

Es wird festgestellt, dass der Spruch der Einigungsstelle vom ▨▨▨ zu dem Regelungsgegenstand „**Aufstellung von Auswahlrichtlinien bei Einstellungen, Versetzungen, Umgruppierungen und Kündigungen**" unwirksam ist.

Begründung

1.) Die Beteiligte zu 1. ist ein Unternehmen, das in der Logistikbranche tätig ist. Der Beteiligte zu 2. ist der bei der Beteiligten zu 1. gebildete Betriebsrat.

Durch Beschl. v. ▨▨▨ setzte das Arbeitsgericht ▨▨▨ eine Einigungsstelle zum Regelungsgegenstand „Aufstellung von Auswahlrichtlinien bei Einstellungen, Versetzungen, Umgruppierungen und Kündigungen" ein. Die Einigungsstelle tagte am ▨▨▨ sowie am ▨▨▨. In der Sitzung vom ▨▨▨ beschloss die Einigungsstelle eine Betriebsvereinbarung, die wir in Kopie als

Anlage ASt 1

überreichen. Das Protokoll der Einigungsstellensitzung übergeben wir als

Anlage ASt 2.

Beides ging den Bevollmächtigten der Beteiligten zu 1. am ▨▨▨ zu.

2.) Die von der Einigungsstelle beschlossene Betriebsvereinbarung ist unwirksam.

a) Die Einigungsstelle war für den Beschluss der Betriebsvereinbarung nicht zuständig. Die Einigungsstelle wurde gegen den Willen der Beteiligten zu 1. durch arbeitsgerichtlichen Beschluss nach § 100 ArbGG vom ▨▨▨, in Kopie überreicht als

Anlage ASt 3,

errichtet. Die Beteiligte zu 1. hat die Zuständigkeit der Einigungsstelle bereits im damaligen Beschlussverfahren, sodann im daran anschließenden Beschwerdeverfahren wie auch im Einigungsstellenverfahren selber bestritten. In der Sitzung vom ▨▨▨ stimmte die Einigungsstelle über ihre Zuständigkeit ab. Die Einigungsstelle bejahte mehrheitlich ihre Zuständigkeit, wobei sich jedoch die von der Beteiligten zu 1. benannten Beisitzer gegen die Zuständigkeit aussprachen.

Die Einigungsstelle hat ihre Zuständigkeit verkannt. Nach § 95 Abs. 2 BetrVG besteht ein erzwingbares Mitbestimmungsrecht bei der Aufstellung von Auswahlrichtlinien nur in Betrieben mit mehr als 500 Arbeitnehmern. Diese Voraussetzung ist vorliegend nicht erfüllt. Die Beteiligte zu 1. beschäftigt lediglich 420 Arbeitnehmer. Die Einigungsstelle bejahte ihre Zuständigkeit, weil sie zu diesen Arbeitnehmern die 140 bei der Beteiligten zu 1. beschäftigten Leiharbeitskräfte hinzuzählte. Nach richtiger Auffassung sind Leiharbeitnehmer bei der Ermittlung des Schwellenwertes des § 95 Abs. 2 BetrVG jedoch nicht zu berücksichtigen.

b) Zudem ist der Beschluss der Einigungsstelle unter Verstoß gegen wesentliche Verfahrensvorschriften zustande gekommen. Die Einigungsstelle beschloss die als Anlage ASt 1 überreichte Betriebsvereinbarung in einer Sitzung vom ▨▨▨. An dieser Sitzung nahmen die von der Beteiligten zu 1. benannten Beisitzer nicht teil, da sie zu ihr nicht geladen worden waren. Die Einigungsstelle hat damit gegen das Gebot rechtlichen Gehörs verstoßen, so dass die von ihr getroffene Regelung unwirksam ist.

c) Der Einigungsstellenspruch ist jedenfalls unwirksam, weil er gegen höherrangiges Recht verstößt. Die beschlossene Betriebsvereinbarung sieht in § 1 Regelungen zur Auswahl bei betriebsbedingten Kündigungen vor, die nach dem Geschlecht der jeweiligen Mitarbeiter differenzieren. Die Berücksichtigung des Geschlechts widerspricht dem Allgemeinen Gleichbehandlungsgesetz und ist zudem mit der in § 1 Abs. 3 Kündigungsschutzgesetz vorgesehenen Begrenzung der Auswahlkriterien auf Dauer der Betriebszugehörigkeit, Lebensalter, Unterhaltspflichten und Schwerbehinderung nicht in Einklang zu bringen.

Zudem hat die Einigungsstelle die inhaltliche Reichweite des Mitbestimmungsrechts verkannt und Regelungen getroffen, für die ein gesetzliches Mitbestimmungsrecht nicht besteht. Nach § 95 Abs. 2 BetrVG besteht ein erzwingbares Mitbestimmungsrecht des Betriebsrat nur hinsichtlich der Aufstellung von Richtlinien über die personelle Auswahl bei Einstellungen, Versetzungen, Umgruppierungen und Kündigungen. Die durch den Einigungsstellenspruch beschlossene Betriebsvereinbarung sieht in § 2 jedoch auch einen Anspruch von Auszubildenden auf Übernahme in ein Arbeitsverhältnis unter bestimmten Voraussetzungen vor. Derartige Rechte kann die Einigungsstelle gegen den Willen des Arbeitgebers nicht normieren.

(*Unterschrift*)

Rechtsanwalt

XII. Vorbeugender Unterlassungsanspruch des Betriebsrats, gerichtet auf Unterlassung mitbestimmungswidrigen Verhaltens durch den Arbeitgeber

Literatur: *Baur*, Verfahrens- und materiell-rechtliche Probleme des allgemeinen Unterlassungsanspruchs des Betriebsrats bei betriebsverfassungswidrigen Maßnahmen des Arbeitgebers, ZfA 1997, 445; *Dobberahn*, Unterlassungsanspruch des Betriebsrats, NJW 1995, 1333; *Hanau*, Der neue Erste Senat, NZA 1996, 841; *Hintzen*, Bis hierher und nicht weiter – Der Unterlassungsanspruch des Betriebsrats, ArbR Aktuell 2014, 610; *Lobinger*, Zur Dogmatik des allgemeinen betriebsverfassungsrechtlichen Unterlassungsanspruches, ZfA 2004, 101; *Rossa/Salamon*, Personalabbau trotz Nichtbeteiligung des Betriebsrats bei Auswahlrichtlinien, NJW 2008, 1991; *Wolter*, Die Wirksamkeit der Theorie der Wirksamkeitsvoraussetzung, RdA 2006, 137.

1. Allgemeines

460   Dem Betriebsrat steht bei Verletzung seiner Mitbestimmungsrechte aus § 87 BetrVG ein Anspruch auf Unterlassung der mitbestimmungswidrigen Maßnahme zu. Dies hat das Bundesarbeitsgericht 1994 anerkannt,[983] während es bis dahin davon ausgegangen war, dass die engere Vorschrift des § 23 Abs. 3 die Unterlassungsansprüche des Betriebsrats abschließend regele.[984] Das als allgemeiner Unterlassungsanspruch des Betriebsrats bezeichnete Recht wird vom BAG unmittelbar aus § 87 BetrVG in Verbindung mit der besonderen, einem gesetzlichen Dauerschuldverhältnis ähnlichen Rechtsbeziehung zwischen den Betriebsparteien und den besonderen Rücksichtpflichten aus § 2 BetrVG hergeleitet.[985]

2. Rechtliche Grundlagen

a) Materiellrechtlich
aa) Allgemeines

461   Der Unterlassungsanspruch setzt ein Verhalten des Arbeitgebers voraus, durch das ein Mitbestimmungsrecht des Betriebsrats gegenwärtig oder künftig verletzt wird. Zu prüfen ist also erstens die **Mitbestimmungswidrigkeit** eines Verhaltens und zweitens eine **Wiederholungs- bzw. Erstbegehungsgefahr**. Im Gegensatz zum Anspruch aus § 23 Abs. 3 BetrVG, der einen bereits begangenen groben Verstoß voraussetzt, kann der allgemeine Unterlassungsanspruch auch rein vorbeugend sein. Entsprechend den Grundsätzen zu §§ 1004, 823 BGB gibt es auch einen Beseitigungsanspruch in Bezug auf bereits eingetretene Folgen mitbestimmungswidrigen Verhaltens.[986]

bb) Mitbestimmungstatbestände

462   Unstreitig besteht der Unterlassungsanspruch des Betriebsrats im gesamten Bereich der sozialen Angelegenheiten nach **§ 87 BetrVG**. Inwieweit dieser Anspruch auf weitere Mitbestimmungstatbestände erstreckt

---

983 BAG 3.5.1994, AP Nr. 23 zu § 23 BetrVG 1972; eingehend bekräftigend BAG 23.7.1996, NZA 1997, 274, unter B. III.
984 BAG 22.2.1983, AP Nr. 2 zu § 23 BetrVG 1972.
985 BAG 3.5.1994, AP Nr. 23 zu § 23 BetrVG 1972, B. III. 1; dagegen Richardi/*Richardi*, § 87 BetrVG Rn 136, 138 ff., der den Grund des Unterlassungsanspruchs ausschließlich in der Zuweisung einer Rechtsposition, nämlich des Mitbestimmungsrechts, an den Betriebsrat sieht; des Weiteren ErfK/*Kania*, § 87 BetrVG Rn 138; DKKW/*Klebe*, § 87 Rn 392.
986 BAG 16.6.1998, AP Nr. 7 zu § 87 BetrVG 1972 Gesundheitsschutz (Herausnahme von Anweisungen aus einem Handbuch); GK-BetrVG/*Wiese*/*Gutzeit*, § 87 Rn 1082; DKKW/*Klebe*, § 87 Rn 392; *Fitting u.a.*, § 87 BetrVG Rn 597.

werden kann, ist streitig. Die Argumentation des BAG, dass der Betriebsrat bis zu einer Einigung oder deren Ersetzung in der Einigungsstelle das mitbestimmungswidrige Verhalten nicht dulden muss, ist aber übertragbar auf alle echten Mitbestimmungstatbestände, die wie § 87 BetrVG die Einsetzung einer Einigungsstelle vorsehen, so z.B. § 94 und § 95[987] BetrVG. Auch im Bereich des § 78 S. 1 BetrVG ist der sog. allgemeine Unterlassungsanspruch anerkannt worden.[988]

Im Bereich der personellen Einzelmaßnahmen hat das BAG inzwischen einen allgemeinen, von den Voraussetzungen des § 23 Abs. 3 BetrVG unabhängigen Unterlassungsanspruch verneint, da das Gesetz, wie § 100 BetrVG zeigt, anders als bei § 87 Abs. 1 und bei § 95 Abs. 1 BetrVG in Kauf nehme, dass eine personelle Maßnahme i.S.v. § 99 BetrVG zumindest vorübergehend praktiziert werde, ohne dass ihre materielle Rechtmäßigkeit feststünde.[989] Darüber hinaus habe der Gesetzgeber in § 101 BetrVG die Rechtsfolgen eines Verstoßes gegen die prozeduralen Anforderungen der §§ 99 Abs. 1 S. 1, 100 Abs. 2 BetrVG ausdrücklich geregelt, so dass das Gesetz selbst bei einer Verletzung dieser Vorschriften einen Abwehranspruch zugunsten des Betriebsrats vorsehe. Er ziele auf nachträgliche Beseitigung und nicht auf vorbeugende Unterlassung der Störung.

Das bedeutet, dass in Bezug auf jeden Mitbestimmungstatbestand gesondert zu prüfen ist, ob ein allgemeiner Unterlassungsanspruch anzuerkennen ist.

cc) Mitbestimmungswidriges Verhalten

Mitbestimmungswidriges Verhalten liegt vor, wenn der Arbeitgeber Maßnahmen, die von einem Mitbestimmungstatbestand erfasst werden, ergreift, ohne dass hierfür die **Zustimmung des Betriebsrats** vorliegt. Nicht erforderlich ist, dass der Betriebsrat überhaupt nicht beteiligt wurde. Selbst wenn der Betriebsrat informiert wurde, aber keine Stellungnahme abgegeben hat, darf der Arbeitgeber erst tätig werden, wenn er die Zustimmung des Betriebsrats eingeholt hat. Ggf. muss er warten, bis die Einigungsstelle die Zustimmung des Betriebsrats ersetzt. 463

Das gilt selbst dann, wenn es der Betriebsrat über mehrere Jahre unterlassen hat, einen Verstoß des Arbeitgebers gegen Mitbestimmungsrechte zu beanstanden. Eine **Verwirkung** von Mitbestimmungsrechten findet nicht statt.[990]

Der Arbeitgeber kann sich nicht auf ein unzulässiges **Koppelungsgeschäft** berufen, wenn der Betriebsrat seine Zustimmung beispielsweise von einer finanziellen Kompensation abhängig macht, da § 87 BetrVG keinen Katalog zulässiger Zustimmungsverweigerungsgründe enthält.[991]

Eine Mitbestimmung entfällt, soweit eine mitbestimmungspflichtige Angelegenheit bereits vollständig abschließend durch **Gesetz oder Tarifvertrag** geregelt ist, § 87 Abs. 1 Eingangssatz BetrVG. Das gilt nur für zwingende Vorschriften, die dem Arbeitgeber keinen Handlungsspielraum belassen.

dd) Kollektiver Tatbestand

Erfasst werden – abgesehen von den ausdrücklich auch Einzelfälle einbeziehenden Mitbestimmungsrechten des § 87 Abs. 1 Nr. 5 und 9 BetrVG – nur Maßnahmen mit kollektivem Bezug, wobei dieses Kriterium jedoch weit auszulegen ist. Eine mitbestimmungsfreie Einzelfallregelung liegt nur dann vor, wenn mit die- 464

---

987 BAG 26.7.2005, NZA 2005, 1372.
988 BAG 12.11.1997, AP Nr. 27 zu § 23 BetrVG 1972.
989 BAG 23.6.2009, AP BetrVG 1972, § 99 Versetzung Nr. 48.
990 BAG 28.8.2007, NZA 2008, 188; LAG Schleswig-Holstein 4.3.2008, NZA-RR 2008, 414; vgl. auch BAG 3.6.2003, NZA 2003, 1155; DKKW/*Trittin*, § 23 Rn 211.
991 LAG Düsseldorf 12.12.2007, AuR 2008, 270; DKKW/*Klebe*, § 87 Rn 16 sowie DKKW/*Trittin*, § 23 Rn 330.

ser lediglich individuellen Wünschen eines Arbeitnehmers, nicht aber einem betrieblichen Regelungs-bedürfnis Rechnung getragen werden soll.[992]

Auf das Einverständnis des betroffenen Arbeitnehmers kommt es nicht an.[993] Auch steht dem Unterlassungsanspruch des Betriebsrats nicht entgegen, dass die Maßnahme des Arbeitgebers nach der Theorie der Wirksamkeitsvoraussetzung individualrechtlich unbeachtlich ist.[994]

ee) Verstoß gegen Betriebsvereinbarung

465   Wenn der Betriebsrat seine Mitbestimmung in dem betroffenen Bereich bereits abschließend ausgeübt hat, etwa durch Betriebsvereinbarung oder Regelungsabrede, kommt es darauf an, ob der Arbeitgeber den durch die Vereinbarung vorgegebenen Rahmen überschritten hat. Dann liegt ein Verstoß sowohl gegen das Mitbestimmungsrecht als auch gegen die Betriebsvereinbarung vor. Bei einem Verstoß gegen eine Betriebsvereinbarung greift zugleich der aus § 77 Abs. 1 S. 1 BetrVG folgende Durchführungsanspruch.[995] Auch dieser kann die Form eines Unterlassungsanspruchs haben.[996]

ff) Wiederholungs- bzw. Erstbegehungsgefahr

466   Die Wiederholungsgefahr ist durch einen begangenen Verstoß indiziert; dann spricht eine tatsächliche Vermutung für die Wiederholung.[997] Näherer Darlegungen hierzu bedarf es nicht, solange nicht besondere Umstände des Einzelfalls eine nochmalige Verletzung des Mitbestimmungsrechts unwahrscheinlich machen.[998]

Die Erstbegehungsgefahr kann sich aus einer Ankündigung des Arbeitgebers oder zum Beispiel aus von ihm erstellten Dienstplänen ergeben.

b) Verfahrensrechtlich
aa) Antragsbefugnis

467   Antragsbefugt ist, soweit nicht die Sonderregelung des § 23 Abs. 3 S. 1 BetrVG greift, nur der Betriebsrat, nicht die Gewerkschaft.

bb) Bestimmtheit

468   Auch im Beschlussverfahren ist das Bestimmtheitserfordernis des § 253 Abs. 2 Nr. 2 ZPO zu beachten.[999] Der Unterlassungsantrag muss ausreichend bestimmt sein und sich auf konkrete Handlungen des Arbeitgebers beziehen. Es genügt also nicht, vom Arbeitgeber etwa unter Zitierung des Gesetzestextes die Unterlassung allgemein formulierter Handlungen zu verlangen. Vielmehr müssen die befürchteten mitbestimmungswidrigen Handlungen konkret beschrieben werden (z.B. die Anwendung eines bestimmten Dienstplans zu unterlassen), wobei allerdings auch unbestimmte Rechtsbegriffe benutzt werden können.[1000] Unklarheiten über den Inhalt einer Verpflichtung dürfen nicht aus dem Erkenntnis- in das Vollstreckungsverfahren verlagert werden.[1001]

---

992 BAG 22.2.1983, AP Nr. 2 zu § 23 BetrVG 1972; BAG 24.4.2007, 1 ABR 47/06; DKKW/*Klebe*, § 87 BetrVG Rn 23; vgl. Richardi/*Richardi*, § 87 BetrVG Rn 26–29.

993 BAG 24.4.2007 – 1 ABR 47/06; Das Mitbestimmungsrecht entfällt weder bei Einverständnis der Arbeitnehmer mit der vom Betriebsrat beanstandeten Maßnahme des Arbeitgebers, noch bei deren individualrechtlicher Unzulässigkeit, BAG 30.6.2015, BeckRS 2015, 72430.

994 BAG 3.5.1994, AP Nr. 23 zu § 23 BetrVG 1972; Hessisches LAG 4.10.2007, AiB 2008, 100.

995 Vgl. BAG 18.1.2005, AP Nr. 24 zu § 77 BetrVG 1972 Betriebsvereinbarung; *Fitting u.a.*, § 77 BetrVG Rn 4 und 7.

996 BAG 10.11.1987, NZA 1988, 255.

997 *Fitting u.a.*, § 23 BetrVG Rn 102; BAG 26.7.2005, NZA 2005, 1375.

998 BAG 29.2.2000, AP Nr. 105 zu § 87 BetrVG 1972 Lohngestaltung – hierbei wurde die Wiederholungsgefahr verneint mit der Begründung, dass es sich um einen einmalig abgeschlossenen Vorgang in einer Ausnahmesituation gehandelt habe.

999 BAG 18.1.2005, AP Nr. 24 zu § 77 BetrVG 1972 Betriebsvereinbarung.

1000 BAG 23.4.1991, AP Nr. 7 zu § 98 BetrVG 1972 (zum Begriff Durchführung); vgl. demgegenüber BAG 17.5.1983, AP Nr. 19 zu § 80 BetrVG 1972 (zum Begriff Informations- und Bildungsveranstaltungen).

1001 BAG 29.4.2004, AP Nr. 3 zu § 77 BetrVG Durchführung; BAG 14.9.2010, NZA 2011, 364.

Dabei sind die Anforderungen an die Bestimmtheit des Antrags höher als bei einem Antrag nach § 23 Abs. 3 BetrVG.[1002] Ein unzulässiger Leistungsantrag kann jedoch in einen zulässigen Feststellungsantrag umgedeutet werden.[1003]

cc) Globalantrag

Ein sog. Globalantrag, mit dem für einen bestimmten Vorgang generell ein Mitbestimmungsrecht geltend gemacht wird, kann zwar zulässig sein, ist aber unbegründet, wenn die Unterlassung einer bestimmten Handlung auch für Fallgestaltungen begehrt wird, für die kein Mitbestimmungsrecht besteht. Kann die Unterlassung nicht für **alle** vom Antrag erfassten Fallgestaltungen verlangt werden, ist der Antrag insgesamt als unbegründet zurückzuweisen.   469

Das Gericht darf nicht dahin erkennen, dass der geltend gemachte Anspruch unter einschränkenden Voraussetzungen gegeben ist, die sich dem Antrag nicht entnehmen lassen.[1004] Eine **Teilstattgabe** kommt nur dann in Betracht, wenn sich dem Antrag der begründete Teil als eigenständiges Teilziel des Verfahrens entnehmen lässt. Dies setzt voraus, dass sich der Antrag insoweit auf voneinander zu trennende und klar abgrenzbare Sachverhalte bezieht.[1005]

Das bedeutet, dass Fallgestaltungen, für die die Unterlassungsverpflichtung nicht besteht, im Antrag **ausdrücklich ausgenommen** werden müssen. Zu denken ist beispielsweise an tarifliche Regelungen, an entgegenstehende Regelungen in einer Betriebsvereinbarung, an tendenzbedingte Maßnahmen, an Einzelfallmaßnahmen oder an Notfallmaßnahmen.[1006] Der zuletzt genannte Begriff enthält bereits das Kriterium der Unvorhersehbarkeit;[1007] zur Verdeutlichung für den Arbeitgeber sollte dennoch im Antrag von „unvorhersehbaren Notfällen" gesprochen werden. Eine Bezugnahme auf § 14 Abs. 1 ArbZG bei Überstunden macht noch deutlicher, was gemeint ist, nämlich insbesondere keine bloßen Eilfälle, die das Mitbestimmungsrecht des Betriebsrats grundsätzlich nicht entfallen lassen.[1008]

c) Vollstreckungsrechtlich
aa) Vollstreckbarkeit

Die Vollstreckung setzt einen vollstreckbaren Beschluss voraus, § 85 Abs. 1 S. 1, 2 ArbGG. Vollstreckbar sind zwar auch vorläufig vollstreckbare Beschlüsse. Vorläufige Vollstreckbarkeit ordnet das Gesetz aber nur für Beschlüsse in vermögensrechtlichen Streitigkeiten an.[1009] Zudem bestimmt § 87 Abs. 4 ArbGG, dass die Beschwerde aufschiebende Wirkung hat. Unterlassungsansprüche kommen also für die vorläufige Vollstreckbarkeit nicht in Betracht; bei ihnen setzt die Vollstreckung die Rechtskraft voraus.   470

Es muss eine vollstreckbare Ausfertigung (§ 724 Abs. 1 ZPO) des Beschlusses dem Vollstreckungsschuldner (Arbeitgeber) zugestellt sein, § 750 Abs. 1 S. 1.

Wenn der Arbeitgeber nach[1010] Eintritt der Vollstreckbarkeit des Beschlusses schuldhaft[1011] gegen die Unterlassungsverpflichtung verstößt, ist die Vollstreckung zulässig. Ob er im Moment der Vollstreckung noch die zu unterlassende Handlung begeht, ist unerheblich.[1012]

1002 DKK/*Trittin*, § 23 BetrVG Rn 263; *Fiebig*, NZA 1993, 58.
1003 BAG 18.1.2005, AP Nr. 24 zu § 77 BetrVG 1972 Betriebsvereinbarung.
1004 BAG 3.5.1994, AP Nr. 23 zu § 23 BetrVG 1972.
1005 BAG 16.11.2004, AP Nr. 3 zu § 82 BetrVG 1972.
1006 BAG v. 19.2.1991, NZA 1991, 609; *Fitting u.a.*, § 87 BetrVG Rn 25 m.w.N.; vgl. BAG 13.7.1977, AP Nr. 2 zu § 87 BetrVG 1972 Kurzarbeit.
1007 *Fitting u.a.*, § 87 BetrVG Rn 25; HaKo-ArbR/*Growe*, § 14 ArbZG Rn 5; BAG 16.3.2004, NZA 2004, 927.
1008 *Fitting u.a.*, § 87 BetrVG Rn 25a.
1009 Näher HaKo-ArbR/*Henssen*, § 85 ArbGG Rn 6.
1010 *Fitting u.a.*, § 23 BetrVG Rn 82.
1011 *Fitting u.a.*, § 23 BetrVG Rn 84.
1012 *Fitting u.a.*, § 23 BetrVG Rn 83.

bb) Ordnungsgeld

471 Unterlassungsbeschlüsse werden durch Verhängung von Ordnungsgeld (zugunsten der Staatskasse[1013]) vollstreckt, § 890 Abs. 1 S. 1 ZPO i.V.m. § 85 ArbGG Abs. 1 S. 3 ArbGG.[1014] Terminologisch ist hiervon das Zwangsgeld zur Erzwingung von Handlungen zu unterscheiden. Das Ordnungsgeld wird für jeden Fall der Zuwiderhandlung, nicht nur einmalig, verhängt.[1015]

Die Höhe des einzelnen Ordnungsgeldes beträgt an sich nach § 890 Abs. 1 S. 2 ZPO bis zu 250.000 EUR. Zur Vermeidung eines Wertungswiderspruchs zu § 23 Abs. 3 BetrVG wird jedoch eine Beschränkung auf 10.000 EUR angenommen.[1016] Aus demselben Grund ist Ordnungshaft (§ 890 Abs. 1 ZPO) ausgeschlossen (vgl. § 23 Abs. 3 S. 2 BetrVG).[1017]

cc) Androhung

472 Die Verhängung des Ordnungsgeldes setzt eine vorherige Androhung voraus, die allerdings mit dem Beschluss verbunden werden kann, der die Verpflichtung ausspricht, § 890 Abs. 2 ZPO.[1018] Es empfiehlt sich daher zur Vermeidung von Verzögerungen und Mehrarbeit, einen Antrag auf Androhung von Ordnungsgeld von Anfang an mit dem Unterlassungsantrag zu verbinden.[1019]

dd) Antrag

473 Die Vollstreckung findet nicht von Amts wegen, sondern nur auf Antrag statt.[1020] Dieser ist an das Arbeitsgericht als Prozessgericht des ersten Rechtszuges (§ 890 Abs. 1 S. 1 ZPO) zu richten, auch wenn die zu vollstreckende Entscheidung vom LAG oder BAG erlassen wurde.[1021]

3. Muster und Erläuterungen

a) § 87 Abs. 1 Nr. 2 und 3 BetrVG
aa) Ausgangslage

474 Die Anordnung von Überstunden[1022] ist ein in der Praxis häufiger Anlass, das Mitbestimmungsrecht des Betriebsrats geltend zu machen. Folgendes Muster betrifft unterschiedliche Teilaspekte: die Höchstgrenzen eines Gleitzeitkontos, den täglichen Arbeitszeitrahmen und die vereinbarte (und gesetzliche) Höchstgrenze der täglichen Arbeitsleistung. Grundlage ist eine Betriebsvereinbarung, die ihrerseits einen Tarifvertrag umsetzt.[1023] Die Unterlassungsansprüche ergeben sich unmittelbar aus § 77 Abs. 1 S. 1 BetrVG (Durchführungsanspruch), zugleich aber auch aus § 87 Abs. 1 Nr. 2 und 3 BetrVG, weil der mitbestimmte Regelungsrahmen überschritten worden ist. Allein auf die gleichzeitig verletzte Vorschrift des § 3 ArbZG könnte sich der Betriebsrat jedoch nicht als Anspruchsgrundlage für seinen Unterlassungsanspruch stützen (wegen dringender Fälle und der Möglichkeit einer einstweiligen Verfügung siehe Rdn 647 ff.).

1013 *Fitting u.a.*, § 23 BetrVG Rn 88.

1014 Vgl. zu den Einzelheiten des Vollstreckungsverfahrens *Fitting u.a.*, § 23 BetrVG Rn 77 ff.

1015 BAG 17.11.1998, AP Nr. 79 zu § 87 BetrVG 1972 Arbeitszeit; *Fitting u.a.*, nach § 1 BetrVG Rn 62.

1016 BAG 29.4.2004, AP Nr. 3 zu § 77 BetrVG 1972 Durchführung; *Fitting u.a.*, § 23 BetrVG Rn 110; nach § 1 BetrVG Rn 62.

1017 BAG 5.10.2010, ArbR Aktuell 2011, 46.

1018 BAG 24.4.2007, AP Nr. 124 zu § 87 BetrVG 1972 Arbeitszeit, m.w.N..

1019 Es tritt dann auch nicht die Frage auf, ob die Androhung, wenn sie in einem selbstständigen Beschluss erfolgt, ihrerseits vor Verhängung des Ordnungsgeldes rechtskräftig sein muss; hierzu *Fitting u.a.*, § 23 BetrVG Rn 79; GK-BetrVG/*Oetker*, § 23 Rn 248.

1020 *Fitting u.a.*, § 23 BetrVG Rn 86.

1021 *Fitting u.a.*, § 23 BetrVG Rn 87.

1022 Der praktisch häufig gleichbedeutend gebrauchte Begriff Mehrarbeit stammt historisch aus dem Arbeitsschutzrecht und wird teilweise nach wie vor abweichend benutzt, siehe GK-BetrVG/*Wiese*, § 87 Rn 396 f.

1023 Nur selten schließen Tarifverträge durch eigene Detailregelungen die Mitbestimmung völlig aus.

bb) Muster: Antrag auf Untersagung des Aufbaus eines zu hohen Gleitzeitsaldos und der Überschreitung des Gleitzeitrahmens

▼

Muster 3.36: Antrag auf Untersagung des Aufbaus eines zu hohen Gleitzeitsaldos und der Überschreitung des Gleitzeitrahmens 475

An das Arbeitsgericht

auf Einleitung eines Beschlussverfahrens

betreffend die Firma (*Name, Anschrift*)

mit den Beteiligten:

1. Betriebsrat der Firma (*Name*), vertreten durch die Betriebsratsvorsitzende , (*Anschrift*),

– Antragsteller –

Verfahrensbevollmächtigte: Rechtsanwälte

2. Firma , vertreten durch , (*Anschrift*)

– Beteiligte zu 2. –

wegen: Unterlassung mitbestimmungswidrigen Verhaltens

Für den von uns vertretenen Antragsteller beantrage ich,

1. der Beteiligten zu 2. aufzugeben, es zu unterlassen,

a) anzuordnen, zu vereinbaren oder zu dulden, dass Mitarbeiter der Abteilung Finanz- und Rechnungswesen ein Gleitzeitguthaben von mehr als 37 Stunden pro Monat aufbauen,

b) anzuordnen, zu vereinbaren oder zu dulden, dass Mitarbeiter der Abteilung Finanz- und Rechnungswesen in der Zeit zwischen 19.00 Uhr und 7.00 Uhr des Folgetages arbeiten,

c) anzuordnen, zu vereinbaren oder zu dulden, dass Mitarbeiter der Abteilung Finanz- und Rechnungswesen länger als 10 Stunden pro Tag arbeiten,

2. der Beteiligten zu 2. für jeden einzelnen Fall der Zuwiderhandlung gegen die Verpflichtungen gemäß Ziffer 1 ein Ordnungsgeld anzudrohen, dessen Höhe in das Ermessen des Gerichts gestellt wird.

Begründung:

1. Die Beteiligte zu 2. ist ein Unternehmen der -Branche mit rund 500 Beschäftigten. Der Beteiligte zu 1. ist der in ihrem Betrieb in gebildete 11-köpfige Betriebsrat.

In diesem Betrieb findet der Manteltarifvertrag (*genaue Bezeichnung*) Anwendung. Nach § 5 dieses Tarifvertrags beträgt die regelmäßige tarifliche wöchentliche Arbeitszeit 37 Stunden. Nach § 6 dieses Tarifvertrags sind Beginn und Ende der täglichen Arbeitszeit und der Pausen durch Betriebsvereinbarung festzulegen. Hierzu gilt im Betrieb der Beteiligten zu 2. die Betriebsvereinbarung zur Regelung der Gleitzeit vom gemäß **Anlage Ast 1.** Nach § 3 dieser Betriebsvereinbarung ist es unzulässig, ein Gleitzeitguthaben von mehr als 37 Stunden oder eine Gleitzeitschuld von mehr als 10 Stunden im Monatssaldo aufzubauen. Die Arbeitszeit derjenigen Mitarbeiter, die in Gleitzeit tätig sind, wird in Monatsübersichten konkret erfasst. Zu diesen Mitarbeitern gehören auch diejenigen der Abteilung Finanz- und Rechnungswesen.

Nach § 4 der Betriebsvereinbarung besteht ein Gleitzeitrahmen zwischen 7.00 Uhr und 19.00 Uhr. Des Weiteren ist bestimmt, dass Arbeit über 19.00 Uhr hinaus ausnahmslos unzulässig ist.

§ 5 der Betriebsvereinbarung sieht vor, dass es ausnahmslos unzulässig ist, pro Tag länger als 10 Stunden zu arbeiten.[1024]

1024 Hierbei handelt es sich um eine freiwillige Betriebsvereinbarung im Sinne von § 88 BetrVG. Nach h.M. gehört die Dauer der Arbeitszeit nicht zu den erzwingbaren Mitbestimmungsrechten des § 87 BetrVG, *Fitting u.a.*, § 87 BetrVG Rn 102 f.

2. In der Abteilung Finanz- und Rechnungswesen gibt es erhebliche Probleme bei der Einhaltung der Gleitzeitbetriebsvereinbarung, nachdem wesentliche Buchhaltungsfunktionen nach Polen verlagert worden sind. Aus der als **Anlage Ast 2** vorgelegten Monatsübersicht für Mai ergibt sich, dass

- die Mitarbeiter im Saldo des Monats Mai ein Gleitzeitguthaben von 52 bzw. 56 Stunden aufgebaut haben,

- die Mitarbeiter an insgesamt 8 Tagen über 19.00 Uhr hinaus gearbeitet haben,

- die Mitarbeiter an insgesamt 5 Tagen länger als 10 Stunden gearbeitet haben.

Ähnliches ist schon in den vorangegangenen Monaten vorgekommen (*wird ausgeführt*). Alle diese Verstöße hat der Betriebsrat immer wieder mündlich und schriftlich gerügt (*wird ausgeführt*). Die Beteiligte zu 2. hat zwar jedes Mal Abhilfe versprochen. Geändert hat sich jedoch nichts.

3. Der Betriebsrat kann die Unterlassung der im Antrag bezeichneten Verstöße verlangen. Dies ergibt sich zum einen aus dem Verstoß gegen die Pflicht gemäß § 77 Abs. 1 Satz 1 BetrVG, die Betriebsvereinbarung Gleitzeit durchzuführen, und zum anderen in Bezug auf den Antrag zu Ziffer 1 a) aus dem Verstoß gegen § 87 Abs. 1 Nr. 3 BetrVG und in Bezug auf den Antrag zu Ziffer 1 b) zusätzlich auch aus einem Verstoß gegen § 87 Abs. 1 Nr. 2 BetrVG.[1025] Außerdem liegt ein Verstoß gegen § 3 ArbZG vor, indem Mitarbeiter länger als 10 Stunden am Tag gearbeitet haben.[1026] Aus der Verletzung eines Mitbestimmungsrechts gemäß § 87 Abs. 1 BetrVG folgt nach nunmehr ständiger Rechtsprechung des Bundesarbeitsgerichts ein Anspruch des Betriebsrats gegen den Arbeitgeber, die mitbestimmungspflichtige Maßnahme zu unterlassen (BAG 3.5.1994, AP Nr. 23 zu § 23 BetrVG 1972). Besondere Umstände, die die Vermutung der Wiederholungsgefahr (BAG 29.2.2000, AP Nr. 105 zu § 87 BetrVG 1972 Lohngestaltung) entkräften könnten, gibt es nicht. Im Gegenteil sind wegen der nach wie vor angespannten Situation in der Abteilung Finanz- und Rechnungswesen auch zukünftig Verstöße zu befürchten.

(*Unterschrift*)

(Rechtsanwalt)

▲

cc) Erläuterungen

476   Bei Unternehmen mit Betrieben an unterschiedlichen Orten ist auf § 82 ArbGG zu achten: Ausschließlich **örtlich zuständig** ist in Betriebsratsangelegenheiten das Arbeitsgericht, in dessen Bezirk der Betrieb liegt. Der Unternehmenssitz ist dagegen maßgebend in Angelegenheiten des Gesamtbetriebsrats oder des Konzernbetriebsrats.

Im Beschlussverfahren gibt es keinen **Antragsgegner**.[1027] Die Beteiligtenstellung richtet sich nach materiellem Recht.[1028] Die Beteiligten werden im Rubrum mit laufenden Nummern bezeichnet, wobei der Initiator des Verfahrens auch „Antragsteller" genannt werden kann.

Mitbestimmungswidrig ist nicht nur die **Anordnung** von Überstunden oder ihre Vereinbarung, sondern auch ihre bloße Entgegennahme, das **Dulden**.[1029] Der Arbeitgeber kann sich nicht darauf berufen, die Arbeitnehmer arbeiteten von sich aus und ohne sein Zutun außerhalb des vorgegebenen Rahmens. Das BAG hat gerade zur Überschreitung von maximalen Gleitzeitguthaben entschieden, dass Unterlassungsverpflichtungen nicht darauf beschränkt sind, eigene Handlungen zu unterlassen, sondern dass sie vielmehr auch bedeuten können, dass der Verpflichtete aktiv auf Dritte einwirken muss, um den Eintritt eines bestimmten Erfolgs zu verhindern.[1030]

1025 Auch bei dem Antrag zu Nr. 1 b) liegt ein Verstoß gegen § 87 Abs. 1 Nr. 3 BetrVG vor, weil bei Gleitzeitregelungen der Gleitzeitkorridor die betriebsübliche Arbeitszeit darstellt (ErfK/*Kania*, § 87 BetrVG Rn 32) und dessen Überschreitung unabhängig vom tatsächlich erbrachten Arbeitszeitvolumen eine Verlängerung der betriebsüblichen Arbeitszeit bedeutet.

1026 Dieser Verstoß führt aber nicht zu einem Unterlassungsanspruch des Betriebsrats.

1027 So ausdrücklich BAG 20.4.1999, NZA 1999, 1235.

1028 BAG 20.4.1999, NZA 1999, 1235.

1029 BAG 27.11.1990, NZA 1991, 382.

1030 BAG 29.4.2004, AP Nr. 3 zu § 77 BetrVG 1972 Durchführung, unter B. III. b), m.w.N..

Um der strittigen Frage zu entgehen, ob das Ordnungsgeld bis zu 250.000 EUR oder nur bis zu 10.000 EUR beträgt, ist es im Antrag nicht beziffert worden.

b) § 87 Abs. 1 Nr. 1 BetrVG
aa) Ausgangslage
Die „Ordnung des Betriebs" und „das Verhalten der Arbeitnehmer" darf der Arbeitgeber nicht ohne Mit- **477** bestimmung des Betriebsrats regeln, § 87 Abs. 1 Nr. 1 BetrVG. Gemeint ist damit aber nicht das Leistungsverhalten der Arbeitnehmer – als Teil der Arbeitsleistung –, sondern das sog. Ordnungsverhalten.

bb) Muster: Untersagung der Anordnung, Anstecker an der Kleidung zu tragen
▼

Muster 3.37: Untersagung der Anordnung, Anstecker an der Kleidung zu tragen **478**

An das Arbeitsgericht ▮▮▮▮▮

Antrag

auf Einleitung eines Beschlussverfahrens

betreffend die Firma ▮▮▮▮▮ (*Name, Anschrift*)

mit den Beteiligten

1. Betriebsrat[1031] des Betriebs ▮▮▮▮▮ der Firma ▮▮▮▮▮, vertreten durch den Betriebsratsvorsitzenden ▮▮▮▮▮, ▮▮▮▮▮ (*Anschrift*)

– Antragsteller –

Verfahrensbevollmächtigte: RAe ▮▮▮▮▮

2. Firma ▮▮▮▮▮, vertreten durch ▮▮▮▮▮, ▮▮▮▮▮ (*Anschrift*)

– Beteiligte zu 2. –

Wegen: Unterlassung mitbestimmungswidrigen Verhaltens

Für den von uns vertretenen Antragsteller beantrage ich,

1. der Beteiligten zu 2. aufzugeben, es zu unterlassen, von ihren Verkäufern im Betrieb ▮▮▮▮▮ zu verlangen, während der Arbeit an ihrer Kleidung Anstecker mit der Aufschrift „X (Marke) – Ich bin für Sie da" zu tragen, solange die Zustimmung des Antragstellers nicht erteilt oder durch die Einigungsstelle ersetzt worden ist,

2. der Beteiligten zu 2. für jeden einzelnen Fall der Zuwiderhandlung ein Ordnungsgeld anzudrohen, dessen Höhe in das Ermessen des Gerichts gestellt wird.

Begründung:

1. Die Beteiligte zu 2. betreibt in Deutschland zahlreiche Bahnhofs- und Flughafenbuchhandlungen mit zusammen rund 1000 Arbeitnehmern. Der Antragsteller ist der 3-köpfige Betriebsrat für die Filiale in ▮▮▮▮▮ mit 22 Mitarbeitern.

Die in den Verkaufslokalen tätigen Arbeitnehmer tragen keine von der Arbeitgeberin gestellte Dienstkleidung, sondern Privatkleidung. Durch Rundschreiben vom ▮▮▮▮▮ gemäß **Anlage Ast. 1** unterrichtete die Beteiligte zu 2. sie darüber, dass zu Beginn des nächsten Monats ein sog. Serviceschild eingeführt werde. Dabei handele es sich um ein an der Kleidung mittels Clip zu befestigendes Kunststoffschild in der Art eines Namensschildes. Darauf solle neben der von der Beteiligten zu 2. benutzten Marke „X" auch der Satz „Ich bin für Sie da" stehen.

Alle im Verkaufsraum tätigen Arbeitnehmer hätten das Schild sichtbar an ihrer Kleidung zu tragen, um Kundenfreundlichkeit zu zeigen.

1031 Gegebenenfalls ist hier die Zuständigkeit des Gesamtbetriebsrats gemäß § 50 BetrVG gegeben.

Mit Schreiben gemäß **Anlage Ast. 2** machte der Betriebsrat die Beteiligte zu 2. darauf aufmerksam, dass die Einführung des Schildes nach § 87 Abs. 1 Nr. 1 BetrVG mitbestimmungspflichtig sei und nicht erfolgen dürfe. Die Beteiligte zu 2. antwortete mit Schreiben gemäß **Anlage Ast. 3**, dass die Anweisung, die Schilder zu tragen, nur die Arbeitspflicht der Arbeitnehmer konkretisiere und somit nicht mitbestimmungspflichtig sei. Es seien zudem bereits 1200 Schilder verbindlich bestellt worden. Da Mitbewerber inzwischen sogar uniformähnliche Dienstkleidung eingeführt hätten, sei die Einführung der Schilder wirtschaftlich alternativlos.

Dem Betriebsrat wurden vielfältige Bedenken gegen die Anstecker aus der Arbeitnehmerschaft zugetragen. Der Betriebsrat schlug der Beteiligten zu 2. daher einige Änderungen vor, über die bislang keine Einigung erzielt werden konnte. Die Einführung der Schilder will die Beteiligte zu 2. jedoch nicht aufschieben. Darauf hat der Betriebsrat beschlossen, der Beteiligten zu 2. vom Arbeitsgericht aufgeben zu lassen, die Einführung der Schilder zu unterlassen, bis eine Einigung zustande gekommen ist.[1032]

2. Der Betriebsrat hat einen Anspruch darauf, dass es die Beteiligte zu 2. unterlässt, von den Arbeitnehmern das Tragen der Serviceschilder zu verlangen. Dies folgt aus dem allgemeinen betriebsverfassungsrechtlichen Unterlassungsanspruch, der sich unmittelbar aus dem verletzten Mitbestimmungsrecht nach § 87 BetrVG ergibt (BAG 3.5.1994, AP Nr. 23 zu § 23 BetrVG 1972). Die Einführung der Schilder „X – Ich bin für Sie da" ist mitbestimmungspflichtig nach § 87 Abs. 1 Nr. 1 BetrVG. Denn mit der Verpflichtung, die Schilder zu tragen, will die Beteiligte zu 2. über das sog. Ordnungsverhalten der Arbeitnehmer (BAG 25.1.2000, AP Nr. 34 zu § 87 BetrVG 1972 Ordnung des Betriebes) bestimmen. Die Anweisung dient zum einen dazu, die Arbeitnehmer für den Kunden schneller als Verkaufspersonal erkennbar zu machen. Zum anderen sollen die Kunden positive Rückschlüsse auf die Dienstleistungsbereitschaft der Beteiligten zu 2. ziehen. Für die Erbringung der arbeitsvertraglich geschuldeten Leistung – also das Bedienen der Kunden, das Einräumen von Ware in die Regale, die Remission usw. – ist das Schild jedoch nicht von Bedeutung; insbesondere ist dafür auch keine äußere Kennzeichnung gegenüber den Kunden erforderlich. Dementsprechend hat das BAG die Anordnung des Tragens von Namensschildern bei Busfahrern für mitbestimmungspflichtig gehalten (BAG 11.6.2002, AP Nr. 38 zu § 87 BetrVG 1972 Ordnung des Betriebs). Auch bei Croupiers in einem Casino hat das BAG die arbeitgeberseitig vorgeschriebene Kleidung einschließlich eines zu tragenden Ansteckers mit Firmenlogo nicht in erster Linie als für die Arbeitsleistung erforderlich angesehen, sondern als darauf gerichtet, ein einheitliches Erscheinungsbild herbeizuführen. Dies hat das BAG auch unter Berücksichtigung des Zwecks, die Erkennbarkeit für Gäste zu erleichtern, für mitbestimmungspflichtig gehalten (BAG 13.2.2007, NZA 2007, 640).

Die Beteiligte zu 2. hat mit ihrer Anordnung daher das Mitbestimmungsrecht des Beteiligten zu 1. verletzt. Sie weigert sich, die Einführung der Anstecker zurückzustellen. Das braucht der Betriebsrat nicht zu dulden. Die Arbeitgeberin wäre zur Einführung der Schilder selbst bei vorliegendem Einverständnis aller Arbeitnehmer erst nach Zustimmung des Betriebsrats oder Ersetzung der Zustimmung durch die Einigungsstelle berechtigt.

(*Unterschrift*)

(Rechtsanwalt)

cc) Erläuterungen

(1) Bestimmtheit

479   Es sollte auf eine möglichst präzise Bezeichnung der zu unterlassenden Handlung geachtet werden. Damit geht jedoch die Gefahr der Umgehung einher. Gibt es Anhaltspunkte dafür, dass der Arbeitgeber auf ein ähnliches, aber im Detail anderes Verhalten ausweichen könnte, sollte dies im Antrag berücksichtigt werden, indem der Antrag z.B. auf „,'X– Ich bin für Sie da' oder ähnliche Aufschriften" bezogen wird. Fehlen wie im Muster Hinweise auf ein Ausweichen auf ähnliche Aufschriften (hier sind die Schilder bereits bestellt), könnte das Gericht hingegen einen so erweiterten Unterlassungsantrag für zu weit halten.

[1032] Hier wäre auch ein Antrag auf Erlass einer einstweiligen Verfügung zu prüfen. Der Betriebsrat kann jedoch auch darauf vertrauen, dass die Mitarbeiter die Anstecker nicht tragen, da eine mitbestimmungswidrige Weisung individualrechtlich unbeachtlich ist. Eine weitere Alternative wäre die Anrufung der Einigungsstelle.

(2) Vollstreckbare Ausfertigung

Der antragsgemäß ergangene Beschluss wird erst mit Rechtskraft vollstreckbar. Anders als bei der einstwei- 480
ligen Verfügung setzt die Vollstreckung eine vollstreckbare Ausfertigung voraus. Um sich später einen weiteren Arbeitsschritt zu ersparen und um dem Arbeitgeber die Konsequenzen vor Augen zu halten, kann man
diese Ausfertigung bereits bei Verfahrenseinleitung beantragen.

(3) Formalien des Betriebsratsbeschlusses

Meistens ziehen die Arbeitgeber die Ordnungsmäßigkeit der Beschlussfassung nicht in Zweifel; manche 481
sind dagegen spezialisiert auf das Aufspüren von Beschlussmängeln. Wie viel zum Betriebsratsbeschluss
schon in der Antragsschrift vorgetragen wird, bleibt der Entscheidung im Einzelfall überlassen. Sofern
man sich nicht im Eilverfahren befindet und der betroffene Arbeitgeber nicht bekannt für das Hinterfragen
der Beschlüsse ist, kann das Thema auch ganz unerwähnt bleiben, darf aber bei der Vorbereitung nicht vergessen werden. Entschärft wird die Problematik durch die Möglichkeit, Beschlüsse zumindest vor Abschluss der 1. Instanz nachzuholen.[1033] Zu betonen ist, dass Betriebsratsbeschlüsse grundsätzlich nicht
formbedürftig sind, Protokollmängel also ihre Wirksamkeit unberührt lassen. Es müssen auch nicht die
an das Gericht zu stellenden Anträge formuliert sein; die Benennung von Streitgegenstand und angestreb-
tem Ergebnis reicht.[1034]

c) § 95 BetrVG
aa) Ausgangslage

Zumeist werden Unterlassungsansprüche im Bereich des § 87 Abs. 1 BetrVG geltend gemacht. Aber auch 482
andere Mitbestimmungstatbestände können einen Unterlassungsanspruch des Betriebsrats beinhalten. Erfolg hatte ein Betriebsrat beim BAG im Fall eines ohne seine Beteiligung zustande gekommenen Punkteschemas für die Sozialauswahl bei betriebsbedingten Kündigungen.[1035]

▼

Muster 3.38: Antrag auf Untersagung der Anwendung eines Punkteschemas bei 483
betriebsbedingter Kündigung ohne Betriebsratsbeteiligung

An das Arbeitsgericht ▨

Antrag

auf Einleitung eines Beschlussverfahrens

betreffend die Firma ▨ (*Name, Anschrift*)

mit den Beteiligten

1. Betriebsrat der Firma ▨ (*Name*), vertreten durch die Betriebsratsvorsitzende ▨ , ▨
   (*Anschrift*)

                                                 – Antragsteller –

Prozessbevollmächtigte: RAe ▨

2. Firma ▨ (*Name*), vertreten durch ▨ , ▨ (*Anschrift*)

                                                 – Beteiligte zu 2. –

wegen Unterlassung mitbestimmungswidrigen Verhaltens

1033 BAG 18.2.2003, AP Nr. 39 zu § 23 BetrVG 1972; siehe näher *Fitting u.a.*, § 33 BetrVG Rn 47b auch zu weitergehenden Ansichten.
1034 BAG 29.4.2004, AP Nr. 3 zu § 77 BetrVG 1972 Durchführung; *Fitting u.a.*, § 29 BetrVG Rn 46.
1035 Vgl. BAG 26.7.2005, NZA 2005, 1372.

Für den von uns vertretenen Antragsteller beantrage ich,

1. der Beteiligten zu 2. aufzugeben, es zu unterlassen, ohne Zustimmung des Betriebsrats oder deren Ersetzung durch die Einigungsstelle bei Kündigungen von Mitarbeitern ein Punktesystem anzuwenden, nach dem die Sozialauswahl der zu kündigenden Arbeitnehmer vorgenommen wird,

2. der Beteiligten zu 2. für jeden einzelnen Fall der Zuwiderhandlung gegen die Verpflichtung gemäß Ziffer 1 ein Ordnungsgeld anzudrohen, dessen Höhe in das Ermessen des Gerichts gestellt wird,

3. hilfsweise: festzustellen, dass der Beteiligte zu 1. ein Mitbestimmungsrecht hat bei der Aufstellung und Anwendung des von der Beteiligten zu 2. verwendeten Punktesystems, nach dem diese bei betriebsbedingten Kündigungen die Sozialauswahl der zu kündigenden Beschäftigten vornimmt.

Begründung:

1. Die Beteiligte zu 2. ist ein Unternehmen des Einzelhandels mit etwa 200 Arbeitnehmern. Im Mai informierte sie den Beteiligten zu 1. darüber, dass sie beabsichtige, 15 Vollzeitstellen im Verkauf abzubauen. Im Rahmen der kurz darauf erfolgenden Anhörungen nach § 102 BetrVG stellte der Betriebsrat fest, dass die Arbeitgeberin für die soziale Auswahl der zu Kündigenden ein Punkteschema anwendete, nach dem die Schutzbedürftigkeit aller für eine Kündigung in Betracht kommenden Arbeitnehmer bewertet wurde. Für die Merkmale Dauer der Betriebszugehörigkeit, Lebensalter, Unterhaltspflichten und Schwerbehinderung (§ 1 Abs. 3 Satz 1 KSchG) wurden bestimmte Punktwerte festgelegt, die aus der Tabelle gemäß **Anlage Ast 1** ersichtlich sind. Die 15 danach am wenigsten schutzbedürftigen Arbeitnehmer sollten eine betriebsbedingte Kündigung erhalten.

Bei der Erstellung des Punktesystems und damit der Festlegung der Gewichtung der Sozialauswahlmerkmale war der Betriebsrat nicht beteiligt. Dieser forderte die Beteiligte zu 2. daher mit Schreiben gemäß **Anlage Ast 2** auf, das Schema nicht auf Kündigungen anzuwenden, solange hierzu keine Zustimmung erteilt oder durch die Einigungsstelle ersetzt sei. Dies lehnte die Arbeitgeberin mit Schreiben gemäß **Anlage Ast 3** ab mit dem Hinweis, dass das Punkteschema nur die konkret bevorstehende Personalreduzierung um 15 Arbeitnehmer betreffe und keine Geltung für die Zukunft beanspruche. Der Betriebsrat widersprach den Kündigungen unter Berufung auf § 102 Abs. 3 Nr. 1 und 2 BetrVG. Mittlerweile sind 15 Kündigungen ausgesprochen worden; mehrere Kündigungsschutzverfahren sind noch anhängig.

2. Der Beteiligte zu 1. hat einen Anspruch darauf, dass die Beteiligte zu 2. die Anwendung des Punktesystems unterlässt, d.h. es unterlässt, aus einer Mehrzahl von Arbeitnehmern unter Zugrundelegung dieses Punktesystems Arbeitnehmer für betriebsbedingte Kündigungen auszuwählen. Der Anspruch ergibt sich aus dem verletzten Mitbestimmungtatbestand des § 95 Abs. 1 BetrVG. Nach ständiger Rechtsprechung des Bundesarbeitsgerichts kann der Betriebsrat die Verletzung echter Mitbestimmungsrechte, die die Entscheidung durch die Einigungsstelle vorsehen, mittels eines allgemeinen Unterlassungsanspruchs abwehren (BAG 3.5.1994, AP Nr. 23 zu § 23 BetrVG 1972). Dies hat es ausdrücklich auch für § 95 BetrVG anerkannt (BAG 26.7.2005, NZA 2005, 1372). Die Voraussetzungen des Mitbestimmungsrechts nach § 95 Abs. 1 BetrVG sind erfüllt. Bei dem angewendeten Punktesystem handelt es sich um eine Auswahlrichtlinie i.S.d. Gesetzes. Das System dient dazu, nach bestimmten Regeln eine Auswahl für Kündigungen zu treffen. Ob der Arbeitgeber dasselbe Schema zukünftig wieder verwenden will, ist unerheblich. Es genügt ein über eine Einzelmaßnahme hinausgehender kollektiver Bezug, der schon dann gegeben ist, weil einige Arbeitnehmer aus einer Mehrzahl von vergleichbaren Arbeitnehmern auszuwählen sind (BAG 26.7.2005, NZA 2005, 1372). Anderenfalls bestünde ein Widerspruch zu § 1 Abs. 4 KSchG, weil dann die dortige Einschränkung der Sozialauswahlüberprüfung regelmäßig leer laufen würde.

Das Mitbestimmungsrecht ist auch nicht davon abhängig, ob der Arbeitgeber den Betriebsrat in die Erstellung des Punktesystems einbeziehen will. Das Mitbestimmungsrecht folgt – unabhängig von der Frage eines Initiativrechts des Betriebsrats – bereits aus der Erstellung des Punktesystems. Solange der Betriebsrat dem nicht zugestimmt hat, darf der Arbeitgeber dieses nicht verwenden.

(*Unterschrift*)

(Rechtsanwalt)

bb) Erläuterungen

(1) Reichweite des Unterlassungsanspruchs

Der Unterlassungsanspruch bezieht sich nach h.M. nur auf die mitbestimmungswidrige Auswahlrichtlinie, **484** nicht auf die Kündigungen selbst. Diese kann der Betriebsrat nicht durch einen Unterlassungsantrag verhindern.[1036] Auch sollen die Kündigungen selbst nicht unwirksam sein wegen des Verstoßes gegen die Mitbestimmung bei der Auswahlrichtlinie.[1037]

(2) Hilfsantrag

Der Hilfsantrag nimmt Rücksicht auf die Möglichkeit, dass zwar ein Mitbestimmungsrecht besteht, aus diesem aber kein Unterlassungsanspruch folgt. Vor der Entscheidung des BAG[1038] war dies hinsichtlich § 95 **485** BetrVG streitig. Ein Hilfsantrag wie im Muster wird nun bei § 95 BetrVG i.d.R. nicht mehr nötig sein, kann sich aber bei anderen Tatbeständen empfehlen.

XIII. Rechtsmittel

Literatur: *Germelmann*, Neue Prozessuale Probleme durch das Gesetz zur Beschleunigung des arbeitsgerichtlichen Verfahrens, NZA 2000, 1017; *Molkenbur*, Verfahrensrechtliche Probleme des arbeitsgerichtlichen Beschlussverfahrens, DB 1992, 425; *Schlochauer*, Das arbeitsgerichtliche Beschlussverfahren, in: FS zum 100 jährigen Bestehen des Deutschen Arbeitsgerichtsverbandes, 1994, S. 373; *Thon*, Zur Antragstellung im arbeitsgerichtlichen Beschlussverfahren, AuR 1996, 175.

1. Allgemeines

Die **Beschwerde im Beschlussverfahren** eröffnet wie die Berufung im Urteilsverfahren die **zweite In-** **486** **stanz gegen Entscheidungen der Arbeitsgerichte.** Das Verfahren wird vor dem LAG in tatsächlicher und rechtlicher Hinsicht vollen Umfangs neu verhandelt. Grds. kann gegen jeden die erste Instanz beendenden Beschluss beim LAG Beschwerde gem. § 87 ArbGG eingelegt werden, soweit der Beschwerdeführer beschwerdeberechtigt und durch den Beschluss des Arbeitsgerichts beschwert ist. Anders als bei der Berufung hängt die Statthaftigkeit der Beschwerde im arbeitsgerichtlichen Beschlussverfahren weder von einer Mindesthöhe des Streit- oder Beschwerdewerts noch von einer Zulassung des Rechtsmittels ab. Gegenstand des Beschwerdeverfahrens sind vornehmlich Angelegenheiten aus dem BetrVG, dem SprAuG, dem MitbestG, dem EBRG und aus den §§ 94, 95, 139 SGB IV. Ferner wird im Beschlussverfahren über die Tariffähigkeit und Tarifzuständigkeit einer Vereinigung, die Wirksamkeit einer Allgemeinverbindlicherklärung und über den nach § 3a Abs. 2 S. 2 TVG im Betrieb anwendbaren Tarifvertrag entschieden (s. § 2a Abs. 1 ArbGG).

Ausnahmsweise ist das **BAG** für die Überprüfung instanzbeendender Beschlüsse des Arbeitsgerichts zu- **487** ständig, und zwar bei Zulassung der **Sprungrechtsbeschwerde**, wenn die Rechtsbeschwerde beim BAG eingelegt wird, und in **Verfahren nach §§ 122 Abs. 3, 126 Abs. 2 InsO**, wenn das Arbeitsgericht die Rechtsbeschwerde in seinem Beschluss zugelassen hat.

Verfahrensleitende Beschlüsse und Verfügungen des Arbeitsgerichts sind nicht mit der Beschwerde **488** gem. § 87 ArbGG angreifbar. Für sie gelten vielmehr die Vorschriften über das allgemeine Beschwerdeverfahren (§ 83 Abs. 5 i.V.m. § 78 ArbGG). Das betrifft z.B. Entscheidungen des Arbeitsgerichts über die Aussetzung des Verfahrens, die Zulässigkeit des Rechtswegs oder der Verfahrensart.

1036 *Rossa/Salamon*, NJW 2008, 1991.
1037 BAG 6.7.2006, NZA 2007, 139 sowie NZA 2007, 197.
1038 BAG 26.7.2005, NZA 2005, 1372.

Gegen den **Einstellungsbeschluss des Vorsitzenden**, der ergeht, nachdem der Antrag zurückgenommen oder übereinstimmend für erledigt erklärt worden ist, ist Beschwerde gem. § 87 ArbGG einzulegen, weil der Einstellungsbeschluss das Verfahren beendet.[1039]

489 Die **Rechtsbeschwerde** eröffnet die dritte Instanz im Beschlussverfahren. Sie richtet sich gegen Beschlüsse des LAG, die ein Beschlussverfahren beenden. Ihre Statthaftigkeit hängt davon ab, dass sie in dem Beschluss des LAG oder aufgrund einer Nichtzulassungsbeschwerde vom BAG zugelassen worden ist. Die Rechtsbeschwerde führt nur zu einer Überprüfung in rechtlicher Hinsicht. Dabei werden die vom LAG getroffenen tatsächlichen Feststellungen zugrunde gelegt. Es handelt sich nicht um eine weitere Tatsacheninstanz.

490 Nicht mit der Rechtsbeschwerde angreifbar sind **Beschlüsse des LAG, mit denen eine unzulässige Beschwerde verworfen worden ist**, weil sie nicht in der gesetzlichen Form und Frist eingelegt oder begründet worden ist (§ 89 Abs. 3 S. 2 ArbGG) sowie **Beschlüsse über die Bestellung und Besetzung einer Einigungsstelle** (§ 100 Abs. 2 S. 4 ArbGG). Auch gegen **Beschlüsse durch die eine einstweilige Verfügung oder ein Arrest im Beschlussverfahren erlassen worden ist**, ist keine Rechtsbeschwerde gegeben, § 92 Abs. 1 S. 3, § 85 Abs. 2 ArbGG.

491 **Verfahrensbegleitende Beschlüsse im zweiten Rechtszug des Beschlussverfahrens** können lediglich mit der (allgemeinen) Rechtsbeschwerde angegriffen werden, wenn das LAG über eine sofortige Beschwerde nach § 78 i.V.m. § 83 Abs. 5 ArbGG entscheidet und die Rechtsbeschwerde zugelassen hat.[1040] Für diese Beschwerdeverfahren gelten nicht die §§ 92–96 ArbGG, sondern die §§ 567 ff. ZPO.

2. Beschwerdeschrift

a) Muster

▼

492 **Muster 3.39: Beschwerdeschrift**

An das

Landesarbeitsgericht [ ]

[ ]

In dem Beschlussverfahren

mit den Beteiligten

1. Betriebsrat der [ ] (*Firma*), [ ] (*Straße, Ort*), vertreten durch den Betriebsratsvorsitzenden [ ]

– Beschwerdeführer/Antragsteller/Beteiligter zu 1. –

Verfahrensbevollmächtigter: RA [ ]

2. Firma [ ], (*Straße, Ort*), vertreten durch [ ] (*gesetzlicher Vertreter*)

– Beschwerdegegnerin/Antragsgegnerin/Beteiligte zu 2. –

Verfahrensbevollmächtigter erster Instanz: RA [ ]

3. Herr [ ], [ ] (*Straße, Ort*)

– Beteiligter zu 3. –

1039 LAG Rheinland-Pfalz 25.6.1982, EzA § 92 ArbGG 1979 Nr. 1; GK-ArbGG/*Dörner*, § 87 Rn 3; *Schwab/Weth/Busemann*, § 87 Rn 4; *Ostrowicz/Künzl/Scholz*, Rn 764; *Hauck/Helml/Biebl*, § 87 Rn 2; a.A. LAG Hamm 21.9.1999, NZA-RR 2000, 660.
1040 BAG 28.2.2003, NZA 2003, 516.

wegen ▓▓▓▓ (*Bezeichnung des Streitgegenstands*)

lege ich namens des Antragstellers gegen den Beschluss des Arbeitsgerichts ▓▓▓▓ vom ▓▓▓▓ (*Verkündungsdatum*), Az.: ▓▓▓▓ ,

Beschwerde

ein. Eine beglaubigte Abschrift des Beschlusses des Arbeitsgerichts vom ▓▓▓▓ (*Verkündungsdatum*) ist beigefügt. Die Beschwerdeanträge und Beschwerdebegründung bleiben einem gesonderten Schriftsatz vorbehalten.

(Unterschrift)

b) Erläuterungen

aa) Gegenstand und Statthaftigkeit der Beschwerde

Die Beschwerde ist das statthafte **Rechtsmittel gegen alle instanzbeendenden Entscheidungen des Arbeitsgerichts** im Beschlussverfahren. Hierzu zählen auch Teil- und Zwischenbeschlüsse, sofern ihnen verfahrensbeendende Funktion zukommt.   **493**

Die Beschwerde hat nach § 87 Abs. 4 S. 1 ArbGG aufschiebende Wirkung; der Eintritt der Rechtskraft wird gehemmt (**Suspensiveffekt**). Die vorläufige Vollstreckbarkeit des arbeitsgerichtlichen Beschlusses in vermögensrechtlichen Streitigkeiten wird dadurch aber nicht berührt (§ 85 Abs. 1 S. 2 ArbGG).   **494**

Die Beschwerde ist weder von der **Höhe der Beschwer** noch von der **Zulassung durch das Arbeitsgericht** abhängig.

Beschwerdegericht ist das **LAG**.[1041] Das Arbeitsgericht darf der Beschwerde auch nicht abhelfen und seine Entscheidung ändern.[1042] Hat das Arbeitsgericht irrtümlich im Urteils- statt im Beschlussverfahren entschieden, kann der beschwerte Beteiligte nach dem Grundsatz der Meistbegünstigung wahlweise Beschwerde oder Berufung einlegen.[1043] Das LAG darf nicht an das Arbeitsgericht zurückverweisen, § 91 Abs. 2 S. 2 ArbGG. Es muss vielmehr in der richtigen Verfahrensart entscheiden und das eingelegte Rechtsmittel entsprechend behandeln, also z.B. die Beschwerde gegen den Beschluss als Berufung im Urteilsverfahren.[1044]   **495**

bb) Beschwerdebefugnis und Beschwer

Der Beschwerdeführer muss **beschwerdebefugt** sein. Das sind grundsätzlich alle im Verfahren zu Recht beteiligten oder zu beteiligenden Personen oder Stellen, die durch die Entscheidung des Arbeitsgerichts beschwert sind. Das gilt unabhängig davon, ob sie vom Arbeitsgericht als Beteiligte hinzugezogen worden sind.[1045] Dagegen ist ein vom Arbeitsgericht zu Unrecht Beteiligter nicht beschwerdebefugt.[1046] Auch eine Rechtsmittelbelehrung, die fehlerhaft ein Rechtsmittel für gegeben erklärt, begründet keine Beschwerdebefugnis.[1047] Wer Beteiligter im Beschlussverfahren sein kann, ergibt sich aus materiellem Recht. Maßgebend ist, ob die Person oder Stelle durch die vom Antragsteller begehrte Entscheidung – und sei es nur über einen Hilfsantrag – in ihrer betriebsverfassungsrechtlichen Rechtsstellung unmittelbar betroffen wird.[1048] Die Beteiligten sind von Amts wegen zu beteiligen, d.h. anzuhören und zum Verfahren   **496**

1041 Ausnahmsweise ist das BAG Beschwerdegericht, nämlich in Verfahren nach §§ 122 Abs. 3, 126 Abs. 2 InsO, wenn das Arbeitsgericht die Rechtsbeschwerde in seinem Beschluss zugelassen hat.
1042 Germelmann u.a./*Matthes/Schlewing*, § 87 Rn 6.
1043 *Ostrowicz/Künzl/Scholz*, Rn 764.
1044 GK-ArbGG/*Dörner*, § 88 Rn 12.
1045 BAG 10.9.1985, AP Nr. 2 zu § 117 BetrVG 1972.
1046 BAG 13.3.1984, AP Nr. 9 zu § 83 ArbGG 1979; BAG 25.8.1981, AP Nr. 2 zu § 83 ArbGG 1979.
1047 BAG 20.2.1986, EzA § 5 BetrVG 1972 Nr. 45.
1048 BAG 12.10.1976, AP Nr. 1 zu § 8 BetrVG 1972.

hinzuzuziehen. Eines förmlichen Antrags des Antragstellers oder eines anderen Beteiligten bedarf es dazu nicht.[1049]

497   Ist – wie bei der Anfechtung der Betriebsratswahl – eine bestimmte Anzahl von Antragstellern erforderlich und legen weniger Antragsteller Beschwerde ein, ist die Beschwerde zwar zulässig, der Antrag jedoch unbegründet.[1050]

498   Der Beschwerdeführer muss durch die angegriffene Entscheidung beschwert sein. Die **Beschwer** ermittelt sich nach den gleichen Grundsätzen wie im Urteilsverfahren. Sie muss bei jedem Beschwerdeführer vorliegen. Für den Antragsteller ergibt sie sich aus einem Vergleich zwischen dem gestellten Antrag und der ergangenen Entscheidung. Hierfür sind nicht nur der Tenor, sondern auch die Gründe der Entscheidung maßgebend, soweit sie in Rechtskraft erwachsen.[1051] Bei den übrigen Beteiligten ist die Beschwer materiell zu ermitteln. Der Beschwerdeführer muss stets objektiv in seiner materiellen Rechtsstellung betroffen sein.[1052] Ist ein Beteiligter in einem Rechtszug zu Unrecht nicht beteiligt worden, begründet dieser Umstand allein noch keine Beschwer, es sei denn, Gegenstand des Verfahrens war die Frage der Beteiligtenstellung.[1053] Eine Beschwer ist dagegen in dem Fall gegeben, wenn der Antrag als unzulässig statt als unbegründet abgewiesen wird, auch wenn keine Sachentscheidung ergeht.[1054]

cc) Beschwerdefrist

499   Die Beschwerde muss innerhalb einer **Frist von einem Monat** nach Zustellung des in vollständiger Form abgesetzten Beschlusses eingelegt werden. Wird der arbeitsgerichtliche Beschluss nicht zugestellt, ist die Beschwerde spätestens nach Ablauf von sechs Monaten nach dessen Verkündung einzulegen (§§ 87 Abs. 2, 66 Abs. 1 S. 1 ArbGG).[1055] Die Einlegungsfrist beginnt gesondert für jeden Beteiligten mit der Zustellung des Beschlusses an ihn zu laufen. Die Zustellung einer abgekürzten Fassung nach § 60 Abs. 4 S. 3 ArbGG setzt die Frist nicht in Gang. Hier ist die Fünf-Monatsfrist nach Entscheidungsverkündung im Auge zu behalten. Maßgebend für die Fristwahrung ist der Eingang der Beschwerdeschrift beim LAG. Wegen der Einzelheiten kann auf die Ausführungen zur fristwahrenden Berufungseinlegung verwiesen werden (siehe Rdn 145 f.). Als **Notfrist** kann die Beschwerdefrist nicht verlängert werden. Unter den Voraussetzungen der §§ 233 ff. ZPO kommt jedoch eine Wiedereinsetzung in Betracht.

Eine Besonderheit ist bei **Beschlüssen des Arbeitsgerichts über die Einsetzung und Besetzung der Einigungsstelle** zu beachten. Nach § 100 Abs. 2 S. 1 und 2 ArbGG muss gegen diese Entscheidungen die Beschwerde an das LAG innerhalb einer Frist von zwei Wochen eingelegt und begründet werden.

dd) Einlegung der Beschwerde

500   Die Beschwerdeschrift ist **beim zuständigen LAG einzureichen**. Wird sie beim Arbeitsgericht eingereicht, ist für die Wahrung der Beschwerdefrist der Eingang beim LAG maßgebend, an das das Arbeitsgericht die Beschwerde weiterzuleiten hat. Haben Arbeitsgericht und LAG einen gemeinsamen Briefkasten, geht die Beschwerdeschrift dem Gericht zu, an das sie adressiert ist.[1056] Bei dem Einsatz moderner Kommunikationsmittel sind die für die Berufung dargestellten Grundsätze (siehe Rdn 149, 138 ff.) zu beachten.

501   Die Beschwerdeschrift muss **den angefochtenen Beschluss bezeichnen** und die Erklärung enthalten, dass gegen diesen Beschluss die Beschwerde eingelegt wird, § 89 Abs. 2 S. 1 ArbGG. Zur Bezeichnung des Be-

---

1049 Germelmann u.a./*Matthes*, § 83 Rn 28.
1050 BAG 12.2.1985, AP Nr. 27 zu § 76 BetrVG 1952.
1051 BAG 14.1.1986, AP Nr. 21 zu § 87 BetrVG 1972 Lohngestaltung.
1052 BAG 29.1.1992, AP Nr. 14 zu § 11 ArbGG 1979 Prozessvertreter.
1053 BAG 29.1.1992, AP Nr. 14 zu § 11 ArbGG 1979 Prozessvertreter.
1054 BAG 22.10.1985, NZA 1986, 235.
1055 *Ostrowicz/Künzl/Scholz*, Rn 767.
1056 BAG 29.4.1986, AP Nr. 36 zu § 519 ZPO.

schlusses gehören Gericht, Aktenzeichen und Datum der Verkündung. Der Beschwerdeführer ist in der Beschwerdeschrift zu benennen.[1057] Ist nicht erkennbar, für wen das Rechtsmittel eingelegt worden ist, ist die Beschwerde unzulässig. Die Bezeichnung der weiteren Beteiligten ist nicht erforderlich,[1058] aber hilfreich. Die Beschwerde darf nicht unter einer Bedingung eingelegt werden.[1059]

Die Beschwerde muss **schriftlich** eingelegt und **von einem Rechtsanwalt oder einem Verbandsvertreter** nach § 11 Abs. 2 S. 2 ArbGG **unterzeichnet** werden. Etwaige Mängel können nur innerhalb der Beschwerdefrist behoben werden. Auch die Rücknahme der Beschwerde, die jederzeit möglich ist, muss durch einen Rechtsanwalt oder einen Vertreter i.S.v. § 11 Abs. 2 ArbGG schriftsätzlich gegenüber dem LAG erklärt werden. Darüber hinaus ist eine Vertretung des Beschwerdeführers im gesamten Beschwerdeverfahren nicht erforderlich.[1060]   502

Den Anforderungen an eine **ordnungsgemäße Unterschrift** ist genügt, wenn die Identität des Unterschreibenden ausreichend durch einen Schriftzug mit individueller Struktur gekennzeichnet ist. Eine Paraphe reicht unter bestimmenden Schriftsätzen nicht aus.[1061]   503

Nach § 519 Abs. 3 ZPO soll der Beschwerdeschrift eine **Ausfertigung oder beglaubigte Abschrift des angefochtenen Beschlusses** beigefügt und nach §§ 519 Abs. 4, 133 ZPO sollen die erforderliche Zahl an Abschriften für die übrigen Beteiligten beigelegt werden.   504

3. Beschwerdebegründungsschrift

a) Muster

▼

Muster 3.40: Beschwerdebegründungsschrift   505

An das

Landesarbeitsgericht

Beschwerdebegründung

In dem Beschlussverfahren

mit den Beteiligten

1. Betriebsrat der   (*Firma*),   (*Straße, Ort*), vertreten durch den Betriebsratsvorsitzenden

– Beschwerdeführer/Antragsteller/Beteiligter zu 1. –

Verfahrensbevollmächtigter: RA

2. Firma   ,   (*Straße, Ort*), vertreten durch   (*gesetzlicher Vertreter*)

– Beschwerdegegnerin/Antragsgegnerin/Beteiligte zu 2. –

Verfahrensbevollmächtigter erster Instanz: RA

3. Herr   ,   (*Straße, Ort*)

– Beteiligter zu 3. –

1057 BAG 23.7.1975, AP Nr. 31 zu § 518 ZPO.
1058 BAG 16.9.1986, AP Nr. 53 zu § 518 ZPO.
1059 GK-ArbGG/*Dörner*, § 89 Rn 17.
1060 BAG 20.3.1990, AP Nr. 79 zu § 99 BetrVG 1972.
1061 BAG 27.3.1996, AP Nr. 67 zu § 518 ZPO; eingehend zu den Anforderungen an eine ordnungsgemäße Unterschrift BAG 25.2.2015, NZA 2015, 701.

wegen ░░░░░░ (*Bezeichnung des Streitgegenstands*)

wird beantragt,

der Beschluss des Arbeitsgerichts ░░░░░░ vom ░░░░░░ (*Verkündungsdatum*), Az.: ░░░░░░ wird abgeändert.

░░░░░░ (*Sachantrag*)

Begründung:

Das Arbeitsgericht hat den Antrag des Beteiligten zu 1. auf ░░░░░░ zu Unrecht als unzulässig/unbegründet zurückgewiesen. Hiergegen richtet sich die Beschwerde des Beteiligten zu 1.

I. Der Rechtssache liegt folgender Sachverhalt zugrunde: ░░░░░░

(*Darstellung des Streitstands erster Instanz sowie neues tatsächliche Vorbringen (im Rahmen der Präklusionsvorschriften)*)

II. Das Arbeitsgericht hat dem Begehren des Beteiligten zu 1. nicht entsprochen und das im Wesentlichen wie folgt begründet: ░░░░░░

(*Wiedergabe der tragenden Gründe des angegriffenen Beschlusses*)

III. Die Begründung des Arbeitsgerichts überzeugt nicht. ░░░░░░

(*Auseinandersetzung mit der Entscheidung des Arbeitsgerichts*)

(*Unterschrift*)

b) Erläuterungen

aa) Beschwerdebegründungsfrist

506   Der Beschwerdeführer kann die Beschwerde bereits in der Beschwerdeschrift begründen, was dann innerhalb der Beschwerdefrist geschehen muss. Will er die Beschwerde nicht sogleich begründen (siehe Rdn 492), muss er die **Beschwerdebegründungsfrist** beachten. Die Beschwerde ist dann innerhalb von zwei Monaten nach Zustellung des in vollständiger Form abgefassten Beschlusses des Arbeitsgerichts zu begründen, § 87 Abs. 2 i.V.m. § 66 Abs. 1 S. 1 ArbGG. Anders als bei der Beschwerdeeinlegung kommt hier eine **Fristverlängerung** in Betracht. Die Beschwerdebegründungsfrist kann auf Antrag einmal verlängert werden. Eine mehrmalige Verlängerung scheidet aus, auch wenn die Monatsgrenze (insgesamt) nicht überschritten wird.[1062] Die verspätet begründete Beschwerde ist unzulässig. Deshalb ist unbedingt darauf zu achten, dass der Fristverlängerungsantrag noch innerhalb der Begründungsfrist beim LAG eingeht. Über ihn kann wirksam auch noch nach Ablauf der Frist entschieden werden. Grundsätzlich sind die Verlängerungsgründe darzulegen und glaubhaft zu machen.

bb) Beschwerdeantrag

507   Die Beschwerdebegründung muss durch einen **Antrag,**[1063] zumindest aber durch die Ausführungen in der Begründung erkennen lassen, in welchem Umfang eine Abänderung des angegriffenen Beschlusses begehrt wird.[1064] Die Beschwerde ist unzulässig, wenn sie nicht zumindest auf die teilweise **Beseitigung der Beschwer** des Beschwerdeführers gerichtet ist. Um Zweifel zu vermeiden, sollte daher stets ein Beschwerdeantrag formuliert werden, der erkennen lässt, in welchem Umfang eine Abänderung der erstinstanzlichen Entscheidung begehrt wird.

1062 BAG 6.12.1994, AP Nr. 7 zu § 66 ArbGG 1979.
1063 BAG 3.12.1985, AP Nr. 2 zu § 74 BAT.
1064 BAG 22.10.1985, AP Nr. 24 zu § 99 BetrVG 1972.

Eine **Antragsänderung** ist in der Beschwerdeinstanz zulässig, wenn alle Beteiligten zustimmen oder wenn das Beschwerdegericht die Änderung für sachdienlich hält, §§ 87 Abs. 2 S. 3, 81 Abs. 3 ArbGG.

cc) Inhaltliche Anforderungen

Die Beschwerde ist nur zulässig, wenn sie **ordnungsgemäß begründet** ist. Die Beschwerdebegründung   508
muss angeben, auf welche im Einzelnen anzuführenden Beschwerdegründe sowie auf welche neuen Tatsachen die Beschwerde gestützt wird, § 89 Abs. 2 S. 2 ArbGG. Das verlangt, dass sich der Beschwerdeführer mit den rechtlichen und tatsächlichen Argumenten des angefochtenen Beschlusses befasst.[1065] Er muss sagen, was gegen den Beschluss einzuwenden ist. Der allgemeine Hinweis auf den Vortrag im ersten Rechtszug oder die Wiederholung seiner Rechtsauffassung reicht nicht aus.[1066] Wegen der Einzelheiten kann auf die zur Berufungsbegründung dargestellten Grundsätze verwiesen werden, die hier entsprechend gelten (vgl. Rdn 152 f.).

Die Beschwerde kann sich auf neue Tatsachen sowie auf Rechtsfehler des Arbeitsgerichts stützen. Das LAG   509
ist bei seiner Prüfung nicht auf die geltend gemachten Rechtsfehler beschränkt. In der ersten Instanz zu Recht zurückgewiesenes Vorbringen bleibt allerdings auch in der Beschwerdeinstanz ausgeschlossen, § 87 Abs. 3 S. 1 ArbGG. Soweit **neues Vorbringen** zulässig ist, muss es der Beschwerdeführer in der Beschwerdebegründung (der Beschwerdegegner in der Beschwerdebeantwortung) vortragen, § 87 Abs. 3 S. 3 ArbGG. Wird es später vorgetragen, kann es zurückgewiesen werden, wenn es vor der Beschwerdebegründung hätte vorgetragen werden können und das verspätete Vorbringen nach der freien Überzeugung des LAG die Erledigung des Verfahrens verzögern würde und auf dem Verschulden des Beteiligten beruht, § 87 Abs. 3 S. 4 ArbGG. Neues Vorbringen ist jeglicher streitiger Tatsachenvortrag, dem das Gericht wegen des Untersuchungsgrundsatzes nachzugehen bzw. den es aufzuklären hätte.

Auch die Beschwerdebegründungsschrift muss durch einen **Rechtsanwalt oder einen Verbandsvertreter**   510
nach § 11 Abs. 1 S. 2 ArbGG unterzeichnet sein (siehe Rdn 502 f.).[1067]

Die Beschwerdeschrift und die Beschwerdebegründung sind den weiteren Beteiligten zur Äußerung zuzustellen. Im Rahmen der Verfahrensleitung setzt das Arbeitsgericht regelmäßig Fristen zur Beschwerdebeantwortung. Die Versäumung einer solchen Frist hat aber wegen des Untersuchungsgrundsatzes praktisch keine Bedeutung.

dd) Anschlussbeschwerde

Die **Anschlussbeschwerde** ist auch im Beschlussverfahren zulässig.[1068] Sie ist zu erwägen, wenn die Be-   511
schwerde davon abhängig gemacht werden soll, dass die Gegenseite ihre Beschwerde aufrechterhält oder die eigene Beschwerde nicht zulässig wäre.[1069] Jeder beschwerdebefugte Beteiligte kann sie einlegen, selbst wenn die für ihn geltende Beschwerdefrist verstrichen ist. Sie muss innerhalb eines Monats nach Zustellung der Beschwerdebegründungsschrift eingelegt werden und verliert ihre Wirkung, wenn die Beschwerde, der sie sich angeschlossen hat, als unzulässig verworfen oder zurückgenommen wird. Es handelt sich also – wie im Urteilsverfahren – stets um eine unselbstständige Anschlussbeschwerde, § 524 ZPO ist analog anwendbar. Auch für Form und Inhalt der Anschlussbeschwerde gelten die Vorschriften über das Berufungsverfahren entsprechend (vgl. Rdn 160 ff.).

1065 BAG 30.10.2012, NZA 2013, 287.
1066 BAG 14.2.2007, DB 2007, 1589; BAG 31.10.1972, AP Nr. 7 zu § 89 ArbGG 1953.
1067 BVerwG 4.8.2010, NZA-RR 2010, 672.
1068 BAG 2.4.1987, AP Nr. 3 zu § 87 ArbGG 1979.
1069 Denn der Beteiligte muss bei der Anschlussbeschwerde nur beschwerdeberechtigt, nicht aber auch durch den Beschluss des Arbeitsgerichts beschwert sein.

4. Formulierungsbeispiele für Anträge

a) **Beteiligter zu 1. (Antragsteller) hat in erster Instanz obsiegt, Beteiligter zu 2. legt Beschwerde ein**

512   *Formulierungsbeispiel*

Es wird beantragt, den Beschluss des Arbeitsgerichts (…) vom (…) – Az. (…) – abzuändern und den Antrag zurückzuweisen.

b) **Beteiligter zu 1. (Antragsteller) hat in erster Instanz obsiegt, Beteiligter zu 2. legt nur bezüglich eines Streitgegenstands Beschwerde ein**

513   *Formulierungsbeispiel*

Es wird beantragt, den Beschluss des Arbeitsgerichts (…) vom (…) – Az. (…) – teilweise abzuändern und den Antrag des Beteiligten zu 1. auf (…) *(Bezeichnung des Streitgegenstands, hinsichtlich dessen die Abänderung beantragt wird)* zurückzuweisen.

c) **Beteiligter zu 1. (Antragsteller) war in erster Instanz unterlegen und legt Beschwerde ein**

514   *Formulierungsbeispiel*

Es wird beantragt, den Beschluss des Arbeitsgerichts (…) vom (…) – Az. (…) – abzuändern und (…) *(Wiedergabe des Sachantrags).*

d) **Beteiligter zu 1. (Antragsteller) war in erster Instanz teilweise unterlegen und legt Beschwerde ein**

515   *Formulierungsbeispiel*

Es wird beantragt, den Beschluss des Arbeitsgerichts (…) vom (…) – Az. (…) – teilweise abzuändern und (…) *(Wiedergabe des Sachantrags, dem das Arbeitsgericht nicht entsprochen hat).*

e) **Beteiligter zu 1. (Antragsteller) war in erster Instanz vollen Umfangs unterlegen, legt aber nur bezüglich eines Streitgegenstands Beschwerde ein**

516   *Formulierungsbeispiel*

Es wird beantragt, den Beschluss des Arbeitsgerichts (…) vom (…) – Az. (…) – teilweise abzuändern und (…) *(Wiedergabe des Sachantrags, der im Beschwerderechtszug weiter verfolgt wird).*

5. Nichtzulassungsbeschwerde

a) **Muster**

▼

517 ## Muster 3.41: Nichtzulassungsbeschwerde

An das

Bundesarbeitsgericht Hugo-Preuß-Platz 1 99084 Erfurt

In dem Beschlussverfahren

des Betriebsrats der ▇▇▇▇▇ *(Firma)*, vertreten durch den Betriebsratsvorsitzenden ▇▇▇▇

– Antragsteller/Beteiligter zu 1., Beschwerdeführer und Nichtzulassungs-Beschwerdeführer –

Verfahrensbevollmächtigter: RA ░░░░░░

gegen

die Fa. ░░░░░░, vertreten durch ░░░░░░

– Antragsgegnerin/Beteiligte zu 2., Beschwerdegegnerin/Nichtzulassungs-Beschwerdegegnerin –

Verfahrensbevollmächtigter erster und zweiter Instanz: RA ░░░░░░

lege ich namens des Antragstellers und Nichtzulassungs-Beschwerdeführers gegen den Beschluss des Landesarbeitsgerichts ░░░░░░ vom ░░░░░░, zugestellt am ░░░░░░, Az.: ░░░░░░,

Nichtzulassungsbeschwerde

ein. Eine Abschrift des angegriffenen Beschlusses des Landesarbeitsgerichts ist beigefügt. Daraus ergibt sich, dass das Landesarbeitsgericht die Rechtsbeschwerde gegen den Beschluss nicht zugelassen hat.

Es wird daher beantragt:

Die Rechtsbeschwerde gegen den Beschluss des Landesarbeitsgerichts ░░░░░░ vom ░░░░░░ – Az.: ░░░░░░ wird zugelassen.

Begründung:

I. Die Beteiligten streiten über ░░░░░░

(Darstellung des Streitstands erster und zweiter Instanz)

II. Das Landesarbeitsgericht hat ░░░░░░

(Wiedergabe der tragenden Gründe des Beschlusses des Landesarbeitsgerichts)

III. Die Rechtsbeschwerde ist zuzulassen, weil ░░░░░░

(Darlegung der grundsätzlichen Bedeutung einer Rechtsfrage und deren Entscheidungserheblichkeit und/ oder Darlegung, dass das Landesarbeitsgericht von einer divergenzfähigen Entscheidung abgewichen ist und dass die Divergenz entscheidungserheblich ist und/oder Darlegung eines absoluten Revisionsgrundes nach § 547 Nr. 1–5 ZPO und/oder Darlegung einer Gehörsverletzung sowie deren Entscheidungserheblichkeit)

(Unterschrift)

▲

b) Erläuterungen

Die Nichtzulassung der Rechtsbeschwerde kann wie die Nichtzulassung der Revision eigenständig mit der Nichtzulassungsbeschwerde angegriffen werden, § 92a ArbGG. Sie hat Erfolg, wenn das LAG die Rechtsbeschwerde nicht zugelassen hat, obwohl die Zulassungsvoraussetzungen (§ 72 Abs. 2 Nr. 1–3 ArbGG) gegeben sind. Gibt das BAG der Beschwerde statt, wird das Beschwerdeverfahren als Rechtsbeschwerdeverfahren fortgesetzt. In diesem Fall gilt die form- und fristgerechte Einlegung der Nichtzulassungsbeschwerde als Einlegung der Rechtsbeschwerde. Hat das LAG den Anspruch des Beschwerdeführers auf rechtliches Gehör in entscheidungserheblicher Weise verletzt, kann das BAG auf die Nichtzulassungsbeschwerde hin den angefochtenen Beschluss aufheben und den Rechtsstreit an das LAG zurückverweisen, § 92a S. 2 i.V.m. § 72a Abs. 7 ArbGG. **518**

Die Nichtzulassungsbeschwerde kann von jedem Beteiligten eingelegt werden, der bei Zulassung der Rechtsbeschwerde rechtsmittelbefugt wäre. **519**

Die Nichtzulassungsbeschwerde muss den Beschluss bezeichnen, der wegen der Nichtzulassung des Rechtsmittels der Rechtsbeschwerde angegriffen werden soll. Die Nichtzulassungsbeschwerdeschrift und ihre Begründung müssen von einem Anwalt unterschrieben sein. **520**

Hinsichtlich der **formalen und inhaltlichen Anforderungen** gelten im Beschlussverfahren keine Besonderheiten gegenüber dem Urteilsverfahren, so dass auf die Ausführungen zur Nichtzulassungsbeschwerde im Revisionsverfahren verwiesen werden kann (siehe Rdn 166 ff.).

Wie im Urteilsverfahren kann die Nichtzulassungsbeschwerde darauf gestützt werden, dass eine Rechtsfrage grundsätzliche Bedeutung hat, das LAG bei seiner Entscheidung von einer divergenzfähigen Entscheidung abgewichen ist, ein absoluter Revisionsgrund nach § 547 Nr. 1–5 ZPO vorliegt oder eine Verletzung des Anspruchs auf rechtliches Gehör gegeben ist. Nach der Neuregelung im Anhörungsrügengesetz kann die Nichtzulassungsbeschwerde im weiteren Umfang als zuvor auf Rechtsfragen von grundsätzlicher Bedeutung gestützt werden. Es muss sich nicht mehr um eine Streitigkeit über die Tariffähigkeit und Tarifzuständigkeit einer Vereinigung handeln. Sämtliche betriebsverfassungs- oder personalvertretungsrechtlichen Fragen kommen in Betracht. Verfahrensfehler können zur Begründung angeführt werden, wenn darin absolute Revisionsgründe i.S.v. § 547 ZPO liegen. Hinsichtlich der Begründung der Nichtzulassungsbeschwerde mit einer Divergenz des LAG gelten im Beschlussverfahren keine Besonderheiten gegenüber dem Urteilsverfahren.

6.   Rechtsbeschwerde mit Rechtsbeschwerdebegründung

a)   Muster

521   **Muster 3.42: Rechtsbeschwerde mit Rechtsbeschwerdebegründung**

An das

Bundesarbeitsgericht Hugo-Preuß-Platz 1 99084 Erfurt

In dem Beschlussverfahren

unter Beteiligung

1. des Betriebsrats der   (*Firma*), vertreten durch den Betriebsratsvorsitzenden

         – Antragsteller/Beteiligter zu 1., Beschwerdeführer und Rechtsbeschwerdeführer –

Verfahrensbevollmächtigter: RA

2. der Fa.   , vertreten durch

         – Antragsgegnerin/Beteiligte zu 2., Beschwerdegegnerin und Rechtsbeschwerdegegnerin –

Verfahrensbevollmächtigter erster und zweiter Instanz: RA

lege ich namens und in Vollmacht des Antragstellers und Rechtsbeschwerdeführers gegen den Beschluss des Landesarbeitsgerichts   vom   , zugestellt am   , Az.:   ,

Rechtsbeschwerde

ein. Eine Abschrift des angegriffenen Beschlusses ist beigefügt. Daraus ergibt sich, dass das Landesarbeitsgericht die Rechtsbeschwerde gegen den Beschluss zugelassen hat.

Es wird beantragt:

Der Beschluss des Landesarbeitsgerichts   vom   – Az.:   wird aufgehoben. Der Beschluss des Arbeitsgerichts   vom   , Az.   wird abgeändert.

     (*Sachantrag*)

Begründung:

I. Die Beteiligten streiten um

(*Kurze Darstellung des Streitstands*)

II. Das Landesarbeitsgericht hat

(Wiedergabe der tragenden Erwägungen des Landesarbeitsgerichts)

III. Die Entscheidung des Landesarbeitsgerichts beruht auf folgenden Rechtsfehlern

(Auseinandersetzung mit den Erwägungen des Landesarbeitsgerichts unter Angabe der verletzten Bestimmungen und Darlegung, dass die Entscheidung auf der Verletzung dieser Bestimmungen beruht)

(Unterschrift)

b) Erläuterungen
aa) Gegenstand und Statthaftigkeit der Rechtsbeschwerde

Die Rechtsbeschwerde im Beschlussverfahren entspricht der Revision im Urteilsverfahren. Sie ermöglicht im arbeitsgerichtlichen Beschlussverfahren die Überprüfung von Entscheidungen in der dritten Instanz. Die Überprüfung erfolgt nur in rechtlicher Hinsicht. Die Rechtsbeschwerde hat aufschiebende Wirkung, § 92 Abs. 3 S. 1 ArbGG (**Suspensiveffekt**). Allerdings bleiben die Beschlüsse des LAG in vermögensrechtlichen Angelegenheiten vorläufig vollstreckbar. Ggf. kann das BAG gem. § 85 Abs. 1 S. 3 i.V.m. § 719 Abs. 2 ZPO die Zwangsvollstreckung einstweilen einstellen. **522**

Die Rechtsbeschwerde ist statthaft, wenn sie **im Beschluss des LAG oder auf Nichtzulassungsbeschwerde nach §§ 92, 92a ArbGG vom BAG zugelassen** wurde. Die Zulassung der Rechtsbeschwerde durch das LAG ist für das BAG bindend.[1070] **523**

Beschlüsse des LAG, die nicht innerhalb von 5 Monaten nach ihrer Verkündung vollständig abgefasst und mit den Unterschriften sämtlicher Mitglieder der Kammer der Geschäftsstelle des LAG übergeben worden sind, können durch sofortige Beschwerde beim BAG angefochten werden (§ 92b ArbGG); die Rechtsbeschwerde ist in einem solchen Fall nicht statthaft. Bei Begründetheit der sofortigen Beschwerde ist der Beschluss des LAG aufzuheben und die Sache an das LAG zurückzuverweisen.

Die Rechtsbeschwerde kann sich nur gegen einen **verfahrensbeendenden Beschluss** richten. Dazu zählen auch Einstellungsbeschlüsse nach den §§ 89 Abs. 4 S. 2, 87 Abs. 2 S. 3 ArbGG;[1071] dagegen fehlt verfahrensleitenden Beschlüssen nach § 90 Abs. 3 ArbGG diese Wirkung. In einstweiligen Verfügungsverfahren und in Verfahren über die Bestellung und Besetzung einer Einigungsstelle ist die Rechtsbeschwerde nicht statthaft. Unanfechtbar sind auch Beschlüsse, mit denen die Beschwerde ohne Beurteilung der materiellen Rechtslage als unzulässig verworfen worden sind. Lässt das LAG in diesen Fällen die Rechtsbeschwerde irrtümlich zu, führt dies nicht zur Zulässigkeit des Rechtsmittels.[1072] **524**

bb) Einlegung der Rechtsbeschwerde

Die Rechtsbeschwerde ist **beim BAG einzureichen**. Die Rechtsbeschwerdeschrift muss den Beschluss bezeichnen (Gericht, Verkündungsdatum, Aktenzeichen), gegen den sie sich richtet und die Erklärung enthalten, dass gegen den Beschluss Rechtsbeschwerde eingelegt wird. Die Rechtsbeschwerde muss unbedingt eingelegt werden, damit klar ist, ob der Beschluss des LAG rechtskräftig wird oder nicht.[1073] **525**

1070 BAG 25.4.1996, AP Nr. 10 zu § 76 ArbGG.
1071 LAG Rheinland-Pfalz 25.6.1982, EzA § 92 ArbGG 1979 Nr. 1; ErfK/*Koch*, § 92 Rn 1.
1072 BAG 25.7.1989, AP Nr. 6 zu § 92 ArbGG 1979.
1073 BAG 8.12.1972, AP Nr. 21 zu § 76 BetrVG 1952.

cc) Rechtsbeschwerdebefugnis

526   Jeder Beteiligte, der durch die Beschwerdeentscheidung beschwert ist, ist hinsichtlich der Rechts-beschwerde **beschwerdebefugt**.[1074] Der Rechtsmittelführer muss mit seiner Rechtsbeschwerde gerade die Beseitigung der Beschwer verlangen.[1075]

dd) Rechtsbeschwerdefrist

527   Die Rechtsbeschwerde ist **innerhalb eines Monats** ab Zustellung des in vollständiger Form abgesetzten Beschlusses des LAG einzulegen, spätestens aber mit Ablauf von fünf Monaten nach seiner Verkündung (§ 87 Abs. 2 i.V.m. § 66 Abs. 1 S. 3 ArbGG), selbst bei fehlender oder fehlerhafter Rechtsmittelbeleh-rung.[1076] Es handelt sich um eine **Notfrist**, die nicht verlängert werden kann. Hat das BAG die Rechts-beschwerde zugelassen, wird das Beschwerdeverfahren als Rechtsbeschwerdeverfahren fortgesetzt.

ee) Rechtsbeschwerdeantrag

528   Die Begründung muss bestimmte **Anträge** enthalten, die erkennen lassen, in welchem Umfang der landes-arbeitsgerichtliche Beschluss angefochten wird, § 94 Abs. 2 S. 2 ArbGG. Ausreichend ist es aber, wenn aus der Rechtsbeschwerdebegründung erkennbar wird, inwieweit die bisherigen Anträge weiterverfolgt werden.[1077]

529   Eine **Antragsänderung** ist in der Rechtsbeschwerdeinstanz ausnahmsweise zulässig, wenn sich der geän-derte Sachantrag auf den vom Beschwerdegericht festgestellten Sachverhalt und den unstreitigen Vortrag der Beteiligten stützt.[1078] Zulässig sind auch Antragsbeschränkungen.

530   Antragsänderungen sind im Rechtsbeschwerdeverfahren grundsätzlich unzulässig.[1079] In Betracht kommt aber eine Klarstellung des Antrags, ggf. im Wege der Auslegung. Aus prozessökonomischen Gründen ist eine Antragsänderung ausnahmsweise dann zulässig, wenn sich der neue Sachantrag auf den in der Be-schwerdeinstanz festgestellten Sachverhalt stützt und der Antrag lediglich beschränkt oder modifiziert wird.[1080]

ff) Rechtsbeschwerdebegründung

531   Wird die Rechtsbeschwerde nicht schon bei Einlegung begründet (wie im obigen Muster), so ist sie **inner-halb von zwei Monaten** nach Zustellung des in vollständiger Form abgefassten Beschlusses des LAG **zu begründen**. Die Frist beginnt grds. zum gleichen Zeitpunkt wie die Rechtsbeschwerdefrist zu laufen. Hat das BAG auf eine Nichtzulassungsbeschwerde hin die Rechtsbeschwerde zugelassen, beginnt die Rechts-beschwerdebegründungsfrist erst mit Zustellung des Beschlusses über die Zulassung. Die Rechtsbeschwer-debegründungsfrist kann einmal bis zu einem Monat verlängert werden. Wiedereinsetzung in den vorigen Stand ist unter den Voraussetzungen der §§ 233 ff. ZPO möglich.

532   Die Rechtsbeschwerdebegründung muss deutlich machen, welche Bestimmungen durch den angegriffenen Beschluss verletzt sein sollen und worin die Verletzung bestehen soll. Es können nur **Rechtsfehler** gerügt werden, denn die Rechtsbeschwerde kann nur auf die Nichtanwendung oder die unrichtige Anwendung ei-ner Rechtsnorm gestützt werden, § 93 Abs. 1 ArbGG.

533   Eine **ordnungsgemäße Begründung** erfordert, dass sich der Rechtsbeschwerdeführer mit den Gründen des Beschlusses des LAG im Einzelnen auseinander setzt und erläutert, warum die Ausführungen zu beanstan-

---

1074 BAG 29.1.1992, AP Nr. 14 zu § 11 ArbGG 1979 Prozessvertreter.
1075 BAG 29.1.1992, AP Nr. 14 zu § 11 ArbGG 1979 Prozessvertreter.
1076 ErfK/*Koch*, § 94 ArbGG Rn 1.
1077 BAG 22.10.1985, AP Nr. 24 zu § 99 BetrVG 1972.
1078 BAG 5.11.1985, AP Nr. 2 zu § 98 BetrVG 1972.
1079 BAG 10.4.1984, AP Nr. 3 zu § 81 ArbGG 1979.
1080 BAG 10.4.1984, AP Nr. 3 zu § 81 ArbGG 1979.

den sind. Es genügt nicht, die Rechtsansichten aus den Vorinstanzen zu wiederholen.[1081] Auch reicht es nicht aus, wenn der Rechtsbeschwerdeführer nur eine Rechtsnorm bezeichnet und vorträgt, das Beschwerdegericht habe den darin enthaltenen Rechtsbegriff verkannt.[1082] Hat das LAG seine Entscheidung auf mehrere voneinander unabhängige, selbstständig tragende Erwägungen gestützt, muss die Rechtsbeschwerdebegründung alle tragenden Erwägungen angreifen.[1083] Hat das LAG über mehrere Anträge entschieden, muss sich die Begründung mit jedem Antrag auseinander setzen, der zur Überprüfung gestellt werden soll. Fehlt es an einer Begründung zu einem von mehreren Anträgen, so ist die Rechtsbeschwerde teilweise unzulässig.

534 Die Verletzung einer Rechtsnorm liegt auch vor, wenn das LAG einen **Verfahrensfehler** begangen hat.[1084] Wie im Revisionsverfahren werden auch im Rechtsbeschwerdeverfahren Verfahrensfehler nur auf Rüge hin überprüft.[1085] Hier wie dort muss dargelegt werden, worin der Verfahrensfehler besteht und wie er sich auf die Entscheidung des LAG ausgewirkt hat. Hier kommen insbesondere Verstöße gegen die Amtsermittlungspflicht sowie eine fehlerhafte Beteiligung oder Nichtbeteiligung in Betracht. Wird eine fehlerhafte Sachaufklärung des Beschwerdegerichts gerügt, muss der Rechtsbeschwerdeführer dartun, welche Ermittlungen das LAG unterlassen hat und warum sich weitere Ermittlungen hätten aufdrängen müssen.[1086]

535 Der Rechtsbeschwerdeführer muss darlegen, dass die **Entscheidung auf der Rechtsverletzung beruht**. Anderenfalls ist die Rechtsverletzung nicht erheblich. Das betrifft sowohl die Verletzung des materiellen als auch des formellen Rechts. Eine Ausnahme gilt, wenn einer der in § 547 ZPO genannten absoluten Revisionsgründe vorliegt. In diesem Fall wird die Erheblichkeit der Rechtsverletzung vermutet.

536 Die Begründungsschrift muss – ebenso wie die Beschwerdeschrift – durch einen **Rechtsanwalt** unterzeichnet sein, § 94 Abs. 1 ArbGG.

gg) Anschlussrechtsbeschwerde

537 Die **Anschlussrechtsbeschwerde**, mit der sich ein Beteiligter der Rechtsbeschwerde noch nach Ablauf der Rechtsbeschwerdefrist anschließen kann, ist zulässig. Sie muss binnen eines Monats nach Zustellung der Rechtsbeschwerdebegründung an den Beteiligten beim BAG eingelegt werden (§ 72 Abs. 5 ArbGG i.V.m. § 554 Abs. 2 S. 2 ZPO). Das geschieht durch Einreichen einer Rechtsbeschwerdeanschlussschrift. Grundsätzlich ist sie in der Anschlussschrift zu begründen, spätestens aber innerhalb der Frist des § 554 Abs. 2 S. 2 ZPO. Auch bei der Anschlussrechtsbeschwerde sind, soweit für sie nicht besondere Vorschriften gelten, die für die Einlegung und Begründung der Rechtsbeschwerde maßgeblichen Frist- und Formanforderungen zu beachten.

7. Formulierungsbeispiele für Anträge

a) Antragsteller (Beteiligter zu 1.) obsiegt in erster Instanz und unterliegt in zweiter Instanz

538

Formulierungsbeispiel

Der Beschluss des Landesarbeitsgerichts (…) vom (…) – Az.: (…) wird aufgehoben.

Die Beschwerde des Beteiligten zu 2. gegen den Beschluss des Arbeitsgerichts vom (…), Az.: (…) wird zurückgewiesen.

1081 BAG 11.2.2004, AP Nr. 3 zu § 94 ArbGG 1979.
1082 BAG 10.4.1984, AP Nr. 1 zu § 94 ArbGG 1979.
1083 BAG 11.2.2004, AP Nr. 3 zu § 94 ArbGG 1979.
1084 *Ostrowicz/Künzl/Scholz*, Rn 811.
1085 BAG 1.3.1963, AP Nr. 8 zu § 37 BetrVG.
1086 BAG 18.1.1989, AP Nr. 1 zu § 9 BetrVG 1972.

b)   Antragsteller (Beteiligter zu 1.) obsiegt in erster Instanz und unterliegt in zweiter Instanz teilweise

539   *Formulierungsbeispiel*

Der Beschluss des Landesarbeitsgerichts (…) vom (…) – Az.: (…) – wird aufgehoben, soweit auf die Beschwerde der Beteiligten zu 2. der Beschluss des Arbeitsgerichts (…) vom (…), Az.: (…) abgeändert worden ist.

Die Beschwerde des Beteiligten zu 2. gegen den Beschluss des Arbeitsgerichts (…) vom (…), Az.: (…) wird auch insoweit zurückgewiesen.

c)   Antragsteller (Beteiligter zu 1.) obsiegt in erster und zweiter Instanz teilweise

540   *Formulierungsbeispiel*

Der Beschluss des Landesarbeitsgerichts (…) vom (…) – Az.: (…) – wird aufgehoben, soweit er die Beschwerde des Antragstellers gegen den Beschluss des Arbeitsgerichts (…) vom (…), Az.: (…) zurückgewiesen hat.

Auf die Beschwerde des Antragstellers wird der Beschluss des Arbeitsgerichts (…) vom (…) abgeändert.

(…) *(Sachantrag)*

d)   Antragsgegner oder anderer Beteiligter unterliegt in erster und zweiter Instanz

541   *Formulierungsbeispiel*

Der Beschluss des Landesarbeitsgerichts (…) vom (…) – Az.: (…) – wird aufgehoben.

Auf die Beschwerde des Beteiligten zu 2. wird der Beschluss des Arbeitsgerichts (…) vom (…) Az.: (…) abgeändert.

Der Antrag des Antragstellers wird zurückgewiesen.

e)   Antragsgegner oder anderer Beteiligter unterliegt nach erfolgreicher erster Instanz in zweiter Instanz

542   *Formulierungsbeispiel*

Der Beschluss des Landesarbeitsgerichts (…) vom (…) – Az.: (…) – wird aufgehoben.

Die Beschwerde des Antragstellers gegen den Beschluss des Arbeitsgerichts (…) vom (…) Az.: (…) wird zurückgewiesen.

C. Zwangsvollstreckung und Vollstreckungsschutz

Literatur: *Fleddermann*, Die Zwangsvollstreckung aus arbeitsgerichtlichen Titeln, ArbRAktuell, 2011, 267; *Groeger*, Die vorläufige Vollstreckbarkeit arbeitsgerichtlicher Urteile, NZA 1994, 251; *Heider/Leydecker/Fröhlich*, Die Vollstreckung des Weiterbeschäftigungsanspruchs, BB 2009, 2703; *Korinth*, Typische Fälle der Zwangsvollstreckung im Arbeitsrecht, ArbRB 2008, 129.

I. Allgemeines

Die Vorschrift des § 62 ArbGG enthält für das arbeitsgerichtliche Urteilsverfahren eigene, teilweise von den **543** Vorschriften der ZPO abweichende Regelungen für die Vollstreckbarkeit. Gründe hierfür sind die Verfahrensbeschleunigung und die (bestenfalls) zügige wirtschaftliche Absicherung der Parteien.[1087]

Nach § 62 Abs. 1 S. 1 ArbGG sind die Urteile der Arbeitsgerichte, gegen die Einspruch oder Berufung zulässig sind, vorläufig vollstreckbar. Eine Vollstreckbarkeitserklärung im Urteilstenor der Arbeitsgerichte ist daher nicht notwendig. Die vorläufige Vollstreckbarkeit wird kraft Gesetzes angeordnet. Darüber hinaus gelten nach § 62 ArbGG Sonderregeln für die vorläufige Vollstreckbarkeit, die Einstellung der Zwangsvollstreckung sowie für die Verfahren des einstweiligen Rechtsschutzes im Arbeitsgerichtsverfahren.[1088] Im Übrigen finden auf die Zwangsvollstreckung die Vorschriften des 8. Buches der ZPO unmittelbar Anwendung.[1089]

Über die Verweisung in § 64 Abs. 7 ArbGG gilt § 62 ArbGG auch im Berufungsverfahren, sodass Urteile der Landesarbeitsgerichte ebenfalls vorläufig vollstreckbar sind. Für das Revisionsverfahren existiert keine Verweisung in § 72 ArbGG auf § 62 ArbGG. Revisionsurteile des BAG sind jedoch ohnehin rechtskräftig. Etwas anderes gilt lediglich für Versäumnisurteile des BAG, welche für vorläufig vollstreckbar erklärt werden müssen. Für sie gilt § 62 ArbGG auch dann nicht, wenn dagegen Einspruch eingelegt wird.[1090]

Für das Beschlussverfahren verweist § 85 Abs. 1 S. 2 ArbGG auf § 61 Abs. 1 S. 2 bis 5 ArbGG. Darüber hinaus enthält § 85 ArbGG eigene Verweisungen auf anwendbare Vorschriften für die Zwangsvollstreckung und den einstweiligen Rechtsschutz. Im Übrigen gelten nach § 85 Abs. 1 S. 3 ArbGG auch dort für die Zwangsvollstreckung die Vorschriften des 8. Buches der ZPO.[1091]

II. Vorläufige Vollstreckbarkeit

1. Grundsätze

Sämtliche End- und Teilurteile der Arbeits- und Landesarbeitsgerichte sind nach § 62 Abs. 1 S. 1 ArbGG **544** kraft Gesetzes vorläufig vollstreckbar, auch wenn sie noch nicht rechtskräftig sind. Eine dem Gesetz widersprechende Regelung im Urteil ist nicht möglich.[1092] Hierbei handelt es sich um einen der bedeutendsten Unterschiede zur ordentlichen Gerichtsbarkeit. Zwischenurteile nach § 304 ZPO sind jedoch nicht vorläufig vollstreckbar.[1093]

Zu den vorläufig vollstreckbaren Urteilen zählen Versäumnisurteile sowie Urteile gemäß den §§ 9, 10 KSchG, in denen das Arbeitsverhältnis aufgelöst und der Arbeitgeber zur Zahlung einer Abfindung ver-

---

1087 GMP/*Germelmann*, Arbeitsgerichtsgesetz, 8. Auflage 2013, § 62 Rn 1.
1088 Umfassend hierzu *Korinth*, Einstweiliger Rechtsschutz im Arbeitsgerichtsverfahren, 3. Auflage 2015.
1089 *Korinth*, 1. Teil A, Rn 1.
1090 BAG 28.10.1981 – 4 AZR 251/79, AP Nr. 6 zu § 522a ZPO; GMP/*Germelmann*, ArbGG, § 62 Rn 1–2.
1091 Zum vorläufigen Rechtsschutz im Betriebsverfassungsrecht *Korinth*, 1. Teil H.
1092 GMP/*Germelmann*, ArbGG, § 62 Rn 17.
1093 ErfK/*Koch*, § 62 ArbGG, Rn 2.

urteilt worden ist.[1094] Ein gesonderter Antrag zur vorläufigen Vollstreckbarkeit ist nicht erforderlich. Eine Entscheidung über die vorläufige Vollstreckbarkeit im arbeitsgerichtlichen Urteil ist nur dann notwendig enthalten, wenn diese nach § 61 Abs. 1 S. 2 ArbGG ausgeschlossen werden soll.[1095] Die Vorschriften der §§ 708 bis 716 ZPO finden wegen § 62 Abs. 1 S. 1 ArbGG keine Anwendung.[1096]

2. Vollstreckungsschutzanträge

a) Antrag auf Ausschluss der vorläufigen Vollstreckbarkeit nach § 62 Abs. 1 Satz 2 ArbGG
aa) Allgemeines

545 Die vorläufige Vollstreckbarkeit ist im Urteil nach § 62 Abs. 1 S. 2 ArbGG auszuschließen, wenn der Beklagte einen entsprechenden Antrag stellt, er darlegt, dass die Vollstreckung ihm einen nicht zu ersetzenden Nachteil bringen würde und er dies nach § 294 ZPO glaubhaft macht.

Der Antrag muss bis zum Schluss der letzten mündlichen Verhandlung in der ersten Instanz oder in der Berufungsinstanz gestellt werden. Die Entscheidung über den Ausschluss der vorläufigen Vollstreckbarkeit ist sodann in den Urteilstenor mit aufzunehmen und in den Entscheidungsgründen zu begründen. Worin das Gericht den nicht zu ersetzenden Nachteil sieht, muss sich aus der Begründung ergeben.[1097] Sofern die Klage abgewiesen wird, wird über den Antrag konsequenterweise nicht entschieden.

Praxishinweis

Der Antrag auf Ausschluss der vorläufigen Vollstreckbarkeit lebt in der Berufungsinstanz nicht ohne Weiteres wieder auf. Er sollte deshalb zweckmäßigerweise in der Berufungsinstanz neben dem Antrag auf Zurückweisung der Berufung (als Hilfsantrag in der Berufungserwiderung) neu gestellt werden.[1098]

Wird der Antrag auf Ausschluss der vorläufigen Vollstreckbarkeit durch das Gericht (versehentlich) nicht beschieden oder gar übergangen, kommt unter den Voraussetzungen der §§ 319, 321 ZPO die Berichtigung bzw. Ergänzung des Urteils in Betracht.[1099] Der Ausschluss der Vollstreckbarkeit erfolgt nach § 62 Abs. 1 S. 4 ArbGG ohne Sicherheitsleistung und kann auf bestimmte Vollstreckungsmaßnahmen beschränkt werden.[1100] Die Entscheidung nach § 62 Abs. 1 S. 2 ArbGG ist nicht isoliert anfechtbar.[1101]

Wurde ein Antrag nach § 62 Abs. 1 S. 2 ArbGG nicht rechtzeitig gestellt oder wurde dieser negativ beschieden, kommt nach Erlass des erst- oder zweitinstanzlichen Urteils nur noch die nachträgliche Einstellung der Zwangsvollstreckung in der Berufungsinstanz nach § 62 Abs. 1 S. 3 ArbGG i.V.m. den §§ 707 Abs. 1, 719 Abs. 1 ZPO in Betracht.[1102]

bb) Nicht zu ersetzender Nachteil

546 Der Begriff des nicht zu ersetzenden Nachteils entstammt den §§ 707 Abs. 1 S. 2, 712 Abs. 1 und 719 Abs. 2 ZPO. Ein nicht zu ersetzender Nachteil liegt vor, wenn er nicht abgewendet und bei Wegfall des Vollstreckungstitels nicht durch Geld oder andere Mittel ausgeglichen werden kann. Es sollen durch die vorläufige Vollstreckbarkeit keine endgültigen Verhältnisse geschaffen werden.[1103]

1094 BAG 9.12.1987 – 4 AZR 561/87, AP Nr. 4 zu § 62 ArbGG 1979; GMP/*Germelmann*, § 62 ArbGG, Rn 16.
1095 GMP/*Germelmann*, ArbGG, § 62 Rn 16.
1096 Hierzu im Einzelnen GMP/*Germelmann*, ArbGG, § 62 Rn 3.
1097 GMP/*Germelmann*, ArbGG, § 62 Rn. 34.
1098 GMP/*Germelmann*, ArbGG, § 62 Rn 29.
1099 ErfK/*Koch*, § 62 ArbGG, Rn 3.
1100 ErfK/*Koch*, § 62 ArbGG, Rn 3.
1101 ErfK/*Koch*, § 62 ArbGG, Rn 3.
1102 *Korinth*, ArbRB 2008, 289.
1103 ErfK/*Koch*, § 62 ArbGG, Rn 4; *Groeger*, NZA 1994, 251, 252.

(1) Erfolgsaussichten des Rechtsmittels

Ob die Erfolgsaussichten eines einzulegenden Rechtsmittels gegen das Urteil des Arbeitsgerichts oder Lan- 547
desarbeitsgerichts bei der Frage nach dem nicht zu ersetzenden Nachteil zu berücksichtigen sind, wird nicht
einheitlich beurteilt.[1104]

Richtigerweise ist hierbei jedoch zu differenzieren, da das Rechtsmittelgericht die Erfolgsaussicht des
Rechtsmittels durchaus berücksichtigen *kann – nicht muss*. Ist nach dem bisherigen Vorbringen somit absehbar, dass das Rechtsmittel keinen Erfolg haben wird, kann durch die vorläufige Vollstreckbarkeit konsequenterweise auch kein nicht zu ersetzender Nachteil entstehen.[1105]

(2) Interessenabwägung

Geht es um die Durchsetzung eines titulierten Anspruchs auf Unterlassung, Duldung oder Vornahme einer 548
Handlung, muss richtigerweise eine Abwägung der Interessen des Klägers an der Aufrechterhaltung der
Vollstreckbarkeit mit denen des Beklagten am Ausschluss der vorläufigen Vollstreckbarkeit erfolgen.[1106]
Denn in derartigen Fällen können die durch die Vollstreckung entstehenden bzw. entstandenen Folgen nicht
mehr rückgängig gemacht werden. Durch die Vollstreckung sollen keine vollendeten, später nicht mehr kor-
rigierbaren Tatsachen geschaffen werden.[1107]

(3) Weiterbeschäftigungsantrag

Häufig stellt der Arbeitnehmer in seiner Kündigungsschutzklage neben dem Antrag auf Feststellung der 549
Unwirksamkeit der Kündigung auch einen Antrag auf Weiterbeschäftigung bis zum Abschluss des Kündigungsschutzverfahrens für den Fall, dass er mit seiner Klage obsiegt. Wenn ein Arbeits- oder Landesarbeitsgericht durch Urteil die Unwirksamkeit der streitgegenständlichen Kündigung festgestellt hat, besteht nach
der Rechtsprechung des Großen Senats des BAG in der Regel der materielle Weiterbeschäftigungsanspruch, sodass diesem Antrag regelmäßig stattgegeben wird.[1108]

In diesem Zusammenhang stellt sich dann die Frage, ob ein nicht zu ersetzender Nachteil anzunehmen ist,
sofern die Rechtsmittelinstanz die Kündigung möglicherweise als wirksam erachtet. Ein nicht zu ersetzender Nachteil wird hier regelmäßig abgelehnt, da der Arbeitgeber durch die Arbeitsleitung eine Gegenleistung für die Vergütung erhalte.[1109] Das kann jedoch dann nicht gelten, wenn eine Beschäftigungsmöglichkeit nicht (mehr) besteht und nur für die Vollstreckbarkeit des Weiterbeschäftigungsanspruchs geschaffen
werden müsste.[1110]

Insbesondere ist die Arbeitsleistung als Gegenleistung für den Arbeitgeber wertlos und gerade kontraproduktiv, wenn etwa aus begründetem Anlass zu befürchten ist, dass die Weiterbeschäftigung schwerwiegende negative Auswirkungen auf das Betriebsklima haben könnte oder dem Arbeitnehmer schwerwiegende Untreuehandlungen vorgeworfen werden.[1111]

Derartige Fallkonstellationen sind in der Praxis durchaus nicht selten. In diesen Fällen wird in aller Regel
vom Arbeitnehmer kein Ersatz zu erlangen sein. Der Arbeitgeber sollte dann bereits im Kündigungsschutzprozess zusätzliche, über die Ungewissheit des Prozessausgangs in der Rechtsmittelinstanz hinausgehende
Umstände vortragen, die gegen eine Weiterbeschäftigung des Arbeitnehmers bis zum rechtskräftigen Abschluss des Kündigungsschutzverfahrens sprechen.

1104 Ablehnend GMP/*Germelmann*, ArbGG, § 62 Rn 20; dafür GK-ArbGG/*Vossen*, § 62 Rn 34; *Groeger*, NZA 1994, 251.

1105 ErfK/*Koch*, § 62 ArbGG, Rn 4.

1106 LAG Düsseldorf 4.10.1979 – 14 (5) Sa 976/79, LAGE Nr. 1 zu § 62 ArbGG 1979; LAG Düsseldorf 7.3. 1980, EzA Nr. 2 zu § 62
ArbGG 1979.

1107 GMP/*Germelmann*, ArbGG, § 62 Rn 19.

1108 Vgl. hierzu BAG GS, 27.2.1985 – GS 1/84, AP Nr. 14 zu § 611 BGB Beschäftigungspflicht.

1109 BAG GS 27.2.1985 – GS 1/84, AP Nr. 14 zu § 611 BGB Beschäftigungspflicht.

1110 ErfK/*Koch*, § 62 ArbGG, Rn 4.

1111 Vgl. *Reufels*, § 3 Rn 429.

(4) Zahlungstitel

550   Bei der Vollstreckung von Zahlungstiteln kann die bestehende Vermögenslosigkeit des Arbeitnehmers einen nicht zu ersetzenden Nachteil begründen.[1112] Gleiches gilt bei absehbaren Existenzgefährdungen des Schuldners etwa im Falle einer drohenden Einstellung des Betriebs.[1113] Außerdem kommt ein nicht zu ersetzender Nachteil in Betracht, wenn konkrete Anhaltspunkte bestehen, dass sich der Vollstreckungsgläubiger in ein Land außerhalb der EU absetzen will, um sich der Rückabwicklung zu entziehen.[1114] Nicht ausreichend ist eine ausländische Staatsbürgerschaft, die Bewilligung von ratenfreier Prozesskostenhilfe oder absehbare Schwierigkeiten bei der Rückerstattung von vollstrecktem Arbeitsentgelt.[1115]

cc) Rechtsmittel

551   Ein isoliertes Rechtsmittel gegen die Entscheidung über den Antrag im Urteil ist nicht vorgesehen.[1116] Die Entscheidung kann nur zusammen mit dem Urteil angefochten werden. Es ist außerdem weiterhin möglich, beim Rechtsmittelgericht die Einstellung der Zwangsvollstreckung nach § 62 Abs. 1 Satz 3 ArbGG zu beantragen.[1117]

b)   Antrag auf nachträgliche Einstellung der vorläufigen Vollstreckbarkeit nach § 62 Abs. 1 S. 3 ArbGG

552   Nach Erlass des Urteils durch das Arbeits- oder Landesarbeitsgericht kann die Zwangsvollstreckung nur noch gemäß § 62 Abs. 1 S. 3 ArbGG nachträglich eingestellt werden. Praktisch bedeutsam ist dies im Falle der Berufung gegen ein vorläufig vollstreckbares arbeitsgerichtliches Urteil.[1118] Der Antrag auf einstweilige Einstellung der Zwangsvollstreckung nach § 62 Abs. 1 S. 3 ArbGG steht vollkommen selbstständig neben dem Antrag auf Ausschluss der vorläufigen Vollstreckbarkeit nach § 62 Abs. 1 S. 2 ArbGG.[1119] Die nachträgliche Einstellung der Zwangsvollstreckung kann daher auch dann erfolgen, wenn ein Antrag nach § 62 Abs. 1 S. 2 ArbGG in der Vorinstanz nicht gestellt wurde.[1120] Es ist ebenso möglich, in der Berufungsinstanz lediglich den Antrag auf Ausschluss der Vollstreckbarkeit nach § 62 Abs. 1 S. 2 ArbGG zu stellen, ohne vorher einen solchen auf einstweilige Einstellung der Zwangsvollstreckung aus dem arbeitsgerichtlichen Urteil nach § 62 Abs. 1 S. 3 ArbGG gestellt zu haben.[1121]

In § 62 Abs. 1 S. 3 ArbGG wird auf die §§ 707 Abs. 1, 719 Abs. 1 ZPO verwiesen. Die nachträgliche Einstellung der Zwangsvollstreckung kommt demzufolge in Betracht, wenn gegen eine rechtskräftige Entscheidung Wiedereinsetzung in den vorigen Stand beantragt wurde, die Wiederaufnahme des Verfahrens erfolgt sowie bei Einspruch oder Berufung gegen ein vorläufig vollstreckbares Urteil.

Für den Fall, dass bereits ein Rechtsmittel eingelegt wurde, ist der Antrag nach § 62 Abs. 1 S. 3 ArbGG beim Rechtsmittelgericht zu stellen, d.h. entsprechend entweder beim zuständigen Landes- oder beim Bundesarbeitsgericht. Auch für den Antrag nach § 62 Abs. 1 S. 3 ArbGG muss ein nicht zu ersetzender Nachteil dargelegt und glaubhaft gemacht werden. Insofern wird auf die diesbezüglichen Ausführungen (siehe oben Rdn 546) verwiesen.

Die Einstellung der Zwangsvollstreckung erfolgt nach § 62 Abs. 1 S. 4 ArbGG nunmehr ausdrücklich ohne Sicherheitsleistung. Die Entscheidung über den Antrag ergeht durch Beschluss. Eine mündliche Verhand-

---

1112 LAG Frankfurt 8.1.1992 – 10 Sa 1901/91, NZA 1992, 427.
1113 LAG Berlin-Brandenburg 6.1.2009 – 15 Sa 2311/08, BB 2010, 52.
1114 LAG Schleswig-Holstein 12.6.1998 – 3 Sa 213a/98, LAGE Nr. 25 zu § 62 ArbGG 1979.
1115 LAG Berlin 14.7.1993 – 8 Sa 79/93, LAGE Nr. 20 zu § 62 ArbGG 1979; ErfK/*Koch*, § 62 ArbGG, Rn. 4.
1116 LAG Rheinland-Pfalz 25.4.2005, NZA-RR 2006, 48; GMP/*Germelmann*, ArbGG, § 62 Rn 39.
1117 GMP/*Germelmann*, ArbGG, § 62 Rn 39.
1118 *Fleddermann*, ArbRAktuell 2011, 267.
1119 GMP/*Germelmann*, ArbGG, § 62 Rn 42.
1120 LAG Berlin-Brandenburg 6.1.2009, BB 2010, 52; LAG Baden-Württemberg 26.8.2008 – 5 Sa 52/08; ErfK/*Koch*, § 62 ArbGG, Rn 5.
1121 GMP/*Germelmann*, ArbGG, § 62 Rn 42.

lung ist regelmäßig nicht notwendig. Dem Antragsgegner ist jedoch rechtliches Gehör zu gewähren. Ebenfalls zulässig ist eine vorläufige Einstellung der Zwangsvollstreckung beispielsweise bis zum Vorliegen der Berufungsbegründung oder der Berufungsbeantwortung. Die Entscheidung über den Antrag ergeht – auch in der Berufungsinstanz – ohne Beteiligung der ehrenamtlichen Richter, §§ 53 Abs. 1 S. 1, 55 Abs. 1 Nr. 6, 64 Abs. 7 ArbGG. Die Entscheidung kann wiederholt oder auf Antrag abgeändert werden, wenn sich der zugrundeliegende Sachverhalt geändert hat.[1122]

Der Beschluss ist gemäß § 62 Abs. 1 S. 5 ArbGG unanfechtbar. Allerdings kann der Antrag erneut gestellt und neue Tatsachen vorgetragen werden. Das kommt insbesondere in Betracht, wenn sich die tatsächlichen Umstände geändert haben. Dann ist die Entscheidung ggf. abzuändern.[1123] Eine außerordentliche Beschwerde wegen Verletzung des Anspruchs auf rechtliches Gehör ist aufgrund der in § 78a ArbGG geregelten Gehörsrüge ausgeschlossen.[1124]

III. Verfahren der Zwangsvollstreckung

Welche Vollstreckungsmaßnahmen jeweils einschlägig sind, folgt aus den Vorschriften des 8. Buches der   553
ZPO. In § 62 Abs. 2 ArbGG wird – mit Ausnahme der in Abs. 1 geregelten Besonderheiten – in vollem Umfange auf die §§ 704 bis 945 ZPO verwiesen. Diese Bestimmungen gelten somit unmittelbar.[1125] Die allgemeinen Vollstreckungsvoraussetzungen – Titel, Klausel, Zustellung – müssen vorliegen.

1. Verfahrensgrundsätze

Vollstreckungsgericht für arbeitsgerichtliche Zahlungstitel oder Titel auf Herausgabe von Sachen ist grund-   554
sätzlich das örtlich zuständige Amtsgericht, §§ 764, 802 ZPO. Die Erzwingung von titulierten Handlungen und Unterlassungen erfolgt nach den §§ 887 ff. ZPO durch das Prozessgericht, also das Arbeitsgericht.[1126] Der Beschluss wird grundsätzlich außerhalb der mündlichen Verhandlung durch den Vorsitzenden allein nach § 53 Abs. 1 S. 1 ArbGG gefasst.

Gegen die Entscheidung des Arbeitsgerichts ist die sofortige Beschwerde gemäß § 793 ZPO i. V. m. § 78 ArbGG einschlägig. Das Landesarbeitsgericht kann über die sofortige Beschwerde ebenfalls ohne mündliche Verhandlung entscheiden.[1127]

In jedem Fall ist dem Schuldner vor Verhängung der Zwangsmittel rechtliches Gehör nach § 891 S. 2 ZPO zu gewähren.[1128]

2. Geldforderungen

Titulierte Geldforderungen sind nach den §§ 803 bis 882a ZPO zu vollstrecken. Grundsätzlich kann der Ar-   555
beitnehmer den vollen Bruttobetrag vollstrecken. Der Arbeitgeber kann seinerseits die ihm obliegende Pflicht zur Abführung der Gehaltsabzüge an die dafür zuständigen Stellen erfüllen. In diesem Falle hat er die einzelnen Abzüge zu berechnen und an die zuständigen Stellen abzuführen. Gegenüber dem Gerichts-

---

1122 ErfK/*Koch*, § 62 ArbGG, Rn 5.
1123 GMP/*Germelmann*, ArbGG, § 62 Rn 45.
1124 BAG 8.8.2005 – 5 AZB 31/05; BGH 7.3.2002 – IX ZB 11/02, NJW 2002, 1577; GMP/*Germelmann*, ArbGG, § 62 Rn 48; Musielak/*Lackmann*, ZPO, § 707 Rn 13; HWK/*Ziemann*, § 62 ArbGG, Rn 28.
1125 GMP/*Germelmann*, ArbGG, § 62 Rn 53.
1126 GMP/*Germelmann*, ArbGG, § 62 Rn 60; *Fleddermann*, ArbRAktuell 2011, 267.
1127 GMP/*Germelmann*, ArbGG, § 62 Rn 60.
1128 GMP/*Germelmann*, ArbGG, § 62 Rn 60f.

vollzieher muss er sodann die Abführung der Lohnsteuer- und Sozialversicherungsbeiträge gemäß § 775 Nr. 4 ZPO nachweisen.[1129]

3. Herausgabe von Sachen

556 Die Vollstreckung der Herausgabe von Sachen richtet sich nach den §§ 883 bis 898 ZPO. Die Herausgabe von Arbeitspapieren ist nach § 883 ZPO zu vollstrecken. Wenn der Schuldner zur Berichtigung oder zum Ausfüllen der Arbeitspapiere verurteilt wurde, richtet sich die Vollstreckung dieser unvertretbaren Handlung nach § 888 Abs. 1 ZPO.[1130]

4. Erwirkung von Handlungen

557 Die Vollstreckung zur Erwirkung von Handlungen erfolgt nach den §§ 887, 888 ZPO, wobei zwischen vertretbaren und nicht vertretbaren Handlungen zu unterscheiden ist. In diesen Fällen kann die klagende Partei allerdings auch nach § 61 Abs. 2 ArbGG einen Entschädigungsantrag stellen und beantragen, dass der Beklagte für den Fall, dass die Handlung nicht binnen einer bestimmten Frist vorgenommen wird, zur Zahlung einer nach freiem Ermessen festzusetzenden Entschädigung verurteilt wird. Wird der besondere Entschädigungsantrag nach § 61 Abs. 2 ArbGG gestellt, ist eine Vollstreckung nach den §§ 887, 888 ZPO nicht möglich.[1131]

Häufige Fälle der §§ 887, 888 ZPO im arbeitsgerichtlichen Verfahren sind u.a.:

- Entfernung einer Abmahnung aus den Personalakten[1132]
- Ausfüllen oder Berichtigung von Arbeitspapieren
- Zustimmung zur Verringerung der Arbeitszeit nach § 8 Abs. 4 S. 1 TzBfG[1133]
- Gewährung von Einsicht in Gehaltslisten, Bewerberlisten, Personalakten, etc.[1134]
- Gewährung von Erholungsurlaub
- Durchsetzung eines titulierten Weiterbeschäftigungsanspruchs (§ 888 ZPO)
- Erteilung oder Berichtigung eines Zeugnisses (§ 888 ZPO)[1135]

5. Vollstreckung des Weiterbeschäftigungsanspruchs

558 Ein besonders praxisrelevanter Fall der Vollstreckung im arbeitsgerichtlichen Verfahren ist die Durchsetzung des titulierten Weiterbeschäftigungsanspruchs. Will der Arbeitnehmer seinen Anspruch auf Weiterbeschäftigung vollstrecken, ist dies für den Arbeitgeber in den meisten Fällen unangenehm. Dies gilt insbesondere für Fallkonstellationen, in denen der streitgegenständlichen Kündigung verhaltensbedingte Gründe zugrunde liegen. Insbesondere bei Führungskräften kann sich die Vollstreckung des Weiterbeschäftigungsanspruchs als besonders empfindlich für den Arbeitgeber darstellen, sodass der Arbeitgeber versuchen wird, die Vollstreckung in jedem Fall zu verhindern oder zumindest hinauszuzögern. Sicherlich wird die (drohende) Vollstreckung des Weiterbeschäftigungsantrages Druck auf den Arbeitgeber ausüben.[1136]

1129 GMP/*Germelmann*, ArbGG, § 62 Rn 56.
1130 LAG Hamm 8.8.2012 – 7 Ta 173/12; ErfK/*Koch*, § 62 ArbGG, Rn 8; GMP/*Germelmann*, ArbGG, § 62 Rn 58; *Schwab/Weth/Walker*, ArbGG, § 62 Rn 61.
1131 Näher hierzu GMP/*Germelmann*, ArbGG, § 61, Rn 39, 41, § 62 Rn 59.
1132 LAG Hessen 9. 6. 1993 – 12 Ta 92/93, NZA 1994, 288.
1133 BAG 18. 2. 2003 – 9 AZR 164/02, NZA 2003, 1392.
1134 Hierzu GMP/*Germelmann*, ArbGG § 62 Rn 62.
1135 LAG Düsseldorf 7. 11. 2003 – 16 Ta 571/03, NZA-RR 2004, 206.
1136 *Reufels*, § 3 Rn 416.

a) Hinreichende Bestimmtheit

Voraussetzung für eine erfolgreiche Vollstreckung des Weiterbeschäftigungsanspruchs ist, dass der Antrag   **559**
hinreichend bestimmt ist.[1137] Hier ist bereits bei der Formulierung des Antrags erhöhte Sorgfalt geboten.
Aus dem tenorierten Weiterbeschäftigungsanspruch sollten die maßgeblichen Beschäftigungsbestimmungen unmissverständlich hervorgehen. Die Formulierung, dass der Arbeitnehmer „zu unveränderten Arbeitsbedingungen weiterzubeschäftigen" ist, reicht hierfür regelmäßig nicht aus.[1138] Aus dieser Formulierung ist nicht ersichtlich, was unter der Weiterbeschäftigung zu unveränderten Arbeitsbedingungen zu verstehen ist.

Der ggf. streitige Inhalt des Weiterbeschäftigungsanspruchs ist nicht Gegenstand des Vollstreckungsverfahrens.[1139] Deshalb sollten sich die wesentlichen Arbeitsbedingungen bestenfalls aus dem Tenor oder zumindest aus dem Tatbestand oder den Entscheidungsgründen des Urteils ergeben, sodass der Tenor durch das Vollstreckungsorgan ausgelegt werden kann.[1140]

Es ist ausreichend, wenn die Art der ausgeurteilten Beschäftigung des Arbeitnehmers aus dem Titel ersichtlich ist. Einzelheiten hinsichtlich der Art und Weise der Beschäftigung oder sonstigen Arbeitsbedingungen muss der Titel demgegenüber nicht enthalten.[1141]

> *Praxishinweis*
>
> Arbeitgeber wenden im Vollstreckungsverfahren – regelmäßig zu Recht – ein, dass der Weiterbeschäftigungstitel nicht hinreichend bestimmt und deswegen nicht vollstreckbar sei. Hierbei muss jedoch berücksichtigt werden, dass über den Antrag nach § 888 ZPO derselbe Richter entscheidet, der bereits über den tenorierten Weiterbeschäftigungsantrag entschieden hat. Der Richter müsste also eingestehen, dass er ein nicht vollstreckungsfähiges Urteil erlassen hat, weil der Umfang der tenorierten Weiterbeschäftigung unklar ist. Aus diesem Grund wird der Einwand der fehlenden hinreichenden Bestimmtheit jedenfalls beim Arbeitsgericht regelmäßig ohne Erfolg bleiben.

b) Einwand der Unmöglichkeit

Dem Arbeitgeber muss die Weiterbeschäftigung des Arbeitnehmers möglich sein. Bei der Entscheidung   **560**
über den Antrag nach § 888 ZPO muss das Arbeitsgericht grundsätzlich Tatsachen berücksichtigen, die nach Erlass des zu vollstreckenden Urteiles eingetreten sind.

aa) Wegfall des Arbeitsplatzes

Der Arbeitgeber kann im Vollstreckungsverfahren daher durchaus einwenden, dass der Arbeitsplatz zwi-   **561**
schenzeitlich infolge einer Umorganisation weggefallen ist.[1142] Allerdings wird es als rechtsmissbräuchlich angesehen, wenn der Arbeitgeber sich eine titulierte Verpflichtung zur Weiterbeschäftigung gezielt durch eine gerade dadurch motivierte Umorganisation unmöglich macht. In einem solchen Fall kann sich der Arbeitgeber nicht auf die Unmöglichkeit der Weiterbeschäftigung berufen.[1143] Soweit sich der Arbeitgeber auf eine Umorganisation beruft, die zum Wegfall des Arbeitsplatzes geführt hat, muss er dies im Einzelnen substantiiert belegen.[1144]

[1137] Hierzu *Leydecker/Heider/Fröhlich*, BB 2009, 2703 ff.

[1138] LAG Köln 16.12.2004 – 3 (7) Ta 358/04, LAGE Nr. 31 zu § 62 ArbGG 1979; LAG Frankfurt 27.11.1992 – 9 Ta 376/92, LAGE Nr. 30 zu § 888 ZPO.

[1139] BAG 15. 4. 2009 – 6 AZR 975/06, NZA 2009, 917; LAG Nürnberg – 7 Ta 170/92, NZA 1993, 864.

[1140] Vgl. dazu LAG Schleswig-Holstein 6.1.1987 – 6 Ta 157/86, NZA 1987, 322 f.; LAG Bremen 18. 11. 1988 – 3 Ta 65/88 NZA 1989, 231; vgl. aber LAG Rheinland-Pfalz 7. 1. 1986 – 1 Ta 302/85, NZA 1986, 196.

[1141] BAG 15. 4. 2009 – 3 AZB 93/08, NZA 2009, 917; *Reufels*, § 3 Rn 418.

[1142] LAG Hamm 29. 8. 1984 – 1 Ta 207/84, AuR 1985, 62; ebenso LAG Hamm 15. 2. 1991 – 7 Ta 28/91, LAGE Nr. 22 zu § 888 ZPO; LAG Schleswig-Holstein 11.12.2003 – 2 Ta 257/03, NZA-RR 2004, 408.

[1143] LAG Köln 23. 8. 2001 – 7 (13) Ta 190/01; NZA-RR 2002, 214.

[1144] LAG Köln 23. 8. 2001 – 7 (13) Ta 190/01; NZA-RR 2002, 214.

Der Weiterbeschäftigung kann ebenfalls entgegengehalten werden, dass der Arbeitsplatz des Arbeitnehmers mittlerweile auf ein anderes Unternehmen nach § 613a BGB übergegangen ist.[1145]

Praxishinweis

Regelmäßig wird der Arbeitnehmer dem Argument des zwischenzeitlichen Wegfalls seines Arbeitsplatzes infolge Umorganisation entgegenhalten, dass der Arbeitgeber sich hierdurch absichtlich der Vollstreckung des Weiterbeschäftigungsanspruchs entziehen wolle. Der Arbeitgeber hat demnach zur Überzeugung des Gerichts nachzuweisen, dass dies nicht der Fall ist. Im Laufe eines lang andauernden Kündigungsschutzverfahrens mit möglicherweise langer Freistellungsphase kann der Arbeitgeber durchaus sehr gut argumentieren, dass er sich infolge der langen Abwesenheit des Arbeitnehmers zum Abbau seines Arbeitsplatzes entschieden hat.

bb) Weitere objektive Hindernisse

562 Außerdem können weitere objektive, vom Arbeitgeber nicht beeinflussbare Hindernisse angeführt werden, die der Weiterbeschäftigung entgegenstehen. In Betracht kommen die Krankheit des Arbeitnehmers, ein Beschäftigungsverbot oder ein Hausverbot, das den Einsatz des Arbeitnehmers bei einem Dritten unmöglich macht.[1146]

Gründe, über die das Gericht im Erkenntnisverfahren bereits entschieden hat (z.B. der Wegfall des Arbeitsplatzes im Falle einer betriebsbedingten Kündigung), müssen im Vollstreckungsverfahren unberücksichtigt bleiben.[1147]

cc) Folgekündigung, Auflösungsantrag

563 Gegen die Weiterbeschäftigung kann beispielsweise auch argumentiert werden, dass eine nach der Entscheidung des Arbeitsgerichts ausgesprochene Folgekündigung[1148] oder ein in der Berufungsinstanz neu gestellter Auflösungsantrag zu einer neuen, zusätzlichen Ungewissheit über den Fortbestand des Arbeitsverhältnisses führt.[1149]

c) Muster: Antrag auf Vollstreckung des Weiterbeschäftigungsanspruchs

564 **Muster 3.43: Antrag auf Vollstreckung des Weiterbeschäftigungsanspruchs**

An das Arbeitsgericht ▨▨▨

In dem Rechtsstreit

▨▨▨ (*Kurzrubrum*)

Az. ▨▨▨

fügen wir die vollstreckbare Ausfertigung des Urteils des Arbeitsgerichts ▨▨▨ vom ▨▨▨, Az. ▨▨▨, bei und beantragen:

1. Gegen die Beklagte wird wegen der Nichtvornahme der vertragsgemäßen Beschäftigung des Klägers als ▨▨▨ in der Abteilung ▨▨▨ am Standort ▨▨▨ gemäß Ziffer ▨▨▨ des Urteils des Arbeits-

---

1145 *Reufels*, § 3 Rn 422.
1146 LAG Berlin 6.6.1986 – 9 Ta 6/86, AP Nr. 10 zu § 888 ZPO; GMP/*Germelmann*, ArbGG, § 62 Rn 62.
1147 BAG 15. 4. 2009 – 3 AZB 93/08, NZA 2009, 917.
1148 LAG Sachsen-Anhalt 25.9.2002 – 8 Sa 344/02; LAG Berlin 14.7.1993, LAGE Nr. 20 zu § 62 ArbGG 1979; a.A. LAG Rheinland-Pfalz 27.11.2007 – 10 Ta 263/07, ArbuR 2008, 193; LAG Frankfurt 28.1.1985 – 12 Ta 16/85, NZA 1985, 460.
1149 BAG 16. 11. 1995 – 8 AZR 864/93, NZA 1996, 589, 593; GMP/*Germelmann*, ArbGG, § 62 Rn 62.

gerichts ▓▓▓ vom ▓▓▓, Az. ▓▓▓, ein Zwangsgeld[1150] festgesetzt, dessen Höhe in das Ermessen des Gerichts gestellt wird, jedoch einen Betrag von ▓▓▓ EUR nicht unterschreiten sollte, ersatzweise Zwanghaft, zu vollstrecken an dem Geschäftsführer der Schuldnerin.

2. Dem Kläger wird zum Zwecke der Zwangsvollstreckung eine vollstreckbare Ausfertigung des Festsetzungsbeschlusses gemäß Ziffer 1 erteilt.

Begründung:

Das Arbeitsgericht hat in seinem Urteil vom ▓▓▓ festgestellt, dass die durch die Beklagte ausgesprochene Kündigung vom ▓▓▓ unwirksam ist und das Arbeitsverhältnis nicht zum ▓▓▓ beendet hat. Die Beklagte wurde zudem gemäß Ziffer ▓▓▓ des Urteils zur Weiterbeschäftigung des Klägers als ▓▓▓ in der Abteilung ▓▓▓ am Standort der Beklagten in ▓▓▓ zu unveränderten Arbeitsbedingungen bis zum rechtskräftigen Abschluss des Verfahrens verurteilt. Das Urteil des Arbeitsgerichts wurde am ▓▓▓ zugestellt. Die vollstreckbare Ausfertigung des Urteils wurde am ▓▓▓ erteilt. Der Unterzeichner hat die Beklagte mehrfach, jeweils unter Fristsetzung bis zum ▓▓▓, aufgefordert, den titulierten Weiterbeschäftigungsanspruch des Klägers zu erfüllen.

Beweis: Kopie des Schreibens vom ▓▓▓

Gleichwohl weigert sich die Beklagte weiterhin, den Kläger gemäß Ziffer ▓▓▓ des Urteils des Arbeitsgerichts zu beschäftigen, sodass nunmehr die Zwangsvollstreckung des Weiterbeschäftigungsanspruchs geboten ist.

(*Unterschrift*)

Rechtsanwalt

d) **Muster: Zurückweisung des Antrages auf Vollstreckung der Weiterbeschäftigung**

44

▼

Muster 3.44: Zurückweisung des Antrages auf Vollstreckung des Weiterbeschäftigungsanspruchs
565

An das Arbeitsgericht ▓▓▓

In dem Rechtsstreit

▓▓▓ (*Kurzrubrum*)

Az. ▓▓▓

beantragen wir namens und im Auftrag der Beklagten:

Der Antrag des Klägers auf Festsetzung eines Zwangsgeldes, ersatzweise Zwangshaft, wird zurückgewiesen.

Begründung:

Die Anträge des Klägers sind zurückzuweisen. Es liegt bereits kein vollstreckungsfähiger Titel vor. Eine Zwangsvollstreckung kann nur dann erfolgen, wenn das Urteil einen vollstreckungsfähigen Inhalt hat.

Die vorliegend für den Weiterbeschäftigungsanspruch maßgeblichen wesentlichen Arbeitsbedingungen sind dem Tenor oder zumindest dem Tatbestand oder den Entscheidungsgründen des Urteils des Arbeitsgerichts nicht zu entnehmen. Es ist unzulässig, erst im Zwangsvollstreckungsverfahren zu klären, was Inhalt des Weiterbeschäftigungsanspruchs des Arbeitnehmers sein soll. Dies ist ausschließlich dem Erkenntnisverfahren vorbehalten. Gemessen an diesen Voraussetzungen fehlt es dem titulierten Weiterbeschäftigungsanspruch bereits an der für die Zwangsvollstreckung erforderlichen Bestimmtheit.

1150 Es muss keine bestimmte Höhe für das Zwangsgeld beantragt werden. Das Zwangsgeld ist in einem einheitlichen Betrag anzudrohen und festzusetzen, § 890 ZPO findet keine Anwendung. Es ist unzulässig, pro Tag der Nichtbeschäftigung separat ein Ordnungsgeld zu verhängen; LAG Berlin 5. 7. 1985, NZA 1986, 36; GMP/*Germelmann*, ArbGG, § 62 Rn 62.

Darüber hinaus ist der Beklagten die Weiterbeschäftigung des Klägers mittlerweile unmöglich geworden, da ihr unüberwindliche Hindernisse entgegenstehen. Eine objektive Unmöglichkeit der Weiterbeschäftigung liegt insbesondere immer dann vor, wenn der Arbeitsplatz des Arbeitnehmers weggefallen ist. In diesem Fall kann die ursprünglich geschuldete Leistung nicht mehr erbracht werden. Eine Zwangsvollstreckung kann nur dann erfolgen, wenn die Vornahme der ausgeurteilten Handlung im Zeitpunkt der Vollstreckung ausschließlich vom Willen der Schuldnerin abhängt. Die Schuldnerin muss sich also in der Lage befinden, in der sie nur noch zu wollen braucht, um die von ihr geforderte Handlung vorzunehmen. Daran fehlt es, wenn die geschuldete Handlung objektiv nicht mehr möglich ist; wenn also der ernstlich gewollten Vornahme der Handlung unüberwindliche Hindernisse entgegenstehen (LAG Hamm 29.11.1985, LAGE § 888 ZPO Nr. 5; LAG Hamm 15.2.1991, LAGE § 888 ZPO Nr. 22; LAG Hamm 21.2.2007, 7 Ta 90/07; LAG Hamm 22.1.2008 – 7 Ta 10/08).

Die Beklagte hat am ▬▬▬ die unternehmerische Entscheidung getroffen, dass u.a. der Arbeitsplatz des Klägers ersatzlos wegfällt. Seit dem ▬▬▬ existiert der Arbeitsplatz des Klägers nicht mehr. (*wird ausgeführt*).

Der Beklagten ist es demnach unmöglich, den Kläger gemäß dem titulierten Weiterbeschäftigungsantrag zu den geltenden arbeitsvertraglichen Bedingungen weiter zu beschäftigen.

Die Anträge des Klägers sind nach alledem zurückzuweisen.

(*Unterschrift*)

Rechtsanwalt

> *Praxishinweis*
>
> Gegen den Beschluss des Arbeitsgerichts kann binnen zwei Wochen sofortige Beschwerde zum Landesarbeitsgericht eingelegt werden. Der Arbeitnehmer wird im Falle eines positiv beschiedenen Festsetzungsbeschlusses die zügige Erteilung der vollstreckbaren Ausfertigung des Beschlusses vom Arbeitsgericht verlangen. Der Arbeitgeber wird das verhindern wollen.
>
> Die vollstreckbare Ausfertigung des Festsetzungsbeschlusses ist solange nicht zu erteilen bis das Landesarbeitsgericht über die eingelegte sofortige Beschwerde entschieden hat. Die Beschwerde gegen die Festsetzung eines Zwangs- oder Ordnungsmittels hat auch bei Zwangs- oder Ordnungsmittelbeschlüssen nach §§ 888, 890 aufschiebende Wirkung.[1151] Der Arbeitgeber kann die tatsächliche (zwangsweise) Beschäftigung des Arbeitnehmers so hinauszögern.

1151 BGH 17.8.2011 – I ZB 20/11 (KG), NJW 2011, 3791.

D. Einstweiliger Rechtsschutz

I. Antrag auf Beschäftigung

Literatur: *Bauer*, Rechtliche und taktische Konsequenzen des Weiterbeschäftigungsanspruchs, BB 1986, 799; *Beckmann*, Rechtsschutz bei Freistellung des Arbeitnehmers/Geschäftsführers, NZA 2004, 1131; *Berkowsky*, Das Weiterbeschäftigungsangebot des Arbeitgebers während des Kündigungsschutzprozesses und seine Auswirkungen auf seinen Annahmeverzug, DB 1981, 1569; *Bronhofer*, Aus für Freistellungsklauseln?, AuA 2008, 20; *Falkenberg*, Die Weiterbeschäftigungsentscheidung des Bundesarbeitsgerichts und ihre verfahrensrechtlichen Auswirkungen, DB 1987, 1534; *Fischer*, Die formularmäßige Abbedingung des Beschäftigungsanspruchs des Arbeitnehmers während der Kündigungsfrist, NZA 2004, 233; *Growe*, Anträge zur Effektivierung des Weiterbeschäftigungsanspruchs, NZA 1996, 567; *Kelber/Zeißig/Birkefeld*, Rechtshandbuch Führungskräfte, 2016, (zitiert: Kelber u.a.); *Kleinmann/Meyer-Renkes*, Strategie und Taktik im Kündigungsschutzprozess, 2006; *Korinth*, Einstweiliger Rechtsschutz im Arbeitsgerichtsverfahren, 3. Aufl. 2015; *Kramer*, Gestaltung einer Freistellung von der Arbeit, DB 2008, 2538; *Krause*, Nach der Kündigung: Weiterbeschäftigung, Freistellung, Annahmeverzug, NZA, Beil. 1/2005, 51; *Leßmann*, Die Abdingbarkeit des Beschäftigungsanspruchs im streitigen und unstreitigen Arbeitsverhältnis, RdA 1988, 149; *Leydecker/Heider/Fröhlich*, Die Vollstreckung des Weiterbeschäftigungsanspruchs, BB 2009, 2703; *Reidel*, Die einstweilige Verfügung auf (Weiter-) Beschäftigung – eine vom Verschwinden bedrohte Rechtsform?, NZA 2000, 454; 844; *Ostrowitcz/Künzl/Schäfer*; Handbuch des arbeitsgerichtlichen Verfahrens, 3. Auflage 2006, *Reinhard/Kliemt*, Die Durchsetzung arbeitsrechtlicher Ansprüche im Eilverfahren, NZA 2005, 545; *Schäfer*, Inhalt und praktische Konsequenzen der Weiterbeschäftigungsentscheidung des Großen Senats, NZA 1985, 691; *Schrader/Straube*, Die tatsächliche Beschäftigung während des Kündigungsrechtsstreits, RdA 2006, 98; *Schumann*, Das Recht auf Weiterbeschäftigung im Kündigungsschutzprozess, NZA 1985, 688.

1. Allgemeine Einführung

Während des Arbeitsverhältnisses hat der Arbeitnehmer nicht nur einen Anspruch auf Vergütung, sondern auch einen Anspruch auf tatsächliche Beschäftigung.[1152] Der **Beschäftigungsanspruch** ist Ausfluss des grundsetzlich abgesicherten Allgemeinen Persönlichkeitsrechts und Hauptleistungspflicht des Arbeitgebers. Stellt der Arbeitgeber dem Arbeitnehmer keinen oder keinen vertragsgemäßen Arbeitsplatz zur Verfügung, so gerät er nicht nur in Annahmeverzug, sondern verletzt zugleich den Beschäftigungsanspruch des Arbeitnehmers. Nur in Ausnahmefällen ist der Arbeitgeber zur einseitigen Freistellung des Arbeitnehmers berechtigt. Grundsätzlich besteht der Beschäftigungsanspruch auch im gekündigten Arbeitsverhältnis bis zum Ablauf der Kündigungsfrist fort.

Mit Ablauf der Kündigungsfrist endet der Beschäftigungsanspruch. Ist die Wirksamkeit der Kündigung streitig, so hat der Arbeitnehmer unter bestimmten Voraussetzungen einen **Weiterbeschäftigungsanspruch bis zum rechtskräftigen Abschluss des Kündigungsschutzverfahrens**. Ein Weiterbeschäftigungsanspruch kann gemäß § 102 Abs. 5 S. 1 BetrVG bestehen, wenn der Betriebsrat einer ordentlichen Kündigung frist- und formgerecht widersprochen hat. Außerdem gibt es einen richterrechtlich anerkannten allgemeinen Weiterbeschäftigungsanspruch. Danach hat der Arbeitnehmer auch nach Ablauf der Kündigungsfrist einen Anspruch auf Beschäftigung, wenn die Kündigung offensichtlich rechtsunwirksam oder rechtsmissbräuchlich ist oder der Arbeitnehmer im Kündigungsschutzverfahren erster Instanz obsiegt hat.[1153]

Sowohl der Beschäftigungs- als auch der Weiterbeschäftigungsanspruch können als isolierte Leistungsklage oder verbunden mit einer Kündigungsschutzklage gerichtlich geltend gemacht werden. Wegen der langen Prozessdauer bietet das Hauptsacheverfahren allerdings häufig keinen effektiven Rechtsschutz. Wird der Arbeitnehmer während der Kündigungsfrist freigestellt, so ist die Kündigungsfrist regelmäßig bereits abgelaufen, bevor eine erstinstanzliche Entscheidung ergeht. Der Beschäftigungsanspruch wird daher in der Praxis regelmäßig im Rahmen von einstweiligen Verfügungsverfahren geltend gemacht.

566

1152 BAG 10.11.1955, AP Nr. 2 zu § 611 BGB Beschäftigungspflicht; BAG 19.8.1976, AP Nr. 4 zu § 611 BGB Beschäftigungspflicht; APS/*Koch*, § 102 BetrVG Rn 231.
1153 Vgl. BAG GS 27.2.1985, NZA 1985, 702; APS/*Koch*, § 102 BetrVG Rn 235 ff.

2. Fallgruppen Beschäftigungsanspruch

a) Nichtbeschäftigung während des ungekündigten Arbeitsverhältnisses

567 Wird der Arbeitnehmer während des bestehenden Arbeitsverhältnisses nicht beschäftigt, so hat er grundsätzlich einen **Verfügungsanspruch**. Der Arbeitgeber hat nur bei Vorliegen besonderer Voraussetzungen das Recht, den Arbeitnehmer während des (noch) ungekündigten Arbeitsverhältnisses einseitig zu suspendieren. Dies gilt auch für leitende Angestellte und Führungskräfte. Ein den Arbeitgeber **zur Freistellung berechtigendes Interesse** wird übereinstimmend ausnahmsweise bejaht, wenn ein **wichtiger Grund für eine fristlose Kündigung** im Sinne des § 626 BGB vorliegt, der Arbeitgeber vor Ausspruch der Kündigung aber erst eine behördliche Genehmigung einholen muss, ein Zustimmungsersetzungsverfahren nach § 103 BetrVG durchführen muss oder die Freistellung ein milderes Mittel gegenüber einer sofortigen Verdachtskündigung darstellt.[1154]

Der Beschäftigungsanspruch ist zwar dispositiv, so dass Vereinbarungen über die Freistellung des Arbeitnehmers zulässig sind. Unwirksam sind allerdings Klauseln, mit denen sich der Arbeitgeber die jederzeitige Freistellung des Arbeitnehmers bereits im Arbeitsvertrag vorbehält. Eine solche **globale Freistellungsklausel** schränkt die Rechte des Arbeitnehmers unangemessen stark ein und hält daher der **Inhaltskontrolle der §§ 307 ff. BGB** nicht stand.[1155]

Umstritten ist, ob bei der Nichtbeschäftigung des Arbeitnehmers ein **Verfügungsgrund** schon deshalb immer besteht, weil der Beschäftigungsanspruch durch Zeitablauf unwiederbringlich verloren geht und insofern eine Rechtsvereitelung eintritt. Die überwiegende Ansicht verlangt für einen Verfügungsgrund die Darlegung eines **besonderen Beschäftigungsbedürfnisses**, d.h. die Darlegung eines Nachteils, der über die bloße Unwiederbringlichkeit des durch Zeitablauf erloschenen Erfüllungsanspruchs hinausgeht.[1156] Denn die bloße Vereitelung eines Erfüllungsanspruchs stellt keinen wesentlichen Nachteil im Sinne des § 940 ZPO dar. Vom Arbeitnehmer sollten daher in der Antragsschrift Tatsachen glaubhaft gemacht werden, weshalb eine Entscheidung im Eilverfahren zur Abwehr wesentlicher Nachteile erforderlich ist. Dies kann beispielsweise damit begründet werden, dass die Nichtbeschäftigung den Arbeitnehmer in seinem beruflichen Fortkommen oder bei Aufrechterhaltung seiner Qualifikationen beeinträchtigt.[1157] Ferner ist – insbesondere bei Führungskräften – auch eine Berufung auf den mit der Freistellung verbundenen Reputations- und Ansehensverlust denkbar. Bei Betriebs- und Personalräten kann ein besonderes Interesse mit der Wahrnehmung der Amtsaufgaben begründet werden.[1158]

568 *Praxistipp*

Wichtig ist es, nach der Freistellung nicht zu lange mit der Beantragung der einstweiligen Verfügung zu warten. Sonst besteht das Risiko, dass das Arbeitsgericht einen Verfügungsgrund verneint, weil es an der Eilbedürftigkeit fehle. Denn das Eilbedürfnis kann durch das Arbeitnehmerverhalten selber widerlegt werden. Zeigt der Arbeitnehmer durch eine längere Untätigkeit, dass es ihm mit der Durchsetzung seines Anspruchs nicht dringlich ist, wird ein Verfügungsgrund weiterhin verneint.[1159]

1154 Vgl. ErfK/*Preis*, § 611 BGB Rn 567; LAG Köln 20.3.2001, MDR 2001, 1176.

1155 *Krause*, NZA Beilage 1/2005, 51.

1156 LAG Berlin-Brandenburg, 16.3.2011, NZA-RR 2011, 551; LAG Schleswig-Holstein, 20.4.2012, BeckRS 2012, 69851; LAG Frankfurt a.M. 23.3.1987, NZA 1988,37; LAG Hamburg 10.6.1994, LAGE Nr. 37 zu § 611 BGB Beschäftigungspflicht; LAG Berlin 22.1.1991, NZA 1991, 472; LAG Rheinland-Pfalz 21.8.1986, LAGE Nr. 19 zu § 611 BGB Beschäftigungspflicht; LAG Düsseldorf 17.11.2010, Beck-RS 2011, 66476; GMP/*Prütting*, ArbGG § 62 Rn 105; *Reinhard/Kliemt*, NZA 2005, 547; *Beckmann*, NZA 2004, 1131 mit dem zutreffenden Hinweis, dass es in den arbeitsrechtlichen Gesetzen an einer § 25 UWG vergleichbaren Regelung fehlt.

1157 LAG Thüringen 10.4.2001, LAGE GG Art. 2 Persönlichkeitsrecht; LAG Düsseldorf 1.6.2005, MDR 2005, 1419, 1420; Vgl. *Beckmann*, NZA 2004, 1131; *Reinhard/Kliemt*, NZA 2005, 545.

1158 GMP/*Prütting*, § 62 ArbGG Rn 105.

1159 LAG Schleswig-Holstein 28.6.2006 – 6 Sa 252/05, BeckRS 2006 42890; siehe dazu auch *Schwab/Weth*, § 62 ArbGG Rn 146.

b) Nichtbeschäftigung nach Kündigung während des Laufs der Kündigungsfrist

In der Praxis stellen Arbeitgeber Arbeitnehmer häufig bei Ausspruch der Kündigung bis zur Beendigung des **569** Arbeitsverhältnisses frei. Die tatsächliche Beschäftigung während der Kündigungsfrist ist jedoch regelmäßig gerade für leitende Angestellte mit langen Kündigungsfristen von hoher Relevanz, weil sie sich sonst nicht aus einer laufenden Beschäftigung bewerben können und Kontakt zu Vertriebspartnern, Kunden, etc. verlieren. Da das Arbeitsverhältnis erst mit Ablauf der Kündigungsfrist endet, besteht bei einer Nichtbeschäftigung während der Kündigungsfrist grundsätzlich ein Verfügungsanspruch.[1160] Der **Beschäftigungsanspruch entfällt** im gekündigten Arbeitsverhältnis nur, wenn im Einzelfall **überwiegende schützenswerte Interessen des Arbeitgebers** das Beschäftigungsinteresse des Arbeitnehmers zurücktreten lassen oder der Arbeitgeber aufgrund einer vertraglichen Vereinbarung zur Freistellung des Arbeitnehmers berechtigt ist.[1161]

Überwiegende schützenswerte Interessen des Arbeitgebers ergeben sich nicht schon daraus, dass nach Ausspruch der Kündigung durch den Arbeitgeber oder Eigenkündigung des Arbeitnehmers feststeht, dass das Arbeitsverhältnis in absehbarer Zeit enden wird. Erforderlich sind besondere schützenswerte Interessen des Arbeitgebers, die gegenüber dem Beschäftigungsinteresse des Arbeitnehmers überwiegen. Dies ist regelmäßig der Fall, wenn ein wichtiger Grund i.S.d. § 626 Abs. 1 BGB vorliegt. Nach überwiegender Ansicht können aber auch andere Gründe im Einzelfall eine Freistellung rechtfertigen.[1162] Ein Suspendierungsgrund kann sich beispielsweise bei einem zur Konkurrenz wechselnden Arbeitnehmer aus dem Schutz wettbewerbsrechtlicher Interessen des Arbeitgebers ergeben.[1163] Ferner kommt ein Überwiegen der Interessen des Arbeitgebers bei einer auf eine schwere Pflichtverletzung gestützten verhaltensbedingten Kündigung wegen der Begehung einer Straftat in Betracht.[1164]

Umstritten ist die Wirksamkeit der in der Praxis verbreiteten Klauseln, die dem Arbeitgeber das Recht einräumen, den Arbeitnehmer nach Ausspruch einer Kündigung freizustellen. Überwiegend wird vertreten, **570** dass zumindest der **pauschale Vorausverzicht auf die Beschäftigung während der Kündigungsfrist** wegen unangemessener Benachteiligung des Arbeitnehmers **gemäß § 307 Abs. 1 BGB unwirksam ist**.[1165] Als wirksam werden nur Freistellungsklauseln angesehen, die den Grund, bei dessen Vorliegen eine Freistellung zulässig sein soll, konkret benennen.[1166] Zu beachten ist jedoch, dass auch bei einer wirksam vereinbarten Klausel die Ausübung des Freistellungsrechts der gerichtlichen Ausübungskontrolle nach § 315 Abs. 3 BGB unterliegt. Das heißt, für die Zulässigkeit der Freistellung ist jeweils in der konkreten Situation zu prüfen, ob die beiderseitigen Interessen hinreichend berücksichtigt worden sind.[1167]

Hinsichtlich des Verfügungsgrundes gelten die Ausführungen zur Freistellung im ungekündigten Arbeitsverhältnis entsprechend (siehe oben Rdn 567). Im Antrag auf Erlass einer einstweiligen Verfügung sollte ein über das bloße Erfüllungsinteresse hinausgehendes Beschäftigungsinteresse dargelegt werden.

1160 BAG 10.11.1955, AP Nr. 2 zu § 611 BGB Beschäftigungspflicht; BAG 19.8.1976, AP Nr. 4 zu § 611 BGB Beschäftigungspflicht; APS/*Koch*, § 102 BetrVG Rn 231.
1161 Zur Situation bei Führungskräften vgl. *Kelber u.a.*, B 1138 ff.
1162 Vgl. dazu *Krause*, NZA Beilage 1/2005, 51; *Hoß/Lohr*, BB 1998, 2575; *Korinth*, I Rn 77 ff.
1163 BAG GS 27.2.1985, NZA 1985, 702; *Krause*, NZA Beilage 1/2005, 51.
1164 BAG GS 27.2.1985, NZA 1985, 702; *Hoß/Lohr*, BB 1998, 2575.
1165 LAG Hessen 14.3.2011, NZA-RR 2011, 419; ErfK/*Preis*, § 611 BGB Rn 570; *Korinth*, I Rn 74; *Krause*, NZA Beilage 1/2005, 51; *Fischer*, NZA 2004, 233; *Beckmann*, NZA 2004, 1131.
1166 *Kramer*, DB 2008, 2538; *Hunold*, NZA-RR 2006, 113 (118).
1167 Vgl. dazu *Schrader/Straube*, RdA 2006, 98.

571   *Praxistipp*

Einstweilige Verfügungen auf Beschäftigung während der Kündigungsfrist werden in der Praxis – insbesondere von Führungskräften – regelmäßig als taktisches Mittel genutzt, um kurzfristig Druck auf die Verhandlungsbereitschaft des Arbeitgebers auszuüben. Droht dem Arbeitgeber das Unterliegen im einstweiligen Verfügungsverfahren und damit die zumindest vorübergehende Rückkehr des gekündigten Arbeitnehmers in den Betrieb, so kann dies erheblichen Einfluss auf seine Bereitschaft haben, eine hohe Abfindungszahlung anzubieten.[1168]

c)   Beschäftigungsanspruch nach Ablauf der Kündigungsfrist während der Dauer des Kündigungsschutzprozesses

572   Mit Ablauf der Kündigungsfrist endet der Beschäftigungsanspruch. Dies gilt auch, wenn die Wirksamkeit der Kündigung streitig ist. Während der Dauer des Kündigungsschutzprozesses steht dem Arbeitnehmer unter bestimmten Voraussetzungen ein Weiterbeschäftigungsanspruch zu.

aa)   Allgemeiner Weiterbeschäftigungsanspruch

573   Nach dem vom Großen Senat des BAG im Grundsatzurteil vom 27.2.1985[1169] entwickelten **allgemeinen Weiterbeschäftigungsanspruch** hat ein Arbeitnehmer während der Dauer des Kündigungsschutzprozesses einen Beschäftigungsanspruch, wenn die Kündigung offensichtlich unwirksam ist oder wenn der Arbeitnehmer erstinstanzlich obsiegt hat.

Offensichtlich unwirksam ist eine Kündigung, wenn sich ihre Unwirksamkeit nach dem eigenen Vortrag des Arbeitgebers ohne Beweisaufnahme und ohne Beurteilungsspielraum aufdrängt. Erforderlich ist insofern, dass kein vernünftiger Zweifel an der Unwirksamkeit der Kündigung in rechtlicher oder tatsächlicher Hinsicht besteht. Als offensichtlich unwirksam wird beispielsweise eine unter Verletzung des Schriftformerfordernisses (§ 623 BGB), unter Missachtung von Kündigungsverboten (MuSchG, BEEG, SGB IX etc.) oder ohne Anhörung des Betriebsrats (§ 102 BetrVG) ausgesprochene Kündigung angesehen. Die bloße Ungewissheit über den Ausgang des Kündigungsschutzprozesses begründet demgegenüber keinen Weiterbeschäftigungsanspruch. Ein Weiterbeschäftigungsanspruch besteht erst, wenn der Arbeitnehmer im Kündigungsschutzverfahren **erstinstanzlich obsiegt** hat und kein besonderes Interesse des Arbeitgebers an der Nichtbeschäftigung besteht.[1170]

574   Zur Durchsetzung des allgemeinen Weiterbeschäftigungsanspruchs ist die einstweilige Verfügung nur dann ein probates Mittel, wenn sich der Anspruch aus der offensichtlichen Unwirksamkeit der Kündigung ergibt und das erstinstanzliche Verfahren bis zum Ablauf der Kündigungsfrist nicht abgeschlossen werden kann. Im Übrigen ist für eine einstweilige Verfügung kein Raum. Der nach Obsiegen in erster Instanz bestehende Weiterbeschäftigungsanspruch ist, als uneigentlicher Hilfsantrag, im Rahmen des Kündigungsschutzverfahrens zu stellen. Gibt das Arbeitsgericht der Kündigungsschutzklage statt und wird vom Arbeitgeber kein überwiegendes, der Weiterbeschäftigung entgegenstehendes Interesse dargelegt, so erlangt der Arbeitnehmer mit Erlass des erstinstanzlichen Urteils einen Weiterbeschäftigungstitel. Diesen kann er bei Weigerung des Arbeitgebers im Wege der Zwangsvollstreckung durchsetzen.[1171] Hat der Arbeitnehmer es ver-

---

1168 Vgl. Bauer u.a./*Diller*, M 22.23, Fußnote 3.
1169 BAG NZA 1985, 702.
1170 Umstritten ist, ob ein Weiterbeschäftigungsanspruch nach Obsiegen im Kündigungsschutzverfahren erster Instanz auch bei leitenden Angestellten besteht. Vgl. dazu *Kelber u.a.*, B 1182.
1171 Die Vollstreckung des (Weiter-)Beschäftigungstitels erfolgt nach § 888 ZPO (Festsetzung von Zwangsgeld/Zwangshaft). Zur Vollstreckung des Weiterbeschäftigungsanspruchs im Einzelnen, vgl. *Leydecker/Heider/Fröhlich*, BB 2009, 2703.

säumt, im Kündigungsschutzverfahren einen Weiterbeschäftigungsantrag zu stellen, so kann er dies nach Abschluss der ersten Instanz nicht im einstweiligen Verfügungsverfahren nachholen. Nach Abschluss der ersten Instanz fehlt es für eine einstweilige Verfügung an der erforderlichen Dringlichkeit. Der Arbeitnehmer hat die Dringlichkeit selber herbeigeführt, indem er den Antrag auf Weiterbeschäftigung nicht mit der Kündigungsschutzklage verbunden hat.[1172]

bb) Betriebsverfassungsrechtlicher Weiterbeschäftigungsanspruch

Ein Weiterbeschäftigungsanspruch kann sich ferner aus § 102 Abs. 5 BetrVG ergeben. Dafür muss der Betriebsrat einer ordentlichen Kündigung form- und fristgemäß aus einem der in § 102 Abs. 3 BetrVG abschließend genannten Gründe widersprochen haben und vom Arbeitnehmer rechtzeitig Kündigungsschutzklage erhoben worden sein. Ferner muss der Arbeitnehmer seine Weiterbeschäftigung geltend machen. Lehnt der Arbeitgeber die Weiterbeschäftigung trotz des Verlangens des Arbeitnehmers ab, so kann der Arbeitnehmer seinen Weiterbeschäftigungsanspruch mittels einstweiliger Verfügung beim Arbeitsgericht geltend machen.[1173]   575

d) Nicht vertragsgemäße Beschäftigung

Der **Beschäftigungsanspruch** kann nicht nur in seinem Bestand, sondern auch **in seinem Inhalt streitig**   576
sein, nämlich wenn die dem Arbeitnehmer zugewiesenen Aufgaben nicht den vertraglich vereinbarten entsprechen. Dies ist beispielsweise der Fall bei einer einseitigen Versetzung auf einen geringerwertigen Arbeitsplatz.

Auch der Anspruch auf vertragsgemäße Beschäftigung kann im Wege der einstweiligen Verfügung durchgesetzt werden.[1174] Hinsichtlich des Verfügungsanspruchs und des Verfügungsgrundes gelten im Wesentlichen die gleichen Grundsätze wie bei einer Nichtbeschäftigung. Wichtig ist, bei einer auf die vertragsgemäße Beschäftigung gerichteten einstweiligen Verfügung im Verfügungsantrag im Einzelnen die Arbeitsbedingungen wiederzugeben, unter denen die Beschäftigung erfolgen soll.[1175] Denn diese sind in diesem Verfahren gerade streitig.

> *Praxistipp*   577
>
> Wird die beantragte einstweilige Verfügung erlassen, so muss sie innerhalb eines Monats vollzogen werden. Die Vollziehung erfolgt durch Zustellung im Parteibetrieb oder den Gerichtsvollzieher. Dies gilt auch, wenn die einstweilige Verfügung aufgrund mündlicher Verhandlung durch Urteil ergeht; die von Amts wegen erfolgende Zustellung des Urteils entbindet nicht von dieser Vollstreckungsvoraussetzung. Umstritten ist, ob auch die tatsächlich erfolgte (Weiter-)Beschäftigung oder die Beantragung eines Ordnungsmittels als ausreichende Vollziehung anzusehen ist.[1176]

1172 LAG Düsseldorf 6.2.1987, NZA 1987, 536; LAG Frankfurt a.M. 23.3.1987, NZA 1988, 37; ErfK/*Kiel*, § 4 KSchG Rn 46; GMP/*Germelmann*, § 62 Rn 108.
1173 Zum Antrag auf Weiterbeschäftigung nach § 102 Abs. 5 BetrVG siehe Muster Rn 569.
1174 Vgl. LAG Chemnitz 8.3.1996, NZA-RR 1997, 4; LAG München 18.9.2002, NZA-RR 2003, 269; LAG Schleswig-Holstein 28.6.2006 – 6 Sa 252/05, BeckRS 2006 42890; vgl. auch *Korinth,* I Rn 50.
1175 Vgl. dazu *Ostrowicz/Künzl/Schäfer*, Rn 835; *Korinth,* I Rn 50.
1176 Zur Vollstreckung des Weiterbeschäftigungsanspruchs vgl. *Leydecker/Heider/Fröhlich*, BB 2009, 2703.

3. Antrag auf Beschäftigung

45

▼

578 Muster 3.45: Antrag auf Beschäftigung

An das

Arbeitsgericht

░░░░░

(Ort), (Datum)

Antrag

auf Erlass einer einstweiligen Verfügung

auf Beschäftigung

des ░░░░░

– Antragsteller –

Verfahrensbevollmächtigte: Rechtsanwälte ░░░░░

gegen

░░░░░ GmbH, vertreten durch ihren Geschäftsführer ░░░░░,

– Antragsgegnerin –

Namens und im Auftrag des Antragstellers leiten wir ein einstweiliges Verfügungsverfahren ein und beantragen,

1. die Antragsgegnerin im Wege der einstweiligen Verfügung – wegen besonderer Dringlichkeit ohne mündliche Verhandlung – zu verurteilen, den Antragsteller zu den arbeitsvertraglichen Arbeitsbedingungen als leitender Oberarzt der Inneren Medizin im Krankenhaus in ░░░░░ weiterzubeschäftigen.[1177]

2. hilfsweise aufgrund mündlicher Verhandlung unter Abkürzung der Ladungs- und Einlassungsfristen die beantragte einstweilige Verfügung zu erlassen.[1178]

Begründung

I. Sachverhalt

Der am ░░░░░ geborene Antragsteller ist seit dem ░░░░░ als leitender Oberarzt der Inneren Medizin in dem von der Antragsgegnerin betriebenen Krankenhaus in ░░░░░ auf Grundlage des Arbeitsvertrages vom ░░░░░, den wir in Ablichtung als

1177 Der Antrag muss ausreichend bestimmt formuliert sein und verdeutlichen, um welche Art von Beschäftigung es geht. Beantragt werden sollte eine Weiterbeschäftigung „zu den bisherigen/zu arbeitsvertraglichen Arbeitsbedingungen als (...)". Einzelheiten hinsichtlich der Art der Beschäftigung und sonstiger Arbeitsbedingungen muss der Antrag nicht enthalten (BAG 15.4.2009, NZA 2009, 917). Allerdings wird in der Rechtsprechungspraxis die Vollstreckungsfähigkeit teilweise erst dann angenommen, wenn eine nähere Konkretisierung der Beschäftigung hinsichtlich Funktion und Arbeitsort zumindest aus den Urteilsgründen hervorgeht (LAG Frankfurt 13.7.1987, NZA 1988, 175; LAG Rheinland-Pfalz 7.1.1986, NZA 1986, 196; *Falkenberg*, DB 1987, 153). Um schon aus dem abgekürzten Titel vollstrecken zu können, sollten diese Angaben nach Möglichkeit in den Antrag aufgenommen werden. Zu beachten sind dabei allerdings etwaige arbeitsvertragliche Versetzungsklauseln. Steht es dem Arbeitgeber nach dem Arbeitsvertrag frei, den Arbeitnehmer auf einem anderen als im Antrag genannten Arbeitsplatz zu beschäftigen, so wäre der Antrag unbegründet.
1178 Ohne vorherige mündliche Verhandlung werden einstweilige Verfügungen auf Beschäftigung von den meisten Arbeitsgerichten nur in Ausnahmefällen erlassen. Dennoch sollte – auch um die besondere Dringlichkeit zum Ausdruck zu bringen – der Erlass ohne mündliche Verhandlung beantragt werden. Insbesondere wenn es sich um Freistellungen von Führungskräften handelt werden häufig von der Arbeitgeberseite vorsorglich Schutzschriften hinterlegt, um eine Entscheidung ohne mündliche Verhandlung zu verhindern.

Anlage Ast 1

überreichen, beschäftigt. Er bezieht ein durchschnittliches Bruttomonatsgehalt in Höhe von ▓▓▓▓. Als leitender Oberarzt verfügt er nicht über eine Berechtigung, selbstständig Einstellungen und Entlassungen vorzunehmen.

Mit Schreiben vom ▓▓▓▓, beigefügt in Ablichtung als

Anlage Ast 2,

forderte die Antragsgegnerin den Antragsteller auf, zu dem Verdacht der fahrlässigen Tötung sowie der fahrlässigen Körperverletzung in mehreren Fällen Stellung zu nehmen. Dieser Aufforderung ist der Antragsteller unmittelbar nachgekommen und hat mit Schreiben vom ▓▓▓▓, das wir in Ablichtung als

Anlage Ast 3

überreichen, im Einzelnen dargelegt, warum die von der Antragsgegnerin erhobenen Vorwürfe jeder Grundlage entbehren und der Antragsteller sich keinerlei Fehlverhalten oder Sorgfaltspflichtverletzungen vorwerfen zu lassen hat.

Unmittelbar nach Erhalt dieses Schreibens und ohne dieses überhaupt gelesen zu haben, forderte die Antragsgegnerin den Antragsteller auf, sein Büro zu räumen, die Schlüssel für das Krankenhaus abzugeben und stellte ihn von der Verpflichtung zur Erbringung seiner Dienste frei. Außerdem übergab sie dem Antragsteller die in Ablichtung als

Anlage Ast 4

überreichte ordentliche Kündigung seines Arbeitsverhältnisses zum ▓▓▓▓. Mit Schriftsatz vom heutigen Tage hat der Antragsteller gegen diese Kündigung Kündigungsschutzklage beim Arbeitsgericht ▓▓▓▓ erhoben; das Kündigungsschutzverfahren wird unter dem Aktenzeichen ▓▓▓▓ geführt.[1179]

In dem Krankenhaus der Antragsgegnerin in ▓▓▓▓ ist ein Betriebsrat gebildet. Dieser ist vor Ausspruch der Kündigung nicht angehört worden.

Die Antragsgegnerin hatte den Antragsteller bereits in den vergangenen Jahren mehrmals mit völlig unbegründeten Vorwürfen konfrontiert und diese zum Anlass von insgesamt drei Kündigungen genommen. Gegen sämtliche Kündigungen hat der Antragsteller Kündigungsschutzklage beim Arbeitsgericht eingereicht. In allen drei Fällen wurde seiner Kündigungsschutzklage stattgegeben.

Insofern wird bereits seit mehreren Jahren mit allen Mitteln versucht, den Antragsteller „loszuwerden". Alle von der Antragsgegnerin erhobenen Vorwürfe waren jedoch völlig unbegründet und die Antragsgegnerin musste den Antragsteller weiterbeschäftigen. Offensichtlich hat die Antragsgegnerin nunmehr erneut den Versuch unternommen, mit unhaltbaren Vorwürfen den Antragsteller aus dem Krankenhaus zu entfernen.

Die vorstehenden tatsächlichen Angaben werden glaubhaft gemacht durch die als

Anlage Ast 5

beigefügte eidesstattliche Versicherung des Antragstellers sowie die als

Anlage Ast 6

beigefügte eidesstattliche Versicherung des Betriebsratsvorsitzenden, Herrn ▓▓▓▓.[1180]

1179 In der parallel eingereichten Kündigungsschutzklage sollte trotz des Antrags auf einstweilige Verfügung ein Weiterbeschäftigungsantrag für den Fall des Obsiegens erster Instanz gestellt werden. Verzichtet der Arbeitnehmer auf den Weiterbeschäftigungsanspruch im Kündigungsschutzverfahren, so besteht das Risiko, dass ein später eingereichter Antrag auf Weiterbeschäftigung im einstweiligen Verfügungsverfahren mangels Verfügungsgrundes zurückgewiesen wird; vgl. LAG Köln vom 27.7.2010 3 SaGa 8/10, BeckRS 2010 72872.

1180 Die tatsächlichen Angaben sollten durch eidesstattliche Versicherung glaubhaft gemacht werden. Die eidesstattliche Versicherung kann vom Antragsteller selber abgegeben werden. Nicht ausreichend ist zur Glaubhaftmachung eine allgemeine Bezugnahme auf den Schriftsatz.

II. Rechtsausführungen

Der Antrag auf Beschäftigung ist begründet. Es liegt sowohl ein Verfügungsanspruch als auch ein Verfügungsgrund vor.

1. Verfügungsanspruch

Der Antragsteller hat einen Beschäftigungsanspruch bis zur rechtlichen Beendigung seines Arbeitsverhältnisses. Die Antragsgegnerin war trotz der Kündigung nicht befugt, den Antragsteller einseitig freizustellen.

Die im Arbeitsvertrag unter Ziffer ▨ formularmäßig vereinbarte Freistellungsklausel ist unwirksam. Denn sie verstößt gegen § 307 Abs. 1 BGB. Es ist allgemein anerkannt, dass der Beschäftigungsanspruch des Arbeitnehmers bis zur rechtlichen Beendigung des Arbeitsverhältnisses, d.h. bis zum Ablauf der Kündigungsfrist, fortbesteht. Klauseln, die den Arbeitgeber ohne weitere Voraussetzungen zur Suspendierung des Arbeitnehmers nach Ausspruch einer Kündigung berechtigen, stellen eine unangemessene Benachteiligung im Sinne des § 307 Abs. 1 BGB dar und sind daher unzulässig.

Überwiegende schützenswerte Interessen der Antragsgegnerin, die sie zur einseitigen Freistellung des Antragstellers berechtigen, gibt es nicht. Die von der Antragsgegnerin ausgesprochene Kündigung ist unwirksam. Die von der Antragsgegnerin erhobenen Vorwürfe sind haltlos. Der Antragsteller hat die von der Antragsgegnerin behaupteten Pflichtverletzungen nicht begangen. ▨ *(Hier sollte im Einzelnen dargelegt werden, warum die Vorwürfe falsch sind)*.

Die Kündigung ist auch deshalb offensichtlich unwirksam, weil es an einer ordnungsgemäßen Anhörung des Betriebsrats nach § 102 BetrVG fehlt. Einer Anhörung des Betriebsrats hätte es gemäß § 102 BetrVG bedurft, denn der Antragsteller gehört entgegen der vermutlich von der Antragsgegnerin vertretenen Auffassung nicht zum Kreis der leitenden Angestellten im Sinne des § 5 Abs. 3 BetrVG. Denn ▨

2. Verfügungsgrund

Auch ein Verfügungsgrund ist gegeben. Der Erlass der einstweiligen Verfügung ist zur Abwehr wesentlicher Nachteile des Antragstellers zwingend erforderlich. Dies ergibt sich bereits daraus, dass dem Antragsteller sonst kein Mittel zur Verfügung stünde, seinen Beschäftigungsanspruch durchzusetzen. Denn für jeden Tag, an dem der Antragsteller nicht beschäftigt wird, geht sein Anspruch auf Beschäftigung unwiederbringlich verloren. Angesichts der Dauer arbeitsgerichtlicher Kündigungsschutzverfahren kann davon ausgegangen werden, dass der Beschäftigungsanspruch während der Kündigungsfrist sonst praktisch überhaupt nicht durchgesetzt werden könnte.

Darüber hinaus würde der Antragsteller durch eine Nichtbeschäftigung während des Laufs der Kündigungsfrist auch weitere, über das bloße Erfüllungsinteresse hinausgehende erhebliche Nachteile erleiden. Die Nichtbeschäftigung würde den Antragsteller in seinem beruflichen Fortkommen und der Aufrechterhaltung seiner Qualifikation als Arzt stark beeinträchtigen, denn ▨. Außerdem würde der Antragsteller durch die Nichtbeschäftigung faktisch vorverurteilt. Sein guter Ruf in der Öffentlichkeit, im Kollegen- und im Patientenkreis würde insofern stark geschädigt. Damit würden sich auch seine Chancen auf dem Arbeitsmarkt signifikant verschlechtern. Insofern ist auch ein besonderes Beschäftigungsinteresse unzweifelhaft gegeben.

Wir bitten um antragsgemäße Entscheidung.

(Unterschrift)

Rechtsanwalt

▲

II. Schutzschrift des Arbeitgebers wegen zu erwartender Verfügungsanträge des Arbeitnehmers auf Weiterbeschäftigung

1. Vorbemerkung

579 Die Hinterlegung einer Schutzschrift dient dazu, den Erlass einer einstweiligen Verfügung ohne mündliche Verhandlung zu vermeiden. Die Schutzschrift ist zwar gesetzlich sowohl in der ZPO als auch im ArbGG nicht vorgesehen, jedoch ein übliches Instrument in der arbeitsgerichtlichen Praxis. Sofern dem Arbeitnehmer für seinen Antrag auf einstweilige Verfügung verschiedene örtlich zuständige Arbeitsgerichte zur Verfügung stehen, sollte die Schutzschrift vorsorglich bei allen in Betracht kommenden Arbeitsgerichten hinterlegt werden. Um eine Zustellung der Schutzschrift an den möglichen Antragsteller, ohne dass dieser überhaupt eine einstweilige Verfügung beantragt, zu vermeiden, ist es wichtig den Schriftsatz ausdrücklich als „Schutzschrift" zu bezeichnen. Die Arbeitsgerichte führen Schutzschriften in der Regel in einem eigenen Register. Um die Zuordnung der Schutzschrift zu einem möglichen Antrag auf einstweilige Verfügung sicherzustellen, ist es wichtig, in der Schutzschrift die zu erwartenden Parteien sowie den Gegenstand des Eilverfahrens hinreichend genau zu bezeichnen.

2. Schutzschrift

▼

Muster 3.46: Schutzschrift   580

An das

Arbeitsgericht

(Datum)

SCHUTZSCHRIFT

in dem möglichen

einstweiligen Verfügungsverfahren

– „mögliche Antragstellerin" –

gegen

GmbH, vertreten durch ihren Geschäftsführer

– „mögliche Antragsgegnerin" –

Prozessbevollmächtigte: Rechtsanwälte .

Hiermit zeigen wir an, dass wir die mögliche Antragsgegnerin vertreten, namens und in Vollmacht derer wir beantragen,

1. etwaige Anträge auf Weiterbeschäftigung im einstweiligen Verfügungsverfahren zurückzuweisen;

2. hilfsweise über die möglichen Anträge nur nach mündlicher Verhandlung zu entscheiden.

Begründung

I. Sachverhalt

Die mögliche Antragsgegnerin (nachfolgend „Antragsgegnerin") und deren Betriebszweck werden als gerichtsbekannt unterstellt. Die mögliche Antragstellerin (nachfolgend „Antragstellerin") ist seit dem als Redakteurin bei der Antragsgegnerin angestellt. Sie ist Mitglied des bei der Antragsgegnerin gebildeten Betriebsrats.

Während der Urlaubsabwesenheit der Antragstellerin wurde am im Rahmen einer internen Prüfung zufällig bekannt, dass die Antragstellerin in mehr als 20 Fällen Reisekosten gegenüber der Antragsgegnerin abgerechnet hat, obwohl sie nicht beauftragt war, Reisen für die Antragsgegnerin zu unternehmen. Die abgerechneten Reisen hat es offensichtlich gar nicht gegeben. Exemplarisch wird insofern auf die vermeintlichen Reisen nach München am 2. und 3.9.2013 verwiesen. An diesen Tagen hat die Antragstellerin laut Reisekostenabrechnung am Kongress XY teilgenommen. Eine Nachfrage ergab jedoch, dass es an den genannten Tagen keine derartige Veranstaltung in München gegeben hat. In einem anderen Fall

Unmittelbar nach Kenntnis dieses Sachverhalts hörte die Antragsgegnerin den Betriebsrat mit dem in Kopie als

Anlage Ag 1

überreichten Schreiben zur außerordentlichen Kündigung der Antragstellerin gemäß § 103 BetrVG an. Das Anhörungsschreiben ist der Betriebsratsvorsitzenden, Frau ▦▦▦▦▦, am ▦▦▦▦▦ persönlich übergeben worden. Der Betriebsrat äußerte sich dazu innerhalb der 3-Tages-Frist nicht. Die Antragsgegnerin stellte daher unmittelbar nach Ablauf der 3-Tages-Frist am ▦▦▦▦▦ beim Arbeitsgericht einen Antrag auf gerichtliche Zustimmungsersetzung zur außerordentlichen Kündigung gemäß § 103 Abs. 2 BetrVG. Das Zustimmungsersetzungsverfahren ist beim Arbeitsgericht ▦▦▦▦▦ zum Geschäftszeichen ▦▦▦▦▦ anhängig.

Als die Antragstellerin am darauffolgenden Montag, dem ▦▦▦▦▦, aus dem Urlaub zurückkehrte, konfrontierte die Antragsgegnerin sie mit ihren Entdeckungen und stellte sie mit sofortiger Wirkung von ihrer Verpflichtung zur Erbringung ihrer Arbeitsleistung unter Fortzahlung ihrer Vergütung frei.

Mit dem in Kopie als

Anlage Ag 2

zur Akte gereichten Schreiben vom ▦▦▦▦▦ wandte sich der Bevollmächtigte der Antragstellerin an die Antragsgegnerin und bat um Bestätigung, und zwar innerhalb von 24 Stunden, dass die Antragstellerin ihren Arbeitsplatz wieder einnehmen kann.

Angesichts dieser knappen Fristsetzung und der Tatsache, dass der Personalleiter der Antragsgegnerin dem Bevollmächtigten der Antragstellerin bereits am ▦▦▦▦▦ auf dessen Antrag telefonisch mitgeteilt hatte, dass die Antragstellerin ihre Arbeitskraft nicht anbieten müsse und auch nicht weiterbeschäftigt werde, ist zu befürchten, dass die Antragstellerin versuchen wird, einen Weiterbeschäftigungsanspruch im einstweiligen Verfügungsverfahren durchzusetzen.

II. Rechtsausführungen

Ein Antrag auf Weiterbeschäftigung wäre unbegründet. Es gibt weder einen Verfügungsanspruch noch einen Verfügungsgrund.

1. Verfügungsanspruch

Ein Verfügungsanspruch ist nicht gegeben. Die Antragsgegnerin war berechtigt, die Antragstellerin freizustellen. Nach ständiger Rechtsprechung des BAG ist eine einseitige Freistellung des Arbeitnehmers grundsätzlich möglich, sofern ein Grund vorliegt, der den Arbeitgeber zur außerordentlichen Kündigung gemäß § 626 BGB berechtigt. Ein derartiger Kündigungsgrund ist vorliegend gegeben.

Der vorstehend beschriebene Sachverhalt ist geeignet, eine außerordentliche Kündigung der Antragstellerin zu rechtfertigen. Denn der Spesenbetrug der Antragstellerin stellt eine Straftat gegenüber der Antragsgegnerin dar. Die Antragsgegnerin hat zwar noch keine Kündigung ausgesprochen. Dies beruht jedoch allein darauf, dass sie vor Ausspruch der Kündigung das Zustimmungsersetzungsverfahren nach § 103 Abs. 2 BetrVG durchführen muss. Solange dieses Verfahren nicht abgeschlossen ist, kann eine außerordentliche Kündigung nicht wirksam gegenüber der Antragstellerin ausgesprochen werden. Aufgrund der gravierenden Pflichtverletzungen der Antragstellerin ist es der Antragsgegnerin jedoch nicht zuzumuten, die Antragstellerin bis zum Ausspruch der Kündigung weiterzubeschäftigen. Die Antragstellerin hat in einer Vielzahl von Fällen über einen längeren Zeitraum falsche Reisekostenabrechnungen eingereicht und damit eine Straftat gegenüber ihrem Arbeitgeber begangen. Eine Weiterbeschäftigung der Antragstellerin bis zum Abschluss des Zustimmungsersetzungsverfahrens ist aufgrund der Schwere und Vielzahl der Verstöße auch unter Berücksichtigung der Tatsache, dass die Antragstellerin den Betriebsrat der Antragsgegnerin angehört hat, nicht zumutbar. Die Antragsgegnerin war daher zur Freistellung der Antragstellerin berechtigt.

2. Verfügungsgrund

Ein Verfügungsgrund ist ebenfalls nicht gegeben. In jedem Fall fehlt es an der erforderlichen Eilbedürftigkeit. Die fehlende Eilbedürftigkeit wird durch das Verhalten der Antragstellerin selbst dokumentiert. Zwischen der unmittelbar nach der Urlaubsrückkehr der Antragstellerin erfolgten Suspendierung am ▦▦▦▦▦ und dem Weiterbeschäftigungsverlangen ihres Bevollmächtigten vom ▦▦▦▦▦ liegen mehr als ▦▦▦▦▦ Wochen. Von einer Eilbedürftigkeit kann angesichts dieses Zeitablaufs nicht ausgegangen werden.

Der vorstehende Sachverhalt wird glaubhaft gemacht durch eine eidesstattliche Versicherung des ▨▨▨▨▨▨, die als

Anlage Ag 3

überreicht wird.

(Unterschrift)

Rechtsanwalt

▲

III. Antrag auf Weiterbeschäftigung gemäß § 102 Abs. 5 BetrVG und Antrag auf Entbindung

Literatur: *Brinkmeier*, Ende des Weiterbeschäftigungsanspruchs nach § 102 Abs. 5 BetrVG bei nachfolgender Kündigung ohne Widerspruch des Betriebsrats?, AuR 2005, 46; *Fleddermann*, Der Weiterbeschäftigungsanspruch des gekündigten Arbeitnehmers zwischen den Instanzen, ArbRAktuell 2010, 136; *Gaul*, Die Weiterbeschäftigung nach zumutbaren Umschulungs- oder Fortbildungsmaßnahmen, BB 1995, 2422; *Growe*, Anträge zur Effektivierung des Weiterbeschäftigungsanspruchs, NZA 1996, 567; *Gussone*, Weiterbeschäftigungsanspruch des Arbeitnehmers und Gegenantrag des Arbeitgebers nach § 102 Abs. 5 BetrVG, AuR 1994, 245; *Haas*, Der vorläufige Weiterbeschäftigungsanspruch des Arbeitnehmers nach § 102 BetrVG im Lichte der Rechtsprechung, NZA-RR 2008, 57; *Heise/Schwald*, Arbeitsrechtliche Instrumente in der Wirtschaftskrise, NZA 2009, 753; *Leydecker/Heider/Fröhlich*, Die Vollstreckung des Weiterbeschäftigungsanspruchs, BB 2009, 2703; *Lingemann/Steinhauser*, Der Kündigungsschutzprozess in der Praxis – Weiterbeschäftigungsanspruch, NJW 2015, 844; *Mareck*, Die Weiterbeschäftigung im Kündigungsschutzverfahren nach § 102 Abs. 5 BetrVG – ein steiniger Weg?, BB 2000, 2042; *Reidel*, Die einstweilige Verfügung auf (Weiter-) Beschäftigung – eine vom Verschwinden bedrohte Rechtsform?, NZA 2000, 454; *Rieble*, Entbindung von der Weiterbeschäftigung nach § 102 Abs. 5 S. 2 Nr. 2 BetrVG, BB 2003, 844; *Schmeisser*, Der Weiterbeschäftigungsanspruch nach § 102 BetrVG und wie man ihn pariert, NZA-RR 2016, 169; *Schumann*, Das Recht auf Weiterbeschäftigung im Kündigungsschutzprozess, NZA 1985, 688; *Willemsen/Hohenstatt*, Weiterbeschäftigung und Entbindungsmöglichkeiten nach § 102 Abs. 5 BetrVG, insbesondere bei Massenentlassungen, DB 1995, 215.

1. Allgemeine Einführung

Hat der Betriebsrat einer ordentlichen Kündigung frist- und ordnungsgemäß widersprochen und hat der Arbeitnehmer innerhalb von 3 Wochen nach Zugang der Kündigung Kündigungsschutzklage gemäß § 4 KSchG erhoben, muss der Arbeitgeber nach § 102 Abs. 5 S. 1 BetrVG auf Verlangen des Arbeitnehmers diesen nach Ablauf der Kündigungsfrist bis zum rechtskräftigen Abschluss des Rechtsstreits bei unveränderten Arbeitsbedingungen **weiter beschäftigen**. Gemäß § 102 Abs. 5 S. 2 BetrVG kann das Arbeitsgericht den Arbeitgeber auf dessen Antrag hin durch einstweilige Verfügung von der Verpflichtung zur Weiterbeschäftigung **entbinden**, wenn die Klage des Arbeitnehmers keine hinreichende Aussicht auf Erfolg bietet oder mutwillig erscheint oder die Weiterbeschäftigung des Arbeitnehmers zu einer unzumutbaren wirtschaftlichen Belastung des Arbeitgebers führen würde oder der Widerspruch des Betriebsrats offensichtlich unbegründet war, vgl. § 102 Abs. 5 S. 2 Nr. 1–3 BetrVG. **581**

a) Voraussetzungen des Weiterbeschäftigungsanspruchs

Die Weiterbeschäftigungspflicht des Arbeitgebers tritt nur ein, wenn der Betriebsrat einer ordentlichen Kündigung[1181] aus den in **§ 102 Abs. 3 BetrVG abschließend** aufgeführten Gründen widerspricht.[1182] Da der Betriebsrat frist- und ordnungsgemäß widersprochen haben muss, muss der Betriebsrat zunächst die Anhörungsfrist gemäß § 102 Abs. 2 S. 1 BetrVG einhalten. Ordnungsgemäß ist der Widerspruch nur, **582**

1181 Der Weiterbeschäftigungsanspruch nach § 102 Abs. 5 BetrVG endet mit Ausspruch einer weiteren außerordentlichen Kündigung des Arbeitgebers, vgl. LAG Schleswig-Holstein 20.3.2012, BeckRS 2012, 69239. Ebenso entfällt der Weiterbeschäftigungsanspruch im Falle der Annahme eines Änderungsangebots unter Vorbehalt, vgl. LAG Hessen 19.6.2012, BeckRS 2012, 72686.
1182 Die Mitteilung bloßer Bedenken genügt nicht, vgl, dazu auch LAG Rheinland-Pfalz 26.2.2015, BeckRS 2015, 67337.

wenn der Betriebsrat seine auf § 102 Abs. 3 BetrVG gestützten Bedenken dem Arbeitgeber gemäß § 102 Abs. 2 S. 1 BetrVG unter Angabe der Gründe schriftlich mitgeteilt hat.[1183] Nicht erforderlich ist, dass die Voraussetzungen eines der Widerspruchsgründe des § 102 Abs. 3 BetrVG tatsächlich vorliegen. Fehlt es an diesen Voraussetzungen, kommt möglicherweise eine Entbindung gemäß § 102 Abs. 5 S. 2 Nr. 3 BetrVG in Betracht.

583 Der Weiterbeschäftigungsanspruch ist des Weiteren nur ausgelöst, wenn der Arbeitnehmer rechtzeitig gemäß § 4 S. 1 KSchG **Kündigungsschutzklage** erhoben hat. Der Anspruch auf Weiterbeschäftigung entsteht, sobald der Arbeitnehmer den Feststellungsantrag stellt und Weiterbeschäftigung verlangt.[1184] Fraglich ist, ob der Arbeitnehmer binnen einer bestimmten **Frist** Weiterbeschäftigung verlangen muss. Das BAG hat diese Frage offen gelassen, jedoch entschieden, dass jedenfalls ein Verlangen einen Tag nach Ablauf der Kündigungsfrist noch rechtzeitig ist.[1185] Je später der Arbeitnehmer allerdings seine Weiterbeschäftigung gemäß § 102 Abs. 5 S. 1 BetrVG verlangt, umso schwieriger könnte es für ihn werden, im Falle der Ablehnung der Weiterbeschäftigung durch den Arbeitgeber mittels eines einstweiliges Verfügungsverfahrens seine Weiterbeschäftigung durchzusetzen. Während nämlich für den Entbindungsantrag des Arbeitgebers § 102 Abs. 5 S. 2 BetrVG das einstweilige Verfügungsverfahren als gesetzliches Verfahren anordnet und es infolgedessen nicht auf das Vorliegen eines Verfügungsgrunds ankommt,[1186] ordnet § 102 Abs. 5 S. 1 BetrVG keine besondere Verfahrensart an. Leitet der Arbeitnehmer ein einstweiliges Verfügungsverfahren ein, ist umstritten, ob er neben dem Verfügungsanspruch auch den Verfügungsgrund darlegen muss.[1187] An einem Verfügungsgrund fehlt es jedenfalls, wenn der Arbeitnehmer die Eilbedürftigkeit durch zu langes Zuwarten selbst verschuldet hat.[1188]

584 *Hinweis*

Hat der Arbeitnehmer seine Weiterbeschäftigung gemäß § 102 Abs. 5 S. 1 BetrVG rechtzeitig verlangt, lehnt der Arbeitgeber die Weiterbeschäftigung indes ab, ohne von der Weiterbeschäftigungspflicht entbunden worden zu sein, hat der Arbeitnehmer **Annahmeverzugsansprüche** auch dann, wenn der Arbeitgeber im Kündigungsschutzprozess letztlich obsiegt.

b) Einstweilige Verfügung des Arbeitnehmers

585 Lehnt der Arbeitgeber eine Weiterbeschäftigung trotz des Verlangens des Arbeitnehmers ab, kann der Arbeitnehmer beim Arbeitsgericht den Erlass einer **einstweiligen Verfügung** beantragen. Gegen den Antrag des Arbeitnehmers kann der Arbeitgeber einwenden, dass die Voraussetzungen des § 102 Abs. 5 S. 1 BetrVG nicht vorliegen, weil es sich nicht um eine ordentliche Kündigung handelt, oder der Betriebsrat nicht frist- und ordnungsgemäß widersprochen hat oder der Arbeitnehmer nicht rechtzeitig Kündigungsschutzklage erhoben hat. Nicht einwenden kann der Arbeitgeber dagegen, dass die Voraussetzungen für eine Entbindung gemäß § 102 Abs. 5 S. 2 BetrVG vorliegen. Möglich ist allerdings, dass der Arbeitgeber

---

1183 Zu den Anforderungen an einen ordnungsgemäßen Widerspruch wegen anderweitiger Beschäftigungsmöglichkeiten vgl. LAG Köln 28.8.2015, BeckRS 2015, 72931; zum ordnungsgemäßen Widerspruch gegen eine verhaltensbedingte Kündigung vgl. LAG Hamburg 9.4.2014, BeckRS 2014, 69708.

1184 Zum Gegenstandswert vgl. LAG Hamburg 6.6.2012, BeckRS 2012, 70182.

1185 BAG 11.5.2000, AP Nr. 13 zu § 102 BetrVG Weiterbeschäftigungsanspruch; vgl. dazu auch Richardi/*Thüsing*, § 102 BetrVG Rn 230.

1186 LAG Berlin 25.3.2010, BeckRS 2010, 70271; Richardi/*Thüsing*, § 102 BetrVG Rn 261; vgl. hierzu auch LAG Düsseldorf 24.4.2013, BeckRS 2013, 70073, wonach ein Verfügungsgrund „mit Rücksicht auf die (in § 102 Abs. 5 S. 2 BetrVG) vorgesehene Rechtsschutzform der einstweiligen Verfügung in aller Regel gegeben" sei.

1187 Verneinend LAG Hamburg 14.9.1992, NZA 1993, 140; LAG Köln 2.8.1984, NZA 1984, 300; LAG Köln 26.11.2012, BeckRS 2013, 66586; vgl. dazu auch Sächsisches LAG 1.8.2014, BeckRS 2014, 72230, wonach der Verfügungsgrund dem Beschäftigungsanspruch nach § 102 Abs. 5 S. 1 BetrVG „aufgrund der Konzeption des Gesetzes immanent (ist)".

1188 LAG Hamburg 19.6.2008, BeckRS 2008, 57796.

im Verfahren beantragt, ihn durch einstweilige Verfügung von der Verpflichtung zur Weiterbeschäftigung zu entbinden.[1189]

c) Entbindung von der Verpflichtung zur Weiterbeschäftigung

Von der Verpflichtung zur Weiterbeschäftigung kann der Arbeitgeber durch einstweilige Verfügung entbunden werden, wenn ein Entbindungsgrund gemäß § 102 Abs. 5 S. 2 Nr. 1–3 BetrVG vorliegt.[1190] Die Befreiung erfolgt gemäß § 102 Abs. 5 S. 2 BetrVG im einstweiligen Verfügungsverfahren. Da es um den vorläufigen Bestandsschutz des Arbeitsverhältnisses geht, entscheidet das Arbeitsgericht im **Urteilsverfahren**. Aufgrund der gesetzlichen Anordnung des Verfahrens der einstweiligen Verfügung muss der Arbeitgeber einen Verfügungsgrund im Sinne von §§ 935, 940 ZPO nicht glaubhaft machen.[1191]   586

d) Besonderes gesetzliches Beschäftigungsverhältnis

Der Beschäftigungsanspruch gemäß § 102 Abs. 5 S. 1 BetrVG besteht unabhängig von der Wirksamkeit der Kündigung. Verliert der Arbeitnehmer den Kündigungsschutzprozess im Nachhinein, bestand vom Ablauf der Kündigungsfrist an ein **besonderes gesetzliches Beschäftigungsverhältnis**, so dass eine Rückabwicklung nicht stattfindet.   587

2. Checkliste

■ Frist- und ordnungsgemäßer Widerspruch des Betriebsrats   588

■ Erhebung der Kündigungsschutzklage gemäß § 4 KSchG

■ Verlangen der Weiterbeschäftigung gemäß § 102 Abs. 5 S. 1 BetrVG

■ Entbindungsmöglichkeiten gemäß § 102 Abs. 5 S. 2 BetrVG

3. Antrag auf Weiterbeschäftigung gemäß § 102 Abs. 5 S. 1 BetrVG

▼   47

Muster 3.47: Antrag auf Weiterbeschäftigung   589

An das Arbeitsgericht

Ort, Datum

Geschäftszeichen Kündigungsschutzverfahren:

Einstweiliges Verfügungsverfahren zur Weiterbeschäftigung gemäß § 102 Abs. 5 S. 1 BetrVG

des

– Antragsteller –

Verfahrensbevollmächtigte: Rechtsanwälte

gegen

1189 LAG Hessen 15.2.2013, BeckRS 2013, 67507.

1190 Zum Entbindungsantrag nach einem Widerspruch gegen eine verhaltensbedingte Kündigung vgl. LAG Hamburg 9.4.2014, BeckRS 2014, 69708; zur Entbindung im Falle einer Betriebsstilllegung wegen unzumutbarer wirtschaftlichen Belastung vgl. LAG Düsseldorf 24.4.2013, BeckRS 2013, 70073.

1191 LAG Berlin 25.3.2010, BeckRS 2010, 70271; Richardi/*Thüsing*, § 102 BetrVG Rn 261; vgl. hierzu auch LAG Düsseldorf 24.4.2013, BeckRS 2013, 70073, wonach ein Verfügungsgrund „mit Rücksicht auf die (in § 102 Abs. 5 S. 2 BetrVG) vorgesehene Rechtsschutzform der einstweiligen Verfügung in aller Regel gegeben" sei.

GmbH, vertreten durch ihren Geschäftsführer

– Antragsgegnerin –

Verfahrensbevollmächtigte: Rechtsanwälte

Namens und im Auftrag des Antragstellers leiten wir ein einstweiliges Verfügungsverfahren ein und beantragen,

der Antragsgegnerin im Wege der einstweiligen Verfügung – der Dringlichkeit wegen ohne mündliche Verhandlung, hilfsweise unter Abkürzung der Ladungs- und Einlassungsfrist – aufzugeben, den Antragsteller bis zum rechtskräftigen Abschluss des Kündigungsschutzverfahrens zu unveränderten Bedingungen im Betrieb der Antragsgegnerin in   als Sachbearbeiter Schadensregulierung Inland weiterzubeschäftigen.[1192]

Begründung

Der Antragsteller ist bei der Antragsgegnerin seit dem   auf der Grundlage des Arbeitsvertrags vom   als Sachbearbeiter Schadensregulierung Inland im Betrieb in   beschäftigt. Der Antragsteller bezieht ein durchschnittliches Bruttomonatsgehalt in Höhe von EUR   .

Glaubhaftmachung: Vorlage des Arbeitsvertrags vom   , in Kopie zu den Akten gereicht als – **Anlage AS 1 –**

Mit Schreiben vom   , dem Antragsteller zugegangen am   , kündigte die Antragsgegnerin das Anstellungsverhältnis ordentlich aus betriebsbedingten Gründen zum   .[1193]

Glaubhaftmachung: Vorlage der Kündigung vom   , in Kopie zu den Akten gereicht als – **Anlage AS 2 –**

Bei der Antragsgegnerin ist ein Betriebsrat gebildet. Den Betriebsrat hat die Antragsgegnerin vor Ausspruch der Kündigung angehört. Als Grund für die Kündigung gab die Antragsgegnerin den Wegfall des Arbeitsplatzes des Antragstellers an. Grund für den Wegfall des Arbeitsplatzes sei die autonome unternehmerische Entscheidung, die Aufgaben in der Schadensregulierung Inland statt wie bislang mit 5 Mitarbeitern künftig nur noch mit 3 Mitarbeitern durchzuführen. Weiter hat die Antragsgegnerin angenommen, der Antragsteller sei aufgrund seiner Sozialdaten am wenigsten schutzbedürftig, und folglich sei sein Arbeitsverhältnis zu kündigen.

Glaubhaftmachung: Vorlage der Anhörung vom   , in Kopie zu den Akten gereicht als – **Anlage AS 3 –**

Der Betriebsrat hat der Kündigung gemäß § 102 Abs. 3 Nr. 1 und 3 BetrVG frist- und ordnungsgemäß widersprochen. In seinem Widerspruch führt der Betriebsrat aus, dass der Antragsteller nicht, wie vom Antragsgegner behauptet, dem Betrieb seit 5 Jahren angehört, sondern vielmehr bereits seit 15 Jahren. Von daher war nicht das Arbeitsverhältnis des Antragstellers, sondern das des weiteren Sachbearbeiters Schadensregulierung Inland, Herrn   , zu kündigen. Ferner verweist der Betriebsrat auf eine freie Stelle in der Schadensregulierung Ausland der Antragsgegnerin.

[1192] Im Hinblick auf die Vollstreckbarkeit des Weiterbeschäftigungstitels ist besonderes Augenmerk auf die Formulierung des Antrags zu richten.

[1193] Bei einer Änderungskündigung kommt ein Weiterbeschäftigungsanspruch gemäß § 102 Abs. 5 S. 1 BetrVG nur in Betracht, wenn der Arbeitnehmer das Änderungsangebot vorbehaltlos abgelehnt hat (LAG Hessen 19.6.2012, BeckRS 2012, 72686; LAG Nürnberg 13.3.2001, NZA-RR 2001, 366; beachte aber die Sonderkonstellation bei BAG 30.9.1993, EzA Nr. 118 zu § 99 BetrVG 1972).

Glaubhaftmachung:	Vorlage des Widerspruchs vom ▒▒▒▒▒, in Kopie zu den Akten gereicht als – **Anlage AS 4** –

Der Antragsteller hat durch seine Verfahrensbevollmächtigten mit Schriftsatz vom ▒▒▒▒▒ Kündigungsschutzklage erhoben (Az ▒▒▒▒▒) und zugleich seine Weiterbeschäftigung gemäß § 102 Abs. 5 S. 1 BetrVG verlangt.[1194]

Glaubhaftmachung:	Beiziehung der Kündigungsschutzakte des Arbeitsgerichts, AZ ▒▒▒▒▒

Folglich kann der Antragsteller Weiterbeschäftigung gemäß § 102 Abs. 5 S. 1 BetrVG verlangen.

Die Antragsgegnerin hat mit Schreiben vom ▒▒▒▒▒ erklärt, eine Weiterbeschäftigung zu unveränderten Bedingungen sei ihr nicht möglich.

Glaubhaftmachung:	Vorlage des Schreibens vom ▒▒▒▒▒, in Kopie zu den Akten gereicht als – **Anlage AS 5** –

Gütetermin findet in der Kündigungsschutzklage erst am ▒▒▒▒▒ statt. Mit einer Kammerverhandlung ist nach Auskunft der ▒▒▒▒▒ Kammer des Arbeitsgerichts erst frühestens im ▒▒▒▒▒ zu rechnen.

Glaubhaftmachung:	Beiziehung der Kündigungsschutzakte des Arbeitsgerichts, AZ ▒▒▒▒▒ Eidesstattliche Versicherung des Antragstellers – **Anlage AS 6** –

Wenngleich es auf das Vorliegen eines Verfügungsgrundes nicht ankommt (vgl. nur Sächsisches LAG 1.8.2014, BeckRS 2014, 72230; LAG Hamburg 14.9.1992, NZA 1993, 140; LAG Köln, 2.8.1984, NZA 1984, 300), ist mithin auch ein Verfügungsgrund gegeben. Dem Antragsteller ist es unter keinen Umständen zuzumuten ist, über mehrere Monate hinweg nicht beschäftigt zu werden, zumal die Antragsgegnerin jedenfalls über eine Beschäftigungsmöglichkeit für den Antragsteller im Bereich Schadensregulierung Ausland verfügt.

Glaubhaftmachung:	Eidesstattliche Versicherung des Antragstellers – bereits vorgelegt als AS 6 –

Wir bitten um antragsgemäße Entscheidung.

(Unterschrift)

Rechtsanwalt

▲

1194 Wurde bereits im Vorfeld der Kündigungsschutzklage Weiterbeschäftigung gemäß § 102 Abs. 5 S. 1 BetrVG schriftlich verlangt, wäre das entsprechende Schreiben vorzulegen.

4. Antrag auf Entbindung von der Weiterbeschäftigungspflicht gemäß § 102 Abs. 5 S. 2 BetrVG

▼

590 **Muster 3.48: Antrag auf Entbindung von der Weiterbeschäftigungspflicht**

An das Arbeitsgericht

▨▨▨▨

Ort, Datum

Geschäftszeichen Kündigungsschutzverfahren: ▨▨▨▨

Einstweiliges Verfügungsverfahren gemäß § 102 Abs. 5 S. 2 BetrVG

der

▨▨▨▨ GmbH, vertreten durch ihren Geschäftsführer ▨▨▨▨

– Antragstellerin –

Verfahrensbevollmächtigte: Rechtsanwälte ▨▨▨▨

gegen

▨▨▨▨

– Antragsgegner –

Verfahrensbevollmächtigte: Rechtsanwälte ▨▨▨▨

Namens und im Auftrag der Antragstellerin leiten wir ein einstweiliges Verfügungsverfahren gemäß § 102 Abs. 5 S. 2 BetrVG ein und beantragen,

die Antragstellerin für die Zeit nach Ablauf der Kündigungsfrist von der Verpflichtung zur Weiterbeschäftigung des Klägers zu entbinden.

Wegen der Dringlichkeit der Angelegenheit bitten wir, über diesen Antrag ohne mündliche Verhandlung zu entscheiden, jedenfalls aber unter Verkürzung der Ladungs- und Einlassungsfristen Termin anzuberaumen.

Begründung

Die Antragstellerin hat das Arbeitsverhältnis mit dem Kläger aus betriebsbedingten Gründen mit Wirkung zum ▨▨▨▨ gekündigt. Im Hinblick auf diese Kündigung ist ein Verfahren vor der Kammer zum oben genannten Geschäftszeichen anhängig. Da der Betriebsrat der Kündigung widersprochen hat, verlangt der Kläger seine Weiterbeschäftigung gemäß § 102 Abs. 5 BetrVG. Der Widerspruch des Betriebsrats war offensichtlich unbegründet, weshalb die Voraussetzungen für eine Entbindung von der Weiterbeschäftigungspflicht gemäß § 102 Abs. 5 S. 2 Nr. 3 BetrVG vorliegen (dazu nachfolgend unter II.1). Des Weiteren ist die Antragstellerin wegen der unzumutbaren wirtschaftlichen Belastung, die mit der Weiterbeschäftigung verbunden wäre, gemäß § 102 Abs. 5 S. 2 Nr. 2 BetrVG zu entbinden (dazu nachfolgend unter II. 2).

I. Sachverhalt

Die Antragstellerin hat bis zum ▨▨▨▨ einen metallverarbeitenden Betrieb unterhalten, in dem 63 Arbeitnehmer beschäftigt waren. Die Antragstellerin hat über mehrere Jahre hinweg kontinuierlich ganz erhebliche Verluste erlitten.

Glaubhaftmachung: Jahresabschlüsse der Jahre ▨▨▨▨ bis ▨▨▨▨, in Kopie zu den Akten gereicht als – **Anlagenkonvolut AS 1** – Eidesstattliche Versicherung des Geschäftsführers der Antragstellerin – **Anlage AS 2** –.

Aus diesem Grund hat die Geschäftsführung der Antragstellerin am ▨▨▨▨ entschieden, den Betrieb mit Wirkung zum ▨▨▨▨ vollständig einzustellen.

Glaubhaftmachung: Eidesstattliche Versicherung des Geschäftsführers der Antragstellerin – bereits vorgelegt als Anlage AS 2 – Beiziehung der Kündigungsschutzakte des Arbeitsgerichts, AZ ▓▓▓▓▓

Über diese Maßnahme hat die Antragstellerin mit dem Betriebsrat am ▓▓▓▓▓ einen Interessenausgleich sowie am ▓▓▓▓ einen Sozialplan abgeschlossen.

Glaubhaftmachung: Vorlage des Interessenausgleichs vom ▓▓▓▓, in Kopie zu den Akten gereicht als – **Anlage AS 3** – Vorlage des Sozialplans vom ▓▓▓▓, in Kopie zu den Akten gereicht als – **Anlage AS 4** –.

Mit der Stilllegung des Betriebs ist der Wegfall sämtlicher Arbeitsplätze verbunden. Weitere Betriebe unterhält die Antragstellerin nicht.

Glaubhaftmachung: Eidesstattliche Versicherung des Geschäftsführers der Antragstellerin – bereits vorgelegt als Anlage AS 2 –

Die Antragstellerin hat den Betriebsrat im Vorfeld der Kündigungen ordnungsgemäß angehört.

Glaubhaftmachung: Vorlage der Betriebsratsanhörung vom ▓▓▓▓, in Kopie zu den Akten gereicht als – **Anlage AS 5** –

Der Betriebsrat hat in allen Fällen den Kündigungen frist- und ordnungsgemäß widersprochen. Hierbei verweist er auf Weiterbeschäftigungsmöglichkeiten in einem anderen Betrieb.

Glaubhaftmachung: Widerspruch des Betriebsrats vom ▓▓▓▓, in Kopie zu den Akten gereicht als – **Anlage AS 6** –

Der Antragsgegner hat seine Weiterbeschäftigung gemäß § 102 Abs. 5 S. 1 BetrVG mit der Erhebung der Kündigungsschutzklage rechtzeitig verlangt.

Glaubhaftmachung: Beiziehung der Kündigungsschutzakte des Arbeitsgerichts, AZ ▓▓▓▓

Außer dem Antragsgegner haben bislang 54 Arbeitnehmer rechtzeitig ihre Weiterbeschäftigung gemäß § 102 Abs. 5 S. 1 BetrVG verlangt.

Glaubhaftmachung: Eidesstattliche Versicherung des Geschäftsführers der Antragstellerin – bereits vorgelegt als Anlage AS 2 –

II. Rechtliche Würdigung

Da der Betriebsrat der Kündigung frist- und ordnungsgemäß widersprochen hat, kann der Antragsteller an sich Weiterbeschäftigung gemäß § 102 Abs. 5 S. 1 BetrVG beanspruchen. Vorliegend sind indes die Voraussetzungen für eine Entbindung von der Weiterbeschäftigungspflicht gemäß § 102 Abs. 5 S. 2 BetrVG erfüllt.

1. Es liegen die Entbindungsvoraussetzungen gemäß § 102 Abs. 5 S. 2 Nr. 3 BetrVG vor. Der Widerspruch des Betriebsrats war offensichtlich unbegründet. Der Betriebsrat verweist auf Weiterbeschäftigungsmöglichkeiten in einem Betrieb, den die Antragstellerin nicht unterhält. Diesen Betrieb unterhält vielmehr

die ▒▒▒▒ GmbH, mit der die Antragstellerin in keiner Weise verbunden ist. Einen Gemeinschaftsbetrieb haben die Antragstellerin und die ▒▒▒▒ GmbH zu keinem Zeitpunkt unterhalten.

Glaubhaftmachung: Eidesstattliche Versicherung des Geschäftsführers der Antragstellerin – bereits vorgelegt als Anlage AS 2 –

Folgerichtig hat der Betriebsrat dies auch nicht in seinem Widerspruch dargetan.

2. Des Weiteren liegen die Voraussetzungen für eine Entbindung von der Weiterbeschäftigungspflicht gemäß § 102 Abs. 5 S. 2 Nr. 2 BetrVG wegen unzumutbarer wirtschaftlicher Belastung des Arbeitgebers vor.

Zwar besteht in Literatur und Rechtsprechung Einigkeit dahingehend, dass der Arbeitgeber wegen wirtschaftlicher Unzumutbarkeit nicht schon deshalb zu entbinden ist, weil die Weiterbeschäftigung mit Entgeltfortzahlungspflichten ohne verwertbare Gegenleistung verbunden ist. Nach der Auffassung mehrerer Kammern des LAG Hamburg ist von einer unzumutbaren wirtschaftlichen Belastung aber jedenfalls dann auszugehen, wenn im Rahmen einer Betriebsänderung eine große Zahl von Arbeitsverhältnissen aus betriebsbedingten Gründen gekündigt wird und für jene Arbeitnehmer jegliche Beschäftigungsmöglichkeit entfallen ist (LAG Hamburg 22.4.1993 – 1 Sa 17/93; 21.10.1993 – 2 Sa 56/93; 25.5.1993, 3 Sa 30/93; 5.5.1993 – 8 Sa 34/93; 29.5.2001 – 3 Sa 29/01; vgl. dazu auch LAG Düsseldorf 24.4.2013 – 4 SaGa 6/13).

Diese Voraussetzungen sind vorliegend erfüllt. Die Antragstellerin hat den Betrieb mit Wirkung zum ▒▒▒▒ stillgelegt und insgesamt ▒▒▒▒ betriebsbedingte Kündigungen ausgesprochen. *(Wird ausgeführt)*

Mit einem rechtskräftigen Abschluss der Kündigungsschutzverfahren ist frühestens im Jahr ▒▒▒▒ zu rechnen. Die Stilllegung des Betriebs erfolgte indes bereits zum ▒▒▒▒. Die Antragstellerin müsste den Antragsgegner – sowie ggfls. zahlreiche weitere Arbeitnehmer – folglich über Monate hinweg „weiterbeschäftigen", ohne für die Entgeltzahlungen eine Gegenleistung zu erhalten. Dabei ist nach zutreffender Auffassung für die Frage der unzumutbaren wirtschaftlichen Belastung auf die Gesamtzahl der weiterzubeschäftigenden Arbeitnehmer und nicht lediglich auf die mit der Weiterbeschäftigung des einzelnen Arbeitnehmers verbundene Belastung des Arbeitgebers abzustellen (Richardi/*Thüsing*, § 102 BetrVG Rn 257).

Die mit der Weiterbeschäftigung sämtlicher Arbeitnehmer, die bislang ihre Weiterbeschäftigung verlangt haben, verbundene monatliche Belastung der Antragstellerin beläuft sich auf EUR ▒▒▒▒. *(Wird ausgeführt)*

Glaubhaftmachung: Übersicht über die monatlichen Lohnkosten, in Kopie zu den Akten gereicht als – **Anlage AS 7** – Eidesstattliche Versicherung des Geschäftsführers der Antragstellerin – bereits vorgelegt als Anlage AS 2 –.

Die Voraussetzungen einer Weiterbeschäftigung wegen wirtschaftlicher Unzumutbarkeit liegen mithin vor.

Wir bitten um antragsgemäße Entscheidung.

(Unterschrift)

Rechtsanwalt

▲

IV. Antrag des Betriebsrats auf Unterlassung einer Betriebsänderung durch den Arbeitgeber

Literatur: *Bruns*, Zum Unterlassungsanspruch des Betriebsrats bei Betriebsänderungen, AuR 2003, 15; *Fauser/Nacken*, Die Sicherung des Unterrichtungs- und Beratungsanspruchs des Betriebsrats aus §§ 111, 112 BetrVG unter besonderer Berücksichtigung gemeinschaftsrechtlicher Vorgaben, NZA 2006, 1136; *Gillen/Hörle*, Betriebsänderungen in Tendenzbetrieben, NZA 2003, 1225; *Ginal*, Blockademöglichkeiten des Betriebsrats bei Betriebsänderungen, GWR 2015, 287; *Gruber*, Der abgeleitete Unterlassungsanspruch – ein Instrument der Sicherung des Unterrichtungs- und Beratungsanspruchs des Betriebsrats, NZA 2011, 1011; *Karthaus*, Betriebsübergang als interessenausgleichspflichtige Maßnahme nach der Richtlinie 2002/14/EG, AuR 2007, 114; *Köhler*, Kein Unterlassungsanspruch des Betriebsrats bei vorzeitiger Umsetzung interessenausgleichspflichtiger Betriebsänderungen, GWR 2014, 454; *Korinth*, Einstweiliger

Rechtsschutz in Arbeitsgerichtsverfahren, 3. Aufl. 2015; *Korinth*, Jetzt aber dalli. Die Einstweilige Verfügung, der betriebsrat (dbr) 2011, 10; *Lipinski/Reinhardt*, Kein Unterlassungsanspruch des Betriebsrats bei Betriebsänderungen – auch nicht bei Berücksichtigung der Richtlinie 2002/14/EG!; NZA 2009, 1184; *Lunk*, Der Tendenzgemeinschaftsbetrieb, NZA 2005, 841; *Pflüger*, Der Unterlassungsanspruch des Betriebsrats bei Betriebsänderungen, DB 1998, 2062; *Salamon/Stechow*, Planung und Durchführung einer Betriebsänderung während der Beteiligung des Betriebsrats, NZA 2016, 85; *Schmädicke*, Der Verfügungsgrund beim Antrag des Betriebsrats auf Unterlassung von Personalabbaumaßnahmen, NZA 2004, 295; *Seebacher*, Kann der Betriebsrat Massenentlassungen aufhalten? AiB 2005, 579; *Thannheiser*, Keine Betriebsänderung ohne Interessenausgleich, AiB 2008, 605; *Völksen*, Unterlassungsanspruch des Betriebsrats bei interessenausgleichspflichtigen Betriebsänderungen – Entscheidungshilfe aus Erfurt?, RdA 2010, 354.

1. Allgemeines

Die Frage, ob der Betriebsrat mittels einer einstweiligen Verfügung Maßnahmen einer Betriebsänderung, insbesondere den Ausspruch von Kündigungen, untersagen lassen kann, ist nach wie vor eines der umstrittensten Themen in der arbeitsrechtlichen Literatur und Rechtsprechung. Da das BAG hierüber nicht entschieden hat[1195] und gem. § 92 Abs. 1 S. 3 ArbGG auch nicht entscheiden kann, müssen sich Arbeitgeber und Betriebsräte darauf einstellen, dass nach wie vor von Richter zu Richter unterschiedlich entschieden wird. Zur Klärung ist es daher hilfreich zu wissen, welche Gerichte schon einstweilige Verfügungen in solchen Fällen erlassen haben. Das wird in dem Musterantrag (siehe unten Rdn 613), soweit bekannt, aufgelistet. **591**

Bei einem Antrag auf Erlass einer einstweiligen Verfügung geht es dem Betriebsrat in diesem Zusammenhang regelmäßig hauptsächlich um zwei Ziele: Zum einen um die Sicherung einer gleichberechtigten Beratungssituation im Hinblick auf den Interessenausgleich, also darauf, welche Maßnahmen der Betriebsänderung durchgeführt werden sollen. Sind die Kündigungen erst einmal ausgesprochen oder die Maschinen abtransportiert worden, lässt sich für den Betriebsrat hierüber nicht mehr verhandeln.[1196] Zum anderen wird es dem Betriebsrat auch um Zeitgewinn gehen: Jeder Monat, den die Kündigung später ausgesprochen wird, stellt sich für den betroffenen Mitarbeiter als spürbarer Erfolg dar. Auch der Arbeitgeber wird unter Zeitdruck sicherlich eher zu Zugeständnissen bereit sein. Gerade dann, wenn der Betriebsrat in eine Situation gebracht worden ist, in der er nichts mehr zu verlieren hat, kann ein Antrag auf Erlass einer einstweiligen Verfügung ein wichtiges Instrument der Auseinandersetzung sein. **592**

Zur beiderseitigen Orientierung ist es wichtig, die verschiedenen Phasen bis zum regulären Zustandekommen eines Interessenausgleichs und Sozialplans zu kennen: **593**

- Informationsphase/Übergabe von Unterlagen
- Prüfung und Ausarbeitung eigener Vorschläge durch den Betriebsrat
- innerbetriebliche Beratung
- ggf. Vermittlung durch die Bundesagentur für Arbeit, § 112 Abs. 2 S. 1 BetrVG
- Einigungsstelleneinsetzungsverfahren
- Verhandlungen in der Einigungsstelle
- Abschluss des Interessenausgleichs oder dessen Scheitern
- Abschluss des Sozialplans ggf. per Spruch

1195 Die Entscheidung des BAG vom 28.8.1991, AP Nr. 2 zu § 85 ArbGG 1979 betrifft einen anderen Fall. Dort wurde ein Anspruch auf Einhaltung eines Interessenausgleichs geltend gemacht.
1196 LAG Rheinland-Pfalz 26.1.2011 – 7 TaBVGa 4/10; *Korinth*, K Rn 149; in der sog. Junk-Entscheidung des EuGH vom 27.1.2005 heißt es unter Rn 44: „Die praktische Wirksamkeit einer solchen Verpflichtung (erg.: des Arbeitgebers zu Verhandlungen mit der Arbeitnehmervertretung) wäre beeinträchtigt, wenn der Arbeitgeber die Arbeitsverträge während oder sogar schon zu Beginn des Verfahrens kündigen dürfte. Für die Arbeitnehmervertreter wäre es erheblich schwieriger, die Rücknahme einer bereits getroffenen Entscheidung zu erreichen als den Verzicht auf eine beabsichtigte Entscheidung." (AP KSchG 1969 § 17 Nr. 18)

2. Rechtliche Grundlagen

a) Materiell-rechtlich

aa) Anzahl der Arbeitnehmer

594 Gem. § 111 S. 1 BetrVG muss es sich um ein Unternehmen mit i.d.R. mehr als 20 wahlberechtigten Arbeitnehmern handeln. Seit dem Betriebsverfassungsreformgesetz von 2001 bezieht sich die Zahl von 20 Arbeitnehmern nicht mehr auf den Betrieb, sondern auf das Unternehmen. In Kleinbetrieben mit bis zu 20 Arbeitnehmern müssen aber für eine Betriebsänderung durch Personalabbau mindestens sechs Arbeitnehmer betroffen sein.[1197]

bb) Betriebsänderung

595 Gerade im Rahmen eines einstweiligen Verfügungsverfahrens ist es erforderlich, das Vorliegen einer Betriebsänderung i.S.v. § 111 BetrVG genau darzulegen, sodass dieses Kriterium möglichst einem Streit entzogen ist. Das betrifft zum einen die in § 111 BetrVG genannten fünf verschiedenen Fallgestaltungen und zum anderen die Anforderungen an die Kriterien „wesentlich" (in Nr. 1 und Nr. 2 von § 111 BetrVG) sowie „grundlegend" in Nr. 4 und Nr. 5 von § 111 BetrVG). In erster Linie wird hierfür die quantitative Betrachtung entsprechend § 17 Abs. 1 KSchG heranzuziehen sein.[1198] Allerdings kann die Wesentlichkeit bzw. grundlegende Bedeutung auch mit einer qualitativen Bewertung begründet werden.[1199]

cc) Wesentliche Nachteile

596 Wenn es gelungen ist, eine der in § 111 S. 3 BetrVG beispielhaft aufgeführten Fallkonstellationen darzulegen, bedarf es nicht mehr des Nachweises wesentlicher Nachteile für die Belegschaft. Diese werden dann fingiert,[1200] sodass die Beteiligungsrechte des Betriebsrats nach § 111 BetrVG auch dann bestehen, wenn im konkreten Fall keine wesentlichen Nachteile für die Belegschaft zu erwarten sind.[1201]

dd) § 112a BetrVG

597 Der Arbeitgeber ist auch dann verpflichtet, einen Interessenausgleich bis hin zur Einigungsstelle zu versuchen, wenn der Betriebsrat einen Sozialplan nach § 112a BetrVG nicht erzwingen kann.[1202]

ee) Zuständigkeit

598 In der Abgrenzung zwischen Betriebsrat, Gesamt- und Konzernbetriebsrat ist die Zuständigkeit genau zu prüfen. Wenn man als Antragsteller das falsche Gremium benennt, entfällt der Verfügungsanspruch. Hierbei kann auch die Zuständigkeit der Betriebsratsgremien für Interessenausgleich und Sozialplan auseinander fallen.[1203]

1197 BAG 9.11.2010, NZA 2011, 466.

1198 Vgl. BAG 28.3.2006, AP Nr. 12 zu § 112a BetrVG 1972.

1199 BAG 26.10.2004, NZA 2005, 237: Grundlegende Änderung der Betriebsorganisation durch Abschaffung einer Hierarchieebene; z.B. auch bei der Schließung der Auslieferung mit 15 Mitarbeitern von insgesamt 172 Mitarbeitern im Betrieb, da die Auslieferung unter Dienstleistungsgesichtspunkten eine Primärfunktion habe, siehe Beschluss des ArbG Hamburg 25.1.2007 – 25 GaBV 1/07 – n.v.; vgl. auch ArbG Hamburg v. 6.1.2005, AiB 2005, 568 ff.; LAG Schleswig-Holstein 22.1.2014 – 3 TaBV 38/13; vgl. auch BAG 26.10.1982, NJW 1983, 2838.

1200 BAG 10.12.1996, AP Nr. 110 zu § 112 BetrVG 1972.

1201 *Fitting u.a.*, § 111 Rn 42, 43, die tatsächlich entstehenden Nachteile sind jedoch im Rahmen des Sozialplans zu prüfen.

1202 BAG 8.11.1988, AP Nr. 18 zu § 113 BetrVG; LAG Thüringen 22.7.1998, NZA-RR 1999, 309 f.

1203 BAG 11.12.2001, AP Nr. 22 zu § 50 BetrVG 1972; BAG 23.10.2002, AP Nr. 26 zu § 50 BetrVG 1972; BAG 20.4.1994, AP Nr. 27 zu § 113 BetrVG 1972; BAG 3.5.2006, AP BetrVG 1972 § 50 Nr. 29; für die Zuständigkeit des GBR auch für den Sozialplan: LAG Düsseldorf 19.10.2011 BeckRS 2012, 72718; vgl. auch BAG 17.4.2012, AP BetrVG 1972 § 112 Nr. 218; vgl. *Lunk*, NZA 2013, 233.

ff) Unterlassungsanspruch

Beim Unterlassungsanspruch geht es primär darum, den Informations- und Beratungsanspruch des Betriebsrats im Zusammenhang mit dem Interessenausgleich im Rahmen von §§ 111 und 112 BetrVG zu sichern, bevor die Maßnahme der Betriebsänderung durchgeführt wird. Der Abschluss eines Interessenausgleichs ist im Gegensatz zum Sozialplan nicht erzwingbar, auch nicht in der Einigungsstelle. **599**

An diesem Punkt scheiden sich die Geister: Die Befürworter des Unterlassungsanspruchs argumentieren, gerade wegen der nicht gegebenen Erzwingbarkeit des Interessenausgleichs und der damit verbundenen strukturellen Unterlegenheit des Betriebsrats bedürfe dessen Verhandlungsanspruch des besonderen Schutzes, damit dieser nicht völlig entwertet werde. Die Gegner des Unterlassungsanspruchs weisen darauf hin, dass dem Betriebsrat aus demselben Grund auf dem Wege des Unterlassungsanspruchs nicht eine größere Macht zugebilligt werden dürfe, als im Gesetz vorgesehen. **600**

Auf die Argumentation im Einzelnen soll und kann hier nicht eingegangen werden, da dieses den Rahmen sprengen würde. Insofern wird u.a. auf die ausführlichen Darstellungen im Erfurter Kommentar und im GK-BetrVG verwiesen.[1204] **601**

An dieser Stelle soll lediglich auf zwei Aspekte hingewiesen werden: Zum einen hat das BAG in seiner grundlegenden Entscheidung vom 3.5.1994[1205] den allgemeinen Unterlassungsanspruch im Bereich der sozialen Angelegenheiten des § 87 BetrVG anerkannt. Auch dieser Anspruch ist nicht kodifiziert und war lange umstritten. Ob dieser Unterlassungsanspruch auch für den Bereich der Betriebsänderung gilt, hat das BAG offen gelassen, aber auch nicht ausgeschlossen. **602**

Zum anderen sind in diesem Zusammenhang die EU-Richtlinien 98/59/EG vom 20.7.1998 (sog. Massenentlassungs-Richtlinie) und 2002/14/EG (Richtlinie zur Festlegung eines allgemeinen Rahmens für die Unterrichtung und Anhörung der Arbeitnehmer in der Europäischen Gemeinschaft) vom 11.3.2002 zu beachten, die z.T. weitergehende Informations- und Beratungsansprüche der Arbeitnehmervertretungen als nach deutschem Recht vorsehen. Diese Richtlinien sind zumindest im Rahmen der richtlinienkonformen Auslegung zwingend zu berücksichtigen.[1206] Diese Richtlinien spielen in der Diskussion um die Begründung des Unterlassungsanspruchs eine immer wichtigere Rolle.[1207] **603**

gg) Verfügungsgrund/Interessenabwägung

Auf eine Interessenabwägung zwischen den Beteiligungsrechten des Betriebsrats und den wirtschaftlichen Belangen des Arbeitgebers wird es nur ankommen, wenn man den Unterlassungsanspruch des Betriebsrats ablehnt, jedoch eine einstweilige Verfügung zur Sicherung bzw. Befriedigung der Informations- und Beratungsansprüche des Betriebsrats für zulässig hält.[1208] Ansonsten wird der Verfügungsgrund regelmäßig darin gesehen, dass bei Durchführung der vom Arbeitgeber beabsichtigten Maßnahmen Fakten geschaffen würden, die die Beteiligungsrechte des Betriebsrats faktisch untergehen lassen. **604**

1204 ErfK/*Kania*, § 111 BetrVG Rn 27; GK-BetrVG/*Oetker*, § 111 Rn 269 f.
1205 AP Nr. 23 zu § 23 BetrVG 1972; zwar hat das BAG den allgemeinen Unterlassungsanspruch im Bereich der personellen Einzelmaßnahmen inzwischen abgelehnt, jedoch mit der Begründung, dass der Gesetzgeber in § 101 BetrVG die Rechtsfolgen eines Verstoßes gegen die prozeduralen Anforderungen des Betriebsverfassungsgesetzes ausdrücklich geregelt habe, BAG 23.6.2009, AP BetrVG 1972 § 99 Versetzung Nr. 48.
1206 EuGH 4.7.2006, NZA 2006, 909 f.
1207 LAG Hamm 20.4.2012 – 10 TaBVGa 3/12; LAG Schleswig-Holstein 15.12.2010, DB 2011, 714; LAG München 22.12.2008, BB 2010, 896 – s. insbesondere zu dieser Entscheidung *Lipinski/Reinhardt* NZA 2009, 1184; ArbG Gelsenkirchen 30.11.2006, AE 01/07 Nr. 47; ArbG Regensburg 24.6.2005 – 3 BVGa 5/05 – n.v., allerdings von der zweiten Instanz aufgehoben; Richardi/*Annuß*, § 111 BetrVG Rn 168; *Fauser/Nacken*, NZA 2006, 1136 f.; *Bruns*, AuR 2003, 15 f.; *Pflüger*, DB 1998, 2062 f; *Karthaus*, AuR 2007, 114 ff.
1208 So z.B. *Fitting u.a.*, § 111 Rn 138 f.; *Schmädicke*, NZA 2004, 295 f.

Gegenstand des Interessenausgleichs ist nämlich ausschließlich die geplante Betriebsänderung. Ist diese bereits durchgeführt, ist für einen Interessenausgleich kein Raum mehr.[1209]

hh) Tendenzbetrieb

605 In einem Tendenzbetrieb besteht für den Arbeitgeber nach herrschender Meinung keine Verpflichtung, sich beim Betriebsrat um den Abschluss eines Interessenausgleichs zu bemühen. Das bedeutet jedoch nicht, dass dem Betriebsrat keinerlei Informations- oder Beratungsrechte zustehen. Diese sind lediglich eingeschränkt, aber nicht aufgehoben.[1210]

Auch hier ist jedoch die sog. Massenentlassungs-Richtlinie 98/59/EG vom 20.7.1998 zu berücksichtigen, die Ausnahmen für Tendenzbetriebe nicht vorsieht. In jedem Fall ist auch in einem Tendenzbetrieb eine einstweilige Verfügung in Betracht zu ziehen, wenn seitens des Arbeitgebers vor Durchführung der Maßnahmen keinerlei Information erfolgt.[1211]

b) Verfahren
aa) Antrag

606 Der Antrag sollte möglichst konkret gefasst werden und die angekündigten Maßnahmen enthalten, deren Unterlassung begehrt wird, also z.B. den Ausspruch von Kündigungen.

bb) Verfügungsanspruch

607 Der Verfügungsanspruch, insbesondere also das Vorliegen einer Betriebsänderung, sind gem. § 936 i.V.m. § 920 ZPO vollen Umfangs glaubhaft zu machen. Für die Gefährdung dieses Anspruchs reicht gem. § 935 ZPO die Darlegung der Besorgnis.[1212]

cc) Unterlagen

608 Unterlagen sind zur Glaubhaftmachung im Original oder zumindest in beglaubigter Fotokopie vorzulegen.[1213] Ggf. sollte die Übereinstimmung der Fotokopien mit dem Original eidesstattlich versichert werden.

dd) Entscheidung

609 Das Arbeitsgericht entscheidet in Kammerbesetzung, also unter Hinzuziehung der ehrenamtlichen Richter, § 85 Abs. 2 S. 2 ArbGG. Das gilt auch für den Fall der Entscheidung ohne mündliche Verhandlung.[1214]

ee) Rechtzeitigkeit

610 Der Antrag sollte so rechtzeitig beim Arbeitsgericht eingehen, dass die Beschlussfassung durch das Gericht, die Ausfertigung der Entscheidung sowie deren Vollziehung noch vor Beginn der vom Arbeitgeber beabsichtigten Maßnahme möglich ist.[1215]

ff) Begründung

611 Stattgebende Verfahrensbeschlüsse, die ohne mündliche Verhandlung ergehen, bedürfen im Interesse der Verfahrensbeschleunigung keiner Begründung.[1216]

1209 BAG 28.3.2006, AP Nr. 12 zu § 112a BetrVG 1972; LAG Hamm 20.4.2012 – 10 TaBVGa 3/12; LAG Hamm 17.2.2015 – 7 TaBVGa 1/15; *Fitting u.a.*, § 112a Rn 11; a.A. LAG Rheinland-Pfalz 2.10.2014 – 3 TaBVGa 5/14.
1210 BAG 18.11.2003, NZA 2004, 741; BAG 30.3.2004, NZA 2004, 931; BAG 27.10.1998, NZA 1999, 328; LAG Rheinland-Pfalz 18.8.2005 – 4 TaBV 33/05; *Lunk*, NZA 2005, 841 f.; *Gillen/Hörle*, NZA 2003, 1225 f.; DKKW/*Wedde*, § 118 BetrVG Rn 70.
1211 ArbG Darmstadt 18.11.2004, AE 2005, 66; ArbG Hamburg 29.11.1993, AiB 1994, 246; vgl. zu der auch in Tendenzunternehmen geltenden Beratungspflicht nach § 17 Abs. 2 KSchG LAG Berlin-Brandenburg 14.4.2016 – 21 Sa 1544/15; DKKW/*Wedde*, § 118 BetrVG Rn 72.
1212 BAG 28.8.1991, AP Nr. 2 zu § 85 ArbGG 1979.
1213 BAG 28.8.1991, AP Nr. 2 zu § 85 ArbGG 1979.
1214 BAG 28.8.1991, AP Nr. 2 zu § 85 ArbGG 1979.
1215 BAG 28.8.1991, AP Nr. 2 zu § 85 ArbGG 1979.
1216 HK-ArbR/*Henssen*, ArbGG § 85 Rn 29. Stattdessen ist aber die Abschrift des Antrags mit dem Beschluss zuzustellen.

c) Muster

aa) Antrag auf Unterlassung von Kündigungen

(1) Typischer Sachverhalt

In der Praxis zeigen sich am häufigsten zwei Gründe, die den Arbeitgeber veranlassen, mit der Durchfüh- 612 rung der Betriebsänderung vor Abschluss des Interessenausgleichsverfahrens zu beginnen: Zum einen wirtschaftliche Gründe,[1217] zum anderen schlicht Unkenntnis der Gesetzeslage, z.B. im Hinblick darauf, dass es seit der Gesetzesnovellierung 2001 nicht mehr darauf ankommt, ob der Betrieb mehr als 20 wahlberechtigte Arbeitnehmer hat, sondern nur darauf, ob das Unternehmen diese Voraussetzung erfüllt, oder im Hinblick darauf, dass es bei der Spaltung von Betrieben unerheblich ist, ob der abgespaltene Betriebsteil „wesentlich" ist.

(2) Antrag auf Erlass einer einstweiligen Verfügung im Beschlussverfahren wegen Unterlassung von Kündigungen

▼

Muster 3.49: Antrag auf Erlass einer einstweiligen Verfügung im Beschlussverfahren wegen 613 **Unterlassung von Kündigungen**

An das

Arbeitsgericht

Antrag

auf Erlass einer einstweiligen Verfügung

im Beschlussverfahren

betreffend die Firma *(Name, Anschrift)*

mit den Beteiligten:

1. Betriebsrat der Firma *(Name)*, vertreten durch den Betriebsratsvorsitzenden , *(Anschrift)*

– Antragsteller –

2. Firma *(Name)*, vertreten durch , *(Anschrift)*

– Antragsgegnerin –

Für den von uns vertretenen Beteiligten zu 1. beantrage ich,

1. der Beteiligten zu 2. im Wege der einstweiligen Verfügung, der Dringlichkeit halber ohne mündliche Verhandlung aufzugeben, es zu unterlassen, im Rahmen der beabsichtigten Betriebsänderung in Form der Einschränkung des Betriebs in ihren Arbeitnehmern gegenüber Kündigungen auszusprechen oder Aufhebungsverträge anzubieten, solange das Verfahren der Verhandlungen mit dem Antragsteller über einen Interessenausgleich nicht abgeschlossen oder in der Einigungsstelle gescheitert ist;

2. der Beteiligten zu 2. für jeden Fall der Zuwiderhandlung gegen die Unterlassungsverpflichtung gemäß Ziffer 1 ein Ordnungsgeld bis zu 250.000 EUR, ersatzweise Ordnungshaft, anzudrohen.

Begründung:

Die Beteiligte zu 2. ist ein Unternehmen des Bauhauptgewerbes mit zurzeit noch *(z.B. 122)* Mitarbeitern. Der Beteiligte zu 1. ist der im Betrieb dieses Unternehmens gebildete -köpfige Betriebsrat.

1217 Siehe *Schmädicke*, NZA 2004, 295 f.

1. Sachverhalt

Am ▓▓▓▓ wurden dem Betriebsrat Anhörungen zur Kündigung von ▓▓▓▓ *(z.B. 13)* Mitarbeitern übergeben, nämlich für die Mitarbeiter ▓▓▓▓. Die entsprechenden Unterlagen werden in beglaubigter Fotokopie als

Anlagenkonvolut ASt 1

vorgelegt. Es handelt sich hierbei um ▓▓▓▓ Zimmerer sowie um ▓▓▓▓ einen Polier.

Eine schriftliche Begründung für die Kündigung wurde nicht gegeben. Mündlich wurden die Kündigungen dem Betriebsrat gegenüber mit Arbeitsmangel begründet. Die Firma habe nicht genügend Aufträge bekommen, weil ihre Angebote wegen der zu hohen Löhne zu teuer gewesen seien. Zu einer Diskussion oder gar Beratung mit der Geschäftsführung über die Abwendung oder Milderung der Maßnahmen kam es nicht.

Außerdem hat die Antragsgegnerin zwei Tage vor Übergabe der Anhörungen mit mindestens ▓▓▓▓ weiteren Mitarbeitern Gespräche geführt, in denen sie ihnen Aufhebungsverträge angeboten hat. Es handelt sich hierbei um die Mitarbeiter ▓▓▓▓, die dieses dem Betriebsrat mitgeteilt haben.

Beweis: Beigefügte eidesstattliche Versicherung.

Am Tage des Erhalts der Anhörungen hat sich der Vorsitzende des Betriebsrats zur Geschäftsführung begeben und diese aufgefordert, die Anhörungen zurück zu nehmen, da erst mit dem Betriebsrat über einen Interessenausgleich und Sozialplan zu beraten sei. Das hat die Geschäftsleitung jedoch abgelehnt.

Beweis: Beigefügte eidesstattliche Versicherung.

Die Entscheidung sei gefallen. Die Kündigungen seien zum Überleben der Firma notwendig.

Daraufhin hat der Beteiligte zu 1. am Tag danach in einer außerordentlichen Sitzung beschlossen, eine einstweilige Verfügung auf Unterlassung des Ausspruchs von Kündigungen und des Angebots von Aufhebungsverträgen zu beantragen.

2. Rechtliche Würdigung

Es liegt eine Betriebsänderung in Form einer Einschränkung des Betriebs gemäß § 111 S. 2 Nr. 1 BetrVG vor. Eine im Sinne dieser Vorschrift maßgebliche Betriebseinschränkung ist gegeben, wenn entsprechend § 17 Abs. 1 KSchG bei Betrieben zwischen 60–500 Arbeitnehmern mindestens 10 % der im Betrieb regelmäßig beschäftigten Arbeitnehmer von der Maßnahme betroffen sind. Das ist vorliegend bei ▓▓▓▓ *(z.B. 13)* Mitarbeitern, die gekündigt werden sollen, von ▓▓▓▓ *(z.B. 122)* Arbeitnehmern im Betrieb der Fall.

Der etwaige Einwand des Arbeitgebers, dass in den vergangenen zwölf Monaten durchschnittlich ▓▓▓▓ *(z.B. 140)* Mitarbeiter im Betrieb beschäftigt worden seien, führt zu keinem anderen Ergebnis. Zum einen ist ausschließlich auf den aktuellen Mitarbeiterstand abzustellen, wenn es keine greifbaren Anhaltspunkte dafür gibt, dass zukünftig regelmäßig wieder mehr Mitarbeiter beschäftigt werden. Wegen der vom Arbeitgeber beabsichtigten Kündigungen ist ja eher von einem Personalabbau auszugehen.

Zum anderen stellt die Richtschnur des § 17 Abs. 1 KSchG keine absolute Grenze dar. Vielmehr handelt es sich hierbei um Regelwerte, die im Einzelfall auch geringfügig unterschritten werden können.[1218]

Selbst wenn dem nicht gefolgt werden sollte, ist insgesamt von einem beabsichtigten Personalabbau in Höhe von ▓▓▓▓ *(z.B. 16)* Mitarbeitern auszugehen. Die Zahl der ▓▓▓▓ *(z.B. 13)* Mitarbeiter, die gekündigt werden sollen, erhöht sich nämlich noch um die Zahl derjenigen Mitarbeiter, denen ein Aufhebungsvertrag angeboten worden ist und die den Betrieb somit zusätzlich verlassen sollen. Beide Vorgänge stehen in einem engen zeitlichen Zusammenhang miteinander, sodass von einer einheitlichen unternehmerischen Planung auszugehen ist.[1219] Damit ist die Relevanzschwelle in jedem Fall auch dann erreicht, wenn mit der Beteiligten zu 2. von einer Beschäftigtenanzahl im Betrieb von ▓▓▓▓ *(z.B. 140)* ausgegangen werden sollte.

Sollte die Beteiligte zu 2., wie dem Antragsteller zugetragen worden ist, erklären wollen, dass sie ihre unternehmerische Entscheidung geändert habe und jetzt nur noch ▓▓▓▓ *(z.B. zehn)* Mitarbeitern kündigen

---

1218 BAG 7.8.1990, AP Nr. 34 zu § 111 BetrVG 1972; LAG Berlin 7.9.1995, AP Nr. 36 zu § 111 BetrVG 1972.
1219 BAG 28.3.2006, AP Nr. 12 zu § 112a BetrVG 1972.

wolle, würde sich daraus keine Änderung der rechtlichen Beurteilung ergeben. Gegenstand des Interessenausgleichsverfahren und damit des Unterlassungsanspruchs ist die ursprünglich geplante Maßnahme, und nicht das, was als Reaktion auf die Geltendmachung der Rechte der §§ 111 f. BetrVG durch den Betriebsrat im Ergebnis herauskommt. Maßgeblicher Zeitpunkt für die Beteiligungsrechte des Betriebsrats ist allein der Zeitpunkt des ersten auf eine Änderung abzielenden Entschlusses des Arbeitgebers.[1220]

3.

Dem Beteiligten zu 1. steht ein Unterlassungsanspruch zu dahingehend, dass die Beteiligte zu 2. alle Maßnahmen zur Durchführung der Betriebsänderung unterlässt, solange mit ihm nicht über einen Interessenausgleich verhandelt worden ist und bis die Verhandlungen ggf. in der Einigungsstelle gescheitert sind. Erst im Anschluss daran darf sie die geplante Maßnahme durchführen. Anderenfalls hätte der Beteiligte zu 1. keinerlei Möglichkeit, seine Gegenvorstellungen in Bezug auf die geplante Betriebsänderung vorzubringen. Vielmehr würde er dann seitens des Arbeitgebers vor vollendete Tatsachen gestellt werden, die in der Regel nicht mehr geändert werden können. Das Recht des Betriebsrats auf Mitwirkung verdient gerade dann Schutz, wenn es anderweitig unterlaufen werden könnte, bevor es wahrgenommen werden kann.

Diesen Unterlassungsanspruch kann der Betriebsrat auch im Wege der einstweiligen Verfügung erzwingen, wie mittlerweile von folgenden Gerichten anerkannt worden ist:

Hessisches LAG vom 21.9.1982, DB 1983, 613; LAG Hamburg vom 13.11.1982, DB 1982, 1522; LAG Hamburg vom 8.6.1983, DB 1983, 2369; LAG Hamburg vom 28.5.1984, DB 1984, 1579; Hessisches LAG vom 30.8.1984, DB 1985, 178; LAG Hamburg vom 5.2.1986; LAGE § 23 BetrVG Nr. 5; Hessisches LAG vom 6.4.1993, LAGE § 111 BetrVG Nr. 12; LAG Berlin vom 7.9.1995, AP Nr. 36 zu § 111 BetrVG 1972; LAG Hamburg vom 26.6.1997, NZA-RR 1997, 296; LAG Hamburg vom 27.6.1997, AuR 1998, 87; LAG Thüringen vom 26.9.2000, LAGE § 111 BetrVG Nr. 17; LAG Thüringen vom 18.8.2003 – 1 Ta 104/03 – n.v.; LAG Hamm vom 28.8.2003, NZA-RR 2004, 80 f.; außerdem ArbG Düsseldorf vom 18.2.1981, DB 1981, 302; ArbG Frankfurt vom 2.9.1982, DB 1983, 239; ArbG Gießen vom 18.10.1982, AuR 1983, 156; ArbG Hamburg in st. Rspr. insbesondere vom 3.8.1993, AiB 1993, 649; ArbG Bamberg vom 30.11.1985, NZA 1985, 259; ArbG Nürnberg vom 31.3.1987, AuR 1988, 123; ArbG Jena vom 22.9.1992, AiB 1993, 117; ArbG Kaiserslautern vom 19.12.1996, AiB 1997, 179 f.; ArbG Karlsruhe vom 22.7.2003, NZA-RR 2004, 482; LAG Thüringen 18.8.2003 – 1 Ta 104/03; LAG Hamm 28.8.2003 – 13 TaBV 127/03; ArbG Elmshorn vom 17.9.2004, AE 2005, 65; ArbG Darmstadt vom 18.11.2004, AE 2005, 66; ArbG Gelsenkirchen vom 30.11.2006, AE 2007, 78; LAG Hamm vom 26.2.2007, NZA-RR 2007, 469; LAG Hamm vom 30.7.2007, AuR 2008, 117; LAG Schleswig-Holstein vom 20.7.2007, NZA-RR 2008, 244; Hessisches LAG vom 27.6.2007, AuR 2008, 267 mit zeitlicher Befristung; LAG Niedersachsen vom 4.5.2007, AiB 2008, 348; LAG Berlin-Brandenburg vom 25.6.2008, BeckRS 2010, 72634; LAG München vom 22.12.2008, BB 2010, 896; LAG Hessen vom 19.1.2010, NZA-RR 2010, 187; LAG Schleswig-Holstein vom 15.12.2010, DB 2011, 714; ArbG Hamburg vom 29.5.2012, ArbRAktuell 2012, 544; LAG Rheinland-Pfalz 2.10.2014 – 3 TaBVGa 5/14; LAG Hamm 17.2.2015 – 7 Ta BVGa 1/15.

Dieser Anspruch stützt sich auch auf die EU-Richtlinie 2002/14/EG vom 11.3.2002. Diese sieht in Art. 4 Abs. 2c i.V.m. Art. 4 Abs. 4c die Unterrichtung und Anhörung der Arbeitnehmervertretung zu Entscheidungen vor, die wesentliche Veränderungen der Arbeitsorganisation oder der Arbeitsverträge mit sich bringen können, und zwar mit dem Ziel, eine Vereinbarung hierüber zu erreichen. Nach Art. 8 Abs. 2 sind wirksame, angemessene und abschreckende Sanktionen für den Fall des Verstoßes gegen diese Richtlinie vorzusehen. Diese EU-Richtlinie ist bei der Auslegung zwingend zu berücksichtigen. Der in § 113 BetrVG vorgesehene Nachteilsausgleich stellt keine geeignete Sanktion für die Verletzung der kollektivrechtlichen Beteiligungsrechte des Betriebsrats dar.

Daher ist dem Antrag auf Erlass einer einstweiligen Verfügung stattzugeben. Es wird nachdrücklich darum gebeten, ohne mündliche Verhandlung zu entscheiden, damit diese noch vor Ausspruch der Kündigungen vollzogen werden kann.

Eine eidesstattliche Versicherung des Betriebsratsvorsitzenden ist beigefügt.

(Unterschrift)

▲

[1220] *Fitting u.a.*, § 111 Rn 28 und 30; DKKW/*Däubler*, § 111 Rn 37 und 38.

(3) Erläuterungen

614   Sind die Anhörungen zur Kündigung beim Betriebsrat eingegangen, muss schnellstens gehandelt werden. Dann sollte sofort im Rahmen einer außerordentlichen Betriebsratssitzung der Beschluss zur Beantragung der einstweiligen Verfügung und zur Beauftragung eines Anwalts getroffen werden und zugleich sollte die Angelegenheit dem Anwalt angekündigt und vorbereitet werden. Der Zeitdruck resultiert daher, dass die vom Gericht zu erlassende einstweilige Verfügung spätestens am letzten Tag der einwöchigen Anhörungsfrist gem. § 102 BetrVG dem Arbeitgeber zur Kenntnis gebracht werden muss, damit nicht, wie erlebt, in der mündlichen Verhandlung vor Gericht, die einen Tag nach Ablauf der Wochenfrist durchgeführt wurde, die Nachricht verkündet wird, dass die Kündigungen gerade übergeben worden sind. Dann ist es für die einstweilige Verfügung zu spät.

bb) Antrag auf Untersagung einer Abspaltung

(1) Typischer Sachverhalt

615   Auch dann, wenn personelle Maßnahmen wie Kündigung oder Versetzung noch nicht in Rede stehen, kann es für den Betriebsrat Handlungsbedarf geben. Als typische Situation ist hier die beabsichtigte Abspaltung eines Betriebsteils zu nennen. Häufig ist die Geduld des Arbeitgebers, mit dem Betriebsrat über einen Interessenausgleich zu verhandeln, begrenzt, sei es mit dem Argument, es läge nur eine mitbestimmungsfreie Bagatellausgründung vor, sei es mit dem Argument, die Ausgliederung stelle einen nicht mitbestimmungspflichtigen Betriebsübergang dar ohne nennenswerte Nachteile für die Beschäftigten.

616   Gerade weil bei einem Betriebsübergang nach der Rechtsprechung des BAG die ausgleichspflichtigen Nachteile begrenzt sind, ist es für den Betriebsrat umso wichtiger, seine Beteiligungsrechte im Zusammenhang mit dem Interessenausgleich zur Geltung zu bringen.

(2) Antrag auf Erlass einer einstweiligen Verfügung im Beschlussverfahren wegen Untersagung einer Abspaltung

50

▼

617   **Muster 3.50: Antrag auf Erlass einer einstweiligen Verfügung im Beschlussverfahren wegen Untersagung einer Abspaltung**

An das

Arbeitsgericht ▨▨▨

▨▨▨

Antrag

auf Erlass einer einstweiligen Verfügung

im Beschlussverfahren

betreffend die Firma ▨▨▨ *(Name, Anschrift)*

mit den Beteiligten:

1. Betriebsrat der Firma ▨▨▨ *(Name)*, vertreten durch den Betriebsratsvorsitzenden ▨▨▨, ▨▨▨ *(Anschrift)*

– Antragsteller –

2. Firma ▨▨▨ *(Name)*, vertreten durch ▨▨▨, ▨▨▨ *(Anschrift)*

– Antragsgegnerin –

Für den von uns vertretenen Beteiligten zu 1. beantrage ich,

1. der Beteiligten zu 2. im Wege der einstweiligen Verfügung, der Dringlichkeit halber ohne mündliche Verhandlung, aufzugeben, es zu unterlassen, bis zum Abschluss der Verhandlungen mit dem Beteiligten zu

1. über einen Interessenausgleich, ggf. auch in der Einigungsstelle, in ihrem Betrieb in ▮▮▮▮ die Abspaltung des Betriebsteils ▮▮▮▮ durch Übertragung der betrieblichen Leitungsmacht auf die Firma ▮▮▮▮ vorzunehmen;

2. der Beteiligten zu 2. für jeden Fall der Zuwiderhandlung gegen die Unterlassungsverpflichtung gemäß Ziffer 1 ein Ordnungsgeld bis zu 250.000 EUR, ersatzweise Ordnungshaft, anzudrohen.

Begründung:

Die Parteien streiten über einen Anspruch des Antragstellers auf Unterlassung der Durchführung der Abspaltung eines Betriebsteils der Antragsgegnerin.

1. Sachverhalt

Die Antragsgegnerin ist ein Einzelhandelsunternehmen mit zahlreichen Filialen im Bundesgebiet. In der hier betroffenen Filiale in ▮▮▮▮ beschäftigt sie ▮▮▮▮ *(z.B. 400)* Mitarbeiter. Der Beteiligte zu 1. ist der in diesem Betrieb bestehende ▮▮▮▮ köpfige Betriebsrat. In diesem Betrieb gibt es eine Cafeteria, die von der Antragsgegnerin bislang mit ▮▮▮▮ *(z.B. 15)* eigenen Mitarbeitern betrieben wurde und die sowohl den Besuchern, als auch den eigenen Mitarbeitern zur Verfügung steht.

Mit Mitarbeiterinformation vom ▮▮▮▮, die in beglaubigter Fotokopie als

Anlage ASt 1

vorgelegt wird, informierte die Antragsgegnerin die Mitarbeiter und den Beteiligten zu 1. darüber, dass der Betrieb der Cafeteria mit Wirkung zum ▮▮▮▮ auf die Firma ▮▮▮▮ übertragen werde. Hierbei handele es sich um einen Betriebsübergang i.S.v. § 613a BGB, sodass die Firma ▮▮▮▮ alle Mitarbeiter übernehmen werde. Die Arbeitsverträge würden zu diesem Zeitpunkt mit allen Rechten und Pflichten auf die Firma ▮▮▮▮ übergehen. Nachteile seien nicht zu erwarten bis auf den Umstand, dass bei der Firma ▮▮▮▮ der bei ihr gültige Haustarifvertrag zur Anwendung komme. Dieser sieht generell erheblich niedrigere Löhne vor.

Mit Schreiben vom ▮▮▮▮, welches in beglaubigter Fotokopie als

Anlage ASt 2

vorgelegt wird, forderte der Antragsteller die Antragsgegnerin zur Verhandlung über Interessenausgleich und Sozialplan auf. Das wurde jedoch von der Antragsgegnerin mit Schreiben vom ▮▮▮▮ gemäß

Anlage ASt 3

abgelehnt mit der Begründung, dass es sich hier nicht um eine Betriebsänderung handele und dem Antragsteller somit keine Mitbestimmungsrechte zustünden. Ein weiteres ausführliches Schreiben des Verfahrensbevollmächtigten des Antragstellers vom ▮▮▮▮, welches in beglaubigter Fotokopie als

Anlage ASt 4

vorgelegt wird, blieb ohne Resonanz. Auch eine Verschiebung der Übertragung der Cafeteria auf einen späteren Zeitpunkt wurde durch ▮▮▮▮ mündlich abgelehnt.

2. Rechtliche Würdigung

In der geplanten Übertragung der Cafeteria liegt eine Betriebsänderung in Form der Spaltung von Betrieben im Sinne von § 111 S. 3 Nr. 3 BetrVG. In einem solchen Fall kommt es nicht auf die Relevanzschwelle des § 17 Abs. 1 KSchG an.[1221] Eine solche Betriebsspaltung kann auch in der Ausgliederung eines Betriebsteils und dessen Übertragung im Sinne von § 613a BGB auf ein anderes Unternehmen liegen.[1222]

Die Cafeteria stellt vorliegend eine organisatorisch verselbstständigte abgrenzbare Einheit dar. Sie bleibt auch als betriebliche Einheit erhalten, da sie durch den neuen Inhaber im Wesentlichen unverändert fortgeführt werden soll. Daher erfüllt der Betriebsteil Cafeteria das vom Bundesarbeitsgericht geforderte Kriterium „veräußerungsfähige Einheit".[1223]

1221 BAG 10.12.1996, AP Nr. 110 zu § 112 BetrVG 1972.

1222 BAG 10.12.1996, AP Nr. 110 zu § 112 BetrVG 1972; *Fitting u.a.*, § 111 Rn 86, 87.

1223 BAG 10.12.1996, AP Nr. 110 zu § 112 BetrVG 1972.

Da in der Cafeteria ▓▓▓▓▓▓ *(z.B. 15)* Mitarbeiter beschäftigt werden, liegt auch keine Bagatellausgründung vor. Eine Cafeteria mit Kantinenfunktion stellt bereits qualitativ keine Bagatelle dar, da sie durch ihre Versorgungsfunktion von erheblicher Bedeutung für die gesamte Belegschaft ist.

Auf das Vorliegen wesentlicher Nachteile für die Arbeitnehmer kommt es nicht an, da diese fingiert werden, wenn eine der in § 111 S. 3 BetrVG genannten Fallgestaltungen vorliegt.[1224]

Ein Verfügungsgrund ist gegeben, da das Datum der Übertragung der Cafeteria unmittelbar bevorsteht und die Antragsgegnerin trotz Aufforderung nicht bereit war, diese Maßnahme zu verschieben, um vorherige Verhandlungen mit den Antragsteller zu ermöglichen.

3.

Dem Beteiligten zu 1. steht ein Unterlassungsanspruch zu dahingehend, dass die Beteiligte zu 2. alle Maßnahmen zur Durchführung der Betriebsänderung unterlässt, solange mit ihm nicht über einen Interessenausgleich verhandelt worden ist und bis die Verhandlungen ggf. in der Einigungsstelle gescheitert sind. Erst im Anschluss daran darf sie die geplante Maßnahme durchführen. Anderenfalls hätte der Beteiligte zu 1. keinerlei Möglichkeit, seine Gegenvorstellungen in Bezug auf die geplante Betriebsänderung vorzubringen. Vielmehr würde er dann seitens des Arbeitgebers vor vollendete Tatsachen gestellt werden, die in der Regel nicht mehr geändert werden können. Das Recht des Betriebsrats auf Mitwirkung verdient gerade dann Schutz, wenn es anderweitig unterlaufen werden könnte, bevor es wahrgenommen werden kann.

Diesen Unterlassungsanspruch kann der Betriebsrat auch im Wege der einstweiligen Verfügung erzwingen, wie mittlerweile von folgenden Gerichten anerkannt worden ist:

Hessisches LAG vom 21.9.1982, DB 1983, 613; LAG Hamburg vom 13.11.1982, DB 1982, 1522; LAG Hamburg vom 8.6.1983, DB 1983, 2369; LAG Hamburg vom 28.5.1984, DB 1984, 1579; Hessisches LAG vom 30.8.1984, DB 1985, 178; LAG Hamburg vom 5.2.1986; LAGE § 23 BetrVG Nr. 5; Hessisches LAG vom 6.4.1993, LAGE § 111 BetrVG Nr. 12; LAG Berlin vom 7.9.1995, AP Nr. 36 zu § 111 BetrVG 1972; LAG Hamburg vom 26.6.1997, NZA-RR 1997, 296; LAG Hamburg vom 27.6.1997, AuR 1998, 87; LAG Thüringen vom 26.9.2000, LAGE § 111 BetrVG Nr. 17; LAG Thüringen vom 18.8.2003 – 1 Ta 104/03 – n.v.; LAG Hamm vom 28.8.2003, NZA-RR 2004, 80 f.; außerdem ArbG Düsseldorf vom 18.2.1981, DB 1981, 302; ArbG Frankfurt vom 2.9.1982, DB 1983, 239; ArbG Gießen vom 18.10.1982, AuR 1983, 156; ArbG Hamburg in st. Rspr. insbesondere vom 3.8.1993, AiB 1993, 649; ArbG Bamberg vom 30.11.1985, NZA 1985, 259; ArbG Nürnberg vom 31.3.1987, AuR 1988, 123; ArbG Jena vom 22.9.1992, AiB 1993, 117; ArbG Kaiserslautern vom 19.12.1996, AiB 1997, 179 f.; ArbG Karlsruhe vom 22.7.2003, NZA-RR 2004, 482; LAG Thüringen 18.8.2003 – 1 Ta 104/03; LAG Hamm 28.8.2003 – 13 TaBV 127/03; ArbG Elmshorn vom 17.9.2004, AE 2005, 65; ArbG Darmstadt vom 18.11.2004, AE 2005, 66; ArbG Gelsenkirchen vom 30.11.2006, AE 2007, 78; LAG Hamm vom 26.2.2007, NZA-RR 2007, 469; LAG Hamm vom 30.7.2007, AuR 2008, 117; LAG Schleswig-Holstein vom 20.7.2007, NZA-RR 2008, 244; Hessisches LAG vom 27.6.2007, AuR 2008, 267 mit zeitlicher Befristung; LAG Niedersachsen vom 4.5.2007, AiB 2008, 348; LAG Berlin-Brandenburg vom 25.6.2008, BeckRS 2010, 72634; LAG München vom 22.12.2008, BB 2010, 896; LAG Hessen vom 19.1.2010, NZA-RR 2010, 187; LAG Schleswig-Holstein vom 15.12.2010, DB 2011, 714; ArbG Hamburg vom 29.5.2012, ArbRAktuell 2012, 544; LAG Rheinland-Pfalz 2.10.2014 – 3 TaBVGa 5/14: LAG Hamm 17.2.2005 – 7 Ta BVGA 1/15.

Dieser Anspruch stützt sich auch auf die EU-Richtlinie 2002/14/EG vom 11.3.2002. Diese sieht in Art. 4 Abs. 2c i.V.m. Art. 4 Abs. 4c die Unterrichtung und Anhörung der Arbeitnehmervertretung zu Entscheidungen vor, die wesentliche Veränderungen der Arbeitsorganisation oder der Arbeitsverträge mit sich bringen können, und zwar mit dem Ziel, eine Vereinbarung hierüber zu erreichen. Nach Art. 8 Abs. 2 sind wirksame, angemessene und abschreckende Sanktionen für den Fall des Verstoßes gegen diese Richtlinie vorzusehen. Diese EU-Richtlinie ist bei der Auslegung zwingend zu berücksichtigen. Der in § 113 BetrVG vorgesehene Nachteilsausgleich stellt keine geeignete Sanktion für die Verletzung der kollektivrechtlichen Beteiligungsrechte des Betriebsrats dar.

Daher ist dem Antrag auf Erlass einer einstweiligen Verfügung stattzugeben. Es wird nachdrücklich darum gebeten, ohne mündliche Verhandlung zu entscheiden, damit diese noch vor Ausspruch der Kündigungen vollzogen werden kann.

1224 BAG 10.12.1996, AP Nr. 110 zu § 112 BetrVG 1972.

Eine eidesstattliche Versicherung des Betriebsratsvorsitzenden ist beigefügt.

(Unterschrift)

▲

V. Schutzschrift des Arbeitgebers gegen den Antrag des Betriebsrats im einstweiligen Verfügungsverfahren auf Unterlassung einer Betriebsänderung

Literatur: *Bauer/Krieger*, Unterlassungsanspruch bei Betriebsänderungen – Rückenwind für Betriebsräte aus Brüssel?, BB 2010, 53; *Bruns*, Zum Unterlassungsanspruch des Betriebsrats bei Betriebsänderungen, AuR 2003, 15; *Dohna-Jaeger*, Keine Durchführung von Betriebsänderungen bis zum Abschluss der Verhandlungen über einen Interessenausgleich, AiB 2009, 236; *Ehler*, Schutzschrift zur Abwehr einer einstweiligen Verfügung auf Unterlassung einer Betriebsänderung, BB 2000, 978; *Fauser/Nacken*, Die Sicherung des Unterrichtungs- und Beratungsanspruchs des Betriebsrats aus §§ 111, 112 BetrVG – Unter besonderer Berücksichtigung gemeinschaftsrechtlicher Vorgaben, NZA 2006, 1136; *Fischer*, Interessenausgleich, Unterlassungsanspruch und Gesetzgeber – Der neue § 113 Abs. 3 BetrVG, AuR 1997, 177; *Forst*, Unterlassungsanspruch des Betriebsrats bei Betriebsänderungen kraft Unionsrecht, ZESAR 2011, 107; *Ginal*, Blockademöglichkeiten des Betriebsrats bei Betriebsänderungen, GWR 2015, 287; *Gruber*, Der abgeleitete Unterlassungsanspruch – Ein Instrument der Sicherung des Unterrichtungs- und Beratungsanspruchs, NZA 2011, 1011; *Köhler*, Unterlassungsanspruch des Betriebsrats bei vorzeitiger Umsetzung interessenausgleichspflichtiger Betriebsänderungen, GWR 2014, 454; *Korinth*, Die einstweilige Verfügung auf Unterlassung einer Betriebsänderung, ArbRB 2005, 61; *Lipinski/Melms*, Kein Unterlassungsanspruch des Betriebsrats zur Verhinderung der Durchführung einer Betriebsänderung ohne Versuch eines Interessenausgleichs nach Inkrafttreten des BetrVG-Reformgesetzes, BB 2002, 2226; *Lipinski/Reinhardt*, Kein Unterlassungsanspruch des Betriebsrats bei Betriebsänderungen – auch nicht bei Berücksichtigung der Richtlinie 2002/14/EG!, NZA 2009, 1184; *Pflüger*, Der Unterlassungsanspruch des Betriebsrats bei Betriebsänderungen, DB 1998, 2062; *Raif*, Das totale Chaos: Unterlassungsanspruch des Betriebsrats bei Betriebsänderungen, ArbRAktuell 2010, 236; *Salamon/von Stechow*, Planung und Durchführung einer Betriebsänderung während der Beteiligung des Betriebsrats, NZA 2016, 85; *Schmädicke*, Der Verfügungsgrund beim Antrag des Betriebsrats auf Unterlassung von Personalabbaumaßnahmen, NZA 2004, 295; *Tiedemann*, Das elektronische zentrale Schutzschriftenregister (ZSSR), ARbRB 2016, 220; *Walker*, Zum Unterlassungsanspruch des Betriebsrats bei Betriebsänderungen, FA 2008, 290.

1. Typischer Sachverhalt (Beispielsfall)

Die A-GmbH beschäftigt über 800 Mitarbeiter an vier Standorten in Deutschland. Sie muss den Betrieb in **618** Musterstadt mit 280 Mitarbeitern spätestens Ende September des laufenden Jahres schließen, da andernfalls allein die Personalkosten zu einem ständigen Verlust führen, der die anderen Arbeitsplätze des Unternehmens gefährdet. Seit Anfang des Jahres informierte die Geschäftsleitung den Betriebsrat deshalb über die zunehmend schwierigere wirtschaftliche Lage und versuchte, Interessenausgleichs- und Sozialplanverhandlungen aufzunehmen. Der Betriebsrat reagierte auf dieses Schreiben zunächst nicht und verzögerte auch in der folgenden Zeit die Verhandlungsaufnahme mit dem Argument, er hätte noch nicht genügend Informationen. Als die A-GmbH schließlich versucht, den Betriebsrat wegen Scheiterns der innerbetrieblichen Verhandlungen zur Besetzung der Einigungsstelle zu bewegen, äußert er sich auch hierzu nicht, so dass das Bestellungsverfahren nach § 100 ArbGG eingeleitet wird. Da es mittlerweile Mitte April ist, sieht die A-GmbH sich gezwungen zu handeln und hört den Betriebsrat zu 280 betriebsbedingten Kündigungen an, informiert ihn schriftlich gemäß § 17 Abs. 2 S. 1 KSchG über die anstehende Massenentlassung und fordert ihn zur Aufnahme von Beratungen nach § 17 Abs. 2 S. 2 KSchG auf. Die A-GmbH befürchtet, dass der Betriebsrat wegen des nicht abgeschlossenen Interessenausgleichsverfahrens eine einstweilige Verfügung auf Unterlassung der Betriebsänderung beantragen wird.

2. Rechtliche Grundlagen

Vermutet der Arbeitgeber, dass der Betriebsrat einen Antrag auf Erlass einer einstweiligen Verfügung ge- **619** gen ihn beantragen will, ist es ratsam, bei allen in Frage kommenden Gerichten eine Schutzschrift zu hinterlegen, die das Gericht über die Auffassung des Arbeitgebers informiert. Alternativ kann seit 1.1.2016 die

Schutzschrift auch elektronisch in das zentrale Schutzschriftenregister eingestellt werden (§ 945a Abs. 1 ZPO). Sie gilt dann als bei allen Arbeitsgerichten der Länder eingereicht (§ 85 Abs. 2 S. 3 ArbGG).

a) Instrument der Schutzschrift

620   Das Instrument der Schutzschrift hat sich lange vor seiner gesetzlichen Verankerung in § 945a ZPO, §§ 62 Abs. 2 S. 3 und 85 Abs. 2 S. 3 ArbGG (gültig seit 1.1.2016)[1225] durchgesetzt. Damit soll ausgeschlossen werden, dass das Gericht ohne Kenntnis der eigenen Rechtsposition ggf. ohne mündliche Verhandlung eine einstweilige Verfügung erlässt.[1226] Schutzschriften sind nach der gesetzlichen Legaldefinition „vorbeugende Verteidigungsschriften gegen zu erwartende Anträge auf Arrest und einstweilige Verfügung" (§ 945a Abs. 1 S. 2 ZPO).

621   Klar ist mittlerweile, dass das Gericht **Vorbringen aus der Schutzschrift berücksichtigen** muss. Wegen des Grundsatzes des rechtlichen Gehörs und des Untersuchungsgrundsatzes im Beschlussverfahren besteht spätestens seit der gesetzlichen Anerkennung der Schutzschrift als Instrument des Zivilprozesses nach richtiger Auffassung eine entsprechende Verpflichtung des Gerichts.[1227]

622   Um die Gerichte von dem Verwaltungsaufwand zu entlasten, Schutzschriften zu registrieren, zu verwahren und zu archivieren, wurde seit 2007 ein privates Zentrales Schutzschriftenregister aufgebaut, bei dem Schutzschriften hinterlegt werden konnten. Einige Zivilgerichte haben sich daraufhin freiwillig bereit erklärt, bei Eingang einer einstweiligen Verfügung im Schutzschriftenregister abzurufen, ob eine Schutzschrift hinterlegt ist.

Nun hat der Gesetzgeber entschieden, das bislang privatrechtlich organisierte Schutzschriftenregister zu übernehmen. Die Landesjustizverwaltung in Hessen muss für alle Bundesländer das elektronische **Zentrale Schutzschriftenregister (ZSSR)** ab dem 1.1.2016 zur Verfügung stellen. Hierzu wurden die §§ 945a, 945b ZPO zur Förderung des elektronischen Rechtsverkehrs eingefügt, die durch §§ 62 Abs. 2 S. 3 ArbGG und 85 Abs. 2 S. 3 ArbGG flankiert wurden. Danach gilt eine Schutzschrift, die in das ZSSR eingestellt wird, bei allen Arbeitsgerichten der Länder als eingereicht. Ab dem 1.1.2017 sind Rechtsanwälte gem. § 49c BRAO berufsrechtlich dazu verpflichtet, das ZSSR anzuwenden.

b) Verfügungsanspruch des Betriebsrats

623   Ob der Betriebsrat mit einem Antrag auf Unterlassung einer Betriebsänderung im einstweiligen Verfügungsverfahren Erfolg hat, hängt stark davon ab, in welchem Gerichtsbezirk der Betrieb liegt, in dem die Betriebsänderung vorgenommen werden soll. Es besteht ein sog. „Nord-Süd-Gefälle": Während die Landesarbeitsgerichte im „Norden" (z.B. Berlin, Hamburg, Niedersachsen, Schleswig-Holstein, Hamm, Thüringen, Hessen) einen Unterlassungsanspruch zuerkennen, lehnen ihn die Gerichte im „Süden" (z.B. Baden-Württemberg, Nürnberg, München – bis auf die 6. Kammer des LAG München –, Düsseldorf, Köln, Rheinland-Pfalz) eher ab. Dieses „Gefälle" ist zwar nicht mehr „stabil", da in letzter Zeit einzelne Landesarbeitsgerichte (oder zumindest einzelne Kammern) im Hinblick auf europarechtliche Argumente ihre bisher gefestigte Rechtsprechung aufgeben und einen Unterlassungsanspruch anerkennen. Trotzdem kann man noch nicht von einer „Trendwende" sprechen (zum Ganzen mit Rechtsprechungsübersicht vgl. § 2 Rdn 825 ff.). Die Rechtsprechung der Arbeitsgerichte ist noch uneinheitlicher und differiert teilweise innerhalb eines Gerichts von Kammer zu Kammer.

1225 Siehe zur Einführung von §§ 945a ZPO, 62 Abs. 2 S. 3 und 85 Abs. 2 S. 3 ArbGG *Tiedemann*, ArbRB 2016, 220.

1226 *Schaub*, Arbeitsgerichtsverfahren, § 56 Rn 40; GMP/*Germelmann*,§ 62 ArbGG Rn 115; ErfK/*Koch*, § 62 ArbGG Rn 18.

1227 *Schaub*, Arbeitsgerichtsverfahren, § 56 Rn 40; ErfK/*Koch*, § 62 ArbGG Rn 18; a.A.: GMP/*Germelmann*, § 62 ArbGG Rn 115, die keinen Verfahrensmangel mit prozessualen Konsequenzen darin sehen, wenn ein Gericht eine Schutzschrift bei Erlass der einstweiligen Verfügung nicht berücksichtigt.

Praxishinweis

Der **Unternehmer** sollte sich also bei einer Betriebsänderung stets darüber **informieren**, wie das für ihn zuständige Arbeitsgericht und Landesarbeitsgericht im Hinblick auf einen Unterlassungsanspruch des Betriebsrates entscheidet.

Hat der Arbeitgeber die geplante Betriebsänderung allerdings bereits vollständig umgesetzt und damit einen **624** irreversiblen Zustand geschaffen, sind die Verhandlungen über einen Interessenausgleich gegenstandslos und können auch nicht mehr nachgeholt werden. Ein etwaiger Unterlassungsantrag des Betriebsrats wird dann wegen fehlenden Rechtsschutzbedürfnisses/Verfügungsgrundes abgewiesen, da es keinen Verhandlungsanspruch mehr gibt, der im Wege der einstweiligen Verfügung gesichert werden könnte.[1228]

c) Verfügungsgrund

Neben dem Bestreiten eines Verfügungsanspruchs kann der Arbeitgeber den Erlass einer einstweiligen Ver- **625** fügung dann verhindern, wenn es an einem Verfügungsgrund („Dringlichkeit") fehlt. Der **Vortrag zum Verfügungsgrund** wird in der Praxis **häufig sehr vernachlässigt**. Gerade weil es aber äußerst umstritten ist, ob dem Betriebsrat ein Unterlassungsanspruch zusteht oder nicht, sollte der eventuell fehlenden Dringlichkeit einer einstweiligen Verfügung besonderes Augenmerk gewidmet werden. Dies gilt vor allem dann, wenn der Betriebsrat die Interessenausgleichsverhandlungen trotz entsprechender Bemühungen des Arbeitgebers unangemessen verzögert oder die wirtschaftliche Situation des Unternehmens eine sofortige Umsetzung der Betriebsänderung dringend erfordert.[1229]

Eine **differenzierende Auffassung** hat das **Hessische LAG** vertreten: Damit der Betriebsrat durch Ver- **626** zögerungstaktiken in zeitlicher Hinsicht nicht etwas erreicht, was er ohne Unterlassungsverfügung nach materiellem Recht gar nicht erreichen könnte (nämlich das Unterlassen einer Betriebsänderung bzw. von Kündigungen), soll eine einstweilige **Unterlassungsverfügung jedenfalls zeitlich begrenzt** werden. Das zeitliche Ausmaß der Verfügung soll sich dabei nach dem konkreten Fall bestimmen und keinesfalls mehr als Gelegenheit zu ernsthaften Verhandlungen über einen Interessenausgleich geben.[1230] Deshalb sollte sich der Arbeitgeber jedenfalls auf bestehende Verzögerungstaktiken des Betriebsrats berufen, um so zumindest eine zeitliche Beschränkung der Unterlassungsverfügung zu erreichen, wenn er sie nicht vollständig verhindern kann.

d) Glaubhaftmachung im einstweiligen Verfügungsverfahren

Grds. besteht auch im Beschlussverfahren eine **prozessuale Pflicht, die Tatsachen glaubhaft zu machen**, **627** die den Verfügungsanspruch begründen sollen (§ 85 Abs. 2 S. 1 ArbGG i.V.m. §§ 936, 920 Abs. 2, 294 ZPO). Schriftstücke sind deshalb grds. im Original, in beglaubigter Abschrift oder in beglaubigter Fotokopie beizufügen. Die Beifügung unbeglaubigter Schriftstücke oder die bloße Ankündigung einer Vorlage reicht zur Glaubhaftmachung nicht aus.[1231]

Im arbeitsgerichtlichen Beschlussverfahren gilt allerdings der **Untersuchungsgrundsatz**, so dass das Ge- **628** richt von Amts wegen den Sachverhalt erforschen muss. Bei der Aufklärung des Sachverhalts haben die Verfahrensbeteiligten mitzuwirken (§ 83 Abs. 1 ArbGG). Eine Aufklärung kann nur erfolgen, wenn das Gericht aufgrund des Sachvortrags der Parteien entsprechende Anhaltspunkte hat. Dabei muss das Gericht den Charakter des Eilverfahrens berücksichtigen. Eine Beweisaufnahme, die nicht sofort im Termin zur Anhö-

---

1228 LAG Rheinland-Pfalz 2.10.2014 – 3 TaBVGa 5/14, zit. nach juris und LAG Rheinland-Pfalz 26.1.2011 – 7 TaBVGa 4/10, zit. nach juris; LAG Berlin-Brandenburg 19.6.2014 – 7 TaBVGa 1219/14, zit. nach juris; DKKW/*Däubler*, §§ 112, 112a BetrVG Rn 12, 57; *Fitting u.a.*, §§ 112, 112a BetrVG Rn 11.
1229 Vgl. hierzu *Schmädicke*, NZA 2004, 295; Ablehnung einer einstweiligen Verfügung aus diesem Grund z.B. LAG Rheinland-Pfalz 2.10.2014 – 3 TaBVGa 5/14, zit. nach juris.
1230 Hessisches LAG 30.8.1994, DB 1995, 178.
1231 BAG 28.8.1991, AP Nr. 2 zu § 85 ArbGG 1979.

rung über die einstweilige Verfügung erfolgen kann, ist nach § 294 Abs. 2 ZPO unstatthaft.[1232] Der **Arbeit-geber** sollte deshalb schon **im eigenen Interesse** dafür sorgen, durch entsprechende Glaubhaftmachung die Richtigkeit seines Sachvortrags zu belegen.

629　　*Praxishinweis*

Die wesentlichen **Unterrichtungen des Betriebsrats** sollten deshalb **schriftlich** vorgenommen und die **Beratungssitzungen** entsprechend **protokolliert** werden. Insbesondere bei offensichtlicher Verzöge-rungstaktik des Betriebsrats kann dann das Risiko des Erlasses einer einstweiligen Verfügung durch ent-sprechende Glaubhaftmachung verringert werden.

3. Checkliste

630　■　Wird die Betriebsänderung ohne ausreichenden „Versuch" des Interessenausgleichs umgesetzt?

■　Befindet sich der Betrieb in einem LAG-Bezirk, in dem mit dem Erlass einer einstweiligen Verfügung auf Unterlassung der Betriebsänderung zu rechnen ist?

■　Bei welchem/n Gericht(en) ist eine Schutzschrift zu hinterlegen? Kann die Schutzschrift elektronisch in das zentrale Schutzschriftenregister eingestellt werden?

■　Welche Gründe sprechen gegen die Dringlichkeit einer Unterlassungsverfügung?

■　Welche Mittel der Glaubhaftmachung hinsichtlich der Information des Betriebsrats bzw. hinsichtlich des Stands der Interessenausgleichsverhandlungen liegen vor bzw. müssen noch gefertigt werden (z.B. eidesstattliche Versicherungen)?

4. Schutzschrift im Beschlussverfahren

▼

631 **Muster 3.51: Schutzschrift im Beschlussverfahren**

An das Arbeitsgericht

▨▨▨▨ *(Adresse)*

Schutzschrift,

im Beschlussverfahren

In Sachen

Betriebsrat der Firma ▨▨▨ GmbH,

vertreten durch den Betriebsratsvorsitzenden ▨▨▨ *(Name)*, ▨▨▨ *(Firmenadresse)*

– möglicher Antragsteller –

gegen

Firma ▨▨▨ GmbH,

vertreten durch den Geschäftsführer ▨▨▨ *(Name)*, ▨▨▨ *(Firmenadresse)*

– mögliche Antragsgegnerin –

wegen Abwehr einer einstweiligen Verfügung im Beschlussverfahren auf Unterlassung der Betriebsände-rung

zeigen wir an, dass wir die mögliche Antragsgegnerin vertreten. Namens und im Auftrag der Antragsgegne-rin hinterlegen wir folgende **Schutzschrift**, da wir den Umständen nach befürchten müssen, dass der mög-

---

1232 BAG 25.9.1986, AP Nr. 7 zu § 1 BetrVG 1972; LAG München 26.8.1992, BB 1993, 2168.

liche Antragsteller versuchen wird, gegen die Antragsgegnerin eine einstweilige Verfügung im Beschlussverfahren auf Unterlassung der geplanten Betriebsstilllegung zu erwirken.

Daher beantragen wir:

1. Der Antrag auf Erlass einer einstweiligen Verfügung auf Unterlassung der Betriebsstilllegung wird zurückgewiesen.

Hilfsweise:

2. Über den Antrag auf Erlass einer einstweiligen Verfügung auf Unterlassung der Betriebsstilllegung wird nicht ohne mündliche Verhandlung entschieden.[1233]

Begründung

I. Sachverhalt

1. Bei der Antragsgegnerin handelt es sich um ein Unternehmen mit über ▇▇▇ Mitarbeitern, das an insgesamt ▇▇▇ Standorten in Deutschland – darunter auch in ▇▇▇ – ▇▇▇ (*Produkt*) entwickelt und produziert. Im Betrieb in ▇▇▇ sind ▇▇▇ Arbeitnehmer beschäftigt. Es existiert ein Betriebsrat mit ▇▇▇ Mitgliedern, der mögliche Antragsteller.

Glaubhaftmachung: Eidesstattliche Versicherung des Geschäftsführers – **Anlage AG 1 –**

2. Bereits seit Anfang des Jahres ▇▇▇ wurde der mögliche Antragsteller (nachfolgend „Betriebsrat" genannt) über die zunehmend schwierigere wirtschaftliche Lage des Unternehmens und insbesondere des Betriebs in ▇▇▇ unterrichtet, der schon lange nicht mehr kostendeckend produziert. Mit Schreiben vom ▇▇▇ wurde der Betriebsrat mit konkreten Terminvorschlägen aufgefordert, Interessenausgleichs- und Sozialplanverhandlungen über eine spätestens zum ▇▇▇ beabsichtigte Stilllegung des Betriebes in ▇▇▇ aufzunehmen. Dem Schreiben waren Detailinformationen als Anlagen beigefügt, die den Betriebsrat umfassend über die Notwendigkeit der Betriebsstilllegung informierten.

Glaubhaftmachung: Schreiben vom ▇▇▇ nebst Anlagen – **Anlage AG 2/1 bis AG 2/15 –** Empfangsbestätigung des Betriebsratsvorsitzenden vom ▇▇▇ – **Anlage AG 3 –**

3. Der Betriebsrat reagierte auf das Schreiben vom ▇▇▇ zunächst nicht. Daraufhin forderte ihn die Antragsgegnerin mit Schreiben vom ▇▇▇ erneut zur Aufnahme von Interessenausgleichsverhandlungen auf und nannte wieder verschiedene Termine hierfür. Am ▇▇▇ antwortete der Betriebsrat, dass er sich noch nicht in der Lage sähe, Interessenausgleichsgespräche zu führen, da er noch nicht hinreichend informiert sei. Er würde gerade eine Zusammenstellung der noch notwendigen Auskünfte verfassen, die der Antragsgegnerin noch vor Ostern zugehen würde.

Glaubhaftmachung: Schreiben der Antragsgegnerin vom ▇▇▇ nebst Empfangsbestätigung durch den Betriebsratsvorsitzenden – **Anlage AG 4 –** Schreiben des Betriebsrats vom ▇▇▇ – **Anlage AG 5 –**

4. Am ▇▇▇ – also am Gründonnerstag – erhielt die Antragsgegnerin sodann die Aufstellung des Betriebsrats, mit der er um weitere Auskünfte und Informationen bat. Das Schreiben umfasst insgesamt ▇▇▇ Seiten und bezieht sich in erster Linie auf Informationen, die für die geplante Betriebsstilllegung nicht relevant sind. Trotzdem hat sich die Antragsgegnerin bemüht, den Informationswünschen des Betriebsrats nachzukommen und in insgesamt drei jeweils mehrstündigen Gesprächen am ▇▇▇, ▇▇▇ und ▇▇▇ die gewünsch-

---

[1233] Die Gerichte erlassen üblicherweise keine einstweilige Verfügung auf Unterlassung einer Betriebsänderung, ohne dass eine mündliche Verhandlung anberaumt wird. Dies gilt allgemein immer dann, wenn die begehrte Entscheidung die Hauptsache im Wesentlichen vorwegnimmt und praktisch unumkehrbare Verhältnisse schafft (LAG Köln 13.8.1996, NZA 1997, 317). Trotzdem wird ein entsprechender Antrag in der Praxis vorsorglich stets gestellt.

ten Auskünfte erteilt und weitere Unterlagen zur Verfügung gestellt. Dem Wunsch der Antragsgegnerin, endlich mit den Interessenausgleichsverhandlungen zu beginnen, widersetzte sich der Betriebsrat ohne stichhaltige Begründung. Ebenso war es stets mit erheblichen Schwierigkeiten verbunden, überhaupt einen Termin mit dem Betriebsrat zu vereinbaren, da die unterschiedlichsten Terminschwierigkeiten (Urlaub während Oster- und Pfingstferien, Verhinderung des anwaltlichen Beraters, Krankheit des Betriebsratsvorsitzenden, Kollision mit unaufschiebbaren Betriebsratsterminen usw.) vorgeschoben wurden.

Glaubhaftmachung: Eidesstattliche Versicherung des Geschäftsführers – bereits vorgelegt als Anlage AG 1 –

5. Auch, nachdem der angebliche Informationsbedarf des Betriebsrats nach dem letzten Gespräch am ▓▓▓ gedeckt war und keine weiteren Auskünfte mehr verlangt wurden, verfolgte der Betriebsrat weiterhin seine Verzögerungsstrategie mit dem Hinweis auf angeblich weiteren Informations- und Prüfungsbedarf. Am ▓▓▓ teilte der Betriebsrat dann mit, dass er aufgrund eigener Kenntnis nicht in der Lage sei, die gegebenen Informationen richtig einzuordnen und deshalb einen Sachverständigen hinzuziehen müsse. Die Hinzuziehung eines Sachverständigen hatte die Antragsgegnerin dem Betriebsrat bereits im ersten Schreiben vom ▓▓▓ angeboten, was der Betriebsrat aber bisher stets mit Hinweis auf angeblich ausreichende eigene Sachkunde abgelehnt hatte.

Glaubhaftmachung: Schreiben der Antragsgegnerin vom ▓▓▓ – bereits vorgelegt als Anlage AG 2 – Eidesstattliche Versicherung des Geschäftsführers – bereits vorgelegt als Anlage AG 1 – Schreiben des Betriebsrats vom ▓▓▓ – **Anlage AG 6 –**

6. Nachdem seit dem Schreiben der Antragsgegnerin vom ▓▓▓ mehr als ▓▓▓ Monate vergangen waren, ohne dass sich auch nur annähernd die Aufnahme von Interessenausgleichsverhandlungen abzeichnete, sah sich die Antragsgegnerin gezwungen, die innerbetrieblichen Interessenausgleichsverhandlungen gegenüber dem Betriebsrat mit Schreiben vom ▓▓▓ für gescheitert zu erklären und ihn unter Nennung eines möglichen Einigungsstellenvorsitzenden aufzufordern, an der Konstituierung einer Einigungsstelle mitzuwirken. Da der Betriebsrat sich weigert, sich über die Besetzung der Einigungsstelle zu äußern, hat die Antragsgegnerin mittlerweile außerdem das Bestellungsverfahren nach § 100 ArbGG eingeleitet. Wann die Einigungsstelle zusammentritt, ist derzeit nicht absehbar.

Glaubhaftmachung: Schreiben der Antragsgegnerin vom ▓▓▓ – **Anlage AG 7** – Schriftsatz der Antragsgegnerin vom ▓▓▓ – **Anlage AG 8** – Verfügung des Arbeitsgerichts vom ▓▓▓ – **Anlage AG 9** – Eidesstattliche Versicherung des Geschäftsführers – bereits vorgelegt als Anlage AG 1 –

7. Jeder Monat, den die Antragsgegnerin gezwungen ist, den Betrieb in ▓▓▓ aufrechtzuerhalten, führt allein im Hinblick auf die Personalkosten zu einem Verlust in Höhe von über EUR ▓▓▓ und gefährdet so den Erhalt anderer Arbeitsplätze im Unternehmen. ▓▓▓ *(Wird ausgeführt)*

Glaubhaftmachung: Eidesstattliche Versicherung des Geschäftsführers – bereits vorgelegt als Anlage AG 1 –

Es ist also für die Antragsgegnerin zwingend erforderlich, den Betrieb in ▓▓▓ spätestens bis ▓▓▓ stillzulegen. Aus diesem Grund hat sie den Betriebsrat mit Schreiben vom ▓▓▓ zu den beabsichtigten ▓▓▓ Kündigungen gemäß § 102 BetrVG angehört, ihm gleichzeitig schriftlich die gemäß § 17 Abs. 2 S. 1 KSchG notwendigen Informationen zukommen lassen und ihn zur Aufnahme des Konsultationsverfahrens nach § 17 Abs. 2 S. 2 KSchG aufgefordert.

Glaubhaftmachung:	Eidesstattliche Versicherung des Geschäftsführers – bereits vorgelegt als Anlage AG 1 – Schreiben zur Betriebsratsanhörung nach § 102 BetrVG – **Anlage AG 10** – Schriftliche Unterrichtung gemäß § 17 KSchG – **Anlage AG 11** – Aufforderung zu Beratungen nach § 17 KSchG – **Anlage AG 12** –

II. Rechtslage

Ein etwaiger Antrag des Antragstellers auf Erlass einer einstweiligen Verfügung auf Unterlassung der Stilllegung des Betriebs in ▮▮▮▮▮ ist zurückzuweisen, da es sowohl am Verfügungsanspruch als auch am Verfügungsgrund fehlt.

1. Kein Verfügungsanspruch

Der Betriebsrat hat keinen Unterlassungsanspruch, mit dem er die Umsetzung der Betriebsstilllegung bis zum Abschluss des Interessenausgleichsverfahrens verhindern könnte.

a) Gesetzeswortlaut

Es lässt sich dem BetrVG an keiner Stelle entnehmen, dass der Gesetzgeber bei der Betriebsänderung dem Betriebsrat einen Unterlassungsanspruch einräumen wollte. Aus § 111 S. 1 BetrVG ergibt sich vielmehr lediglich ein Unterrichtungs- und Beratungsrecht des Betriebsrats. Die Rechtsfolgen der Verletzung dieser Pflichten sind in § 113 BetrVG und in § 121 BetrVG abschließend geregelt. Anders als bei § 87 BetrVG gibt es also eine ausdrückliche gesetzliche Sanktion für die Nichtbeachtung der §§ 111 ff. BetrVG. Mit diesen Regelungen hat der Gesetzgeber unmissverständlich zum Ausdruck gebracht, dass auch solche Maßnahmen des Arbeitgebers uneingeschränkt wirksam sind, die unter Verstoß gegen §§ 111 ff. BetrVG umgesetzt werden. Dem Betriebsrat steht also gerade kein materiellrechtlicher Anspruch auf Durchführung von Interessenausgleichsverhandlungen bzw. Unterlassung der Betriebsänderung bis zum Abschluss der Verhandlungen zu. Vor diesem Hintergrund wäre es widersinnig, einen Unterlassungsanspruch im einstweiligen Verfügungsverfahren anzuerkennen, da dadurch dem Betriebsrat im Eilverfahren mehr zugesprochen würde, als er in einem Hauptsacheverfahren erreichen könnte (vgl. LAG Rheinland-Pfalz 27.8.2014 – 4 TaBVGa 4/14, zit. nach juris; LAG Rheinland-Pfalz 26.10.2006 – 11 TaBV 58/06, zit. nach juris; LAG Rheinland-Pfalz 30.3.2006 – 11 TaBV 53/05, zit. nach juris).

b) Wille des Gesetzgebers

Über die gesetzliche Regelung hinaus kann ein Unterlassungsanspruch des Betriebsrats auch nicht im Wege der Rechtsfortbildung entwickelt werden, da der Gesetzgeber bereits mehrfach trotz Kenntnis des Streits um den Unterlassungsanspruch und trotz entsprechender Anträge im Gesetzgebungsverfahren bewusst keinen Unterlassungsanspruch des Betriebsrats auf Verhinderung der Betriebsänderung im Rahmen einer einstweiligen Verfügung in das Gesetz aufgenommen hat (vgl. genaue Darstellung des Gesetzgebungsverfahrens in LAG Rheinland-Pfalz 30.3.2006 – 11 TaBV 53/05, zit. nach juris).

c) Rechtsprechung des BAG

Auch nach der Rechtsprechung des BAG scheidet ein Unterlassungsanspruch des Betriebsrats von Vornherein aus: Im Beschl. v. 3.5.1994 hat das BAG ausdrücklich entschieden, dass nicht jede Verletzung von Rechten des Betriebsrats ohne weiteres zu einem Unterlassungsanspruch führt. Vielmehr kommt es auf die einzelnen Mitbestimmungstatbestände, deren konkrete gesetzliche Ausgestaltung und die Art der Rechtsverletzung an. Deshalb ist es nach Auffassung des BAG auch nicht widersprüchlich, einen allgemeinen Unterlassungsanspruch bei Verstößen gegen § 87 BetrVG zu bejahen, ihn aber im Zusammenhang mit der Mitbestimmung in wirtschaftlichen Angelegenheiten zu verneinen (BAG 3.5.1994, 1 ABR 24/93, NZA 1995, 40, 42).

Zudem kann der Betriebsrat nach der Rechtsprechung des BAG (vgl. BAG 28.8.1991, NZA 1992, 41) nicht einmal aus einem bereits abgeschlossenen Interessenausgleich einen Unterlassungsanspruch gegen den Arbeitgeber herleiten, wenn dieser gegen die Regelungen des Interessenausgleichs verstößt. Denn bei dem Interessenausgleich handelt es sich lediglich um eine Naturalobligation. Würde man dem Betriebsrat nun aber einen Unterlassungsanspruch bis zum Abschluss des Interessenausgleichsverfahrens zubilligen, würde dies zu dem unsinnigen Ergebnis führen, dass die Verhandlungen besser geschützt werden als deren Ergebnis (LAG Düsseldorf 19.11.1996, 8 TaBV 80/96, NZA-RR 1997, 297).

d) § 102 BetrVG bei Kündigungen abschließend

Im Rahmen des Ausspruchs von Kündigungen kommt ein Unterlassungsanspruch des Betriebsrats auch schon deswegen nicht in Betracht, weil die Rechte des Betriebsrats in diesem Zusammenhang abschließend in § 102 BetrVG geregelt sind. Es existiert kein Anspruch des Betriebsrats, der es ihm erlauben würde, den Ausspruch von Kündigungen zeitlich zu verzögern. Für einen Unterlassungsanspruch des Betriebsrats in Bezug auf den Ausspruch von Kündigungen fehlt deshalb jede Grundlage (LAG München 24.9.2003, NZA-RR 2004, 536).

e) Keine Bejahung des Unterlassungsanspruchs wegen europarechtlicher Aspekte

Auch europarechtliche Aspekte – vor allem die Richtlinie 2002/14/EG vom 11.3.2002 – führen nicht zu einer Bejahung des Unterlassungsanspruchs des Betriebsrats. Die gemäß Art. 8 der Richtlinie 2002/14/EG erforderlichen, angemessenen Sanktionen und geeigneten Verfahren sind bereits durch die existierenden Nachteilsausgleich- und Bußgeldvorschriften (§§ 113 und 121 BetrVG) gewährleistet. Hinzu kommt die neue, effektive und auf höchstrichterlicher Rechtsprechung beruhende Sanktion einer Unwirksamkeit von ohne vorherige ordnungsgemäße Massenentlassungsanzeige ausgesprochenen Kündigungen (vgl. Lipinski/Reinhardt, NZA 2009, 1184; Bauer/Krieger, NZA 2010, 53). Eine richtlinienkonforme Auslegung der nationalen Vorschriften kann deshalb ebenfalls nicht zur Bejahung eines Unterlassungsanspruchs des Betriebsrats führen (LAG Rheinland-Pfalz, 27.8.2014 – 4 TaBVGa 4/14, zit. nach juris; LAG Baden-Württemberg 21.10.2009 – 20 TaBVGa 1/09, zit. nach juris; LAG Nürnberg 9.3.2009 – 6 TaBVGa 2/09, zit. nach juris).

2. Kein Verfügungsgrund

Es fehlt auch an einem Verfügungsgrund.

a) Allgemeine Grundsätze

Bei der vom Betriebsrat begehrten einstweiligen Verfügung handelt es sich um eine Befriedigungs- bzw. Leistungsverfügung, da bei antragsgemäßer Entscheidung die Hauptsache vorweggenommen wird. Deshalb sind an den Verfügungsgrund sehr strenge Anforderungen zu stellen. Der Erlass einer Leistungsverfügung kann nur in Ausnahmefällen in Betracht kommen, wenn eine sofortige Regelung nach Abwägung aller Umstände des Sachverhalts und unter Berücksichtigung der beiderseitigen berechtigten Interessen für den Antragsteller dringend erforderlich ist (Zöller, ZPO, 29. Aufl. 2012, § 940 Rn 6). Dabei ist besonders zu berücksichtigen, dass nach § 85 Abs. 2 S. 2 ArbGG die Vorschrift des § 945 ZPO im arbeitsgerichtlichen Beschlussverfahren nicht gilt. Die Antragsgegnerin kann den Betriebsrat nämlich gerade nicht zum Schadensersatz verpflichten, wenn sich die einstweilige Verfügung als ungerechtfertigt erweist und aufgehoben wird. Wegen des fehlenden Korrektivs des § 945 ZPO ist deshalb der Verfügungsgrund unter dem Gesichtspunkt der irreparablen Wirkung der Eilentscheidung im Zweifel zu verneinen (LAG Baden-Württemberg 7.11.1989, NZA 1990, 286).

b) Kein Verfügungsgrund im vorliegenden Fall

Überträgt man die o.g. Grundsätze auf die hier vorliegende Fallkonstellation, fehlt es an einem Verfügungsgrund, weil die Interessen der Antragsgegnerin die des Betriebsrats bei weitem überwiegen.

Auf Seiten der Antragsgegnerin steht dabei das berechtigte Interesse, Kündigungen so rechtzeitig erklären zu können, dass die beabsichtigte Betriebsstilllegung vollzogen werden kann und die Verluste so schnell wie möglich begrenzt werden. Hierauf ist sie dringend angewiesen, um den Kostendruck umgehend zu senken und die Arbeitsplätze anderer Arbeitnehmer nicht zu gefährden.

Auf Seiten des Betriebsrats ist sein Verhandlungsanspruch gemäß § 111 BetrVG zu berücksichtigen. Dass dieses Mitwirkungsrecht durch die Umsetzung der Betriebsstilllegung nicht mehr voll zur Geltung gebracht werden kann, liegt ausschließlich an ihm selbst, nicht an der Antragsgegnerin. Die Antragsgegnerin bemüht sich seit über ░░░░░░ Monaten darum, mit dem Betriebsrat einen Interessenausgleich zu verhandeln. Die Verhandlungen hätten längst abgeschlossen sein können, wenn der Betriebsrat nicht bereits ihre Aufnahme seit ░░░░░░ Monaten mit jedem Mittel verzögert hätte. Seinen Interessen ist deshalb kaum Gewicht beizumessen.

Im Übrigen fehlt es an einem Verfügungsgrund vorliegend bereits deshalb, weil der Antragsgegner durch sein zögerliches Verhalten die Eilbedürftigkeit letztlich selbst herbeigeführt hat. Ebenso wie der Arbeitgeber einerseits verpflichtet ist, rechtzeitig und umfassend den Betriebsrat zu unterrichten, ist dieser verpflichtet, auf das Regelungsansinnen des Arbeitgebers zeitnah einzugehen. Dies ergibt sich aus dem Grundsatz der vertrauensvollen Zusammenarbeit gemäß § 2 Abs. 1 BetrVG. Dem Antragsgegner muss zwar ausreichend Zeit zur internen Beratung, Meinungsbildung und ggf. Hinzuziehung eines Sachverständigen gegeben werden. Aus dem Verhalten des Antragsgegners ist aber eine irgendwie geartete inhaltliche, sachliche oder zeitliche Struktur nicht zu erkennen; sein Gesamtverhalten ist ausschließlich daraufhin gerichtet, eine Zeitverzögerung zu erreichen. Dies ergibt sich klar daraus, dass er viel zu spät einen Sachverständigen hinzuziehen wollte, obwohl die Antragsgegnerin ihm dies bereits mit dem ersten Schreiben angeboten hat. Ein Verfügungsgrund für eine einstweilige Verfügung bzw. die erforderliche Dringlichkeit hierfür entfällt deshalb nach den Grundsätzen der Selbstwiderlegung dann, wenn der Betriebsrat selbst schuldhaft zögerlich handelt (LAG Rheinland-Pfalz 2.10.2014 – 3 TaBVGa 5/14, zit.nach juris).

Nach allem ist ein etwaiger Antrag des Betriebsrats auf Erlass einer einstweiligen Unterlassungsverfügung zurückzuweisen.

(Unterschrift)

Rechtsanwalt

VI. Antrag auf Erlass einer einstweiligen Verfügung gegen eine geplante Betriebsversammlung

Literatur: *Bartz/Stratmann,* Zeit der Teilnahme an einer Betriebsversammlung – „Ruhezeit" i.S.d. Arbeitszeitgesetzes, NZA-RR 2013, 281; *Bauer,* Teilnahme von Anwälten an Betriebsversammlungen, NJW 1988, 1130; *Bischof,* Die Arten der Betriebsversammlungen und ihre zeitliche Lage, BB 1993, 1937; *Brötzmann,* Probleme der Betriebsversammlung, BB 1990, 1055; *Cox/Grimberg,* Rechtsprechungsübersicht – Betriebsversammlung-, AiB 2001, 706; *Leuze,* Betriebsversammlung und Personalversammlung – Gemeinsamkeiten und Unterschiede, ZTR 2000, 206, 247; *Lunk,* Die Betriebsversammlung – das Mitgliederorgan des Belegschaftsverbandes, 1991; *ders.,* Grundprobleme der Jugend- und Auszubildendenversammlung nach § 71 BetrVG, NZA 1992, 534; *Rüthers,* Rechtsprobleme der Organisation und Thematik von Betriebsversammlungen, ZfA 1974, 207; *Strümper,* Zur zeitlichen Lage der Betriebsversammlungen in Handelsunternehmen, NZA 1984, 315; *Wolmerath,* Die Betriebsversammlung – Rechtsfragen und praktische Tipps, ArbRAktuell 2016, 136 und 160.

1. Allgemeines

a) Typischer Sachverhalt
In einem Einzelhandelsbetrieb plant der zuständige Betriebsrat, am 19.12.2016 um 10.00 Uhr eine ordent-   632
liche Betriebsversammlung abzuhalten. Mit Schreiben vom 10.12.2016 teilt er dem Arbeitgeber dies mit. Der Arbeitgeber ist nicht einverstanden und bittet den Betriebsrat mit Schreiben vom 12.12.2016 um einen Termin außerhalb des Weihnachtsgeschäfts. Der Betriebsrat lehnt dies noch am selben Tag ab. Er habe im Kalenderjahr die ihm zustehenden Betriebsversammlungen noch nicht durchgeführt. Der Arbeitgeber beantragt daraufhin am 15.12.2016 bei dem zuständigen ArbG den Erlass einer einstweiligen Verfügung auf Untersagung der für den 19.12.2016 einberufenen Betriebsversammlung.

b) Rechtliche Grundlagen
Im Zusammenhang mit einer geplanten Betriebsversammlung nach §§ 42 ff. BetrVG ist das Rechtsschutz-   633
mittel der **einstweiligen Verfügung** von hoher **praktischer Relevanz**. Der Arbeitgeber wird regelmäßig nämlich nur kurzfristig über die geplante Betriebsversammlung informiert. Ein Hauptsacheverfahren dauert daher zu lange. Der Verfügungsantrag kann sich gegen die generelle Durchführung einer bestimmten Betriebsversammlung oder ihre Durchführung im Speziellen, insbesondere die geplanten Tagesordnungspunkte, den Teilnehmerkreis sowie wie im Beispielsfall deren Zeitpunkt richten. Unbeachtlich ist grds., ob gegen eine ordentliche oder außerordentliche Betriebs-, eine Teil- oder eine Abteilungsversammlung vorgegangen werden soll.

634

Praxistipp

Da dem **Betriebsrat** das **Hausrecht**[1234] der **Betriebsversammlung** zusteht,[1235] sind umgekehrte Konstellationen, dass nämlich der Betriebsrat im Wege der einstweiligen Verfügung versucht, eine Betriebsversammlung effektiv durchzusetzen,[1236] die Ausnahme. Der Betriebsrat beschließt die Durchführung und setzt den Beschluss um. Ist der Arbeitgeber nicht einverstanden, so muss er gerichtliche Hilfe in Anspruch nehmen. Das LAG Berlin-Brandenburg[1237] ließ offen, ob dem Arbeitgeber Unterlassungsansprüche im einstweiligen Verfügungsverfahren überhaupt zustünden; im Hauptsacheverfahren stünde ihm nur ein Feststellungsinteresse zu. Dies folge aus § 23 BetrVG, der dem Arbeitgeber keinen Unterlassungsanspruch gewähre.[1238]

aa) Verfügungsanspruch

635

Eine einstweilige Verfügung gegen die generelle Durchführung einer Versammlung kommt allenfalls in Betracht, wenn die Versammlung selbst rechtsgrundlos erscheint. Bei den regelmäßigen, vierteljährlich abzuhaltenden Betriebsversammlungen nach § 43 Abs. 1 S. 1 BetrVG wird das nur ausnahmsweise der Fall sein.

636

Praktisch relevant ist der **einstweilige Rechtsschutz** gegen die **Abhaltung zusätzlicher Betriebsversammlungen.** Der Betriebsrat darf sie einmal pro Kalenderhalbjahr neben den regelmäßigen Betriebsversammlungen abhalten, wenn dies aus besonderen Gründen als zweckmäßig erscheint (§ 43 Abs. 1 S. 4 BetrVG). Besondere Gründe liegen vor, wenn außergewöhnliche Vorkommnisse zu einem Bedürfnis nach zusätzlicher Information und zusätzlichem Meinungsaustausch der Belegschaft führen, die einen Aufschub bis zur nächsten ordentlichen Betriebsversammlung auch unter der Berücksichtigung weiterer Informationsmöglichkeiten ausschließen.[1239] Eine zusätzliche Betriebsversammlung wird daher bspw. anlässlich von Betriebsänderungen geboten sein. Erforderlich ist allerdings eine hinreichende Konkretisierung der arbeitgeberseitigen Planungen. Bloße Zielvorstellungen reichen nicht aus.[1240] Der Betriebsrat hat jedoch einen weiten Ermessensspielraum und unterliegt in seiner Entscheidung nur einer eingeschränkten gerichtlichen Kontrolle.[1241]

637

Gleiches gilt für außerordentliche Betriebsversammlungen, die der Betriebsrat neben den ordentlichen und zusätzlichen Betriebsversammlungen einberufen kann bzw. auf Antrag des Arbeitgebers oder eines Viertels der wahlberechtigten Arbeitnehmer einberufen muss (§ 43 Abs. 3 S. 1 BetrVG).

638

Eine einstweilige Verfügung kann sich weiterhin gegen die Durchführung einer Versammlung im Besonderen richten oder gegen die vom Arbeitgeber zur Verfügung gestellte Räumlichkeit.[1242]

639

Ein häufiger Streitpunkt ist die **zeitliche Lage** der Betriebsversammlung.[1243] Grds. gilt: Die regelmäßigen (§ 43 Abs. 1 S. 1 BetrVG) und zusätzlichen (§ 43 Abs. 1 S. 4 BetrVG) Betriebsversammlungen finden, anders als die außerordentlichen (§ 43 Abs. 3 S. 1 BetrVG), während der Arbeitszeit statt, soweit nicht die Ei-

---

1234 Es erstreckt sich nicht auf die Vorräume einer Betriebsversammlung, BAG 22.5.2012 – 1 ABR 11/11, NZA 2012, 1176.
1235 Vgl. BAG 13.9.1977, AP Nr. 1 zu § 42 BetrVG 1972; BAG 28.11.1978, AP Nr. 2 zu § 42 BetrVG 1972.
1236 Vgl. jedoch LAG Hessen 12.6.2012 – 16 TaBVGa 149/12, ArbRAktuell 2012, 437, wo der BR erfolglos im e.V.-Verfahren beantragte, dass der Arbeitgeber andere Räumlichkeiten für die Betriebsversammlung zur Verfügung stellt; hierauf bezöge sich das Hausrecht des BR nicht.
1237 LAG Berlin-Brandenburg 8.4.2011 – 9 TaBV 2765/10.
1238 So das BAG 17.3.2010 – 7 ABR 95/08, NZA 2010, 1133 zu § 74 BetrVG.
1239 BAG 23.10.1991, AP Nr. 5 zu § 43 BetrVG 1972.
1240 BAG 23.10.1991, AP Nr. 5 zu § 43 BetrVG 1972.
1241 BAG 23.10.1991, AP Nr. 5 zu § 43 BetrVG 1972; LAG Baden-Württemberg 25.9.1991, AiB 1992, 96.
1242 LAG Hessen 12.6.2012 – 16 TaBVGa 149/12, ArbRAktuell 2012, 437; LAG Hessen 10.10.2013 – 5 TaBV 323/12; *Fitting* u.a., § 42 BetrVG Rn 31 f.
1243 Vgl. BAG 9.3.1976, AP Nr. 3 zu § 44 BetrVG 1972; LAG Schleswig-Holstein 28.10.1996, LAGE § 44 BetrVG 1972 Nr. 9; LAG Düsseldorf 10.12.1984, NZA 1985, 368; *Bischof*, BB 1993, 1937; *Strümper*, NZA 1984, 315.

genart des Betriebes eine andere Regelung zwingend erfordert (§ 44 Abs. 1 S. 1 BetrVG). Unter der Eigenart des Betriebes ist in erster Linie die organisatorisch-technische Besonderheit des konkreten Betriebes zu verstehen.[1244] Nach der Rechtsprechung muss keine technische Unmöglichkeit vorliegen, wohl aber eine technisch untragbare Störung des eingespielten Betriebsablaufs.[1245] Wirtschaftliche Zumutbarkeitserwägungen allein reichen grds. nicht aus, damit die Versammlung wegen zwingender Erfordernisse außerhalb der Arbeitszeit stattfindet.[1246] Im Einzelhandel ist es daher regelmäßig gerechtfertigt, die Betriebsversammlungen während der Ladenöffnungszeiten durchzuführen.[1247] Die Betriebsversammlung ist aber außerhalb der betrieblichen Arbeitszeit anzuberaumen, wenn die Unterbrechung des Geschäftsbetriebs zu einer besonderen Härte führen würde, was in Zeiten des Weihnachts- oder Ostergeschäfts der Fall sein kann.[1248] Denn generell bestimmt zwar der Betriebsrat darüber, zu welchem genauen Zeitpunkt innerhalb der Arbeitszeit die Betriebsversammlung stattfinden soll. Er ist allerdings aus den Grundsätzen der vertrauensvollen Zusammenarbeit (§ 2 Abs. 1 BetrVG), des Übermaßverbots sowie aus § 74 Abs. 1 BetrVG heraus verpflichtet, auf die betrieblichen Notwendigkeiten Rücksicht zu nehmen.[1249] Es ist zu weitgehend, wenn das LAG Köln[1250] dem Arbeitgeber die Antragsbefugnis gerichtet auf Verlegung einer Betriebsversammlung nur zuerkennen will, wenn sich nicht genügend Arbeitnehmer finden, die an der Versammlung nicht teilnehmen, so dass der Geschäftsbetrieb weiterlaufen könnte. Ob die Teilnahme Arbeitszeit i.S.d. Arbeitszeitgesetzes ist, ist umstritten.[1251] Die Kosten der Versammlungen trägt der Arbeitgeber.[1252]

Die gleichen Erwägungen sind anzustellen bei der Entscheidung, ob eine **Voll- oder Teilsammlung** anzuberaumen ist. Grds. sind die Betriebs- als Vollversammlungen durchzuführen, so dass selbst die Schließung einzelner Filialen im Bereich der Daseinsvorsorge (Post AG) wegen einer Vollversammlung hinzunehmen ist;[1253] jedoch sprechen gesetzliche Betriebspflichten (Flughafen) für Teilversammlungen.[1254] **640**

Die einstweilige Verfügung kann sich ferner gegen die geplanten **Tagesordnungspunkte** richten, soweit diese sich nicht in dem von § 45 S. 1 BetrVG vorgegebenen Rahmen bewegen.[1255] In der Betriebsversammlung dürfen alle Vorgänge besprochen werden, für die ein konkreter Bezugspunkt zum Betrieb oder den dort Beschäftigten in ihrer Eigenschaft als Arbeitnehmer dieses Betriebes besteht, wobei die Angelegenheit nicht ausschließlich den Betrieb oder seine Arbeitnehmer betreffen muss.[1256] **641**

Schließlich kann auch der geplante **Teilnehmerkreis** Anknüpfungspunkt der einstweiligen Verfügung sein. Teilnahmeberechtigt an der Betriebsversammlung bzw. an der Abteilungsversammlung sind sämtliche Arbeitnehmer des Betriebes bzw. der Abteilung mit Ausnahme der leitenden Angestellten (§ 5 Abs. 3 BetrVG).[1257] Teilnahmeberechtigt sind u.a. auch Leiharbeitnehmer, § 14 Abs. 2 AÜG, sowie Auszubil- **642**

1244 BAG 27.11.1987, AP Nr. 7 zu § 44 BetrVG 1972.

1245 Vgl. BAG 26.10.1956, AP Nr. 1 zu § 43 BetrVG; LAG Saarbrücken 21.12.1960, AP Nr. 2 zu § 43 BetrVG.

1246 BAG 9.3.1976, AP Nr. 3 zu § 44 BetrVG 1972; ArbG Essen 14.4.2011, NZA-RR 2011, 579; ArbG Darmstadt 7.5.2009, 7 BVGa 13/09, BeckRS 2009, 66084.

1247 Vgl. BAG 9.3.1976, AP Nr. 3 zu § 44 BetrVG 1972; LAG Köln 23.10.1985, DB 1986, 386 f.

1248 LAG Düsseldorf 10.12.1984, NZA 1985, 368 (Weihnachtsgeschäft); LAG Baden-Württemberg 28.2.1980, BB 1980, 1267 (Ostergeschäft); ArbG Wuppertal 23.1.1975, DB 1975, 1084 (Winterschlussverkauf).

1249 LAG Niedersachsen 30.8.1982, DB 1983, 1312; *Fitting u.a.*, § 44 BetrVG Rn 10.

1250 LAG Köln 19.4.1988, DB 1988, 1400.

1251 *Bartz/Stratmann*, NZA-RR 2013, 281.

1252 *Fitting* u.a., § 42 BetrVG Rn 52, wozu auch Dolmetscher, jedoch keine Verpflegungskosten zählen, LAG Baden-Württemberg 16.1.1998, NZA-RR 1998, 306; LAG Nürnberg 25.4.2012, NZA-RR 2012, 524 (Verpflegung), aber ggf. Kosten für Stehtische, LAG Rheinland-Pfalz 23.3.2010 – 3 TaBV 48/09.

1253 LAG Schleswig-Holstein 28.10.1996, LAGE § 44 BetrVG 1972 Nr. 9; zur Notwendigkeit von Teilversammlungen gemäß § 42 Abs. 1 S. 2 BetrVG bei sonst erforderlichen Übernachtungen von ortsfremden Arbeitnehmern siehe LAG Mecklenburg-Vorpommern 15.10.2008, 2 TaBV/08, BeckRS, 57712.

1254 LAG Berlin-Brandenburg 8.4.2011 – 9 TaBV 2765/10.

1255 Vgl. *Rüthers*, ZfA 1974, 235.

1256 ErfK/*Koch*, § 46 BetrVG Rn 4.

1257 Die Teilnahme der leitenden Angestellten kann jedoch vereinbart werden.

dende eines reinen Ausbildungsbetriebs an Versammlungen im Einsatzbetrieb.[1258] Der Arbeitgeber ist an allen regelmäßigen Versammlungen (§ 43 Abs. 2 S. 1 BetrVG), zusätzlichen Versammlungen (§ 43 Abs. 1 S. 4 BetrVG) sowie an den von ihm beantragten außerordentlichen Versammlungen (§ 43 Abs. 3 S. 1 BetrVG) teilnahmeberechtigt. Nach § 46 BetrVG sind darüber hinaus Vertreter des Arbeitgeberverbands, soweit sie vom Arbeitgeber hinzugezogen sind sowie Vertreter der im Betrieb vertretenden Gewerkschaften zur Teilnahme an der Versammlung berechtigt. Sachverständige können unter der Voraussetzung der vorherigen näheren Vereinbarung nach § 80 Abs. 3 BetrVG hinzugezogen werden.[1259] Gäste dürfen an der Betriebsversammlung teilnehmen, sofern ihre Teilnahme gestattet und von unmittelbarem Interesse für den Betrieb und seine Arbeitnehmer ist.[1260] Der Arbeitgeber kann jedoch im Einzelfall verlangen, dass bestimmte Personen von der Versammlung ausgeschlossen werden.[1261]

bb) Verfügungsgrund

643   Im Rahmen des Verfügungsgrundes ist neben den üblichen Kriterien wie der Eilbedürftigkeit im Rahmen der **Verhältnismäßigkeit** zu berücksichtigen, inwieweit durch die geplante Durchführung der Versammlung betriebliche Interessen verletzt würden. Die drohenden betrieblichen Nachteile sind in das Verhältnis zu den gegenläufigen Interessen des Betriebsrates und der Belegschaft zu setzen. Zu berücksichtigen sind bspw. die Kosten.[1262]

c)   Checkliste: Betriebsversammlung

■ Terminierung

644   ■ Regelmäßige Betriebsversammlungen (§ 43 Abs. 1 S. 1 BetrVG) finden einmal pro Vierteljahr grds. während der Arbeitszeit statt.

■ Zusätzliche Betriebsversammlungen (§ 43 Abs. 1 S. 4 BetrVG) können auf Initiative des Betriebsrates aus besonderen Gründen abgehalten werden. Auch sie finden grds. während der Arbeitszeit statt.

■ Außerordentliche Betriebsversammlungen (§ 43 Abs. 3 BetrVG) können vom Betriebsrat bzw. müssen von ihm auf Wunsch des Arbeitgebers oder mindestens eines Viertels der wahlberechtigten Arbeitnehmer des Betriebes bzw. der Abteilung abgehalten werden. Sie finden grds. außerhalb der Arbeitszeit statt.

■ Durchführung

645   ■ Teilnahmeberechtigt an der Betriebs- bzw. Abteilungsversammlung sind sämtliche Arbeitnehmer des Betriebes bzw. der Abteilung mit Ausnahme der leitenden Angestellten (nur nach Vereinbarung). Der Arbeitgeber ist berechtigt an allen regelmäßigen, zusätzlichen sowie auf seinen Antrag anberaumten außerordentlichen Betriebsversammlungen teilzunehmen. Ferner teilnahmeberechtigt sind Beauftragte der Arbeitgeberverbände bei Hinzuziehung durch den Arbeitgeber sowie Vertreter von Gewerkschaften, soweit sie im Betrieb vertreten sind. Im Einzelfall können Sachverständige und Gäste hinzugezogen werden.

■ Themen von Betriebs- und Abteilungsversammlungen können Angelegenheiten sein, die den Betrieb oder seine Arbeitnehmer unmittelbar betreffen, inklusive solcher tarifpolitischer, sozialpolitischer, umweltpolitischer und wirtschaftlicher Art.

1258 BAG, 24.8.2011, NZA 2012, 223.
1259 Vgl. BAG 19.4.1989, NZA 1989, 936.
1260 Vgl. BAG 13.9.1977, AP Nr. 1 zu § 42 BetrVG 1972 (Teilnahme eines Politikers als Referent zu einem sozialpolitischen Thema); DKKW/Berg, § 42 BetrVG Rn 24; Fitting u.a., § 42 BetrVG Rn 43 f.
1261 Vgl. BAG 14.2.1967, AP Nr. 2 zu § 45 BetrVG; Fitting u.a., § 46 BetrVG Rn 9; vgl. auch Bauer, NJW 1988, 1130 ff.
1262 Vgl. ArbG Wilhelmshaven 27.10.1988, NZA 1989, 571.

2. Einstweilige Verfügung gegen eine geplante Betriebsversammlung

▼

Muster 3.52: Einstweilige Verfügung gegen eine geplante Betriebsversammlung 646

An das Arbeitsgericht

Antrag auf Erlass einer einstweiligen Verfügung

der ▨▨▨▨

– Antragstellerin –

gegen

den Betriebsrat der ▨▨▨▨, vertreten durch den Vorsitzenden ▨▨▨▨

– Antragsgegner –

beantragen wir im Wege der einstweiligen Verfügung wegen der besonderen Dringlichkeit ohne vorherige mündliche Verhandlung, hilfsweise nach mündlicher Verhandlung, den Erlass folgender einstweiliger Verfügung:

1. Dem Antragsgegner wird untersagt, am 19.12.2016 um 10.00 Uhr oder zu einem sonstigen Zeitpunkt bis zum 26.12.2016 während der betriebsüblichen Arbeitszeit oder unmittelbar davor oder danach eine Betriebsversammlung durchzuführen;

    hilfsweise: dem Antragsgegner wird aufgegeben, die für den 19.12.2016 einberufene Betriebsversammlung in Form von Teilversammlungen durchzuführen.

2. Ferner bittet die Antragstellerin, ihr eine vollstreckbare Kurzausfertigung gemäß § 317 Abs. 2 S. 2 ZPO der Entscheidung zu erteilen und den Unterzeichner ggf. mobil unter ▨▨▨▨ in Kenntnis zu setzen, sobald eine solche vollstreckbare Kurzausfertigung vorliegt, die dieser dann ggf. abholen lässt.

Begründung

1. Die Antragstellerin ist ein Unternehmen im Bereich des Einzelhandels. Sie beschäftigt regelmäßig 100 Arbeitnehmer in ▨▨▨▨. Der Antragsgegner ist der bei der Antragstellerin gebildete Betriebsrat.

2. Der Antragsgegner hat zu einer Betriebsversammlung im Betrieb der Antragstellerin in ▨▨▨▨ am 19.12.2016 um 10.00 Uhr eingeladen. Der Antragsgegner teilte dies der Antragstellerin mit Schreiben vom 10.12.2016 mit.

Glaubhaftmachung: Schreiben des Antragsgegners vom 10.12.2016 (**Anlage 1**)

Die Antragstellerin bat daraufhin den Antragsgegner um einen anderen Termin für die Betriebsversammlung, und zwar außerhalb des Weihnachtsgeschäfts ab dem 26.12.2013.

Glaubhaftmachung: Schreiben der Antragstellerin vom 12.12.2016 (**Anlage 2**)

Dies lehnte der Antragsgegner ab.

Glaubhaftmachung: Schreiben des Antragsgegners vom 12.12.2016 (**Anlage 3**)

3. Die Einladung zu der Betriebsversammlung am 19.12.2016 um 10.00 Uhr ist ebenso rechtswidrig wie es eine Einladung zu einem anderen Termin noch vor Ende des Weihnachtsgeschäfts wäre. Zwar bestimmt der Betriebsrat grds. frei darüber, zu welchem Zeitpunkt innerhalb der Arbeitszeit die regelmäßige Betriebsver-

Lunk   1855

sammlung stattfinden soll. Er ist allerdings aus den Grundsätzen der vertrauensvollen Zusammenarbeit (§ 2 Abs. 1 BetrVG), des Übermaßverbots sowie aus § 74 Abs. 1 BetrVG heraus verpflichtet, auf die betrieblichen Notwendigkeiten Rücksicht zu nehmen (LAG Düsseldorf 24.10.1972, DB 1972, 2212; LAG Niedersachsen 30.8.1982, DB 1983, 1312). Diese betrieblichen Notwendigkeiten wurden vom Antragsgegner bei der Anberaumung des Termins nicht hinreichend berücksichtigt. Die Antragstellerin ist als Unternehmen im Bereich des Einzelhandels in bedeutendem Maße wirtschaftlich abhängig von dem Weihnachtsgeschäft. Insbesondere die Tage unmittelbar vor den Festtagen sind die traditionell umsatzstärksten und für die wirtschaftliche Jahresplanung fest einkalkuliert.

Glaubhaftmachung: Vorlage der Umsatzzahlen aus den Vorjahren im Termin (**Anlage 4**)

Dividiert man die Durchschnittswerte der Umsätze der letzten ▬▬▬▬ Jahre im Zeitraum von jeweils sechs Werktagen vor dem 24.12. durch eine zu erwartende Dauer einer normalen Betriebsversammlung im Betrieb der Antragstellerin von drei Stunden, so ergibt dies einen zu erwartenden Umsatzverlust i.H.v. EUR ▬▬▬▬. Vergleicht man dies mit den durchschnittlichen Umsatzzahlen der letzten ▬▬▬▬ Jahre insgesamt, so belegt dies eine überproportionale Umsatzeinbuße i.H.v. ▬▬▬▬ %. Mit dem LAG Düsseldorf (NZA 1985, 368), dem LAG Baden-Württemberg (BB 1980, 1267) sowie dem ArbG Wuppertal (DB 1975, 1084) ist davon auszugehen, dass die Anberaumung jedenfalls einer ordentlichen Betriebsversammlung in Zeiten überproportional starken Umsatzes (Weihnachts- bzw. Ostergeschäft und Winterschlussverkauf) grds. unverhältnismäßig ist. Gründe, warum die zutreffende Abwägung hier anders ausfallen sollte, sind weder vorgetragen noch ersichtlich. Es besteht daher eine betriebliche Notwendigkeit in den Tagen des Weihnachtsgeschäfts den Verkaufsbetrieb ordnungsgemäß fortzuführen.

Entgegen der Bewertung des LAG Köln (19.4.1988, DB 1988, 1400) ist der Antragstellerin auch nicht zuzumuten den Betrieb zunächst geöffnet zu lassen und abzuwarten, wie viele Arbeitnehmer sich überhaupt zur Teilnahme entscheiden. Denn ein solches Vorgehen ist weder der Arbeitgeber- noch der Arbeitnehmerseite zumutbar.

4. Die Antragstellerin hat daher einen Anspruch darauf, dass die Durchführung der Betriebsversammlung am 19.12.2016 um 10.00 Uhr untersagt wird. Zudem besteht ein vorbeugender Unterlassungsanspruch gerichtet darauf, dass der Antragsgegner auch keine Betriebsversammlung zu einem anderen Zeitpunkt vor Weihnachten einberuft (vgl. zum vorbeugenden Unterlassungsanspruch des Arbeitgebers in diesem Fall *HWK/Bepler/Treber*, § 85 ArbGG Rn 12; LAG Düsseldorf, DB 1972, 2212). Andere Optionen zur Einflussnahme ohne Inanspruchnahme des Gerichts stehen nicht zur Verfügung. Der Verfügungsgrund ergibt sich daraus, dass es nicht mehr möglich ist, ein Hauptsacheverfahren bis zur geplanten Versammlung durchzuführen.

5. Der Hilfsantrag ist zulässig[1263] und begründet. Denn wenn das Gericht wider Erwarten schon nicht davon ausgeht, dass sich aus dem Übermaßverbot sowie dem Grundsatz der vertrauensvollen Zusammenarbeit eine Verlegung auf eine Zeit nach Weihnachten ergibt, dann käme jedoch allenfalls eine Aufteilung in mehrere Teilversammlungen in Betracht. Denn nur so wäre gewährleistet, dass der Betrieb zumindest mit einer Kernbelegschaft geöffnet bleiben könnte.

6. Die tatsächlichen Angaben werden glaubhaft gemacht durch die beigefügte eidesstattliche Versicherung der Prokuristin der Antragstellerin, Frau ▬▬▬▬.

(*Unterschrift*)

VII. Antrag auf Unterlassung mitbestimmungswidrigen Verhaltens des Arbeitgebers

Literatur: *Korinth*, Einstweiliger Rechtsschutz im Arbeitsgerichtsverfahren, 3. Aufl. 2015; *Pahle*, der vorläufige Rechtsschutz des Betriebsrates gegen mitbestimmungswidrige Maßnahmen des Arbeitgebers, NZA 1990, 51; *Worzalla*, Für die Zulässigkeit der einstweiligen Verfügung im Beschlussverfahren bei mitbestimmungspflichtigen Angelegenheiten, BB 2005, 1737.

1263 Siehe zu einer vergleichbaren Antragstellung nur LAG Schleswig-Holstein, LAGE Nr. 9 zu § 44 BetrVG 1972.

1. Allgemeines

Der oben beschriebene Unterlassungsanspruch (siehe Rdn 460 ff.) kann auch mittels einer einstweiligen 647
Verfügung zur Geltung gebracht werden.[1264] Dies ist häufig nötig, um eine Verletzung der Mitbestimmungsrechte des Betriebsrats effektiv zu verhindern.

Einstweilige Verfügungen sind nach § 85 Abs. 2 S. 1 ArbGG auch im arbeitsgerichtlichen Beschlussverfahren zulässig. Für das Verfahren gelten mit geringfügigen Modifikationen[1265] die Vorschriften des 8. Buchs der ZPO.

2. Rechtliche Grundlagen

a) Materiellrechtlich
aa) Verfügungsanspruch

Der Antrag ist begründet, wenn ein Verfügungsanspruch und ein Verfügungsgrund bestehen. Mit Ver- 648
fügungsanspruch ist der materiellrechtliche Anspruch – hier also der aus der Verletzung eines Mitbestimmungsrechts abgeleitete betriebsverfassungsrechtliche Unterlassungsanspruch – gemeint.

bb) Verfügungsgrund

Verfügungsgrund ist die Eilbedürftigkeit in Hinblick auf die **Gefährdung der Mitbestimmung**. Sie folgt 649
aus der eingetretenen oder unmittelbar bevorstehenden Störung der betriebsverfassungsrechtlichen Ordnung. Denn handelt der Arbeitgeber mitbestimmungswidrig, werden Rechte des Betriebsrats verletzt, und diese Verletzung vertieft sich mit fortschreitender Zeit. Anders als etwa die Zahlung eines Geldbetrages ist die Ausübung der Mitbestimmung – als Recht, das Handeln des Arbeitgebers zu beeinflussen – nicht nachholbar, insofern auf die Vergangenheit kein Einfluss mehr genommen werden kann. Es wäre eine Verweigerung effektiven Rechtsschutzes, den Betriebsrat in einem solchen Fall auf das Abwarten einer rechtskräftigen Entscheidung in einem Hauptsacheverfahren zu verweisen.

Übersehen wird hierbei häufig, dass der Vergleich der Verfahrenslängen nicht zwischen einer erstinstanz- 650
lichen Entscheidung im Eilverfahren und einer erstinstanzlichen Entscheidung im Hauptsacheverfahren stattzufinden hat, da die erstinstanzliche Entscheidung im Hauptsacheverfahren erst mit Eintritt der Rechtskraft, gegebenenfalls somit erst nach Abschluss der 2. oder 3. Instanz, vollstreckbar wird und beim Arbeitgeber vorher nicht erzwungen werden kann.[1266] Daher ist der einstweiligen Verfügung die **letztinstanzliche Entscheidung im Hauptsacheverfahren** gegenüberzustellen, wodurch deutlich wird, welche große praktische Bedeutung das Eilverfahren hat. Denn eine letztinstanzliche Entscheidung in Hauptsacheverfahren benötigt deutlich mehr Zeit als ein Jahr.

Nicht maßgeblich für den Verfügungsgrund ist, ob für die Zeit bis zur Schaffung einer mitbestimmten Re- 651
gelung der notwendige Schutz der Arbeitnehmer unwiederbringlich vereitelt würde.[1267] Der Schutz der Mitbestimmungsrechte legitimiert sich aus der Sicherung der Einflussmöglichkeiten des Betriebsrats auf die Entscheidungen des Arbeitgebers und nicht aus der Verhinderung von **Nachteilen für die Arbeitnehmer**. Dessen ungeachtet sollten, wenn möglich, im Rahmen des Verfügungsgrundes immer auch bevorstehende Nachteile für die Arbeitnehmer mit dargelegt werden.

1264 GK-BetrVG/*Wiese/Gutzeit*, § 87 Rn 1082; ErfK/*Kania*, § 87 BetrVG Rn 138; DKKW/*Klebe*, Einl. Rn 223 ff.; *Fitting u.a.*, § 87 Rn 610, Anhang 3 ArbGG Rn 65 ff.
1265 Siehe § 85 Abs. 2 S. 2 ArbGG.
1266 Vorläufig vollstreckbar sind Beschlüsse des Arbeitsgerichts nur in vermögensrechtlichen Streitigkeiten, § 85 Abs. 1 S. 2 ArbGG.
1267 HK-ArbR/*Henssen*, § 85 ArbGG Rn 25; a.A. LAG Köln 23.8.1996, AP Nr. 29 zu § 23 BetrVG 1972; ArbG Hamburg 29.4.2008, 1 BVGa 5/08, n.v.

cc) Zu langes Abwarten

652 Nach herrschender Rechtsprechung fehlt es an einem Verfügungsgrund, wenn der Betriebsrat seit Erlangung der Kenntnis von den anspruchsbegründenden Umständen längere Zeit verstreichen lässt, bevor er eine einstweilige Verfügung beantragt.[1268] Dieser Grundsatz muss jedoch hinterfragt werden, da er auf eine Verwirkung von Mitbestimmungsrechten hinauslaufen kann, die es im BetrVG nicht gibt.[1269] Sicherlich kann der Betriebsrat nicht solange zuwarten, bis erst dadurch Dringlichkeit eintritt.[1270] Es kann aber plausible Gründe für das Zuwarten geben, die gerade in der besonderen Rolle der Betriebsparteien nach dem BetrVG, welches vom Leitbild der vertrauensvollen Zusammenarbeit geprägt wird, liegen, wie z.B. Hemmung, den eigenen Arbeitgeber zu verklagen, mangelnde juristische Erfahrung oder Hoffnung auf ein Einlenken des Arbeitgebers. Die daraus resultierende Zurückhaltung des Betriebsrats, sofort den Rechtsweg zu beschreiten, darf dann seine Rechtsposition im Eilverfahren nicht schwächen.

dd) Einigungsstelle

653 Wenn sich bereits eine Einigungsstelle mit der Angelegenheit befasst, zu der eine einstweilige Verfügung beantragt wird, berührt dies weder den Verfügungsanspruch noch den Verfügungsgrund. Die Einigungsstelle bietet keine Möglichkeit, vorläufige Regelungen und deren Einhaltung zu erzwingen. Die Einsetzung einer Einigungsstelle ist kein Mittel für den Arbeitgeber, Mitbestimmungsverstöße vorläufig zu legalisieren, ohne dass der Betriebsrat etwas dagegen unternehmen kann.[1271]

ee) Vorwegnahme der Hauptsache

654 Im einstweiligen Rechtsschutz kommen Sicherungsverfügungen nach § 935 ZPO und Regelungsverfügungen nach § 940 ZPO in Betracht, die beide vorläufigen Charakter haben.[1272] Unter den Voraussetzungen der §§ 935 bzw. 940 ZPO kommt auch eine Unterlassungsverfügung in Betracht, der kein materiellrechtlicher Unterlassungsanspruch zugrunde liegt.[1273] Leistungsverfügungen, die ganz oder teilweise zu einer Vorwegnahme der Hauptsache führen, sind zulässig, jedoch nur unter strengen Anforderungen,[1274] wobei die Erfolgsaussichten im Hauptsacheverfahren eine maßgebliche Rolle spielen.[1275] Nur bei einer solchen Befriedigungsverfügung, zu der die Unterlassungsverfügung in der Regel nicht gehört, findet eine Interessenabwägung statt.[1276]

b) Verfahrensrechtlich
aa) Mündliche Verhandlung

655 In der Regel ist wegen der von der ZPO abweichenden Sonderregelung in § 62 Abs. 2 S. 2 ArbGG eine mündliche Verhandlung durchzuführen.[1277] Die Entscheidung ergeht nicht durch den Vorsitzenden allein, sondern durch die Kammer.[1278] Das gilt gemäß § 85 Abs. 2 S. 2 ArbGG[1279] auch für Entscheidungen ohne

---

1268 LAG Köln 13.8.1996, NZA 1997, 317 (2,5 Monate sind danach zu lang); *Korinth*, H Rn 2.
1269 BAG 28.8.2007, NZA 2008, 188; LAG Schleswig-Holstein 4.3.2008, NZA-RR 2008, 414; BAG 3.6.2003, NZA 2003, 1155.
1270 Korinth, D Rn 10.
1271 LAG Hamburg 24.7.2007, 2 TaBVGa 1/07, n.v.
1272 *Fitting u.a.*, Anhang 3 ArbGG Rn 66; HK-ArbR/*Henssen*, § 85 ArbGG Rn 19.
1273 HK-ArbR/*Henssen*, § 85 ArbGG Rn 21.
1274 *Fitting u.a.*, Anhang 3 ArbGG.
1275 HK-ArbR/*Henssen*, § 85 ArbGG Rn 24.
1276 Düwell/Lipke/*Koch*, § 85 ArbGG Rn 21.
1277 BAG 28.8.1991, AP Nr. 2 zu § 85 ArbGG 1979; LAG Sachsen 8.4.1997, NZA 1998, 223; HK-ArbR/*Schmitt*, § 62 ArbGG Rn 22.
1278 Das gilt auch für Beschlussverfahren; LAG Nürnberg 27.4.1998, NZA-RR 1998, 563; *Korinth* D Rn 55, der jedoch in Fällen extremer Eilbedürftigkeit Ausnahmen zulassen will.
1279 Abweichend von § 53 Abs. 1 S. 1 ArbGG.

Müller-Knapp

mündliche Verhandlung, die nur in besonders dringenden Fällen zulässig sind.[1280] Dies sind Fälle, in denen die Eilbedürftigkeit über die dem einstweiligen Verfügungsverfahren ohnehin innewohnende Dringlichkeit hinausgeht und selbst eine kurzfristig anberaumte mündliche Verhandlung nicht abgewartet werden kann.[1281]

bb) Entscheidung

Ergeht die beantragte einstweilige Verfügung ohne mündliche Verhandlung, enthält sie regelmäßig keine schriftlich abgefassten Entscheidungsgründe, § 922 Abs. 1 S. 2, § 936 ZPO.   656

cc) Vollziehung

Unbedingt zu beachten ist bei Vorliegen der einstweiligen Verfügung die einmonatige[1282] Frist des § 929 Abs. 2 ZPO, innerhalb derer der Gläubiger (Betriebsrat) die einstweilige Verfügung „vollzogen" haben muss. Vollziehung bedeutet bei Unterlassungsverfügungen die Zustellung der Entscheidung. Obwohl einstweilige Verfügungen im Beschlussverfahren gemäß § 85 Abs. 2 S. 2 ArbGG von Amts wegen zugestellt werden, hält die überwiegende Auffassung zusätzlich die Zustellung im Parteibetrieb durch Gerichtsvollzieher für erforderlich.[1283]   657

dd) Beschwerde

Unterliegt man mit einem Antrag auf eine einstweilige Verfügung, sollte mit der Beschwerde und ihrer Begründung nicht bis zum jeweiligen Fristende gewartet werden. Dadurch könnte das Eilbedürfnis widerlegt werden.[1284]   658

Eine Rechtsbeschwerde zum BAG findet nicht statt, § 92 Abs. 1 S. 3 ArbGG.

ee) Vollstreckung

Die einstweilige Verfügung ist stets vorläufig vollstreckbar.[1285] Eine aufschiebende Wirkung nach § 87 Abs. 4 ArbGG hat die Beschwerde der unterlegenen Partei nicht.[1286] Die Ausfertigung bedarf zur Vollstreckung keiner Vollstreckungsklausel, § 929 Abs. 1, § 936 ZPO.   659

3. Muster und Erläuterungen

a) Antrag auf Unterlassung der Beschäftigung im Rahmen von Überstunden
aa) Ausgangslage

Die Anordnung von Überstunden[1287] ist ein in der Praxis häufiger Anlass, das Mitbestimmungsrecht des Betriebsrats geltend zu machen. Der Unterlassungsanspruch ergibt sich aus § 87 Abs. 1 Nr. 2 oder 3 BetrVG und gegebenenfalls zusätzlich aus einer Betriebsvereinbarung.   660

1280 BAG 28.8.1991, AP Nr. 2 zu § 85 ArbGG 1979; allerdings wird entsprechend § 944 ZPO zur Sicherstellung effektiven Rechtsschutzes dessen ungeachtet eine Alleinentscheidung durch den Vorsitzenden für zulässig gehalten, wenn es trotz gerichtsorganisatorischer Vorsorge nicht möglich ist, die ehrenamtlichen Richter rechtzeitig zu laden, ErfK/*Koch*, § 85 ArbGG Rn 6; HaKo-ArbR/*Henssen*, § 85 ArbGG Rn 28.
1281 HK-ArbR/*Henssen*, § 85 ArbGG Rn 29.
1282 Beginn mit Zustellung an den Gläubiger (Betriebsrat).
1283 BAG 28.8.1991, AP Nr. 2 zu § 85 ArbGG1979; LAG Berlin-Brandenburg 24.2.2011, NZA-RR 2011, 552; HWK/*Bepler/Treber*, § 85 ArbGG Rn 16; HK-ArbR/*Henssen*, § 85 ArbGG Rn 32; a.A. GMP/*Matthes*, § 85 ArbGG Rn 45; LAG Hamm 7.8.1987, NZA 1987, 825.
1284 *Korinth*, D Rn 10; u.a. LAG München 12.10.2006 und LAG Köln 30.4.1993.
1285 HK-ArbR/*Henssen*, § 85 ArbGG Rn 31. Ansonsten weisen in arbeitsgerichtlichen Beschlussverfahren nur vermögensrechtliche Beschlüsse die vorläufige Vollstreckbarkeit auf, die keiner entsprechenden Tenorierung bedarf, LAG Berlin-Brandenburg, 17.7.2012, 10 Ta 1367/12.
1286 HK-ArbR/*Henssen*, § 85 ArbGG Rn 31.
1287 Der praktisch häufig gleichbedeutend gebrauchte Begriff Mehrarbeit stammt historisch aus dem Arbeitsschutzrecht und wird teilweise nach wie vor abweichend benutzt, siehe GK-BetrVG/*Wiese*, § 87 Rn 396 f.

53   bb) Muster

▼

661   Muster 3.53: Antrag auf Unterlassung der Beschäftigung im Rahmen von Überstunden

An das Arbeitsgericht

Antrag

auf Erlass einer einstweiligen Verfügung im Beschlussverfahren

betreffend die Firma   (*Name, Anschrift*)

mit den Beteiligten

1. Betriebsrat der Firma   (*Name*), vertreten durch die Betriebsratsvorsitzende   ,   (*Anschrift*)

– Antragsteller –

Verfahrensbevollmächtigte: RAe

2. Firma   (*Name*), vertreten durch   ,   (*Anschrift*)

– Beteiligte zu 2. –

Wegen: Unterlassung mitbestimmungswidrigen Verhaltens

Für den von uns vertretenen Antragsteller beantrage ich,

1. der Beteiligten zu 2. im Wege der einstweiligen Verfügung, der Dringlichkeit halber ohne mündliche Verhandlung – hilfsweise unter größtmöglicher Abkürzung der Ladungsfrist –, aufzugeben, es zu unterlassen, die Mitarbeiter des Werks A und B am   sowie an weiteren Samstagen oder Sonntagen zu beschäftigen, solange die Zustimmung des Beteiligten zu 1. hierzu nicht vorliegt oder ersetzt worden ist, es sei denn, es liegt ein unvorhersehbarer Notfall i.S.d. § 14 ArbZG vor,[1288]

2. der Beteiligten zu 2. für jeden einzelnen Fall der Zuwiderhandlung ein in das Ermessen des Gerichts gestelltes Ordnungsgeld bis zu 250.000 EUR anzudrohen.

Begründung:

1. Die Beteiligte zu 2. (Arbeitgeberin) ist ein Unternehmen der Logistik-Branche mit rund 500 Mitarbeitern und betreibt neben einem Fuhrpark ein Umschlags- und Lagerhaus (Werk). Der Antragsteller (Betriebsrat) ist der für alle Betriebsteile gebildete 11-köpfige Betriebsrat.

Außer für die Kraftfahrer, die regelmäßig Wochenenddienste leisten, liegen die Arbeitszeiten für die Mitarbeiter im Werk an den Tagen Montag bis Freitag. Aufgrund behaupteter Steigerung des Auftragsvolumens hat die Beteiligte zu 2. am   mit den Werksmitarbeitern A und B mündlich vereinbart, dass diese am nächsten Wochenende zusätzlich gegen besondere Vergütung arbeiten sollen, um den Fuhrpark zu unterstützen.

Beweis: 1.   eidesstattliche Versicherung des A – **Anlage Ast 1.**

2.   eidesstattliche Versicherung des B – **Anlage Ast 2.**

3.   eidesstattliche Versicherung der Betriebsratsvorsitzenden C – **Anlage Ast 3.**

Entsprechende Einsätze hat die Beteiligte zu 2. den genannten Arbeitnehmern auch für weitere Wochenenden in den folgenden Monaten angekündigt.

[1288] Vgl. zur Antragsfassung BAG 8.11.1983, AP Nr. 4 zu § 23 BetrVG 1972; LAG Bremen 18.7.1986, AP Nr. 6 zu § 23 BetrVG 1972; BAG 25.8.2004, AP Nr. 41 zu § 23 BetrVG 1972.

Beweis: wie vor

Der Betriebsrat ist bei der Vereinbarung der Wochenendeinsätze nicht beteiligt worden.

Beweis: eidesstattliche Versicherung der Betriebsratsvorsitzenden C – **Anlage Ast 3**.

Die Betriebsratsvorsitzende hat die Geschäftsleitung unmittelbar nach Kenntniserlangung am ▓▓▓ zur Rede gestellt und eine Bestätigung über die Unterlassung verlangt, da er mit der Maßnahme nicht einverstanden ist. Dem ist die Beteiligte zu 2. jedoch nicht nachgekommen, sodass der Betriebsrat in seiner Sitzung am ▓▓▓ den Antrag auf Erlass einer einstweiligen Verfügung beschlossen hat.

Beweis: eidesstattliche Versicherung der Betriebsratsvorsitzenden gemäß Anlage Ast 3.

Der Beschluss wird als **Anlage Ast 4** vorgelegt.

2. Der Beteiligte zu 1. kann die Untersagung der vorgesehenen Einsätze durch einstweilige Verfügung verlangen, weil ihm ein Verfügungsanspruch und ein Verfügungsgrund zur Seite stehen.

Der Betriebsrat hat einen Unterlassungsanspruch aus § 87 Abs. 1 Nr. 2, 3 BetrVG, weil die Vereinbarung von Überstunden ebenso wie deren einseitige Anordnung und deren Duldung mitbestimmungspflichtig sind. Aus der Verletzung eines Mitbestimmungsrechts aus § 87 Abs. 1 BetrVG folgt nach ständiger Rechtsprechung des Bundesarbeitsgerichts ein Anspruch des Betriebsrats gegen den Arbeitgeber, die mitbestimmungspflichtige Maßnahme zu unterlassen (BAG 3.5.1994, AP Nr. 23 zu § 23 BetrVG 1972). Vorliegend hat die Beteiligte zu 2. die Mitbestimmungsrechte aus § 87 Abs. 1 Nr. 2 und 3 BetrVG verletzt, die die Verteilung der Arbeitszeit auf die einzelnen Wochentage und die vorübergehende Verlängerung der betriebsüblichen Arbeitszeit von der – nötigenfalls von der Einigungsstelle zu ersetzenden – Zustimmung des Betriebsrats abhängig macht. Die Beteiligte zu 2. hat bezogen auf die Mitarbeiter A und B sowohl die Verteilung der Arbeitszeit auf die Wochentage geändert, da sie bislang nicht samstags und sonntags gearbeitet hatten, als auch deren übliche Arbeitszeit vorübergehend verlängert, weil die Wochenendarbeit zusätzlich zur regulären Arbeitszeit von 40 Wochenstunden erfolgen soll.

Es liegt auch keine mitbestimmungsfreie Maßnahme vor. Auch wenn die Überstunden individuell mit nur zwei Arbeitnehmern vereinbart worden sind, sind kollektive Interessen der Belegschaft betroffen. Das hier einschlägige Mitbestimmungsrecht dient unter anderem der gerechten Verteilung von Belastungen und Verdienstchancen unter den Arbeitnehmern (BAG 23.7.1996, AP Nr. 26 zu § 87 BetrVG 1972 Ordnung des Betriebes). Dieser Zweck erlaubt mitbestimmungsfreie Maßnahmen nur insoweit, als diese ausschließlich der Berücksichtigung individueller Interessen dienen (*Fitting u.a.*, § 87 Rn 134). Der Beteiligten zu 2. geht es jedoch um die Erfüllung betrieblicher Bedürfnisse. Die Freiwilligkeit seitens der Mitarbeiter A und B entzieht die Maßnahme nicht der Mitbestimmung (BAG 22.2.1983, AP Nr. 2 zu § 23 BetrVG; BAG 27.11.1990, NZA 1990, 382).

Der Unterlassungsanspruch bei mitbestimmungswidrigen Überstunden bezieht sich auf die einseitige Anordnung, die Vereinbarung und die Duldung von Überstunden. Der Betriebsrat kann auch verlangen, dass getroffene Vereinbarungen nicht durchgeführt werden.

3. Es besteht ein Verfügungsgrund (Eilbedürftigkeit). Der erste mitbestimmungswidrige Arbeitnehmereinsatz soll bereits in 2 Tagen erfolgen und steht somit unmittelbar bevor. Der Betriebsrat hat die Beteiligte zu 2. sofort nach Kenntniserlangung auf seine Ablehnung der Maßnahme hingewiesen und, da die Beteiligte zu 2. nicht reagierte, unverzüglich vorliegendes Verfahren eingeleitet.

Die Beteiligte zu 2. kann sich auch nicht darauf berufen, dass sie auf die Mitarbeiter A und B wegen der Erkrankung des Mitarbeiters C angewiesen sei, weil C bereits seit 3 Monaten krank ist und das ordnungsgemäße Mitbestimmungsverfahren in der Zeit schon längst hätte durchgeführt werden können.

(*Unterschrift*)

(Rechtsanwalt)

cc) Erläuterungen

662 In Hinblick auf den Antrag, ohne **mündliche Verhandlung** zu entscheiden, ist zu bedenken, dass der Antragsteller in einem solchen Fall ein höheres Risiko des Unterliegens tragen kann als bei einer mündlichen Anhörung. Denn nur hierbei gibt es die Möglichkeit, Vortrag zu substantiieren oder unstreitig zu stellen,[1289] Beweise zu ergänzen (zum Beispiel durch einen mitgebrachten Zeugen, § 294 Abs. 2 i.V.m. §§ 920 Abs. 2, 936 ZPO), Anträge an die Rechtsauffassung des Gerichts anzupassen oder einen Prozessvergleich protokollieren zu lassen. Auf diese Vorteile sollte nur mit Bedacht verzichtet werden.

Sinnvoller als der Verzicht auf eine mündliche Verhandlung kann die **Abkürzung der dreitägigen Ladungsfrist** des § 217 ZPO nach § 226 Abs. 1 ZPO sein. Sie ist nur auf Antrag möglich.[1290] Die zweiwöchige Einlassungsfrist zwischen Zustellung der Antragsschrift und mündlicher Verhandlung (§ 274 Abs. 3 ZPO) ist im Eilverfahren nicht anwendbar.[1291]

Selbst wenn möglicherweise mit Rücksicht auf § 935 ZPO von der Glaubhaftmachung der Gefährdung des reklamierten Rechts abgesehen werden kann, so ist jedenfalls vollen Umfangs das Bestehen des Mitbestimmungsrechts glaubhaft zu machen. Für die Glaubhaftmachung durch Urkunden ist erforderlich, die Urkunden entweder im Original oder in beglaubigter Abschrift oder Fotokopie vorzulegen.[1292]

b) Antrag auf Untersagung der Anwendung eines Dienstplans
aa) Ausgangslage

663 Nicht immer geht es bei der Arbeitszeit-Mitbestimmung um Mehrarbeit. Auch die personelle Besetzung oder Verschiebungen bei der Lage der Arbeitszeit sind mitbestimmungspflichtig, § 87 Abs. 1 Nr. 2 BetrVG. Typischerweise führen Streitigkeiten um Dienstpläne zu Eilverfahren.

bb) Muster

664 **Muster 3.54: Antrag auf Untersagung der Anwendung eines Dienstplans**

An das Arbeitsgericht ▓▓▓▓

Antrag

auf Erlass einer einstweiligen Verfügung im Beschlussverfahren

betreffend die Firma ▓▓▓▓ (*Name, Anschrift*)

mit den Beteiligten

1. Betriebsrat der Firma ▓▓▓▓ (*Name*), vertreten durch den Betriebsratsvorsitzenden ▓▓▓▓, ▓▓▓▓ (*Anschrift*),

– Antragsteller –

Verfahrensbevollmächtigte: RAe ▓▓▓▓

2. Firma ▓▓▓▓, vertreten durch ▓▓▓▓, ▓▓▓▓ (*Anschrift*),

– Beteiligte zu 2. –

Wegen: Unterlassung mitbestimmungswidrigen Verhaltens

Für den von uns vertretenen Antragsteller beantrage ich,

1. der Beteiligten zu 2. im Wege der einstweiligen Verfügung, der Dringlichkeit halber unter größtmöglicher Abkürzung der Ladungsfrist, aufzugeben, es zu unterlassen, in ihrem Krankenhaus Kupferberg den

---

1289 Siehe hierzu die interessante Entscheidung des BAG 28.8.1991, AP Nr. 2 zu § 85 ArbGG 1979.
1290 Allerdings kann der Prozessantrag, ohne mündliche Verhandlung zu entscheiden, als Antrag auf Abkürzung der Ladungsfrist aufgefasst werden, LAG Sachsen 8.4.1997, NZA 1998, 223.
1291 Thomas/Putzo/*Reichold*, § 274 ZPO Rn 3.
1292 BAG 28.8.1991, AP Nr. 2 zu § 85 ArbGG 1979.

am   bekannt gegebenen Dienstplan gemäß Anlage Ast 2 anzuwenden, insbesondere Kinderkrankenschwestern in der Nachtschicht für die in die Kinderstation C 5 integrierte Betreuung erwachsener Kardiologie-Patienten einzusetzen, solange hierzu nicht die Zustimmung des Beteiligten zu 1. erteilt oder ersetzt worden ist,

2. der Beteiligten zu 2. für jeden einzelnen Fall der Zuwiderhandlung gegen die Verpflichtung gemäß Ziffer 1 ein in das Ermessen des Gerichts gestelltes Ordnungsgeld bis zu 250.000 EUR anzudrohen.

Begründung:

1. Die Beteiligte zu 2. (Arbeitgeberin) betreibt mehrere Krankenhäuser, darunter das Krankenhaus Kupferberg mit rund 300 Mitarbeitern. Der Beteiligte zu 1. ist der in diesem Krankenhaus gebildete 9-köpfige Betriebsrat.

Seit etwa 2 Monaten belegen interimsweise auch mehrere erwachsene Kardiologie-Patienten Betten auf der Kinderstation, weil die Kapazität in der kardiologischen Station nicht ausreicht. Diese Kardiologie-Patienten wurden bislang von Mitarbeitern der kardiologischen Station betreut. Der Dienstplan der Kinderstation C 5 sah bislang eine an der Betreuung der Kinder orientierte Besetzung vor. Die Dienstpläne werden monatsweise erstellt und dem Betriebsrat zur Kenntnis gegeben. Der letzte und noch gültige Dienstplan wird als **Anlage Ast 1** überreicht.

In einer Dienstbesprechung am   erfuhr der Betriebsrat, dass die kardiologische Station die Versorgung der Kardiologie-Patienten auf der Station C 5 nur noch in der Früh- und Spätschicht leisten könne, während der Nachtdienst für diese Patienten von den Kinderkrankenschwestern der Station C 5 mit übernommen werden müsse. 3 Tage später wurde dann ein neuer Dienstplan für den kommenden Monat gemäß **Anlage Ast 2** bekannt gegeben. Dieser ist mit dem Beteiligten zu 1., der damit auch nicht einverstanden ist, nicht abgesprochen worden.

Der Beteiligte zu 1. forderte unverzüglich mündlich sowie mit Schreiben **Anlage Ast 3** den Pflegedienstleiter auf, die Besetzung der Nachtdienste bezüglich der Kardiologie-Patienten mit Kinderkrankenschwestern zu unterlassen und den diesbezüglichen Dienstplan nicht anzuwenden. Der Pflegedienstleiter lehnte dieses unter Hinweis auf die medizinische Erforderlichkeit der angeordneten Versorgung ab. Ein Kompromissvorschlag des Betriebsrats gemäß **Anlage Ast 4** wurde arbeitgeberseitig nicht akzeptiert. Daraufhin hat der Betriebsrat in einer außerordentlichen Sitzung am   die Einleitung eines gerichtlichen Unterlassungsverfahrens im Wege der einstweiligen Verfügung beschlossen. Seit 2 Tagen werden die Nachtdienste auf der Station C 5 auch für die Kardiologie-Patienten bereits von den Kinderkrankenschwestern absolviert.

Zu diesem Sachverhalt wird eine **eidesstattliche Versicherung** des Betriebsratsvorsitzenden im Original als **Anlage Ast 5** überreicht.

2. Der Betriebsrat kann die Unterlassung der Anwendung des neuen Dienstplans für den laufenden Monat verlangen. Er hat einen allgemeinen betriebsverfassungsrechtlichen Unterlassungsanspruch gemäß der ständigen Rechtsprechung des BAG (BAG 3.5.1994, AP Nr. 23 zu § 23 BetrVG 1972). Das verletzte Mitbestimmungsrecht ergibt sich aus § 87 Abs. 1 Nr. 2 BetrVG, wonach die Festlegung der Lage der Arbeitszeit und damit auch die Dienstplanerstellung einschließlich der Besetzungsregelungen mitbestimmungspflichtig ist. Weder der streitgegenständliche Dienstplan noch die Besetzung der Nachtdienste in der Station C 5 mit Kinderkrankenschwestern ist mit dem Betriebsrat abgesprochen worden. Er hat dem auch nicht zugestimmt, im Gegenteil hat er ausdrücklich die Ablehnung erklärt. Daher darf der neue Dienstplan nicht angewendet werden.

3. Auch ein Verfügungsgrund besteht. Die Eilbedürftigkeit folgt aus der anhaltenden Anwendung eines mitbestimmungswidrig aufgestellten Dienstplans. Mit jedem Tag verstärkt sich die Verletzung des Mitbestimmungsrechts des Betriebsrats, zumal sich die Beteiligte zu 2. bis heute nicht um die Einholung der Zustimmung des Betriebsrats bemüht und sogar dessen Kompromissvorschlag abgelehnt hat. Auf eine notfallähnliche Situation kann sich die Beteiligte zu 2. nicht berufen, da sie ausreichend Zeit hatte, sich darauf einzustellen. Darüber hinaus droht eine massive Überforderung des betroffenen Personals sowie für die Patienten die Gefahr mangelhafter Versorgung.

(*Unterschrift*)

(Rechtsanwalt)

cc) Erläuterungen

665 Wenn dem Arbeitgeber untersagt wird, einen bestimmten Dienstplan anzuwenden, kann es vorkommen, dass kein anwendbarer Dienstplan existiert, z.B. wenn der vorangegangene Dienstplan durch Zeitablauf erloschen ist. Dann ist dem Arbeitgeber zuzumuten, sich schnellstens zumindest um eine vom Betriebsrat geduldete Übergangslösung zu bemühen. Auch wenn es sich hier nicht um eine Befriedigungsverfügung handelt und eine Interessenabwägung streng genommen also nicht erforderlich ist, wird das Gericht sicherlich sowohl die nachteiligen Auswirkungen einer einstweiligen Verfügung als auch die Beharrlichkeit der Rechtsverletzung durch den Arbeitgeber in Erwägung ziehen. Keinesfalls steht das Problem des ersatzlosen Wegfalls des Dienstplans aber dem Erlass einer einstweiligen Verfügung entgegen.

Selbst wenn es ursprünglich überhaupt keinen mitbestimmten Dienstplan gegeben haben sollte, hindert das den Betriebsrat nicht, nunmehr sein Mitbestimmungsrecht geltend zu machen.

c) Antrag auf Untersagung der elektronischen Bildaufzeichnung, Programmeinführung, Schließanlagenauswertung
aa) Ausgangslage

666 Durch die Elektronisierung der Arbeit hat das Mitbestimmungsrecht nach § 87 Abs. 1 Nr. 6 BetrVG große Bedeutung erlangt. Verschiedene Anwendungsfälle zeigt folgendes Muster.

55 bb) Muster
▼

667 **Muster 3.55: Antrag auf Untersagung der elektronischen Bildaufzeichnung, Programmeinführung, Schließanlagenauswertung**

An das Arbeitsgericht

Antrag

auf Erlass einer einstweiligen Verfügung im Beschlussverfahren

betreffend die Firma ▒▒▒ (*Name, Anschrift*)

mit den Beteiligten

1. Betriebsrat der Firma ▒▒▒ (*Name*), vertreten durch die Betriebsratsvorsitzende ▒▒▒, ▒▒▒ (*Anschrift*)

– Antragsteller –

Verfahrensbevollmächtigte: RAe ▒▒▒

2. Firma ▒▒▒ (*Name*), vertreten durch ▒▒▒, ▒▒▒ (*Anschrift*)

– Beteiligte zu 2. –

Wegen: Unterlassung mitbestimmungswidrigen Verhaltens

Für den von uns vertretenen Antragsteller beantrage ich,

1. der Beteiligten zu 2. im Wege der einstweiligen Verfügung, der Dringlichkeit halber unter größtmöglicher Abkürzung der Ladungsfrist, aufzugeben, es zu unterlassen,

   a) die Raumüberwachungsstation „LookIn 3840" in dem Betriebsteil ▒▒▒ mit einem DVD-Rekorder auszurüsten,

   b) das EDV-Kommunikations- und Organisationsprogramm „P" einzuführen bzw. anzuwenden,

   c) Daten, die über die Schließanlage elektronisch ermittelt wurden und zur Verhaltenskontrolle ihrer Mitarbeiter geeignet sind, zu verarbeiten,

   solange die Zustimmung des Beteiligten zu 1. hierzu nicht vorliegt oder ersetzt worden ist,

2. der Beteiligten zu 2. für jeden einzelnen Fall der Zuwiderhandlung ein in das Ermessen des Gerichts gestelltes Ordnungsgeld bis zu 250.000 EUR anzudrohen.

Begründung:

1. Die Beteiligte zu 2. (Arbeitgeberin) ist ein Unternehmen der ░░░░░░-Branche mit rund 1000 Mitarbeitern, der Beteiligte zu 1. der im Betrieb in ░░░░░░ mit rund 150 Mitarbeitern gebildete 7-köpfige Betriebsrat.

2. Im Eingangsbereich des Betriebs betreibt die Beteiligte zu 2. mit Duldung des Betriebsrats eine Videoüberwachungsanlage mit mehreren Kameras. Die übertragenen Bilder können an einer Station mit der Bezeichnung „LookIn 3840" live angesehen werden, um die gegenwärtigen Vorgänge im Abbildungsbereich der Kameras zu überwachen. Eine Aufzeichnung der Bilder erfolgt nicht. Mit Schreiben vom ░░░░░░ gemäß **Anlage Ast 1** teilte die Geschäftsleitung dem Betriebsrat mit, dass sie beabsichtige, die Station mit einem DVD-Rekorder auszurüsten, um die Bilder aufzeichnen, zeitversetzt sichten und auch halbautomatisch mit elektronischer Unterstützung auf Auffälligkeiten hin untersuchen zu können. Der Betriebsrat ist mit der Einführung der Videoaufzeichnung, die eine wesentliche Intensivierung der Arbeitnehmerüberwachung darstellt, nicht einverstanden, was er mit Schreiben gemäß **Anlage Ast 2** der Geschäftsleitung mitteilte. Diese äußerte sich hierzu auch auf nochmaligen Vorhalt nicht, so dass der Betriebsrat davon ausgehen muss, dass sie von ihrem Plan nicht abrückt.

Der Betriebsrat kann die Unterlassung der Ausrüstung mit einem DVD-Rekorder aufgrund des § 87 Abs. 1 Nr. 6 BetrVG verlangen, solange seine Zustimmung nicht erteilt oder durch die Einigungsstelle ersetzt ist. Dies folgt aus dem allgemeinen betriebsverfassungsrechtlichen Unterlassungsanspruch (BAG 3.5.1994, AP Nr. 23 zu § 23 BetrVG 1972). Der DVD-Rekorder ist eine technische Einrichtung zur Arbeitnehmerüberwachung i.S.d. § 87 Abs. 1 Nr. 6 BetrVG. Hierfür ist es nach ständiger Rechtsprechung unerheblich, ob der Arbeitgeber gerade auf die Arbeitnehmerüberwachung abzielt oder nur die technische Eignung dazu besteht. Auch Einrichtungen vornehmlich zur Kundenüberwachung können daher technische Einrichtungen i.S.d. § 87 Abs. 1 Nr. 6 BetrVG sein. Das Mitbestimmungsrecht besteht vorliegend auch unter dem Gesichtspunkt der Änderung der bereits bestehenden technischen Einrichtung (DKKW/*Klebe*, 15. Aufl., § 87 Rn 188), sodass es nicht darauf ankommt, ob durch die Veränderung eine Eignung zu mehr Überwachung entsteht.

Es besteht auch ein Verfügungsgrund. Das Mitbestimmungsrecht des Betriebsrats würde vereitelt, wenn er auf ein Beschlussverfahren in der Hauptsache verwiesen wäre. Denn dann könnte die Arbeitgeberin bereits mit der beabsichtigten Speicherung der Überwachungsdaten beginnen, ohne sich um eine Regelung mit dem Betriebsrat bemüht zu haben. Außerdem sind auch die Persönlichkeitsrechte aller im Betrieb tätigen Beschäftigten betroffen, die den Eingangsbereich zum Aufsuchen des Arbeitsplatzes betreten.

3. Die Büros im Betrieb sind mit einem internen Computernetz ausgestattet, über das unter anderem die interne E-Mail-Kommunikation und Organisation (Terminplanung, Aufgabenverteilung usw.) abgewickelt wird. Bislang wurde für diese Aufgabe einheitlich das Programm „H" verwendet. Eine Betriebsvereinbarung über die elektronische Datenverarbeitung gibt es im Betrieb bislang nicht. Am ░░░░░░ erfuhr der Betriebsrat durch Zufall, dass die Beteiligte zu 2. sämtliche Computer im Betriebsteil Auftragsabwicklung auf das Programm „P" umgestellt hatte. Dieses System wird dort nun auch statt „H" angewendet. Eine vorherige Unterrichtung des Betriebsrats hat nicht stattgefunden, erst recht keine Absprache.

Der Betriebsrat hat auch insoweit einen Unterlassungsanspruch aus § 87 Abs. 1 Nr. 6 BetrVG, weil es sich um die mitbestimmungswidrige Einführung einer technischen Einrichtung handelt, die zur Überwachung der Mitarbeiter geeignet ist. Eine technische Einrichtung i.S.d. Gesetzes kann nicht nur Hardware sein, sondern auch Software. Die Überwachungseignung ergibt sich beim Programm „P" daraus, dass sämtliche Kommunikationsvorgänge protokolliert werden, man also auch längere Zeit im Nachhinein sehen kann, wann wer wem was geschrieben hat. Damit kann die Arbeitsleistung der Arbeitnehmer mithilfe einer elektronischen Einrichtung kontrolliert werden. Anders als beim Programm „H" können die gespeicherten Daten außerdem nicht nur am jeweils betroffenen Arbeitsplatz, sondern von einem Zentralcomputer aus unbemerkt vom Arbeitnehmer eingesehen werden.

Der Verfügungsgrund ergibt sich aus dem bereits eingetretenen mitbestimmungswidrigen Zustand, dessen Aufrechterhaltung der Betriebsrat nicht dulden muss.

4. Der Betrieb ist seit einigen Jahren mit einer elektronischen Schließanlage ausgestattet. Die Türen zu allen Produktionsabteilungen sind alarmgesichert. Es wird elektronisch erfasst, wann die Alarmanlage durch das Abschließen der Türen aktiviert und durch ihr Aufschließen deaktiviert wird. Dabei wird auch erfasst, welcher individuelle Schlüssel hierfür verwendet wurde. Die Anlage wurde installiert und wird betrieben und gewartet von der Wach- und Schließgesellschaft M. Der Betriebsrat war bei der Einführung nicht beteiligt. Die Beteiligte zu 2. kann, wie der Betriebsrat jetzt erfahren hat, von der Wach- und Schließgesellschaft so genannte Schließprotokolle anfordern, aus denen sich tageweise das Auf- und Abschließen ablesen lässt. Anhand der protokollierten Schlüsselnummern können die Vorgänge bestimmten Arbeitnehmern zugeordnet werden. Das war dem Betriebsrat nicht mitgeteilt worden.

Die Einführung und der Einsatz von elektronischen Sicherungssystemen, die den Zugang des Arbeitnehmers zum Arbeitsplatz oder in bestimmten Arbeitsbereichen festhalten, ist mitbestimmungspflichtig (*Fitting u.a.*, § 87 Rn 244). Die Beteiligte zu 2. war gemäß § 87 Abs. 1 Nr. 6 BetrVG verpflichtet, hierüber mit dem Betriebsrat eine Regelung herbeizuführen, bevor das System in Betrieb genommen wird. Dies ist nicht geschehen. Der Betriebsrat hatte die Einführung lediglich deshalb geduldet, weil ihm verbindlich erklärt worden war, dass die Zugangsdaten nicht protokolliert werden würden.

Führt der Arbeitgeber technische Überwachungseinrichtungen ohne Zustimmung des Betriebsrats ein, kann dieser die Unterlassung ihrer Nutzung verlangen und durch einstweilige Verfügung untersagen.[1293] Aus dem betriebsverfassungsrechtlichen Pflicht des Arbeitgebers, die Mitbestimmungsrechte des Betriebsrats nach § 87 BetrVG einzuhalten, folgt ein entsprechender Unterlassungsanspruch des Betriebsrats (BAG 3.5.1994, AP Nr. 23 zu § 23 BetrVG 1972). Die Eilbedürftigkeit folgt aus der bereits eingetretenen Verletzung des Mitbestimmungsrechts des Antragstellers, die umso gravierender ist, als ihm falsche Tatsachen vorgespiegelt worden sind.

5. Aufgrund des geschilderten Sachverhalts hat der Betriebsrat am ░░░░░░ beschlossen, gerichtliche Schritte im Wege der einstweiligen Verfügung zum Zwecke der Unterlassung einzuleiten. Der gesamte Sachverhalt einschließlich der Beschlussfassung wird glaubhaft gemacht durch die **eidesstattliche Versicherung** des Betriebsratsvorsitzenden, die im Original als **Anlage Ast 3** vorgelegt wird.

(*Unterschrift*)

(Rechtsanwalt)

VIII.   Antrag auf Erlass einer einstweiligen Verfügung wegen Behinderung/Beeinflussung der Betriebsratswahl durch den Arbeitgeber

Literatur: *Buchner*, Behinderung oder Beeinflussung der Betriebsratswahl durch den Arbeitgeber, DB 1972, 824; *Haußmann/Pfister*, Verpflichtungen des Arbeitgebers rund um die Betriebsratswahl, ArbRAktuell 2013, 226; *Maschmann*, Welchen Einfluss darf der Arbeitgeber auf die Betriebsratswahl nehmen?, BB 2010, 245; *Rieble*, Betriebsratswahlwerbung durch den Arbeitgeber?, ZfA 2003, 283; *Rieble/Triskatis*, Vorläufiger Rechtsschutz im Betriebsratswahlverfahren, NZA 2006, 233; *Vogt*, Behinderung und Beeinflussung von Betriebsratswahlen, BB 1987, 189; *Wichert*, Neutralitätspflicht für Arbeitgeber und leitende Angestellte? – Schweigen zur Betriebsratswahl, AuA 2016, 150.

1. Beispiel

668   In einer mittelständischen Schokoladenfabrik in München finden im Jahre 2013 außerplanmäßige Betriebsratswahlen statt. Das Wahlausschreiben wird am 26.2.2013 ausgehängt, die Wahlen sollen am 12.4.2013 stattfinden. Es werden zwei Wahlvorschlagslisten eingereicht, eine gewerkschaftlich orientierte Liste und eine arbeitgeberfreundliche „Liste der Vernunft". Der Geschäftsführer und Inhaber der Schokoladenfabrik, der in der Vergangenheit schon manche leidvolle Erfahrung mit dem bisherigen Betriebsrat gemacht hat, ruft am 12.3.2013 in einem Rundschreiben an die Belegschaft dazu auf, die „Liste der Vernunft" zu wählen. Anderenfalls müsste die allen Mitarbeitern jährlich gewährte freiwillige Zulage in Höhe eines Bruttomonatsgehalts gestrichen werden. Der Wahlvorstand ist über diese „Einmischung" empört und will gegen das Rundschreiben mittels einstweiliger Verfügung vorgehen.

1293 Zum Verwertungsverbot im Kündigungsschutzprozess LAG Bremen 28.7.2005, AiB 2006, 325.

2. Rechtliche Grundlagen

a) Verbotene Wahlbehinderung und Wahlbeeinflussung

Nach § 20 Abs. 1 BetrVG ist es untersagt, eine Betriebsratswahl zu behindern. Hierdurch wird der äußere 669
Ablauf einer Betriebsratswahl geschützt.[1294] Betriebsratsbehinderungen sind demnach solche Handlungen,
welche die Einleitung oder die Durchführung von Betriebsratswahlen erschweren.[1295] Beispiele dafür sind:
Verweigerung von Wahlunterlagen oder Wahlräumen; ungerechtfertigte Kündigung oder Versetzung von
Wahlbewerbern; Verbot gegenüber den Arbeitnehmern, die Arbeit wegen der Betriebsratswahlen zu ver-
lassen; Abmahnung wegen zulässiger Wahlwerbung.

Nach § 20 Abs. 2 BetrVG sind aber auch Einflussnahmen auf die Betriebsratswahlen untersagt, **sofern** sie
durch Zufügung oder Androhung von Nachteilen oder durch Gewährung oder Versprechen von Vorteilen
geschehen. Hierdurch wird die Freiheit der Willensbildung geschützt.[1296] Beispiele unzulässiger Beeinflussung sind: Gewährung von Wahlkampfmitteln nur an eine genehme Liste;[1297] die Androhung finanzieller
Nachteile bei Wahl einer bestimmten Liste; das Versprechen einer Gehaltserhöhung bei Wahl einer bestimmten Liste. Nicht unter § 20 Abs. 2 BetrVG fällt dagegen, wenn der Arbeitgeber vor Konsequenzen
warnt, die nicht von seinem Willen abhängen.[1298] Dies ist kein Androhen von Nachteilen. Daher ist es keine
unzulässige Wahlbeeinflussung, wenn der Arbeitgeber darauf hinweist, dass bei der Wahl einer bestimmten
Liste Schaden für das Unternehmen zu erwarten sei.[1299] Auch das Sammeln von Stützunterschriften durch
den Arbeitgeber oder leitende Angestellte stellt für sich gesehen keine unzulässige Wahlbeeinflussung dar,
weil keine Nachteile angedroht oder Vorteile versprochen werden.[1300]

Die bisher überwiegende Auffassung folgert allerdings aus § 20 BetrVG, dass sich der Arbeitgeber generell
neutral verhalten muss, und er sich nicht zugunsten einzelner Kandidaten oder Listen äußern darf.[1301] Das
soll auch für leitende Angestellte gelten, die pauschal dem Arbeitgeberlager zugerechnet werden.[1302] Diese
Auffassung zu Lasten von Arbeitgeber und leitenden Angestellten ist sehr weitgehend, sie lässt sich § 20
BetrVG nicht einmal ansatzweise entnehmen und ist abzulehnen.[1303] Insbesondere dann, wenn Wahlbewerber oder Gewerkschaften den Arbeitgeber im Wahlkampf angreifen, muss sich dieser verteidigen können,
durchaus auch mit deutlichen Worten.[1304] Aber auch sonst lässt sich mit guten Gründen in Zweifel ziehen,
dass der Arbeitgeber keinerlei Wahlwerbung betreiben und sich nicht äußern darf. Er muss schließlich später auch mit dem Betriebsrat zum Wohle des Betriebs und der Arbeitnehmer zusammenarbeiten. Und die
grundrechtlich geschützte Meinungsfreiheit gilt auch für den Arbeitgeber. Er darf im Zusammenhang
mit einer Wahlwerbung lediglich keine Nachteile androhen/zufügen oder Vorteile versprechen/gewähren.
Das und nur das untersagt § 20 Abs. 2 BetrVG. Leitende Angestellte genießen erst recht den Schutz der Meinungsfreiheit, dem wird die pauschale Zurechnung des Arbeitgeberlagers nicht gerecht.[1305]

1294 *Rieble*, ZfA 2003, 283, 288; *Vogt*, BB 1987, 189.
1295 ErfK/*Koch*, § 20 BetrVG Rn 2.
1296 Richardi/*Thüsing*, § 20 BetrVG Rn 15.
1297 BAG 4.12.1986 – 6 ABR 48/85, NZA 1987, 166; a.A. GK-BetrVG/*Kreutz*, § 20 Rn 30; *Maschmann*, BB 2010, 245, 249.
1298 GK-BetrVG/*Kreutz*, § 20 Rn 30; *Maschmann*, BB 2010, 245, 249; Richardi/*Thüsing*, § 20 BetrVG Rn 20.
1299 So aber ArbG Heilbronn 18.3.1999 – 1 BV 1/99, AiB 1999, 581; dagegen GK-BetrVG/*Kreutz*, § 20 Rn 30; *Maschmann*, BB 2010,
      245, 249.
1300 So aber Hess. LAG 23.8.2001 – 12 TaBV 31/01, DB 2001, 2559; LAG Hamburg 12.3.1998 – 2 TaBV 2/98, AiB 1998, 701; zwei-
      felnd: *Fitting u.a.*, § 20 BetrVG Rn 23; dagegen: GK-BetrVG/*Kreutz*, § 20 Rn 30; *Maschmann*, BB 2010, 245, 249; *Rieble*, ZfA
      2003, 283, 290.
1301 LAG Hamburg 12.3.1998 – 2 TaBV 2/98, AiB 1998, 701 LAG Baden-Württemberg 29.4.2015 – 19 TaBV 6/14, AE 2015, 214;
      LAG Hessen 12.11.2015 – 9 TaBV 44/15, ArbRB 2016, 43; *Fitting u.a.*, § 20 BetrVG Rn 24; DKKW/*Homburg*, § 20 BetrVG
      Rn 19; in diese Richtung auch *Haußmann/Pfister*, ArbrAktuell 2013, 226.
1302 LAG Hessen 12.11.2015 – 9 TaBV 44/15, ArbRB 2016, 43.
1303 *Rieble*, ZfA 2003, 283; *Wichert*, AuA 2016, 150; vgl. auch GK-BetrVG/*Kreutz*, § 20 Rn 30; Richardi/*Thüsing*, § 20 BetrVG Rn 19 f.
1304 *Maschmann*, BB 2010, 245, 251.
1305 *Wichert*, AuA 2016, 150.

Auch aus Art. 9 Abs. 3 GG lässt sich ein Neutralitätsgebot des Arbeitgebers nicht ableiten.[1306] Denn zum einen schützt dieser Artikel das Recht der Koalitionen, zu denen der Betriebsrat nicht gehört. Zum anderen spricht Art. 9 Abs. 3 GG ausdrücklich nur davon, dass die Koalitionsfreiheit nicht eingeschränkt oder behindert werden darf. Von einem Neutralitätsgebot ist dort nicht die Rede.

Die Verbote des § 20 BetrVG richten sich nicht nur gegen den Arbeitgeber, sondern gegen jeden, also auch den Wahlvorstand, den amtierenden Betriebsrat, die Gewerkschaft oder einzelne Arbeitnehmer.

b) Rechtsschutzmöglichkeiten einschließlich einstweiliger Verfügung

670 Unzulässige Behinderungen oder Beeinflussungen der Wahl können Unterlassungsansprüche des Wahlvorstands oder der unmittelbar Betroffenen auslösen.[1307] Außerdem können sie die Betriebsratswahl anfechtbar oder nichtig machen.[1308] Auch ein Antrag nach § 23 BetrVG ist denkbar. Spricht der Arbeitgeber Kündigungen oder Versetzungen aus, um die Wahl zu behindern oder zu beeinflussen, so sind diese Maßnahmen wegen Verstoßes gegen ein gesetzliches Verbot gemäß § 134 BGB nichtig. Gegen verleumderische Wahlpropaganda kann sich der Betreffende auch selbst im Klageweg wenden. Schließlich können unzulässige Wahlbehinderung oder -beeinflussung auch zu strafrechtlichen Sanktionen nach § 119 BetrVG führen.[1309]

Bis zum Abschluss der Wahl können Wahlbehinderungen oder -beeinflussungen durch den Arbeitgeber (oder andere) auch mit einer einstweiligen Verfügung begegnet werden. Es fällt allerdings auf, dass diese Rechtsschutzmöglichkeit zwar häufig genannt wird, veröffentlichte Rechtsprechung aber kaum existiert. Das lässt darauf schließen, dass diese Möglichkeit in der Praxis eher selten ergriffen wird.[1310]

Wahlbeeinflussungen des Arbeitgebers können in einem einstweiligen Verfügungsverfahren auch mittelbar eine Rolle spielen. Etwa wenn der Wahlvorstand eine vom Arbeitgeber unterstützte Liste nicht zulässt und die betroffenen Arbeitnehmer eine Zulassung der Liste oder den Abbruch der Wahl per einstweiliger Verfügung beantragen.[1311]

c) Inhalt einer einstweiligen Verfügung

671 Eine einstweilige Verfügung wegen unzulässiger Wahlbehinderung oder Wahlbeeinflussung kann auf den Abbruch der Betriebsratswahl gerichtet sein. Wahlbehinderungen durch den Wahlvorstand – etwa unzulässige Nichtzulassung einer Vorschlagsliste – kann auch durch den Antrag auf korrigierenden Eingriff in die Betriebsratswahl begegnet werden (wegen der Einzelheiten solcher einstweiligen Verfügungen siehe Rdn 678 ff.).

Wahlbehinderungen oder Wahlbeeinflussungen können aber auch Unterlassungsansprüche auslösen, die im einstweiligen Verfügungsverfahren geltend gemacht werden können.[1312]

1306 So aber *Maschmann*, BB 2010, 245, 250.

1307 *Rieble*, ZfA 2003, 283, 285 f.

1308 BAG 8.3.1957 – 1 ABR 5/55, NJW 1957, 1086; BAG 4.12.1986 – 6 ABR 48/85, DB 1987, 232; LAG München 26.10.2006 – 4 TaBV 77/06, BeckRS 2009, 68268.

1309 Zur Strafbarkeit nach § 119 BetrVG BayOblG 29.7.1980 – PReg. 4 St 173/80, AP Nr. 1 zu § 119 BetrVG 1972; LG Marburg 12.5.2007 – 2 Ns 2 Js 18719/05, AiB 2008, 109 mit Anmerkung *Steinicken/Helm/Schreieder*.

1310 Vgl. aber ArbG Bochum 3.3.1972 – VB 1/72, BB 1972, 494, dazu *Buchner*, DB 1972, 824; ArbG Regensburg 6.6.2002 – 6 BVGa 6/02 S, AiB 2003, 554; LAG Nürnberg 17.5.2013 – 5 TaBV Ga 2/13, DB 2013, 1916.

1311 LAG Hamburg 12.3.1998 – 2 TaBV 2/98, AiB 1998, 701; LAG Hamm 24.5.2002 – 10 TaBV 63/02, BeckRS 2004, 42654.

1312 LAG Köln 10.3.2000 – 13 TaBV 9/00, NZA-RR 2001, 423; *Rieble/Triskatis*, NZA 2006, 233, 239.

d) Prozessuale Fragen bei einstweiliger Verfügung

(Unterlassungs-) Ansprüche aus § 20 Abs. 1 und 2 BetrVG kann der Wahlvorstand geltend machen. Er ist **672** also antragsberechtigt. Allerdings muss er auch wirksam bestellt worden sein, sonst stehen ihm keine Ansprüche zu.[1313] Laut LAG Köln schützt § 20 BetrVG darüber hinaus all diejenigen, die „im Zusammenhang mit der Einleitung und Durchführung einer Betriebsratswahl Wahlhandlungen vornehmen".[1314] Antragsberechtigt kann auch die Gewerkschaft sein, zumindest dann, wenn sich die Wahlbehinderung oder -beeinflussung gegen eine von ihr unterstützte Liste richtet.[1315] Schließlich kann sich auch der unmittelbar Betroffene einer unzulässigen Wahlbehinderung oder Wahlbeeinflussung wehren.

Antragsgegner ist der Arbeitgeber oder derjenige, dem die Behinderung oder Beeinflussung der Wahl vorgeworfen wird. Beizuladen sind der Wahlvorstand und der amtierende Betriebsrat (§ 83 Abs. 3 ArbGG).

Örtlich zuständig ist das Arbeitsgericht, in dessen Bezirk der Betrieb liegt (§ 82 Abs. 1 S. 1 ArbGG). Der Antrag ist im betriebsverfassungsrechtlichen Beschlussverfahren zu stellen (§§ 2a Abs. 1 Nr. 1, 80 Abs. 1 ArbGG).

In aller Regel entscheidet das Arbeitsgericht nach mündlicher Anhörung der Beteiligten. Wegen der großen Eilbedürftigkeit kann aber auch der Antrag gestellt werden, dass die einstweilige Verfügung ohne eine solche Anhörung ergeht. Es sollte auch immer der prozessuale Antrag auf Abkürzung der Einlassungsfristen gestellt werden (§§ 47 Abs. 1 ArbGG, 224 Abs. 2 ZPO).

Wegen des Streitwerts lässt sich wie folgt argumentieren: Geht es um den Abbruch der Wahl oder um einen korrigierenden Eingriff in das Wahlverfahren, so ist auf die Ausführungen weiter unten zu verweisen (siehe Rdn 684). Wird ein Unterlassungsanspruch aus § 20 BetrVG geltend gemacht, dürfte mangels anderer Anhaltspunkte regelmäßig von dem Auffangwert des § 23 Abs. 3 S. 2 Hs. 2 RVG auszugehen sein. Dann würde jeder Antrag mit 5.000 EUR berechnet.

e) Zwangsvollstreckung

Die einstweilige Verfügung wird im arbeitsgerichtlichen Beschlussverfahren von Amts wegen zugestellt **673** (§ 85 Abs. 2 S. 2 ArbGG). Nach überwiegender Auffassung muss sie daneben durch Parteizustellung in der maßgeblichen Monatsfrist vollzogen werden (§ 929 ZPO).[1316] Es reicht die Vollziehung einer abgekürzten Abschrift nach § 317 Abs. 2 S. 2 ZPO. Die Erteilung einer solchen abgekürzten Abschrift sollte, damit keine Zeit verloren geht, bereits in der Antragsschrift beantragt werden.

Ansonsten entstehen bei der Zwangsvollstreckung gegen den Arbeitgeber oder sonstige Personen keine gesonderten Probleme. Geht es um Wahlbehinderungen des Wahlvorstands selbst oder des Betriebsrats, so sind einige Besonderheiten zu beachten (vgl. Rdn 688).

1313 LAG Nürnberg 17.5.2013 – 5 TaBV Ga 2/13, DB 2013, 1916.
1314 LAG Köln 10.3.2000 – 13 TaBV 9/00, NZA-RR 2001, 423; so auch Richardi/*Thüsing*, § 20 BetrVG Rn 34.
1315 Richardi/*Thüsing*, § 20 BetrVG Rn 34; differenzierend *Rieble*, ZfA 2003, 283, 286.
1316 LAG Hessen 20.10.1990 – 5 TaBVGa 171/89, NZA 1991, 30; NK-GA/*Schoob*, § 85 ArbGG Rn 19; Schwab/Weth/*Busemann*, § 85 ArbGG Rn 76; Germelmann u.a./*Matthes/Spinner*, § 85 ArbGG Rn 46; a.A. LAG Hamm 7.8.1987 – 8 Sa 1369/86, NZA 1987, 825.

3.   Einstweilige Verfügung auf Unterlassung von Beeinflussungen einer Betriebsratswahl

▼

674   **Muster 3.56: Einstweilige Verfügung auf Unterlassung von Beeinflussungen einer Betriebsratswahl**

Antrag auf Erlass einer einstweiligen Verfügung

In dem Beschlussverfahren

mit den Beteiligten

1. der Wahlvorstand des Arbeitgebers, bestehend aus folgenden Mitgliedern: ████, vertreten durch den Vorsitzenden ████, ████ (*Adresse*)

– Antragsteller –

2. der Arbeitgeber ████, vertreten durch ████, ████ (*Adresse*)

– Antragsgegner –

3. der Betriebsrat des Arbeitgebers, vertreten durch den Betriebsratsvorsitzenden ████, ████ (*Adresse*)

wegen: Unterlassung von Beeinflussungen der Betriebsratswahl

zeigen wir an, dass wir den Antragsteller vertreten.

Namens und im Auftrag des Antragstellers leiten wir ein Beschlussverfahren ein und **beantragen**

■ wegen der Dringlichkeit des Falles ohne mündliche Anhörung der Beteiligten durch den Vorsitzenden allein

■ hilfsweise nach Anhörung der Beteiligten unter größtmöglicher Abkürzung der Ladungs- und Einlassungsfristen gem. §§ 47 Abs. 1 ArbGG, 224 Abs. 2 ZPO

im Wege der **einstweiligen Verfügung**:

1. Dem Antragsgegner wird aufgegeben, es zu unterlassen, in Rundschreiben an die Belegschaft zu Folgendem aufzurufen: Es sei die „Liste der Vernunft" zu wählen, anderenfalls müsse die allen Mitarbeitern jährlich gewährte freiwillige Zulage von einem Bruttomonatsgehalt gestrichen werden.

2. Für jeden Fall der Zuwiderhandlung gegen die Verpflichtung aus dem Antrag zu 1 wird dem Antragsgegner ein Ordnungsgeld, dessen Höhe in das Ermessen des Gerichts gestellt wird, ersatzweise Ordnungshaft, zu vollstrecken an dem Geschäftsführer des Antragsgegners, angedroht.

Prozessual wird **beantragt**,

bei Erlass der einstweiligen Verfügung eine vollstreckbare Kurzausfertigung der Entscheidung gemäß § 317 Abs. 2 S. 2 ZPO zu erteilen.

Begründung

Der Antragsteller wehrt sich gegen eine Wahlbeeinflussung des Antragsgegners in einer laufenden Betriebsratswahl. Diese soll am 12.4.2013 stattfinden. Im Einzelnen ist hierzu wie folgt vorzutragen:

I. Sachverhalt

Der Antragsgegner betreibt eine Schokoladenfabrik in München. Dort sind 144 Arbeitnehmer beschäftigt. Allen Mitarbeitern wird jährlich eine freiwillige Zulage in Höhe eines Bruttomonatsgehalts gewährt.

Im Januar 2013 ist der amtierende Betriebsrat zurückgetreten. Der von ihm am 29.1.2013 eingesetzte Wahlvorstand hat am 26.2.2013 Wahlausschreiben und Wählerliste veröffentlicht.

Glaubhaftmachung:	1.	Wahlausschreiben, **Anlage A1**
	2.	Wählerliste, **Anlage A2**

Es wurden zwei Wahlvorschlagslisten eingereicht und zugelassen, eine gewerkschaftlich orientierte Liste und eine arbeitgebernahe „Liste der Vernunft".

Der Geschäftsführer des Antragsgegners hat in einigen persönlichen Gesprächen mit dem Wahlvorstand sein Missfallen über die Liste der Gewerkschaft zum Ausdruck gebracht. Am 12.3.2013 hat er dann in einem Rundschreiben die Belegschaft dazu aufgerufen, die „Liste der Vernunft" zu wählen. Anderenfalls müssten außertarifliche Zulagen gestrichen werden.

Glaubhaftmachung: Rundschreiben, **Anlage A3**

II. Rechtliche Würdigung

Zunächst ist festzuhalten, dass nach allgemeiner Auffassung gegen Wahlbeeinflussungen des Arbeitgebers mittels einstweiliger Verfügung vorgegangen und Unterlassung verlangt werden kann. Einen solchen Unterlassungsanspruch macht der Antragsteller hier geltend. Im Einzelnen ist hierzu Folgendes zu sagen:

1. Der Antragsteller ist als Wahlvorstand antragsberechtigt für das vorliegende Verfahren. Er hat dafür zu sorgen, dass die Betriebsratswahl ordnungsgemäß vonstattengeht.

   Der Antragsgegner ist als derjenige, der die Wahl zu beeinflussen sucht, passiv legitimiert.

2. Der Verfügungsanspruch folgt aus § 20 Abs. 2 BetrVG. Danach ist jegliche Wahlbeeinflussung untersagt, die mit der Gewährung oder dem Versprechen von Vorteilen wie auch der Zufügung oder dem Androhen von Nachteilen verbunden sind. Dem Antragsgegner ist eine solche Wahlbeeinflussung vorzuwerfen. Denn er hat am 12.3.2013 nicht nur dazu aufgerufen, die „Liste der Vernunft" zu wählen, sondern er hat im Zusammenhang damit auch Nachteile angedroht, nämlich die Streichung der freiwilligen jährlichen Zulage.

   Die für den hier geltend gemachten Unterlassungsanspruch erforderliche Wiederholungsgefahr ist gegeben. Wenn der Antragsgegner ein solches Rundschreiben versendet, besteht die Gefahr, dass er dies auch weiterhin tut. Dies auch deshalb, weil er dem Wahlvorstand mehrfach sein Missfallen gegenüber der Gewerkschaftsliste bekundet hat.

3. Es besteht auch ein Verfügungsgrund. Die Angelegenheit ist eilig, weil zu befürchten steht, dass die Beeinflussungsversuche bei der laufenden Betriebsratswahl Erfolg zeigen werden. Deshalb müssen sie noch vor Abschluss des Wahlverfahrens unterbunden werden.

III. Weitere Glaubhaftmachung

Zur weiteren Glaubhaftmachung wird auf die beigefügte eidesstattliche Versicherung der Mitglieder des Antragstellers verwiesen.

Glaubhaftmachung: Eidesstattliche Versicherung, **Anlagen A4**

IV. Gerichtlicher Hinweis

Sollte das Arbeitsgericht ▓▓▓ weiteren Sachvortrag oder zusätzliche Glaubhaftmachung für erforderlich halten oder sollte es Bedenken wegen der Antragstellung haben, wird um einen richterlichen Hinweis gebeten.

(Unterschrift)

Rechtsanwalt

IX. Antrag auf Erlass einer einstweiligen Verfügung wegen unzulässiger Streichung eines Arbeitnehmers von der Wählerliste

Literatur: *Bonanni/Mückl*, Betriebsratswahlen 2010: Was tun, wenn die Wahl falsch läuft?, BB 2010, 437; *Bram*, Wahlstopp im Eilbeschlussverfahren, FA 2006, 66; *Dzida/Hohenstatt*, Einstweilige Verfügung auf Abbruch der Betriebsratswahl, BB Special 14, Heft 50/2005, 1; *Fay/Homburg*, Einstweiliger Rechtsschutz im Zusammenhang mit Betriebsratswahlen, AuR 2012, 290; *Forschner*, Zum Versäumnis des Einspruchs gegen die Wählerliste nach § 4 WahlO, NZA 2016, 872; *Heider*, Der Eilantrag auf Abbruch von Betriebsratswahlen, NZA 2010, 488; *Heinze*, Einstweiliger Rechtsschutz im arbeitsgerichtlichen Verfahren, RdA 1986, 273; *Held*, Der Erlass einstweiliger Verfügungen gegen den Wahlvorstand nach Einleitung einer Betriebsratswahl, DB 1985, 1691; *Krois*, Abbruch einer Betriebsratswahl – Fehler bei der Bestellung des Wahlvorstandes, SAE 2012, 100; *Mückl/Aßmuth*, Betriebsratswahlen 2014 – Was tun, damit die Wahl nicht falsch läuft?, BB 2013, 1909; *Pfrogner*, Unterlassungsanspruch des Arbeitgebers gegen den Betriebsrat, RdA 2016, 161; *Rieble/Triskatis*, Vorläufiger Rechtsschutz im Betriebsratswahlverfahren, NZA 2006, 233; *Veit/Wichert*, Betriebsratswahlen: Einstweilige Verfügung gegen rechtswidrige Maßnahmen des Wahlvorstandes, DB 2006, 390; *Walker*, Grundlagen und aktuelle Entwicklungen des einstweiligen Rechtsschutzes im Arbeitsgerichtsprozess, ZfA 2005, 45; *Wichert*, Einstweiliger Rechtsschutz bei Betriebsratswahlen, AuA 2010, 148; *Winterfeld*, Einstweiliger Rechtsschutz bei fehlerhafter Betriebsratswahl, NZA Beilage 1/1990, 20; *Zwanziger*, Gerichtliche Eingriffe in laufende Betriebsratswahlen, DB 1999, 2264.

1. Typischer Sachverhalt

675 Der Großteil der Belegschaft eines am Frankfurter Flughafen tätigen Unternehmens leitet gegen den fünfköpfigen Betriebsrat ein gerichtliches Amtsenthebungsverfahren (§ 23 BetrVG) ein. Während des laufenden Verfahrens tritt der Betriebsrat geschlossen zurück und bereitet Neuwahlen vor. Der vom Betriebsrat eingesetzte Wahlvorstand – er besteht ausschließlich aus Betriebsratsmitgliedern – veröffentlicht am 26.2.2013 Wahlausschreiben und Wählerliste. Auf der Wählerliste fehlt der Name eines Mitarbeiters. Er ist einer der Antragsteller und der Wortführer der Belegschaft in dem Amtsenthebungsverfahren; bei den Neuwahlen will er sich selbst zur Wahl stellen. Der Wahlvorstand bewertet ihn im Gegensatz zu früher nun als leitenden Angestellten. Tatsächlich ist er sog. Supervisor, nicht aber leitender Angestellter im Sinne des § 5 Abs. 3 BetrVG. Neben ihm gibt es noch 5 andere Mitarbeiter in der Position des Supervisors, die alle die gleiche Tätigkeit wie der ausgenommene Supervisor verrichten. Diese 5 anderen Supervisoren bewertet der Wahlvorstand als normale Arbeitnehmer im Sinne des § 5 Abs. 1 BetrVG. Der betreffende Mitarbeiter erhebt am 5.3.2013 Einspruch gegen die falsche Wählerliste, der Wahlvorstand lässt sich davon nicht beirren. Eine Begründung für die unterschiedliche Behandlung der Supervisoren gibt der Wahlvorstand nicht. Die Wahl soll am 12.4.2013 stattfinden. Kann der Mitarbeiter bereits während des laufenden Wahlverfahrens gerichtlich gegen den Wahlvorstand vorgehen oder muss er die fehlerhafte Wahl abwarten und diese dann gerichtlich anfechten?

2. Rechtliche Grundlagen

a) Rolle des Wahlvorstandes

676 Die Vorbereitung und Durchführung einer Betriebsratswahl ist kompliziert. Es gibt eine Reihe von Formvorschriften, schwierige Rechtsfragen und Ermessensspielräume. Die Entscheidungen trifft der Wahlvorstand in eigener Verantwortung. Arbeitgeber, Gewerkschaften oder kundige Arbeitnehmer können allenfalls Rat und Unterstützung geben. Ihre Interventionsmöglichkeiten sind begrenzt.

Diese unabhängige Rolle des Wahlvorstands ist durchaus verständlich. Sie beugt Versuchen Dritter vor, Einfluss auf die Wahl zu nehmen. Die Medaille hat aber auch eine andere Seite. Ist der Wahlvorstand beratungsresistent oder verfolgt er – wie im Beispielsfall – sachfremde Interessen, müssen Arbeitgeber, Belegschaft und im Betrieb vertretene Gewerkschaften Fehler im Wahlverfahren grundsätzlich zunächst einmal hinnehmen. Sie sind auf die nachträgliche Wahlanfechtung verwiesen (§ 19 BetrVG).

b) Bedeutung des Wahlanfechtungsverfahrens

Ein Wahlanfechtungsverfahren dauert lange, mitunter zwei oder noch mehr Jahre.[1317] Währenddessen 677
bleibt der gewählte Betriebsrat im Amt, auch wenn die Wahl grob fehlerhaft war und die demokratische
Legitimation des Betriebsrats sehr zu bezweifeln ist. Überdies entstehen vermeidbare Kosten für das Wahlanfechtungsverfahren und Neuwahlen.

Daher stellt sich die Frage, ob rechtswidrigen Maßnahmen des Wahlvorstandes bei Wahlvorbereitung und
-durchführung nicht schon mit einer einstweiligen Verfügung begegnet werden kann. Damit würde der Fehler schnell und nicht langsam korrigiert, es käme kein fehlerhaft gewählter Betriebsrat ins Amt, Zeit und
Nerven aller Beteiligten und die Finanzen des Arbeitgebers würden geschont.

c) Effektiver Rechtsschutz durch einstweilige Verfügung

Eine solche einstweilige Verfügung gegen rechtswidrige Maßnahmen des Wahlvorstandes wird allgemein 678
für zulässig gehalten.[1318] In der Praxis kommt sie auch recht häufig vor. Allerdings werden die Voraussetzungen für eine einstweilige Verfügung von den verschiedenen Gerichten unterschiedlich beurteilt.

Einige Gerichte sind ausgesprochen zurückhaltend.[1319] Sie argumentieren häufig so: Aus § 19 BetrVG ergebe sich, dass eine fehlerhafte Betriebsratswahl erst einmal hinzunehmen sei. Deshalb sei bei Fehlern, welche die **Anfechtbarkeit** der Wahl begründen, eine einstweilige Verfügung von vornherein nicht möglich.
Anderenfalls werde die Wertung des § 19 BetrVG überspielt. Zudem würde im Verfügungsverfahren die
Hauptsache vorweggenommen. Dies sei nur anders bei Fehlern des Wahlvorstands, die zur **Nichtigkeit**
der Wahl führten. Durch eine solche Wahl komme von vornherein kein wirksamer Betriebsrat ins Amt, deswegen spiele insofern die Wertung des § 19 BetrVG keine Rolle. Gegen solche zur Nichtigkeit der Wahl
führende Fehler könne mittels einstweiliger Verfügung vorgegangen werden. Bisweilen wird danach differenziert, ob mittels einstweiliger Verfügung eine Korrektur einzelner Entscheidungen des Wahlvorstandes
oder der Abbruch der Wahl erzwungen werden soll (siehe dazu Rdn 680 f.): Im ersten Fall reiche die sichere
Anfechtbarkeit, im zweiten Fall bedürfe es der Nichtigkeit der anstehenden Wahl.[1320]

Andere Gerichte sind großzügiger.[1321] Sie lassen eine einstweilige Verfügung schon bei Fehlern des Wahlvorstands zu, die sicher zur **Anfechtbarkeit** der Wahl gemäß § 19 BetrVG führen. Dies gilt auch für einen
beantragten Abbruch der Wahl. Ein **langer betriebsratsloser Zustand** dürfe freilich nicht entstehen. Bisweilen wird zusätzlich gefordert, dass der beanstandete Fehler **offenkundig** ist.[1322] Es wird auch vertreten,
dass der Wahlvorstand zusätzlich **subjektiv vorwerfbar** gehandelt haben muss.[1323] Ob diese beiden letzten
Einschränkungen richtig sind, mag hier dahinstehen. Jedenfalls lässt sich die großzügigere Auffassung damit begründen, dass von vornherein ein fehlerhaft gewählter, **demokratisch unzureichend legitimierter
Betriebsrat** ins Amt kommt und dort bei einer Wahlanfechtung für eine längere Zeit bleibt. Eine solche

1317 *Dzida/Hohenstatt*, BB Special 14, Heft 50/2005, 1; *Veit/Wichert*, DB 2006, 390.
1318 BAG 15.12.1972 – 1 ABR 5/72, AP Nr. 5 zu § 80 ArbGG 1953; *Fitting u.a.*, § 18 BetrVG Rn 36; *Richardi/Thüsing*, § 18 BetrVG
  Rn 21; *Schwab/Weth/Busemann*, § 85 ArbGG Rn 80; *Zwanziger*, DB 1999, 2264.
1319 Etwa LAG Baden-Württemberg 9.3.2010 – 15 TaBVGa 1/10, BeckRS 2010, 67126; LAG Baden-Württemberg 25.4.2006 –
  21 TaBV 4/06, Aib 2006, 638; LAG Köln 17.4.1998 – 5 TaBV 20/98, NZA-RR 1999, 247; LAG München 3.8.1988 – 6 TaBV
  41/88, BB 1989, 147.
1320 Vgl. DKKW/*Homburg*, § 19 BetrVG Rn 16 ff.; ErfK/*Koch*, § 18 BetrVG Rn 7; *Korinth*, K Rn 91, 93.
1321 Etwa LAG Hamburg 19.4.2010 – 7 TaBVGa 2/10, BeckRS 2010, 69712; LAG Schleswig-Holstein 19.3.2010 – 4 TaBVGa 5/10,
  BeckRS 2010, 70580; Hess. LAG 11.3.2010 – 9 TaBVGa 52/10, BeckRS 2010, 68228; Hess. LAG 30.7.2009 – 9 TaBVGa
  17/09,BeckRS 2010, 68231; LAG Nürnberg 30.3.2006 – 6 TaBV 19/06, BeckRS 2006, 41939; Hess. LAG 25.5.2005 – 9 TaBV
  Ga 82/05, zit.nach juris; Hess. LAG 17.2.2005 – 9 TaBVGa 28/05, BeckRS 2005, 42833; LAG Düsseldorf 25.6.2003 –
  12 TaBV 34/03, AuR 2004, 78; LAG Baden-Württemberg 20.5.1998 – 8 Ta 9/98, AiB 1998, 401; ähnlich das überwiegende
  Schrifttum, vgl. *Bram*, FA 2006, 66, 67; *Fitting u.a.*, § 18 BetrVG Rn 40 ff.; GK-BetrVG/*Kreutz*, § 18 Rn 79 f.
1322 LAG Niedersachsen 4.12.2003 – 16 TaBV 91/03, NZA-RR 2004, 197; LAG Baden-Württemberg 6.3.2006 – 13 TaBV 4/06,
  BeckRS 2006, 42300, S. 13 f.; dazu *Veit/Wichert*, DB 2006, 390, 391.
1323 So etwa LAG Hamburg, 19.4.2010 – 7 TaBVGa 2/10, BeckRS 2010, 69712.

Amtszeit ist nicht schützenswert, sie kann deshalb schon im laufenden Wahlverfahren angefochten und unterbunden werden. Zudem wird dadurch ein langwieriges und aufwändiges Wahlanfechtungsverfahren vermieden, an dessen Ende eine wieder zu Kosten führende Neuwahl steht.[1324]

Auch spielt der Gesichtspunkt einer schnellen Befriedung durch einstweilige Verfügung in der betrieblichen Praxis eine große Rolle, die von manchen Gerichten unterschätzt wird. Die Wertung des § 19 BetrVG steht dem nicht entgegen. Denn dort geht es darum, was passiert, wenn bereits gewählt wurde. In einem solchen Fall soll aus Gründen der Rechtssicherheit der Betriebsrat bis zum Abschluss des Wahlanfechtungsverfahrens erst einmal im Amt bleiben. Die einstweilige Verfügung setzt aber bereits vor der Wahl an. Das ist eine andere zeitliche Perspektive.

679   Mittlerweile hat sich allerdings das BAG zu der restriktiven Linie bekannt.[1325] Danach sei ein **Abbruch der Wahl** nur dann zulässig, wenn die beanstandete Rechtsverletzung zur Nichtigkeit der Wahl führen würde. Die sichere Anfechtbarkeit der Wahl genüge dagegen nicht. Diese Sichtweise dürfte nach und nach von allen Landesarbeitsgerichten übernommen werden.[1326] Unabhängig davon betrifft die Entscheidung des BAG nur den Abbruch der Wahl; **korrigierende Eingriffe** sind also weiterhin mittels einstweiliger Verfügung möglich, auch wenn die beanstandete Rechtsverletzung nicht zur Nichtigkeit führt.[1327]

d)   Inhalt einer einstweiligen Verfügung
aa)   Korrigierender Eingriff und Abbruch der Wahl

680   Die einstweilige Verfügung kann auf die Korrektur eines Fehlers des Wahlvorstandes gerichtet sein.[1328] Beispiele sind: Aufnahme oder Streichung eines Arbeitnehmers aus der Wählerliste; Zulassung oder Nichtzulassung eines Wahlvorschlags; Bestimmung einer anderen Betriebsratsgröße. Der Wahlvorstand hat dann im weiteren Wahlverfahren die Entscheidung des Gerichts zugrunde zu legen. Allerdings kommt eine solche Korrektur häufig nicht mehr ohne Weiteres in Betracht. Im laufenden Wahlverfahren sind nämlich verschiedene Fristen einzuhalten, insbesondere die Frist des § 3 WO, aber auch die Wochenfrist des § 10 Abs. 2 WO. Nach überwiegender Auffassung dürfen diese Fristen durch den korrigierenden Eingriff nicht verkürzt werden; auch eine Verschiebung dieser Fristen wird für unzulässig gehalten.[1329] Im Wesentlichen bedeutet dies, dass nur bis zur formellen Einleitung der Wahl ein korrigierender Eingriff hinsichtlich eines (konkret absehbaren) Fehlers beantragt werden kann. Zwingend ist diese Auffassung aber keineswegs. Vor dem Hintergrund, dass das BAG den Abbruch der Betriebsratswahlen erschwert hat (vgl. oben Rdn 679), ist darüber nachzudenken, die Verschiebung von Fristen des Wahlverfahrens aufgrund korrigierender Eingriffe großzügiger zu handhaben.

Ist die Betriebsratswahl bereits eingeleitet, kommen auch ein Abbruch und eine Neueinleitung der Wahl in Betracht. Im Vergleich zu einer bloßen Korrektur im laufenden Verfahren stellt dies zwar den weitergehenden Eingriff dar.[1330] Aber auch ein solcher Wahlabbruch ist nicht sakrosankt: das Verfahren wird schlicht noch einmal von vorne begonnen. Betriebsverfassungsrechtliche Rechtspositionen werden dadurch nicht verkürzt. Nur dann, wenn es durch einen Abbruch der Wahl ausnahmsweise zu einem **längeren betriebs-**

1324 Vgl. *Bonanni/Mückl*, BB 2010, 437, 440.
1325 BAG 27.7.2011 – 7 ABR 61/10, NZA 2012, 345; zustimmend *Fay/Homburg*, AuR 2012, 290; krit. *Krois*, SAE 2012, 100; *Mückl/Aßmuth*, BB 2013, 1909, 1911.
1326 Das LAG Schleswig-Holstein 5.4.2012 – 4 TaBVGa 1/12, BeckRS 2012, 70279 kritisiert zwar deutlich die Entscheidung des BAG, schließt sich ihr aber im Ergebnis „zur Wahrung der Rechtseinheit" an. Wie das BAG jetzt auch LAG Düsseldorf 13.3.2013 – 9 TaBVGa 5/13, BeckRS 2013, 68272; Thüringer LAG 6.2.2012 – 1 TaBVGa 1/12, juris.
1327 *Mückl/Aßmuth*, BB 2013, 1909, 1910.
1328 *Korinth*, K Rn 93; *Zwanziger*, DB 1999, 2264.
1329 LAG Baden-Württemberg 6.3.2006 – 13 TaBV 4/06, BeckRS 2006, 42300; LAG Baden-Württemberg 16.9.1996 – 15 TaBV 10/96, LAGE Nr. 15 zu § 19 BetrVG 1972; *Bram*, FA 2006, 66, 67; a.A. *Zwanziger*, DB 1999, 2264, 2265.
1330 LAG Hamburg 19.4.2010 – 7 TaBVGa 2/10, BeckRS 2010, 69712; GK-BetrVG/*Kreutz*, § 18 Rn 76; *Korinth*, K Rn 93; *Rieble/Triskatis*, NZA 2006, 233, 236.

ratslosen Zustand käme, mag anderes gelten. In einem solchen Fall kann aber noch Folgendes erwogen werden: Der Arbeitgeber sichert zu, den bisherigen Betriebsrat auch über die eigentliche Amtszeit hinaus bis zur Konstitution des neuen Betriebsrats anzuerkennen, so dass kein betriebsratsloser Zustand entsteht.[1331]

Solche einstweiligen Verfügungen auf Korrektur oder Abbruch der Wahl könnten zwar unter dem Gesichtspunkt kritisiert werden, dass sie als sog. Leistungsverfügungen die Hauptsache vorwegnähmen. Angesichts der Alternative – langwieriges Anfechtungsverfahren, demokratisch unzureichend legitimierter Betrieb, erhebliche Kosten für Neuwahlen – ist dies aber hinzunehmen.[1332]

Allerdings ist damit zu rechnen, dass künftig der Abbruch von Betriebsratswahlen aufgrund der restriktiven Entscheidung des BAG nur noch in seltenen Ausnahmefällen in Betracht kommt (vgl. oben Rdn 679). **681**

Praxistipp für die Antragstellung

Im Hinblick auf das Stufenverhältnis von Korrektur und Abbruch bietet es sich an, mit einem Hauptantrag auf Korrektur der Wahl und einem Hilfsantrag auf Abbruch und Neueinleitung der Wahl zu operieren.[1333] Widersprüchlich und daher prozessual unzulässig ist es, in einem einzigen Antrag zugleich Berichtigung und Abbruch der Wahl geltend zu machen.[1334]

bb) Aufschub der Wahl bis zum Abschluss des Wahlverfahrens

Durch eine einstweilige Verfügung kann grundsätzlich nicht der Aufschub der Wahl bis zur Klärung der Frage im Hauptsacheverfahren erreicht werden.[1335] Zwar hätte dies den Vorteil, dass eine solche Sicherungsverfügung nicht die Hauptsache vorwegnähme, aber: Die rechtskräftige Klärung in der Hauptsache kann Monate, wenn nicht sogar ein bis zwei Jahre dauern, es käme also zu langen betriebsratslosen Zuständen. Dies ließe sich nicht mit dem BetrVG in Einklang bringen. **682**

cc) Feststellungsverfügungen

Sehr zurückhaltend ist die Rechtsprechung bei Feststellungsanträgen im Wege der einstweiligen Verfügung.[1336] Diese Zurückhaltung ist durchaus verständlich:[1337] Zum einen ist eine solche feststellende einstweilige Verfügung nicht erforderlich, da Leistungsanträge gestellt werden können (Korrektur eines Fehlers, Abbruch und Neueinleitung der Wahl). Zum anderen ist eine solche feststellende einstweilige Verfügung nicht vollstreckbar und führt damit nicht zu effektivem Rechtsschutz. Ausnahmsweise kann aber doch eine Feststellungsverfügung gerechtfertigt sein. Etwa wenn der Beschluss des Betriebsrats zur Einsetzung des Wahlvorstands unwirksam ist, weil entgegen § 16 Abs. 1 BetrVG mehr als drei Wahlvorstandsmitglieder bestellt worden sind.[1338] In diesem Fall ist allerdings fraglich, ob die zweiwöchige Anfechtungsfrist des § 19 Abs. 2 BetrVG einzuhalten ist.[1339] Zudem ist offen, ob sich dies mit der restriktiven Linie des BAG verträgt (siehe dazu Rdn 679). **683**

1331 Allerdings ist umstritten, ob eine solche Zusicherung wirksam ist. Dafür: LAG Düsseldorf, 17.5.2002 – 18 TaBV 26/02, LAGE Nr. 2 zu § 14 BetrVG 2001; dagegen: LAG Hamm, 24.3.2010 – 10 TaBVGa 7/10, BeckRS 2010, 71828.

1332 GK-BetrVG/*Kreutz*, § 18 Rn 76; *Veit/Wichert*, DB 2006, 390, 391 m.w.N.

1333 *Veit/Wichert*, DB 2006, 390, 392; vgl. zu verschiedenen möglichen Antragstellungen auch *Bram*, FA 2006, 66.

1334 Vgl. LAG Hamburg 19.4.2010 – 7 TaBVGa 2/10, BeckRS 2010, 69712.

1335 Heute allgemeine Meinung, LAG Hamm 10.4.1975 – 8 Ta BV 79/25, DB 1975, 1176; LAG Düsseldorf 27.3.1975 – 11 Ta BV 28/75, DB 1975, 937; ErfK/*Koch*, § 18 BetrVG Rn 7; Schwab/Weth/*Busemann*, § 85 ArbGG Rn 84; *Bonanni/Mückl*, BB 2010, 437, 438; anders etwa noch *Heinze*, RdA 1986, 273, 286.

1336 Beispiel: LAG Baden-Württemberg 6.3.2006 – 13 TaBV 4/06, BeckRS 2006, 42300.

1337 Zum Folgenden *Rieble/Triskatis*, NZA 2006, 233, 236.

1338 LAG Nürnberg 30.3.2006 – 6 TaBV 19/06, AE 2007, 167; LAG Nürnberg 15.5.2006 – 2 TaBV 29/06, BeckRS 2008, 67612; ArbG Braunschweig 24.6.2008 – 8 BVGa 1/08, BeckRS 2008, 55804; *Wichert*, AuA 2010, 148, 150; a.M. GK-BetrVG/*Kreutz*, § 18 Rn 98 (aus prozessualen Gründen kein Feststellungs-, sondern ein Leistungsantrag).

1339 Offen gelassen von ArbG Braunschweig 24.6.2008 – 8 BVGa 1/08, BeckRS 2008, 55804.

e) Prozessuale Fragen

684 Antragsberechtigt sind diejenigen, welche die Anfechtbarkeit oder Nichtigkeit der Wahl geltend machen können. Handelt es sich um einen Fehler, welcher zur Anfechtbarkeit der Wahl führen würde (§ 19 BetrVG), so können mindestens drei wahlberechtigte Arbeitnehmer, der Arbeitgeber oder eine im Betrieb vertretene Gewerkschaft den Antrag auf einstweilige Verfügung stellen. Die Nichtigkeit der anstehenden Wahl kann darüber hinaus jeder Arbeitnehmer des Betriebs im Wege der einstweiligen Verfügung geltend machen.[1340]

Geht es um Verstöße gegen das aktive und passive Wahlrecht eines Arbeitnehmers, so kann auch dieser alleine mittels einer einstweiligen Verfügung vorgehen.[1341] Der Verstoß beeinträchtigt nämlich seine individuelle Rechtsposition. Allerdings muss er zuvor den Rechtsweg der WO ausgeschöpft, also einen schriftlichen Einspruch gegen die Wählerliste eingelegt haben (§ 4 Abs. 1 WO).[1342]

Antragsgegner ist der Wahlvorstand. Beizuladen sind der Arbeitgeber und der amtierende Betriebsrat (§ 83 Abs. 3 ArbGG).

Örtlich zuständig ist das Arbeitsgericht, in dessen Bezirk der Betrieb liegt (§ 82 Abs. 1 S. 1 ArbGG). Der Antrag ist im betriebsverfassungsrechtlichen Beschlussverfahren zu stellen (§ 2a Abs. 1 Nr. 1, 80 Abs. 1 ArbGG).

In aller Regel entscheidet das Arbeitsgericht nach mündlicher Anhörung der Beteiligten. Wegen der großen Eilbedürftigkeit kann aber auch der Antrag gestellt werden, dass die einstweilige Verfügung ohne eine solche Anhörung ergeht. Es sollte auch immer der prozessuale Antrag auf Abkürzung der Einlassungsfristen gestellt werden (§§ 47 Abs. 1 ArbGG, 224 Abs. 2 ZPO).

Eine einstweilige Verfügung kann nur bis zum Abschluss der Wahl beantragt werden.[1343] Danach hilft tatsächlich nur noch das Wahlanfechtungsverfahren oder eine Nichtigkeitsklage.

Bei der Berechnung des Streitwerts gibt es unterschiedliche Argumentationsmöglichkeiten, je nach dem, welche Seite und welches Interesse der Anwalt vertritt: Entweder man stellt von vornherein auf den Auffangwert des § 23 Abs. 3 S. 2 Hs. 2 RVG ab. Dann würde jeder Antrag – ob gerichtet auf korrigierende Maßnahme oder Abbruch der Wahl – mit 5.000 EUR berechnet.[1344]

Oder man staffelt nach der Anzahl der (künftigen Betriebsratsmitglieder).[1345] Eine Methode besteht darin, für ein Betriebsratsmitglied das Eineinhalbfache des Auffangwerts anzusetzen (= 6.000 EUR, inzwischen 7.500 EUR) und für jedes weitere BR-Mitglied die Hälfte des Auffangwerts (= 2.000 EUR, inzwischen 2.500 EUR).[1346] Eine andere Berechnungsweise besteht darin, vom Zweifachen oder Dreifachen des Auffangwertes auszugehen und für jede Stufe der Staffelung des § 9 BetrVG eine weitere Hälfte des Auffangwertes hinzuzufügen.[1347] Ob von dem ermittelten Wert – weil es sich um ein einstweiliges Verfügungsverfahren handelt – noch ein Abschlag zu machen ist, ist umstritten.[1348]

1340 *Veit/Wichert*, DB 2006, 390, 391.

1341 Dazu BAG 15.12.1972 – 1 ABR 8/72, DB 1973, 2052; LAG Hamm 24.3.2010 – 10 TaBVGa 7/10, BeckRS 2010, 71828; LAG Hamburg 6.5.1996 – 4 TaBV 3/96, NZA-RR 1997, 136; *Zwanziger*, DB 1999, 2264, 2266.

1342 Schwab/Weth/*Busemann*, § 85 ArbGG Rn 85. Allerdings ist strittig, ob ein solcher Anspruch erforderlich ist, um eine Betriebsratswahl anzufechten, vgl. hierzu *Forschner*, NZA 2016, 872 m.w.N.

1343 *Fitting u.a.*, § 18 BetrVG Rn 34; *Veit/Wichert*, DB 2006, 390, 392.

1344 So ArbG Frankfurt 25.4.2008 – 14 BVGa 215/08, n.v.

1345 Vgl. hierzu *Korinth*, K Rn 99.

1346 LAG Frankfurt 3.1.2003 – 5 Ta 499/02, n.v.; LAG Baden-Württemberg 17.6.2009 – 5 TaBVGa 1/09, BeckRS 2009, 69664; LAG Hamm, 28.4.2005 – 10 TaBV 55/05, NZA-RR 2005, 435; vgl. hierzu auch *Korinth*, K Rn 99.

1347 LAG Rheinland-Pfalz 17.4.2007 – 1 Ta 117/07, NZA-RR 2007, 379; LAG Düsseldorf 24.11.2010 – 2 Ta 656/10, AE 2011, 144; *Bader/Jörchel*, NZA 2013, 809, 811.

1348 Bejahend: LAG Frankfurt 20.3.1998 – 6 Ta 517/97, AE 1998, 33; LAG Köln 10.10.2002 – 11 Ta 28/02, NZA-RR 2003, 492; *Bader/Jörchel*, NZA 2013, 809, 811. Verneinend: LAG Baden-Württemberg 17.6.2009 – 5 TaBVGa 1/09, BeckRS 2009, 69664; LAG Hamm, 28.4.2005 – 10 TaBV 55/05, NZA-RR 2005, 435.

Nach dem unverbindlichen Streitwertkatalog für die Arbeitsgerichte gilt folgendes:[1349] Maßnahmen innerhalb des Wahlverfahrens (incl. einstweilige Verfügungen, z.B.: Abbruch der Wahl) sind mit der 1/2 des Wertes der Wahlanfechtung anzusetzen (II. 2.2). Bei der Wahlanfechtung ist zunächst vom doppelten Hilfswert nach § 23 Abs. 3 Nr. 2 RVG auszugehen; es erfolgt eine Steigerung nach der Staffel gemäß § 9 BetrVG BetrVG mit jeweils der 1/2 des Hilfswerts (II.2.3).

f) Beispiele aus der Rechtsprechung

In folgenden Fällen hat die Rechtsprechung eine einstweilige Verfügung gegen Fehler des Wahlvorstandes zugelassen:[1350]   685

- Der Wahlvorstand ist fehlerhaft besetzt, nämlich ohne Rechtfertigung mit mehr als der Regelanzahl von drei Mitgliedern.[1351]
- Der Wahlvorstand setzt sich bewusst über eine einstweilige Verfügung oder eine anderweitige Entscheidung des Arbeitsgerichts hinweg.[1352]
- Der Wahlvorstand setzt die Zahl der Betriebsratsmitglieder bewusst zu hoch an.[1353]
- Der Wahlvorstand prüft einen unheilbar ungültigen Wahlvorschlag nicht unverzüglich, sondern erst mehr als fünf Tage nach dessen Einreichung und nach Ablauf der Zwei-Wochen-Frist des § 6 Abs. 1 WO.[1354]
- Der Wahlvorstand verkennt bewusst oder grob fahrlässig den Betriebsbegriff.[1355]

In folgenden Fällen hat die Rechtsprechung den Erlass einer einstweiligen Verfügung abgelehnt: 686

- Die Betriebsratsgröße ist wegen Aufnahme leitender Angestellter fehlerhaft, sofern die Eigenschaft der Betreffenden als leitende Angestellte nicht sicher festzustellen ist.[1356]
- Der Wahlvorstand lässt eine Wahlvorschlagsliste nicht zu, weil sich dort ein leitender Angestellter befände, dessen Eigenschaft als leitender Angestellter sich aber nicht sicher feststellen lässt.[1357]
- Der Wahlvorstand lässt eine Wahlvorschlagsliste wegen eines angeblichen Schriftformmangels nicht zu.[1358]
- Der Wahlvorstand verkennt fahrlässig den betriebsverfassungsrechtlichen Betriebsbegriff.[1359]

Bei der Einschätzung dieser entschiedenen Fälle spielt aber immer eine Rolle, ob das erkennende Gericht für den Erlass einer einstweiligen Verfügung bereits die Anfechtbarkeit oder erst die Nichtigkeit der anstehenden Wahl für erforderlich gehalten hat.   687

g) Zwangsvollstreckung

In der Praxis bedarf die einstweilige Verfügung häufig keiner Zwangsvollstreckung. Der Wahlvorstand hält sich von sich aus daran. Aber darauf sollte man sich als Anwalt des Antragstellers nicht verlassen, vor allem nicht in einem Fall wie dem Beispielsfall. Daher sind die folgenden Erwägungen zu berücksichtigen: 688

1349 Abgedruckt etwa in NZA 2014, 745.
1350 Vgl. auch die Beispiele bei *Rieble/Triskatis*, NZA 2006, 234, 238 ff.
1351 LAG Nürnberg 30.3.2006 – 6 TaBV 19/06, AE 2007, 167.
1352 ArbG Hamburg 10.8.1994 – 18 BV 4/94, zit. nach juris; ArbG Frankfurt 24.1.2012 – 13 BVGa 32/12, BB 2012, 908.
1353 LAG Hamburg 26.4.2006 – 6 TaBV 6/06, NZA-RR 2006, 413.
1354 LAG Berlin 7.2.2006 – 4 TaBV 214/06, NZA 2006, 509.
1355 LAG Baden-Württemberg, AiB 2006, 294; ArbG Hamburg 5.4.2006 – 11 GaBV 1/06, NZA-RR 2006, 361.
1356 Hess. LAG 25.5.2005 – 9 TaBVGa 82/05, zit. nach juris.
1357 ArbG Wesel 28.4.2006 – 4 BVGa 7/06, AE 2006, 203.
1358 LAG Baden-Württemberg 25.4.2006 – 21 TaBV 4/06, AiB 2006, 638.
1359 LAG Baden-Württemberg 3.6.2006 – 13 TaBV 4/06, BeckRS 2006, 42300.

Die einstweilige Verfügung wird im arbeitsgerichtlichen Beschlussverfahren von Amts wegen zugestellt (§ 85 Abs. 2 S. 2 ArbGG). Nach überwiegender Auffassung muss sie daneben durch Parteizustellung in der maßgeblichen Monatsfrist vollzogen werden (§ 929 ZPO).[1360] Es reicht die Vollziehung einer abgekürzten Abschrift nach § 317 Abs. 2 S. 2 ZPO. Die Erteilung einer solchen abgekürzten Abschrift sollte, damit keine Zeit verloren geht, bereits in der Antragsschrift beantragt werden.

Die einstweilige Verfügung im Beschlussverfahren ist sofort vollstreckbar. Dies auch dann, wenn Beschwerde eingelegt worden ist. Denn die aufschiebende Wirkung des § 87 Abs. 4 BetrVG lässt die vorläufige Vollstreckbarkeit nicht entfallen.[1361]

Wird dem Wahlvorstand vorgegeben, bestimmte Wahlhandlungen durchzuführen oder zu unterlassen, oder muss die Wahl abgebrochen und neu eingeleitet werden, so ist fraglich, wie die entsprechenden Beschlüsse vollstreckt werden. Die Vollstreckung richtet sich nach §§ 888, 890 ZPO – aber gegen wen? Gegen den Wahlvorstand als solchen können – wie etwa auch gegen den Betriebsrat – mangels Vermögensfähigkeit solche Handlungs- und Unterlassungsverpflichtungen nicht vollstreckt werden.[1362] Es kommt daher nur eine Vollstreckung gegen den Vorsitzenden und die Mitglieder des Wahlvorstands in Betracht.[1363]

Manche Gerichte lehnen indes eine Vollstreckung gegen Mitglieder des Wahlvorstands grundsätzlich ab, weil die Wahrnehmung eines Ehrenamtes nicht mit vollstreckungsrechtlichen Sanktionen belegt werden dürfe.[1364] Andere Gerichte konstruieren die Vollstreckung über einen Wahlvorstandsbeschluss und § 894 ZPO.[1365] Wieder andere Gerichte halten nur Zwangshaft, nicht aber Zwangsgeld für zulässig.[1366] Diese Einschränkungen überzeugen nicht. Auch Mitglieder eines Ehrenamtes müssen sich an Gerichtsentscheidungen halten; dazu können sie mit den prozessual zulässigen Mitteln, eben Zwangsgeld und Zwangshaft, gezwungen werden. Und eine Vollstreckung über § 894 ZPO hilft nicht, wenn der Wahlvorstand trotz fingierten Wahlabbruchbeschlusses gleichwohl die Wahl fortsetzt.

Allerdings ist eine Vollstreckung gegen Vorsitzenden und Mitglieder des Wahlvorstands schwierig, wenn der Titel nur gegen den Wahlvorstand gerichtet ist. Ob in einem solchen Fall eine Umschreibung des Titels auf ein Wahlvorstandsmitglied oder die Vollstreckungsklausel gegen ein Wahlvorstandsmitglied möglich ist, ist streitig.[1367] Um sicher zu gehen, sollte sich der Antrag im Erkenntnisverfahren nicht nur gegen den Wahlvorstand, sondern auch gegen dessen Vorsitzenden und die übrigen Wahlvorstandsmitglieder richten.[1368]

Soweit das Bundesarbeitsgericht in manchen Entscheidungen eine Vollstreckung gegen Betriebsratsmitglieder ablehnt und deshalb Feststellungsverfügungen zulässt,[1369] kann dies nicht auf die hiesige Fallkonstellation übertragen werden. Das Bundesarbeitsgericht stellt in diesen Fällen nämlich auf den Vorrang des Amtsenthebungsverfahrens gemäß § 23 Abs. 1 BetrVG ab. Ein solches Amtsenthebungsverfahren gibt es aber für einen Wahlvorstand nicht.

1360 Hess. LAG 20.10.1990 – 5 TaBVGa 171/89, NZA 1991, 30; NK-GA/*Schoob*, § 85 ArbGG Rn 19 f.; Schwab/Weth/*Busemann*, § 85 ArbGG Rn 76; a.M. LAG Hamm 7.8.1987 – 8 Sa 1369/86, NZA 1987, 825.

1361 LAG Berlin 12.11.2003 – 3 Ta 2142/03, BeckRS 2003, 30454064.

1362 BAG 28.5.2014 -7 ABR 36/12, NZA 2014, 1213; LAG Baden-Württemberg 26.3.1996 – 7 TaBV 1/96, DB 1996, 2084, 2085; NK-GA/*Schoob*, § 85 ArbGG Rn 8; ErfK/*Koch*, § 85 ArbGG Rn 2; Schwab/Weth/*Busemann*, § 85 ArbGG Rn 31.

1363 Schwab/Weth/*Busemann*, § 85 ArbGG Rn 31 ff.; vgl. auch Düwell/Lipke/*Koch*, § 85 ArbGG Rn 13 ff.; *Heider*, NZA 2010, 488, 491.

1364 Sächsisches LAG 19.4.2006 – 8 TaBV 10/06, zit. nach juris.

1365 LAG München 16.6.2008 – 11 TaBV 50/08, BeckRS 2009, 67638; zur Vollstreckung nach § 894 ZPO, wenn es um einen konkreten Beschluss des Betriebsrats (oder Wahlvorstandes) geht, vgl. Schwab/*Weth*/*Busemann*, § 85 ArbGG Rn 34; Germelmann u.a./*Matthes*/*Spinner*, § 85 ArbGG Rn 19.

1366 LAG Berlin, 26.3.1984 – 9 TaBV 4/84, NZA 1984, 333.

1367 Zum Streitstand: Germelmann u.a./*Matthes*/*Spinner*, § 85 ArbGG Rn 17 ff.; Schwab/Weth/*Busemann*, § 85 ArbGG Rn 31 ff.; *Pfrogner*, RdA 2016, 161, 163.

1368 HWK/*Bepler*/*Treber*, § 85 ArbGG Rn 6; Schwab/Weth/*Busemann*, § 85 ArbGG Rn 32.

1369 Etwa BAG 28.5.2014 – 7 ABR 36/12, NZA 2014, 1213; BAG 17.3.2010 – 7 ABR 95/08, NZA 2010, 1133; hierzu kritisch *Pfrogner*, RdA 2016, 161, 162 ff..

3. Muster

▼

Muster 3.57: Antrag auf Erlass einer einstweiligen Verfügung wegen unzulässiger Streichung eines Arbeitnehmers von der Wählerliste

689

Antrag auf Erlass einer einstweiligen Verfügung

In dem Beschlussverfahren

mit den Beteiligten

1. ▨▨▨, ▨▨▨ (*Arbeitnehmer, Adresse*)

– Antragsteller –

2. dem Wahlvorstand der Arbeitgeberin, bestehend aus folgenden Mitgliedern: ▨▨▨, vertreten durch den Vorsitzenden ▨▨▨, ▨▨▨ (*Adresse*)

– Antragsgegner –

3. dem Betriebsrat der Arbeitgeberin, vertreten durch den Betriebsratsvorsitzenden ▨▨▨, ▨▨▨ (*Adresse*)

4. der ▨▨▨ (*Arbeitgeberin*), vertreten durch ▨▨▨, ▨▨▨ (*Adresse*)

wegen: grobe Fehlerhaftigkeit von Wahlausschreiben und Wählerliste bei Betriebsratswahl

zeigen wir an, dass wir den Antragsteller vertreten.

Namens und im Auftrag des Antragstellers leiten wir ein Beschlussverfahren ein und **beantragen**

- ◼ wegen der Dringlichkeit des Falles ohne mündliche Anhörung der Beteiligten durch den Vorsitzenden allein

- ◼ hilfsweise nach Anhörung der Beteiligten unter größtmöglicher Abkürzung der Ladungs- und Einlassungsfristen gem. §§ 47 Abs. 1 ArbGG, 224 Abs. 2 ZPO

im Wege der **einstweiligen Verfügung**:

Der Antragsgegner und dessen Mitglieder – der Wahlvorstandsvorsitzende ▨▨▨ und die Wahlvorstandsmitglieder ▨▨▨ – werden verpflichtet, die am 26.2.2013 bekannt gemachte Wählerliste zur Betriebsratswahl durch eine Wählerliste zu ersetzen, in welcher der Antragsteller als Wahlberechtigter ausgewiesen ist.

Hilfsweise wird **beantragt:**

1. Der Antragsgegner und dessen Mitglieder – der Wahlvorstandsvorsitzende ▨▨▨ und die Wahlvorstandsmitglieder ▨▨▨ – werden verpflichtet, die im Betrieb der Beteiligten zu 4. laufende Betriebsratswahl abzubrechen, eine neue Betriebsratswahl einzuleiten und in der neuen Wählerliste den Antragsteller als wahlberechtigten Arbeitnehmer auszuweisen.

2. Für jeden Fall der Zuwiderhandlung gegen die Verpflichtung aus dem Hilfsantrag wird dem Antragsgegner und dessen Mitglieder – der Wahlvorstandsvorsitzende ▨▨▨ und die Wahlvorstandsmitglieder ▨▨▨ – bezogen auf jeden Fall der Fortsetzung des Wahlverfahrens ein Ordnungsgeld, dessen Höhe in das Ermessen des Gerichts gestellt wird, ersatzweise Ordnungshaft, angedroht.

Prozessual wird **beantragt,**

bei Erlass der einstweiligen Verfügung eine vollstreckbare Kurzausfertigung der Entscheidung gemäß § 317 Abs. 2 S. 2 ZPO zu erteilen.

Begründung

Der Antragsteller wehrt sich gegen ein laufendes Betriebsratswahlverfahren, weil er in der vom Wahlvorstand veröffentlichten Wählerliste nicht als wahlberechtigter Arbeitnehmer aufgeführt ist. Die Betriebsratswahl soll am 12.4.2013 stattfinden. Im Einzelnen ist hierzu wie folgt vorzutragen:

I. Sachverhalt

1. Die Beteiligte zu 4. ist ein Unternehmen des Frachtumschlags am Frankfurter Flughafen. Sie hat 90 Arbeitnehmer.

Die Mitarbeiter- und Hierarchiestruktur bei der Beteiligten zu 4. sieht wie folgt aus: Es gibt drei große Abteilungen, nämlich Export, Warenannahme und Import. In diesen drei Abteilungen arbeiten 58 Arbeitnehmer, 15 Vorarbeiter, 10 Schichtleiter und 6 Supervisoren. Außerdem hat die Beteiligte zu 4. einen Prokuristen, der allseits als leitender Angestellter betrachtet wird.

Der auf der Wählerliste fehlende Antragsteller ist Supervisor; die fünf anderen Supervisoren, die Herren _____, werden vom Wahlvorstand nicht als leitende Angestellte betrachtet und befinden sich auf der Wählerliste.

2. Der Antragsteller ist seit dem _____ bei der Beteiligten zu 4. als _____ eingestellt. Mit Wirkung zum 1.7.2011 wurde er zum **Supervisor** befördert. Seitdem erhält er – als angeblich leitender Angestellter – ein Bruttomonatsgehalt von unter 2.500 EUR.

Glaubhaftmachung:	1. Arbeitsvertrag, **Anlage A1**
	2. Schreiben vom 2.1.2012, **Anlage A2**

Die Aufgaben des Antragstellers sind u.a.: _____ Wegen der weiteren Einzelheiten wird auf die beigefügte Stellenbeschreibung verwiesen. Die übrigen 5 Supervisoren üben die gleiche Tätigkeit wie der Antragsteller aus.

Glaubhaftmachung:	Stellenbeschreibung vom 9.1.2012, **Anlage A3**

Der Antragsteller ist nicht zur Einstellung und Entlassung von Arbeitnehmern befugt, er hat keine Prokura.

Der Antragsteller führt für die Arbeitgeberin keine Verhandlungen mit dem Betriebsrat. Er ist also auch insofern nicht dem Arbeitgeberlager zuzurechnen.

Der Antragsteller wurde bei den bisherigen Betriebsratswahlen immer als Arbeitnehmer gemäß § 5 Abs. 1 BetrVG behandelt.

3. Die Beteiligte zu 4. hat einen Betriebsrat, den Beteiligten zu 3. Gegen diesen wird unter dem Aktenzeichen _____ ein durch die Belegschaft eingeleitetes Amtsenthebungsverfahren bei dem Arbeitsgericht Frankfurt geführt.

Glaubhaftmachung:	1. Antragsschreiben, **Anlage A4**
	2. Gerichtliche Verfügung, **Anlage A5**

Unter dem Druck des Amtsenthebungsverfahrens trat der Betriebsrat am 4.1.2013 zurück.

Glaubhaftmachung:	Rücktrittsschreiben, **Anlage A6**

Er setzte am 29.1.2013 den Wahlvorstand ein. Wie nicht anders zu erwarten war, besteht dieser ausschließlich aus Betriebsratsmitgliedern.

Am 26.2.2013 veröffentlichte der Wahlvorstand das Wahlausschreiben und die Wählerliste. Auf der Wählerliste wird der Antragsteller nicht als wahlberechtigter Arbeitnehmer aufgeführt.

Glaubhaftmachung: 1. Wahlausschreiben, **Anlage A7**

                                        2. Wählerliste, **Anlage A8**

Der Antragsteller hat mehrfach beim Wahlvorstand moniert, dass er nicht auf der Wählerliste ist. Mit Schreiben vom 5.3.2013 hat er offiziell Einspruch im Sinne von § 4 WO erhoben, alles vergeblich. Der Wahlvorstand vertritt die unzutreffende Auffassung, bei dem Antragsteller handele es sich um einen leitenden Angestellten im Sinne des § 5 Abs. 3 BetrVG.

Glaubhaftmachung: 1. Einspruch vom 5.3.2013, **Anlage A9**

                                        2. Antwort des Wahlvorstands, **Anlage A10**

Ein Zuordnungsverfahren nach § 18a BetrVG hat nicht stattgefunden.

Aus Sicht des Antragstellers liegt der Grund für die unzutreffende Einordnung als leitender Angestellter darin, dass sich der Betriebsrat über den Wahlvorstand unliebsame Konkurrenz vom Halse schaffen will. Der Antragsteller hat nämlich selbst vor, bei der Wahl auf einer eigenen Liste zu kandidieren.

II. Rechtliche Würdigung

1. Zunächst ist festzuhalten, dass gegen grobe Fehler des Wahlvorstands mittels einstweiliger Verfügung vorgegangen werden kann. Auch nach der maßgeblichen bisherigen Rechtsprechung des Hessischen Landesarbeitsgerichts kann in laufende Betriebsratswahlen im Wege der einstweiligen Verfügung eingegriffen werden, und zwar:

- wenn die Wahl als nichtig anzusehen wäre;

- wenn eine Wahlanfechtung wegen eines schwerwiegenden Fehlers im Wahlverfahren mit Sicherheit zum Erfolg führen würde und eine nicht nur unerhebliche betriebsratslose Zeit nicht zu befürchten wäre.

Der hier gerügte Fehler würde die Wahl nichtig machen (vgl. unten II. 2). Zu einer betriebsratslosen Zeit käme es nicht, der bestehende Betriebsrat ist bis zur Neuwahl bzw. bis zum rechtskräftigen Abschluss des laufenden Amtsenthebungsverfahrens weiter im Amt.

Nach Auffassung des Antragstellers ist eine einstweilige Verfügung in einem laufenden Wahlverfahren in erster Linie auf entsprechende Korrektur der groben Fehler des Wahlvorstandes gerichtet. Daher ist der Hauptantrag begründet (vgl. *Zwanziger*, DB 1999, 2264). Sollte das Arbeitsgericht Frankfurt am Main der Meinung sein, dass wegen Nichteinhaltung der Sechs-Wochen-Frist des § 3 Abs. 1 WO keine Korrektur mehr möglich sei, führt die einstweilige Verfügung zum Abbruch und zur Neueinleitung der Wahl. Dann ist der Hilfsantrag begründet. Dass ein Anspruch auf Abbruch der Wahl besteht, wenn die zugrunde liegende Rechtsverletzung zur Nichtigkeit der Wahl führen würde, ist auch vom BAG (27.7.2011 – 7 ABR 61/10, NZA 2012, 345) bestätigt worden.

2. Der Antragsteller kann sich hinsichtlich seines Antrags auf einen Verfügungsanspruch berufen.

Wer leitender Angestellter ist, ergibt sich aus der Legaldefinition in § 5 Abs. 3 BetrVG. Die beiden ersten Varianten kommen von vornherein nicht in Betracht, der Antragsteller ist von vornherein nicht zu Einstellungen und Entlassungen befugt, Prokura hat er auch keine.

Aber auch die dritte Variante liegt offenkundig nicht vor. Denn der Antragsteller nimmt keine für Bestand und Entwicklung des Unternehmens wesentlichen Aufgaben wahr, er benötigt also keine entsprechenden Erfahrungen und Kenntnisse und er trifft keine weisungsfreien Entscheidungen oder beeinflusst solche Entscheidungen maßgeblich (vgl. § 5 Abs. 3 Nr. 3 BetrVG). Dies ergibt sich aus folgenden Erwägungen:

Der willkürliche Ausschluss des Antragstellers würde zur Nichtigkeit der anstehenden Wahl führen. Insofern wird auf BAG 24.1.1964, BAGE 15, 235, 241, verwiesen. Dass der Wahlvorstand willkürlich und aus sachfremden Motiven gehandelt hat, ergibt sich auch daraus, dass er nur einen der 6 Supervisoren herausgegriffen und zum leitenden Angestellten deklariert hat. Eine Begründung dafür hat der Wahlvorstand nicht gegeben, sie ist auch nicht einmal ansatzweise ersichtlich.

Dass der falschen Zuordnung als leitender Angestellter im laufenden Wahlverfahren durch einstweilige Verfügung begegnet werden kann, hat das hier maßgebliche Hessische Landesarbeitsgericht bereits festgestellt (Hess LAG 25.5.2005 – TaBVGa 82/05). Das mag anders sein, wenn die Eigenschaft als leitender Angestellter im einstweiligen Verfügungsverfahren nicht sicher festzustellen ist. Das ist aber hier gerade nicht der Fall. Denn der Wahlvorstand hat sich ohne jede Begründung lediglich einen von 6 Supervisoren herausgepickt und zum leitenden Angestellten deklariert.

3. Es liegt auch ein Verfügungsgrund vor. Die Betriebsratswahl soll am 12.4.2013 stattfinden. Die Angelegenheit ist also eilbedürftig. Um an der Wahl teilnehmen zu können, muss der Antragsteller mittels einstweiliger Verfügung gegen den Wahlvorstand vorgehen.

4. Im Hinblick auf eine etwaige Zwangsvollstreckung nach §§ 888, 890 ZPO hat der Antragsteller vorsorglich auch den Wahlvorstandsvorsitzenden und die Wahlvorstandsmitglieder in seine Anträge aufgenommen (vgl. Schwab/Weth/Busemann, ArbGG, § 85 Rn 31 ff.).

III. Weitere Glaubhaftmachung

Zur weiteren Glaubhaftmachung wird auf die beigefügte eidesstattliche Versicherung des Antragstellers verwiesen.

Glaubhaftmachung: Eidesstattliche Versicherung, **Anlagen A 11**

IV. Gerichtlicher Hinweis

Sollte das Arbeitsgericht Frankfurt am Main weiteren Sachvortrag oder zusätzliche Glaubhaftmachung für erforderlich halten oder sollte es Bedenken wegen der Antragstellung haben, wird um einen richterlichen Hinweis gebeten.

(*Unterschrift*)

Rechtsanwalt

▲

X. Einstweilige Verfügung auf Untersagung von Arbeitskampfmaßnahmen und Schutzschrift der Gewerkschaft in Verbindung mit einem Tarifsozialplan

Literatur: *Bauer/Krieger*, „Firmentarifsozialplan" als zulässiges Ziel eines Arbeitskampfes?, NZA 2004, 1019; *Bayreuther*, Tarif- und Arbeitskampfrecht in der Neuorientierung, NZA 2008, 12; *Bertke*, BVerfG und Flashmob-Rechtsprechung, NJW 2014, 1852; *Bieder*, Paradigmenwechsel im Arbeitskampfrecht: Neue Bezugspunkte für die Verhältnismäßigkeitskontrolle von Sympathiestreiks, NZA 2008, 799; *Bücker*, Die Rosella-Entscheidung des EuGH zu gewerkschaftlichen Maßnahmen gegen Standortverlagerungen: der Vorhang zu und viele Fragen offen, NZA 2008, 212; *Clemenz*, Das einstweilige Verfügungsverfahren im Arbeitsrecht, NZA 2005, 129; *Däubler*, (Hrsg.), Arbeitskampfrecht, 3. Aufl. 2011; *Fischinger*, Streik um Tarifsozialpläne?, NZA 2007, 310; *ders./Monsch*, Tarifeinheitsgesetz und Arbeitskampf, NJW 2015, 2209, *Franzen*, Über den Sozialplanstreik, FS Reuter, 2010, S. 479; *Gaul*, Neue Felder des Arbeitskampfs: Streikmaßnahmen zur Erzwingung eines Tarifsozialplans, RdA 2008, 13; *Greiner*, Der Arbeitskampf der GDL – Überlegungen zur Parität im Sparten- und Spezialistenarbeitskampf, NZA 2007, 1023; *ders.*, Atypische Arbeitskampfmittel und Kampfpluralität, NJW 2010, 2977; *ders.*, Der Flashmob-Beschluss des BVerfG, Juris 2014, 414; *Henssler*, Der „Arbeitgeber in der Zange", Rechtsfragen der Firmentarifsozialpläne, FS *Richardi*, 2007, 553; *ders.*, Ende der Tarifeinheit – Eckdaten eines neuen Arbeitskampfrechts, RdA 2011, 65; *Höfling/Engels*, Der „Bahnstreik" – oder: Offenbarungseid des Arbeitskampfrichterrechts?, NJW 2007, 3102; *Kissel*, Arbeitskampfrecht 2002; *Konzen*, Kampfmittelfreiheit und Flashmob-Aktionen, FS Reuter, 2010, S. 603; *Krieger/Günther*, Streikrecht 2.0 – Erlaubt ist, was gefällt!?, NZA 2010, 20; *Krieger/Wiese*, Neue Spielregeln für Streiks um Tarifsozialpläne, BB 2010, 568; *Kühling/Bertelsmann*, Tarifautonomie und Unternehmerfreiheit, NZA 2005, 1017; *Lambrich/Sander*, Von streikenden Fluglotsen, NZA 2014, 337, *Leipold*, Die Schutzschrift zur Abwehr einstweiliger Verfügungen gegen Streiks, RdA 1983, 164; *Lemke, Arbeitskampfrecht*, Quo vadis, NZA 2014, 471; *Lindemann/Dannhorn*, Erstreikung von Tarifsozialplänen – Friedenspflicht bei Rationalisierungsschutzabkommen?, BB 2008, 1226; *Linsenmaier*, Tarifpluralität, Tarifkonkurrenz, Tarifeinheit, Folgen für das Arbeitskampfrecht, RdA 2015, 369; *Litschen*, Das BAG und der Arbeitskampf, NZA-RR 2015, 57; *Löwisch*, Besitzschutz gegen Flashmob, NZA 2010, 209; *Löwisch/Beck*, Rechtsweg und Gerichtsstand bei Flashmobklagen, NZA 2010, 857; *Melms/Reinhardt*, Das Ende der relativen Friedenspflicht – Arbeitskampf immer und überall?, NZA 2010, 1033; *Meyer*, Reflexionen zum Unterstützungsstreik, NZA 2011, 1392; *ders.*, Einschränkungen der Mitbestimmung im Arbeitskampf, BB 2012, 2753; *Moderegger*, Was geht im Arbeitskampf?, ArbRB 2012, 154; *Otto*, Arbeitskampf- und Schlichtungsrecht, 2006; *ders.* Tarifzensur und Arbeitskampf, FS Konzen, 2006, 663; *ders.*, Das konturlose Arbeitskampfrecht des BAG,

RdA 2010, 135; *Pießkalla*, Unmittelbare Drittwirkung der Grundfreiheiten des EG-Vertrags bei Boykottaufrufen durch Gewerkschaften, NZA 2007, 1144; *Reichold*, Zulässigkeitsgrenzen eines Arbeitskampfs zur Standortsicherung, BB 2004, 2814; *ders.*, Grundrechtssuspendierung durch einstweilige Verfügung, FA 2008, 98; *Reinhardt/Kliemt*, Die Durchsetzung arbeitsrechtlicher Ansprüche im Eilverfahren, NZA 2005, 545; *Rieble*, Das neue Arbeitskampfrecht des BAG, BB 2008, 1506; *ders.*, Flash-Mob – ein neues Kampfmittel?, NZA 2008, 796; *ders.*, Fallenlassen einzelner Streikforderungen, BB 2014, 949; *Rüthers*, Arbeitskampf in einer veränderten Wirtschafts- und Arbeitswelt, NZA 2010, 6; *Säcker*, Von der offenen Arbeitseinstellung zur verdeckten Betriebsblockade – Der Arbeitskampf im Wandel zum Partisanenkampf, NJW 2010, 1115; *Scharff*, Rechtsschutzmöglichkeiten Dritter bei Arbeitskampfmaßnahmen, BB 2015, 1845; *Simon/Greßlin*, BAG: Streikbegleitende „Flashmob-Aktion" im Einzelhandel, BB 2010, 379; *Spielberger*, Die Arbeitskampfrisikolehre und das Ende der Tarifeinheit, NJW 2011, 264; *Wank*, Aktuelle Probleme des Arbeitskampfrechts, RdA 2009, 1; *Willemsen/Stamer*, Erstreikbarkeit tariflicher Sozialpläne: Die Wiederherstellung der Arbeitskampfparität, NZA 2007, 413.

1. Einstweilige Verfügung auf Untersagung von Arbeitskampfmaßnahmen

a) Typischer Sachverhalt

Die X GmbH betreibt mehrere Einzelhandelsgeschäfte und ist nicht tarifgebunden. Auf Flugblättern und im Internet erschienen ab dem 5.6.2016 unter Hinweis auf die Gewerkschaft V u.a. folgende Hinweise. Webseite und Flugblatt verwiesen auf die namentlich erwähnte Verhandlungsführerin F der Gewerkschaft V sowie deren Landesverband.[1370] **690**

> „Am 6.6., 6 Uhr bis 13 Uhr gemeinsam mit den Streikenden eine Filiale bestreiken und dicht machen. Wer über diese und zukünftige Aktionen informiert sein und mitmachen will, schreibt eine Mail und wird dann kurzfristig informiert. Zusammen wollen wir eine Filiale dicht machen, so dass das Unternehmen effektiv bestreikt wird. Das bedeutet auch, Streikbruch zu verhindern."

Die angekündigte Aktion fand am 6.6. von 6 Uhr bis 12 Uhr statt. Auf dem Gehweg vor der Filiale waren Tische und Fahnen der Gewerkschaft V abgestellt. Vor dem Kundeneingang stand ein Metallbogen, an dem ein Schild „Streikbrecher" und Gardinen befestigt waren. Unmittelbar vor dem Eingang befanden sich im Laufe des Vormittags ca. 100 Teilnehmer. Kunden, die die Filiale aufsuchen wollten, mussten sich durch die Menschenmenge drängen und durch das „Streikbrechertor" hindurch, und zwar auch durchschnittlich große Menschen in leicht gebückter Haltung. Kunden, die auf diese Weise die Filiale betreten wollten, wurden mit Trillerpfeifen ausgepfiffen oder als „Streikbrecher" bezeichnet. Mehrere Zulieferer für die Filiale, die im Laufe des Vormittags Produkte brachten, konnten die Filiale nicht ungehindert betreten.

b) Rechtliche Grundlagen
aa) Generelle Vorbemerkungen

Ein **geschriebenes Arbeitskampfrecht existiert nicht**. Alleinige normative Grundlage ist Art. 9 Abs. 3 GG. Große Bedeutung kommt daher den Entscheidungen des BAG sowie jedenfalls in einstweiligen Verfügungsverfahren den LAGs zu. Denn bei EV-Verfahren findet eine Revision zum BAG gemäß § 72 Abs. 4 ArbGG nicht statt. Grundsätzlich kommen als Mittel des Arbeitskampfes der Streik und die Aussperrung in Betracht. Letztere spielt nicht zuletzt aufgrund der durch die Rechtsprechung des BAG und des BVerfG gezogenen Grenzen[1371] in der Praxis keine große Rolle, so dass hier nur der Streik behandelt wird. Dessen grundsätzliche Zulässigkeit folgt aus Art. 9 Abs. 3 GG. Während das BVerfG ursprünglich judiziert hatte, der Schutz der koalitionsmäßigen Betätigung, zu dem auch das Streikrecht zählt, sei auf einen Kernbereich beschränkt, wandte sich das Gericht am 14.11.1995[1372] hiervon ab. Vom Grundrechtsschutz erfasst sind nunmehr prinzipiell sämtliche Betätigungen einer Koalition im Rahmen der besonderen Zwecksetzung der Wahrung und Förderung der Arbeits- und Wirtschaftsbedingungen. Die somit erforderliche Abgren- **691**

1370 Der Sachverhalt ist angelehnt an ArbG Berlin 23.6.2008 – 2 Ga 9993/08, n.v.; vgl. Däubler/*Däubler*, Arbeitskampfrecht, § 31 Rn 2; ein ähnlicher Sachverhalt lag auch dem Judikat des BAG vom 22.9.2009 (NZA 2010, 1347) und der dazu ergangenen Entscheidung des BVerfG vom 26.3.2014 (1 BvR 3185/09, NZA 2014, 493) zu Grunde.
1371 Vgl. die Nachweise bei *Kissel*, § 52; NK-GA/*Hanau*, Art. 9 GG Rn 202 ff.; Däubler/*Däubler*, Arbeitskampfrecht, § 8 Rn 22 ff.
1372 BVerfG 14.11.1995, BVerfGE 93, 352 = NZA 1996, 381.

zung zu anderen gleichfalls mit Verfassungsrang ausgestatteten Positionen, namentlich dem Schutz des Eigentums des Arbeitgebers aus Art. 14 GG, stellt jedoch für die Rechtsprechung ebenso eine zu berücksichtigende Größe bei der Bewertung der Rechtmäßigkeit von Arbeitskampfmaßnahmen dar, wie der mit Verfassungsrang versehene Verhältnismäßigkeitsgrundsatz.

692 Ausgehend von diesen wenigen normativen Vorgaben hat die **Rechtsprechung** (notgedrungen) einen **eigenen Prüfungskanon** entwickelt. Danach muss ein rechtmäßiger Streik zumindest folgende Voraussetzungen erfüllen: Führung durch tariffähige Parteien, über tariflich regelbare Ziele bei Beachtung etwaiger Friedenspflichten sowie des Verhältnismäßigkeitsgrundsatzes.[1373] Erforderlich sind ferner eine ordnungsgemäße Beschlussfassung über und eine Bekanntgabe der Kampfziele.[1374] Allerdings sind nach Ablauf der Friedenspflicht verhandlungsbegleitende Streiks zulässig, ohne dass es einer Vorankündigung der Arbeitskampfmaßnahme oder eines förmlichen Scheiterns der Verhandlungen bedarf.[1375] Dies gilt jedenfalls, soweit vor Arbeitskampfmaßnahmen kein Schlichtungsverfahren durchlaufen werden muss.[1376] Die Beteiligungsrechte des Betriebsrats sind im Arbeitskampf beschränkt.[1377]

693 Aus den vorstehenden Kriterien folgt beispielsweise die Unzulässigkeit politischer Streiks, da sie i.d.R. keine tariflich regelbaren Ziele verfolgen. Aus der unionsrechtlichen Verankerung des Streikrechts in Art. 28 GRC folgt nichts Abweichendes, weil zum einen der Union im Arbeitskampfrecht die Rechtssetzungskompetenz fehlt (Art. 153 Abs. 5 AEUV) und zum anderen die GRC nicht über den in Art. 51 Abs. 1 GRC beschriebenen Kreis hinaus Anwendung findet.[1378] Nichts Anderes folgt aus Art. 11 EMRK, woraus der EGMR den Schutz des Streikrechts ableitet.[1379] **Praxisrelevant** sind **Verstöße gegen** bestehende **Friedenspflichten**. Die relative Friedenspflicht verbietet den Tarifvertragsparteien, während der Laufzeit eines Tarifvertrages einen Arbeitskampf zu führen oder ihre Mitglieder zu einem solchen aufzurufen mit dem Ziel, eine tariflich geregelte Materie zu beseitigen oder abzuändern.[1380] Im Gegensatz zur absoluten Friedenspflicht, die jegliche Arbeitskampfmaßnahmen während ihrer Dauer verbietet, muss die relative Friedenspflicht nicht besonders vereinbart werden, sondern ist dem Tarifvertrag immanent.[1381] Für die Praxis bedeutsam ist, dass sich die Reichweite der relativen Friedenspflicht durch Auslegung der tariflichen Regelungen ermitteln lässt. Zwar werden unterschiedliche Auffassungen vertreten, wie konkret ein Thema inhaltlich geregelt sein muss, damit es der relativen Friedenspflicht unterfällt. Das BAG lässt eine Thematik jedoch bereits dann der relativen Friedenspflicht unterfallen, wenn die Tarifvertragsparteien „eine bestimmte Sachmaterie erkennbar umfassend geregelt" haben, so dass ein Arbeitskampf, gerichtet auf die Durchsetzung weiterer Regelungen, „die in einem sachlichen inneren Zusammenhang mit dem befriedeten Bereich stehen", wegen eines Verstoßes gegen die Friedenspflicht rechtswidrig ist.[1382] Das BAG nimmt in seiner Entscheidung zur Zulässigkeit eines „Tarifsozialplans"[1383] grundsätzlich keinen Verstoß gegen die Friedenspflicht an, wenn ein verbandsangehöriger Arbeitgeber wegen des Abschlusses eines gesonderten Haustarifvertrages bestreikt wird, sofern die mit dem Haustarifvertrag

1373 Vgl. nur NK-GA/*Hanau*, Art. 9 GG Rn 105 ff.; ErfK/*Linsenmaier*, Art. 9 GG Rn 112 ff.
1374 *Kissel*, § 42 Rn 15–17; BAG 19.6.2012, NZA 2012, 1372, 1376 f.
1375 BAG 21.6.1988, NZA 1988, 846, 848 f.; LAG Köln 29.10.1998, NZA-RR 1999, 153; ArbG Passau 2.10.2007 – 1 Ga 20/07, BeckRS 2008, 13260; *Kissel*, § 41 Rn 43.
1376 *Kissel*, § 41 Rn 44.
1377 BAG 13.12.2011, NZA 2012, 571; ErfK/*Linsenmaier*, Art. 9 GG Rn 156 ff.
1378 ErfK/*Linsenmaier*, Art. 9 GG Rn 109; NK-GA/*Hanau*, Art. 9 GG Rn 99.
1379 NK-GA/*Hanau*, Art. 9 GG Rn 101; vgl. EGMR 2.10.2014 – 48408/12, NZA 2015, 1268.
1380 BAG 21.12.1982, AP Nr. 76 zu Art. 9 GG Arbeitskampf, Jacobs/Krause/*Krause*, § 4 Rn 148.
1381 BAG 10.12.2002, NZA 2003, 734, 738.
1382 BAG 10.12.2002, NZA 2003, 734, 739.
1383 BAG 24.4.2007, NZA 2007, 987 = AP Nr. 2 zu § 1 TVG Sozialplan, dazu bspw. *Franzen* in: FS Reuter 2010, S. 479; *Bauer/Krieger*, NZA 2004, 1019; *Fischinger*, NZA 2007, 310; *Kühling/Bertelsmann*, NZA 2005, 1017; *Lindemann/Dannhorn*, BB 2008, 1226; *Henssler* in: FS Richardi 2007, 553; *Willemsen/Stamer*, NZA 2007, 413; *Gaul*, RdA 2008, 13. Die Unzulässigkeit kann sich aber aus dem Verstoß gegen die Niederlassungsfreiheit des Arbeitgebers ergeben, vgl. *Krieger/Wiese*, BB 2010, 568.

erstrebten Arbeitsbedingungen nicht zugleich Gegenstand des Flächentarifvertrages und daher der Friedenspflicht sind. Da der gesamte Arbeitskampf rechtswidrig ist, wenn auch nur gegen eine der vorgenannten Mindest-Wirksamkeitsvoraussetzungen verstoßen wird,[1384] und ein Verstoß gegen die relative Friedenspflicht in der Praxis gemeinsam mit Verstößen gegen den Verhältnismäßigkeitsgrundsatz i.d.R. den einzigen Ansatzpunkt für eine Rechtmäßigkeitsprüfung bieten, muss der Praktiker hierauf sein besonderes Augenmerk legen. Neben der Entscheidung des 1. Senats des BAG zum Tarifsozialplan und der vom 19.6.2007 zur Zulässigkeit von Unterstützungsstreiks[1385] hat insbesondere das Judikat vom 22.9.2009 zu sog. Flashmob-Aktionen[1386] und der daraufhin ergangene für den Arbeitgeber negative Beschluss des BVerfG[1387] zu diesem Judikat für Aufmerksamkeit gesorgt. Die Gewerkschaft hatte die Teilnehmer dazu aufgerufen durch den Kauf geringwertiger Waren oder das Befüllen und Stehenlassen von Einkaufswagen die betrieblichen Abläufe in einem Einzelhandelsgeschäft überraschend zu stören. Dieses Vorgehen wurde vom Gericht für zulässig erachtet. Zwar liege ein Eingriff in das Recht des Betriebsinhabers am eingerichteten und ausgeübten Gewerbebetrieb nach §§ 1004 Abs. 1, 823 Abs. 1 BGB vor, doch sei dieser durch die von Art. 9 Abs. 3 GG geschützte Betätigungsfreiheit der Koalitionen gerechtfertigt.

Von der Frage, ob ein **Arbeitskampf insgesamt rechtmäßig** ist, muss die in der Praxis mindestens ebenso häufige Problematik unterschieden werden, ob **einzelne Maßnahmen** eines i.d.R. grundsätzlich rechtmäßigen Arbeitskampfes **noch von Art. 9 Abs. 3 GG gedeckt** sind. Deshalb basiert der Muster-Sachverhalt auf einer Entscheidung des ArbG Berlin vom 23.6.2008,[1388] bei der es im Wesentlichen um die gerichtliche Überprüfung einzelner Arbeitskampfmaßnahmen geht. Denn auch wenn der Streik selbst rechtmäßig ist, können gleichwohl einzelne Streikmaßnahmen rechtswidrig sein. Jede Streikmaßnahme ist an den Grundsatz der Verhältnismäßigkeit gebunden. Vor der Flashmobentscheidung des BAG[1389] wurden Betriebsblockaden, bei denen Zulieferer oder sonstige Dritte am Betreten des bestreikten Unternehmens gehindert werden, wegen eines Eingriffs in den eingerichteten und ausgeübten Gewerbebetrieb für rechtswidrig gehalten.[1390] Gleiches galt für die mit dem Ziel geführte Betriebsbesetzung, die Produktion des bestreikten Arbeitgebers lahm zu legen,[1391] oder den Boykott.[1392] Inwiefern hieran festzuhalten sein wird, ist unklar. Denn auch die nun zulässigen Flashmob-Aktionen führen, wie die bisher rechtswidrigen Betriebsblockaden, zu einer gezielten Störung des Betriebsablaufs.[1393] Die Grenze wird zumindest da erreicht sein, wo Straftaten von den Streikteilnehmern begangen werden (z.B. eine Sachbeschädigung i.S.v. § 303 StGB oder ein Hausfriedensbruch nach § 123 StGB).[1394]

694

bb) Anmerkungen zur Zulässigkeit und Begründetheit der einstweiligen Verfügung
(1) Zulässigkeit

Erste Schwierigkeiten treten häufig bereits bei der Prüfung auf, wer als **Antragsgegner** in Betracht kommt. Dies können grundsätzlich die streikführende Gewerkschaft selbst, deren Untergliederungen oder Indivi-

695

1384 BAG 4.5.1955, AP Nr. 2 zu Art. 9 GG Arbeitskampf; BAG 10.12.1992, AP Nr. 162 zu Art. 9 GG Arbeitskampf; *Kissel*, § 24 Rn 11 m.w.N.

1385 BAG 19.6.2007, NZA 2007, 1055 = AP Nr. 173 zu Art. 9 GG Arbeitskampf; dazu *Meyer* NZA 2011, 1392; *Konzen*, SAE 2008, 1; *Hohenstatt/Schramm*, NZA 2007, 1034; *Reinartz/Olbertz*, DB 2008, 814; *Sunnus*, AuR 2008, 1; *Rieble* BB 2008, 1506; *Bieder* NZA 2008, 799.

1386 BAG 22.9.2009, NZA 2010, 1347; dazu Däubler/*Däubler*, Arbeitskampfrecht, § 31 Rn 1 ff.; *Konzen* in: FS Reuter 2010, S. 603; *Löwisch/Beck*, NZA 2010, 857; *Krieger/Günther*, NZA 2010, 20.

1387 BVerfG 26.3.2014 – 1 BvR 3185/09, NZA 2014, 493; dazu *Betke* NJW 2015, 2209; *Greiner*, Juris 2014, 414.

1388 ArbG Berlin 23.6.2008 – 2 Ga 9993/08, n.v.

1389 BAG 22.9.2009, NZA 2010, 1347.

1390 BAG 21.6.1988, NZA 1988, 846, 850 = AP Nr. 2 zu § 31 BGB; *Kissel*, § 61 Rn 101; vgl. nach wie vor LAG Berlin-Brandenburg 15.6.2016 – 23 SaGa 968/16; LAG Hamburg 6.1.2013 – 5 SaGa 1/12.

1391 *Kissel*, § 61 Rn 57 ff.

1392 *Kissel*, § 61 Rn 122 ff.; vgl. aber auch BAG 19.10.1976, AP Nr. 6 zu § 1 TVG Form.

1393 Wobei laut BAG ein Flashmob gerade keine Betriebsblockade darstellt, vgl. BAG 22.9.2009, NZA 1347, 1354.

1394 Vgl. *Krieger/Günther*, NZA 2010, 20, 22.

duen (lokale Streikleiter) sein. Die streikführende Gewerkschaft ist parteifähig gemäß § 10 ArbGG, so dass nur die Einzelheiten (ladungsfähige Anschrift, Namen der vertretungsberechtigten Personen etc.) zu klären sind. Problematischer ist die Parteifähigkeit von gewerkschaftlichen Untergliederungen, insbesondere deren Landesbezirke.[1395] So kann zwar nach § 70 Abs. 2 der Satzung von ver.di der Bundesvorstand im Fall kurzzeitiger befristeter Arbeitsniederlegungen und Warnstreiks sein Entscheidungsrecht delegieren. Ob er dies jedoch im Einzelfall tut, entzieht sich in der Regel der Kenntnis des Arbeitgebers. Somit besteht das Risiko der Abweisung des Antrages als unzulässig jedenfalls gegen gewerkschaftliche Untergliederungen. Gleichwohl sollten wegen der im arbeitsgerichtlichen Verfahren geringen Kostenfolgen vorsorglich Verfügungen auch gegen die gewerkschaftlichen Untergliederungen beantragt werden. Gleiches gilt in Bezug auf die am Streik beteiligten natürlichen Personen, jedenfalls soweit es sich um die Streikleitungen etc. handelt. Damit schließt man beispielsweise das Risiko aus, dass sich die Gewerkschaften jedenfalls bei exzessiven Maßnahmen des Arbeitskampfes auf die Position zurückziehen, die zur Überprüfung des Gerichts gestellte Maßnahme sei weder von der Gewerkschaft durchgeführt noch von ihr gebilligt, so dass sich der Antrag nicht gegen die Gewerkschaft richten dürfe.[1396] Dann richtet sich der Antrag jedenfalls gegen die namentlich benannten „Rädelsführer". Es kann sinnvoll sein, den Vorstand der maßgeblichen Gewerkschaft zuvor, wegen der Eilbedürftigkeit per Fax, von bestimmten Arbeitskampfmaßnahmen in Kenntnis zu setzen, zu unterstellen, dass diese Maßnahmen von der Gewerkschaft durchgeführt oder zumindest gebilligt werden und eine Frist zu setzen, auf die Gewerkschaftsmitglieder mäßigend einzuwirken und das unrechtmäßige Verhalten abzustellen, sollte es sich nicht um eine von der Gewerkschaft gebilligte Maßnahme handeln. Dann fällt es der Gewerkschaft schwer, die Verantwortung für rechtswidrige Arbeitskampfmaßnahmen abzulehnen. Auf Arbeitgeberseite können sowohl der betroffene Arbeitgeber selbst als auch der betroffene Arbeitgeberverband aktiv legitimiert sein, soweit es um tarifliche Arbeitskampfmaßnahmen geht.[1397]

696   Richtige Verfahrensart ist das **Urteilsverfahren** nach § 2 Abs. 1 Nr. 2 und 3 d) ArbGG, nicht jedoch das arbeitsgerichtliche Beschlussverfahren. Zuständig sind alleine die Arbeitsgerichte; für die teilweise angenommene Ersatzzuständigkeit der Amtsgerichte nach § 942 ZPO ist angesichts der Ausschließlichkeit der nebeneinander bestehenden Rechtswege zu den Arbeits- und Zivilgerichten kein Raum.[1398] Ohne Einfluss bleiben zwischen den Tarifvertragsparteien bestehende Schiedsvereinbarungen. Denn sie erfassen allenfalls Entscheidungen zur Hauptsache, nicht jedoch den Rechtsschutz im einstweiligen Verfügungsverfahren.[1399]

697   Nicht zuletzt die arbeitsgerichtlichen Auseinandersetzungen zwischen der Deutsche Bahn AG und der Gewerkschaft der Lokführer haben verdeutlicht, dass das **Fehlen einer ausdrücklichen örtlichen Zuständigkeitsregelung** in Arbeitskampfsachen zu einem von Taktik geprägten „Gerichts-Shopping" führen kann. Nach § 46 Abs. 2 ArbGG richtet sich die örtliche Zuständigkeit im Hauptsacheverfahren prinzipiell nach den Gerichtsständen der ZPO. Sie sind aufgrund der Verweisung in § 62 Abs. 2 S. 1 ArbGG gemäß § 937 Abs. 1 ZPO auch maßgeblich für die Bestimmung des Gerichtsstandes bei einstweiligem Rechts-

---

1395 BAG 21.6.1988, NZA 1988, 846, 850 (Landesbezirk HBV); BAG 26.2.1964, AP Nr. 5 zu § 36 ZPO (Bezirksleitung IG Metall); LAG Hamm 31.5.2000, NZA-RR 2000, 535; ArbG Passau 2.10.2007 – 1 Ga 20/07, BeckRS 2008, 13260 (beide Landesbezirk NGG); LAG München 27.3.1987, NZA 1988 Beil. 2, 23, 25 (Bezirksleitung IG-Metall); ArbG Lübeck 25.2.2008 – 1 Ga 7/08, n.v. (Landesbezirk ver.di).

1396 Vgl. insoweit zur Rechtswidrigkeit von Betriebsblockaden sowie zur Haftung zur Gewerkschaft analog § 31 BGB für deren Landesbezirksleitung BAG 8.11.1988, NZA 1989, 475 sowie BAG 21.6.1988, NZA 1988, 846.

1397 BAG 12.9.1984, AP Nr. 81 zu Art. 9 GG Arbeitskampf; LAG Niedersachsen 25.3.1987, NZA 1988, Beil. 2, 35.

1398 *Kissel*, § 65 Rn 52 m.w.N.

1399 *Kissel*, § 65 Rn 53.

schutz in Arbeitskampfangelegenheiten. Uneinigkeit herrscht jedoch, welche Vorschriften der ZPO jedenfalls auf überregionale oder bundesweite Arbeitskampfmaßnahmen Anwendung finden.[1400] Neben dem Gerichtsstand des Erfüllungsortes, wobei als maßgebliches Schuldverhältnis i.S.d. § 29 Abs. 1 ZPO die Friedenspflicht angesehen wird,[1401] dem Sitz des Arbeitgebers, des Verbandes oder der Gewerkschaft[1402] wird überwiegend der besondere Gerichtsstand der unerlaubten Handlung gemäß § 32 ZPO als zulässiger Gerichtsstand angesehen.[1403]

Besonderes Augenmerk verdient die **Antragstellung**. Insbesondere bei Globalanträgen besteht das Risiko, **698** dass der Antrag zwar nicht als unzulässig, aber als unbegründet abgewiesen wird, wenn nur eine der von dem Globalantrag erfassten Konstellationen existiert, in der das geltend gemachte Recht nicht besteht.[1404] Zudem müssen insbesondere bei den in der Praxis häufig vorkommenden Unterlassungsanträgen in Bezug auf einzelne vermeintlich rechtswidrige Arbeitskampfmaßnahmen die Anforderungen des § 253 Abs. 2 Nr. 2 ZPO erfüllt sein, d.h. die Anträge müssen eindeutig erkennen lassen, welche Verhaltensweisen dem Schuldner verboten werden sollen.[1405] Im Übrigen ist die Ordnungsgeldandrohung nach Maßgabe des § 890 ZPO ebenso zu beantragen wie die vollstreckbare Kurzausfertigung nach § 317 Abs. 2 S. 2 ZPO. Da umstritten ist, ob Wirksamkeitsvoraussetzung für die Vollstreckung einer einstweiligen Verfügung deren Vollziehung durch förmliche Zustellung jedenfalls einer vollstreckbaren Kurzausfertigung im Parteibetrieb ist,[1406] sollte schon aus diesem Grunde die vollstreckbare Kurzausfertigung beantragt und vorsorglich im Parteibetrieb zugestellt werden. Die in der Praxis noch häufig vorkommende Beantragung der Zulässigkeit einer Zustellung zur Nachtzeit und an Sonn- und Feiertagen dürfte demgegenüber überflüssig sein. Denn § 188 Abs. 2 ZPO, dessen alter Fassung zufolge die Zustellung in diesen Zeiträumen nur zulässig war, wenn sie vom Rechtspfleger des zuständigen Gerichts auf Antrag bewilligt wurde, ist geändert.

(2) Begründetheit
Im Rahmen der Begründetheit ist wie üblich zwischen Verfügungsanspruch und Verfügungsgrund zu dif- **699** ferenzieren.

(a) Verfügungsanspruch
Regelmäßig handelt es sich um eine Unterlassungsverfügung. Es bedarf daher eines korrespondierenden **700** **Unterlassungsanspruchs**. Dieser folgt entweder aus der tarifvertraglichen Friedenspflicht oder, wenn es sich wie bei Betriebsblockaden oder -besetzungen um Eingriffe in den eingerichteten und ausgeübten Gewerbebetrieb handelt, aus den §§ 823 Abs. 1, 1004 BGB. Da das BAG in der Flashmobentscheidung jedoch auch Eingriffe in den eingerichteten und ausgeübten Gewerbebetrieb durch die Koalitionsfreiheit der Gewerkschaft als gerechtfertigt ansieht, können die Rechtmäßigkeitsgrenzen zurzeit nicht ausreichend genau formuliert werden. Bei Flashmob-Aktionen wird vorgeschlagen, den Unterlassungsanspruch aus einem

1400 Vgl. die Übersicht zu den vertretenen Auffassung bei *Korinth*, J Rn 42; *Däubler/Bertzbach*, Arbeitskampfrecht, § 24 Rn 15; sowie speziell vor dem Hintergrund der Auseinandersetzung zwischen der Deutschen Bahn und der GDL *Fischer*, FA 2008, 2; vgl. aus rechtspolitischer Sicht die Stellungnahme des Ausschusses Arbeitsrecht im DAV Nr. 3/2008.
1401 LAG Nürnberg 30.9.2010, NZA-RR 2010, 645 (LS); LAG Hamburg 24.3.1987, LAGE Nr. 33 zu Art. 8 GG Arbeitskampf.
1402 LAG München 27.3.1987, LAGE Nr. 2 zu § 1 TVG Friedenspflicht = AP Nr. 21 zu § 29 ZPO; LAG Baden-Württemberg 25.3.1987, NZA 1988, Beil. 2, 22 f.; ArbG Kiel 15.3.2011, NZA-RR 2011, 316; ArbG Stuttgart 2.8.2007 – 12 Ga 31/07, n.v.; *Isenhardt* in: FS Stahlhacke 1995, 210.
1403 GMP/*Germelmann*, § 48 ArbGG Rn 50 m.w.N., ArbG Nürnberg 8.12.1987, NZA 1988, 366 auch für den Fall der vorbeugenden Unterlassungsklage.
1404 Vgl. zum Beschlussverfahren BAG 10.6.1986, AP Nr. 18 zu § 87 BetrVG Arbeitszeit; zur Antragstellung vor diesem Hintergrund vgl. *Fiebig*, NZA 1993, 58.
1405 BAG 24.4.2007, NZA 2007, 987, 990 speziell zum arbeitskampfbedingten Unterlassungsanspruch (Verbot anlässlich eines Tarifsozialplans, zum Streik aufzurufen).
1406 ErfK/*Koch*, § 62 ArbGG Rn 14; *Ostrowicz/Künzl/Schäfer*, Rn 833; *Däubler/Bertzbach*, Arbeitskampfrecht, § 24 Rn 39; *Clemenz*, NZA 2005, 129, 131; LAG Frankfurt 20.2.1990, NZA 1991, 30; LAG Hamm 25.5.2005 – 10 (2) Sa 381/05, BeckRS 42652.

vorbeugenden Hausverbot herzuleiten.[1407] Die Verletzungsformen müssen dabei jedoch ausreichend bestimmt beschrieben werden.

Es ist die Rechtswidrigkeit des gesamten Arbeitskampfes oder der einzelnen Arbeitskampfmaßnahmen substantiiert darzulegen und nach den üblichen zivilprozessualen Regelungen glaubhaft zu machen. Wegen der besonderen Grundrechtsrelevanz einstweiliger Verfügungen in Arbeitskampfangelegenheiten wird teilweise verlangt, die Rechtswidrigkeit müsse „offensichtlich" sein, um den Erlass einer Verfügung zu rechtfertigen.[1408] Dem ist mit der herrschenden Auffassung jedoch entgegenzuhalten, dass es im Recht der einstweiligen Verfügung diese Einschränkung nicht gibt, sondern entsprechende Gesichtspunkte allenfalls im Rahmen des Verfügungsgrundes eine Rolle spielen.[1409] Freilich wird man damit rechnen müssen, dass jedenfalls bei einer zweifelhaften Rechtslage regelmäßig keine einstweiligen Verfügungen in dem sensiblen Bereich des Arbeitskampfrechtes ergehen,[1410] wobei diese Beschränkung nur im Hinblick auf Arbeitskämpfe insgesamt gilt, nicht jedoch bei einem Streit über die Rechtswidrigkeit einzelner Kampfmaßnahmen.[1411]

(b) Verfügungsgrund

701   Es gelten zunächst die **allgemeinen Grundsätze, insbesondere der §§ 935, 940 ZPO**. Die Verfügung muss zur Sicherung eines Rechtes oder zur Abwehr wesentlicher Nachteile erforderlich sein, d.h. ohne die erstrebte Verfügung wird die Durchsetzung des Verfügungsanspruches vereitelt oder wesentlich erschwert und der Erlass der Verfügung ist zur Abwendung wesentlicher Nachteile erforderlich. Hieraus resultiert die Notwendigkeit einer **umfassenden Interessenabwägung**. Dabei sind zu erwartende Schäden aufgrund der vermeintlich rechtswidrigen Kampfmaßnahme zu berücksichtigen, wobei allerdings Arbeitskämpfe per se auf eine gewisse Schädigung der Gegenseite gerichtet sind, um auf diese Weise den nötigen Einigungsdruck zu erzielen. Im Hinblick auf den Verfügungsgrund bei Untersagungsverfügungen gegen einzelne Kampfmaßnahmen ist bezüglich jeder einzelnen der Gegenseite zu untersagenden Handlungsweise eine Interessenabwägung vorzunehmen. Dabei sollen laut BAG[1412] die Streikziele nicht im Sinne einer Übermaßkontrolle bei der Abwägung Berücksichtigung finden: „Der Umfang einer Streikforderung ist keine rechtlich bedeutsame Größe".[1413] Maßgeblich sei insoweit nur die eigentliche Tarifforderung, wie sie Niederschlag in dem dem Arbeitskampf zugrunde liegenden Streikbeschluss gefunden hat, wobei die Frage des tariflich regelbaren Zieles sowie die Notwendigkeit einer ordnungsgemäßen Beschlussfassung und Bekanntgabe der Arbeitskampfziele jedoch eine Frage des Verfügungsanspruches und nicht des -grundes ist.[1414] Ausnahmsweise können jedoch Verlautbarungen der Gewerkschaft außerhalb des Streikbeschlusses maßgeblich sein.[1415]

c) Checkliste

702   ■ Rechtzeitig Vorbereitungsmaßnahmen bei sich anbahnendem Arbeitskampf treffen, d.h. insbesondere:

   ▪ wichtige Adressen heraussuchen (Arbeitskampfgegner, in Betracht kommende Gerichte, Gerichtsvollzieher-Notdienst für Zustellungen, Ansprechpartner bei Mandanten etc.).

1407 *Löwisch*, NZA 2010, 209, 211 f.; krit. Däubler/*Däubler*, Arbeitskampfrecht, § 31 Rn 10.

1408 LAG Sachsen 2.11.2007, NZA 2008, 59, 61 („eindeutig rechtswidrig"); Däubler/*Bertzbach*, Arbeitskampfrecht, § 24 Rn 21; *Reichold*, FA 2008, 98, 99 ff.

1409 LAG Köln 14.6.1996, NZA 1997, 327, 330; ArbG Lübeck 25.2.2008 – 1 Ga 7/08, n.v.; *Kissel*, § 65 Rn 21, 28; *Isenhardt* in: FS Stahlhacke 1995, 195, 202; GMP/*Germelmann*, § 62 ArbGG Rn 113; *Wank*, RdA 2009, 1, 10 jeweils m.w.N.

1410 LAG Niedersachsen 2.6.2004, NZA-RR 2005, 200, 203; LAG Köln 14.6.1996, NZA 1997, 327, 330; *Kissel*, § 65 Rn 27; *Reichold*, FA 2008, 98, 100.

1411 ErfK/*Linsenmaier*, Art. 9 GG Rn 229.

1412 BAG 24.4.2007, NZA 2007, 987, 996 f.

1413 BAG 24.4.2007, NZA 2007, 987, 997.

1414 BAG 24.4.2007, NZA 2007, 987, 997; BAG 23.10.1996, NZA 1997, 397; *Kissel*, § 42 Rn 15–17.

1415 LAG Hessen 9.9.2015 – 9 SaGa 1082/15, NZA 2015, 1337 (Untersagung Pilotenstreik).

- Beweislage für die Glaubhaftmachung sichern, d.h. eidesstattliche Versicherungen vorbereiten und ausfertigen, ggf. Fotos oder sonstige Beweisstücke anfertigen.
- Schutzschriften einreichen.
- Aus Arbeitgebersicht: prüfen, inwieweit durch rechtzeitige Produktionsverlagerung oder sonstige operative Maßnahmen die Folgen von Arbeitskämpfen minimiert oder Aussparungen vorgenommen werden können.
- Aus Gewerkschaftssicht: Prüfung der Zulässigkeit von Sympathiestreiks.
- Bei Zweifeln, ob es sich um einen von der Gewerkschaft geführten bzw. gebilligten Arbeitskampf handelt, die in Betracht kommende Gewerkschaft kurzfristig informieren und zur Stellungnahme auffordern.
- Prüfung der Erforderlichkeit eines Notdienstes.
- Örtliche Zuständigkeiten unter Berücksichtigung der lokalen Rechtsprechung prüfen.
- Unter Berücksichtigung der Gewerkschaftssatzungen prüfen, gegen welche Antragsgegner sich die Verfügung richten soll (welche Gewerkschaft, deren Untergliederungen und/oder einzelne am Streik Beteiligte?).
- Prüfung der Voraussetzungen eines rechtmäßigen Arbeitskampfes oder rechtmäßiger Arbeitskampfmaßnahmen (insbesondere Vorliegen eines entsprechenden Beschlusses des kampfführenden Verbandes und dessen Bekanntmachung, Reichweite der Friedenspflicht, Rechtmäßigkeit der verfolgten Kampfziele, tariflich regelbares Kampfziel durch eine tariffähige Partei sowie Verhältnismäßigkeitsprüfung; bei Aussperrungen durch Arbeitgeber deren besondere Voraussetzungen prüfen).
- Antragstellung im Übrigen (entsprechende Hilfsanträge, Beantragung einer vollstreckbaren Kurzausfertigung sowie eines Ordnungsgeldes).

d) Einstweilige Verfügung auf Untersagung einzelner Arbeitskampfmaßnahmen

Praxistipp   703

Das Muster geht davon aus, dass andauernde Blockade und Behinderungsmaßnahmen der Gewerkschaft, wie sie im Beispielsfall dargestellt werden, trotz der Flashmobentscheidungen des BAG und des BVerfG als rechtswidrig anzusehen sind. Diesbezüglich besteht jedoch Rechtsunsicherheit. Ein Unterlassungsantrag, der allgemein darauf gerichtet ist Aufrufe der Gewerkschaft zu unterbinden, welche zum „Dichtzumachen" oder „Blockieren" von Betriebsstätten auffordern, dürfte angesichts der Flashmobentscheidungen hingegen keine Aussicht auf Erfolg mehr haben.

58

▼

Muster 3.58: Einstweilige Verfügung auf Untersagung einzelner Arbeitskampfmaßnahmen

An das

Arbeitsgericht

Antrag auf Erlass einer einstweiligen Verfügung in Sachen

Arbeitgeber ▒▒▒▒ (*Firmierung, Vertretungsverhältnisse, Adresse*),

– Antragstellerin –

Verfahrensbevollmächtigte: ▒▒▒▒

gegen

1. die Gewerkschaft V, vertreten durch ihren Vorstand, dieser wiederum vertreten durch den 1. Vorsitzenden ▒▒▒▒ und den 2. Vorsitzenden ▒▒▒▒, (*Adresse*),

– Antragsgegnerin zu 1. –

2. den Landesverband ▨▨▨ der Gewerkschaft V, vertreten durch den Bezirksleiter ▨▨▨ (*Name, Adresse*),

– Antragsgegner zu 2. –

3. Frau F., örtliche Streikleiterin der Gewerkschaft V, ▨▨▨ (*Adresse*),

– Antragsgegner zu 3. –

4. ▨▨▨ (*Namen und Adressen lokaler Streikführer*)

– Antragsgegner zu 4. –.

Wir zeigen an, dass wir die Antragstellerin vertreten. In deren Namen beantragen wir im Wege der einstweiligen Verfügung, wegen der Dringlichkeit ohne vorherige mündliche Verhandlung und durch den Vorsitzenden allein:

1. Die Antragsgegner zu verpflichten, es zu unterlassen, im Rahmen der derzeitigen Auseinandersetzungen in Verbindung mit den Verhandlungen über einen Manteltarifvertrag für die Antragstellerin[1416]

   a) Streikende, Streikposten und von ihr von der Arbeitskampfmaßnahme nicht ausgeschlossene unterstützende Personen vor Ein-, Ausgängen, Zu- und Ausfahrten der Antragstellerin (*bzw. des Betriebes* ▨▨▨ *der Antragstellerin, belegen* ▨▨▨) so aufzustellen bzw. diese sich selbst so aufstellen zu lassen, dass nicht eine mindestens drei Meter breite gerade Gasse während der gesamten Zeit der Arbeitskampfmaßnahme durchgehend im Luftraum und auf dem Erdboden frei von jeglichen Hindernissen und Personen sichergestellt ist;[1417]

   b) arbeitswillige Arbeitnehmer und Betriebsangehörige, Lieferanten, Kunden und Besucher der in lit. a) genannten Einrichtungen anzuhalten und das Passieren dieser Personen in und aus diesen Einrichtungen zu behindern;

   c) Fahrzeuge, gleich welcher Art, bei der Ein- oder Ausfahrt aus oder zu den Einrichtungen gemäß lit. a) anzuhalten oder in sonstiger Weise zu behindern;

   d) Gerätschaften, insbesondere Tore mit der Aufschrift „Streikbrecher", so vor dem Eingangsbereich aufzustellen, dass diese durch Mitarbeiter, Kunden oder sonstige Dritte, die die Einrichtung gemäß lit. a) aufsuchen wollen, passiert werden müssen;

2. die Antragsgegner zu 1. und zu 2. zu verpflichten, auf die an den Arbeitskampfmaßnahmen beteiligten Arbeitnehmer in geeigneter Weise einzuwirken,[1418] damit diese von Maßnahmen gemäß lit. 1. a) bis e) Abstand nehmen bzw. diese davon abzuhalten,

   hilfsweise[1419]

   die Antragsgegnerin zu 1. zu verpflichten, auf ihre gegenüber der Antragstellerin am Arbeitskampf beteiligten Mitglieder in geeigneter Weise einzuwirken, damit diese von Maßnahmen gemäß lit. 1. a) bis e) Abstand nehmen bzw. diese davon abzuhalten;

3. den Antragsgegnern wird für jeden Fall der Zuwiderhandlung ein Ordnungsgeld in Höhe von bis zu EUR 250.000 angedroht, ersatzweise Ordnungshaft von bis zu sechs Monaten;

4. hilfsweise wird beantragt, die beantragte einstweilige Verfügung aufgrund mündlicher Verhandlung unter größtmöglicher Abkürzung der Einlassungs- und Ladungsfristen zu erlassen;

5. der Antragstellerin eine vollstreckbare Kurzausfertigung des Urteils zu überlassen.

1416 Es sind nicht jegliche Arbeitskampfmaßnahmen von der Antragstellung zu erfassen, sondern es sollte auf Arbeitskampfmaßnahmen wegen der spezifischen Tarifbewegungen möglichst konkret eingegangen werden, um dem Risiko eines jedenfalls teilweise unbegründeten Globalantrages zu entgehen.

1417 Derartige Gassen sind üblich. Der Verfasser vergaß selbst einmal, eine „gerade" Gasse zu erwirken, so dass die IG-Metall einen 3 m breiten „Slalomkurs" absteckte. Das war ebenso phantasievoll wie lehrreich.

1418 Derartige Einwirkungsanträge sind zulässig, vgl. BAG 29.4.1992, NZA 1992, 846; BAG 18.2.1998, NZA 1998, 1008.

1419 Der Hilfsantrag bietet sich an, weil die Einwirkungspflicht ggf. nur gegenüber Gewerkschaftsmitgliedern und auch nur für die Gewerkschaft selbst besteht.

Gründe I

1. Die Antragstellerin betreibt mehrere Einzelhandelsgeschäfte, ist nicht tarifgebunden und betreibt unter der Adresse ▆▆▆▆ eine Filiale, in der im Wesentlichen ▆▆▆▆ angeboten werden.

Die Gewerkschaft V, die Antragsgegnerin zu 1., deren Landesbezirk, der Antragsgegner zu 2., sowie die Verhandlungsführerin, die Antragsgegnerin zu 3., riefen sowohl in dem als

Anlage Ast 1

beigefügten Flugblatt als auch auf der Internetseite der Antragsgegnerin zu 1., und zwar unter Hinweis auf die Antragsgegner zu 2. und zu 3. dazu auf, am 6.6.2016, 6 Uhr bis 13 Uhr, die Filiale ▆▆▆▆ der Antragstellerin zu bestreiken und dichtzumachen. Der genaue Wortlaut ist dem Ausdruck aus dem Internet, eingereicht als

Anlage Ast 2,

zu entnehmen. Hierauf wird Bezug genommen.

Wie den als

Anlagenkonvolut Ast 3

zur Akte gereichten Fotos vom 6.6.2016, aufgenommen zwischen 6 Uhr und 12 Uhr, zu entnehmen ist, kam es zu folgenden Behinderungen, an denen sich maßgeblich die Antragsgegner zu 4. beteiligten:

(Ausführungen zum Sachverhalt)

Die vorstehenden Sachverhaltsangaben werden glaubhaft gemacht durch die als

Anlagen ▆▆▆▆

beigefügten eidesstattlichen Versicherungen der ▆▆▆▆ .

Gründe II

1. Die Anträge sind zulässig. Insbesondere genügen sie den Anforderungen des § 253 Abs. 2 Nr. 2 ZPO. Denn sie lassen eindeutig erkennen, welche Verhaltensweisen dem Schuldner verboten werden sollen.

Die Antragsgegner sind auch parteifähig. Für die Antragsgegnerin zu 1. ergibt sich dies unmittelbar aus § 10 ArbGG. Der Antragsgegner zu 2. ist als gewerkschaftliche Untergliederung parteifähig und er verfügt über alle notwendigen Merkmale einer körperschaftlichen Verfassung und nimmt ersichtlich eigenständige Aufgaben wahr. So ist er ausdrücklich in den Anlagen erwähnt. Es ist davon auszugehen, dass der Bundesvorstand der Antragsgegnerin zu 1. von seiner Befugnis gemäß § 70 Abs. 2 seiner Satzung Gebrauch gemacht und sein Entscheidungsrecht in Bezug auf die streitgegenständlichen Arbeitskampfmaßnahmen auf den Antragsgegner zu 2. delegiert hat. Die Antragsgegner zu 3. und 4. haben sich persönlich – die Antragsgegnerin zu 3. als Streikleiterin – an den Maßnahmen gegen die Antragstellerin federführend beteiligt. Ausweislich der Hinweise im Flugblatt und ausweislich der Bekundungen des Zeugen ▆▆▆▆ in seiner eidesstattlichen Versicherung hat die Antragsgegnerin zu 3. hierzu auch persönlich aufgerufen.

2. Die Anträge sind auch begründet. Denn ungeachtet der Tatsache, dass Arbeitskampfmaßnahmen seitens der Antragsgegnerin zu 1. gegen die Antragstellerin grundsätzlich wegen der nicht bestehenden Tarifbindung zulässig sind, ist in der Rechtsprechung anerkannt, dass gleichwohl einzelne Maßnahmen eines ansonsten rechtmäßigen Arbeitskampfes rechtswidrig sein können. So liegt der Fall hier. Denn es handelt sich hier um Betriebsblockaden, die nach einhelliger Auffassung nicht mehr von Art. 9 Abs. 3 GG gedeckt sind, sondern sich als rechtswidriger Eingriff in den eingerichteten und ausgeübten Gewerbebetrieb der Antragstellerin darstellen (LAG Berlin-Brandenburg, 15.6.2016 – 23 SaGa 968/16; BAG 8.11.1988, NZA 1988, 475; BAG 21.6.1988, NZA 1988, 846; *Kissel*, Arbeitskampfrecht, 2002, § 61 Rn 101 ff. m.w.N.).

Angesichts des eindeutig von der Antragsgegnerin zu 1. unterzeichneten Flugblattes und des Hinweises im Internet handelt es sich bei den in Rede stehenden Maßnahmen auch nicht um Streikexzesse, sondern um gewollte und ausdrücklich gewünschte Ziele des Arbeitskampfes.

Soweit neben der faktischen Blockade der Antragstellerin verlangt wird, dass auch das „Streiktor" zu entfernen ist, beziehen wir uns auf die zutreffenden Ausführungen des LAG Köln (2.7.1984, NZA 1984, 402), wonach derartige Streikbrechergassen in nicht hinzunehmender Weise die Freiheitsrechte Dritter beeinträchtigen und daher rechtswidrig sind.

Wegen des Erwirkungsantrages zu 2. verweisen wir auf die zutreffende Rechtsprechung des BAG (vom 29.4.1992, NZA 1992, 846). Letztlich besteht auch die erforderliche Wiederholungsgefahr. Denn die Antragsgegner haben angekündigt, den Betrieb „dichtzumachen". Dies impliziert, dass es nicht bei der einen Aktion vom 6.6.2016 bleiben wird. Aus diesem Grund besteht auch eine besondere Eilbedürftigkeit.

Für die Antragstellerin:

Rechtsanwalt

▲

2. Schutzschrift der Gewerkschaft in Verbindung mit einem Tarifsozialplan

a) Typischer Sachverhalt

704 Die Z GmbH, die Mitglied im Arbeitgeberverband ist, will ihren Betrieb in K schließen. Nachdem die Verhandlungen über Interessenausgleich und Sozialplan mit dem Betriebsrat ins Stocken geraten sind, wendet sich die zuständige Gewerkschaft I an den Arbeitgeberverband sowie die Z GmbH und fordert zu Verhandlungen über einen verbandsbezogenen Firmentarifvertrag auf. Dieser soll für die von der Stilllegung Betroffenen Abfindungen sowie Qualifizierungsmaßnahmen vorsehen. Beide Regelungsbereiche sind in dem Flächentarifvertrag nicht geregelt. Nachdem Verband und Z GmbH die Aufnahme von Verhandlungen abgelehnt und die Gewerkschaft I Vorbereitungshandlungen für Arbeitskampfmaßnahmen getroffen hat, befürchtet sie Anträge auf vorläufigen Rechtsschutz gegen die zu erwartenden Arbeitskampfmaßnahmen. Dem möchte die Gewerkschaft durch eine Schutzschrift vorbeugen.

b) Rechtliche Grundlagen
aa) Das Instrument der Schutzschrift

705 Zwar handelt es sich bei einer Schutzschrift um eine dem Prozessrecht fremde und ungeregelte Erscheinung, die als bedingte Prozesshandlung eigentlich unzulässig ist. Gleichwohl ist zwischenzeitlich **anerkannt**, dass **Schutzschriften** auch im arbeitsrechtlichen Verfahren dann vom Gericht organisatorisch in den Verfahrensablauf integriert, d.h. im Prozessregister registriert und vom zuständigen Richter berücksichtigt werden müssen, wenn sie sich auf ein konkretes zu erwartendes Eilverfahren beziehen, die zu erwartenden Parteien hinreichend genau bezeichnen und den übrigen Anforderungen an eine ordnungsgemäße Prozesshandlung genügen.[1420] Daher haben die Gerichte Vorsorge für den Eingang von Schutzschriften getroffen und führen diese in bestimmten Registern, so dass ggf. eine Zuordnung der Schutzschrift zu einem später tatsächlich eingehenden Antrag auf Erlass einer einstweiligen Verfügung gewährleistet ist. Der Ort, an dem die Schutzschrift einzureichen ist, richtet sich danach, wo ggf. nach Maßgabe der Regeln über die örtliche Zuständigkeit auch die korrespondierende einstweilige Verfügung eingereicht werden könnte. Daher kann es insbesondere bei bundesweiten Maßnahmen des Arbeitskampfes erforderlich werden, bei all in Betracht kommenden Arbeitsgerichten Schutzschriften zu hinterlegen.

bb) Spezielle Anmerkungen zum materiellen Problem des Tarifsozialplanes

706 Spätestens seit der Entscheidung des **BAG vom 24.4.2007**[1421] herrscht weitgehend Einigkeit über die **Rechtmäßigkeit eines Tarifsozialplanes** oder Sozialplantarifvertrages.[1422] Damit hat es folgende Bewandtnis: Liegen die Voraussetzungen der §§ 111 ff. BetrVG vor, so stellt sich die Frage, ob parallel ein

---

1420 Däubler/*Bertzbach*, Arbeitskampfrecht, § 24 Rn 35; *Leipold*, RdA 1983, 164; *Kissel*, § 65 Rn 58; GMP/*Germelmann*, § 62 ArbGG Rn 115; ErfK/*Koch*, § 62 ArbGG Rn 18.

1421 BAG 24.4.2007, NZA 2007, 987 = AP Nr. 2 zu § 1 TVG Sozialplan.

1422 Die Unzulässigkeit kann sich aber aus dem Verstoß gegen die Niederlassungsfreiheit des Arbeitgebers ergeben, vgl. *Krieger/Wiese*, BB 2010, 568.

Tarifvertrag über die Inhalte abgeschlossen und ggf. durch Arbeitskampfmaßnahmen durchgesetzt werden darf, die üblicherweise Gegenstand eines Interessenausgleiches oder Sozialplanes sind (bspw. Abfindungen und Qualifizierungsmaßnahmen). Das BAG sieht dies jedenfalls dann als zulässig an, wenn kein Verstoß gegen die Friedenspflicht vorliegt, also insbesondere kein auf den bestreikten Arbeitgeber Anwendung findender Tarifvertrag die per Tarifsozialplan geforderten Komplexe bereits regelt und die übrigen Voraussetzungen für einen rechtmäßigen Arbeitskampf gegeben sind. Dabei hält es das BAG grundsätzlich für zulässig, dass auch verbandsangehörige Arbeitgeber wegen eines firmenbezogenen Verbands- oder eines Haustarifvertrages, gerichtet auf Abschluss eines Tarifsozialplanes, mit Arbeitskampfmaßnahmen überzogen werden. Insoweit sperren die §§ 111 ff. BetrVG wegen des Vorrangs der Tarifautonomie nicht und auch das Verhältnismäßigkeitsprinzip soll durch die Parallelität der Verhandlungen nicht verletzt sein. Es muss sich jedoch immer um ein tariflich regelbares Ziel handeln, so dass beispielsweise die Forderung nach Standorterhaltung oder Verzicht auf die geplante Betriebsänderung ein rechtswidriges – weil nicht tariflich regelbares – Arbeitskampfziel darstellen würde. Diese Grundsätze sind in dem folgenden Muster einer Schutzschrift zu berücksichtigen.

c) Schutzschrift einer Gewerkschaft wegen zu erwartender arbeitgeberseitiger Verfügungsanträge anlässlich eines von der Gewerkschaft geforderten Tarifsozialplanes

▼

Muster 3.59: Schutzschrift einer Gewerkschaft wegen zu erwartender arbeitgeberseitiger 707
Verfügungsanträge anlässlich eines von der Gewerkschaft geforderten Tarifsozialplanes

An das

Arbeitsgericht K.

Schutzschrift

gegen einen möglichen Antrag auf Erlass einer einstweiligen Verfügung

in dem möglichen einstweiligen Verfügungsverfahren

mit den möglichen Beteiligten

1. Z GmbH   (*Firmierung, Adresse*),

2. Arbeitgeberverband   (*Firmierung, Adresse*),

– mögliche Antragsteller –

gegen

1. I-Gewerkschaft, vertreten durch den Bundesvorstand, dieser wiederum vertreten durch den Vorsitzenden und den Stellvertreter,   (*Namen, Adresse*),

2. I-Gewerkschaft, Landesbezirk   , (*Adresse*),

– mögliche Antragsgegner –

Verfahrensbevollmächtigte:

wegen:

Aufrufs der möglichen Antragsgegner zu gewerkschaftlichen Streikmaßnahmen bei der möglichen Antragstellerin zu 1. im Zusammenhang mit dem begehrten Abschluss eines „Tarifsozialplanes".

Wir zeigen an, dass wir die möglichen Antragsgegner (nachfolgend „Antragsgegner", „Antragsgegnerin zu 1." oder „Antragsgegnerin zu 2." genannt) vertreten und kündigen für den Fall der Einleitung eines Verfahrens durch die möglichen Antragsteller (nachfolgend „Antragsteller") folgende Anträge an:

1. Anträge auf Erlass einer einstweiligen Verfügung des Inhalts, der I-Gewerkschaft zu untersagen, zu Arbeitskampfmaßnahmen nach dem   (*Datum*) aufzurufen, zurückzuweisen;

hilfsweise,

2. über Anträge auf Erlass derartiger einstweiliger Verfügungen nicht ohne mündliche Verhandlung zu entscheiden;

äußerst hilfsweise,

3. vor der Entscheidung über Anträge auf Erlass derartiger einstweiliger Verfügungen die Antragsgegner schriftlich anzuhören.

Begründung:

1. Vorsorglich weisen wir darauf hin, dass Schutzschriften – insbesondere in arbeitskampfbedingten Situationen – zwischenzeitlich anerkannt und ein zulässiges prozessuales Mittel der Entscheidungsfindung sind, jedenfalls wenn, wie hier, sie sich auf ein konkret zu erwartendes Eilverfahren beziehen und den zu erwartenden Antragsteller bezeichnen (vgl. nur Kissel, Arbeitskampfrecht, 2002, § 65 Rn 58; Däubler/Bertzbach, Arbeitskampfrecht, § 24 Rn 35.

Wir gehen daher davon aus, dass diese Schutzschrift in das Register des angerufenen Gerichtes aufgenommen, zu den Akten genommen und im Falle eines Antrages auf Erlass einer einstweiligen Verfügung diesem Antrag zugeordnet wird.

2. Die Antragstellerin zu 1. ist tarifgebunden. Vertragspartner des in Ablichtung als

Anlage Ag 1

vorsorglich beigefügten Tarifvertrages sind die Antragsgegnerin zu 1. sowie die Antragsgegnerin zu 2. Der in Rede stehende Tarifvertrag enthält weder Regelungen über Abfindungen bei Entlassungen noch über Qualifizierungsmaßnahmen.

Die Antragstellerin, ein Unternehmen im Bereich des ▮▮▮▮▮ mit ca. ▮▮▮▮▮ Arbeitnehmerinnen und Arbeitnehmern am Standort K beschloss, den Betrieb in K zu schließen und den Mitarbeitern betriebsbedingt zu kündigen. Hierüber laufen derzeit Gespräche über Abschluss von Interessenausgleich und Sozialplan zwischen der Antragstellerin und dem bei ihr gebildeten Betriebsrat. Wie der als

Anlage Ag 2

beigefügten eidesstattlichen Versicherung des Vorsitzenden des Betriebsrats der Antragstellerin zu entnehmen ist, verlaufen die Verhandlungen jedoch schleppend. Die angebotenen Abfindungen bewegen sich im untersten Bereich des Üblichen. Qualifizierungsmaßnahmen wurden nicht angeboten.

Die Antragsgegner forderten daher mit dem in Ablichtung als

Anlage Ag 3

beigefügten Schreiben vom ▮▮▮▮▮ die Antragstellerinnen auf, Verhandlungen über den Abschluss eines verbandsbezogenen Firmentarifvertrages aufzunehmen. Wie den sich aus dem vorerwähnten Schreiben ergebenden Tarifzielen zu entnehmen ist, geht es in dem Tarifvertrag im Wesentlichen um zwei Inhalte: Die Zuerkennung von Abfindungen für den Fall betriebsbedingter Kündigungen sowie Qualifizierungsmaßnahmen. Wegen der Einzelheiten verweisen wir auf die Anlage und machen vorsorglich nochmals deutlich, dass diese Tarifforderungen weder speziell noch in Bezug auf ähnlich gelagerte Sachgruppen Inhalt des Flächentarifvertrages sind.

Wie sich aus dem als

Anlage Ag 4

eingereichten Schreiben der Antragsteller ergibt, halten diese den Abschluss eines Tarifvertrages in dem geforderten Umfang für rechtswidrig. Sie meinen, für die in Rede stehenden Forderungen sei ausweislich des Betriebsverfassungsgesetzes nur der Betriebsrat legitimiert. Im Übrigen bestünde wegen der Mitgliedschaft im Arbeitgeberverband und der daraus resultierenden Verpflichtung, den Flächentarifvertrag zu honorieren, eine Friedenspflicht. Weiter stellen die Antragstellerinnen in Aussicht, im Falle des Ergreifens von Arbeitskampfmaßnahmen durch die Antragsgegner arbeitsgerichtliche Hilfe in Anspruch zu nehmen.

3. Zur Rechtslage:

Vorsorglich weisen wir darauf hin, dass die Antragsgegnerin zu 2. nicht parteifähig i.S.v. § 10 ArbGG ist. Voraussetzung hierfür ist nämlich, dass eine Unterorganisation wie ein Landesbezirk einer Gewerkschaft körperschaftlich organisiert ist, was sich insbesondere einer eigenen Satzung und darin zum Ausdruck kommenden weitgehenden Selbstständigkeit gegenüber der Gesamtorganisation äußern muss. Hier ist die Antragsgegnerin zu 2. jedoch lediglich als Unterorganisation in Form einer Außenstelle ohne nennenswerte eigene Befugnisse organisiert und somit nicht parteifähig (vgl. BAG AP Nr. 5 zu § 36 ZPO; ArbG Lübeck 25.2.2008 – 1 Ga 7/08).

Vorsorglich ist ferner auf die besondere Bedeutung des Art. 9 Abs. 3 GG hinzuweisen. Aus der daraus resultierenden Betätigungsgarantie der Gewerkschaften folgt nach überwiegender Auffassung, dass einstweilige Verfügungen in Angelegenheiten des Arbeitskampfes nur dann erlassen werden dürfen, wenn Arbeitskampfmaßnahmen „offensichtlich" rechtswidrig sind (vgl. nur LAG Sachsen, 2.11.2007, NZA 2008, 49, 61 – „eindeutig rechtswidrig"; Däubler/Bertzbach, Arbeitskampfrecht, 3. Aufl. 2011, § 24 Rn 21). Aus den folgenden Gründen wären Arbeitskampfmaßnahmen, gerichtet auf Abschluss des in Rede stehenden Tarifvertrages, nicht rechtswidrig – erst recht nicht „offensichtlich" rechtswidrig:

Seit der Entscheidung des BAG vom 24.4.2007 (NZA 2007, 987) ist anerkannt, dass sogenannte „Tarifsozialpläne" und hierauf gerichtete Maßnahmen des Arbeitskampfes rechtmäßig sind, soweit sie die üblichen Voraussetzungen für rechtmäßige Arbeitskampfmaßnahmen erfüllen. Dies ist hier der Fall. Insbesondere hat das BAG (a.a.O.) klargestellt, auch ein verbandsangehöriger Arbeitgeber dürfe jedenfalls dann ohne Verstoß gegen die Friedenspflicht mit Maßnahmen des Arbeitskampfes überzogen werden, wenn die Gewerkschaft von dem Arbeitgeber den Abschluss eines Haus- oder verbandsbezogenen Firmentarifvertrages fordert und die Inhalte des Tarifvertrages nicht tarifvertraglich geregelt sind. So liegt der Fall hier. Denn die geforderten Abfindungen und Qualifizierungsmaßnahmen sind unstreitig nicht Gegenstand des Manteltarifvertrages. Auch das übrige Tarifwerk enthält derartige Regelungskomplexe nicht. Ferner hat das BAG (a.a.O.) herausgearbeitet, dass die Rechte des Betriebsrates aus den §§ 111 ff. BetrVG die Rechte der Antragsgegner auf Abschluss eines Tarifvertrages weder verdrängen noch einschränken. Auch insoweit wird auf die zutreffenden Ausführungen des BAG verwiesen.

Da auch die übrigen Rechtmäßigkeitsvoraussetzungen eines Arbeitskampfes gegeben sind, wären Anträge auf Erlass einstweiliger Verfügungen, gerichtet auf das Unterlassen von Arbeitskampfmaßnahmen, rechtswidrig.

4. Evtl. Zustellungen, fernmündliche Ladungen oder Rückfragen können jederzeit gerichtet werden an ▓▓▓▓ (Namen, Mobiltelefonnummer).

Für die Antragstellerinnen

(*Rechtsanwalt*)

Stichwortverzeichnis

Fette Zahlen = §§, magere Zahlen = Randnummern

Abfindung
- Abfindungskündigung **1c** 76 ff., 88
- Aufhebungsvertrag **1c** 380 ff., 466
- Cap **1b** 841
- Fälligkeit **1c** 388 ff.
- Kündigung, außerordentliche **1c** 392 f.
- Sozialplan **1c** 393
- Sozialversicherungsfreiheit **1c** 386
- Verjährung **1c** 391

Ablehnung Bewerbung 1a 131 ff.

Abmahnung 1a 226, 1025 f.; **1c** 162 ff., 165; **3** 111 f.

Abmeldevereinbarung 2 28 f.

Abrechnung 1b 445

Abspaltung 3 615 ff., 617

Abstandsklausel 1a 915

Abtretungsverbot 1a 218 ff., 227 f.
- dingliches **1a** 220, 225, 227
- Erscheinungsformen **1a** 219 f.
- Kostenbeitrag **1a** 220
- Rechtfertigung Kündigung **1a** 226
- Rechtsfolgen Verstoß **1a** 225 ff.
- schuldrechtliches **1a** 220, 225, 228
- Wirksamkeitsgrenzen **1a** 221 ff.

Abwerben von Arbeitnehmern
- wettbewerbswidriges. **1a** 243

Abwerbungsverbot/Mandantenschutzklausel
1a 229 ff., 251; **1b** 884 ff., 885
- Abgrenzung zum Wettbewerbsverbot **1b** 855
- Abgrenzung zur Interessensabfrage **1a** 240
- Abwicklungsvertrag **1a** 251
- Aufhebungsvertrag **1a** 251
- Einstellungsverbote **1a** 250
- für Dauer Arbeitsverhältnis **1a** 235 ff.
- Hintergrund **1a** 229 f.
- Karenzentschädigung **1a** 238
- Mandantenübernahmeklausel **1b** 887
- nachvertragliches **1a** 242 ff.
  - fremdnütziges **1a** 248 f.
  - Selbstständigkeit **1a** 245 ff.

Abwicklungsvertrag 1c 296 f., 456 ff., 468
- Abwerbeverbot **1a** 251
- Begriff **1c** 456
- Form **1c** 462
- Sozialversicherungsrecht **1c** 457 ff.
- Sperrzeit **1c** 458 f.

AGB-Kontrolle
- Aufhebungsvertrag **1c** 350 ff.
- Aufrechnungsverbot **1a** 583
- Ausschlussfristen **1a** 608, 615 ff.
- Dienstvertrag **1b** 772
- Direktionsrecht **1a** 1592 ff.
- Kündigungsfrist **1a** 1017

- Kurzarbeit **1a** 1047, 1050
- Schriftformklausel **1a** 1295 f.
- Tarifvertrags-Öffnungsklausel **1a** 1404 f.
- Versetzungsklauseln **1a** 1522 ff.
- Vertragsstrafe **1a** 1557 f.
- Wettbewerbsverbot, nachvertragliches **1b** 860 ff.,
  874 ff., 899

AGG-Hopper 1a 9

Aktien/Aktienoptionen 1a 254 ff.
- Aufhebungsvertrag **1c** 397 ff.
- Ausgestaltung **1a** 260
- Ausübungsvoraussetzungen **1a** 270
- Ausübungszeiträume **1a** 269
- Bezugspreis **1a** 271
- Einführung **1a** 258
- Festlegung Bezugsberechtigte **1a** 261 ff.
- Freiwilligkeit **1a** 266
- Grundlage, rechtliche **1a** 256
- Plan **1a** 259
- reale/virtuelle **1a** 255
- Umfang **1a** 265
- Umsetzung **1a** 258
- Vereinbarung Warte-/Haltefristen **1a** 267 f.
- Verfallklausel **1a** 274 ff.
- Verfügungsbeschränkung **1a** 272 f.
- Wettbewerbsverbot **1a** 279
- Zielsetzung **1a** 257

Alkohol/Sucht 1a 73 f., 423 f.

Allgemeine Gleichbehandlung (AGG)
- Anforderung, wesentliche/entscheidende **1a** 5
- Anordnung, einstweilige **1a** 6
- Anwendungsvoraussetzung **1a** 9 ff.
- Auskunftsanspruch **1a** 6
- Deutschkenntnisse **1a** 4
- Diskriminierung **1a** 28 ff.
- Muttersprachler **1a** 4
- Rechtsfolge Verstoß **1a** 6
- Stellenausschreibung **1a** 2 ff.

Alter 1a 75

Altersgrenze 1b 762

Altersteilzeit 1b 382 ff., 422
- Änderungsvertrag, individueller **1b** 383
- Arbeitslosengeld **1b** 411
- Arbeitsunfähigkeit **1b** 417
- Arbeitszeit **1a** 503 ff.; **1b** 389, 395; **2** 183
- Befristungsgrund **1b** 110, 196
- Betriebsübergang **1b** 414
- Betriebsvereinbarung **2** 183
- Betriebsverfassungsrecht **1b** 415
- Blockmodell **1b** 387 f.
  - Sonderfälle **1b** 420
- Entgeltsicherung **1b** 413

– Grundlagen, rechtliche **1b** 383 ff.
– Insolvenzsicherung **1b** 389, 412
– Jobsharing **1b** 386
– Kündigung **1b** 419
– Modell, klassisches **1b** 387
– Nebentätigkeit **1b** 409
– Probleme/Störfälle **1b** 416 ff.
– Sicherung Arbeitnehmer **1b** 411 ff.
– Tariflohnerhöhungen **1b** 420
– Tod Arbeitnehmer **1b** 418
– Urlaub **1b** 420
– Vereinbarung **1b** 390 f.
– Verfahren **1b** 421
– Zuschuss BA **1b** 392 ff.
  – Aufstockung Arbeitsentgelt **1b** 398
  – Aufstockung Rentenversicherung **1b** 399
  – Förderumfang **1b** 406 ff.
  – Halbierung Arbeitszeit **1b** 395
  – Kleinbetrieb **1b** 403
  – Laufzeit **1b** 394
  – Modell, förderfähiges **1b** 396
  – Nebentätigkeit **1b** 409
  – Personenkreis, begünstigter **1b** 393
  – Ruhen/Erlöschen Anspruch **1b** 409 f.
  – Überforderungsgrenze **1b** 405
  – Voraussetzungen, arbeitgeberseitig **1b** 397 ff.
  – Voraussetzungen, arbeitnehmerseitig **1b** 392 ff.
  – Wiederbesetzung Arbeitsplatz **1b** 400 ff.
Altersteilzeitvertrag 1b 423
Altersversorgung, betriebliche 1a 634 ff.
– Abfindung **1c** 415 ff.
– Anrechnung **1a** 288
– Aufhebungsvertrag **1c** 409 ff.
– Betriebsvereinbarung **2** 104
– Dienstwagenüberlassung **1b** 536
– Direktversicherung **1a** 654 ff.; **2** 871
– Direktzusage **1a** 645 ff.
– Entgeltumwandlung **1a** 662
– Insolvenz **2** 1028
– Sonderurlaub **1a** 1321
– Sozialplan **2** 869
– Stammhausbindungsvertrag **1b** 719
– Teilzeit **1b** 273
– Umfang **1c** 413
– Unverfallbarkeit **1c** 410
Amtsermittlungsgrundsatz 3 444
Änderungskündigung 1c 108 ff.; **2** 619, 697 ff.,
700
– Annahme unter Vorbehalt **3** 52 ff., 53
– außerordentliche **1c** 129 ff., 133
– betriebsbedingte **1c** 108 ff., 128
  – Grund **1c** 113 ff.
  – Sozialauswahl **1c** 125 ff.
  – Verhältnismäßigkeit Änderung **1c** 121 ff.
  – Vorrang vor Beendigungskündigung **1c** 120
– Kündigungsschutzklage **3** 50
– Massenänderungskündigung **2** 725
– Reaktionen, mögliche **3** 51
– überflüssige **1a** 1596
Änderungsvereinbarung 1b 335, 337, 383

Anfechtung 1c 166 ff., 171
– Aufhebungsvertrag **1c** 336 ff.
Anfechtung Betriebsratswahl 3 238 ff., 253, 254
– Abgrenzung zur Nichtigkeit **3** 252
– Benachrichtigung, nicht rechtzeitige **3** 244
– Berechtigung **3** 249
– Frist **3** 250
– Grundlagen, rechtliche **3** 239 ff.
– Kausalität **3** 245
– Verfahren **3** 246 ff.
– Verletzung Vorschrift **3** 240 ff.
– Wirkung **3** 251
Anfechtung Einigungsstellenspruch 3 451 ff., 459
– Antrag **3** 453
– Antragsbefugnis **3** 452
– Begründetheit **3** 455 ff.
– Begründung **3** 454
– Beurteilungsspielraum **3** 455
– Entscheidung Gericht **3** 458
– Ermessensfehler **3** 456
– Ermessensüberschreitung **3** 454
– Frist **3** 457
– Rechtsverstoß **3** 455
– Verfahrensvorschriften **3** 455
– Zulässigkeit **3** 452 ff.
Angelegenheiten, soziale 2 81 ff.
Angestellte
– außertarifliche **2** 257 ff., 263
– Begriff **1a** 161 f.
– leitende **1a** 216, 501 f.
  – Angelegenheiten, personelle **2** 519
  – Anhörung Betriebsrat bei Kündigung **2** 590
  – Begriff **1a** 162
  – Mitbestimmung **2** 519
  – Sozialplan **2** 848
  – Sprecherausschuss **2** 519
Anhörungsrüge 3 231 ff., 234 ff.
Annahmeverzug 1a 421; **1c** 295
Anordnung, einstweilige 1a 6; **1b** 892 f.
Anrechnung 1a 282 ff.
– Betriebszugehörigkeit **1a** 358 ff.
  – Altersversorgung, betriebliche **1a** 288
  – anderweitige **1a** 283 ff.
  – Sozialauswahl **1a** 287
  – Umfang **1a** 286
  – Vereinbarung **1a** 284 f.
– Sozialauswahl **1a** 363
– Urlaub **1a** 289 ff., 291 ff., 294 f.
– Wartezeit **1a** 1570
Anrechnungsvorbehalt
– Tariflohnerhöhung **1a** 296
Anrechnungsvorbehalte 1a 296
Antrag
– Anfechtung Einigungsstellenspruch **3** 451 ff., 459
– Beschäftigung **3** 566 ff., 578
– Beschwerde **3** 507, 512 ff.
– Einrichtung Einigungsstelle **3** 428 ff., 450
– Entbindung Übernahme Amtsvertreter **3** 407 ff., 426,
427
– Entbindung von Weiterbeschäftigungsanspruch **3** 590

– Erstattung Schulungskosten **3** 276 ff., 290
– Feststellung Dringlichkeit Maßnahme **3** 340 ff., 348
– Freistellung von Sachmittelkosten **3** 255 ff., 275
– Hilfsantrag **3** 485
– Hinzuziehung Rechtsanwalt **3** 292 ff., 299, 300
– nach § 18 Abs. 1 BEEG **1c** 195 ff., 205
   – Adressliste **1c** 209
   – Beginn Schutz **1c** 196 ff.
   – Entscheidung **1c** 204
   – Inhalt **1c** 206 ff.
   – Sinn/Zweck **1c** 195
– nach § 9 Abs. 3 MuSchG **1c** 172 ff., 189
   – Antrag **1c** 177, 179 f.
   – Begründungszwang **1c** 178
   – Entscheidung **1c** 181 ff.
   – Hinweise **1c** 192 ff.
   – Inhalt **1c** 190 f.
   – Sinn/Zweck **1c** 172
   – Voraussetzungen **1c** 173 ff.
– nach §§ 85,87 SGB IX **1c** 210 ff., 242 f.
   – Adressliste **1c** 244
   – Darlegungs-/Beweislast **1c** 231 f.
   – Einschränkung Ermessen **1c** 222 ff.
   – Entscheidung **1c** 221
   – Frist **1c** 227 ff.
   – Kenntnis von Behinderung **1c** 214
   – Nachweis, fehlender **1c** 215
   – Schutzbereich **1c** 211 ff.
   – Unterrichtung AG nach Kündigung **1c** 216 f.
   – Verfahren vor Integrationsamt **1c** 218 ff.
   – Verwaltungsklage **1c** 238 ff.
   – Widerspruch **1c** 238 ff., 243
– Rechtsbeschwerde **3** 528 ff., 529 f., 538 ff.
– Unterlassung Betriebsänderung **3** 591 ff., 606
– Unterlassung Verhalten, mitbestimmungswidriges **3** 460 ff., 474 ff.
– Unterlassung/Ordnungsgeld gegen Arbeitgeber **3** 301 ff., 326 ff.
– Weiterbeschäftigung **3** 581 ff., 588, 589
– Zustimmung Einstellung **3** 331 ff., 339
Antrag auf Ausschluss der vorläufigen Vollstreckbarkeit 3 545
Antrag auf Elternzeit 1b 374
Antrag auf nachträgliche Einstellung der vorläufigen Vollstreckbarkeit 3 552
Anwesenheitsprämien 1a 298 ff., 324
– Abgrenzung **1a** 304 ff.
– Aspekte, kollektivrechtliche **1a** 320 f.
– Entgeltfortzahlung **1a** 455
– Entwicklung Rechtsprechung **1a** 309 ff.
– Grenzen Kürzungsrecht **1a** 312 ff.
Anzeige-/Nachweispflichten
– Arbeitsunfähigkeit **1a** 466 ff.
– Entgeltfortzahlung **1a** 840 ff.
– Massenentlassung **1a** 1009
Anzeigeklausel 1a 1110 ff., 1147
– Anhörung Betriebsrat **1a** 1129
– Daten für Sozialauswahl **1a** 1129 ff.
– Daten Personalbuchhaltung **1a** 1127 ff.
– Hintergrund **1a** 1110

Arbeit auf Abruf 1b 297 ff., 362 f.
– Abgrenzungen **1b** 297
– Abruf **1b** 306 f.
– Abruffrist **1b** 308
– Arbeitsbedingungen, einzelne **1b** 309
– Arbeitszeit **1b** 298 ff.
– Grundsätze **1b** 297
– Urlaub **1b** 292
Arbeiter 1a 161
Arbeitgeber
– Ansehen in Öffentlichkeit **1a** 1224 ff.
– Arbeitgeberdarlehen **2** 868
– Begriff **1a** 166
– Feststellung Dringlichkeit Maßnahme **3** 340 ff., 348
– frühere **1a** 124 ff.
– Informationsverpflichtung **3** 409
– Insolvenz **2** 865, 946 ff.
– Kontrolle, unzulässige
   – Internet-/E-Mail-Nutzung **2** 394
   – Telefonnutzung **2** 343 ff.
– Nutzungsarten **1a** 1438
– Schutzschrift **3** 579 f., 580, 618 ff.
– Weiterbeschäftigungspflicht **3** 410 ff.
   – Entbindung von - **2** 666 ff.
– Zustimmung Einstellung **3** 331 ff., 339
Arbeitnehmer
– Ansprüche aus Arbeitsverhältnis **2** 997 ff.
– Arbeiter **1a** 161
– Arbeitnehmererfindungen **1a** 325 ff., 327
– Auszubildende **1a** 164
– Begriff **1a** 157 ff.; **1b** 767 f.
– Einwilligung
   – Eingliederungsmanagement, betriebliches **2** 494
– Erscheinungsbild, äußeres **1a** 1222 f., 1246
– Freizeitverhalten **1a** 1195 ff.
– Geringfügige Beschäftigung **1b** 328 ff.
– Heimarbeiter **1a** 165
– Insolvenz **2** 957 ff., 960, 961
– Maßnahmen bei Betriebsübergang **2** 912 ff.
– Personen, arbeitnehmerähnliche **1a** 163
– Personengruppen, besondere **1a** 161 ff.
– Praktikanten **1a** 164
– Stellung im Zustimmungsersetzungsverfahren **3** 335
– Straftaten außerhalb Unternehmen **1a** 1229 f.
– Streichung von Wählerliste **3** 675 ff., 689
– Telefonnutzung
   – Rechtsfolgen unzulässiger – **2** 340 ff.
– Verfassungstreue **1a** 1228
– Volontäre **1a** 164
– Widerspruchsrecht **2** 457, 931
Arbeitnehmerüberlassung 1a 170; **1b** 572, 573 ff., 612; **2** 85, 408, 524
– Arbeitsschutz/-sicherheit **1b** 602
– Arbeitszeit **1b** 628 ff.; **2** 212
– Arbeitszuweisung **1b** 634 f.
– Aushändigung Urkunde **1b** 644
– Befristung **1b** 44, 78
– Bereithaltung **1b** 634 f.
– Besserstellungsvereinbarung **1b** 594
– Branchenzugehörigkeit Betrieb **1b** 579

– Datenschutz **1b** 643
– Dauer **1b** 595 ff., 626 f.
– Durchführung **1b** 585 ff.
– Einsatz beim Kunden **1b** 636 ff.
– Einstellung **2** 558 ff., 568
– Equl Pay **1b** 633
– Erlaubnis **1b** 575 ff.
– Gegenstand Vertrag **1b** 574 f., 616, 616 ff., 618, 623
– Geheimhaltungspflicht **1b** 606 ff., 640 f.
– Gleichbehandlung **1b** 580
– Haftung **1b** 603 ff.
– Herausgabepflicht **1b** 642
– Höchstüberlassungsdauer **1b** 579
– konzerninterne **2** 559
– Kündigung **1b** 595 ff.
– Meldepflicht **1b** 634 f.
– Poolbildung **2** 560
– Rechnungslegung **1b** 600 f.
– Streik **1b** 592
– Tarifvertrag **1b** 580, 580 f.
– Überlassung **2** 559
– Übernahme **1b** 609 ff.
– Unbedenklichkeitsbescheinigung **1b** 582 ff.
– Vergleichsentgelt **1b** 579
– Vergütung **1b** 598, 598 f., 633 f.
– Versetzung **1b** 636 ff.
– Versicherung **1b** 603 ff.
– Wechsel Arbeitgeber **2** 560
Arbeits-/Aufenthaltserlaubnis 1a 76
Arbeitsaufnahme 1a 329 ff.
– Bedingung für Beginn Arbeitsverhältnis **1a** 339 ff.
– Beginn Arbeitsverhältnis **1a** 370 ff.
– Betriebszugehörigkeit **1a** 358 ff.
– Einstellung **1a** 348 ff.
– Kündigung vor – **1a** 365 ff.
– Nachweis **1a** 337 f.
– Sozialversicherung **1a** 370 ff., 374
– vereinbarte **1a** 337 f.
– Vertragsanbahnung **1a** 344 ff.
– Vertragstheorie **1a** 329 ff.
Arbeitsbedingungen 1b 236 ff., 665 ff.
Arbeitsbeschaffungsmaßnahme 1b 131
Arbeitsgruppen 2 19, 20
Arbeitskampfmaßnahmen
– Antragsgegner **3** 695
– Antragsstellung **3** 698
– Arbeitskampf **2** 648
– Begründetheit **3** 699 ff.
– Grundlagen, rechtliche **3** 691 ff.
– Interessenabwägung **3** 701
– Rechtsschutz, einstweiliger **3** 690 ff., 695 ff., 702, 703
– Schutzschrift Gewerkschaft **3** 704 ff., 707
– Verstoß gegen Friedenspflichten **3** 693
Arbeitslosengeld 1c 442 ff.
Arbeitsordnung 2 414 ff., 423
Arbeitsort 1a 376 ff.
– Ausübungskontrolle **1a** 392 ff.
– Direktionsrecht **1a** 377 ff.
– Erweiterung, vertragliche **1a** 386 ff.
– Festlegung, vertragliche **1a** 383 ff., 403 ff.

– Wohnsitzklauseln **1a** 402
– Zusammenhang mit Kündigungsschutz **1a** 396 ff.
Arbeitsschutz/-sicherheit 1a 770 ff.; **1b** 602
Arbeitsunfähigkeit 1a 408 ff., 489
– Anzeige-/Nachweispflichten **1a** 466 ff., 840 ff.
– Begriff **1a** 408 ff.
– Krankheit **1a** 409 ff.
– Bescheinigung **1a** 469 f.
– Entsendung **1b** 662 ff.
– Erkrankung im Ausland **1a** 476 ff.
– Erwerbsminderung **1a** 415
– Forderungsübergang bei Dritthaftung **1a** 482 f.
– Verhinderung **1a** 486 f.
– Leistungsverweigerungsrecht AG **1a** 484 ff.
– Mitteilungspflichten **1a** 467 f.
– Normzweck **1a** 466
– Sonderurlaub **1a** 1324
– Teilarbeitsfähigkeit **1a** 412 ff.
– Verletzung **1a** 485
– Vertretenmüssen **1a** 488
Arbeitsunfall 1a 423
Arbeitsverhältnis 1a 215 f.
– Abtretungsverbot **1a** 218 ff.
– Aktienoptionen **1a** 254 ff.
– Anbahnung **1a** 1 ff.
– Anrechnung **1a** 282 ff.
– Anrechnungsvorbehalte **1a** 296
– Anwesenheitsprämien **1a** 298 ff.
– Anzeigeklausel **1a** 1147
– Arbeitnehmererfindungen **1a** 325 ff., 327
– Arbeitsaufnahme **1a** 329 ff.
– Arbeitsort **1a** 376 ff.
– Arbeitszeit **1a** 490 ff.
– aufgrund Regelung, gesetzlicher **1a** 336
– Aufhebung/Abwicklung **1c** 282 ff.
– Aufrechnungsverbot **1a** 565 ff., 579 f.
– Aufwendungsersatz **1a** 584 ff., 588
– Ausschlussfristen **1a** 606 ff., 617
– Bedingung, aufschiebende/auflösende **1a** 551 ff.
– Beendigung **1c** 1 ff.
– befristetes **1a** 169
– Befristung **1a** 619 ff., 624
– Bereitschaftsdienst **1a** 626 ff., 633
– Beweislastvereinbarung **1a** 673 ff., 675
– Bonusmeilen **1a** 1094 ff., 1100 f.
– Darlehen **1a** 723 ff., 727 ff.
– Datenschutz **1a** 739 ff.
– Dienstkleidung **1a** 762 ff., 776 ff.
– Dienstreise **1a** 779 ff., 794
– E-Mail-/Internetnutzung **1a** 815 ff., 829 f.
– faktisches **1a** 334
– Fiktion **1a** 860 ff.
– Formen **1a** 167 ff.
– Freistellung **1a** 880 ff., 894 f.
– Freiwilligkeitsvorbehalt **1a** 897 ff., 905
– Gehaltsanpassungsklauseln **1a** 906 ff., 908
– Gerichtsstand **1a** 916 ff., 925 f.
– Geschenkannahme **1a** 933 ff., 944 ff.
– Gleichstellungsabrede **1a** 947 ff.
– Gruppenarbeitsverhältnis **1a** 172

– Haftung **1a** 980 ff.
– Home-Office **1a** 990 ff.
– Incentive-Regelungen **1a** 711 ff.
– Klauseln, einzelne **1a** 217 ff.
– Kurzarbeit **1a** 1043 ff.
– Mankovereinbarung **1a** 1056 ff.
– Mehrarbeit **1a** 1078 ff.
– Miles & More **1a** 1094 ff., 1100 f.
– mittelbares **1a** 171
– Nebentätigkeit **1a** 1103 ff., 1107
– Personalakte **1a** 1110
– Pfändungskosten **1a** 1152 ff., 1162
– Prämie **1a** 700 ff.
– Probearbeitsverhältnis **1a** 168
– Probezeit **1a** 1167 ff.
– Provision **1a** 685 ff.
– Rückgabe **1a** 1249 ff.
– Schadenspauschalierung **1a** 1287 ff.
– Schiedsvereinbarungen **1a** 931
– Sonderzahlung **1a** 1327 ff., 1329
– Sozialversicherung **1a** 1347 ff.
– Sprachkenntnisse **1a** 1368 ff.
– Tantieme **1a** 1375 ff., 1377
– Tarifvertrags-Öffnungsklausel **1a** 1393 ff.
– Umzug **1a** 1414 ff.
– Untersuchung, ärztliche **1a** 526 ff.
– Urheberrechtsklauseln **1a** 1430 ff.
– Urlaub **1a** 1451 ff.
– Verjährung **1a** 1463 ff.
– Vermögensbildung **1a** 1472 f., 1473
– Verschwiegenheit **1a** 1474 ff., 1508 f.
– Versetzung **1a** 1510 ff., 1628 f.
– Vertragssprache **1a** 1539 ff., 1548
– Vertragsstrafe **1a** 1553 ff.
– vorheriges **1a** 77, 83 ff.
– Wartezeit Kündigungsschutz **1a** 1565 ff., 1573 ff.
– Wettbewerbsverbot **1a** 1599 ff., 1621
– Whistleblowing **1a** 1622 ff., 1627
– Widerrufsvorbehalt **1a** 1628 ff., 1636
– Zielvereinbarung **1a** 1639 ff.
– Zulagen **1a** 707 ff.
– Zurückbehaltungsrechte **1a** 1656 ff., 1670
Arbeitsvertrag 1a 150 ff., 215 f.
– Abgrenzung zu Vertragstypen, anderen **1a** 153 ff.
– Altersgrenze **2** 128
– Anstellungsvertrag **1b** 707
– Arbeitgeber **1a** 166
– Arbeitnehmerbegriff **1a** 157 ff.
– Begriff **1a** 151 f.
– Direktionsrecht **1a** 803 ff., 1592 ff.
– Formulararbeitsvertrag **2** 115
– Klauseln, einzelne **1a** 217 ff.
– Öffnungsklausel für Betriebsvereinbarungen **1a** 667
– Parteien **1a** 157 ff.
– Personalakte **1a** 1146
– Schriftformklausel **1a** 1291 ff.
– Verbrauchervertrag **1a** 173
– Wesen **1a** 150 ff.

Arbeitszeit 1a 490 ff., 497, 524; **2** 162, 174, 191, 192, 201, 202
– Abwesenheitszeit **2** 195
– Angestellter, leitender **1a** 501 f.
– Arbeit auf Abruf **1b** 298 ff.; **2** 179
– Arbeitnehmerüberlassung **1b** 628 ff.; **2** 212
– Arbeitsbereitschaft **2** 169
– Arbeitszeitgesetz **2** 165
– Arbeitszeitlage **2** 190
– Arbeitszeitmodell **2** 166
– Arbeitszeitsysteme **2** 170
– Ausgleichszeitraum **2** 193
– Begriff **2** 161
– Bereitschaftsdienst **2** 169, 220 ff.
– Beteiligung Betriebsrat **2** 190
– betriebsübliche **1a** 493
– Dauer **1a** 490 ff.
– Dienstplan/Schichtarbeit/Rufbereitschaft **2** 220 ff.; **3** 664
– Dienstreisen **1a** 495, 789; **2** 210
– Direktionsrecht **1a** 490, 511, 514 ff.
– flexible **2** 184 ff.
– Geschäftsführer-Anstellungsvertrag **1b** 798
– Gleitzeit **1a** 521 ff.; **2** 206 f.
– Home-Office **1a** 993
– Jobsharing **1b** 311 ff.
– Kurzarbeit **1a** 510 ff.; **2** 175, 232 ff., 256
– Lage **2** 514 ff.; **2** 167 ff.
– Langzeitkonten **2** 184 ff.
– Langzeitkonto **2** 197
– Lebensarbeitszeitkonto **2** 197
– Leiharbeitnehmer **2** 212
– Mehrarbeit/Überstunden **2** 208 ff.
– Mitbestimmung **2** 159 ff.
– Nachtarbeit **1a** 519 f.
– Null-Stunden-Vertrag **1a** 509
– Pausenzeiten **2** 167 ff.
– Produktionszeiten **2** 164
– Rechtsfolgen Verstoß **2** 180 f.
– regelmäßige wöchentliche **2** 189
– Regelungsbefugnis
– Grenzen **1a** 497 ff.
– Parteien **1a** 490 ff.
– Rufbereitschaft **2** 169, 220 ff.
– Schichtarbeit **1a** 519 f.
– Sonntagsarbeit **1a** 519 f.
– Tarifvertrag **1a** 497
– Teilzeit **1b** 260 ff.
– Telearbeit **1b** 463
– Überstunden **1a** 496; **2** 173, 208 ff., 219
– Umfang **2** 167 ff.
– Umkleidezeit **2** 163
– vergütungspflichtige **2** 161
– Verteilung **2** 189
– Vertrauensarbeitszeit **2** 204 f.
– Vorbereitungshandlung, notwendige **1a** 494
– Vorstandsvertrag **1b** 842
– Zeiterfassung **2** 193, 196
– Zeitguthaben **2** 194

– Zeitkonto **2** 193
– Zeitsaldo **2** 194
Arbeitszeitverlängerung/-verkürzung 1b 330 ff.,
   352 ff., 366 f.; **2** 171 ff.
– Ablehnung Anspruch **1b** 341 ff.
– Allgemeines **1b** 352
– Änderungsvereinbarung **1b** 335, 337
– Anspruch **1b** 331
– Anzeige Verlängerungswunsch **1b** 354 ff.
– Arbeitsplatz, freier **1b** 357
– Elternzeit **1b** 348
– Entscheidung Arbeitgeber **1b** 338 ff.
– Erörterung Reduzierungswunsch **1b** 337
– Fiktion, gesetzliche **1b** 340
– Form **1b** 334, 338 f.
– Frist **1b** 333
– Geltendmachung Anspruch **1b** 333 ff.
– Geringfügige Beschäftigung **1b** 330 ff.
– Gründe, entgegenstehende **1b** 358 f.
– Grundsätze **1b** 330
– Inhalt Anspruch **1b** 335
– Kleinbetriebsklausel **1b** 332
– Pflegezeit **1b** 350
– Prozessuales **1b** 351, 360
– Schwerbehinderte **1b** 349
– Teilzeit **1b** 264 f., 353
– Veränderung Arbeitszeit **1b** 347
– Voraussetzungen **1b** 331 ff., 353 ff.
– Wartezeit **1b** 331
Arzt
– Arzthaftungsansprüche **1b** 755
– Stellung **1b** 725
– Weisungsfreiheit **1b** 725
Aufenthaltserlaubnis 1a 421
Aufgabenübertragung
– Arbeitsgruppen **2** 19 f.
– Betriebsausschuss **2** 17
– Betriebsrat **2** 17
– Fachausschuss **2** 18
– Gesamtbetriebsrat **2** 62
– Rahmenvereinbarung **2** 19
– Subsidiaritätsprinzip **2** 66
Aufhebungsvertrag 1c 282 ff., 394 ff., 463, 464 ff.
– Abfindung **1c** 380 ff., 415 ff., 466
– Abschluss **1c** 282 ff.
– Abwerbeverbot **1a** 251
– Abwicklung Arbeitsverhältnis **1c** 421 f.
– Aktien/Aktienoptionen **1c** 397 ff.
– Altersversorgung, betriebliche **1c** 409 ff.
– Anfechtung **1c** 336 ff.
– Anhörung Betriebsrat **2** 589
– Annahmeverzug **1c** 295
– Ausgleichsklausel **1c** 425
– Auslegung **1c** 425
– Beendigung, vorzeitige **1c** 394 ff.
– Befristung **1b** 36, 101, 104
– Beseitigung **1c** 335 ff.
– Darlegungs-/Beweislast **1c** 327, 377
– durch Prozessvergleich **1c** 469 ff.

– Erstattungsansprüche Arbeitgeber **1c** 452 ff.
  – Arbeitnehmer, ältere **1c** 453 ff.
  – Forderungsübergang **1c** 452
  – Karenzentschädigung **1c** 454
– Gehaltskapitalisierung **1c** 394 ff.
– Geheimhaltungspflicht **1c** 423
– Geschäftsführer **1c** 328 ff., 472
– Inhalt **1c** 349 ff.
  – AGB-Kontrolle **1c** 350 ff.
  – Anrechnung Verdienst **1c** 374 ff.
  – Art/Zeitpunkt Beendigung **1c** 354 ff.
  – Freistellung/Urlaub **1c** 362 ff.
  – Vergütung **1c** 359 ff.
  – Wettbewerbsverbot **1c** 378 ff.
– Klageverzichtsvereinbarungen **1c** 298 f.
– Kündigung zwischen Abschluss und Beendigung
  1c 347
– Meldepflicht nach § 38 SGB III **1c** 428, 455
– Rückabwicklung **1c** 348
– Rücktritt **1c** 345
– Ruhen Arbeitslosengeldanspruch **1c** 442 ff.
  – Arbeitsentgelt **1c** 451
  – Entlassungsentschädigung **1c** 450
  – Sperrzeit **1c** 442 ff.
  – Urlaubsabgeltung **1c** 451
– Schriftform **1c** 283 ff.
  – Abwicklungsvertrag **1c** 296 f.
  – Rechtsfolge fehlende – **1c** 294 f.
  – Treu und Glauben **1c** 300
  – Unklarheitenregel **1c** 289
  – Vereinbarung, konkludente **1c** 288 ff.
– Sozialversicherungsrecht **1c** 442 ff.
– Steuerrecht **1c** 429 ff.
  – Berechnung **1c** 441
  – Einkünfte, außerordentliche **1c** 432
  – Entschädigungen **1c** 432
  – Freibeträge § 3 Abs. 9 **1c** 429 f.
  – Privileg §§ 24, 34 **1c** 431
  – Wohnsitzverlegung ins Ausland **1c** 440
  – Zusammenballung **1c** 433 ff.
– Stillschweigen **1c** 424
– Vorstand **1c** 328 ff., 473
– Wegfall Geschäftsgrundlage **1c** 346
– Wettbewerbsverbot **1c** 378 ff.
  – nachvertragliches **1b** 863; **1c** 402 ff.
– Widerruf **1c** 342 ff., 467
– Wirksamkeit **1c** 301 ff.
  – Ausländer **1c** 316
  – Befristungsrecht **1c** 312 f.
  – Betriebsübergang **1c** 305
  – Feststellung Unwirksamkeit/Rückabwicklung
    1c 317 ff.
  – Geschäftsunfähige **1c** 315
  – Insolvenzverwalter **1c** 306
  – Kündigungsschutz **1c** 310 f.
  – Massenentlassung **1c** 307 f.
  – Minderjährige **1c** 314
  – Nichtbestehen Probezeit **1c** 311
  – Umgehung Schutzvorschriften **1c** 304 ff.

– Zeugnis **1c** 407 f.
– Zustandekommen **1c** 282
– Zuziehung Betriebsrat **1c** 326
Aufklärungs-/Hinweispflichten 1c 320 ff., 449
– Aufhebungsvertrag **1c** 449
– Beweislastvereinbarung **1a** 680
– Folgen Unterlassung/Fehler **1c** 324
– Fragen Arbeitnehmer **1c** 325
– Hinweis auf Arbeitslosmeldung **1b** 42 f., 43
– Meldepflicht nach § 38 SGB III **1c** 323
– Sozialversicherung **1a** 1351
– Umfang **1c** 320 ff.
Aufnahme einer Gegendarstellung 1a 1151
Aufrechnungsverbot 1a 565 ff.
– AGB-Kontrolle **1a** 583
– Aufrechnungsvoraussetzungen **1a** 567 ff.
– einzelvertragliches **1a** 578
– Forderung aus Handlung, vorsätzliche unerlaubte **1a** 574
– Forderung, gepfändete **1a** 577
– Forderung, unpfändbare **1a** 573
– Grundsatz von Treu und Glauben **1a** 575
– Hinweise **1a** 581 f.
– Klauselvarianten **1a** 579 f.
– Verjährung **1a** 576
Auftrag 1a 156
Aufwendungsersatz 1a 584 ff., 588
– Anspruch, gesetzlicher **1a** 585
– Berufsausübungskosten **1a** 602
– Bußgelder **1a** 597
– Dienstbekleidung **1a** 598 ff.
  – Arbeitskleidung **1a** 600
  – Schutzbekleidung **1a** 599
  – uniforme **1a** 601
– Fahrtkosten **1a** 592 f.
– Recht, dispositives **1a** 587
– Reisekosten **1a** 594
– Sach-/Vermögensschaden **1a** 584
– Sanktionen **1a** 597
– Telearbeit **1b** 464
– Unfallschaden **1a** 595 f.
– Vermögensaufwendung **1a** 584
– Vorstellungskosten **1a** 589 ff.
Ausbildungsverhältnis 1b 1 ff., 2
– Abgrenzung zur Fortbildung/Umschulung **1b** 4
– Art/Ziel/Dauer **1b** 11
– Ausbildender **1b** 7
– Ausbildungsmaßnahme, auswärtige **1b** 12
– Ausbildungszeit **1b** 13
– Auszubildender **1b** 5, 6
  – Begriff **1a** 164
  – Entbindung Übernahme Amtsvertreter **3** 407 ff.
  – Weiterbeschäftigungspflicht **3** 410 ff.
– Befristungsgrund **1b** 130
– Einwilligung **1b** 9
– Fragerecht/Offenbarungspflicht **1a** 83 ff.
– Haftung **1a** 981
– Hinweis auf Kollektivarbeitsrecht **1b** 18
– Hospitierender **1b** 6
– Kündigung **1b** 17

– Niederschrift **1b** 9
– Praktikant **1b** 6
– Probezeit **1b** 14
– Rechtsnatur **1b** 3
– Rückzahlung Kosten **1a** 1261 ff., 1271
  – Benachteiligung, unangemessene **1a** 1264 ff.
  – Bindungsdauer **1a** 1265
  – Grund **1a** 1266
  – Höhe **1a** 1267
  – Transparenzgebot **1a** 1268
  – Verbot, gesetzliches **1a** 1263
  – Zeitpunkt Vereinbarung **1a** 1269
– Schadenspauschalierung **1a** 1288
– Schlichtungsverfahren **1b** 20
– Unterschrift **1b** 9
– Urlaub **1b** 16
– Verbundausbildung **1b** 8, 12
– Vereinbarungen, nichtige **1b** 19
– Vergütung **1b** 15
– Vertragsabschluss **1b** 9
– Vertragsinhalt **1b** 10 ff.
– Volontär **1b** 6
– Vorgaben, gesetzliche **1b** 10
Ausfallstunden 1a 458
Ausgleichsklausel 1c 425
Ausgliederung 2 107, 109
Aushilfstätigkeit 1a 1010
Auskunftsanspruch 1a 6, 1392
Auslagen 1a 602
Ausländer 1c 316
Auslandseinsatz 1b 133
Ausschluss der vorläufigen Vollstreckbarkeit 3 545
Ausschlussfristen 1a 606 ff., 617
– Angemessenheitskontrolle **1a** 616 f.
– Betriebsvereinbarung **1a** 610
– Chefarztvertrag **1b** 761
– Erscheinungsformen **1a** 607
– Klauseln, überraschende **1a** 615
– Mindestlohn **1a** 612
– Reichweite **1a** 609 ff.
– Transparenzgebot **1a** 615
– Wirksamkeitsgrenzen **1a** 608
Ausschuss
– Betriebsausschuss **2** 17
– Fachausschuss **2** 18
– Sprecherausschuss **2** 519, 590
– Wirtschaftsausschuss **2** 934
Aussperrung 1a 421
Ausstrahlungswirkung 2 587
Auswahlrichtlinien 2 750 ff., 771
– Arbeitnehmervertretung, zuständige **2** 762 f.
– Beendigung **2** 759
– Einzelfall **2** 753 ff.
– Folgen Verstoß **2** 766 ff.
– Form **2** 754
– Inhalt **2** 756 f., 764 ff.
– Initiativrecht **2** 760 f.
– Regelungen, abschließende **2** 758
– Regelungszweck **2** 750 ff.

– Überprüfung Entscheidung **2** 770
– Wirkung **2** 759
Auswahlverfahren 1b 133

Backgroundcheck 1a 116 ff.
Bedingung 1a 551 ff.
– auflösende **1a** 556 ff., 564, 620; **1b** 51
– aufschiebende **1a** 552 ff.
– Wirksamkeitsvoraussetzungen **1a** 552 ff., 564
Beendigung
– Auslandseinsatz **1b** 702 ff., 703
– Ausschlussfristen **1a** 616 f.
– Darlehen **1a** 734 ff.
– Dienstwagenüberlassung **1b** 545
– mit Wiedereinstellungszusage **1a** 1188 ff.
– Pkw-Überlassungspauschale/Car-Allowance
  1b 563 f.
– Wiedereingliederung **1b** 570
befristeter Arbeitsvertrag
– Formerfordernis **1b** 488
Befristung 1a 169, 619 ff., 624; **1b** 21 ff., 133
– Altersteilzeit **1b** 110, 196
– Anhörung Betriebsrat **2** 589
– Anwendbarkeit **1b** 24
– Arbeitnehmer, ältere **1b** 172 ff., 181 ff.
– Arbeitnehmerüberlassung **1b** 44, 78
– Arbeitsbedingungen, einzelne **1a** 619 ff., 624; **1b** 36
  – Form **1a** 624
  – Wirksamkeitsvoraussetzungen **1a** 620 ff.
– Arbeitsbeschaffungsmaßnahme **1b** 131
– Aufhebungsvertrag **1b** 36, 101, 104; **1c** 312 f.
– Aus-/Fort-/Weiterbildung **1b** 130, 152
– Aushilfe **1b** 57
– Auslandseinsatz **1b** 133
– Bedingung, auflösende **1b** 51
– Bestimmbarkeit **1b** 31 f.
– Betriebsvereinbarung **2** 92 f.
– Beurlaubung Beamter **1b** 133
– Darlegungs-/Beweislast **1b** 27
– Dauer **1b** 26
– Diskriminierungsverbot **1b** 50
– Doppelbefristung **1b** 35
– Eigenart Arbeitsleistung **1b** 84 ff., 92 f.
– Eignungsübung **1b** 221 f.
– Elternzeit **1b** 185 ff.
– Entfristung **2** 524
– Erprobung **1b** 94 ff., 102, 103
– Existenzgründer **1b** 160 ff., 171
– Facharztausbildung **1b** 208 ff., 216
– Fortbildung **1b** 152, 197 f.
– Fortsetzung nach Ablauf - **1b** 45
– Gründe in Person Arbeitnehmer **1b** 105 ff., 115 f.
– Hinweis auf Arbeitslosmeldung **1b** 42 f.
– im Anschluss an Ausbildung/Studium **1b** 63 ff., 67
– kalendermäßige **1b** 140 ff.
– Kettenarbeitsvertrag **1b** 28 ff.
– Konkurrentenklage **1b** 133
– Kontrolle **1b** 25
– Konzernunternehmen **1b** 146
– Kündigungsschutzgesetz (KSchG) **1b** 46

– Mehrbedarf, vorübergehender **1b** 53 ff., 59, 60 ff.
– Mindestlaufzeit **1b** 40
– Missbrauchskontrolle **1b** 29
– nach § 14 TzBfG **1b** 21 ff.
– Nichtverlängerungsvereinbarung **1b** 39
– Pflegezeit **1b** 189 ff., 194 f.
– Probezeit **1a** 1171 ff., 1192
– Probezeitbefristung **2** 524
– Prozessbeschäftigung **1b** 132, 136
– Rahmenvereinbarung **1b** 38
– Regelaltersgrenze **1b** 107
– Rentner **1b** 107
– Sachgrundbefristung **1b** 22, 52 ff., 128 ff., 134 f.
– sachgrundlose **1b** 22, 137 ff., 157 ff.
– Schriftform **1b** 37 f.
– Sondervorschriften **1b** 184 ff.
– Sozialhilfemaßnahmen **1b** 131
– Strukturanpassungsmaßnahme **1b** 131
– Trainee **1b** 475
– Unwirksamkeit **1b** 46, 49
– Vergleich, gerichtlicher **1b** 123 ff., 127
– Verlängerungsvereinbarung **1b** 40
– Vertretung **1b** 68 ff., 79, 80 ff.
– Wehr-/Zivildienst **1b** 217 ff.
– Zeitverträge, wissenschaftliche **1b** 199 ff., 207
– Zitiergebot **1b** 31
– Zweckbindung Haushaltsmittel **1b** 117 ff., 122
Behinderung Betriebsratswahl 3 668 ff., 674
Behinderung, körperliche/geistige 1a 78 ff.
BEM
– Außergerichtliche Mediation **2** 492
– Mediation **2** 492
Bereitschaftsdienst 1a 626 ff., 633; **2** 169, 220 ff.
– Abgrenzung **1a** 627 f.
– Begriff **1a** 629
– Bewertung, arbeitszeitrechtliche **1a** 630
– Chefarztvertrag **1b** 728
– Mindestlohngesetz **1a** 631
– Rufbereitschaft **2** 169, 220 ff.
– Vergütung **1a** 631
– Vertragsgestaltung **1a** 632
Berufsausbildungsverhältnis
– ausbildungsintegrierendes duales Studium **1b** 479
Berufung 3 130 ff., 160 ff.
– Anschlussberufung **3** 160 ff.
– Antrag **3** 151, 155 ff.
– Begründung **3** 147 ff.
– Beschwer **3** 136
– Einlegung **3** 141 ff.
– Erwiderung **3** 154
– Formalia **3** 148
– Frist **3** 138 ff., 149
– Gegenstand **3** 131 ff.
– Grundsatz Meistbegünstigung **3** 132
– Inhalt **3** 152 f.
– Statthaftigkeit **3** 131 ff.
Beschäftigungs-/Abschlussverbote 1a 24 f.
Beschäftigungs-/Qualifizierungsgesellschaft (BQG)
  2 863, 889

Beschäftigungsanspruch 3 566 ff.
– Arbeitsverhältnis, ungekündigtes 3 567
– Beschäftigung, nicht vertragsgemäße 3 576 f.
– Kündigungsschutzprozess 3 572 ff.
– nach Kündigung
  – nach Lauf Frist 3 572 ff.
  – während Lauf Frist 3 569
Beschäftigungsdauer
– Anrechnung 1a 1013
– Berechnung 1a 1006
Beschäftigungsverbot 1a 421
Beschwerde 3 219 ff., 486, 492
– Anschlussrechtsbeschwerde 3 537
– Antrag 3 507, 512 ff.
– Beschwer 3 498
– Beschwerdebefugnis 3 496 f.
– Einlegung 3 223 f., 500 ff., 505
– Frist 3 222, 499, 506
– Gegenstand 3 220 ff., 493 ff.
– Inhalt 3 508 ff.
– Nichtzulassungsbeschwerde 3 517, 523
– Rechtsbeschwerde 3 225 ff., 489, 521 ff.
– Sprungrechtsbeschwerde 3 487
– Statthaftigkeit 3 220 ff., 493 ff.
– Suspensiveffekt 3 494
– Unterlassung Verhalten, mitbestimmungswidriges 3 658
– Zuständigkeit 3 495
Besserstellungsvereinbarung 1b 594
Betrieb 2 74
– Begriff 2 734
– Betriebs-/Geschäftsgeheimnisse 1a 1479 ff.
– Betriebsänderung 2 776 ff.
  – Betriebsübergang 2 868, 890 ff., 920 f., 922 ff.
  – Betriebsverlegung 2 860
  – Umwandlung 2 925 ff., 942, 943 ff.
– Hauptbetrieb 2 43
– Kleinstbetrieb 2 44
– Kurzarbeit 2 237
– Regelung Zusammenarbeit 2 13
– Reorganisation, umfassende 2 842
– Teile 2 43
Betriebliches Eingliederungsmanagement
– Personalakte 1a 1119
Betriebsausschuss 2 17
Betriebsrat
– Angelegenheiten, personelle 2 518 ff.
– Angelegenheiten, soziale 2 81 ff.
– Angelegenheiten, wirtschaftliche 2 772 ff.
  – Interessenausgleich 2 775 ff., 839, 840 ff.
  – Sozialplan 2 843 ff., 866, 867
– Anzeigeklausel 1a 1129
– Arbeitsgruppen 2 19 f.
– Aufgabenübertragung 2 17, 62
– Aufhebungsvertrag 1c 326
– Aufwand Mitglieder 2 24
– Ausstattung 2 23 ff.
– Auswahlrichtlinien 2 750 ff., 771
  – Folgen Verstoß 2 766 ff.
– Beschluss

– Aufgabenübertragung 2 20, 62, 67
– Beschlussfassung 2 622 ff.; 3 314
– Formalia 3 481
– Hinzuziehung Rechtsanwalt 2 33 ff.; 3 296
– Konzernbetriebsrat 2 69
– Mehrheit 2 67
– Sprechstunden 2 21
– Beteiligungsrecht
  – Dienstreise 1a 793
  – Insolvenz 2 987 f.
– Betriebsausschuss 2 17
– Betriebsübergang 2 910
– Büroausstattung 3 262
– Büropersonal 3 274
– Büroräume 3 260 ff.
– Erstattung Schulungskosten 2 30 ff.; 3 276 ff., 290, 291
  – Anspruchsinhaber 3 284
  – Anspruchsinhalt 3 289
  – Entsendebeschluss 3 285
  – Erforderlichkeit 2 31
  – Geeignetheit 3 288
  – Grundlagen, rechtliche 3 277 ff.
  – Lage, zeitliche 3 283
  – Mitteilungspflicht 3 285
  – Rechtsfolge 3 286
  – Schulungsmaßnahme nach § 37 Abs. 6 BetrVG 3 277 ff., 291
  – Schulungsmaßnahme nach § 37 Abs. 7 BetrVG 3 287 ff.
– Europäischer Betriebsrat 2 47
– Fachausschuss 2 18
– Fachliteratur 3 273
– Feststellung Dringlichkeit Maßnahme 3 340 ff., 348
– Freistellung
  – Abmeldevereinbarung 2 28 f.
  – Betriebsratsmitglieder 2 26 ff.
  – Sachmittelkosten 2 23 ff.
– Gesamtbetriebsrat 2 45, 78 ff., 307, 934
  – Aufgabenübertragung 2 62
  – Urlaub 2 513
– Geschäftsführung 2 2
– Geschäftsordnung 2 15
– Grundsätze Zusammenarbeit 2 1 ff.
– Hausrecht 3 261
– Hinzuziehung Rechtsanwalt 3 292 ff., 299, 300
  – Beschluss 2 33 ff.
  – Betriebsratsbeschluss 3 296
  – Bezug zu Betriebsratsaufgaben 3 293 ff.
  – Erforderlichkeit 3 34; 3 295
  – Grundlagen, rechtliche 3 293 ff.
  – Sachverständiger 2 35
  – Vereinbarung mit Arbeitgeber 3 297
  – Zustimmungsersetzung 3 298
– Homepage 3 272
– Informations-/Kommunikationsmittel 3 263
– Initiativrecht 2 142 ff.
  – Auswahlrichtlinien 2 760 f.
  – Urlaub 2 512
– Konzernbetriebsrat 2 46, 62, 934

- Kooperationsmaxime **2** 1 ff.
- Kosten **2** 23 ff.
- Lohngestaltung, betriebliche **2** 270
- Prozessstandschaft **3** 307
- Sachaufwand **2** 24 ff.
- Sachmittel **3** 259 ff.
- SE Betriebsrat **2** 48
- Sozialeinrichtungen **2** 399 ff.
- Spartenbetriebsrat **2** 76 f.
- Sprecherausschuss **2** 519
- Stellenausschreibung **1a** 19 ff.; **2** 741 ff., 749
- Strukturen **2** 42 ff.
  - abweichende **2** 51
  - regionale **2** 73 f.
- Übergangsmandat **2** 58 ff., 59
  - Kosten **2** 61
- Überwachungspflicht
  - Eingliederungsmanagement, betriebliches **2** 464 f.
- Umwandlung **2** 934, 944, 945
- unternehmensüberschreitender **2** 78 ff.
- Unterrichtung **2** 894 ff.
- Verbot Betriebsratsbegünstigung **2** 41
- Verfügungsanspruch **3** 623 f.
- Versetzung **2** 537 ff., 547, 548 ff., 557
  - vorläufige **2** 569 ff., 575, 576 ff., 580
- Vorsitz **2** 16
- Widerspruch **2** 627 ff.
  - Auswahlrichtlinie **2** 634
  - Bedeutung **2** 644
  - Gründe **2** 632 ff.
  - Sozialauswahl, fehlerhafte **2** 633
  - Weiterbeschäftigungsanspruch **2** 654 ff.
  - Weiterbeschäftigungsmöglichkeit **2** 635 ff.
- Zustimmung
  - Ersetzung **3** 332 ff.
  - fehlende **1a** 354 ff.
  - Rügemöglichkeit **2** 551
  - Umgruppierung **2** 537, 547, 548 ff., 557
  - Versetzung **2** 537 ff., 547, 548 ff., 557
  - Verweigerung **2** 552 ff.
- **Betriebsratsanhörung 1a** 1187; **2** 581 ff., 677 ff., 683 ff., 688, 690 ff., 695
- Adressat **2** 606
- Änderung Sachverhalt **2** 601
- Änderungskündigung **2** 619, 697 ff., 700
- Angestellter, leitender **2** 590
- Anwendungsbereich **2** 584 ff.
- Aufhebungsvertrag **2** 589
- Ausstrahlungswirkung **2** 587
- Bedenken/Widerspruch **2** 627 ff., 644
- Beendigungstermin **2** 594
- Befristung **2** 589
- Beschlussfassung **2** 622 ff.
- Besonderheiten **2** 617 f., 645 ff.
- Betriebsstilllegung **2** 733 ff., 739
- Darlegungs-/Beweislast **2** 600, 652 f.
- Determinierung, subjektive **2** 595 ff.
- Einstellung/Eingruppierung **2** 523 ff., 536, 548 ff., 557
- Empfangs-/Zugangsbestätigung **2** 612

- Entlassungsverlangen **2** 646
- Erweiterung Mitbestimmung **2** 675
- Erweiterung Mitteilung **2** 599
- Fälle, sonstige **2** 620
- Form **2** 527, 543, 605
- Freistellung **2** 589
- Frist **2** 527 ff., 609 ff., 621
- Hinderungsgründe **2** 584 ff.
- Inhalt **2** 528 ff., 592 ff., 595 ff.
- Kündigung **1a** 1187; **2** 581 ff., 677 ff., 680 ff., 681
  - betriebsbedingte **2** 683 ff., 688, 690 ff., 695
  - Betriebsratsmitglied **2** 720 ff., 729, 731
  - Geschützter **2** 733 ff., 739
  - krankheitsbedingte **2** 711 ff., 718
  - Nichtigkeit **2** 616
  - verhaltensbedingte **2** 702 ff., 708, 710
- Kündigungsfrist **2** 594
- Mitteilungspflichten, weitergehende **2** 604
- nach KüSchG **2** 676
- Nachschieben Kündigungsgründe **2** 649 ff.
- Nichtäußerung **2** 625
- Prüfungsumfang **2** 603 ff.
- Sinn/Zweck **2** 581 ff.
- Stellungnahme Betriebsrat **2** 621 ff.
- Territorialitätsprinzip **2** 587
- Übernahme **2** 589
- Umfang **2** 595 ff.
- Verfahrensfehler **2** 613 ff.
- Verhältnis zu Interessenausgleich **2** 832 ff.
- während Wartezeit **2** 680 ff., 681
- Widerspruchsgründe **2** 632 ff.
- Zeitpunkt **2** 607 f.
- Zustimmung **2** 626
- **Betriebsratswahl**
  - Anfechtung **3** 238 ff., 253
  - Behinderung **3** 668 ff., 674
  - Streichung von Wählerliste **3** 675 ff., 689
  - Wahlvorstand **3** 676
- **Betriebsrentner 2** 84
- **Betriebsspaltung 2** 107, 109
- **Betriebsstilllegung 2** 104
- **Betriebsteil 2** 109, 110
- **Betriebsteilübergang 2** 107
- **Betriebsübergang 2** 107, 890 ff., 920 f.
  - Altersteilzeit **1b** 414
  - Begriff **2** 891 ff.
  - Betriebsvereinbarung **2** 106
  - Bezugnahmeklauseln **2** 905 f.
  - Fortgeltung Betriebsvereinbarungen **2** 903
  - Fortgeltung Tarifverträge **2** 904
  - Insolvenz **2** 979 ff., 984
    - Haftungsbeschränkung Erwerber **2** 982 f.
    - Kündigungsschutz **2** 979 ff.
  - Kündigungsverbot/-schutz **2** 908 ff.
  - Maßnahmen bzgl. Arbeitnehmer **2** 912 ff.
  - Übergang Arbeitsverhältnisse **2** 893
  - Wettbewerbsverbot, nachvertragliches **1b** 879
- **Betriebsvereinbarung 2** 3, 107, 203
  - Ablösung durch neue - **2** 103
  - Altersteilzeit **2** 183

– Altersversorgung, betriebliche **2** 104
– Angelegenheiten, soziale **2** 81 ff.
– Angestellte, außertarifliche **2** 257 ff., 263
– Arbeitsordnung **2** 414 ff., 423
  – Dienstkleidung, einheitliche **2** 444 ff., 448
  – Ethikrichtlinien **2** 424 ff., 443
– Ausgliederung **2** 109
– Ausschlussfristen **1a** 610
– Bedingungseintritt **2** 92 f.
– Beendigung **2** 10, 103, 502
– Befristung **2** 92 f.
– Betriebsbuße **2** 412
– Betriebsordnung **2** 407 ff., 413
– Betriebsorganisation
  – Urlaub **2** 504 ff., 517
  – Vorschlagswesen, betriebliches **2** 496 ff., 503
– Betriebsspaltung **2** 109
– Betriebsstilllegung **2** 104
– Betriebsübergang **2** 106
  – Fortgeltung **2** 903
– Budgetierung Sachmittelkosten **2** 40 f.
– Dienstkleidung, einheitliche **2** 444 ff., 448
– Direktionsrecht **1a** 1591
– Durchführungsbestimmungen **2** 9
– Eingliederung **2** 110
– Eingliederungsmanagement, betriebliches **2** 449 ff., 467, 494
– Einrichtungen, technische **2** 297 ff., 310, 346
  – Internet-/E-Mail-Nutzung **2** 347 ff., 398
  – Telefonnutzung **2** 311 ff.
– Ethikrichtlinien **2** 424 ff., 443
– Formalia **2** 12
– Geltung, zeitliche **2** 89 ff.
– Geltungsbereich **2** 7, 188
– Gesamtbetriebsvereinbarung
  – Einrichtungen, technische **2** 297 ff.
– Grenzen Regelungsbefugnis **2** 8
– Günstigkeitsprinzip **1a** 666
– Herabsetzung, einvernehmliche **2** 99
– Inkrafttreten **2** 10
– Insolvenz **2** 99, 996
– Insolvenzsicherung **2** 198 ff.
– Kündigung
  – außerordentliche **2** 96 f.
  – ordentliche **2** 94 f.
  – Teilkündigung **2** 98 f.
– Kurzarbeit **1a** 1051
– Lohngestaltung
  – Angestellte, außertarifliche **2** 257 ff., 263
  – Provision **2** 271 ff., 274
  – Zielvereinbarungen/-vorgaben **2** 282 ff., 283
  – Zulage, außer-/übertarifliche **2** 264 ff.
– Mitbestimmung **2** 147
– Nachwirkung **2** 10, 100 f.
– Neugründung durch Zusammenschluss **2** 111
– Normenklarheit **2** 8
– Öffnungsklausel **1a** 665 ff.
– Parteien **2** 5
– Präambel **2** 6
– Provision **2** 271 ff., 274

– Rahmenbetriebsvereinbarung **2** 151, 304 ff.
– Regelung Zusammenarbeit im Betrieb **2** 13
– Regelungsgegenstand **2** 8 ff.
– Rückwirkung **2** 91
– Schlussbestimmungen **2** 11
– Schriftform **2** 12
– Social Media **2** 398
– Sozialeinrichtungen **2** 399 ff., 406
– Sozialplan **2** 104
– Sprechstunden **2** 21
– Übergangsmandat **2** 61
– Überschrift **2** 4, 186
– Umstrukturierung **2** 108
– Umwandlung **2** 933
– Urlaub **2** 504 ff., 517
– Verstoß gegen - **3** 465
– Vertragsparteien **2** 187
– Vorschlagswesen, betriebliches **2** 496 ff., 503
– Wegfall Geschäftsgrundlage **2** 102
– Zielvereinbarungen/-vorgaben **2** 282 ff., 283
– Zulage, außer-/übertarifliche **2** 264 ff., 270
– Zweckerreichung **2** 92 f., 104
Betriebsverfassungsrecht 1a 801; **1b** 415; **2** 1 ff.
Betriebsversammlung, geplante 3 632 ff., 644 f., 646
– Grundlagen, rechtliche **3** 633 ff.
– Lage, zeitliche **3** 639
– Tagesordnungspunkte **3** 641
– Teilnehmerkreis **3** 642
– Verfügungsanspruch **3** 635 ff.
– Verfügungsgrund **3** 643
– Verhältnismäßigkeit **3** 643
– Voll-/Teilversammlung **3** 640
– zusätzliche **3** 636
Betriebszeiten 2 164
Betriebszugehörigkeit 1a 358 ff., 1322
Bewerbungsverfahren 1a 45 ff.
– Arbeitgeber, frühere **1a** 124 ff.
– Auswahl/Ablehnung **1a** 131 ff., 145 ff.
– Auswertungsbogen Bewerberbeurteilung **1a** 137
– Backgroundcheck **1a** 116 ff.
– Betriebsrat **1a** 61 f.
– Bewerberfragebogen/Angestelltenfragebogen **1a** 141
– Bewerbungsunterlagen **1a** 45 ff.
– Datenschutz **1a** 139
– Dokumentation/Datenschutz **1a** 66 ff.
– Einladungsschreiben **1a** 142
– EU-Datenschutz-Grundverordnung **1a** 72
– Fragen Vorstellungsgespräch **1a** 143
– Fragerecht/Offenbarungspflicht **1a** 53 ff.
– Frageverfahren, gestuftes **1a** 61 f.
– Informationen Dritter **1a** 115 ff.
– Internetrecherche **1a** 121 ff.
– Personalberatervertrag **1a** 138
– Terrorismuslisten-Screening **1a** 120
– Testverfahren **1a** 114
– Unterlassung/Ordnungsgeld gegen Arbeitgeber **3** 327 ff.
– Untersuchungen, ärztliche/graphologische **1a** 127 ff., 144

– Verhältnis, vorvertragliches **1a** 63 ff.
– Zwischenmitteilung Stellenbewerber **1a** 140
Bildaufzeichnung 3 667
Bindungsdauer 1a 1424
Bindungsklausel 1a 1334 ff.
blue-pencil-Test 1a 207
Bonus 1a 684 ff., 700 ff.
– Änderung **1a** 705
– Bezugsgröße **1a** 704
– Bonusmeilen **1a** 1094 ff., 1100 f.
– Entgeltfortzahlung **1a** 454
– Grundätze **1a** 701 ff.
– Incentive-Regelungen **1a** 711 ff.
– Prämie **1a** 700 ff.
– Verbote **1a** 706
– Zulage **1a** 707 ff.
  – Änderung **1a** 709
  – außer-/übertarifliche **1a** 709; **2** 264 ff., 270
  – Grundlagen Gewährung **1a** 708
  – tätigkeitsbezogene **1a** 710
  – Verantwortungszulagen **1a** 710
Bring your own device (BYOD)
– Herausgabe bei Kündigung **1a** 1311
– Probleme bei der Einbringung privater IT in den Arbeitsprozess **1a** 1310
– Voraussetzungen der Durchführung **1a** 1309
Bruttolohnprinzip 1a 444
Bundesgleichstellungsgesetz 1a 13
Bußgelder 1a 597

Car-Allowance 1b 546 ff.
Chefarztvertrag 1b 721 ff., 722
– Abrechnung **1b** 750 ff.
– Altersgrenze **1b** 762
– Arbeitsverhinderung **1b** 752
– Arzthaftungsansprüche **1b** 755
– Ausschlussfrist **1b** 761
– Behandlungs-/Untersuchungsmethoden, neue **1b** 739
– Belohnungen/Geschenke **1b** 758
– Bereitschaftsdienst **1b** 728
– Dauer **1b** 762
– Delegation **1b** 731
– Dienstaufgaben **1b** 726 ff.
– Dienstreisen **1b** 753
– Drittmittelzusage **1b** 758
– Eignung, gesundheitliche **1b** 760
– Entwicklungsklausel **1b** 757
– Ermächtigung, persönliche **1b** 727
– Gegenstand Vertrag **1b** 724
– Grundsatz Leistungserbringung, persönliche **1b** 756
– Grundsätze Zusammenarbeit **1b** 740
– Haftpflichtversicherungs-Deckungssumme **1b** 755
– Herausgabeanspruch **1b** 759
– Klausel, salvatorische **1b** 764
– Kooperationsverpflichtung **1b** 732 f.
– Kündigung **1b** 762
– Nichtaufnahme Arbeit **1b** 763
– Organisationsverantwortung **1b** 730
– Personalangelegenheiten **1b** 742
– Privatpatienten **1b** 727, 745

– Renten-/Krankenversicherungspflicht **1b** 754
– Rufbereitschaft **1b** 728
– Schriftform **1b** 764
– Sicherstellung Dokumentation **1b** 734 ff.
– Stellung Arzt **1b** 725
– Teilnahme an Kongressen **1b** 753
– Urlaub **1b** 753
– Vergütung **1b** 745 ff.
– Vergütungsfortzahlung **1b** 752
– Verschwiegenheit **1b** 741
– Versicherungsschutz **1b** 755
– Versorgungswerk, berufsständisches **1b** 754
– Vertragsstrafe **1b** 763
– Vertretungsregelung **1b** 756
– Weisungsfreiheit **1b** 725
– Wettbewerbsverbot **1b** 741
– Wirtschaftlichkeitsgebot **1b** 739
– Zielvorgaben/Budget **1b** 739
Code of Conduct 1a 717
Compliance 1a 716 ff.
– AGG **1a** 717
– Arbeitsrechtliche Compliance **1a** 717
– Betriebsvereinbarung **1a** 721
– Code of Conduct **1a** 717
– Direktionsrecht **1a** 720
– Internal Investigation **1a** 717
– Persönlichkeitsrecht **1a** 717
– Schulung **1a** 717
– Unternehmensinterne Untersuchung **1a** 717
– Whistleblowing **1a** 717

Darlegungs-/Beweislast
– Abmahnung **3** 111 f.
– Anhörung Betriebsrat bei Kündigung **2** 600, 652 f.
– Antrag nach §§ 85, 87 SGB IX **1c** 231 f.
– Aufhebungsvertrag **1c** 327, 377
– Befristung **1b** 27
– Beweislastvereinbarung **1a** 673 ff., 675
  – Aufklärung **1a** 680
  – Eignung, gesundheitliche **1a** 677
  – Empfangsbestätigung **1a** 678 f.
  – Tatsachenbestätigungen **1a** 676
  – Vollständigkeitsklausel **1a** 681 f.
– Eingliederungsmanagement, betriebliches **2** 485 ff.
– Entgeltfortzahlung **1a** 429, 437
– Kündigung **1a** 1027
  – betriebsbedingte **3** 95 ff.
  – personenbedingte **3** 115 ff.
  – verhaltensbedingte **3** 107 ff.
– Kündigungsschutzklage **3** 25 ff.
– Mankovereinbarung **1a** 1061, 1072 ff.
– Sozialauswahl **1c** 65; **3** 103 ff.
– Weiterbeschäftigungsmöglichkeit, fehlende **3** 101 f.
– Zustimmungsersetzungsverfahren **3** 333
– Zwischen-/Schlusszeugnis **1c** 252
Darlehen 1a 723 ff., 727 ff.
– Arbeitgeberdarlehen **1a** 723 f., 727 ff.
– Arbeitnehmerdarlehen **1a** 725
– Beendigung Arbeitsverhältnis **1a** 734 ff.

– Rückzahlungsverpflichtung **1a** 732 f.
– Verzinslichkeit **1a** 730 f.
Datenschutz 1a 739 ff., 1110
– Arbeitnehmerüberlassung **1b** 643
– Beschäftigungsverhältnis **1a** 741 ff.
– Bewerbungsverfahren **1a** 66 ff., 139
– Datenschutzbeauftragte **2** 308
– Datenübermittlung an Dritte **1a** 751
– Einwilligung **1a** 753 ff., 759 f.
– Erforderlichkeit **1a** 743 ff.
– Erlaubnistatbestände, andere **1a** 750 ff.
– Heimarbeit **1b** 458
– Home-Office **1a** 995
– Mitbestimmung **1a** 757
– Straftaten **1a** 748
– Telearbeit **1b** 466
– Verpflichtungserklärung **1a** 758, 761
– Verschwiegenheit **1a** 1474 ff., 1508 f.
– Whistleblowing **1a** 1626
Dauer
– Arbeitnehmerüberlassung **1b** 595 ff., 626 f.
– Chefarztvertrag **1b** 762
– Entsendung **1b** 654 ff.
Delegation 1b 731
Determinierung, subjektive 2 595
Dienstkleidung 1a 598 ff., 762 ff., 776 ff.
– Arbeitskleidung **1a** 600
– Aufwendungsersatz **1a** 598 ff.
– Beschaffung **1a** 767 ff.
– einheitliche **1a** 601; **2** 444 ff., 448
– Kostentragung **1a** 770 ff., 777 f.
– Schutzbekleidung **1a** 599
– Trageverpflichtung/Schutzkleidung **1a** 764 ff., 776
Dienstreise 1a 779 ff., 794; **2** 162
– Beteiligungsrecht Betriebsrat **1a** 793
– Chefarztvertrag **1b** 753
– Einsatzwechseltätigkeit **1a** 791
– Kostentragung **1a** 790 f.
– Vergütungspflicht **1a** 782 ff.
– Verpflichtung zur Durchführung **1a** 780 f.
Dienstverschaffungsvertrag 1a 156
Dienstvertrag 1a 153; **1b** 765, 781
– AGB-Kontrolle **1b** 772
– Begriff/Abgrenzung **1b** 766
  – Arbeitnehmer **1b** 767 f.
  – Person, arbeitnehmerähnliche **1b** 769 f.
  – Risiko Fehleinschätzung **1b** 771
  – Selbstständiger **1b** 767 f.
– Beratervertrag **1b** 780
– Handelsvertreter **1b** 779
– Mitarbeit, freie **1b** 778
– Rechtsgrundlagen **1b** 766, 773 ff.
  – Folgen Verstoß **1b** 776 f.
– Vertragsgestaltung **1b** 772 ff.
Dienstwagen
– Pauschale **1b** 546
– Überlassung **1b** 546
– Überlassungspauschale **1b** 546
Dienstwagenüberlassung 1b 511 ff.
– Altersversorgung, betriebliche **1b** 536

– Art Nutzung **1b** 516 ff.
– Beendigung Überlassung **1b** 545
– Entsendung **1b** 673 ff.
– Ersatz **1b** 527 f.
– Fahrtenbuch **1b** 523, 554 ff.
– Gegenstand Vertrag **1b** 513
– Geschäftsführer-Anstellungsvertrag **1b** 823
– Glasschäden **1b** 532
– Haftpflichtversicherung **1b** 529
– Haftung **1b** 537 ff., 562
– Herausgabeanspruch **1b** 544
– Insassenunfallversicherung **1b** 531
– Instandhaltung/Kosten **1b** 552
– Kosten **1b** 526
– Nutzungspauschale/Kilometergeld **1b** 554 ff.
– Obliegenheiten **1b** 521
– Pkw-Überlassungspauschale/Car-Allowance
  1b 546 ff., 550
– Rechte Dritter **1b** 520
– Regress **1b** 539
– Reparaturen **1b** 524
– Sorgfaltspflichten **1b** 522
– Steuern **1b** 533 ff.
– Tankkarte **1b** 526
– Übergabeprotokoll **1b** 514
– Umfang Nutzung **1b** 519
– Unfälle **1b** 525
– Veränderungen am Kfz **1b** 515
– Versicherung **1b** 553
– Vollkaskoversicherung **1b** 530
– Widerruf **1b** 563 f.
– Widerruf Nutzungsberechtigung **1b** 540 ff.
– Widerrufsvorbehalt **1a** 1636
Differenzierungsklausel 1a 915
Direktionsrecht 1a 377 ff., 797 ff., 806 ff., 1578 ff.; **2** 81
– Angemessenheitskontrolle **1a** 1515 ff.
– Arbeitsvertrag **1a** 803 ff.
– Arbeitszeit **1a** 490, 511, 514 ff.
– Ausübung **1a** 1515 ff.
– Bestätigung **1a** 807, 810
– Betriebsverfassungsrecht **1a** 801
– Einschränkung **1a** 383 ff., 403 ff., 806, 809
– Erweiterung **1a** 386 ff., 808
– Ethikrichtlinien **2** 426
– Festlegung Arbeitsort **1a** 1586 f.
– Festlegung Arbeitszeit **1a** 1585
– Grenzen **1a** 516 ff., 1514, 1588 ff.
  – AGB-Kontrolle **1a** 1592 ff.
  – Änderungskündigung, überflüssige **1a** 1596
  – Arbeitsvertrag **1a** 1592 ff.
  – Betriebsvereinbarung **1a** 1591
  – Gesetze **1a** 1590
  – Grundrechte **1a** 1589
  – Mitbestimmung **1a** 1595
  – Tarifvertrag **1a** 1591
– Grundlagen **1a** 797 ff., 1514
– Inhalt **1a** 1581 ff.
– Konkretisierung Arbeitspflicht **1a** 1582 ff.
– Mitarbeiter im Außendienst **1b** 427
– Rücksichtnahmepflicht **1a** 1579

– Social Media **1a** 1302 f.
– Sprachprobleme **1a** 1546
– Tarifvertrag **1a** 800
– Versetzung **1a** 1514 ff.
– Vertragssprache **1a** 1546
– Weiterbeschäftigungsmöglichkeit **2** 636
Diskriminierungsverbot 1a 28 ff.
– Arbeitsbedingungen **1b** 236 ff., 325
– Arbeitsentgelt **1b** 237
– Ausschluss Regelungen, tarifvertragliche **1b** 324
– Befristung **1b** 50
– Besserstellung **1b** 235
– Diskriminierungsabsicht **1b** 241
– Einschätzungsprärogative **1b** 324
– Geringfügige Beschäftigung **1b** 323 ff.
– Gewährung pro-rata-temporis **1b** 241 ff.
– Grund, sachlicher **1b** 254 ff.
– Grundsätze **1b** 232
– Günstigkeitsvergleich **1b** 252
– Kompensation **1b** 252 f.
– Leistungen, andere teilbare geldwerte **1b** 237 ff.
– Rechtsfolgen **1b** 257 f.
– Regelungen § 2 Abs. 2 TzBfG **1b** 323
– Schlechterbehandlung **1b** 233 ff.
– Tarifvertrag **1b** 256
– Teilzeit **1b** 232 ff.
– Überstunden-/Bereitschaftsdienstzulagen **1b** 246
– Vergleichsmaßstab **1b** 233 ff.
– wegen Teilzeitarbeit **1b** 244 ff.
Dokumentation 1a 66 ff.; **1b** 734 ff.
Dopingklausel 1a 1248
Doppelbesteuerungsabkommen 1b 682 ff.
Dringlichkeit 1c 42 ff.
Duales Studium 1b 484
– Arbeitsschutzgesetze **1b** 482
– Arbeitsverhältnis **1b** 481
– Arbeitszeitgesetz **1b** 482
– auflösende Bedingung **1b** 489
– ausbildungsbegleitender Studiengang **1b** 478
– ausbildungsintegrierendesduales Studium **1b** 479
– außerordentliches Kündigungsrecht **1b** 498
– Befristung **1b** 488
– Begriff **1b** 477
– Berufsbegleitender Studiengang **1b** 478
– Berufsintegrierender Studiengang **1b** 478
– Betriebsverfassungsrecht **1b** 482
– Elternzeit **1b** 482
– Entgeltfortzahlung im Krankheitsfall **1b** 482
– Exmatrikulation **1b** 489
– Grundlagen, rechtliche **1b** 479
– Mindestlohn **1b** 492
– Mutterschutz **1b** 482
– öffentlich-rechtliche Vorgaben **1b** 487
– ordentliches Kündigungsrecht **1b** 496
– Parteibezeichnungen **1b** 485
– Präambel **1b** 486
– praxisbegleitender Studiengang **1b** 478
– praxisintegrierendes duales Studium **1b** 479
– Probezeit **1b** 497
– Rückzahlungsklausel **1b** 499

– Sozialversicherungsrecht **1b** 480
– Urlaub **1b** 482, 495
– Weisungsrecht **1b** 491

Eigenart Arbeitsleistung 1b 84 ff., 92 f.
Eignung, gesundheitliche 1a 677; **1b** 700, 760
Eignungsübung 1b 221 f.
Eilfälle 2 192
Eingliederung 2 107
Eingliederungsmanagement, betriebliches 1b 565 ff.,
566; **2** 449 ff., 467, 493 ff.
– Ablauf **2** 454 ff.
– Abschlussfreiheit **1b** 567
– Beendigung **1b** 570
– Bestandsschutz **2** 450
– Beteiligung Betriebsrat **1b** 571
– Darlegungs-/Beweislast **2** 485 ff.
– Einwilligung Arbeitnehmer **2** 494
– fehlendes **2** 482 ff.
– Hilfen **2** 476 ff.
– Maßgeblichkeit Zeitraum **2** 452 ff.
– Mitbestimmungsrechte **2** 458 ff.
– Nutzung Daten aus - **2** 490 f.
– Personenkreis, erfasster **2** 451
– Überwachungspflicht Betriebsrat **2** 464 f.
– Urlaub **1b** 569
– Verfahren, individuelles **2** 456
– Vergütung **1b** 568
– Vorgehensweise **2** 469 ff.
– Vorschläge BIH **2** 466 f.
– Widerspruchsrecht Arbeitnehmer **2** 457
– Wiedereingliederung, stufenweise **2** 474 f.
– Wiedereingliederungsverhältnis **1a** 156
Eingruppierung
– Mitbestimmung **2** 523 ff., 536
– Verpflichtung zur – **3** 258 f.
Einigungsstelle 2 201
– Anfechtung Einigungsstellenspruch **3** 451 ff., 459
– Einrichtung **3** 428 ff., 450
  – Amtsermittlungsgrundsatz **3** 444
  – Anwendungsbereich **3** 428 ff.
  – Begründetheit **3** 437 ff.
  – Beisitzer **3** 441
  – Bestellung Vorsitzender **3** 440
  – Bindungswirkung Beschluss **3** 445 ff.
  – Eilverfahren **3** 442 ff.
  – Einsetzung **3** 437 ff.
  – Rechtsbehelfe **3** 449
  – Regelungskomplexe, mehrere **3** 439
  – Zulässigkeit **3** 432 ff.
– Mitbestimmung
  – Missbrauch **2** 154 ff.
– Überprüfung Entscheidung **2** 770
– Unterlassung Verhalten, mitbestimmungswidriges
  3 653
Einigungsverfahren, freiwilliges 3 429
Einrichtungen, technische 2 297 ff.
– Betriebsvereinbarung **2** 310, 346
– Datenschutzbeauftragte **2** 308
– Ethikrichtlinien **2** 428

- Rahmenbetriebsvereinbarung **2** 304 ff.
- Recht auf informationelle Selbstbestimmung **2** 299 ff.
- Überwachungsgeeignetheit **2** 298
Einsatzwechseltätigkeit 1a 791
Einschätzungsprärogative 1b 324
Einstellung 3 331 ff., 332 ff., 339
- Begriff **1a** 348 ff.
  - aufgrund Arbeitsvertrag **1a** 352
  - ohne Arbeitsvertrag **1a** 353
  - Zustimmung, fehlende **1a** 354 ff.
- Betriebsratsanhörung **2** 523 ff., 536, 548 ff., 557
- Eingruppierung **2** 523 ff., 536
- Einstellungsuntersuchung **1a** 533 ff.
- geplante **2** 523 ff.
- Leiharbeitnehmer **2** 558 ff., 568
- vorläufige **2** 569 ff., 575
  - Antwort Betriebsrat **2** 576 ff., 580
- Wiedereinstellung **2** 888
Einstellung, politische/Parteizugehörigkeit 1a 101
elektronische 1a 1114
Elternzeit 1b 368 ff.
- Anspruch auf **1b** 369
- Arbeitszeitverlängerung/-verkürzung **1b** 348
- Befristungsgrund **1b** 185 ff.
- Geringfügige Beschäftigung **1b** 329
- Kündigung durch Arbeitnehmer **1b** 372
- Kündigung während - **1c** 205
- Kündigung während – **1c** 195 ff.
- Urlaubsanspruch **1b** 371
- Verlängerung **1b** 370
- Voraussetzungen **1b** 369
- vorzeitige Beendigung **1b** 370
Elternzeitantrag
- Form **1b** 369
- Frist **1b** 369
Entbindung Übernahme Amtsvertreter 3 407 ff., 426, 427
- Feststellungs-/Auflösungsantrag **3** 416 ff., 422
- Gründe, betriebsbedingte **3** 421
- Gründe, personenbedingte **3** 419
- Gründe, verhaltensbedingte **3** 420
- Grundlagen, rechtliche **3** 408 f.
- Informationsverpflichtung **3** 409
- Mitgliedschaft Organ, betriebsverfassungsrechtliches **3** 412 f.
- Prozessuales **3** 424
- Rechtsfolge **3** 425
- Unzumutbarkeit **3** 418 ff.
- Verfügung, einstweilige **3** 424
- Weiterbeschäftigungspflicht **3** 410 ff.
- Weiterbeschäftigungsverlangen **3** 412 ff.
Entgeltfortzahlung 1a 831 ff.
- Alkohol/Sucht **1a** 423 f.
- Anspruch **1a** 416 ff.
- Anspruch, gesetzlicher **1a** 833
- Anspruchsübergang **1a** 849 ff.
  - Begrenzung **1a** 852 ff.
  - Einwendungen **1a** 856
  - keine Benachteiligung Arbeitnehmer **1a** 855
  - Mitwirkungspflichten **1a** 857
- Anzeige-/Nachweispflichten **1a** 840 ff.
- Arbeitsunfähigkeit **1a** 416 ff.
- Arbeitsunfall **1a** 423
- Arztbesuche/Behandlungen, ambulante **1a** 430
- Aufenthaltserlaubnis **1a** 421
- Ausnahmen **1a** 420 ff.
  - Annahmeverzug **1a** 421
  - Aufenthaltserlaubnis **1a** 421
  - Aussperrung **1a** 421
  - Beschäftigungsverbot **1a** 421
  - Feiertag **1a** 421
  - Kurzarbeit **1a** 421
  - Streikteilnahme **1a** 421
  - Urlaub **1a** 421
- Aussperrung **1a** 421
- Beschäftigungsverbot **1a** 421
- Chefarztvertrag **1b** 752
- Darlegungs-/Beweislast **1a** 429
- Dauer **1a** 435 ff., 832
  - Darlegungs-/Beweislast **1a** 437
  - Verlängerung **1a** 835 ff.
- Entgeltausfallprinzip **1a** 440
- Fertilitätsbehandlung **1a** 426
- Geringfügige Beschäftigung **1b** 329
- Günstigkeitsvergleich **1a** 460 ff.
- Höhe **1a** 439 ff.
  - Anwesenheitsprämien **1a** 455
  - Ausfallstunden **1a** 458
  - Bonuszahlungen **1a** 454
  - Bruttolohnprinzip **1a** 444
  - Entgeltausfallprinzip **1a** 440
  - Feiertage **1a** 457
  - Geldfaktor **1a** 444 ff.
  - Kollisionsregeln **1a** 457 ff.
  - Kurzarbeit **1a** 458
  - Naturalleistungen **1a** 444
  - Prinzip, modifiziertes **1a** 439 ff.
  - Referenzprinzip **1a** 440
  - Sondervergütung **1a** 450 ff.
  - Urlaub, übergesetzlicher **1a** 453
  - Zeitfaktor **1a** 442 ff.
- Jobsharing **1b** 318
- Krankengeldzuschuss **1a** 838 f.
- Krankheit **1b** 662 ff.; **2** 280
- Kurzarbeit **2** 247 ff.
- Langzeiterkrankung **1a** 848
- Organ-/Gewebespende **1a** 425, 431 ff.
- Organspende **1a** 425
- Schönheits-OP **1a** 427
- Sportunfall **1a** 423
- Teilzeit **1b** 295
- Unabdingbarkeit **1a** 460 ff.
- Verkehrsunfall **1a** 423
- Verschulden **1a** 422 ff.
- Voraussetzungen **1a** 419 ff.
  - Bestand Arbeitsverhältnis **1a** 419
  - Monokausalität **1a** 420 ff.
- Wartezeit **1a** 834
Entsendung 1b 645, 645 ff.; **2** 87
- Arbeitsbedingungen **1b** 665 ff.

– Arbeitsunfähigkeit **1b** 662 ff.
– Aufgaben im Ausland **1b** 650 ff.
– Aufwendungen **1b** 676 ff.
– Beendigung Auslandseinsatz **1b** 702 ff., 703
– Dauer **1b** 654 ff.
– Dienstwagen **1b** 673 ff.
– Eignung, gesundheitliche **1b** 700
– Einreisebestimmungen **1b** 699 ff.
– Fortgeltung Anstellungsvertrag **1b** 707
– Gerichtsstandsvereinbarung **1b** 708 f.
– Krankheit **1b** 662 ff.
– Kündigungsausschluss **1b** 655
– Rechtswahl **1b** 708 f.
– Reisekosten **1b** 670 ff.
– Salvatorische Klausel **1b** 710
– Schriftformklausel **1b** 710
– Spesen **1b** 676 ff.
– Steuern **1b** 681 ff.
– Urlaub **1b** 665 ff.
– Vergütung **1b** 656 ff.
– Versicherungen **1b** 686 ff.
– Vertragslaufzeit **1b** 706
– Wohnung **1b** 673 ff.
Entwicklungsklausel 1b 757
Erforderlichkeit
– Erstattung Schulungskosten **2** 31
– Hinzuziehung Rechtsanwalt **3** 295
– Sachmittel **3** 257
– Schulungsmaßnahme nach § 37 Abs. 6 BetrVG **3** 277 ff.
Erheblichkeit 2 542
Erklärungs-/Zustimmungsfiktion 1a 870 ff., 875 ff.
– Angemessenheit Erklärungsfrist **1a** 874
– Hinweis auf Wirkung **1a** 873
– Vereinbarung **1a** 872
Erledigung 3 344
Erprobung 1b 94 ff., 102, 103
Erscheinungsbild, äußeres 1a 1222 f., 1246
Erschwerungsverbot 1a 1015
Erwerbsminderung 1a 415
Ethikrichtlinien 2 424 ff., 443
– Abgrenzung zum Lebensbereich, privaten **2** 434
– Regelungsinhalte **2** 431 ff.
– Whistleblower-Klausel **2** 435 ff.
Europäischer Betriebsrat 2 47
– Vereinbarung über die Errichtung **2** 70

Facharztausbildung 1b 208 ff., 216
Fachausschuss 2 18
Fahrtenbuch 1b 523, 554 ff.
Fahrtkosten 1a 592 f.
Fälligkeit
– Abfindung **1c** 388 ff.
– Provision **1a** 695; **2** 279
– Tantieme **1a** 1391
– Zwischen-/Schlusszeugnis **1c** 250
Familienpflegezeit 1b 375 ff.
– Form **1b** 377
– Frist **1b** 377

– Verlängerung **1b** 379
– vorzeitige Beendigung **1b** 379
Familienstand
– Fragerecht/Offenbarungspflicht **1a** 88 f.
Feiertag 1a 421, 457
Fertilitätsbehandlung 1a 426
Fiktion 1a 860 ff.
– Erklärungs-/Zustimmungsfiktion **1a** 870 ff.
– gesetzliche **1b** 340
– Zugangsfiktion **1a** 861 ff.
– – Mitteilungen, innerbetriebliche **1a** 869
– – Willenserklärungen **1a** 863
– – Zugang **1a** 864
– – Zugangsvereitelung **1a** 865 ff.
Forderungsübergang 1a 482 f.
Form
– Abwicklungsvertrag **1c** 462
– Anhörung Betriebsrat bei Kündigung **2** 605
– Anspruch Arbeitszeitverlängerung/-verkürzung **1b** 334, 338 f.
– Ausübung Mitbestimmung, zwingende **2** 145 ff.
– Befristung Arbeitsbedingungen **1a** 624
– Kündigung **1c** 2 f.
– Urheberrechtsklauseln **1a** 1442
– Wettbewerbsverbot, nachvertragliches **1b** 849 ff.
– Zwischen-/Schlusszeugnis **1c** 259 ff.
Fortbildung 1b 4, 130, 197 f.
Fragerecht/Offenbarungspflicht 1a 53 ff.
– Alkohol/Drogen **1a** 73 f.
– Alter **1a** 75
– Arbeits-/Aufenthaltserlaubnis **1a** 76
– Arbeitsverhältnis, vorheriges **1a** 77, 83 ff.
– Ausbildung **1a** 83 ff.
– Behinderung/Schwerbehinderung **1a** 78 ff.
– Einstellung, politische/Parteizugehörigkeit **1a** 101
– Familienstand **1a** 88 f.
– Gehaltshöhe **1a** 90
– Geschlecht/Veranlagung **1a** 91
– Gesundheitszustand/Erkrankung **1a** 92 ff.
– Gewerkschaftszugehörigkeit **1a** 98
– Heiratsabsichten **1a** 88 f.
– Homosexualität **1a** 99
– Kinderwunsch **1a** 88 f.
– Nebentätigkeit **1a** 86 f.
– Raucher/Nichtraucher **1a** 100
– Religion **1a** 102
– Schwangerschaft **1a** 103
– Scientology **1a** 104
– Sicherheit/Verfassungstreue **1a** 105
– Verfügbarkeit, berufliche **1a** 86 f.
– Verhältnisse, wirtschaftliche/Vermögen/Pfändungen **1a** 113
– Vorstrafen/Führungszeugnis/Straftat **1a** 106 ff.
– Wehrdienst/Zivildienst **1a** 110 f.
– Werdegang **1a** 83 ff.
– Wettbewerbsverbote **1a** 112
Franchisingvertrag 1a 156
Freistellung Mitarbeiter 1a 880 ff., 894 f.
– Anhörung Betriebsrat **2** 589
– Aufhebungsvertrag **1c** 362 ff.

– Beamter **1b** 133
– Einkommen, anderweitiges **1a** 887
– Folgen **1a** 889 f.
– Insolvenz **2** 955 f.
– Insolvenzverwalter **2** 955 f.
– Tantieme **1a** 1390
– Urlaub **1a** 883
– Wettbewerbsverbot **1a** 888
– Wirksamkeitsgrenzen **1a** 891 ff.
Freistellung von Sachmittelkosten **2** 23 ff.; **3** 255 ff., 275
– Beurteilungsspielraum **3** 258
– Budgetierung **2** 40 f.
– Erforderlichkeit **3** 257
– Fachliteratur **2** 36
– Gemeinschaftsbetrieb **2** 55
– Grundlagen, rechtliche **3** 256 ff.
– Grundsatz **3** 256
– Regelungsabrede **2** 37
Freiwilligkeitsvorbehalt **1a** 897 ff., 905
Freizeitausgleich **1a** 1093
Freizeitverhalten **1a** 1195 ff., 1238 ff.
– Ansehen Arbeitgeber **1a** 1224 ff.
– Berufsgruppen, besondere **1a** 1234 ff.
– Betätigung, sportliche **1a** 1219 ff., 1240 ff.
– Dopingklausel **1a** 1248
– Erscheinungsbild, äußeres **1a** 1222 f., 1246
– Fußballspieler **1a** 1247 f.
– Klauseltypen **1a** 1206 ff.
– Nebentätigkeit **1a** 1213 ff., 1239 f.
– Religionszugehörigkeit **1a** 1197 f., 1231 ff.
– Scientology **1a** 1198, 1231 ff., 1244
– Sicherung Arbeitskraft **1a** 1217 ff.
– Straftaten außerhalb Unternehmen **1a** 1229 f.
– Tendenzunternehmen **1a** 1200
– Vereinbarung als Kündigungsgrund **1a** 1202 ff.
– Verfassungstreue **1a** 1228
– Verhalten, gesundheitsförderndes **1a** 1195, 1217 f.
Frist
– Abruffrist **1b** 308
– Anfechtung Betriebsratswahl **3** 250
– Anfechtung Einigungsstellenspruch **3** 457
– Anhörung Betriebsrat **2** 527 ff.
– Anhörung Betriebsrat bei Kündigung **2** 609 ff., 621
– Anhörungsrüge **3** 234 ff.
– Anspruch Arbeitszeitverlängerung/-verkürzung **1b** 333
– Antrag Einrichtung Einigungsstelle **3** 432
– Antrag nach §§ 85, 87 SGB IX **1c** 227 ff.
– Berufung **3** 138 ff., 149
– Beschwerde **3** 222, 499, 506
– Erklärungsfrist **1a** 874
– Kündigungsschutzklage **3** 9 ff.
– Zulassung, nachträgliche **3** 58 ff.
– Nichtzulassungsbeschwerde **3** 175
– Rechtsbeschwerde **3** 227 f., 527
– Rechtsschutz, einstweiliger **3** 662
– Revision **3** 189, 194
Führungsvereinbarung **2** 49, 51
Führungszeugnis **1a** 106 ff.

Gegenstands-/Streitwert **3** 337, 347
Gehaltsanpassungsklauseln **1a** 906 ff., 908
– Absenkung Vergütung **1a** 913
– Spannungsklauseln **1a** 914
– Überprüfungsklausel **1a** 909 ff.
– Verpflichtung zur Anpassung **1a** 912
Gehaltskapitalisierung **1c** 394 ff.
Geheimhaltungsklausel **1b** 854
Geheimhaltungspflicht **1b** 606 ff., 640 f.; **1c** 423
Gelegenheitsgeschenk **1a** 936 ff.
Gemeinschaftsbetrieb **2** 49 ff., 74
– Einheitlichkeit, institutionelle **2** 52
– Kosten Betriebsrat **2** 55
– Kündigungsschutz **2** 54
– Mitbestimmung, wirtschaftliche **2** 53
– Trennung **2** 56 ff.
Gerichtsstand **1a** 916 ff., 925 f.
– außerhalb VO (EG) 44/2001 **1a** 920 ff.
– Gerichtsstandsvereinbarung **1b** 708 f.
– in VO (EG) 44/2001 **1a** 927 ff.
– Zuständigkeit, örtliche **1a** 918 f.
Geringfügige Beschäftigung **1a** 1361; **1b** 319 ff., 365
– Arbeitnehmereigenschaft **1b** 328 ff.
– Arbeitszeit
– Verkürzung/Verlängerung **1b** 330 ff.
– Diskriminierungsverbot **1b** 323 ff.
– Elternzeit **1b** 329
– Entgeltfortzahlung im Krankheitsfall **1b** 329
– Grundlagen **1b** 319 ff.
– Kleinbetriebsklausel **1b** 332
– Kündigungsfristen **1b** 329
– Kündigungsschutz **1b** 329
– Mutterschutz **1b** 329
– Pflegezeit **1b** 329
– Urlaub **1b** 292, 329
– Wahlberechtigung Betriebsrat **1b** 329
– Zusatzversorgungssysteme **1b** 329
Geschäftsbesorgung **1a** 156
Geschäftsführer-Anstellungsvertrag **1b** 782 ff., 783
– Alters-/Hinterbliebenenversorgung **1b** 822
– Arbeitgeberpflichten **1b** 793
– Arbeitsverhinderung **1b** 806 ff.
– Arbeitszeit **1b** 798
– Aufdeckung Inhabilitätsgründe **1b** 797
– Aufgabenübertragung, anderweitige **1b** 798 f.
– Aufhebungsvertrag **1c** 328 ff., 472
– Ausscheiden **1b** 804
– Bestellungskompetenz **1b** 784
– Dauer **1b** 827 ff.
– Dienstwagen/Kfz-Nutzung **1b** 823
– Entlastung **1b** 821
– Erfindungen **1b** 825
– Ergebnisverwendung **1b** 794
– Erwerb, gutgläubiger Anteile **1b** 796
– Geschäftsführungsbefugnis **1b** 789 ff.
– Gesellschafterliste **1b** 796
– Haftpflichtversicherung **1b** 820
– Herausgabepflicht **1b** 826
– Jahresabschluss **1b** 794
– Katalog Geschäfte, zustimmungspflichtige **1b** 791

– Klausel, salvatorische **1b** 833
– Kündigung **1b** 827 ff.; **1c** 146 ff., 160
– Nebentätigkeit **1b** 809 ff.
– Organstellung **1b** 797
– Pflichten gegenüber Gesellschaft **1b** 792 ff.
– Schicksal Altvertrag **1b** 784
– Schriftformklausel **1b** 833
– Selbstkontrahieren **1b** 788
– Spesen **1b** 824
– Tätigkeitsverbot **1b** 797
– Tod **1b** 808
– Unfallversicherung **1b** 819
– Unterrichtungspflichten **1b** 795
– Urlaub **1b** 817
– Vergütung **1b** 800 ff.
  – Anpassung **1b** 802
  – Arbeitsverhinderung **1b** 806 ff.
  – erfolgsabhängige **1b** 804 f.
  – Garantietantieme **1b** 804
  – Gewinnausschüttung, verdeckte **1b** 801
  – Jahresvergütung, feste **1b** 801
  – Zuschuss Kranken-/Pflegeversicherung **1b** 818
– Veröffentlichungen **1b** 809 ff.
– Verschwiegenheitspflicht **1b** 813
– Versetzungsregelung **1b** 799
– Vertragskopf **1b** 784
– Vertragsvarianten **1b** 832
– Vertretungsbefugnis **1b** 787
– Wettbewerbsverbot **1b** 812, 814, 911 f.
Geschäftsordnung 2 15
Geschäftsunfähige 1c 315
Geschenkannahme 1a 933 ff., 944 ff.
– Anzeige-/Herausgabe-/Genehmigungsregel
  1a 944 ff.
– Gelegenheitsgeschenk **1a** 936 ff.
– Schmiergeld **1a** 934 f.
– Trinkgeld **1a** 936 ff., 946
Geschlecht/Veranlagung 1a 91
Gesellschaftsvertrag 1a 154
Gesundheitszustand/Erkrankung 1a 92 ff.
Gewerkschaftszugehörigkeit 1a 98
Gleichbehandlungsklauseln 1a 1011
Gleichstellungsabrede 1a 947 ff., 967 ff., 975 ff.
– Bezugnahme
  – große dynamische **1a** 972, 978
  – kleine dynamische **1a** 961 ff., 976
  – statische **1a** 958 ff., 975
– Formen **1a** 949 ff.
– Rahmenbedingungen, rechtliche **1a** 952 ff.
– Tarifpluralität **1a** 973
Gleitzeit 1a 521 ff.
Grundsatz Leistungserbringung, persönliche
  1b 756
Gruppenarbeitsverhältnis 1a 172
Günstigkeitsprinzip 2 129 ff.
– Betriebsvereinbarung **1a** 666
Günstigkeitsvergleich
– Diskriminierungsverbot **1b** 252
– Entgeltfortzahlung **1a** 460 ff.

Haftpflichtversicherung 1b 820
Haftung 1a 980 ff.
– Arbeitgeber **1a** 986 f.
– Arbeitnehmer **1a** 980 ff.
  – Nichtleistung **1a** 981
  – Personenschäden **1a** 867
  – Schlechtleistung **1a** 982 f.
– Arbeitnehmerüberlassung **1b** 603 ff.
– Ausbildungsverhältnis **1a** 981
– Haftungsbegrenzung **1a** 1066 f.
– Haftungsprivileg
  – Betriebsrat **1a** 23, 61 f.
– Mankovereinbarung **1a** 1063
– Milderung **1a** 988
– Mitverschulden **1a** 1071
– Pkw-Überlassungspauschale/Car-Allowance **1b** 562
– Schadenausgleich, innerbetrieblicher **1a** 982 f.
– Vereinbarung Schadenshöhe **1a** 1077
– verschuldensabhängige **1a** 1069
– verschuldensunabhängige **1a** 1063
– Vorsatzhaftung **1a** 1471
Handelsvertreter 1b 779
Härtefonds 2 874
Heimarbeit 1b 447
– Arbeitsplatz **1b** 450
– Begriff **1a** 165
– Datenschutz **1b** 458
– Kündigung **1b** 459
– Mindestlohn **1b** 455
– Technik **1b** 452 f.
– Transport Material **1b** 451
– Vergütung **1b** 455 ff.
Heiratsabsichten 1a 88 f.
Home-Office 1a 990 ff., 992
– Arbeitszeit **1a** 993
– Aufwandsentschädigung **1a** 994
– Datenschutz **1a** 995
– Steuerrecht **1a** 999
– Wegzeiten **1a** 996
Homosexualität 1a 99
Hospitierender 1b 6

Im formellen Sinn 1a 1110
Im materiellen Sinn 1a 1110
Incentive-Regelungen 1a 711 ff.
Individualarbeitsrecht 1a 1 ff.; **1b** 1 ff.
Informationsverpflichtung 3 409
Inhalt
– Antrag nach § 9 Abs. 3 MuSchG **1c** 190 f.
– Aufhebungsvertrag **1c** 349 ff.
– Kündigung **1c** 4 ff.
– Wettbewerbsverbot, nachvertragliches **1b** 852 ff.
Inhaltskontrolle Arbeitsvertrag 1a 174 ff.
– Angemessenheit **1a** 186 ff.
– Besonderheiten **1a** 198 ff.
– blue-pencil-Test **1a** 207
– Einbeziehung **1a** 183
– Einzelarbeitsbedingungen **1a** 213
– Gegenstand **1a** 175 ff.

– kein Schutz Arbeitgeber **1a** 212
– Klauselverbote, besondere **1a** 191
– Rechtsfolgen Nichteinbeziehung **1a** 204 ff.
– Transparenz-/Bestimmtheitsgebot **1a** 196
– Umfang **1a** 187 ff.
– Unklarheitenregel **1a** 185
– Verbot Reduktion, geltungserhaltende **1a** 205 f.
– Vertragsauslegung, ergänzende **1a** 208 f.
– Vertragssprache **1a** 197
– Vertrauensschutz Altverträge **1a** 210 f.
– Vorliegen AGB **1a** 180 ff.
Insolvenz 2 946 ff.
– Altersteilzeit **1b** 389
– Altersversorgung, betriebliche **2** 1028
– Anfechtung Entgeltzahlung **2** 978
– Ansprüche Arbeitnehmer **2** 997 ff.
– bis Bestellung InsoVerw **2** 1006
– Durchsetzung **2** 1025 f.
– Insolvenzgeld **2** 1007 ff., 1020
– Masseverbindlichkeiten **2** 1022 ff.
– nach Eröffnung **2** 1021 ff.
– vor Insolvenz **2** 999 ff.
– Zeugniserteilung **2** 1027
– Arbeitgeberstellung **2** 949 ff.
– Arbeitnehmer
– Abmahnung **2** 961
– Kündigungsrecht **2** 957 ff., 960
– Arbeitsrecht, kollektives **2** 986 ff.
– Arbeitsverhältnis in – **2** 946 ff.
– Aufnahme nach Unterbrechung **2** 953
– Beschlussverfahren **2** 993
– Betriebsratsbeteiligung **2** 987 f.
– Betriebsübergang **2** 979 ff., 984
– Betriebsvereinbarung **2** 996
– Entgeltschutz **2** 1000
– Eröffnungsbeschluss **2** 951
– Forderungen
– Durchsetzung **2** 1001 ff.
– Feststellung **2** 1004 f., 1005
– Insolvenzgeld **2** 1007 ff., 1020
– Anspruchsübergang **2** 1017
– Antrag **2** 1016
– Berechtigter **2** 1008
– Höhe **2** 1010 ff.
– Leistungszeitraum **2** 1009
– Verfahren **2** 1014 f.
– Vorschuss/Vorfinanzierung **2** 1018 f.
– Insolvenzsicherung **1b** 412
– Insolvenzverwalter
– Freistellungsrecht **2** 955 f.
– Kündigungsrecht **2** 954
– nach Eröffnung **2** 952
– Nachkündigung **2** 970
– vor Eröffnung **2** 950 f.
– Interessenausgleich **2** 989 f.
– Kündigung, betriebsbedingte **2** 962 ff.
– Kündigungsfristen **2** 971
– Kündigungsschutz **2** 972 ff., 979 ff.
– Massenentlassung **2** 985
– Namensliste **2** 991 f.

– Sozialplan **2** 994 f.
– Wiedereinstellungsanspruch **2** 968 f.
Integrationsamt 1c 218 ff.
Interessenausgleich 2 775 ff., 839
– Arbeitnehmervertretung, zuständige **2** 793 ff.
– bedingter **2** 806 f.
– Betriebsänderung **2** 776 ff.
– Änderung auf Unternehmensebene **2** 786
– Betriebseinschränkung **2** 780 f.
– Betriebsstilllegung **2** 778 f., 840 f.
– Betriebsübergang **2** 785
– Reorganisation, umfassende **2** 842
– Spaltung **2** 784
– Verlegung Betrieb/-steile **2** 782 f.
– Zusammenschluss **2** 784
– Folgen Versuch, unterlassender **2** 819 ff.
– Form **2** 808 ff.
– Inhalt **2** 796 ff.
– Namensliste **2** 801 ff.
– Transfergesellschaften **2** 800, 841
– Insolvenz **2** 989 f.
– Rahmenvereinbarung **2** 806 f.
– Rechtsnatur **2** 812 ff.
– Unterlassungsanspruch **2** 825 ff.
– Verfahren **2** 815 ff.
– Verhältnis zu Beteiligungsrechten, sonstigen **2** 831 ff.
– Anhörung **2** 832 ff.
– Massenentlassungen **2** 836 ff.
– Verhandlungssituation **2** 829 f.
– Voraussetzung Beteiligungsrechte Betriebsrat **2** 787 ff.
– Sonderfälle **2** 790 ff.
– Vorhandensein Betriebsrat **2** 789
Interims-Manager 1b 781
Internet-/E-Mail-Nutzung 1a 815 ff., 829 f.; **2** 347 ff., 398
– Bewerbungsverfahren **1a** 121 ff.
– dienstlich **1a** 817 f.; **2** 360 ff.
– durch Arbeitnehmer **1a** 815 f.
– Einwilligung **2** 387 ff.
– Freiwilligkeit **2** 390
– Gremium, zuständiges **2** 356
– Inhaltskontrolle **2** 369
– Kontrolle E-Mails **2** 376 ff.
– Kontrolle Internetnutzung **2** 384 ff.
– Kontrolle Verbindungsdaten **2** 368
– Kontrollmöglichkeiten **2** 374 f.
– Missbrauchsvorbeugung **2** 380
– privat **1a** 819 f.; **2** 370 ff.
– Rechtsfolgen **2** 394, 395
– Regelungsmöglichkeiten **2** 359, 371 ff.
– Sanktionen bei unzulässiger Nutzung **2** 395
– Social Media **1a** 1301 ff.
– Überwachung **2** 352 ff.
– Übung, betriebliche **1a** 822 ff.; **2** 372
– Vereinbarung im Arbeitsvertrag **1a** 822 ff.
Internet-/E-Mail-Nutzung Social Media
– Verwendung von Bildern und Filmaufnahmen des Arbeitnehmers auf der Homepage des Arbeitgebers **1a** 1308

Internet-/E-Mail-Nutzung/Social Media
– Verhalten im **1a** 1307, 1308
– Verwendung von Bildern und Filmaufnahmen des
Arbeitnehmers auf der Homepage des Arbeitgebers
1a 1307

Job-Paring 1b 310
Jobsharing 1b 310 ff., 364
– Abgrenzung zum Job-Paring **1b** 310
– Altersteilzeit **1b** 386
– Arbeitsbedingungen, besondere **1b** 318
– Arbeitszeit **1b** 311 ff.
– Entgeltfortzahlung **1b** 318
– Kündigungsschutz **1b** 318
– Urlaub **1b** 292
– Vertretungspflicht **1b** 315 ff.

Karenzentschädigung 1c 403
– Abwerbeverbot **1a** 238
– Erstattungsansprüche AG **1c** 454
– Wettbewerbsverbot, nachvertragliches **1b** 815, 856,
873, 883, 902 ff.
Kettenarbeitsvertrag 1b 28 ff.
Kinderwunsch 1a 88 f.
Klageverzichtsvereinbarungen 1c 298 f.
Klausel, salvatorische 1a 1274 ff., 1286
– Blue-Pencil-Test **1a** 1282
– Chefarztvertrag **1b** 764
– Entsendung **1b** 710
– Ersetzungsklausel **1a** 1284 f.
– Geschäftsführer-Anstellungsvertrag **1b** 833
– Reduktion, geltungserhaltende **1a** 1277 ff.
– Schicksal Vertragsregelung, unwirksame **1a** 1276 ff.
– Teilnichtigkeitsklausel **1a** 1275
– Verhandlungspflicht **1a** 1284 f.
– Vertragsauslegung, ergänzende **1a** 1281
Kleinbetrieb 1a 1010
Kleinbetriebsklausel
– Altersteilzeit **1b** 403
– Arbeitszeitverlängerung/-verkürzung **1b** 332
– Geringfügige Beschäftigung **1b** 332
Kleinstbetrieb 2 44
Kollektivarbeitsrecht 1b 18; **2** 1 ff.
Kompensation 1b 252 f.
Konkurrentenklage 1b 133
Konzernbetriebsrat
– Aufgabenübertragung **2** 62
Koppelungsgeschäft 2 154
Krankenversicherung 1b 754
Kündigung 1c 1 ff., 23
– Abfindungskündigung **1c** 76 ff., 88
– Abmahnung **1c** 162 ff.
– antizipierte **1a** 1025 f.
– Abtretungsverbot **1a** 226
– Altersteilzeit **1b** 419
– Antrag nach § 18 Abs. 1 BEEG **1c** 195 ff., 205
– Antrag nach § 9 Abs. 3 MuSchG **1c** 172 ff., 189
– Antrag nach §§ 85, 87 SGB IX **1c** 210 ff., 242 f.
– Arbeitnehmerüberlassung **1b** 595 ff.
– Aufhebungsvertrag **1c** 347

– Ausbildungsverhältnis **1b** 17
– Ausschließlichkeitsverhältnis zur Kurzarbeit **2** 250
– Ausschluss **1a** 1029 ff., 1030; **1b** 655
– Auswirkung Versetzungsklausel **1a** 1531 ff.
– Beendigungskündigung **1c** 120, 134 ff., 136
– Beschäftigungsanspruch **3** 569
– Beschränkung
– altersbezogene **1a** 1035
– einseitige **1a** 1036 ff.
– Sozialauswahl **1a** 1040
– Betriebsratsmitglied **2** 720 ff., 729, 731
– Chefarztvertrag **1b** 762
– Dienstvertrag **1c** 146 ff., 156 f., 160
– Eingliederungsmanagement, betriebliches **2** 482 ff.
– Nutzung Daten aus - **2** 490 f.
– Elternzeit **1c** 195 ff., 205
– Empfangsbestätigung **1c** 24
– Entlassungsverlangen **2** 646
– Erklärender **1c** 7 f.
– Erschwerungsverbot **1a** 1015
– Geschäftsführer-Anstellungsvertrag **1b** 827 ff.
– Gründe
– absolute **1a** 1019 ff., 1020, 1023 f.
– Freizeitverhalten **1a** 1202 ff.
– Vereinbarung **1a** 1202 ff.
– Heimarbeit **1b** 459
– Inhalt **1c** 4 ff.
– Insolvenz **2** 962 ff.
– Arbeitnehmer **2** 957 ff., 960
– Frist **2** 971
– Kündigungsrecht Insolvenzverwalter **2** 954
– Kündigungsschutz **2** 972 ff., 979 ff.
– Nachkündigung **2** 970
– Konkretisierung Vertragsinhalt **1a** 1022
– krankheitsbedingte **2** 482 ff., 711 ff., 718
– Kündigungsschutz **2** 908 f.
– Eingliederungsmanagement, betriebliches **2** 482 ff.
– Insolvenz **2** 972 ff., 979 ff.
– Probezeit **1a** 1184
– Wartezeit **1a** 1565 ff., 1573 ff.
– Lossagung vom Wettbewerbsverbot **1b** 865 ff., 890 f.,
909
– Mutterschutz **1c** 172 ff., 189
– Nachkündigung **2** 970
– Nachschieben Kündigungsgründe **2** 649 ff.
– Nichtigkeit **2** 616
– ordentliche **1a** 1204 f.
– Anhörung **2** 630
– Ausschluss **1a** 1033 f.
– außerhalb KSchG **1c** 91 ff., 92
– Betriebsvereinbarung **2** 94 f.
– Frist **2** 94
– Geschäftsführer-Anstellungsvertrag **1b** 827
– krankheitsbedingte **2** 711 ff., 718
– verhaltensbedingte **2** 702 ff., 708, 710
– Vorstandsvertrag **1b** 843
– Probezeit **1a** 1184 ff.
– Schriftform **1c** 2 f.
– Schwerbehinderte **1c** 210 ff., 242 f.; **2** 647
– Stellungnahme Betriebsrat **1c** 19

– Teilkündigung **2** 98 f., 281
– Überbringerprotokoll **1c** 25
– Umwandlung **2** 930
– Unterlassung **3** 591 ff., 612 ff.
– Verbot **2** 908 f.
– Verbot Beweislastverschiebung **1a** 1027
– vor Arbeitsaufnahme **1a** 365 ff.
– vor Dienstantritt **1a** 1014, 1039
– Vorstandsvertrag **1b** 843 ff.
– Weiterbeschäftigungsmöglichkeit **1a** 1534 f.
– Wirksamkeit
 – Beurteilungszeitpunkt **1c** 22
– Zugang **1c** 12 ff.
– Zulässigkeitserklärung, behördliche **1c** 172 ff., 189
– Zurückweisung **1c** 9 ff.
Kündigung, außerordentliche 1c 93 ff., 107
– Abfindung **1c** 392 f.
– Anhörung **2** 629
– Anhörung Besonderheiten **2** 617 f.
– Ausschluss **1a** 1031 f.
– Betriebsvereinbarung **2** 96 f.
– Beurteilungszeitpunkt **1c** 100
– Freizeitverhalten **1a** 1203
– Frist **1c** 101 ff.
– Geschäftsführer-Anstellungsvertrag **1b** 829
– Insolvenz **2** 957 ff., 960
– Kündigungsschutz, besonderer **1c** 104 ff.
– mit Auslauffrist, sozialer **1c** 137 ff., 139
– Nachschieben Gründe **1c** 100
– Verdachtskündigung **1c** 98 f.
– verhaltensbedingte **2** 702 ff.
– Vorstand **1c** 153 ff.
– Vorstandsvertrag **1b** 844 f.
Kündigung, betriebsbedingte 1c 26 ff., 87
– Abfindungskündigung **1c** 76 ff., 88
– Altersteilzeit **1b** 419
– Anhörung Betriebsrat **2** 683 ff., 688, 690 ff., 695
– Betriebsschließung **2** 690 ff., 695
– Darlegungs-/Beweislast **3** 95 ff.
– Dringlichkeit **1c** 42 ff.
– Erfordernis, dringendes betriebliches **3** 100
– Fortfall Arbeitsplatz **1c** 32 ff.
– Insolvenz **2** 962 ff.
– Kündigungsschutzklage **3** 95 ff.
– Leistungsträgerklausel **2** 686
– Organisationsentscheidung **1c** 32 ff.
– Sozialauswahl **1c** 47 ff., 89 f.; **2** 685; **3** 103 ff.
– Unternehmerentscheidung **3** 96 ff.
– Weiterbeschäftigungsmöglichkeit, fehlende **3** 101 f.
– Weiterbeschäftigungspflicht **1c** 67 ff.
Kündigung, verhaltensbedingte 1c 162 ff.; **2** 702 ff., 708, 710; **3** 107 ff., 115 ff.
– Abmahnung **3** 111 f.
– Beeinträchtigung, erhebliche **3** 119
– Darlegungs-/Beweislast **3** 107 ff.
– Interessenabwägung **3** 113, 120 ff.
– Pflichtverletzung **3** 108 ff.
– Prognose, negative **3** 111 f., 117 f.
Kündigungsfrist 1a 1004 ff., 1018; **1c** 20 f.
– AGB-Kontrolle **1a** 1017

– Anhörung Betriebsrat **2** 594
– Aushilfstätigkeit **1a** 1010
– außerordentliche **1c** 101 ff.
– Berechnung **1a** 1007
– Beschäftigungsdauer **1a** 1006, 1013
– einzelvertragliche **1a** 1010 ff.
– Erschwerungsverbot **1a** 1015
– Geringfügige Beschäftigung **1b** 329
– Geschäftsführer-Anstellungsvertrag **1b** 828
– Gleichbehandlungsklauseln **1a** 1011
– Höchstbindungsdauer **1a** 1011
– Insolvenz **2** 971
– Kleinbetrieb **1a** 1010
– Massenentlassung **1a** 1009
– ordentliche **2** 94
– Probezeit **1a** 1012, 1185 f.
– Rechtsfolgen **1a** 1007
– Sonderreglungen **1a** 1008
– tarifvertragliche **1a** 1016
– vor Dienstantritt **1a** 1014
– Wartezeit **1a** 1012
Kündigungsschutz
– besonderer **1c** 49, 104 ff.
– Elternzeit **1c** 195 ff., 205
– Gemeinschaftsbetrieb **2** 54
– Geringfügige Beschäftigung **1b** 329
– Jobsharing **1b** 318
– Kündigungsschutzgesetz (KSchG) **1b** 46
– Mutterschutz **1c** 172 ff., 189
– Schwerbehinderte **1c** 210 ff., 242 f.
– Zulässigkeitserklärung, behördliche **1c** 172 ff., 189
– Zusammenhang mit Arbeitsort **1a** 396 ff.
Kündigungsschutzklage 3 1 ff., 7, 36, 50
– Änderungskündigung **3** 50
– Antrag **3** 69 ff.
– Auflösungsantrag **3** 69 ff.
– Aufnahme Rechtsstreit nach Unterbrechung wg. Insolvenz **2** 953
– Darlegungs-/Beweislast **3** 25 ff.
– Klageart **3** 8, 32, 48 f.
– Klagebegründung **3** 23 ff.
– Klageerhebung
 – Antrag **3** 21, 21 f., 49
 – Formalia **3** 33 ff.
 – Frist **3** 9 ff.
 – Geltendmachung Unwirksamkeitsgründe **3** 4 ff.
 – Klagebegründung **3** 23 ff.
 – Notwendigkeit **3** 1 ff.
 – Parteibezeichnung **3** 17 ff.
 – Zuständigkeit **3** 15 f.
 – Zustellung **3** 14
– Klageerwiderung **3** 78 ff., 106, 114, 124
 – Antrag Auflösung **3** 86 ff., 106
 – Inhalt **3** 83 ff.
 – Kündigung, betriebsbedingte **3** 95 ff.
 – Kündigung, erneute **3** 78 ff.
 – Kündigung, personenbedingte **3** 115 ff., 124
 – Kündigung, verhaltensbedingte **3** 107 ff., 114
 – Zeitpunkt **3** 81 f.

– Rechtsmittel **3** 125 ff.
  – Anhörungsrüge **3** 231 ff.
  – Berufung **3** 130 ff., 147 ff., 160 ff.
  – Beschwerde **3** 219 ff.
  – Nichtzulassungsbeschwerde **3** 166 ff.
  – Rechtsbeschwerde **3** 225 ff.
  – Revision **3** 185 ff., 193 ff.
– Rücknahme **2** 657
– Urlaubsansprüche **3** 49
– Weiterbeschäftigung **3** 38 ff.
– Zeugnis/Zwischenzeugnis **3** 47
– Zulassung, nachträgliche **3** 58 ff.
Kurzarbeit **1a** 458, 1043 ff.
– AGB-Kontrolle **1a** 1047, 1050
– Arbeitskampf **2** 252 ff.
– Arbeitszeit **1a** 510 ff.
– Ausschließlichkeitsverhältnis zur Kündigung **2** 250
– Betriebsvereinbarung **1a** 1051; **2** 232 ff., 245, 256
– Entgeltfortzahlung **1a** 421; **2** 247 ff.
– Gremium, zuständiges **2** 244
– Grundlagen, rechtliche **1a** 1046 ff.
– Hintergrund **1a** 1043 ff.
– Kurzarbeitergeld **1a** 1048; **2** 235 ff.
  – Transferkurzarbeitergeld **2** 863
– Leistungen, freiwillige **2** 247 ff.
– Massenentlassung **2** 251
– Minderung Folgen, finanzielle **2** 246
– Mitbestimmung **2** 240 ff.
– Saisonkurzarbeitergeld **2** 239

Ladenöffnungszeiten **2** 164
Leiharbeitnehmer **2** 191
Leistungen, andere teilbare geldwerte **1b** 237 ff.

Mankovereinbarung **1a** 1056 ff.
– Ausdrücklichkeit **1a** 1064
– Darlegungs-/Beweislast **1a** 1061, 1072 ff.
– Haftung, verschuldensabhängige **1a** 1069
– Haftung, verschuldensunabhängige **1a** 1063
– Haftungsbegrenzung **1a** 1066 f.
– Mankogeld **1a** 1065, 1076
– Mitverschulden **1a** 1071
– Rechtsprechung **1a** 1057 ff.
– Regelung, vertragliche **1a** 1062
– Vereinbarung Schadenshöhe **1a** 1077
– Verrechnungsmöglichkeiten **1a** 1068
Massenentlassung **2** 985
– Anzeige-/Nachweispflichten **1a** 1009
– Interessenausgleich **2** 836 ff.
– Kündigungsfrist **1a** 1009
– Kurzarbeit **2** 251
Mehrarbeit/Überstunden **1a** 1078 ff., 1081 ff.; **2** 173
– Abgeltung mit Gehalt **1a** 1088
– Arbeitszeit **1a** 496
– Ausgestaltung Vergütung **1a** 1089 ff.
– Freizeitausgleich **1a** 1093
– Rechtsschutz, einstweiliger **3** 660 ff., 664
– Überstunden-/Bereitschaftsdienstzulagen **1b** 246
– Unterlassung/Ordnungsgeld gegen Arbeitgeber **3** 326 ff.

– Vergütungspflicht **1a** 1085 ff.
– Verpflichtung zur Leistung **1a** 1082 ff.
Mehrbedarf, vorübergehender **1b** 53 ff., 59, 60 ff.
Meldepflicht nach § 38 SGB III **1c** 323, 428, 455
Miles & More **1a** 1094 ff., 1100 f.
Minderjährige **1c** 314
Mindestlaufzeit **1b** 40
Mindestlohn
– Praktikant **1b** 509
Mindestlohngesetz **1a** 1346
– Arbeitszeitkonten **2** 185
– Praktikant **1b** 509
Mitarbeiter im Außendienst **1b** 424
– Abrechnung **1b** 445
– Änderung Verkaufsgebiet **1b** 430
– Direktionsrecht **1b** 427
– Erfüllungsort **1b** 426
– Lagerung **1b** 431
– Mindestlohn **1b** 437
– Provision **1b** 438 ff.
– Unterstützungsverpflichtung **1b** 434
– Vergütung **1b** 437 ff.
– Vollmacht Mitarbeiter **1b** 432 f.
– Vorteilsnahme **1b** 446
Mitarbeiter, freier **1a** 153; **1b** 778
Mitbestimmung **1a** 321
– als Wirksamkeitsvoraussetzung **2** 134 ff.
– Änderungskündigung **2** 697 ff., 700
– Angelegenheiten, personelle **2** 518 ff.
– Angelegenheiten, soziale **2** 81 ff.
– Angelegenheiten, wirtschaftliche **2** 772 ff.
– Angestellte, leitende **2** 519
– Anhörung vor Kündigung **2** 581 ff., 677 ff., 680 ff., 681, 688, 695
– Arbeitsordnung **2** 414 ff., 423
– Arbeitszeit **2** 159 ff.
  – Altersteilzeit **2** 183
  – Dienstplan/Schichtarbeit/Rufbereitschaft **2** 220 ff.
  – flexible **2** 184 ff.
  – Gleitzeit **2** 206 f.
  – Kurzarbeit **2** 232 ff., 256
  – Langzeitkonten **2** 184 ff.
  – Rechtsfolgen Verstoß **2** 180 f.
  – Teilzeit **2** 177 f.
  – Überstunden **2** 208 ff., 219
  – Umfang **2** 167 ff.
  – Verkürzung/Verlängerung **2** 171 ff.
  – Vertrauensarbeitszeit **2** 204 f.
– Arbeitszeit Unterlassungsanspruch **2** 181
– Ausschluss **2** 516
– Ausübung **2** 134 ff.
– Auswahlrichtlinien **2** 750 ff., 771
– bei besonderem Zeitdruck **2** 150 ff.
  – Notfälle **2** 153
– Betriebsordnung **2** 407 ff., 413
– Betriebsstilllegung **2** 733 ff., 739
– Bezug, kollektiver **2** 112 ff.
– Datenschutz **1a** 757
– Dienstkleidung, einheitliche **2** 444 ff., 448
– Direktionsrecht **1a** 1595

– Eingliederungsmanagement, betriebliches **2** 458 ff., 467, 493 ff.
– Einrichtungen, technische **2** 297 ff., 310, 346
– Einschränkung **2** 116 f.
– Erweiterung **2** 116 f., 675
– Ethikrichtlinien **2** 424 ff., 443
– Formulararbeitsvertrag **2** 115
– Gefährdung **3** 649 ff.
– Gegenstand **2** 112 ff.
– Grenzen **2** 118 ff.
  – Gesetzesvorrang **2** 118 ff.
  – Günstigkeitsprinzip **2** 129 ff.
  – Individualvertrag **2** 126 ff.
  – Tarifvorrang **2** 122 ff.
– Interessenausgleich **2** 775 ff., 839, 840 ff.
– Internet-/E-Mail-Nutzung **2** 350 ff., 398
– Kündigung
  – Betriebsratsmitglied **2** 720 ff., 729, 731
  – Geschützter **2** 733 ff., 739
  – krankheitsbedingt **2** 711 ff., 718
  – verhaltensbedingt **2** 702 ff., 708, 710
– Lohngestaltung, betriebliche
  – Angestellte, außertarifliche **2** 257 ff., 263
  – Provision **2** 271 ff., 274
  – Zielvereinbarungen/-vorgaben **2** 282 ff., 283
  – Zulage, außer-/übertarifliche **2** 264 ff., 270
– Missbrauch **2** 154 ff.
– Öffnungsklausel **2** 122
– Rechtsfolgen unterbliebene - **2** 514 f.
– Regelungsabrede **2** 148 f.
– Sozialeinrichtungen **2** 399 ff., 406
– Sozialplan **2** 843 ff., 866, 867
– Stellenausschreibung, betriebsinterne **2** 741 ff., 749
– Telefonnutzung **2** 330 ff.
– Umgruppierung **2** 537, 547, 548 ff., 557
– Umwandlung **2** 935
– Unterlassungsanspruch **2** 158
– Urlaub **2** 504 ff., 517
  – Form **2** 511 ff.
  – Gegenstände, einzelne **2** 506 ff.
  – Initiativrecht **2** 512
  – Rechtsfolgen unterbliebene - **2** 514 f.
  – Umfang **2** 505
– Vorschlagswesen, betriebliches **2** 496 ff., 503
– zwingende **2** 134 ff.
  – Form Ausübung **2** 145 ff.
Mitteilungen, innerbetriebliche 1a 869
Mitverschulden 1a 1071
Monokausalität 1a 420 ff.
Mutterschutz
– Antrag nach § 9 Abs. 3 MuSchG **1c** 172 ff.
– Geringfügige Beschäftigung **1b** 329
– Kündigung **1c** 172 ff., 189

Nachtarbeit 1a 519 f.
Nachwirkung 2 203
Namensliste 2 801 ff., 991 f.
Naturalleistungen 1a 444
Nebentätigkeit 1a 1103 ff., 1107, 1239 f.
– Fragerecht/Offenbarungspflicht **1a** 86 f.

– Freizeitverhalten **1a** 1213 ff.
– Geschäftsführer-Anstellungsvertrag **1b** 809 ff.
– Teilzeit **1b** 296
– Verbot **1b** 296
  – absolutes **1a** 1215
  – Erlaubnisvorbehalt **1a** 1216
Nichtverlängerungsvereinbarung 1b 39
Nichtzulassungsbeschwerde 3 166 ff., 517 ff., 523
– Begründung **3** 174 ff.
– Divergenz **3** 180
– Entscheidung **3** 184
– Frist **3** 175
– Inhalt **3** 176 ff.
– Statthaftigkeit **3** 167 ff.
Notfälle 2 192
Nutzungsverbot und –erlaubnis 2 397

Öffnungsklausel
– Betriebsvereinbarung **1a** 665 ff.
Ordnungsgeld 3 471
Organ-/Gewebespende 1a 425, 431 ff.
Organisationsentscheidung 1c 32 ff.
Organmitglied 1a 155
– Geschäftsführer **1c** 146 ff., 160
– Kündigung **1c** 140 ff., 158 f.
– Vorstand **1c** 153 ff., 161
– Widerruf Bestellung **1c** 142 ff.

Parkplatz 2 411
Person, arbeitnehmerähnliche 1a 163; **1b** 769 f.
Personalakte 1a 1110 ff.
– Aktualisierungsanspruch des Arbeitgebers **1a** 1122
– Aufnahme einer Gegendarstellung **1a** 1142
– Berichtigungsanspruch **1a** 1139 ff.
– Beseitigung von Inhalten durch den Arbeitgeber **1a** 1134 f.
– Datenschutz **1a** 1114
– Einsichtnahme **1a** 1136 ff.
– elektronische **1a** 1125
– Entfernungsanspruch **1a** 1139 f.
– Ergänzungsanspruch **1a** 1142, 1151
– Fortführung nach dem Ende des Arbeitsverhältnisses **1a** 1143
– Fotokopie **1a** 1137
– Gesundheitsdaten **1a** 1118, 1119
– Inhalt **1a** 1116 ff.
– Löschungsverpflichtung **1a** 1145
– Mitteilungspflichten des Arbeitnehmers **1a** 1126
– Personalaktenführung **1a** 1120
– Persönlichkeitsrecht **1a** 1117
– Richtigkeit der Inhalte **1a** 1120
– Transparenz der Inhalte **1a** 1123
– Vertraulichkeit der Inhalte **1a** 1124
– Vollständigkeit der Inhalte **1a** 1121
– Zugriffskonzept **1a** 1124
Personalakte Geltendmachung
– Einsichtsrecht **1a** 1149
– Entfernungsanspruch **1a** 1150
Personalberatervertrag 1a 138
Personalgespräch 3 327 ff.

Pfändung 1a 113
Pfändungskosten 1a 1152 ff., 1162
Pflegezeit 1b 189 ff., 194 f., 329, 350, 375 ff., 380
– Form **1b** 377
– Frist **1b** 377
– Verlängerung **1b** 379
– vorzeitige Beendigung **1b** 379
Pkw
– Überlassung **1b** 546
– Pauschale **1b** 546
Praktikant
– Rechtsstatus **1b** 505
Praktikantenverhältnis
– Abgrenzung Arbeitsverhältnis **1b** 505
– Abgrenzung Ausbildung **1b** 505
Praktikantenvertrag 1b 506
– Form **1b** 507
– Laufzeit **1b** 508
– MiLoG **1b** 505
– Mindestlohn **1b** 505
– NachweisG **1b** 507
– Urlaub **1b** 510
– Vergütung **1b** 509
Präventionsgesetz 2 492
Private Lebensführung
– Öffentlicher Dienst **1a** 1199
Probezeit 1a 1167 ff.
– Art Vereinbarung **1a** 1170
– Aufhebungsvertrag **1c** 311
– Ausbildungsverhältnis **1b** 14
– befristete **1a** 1171 ff., 1192
– Dauer **1a** 1005, 1180 ff.
– Kündigung **1a** 1184 ff.
– Kündigungsfrist **1a** 1012
– Nichtbestehen **1c** 311
– Probearbeitsverhältnis **1a** 168
– Verlängerung **1a** 1188 ff.
– vorgeschaltete **1a** 1178 ff., 1193
Programmeinführung 3 667
Provision 1a 685 ff.
– Abrechnung **2** 279
– Anpassungsvorbehalt **2** 281
– Anspruch **2** 277
– Auskunftsanspruch Arbeitgeber **1a** 699
– Begriff **1a** 686
– Berechnungsgrundlage **2** 278
– Bestimmung **1a** 692
– Betriebsvereinbarung **2** 271 ff., 274
  – Geltungsbereich **2** 276
  – Vereinbarungsparteien **2** 275
– Entstehung Anspruch **1a** 689 ff.
– Fälligkeit **1a** 695; **2** 279
– Feiertag **2** 280
– Geschäfte, provisionpflichtige **1a** 688
– Höhe **1a** 692
– Kausalität **1a** 693 f.
– Krankheit **2** 280
– Mindestlohngesetz **2** 272
– Missverhältnis Leistung/Gegenleistung **2** 272
– Mitarbeiter im Außendienst **1b** 438 ff.

– Rückzahlung **1a** 696; **2** 279
– Sätze **2** 277
– Schwangerschaft **2** 280
– Teilkündigung **2** 281
– Überhangprovision **1a** 697; **2** 280
– Urlaub **2** 280
– Vereinbarung, arbeitsvertragliche **1a** 686, 698
Prozessbeschäftigung 1b 132, 136
Prozessrecht
– Anträge im Beschlussverfahren **3** 238 ff., 474 ff.
  – Anfechtung Betriebsratswahl **3** 238 ff., 253, 254
  – Anfechtung Einigungsstellenspruch **3** 451 ff., 459
  – Einrichtung Einigungsstelle **3** 428 ff., 450
  – Entbindung Übernahme Amtsvertreter **3** 407 ff., 426, 427
  – Erstattung Schulungskosten **3** 276 ff., 290, 291
  – Feststellung Dringlichkeit Maßnahme **3** 340 ff., 348
  – Freistellung Sachmittelkosten **3** 255 ff., 275
  – Hinzuziehung Rechtsanwalt **3** 292 ff., 299, 300
  – Unterlassung Verhalten, mitbestimmungswidriges **3** 460 ff.
  – Unterlassung/Ordnungsgeld gegen Arbeitgeber **3** 301 ff., 326 ff.
  – Zustimmung Einstellung **3** 331 ff., 339
– Klagen im Urteilsverfahren **3** 1 ff.
  – Kündigungsschutzklage **3** 1 ff., 7, 36, 50, 58
  – Rechtsmittel **3** 125 ff.
– Prozessstandschaft **3** 307
– Prozessvergleich **1c** 469 ff.
– Rechtsmittel **3** 486 ff.
– Rechtsschutz, einstweiliger **3** 566 ff.

Rahmenvereinbarung 1b 38; **2** 19
Rationalisierungsschutzabkommen 2 850
Raucher/Nichtraucher 1a 100
Rauchverbot 2 410
Rechnungslegung 1b 600 f.
Recht auf informationelle Selbstbestimmung 2 299 ff., 360 f.
Rechtsbeschwerde 3 225 ff., 489, 521 ff.
– Anschlussrechtsbeschwerde **3** 537
– Antrag **3** 528 ff., 538 ff.
– Begründung **3** 531 ff.
– Beschwerdebefugnis **3** 526
– Einlegung **3** 525
– Frist **3** 227 f., 527
– Gegenstand **3** 522 ff.
– Statthaftigkeit **3** 522 ff.
Rechtsmittel
– EuGH **3** 237
– Vorabentscheidungsverfahren **3** 237
Rechtsschutz, einstweiliger 3 442 ff., 566 ff., 672
– Antrag auf Beschäftigung **3** 566 ff., 578
– Antrag auf Weiterbeschäftigung **3** 581 ff., 588, 589
– Behinderung Betriebsratswahl **3** 668 ff., 674
– Beschwerde **3** 658
– Betriebsversammlung, geplante **3** 632 ff., 644 f., 646
– Entscheidung **3** 656
– Feststellungsverfügung **3** 683

- Frist **3** 662
- Glaubhaftmachung **3** 627 ff.
- Inhalt **3** 671
- Interessenabwägung **3** 604, 701
- Schutzschrift Arbeitgeber
  - Weiterbeschäftigungsanspruch **3** 579 f., 580, 590
- Streichung von Wählerliste **3** 675 ff., 689
- Unterlassung Betriebsänderung **3** 591 ff.
- Unterlassung Verhalten, mitbestimmungswidriges **3** 647 ff., 660 ff., 664
- Verfügungsanspruch **3** 607, 623 f., 648, 700
- Verfügungsgrund **3** 604, 625 f., 649, 701
- Verhandlung, mündliche **3** 655, 662
- Vollstreckung **3** 659
- Vollziehung **3** 657
- Vorwegnahme Hauptsache **3** 654
- Zwangsvollstreckung **3** 673

Rechtswahl 1b 708 f.
Reduktion, geltungserhaltende 1a 205 f.
Referenzprinzip 1a 439 ff.
Regelungsabrede 2 37, 148 f.
Reisekosten 1a 594; **1b** 670 ff.
Reisezeit 2 162
Religionszugehörigkeit 1a 102, 1231 ff.
Rentenversicherung 1b 754
Revision 3 185 ff., 193 ff.

- Anschlussrevision **3** 209, 218
- Antrag **3** 195 f., 210 ff., 211 ff.
- Anwaltszwang **3** 192
- Begründung **3** 193 ff.
- Beschwer **3** 188
- Einlegung **3** 190 ff.
- Frist **3** 189, 194
- Gegenstand **3** 186 ff.
- Gründe **3** 198 ff.
- Inhalt **3** 197 ff.
- Klageänderung **3** 196
- Statthaftigkeit **3** 186 ff.

Rückgabe 1a 1249 ff., 1256 ff.

- Anspruch, sachenrechtlicher **1a** 1250 ff.
  - aus Besitz **1a** 1253
  - aus Eigentum **1a** 1251 f.
- Anspruch, schuldrechtlicher **1a** 1254
- Arbeitnehmerüberlassung **1b** 642
- Chefarztvertrag **1b** 759
- Dienstwagenüberlassung **1b** 544
- Geschäftsführer-Anstellungsvertrag **1b** 826
- Zurückbehaltungsrechte **1a** 1664 f.

Rücktritt 1c 345

Sabbatical 1a 1315
Sachgrundbefristung

- Erprobung **1b** 488

Sanktionen 1a 597
Schadenausgleich, innerbetrieblicher 1a 982 f.
Schadenspauschalierung 1a 1287 ff., 1555
Schichtarbeit 1a 519 f.
Schichtdienst 2 174
Schiedsvereinbarungen 1a 931
Schlichtungsverfahren 1b 20

Schließanlagenauswertung 3 667
Schmiergeld 1a 934 f.
Schönheits-OP 1a 427
Schriftform

- Befristung **1b** 37 f.
- Betriebsratsvereinbarung **2** 12
- Chefarztvertrag **1b** 764
- Kündigung **3** 6
- Urheberrechtsklauseln **1a** 1442

Schriftformklausel

- Arbeitsvertrag **1a** 1291 ff.
- doppelte **1a** 1299
- einfache **1a** 1298
- Entsendung **1b** 710
- Geschäftsführer-Anstellungsvertrag **1b** 833
- Wirksamkeit **1a** 1294 ff.
  - Individualvertrag **1a** 1297
  - vorformulierte **1a** 1295 f.

Schulungs-/Fortbildungsmaßnahme

- nach § 37 Abs. 6/7 BetrVG **3** 287 ff.
- Sozialplan **2** 881
- Weiterbeschäftigungsmöglichkeit **2** 640 ff.

Schutzschrift

- Arbeitskampfmaßnahmen **3** 704 ff., 707
- Glaubhaftmachung **3** 627 ff.
- Grundlagen, rechtliche **3** 705 ff.
- Instrument **3** 620 ff.
- Schutzschrift **3** 705
- Unterlassung Betriebsänderung **3** 618 ff., 630, 631
- Verfügungsanspruch Betriebsrat **3** 623 f.
- Verfügungsgrund **3** 625 f.
- Weiterbeschäftigungsanspruch **3** 579 f., 580, 590
- Zentrales Schutzschriftenregister (ZSSR) **3** 622

Schwangerschaft 1a 103; **2** 280
Schwerbehinderte

- Arbeitszeitverlängerung/-verkürzung **1b** 349
- Fragerecht/Offenbarungspflicht **1a** 78 ff.
- Kündigung **1c** 210 ff., 242 f.; **2** 647
- Stellenausschreibung **1a** 15 ff.
- Vorstellungsgespräch **1a** 52

Scientology 1a 1198, 1231 ff., 1244

- Fragerecht/Offenbarungspflicht **1a** 104

SE-Betriebsrat 2 48
Selbstkontrahieren 1b 837
Selbstständiger 1b 767 f.
Social Media 1a 1301 ff.; **2** 397

- Kontrollmöglichkeiten **1a** 1304
- Social Media-Account **1a** 1312

Social Media Guidelines 2 396 f.
Social Media-Account 1a 1312
Sonderurlaub 1a 1315 ff.

- Arbeitsunfähigkeit **1a** 1324
- Auswirkungen **1a** 1321 ff.
- Beendigung, vorzeitige **1a** 1325
- bezahlter **1a** 1320
- unbezahlter **1a** 1319
- Zweckbestimmung **1a** 1323

Sonderzahlung 1a 1327 ff., 1329, 1636

- Anrechenbarkeit auf Mindestlohn **1a** 1346
- Auswirkung Fehl-/Ruhezeiten **1a** 1332 f.

– Bindungsklausel
  – Angemessenheit Voraussetzungen **1a** 1338 ff.
  – Folgen Bindung, unangemessene **1a** 1345
  – Maß Bindungsdauer **1a** 1341 ff.
  – Transparenz **1a** 1336 f.
  – Zulässigkeit **1a** 1334 ff.
– Entgeltfortzahlung **1a** 450 ff.
– MiLoG **1a** 1346
– Mindestlohngesetz **1a** 1346
– Rechtsnatur **1a** 1335
– Sonderurlaub **1a** 1321
– Zwecksetzung **1a** 1330 f.
Sonntagsarbeit 1a 519 f.
Sozialauswahl 1c 47 ff., 66, 89 f.
– Abwägung Sozialdaten **1c** 57 ff.
– Aktualität der Daten **1a** 1131 ff.
– Änderungskündigung **1c** 125 ff.
– Anrechnung **1a** 287
– Auswirkung Versetzungsklausel **1a** 1532 f.
– Beschäftigungszeiten **1c** 61
– Betriebsstilllegung **1c** 48
– Darlegungs-/Beweislast **1c** 65; **3** 103 ff.
– Erhalt Altersstruktur **1c** 64
– Kündigung **1a** 1040
– Kündigungsschutz, besonderer **1c** 49
– Rahmen, äußerer **1c** 50
– Unterhaltsverpflichtungen **1c** 62
– Vergleichbarkeit Mitarbeiter **1c** 51 ff.
– Widerspruch gegen Betriebsübergang **1c** 54
Soziale Netzwerke 1a 1301 ff.
– Twitter **1a** 1306
– Verhalten/Auftritt in **1a** 1305
Sozialeinrichtungen 2 399 ff.
– Ausgestaltung **2** 402
– Begriff **2** 400
– juristisch selbstständige **2** 403
– Kantine **2** 406
– Sondervermögen, zweckgebundenes **2** 400
– Sozialplan **2** 877
– Verwaltung **2** 402
Sozialhilfemaßnahmen 1b 131
Sozialplan 2 843 ff., 866, 867
– Abfindung **1c** 393
– Angestellte, leitende **2** 848
– Arbeitgeberinsolvenz **2** 865
– Betriebsverlegung **2** 860
– Erzwingbarkeit **2** 844 ff.
– Fälle, besondere **2** 859 ff.
– Gleichbehandlungsgesetz, allgemeines **2** 855 ff.
– Gremium, zuständiges **2** 847
– Insolvenz **2** 994 f.
– Klausel-ABC **2** 868 ff.
  – Altersrente, vorzeitige **2** 886
  – Altersversorgung, betriebliche **2** 869
  – Arbeitgeberdarlehen **2** 868
  – Beendigung AV, vorzeitige **2** 885
  – Betriebsübergang **2** 868
  – Direktversicherung **2** 871
  – Härtefonds **2** 874
  – Haushaltführung, doppelte **2** 872

– Jubiläumszusage **2** 875
– Outplacement **2** 876
– Pendlerpauschale **2** 873
– Sozialeinrichtungen **2** 877
– Transfergesellschaft **2** 878
– Transfermaßnahmen **2** 879
– Turboprämie **2** 880
– Umschulung/Weiterbildung **2** 881
– Umzugsregelung **2** 882
– Urlaubs-/Weihnachtsgeld **2** 883
– Verdienstausgleich **2** 884
– Weiterbeschäftigung **2** 887
– Wiedereinstellung **2** 888
– Laufzeit **2** 854
– Rahmensozialplan **2** 859
– Tarifsozialplan **3** 706, 707
– Transfergesellschaft **2** 878
– Transfersozialplan **2** 862
– Turboprämie **2** 861, 880
– Unterlassung Betriebsänderung **3** 597
– Verfahren **2** 851 ff.
– Wirkung, rechtliche **2** 849 f.
Sozialversicherung 1a 1347 ff.
– Abwicklungsvertrag **1c** 457 ff.
– Anfrageverfahren, statusbezogene **1a** 1364 ff.
– Aufhebungsvertrag **1c** 442 ff.
– Beginn Arbeitsverhältnis **1a** 370 ff., 374
– Beitragsverpflichtung, rückwirkende **1a** 1361
– Bestehen Beschäftigungsverhältnis **1a** 1354 f.
– Incentive-Regelungen **1a** 714
– Mitteilungspflicht **1a** 1351
  – Vereinbarung **1a** 1359 ff.
– Rechtsfolgen Beurteilung, unzutreffender **1a** 1357 f.
– Vereinbarung Schwarzarbeit **1a** 1367
– Vereinbarung Status **1a** 1353
– Versicherungspflicht **1a** 1347 ff.
Spannungsklauseln 1a 914
Sperrzeit
– Abwicklungsvertrag **1c** 458 f.
– Aufhebungsvertrag **1c** 442 ff.
– Ausnahmen **1c** 460 f.
Spesen 1b 676 ff., 824
Sportunfall 1a 423
Sprachkenntnisse 1a 1368 ff.
– Leistungssprache **1a** 1370, 1372
– Vertragssprache **1a** 1368, 1371
Sprachprobleme 1a 1539 ff.
Sprecherausschuss 2 519, 590
Sprungrechtsbeschwerde 3 487
Stammhausbindungsvertrag 1b 711, 711 ff., 719
Stellenausschreibung 1a 1 ff., 35 ff.
– Allgemeine Gleichbehandlung (AGG) **1a** 2 ff.
– Beschäftigungs-/Abschlussverbote **1a** 24 f.
– betriebsinterne **2** 741 ff., 744, 749
– Betriebsrat **1a** 19 ff.
– Bewerbungsverfahren **1a** 45 ff.
– Diskriminierung **1a** 28 ff.
– Einschaltung Dritter **1a** 36 ff.
  – Auskunft **1a** 41
  – Zurechnung **1a** 37 ff.

– Erstellung Anforderungsprofil **1a** 26 ff., 135
– Form/Frist/Inhalt **2** 744
– Gestaltungsempfehlung **1a** 43 f.
– Haftungsprivileg **1a** 23
– innerbetriebliche **1a** 136
– Platzierung **1a** 42
– Schwerbehinderte **1a** 15 ff.
– Stellenanzeige **1a** 35 ff.
– Teilzeit (TzBfG) **1a** 14
– Ziel, rechtmäßiges **1a** 32 ff.
Steuerrecht
– Aufhebungsvertrag **1c** 429 ff.
– Entsendung **1b** 681 ff.
– Home-Office **1a** 999
– Incentive-Regelungen **1a** 714
Stichtagsklauseln 1a 1650
Stillschweigen 1c 424
Straftaten
– außerhalb Unternehmen **1a** 1229 f.
– Datenschutz **1a** 748 f.
– Fragerecht/Offenbarungspflicht **1a** 106 ff.
Streichung von Wählerliste 3 675 ff., 689
– Abbruch Wahl **3** 680 f.
– Antragsberechtigung **3** 684
– Aufschub Wahl **3** 682
– Bedeutung Wahlanfechtungsverfahren **3** 677
– Eingriff, korrigierender **3** 680 f.
– Rechtsprechungsbeispiele **3** 685 ff.
– Wahlvorstand **3** 676
– Zwangsvollstreckung **3** 688
Streik 2 252 ff.
Streikteilnahme 1a 421
Strukturanpassungsmaßnahme 1b 131
Subsidiaritätsprinzip 2 66

Tankkarte 1b 526
Tantieme 1a 1375 ff., 1377
– Anspruchsvoraussetzungen, weitere **1a** 1389 f.
– Auskunftsanspruch **1a** 1392
– Begrenzung Höhe **1a** 1387 f.
– Bezugsgröße **1a** 1378 ff.
– Ermessenstantieme **1a** 1385
– Fälligkeit **1a** 1391
– Freistellung **1a** 1390
– Mindesttantieme **1a** 1386
Tarifeinheit 2 75
Tariflohnerhöhung
– Anrechnung **1a** 296
Tarifpluralität 1a 973
Tarifvertrag
– Arbeitnehmerüberlassung **1b** 580 f., 583
– Arbeitszeit **1a** 497
– Betriebsratsstruktur, regionale **2** 73 f.
– Bildung Spartenbetriebsrat **2** 76 f.
– Direktionsrecht **1a** 800, 1591
– Diskriminierungsverbot **1b** 256
– Gerichtsstand **1a** 922 ff.
– Gleichstellungsabrede **1a** 947 ff., 975 ff.
– Kündigungsfrist **1a** 1016
– Untersuchung, ärztliche **1a** 531

Tarifvertrags-Öffnungsklausel 1a 1393 ff.; **2** 122
– Anwendbarkeit Tarifvertrag **1a** 1394
– Arten **1a** 1395 ff.
– Auslegung nach 2002 **1a** 1399 ff.
– Auslegung vor 2002 **1a** 1398
– Bezugnahmeklauseln **1a** 1409
– Gestaltungsmöglichkeiten **1a** 1406 f.
– Inhaltskontrolle **1a** 1404 f.
Tätigkeit im Ausland 2 87
Teilarbeitsfähigkeit
– Arbeitsunfähigkeit **1a** 412 ff.
Teilzeit 2 202
Teilzeit (TzBfG) 1a 169; **1b** 223 ff., 361
– Abgrenzung zum Vollzeitbeschäftigten **1b** 224
– Altersversorgung, betriebliche **1b** 273
– Arbeit auf Abruf **1b** 297 ff.
– Arbeitszeit **1b** 260 ff.
– Arbeitszeitverlängerung/-verkürzung **1b** 264 f., 353
– Besonderheiten **1b** 259 ff.
– Definition **1b** 223 ff.
– Diskriminierungsverbot **1b** 232 ff.
– Entgeltfortzahlung im Krankheitsfall **1b** 295
– Nebentätigkeitsverbot **1b** 296
– Sonderformen **1b** 297 ff.
– Stellenausschreibung **1a** 14
– Urlaub **1b** 274 ff.
– Vergleichbarkeit **1b** 227 ff.
– Vergütung **1b** 266 ff.
Telearbeit 1b 460 ff., 461
– Arbeitszeit **1b** 463
– Aufwendungsersatz **1b** 464
– Einsatzort **1b** 462
– Schadenshaftung **1b** 468
– Verschwiegenheitsverpflichtung **1b** 466
– Zutrittsrecht **1b** 465
Telefonnutzung 2 311 ff., 346
– Datenkontrolle **2** 320 ff.
– dienstliche **2** 320 ff.
– Einwilligung **2** 329
– Fernmeldegeheimnis **2** 314
– Gremium, zuständiges **2** 336
– Kontrolle, inhaltliche **2** 314 ff.
– Mitbestimmung **2** 330 ff.
– Mithören/Aufzeichnen **2** 314 ff.
– private **2** 323 ff.
– Recht auf informationelle Selbstbestimmung **2** 320
– Rechtsfolgen unzulässiger – **2** 340 ff.
– Regelungsmöglichkeiten **2** 337 ff.
Tendenzbetrieb 1a 1200, 1231 ff.; **2** 645
– Interessenausgleich **2** 790 ff.
– Unterlassung Betriebsänderung **3** 605
Territorialitätsprinzip 2 587
Terrorismuslisten-Screening 1a 120
Theorie der Wirksamkeitsvoraussetzung 2 180
Tod
– Arbeitnehmer **1b** 418
– Geschäftsführer **1b** 808
Trainee 1a 164; **1b** 6, 470 ff., 471
– Aufbau/Ablauf **1b** 474
– Befristung **1b** 475

– Mindestlohn **1b** 470, 473
– Programmarten **1b** 472
– Vergütung **1b** 473
– Zeugnis **1b** 476
Transfergesellschaften 2 800, 841, 863, 878, 889
Transferkurzarbeitergeld 2 863
Transfersozialplan 2 862, 879
Transparenzgebot 1a 878, 904
Trinkgeld 1a 936 ff., 946
– Mindestlohn 1a 940
Turboprämie 2 880

Überhangprovision 1a 697
Übernahme **1b** 609 ff.; **2** 589
Überprüfungsklausel 1a 909 ff.
Überstunden 2 191
Übung, betriebliche 2 372
Umgruppierung 2 697 ff., 700
Umstrukturierung 2 108
Umwandlung 2 925 ff., 942
– Änderungen, nachträgliche 2 941
– Angabepflichten, arbeitsrechtliche 2 927
– Arbeitnehmervertretung 2 934
– Betriebsvereinbarungen 2 933
– Folgen für Arbeitsverträge 2 928 ff.
  – Haftung 2 929
  – Kündigung 2 930
  – Übergang 2 928
  – Widerspruchsrecht 2 931
– Folgen, mittelbare 2 936
– Formen nach UmwG 2 926 f.
– Inhalte, angabepflichtige 2 936
– Mitbestimmung 2 935
– Spaltung 2 926
– Tarifverträge 2 932
– Unterrichtungspflichten 2 919
– Verkürzung Zuleitungsfrist 2 945
– Vermögensübertragung 2 926
– Verschmelzung 2 926, 943
– Zuleitungspflicht 2 937 ff., 944
  – Adressat 2 939
  – Gegenstand 2 938
  – Monatsfrist 2 940
Umzug 1a 1414 ff.
– Bindungsdauer 1a 1424
– Kostenerstattung 1a 1417
– Rückzahlungsverpflichtung 1a 1422
Unbedenklichkeitsbescheinigung **1b** 582 ff., 583
Unfallschaden 1a 595 f.
Unfallversicherung **1b** 819
Unterlassung 2 825 ff.
– Androhung 3 323
– Anspruchsgrundlage, andere 3 330
– Antragsbefugnis 3 304
– Beschlussfassung 3 314
– Bestimmtheit 3 316, 319
– Feststellungsantrag 3 312
– Feststellungsinteresse 3 315
– Globalantrag 3 313
– Grundlagen, rechtliche 3 304 ff.

– Haft 3 321
– Höhe 3 322
– Ordnungsgeld 3 301 ff., 323, 326 ff., 471
– Pflichten, verletzbare 3 305 f.
– Prozessstandschaft 3 307
– Teilstattgabe 3 329
– Unterlassung/Ordnungsgeld gegen Arbeitgeber 3 327 ff.
– Unterlassungsanspruch 3 472, 599 ff.
– Verfügung, einstweilige 3 317
– Verschulden 3 324
– Verstoß, grober 3 308 ff.
– Vollstreckbarkeit 3 318
– Vollstreckungsvoraussetzungen 3 320
– Wiederholungsgefahr 3 310
– Zwangsgeld 3 324
Unterlassung Betriebsänderung 3 591 ff.
– Abspaltung 3 615 ff., 617
– Antrag 3 606
– Anzahl Arbeitnehmer 3 594
– Begründung 3 611
– Betriebsänderung 3 595
– Entscheidung 3 609
– Interessenabwägung 3 604
– Kündigung 3 612 ff.
– Nachteile, wesentliche 3 596
– Rechtzeitigkeit 3 610
– Schutzschrift Arbeitgeber 3 618 ff., 630, 631
– Sozialplan 3 597
– Tendenzbetrieb 3 605
– Unterlagen 3 608
– Unterlassungsanspruch 3 599 ff.
– Verfahren 3 606 ff.
– Verfügungsanspruch 3 607
– Verfügungsgrund 3 604
– Zuständigkeit 3 598
Unterlassung Verhalten, mitbestimmungswidriges 3 460 ff., 474 ff.
– Abwarten, zu langes 3 651
– Antrag 3 473
– Antragsbefugnis 3 467
– Ausfertigung, vollstreckbare 3 480
– Bestimmtheit 3 468, 479
– Bildaufzeichnung/Programmeinführung/ Schließanlagenauswertung 3 667
– Dienstplan 3 664
– Einigungsstelle 3 653
– Formalia Betriebsratsbeschluss 3 481
– Gefährdung Mitbestimmung 3 649 ff.
– Globalantrag 3 469
– Grundlagen, rechtliche 3 461 ff.
– Hilfsantrag 3 485
– Mitbestimmungstatbestände 3 462
– Ordnungsgeld 3 471
– Reichweite Unterlassungsanspruch 3 484
– Tatbestand, kollektiver 3 464
– Teilstattgabe 3 469
– Überstunden/Mehrarbeit 3 660 ff.
– Verhalten, mitbestimmungswidriges 3 463
– Verstoß gegen Betriebsvereinbarung 3 465

– Vollstreckbarkeit **3** 470
– Wiederholungs-/Erstbegehungsgefahr **3** 466
– Zuständigkeit **3** 476
Unternehmen 2 45
Unterordnungskonzern 2 49
Unterrichtung
– Betriebsrat **2** 894 ff.
– Unterrichtung AG nach Kündigung **1c** 216 f.
Unterrichtungspflicht
– Betriebsübergang **2** 894 ff.
   – Besonderheiten bei Umwandlung **2** 919
   – Empfangsbestätigung **2** 923
   – Form **2** 915 f.
   – Informationsschreiben **2** 922
   – Mindestinhalt **2** 895 ff.
   – Rechtsfolgen fehlerhafter - **2** 918
   – Verzichtserklärung **2** 924
   – Zugang **2** 917
   – Zugang Geschäftsführer-Anstellungsvertrag **1b** 795
   – Zugang Umwandlung **2** 919
Untersuchung graphologische 1a 127 ff., 144
Untersuchung, ärztliche 1a 526 ff., 550
– Angebotsuntersuchungen **1a** 529
– Beschäftigungsvoraussetzung **1a** 529
– Bewerbungsverfahren **1a** 127 ff., 144
– Einstellungsuntersuchung **1a** 533 ff.
– im Arbeitsverhältnis, bestehenden **1a** 543 ff.
– Pflichtuntersuchungen **1a** 527 ff.
– Tarifvertrag **1a** 531
Unverfallbarkeit 1c 410
Urheberrechtsklauseln 1a 1430 ff., 1449 f.
– Arbeitnehmererfindungen **1a** 325 ff., 327
– Bezug zur Arbeitsaufgabe **1a** 1435 f.
– Computerprogramm **1a** 1443
– Dimension, zeitliche **1a** 1439
– Inhalt Nutzungseinräumung **1a** 1437
– Kunst, bildende **1a** 1433
– Nutzungsarten Arbeitgeber **1a** 1438
– Nutzungsarten, unbekannte **1a** 1440
– Schriftform **1a** 1442
– Sprachwerk **1a** 1432
– Übertragung Nutzungsrechte **1a** 1434 ff.
– Urheberpersönlichkeitsrecht **1a** 1444 f.
– Vergütung **1a** 1447 f.
– Vertragsgestaltung **1a** 1441
– Werke, geschützte **1a** 1431 ff.
Urlaub 1a 1451 ff., 1460
– Altersteilzeit **1b** 420
– Anrechnung **1a** 289 ff.
– Arbeit auf Abruf **1b** 292
– Aufhebungsvertrag **1c** 362 ff.
– Ausbildungsverhältnis **1b** 16
– Beendigung Arbeitsverhältnis **1a** 1458 f.
– Berechnung **1b** 277 ff.
– Chefarztvertrag **1b** 753
– Einsatz, flexibler **1b** 288
– Entgeltfortzahlung **1a** 421, 453
– Entsendung **1b** 665 ff.
– Freistellung **1a** 883

– Geringfügige Beschäftigung **1b** 292, 329
– Geschäftsführer-Anstellungsvertrag **1b** 817
– Grundlagen **1b** 274 ff.
– Grundsätze, allgemeine **2** 506
– Jobsharing **1b** 292
– Lage **2** 510
– Lage für Einzelarbeitnehmer **2** 510
– Mehrurlaub **1a** 1455
– Mindesturlaub, gesetzlicher **1a** 1326
– Provision **2** 280
– Regelungsoptionen, vertragliche **1a** 1453
– Ruhen Arbeitslosengeldanspruch **1c** 451
– Teilzeit **1b** 274 ff.
– Übertragung **1a** 1452, 1457
– Umfang **1a** 1454
– Urlaubsliste **2** 508
– Urlaubsplan **2** 507 ff.
– Verkürzung Wartezeit **1a** 1456
– Wiedereingliederung **1b** 569
Urlaubskürzung 1b 380

Verbrauchervertrag 1a 173
Verdachtskündigung 1c 98 f.
Vereinbarung, nichtige
– Ausbildungsverhältnis **1b** 19
Verfassungstreue 1a 1228
– Fragerecht/Offenbarungspflicht **1a** 105
Verfügbarkeit, berufliche
– Fragerecht/Offenbarungspflicht **1a** 86 f.
Verfügung, einstweilige
– Entbindung Übernahme Amtsvertreter **3** 424
– Interessenausgleich **2** 825 ff.
– Unterlassung/Ordnungsgeld gegen Arbeitgeber **3** 317
– Weiterbeschäftigung **3** 45
– Weiterbeschäftigungsanspruch **3** 585
Vergleich, gerichtlicher 1b 123 ff., 127
Vergütung
– Altersteilzeit **1b** 398
– Anfechtung Entgeltzahlung **2** 978
– Angestellte, außertarifliche **2** 257 ff., 263
– Anrechnung **1c** 374 ff.
– Aufhebungsvertrag **1c** 359 ff.
– Ausbildungsverhältnis **1b** 15
– Bereitschaftsdienst **1a** 631
– Chefarztvertrag **1b** 745 ff.
– Diskriminierungsverbot **1b** 237 ff.
– Eingruppierung **2** 523 ff., 536
– Einmalzahlungen **2** 1012
– Entsendung **1b** 656 ff.
– erfolgsabhängig **1b** 745 ff.
– Geschäftsführer-Anstellungsvertrag **1b** 800 ff.
– Heimarbeit **1b** 455 ff.
– Incentive-Regelungen **1a** 712 f.
– Insolvenzgeld **2** 1007 ff., 1020
– Jubiläumszusage **2** 875
– leistungsabhängige **1b** 745 ff.
– Lohngestaltung, betriebliche **2** 257 ff., 263
– Mitarbeiter im Außendienst **1b** 437 ff.
– Pendlerpauschale **2** 873
– Provision **2** 271 ff., 274

– Teilzeit **1b** 237 ff., 266 ff.
– Trainee **1b** 473
– Turboprämie **2** 880
– Überstunden **1a** 1085 ff.
– Urheberrechtsklauseln **1a** 1447 f.
– Urlaubs-/Weihnachtsgeld **2** 883
– Verdienstausgleich **2** 884
– Vorschlagswesen, betriebliches **2** 496 ff., 503
– Vorstandsvertrag **1b** 841
– Wiedereingliederung **1b** 568
– Zulage, außer-/übertarifliche **2** 264 ff., 270
Verhalten, gesundheitsförderndes 1a 1195
Verhältnismäßigkeit 1c 121 ff.; **3** 279 ff.
Verhältnisse, wirtschaftliche/Vermögen 1a 113
Verjährung 1a 1463 ff.
– Abfindung **1c** 391
– Aufrechnungsverbot **1a** 576
– Ausschluss bei Vorsatzhaftung **1a** 1471
– Eintritt
   – Erleichterung **1a** 1469
   – Erschwerung **1a** 1470
– Vereinbarung **1a** 1467
– Zulässigkeit **1a** 1468
Verkehrsunfall 1a 423
Verlängerungsvereinbarung 1b 40
Vermögensbildung 1a 1472 f., 1473
Verpflichtungserklärung 1a 758, 761
Verschwiegenheit 1a 1474 ff., 1508 f.
– Abgrenzung zum Wettbewerbsverbot **1b** 854
– Betriebs-/Geschäftsgeheimnisse **1a** 1479 ff.
– Chefarztvertrag **1b** 741
– Dauer **1a** 1490 f.
– Erweiterung **1a** 1486 ff.
– Gegenstand **1a** 1478 ff.
– Grenzen **1a** 1486 ff.
– nachvertragliche **1a** 1492 ff.
– Personengruppen **1a** 1507
– Tatsachen im Geheimhaltungsinteresse **1a** 1485
– Telearbeit **1b** 466
– Umfang **1a** 1478 ff.
– Verstoß gegen – **1a** 1497 ff.
– Whistleblowing **1a** 1503 ff.
Versetzung 1a 1510 ff., 1628 f.
– Änderungskündigung **2** 697 ff., 700
– Art Tätigkeit **1a** 1524
– Auswirkungen auf Kündigungen **1a** 1531 ff.
– Begriff **1a** 1510 ff.; **2** 538 ff.
– Dauer **2** 540
– Direktionsrecht **1a** 1514 ff.
– Erheblichkeit **2** 542
– Geschäftsführer-Anstellungsvertrag **1b** 799
– Inhaltskontrolle **1a** 1522 ff.
– Klauseln **1a** 1522 ff., 1597 f.
– konzernbezogene **1a** 1598
– konzernweite **1a** 1529
– Mitbestimmung **2** 537 ff., 547, 548 ff., 557
   – Antwort Betriebsrat **2** 548 ff., 557
– negative **1a** 1536
– Ort **1a** 1525 ff., 1538, 1598
– Tätigkeit **1a** 1598

– unternehmensbezogene **1a** 1598
– unternehmensweite **1a** 1528
– vorläufige **2** 569 ff., 575
   – Antwort Betriebsrat **2** 576 ff., 580
– Zustimmung Betriebsrat **2** 537 ff., 547, 548 ff., 557
Versicherung AÜG 1b 603 ff.
Versicherungen 1b 686 ff.
Versicherungspflicht 1a 1347 ff.
Versicherungsschutz 1b 755
Versorgungswerk, berufsständisches 1b 754
Vertragsanbahnung 1a 344 ff.
Vertragssprache 1a 1368, 1371, 1539 ff., 1548
– Festlegung **1a** 1547
Vertragsstrafe 1a 1553 ff., 1560
– Abgrenzung **1a** 1555
– Chefarztvertrag **1b** 763
– Grund **1a** 1558
– Höhe, zulässige **1a** 1559
– Transparenz-/Bestimmtheitsgebot **1a** 1557 f.
– Wettbewerbsverbot **1a** 1616 ff.
– Wettbewerbsverbot, nachvertragliches **1b** 874 ff.
– Wirksamkeitsgrenzen **1a** 1556 ff.
Vertretung
– Befristungsgrund **1b** 68 ff., 79, 80 ff.
– Jobsharing **1b** 315 ff.
– Kündigung **1c** 7 ff.
– Vorstandsvertrag **1b** 837
Verwaltungsklage 1c 238 ff.
Vollstreckung des Weiterbeschäftigungsanspruchs
– Einwand der Unmöglichkeit **3** 560
– hinreichende Bestimmtheit **3** 559
Vollstreckungsschutz 3 545
Vollstreckungsschutzantrag 3 545
Volontär 1a 164; **1b** 6
Vorabentscheidungsverfahren 3 237
Vorläufige Vollstreckbarkeit 3 544, 545
Vorschlagswesen, betriebliches 2 496 ff., 503
Vorstandsvertrag 1b 834, 835
– Abfindungs-Cap **1b** 841
– Arbeitszeit **1b** 842
– Aufhebungsvertrag **1c** 328 ff., 473
– Beendigung, vorzeitige **1b** 841
– Dauer **1b** 843 ff.
– Geschäftsführungsbefugnis **1b** 838
– Karenzentschädigung **1b** 902 ff.
– Kündigung **1b** 843 ff.; **1c** 153 ff., 161
– Pflichten **1b** 839
– Selbstkontrahieren **1b** 837
– Verantwortlichkeit **1b** 839
– Vergütung **1b** 840 f.
– Vertragsstrafe **1b** 905
– Vertretungsbefugnis **1b** 837
– Wettbewerbsverbot, nachvertragliches **1b** 894 ff., 898
– Widerruf Bestellung **1b** 844 f.
Vorstellungsgespräch 1a 50 ff.
– Kosten **1a** 50
– Schwerbehinderter **1a** 52
– Vorstellungskosten **1a** 589 ff.
Vorstrafen 1a 106 ff.
Vorteilsnahme 1b 446

Wartezeit 1a 1565 ff.
- Anrechnungsvorschriften **1a** 1570
- Einschränkung **1a** 1573 ff.
  - Probezeit **1a** 1576
  - Vereinbarung, konkludente **1a** 1575
- Erfüllung **1a** 1566 ff.
- Kündigungsfrist **1a** 1012
- Unabdingbarkeit **1a** 1571 f.
Wegfall Geschäftsgrundlage 1b 757
- Aufhebungsvertrag **1c** 346
- Betriebsvereinbarung **2** 102
Wegzeiten 1a 996
Wehr-/Zivildienst 1a 110 f.; **1b** 217 ff.
Weisungsfreiheit 1b 725
Weiterbeschäftigungsanspruch 1c 67 ff.; **3** 410 ff.,
  573 f., 588, 589
- allgemeiner **3** 46
- Antrag auf Entbindung von - **3** 590
- Antrag auf Vollstreckung **3** 564
- Beschäftigungsverhältnis, gesetzliches **3** 587
- betriebsverfassungsrechtlicher **3** 575
- Darlegungs-/Beweislast **3** 101 f.
- Durchsetzung, gerichtliche **2** 664 f.
- Entbindung Arbeitgeber von - **2** 666 ff.; **3** 410 ff., 586
  - Gründe **2** 669 ff.
- Kündigungsschutzklage **3** 38 ff.
- Möglichkeit, fehlende **3** 101 f.
- nach Widerspruch Betriebsrat **2** 654 ff.
- nach § 102 Abs. 5 S. 1 BetrVG **3** 40 ff.
- Sozialplan **2** 887
- tatsächliche **3** 40
- Verfügung, einstweilige **3** 45
- Verlangen **3** 44
- Voraussetzungen **3** 582 ff.
- Zurückweisung des Antrages auf Vollstreckung
  3 565
- Zwangsvollstreckung **3** 558 ff., 564
Weiterbeschäftigungsantrag
- Zwangsvollstreckung **3** 549
Weiterbeschäftigungsmöglichkeit 2 635 ff.
- nach Schulungs-/Fortbildungsmaßnahme **2** 640 ff.
- Vertragsbedingungen, geänderte **2** 643 ff.
Werdegang 1a 83 ff.
Wettbewerbsverbot 1a 1599 ff., 1621; **1b** 812;
  1c 378 ff.
- Aktienoptionen **1a** 279
- Angestellte, kaufmännische **1a** 1602 ff.
  - Rechtsfolgen Verstoß **1a** 1609 ff.
  - § 60 HGB **1a** 1602 ff.
- Arbeitnehmer, andere **1a** 1613 f.
- Chefarztvertrag **1b** 741
- Erweiterung **1a** 1615
- Freistellung **1a** 888
- Geschäftsführer-Anstellungsvertrag **1b** 812, 814
- Grundlagen, rechtliche **1a** 1600 ff.
- Hintergrund **1a** 1599
- vertragliches **1b** 812
- Vertragsstrafe **1a** 1616 ff.
- Vorstandsvertrag **1b** 846 ff.

Wettbewerbsverbot, nachvertragliches 1b 814,
  846 ff., 871, 881
- Abgrenzung zum Abwerbungsverbot **1b** 855
- Abgrenzung zur Verschwiegenheitspflicht **1b** 854
- Anordnung, einstweilige **1b** 892 f.
- Anwendungsbereich §§ 74 ff. HGB **1b** 847 f.
- Aufhebungsvertrag **1b** 863
- bedingtes **1b** 857
- Betriebsübergang **1b** 879
- Bezug **1b** 853
- Bezug, konzerndimensionaler **1b** 872
- Erschwerung, unbillige **1b** 858
- Form **1b** 849 ff.
  - Aushändigung Urkunde **1b** 851
  - Schriftform **1b** 850
- Fragerecht/Offenbarungspflicht **1a** 112
- für Organe **1b** 894 ff.
- Grenzen § 74a HGB **1b** 858
- Grundlagen, rechtliche **1b** 846
- Inhalt **1b** 852 ff., 899
- Inkrafttreten **1b** 878
- Interesse, berechtigtes **1b** 814
- Loslösung **1b** 863 ff.
- Lossagung bei Kündigung **1b** 865 ff., 890 f., 909
- Mandantschutzklausel **1b** 884 ff., 885
- Mandantenübernahmeklausel **1b** 887
- Rechtsfolgen Grenzverstöße **1b** 859
- Rechtsfolgen Verletzung Konkurrenzklausel **1b** 869
- Rechtsnachfolge **1b** 879, 910
- Reichweite, zeitliche/örtliche **1b** 814
- Ruhestand **1b** 878, 906
- Vertrag, gegenseitiger **1b** 852
- Vertragsstrafe **1b** 816, 874 ff., 905
- Verzicht **1b** 864, 888, 907 f.
- vorformuliertes **1b** 860 ff., 874 ff., 899
- Vorgaben §§ 74 ff. HGB **1b** 814
- Vorstandsvertrag **1b** 846 ff., 894 ff., 898
- Wettbewerb, mittelbarer/indirekter **1b** 872
Whistleblowing 1a 1503 ff., 1622 ff., 1626, 1627
- Betriebsverfassung **1a** 1626
- Datenschutzrecht **1a** 1626
- externes **1a** 1623
- internes **1a** 1622
- Whistleblower-Klausel **2** 435 ff.
Widerruf 1c 467
Widerruf Aufhebungsvertrag 1c 342 ff.
Widerrufsvorbehalt 1a 1628 ff., 1636
- Anforderungen, formale **1a** 1634
- Anforderungen, inhaltliche **1a** 1630
- Ausübungskontrolle **1a** 1635
- Dienstwagen **1a** 1636
- Kernbereichseingriff **1a** 1631 ff.
- Sonderzulage **1a** 1636
- Wirksamkeitsvoraussetzungen **1a** 1629 ff.
Widerspruch 2 627 ff., 644
- Ablehnung Antrag nach §§ 85, 87 SGB IX **1c** 238 ff.,
  243
- Arbeitnehmer **2** 457, 931
- Betriebsübergang **1c** 54

– Gründe **2** 632 ff.
– Kündigung **2** 627 ff.
– Sozialauswahl **1c** 54
– Umwandlung **2** 931
– Weiterbeschäftigungsanspruch nach - **2** 654 ff.
Wiedereinstellungsanspruch 2 968 f.
Wiedereinstellungszusage 1a 1188 ff.
Wiederholungs-/Erstbegehungsgefahr 3 310, 466

Zeitkollisionsregel 2 103
Zeitpunkt 2 917
Zeitverträge, wissenschaftliche 1b 199 ff., 207
Zentrales Schutzschriftenregister (ZSSR) 3 622
Zielvereinbarungen/-vorgaben 1a 1639 ff.; **2** 282 ff., 283
– Anpassung **1a** 1648
– Eintreten/Ausscheiden, unterjähriges **2** 294 f.
– Eintritt/Ausscheiden in Zielperiode **1a** 1650
– Fehl-/Freistellungszeiten **2** 294 f.
– Fehlzeiten Arbeitnehmer **1a** 1649
– Festlegung **2** 285 ff.
– Konfliktlösung **2** 294 f.
– Rechtsfolge unterbliebener - **1a** 1652
– Verhältnis Vergütungsbestandteile zueinander **1a** 1646 f.
– Wertung Zielerreichung **2** 291 ff.
– Wirksamkeitsvoraussetzungen **1a** 1643 ff.
– Ziele **2** 291 ff.
Zugang 1c 12 ff.
Zulässigkeitserklärung, behördliche 1c 172 ff., 189
Zurückbehaltungsrechte 1a 1656 ff., 1670
– Arbeitgeber **1a** 1661
– Arbeitnehmer **1a** 1657 ff.
– Arbeitsleistung **1a** 1657 f.
– Einzelfälle **1a** 1659
– Rechtsfolgen **1a** 1660
– Ausschluss/Begrenzungen **1a** 1662 ff.
– Pfändungsgrenze **1a** 1666
– Rückgabe Arbeitsmittel **1a** 1664 f.
– Zeugnisanspruch **1a** 1663
Zusatzversorgungssysteme 1b 329
Zuständigkeit
– Antrag Einrichtung Einigungsstelle **3** 432
– Beschwerde **3** 495
– Unterlassung Betriebsänderung **3** 598
Zustimmungsersetzungsverfahren
– Antrag Arbeitgeber **3** 336, 343
– Behebung Fehler, formelle **3** 334
– Darlegungs-/Beweislast **3** 333
– Entscheidung Gericht **3** 336, 343
– Erledigung **3** 345 f.
– Feststellung Dringlichkeit Maßnahme **3** 341, 348
– Gegenstands-/Streitwert
– Feststellung Dringlichkeit Maßnahme **3** 347
– Zustimmung Einstellung **3** 337
– Maßstab
– Feststellung Dringlichkeit Maßnahme **3** 344
– Stellung Arbeitnehmer **3** 335
– Vereinbarungen Betriebsparteien **3** 338
– Zustimmung Einstellung **3** 332 ff., 339

Zutrittsrecht
– Telearbeit **1b** 465
Zwangsschlichtung 3 429
Zwangsvollstreckung 3 543 ff.
– Antrag auf Ausschluss der vorläufigen Vollstreck-barkeit **3** 545
– Antrag auf nachträgliche Einstellung der vorläufigen Vollstreckbarkeit **3** 552
– Antrag auf Vollstreckung des Weiterbeschäftigungs-anspruchs **3** 564
– Ausschluss der vorläufigen Vollstreckbarkeit **3** 545
– Behinderung Betriebsratswahl **3** 673
– Erwirkung von Handlungen **3** 557
– Geldforderungen **3** 555
– Herausgabe von Sachen **3** 556
– Masseverbindlichkeiten **2** 1026
– nicht zu ersetzender Nachteil **3** 546 ff.
– Rechtsschutz, einstweiliger **3** 673
– Streichung von Wählerliste **3** 688
– Unterlassung Verhalten, mitbestimmungswidriges **3** 470, 659
– Unterlassung/Ordnungsgeld gegen Arbeitgeber **3** 318, 320
– Verfahren der Zwangsvollstreckung **3** 553 ff.
– Verfahrensgrundsätze **3** 554
– Vollstreckungsschutz **3** 545
– Vollstreckungsschutzantrag **3** 545
– vorläufige Vollstreckbarkeit **3** 543, 544, 545
– Weiterbeschäftigungsanspruch **3** 558 ff., 564, 565
– Weiterbeschäftigungsantrag **3** 549
– Zurückweisung des Antrages auf Vollstreckung der Weiterbeschäftigung **3** 565
Zweckbindung Haushaltsmittel 1b 117 ff., 122
Zwischen-/Schlusszeugnis 1c 245 ff., 275 ff.
– Anspruch **1c** 249, 279 f.
– Arten **1c** 254 ff.
– Aufhebungsvertrag **1c** 407 f.
– Bindungswirkung **1c** 251
– Darlegungs-/Beweislast **1c** 252
– einfaches **1c** 265, 275
– Fälligkeit **1c** 250
– Form **1c** 259 ff., 264
– Ausstellungsdatum **1c** 261
– Dankes-/Wunschformel **1c** 263
– Eingangsformel **1c** 262
– Schriftform **1c** 261
– Überschrift **1c** 261
– Unterschrift **1c** 262
– Grundsätze **1c** 245 ff.
– Inhalt **1c** 265 f.
– Insolvenz **2** 1027
– Kündigungsschutzklage **3** 47
– Leistungsort **1c** 272
– Prinzip des Wohlwollens **1c** 247
– qualifiziertes **1c** 266, 276 f.
– Schadensersatz **1c** 273 f.
– Sprache **1c** 267 ff.
– Codes **1c** 271
– Leistungsbeurteilung **1c** 268
– Verhaltensbeurteilung **1c** 269

– Trainee **1b** 476
– Wahrheitsgebot **1c** 246
– Zeugnisarten **1c** 254 ff.

– Zeugniswahrheit/-klarheit **1c** 248
– Zurückbehaltungsrechte **1a** 1663

Benutzerhinweise zur CD-ROM

Auf der dem Werk beiliegenden CD-ROM sind sämtliche abgedruckten Formulare als Datei enthalten. Im Druckwerk sind zu jedem Formular Referenznummern vergeben, die Sie aus dem jeweils neben dem Formular angeordneten CD-ROM-Symbol entnehmen können.

Für den Start der Anwendung sind folgende **Systemvoraussetzungen** zu beachten:

■ Windows XP, Vista, 7, 8 oder 10

■ Microsoft Word ab Version 2000 oder ein anderes Textverarbeitungsprogramm, das Microsoft Word Dateien öffnen kann.

Nachdem Sie die CD eingelegt haben, sollte die Anwendung automatisch starten.

Sollte die Anwendung nicht automatisch starten, müssen Sie die Anwendung mit der Dateiendung „.exe" manuell von der CD starten.

Sie haben auch die Möglichkeit, die Anwendung auf Ihrer Festplatte zu installieren. Dafür benötigen Sie neben den oben genannten Voraussetzungen etwa 50 MB freien Speicherplatz auf einer Festplatte.

Führen Sie das Programm „setup.exe" von der CD-ROM aus, um die Installation zu starten. Folgen Sie danach bitte den weiteren Anweisungen am Bildschirm. Für die Installation müssen Sie über **Administrator-Rechte** verfügen.

Während der Installation wird, falls nicht bereits vorhanden, ein eigener Startmenü-Eintrag mit dem Namen des Verlags und der Buchreihe für die Anwendung eingerichtet. **Zum Öffnen der Anwendung genügt ein Klick auf das Icon „AnwaltFormulare Arbeitsrecht" unterhalb der Programmgruppe.**

Bei Nutzern von **Word** kann der Hinweis auf dem Bildschirm erscheinen, dass die Makros aktiviert werden müssen. Dies wird in den verschiedenen Wordversionen unterschiedlich gehandhabt:

Makroeinstellungen bei Office 2000, XP und 2003

Sie finden die Einstellungen im Menü unter „Extras, Makro, Sicherheit". Wählen Sie die Sicherheitsstufe „Niedrig" aus und starten Sie Word erneut.

Makroeinstellungen bei Office 2007

Klicken Sie zunächst auf das Startsymbol ganz links oben in Word und klicken dann links unten auf „Word Optionen" und als Nächstes in der linken Spalte auf das „Vertrauenscenter". Rechts unten finden Sie die Einstellungen zum Vertrauenscenter, in denen Sie die Makros aktivieren müssen. Wählen Sie die vierte Option „Alle Makros aktivieren" aus und klicken anschließend auf OK. Nun starten Sie die Formulare neu.

Makroeinstellungen bei Office 2010

In Office 2010 klicken Sie in Word auf „Datei" links oben und gehen anschließend zu „Optionen", wählen das „Sicherheitscenter" und Einstellungen für das Sicherheitscenter. Unter der Rubrik „Einstellungen für Makros" wählen Sie die vierte Option „Alle Makros aktivieren" aus und klicken anschließend auf OK. Word muss neu gestartet werden, damit die Änderung wirkt.

Makroeinstellungen bei Office 2013 und 2016

In Office 2013 klicken Sie in Word auf „Datei" links oben und gehen anschließend zu „Optionen", wählen das „Trust Center" und Einstellungen für das Trust Center. Unter der Rubrik „Makros" wählen Sie die vierte Option „Alle Makros aktivieren" aus und klicken anschließend auf OK. Word muss neu gestartet werden, damit die Änderung wirkt.

Beachten Sie, dass die Einstellungen für alle Word-Dokumente gelten. Im Einzelfall kann es demnach sinnvoll sein, vor dem Öffnen eines „unsicheren" Word-Dokuments die Sicherheitsstufe wieder auf „Hoch" zu setzen.

Zur **Auswahl des gewünschten Formulars** nutzen Sie entweder das Formularverzeichnis oder die Navigationsleiste links. Im Formularverzeichnis gelangen Sie mit einem Mausklick auf die entsprechende Titelzeile zum gewünschten Formular. In der Navigationsleiste klappen Sie das entsprechende Kapitel auf und klicken anschließend auf das gewünschte Formular. Des Weiteren können Sie mit dem Button „Vorheriges Formular" und „Nächstes Formular" oberhalb des Formulares das nächste Muster aufrufen.

Mit Klick auf „Formular als Worddokument" wird das Formular in Word geladen. Zur Bearbeitung müssen Sie zuerst in der **Symbolleiste** auf „Dokumentschutz aufheben" klicken.

Mit dem Button „Nächstes Feld" gelangen Sie an die Platzhalter-Stellen des Dokuments und können Ihre Ergänzungen vornehmen. Bei Word 2007 müssen Sie dafür in der Menüleiste auf den Reiter „Add-Ins" gehen. Anschließend können Sie das Formular auf Ihrem Filesystem speichern.

Sollten Sie den **Originalzustand eines Dokumentes wiederherstellen** wollen, benutzen Sie das Icon „Vorlage wiederherstellen".

Wenn Sie kein Word auf Ihrem Rechner installiert haben, können Sie die Dateien trotzdem aufrufen und bearbeiten. Gehen Sie dazu auf der CD in den Ordner „contentðoc". Gehen Sie mit Rechtsklick auf die Datei und suchen im Menü Öffnen mit/Programm auswählen Ihr Textverarbeitungsprogramm aus.

Den Hilfetext können Sie auch auf der CD unter dem entsprechenden Feld aufrufen.